PONS

Großwörterbuch für Experten und Universität

Englisch – Deutsch

Vollständige Neuentwicklung
2001

Ernst Klett Verlag
Stuttgart · Düsseldorf · Leipzig

PONS Großwörterbuch für Experten und Universität Englisch

Bearbeitet von: Evelyn Agbaria, Christian von Arnim, Valérie Béchet-Tsarnou, Jeremy Berg, Darcy Bruce Berry, Anke Brauckmann, Alexander Burden, Hazel Curties, Stephen Curtis, Ian Dawson, Heike Dittrich, Barbara Faber, Susanne Fayadh, Kirsten Fenner, Monika Finck, Juliane Forssmann, Nicole Friedrich, Timothy Jacob Gluckmann, Prunella Götz, Richard Green, Stefan Günther, Stephen Hackett, Douglas Hall, Stephanie Hammer, Sarah Heydenreich, Carol Hill, Michael Isenberg, Elisabeth Kabatek, Bettina Kantelhardt, Hugh Keith, Susanne Kiliani, Rupert Livesey, Wendy Luber, Ellen MacKenzie, Olivia Köchling, Ulrich Mader, Gudrun Männlein, Annette Menouar, Sarma Merdian, Lydia Moland, Helen Moore, Meilyr Morgan, Catherine Nisato, Barbara Ostwald, Alexander Polzin, Yvonne Prentice, Oliver Proctor, Ingrid Reynolds, Jeremy Roberts, Samantha Scott, Dorothée Ronge, Andrea Rüttiger, Rita Schiller, Annette Schmollinger, Marga Rita Selve, Ted Sietsema, Irene Spreitzer, Eva Stabenow, Martin Steiner, Gregor Vetter, Claus Viol, Claudia Voß, Caroline Wilcox Reul, Mandy Williams, Angela Winkler, Rainer Zohsel

Einige der Beispiele und Wendungen in diesem Wörterbuch basieren auf Beispielen und Wendungen des Cambridge International Dictionary of English (Cambridge University Press 1995) (www.cambridge.org/elt/cide). Dies ist mit Einwilligung von Cambridge University Press erfolgt

Der deutsche Ausgangstext wurde validiert auf der Grundlage umfangreicher Textkorpora des Instituts für Deutsche Sprache in Mannheim
Der englische Ausgangstext wurde validiert auf der Grundlage des British National Corpus in Oxford

Die Deutsche Bibliothek – CIP Einheitsaufnahme

Ein Titeldatensatz für diese Publikation ist
bei der Deutschen Bibliothek erhältlich

Dieses Werk folgt der reformierten Rechtschreibung und Zeichensetzung

1. Auflage 2001

Internet: www.pons.de
E-Mail: info@pons.de

Projektleitung: Dr. Margaret Cop, Anette Dralle, Christiane Mackenzie, Astrid Proctor
Dr. Andreas Cyffka, Andrea Ender

Redaktion: Evelyn Agbaria, Sonia Aliaga López, Alexander Burden, Chris Cunningham, Monika Finck, Susanne Godon, Susanne Kiliani, Ursula Martini, Barbara Ostwald, Dorothée Ronge, Caroline Wilcox Reul

Sprachdatenverarbeitung: Andreas Lang, conTEXT AG für Informatik und Kommunikation, Zürich
Landkarten: Klett-Perthes, Justus Perthes Verlag, Gotha
Einbandgestaltung: Ira Häußler, Stuttgart
Logoentwurf: Erwin Poell, Heidelberg
Satz und Datentechnik: Dörr und Schiller GmbH, Stuttgart
Druck: Mateu Cromo, Pinto
Printed in Spain
ISBN 3-12-517158-X

get <got, got *or* AM, CAN *usu* gotten> [get] ❶ (*obtain*) ■ **to ~ sth** etw erhalten;

fangen <fängt, fing, gefangen> **I.** *vt* ❶ (*festnehmen*) ■ **jdn** ~ to catch [*or* apprehend] sb; **einen Dieb** ~ to catch a thief …

Unregelmäßige Pluralformen, Verb- und Steigerungsformen werden in spitzen Klammern angegeben

Danube ['dænju:b] *n no pl* ■ **the** ~ die Donau

großzügig **I.** *adj* ❶ (*generös*) generous, ein ~*es Trinkgeld*, a generous [*or* handsome] tip ❷ (*nachsichtig*) lenient ❸ (*in großem Stil*) grand; **ein ~er Plan** a large-scale plan **II.** *adv* ❶ (*generös*) generously ❷ (*nachsichtig*) leniently ❸ (*weiträumig*) spaciously

Wiederholungszeichen für das Stichwort in seiner unveränderten Form

another [ə'nʌðəʳ, AM -ðɚ] **I.** *adj* ❶ (*one more*) noch eine(r,s); ***can I have ~ piece of cake, please?*** kann ich bitte noch ein Stück Kuchen haben?; … **II.** *pron* ❶ (*different one*) ein anderer/eine andere/ein anderes; ***moving from one place to*** ~ von einem Ort zu einem anderen umziehen …

während **I.** *präp* +*gen* during **II.** *konj* ❶ (*zur selben Zeit*) while ❷ (*wohingegen*) whereas; ***er trainiert gerne im Fitnessstudio, ~ ich lieber laufen gehe*** he likes to work out in the gymn, whereas I prefer to go for a run

Grammatische Gliederung des Eintrags

ice [aɪs] **I.** *n no pl* ❶ (*frozen water*) Eis *nt;* (*ice cubes*) Eis *nt*, Eiswürfel *m;* ***my hands are like*** ~ meine Hände sind eiskalt ❷ BRIT (*ice cream*) Eis *nt*, Eiscreme *f* ❸ AM (*fam*) Diamant[en] *m*[*pl*] ▸ PHRASES: **to be treading** [*or* **skating**] **on thin** ~ sich *akk* auf dünnem Eis bewegen; **to break the** ~ das Eis zum Schmelzen bringen; …

Gabe <-, -n> *f* ❶ (*geh: Geschenk*) gift, present; REL offering; **eine milde** ~ alms *pl*, a small donation *hum* ❷ (*Begabung*) gift; ■ **die ~ einer S.** *gen* **haben** to have a gift for sth; **die ~ des Erzählens/der Überredungskunst** the gift of the gab *fam*/of persuasion; **die ~ haben, etw zu tun** to have a [natural] gift of doing sth ❸ *kein pl* MED (*das Verabreichen*) administering *no indef art, no pl* ❹ SCHWEIZ (*Preis, Gewinn*) prize

Kennzeichnung und Erläuterung der unterschiedlichen Bedeutungen des Stichworts

experienced [ɪk'spɪəriən(t)st, ek-, AM -'spɪr-] *adj* (*approv*) erfahren; **an ~ eye** ein geschultes Auge; **someone ~** *applicant* jemand mit mehr Erfahrung; ■ **to be ~ at** [*or* **in**] **sth** Erfahrung in etw *dat* haben, in etw *dat* erfahren sein

japsen *vi* (*fam*) ■ [**nach etw**] ~ to gasp [for sth]; ***er tauchte aus dem Wasser und japste nach Luft*** he surfaced gasping for air

Kennzeichnung von grammatischen Konstruktionen mit Kästchensymbol

foot [fʊt] **I.** *n* <*pl* feet> [*pl* fi:t] ❶ (*limb*) Fuß *m;* … ▸ PHRASES: **the boot** [*or* **shoe**] **is on the other** ~ die Situation ist umgekehrt; ***see, the boot is on the other ~ now*** siehst du, das Blatt hat sich gewendet; … **to have feet of clay** auch nur ein Mensch sein, seine Schwächen haben; … **to have the world at one's feet** die Welt in seiner Macht haben; **to put one's best ~ forward** sich anstrengen; … **to never/not put** [*or* **set**] **a ~ wrong** bei ihm/ihr stimmt jeder Schritt, er/sie macht nie einen Fehler; **to drag one's feet** herumtrödeln; … **to think on one's feet** eine schnelle Entscheidung treffen; **to be under sb's feet** zwischen jds Füßen herumlaufen; **my ~** (*dated*) so ein Quatsch! *fam*

Mund <-[e]s, Münder> *m* ❶ ANAT mouth; **etw in den ~ nehmen** to put sth in one's mouth; … ▸ WENDUNGEN: **~ und Nase aufsperren** (*fam*) to gape in astonishment; **aus berufenem ~e** from an authoritative source; **sich** *dat* **den ~ fusselig reden** to talk till one is blue in the face; … **den ~ aufmachen** [*o* **auftun**] to speak up; **den ~ aufreißen** (*sl*) to talk big; **jdm über den ~ fahren** (*fam*) to cut sb short; [**jd ist**] **nicht auf den ~ gefallen** (*fam*) [sb is] never at a loss for words; … **wie aus einem ~e** with one voice, all at once [*or* together]; …

Einleitung des Abschnitts mit den idiomatischen Wendungen, den Redensarten und Sprichwörtern; die Unterstreichung dient als Orientierungshilfe

verschleißen <verschliss, verschlissen> **I.** *vi sein* to wear out **II.** *vt* ❶ (*abnutzen*) ■ **etw** ~ to wear out sth *sep* ❷ (*jds Kräfte verzehren*) ■ **sich** ~ to wear oneself out, to get worn out; ■ **jdn** ~ to wear out sb *sep*, to go through sb

Angabe des Hilfsverbs, mit dem die zusammengesetzten Zeiten gebildet werden

eye [aɪ] **I.** *n* ❶ (*visual organ*) Auge *nt;* ***her ~s flashed with anger*** ihre Augen blitzten vor Zorn … ◆**eye up** *vt* ❶ (*look at carefully*) ■ **to ~ up ⊂ sb/sth** jdn/etw prüfend ansehen [*o* in Augenschein nehmen] [*o pej* beäugen]; **to ~ sb/sth up curiously/thoughtfully/warily** jdn/etw neugierig/nachdenklich/argwöhnisch betrachten ❷ (*look at desiringly*) ■ **to ~ up ⊂ sb/sth** jdn/etw mit begehrlichen Blicken betrachten *geh* ❸ (*look at covetously*) ■ **to ~ up ⊂ sb** jdn mit den Blicken verschlingen, jdn aufdringlich ansehen

Phrasal Verb Eintrag; das Symbol ⊂ gibt an, dass die Reihenfolge von Objekt und Ergänzung auch vertauscht werden kann

Inhalt

Vorwort

Der kompetente Umgang mit Fremdsprachen – insbesondere mit dem Englischen als wichtigste Lingua franca – ist in der heutigen Zeit unabdingbar, um in der Welt besser bestehen zu können. Damit sind Wörterbücher wichtige Hilfsmittel für einen lebendigen Kontakt mit anderen Menschen.

Aufgrund der fortschreitenden Globalisierung ist nicht mehr nur *eine* Variante einer Sprache, wie z.B. das britische Englisch, maßgeblich. Entscheidend ist viel eher, mit welchem Sprecher man es zu tun hat. Daher haben wir in diesem Wörterbuch den Wortschatz aus Großbritannien, den USA, Australien, Neuseeland, Kanada, Deutschland, Österreich und der Schweiz berücksichtigt. Bei den Flexions- und Ausspracheangaben sind in der englischen Quellsprache sowohl Großbritannien als auch die USA berücksichtigt. Bei Übersetzungen ins Englische geben wir systematisch britische und amerikanische Wörter und Schreibweisen an. Bei Übersetzungen ins Deutsche berücksichtigen wir auch österreichische und schweizerische Varianten.

Dieses Wörterbuch zeichnet sich durch sein Reichtum an Wendungen aus: zahlreiche grammatische Anwendungsmuster – sogenannte Konstruktionen –, typische Wortverbindungen – sogenannte Kollokationen –, Beispielsätze und bildliche Redewendungen zeigen den lebendigen Sprachgebrauch auf. Gemäß wichtiger Erkenntnisse aus der Fremdsprachendidaktik und aus der Wörterbuchforschung haben wir konsequent grammatische Konstruktionen und typische Wortverbindungen vollständig angegeben und übersetzt.

In einem internationalen Team von über 60 Experten aus 5 Ländern haben wir dieses Wörterbuch völlig neu entwickelt. Die Ausgangstexte – sowohl für Englisch als auch für Deutsch – enthalten aufgrund laufender Sprachbeobachtung die neuesten Wörter und Bedeutungen. Durch die Einbeziehung elektronischer Textdatenbanken – sogenannte Textkorpora – sind sie lebensnah und auf Vollständigkeit geprüft. Korpusbasierte Anwendungsbeispiele stellen den authentischen Gebrauch des Englischen anschaulich dar.

Verschiedene Fachbereiche wurden berücksichtigt, insbesondere Handel, Finanzen, Recht und EDV.

Wir leben in einer Zeit der Wissensexplosion. Um diesem Phänomen gerecht zu werden, haben wir mit ausführlichem und vielfältigem Zusatzmaterial das lexikographische Wissen um nützliche sprachliche Informationen für den Alltag ergänzt. Formulierungshilfen für die alltägliche Kommunikation sowie Musterbriefe für die Privat- und Geschäftskorrespondenz bieten wir in einem handlichen Extraheft an. Im Wörterbuchanhang befinden sich hilfreiche Sachinformationen wie z.B. Verwaltungseinheiten der englischsprachigen Länder, farbige, zweisprachige Landkarten, Ländernamen, Währungen, Zeitzonen, u.v.a.m.

Wir wünschen Ihnen viel Freude mit diesem Wörterbuch.

Ihre
Ernst Klett Verlag GmbH
Redaktion PONS
Wörterbücher und Selbstlernen Juni 2001

Benutzerhinweise

1. Die Stichwörter

Das Wörterbuch führt nicht nur Wörter, sondern auch einzelne Buchstaben und Abkürzungen als Stichwörter auf, ebenso Kurzwörter, Akronyme, Mehrwortausdrücke und Eigennamen.

D <*pl* -'s>, **d** <*pl* 's *or* -s> [di:] *n* ❶ (*letter*) D *nt,* d *nt;* ~ **for David** [*or* AM **as in Dog**] D für Dora; *see also* **A 1.** ❷ MUS D *nt,* d *nt;* ~ **flat** Des *nt,* des *nt;* ~ **sharp** Dis *nt,* dis *nt; see also* **A 2.** ❸ (*school mark*) ≈ Vier *f,* ≈ ausreichend; *see also* **A 3.** ❹ (*Roman numeral*) D *nt,* d *nt* ❺ ECON, FIN **Schedule** ~ zu versteuernde Einkünfte, die nicht aus Beschäftigungen kommen; **Table** ~ Mustersatzung im Gesetz über Aktiengesellschaften

B, b <-, – *o fam* -s, -s> *nt* ❶ (*Buchstabe*) B [*or* b]; ~ **wie Berta** B for Benjamin BRIT, B as in Baker AM ❷ MUS B flat; ■ **b** (*Erniedrigungszeichen*) flat

BBC [ˌbi:bi:'si:] *n* BRIT *abbrev of* **British Broadcasting Corporation** BBC *f*

ABM <-, -s> *f Abk von* **Arbeitsbeschaffungsmaßnahme** job creation scheme [*or* AM plan]

detox [ˌdi:'tɒks, AM di:'tɑ:ks] *n no pl* (*fam*) ❶ (*treatment*) *short for* **detoxification** Entzug *m fam* ❷ (*place*) *short for* **detoxification centre** Entziehungsanstalt *f*

Reha <-> *f kein pl* MED *kurz für* **Rehabilitation** rehab

WYSIWYG ['wɪziwɪg] COMPUT *acr for* **what you see is what you get** WYSIWYG (*Ausdruck, der besagt, dass exakt der Inhalt eines Bildschirms ausgedruckt wird, so wie angezeigt*)

AStA <-[s], -[s] *o* Asten> ['asta] *m* SCH *Akr von* **Allgemeiner Studentenausschuss** Student Union, NUS BRIT

cafe au lait <*pl* -s> [ˌkæfeɪəʊ'leɪ, AM kæ'feɪoʊ-] *n* Milchkaffee *m*

Fata Morgana <- -, – Morganen *o* -s> *f* ❶ (*Luftspiegelung*) mirage ❷ (*Wahnvorstellung*) fata morgana, hallucination

Danube ['dænju:b] *n no pl* ■ **the** ~ die Donau

Bodensee *m* ■ **der** ~ Lake Constance

2. Die alphabetische Anordnung

Da es kein einheitliches Alphabetisierungsprinzip gibt – Wörterbücher, Telefonbücher und Bibliothekskataloge sind alphabetisch unterschiedlich angeordnet –, ist es notwendig, das in diesem Wörterbuch gültige Alphabetisierungsprinzip zu erläutern:

Unterscheiden sich zwei Wörter nur durch Klein- und Großschreibung, so steht das klein geschriebene Wort vor dem groß geschriebenen.

anon [ə'nɒn, AM -'nɑ:n] *adv inv* (*old*) bald, alsogleich *veraltet geh;* ***see you*** ~ (*hum*) bis demnächst
Anon *n no pl abbrev of* **anonymous**

vermögen *vt irreg* (*geh*) ■ **etw** ~ to be capable of [doing] [*or* be able to do] sth; ■ **~, etw zu tun** to be capable of doing [*or* be able to do] sth
Vermögen <-s, -> *nt* ❶ FIN assets *pl;* (*Geld*) capital *no art, no pl;* (*Eigentum*) property *no art, no pl,* fortune; (*Reichtum*) wealth; **bewegliches** ~ chattels *pl,* movable property; **flüssiges** ~ liquid assets; **gemeinschaftliches/persönliches** ~ common/private property; **öffentliches** ~ property owned by public authorities; **unbewegliches** ~ immovable property, real estate ❷ *kein pl* (*geh*) ■ **jds** ~ sb's ability [*or* capability]; **jds** ~ **übersteigen/über jds** ~ **gehen** to be/go beyond sb's abilities

Die Umlaute ä, ö und ü werden wie Varianten der Vokale a, o und u behandelt und stehen bei diesen. Der einfache Vokal (ohne Trema) steht jeweils vor demjenigen mit Trema.

zahlen I. *vt* ❶ (*be~*) ■ [**jdm**] **etw** [**für etw** *akk*] ~ to pay [sb] sth [for sth]; **seine Miete/Schulden** ~ to pay one's rent/debts; **das Hotelzimmer/Taxi** ~ (*fam*) to pay for a hotel room/taxi …
zählen I. *vt* ❶ (*addieren*) ■ **etw** ~ to count sth; **das Geld auf den Tisch** ~ to count the money on the table ❷ (*geh: Anzahl aufweisen*) ■ **etw** ~ to number *form* sth, to have sth; ***der Verein zählt 59 Mitglieder*** the club has [*or* numbers] 59 members …

Bindestriche, Schrägstriche, Punkte, Kommas und Wortzwischenräume zählen nicht als Buchstaben; sie werden bei der alphabetischen Einordnung ignoriert.

starchy ['stɑːtʃi, AM 'stɑːrtʃi] *adj* ❶ FOOD stärkehaltig ❷ FASHION gestärkt ❸ (*pej fam: formal*) *people* reserviert; ~ **image** angestaubtes Image *fam*
star-crossed *adj inv* (*liter*) unheilvoll *liter;* ■ **to be ~ *this plan was ~ right from the beginning*** dieser Plan war von Anfang an zum Scheitern verurteilt; ~ **lovers** unglücklich Liebende
stardom ['stɑːdəm, AM 'stɑːr-] *n no pl* Starruhm *m,* Leben *nt* als Star

Eck <-[e]s, -e> *nt* ❶ ÖSTERR, SÜDD (*Ecke*) corner ❷ SPORT corner [of the goal]; **das kurze/lange ~** the near/far corner [of the goal] ► WENDUNGEN: **über ~** diagonally
EC-Karte *f Abk von* **Euroscheckkarte** Eurocheque card
Eckball *m* SPORT corner; **einen ~ geben/schießen** to award [*or* give]/take a corner; **einen ~ verwandeln** to score from a corner

accustomed [ə'kʌstəmd] *adj* ❶ *pred* (*used*) ■ **to be ~ to sth** etw gewohnt sein; …
AC/DC [ˌeisiː'diːsiː] **I.** *n no pl* ELEC *abbrev of* **alternating current/direct current** WS/GS **II.** *adj inv* (*fam: bisexual*) bi *fam*
ace [eɪs] **I.** *n* ❶ (*in cards*) Ass *nt;* ~ **of diamonds/clubs/hearts/spades** Karo-/Kreuz-/Herz-/Pikass *nt* ❷ (*fam: expert*) Ass *nt;* **to be an ~ at sth** ein Ass in etw *dat* sein …

am [æm, əm] *vi 1st pers sing of* **be**
a.m. [ˌeɪ'em] *adj inv abbrev of* **ante meridiem** a.m.; ***at 6 ~*** um sechs Uhr morgens
AM [ˌeɪ'em] *n no pl abbrev of* **amplitude modulation** AM *f*

Adoptivkind *nt* adopted [*or* adoptive] child
Adr. *f Abk von* **Adresse** addr.
Adrenalin <-s> *nt kein pl* adrenalin

tomcat ['tɒmkæt, AM 'tɑːm-] *n* Kater *m*
Tom, Dick and Harry *n,* **Tom, Dick or Harry** *n no pl* Hinz und Kunz; **any** [*or* **every**] ~ jeder x-Beliebige
tome [təʊm, AM toʊm] *n* (*usu hum*) Schmöker *m fam;* **weighty ~** dicker Wälzer *fam*

Billion <-, -en> *f* trillion
bim, bam! *interj* ding, dong!
Bimbam *m* ► WENDUNGEN: **ach du heiliger ~!** (*fam*) good grief! *fam*

airhead *n esp* AM (*pej sl*) Dussel *m pej fam,* Hohlkopf *m pej fam;* **a total ~** ein Volltrottel *m pej fam* **air hole** *n* Luftloch *nt* **air hostess** *n* BRIT, AUS (*dated*) Stewardess *f,* Flugbegleiterin *f*
airily ['eərɪli, AM 'er-] *adv* leichthin, abschätzig *pej,* wegwerfend *attr pej;* ***she waved her hand ~*** sie machte eine wegwerfende Handbewegung; …

inopportun *adj* (*geh*) inopportune, ill-timed; **es für ~ halten, etw zu tun** to consider it inappropriate to do sth
in petto *adv* **etw [gegen jdn] ~ haben** (*fam*) to have sth up one's sleeve [for sb] *fam*
in puncto *adv* (*fam*) concerning, with regard to; ■ **~ einer S.** *gen* concerning [*or* with regard to] sth, in so far as sth is concerned

Bei gleicher Schreibung wird die Form mit Punkt, Bindestrich oder Leerschlag nach der Form ohne eingeordnet

bargain basement I. *n* AM *Untergeschoss* (*im Kaufhaus*) *mit Sonderangeboten* **II.** *n modifier* ***I'm selling this at a ~ price*** ich verkaufe dies zu einem Sonderpreis; ~ **prices** Dumpingpreise *mpl* **bargain-basement** *n modifier* (*prices, suit*) Billig-

Abszisse <-, -n> *f* MATH abscissa
Abt, Äbtissin <-[e]s, Äbte> *m, f* abbot *masc,* abbess *fem*
Abt. *f Abk von* **Abteilung** dept.
ab|takeln *vt* ❶ NAUT ■ **etw ~** to unrig sth ❷ (*heruntergekommen*) ■ **abgetakelt** seedy

Eingeklammerte Buchstaben werden bei der alphabetischen Einordnung berücksichtigt. Die Klammern zeigen an, dass das Wort auch in einer Variante ohne den betreffenden Buchstaben existiert.

fledged [fledʒd] *adj inv* ❶ (*able to fly*) *bird* flügge *präd,* flugfähig; *insect* geflügelt ❷ (*fig: mature*) *child* flügge *fam; person* ausgebildet, fertig; **to be fully ~** [völlig] selbständig sein; …
fledg(e)ling ['fledʒlɪŋ] **I.** *n* ❶ (*bird*) Jungvogel *m,* [gerade] flügge gewordener Vogel
flee <fled, fled> [fliː] **I.** *vi* ❶ (*run away*) fliehen; (*seek safety*) flüchten; ***she fled from the room in tears*** sie rannte weinend aus dem Zimmer; …

Essen(s)ausgabe *f* ❶ (*Schalter*) serving counter ❷ *kein pl* (*Verteilung einer Mahlzeit*) serving of meals; ***die ~ ist morgens um 7*** meals are served every morning at 7 **Essen(s)marke** *f* meal [*or* AM ticket] voucher **Essenszeit** *f* mealtime

Kommt in einem Stichwort eine arabische Zahl vor, wird sie so angeordnet wie ihre ausgeschriebene Form

BST [ˌbiːesˈtiː] *n no pl abbrev of* **British Summer Time**
B2B [ˌbiːtəˈbiː] *n modifier abbrev of* **business to business**: ~ **website** B2B-Webseite *f fachspr* (*für Aktionen zwischen Unternehmen*)
B2C [ˌbiːtəˈsiː] *n modifier abbrev of* **business to customer**: ~ **website** B2C-Webseite *f fachspr* (*für Aktionen zwischen Unternehmen und Endverbrauchern*)
B2E [ˌbiːtəˈiː] *n modifier abbrev of* **business to employee**: ~ **website** B2E-Webseite *f fachspr* (*für Aktionen zwischen Unternehmen und ihren Mitarbeitern*)
bub [bʌb] *n* AM (*dated fam*) Freundchen *nt meist hum fam*

dreieckig, 3-eckig[RR] *adj* triangular
Dreieckstuch *nt* ❶ MODE triangular shawl ❷ MED triangular bandage

Viele Substantive, die Tätigkeiten oder – im weitesten Sinne – Verhaltensweisen bezeichnen, existieren in männlicher und weiblicher Form; dasselbe gilt für Berufsbezeichnungen. Im englisch-deutschen Teil werden beide Formen sowie ggf. ihre geschlechtsneutrale Variante an ihrer richtigen alphabetischen Stelle aufgeführt. In der Übersetzung wird die Femininform ggf. mitberücksichtigt.

chairman *n* Vorsitzende(r) *m;* (*of a company*) Vorstand *m* **chairmanship** *n* Vorsitz *m;* ***his ~ of the commission lasted for two years*** er leitete die Kommission zwei Jahre lang; **to meet under the ~ of sb** unter jds Vorsitz [*o* dem Vorsitz von jdm] tagen **chairperson** *n* Vorsitzende(r) *f(m)* **chairwoman** *n* Vorsitzende *f*

Im deutsch-englischen Teil werden beide Formen in der Regel in einem gemeinsamen Eintrag aufgeführt und übersetzt. Hierbei steht die weibliche Form mitunter nicht an ihrer alphabetisch korrekten Stelle.

Fạch <-[e]s, Fächer> *nt* ❶ (*Unterteilung*) *Tasche, Brieftasche, Portmonnee* pocket; *Schrank, Regal* shelf; (*Ablegefach*) pigeonhole; *Automat* drawer …
Fạcharbeiter(in) *m(f)* skilled worker **Fạcharbeiterbrief** *m* certificate of proficiency …

Zusammengesetzte Stichwörter, deren erster Wortteil gleich ist und die alphabetisch aufeinander folgen, werden in Gruppen zusammengefasst.

delivery address *n* Lieferungsanschrift *f* **delivery boy** *n* (*of newspapers, brochures*) Austräger *m* **delivery charges** *npl* Versandkosten *pl* **deliveryman** *n* Ausfahrer *m,* Fahrer *m* **delivery month** *n* ECON, FIN Liefermonat *m* **deliveryperson** *n* Lieferant(in) *m(f),* Lieferer, -in *m, f* **delivery room** *n,* **delivery suite** *n,* **delivery unit** *n* Kreissaal *m* **delivery van** *n* Lieferwagen *m*

Dụftmarke *f* JAGD scent mark **Dụftmischung** *f* potpourri **Dụftnote** *f* ❶ (*Duft von besonderer Prägung*) [a particular type of] scent [*or* fragrance]; **…** **Dụftreis** *m* basmati rice **Dụftsensation** *f* fragrant sensation **Dụftstoff** *m* ❶ CHEM aromatic substance ❷ BIOL scent, odour [*or* AM -or] **Dụftstreifen** *m* fragrance strip **Dụftwasser** *nt* (*hum*) perfume, scent, BRIT toilet water **Dụftwolke** *f* cloud of perfume

Verschiedene Schreibweisen eines Wortes werden an alphabetisch korrekter Stelle angegeben und erscheinen nur dann gemeinsam, wenn im Alphabet kein anderes Stichwort dazwischen kommt.

accurately [ˈækjərətli, AM -jɚ-] *adv* ❶ (*precisely*) genau, exakt ❷ (*correctly*) richtig ❸ (*without missing*) *hit* zielgenau
accursed [əˈkɜːsɪd, AM əˈkɜːrst] *adj,* **accurst** [əˈkɜːst, AM əˈkɜːrst] *adj* (*old*) ❶ (*liter: bewitched*) verflucht, verwünscht …
accusation [ˌækjʊˈzeɪʃᵊn] *n* ❶ (*charge*) Beschuldigung *f,* Anschuldigung *f;* LAW Anklage *f* (**of** wegen *+gen*); **to make an ~ against sb** jdn beschuldigen; …

Minutenzeiger *m* minute hand
minutiös, minuziös **I.** *adj* (*geh*) meticulously exact [*or* detailed] **II.** *adv* (*geh*) meticulously
Mịnze <-, -n> *f* BOT mint *no pl*

Andernfalls wird von der selteneren Variante auf die frequentere verwiesen.

espresso [esˈpresəʊ, AM -soʊ] *n* ❶ *no pl* (*strong coffee*) Espresso *m* ❷ (*cup of coffee*) Espresso *m kein pl* ❸ (*coffee machine*) Espressomaschine *f*

expresso *n see* **espresso**

bäuerisch *adj s.* **bäurisch**

bäurisch *adj* (*pej*) boorish, oafish

Zwei Ausnahmen zu dem sonst konsequent durchgeführten strikt alphabetischen Prinzip bilden im englisch-deutschen Teil die amerikanischen Schreibungen und die Phrasal Verbs.

Amerikanische Schreibvarianten

Die amerikanische Schreibung wird zweimal aufgeführt, einmal an alphabetischer Stelle mit einem Verweis auf die britische Schreibung, und einmal im Eintrag mit der britischen Schreibung. Die vollständige Behandlung des Stichworts findet dann im Eintrag mit der britischen Schreibung statt. Als Zusatzinformation wird hier die amerikanische Schreibung neben der britischen nochmals aufgeführt. Hierbei wird die alphabetische Anordnung durchbrochen.

aesthetic [iːs'θetɪk, AM es'θet̬-], AM *also* **esthetic** *adj* ästhetisch

esthetic *adj* AM *see* **aesthetic**

Phrasal Verbs

Feste Verbindungen von Verb und Adverb bzw. Präposition (sog. Phrasal Verbs) werden am Ende des Eintrags für das Grundverb in einer eigenen, in sich alphabetisch geordneten Kategorie zusammengefasst. Um ein Auffinden des jeweiligen Phrasal Verbs zu erleichtern, ist jeder Phrasal Verb Eintrag mit einer Raute markiert und gänzlich ausgeschrieben. Jeder Phrasal Verb Eintrag fängt auf einer neuen Zeile an. In den Kontextangaben steht für das Verb eine Tilde, die Ergänzung wird wiederholt.

ask [ɑːsk, AM æsk] **I.** *vt* ❶ (*request information*) ■ **to ~ [sb] sth** [*or form* **sth [of sb]**] [jdn] etw fragen …
◆**ask after** *vi* ■ **to ~ after sb** sich *akk* nach jdm erkundigen
◆**ask around** *vi* herumfragen *fam;* ■ **to ~ around for sb/sth** überall nach jdm/etw fragen
◆**ask in** *vt* ■ **to ~ sb in** jdn hereinbitten; **to ~ sb in for a coffee** jdn auf einen Kaffee hereinbitten [*o* einladen]
◆**ask out** *vt* **to ~ sb out for dinner/to the cinema** jdn ins Restaurant/ins Kino einladen; ***I'd like to ~ her out*** ich würde gern mit ihr ausgehen
◆**ask over**, BRIT *also* **ask round** *vt* (*fam*) ■ **to ~ sb over** [*or* **round**] jdn [zu sich *dat*] einladen
askance [ə'skæn(t)s] *adv* ❶ (*distrustfully*) misstrauisch; **to look ~ at sb/sth** jdn/etw misstrauisch anschauen ❷ (*disapprovingly*) missbilligend; **to look ~ at sb** jdn schief ansehen *fam* ❸ (*sideways*) seitwärts; **to glance at sb ~** jdn von der Seite anblicken

3. Besondere Zeichen in und an den Stichwörtern

3.1. Die Rechtschreibreform

Dieses Wörterbuch berücksichtigt die im Juli 1996 in Wien beschlossene Neuregelung der deutschen Rechtschreibung sowie die Richtlinien bei Zweifelsfällen von der Zwischenstaatlichen Kommission für deutsche Rechtschreibung.

In den nächsten Jahren werden die alten und die neuen Schreibweisen nebeneinander existieren, denn die Buch- und Zeitungsverlage werden sich unterschiedlich schnell umstellen. Aus diesem Grund führt das Wörterbuch die von der Rechtschreibreform betroffenen Wörter sowohl in der alten als auch in der neuen Schreibung auf. Die Benutzer haben somit die Möglichkeit, die ihnen jeweils vorliegende Form eines Worts nachzuschlagen.

Um zu vermeiden, dass sich das Wörterbuch durch diese notwendigen doppelten Nennungen zu sehr aufbläht, wurde ein umfassendes Verweissystem eingearbeitet, das die Benutzer von der alten zur neuen Schreibung führt (sofern alt und neu alphabetisch nicht unmittelbar aufeinander folgen). Bei der neuen Schreibung finden sie dann die gesuchte Übersetzung.

Die alte Schreibung wird durch eine graue Rasterung kenntlich gemacht, die neue durch das hochgestellte Zeichen RR für Rechtschreibreform.

belemmert *adj* (*sl*) *s.* **belämmert**
belämmertRR *adj* (*sl*) ❶ (*betreten*) sheepish, embarrassed ❷ (*scheußlich*) lousy; ***dieses ~e Wetter!*** the stupid [*or fam* lousy] [*or sl* shitty] weather!

Alte Schreibungen werden nur bei einfachen, nicht bei zusammengesetzten Wörtern (Komposita) gekennzeichnet.

Die „alten" Komposita „Flußkrebs" und „Flußpferd" werden nicht mehr als Stichworter aufgeführt, sondern nur die neuen Schreibungen „Flusskrebs" und „Flusspferd".

FlusskrebsRR *m* crayfish **Flusspferd**RR *nt* hippopotamus

Wenn die Benutzer Schwierigkeiten haben, ein zusammengesetztes Wort in seiner neuen Schreibung aufzufinden, können sie auf das Grundwort in seiner alten Schreibung (also Fluß) zurückgehen; dort finden sie den Verweis auf die neue Schreibung.

Flụss[RR] <-es, Flụsse> *m*, **Flụß** <-sses, Flụsse> *m* ❶ (*Wasserlauf*) river; **den ~ aufwärts/abwärts fahren** to travel upriver/downriver [*or* upstream/ downstream]; ...

Eine der wichtigsten Veränderungen, die die Rechtschreibreform im Hinblick auf ein Wörterbuch bringt, betrifft die Zusammen- und Getrenntschreibung. In zahlreichen Fällen wird aus einem bisher zusammengeschriebenen Wort ein kleines Syntagma, d. h. eine Fügung aus mehreren Wörtern, die kein Stichwort mehr ist, sondern nun innerhalb des Eintrags steht. Das Auffinden solch einer Fügung wird dadurch erleichtert, dass bei dem Stichwort alter Schreibung ein präziser Verweis die genaue Position der Fügung angibt.

allgemeinbildend *adj* SCH *s.* **allgemein II 2**
allgemein **I.** *adj* ... **II.** *adv* ... ❷ (*nicht spezifisch*) generally; ***der Vortrag war leider sehr ~ gehalten*** unfortunately the lecture was rather general [*or* lacked focus]; **eine ~ bildende Schule** *a school providing a general rather than specialized education;* **~ medizinisch** general medical *attr*

Umgekehrt werden durch die Rechtschreibreform bisherige Syntagmen, also getrennt geschriebene Fügungen, in neue Stichwörter umgewandelt. Hier findet eine Verschmelzung statt. Die „alte" Fügung wird nicht durch Rasterung gekennzeichnet, weil diese Markierung, wie bereits gesagt, nur auf der Ebene der Stichwörter verwendet wird.

dienstagabends[RR] *adv* [on] Tuesday evenings

3.2 Betonungszeichen

Der tiefgestellte Strich kennzeichnet einen Diphthong (Zwielaut: ai, ei, eu, au, äu) oder einen langen Vokal (Selbstlaut), der tiefgestellte Punkt einen kurzen Vokal.

verknautschen* **I.** *vt* ■**etw** ~ to crease [*or* crumple] sth; (*unabsichtlich a.*) to get sth creased ...

Fassade <-, -n> *f* ❶ (*Vorderfront eines Gebäudes*) façade, front ❷ (*äußerer Schein*) façade, front; **nur ~ sein** to be just [a] show

Gọ̈ttin <-, -nen> *f fem form von* **Gott** goddess

Verschiedene Betonungsmöglichkeiten werden hintereinander angegeben.

dụrchaus, durchaus *adv* ❶ (*unbedingt*) definitely; ***hat er sich anständig benommen? — ja ~*** did he behave himself [properly]? — yes, perfectly [*or* absolutely]; ...

3.3. Grammatische Zeichen

Der feine Strich kennzeichnet den ersten Teil bei trennbaren Verben.

dụrch|blicken *vi* ❶ (*hindurchsehen*) ■[**durch etw**] ~ to look through [sth] ❷ (*geh: zum Vorschein kommen*) to show [*or* peep through] ...

Das hochgestellte Sternchen zeigt an, dass das Partizip Perfekt des Verbs ohne ge- gebildet wird.

verkrạften* *vt* ■**etw** ~ ❶ (*innerlich bewältigen*) to cope with sth ❷ (*aushalten*) to cope with [*or* stand] sth; ***ich könnte ein Bier ~*** (*hum*) I could do with a beer

Hochgestellte arabische Ziffern machen gleich geschriebene Wörter mit unterschiedlichen Bedeutungen (Homographen) kenntlich.

incense[1] ['ɪnsen(t)s] *n no pl* ❶ (*substance*) Räuchermittel *nt;* (*in church*) Weihrauch *m;* **stick of ~** Räucherstäbchen *nt*...
incense[2] [ɪn'sen(t)s] *vt* ■**to ~ sb** jdn empören [*o* aufbringen]; **to be ~d by** [*or* **at**] **sb/sth** über jdn/ etw erbost [*o* aufgebracht] sein; ...

Kabinẹtt[1] <-s, -e> *nt* ❶ POL (*Kollegium der Minister*) cabinet ❷ KUNST (*kleiner Raum im Museum*) gallery
Kabinẹtt[2] <-s, -e> *m* KOCHK *special quality German wine*

4. Besondere Zeichen im Eintrag

Unregelmäßige Pluralformen, Verb- und Steigerungsformen werden in spitzen Klammern angegeben

get <got, got *or* AM, CAN *usu* gotten> [get] ❶ (*obtain*) ■ **to ~ sth** etw erhalten; …

verschleißen <verschliss, verschlissen> **I.** *vi sein* to wear out **II.** *vt* ❶ (*abnutzen*) …

Grammatische Konstruktionen sind mit einem Kästchensymbol markiert

experienced [ɪk'spɪəriən(t)st, ek-, AM -'spɪr-] *adj* (*approv*) erfahren; **an ~ eye** ein geschultes Auge; **someone ~** *applicant* jemand mit mehr Erfahrung; ■ **to be ~ at** [*or* **in**] **sth** Erfahrung in etw *dat* haben, in etw *dat* erfahren sein

japsen *vi* (*fam*) ■ [**nach etw**] ~ to gasp [for sth]; ***er tauchte aus dem Wasser und japste nach Luft*** he surfaced gasping for air

Bei Phrasal Verb Einträgen im englisch-deutschen Teil gibt das Symbol ⟲ an, dass die Reihenfolge von Objekt und Ergänzung auch vertauscht werden kann. Im Beispiel unten sind möglich: *to eye up sb/sth* und *to eye sb/sth up.*

eye [aɪ] **I.** *n* ❶ (*visual organ*) Auge *nt*; ***her ~s flashed with anger*** ihre Augen blitzten vor Zorn … ◆**eye up** *vt* ❶ (*look at carefully*) ■ **to ~ up ⟲ sb/sth** jdn/etw prüfend ansehen [*o* in Augenschein nehmen] [*o pej* beäugen]; **to ~ sb/sth up curiously/thoughtfully/warily** jdn/etw neugierig/nachdenklich/argwöhnisch betrachten ❷ (*look at desiringly*) ■ **to ~ up ⟲ sb/sth** jdn/etw mit begehrlichen Blicken betrachten *geh* ❸ (*look at covetously*) ■ **to ~ up ⟲ sb** jdn mit den Blicken verschlingen, jdn aufdringlich ansehen

Einige besonders umfangreiche Einträge sind zur leichteren Orientierung besonders benutzerfreundlich dargestellt

call [kɔːl, AM *esp* kɑːl]

I. NOUN **II.** TRANSITIVE VERB
III. INTRANSITIVE VERB

I. NOUN

❶ (*on telephone*) [Telefon]anruf *m*, [Telefon]gespräch *nt*, Telefonat *nt*; ***were there any ~s for me?*** hat jemand für mich angerufen?; ***will you take the ~?*** nehmen Sie das Gespräch an?; ***international ~s have become cheaper*** Auslandsgespräche sind billiger geworden; **to give sb a ~** jdn anrufen; **to make a ~** einen Anruf tätigen, ein Telefongespräch führen; **to receive a ~** einen Anruf erhalten, angerufen werden; ***the radio station received a lot of ~s*** bei dem Radiosender gingen viele Anrufe ein; **to return a ~** zurückrufen ❷ (*by doctor*) Hausbesuch *m*; (*on a friend*) Stippvisite *f fam*; **to make ~s** Hausbesuche machen; **to pay a ~ on sb** bei jdm vorbeischauen ❸ (*shout*) Ruf *m*; (*yell*) Schrei *m*; *of an animal* Ruf *m*, Schrei *m*; ***give a ~ if you need something*** melde dich, wenn du etwas brauchst; **duck ~** HUNT Entenlockpfeife *f*, Entenlocke *f fachspr*; **a ~ for help** ein Hilferuf *m*; **within ~** in Rufweite [*o* Hörweite] ❹ (*to wake*) **to give sb a ~** jdn wecken …

ziehen <zog, gezogen>

I. TRANSITIVES VERB **II.** INTRANSITIVES VERB
III. UNPERSÖNLICHES INTRANSITIVES VERB
IV. UNPERSÖNLICHES TRANSITIVES VERB
V. REFLEXIVES VERB

I. TRANSITIVES VERB

❶ *haben* (*hinter sich her schleppen*) to pull; ***die Kutsche wurde von vier Pferden gezogen*** the coach was drawn by four horses ❷ *haben* (*bewegen*) **den Hut ~** to raise [*or* to take off] one's hat; **den Choke/Starter ~** to pull out the choke/starter; **die Handbremse ~** to put on the handbrake; ■ **jdn/etw irgendwohin ~** to pull sb/sth somewhere; ***sie zog das Kind an sich*** she pulled the child to[wards] her; ***die Knie in die Höhe ~*** to raise one's knees; **die Stirn kraus/in Falten ziehen** to knit one's brow ❸ *haben* (*Richtung ändern*) ***er zog das Auto in letzter Minute nach rechts*** at the last moment he pulled the car to the right; ***der Pilot zog das Flugzeug nach oben*** the pilot put the plane into a climb; **etw ins Komische ~** to ridicule sth ❹ *haben* (*zerren*) ■ **jdn an etw** *dat* **~** to drag sb to sth; ***das Kind zog mich an der Hand zum Karussell*** the child dragged me by the hand to the carousel; ***warum ziehst du mich denn am Ärmel?*** why are you tugging at my sleeve?; ***der Felix hat mich an den Haaren gezogen*** Felix pulled my hair ❺ *haben* (*ab~*) ■ **etw von etw ~** to pull sth [off sth]; ***den Ring vom Finger ~*** to pull one's ring off [one's finger] ❻ *haben* (*hervorholen*) ■ **etw** [**aus etw**] **~** to pull sth [out of sth]; ***sie zog ein Feuerzeug aus der Tasche*** she took a lighter out of her pocket/bag …

5. Aufbau der Einträge

5.1. Römische Ziffern

Mit Hilfe der römischen Ziffern wird ein Eintrag unter grammatischen Gesichtspunkten gegliedert. Die Ziffern zeigen also verschiedene grammatische Funktionen des Stichworts an:

Unterschiedliche Wortarten wie z. B. Adjektiv und Präposition werden mit römischen Ziffern voneinander unterschieden.

another [əˈnʌðəʳ, AM -ðɚ] **I.** *adj* ❶ (*one more*) noch eine(r,s); ***can I have ~ piece of cake, please?*** kann ich bitte noch ein Stück Kuchen haben?; ... **II.** *pron* ❶ (*different one*) ein anderer/eine andere/ein anderes; ***moving from one place to ~*** von einem Ort zu einem anderen umziehen ...

wạ̈hrend I. *präp +gen* during **II.** *konj* ❶ (*zur selben Zeit*) while ❷ (*wohingegen*) whereas; ***er trainiert gerne im Fitnessstudio, ~ ich lieber laufen gehe*** he likes to work out in the gymn, whereas I prefer to go for a run

Bei Verben wird zwischen transitiv, intransitiv und reflexiv unterschieden.

◆fly in I. *vi* einfliegen; ***my wife's flying in from New York tonight*** meine Frau kommt heute Abend mit dem Flugzeug aus New York **II.** *vt* ■ **to ~ in** ◌ **sth** etw einfliegen; ***the restaurant flies its fish in daily from Scotland*** das Restaurant lässt seinen Fisch täglich aus Schottland einfliegen

erschrẹcken I. *vt* <erschrẹckte, erschrẹckt> *haben* ❶ (*in Schrecken versetzen*) ■ **jdn ~** to give sb a fright ❷ (*bestürzen*) ■ **jdn ~** to alarm sb, to shock sb **II.** *vi* <erschrịckt, erschrẹckte *o* erschrạk, erschrẹckt *o* erschrọcken> *sein* ■ **[vor jdm/etw/bei etw]** ~ to get a fright [from sb/sth/on account of sth]; ~ ***Sie nicht, ich bin's nur!*** don't get a fright, it's only me! **III.** *vr* <erschrịckt, erschrẹckte, erschrẹckt *o* erschrọcken> *haben* (*fam: einen Schrecken bekommen*) ■ **sich [über etw** *akk*] ~ to be schocked [by sth]

Attributiv verwendete Substantiva, sog. *noun modifiers* werden ebenfalls in einer separaten Kategorie behandelt

household I. *n* Haushalt *m* **II.** *n modifier* (*appliance, member*) Haushalts-; (*expense, task, waste*) häuslich; ~ **chores** Hausarbeit *f*; ~ **items** [*or* **goods**] Hausrat *m*

Bei den Adjektiven wird der adverbiale Gebrauch kenntlich gemacht.

groß̱zügig I. *adj* ❶ (*generös*) generous, ein *~es Trinkgeld*, a generous [*or* handsome] tip ❷ (*nachsichtig*) lenient ❸ (*in großem Stil*) grand; **ein ~er Plan** a large-scale plan **II.** *adv* ❶ (*generös*) generously ❷ (*nachsichtig*) leniently ❸ (*weiträumig*) spaciously

5.2. Arabische Ziffern

Die arabischen Ziffern kennzeichnen die unterschiedlichen Bedeutungen des Stichworts innerhalb einer Wortart. Die eingeklammerten Angaben in kursiver Schrift (oder - in anderen Fällen - die abgekürzten Sachgebietshinweise) erläutern, welche Bedeutung jeweils vorliegt.

ice [aɪs] **I.** *n no pl* ❶ (*frozen water*) Eis *nt;* (*ice cubes*) Eis *nt*, Eiswürfel *m;* ***my hands are like ~*** meine Hände sind eiskalt ❷ BRIT (*ice cream*) Eis *nt*, Eiscreme *f* ❸ AM (*fam*) Diamant[en] *m[pl]* ► PHRASES: **to be treading** [*or* **skating**] **on thin ~** sich *akk* auf dünnem Eis bewegen; **to break the ~** das Eis zum Schmelzen bringen; **sth cuts no ~ with sb** etw lässt jdn ziemlich kalt; **to put sth on ~** etw auf Eis legen **II.** *vt* ❶ FOOD ■ **to ~ sth** etw glasieren [*o* mit einer Glasur überziehen] ❷ SPORTS **to ~ the puck** den Puck glatt ans andere Ende schlagen

Gạbe <-, -n> *f* ❶ (*geh: Geschenk*) gift, present; REL offering; **eine milde ~** alms *pl*, a small donation *hum* ❷ (*Begabung*) gift; ■ **die ~ einer S.** *gen* **haben** to have a gift for sth; **die ~ des Erzählens/der Überredungskunst** the gift of the gab *fam*/of persuasion; **die ~ haben, etw zu tun** to have a [natural] gift of doing sth ❸ *kein pl* MED (*das Verabreichen*) administering *no indef art, no pl* ❹ SCHWEIZ (*Preis, Gewinn*) prize

5.3. Phraseologischer Block

Ein schwarzes Dreieck leitet den Block der festen Wendungen ein. Dies sind in der Regel bildhafte Redewendungen, die sich nur schwer oder gar nicht auf die Grundbedeutung (oder -bedeutungen) des Stichworts zurückführen lassen. Die Unterstreichung dient der besseren Orientierung im Wendungsblock. Sie hebt die sogenannten Ordnungswörter hervor, die nach einem bestimmten System angeordnet sind:

Stichwort + Substantiv
Stichwort + Adjektiv/Adverb
Stichwort + Verb
Stichwort + Präposition
Rest

foot [fʊt] **I.** *n* <*pl* feet> [*pl* fi:t] ❶ (*limb*) Fuß *m;* … ▶ PHRASES: **the boot** [*or* **shoe**] **is on the other** ~ die Situation ist umgekehrt; ***see, the boot is on the other ~ now*** siehst du, das Blatt hat sich gewendet; … **to have feet of clay** auch nur ein Mensch sein, seine Schwächen haben; … **to have the world at one's feet** die Welt in seiner Macht haben; **to put one's best ~ forward** sich anstrengen; … **to never/not put** [*or* **set**] **a ~ wrong** bei ihm/ihr stimmt jeder Schritt, er/sie macht nie einen Fehler; **to drag one's feet** herumtrödeln; … **to think on one's feet** eine schnelle Entscheidung treffen; **to be under sb's feet** zwischen jds Füßen herumlaufen; …

Mund <-[e]s, Münder> *m* ❶ ANAT mouth; **etw in den ~ nehmen** to put sth in one's mouth; … ▶ WENDUNGEN: ~ **und Nase aufsperren** (*fam*) to gape in astonishment; **aus berufenem ~e** from an authoritative source; **sich** *dat* **den ~ fusselig reden** to talk till one is blue in the face; … **den ~ aufmachen** [*o* **auftun**] to speak up; **den ~ aufreißen** (*sl*) to talk big; **jdm über den ~ fahren** (*fam*) to cut sb short; **[jd ist] nicht auf den ~ gefallen** (*fam*) [sb is] never at a loss for words; … **wie aus einem ~e** with one voice, all at once [*or* together]; …

6. Wegweiser zur richtigen Übersetzung

Übersetzungen, die, nur durch Kommas getrennt, nebeneinander stehen, sind gleichbedeutend und somit austauschbar.

fortnight ['fɔ:tnaɪt, AM 'fɔ:rt-] *n usu sing esp* BRIT, AUS zwei Wochen, vierzehn Tage; …

Karaffe <-, -n> *f* decanter, carafe

6.1. Sachgebietsangaben

Sachgebietsangaben zeigen an, auf welchen Wissensbereich sich die vorliegende Wortbedeutung und ihre Übersetzung beziehen.

circuit ['sɜ:kɪt, AM 'sɜ:r-] *n* ❶ (*closed system*) Kreis[lauf] *m;* ELEC Schaltsystem *nt* ❷ SPORTS Rennstrecke *f;* **to do a ~** eine Runde drehen …

Kindersitz *m* ❶ AUTO (*Rücksitzaufsatz*) child safety seat ❷ (*Fahrradaufsatz*) child-carrier seat

6.2. Bedeutungshinweise

Bedeutungshinweise sind notwendig bei Stichwörtern, die mehr als eine Bedeutung – mit jeweils unterschiedlichen Übersetzungen – haben. Die Hinweise stehen hinter den arabischen Ziffern in runden Klammern. Sie geben an, für welche Bedeutung des Stichworts die Übersetzung gilt.

hullabaloo ['hʌləbəlu:] *n usu sing* (*dated*) ❶ (*noise*) Lärm *m;* **to make a ~** einen Riesenlärm veranstalten *fam* ❷ (*commotion*) Trara *nt fam* (**about/over** um +*akk*)

keck *adj* ❶ (*vorlaut*) cheeky, saucy ❷ (*provokant*) bold

6.3. Kursive Angaben

Mitunter ist es nicht möglich, für das Stichwort eine einzige, allgemein gültige Übersetzung anzugeben, weil es je nach Kontext anders übersetzt werden muss. In diesem Fall werden die verschiedenen Übersetzungen des Stichworts aufgeführt, wobei kursive Wörter den jeweiligen Kontext angeben, von dem die einzelne Übersetzung abhängt. Diese kursiven, nicht übersetzten Wörter nennt man Kollokatoren; darunter versteht man Wörter, die mit dem Stichwort eine enge, typische Verbindung eingehen und oft mit ihm zusammen vorkommen. Folgende Typen von Kollokatoren führen in diesem Werk zur richtigen Übersetzung.

6.3.1. In Verbeinträgen: typische Subjekte des Verbs oder des verbalen Ausdrucks

fizzle ['fɪzl] *vi* zischen
◆**fizzle out** *vi fireworks, enthusiasm* verpuffen; *attack, campaign, plan* im Sand verlaufen; *interest* stark nachlassen [*o* zurückgehen]; …

spritzen I. *vi* ❶ *haben* (*in Tropfen auseinandersieben*) *Regen, Schlamm* to spray; *Fett* to spit ❷ *sein* (*im Strahl gelangen*) *Wasser* to spurt; (*aus einer Wasserpistole*) to squirt …

6.3.2. In Verbeinträgen: typische direkte Objekte des Verbs

dry [draɪ] ... **III.** *vt* <-ie-> ■**to** ~ **sth** etw trocknen; *fruit, meat* etw dörren; (*dry out*) etw austrocknen; (*dry up*) etw abtrocknen; ~ ***your eyes!*** hör auf zu weinen!, wisch dir die Tränen ab!; **to** ~ **the dishes** [das Geschirr] abtrocknen; ...

gra̱ben <gru̱b, gegra̱ben> **I.** *vi* ❶ (*Erde ausheben*) to dig ❷ (*durch Graben suchen*) ■**nach etw** *dat* ~ to dig for sth **II.** *vt* ❶ (*ausheben*) ■**etw** ~ to dig sth; ...

6.3.3. In Adjektiveinträgen: Substantive, die typischerweise zusammen mit dem Adjektiv vorkommen

soft [sɒft, AM sɑːft] *adj* ❶ (*not hard*) weich; ***the icecream had gone*** ~ das Eis war geschmolzen; ~ **contact lenses** weiche Kontaktlinsen; ~ **tissue** MED Weichteile *pl* ❷ (*smooth*) weich; *cheeks, skin* zart; *cloth, dress* weich; *leather* geschmeidig; **...**

sta̱ch(e)lig *adj Rosen* thorny; *Kakteen, Tier* spiny, spinous *spec;* (*mit kleineren Stacheln*) prickly

6.3.4. In Substantiveinträgen: typische Genitivanschlüsse

hum [hʌm] ... **III.** *n* Summen *nt kein pl; of machinery* Brummen *nt kein pl; of insects* Summen *nt kein pl; of a conversation* Gemurmel *nt kein pl; of a small machine* Surren *nt kein pl;* **the** ~ **of traffic** das Brausen des Verkehrs

Sto̱rno <-s, Sto̱rni> *m o nt Reise, Auftrag* cancellation; *einer Buchung* reversal

7. Beschreibende Angaben zu Quell- und Zielsprache

7.1. Stilangaben

Weicht ein Stichwort von der neutralen Standardsprache ab, so wird dies grundsätzlich angegeben. Die Angaben erfolgen sowohl in der Quell- als auch in der Zielsprache. Stilangaben zu Beginn eines Eintrags oder einer Kategorie (d. h. eines römisch oder arabisch bezifferten Absatzes) beziehen sich auf den gesamten Eintrag oder auf den gesamten Absatz.

agony aunt *n* BRIT (*fam*) Briefkastentante *f hum fam,* Kummerkastentante *f hum fam*

verkna̱llen* (*fam*) **I.** *vt* (*verschwenden*) ■**etw** ~ to squander sth **II.** *vr* (*sich verlieben*) ■**sich [in jdn]** ~ to fall head over heels in love [with sb]; ■**[in jdn] verknallt sein** to be head over heels in love [with sb], to be crazy [*or fam* nuts] about sb

poet	bezeichnet poetischen Sprachgebrauch, wie er nur in der Lyrik vorkommt, z. B. *o'er, morn, mead*	Deutsch: *Antlitz, Lenz*
liter	bezeichnet literarischen Sprachgebrauch, wie er nur in Romanen zu finden ist, z. B. *to beseech, to doff one's hat*	Deutsch: *Blendung*
geh	–	bezeichnet im Deutschen gehobenen Sprachgebrauch, sowohl in der gesprochenen als auch in der geschriebenen Sprache, wie er bei gewählter Ausdrucksweise üblich ist, z. B. *eruieren, Diskrepanz*
form	bezeichnet im Englischen gehobenen Sprachgebrauch, sowohl in der gesprochenen als auch in der geschriebenen Sprache, wie er bei gewählter Ausdrucksweise üblich ist, z. B. *peruse, mordacity*	bezeichnet im Deutschen förmlichen Sprachgebrauch, wie er im amtlichen Schriftverkehr, auf Formularen oder in formellen Ansprachen üblich ist, z. B. *Bewirtung, Postwertzeichen, wohnhaft sein*
fam	bezeichnet umgangssprachlichen Sprachgebrauch, wie er zwischen Familienmitgliedern und Freunden in zwangloser Unterhaltung und in privaten Briefen verwendet wird, z.B: *to shut up, to rip sb off*	Deutsch: *doof, jdn übers Ohr hauen, total (sehr)*
fam!	bezeichnet im Englischen stark umgangssprachlichen, saloppen Sprachgebrauch, e.g. *take the piss out of sb.*	–
sl	bezeichnet im Englischen Slang oder Jargon, z.B: *to sock sb one*	bezeichnet im Deutschen stark umgangssprachlichen, saloppen Sprachgebrauch oder die Ausdrucksweise bestimmter Gruppen, z. B. Jugendliche, e.g. *flennen; jdm eine ballern, Bruchbude*
derb	–	bezeichnet im Deutschen einen sehr saloppen Sprachgebrauch, der nur von meist jüngeren Sprechern untereinander verwendet wird. Dieser Stil wirkt leicht flapsig und kann daher Anstoß erregen, z. B. *Fresse, krepieren*
vulg	bezeichnet Wörter, die allgemein als vulgär gelten und daher tabu sind. Ihr Gebrauch erregt meist Anstoß.	

7.2. Altersangaben

Es wird in beiden Sprachen grundsätzlich angegeben, wenn ein Wort oder Ausdruck nicht mehr dem heutigen Sprachgebrauch entspricht.

balderdash ['bɔːldədæʃ, AM 'bɔːldɚ-] *n no pl* (*dated*) Blödsinn *m pej fam*, Quatsch *m fam*

echauffieren* [eʃɔ'fiːrən] *vr* (*veraltet*) ■ **sich [über jdn/etw]** ~ to get worked up [*or form* to excite oneself] [about sb/sth]

veraltend *dated*	bezeichnet einen Sprachgebrauch, wie er von der Altersgruppe der 50 bis 65-jährigen benutzt wird, z.B: *Biene (nettes Mädchen), öffentliche Bedürfnisanstalt*, Englisch: *a brick (ein famoser Mensch)*. Es handelt sich um Wörter, die noch im Gebrauch sind, die aber etwas altmodisch klingen.
veraltet *old*	bezeichnet ein Wort oder einen Ausdruck, der heutzutage nicht benutzt, aber durchaus noch verstanden wird, z. B. *Abort, Backfisch*, Englisch: *to wait on sb (jdn besuchen), brigand (Bandit)*
hist	für Wörter, die gar nicht mehr im Gebrauch sind, z. B. *Ceylon, Checkpoint Charlie, Ecu, Dienstleistungsabend*

7.3. Rhetorische Angaben

Viele Wörter und Wendungen können in einer bestimmten Sprechabsicht verwendet werden. In diesen Fällen wird bei der Quellsprache ein entsprechender Vermerk gemacht. Rhetorische Absichten in der Zielsprache werden ebenfalls kenntlich gemacht.

euph	bezeichnet verhüllenden Sprachgebrauch; statt des eigentlichen Worts wird stellvertretend dieser beschönigende Ausdruck gebraucht, z.B: *to pass away (*für *sterben), das stille Örtchen*
fig	bezeichnet übertragenen Sprachgebrauch. Das Wort oder die Wendung dient – in einem übertragenen Sinn – als Bild für das, was man ausdrücken will, z. B. *teething troubles – Kinderkrankheiten* (übertragen für *Anfangsprobleme*)
hum	bezeichnet scherzhaften Sprachgebrauch, z.B: *egghead – Eierkopf*
iron	bezeichnet ironischen Sprachgebrauch. Der Sprecher meint eigentlich das Gegenteil dessen, was er sagt, z. B. *very funny! – wirklich komisch!*
pej	bezeichnet einen abwertenden Sprachgebrauch. Der Sprecher drückt damit seine abschätzige Haltung aus, z. B. *gab – Gequassel*
pej!	bezeichnet einen beleidigenden Sprachgebrauch, z. B. *Chink* (für einen Chinesen)
prov	Bezeichnet ein Sprichwort, z. B. *nothing ventured, nothing gained – wer wagt, gewinnt*

7.4. Regionale Angaben

Englisch-Deutsch

Im Zuge der Globalisierung ist es heute wichtiger denn je, möglichst viele Menschen erreichen zu können. Daher berücksichtigt dieses Wörterbuch einige regionale Sprachvarianten sowohl des Englischen als auch des Deutschen.

Die im Wörterbuch verwendete „Grund-" und Beschreibungssprache ist das britische Englisch.

juice [dʒuːs] *n* ... ❻ (*sl: electricity*) Saft *m sl;* (*petrol*) Sprit *m fam*

Amerikanisches Englisch wird auf allen Ebenen systematisch berücksichtigt: Aussprache, Schreibung, Wörter, und Wendungen. Wann immer zutreffend, wird die britische Entsprechung des amerikanischen Wortes in Klammern angegeben (wie z. B. beim Eintrag *baloney*)

hearty ['hɑːti, AM 'hɑːrt̬i] **I.** *adj* ...
maneuver *n, vi, vt* AM *see* **manoeuvre**
baloney [bə'ləʊni, AM -'loʊni] **I.** *n no pl* ❶ AM (*Bologna sausage*) ≈ Fleischwurst *f* ❷ (*fam: nonsense*) Quatsch *m fam*, Blödsinn *m fam*, Schwachsinn *m fam* **II.** *interj* AM quatsch
nice [naɪs] **I.** *adj* ❶ (*approv: pleasant*) schön, angenehm; ... ❷ (*amiable*) nett, freundlich; ***it was very ~ of you to drive her home*** es war sehr nett von dir, sie nach Hause zu fahren; **a ~ chap**/AM *usu* **guy** ein netter Kerl; ...

Australisches Englisch wird hauptsächlich auf der Wortschatzebene aufgeführt.

arvo ['aːvoʊ] *n* AUS Nachmittag *m*

Die wichtigsten kanadischen Wörter wurden ebenfalls aufgenommen.

toonie ['tuːni] *n* CAN (*fam*) Zweidollarmünze *f*

In der Zielsprache werden außer dem Binnendeutschen auch das Schweizerdeutsche und das österreichische Deutsch berücksichtigt

cell phone *n* Mobiltelefon *nt,* Handy *nt,* Natel *nt* SCHWEIZ; (*on ship*) Funktelefon *nt*
January [ˈdʒænjuəri, AM -jueri] *n* Januar *m,* Jänner *m* ÖSTERR, SÜDD, SCHWEIZ; *see also* **February**

Deutsch-Englisch
Außer dem Deutschen Deutschlands werden das Deutsche von Österreich und der Schweiz besonders berücksichtigt.

Jänner <-s, -> *m* ÖSTERR January
Natel® <-s, -s> *nt* SCHWEIZ (*Handy*) mobile phone BRIT, cellphone AM

Amerikanisches Englisch wird in der Zielsprache sowohl in der Schreibung als auch für Wörter und Wendungen systematisch angegeben

Humor¹ <-s, *selten* -e> *m* ❶ (*Laune*) good humour [*or* AM -or], cheerfulness; …
Einkaufszentrum *nt* [out-of-town] shopping centre [*or* AM -er] [*or* mall] **…**
ein|brechen *irreg* **I.** *vi* ❶ *sein o haben* (*Einbruch verüben*) ■ **[bei jdm/in etw** *dat o akk*] ~ to break into [sb's/sth]; … ❻ *sein* (*Misserfolg haben*) to come a cropper BRIT *sl,* to suffer a setback AM …

Übersicht über die verwendeten regionalen Abkürzungen

nur in USA gebrauchter Ausdruck, *z. B. charley horse (Muskelkrampf)*	AM	
nur in Australien gebrauchter Ausdruck, z. B. *arvo* (*Nachmittag*)	AUS	
nur in Großbritannien gebrauchter Ausdruck, z. B. *ansaphone (Anrufbeantworter)*	BRIT	
nur in Kanada gebrauchter Ausdruck, z. B. toonie (*Zweidollarmünze*)	CAN	
regional begrenzt gebrauchter Ausdruck, z. B. *hisself* (für *himself*)	DIAL	z. B. *Schuhbänder (für Schnursenkel)*
nur in Indien gebrauchter Ausdruck	IND	
nur in Nordengland gebrauchter Ausdruck	NBRIT	
Ausdruck aus dem Irischen	IRISH	
nur in Neuseeland gebrauchter Ausdruck	NZ	
nur in Südafrika gebrauchter Ausdruck	SA	
nur im Schottischen gebrauchter Ausdruck	SCOT	
	BRD	v. a. typisch bundesrepublikanische Phänomene wie, z. B. *Bundesgrenzschutz, Bundestag*
	NORDD	nur im Norden Deutschlands gebrauchter Ausdruck, z. B. *Fluse (Fussel)*
	ÖSTERR	nur in Österreich gebrauchter Ausdruck, z. B. *Marille, Jänner*
	SCHWEIZ	Ausdruck, der nur in der Schweiz gebraucht wird, z. B. *Natel*
	SÜDD	nur im Süden Deutschlands gebrauchter Ausdruck, z. B. *Bub (Junge)*

7.5. Sonstige Angaben

Weitere Angaben werden zu beiden Sprachen gemacht, wenn der Gebrauch eines Wortes auf eine bestimmte Altersgruppe, Sprechsituation oder Zeit beschränkt ist

spec	bezeichnet einen von Laien nicht benutzten Fachausdruck. z. B. *tympanum (middle ear) – Tympanum (Mittelohr)*	*fachspr*
childspeak	bezeichnet einen Ausdruck, der nur im Gespräch mit kleinen Kindern benutzt wird, z. B. *whoops a daisy – hopsala*	*Kindersprache*
rare	bezeichnet selten gebrauchte Sprache, z.B: *educate* (in der Bedeutung gross ziehen/erziehen), *weltklug*	*selten*

8 Englische und deutsche Phonetik

Zur Bezeichnung der Aussprache wurden die phonetischen Zeichen des IPA (International Phonetic Alphabet) verwendet. Für die Umschrift der einzelnen Wörter haben wir für das Englische PONS Daniel Jones English Pronouncing Dictionary, 15th edition (1997) zugrunde gelegt.

Für das Deutsche diente Duden. Das Ausprachewörterbuch. 3. völlig neu bearb. und erw. Aufl. (1990) als Hilfsmittel.

Lautschriftzeichen

	Zeichen der Lautschrift	
	[a]	hat
father, card	[aː]	Bahn
pot, bottom	[ɒ] (BRIT)	
	[ɐ]	bitter
	[ɐ̯]	Uhr
	[ã]	Chanson
	[ãː]	Gourmand
croissant	[ɑ̃ː]	
	[ai̯]	heiß
ride, my	[aɪ]	
	[au̯]	Haus
house, about	[aʊ]	
big	[b]	Ball
	[ç]	ich
dad	[d]	dicht
edge, juice	[dʒ]	Gin, Job
pet, best	[e]	Etage
	[eː]	Beet, Mehl
	[ɛ]	Nest, Wäsche
	[ɛː]	wählen,
bird, cur, berth	[ɜː]	
pince-nez	[eː]	
	[ɛ̃]	timbrieren
fin de siècle	[ɛ̃ː]	Teint
Africa, potato	[ə]	halte
sudden	[ᵊ]	
bust, multi	[ʌ]	
rate	[eɪ]	
there, hair	[eə] (BRIT)	
fast	[f]	Fett, viel
gold	[g]	Geld
hello	[h]	Hut
sit	[ɪ]	Bitte
	[i]	Vitamin
read, meet	[iː]	Bier
	[i̯]	Studie
here, beer	[ɪə] (BRIT)	
yellow	[j]	ja
cat, king	[k]	Kohl, Computer
	[kv]	Quadrat
queen	[kw]	
little	[l]	Last
little	[l̩]	Nebel
mom	[m]	Meister
	[m̩]	großem
nice	[n]	nett
	[n̩]	sprechen
ring, rink, bingo	[ŋ]	Ring, blinken
	[o]	Oase

	Zeichen der Lautschrift	
	[oː]	Boot, drohen
	[o̯]	loyal
	[ɔ]	Post
caught, often, ought	[ɔː]	
boat, rode	[əʊ] (BRIT)	
boat, rode	[oʊ] (AM)	
	[õ]	Fondue
	[õː]	Fonds
restaurant	[ɔ̃ː]	
	[ø]	Ökonomie
	[øː]	Öl
	[œ]	Götter
	[œ̃]	Lundist
	[œ̃ː]	Parfum
boy, noise	[ɔɪ]	
	[ɔy̯]	Mäuse
pat	[p]	Papst
	[pf]	Pfeffer
right	[r]	Rad
bitter	[ɾ] (BRIT)	
bitter	[ɚ] (AM)	
soft	[s]	Rast, besser, heiß
shift	[ʃ]	Schaum, sprechen, Chef
take	[t]	Test, treu
better	[t̬] (AM)	
	[ts]	Zaun
chip, patch	[tʃ]	Matsch, Tschüss
think, bath	[θ]	
father, bathe	[ð]	
	[u]	zunächst
moose, lose	[uː]	Hut
	[u̯]	aktuell
book, put	[ʊ]	Mutter
	[ui̯]	pfui
moor	[ʊə] (BRIT)	
vitamin	[v]	wann
wish, why	[w]	
loch	[x] (SCOT)	Schlauch
	[ks]	Fix, Axt, Lachs
	[y]	Mykene
	[yː]	Typ
	[y̆]	Etui
	[ʏ]	füllen
zebra, jazz	[z]	Hase, sauer
pleasure	[ʒ]	Genie
glottal stop	ʔ	Knacklaut
primary stress	ˈ	Hauptbetonung
secondary stress	ˌ	Nebenbetonung

A

A <*pl* -'s>, **a** <*pl* -'s *or* -s> [eɪ] *n* ❶ (*letter*) a *nt*, A *nt;* **a capital A/small a** ein großes A/ein kleines a; ~ **for Andrew** [*or* Am **as in Abel**] A wie Anton ❷ MUS A *nt*, a *nt;* **to play an** ~ ein A spielen; ~ **flat** As *nt*, as *nt;* ~ **sharp** Ais *nt*, ais *nt;* ~ **major** A-Dur *nt;* ~ **minor** a-Moll *nt;* ~ **natural** A *nt*, a *nt;* **key of** ~ A-Schlüssel *m;* **to be in** [**the key of**] ~ **major/minor** in A-Dur/a-Moll geschrieben sein ❸ (*school mark*) ≈ Eins *f*, ≈ sehr gut; ~ **minus/plus** Eins minus/plus; **to get straight** ~**s** nur Einser schreiben; **to be an** ~ **student** Am, Aus ein Einserschüler/eine Einserschülerin sein; **to get** [**an**] ~ eine Eins schreiben; **to give sb an** ~ jds Arbeit mit einer Eins benoten ❹ FIN ~ **share** Brit Stammaktie *f;* **Schedule** ~ [zu versteuernde] Einkünfte aus Vermietung und Verpachtung von Grundstücken und Gebäuden; **Table** ~ Mustersatzung des Companies Act

A[1] <*pl* -'s *or* -s> [eɪ] *n* ❶ (*hypothetical person, thing*) A; ***suppose*** ~ ***was B's sister*** angenommen A wäre die Schwester von B; [**to get**] **from** ~ **to B** von A nach B [kommen] ❷ (*blood type*) A ❸ (*first, best*) ~-1 eins a *fam* ❹ LAW **category** ~ **prisoners** Häftlinge der höchsten Gefährlichkeitsstufe ▶ Phrases: **from** ~ **to Z** von A bis Z

A[2] *n* ❶ *abbrev of* **amp** A ❷ *abbrev of* **answer** Antw. ❸ Brit *abbrev of* **A level**

Å *n abbrev of* **angstrom** Å

a [eɪ, ə], *before vowel* **an I.** *art indef* ❶ (*undefined*) ein(e) ❷ *after neg* ■ **not** ~ kein(e); ***there was not*** ~ ***person to be seen*** es war niemand zu sehen; ***I haven't got*** ~ ***chance*** ich habe nicht die geringste Chance ❸ (*one*) ein(e); ***can you pass me a slice of bread please?*** reichst du mir mal bitte eine Scheibe Brot?; ***I need a new pencil*** ich brauche einen neuen Bleistift ❹ *before profession, nationality* ***she wants to be*** ~ ***doctor*** sie möchte Ärztin werden; ***she's*** ~ ***teacher*** sie ist Lehrerin; ***he's an Englishman*** er ist Engländer ❺ *introducing state* ein(e); ~ ***17th century cottage*** ein Landhaus im Stil des 17. Jahrhunderts; ***this is*** ~ ***very mild cheese*** dieser Käse ist sehr mild ❻ (*work of an artist*) ein(e); ***is that*** ~ ***Picasso?*** ist das ein Picasso? ❼ (*quite*) ein(e); ***that's*** ~ ***thought!*** das ist ein guter Einfall! ❽ *limiting uncountables* ein(e); ***I only have*** ~ ***limited knowledge of Spanish*** ich habe nur mäßige Spanischkenntnisse ❾ *before unit* ***I'd love*** ~ ***coffee*** ich hätte gern einen Kaffee; ***he needs*** ~ ***knife and fork*** er braucht Messer und Gabel ❿ *as multiplier* ein(e); ***you won't go far on*** ~ ***litre of petrol*** mit einem Liter Benzin wirst du nicht weit kommen; ***we walked for half*** ~ ***mile*** wir gingen eine halbe Meile weit; ~ **dozen** ein Dutzend; ~ **few** ein paar; ~ **hundred/**~ **thousand** hundert/tausend; ***count up to*** ~ ***thousand*** zähle bis tausend; ~ **million** eine Million; **one and** ~ **half** eineinhalb; **three-quarters of** ~**n hour** eine dreiviertel Stunde; **six tenths of** ~ **second** sechs Zehntelsekunden ⓫ *before unknown name* ein [gewisser] .../eine [gewisse] ...; ***there's*** ~ ***Ms Evans to see you*** eine [gewisse] Frau Evans möchte Sie sprechen ⓬ (*denoting likeness*) ein(e); ***she'll never be*** ~ ***Greta Garbo*** sie wird niemals eine Greta Garbo sein ⓭ *before family name* ein(e); ***I'd never have guessed he was*** ~ ***Wilson*** ich hätte nie gedacht, dass er ein Wilson ist ⓮ *before date* ein(e); ***my birthday is on*** ~ ***Friday this year*** mein Geburtstag fällt dieses Jahr auf einen Freitag ⓯ *before product* ein(e); ***she drives*** ~ ***Ford*** sie fährt einen Ford **II.** *prep* ***he earns $100,000*** ~ ***year*** er verdient im Jahr 100.000 Dollar; **three times** ~ **day** dreimal täglich; **twice** ~ **week** zweimal die Woche; **once** ~ **month** einmal im Monat

A1 [ˌeɪ'wʌn] *adj* erstklassig

A4 [ˌeɪ'fɔːʳ, Am -'fɔːr] **I.** *n no pl* [DIN-]A4 **II.** *n modifier* (*paper*) [DIN-]A4-; ~ **pad** [DIN-]A4-Block *m*

AA [ˌeɪ'eɪ] *n* ❶ + *sing/pl vb abbrev of* **Alcoholics Anonymous** AA, die Anonymen Alkoholiker ❷ + *sing/pl vb* Brit *abbrev of* **Automobile Association:** ■ **the** ~ ≈ ADAC *m*

AAA [ˌtrɪpl'eɪ] *n* + *sing/pl vb* Am *abbrev of* **American Automobile Association** ≈ ADAC *m*

aardvark ['ɑːdvɑːk, Am 'ɑːrdvɑːrk] *n* Erdferkel *nt*

AB [eɪ'biː] *n* Am *abbrev of* **Bachelor of Arts** Bakkalaureus *m* der philosophischen/naturwissenschaftlichen Fakultät (*unterster akademischer Grad in englischsprachigen Ländern*)

ABA [ˌeɪbiː'eɪ] *n abbrev of* **American Banker's Association** Amerikanische Bankenvereinigung

A.B.A. [ˌeɪbiː'eɪ] *n* LAW *abbrev of* **American Bar Association** US-Bundesanwaltskammer *f*

aback [ə'bæk] *adv* **to take sb** ~ jdn erstaunen [*o* verblüffen]; **to be taken** ~ überrascht [*o* erstaunt] sein; (*sad*) betroffen sein

abacus <*pl* -es> ['æbəkəs] *n* MATH Abakus *m;* **to operate** [*or* **use**] **an** ~ ein Rechenbrett benutzen

abandon [ə'bændən] **I.** *vt* ❶ (*leave*) ■ **to** ~ **sth** *place, houses* etw verlassen [*o* aufgeben]; **to** ~ **ship** das Schiff verlassen ❷ (*leave behind*) ■ **to** ~ **sth** etw zurücklassen; ***she*** ~***ed her rucksack*** sie ließ ihren Rucksack [einfach] stehen; **to** ~ **one's car** sein Auto stehen lassen ❸ (*give up*) ■ **to** ~ **sth** etw aufgeben; ***they*** ~***ed their attempt to climb the mountain*** sie brachen den Versuch ab, den Berg zu besteigen; **to** ~ **a plan** einen Plan fallen lassen; **to** ~ **all pretence of doing sth** noch nicht mal so tun, als würde man etw tun; ■ **to be** ~**ed** *rescue, search* eingestellt werden; LAW **to** ~ **an action** eine Klage zurückziehen; **to** ~ **a claim** einen Anspruch aufgeben ❹ SPORTS **to** ~ **a game/match** ein Spiel/Match abbrechen; **to** ~ **play** das Spiel abbrechen ❺ (*desert*) ■ **to** ~ **sb** jdn verlassen; **to** ~ **a baby** ein Baby aussetzen; **to** ~ **sb to his/her fate** jdn seinem Schicksal überlassen; **to** ~ **one's husband/wife** seinen Ehemann/seine Ehefrau sitzen lassen *fam* ❻ (*lose self-control*) ■ **to** ~ **oneself to sth** sich *akk* etw *dat* hingeben; ***he*** ~***ed himself to his emotions*** er ließ seinen Gefühlen freien Lauf **II.** *n no pl* Hingabe *f;* **with** ~ mit Leib und Seele; ***people were cavorting about with wild*** ~ die Leute tollten ausgelassen herum

abandoned [ə'bændənd] *adj inv* ❶ (*discarded*) verlassen; ~ **cars** gebliebene Autos ❷ (*dissolute*) *person* verkommen ❸ (*empty*) *building* leer stehend *attr;* ~ **property** herrenloses Gut ❹ (*cast off*) *person* verlassen; ~ **baby** ausgesetztes Baby ❺ (*carefree*) unbekümmert, sorglos ❻ (*pej dated: wicked*) zügellos; ~ **behaviour** [*or* Am **behavior**] schamloses Benehmen

abandonment [ə'bændənmənt] *n no pl* ❶ *of a place* Verlassen *nt; of a land* [Land-]Flucht *f* ❷ *of a person* Imstichlassen *nt* ❸ (*cancellation*) Aufgabe *f* ❹ (*self-abandon*) Hingabe *f*

abase [ə'beɪs] *vt* (*form*) ■ **to** ~ **sb** jdn erniedrigen; ■ **to** ~ **oneself** [**before sb**] sich *akk* [vor jdm] erniedrigen

abasement [ə'beɪsmənt] *n* Demütigung *f*, Erniedrigung *f*, Entwürdigung *f*

abashed [ə'bæʃt] *adj* verlegen, beschämt; **to be** [*or* **feel**] ~ **at sth** sich *akk* [wegen] einer S. *gen* schämen; **to look** ~ verlegen aussehen

abate [ə'beɪt] (*form*) **I.** *vi rain* nachlassen; *storm, anger* abflauen, sich *akk* legen; *pain, fever, fear* abklingen **II.** *vt* ■ **to** ~ **sth** etw vermindern [*o* verringern]; *sth's intensity* etw abschwächen; **to** ~ **noise** Lärm dämpfen

abatement [ə'beɪtmənt] *n no pl* (*form*) ❶ (*lessening*) Nachlassen *nt; of storm, anger also* Abflauen *nt* ❷ (*reducing*) Verminderung *f; of tax* Senkung *f;* ~ **of noise** Lärmbekämpfung *f*

abattoir ['æbətwɑːʳ] *n* Brit Schlachthof *m*

abbess <*pl* -es> ['æbes, Am -əs] *n* Äbtissin *f*

abbey ['æbi] *n* Abtei[kirche] *f*

abbot ['æbət] *n* Abt *m*

abbr. I. *n short for* **abbreviation** Abk. **II.** *adj short for* **abbreviated** abgek.

abbreviate [ə'briːvieɪt] *vt usu passive* ■ **to** ~ **sth** etw abkürzen; (*less content*) etw kürzen; ■ **to be** ~**d** abgekürzt werden; ***the name Susan is often*** ~***d to Sue*** Susan wird oft mit Sue abgekürzt; ~**d form** Kurzform *f;* ~**d version** Kurzfassung *f*, gekürzte Fassung

abbreviation [əˌbriːvi'eɪʃᵊn] *n* ❶ (*short form*) Abkürzung *f* (**for** für +*akk*), Kürzel *nt* (**for** für +*akk*) ❷ (*shorter version*) *of text* Kürzung *f*

ABC[1] [ˌeɪbiː'siː] *n* ❶ (*alphabet*) ABC *nt;* **to be as easy** [*or* **simple**] **as** ~ kinderleicht sein ❷ (*rudiments*) ABC *nt*, Einmaleins *nt;* ***the*** ~ ***of photography*** das Einmaleins des Fotografierens

ABC[2] [ˌeɪbiː'siː] *n* TV ❶ Aus *abbrev of* **Australian Broadcasting Corporation:** ■ **the** ~ die ABC ❷ Am *abbrev of* **American Broadcasting Corporation** ABC *f*

ABCs [ˌeɪbiː'siːz] *npl* Am (*fam*) *see* **ABC[2] 2**

abdicate ['æbdɪkeɪt] **I.** *vi* ❶ *monarch* abdanken; *pope* zurücktreten ❷ (*not fulfil*) **to** ~ **from one's duty** seine Pflicht[en] nicht einhalten; **to** ~ **from one's responsibilities** sich *akk* seiner Verantwortung entziehen **II.** *vt* ❶ (*resign*) **to** ~ **the throne** auf den Thron verzichten ❷ (*renounce*) ■ **to** ~ **sth** etw aufgeben, auf etw *akk* verzichten; **to** ~ **a right** auf ein Recht verzichten; **to** ~ **a responsibility** es ablehnen, [eine] Verantwortung zu übernehmen

abdication [ˌæbdɪ'keɪʃᵊn] *n* ❶ *of a monarch* Abdankung *f;* ~ **of the throne** Verzicht *m* auf den Thron ❷ *no pl* (*renunciation*) Aufgabe *f;* ~ **of a right** Verzicht *m* auf ein Recht

abdomen ['æbdəmən, æb'dəʊ-] *n* ❶ MED Unterleib *m*, Abdomen *nt fachspr* ❷ ZOOL *of insect* Hinterleib *m*

abdominal [æb'dɒmɪnᵊl, Am -'dɑːmə-] *adj inv* Unterleibs-, Bauch-, Abdominal- *fachspr;* ~ **operation** Unterleibsoperation *f;* ~ **pain** Unterleibsschmerzen *mpl;* ~ **pregnancy** Bauchhöhlenschwangerschaft *f;* ~ **wall** Bauchdecke *f*

abduct [əb'dʌkt] *vt* ■ **to** ~ **sb** [**from sth**] jdn [aus etw *dat*] entführen

abduction [əb'dʌkʃᵊn] *n* Entführung *f*

abductor [əb'dʌktəʳ, Am -ɚ] *n* Entführer(in) *m(f)*

abed [ə'bed] *adv inv* (*old*) im Bett

abend *n acr for* **abnormal end** COMPUT abnormales Ende; ~ **code** Abbruchcode *m;* ~ **recovery program** Wiederanlaufprogramm *nt* nach abnormalem Ende

Aberdonian [ˌæbə'dəʊniən, Am ɚ'doʊ] **I.** *adj inv* Aberdeener, aus Aberdeen *nach n* **II.** *n* ❶ (*person*) Aberdeener(in) *m(f)* ❷ (*accent*) Aberdeenisch *nt*

aberrant [æb'erᵊnt] *adj* (*form*) anomal *geh*, abnorm *geh*

aberration [ˌæbə'reɪʃᵊn] *n* ❶ (*deviation*) Abweichung *f* (**from** von +*dat*) ❷ (*outside norm*) Anomalie *f* ❸ ASTRON, BIOL, COMPUT, PHYS Aberration *f fachspr*

abet <-tt-> [ə'bet] *vt* ■ **to** ~ **sb/sth** jdn/etw unterstützen [*o* begünstigen]; **to** ~ **a crime** Beihilfe zu einem Verbrechen leisten; **to** ~ **a criminal** einen Verbrecher/eine Verbrecherin unterstützen; **to aid and** ~ **sth** LAW etw begünstigen, etw *dat* Vorschub leisten; **to aid and** ~ **sb** [**in sth/in doing sth**] LAW jdm [bei etw *dat*] Beihilfe leisten

abettor [ə'betəʳ, Am -t̬ɚ] *n esp* LAW Helfershelfer(in) *m(f)*

abeyance [ə'beɪən(t)s] *n no pl* ❶ *also* LAW (*temporary disuse*) **to be in** ~ [vorübergehend] außer Kraft [gesetzt] sein; *hostilities* eingestellt sein; *issue* ruhen; **to be held in** ~ auf Eis gelegt sein; **to hold sth in** ~ etw ruhen lassen ❷ LAW (*situation of being without owner*) besitzloser Zustand

ABH [ˌeɪbiː'eɪtʃ] *n* LAW *abbrev of* **actual bodily harm** Körperverletzung *f*

abhor <-rr-> [əb'hɔːʳ, Am æb'hɔːr] *vt* (*form*) ■ **to** ~ **sb/sth** jdn/etw verabscheuen

abhorrence [əb'hɒrᵊn(t)s, Am æb'hɔːr-] *n no pl* Abscheu *f* (**of** vor +*dat*/gegen +*akk*); ***she has an*** ~ ***of change*** sie hasst Veränderungen; **to look at sb/sth in** [*or* **with**] ~, **to regard sb/sth with** ~ jdn/etw mit Abscheu betrachten

abhorrent [əb'hɒrᵊnt, Am æb'hɔːr-] *adj* abscheulich; ***I find his cynicism*** ~ sein Zynismus ist mir zuwider

abide [ə'baɪd] **I.** *vt usu neg* (*not like*) ■ **sb cannot** ~

sth/sb jd kann etw/jdn nicht ausstehen; (*not endure*) ■**sb cannot ~ sth** jd kann etw nicht ertragen **II.** *vi* <**abided** *or old* **abode, abided** *or old* **abode**> ❶ (*old: stay*) verweilen *geh* ❷ (*continue*) fortbestehen; ***values that ~ unchanged*** Werte, die unverändert Bestand haben

◆**abide by** *vi* ■**to ~ by sth** *rule* etw befolgen [*o* [ein]halten]; **to ~ by a law** sich *akk* an ein Gesetz halten; **to ~ by a promise** sich *akk* an ein Versprechen halten

abiding [əˈbaɪdɪŋ] *adj attr* beständig, anhaltend *attr;* ~ **love** immerwährende Liebe; ~ **values** bleibende Werte

ability [əˈbɪləti, AM -ət̬i] *n* ❶ *no pl* (*capability*) Fähigkeit *f; **to the best of my abilities*** so gut [*o* soweit] ich kann; ***my ~ to help is restricted*** ich kann leider nur bedingt helfen; **to make use of one's abilities** seine Fähigkeiten einsetzen; **to have the ~ to do sth** die Fähigkeit besitzen, etw zu tun, etw können; **to have lost the ~ to do sth** nicht mehr fähig sein, etw zu tun ❷ *no pl* (*talent*) Talent *nt,* Begabung *f; **someone of her ~ is bound to succeed*** jemand mit ihrer Begabung wird es sicher weit bringen; **exceptional ~** außergewöhnliche Begabung; **a man/woman of ~** ein fähiger Mann/eine fähige Frau ❸ (*skills*) ■**abilities** *pl* Fähigkeiten *fpl; **she is a woman of considerable abilities*** sie ist eine sehr fähige Frau ❹ (*intelligence*) [geistiges] Potential; **mixed abilities** SCH unterschiedliche Leistungsstufen

abject [ˈæbdʒekt] *adj* ❶ (*extreme*) äußerste(r, s); ~ **coward** elender Feigling; ~ **failure** kompletter Fehlschlag; ~ **misery** tiefstes Elend; ~ **poverty** bittere Armut; **to live in ~ fear** in größter Angst leben ❷ (*degraded*) *conditions* erbärmlich ❸ (*humble*) unterwürfig; *apology also* demütig; *failure* kläglich

abjectly [ˈæbdʒektli] *adv* unterwürfig, demütig; *fail* kläglich

abjectness [ˈæbdʒektnəs] *n no pl* ❶ (*degraded condition*) Erbärmlichkeit *f* ❷ *of person* Unterwürfigkeit *f; of an apology* Demut *f*

abjuration [ˌæbdʒəˈreɪʃᵊn] *n* ❶ POL (*repudiation*) Lossagung *f fachspr* (**of** von +*dat*); **Act of A~** (*hist*) Lossagungsgesetz *nt hist;* ~ **of allegiance** Aufkündigung *f* der Gefolgschaft ❷ POL (*renouncement*) beeidete Verzichtleistung, [feierliche] Entsagung; **A~ of the Realm** (*hist*) beeideter Verzicht auf Landesrückkehr ❸ (*retraction*) [beeidete] Widerrufung (**of** von +*dat*); ~ **of errors** Widerrufung *f* von Irrtümern ❹ REL Abschwörung *f fachspr*

abjure [əbˈdʒʊəʳ, AM -ˈdʒʊr] *vt* ■**to ~ sth** ❶ (*form: renounce*) etw *dat* abschwören *geh* ❷ AM LAW auf die Treue gegenüber einem anderen Land verzichten

ablation [əˈbleɪʃᵊn, AM ˌæbˈleɪ-] *n* COMPUT Ablation *f*

ablative [ˈæblətɪv, AM -t̬-] LING **I.** *adj* Ablativ-, im Ablativ **II.** *n* ❶ (*word*) Ablativ *m* ❷ *no pl* (*case*) ■**the ~** der Ablativ

ablaut [ˈæblaʊt] *n* LING Ablaut *m*

ablaze [əˈbleɪz] *adj pred* ❶ (*burning*) ■**to be ~** in Flammen stehen; **to set sth ~** etw in Brand stecken ❷ (*bright*) ***this painting is ~ with colour*** dieses Bild leuchtet von Farben; ***the ballroom was ~ with lights*** der Ballsaal war hell erleuchtet ❸ (*fig: impassioned*) ***her eyes were ~ with excitement*** ihre Augen leuchteten vor Aufregung; ***his face was ~ with anger*** sein Gesicht glühte vor Zorn

able [ˈeɪbl] *adj* ❶ <**more** *or* **better ~, most** *or* **best ~**> *pred* (*can do*) ■**to [not] be ~ to do sth** etw [nicht] tun können; ***I'm afraid I won't be ~ to come tomorrow*** ich fürchte, ich kann morgen nicht kommen; ***the person best ~ to help you is the manager*** am ehesten kann Ihnen da wohl der Geschäftsführer weiterhelfen ❷ <**abler** *or* **more ~, ablest** *or* **most ~**> (*clever*) talentiert, fähig; ~ **mind** fähiger Kopf

able-bodied [ˌeɪblˈbɒdɪd, AM -ˈbɑːdɪd] *adj* gesund, kräftig; MIL [wehr]tauglich **able-bodied seaman** *n,* **able seaman** *n* NAUT Vollmatrose *m*

abloom [əˈbluːm] *adj pred* ■**to be ~** blühen; *trees also* in [voller] Blüte stehen

ablution [əˈbluːʃᵊn] *n* ❶ *no pl* REL Waschung *f* ❷ (*form or hum*) Waschung *f;* **to perform one's ~s** sich *akk* waschen; (*euph*) seine Notdurft verrichten ❸ ■**the ~s** BRIT MIL (*sl*) die Nasszellen *fpl*

ably [ˈeɪbli] *adv* geschickt, gekonnt; ~ **led** kompetent geführt

ABM [eɪbiˈem] *n abbrev of* **Automated Banking Machine** Geldautomat *nt*

abnegate [ˈæbnɪgeɪt] *vt* (*form*) ■**to ~ sth** etw *dat* entsagen *geh*

abnegation [ˌæbnɪˈgeɪʃᵊn] *n no pl* (*form*) ❶ (*rejection*) Verzicht *m* (**of** auf +*akk*), Entsagung *f* (**of** +*gen*) ❷ (*self-denial*) Selbstverleugnung *f*

abnormal [æbˈnɔːmᵊl, AM -ˈnɔːr-] *adj* anormal, abnorm; *waether also* ungewöhnlich, untypisch; ~ **heart rhythm** unregelmäßiger Herzschlag; **to be mentally ~** psychisch krank sein

abnormality [ˌæbnɔːˈmæləti, AM -nɔːrˈmælət̬i] *n* ❶ MED (*anomaly*) Anomalie *f; of heart rhythm* Unregelmäßigkeit *f; **the X-rays showed no abnormalities*** die Röntgenaufnahmen zeigten keine Auffälligkeiten; **fetal** [*or* BRIT *also* **foetal**] ~ fetale Missbildung ❷ *no pl* (*unusualness*) Abnormität *f; of a situation* Außergewöhnlichkeit *f;* ~ **of sb's behaviour** [*or* AM **behavior**] Verhaltensstörung *f*

abnormally [æbˈnɔːmᵊli, AM -ˈnɔːr-] *adv* ungewöhnlich, abnorm, außergewöhnlich; ***the success rate was ~ high*** die Erfolgsquote war außerordentlich hoch; **to behave ~** sich *akk* auffällig verhalten

Abo <*pl* -s> [ˈæbəʊ] *n* AUS (*pej! fam*) *short for* **Aborigine**

aboard [əˈbɔːd, AM əˈbɔːrd] **I.** *adv inv* ❶ (*on plane, ship*) an Bord; (*on train*) im Zug; ***hop ~, I'll give you a lift*** spring rein, ich nehme dich mit; ***all ~!*** (*on train, bus*) alles einsteigen!; (*on plane, ship*) alle Mann an Bord!; **to climb ~** einsteigen ❷ (*new*) ■**to be ~** neu im Team sein **II.** *prep* ❶ (*onto, into*) **to go/get ~ a bus/train** in einen Bus/Zug einsteigen; **to go/get ~ a plane/ship** an Bord eines Flugzeugs/Schiffes gehen; ***the flight attendant welcomed us ~ the plane*** die Flugbegleiterin begrüßte uns an Bord des Flugzeugs ❷ *after n* (*on*) an Bord; ***they enjoyed the voyage ~ the luxury cruiseliner*** sie genossen die Reise an Bord des Luxuskreuzers

abode [əˈbəʊd, AM əˈboʊd] **I.** *n* ❶ (*form or hum: home*) Wohnung *f; **welcome to my humble ~*** willkommen in meiner bescheidenen Hütte *hum* ❷ *no pl* (*form: residence*) Wohnsitz *m,* Aufenthalt[sort] *m;* **right of ~** LAW Aufenthaltsrecht *nt;* **of** [*or* **with**] **no fixed ~** ohne festen Wohnsitz; **to be of** [*or* **with**] **no fixed ~** keinen festen Wohnsitz haben **II.** *vi* (*old*) *pt, pp of* **abide**

abolish [əˈbɒlɪʃ, AM -ˈbɑːl-] *vt* ■**to ~ sth** etw abschaffen; **to ~ a law** ein Gesetz aufheben

abolition [ˌæbəˈlɪʃᵊn] *n no pl* Abschaffung *f;* LAW Abolition *f fachspr;* **the ~ of a law** die Aufhebung eines Gesetzes

abolitionist [ˌæbəˈlɪʃᵊnɪst] **I.** *n* Abolitionist(in) *m(f) geh* **II.** *adj inv* ***he has strong ~ views on capital punishment*** er ist entschiedener Gegner der Todesstrafe

A-bomb [ˈeɪˌbɒm, AM -ˌbɑːm] *n abbrev of* **atom bomb** Atombombe *f*

abominable [əˈbɒmɪnəbl, AM -ˈbɑːm-] *adj* furchtbar, schrecklich; ~ **noise** grässliches Geräusch; ~ **smell** widerwärtiger Geruch; ~ **weather** scheußliches Wetter; **to taste ~** abscheulich schmecken

abominable snowman *n* Yeti *m*

abominably [əˈbɒmɪnəbli, AM -ˈbɑːm-] *adv* schrecklich, furchtbar; ***the play was ~ acted*** das Stück war sehr schlecht gespielt; ***she behaved ~*** sie benahm sich unmöglich; **to stink ~** abscheulich stinken

abominate [əˈbɒmɪneɪt, AM -ˈbɑːm-] *vt* (*form or dated*) ■**to ~ sb/sth** jdn/etw verabscheuen

abomination [əˌbɒmɪˈneɪʃᵊn, AM -ˌbɑːm-] *n* (*dated*) ❶ *no pl* (*loathing*) Abscheu *m* (**of** vor +*dat*); **to have an absolute ~ of sth** etw zutiefst verabscheuen ❷ (*detestable thing*) Abscheulichkeit *f; **this painting is an ~*** dieses Gemälde ist einfach scheußlich

aboriginal [ˌæbəˈrɪdʒᵊnᵊl] *adj inv* ursprünglich; ~ **forest** Urwald *m;* ~ **inhabitant** Ureinwohner(in) *m(f);* ~ **species** einheimische Spezies

Aboriginal [ˌæbəˈrɪdʒᵊnᵊl] **I.** *n* [australischer] Ureinwohner/[australische] Ureinwohnerin, Aborginal *m;* ■**~s** *pl* Aboriginals *pl* (*dieser Ausdruck wird von den Ureinwohnern Australiens vorgezogen*) **II.** *adj* der Aborigines *nach n*

Aborigine [ˌæbəˈrɪdʒᵊni] *n* [australischer] Ureinwohner/[australische] Ureinwohnerin, Aborigine *m;* ■**~s** *pl* Aborigines *pl; see also* **Aboriginal**

abort [əˈbɔːt, AM əˈbɔːrt] **I.** *vt* ❶ (*prevent birth*) **to ~ a baby/fetus** [*or* BRIT *also* **foetus**] ein Baby/einen Fötus abtreiben; **to ~ a pregnancy** eine Schwangerschaft abbrechen; **to ~ a woman** bei einer Frau einen Schwangerschaftsabbruch durchführen; **to ~ oneself** [selbst] abtreiben ❷ (*stop*) ■**to ~ sth** etw abbrechen; **to ~ a flight/mission** einen Flug/eine Mission abbrechen **II.** *vi* ❶ (*prevent birth*) die Schwangerschaft abbrechen, abtreiben *fam* ❷ (*miscarry*) eine Fehlgeburt haben ❸ *foetus* abgehen

abortion [əˈbɔːʃᵊn, AM əˈbɔːr-] *n* ❶ (*termination*) Schwangerschaftsabbruch *m,* Abtreibung *f fam;* **to have** [*or* **get**] **an ~** einen Schwangerschaftsabbruch durchführen lassen, abtreiben *fam;* **to do** [*or* **perform**] **an ~ on sb** bei jdm einen Schwangerschaftsabbruch vornehmen; **to induce an ~** eine Abtreibung einleiten ❷ (*miscarriage*) Fehlgeburt *f* ❸ (*sl: failure*) Reinfall *m fam* ❹ (*pej: creature*) Missgeburt *f pej*

abortionist [əˈbɔːʃᵊnɪst, AM əˈbɔːr-] *n* Abtreibungsarzt, Abtreibungsärztin *m, f;* **back-street ~** Engelmacher(in) *m(f)*

abortive [əˈbɔːtɪv, AM əˈbɔːrt̬-] *adj inv* ❶ (*form: not successful*) *attempt* gescheitert; *plan* misslungen ❷ MED abortiv *fachspr,* abtreibend *attr*

abound [əˈbaʊnd] *vi* ❶ (*be very numerous*) [sehr] zahlreich sein; ***wildlife ~s in these woods*** in diesen Wäldern gibt es sehr viel Wild; ***rumours ~ that …*** zahlreiche Gerüchte kursieren, dass … ❷ (*have many of*) ■**to ~ with** [*or* **in**] **sth** von etw *dat* wimmeln; ***this book ~s with typing errors*** in diesem Buch wimmelt es von Tippfehlern; ***it is an area ~ing in wild plants*** dieses Gebiet ist reich an Wildpflanzen

about [əˈbaʊt] **I.** *prep* ❶ (*on subject of*) über +*akk;* **prediction ~ the weather** Wettervorhersage *f; **"what's that book ~?"*** „worum geht es in dem Buch?"; ***the movie is ~ the American Civil War*** der Film handelt vom Amerikanischen Bürgerkrieg; ***they had a discussion ~ how to improve the situation*** sie diskutierten darüber, wie sie ihre Lage verbessern könnten; ***he has a phobia ~ spiders*** er hat eine Spinnenphobie; ***she had some misgivings ~ the talk*** sie hatte wegen des Gesprächs Bedenken; ***anxiety ~ the future*** Angst *f* vor der Zukunft; *after vb* über +*akk; **she talked ~ business all night*** sie sprach den ganzen Abend über das Geschäft; ***he often tells jokes ~ dumb blonds*** er erzählt oft Blondinenwitze; ***I asked him ~ his beliefs*** ich fragte ihn nach seinen Überzeugungen; ***she doesn't care much ~ politics*** sie interessiert sich kaum für Politik; ***she always dreams ~ winning the lottery*** sie träumt immer davon, im Lotto zu gewinnen, über +*akk; **they were happy ~ the pregnancy*** sie freuten sich über ihre Schwangerschaft; ***he was still unsure ~ what he should do*** er war sich noch nicht sicher, was er tun sollte; ***we are now certain ~ our decision to move*** wir sind fest entschlossen, umzuziehen; **all ~ sb/sth** alles über jdn/etw; ***he taught us all ~ parliament*** wir haben von ihm alles über das Parlament gelernt; **to go** [*or* **be**] **on ~ sth** stundenlang von etw *dat* erzählen ❷ (*affecting*) gegen +*akk;* **to do something ~ sth** etw gegen etw *akk* unternehmen; ***will you please do something ~ the leaky tap?*** kümmerst du dich bitte mal um den tropfenden Wasserhahn?; ***I can't do anything ~ it*** ich kann nichts dagegen machen; **to do much/little/nothing ~ sth** viel/wenig/nichts gegen etw *akk* tun; ***they did nothing ~ the problem*** sie haben das Problem nicht angepackt; ***there's nothing we can do ~ it*** dagegen können wir nichts machen; **be quick ~ it!** beeil dich [damit]!, mach schnell!; **while sb is ~ sth** wo jd gerade dabei ist *fam;* BRIT (*fam*) ***could you make me some coffee too while you're ~ it?*** wo Sie gerade dabei sind: könnten Sie mir auch einen Kaffee machen? ❸ (*surrounding*) um +*akk;* ***she put her arms ~ him*** sie legte ihre Arme um ihn; **the world ~ sb** die Welt um jdn herum; ***he takes little notice of the world ~ him,*** er nimmt von seiner Umgebung kaum Notiz ❹ *after vb* (*expressing movement*) herum [in] +*dat;* ***he wandered ~ the house, wondering what to do*** er lief im Haus herum und überlegte, was zu tun sei; ***she looked ~ the room*** sie sah sich in dem Zimmer um ❺ (*characteristic of*) an +*dat;* ***what exactly didn't you like ~ the play?*** was genau hat dir an der Aufführung nicht gefallen?; ***there is a deep sadness ~ him*** ihn umgibt eine tiefe Melancholie; **to have a way ~ one** etw [*o* eine Art] an sich *dat* haben; ***he has a way ~ him that I don't like*** er hat etwas an sich, das mir nicht gefällt; **there's something ... ~ sb/sth** etw ... an sich *dat* haben; ***there's something strange ~ him*** er hat etwas Merkwürdiges an sich ❻ (*expressing location*) ***she must be ~ the place somewhere*** sie muss hier irgendwo sein; **~ one['s person]** BRIT (*form*) bei sich *dat;* ***do you have a pen ~ you[r person]?*** hast du einen Federhalter bei dir? ❼ (*involved with*) **to be be ~ doing sth** etw beabsichtigen [*o* vorhaben]; ***the takeover was not ~ getting rid of competition*** die Übernahme sollte nicht die Konkurrenz ausschalten; ***it's all ~ having fun*** alle wollen nur Spaß haben ▸ PHRASES: **to go ~ [doing] sth** mit etw *dat* umgehen; ***how do you go ~ getting a fishing licence here?*** wie geht man vor, wenn man hier einen Angelschein machen will?; **what ~ sth?** (*what can one do?*) was ist mit ...?; ***what ~ your job?*** was ist mit deiner Arbeit?; (*as suggestion*) wie wär's mit ...?; ***what ~ a trip to the zoo?*** wie wäre es mit einem Besuch im Zoo?; (*inviting information*) was gibt's?; ***is that your car? — yes, what ~ it?*** ist das da ihr Auto? – ja, was ist damit?; **how** [*or* **what**] **~ sb?** was ist mit jdm?; ***what ~ us?*** was ist mit uns?; **how** [*or* **what**] **~ doing sth?** wie wäre es mit etw?; ***what ~ going to the zoo?*** wie wäre es mit einem Besuch im Zoo? **II.** *adv inv* ❶ (*approx*) ungefähr; ***he's ~ six feet tall*** er ist ungefähr 1,80 m groß; ***we met them ~ two months ago*** wir trafen sie vor etwa zwei Monaten; ***if you turn up ~ eight, that should be OK*** es reicht, wenn du so gegen acht Uhr kommst ❷ (*almost*) fast; ***I've had just ~ enough from you!*** ich habe allmählich genug von dir!; ***that's just ~ the limit!*** das ist ja so ziemlich der Gipfel! ❸ *esp* BRIT (*around*) herum; ***don't leave things ~ on the floor*** lass keine Sachen auf dem Boden herumliegen; ***stop moving about*** bleib doch mal ruhig stehen ❹ *esp* BRIT (*in the area*) hier; ***have you seen Sally ~?*** hast du Sally irgendwo gesehen? ❺ (*opposite*) andersherum; **turn sth ~** etw herumdrehen; **~ turn!** [*or* AM **face!**] MIL kehrt! **III.** *adj pred, inv* ❶ (*in the area*) ■**to be ~** in der Nähe sein; ***he's ~ somewhere*** er ist hier irgendwo; ***there's a lot of flu ~ at the moment*** im Moment geht die Grippe um ❷ (*intending*) ■**to be ~ to do sth** dabei sein, etw zu tun; ***she was ~ to leave when Mark arrived*** sie wollte gerade gehen, als Mark ankam; ***he's ~ to burst into tears*** er bricht gleich in Tränen aus; ***we're just ~ to have supper*** wir sind gerade beim Abendessen; ***I'm not about to beg for his apology*** ich werde ihn bestimmt nicht um eine Entschuldigung bitten ▸ PHRASES: **to be up** [*or* **out**] **and ~** auf den Beinen sein

about-face AM, AUS, **about-turn** BRIT **I.** *n* ❶ *esp* MIL (*reversal*) Kehrtwendung *f;* **to do a quick ~** eine schnelle Kehrtwendung machen ❷ (*change of opinion*) Kehrtwendung *f* um 180 Grad *fam;* ***they've done a complete ~*** sie haben ihre Meinung um 180° geändert **II.** *vi* MIL kehrtmachen; **~!** kehrt!

above [əˈbʌv] **I.** *prep* ❶ (*over*) über +*dat;* ***the helicopter was hovering ~ the building*** der Hubschrauber schwebte über dem Gebäude; ***my sister lives in the room ~ mine*** meine Schwester wohnt im Zimmer über mir; ■**up ~ sth/sb** hoch über etw/jdm ❷ (*greater than*) über +*akk;* ***we can't handle banquets ~ 50 people*** Bankette mit mehr als 50 Personen können wir nicht ausrichten; ■**to be ~ sth** über etw *dat* sein; ***the temperature is barely ~ freezing*** die Temperatur ist kaum über dem Gefrierpunkt; ***our rates of pay are ~ average*** unsere Bezahlung liegt über dem Durchschnitt; **~ [and beyond] sth** [weit] über etw *dat;* ***buying a new car is ~ our financial limits right now*** ein neues Auto zu kaufen geht im Augenblick über unsere finanziellen Verhältnisse; ***profits this year were ~ and beyond all expectation*** die Profite lagen dieses Jahr weit über allen Erwartungen ❸ (*superior to*) ■**to be/feel ~ sb** über jdm stehen/sich *akk* über jdn erhaben fühlen; ***he thinks he's ~ everyone else*** er hält sich für besser als alle anderen; ■**to be/feel ~ sth** über etw *dat* stehen/sich *akk* über etw *akk* erhaben fühlen; **to get ~ one's self** größenwahnsinnig werden *fam;* **to have ideas ~ one's station** BRIT (*form or hum*) sich *akk* für etwas Besseres halten; **to be ~ sth** über etw *akk* erhaben sein; ***his behaviour is ~ criticism*** sein Verhalten ist über jede Kritik erhaben ❹ (*more importantly than*) ***she values her job ~ her family*** sie stellt ihre Arbeit über ihre Familie; ***they value freedom ~ all else*** für sie ist die Freiheit wichtiger als alles andere; **~ all** vor allem ❺ (*louder than*) ***we could hardly hear each other speak ~ the music*** wir konnten einander bei der Musik kaum verstehen ▸ PHRASES: **to be ~** [*or* **one's head**] **sb** jdm zu hoch sein *fam* **II.** *adv* ❶ (*on higher level*) oberhalb, darüber; ***they live in the flat ~*** sie wohnen in der Wohnung darüber; (*above oneself*) sie wohnen in der Wohnung über mir/uns; **the sky ~** der Himmel über uns/ihnen etc.; **from ~** von oben ❷ (*overhead*) **from ~** von oben; ***seen from ~*** von oben betrachtet ❸ (*in the sky*) am Himmel; ***he looked up to the stars ~*** er blickte hinauf zu den Sternen ❹ (*in heaven*) im Himmel; ***the Lord ~*** der Herr im Himmel; ***He came from ~*** Er stieg vom Himmel herab ❺ (*higher-ranking*) [**orders**] **from ~** [Anweisungen *fpl*] von oben *fam* ❻ (*earlier in text*) oben; **the address given ~** die oben genannte Adresse; **as mentioned ~** wie oben erwähnt; **see ~** siehe oben **III.** *adj attr, inv* (*form*) obige(r,s) *attr;* **the ~ address** die oben genannte Adresse; **in the ~ diagram/paragraph** im obigen Diagramm/Absatz **IV.** *n* ❶ ■**the ~** (*things*) das Obengenannte; (*person*) der/die oben Genannte(r); (*several*) die Obengenannten *pl* ❷ (*in text*) ■**the ~** das Obenerwähnte [*o* Obige]

aboveboard (*fam*) **I.** *adj pred* einwandfrei; ***it's all ~!*** es ist alles korrekt!; **to be all** [*or* **completely**] **open and ~** völlig offen und ehrlich sein **II.** *adv* einwandfrei **above-mentioned** (*form*) **I.** *adj inv* oben genannte(r,s) **II.** *n* ■**the ~** (*thing*) das Obenerwähnte; (*person*) der/die oben Erwähnte; (*several*) die oben Erwähnten **above-named** [əˌbʌvˈneɪmd] *adj inv* (*form*) oben genannt [*o* erwähnt] *geh*

abracadabra [ˌæbrəkəˈdæbrə] **I.** *interj* Abrakadabra **II.** *n* Abrakadabra *nt*

abrade [əˈbreɪd] *vt* (*form*) ■**to ~ sth** etw abschleifen; GEOL etw abtragen [*o fachspr* erodieren]; **to ~ skin** Haut abschürfen

abrasion [əˈbreɪʒᵊn] *n* ❶ (*injury*) Abschürfung *f* ❷ *no pl* (*abrading*) Abnutzung *f;* MECH Abrieb *m;* GEOL Erosion *f;* **to be resistant to ~** strapazierfähig sein

abrasive [əˈbreɪsɪv] **I.** *adj* ❶ (*rubbing*) abreibend; **~ cleaner** Scheuermittel *nt;* **~ paper** Schmirgelpapier *nt;* **~ surface** rauhe Oberfläche ❷ (*unpleasant*) aggressiv; **~ criticism** scharfe [*o* harsche] Kritik **II.** *n* ❶ (*detergent*) Scheuermittel *nt* ❷ MECH Schleifmittel *nt*

abrasively [əˈbreɪsɪvli] *adv* schroff, harsch

abrasiveness [əˈbreɪsɪvnəs] *n no pl* ❶ *of a detergent* Schärfe *f; of a surface* Rauhheit *f* ❷ (*impoliteness*) Schroffheit *f,* Schärfe *f*

abreast [əˈbrest] *adv* ❶ (*side by side*) nebeneinander, Seite an Seite ❷ (*alongside*) auf gleicher Höhe; **to come** [*or* **draw**] **~ of sb/sth** mit jdm/etw gleichziehen ❸ (*up to date*) ■**to be ~ of sth** über etw *akk* auf dem Laufenden sein; **to keep ~ of sth** sich *akk* über etw *akk* auf dem Laufenden halten; **to keep sb ~ of sth** jdn über etw *akk* auf dem Laufenden halten

abridge [əˈbrɪdʒ] *vt* ❶ (*shorten*) **to ~ a book/script** ein Buch/Skript kürzen ❷ (*curtail*) **to ~ sb's liberties** jds Freiheiten *fpl* einschränken; **to ~ sb's rights** jds Rechte *ntpl* beschneiden

abridged [əˈbrɪdʒd] *adj* gekürzt; **~ edition** gekürzte Ausgabe; **~ version** Kurzfassung *f*

abridg(e)ment [əˈbrɪdʒmənt] *n* ❶ (*version*) *of a book* gekürzte Ausgabe; (*summary*) Kurzfassung *f* ❷ *no pl* (*shortening*) Kürzung *f;* ***letters to the editor are subject to ~*** der Herausgeber behält sich vor, Leserbriefe zu kürzen

abroad [əˈbrɔːd, AM əˈbrɑːd] **I.** *adv inv* ❶ (*in foreign country*) im Ausland; ***he's currently ~ on business*** er ist momentan geschäftlich im Ausland; **to go ~** ins Ausland fahren ❷ (*form: current*) ■**to be ~** umgehen; ***there is a rumour ~ that ...*** es geht [*o* kursiert] das Gerücht, dass ... ❸ (*liter or old: outside*) ■**to be ~** [draußen] unterwegs sein **II.** *n no pl* [**to return** [*or* **come back**]] **from ~** aus dem Ausland [zurückkehren]

abrogate [ˈæbrə(ʊ)geɪt, AM -rəg-] *vt* (*form*) ■**to ~ sth** etw aufheben [*o fachspr* annullieren]; **to ~ a law/treaty** ein Gesetz/einen Vertrag außer Kraft setzen

abrogation [ˌæbrə(ʊ)ˈgeɪʃᵊn, AM -rəˈ-] *n no pl* (*form*) Aufhebung *f,* Annullierung *f fachspr; of a treaty* Außerkraftsetzung *f*

AB roll *n* COMPUT AB-Ausblendung *f*

abrupt [əˈbrʌpt] *adj* ❶ (*sudden*) abrupt, plötzlich; **~ change of subject** abrupter Themenwechsel; **~ departure** plötzliche Abreise; **to come to an ~ end** ein jähes Ende finden; **to come to an ~ halt** *car* plötzlich anhalten ❷ (*brusque*) *manner, person, reply* schroff; ■**to be ~ with sb** zu jdm sehr schroff [*o* barsch] sein ❸ (*steep*) steil; *slope also* schroff

abruptly [əˈbrʌptli] *adv* ❶ (*suddenly*) abrupt, unvermittelt, plötzlich ❷ (*brusquely*) schroff ❸ (*steeply*) steil, schroff

abruptness [əˈbrʌptnəs] *n no pl* ❶ (*suddenness*) Plötzlichkeit *f,* Unvermitteltheit *f* ❷ (*brusqueness*) Schroffheit *f; of a person* schroffe Art ❸ (*steepness*) Steilheit *f,* Steile *f*

abs *n* ANAT (*fam*) *short for* **abductors** Aduktionsmuskel *mpl*

ABS [ˌeɪbiːˈes] *n no pl* AUTO *abbrev of* **anti-lock braking system** ABS *nt*

abscess <*pl* -es> [ˈæbses] *n* MED Abszess *m*

abscond [əbˈskɒnd, AM -ˈskɑːnd] *vi* ❶ (*run away*) sich *akk* davonmachen, abhauen *fam;* **to ~ abroad** sich *akk* ins Ausland absetzen; ■**to ~ with sb** mit jdm durchbrennen *fam* ❷ (*escape*) türmen *fam,* ausbrechen ❸ LAW (*depart unlawfully*) ■**to ~** [**from sth**] sich *akk* [etw *dat*] [durch Flucht] entziehen

absconder [əbˈskɒndəʳ, AM -ˈskɑːndɚ] *n* Ausreißer(in) *m(f) fam*

abseil [ˈæbseɪl] *esp* BRIT, AUS **I.** *vi* (*in rock-climbing*) [sich *akk*] abseilen **II.** *n* Abstieg *m* (*durch Abseilen*)

abseiling [ˈæbseɪlɪŋ] *n no pl esp* BRIT, AUS (*in rock-climbing*) Abseilen *nt*

absence [ˈæbsᵊn(t)s] *n* ❶ *no pl* (*nonappearance*) Abwesenheit *f;* (*from school, work*) Fehlen *nt;* **in** [*or* **during**] **sb's ~, in the ~ of sb** in [*o* während] jds Abwesenheit *f* ❷ (*period away*) Abwesenheit *f,* Fehlen *nt;* (*from school*) Fehlzeit *f* ❸ *no pl* (*lack*) Fehlen *nt,* Nichtvorhandensein *nt;* ■**in the ~ of sth** in Ermangelung einer S. *gen;* ***in the ~ of any more suitable candidates ...*** da es keine weiteren geeigneten Kandidaten gab, ... ▸ PHRASES: **~ makes the heart grow fonder** (*prov*) die Liebe wächst mit der Entfernung *prov*

absent I. *adj* [ˈæbsᵊnt] *inv* ❶ (*not there*) abwesend; **to be ~ from work/school** auf der Arbeit/in der Schule fehlen; **to mark sb as ~ in the register** [*or* AM **on the attendance sheet**] SCH jdn im Klassenbuch als fehlend eintragen ② *usu pred* (*lacking*) ■**to be** ~ fehlen ③ (*distracted*) [geistes]abwesend; ~ **expression** geistesabwesender Gesichtsausdruck **II.** *vt* ['æbsent] (*form*) ① (*leave*) ■**to** ~ **oneself** sich *akk* zurückziehen; ***he ~ed himself from the room*** er verließ den Raum ② (*not appear*) **to** ~ **oneself** [**from work**] [von der Arbeit] fernbleiben

absentee [ˌæbsᵊn'ti:] *n* Abwesende(r) *f(m)*, Fehlende(r) *f(m)*; ***there are many ~s from school this week*** diese Woche fehlen viele in der Schule

absentee ballot *n* AM (*postal vote*) Briefwahl *f*

absenteeism [ˌæbsᵊn'ti:ɪzᵊm] *n no pl* häufiges Fernbleiben [*o* Fehlen], Krankfeiern *nt pej*; (*truancy also*) Schwänzen *nt fam*

absentee landlord *n nicht ortsansässiger Vermieter oder Verpächter* **absentee vote** *n* AUS (*postal vote*) Briefwahl *f*

absently ['æbsᵊntli] *adv* [geistes]abwesend

absent-minded *adj* (*momentarily*) geistesabwesend; (*habitually*) zerstreut; ~ **professor** zerstreuter Professor

absent-mindedly *adv* (*momentarily*) geistesabwesend; (*habitually*) zerstreut

absent-mindedness *n no pl* (*moment*) Geistesabwesenheit *f*; (*trait*) Zerstreutheit *f*

absinth(e) [ˌæbsɛ̃θ] *n no pl* (*liqueur*) Absinth *m*

absolute [ˌæbsə'lu:t] **I.** *adj inv* ① (*complete*) absolut, vollkommen; **with** ~ **certainty** mit hundertprozentiger Sicherheit; **to not be not an** ~ **proof** kein eindeutiger Beweis sein ② *attr* (*emphatic*) absolut, total; **an** ~ **angel** ein wahrer Engel; **an** ~ **disaster** eine einzige Katastrophe; **an** ~ **idiot** ein ausgemachter Idiot; **an** ~ **mess** ein einziges Durcheinander; **to talk** ~ **nonsense** kompletten Unsinn reden ③ (*not relative*) absolut; **in** ~ **terms** absolut gesehen ④ *also* LAW (*unlimited*) absolut, uneingeschränkt; ~ **discharge** unbeschränkte Entlassung; ~ **privilege** absoluter Rechtfertigungsgrund, absolute Immunität; ~ **ruler** unumschränkter Herrscher/unumschränkte Herrscherin; ~ **title** uneingeschränktes Eigentumsrecht ⑤ LING absolut ⑥ COMPUT ~ **instruction** [*or* **code**] endgültiger Maschinenbefehl; ~ **positioning** tatsächliche Position **II.** *n* PHILOS Absolutheit *f*

absolutely [ˌæbsə'lu:tli] *adv inv* ① (*completely*) absolut, völlig; ***you're ~ right*** Sie haben vollkommen [*o* völlig] Recht; ***you have ~ no idea*** du hast [ja] überhaupt keine Ahnung; ~ **forbidden** strikt verboten; **sth is** ~ **true** etw stimmt hundertprozentig; **to** ~ **agree with sb** jdm vollkommen zustimmen; **to** ~ **believe in sth** etw bedingungslos glauben; **to trust sb** ~ jdm bedingungslos vertrauen ② (*emphatic*) absolut; ***it's been ~ ages since we last met!*** wir haben uns ja Jahrhunderte nicht gesehen! *fam*; ***it was an excellent film — ~!*** das war ein toller Film – absolut! *sl*; ~ ***not!*** nein, überhaupt nicht!; ~ **delicious** einfach köstlich; **to be** ~ **determined to do sth** fest [*o fam* wild] entschlossen sein etw zu tun; ~ **nothing** überhaupt nichts; **to mean** ~ **everything to sb** jdm alles bedeuten; *person, animal also* jds Ein und Alles *nt* sein ③ LING absolut

absolute majority *n* POL absolute Mehrheit **absolute zero** *n no pl* PHYS absoluter Nullpunkt

absolution [ˌæbsə'lu:ʃᵊn] *n no pl* REL Absolution *f*; **to give** [*or* **grant**] **sb** ~ jdm [die] Absolution erteilen; **to give** [*or* **grant**] **sb** ~ **from** [*or* **of**] **his/her sins** jdn von seinen Sünden lossprechen

absolutism [ˌæbsə'lu:tɪzᵊm, AM -t̬ɪz-] *n no pl* POL Absolutismus *m*

absolve [əb'zɒlv, AM -'zɑ:(l)v] *vt* (*form*) ① (*exonerate*) ■**to** ~ **sb** [**of** [*or* **from**] **sth**] jdn [von etw *dat*] freisprechen; **to** ~ **sb from responsibility** jdn aus der Verantwortung entlassen; **to** ~ **sb of his/her vow** jdn von seinem Gelübde entbinden ② REL **to** ~ **sb of his/her sins** jdn von seinen Sünden lossprechen

absorb [əb'zɔ:b, -sɔ:b, AM -'sɔ:rb, -zɔ:rb] *vt* ① (*soak up*) ■**to** ~ **sth** etw aufnehmen [*o fachspr* absorbieren]; *liquids a.* etw aufsaugen; **be ~ed into the bloodstream** *Drug* in den Blutkreislauf gelangen ② *usu passive* (*become part*) ■**to be ~ed by** [*or* **into**] **sth** in etw *akk* integriert werden ③ (*accommodate for*) ■**to** ~ **sth** *changes* etw auffangen ④ (*reduce*) ■**to** ~ **sth** *blow* etw abfangen; **to** ~ **light** Licht absorbieren [*o fam* schlucken]; **to** ~ **noise** Schall dämpfen [*o fam* schlucken] ⑤ (*understand*) ■**to** ~ **sth** *information, news* etw aufnehmen ⑥ (*engross*) ■**to** ~ **sb** jdn beanspruchen [*o* in Anspruch nehmen]; **to** ~ **sb's attention/time** jds Aufmerksamkeit *f*/Zeit *f* beanspruchen; **to completely** ~ **sb's attention/time** jds ganze Aufmerksamkeit/Zeit in Anspruch nehmen

absorbed [əb'zɔ:bd, -'sɔ:bd, AM -'sɔ:rbd,-'zɔ:rbd] *adj usu pred* ■**to be** ~ [**in sth**] [in etw *akk*] vertieft [*o* versunken] sein; **to be** ~ **in one's thoughts** [ganz] in Gedanken versunken sein

absorbency [əb'zɔ:bən(t)si, -'sɔ:-, AM -'sɔ:rb-, -'zɔ:r] *n no pl* Absorptionsfähigkeit *f*; *of cotton, paper* Saugfähigkeit *f*

absorbent [əb'zɔ:bənt, -'sɔ:-, AM -'sɔ:r-, -'sɔ:r-] *adj* absorptionsfähig; *cotton, paper* saugfähig

absorbing [əb'zɔ:bɪŋ, -'sɔ:-, AM -'sɔ:r-, -'zɔ:r-] *adj* fesselnd, packend; **an** ~ **problem** ein kniffeliges Problem

absorption [əb'zɔ:pʃᵊn, AM -'sɔ:rp-] *n no pl* ① (*absorbing*) Absorption *f fachspr*, Aufnahme *f*; **power of** ~ Absorptionsfähigkeit *f* ② (*incorporation*) Aufnahme *f*; *of people also* Integration *f* ③ *of a blow* Abfangen *nt*, Dämpfung *f* ④ (*engrossment*) Vertieftsein *nt*; (*in a problem*) intensive Beschäftigung

abstain [əb'steɪn] *vi* ① (*eschew*) ■**to** ~ [**from sth**] sich *akk* [einer S. *gen*] enthalten *geh*; **to** ~ **from alcohol** keinen Alkohol trinken ② (*not vote*) sich *akk* der Stimme enthalten

abstainer [əb'steɪnəʳ, AM -ɚ] *n* Abstinenzler(in) *m(f)*

abstemious [æb'sti:miəs] *adj* ~ **life/person** enthaltsames Leben/enthaltsamer Mensch; ~ **meal** bescheidenes Essen

abstention [əb'sten(t)ʃᵊn] *n* ① *no pl* (*eschewal*) Abstinenz *f* (**from** von +*dat*), Enthaltsamkeit *f* ② *no pl* (*not voting*) Stimmenthaltung *f* ③ (*noncommittal vote*) [Stimm]enthaltung *f*; ***those in favour? those against? ~s?*** wer ist dafür? wer dagegen? Enthaltungen? ④ AM LAW (*refusal*) Verweigerung *f*, Verzicht *f*

abstinence ['æbstɪnən(t)s] *n no pl* Abstinenz *f* (**from** von +*dat*), Verzicht *m* (**from** auf +*akk*)

abstinent ['æbstɪnənt] *adj* enthaltsam, abstinent

abstract I. *adj* ['æbstrækt] abstrakt; ~ **art/painting** abstrakte Kunst/Malerei; ~ **noun** LING Abstraktum *nt fachspr* **II.** *n* ['æbstrækt] ① (*summary*) Zusammenfassung *f*; ~ **of title** LAW Eigentumsnachweis *m* ② (*generalized form*) ■**the** ~ das Abstrakte; **in the** ~ abstrakt, theoretisch ③ ART abstraktes Werk ④ PHILOS Abstraktum *nt fachspr* **III.** *vt* [æb'strækt] ① (*summarize*) ■**to** ~ **sth** etw zusammenfassen ② (*euph form: steal*) ■**to** ~ **sth** etw entwenden *geh* ③ (*form: remove*) ■**to** ~ **sth** [**from sth**] etw [aus etw *dat*] entnehmen ④ (*consider separately*) ■**to** ~ **sth** [**from sth**] etw [von etw *dat*] trennen

abstracted [æb'stræktɪd] *adj* gedankenverloren, [geistes]abwesend

abstractedly [æb'stræktɪdli] *adv* gedankenverloren, [geistes]abwesend

abstraction [æb'strækʃᵊn] *n* ① (*generalization*) Abstraktion *f* ② (*process*) Abstrahieren *nt* ③ *no pl* (*distraction*) [Geistes]abwesenheit *f* ④ (*form: removal*) Entnahme *f* (**from** von +*dat*)

abstractness ['æbstræktnəs] *n no pl* Abstraktheit *f*

abstract noun *n* LING Abstraktum *nt fachspr*

abstruse [æb'stru:s] *adj* abstrus

absurd [əb'zɜ:d, -'sɜ:d, AM -'sɜ:rd, -'zɜ:rd] **I.** *adj* ① (*illogical*) absurd ② (*foolish*) töricht; ***don't be ~!*** sei nicht albern! ③ (*ridiculous*) lächerlich; **to look** ~ lächerlich aussehen **II.** *n* ■**the A~** das Absurde; **the theatre of the** ~ das absurde Theater

absurdist [eb'sɜ:dɪst, 'zɜ:, AM 'sɜ:r] *adj* LIT absurd *fachspr*; ~ **theatre** absurdes Theater

absurdity [əb'zɜ:dəti, -'sɜ:-, AM -'sɜ:rdət̬i, -'zɜ:r-] *n* ① *no pl* (*nature*) *of an idea, situation* Absurdität *f*; ***the ~ of the situation*** das Absurde an der Situation ② (*thing*) Absurdität *f*; **to be an** ~ absurd sein

absurdly [əb'zɜ:dli, -'sɜ:d-, AM -'sɜ:rd-, -'zɜ:rd-] *adv* absurd; **to behave** ~ sich *akk* kindisch [*o* lächerlich] benehmen

abundance [ə'bʌndən(t)s] *n no pl* ① (*plentifulness*) Fülle *f* (**of** von +*dat*); **to have an** ~ **of sth** reich an etw *akk* sein; ***Canada has an ~ of wildlife*** Kanada hat eine sehr reiche Tierwelt; ***he had an ~ of good ideas*** er hatte jede Menge guter Ideen; **in** ~ in Hülle und Fülle ② (*prosperity*) Reichtum (**of an** +*dat*)

abundant [ə'bʌndənt] *adj* reichlich; ***there was food in ~ supply*** es gab Essen in Hülle und Fülle; ***there is ~ evidence that …*** es gibt jede Menge Beweise dafür, dass …; **in** ~ **detail** in aller Ausführlichkeit; ~ **harvest** reiche Ernte; ~ **vegetation** üppige Vegetation; ■**to be** ~ **in sth** reich an etw *dat* sein

abundantly [ə'bʌndəntli] *adv* ① (*plentifully*) reichlich; **sth is** ~ **available** etw gibt es reichlich ② (*extremely*) **to be** ~ **clear that …** mehr als klar sein, dass …; **to make sth** ~ **clear** etw mehr als deutlich zu verstehen geben

A-bus *n* COMPUT Hauptübertragungsweg *m*

abuse I. *n* [ə'bju:s] ① *no pl* (*affront*) [**verbal**] ~ Beschimpfung[en] *fpl*; **a stream** [*or* **torrent**] **of** ~ ein Schwall *m* von Beschimpfungen; **a term of** ~ ein Schimpfwort *nt*; **to hurl** ~ **at sb** jdn beschimpfen; **to hurl a torrent of** ~ **at sb** jdm einen Schwall von Beschimpfungen entgegenschleudern ② *no pl* (*maltreatment*) Missbrauch *m*; **child** ~ Kindesmissbrauch *m*; **to have been a victim of child** ~ als Kind missbraucht worden sein; **mental/physical** ~ psychische/körperliche Misshandlung; **sexual** ~ sexueller Missbrauch ③ *no pl* (*misuse*) Missbrauch *m*; ~ **of process** LAW Verfahrensmissbrauch *m*; **be open to** ~ sich leicht missbrauchen lassen, leicht ausgenutzt werden; **alcohol/drug** ~ Alkohol-/Drogenmissbrauch *m* ④ (*breach*) Verletzung *f*; ~ **of human rights** Menschenrechtsverletzungen *fpl* ⑤ (*corrupt practice*) ■**~s** *pl* korrupte Machenschaften **II.** *vt* [ə'bju:z] ① (*verbally*) **to** [**verbally**] ~ **sb** jdn beschimpfen ② (*maltreat*) ■**to** ~ **sb/an animal** jdn/ein Tier missbrauchen; **to** ~ **sb emotionally/physically/sexually** jdn psychisch/körperlich/sexuell misshandeln ③ (*exploit*) ■**to** ~ **sth** etw missbrauchen; **to** ~ **one's authority/position** seine Autorität/Position missbrauchen; **to** ~ **sb's kindness** jds Freundlichkeit *f* ausnützen; **to** ~ **sb's trust** jds Vertrauen *nt* missbrauchen ④ (*breach*) **to** ~ **sb's rights** jds Rechte *ntpl* verletzen

abuser [ə'bju:zəʳ, AM -ɚ] *n* **child** ~ Kinderschänder(in) *m(f)*; **drug** ~ Drogenabhängige(r) *f(m)*

abusive [ə'bju:sɪv] *adj* ① (*insulting*) beleidigend; ~ **language** Beleidigungen *fpl*; ~ **phone call** obszöner Anruf; **to become** ~ [**to sb**] [jdm gegenüber] ausfallend werden ② (*maltreating*) misshandelnd *attr*; ~ **parents** Eltern, die ihre Kinder missbrauchen

abusively [ə'bju:sɪvli] *adv* beleidigend; ***they shouted ~ at each other*** sie riefen sich gegenseitig Beschimpfungen zu

abut <-tt-> [ə'bʌt] **I.** *vt no passive* ■**to** ~ **sth** *land, house* an etw *akk* grenzen **II.** *vi* ■**to** ~ **on sth** *land, house* an etw *akk* grenzen

abutment [ə'bʌtmənt] *n* ARCHIT Widerlager *nt fachspr*; *of an arch, vault* Strebepfeiler *m*, Stützpfeiler *m*, Gewölbepfeiler *m*

abutter [ə'bʌtəʳ, AM -t̬ɚ] *n* Anlieger(in) *m(f)*, Anrainer(in) *m(f) bes* ÖSTERR

abuzz [ə'bʌz] *adj pred* ① (*buzzing*) ***the city is ~*** in der Stadt ist ordentlich was los *fam* ② (*full of*) **to be** ~ **with excitement over sth** in heller Aufregung über etw *akk* sein

ABV [ˌeɪbi:'vi:] *n abbrev of* **alcohol by volume** Vol.-% Alk.

abysmal [ə'bɪzmᵊl] *adj* entsetzlich, katastrophal

abysmally [ə'bɪzmᵊli] *adv* entsetzlich, katastrophal; ***the film was ~ bad*** der Film war miserabel; ***they're ~ ignorant of politics*** sie haben erschreckend wenig Ahnung von Politik

abyss [ə'bɪs] *n* (*also fig*) Abgrund *m*; **on the edge** [*or* **brink**] **of an** ~ am Rande eines Abgrunds

Abyssinia [ˌæbɪˈsɪniə] **I.** *n no pl* HIST Abessinien *nt* **II.** *interj (dated rhyming sl)* ~! bis bald! *fam*
Abyssinian [ˌæbɪˈsɪniən] HIST **I.** *adj inv* abessinisch **II.** *n* Abessinier(in) *m(f)*
AC [ˌeɪˈsiː] *n* ❶ AM *abbrev of* **air conditioner** ❷ *no pl* AM *abbrev of* **air conditioning** ❸ *no pl, no art* ELEC *abbrev of* **alternating current: 230 V ~** 230 V AC
a/c, AM *also* **A/C** *n no pl* ECON *abbrev of* **account current** Konto *nt;* ~ **payee only** nur zur Verrechnung
acacia [əˈkeɪʃə] *n* Akazie *f*
academe [ˈækədiːm] *n no art, no pl* UNIV *(form or hum)* die akademische Welt; **the groves** [*or* **halls**] **of** ~ die akademischen Gefilde
academia [ˌækəˈdiːmiə] *n no pl, no art* die akademische Welt; *(more concrete)* die Universität *f*
academic [ˌækəˈdemɪk] **I.** *adj* ❶ *usu attr, inv (university)* akademisch; ~ **institution** Universitätseinrichtung *f;* ~ **year** Studienjahr *nt* ❷ *(not vocational)* wissenschaftlich; ~ **approach** wissenschaftlicher Ansatz ❸ *(scholarly)* wissenschaftlich; ~ **interests** geistige Interessen ❹ *(pej: theoretical) question* akademisch ❺ *(irrelevant)* hypothetisch **II.** *n* Lehrkraft *f* an der Universität
academically [ˌækəˈdemɪkli] *adv* wissenschaftlich; ***she's always done well*** ~ sie war immer gut in der Schule; **to be** ~ **gifted** intellektuell begabt sein; **to be** ~ **inclined** geistige Interessen haben
academician [əˌkædəˈmɪʃən, AM ˌækədəˈ-] *n* ❶ *(member)* Akademiemitglied *nt* ❷ AM *(academic)* Lehrkraft *f* an der Universität
academy [əˈkædəmi] *n* ❶ *(training)* Akademie *f;* **military** ~ Militärakademie *f;* **police** ~ Polizeischule *f* ❷ *(scholarly institution)* Akademie *f;* **the French A~** die Französische Akademie ❸ *esp* AM, SCOT *(school)* [höhere] Schule
Academy Award *n* FILM *Filmpreis der Motion Picture Academy* (= *der Oscar*)
acanthus [əˈkænθəs] **I.** *n* ❶ BOT *(plant)* Bärenklau *m,* Akanthus *m fachspr* ❷ ARCHIT *(ornament)* Akanthus *m fachspr* **II.** *n modifier* ARCHIT Akanthus- *fachspr;* ~ **frieze** Akanthusfries *m*
a capella [ˌækəˈpelə, AM ˌɑːk-] *inv* **I.** *adj* a cappella, A-cappella- **II.** *adv* a cappella
ACAS [ˈeɪˌkæs] *n* BRIT *acr for* **Advisory, Conciliation and Arbitration Service** ≈ Schlichtungsstelle *f* für Arbeitskonflikte
ACC *n abbrev of* **accumulator** Akkumulator[register] *m*
accede [ækˈsiːd] *vi (form)* ❶ *(agree)* ▪**to** ~ **to sth** etw *dat* zustimmen; **to** ~ **to a demand/request** einer Forderung/Bitte nachgeben; **to** ~ **to a proposal** in einen Vorschlag einwilligen ❷ *(assume)* **to** ~ **to a position** einen Posten übernehmen; **to** ~ **to the throne** den Thron besteigen; **to** ~ **to a title of sb** jds Titel übernehmen ❸ *(become member)* ▪**to** ~ **to sth** etw *dat* beitreten
accelerate [əkˈseləreɪt] **I.** *vi* ❶ *(go faster)* beschleunigen; *driver* Gas geben *fam* ❷ *(increase)* zunehmen, [schnell] ansteigen; ***his heartbeat ~d*** sein Herzschlag beschleunigte sich ❸ PHYS beschleunigen **II.** *vt* ▪**to** ~ **sth** ❶ *vehicle* etw beschleunigen; **to** ~ **speed** die Geschwindigkeit erhöhen ❷ *(fig) decline, change* etw beschleunigen ❸ CHEM, PHYS etw beschleunigen
accelerated *adj* ~ **depreciation** FIN beschleunigte [Sonder]abschreibung
acceleration [əkˌseləˈreɪʃən] *n no pl* ❶ *of a car* Beschleunigung *f;* **to have good/poor** ~ gut/schlecht beschleunigen, eine gute/schlechte Beschleunigung haben; ~ **of speed** Geschwindigkeitserhöhung *f* ❷ *(fig: quickening)* Beschleunigung *f* ❸ PHYS Beschleunigungsrate *f*
acceleration clause *n* AM FIN Fälligkeitsklausel *f*
accelerator [əkˈseləreɪtəʳ, AM -t̬ɚ] *n* ❶ *(in car)* Gaspedal *nt,* Gas *nt fam;* **to depress** [*or* **step on**] **the** ~ aufs Gas treten *fam;* **to ease** [*or* **let**] **up on the** ~ vom Gas gehen *fam* ❷ PHYS [Teilchen]beschleuniger *m*
accelerator board *n,* **accelerator card** *n* COMPUT Beschleunigerkarte *f* **accelerator key** *n* COMPUT Schnelltaste *f,* Shortcut *m* **accelerator pedal** *n* Gaspedal *nt*
accent **I.** *n* [ˈæksənt, AM -sent] ❶ *(pronunciation)* Akzent *m;* **broad/pronounced** ~ breiter/starker Akzent; **German/Scottish** ~ deutscher/schottischer Akzent; **to get rid of one's** ~ seinen Akzent verlieren; **to speak with an** ~ einen Akzent haben, mit einem Akzent sprechen; **to speak without an** ~ akzentfrei sprechen, keinen Akzent haben ❷ *(over letter)* Akzent *m* ❸ *(stress)* Betonung *f,* Akzent *m* ❹ *(focus)* Betonung *f,* Schwerpunkt *m;* **to put the** ~ **on sth** etw in den Mittelpunkt stellen ❺ *(liter: tone)* ▪**~s** *pl* Stimme *f,* Tonfall *m* **II.** *vt* [əkˈsent, AM ækˈ-] ▪**to** ~ **sth** etw betonen; **to** ~ **an aspect** einen Aspekt hervorheben
accentuate [əkˈsentʃueɪt] *vt* ▪**to** ~ **sth** ❶ *(highlight) aspect, feature, quality* etw betonen [*o* hervorheben] ❷ MUS, LING etw akzentuieren
accentuation [əkˌsentʃuːˈeɪʃən] *n* ❶ LING, MUS *(stress)* Betonung *f,* Akzentuation *f fachspr* ❷ *(emphasis)* Hervorhebung *f,* Herausstellung *f fig*
accept [əkˈsept] **I.** *vt* ❶ *(take when offered)* ▪**to** ~ **sth** etw annehmen; **to** ~ **sb's advice/an apology/a suggestion** jds Ratschlag *m*/eine Entschuldigung/einen Vorschlag annehmen; **to** ~ **an award** eine Auszeichnung entgegennehmen; **to** ~ **a bribe** sich *akk* bestechen lassen; **to** ~ **an invitation/a job/an offer/a gift** eine Einladung/eine Stelle/ein Angebot/ein Geschenk annehmen; **to** ~ **sb as a member** jdn als Mitglied aufnehmen ❷ *(take in payment)* ▪**to** ~ **sth** etw annehmen; ***do you*** ~ ***credit cards?*** kann man bei Ihnen mit Kreditkarte zahlen?; ***this telephone ~s only coins*** an diesem Telefon kann man nur mit Münzen telefonieren ❸ *(believe)* ▪**to** ~ **sth** etw glauben; *(more official)* etw Glauben schenken ❹ *(acknowledge)* ▪**to** ~ **sth** etw anerkennen; ***she refused to*** ~ ***all the blame*** sie weigerte sich, die ganze Schuld auf sich zu nehmen; **to** ~ **responsibility** Verantwortung übernehmen; ▪**to** ~ [**that**] ... akzeptieren, dass ...; ***I*** ~ ***that I've made a mistake*** ich sehe ein, dass ich einen Fehler gemacht habe ❺ *(resign oneself to)* ▪**to** ~ **sth** etw akzeptieren [*o* hinnehmen]; **to** ~ **sb's decision** jds Entscheidung *f* akzeptieren; **to** ~ **one's fate/a situation** sich *akk* mit seinem Schicksal/einer Situation abfinden; ▪**to** ~ [**the fact**] **that ...** [die Tatsache] akzeptieren, dass ..., sich *akk* damit abfinden, dass ... ❻ *(include socially)* ▪**to** ~ **sb** jdn akzeptieren **II.** *vi* zusagen, annehmen; ▪**to** ~ **to do sth** einwilligen, etw zu tun
acceptability [əkˌseptəˈbɪləti, AM -t̬i] *n no pl* Annehmbarkeit *f,* Akzeptabilität *f geh*
acceptable [əkˈseptəbl] *adj* ❶ *(satisfactory)* akzeptabel, hinnehmbar; ▪**to not be** ~ untragbar sein; ▪**to be** ~ **to sb** für jdn akzeptabel [*o* annehmbar] sein; ***if these terms are*** ~ ***to you, ...*** wenn Sie mit diesen Bedingungen einverstanden sind, ... ❷ *(form: welcome)* recht, willkommen; ***chocolates make a very*** ~ ***gift*** Schokolade kommt als Mitbringsel immer gut an ❸ *(enough)* ausreichend; ***anything over a pound would be quite*** ~ jede Spende über einem Pfund ist in Ordnung
acceptably [əkˈseptəbli] *adv* ❶ *(satisfactorily)* angemessen, akzeptabel ❷ *(enough)* hinreichend ❸ *(correctly)* korrekt
acceptance [əkˈseptən(t)s] *n* ❶ *no pl (accepting) of an invitation, offer, proposal, cheque* Annahme *f; of idea* Zustimmung *f* ❷ *(positive answer)* Zusage *f;* **letter of** ~ schriftliche Zusage ❸ *no pl (toleration)* Hinnahme *f* ❹ *no pl (recognition)* Anerkennung *f,* Akzeptanz *f geh;* ***there is a general*** ~ ***that ...*** man ist sich allgemein einig, dass ...; **to gain** ~ Anerkennung bekommen; **to meet with general** ~ allgemeine Anerkennung finden ❺ FIN Akzept *nt;* **clean** [*or* **general**] ~ uneingeschränktes [*o* reines] Akzept; **partial** ~ Teilakzept *nt;* **qualified/uncovered** ~ eingeschränktes/ungedecktes Akzept; **to procure** ~ Akzept einholen ❻ PHYS ~ **angle** Einfangwinkel *m;* ~ **test** [*or* **testing**] Annahmeprüfung *f*
acceptance bank *n* FIN Akzeptbank *f* **acceptance credit** *n* FIN Akzeptkredit *m* **acceptance house** *n,* **accepting house** *n* FIN Akzeptbank *f;* **Accepting Houses Committee** Akzeptbankkomitee *nt* **acceptance speech** *n (by winner)* Dankesrede *f; (by elected)* Antrittsrede *f*
accepted [əkˈseptɪd] *adj* anerkannt; ***it is generally*** ~ ***that ...*** es ist eine allgemein anerkannte Tatsache, dass...
access [ˈækses] **I.** *n no pl* ❶ *(entry)* Zugang *m; (to room, building)* Zutritt *m;* ***the only*** ~ ***to the village is by boat*** das Dorf ist nur mit dem Boot zu erreichen; ***no*** ~ ***to the top floor*** kein Durchgang zum obersten Stockwerk; BRIT ***"~ only"*** „Anlieger frei"; **main** ~ **to a building** Haupteingang *m* eines Gebäudes; **to be difficult of** ~ BRIT *(form)* schwer zugänglich sein; **to deny sb** ~ [**to sth**] jdm den Zugang [*o* Zutritt] [zu etw *dat*] verwehren; **to deny a vehicle** ~ **to a street** eine Straße für ein Fahrzeug sperren; **to gain** ~ [**to sth**] sich *dat* Zugang [*o* Zutritt] [zu etw *dat*] verschaffen ❷ *(use)* Zugang *m;* ~ **to children** LAW das Recht, die Kinder zu sehen; ~ **to information** Zugriff *m* auf Informationen; **to give** [*or* **grant**]/**refuse** [*or* **deny**] **sb** ~ **to sth** jdm Zugang zu etw *dat* gewähren/verweigern; ***he was granted*** ~ ***to the family's private correspondence*** er durfte die Privatkorrespondenz der Familie einsehen **II.** *vt* COMPUT **to** ~ **data** auf Daten zugreifen; **to** ~ **a file** eine Datei öffnen
access code *n* COMPUT Zugangscode *m,* Zugriffscode *m* **access course** *n* BRIT *Kurs, der den Eintritt in den höheren Bildungsweg ermöglicht*
accessibility [əkˌsesəˈbɪləti, AM -əti] *n no pl* ❶ *(entry)* Zugänglichkeit *f* ❷ *(fig) of literature, sb's work* Zugänglichkeit *f*
accessible [əkˈsesəbl] *adj usu pred* ❶ *(approachable)* [leicht] erreichbar; ***the resort is easily*** ~ ***by car*** der Ort ist mit dem Auto leicht zu erreichen; ***the shelves aren't very*** ~ man kommt nicht sehr gut an die Regale heran ❷ *(obtainable)* [leicht] verfügbar; ▪**to be** ~ **to sb** jdm zugänglich sein ❸ *(easy)* verständlich; ▪**to be** ~ [**to sb**] [jdm] [intellektuell] zugänglich sein ❹ *person* zugänglich; ▪**to be** ~ **to sb** für jdn ansprechbar sein
accession [əkˈseʃən] *n no pl (form)* ❶ *(assumption)* Antritt *m;* ~ **to a post** Amtsantritt *m;* ~ **to power** Machtübernahme *f;* ~ **to the throne** Thronbesteigung *f* ❷ *(membership)* Beitritt *m* (**to** zu +*dat*); **treaty of** ~ EU Beitrittsabkommen *nt,* EG-Beitrittsvertrag *m;* **to seek** ~ **to sth** sich *akk* um die Mitgliedschaft in etw *dat* bemühen; **application for** ~ Beitrittsgesuch *nt* ❸ *to a treaty* Zustimmung *f* ❹ COMPUT ~ **number** Annahmezahl *f; (serial number)* Signatur *f*
accessor *n* COMPUT Datenbenutzer *m,* Zugriffsberechtigter *m*
accessorize [əkˈsesəraɪz, AM -ər-] *vt usu passive* ▪**to be ~d** mit Accessoires versehen sein; ▪**to** ~ **sth** etw mit Accessoires versehen; **to** ~ **a car** [**with sth**] ein Auto [mit etw *dat*] ausstatten; **to** ~ **a room** [**with sth**] ein Zimmer [mit etw *dat*] dekorieren
accessory [əkˈsesəri] *n* ❶ *usu pl* FASHION Accessoire *nt;* **matching accessories** passende Accessoires ❷ *usu pl (equipment)* Zubehör *nt* ❸ *(tool)* Extra *nt* ❹ *(criminal)* Helfershelfer(in) *m(f);* ***he became an*** ~ ***to the crime*** er machte sich am Verbrechen mitschuldig; LAW ~ **after the fact** nach der Tat Beteiligte[r]; ~ **before the fact** Anstifter(in) *m(f);* **to be an** ~ **before the fact** sich der Beihilfe schuldig machen; **to be charged with being an** ~ **after the fact** der Beihilfe beschuldigt werden
access road, access route *n* ❶ *(to place)* Zufahrt[sstraße] *f* ❷ BRIT *(to motorway)* [Autobahn]zubringer *m* **access time** *n* COMPUT Zugriffszeit *f*
accidence [ˈæksɪdən(t)s] *n* LING Flexion *f fachspr*
accident [ˈæksɪdənt] *n* ❶ *(with injury)* Unfall *m;* **road** ~ Verkehrsunfall *m;* **train/plane** ~ Zug-/Flugzeugunglück *nt;* ~ **at work** Arbeitsunfall *m;* **to have an** ~ einen Unfall haben; ***he had an*** ~ ***with the carving knife*** er hat sich mit dem Schnitzmesser verletzt; **without** ~ gefahrlos ❷ *(without intention)* Versehen *nt;* ***sorry, it was an*** ~ tut mir Leid, es war

keine Absicht; **by** ~ aus Versehen ③ *(chance)* Zufall *m;* **by** ~ zufällig; ***more by ~ than design*** eher zufällig als geplant; ***it is no/pure ~ that …*** es ist kein/reiner Zufall, dass … ④ *(mishap)* Missgeschick *nt;* ***I'm afraid I've had an ~*** mir ist leider ein Missgeschick passiert ⑤ *(euph: defecation)* Malheur *nt euph, hum;* ***my son's just had an ~*** meinem Sohn ist gerade ein [kleines] Malheur passiert ⑥ *(euph: unplanned child)* Unfall *m fam* ▶ PHRASES: **~s will happen** so was kommt vor; **~s will happen in the best regulated families** so etwas kommt in den besten Familien vor; **it was an ~ waiting to happen** es musste ja so kommen

accidental [ˌæksɪˈdentᵊl, AM -t̬ᵊl] **I.** *adj* ① *(unintentional)* versehentlich, unbeabsichtigt; ***it was ~*** es war ein Versehen ② TRANSP Unfall-; ~ **damage** Unfallschaden *m;* ~ **death** LAW Unfalltod *m* ③ *(chance)* zufällig; **purely** ~ rein zufällig **II.** *n* MUS [Noten]vorzeichen *nt,* Akzidens *nt fachspr*

accidentally [ˌæksɪˈdentᵊli, AM -t̬ᵊli] *adv* ① *(unintentionally)* versehentlich; ~ **on purpose** *(hum)* rein zufällig *iron* ② *(by chance)* zufällig

accident and emergency unit *n* Notaufnahme *f,* Notfallstation *f* **accident blackspot** *n* BRIT neuralgischer Punkt *geh;* ***this junction is an ~*** das ist eine unfallträchtige Kreuzung **accident insurance** *n no pl* Unfallversicherung *f* **accident-prone** *adj usu pred* ■**to be** ~ ein Pechvogel sein, vom Pech verfolgt sein

acclaim [əˈkleɪm] **I.** *vt usu passive* ■**to be ~ed** [**as sth**] [als etw] gefeiert werden **II.** *n no pl* ① *(applause)* Beifall *m* ② *(praise)* Anerkennung *f;* **critical** ~ gute Kritiken; **to receive** ~ Anerkennung erhalten

acclamation [ˌækləˈmeɪʃᵊn] *n no pl (form)* Beifall *m,* Beifallsbekundung[en] *f[pl];* **to carry a motion by** ~ einen Antrag durch [*o* per] Akklamation annehmen; **shouts of** ~ Beifallsrufe *mpl;* **elected by** ~ durch [*o* per] Zuruf gewählt

acclimate [ˈækləmeɪt] *vt, vi* AM *see* **acclimatize**

acclimation [ˌæklɪˈmeɪʃᵊn] *n* AM, **acclimatization** [əˌklaɪmətaɪˈzeɪʃᵊn, AM -t̬ə'-] *n no pl* Akklimatisation *f,* Akklimatisierung *f;* ~ **to a new environment** Eingewöhnung *f* in eine neue Umgebung

acclimatize [əˈklaɪmətaɪz] **I.** *vi* sich *akk* akklimatisieren; **to ~ to new conditions/a new situation** sich *akk* an neue Bedingungen/eine neue Situation gewöhnen; **to ~ to a country** sich *akk* in einem Land einleben **II.** *vt* ■**to ~ sb/oneself** [**to sth**] jdn/sich [an etw *akk*] gewöhnen; **to get** [*or* **become**] **~d** [**to sth**] sich *akk* [an etw *akk*] gewöhnen

accolade [ˈækəleɪd] *n usu sing* ① *(praise)* Anerkennung *f* ② *(prize)* Auszeichnung *f*

accommodate [əˈkɒmədeɪt, AM əˈkɑːm-] **I.** *vt* ① *(offer lodging)* ■**to ~ sb** *person* jdn unterbringen; *building* jdn aufnehmen [*o geh* beherbergen]; ***the chalet ~s up to 6 people*** die Hütte bietet Platz für bis zu 6 Personen ② *(form: store)* ■**to ~ sth** etw unterbringen ③ *(help)* ■**to ~ sb** jdm entgegenkommen ④ *(supply)* ■**to ~ sb with sth** jdn mit etw *dat* versorgen; ***should we be unable to ~ you with precisely the item you require, …*** sollten wir Ihnen nicht genau den gewünschten Artikel beschaffen können, … ⑤ *(adapt)* ■**to ~ oneself to sth** sich *akk* an etw *akk* anpassen ⑥ *(fit in with needs)* ■**to ~ sth** etw *dat* Rechnung tragen **II.** *vi* ■**sb ~s to sth** jd stellt sich *akk* auf etw *akk* ein

accommodating [əˈkɒmədeɪtɪŋ, AM əˈkɑːmədeɪt̬-] *adj* hilfsbereit, entgegenkommend

accommodation [əˌkɒməˈdeɪʃᵊn, AM əˌkɑːm-] *n* ① *no pl* BRIT, AUS *(lodging)* Unterkunft *f;* ***"~ wanted"*** „Zimmer gesucht"; **to find** ~ eine Unterkunft finden ② AM *(lodging)* ■**~s** *pl* Unterkunft *f* ③ *no pl (space)* Platz *m;* ***the block provides ~ for 500 office workers*** der Komplex bietet Platz für 500 Büroangestellte ④ AM *(space)* ■**~s** *pl* [Sitz]plätze *mpl* ⑤ *(seats)* Sitzplätze *mpl* ⑥ *(form: compromise)* Einigung *f;* **to reach an** ~ [**with sb**] [mit jdm] eine Einigung erzielen [*o* zu einer Übereinheit kommen] ⑦ AM FIN Überbrückungskredit *m*

accommodation address *n* BRIT ECON *(forwarding)* Nachsendeadresse *f;* *(concealed)* Deckadresse *f* **accommodation bill** *n* FIN Gefälligkeitswechsel *m* **accommodation bureau** *n* Wohnungsvermittlung *f* **accomodation marker** *n* LAW Aussteller(in) *m(f)* eines Gefälligkeitswechsels

accompaniment [əˈkʌmpᵊnɪmənt] *n* ① MUS Begleitung *f* (**to** zu +*dat*); **piano** ~ Klavierbegleitung; ***he sang to a piano ~*** er sang und wurde dabei vom Klavier begleitet *f* ② *(complement)* Begleitung *f;* ***a dry white wine is the perfect ~ to fish*** ein trockener Weißwein passt ideal zu Fisch; **to the ~ of boos/cheers** unter [*o* begleitet von] Buh-/Jubelrufen

accompanist [əˈkʌmpənɪst] *n* MUS Begleiter(in) *m(f)*

accompany <-ie-> [əˈkʌmpəni] *vt* ① *(escort)* ■**to ~ sb** jdn begleiten ② *(complement)* ■**to ~ sth** etw begleiten; ***we chose a white Burgundy to ~ the main course*** zum Hauptgang wählten wir einen weißen Burgunder; ***the course books are accompanied by four cassettes*** den Kursbüchern liegen vier Kassetten bei ③ *usu passive (occur together)* ■**to be accompanied by sth** mit etw *dat* einhergehen ④ MUS ■**to ~ sb/oneself** jdn/sich selbst begleiten

accomplice [əˈkʌmplɪs, AM *also* -ˈkɑːm-] *n* Komplize, -in *m, f;* ~ **in/to crime** Komplize, -in *m, f* bei einem Verbrechen

accomplish [əˈkʌmplɪʃ, AM *also* -ˈkɑːm-] *vt* ■**to ~ sth** etw schaffen *fam;* **to ~ a goal** ein Ziel erreichen; **to ~ a task** eine Aufgabe erledigen; **to ~ nothing/something** nichts/etwas erreichen

accomplished [əˈkʌmplɪʃt, AM *also* -ˈkɑːm-] *adj* fähig; **to be an ~ actor/actress** ein versierter Schauspieler/eine versierte Schauspielerin sein; ~ **performance/piece of work** gelungene Vorstellung/Arbeit; ■**to be ~ at** [*or* **in**] **sth** zu etw *dat* fähig sein; ***he is ~ in the art of painting*** er beherrscht die hohe Kunst des Malens

accomplishment [əˈkʌmplɪʃmənt, AM *also* -ˈkɑːm-] *n* ① *no pl (completion)* Vollendung *f; of an aim* Erreichen *nt; of a task* [erfolgreiche] Beendigung ② *usu pl (skill)* Fähigkeit *f,* Fertigkeit *f* ③ *(achievement)* Leistung *f*

accord [əˈkɔːd, AM -ˈkɔːrd] **I.** *n* ① *(treaty)* Vereinbarung *f;* POL Abkommen *nt;* **to reach an ~ with sb on sth** mit jdm eine Einigung über etw *akk* erzielen ② *no pl (agreement)* Übereinstimmung *f;* ■**to be in ~ with sb** mit jdm übereinstimmen *dat;* ■**to be in ~ with sth** sich *akk* mit etw *dat* in Einklang befinden; ■**to be in ~ with sb on sth** mit jdm in etw *dat* übereinstimmen; **with one** ~ geschlossen ③ LAW, FIN *(payment)* ~ **and satisfaction** vergleichsweise Erfüllung [einer Verbindlichkeit] ▶ PHRASES: **of one's own** ~ *(voluntarily)* aus eigenem Antrieb, von sich *dat* aus; *(without external cause)* von alleine [*o* selbst], ohne fremdes Zutun **II.** *vt (form)* ■**to ~** [**sb**] **sth** [jdm] etw gewähren; ***they ~ed him a hero's welcome*** er wurde wie ein Held empfangen; **to ~ sb courtesy** jdm eine Höflichkeit erweisen; **to ~ sb a title** jdm einen Titel verleihen **III.** *vi* sich *dat* entsprechen; ■**to ~ with sth** mit etw *dat* übereinstimmen

accordance [əˈkɔːdᵊn(t)s, AM -ˈkɔːrd-] *prep* **in ~ with sth** entsprechend einer S. *gen,* gemäß einer S. *gen*

accordingly [əˈkɔːdɪŋli, AM -ˈkɔːrd-] *adv inv* ① *(appropriately)* [dem]entsprechend ② *(thus)* folglich

according to [əˈkɔːdɪŋ, AM -ˈkɔːrd-] *prep* ① *(as told by)* nach +*dat,* zufolge +*dat;* ***~ the weather report*** dem Wetterbericht zufolge; ***~ our records you owe us $130*** nach unseren Unterlagen schulden Sie uns noch $130 ② *(as basis)* gemäß +*dat,* nach +*dat;* ***~ the laws of physics*** nach den Regeln der Physik; ***she lives ~ her principles*** sie lebt gemäß ihren Prinzipien ③ *(as instructed by)* nach +*dat;* ***did it all go ~ plan?*** verlief alles nach Plan?; ***~ the dictionary, this word has many meanings*** dem Wörterbuch zufolge hat dieses Wort viele Bedeutungen ④ *(depending on)* entsprechend +*dat;* ***~ season*** der Jahreszeit entsprechend

according to [əˈkɔːdɪŋ, AM -ˈkɔːrd-] *prep* ① *(as told by)* nach +*dat,* zufolge +*dat;* ***~ the weather report*** dem Wetterbericht zufolge; ***~ our records you owe us $130*** nach unseren Unterlagen schulden Sie uns noch $130 ② *(as basis)* gemäß +*dat,* nach +*dat;* ***~ the laws of physics*** nach den Regeln der Physik; ***she lives ~ her principles*** sie lebt gemäß ihren Prinzipien ③ *(as instructed by)* nach +*dat;* ***did it all go ~ plan?*** verlief alles nach Plan?; ***~ the dictionary, this word has many meanings*** dem Wörterbuch zufolge hat dieses Wort viele Bedeutungen ④ *(depending on)* entsprechend +*dat;* ***~ season*** der Jahreszeit entsprechend

accordion [əˈkɔːdiən, AM -ˈkɔːr-] *n* Akkordeon *nt* **accordion file** *n* AM Fächermappe *f* **accordionist** [əˈkɔːdiənɪst, AM ˈkɔːr] *n* Akkordeonspieler(in) *m(f)* **accordion pleats** *npl* Plisseefalten *fpl*

accost [əˈkɒst, AM -ˈkɑːst] *vt (form)* ■**to ~ sb** jdn ansprechen; *(more aggressively)* jdn anpöbeln

account [əˈkaʊnt] **I.** *n* ① *(description)* Bericht *m;* **by** [*or* **from**] **all ~s** nach allem, was man so hört; ***by his own ~*** eigenen Aussagen zufolge; **to give** [*or form* **render**] **an ~ of sth** Bericht über etw *akk* erstatten, etw schildern ② *(with a bank)* Konto *nt;* **bank/**BRIT **building society** ~ Bank-/Bausparkassenkonto *nt;* **to have an ~ with a bank** ein Konto bei einer Bank haben; **to draw money out of** [*or* **withdraw money from**] **an** ~ Geld von einem Konto abheben; **savings** [*or* BRIT **deposit**] ~ Sparkonto *nt;* **current** BRIT [*or* AM **checking**] ~ *(personal)* Girokonto *nt;* *(business)* Kontokorrentkonto *nt fachspr;* **joint** ~ Gemeinschaftskonto *nt;* **NOW** ~ AM zinstragendes Konto; **statement of** ~ Kontoauszug *m;* **to be on one's ~** *money* auf dem Konto sein; **to open/close an ~** [**with sb**] ein Konto [bei jdm] eröffnen/auflösen; **to pay sth into** [*or* AM, AUS **deposit sth in**] **an** ~ etw auf ein Konto überweisen; *(in person)* etw auf ein Konto einzahlen ③ *(credit)* [Kunden]kredit *m;* ***will that be cash or ~?*** zahlen Sie bar oder geht das auf Rechnung?; **to buy sth on ~** BRIT etw auf Kredit kaufen; **to have an ~ with sb/at** [*or* **with**] **sth** bei jdm/etw auf Rechnung kaufen; **to pay sth on ~** BRIT *(dated)* etw anzahlen, eine Anzahlung auf etw *akk* leisten; **to put sth on** [*or* **charge sth to**] **sb's ~** etw auf jds Rechnung *f* setzen, jdm etw in Rechnung stellen ④ *(bill)* Rechnung *f;* **to settle** [*or* **pay**] **an ~** eine Rechnung bezahlen [*o geh* begleichen] ⑤ ECON *(records)* ■**~s** *pl* [Geschäfts]bücher *ntpl;* **~s payable** Kreditoren *mpl,* Verbindlichkeiten *fpl;* **~s receivable** Forderungen *fpl,* Außenstände *pl;* **capital** ~ Darstellung *f* des Kapitalverkehrs mit dem Ausland; **current ~ balance of payments** Saldo der Lesistungsbilanz; **period of ~** FIN, ECON Geschäftsjahr *nt;* **to keep the ~s** *esp* BRIT die Buchhaltung machen; **to keep an ~ of sth** über etw *akk* Buch führen ⑥ STOCKEX **trading** [*or* **dealing**] **for the ~** [*or* **~ trading**] Wertpapiergeschäfte, bei denen Auslieferung und Abrechnung der Papiere am nächsten Abrechnungstermin erfolgt; **rolling** ~ Erfüllung von Börsengeschäften zu einem späteren, entweder feststehenden oder vereinbarten Termin ⑦ *(customer)* Kunde, -in *m, f,* [Kunden]vertrag *m* ⑧ *no pl (consideration)* **to take sth into ~** [*or* **to take ~ of sth**] etw berücksichtigen [*o* in Betracht ziehen]; **to take into ~ that …** berücksichtigen [*o* in Betracht ziehen], dass …; **to take no ~ of sth** [*or* **to leave sth out of** [**the**] **~**] etw nicht berücksichtigen, etw außer Acht lassen ⑨ *(reason)* ***on that ~ I think …*** aus diesem Grund schlage ich vor, …; ■**on ~ of sth** aufgrund einer S. *gen;* **on my/her/his ~** meinet-/ihret-/seinetwegen; **on no** [*or* **not on any**] **~** auf keinen Fall, unter keinen Umständen ⑩ *no pl (form: importance)* **to be of little ~** von geringer Bedeutung sein; **to be of no ~** keinerlei Bedeutung haben ⑪ *no pl (responsibility)* **on one's own ~** auf sein eigenes Risiko ⑫ LAW Klage *f* auf Auskunft und Rechenschaftslegung; **action for an ~** Rechnungslegungklage *f* ▶ PHRASES: **to give a good ~ of oneself** eine gute Figur abgeben; *(in a fight, competition)* sich *akk* wacker schlagen; **to be called** [*or* **brought**] **to ~** [**for sth**] [für etw *akk*] zur Verantwortung [*o* Rechenschaft] gezogen werden;

to **settle** [*or* **square**] ~**s with sb** mit jdm abrechnen; **to turn sth to** [**good**] ~ (*form*) aus etw *dat* seinen Vorteil ziehen **II.** *vt* (*form*) **to ~ oneself fortunate** sich *akk* glücklich schätzen; ***I would ~ it an honour if …*** ich würde mich geehrt fühlen, wenn … **III.** *vi* ① (*explain*) ■**to ~ for sth** etw erklären, über etw Rechenschaft ablegen; ***there's*** [***no***] ***~ing for taste*** über Geschmack lässt sich [nicht] streiten ② (*locate*) ■**to ~ for sth** den Verbleib einer S. *gen* erklären; ■**to ~ for sb** jds Verbleib *m* klären ③ (*make up*) ■**to ~ for sth** ***students ~ for the majority of our customers*** Studenten machen den größten Teil unserer Kundschaft aus ④ (*bill*) ■**to ~ for sth** etw mit einberechnen ⑤ (*dated: defeat*) ■**to ~ for sb** jdn zur Strecke bringen *geh*

accountability [əˌkaʊntəˈbɪləti, AM -t̬əˈbɪlət̬i] *n no pl* Verantwortlichkeit *f* (**to** gegenüber +*dat*)

accountable [əˈkaʊntəbl̩, AM -t̬ə-] *adj usu pred* ① (*responsible*) verantwortlich; **to hold sb ~** [**for sth**] jdn [für etw *akk*] verantwortlich machen [*o* zur Rechenschaft ziehen]; ■**to be ~** [**to sb**] [**for sth**] [jdm gegenüber] [für etw *akk*] verantwortlich sein; ***she is ~ only to the managing director*** sie ist nur dem leitenden Geschäftsführer gegenüber Rechenschaft schuldig ② (*explicable*) nachvollziehbar

accountancy [əˈkaʊntən(t)si, AM -tᵊn(t)-] *n no pl* Buchhaltung *f*, Buchführung *f*

accountant [əˈkaʊntənt] *n* [Bilanz]buchhalter(in) *m(f)*; **certified ~** ≈ geprüfter Buchhalter/geprüfte Buchhalterin; **cost ~** Kostenrechner(in) *m(f)*; **financial ~** Finanzbuchhalter(in) *m(f)*; **management ~** Fachmann/Fachfrau des entscheidungsorientierten Rechnungswesens (für die Unternehmensleitung); **~'s opinion** AM Bestätigungsvermerk *nt* des Abschlussprüfers; *see also* **chartered accountant, certified public accountant**

account book *n* Kassenbuch *nt* **account day** *n* BRIT STOCKEX Liquidationstermin *m*, Liquidationstag *m* **account end** *n* ECON, FIN **account ~** Ende *nt* des Buchungszeitraumes **account executive** *n* Kundenbetreuer(in) *m(f)* **account holder** *n* Kontoinhaber(in) *m(f)*

accounting [əˈkaʊntɪŋ, AM -t̬ɪŋ] *n no pl* ECON Buchführung *f*, Buchhaltung *f*; **A~ Standards Board** BRIT *mit den Vertretern der sechs größten Accountants-Verbände besetzter Ausschuss, der in Großbritannien die Bilanzierungsrichtlinien festlegt*; **~ methods** Rechnungslegungsmethoden *fpl*, Buchungsmethoden *fpl*; **~ system** Buchführungssystem *nt*; **false ~** LAW vorsätzlich inkorrekte Buchführung **accounting period** *n* Abrechnungszeitraum *m*, Rechnungsperiode *f*

account number *n* Kontonummer *f* **accounts department** *n* Buchhaltung *f* **accounts payable** *n* Verbindlichkeiten *pl*

accouterments [əˈkuːt̬əmənts] *esp* AM, **accoutrements** [-trə-] *npl* (*form or hum*) ① (*clothes*) Kleidung *f*, Outfit *nt fam* ② (*equipment*) Ausrüstung *f*

accredit [əˈkredɪt] *vt usu passive* ① (*credit*) ■**to be ~ed with sth** etw bestätigt bekommen; ***he is ~ed with being the world's best sprinter*** man sagt, dass er der beste Sprinter der Welt sei ② (*approve*) ■**to have been ~ed** *certificate* anerkannt worden sein ③ (*authorize*) ■**to be ~ed to sb/sth** *ambassador* bei jdm/etw akkreditiert sein ④ (*ascribe*) ■**to be ~ed to sb** jdm zugeschrieben werden

accreditation [əˌkredɪˈteɪʃᵊn, AM -dəˈ-] *n no pl* ① (*approval*) Zustimmung *f*, Beifall *m*; **to receive full ~** volle Zustimmung erhalten ② (*authorization*) *of ambassador* Akkreditierung *f*

accredited [əˈkredɪtɪd] *adj inv* akkreditiert *geh*; *organization, school* anerkannt; *person* zugelassen

accrete [əˈkriːt] *vt* ECON, FIN ■**to ~ sth** den Wert von etw *dat* steigern

accretion [əˈkriːʃᵊn] *n* (*form*) ① *no pl* (*increase*) Zuwachs *m*, Anwachsen *nt*; ECON, FIN Wertsteigerung *f*, Wertzuwachs *m*; **~ of capital** Kapitalzuwachs *m* ② (*layer*) Zuwachs *m* ③ GEOL Anlagerung *f*; (*sediment*) Ablagerung *f*, [Land-]zuwachs *m*

accrual [əˈkruːəl] *n* ① (*addition*) Hinzukommen *nt*; *of interest* Auflaufen *nt* ② (*amount*) Zuwachs *m* ③ ECON, FIN ■**~s** *pl* antizipative Posten; **~ of interest** Zinszuwachs *m*, Zinsthesaurierung *f*; **~s and deferrals** [*or* **deferred income**] Rechnungsabgrenzungsposten *mpl*; **~s accounting** Periodenrechnung *f*

accrue [əˈkruː] *vi* (*form*) ① FIN zuwachsen; *interest* anfallen, auflaufen ② (*be due*) ■**to ~ to sb/sth** jdm/etw zukommen *geh*; ***little benefit will ~ to London from the new road scheme*** London wird wenig von dem neuen Straßenbauprojekt haben ③ (*increase*) sich *akk* ansammeln

accrued assets *npl* antizipative Aktiva *ntpl*

accrued charges *npl* antizipative Passiva *ntpl*

accrued dividend *n* FIN aufgelaufene Dividende

accumulate [əˈkjuːmjəleɪt] **I.** *vt* ■**to ~ sth** etw ansammeln; **to ~ evidence** Beweismaterial sammeln; **to ~ interest** Zinsen akkumulieren *fachspr*; **to ~ wealth** Reichtümer anhäufen **II.** *vi* sich *akk* ansammeln; *debt, interest* sich ansammeln, sich akkumulieren *fachspr*; *evidence* sich häufen

accumulated reserves *npl* FIN aufgelaufene Reserven

accumulation [əˌkjuːmjəˈleɪʃᵊn] *n* ① *no pl* (*collecting*) [An]sammeln *nt*, Akkumulation *f geh*; *of wealth* Anhäufen *nt* ② *no pl* (*growth*) Zuwachs *m* (**of an** +*dat*) ③ (*quantity*) Ansammlung *f*; *of sand* Anhäufung *f*

accumulation unit *n* FIN Fondsanteil *m* mit wertsteigender Wiederanlage der Zinsen

accumulative [əˈkjuːmjələtɪv, AM t̬ɪv] *adj* sich *akk* ansammelnd, [an]häufend, kumulativ; **on an ~ basis** in wachsendem Umfang; **~ effects** kumulative Wirkung[sweise]; **~ mud** sich *akk* ablagernder Schlamm

accumulator [əˈkjuːmjəleɪtəʳ] *n* BRIT, AUS ① (*battery*) Akkumulator *m*, Akku *m fam* ② (*bet*) *Art von Wette auf eine Serie von Pferderennen, bei der eventuelle Gewinne auf jeweils das nächste Rennen übertragen werden*

accuracy [ˈækjərəsi, AM -jɚ-] *n no pl* Genauigkeit *f*; *of projectile* Zielgenauigkeit *f*; **unerring ~** Treffsicherheit *f*

accurate [ˈækjərət, AM -jɚ-] *adj* ① (*precise*) genau, akkurat *geh*; **~ predictions** präzise Voraussagen ② (*correct*) richtig; ■**to not be ~** nicht stimmen; **an ~ report of sth** eine getreue Wiedergabe einer S. *gen* ③ *aim* zielgenau; ***her shot was ~*** ihr Schuss war genau

accurately [ˈækjərətli, AM -jɚ-] *adv* ① (*precisely*) genau, exakt ② (*correctly*) richtig ③ (*without missing*) *hit* zielgenau

accursed [əˈkɜːsɪd, AM əˈkɜːrst] *adj*, **accurst** [əˈkɜːst, AM əˈkɜːrst] *adj* (*old*) ① (*liter: bewitched*) verflucht, verwünscht ② *attr* (*damned*) verdammt *fam*, verflixt *fam*

accusation [ˌækjʊˈzeɪʃᵊn] *n* ① (*charge*) Beschuldigung *f*, Anschuldigung *f*; LAW Anklage *f* (**of** wegen +*gen*); **to make an ~ against sb** jdn beschuldigen; **unfounded** [*or* **wild**] **~** grundlose Anschuldigung ② *no pl* (*accusing*) Vorwurf *m*; ***with an air of ~*** vorwurfsvoll

accusative [əˈkjuːzətɪv, AM -t̬ɪv] LING **I.** *n no pl* Akkusativ *m*; **in the ~** im Akkusativ **II.** *n modifier* (*ending*) Akkusativ-; **~ case** Akkusativ *m*

accusatorial [əˌkjuːzəˈtɔːriəl] *adj* LAW **~ process** Akkusationsprozess *m*

accusatory [əˈkjuːzətᵊri, AM -tɔːri] *adj look* anklagend; *tone* vorwurfsvoll

accuse [əˈkjuːz] *vt* ① (*charge*) ■**to ~ sb** [**of sth**] jdn [wegen einer S. *gen*] anklagen; **to be ~d of a crime** wegen eines Verbrechens unter Anklage stehen; **to stand ~d of sth** (*form*) einer S. *gen* angeklagt sein ② (*claim*) ■**to ~ sb of sth** jdn einer S. *gen* beschuldigen; ***are you accusing me of lying?*** willst du damit sagen, dass ich lüge?; ***I'm often ~d of being too abrasive with people*** mir wird oft vorgeworfen, dass ich zu harsch mit Leuten umgehe

accused <*pl* -> [əˈkjuːzd] *n* ■**the ~** (*single person*) die/der Angeklagte; (*several*) die Angeklagten *pl*

accuser [əˈkjuːzəʳ, AM -ɚ] *n* Ankläger(in) *m(f)*

accusing [əˈkjuːzɪŋ] *adj look* anklagend *attr*; *tone* vorwurfsvoll

accusingly [əˈkjuːzɪŋli] *adv look* anklagend *attr*; *say* vorwurfsvoll

accustom [əˈkʌstəm] *vt* ■**to ~ sb/oneself to sth** jdn/sich an etw *akk* gewöhnen; ■**to ~ sb/oneself to doing sth** jdn/sich daran gewöhnen, etw zu tun; (*teach sb/oneself*) jdn/sich angewöhnen, etw zu tun

accustomed [əˈkʌstəmd] *adj* ① *pred* (*used*) ■**to be ~ to sth** etw gewohnt sein; **to become** [*or* **get**] [*or* **grow**] **~ to sth** sich *akk* an etw *akk* gewöhnen; ■**to be ~ to doing sth** gewohnt sein, etw zu tun ② *attr, inv* (*usual*) gewohnt, üblich

ACD *n* COMPUT *abbrev of* **automatic call distribution** automatische Anrufverteilung, ACD-System *nt*

AC/DC [ˌeɪsiːˈdiːsiː] **I.** *n no pl* ELEC *abbrev of* **alternating current/direct current** WS/GS **II.** *adj inv* (*fam: bisexual*) bi *fam*

ace [eɪs] **I.** *n* ① (*in cards*) Ass *nt*; **~ of diamonds/clubs/hearts/spades** Karo-/Kreuz-/Herz-/Pikass *nt* ② (*fam: expert*) Ass *nt*; **to be an ~ at sth** ein Ass in etw *dat* sein ③ SPORTS (*serve*) Ass *nt*; **to score an ~** ein Ass schlagen, mit einem Ass punkten ► PHRASES: **to be** [*or* **come**] **within an ~ of death/losing/winning** um Haaresbreite [*o* um ein Haar] sterben/verlieren/gewinnen; **to have an ~ up one's sleeve** [*or* AM *also* **in the hole**] noch einen Trumpf in [*o* auf] der Hand haben; **to have** [*or* **hold**] **all the ~s** alle Trümpfe in der Hand haben [*o* halten]; **to play one's ~** seinen Trumpf ausspielen **II.** *n modifier* (*dated sl*) Spitzen-; **~ footballer** Spitzenfußballer(in) *m(f)*; **~ pilot/reporter** Starpilot(in) *m(f)*/-reporter(in) *m(f)* **III.** *adj inv* (*fam*) klasse *fam*, spitze *fam* **IV.** *vt* (*fam*) ■**to ~ sb** jdn mit einem Ass schlagen

◆**ace out** *vt* AM (*in a competition*) ■**to ~ out** ↻ **sb** jdn übertreffen

acerbic [əˈsɜːbɪk, AM əˈsɜːr-] *adj* ① CHEM (*sour*) sauer; **~ taste** saurer Geschmack; *of wine* herbes Aroma ② (*form: harsh*) scharf; *remark* bissig; *wit* beißend *attr*

acerbity [əˈsɜːbəti, AM əˈsɜːrbət̬i] *n no pl* ① CHEM (*sourness*) Säure *f*; *of wine* Herbheit *f* ② (*form: harshness*) Schärfe *f*; *of remark* Bissigkeit *f*

acetaminophen <*pl* -s *or* -> [ˌæsɪt̬əˈmɪnəfən] *n* AM ① *no pl* (*substance*) Paracetamol *nt* ② (*pill*) Paracetamoltablette *f*

acetate [ˈæsɪteɪt] *n no pl* ① CHEM Acetat *nt fachspr*, Essigsäureester *m fachspr* ② (*cloth*) Azetat *nt*

acetic [əˈsiːtɪk, AM -t̬ɪk] *adj* CHEM essigsauer

acetic acid *n no pl* Essigsäure *f*

acetone [ˈæsɪtəʊn, AM -toʊn] *n no pl* CHEM Aceton *nt fachspr*, Azeton *nt fachspr*

acetylene [əˈsetɪliːn, AM -t̬ə-] *n no pl* CHEM Acetylen *nt fachspr*

ACH [ˌeɪsiːˈeɪtʃ] *n* AM FIN *abbrev of* **Automated Clearing House** computergestützte Clearingstelle

ache [eɪk] **I.** *n* ① (*pain*) Schmerz[en] *m[pl]*; ***I have a terrible ~ in my head*** ich habe fürchterliche Kopfschmerzen; **dull ~** dumpfer Schmerz; **~s and pains** Wehwehchen *ntpl hum* ② (*woe*) Schmerz *m*; **heart ~** [Herzens]kummer *m* **II.** *vi* ① (*feel pain*) schmerzen; ***I'm ~ing all over*** mir tut alles weh; ***my back ~s*** mein Rücken tut [mir] weh ② (*grieve*) schmerzen; ***my heart ~s for you*** das tut mir sehr Leid für dich! ③ (*desire*) ■**to ~ for sb/sth** sich *akk* nach jdm/etw sehnen; ■**to ~ to do sth** sich *akk* danach sehnen, etw zu tun

achievable [əˈtʃiːvəbl̩] *adj* erreichbar

achieve [əˈtʃiːv] **I.** *vt* ① (*accomplish*) ■**to ~ sth** etw erreichen; **to ~ nothing/something** nichts/etwas erreichen [*o* ausrichten] ② (*gain*) **to ~ an aim** ein Ziel erreichen; **to ~ fame** Ruhm erlangen; **to ~ success** Erfolg erzielen; **to ~ a victory** einen Sieg erringen; ***I'll never ~ anything*** ich werde es nie zu etwas bringen **II.** *vi* erfolgreich sein

achievement [əˈtʃiːvmənt] *n* ① (*feat*) Leistung *f* (**in** in +*dat*); **~s in science** Leistungen [in] der Wissenschaft; **a great/remarkable ~** eine große/be-

merkenswerte Leistung; **scientific** ~ wissenschaftliche Errungenschaft ❷ *no pl* (*achieving*) Erreichen *nt,* Erlangen *nt;* ~ **of an aim** Erreichen *nt* eines Ziels; ~ **of a victory** Erringen *nt* eines Sieges ❸ SCH (*progress*) Leistung *f;* ~ **quotient** Leistungsquotient *m;* ~ **test** Leistungstest *m*
achiever [əˈtʃiːvəʳ, AM -ɚ] *n* Leistungsmensch *m;* **to be an** ~ leistungsstark sein; **high/low** ~ leistungsstarke/leistungsschwache Person
Achilles heel [əˌkɪliːzˈ-, AM əˈkɪliːzˌ-] *n usu sing* (*fig*) Achillesferse *f* **Achilles tendon** *n* Achillessehne *f*
aching [ˈeɪkɪŋ] *adj attr* ❶ (*painful*) schmerzend *attr;* ~ **back/head/tooth** schmerzender Rücken/Kopf/Zahn ❷ (*woeful*) schmerzend *attr;* **with an** ~ **heart** mit wehem Herzen *poet*
achingly [ˈeɪkɪŋli] *adv* (*liter*) unsagbar *geh;* ~ **beautiful** unbeschreiblich schön; ~ **funny** unsäglich komisch
achy [ˈeɪki] *adj* (*fam*) schmerzend; ***I feel*** ~ ***all over*** mir tut alles weh
acid [ˈæsɪd] **I.** *n* ❶ CHEM Säure *f* ❷ *no pl* (*criticism*) Kritik *f* ❸ *no pl* (*sl: LSD*) Acid *nt sl;* **to drop** ~ Acid nehmen *sl* ► PHRASES: **on** ~ (*fam*) [nur] noch viel schlimmer, [aber] noch ätzender *sl* **II.** *adj* ❶ CHEM sauer; ~ **soil** saurer Boden; ~ **solution** saure Lösung; ~ **stomach** übersäuerter Magen ❷ (*sour*) *taste* sauer ❸ (*critical*) scharf; *remark* bissig
acid bath *n* Säurebad *nt* **acid drop** *n* BRIT saurer Drops, saures Bonbon **acid head** *n* (*sl*) LSD-Abhängige(r) *f(m)* **acid house** *n no pl* MUS Acid House *nt*
acidic [əˈsɪdɪk] *adj* ❶ CHEM säurehaltig ❷ (*sour*) *taste* sauer ❸ (*critical*) scharf
acidify <-ie-> [əˈsɪdɪfaɪ] **I.** *vt* ■**to** ~ **sth** *soil, water* etw übersäuern **II.** *vi water* sauer werden; *soil* versauern
acidity [əˈsɪdəti, AM -əṭi] *n no pl* ❶ CHEM Säuregehalt *m,* Acidität *f fachspr* ❷ (*sourness*) Säure *f* ❸ (*criticism*) Schärfe *f; of remark* Bissigkeit *f*
acidly [ˈæsɪdli] *adv* (*fig*) bissig
acid rain *n no pl* saurer Regen **acid test** *n* ❶ CHEM Säureprobe *f* ❷ (*fig*) Feuerprobe *f* **acid test ratio** *n* FIN Liquidität *f* ersten Grades
acknowledge [əkˈnɒlɪdʒ, AM -ˈnɑːl-] *vt* ❶ (*admit*) ■**to** ~ **sth** etw zugeben; ■**to** ~ **having done sth** zugeben, etw getan zu tun; ■**to** ~ **that …** zugeben, dass … ❷ (*respect*) ■**to** ~ **sb/sth [as sth]** jdn/etw [als etw] anerkennen; ***he was generally*** ~***d to be an expert*** er galt allgemein als Experte ❸ (*reply to*) ■**to** ~ **sth** *signal* den Empfang von etw *dat* bestätigen; **to** ~ **sb's greeting** jds Gruß *m* erwidern; **to** ~ **a letter** einen Brief beantworten ❹ (*thank for*) **to** ~ **sth** etw würdigen ❺ (*notice*) ■**to** ~ **sb/sth** jdn/etw wahrnehmen [*o* bemerken]
acknowledged [əkˈnɒlɪdʒd, AM -ˈnɑːl-] *adj attr, inv* anerkannt
acknowledg(e)ment [əkˈnɒlɪdʒmənt, AM -ˈnɑːl-] *n* ❶ *no pl* (*admission*) Eingeständnis *nt* (**from** von +*dat*), Bekenntnis (**of** zu +*dat*); ~ **of guilt** Schuldeingeständnis *nt* ❷ *no pl* (*respect*) Anerkennung *f,* Würdigung *f;* **in** ~ **of sth** in Anerkennung einer S. *gen* ❸ *no pl* (*reply*) Erwiderung *f* ❹ *no pl* (*gratefulness*) Zeichen *nt* [der Dankbarkeit]; ***she stood up and bowed in*** ~ sie erhob sich und verbeugte sich zum Dank ❺ (*confirmation*) [Empfangs]bestätigung *f;* ***I have received no*** ~ ich habe keine Antwort erhalten ❻ PUBL (*credits in book*) ■~**s** *pl* Danksagung *f*
acme [ˈækmi] *n no pl* (*liter*) Höhepunkt *m;* **to reach** [*or form* **attain**] **the** ~ **of sth** den Höhepunkt einer S. *gen* erreichen
acne [ˈækni] *n no pl* Akne *f*
acolyte [ˈækəlaɪt, AM -kə-] *n* ❶ REL Messdiener(in) *m(f);* (*catholic*) Ministrant(in) *m(f)* ❷ (*liter: follower*) Gefolgsmann, Gefolgsfrau *m, f*
aconite [ˈækənaɪt] *n* BOT ❶ BOT Eisenhut *m,* Sturmhut *m* ❷ MED (*extract*) Aconitum *nt,* Aconitin *nt fachspr*
acorn [eɪˈkɔːn, AM -ˈkɔːrn] *n* Eichel *f*
acoustic [əˈkuːstɪk] *adj inv* ❶ (*relating to sound*) akustisch ❷ (*soundproof*) schalldämpfend
acoustically [əˈkuːstɪkəli, AM -kli] *adv* akustisch
acoustic coupler *n* COMPUT Akustikkoppler *m* **acoustic guitar** *n* Akustikgitarre *f* **acoustic nerve** *n* ANAT [Ge]hörnerv *m*
acoustics [əˈkuːstɪks] *n* ❶ + *pl vb of hall* Akustik *f;* **the** ~**s of a room** die Raumakustik ❷ + *sing vb* PHYS Akustik *f*
ACP states [ˌeɪsiːˈpiː-] *npl* AKP-Staaten *mpl*
acquaint [əˈkweɪnt] *vt* ■**to** ~ **sb/oneself with sth** jdn/sich mit etw *dat* vertraut machen
acquaintance [əˈkweɪntənˈ(t)s] *n* ❶ (*friend*) Bekannte(r) *f(m)* ❷ *no pl* (*form: relationship*) Bekanntschaft *f* (**with** mit +*dat*); **sb's** ~**s** jds Bekanntenkreis *m;* **to make sb's** ~ [*or* **the** ~ **of sb**] jds Bekanntschaft *f* machen ❸ *no pl* (*form: knowledge*) Kenntnis *f* (**with** +*gen*)
acquainted [əˈkweɪntɪd, AM -ṭ-] *adj pred* ❶ (*with person*) ■**to be** ~ **[with sb]** [mit jdm] bekannt sein; **to become** [*or* **get**] ~ **with sb** jdn kennen lernen, jds Bekanntschaft machen; **to get better** ~ sich besser [*o* näher] kennen lernen ❷ (*with facts*) ■**to be** ~ **with sth** mit etw *dat* vertraut sein; **to become** [*or* **get**] ~ **with sth** mit etw *dat* vertraut werden, sich *akk* mit etw *dat* vertraut machen
acquiesce [ˌækwiˈes] *vi* (*form*) ■**to** ~ **[in** [*or* **to**] **sth]** [in etw *akk*] einwilligen, sich *akk* [mit etw *dat*] einverstanden erklären
acquiescence [ˌækwiˈesənˈ(t)s] *n no pl* Einwilligung *f* (**in/to** in +*akk*), Zustimmung *f* (**in/to** zu +*dat*); ~ ***was the easier option*** Nachgeben war die einfachere Lösung
acquiescent [ˌækwiˈesənt] *adj* fügsam, nachgiebig
acquire [əˈkwaɪəʳ, AM -ɚ] *vt* ❶ (*obtain*) ■**to** ~ **sth** etw erwerben ❷ (*develop*) **to** ~ **a habit** eine Gewohnheit annehmen; **to** ~ **a taste for sth** Geschmack *m* [*o* Gefallen *m*] an etw *dat* finden; ***this wine is rather an*** ~***d taste*** dieser Wein ist gewöhnungsbedürftig ❸ (*learn*) ■**to** ~ **sth** *knowledge* sich *dat* etw aneignen ❹ (*gain*) **to** ~ **a reputation of being sth** den Ruf bekommen, etw zu sein
acquired characteristics *npl* BIOL erworbene Eigenschaften *fpl* **acquired immune deficiency syndrome** *n no pl* erworbene Immuninsuffizienz **acquired immunity** *n no pl* MED erworbene Immunität
acquirement [əˈkwaɪəmənt, AM -ɚmənt] *n* ❶ (*skill*) Fertigkeit *f* ❷ *no pl* (*acquiring*) Erwerb *m; of firm* Übernahme *f; of habits* Annehmen *nt; of knowledge* Aneignung *f*
acquirer [əˈkwaɪərəʳ, AM -ɚɚ] *n esp* AM FIN Erwerber(in) *m(f);* **potential** ~**s** potentielle Käufer
acquisition [ˌækwɪˈzɪʃən] *n* ❶ (*purchase*) Anschaffung *f,* Errungenschaft *f geh o hum* ❷ *no pl* (*acquiring*) Erwerb *m; of habits* Annehmen *nt; of knowledge* Aneignung *f* ❸ ECON (*of firm*) Übernahme *f;* ~ [*or* **purchase**] **accounting** AM Vollkonsolidierung *f*
acquisitive [əˈkwɪzɪtɪv, AM -əṭɪv] *adj* (*pej*) habgierig *pej;* **the** ~ **society** die erwerbssüchtige Gesellschaft
acquisitiveness [əˈkwɪzɪtɪvnəs] *n no pl* Erwerbsstreben *nt,* Erwerbssinn *m,* Gewinnstreben *nt;* (*pej*) Gewinnsucht *f pej,* Raffgier *f pej*
acquit <-tt-> [əˈkwɪt] *vt* ❶ *usu passive* (*free*) ■**to** ~ **sb** jdn freisprechen; **to be** ~**ted on a charge** von einem Anklagepunkt freigesprochen werden ❷ (*perform*) **to** ~ **oneself badly/well** seine Sache schlecht/gut machen; **to** ~ **oneself like sb** sich *akk* wie jd verhalten
acquittal [əˈkwɪtəl, AM -ṭ-] *n* ❶ (*verdict*) Freispruch *m* (**on** von +*dat*) ❷ (*performance*) Erfüllung *f*
ACR *n* COMPUT *abbrev of* **audio cassette recorder** Audiokassettenrecorder *m;* ~ **interface** Schnittstelle *f* zu einem Kassettenrekorder
acre [ˈeɪkəʳ, AM -ɚ] *n* ❶ (*unit*) ≈ Morgen *m;* ■~**s** *pl* Grundbesitz *m* ❷ ■~**s** *pl* (*fam: lots*) ***there's*** ~***s of room in here*** hier ist jede Menge Platz
acreage [ˈeɪkərɪdʒ, AM -krɪdʒ] *n no pl* AGR ≈ Morgen *m,* Land *nt*
acrid [ˈækrɪd] *adj* ❶ (*pungent*) *smell* stechend; *smoke* beißend; *taste* bitter ❷ (*cross*) scharf, bissig
acrimonious [ˌækrɪˈməʊniəs, AM -ˈmoʊ-] *adj* (*form*) erbittert; *remark* bissig
acrimoniously [ˌækrɪˈməʊniəsli, AM -ˈmoʊ-] *adv* (*form*) erbittert; ***he separated*** ~ ***from his wife*** er trennte sich im Streit von seiner Frau
acrimony [ˈækrɪməni, AM -moʊni] *n no pl* (*form*) ❶ *of person* Verbitterung *f;* ***we separated without*** ~ wir trennten uns im Guten ❷ *of row* Schärfe *f; of remark* Bissigkeit *f*
acrobat [ˈækrəbæt] *n* Akrobat(in) *m(f)*
acrobatic [ˌækrəˈbætɪk, AM -ṭ-] *adj* akrobatisch
acrobatics [ˌækrəˈbætɪks, AM -ṭ-] *n* ❶ + *pl vb* (*movements*) Akrobatik *f* ❷ + *sing vb* (*skill*) Akrobatik *f;* **mental** ~ *pl* Gehirnakrobatik *f,* geistige Klimmzüge *hum*
acrobranching [ˈækrə(ʊ)brɑːntʃɪŋ, AM -kroʊbræn-] *n no pl Extremsportart, bei der der am Baumstamm angeseilte Sportler über die Baumkrone läuft*
acronym [ˈækrə(ʊ)nɪm, AM -rənɪm] *n* Akronym *nt*
acropolis <*pl* -es> [əˈkrɒpəlɪs, AM -ˈkrɑːp-] *n* HIST Stadtburg *f;* ■**the A**~ die Akropolis
across [əˈkrɒs, AM -ˈkrɑːs] **I.** *prep* ❶ (*on other side of*) über +*dat;* ***her best friend lives*** ~ ***town*** ihr bester Freund lebt am anderen Ende der Stadt; ***the old part of town was*** ~ ***the bridge*** die Altstadt lag jenseits der Brücke; ***his best friend lives*** ~ ***the street from him*** sein bester Freund wohnt auf der gegenüberliegenden Straßenseite; ***he sat*** ~ ***from me at the table*** er saß mir am Tisch gegenüber ❷ (*from one side to other*) über +*akk;* ***go*** ~ ***the street to the bakery*** geh' über die Straße in die Bäckerei; ***the German flag has three stripes going*** ~ ***it*** die deutsche Fahne hat drei quer verlaufende Streifen; ~ **country** über Land ❸ (*everywhere within*) ***people*** ~ ***the globe*** die Menschen auf der ganzen Welt; ***small islands are scattered*** ~ ***the Pacific Ocean*** kleine Inseln sind im ganzen pazifischen Ozean verstreut; ~ ***the population*** in der ganzen Bevölkerung; ***a hurt look spread*** ~ ***her face*** ein verletzter Ausdruck kam über ihr Gesicht ❹ (*find unexpectedly*) ***she stumbled*** ~ ***her lost key*** sie fand ganz zufällig ihren verlorengegangenen Schlüssel wieder; ***I ran*** ~ ***Peter today*** ich habe heute ganz zufällig Peter getroffen ► PHRASES: ~ **the board** allgemein, generell **II.** *adv inv* ❶ (*to other side*) hinüber; (*from other side*) herüber; (*on road*) ***let me help you*** ~ lassen Sie mich Ihnen über die Straße helfen; **to look** ~ **at sb** zu jdm hinüber-/herübersehen; **to walk** ~ hinüber-/herübergehen ❷ (*on other side*) drüben; ~ **from sb/sth** jdm/etw gegenüber ❸ (*wide*) breit; *of circle* im Durchmesser; ***the table is two feet*** ~ der Tisch ist zwei Fuß breit ❹ (*diagonal*) querdurch ❺ (*crossword*) waagerecht ► PHRASES: **to get one's point** ~ sich *akk* verständlich machen; **to put one** ~ [AM **on**] **sb** (*fam*) jdn an der Nase herumführen
across-the-board *adj attr* allgemein; ***the initiative has*** ~ ***support*** die Initiative findet breite Unterstützung
acrostic [əˈkrɒstɪk, AM -ˈkrɑːs-] *n* LIT Akrostichon *nt fachspr*
acrylic [əˈkrɪlɪk] **I.** *n* ❶ *no pl* (*fibre*) Acryl *nt* ❷ (*paint*) Acrylfarbe *f* **II.** *n modifier* (*fibre, paint*) Acryl-; ~ **pullover** Acrylpullover *m,* Pullover *m* aus Acryl
act [ækt] **I.** *n* ❶ (*deed*) Handlung *f,* Tat *f,* Akt *m geh;* ***it was an*** ~ ***of complete madness*** es war der schiere Wahnsinn; ***the simple*** ~ ***of telling someone …*** schon allein, dass man jemandem davon erzählt …; ~ **of aggression** Angriff *m;* ~ **of charity** Akt *m* der Nächstenliebe; **an** ~ **of God** höhere Gewalt; ~ **of grace** Gnadenakt *m*/-erlass *m;* ~ **of terrorism** Terrorakt *m;* **brave** ~ mutige Tat; **sexual** ~ Geschlechtsakt *m;* **to catch sb in the** ~ jdn auf frischer Tat ertappen; **to catch sb in the** ~ **of doing sth** jdn erwischen, wie er/sie etw tut; **to be in the** [**very**] ~ **of doing sth** [gerade] dabei sein, etw zu tun ❷ (*play*) Akt *m* ❸ (*pretence*) Schau *f fam;* ***it's all an*** ~ das ist alles nur Schau; **to do one's 'kind**

uncle'/'proud father' ~ (*pej*) den netten Onkel/stolzen Vater spielen; **to put on an** ~ (*fam*) eine Schau abziehen ❹ (*performance*) Nummer *f*; **comedy** ~ Lachnummer *f*; **trapeze** ~ Trapeznummer *f* ❺ (*performers*) Nummer *f fam* ❻ LAW Gesetz *nt*; ~ **of Parliament** vom Parlament verabschiedetes Gesetz; **under the Education/Prevention of Terrorism A~** unter dem Bildungs-/Antiterrorismusgesetz; **to pass an** ~ ein Gesetz verabschieden ▶ PHRASES: **to do a disappearing** [*or* **vanishing**] ~ verschwinden *fam*; *person also* sich *akk* aus dem Staub machen; **to have done a vanishing** ~ sich in Luft aufgelöst haben *fam*; **to be a hard** [*or* **tough**] ~ **to follow** (*fam*) schwer zu überbieten sein; **to get one's** ~ **together** (*fam*) sich *akk* am Riemen reißen *fam*; **to get** [*or* **muscle**] **in on the** ~ sich *akk* einmischen **II.** *vi* ❶ (*take action*) handeln; **to** ~ **on impulse** unüberlegt handeln; ■**to** ~ **for sth** *community* für etw *akk* handeln; ■**to** ~ **from** [*or* **out of**] **sth** *greed, motives* aus etw *dat* heraus handeln ❷ (*function*) ■**to** ~ **as sth** *person* als etw fungieren; *thing* als etw dienen; ***you'll have to ~ as chairman if he doesn't show up*** du musst als Vorsitzender einspringen, wenn er nicht auftaucht; ***she ~ed as guide for the group*** sie übernahm die Führung der Gruppe ❸ (*represent*) ■**to** ~ **for** [*or* **on behalf of**] **sb** *client* jdn vertreten ❹ (*react*) **to** ~ **on sth** auf etw *akk* reagieren ❺ + *adv* (*behave*) sich *akk* benehmen; ***he has been ~ing foolishly/very strangely recently*** er hat sich in letzter Zeit idiotisch/ziemlich seltsam benommen; ***you're ~ing like a child!*** du benimmst dich wie ein kleines Kind!; ***he ~s like an idiot*** er führt sich auf wie ein Idiot; ■**to** ~ **as if ...** so tun, als ob ... ❻ + *adj* (*fam: pretend*) sich *akk* verhalten; ***try and ~ normal*** versuch, dich normal zu verhalten; ***he was ~ing very scared*** er verhielt sich sehr verängstigt ❼ (*play*) [Theater] spielen; ***I always wanted to ~*** ich wollte schon immer Theater spielen ❽ (*sham*) schauspielern *fam*; ***she was simply ~ing*** sie tat nur so ❾ (*take effect*) ■**to** ~ [**on sth**] [auf etw *akk*] wirken; ***it takes a while before the drug starts to ~*** es dauert eine Weile, bevor das Medikament zu wirken beginnt **III.** *vt* ❶ (*play*) ■**to** ~ **sb/sth** jdn/etw spielen, eine Rolle spielen; **to** ~ **Desdemona** die Desdemona spielen ❷ (*behave as*) **to** ~ **the fool/innocent/martyr** den Idioten/Unschuldigen/Märtyrer spielen ▶ PHRASES: **to** ~ **a part** [jdm] etwas vormachen; **to** ~ **the part** überzeugend sein

◆**act in** *vt* ■**to** ~ **sth in** etw internalisieren

◆**act out** *vt* ❶ (*realize*) ■**to** ~ **out sth** etw ausleben; **to** ~ **out a fantasy** eine Fantasie ausleben ❷ (*perform*) ■**to** ~ **out sth** etw nachspielen ❸ PSYCH **to get ~ed out** *feelings* sich *akk* äußern

◆**act up** *vi* (*fam*) ❶ *person* Ärger [*o* Theater] machen; *child* sich *akk* ungezogen benehmen ❷ *thing* Ärger [*o* Probleme] machen *fam*; *computer* verrückt spielen

ACT [ˌeɪsiːˈtiː] *n* ECON *abbrev of* **advance corporation tax** Körperschaftssteuervorauszahlung *f*

acting [ˈæktɪŋ] **I.** *adj attr, inv* stellvertretend; ~ **manager** stellvertretender Geschäftsführer/stellvertretende Geschäftsführerin, kommissarischer Leiter/kommissarische Leiterin **II.** *n no pl* ❶ (*activity*) Schauspielerei *f* ❷ (*performance*) Darstellung *f*

actinic [ækˈtɪnɪk] *adj inv* (*spec*) aktinisch

actinic light [ækˈtɪnɪk-] *n* CHEM, PHOT aktinisches Licht

actinium [ækˈtɪniəm] *n no pl* CHEM Actinium *nt fachspr*

action [ˈækʃᵊn] *n* ❶ *no pl* (*activeness*) Handeln *nt*; ***what we need is ~*** wir brauchen Taten; ***only decisive ~ will stop the crisis from escalating*** nur ein entschlossenes Vorgehen wird eine Eskalation der Krise verhindern; ***we need firm ~*** wir müssen entschlossen vorgehen; **course of** ~ Vorgehensweise *f*; ***could you tell me what the best course of ~ is*** wie soll ich Ihrer Meinung nach am besten vorgehen?; ***so, what's the plan of ~?*** wie sieht also die Strategie aus?; **a man/woman of** ~ ein Mann/eine Frau der Tat; **prompt** ~ promptes Handeln; **to go** [*or* **spring**] **into** ~ in Aktion treten; **to prod** [*or* **spur**] **sb into** ~ jdn dazu bringen, etw zu tun; **to put sth into** ~ etw in die Tat umsetzen; **to put sb out of** ~ jdn außer Gefecht setzen; **to take** ~ handeln; ***no ~ was taken*** es wurde nichts unternommen; **in** ~ in Aktion; **to be out of** ~ außer Gefecht sein ❷ (*act*) Handlung *f*, Tat *f*; ***you're responsible for your own ~s now*** du bist jetzt selbst für das, was du tust verantwortlich; ***your ~ in releasing the caged animals was highly irresponsible*** es war höchst unverantwortlich von Ihnen, die eingesperrten Tiere freizulassen ❸ (*gesture*) Bewegung *f*; ***I'll say the words and you can mime the ~s*** ich spreche die Worte und du kannst die Bewegungen dazu machen ❹ *no pl* (*plot*) **the** [**main**] ~ die [Haupt]handlung ❺ *no pl* FILM Action *f fam*; ***lights, camera, ~!*** Beleuchtung, Kamera, Aufnahme! ❻ *no pl* (*combat*) Einsatz *m*; **to be destroyed by enemy** ~ durch Feindeinwirkung zerstört werden; **to go into** ~ ins Gefecht ziehen; **to be killed in** ~ fallen; **to be missing in** ~ vermisst sein; **to see** ~ *troops* im Einsatz sein; **to be in** ~ *platoon* im Einsatz sein ❼ (*battle*) Gefecht *nt*, Kampf *m* ❽ *no pl* (*function*) Arbeitsweise *f*, Funktionsweise *f*; **to go** [*or* **spring**] **into** ~ in Gang kommen; **to put sth out of** ~ etw außer Betrieb setzen; **in** ~ in Betrieb; **to be out of** ~ außer Betrieb sein ❾ *no pl* (*effect*) Wirkung *f*; ***the fibres are broken down by chemical ~*** die Fasern werden durch chemische Vorgänge zersetzt ❿ (*mechanism*) Mechanismus *m* ⓫ (*coordination*) Bewegung *f* ⓬ LAW (*in court*) Prozess *m*, Klage *f*; **class** ~ Gruppenklage *f*; **court** ~ Prozess *m*; **~s ex contractu** Ansprüche *mpl* aus Vertrag als Klagegrund; **~s ex delicto** Ansprüche *mpl* aus Delikt als Klagegrund; ~ **for libel, libel** ~ Verleumdungsklage *f*; ~ **for damages** Schadenersatzklage *f*; ~ **in personam** obligatorische Klage; ~ **in rem** dingliche Klage; ~ **in tort** Schadenersatzklage *f*; **to bring an** ~ [**for sth**] **against sb** [wegen einer S. *gen*] gegen jdn Klage erheben, jdn [wegen einer S. *gen*] verklagen; **to bring an** ~ **for damages against sb** jdn auf Schadenersatz *m* verklagen ⓭ *no pl* (*strike*) Streik *m* ⓮ *no pl* ■**the** ~ (*excitement*) das Geschehen; (*fun also*) die Action *fam*; ***... where the ~ is ...*** wo was los ist ⓯ COMPUT ~ **bar** Aktionsleiste *f*, Menüleiste *f*; ~ **bar pull-down** Aktionsfenster *nt*, Menüfenster *nt* ▶ PHRASES: **to want a piece** [*or* **slice**] **of the** ~ (*fam*) eine Scheibe vom Kuchen abhaben wollen; **~s speak louder than words** (*prov*) Taten sagen mehr als Worte *prov*; *esp* **the wheels of bureaucracy creaked into** ~ *esp* BRIT (*hum*) die Mühlen der Bürokratie setzen sich langsam in Bewegung

actionable [ˈækʃᵊnəbl̩] *adj inv* LAW strafbar, gerichtlich verfolgbar; *statement* klagbar; *right* einklagbar; **torts which are** ~ **per se** Delikte, die selbständig einen Klagegrund bilden [ohne Schadensnachweis]

action committee *n* Aktionskomitee *nt* **action figure** *n* Actionfigur *f* **action film** *n* Actionfilm *m* **action group** *n* Aktionskomitee *nt* **action-packed** *adj story, film* spannungsgeladen, actiongeladen *fam* **action painting** *n no pl* Actionpainting *nt* **action replay** *n* BRIT, AUS TV Wiederholung *f* (*meist in Zeitlupe*) **action stations** *esp* BRIT **I.** *npl* MIL Stellung *f*; **"~!"** „Stellung [beziehen]!"; **to be at** ~ in Stellung sein; (*fig also*) an seinem Platz sein **II.** *interj* aufgepasst!

activate [ˈæktɪveɪt] *vt* ■**to** ~ **sth** ❶ (*trigger*) etw aktivieren [*o* in Gang setzen]; **to** ~ **an alarm** einen Alarm auslösen ❷ CHEM, PHYS (*speed up*) etw aktivieren

activated carbon *n*, **active carbon** *n no pl* Aktivkohle *f* **activated sludge** *n* Belebtschlamm *m*

activation [ˌæktɪˈveɪʃᵊn] *n no pl* Aktivierung *f*; *of alarm* Auslösen *nt*

active [ˈæktɪv] **I.** *adj* ❶ (*not idle*) aktiv; *children* lebhaft; **mentally/physically** ~ geistig rege/körperlich aktiv; **to keep** ~ aktiv bleiben ❷ (*not passive*) aktiv; **to take an** ~ **interest** reges Interesse an etw *dat* zeigen; **to take** [*or* **play**] **an** ~ **part in sth** sich *akk* aktiv an etw *dat* beteiligen; ~ **support** tatkräftige Unterstützung; **politically** ~ politisch aktiv [*o* tätig] ❸ *inv* (*not inert*) aktiv; ~ **volcano** aktiver Vulkan ❹ (*radioactive*) radioaktiv ❺ *inv* LING aktiv ❻ *pred* (*astir*) aktiv; **to be** ~ **during the day/at night** tag-/nachtaktiv sein ❼ FIN ~ **account** aktives Konto; ~ **partner** geschäftsführender Teilhaber/geschäftsführende Teilhaberin **II.** *n no pl* LING ~ [**voice**] Aktiv *nt*; **in the** ~ im Aktiv

active list *n* MIL Liste *f* der Reserveoffiziere; **to be on the** ~ zur ständigen Verfügung stehen

actively [ˈæktɪvli] *adv* aktiv; **to be** ~ **involved in sth** intensiv an etw *dat* beteiligt sein [*o* mitarbeiten]

active market *n* STOCKEX lebhafte Börse **active service** *n*, AM **active duty** *n no pl* MIL aktiver Dienst; **on** ~ im Einsatz **activewear** [ˈæktɪvweəʳ, AM -wer] *n no pl* Activewear *f* (*Bekleidung für leistungsorientierten Sport*)

activism [ˈæktɪvɪzᵊm] *n no pl* Aktivismus *m*

activist [ˈæktɪvɪst] *n* Aktivist(in) *m(f)*

activity [ækˈtɪvəti, AM -əṭi] *n* ❶ (*activeness*) Aktivität *f*; **economic activities** wirtschaftliche Unternehmungen; **social activities** gesellschaftliche Aktivitäten ❷ *no pl* (*liveliness*) Lebhaftigkeit *f*; *in market, place etc* geschäftiges Treiben; *in office* Geschäftigkeit *f*; **a flurry of** ~ eine Hektik ❸ *usu pl* (*pastime*) Aktivität *f*, Veranstaltung *f*; (*mental*) Beschäftigung *f*; **outdoor activities** Aktivitäten *fpl* im Freien ❹ *usu pl* (*undertakings*) Aktivitäten; **classroom activities** schulische Tätigkeiten; **criminal/terrorist activities** kriminelle/terroristische Tätigkeiten [*o* Aktivitäten] ❺ (*radioactivity*) Radioaktivität *f*

activity chart *n* ECON Arbeitsplanungsformular *nt*

actor [ˈæktəʳ, AM -ɚ] *n* ❶ (*performer*) Schauspieler *m* ❷ (*pretender*) Schauspieler(in) *m(f)*

actor-director [ˌɑktədɪˈrektəʳ, AM -tɚdɪˈrektɚ] *n* regieführender Schauspieler/regieführende Schauspielerin

actress <*pl* -es> [ˈæktrəs] *n* Schauspielerin *f*

actual [ˈæktʃuəl] **I.** *adj attr, inv* ❶ (*real*) eigentlich, tatsächlich; *facts* konkret, tatsächlich ❷ (*genuine*) echt; **your** ~ ... BRIT (*fam*) der/die/das echte ... ❸ (*current*) derzeitig; **in the** ~ **situation** bei der derzeitigen Lage ❹ (*precise*) genau; ***and those are the ~ words he used?*** und das hat er *so* gesagt?; **in** ~ **fact** tatsächlich ❺ FIN ~ **price** Ist-Preis *m* **II.** *n* FIN (*commodity*) effektiv vorhandene Ware *f*, Lokoware *f*, Kassaware *f*

actuality [ˌæktʃuˈæləti, AM -əṭi] *n* (*form*) ❶ *no pl* (*reality*) Wirklichkeit *f*, Realität *f*; **in** ~ in Wirklichkeit ❷ (*conditions*) ■**actualities** *pl* tatsächliche Gegebenheiten; **the actualities of life** die Lebensbedingungen

actualize [ˌæk(t)ʃuəlaɪz] *vt* (*form*) ■**to** ~ **sth** etw realisieren; **to** ~ **one's dream** seinen Traum verwirklichen

actually [ˈæktʃuəli] *adv inv* ❶ (*in fact*) eigentlich; ***so what ~ happened?*** was ist denn nun passiert?; ***who ~ took this decision?*** wer hat denn nun diese Entscheidung eigentlich getroffen?; ***that isn't ~ what I meant*** das habe ich eigentlich nicht gemeint ❷ (*surprisingly*) tatsächlich; ***I'm one of the few people who don't ~ like champagne*** ich gehöre zu den wenigen Leuten, die tatsächlich keinen Champagner mögen; ***they've ~ decided to get married*** sie haben tatsächlich beschlossen, zu heiraten ❸ (*hum, iron: unexpectedly*) tatsächlich ❹ (*correcting, polite*) eigentlich, in Wirklichkeit; ***~, that's my seat you're sitting in*** ich glaube, Sie sitzen auf meinem Platz; ***I'm ~ rather busy at the moment*** ich bin im Augenblick ziemlich beschäftigt

actuarial [ˌæktʃuˈeəriəl, AM -ˈeri-] *adj inv* FIN versicherungsmathematisch *fachspr*

actuary [ˈæktʃuəri] *n* FIN Versicherungsmathematiker(in) *m(f)*, Aktuar(in) *m(f) fachspr*; **consulting** ~ beratender Versicherungsmathematiker/beratende Versicherungsmathematikerin

actuate [ˈæktʃueɪt] *vt* ❶ (*operate*) ■**to** ~ **sth** *device, mechanism* etw in Gang setzen ❷ TECH (*trigger*) ■**to** ~ **sth** etw auslösen ❸ (*form: motivate*) ■**to be ~d by sth** von etw *dat* angetrieben sein

actuator [ˈæktʃueɪtəʳ, AM -ṭɚ] *n* COMPUT Bestätigungsschaltstück *nt*

actus reus [ˌæktəsˈreɪəs] *n* LAW Tatbestand *m*
ACU *n abbrev of* **automatic calling unit** automatische Anrufeinrichtung
acuity [əˈkju:əti, AM -ət̬i] *n no pl* (*form*) Schärfe *f; of thought* Scharfsinn *m;* **visual** ~ Sehschärfe *f*
acumen [ˈækjʊmən, AM əˈkju:-] *n no pl* Scharfsinn *m;* **business** ~ Geschäftssinn *m;* **political** ~ politischer Weitblick; **to show** ~ **in doing sth** in etw *dat* Weitblick zeigen
acupressure [ˈækjʊpreʃəʳ, AM -ɚ] *n no pl* Akupressur *f*
acupuncture [ˈækjʊpʌŋ(k)tʃəʳ, AM -ɚ] *n no pl* Akupunktur *f*
acutance [əˈkju:tᵊn(t)s] *n* PHOT, PHYS Randschärfe *f*
acute [əˈkju:t] **I.** *adj* ❶ (*serious*) akut; *difficulties* ernst, gravierend *attr geh;* ***the crisis is becoming ever more*** ~ die Krise verschärft sich immer mehr; ~ **anxiety** ernsthafte Sorge; ~ **illness** akute Erkrankung; ~ **pain** heftiger Schmerz; ~ **shortage** akuter Mangel ❷ (*keen*) scharf; ~ **hearing** feines Gehör; ~ **sense of smell** ausgeprägter Geruchssinn ❸ (*shrewd*) scharfsinnig; ~ **observation** genaue [*o* scharfe] Beobachtung ❹ (*sharp*) spitz; ~ **angle** spitzer Winkel **II.** *n* LING Akut *m fachspr*
acute accent *n* LING Akut *m fachspr* **acute-angled** *adj* spitzwinklig
acutely [əˈkju:tli] *adv* ❶ (*extremely*) äußerst; **to be** ~ **ill** sehr krank sein; **to feel sth** ~ etw intensiv fühlen [*o* empfinden]; **to be** ~ **aware of sth** sich *dat* einer S. *gen* sehr bewusst sein ❷ (*shrewdly*) scharfsinnig
acuteness [əˈkju:tnəs] *n no pl* ❶ (*severity*) Ernsthaftigkeit *f; of illness* Akutheit *f; of pain* Intensität *f* ❷ (*shrewdness*) Schärfe *f,* Scharfsinn *m; of sb's observations* Genauigkeit *f* ❸ (*keenness*) Feinheit *f*
A/D, A to D *abbrev of* **analog to digital** Analog-Digital-Umwandlung *f;* ~ **converter** Analog-Digital-Umsetzer *m*
ad [æd] *n* (*fam*) *short for* **advertisement** Anzeige *f;* (*on TV*) Werbespot *m;* **precision-targeted** ~ zielgruppenspezifische Werbung
AD [ˌeɪˈdi:] *adj abbrev of* **Anno Domini** n. Chr.
adage [ˈædɪdʒ] *n* Sprichwort *nt*
ad agency *n short for* **advertising agency** Werbeagentur *f*
adagio [əˈdɑ:(d)ʒiəʊ, AM -(d)ʒoʊ] MUS **I.** *adv* adagio **II.** *adj* adagio, langsam **III.** *n* Adagio *nt fachspr*
Adam [ˈædəm] *n no pl* Adam *m* ▶ PHRASES: **to not know sb from** ~ jdn überhaupt nicht kennen; ***you don't know me from*** ~ du hast doch gar keine Ahnung, wer ich bin
adamant [ˈædəmənt] *adj* ❶ *pred person* ■**to be** ~ unnachgiebig sein; ■**to be** ~ **about** [*or* **in**] **sth** auf etw *dat* beharren [*o* bestehen]; ■**to be** ~ **that …** darauf beharren [*o* bestehen], dass … ❷ *refusal* hartnäckig
adamantine [ˌædəˈmæntaɪn] *adj* ❶ (*like diamond*) diamantartig, steinhart ❷ (*fig poet*) unerbittlich *geh,* unnachgiebig; ~ **will** unbeugsamer Wille *geh*
adamantly [ˈædəməntli] *adv* hartnäckig; **to be** ~ **opposed to sth** etw entschieden ablehnen
Adam's apple *n* Adamsapfel *m*
adapt [əˈdæpt] **I.** *vt* ❶ (*modify*) ■**to** ~ **sth** etw anpassen; *machine* etw umstellen [*o* umbauen]; ■**to** ~ **sth to sth** etw an etw *akk* anpassen ❷ (*adjust*) ■**to** ~ **sth** [**to sth**] etw [an etw *akk*] anpassen; ***we had to*** ~ ***our lifestyle to the new circumstances*** wir mussten unseren Lebensstil an die neuen Verhältnisse anpassen; ■**to** ~ **oneself to sth** sich *akk* an etw *akk* gewöhnen ❸ (*rewrite*) ■**to** ~ **sth for sb/sth** etw für jdn/etw bearbeiten [*o geh* adaptieren]; ***the play has been*** ~***ed for children*** das Stück wurde für Kinder umgearbeitet **II.** *vi* ■**to** ~ [**to sth**] sich *akk* [einer S. *dat*] anpassen; BIOL sich *akk* [einer S. *dat*] adaptieren *fachspr;* ***children*** ~ ***very easily to new environments*** Kindern gewöhnen sich sehr leicht an eine neue Umgebung
adaptability [əˌdæptəˈbɪləti, AM -ət̬i] *n no pl* Anpassungsfähigkeit *f* (**to/for** an +*akk*)
adaptable [əˈdæptəbl̩] *adj* anpassungsfähig; *machine* vielseitig; **to be** ~ **to sth** *person* sich *akk* an etw *akk* anpassen können; *thing* sich *akk* an etw *akk* anpassen lassen
adaptation [ˌædæpˈteɪʃᵊn] *n* ❶ *no pl* (*adapting*) Anpassung *f* (**to** an +*akk*) ❷ *no pl* (*modifying*) Umbau *m* (**to** +*gen*); *of machine* Umstellung *f* (**to** auf +*akk*) ❸ (*work*) Bearbeitung *f,* Adaption *f geh* ❹ BIOL Adaptation *f fachspr*
adapted [əˈdæptɪd] *adj inv* angepasst; **specially** ~ an spezielle Bedürfnisse angepasst
adapter *n see* **adaptor**
adaption [əˈdæpʃᵊn] *n see* **adaptation**
adaptive [əˈdæptɪv] *adj* BIOL anpassungsfähig
adaptor [əˈdæptəʳ, AM -ɚ] *n* ❶ (*device*) Adapter *m* ❷ (*plug*) Adapter *m;* (*with several*) Mehrfachsteckdose *f,* Mehrfachstecker *m* ❸ (*writer*) Bearbeiter(in) *m(f)*
ADC *n* ❶ *abbrev of* **aide-de-camp** ❷ *abbrev of* **analog to digital converter** Analog-Digital-Umsetzer *m*
add [æd] **I.** *vt* ❶ (*mix*) ■**to** ~ **sth** [**to sth**] *ingredients* etw [zu etw *dat*] hinzufügen [*o* dazugeben] ❷ (*include*) ■**to** ~ **sth to sth** etw *dat* etw hinzufügen ❸ (*attach*) ■**to** ~ **sth** [**to sth**] [etw *dat*] etw hinzufügen, etw an etw *akk* anfügen; ***I*** ~***ed her name to the list*** ich habe ihren Namen mit auf die Liste gesetzt ❹ (*say*) ■**to** ~ **sth** [**to sth**] [etw *dat*] etw hinzufügen ❺ (*sum*) ■**to** ~ **sth** [**together**] etw addieren [*o* zusammenzählen]; ■**to** ~ **sth to sth** etw zu etw *dat* [dazu]zählen ❻ (*contribute*) ■**to** ~ **sth to sth** etw zu etw *dat* beitragen ▶ PHRASES: **to** ~ **insult to injury …** um die Sache noch schlimmer zu machen … **II.** *vi* ❶ (*do sums*) addieren, zusammenzählen ❷ (*increase*) ■**to** ~ **to sth** zu etw *dat* beitragen; ***these little extras all*** ~ ***to the cost*** all diese kleinen Extras erhöhen die Kosten
◆**add in** *vt* ■**to** ~ **in** ○ **sth** etw hinzufügen [*o* einkalkulieren]
◆**add on** *vt* ■**to** ~ **on** ○ **sth** ❶ (*include*) etw [mit] dazurechnen ❷ (*attach*) etw hinzufügen ❸ (*build*) etw anbauen
◆**add up I.** *vi* ❶ (*do sums*) addieren ❷ (*total*) ■**to** ~ **up to sth** *bill* sich *akk* auf etw *akk* belaufen ❸ (*accumulate*) sich *akk* summieren; *costs, expenses* sich belaufen auf *akk* ❹ (*fam: make sense*) **it doesn't** ~ **up** es macht [*o* ergibt] keinen Sinn; **now it all** ~**s up!** so passt alles zusammen! ❺ (*lead to*) ■**to** ~ **up to sth** zu etw *dat* beitragen; ***various people made suggestions, but they didn't*** ~ ***up to much*** verschiedene Leute machten Vorschläge, doch letztlich kam nicht viel dabei heraus **II.** *vt* ■**to** ~ **up** ○ **sth** etw addieren [*o* zusammenzählen]
ADD [ˌeɪdi:ˈdi:] *n no pl abbrev of* **attention deficit disorder**
added [ˈædɪd] *adj inv* zusätzlich; ~ **to which …** *esp* BRIT hinzu kommt, dass …
added value *n* FIN Mehrwert *m fachspr*
addenda [əˈdendə] *n pl of* **addendum**
addendum <*pl* -da> [əˈdendəm, *pl* -də] *n* ❶ (*addition*) Nachtrag *m* (**to** zu +*dat*) ❷ (*appendix*) ■**addenda** *pl* Anhang *m,* Addenda *pl fachspr*
adder [ˈædəʳ, AM -ɚ] *n* Otter *f,* Viper *f*
addict [ˈædɪkt] *n* ❶ (*junkie*) Abhängige(r) *f(m),* Süchtige(r) *f(m);* **drug** ~ Drogenabhängige(r) *f(m);* **to become an** ~ süchtig werden ❷ (*hum: fan*) Süchtige(r) *f(m);* ***he's a chocolate*** ~ er ist süchtig nach Schokolade
addicted [əˈdɪktɪd] *adj usu pred* ❶ (*dependent*) ■**to be** ~ **to sth** von etw *dat* abhängig sein, nach etw *dat* süchtig sein; **to be** ~ **to cocain/heroin** kokain-/heroinsüchtig sein; **to be** ~ **to drugs** drogenabhängig [*o* drogensüchtig] sein; **to get sb** ~ jdn abhängig [*o* süchtig] machen ❷ (*enthusiastic*) süchtig; ■**to be** ~ **to sth** nach etw *dat* süchtig sein
addiction [əˈdɪkʃᵊn] *n* ❶ *no pl* (*dependency*) Abhängigkeit *f* (**to** von +*dat*), Sucht *f* (**to** nach +*dat*); **alcohol/drug** ~ Alkohol-/Drogenabhängigkeit *f,* Alkohol-/Drogensucht *f* ❷ (*craving*) Sucht *f;* ***shopping can become an*** ~ Einkaufen kann zur Sucht werden
addictive [əˈdɪktɪv] *adj* ❶ (*causing dependency*) ■**to be** ~ abhängig [*o* süchtig] machen; **to be highly** ~ schnell süchtig machen; ~ **drug/substance** Suchtdroge *f*/Suchtmittel *nt* ❷ (*enjoyable*) ■**to be** ~ süchtig machen; ***video games can be*** ~ Videospiele können zur Sucht werden ❸ PSYCH ~ **personality** Suchttyp *m*
add-in I. *n* Zusatz *m* **II.** *adj* Zusatz-
adding machine *n* Addiermaschine *f* **adding up** *n no pl* Addieren *nt*
addition [əˈdɪʃᵊn] *n* ❶ *no pl* (*adding*) Addition *f* ❷ *no pl* (*attaching*) Hinzufügen *nt* (**to** an +*akk*); *of building* Anbau *m* (**to** an +*akk*) ❸ *no pl* (*including*) Aufnahme *f* ❹ (*extra*) Ergänzung *f* (**to** zu +*dat*), Zusatz *m* (**to** zu +*dat*); ~ **to the family** (*hum*) [Familien]zuwachs *m* ❺ ■**in** ~ außerdem; ■**in** ~ **to sth** zusätzlich zu etw *dat*
additional [əˈdɪʃᵊnᵊl] *adj inv* ❶ (*extra*) zusätzlich; ~ **charge** Aufpreis *m* ❷ FIN ~ **voluntary contributions** freiwillige Sonderbeitragsleistung
additionally [əˈdɪʃᵊnᵊli] *adv inv* außerdem, zusätzlich; ***and*** ~ ***he said that …*** und ergänzend fügte er hinzu, dass …
additive [ˈædɪtɪv, AM -t̬ɪv] **I.** *n* Zusatz *m;* **chemical** ~**s** chemische Zusätze **II.** *adj* zusätzlich
addle [ˈædl̩] **I.** *vt* (*hum*) **to** ~ **sb's brain** jds Verstand *m* verwirren **II.** *vi* verderben; *eggs* faulen
addled [ˈædl̩d] *adj* ❶ (*hum: muddled*) verwirrt; ~ **brain** benebeltes [Ge]hirn ❷ (*rotten*) verdorben; ~ **eggs** faule Eier
add-on [ˈædɒn, AM -ɑ:n] *n* COMPUT Zusatzgerät *f;* (*several*) Zubehör *nt*
address I. *n* <*pl* -es> [əˈdres, AM ˈæd-] ❶ (*abode*) Adresse *f,* Anschrift *f;* ***she's not at that*** ~ ***any more*** sie wohnt nicht mehr dort; **business/home** ~ Geschäfts-/Privatadresse *f;* **physical** ~ Postanschrift *f;* **not known at this** ~ Empfänger unbekannt ❷ (*form: skill*) Geschick *nt* ❸ COMPUT Adresse *f* ❹ (*speech*) Rede *f* (**to** an +*akk*); (*for a particular occasion*) Ansprache *f* (**to** an +*akk*) ❺ (*title*) **form of** ~ [Form *f* der] Anrede *f* ❻ (*liter: courtship*) **to pay one's** ~**s to sb** jdm den Hof machen **II.** *vt* [əˈdres] ❶ (*write address*) ■**to** ~ **sth** [**to sb/sth**] etw [an jdn/etw] adressieren; **to** ~ **a letter/a parcel** einen Brief/ein Paket adressieren ❷ (*direct*) ■**to** ~ **sth to sb** ***he*** ~***ed a few introductory remarks to the audience*** er richtete einige einführende Bemerkungen an die Zuhörer; ■**to** ~ **oneself to sb/sth** sich *akk* an jdn/etw wenden ❸ (*speak to*) ■**to** ~ **sb** jdn ansprechen; ***were you*** ~***ing me?*** haben Sie mit mir gesprochen?; ***he rose to*** ~ ***the meeting*** er erhob sich, um zu der Versammlung zu sprechen; ■**to** ~ **oneself to sb** jdn ansprechen ❹ (*use title*) ■**to** ~ **sb** [**as sth**] jdn [als etw *akk*] anreden ❺ (*deal with*) ■**to** ~ **sth** *issue* etw ansprechen ❻ (*in golf*) **to** ~ **the ball** den Ball anvisieren
address book *n* Adressbuch *nt*
addressee [ˌædresˈi:] *n* Empfänger(in) *m(f),* Adressat(in) *m(f) geh*
addressing machine *n* Adressiermaschine *f*
address label *n* Adress[en]aufkleber *m*
adduce [əˈdju:s, AM *esp* əˈdu:s] *vt* (*form*) ■**to** ~ **sth** *facts* etw anführen; **to** ~ **evidence** LAW Beweismaterial *nt* vorlegen
adeem [əˈdi:m] *vt* LAW ■**to** ~ **a legacy** ein Vermächtnis wegfallen lassen [*o* entziehen]
ademption [əˈdem(p)ʃᵊn] *n* LAW Wegfall *m* [*o* Entziehung *f*] eines Vermächtnisses
adenoidal [ˌædɪˈnɔɪdᵊl, AM -dᵊnˈ-] *adj inv* nasal; ***he sounds*** ~ er näselt
adenoids [ˈædɪnɔɪdz, AM -dᵊn-] *npl* (*in throat*) Rachenmandelwucherungen *fpl;* (*in nose*) Polypen *mpl,* Adenoide *ntpl fachspr*
adept I. *adj* [əˈdept] geschickt; ~ **performer** talentierter Darsteller/talentierte Darstellerin; ■**to be** ~ **at** [*or* **in**] [**doing**] **sth** in etw *dat* geschickt sein; ***he was never very*** ~ ***in the finer arts of conversation*** er hatte noch nie ein Talent für gepflegte Unterhaltung **II.** *n* [ˈædept] (*liter*) Meister(in) *m(f)* (**at** in +*dat*)
adeptly [əˈdeptli] *adv* geschickt
adequacy [ˈædɪkwəsi] *n no pl* ❶ (*sufficiency*) An-

gemessenheit *f,* Zulänglichkeit *f* ❷ (*suitability*) Tauglichkeit *f,* Eignung *f*

adequate [ˈædɪkwət] *adj* ❶ (*sufficient*) ausreichend, genügend *attr; excuse* angemessen ❷ (*suitable*) angemessen, adäquat *geh;* **to find ~ words** die passenden Worte finden ❸ (*commensurate*) ■ **~ to sth** einer S. *dat* angemessen ❹ (*barely sufficient*) zulänglich; **to be ~** [aus]reichen

adequately [ˈædɪkwətli] *adv* ❶ (*sufficiently*) ausreichend ❷ (*suitably*) angemessen ❸ (*barely sufficiently*) zulänglich; ***we shall do ~, but are unlikely to make a large profit*** wir werden gerade so auskommen, aber sicherlich keinen großen Gewinn machen

ADHD [ˌeɪdiːeɪtʃˈdiː] *n abbrev of* **attention deficient hyperactivity disorder**

adhere [ədˈhɪəʳ, AM -ˈhɪr] *vi* ❶ (*form: stick*) ■ **to ~** [**to sth**] [an etw *akk*] kleben [*o geh* haften] ❷ (*follow*) ■ **to ~ to sth** *rule* sich *akk* an etw *akk* halten ❸ (*support*) ■ **to ~ to sth** *a principle* an etw *dat* festhalten ❹ (*represent*) ■ **to ~ to sth** bei etw *dat* bleiben; ***the translator has ~d very strictly to the original text*** der Übersetzer hat sich strikt an den Originaltext gehalten

adherence [ədˈhɪərᵊn(t)s, AM -ˈhɪr-] *n no pl* (*form*) Festhalten *nt* (**to** an +*dat*); *of rule* Befolgung *f* (**to** +*gen*)

adherent [ədˈhɪərᵊnt, AM -ˈhɪr-] (*form*) **I.** *n* Anhänger(in) *m(f)* **II.** *adj* klebend *attr,* haftend *attr*

adhesion [ədˈhiːʒᵊn] *n no pl* ❶ (*sticking*) Haften *nt* (**to** an +*dat*), Adhäsion *f fachspr* (**to** von +*dat*) ❷ (*stickiness*) Haftvermögen *nt* ❸ (*form*) *see* **adherence**

adhesive [ədˈhiːsɪv] **I.** *adj* haftend *attr,* klebend *attr* **II.** *n no pl* Klebstoff *m,* Kleber *m fam* **III.** *n modifier* (*label, tape*) Klebe-; **~ plaster** Heftpflaster *nt*

ad hoc [ˌædˈhɒk, AM -ˈhɑːk] *inv* **I.** *adj* Ad-hoc-; **an ~ committee** LAW ein Ad-hoc-Ausschuss; **to do sth on an ~ basis** etw spontan tun **II.** *adv* ad hoc

ad idem [ˌædˈɪdəm, AM -ˈaɪ-] *adv* LAW in Übereinstimmung mit +*dat*

adieu [əˈdjuː, AM *esp* -ˈduː] **I.** *interj* (*liter or old*) adieu; **~, *then my friends*** lebt wohl, meine Freunde **II.** *n* <*pl* -s *or* -x> (*liter or old*) Adieu *nt,* Lebewohl *nt;* **to bid sb/sth ~** [*or* **~ to sb/sth**] jdm/etw Lebewohl sagen

ad infinitum [ˌædɪnfɪˈnaɪtəm, AM -t̬əm] *adv inv* ad infinitum *geh,* endlos

adios [ˈædiɒs, AM ˌɑːdiˈoʊs, ˈædi-] *interj esp* AM (*fam*) adios *sl*

adipose [ˈædɪpəʊs, AM -əpoʊs] *adj attr, inv* MED fetthaltig *attr,* adipös *fachspr*

adipose tissue *n no pl* MED Fettgewebe *nt*

adj *n abbrev of* **adjective** Adj.

adjacent [əˈdʒeɪsᵊnt] *adj* (*form*) ❶ (*next to*) angrenzend; **the ~ building** das Gebäude nebenan; ***her room was ~ to mine*** ihr Zimmer lag neben meinem ❷ (*nearby*) nah[e]; **~ *to where I live*** in der Nähe meiner Wohnung

adjectival [ˌædʒɪkˈtaɪvᵊl] *adj inv* adjektivisch; **~ ending** Adjektivendung *f*

adjectivally [ˌædʒɪkˈtaɪvᵊli] *adv inv* adjektivisch

adjective [ˈædʒɪktɪv] *n* Adjektiv *nt,* Eigenschaftswort *nt*

adjective law *n* LAW Verfahrensrecht *nt,* formelles Recht

adjoin [əˈdʒɔɪn] **I.** *vt* ■ **to ~ sth** an etw *akk* angrenzen; *building* an etw *akk* stoßen **II.** *vi* aneinander grenzen

adjoining [əˈdʒɔɪnɪŋ] *adj attr, inv* angrenzend *attr,* nebeneinander liegend *attr;* **~ room** Nebenzimmer *nt*

adjourn [əˈdʒɜːn, AM -ɜːrn] **I.** *vt usu passive* ■ **to ~ sth** (*interrupt*) etw unterbrechen; (*suspend*) etw verschieben [*o geh* vertagen]; LAW etw vertagen; **to ~ the court** die [Gerichts]verhandlung vertagen **II.** *vi* ❶ (*stop temporarily*) eine Pause einlegen [*o* machen], unterbrechen; (*end*) aufhören; ***shall we ~ for lunch?*** sollen wir eine Mittagspause einlegen? ❷ (*form or dated: move to*) **to ~ to the living** [*or* **sitting**] **room** sich *akk* ins Wohnzimmer begeben

adjournment [əˈdʒɜːnmənt, AM -ɜːrn-] *n* ❶ (*temporary stop*) Unterbrechung *f* ❷ *no pl* (*until another day*) Verschiebung *f;* LAW Vertagung *f* (**until** bis +*dat*)

adjudge [əˈdʒʌdʒ] *vt usu passive* (*form*) ❶ (*evaluate as*) **to be ~d bankrupt** für bankrott erklärt werden; **to be ~d the winner** zum Sieger erklärt werden ❷ (*award*) ■ **to ~ sth to sb** jdm etw zuerkennen

adjudicate [əˈdʒuːdɪkeɪt] (*form*) **I.** *vi* ■ **to ~** [**up**]**on sth** über etw *akk* entscheiden; LAW über etw *akk* ein Urteil fällen; **to ~ on a dispute** einen Streit entscheiden, ein Urteil in einem Streit[fall] fällen **II.** *vt* LAW **to ~ a claim/dispute** über einen Anspruch/Streit entscheiden; ■ **to be ~d sth** zu etw *dat* erklärt werden; ***he was ~d bankrupt*** über ihn wurde der Konkurs verhängt, er wurde für bankrott erklärt

adjudication [əˌdʒuːdɪˈkeɪʃᵊn] *n* (*form*) ❶ *also* LAW (*judgment*) Entscheidung *f,* Urteil *nt;* **~ order** [*or* **~ of bankruptcy**] Konkurseröffnungsbeschluss *m;* **~ tribunal** Schlichtungskommission *f* ❷ *no pl* (*consideration*) Beurteilung *f;* **to be under ~ in the courts** gerichtlich verhandelt werden

adjudication tribunal *n* Schiedsrichterkommission *f*

adjudicator [əˈdʒuːdɪkeɪtəʳ, AM -t̬ɚ] *n* (*form*) Schiedsrichter(in) *m(f),* Schlichter(in) *m(f);* (*in competition*) Preisrichter(in) *m(f)*

adjunct [ˈædʒʌŋ(k)t] **I.** *n* ❶ (*secondary item*) Zusatz *m,* Beigabe *f* ❷ (*assistant*) Assistent(in) *m(f)* ❸ LING Ergänzung *f;* **adverbial ~** adverbiale Ergänzung **II.** *adj doctor, surgeon* Assistenz-; **~ professor** AM außerordentlicher Professor; **~ teacher** AM Hilfslehrer(in) *m(f)*

adjure [əˈdʒʊəʳ, AM -ˈdʒʊr] *vt* (*form*) ■ **to ~ sb to do sth** jdn beschwören [*o* inständig bitten], etw zu tun

adjust [əˈdʒʌst] **I.** *vt* ❶ (*set*) ■ **to ~ sth** etw [richtig] einstellen [*o* regulieren]; **to ~ a lever** einen Hebel verstellen ❷ (*rearrange*) **to ~ one's clothing** seine Kleidung in Ordnung bringen ❸ (*tailor*) ■ **to ~ sth** etw umändern; **to ~ a seam** (*take in*) einen Saum umnähen; (*let out*) einen Saum auslassen ❹ (*adapt*) ■ **to ~ sth to sth** etw einer S. *dat* anpassen [*o* auf etw *akk* ausrichten]; **to ~ oneself to sth** sich *akk* auf etw *akk* einstellen ❺ (*in insurance*) **to ~ a claim** einen Anspruch berechnen; **to ~ a damage** einen Schaden regulieren **II.** *vi* (*adapt*) ■ **to ~ to sth** sich *akk* an etw *akk* anpassen; (*feel comfortable with*) sich *akk* an etw *akk* gewöhnen; ■ **to ~ to doing sth** sich *akk* daran gewöhnen, etw zu tun

adjustable [əˈdʒʌstəbl] *adj* verstellbar, regulierbar, justierbar; **~ creature** anpassungsfähiges Lebewesen

adjustable peg *n* FIN limitierte Stufenflexibilität

adjustable rate mortgage *n* AM FIN variabel verzinsliche Hypothek

adjustable rate preferred stock *n* FIN Vorzugsaktien, die mit einer variablen Dividende ausgestattet sind

adjustable spanner *n* BRIT, AUS verstellbarer Schraubenschlüssel, Universalschlüssel *m,* Engländer *m*

adjuster [əˈdʒʌstəʳ, AM ɚ] *n* ❶ (*person*) [Schadens]sachverständige(r) *f(m)* ❷ (*device*) Justiervorrichtung *f* ❸ (*chemical*) Aufbereiter *m*

adjustment [əˈdʒʌstmənt] *n* ❶ (*mental*) Anpassung *f,* Umstellung *f;* **to make an ~** [**from sth**] **to sth** sich *akk* [von etw *dat*] auf etw *akk* umstellen ❷ (*mechanical*) Einstellung *f,* Regulierung *f,* Justierung *f fachspr* ❸ (*alteration*) *of a knob, lever, settings* Verstellung *f; of clothing* Änderung *f;* **to make an ~ to the length of trousers** die Länge von Hosen ändern ❹ FIN Berichtigung *f;* (*change in exchange rate*) Wechselkursänderung *f* zur Berichtigung der Zahlungsbilanz; **average ~** Dispache *f;* **tax ~** Steuerausgleich *m;* **wage ~** Lohnausgleich *m;* **to make an ~ to salaries** eine Anpassung der Gehälter [*o* eine Gehaltsangleichung] vornehmen

adjustment credit *n* AM FIN kurzfristiger Kredit der Zentralbank an eine Geschäftsbank

adjutant [ˈædʒʊtᵊnt] *n* Adjutant *m;* **~ general** Generaladjutant *m*

ad lib [ˌædˈlɪb] **I.** *adv inv* ❶ (*without preparation*) aus dem Stegreif, spontan ❷ (*at one's desire*) nach Belieben **II.** *adj inv* (*improvized*) improvisiert; (*spontaneous*) spontan

ad-lib <-bb-> [ˌædˈlɪb] **I.** *vi* improvisieren; ***just ~!*** lass dir etwas einfallen! **II.** *vt* ■ **to ~ sth** etw improvisieren

ad litem [ˌædˈlaɪtem] *adj* LAW **guardian ~** Prozesspfleger(in) *m(f)*

adman *n* Werbefachmann *m* **ad-mass** *n esp* BRIT ■ **the ~** + *sing/pl vb die durch Werbung manipulierbare Bevölkerungsgruppe*

admin [ˈædmɪn] *n short for* **administration**

administer [ədˈmɪnɪstəʳ, AM -ɚ] *vt* ❶ (*manage*) ■ **to ~ sth** etw verwalten; ***the country was ~ed by the British until recently*** das Land stand bis vor Kurzem unter britischer Verwaltung ❷ (*handle*) ■ **to ~ sth** etw handhaben; ***the economy has been badly ~ed by the government*** die Regierung macht eine schlechte Wirtschaftspolitik ❸ LAW **to ~ an estate/a trust** einen Nachlass/eine Treuhandgesellschaft verwalten ❹ (*dispense*) ■ **to ~ sth** [**to sb**] [jdm] etw geben; (*issue*) etw [an jdn] ausgeben; **to ~ aid** [*or* **relief**] **to sb** jdm Hilfe [*o* Unterstützung] zukommen lassen [*o* gewähren]; **to ~ first aid** [**to sb**] [bei jdm] erste Hilfe leisten; **to ~ justice** [**to sb**] [über jdn] Recht sprechen; **to ~ medicine** [**to sb**] [jdm] Medizin verabreichen; **to ~ punishment** [**to sb**] [jdn be]strafen, [über jdn] eine Strafe verhängen; **to ~ a severe blow to sb** (*fig*) jdm einen schweren Schlag versetzen ❺ (*be official witness to*) **to ~ an oath to sb** jdm einen Eid abnehmen

administered price *n* COMM Preisbindung *f* zweiter Hand, vertikale Preisbindung

administrate [ədˈmɪnɪstreɪt] *vt* ■ **to ~ sth** etw verwalten; **to ~ the affairs of a company** ein Unternehmen leiten; **to ~ the company's business** die Firmengeschäfte leiten [*o* führen]

administration [ədˌmɪnɪˈstreɪʃᵊn] *n* ❶ *no pl* (*management*) Verwaltung *f;* ECON, ADMIN Verwaltungsangelegenheiten *fpl;* LAW *of company affairs* gerichtlich angeordnete Insolvenzverwaltung; LAW **letters of ~** Nachlassverwaltungszeugnis *nt* ❷ (*managers*) ■ **the ~** + *sing/pl vb* die Verwaltung ❸ *esp* AM (*term in office*) Amtszeit *f,* Amtsperiode *f* (*des amerikanischen Präsidenten*) ❹ (*government*) Regierung *f;* **the Clinton A~** die Regierung Clinton ❺ *no pl* (*dispensing*) *of a medicine* Verabreichung *f,* Gabe *f;* **~ of an oath** Vereidigung *f*

administration order *n* LAW gerichtliche Verfügung der Schuldenrückzahlung auf Raten

administrative [ədˈmɪnɪstrətɪv] *adj attr, inv* administrativ, Verwaltungs-

administrative agency *n* AM Verwaltungsstelle *f,* Verwaltungsbehörde *f* **administrative assistant** *n* persönlicher Assistent/persönliche Assistentin, Chefsekretär(in) *m(f)* **administrative body** *n* Verwaltungsorgan *nt,* Verwaltungsbehörde *f* **administrative court** *n* LAW Verwaltungsgericht *nt* **administrative district** *n* Verwaltungsbezirk *m*

administratively [ədˈmɪnɪstrətɪvli] *adv* verwaltungstechnisch, in administrativer Hinsicht

administratix [ədˈmɪnɪstreɪtrɪks] *n* LAW Erbschaftsverwalterin *f*

administrator [ədˈmɪnɪstreɪtəʳ, AM -t̬ɚ] *n* ❶ (*person in charge*) Leiter(in) *m(f);* (*of a company*) Geschäftsführer(in) *m(f)* ❷ (*clerk*) Verwaltungsbeamte(r) *m,* Verwaltungsbeamte [*o* -in] *f* ❸ LAW Verwalter(in) *m(f); of an inheritance* Nachlassverwalter(in) *m(f)* ❹ COMPUT **data ~** Datenverwalter *m*

admirable [ˈædmᵊrəbl] *adj* bewundernswert; **to do an ~ job** hervorragende [*o* ausgezeichnete] Arbeit leisten

admirably [ˈædmᵊrəbli] *adv* bewundernswert, erstaunlich; **to cope** [*or* **deal**] **~ with sth** etw großartig meistern; **to handle sb/sth ~** mit jdm/etw auf bewundernswerte Weise umgehen [*o fam* erstaunlich gut fertig werden]

admiral [ˈædmᵊrəl] *n* Admiral(in) *m(f)*

Admiralty [ˈædmᵊrəlti] *n no pl* BRIT ■ **the ~**

❶ (*hist: court*) die Admiralität ❷ (*naval department*) das Marineministerium

Admiralty Court *n* BRIT LAW Seegericht *nt* **Admiralty jurisdiction** *n* Seegerichtsbarkeit *f* **Admiralty law** *n* Seerecht *nt*

admiration [ˌædməˈreɪʃᵊn] *n no pl* ❶ (*respect*) Bewunderung *f* (**for** für *+akk*), Hochachtung *f*, Respekt *m* (**for** vor *+dat*) ❷ (*wonderment*) Bewunderung *f*; **to be the object of sb's ~** von jdm bewundert werden ❸ (*object*) Gegenstand *m* der Bewunderung; **to be the ~ of everyone** von allen bewundert werden

admire [ədˈmaɪəʳ, AM -ɚ] *vt* ❶ (*respect*) ■**to ~ sb/sth** jdn/etw bewundern; ■**to ~ sb for sth** jdn wegen einer S. *gen* bewundern ❷ (*find pleasing*) ■**to ~ sb/sth** jdn/etw bewundern; **to ~ oneself in the mirror** sich *akk* im Spiegel bewundern; **to ~ sb from afar** jdn aus der Ferne anhimmeln

admirer [ədˈmaɪərəʳ, AM -ˈmaɪrɚ] *n* ❶ (*with romantic interest*) Verehrer(in) *m(f)*, Bewunderer *m*, Bewunderin *f*; (*hum: suitor*) Verehrer(in) *m(f)*; **secret ~** anonymer [*o* heimlicher] Verehrer/anonyme [*o* heimliche] Verehrerin ❷ (*supporter*) Anhänger(in) *m(f)*

admiring [ədˈmaɪərɪŋ, AM -ˈmaɪrɪŋ] *adj attr* bewundernd; **to get lots of ~ glances** [*or* **looks**] viele bewundernde Blicke auf sich *akk* ziehen

admiringly [ədˈmaɪərɪŋli, AM -ˈmaɪr-] *adv* voller Bewunderung

admissibility [ədˌmɪsəˈbɪləti, AM -əṭi] *n no pl* (*form*) Zulässigkeit *f*

admissible [ədˈmɪsəbl̩] *adj* (*form*) zulässig, erlaubt; **~ evidence** LAW zulässiges Beweismaterial

admission [ədˈmɪʃᵊn] *n* ❶ *no pl* (*entering*) Eintritt *m*; (*acceptance*) Zutritt *m*, Einlass *m*; (*into university*) Zulassung *f*, Aufnahme *f*; (*into hospital*) Einlieferung *f* ❷ *no pl* (*entrance fee*) Eintritt[spreis] *m*, Eintrittsgeld *nt*; **to charge ~** Eintritt verlangen ❸ (*acknowledgment*) Eingeständnis *nt*; **by his/her own ~** nach eigenem Eingeständnis, wie er/sie selbst zugibt

admission charge, admission fee *n* Eintritt *m kein pl*, Eintrittspreis *m*

admit <-tt-> [ədˈmɪt] **I.** *vt* ❶ (*acknowledge*) ■**to ~ sth** etw zugeben [*o* eingestehen]; **to ~ defeat** seine Niederlage eingestehen; **to ~ an error** [*or* **a mistake**]/**one's guilt** einen Irrtum [*o* Fehler]/seine Schuld zugeben [*o* einräumen]; **to freely ~ sth** etw ohne Umschweife zugeben ❷ (*allow entrance*) ■**to ~ sb/sth** jdn/etw hereinlassen [*o* hineinlassen]; ***this ticket ~s one person only*** diese Eintrittskarte ist nur für eine Person gültig; ***no minors*** [*or* ***minors not***] ***~ted*** Zutritt ab 18 Jahren; ■**to ~ sb to** [AM **the**] **hospital** jdn ins Krankenhaus einliefern ❸ (*allow*) ■**to ~ sth** etw zulassen; **to ~ evidence** LAW ein Beweismittel zulassen ❹ (*hold*) ■**to ~ sb** jdm Platz bieten; ***the theatre ~s 300 people*** das Theater fasst 300 Personen **II.** *vi* ■**to ~ to sth** etw zugeben [*o* eingestehen]

◆**admit of** *vi* (*form*) ■**to ~ of sth** etw zulassen [*o* erlauben]

admittance [ədˈmɪtᵊn(t)s] *n no pl* (*entrance*) Zutritt *m*, Einlass *m*; *to club* Aufnahme *f*; **"no ~"** „Betreten verboten"; **to deny** [*or* **refuse**] **sb ~ to sth** jdm den Zutritt zu etw *dat* verwehren; **to gain ~ to sth** sich *dat* zu etw *dat* Zutritt verschaffen

admittedly [ədˈmɪtɪdli, AM -ṭɪd-] *adv inv* zugegebenermaßen, anerkanntermaßen; **~, *I could have tried harder*** zugegeben, ich hätte mir mehr Mühe geben können

admixture [ədˈmɪkstʃəʳ, AM -tʃɚ] *n usu sing* ❶ CHEM Beimischung *f*, Zusatz *m* ❷ (*form: additional element*) Zugabe *f*, Beigabe *f*

admonish [ədˈmɒnɪʃ, AM -ˈmɑːnɪʃ] *vt* (*form*) ■**to ~ sb** [**for sb**] jdn [wegen einer S. *gen*] ermahnen; **to ~ sb gently** jdn freundlich ermahnen; ■**to ~ sb to do sth** jdm dringend raten, etw zu tun

admonishment [ədˈmɒnɪʃmənt, AM -ˈmɑːnɪʃ-] *n*, **admonition** [ˌædməˈnɪʃᵊn] *n* (*form*) Ermahnung *f*; (*warning*) Warnung *f*

admonitory [ədˈmɒnɪtᵊri, AM -ˈmɑːnətɔːri] *adj* (*form*) [er]mahnend *attr*, warnend *attr*

ad nauseam [ˌædˈnɔːziæm, AM *esp* -ˈnɑː-] *adv inv* bis zum Überdruss

ado [əduː] *n no pl* (*commotion, delay*) großer Aufwand, Aufheben *nt*, Trara *nt fam*; **with much ~** unter großem Aufwand, mit viel Trara *fam*; **without** [**further** [*or* **more**]] **~** ohne [weitere] Umstände [*o* weiteres]

adobe [əˈdəʊbi, AM -ˈdoʊbi] **I.** *n* ❶ *no pl* (*clay*) [luftgetrockneter] Lehmziegel, Luftziegel *m*, Adobe *m fachspr* ❷ (*house*) Haus *nt* aus Adobeziegeln **II.** *n modifier* (*hut, vase, figurine*) Adobe-; **~ brick** luftgetrockneter Lehmziegel, Luftziegel *m*, Adobeziegel *m fachspr*; **~ house** Haus *nt* aus Adobeziegeln

adolescence [ˌædəˈlesᵊn(t)s] *n no pl* (*youth*) Jugend[zeit] *f*, Adoleszenz *f fachspr*; (*puberty*) Pubertät *f*; **to have a troubled ~** eine stürmische Jugend haben

adolescent [ˌædəˈlesᵊnt] **I.** *adj* ❶ *inv* (*of teenagers*) heranwachsend, jugendlich; **~ concerns/problems** die Sorgen/die Probleme Heranwachsender ❷ (*pej: immature*) pubertär *pej*, unreif *pej* **II.** *n* Jugendliche(r) *f(m)*

Adonis <*pl* -es> [əˈdəʊnɪs, AM -ˈdɑː-] *n* Adonis *m*, Schönling *m iron*

adopt [əˈdɒpt, AM -ˈdɑːpt] *vt* ❶ (*raise*) ■**to ~ sb** jdn adoptieren; **to ~ a child** ein Kind adoptieren; **to have one's child ~ed** sein Kind zur Adoption freigeben; **to ~ sb into one's family** jdn in seine Familie aufnehmen ❷ (*sponsor*) **to ~ a child/refugee** die Patenschaft für ein Kind/einen Flüchtling übernehmen ❸ (*put into practice*) ■**to ~ sth** etw annehmen [*o* übernehmen]; **to ~ a cautious/pragmatic approach to sth** vorsichtig/pragmatisch an eine S. herangehen; **to ~ an attitude** eine Haltung annehmen; **to ~ a hard line** eine harte Linie vertreten; **to ~ a measure** eine Maßnahme ergreifen; **to ~ a policy/**[**different**] **strategy** eine Politik/[neue] Strategie verfolgen; **to ~ a stern tone** einen strengen Ton anschlagen ❹ (*take up*) ■**to ~ sth** etw annehmen; **to ~ an accent/a mannerism** einen Akzent/eine Eigenart annehmen; **to ~ a pose** eine Pose [*o* Haltung] einnehmen ❺ (*select*) **to ~ sb as a candidate** BRIT jdn als Kandidaten/Kandidatin auswählen; **to ~ sth as one's mascot** etw zu seinem Maskottchen machen; **to ~ sth as one's slogan** etw zu seinem Slogan erklären

adopted [əˈdɒptɪd, AM -ˈdɑːpt-] *adj* ❶ (*into a family*) adoptiert, Adoptiv-; **~ child** Adoptivkind *nt* ❷ (*selected*) Wahl-; ***Rome is her ~ city*** sie ist Wahlrömerin; **to be sb's ~ country** jds Wahlheimat *f* sein

adoption [əˈdɒpʃᵊn, AM -ˈdɑːp-] *n* ❶ *no pl* (*act*) Adoption *f*, Annahme *f* [an Kindes statt]; **to offer** [*or* **put up**] **a child for ~** ein Kind zur Adoption freigeben ❷ (*instance*) Adoption *f* ❸ *no pl* (*taking on*) Annahme *f*; *of a technology* Übernahme *f*; *of a method* Aneignung *f* ❹ *no pl* (*choice*) **country of ~** Wahlheimat *f*

adoption agency *n* Adoptionsagentur *f*

adoptive [əˈdɒptɪv, AM -ˈdɑːp-] *adj attr, inv* ❶ (*through adoption*) Adoptiv-; **~ parents** Adoptiveltern *pl*; **~ siblings** Adoptivgeschwister *pl* ❷ (*selected*) Wahl-; **~ country** Wahlheimat *f*

adorable [əˈdɔːrəbl̩] *adj* entzückend, bezaubernd, hinreißend; ***your nephew is just ~*** dein Neffe ist einfach süß

adoration [ˌædəˈreɪʃᵊn] *n no pl* ❶ (*respectful love*) Verehrung *f*; (*devotion*) grenzenlose Liebe, Hingabe *f*; **to look at sb with ~ in one's eyes** jdn mit verliebten Augen anschauen; **complete ~** völlige [*o* bedingungslose] Hingabe ❷ REL Anbetung *f*; **the ~ of the Virgin Mary** die Marienverehrung

adore [əˈdɔːʳ, AM -ˈdɔːr] *vt* ❶ (*love*) ■**to ~ sb/sth** jdn/etw über alles [*o* abgöttisch] lieben; (*admire*) jdn/etw aufrichtig bewundern ❷ (*like very much*) ■**to ~ sb** für jdn schwärmen; **to** [**absolutely** [*or* **simply**]] **~ sth** etw [einfach] wunderbar finden [*o* lieben]; ***I ~ chocolate*** ich liebe Schokolade; ■**to ~ doing sth** etw liebend [*o* sehr] gern tun ❸ REL **to ~ God** Gott anbeten

adoring [əˈdɔːrɪŋ] *adj attr* (*loving*) liebend *attr*; (*devoted*) hingebungsvoll; **~ mother** liebevolle Mutter; **~ wife** liebende Ehefrau

adoringly [əˈdɔːrɪŋli] *adv* voller Bewunderung

adorn [əˈdɔːn, AM -ˈdɔːrn] *vt usu passive* (*liter*) ■**to ~ sth** [**with sth**] etw [mit etw *dat*] schmücken [*o geh* zieren]; ■**to ~ oneself** sich *akk* schön machen

adornment [əˈdɔːnmənt, AM -ˈdɔːrn-] *n* (*liter*) ❶ (*ornament*) Schmuck *m*, Verzierung *f* ❷ *no pl* (*act*) Schmücken *nt*, Verschönerung *f*

ADP [ˌeɪdiːˈpiː] *n abbrev of* **automatic data processing** automatische Datenverarbeitung

ADR *n* FIN *abbrev of* **American Depositary Receipt** ADR *nt*

adrenal *n* ■**the ~s** *pl* die Nebennieren [*o* Adrenaldrüsen *fpl*]

adrenal gland [əˈdriːnᵊl] *n* Nebenniere *f*

adrenalin(e) [əˈdrenəlɪn] *n no pl* Adrenalin *nt*; ***these arguments always get my ~ going*** diese Argumente bringen mich immer in Fahrt; **burst** [*or* **rush**] **of ~** Adrenalinstoß *m*; **to release ~** Adrenalin ausschütten

adrenalin junkie *n* (*thrill seeker*) Adrenalinjunkie *m* (*jd, der den ständigen Nervenkitzel braucht*)

adrift [əˈdrɪft] **I.** *adv* ❶ (*not moored*) treibend *attr*; ***he spent three days ~ on the sea*** er trieb drei Tage lang auf dem Meer; **to cut a boat ~ from its moorings** ein Boot losmachen; **to float ~** treiben ❷ BRIT (*fam*) **to come** [*or* **go**] **~** (*become unfastened*) sich *akk* lösen, aufgehen *fam* ❸ (*fig*) **to go ~** (*fail*) fehlschlagen, daneben gehen *fam* ▶ PHRASES: **to cast** [*or* **turn**] **sb ~** jdn seinem Schicksal überlassen **II.** *adj pred* ❶ (*not moored*) [umher]treibend; **to be ~** [**on the ocean**] [auf See] treiben ❷ (*fig: lost*) verloren, einsam; (*without purpose*) ziellos, haltlos

adroit [əˈdrɔɪt] *adj* (*skilful*) geschickt, gewandt; (*mentally*) clever; ***he's very ~ as a debater*** er ist sehr redegewandt; **to become ~ at sth** ein Geschick in etw entwickeln

adroitly [əˈdrɔɪtli] *adv* (*skilfully*) geschickt; (*cleverly*) clever

adroitness [əˈdrɔɪtnəs] *n no pl* (*skilfulness*) Geschicklichkeit *f*, Gewandtheit *f*, Geschick *nt*; (*mental*) Cleverness *f*

adsorb [ədˈzɔːb, AM ˈsɔːrb] *vt* SCI anlagern, anbinden, adsorbieren *fachspr*

adsorption [ədˈzɔːpʃᵊn, AM ˈsɔːrp] *n no pl* SCI Anbindung *f*, Adsorption *f fachspr*

adulation [ˌædjʊˈleɪʃᵊn, AM ˌædʒə-] *n no pl* (*admiration*) Vergötterung *f*, Verherrlichung *f*; (*flattery*) Schmeichelei *f*, Lobhudelei *f pej*

adulatory [ˌædjʊˈleɪtᵊri, AM ˈædʒᵊlətɔːri] *adj* (*flattering*) schmeichlerisch; (*idealizing*) verherrlichend

adult [ˈædʌlt, AM *and Brit also* əˈdʌlt] **I.** *n* ❶ (*grown-up*) Erwachsene(r) *f(m)*; ■**to be an ~** erwachsen sein; ***~s only*** nur für Erwachsene ❷ (*animal*) ausgewachsenes Tier **II.** *adj inv* ❶ (*grown-up*) *person* erwachsen; *animal* ausgewachsen ❷ (*relating to grown-ups*) *behaviour* reif, vernünftig; ***his behaviour is not very ~*** er benimmt sich ziemlich unreif; ***let's try to be ~ about this*** lass uns das wie erwachsene Leute regeln ❸ *attr* (*sexually explicit*) [nur] für Erwachsene; *film* nicht jugendfrei; **~ magazine** Pornomagazin *nt*

adult education **I.** *n no pl* Erwachsenenbildung *f* **II.** *n modifier* **~ courses** Kurse *mpl* für Erwachsene; **~ institute** ≈ Volkshochschule *f* **Adult Education Centre** *n* Erwachsenenbildungsstätte *f*, ≈ Volkshochschule *f*

adulterate [əˈdʌltᵊreɪt, AM -təreɪt] *vt* ■**to ~ sth** ❶ (*use additives*) etw verfälschen; **to ~ wine with water** Wein panschen ❷ (*spoil*) etw verderben

adulterated [əˈdʌltᵊreɪtɪd, AM -təreɪṭɪd] *adj* ❶ (*with additives*) *drugs* unrein, verunreinigt; *food* verfälscht; *drink* gepanscht ❷ (*spoilt*) verdorben ❸ (*changed*) verfälscht

adulteration [əˈdʌltᵊreɪʃᵊn, AM -təreɪ-] *n no pl* ❶ (*debasement*) Verunreinigung *f*; *of food* Verfälschung *f*; *of a drink* Panschen *nt*; **~ of food** Nahrungsmittelfälschung *f* ❷ (*changing*) Verfälschung *f*,

Verhunzung *f pej fam*

adulterer [əˈdʌltərər, AM -tərɚ] *n* Ehebrecher *m*

adulteress <*pl* -es> [əˈdʌltərəs, AM -tɚ-] *n* Ehebrecherin *f*

adulterous [əˈdʌltərəs, AM -tɚ-] *adj* ehebrecherisch; ~ **relationship** ehebrecherische Beziehung

adultery [əˈdʌltəri, AM -təi] *n* ① *no pl* (*infidelity*) Ehebruch *m;* **to commit** ~ Ehebruch begehen, die Ehe brechen *geh;* ***thou shalt not commit*** ~ du sollst nicht ehebrechen ② (*act*) Seitensprung *m*

adult film *n* nicht jugendfreier Film

adulthood [ˈædʌlthʊd, AM *and Brit also* əˈdʌlt-] *n no pl* (*state*) Erwachsensein *nt;* (*period*) Erwachsenenalter *nt;* **to reach** ~ erwachsen werden; **to legally reach** ~ volljährig werden

adumbrate [ˈædʌmbreɪt] *vt* (*form*) ■**to** ~ **sth** ① (*outline*) etw umreißen [*o* skizzieren] ② (*hint at*) etw andeuten, auf etw *akk* hinweisen; (*foreshadow*) etw erahnen lassen

adumbration [ˌædʌmˈbreɪʃən] *n no pl* (*form*) ① (*outline*) [vager] Entwurf, Idee *f* ② (*foreshadowing*) Ankündigung *f,* Andeutung *f;* (*sign*) Anzeichen *nt*

ad valorem duty, ad valorem tax [ˌædvəˈlɔːrəm] *n* ECON Wertzoll *m,* Wertsteuer *f* **ad valorem goods** *npl* ECON wertzollbare Waren *fpl* **ad valorem tarif** *n* ECON Wertzolltarif *m* **ad valorem tax** *n* ECON Wertzoll *m,* Wertsteuer *f*

advance [ədˈvɑːn(t)s, AM -ˈvæːn(t)s] **I.** *vi* ① (*make progress*) ■**to** ~ [**in sth**] [mit etw *dat*] Fortschritte machen [*o* vorankommen] ② (*be promoted*) aufsteigen, befördert werden ③ STOCKEX (*rise*) *share price* ansteigen, anziehen ④ (*move forward*) sich *akk* vorwärts bewegen, vorwärts gehen; MIL vorrücken; (*approach*) näher kommen, sich *akk* nähern; ***the troops ~d on the city*** die Truppen marschierten auf die Stadt zu **II.** *vt* ① (*develop*) ■**to** ~ **sth** etw voranbringen [*o* weiterbringen]; **to** ~ **one's career/a cause** seine Karriere/eine Sache vorantreiben ② (*make earlier*) ■**to** ~ **sth** etw vorverlegen; ■**to** ~ **sb sth** *money* jdm etw vorstrecken [*o* vorschießen] ③ (*postulate*) ■**to** ~ **sth** *plan, idea* etw vorbringen ④ (*increase*) **to** ~ **a price** einen Preis erhöhen ⑤ (*promote*) ■**to** ~ **sb** jdn befördern **III.** *n* ① *no pl* (*forward movement*) Vorwärtsgehen *nt,* Vorrücken *nt;* ***nothing could stop the ~ of the flood waters*** nichts konnte die Wassermassen aufhalten ② (*progress*) Fortschritt *m;* COMM ~ **in trade** Handelsaufschwung *m;* ~ **in prices** Preissteigerung *f;* STOCKEX Kurssteigerung *f* ③ (*ahead of time*) **in** ~ im Voraus; ***please let me know in*** ~ sag mir bitte vorher Bescheid; ***she arrived in ~ of everyone else*** sie kam vor allen anderen an ④ FIN (*payment*) Vorschuss *m* (**on** auf +*akk*); **bank** ~ Bankdarlehen *nt;* **cash** ~ Barvorschuss *m;* ~ **on account** Kontokorrentkredit *m,* Überziehungskredit *m;* **A~ Corporation Tax** Körperschaftssteuervorauszahlung *f* ⑤ (*flirtation*) ■**~s** *pl* Annäherungsversuche *mpl;* **unwelcome ~s** unerwünschte Annäherungsversuche *mpl;* **to reject** [*or* **spurn**] **sb's ~s** jds Annäherungsversuche *mpl* zurückweisen, jdm die kalte Schulter zeigen *fam* **IV.** *adj attr* vorherig; ~ **copy** Vorausexemplar *nt,* Vorabdruck *m;* ~ **payment** Vorauszahlung *f;* **without** ~ **warning** ohne Vorwarnung, unangekündigt

advance bill *n* FIN Vorschusswechsel *m,* vor Lieferung gestellte Tratte **advance booking** *n* Reservierung *f;* **to make an** ~ im Voraus reservieren

advanced [ədˈvɑːn(t)st, AM -ˈvæːn(t)st] *adj* ① (*in skills*) fortgeschritten; ***he's a very ~ pupil for his age*** für sein Alter ist er ein sehr reifer Schüler; ~ **French** Französisch für Fortgeschrittene; **at an** ~ **level** auf einem höheren Niveau; ~ **mathematics** höhere Mathematik ② (*in development*) fortschrittlich; ~ **civilization** hochentwickelte Zivilisation ③ (*in time*) fortgeschritten; ***his cancer is quite*** ~ der Krebs ist bei ihm schon weit fortgeschritten; ~ **age** vorgerücktes [*o* fortgeschrittenes] Alter; **a person of** ~ **years** eine Person vorgerückten Alters; ~ **in pregnancy** hochschwanger

advanced class *n* AM, **advanced course** *n* AM Fortgeschrittenenkurs *m*

advance directive *n* AM (*living will*) letztwillige Verfügung gegen Lebensverlängerung

advanced photo system *n* Advanced Photo System *nt*

advanced technology *n no pl* hochentwickelte [*o* moderne] Technik

advance guard *n* MIL Vorhut *f*

advancement [ədˈvɑːn(t)smənt, AM -ˈvæːn(t)s-] *n* ① *no pl* (*movement forward*) Vorrücken *nt,* Vorankommen *nt* ② (*progress*) Fortschritt *m* ③ *no pl* (*improvement*) Verbesserung *f;* (*furtherance*) Förderung *f* ④ *no pl* (*in career*) Weiterkommen *nt,* Aufstieg *m;* (*promotion*) Beförderung *f geh;* **opportunity for** ~ Aufstiegsmöglichkeit *f*

advance notice *n no pl* Vorankündigung *f,* Voranzeige *f;* **to give sb** ~ **of sth** jdm von etw vorher Bescheid geben; **two months'** ~ Ankündigung zwei Monate im Voraus **advance payment** *n* Vorauszahlung *f;* (*on a wage, salary*) Vorschuss *m* **advance warning** *n no pl* vorherige Warnung, Vorwarnung *f;* **to give sb** ~ jdn vorwarnen [*o* vorher warnen]

advantage [ədˈvɑːntɪdʒ, AM -ˈvæːnt̬ɪdʒ] *n* ① (*benefit*) Vorteil *m;* ***she had the twin ~s of wealth and beauty*** sie war nicht nur reich, sondern auch schön; **to give sb an** ~ **over sb** jdm einen Vorteil gegenüber jdm verschaffen; **to have the** ~ **of sb** BRIT (*form*) jdm gegenüber im Vorteil [*o* überlegen] sein; **to take** ~ **of sb** (*pej*) jdn ausnutzen *pej,* sich *dat* jdn zunutze machen; **to take** ~ **of sth** (*approv*) etw nutzen; **to turn sth to** [**one's**] ~ etw zu seinem Vorteil wenden; ■**to be at an** ~ **over sb** gegenüber jdm im Vorteil sein; ■**to be to sb's** ~ für jdn von Vorteil sein, zu jds Vorteil sein ② *no pl* TENNIS Vorteil *m;* ~ ***Jackson!*** Vorteil Jackson!

advantageous [ˌædvəːnˈteɪdʒəs, AM *esp* -væːn-] *adj* günstig, vorteilhaft, von Vorteil; ■**to be** ~ **to sb** für jdn vorteilhaft [*o* von Vorteil] sein; ***the lower tax rate is particularly ~ to poorer families*** von der Steuersenkung profitieren besonders einkommensschwache Familien

advantageously [ˌædvəːnˈteɪdʒəsli, AM *esp* -væːn-] *adv* günstig, vorteilhaft

advent [ˈædvent] *n no pl* ① (*coming*) Beginn *m,* Anfang *m;* **the** ~ **of an era** der Anbruch eines neuen Zeitalters ② REL ■**A~** Advent *m,* Adventszeit *f;* **the Second A~** der zweite Advent

Advent calendar *n* Adventskalender *m*

adventist [ˈædvəntɪst] *n* Adventist(in) *m(f);* **Seventh Day A~s** Adventisten *mpl* des Siebenten Tages

adventitious [ˌædvənˈtɪʃəs] *adj* (*form: by chance*) zufällig; (*unexpected*) unerwartet

adventitiously [ˌædvənˈtɪʃəsli] *adv* (*form: by chance*) zufällig[erweise], durch Zufall; (*unexpectedly*) unerwarteterweise

adventure [ədˈventʃər, AM -tʃɚ] **I.** *n* ① (*thrilling experience*) Abenteuer *nt,* Erlebnis *nt;* **to be quite an** ~ ein ziemliches Abenteuer sein; **to have an** ~ ein Abenteuer erleben ② *no pl* (*excitement*) Aufregung *f;* **to live a life of** ~ ein abenteuerliches Leben führen; **to have a sense** [*or* **spirit**] **of** ~ abenteuerlustig sein; **to look for** [*or* **seek**] ~ Abenteuer suchen; ***she's always looking for*** ~ sie ist immer auf der Suche nach Abenteuern **II.** *n modifier* (*book, film, tale*) Abenteuer-

adventure addict *n* Abenteuersüchtige(r) *f(m)*

adventure game *n* Abenteuerspiel *nt* **adventure playground** *n* Abenteuerspielplatz *m*

adventurer [ədˈventʃərər, AM -tʃərɚ] *n* ① (*seeker of excitement*) Abenteurer(in) *m(f);* **to be an** ~ abenteuerlustig sein ② (*pej: gambler*) Spieler(in) *m(f) pej,* Glücksritter(in) *m(f) a. pej*

adventuress [ədˈventʃəres] *n* ① (*adventure-lover*) Frau *f* mit Lust auf Abenteuer *a. fig,* unternehmungslustige Person *fig* ② (*opportunist*) Abenteu(r)erin *f pej,* Hochstaplerin *f*

adventurism [ədˈventʃərɪzəm] *n no pl* ① (*attitude*) Abenteurertum *nt* ② (*daring enterprise*) Abenteuer *nt pej,* gewagtes Spiel ③ (*recklessness*) Verwegenheit *f,* Bedenkenlosigkeit *f*

adventurist [ədˈventʃərɪst] POL **I.** *adj* abenteuerlich *pej,* [politisch] abwegig **II.** *n* politischer Abenteurer/politische Abenteu[r]erin

adventurous [ədˈventʃərəs] *adj* ① (*filled with adventures*) abenteuerlich ② (*daring*) abenteuerlustig, risikofreudig; (*willing to experiment*) experimentierfreudig

adventurously [ədˈventʃərəsli] *adv* ① (*filled with adventures*) abenteuerlich ② (*daringly*) abenteuerlustig, risikofreudig; (*willing to experiment*) experimentierfreudig

adventurousness [ədˈventʃərəsnəs] *n no pl* ① (*spirit of daring*) Risikofreude *f,* Wagemut *m* ② (*initiative*) Unternehmungslust *f* ③ (*quality of daring*) Gewagtheit *f*

adverb [ˈædvɜːb, AM -vɜːrb] *n* Adverb *nt*

adverbial [ədˈvɜːbiəl, AM -ˈvɜːrb-] **I.** *n* Adverbialbestimmung *f,* Adverbiale *nt fachspr* **II.** *adj inv* adverbial; ~ **phrase** adverbiale Bestimmung, Adverbialsatz *m;* ~ **usage of an adjective** adverbialer Gebrauch eines Adjektivs

adversarial [ˌædvəˈseəriəl, AM -vəˈseri-] *adj* gegensätzlich, antagonistisch *geh;* **an** ~ **relationship** ein gespanntes Verhältnis

adversary [ˈædvəsəri, AM -vɚseri] **I.** *n* ① (*opponent*) Gegner(in) *m(f),* Kontrahent(in) *m(f) geh;* **to come up against a powerful** ~ SPORTS auf einen starken Gegner treffen ② ■**the A~** (*the devil*) der Widersacher [*o* Teufel] **II.** *adj* gegnerisch

adversary system *n* LAW Verhandlungsgrundsatz *m,* Parteienprozess *m*

adverse [ˈædvɜːs, AM ædˈvɜːrs] *adj attr* ① (*hostile*) ablehnend; ~ **reaction** Ablehnung *f* ② (*unfavourable*) ungünstig; *criticism, effect* negativ; ~ [**weather**] **conditions** widrige [Wetter]verhältnisse *ntpl;* **to have an** ~ **effect on sb/sth** sich *akk* nachteilig auf jdn/etw auswirken; ~ **impact** nachteilige Auswirkung; ~ **publicity** Negativschlagzeilen *fpl,* Negativwerbung *f*

adverse balance of trade *n* COMM passive Handelsbilanz

adversely [ˈædvɜːsli, AM ædˈvɜːrsli] *adv* ① (*hostilely*) ablehnend ② (*unfavourably*) ungünstig, negativ, nachteilig; **to affect sb/sth** ~ (*damage*) sich *akk* nachteilig auf jdn/etw auswirken; (*influence*) einen negativen Einfluss auf jdn/etw haben

adversity [ədˈvɜːsəti, AM -ˈvɜːrsət̬i] *n* ① (*difficulty*) Unglück *nt,* Missgeschick *nt* ② *no pl* (*time of trouble*) Not *f;* **in** ~ in [Zeiten] der Not [*o* Notzeiten]

advert [ˈædvɜːt] *n* BRIT (*fam*) *short for* **advertisement** (*in a newspaper*) Anzeige *f,* Inserat *nt,* Annonce *f* (**for** für +*akk*); (*on a notice board*) Aushang *m;* (*on TV*) Werbespot *m;* **display** ~ Großanzeige *f*

advertise [ˈædvətaɪz, AM -ˈvɚ-] **I.** *vt* ■**to** ~ **sth** ① (*publicize*) für etw *akk* Werbung machen; **to** ~ **sth as energy-saving** etw als Energie sparend anpreisen ② (*in a newspaper*) etw [in einer Zeitung] inserieren; (*on a notice board*) etw in einem Aushang anbieten ③ (*announce*) etw ankündigen [*o* bekannt geben] [*o* bekannt machen]; ***if you're applying for other jobs, I wouldn't ~ the fact at work*** dass du dich für andere Stellen bewirbst, würde ich auf der Arbeit nicht herumposaunen; **to** ~ **one's presence** sich *akk* auffällig verhalten; **to** ~ **one's willingness** seine Bereitschaft bekunden **II.** *vi* ① (*publicize*) werben, Werbung [*o* Reklame] machen ② (*in a newspaper*) inserieren, eine Anzeige [*o* Annonce] [*o* ein Inserat] in die Zeitung setzen; (*on a notice board*) einen Aushang machen; ■**to** ~ **for sb/sth** jdn/etw per Inserat suchen

advertisement [ədˈvɜːtɪsmənt, AM ˌædvɚˈtaɪzmənt] *n* Werbung *f kein pl,* Reklame *f kein pl* (**for** für +*akk*); (*in a newspaper*) Anzeige *f,* Annonce *f,* Inserat *nt* (**for** für +*akk*); (*on a notice board*) Aushang *m* (**for** für +*akk*); **job** ~ Stellenanzeige *f;* **the property ~s in a newspaper** der Immobilienteil einer Zeitung; **television** ~ Werbespot *m;* (*fig*) Reklame *f,* Aushängeschild *nt;* ***he's not a very good ~ for the his firm*** er ist keine gute Reklame für seine Firma

advertiser [ˈædvətaɪzər, AM -vɚtaɪzɚ] *n* ① (*gen-*

eral) Werbungtreibende(r) *f(m);* ~**s** die Werbung ❷ *(professional)* Werbefachmann, Werbefachfrau *m, f* ❸ *(agency)* Werbeagentur *f* ❹ *(in a newspaper)* Inserent(in) *m(f)*

advertising ['ædvətaɪzɪŋ, AM -və-] *n no pl* ❶ *(commercials)* Werbung *f,* Reklame *f* ❷ *(industry)* Werbebranche *f,* Werbung *f fam*

advertising account *n* Kundenetat *m* **advertising agency** *n* Werbeagentur *f* **advertising campaign** *n* Werbekampagne *f,* Werbefeldzug *m* **advertising industry** *n no pl* Werbebranche *f,* Werbewirtschaft *f* **advertising media** *npl* Werbeträger *m* **advertising space** *n no pl* Werbefläche *f,* Reklamefläche *f;* *(in newspaper)* Anzeige[nfläche] *f* **advertising time** *n no pl* Werbezeit *f;* **a minute of** ~ eine Werbeminute [*o* Minute Werbung]

advertorial [,ædvə'tɔːriəl, AM -və-] *n* Textanzeige *f*

advice [əd'vaɪs] *n* ❶ *no pl (recommendation)* Rat *m;* ***my ~ is to give yourself up to the police*** ich würde dir raten, dich der Polizei zu stellen; **some** [*or* **a piece of**] ~ ein Rat[schlag] *m,* eine Empfehlung; **financial/legal** ~ Finanz-/Rechtsberatung *f;* **to take financial/legal/medical** ~ einen Finanzexperten/Rechtsanwalt/Arzt zu Rate ziehen, sich *akk* finanziell/rechtlich/medizinisch beraten lassen; **to ask [sb] for** ~ [jdn] um Rat fragen [*o* bitten]; **to give** [*or* **offer**] **sb** ~ jdm einen Rat geben [*o* erteilen]; **to give sb some good** ~ jdm einen guten Rat geben; **to ignore sb's** ~ nicht auf jds Rat *m* hören; **to take sb's** ~ jds Rat[schlag] *m* beherzigen [*o* befolgen]; ***take my ~!*** hör[e] auf meinen Rat [*o* mich]!; ■**on sb's** ~ auf jds Rat *m* hin ❷ ECON *(notification)* Bescheid *m,* Mitteilung *f,* Avis *m o nt fachspr;* ~ **of delivery** Rückschein *m;* **as per** ~ laut Bericht [*o fachspr* Avis]

advice column *n* AM *(agony column)* Beratungsrubrik *f,* Briefkasten *m,* Kummerecke *f fam* **advice columnist** *n* AM Briefkastenonkel, Briefkastentante *m, f hum fam;* ■**to be an** ~ Leserbriefe beantworten **advice note** *n* ECON Versandanzeige *f,* [Versand]avis *m o nt fachspr*

advisability [əd,vaɪzə'bɪləti, AM -əṱi] *n no pl* Ratsamkeit *f;* ***they questioned the ~ of building so near the airport*** sie bezweifelten, dass es ratsam sei, so nahe am Flughafen zu bauen

advisable [əd'vaɪzəbl] *adj* ratsam, empfehlenswert; ***a certain amount of caution is ~ at this point*** jetzt ist ein gewisses Maß an Vorsicht geboten

advise [əd'vaɪz] **I.** *vt* ■**to ~ sb** ❶ *(give council)* jdn beraten; ***she ~d us when to come*** sie sagte uns, wann wir kommen sollten; **to be ill-/well--d** schlecht/gut beraten sein; ■**to ~ sb against sth** jdm von etw *dat* abraten, jdn vor etw *dat* warnen; ■**to ~ sb to do sth** jdm [dazu] raten, etw zu tun ❷ *(inform)* jdn informieren; ■**to ~ sb of sth** jdm etw mitteilen, jdn über etw *akk* informieren; ***please ~ us of the expected time of arrival*** bitte geben Sie uns Bescheid, wann Sie voraussichtlich ankommen werden **II.** *vi (give council)* raten; *(comprehensively)* beraten; ***I'd ~ waiting until tomorrow*** ich würde vorschlagen, bis morgen zu warten; ■**to ~ against sth** von etw *dat* abraten, jdn vor etw *dat* warnen; ■**to ~ on sth** bei etw *dat* beraten; ***she ~s on African policy*** sie ist Beraterin für afrikanische Politik; ■**to ~ with sb** AM sich *akk* mit jdm beraten

advisedly [əd'vaɪzɪdli] *adv* bewusst, absichtlich

adviser [əd'vaɪzəʳ, AM -zə], **advisor** *n* Berater(in) *m(f),* Ratgeber(in) *m(f);* **chief** ~ enger Berater/enge Beraterin; *(in politics)* Mitglied *nt* des engsten Beraterstabs; **legal/military** ~ Rechts-/Militärberater(in) *m(f);* **spiritual** ~ geistlicher Berater/geistliche Beraterin

Advisory, Conciliation and Arbitration Service *n see* **ACAS**

advisory [əd'vaɪzᵊri] *adj* beratend; ~ **board** Beratungsstelle *f;* **in ~ capacity** in beratender Funktion [*o* Eigenschaft]; ~ **committee** Beratungsausschuss *m,* beratender Ausschuss; LAW Gutachterausschuss *m*

advisory funds *npl* FIN Fremdkapital *nt* zur Investition ohne Mitwirkung des Kapitalgebers **advisory lock** *n* Sperrverhinderung *f* **advisory system** *n* Beratungssystem *nt*

advocacy ['ædvəkəsi] *n no pl* ❶ *(support)* Befürwortung *f* (**of** +*gen*), Eintreten (**of** für +*akk*); **the ~ of human rights** das Eintreten für die Menschenrechte ❷ LAW *(eloquence)* juristische Wortgewandtheit

advocacy group *n* POL Lobby *f*

advocate I. *vt* ['ædvəkeɪt] ❶ *(support)* ■**to ~ sth** etw unterstützen [*o* befürworten]; ***she ~s taking a more long-term view*** sie ist dafür, eine langfristigere Perspektive einzunehmen ❷ LAW *(argue for, defend)* ■**to ~ sth** sich *akk* für etw *akk* einsetzen; **to ~ a cause** für eine Sache eintreten, sich *akk* für eine Sache einsetzen [*o* engagieren] **II.** *n* ['ædvəkət, -keɪt] ❶ POL Befürworter(in) *m(f),* Verfechter(in) *m(f);* **to be an ~ of environmentalism/women's rights** für den Umweltschutz/die Rechte der Frauen eintreten; **strong** ~ engagierter Befürworter/engagierte Befürworterin ❷ LAW [Rechts]anwalt, [Rechts]anwältin *m, f;* *(defence lawyer)* Verteidiger(in) *m(f)* ▶ PHRASES: **the devil's** ~ Advocatus *m* Diaboli

advowson [əd'vaʊzᵊn] *n* LAW Recht *nt,* eine Pfründe zu besitzen

ad writer *n* Werbetexter(in) *m(f)*

adz AM, **adze** [ædz] *n* Dechsel *f*

aegis ['iːdʒɪs] *n no pl* Ägide *f geh,* Schirmherrschaft *f;* **under the ~ of sb** [*or* **under sb's** ~] unter der Schirmherrschaft einer Person *gen*

Aeneid ['iːniɪd] *n no pl* ■**the** [*or* **Virgil's**] ~ die Aeneis [des Vergil]

aeon ['iːən] *n,* AM **eon** ['iːɑːn] *n* Äon *m geh,* Ewigkeit *f*

aerate [eə'reɪt, AM er'eɪt] *vt* ❶ *(expose to air)* ■**to ~ sth** etw durchlüften; **to ~ the soil** den Erdboden auflockern ❷ *(carbonate)* **to ~ a liquid** eine Flüssigkeit mit Kohlensäure versetzen [*o* anreichern] ❸ MED **to ~ blood** Blut Sauerstoff zuführen

aerated *adj* ❶ *(with carbon dioxide)* mit Kohlensäure versetzt ❷ *pred* BRIT *(fam)* ■**to get ~ [about sth]** sich *akk* [über etw *akk*] aufregen; ***don't get so ~!*** reg dich ab! *fam*

aerial ['eəriəl, AM 'eri-] **I.** *adj attr, inv* aus der Luft, Luft-; ~ **bombardment** [*or* **bombing**]**/war**[**fare**] Luftangriff *m*/-krieg *m;* ~ **photograph** [*or* **view**] Luftaufnahme *f,* Luftbild *nt* **II.** *n* Antenne *f*

aerialist ['eriəlɪst] *n* AM *(trapeze artist)* Trapezkünstler(in) *m(f);* *(tightrope walker)* Seiltänzer(in) *m(f)*

aerial ladder *n* Drehleiter *f* **aerial railway** *n* Seilbahn *f*

aerie ['eri] *n esp* AM *see* **eyrie**

aerobatic [,eərə(ʊ)'bætɪk, AM ,eroʊ'bæṱ-] *adj attr, inv* Kunstflug-; ~ **display** Flugschau *f*

aerobatics [,eərə(ʊ)'bætɪks, AM ,eroʊ'bæṱ-] *npl* ❶ *(flying manoeuvres)* Flugkunststücke *ntpl;* **display of** ~ Flugschau *f* ❷ + *sing vb (stunt flying)* Kunstflug *m kein pl*

aerobic [eə'rəʊbɪk, AM e'roʊ-] *adj inv* aerob *fachspr;* ~ **exercise** Aerobicübung *f*

aerobics [eə'rəʊbɪks, AM e'roʊ-] *n no pl* ❶ *(exercise)* Aerobic *nt;* **high-/low-impact** ~ intensives/gemäßigtes Aerobic; **to do** ~ Aerobic machen ❷ *(exercise class)* Aerobickurs *m;* **to go to** ~ zum Aerobic gehen

aerobics instructor *n,* **aerobics teacher** *n* Aerobiclehrer(in) *m(f)*

aerodrome ['eərədrəʊm] BRIT, AM **airdrome** ['erdroʊm] *n (dated)* Flugplatz *m,* Flughafen *m,* Aerodrom *nt veraltet*

aerodynamic [,eərə(ʊ)daɪ'næmɪk, AM ,eroʊ-] *adj* aerodynamisch; ~ **law** Gesetz *nt* der Aerodynamik

aerodynamically [,eərə(ʊ)daɪ'næmɪkli, AM ,eroʊ-] *adv* aerodynamisch

aerodynamics [,eərə(ʊ)daɪ'næmɪks, AM ,eroʊ-] *n* ❶ *no pl (subject)* Aerodynamik *f* ❷ *pl (property)* Aerodynamik *f*

aero-engine ['eərəʊ,endʒɪn, AM 'eroʊ] *n* AVIAT Flugzeugmotor *m*

aerofoil ['eərəʊfɔɪl, AM 'eroʊ] *n* ❶ AVIAT Tragflügel ❷ AUTO Spoiler

aerogram ['erəgræm] *n* AM, AUS, **aerogramme** ['eərə(ʊ)græm] *n* BRIT Luftpostleichtbrief *m,* Aerogramm *nt*

aeronautic [,eərə(ʊ)'nɔːtɪk, AM ,erə'nɑːṱɪk] *adj inv* Luftfahrt-, aeronautisch; ~ **engineering** Luftfahrttechnik *f*

aeronautics [,eərə(ʊ)'nɔːtɪks, AM ,erə'nɑːṱɪks] *n no pl (science)* Luftfahrt *f,* Aeronautik *f veraltet;* *(aircraft construction)* Luftfahrttechnik *f*

aeroplane ['eərə(ʊ)pleɪn] *n,* AM **airplane** ['erpleɪn] Flugzeug *nt*

aerosol ['eərəsɒl, AM 'erəsɑːl] **I.** *n* ❶ *(mixture)* Aerosol *nt* ❷ *(spray container)* Spraydose *f,* Sprühdose *f* **II.** *n modifier (can, paint)* Sprüh-, Aerosol- *fachspr;* ~ **cologne** Eau-de-Cologne-Spray *nt;* ~ **deodorant** Deospray *nt;* ~ **hairspray** Haarspray *nt;* ~ **spray** Aerosolspray *nt*

aerospace ['eərə(ʊ)speɪs, AM 'eroʊ-] *n modifier (company, industry, technology)* Raumfahrt-; ~ **engineer** Luft- und Raumfahrtingenieur(in) *m(f);* ~ **lab** Weltraumlabor *nt;* ~ **research** Raumforschung *f*

Aeschylus ['iːskɪləs, AM 'eskə] *n no pl* LIT Aischylos *m*

aesthete ['iːsθiːt, AM 'es-] *n* Ästhet(in) *m(f);* PHILOS Ästhetiker(in) *m(f)*

aesthetic [iːs'θetɪk, AM es'θeṱ-], AM *also* **esthetic** *adj* ästhetisch

aesthetically [iːs'θetɪkli, AM es'θeṱ-], AM *also* **esthetically** *adv* ästhetisch; ~ **pleasing** ästhetisch ansprechend; ~ **speaking** vom ästhetischen Standpunkt aus

aesthetician [,iːsθə'tɪʃᵊn, AM ,es-] *n* ❶ BRIT *(person who appreciates beauty)* Ästhetiker(in) *m(f)* ❷ AM *(beautician)* Kosmetiker(in) *m(f)*

aestheticism [iːs'θetɪsɪzᵊm] *n no pl* ART Ästhetizismus *m*

aesthetics [iːs'θetɪks, AM es'θeṱ-], AM *also* **esthetics** *n no pl* Ästhetik *f*

aetiology [,iːti'ɒlədʒi, AM -ṱi'ɑːl-] *n* MED Ätiologie *f fachspr*

afar [ə'fɑːʳ, AM ə'fɑːr] *adv inv* weit [weg], fern; **from** ~ von weit her, aus der Ferne; **to admire sb from** ~ jdn aus der Ferne anhimmeln

AFDC *n* AM *abbrev of* **aid to families with dependent children** Kindergeld *nt*

affability [,æfə'bɪləti, AM -əṱi] *n no pl* Freundlichkeit *f,* Umgänglichkeit *f*

affable ['æfəbl] *adj* freundlich, umgänglich

affably ['æfəbli] *adv* freundlich; **to greet sb** ~ jdn freundlich grüßen; **to slap sb ~ on the back** jdm freundschaftlich auf den Rücken klopfen

affair [ə'feəʳ, AM -'fer] *n* ❶ *(matter)* Angelegenheit *f,* Sache *f;* ***that's my own ~*** das ist ganz allein meine Sache; ***he is an expert in South American ~s*** er ist ein Südamerikakenner; ~**s of state** Staatsangelegenheiten *fpl,* Staatsgeschäfte *ntpl;* **the state of ~s** die aktuelle Lage [*o* Situation], der Stand der Dinge; ***how's the state of ~s?*** wie sieht's aus? *fam;* **domestic ~s** häusliche Angelegenheiten *fpl;* POL innenpolitische Angelegenheiten *fpl;* **financial ~s** finanzielle Angelegenheiten *fpl,* Finanzfragen *fpl;* **foreign ~s** Außenpolitik *f,* auswärtige Angelegenheiten; **to handle an** ~ mit einer Angelegenheit umgehen; **to handle sb's ~s** jds Geschäfte *ntpl* besorgen; **to meddle in sb's ~s** sich *akk* in jds Angelegenheiten einmischen ❷ *(event, occasion)* Angelegenheit *f,* Sache *f fam,* Geschichte *f fam* ❸ *(controversial situation)* Affäre *f;* **the Dreyfus** ~ die Dreyfusaffäre; *(scandal)* Skandal *m* ❹ *(sexual relationship)* Affäre *f,* Verhältnis *nt;* **love** ~ Liebesaffäre *f;* **extramarital** ~ außereheliches Verhältnis; **to have an ~ [with sb]** [mit jdm] eine Affäre [*o* ein Verhältnis] haben ❺ *(fam: object)* Ding *nt fam,* Teil *nt sl;* ***she wore a long black velvet ~*** sie trug ein langes Teil aus schwarzem Samt *sl*

affect [ə'fekt] *vt* ❶ *(have effect on)* ■**to ~ sb/sth** sich *akk* auf jdn/etw auswirken; *(influence)* jdn/etw beeinflussen; *(concern)* jdn/etw betreffen; ***the disease only ~s cattle*** die Krankheit befällt nur

Rinder ❷ (*move*) ■**to be ~ed by sth** von etw *dat* bewegt [*o* ergriffen] sein; ***I was deeply ~ed by the film*** der Film hat mich tief bewegt ❸ (*have negative effect on*) ■**to ~ sb/sth** auf jdn/etw negative Auswirkungen haben; **to ~ health** der Gesundheit schaden ❹ (*esp pej: feign*) ■**to ~ sth** etw vortäuschen [*o* vorgeben] ❺ (*like*) ■**to ~ sth** etw mögen, für etw *akk* eine Vorliebe haben; ***he ~s fancy outfits*** er trägt gern ausgefallene Klamotten

affectation [ˌæfekˈteɪʃᵊn] *n* (*pej*) ❶ (*pretended quality*) Vortäuschung *f*; ***…, he said with an ~ of nonchalance*** …, sagte er mit gespielter Gleichgültigkeit ❷ (*pej: artificial behaviour*) Affektiertheit *f pej*; ***she has so many little ~s*** sie benimmt oft so affektiert ❸ *no pl* (*pretense*) Verstellung *f*

affected [əˈfektɪd] *adj* ❶ (*pej: insincere*) affektiert *pej*, geziert *pej*; (*fake*) unecht *pej*, gekünstelt *pej*; **to have a very ~ manner** sich *akk* sehr affektiert [*o* geziert] benehmen; **~ smile** künstliches [*o* gezwungenes] Lächeln; **~ style of writing** gekünstelter Stil ❷ (*influenced*) betroffen

affectedly [əˈfektɪdli] *adv* (*pej: artificially*) affektiert *pej*, geziert *pej*, gekünstelt *pej*; (*unnaturally*) auf unnatürliche Weise

affecting [əˈfektɪŋ] *adj* bewegend, ergreifend, rührend

affection [əˈfekʃᵊn] *n no pl* (*kindly feeling*) Zuneigung *f*; (*love*) Liebe *f*; ***she felt little ~ for the child*** sie fühlte wenig für das Kind; **display of ~** Ausdruck *m* von Zärtlichkeit; **to have a deep ~ for sb** zu jdm eine tiefe Zuneigung haben; **to show ~ for sb** seine Zuneigung zu jdm zeigen

affectionate [əˈfekʃᵊnət] *adj* liebevoll, zärtlich; ***he is a very ~ boy*** er ist ein sehr liebebedürftiger Junge; **your ~ daughter** (*in a letter*) deine dich liebende Tochter

affectionately [əˈfekʃᵊnətli] *adv* liebevoll, zärtlich

affections [əˈfekʃᵊnz] *npl* Liebe *f kein pl*, Zuneigung *f kein pl*; **to win sb's ~** jds Zuneigung *f* gewinnen

affidavit [ˌæfɪˈdeɪvɪt] *n* [schriftliche] eidesstattliche [*o* eidliche] Erklärung, Affidavit *nt fachspr*; **to swear an ~** eine eidliche Erklärung abgeben

affiliate I. *vt* [əˈfɪlieɪt] *usu passive* ❶ ECON ■**to be ~d with sth** mit etw *dat* assoziiert sein; (*in subordinate position*) etw *dat* angeschlossen [*o* angegliedert] sein; ■**to ~ oneself to sb/sth** sich *akk* jdm/etw anschließen ❷ (*admit*) ■**to ~ sb** jdn [als Mitglied] aufnehmen II. *n* [əˈfɪliət] (*related entity*) Konzernunternehmen *nt*, Schwestergesellschaft *f*; (*subsidiary*) Tochtergesellschaft *f*; (*branch*) Zweigfirma *f*, Zweigorganisation *f*

affiliation [əˌfɪliˈeɪʃᵊn] *n* ❶ ECON Angliederung *f*; ***the group has ~s with several organizations abroad*** dem Konzern sind mehrere Organisationen im Ausland angegliedert; **lack of ~ [to sb/sth]** Unabhängigkeit *f* [von jdm/etw]; **political ~s** politische Zugehörigkeit ❷ (*admittance*) Aufnahme *f* (*als Mitglied*)

affiliation order *n* BRIT Unterhaltsverfügung *f*

affinity [əˈfɪnəti, AM -t̬i] *n* ❶ (*solidarity*) Verbundenheit *f kein pl*; **to feel an ~ for sb** sich *akk* jdm verbunden fühlen ❷ (*similarity*) Gemeinsamkeit *f*, Verwandtschaft *f kein pl*, Affinität *f geh*

affinity group *n* AM Interessenvertretung *f*

affirm [əˈfɜːm, AM -ˈfɜːrm] *vt* ■**to ~ sth** ❶ (*state*) etw versichern [*o* beteuern] ❷ (*confirm*) etw bekräftigen ❸ LAW (*uphold a ruling*) **to ~ a judgement** eine Entscheidung aufrechterhalten, ein Urteil bestätigen

affirmation [ˌæfəˈmeɪʃᵊn, AM -fəˈmeɪ-] *n* ❶ (*positive assertion*) Bekräftigung *f*, Bestätigung *f*; ***the film is an ~ of life*** der Film bejaht das Leben ❷ (*declaration*) Versicherung *f*, Beteuerung *f* ❸ LAW eidesstattliche Erklärung, Versicherung *f* an Eides statt

affirmative [əˈfɜːmətɪv, AM -ˈfɜːrmət̬ɪv] I. *adj* zustimmend, positiv; **~ answer** [*or* **response**] positive Antwort; **~ gesture** zustimmende Geste; **~ nod** zustimmendes Nicken; **~ sentence** bejahender [*o* positiver] Satz II. *n* Zustimmung *f*, Bejahung *f*; **to answer** [*or* **reply**] **in the ~** mit Ja antworten; ***she asked the question, expecting an ~*** sie stellte die Frage in Erwartung einer positiven Antwort III. *interj* ■**~!** *esp* AM jawohl!, richtig!

affirmative action I. *n* AM *no pl* (*preferential treatment*) Bevorzugung *f* (*von Minderheiten, um ihre Benachteiligung auszugleichen*), aktive Fördemaßnahmen zugunsten von Minderheiten, positive Diskriminierung *fachspr*; (*for a job*) Quotenregelung *f* (*zugunsten benachteiligter Minderheiten*) II. *n modifier* **~ action program** Chancengleichheitsprogramm *nt*

affirmatively [əˈfɜːmətɪvli, AM -ˈfɜːrmət̬ɪv-] *adv* positiv, zustimmend, bejahend; **to answer** [*or* **reply**] **~** sich *akk* zustimmend äußern, eine positive Antwort geben

affix I. *vt* [əˈfɪks, ˈæfɪks] ■**to ~ sth** (*attach*) etw befestigen [*o* anbringen]; (*stick on*) etw ankleben; (*clip on*) etw anheften; **to ~ one's signature to sth** seine Unterschrift unter etw *akk* setzen; **to ~ one's stamp upon sth** etw mit seinem Stempel versehen II. *n* <*pl* -es> [ˈæfɪks] LING Affix *nt fachspr*

afflict [əˈflɪkt] *vt* ■**to ~ sb/sth** jdn/etw plagen [*o* heimsuchen]; ***he is ~ed with severe rheumatism*** er leidet an schwerem Rheumatismus

affliction [əˈflɪkʃᵊn] *n* ❶ (*misfortune*) Elend *nt kein pl*, Not *f*, Plage *f* ❷ (*illness*) Leiden *nt*, Gebrechen *nt* ❸ *no pl* (*distress*) Kummer *m*, Betrübnis *f*

affluence [ˈæfluən(t)s] *n no pl* ❶ (*abundance*) Überfluss *m* ❷ (*wealth*) Wohlstand *m*, Reichtum *m*

affluent [ˈæfluənt] I. *adj* wohlhabend, reich; **~ society** Wohlstandsgesellschaft *f*; **~ way of life** Leben *nt* im Überfluss II. *n* ■**the ~** *pl* die Reichen *pl*

affluenza [ˌæfluːˈenzə] *n no pl* Wohlstandssyndrom *nt* (*als psychische Störung bei Menschen, die im Wohlstand leben, jedoch unzufrieden sind*)

afford [əˈfɔːd, AM əˈfɔːrd] *vt* ❶ (*have money for*) ■**to ~ sth** sich *dat* etw leisten; ■**to be able to ~ sth** sich *dat* etw leisten können ❷ (*allow oneself*) ■**to afford ~ sth** ***I simply can't ~ the time to come*** ich habe einfach nicht die Zeit zu kommen; ■**to be able to ~ to do sth** es sich *dat* leisten [*o* erlauben] können, etw zu tun; ***he can ill ~ to …*** er kann es sich kaum leisten, …; ***you can't ~ to miss this once-in-a-lifetime opportunity*** diese einmalige Gelegenheit darfst du dir nicht entgehen lassen ❸ (*form: provide*) ■**to ~ [sb] sth** [jdm] etw bieten [*o* gewähren]; **to ~ little protection** kaum Schutz bieten

affordable [əˈfɔːdəbḷ, AM -ˈfɔːrd-] *adj price* erschwinglich

afforest [əˈfɒrɪst, AM -ˈfɔːr-] *vt* **to ~ land** Land wieder aufforsten

afforestation [əˌfɒrɪˈsteɪʃᵊn, AM -ˈfɔːrəst-] *n no pl* [Wieder]aufforstung *f*

affray [əˈfreɪ] *n esp* LAW (*form*) Schlägerei *f*, Rauferei *f*

affront [əˈfrʌnt] I. *n* Beleidigung *f*, Affront *m geh* (**to** gegen +*akk*); ***their rejection was an ~ to his dignity*** ihre Zurückweisung verletzte ihn in seiner Würde II. *vt usu passive* ■**to ~ sb/sth** jdn/etw beleidigen [*o* kränken]; ■**sb is ~ed by** [*or* **at**] **sth** etw hat jdn gekränkt; ***she was most ~ed by his sexist comments*** er hat sie mit seinen sexistischen Bemerkungen ziemlich vor den Kopf gestoßen

Afghan [ˈæfgæn] I. *n* ❶ (*person*) Afghane, -in *m, f* ❷ (*wool covering*) Wolldecke *f*; (*shawl*) [breiter] Wollschal ❸ (*carpet*) Afghan *m* ❹ (*dog*) Afghane *m* II. *adj* afghanisch; **the ~ situation** die Situation in Afghanistan

Afghan hound *n* Afghane *m*

Afghanistan [æfˈgænɪstæn, AM -nəstæn] *n* Afghanistan *nt*

aficionado [əˌfɪʃiəˈnɑːdəʊ, AM -doʊ] *n* Fan *m*, Liebhaber(in) *m(f)*

afield [əˈfiːld] *adv* ❶ (*distant*) entfernt; **far/further ~** weit/weiter entfernt [*o* weg] ❷ HUNT im Feld

afire [əˈfaɪəʳ, AM ˈfaɪɚ] *adj inv, pred* (*liter*) ❶ (*burning*) in Flammen, entflammt *a. fig*, entbrannt *a. fig* ❷ (*in pain*) auf brennende Weise schmerzend ❸ (*illuminated*) [hell]erleuchtet

aflame [əˈfleɪm] *adj pred, inv* (*liter*) ❶ (*on fire*) in Flammen; ■**to be ~** in Flammen stehen ❷ (*fig: full of passion*) **~ with desire** voll heißem [*o* brennend vor] Verlangen ❸ (*fig: glowing*) glühend *attr*, leuchtend *attr*; **to be ~ with colour** in allen Farben leuchten; **to be ~ with embarrassment** vor Verlegenheit glühen

AFL/CIO *n* AM *abbrev of* **American Federation of Labor/Congress of Industrial Organizations** *Dachverband der amerikanischen Gewerkschaften*

afloat [əˈfləʊt, AM -ˈfloʊt] *adj* ❶ *pred, inv* (*floating*) über Wasser; ■**to be ~** schwimmen; *boat* seetüchtig sein; ***she spent seven days ~ on a raft*** sie trieb sieben Tage auf einem Floß; **to keep** [*or* **stay**] **~** sich *akk* über Wasser halten, nicht untergehen ❷ *pred* (*fig: without debts*) schuldenfrei; **to keep** [*or* **stay**] **~** sich *akk* über Wasser halten *fig* ❸ *after n* (*in circulation*) ***there is a rumour ~ that …*** es geht das Gerücht [um], dass …

aflutter [əˈflʌtəʳ, AM -ˈflʌt̬ɚ] *adj pred* (*hum*) aufgeregt, nervös, unruhig; **to set sb's heart ~** jdm Herzklopfen verursachen

afoot [əˈfʊt] *inv* I. *adj pred* im Gange; ***I'm sure something's ~*** ich bin sicher, da ist etwas im Gange; ***the children are very quiet — I think there's mischief ~*** die Kinder sind so ruhig – ich glaube, sie hecken etwas aus *fam* II. *adv esp* AM zu Fuß

afore [əˈfɔː, AM əˈfɔːr] (*old*) I. *adv inv* ❶ (*earlier*) vorher, früher ❷ (*ahead*) voraus, voran; (*in front*) vorne II. *conj* (*old*) bevor

aforementioned (*form*), **aforesaid** (*form*) I. *adj inv, attr* (*in a text*) oben erwähnt, oben genannt, obige(r,s); (*in a conversation*) besagte(r,s) II. *n* <*pl* -> ■**the ~** (*in a text*) der/die/das [Oben]erwähnte [*o* [Oben]genannte]; (*in a conversation*) der/die/das Erwähnte

aforethought [əˈfoːθɔːt, AM ˈfɔːrθɑːt] *adj inv, after n* LAW **with malice ~** vorsätzlich, mit Vorsatz, böswillig

a fortiori [aɪˌfɔːtiˈɔːraɪ, AM ˌeɪfɔːrθɑːt] *adv* LAW offensichtlich

afraid [əˈfreɪd] *adj pred* ❶ (*frightened*) verängstigt; **to be** [*or* **feel**] **~** Angst haben, sich *akk* fürchten; **to be ~ that …** befürchten, dass …; **to make sb ~** jdm Angst machen, jdn verängstigen; ■**to be ~ for sb/sth** um jdn/etw Angst haben; ■**to [not] be ~ of sb/sth** vor jdm/etw [keine] Angst haben; **to be ~ of heights** Höhenangst haben; ■**to [not] be ~ to do sth** sich *akk* [nicht] scheuen, etw zu tun ❷ *inv* (*expressing regret*) ***I'm ~ not*** leider [*o* bedauerlicherweise] nicht; ***I'm ~ so*** leider ja, ich bedaure, ja *geh*; ***this is your room — it's rather small, I'm ~*** dies ist Ihr Zimmer – leider ist es sehr klein; ***I don't agree at all, I'm ~*** da kann ich Ihnen leider nicht zustimmen

A-frame [ˈeɪfreɪm] *n* ❶ ARCHIT Stützrahmen *m*, A-Rahmen *m fachspr* ❷ *esp* AM (*house*) Haus *nt* mit A-Rahmen

afresh [əˈfreʃ] *adv inv* [noch einmal] von vorn [*o* von neuem]; **to look at sth ~** etw noch einmal ansehen; **to start sth ~** etw noch einmal von vorn beginnen

Africa [ˈæfrɪkə] *n* Afrika *nt*

African [ˈæfrɪkən] I. *n* Afrikaner(in) *m(f)* II. *adj* afrikanisch

African-American [ˌæfrɪkənəˈmerɪkən] I. *adj inv* afroamerikanisch II. *n* Afroamerikaner(in) *m(f)*

african violet *n* Usambaraveilchen *nt*

Afrikaans [ˌæfrɪˈkɑːn(t)s] *n no pl* Afrikaans *nt*

Afrikaner [ˌæfrɪˈkɑːnəʳ, AM -nɚ] *n* Afrika[a]nder(in) *m(f)*

Afro [ˈæfrəʊ, AM -roʊ] *n* Afro-Look *m*

Afro-American I. *n* Afroamerikaner(in) *m(f)* II. *adj* afroamerikanisch

Afro-Asian [ˌæfrəʊˈeɪʒᵊn, AM roʊˈ] *adj inv* POL afroasiatisch

Afro-Caribbean *adj* afrokaribisch; **~ music** schwarze karibische Musik

Afrocentrism [ˌæfrəʊˈsentrɪzᵊm, AM -roʊ-] *n* Afrozentrismus *m*

Afrocentrist [ˌæfrəʊˈsentrɪst, AM -roʊ-] *n* Afrozentrist(in) *m(f)*

aft [ɑːft, AM æft] *inv* NAUT I. *adv* achtern; **fore and ~**

längsschiffs; (*fig*) über die gesamte Länge **II.** *adj attr* Achter-; ~ **deck** Achterdeck *nt*

after ['ɑːftəʳ, AM 'æftɚ] **I.** *prep* ❶ (*later time*) nach +*dat;* ~ ***two weeks of vacationing*** nach zwei Wochen Ferien; ***he usually takes a nap ~ lunch*** er macht nach dem Mittagessen normalerweise ein kurzen Mittagsschlaf; **the day ~ tomorrow** übermorgen; **the week ~ next** übernächste Woche; **[a] quarter ~ six, …** AM [um] Viertel nach Sechs; ~ **hours** nach Feierabend; ~ **the fact** danach, hinterher ❷ (*in pursuit of*) **to be ~ sb/sth** hinter jdm/etw her sein ❸ (*following*) nach +*dat;* ***the letter C comes ~ B*** der Buchstabe C kommt nach B; ~ ***you*** nach Ihnen ❹ (*because of*) nach +*dat;* ~ ***saying what he did, I'll never talk to him again*** nachdem was er gesagt hat, werde ich nie wieder ein Wort mit ihm wechseln; ~ **all** schließlich ❺ (*behind*) nach +*dat;* ***Can you lock up ~ you?*** kann ich nach Ihnen zuschließen?; ***he shut the door ~ them*** er schloß die Tür hinter ihnen; ***she stared ~ him in disbelief*** sie sah ihm ungläubig nach ❻ (*in honor of*) nach +*dat;* **to name sb/sth ~ sb/sth** jdn/etw nach jdm/etw [be]nennen; **to be named ~ sb** nach jdm benannt sein ❼ (*similar to*) nach +*dat;* **to take ~ sb** nach jdm kommen; ***she takes ~ her mother*** sie kommt nach ihrer Mutter ❽ (*about*) nach +*dat;* ***he politely inquired ~ his uncle's health*** er erkundigte sich höflich nach dem Befinden seines Onkels ❾ (*despite*) trotz +*dat;* ~ ***all his efforts, he still failed the driving test*** trotz all seiner Bemühungen fiel er durch die Führerscheinprüfung; ~ **all** trotzdem ❿ (*in comparison to*) verglichen mit +*dat;* ***their children seem small ~ his*** ihre Kinder wirken klein verglichen mit seinen ⓫ (*many in succession*) nach +*dat;* ***hour ~ hour*** Stunde um Stunde; ***she ate one piece of cake ~ another*** sie aß ein Stück Kuchen nach dem anderen **II.** *conj* nachdem; ***I'll call you ~ I take a shower*** ich rufe dich an, wenn [*o* sobald] ich geduscht habe; **soon** [*or* **shortly**] ~ **sth** [*or* **not long**] kurz nachdem; ***soon ~ we joined the motorway, the car started to make a strange noise*** wir waren noch nicht lange auf der Autobahn, als der Motor seltsame Geräusche von sich gab; **right ~ sth** [*or* **straight**] [*or* **immediately**] unmittelbar nachdem; ***I went to the post office straight ~ I left you*** ich bin direkt von dir zur Post gelaufen **III.** *adv inv* ❶ (*at a later time*) danach; **the day/week ~** einen Tag/eine Woche danach [*o* darauf]; **shortly** [*or* **soon**] ~ kurz [*o* bald] danach [*o* darauf]; ***he passed away and she died shortly ~*** zuerst starb er und kurze Zeit später folgte sie ihm in den Tod ❷ (*behind*) ***marriage, house, baby — and what comes ~?*** Hochzeit, Haus, Kinder – und was kommt dann?; ***a mouse ran into the bushes and the cat ran ~*** eine Maus rannte in die Büsche und die Katze hinterher ❸ (*fam: afterwards*) danach, nachher; ***what are you going to do ~?*** was hast du nachher vor? **IV.** *adj inv* (*liter*) später; **in ~ years** in späteren Jahren

afterbirth *n* Nachgeburt *f* **aftercare** *n no pl* (*after hospital stay*) Nachbehandlung *f,* Nachsorge *f;* (*after prison sentence*) Resozialisierungshilfe *f,* Entlassenenfürsorge *f* **afterdate** *n* FIN Datowechsel *m*

afterdeck ['ɑːftədek, AM 'æftɚ] *n* NAUT Achterdeck *nt* **afterdinner** *adj attr, inv conversation* nach dem Mittagessen; ~ **drink** Verdauungsschlückchen *nt;* ~ **nap** Mittagsschläfchen *nt;* ~ **speech** Tischrede *f* **aftereffect** *n* (*consequence*) Auswirkung *f;* (*after illness*) Nachwirkung *f;* (*of event*) Folge *f;* **to suffer from ~s** unter Nachwirkungen leiden

afterglow *n no pl* ❶ (*of sun*) Abendrot *nt,* Abendleuchten *nt* ❷ (*good feeling*) angenehme [*o* schöne] Erinnerung; **to bask in the ~ of sth** in Erinnerungen an etw *akk* schwelgen **aftergrowth** *n no pl* Schößling *m,* Nachtrieb *m* **after-hours** *adj* STOCKEX ~ **dealing** [*or* **trading**] [*or* **buying**] Nachbörse *f;* ~ **market** Nachbörse *f,* Kerbhandel *m;* ~ **price** nachbörslicher Kurs

after-image ['ɑːftəʳɪmɪdʒ, AM 'æftɚ] *n* optische Nachwirkung, Nachbild *nt* **afterlife** *n no pl* Leben *nt* nach dem Tod; **to believe in an ~** an ein Leben nach dem Tod glauben **after-lunch** ['ɑːftəˌlʌntʃ, AM 'æftɚ] *adj attr; inv* nach dem Mittagessen *nach n,* nach Tisch *nach n;* ~ **snooze** Mittagsschlaf **aftermarket** *n* ❶ COMM Verbrauchermarkt *m* ❷ STOCKEX Nachbörse *f* **aftermath** [-mɑːθ, AM -mæθ] *n no pl* Folgen *fpl,* Nachwirkungen *fpl;* ■ **in the ~ of sth** (*effects*) infolge einer S. *gen;* (*time*) im Anschluss an etw *akk*

afternoon [ˌɑːftə'nuːn, AM ˌæftɚ-] **I.** *n* Nachmittag *m;* ***good ~!*** guten Tag!; **all ~** den ganzen Nachmittag; **early/late ~** am frühen/späten Nachmittag; **mid-~** am Nachmittag; **this/tomorrow/yesterday ~** heute/morgen/gestern Nachmittag; **in the ~** am Nachmittag, nachmittags; **at 4.00 in the ~** um vier Uhr Nachmittag; **on the ~ of May 23rd** am Nachmittag des 23. Mai; **on Wednesday ~** [am] Mittwochnachmittag; **on Friday ~s** freitagnachmittags, am Freitagnachmittag **II.** *adj attr* nachmittäglich, Nachmittags-; ~ **nap** [Nach]mittagsschläfchen *nt*

afternoons [ˌɑːftə'nuːnz, AM ˌæftɚ-] *adv inv esp* AM nachmittags

afternoon tea *n no pl* BRIT [Nachmittags]tee *m*

afterpains *npl* Nachwehen *pl*

afters ['ɑːftəz] *n no pl* BRIT (*fam*) Nachtisch *m;* **for ~** zum [*o* als] Nachtisch

after-sales service *n no pl* Kundendienst *m* **aftershave** *n no pl* Rasierwasser *nt,* Aftershave *nt,* Aftershavelotion *f* **aftershock** ['ɑːftəʃɒk, AM 'æftɚʃɑːk] *n usu pl* GEOL Nachbeben *nt* **aftertaste** *n usu sing* Nachgeschmack *m kein pl a. fig;* (*fig*) Erinnerung *f;* **to leave a bad/bitter/unpleasant ~** einen schlechten/bitteren/unangenehmen Nachgeschmack hinterlassen **after-tax** *adj* FIN ~ **profit** Gewinn *m* nach Abzug der Steuern **afterthought** *n usu sing* nachträglicher Einfall; **as an ~** im Nachhinein; ***she only asked me to her party as an ~*** es fiel ihr erst später ein, mich zu ihrer Party einzuladen

afterward ['ɑːftəwəd, AM 'æftɚ-], **afterwards** ['ɑːftəwədz, AM 'æftɚ-] *adv inv* (*later*) später; (*after something*) danach, anschließend; **shortly** [*or* **soon**] ~ kurz danach [*o* darauf]

afterword *n* Nachwort *nt* **afterworld** *n no pl* ■ **the ~** das Jenseits

Aga® [ɑːgə] BRIT, **Aga® cooker** *n* BRIT [Aga-]Herd *m* (*mit Kohle, Gas oder Öl ständig betriebener Herd mit großen Kochplatten und mehreren Röhren für verschiedene Temperaturen*)

again [ə'gen, əgeɪn] *adv inv* ❶ (*as a repetition*) wieder; (*one more time*) noch einmal, nochmal; ***don't do that ~!*** mach' das ja nicht noch einmal! *fam;* ***Deborah's late ~*** Deborah kommt [schon] wieder mal zu spät *fam;* ~ **and ~** immer wieder; **never ~** nie wieder; **once ~** (*one more time*) noch einmal, einmal mehr *geh;* (*another time*) wieder einmal; **yet ~** schon wieder ❷ (*fam: after forgetting sth*) nochmal *fam;* ***what's her name ~?*** wie ist nochmal ihr Name? ❸ (*twice as much*) noch [ein]mal; **as much ~** noch [ein]mal so viel, doppelt so viel ❹ (*anew*) noch einmal, nochmals; **to do** [*or* **start**] **sth** [**all**] **over ~** mit etw *dat* noch einmal [von vorne] anfangen ▶ PHRASES: **come ~?** wie bitte?; **now and ~** von Zeit zu Zeit, dann und wann, gelegentlich; **then** [*or* **there**] ~ andererseits, auf der anderen Seite

against [ə'gen(t)st] **I.** *prep* ❶ (*in opposition to*) gegen +*akk;* ***cheating is ~ his principles*** Mogeln ist gegen seine Prinzipien; ~ **one's better judgement** wider besseres Wissen; **to say sth ~ sb** etw gegen jdn sagen; **to have sth ~ sb** etw gegen jdn haben; ***what do you have ~ her? I think she's really nice*** was hast du gegen sie? ich finde sie ziemlich nett; **to be ~ sth/sb** gegen etw/jdn sein; ***why is everybody always ~ me?*** warum sind immer alle gegen mich?; **to be ~ sb's doing sth** dagegen sein, dass jd etw *akk* tut; SPORTS, GAMES ***the odds are 2 to 1 ~*** die Chancen stehen 2 zu 1 dagegen ❷ (*in competition with*) gegen +*akk;* ~ **time/the clock** gegen die Zeit/Uhr ❸ (*to disadvantage of*) gegen +*akk;* ***crime ~ women has dropped in recent years*** Verbrechen gegen Frauen sind in den letzten Jahren zurückgegangen; **odds are ~ sb/sth** die Chancen stehen gegen jdn/etw ❹ (*in anticipation of*) gegen +*akk;* ***he wore a rain poncho ~ the wind and rain*** er trug einen Regenponcho gegen den Wind und den Regen; ***he has been immunized ~ polio*** er ist gegen Polio geimpft worden; **to protect/guard oneself ~ sth/sb** sich *akk* gegen jdn schützen/wehren ❺ (*in comparison to*) ~ ***her situation, we're doing okay*** im Vergleich zu ihrer Situation geht es uns gut; ***the dollar rose ~ the mark*** der Dollar stieg gegenüber der Mark; **to weigh sth ~ sth else** ECON etw gegen etw *akk* abwägen ❻ FASHION, ARCHIT (*in contrast to*) gegen +*akk* ❼ (*in contact with*) gegen; ***the rain splashed ~ the window*** der Regen prasselte gegen das Fenster ❽ (*toward*) gegen +*akk;* ~ **the wind/current** gegen den Wind/die Strömung; ~ **the light/sun** gegen das Licht/die Sonne ❾ (*perpendicular to*) ***saw the wood ~ the grain*** säge das Holz quer zur [*o* gegen die] Maserung ❿ FIN, ECON (*in exchange for*) gegen +*akk;* ***the license will be issued ~ payment of a fee*** die Lizenz wird gegen die Zahlung einer Gebühr ausgestellt **II.** *adv inv* gegen; ***there was a majority with only 14 voting ~*** es gab eine Mehrheit bei nur 14 Gegenstimmen

agape [ə'geɪp] *adj pred* mit offenem Mund; ***the girls were ~ with excitement*** den Mädchen blieb vor Aufregung der Mund offen stehen; **to be ~ with wonder** [*or* **surprise**] baff [erstaunt] sein *fam*

agate ['ægət] **I.** *n* ❶ (*gem*) Achat *m* ❷ *no pl* (*type of stone*) Achat *m* **II.** *n modifier* (*bracelet, jewellery, ring*) Achat-

agave [ə'geɪvɪ, AM ə'gɑː] *n* BOT Agave *f*

AGC [ˌeɪdʒiː'siː] *n abbrev of* **automatic gain control** automatische Verstärkungsregelung

age [eɪdʒ] **I.** *n* ❶ (*length of existence*) Alter *nt; of star* Lebensdauer *f;* ***do you know the ~ of that building?*** wissen Sie, wie alt dieses Gebäude ist?; ***what ~ is your brother?*** wie alt ist dein Bruder?; ***he's about your ~*** er ist ungefähr so alt wie du; **to be 10/45 years of ~** 10/45 Jahre alt sein; **old ~** das [hohe] Alter; **to act** [*or* **be**] **one's ~** sich *akk* seinem Alter entsprechend verhalten; **to feel one's ~** die Jahre spüren; **to not look** [*or* **show**] **one's ~** jünger aussehen, als man ist; **at his ~** in seinem Alter; ***she was still riding her bike at the ~ of 80*** mit 80 fuhr sie noch immer Fahrrad ❷ *no pl* (*adult status*) **to be of ~** erwachsen sein; LAW volljährig sein; **to come of ~** erwachsen werden; LAW volljährig [*o* mündig] werden; (*fig*) reifen, zu voller Blüte gelangen *geh;* **to be under ~** minderjährig [*o* unmündig] sein ❸ *no pl* (*old age*) Alter *nt;* ***the pages of the book had crumbled with ~*** die Seiten des Buchs hatten sich mit den Jahren aufgelöst; **to improve with ~** mit den Jahren besser werden ❹ (*era*) Zeitalter *nt,* Ära *f;* **in this day and ~** heutzutage; **through the ~s** im Lauf der Jahrhunderte ▶ PHRASES: ~ **before beauty** (*usu hum*) Alter vor Schönheit *bes hum* **II.** *vi* ❶ (*become older*) altern, alt werden ❷ FOOD (*mature*) reifen **III.** *vt* ❶ *usu passive* (*develop*) ■ **to ~ sth** etw reifen lassen [*o* lagern]; **to ~ cheese/sherry/wine** Käse/Sherry/Wein reifen lassen ❷ (*change appearance*) ■ **to ~ sth/sb** etw/jdn altern lassen; **to ~ a table/painting** einen Tisch/ein Gemälde älter aussehen lassen ❸ (*determine age*) ■ **to ~ sth** das Alter einer S. *gen* bestimmen

age bracket *n* Altersgruppe *f,* Altersklasse *f*

aged¹ ['eɪdʒd] *adj after n* **a boy ~ 12** ein zwölfjähriger [*o* zwölf Jahre alter] Junge; **children ~ 8 to 12** Kinder [im Alter] von 8 bis 12 Jahren

aged² ['eɪdʒɪd] **I.** *adj* (*old*) alt, betagt **II.** *n* ■ **the ~** *pl* die alten Menschen *pl,* die Alten *pl*

aged debtor's analysis *n see* **ageing schedule**

age gap *n* Altersunterschied *m*

age-gap ['eɪdʒgæp] *n modifier* BRIT (*fam: older*) (*friend*) viel älter; (*younger*) viel jünger **age-group** ['eɪdʒˌgruːp] *adj attr, inv* ❶ SPORTS Altersklasse *f;* ***he won an ~ medal at the championship*** er gewann bei den Jahrgangsmeisterschaften eine Medaille ❷ SOCIOL Alterszugehörigkeit *f*

ageing ['eɪdʒɪŋ], Am, Aus **aging** *adj attr, inv person* alternd; *machinery* veraltend *attr*
ageing schedule, Am **aging schedule** *n* FIN Fälligkeitstabelle *f*
ageism ['eɪdʒɪzəm], Am, Aus **agism** *n no pl* Diskriminierung *f* älterer Menschen, Seniorenfeindlichkeit *f*
ageist ['eɪdʒɪst], Am, Aus **agist** *adj* ▪**to be ~** ältere Menschen diskriminieren, seniorenfeindlich sein
ageless ['eɪdʒləs] *adj inv beauty* zeitlos; **~ wisdom** ewig gültige Weisheit
age limit *n* Altersgrenze *f* **age-long** *adj attr, inv* unendlich lang, ewig *fam;* **~ process** sehr langwieriger Prozess
agency ['eɪdʒən(t)si] *n* ① *(private business)* Agentur *f;* **advertising ~** Werbeagentur *f;* **employment ~** Arbeitsvermittlungsbüro *nt,* Arbeitsvermittlungsagentur *f;* **estate/travel ~** Makler-/Reisebüro *nt;* **modelling ~** Modellagentur *f;* **news ~** Nachrichtenagentur *f,* Nachrichtendienst *m* ② *(subsidiary)* Geschäftsstelle *f,* Vertretung *f;* **sole ~** Alleinvertretung *f* ③ *(of government)* Behörde *f;* *(of public administration)* Dienststelle *f;* **government ~** Regierungsstelle *f,* Behörde *f;* **non-governmental ~** Nichtregierungsorganisation *f* ④ *no pl (form, liter: force)* Wirkung *f;* **through** [*or* **by**] **the ~ of water** durch [*o* mit Hilfe von] Wasser; **through** [*or* **by**] **sb's ~** [*or* **the ~ of sb**] durch jds Vermittlung [*o* die Vermittlung einer Person] *gen*
agency bank *n* Am FIN Zweigniederlassung *f* *(die als Agent für eine andere Bank arbeitet)* **agency bill** *n* Brit FIN *Wechsel, der auf die örtliche Niederlassung einer ausländischen Bank gezogen wird und von dieser akzeptiert wird* **agency broker** *n* FIN als Kommissionär für seine Kunden tätiger Effekten-Broker **agency selling** *n* Am FIN Effektenemission *f* auf fremde Rechnung **agency shop** *n* Am FIN Unternehmen *nt,* das auch von nicht organisierten Arbeitnehmern Gewerkschaftsbeiträge einzieht
agenda [ə'dʒendə] *n* ① *(for a meeting)* Tagesordnung *f;* **to be** [**high** [*or* **at the top of**]] **on the ~** [ganz oben] auf der Tagesordnung stehen; *(fig)* oberste Priorität haben ② *(for action)* Programm *nt;* **to set the election ~** das Wahlprogramm festlegen; **to be on the ~** auf dem Programm stehen; ***that's been on my ~ for three weeks*** das will ich jetzt schon seit drei Wochen machen; **to have a hidden ~** geheime Pläne haben; **to have an ~ for sb** etw mit jdm vorhaben
agent ['eɪdʒənt] *n* ① *(representative)* [Stell]vertreter(in) *m(f);* *(for artists)* Agent(in) *m(f);* **insurance ~** Versicherungsvertreter(in) *m(f);* ECON, FIN **managing ~** leitenede(r) Angestellte eines Konsortiums von Lloyd's; **travel ~** Reisebürokaufmann, Reisebürokauffrau *m, f;* *(of package tours)* Reiseveranstalter *m* ② *(of a secret service)* Agent(in) *m(f),* Spion(in) *m(f);* **enemy ~** feindlicher Agent/feindliche Agentin; **secret** [*or* **undercover**] **~** Geheimagent(in) *m(f)* *(der sich in die zu observierende Gruppe einschleust),* Undercoveragent(in) *m(f)* ③ *(substance)* Mittel *nt,* Wirkstoff *m;* **cleaning ~** Reinigungsmittel *nt* ④ *(one that acts)* Handelnde(r) *f(m);* **to be a free ~** sein eigener Herr sein ⑤ *(force)* [Wirk]kraft *f,* Ursache *f;* ***his greed was the ~ of his own destruction*** durch seine Gier richtete er sich selbst zugrunde; **an ~ of change** ein Motor *m* der Veränderung ⑥ LAW **~ to receive process** Zustellungsbevollmächtigte(r) *f(m)*
agent bank *n* Am FIN Agent-Bank *f* **Agent Orange** *n no pl* CHEM Agent Orange *nt* **agent provocateur** <*pl* agents provocateurs> [,æʒɑ̃:prəvɒkə'tɜ:ʳ, Am ,ɑ:ʒɑ̃:proʊvɑ:kə'tɜ:r] *n* Agent provocateur *m,* Lockspitzel *m pej*
age of consent *n* Ehemündigkeitsalter *nt* **age-old** *adj inv* uralt **age-related** *adj* altersbedingt; **~ disease** Alterskrankheit *f*
agglomerate [ə'glɒmərət, Am -'glɑ:mɚ-], **agglomeration** [ə,glɒmə'reɪʃən, Am -glɑ:mə-] *n* Ansammlung *f,* Anhäufung *f,* Konglomerat *nt geh*
aggrandizement [ə'grændɪzmənt] *n no pl (esp pej)* Vergrößerung *f,* Vermehrung *f;* *of power* Ausdehnung *f;* **personal** [*or* **self-**] **~** Erhöhung *f* des persönlichen Ansehens
aggravate ['ægrəveɪt] *vt* ① *(worsen)* ▪**to ~ sth** etw verschlechtern [*o* verschlimmern] ② *(fam: annoy)* ▪**to ~ sb** jdm auf die Nerven gehen *fam;* ▪**to be ~d by sth** von etw *dat* genervt sein *sl*
aggravated assault *n no pl* schwere Körperverletzung **aggravated burglary** *n no pl* Brit schwerer Einbruch
aggravating ['ægrəveɪtɪŋ, Am -t̬-] *adj* ① *(fam: annoying)* unangenehm, ärgerlich, nervig *fam;* ***it is very ~ to have to wait so long*** dieses lange Warten ist total nervig *fam* ② LAW *(worsening)* erschwerend; **~ circumstances** erschwerende Umstände
aggravation [,ægrə'veɪʃən] *n no pl* ① *(worsening)* Verschlimmerung *f,* Verschärfung *f* ② *(fam: annoyance)* Ärger *m;* ▪**to be an ~ to sb** jdm Ärger machen *fam*
aggregate I. *n* ['ægrɪgət] ① *(totality)* Gesamtheit *f,* [Gesamt]menge *f;* *(sum total)* Summe *f;* *(total value)* Gesamtwert *m;* **in the ~** alles in allem, insgesamt, im Ganzen ② SPORTS Gesamtergebnis *nt,* Gesamtwertung *f* ③ *(cluster)* Anhäufung *f,* Ansammlung *f,* Aggregat *nt fachspr;* ***snowflakes are loose ~s of ice crystals*** Schneeflocken sind Gebilde aus locker verbundenen Eiskristallen ④ MATH mehrgliedriger Ausdruck *(dessen Glieder durch + oder – verbunden sind),* Aggregat *nt fachspr* ⑤ COMPUT **data ~** Datenverbund *m;* **~ bandwidth** aggregierte Bandbreite; **~ function** Datenverbundfunktion *f;* **~ line speed** kumulative Übertragungsgeschwindigkeit II. *adj* ['ægrɪgeɪt] *inv* FIN, ECON gesamte(r,s), Gesamt- III. *vt* ['ægrɪgət] ▪**to ~ sth** ① *(add)* etw summieren ② *(amount to)* sich *akk* auf etw *akk* belaufen
aggregate output *adj* ADMIN Sozialprodukt *nt*
aggregation [,ægrɪ'geɪʃən] *n no pl (accumulation)* Ansammlung *f,* Anhäufung *f,* Aggregation *f geh;* *(bringing together)* Vereinigung *f;* ECON Zusammenschluss *m,* Fusion *f* (**into** zu +*dat*)
aggression [ə'greʃən] *n no pl* ① *(violent feeling)* Aggression *f,* Aggressivität *f;* *(violent action)* Angriff *m;* **act of ~** aggressive Handlung, Angriff *m;* LAW Angriffshandlung *f;* **male ~** männliche Gewalt; **naked ~** nackte Gewalt; **to have a lot of ~ towards sb/sth** jdn gegenüber eine Menge Aggressionen haben; **to work off** [*or* **out**] **one's ~ on sb/sth** seine Aggressionen an jdm/etw auslassen ② SPORTS offensives Spiel
aggressive [ə'gresɪv] *adj* ① *(tending toward violence)* aggressiv; **~ fighter** angriffslustiger Kämpfer ② *(showing great energy)* energisch, forsch; SPORTS offensiv ③ *(too confident)* *lover* ungestüm; *salesman* aufdringlich
aggressively [ə'gresɪvli] *adv* ① *(in a violent way)* aggressiv, angriffslustig ② *(with great energy)* energisch, forsch; SPORTS offensiv
aggressiveness [ə'gresɪvnəs] *n no pl* ① *(hostility)* Aggressivität *f,* Angriffslust *f* ② *(active behaviour)* Forschheit *f;* SPORTS Offensivspiel *nt*
aggressor [ə'gresəʳ, Am -ɚ] *n* Angreifer(in) *m(f);* MIL, POL Aggressor *m*
aggrieved [ə'gri:vd] *adj* gekränkt, verletzt; ▪**to be ~ at sth** wegen einer S. *gen* gekränkt sein
aggro ['ægrəʊ] *n no pl* Brit, Aus *(sl)* ① *(violence)* Zoff *m fam;* ***there was some ~ between rival football fans*** es kam zu Krawallen zwischen rivalisierenden Fußballfans ② *(trouble)* Ärger *m;* **the general ~ of life** die normalen Alltagsprobleme
aghast [ə'gɑ:st, Am -'gæst] *adj pred* entsetzt, entgeistert; ▪**to be ~ at sth** über etw *akk* entsetzt sein
agile ['ædʒaɪl, Am -əl] *adj* *(nimble)* geschickt, beweglich; *fingers* flink; *(lithe)* geschmeidig; *(lively)* lebhaft; **to have an ~ mind** *(fig)* geistig beweglich [*o* flexibel] sein; **an ~ politician** *(fig)* ein geschickter Politiker/eine geschickte Politikerin
agility [ə'dʒɪləti, Am -t̬i] *n no pl* Flinkheit *f,* Beweglichkeit *f;* *(litheness)* Geschmeidigkeit *f,* Behändigkeit *f;* **mental ~** geistige Beweglichkeit [*o* Flexibilität]
agin [ə'gɪn] *prep* DIAL *(fam)* dagegen
aging *adj* Am, Aus *see* **ageing**
agio ['ædʒɪəʊ, Am -oʊ] *n* FIN Agio *nt,* Aufgeld *nt*
agiotage ['ædʒətɪdʒ, Am -dʒiə-] *n* FIN Agiotage *f,* Devisenhandel *m*
agioteur ['ædʒətɜ:ʳ, Am -dʒiətɜ:r] *n* Agioteur *m*
agism *n no pl* Am, Aus *see* **ageism**
agist *adj* Am, Aus *see* **ageist**
agitate ['ædʒɪteɪt] I. *vt* ① *(make nervous)* ▪**to ~ sb** jdn aufregen; ▪**to be ~d** sich *akk* aufregen; ***she is ~d by the least little thing!*** sie regt sich wegen jeder Kleinigkeit auf! ② *(shake)* ▪**to ~ sth** etw schütteln; *(stir)* etw [um]rühren II. *vi* ▪**to ~ against/for sth** sich *akk* [öffentlich] gegen/für etw *akk* einsetzen
agitated ['ædʒɪteɪtɪd, Am -t̬ɪd] *adj* aufgeregt, beunruhigt
agitatedly ['ædʒɪteɪtɪdli, Am -t̬ɪdli] *adv* aufgeregt, nervös
agitation [,ædʒɪ'teɪʃən] *n no pl* ① *(nervousness)* Aufregung *f,* Erregung *f;* **in a state of** [**great**] **~** [sehr] aufgeregt ② *(activism)* Agitation *f;* ***in 1920 women in America got the vote, after 72 years of ~*** 1920 bekamen die Frauen in Amerika das Wahlrecht, nachdem sie 72 Jahre dafür gestritten hatten ③ *(of a liquid)* [Auf]rühren *nt*
agitator ['ædʒɪteɪtəʳ, Am -t̬ɚ] *n* ① *(person)* Agitator(in) *m(f) pej* ② *(device)* Rührapparat *m*
agitprop ['ædʒɪtprɒp, Am -prɑ:p] *n no pl* propagandistische Kunst, Agitprop *m fachspr*
agleam [ə'gli:m] *adj pred* erleuchtet; *eyes* glänzend; ***the boy's eyes were ~*** die Augen des Jungen funkelten
aglow [ə'gləʊ, Am -'gloʊ] *adj pred (liter)* ▪**to be ~** *fire, light* brennen; *face* glühen; *eyes* leuchten, strahlen; ***the city at night was ~ with lights*** in der Nacht war die Stadt hell erleuchtet
AGM [,eɪdʒi:'em] *n abbrev of* **annual general meeting**
agnosia [əg'nəʊsɪə, Am -'noʊ-] *n no pl* MED Agnosie *f fachspr*
agnostic [æg'nɒstɪk, Am -'nɑ:-] I. *n* Agnostiker(in) *m(f)* II. *adj* agnostisch; ▪**to be ~ about** [*or* **on**] **sth** etw nicht glauben
agnosticism [æg'nɒstɪsɪzəm, Am -'nɑ:-] *n no pl* Agnostizismus *m*
ago [ə'gəʊ, Am ə'goʊ] *adv inv* vor; **a minute/a year ~** vor einer Minute/einem Jahr; **long ~** vor langer Zeit; ***that was long ~*** das ist schon lange her; **long ~ and far away** vor langer Zeit; **as long ~ as 1924** schon 1924
agog [ə'gɒg, Am ə'gɑ:g] *adj pred* gespannt; ***she was all ~ to hear what had happened*** sie brannte darauf, zu hören, was geschehen war; **to be ~ with curiousity/excitement/ expectation** sehr neugierig/aufgeregt/gespannt sein; ***the audience was ~ with curiousity*** das Publikum platzte fast vor Neugierde
agonize ['ægənaɪz] I. *vt* ▪**to ~ sb** jdn quälen II. *vi* ① *(suffer)* sich *akk* [ab]quälen ② *(consider anxiously)* hin- und herüberlegen; ▪**to ~ about** [*or* **over**] **sth** sich *dat* über etw *akk* den Kopf zermartern; ***she ~d for days about whether she should take the job*** sie rang tagelang mit sich, ob sie die Stelle annehmen sollte
agonized ['ægənaɪzd] *adj* gequält; **~ cry** schmerzerfüllter Schrei
agonizing ['ægənaɪzɪŋ] *adj* ① *(very painful)* qualvoll, quälend; **~ pain** unerträglicher Schmerz; **to die an ~ death** einen qualvollen Tod sterben ② *(very difficult)* schmerzlich, schlimm; **to go through an ~ time** eine schwere [*o* harte] Zeit durchmachen
agonizingly ['ægənaɪzɪŋli] *adv* qualvoll, in kaum erträglicher Weise
agony ['ægəni] *n* ① *no pl (pain)* Todesqualen *fpl,* unerträgliche Leiden *ntpl,* heftiger Schmerz; ***they lay screaming in ~*** sie lagen da und schrien vor Schmerzen; ***oh, the ~ of defeat!*** *(fig)* was für eine schmachvolle Niederlage!; ▪**to be in ~** große Schmerzen [*o* Qualen] leiden; **sb is in an ~ of doubt** jdn quälen schlimme Zweifel; **to be in an ~ of indecision/suspense** von qualvoller Unent-

schlossenheit/Ungewissheit geplagt werden; **to prolong the ~ [of sth]** sich *akk* noch länger [mit etw *dat*] [herum]quälen; **to put sb/an animal out if his/her/its ~** jdn/ein Tier von seinen Qualen erlösen; **to suffer agonies of sth** sich *akk* mit etw *dat* [herum]quälen, von etw *dat* geplagt werden ② (*struggle before death*) Agonie *f geh,* Todeskampf *m* ▶ PHRASES: **to pile [*or* put] on the ~** dick auftragen *fam*

agony aunt *n* BRIT (*fam*) Briefkastentante *f hum fam,* Kummerkastentante *f hum fam*

agony column *n* BRIT (*fam*) Kummerkasten *m fam,* Kummerecke *f fam*

agoraphobia [ˌægᵊrəˈfəʊbiə, AM -ˈfoʊ-] *n no pl* Platzangst *f,* Agoraphobie *f fachspr*

agoraphobic [ˌægᵊrəˈfəʊbɪk, AM -ˈfoʊ-] **I.** *adj* agoraphobisch *fachspr;* ■**to be ~** an Platzangst [*o fachspr* Agoraphobie] leiden **II.** *n* ■**to be an ~** an Platzangst [*o fachspr* Agoraphobie] leiden

agrarian [əˈgreəriən, AM -ˈgreri-] *adj* landwirtschaftlich, agrarisch, Agrar-; **~ land** Agrarland *nt;* **~ production** landwirtschaftliche Produktion

agree [əˈgriː] **I.** *vi* ① (*have same opinion*) zustimmen; ***I don't ~*** ich bin anderer Meinung; ***I ~ about Francis*** was Francis anbetrifft, bin ich mit dir einer Meinung; ***experts seem unable to ~*** die Experten können sich anscheinend nicht einigen; ■**to ~ with sb** mit jdm einer Meinung sein [*o* übereinstimmen]; ***she couldn't ~ less with him*** sie ist ganz anderer Meinung als er; ***we couldn't ~ more with them*** wir stimmen mit ihnen absolut überein; ■**to ~ on sth** über etw *akk* einer Meinung sein; ***my father and I don't ~ on very much*** mein Vater und ich sind selten einer Meinung ② (*consent to*) zustimmen, einwilligen; ***~d!*** einverstanden!; ***let's ~ to disagree [*or* differ]*** ich fürchte, wir können uns nicht einigen; ***I don't ~ with what you are saying*** ich sehe das [ganz] anders; ■**to ~ to sth** sich *akk* auf etw *akk* einigen; ■**to ~ with sb** jdm zustimmen ③ (*endorse*) ■**to ~ with sth** für etw *akk* sein, etw befürworten *geh* ④ (*be good for*) ■**to ~ with sb** *food* jdm [gut] bekommen ⑤ (*get along*) miteinander auskommen, sich *akk* vertragen ⑥ (*match up*) übereinstimmen, entsprechen; ■**to ~ with sth** mit etw *dat* übereinstimmen ⑦ LING übereinstimmen, kongruieren *fachspr* **II.** *vt* ① *esp* BRIT (*accept*) ■**to ~ sth** mit etw *dat* einverstanden sein; **to ~ a date** einen Termin vereinbaren; ■**to ~ whether/when/that ...** sich *akk* darauf einigen [*o* verständigen], ob/wann/dass ... ② (*admit*) ■**to ~ that ...** zugeben, dass ...

agreeable [əˈgriːəbl̩] *adj* ① (*pleasant*) angenehm; *weather* freundlich; ***he's quite an ~ guy*** er ist ein recht netter Bursche; **~ spot** hübsches Fleckchen [Erde] *fam* ② (*acceptable*) **mutually ~** für beide [Seiten] akzeptabel [*o* annehmbar]; ■**to be ~ to sb** für jdn akzeptabel [*o* annehmbar] sein ③ (*consenting*) ■**to be ~ to sth** einer S. *dat* zustimmen, mit etw *dat* einverstanden sein; ***bring your wife too, if she's ~*** bring deine Frau mit, wenn sie einverstanden ist

agreeably [əˈgriːəbli] *adv* angenehm; ***the waiter smiled ~*** der Kellner lächelte freundlich; **~ surprised** angenehm überrascht

agreed [əˈgriːd] *adj inv* ① *pred* (*of one opinion*) einig; ■**to be ~ [on sth]** sich *akk* [auf etw *akk*] geeinigt haben; ***are we all ~ on that?*** sind alle damit einverstanden? ② (*accepted*) akzeptiert; ***it's generally ~ that ...*** es ist eine allgemein anerkannte Tatsache, dass ... ③ (*prearranged*) vereinbart; ***we must stick to our ~ policy*** wir müssen an unserer [einmal] vereinbarten Taktik festhalten

agreed takeover *n* BRIT COMM frei vereinbarte Übernahme

agreement [əˈgriːmənt] *n* ① *no pl* (*same opinion*) Übereinstimmung *f,* Einigkeit *f;* **mutual ~** gegenseitiges Einverständnis [*o* Einvernehmen]; **unanimous ~** Einmütigkeit *f;* **to reach an ~** zu einer Einigung kommen, sich *akk* einigen; ■**to be in ~ with sb** mit jdm übereinstimmen, sich *dat* mit jdm einig sein ② (*approval*) Zustimmung *f,* Einwilligung *f* ③ (*arrangement*) Vereinbarung *f,* Übereinkunft *f;* **to break an ~** sich *akk* nicht an eine Vereinbarung halten; **to keep [*or fam* stick to] an ~** sich *akk* an eine Vereinbarung halten; **to make an ~ with sb** mit jdm eine Vereinbarung treffen, sich *dat* mit jdm einigen; **to reach an ~** eine Vereinbarung treffen ④ (*contract, pact*) Vertrag *m,* Abkommen *nt,* Vereinbarung *f;* **gentleman's [*or* AM gentlemen's] ~** Übereinkunft *f* auf Treu und Glauben, Gentleman's Agreement *nt;* ECON, FIN **trade ~** Handelsabkommen *nt;* **international ~ on trade** internationales Handelsabkommen; **collective wage ~** Lohntarifvertrag *m;* **to break/sign an ~** einen Vertrag [*o* ein Abkommen] brechen/unterzeichnen; **to break the terms of an ~** gegen ein Abkommen verstoßen, die Bestimmungen eines Vertrages verletzen; **to enter into an ~** einen Vertrag schließen, eine Vereinbarung treffen; EU **Lomé A~** Lomé-Abkommen *nt;* **Schengen A~** Schengener Abkommen ⑤ FIN (*consistency*) Übereinstimmung *f* ⑥ LING Übereinstimmung *f,* Kongruenz *f fachspr;* **to be in ~** übereinstimmen, kongruieren *fachspr*

agreement amongst underwriters *n* AM FIN Emissionskonsortialvertrag *m*

agri-biotech [ˌægriˈbaɪəʊtek, AM -ˈbaɪoʊ-] *adj inv* (*engineering biologically engineered food*) *company, firm* Gentechnik-

agribusiness [ˈægriˌbɪznɪs] *n no pl* Agroindustrie *f,* Landwirtschaft *f;* **the ~ sector** der Agrarsektor [*o* landwirtschaftliche Sektor]

agricultural [ˌægrɪˈkʌltʃᵊrᵊl] *adj* landwirtschaftlich, Landwirtschaft-, agrarisch, Agrar-; **~ land** Agrarland *nt,* Ackerland *nt,* landwirtschaftliche Nutzflächen *fpl;* **~ science** Agrarwissenschaft *f;* **Common A~ Policy** EU gemeinsame Agrarpolitik [der EU]

agricultural co-operative *n* landwirtschaftliche Genossenschaft **agricultural economist** *n* Agrarökonom(in) *m(f),* Agrarwissenschaftler(in) *m(f)*

agriculturalist [ˌægrɪˈkʌltʃᵊrᵊlɪst] *n* landwirtschaftliche Fachkraft

agriculturally [ˌægrɪˈkʌltʃᵊrᵊli] *adv inv* landwirtschaftlich

agriculture [ˈægrikʌltʃəʳ, AM -tʃɚ] *n no pl* Landwirtschaft *f,* Ackerbau *m;* **subsistence ~** Landwirtschaft *f* zur Selbstversorgung

agriculturist [ˌægrɪˈkʌltʃᵊrɪst] *n* Landwirt(in) *m(f)*

agronomist [əˈgrɒnəmɪst, AM ˈgrɑːnə] *n* AGR [diplomierter] Landwirt/[diplomierte] Landwirtin

agronomy [əˈgrɒnəmi, AM -ˈgrɑː-] **I.** *n no pl* Landwirtschaftswissenschaft *f,* Agronomie *f fachspr* **II.** *n modifier* (*professor*) der Agronomie *nach n*

agrotourism *n no pl* Ferien *pl* auf dem Bauernhof

aground [əˈgraʊnd] **I.** *adv inv* NAUT auf Grund; **to go [*or* run] ~** (*onto bottom or bank*) auf Grund laufen, auflaufen; (*onto shore*) stranden; (*fig*) scheitern **II.** *adj pred* (*grounded*) auf Grund gelaufen, aufgelaufen; (*stranded*) gestrandet

ague [ˈeɪgjuː] *n* Schüttelfrost *m*

ah [ɑː] *interj* (*in realization*) ach so; (*in happiness*) ah; (*in sympathy*) oh; (*in pain*) au[tsch]

aha [ɑːˈhɑː] *interj* (*in understanding*) aha; (*in glee*) haha

ahchoo [əˈtʃuː] *interj* AM hatschi

ahead [əˈhed] *adv* ① *inv* (*in front*) vorn; ***the road ~ looks rather busy*** die Straße vor uns sieht ziemlich voll aus; ***we let the other cars get ~ of us*** wir ließen die anderen Autos überholen; **full speed ~** volle Kraft voraus; **straight ~** geradeaus ② (*more advanced*) **to be ~ of one's time** seiner Zeit voraus sein; **to be way ~ of sb/sth** jdm/etw um einiges voraus sein; **to be [years] ~ of sb/sth** jdm/etw [um Jahre] voraus sein; **to put sb/sth ~** jdn/etw nach vorne bringen ③ (*in the future*) ***he has a lonely year ~*** es liegt ein einsames Jahr vor ihm; **to look ~** nach vorne sehen [*o* schauen]; **to plan [*or* think] ~** vorausschauend [*o* für die Zukunft] planen ④ (*prior to*) **to go ~** (*in advance*) vor[aus]gehen; ***you go on ~, and I'll meet you at the cinema*** geh du schon mal vor; ich treffe dich dann am Kino; **to send sth on ~** etw vorausschicken ⑤ (*proceed*) vorwärts; **to move ~** vorankommen; ***the project is moving ~ quickly*** mit dem Projekt geht es schnell voran

ahem [əˈhem] *interj* (*esp hum*) ähem *bes hum*

ahistorical [ˌeɪhɪˈstɒrɪkᵊl, AM -ˈstɔːr-] *adj* ahistorisch *geh*

ahoy [əˈhɔɪ] *interj* ahoi; ***land ~!*** Land in Sicht!; ***ship ~!*** Schiff ahoi!

AI [ˌeɪˈaɪ] *n no pl* ① COMPUT, SCI *abbrev of* **artificial intelligence** ② MED, BIOL *abbrev of* **artificial insemination**

aid [eɪd] **I.** *n* ① *no pl* (*assistance*) Hilfe *f;* (*support*) Unterstützung *f;* ***the concert was in ~ of famine relief*** das Konzert fand zugunsten der Hungerhilfe statt; ***he gets about with the ~ of a walking stick*** er benutzt einen Spazierstock zum Gehen; **to come/go to the ~ of sb** (*help*) jdm zu Hilfe kommen [*o* helfen]; (*support*) jdn unterstützen ② *no pl* (*governmental assistance*) Hilfe *f;* **emergency ~** Soforthilfe *f;* **financial ~** finanzielle Hilfe [*o* Unterstützung]; **foreign ~** Entwicklungshilfe *f* ③ (*helpful tool*) [Hilfs]mittel *nt,* Gerät *nt;* **hearing ~** Hörgerät *nt;* **slimming ~** Schlankheitsmittel *nt,* Schlankmacher *m fam* ④ AM (*assistant*) Berater(in) *m(f);* NAUT, MIL (*aide-de-camp*) Adjutant(in) *m(f)* ▶ PHRASES: **what's this in ~ of?** BRIT (*fam*) wofür soll das gut sein? *fam* **II.** *vt* (*assist, help*) ■**to ~ sb/sth** jdm/etw helfen; (*support*) jdn/etw unterstützen ▶ PHRASES: **to ~ and abet sb** LAW jdn begünstigen; (*esp of murder*) jdm Beihilfe leisten; (*also hum*) mit jdm gemeinsame Sache machen

aide [eɪd] *n* Berater(in) *m(f);* ■**an ~ to sb** jds Berater/Beraterin

aide-de-camp <*pl* aides-de-camp> [ˌeɪddəˈkɑ̃, AM -ˈkæmp] *n* ① NAUT, MIL Adjutant(in) *m(f)* ② POL, MIL Berater(in) *m(f)* **aide-memoire** <*pl* aides-memoires *or* aides-memoire> [ˌeɪdmemˈwɑː, AM ˈwɑːr] *n* Gedächtnisstütze *f,* Merkhilfe *f*

aiding *n* LAW **~ and abetting** Beihilfe *f* [bei einer Straftat]

AIDS [eɪdz] *n,* **Aids** *n no pl abbrev of* **Acquired Immune Deficiency Syndrome** Aids *nt;* **to have full-blown ~** an Aids im Endstadium erkrankt sein

AIDS-related [ˌeɪdzrɪˈleɪtɪd, AM ţɪd] *adj inv* Aids betreffend, in Sachen Aids *nach n*

Aid to Families with Dependent Children *n* AM *Unterstützung bedürftiger Familien mit unterhaltsberechtigten Kindern*

ail [eɪl] **I.** *vi* kränkeln **II.** *vt* ■**to ~ sb** ① (*liter or hum dated: hurt*) jdn plagen; ***what ~s you?*** was fehlt dir? ② (*cause problems*) jdm Probleme [*o* Schwierigkeiten] bereiten

aileron [ˈeɪlᵊrɒn, AM -ərɑːn] *n* AVIAT Querruder *nt*

ailing [ˈeɪlɪŋ] *adj* ① *inv* (*ill*) krank; (*sickly*) kränkelnd *attr,* kränklich ② (*failing*) kränkelnd *attr;* **~ company** in Schwierigkeiten befindliches Unternehmen; **~ economy** kränkelnde Wirtschaft

ailment [ˈeɪlmənt] *n* Leiden *nt,* Krankheit *f;* **heart ~** Herzleiden *nt;* **little ~s** (*pej*) jds Wehwehchen *ntpl;* **minor ~s** leichte Beschwerden *fpl*

aim [eɪm] **I.** *vi* ① (*point*) zielen; ■**to ~ at [*or* for] sb/sth** auf jdn/etw zielen ② (*head*) ■**to ~ for sb/sth** auf jdn/etw zugehen; ***let's ~ for Coventry first*** lass uns zuerst in Richtung Coventry fahren ③ (*try for a time*) **to ~ for 7.30/next week/January** 7.30 Uhr/nächste Woche/Januar anpeilen *fam* ④ (*try to achieve*) ■**to ~ at [*or* for] sth** etw zum Ziel haben [*o* anstreben]; **to ~ at perfection** nach Perfektion streben, perfekt sein wollen; ■**to ~ at doing [*or* to do] sth** sich *dat* vornehmen [*o* vorhaben], etw zu tun; **to ~ to please** gefallen wollen; ***at our store we ~ to please*** in unserem Laden ist der Kunde König ▶ PHRASES: **to ~ high** hoch hinaus wollen **II.** *vt* ① (*point*) ■**to ~ sth at sb/sth** mit etw *dat* auf jdn/etw zielen; **to ~ a camera/weapons at sb/sth** eine Kamera/Waffen auf jdn/etw richten; **to ~ a kick/punch at sb** nach jdm treten/schlagen ② (*direct at*) **to ~ sth at sb** etw an jdn richten; ***I'm sure that comment was ~ed at hurting his feelings*** ich bin sicher, dieser Kommentar sollte seine Gefühle verletzen **III.** *n* ① *no pl* (*skill*) Zielen *nt;* **to have good/bad ~** gut/schlecht zielen können; **to**

take ~ [at sb/sth] [auf jdn/etw] zielen ② (*goal*) Ziel *nt*, Absicht *f*; ***I don't know what his ~s were in making such an accusation*** ich weiß nicht, was er mit dieser Beschuldigung bezwecken wollte; ■**with the ~ of doing sth** in der Absicht [*o* um], etw zu tun; **sb's ~ in life** jds Lebensziel *nt*; **chief** [*or* **main**] ~ Hauptziel *nt*; **overriding** ~ vorrangiges Ziel

aimless ['eɪmləs] *adj* (*esp pej: without direction*) ziellos; (*without purpose*) sinnlos, planlos

aimlessly ['eɪmləsli] *adv* (*without direction*) ziellos; (*without purpose*) sinnlos, planlos; **to walk** ~ ziellos umherirren

aimlessness ['eɪmləsnəs] *n no pl* (*esp pej: lack of direction*) Ziellosigkeit *f*; (*lack of purpose*) Sinnlosigkeit *f*, Planlosigkeit *f*

ain't [eɪnt] (*sl*) ① = **has not, have not** *see* **have** ② = **am not, is not, are not** *see* **be** ► PHRASES: **if it ~ broke, don't fix it** (*prov*) lass lieber die Finger davon, sonst wird es nur noch schlimmer

aioli [aɪ'əʊli, AM -'oʊli] *n* Aioli *f*, Knoblauchmajonäse *f*

air [eəʳ, AM er] **I.** *n* ① *no pl* (*oxygen*) Luft *f*; **fresh/stale** ~ frische/stickige Luft; ***let's go get a breath of fresh*** ~ lass uns schnell mal ein bisschen frische Luft schnappen ② (*air conditioning*) Klimaanlage *f* ③ *no pl* (*sky*) ***put your hands in the ~!*** Hände hoch!; **supremacy in the** ~ Lufthoheit *f*, Luftherrschaft *f*; **to fire into the** ~ in die Luft schießen; **to travel by** ~ fliegen; **by** ~ mit dem Flugzeug ④ *no pl* (*in broadcasting*) Äther *m*; ***you're on the*** ~ du bist auf Sendung!; ***the company advertises over the*** ~ die Firma macht im Fernsehen/Radio Werbung; **to be taken off the** ~ abgesetzt werden ⑤ *no pl* (*facial expression*) Ausstrahlung *f*, Miene *f*; (*manner*) Auftreten *nt*; ***she asked why with an ~ of confusion*** leicht verwirrt fragte sie nach dem Grund; ***she has an ~ of confidence about her*** sie strahlt eine gewisse Selbstsicherheit aus; ***the hat lends her an ~ of elegance*** der Hut gibt ihr ein elegantes Aussehen ⑥ (*affected manner*) Gehabe *nt*, Getue *nt*; **to give oneself** [*or* **put on**] **~s** vornehm tun, sich *akk* aufspielen ⑦ MUS Melodie *f*, Air *nt fachspr* ► PHRASES: **~s and graces** (*pej*) Allüren *fpl pej*; **hot** ~ (*pej*) heiße Luft *pej*; **out of thin** ~ aus dem hohlen Bauch heraus; **to clear the** ~ die Situation klären; **to be floating** [*or* **walking**] **on** ~ im siebten Himmel sein; **to give oneself** [*or* **put on**] **~s** [**and graces**] (*pej*) vornehm tun; **to give** ~ **to sth** AM etw zur Sprache bringen; **to go up in the** ~ in die Luft gehen; **to be in the** ~ in der Luft liegen; **to be up in the** ~ in der Schwebe sein **II.** *n modifier* ① (*of atmosphere*) (*quality, pollution*) Luft-; ~ **bubble** Luftblase *f*; ~ **intake** (*opening*) Lufteinlass *m*, Lufteintritt *m*; (*quantity*) Luftmenge *f*, Zuluft *f* ② (*of aircraft*) Flug-, Flugzeug-; ~ **ambulance** Rettungshubschrauber *m*; ~ **crash** Flugzeugabsturz *m*; ~ **disaster** Flugzeugunglück *nt*; ~ **traffic** Luftverkehr *m*, Flugverkehr *m*; ~ **transportation** Beförderung *f* auf dem Luftweg **III.** *vt* ■**to** ~ **sth** ① (*ventilate*) etw lüften; **to** ~ **clothes** Kleider auslüften lassen; **to** ~ **a room** einen Raum [durch]lüften, frische Luft in einen Raum lassen ② (*make known*) etw zur Sprache bringen; (*in conversation*) etw darlegen [*o* kundtun]; **to** ~ **one's grievances** seinem Kummer Luft machen *fam*; **to** ~ **one's views** seine Ansichten äußern ③ AM (*broadcast*) etw senden; ***the game will be ~ed live on BBC1*** das Spiel wird live auf BBC1 übertragen **IV.** *vi* ① AM TV, RADIO gesendet [*o* ausgestrahlt] werden ② (*ventilate*) auslüften, durchlüften

◆**air out** *vt* ■**to** ~ **out** ↻ **sth** *room* etw [durch]lüften; *clothes* etw auslüften

airbag *n* Airbag *m* **airbase** *n* Luftwaffenstützpunkt *m* **airbed** *n* BRIT, AUS Luftmatratze *f* **airborne** *adj inv* ① (*transported by air*) in der Luft befindlich; ~ **bacteria/radioactivity** in der Luft vorhandene Bakterien *ntpl*/Radioaktivität; ~ **disease** durch die Luft übertragene Krankheit ② MIL ■**to be** ~ sich *akk* in der Luft befinden; ~ **troops** Luftlandetruppen *fpl*, Luftlandeeinheiten *fpl* ③ (*flying*) ■**to be** ~ fliegen, in der Luft sein; **to get** ~ *plane* abheben, starten; *bird* losfliegen ④ (*fig: working*) ■**to be** ~ funktionieren, laufen *fam* **air brake** *n* AUTO Druckluftbremse *f*; AVIAT Landeklappe *f*, Luftbremse *f* **airbrick** *n* BRIT, AUS (*ventilated brick*) Entlüftungsziegel *m*, Lüftungsstein *m*; (*adobe*) Luftziegel *m* **airbridge** *n* BRIT ① AVIAT Fluggastbrücke *f*, Gangway *f* ② POL Luftbrücke *f* **airbrush** **I.** *n* ① (*device*) Spritzapparat *m*, Spritzpistole *f* ② (*technique*) Airbrush-Technik *f* **II.** *vt* ■**to** ~ **sth** etw aufsprühen **airbus** <*pl* -es *or* AM *also* -ses> ['eəbʌs, AM 'er] *n* Airbus *m* **air cargo** *n no pl* Luftfracht *f* **air-conditioned** *adj inv* klimatisiert, mit Klimaanlage *f* **air conditioner** *n* Klimaanlage *f* **air conditioning** *n no pl* ① (*process*) Klimatisierung *f* ② (*plant*) Klimaanlage *f*; **to have** ~ mit einer Klimaanlage ausgestattet sein; **to turn the** ~ **down/up** die Klimaanlage schwächer/stärker einstellen **air-cooled** *adj inv engine* luftgekühlt, mit Luftkühlung *nach n* **air corridor** *n* Luftkorridor *m* **air cover** *n no pl* Luftsicherung *f*

aircraft <*pl* -> *n* Luftfahrzeug *nt*, Flugzeug *nt*; **commercial** ~ Verkehrsflugzeug *nt*; **enemy** ~ feindliches Flugzeug **aircraft carrier** *n* Flugzeugträger *m* **aircraft industry** *n no pl* Flugzeugindustrie *f* **aircraft(s)man** <*pl* -men> ['eəkrɑːft(s)mən, AM 'erkræft-] *n* MIL Luftwaffensoldat(in) *m(f)*, Flieger(in) *m(f)*

aircrew *n* + *sing/pl vb* Crew *f*, Flugpersonal *nt* **air cushion** *n* Luftkissen *nt*, Luftpolster *nt* **air-cushioned** *adj* luftgepolstert **airdrome** ['erdroʊm] *n* AM (*dated*) *see* **aerodrome** **airdrop** ['eədrɒp, AM 'erdrɑːp] **I.** *n* Fallschirmabwurf *m* **II.** *vt* <-pp-> ■**to** ~ **sth** etw [aus der Luft] abwerfen **air-dry** *vt* ■**to** ~ **sth** etw lufttrocknen

Airedale ['eədeɪl, AM 'er] *n* BIOL Airedale[terrier] *m*

airer ['eərəʳ] *n* BRIT Wäscheständer *m*, Trockenständer *m*

airfare *n* Flugpreis *m* **airfield** *n* Flugplatz *m* **air filter** *n* Luftfilter *m* **airflow** ['eəfləʊ, AM 'erfloʊ] *n* Luftwiderstand *m* **air force** *n* Luftwaffe *f*, Luftstreitkräfte *mpl* **airframe** ['eəfreɪm, AM 'er] *n* AVIAT Flugzeuggerippe *nt* **air freight** *n no pl* (*transport*) Luftfracht *f*; (*charge*) Luftfrachtgebühr *f* **air freshener** *n* ① *no pl* (*substance*) Raumduft *m* ② (*device*) Duftspray *nt*; (*tree-shaped*) Duftbäumchen *nt* **air gap** *n* COMPUT Luftspalt *m* **air guitar** *n* (*fam*) Luftgitarre *f fam* **airgun** *n* Luftgewehr *nt* **airhead** *n esp* AM (*pej sl*) Dussel *m pej fam*, Hohlkopf *m pej fam*; **a total** ~ ein Volltrottel *m pej fam* **air hole** *n* Luftloch *nt* **air hostess** *n* BRIT, AUS (*dated*) Stewardess *f*, Flugbegleiterin *f*

airily ['eərɪli, AM 'er-] *adv* leichthin, abschätzig *pej*, wegwerfend *attr pej*; ***she waved her hand*** ~ sie machte eine wegwerfende Handbewegung; **to dismiss sb/sth** ~ jdn/etw [leichthin] abtun

airing ['eərɪŋ, AM 'er-] *n* ① (*ventilation*) [Durch]lüften *nt*, Auslüften *nt*; **to give sth a good** ~ etw gut [durch]lüften [*o* auslüften] ② (*public exposure*) **to have** [*or* **be given**] **a good** ~ [in der Öffentlichkeit] ausgiebig diskutiert werden; **to give sth an** ~ etw an die Öffentlichkeit bringen

airing cupboard *n* BRIT [Wäsche]trockenschrank *m*

airless ['eələs, AM 'er-] *adj inv* ① (*without oxygen*) luftleer, luftlos ② (*stuffy*) stickig ③ (*without breeze*) windstill

airletter *n* Luftpostbrief *m* **airlift** **I.** *n* Luftbrücke *f* **II.** *vt* ■**to** ~ **sth** etw über eine Luftbrücke befördern; **to** ~ **sb out of somewhere** jdn per Flugzeug aus einem Ort evakuieren **airline** *n* Fluggesellschaft *f*, Fluglinie *f* **airliner** *n* Verkehrsflugzeug *nt*, Passagierflugzeug *nt*, Linienflugzeug *nt* **airlock** *n* ① AEROSP, NAUT Luftschleuse *f* ② (*bubble*) Luftsack *m*, Lufteinschluss *m*, Luftblase *f* **airmail** **I.** *n no pl* Luftpost *f*; **to send sth** [**by**] ~ etw per Luftpost schicken **II.** *n modifier* (*letter, stamp, sticker*) Luftpost- **III.** *vt* **to** ~ **a letter/package** einen Brief/ein Paket per [*o* mit] Luftpost schicken **airman** *n* ① (*pilot*) Pilot *m*; (*crew member*) Flugbegleiter *m* ② MIL Flieger *m* **air mattress** *n* Luftmatratze *f*

Air Miles *n pl* Flugmeilen *fpl*; **to collect** ~ Flugmeilen sammeln **air pistol** *n* Luftpistole *f* **airplane** *n* AM *see* **aeroplane** **airplay** *n no pl* RADIO Sendezeit *f*; **to get extensive** ~ oft im Radio gesendet [*o fam* gespielt] werden **air pocket** *n* AVIAT Luftloch *nt*; **to hit an** ~ in ein Luftloch geraten **airport** **I.** *n* Flughafen *m* **II.** *n modifier* (*parking, restaurant, restroom, shop*) Flughafen-; ~ **bus** Zubringerbus *m*, Flughafenbus *m*; ~ **facilities and services** Flughafeneinrichtungen *fpl*; ~ **security** Sicherheitsmaßnahmen *fpl* am Flughafen; ~ **tax** Flughafengebühr *f* **air power** *n no pl* Schlagkraft *f* der Luftwaffe; **superior** ~ Luftüberlegenheit *f* **air pressure** *n no pl* Luftdruck *m* **airproof** *adj inv* luftdicht **air pump** *n* Luftpumpe *f* **air raid** *n* Luftangriff *m* **air raid shelter** *n* Luftschutzbunker *m*, Luftschutzraum *m* **air raid siren** *n* Fliegeralarm *m* **air rifle** *n* Luftgewehr *nt* **airship** *n* Luftschiff *nt* **airshow** *n* Flugschau *f* **airsick** *adj* luftkrank, schlecht (*beim Fliegen*) **airsickness** *n no pl* Luftkrankheit *f* **airsickness bag** *n* Spucktüte *f* für Luftkranke **airspace** *n no pl* Luftraum *m*

air spam *n* (*sl*) Spamming *nt* auf dem Handy *fachspr* (*unerwünschte Werbebotschaft auf dem Handy, die den potenziellen Käufer direkt zum Anbieter dirigieren soll*) **airspeed** *n no pl* Fluggeschwindigkeit *f*, Eigengeschwindigkeit *f* **airstream** *n* METEO Luftstrom *m*, Luftströmung *f* **airstrike** *n* Luftangriff *m*, Luftschlag *m*; **to launch an** ~ einen Luftangriff durchführen **airstrip** *n* Start- und Landebahn *f* **air terminal** *n* Terminal *nt o m*, Abfertigungshalle *f* **airtight** *adj inv* luftdicht, hermetisch abgedichtet; ~ **alibi** (*fig*) wasserdichtes [*o* hieb- und stichfestes] Alibi; ~ **excuse** (*fig*) glaubwürdige Entschuldigung; ~ **raft** abgedichtetes Floß **airtime** *n no pl* TV, RADIO Sendezeit *f* **air-to-air** *adj inv* AVIAT Bord-Bord-; MIL Luft-Luft-; ~ **combat** Luftkampf *m*; ~ **refuelling** Auftanken *nt* in der Luft **air-to-ground** *adj*, **air-to-surface** *adj attr, inv* AVIAT Bord-Boden-; MIL Luft-Boden-; ~ **attack** Luftangriff *m*

air traffic *n no pl* ① (*transportation mode*) Flugverkehr *m*, Luftverkehr *m* ② (*volume*) Flugaufkommen *nt*; **high volume of** ~ hohes Flugaufkommen **air traffic control** *n no pl* ① (*job*) Flugsicherung *f* ② (*facility*) Flugsicherungsdienst *m*, Flugleitung *f* **air traffic controller** *n* Fluglotse, -in *m, f* **air travel** *n no pl* Flug *m*, Flugreise *f* **air vice marshal** *n* BRIT, AUS Generalmajor(in) *m(f)* **airwaves** *npl* ① (*signal*) Radiowellen *fpl* ② (*radio programme*) Kanal *m fam*; ■**to be on the** ~ gesendet werden, über den Äther gehen *fam* **airway** *n* ① ANAT Luftröhre *f* ② (*air corridor*) Luftkanal *m*; (*route*) Flugroute *f*, Flugstrecke *f*, Luftweg *m* ③ (*airline company*) Fluggesellschaft *f*, Fluglinie *f* ④ AM (*airwaves*) ■**~s** *pl* Äther *m kein pl* **airwoman** *n* ① (*pilot*) Pilotin *f*; (*crew member*) Flugbegleiterin *f* ② MIL Fliegerin *f* **airworthiness** *n no pl* Flugtauglichkeit *f*, Flugtüchtigkeit *f*; **certificate of** ~ Flugtauglichkeitszeugnis *nt* **airworthy** *adj* flugtüchtig, flugtauglich

airy ['eəri, AM 'eri] *adj* ① ARCHIT luftig ② (*light*) leicht; *gauze, silk* hauchdünn ③ (*graceful*) anmutig, graziös; **with an** ~ **step** leichtfüßig ④ (*pej: lacking substance*) leichtfertig *pej*, windig *pej fam*; ~ **promises** leere Versprechungen *fpl*

airy-fairy [ˌeəri'feəri, AM ˌeri'feri] *adj esp* BRIT (*fam*) wirklichkeitsfremd, versponnen, abgehoben *sl*

aisle [aɪl] *n* Gang *m*, Korridor *m*; *of church* Seitenschiff *nt*, Seitenchor *m*; (*separating seating areas*) Mittelgang *m* ► PHRASES: **to have sb rolling in the ~s** jdn dazu bringen, sich *akk* vor Lachen zu kugeln *fam*; ***with an act like that, you'll have them rolling in the ~s*** bei so einer Nummer werden sie Tränen lachen; **to take sb down the** ~ jdn zum Traualtar führen

aisle seat *n* Sitzplatz *m* am Gang

aitch <*pl* -es> [eɪtʃ] *n* BRIT h *nt*, H *nt*; **to drop one's ~es** das H nicht aussprechen

ajar [ədʒɑːʳ, AM -dʒɑːr] *inv* **I.** *adj pred* **to be** [*or* **stand**] ~ einen Spalt offen stehen, angelehnt sein **II.** *adv* angelehnt; **to leave sth** ~ etw einen Spalt offen stehen lassen

aka [ˌeɪkeɪ'eɪ] *abbrev of* **also known as** alias

akimbo [ə'kɪmbəʊ, AM -boʊ] *adj inv, attr* [**with**] **arms** ~ die Arme in die Hüften [*o* Seite] gestemmt

akin [ə'kɪn] *adj pred* ähnlich; ■**to be ~ to sth** etw *dat* gleichen [*o* ähnlich sein]

alabaster ['æləbæstəʳ, AM -ɚ] **I.** *n no pl* Alabaster *m* **II.** *n modifier* (*lamp, table, bowl*) alabastern, Alabaster-; (*liter*) *skin* Alabaster-, wie Alabaster

à la carte [ˌælə'kɑːt, AM ˌɑːlə'kɑːrt] *inv* **I.** *adv* à la carte, nach der [Speise]karte; **to order ~** à la carte [*o* nach der Karte] bestellen **II.** *adj* à la carte; **~ menu** Menü *nt* à la carte, nach der Tageskarte zusammengestelltes Menü

alack [ə'læk] *interj* (*old*) wehe *liter;* **alas and ~** wehe mir/uns *liter*

alacrity [ə'lækrəti, AM -t̬i] *n no pl* (*form: speed*) Schnelligkeit *f;* (*eagerness*) Eifer *m,* Eilfertigkeit *f,* Bereitwilligkeit *f;* **with ~** (*speedily*) schnell; (*eagerly*) bereitwillig, eilfertig, eifrig; ***he acted with ~ and determination*** er hat schnell und entschlossen gehandelt; ***she accepted the money with ~*** sie nahm das Geld gerne an

Aladdin [ə'lædɪn] *n no pl* LIT Aladin; ■**~'s Magic Lamp** Aladins Wunderlampe

Aladdin's cave [əˌlædɪnz'keɪv] *n no pl* BRIT Fundgrube *f;* **to be a veritable ~ of sth** eine wahre Fundgrube für etw *akk* sein

à la mode [ˌælə'məʊd, AM ˌɑːlə'moʊd] **I.** *adv* ❶ (*stylish*) modisch, nach der neuesten Mode, à la mode *veraltet* ❷ AM FOOD (*with ice cream*) mit Eis; ***would you like the apple pie with cream or ~?*** hätten Sie den Apfelkuchen gerne mit Sahne oder mit Vanilleeis? **II.** *adj* ❶ (*stylish*) modisch, in Mode ❷ *after n* AM (*with ice cream*) mit Eis ❸ (*braised*) gespickt und geschmort; **beef ~** mit Gemüse zubereiteter Rinderschmorbraten, Boeuf à la mode *nt*

alarm [ə'lɑːm, AM -'lɑːrm] **I.** *n* ❶ *no pl* (*worry*) Angst *f,* Beunruhigung *f,* Besorgnis *f;* **to give sb cause for ~** jdm einen Grund zur Sorge geben; **to cause sb ~** (*fear*) jdn beunruhigen; (*fright*) jdn erschrecken ❷ (*signal*) Alarm *m;* **false ~** falscher [*o* blinder] Alarm, Fehlalarm *m;* **to give** [*or* **raise**] [*or* **sound**] **the ~** den Alarm auslösen, Alarm geben; (*fig*) Alarm schlagen ❸ (*device*) Alarmanlage *f,* Alarmvorrichtung *f;* **burglar ~** Alarmanlage *f,* Diebstahlsicherung *f;* **car ~** Autoalarmanlage *f,* Autodiebstahlsicherung *f;* **fire ~** (*warning*) Feueralarm *m;* (*apparatus*) Feuermelder *m;* **smoke ~** (*warning*) Rauchalarm *m;* (*apparatus*) Rauchmelder *m* ❹ (*clock*) Wecker *m; see also* **alarm clock** ▶ PHRASES: **to ring ~ bells** die Alarmglocken läuten lassen **II.** *vt* ■**to ~ sb** ❶ (*worry*) jdn beunruhigen, jdm Sorgen machen [*o* bereiten]; (*frighten*) jdn erschrecken [*o* ängstigen] ❷ (*warn of danger*) jdn alarmieren [*o* warnen]

alarm call *n* Weck[an]ruf *m* **alarm clock** *n* Wecker *m;* **to set the ~ for six o'clock** den Wecker auf sechs Uhr stellen

alarmed [ə'lɑːmd, AM -'lɑːrmd] *adj* ❶ (*worried*) beunruhigt, besorgt; (*frightened*) erschrocken; ***please don't be ~*** bitte erschrecken Sie nicht [*o* bleiben Sie ruhig]; ***I am ~ to hear this news*** diese Nachricht macht mir Angst ❷ *inv* (*with device*) **to be ~** eine Alarmanlage besitzen, mit einer Alarmanlage ausgerüstet sein

alarming [ə'lɑːmɪŋ, AM -'lɑːrm-] *adj* (*worrying*) beunruhigend, Besorgnis erregend; (*frightening*) erschreckend, beängstigend

alarmingly [ə'lɑːmɪŋli, AM -'lɑːrm-] *adv* (*worryingly*) beunruhigend[erweise]; (*frighteningly*) erschreckend[erweise], beängstigend[erweise]

alarmism [ə'lɑːmɪzᵊm, AM -'lɑːr-] *n no pl* Schwarzmalerei *f fig*

alarmist [ə'lɑːmɪst, AM -'lɑːrm-] (*pej*) **I.** *adj* schwarzseherisch *pej fam* **II.** *n* Schwarzseher(in) *m(f) pej,* Panikmacher(in) *m(f) pej*

alas [ə'læs] *interj* ❶ (*dated*) leider [Gottes] ❷ (*old*) **~** [**and alack**] weh mir/uns *liter*

Alaskan [ə'læskən] *adj inv* Alaska-

alb [ælb] *n* REL Albe *f,* Chorhemd *nt*

Albania [æl'beɪniə] *n* Albanien *nt*

Albanian [æl'beɪniən] **I.** *n* ❶ (*person*) Albaner(in) *m(f)* ❷ (*language*) Albanisch *nt* **II.** *adj* albanisch

albatross <*pl* -es> ['ælbətrɒs, AM -trɑːs] *n* ❶ (*bird*) Albatros *m* ❷ (*fig: encumbrance*) Last *f,* Belastung *f;* **to be an ~ around sb's neck** für jdn eine Belastung sein, jdm ein Klotz am Bein sein *fam*

albeit [ɔːl'biːɪt, AM *also* ɑːl-] *conj* wenn [*o* sei es] auch, obgleich *geh*

albinism ['ælbɪnɪzᵊm] *n no pl* MED Albinismus *m fachspr*

albino [æl'biːnəʊ, AM -'baɪnoʊ] **I.** *adj inv* Albino-, albinotisch *fachspr* **II.** *n* Albino *m*

Albion ['ælbiən] *n no pl* HIST (*England*) Albion *poet;* ■**perfidious ~** das niederträchtige England

album ['ælbəm] *n* ❶ (*of music*) [Musik]album *nt* ❷ (*book*) Album *nt;* **family/photo/stamp ~** Familien-/Foto-/Briefmarkenalbum *nt*

albumen ['ælbjumən, AM æl'bjuːmən] *n no pl* BIOL Eiweiß *nt,* Eiklar *nt,* Albumen *nt fachspr*

albumen plate *n* PHOT Albumin *nt*

alchemist ['ælkəmɪst] *n* Alchimist(in) *m(f)*

alchemy ['ælkəmi] *n no pl* ❶ (*chemistry*) Alchimie *f* ❷ (*fig: magic*) Zauberei *f,* Magie *f;* **by ~** auf wundersame Weise

alcohol ['ælkəhɒl, AM -hɑːl] *n no pl* ❶ (*ethyl alcohol*) [Äthyl]alkohol *m;* **rubbing ~** Franzbranntwein *m* ❷ (*alcoholic drink*) Alkohol *m;* ***I could smell the ~ on his breath from ten feet away!*** ich konnte seine Fahne schon aus drei Metern Entfernung riechen! *fam;* **~-free** alkoholfrei; **to be off the ~** nicht [mehr] trinken

alcohol-free [ˌælkəhɒl'friː, AM hɑːl'] *adj inv* alkoholfrei

alcoholic [ˌælkə'hɒlɪk, AM -'hɑːlɪk] **I.** *n* Alkoholiker(in) *m(f),* Trinker(in) *m(f)* **II.** *adj* (*person*) alkoholsüchtig, trunksüchtig; (*drink*) alkoholisch, alkoholhaltig; **an ~/a non-~ drink** [*or* **beverage**] ein alkoholhaltiges/ein alkoholfreies Getränk

Alcoholics Anonymous *n* die Anonymen Alkoholiker *pl*

alcoholism ['ælkəhɒlɪzᵊm, AM -hɑːlɪ-] *n no pl* Alkoholismus *m,* Trunksucht *f*

alcopop ['ælkəʊpɒp] *n* BRIT (*fam*) alkoholhaltige Limonade

alcove ['ælkəʊv, AM -koʊv] *n* (*niche*) Nische *f;* (*for sleeping*) Alkoven *m*

aldehyde ['ældɪhaɪd] *n* CHEM Aldehyd *nt fachspr*

al dente [æl'denteɪ] *adj inv* al dente

alder ['ɔːldəʳ, AM -ɚ] *n* Erle *f*

alderman ['ɔːldəmən, AM -dɚ-, *pl* mən] *n* POL ❶ BRIT (*hist: appointed*) Alderman *m,* Ratsherr *m* ❷ AM, CAN, AUS (*elected*) Alderman *m,* Stadtrat, Stadträtin *m, f*

ale [eɪl] *n* Ale *nt*

aleatory ['eɪliətᵊri, AM -tɔːrti] *adj* LAW aleatorisch *fachspr;* **~ contract** aleatorischer Vertrag

alehouse <*pl* -s> ['eɪlhaʊs] *n* (*dated*) Bierlokal *nt*

alert [ə'lɜːt, AM -lɜrt] **I.** *adj* ❶ (*wide-awake*) munter, [hell]wach ❷ (*bright*) aufgeweckt; **to have an ~ mind** aufgeweckt sein ❸ (*watchful*) wachsam; (*attentive*) aufmerksam; (*conscious*) bewusst; **to keep** [*or* **stay**] **~** aufpassen; ■**to be ~ to sb/sth** vor jdm/etw auf der Hut sein; **to be ~ to the dangers of sth** sich *dat* der Gefahren einer S. bewusst sein **II.** *n* ❶ (*alarm*) Alarm *m;* (*warning signal*) Alarmsignal *nt;* ***if there is an ~, don't panic!*** bei Ertönen des Alarmsignals Ruhe bewahren!; **air-raid ~** Fliegeralarm *m;* **red ~** höchste Alarmstufe ❷ *no pl* (*period of watchfulness*) Alarmbereitschaft *f,* Alarmzustand *m;* **state of ~** Alarmbereitschaft *f,* Alarmzustand *m;* **to be put on full ~** in Einsatzbereitschaft versetzt werden; *army* in Gefechtsbereitschaft versetzt werden; ■**to be on the ~** [**for sth**] [vor etw *dat*] auf der Hut sein **III.** *vt* ■**to ~ sb to sth** ❶ (*notify*) jdn auf etw *akk* aufmerksam machen ❷ (*warn*) jdn vor etw *dat* warnen

alertly [ə'lɜːtli, AM 'lɜːrt] *adv* aufgeweckt, geistesgegenwärtig, kräge

alertness [ə'lɜːtnəs, AM -lɜrt-] *n no pl* ❶ (*watchfulness*) Wachsamkeit *f;* (*attentiveness*) Aufmerksamkeit *f* ❷ (*intelligence*) Aufgewecktheit *f*

A level ['eɪlevᵊl] *n* BRIT ■[**the/one's**] **~s** *pl* ≈ das Abitur *kein pl;* **to take one's ~s** das Abitur machen

alfalfa [ˌæl'fælfə] *n no pl* Luzerne *f,* Alfalfa *f*

alfalfa sprout *n* Luzernensprosse *f*

alfresco [æl'freskəʊ, AM -koʊ] **I.** *adv* **to eat** [*or* **dine**] **~** draußen [*o* im Freien] essen **II.** *adj attr* im Freien; **~ lunch** Mittagessen *nt* im Freien

alga <*pl* -e> ['ælgə, *pl* -dʒiː, -dʒaɪ] *n* Alge *f*

algae ['ældʒiː] *n pl of* **alga**

algebra ['ældʒɪbrə] *n no pl* Algebra *f*

algebraic [ˌældʒɪ'breɪɪk] *adj* algebraisch; **~ equation** algebraische Gleichung

Algeria [æl'dʒɪəriə, AM -'dʒɪr-] *n* Algerien *nt*

Algerian [æl'dʒɪəriən, AM -'dʒɪr-] **I.** *n* Algerier(in) *m(f)* **II.** *adj* algerisch

algorithm ['ælgᵊrɪðᵊm] *n* Algorithmus *m*

alias ['eɪliəs] **I.** *n* (*code name*) Deckname *m;* (*different name*) falscher Name; **to give/use an ~** einen Decknamen [*o* falschen Namen] angeben/benutzen; **to go under the ~ of Jim Beam** unter dem Decknamen [*o* falschen Namen] Jim Beam auftreten **II.** *adv* alias; **Paul Sopworth, ~ Rupert Sharp** Paul Sopworth, alias Rupert Sharp

alibi ['ælɪbaɪ] *n* Alibi *nt;* **cast-iron** [*or* **airtight**] **~** hieb- und stichfestes [*o* wasserdichtes] Alibi

Alice band ['ælɪs-] *n* BRIT Haarband *nt*

alien ['eɪliən] **I.** *adj* ❶ (*foreign*) ausländisch ❷ (*strange*) fremd; (*pej*) seltsam; **to be ~ to sb** jdm fremd sein; **to be ~ to sb's nature/religion** jds Wesen/Religion fremd sein; **~ idea** abwegige Idee; COMPUT **~ disk** anders formatierte Diskette; **~ disk reader** Leser *m* für anders formatierte Disketten **II.** *n* ❶ (*form or pej: foreigner*) Ausländer(in) *m(f);* **illegal ~** (*form*) sich *akk* illegal im Land aufhaltender Ausländer; AM illegaler Einwanderer; **resident ~** (*form*) im Inland ansässiger Ausländer; AM sich *akk* legal im Land aufhaltender Ausländer, einbürgerungswilliger Ausländer; BRIT unbeschränkt steuerpflichtiger Ausländer (*bei mehr als 6 Monaten Aufenthalt*); **non-resident ~** (*form*) im Inland nichtansässiger Ausländer; BRIT beschränkt steuerpflichtiger Ausländer (*bei weniger als 6 Monaten Aufenthalt*) ❷ (*from space*) Außerirdische(r) *f(m),* außerirdisches Wesen

alienate ['eɪliəneɪt] *vt* ❶ (*estrange*) ■**to ~ sb** jdn befremden [*o* vor den Kopf stoßen]; ■**to ~ sb from sb** jdn von jdm entfremden; **to ~ sb's affections** AM LAW jdn zum Ehebruch verleiten (*indem man ihn dem Ehepartner entfremdet*) ❷ (*lose*) **to ~ sb's support** sich *dat* jds Unterstützung verscherzen

alienation [ˌeɪliə'neɪʃᵊn] *n no pl* ❶ (*estrangement*) Entfremdung *f* ❷ (*separateness*) Entfremdetsein *nt,* Isoliertheit *f*

alien corporation *n* AM LAW Auslandsunternehmen *nt*

alieni juris [ˌeɪlieni'dʒʊərɪs, AM -'dʒʊr-] *adv* LAW unter fremdem Recht stehend

alight¹ [ə'laɪt] *adj pred* ❶ (*on fire*) **to be ~** in Flammen stehen, brennen; **to get a fire ~** ein Feuer in Gang bringen; **to set sth ~** etw in Brand stecken [*o* setzen]; (*fig*) **to set sb ~** jdn begeistern ❷ (*shining brightly*) ■**to be ~** strahlen; ***her eyes were ~ with mischief*** ihre Augen blitzten schalkhaft

alight² [ə'laɪt] *vi* ❶ (*from train, bus etc*) ■**to ~ from sth** aus etw *dat* aussteigen ❷ (*land*) ■**to ~ on** [*or* **upon**] **sth** *bird, butterfly* auf etw *dat* landen, sich *akk* auf etw *dat* niederlassen *geh;* (*fig*) ***her eyes ~ed upon a painting*** ihr Blick fiel auf ein Gemälde ❸ (*find*) ■**to ~ on sth** etw [zufällig] entdecken, auf etw *akk* [zufällig] stoßen

align, AM *also* **aline** [ə'laɪn] *vt* ❶ (*move into line*) ■**to ~ sth** [**with sth**] etw [auf etw *akk*] ausrichten; **to ~ the wheels of a vehicle** bei einem Fahrzeug die Spur einstellen ❷ ARCHIT ■**to ~ sth** etw fluchten ❸ (*fig: support*) ■**to ~ oneself with** [*or* **behind**] **sb/sth** sich *akk* hinter jdn/etw stellen; **to be ~ed with a group/plan on certain issues** mit einer Gruppe/einem Plan in bestimmten Punkten übereinstimmen ❹ COMPUT ■**to ~ sth** etw bündig ausrichten; **~ text** spationieren

alignment [ə'laɪnmənt] *n* ❶ *no pl* (*correct

positioning) Ausrichten *nt*; ***the wheels are out of** ~* die Spur ist falsch eingestellt ❷ *no pl* (*fig*) **to be in/out of ~ with sb/sth** mit jdm/etw übereinstimmen [*o* konform gehen]/nicht übereinstimmen [*o* nicht konform gehen]; **to bring supply into ~ with demand** das Angebot der Nachfrage angleichen ❸ (*of supporters*) Gruppierung *f*

alike [əˈlaɪk] **I.** *adj pred* ❶ (*identical*) gleich, identisch ❷ (*similar*) ähnlich **II.** *adv* ❶ (*similarly*) gleich; **to look ~** sich *dat* ähnlich sehen; **to think ~** gleicher Ansicht sein ❷ (*equally*) gleich; **to treat sb ~** jdn gleich behandeln ❸ (*both*) **cars and motorbikes ~** sowohl Autos als auch Motorräder; **friends and family ~** Freunde und Familienmitglieder gleichermaßen ▸ PHRASES: **let's share and share ~!** teilen wir gerecht!

alimentary canal [ælɪˌmentᵊri-] *n* Verdauungskanal *m*, Verdauungstrakt *m*

alimony [ˈælɪməni, AM -moʊ-] *n no pl* Unterhalt *m*; (*payment also*) Unterhaltszahlung *f*; **~ pending suit** [*or* **pendente lite**] LAW vorläufige Unterhaltszahlung

aline *vt* AM *see* **align**

A-line *adj attr, inv* [unten] ausgestellt; **~ skirt** ausgestellter Rock

A-list [ˈeɪlɪst] **I.** *n* ▪ **to be on the ~** auf der In-Liste stehen **II.** *n modifier* (*fam*) **~ party** Promi-Party *f fam*

alive [əˈlaɪv] *adj pred, inv* ❶ (*not dead*) lebendig, lebend *attr*; ▪ **to be ~** leben, am Leben sein; ***it's great** [or **good**] **to be ~*** das Leben ist [wunder]schön; **~ and well** [*or* **kicking**] gesund und munter, putzmunter *fam*; (*fig*) *industry* boomen *sl*; **dead or ~** tot oder lebendig; **to be more dead than ~** total erschöpft sein; **to be the happiest person ~** der glücklichste Mensch der Welt sein; **to be buried ~** lebendig begraben werden; **to be burnt ~** bei lebendigem Leib verbrannt werden; **to keep sb ~** jdn am Leben erhalten; **to keep hope ~** die Hoffnung aufrechterhalten; (*fig*) **to be eaten ~ by mosquitos** von Mücken zerfressen werden ❷ (*lively*) lebendig *fig*; ***look ~!*** beeil dich!; **to come ~** lebendig werden; **to bring sb/sth** [*or* **make sb/sth come**] **~** *characters, story* jdn/etw lebendig werden lassen ❸ (*aware*) ▪ **to be ~ to sth** sich *dat* einer S. *gen* bewusst sein ❹ (*swarming*) **to be ~ with ants/people** vor Ameisen/Menschen wimmeln ▸ PHRASES: **to eat sb ~** aus jdm Hackfleisch machen *fig*

alkali <*pl* -s *or* -es> [ˈælkᵊlaɪ] *n* Alkali *nt fachspr*, Lauge *f*, Base *f*

alkaline [ˈælkᵊlaɪn] *adj* alkalisch, basisch; **~ reaction** alkalische [*o* basische] Reaktion; **~ solution** alkalische Lösung, Lauge *f*, Laugenflüssigkeit *f*

alkalinity <*pl* -ies> [ˌælkəˈlɪnɪti, AM t̬i] *n* CHEM Alkalität *f*, Basizität *f*

alkaloid [ˈælkəlɔɪd] *n* CHEM Alkaloid *nt*

alkie, alky [ˈælki] *n* (*sl*) Säufer(in) *m(f) fam*

all [ɔːl, AM *also* ɑːl] **I.** *adv inv* ❶ (*entirely*) ganz, völlig; ***she was ~ in favour of my idea, but now she's changed her mind*** sie hat meinen Plan hundertprozentig unterstützt, aber jetzt ihre Meinung geändert; ***the story is ~ about …*** die ganze Geschichte handelt von …; ***tell me ~ about it*** erzähl mir alles!; ***there were ten of us, ~ told*** wir waren insgesamt zehn; **to be ~ charm** seinen ganzen Charme spielen lassen; **to be ~ ears** ganz Ohr sein; **to be ~ eyes** gespannt zusehen; **~ in green** ganz in Grün; **to be ~ in one piece** heil [*o* wohlbehalten] sein; **to be ~ of a piece with sth** mit etw *dat* völlig übereinstimmen; **to be success ~ round** ein voller Erfolg sein; **to be ~ smiles** über das ganze Gesicht strahlen; **to be ~ talk** [*or sl* **mouth**] nur daherreden; **~ wool** reine Wolle; **~ aflutter** ganz aus dem Häuschen *fam*; **~ alone** ganz allein; **~ the better/more difficult** umso besser/schwieriger; ***I feel ~ the better for your visit*** seit du da bist, geht es mir schon viel besser; **not ~ that happy** nicht gerade glücklich; **to be ~ for doing sth** ganz dafür sein, etw zu tun; ***my son is ~ for spending the summer on the beach*** mein Sohn will den Sommer unbedingt am Strand verbringen; **~ along** die ganze Zeit, von Anfang an; ***she's been fooling us ~ along*** sie hat uns die ganze Zeit getäuscht; **~ over** (*finished*) aus und vorbei; **~ over sth** (*everywhere*) ***the baby got food ~ over its bib*** das Baby hatte sein ganzes Lätzchen mit Essen bekleckert ❷ (*very*) äußerst, ausgesprochen; ***she was ~ upset*** sie war äußerst aufgebracht ❸ **~ but** (*almost*) fast ❹ **at ~** (*in any way*) überhaupt; ***do you ever travel to the States at ~?*** fährst du überhaupt je in die Staaten?; ***is there any chance at ~ of seeing you next week?*** sehen wir uns nächste Woche überhaupt?; **if at ~** wenn überhaupt ❺ SPORTS (*to both sides*) ***the score is three ~*** es steht drei zu drei [unentschieden] [*o* drei beide] ▸ PHRASES: **to be ~ over the place** [*or* BRIT **shop**] (*fam*) überall sein; (*confused*) ***she was so nervous at the interview that she was ~ over the place*** sie war bei dem Interview so angespannt, dass sie völlig von der Rolle war; **that's sb ~ over** das ist typisch jd, das sieht jdm ähnlich; ***he invited me out for dinner and then discovered he didn't have any money — that's Bill ~ over!*** er lud mich ein, mit ihm auswärts zu essen und merkte dann, dass er kein Geld bei sich hatte – typisch Bill!; **to be ~ over sb** (*pej: excessively enthusiastic*) sich *akk* [geradezu] auf jdn stürzen; (*fam: [sexually] harrass*) jdn total anmachen *fam*; **to be not ~ there** (*fam*) nicht ganz bei Verstand [*o* Trost] sein, nicht alle Tassen im Schrank haben *fig fam*; **to go ~ out for sth** alles für etw *akk* tun; **to be ~ up with sb** (*fam*) das Aus für jdn bedeuten **II.** *adj attr, inv* ❶ (*every one of*) alle; (*the whole of*) der/die/das ganze …; ***~ imported timber must be chemically treated against disease*** alles importierte Holz muss chemisch gegen Krankheiten behandelt werden; ***I had to use ~ my powers of persuasion*** ich musste meine ganze Überzeugungskraft aufbieten; ***a toothbrush, toothpaste and ~ that jazz*** eine Zahnbürste, Zahncreme und das ganze Zeug; **~ day** den ganzen Tag; **on ~ fours** auf allen Vieren; **with ~ haste** [*or* **speed**] [*or* **dispatch**] (*form*) so schnell wie möglich; **in ~ honesty** [*or* **sincerity**] ganz ehrlich; **~ her life** ihr ganzes Leben; **for ~ the money** trotz des ganzen Geldes; **~ the time** die ganze Zeit; **~ the trouble** der ganze Ärger; **~ the way** den ganzen [weiten] Weg ❷ (*the only one, ones*) alle; ***are those ~ the strawberries you can find?*** sind das alle Erdbeeren, die du finden kannst?; ***I was ~ the family she ever had*** ich war die einzige Familie, die sie je hatte ▸ PHRASES: **~ good things must come to an end** alles geht einmal zu Ende; **to go ~ the way [with sb]** (*euph fam*) es richtig [mit jdm] machen *euph fam* **III.** *part* ❶ (*everybody*) alle; ***the best-looking of ~*** der Bestaussehende von allen; **~ who …** alle, die …; **~ and sundry** jedermann, Gott und die Welt; **in ~** insgesamt; **one and ~** alle; ***let's sing now one and ~!*** lasst uns jetzt alle zusammen singen; ▪ **~ but …** bis auf … +*akk* ❷ (*everything*) alles; ***~ is not lost yet*** noch ist nicht alles verloren; ***it's ~ [that] I can do to stay awake*** mehr kann ich nicht tun, um wach zu bleiben; ***for ~ I care, they can claim whatever they want*** von mir aus können sie behaupten, was sie wollen!; ***for ~ I know …*** so viel ich weiß …; ***the watch I wanted was, of course, the most expensive of ~*** die Uhr, die ich wollte, war natürlich die Teuerste von allen; ***there are many professions which interest him, but most of ~, he'd like to be a zookeeper*** viele Berufe interessieren ihn, aber am liebsten wäre er Zoowärter; (*fam*) ***what with the fog and ~, I'd really not drive tonight*** bei dem Nebel möchte ich heute Nacht wirklich nicht fahren; **in ~** insgesamt; **~ in ~** alles in allem ❸ (*the whole quantity, extent*) alle(s); ***have you drunk it ~?*** hast du ausgetrunken?; ***four bedrooms, ~ with balconies*** vier Schlafzimmer, alle mit Balkon; ***we saw ~ of them*** wir sahen sie alle; ***have you drunk ~ of the milk?*** hast du die ganze Milch getrunken?; ***your proposal is ~ very well in theory, but …*** in der Theorie ist dein Vorschlag ja schön und gut, aber …; **to be ~ one to sb** jdm gleichgültig [*o fam* gleich] sein ❹ (*at least*) mindestens; ***it's going to cost ~ of a million dollars*** das kostet mindestens eine Million Dollar; ***the book has sold ~ of 200 copies*** von dem Buch sind ganze 200 Exemplare verkauft worden; ***he always eats the entire apple, core and ~*** sie isst immer den ganzen Apfel mit dem Gehäuse; **~ but sb/sth** alle außer jd/etw; ***we have support from ~ but one of the networks*** nur ein Netzwerk unterstützt uns nicht ❺ (*the only thing*) alles; ***~ I want is to be left alone*** ich wollte nur in Ruhe gelassen werden; ***the remark was so silly, it was ~ she could do not to laugh*** die Bemerkung war so dumm, dass sie sich sehr zusammenreißen musste, um nicht zu lachen; (*fig*) ***that's ~ I need right now*** das hat mir jetzt gerade noch gefehlt; **~ [that] *it takes is a little bit of luck*** man braucht nur etwas Glück ▸ PHRASES: **~'s well that ends well** (*prov*) Ende gut, alles gut; **to give** [*or* **put**] **one's ~** alles geben; **~ told** insgesamt; ***they tried a dozen times ~ told*** sie versuchten es insgesamt ein Dutzend Mal; **anything/nothing at ~** überhaupt nichts; **~ for one, and one for ~** (*saying*) alle für einen, einer für alle; **and ~** (*fam*) auch; ***get one for me and ~*** bring mir auch einen

all- *in compounds* **~-girl band** ausschließlich aus Mädchen bestehende Band; **~-glass/-steel building** Ganzglas-/-stahlgebäude *nt*; **~-male team** reine Männermannschaft

Allah [ˈælə] *n no art* Allah

all-American I. *adj* ❶ (*typically American*) typisch amerikanisch ❷ AM SPORTS (*top-rated amateur*) **an ~ fullback** bester Verteidiger eines Jahres (*wird von der amerikanischen Sportpresse gewählt*) ❸ (*fully American*) **cars of ~ manufacture** ausschließlich in den USA hergestellte Autos; **an ~ negotiating team** ein rein amerikanisches [*o* nur mit Amerikanern besetztes] Verhandlungsteam **II.** *n* AM amerikanischer Nationalspieler/amerikanische Nationalspielerin **all-around** *adj attr* AM (*all-round*) allgemein; ***he appears to be an ~ failure*** ihm scheint alles zu misslingen; **~ sportsman** Allroundsportler *m*

allay [əˈleɪ] *vt* (*form*) **to ~ sb's anger/fears** jds Zorn/Befürchtungen beschwichtigen; **to ~ sb's concern/doubts/suspicions** jds Bedenken/Zweifel/Argwohn zerstreuen; **to ~ sb's hunger/pain/thirst** jds Hunger/Schmerz/Durst stillen

all-clear *n* Entwarnung *f*; **to give** [*or* **sound**] **the ~** Entwarnung geben **all comers** *npl* (*fam*) *alle möglichen Herausforderer/Konkurrenten;* **to take on ~** es mit jedem Herausforderer aufnehmen **all-conquering** [ˌɔːlˈkɒŋkᵊrɪŋ, AM ˈkɑːŋ] *adj inv* unschlagbar; **~ love** alles überwindende Liebe **all-consuming** [ˌɔːlkənˈsjuːmɪŋ, AM ˈsuːm] *adj inv* überwältigend *attr*; ***they had an ~ emotional relationship*** sie führten eine gefühlsmäßig sehr innige Beziehung **all-day** [ˈɔːldeɪ] *adj attr, inv* Ganztags-, ganztägig; **~ lipstick** Lippenstift, der den ganzen Tag hält

allegation [æləˈgeɪʃᵊn] *n* Behauptung *f*; **to make an ~ about** [*or* **against**] **sb** jdn beschuldigen; **to make ~s of professional misconduct against sb** jdm Amtsmissbrauch vorwerfen

allege [əˈledʒ] *vt* ❶ (*declare*) ▪ **to ~ that …** behaupten, dass …; ***it was ~d that Johnson struck Mr Rahim*** Johnson soll Mr Rahim geschlagen haben; ***Mr Smythe is ~d to have been …*** Mr Smythe war angeblich … ❷ LAW ▪ **to ~ sth** etw [bei Gericht] vorbringen

alleged [əˈledʒd] *adj inv* angeblich

allegedly [əˈledʒɪdli] *adv inv* angeblich

allegiance [əˈliːdʒᵊn(t)s] *n usu sing* Loyalität *f*, Ergebenheit *f*; **oath of ~** Fahneneid *m*; **to pledge** [*or* **swear**] **~ to sb** jdm Treue geloben [*o* schwören]; **to pledge** [*or* **swear**] **~ to sth** ein Gelübde auf etw *akk* ablegen, einen Eid auf etw *akk* leisten; **to pledge ~ to the flag** AM den Fahneneid leisten

allegorical [æləˈgɒrɪkᵊl, AM -ˈgɔːr-] *adj* allegorisch, [sinn]bildlich, gleichnishaft; **~ representation** sinnbildliche Darstellung; **~ symbol** Sinnbild *nt*

allegorically [æləˈgɒrɪkᵊli, AM -ˈgɔːr-] *adv* allegorisch; **to write ~** allegorisieren

allegory [ˈælɪgəri, AM -gɔːri] *n* LIT, ART ❶ *no pl* (*genre*) Allegorik *f* ❷ (*representation*) Allegorie *f*

Allegro <*pl* -s> [əˈlegrəʊ, AM roʊ] *n* MUS Allegro *nt* **alleluia** [ˌælɪˈluːjə] **I.** *interj* halleluja **II.** *n* Halleluja *nt,* Loblied *nt*
Allen key [ˈælən,-] *n* Inbusschlüssel *m,* Innensechskantschlüssel *m* **Allen screw** *n* Inbusschraube *f,* Innensechskantschraube *f* **Allen wrench** *n* Inbusschlüssel *m,* Innensechskantschlüssel *m*
allergen [ˈælədʒen, AM -ɚ-] *n* Allergen *nt*
allergenic [æləˈdʒenɪk, AM -ɚˈ-] *adj* allergen
allergic [əˈlɜːdʒɪk, AM -ˈlɜːr-] *adj* allergisch; ■**to be ~ to sth** auf etw *akk* allergisch reagieren, gegen etw *akk* allergisch sein *a. fig*
allergy [ˈælədʒi, AM -ɚ-] *n* Allergie *f* (**to** gegen +*akk*)
alleviate [əˈliːvieɪt] *vt* **to ~ deficiencies** Mängel beheben; **to ~ fears** Ängste abbauen; **to ~ pain/suffering** Schmerzen/Leiden lindern; **to ~ problems/stress** Probleme/Stress verringern
alleviation [əˌliːviˈeɪʃᵊn] *n no pl* Reduzierung *f,* Verminderung *f; of pain, discomfort* Linderung *f*
alley [ˈæli] *n* ❶ (*between buildings*) Gasse *f,* schmaler Durchgang; **blind ~** (*also fig*) Sackgasse *f a. fig* ❷ (*in park*) Parkweg *m;* **~ of trees** Allee *f* ▸ PHRASES: **this is right up my ~** AM, AUS (*enjoyable*) das ist ganz mein Fall; (*easy for me*) darin [*o* damit] kenne ich mich aus
alley cat *n* streunende Katze; (*fig sl: person*) *jd mit lockerem Lebenswandel;* **to have the morals of an ~** eine lockere Moral haben **alleyway** *n* Gasse *f*
All Fools' Day *n* der erste April **All Hallows'** *n* Allerheiligen *nt*
alliance [əˈlaɪən(t)s] *n* ❶ (*group*) Allianz *f,* Bündnis *nt;* **the Atlantic A~** das Atlantische Bündnis; **military ~** Militärbündnis *nt;* **to form** [*or* **forge**] **an ~ with sb** ein Bündnis mit jdm schließen, sich *akk* mit jdm verbünden ❷ *no pl* (*state*) Verbindung *f,* Zusammenschluss *m;* **to be in ~ with sb** [**against sb**] sich *akk* mit jdm [gegen jdn] verbündet haben
allied [ˈælaɪd] *adj* ❶ (*united*) verbündet; MIL alliiert; **the A~ forces** die alliierten Streitkräfte ❷ (*related*) ähnlich; **~ subjects/trades** verwandte Gebiete/Berufe ❸ (*together with*) ■**~ with** [*or* **to**] **sth** gepaart mit etw *dat;* ***enthusiasm ~ with a love of children*** Enthusiasmus, gepaart mit einer Liebe zu Kindern
Allies [ˈælaɪz] *npl* (*hist*) ■**the ~** die Alliierten *pl*
alligator [ˈælɪgeɪtəʳ, AM -t̬ɚ] *n* Alligator *m* ▸ PHRASES: **see you later, ~** (*dated*) man sieht sich *fam,* also bis dann *fam*
all-important *adj inv* überaus wichtig, wesentlich; ***the ~ thing is to make a profit at the end*** es kommt vor allem darauf an, am Ende einen Gewinn zu erzielen **all in** *adj pred, inv* (*fam*) ■**to be ~** völlig alle sein *fam,* fix und fertig sein *fam* **all-in** *adj attr* alles inbegriffen; **~ rate** Inklusivpreis *m,* Pauschalpreis *m* **all-inclusive** [ˌɔːlɪnˈkluːsɪv] *adj inv holiday, fee* pauschal; *ideas* umfassend *attr* **all-in-one I.** *adj attr, inv* ❶ (*polyfunctional*) *cleaner* Allzweck-; **~ shampoo/conditioner** Shampoo *nt*/Festiger *m* für jeden Typ ❷ BRIT FASHION einteilig **II.** *n* BRIT Einteiler *m;* (*overalls*) Overall *m*
alliteration [əˌlɪtəˈreɪʃᵊn, AM -lɪt̬-] *n no pl* Alliteration *f,* Stabreim *m*
alliterative [əˈlɪtᵊrətɪv, AM əˈlɪt̬ᵊrət̬ɪv] *adj inv* LIT alliterierend *attr fachspr*
all-night [ˈɔːlnaɪt] *adj attr, inv* die ganze Nacht dauernd *attr;* **~ shop** nachts durchgehend geöffneter Laden **all-nighter** [ɔːlˈnaɪtəʳ, AM -t̬ɚ] *n* **to pull an ~** (*sl*) [die Nacht] durcharbeiten
allocate [ˈæləkeɪt] *vt* ■**to ~ sth** [**to sb**] *flat, task* [jdm] etw zuteilen [*o* zuweisen]; **to ~ blame for sth to sb** jdm die Schuld an etw *dat* zuschieben; **to ~ funds** [**for sth**] [Geld]mittel [für etw *akk*] bereitstellen
allocation [ˌæləˈkeɪʃᵊn] *n usu sing* (*assignment*) Zuteilung *f;* (*distribution*) Verteilung *f;* **~ of funds** Bereitstellung *f* von [Geld]mitteln; **~ of capital** FIN Kapitalbewilligung *f;* COMPUT **~ routine** Zuteilungsroutine *f;* **~ unit** Zuordnungseinheit *f*
allocution [ˌæləˈkjuːʃᵊn] *n* AM LAW Erteilung *f* des Schlussworts an den Angeklagten
allonge [əˈlɔ̃ʒ] *n* Allonge *f*
allopathic [ˌæləʊˈpæθɪk] *adj* allopathisch *fachspr,* schulmedizinisch
allopathy [əˈlɒpəθi, AM əˈlɑː-] *n no pl* Allopathie *f*
allophone [ˈæləfoʊn] *n* ❶ CAN *Person, deren Muttersprache weder Englisch noch Französisch ist* ❷ LING Allophon *nt*
All Ordinaries Index *n* FIN Preisindex *m* an der Australischen Börse
allot <-tt-> [əˈlɒt, AM -ˈlɑːt] *vt* **to ~ sb a job/a room** [*or* **a job/a room to sb**] jdm eine Arbeit/einen Raum zuteilen; ***three hours have been ~ed for this task*** für diese Aufgabe wurden drei Stunden angesetzt; **to ~ shares** ECON Aktien zuteilen
allotment [əˈlɒtmənt, AM -ˈlɑːt-] *n* ❶ (*assignment*) Zuteilung *f;* (*distribution*) Verteilung *f* ❷ STOCKEX *of shares* [Aktien]zuteilung *f;* **payment in full on ~** Zahlung *f* in voller Höhe bei Zuteilung; FIN **letter of ~** [*or* **~ letter**] Zuteilungsanzeige *f* ❸ BRIT (*plot of land*) Schrebergarten *m*
allotted [əˈlɒtɪd, AM -ˈlɑːt-] *adj* zugeteilt; ***the final speaker overran her ~ time*** die Schlusssprecherin hielt die [festgesetzte] Redezeit nicht ein; **the ~ space** the vorgesehene Fläche
all out *adv* ▸ PHRASES: **to go ~** sich *akk* mächtig ins Zeug legen *fam;* **to go ~ to do sth** alles daransetzen, um etw zu tun **all-out** *adj attr* umfassend; **~ attack** Großangriff *m;* **~ commitment** voller Einsatz; **~ strike** Generalstreik *m;* **to launch an ~ campaign** eine massive Kampagne starten; **to make an ~ effort to do sth** nichts unversucht lassen, etw zu tun
all-over *adj attr* gleichmäßig, lückenlos; ***the material has an ~ pattern of grapevines*** der Stoff ist komplett mit Weinstöcken bedruckt; **~ tan** nahtlose Bräune
allow [əˈlaʊ] **I.** *vt* ❶ (*permit*) ■**to ~ sth** etw erlauben [*o* gestatten]; (*make possible*) etw ermöglichen; ***we must not ~ these problems to affect our plans*** wir dürfen nicht zulassen, dass diese Probleme unsere Pläne beeinflussen; ***why has the project been ~ed to continue if it's such a disaster?*** warum hat man das Projekt weiterlaufen lassen, wenn es so ein Desaster ist?; **to ~ access** Zugang gewähren; **to ~ a goal** ein Tor anerkennen; ■**to ~ sb to do sth** jdm erlauben, etw zu tun; ■**to ~ sb sth** jdm etw zugestehen; ***he didn't ~ us enough time to finish the test*** er hat uns nicht genug Zeit für den Test gelassen; ***she isn't ~ed any sweets on her diet*** sie darf keine Süßigkeiten mehr essen; ***pets aren't ~ed in this hotel*** Haustiere sind in diesem Hotel nicht erlaubt; ***please ~ me through!*** lassen Sie mich bitte durch!; ■**to ~ oneself sth** sich *dat* etw gönnen ❷ LAW **to ~ a claim** einen Anspruch anerkennen; **to ~ an appeal** einer Berufung [*o* Revision] stattgeben ❸ (*allocate*) ■**to ~ sth** etw einplanen; **to ~ sb the benefit of the doubt** im Zweifelsfall zu jds Gunsten entscheiden ❹ (*concede*) ■**to ~ that ...** zugeben [*o* eingestehen], dass ... ▸ PHRASES: **to ~ sb a free hand** jdm freie Hand lassen; **~ me** (*form*) erlauben Sie ..., Sie gestatten ... **II.** *vi* ***we'll do it if time ~s*** wir machen es wenn die Zeit es zulässt; (*form*) ■**to ~ of sth** ewt zulassen; ***this rule ~s of no exceptions*** diese Regel gilt ohne Ausnahme
◆**allow for** *vi* ■**to ~ for sth** etw berücksichtigen [*o* in Betracht ziehen]; *error, delay* etw einkalkulieren; ***have these prices been adjusted to ~ for inflation?*** sind diese Preise inflationsgerecht angepasst worden?
allowable [əˈlaʊəbl] *adj* zulässig; **~ expenses** abzugsfähige [*o* steuerlich absetzbare] Ausgaben
allowance [əˈlaʊən(t)s] *n* ❶ (*permitted amount*) Zuteilung *f,* zugeteilte Menge; **baggage ~** zulässiges Gepäck; **cost-of-living ~** Teuerungszulage *f;* **entertainment ~** Aufwandsentschädigung *f;* **mileage ~** Kilometerpauschale *f;* **travel ~** Reisekostenzuschuss *m* ❷ FIN (*tax-free amount*) **tax ~** Steuerfreibetrag *m;* **annual depreciation** [*or* **write-down**] **~** jährlicher Abschreibungsbetrag; **capital ~s** Abschreibungsbeträge *mpl* aufgrund von Aufwendungen für Anlagegüter; **personal ~** persönlicher [Steuer]freibetrag ❸ *no pl* (*for student*) Ausbildungsbeihilfe; *esp* AM (*pocket money*) Taschengeld *nt;* FIN (*provision*) **~ for bad debt** Zuschuss *m* für notleidende Kredite; **~ for exchange loss** Kursverlustentschädigung *f* ❹ **to make** [**an**] **~ for sth** (*prepare for*) etw bedenken [*o* einkalkulieren]; **to make ~s for a fact** eine Tatsache berücksichtigen; **to make ~s for sb** mit jdm nachsichtig sein, jdn entschuldigen
allowed time *n* ECON Erholungsspanne *f* (*bezahlte Arbeitszeit, während der der Arbeitnehmer essen, aufräumen und sich ausruhen darf*)
alloy I. *n* [ˈælɔɪ] Legierung *f;* **~ wheels** Leichtmetallräder *ntpl,* Alu-Felgen *fpl* **II.** *vt* [əˈlɔɪ] (*liter*) ■**to ~ sth** *pleasure* etw beeinträchtigen [*o* trüben]
all-powerful *adj inv* allmächtig **all-purpose** *adj attr kitchen knife, tool, vehicle* Allzweck-, Universal-; **~ glue** Alleskleber *m* **all-purpose flour** *n no pl* AM (*plain flour*) Haushaltsmehl *nt* (*entspricht Mehl des Typs 405*)
all right I. *adj inv* ❶ (*OK*) in Ordnung; (*approv fam: very good*) nicht schlecht *präd;* ***don't worry now, it's ~*** schon gut, es ist alles wieder in Ordnung; ***gosh, this wine's ~, isn't it?*** Mensch, dieser Wein ist aber nicht übel!; ***that's ~*** (*apologetically*) das macht nichts; (*your welcome*) keine Ursache; ***what did you think of the film? — it was ~, nothing special*** wie fandest du den Film? — na ja, nichts Besonderes; ***would it be ~ if ...?*** wäre es dir recht, wenn ...?; ***it'll be ~ to leave your car here*** du kannst deinen Wagen ruhig hier lassen; **to be a bit of ~** BRIT (*fam*) nicht schlecht aussehen; **perfectly ~** völlig in Ordnung; **to be doing ~** ein angenehmes Leben führen; ■**to be ~ with sb** jdm recht sein ❷ (*healthy*) gesund; (*safe*) gut; ***are you ~?*** ist alles in Ordnung?, bist du okay?; ***well, we got as far as London ~, but then ...*** bis London sind wir ja noch gut gekommen, aber dann ...; **to get home ~** gut nach Hause kommen **II.** *interj* ❶ (*in agreement*) o.k., in Ordnung ❷ (*approv sl: in approval*) bravo, super ❸ BRIT (*fam: greeting*) **~?** wie geht's?; **~, *John?*** na wie geht's, John? **III.** *adv inv* ❶ (*doubtless*) auf jeden Fall, zweifellos; ***are you sure it was him? — oh, it was him ~*** bist du sicher, dass er es war? – oh ja, eindeutig! ❷ (*quite well*) ganz gut; ***are you managing ~ in your new job?*** kommst du in deinem neuen Job gut zurecht?
all-risks policy *n* ECON Universalversicherung *f*
all-round *adj inv* Allround-; **~ sportsman** Allroundsportler *m;* **~ talent** Alleskönner(in) *m(f)* **all-rounder** [-ˈraʊndəʳ, AM -dɚ] *n* BRIT, AUS Alleskönner(in) *m(f),* Multitalent *nt;* SPORTS Allroundsportler(in) *m(f)* **All Saints' Day** *n* Allerheiligen *nt*
All-Share Index *n* FIN Aktienindex *m* der Financial Times **All Souls' Day** *n* Allerseelen *nt* **allspice** *n* Piment *m o nt,* Nelkenpfeffer *m* **all-star I.** *adj attr, inv musical, tournament* Star-, Gala-, Spitzen-; **~ cast** Starbesetzung *f;* **~ team** Auswahlmannschaft *f* **II.** *n* AM SPORTS Auswahlspieler(in) *m(f)* **all-time** *adj attr, inv* Rekord-, unübertroffen; **~ high/low** Höchst-/Tiefststand *m,* Rekordhoch *nt*/-tief *nt;* ***profits are at an ~ high*** die Gewinne waren noch nie so hoch; **to set an ~ best** eine absolute Bestmarke aufstellen
allude [əˈluːd] *vi* ■**to ~ to sth** auf etw *akk* anspielen
allure [əˈljʊəʳ, AM -ˈlʊr] **I.** *n no pl* (*attractiveness*) Anziehungskraft *f,* Reiz *m;* (*enticing charm*) Verführungskraft *f;* ***the town lost much of its ~*** die Stadt büßte viel von ihrem Reiz ein; **sexual ~** erotische Ausstrahlung **II.** *vt* (*form*) ■**to ~ sb to do sth** [*or* **into doing sth**] jdn dazu verführen, etw zu tun
allurement [əˈljʊəmənt, AM ˈlʊr] *n* Verlockung *f;* **sexual ~s** Reize *mpl*
alluring [əˈljʊəˈrɪŋ, AM -ˈlʊr-] *adj* (*attractive*) attraktiv, anziehend; (*enticing*) verführerisch; **~ prospect** verlockende Aussicht
alluringly [əˈljʊəˈrɪŋli, AM -ˈlʊr-] *adv* verführerisch
allusion [əˈluːʒᵊn] *n* Anspielung *f,* Andeutung *f;* **to make an ~ to sth** eine Anspielung auf etw *akk* machen, auf etw *akk* anspielen
allusive [əˈluːsɪv] *adj* voller Anspielungen
allusiveness [əˈluːsɪvnəs] *n no pl* Indirektheit *f;* *I*

find his ~ rather irritating seine Art, in Andeutungen zu reden, geht mir auf die Nerven

alluvial [əˈluːviəl] *adj* GEOG angeschwemmt, alluvial *fachspr;* ~ **deposit** Anschwemmung *f,* Ablagerung *f;* ~ **land** Schwemmland *nt;* ~ **plain** Schwemmebene *f*

all-weather *adj attr, inv coat, soccer pitch* Allwetter-, wetterfest; ~ **ice rink** wettergeschützte Eisbahn; ~ **jacket** Allwetterjacke *f;* ~ **paint** wetterfeste Farbe

ally [ˈælaɪ] **I.** *n* Verbündete(r) *f(m);* **staunch** ~ zuverlässiger Verbündeter; HIST, POL Alliierte(r) *m* **II.** *vt* <-ie-> ■**to** ~ **oneself with** [*or* **to**] **sb** sich *akk* mit jdm verbünden [*o* zusammentun]; ■**to** ~ **oneself with** [*or* **to**] **sth** sich *akk* etw *dat* anschließen

alma mater [ˌælməˈmɑːtəʳ, AM -ˈmeɪt̬ɚ] *n usu sing* 1 (*form or hum: place of study*) Alma Mater *f a. hum, iron* 2 AM (*college song*) Schulhymne *f*

almanac(k) [ˈɔːlmənæk, ˈæl-] *n* Almanach *m,* Jahrbuch *nt*

almighty [ɔːlˈmaɪti, AM -t̬i] *adj* 1 REL allmächtig; **God** ~ Gott, der Allmächtige 2 (*fam: huge*) *crash, fuss, roar, row* Riesen- *fam,* Mords- *fam;* ~ **bang** Mordsknall *m fam;* ~ **jam** Riesenstau *m fam*

Almighty [ɔːlˈmaɪti, AM -t̬i] **I.** *n* ■**the** ~ der Allmächtige **II.** *interj* **God** [*or* **Christ**] ~! beim Allmächtigen!

almond [ˈɑːmənd, AM *also* ˈɑːl-] **I.** *n* 1 (*nut*) Mandel *f;* **blanched** ~**s** abgezogene Mandeln; **chopped/toasted** ~**s** gehackte/geröstete Mandeln; **slivered** ~**s** Mandelstifte *mpl* 2 (*tree*) Mandelbaum *m* **II.** *n modifier* (*essence, cake, biscuits, oil, soap*) Mandel-

almond paste *n no pl* Marzipan *nt* **almond-shaped** [ˈɑːməndʃeɪpt] *adj inv* mandelförmig

almoner [ˈɑːmənəʳ, AM ælmənɚ] *n* 1 HIST Almosenier *m* 2 ADMIN Sozialbetreuer(in) *m(f)* im Krankenhaus

almost [ˈɔːlməʊst, AM -moʊst] *adv* fast, beinahe; ***I ~ wish I hadn't invited him*** mir wäre es fast lieber, ich hätte ihn nicht eingeladen; ***we're ~ there*** wir sind gleich da; ***they'll ~ certainly forget to do it*** es ist so gut wie sicher, dass sie vergessen werden, es zu tun; ***I ~ died when I saw the damage*** mich traf fast der Schlag, als ich den Schaden sah; ~ **impossible** praktisch [*o* so gut wie] unmöglich

alms [ɑːmz] *npl* (*old*) Almosen *ntpl veraltet;* ~ **to** [*or* **for**] **the poor** Almosen *ntpl* für [*o* an] die Armen

almshouse *n* (*old*) Armenhaus *nt veraltet*

aloe [ˈæləʊ, AM -oʊ] *n* 1 (*plant*) Aloe *f* 2 [**bitter**] ~**s** (*laxative*) [bitterer] Aloesaft, Bärengalle *f hum* (*Abführmittel, das aus dem Saft eingedickter Blätter besteht*)

aloe vera [ˌæləʊˈvɪərə, AM -oʊˈvɪrə] *n* Aloe vera *f;* HORT *also* echte Aloe

aloft [əˈlɒft, AM -ˈlɑːft] *adv pred, inv* hoch; **to bear/hold sth** ~ (*form*) etw empor-/hochhalten *geh*

alone [əˈləʊn, AM -ˈloʊn] **I.** *adj* 1 *pred, inv* (*without others*) allein; ~ ***among his colleages, he ...*** er war der einzige in seinem Kollegenkreis, der ...; ***am I ~ in thinking that he's guilty?*** bin ich als Einzige der Meinung, dass er schuldig ist?; ***they were never left ~ together*** man ließ sie nie miteinander allein; **to feel** ~ sich *akk* einsam fühlen; **to leave sb** ~ jdn in Ruhe lassen; ***he needs to be left*** ~ er braucht seine Ruhe 2 *after n, inv* (*only*) allein; ***it's Jane and Jane ~ I would like to talk to*** ich möchte nur mit Jane reden!; **let** ~ ganz zu schweigen von, geschweige denn **II.** *adv* allein; **to live** ~ für sich [*o* allein] leben ▸ PHRASES: **time** ~ **will tell** (*prov*) die Zukunft wird es zeigen; ***time ~ will tell whether the operation was a success*** jetzt muss man einfach abwarten, ob die Operation ein Erfolg war; **laugh and the world laughs with you, cry and you cry** ~ (*prov*) lache, und die Welt lacht mit dir, weine, und du weinst allein *prov;* **to leave well enough** ~ die Dinge lassen, wie sie sind, an etw *akk* nicht rühren; **to go it** ~ (*fam: become self-employed*) sich *akk* selbständig machen; (*act independently*) etw im Alleingang machen

along [əˈlɒŋ, AM -ˈlɑːŋ] **I.** *adv inv* 1 (*ahead*) vorwärts; ***the party was going ~ successfully until ...*** die Party war ein Erfolg bis ...; ***how far ~ are you with your essay?*** wie weit bist du mit deinem Aufsatz? 2 (*there*) ***go on ahead — I'll be ~ in a minute*** geh du vor – ich komme gleich nach; ***another bus will be ~ in ten minutes*** in zehn Minuten kommt der nächste Bus; ***a little girl came ~ and started talking to me*** da kam ein kleines Mädchen auf mich zu und sprach mich an; **to stroll** ~ dahinschlendern, einen Bummel machen 3 (*from the beginning*) **all** ~ die ganze Zeit, von Anfang an 4 (*together with*) ■~ **with sb** zusammen mit jdm; ***he arrived ~ with two friends*** er kam mit zwei Freunden; **to bring/take sb/sth** ~ jdn/etw mitbringen/-nehmen; (*fig*) ***he just came ~ for the ride*** er ist einfach nur so mitgekommen **II.** *prep* 1 (*on*) entlang +*akk;* ***they drove ~ highway 1*** sie fuhren den Highway 1 entlang; ***she scattered salt ~ the path*** sie streute Salz auf den Weg; **all** ~ **sth** entlang einer S. *gen;* ***there are many wineries all ~ this road*** entlang dieser Straße gibt es viele Weinkellereien 2 (*during*) während +*gen;* ~ ***the train ride to Berlin, I met several nice people*** auf der Zugfahrt nach Berlin habe ich einige nette Leute kennen gelernt; ~ **the way** unterwegs, auf dem Weg; ***I've picked up a good deal of experience ~ the way*** ich habe in dieser Zeit eine Menge Erfahrung gesammelt 3 (*beside*) entlang +*akk;* ~ **a wall/road** entlang einer Wand/Straße 4 (*across*) entlang +*akk;* ***there were little windows ~ the top of the corridor*** oben entlang des Gangs befanden sich kleine Fenster; ***there were small cracks all ~ the base of the house*** entlang des gesamten Hausfundaments gab es kleine Risse 5 (*in addition to*) ■~ **with** zusammen mit; ~ ***with my mother, my two sisters came to visit*** meine beiden Schwestern kamen zusammen mit meiner Mutter zu Besuch; **to take** [*or* **bring**] **sth** ~ **with sb** etw mit jdm mitnehmen/-bringen; ***whenever they go to the park they always bring their frisbee ~ with them*** wann immer sie in den Park gehen nehmen sie ihre Frisbee mit

alongside [əˌlɒŋˈsaɪd, AM -ˈlɑːŋ-] **I.** *prep* 1 (*beside*) parallel; NAUT längsseits; ***the new pill will be used ~ existing medicines*** die neue Pille wird neben bereits vorhandenen Medikamenten Verwendung finden 2 (*be of same standard*) **to rank** ~ **sth** den gleichen Standard wie etw haben, mit etw *dat* mithalten **II.** *adv inv* daneben; ***the lorry pulled up ~*** der Laster fuhr heran; ***a tanker with a tug boat ~*** ein Tanker und ein Schleppboot Bord an Bord

aloof [əˈluːf] **I.** *adj* (*reserved*) zurückhaltend; ~ **manner** reservierte [*o* distanzierte] Art **II.** *adv* **to keep** [*or* **remain**] [*or* **stand**] ~ [**from sth**] sich *akk* [aus etw *dat*] heraushalten, sich *akk* [von etw *dat*] fernhalten

aloofness [əˈluːfnəs] *n no pl* Zurückhaltung *f,* Distanziertheit *f*

aloud [əˈlaʊd] *adv inv laugh, read* laut; **to wonder** ~ **whether ...** laut darüber nachdenken, ob ...

alpaca [ælˈpækə] **I.** *n* 1 (*llama*) Alpaka *nt* 2 *no pl* (*wool*) Alpakawolle *f,* Alpaka *nt* **II.** *n modifier* (*wool, coat, blanket*) Alpaka-; ~ **cardigan** Strickjacke *f* aus Alpaka

alpha [ˈælfə] *n* 1 (*of Greek alphabet*) Alpha *nt* 2 BRIT UNIV (*mark*) Eins *f;* **to get an** ~ eine Eins bekommen ▸ PHRASES: **the** ~ **and omega** REL der Anfang und das Ende; (*fig*) das A und O *fig*

alphabet [ˈælfəbet] *n* Alphabet *nt*

alphabetical [ælfəˈbetɪkəl, AM -ˈbet̬-] *adj inv* alphabetisch; **in** ~ **order** in alphabetischer Reihenfolge

alphabetically [ælfəˈbetɪkəli, AM -ˈbet̬-] *adv* alphabetisch; **to arrange words** ~ Wörter alphabetisch ordnen

alphabetize [ˈælfəbetaɪz, AM -bət-] *vt* ■**to** ~ **sth** etw alphabetisieren [*o* alphabetisch ordnen]

alphabet soup *n* Buchstabensuppe *f;* AM (*fig*) ***the names of these authorities are just ~*** die Namen dieser Behörden sind ein einziger Buchstabenwirrwarr

alpha male *n* Alpha-Männchen *nt*

alphanumeric [ˌælfənjuːˈmerɪk, AM *also* -nuː-] *adj inv* alphanumerisch

alpha particle *n* PHYS Alphateilchen *nt* **alpha radiation** *n* COMPUT Alphastrahlen *pl* **alpha ray** *n* PHYS Alphastrahl *m* **alpha rhythm** *n no pl* MED, PHYSIOL Alpha-Rhythmus *m* **alpha securities, alpha shares, alpha stocks** *npl* BRIT STOCKEX Alpha-Werte *mpl* **alpha test** *n* ECON Alphatest *m* **alpha waves** *npl* PHYS Alphawellen *pl* **alpha wrap** *n* COMPUT Alphawindung *f*

alpine [ˈælpaɪn] **I.** *adj climate, flowers* alpin, Gebirgs-, Hochgebirgs-; ~ **scene** [Hoch]gebirgslandschaft *f;* ~ **skiing** alpiner Skisport **II.** *n* [Hoch]gebirgspflanze *f*

Alpine [ˈælpaɪn] *adj ski resort, guide* alpine(r,s), Alpen-; ~ **flower** Alpenblume *f;* ~ **meadow** Alm *f*

alpine plant *n* [Hoch]gebirgspflanze *f*

Alps [ælps] *npl* ■**the** ~ die Alpen *pl;* **the French/Swiss** ~ die Französischen/Schweizer Alpen

already [ɔːlˈredi, AM *also* ɑːl-] *adj inv* 1 (*before now*) schon, bereits 2 (*so soon*) jetzt schon; ***we're not there ~, are we?*** sind wir etwa schon da? 3 AM (*indicating impatience*) endlich; ***turn the page ~!*** blätter endlich mal um!; ***all right ~!*** jetzt reicht's aber!

alright [ɔːlˈraɪt, AM *also* ɑːl-] *adj, adv, interj see* **all right**

Alsace [ælˈsæs] *n* Elsass *nt*

Alsace-Lorraine [ælˌsæslɒˈreɪn, AM -loʊˈ-] *n* Elsass-Lothringen *nt*

Alsatian [ælˈseɪʃən] **I.** *n* 1 BRIT (*dog*) [deutscher] Schäferhund 2 (*rare: native of Alsace*) Elsässer(in) *m(f)* 3 (*dialect*) Elsässisch *nt* **II.** *adj* elsässisch

also [ˈɔːlsəʊ, AM -soʊ] *adv inv* 1 (*too*) auch, außerdem; ***not only ... but ~ ...*** nicht nur ..., sondern auch ... 2 (*furthermore*) darüber hinaus

also-ran *n* ■**to be an** ~ unter ferner liefen landen; (*fig*) auf keinen grünen Zweig kommen *fam*

alt *n,* **Alt** [ælt] *n* COMPUT Alt *nt,* Alt-Taste *f*

altar [ˈɔːltəʳ, AM -tɚ] *n* Altar *m;* **high** ~ Hochaltar *m;* (*fig*) **to lead sb to the** ~ jdn zum Altar führen; **to sacrifice sth on the** ~ **of sth** etw auf dem Altar einer S. *gen* opfern *geh*

altar boy *n* Ministrant *m* **altar piece** *n* Altarbild *nt*

alter [ˈɔːltəʳ, AM -tɚ] **I.** *vt* 1 (*change*) ■**to** ~ **sth** etw ändern; ***that doesn't ~ the fact that ...*** das ändert nichts an der Tatsache, dass ...; **to** ~ **clothes** Kleidungsstücke umarbeiten [*o* ändern] 2 *esp* AM (*euph: castrate*) **to have an animal** ~**ed** ein Tier kastrieren lassen ▸ PHRASES: **circumstances** ~ **cases** es kommt auf die Umstände an **II.** *vi* sich *akk* ändern; ***things will soon ~ for the better*** die Dinge werden sich bald zum Besseren wenden

alterable [ˈɔːltərəbl, AM -tɚ-] *adj* veränderbar; ■**to be** ~ sich ändern lassen

alteration [ˌɔːltəˈreɪʃən, AM -tɚ-] *n* Änderung *f;* ***the house needed extensive ~s*** das Haus musste von Grund auf saniert werden; ***some ~s to our original plans are necessary*** einige unserer ursprünglichen Pläne müssen geändert werden

altercation [ˌɔːltəˈkeɪʃən, AM *also* ˈɑːl-] *n* heftige Auseinandersetzung, lautstarker Streit

alter ego *n* 1 (*alternative personality*) anderes Ich, Alter Ego *nt* 2 (*liter: intimate friend*) Alter Ego *nt*

alternate **I.** *vi* [ˈɔːltəneɪt, AM -t̬ɚ-] abwechseln; ***the children ~d between being excited and tired*** die Kinder waren mal müde und mal aufgedreht; ***her cheerfulness ~d with despair*** sie erlebte ein Wechselbad von Heiterkeit und Verzweiflung **II.** *vt* ■**to** ~ **sth with sth** ***he ~d working in the office with working at home*** abwechselnd arbeitete er mal im Büro und mal zu Hause **III.** *adj* [ɔːlˈtɜːnət, AM -ˈt̬ɜːr-] *attr, inv* 1 (*by turns*) abwechselnd; ***the soldiers were in a state of ~ panic and bravado*** die Verfassung der Soldaten schwankte zwischen Panik und Tapferkeit; **on** ~ **days** jeden zweiten Tag 2 (*different*) andere(r, s) *attr;* (*alternative*) alternativ

alternate juror *n* LAW Ersatzgeschworene(r) *f(m)*

alternately [ɔːlˈtɜːnətli, AM -tɜːr-] *adv* abwechselnd, im Wechsel

alternating ['ɔ:ltənertɪŋ, AM -tənerţ-, 'ɑ:l-] *adj inv* alternierend *attr,* abwechselnd aufeinander folgend *attr*
alternating current *n no pl* Wechselstrom *m*
alternation [ˌɔ:ltə'neɪʃᵊn, AM ˌɔ:lţə-] *n* Wechsel *m*
alternative [ɔ:l'tɜ:nətɪv, AM -'tɜ:rneţ-] **I.** *n* Alternative *f* (to zu +*dat*); ***I'm afraid I have no ~ but to ask you to leave*** ich fürchte, wir müssen Sie bitten zu gehen **II.** *adj* ❶ *attr* (*offering choice*) alternativ, Ersatz-; ~ **date** Ausweichtermin *m* ❷ (*unconventional*) *music, lifestyle* alternativ ❸ LAW ~ **dispute resolution** außergerichtliche Streitbeilegung
alternative energy *n no pl* alternative Energie
alternatively [ɔ:l'tɜ:nətɪvli, AM -'tɜ:rnəţ-] *adv* (*instead of*) statt dessen; (*as a substitute*) ersatzweise
alternative medicine *n* Alternativmedizin *f,* alternative Heilmethoden *fpl* **alternative order** *n* ECON, FIN alternativer Auftrag
alternator ['ɔ:ltəneɪtəʳ, AM -təneɪţɚ, *also* 'ɑ:l-] *n* Wechselstromgenerator *m;* AUTO Lichtmaschine *f*
although [ɔ:l'ðəʊ, AM -ðoʊ, *also* ɑ:l] *conj* obwohl, obgleich *geh;* ~ ***it might not help, ...*** auch wenn es vielleicht nichts hilft. ...; ***I'm rather shy, ~ I'm not as bad as I used to be*** ich bin ziemlich schüchtern, allerdings nicht mehr so wie früher; ***she's very kind, ~ a bit bossy*** sie ist sehr lieb, wenn auch ein wenig bestimmend
altimeter ['æltɪmi:təʳ, AM æl'tɪməţɚ] *n* Höhenmesser *m*
altitude ['æltɪtju:d, AM -tətu:d] *n* Höhe *f* [über dem Meeresspiegel [*o* Normalnull]]; ***we are flying at an ~ of 15000 metres*** wir fliegen in einer Höhe von 15000 Metern; **at high/low** ~ in großer/niedriger Höhe
altitude sickness *n no pl* Höhenkrankheit *f*
Alt key [ɔ:lt-, AM *esp* ɑ:lt-] *n* COMPUT Alt-Taste *f*
alto ['æltəʊ, AM -toʊ] **I.** *n* ❶ (*singer*) Altist(in) *m(f),* Altsänger(in) *m(f)* ❷ (*vocal range*) Altstimme *f;* **to sing** ~ Alt singen **II.** *adj attr, inv saxophone, flute* Alt-
altogether [ˌɔ:ltə'geðəʳ, AM -ɚ, *also* ɑ:l-] *adv* ❶ (*completely*) völlig, ganz; ***that's a different matter*** ~ das ist etwas ganz anderes; ***I'm not ~ sure I want that*** ich bin gar nicht so sicher, ob ich das will; ***it is not ~ surprising that ...*** es kommt nicht ganz überraschend, dass ... ❷ (*in total*) insgesamt; ***that'll be £5*** ~ das macht dann insgesamt 5 Pfund ❸ (*everything considered*) alles in allem; ***he is selfish and ~ an unpleasant man*** er ist egoistisch und überhaupt ein unangenehmer Mensch
altruism ['æltruɪzᵊm] *n no pl* Altruismus *m geh,* Uneigennützigkeit *f*
altruist ['æltruɪst] *n* Altruist(in) *m(f) geh*
altruistic [ˌæltru'ɪstɪk] *adj* altruistisch *geh,* selbstlos; ~ **motives** uneigennützige Motive
altruistically [ˌæltru'ɪstɪkᵊli] *adv* selbstlos, uneigennützig
alum ['æləm] *n no pl* CHEM Alaun *m*
aluminium [ˌæljə'mɪniəm, -jʊ'mɪnjəm], AM **aluminum** [ə'lu:mɪnəm] *n no pl* Aluminium *nt*
aluminium foil *n* Alufolie *f*
aluminize [ə'lju:mɪnaɪz, AM -'lu:-] *vt* ■**to ~ sth** etw aluminieren [*o* mit Aluminium überziehen]
alumna <*pl* -nae> [ə'lʌmnə, *pl* -ni:] *n esp* AM Absolventin *f*
alumnae [ə'lʌmni:] *n pl of* **alumna**
alumni [ə'lʌmnaɪ] *pl n pl of* **alumnus**
alumnus <*pl* -ni> [ə'lʌmnəs, *pl* -naɪ] *n* Absolvent *m*
alveolar [ˌælvi'əʊləʳ, AM æl'viələ̃] LING **I.** *adj inv* alveolar, Alveolar-; ~ **ridge** Alveolarfortsatz *m* **II.** *n* Alveolar *m*
always ['ɔ:lweɪz, AM *also* 'ɑ:l-] *adv inv* ❶ (*at all times*) immer, ständig; ***you're ~ complaining*** ständig beklagst du dich ❷ (*as last resort*) immer noch; ***if you miss this train you can ~ catch the next one*** wenn du diesen Zug verpasst, kannst du immer noch den nächsten nehmen; ***we could ~ ask for help*** wir könnten ja auch nach Hilfe bitten ► PHRASES: **the customer is ~ right** der Kunde ist König; **the grass is ~ greener on the other side** [**of the fence**] die Kirschen in Nachbars Garten schmecken immer besser
Alzheimer's ['æltshaɪməʳz, AM 'ɑ:ltshaɪmɚz] *n,* **Alzheimer's disease** *n no pl* Alzheimerkrankheit *f,* Alzheimer *m*
am [æm, əm] *vi 1st pers sing of* **be**
a.m. [ˌeɪ'em] *adj inv abbrev of* **ante meridiem** a.m.; ***at 6*** ~ um sechs Uhr morgens
AM [ˌeɪ'em] *n no pl abbrev of* **amplitude modulation** AM *f*
amalgam [ə'mælgəm] *n* ❶ (*form: blend*) Mischung *f* (**of** aus +*dat*) ❷ MED Amalgam *nt*
amalgamate [ə'mælgəmeɪt] **I.** *vt* ❶ *usu passive* (*unite*) ■**to be ~d with sth** *companies* mit etw *dat* fusioniert haben; *departments* mit etw *dat* zusammengelegt worden sein; ■**to be ~d as sth** zu etw *dat* zusammengeschlossen worden sein; *departments* mit etw *dat* zusammengelegt worden sein ❷ CHEM ■**to ~ sth with sth** *metals* etw mit etw *dat* verschmelzen **II.** *vi union, company* sich *akk* zusammenschließen
amalgamation [əˌmælgə'meɪʃᵊn] *n* ❶ *no pl* (*act of uniting*) Vereinigung *f,* Zusammenschluss *m* ❷ (*union*) Vereinigung *f,* Verband *m;* CHEM Amalgamation *f,* Amalgamierung *f*
amanuenses [əˌmænju'en(t)si:z] *n pl of* **amanuensis**
amanuensis <*pl* -ses> [əˌmænju'en(t)sɪs] *n* (*dated form*) Schreibgehilfe *m* [eines Gelehrten], Amanuensis *m veraltet*
amarant(h) ['æməræn(t)θ] *n* Amarant *m*
amaretto [ˌæmə'retəʊ, AM -ţoʊ] *n* Amaretto *m kein pl*
amaryllis [ˌæmə'rɪlɪs] *n* Amaryllis *f*
amass [ə'mæs] *vt* ■**to ~ sth** etw anhäufen; **to ~ evidence/information** Beweise/Informationen zusammentragen; **to ~ wealth** [*or* **a fortune**] ein Vermögen anhäufen
amateur ['æmətəʳ, AM -mətʃɚ] **I.** *n* ❶ (*non-professional*) Amateur(in) *m(f)* ❷ (*pej: novice*) Dilettant(in) *m(f)* **II.** *adj attr, inv historian, astronomer, photographer, painter* Hobby-; (*non-professional*) *athlete, tennis player* Amateur-; ~ **career** Amateurlaufbahn *f;* ~ **dramatics** [*or* **theatrics**] Laienspiel *nt;* **to have an ~ interest in sth** sich *akk* für etw *akk* aus Liebhaberei interessieren; ~ **sports** Amateursportarten *pl*
amateurish ['æmətᵊrɪʃ, AM *also* ˌæmə'tɜ:rɪʃ] *adj* (*pej*) dilettantisch *pej*
amateurishly ['æmətᵊrɪʃli, AM *also* ˌæmə'tɜ:rɪʃli] *adv* (*pej*) dilettantisch *pej*
amateurishness ['æmətᵊrɪʃnəs, AM *also* ˌæmə'tɜ:rɪʃnəs] *n no pl* (*pej*) Dilettantismus *m pej*
amateurism ['æmətərɪzᵊm, AM mətʃɚ] *n no pl* ❶ (*nonprofessionalism*) Amateurstatus *m;* (*sport*) Amateursport *m* ❷ (*pej*) Amateurhaftigkeit *f,* Dilettantismus *m*
amatory ['æmətᵊri, AM -tɔ:r-] *adj* (*liter*) amourös; ~ **experience** amouröses Abenteuer
amaze [ə'meɪz] *vt* ■**to ~ sb** jdn erstaunen [*o* verblüffen]; ***it never ceases*** [*or* ***fails***] ***to ~ me that ...*** es wundert mich immer wieder, dass ...; ***it ~s me how you can live in such a dirty house*** wie hältst du es nur in einem so dreckigen Haus aus; ***it ~s me to think that ...*** ich kann kaum glauben, dass ...; ■**to be ~d that ...** erstaunt sein, dass ...; ■**to be ~d by** [*or* **at**] **sth** über etw *akk* erstaunt [*o* verblüfft] sein
amazed [ə'meɪzd] *adj* erstaunt, verblüfft
amazement [ə'meɪzmənt] *n no pl* Erstaunen *nt,* Verwunderung *f;* **to sb's ~** zu jds Verwunderung [*o* Erstaunen]; **to shake one's head in ~** erstaunt den Kopf schütteln
amazing [ə'meɪzɪŋ] *adj* ❶ (*very surprising*) erstaunlich; ***that is going to cost an ~ amount of money*** das wird unglaublich teuer werden; ***it's ~ to think that ...*** man kann sich kaum vorstellen, dass ...; **to be truly ~** wirklich erstaunlich sein ❷ (*fam: excellent*) toll *fam;* ***he mixes the most ~ drinks*** er mixt die tollsten Drinks *fam;* ***you're ~*** du bist unglaublich
amazingly [ə'meɪzɪŋli] *adv* erstaunlich, unglaublich; ***now that was an ~ good idea!*** das war aber eine außergewöhnlich gute Idee!; ~ **enough** erstaunlicherweise, überraschenderweise
amazon ['æməzᵊn, AM -zɑ:n] *n* (*hum, often pej*) Mannweib *nt pej*
Amazon ['æməzᵊn, AM -zɑ:n] *n* ❶ (*female warrior*) Amazone *f* ❷ (*in South American*) ■**the** [**River**] ~ der Amazonas
amazonian [ˌæmə'zəʊnɪən, AM -zoʊ-] *adj* (*hum*) amazonenhaft
Amazonian [ˌæmə'zəʊnɪən, AM -zoʊ-] *adj inv* Amazonas-; ~ **rain forest** Regenwald *m* am Amazonas
ambassador [æm'bæsədəʳ, AM -ɚ] *n* ❶ (*of a country*) Botschafter(in) *m(f)* (**to** in +*dat*); **to appoint/name/recall an ~** einen Botschafter ernennen/nominieren/abberufen ❷ (*authorized messenger*) Gesandte(r) *f(m)*
ambassadorial [æmˌbæsə'dɔ:riəl] *adj* Botschafts-, Botschafter-, eines Botschafters; ~ **duties** Aufgaben *fpl* eines Botschafters; ~ **level** Botschafterebene *f;* ~ **secretary** Botschaftssekretär(in) *m(f)*
ambassadress <*pl* -es> [æm'bæsədrəs] *n* (*dated*) ❶ (*female ambassador*) Botschafterin *f* ❷ (*wife of ambassador*) Gattin *f* eines Botschafters ❸ (*messenger or representative*) Gesandte *f*
amber ['æmbəʳ, AM -ɚ] **I.** *n* ❶ *no pl* (*fossil*) Bernstein *m;* **preserved in ~** in Bernstein eingeschlossen ❷ *no pl* (*color*) Bernsteingelb *nt;* BRIT (*traffic light*) Gelb *nt;* ***the lights turned to ~*** die Ampel schaltete auf Gelb **II.** *n modifier* (*necklace*) Bernstein- **III.** *adj* bernsteinfarben
amber nectar *n* BRIT, AUS (*hum*) flüssiges Brot *hum*
ambidextrous [ˌæmbɪ'dekstrəs] *adj* ❶ (*in hands*) beidhändig [gleich geschickt] ❷ (*skilful*) ungewöhnlich geschickt ❸ (*insincere*) doppelzüngig ❹ (*sl: bisexual*) bi *fam*
ambience ['æmbiən(t)s, AM *also* ˌɑ:mbi'ɑ:n(t)s] *n no pl* Ambiente *nt,* Atmosphäre *f*
ambient ['æmbiənt] **I.** *adj attr* (*form*) umgebend; ~ **sound** Nebengeräusch *nt;* ~ **temperature** Außentemperatur *f,* Umgebungstemperatur *f* **II.** *n* (*techno style*) Ambiente *nt*
ambiguity [ˌæmbɪ'gju:əti, AM -bə'gju:əţi] *n* ❶ *no pl* (*manner*) Zweideutigkeit *f,* Doppeldeutigkeit *f,* Ambiguität *f* ❷ (*instance*) Unklarheit *f*
ambiguous [æm'bɪgjʊəs] *adj* (*with double meaning*) zweideutig, mehrdeutig; (*unclear*) unklar; ~ **feelings** gemischte Gefühle; ~ **wording** missverständlicher Wortlaut; ~ **filename** COMPUT uneindeutiger Dateiname
ambiguously [æm'bɪgjʊəsli] *adv* (*with double meaning*) zweideutig; (*not clearly*) unklar; ~ **worded** missverständlich ausgedrückt; **to smile ~** vieldeutig lächeln
ambisonics [ˌæmbɪ'sɒnɪks, AM -'sɑ:n-] *n* COMPUT umgebender Schall
ambit ['æmbɪt] *n no pl* (*form*) Bereich *m;* **to fall** [*or* **come**] **within the ~ of sth** unter etw *akk* fallen, zu etw *dat* gehören; **to fall** [*or* **come**] **within the ~ of sb** in jds Zuständigkeit[sbereich] fallen
ambition [æm'bɪʃᵊn] *n* ❶ *no pl* (*wish to succeed*) Ehrgeiz *m;* **a lack of ~** mangelnder Ehrgeiz ❷ (*aim*) Ambition[en] *f[pl],* [angestrebtes] Ziel; ***the leaders of both parties have presidential ~s*** die Führer beider Parteien streben die Präsidentschaft an; **sb's life's ~** jds Lebenstraum; **burning ~** brennender Wunsch; **territorial ~** territoriales Ziel
ambitious [æm'bɪʃəs] *adj* ❶ (*full of ambition*) ehrgeizig; ■**to be ~ for sb** für jdn große Pläne haben; ■**to be ~ to do sth** etw unbedingt tun wollen ❷ (*showing ambition*) ehrgeizig, ambitiös; ~ **aim** hochgestecktes Ziel; ~ **project** ehrgeiziges Projekt
ambitiously [æm'bɪʃəsli] *adv* ehrgeizig
ambivalence [æm'bɪvələn(t)s] *n no pl* Ambivalenz *f geh,* Zwiespältigkeit *f*
ambivalent [æm'bɪvələnt] *adj* zwiespältig; **to be ~ about** [*or* **toward[s]**] **sth** zwiespältige [*o* gemischte] Gefühle gegenüber etw *dat* haben; ***I feel pretty ~ about whether ...*** ich bin mir etwas unsicher, ob

…; ~ **attitude** ambivalente Haltung; ~ **feelings** gemischte Gefühle

ambivalently [æm'bɪvələntli] *adv* ambivalent *geh,* zwiespältig

amble ['æmbl̩] **I.** *vi* schlendern, bummeln; **to ~ along/off** dahin-/davonschlendern **II.** *n no pl* ❶ (*stroll*) Schlendern *nt;* **leisurely ~** gemächlicher Spaziergang ❷ (*of a horse*) Passgang *m*

ambrosia [æm'brəʊziə, AM -broʊʒə] *n no pl* (*liter*) Ambrosia *f geh,* Götterspeise *f;* (*fig*) Köstlichkeit *f*

ambulance ['æmbjələn(t)s] *n* Krankenwagen *m,* Rettungswagen *m,* Unfallwagen *m;* MIL Feldlazarett *nt;* **air ~** Rettungshubschrauber *m;* **~ crew/service** Rettungsmannschaft *f*/-dienst *m;* **~ siren** Krankenwagensirene *f*

ambulance chaser *n* AM (*pej: journalist*) Sensationsreporter(in) *m(f);* (*lawyer*) *ein Rechtsanwalt, der aus Unfällen Kapital macht, indem er die Unfallopfer als Klienten zu gewinnen versucht* **ambulance-chasing** *adj journalist* sensationslüstern; **an ~ lawyer** *ein Rechtsanwalt, der aus Unfällen Kapital macht, indem er die Unfallopfer als Klienten zu gewinnen versucht*

ambulance helicopter *n* Rettungshubschrauber *m* **ambulanceman** *n* BRIT, AUS (*driver*) Krankenwagenfahrer *m;* (*attendant*) Sanitäter *m* **ambulancewoman** *n* BRIT, AUS (*driver*) Krankenwagenfahrerin *f;* (*attendant*) Sanitäterin *f*

ambulant ['æmbjələnt] *adj inv* MED ambulant; **~ patient** gefähiger Patient

ambulatory [ˌæmbjə'leɪtəri, AM 'æmbjələtɔːri] *adj* ambulant; ***we have an ~ medical service*** wir haben einen mobilen medizinischen Dienst; **~ patient** ambulanter Patient

ambush ['æmbʊʃ] **I.** *vt usu passive* ■**to be ~ed** aus dem Hinterhalt überfallen werden **II.** *n* ❶ (*attack*) Überfall *m* aus dem Hinterhalt; **to be caught in an ~** in einen Hinterhalt geraten ❷ *no pl* (*attack strategy*) Angreifen *nt* aus dem Hinterhalt; **to lie** [*or* **wait**] **in ~** im Hinterhalt lauern; **to lie** [*or* **wait**] **in ~ for sb** jdm auflauern

ameba <*pl* -s *or* -bae> *n esp* AM *see* **amoeba**

amebic *adj esp* AM *see* **amoebic**

ameliorate [ə'miːliəreɪt, AM -liə-] *vt* (*form*) ■**to ~ sth** etw verbessern; **to ~ symptoms** Symptome lindern

amelioration [əˌmiːliə'reɪʃən, AM -liə-] *n no pl* (*form*) Verbesserung *f*

amen [ˌɑː'men, ˌeɪ-] *interj* ❶ REL Amen ❷ (*expressing agreement*) **~ *to that!*** Gott sei's gedankt!; **to say ~ to sth** (*fig*) Ja und Amen zu etw *dat* sagen

amenable [ə'miːnəbl̩] *adj* ❶ (*obedient*) gehorsam; **~ child** braves Kind; **~ dog** folgsamer Hund ❷ (*teachable*) *horse, pupil* gelehrig; ■**to be ~ to sth** etw *dat* gegenüber aufgeschlossen sein ❸ (*susceptible*) ■**to be ~ to sth** auf etw *akk* anschlagen; ***her kidney failure is not ~ to medical treatment*** ihr Nierenversagen lässt sich medizinisch nicht behandeln

amend [ə'mend] *vt* ■**to ~ sth** (*change*) etw [ab]ändern; (*add to*) etw ergänzen; **to ~ the Constitution/data/a law** die Verfassung/Daten/ein Gesetz ändern; **to ~ one's lifestyle/behaviour** (*form*) seinen Lebenswandel/sein Verhalten ändern

amendment [ə'men(d)mənt] *n* ❶ (*change*) Änderung *f;* (*addition*) Ergänzung *f;* **~ to a bill** Abänderung *f* einer Gesetzesvorlage; **~ to the constitution** Zusatzartikel *m* zur Verfassung; **the second/fifth ~** AM der Zweite/Fünfte Zusatzartikel [zur Verfassung]; **to take the fifth ~** wegen möglicher Selbstbezichtigung die Aussage verweigern; **constitutional ~** Verfassungsänderung *f;* **to propose/table an ~** einen Änderungsantrag stellen/einbringen ❷ *no pl* (*altering*) Änderung *f;* (*alteration*) Ergänzung *f* ❸ (*form: improvement*) Verbesserung *f*

amendment record *n* COMPUT Änderungssatz *m*

amends [ə'mendz] *npl* **to make ~** Schadenersatz leisten; **to make ~ for sth** etw wieder gutmachen

amenity [ə'miːnəti, AM ə'menəṭi] *n* ❶ (*facilities*) ■**amenities** *pl* Freizeitzentren *pl,* Freizeiteinrichtungen *pl;* **accommodation with basic amenities** Unterkunft *f* mit einfachstem Komfort; **public amenities** öffentliche Einrichtungen ❷ *no pl* (*pleasantness*) **the ~ of modern civilization** die Annehmlichkeiten *fpl* der modernen Zivilisation

amenorrhea [eɪˌmen] *n no pl* AM, **amenorrhoea** [əˌmenə'riːə] *n no pl* BRIT Amenorrhoe *f fachspr,* fehlende Menstruation

America [ə'merɪkə] *n* Amerika *nt;* ■**the ~s** Nord-, Süd- und Mittelamerika *nt*

American [ə'merɪkən] **I.** *adj* amerikanisch; **to be as ~ as apple pie** typisch amerikanisch sein; **the ~ dream** der amerikanische Traum; **~ English** amerikanisches Englisch **II.** *n* Amerikaner(in) *m(f)*

American Bankers Association *n* FIN Amerikanische Bankenvereinigung **American Bar Association** *adj* LAW US-Bundesanwaltskammer *f* **American Civil War** *n* der amerikanische Bürgerkrieg **American Depository Receipt** *n* AM FIN *Zertifikat, das von US-Banken für die bei ihnen hinterlegten ausländischen Dividendenwerte ausgegeben wird* **American football** *n no pl* BRIT, AUS American Football *m* **American Indian** *n* Indianer(in) *m(f)*

Americanism [ə'merɪkənɪzəm] *n* LING Amerikanismus *m*

Americanization [əˌmerɪkə'naɪzeɪʃən] *n* Amerikanisierung *f*

Americanize [ə'merɪkənaɪz] *vt* ■**to ~ sth** etw amerikanisieren; **to become ~d** *person* Amerikaner/Amerikanerin werden

American Standard Code for Information Interchange *n* COMPUT ASCII-Code *m*

American Stock Exchange *n* FIN zweitgrößte Amerikanische Börse

Amerindian [ˌæmə'rɪndiən] **I.** *adj inv* indianisch, Indianer-; (*Eskimo*) eskimoisch, Eskimo-; **~ brave** Indianerkrieger *m;* **~ languages** Indianersprachen *pl;* (*Eskimo*) Eskimosprachen *pl;* **~ tribe** Indianerstamm *m* **II.** *n* Indianer(in) *m(f);* (*Eskimo*) Eskimo *m,* Eskimofrau *f*

amethyst ['æməθɪst] **I.** *n* ❶ (*stone*) Amethyst *m* ❷ (*colour*) Amethyst[blau] *nt* **II.** *n modifier* (*brooch, bracelet, pendant*) Amethyst- **III.** *adj* amethystfarben

Amex ['æmeks] *n* ECON, FIN *abbrev of* **American Stock Exchange** zweitgrößte Amerikanische Börse

amiability [ˌeɪmiə'bɪləti, AM -ṭi] *n no pl* Freundlichkeit *f,* Liebenswürdigkeit *f*

amiable ['eɪmiəbl] *adj* freundlich, liebenswürdig

amiably ['eɪmiəbl̩i] *adv* freundlich, liebenswürdig; **to be ~ disposed towards sb** jdm wohlgesinnt sein

amicable ['æmikəbl̩] *adj* ❶ (*friendly*) freundlich; **~ manner** freundliche [*o* liebenswürdige] Art ❷ (*mutual*) **~ divorce** einvernehmliche [*o* einverständliche] Scheidung; **~ settlement** gütliche Einigung, gütlicher Vergleich

amicably ['æmikəbl̩i] *adv* freundlich; **to settle sth ~** etw freundschaftlich regeln; **to settle a dispute ~** einen Streit gütlich beilegen; **to share sth ~** etw brüderlich teilen

amicus curiae [əˌmaɪkəs'kjʊəriː] BRIT LAW juristischer Berater des Gerichts

amid(st) [ə'mɪd] *prep* ❶ (*surrounded by*) inmitten *+gen* ❷ (*together with*) inmitten *+gen* ❸ (*during*) mitten im; **~ *the dancing, he asked her if she would marry him*** mitten im Tanzen fragte er sie, ob sie ihn heiraten wolle

amidships [ə'mɪdʃɪps] *adv,* AM *also* **amidship** *adv inv* NAUT mittschiffs

amidst [ə'mɪdst] *prep* (*liter, form*) *see* **amid(st)**

amino acid [əˌmiːnəʊ'-, AM -noʊ'-] *n* Aminosäure *f*

Amish ['ɑːmɪʃ] **I.** *n* ■**the ~** die Amischen **II.** *adj inv* Amisch

amiss [ə'mɪs] **I.** *adj pred* verkehrt; ***I knew that something was ~*** ich wusste, dass etwas nicht stimmte; ***we could find nothing ~*** wir konnten keinen Fehler feststellen **II.** *adv pred* ***a word of apology would not go ~*** eine Entschuldigung könnte nicht schaden; **to take sth ~** etw übelnehmen

amity ['æmɪti, AM -əṭi] *n no pl* (*form*) Freundschaft *f,* Harmonie *f*

ammeter ['æmɪtəʳ, AM -ṭɚ] *n* Amperemeter *nt,* Strommesser *m*

ammo ['æməʊ, AM -oʊ] *n* (*fam*) *short for* **ammunition** Munition *f*

ammonia [ə'məʊniə, AM -moʊnjə] *n no pl* ❶ (*gas*) Ammoniak *nt* ❷ (*liquid*) Salmiakgeist *m*

ammonium [ə'məʊniəm, AM -moʊn-] **I.** *n no pl* Ammonium *nt* **II.** *n modifier* Ammonium-; **~ carbonate** Ammoniumkarbonat *nt,* Hirschhornsalz *nt;* **~ chloride** Ammoniumchlorid *nt,* Salmiak *m;* **~ sulphate** Ammoniumsulfat *nt,* schwefelsaures Ammonium

ammunition [ˌæmjə'nɪʃən] *n no pl* Munition *f;* **blank ~** Platzpatronen *fpl,* Manövermunition *f;* **live ~** scharfe Munition; (*fig*) **to provide ~ for sb** [*or* **sb with ~**] jdn mit Munition versorgen *fig,* jdm Munition liefern *fig*

ammunition depot, ammunition dump *n* Munitionslager *nt*

amnesia [æm'niːziə, AM -ʒə] *n no pl* Amnesie *f,* Gedächtnisschwund *m*

amnesty [æm'nəsti] *n* Amnestie *f geh,* [allgemeiner] Straferlass; **to declare an ~** eine Amnestie erlassen *geh,* Straffreiheit gewähren

Amnesty International *n no art* Amnesty International

amniocenteses [ˌæmnɪəʊsen'tiːsiːz, AM -oʊ-] *n* MED *pl of* **amniocentesis**

amniocentesis <*pl* -teses> [ˌæmnɪəʊsen'tiːsɪs, AM -nɪoʊ- *pl* -siːz] *n* Amniozentese *f fachspr,* Fruchtwasseruntersuchung *f*

amniotic fluid [ˌæmnɪɒtɪk'-, AM -ɑːṭɪk-] *n* Fruchtwasser *nt*

amoeba <*pl* -s *or* -bae>, AM **ameba** [ə'miːbə, *pl* -biː] *n* Amöbe *f*

amoebic, AM **amebic** [ə'miːbɪk] *adj inv* Amöben-; **~ dysentery** MED Amöbenruhr *f*

amok [ə'mɒk, AM ə'mʌk] *adv* **to run** [*or* **go**] **~** Amok laufen

among [ə'mʌŋ] *prep,* **amongst** [ə'mʌŋst] *prep* (*liter, form*) ❶ (*between*) unter; **~ friends** unter Freunden; **~ yourselves/themselves *talk about it ~ yourselves for a while*** besprecht es mal unter euch für eine Weile; ***they wanted to discuss it ~ themselves for a minute*** sie wollten es kurz untereinander besprechen ❷ (*as part of*) **to be ~ sth ~ *her talents are singing and dancing*** zu ihren Talenten zählen Singen und Tanzen; [**just**] **one ~ many** [nur] eine(r,s) von vielen; ***he is one ~ many unemployed actors*** er ist einer von vielen arbeitslosen Schauspielern ❸ (*to all in*) unter; ***there is much anger ~ the taxpayers*** es existiert viel Unmut unter den Steuerzahlern; **to divide up/distribute sth ~ sb/sth** etw unter jdm/etw auf-/verteilen ❹ (*in midst of*) inmitten ❺ (*in addition to*) **~ *her other problems, she drinks too much*** zusätzlich zu ihren anderen Problemen trinkt sie zuviel; **~ other things** unter anderem

amontillado [əˌmɒntɪ'lɑːdəʊ, AM əˌmɑːntə'lɑːdoʊ] *n* Amontillado *m*

amoral [ˌeɪ'mɒrəl, AM -'mɑː-] *adj* amoralisch

amorality [eɪˌmə'ræləti, AM -ˌmɔː'rælәṭi] *n no pl* Amoralität *f*

amorous ['æmərəs] *adj* ❶ (*relating to desire*) amourös; **~ advances** [erotische] Annäherungsversuche; **~ look** verliebter Blick ❷ (*feeling desire*) liebeshungrig

amorously ['æmərəsli] *adv* verliebt

amorphous [ə'mɔːfəs, AM -mɔːr-] *adj* amorph *geh,* formlos, gestaltlos

amortizable [ə'mɔːtaɪzəbl, AM ˌæmɔːr'taɪ-] *adj* ECON (*form*) amortisierbar; **~ assets** abschreibbare Vermögenswerte; **~ mortgage** Tilgungshypothek *f*

amortization [əˌmɔːtɪ'zeɪʃən, AM æˌmɔːr'ṭə-] *n* ECON (*form*) Amortisation *f,* Amortisierung *f,* Abschreibung *f;* *of a mortage* Tilgung *f*

amortize [ə'mɔːtaɪz, AM æ'mɔːr-] *vt* (*form*) FIN ■**to ~ sth** (*pay*) etw tilgen [*o fachspr* amortisieren]; (*write off*) etw abschreiben

amortized cost *n* Restbuchwert *m* **amortized mortgage loan** *n* FIN Hypothekendarlehen *nt* mit regelmäßiger Tilgung

amount [əˈmaʊnt] **I.** *n* ① *(quantity)* Menge *f*; ***you wouldn't believe the ~ of trouble I've had with this car*** du glaubst gar nicht, wie viel Ärger ich mit diesem Auto schon hatte; ***I had a certain ~ of difficulty finding the house*** ich hatte gewisse Schwierigkeiten, das Haus zu finden; ***the new tax caused a huge ~ of public anger*** die neue Steuer hat einen öffentlichen Aufruhr verursacht; **with varying ~s of interest** mit unterschiedlich großem Interesse ② *of land* Fläche *f* ③ FIN *of money* Betrag *m*; **debts to the ~ of £50** Schulden *fpl* in Höhe von 50 Pfund; **small/large ~ of money** kleiner/großer Geldbetrag; **total ~** Gesamtbetrag *m*; **~ carried forward** Übertrag *m*; **~ in controversy** LAW Streitwert *m*; **~ deducted** abgezogener Betrag; **~ owing** Forderung *f*, zu zahlender Betrag; **~ written off** Abschreibungsbetrag *m* **II.** *vi* ① *(add up to)* ■**to ~ to sth** sich *akk* auf etw *akk* belaufen; *(fig)* etw *dat* gleichkommen; ***keeping silent ~s to supporting him*** jetzt zu schweigen, heißt quasi, ihn zu unterstützen ② *(be successful)* ***he'll never ~ to much*** er wird es nie zu etwas bringen

amour [əˈmʊəʳ, AM ˈmʊr] *n* ① *(lover)* Liebste(r) *f(m)* ② *(love affair)* Affäre *f*

amour propre [ˌæmʊəˈprɒprə, AM ˌɑːmʊrproʊprə] *n no pl* Selbstachtung *f*

amp [æmp] ① *short for* **ampere** Ampere *nt* ② MUS *short for* **amplifier** Verstärker *m*

amperage [ˈæmpᵊrɪdʒ, AM -prɪdʒ] *n no pl* Amperezahl *f*, Stromstärke *f*

ampere [ˈæmpeəʳ, AM -pɪr] *n (form)* Ampere *nt*

ampersand [ˈæmpəsænd, AM -pɚ-] *n das Zeichen , & 'für ,und'*

amphetamine [æmˈfetəmiːn, AM -feṭ-] *n* Amphetamin *nt*

amphibian [æmˈfɪbiən] *n* ① *(animal)* Amphibie *f* ② *(vehicle)* Amphibienfahrzeug *nt*

amphibious [æmˈfɪbiəs] *adj inv* ① *animal* amphibisch; **~ animal** amphibisches Lebewesen ② AUTO *(operating on land and water)* Amphibien-; MIL amphibisch; **~ attack** amphibischer Angriff, Angriff *m* vom Meer her; **~ vehicle** Amphibienfahrzeug *nt*

amphitheater [ˈæm(p)fəˌθiːəṭɚ] AM, **amphitheatre** [-fɪˌθɪətəʳ] *n* BRIT, AUS Amphitheater *nt*

amphora <*pl* -s *or* -rae> [ˈæm(p)fᵊrə, *pl* -riː] *n* Amphore *f*, Amphora *f*

amphorae [ˈæm(p)fᵊriː] *n pl of* **amphora**

ample <-r, -st> [ˈæmpl̩] *adj* ① *(plentiful)* reichlich; *(enough)* genügend *attr*; **~ evidence** hinreichende Beweise ② *(hum: large)* groß; **~ bosom** üppiger Busen; **~ girth** stattlicher Umfang

amplification [ˌæmplɪfɪˈkeɪʃᵊn] *n no pl* ① *(making loud)* Verstärkung *f* ② *(system)* Verstärker *m* ③ *(form: detail)* Ausschmückung *f*; ***my colleague's statement needs no further ~*** die Bemerkung meines Kollegen braucht nicht weiter ausgeführt werden

amplifier [ˈæmplɪfaɪəʳ, AM -ɚ] *n* Verstärker *m*

amplify <-ie-> [ˈæmplɪfaɪ] *vt* ① *(make louder)* **to ~ the volume** lauter machen; ***they have amplified the volume to a point unusual even for rock concerts*** diese Lautstärke ist sogar für ein Rockkonzert außergewöhnlich ② *(form: intensify)* ■**to ~ sth** *a phenomenon* etw vertiefen ③ *(enlarge upon)* ■**to ~ sth** etw weiter ausführen [*o* ausführlicher erläutern]

amplitude [ˈæmplɪtjuːd, AM *also* -tuːd] *n* ① *no pl (breadth)* Weite *f*; *(range)* Umfang *m* ② PHYS Amplitude *f fachspr*, Schwingungsweite *f*

amply [ˈæmpli] *adv* reichlich; ***as yesterday's discussions ~ demonstrated,...*** bei der gestrigen Diskussion wurde zur Genüge deutlich ...; **~ justified** vollauf gerechtfertigt

ampoule [ˈæmpuːl] *n* Ampulle *f*

ampulla <*pl* -lae> *n* Ampulle *f*

amputate [ˈæmpjəteɪt] **I.** *vt* ■**to ~ sth** etw amputieren **II.** *vi* amputieren

amputation [ˌæmpjəˈteɪʃᵊn] *n* Amputation *f*

amputee [ˌæmpjəˈtiː] *n* Amputierte(r) *f(m)*

amuck *adv see* **amok**

amulet [ˈæmjʊlət] *n* Amulett *nt*

amuse [əˈmjuːz] **I.** *vt* ■**to ~ sb** jdn amüsieren [*o* belustigen]; ■**to ~ oneself** sich *akk* amüsieren; ■**to ~ oneself with sth** sich *dat* mit etw *dat* die Zeit vertreiben **II.** *vi* unterhalten; ***these stories were meant to ~*** diese Geschichten waren zur Unterhaltung gedacht

amused [əˈmjuːzd] *adj look, smile* amüsiert; ***I told Helena about it and she was not ~*** ich erzählte es Helena, und sie fand das gar nicht komisch; **to keep sb ~** jdn bei Laune halten; **to keep oneself ~** sich *dat* die Zeit vertreiben; ■**to be ~ at sth** sich *akk* über etw *akk* amüsieren

amusedly [əˈmjʊːzdli] *adv* schmunzelnd

amusement [əˈmjuːzmənt] *n* ① *no pl (state)* Belustigung *f*; ***she smiled in ~*** sie lächelte vergnügt; ***they looked on in ~ as he searched desperately for his keys*** sie sahen belustigt zu, während er seine Schlüssel verzweifelt suchte; **[much] to his/her ~** [sehr] zu seinem/ihrem Vergnügen; **for one's own ~** zu seinem eigenen Vergnügen; **to be a source of ~** Freude bereiten ② *(entertainment)* Belustigung *f*; ***what do you do for ~?*** was machst du so in deiner Freizeit? ③ BRIT *(place)* Vergnügungsstätte[n] *f[pl]*; **fairground ~s** Rummelplatzattraktionen *fpl*

amusement arcade *n* BRIT Spielsalon *m*, Spielhalle *f* **amusement park** *n* AM, AUS Freizeitpark *m*, Vergnügungspark *m*

amusing [əˈmjuːzɪŋ] *adj* amüsant, unterhaltsam; ***I don't find that very ~*** ich finde das nicht sehr witzig!; **~ situation** komische Situation

amusingly [əˈmjuːzɪŋli] *adv* amüsant; *(funny)* komisch, lustig

an [æn, ᵊn] *art indef* ein(e) *(unbestimmter Artikel vor Vokalen oder stimmlosem h)*

Anabaptist [ˌænəˈbæptɪst] *n* REL Wiedertäufer(in) *m(f)*, Anabaptist(in) *m(f) fachspr*

anabolic steroid [ˌænəbɒlɪk'-, AM -bɑːl-] *n* anaboles Steroid; PHARM Anabolikum *nt*

anachronism [əˈnækrənɪzᵊm] *n* Anachronismus *m geh*

anachronistic [əˌnækrəˈnɪstɪk] *adj* anachronistisch *geh*

anachronistically [əˌnækrəˈnɪstɪkᵊli] *adv* anachronistisch *geh*

anaconda [ˌænəˈkɒndə, AM -ˈkɑːn-] *n* ZOOL Anakonda *f*

anaemia [əˈniːmiə], AM **anemia** *n no pl* Anämie *f fachspr*, Blutarmut *f*; **iron-deficiency ~** Eisenmangelanämie *f*

anaemic [əˈniːmɪk], AM **anemic** *adj* anämisch *fachspr*, blutarm; *(fig, pej)* saft- und kraftlos *fam*; *performance* schwach

anaesthesia [ˌænəsˈθiːziə], AM **anesthesia** [-θiːʒə] *n no pl* Anästhesie *f fachspr*, Betäubung *f*, Narkose *f*; **general ~** Vollnarkose *f*; **local ~** örtliche Betäubung; **spinal ~** Spinalanästhesie *f*; **to induce ~** narkotisieren

anaesthetic [ˌænəsˈθetɪk], **anesthetic** [-ˈθeṭ-] **I.** *n* Betäubungsmittel *nt*, Anästhetikum *nt fachspr*; **local ~** *(anaesthesia)* örtliche Betäubung; *(substance)* Lokalanästhetikum *nt*; **spinal ~** Spinalanästhetikum *nt*; **under ~** in Narkose **II.** *adj inv* betäubend

anaesthetist [əˈniːsθətɪst], AM **anesthetist** [əˈnesθəṭ-] *n* Anästhesist(in) *m(f) fachspr*, Narkosearzt, Narkoseärztin *m, f*

anaesthetize [əˈniːsθətaɪz], AM **anesthetize** [-ˈnes-] *vt* ■**to ~ sb** jdn betäuben [*o fachspr* narkotisieren]; *(fig)* jdn lähmen; ***the shock had ~d her*** sie war wie gelähmt vor Schreck

anagram [ˈænəgræm] *n* LING Anagramm *nt*

anal [ˈeɪnᵊl] *adj inv* ① ANAT anal; **~ intercourse** Analverkehr *m*; **~ stage** PSYCH anale Phase ② *(fam)* hyperordentlich; ***don't be so ~!*** sei nicht so pingelig! *fam*; **~ retentive** krankhaft ordnungsbedürftig

analgesia [ˌænəlˈdʒiːziə, AM ʒə] *n no pl* MED ① *(medication)* Schmerztherapie *f* ② *(numbness)* Analgesie *f fachspr*, Analgie *f fachspr*

analgesic [ˌænəlˈdʒiːzɪk] **I.** *adj* schmerzlindernd, schmerzstillend **II.** *n* Analgetikum *nt fachspr*, Schmerzmittel *nt*

anally [ˈeɪnᵊli] *adv* ① ANAT anal ② PSYCH **~ retentive** krankhaft ordnungsbedürftig

analog *n, adj* AM *see* **analogue**

analogic(al) [ˌænəˈlɒdʒɪk(ᵊl), AM -lɑː-] *adj* analog, entsprechend; *(parallel)* parallel

analogous [əˈnæləgəs] *adj* analog (**to** zu +*dat*); *(comparable)* ■**to be ~ to sth** etw *dat* entsprechen

analogously [əˈnæləgəsli] *adv inv* analog

analogue [ˈænəlɒg], AM **analog** [-lɑːg] **I.** *n* Analogon *nt geh*, Entsprechung *f*; ***the European ~s of the British Parliament*** die europäischen Gegenstücke [*o geh* Pendants] zum britischen Parlament **II.** *adj* analog; **~ computer** Analogrechner *m*; **~ read-out** Analoganzeige *f*

analogy [əˈnælədʒi] *n (similarity)* Analogie *f geh*, Ähnlichkeit *f*; *(comparison)* Vergleich *m*; ***a group was set up on the ~ of a self-supporting community*** es wurde eine Gruppe analog zu einer selbstversorgenden Gemeinschaft gebildet; **to draw an ~** eine Parallele ziehen; ■**by ~ [with sth]** in Analogie [zu etw *dat*]

analyse [ˈænᵊlaɪz] *vt*, AM **analyze** *vt* ■**to ~ sth** etw analysieren; CHEM etw untersuchen; ■**to ~ sb** PSYCH jdn analysieren

analysis <*pl* -ses> [əˈnæləsɪs, *pl* -siːz] *n* ① *(examination)* Analyse *f*; *(conclusions)* Beurteilung *f*; ***this theory will never withstand*** [*or* ***hold up under***] **~** diese Theorie wird sich niemals halten können, wenn man sie erstmal genauer unter die Lupe nimmt; **in the final** [*or* **last**] **~** letzten Endes ② PSYCH [Psycho]analyse *f*; ■**to be in ~** AM zum Psychiater gehen ③ ECON **job/market/sales ~** Arbeits-/Markt-/Umsatzanalyse *f*

analyst [ˈænəlɪst] *n* Analytiker(in) *m(f) geh*; STOCKEX Analyst(in) *m(f) fachspr*, Börsenfachmann, Börsenfachfrau *m, f*; *(psychoanalyst)* Psychoanalytiker(in) *m(f)*; **business ~** Konjunkturanalytiker(in) *m(f)*; **financial ~** Finanzexperte, -in *m, f*; **food ~** Lebensmittelchemiker(in) *m(f)*; **investment ~** Wertpapieranalytiker(in) *m(f)*; **systems ~** Systemanalytiker(in) *m(f)*

analytical [ˌænəˈlɪtɪkᵊl] *adj* analytisch *geh*; **~ chemistry** analytische Chemie; **~ mind** analytischer Verstand

analytically [ˌænəˈlɪtɪkᵊli, AM ṭɪk] *adv* analytisch

analyze *vt* AM *see* **analyse**

analyzer [ˈænəlaɪzɚ] *n* ① *see* **analyst** ② TECH Analysator *m*

anamorphic image [ˌænəˈmɔːfɪk, AM -ˈmɔːr-] *n* COMPUT Verzeichnung *f*

anapaest [ˈænəpest], AM **anapest** *n* LIT Anapäst *m*

anapaestic [ˈænəpestɪk], AM **anapestic** *adj* LIT Anapäst-, anapästisch; **~ metre** Versmaß *nt* des Anapäst

anapest *n* AM *see* **anapaest**

anapestic *adj* AM *see* **anapaestic**

ANAPROP *n abbrev of* **anomalous propagation** verzerrte Übertragung

anarchic(al) [ænˈɑːkɪk(ᵊl), AM ænˈɑːr-] *adj* anarchisch

anarchism [ˈænəkɪzᵊm, AM -ɚ-] *n no pl* Anarchismus *m*

anarchist [ˈænəkɪst, AM -ɚ-] **I.** *n* Anarchist(in) *m(f)* **II.** *adj* anarchistisch

anarchistic [ˌænəˈkɪstɪk, AM -ɚˈ-] *adj* anarchistisch

anarchy [ˈænəki, AM -ɚ-] *n no pl* Anarchie *f*; *(social disorder also)* Chaos *nt*; **to be in a state of ~** sich *akk* in einem Zustand der Anarchie befinden

anastigmat [əˈnæstɪgmæt] *n* PHYS anastigmatische Linse

anathema [əˈnæθəmə] *n no pl* REL Anathema *nt*; *(detested thing)* Gräuel *m*; ■**to be ~ to sb** jdm ein Dorn im Auge sein; **to declare** [*or* **pronounce**] **sth ~** etw verdammen

anathematize [əˈnæθəmətaɪz] *vt (liter)* ■**to ~ sb** ① REL jdn mit dem Kirchenbann belegen, jdn anathematisieren *fachspr* ② *(fig: condemn)* jdn verdammen

anatomical [ˌænəˈtɒmɪkəl, AM -tɑː-] *adj* anatomisch; ~ **drawings/specimen** anatomische Studien/anatomisches Präparat

anatomically [ˌænəˈtɒmɪkəli, AM ˈtɑːm] *adv inv* anatomisch

anatomist [əˈnætəmɪst, AM næt̬] *n* Anatom(in) *m(f)*

anatomize [əˈnætəmaɪz, AM -ˈnæt̬-] *vt* ■**to** ~ **sth** ❶ (*examine structure*) etw im Einzelnen darlegen ❷ (*dissect*) etw sezieren

anatomy [əˈnætəmi, AM -ˈnæt̬-] *n* ❶ *no pl* (*body structure*) Anatomie *f* ❷ (*hum: body*) Körperteil *nt* ❸ *no pl* (*fig: analysis*) Analyse *f*

ANC [ˌeɪenˈsiː] *n no pl, + sing/pl vb abbrev of* **African National Congress:** ■**the** ~ der ANC

ancestor [ˈænsestəʳ, AM -ɚ] *n* ❶ (*forebear*) Vorfahr[e], -in *m, f,* Ahn[e], -in *m, f geh;* ~ **worship** Ahnenkult *m* ❷ (*prototype*) Prototyp *m;* (*forerunner*) Vorläufer(in) *m(f)*

ancestral [ænˈsestrəl] *adj attr, inv* Ahnen-, Vorfahren-; ~ **acres** Familienbesitz *m;* ~ **home** Stammsitz; ***he returned to his*** ~ ***home*** er kehrte in das Land seiner Väter zurück *geh;* ~ **influences** Erbeinflüsse *mpl;* ~ **rights** angestammte Rechte

ancestress <*pl* -es> [ˈænsestrəs, AM sestrɪs] *n* Ahnin *f,* Vorfahrin *f*

ancestry [ˈænsestri] *n* Abstammung *f;* ***she is of Polish/royal*** ~ sie ist polnischer/königlicher Abstammung

anchor [ˈæŋkəʳ, AM -kɚ] **I.** *n* ❶ NAUT Anker *m;* **to be** [*or* **lie**] [*or* **ride**] **at** ~ vor Anker liegen; **to drop** ~ Anker werfen, vor Anker gehen; **to weigh** ~ den Anker lichten ❷ (*fig: linchpin*) [Rettungs]anker *m;* ***she was my*** ~ ***when things were difficult for me*** sie war mein Halt, als ich in Schwierigkeiten war **II.** *vt* ❶ NAUT **to** ~ **a boat/ship** ein Boot/Schiff verankern ❷ (*also fig: fix*) ■**to** ~ **sth** etw verankern ❸ *esp* AM **to** ~ **a radio programme/show** eine Radiosendung/eine Show moderieren **III.** *vi* vor Anker gehen; (*alongside a quay*) anlegen

anchorage [ˈæŋkərɪdʒ] *n* Ankerplatz *m;* (*fig*) Halt *m kein pl;* (*attachment point*) Verankerung *f;* **to find safe** ~ **with sb** (*fig*) bei jdm festen Halt finden

anchor cell *n* COMPUT Ankerzelle *f*

anchorite [ˈæŋkəraɪt] *n* (*hist*) Anachoret *m hist,* Klausner *m*

anchorman *n* Moderator *m* **anchorperson** *n* Moderator(in) *m(f)* **anchorwoman** *n* Moderatorin *f*

anchovy [ˈæntʃəvi, AM -oʊvi] *n* An[s]chovis *f fachspr,* Sardelle *f;* ~ **butter** Sardellenbutter *f;* ~ **paste** An[s]chovispaste *f*

ancien regime <*pl* anciens regimes> [ˈɑ̃(nt)siænreɪˈʒiːm, AM ˌɑːn(t)-] *n* alte Werte *mpl*

ancient [ˈeɪn(t)ʃənt] **I.** *adj* ❶ (*of long ago*) alt; **since** ~ **times** von alters her *geh;* (*fig fam: very old*) antik *hum,* uralt ❷ (*of antiquity*) antik; ~ **history** Alte Geschichte; ~ **Rome** das antike [*o* alte] Rom; **in** ~ **times** in der Antike, im Altertum; **the** ~ **world** die [Welt der] Antike ▸ PHRASES: **to be** ~ **history** (*hum*) ein alter Hut sein *fam* **II.** *n* ❶ (*people*) ■**the** ~**s** *pl* die Alten *pl* (*die* [*alten*] *Römer und Griechen*) ❷ (*hum: very old person*) Alte(r) *f(m),* Greis(in) *m(f)*

ancient lights *npl* BRIT LAW Lichtrecht *nt*

anciently [ˈeɪnʃəntli] *adv* altertümlich

ancillary [ænˈsɪləri, AM ˈæntsəleri] *adj* ❶ (*additional*) zusätzlich; (*of secondary importance*) zweitrangig; ■**to be** ~ **to sth** im Vergleich zu etw *dat* [nur] an zweiter Stelle stehen ❷ *attr, inv* (*duties, equipment*) Zusatz-; ~ **industries** Zulieferindustrien *fpl;* ~ **roads/role** Nebenstraßen *fpl/*-rolle *f;* ~ **staff/workers** Hilfspersonal *nt/*-kräfte *fpl*

and [ænd, ənd] *conj* ❶ (*in linkage with*) und; ***John, Mary*** ~ ***also their two kids*** John, Mary sowie die beiden Kinder; **both** ... ~ ... ***both John*** ~ ***Annie agreed*** John und Annie waren beide einverstanden; ***she likes both vegetarian*** ~ ***meat-filled foods*** sie mag vegetarische Gerichte ebenso gern wie Fleischgerichte ❷ MATH ***6*** ~ ***5 is 11*** 6 und [*o* plus] 5 ist 11; (*within numbers*) ***I have hundred*** ~ ***fifty-two dollars*** ich habe hundert[und]zweiundfünfzig Dollar ❸ (*then*) und [dann]; ***let's go into town*** ~ ***have dinner out*** gehen wir doch in die Stadt etwas essen!; ***he sat down in the bath tub*** ~ ***the phone began to ring*** er hatte sich gerade in die Badewanne gesetzt, als das Telephon zu klingeln anfing; **...** ~ **then ...** ...[,] und dann; ***I got dressed and then had my breakfast*** ich zog mich an, und anschließend habe ich gefrühstückt ❹ (*in order to*) ***go*** ~ ***ask that man if he knows the time*** frag [doch] den Mann da nach der Uhrzeit; ***I asked him to go*** ~ ***find my glasses*** ich bat ihn, meine Brille zu suchen; ***let's wait*** ~ ***see what she says*** warten wir mal ab, was sie sagt; ***come*** ~ ***give me that gun*** komm, gib mir das Gewehr!; ***come*** ~ ***see me tomorrow*** komm mich morgen besuchen!; ***try*** ~ ***think of where you may have left the keys*** versuche dich zu erinnern, wo du die Schlüssel gelassen haben könntest! ❺ (*to emphasize*) ***I'll tell you when I'm good*** ~ ***ready*** ich sag's dir, wenn ich soweit bin; ***that tea is nice*** ~ ***hot*** dieser Tee ist [so richtig] schön heiß ❻ (*in repetition*) ■**...** ~ **...** immer ...; ***more*** ~ ***more money*** immer mehr Geld; ***they drove faster*** ~ ***faster*** sie fuhren immer schneller; ***he talked*** ~ ***talked*** er redete andauernd; ***we laughed*** ~ ***laughed*** wir haben nur gelacht; ***we walked for miles*** ~ ***miles*** wir sind meilenweit gelaufen; **for hours** ~ **hours** stundenlang; **time** ~ **time again** immer wieder, andauernd ▸ PHRASES: ~ **all** (*everything else*) mit allem Drum und Dran; (*sl: for emphasis*) ***I was so mad*** ~ ***all that I ...*** ich war dermaßen wütend, dass ich ... *fam;* ***they were a great team*** ~ ***all*** sie waren ein echt tolles Team *sl;* ~ **all that** (*related things*) und dergleichen; ~ **how** (*yes, definitely*) und wie! *fam;* ~ **so on** [*or* **forth**] [*or* ~ **so on,** ~ **so forth**] und so weiter [und so fort]

Andean [ænˈdiːən] *adj inv* Anden-, andin

Andes [ˈændiːz] *npl* ■**the** ~ die Anden *pl*

AND gate *n* COMPUT UND-Gatter *nt*

andiron [ˈændaɪən, AM -daɪɚn] *n* Feuerbock *m,* Kaminbock *m*

Andorran [ænˈdɔːrən] **I.** *adj inv* andoranisch **II.** *n* Andoraner(in) *m(f)*

androgyne [ˈændrə(ʊ)dʒaɪn, AM -droʊ-] *n* androgyner Mensch, Zwitter *m*

androgynous [ænˈdrɒdʒɪnəs, AM -ˈdrɑːdʒən-] *adj* ❶ (*sexually ambiguous*) androgyn ❷ (*hermaphroditic*) zweigeschlechtig, zwittrig

androgyny [ænˈdrɒdʒɪni, AM -ˈdrɑːdʒən-] *n no pl* ❶ (*dual sexuality*) Androgynie *f* ❷ BIOL Hermaphroditismus *m fachspr,* Zweigeschlechtigkeit *f,* Zwittrigkeit *f*

android [ˈændrɔɪd] *n* Androide *m*

anecdotal [ænɪkˈdəʊtəl, AM -ˈdoʊt̬əl] *adj* anekdotisch, anekdotenhaft

anecdote [ˈænɪkdəʊt, AM -doʊt] *n* Anekdote *f*

anechoic [ˌænɪˈkəʊɪk, AM -əˈkoʊ-] *adj* COMPUT schalltot, echofrei

anemia *n* AM *see* **anaemia**

anemic *adj* AM *see* **anaemic**

anemone [əˈneməni] *n* Anemone *f,* Buschwindröschen *nt*

anesthesia *n* AM *see* **anaesthesia**

anesthetic *n* AM *see* **anaesthetic**

anesthetist *n* AM *see* **anaesthetist**

anesthetize *vt* AM *see* **anaesthetize**

anew [əˈnjuː, AM -ˈnuː] *adv inv* (*form*) noch einmal, von neuem, aufs Neue; **to begin** ~ einen neuen Anfang machen

angel [ˈeɪndʒəl] *n* ❶ (*spiritual being*) Engel *m;* ~ **of death** Todesengel *m;* **guardian** ~ Schutzengel *m;* **fallen** ~ gefallener Engel ❷ (*person*) Engel *m;* ***be an*** ~ ***and help me with this*** sei so lieb und hilf mir dabei; ~ **of mercy** rettender Engel; **a ministering** ~ ein barmherziger Engel; **to be no** ~ nicht gerade ein Engel sein *fam* ❸ (*sponsor*) [edler] Spender/[edle] Spenderin; (*financial backer*) Geldgeber(in) *m(f)* ▸ PHRASES: **fools rush in where** ~**s fear to tread** (*prov*) törichte Leute mischen sich in Dinge ein, an die sich Klügere nicht heranwagen; **to be on the side of the** ~**s** sich *akk* tugendhaft verhalten

angel cake *n* BRIT, **angel food cake** *n* AM ≈ Biskuitkuchen *m* (*Kuchen ohne Eigelb und Butter*)

angelfish <*pl* – *or* -es> [ˈeɪndʒəlfɪʃ] *n* Meerengel *m,* Engelhai *m*

angelic [ænˈdʒelɪk] *adj* engelhaft; **an** ~ **voice** eine Stimme wie ein Engel; **to have an** ~ **face** ein Engelsgesicht haben

angelica [ænˈdʒelɪkə] *n no pl* Angelika *f,* Brustwurz *f,* Engelwurz *f*

angelically [ænˈdʒelɪkəli] *adv* engelgleich *geh,* wie ein Engel

angelus *n* ❶ (*ringing of bells*) Angelusläuten *nt* ❷ *usu sing* (*Roman Catholic devotion*) Angelus *m*

anger [ˈæŋgəʳ, AM -ɚ] **I.** *n no pl* Ärger *m* (**at/over** über +*akk*); (*fury*) Wut *f* (**at/over** auf +*akk*); (*wrath*) Zorn *m;* **to contain** [*or* **restrain**] [*or* **suppress**] **one's** ~ seinen Ärger unterdrücken; (*fury*) seine Wut zügeln; (*wrath*) seinen Zorn im Zaum halten; **to feel** ~ **towards sb** auf jdn wütend sein; (*filled with wrath*) einen Groll gegen jdn hegen; **to show** ~ **at sth** über etw *akk* wütend sein **II.** *vt* ■**to** ~ **sb** jdn ärgern; (*more violently*) jdn wütend machen; ■**to be** ~**ed by sth** sich *akk* über etw *akk* ärgern; (*more violently*) über etw *akk* wütend sein

anger management *n* Zornbewältigung *f* **anger-management** [ˈæŋgəˌmænɪdʒmənt, AM -gɚ-] *n modifier* (*class, seminar, problem*) Zornbewältigungs-

angina *n,* **angina pectoris** [ænˈdʒaɪnəˈpektərɪs] *n* MED Angina pectoris *f*

angioplasty [ˈændʒiə(ʊ)plæsti, AM dʒiə-] *n* MED Angioplastik *f fachspr,* Gefäßplastik *f*

angle [ˈæŋgl] **I.** *n* ❶ (*between two lines*) Winkel *m;* ***the picture was hanging at an*** ~ das Bild hing schief; ***he wore his hat at a jaunty angle*** er trug den Hut keck über dem Ohr; **interior** ~ Innenwinkel *m;* **right** ~ rechter Winkel; **at an** ~ **of 20°** in einem Winkel von 20°, in einem 20° Winkel ❷ (*perspective*) Blickwinkel *m,* Perspektive *f;* ***what is the best news*** ~ ***for this story?*** wie zieht man diese Story am besten auf?; ***I realized I was looking at it from the wrong*** ~ ich stellte fest, dass ich es von der falschen Seite betrachtete; **to consider sth from all** ~**s** etw von allen Seiten betrachten; (*opinion*) Standpunkt *m;* ***what's your*** ~ ***on this issue?*** wie stehst du zu diesem Problem? **II.** *vt* ❶ (*fig: slant*) ■**to** ~ **sth** *story, article* etw färben *fig* ❷ (*fig: direct*) ■**to** ~ **sth at sb/sth** etw auf jdn/etw ausrichten; ***the comic is*** ~***d at 8- to 12-year-olds*** Zielgruppe des Comics sind Acht- bis Zehnjährige

◆**angle for** *vi* ■**to** ~ **for sth** ❶ (*old: fish*) etw angeln ❷ (*pej: be after*) auf etw *akk* aus sein

angled [ˈæŋgld] **I.** *adj* ❶ (*positioned*) ■**to be** ~ **to sth** [winkelförmig] auf etw *akk* ausgerichtet sein; ~ **shot** FBALL Flanke *f;* TENNIS Cross *m* ❷ (*fig: slanted*) tendenziös *pej,* gefärbt **II.** *in compounds* -winklig; **acute-/obtuse-**~ spitz-/stumpfwinklig; **right-**~ **triangle** rechtwinkliges Dreieck

anglepoise® [ˈæŋglpɔɪz] *n,* **anglepoise lamp®** *n* BRIT Gelenkleuchte *f,* Gelenklampe *f,* Architektenlampe *f*

angler [ˈæŋgləʳ, AM -glɚ] *n* Angler(in) *m(f)*

Anglican [ˈæŋglɪkən] **I.** *adj* anglikanisch; ~ **Church** Anglikanische Kirche **II.** *n* Anglikaner(in) *m(f)*

Anglicanism [ˈæŋglɪkənɪzəm] *n no pl* Anglikanismus *m*

anglicism [ˈæŋglɪsɪzəm] *n* Anglizismus *m*

anglicist [ˈæŋglɪsɪst] *n* Anglist(in) *m(f)*

anglicize [ˈæŋglɪsaɪz] *vt* ■**to** ~ **sth** etw anglisieren

angling [ˈæŋglɪŋ] *n no pl* (*form*) Angeln *nt*

Anglo [ˈæŋgləʊ, AM -gloʊ] **I.** *n* ❶ AM Angloamerikaner(in) *m(f)* ❷ CAN Anglokanadier(in) *m(f)* ❸ BRIT SPORTS (*fam*) *jd, der für einen englischen Verein spielt, aber für die schottische, walisische oder nordirische Nationalmannschaft ausgewählt wurde* **II.** *adj* englisch, Anglo-

Anglo-American **I.** *n* Angloamerikaner(in) *m(f)* **II.** *adj* angloamerikanisch **Anglo-Catholic** **I.** *n* Anglokatholik(in) *m(f)* **II.** *adj* anglokatholisch **Anglo-German** [ˌæŋgləʊˈdʒɜːmən, AM gloʊˈdʒɜːrmən]

A

adj inv britisch-deutsch **Anglo-Indian** I. *n* ❶ (*of ancestry*) Anglo-Inder(in) *m(f)* ❷ (*dated: British person*) *in Indien geborene(r) o lebende(r) Engländer/Engländerin* II. *adj* angloindisch **Anglo-Irish** [ˌæŋgləʊ'aɪərɪʃ, AM gloʊ'aɪrɪʃ] I. *adj inv* angloirisch; ~ **Agreement** Abkommen *nt* zwischen Großbritannien und der Republik Irland II. *n* ■**the** ~ *pl* Menschen *mpl* angloirischer Abstammung
anglophile ['æŋglə(ʊ)faɪl, AM -glə-] I. *n* Englandliebhaber(in) *m(f)*, Anglophile(r) *f(m)*; **to be an** ~ anglophil sein II. *adj* anglophil
anglophobe ['æŋglə(ʊ)fəʊb, AM -gləfoʊb] I. *n* Englandhasser(in) *m(f)* II. *adj* anglophob, englandfeindlich
anglophobia ['æŋglə(ʊ)fəʊbiə, AM -gləfoʊ-] *n no pl* Anglophobie *f*
anglophone ['æŋglə(ʊ)fəʊn, AM -gləfoʊn] *esp* CAN I. *n* englischsprachige Person II. *adj* englischsprachig
Anglo-Saxon I. *n* ❶ (*hist: of English descent also*) Angelsachse, Angelsächsin *m, f* ❷ (*language*) Angelsächsisch *nt* II. *adj* ❶ (*hist: of English descent also*) angelsächsisch ❷ AM (*of English heritage*) **White** ~ **Protestant** weißer angelsächsischer Protestant
Angolan [æn'gəʊlən, AM 'goʊ] I. *adj inv* angolanisch II. *n* Angolaner(in) *m(f)*
angora [æŋ'gɔːrə] I. *n no pl* Angorawolle *f*; (*mohair*) Mohär *m* II. *n modifier* (*cat, goat, rabbit, sweater*) Angora-
Angostura bitters® [ˌæŋgə'stjʊərə-, AM -stʊrə-] *n no pl* Angostura® *m*, Angosturabitter *m*
angrily ['æŋgrɪli] *adv* verärgert; (*furious*) zornig; (*enraged*) wütend
angry ['æŋgri] *adj* ❶ (*annoyed*) verärgert; (*stronger*) zornig; (*enraged*) wütend; ***don't worry, I'm not*** ~ keine Sorge, ich bin dir nicht böse; **an** ~ **young man** LIT, THEAT (*dated*) Rebell *m*, Angry young man *m geh*; **to make sb** ~ jdn verärgern; (*stronger*) jdn wütend machen; ■**to be** ~ **about** [*or* **at**] **sth** sich *akk* über etw *akk* ärgern; ■**to be** ~ **with** [*or* **at**] **sb/oneself** sich *akk* über jdn/sich selbst ärgern ❷ (*showing anger*) zornig, erzürnt *geh*; ~ **crowd** aufgebrachte Menge; **to exchange** ~ **words** einen heftigen Wortwechsel haben ❸ (*stormy*) stürmisch; ~ **clouds** bedrohliche Wolken; ~ **sky** finsterer Himmel ❹ MED entzündet; ***on her leg was an*** ~ ***sore*** sie hatte eine böse Wunde an ihrem Bein
angst [æŋ(k)st] *n no pl* [neurotische] Angst; PHILOS [Existenz]angst *f*
angstrom ['æŋ(k)strəm] *n* PHYS Ångström *nt*
anguish ['æŋgwɪʃ] *n no pl* Qual *f*; (*pain*) Schmerz *m*; ■**to be in** ~ Qualen leiden; **to cause sb** ~ jdm Leid zufügen
anguished ['æŋgwɪʃt] *adj* qualvoll; (*worried*) sorgenvoll; ~ **cry** schmerzerfüllter Schrei
angular ['æŋgjʊlə^r, AM -lɚ] *adj features, face* kantig; (*bony*) knochig
angularity [ˌæŋgjʊ'lærəti, AM -'lerəṭi] *n no pl of face, features* Kantigkeit *f*; *of body* Knochigkeit *f*
anhydrous [æn'haɪdrəs] *adj* anhydrisch *fachspr*, wasserfrei
ANI *n* TELEC *abbrev of* **automatic number identification** ANI
animal ['ænɪm^əl] I. *n* ❶ (*creature*) Tier *nt*; **farm** ~ Nutztier *nt*; **domestic** ~ Haustier *nt* ❷ (*fig: crude person*) Tier *nt* ► PHRASES: **to be <u>different</u>** ~**s** zwei Paar Schuhe sein; **to be a <u>political</u>** ~ ein politisch engagierter Mensch sein, ein Zoon politikon *nt* sein *geh*; **to be that <u>rare</u>** ~: ... zu der seltenen Spezies ... gehören; ***she's that rare animal: an enormously successful and yet modest person*** sie gehört zu der seltenen Spezies von Menschen, die sowohl unglaublich erfolgreich und dennoch bescheiden sind; **there's** [*or sl* **there ain't**] **no <u>such</u>** ~ so etwas gibt es nicht, so was gibt's nicht *fam* II. *n modifier* ❶ (*docter*) Tier-; ~ **droppings** Tierkot *m geh*, [Tier]mist *m*; ~ **fat** tierisches Fett, tierische Fette *ntpl*; ~ **instincts** animalische Instinkte; ~ **trainer** Dompteur, Dompteuse *m, f*; ~ **welfare** ≈ Tierschutz *m* ❷ (*strong*) ~ **attraction** [*or* **magnetism**] animalische Anziehungskraft; ~ **spirits** Lebensgeister *mpl*, Vitalität *f*
animal husbandry *n no pl* Viehzucht *f*
animalistic [ˌænɪm^əl'ɪstɪk, AM -mə'lɪs-] *adj* (*pej*) tierisch *pej*, animalisch; (*instinctive*) triebhaft; ~ **urge** animalischer Trieb
animality [ˌænɪ'mælɪti] *n no pl* Animalität *f*
animal kingdom *n no pl* ■**the** ~ das Tierreich
animal rights *npl das Recht der Tiere auf Leben und artgerechte Haltung;* ~ **activist** Tierschützer(in) *m(f)*
animate I. *adj* ['ænɪmət] *inv* lebend *attr*, belebt II. *vt* ['ænɪmeɪt] (*fig*) ■**to** ~ **sth** etw beleben
animated ['ænɪmeɪtɪd, AM -ṭɪd] *adj* ❶ (*lively*) *discussion* lebhaft; **to have an** ~ **conversation** sich *akk* angeregt unterhalten ❷ FILM ~ **cartoon** [*or* **film**] [Zeichen]trickfilm *m*, Animationsfilm *m*
animatedly ['ænɪmeɪtɪdli, AM -ṭɪdli] *adv* lebhaft; **to debate** ~ sich *akk* angeregt unterhalten
animateur [ˌænɪmə'tɜː^r, AM -tɜːr] *n* BRIT ❶ (*promoter*) Animateur(in) *m(f)* ❷ (*teacher*) Lehrer(in) *m(f)* für künstlerische Darstellungsformen
animatics [ænɪ'mætɪks] *npl* Computeranimation *f*
animation [ænɪ'meɪʃ^ən] *n* ❶ *no pl* (*energy*) Lebhaftigkeit *f* ❷ FILM Animation *f*; **computer** ~ Computeranimation *f*
animator ['ænɪmeɪtə^r, AM -ṭɚ] *n* Trickfilmzeichner(in) *m(f)*
animatronic [ænɪmə'trɒnɪk, AM 'trɑːnɪk] *adj* computeranimiert
animatronically [ænɪmə'trɒnɪkli, AM 'trɑːnɪk-] *adv* wie ein Roboter
animatronics [ˌænɪmə'trɒnɪks, AM 'trɑː] *n + sing vb* Tricks *mpl*; ~ **technology** Tricktechnik *f*
animism ['ænɪmɪz^əm] *n no pl* REL Animismus *m*
animist ['ænɪmɪst] *n* REL Animist(in) *m(f)*
animosity [ˌænɪ'mɒsəti, AM -mɑːsəṭi] *n* ❶ *no pl* (*feeling*) Feindseligkeit *f* (**towards** gegenüber +*dat*); **to bear** ~ **towards sb** feindselige Gefühle gegen jdn hegen ❷ (*act*) feindselige Äußerung, Feindseligkeit *f*
animus ['ænɪməs] *n no pl* ❶ (*hostility*) Feindseligkeit *f*; ■ ~ **against sb/sth** Abneigung *f* gegen jdn/etw ❷ (*motivation*) Wille *m*
animus cancellandi *n* LAW Kündigungsabsicht *f*, Stornierungsabsicht *f* **animus furandi** *n* LAW Diebstahlsvorsatz *m* **animus revocandi** *n* LAW Widerrufsabsicht *f*
anise ['ænɪs, AM æn'iːs] *n no pl* Anis *m*
aniseed [ænɪsiːd] *n no pl* Anissamen *m*
ankle ['æŋkl] *n* [Fuß]knöchel *m*; **to sprain** [*or* **twist**] **one's** ~ sich *dat* den Knöchel [*o fam* Fuß] verstauchen
ankle-biter *n esp* AM, AUS (*hum*) Krabbelkind *nt fam*, Balg *m o nt meist pej fam* **anklebone** *n* Sprungbein *nt* **ankle boots** *usu pl n* Halbstiefel *mpl* **ankle-deep** *adj inv* knöcheltief, bis zu den Knöcheln; ***during the revolution, the streets were*** ~ ***in blood*** während der Revolution watete man auf den Straßen in Blut **ankle sock** *n* BRIT Söckchen *nt* **ankle strap** *n* Schuhriemen *m*
anklet ['æŋklət] *n* ❶ (*chain*) Fußkettchen *nt* ❷ AM (*sock*) Söckchen *nt*
annalist ['æn^əlɪst] *n* Chronist(in) *m(f)*
annals ['æn^əlz] *npl* Annalen *pl*; **in the** ~ **of mankind** in der Geschichte der Menschheit; **to go down in the** ~ **of history** in die Annalen der Geschichte eingehen *geh*
anneal [ə'niːl] *vt* ■**to** ~ **sth** *metal* etw ausglühen; **to** ~ **glass** Glas kühlen
annex ['æneks] I. *vt* **to** ~ **a territory** ein Gebiet *nt* annektieren, sich *dat* ein Gebiet einverleiben II. *n* <*pl* -es> AM *see* **annexe**
annexation [ˌænek'seɪʃ^ən] *n* Annektierung *f*, Annexion *f*
annexe ['æneks], AM **annex** *n of a building* Nebengebäude *nt*; (*extended part*) Anbau *m*; (*pej fig*) Anhängsel *nt*
annihilate [ə'naɪəleɪt, AM -əleɪt] *vt* ■**to** ~ **sth** etw vernichten [*o* [völlig] zerstören]; **to** ~ **a disease** eine Krankheit ausrotten; ■**to** ~ **sb** (*fig*) jdn vernichtend schlagen
annihilation [əˌnaɪɪ'leɪʃ^ən, AM -ə'-] *n* Vernichtung *f*; (*fig*) vernichtende Niederlage
anniversary [ænɪ'vɜːs^əri, AM -'vɜːr-] *n* ❶ (*date*) Jubiläum *nt*, Jahrestag *m*; (*of a death*) Todestag *m*; ***tomorrow is the thirtieth*** ~ ***of the revolution*** morgen jährt sich die Revolution zum dreißigsten Mal; **wedding** ~ Hochzeitstag *m*; **to celebrate one's golden/silver** ~ goldene Hochzeit/Silberhochzeit feiern ❷ (*celebration*) Jubiläumsfeier *f*, Jahresfeier *f*; ~ **party** Jubiläumsparty *f*
Anno Domini [ˌænəʊ'dɒmɪnaɪ, AM oʊ'dɑːməniː] *see* **AD**
annotate ['ænə(ʊ)teɪt, AM -əteɪt] *vt* ■**to** ~ **sth** etw kommentieren [*o* mit Anmerkungen versehen]; ~**d edition/text** kommentierte Ausgabe/kommentierter Text
annotation [ˌænə(ʊ)'teɪʃ^ən, AM -nə'-] *n* ❶ *no pl* (*act*) Kommentierung *f* ❷ (*note*) Kommentar *m*; (*footnote*) Anmerkung *f*
annotator ['ænə(ʊ)teɪtə^r, AM -əteɪṭɚ] *n* Kommentator(in) *m(f)*
announce [ə'naʊn(t)s] *vt* ■**to** ~ **sth** [**to sb**] [jdm] etw bekannt geben; **to** ~ **a result** ein Ergebnis verkünden; ■**to** ~ **that ...** bekannt geben, dass ...
announcement [ə'naʊn(t)smənt] *n* Bekanntmachung *f*, Mitteilung *f*; (*on train, at airport*) Durchsage *f*; (*on radio*) Ansage *f*; (*in newspaper*) Anzeige *f*; **to make an** ~ **to sb about sth** jdm etw mitteilen
announcer [ə'naʊn(t)sə^r, AM -sɚ] *n* [Radio-/Fernseh]sprecher(in) *m(f)*, Ansager(in) *m(f) veraltend*; **sports** ~ AM (*commentator*) Kommentator(in) *m(f)*
annoy [ə'nɔɪ] *vt* ■**to** ~ **sb** jdn ärgern [*o* aufregen]; (*get on nerves*) jdn nerven *fam*; ***sorry, am I*** ~***ing you?*** Entschuldigung, störe ich Sie?; ***it really*** ~***s me when ...*** es regt mich echt auf, wenn ... *fam*
annoyance [ə'nɔɪən(t)s] *n* ❶ *no pl* (*anger*) Ärger *m*; (*weaker*) Verärgerung *f*; **to hide one's** ~ seinen Ärger verbergen; **much to his/her** ~ sehr zu seinem/ihrem Ärger ❷ (*pest*) Ärgernis *nt*
annoyed [ə'nɔɪd] *adj* verärgert; ***don't get so*** ~ lass dich dadurch nicht ärgern; ■**to be** ~ **at** [*or* **with**] **sb/sth** über jdn/etw verärgert sein; **to be** ~ **to discover/hear/see sth** etw mit Verärgerung entdecken/hören/sehen, dass ...
annoying [ə'nɔɪɪŋ] *adj* ärgerlich; ***the*** ~ ***thing about it is that ...*** was mich daran ärgert [*o* das Ärgerliche an der Sache] ist, dass ...; ~ **habit** lästige Angewohnheit
annoyingly [ə'nɔɪɪŋli] *adv* ❶ (*irritatingly*) störend; ***she's so*** ~ ***sure of herself*** ihr Selbstbewusstsein geht mir so was von auf die Nerven *fam* ❷ (*to one's annoyance*) ~ [**enough**] ärgerlicherweise
annual ['ænjuəl] I. *adj inv* jährlich; (*for particular year*) Jahres-; ~ **acounts** Jahresabschluss *m*; ~ **checkup** jährliche Routineuntersuchung; ~ **event** alljährliches [*o* alljährlich stattfindendes] Ereignis; ~ **growth** Jahreswachstum *nt*; ~ **income** Jahreseinkommen *nt*; ~ **migration** alljährliche Migration; ~ **rainfall** Niederschlagsmenge *f* pro Jahr; ~ **report** Jahresbericht *m*; ~ **sales** Jahresumsatz *m* II. *n* ❶ (*publication*) Jahrbuch *nt* ❷ (*plant*) einjährige Pflanze
annual financial statement *n* Jahresabschluss *m* **annual general meeting** *n* BRIT, AUS Jahreshauptversammlung *f*
annualized ['ænju^əlaɪzd, AM -əlaɪzd] *adj* auf das Jahr umgerechnet
annualized percentage rate *n* Effektivzins *m*
annually ['ænjuəli] *adv inv* [all]jährlich
annual meeting *n* AM Jahresversammlung *f* **Annual Percentage Rate** *n* FIN effektiver Jahreszins **annual return** *n* BRIT ECON Jahresausweis *m* einer britischen Aktiengesellschaft
annuitant [ə'njuːət^ənt, AM *esp* -'nuː-] *n* FIN Rentenempfänger(in) *m(f)*, Empfänger *m* einer Jahresrente
annuity [ə'njuːəti, AM -nuːəṭi] *n* ❶ (*sum of money*) Jahreszahlung *f* ❷ (*contract*) Jahresrente *f*, lebenslange Rente; **reversionary** ~ Überlebensrente *f*; ~ **policy** Rentenversicherungspolice *f*; **to take out** [*or* **buy**] **an** ~ eine Rentenversicherung abschließen
annuity for life *n* FIN Leibrente *f*

annul <-ll-> [əˈnʌl] *vt* ■**to ~ sth** etw annullieren; **to ~ a contract** einen Vertrag auflösen; **to ~ a judgement** ein Urteil aufheben; **to ~ a marriage** eine Ehe annullieren [*o* für ungültig erklären]

annulling [əˈnʌlɪŋ] *adj* Annulierungs-, Nichtigkeits-, Ungültigkeits-, Aufhebungs-; **~ clause** Kündigungsklausel *f*

annulment [əˈnʌlmənt] *n* Annullierung *f geh; of a marriage, contract also* Auflösung *f; of a judgement* Aufhebung *f*

Annunciation [əˌnʌn(t)siˈeɪʃən] *n* REL ■**the ~** ❶ *(event)* die Verkündigung ❷ *(church festival)* Mariä Verkündigung

annunciator [əˈnʌn(t)sieɪtəʳ, AM -t̬ɚ] COMPUT **I.** *n* Anzeige *f* **II.** *adj* Signal-

annus horribilis [ˌænəshɒˈriːbɪlɪs, AM -hɔːˈ-] *n* Annus horribilis *nt*

annus mirabilis <*pl* anni mirabiles> [ˌænəsmɪˈrɑːbəlɪs, AM ˌɑːn-] *n* *(form)* denkwürdiges Jahr; ***this year has been Clare's ~*** dieses Jahr war für Clare sehr erfolgreich

anode [ˈænəʊd, AM -oʊd] *n* ELEC Anode *f*

anodize [ˈænə(ʊ)daɪz, AM -oʊd-] *vt* CHEM ■**to ~ sth** etw eloxieren *fachspr*

anodyne [ˈænə(ʊ)daɪn, AM -oʊd-] **I.** *adj* ❶ *(pej form: soothing)* einlullend *fam;* *(dull) music* unauffällig; *approach* neutral ❷ MED schmerzstillend *attr* **II.** *n* MED Schmerzmittel *nt*

anoint [əˈnɔɪnt] *vt* ❶ *(with oil)* ■**to ~ sb/sth** jdn/etw einölen ❷ REL ■**to ~ sb [king]** jdn [zum König] salben; **to ~ sb as one's successor** *(fig)* jdn zu seinem Nachfolger/seiner Nachfolgerin auserwählen

anointed [əˈnɔɪntɪd, AM -t̬ɪd] *adj* gesalbt; *(fig)* erwählt

anointment [əˈnɔɪntmənt] *n* Salbung *f;* **~ as a priest** Priesterweihe *f*

anomalistic period [əˌnɒməlˈɪstɪk-, AM -ˌnɑː-] *n* AEROSP anomalistischer Zeitraum

anomalous [əˈnɒmələs, AM -ˈnɑː-] *adj* anomal, ungewöhnlich

anomalously [əˈnɒmələsli, AM -ˈnɑː-] *adv* *(form)* anomal; ***the third judge awarded points rather ~*** der dritte Preisrichter wich bei der Punktevergabe ziemlich von den anderen ab

anomaly [əˈnɒməli, AM -ˈnɑː-] *n* ❶ *(irregularity)* Anomalie *f kein pl,* Abnormität *f;* **statistical ~** statistische Abweichung; **to be something of an ~** etwas seltsam sein ❷ *no pl (state)* Absonderlichkeit *f;* ***the social security system is rife with ~*** das System des Sozialstaats ist voller Absurditäten

anomie [ˈænəmi] *n no pl* Anomie *f*

anon [əˈnɒn, AM -ˈnɑːn] *adv inv (old)* bald, alsogleich *veraltet geh;* ***see you ~*** *(hum)* bis demnächst

Anon *n no pl abbrev of* **anonymous**

anonymity [ˌænəˈnɪməti, AM -ət̬i] *n no pl* Anonymität *f;* **to preserve one's ~** seine Anonymität wahren, anonym bleiben

anonymous [əˈnɒnɪməs, AM -ˈnɑːnə-] *adj call* anonym; **to remain ~** anonym bleiben; *(fig)* ***he has a rather ~ face*** er hat ein ziemlich unauffälliges Gesicht

anonymously [əˈnɒnɪməsli, AM -ˈnɑːnə-] *adv* anonym

anopheles <*pl* -> [əˈnɒfɪliːz, AM -ˈnɑːfə-] *n* ZOOL Anopheles *f fachspr,* Malariamücke *f*

anorak [ˈænəræk] *n* ❶ *(jacket)* Anorak *m* ❷ BRIT *(fam: person) Einzelgänger, der sich einem speziellen Hobby obszessiv hingibt*

anorectic [ˌænəˈrektɪk] *adj see* **anorexic**

anorexia *n,* **anorexia nervosa** [ˌænəˌreksɪənɜːˈvəʊzə, AM -nɜːrˈvoʊ-] *n no pl* Magersucht *f,* Anorexia nervosa *f fachspr,* Anorexie *f fachspr*

anorexic [ˌænəˈreksɪk] **I.** *adj* MED *(also fig)* magersüchtig **II.** *n* Magersüchtige(r) *f(m);* ■**to be an ~** magersüchtig sein

another [əˈnʌðəʳ, AM -ɚ] **I.** *adj* ❶ *(one more)* noch eine(r,s); ***can I have ~ piece of cake, please?*** kann ich bitte noch ein Stück Kuchen haben?; ***Danny's had yet ~ car accident*** Danny hatte schon wieder einen Unfall! ❷ *(similar to)* ein zweite(r,s), eine zweite; ***many Americans feared the Gulf War would be ~ Vietnam*** viele Amerikaner befürchteten, dass der Golfkrieg ein zweites Vietnam würde ❸ *(not the same)* ein andere(r,s), eine andere; ***~ man would have tried to cover up his mistake*** ein anderer hätte versucht, seinen Fehler zu vertuschen; ***that's ~ matter [entirely]*** das ist etwas [ganz] anderes; ***... but that's ~ story ...*** doch das ist eine andere Geschichte; ***ask me ~*** frag mich nicht *fam;* **to be in ~ world** ganz woanders sein ▸ PHRASES: **to live to fight ~ day** *(hum)* etw überleben [*o* überstehen]; **one man's meat is ~ man's poison** *(prov)* des einen Freud, des andern Leid *prov;* **to have ~ think coming** *(fam)* sich *akk* gewaltig irren *fam,* auf dem Holzweg sein *fam;* **tomorrow is ~ day** *(saying)* morgen ist auch noch ein Tag **II.** *part no pl* ❶ *(different one)* ein anderer/eine andere/ein anderes; ***moving from one place to ~*** von einem Ort zu einem anderen umziehen; ***talking about a problem is one thing but doing something about it is ~*** über ein Problem zu sprechen, ist eine Sache, eine Lösung dafür zu finden, eine ganz andere; **one way or ~** irgendwie ❷ *(additional one)* noch eine(n,s); ***those pastries are delicious — could I have ~?*** diese Törtchen sind köstlich — könnte ich noch eines haben?; ***he was eating one ice cream after ~*** er aß ein Eis nach dem anderen; ***I refuse to listen to ~ of your crazy ideas!*** ich höre mir nicht noch eine von deinen verrückten Ideen an!; **yet ~** noch eine(r,s) ❸ *(each other)* **one ~** einander

A.N.Other [ˌeɪˌenˈʌðəʳ] *n* BRIT *(hum)* N.N. *(Person, deren Namen [noch] unbekannt ist)*

ansafone® [ˈɑːn(t)səfəʊn] *n* BRIT, **ansaphone®** *n* BRIT Anrufbeantworter *m*

answer [ˈɑːn(t)səʳ, AM ˈæn(t)sɚ] **I.** *n* ❶ *(reply)* Antwort *f* (**to** auf +*akk*); *(reaction also)* Reaktion *f;* *(fig: equivalent)* Pendant *nt geh* (**to** zu +*dat*), Gegenstück *nt* (**to** zu +*dat*); ***there was no ~*** *(telephone)* es ist keiner rangegangen; *(doorbell)* es hat keiner aufgemacht; ***he didn't give an ~*** er antwortete nicht; ***in ~ to your letter ...*** in Beantwortung Ihres Schreibens ... *geh;* **to be the ~ to sb's prayer(s)** *(hum, iron)* ein Geschenk des Himmels sein; **~ to a question** Antwort *f* auf eine Frage; **a straight ~** eine direkte Antwort; **by way of an ~** als Antwort; **to get an/no ~** eine/keine Antwort bekommen ❷ *(solution)* Lösung *f;* MATH Ergebnis *nt;* ***there's no easy ~*** es gibt dafür keine Patentlösung; **~ to a problem** Lösung *f* eines Problems; **to know all the ~s** *(also iron: be well-informed)* alles wissen, die Antwort auf alle Fragen kennen; *(be big-headed)* [immer] alles besser wissen ❸ LAW *(defendant's response to complaint)* Klageerwiderung *f,* Replik *f* ▸ PHRASES: **a soft ~ [turneth away wrath]** *(saying)* mit ein bisschen Ruhe kann man so manchen Zorn besänftigen **II.** *vt* ■**to ~ sth** ❶ *(respond to) question* etw beantworten, auf etw *akk* antworten; ***"why not", he ~?*** „warum nicht", erwiderte er?; ***not many people have ~ed our want-ad so far*** bis jetzt haben sich noch nicht viele auf unsere Suchanzeige gemeldet; ***this ~s all our prayers*** unsere Gebete wurden erhört! *geh;* **to ~ the call of sb** jdm gehorchen; **to ~ the call to [do] sth** *(dated)* dem Ruf folgen, etw zu tun *geh;* **to ~ the call of nature** *(also hum)* dem Ruf der Natur folgen *a. hum;* **to ~ the call for volunteers** sich *akk* freiwillig melden; **to ~ the door[bell]** die Tür öffnen; **to ~ the telephone** ans Telefon gehen; ■**to ~ sb** jdm antworten; ***~ me!*** antworte [mir]!/antworten Sie! ❷ *(fit, suit)* etw *dat* entsprechen; *prayer* erhören; ***that ~ed our prayers*** das war wie ein Geschenk des Himmels; **to ~ a need** einem Bedürfnis entgegenkommen; **to ~ a purpose** einem Zweck dienen ❸ LAW **to ~ charges** sich wegen einer Klage verantworten **III.** *vi* antworten, eine Antwort geben; ***nobody ~ed*** *(telephone)* es ist keiner rangegangen; *(doorbell)* es hat keiner aufgemacht

◆**answer back** *vi* widersprechen; *child* freche Antworten geben; ***don't ~ back!*** keine Widerrede!

◆**answer for** *vi* ■**to ~ for sb/sth** ❶ *(take responsibility)* für jdn/etw Verantwortung tragen; **to have a lot to ~ for** *(pej)* einiges auf dem Kerbholz haben *fam* ❷ *esp* BRIT *(approv: vouch for)* sich *akk* für jdn/etw verbürgen

◆**answer to** *vi* ❶ *(take orders)* ■**to ~ to sb** jdm Rede und Antwort stehen ❷ **to ~ to a description** einer Beschreibung entsprechen ❸ *(form or hum)* **to ~ to the name of ...** auf den Namen ... hören *geh*

answerable [ˈɑːn(t)sərəbl̩, AM ˈæn(t)-] *adj pred* ❶ *(responsible)* verantwortlich; ■**to be ~ for sth** für etw *akk* verantwortlich sein ❷ *(accountable)* haftbar; ■**to be ~ to sb** jdm gegenüber zur Rechenschaft verpflichtet sein ❸ ■**to [not] be ~** *question* [nicht] zu beantworten sein

answering machine *n* Anrufbeantworter *m*

answering service *n* Fernsprechauftragsdienst *m*

answerphone [ˈɑːn(t)səfəʊn] *n* BRIT Anrufbeantworter *m*

ant [ænt] *n* Ameise *f;* **to have ~s in one's pants** *(dated or hum)* Hummeln im Hintern haben *hum fam*

antacid [ˌænˈtæsɪd] *n* MED, PHARM Antazidum *nt*

antagonism [ænˈtægənɪzəm] *n* Antagonismus *m geh;* *(hostility)* Feindseligkeit *f* (**towards** gegenüber +*dat*)

antagonist [ænˈtægənɪst] *n* Antagonist(in) *m(f),* Gegner(in) *m(f),* Widersacher(in) *m(f)*

antagonistic [ænˌtægəˈnɪstɪk] *adj* antagonistisch; *(hostile)* feindlich; ■**to be ~ toward[s] sb/sth** jdm/etw gegenüber feindselig eingestellt sein

antagonistically [ænˌtægəˈnɪstɪkəli] *adv* feindlich; **to react ~** feindselig reagieren

antagonize [ænˈtægənaɪz] *vt* ■**to ~ sb** sich *dat* jdn zum Feind machen, jdn gegen sich *akk* aufbringen

Antarctic [ænˈtɑːktɪk, AM -ˈtɑːrk-] **I.** *n* ■**the ~** die Antarktis **II.** *adj animal, flora and fauna* antarktisch; *expedition, explorer* Antarktis-; **~ Circle** südlicher Polarkreis; **~ Ocean** südliches Eismeer

ante [ˈænti, AM -t̬i] *n usu sing* Einsatz *m;* **to raise [or up] the ~** *(fig)* den Einsatz erhöhen

anteater [ˈæntˌiːtəʳ, AM -t̬ɚ] *n* Ameisenbär *m*

antecedent [ˌæntɪˈsiːdənt] **I.** *n* ❶ *(form: forerunner)* Vorläufer(in) *m(f);* ■**~s** *pl (past history)* Vorgeschichte *f kein pl; of a person* Vorleben *nt* ❷ LING Beziehungswort *nt,* Bezugswort *nt,* Antezedenz *nt fachspr* **II.** *adj inv (form)* früher

antechamber [ˈæntɪˌtʃeɪmbəʳ, AM -t̬ɪˌtʃeɪmbɚ] *n* *(form)* Vorzimmer *nt;* *(waiting room)* Wartezimmer *nt*

antedate [ˌæntɪˈdeɪt, AM ˈænt̬ɪdeɪt] *vt (form)* ■**to ~ sth** ❶ *(give earlier date)* etw vordatieren ❷ *(precede in time)* etw *dat* [zeitlich] vorangehen; ***these buildings ~ his reign*** diese Gebäude stammen aus der Zeit vor seiner Herrschaft

antediluvian [ˌæntɪdɪˈluːviən, AM -t̬ɪdə-] *adj inv (hum)* vorsintflutlich *fam;* *(dated)* altmodisch

antelope <*pl* -s *or* -> [ˈæntɪləʊp, AM -t̬əloʊp] *n* Antilope *f*

antenatal [ˌæntɪˈneɪtəl, AM -t̬ɪˈneɪt̬əl] **I.** *adj attr, inv* pränatal, vorgeburtlich; **~ class** Geburtsvorbereitungskurs *m;* **~ clinic** Klinik *f* für Schwangere; **~ screening** pränatale Diagnostik **II.** *n* Schwangerschaftsvorsorgeuntersuchung *f*

antenatally [ˌæntɪˈneɪtəli, AM -t̬ɪˈneɪt̬əli] *adv inv* pränatal

antenna [ænˈtenə] *n* ❶ <*pl* -nae> *of an insect* Fühler *m;* *(fig)* Gespür *nt kein pl;* **pair of ~e** Fühlerpaar *nt* ❷ <*pl* -s> *(aerial)* Antenne *f;* **radio ~** Radioantenne *f*

antennae [ænˈteniː] *n pl of* **antenna**

antepenultimate [ˌæntɪpəˈnʌltɪmət, AM -t̬ɪpɪˈnʌltə-] **I.** *adj inv* drittletzte(r,s) *attr* **II.** *n (form)* ■**the ~** der/die Drittletzte

ante-post [ˌæntɪˈpəʊst, AM t̬ɪˈpoʊst] BRIT **I.** *adj attr* vor dem Renntag gewettet *nach n* **II.** *adv* vor dem Renntag

anterior [ænˈtɪəriəʳ, AM ˈtɪrɪɚ] *adj attr, inv* MED, BIOL vordere(r,s) *attr,* anterior *fachspr*

anteroom [ˈæntɪruːm, AM -t̬ɪruːm] *n* Vorzimmer

nt; (*waiting room*) Wartezimmer *nt*

anthem ['æn(t)θəm] *n* Hymne *f;* REL Choral *m;* **national** ~ Nationalhymne *f*

anther ['æn(t)θeʳ, AM -θɚ] *n* BOT Staubbeutel *m*

anthill ['ænthɪl] *n* (*also fig*) Ameisenhaufen *m*

anthologist [æn'θɒlədʒɪst, AM -θɑːlə-] *n* Herausgeber(in) *m(f)* einer Anthologie

anthologize [æn'θɒlədʒaɪz, AM -θɑːlə-] *vt* ■**to be ~d** in eine Anthologie aufgenommen werden

anthology [æn'θɒlədʒi, AM -θɑːlə-] *n* ① (*of literature*) Anthologie *f;* ~ **of short stories** Auswahl *f* von Kurzgeschichten; ~ **of verse** Gedichtsammlung *f;* ~ **of modern verse** Anthologie *f* moderner Lyrik ② (*of art/music*) Sammlung *f*

anthracite ['æn(t)θrəsaɪt] **I.** *n* Anthrazit *m;* (*colour also*) Anthrazitgrau *nt* **II.** *adj* anthrazit[farben]

anthrax ['æn(t)θræks] *n no pl* MED Milzbrand *m,* Anthrax *m fachspr*

anthropocentric [ˌæn(t)θrə(ʊ)pə(ʊ)'sentrɪk, AM -θrəpə'-] *adj* SOCIOL anthropozentrisch

anthropocentrically [ˌæn(t)θrə(ʊ)pə(ʊ)'sentrɪkəli, AM -θrəpə-] *adv* SOCIOL anthropozentrisch

anthropocentrism [ˌæn(t)θrə(ʊ)pə(ʊ)'sentrɪzəm, AM -θrəpə-] *n no pl* SOCIOL Anthropozentrismus *m*

anthropoid ['æn(t)θrə(ʊ)pɔɪd, AM -θrə-] **I.** *n* BIOL Menschenaffe *m,* Anthropoid[e] *m fachspr* **II.** *adj* ① *inv* (*of primates*) Menschen-; ~ **ape** Menschenaffe *m* ② (*fig hum: apelike*) affenartig

anthropological [ˌæn(t)θrəpə'lɒdʒɪkəl, AM -'lɑː-] *adj* SOCIOL anthropologisch

anthropologically [ˌæn(t)θrəpə'lɒdʒɪkəli, AM -'lɑː-] *adv* SOCIOL anthropologisch

anthropologist [ˌæn(t)θrə'pɒlədʒɪst, AM -'pɑːlə-] *n* Anthropologe, -in *m, f*

anthropology [ˌæn(t)θrə'pɒlədʒi, AM -'pɑːlə-] *n no pl* Anthropologie *f*

anthropomorphic [ˌæn(t)θrəpə(ʊ)'mɔːfɪk, AM -pə'mɔːr-] *adj* SOCIOL anthropomorphisch; (*of human figure*) anthropomorph

anthropomorphically [ˌæn(t)θrəpə(ʊ)'mɔːfɪkəli, AM -pə'mɔːr-] *adv* SOCIOL anthropomorphisch; (*of human figure*) anthropomorph

anthropomorphism [ˌæn(t)θrəpə(ʊ)'mɔːfɪzəm, AM -pə'mɔːr-] *n no pl* SOCIOL Anthropomorphismus *m*

anti ['ænti, AM -ţi, -taɪ] **I.** *n* Gegner(in) *m(f);* ***are you a pro or an ~?*** bist du dafür oder dagegen? **II.** *adj* ■**to be ~** dagegen sein **III.** *in compounds* Anti- **IV.** *prep* gegen; **to be ~ sb/sth** gegen jdn/etw sein

anti-abortion *adj* Anti-Abtreibungs-; ~ **activist** Abtreibungsgegner(in) *m(f);* ~ **group** Gruppe *f* von Abtreibungsgegnern/-gegnerinnen **anti-abortionist** [ˌæntiə'bɔːʃənɪst, AM ţɪə'bɔːr] **I.** *n* Abtreibungsgegner(in) *m(f)* **II.** *adj* gegen Abtreibung eingestellt *nach n;* ~ **activities** Aktionen *fpl* von Abtreibungsgegnern; ~ **legislation** Gesetze *ntpl* gegen Abtreibung; ~ **movement** Abtreibungsgegnerbewegung *f* **anti-ageing,** AM **anti-aging** *adj inv* den Alterungsprozess aufhaltend; ■**to be ~** den Alterungsprozess aufhalten **anti-aircraft** *adj attr, inv* Flugabwehr-; ~ **emplacement** Flakstellung *f;* ~ **gun** Flak *f* **antibacterial** *adj attr, inv* antibakteriell **antibiotic** [-baɪ'ɒtɪk, AM -'ɑːţɪk] **I.** *n usu pl* Antibiotikum *nt* **II.** *adj attr, inv* antibiotisch **antibody** *n* Antikörper *m*

antic ['æntɪk] *adj* (*liter*) bizarr; (*strange*) seltsam

anticarcinogenic [ˌæntɪˌkɑːsɪnə(ʊ)'dʒenɪk, AM -ţɪˌkɑːrsənoʊ'-] *adj inv* krebshemmend, antikarzinogen *fachspr*

anti-choice *adj* ■**to be ~** *gegen das Recht der Frau sein, über eine Abtreibung selbst zu bestimmen;* ~ **activist** Gegner(in) *m(f)* des Selbstbestimmungsrechts der Frau

Antichrist *n* ■**the ~** der Antichrist

anticipate [æn'tɪsɪpeɪt, AM -'tɪsə-] *vt* ① (*expect*) ■**to ~ sth** etw erwarten, mit etw *dat* rechnen; (*foresee*) etw vorhersehen [*o* vorausahnen] ② (*act in advance*) ■**to ~ sth** etw *dat* vorgreifen; ***she ~d his every wish*** sie kam all seinen Wünschen zuvor; **to ~ one's inheritance** sein Erbe im Voraus verbrauchen ③ (*be first*) ■**to ~ sb/sth** jdm/etw vorausgehen; ***is it true that Eric the Red ~d Columbus in discovering America?*** stimmt es, dass Erich der Rote vor Kolumbus Amerika entdeckt hat?

anticipated balance *n* ECON zu erwartender Saldo

anticipation [ænˌtɪsɪ'peɪʃən, AM -sə'-] *n no pl* ① (*expecting*) Erwartung *f;* (*pleasure in advance*) Vorfreude *f;* ***thank you in ~*** vielen Dank im Voraus; **eager ~** gespannte Erwartung; ■**in ~ of sth** in [freudiger] Erwartung einer S. *gen* ② (*being first*) Vorwegnahme *f* ③ (*acting in advance*) Vorausberechnung *f*

anticipatory [ænˌtɪsɪ'peɪtəri, AM æn'tɪsəpətɔːri] *adj* vorwegnehmend *attr;* ~ **breach** LAW vorweggenommene Vertragsverletzung; ~ **chill** bange Vorahnung; ~ **thrill** gespannte Erwartung

anti-clerical *adj* kirchenfeindlich **anti-clericalism** *n no pl* Antiklerikalismus *m,* Kirchenfeindlichkeit *f* **anticlimactic** *adj* enttäuschend **anticlimax** *n* Enttäuschung *f;* LIT Antiklimax *m;* **to be a bit** [*or* **something**] **of an ~** etwas enttäuschend sein **anti-clockwise** *adv* BRIT, AUS gegen den Uhrzeigersinn **anticoagulant** [-kəʊ'ægjʊlənt, AM -koʊ'ægjə-] **I.** *n* MED Antikoagulans *nt fachspr* **II.** *adj inv* [blut]gerinnungshemmend *attr* **anti-communist** **I.** *adj* antikommunistisch **II.** *n* Antikommunist(in) *m(f)* **anti-consumerist** **I.** *adj* konsumfeindlich **II.** *n* Konsumfeind(in) *m(f),* Konsumgegner(in) *m(f)* **anticorrosive** *n* Korrosionsschutz *m*

antics ['æntɪks] *npl* Kapriolen *fpl,* Eskapaden *fpl;* (*spontaneous ideas*) Launen *fpl* **anticyclone** *n* METEO ① (*storm*) Gegenwirbelsturm *m* ② (*high-pressure area*) Hochdruckgebiet *nt* **anti-depressant** **I.** *n* Antidepressivum *nt* **II.** *adj attr* antidepressiv

antidiscrimination [ˌæntɪdɪˌskrɪmɪ'neɪʃən, AM -ţ-] *n modifier* Antidiskriminierungs-; **an ~ law** ein Antidiskriminierungsgesetz *nt*

antidote ['æntɪdəʊt, AM -ţɪdoʊt] *n* Gegengift *nt,* Gegenmittel *nt;* ■**to be an ~ for** [*or* **to**] **sth** (*also fig*) ein Gegenmittel *nt* für etw *akk* sein

antidumping *adj* COMM ~ **legislation** Antidumping-Gesetze *ntpl* **antifreeze** *n no pl* Frostschutzmittel *nt* **antigay** [ˌæntɪ'geɪ, AM -ţ-] *adj attr* homosexuellenfeindlich

antigen *n* MED Antigen *nt*

antiglobalist [ˌæntɪ'gləʊbəlɪst, AM -ţɪ'gloʊ-] *n* Globalisierungsgegner(in) *m(f)*

antihate group [ˌæntɪ'heɪtˌgruːp, AM -ţɪ'-] *n* Antihassgruppe *f* **anti-hero** *n* Antiheld *m* **antihistamine** *n* MED, PHARM ① *no pl* (*substance*) Antihistamin *nt* ② (*dosage*) Antihistaminikum *nt* **anti-inflammatory** **I.** *n* entzündungshemmendes Mittel **II.** *adj attr, inv* entzündungshemmend **anti-inflationary** *adj* ECON ~ **measures** antiinflationäre Maßnahmen, Inflationsbekämpfungsmaßnahmen *fpl* **antiknock** **I.** *n no pl* TECH Antiklopfmittel *nt* **II.** *n modifier* TECH Antiklopf-; ~ **agent** Antiklopfmittel *nt* **antiknocking** *adj attr, inv* TECH Antiklopf- **anti letter** *n* Protestbrief *m* **anti-lock** *adj attr brakes* Antiblockier- **anti-lock braking system** *n* AUTO Antiblockiersystem *nt* **antilog** *n* (*fam*), **antilogarithm** *n* MATH Numerus *m* **antimacassar** [ˌæntɪmə'kæsəʳ, AM -ţɪmə'kæsɚ] *n* (*dated*) Sesselschoner *m;* (*for sofas*) Sofaschoner *m* **antimatter** *n no pl* PHYS Antimaterie *f* **anti-missile** *adj attr, inv* Antiraketen-; ~ **defence** Raketenabwehr *f*

antimony ['æntɪməni, AM -ţəmoʊ-] *n no pl* Antimon *nt*

anti-noise *n no pl* Gegengeräusch *nt* **anti-nuclear** *adj* Antiatom-; ■**to be ~** gegen Atomkraft sein, Atom[kraft]gegner/-gegnerin [*o* Kernkraftgegner/-gegnerin] sein **anti-oxidant** *n* Antioxidationsmittel *nt,* Antioxidans *nt*

antipasti [ˌæntɪ'pæsti, AM -ţɪ'pɑːsti] *n pl of* **antipasto** Antipasti *pl*

antipasto <*pl* -s *or pl* -ti> [ˌæntɪ'pæstəʊ, AM -ţɪ'pɑːstoʊ, *pl* -tiː] *n* Antipasto *m o nt*

antipathetic [ˌæntɪpə'θetɪk, AM -ţɪpəθeţɪk] *adj attitude, reaction* unsympathisch; ■**to be ~ to sb/sth** gegen jdn/etw eine Abneigung haben

antipathy [ˌæn'tɪpəθi] *n usu sing* Antipathie *f geh,* Abneigung *f* (**for/to**[**wards**] gegen +*akk*); **racial ~** Rassismus *m*

anti-personnel *adj attr, inv* gegen Menschen gerichtet; ~ **bomb** Splitterbombe *f;* ~ **mine** Tretmine *f* **anti-perspirant** [ˌæntɪ'pɜːspərənt, AM -ţɪ'pɜːrspɚ-] **I.** *n* Antitranspirant *nt* **II.** *adj* antitranspiratorisch; **to have ~ qualities** schweißhemmende Wirkung haben

Antipodean [ænˌtɪpə(ʊ)'diːən] **I.** *adj inv* BRIT (*Australian*) australisch; (*New Zealand*) neuseeländisch **II.** *n* (*Australian*) Australier(in) *m(f);* (*New Zealander*) Neuseeländer(in) *m(f)*

Antipodes [æn'tɪpədiːz] *npl* BRIT ■**the ~** ① GEOG Australien *nt* und Neuseeland *nt* ② (*opposite directions*) entgegengesetzte Teile der Erde

anti-pope [ˌæntɪ'pəʊp, AM ţɪ'poʊp] *n* HIST Gegenpapst *m*

antiquarian [ˌæntɪ'kweəriən, AM -ţə'kweri-] **I.** *n* ① (*antique dealer*) Antiquitätenhändler(in) *m(f);* (*bookseller*) Antiquar(in) *m(f)* ② (*collector*) Antiquitätensammler(in) *m(f)* ③ (*student*) Altertumsforscher(in) *m(f)* **II.** *adj* antiquarisch

antiquarianism [ˌæntɪ'kweəriənɪzəm, AM -ţə'kweri-] *n no pl* Interesse *nt* für Antiquitäten

antiquary ['æntɪkwəri, AM -ţəkweri-] *n* (*dated: dealer*) Antiquitätenhändler(in) *m(f);* (*collector*) Antiquitätensammler(in) *m(f)*

antiquated ['æntɪkweɪtɪd, AM -ţə-] *adj* (*pej*) antiquiert *a. hum; industries, institutions* veraltet; (*fig*) ***now I'm thirty I feel positively ~!*** (*hum*) jetzt wo ich dreißig bin, fühle ich mich wirklich uralt; ~ **attitude** altmodische Einstellung

antique [æn'tiːk] **I.** *n* ① (*collectable object*) Antiquität *f;* ~ **dealer** Antiquitätenhändler(in) *m(f);* ~ **shop** Antiquitätengeschäft *nt* ② (*pej, iron: object*) Antiquität *f hum* **II.** *adj* antik **III.** *vi* (*fam*) ■**to ~** Antiquitäten kaufen

antiquity [æn'tɪkwəti, AM -ţi] *n* ① *no pl* (*ancient times*) Altertum *nt* ② *no pl* (*great age*) hohes Alter; **to be of great ~** sehr alt sein ③ *pl* (*relics*) ■**antiquities** *pl* Altertümer *pl*

anti-racist **I.** *adj* antirassistisch **II.** *n* Antirassist(in) *m(f)* **anti-riot** [ˌæntɪ'raɪət, AM ţɪ'] *adj attr, inv* Unruhen *fpl* bekämpfend *attr;* ~ **police** Bereitschaftspolizei *f kein pl*

antiroll bar [ˌæntɪ'rəʊlˌbɑːʳ, AM ţɪ'roʊlˌbɑːr] *n* AUTO Drehstabstabilisator *m*

antirrhinum [ˌæntɪ'raɪnəm, AM -ţə-] *n* BOT (*form*) Antirrhinum *nt fachspr,* Löwenmaul *nt kein pl*

anti-rust *adj attr, inv* Rostschutz- **anti-Semite** *n* (*pej*) Antisemit(in) *m(f)* **anti-Semitic** *adj* antisemitisch **anti-Semitism** *n no pl* Antisemitismus *m* **antiseptic** [ˌæntɪ'septɪk, AM -ţə-] **I.** *n* Antiseptikum *nt,* antiseptisches Mittel **II.** *adj* antiseptisch, keimtötend; (*fig, pej*) *buildings, apartments* steril *pej*

anti-shock memory [ˌæntɪ'ʃɒkˌmeməri, AM -ţɪ'ʃɑːk-] *n,* **anti-skip technology** [æntɪˌskɪptek'nɒlədʒi, AM -ţɪˌskɪptek'nɑː-] *n no pl* (*on CD players*) Antischocksystem *nt* **anti-smoking** *adj* Nichtraucher- **anti-social** *adj* ① (*harmful to society*) unsozial; (*alienated from society*) asozial ② (*not sociable*) ungesellig, nicht gesellig **antistatic** *adj* antistatisch **anti-tank** *adj attr, inv* Panzerabwehr-

antithesis <*pl* -ses> [æn'tɪθəsɪs, *pl* -siːz] *n* Gegenteil *nt;* (*contrast*) Gegensatz *m;* (*in rhetoric*) Antithese *f;* ■**in ~ to sth** im Gegensatz zu etw *dat*

antithetic(**al**) [ˌæntɪ'θetɪk(əl), AM -ţɪθeţ-] *adj inv* antithetisch, gegensätzlich; ■**to be ~ to sth** zu etw *dat* im Widerspruch stehen

antitoxin [ˌæntɪ'tɒksɪn, AM -ţɪ'tɑːk-] *n* MED Gegengift *nt,* Antitoxin *nt fachspr*

antitrust *adj* AM FIN Antitrust-, Kartell-; ~ **laws** [*or* **legislation**] amerikanische Kartellgesetzgebung

antitrust law *n esp* AM Kartellgesetz *nt*

anti-viral [ˌæntɪ'vaɪ(ə)rəl, AM -ţɪ'vaɪr-] MED **I.** *adj* antiviral; ~ **drug** antivirales Arzneimittel **II.** *n* ■**~s**

pl Virostatika *ntpl fachspr*

antiwrinkle [ˌæntɪˈrɪŋkl, AM ţɪˈ] *adj inv* Antifalten-

antler [ˈæntləʳ, AM -ɚ] *n* Geweihstange *f*; **pair of ~s** Geweih *nt*

antonym [ˈæntənɪm, AM -tᵊn-] *n* LING Antonym *nt fachspr*

antonymous [ænˈtɒnɪməs, AM -ˈtɑːn-] *adj* antonym *fachspr*; ~ **word** Antonym *nt fachspr*

antsy [ˈæntsi] *adj* AM (*fam*) *child* zappelig *fam*; ■ **sb is** ~ jd ist kribbelig *fam*; ■ **to be** ~ **to do sth** (*very eager to do sth*) darauf brennen, etw zu tun

Antwerp [ˈæntwɜːp, AM twɜːrp] *n no pl* Antwerpen *nt*

anus [ˈeɪnəs] *n* Anus *m*

anvil [ˈænvɪl, AM -vᵊl] *n* Amboss *m*; (*in ear also*) Incus *m fachspr*

anxiety [æŋˈzaɪəti, AM -əţi] *n* ① *no pl* (*feeling of concern*) Sorge *f*, Besorgnis *f*; **a source of** ~ ein Anlass *m* zur Sorge; **to feel** ~ [**about sth**] sich *dat* [um etw *akk*] Sorgen machen ② (*concern*) Angst *f* ③ *no pl* (*desire*) Verlangen *nt*; **...** ***hence his*** ~ ***to get his work finished*** ... daher ist er auch so bestrebt, seine Arbeit fertig zu bekommen

anxiety attack *n* Panikattacke *f*, Angstanfall *m* **anxiety complex** *n* Angstkomplex *m* **anxiety disorder** *n* Angststörung *f* **anxiety neurosis** *n* Angstneurose *f*

anxious [ˈæŋ(k)ʃəs] *adj* ① (*concerned*) besorgt; ***she always gets*** ~ ***if we don't arrive when we say we will*** sie macht sich immer Sorgen, wenn wir nicht zur angegebenen Zeit zurückkommen; **to keep an** ~ **eye on sth** auf etw *akk* ein wachsames Auge haben; ~ **look** besorgter Blick; (*more serious*) sorgenvoller Blick; ■ **to be** ~ **about sth** sich *dat* um etw *akk* Sorgen machen, um etw *akk* besorgt sein; (*more serious*) um etw *akk* Angst haben ② (*eager*) bestrebt; ***I'm*** ~ ***that we get there on time*** ich hoffe [sehr], dass wir rechtzeitig dort ankommen; ■ **to be** ~ **to do sth** [eifrig] darauf bedacht sein, etw zu tun; ■ **to be** ~ **for sth** ungeduldig auf etw *akk* warten

anxiously [ˈæŋ(k)ʃəsli] *adv* ① (*with concern*) besorgt ② (*eagerly*) sehnsüchtig; ~ **awaited** sehnsüchtig erwartet; (*with excitement*) mit Spannung erwartet

any [eni, əni] **I.** *adj* ① (*of amount*) irgendein(e) *attr*; ***I don't think there'll be*** ~ ***snow this Christmas*** ich glaube nicht, dass es dieses Jahr an Weihnachten schneien wird; ***do you have*** [*or* ***have you got***] ~ ***basil?*** haben Sie Basilikum?; **hardly** ~ kaum etwas ② (*of unrestrictedness*) jede(r,s) *attr*; ***I love*** ~ ***form of chocolate*** ich liebe jede Art von Schokolade; ***absolutely*** ~ ***food would be better than nothing at all*** wirklich jedes Essen wäre besser als überhaupt nichts; ~ ***complaints should be addressed to the hotel manager*** jegliche Beschwerden sollten an den Hoteldirektor/die Hoteldirektorin gerichtet werden; ***ring me up*** ~ ***time*** du kannst mich jederzeit anrufen; ~ **day/moment/time now** jeden Tag/Moment/jederzeit; ~ ***minute now there's going to be a massive quarrel between those two*** jede Minute kann es zu einem massiven Streit zwischen den beiden kommen; **at** ~ **one time** zu jeder Zeit; **in** ~ **case** [*or fam* **at** ~ **rate**] (*whatever happens*) auf jeden Fall; (*above and beyond that*) überhaupt **II.** *part* ① + *sing vb* (*each*) jede(r,s); ***we're happy to welcome each and*** ~ ***who want to come to the picnic*** wir freuen uns über jeden einzelnen, der zum Picknick kommen möchte; ~ **of the dresses/cars** jedes der Kleider/Autos; ~ ***of you should ...*** jeder von euch sollte ... ② + *pl vb* (*some of many*) welche(r,s); ***we've got one copy here but we don't have*** ~ ***to sell*** wir haben hier ein Exemplar, aber zum Verkaufen haben wir keine; ***I haven't seen*** ~ ***of his films*** ich habe keinen seiner Filme gesehen; ***are*** ~ ***of those pictures over there yours?*** sind von den Bildern da drüben welche von dir?; ~ **at all** überhaupt keine ③ + *sing vb* (*some of quantity*) welche(r,s); ***do you have any basil? — I'm sorry, there isn't*** ~ ***left*** hast du Basilikum? – ich fürchte, es ist keines mehr da; ***if there's*** ~ ***left, throw it away*** wenn noch was übrig ist, wirf es weg; ***is there*** ~ ***of that lemon cake left?*** ist noch etwas von dem Zitronenkuchen übrig?; ~ **at all** überhaupt keine(r,s) ④ + *sing vb* (*not important which*) irgendeine(r,s); ***I need someone to give me a hand —*** ~ ***of you will do*** ich brauche jemand, der mir hilft — egal wen ▶ PHRASES: **to not have** ~ [**of it**] nichts davon wissen wollen **III.** *adv inv, usu neg* ① (*at all*) überhaupt, gar; ***are you feeling*** ~ ***better after your illness?*** fühlst du dich denn etwas besser nach deiner Krankheit?; ***can't you drive*** ~ ***faster?*** können Sie nicht etwas schneller fahren?; ***if I have to stay here*** ~ ***longer, ...*** wenn ich noch länger hier bleiben muss, ...; AM (*fam*) ***that didn't help*** ~ das hat überhaupt nichts genutzt ② AM ~ **more** noch mehr; ***I don't do yoga*** ~ ***more*** ich mache kein Yoga mehr; ***I don't expect we'll have*** ~ ***more trouble from him*** ich glaube nicht, dass wir noch weiteren Ärger von ihm zu erwarten haben; ***I can't tell you*** ~ ***more than that*** ich kann dir nicht mehr als das sagen; ~ ***more of those remarks and I'll thump you!*** noch eine solche Bemerkung und es knallt! *fam*; ~ **old sth** (*fam*) jedes x-beliebige etwas *fam*; ***I can't wear just*** ~ ***old thing to my brother's wedding*** ich kann nicht jedes x-beliebige Teil zur Hochzeit meines Bruders tragen! *fam*

anybody [ˈeniˌbɒdi, AM -ˌbɑːdi] *part*, **anyone** *part* ① (*each person*) jede(r,s); ~ ***could do it*** jeder könnte das machen; ***it was still*** ~***'s game at halftime*** zur Halbzeit war das Spiel noch offen; **to be** ~**'s guess** völlig offen sein ② (*someone*) jemand; ***does*** ~ ***here look familiar?*** kennst du hier jemanden?; ~ ***else?*** noch jemand?; ~ ***else for coffee?*** möchte noch jemand Kaffee? ③ (*no one*) ■ **not** ~ niemand; ***there wasn't*** ~ ***there/around*** es war niemand da ④ (*important person*) jemand; ***he'll never be*** ~ er wird nie wer sein *fam*; ~ ***who is*** ~ ***...*** (*hum*) jeder, der was auf sich hält ... ⑤ (*unimportant person*) ***he's not just*** ~ ***— he's one of the most important people in the car industry*** er ist nicht irgendwer — er ist einer der wichtigsten Menschen in der Autoindustrie ▶ PHRASES: **to be** ~**'s** (*fam*) leicht zu haben sein *fam*

anyhow [ˈenihaʊ] *adv inv* ① (*in any case*) sowieso; *see also* **anyway** ② (*in a disorderly way*) irgendwie

anymore [ˌeniˈmɔːr] *adv inv* AM *see* **any III 2**

anyone [ˈeniwʌn] *part see* **anybody**

anyplace [ˈeniplers] *adv inv* AM (*anywhere*) irgendwo

anyroad [ˈenirəʊd] *adv inv* NBRIT *see* **anyway**

anything [ˈeniθɪŋ] *part indef*, + *sing vb* ① (*each thing*) alles; ~ **you like** alles, was du willst; ***let's go to a movie — pick*** ~ ***you like*** schauen wir uns einen Film an – such dir einfach einen aus; ***she could be*** ~ ***between 30 and 40*** [*or* ***from 30 to 40***] zwischen 30 und 40 könnte sie echt alles sein; ***he is*** ~ ***but racist*** er ist alles, nur kein Rassist!; ~ **and everything** absolut alles ② (*something*) ***is there*** ~ ***I can do to help?*** kann ich irgendwie helfen?; (*in shop*) ~ ***else?*** darf es noch was sein?; ***does it look*** ~ ***like an eagle?*** sieht das einem Adler irgendwie ähnlich?; **hardly** ~ kaum etwas; ~ **much** nicht viel ③ (*nothing*) nichts; ~ **like ...** nicht annähernd ...; ***it doesn't taste*** ~ ***like wine*** das schmeckt absolut nicht nach Wein; ***no strings attached, you don't have to join up or*** ~ keinerlei Verpflichtungen, du musst weder beitreten noch sonst was ▶ PHRASES: ~ **for a quiet life** Hauptsache Ruhe *fam*; ~ **goes** (*fam*) erlaubt ist, was gefällt *fam*; ***when lots of kids from the neighbourhood come over for a party,*** ~ ***goes*** wenn viele Kinder aus der Nachbarschaft zu einer Party kommen, kann alles passieren; [**as**] ... **as** ~ (*fam*) ausgesprochen; **not for** ~ [**in the world**] um nichts in der Welt; **like** ~ (*fam*) wie verrückt *fam*

anytime [ˈenitaɪm] *adv inv* jederzeit; ~ **soon** in nächster Zukunft

anyway [ˈeniweɪ], AM *also* **anyways** [ˈeniweɪz] *adv inv* (*fam*) ① (*in any case*) sowieso; ***what's he doing there*** ~***?*** was macht er dort überhaupt? ② (*well*) jedenfalls; ~! na ja!

anywhere [ˈeni(h)weəʳ, AM -(h)wer] *adv inv* ① (*in any place*) überall; ***you won't find a prettier village*** ~ ***in England*** nirgendwo in England werden Sie ein schöneres Dorf finden; ~ **else** irgendwo anders; ***there are a few words that you don't hear*** ~ ***else*** es gibt einige Wörter, die man nirgendwo anders hört ② (*some place*) irgendwo; ***could you help me? I'm not getting*** ~ könntest du mir helfen? ich komme einfach nicht weiter; ***I don't feel I'm getting*** ~ ich habe nicht das Gefühle, dass ich irgendwie vorankomme; ***he isn't*** ~ ***near as popular as he used to be*** er ist nicht annähernd so populär wie früher; ***I should be arriving*** ~ ***between 9 and 10 pm*** ich müsste irgendwann zwischen 9 und 10 Uhr abends ankommen; ***are we*** ~ ***near finishing yet?*** kommen wir jetzt irgendwie zum Ende?; **to go** ~ irgendwohin gehen; **miles from** ~ (*fam*) am Ende der Welt *hum*

AOB [ˌeɪəʊˈbiː] *n no pl* BRIT *abbrev of* **any other business** (*on meeting agenda*) Diverses

A-OK [ˌeɪoʊˈkeɪ] AM **I.** *adj inv* (*perfectly okay*) topfit *fam*; (*very lively*) putzmunter *fam* **II.** *adv inv* (*perfectly okay*) perfekt; (*extremely good*) astrein *sl*; ***the car is working*** ~***!*** das Auto fährt wie geschmiert! *fam*

aorta [eɪˈɔːtə, AM -ˈɔːrţə] *n* Aorta *f*

apace [əˈpeɪs] *adv* (*dated also liter*) zügig

Apache [əˈpætʃi] **I.** *n* <*pl* – *or* -s> Apache, -in *m, f* **II.** *n modifier* Apachen-

apart [əˈpɑːt, AM -ˈpɑːrt] *adv* ① (*separated*) auseinander, getrennt; ***I can't tell them*** ~ ich kann sie nicht auseinander halten; **to be far** [*or* **miles**] [*or* **wide**] ~ (*also fig*) weit auseinander liegen; **to blow** ~ [in der Luft] zerfetzen; **to come** [*or* **fall**] ~ auseinander fallen; ***their marriage is falling*** ~ ihre Ehe geht in die Brüche; **to move** ~ (*also fig*) sich *akk* auseinander bewegen; **to be set** ~ sich *akk* abheben; **to take sth** ~ etw auseinander nehmen [*o* [in seine Einzelteile] zerlegen]; (*fig fam*) etw auseinander nehmen *fam* [*o sl* verreißen]; **to take sb** ~ (*fig fam*) jdn auseinander nehmen *fam* [*o fam* in der Luft zerreißen] ② *after n* (*to one side*) beiseite *after n*; **joking** ~ (*fig*) Spaß beiseite; (*not including*) ausgenommen; ***the North coast*** ~***, ...*** abgesehen von der nördlichen Küste ...; (*distinctive*) besonders; **a breed** ~ eine besondere [*o* spezielle] Sorte; ***politicians are a breed*** ~ Politiker/Politikerinnen sind eine Sache für sich; **to be poles** [*or* **worlds**] ~ Welten getrennt sein *fig*; ***they're poles*** ~ ***in their way of thinking*** zwischen ihren Denkarten liegen Welten *fig*; **to be a race** ~ eine Klasse für sich sein; ***she was a race*** ~ ***from all the other singers*** sie war um Klassen besser als alle anderen Sänger/Sängerinnen ③ (*in addition to*) außerdem, zusätzlich zu; (*except for*) abgesehen von; ***you and me*** ~ abgesehen von dir und mir; ■ ~ **from sth/sb** von etw/jdm abgesehen

apartheid [əˈpɑːteɪt, AM əˈpɑːrthaɪt, -heɪt] *n no pl* Apartheid *f*, Rassentrennung *f*

apartment [əˈpɑːtmənt, AM əˈpɑːr-] *n esp* AM Wohnung *f*; (*smaller*) Ap[p]art[e]ment *nt*; **holiday** [*or* AM **vacation**] ~ Ferienwohnung *f*; **the Royal ~s** die königlichen Gemächer *geh*

apartment building *n* AM, **apartment house** *n* AM Wohnhaus *nt*; (*with smaller flats*) Ap[p]art[e]menthaus *nt*

apathetic [ˌæpəˈθetɪk, AM -ˈθeţ-] *adj* apathisch, teilnahmslos; (*without drive*) antriebsarm; ■ **to be** ~ **about** [*or* **towards**] **sth** gegenüber etw *dat* gleichgültig sein; ***you're so*** ~ ***about everything*** dir ist alles so egal *fam*

apathetically [ˌæpəˈθetɪkᵊli, AM ˈθeţ] *adv* apathisch

apathy [ˈæpəθi] *n no pl* Apathie *f*, Teilnahmslosigkeit *f*; (*uninterestedness*) Gleichgültigkeit *f* (**about/towards** gegenüber +*dat*)

ape [eɪp] **I.** *n* ZOOL [Menschen]affe *m*; (*person*) **you big ~!** (*fig sl*) du Riesenbaby! *fam* ▶ PHRASES: **to go** ~ [*or* **~-shit**] *esp* AM (*sl*) ausflippen *fam*, durchdrehen *fam*; (*be very angry*) fuchsteufelswild werden **II.** *vt*

■**to ~ sb/sth** jdn/etw nachahmen [*o pej* nachäffen]
aperitif [əˌperəˈtiːf, AM ɑːˌperɪˈ-] *n* Aperitif *m*
aperture [ˈæpətʃəʳ, AM -ətʃʊr] *n* [kleine] Öffnung; PHOT Blende *f*
aperture illumination *n* Ausleuchtung *f*
apex <*pl* -es *or* apices> [ˈeɪpeks, *pl* ˈeɪpɪsiːz] *n* ① (*form: top*) Spitze *f; of the heart, lung* Apex *m fachspr; of a career* Höhepunkt *m; of an organization* Spitze *f; of a mountain* Gipfel *m; of a roof* First *m* ② MATH (*opposite base*) Spitze *f*
APEX [ˈeɪpeks] *n no pl acr for* **Advance Purchase Excursion:** ~ **ticket** APEX-Ticket *nt* (*reduziertes Flugticket bei Vorauszahlung*)
aphasia [əˈfeɪziə, AM -ʒə] *n* PSYCH, MED Aphasie *f fachspr*
aphasic [əˈfeɪzɪk] *adj inv* PSYCH, MED aphatisch *fachspr,* sprachgestört
aphid [ˈeɪfɪd, AM *also* ˈæf-] *n* Blattlaus *f*
aphorism [ˈæfərɪzəm, AM -əɪzəm] *n* LIT Aphorismus *m geh*
aphoristic [ˌæfərˈɪstɪk] *adj* aphoristisch *geh,* prägnant-geistreich
aphorize *vi* treffend ausdrücken
aphrodisiac [ˌæfrə(ʊ)ˈdɪziæk, AM -rəˈ-] *n* Aphrodisiakum *nt*
apiarist [ˈeɪpiərɪst] *n* (*spec*) Imker(in) *m(f),* Bienenzüchter(in) *m(f)*
apiary [ˈeɪpiəri, AM -eri] *n* Bienenhaus *nt,* Bienenstock *m*
apical [ˈæpɪkəl] *adj inv* (*form*) apikal *fachspr,* Spitzen-
apices [ˈeɪpɪsiːz] *n pl of* **apex**
apiculture [ˈeɪpɪkʌltʃəʳ, AM -ə˞] *n no pl* (*spec*) Bienenzucht *f*
apiece [əˈpiːs] *adv after n, inv* das Stück; ***for £500*** ~ für £500 das Stück; (*per person*) jeder; ***give them five*** ~ gib Ihnen je fünf
aplenty [əˈplenti, AM -ţi] *adj after n, inv* in [Hülle und] Fülle, en masse *fam*
aplomb [əˈplɒm, AM -ɑːm] *n no pl* Aplomb *m geh,* [Selbst]sicherheit *f;* (*casual air*) Gelassenheit *f;* **to do sth with** [**one's usual**] ~ etw mit [der üblichen] Souveränität erledigen *geh;* ***sie conducted the meeting with characteristic*** ~ sie leitete das Treffen mit der für sie typischen Selbstverständlichkeit
apocalypse [əˈpɒkəlɪps, AM -ˈpɑːk-] *n no pl* ① (*catastrophic destruction*) Apokalpyse *f geh;* **nuclear** ~ nukleare Katastrophe ② REL ■**the A~** (*end of the world*) das Weltende, der Weltuntergang; (*book*) die Apokalypse
apocalyptic [əˌpɒkəˈlɪptɪk, AM -ˌpɑːk-] *adj* apokalyptisch; (*fig*) ~ **speech** unheil[ver]kündende Rede *geh*
apochromatic lens [ˌæpəkrə(ʊ)ˈmætɪk-, AM -kroʊˈmæţ-] *n* PHOT apochromatische Linse [gegen Farbabweichungen]
apocrypha [əˈpɒkrəfə, AM ˈpɑːk] *npl + sing/pl vb* ① REL Apokryph *nt;* ■**the A~** die Apokryphen *ntpl* ② (*writings*) apokryphe Schrift *geh*
apocryphal [əˈpɒkrɪfəl, AM -ˈpɑːkrə-] *adj* (*form*) ① (*doubtful*) apokryph[isch], zweifelhaft; ~ **story** (*fig*) zweifelhafte Geschichte ② (*of Apocrypha*) apokryph
apogee [ˈæpə(ʊ)dʒiː, AM -ədʒi] *n no pl* ① (*form: zenith*) Höhepunkt *m* ② ASTRON Apogäum *nt fachspr,* Erdferne *f*
apolitical [ˌeɪpəˈlɪtɪkəl, AM -ˈlɪţə-] *adj* apolitisch *geh,* unpolitisch
Apollo [əˈpɒləʊ, AM ˈpɑːloʊ] *n no pl* ① (*Greek god*) Apollo *m* ② (*US space programme*) Apollo *kein art*
apologetic [əˌpɒləˈdʒetɪk, AM əˌpɑːləˈdʒeţɪk] *adj* ① (*showing regret*) entschuldigend *attr;* ■**to be ~ about** [*or* **for**] **sth** etw bedauern, sich *akk* für etw *akk* entschuldigen ② *pred* (*pej: obsequious*) bescheiden; ***stop being so ~ about everything!*** spiel nur nicht immer den Untertan!
apologetically [əˌpɒləˈdʒetɪkli, AM əˌpɑːləˈdʒeţɪk-] *adv* entschuldigend; (*hesitantly*) **to laugh/smile** ~ zaghaft lachen/lächeln
apologia [ˌæpəˈləʊdʒə, AM -ˈloʊ-] *n* (*form, liter*) Apologie *f geh,* Rechtfertigung; (*written piece*) Rechtfertigungsschrift *f*
apologist [əˈpɒlədʒɪst, AM -ˈpɑːl-] *n* (*form*) Verteidiger(in) *m(f),* Apologet(in) *m(f) geh;* (*fig: advocate*) Verfechter(in) *m(f)*
apologize [əˈpɒlədʒaɪz, AM -ˈpɑːl-] *vi* sich *akk* entschuldigen (**to** bei *+dat,* **for** für *+akk*); ***he ~d for the fact that …*** er entschuldigte sich dafür, dass …; ***she ~d profusely*** sie bat vielmals um Verzeihung; (*form*) ***I do ~ if …*** ich bitte Sie zu entschuldigen, wenn …
apology [əˈpɒlədʒi, AM -ˈpɑːl-] *n* ① (*statement of regret*) Entschuldigung *f;* **to be full of apologies** sich *akk* vielmals entschuldigen; **to make** [*or* **offer**] **an ~** um Entschuldigung bitten; ***she owes him an ~ for …*** sie muss sich bei ihm dafür entschuldigen, dass … ② ■**apologies** *pl* (*regrets*) Bedauern *nt kein pl;* ***please accept our ~ for the inconvenience we have caused*** wir bitten vielmals um Entschuldigung für die Unannehmlichkeiten, die wir Ihnen bereitet haben; **to make apologies** sich *akk* entschuldigen; **to send one's apologies** sich *akk* entschuldigen lassen ③ (*form: formal defence*) Verteidigung *f,* Apologie *f geh* (**for** für *+akk*) ④ (*esp hum fam: sorry sight*) ***what an ~ for a buffet!*** was soll denn das für ein armseliges Büffet sein!
apoplectic [ˌæpəˈplektɪk] *adj* ① MED apoplektisch *fachspr;* ~ **stroke** apoplektischer Anfall *fachspr,* Schlaganfall *m* ② (*usu hum: very angry*) cholerisch; **to be ~ with fury** [*or* **rage**] vor Wut schäumen [*o* [fast] platzen]
apoplexy [ˈæpəpleksi] *n no pl* ① MED (*spec*) Apoplexie *f fachspr,* Schlaganfall *m,* Gehirnschlag *m* ② (*rage*) Rage *f;* **a fit of ~** ein Wutanfall *m*
apostasy [əˈpɒstəsi, AM əˈpɑːs-] *n no pl* (*form*) Apostasie *f geh,* Abfall *m,* Lossagung *f*
apostate [əˈpɒsteɪt, AM -ˈpɑːs-] *n* (*form*) Apostat(in) *m(f) geh,* Abtrünnige(r) *f(m)*
a posteriori [ˌeɪpɒsˌteriˈɔːraɪ, AM ˌeɪpɑːˌstɪri] **I.** *adj* aposteriorisch *geh;* ~ **argument** LAW A-Posteriori-Argument *nt* **II.** *adv* a posteriori *geh*
apostle [əˈpɒsl, AM ˈpɑːsl] *n* ① (*of Jesus Christ*) Apostel *m;* **the 12 A~s** die 12 Apostel ② (*advocate*) Apostel *m oft iron geh,* Verfechter(in) *m(f);* ~ **of a belief** Glaubensbote, -in *m, f geh;* ~ **of peace** Friedensapostel *m oft iron geh*
apostolic [ˌæpəˈstɒlɪk, AM -ˈstɑːl-] *adj* apostolisch
apostrophe [əˈpɒstrəfi, AM -ˈpɑːs-] *n* LING Apostroph *m*
apostrophize [əˈpɒstrəfaɪz, AM ˈpɑːstrə] *vt* ■**to ~ sb/sth** jdn/etw apostrophieren *geh*
apothecary [əˈpɒθəkəri, AM -ˈpɑːθə-] *n* (*hist*) Provisor *m veraltet,* Apotheker(in) *m(f)*
apotheosis <*pl* -ses> [əˌpɒθiˈəʊsɪs, AM -ˌpɑːθiˈoʊ-, *pl* -siːz] *n* (*form, liter*) ① (*culmination*) Höhepunkt *m;* **the ~ of a dream** die Erfüllung eines Traums; **to achieve** [*or* **reach**] **an ~** einen Höhepunkt erreichen ② (*deification*) Apotheose *f geh,* Vergöttlichung *f*
apotheosize [əˈpɒθiə(ʊ)saɪz, AM -ˈpɑːθioʊ-] *vt* ■**to ~ sb/sth** jdn/etw verherrlichen
app [æp] *n* COMPUT (*sl*) *short for* **computer application** Anwendung *f*
appal <-ll-> [əˈpɔːl], AM *usu* **appall** *vt* ■**to ~ sb** jdn entsetzen; ■**to be ~led at** [*or* **by**] **sth** über etw *akk* entsetzt sein
appalling [əˈpɔːlɪŋ] *adj* (*shocking*) schockierend; ~ **behaviour** unerträgliches Benehmen; ~ **conditions** verheerende Zustände; (*terrible*) schrecklich *fam;* ~ **headache** entsetzliche [*o* fürchterliche] Kopfschmerzen *fam*
appallingly [əˈpɔːlɪŋli] *adv* (*shockingly*) schockierend; ~ **high** erschreckend hoch; (*terribly*) schrecklich *fam,* entsetzlich *fam*
apparatus [ˌæpəˈreɪtəs, AM -əˈræţəs] *n* ① *no pl* (*equipment*) Gerät *nt;* **breathing** ~ Sauerstoffgerät *nt;* **climbing** ~ Turngerät *nt;* **piece of** ~ Gerät *nt,* Apparat *m* ② (*system*) System *nt,* Apparat *m;* ~ **of communism** kommunistisches System
apparel [əˈpærəl, AM *esp* -ˈper-] *n no pl* (*esp form*) ① (*clothing*) Kleidung *f;* **sports** ~ (*collective*) Sportkleidung *f;* (*single piece*) Sportdress *m;* **women's** ~ Damenmode *f;* **men's** ~ Herrenmode *f* ② (*fig: covering*) Kleid *nt fig geh,* Gewand *nt fig geh;* **to take on the ~ of sth** die Form einer S. *gen* annehmen
apparent [əˈpærənt, AM *esp* -ˈper-] *adj* ① (*obvious*) offensichtlich; **for no ~ reason** aus keinem ersichtlichen Grund ② (*seeming*) scheinbar; ~ **contradiction** scheinbarer Widerspruch; ~ **innocence** scheinbare Unschuld
apparently [əˈpærəntli, AM *esp* -ˈper-] *adv* (*evidently*) offensichtlich; (*it seems*) anscheinend; ~, ***we have to change all the labels*** es sieht so aus, als ob wir alle Etiketten ändern müssen
apparition [ˌæpərˈɪʃən, AM -pəˈr-] *n* ① (*ghost*) Erscheinung *f* ② *no pl* (*dramatic appearance*) Erscheinen *nt*
appeal [əˈpiːl] **I.** *vi* ① (*attract*) ■**to ~ to sb/sth** jdn/etw reizen; (*aim to please*) jdn/etw ansprechen; **to ~ to the senses** die Sinne ansprechen ② (*protest formally*) Einspruch einlegen ③ LAW Berufung einlegen (**against** gegen *+akk*); **to ~ against a verdict** ein Urteil anfechten; **to ~ to sth** an etw *akk* appellieren; **to ~ to the High Court** den obersten Gerichtshof anrufen; ~ **for damages** Schadenersatzklage *f;* **to ~ on points of law** BRIT in die Revision gehen; **to ~ on points of fact** BRIT in die Berufung gehen ④ (*plead*) ■**to ~** [**to sb**] **for sth** [jdn] um etw *akk* bitten; **to ~ to sb's conscience/emotions** an jds Gewissen *nt*/Gefühle *pl* appellieren **II.** *vt* LAW **to ~ a case/verdict** mit einem Fall/gegen ein Urteil in die Berufung gehen **III.** *n* ① (*attraction*) Reiz *m,* Anziehungskraft *f;* **sex ~** Sexappeal *m;* **wide ~** Breitenwirkung *f;* **to have wide ~** weite Kreise ansprechen; **to have** [*or* **hold**] **an ~** einen Reiz ausüben; **to lose one's ~** seinen Reiz verlieren ② (*formal protest*) Einspruch *m;* LAW Berufung *f* (**against** gegen *+akk*); ***he won his ~*** seinem Einspruch wurde stattgegeben; **court of ~** Berufungsgericht *nt;* **to consider an ~** sich *akk* mit einem Einspruch befassen; **to lodge an ~** (*protest*) Einspruch einlegen; LAW in Berufung gehen; **to reject an ~** einen Einspruch ablehnen; **on ~** LAW in der Revision ③ (*request*) Appell *m* (**for** für *+akk*); ***the note of ~ in her voice*** der bittende Unterton in ihrer Stimme; ~ **for donations** Spendenaufruf *m;* **to issue** [*or* **make**] **an ~** sich *akk* [nachdrücklich] an jdn wenden, appellieren *geh;* ***the police have issued an ~ to the public to stay away from the centre of town*** die Polizei hat die Öffentlichkeit aufgerufen, dem Stadtzentrum fernzubleiben; **to launch** [*or* **make**] **an ~** einen Appell [*o* Aufruf] starten
appealing [əˈpiːlɪŋ] *adj* ① (*attractive*) attraktiv; ~ **idea** verlockende Idee; ■**to be ~** [**to sb**] [für jdn] verlockend sein; ***there is something quite ~ about his lifestyle*** sein Lebensstil hat was *fam;* (*charming*) reizend; ~ **smile** gewinnendes Lächeln ② (*beseeching*) *eyes, look* flehend
appealingly [əˈpiːlɪŋli] *adv* ① (*attractively*) reizvoll; **to dress ~** sich *akk* ansprechend kleiden ② (*beseechingly*) flehend *attr geh;* **to look ~** flehentlich schauen *geh;* **to speak ~** [**about sth**] [über etw *akk*] nachdrücklich sprechen
appear [əˈpɪəʳ, AM əˈpɪr] *vi* ① (*become visible*) erscheinen; ***stains started ~ing on the wall*** Flecken kamen auf der Wand zum Vorschein; (*be seen also*) sich *dat* zeigen; (*arrive also*) auftauchen; (*come out also*) herauskommen ② (*come out*) *film* anlaufen; *newspaper, book* erscheinen; (*perform*) auftreten; ***she ~s briefly in the new Bond film*** sie ist kurz in dem neuen Bond Film zu sehen ③ (*present oneself*) auftreten; ***they will be ~ing before magistrates*** sie werden sich vor den Schiedsmännern verantworten müssen; **to ~ in court** vor Gericht erscheinen ④ (*seem*) scheinen; ***there ~s to be some mistake*** da scheint ein Fehler vorzuliegen; ***it ~s*** [***to me***] ***that …*** ich habe den Eindruck, dass …; ***it would ~*** [***that***] … es sieht ganz so aus, als ob …; **to ~** [**to be**] **calm** ruhig erscheinen; **to ~** [**to be**] **unfriendly/tired** unfreundlich/müde wirken; **so it ~s, it would ~ so** sieht ganz so aus; **it ~s not** sieht nicht so aus ▶ PHRASES: **speak of the devil and he ~s**

(*prov*) wenn man vom Teufel spricht dann kommt er auch schon *prov*

appearance [əˈpɪərᵊn(t)s, AM -ˈpɪr-] *n* ① (*instance of appearing*) Erscheinen *nt;* (*on tv, theatre*) Auftritt *m;* **stage** ~ Bühnenauftritt *m;* ~ **on television** Fernsehauftritt *m;* **to make** [*or* **put in**] **an** ~ auftreten ② (*in a place*) Erscheinen *nt;* **court** ~ Erscheinen *nt* vor Gericht ③ *no pl* (*looks*) Aussehen *nt; of a room* Ambiente *nt; of wealth* Anstrich *m;* (*manner*) Auftreten *nt;* ***the large car gave an immediate ~ of wealth*** das große Auto vermittelte sofort den Eindruck von Reichtum; **neat/smart** ~ gepflegtes/ansprechendes Äußeres; **at first** ~ auf den ersten Blick ④ ■ **~s** *pl* (*outward aspect*) äußerer [An]schein; **to do sth for the sake of ~s** etwas tun, um den Schein zu wahren ► PHRASES: **to** [*or* AM **from**] **all ~s** allem Anschein nach; **~s can be deceptive** (*saying*) der Schein trügt *prov;* **to keep up ~s** den Schein wahren; **~s matter** (*saying*) Kleider machen Leute *prov*

appease [əˈpiːz] *vt* (*form*) ① (*pacify*) ■ **to ~ sb** jdn beruhigen [*o* besänftigen]; **to ~ a conflict** einen Konflikt beilegen [*o* schlichten] ② (*relieve*) **to ~ one's appetite/hunger** seinen Appetit/Hunger stillen; (*suppress*) seinen Appetit/Hunger zügeln; **to ~ sb's anger/curiosity** jds Zorn beschwichtigen *geh*/Neugier befriedigen

appeasement [əˈpiːzmənt] *n no pl* ① (*conciliation*) Versöhnung *f; of one's critics* Besänftigung *f* ② (*relief*) *of anger* Beschwichtigung *f geh; of hunger* Stillen *nt*

appeasement policy *n* Beschwichtigungspolitik *f*

appellant [əˈpelənt] *n* LAW Berufungskläger(in) *m(f)*, Revisionskläger(in) *m(f)*, Revisionsführer(in) *m(f)*, Appellant(in) *m(f) veraltet*

appellate court *n* AM LAW Revisionsgericht *nt;* BRIT *also* Berufungsgericht *nt* **appellate jurisdiction** *n* LAW Zuständigkeit *f* in der Rechtsmittelinstanz

appellation [ˌæpəˈleɪʃᵊn] *n* (*form*) Bezeichnung *f;* (*address*) Anrede *f*

appellee [ˌæpəˈliː] *n* LAW Revisionsbeklagte(r) *f(m)*, Revisionsgegner(in) *m(f)*

append [əˈpend] *vt* (*form*) ■ **to ~ sth to sth** etw *dat* etw hinzufügen

appendage [əˈpendɪdʒ] *n* (*form*) ① (*lesser part*) Anhang *m;* (*hum: partner*) Anhängsel *nt hum* ② (*limb*) Gliedmaße *f*

appendectomy [ˌæpenˈdektəmi] *n* MED Blinddarmoperation *f*

appendices [əˈpendɪsiːz] *n pl of* **appendix**

appendicitis [əˌpendɪˈsaɪtɪs, AM -t̬-] *n no pl* Blinddarmentzündung *f*, Appendizitis *f fachspr*

appendix [əˈpendɪks, *pl* -dɪsiːz] *n* ① <*pl* -es> (*body part*) Blinddarm *m*, Appendix *m fachspr;* **to have one's ~ removed** [*or* [**taken**] **out**] sich *dat* den Blinddarm herausnehmen lassen ② <*pl* -dices *or* -es> (*in book or magazine*) Anhang *m*, Appendix *m fachspr*

appertain [ˌæpəˈteɪn, AM -ə˞ˈ-] *vi no passive* ■ **to ~ to sth** (*form*) zu etw *dat* gehören

appetite [ˈæpɪtaɪt, AM -pə-] *n* Appetit *m;* **to curb one's ~** seinen Appetit zügeln; **to give sb an ~** jdm Appetit machen; ***all that walking has given me an ~*** das Laufen hat mich hungrig gemacht; **to have an ~** Appetit haben; **to ruin** [*or* **spoil**] [*or* **take away**] **one's ~** sich *dat* den Appetit verderben; (*fig*) **~ for success** Erfolgshunger *m*

appetite suppressant *n* Appetitzügler *m*

appetizer [ˈæpɪtaɪzəʳ, AM -pətaɪzə˞] *n* ① (*before meal*) Appetithappen *m*, Appetitanreger *m* ② *esp* AM (*first course*) Vorspeise *f*

appetizing [ˈæpɪtaɪzɪŋ, AM -pə-] *adj* (*enticing*) appetitlich; (*fig: attractive*) reizvoll; **an ~ prospect/thought** eine verlockende Aussicht/ein verlockender Gedanke

applaud [əˈplɔːd, AM *esp* -ˈplɑːd] **I.** *vi* applaudieren, [Beifall] klatschen **II.** *vt* ① (*clap*) ■ **to ~ sb** jdm applaudieren [*o* Beifall spenden] ② (*form: praise*) ■ **to ~ sb/sth** jdn/etw loben; **to ~ a decision** eine Entscheidung begrüßen

applause [əˈplɔːz, AM *esp* -ˈplɑːz] *n no pl* [**a round of**] ~ Applaus *m;* ***so let's have a round of ~, please, for ...*** und so bitte ich um [kräftigen] Applaus für ...; **loud ~** tosender Applaus [*o* Beifall]; **to be greeted** [*or* **met**] **with ~** mit Beifall empfangen werden; (*fig*) begrüßt werden

apple [ˈæpl̩] *n* Apfel *m;* **to peel an ~** einen Apfel schälen ► PHRASES: **an ~ a day keeps the doctor away** (*saying*) ein Apfel pro Tag und man bleibt gesund; **the ~ of sb's eye** jds Augapfel *m* [*o* Liebling *m*]; **as sure as** [**God made**] **little ~s** (*fam*) so sicher wie das Amen in der Kirche *prov;* **the ~ never falls far from the tree** (*prov*) der Apfel fällt nicht weit vom Stamm *prov*

apple butter *n* AM (*apple jelly*) Apfelgelee *m o nt* (*Menonnitische Spezialität*) **apple-cart** *n* ► PHRASES: **to upset the ~** alles über den Haufen werfen *fam* **apple-cheeked** *adj* rotbäckig, rotwangig **applejack** *n no pl esp* AM Apfelschnaps *m* **apple juice** *n* Apfelsaft *m* **apple orchard** *n* [Obst]garten *m* mit Apfelbäumen **apple pie** *n* ① FOOD gedeckter Apfelkuchen ② AM (*approv: homeliness*) Heimische *nt;* **as American as ~** durch und durch amerikanisch ► PHRASES: **an ~ bed** BRIT *ein Bett, in dem das Bettzeug zum Spaß so gefaltet ist, dass man sich nicht ausstrecken kann;* **~ order** schönste Ordnung; ***their house is always in ~ order*** ihr Haus sieht immer tiptop aus *fam* **apple sauce** *n no pl* Apfelmus *nt*

applet [ˈæplɪt] *n* COMPUT Hilfsprogramm *nt;* (*in Microsoft Windows*) Option *f* [der Systemsteuerung]

apple tree *n* Apfelbaum *m*

appliance [əˈplaɪən(t)s] *n* ① (*for household*) Gerät *nt;* **household ~**[**s**] Haushaltsgerät[e] *nt*[*pl*]; **electric ~**[**s**] Elektrogerät[e] *nt*[*pl*] ② MED (*instrument*) Instrument *nt;* **surgical ~s** Stützapparate *mpl;* (*artificial limbs*) Prothesen *fpl* ③ (*fire engine*) [Feuer]löschfahrzeug *nt* ④ *no pl* BRIT (*action, process*) Anwendung *f*

appliance computer *n* COMPUT gebrauchsfertiger Computer

applicability [əˌplɪkəˈbɪləti, AM əti] *n no pl* Anwendbarkeit *f* (**to** auf +*akk*)

applicable [əˈplɪkəbl̩] *adj pred* ■ **to be ~** [**to sb/sth**] [auf jdn/etw] anwendbar sein; (*on form*) **not ~** nicht zutreffend

applicant [ˈæplɪkənt] *n* Bewerber(in) *m(f)* (**for** für +*akk*); ***how many ~s did you have for the job?*** wie viel[e] haben sich für die Stelle beworben?

applicant for shares *n* BRIT FIN Aktienzeichner(in) *m(f)*

application [ˌæplɪˈkeɪʃᵊn] *n* ① (*formal request*) *for a job* Bewerbung *f* (**for** um +*akk*); *for a permit* Antrag *m* (**for** auf, für +*akk*); *for a patent* Anmeldung *f* (**for** von +*dat*); **to do/send off/submit an ~** eine Bewerbung anfertigen/abschicken/einreichen ② *no pl* (*process of requesting*) Anfordern *nt;* **on ~ to sb/sth** auf Anfrage bei jdm/etw; ***free information will be sent out on ~*** Gratisinformationen können angefordert werden ③ *no pl* (*relevance*) Bedeutung *f* (**to** für +*akk*) ④ *no pl* (*implementation*) Anwenden *nt;* **the ~ of a law/regulation** die Anwendung eines Gesetzes/einer Regelung ⑤ (*coating*) Anstrich *m; of cream, ointment* Auftragen *nt* ⑥ (*use*) Anwendung *f* ⑦ *no pl* (*sustained effort*) Eifer *m* ⑧ (*computer program*) Anwendung *f;* **spreadsheet ~** Tabellenkalkulationsprogramm *nt;* **word processing ~** Textverarbeitungsprogramm *nt* ⑨ BRIT FIN **~ for quotation** Börsenzulassungsantrag *m;* **~ for shares** Aktienzeichnung *f;* **shares payable on ~** bei Zeichnung zahlbare Aktien

application form *n* (*for job*) Bewerbungsformular *nt;* (*for permit*) Antragsformular *nt;* (*for patent*) Anmeldungsformular *nt*

application package *n* COMPUT Anwendungssoftwarepaket *nt*

applicator [ˈæplɪkeɪtəʳ, AM -t̬ə˞] *n* ① (*for applying sth*) Vorrichtung *f;* (*for applying cream*) [Creme]spatel *m;* (*to push*) [Creme]spender *m* ② (*for inserting sth*) Einführhilfe *f*

applied [əˈplaɪd] **I.** *adj* anwendungsorientiert; **~ linguistics/mathematics** angewandte Linguistik/Mathematik **II.** *pt of* **apply**

appliqué [æpˈliːkeɪ, AM ˈæplə-] **I.** *n no pl* (*way of decorating*) Applikation *f;* (*decorated cloth*) mit Applikationen versehenes Kleidungsstück **II.** *vt usu passive* ■ **to be ~ed** [**onto** [*or* **with**] **sth**] [auf etw *akk*] appliziert sein

apply <-ie-> [əˈplaɪ] **I.** *vi* ① (*formally request*) ■ **to ~ for sth** (*for a job*) sich *akk* um etw *akk* bewerben; (*for permission*) etw *akk* beantragen (**to** bei +*dat*); ***Tim's applied to join the police*** Tim hat sich bei der Polizei beworben; **to ~ for a grant/job** sich *akk* um [*o* für] ein Stipendium/eine Stelle bewerben; **to ~ for a passport** einen Pass beantragen; **to ~ for a patent** ein Patent anmelden; **to ~ for shares** BRIT FIN Aktien zeichnen ② (*submit application*) **to ~ for a job** eine Bewerbung einreichen; **to ~ in writing** sich *akk* schriftlich bewerben; ***please ~ in writing to the address below*** bitte richten Sie Ihre schriftliche Bewerbung an untenstehende Adresse ③ (*pertain*) gelten; ■ **to ~ to sb/sth** jdn/etw betreffen **II.** *vt* ① (*put on*) ■ **to ~ sth** [**to sth**] etw [auf etw *akk*] anwenden; **to ~ a bandage** einen Verband anlegen; **to ~ cream/paint** Creme/Farbe auftragen; **to ~ makeup** Make-up auflegen; **to ~ a splint to sth** etw schienen ② (*use*) ■ **to ~ sth** etw gebrauchen; **to ~ the brakes** bremsen; **to ~ force** Gewalt anwenden; **to ~ pressure to sth** auf etw *akk* drücken; **to ~ sanctions** Sanktionen verhängen; **to ~ common sense** sich *akk* des gesunden Menschenverstands bedienen ③ (*persevere*) ■ **to ~ oneself** sich *akk* anstrengen

appoint [əˈpɔɪnt] *vt* ① (*select*) ■ **to ~ sb** [**to do sth**] jdn [dazu] berufen[, etw zu tun]; ■ **to ~ sb** [**as**] **sth** jdn zu etw *dat* ernennen; **to ~ sb as heir** jdn als Erben einsetzen; **to ~ a commission** eine Kommission einrichten ② *usu passive* (*form: designate*) ■ **to have been ~ed** *date* festgesetzt worden sein ③ LAW (*form*) ■ **to ~ sth** [**to sb/sth**] [jdm/etw] etw übertragen

appointed [əˈpɔɪntɪd, AM -t̬-] *adj* ① *inv* (*selected*) ernannt ② *inv* (*form: designated*) vereinbart; **at the ~ hour** zur vereinbarten [*o* verabredeten] Stunde; **the ~ place** die vereinbarte Stelle; **the ~ time** die vereinbarte [*o* verabredete] Zeit ③ (*form: furnished*) eingerichtet; ***the room is well-~*** der Raum ist gut ausgestattet; **fully ~** vollständig eingerichtet

appointee [əˌpɔɪnˈtiː] *n* Ernannte(r) *f(m)*

appointment [əˈpɔɪntmənt] *n* ① *no pl* (*being selected*) Ernennung *f* (**as** zu +*dat*) ② (*selection*) Einstellung *f* ③ (*official meeting*) Verabredung *f;* **dental ~** Zahnarzttermin *m;* **to cancel/miss an ~** [**to see sb** [*or* **with sb**]] einen Termin [mit jdm] absagen/verpassen; **to have/keep an ~** [**to see sb** [*or* **with sb**]] eine Verabredung [mit jdm] haben/einhalten; **to keep one's ~s** seine Termine einhalten; **to make an ~** [**with sb**] [mit jdm] einen Termin ausmachen; **by ~ only** nur nach Absprache [*o* Vereinbarung] ► PHRASES: **by ~ to sb** auf jds Geheiß; ***Carter's Ltd, confectioners by ~ to the Queen*** Carter's Ltd, Königliche Hofkonditorei

apportion [əˈpɔːʃᵊn, AM əˈpɔːr-] *vt* (*form*) ■ **to ~ sth** etw aufteilen; **to ~ blame to sb** jdm die Schuld zuweisen

apposite [ˈæpəzɪt] *adj* (*form*) passend; **~ comparison** treffender Vergleich; **~ observation** richtige Beobachtung; **~ remark** treffende Bemerkung; ***his remarks were ~*** seine Bemerkungen waren angebracht

apposition [ˌæpəˈzɪʃᵊn] *n no pl* (*form*) ① LING Beifügung *f*, Apposition *f fachspr;* **to be in ~** appositionell [*o fachspr* appositiv] sein *fachspr* ② (*juxtaposition*) Nebeneinanderstellen *nt*

appraisal [əˈpreɪzᵊl] *n* ① (*evaluation*) Bewertung *f*, Beurteilung *f;* (*appreciation*) Würdigung *f; of performance* Kritik *f;* **job ~** Arbeitsbewertung *f;* **to carry out/give an ~** eine Bewertung durchführen/Beurteilung abgeben ② (*estimation*) [Ab]schätzung *f;* **~ of damage**[**s**] Schätzung *f* des Schadens[ersatzes]

appraise [əˈpreɪz] *vt* ① (*evaluate*) ■ **to ~ sb/sth** jdn/etw bewerten [*o* einschätzen]; **to ~ evidence** Beweise *mpl* prüfen; **to ~ sb's needs** jds Bedürfnisse einschätzen; to ~ a **performance** eine Aufführung besprechen [*o* rezensieren]; **to ~ a situation** eine Situation einschätzen [*o* abschätzen]; **to ~ work** Arbeit *f* bewerten ② (*estimate*) ■**to ~ sth** *damage, price* etw schätzen

appraisee [ə,preɪ'zi:] *n* Beurteilte(r) *f(m)*

appraiser [ə'preɪzəʳ, AM -ɚ] *n* ① (*of student*) Tutor(in) *m(f)*, Mentor(in) *m(f)*; (*of employee*) Begutachter(in) *m(f)* ② (*of property*) Gutachter(in) *m(f)*, Sachverständige(r) *f(m)*; **antiques ~** *esp* AM Antiquitätenschätzer(in) *m(f)*; **real-estate ~** *esp* AM Immobilienschätzer(in) *m(f)*

appreciable [ə'pri:ʃəbl] *adj progress* beträchtlich, beachtlich; **~ change** tiefgreifende Veränderung; **~ difference** nennenswerter Unterschied

appreciably [ə'pri:ʃəbli] *adv* deutlich, beträchtlich; ***her health has improved ~*** ihr Gesundheitszustand hat sich deutlich gebessert

appreciate [ə'pri:ʃieɪt] **I.** *vt* ① (*value*) ■**to ~ sb/sth** jdn/etw schätzen; (*be grateful for*) ■**to ~ sth** etw zu schätzen wissen; ***I'd ~ it if ...*** könnten Sie ...; (*more formal*) ich wäre Ihnen sehr verbunden, wenn ... *geh* ② (*understand*) ■**to ~ sth** für etw *akk* Verständnis haben; ***we ~ the need for immediate action*** wir sehen die Notwendigkeit sofortiger Hilfe ein; **to ~ the danger** sich *dat* der Gefahr bewusst sein; ■**to ~ that ...** verstehen, dass ... ③ FIN **to ~ a currency** eine Währung aufwerten **II.** *vi* **to ~ in value** im Wert steigen

appreciation [ə,pri:ʃi'eɪʃᵊn] *n no pl* ① (*gratitude*) Anerkennung *f*; ***the crowd cheered in ~*** die Menge jubelte begeistert; **a token of ~** ein Zeichen *nt* der Dankbarkeit ② (*understanding*) Verständnis *nt* (**of** für +*akk*); (*insight*) Einsicht *f* (**of** in +*akk*); **to have no ~ of sth** für etw *akk* keinen Sinn haben; (*not know*) sich *dat* einer S. *gen* nicht bewusst sein ③ (*increase in value*) [Wert]steigerung *f*

appreciative [ə'pri:ʃiətɪv, AM -ət̬ɪv] *adj* ① (*grateful*) ■**to be ~ [of sth]** [für etw *akk*] dankbar sein ② (*show appreciation*) anerkennend *attr*; **~ audience** dankbares Publikum; ■**to be ~ of sth** etw zu schätzen wissen

appreciatively [ə'pri:ʃiətɪvli, AM -ət̬ɪv-] *adv* (*gratefully*) dankbar; (*with appreciation*) anerkennend

apprehend [,æprɪ'hend] *vt* (*form*) ① (*arrest*) ■**to ~ sb** jdn festnehmen [*o* verhaften] ② (*comprehend*) ■**to ~ sth** etw einsehen; (*understand*) etw verstehen ③ (*hist: await anxiously*) ■**to ~ sth** etw befürchten; **to ~ danger** Gefahr wittern

apprehension [,æprɪ'hen(t)ʃᵊn] *n no pl* ① (*form: arrest*) Festnahme *f*, Verhaftung *f* ② (*form: comprehension*) Verständnis *nt*; (*insight*) Einsicht *f*; **~ of reality** Realitätssinn *m*; ***Carl has no ~ of what the world's really like*** Karl hat keine Vorstellung davon, wie die Welt tatsächlich ist ③ (*anxiety*) Besorgnis *f*; (*stronger*) Befürchtung *f* (**about** über +*akk*); **in a state of ~** voller Befürchtungen; **with a feeling of ~** beklommen

apprehensive [,æprɪ'hen(t)sɪv] *adj* besorgt; (*scared*) ängstlich; ■**to be ~ about** [*or* **for**] **sth** vor etw *dat* Angst haben; ***I'm very ~ about tomorrow's meeting*** das morgige Treffen liegt mir [schwer] im Magen *fam*

apprehensively [,æprɪ'hen(t)sɪvli] *adv* besorgt

apprentice [ə'prentɪs, AM -t̬-] **I.** *n* Auszubildende(r) *f(m) geh*, Lehrling *m*; **~ carpenter** Tischlerlehrling *m* **II.** *vt usu passive* ■**to be ~d to sb** bei jdm in die Lehre gehen

apprenticeship [ə'prentɪsʃɪp, AM -t̬ɪs] *n* ① (*training*) Ausbildung *f*, Lehre *f*; **to do an ~** eine Lehre machen ② (*period of training*) Lehrzeit *f*

apprise [ə'praɪz] *vt* (*form*) ■**to ~ sb of sth** jdn von etw *dat* in Kenntnis setzen

approach [ə'prəʊtʃ, AM -'proʊ-] **I.** *vt* ① (*come closer*) ■**to ~ sb/sth** sich *akk* jdm/etw nähern; (*come towards*) auf jdn/etw zukommen; ***you can only ~ this area by air*** dieses Gebiet kann man nur auf dem Luftweg erreichen ② (*of amount, time*) ■**to ~ sth** ***the total amount is ~ing $1000*** die Gesamtsumme nähert sich der $1000-Dollar-Marke; ***my grandfather is ~ing 80*** mein Großvater wird bald 80; ***it's ~ing lunchtime*** es geht auf Mittag zu ③ (*of quality*) ■**to ~ sb/sth** an jdn/etw heranreichen; ***the service here doesn't even ~ a decent standard*** der Service hier ist unter allem Standard ④ (*ask*) ■**to ~ sb** an jdn herantreten; ***she hasn't ~ed him about it yet*** sie hat ihn noch nicht deswegen angesprochen; ■**to ~ sb for sth** jdn um etw *akk* bitten ⑤ (*handle*) ■**to ~ sth** etw in Angriff nehmen **II.** *vi* sich *akk* nähern **III.** *n* ① (*coming*) Nähern *nt kein pl*; **~ of dusk** Einbruch *m* der Dämmerung; ***at the ~ of winter ...*** wenn der Winter naht ... ② (*preparation to land*) [Lande]anflug *m* ③ (*access*) Zugang *m*; ***the southern ~es to Manchester*** die südlichen Zufahrtsstraßen nach Manchester; ***the ~es to this island ...*** die Seewege zu dieser Insel ...; **~ road** Zufahrtsstraße ④ (*appeal*) Herantreten *nt*; **to make an ~ to sb** an jdn herantreten ⑤ (*proposal*) Vorstoß *m*; **to make an ~ to sb** sich *akk* an jdn wenden ⑥ *usu pl* (*dated: sexual advance*) Annäherungsversuch *m*; **to make ~es to sb** bei jdm Annäherungsversuche machen ⑦ (*methodology*) Ansatz *m* ⑧ (*fig*) ***that was the closest ~ to an apology that you'll ever get!*** mehr als das wirst du als Entschuldigung nie [zu hören] bekommen

approachability [ə,prəʊtʃə'bɪləti, AM ə,proʊtʃə'bɪlət̬i] *n* Zugänglichkeit *f kein pl*

approachable [ə'prəʊtʃəbl, AM -'proʊ-] *adj person* umgänglich; *place* zugänglich, erreichbar; **~ building** betretbares Gebäude

approaching [ə'prəʊtʃɪŋ, AM 'proʊtʃ] *adj attr, inv* herannahend *a. fig*

approbation [,æprə(ʊ)'beɪʃᵊn, AM -prə'-] *n no pl* (*form*) ① (*praise*) Lob *nt*; **a word of ~** ein Wort *nt* des Lobes ② (*approval*) Zustimmung *f*; ***the council has finally indicated its ~ of the plans*** der Rat hat schließlich sein Einverständnis mit den Plänen angezeigt

appropriate **I.** *adj* [ə'prəʊpriət, AM -proʊ-] ① (*suitable*) angemessen, angebracht, passend; ***it's difficult to find the ~ words*** es ist schwierig, die richtigen Worte zu finden; ***it wouldn't be ~ for me to comment*** es steht mir nicht zu, das zu kommentieren; ■**to be ~ to sth** etw *dat* angemessen sein; **~ to the occasion** dem Anlass entsprechend ② (*relevant*) entsprechend; ***please complete the ~ part of this form*** bitte füllen Sie den zutreffenden Teil des Formulars aus **II.** *vt* [ə'prəʊprieɪt, AM -'proʊ-] (*form*) ■**to ~ sth** ① (*steal*) sich *dat* etw aneignen; (*embezzle*) etw unterschlagen ② (*set aside*) etw bereitstellen; **to ~ funds** einen Fonds zuteilen ③ LAW (*take control*) etw beschlagnahmen

appropriately [ə'prəʊpriətli, AM -'proʊ-] *adv* passend; **~ dressed** passend gekleidet; **to answer/speak ~** angemessen antworten/sprechen; **to comment ~** treffend kommentieren; (*in all justice*) gerechterweise

appropriateness [ə'prəʊpriətnəs, AM -'proʊ-] *n no pl* Angemessenheit *f*

appropriation [ə,prəʊpri'eɪʃᵊn, AM -,proʊ-] *n* ① *no pl* (*act of taking*) Aneignung *f*; (*embezzlement*) Unterschlagung *f* ② (*allotment*) Zuteilung *f* ③ FIN (*spec*) ■**~s** *pl* Mittelzuweisungen *fpl*

appropriation committee *n* LAW Bewilligungsausschuss *m*

approval [ə'pru:vᵊl] *n no pl* ① (*praise*) Anerkennung *f*; (*benevolence*) Wohlwollen *nt*; **to meet with the ~ of sb** jds Beifall finden; **to win sb's ~** jds Anerkennung gewinnen ② (*consent*) Zustimmung *f*; **a nod of ~** ein zustimmendes Nicken; **a stamp of ~** (*fig*) eine Absegnung *hum fam* ► PHRASES: **on ~** ECON zur Ansicht; (*to try*) zur Probe

approve [ə'pru:v] **I.** *vi* ① (*agree with*) ■**to ~ of sth** etw *dat* zustimmen ② (*like*) ■**to ~/not ~ of sb** etwas/nichts von jdn halten; ■**to ~ of sth** etw gutheißen **II.** *vt* ■**to ~ sth** (*permit*) etw genehmigen; (*consent*) etw billigen; ***the minutes of the last meeting were ~d*** das Protokoll des letzten Treffens wurde angenommen; **to ~ expenses** Kosten [*o* Ausgaben] übernehmen; **~ the sale of sth** etw zum Verkauf freigeben

approved [ə'pru:vd] *adj* ① (*agreed*) bewährt; ***what's the ~ way of dealing with this?*** wie geht man üblicherweise damit um? ② (*sanctioned*) [offiziell] anerkannt

approved securities *n* AM FIN mündelsichere Wertpapiere

approving [ə'pru:vɪŋ] *adj* zustimmend *attr*; (*benevolent*) wohlwollend *attr*

approvingly [ə'pru:vɪŋli] *adv* anerkennend; **to comment ~** beipflichtend kommentieren; **to laugh ~** zustimmend lachen; **to smile ~** wohlwollend lächeln

approx *adv abbrev of* **approximately** ca.

approximate **I.** *adj* [ə'prɒksɪmət, AM ə'prɑ:k-] ungefähr; ***the ~ cost will be about $600*** die Kosten belaufen sich auf ca. 600 Dollar; ***the train's ~ time of arrival is 10.30*** der Zug wird voraussichtlich um 10:30 Uhr ankommen; **an ~ number** ein [An]näherungswert *m* **II.** *vt* [ə'prɒksɪmeɪt, AM ə'prɑ:k-] (*esp form*) ■**to ~ sth** sich etw *dat* nähern; ■**to ~ sth to sth** etw an etw *akk* annähern **III.** *vi* [ə'prɒksɪmeɪt, AM ə'prɑ:k-] (*esp form*) ■**to ~ to sth** etw *dat* annähernd gleichkommen; **to ~ to the truth** der Wahrheit nahe kommen

approximately [ə'prɒksɪmətli, AM ə'prɑ:k-] *adv* ungefähr, etwa; **~ *three weeks*** ca. drei Wochen

approximation [ə,prɒksɪ'meɪʃᵊn, AM ə,prɑ:k-] *n* (*form*) ① (*estimation*) Annäherung *f*; ***could you give me a rough ~ of ...*** können Sie mir ungefähr sagen, ...; ***that's only an ~, I can't give you an exact figure*** das ist nur eine grobe Schätzung, ich kann Ihnen die genaue Zahl nicht sagen ② (*semblance*) Annäherung *f* (**of/to** an +*akk*); ***what he said bore no ~ whatsoever to the truth*** was er sagte, wurde in keiner Weise der Wahrheit gerecht ③ EU Angleichung *f*; **~ of expenditure** Überschlag *m* der Ausgaben

appurtenance [ə'pɜ:tɪnən(t)s, AM ə'pɜ:rtᵊn-] *n usu pl* ① (*form: accessory*) Zubehör *nt*, Insignien *pl a. hum* ② ■**~s** *pl* LAW Grundstücksbestandteile *pl*

appurtenant [ə'pɜ:tɪnənt, AM -'pɜ:r-] *adj* LAW zugehörig

APR [,eɪpi:'ɑ:ʳ, AM -'ɑ:r] *n* FIN *abbrev of* **annual percentage rate** Jahreszinssatz *m*

Apr. *n abbrev of* **April** Apr.

après-ski [,æpreɪ'ski:, AM ,ɑ:p-] **I.** *n no pl* Apres-Ski *nt* **II.** *adj bar, entertainment* Apres-Ski-

apricot ['eɪprɪkɒt, AM -kɑ:t, 'æp-] **I.** *n* ① (*fruit*) Aprikose *f*, Marille *f* ÖSTERR ② *no pl* (*colour*) Apricot *nt*, Aprikosenfarbe *f* **II.** *n modifier* (*tree, jam, sauce*) Aprikosen-; **~ preserves** eingeweckte Aprikosen **III.** *adj* apricotfarben, aprikosenfarben

April ['eɪprᵊl] *n* April *m*; **~ shower** Aprilschauer *m*; *see also* **February**

April fool *n* ① (*trick*) Aprilscherz *m*; **to play an ~ on sb** jdn in den April schicken ② (*person*) Aprilnarr *m*; **~!** April, April!

April Fools' Day *n* der erste April

a priori [,eɪpraɪ'ɔ:raɪ, AM ,ɑ:pri:'ɔ:ri, -raɪ] (*form*) **I.** *adj* a priori *fachspr*, apriorisch *fachspr*; **~ argument** LAW A-priori-Argument *nt*; **~ reasoning** apriorisches Denken **II.** *adv* a priori *fachspr*; **to reason ~** apriorisch denken

apron ['eɪprən] *n* ① (*clothing*) Schürze *f*; **kitchen ~** Küchenschürze *f* ② AVIAT **~ [area]** Vorfeld *nt* ③ THEAT Vorbühne *f*

apron stage *n* THEAT Vorbühne *f*, Proszenium *nt fachspr*

apron strings *npl* Schürzenbänder *ntpl* ► PHRASES: **to be tied to sb's ~** (*fig, pej*) an jds Rockzipfel hängen *fam*

apropos, a propos [,æprə'pəʊ, AM -'poʊ] **I.** *adj pred* passend; ***his remarks were hardly ~*** seine Bemerkungen waren wenig angebracht **II.** *adv* ① (*relevantly*) apropos *geh* ② (*incidentally*) übrigens, apropos *geh*, da wir gerade davon sprechen **III.** *prep* (*form*) apropos; **~ nothing** ganz nebenbei, übrigens

APS [,eɪpi:'es] *n abbrev of* **advanced photo system**

apse [æps] *n* Apsis *f fachspr*

apt [æpt] *adj* ① (*appropriate*) passend; **~ description/remark** treffende Beschreibung/Bemerkung;

~ **moment** geeigneter Moment ❷ (*clever*) geschickt; (*talented*) begabt; ***she is very ~ at repair work*** sie hat Talent im Umgang mit Werkzeug ❸ *pred* (*likely*) ■ **to be ~ to do sth** ***the kitchen roof is ~ to leak when it rains*** es kann sein, dass es durch das Küchendach tropft, wenn es regnet
aptitude ['æptɪtju:d, AM *esp* -tu:d] *n* Begabung *f*, Talent *nt;* **to have/show ~ at** [*or* **for**] **sth** für etw *akk* Talent haben/zeigen
aptitude test *n* Eignungstest *m*
aptly ['æptli] *adv* passend
aptness ['æptnəs] *n no pl* (*form*) ❶ (*appropriateness*) Angemessenheit *f* ❷ (*dated: aptitude*) Begabung *f*, Talent *nt;* ~ **for drawing** Zeichentalent *nt*
aquaculture [ˌækwə'kʌltʃəʳ, AM ˌɑ:kwə'kʌltʃɚ] *n* Aquakultur *f*
aqualung, Aqua lung® [ˌækwə'lʌŋ, AM ˌɑ:k-] *n* Tauchgerät *nt*
aquamarine [ˌækwəmə'ri:n, AM ˌɑ:k-] **I.** *n no pl* ❶ (*stone*) Aquamarin *m* ❷ (*colour*) Aquamarinblau *nt* **II.** *adj* aquamarin blau, aquamarin farben
aquaplane ['ækwəpleɪn, AM 'ɑ:k-] **I.** *vi* ❶ BRIT (*slip*) ins Rutschen geraten; ***the wheels ~d across the water*** die Reifen schwammen auf dem Wasser auf *fachspr* ❷ (*ride on single board*) Monoski laufen **II.** *n* Monoski *m*
aquaria [ə'kweəriə, AM ə'kwer-] *n pl of* **aquarium**
Aquarian [ə'kweəriən, AM ə'kwer-] **I.** *n* Wassermann *m;* **to be an ~** ein Wassermann *m* sein **II.** *adj* **the typical ~ personality** der typische Wassermann
aquarium <*pl* -s *or* -ria> [ə'kweəriəm, AM ə'kwer-, *pl* -riə] *n* Aquarium *nt*
Aquarius [ə'kweəriəs, AM -'kwer-] *n no art* ❶ (*zodiac sign*) Wassermann *m*, Aquarius *m;* ***he was born under ~*** er wurde im Sternzeichen Wassermann geboren ❷ (*person*) Wassermann *m;* ***I'm an ~*** ich bin [ein] Wassermann
aquatic [ə'kwætɪk, AM -ţ-] **I.** *adj inv* ❶ (*water-related*) aquatisch; ~ **animal** Wassertier *nt;* ~ **plant** Wasserpflanze *f* ❷ (*played in/on water*) *sports* Wasser- **II.** *n* ❶ (*plant*) Wasserpflanze *f;* (*animal*) Wassertier *nt* ❷ SPORTS ■ **~s** Wassersportarten *fpl*
aquatically [ə'kwætɪkli, AM -ţ-] *adv inv* ***some plants can only be grown ~*** manche Pflanzen können nur im Wasser gezogen werden
aquatint ['ækwətɪnt, AM 'ɑ:k-] *n* ART Aquatinta *f* *fachspr*
aquavit ['ækwəvɪt, AM 'ɑ:kwəvi:t] *n* Aquavit *m*
aqueduct ['ækwɪdʌkt] *n* Aquädukt *m o nt*
aqueous ['eɪkwiəs] *adj* (*form*) ❶ (*containing water*) wäss[e]rig; (*damp*) feucht; ~ **environment** Feuchtbiotop *nt;* **to live in an ~ environment** am Wasser leben; **an ~ solution** eine wässrige Lösung ❷ (*like water*) wasserartig ❸ GEOL ~ **rocks** Unterwassergestein *nt*
aquiline ['ækwɪlaɪn, AM -lən] *adj* (*esp liter*) adlerähnlich, Adler-; ~ **nose** Adlernase *f*
Arab ['ærəb, AM *esp* 'er-] **I.** *n* Araber(in) *m(f)* **II.** *adj inv* arabisch; **the ~ countries** die arabischen Länder, Arabien *nt*
arabesque [ˌærə'besk, AM *esp* ˌer-] *n* ❶ (*ballet position*) Arabesque *f* ❷ ART Arabeske *f*
Arabia [ə'reɪbiə] *n no pl* Arabien *nt*
Arabian [ə'reibiən] *adj inv* arabisch; **the ~ peninsula** die Arabische Halbinsel
Arabic ['ærəbɪk, AM *esp* 'er-] **I.** *n no pl* Arabisch *nt* **II.** *adj inv* arabisch; (*of language*) arabischsprachig
Arabic numeral *n* arabische Ziffer
arable ['ærəbḷ, AM *esp* 'er-] *adj no pl* (*cultivable*) anbaufähig, bebaubar; (*being used*) landwirtschaftlich nutzbar; ~ ***land is at a premium here*** Ackerland steht hier hoch im Kurs; ~ **area** landwirtschaftliche Nutzfläche
arachnid [ə'ræknɪd] ZOOL **I.** *n* (*spec*) Spinnentier *nt;* ■ **~s** *pl* Arachn[o]iden *pl fachspr* **II.** *adj* (*spec*) spinnenartig
arachnophobia [əˌræknə(ʊ)'fəʊbiə, AM -nə'foʊ-] *n no pl* (*spec*) Arachnophobie *f fachspr*
arb [ɑ:b, AM ɑ:rb] *n* FIN (*fam*) *short for* **arbitrageur** Arbitrageur *m*
arbiter ['ɑ:bɪtəʳ, AM 'ɑ:rbɪţɚ] *n* ❶ (*settler of dispute*) Vermittler(in) *m(f);* ***the government will be the final ~ in the dispute*** die Regierung wird im Streit das letzte Wort haben; ~ **of fashion** Modezar *m;* **moral ~** Moralapostel *m* ❷ *see* **arbitrator**
arbitrage [ˌɑ:bɪ'trɑ:ʒ, AM 'ɑ:rbɪtrɑ:dʒ] *n no pl* FIN, STOCKEX Arbitrage *f fachspr;* ~ **in bullion** Goldarbitrage *f;* ~ **margin** internationales Zinsgefälle; **risk ~** AM Risikoarbitrage *f;* ~ **stocks** STOCKEX Arbitragewerte *mpl;* ~ **syndicate** Arbitragekonsortium *nt*
arbitrageur [ˌɑ:bɪtrɑ:'ʒɜ:ʳ, AM 'ɑ:rbɪtrɑ:ʒɚ] *n* FIN, STOCKEX Arbitrageur *m*
arbitrarily [ˌɑ:bɪ'treəʳəli, AM ˌɑ:rbə'trer-] *adv* ❶ (*randomly*) arbiträr *geh* ❷ (*pej: despotically*) willkürlich
arbitrariness ['ɑ:bɪtrəʳɪnəs, AM 'ɑ:rbətrer-] *n no pl* Willkür *f;* ***the ~ of his action infuriated me*** seine willkürliche Vorgehensweise ärgerte mich
arbitrary ['ɑ:bɪtrəʳi, AM 'ɑ:rbətreri] *adj* ❶ (*random*) arbiträr *geh;* ~ **decision** spontane Entscheidung ❷ (*pej: despotic*) willkürlich; ~ **ruler** despotischer Herrscher/despotische Herrscherin
arbitrate ['ɑ:bɪtreɪt, AM 'ɑ:rbə-] **I.** *vt* **to ~ an argument** [*or* **a dispute**] einen Streit schlichten **II.** *vi* (*settle dispute*) als Vermittler/Vermittlerin fungieren; (*mediate*) vermitteln
arbitration [ˌɑ:bɪ'treɪʃəʳn, AM ˌɑ:rbə'-] *n no pl* ❶ LAW Schlichtung *f;* (*process*) Schlichtungsverfahren *nt;* **to avoid ~** Schlichtung *f* vermeiden; **to go to ~** einen Schlichter/eine Schlichterin anrufen; **to settle a dispute/strike by ~** einen Streit/Streik durch Schlichtung beilegen; **to submit** [*or* **take**] **a dispute to ~** einen Streitfall einem Schiedsgericht übergeben, einen Streitfall vor den Schlichter bringen; **to refer a question to ~** einen Streitfall an ein Schiedsgericht verweisen ❷ COMPUT **bus ~** Buszuteilung *f*
arbitration board, arbitration tribunal *n* ECON, LAW Schlichtungskommission *f*, Schiedsstelle *f;* **industrial arbitration tribunal** Schiedsgericht *nt* für wirtschaftliche Streitigkeiten
arbitrator ['ɑ:bɪtreɪtəʳ, AM 'ɑ:rbətreɪţɚ] *n* (*to reach compromise*) Schlichter(in) *m(f);* **industrial ~** Schlichter(in) *m(f)* [*o* Schiedsrichter(in) *m(f)*] bei gewerblichen Streitigkeiten; (*to make decision*) Schiedsrichter(in) *m(f);* **expert ~** erfahrener Schlichter/erfahrene Schlichterin; **to appoint an ~** einen Schlichter/eine Schlichterin ernennen
arbor *n* AM, AUS *see* **arbour**
Arbor Day *n* AM, AUS *traditioneller Baumpflanzungstag*
arboreal [ɑ:'bɔ:riəl, AM ɑ:r'-] *adj* auf Bäumen lebend *attr;* ***monkeys are ~ animals*** Affen leben auf Bäumen; ~ **studies** Baumlehrkunde *f*
arboretum <*pl* -s *or* -ta> [ˌɑ:bəʳ'i:təm, AM ˌɑ:rbər] *n* Arboretum *nt*
arboriculture ['ɑ:bəʳɪˌkʌltʃəʳ, AM 'ɑ:rbɚɪˌkʌltʃɚ] *n* Baumzucht *f*
arbour ['ɑ:bəʳ], AM **arbor** ['ɑ:rbɚ] *n* Laube *f*
arc [ɑ:k, AM ɑ:rk] **I.** *n* ❶ (*curve*) Bogen *m* ❷ ELEC Lichtbogen *m* **II.** *vi* ❶ (*curve*) einen Bogen beschreiben ❷ ELEC einen Lichtbogen bilden; ***a spark ~ed across when he attached the wire to the battery*** ein Funken sprang in hohem Bogen über, als er das Kabel an der Batterie anbrachte
arcade [ɑ:'keɪd, AM ɑ:r'-] *n* ❶ (*covered passageway*) Säulengang *m*, Arkade *f* ❷ (*galleria*) [**shopping**] ~ [Einkaufs]passage *f*
Arcadia [ɑ:'keɪdiːə, AM ɑ:r'-] *n* (*esp liter*) Arkadien *nt liter*
Arcadian [ɑ:'keɪdiːən, AM ɑ:r'-] *adj* (*esp liter*) arkadisch *fig liter*
arcane [ɑ:'keɪn, AM ɑ:r'] *adj* geheimnisumwoben *geh*
arch[1] [ɑ:tʃ, AM ɑ:rtʃ] **I.** *n* Bogen *m;* ~ **of the foot** Fußgewölbe *nt* **II.** *vi* sich *akk* wölben **III.** *vt* **to ~ one's back** den Rücken krümmen; **to ~ one's eyebrows** die Augenbrauen heben
arch[2] [ɑ:tʃ, AM ɑ:rtʃ] *adj* verschmitzt; **to give sb an ~ look** jdn schelmisch anblicken; **an ~ smile** ein spitzbübisches Lächeln
arch- [ɑ:tʃ, AM ɑ:rtʃ] *in compounds* Erz-; ~**-rival** Erzrivale, -in *m, f;* ~**-villain** Erzschurke *m*, Mordsschlingel *m hum*
archaeological [ˌɑ:kiə'lɒdʒɪkəʳl], AM **archeological** [ˌɑ:rkiə'lɑ:-] *adj* archäologisch; ~ **dig** [Aus]grabungsort *m;* ~ **find** archäologische Fundstätte; ~ **site** Ausgrabungsstätte *f*
archaeologically [ˌɑ:kiə'lɒdʒɪkəʳli], AM **archeologically** [ˌɑ:rkiə'lɑ:-] *adv* archäologisch
archaeologist [ˌɑ:ki'ɒlədʒɪst], AM **archeologist** [ˌɑ:rki'ɑ:l-] *n* Archäologe, -in *m, f*
archaeology [ˌɑ:ki'ɒlədʒi], AM **archeology** [ˌɑ:rki'ɑ:l-] *n no pl* Archäologie *f*
archaeopteryx [ˌɑ:ki'ɒptəʳrɪks, AM ˌɑ:rki'ɑ:p-] *n* ORN Archäopteryx *m*
archaic [ɑ:'keɪɪk, AM ɑ:r'-] *adj* ❶ (*antiquated*) veraltet, archaisch *geh* ❷ (*hum fam: old-fashioned*) altmodisch
archaically [ɑ:'keɪɪkəʳli, AM ɑ:r'-] *adv* in archaischer Form
archaism ['ɑ:keɪɪzəʳm, AM 'ɑ:rki-] *n* Archaismus *m* *geh*
archangel ['ɑ:keɪndʒəʳl, AM 'ɑ:r-] *n* Erzengel *m*
archbishop *n* Erzbischof *m* **archbishopric** *n* Erzbistum *nt* **archdeacon** *n* Erzdiakon *m*, Archidiakon *m* **archdeaconry** *n* Archidiakonat *nt* **archdiocese** *n* Erzdiözese *f* **archduchess** *n* Erzherzogin *f* **archduke** *n* Erzherzog *m*
arched [ɑ:tʃt, AM ɑ:rtʃt] *adj* gewölbt; ~ **door** Bogenportal *nt;* ~ **roof** Tonnendach *nt;* ~ **window** Bogenfenster *nt*
arch-enemy *n* Erzfeind(in) *m(f)*
archeological(ly) *adv* AM *see* **archaeological**
archeologist *n* AM *see* **archaeologist**
archeology *n no pl* AM *see* **archaeology**
archer ['ɑ:tʃəʳ, AM 'ɑ:rtʃɚ] *n* Bogenschütze, -in *m, f*
archerfish *n* Schützenfisch *m*
archery ['ɑ:tʃtəʳri, AM 'ɑ:r-] *n no pl* Bogenschießen *nt*
archetypal [ˌɑ:kɪ'taɪpəʳl, AM ˌɑ:r-] *adj* urbildlich, archetypisch; **an ~ English gentleman** ein vorbildlicher englischer Gentleman
archetype ['ɑ:kɪtaɪp, AM 'ɑ:r-] *n* ❶ (*typical example*) Urform *f*, Ausgangsform *f* ❷ PSYCH Archetyp[us] *m*
archetypical [ˌɑ:kɪ'tɪpɪkəʳl, AM ˌɑ:rkə'-] *adj* archetypisch
Archimedes' principle [ˌɑ:kɪmi:di:z'prɪn(t)səpḷ, AM ˌɑ:rkə-] *n* das archimedische Prinzip
Archimedian screw [ˌɑ:kɪmi:diən'skru:, AM ˌɑ:rkə-] *n* archimedische Schraube
archipelago <*pl* -s *or* -es> [ˌɑ:kɪ'peləgəʊ, AM ˌɑ:rkə'peləgoʊ] *n* Archipel *m*
architect ['ɑ:kɪtekt, AM 'ɑ:rkə-] *n* ❶ ARCHIT Architekt(in) *m(f)* ❷ (*fig: creator*) Schöpfer(in) *m(f)*
► PHRASES: **every man is the ~ of his own fortune** (*prov*) jeder ist seines Glückes Schmied *prov*
architectural [ˌɑ:kɪ'tektʃəʳrəl, AM ˌɑ:rkə'-] *adj* architektonisch; ~ **plan** Bauplan *m*
architecturally [ˌɑ:kɪ'tektʃəʳəli, AM ˌɑ:rkə'-] *adv* architektonisch
architecture ['ɑ:kɪtektʃəʳ, AM 'ɑ:rkətektʃɚ] *n no pl* ❶ (*subject*) Architektur *f*, Baukunst *f* ❷ (*style*) Architektur *f*, Baustil *m*
architrave ['ɑ:kɪtreɪv, AM 'ɑ:rkə-] *n* ❶ ARCHIT Architrav *m* ❷ (*moulded frame*) Ziergebälk *nt* (*plastischer Zierrat um Türen und Fenster*)
archival [ˌɑ:'kaɪvəʳl, AM ˌɑ:r-] *adj inv* Archiv-; ~ **research** Forschung *f* in Archiven
archive ['ɑ:kaɪv, AM 'ɑ:r-] **I.** *n* Archiv *nt* **II.** *n modifier* (*document, material, research*) Archiv-; ~ **footage** Archivmaterial *nt*
archivist ['ɑ:kɪvɪst, AM 'ɑ:rkaɪ-] *n* Archivar(in) *m(f)*
archly ['ɑ:tʃli, AM 'ɑ:rtʃ-] *adv* schelmisch
archway *n* Torbogen *m*
arc lamp, arc light *n* Bogenlampe *f*
Arctic ['ɑ:ktɪk, AM 'ɑ:rk-] *no pl n* ■ **the ~** die Arktis
arctic ['ɑ:ktɪk, AM 'ɑ:rk-] *adj* ❶ GEOG arktisch; ~ **expedition** Nordpolexpedition *f* ❷ (*fig: extremely cold*) eiskalt; ***the weather's really ~ today*** heute herrscht geradezu eine arktische Kälte; ~ **condi-**

tions arktische [Wetter]verhältnisse
Arctic Circle *n* nördlicher Polarkreis **arctic fox** *n* Polarfuchs *m* **arctic hare** *n* Polarhase *m* **Arctic Ocean** *n* Nördliches Eismeer **arctic tern** *n* Küstenseeschwalbe *f*
arc welding *n no pl* Lichtbogenschweißung *f;* (*act of welding*) Lichtbogenschweißen *nt*
ardent ['ɑ:dᵊnt, AM 'ɑ:r-] *adj* leidenschaftlich; ~ **admirer** glühender Verehrer/glühende Verehrerin; ~ **desire** brennender Wunsch; ~ **feminist** vehemente Feministin; ~ **plea** innige Bitte
ardently ['ɑ:dᵊntli, AM 'ɑ:r-] *adv* leidenschaftlich, inbrünstig *geh*
ardor ['ɑ:rdɚ] AM, AUS, **ardour** ['ɑ:də'] *n no pl* BRIT, AUS Leidenschaft *f*, Begeisterung *f* (**for** für +*akk*)
arduous ['ɑ:djuəs, AM 'ɑ:rdʒuəs] *adj* anstrengend, beschwerlich; ~ **task** mühsame Aufgabe
arduously ['ɑ:dju:əsli, AM 'ɑ:rdʒu:əs-] *adv* angestrengt
arduousness ['ɑ:dju:əsnəs, AM 'ɑ:rdʒu:əs-] *n no pl* Beschwerlichkeit *f*, Mühseligkeit *f*
are [ɑ:', AM ɑ:r] *vt, vi see* **be**
area ['eəriə, AM 'eri-] *n* ① (*region*) Gebiet *nt*, Region *f;* ~ **of the brain** Hirnregion *f;* ~ **of coverage** Reichweite *f;* **danger** ~ Gefahrenzone *f;* ~ **of the lung** Lungengegend *f;* ~ **manager** Gebietsleiter(in) *m(f);* **testing** ~ Testgelände *nt* ② COMM **commercial** ~ Gewerbegebiet *nt;* **sales** ~ Verkaufsfläche *f;* ECON **free trade** ~ Freihandelszone *f;* FIN **dollar/sterling** ~ Dollar-/Sterlingzone *f* ③ (*subject field*) Gebiet *nt fig;* ~ **of competence/knowledge** Wissensgebiet *nt* ④ (*surface measure*) Fläche *f*, Flächeninhalt *m;* ~ **of a circle** Kreisfläche *f;* ***50 square kilometres in*** ~ eine Fläche von 50 km^2 ⑤ FBALL (*fam*) Strafraum *m* ⑥ (*approximately*) ▪ **in the** ~ **of …** ungefähr …; **in the** ~ **of £200** etwa 200 Pfund
area bombing *n* MIL Flächenbombardement *nt*
area code *n* AM, AUS (*dialling code*) Vorwahl *f*
arena [ə'ri:nə] *n* ① (*for entertainment*) Arena *f;* (*sports stadium*) Stadion *nt* ② (*fig*) Arena *f fig;* **the political** ~ die politische Bühne; **to enter the** ~ die Bühne betreten *fig*
aren't [ɑ:nt, AM ɑ:rnt] = **are not** *see* **be**
areola [ə'riᵊlə] *n* ANAT ① (*of nipple*) Warzenhof *m* ② (*of eye*) Augenringe *pl*
argentiferous [ˌɑ:dʒᵊn'tɪfᵊrəs, AM 'ɑ:r-] *adj* silberhaltig
Argentina [ˌɑ:dʒᵊn'ti:nə, AM 'ɑ:r-] *n* Argentinien *nt*
Argentine ['ɑ:dʒᵊntaɪn, AM 'ɑ:r-], **Argentinian** [ˌɑ:dʒᵊn'tɪniən, AM ˌɑ:r-] **I.** *adj* argentinisch **II.** *n* Argentinier(in) *m(f)*
argon ['ɑ:gɒn, AM 'ɑ:rgɑ:n] *n no pl* CHEM Argon *nt*
argonaut ['ɑ:gənɔ:t, AM 'ɑ:rgənɑ:t] *n* ① ZOOL Papiernautilus *m* ② (*in Greek mythology*) ▪ **the A~s** *pl* die Argonauten
argot ['ɑ:geʊ, AM 'ɑ:rgoʊ] *n* Argot *m o nt*, Jargon *m*
arguable ['ɑ:gjuəbl̩, AM 'ɑ:rg-] *adj* ① (*open to debate*) fragwürdig ② (*able to be maintained*) diskutabel; ***it is ~ that …*** es ist durchaus vertretbar, dass …
arguably ['ɑ:gjuəbli, AM 'ɑ:rg-] *adv* wohl; ***he is ~ one of the world's finest football players*** er dürfte wohl zu den besten Fußballern der Welt gehören
argue ['ɑ:gju:, AM 'ɑ:rg-] **I.** *vi* ① (*disagree*) sich *akk* streiten; ▪ **to** ~ **with sb** mit jdm streiten; ▪ **to** ~ **about** [*or* **over**] **sth** sich wegen einer S. *gen* streiten ② (*reason*) argumentieren; ▪ **to** ~ **against/for** [*or* **in favour of**] **sth** sich *akk* gegen/für etw *akk* aussprechen **II.** *vt* ① (*debate, reason*) ▪ **to** ~ **sth** etw erörtern; **a well ~d article** ein Artikel mit Hand und Fuß; ▪ **to** ~ **sth away** etw wegdiskutieren; ▪ **to** ~ **that …** dafür sprechen, dass …; *person* sich *akk* für etw *akk* aussprechen ② (*persuade*) ▪ **to** ~ **sb into/out of doing sth** jdm etw ein-/ausreden ▸ PHRASES: **to** ~ **the toss** (*fam*) gegen etw *akk* sein
◆**argue down** *vt esp* AM ▪ **to** ~ **sb down** jdn niederreden
◆**argue out** *vt* ▪ **to** ~ **out** ○ **sth** etw ausdiskutieren
argument ['ɑ:gjəmənt, AM 'ɑ:rg-] *n* ① (*heated discussion*) Wortwechsel *m*, Auseinandersetzung *f;* **without any** ~ ohne weitere Diskussionen; **to be engaged in** ~ in eine Auseinandersetzung verwickelt sein; **to get into** [*or* **have**] **an** ~ [**with sb**] [mit jdm] streiten ② (*case*) Argument *nt* (**against/for** gegen/für +*akk*); ***there's a strong ~ for banning cars from the city centre*** es spricht einiges dafür, Autos aus der Innenstadt zu verbannen; ~ **of a book** These *f* eines Buches ③ COMPUT Parameter *nt;* ~ **separator** Argumenttrennzeichen *nt*
argumentation [ˌɑ:gjəmen'teɪʃᵊn, AM ɑ:r] *n no pl* Argumentation *f*
argumentative [ˌɑ:gjə'mentətɪv, AM ˌɑ:rgjəmenţəţɪv] *adj* (*pej*) streitsüchtig
argy-bargy [ˌɑ:dʒi'bɑ:dʒi] *n no pl* BRIT (*fam*) Geplänkel *nt fam*
aria ['ɑ:riə] *n* Arie *f*
Arian ['eəriən, AM 'eriən] **I.** *n* ① REL Arianer(in) *m(f)* ② ASTROL Widder *m* **II.** *adj* arianisch
arid ['ærɪd, AM 'er-] *adj* ① (*very dry*) dürr, ausgedörrt; ~ **climate** Trockenklima *nt;* ~ **zone** Trockenzone *f* ② (*fig: boring*) trocken *fig;* **an** ~ **book** ein langweiliges Buch; (*unproductive*) unergiebig; ***after several ~ years…*** nach einer Durststrecke von mehreren Jahren…
aridity [ə'rɪdɪti] *n no pl* Dürre *f sing*
Aries ['eəri:z, AM 'eri:z] *n* ① *no art* ASTROL, ASTRON (*star sign, formation*) Widder *m* ② ASTROL (*person*) Widder
aright [ə'raɪt] *adv* (*liter or dated*) richtig
arise <arose, arisen> [ə'raɪz] *vi* ① (*come about*) sich *akk* ergeben; ***should complications ~ …*** sollte es zu Schwierigkeiten kommen …; ***should doubt ~ …*** sollten Zweifel aufkommen …; ***should the need ~ …*** solte es notwendig werden, dass … ② (*form: get up*) aufstehen ③ (*liter: rise*) sich *akk* erheben
arisen [ə'rɪzᵊn] *pp of* **arise**
aristocracy [ˌærɪ'stɒkrəsi, AM ˌerə'stɑ:-] *n* + *sing/pl vb* ▪ **the** ~ ① (*nobility*) die Aristokratie ② (*fig: the highest-placed*) die Elite, die Crème de la Crème
aristocrat ['ærɪstəkræt, AM ə'rɪs-] *n* Aristokrat(in) *m(f)*
aristocratic [ˌærɪstə'krætɪk, AM əˌrɪstə'kræţɪk] *adj* aristokratisch
Aristotelian [ˌærɪstɒ'ti:liən, AM ˌerɪstə'] **I.** *adj inv* aristotelisch **II.** *n* Aristoteliker(in) *m(f)*
arithmetic **I.** *n* [ə'rɪθmətɪk] *no pl* Arithmetik *f;* **to do some quick mental** ~ etw schnell im Kopf ausrechnen **II.** *adj* [ˌærɪθ'metɪk, AM ˌerɪθ'meţɪk] Rechen-; ~ **mean** arithmetisches Mittel; ~ **problem** Rechenaufgabe *f;* ~ **progression** arithmetische Reihe
arithmetical [ˌærɪθ'metɪkᵊl, AM ˌerɪθ'meţɪk-] *adj* Rechen-
arithmetically [ˌærɪθ'metɪkᵊli, AM ˌerɪθ'meţɪk-] *adv* arithmetisch; **to solve a problem** ~ ein Problem rechnerisch lösen
ark [ɑ:k, AM ɑ:rk] *n no pl* ① (*boat*) Arche *f;* **to look as if it came out of the** ~ (*fig fam*) äußerst altmodisch wirken; *see also* **Noah's ark** ② (*box*) **the A~ of the Covenant** die Bundeslade ③ AGR Unterstand *m* für Freilaufschweine
arm¹ [ɑ:m, AM ɑ:rm] *n* ① ANAT Arm *m;* **at ~'s length** mit [aus]gestreckten Armen; **to deal with someone at ~'s length** ECON mit jemandem im Prinzip der rechtlichen Gleichstellung Geschäfte machen, im Einklang mit den Wettbewerbsregeln; **to keep sb at ~'s length** (*fig*) jdn auf Distanz halten; **to hold sb in one's ~s** jdn in den Armen halten; **to put** [*or* **throw**] **one's ~s round sb** den Arm um jdn legen; **to take sb in one's ~s** jdn in die Arme nehmen; ~ **in** ~ Arm in Arm; **on one's** ~ am Arm ② (*sleeve*) Ärmel *m* ③ (*armrest*) Armlehne *f* ④ GEOG Arm *m;* ~ **of land** Landzunge *f;* ~ **of a river/of the sea** Fluss-/Meeresarm *m* ⑤ (*division*) Abteilung *f* ▸ PHRASES: **to cost an** ~ **and a leg** (*fam*) Unsummen kosten
arm² [ɑ:m, AM ɑ:rm] **I.** *vt* ① (*supply with weapons*) ▪ **to** ~ **sb** [**with sth**] jdn [mit etw *dat*] bewaffnen; ▪ **to** ~ **oneself for sth** (*fig*) sich *akk* für etw *akk* wappnen ② (*prepare for detonation*) **to** ~ **a bomb** eine Bombe scharf machen; **to** ~ **a rocket** eine Rakete zündfertig machen **II.** *n* ▪ **~s** *pl* ① (*weapons*) Waffen *fpl;* **to lay down one's ~s** die Waffen niederlegen; **to take up ~s** [**against sb/sth**] den Kampf [gegen jdn/etw] aufnehmen; **under ~s** kampfbereit ② (*heraldic insignia*) Wappen *nt;* **the King's A~** Zum König (*auf Wirtshaustafeln*) ▸ PHRASES: **to be up in ~s about** [*or* **against**] [*or* **over**] **sth** über etw *akk* in Streit geraten
ARM [ˌeɪɑ:r'em] *n* FIN *abbrev of* **adjustable rate mortgage** variabel verzinsliche Hypothek
armada [ɑ:'mɑ:də, AM ɑ:r'-] *n* Kriegsflotte *f;* **the Spanish A~** die spanische Armada
armadillo [ˌɑ:mə'dɪləʊ, AM ˌɑ:rmə'dɪloʊ] *n* Gürteltier *nt*
Armageddon [ˌɑ:mə'gedᵊn, AM ˌɑ:r-] *n no pl* ① REL Armageddon *nt* ② (*fig*) Katastrophe *f*
Armalite® ['ɑ:məlaɪt, AM 'ɑ:r] *n sehr leichte, automatische Schnellfeuerwaffe*
armament ['ɑ:məmənt, AM 'ɑ:r-] *n* ① *usu pl* (*weapons*) Waffen *fpl* ② *no pl* (*process of arming*) Bewaffnung *f*, Aufrüstung *f*
armaments programme *n* MIL Rüstungsprogramm *nt*
armature ['ɑ:mətʃə', AM 'ɑ:rmətʃɚ] *n* ① (*dynamo's rotating coil[s]*) Relais *nt* ② (*magnetically-induced moving part*) Anker *m* ③ (*animal armour*) Panzer *m;* (*plant armour*) Bewehrung *f* ④ (*framework for a sculpture*) Innengerüst *nt*
armband *n* ① (*on sleeve*) Armbinde *f* ② (*swimming aid*) Schwimmflügel *m*
arm candy *n* (*fam*) reizende Begleiterin **armchair** **I.** *n* (*chair*) Sessel *m*, Lehnstuhl *m* **II.** *n modifier* (*fig*) Möchtegern- *fam;* ~ **politician** Stammtischpolitiker(in) *m(f)*
armed [ɑ:md, AM ɑ:rmd] *adj inv* bewaffnet; ~ **resistance** bewaffneter Widerstand
armed forces *npl* ▪ **the** ~ die Streitkräfte *pl*
Armenia [ɑ:'mi:niə, AM ɑ:r'-] *n* Armenien *nt*
Armenian [ɑ:'mi:niən, AM ɑ:r'-] **I.** *adj* armenisch; ***she is ~*** sie ist Armenierin **II.** *n* ① (*person*) Armenier(in) *m(f)* ② (*language*) Armenisch *nt*
armful *n* Armvoll *m kein pl*, Ladung *f fam* **armhole** *n* Armloch *nt*
armistice ['ɑ:mɪstɪs, AM 'ɑ:rmə-] *n* Waffenstillstand *m;* **to declare an** ~ einen Waffenstillstand ausrufen
armlet *n* Armband *nt* (*am Oberarm*) **armlock** *n* Fesselgriff *m* (*mittels Drehen des Arms auf den Rücken*)
armor *n no pl* AM, AUS *see* **armour**
armored *adj* AM *see* **armoured**
armorer *n* AM *see* **armourer**
armorial [ɑ:'mɔ:riəl, AM ɑ:r'-] *adj* heraldisch, Wappen-; ~ **bearings** Wappenschild *nt;* ~ **escutcheon** Wappenschild *nt*
armory *n* AM *see* **armoury**
armour ['ɑ:mə'], AM **armor** ['ɑ:rmɚ] *n no pl* ① HIST Rüstung *f;* **knights in** ~ Ritter in [voller] Rüstung; **suit of** ~ Panzerkleid *nt* ② MIL **body** ~ kugelsichere Weste; ~ **plate** Panzerplatte *f* ③ MIL (*tanks*) Panzerfahrzeuge *ntpl* ④ ZOOL Panzer *m*
armoured ['ɑ:məd], AM **armored** ['ɑ:rmɚd] *adj* ① (*furnished with armour*) gepanzert; ~ **car** Panzer[späh]wagen *m;* ~ **glass** Panzerglas *nt;* ~ **personnel carrier** gepanzerter Mannschaftswagen; ~ **train** Panzerzug *m* ② (*furnished with armoured vehicles*) bewaffnet; ~ **division** Panzerdivision *f*
armourer ['ɑ:mərə'], AM **armorer** ['ɑ:rmɚɚ] *n* Waffenmeister *m;* LAW (*sl*) illegaler Waffenhändler [*o* Beschaffer]/illegale Waffenhändlerin [*o* Beschafferin] von Waffen
armour-piercing *adj* MIL panzerbrechend; ~ **bullet** Panzersprengkugel *f;* ~ **shell** Panzergranate *f*
armour-plated *adj* gepanzert
armoury ['ɑ:mᵊri], AM **armory** ['ɑ:r-] *n* ① (*weapons stockpile, depot*) Waffenarsenal *nt*, Waffenlager *nt*, Zeughaus *nt hist* ② (*fig*) Arsenal *nt fig;* ***the only weapon left in his ~ was indifference*** das einzige, was er noch auf Lager hatte, war Gleichgültigkeit zu markieren *fam*

armpit *n* ANAT Achselhöhle *f* ► PHRASES: **the ~ of the universe** [*or* **world**] das dreckigste Loch der Welt *pej sl* **armrest** *n* Armlehne *f*

arms control, **arms limitation** *n* MIL Abrüstung *f* **arms race** *n* ■**the ~** das Wettrüsten

arm-twisting *n no indef art, no pl* (*fig*) Überredungskunst *f* **arm wrestling** *n no pl* Armdrücken *nt*

army ['ɑːmi, AM 'ɑːrmi] *n* ① MIL Armee *f;* ■**the ~** das Heer; **[to be] in the ~** beim Militär [sein]; **to go into** [*or* **join**] **the ~** zum Militär gehen ② (*fig*) Schwarm *m*, Heer *nt*

army ant *n* Wanderameise *f* **army base** *n* Militärlager *nt* **army brat** *n* (*fam*) Militärsprössling *m fam o hum* **army disposals store** AUS, **army-navy store** *n usu* AM Army Shop *m* **army officer** *n* Armeeoffizier *m* **army regulations** *n* Militärdienstvorschrift *f* **army surplus** I. *n* Militärüberschuss *m* (*überzählige Armeebestände an Kleidung etc., die von der Allgemeinheit erworben werden können*) II. *n modifier* (*boots, clothing, rucksacks, tents*) Militär-; **~ store** Army Shop *m*

arnica ['ɑːnɪkə, AM 'ɑːr-] *n* Arnika *f*

A-road ['eɪrəʊd] *n* ① (*road*) Straße *f* erster Ordnung, Bundesstraße *f*, Hauptverkehrsstraße *f* ② (*artery*) Verkehrsader *f*, Verkehrsschneise *f*

aroma [ə'rəʊmə, AM -'roʊ-] *n* ① (*smell*) Aroma *nt*, Duft *m;* **to give off an ~** einen Duft verströmen ② (*fig*) **an ~ of nostalgia** ein Hauch *m* von Nostalgie

aromatherapist [əˌrəʊmə'θerəpɪst, AM əˌroʊ] *n* Aromatherapeut(in) *m(f)*

aromatherapy I. *n no pl* Aromatherapie *f* II. *n modifier* (*bath, oil*) Aromatherapie-; **~ massage** Massage *f* mit ätherischen Ölen

aromatic [ˌærə(ʊ)'mætɪk, AM ˌerə'mæt̬-] *adj* aromatisch

arose [ə'rəʊz, AM -'roʊz] *pt of* **arise**

around [ə'raʊnd] I. *adv inv* ① (*round*) herum; **the right/wrong way ~** richtig/falsch herum; **to come ~** vorbeikommen; **to get ~ to doing sth** endlich dazu kommen, etw zu tun; **to show sb ~** jdn herumführen; **to turn ~** sich *akk* umdrehen ② (*round about*) rundum, ringsherum; ***that tune has been going ~ and ~ in my head*** diese Melodie geht mir nicht aus dem Kopf; **to come from miles ~** von weither [zusammen]kommen *geh;* **to [have a] look ~** sich *akk* umsehen ③ (*in circumference*) im Durchmesser ④ (*in different directions*) umher; **to wave one's arms ~** mit den Armen [herum]fuchteln; **to get ~** herumkommen; **to walk ~** umhergehen ⑤ (*near by*) in der Nähe; ***will you be ~ next week?*** bist du nächste Woche da?; ***there's a lot of flu ~ at the moment*** die Grippe grasiert im Augenblick; ***mobile phones have been ~ for quite a while*** Handys sind bereits seit längerem auf dem Markt ⑥ (*approximately*) ungefähr ⑦ ECON, FIN mit Report oder Deport; ***5 points ~*** 5 % Report und Deport ► PHRASES: **to have been ~** (*fam*) in der Welt herumgekommen sein; **see you ~** (*fam*) bis demnächst mal *fam* II. *prep* ① (*surrounding*) um +*akk;* ***he put his arms ~ her and gave her a big hug*** er legte seine Arme um sie drückte sie fest; **all ~ sth** um etw *akk* herum; ***there are trees all ~ the house*** um das ganze Haus herum stehen Bäume ② (*circling*) um +*akk;* ***the Moon goes ~ the earth*** der Mond kreist um die Erde; ***they walked ~ the lake*** sie liefen um den See ③ (*curving to other side of*) um +*akk;* ***drive ~ the corner*** fahr' um die Ecke; **to be just ~ the corner** gleich um die Ecke sein ④ (*at points at*) um … herum +*akk;* ***they sat ~ the dinner table*** sie saßen um den Tisch herum ⑤ (*here and there within*) um +*akk;* ***she looked ~ the house*** sie sah sich im Haus um; ***from all ~ the world*** aus aller Welt ⑥ (*do nothing*) **to lie/sit/stand ~** herumliegen/-sitzen/-stehen ⑦ (*about*) um ungefähr; ***I heard a strange noise ~ 12:15*** um ungefähr 12.15 Uhr hörte ich ein seltsames Geräusch; *see also* **round** ⑧ (*based on*) **to center/revolve ~ sth** sich *akk* um etw *akk* konzentrieren/drehen ⑨ (*to solve*) **to get ~ sth** um etw *akk* herumkommen; ***there seems to be no way ~ this problem*** es führt wohl kein Weg um dieses Problem herum

around-the-clock I. *adj* 24-Stunden-, rund um die Uhr; **~ bombing** Dauerbombardierung *f* II. *adv* durchgehend, ohne Unterbrechung

arousal [ə'raʊzᵊl] *n no pl* sexuelle Erregung; **to be in a state of ~** sexuell erregt sein

arouse [ə'raʊz] *vt* ① (*stir*) ■**to ~ sth** etw erwecken *liter;* **to ~ anger** Zorn erregen; **to ~ concern** Bedenken hervorrufen; **to ~ controversy** zu Unstimmigkeiten führen; **to ~ opposition** auf Widerstand stoßen; **to ~ suspicion** Verdacht erregen ② (*sexually excite*) ■**to ~ sb** jdn erregen

aroused [ə'raʊzd] *adj* erregt

arpeggio [ɑː'pedʒiəʊ, AM ɑːr'pedʒioʊ] *n* MUS Arpeggio *nt*

ARPS [ˌeɪɑːrpiː'es] *n* AM FIN *abbrev of* **adjustable rate preferred stock** Vorzugsaktien, die mit einer variablen Dividende ausgestattet sind

arr. I. *vi* TRANSP *abbrev of* **arrive 1** II. *n* TRANSP *abbrev of* **arrival** Ank. III. *adj* MUS *abbrev of* **arranged** arr.

arrack ['ærək, AM 'er-] *n* Arrak *m*

arraign [ə'reɪn] *vt* LAW ■**to ~ sb** jdn vor Gericht stellen; **to be ~ed on charges of sth** wegen einer S. *gen* angeklagt werden; **to ~ sb for murder** jdn des Mordes anklagen

arraignment [ə'reɪnmənt] *n* LAW Anklageerhebung *f*

arrange [ə'reɪndʒ] I. *vt* ■**to ~ sth** ① (*organize*) etw arrangieren; **to ~ a date** einen Termin vereinbaren; **to ~ a marriage** eine Heirat zuwege bringen; **to ~ matters** die Angelegenheit regeln; **to ~ a meeting** ein Treffen in die Wege leiten ② (*put in order*) etw ordnen; **to ~ flowers** Blumen arrangieren; **to ~ oneself according to height** sich der Größe nach aufstellen ③ MUS (*adapt*) etw arrangieren; **to ~ a piece for an instrument** ein Stück für ein Instrument einrichten II. *vi* festlegen; ■**to ~ [with sb] to do sth** etw [mit jdm] vereinbaren; ■**to ~ for sb to do** [*or* **have**] **sth** etw für jdn organisieren; ***she's ~d for her son to have swimming lessons*** sie hat für ihren Sohn Schwimmunterricht gebucht

arranged marriage *n* arrangierte Hochzeit

arrangement [ə'reɪndʒmənt] *n* ① ■**~s** *pl* (*preparations*) Vorbereitungen *fpl* ② (*agreement*) Abmachung *f;* **to have an ~ with sb** mit jdm eine Abmachung treffen; **to come to an ~** zu einer Übereinkunft kommen; **by [prior] ~ with the bank** nach vorheriger Absprache mit der Bank ③ (*method of organizing sth*) Vereinbarung *f;* ***what are your current working ~s?*** welche arbeitsmäßigen Verpflichtungen haben Sie momentan? ④ (*ordering*) Arrangement *nt;* **an ~ of dried flowers** ein Gesteck *nt* von Trockenblumen; MUS **an ~ for saxophone and piano** ein für Saxophon und Klavier arrangiertes [Musik]stück

arrangement fee *n* FIN [Kredit]bereitstellungsprovision *f*

arranger [ə'reɪndʒəʳ, AM -ɚ] *n* ① MUS Arrangeur(in) *m(f)* ② (*of flowers*) **flower ~** Florist(in) *m(f)*

arrant ['ærᵊnt, AM 'er-] *adj attr* (*liter or dated*) völlig; **~ nonsense** absoluter Schwachsinn *fam*

arras ['ærəs, AM 'er-] *n* Arazzo *m*

array [ə'reɪ] I. *n* ① (*display*) stattliche Reihe; **an ~ of people** eine Menschenmenge ② (*form or liter: clothes*) Aufmachung *f*, Kleidung *f* ③ MIL **in battle ~** in Schlachtordnung ④ LAW (*prospective jurors*) [Aufstellung der] Geschworenenliste *f* II. *vt* ① (*display*) ■**to ~ sth** etw aufreihen ② MIL (*deploy*) ■**to be ~ed against sb/sth** gegen jdn/etw aufgestellt werden ③ (*form or liter: clothe*) ■**to ~ oneself** sich *akk* herausputzen *hum*

arrears [ə'rɪəz, AM -'rɪrz] *npl* ① FIN (*overdue money*) Rückstände *mpl;* **~ of interest** Zinsrückstände *mpl;* **rent ~** Mietrückstände *mpl* ② (*behind*) **in ~** FIN in Verzug; **to be paid in ~** nachträglich beglichen werden; **to be two goals in ~** SPORTS zwei Tore zurückliegen

arrest [ə'rest] I. *vt* ① LAW (*apprehend*) ■**to ~ sb** jdn verhaften ② (*form: stop*) ■**to ~ [the development of] sth** etw zum Stillstand bringen; ***the treatment has so far done little to ~ the spread of the cancer*** die Behandlung hat dem Krebs bis jetzt kaum Einhalt geboten ③ (*attract*) **to ~ sb's attention** jds Aufmerksamkeit erregen II. *n* LAW Verhaftung *f;* **citizen's ~** [jedermann zustehendes] vorläufiges Festnahmerecht; **house ~** Hausarrest *m;* **to place** [*or* **put**] **sb under ~** jdn in Haft nehmen; **under ~** in Haft

arrested development *n* aufgehaltene Entwicklung

arrester [ə'restəʳ, AM -ɚ] *n* ① (*preventive device*) **fire ~** Brandverhüter *m* ② MIL Fangkabel *nt* (*Aufhaltevorrichtung für auf Flugzeugträgern landende Kampfflugzeuge*)

arresting [ə'restɪŋ] *adj* ① (*striking*) faszinierend; **~ account** fesselnde Geschichte; **~ outfit** atemberaubendes Outfit; **~ performance** eindrucksvolle Vorstellung ② LAW **~ officer** Polizeibeamter/-beamtin, der/die eine Festnahme durchführt

arrest warrant *n* Haftbefehl *m*

arrhythmia [ə'rɪðmiə] *n* MED Herzrhythmusstörung *f*, Arrhythmie *f fachspr*

arrival [ə'raɪvᵊl] *n* ① (*at a destination*) Ankunft *f;* **~ of a baby** Geburt *f* eines Babys; **~ of an invention/a technology** Einführung *f* einer Erfindung/Technologie; **time of ~** Ankunftszeit *f;* **~s hall** TRANSP Ankunftshalle *f;* ***"to await ~"*** „nicht nachsenden" ② (*person*) Ankommende(r) *f(m);* ***their new ~ was keeping them busy*** (*fam*) ihr Baby hielt sie auf Trab; ***how's your latest ~?*** wie geht's dem Familienzuwachs? *fam*

arrive [ə'raɪv] *vi* ① (*come [to a destination]*) *bus, plane, train* ankommen; *mail, season* kommen; **to ~ at** [*or* **in**] **a place/a town** an einem Ort/in einer Stadt eintreffen; **to ~ at a conclusion/decision** (*fig*) zu einem Schluss/einer Entscheidung gelangen; **to ~ at a compromise** einen Kompromiss erzielen; **to ~ at a result** zu einem Ergebnis kommen ② (*fam or fig: establish one's reputation*) sein Ziel erreichen, es schaffen *fam* ③ (*be born*) kommen, geboren werden ④ ECON (*agree upon*) **to ~ at a price** sich *akk* auf einen Preis einigen

arrogance ['ærəgən(t)s, AM 'er-] *n no pl* Arroganz *f*

arrogant ['ærəgənt, AM 'er-] *adj* arrogant

arrogantly ['ærəgəntli, AM 'er-] *adv* arrogant

arrogate ['ærə(ʊ)geɪt, AM 'erə-] *vt* (*form*) ■**to ~ sth [to oneself]** sich *dat* etw anmaßen

arrow ['ærəʊ, AM 'eroʊ-] I. *n* ① (*missile*) Pfeil *m* ② (*pointer*) Pfeilzeichen *nt*, Pfeil *m* II. *vi* ■**to ~ somewhere** (*point*) irgendwohin weisen; (*move*) irgendwohin rasen

arrowhead *n* Pfeilspitze *f* **arrow keys** *n* COMPUT Pfeiltasten *pl* **arrowroot** *n no pl* ① BOT (*plant*) Pfeilwurz *f* ② FOOD (*starch*) Pfeilwurzstärke *f*

arse [ɑːs] BRIT, AUS I. *n* ANAT (*vulg*) Arsch *m derb* ► PHRASES: **not to know one's ~ from one's elbow** völlig bescheuert sein *sl;* **~ about face** Hals über Kopf; **to kick sb/sth's ~** jdn/etw übertrumpfen; **get your ~ in gear!, get off your ~!** setz deinen Hintern in Bewegung! *sl;* **move** [*or* **shift**] **your ~!** (*get moving*) beweg dich! *fam;* (*make room*) rutsch rüber! *fam;* **to work one's ~ off** sich *dat* den Arsch aufreißen *derb* II. *n modifier* BRIT **the ~ end of a place** (*sl*) die Abbruchgegend eines Ortes *pej fam* III. *vi* (*vulg*) ■**to ~ around** [*or* **about**] herumblödeln *fam* IV. *vt* **to not be able to be ~d with sth** sich *akk* einen Dreck um etw *akk* scheren *sl*

arsehole *n* BRIT, AUS (*vulg*) Arschloch *nt vulg* **arse-kisser**, **arse-licker** *n* BRIT, AUS (*vulg*) Arschkriecher *m pej derb*

arsenal ['ɑːsᵊnᵊl, AM 'ɑːr-] *n* [Waffen]arsenal *nt*

arsenic ['ɑːsᵊnɪk, AM 'ɑːr-] *n no pl* Arsen *nt*

arson ['ɑːsᵊn, AM 'ɑːr-] *n no art, no pl* Brandstiftung *f*

arsonist ['ɑːsᵊnɪst, AM 'ɑːr-] *n* Brandstifter(in) *m(f)*

art [ɑːt, AM ɑːrt] I. *n* ① (*drawing, painting, sculpture*) bildende Kunst ② (*creative activity*) Kunst *f*, Kunstform *f;* **~s and crafts** Kunsthandwerk *nt*, Kunstgewerbe *nt* ③ ■**the ~s** *pl* (*creative activity collectively*) die Kunst ④ (*high skill*) Geschick *nt*, Kunst *f;* **the ~ of cooking** die Kochkunst ⑤ *pl* UNIV (*area of study*) ■**the ~s** Geisteswissenschaften *fpl* **II.** *n modifier* (*collection, collector, critic, dealer*) Kunst-

art deco [ˌɑːtˈdekəʊ, AM ˌɑːrtˈdekoʊ] *n no art* Art Deco

artefact [ˈɑːtɪfækt, AM ˈɑːrt̬ə-] *n* Artefakt *nt*

arterial [ɑːˈtɪəriəl, AM ɑːrˈtɪri-] *adj* ① *inv* ANAT arteriell; ~ **wall** Arterienwand *f* ② TRANSP Haupt-; ~ **railway** Hauptstrecke *f;* ~ **road** Hauptverkehrsstraße *f*

arteriosclerosis [ɑːˌtɪəriəʊskləˈrəʊsɪs, AM ɑːrˌtɪrioʊskləˈroʊsəs] *n* MED Arterienverkalkung *f,* Arteriosklerose *f fachspr*

arteriosclerotic [ɑːˌtɪəriəʊskləˈrɒtɪk, AM ɑːrˌtɪrioʊskləˈrɑːt̬ɪk] *adj* arteriosklerotisch

artery [ˈɑːtᵊri, AM ˈɑːrt̬ᵊi] *n* ① ANAT Arterie *f* ② TRANSP Hauptverkehrsader *f*

artesian well [ɑːˌtiːziənˈwel, AM ɑrˌtiːʒᵊn] *n* artesischer Brunnen

art form *n* ① (*conventionally established form*) Kunstgattung *f* ② (*imaginative or creative activity*) Kunstform *f*

artful [ˈɑːtfᵊl, AM ˈɑːrt-] *adj* geschickt; ~ **dodger** durchtriebenes Bürschchen

artfully [ˈɑːtfᵊli, AM ˈɑːrt-] *adv* geschickt

artfulness [ˈɑːtfᵊlnəs, AM ˈɑːrt-] *n no pl* Geschick *nt;* ~ **of speech** Redegewandtheit *f*

art historian *n* Kunsthistoriker(in) *m(f)* **art history** *n* Kunstgeschichte *f* **art-house** [ˈɑːthaʊs, AM ˈɑːrt] *adj attr, inv* Programm-

arthritic [ɑːˈθrɪtɪk, AM ɑːrˈθrɪt̬ɪk] MED **I.** *adj* arthritisch **II.** *n* Arthritiker(in) *m(f)*

arthritis [ɑːˈθraɪtɪs, AM ɑːrˈθraɪt̬əs] *n no pl* MED Gelenkentzündung *f,* Arthritis *f fachspr*

arthropod [ˈɑːθrəpɒd, AM ˈɑːrθrəpɑːd] *n* ZOOL Gliederfüßler *m;* **the ~s** die Arthropoden *pl fachspr*

Arthurian [ɑːˈθjʊəriən, AM ɑːrˈθʊ] *adj inv* Artus-

artic [ˈɑːtɪk] *n* BRIT (*fam*) *short for* **articulated lorry** Sattelschlepper *m*

artichoke [ˈɑːtɪtʃəʊk, AM ˈɑːrt̬ətʃoʊk] *n* [**globe**] ~ Artischocke *f;* ~ **bottom** Artischockenboden *m;* ~ **heart** Artischockenherz *nt*

article [ˈɑːtɪkl, AM ˈɑːrt̬ɪ-] *n* ① (*writing*) Artikel *m* ② (*object*) Gegenstand *m,* Artikel *m;* ~ **of clothing/furniture** Kleidungs-/Möbelstück *nt;* ~ **of value** Wertgegenstand *m* ③ LING Artikel *m* ④ LAW Paragraph *m;* (*document*) Vertrag *m,* Urkunde *f;* **~s of association** Vereinssatzung *f;* **~s of incorporation** AM Gründungsurkunde *f;* **~s of partnership** Gesellschaftsvertrag *m* [einer Personengesellschaft] ⑤ REL ~ **of faith** Glaubensartikel *m* ⑥ **to be doing** [*or* **in**] **~s** BRIT, AUS eine Rechtsanwaltsausbildung machen ⑦ BRIT LAW (*training time*) ■**~s** *pl* **~s of indenture** Ausbildungsvertrag *m;* **to serve ~s** seine Rechtsreferendarzeit ableisten

articled [ˈɑːtɪkld, AM ˈɑːrt̬ɪ-] *adj inv* LAW ■**to be ~ to sb/sth** an jdn/etw vertraglich gebunden sein; ~ **clerk** Anwärter(in) *m(f)* für die Rechtsanwaltslaufbahn

articled clerk *n* BRIT LAW Rechtsreferendar(in) *m(f),* Anwaltsreferendar(in) *m(f)*

articulacy [ɑːˈtɪkjələsi, AM ɑːrˈ-] *n no pl* ① (*clarity of expression*) Ausdrucksfähigkeit *f* ② (*clarity of pronunciation*) klare Gliederung

articulate I. *adj* [ɑːˈtɪkjələt, AM ɑːrˈ-] ① *person* redegewandt ② *thing* verständlich **II.** *vt* [ɑːˈtɪkjəleɪt, AM ɑːrˈ-] (*form*) ① (*express clearly*) ■**to ~ sth** etw aussprechen; **to ~ an idea** eine Idee äußern; **to ~ one's opposition** sich *akk* gegen etw *akk* aussprechen ② (*pronounce clearly*) ■**to ~ sth** etw artikulieren; **to ~ a sound** einen Laut bilden ③ ANAT **to be ~d with sth** mit etw *dat* durch ein Gelenk verbunden sein

articulated lorry *n* BRIT Sattelschlepper *m*

articulately [ɑːˈtɪkjələtli, AM ɑːrˈ-] *adv* verständlich

articulateness [ɑːˈtɪkjələtnəs, AM ɑːrˈ-] *n no pl* ① (*clarity of expression*) Ausdrucksfähigkeit *f* ② (*clarity of pronunciation*) klare Gliederung

articulation [ɑːˌtɪkjəˈleɪʃᵊn, AM ɑːrˌ-] *n no pl* ① (*clear expression*) deutliche Formulierung ② (*clear pronunciation*) Artikulation *f* ③ ANAT Gelenkverbindung *f,* Gelenkaufhängung *f*

artifact [ˈɑːtɪfækt, AM ˈɑːrt̬ə-] *n* Artefakt *nt*

artifice [ˈɑːtɪfɪs, AM ˈɑːrt̬ə-] *n* (*form*) ① *no pl* (*guile*) List *f* ② (*trick*) Trick *m,* List *f*

artificial [ˌɑːtɪˈfɪʃᵊl, AM ˌɑːrt̬ə-] *adj* ① (*not natural*) künstlich; ~ **colour**[**ing**] Farbstoff *m;* ~ **eye** künstliches Auge; ~ **fertilizer** Kunstdünger *m;* ~ **fibre** Kunstfaser *f;* ~ **flavour** Geschmacksverstärker *m;* ~ **kidney** künstliche Niere; ~ **leg/teeth** Bein-/Zahnprothese *f;* ~ **limb** Prothese *f;* ~ **sweetener** Süßstoff *m;* ~ **turf** Kunstrasen *m* ② (*pej: not genuine*) aufgesetzt; **an ~ smile** ein unechtes Lächeln

artificial insemination *n* künstliche Befruchtung

artificial intelligence *n* künstliche Intelligenz

artificial-intuition software [ˌɑːtɪfɪʃᵊlɪntjuˈɪʃᵊnˈsɒftweəʳ, AM ˌɑːrt̬əfɪʃᵊlɪntuˈɪʃᵊnˈsɑːftwer] *n* Artificial Intuition Software *f*

artificiality [ˌɑːtɪfɪʃiˈæləti, AM ˌɑːrt̬əfɪʃiˈælət̬i] *n no pl* Künstlichkeit *f;* ~ **of one's feelings** falsche Gefühle

artificially [ˌɑːtɪˈfɪʃᵊli, AM ˌɑːrt̬əˈ-] *adv* künstlich

artificial person *n* LAW juristische Person **artificial respiration** *n* künstliche Beatmung; **to give sb ~** jdn beatmen

artillery [ɑːˈtɪlᵊri, AM ɑːrˈ-] *n no pl* MIL ① (*large guns*) Artillerie *f;* ~ **fire** Artilleriefeuer *nt* ② (*branch of army*) ■**the ~** das Artilleriekorps

artilleryman *n* Artillerist *m*

artisan [ˈɑːtɪzæn, AM ˈɑːrt̬əzᵊn] *n* Handwerker(in) *m(f)*

artist [ˈɑːtɪst, AM ˈɑːrt̬əst] *n* Künstler(in) *m(f)*

artiste [ɑːˈtiːst, AM ɑːrˈ-] *n* THEAT, TV Artist(in) *m(f);* (*pej*) Pseudokünstler(in) *m(f)*

artistic [ɑːˈtɪstɪk, AM ɑːrˈ-] *adj* ① (*skilled at art*) kreativ; ~ **ability** künstlerische Fähigkeit; ~ **arrangement** kunstvolles Arrangement; ~ **style/taste** Kunststil *m*/-geschmack *m;* ~ **temperament** künstlerische Veranlagung ② (*relating to art*) künstlerisch; ~ **circles** Künstlerkreise *pl;* ~ **director** künstlerischer Leiter/künstlerische Leiterin

artistically [ɑːˈtɪstɪkli, AM ɑːrˈ-] *adv* künstlerisch

artistry [ˈɑːtɪstri, AM ˈɑːrt̬ə-] *n no pl* Kunstfertigkeit *f*

artless [ˈɑːtləs, AM ˈɑːrt-] *adj* ungekünstelt, ehrlich

artlessly [ˈɑːtləsli, AM ˈɑːrt-] *adv* ehrlich, schlicht

artlessness [ˈɑːtləsnəs, AM ˈɑːrt] *n no pl* Arglosigkeit *f*

art nouveau [ˌɑːnuːˈvəʊ, AM ˌɑːrnuːˈvoʊ] *n* Jugendstil *m*

art paper *n* Kunstdruckpapier *nt* **art studio** *n* Atelier *nt*

artsy *adj* AM (*pej fam*) *see* **arty**

artsy-craftsy *adj* AM (*fam*) *see* **arty-crafty** **artsy-fartsy** *adj* AM (*pej fam*) *see* **arty-farty**

artwork *n no pl* Illustrationen *fpl*

arty [ˈɑːti], AM **artsy** [ˈɑːrtsi] *adj* (*usu pej fam*) gewollt bohemienhaft; ~ **film** Film *m* mit künstlerischem Anspruch

arty-crafty [-ˈkrɑːfti], AM **artsy-craftsy** [-ˈkræftsi] *adj* (*fam*) aufgesetzt künstlerisch **arty-farty** [-ˈfɑːti], AM **artsy-fartsy** [-ˈfɑːrtsi] *adj* (*pej fam*) gewollt bohemienhaft; ~ **type** Künstlertyp *m fam*

arvo [ˈɑːvoʊ] *n* AUS Nachmittag *m*

Aryan [ˈeəriən, AM ˈeriən] **I.** *n* Arier(in) *m(f)* **II.** *adj* arisch

as [æz, əz] **I.** *conj* ① (*when*) als; ***he gets more and more attractive ~ he gets older*** er wird mit zunehmendem Alter immer attraktiver; ~ ***of next month*** ab nächstem Monat ② (*indicating comparison*) wie; ***do ~ I say!*** mach, was ich sage!; ***knowing him ~ I do …*** wie ich ihn kenne …; ~ ***is often the case with children …*** wie das oft bei Kindern so ist …; ***she is an actor ~ is her brother*** sie ist Schauspielerin, wie ihr Bruder; *esp* AM ***all merchandise is sold ~ is*** alle Güter werden verkauft, wie sie sind; ~ ***it happens*** rein zufällig; ***I've spent far too much money ~ it is*** ich habe sowieso schon zu viel Geld ausgegeben; (*also hum*) ***…,*** ~ ***my mother puts it …,*** wie meine Mutter immer so schön sagt; ***he's a little on the large side, ~ it were*** er ist ein bisschen groß geraten, sagen wir einmal so; ***such riches ~ he has, he is still not happy*** so reich er auch ist, glücklich ist er noch immer nicht; ***I'd never seen him looking so miserable ~ he did that day*** ich habe ihn noch nie so traurig gesehen wie damals; BRIT ***you can revise them ~ and when I send them to you*** du kannst sie dann redigieren, sobald ich sie dir schicke; ~ ***to where we'll get the money from, we'll talk about that later*** wir werden noch darüber sprechen, wo wir das Geld hernehmen sollen; ***he was uncertain ~ to which road to take*** er war sich nicht sicher, welche Straße er nehmen sollte; **exactly ~ …** genauso wie …; **just ~ … so** wie …; ~ **usual** wie gewöhnlich; ~ **things turned out** [*or* **happened**] [*or* **stood**] wie sich zeigte; ~ ***it stood at the time, …*** so wie die Dinge damals standen, …; ~ **things are** [*or* **stand**], ~ **it stands** so wie die Dinge stehen; ~ **you wish** [*or* **like**] [*or* **prefer**] (*form*) wie Sie wünschen; ~ **if** [*or* **though**] **…** als ob …; ***it isn't ~ if she wasn't warned*** es ist ja nicht so, dass sie nicht gewarnt worden wäre; (*used for emphasis*) ~ **if …** als ob; ~ ***if I care***[***d***] als ob mich das interessieren würde! ③ (*because*) ~ **…** da … ④ (*used to add a comment*) wie; ~ ***already mentioned …*** wie bereits erwähnt …; ~ ***you know*** wie du weißt ⑤ (*though*) ***angry ~ he was*** so verärgert er auch war; ***sweet ~ he is*** so süß er auch ist; ***try ~ he might*** so sehr er es auch versuchte **II.** *prep* ① (*in the capacity of*) als; ~ ***prime minister, he is …*** als Premierminister ist er … ② (*like, in the same way*) als; ***he went to the fancy-dress party dressed ~ a banana*** er kam als Banane verkleidet zum Kostümfest; ***the news came ~ no surprise*** die Nachricht war keine Überraschung; ***use your coat ~ a blanket*** nimm deinen Mantel als Decke; ***such big names ~ Warren Beatty and Madonna …*** so große Namen wie Warren Beatty und Madonna …; ***to such agricultural states ~ Kansas and Oklahoma*** für Agrarstaaten wie Kansas und Oklahoma vorgesehen; ***he wasn't thrilled — ~ for me, I got used to the idea*** er war nicht begeistert — ich dagegen gewöhnte mich an die Vorstellung; ***the necklace was reported ~ having been stolen*** die Kette war als gestohlen gemeldet; ~ **a matter of principle** aus Prinzip ③ (*during*) als; ***he had often been ill ~ a child*** als Kind war er oft krank **III.** *adv inv* ① (*equally*) ■**~ … ~ …** [genau]so … wie …; ***he's ~ tall ~ Peter*** er ist so groß wie Peter; ***I can run just ~ fast ~ you*** ich kann genauso schnell laufen wie du; ~ **much ~ …** so viel wie …; ***I don't earn ~ much ~ Paul*** ich verdiene nicht so viel wie Paul; **the same sth ~ sth** ***they live in the same town ~ my parents*** sie wohnen in derselben Stadt wie meine Eltern; **twice/three times ~ much** [**~ …**] zweimal/dreimal so viel [wie …]; ***she's not half ~ self-confident ~ people think*** sie ist bei weitem nicht so selbstbewusst wie man denkt ② (*indicating an extreme*) ■**~ little ~ …** schon für; ***you can pick up a second-hand machine for ~ little ~ £20*** ein gebrauchtes Gerät kriegt man schon für 20 Pfund; ■**~ much/many ~ …** ***prices have risen by ~ much ~ 50 %*** die Preise sind um ganze 50 % gestiegen; ***the decision could affect ~ many ~ 2 million people*** die Entscheidung könnte immerhin 2 Mio. Menschen betreffen; ***these sunflowers can grow ~ tall ~ 8 ft*** diese Sonnenblumen können bis zu 8 Fuß hoch werden

asafoetida [ˌæsəˈfetɪdə, AM -ˈfet̬ə-] *n no pl* BOT, FOOD Asant *m*

asap *adv,* **a.s.a.p.** [ˌeɪeseɪˈpi, ˈeɪsæp] *adv abbrev of* **as soon as possible** baldmöglichst

asbestos [æsˈbestɒs, AM -təs] **I.** *n no pl* Asbest *m* **II.** *n modifier* (*suit*) Asbest-

asbestosis [ˌæsbesˈtəʊsɪs, AM -ˈtoʊ-] *n no pl* MED Asbestose *f fachspr,* Asbeststaublunge *f*

ascend [əˈsend] **I.** *vt* (*form*) ■**to ~ sth** etw emporsteigen *geh;* **to ~ the stairs** die Treppe hinaufsteigen; **to ~ the throne** den Thron besteigen **II.** *vi* ① (*move upwards*) aufsteigen; *lift* hinauffahren; ***Christ ~ed into heaven*** Christus ist in den Himmel aufgefahren; **in ~ing order** in aufsteigender

Reihenfolge; **in ~ing order of importance** nach zunehmender Wichtigkeit ② (*lead up*) emporführen *geh; path* hinaufführen ③ (*fig form: rise in position*) aufsteigen; ***she hoped in time to ~ to the status of head of department*** sie hoffte, möglichst schnell Abteilungsleiterin zu werden

ascendancy *n*, **ascendency** [əˈsendən(t)si] *n no pl* Vormachtstellung *f*; **to be in the ~ [over sb]** [jdm] überlegen sein

ascendant, ascendent [əˈsendənt] **I.** *n no pl* (*form*) ① **to be in the ~** (*be gaining influence*) im Kommen sein; (*have supremacy*) beherrschenden Einfluss haben ② ASTROL Aszendent *m*; **to be in the ~** im Aszendenten stehen **II.** *adj* ASTROL aszendierend *fachspr*

ascending tops *n* FIN aufsteigende Gipfelwerte

ascension [əˈsen(t)ʃᵊn] *n* ① (*going up*) Aufstieg *m* ② REL ■**the A~** Christi Himmelfahrt *f*

Ascension Day *n* Himmelfahrt, Himmelfahrtstag *m*

ascent [əˈsent] *n* ① (*upward movement*) Aufstieg *m*; *of a mountain* Besteigung *f*; **~ to power** (*fig*) Aufstieg *m* zur Macht ② (*slope*) Anstieg *m*

ascertain [ˌæsəˈteɪn, AM -ɚˈ-] *vt* (*form*) ① (*find out*) ■**to ~ sth** etw feststellen; **to ~ the etymology of a word** die Etymologie eines Wortes sichern; **to ~ the truth** die Wahrheit herausfinden ② (*make sure*) ■**to ~ that ...** sicherstellen [*o* dafür sorgen], dass ...

ascertainable [ˌæsəˈteɪnəbl̩, AM ˌæsɚˈ-] *adj* feststellbar, nachweisbar; *price, rent* ermittelbar; **to be statistically ~** statistisch erfassbar sein

ascetic [əˈsetɪk, AM -t̬ɪk] **I.** *n* Asket(in) *m(f)* **II.** *adj* asketisch

ascetically [əˈsetɪkᵊli, AM -t̬ɪkli] *adv* asketisch

asceticism [əˈsetɪsɪzᵊm, AM əˈset̬ə-] *n no pl* Askese *f*

ASCII [ˈæski:] **I.** *n no pl acr for* **American Standard Code for Information Interchange** ASCII *m* **II.** *n modifier* (*file, format*) ASCII-; **~ code** ASCII-Code *m*

ascorbic acid [əˌskɔ:bɪk-, AM əˌskɔ:r-] *n no pl* Askorbinsäure *f*

ascot [ˈæskət, AM -kɑ:t] *n modisch gewickeltes Herrenhalstuch*

Ascot heater® *n* BRIT ≈Warmwasserboiler *m*

ascribable [əˈskraɪbəbl̩] *adj* ■**to be ~ to sb/sth** jdm/etw zuzuschreiben sein; (*due to*) auf jdn/etw zurückzuführen sein

ascribe [əˈskraɪb] *vt* ■**to ~ sth to sb/sth** etw auf jdn/etw zurückführen; **to ~ the blame to sb** jdm die Schuld zuschieben; **to ~ a play to an author** ein Bühnenstück einem Autor zuschreiben

ascription [əˈskrɪpʃᵊn] *n* ① *no pl* (*form: ascribing*) Zuschreibung *f*; ***the ~ of human feelings to animals is quite common*** Tieren werden häufig menschliche Gefühle zugeschrieben ② REL *Lobpreisung am Ende einer Predigt*

ASEAN [ˈæsɪən] *n abbrev of* **Association of Southeast Asian Nations** ASEAN; **~ countries** ASEAN-Staaten

asepsis [ˌeɪˈsepsɪs] *n no pl* Asepsis *f fachspr*, Keimfreiheit *f*

aseptic [ˌeɪˈseptɪk] *adj* aseptisch *fachspr*, steril; **~ dressing** steriler Verband; **~ wound** keimfreie Wunde

asexual [ˌeɪˈsekʃuəl, AM -ʃuəl] *adj* ① (*without intercourse*) ungeschlechtlich; **~ reproduction** ungeschlechtliche Fortpflanzung ② (*without sex organs*) geschlechtslos; (*lacking sexuality*) asexuell; **~ relationship** platonische Beziehung

asexuality [ˌeɪsekʃuˈæləti, AM -ʃuˈælət̬i] *n no pl* Geschlechtslosigkeit *f*, Asexualität *f*

asexually [ˌeɪˈsekʃuəli, AM -ʃuəli] *adv* ungeschlechtlich; **to reproduce ~** sich *akk* ungeschlechtlich fortpflanzen

ash¹ [æʃ] *n* ① *no pl* (*from burning*) Asche *f* ② (*remains*) ■**~es** *pl* Asche *f kein pl*; *of person also* verkohlte Überreste; ***the ~es of Dresden*** Dresden *nt* nach dem Feuersturm; ***they didn't rescue much from the ~es of their former home*** sie konnten nur wenig aus den Flammen retten; **to be in ~es** völlig zerstört sein; **to lay sth in ~es** etw in Schutt und Asche legen; **to reduce a city to ~es** eine Stadt in Feuer und Rauch aufgehen lassen; **~es to ~es** Erde zu Erde ③ SPORTS ■**the A~s** *pl eine Krickettrophäe in Form einer kleinen Urne, um die zwischen England und Australien gespielt wird* ▶ PHRASES: **sth turns to ~s in one's mouth** etw wird für jdn zur großen Enttäuschung; **to rise [like a Phoenix] from the ~s** wie Phoenix aus der Asche auferstehen

ash² [æʃ] *n* (*tree*) Esche *f*; (*wood also*) Eschenholz *nt*

ashamed [əˈʃeɪmd] *adj pred* ■**to be ~ [of sb/sth]** sich *akk* [für jdn/etw] schämen; ***owning an old car is nothing to be ~ of*** ein älteres Auto zu besitzen ist keine Schande; ***that's nothing to be ~ of!*** dafür [*o* deswegen] brauchst du dich [doch] nicht zu schämen!; ***I'm ~ to be seen with you*** es ist mir peinlich, mit dir gesehen zu werden; ■**to be ~ of oneself,** ■**to feel ~** sich *akk* schämen; ***you ought to be ~ of yourself!*** du solltest dich schämen!, schäm dich!

ash-bin *n* BRIT Mülleimer *m*; *see also* **dustbin**

ash-blond(e) **I.** *n* **to be an ~** *woman* aschblondes Haar haben **II.** *adj* aschblond

ashcan *n* AM (*dated*) Mülleimer *m*

ashen [ˈæʃᵊn] *adj* aschgrau; *face* kreidebleich

ashen-faced [ˌæʃᵊnˈfeɪst] *adj* aschfahl, aschgrau, kreidebleich

ashlar [ˈæʃləʳ, AM lɚ] **I.** *n* ① *no pl* (*masonry*) Quader[-stein] *m*, Werkstein *m*, behauener Bruchstein ② (*ashlar block*) Steinquader *m* **II.** *n modifier* Quader-, Werkstein-; **~ facing** Werksteinverblendung *f*; **~ lime** Quaderkalk *m*

ashore [əˈʃɔ:ʳ, AM -ˈʃɔ:r] *adv inv* ① (*on land*) an Land; **to be/go ~** an Land sein/gehen; **life ~** Leben *nt* auf dem Festland ② (*to land*) **to run ~** *ship* stranden; **to swim/wade ~** ans Ufer schwimmen/waten; **to wash ~** an Land gespült werden

ash-pan *n* Aschenkasten *m*

ashram [ˈæʃrəm] *n* REL Aschram *m* (*rel. Zentrum in Indien*)

ashtray *n* Aschenbecher *m*

Ash Wednesday *n* Aschermittwoch *m*

ashy [ˈæʃi] *adj* (*consisting of*) aus Asche, aschig; (*covered with*) mit Asche bedeckt; (*resembling ash*) aschenähnlich, aschig

Asia [ˈeɪʃə, AM ˈeɪʒə] *n no pl* Asien *nt*

Asia Minor *n* Kleinasien *nt*

Asian [ˈeɪʃᵊn, AM ˈeɪʒᵊn] **I.** *n* Asiate, -in *m, f*; BRIT (*from Indian Subcontinent*) *Abkömmling des indischen Subkontinents;* AM (*from Far East*) *Asiate fernöstlicher Herkunft* **II.** *adj* asiatisch; FIN **~ Currency Unit** asiatische Währungseinheit; **~ monetary unit** asiatische Geldeinheit

Asian American **I.** *n* Amerikaner(in) *m(f)* ostasiatischer Abstammung **II.** *adj* amerikanisch-[ost]asiatisch; **the ~ community** die Gemeinschaft der Amerikaner ostasiatischer Abstammung

Asian dollar *n* Asien-Dollar *m*

Asian dollar bonds *npl* Asien-Dollar-Bonds *mpl*

Asian flu *n* asiatische Grippe

Asiatic [ˌeɪʃiˈætɪk, AM -ʒiˈæt̬ɪk] (*esp pej*) **I.** *n* Asiate, -in *m, f* **II.** *adj* asiatisch

ASIC *n abbrev of* **application specific integrated circuits** integrierte Schaltkreise für bestimmte Funktionen

A-side [ˈeɪsaɪd] *n* A-Seite *f*

aside [əˈsaɪd] **I.** *adv inv* ① (*to one side*) auf die Seite; **to draw [*or* pull] the curtain ~** den Vorhang aufziehen; **to stand ~** zur Seite treten; **to turn ~** sich *akk* zur Seite drehen ② (*away from other people*) abseits; **to take sb ~** jdn beiseite nehmen ③ (*for later use*) **to lay sth ~** etw zur Seite [*o* beiseite] legen; **to leave sth ~ [for now]** etw [erst einmal] [weg]lassen; **to put [*or* set] sth ~** (*stop thinking about*) etw aufschieben [*o* auf später verschieben]; (*hold in reserve*) etw zurücklegen; **to put ~ some money** etwas Geld beiseite legen ④ *esp* AM (*except*) **[all] joking ~** Spaß beiseite ⑤ THEAT **to say sth ~** etw beiseite sprechen (*als Regieanweisung*) **II.** *n* ① (*whispered*) geflüsterte Bemerkung *f*; THEAT Aparte *f* ② (*incidental*) Nebenbemerkung *f*

aside from *prep* ① (*except for*) ■**~ sth** abgesehen von etw *dat*; ***I harkly watch any television, ~ news*** ich sehe kaum Fernsehen, abgesehen von Nachrichten ② (*away from*) ***please step ~ the door*** bitte treten Sie von der Tür zurück

asinine [ˈæsɪnaɪn] *adj* dumm; **~ comment [*or* remark]** törichte Bemerkung

ask [ɑ:sk, AM æsk] **I.** *vt* ① (*request information*) ■**to ~ [sb] sth [*or form* sth [of sb]]** [jdn] etw fragen; ***she ~ed me about Welsh history*** sie fragte mich was zu der Geschichte von Wales; **~ *him why he did it!*** frag ihn, warum er es getan hat!; **to ~ a question [about sth]** [zu etw *dat*] eine Frage stellen; ***may I ~ you a question?*** darf ich Sie etwas fragen?; **to ~ sb a riddle** jdm ein Rätsel stellen ② (*request*) ■**to ~ sth** um etw *akk* bitten; ***the solicitor ~ed that her client should be allowed to make a telephone call*** die Anwältin ersuchte darum, ihren Klienten telefonieren zu lassen; ***and you're ~ing me to believe that?!*** und ich soll das glauben?!; **to ~ [sb] advice/a favour** [jdn] um Rat/einen Gefallen bitten; **to ~ sb's opinion** jdn um seine Meinung bitten; ■**to ~ sb for sth [*or form* sth of sb]** jdn um etw *akk* bitten; ***she ~ed me for help*** sie bat mich, ihr zu helfen ③ (*invite*) ■**to ~ sb [to sth]** jdn [zu etw *dat*] einladen ④ (*demand a price*) **to ~ £50 [for sth]** 50 Pfund [für etw *akk*] verlangen; ***how much are they ~ing for the car?*** was wollen sie für das Auto haben? ⑤ (*expect*) **to ~ too much of sb** zu viel von jdm verlangen; ***that's ~ing a lot!*** Sie verlangen eine ganze Menge! ▶ PHRASES: **don't ~ me** mich brauchst du nicht zu fragen; **if you ~ me** wenn du mich fragst; **I ~ you!** ich bitte dich! **II.** *vi* ① (*request information*) fragen; **you may well ~, well may you ~** BRIT (*hum*) gute Frage; ■**to ~ about sb/sth** nach jdm/etw fragen, sich *akk* nach jdm/etw erkundigen; ***how did the meeting go? — don't ~!*** wie war das Treffen? — frag' bloß nicht!; ***I was only ~ing!*** war ja nur 'ne Frage! *fam* ② (*make a request*) bitten; ***if you need help, don't hesitate to ~ [or you only have to ~]*** wenn Sie Hilfe brauchen, sagen Sie es nur; ***I ~ed to see my accountant*** ich bat um einen Termin mit meinem Steuerberater ③ (*wish*) ■**to ~ for sth** sich *dat* etw wünschen; ***who could ~ for anything more?*** was kann man sich Besseres wünschen? ④ (*fig: take a risk*) ■**to be ~ing for sth** etw geradezu herausfordern; ***if you leave your car unlocked, you're simply ~ing to have it stolen*** wenn Sie Ihren Wagen nicht abschließen, laden Sie die Autordiebe ja förmlich ein; ***you're ~ing for trouble*** du willst wohl Ärger haben!; ***he's always ~ing for trouble*** er macht immer Ärger; ***you're ~ing for it*** du willst es ja nicht anders ▶ PHRASES: **don't ~, don't tell policy** MIL Politik *f* des Stillschweigens (*über sexuelle Orientierung*)

◆**ask after** *vi* ■**to ~ after sb** sich *akk* nach jdm erkundigen

◆**ask around** *vi* herumfragen *fam*; ■**to ~ around for sb/sth** überall nach jdm/etw fragen

◆**ask in** *vt* ■**to ~ sb in** jdn hereinbitten; **to ~ sb in for a coffee** jdn auf einen Kaffee hereinbitten [*o* einladen]

◆**ask out** *vt* **to ~ sb out for dinner/to the cinema** jdn ins Restaurant/ins Kino einladen; ***I'd like to ~ her out*** ich würde gern mit ihr ausgehen

◆**ask over,** BRIT *also* **ask round** *vt* (*fam*) ■**to ~ sb over [*or* round]** jdn [zu sich *dat*] einladen

askance [əˈskæn(t)s] *adv* ① (*distrustfully*) misstrauisch; **to look ~ at sb/sth** jdn/etw misstrauisch anschauen ② (*disapprovingly*) missbilligend; **to look ~ at sb** jdn schief ansehen *fam* ③ (*sideways*) seitwärts; **to glance at sb ~** jdn von der Seite anblicken

asked price *n* STOCKEX Briefkurs *m*

askew [əˈskju:] **I.** *adj pred* ① (*not level*) schief ② (*fig: erroneous*) schief *fig*, daneben *fig* ③ (*fig: unbalanced*) *balance* unausgewogen **II.** *adv* ① (*not level*) *hang* schief ② (*wrong*) **to go ~** schief laufen; ***our original plan went somewhat ~*** es lief nicht so, wie ursprünglich geplant

asking ['ɑːskɪŋ, AM 'æsk-] *n no pl* ■ **for the ~** ***if you want it, it's yours for the*** ~ wenn du es willst, kannst du es gerne haben; ***the promotion was Kate's for the*** ~ Kate war die Beförderung sicher; ***plastic watches are to be had for the*** ~ Plastikarmbanduhren kriegt man an jeder Ecke

asking price *n* (*fam*) Angebotspreis *m*

aslant [ə'slɑːnt, AM -'slænt] **I.** *prep* quer [*o* schräg] über **II.** *adv* schief

asleep [e'sliːp] *adj pred, inv* ① (*sleeping*) schlafend *attr;* ■ **to be** ~ schlafen; (*fig*) **to be fast** [*or* **sound**] ~ tief und fest schlafen; **to be half** ~ am Einschlafen sein; **to fall** ~ einschlafen ② (*numb*) ***my foot/arm is*** ~ mein Fuß/Arm ist eingeschlafen

ASM [ˌeɪes'em] *n abbrev of* **assistant stage manager** Assistent (in) *m(f)* des Inspizienten

asocial [ˌeɪ'səʊʃəl] *adj* ① (*unsociable*) ungesellig, kontaktscheu, einzelgängerisch ② (*selfish*) egoistisch, selbstisch ③ (*inconsiderate*) unsozial, asozial ④ *inv* SOCIOL (*unassimilative*) integrationsunwillig

asp [æsp] *n* Natter *f*

asparagus [ə'spærəgəs, AM -'sper-] **I.** *n no pl* Spargel *m* **II.** *n modifier* (*soup*) Spargel-

asparagus fern *n* Asparagus *m* **asparagus spear** *n* Spargelstange *f* **asparagus tip** *n* Spargelspitze *f*

aspartame [ə'spɑːteɪm, AM 'æspɚ-] *n no pl* PHARM *diätetischer Süßstoff*

aspect ['æspekt] *n* ① (*point of view*) Aspekt *m,* Gesichtspunkt *m,* Blickwinkel *m;* ***have you really thought about it from every*** ~ ***?*** hast du wirklich jeden Aspekt bedacht? ② (*feature*) Aspekt *m,* Seite *f* ③ (*outlook*) Lage *f,* Ausrichtung *f;* **southern** ~ Südlage *f;* ***the dining room has a southern*** ~ das Esszimmer liegt nach Süden ④ (*form: appearance*) Erscheinung *f* ⑤ *no pl* (*countenance*) Miene *f,* Gesichtsausdruck *m* ⑥ LING Aspekt *m* ⑦ ASTROL Aspekt *m,* Planetenstellung *f*

aspectual [əs'pektʃuəl] *adj* LING die Aktionsart betreffend, aspektisch, Aspekt-; ~ **differences** Aspektunterschiede *mpl*

aspen ['æspən] *n* Espe *f,* Zitterpappel *f;* **to shiver/tremble like an** ~ **leaf** wie Espenlaub zittern

asperity [æs'perəti, AM -əṭi] *n* (*form*) ① *no pl* (*severity*) Schroffheit *f;* *of winter* Strenge *f;* **with** ~ streng ② ■ **asperities** *pl* (*form: hardships*) Mühsal *f,* Strapazen *fpl*

aspersion [ə'spɜːʃən, AM ə'spɜːrʒən] *n* (*form*) Verleumdung *f;* ~ **on sb's character** moralische Verunglimpfung einer Person *gen;* **to cast ~s on sb** jdn verleumden

asphalt ['æsfælt, AM -fɑːlt] **I.** *n* Asphalt *m* **II.** *vt* ■ **to** ~ **sth** etw asphaltieren **III.** *n modifier* (*road, square*) asphaltiert; ~ **drive** asphaltierte Auffahrt

asphalt jungle *n* AM (*fam*) Asphaltdschungel *m*

asphyxia [əs'fɪksiə] *n no pl* Asphyxie *f fachspr geh,* Erstickungstod *m*

asphyxiate [əs'fɪksieɪt] **I.** *vi* (*form*) ersticken **II.** *vt* ■ **to** ~ **sb** jdn ersticken

asphyxiation [əsˌfɪksi'eɪʃən] *n no pl* (*lack of oxygen*) Sauerstoffmangel *m;* (*suffocation*) Erstickung *f;* **to die from** ~ ersticken

aspic ['æspɪk] *n no pl* FOOD Aspik *m*

aspidistra [ˌæspɪ'dɪstrə, AM -pə'-] *n* Aspidistra *f fachspr,* Schildblume *f*

aspirant ['æspɪrənt, AM -pɚ-] **I.** *n* (*form*) Aspirant *m geh,* Bewerber(in) *m(f);* ~ **to fame/power** Anwärter(in) *m(f)* auf Ruhm/die Macht **II.** *adj attr* aufstrebend

aspirate LING **I.** *n* ['æspərət] LING Aspirata *f fachspr,* Hauchlaut *m* **II.** *vt* ['æspəreɪt, AM -pəreɪt] LING ■ **to** ~ **sth** etw hauchen [*o fachspr* aspirieren] **III.** *vi* ['æspəreɪt, AM -pəreɪt] LING aspirieren *fachspr*

aspiration [ˌæspər'eɪʃən, AM -pə'reɪ-] *n* ① (*hope*) Ambition *f geh,* Bestreben *nt;* (*aim*) Ziel *nt;* ***she has ~s to a career in politics*** sie strebt eine politische Laufbahn an ② LING Aspiration *f fachspr,* Behauchung *f*

aspirational [ˌæspə'reɪʃənəl] *adj* ① (*ambitious*) *person* aufstiegsorientiert, karrierebewusst; *goal, plan* ehrgeizig; *product* Aufsteiger- ② (*particular*) wählerisch, anspruchsvoll ③ (*trend-setting*) richtungsweisend

aspire [ə'spaɪər, AM -ɚ] *vi* ■ **to** ~ **to** [*or* **after**] **sth** etw anstreben, nach etw *dat* streben; **to** ~ **to be president/the best** danach trachten, Präsident/der Beste zu werden

aspirin ['æspərɪn] *n* Aspirin *nt*

aspiring [ə'spaɪərɪŋ, AM -ɚɪŋ] *adj* aufstrebend; (*ambitious*) ambitioniert, ehrgeizig

ass[1] <*pl* -es> [æs] *n* ① (*donkey*) Esel *m* ② (*stupid person*) Esel *m pej fam,* Dummkopf *m pej;* **pompous** ~ Wichtigtuer(in) *m(f) pej fam;* **to make an** ~ **of oneself** sich *akk* lächerlich machen ▶ PHRASES: **law is an** ~ BRIT das Gesetz macht keinen Sinn; **to not be within an ~'s roar of doing sth** IRISH nicht die geringste Chance haben, etw zu tun

ass[2] <*pl* -es> [æs] *n* ① *esp* AM (*fam!: arse*) Arsch *m derb* ② *no pl* AM (*vulg: sex*) Sex *m* ▶ PHRASES: **to be a pain in the** ~ *esp* AM eine Nervensäge sein *fam;* **to be a piece of** ~ zum Vernaschen sein *sl;* **to be on sb's** ~ ständig hinter jdm her sein; **to be up sb's** ~ jdm auf den Fersen sein; **to bore sb's** ~ **off** [*or* **the** ~ **off sb**] jdn zu Tode langweilen *fam;* **to get one's** ~ **somewhere** seinen Arsch irgendwohin bewegen *derb;* **to get sb's** ~ sich *dat* jdn vorknöpfen *fam;* **to not give an** ~ **about sb/sth** (*fam!*) sich *akk* einen Dreck um jdn/etw scheren *sl;* **to kiss sb's** ~ jdm in den Arsch kriechen *derb;* **kiss my** ~**!** du kannst mich mal! *derb;* **to ram** [*or* **shove**] [*or* **stick**] **sth up one's** ~ (*fam!*) sich *dat* etw in den Hintern stecken *derb;* **to talk sb's** ~ **off** *esp* AM jdn vollquasseln *fam;* **to talk one's** ~ **off** *esp* AM endlos reden [*o fam* labern]; **to work the** ~ **off sb** [*or* **sb's** ~ **off**] *esp* AM jdn trietzen; **to work one's** ~ **off** *esp* AM sich *dat* den Arsch aufreißen *derb; see also* **arse**

◆**ass about, ass around** *vi* AM (*arse about*) herumblödeln *fam*

assail [ə'seɪl] *vt* (*form*) ① (*attack*) ■ **to** ~ **sb** jdn angreifen [*o* überfallen] ② (*attack verbally*) ■ **to** ~ **sb** jdn anfeinden; **to** ~ **sb with insults** jdn beschimpfen ③ *usu passive* (*torment*) **to be ~ed by doubts/worries** von Zweifeln/Ängsten geplagt werden ④ (*overwhelm*) **to be ~ed with problems/questions** mit Problemen/Fragen bombardiert werden; **to be ~ed with letters** massenweise Briefe bekommen *fam*

assailable [ə'seɪləbl̩] *adj* angreifbar

assailant [ə'seɪlənt] *n* Angreifer(in) *m(f)*

assassin [ə'sæsɪn, AM -ən] *n* Mörder(in) *m(f);* (*esp political*) Attentäter(in) *m(f)*

assassinate [ə'sæsɪneɪt, AM -əneɪt] *vt* ■ **to** ~ **sb** ein Attentat auf jdn verüben

assassination [əˌsæsɪ'neɪʃən] *n* ① (*of important person*) Attentat *nt* (**of** auf +*akk*) ② *no pl* (*murdering*) Ermordung *f;* **character** ~ (*fig*) Rufmord *m*

assassination attempt *n* Attentat *nt,* Mordanschlag *m*

assault [ə'sɔːlt] **I.** *n* ① MIL Angriff *m* (**on** auf +*akk*); **to launch an** ~ **on sb/sth** jdn/etw angreifen ② (*physical attack*) Überfall *m;* LAW tätlicher Angriff, Körperverletzung *f;* ~ **with intent to do grievous bodily injury** vorsätzliche schwere Körperverletzung; **aggravated** ~ AM schwere Körperverletzung; BRIT gewalttätiger Angriff auf Frauen oder Kinder; **indecent** ~ unzüchtige Handlung; (*rape*) [versuchte] Vergewaltigung [*o* Notzucht]; **sexual** ~ AM Vergewaltigung *f,* Notzucht *f;* **verbal** ~ (*fig*) verbale Attacke ③ (*fig: attempted climb*) Bestürmung *f fig;* ***an ~ on the north face of the Eiger*** ein Versuch, die Eiger-Nordwand zu bezwingen ④ (*fig: attempt to eradicate*) Bekämpfung *f;* **an** ~ **on racism/sexism** ein Feldzug *m* gegen Rassismus/Sexismus ⑤ (*attempt to deal with*) **to make an** ~ **on sth** gegen etw *akk* angehen; ***she decided to make a determined ~ on the paperwork*** sie entschloss sich, endlich den Papierkram aufzuräumen **II.** *vt* ■ **to** ~ **sb** jdn [tätlich] angreifen; **to indecently** [*or* **sexually**] ~ **sb** jdn vergewaltigen

assault and battery *n no pl* LAW tätlicher Angriff

assault boat *n* Sturmboot *nt* **assault course** *n* BRIT MIL Übungsgelände *nt* **assault craft** <*pl* -> *n,* **assault boar** *n* Sturmboot *nt*

assay [ə'seɪ] *vt* ■ **to** ~ **sth** *precious metal* etw prüfen

assay mark *n* (*on gold and silver*) Feinheitsstempel *m*

assemblage [ə'semblɪdʒ] *n* ① (*collection*) Ansammlung *f;* *of birds* Schar *f* ② *no pl* TECH Montage *f* ③ ART Assemblage *f fachspr*

assemblagist [ə'semblɪdʒɪst] *n* ART Assemblagist(in) *m(f) fachspr*

assemble [ə'sembl̩] **I.** *vi* sich *akk* versammeln **II.** *vt* ① (*collect*) ■ **to** ~ **sth** etw sammeln ② TECH ■ **to** ~ **sth** etw montieren [*o* zusammenbauen]; **to** ~ **parts of a model plane** Teile eines Modellflugzeugs zusammensetzen ③ (*bring together*) **to** ~ **people** Menschen zusammenkommen lassen; **to** ~ **troops** Truppen zusammenziehen

assembler [ə'sembl̩əʳ, AM -bl̩ɚ] *n* ① (*person*) Montagearbeiter(in) *m(f)* ② (*machine*) Assembler *m fachspr* ③ COMPUT Assembler *m fachspr;* (*programme*) Assemblerprogramm *nt*

assembly [ə'sembli] *n* ① (*gathering*) Versammlung *f;* AM Unterhaus *nt;* **The United Nations General A~** die Generalversammlung der Vereinten Nationen; **national** ~ Nationalversammlung *f* ② SCH Schülerversammlung *f* ③ *no pl* (*action*) **freedom of** ~ Versammlungsfreiheit *f;* **the right of free** ~ das Recht auf Versammlungsfreiheit; **unlawful** ~ Zusammenrottung *f* ④ *no pl* TECH Montage *f* ⑤ TECH (*assembled structure*) Baueinheit *f,* Baugruppe *f*

assembly hall *n* Saal *m* (*der für Versammlungen genutzt wird*); SCH Aula *f* **assembly language** *n* COMPUT Assemblersprache *f fachspr* **assembly line** *n* Montageband *nt,* Fließband *nt a. fig* **assembly line system** *n* Fließbandsystem *nt* **assembly line worker** *n* Fließbandarbeiter(in) *m(f)* **assemblyman** *n* AM Abgeordneter *m* **assembly plant** *n* Montagewerk *nt* **assembly point** *n* Sammelplatz *m* **assembly room** *n* Versammlungsraum *m,* Saal *m* **assemblywoman** *pl n* AM Abgeordnete *f*

assent [ə'sent] *n no pl* (*form*) Zustimmung *f;* ***it was, by general ~, the highspot of the evening*** das war, und darüber sind sich alle einig, eindeutig der Höhepunkt des Abends; **Royal A~** BRIT königliche Genehmigung; **to give one's** ~ **to sth** seine Zustimmung zu etw *dat* geben; **to nod one's** ~ zustimmend nicken

assert [ə'sɜːt, AM -'sɜːrt] *vt* ① (*state firmly*) ■ **to** ~ **sth** auf etw *akk* bestehen; (*insist on*) etw beteuern; **to** ~ **one's innocence** seine Unschuld beteuern ② (*demand*) ■ **to** ~ **sth** etw geltend machen [*o* einfordern]; **to** ~ **one's authority** sich *akk* durchsetzen; **to** ~ **control over sb** Kontrolle über jdn ausüben; **to** ~ **one's independence** seine Unabhängigkeit behaupten; **to** ~ **one's right to do sth** auf seinem Recht bestehen, etw zu tun, sein Recht geltend machen, etw zu tun ③ (*act confidently*) ■ **to** ~ **oneself** sich *akk* durchsetzen [*o* behaupten] ④ LAW **to** ~ **jurisdiction** die eigene Zuständigkeit annehmen

assertion [ə'sɜːʃən, AM -'sɜːr-] *n* ① (*claim*) Behauptung *f;* *of innocence* Beteuerung *f* ② *no pl of authority, control* Geltendmachung *f,* Beanspruchung *f*

assertive [ə'sɜːtɪv, AM -'sɜːrṭɪv] *adj* ① (*self-confident*) durchsetzungsfähig; ■ **to be** ~ Durchsetzungsvermögen zeigen ② (*conspicuous*) auffallend

assertively [ə'sɜːtɪvli, AM -'sɜːrṭɪv-] *adv* ① (*confidently*) selbstsicher ② (*distinctively*) betont

assertiveness [ə'sɜːtɪvnəs, AM -'sɜːrṭɪv-] *n no pl* Durchsetzungsvermögen *nt,* Bestimmtheit *f*

assertiveness training *n no pl psychologische Schulung im selbstbewussten Umgang mit Menschen zur alltäglichen Selbstbehauptung*

assess [ə'ses] *vt* ■ **to** ~ **sth** ① (*evaluate*) etw einschätzen [*o* beurteilen]; ***it's difficult to ~ how they'll react to our suggestions*** man kann nicht voraussagen, wie sie unsere Vorschläge aufnehmen werden; **to** ~ **the cost of sth** die Konsten für etw *akk* veranschlagen; **to** ~ **damage** einen Schaden schätzen; ***to ~ damages at €1,000*** die Schäden auf €1.000 schätzen ② *usu passive* (*tax*) ■**to be ~ed** *person* steuerlich geschätzt [*o* veranlagt] werden; *property* besteuert werden; **to be ~ed for tax** für steuerpflichtig erklärt werden

assessable [əˈsesəbl̩] *adj* BRIT besteuerbar; ■**to be ~** versteuert werden müssen; **~ income** steuerpflichtiges Einkommen

assessment [əˈsesmənt] *n* ① *of damage* Schätzung *f* ② (*evaluation*) Beurteilung *f,* Bewertung *f,* Einschätzung *f;* (*insurance*) **~ of damages** Schadenfeststellung *f,* Schadensbemessung *f;* FIN **~ of property** [Grund]vermögensbewertung *f* ③ (*taxation*) **tax ~** (*action*) Steuerveranlagung *f;* (*result*) Steuerbescheid *m* ④ (*judgement*) SCH, UNIV Einstufung *f;* ADMIN **staff ~** Personalbeurteilung *f*

assessor [əˈsesəʳ, AM -ɚ] *n* ① (*insurance, tax*) Taxator(in) *m(f) fachspr,* Schätzer(in) *m(f)* (*v. Steuern o. Beitragsabgaben*) ② (*legal advisor*) Sachverständige(r) *f(m);* **legal ~** sachverständiger Beisitzer/sachverständige Beisitzerin ③ (*for insurance*) Gutachter(in) *m(f)*

asset [ˈæset] *n* ① (*good quality*) Pluspunkt *m,* Vorzug *m;* ***his eyes are his best ~*** seine Augen sind das Beste an ihm ② (*valuable person*) Bereicherung *f;* (*useful thing*) Vorteil *m;* ***she's a tremendous ~ to the club*** sie ist ein Riesengewinn für den Klub; ***a reliable car is a great ~*** ein zuverlässiger Wagen ist Gold wert ③ ■**~s** *pl* COMM (*property*) Vermögenswerte *pl,* Vermögensgegenstände *pl,* Aktivposten *m;* **concealment of ~s** Vermögensverschleierung *f;* **capital** [*or* **fixed**] **~s** Anlagevermögen *nt;* **current ~s** Umlaufvermögen *nt;* **fictious ~s** Scheinaktiva *pl;* **intangible/tangible ~s** immaterielle/materielle Vermögenswerte *mpl;* **liquid ~s** flüssige Mittel *pl;* **net ~s** Nettovermögen *nt;* **personal ~s** Privatvermögen *nt*

asset-backed *adj* FIN durch Vermögenswerte gesichert; **~ loan** besichertes Darlehen **asset backing** *n* FIN Stützung *f* durch Vermögenswerte **asset-rich** *adj* FIN **~ company** Unternehmen *nt* mit Vermögensreichtum **asset stripper** *n* (*pej*) *jd, der eine Firma aufkauft, um sie anschließend ohne Rücksicht auf diese selbst und ihre Zukunft gewinnbringend auszuschlachten* **asset-stripping** *n no pl* (*pej*) *Aufkauf einer Firma zum alleinigen Zweck ihrer anschließenden gewinnbringenden Verwertung* **asset value** *n* Substanzwert *m*

asshole *n* AM (*vulg: arsehole*) Arschloch *nt vulg*

assiduity [ˌæsɪˈdjuːəti, AM -ˈuːət̬i] *n no pl* ① (*diligence*) Fleiß *m* ② (*perseverance*) Ausdauer *f,* Beharrlichkeit *f*

assiduous [əˈsɪdjuəs, AM -ˈsɪdʒu-] *adj* ① (*diligent*) gewissenhaft; ***the government has been ~ in the fight against inflation*** die Bekämpfung der Inflation steht bei der Regierung an erster Stelle; **~ investigation** gründliche Untersuchung; (*careful*) genau; ***he displays an ~ attention to detail*** er achtet auf jedes Detail ② (*regular and dedicated*) eifrig; ■**to be ~** beharrlich sein

assiduously [əˈsɪdjuəsli, AM -ˈsɪdʒu-] *adv* ① (*painstakingly*) beharrlich, gewissenhaft; (*carefully*) sorgfältig; **to ~ avoid sth** etw um jeden Preis vermeiden ② (*regularly*) eifrig

assiduousness [əˈsɪdjuəsnəs, AM -ˈsɪdʒu-] *n no pl* ① (*diligence*) Fleiß *m,* Gewissenhaftigkeit *f;* (*care*) Sorgfalt *f* ② (*regularity*) Eifer *m*

assign [əˈsaɪn] *vt* ① (*allocate*) ■**to ~ sth to sb** [*or* **sb sth**] *place, room* jdm etw zuweisen; ***these contracts are ~ed to the firm making the lowest offer*** die Firma, die das günstigste Angebot macht, bekommt den Zuschlag für den Auftrag; **to ~ a task/role to sb** jdm eine Aufgabe/Rolle zuteilen; LAW **to ~ a right to sb** jdm ein Recht abtreten; ECON **to ~ shares to sb** jdm Aktien übertragen ② (*appoint*) ■**to ~ sb to sth** *a task* jdm etw übertragen; ***I've been ~ed to interview the candidates*** ich wurde damit betraut, die Kandidaten zu interviewen; (*set aside*) **to ~ a day/time for sth** einen Tag/Zeitpunkt für etw *akk* festlegen ③ (*send elsewhere*) ■**to be ~ed to a place** an einen Ort versetzen werden; ***Mr Taylor will be ~ed to your staff*** Herr Taylor wird Ihrem Personal zugeteilt ④ (*attribute*) **to ~ the blame for sth to sb/sth** jdm/etw die Schuld an etw *dat* geben; **to ~ importance to sth** etw *dat* Bedeutung beimessen; **to ~ a motive for a murder** ein Motiv für einen Mord finden; COMPUT **to ~ a function to a key** eine Taste mit einer Funktion belegen ⑤ LAW ■**to ~ sth** [**to sb**] *a business* [jdm] etw übertragen, etw [an jdn] abtreten

assignation [ˌæsɪgˈneɪʃᵊn] *n* (*form or hum*) Stelldichein *nt veraltend o hum; see also* **assignment**

assignee [ˌæsaɪˈniː, AM əˌsaɪˈ-] *n* LAW Rechtsnachfolger(in) *m(f),* Bevollmächtigte(r) *f(m)*

assignment [əˈsaɪnmənt] *n* ① (*task*) Aufgabe *f;* (*job*) Auftrag *m;* **diplomatic ~** diplomatische Mission; **foreign ~** Auslandsauftrag *m;* **homework ~** Hausaufgabe *f;* **to send sb on an ~** jdm einen Auftrag erteilen; **to be on ~ somewhere** irgendwo im Einsatz sein [*o* einem Auftrag nachgehen] ② (*mission*) Mission *f* ③ *no pl* (*attribution*) Übertragung *f;* *of a right also* Abtretung *f;* **~ of blame** Schuldzuweisung *f;* LAW, ECON **~ of a patent/copyright** Patentübertragung *f*/Übertragung *f* eines Urheberrechts ④ ■**~s** *pl* LAW **his heirs and ~** seine Erben und Rechtsnachfolger

assimilable [əˈsɪmᵊləbl̩] *adj* ① (*integrable*) integrierbar ② (*comprehensible*) verständlich

assimilate [əˈsɪmɪleɪt, AM -əleɪt] **I.** *vt* ① (*integrate*) ■**to ~ sb** jdn integrieren; **to ~ immigrants into the community** Einwanderer in die Gesellschaft eingliedern; **to ~ information** Informationen aufnehmen ② (*comprehend fully*) **to be easily ~d by sb** für jdn leicht verständlich sein ③ (*form: make similar*) ■**to ~ sth to sth** etw mit etw *dat* in Einklang bringen ④ (*take in*) **to ~ food/information** Nahrung/Informationen aufnehmen **II.** *vi* ■**to ~ into sth** *immigrants* sich *akk* in etw *akk* eingliedern

assimilation [əˌsɪmɪˈleɪʃᵊn, AM -əˈleɪ-] *n no pl* ① (*integration*) Integration *f,* Eingliederung *f;* **problems of ~** Anpassungsschwierigkeiten *pl* ② (*understanding*) Aneignung *f* (*von Lerninhalten*) ③ *of food* Aufnahme *f*

assist [əˈsɪst] **I.** *vt* ■**to ~ sb** jdm helfen (**with** bei +*dat*); **to ~ the police in** [*or* **with**] **their inquiries** die Polizei bei ihren Nachforschungen unterstützen; ■**to ~ sth** *process* etw vorantreiben **II.** *vi* helfen (**with** bei +*dat*); **to ~ in an operation** bei einer Operation assistieren **III.** *n* SPORTS Vorlage *f*

assistance [əˈsɪstᵊn(t)s] *n no pl* Hilfe *f;* ***can I be of any ~?*** kann ich Ihnen irgendwie behilflich sein?; **financial ~** finanzielle Unterstützung; **to come to sb's ~** jdm zu Hilfe kommen; **to give sb ~** jdm helfen, jdm Hilfe leisten *geh*

assistant [əˈsɪstᵊnt] *n* ① (*helper*) Assistent(in) *m(f)* ② *esp* BRIT (*in shop*) Verkäufer(in) *m(f);* [**foreign language**] **~** SCH, UNIV *muttersprachliche Hilfskraft im fremdsprachl. Unterricht*

assistant camera operator *n* zweiter Kameramann/zweite Kamerafrau **assistant headmaster** *n* SCH Konrektor *m* **assistant manager** *n* stellvertretender Direktor/stellvertretende Direktorin; (*in shop*) stellvertretender Filialleiter/stellvertretende Filialleiterin **assistant professor** *n* AM UNIV *habilitierte(r) Dozent(in) mit regulärem Lehrauftrag und Anwartschaft auf eine volle Professorenstelle* **assistant sales manager** *n* stellvertretender Verkaufsleiter/stellvertretende Verkaufsleiterin

assisted [əˈsɪstɪd] *adj inv* ① (*aided*) **~ conception** Empfängnishilfe *f;* **~ respiration** assistierte Beatmung; **~ suicide** aktive Sterbehilfe ② POL, UNIV [staatlich] gefördert [*o* finanziert] [*o* bezuschusst]; **~ place** staatlich finanzierter Platz [an einer Privatschule] ③ FIN, LAW unterstützungsberechtigt *fachspr*

assisted living **I.** *n* betreutes Wohnen **II.** *n modifier* (*facility, residence, services*) mit Heimhilfe *nach n* **assisted-living community** *n Siedlung, in der Menschen betreut wohnen* **assisted person** *n* LAW Empfänger(in) *m(f)* von Beratungs- und Prozesskostenhilfe **Assisted Places Scheme** *n* BRIT *jetzt abgeschafftes Programm der Beitragsübernahme durch lokale Behörden mit dem Zweck, Kindern unvermögender Eltern die Teilnahme am Unterricht nicht-staatlicher Schulen zu ermöglichen*

Assize Courts [əˈsaɪz-] *n,* **Assizes** *npl* BRIT LAW Assisen *pl,* Assisengericht *nt* (*vierteljährliche [Schwur]gerichtssitzungen in Grafschaften*)

assn *n abbrev of* **association**

assoc *n abbrev of* **association** Verband *m*

associate **I.** *n* [əˈsəʊʃiət, AM -ˈsoʊ-] ① (*friend*) Gefährte, -in *m, f;* (*colleague*) Kollege, -in *m, f;* (*of criminals*) Kumpan *m hum,* Komplize, -in *m, f;* ***he's a known ~ of the Mafia boss*** er gehört zu dem Dunstkreis vom Mafiaboss; **business ~** Geschäftspartner(in) *m(f);* **close ~** enger Vertrauter/enge Vertraute ② ECON, FIN Teilhaber *m* **II.** *vt* [əˈsəʊʃieɪt, AM -ˈsoʊ-] ■**to ~ sb/sth with sth** jdn/etw mit etw *dat* in Verbindung bringen; ***they ~ enjoying themselves with getting drunk*** sie setzen Spaßhaben mit Sichbetrinken gleich; ■**to be ~d with sth** *cause and effect* in Zusammenhang mit etw *dat* stehen; ■**to ~ oneself with sth** sich *akk* etw *dat* anschließen **III.** *vi* [əˈsəʊʃieɪt, AM -ˈsoʊ-] ■**to ~ with sb** mit jdm verkehren

Associate [əˈsoʊʃiət] *n* AM UNIV *Grad, der nach Abschluss von 2 Jahren an einem Juniorencollege verliehen wird*

associate(d) company *n* BRIT ECON Beteiligungsgesellschaft *f*

associate director *n* THEAT Spielleiter(in) *m(f);* FILM Aufnahmeleiter(in) *m(f)* **Associate Justice** *n* AM LAW *einer der acht Bundesrichter am Supreme Court of the USA* **associate member** *n* assoziiertes [*o* außerordentliches] Mitglied **associate professor** *n* AM außerordentlicher Professor **associate's degree** *n* AM UNIV *Grad, der nach Abschluss von 2 Jahren an einem Juniorencollege verliehen wird*

association [əˌsəʊʃiˈeɪʃᵊn, AM -ˌsoʊ-] *n* ① (*organization*) Vereinigung *f,* Verein *m;* (*corporation*) Verband *m;* **medical ~** Ärztekammer *f;* (*romantic relationship*) Verhältnis *nt;* **Memorandum of A~** BRIT FIN Gründungsurkunde *f* ② *no pl* (*involvement*) Verbundenheit *f,* Zugehörigkeit *f;* ***our ~ with the feminist movement began at university*** wir engagieren uns seit unserer Studienzeit in der feministischen Bewegung; **in ~ with sb/sth** in Verbindung mit jdm/etw; **to seek ~ with sth** Assoziierung *f* mit etw *dat* beantragen, in etw *dat* assoziierte Mitgliedschaft beantragen ③ (*mental connection*) Assoziation *f* ④ *no pl* (*combination*) Verknüpfung *f*

associational editing [əˌsəʊʃiˈeɪʃᵊnᵊl, AM -ˌsoʊ-] *n* FILM Assoziativschnitt *m*

association football *n no pl* BRIT FBALL (*form*) Verbandsfußball *m*

Association of Futures Brokers and Dealers *n für die Zulassung an den Terminkontrakt- und Optionsmärkten tätigen Broker und Institute zuständige Selbstüberwachungsorganisation*

associative [əˈsəʊʃiətɪv, AM ˈsoʊ] *adj* assoziativ; COMPUT **~ addressing** Assoziativadressierung *f*

assonance [ˈæsᵊnən(t)s] *n no pl* LIT Assonanz *f*

assorted [əˈsɔːtɪd, AM -ˈsɔːrt̬ɪd] *adj* ① *attr* (*mixed*) gemischt; **~ colours** (*for pencils, etc*) verschiedene Farben; **~ flavours** Gewürzmischung *f;* **~ goods** Gemischtwaren *pl;* **~ sweets** Süßigkeitenmischung *f,* Konfekt *nt* ② (*going well together*) **to be well/poorly ~** gut/schlecht zusammenpassen

assortment [əˈsɔːtmənt, AM -ˈsɔːrt-] *n usu sing* Sortiment *nt,* Auswahl *f* (**of** an +*dat*); **motley ~** bunte Mischung; **rich ~** reichhaltiges Sortiment

asst *n, adj abbrev of* **assistant**

assuage [əˈsweɪdʒ] *vt* (*liter*) ① (*relieve*) **to ~ sb's anger** jds Zorn beschwichtigen; **to ~ one's conscience** sein Gewissen erleichtern; **to ~ sb's grief** jds Kummer besänftigen; **to ~ pain** Schmerzen lindern ② (*satisfy*) **to ~ sb's desire** jds Verlangen befriedigen; **to ~ one's hunger/thirst** seinen Hunger/Durst stillen

assumable mortgage *n* AM FIN übernehmbare Hypothek

assume [əˈsjuːm, AM -suːm] *vt* ① (*regard as true*) ■**to ~ sth** etw annehmen; **to ~ sb's guilt** jdn für schuldig halten; ■**to ~** [**that**] … annehmen, dass …, davon ausgehen, dass …; ***let's ~ that …*** angenommen, … ❷ (*adopt*) ■**to ~ sth** etw annehmen; **to ~ an air of indifference** gleichgültig tun; **to ~ an air of sophistication** sich *akk* kultiviert geben; **to ~ a pose** eine Haltung annehmen; **to ~ a role** eine Rolle übernehmen ❸ (*take on*) **to ~ obligation** die Verpflichtung eingehen [*o* übernehmen]; **to ~ office/the mantle of presidency** sein Amt/die Präsidentschaft antreten; **to ~ power** die Macht ergreifen; **to ~ huge/frightening proportions** gewaltige/beängstigende Ausmaße annehmen; **to ~ full responsibility for sth** die volle Verantwortung für etw *akk* übernehmen; **to ~ a risk** ein Risiko übernehmen

assumed [əˈsjuːmd, AM -suːmd] *adj attr* vorgeblich; **~ identity/name** angenommene Identität/angenommener Name; **under an ~ name** unter einem Deckmantel

assumed bonds *n* AM FIN übernommene Schuldverschreibungen

assuming [əˈsjuːmɪŋ, AM -suːm-] *adj* anmaßend

assumpsit *n* LAW Klage *f* auf Schadenersatz wegen Nichterfüllung

assumption [əˈsʌm(p)ʃᵊn] *n* ❶ (*supposition*) Annahme *f*; (*presupposition*) Voraussetzung *f*; **on the ~ that …** wenn man davon ausgeht, dass …; ***I acted on the ~ that …*** ich ging davon aus, dass … ❷ *no pl* (*hypothesizing*) Vermutung *f*, Annahme *f* ❸ *no pl* (*taking over*) Übernahme *f*; **~ of power** Machtübernahme *f*

Assumption [əˈsʌm(p)ʃᵊn] *n* REL ■**the ~** Mariä Himmelfahrt

assurance [əˈʃʊərᵊn(t)s, AM -ˈʃʊr-] *n* ❶ (*self-confidence*) Selbstsicherheit *f*, Selbstvertrauen *nt*; **to have ~** sicher auftreten ❷ (*promise*) Zusicherung *f*; ***despite repeated ~s that …*** ungeachtet der Tatsache, dass man wiederholt beteuert hatte, dass …; **~ to the contrary** gegenteilige Zusicherung; **to give an ~ of sth** etw zusichern ❸ BRIT (*insurance*) [Lebens]versicherung *f*

assurance company *n* BRIT ECON [Lebens]versicherungsgesellschaft *f* **assurance policy** *n* BRIT ECON Lebensversicherungspolice *f*

assure [əˈʃʊəʳ, AM -ˈʃʊr] *vt* ❶ (*confirm certainty*) ■**to ~ sb** [**that**]… jdm zusichern, dass …; ■**to ~ sb of sth** jdm etw zusichern ❷ (*promise*) ■**to ~ sb of sth** jdn etw zusichern; ***assuring you of our best possible service at all times*** für die bestmögliche Ausführung unserer Dienstleistungen stehen wir jederzeit ein ❸ (*ensure*) ■**to ~ sth** etw sicherstellen; **to ~ sb's safety** jds Sicherheit gewährleisten; **to ~ the survival of sth** das Überleben einer S. *gen* sichern; ■**to ~ oneself of sth** sich *dat* etw sichern ❹ BRIT (*form: insure*) **to ~ one's life** eine Lebensversicherung abschließen

assured [əˈʃʊəᵈ, AM -ˈʃʊrd] **I.** *n esp* BRIT FIN Versicherte(r) *f(m)* **II.** *adj* ❶ (*confident*) selbstsicher; **to appear** [*or* **be**] **~** selbstsicher auftreten ❷ (*certain*) sicher, gesichert; **to rest ~** sicher [*o* beruhigt] sein

assuredly [əˈʃʊərɪdli, AM -ˈʃʊr-] *adv* ❶ (*confidently*) selbstsicher ❷ (*certainly*) sicher[lich]

assurer *n* BRIT ECON Lebensversicherungsgesellschaft *f*

Assyrian [əˈsɪriən] **I.** *adj inv* assyrisch **II.** *n* Assyr[i]er(in) *m(f)*

AST [ˌeɪesˈtiː] *n* STOCKEX *abbrev of* **automated screen trading** automatisiertes, computergestütztes Börsenhandelssystem

astable multivibrator [əˈsteɪbᵊlˌmʌltɪˈvaɪbreɪtəʳ, AM -t̬ɚ] *n* COMPUT astabiler [*o* instabiler] Multivibrator

aster [ˈæstəʳ, AM -tɚ] *n* BOT Aster *f*

asterisk [ˈæstᵊrɪsk] **I.** *n* Sternchen *nt*, Asteriskus *m fachspr*; **marked with an ~** mit einem Sternchen gekennzeichnet **II.** *vt* ■**to ~ sth** etw mit einem Sternchen versehen

astern [əˈstɜːn, AM -ˈstɜːrn] *adv* ❶ NAUT (*aft*) achtern; ***full steam ~!*** volle Kraft zurück!; **to go ~** achteraus fahren ❷ (*behind*) hinter; ■**to be ~ of sb** hinter jdm zurückliegen

asteroid [ˈæstᵊrɔɪd, AM -tər-] *n* ASTRON Asteroid *m*

asthma [ˈæsθmə, AM ˈæzmə] *n no pl* Asthma *nt*

asthma attack *n* Asthmaanfall *m*

asthmatic [æsθˈmætɪk, AM æzˈmæt̬ɪk] **I.** *n* Asthmatiker(in) *m(f)* **II.** *adj* asthmatisch; ■**to be ~** an Asthma leiden, Asthma haben *fam*; **~ attack** Asthmaanfall *m*; **~ wheeze** asthmatisches Keuchen

asthmatically [æsθˈmætɪkᵊli, AM æzˈmæt̬ɪk-] *adv* MED asthmatisch

astigmatic [ˌæstɪgˈmætɪk, AM -ˈmæt̬ɪk] *adj* MED astigmatisch *fachspr*

astigmatism [əˈstɪgmətɪzᵊm] *n no pl* MED Astigmatismus *m fachspr*, Zerrsichtigkeit *f*

astir [əˈstɜːʳ, AM -ˈstɜːr] *adj pred* (*liter or dated*) ❶ (*out of bed*) ■**to be ~** auf [den Beinen] sein ❷ (*full of activity*) ■**to be ~** von emsigen Treiben erfüllt sein; ***the station is ~ with commuters hurrying off to work*** im Bahnhof herrscht durch die Berufspendler hektisches Treiben

astonish [əˈstɒnɪʃ, AM -ˈstɑːn-] *vt* ■**to ~ sb** jdn erstaunen [*o* überraschen]; ***you ~ me!*** (*iron*) was du nicht sagst! *fam*

astonished [əˈstɒnɪʃt, AM -ˈstɑːn-] *adj* erstaunt; ■**to be ~ at sth** über etw *akk* erstaunt sein; ***we were ~ to hear that …*** wir waren erstaunt, dass …

astonishing [əˈstɒnɪʃɪŋ, AM -ˈstɑːn-] *adj* erstaunlich; ■**it's ~ that …** es ist erstaunlich, dass …; ***it's ~ to think that …*** man kann sich gar nicht mehr vorstellen, dass …; **~ beauty** unglaubliche Schönheit

astonishingly [əˈstɒnɪʃɪŋli, AM -ˈɑːnɪʃ-] *adv* erstaunlich; **~ enough …** erstaunlicherweise …

astonishment [əˈstɒnɪʃmənt, AM -ˈɑːnɪʃ-] *n no pl* Erstaunen *nt*, Verwunderung *f*; ***everyone expressed their ~ at his sudden death*** alle waren erstaunt über seinen plötzlichen Tod; **to the ~ of sb, to sb's ~** zu jds Verwunderung [*o* Erstaunen]; **to scream in ~** vor Verblüffung schreien; **to stare in ~** verblüfft starren

astound [əˈstaʊnd] *vt* ■**to ~ sb** jdn sehr erstaunen [*o* verblüffen]

astounded [əˈstaʊndɪd] *adj pred* ■**to be ~** verblüfft [*o* bestürzt] sein; **to be ~ to discover that …** bestürzt [*o* mit Bestürzung] feststellen, dass …

astounding [əˈstaʊndɪŋ] *adj* ❶ (*amazing*) erstaunlich; ***I find it ~ that …*** ich kann es kaum fassen, dass …; **~ fact** verblüffende Tatsache; **~ revelations** schockierende Enthüllungen ❷ (*very great*) erstaunlich, außerordentlich

astoundingly [əˈstaʊndɪŋli] *adv* ❶ (*surprisingly*) erstaunlich, verblüffend ❷ (*extremely*) erstaunlich, außerordentlich

astrakhan [ˌæstrəˈkæn] **I.** *n no pl* Astrachan *m* **II.** *n modifier* (*coat*) Astrachan-; **an ~ jacket** eine Jacke aus Astrachan

astral [ˈæstrᵊl] *adj attr* ASTRON Astral- *fachspr*, Sternen-

astral body *n* PHILOS Astralleib *m* **astral plane** *n* PHILOS Astralzustand *m* **astral projection** *n* PHILOS *Trennung von Körper und Seele*

astray [əˈstreɪ] *adv* verloren; **to go ~** *letter* verloren gehen; *person* vom Weg abkommen; (*fig*) auf Abwege geraten; **to lead sb ~** jdn irreleiten; (*fig*) jdn auf Abwege bringen

astride [əˈstraɪd] **I.** *prep* ❶ (*on*) rittlings auf +*dat* ❷ (*even pace*) **to keep ~ with sb/sth** gleichauf mit jdm/etw bleiben ❸ (*as leader of*) an der Spitze +*gen*; ***she sat ~ a worldwide business empire*** sie saß an der Spitze eines weltweiten Handelsimperiums ❹ (*on both sides of*) zu beiden Seiten +*gen* **II.** *adv* rittlings

astringency [əˈstrɪndʒən(t)si] *n no pl* ❶ *of lotion* zusammenziehende Wirkung ❷ *of vinegar* Säure *f* ❸ (*fig: severity*) Schärfe *f fig*

astringent [əˈstrɪndʒənt] **I.** *n* MED Adstringens *nt fachspr* **II.** *adj* adstringierend; (*fig*) scharf *fig*

astringently [əˈstrɪndʒəntli] *adv* scharf *fig*; **to speak ~ of sb** bissige Bemerkungen über jdn machen

astrobiology [ˌæstrə(ʊ)baɪˈɒlədʒi, AM -troʊbaɪˈɑːl-] *n no pl* Astrobiologie *f*

astrobleme [ˈæstrə(ʊ)bliːm, AM -troʊ-] *n* Astroblem *nt*, fossiler Meteoritenkrater

astrolabe [ˈæstrə(ʊ)leɪb, AM -trə-] *n* NAUT Astrolabium *nt fachspr*

astrologer [əˈstrɒlədʒəʳ, AM əˈstrɑːlədʒɚ] *n* Astrologe, -in *m, f*

astrological [ˌæstrəˈlɒdʒɪkᵊl, AM -ˈlɑːdʒɪk-] *adj* astrologisch; **~ book** Buch *nt* über Astrologie

astrologist [əˈstrɒlədʒɪst, AM əˈstrɑːlə-] *n* Astrologe, -in *m, f*

astrology [əˈstrɒlədʒi, AM əˈstrɑːlə-] *n no pl* Astrologie *f*

astronaut [ˈæstrənɔːt, AM *also* -nɑːt] *n* Astronaut(in) *m(f)*

astronautics [ˌæstrə(ʊ)ˈnɔːtɪks, AM -trəˈnɑːt̬ɪks] **I.** *n + sing vb* Raumfahrt *f*, Raumfahrttechnologie *f* **II.** *n modifier* (*expert*) Raumfahrt-

astronomer [əˈstrɒnəməʳ, AM əˈstrɑːnəmɚ] *n* Astronom(in) *m(f)*

astronomic [ˌæstrəˈnɒmɪk, AM -ˈnɑːmɪk] *adj prices* astronomisch *fam*

astronomical [ˌæstrəˈnɒmɪkᵊl, AM -ˈnɑːm-] *adj* ❶ *attr* ASTRON (*findings, observations*) astronomisch; (*laboratory, projects*) Astronomie- ❷ (*fig: enormous*) astronomisch *fam*, riesig; **~ price** astronomischer Preis; **to be ~** *prices* ins Unermessliche gehen

astronomically [ˌæstrəˈnɒmɪkᵊli, AM -ˈnɑːm-] *adv* (*also fig*) astronomisch *a. fig*; **to be ~ different** extrem unterschiedlich sein; **to be ~ expensive** unerschwinglich teuer sein

astronomy [əˈstrɒnəmi, AM əˈstrɑːnə-] *n no pl* Astronomie *f*

astrophysical [ˌæstrə(ʊ)ˈfɪzɪkᵊl, AM -troʊ-] *adj* astrophysikalisch

astrophysicist [ˌæstrə(ʊ)ˈfɪzɪsɪst, AM -troʊ-] *n* Astrophysiker(in) *m(f)*

astrophysics [ˌæstrə(ʊ)ˈfɪzɪks, AM -troʊ-] *n + sing vb* Astrophysik *f*

Astroturf® [ˈæstrə(ʊ)tɜːf, AM -troʊtɜːrf] *n no pl* künstlicher Rasen

astute [əˈstjuːt, AM əˈstuːt] *adj* schlau, clever *fam*, scharfsinnig

astutely [əˈstjuːtli, AM *esp* əˈstuːt-] *adv* schlau

astuteness [əˈstjuːtnəs, AM əˈstuːt-] *n no pl* Scharfsinn *m*, Scharfsinnigkeit *f*; *of mind* Schärfe *f*

asunder [əˈsʌndəʳ, AM -dɚ] *adv* (*form, liter: apart*) entzwei *präd*, auseinander *präd*; (*in pieces*) in Stücke *präd*; ***those whom God hath joined together let no man put ~*** was Gott zusammengefügt hat, soll der Mensch nicht scheiden; **to split sth ~** etw spalten; **to tear sth ~** etw auseinander reißen

ASX [ˌeɪesˈeks] *n* STOCKEX *abbrev of* **Australian Stock Exchange** australische Börse

Asylo [əˈsaɪləʊ, AM -loʊ] *n* Gutschein *m* für Asylanten (*um Haushaltsartikel und Lebensmittel zu kaufen*)

asylum [əˈsaɪləm] *n* ❶ (*protection*) Asyl *nt*; (*fig*) Zuflucht *f*; **political ~** politisches Asyl; **to apply for/grant/seek ~** Asyl beantragen/gewähren/suchen ❷ (*dated: institution*) Heim *nt*; **lunatic ~** (*pej dated*) Irrenanstalt *f pej*; **mental ~** (*dated*) Nervenheilanstalt *f*

asylum seeker *n* Asylsuchende(r) *f(m)*, Asylbewerber(in) *m(f)*

asymmetric(al) [ˌeɪsɪˈmetrɪk(ᵊl)] *adj* asymmetrisch; (*fig*) unausgewogen

asymmetrically [ˌeɪsɪˈmetrɪkᵊli] *adv* asymmetrisch

asymmetric transmission *n* COMPUT asymmetrische Übertragung **asymmetric video compression** *n* COMPUT asymmetrische Videokompression

asymmetry [eɪˈsɪmətri] *n* ❶ (*lack of regularity*) Asymmetrie *f* ❷ *no pl* (*imbalance*) Unausgewogenheit *f*

at [æt, ət] *prep* ❶ (*in location of*) **~ sth** an [*o* in] [*o* bei] etw +*dat*; **at the baker's** beim Bäcker; ***she's standing ~ the bar*** sie steht an der Theke; ***my number ~ the office is 2154949*** meine Nummer im Büro lautet 2154949; ***the man who lives ~ number twelve*** der Mann, der in Nummer zwölf wohnt; ***I'd love to stay ~ home*** ich möchte gerne zu Hause bleiben; ***John's ~ work right*** John ist gerade bei der Arbeit; ~ **the top of the stairs** am oberen Treppenende; ~ **the peak of the mountain** auf dem Berggipfel; **sb** ~ **the door** (*sb wanting to enter*) jd an der Tür; ~ **sb's feet** neben jds Füße ❷ (*attending*) auf *+dat,* in *+dat;* ~ **the party/festival** auf [*o* bei] der Party/dem Festival; ***we spent the afternoon ~ the museum*** wir verbrachten den Nachmittag im Museum; ~ **school** auf [*o* in] der Schule; ~ **university** auf [*o* an] der Universität; ~ **work** auf [*o* bei] der Arbeit; ~ **the institute** am Institut; ***while he was ~ his last job, he learned a lot*** in seiner letzten Stelle hat er eine Menge gelernt ❸ (*during time of*) am *+dat,* bei *+dat;* ***he was defeated ~ this election*** er wurde bei dieser Wahl geschlagen; ***what are you doing ~ Christmas?*** was macht Ihr an Weihnachten?; ~ **weekend** am Wochenende; ~ **night** in der Nacht, nachts; ***our train leaves ~ 2:00*** unser Zug fährt um 2:00 Uhr; ~ **daybreak** im Morgengrauen; ~ **nightfall** bei Einbruch der Nacht; ~ **midnight** um Mitternacht; ***I'm busy ~ present/the moment*** ich habe im Moment viel zu tun; ***I can't come to the phone ~ the moment*** ich kann gerade nicht ans Telefon kommen; ***I'm free ~ lunchtime*** ich habe in der Mittagspause Zeit; ***we always read the kids a story ~ bedtime*** wir lesen den Kindern zum Schlafengehen immer eine Geschichte vor; ~ **the age of** im Alter von; ***most people retire ~ 65*** die meisten Leute gehen mit 65 in Rente; ~ **the beginning/end** am Anfang/Ende; ~ **this stage of research** bei diesem Stand der Forschung; ~ **a time** auf einmal, gleichzeitig; ***just wait a second — I can't do ten things ~ a time*** eine Sekunde noch – ich kann nicht tausend Sachen auf einmal machen; ***his death came ~ a time when the movement was split*** sein Tod kam zu einem Zeitpunkt, als die Bewegung auseinanderbrach; ~ **the time** zu dieser Zeit, zu diesem Zeitpunkt; ~ **the same time** (*simultaneously*) zur gleichen Zeit, gleichzeitig; ***they both yelled "no!" ~ the same time*** beide schrien im gleichen Moment „Nein!"; (*on the other hand*) auf der anderen Seite; ***I like snow — ~ the same time, however, I hate the cold*** ich mag Schnee – andererseits hasse ich die Kälte; ~ **no time** [*or* **point**] [*or* **stage**] nie[mals] ❹ (*to amount of*) ***the books were ~ a 90° angle to the shelf*** die Bücher standen in einem 90-Grad-Winkel auf dem Regal; ***he can see clearly ~ a distance of 50 metres*** er kann auf eine Entfernung von 50 Metern noch alles erkennen; ***learners of English ~ advanced levels*** Englischlernende mit fortgeschrittenen Kenntnissen; ***he denied driving ~ 120 km per hour*** er leugnete, 120 km/h schnell gefahren zu sein; ***he drives ~ any speed he likes*** er fährt so schnell er will; ~ **50 kilometres per hour** mit [*o* bei] 50 km/h; ***the horse raced to the fence ~ a gallop*** das Pferd raste im Gallop auf den Zaun zu; ***the children came ~ a run*** die Kinder kamen alle angelaufen; ~ **£20** für 20 Pfund; ***I'm not going to buy those shoes ~ $150!*** ich zahle für diese Schuhe keine 150 Dollar!; ~ ***that price, I can't afford it*** für diesen Preis kann ich es mir nicht leisten; ***the bells ring ~ regular intervals*** die Glocken läuten in regelmäßigen Abständen; ***inflation is running ~ 5%*** die Inflation liegt im Moment bei 5%; ~ **least** (*at minimum*) mindestens; ***clean the windows ~ least once a week!*** putze die Fenster mindestens einmal pro Woche!; (*if nothing else*) zumindest; ~ ***least you could say you're sorry*** du könntest dich zumindest entschuldigen; ***they seldom complained — officially ~ least*** sie haben sich selten beschwert – zumindest offiziell; ~ [**the**] **most** [aller]höchstens; ***I'm afraid we can only pay you £5 an hour at [the] most*** ich befürchte, wir können Ihnen höchstens 5 Pfund in der Stunde zahlen ❺ (*in state of*) bei *+dat,* in *+dat;* ***I love watching the animals ~ play*** sehe den Tieren gerne beim Spielen zu; ***everything is ~ a standstill*** alles steht still; ***the country was ~ war*** das Land befand sich im Krieg; ***she finished ~ second place in the horse race*** sie belegte bei dem Pferderennen den zweiten Platz; **to be ~ an advantage/a disadvantage** im Vorteil/Nachteil sein; **to be ~ fault** im Unrecht sein; ~ **first** zuerst, am Anfang; ~ ***first they were happy together*** anfangs waren sie miteinander glücklich; ~ **last** endlich, schließlich; + *superl;* ***she's ~ her best when she's under stress*** sie ist am besten, wenn sie im Stress ist; ***he was ~ his happiest while he was still in school*** in der Schule war er noch am glücklichsten; ~ **large** in Freiheit; ***there was a murderer ~ large*** ein Mörder war auf freiem Fuß ❻ *after adj* (*in reaction to*) über *+akk;* ***I was so depressed ~ the news*** ich war über die Nachricht sehr frustriert; ***we are unhappy ~ the current circumstances*** die gegenwärtigen Umstände machen uns unglücklich; (*fam*) ***don't be angry ~ her!*** ärgere dich nicht über sie!; ***I'm amazed ~ the way you can talk*** ich bin erstaunt, wie du reden kannst; ***many people in the audience were crying ~ the film*** viele Leute im Publikum weinten wegen des Films; ***they laughed ~ her funny joke*** *after vb* sie lachten über ihren komischen Witz; ***she shuddered ~ the thought of flying in an airplane*** sie erschauderte bei dem Gedanken an einen Flug in einem Flugzeug; ***her pleasure ~ the bouquet was plain to see*** ihre Freude über den Blumenstrauß war unübersehbar ❼ (*in response to*) auf *+akk;* ***I'm here ~ your invitation*** ich bin auf Ihre Einladung hin gekommen; ~ ***your request, we will send extra information*** auf Ihre Bitte hin senden wir Ihnen zusätzliche Informationen; ~ **that** daraufhin ❽ *after vb* (*in ability to*) bei *+dat;* ***he excels ~ estimating the seriousness of the offers*** er tut sich beim Einschätzen der Ernsthaftigkeit der Angebote hervor; *after adj;* ***he's very good ~ getting on with people*** er kann sehr gut mit Menschen umgehen; ***she's good ~ maths but bad ~ history*** sie ist gut in Mathematik, aber schlecht in Geschichte; ***he is poor ~ giving instructions*** er kann keine guten Anweisungen geben; *after n;* ***he's a failure ~ love*** er kennt sich kaum in der Liebe aus ❾ *after vb* (*repeatedly do*) an *+dat;* ***the dog gnawed ~ the bone*** der Hund knabberte an dem Knochen herum; ***she clutched ~ the thin gown*** sie klammerte sich an den dünnen Morgenmantel; ***if you persevere ~ a skill long enough, you will master it*** wenn man eine Fertigkeit lange genug trainiert, beherrscht man sie auch; **to be ~ sth** mit etw *dat* beschäftigt sein; ***he's been ~ it for at least 15 years*** er macht das jetzt schon seit 15 Jahren ❿ *after vb* (*expressing object of action*) ***they smiled ~ us as we drove by*** sie lächelten uns zu, als wir vorbeifuhren; ***he glanced ~ his wife before he answered*** er warf seiner Frau einen Blick zu, bevor er antwortet; ***she hates it when people laugh ~ her*** sie hasst es, ausgelacht zu werden; ***the kids waved ~ their father*** die Kinder wunken ihrem Vater zu; ***some dogs howl ~ the moon*** manche Hunde heulen den Mond an; ***the policemen rushed ~ him*** der Polizist rannt auf ihn zu; ***policies aimed ~ reducing taxation*** die Politik hatte eine Steuerreduzierung zum Ziel; ***what are you hinting ~?*** was hast du vor?; **to go ~ sb** jdn angreifen ⓫ *after n* (*expressing the means by which sth is done*) ~ ***a rough guess, I'd say the job will take three or four weeks*** grob geschätzt würde ich sagen, die Arbeit dauert drei bis vier Wochen ► PHRASES: **to be ~ the end of one's rope** mit seinem Latein am Ende sein; ~ **hand** in Reichweite; ***we have to use all the resources ~ hand*** wir müssen alle verfügbaren Ressourcen einsetzen; **to be ~ one's wit's end** mit seiner Weisheit am Ende sein; ~ **all** überhaupt; ***she barely made a sound ~ all*** sie hat fast keinen Ton von sich gegeben; ***I haven't been well ~ all recently*** mir ging es in letzter Zeit gar nicht gut; ***I don't like him ~ all*** ich kann ihn einfach nicht ausstehen; ***did she suffer ~ all?*** hat sie denn gelitten?; **nothing/nobody ~ all** gar [*o* überhaupt] nichts/niemand; ***I'm afraid I've got nothing ~ all to say*** ich befürchte, ich habe gar nichts zu sagen; ***there was nobody at home ~ all when I called*** dort war niemand zu Hause, als ich anrief; **not ~ all** (*polite response*) gern geschehen, keine Ursache; (*definitely not*) keineswegs, überhaupt [*o* durchaus] nicht; ***I'm not ~ all in a hurry — please don't rush*** ich habe es wirklich nicht eilig – renne bitte nicht so; **to get ~ sth** auf etw hinaus wollen [*o* abzielen]; **to be ~ it** (*esp pej*) mit etw beschäftigt sein; ~ **that** noch dazu; **where it's ~** (*fam: fashionable*) wo etw los ist; ***New York is where it's ~, stylewise*** in New York ist modemäßig richtig was los *fam*

at all *adv* ❶ (*of any kind*) irgendein; ***is there any doubt ~ in your mind?*** haben Sie auch nur den geringsten Zweifel? ❷ (*any degree*) irgendwie; ***are you ~ worried about the outcome?*** machen Sie sich gar keine Gedanken, wie es ausgehen könnte? ❸ (*emphasizing the negative*) ■**not ~** überhaupt [*o* gar] nicht; ***he's had no food ~*** er hatte überhaupt nichts gegessen; **to have no money ~** überhaupt kein Geld haben; **nobody/nothing ~** überhaupt niemand/nichts; **nowhere ~** nirgends, nirgendwo ❹ (*even*) überhaupt; ***why bother getting up ~*** warum soll man sich überhaupt die Mühe machen aufzustehen

atavism ['ætəvɪzᵊm, AM 'æt̬-] *n no pl* ❶ BIOL Atavismus *m fachspr* ❷ (*reversion*) Rückschritt *m* in der Entwicklung

atavistic [,ætə'vɪstɪk, AM ,æt̬ə'-] *adj* BIOL atavistisch *fachspr*

ATB [,eɪti:'bi:] *n abbrev of* **all-terrain bike** Geländefahrrad *nt*

at-bat ['æt,bæt] *n* Chance *f* zu schlagen

ATC [,eɪti:'si:] *n abbrev of* **authorization to copy** Kopiergenehmigung *f*

at call FIN sofort verfügbar; **money ~** täglich fällige Gelder

AT command set *n* COMPUT AT-Befehlssatz *m*

ATE [,eɪti:'i:] *n abbrev of* **automatic test equipment** automatische Prüfenrichtung

ate [et, eɪt, AM eɪt] *pt of* **eat**

A-team ['eɪ,ti:m] *n* Spitzengruppe *f,* Spitzenmannschaft *f*

atelier [ə'teljieɪ, 'ætel-, AM ,æt̬ᵊl'jeɪ] *n* Atelier *nt*

atheism ['eɪθiɪzᵊm] *n no pl* Atheismus *m*

atheist ['eɪθiɪst] **I.** *n* Atheist(in) *m(f)* **II.** *adj* atheistisch

atheistic(al) [,eɪθi'ɪstɪk(ᵊl)] *adj* atheistisch

atheneum <*pl* -nea> [,æθə'niəm] *n* Athenäum *nt*

Athenian [ə'θi:niən] **I.** *adj* athenisch **II.** *n* Athener(in) *m(f)*

Athens ['æθᵊnz] *n* Athen *nt*

atherosclerosis [,æθərəʊsklə'rəʊsɪs, AM -roʊsklə'roʊsəs] *n no pl* MED Atherosklerose *f*

athlete ['æθli:t] *n* Athlet(in) *m(f);* **to be a sexual ~** sexuell sehr aktiv sein

athlete's foot *n no pl* Fußpilz *m*

athletic [æθ'letɪk, AM -'let̬ɪk] *adj* ❶ SPORTS sportlich; ~ **club** Sportclub *m;* ~ **events** sportliche Ereignisse; ~ **shorts** kurze Sporthose; ~ **socks** Sportstrümpfe *pl* ❷ (*physically fit*) athletisch, sportlich; ~ **body** durchtrainierter Körper

athletically [æθ'letɪkᵊli, AM t̬ɪk] *adv* athletisch, sportlich

athleticism [æθ'letɪsɪzᵊm, AM -'let̬ə-] *n no pl* Sportlichkeit *f*

athletics [æθ'letɪks, AM -'let̬-] *n no pl* Leichtathletik *f*

athletic support *n,* **athletic supporter** *n* AM (*form: jockstrap*) Genitalschutz *m*

at-home *n zwangloser Empfang bei sich zu Hause;* ***we are going to have an ~*** wir geben eine kleine Party bei uns zu Hause

athwart [ə'θwɔ:t, AM 'θwɔ:rt] **I.** *adv inv* quer, schräg; NAUT dwars *fachspr* **II.** *prep* ❶ (*across*) querüber, schräg über; NAUT dwars *fachspr* ❷ (*contrary to*) gegen, zuwider

atishoo [ə'tɪʃu:] *interj* BRIT hatschi

Atlantic [ət'læntɪk, AM -t̬ɪk] **I.** *n no pl* ■**the ~ [Ocean]** der Atlantik **II.** *adj* (*current, coast*) Atlantik-; **the ~ Provinces** CAN *die atlantischen Provinzen Kanadas (Neubraunschweig, Neufundland, Neuschottland, Prinz-Eduard-Insel)*

Atlantis [ət'læntɪs, AM -t̬ɪs] *n no pl* Atlantis *nt*

atlas <*pl* -es> ['ætləs] *n* ❶ (*book of maps*) Atlas *m;* **road** ~ Straßenatlas *m;* ~ **of the world** Weltatlas *m* ❷ (*guide with maps*) Führer *m;* ~ **of plants/wines, plant/wine** ~ Pflanzen-/Weinführer *m*

atm *n abbrev of* **atmosphere**

ATM [ˌeɪtiː'em] *n abbrev of* **automated teller machine** Geldautomat *m,* Bankomat *m bes* SCHWEIZ

atmosphere ['ætməsfɪəʳ, AM -fɪr] *n* ❶ (*of Earth*) Atmosphäre *f;* (*of a planet also*) Lufthülle *f* ❷ PHYS Atmosphäre *f* ❸ *no pl* (*air*) ***the ~ in the room was so stuffy I could hardly breathe*** in dem Zimmer war so stickig, dass ich kaum atmen konnte ❹ (*fig: mood*) Atmosphäre *f,* Stimmung *f;* ~ **of gloom/happiness** düstere/fröhliche Stimmung; **to have** ~ *restaurant* Atmosphäre haben, stimmungsvoll sein

atmospheric [ˌætməs'ferɪk] *adj* ❶ (*in atmosphere*) atmosphärisch; ~ **oxygen** Luftsauerstoff *m* ❷ (*setting a mood*) stimmungsvoll

atmospheric pressure *n no pl* Luftdruck *m*

atmospherics [ˌætməs'ferɪks] *npl* RADIO atmosphärische Störungen

A to D *abbrev of* **A/D**

atoll ['ætɒl, AM 'ætɑːl] *n* Atoll *nt*

atom ['ætəm, AM 'æt̬-] *n* PHYS Atom *nt;* (*fig*) Bisschen *nt;* ***he hasn't an ~ of sense*** er besitzt keinen Funken Vernunft; ***if you had an ~ of feeling ...*** wenn du auch nur einen Hauch von Gefühl hättest, ...

atom bomb *n* Atombombe *f*

atomic [ə'tɒmɪk, AM -'ɑːm-] *adj inv* PHYS *energy, structure* Atom-; *explosion, pollution, catastrophe* atomar; ~ **warfare** atomare Kriegsführung

atomically [ə'tɒmɪkəli, AM -'ɑːm-] *adv inv* atomar; ~ **powered** atombetrieben; ~ **powered weapons** Atomwaffen *pl*

atomic bomb *n* Atombombe *f* **atomic mass** *n* NUCL Atommasse *f* **atomic power** *n no pl* Atomkraft *f* **atomic power station** *n* Atomkraftwerk *nt* **atomic reactor** *n* Atomreaktor *m* **atomic warfare** *n no pl* Atomkrieg *m* **atomic weight** *n* NUCL Atomgewicht *nt*

atomize ['ætəmaɪz, AM 'æt̬-] *vt* ■**to** ~ **sth** *liquids* etw zerstäuben; (*fig*) etw auflösen

atomizer ['ætəmaɪzəʳ, AM 'æt̬əmaɪzɚ] *n* Zerstäuber *m*

atonal [eɪ'təʊnəl, AM -'toʊ-] *adj* MUS atonal

atone [ə'təʊn, AM ə'toʊn] **I.** *vi* ■**to** ~ **for sth** etw wieder gutmachen; **to** ~ **for a sin** für eine Sünde Buße tun **II.** *vt* **to** ~ **one's sins** für seine Sünden büßen

atonement [ə'təʊnmənt, AM ə'toʊn-] *n no pl* (*form*) Buße *f;* **Day of A**~ (*Christian*) Buß- und Bettag *m;* (*Jewish*) Versöhnungstag *m*

atop [ə'tɒp, AM ə'tɑːp] *prep* (*old liter*) ■ ~ **sth** [oben] auf etw *dat*

at-risk [ˌæt'rɪsk] *adj attr* Gefahren-, gefährdet

atrium ['eɪtriəm] *n* HIST Atrium *nt;* ARCHIT *also* Innenhof *m*

atrocious [ə'trəʊʃəs, AM -troʊ-] *adj* grässlich; *weather, food* scheußlich; ~ **conditions** grauenhafte Zustände; ~ **crime** scheußliches Verbrechen

atrociously [ə'trəʊʃəsli, AM -troʊ-] *adv* grässlich, schrecklich, grauenhaft

atrocity [ə'trɒsəti, AM ə'trɑːsət̬i] *n* ❶ (*cruel deed*) Greueltat *f;* **war-time** ~ Kriegsverbrechen *nt* ❷ *no pl* (*shocking cruelty*) Grausamkeit *f;* **an act of** ~ eine grausame Tat

atrophy ['ætrəfi] **I.** *n no pl* Atrophie *f fachspr;* ~ **of the muscles** Muskelschwund *m* **II.** *vi* <-ie-> ❶ MED atrophieren *fachspr,* verkümmern ❷ (*fig: diminish*) nachlassen, schwinden

attach [ə'tætʃ] **I.** *vt* ❶ (*fix*) ■**to** ~ **sth** [**to sth**] etw [an etw *dat*] befestigen; **to** ~ **a label** ein Schild anbringen; (*sticker*) einen Aufkleber aufkleben ❷ (*connect*) ■**to** ~ **sth to sth** etw mit etw *dat* verbinden ❸ (*form: send as enclosure*) ■**to** ~ **sth** [**to sth**] *report, copy* etw [etw *dat*] beilegen ❹ (*join*) ■**to** ~ **oneself to sb** sich *akk* jdm anschließen ❺ (*assign*) ■**to be** ~**ed to sth** etw *dat* zugeteilt sein; ***she was ~ed to the Nigerian government as an advisor*** sie stand der nigerianischen Regierung als Beraterin zur Seite ❻ (*attribute*) **to** ~ **importance** [*or* **significance**] **to sth** etw *dat* Bedeutung beimessen; **to** ~ **value to sth** Wert auf etw *akk* legen; ***I don't ~ much weight to his opinions*** mir ist es relativ egal, was er denkt ❼ (*associate*) **to** ~ **certain conditions to sth** bestimmte Bedingungen an etw *akk* knüpfen **II.** *vi* (*form*) ***no blame ~es to you*** dich trifft keine Schuld; ***great honour ~es to winning this award*** es ist eine große Ehre, diese Auszeichnung verliehen zu bekommen

attaché [ə'tæʃeɪ, AM *also* ˌæt̬ə'ʃeɪ] *n* Attaché *m;* **cultural** ~ Kulturattaché *m;* **commercial** ~ Handelsattaché *m*

attaché case *n* Aktenkoffer *m,* Diplomatenkoffer *m*

attached [ə'tætʃt] *adj* ■**to be** ~ **to sb/sth** an jdm/etw hängen *fig*

attached processor *n* COMPUT Anschlussprozessor *m*

attachment [ə'tætʃmənt] *n* ❶ (*fondness*) Sympathie *f;* **to form an** ~ **to sb** sich *akk* mit jdm anfreunden ❷ *no pl* (*support*) Unterstützung *f* ❸ *no pl* (*assignment*) ***he spent a year on ~ to the War Office*** er war ein Jahr dem Kriegsministerium unterstellt; **on** ~ **to a department/foreign government** zur besonderen Verwendung in einer Abteilung/bei einer fremden Regierung ❹ (*for appliances*) Zusatzgerät *nt* ❺ LAW (*legal possession*) Pfändung *f* ❻ COMPUT Anhang *m,* Attachment *nt*

attachment order *n* ECON Pfändungsanordnung *f*

attack [ə'tæk] **I.** *n* ❶ (*assault*) Angriff *m;* **all-out** ~ Großangriff *m;* **to launch** [*or* **make**] **an** ~ **against** [*or* **on**] **sb/sth** einen Angriff auf jdn/etw unternehmen [*o* starten], jdn/etw angreifen; **to be** [*or* **go**] **on the** ~ zum Angriff übergehen; **to be** [*or* **come**] **under** ~ angegriffen werden ❷ (*bout*) Anfall *m;* ***he is embarrassed by his ~s of shyness*** es ist ihm peinlich, dass ihn immer wieder die Schüchternheit überkommt; **asthma** ~ Asthmaanfall *m;* ~ **of the giggles** Lachanfall *m;* ~ **of hysteria** hysterischer Anfall ❸ *no pl* (*severe criticism*) Angriff *m;* **to come under** ~ unter Beschuss geraten *fig* ❹ (*in team sports*) Angriff *m;* ***the team has a strong ~*** die Mannschaft ist sehr angriffsstark; **to be strong in** [*or* AM **on**] ~ angriffsstark sein ▶ PHRASES: **the best** __**method**__ **of defence is** ~ (*prov*) Angriff ist die beste Verteidigung *prov* **II.** *vt* ❶ (*physically, verbally*) ■**to** ~ **sb/sth** jdn/etw angreifen; ■**to** ~ **sb** *dog* jdn anfallen; *criminal* jdn überfallen ❷ (*cause damage*) ■**to** ~ **sb/sth** *illness, pest, insects* jdn/etw angreifen; ***these rose bushes are being ~ed by greenfly*** diese Rosensträucher sind vollkommen verlaust ❸ SPORTS (*try to score*) **to** ~ **the ball/goal** den Ball/das Tor angreifen ❹ (*fig: tackle*) **to** ~ **a problem** ein Problem anpacken [*o* angehen] [*o* in Angriff nehmen] ❺ (*fig: eat greedily*) ■**to** ~ **sth** sich *akk* über etw *akk* hermachen, über etw *akk* herfallen; **to** ~ **the fridge** den Kühlschrank plündern **III.** *vi* angreifen

attack-dog [ə'tækdɒg, AM -dɑːg] *adj attr, inv* (*fig fam*) hinterlistig

attacker [ə'tækəʳ, AM -ɚ] *n* Angreifer(in) *m(f);* ***the old lady never saw her ~*** die alte Dame hat nicht gesehen, wer sie überfallen hatte; (*fig*) Kritiker(in) *m(f)*

attain [ə'teɪn] *vt* ■**to** ~ **sth** etw erreichen; **to** ~ **a grade** eine Note erhalten; **to** ~ **independence** die Unabhängigkeit erlangen, unabhängig werden; **to** ~ **one's majority** volljährig werden

attainable [ə'teɪnəbl] *adj* erreichbar

attainder [ə'teɪndəʳ] *n* BRIT LAW **bill of** ~ Bestreitung *f* durch Dekret ohne Gerichtsverhandlung (*durch das Ehrverlust, Vermögenseinziehung und Todesurteil ausgesprochen werden*)

attainment [ə'teɪnmənt] *n* ❶ *no pl* (*achieving*) Erreichen *nt; of academic qualifications* Erlangen *nt* ❷ *no pl* (*achievement*) Errungenschaft *f,* Leistung *f;* ***the standards of ~ are low*** der Leistungsstandard ist niedrig ❸ ■~**s** *pl* (*accomplishments*) Fertigkeiten *pl,* Kenntnisse *pl*

attempt [ə'tem(p)t] **I.** *n* ❶ (*try*) Versuch *m;* **to make an** ~ **at doing sth** versuchen, etw zu tun; ***she made an ~ at a smile*** sie versuchte ein Lächeln zustande zu bringen; **brave/doomed/half-hearted** ~ tapferer/aussichtsloser/halbherziger Versuch; **at the first/second** ~ beim ersten/zweiten Versuch ❷ (*murder*) **an** ~ **on sb's life** ein Anschlag *m* auf jds Leben **II.** *vt* ■**to** ~ **sth** etw versuchen; ***he ~ed a joke*** er versuchte, einen Witz zu machen **III.** *vi* ■**to** ~ **to do sth** versuchen, etw zu tun

attempted [ə'tem(p)tɪd] *adj attr, inv* ~**ed murder/robbery** versuchter Mord/Raub

attend [ə'tend] **I.** *vt* (*form*) ❶ (*be present at*) ■**to** ~ **sth** etw besuchen; ***the concert was well-~ed*** das Konzert war gut besucht; **to** ~ **church/school** in die Kirche/Schule gehen; **to** ~ **a conference** auf einer Konferenz sein; (*in future*) auf eine Konferenz gehen; **to** ~ **a course** einen Kurs besuchen [*o* machen]; **to** ~ **a funeral/wedding** zu einer Beerdigung/Hochzeit gehen ❷ (*accompany*) ■**to** ~ **sb** jdn begleiten ❸ MED (*care for*) ■**to** ~ **sb** jdn [ärztlich] behandeln ❹ (*form: be a part of*) ■**to** ~ **sth** mit etw *dat* verbunden sein [*o* einhergehen]; ***this job is ~ed by a certain amount of danger*** dieser Einsatz birgt gewisse Gefahren in sich **II.** *vi* ❶ (*be present*) teilnehmen; ***I regret that I will be unable to ~*** leider kann ich nicht kommen; ■**to** ~ **at sth** bei etw *dat* anwesend sein; **to** ~ **at church** den Gottesdienst besuchen ❷ (*listen carefully*) aufpassen ❸ (*old*) ■**to** ~ **on sb** jdn aufwarten *veraltet geh*

◆**attend to** *vi* ❶ (*take care of*) ■**to** ~ **to sb/sth** sich *akk* um jdn/etw kümmern ❷ (*deal with*) ■**to** ~ **to sth** etw erledigen ❸ (*take notice of*) ■**to** ~ **to sth** auf etw *akk* achten; ***you must ~ to what I am saying!*** du musst mir zuhören!

attendance [ə'tendən(t)s] *n* ❶ *no pl* (*being present*) Anwesenheit *f;* ***~ at lectures is compulsory*** bei Vorlesungen besteht Anwesenheitspflicht ❷ (*number of people present*) Besucher *mpl,* Besucherzahl *f* ❸ (*care*) **to be in** ~ [**on sb**] [jdm] zur Verfügung stehen; ***the singer never goes out without his security men in ~*** der Sänger verlässt das Haus niemals ohne seine Bodyguards an seiner Seite ▶ PHRASES: **to** __**dance**__ ~ **on sb** um jdn herumscharwenzeln *pej fam*

attendance centre *n* BRIT LAW Jugendarrestanstalt *m*

attendant [ə'tendənt] **I.** *n* ❶ (*guide, helper*) Aufseher(in) *m(f),* Wärter(in) *m(f);* (*in swimming pool*) Bademeister(in) *m(f);* **car park** ~ Parkwächter(in) *m(f);* **museum** ~ Museumswärter(in) *m(f);* **petrol** [*or* **gas**] **station** ~ Tankwart(in) *m(f)* ❷ (*servant*) Diener(in) *m(f),* Bedienstete(r) *f(m)* **II.** *adj* (*form*) ~ **circumstances** Begleitumstände *pl;* ■**to be** ~ **on sth** mit etw *dat* verbunden sein

attended operation *n* COMPUT überwachter Ablauf

attendee [æten'diː] *n* AM Teilnehmer(in) *m(f)*

attending physician *n* behandelnder [*o* diensthabender] Arzt/behandelnde [*o* diensthabende] Ärztin

attention [ə'ten(t)ʃən] *n no pl* ❶ (*notice*) Aufmerksamkeit *m;* ~! Achtung!; ***could I have your ~, please?*** dürfte ich um Ihre Aufmerksamkeit bitten?; ***he tried to escape the ~ of the police*** er versuchte, bei der Polizei nicht aufzufallen; ***your ~ seems to be wandering*** Sie scheinen nicht bei der Sache zu sein; **to be the centre of** ~ im Mittelpunkt des Interesses stehen; **to pay** ~ **to detail** auf Details achten; **to attract** [*or* **catch**] [*or* **get**] **sb's** ~ jdn auf sich *akk* aufmerksam machen; **to call** [*or* **draw**] ~ **to sth** die Aufmerksamkeit auf etw *akk* lenken; **to give sth one's undivided** [*or* **full**] ~ etw *dat* seine ungeteilte [*o* ganze] Aufmerksamkeit schenken; **to pay** ~ Acht geben, aufpassen; **to pay** ~ **to sb/sth** jdm/etw Aufmerksamkeit schenken; **to turn one's** ~ **to sth** seine Aufmerksamkeit auf etw *akk* richten ❷ (*maintenance*) Wartung *f,* Instandhaltung *f;* ***my washing machine needs ~*** meine Waschmaschine muss überholt werden ❸ (*care*) Pflege *f;* ***my fingernails need ~*** ich muss mich mal wieder um meine Fingernägel kümmern; **medical** ~ ärztliche Behandlung; ***you should seek medical ~ for that cut*** du solltest diese Schnittwunde ärztlich behandeln lassen ❹ (*in letters*) **for the ~ of Mr Miller, ~: Mr Miller** zu Händen von Mr Miller ❺ *no pl esp* MIL (*stiff stance*) Stillstand *m; A~!* stillgestanden!; **to stand at ~** stillstehen; **to stand to ~** Haltung annehmen ❻ ■ **~s** *pl* (*interests*) Aufmerksamkeit *f kein pl*, Interesse *nt kein pl;* **to turn one's ~s to sth** seine Aufmerksamkeit etw *dat* zuwenden; (*courting*) **to pay one's ~s to sb** jdm den Hof machen

attention deficient hyperactivity disorder *n*, **attention deficit disorder** *n* Aufmerksamkeitsdefizitsyndrom *nt*

attention-seeking [əˈtenʃᵊnsiːkɪŋ] **I.** *n no pl* Wunsch *m* nach Beachtung, Bedürfnis *nt* nach Aufmerksamkeit **II.** *adj inv* auf Beachtung bedacht, aufmerksamkeitsbedürftig **attention span** *n* Konzentrationsvermögen *f;* **to have a long/short ~** sich lang/nur kurz auf etwas konzentrieren können

attentive [əˈtentɪv, AM -t̬ɪv] *adj* ❶ (*caring*) fürsorglich; ■ **to be ~ to sb/sth** sich *akk* fürsorglich um jdn/etw kümmern; **to be ~ to sb's needs** jds Bedürfnisse berücksichtigen ❷ (*listening*) aufmerksam

attentively [əˈtentɪvli, AM -t̬ɪv-] *adv* ❶ (*caringly*) fürsorglich ❷ (*taking notice*) aufmerksam; **to listen ~** aufmerksam zuhören

attentiveness [əˈtentɪvnəs, AM -t̬ɪv-] *n no pl* ❶ (*care*) Fürsorglichkeit *f* ❷ (*listening*) Aufmerksamkeit *f*

attenuate [əˈtenjueɪt] *vt* (*form*) ■ **to ~ sth** etw abschwächen

attenuated [əˈtenjueɪtɪd, AM -eɪt̬ɪd] *adj* (*form*) abgeschwächt; *person* geschwächt

attenuation [əˌtenjuˈeɪʃᵊn] *n no pl* (*form*) ❶ (*weakening*) Schwächung *f* ❷ RADIO Abschwächung *f*, Dämpfung *f*

attest [əˈtest] **I.** *vt* ■ **to ~ sth** ❶ (*demonstrate*) *support, excellence* etw beweisen [*o* zeigen] ❷ LAW etw bestätigen [*o* beglaubigen]; (*on oath*) etw beschwören **II.** *vi* beweisen, zeigen; ■ **to ~ to sth** *competence, fact* etw beweisen

attestation [æˌtesˈteɪʃᵊn, AM ˌæt̬-] *n* ❶ (*formal declaration*) Bescheinigung *f*, Beglaubigung *f;* **~ clause** LAW Beglaubigungsvermerk *m* ❷ (*proof*) Beweis *m*

attic [ˈætɪk, AM ˈæt̬-] *n* Dachboden *m*, Speicher *m;* **in the ~** auf dem Dachboden

Attica [ˈætɪkə, AM ˈæt̬] *n no pl* Attika *nt*

Attila [əˈtɪlə] *n no pl* Attila *m*

attire [əˈtaɪəʳ, AM -ˈtaɪɚ] *n no pl* (*form*) Ornat *m*, Staat *m hum;* (*hum*) Aufputz *m hum veraltet*

attired [əˈtaɪəʳd, AM -ˈtaɪɚd] *adj pred, inv* (*form*) ■ **to be ~ in sth** in etw *akk* gehüllt [*o veraltet* gewandet] sein *hum*

attitude [ˈætɪtjuːd, AM ˈæt̬ətuːd, *also* -tjuːd] *n* ❶ (*way of thinking*) Haltung *f*, Einstellung *f;* ***the government's ~ to[wards] the refugees is not sympathetic*** die Regierung steht den Flüchtlingen nicht wohlwollend gegenüber; ***I don't like your ~*** deine Haltung gefällt mir nicht; **to undergo a change of** [*or* **in**] **~** seine Meinung ändern; **to have an ~ problem** *esp* AM eine falsche Einstellung haben; **to have** [*or* **take**] **the ~ that ...** die Meinung vertreten, dass ... ❷ (*body position, also in ballet*) Stellung *f;* (*facial expression*) Miene *f;* ***she lay sprawled across the sofa, in an ~ of complete abandon*** sie lümmelte völlig selbstvergessen auf dem Sofa rum

attorn [əˈtɜːn, AM -ˈtɜːrn] *vt* LAW ■ **to ~ sth** etw übertragen

attorney [əˈtɜːrni] *n* AM (*lawyer*) Anwalt, Anwältin *m, f;* **civil/criminal ~** Zivil-/Strafverteidiger(in) *m(f);* **defense ~** Verteidiger(in) *m(f);* **~ for the plaintiff** Anwalt *m*/Anwältin *f* des Klägers; **power of ~** Handlungsvollmacht *f*

attorney-at-law <*pl* attorneys-at-law> *n* AM (*lawyer*) Anwalt, Anwältin *m, f* **Attorney General** <*pl* -nies General> *n* (*in UK*) Generalstaatsanwalt, Generalstaatsanwältin *m, f*, Kronanwalt *m*, Kronanwältin *f;* (*in USA*) Justizminister [und Generalstaatsanwalt], Justizministerin [und Generalstaatsanwältin] *m, f f*

attract [əˈtrækt] *vt* ■ **to ~ sb/sth** jdn/etw anziehen; ***her ideas have ~ed a lot of support*** ihre Ideen wurden sehr positiv aufgenommen; **to ~ sb's attention** jds Aufmerksamkeit erregen; **to ~ criticism** auf Kritik stoßen; **to ~ sb's notice** jds Aufmerksamkeit auf sich *akk* ziehen, jdn auf sich *akk* aufmerksam machen; **to ~ sb physically** jdn körperlich anziehen; ■ **to be ~ed by** [*or* **to**] **sb/sth** jdn/etw attraktiv finden

attraction [əˈtrækʃᵊn] *n* ❶ *no pl* PHYS Anziehungskraft *f* ❷ *no pl* (*between people*) Anziehung *f;* ***she felt an immediate ~ to him*** sie fühlte sich sofort zu ihm hingezogen ❸ (*entertainment*) Attraktion *f;* **main ~** Hauptattraktion *f;* **tourist ~** Touristenattraktion *f* ❹ (*appeal*) Reiz *m;* ***I don't understand the ~ of ...*** ich weiß nicht, was so toll daran sein soll, ...; **to hold no ~ for sb** für jdn nicht attraktiv sein

attractive [əˈtræktɪv] *adj* ❶ (*good-looking*) attraktiv; **physically/sexually ~** körperlich/sexuell anziehend ❷ (*pleasant*) *countryside, scenery* reizvoll ❸ (*interesting*) verlockend; **~ price** attraktiver Preis; **~ salary** anständiges Gehalt

attractively [əˈtræktɪvli] *adv* attraktiv, reizvoll

attractiveness [əˈtræktɪvnəs] *n no pl* Attraktivität *f; of view, countryside* Reiz *m;* **the ~ of an offer/a proposition** das Verlockende eines Angebots/eines Vorschlags; **physical/sexual ~** körperliche/sexuelle Anziehungungskraft

attributable [əˈtrɪbjətəbl̩, AM -jət̬ə-] *adj pred* ■ **to be ~ to sb/sth** jdm/etw zuzuschreiben sein

attributable profit *n* COMM zurechenbarer Gewinn

attribute I. *vt* [əˈtrɪbjuːt] ❶ (*ascribe*) ■ **to ~ sth to sth** etw auf etw *akk* zurückführen; **to ~ the blame to sb** jdm die Schuld geben; **to ~ importance to sth** etw *dat* Bedeutung beimessen ❷ (*give credit for*) ■ **to ~ sth to sb** jdm etw zuschreiben **II.** *n* [ˈætrɪbjuːt] ❶ (*characteristic*) Eigenschaft *f*, Merkmal *nt* ❷ LING Beifügung *f*, Attribut *nt fachspr*

attribution *n* ❶ *no pl* (*ascription*) Zuschreibung *f*, Zuerkennung *f;* ***the ~ of this painting to Picasso has never been questioned*** dass man dieses Bild Picasso zuschreibt, ist nie in Zweifel gezogen worden ❷ (*something attributed*) Attribut *nt*, beigelegte Eigenschaft ❸ (*classification*) Zuweisung *f* ❹ LAW (*authorization*) Bevollmächtigung *f fachspr*

attributive [əˈtrɪbjətɪv, AM -jət̬-] *adj inv* LING attributiv, Attributiv-

attributively [əˈtrɪbjətɪvli, AM -jət̬ɪv-] *adv inv* LING attributiv

attrition [əˈtrɪʃᵊn] *n no pl* ❶ (*wearing down*) Abrieb *m*, Abnutzung *f*, Verschleiß *m* ❷ (*gradual weakening*) Zermürbung *f;* **war of ~** Zermürbungskrieg *m* ❸ AM, AUS (*personnel reduction*) *Personalabbau durch Weggang von Angestellten, die dann nicht mehr ersetzt werden* ❹ REL (*false contrition*) Attrition *f fachspr*, unvollkommene Reue

attune [əˈtjuːn, AM *esp* əˈtuːn] *vt* ❶ (*adjust*) ■ **to be ~d to sth** auf etw *akk* eingestellt sein; **to become ~d to sth** sich *akk* an etw *akk* gewöhnen; ■ **to ~ sth to sth** etw auf etw *akk* abstimmen; ■ **to ~ oneself to sth** sich *akk* auf etw *akk* einstellen, sich *akk* an etw *akk* gewöhnen; **to be well ~d to one another** gut aufeinander eingespielt sein ❷ MUS (*old*) **to ~ an instrument** ein Instrument stimmen

attuned [əˈtjuːnd, AM *esp* əˈtuːnd] *adj pred* **to be ~ politically** politisch interessiert sein

ATV [ˌeɪtiːˈviː] *n* AUTO *abbrev of* **all-terrain vehicle** Geländefahrzeug *nt*

atypical [ˌeɪˈtɪpɪkᵊl] *adj* atypisch, untypisch; ■ **to be ~ of sb/sth** untypisch für jdn/etw sein, für jdn/etw nicht typisch sein

atypically [ˌeɪˈtɪpɪkᵊli] *adv* atypisch, untypisch, ungewöhnlich

aubergine [ˈəʊbəʒiːn, AM ˈoʊbɚ-] **I.** *n* ❶ BRIT (*vegetable*) Aubergine *f* ❷ *no pl* (*colour*) Aubergine *nt* **II.** *adj* aubergine[farben]

aubrietia [ɔːˈbriːʃə, AM ɑː-] *n* BOT Blaukissen *nt*, Aubrietie *f fachspr*

auburn [ˈɔːbən, AM ˈɑːbɚn] **I.** *n no pl* Rotbraun *nt*, Rostrot *nt* **II.** *adj* rotbraun, rostrot

auburn-haired *adj* mit rotbraunen Haaren; ■ **to be ~** rotbraune Haare haben

au courant [ˌəʊkʊˈrɑ̃, AM ˌoʊkuːˈrɑːn] *adj* up to date *sl*

auction [ˈɔːkʃᵊn, AM *esp* ˈɑːk-] **I.** *n* Auktion *f*, Versteigerung *f;* **~ of furniture** Möbelauktion *f;* **~ of jewellery** Schmuckauktion *f;* **sale by ~** Versteigerung *f;* **to hold an ~** eine Auktion veranstalten; **to put sth up for ~** etw zur Versteigerung anbieten; **to sell sth by** [*or* **at**] **~** etw versteigern; **to be sold at** [*or* BRIT **by**] **~** versteigert werden **II.** *vt* ■ **to ~ sth** [**off**] etw versteigern

auction bridge *n* (*old*) Auktionsbridge *nt*

auctioneer [ˌɔːkʃᵊnˈɪəʳ, AM ˌɑːkʃᵊnˈɪr] *n* Auktionator(in) *m(f)*

audacious [ɔːˈdeɪʃəs, AM ɑː-] *adj* ❶ (*bold*) kühn, wagemutig, verwegen ❷ (*rude*) dreist, unverfroren

audaciously [ɔːˈdeɪʃəsli, AM ɑː-] *adv* ❶ (*boldly*) kühn, wagemutig, verwegen ❷ (*rudely*) dreist, unverfroren

audaciousness [ɔːˈdeɪʃəsnəs, AM ɑː-] *n*, **audacity** [ɔːˈdæsəti, AM ɑːˈdæsət̬i] *n no pl* ❶ (*boldness*) Kühnheit *f*, Wagemut *m*, Verwegenheit *f* ❷ (*impertinence*) Dreistigkeit *f*, Unverfrorenheit *f;* **to have the ~ to do sth** die Unverfrorenheit [*o* Dreistigkeit] besitzen, etw zu tun

audi alteram partem *n* LAW Grundsatz *m* des rechtlichen Gehörs

audibility [ˌɔːdɪˈbɪləti, AM ˌɑːdɪˈbɪlət̬i] *n no pl* Hörbarkeit *f*

audible [ˈɔːdəbl̩, AM ˈɑː-] *adj* hörbar, [deutlich] vernehmbar

audibly [ˈɔːdəbli, AM ˈɑː-] *adv* hörbar, vernehmlich

audience [ˈɔːdiən(t)s, AM ˈɑː-] *n* ❶ + *sing/pl vb* (*at performance*) Publikum *nt kein pl;* THEAT *also* Besucher *mpl;* TV Zuschauer *mpl;* RADIO [Zu]hörer *mpl;* (*readership*) Leserschaft *f kein pl*, Leserkreis *m;* **to appeal to a large ~** ein breites Publikum ansprechen ❷ (*formal interview*) Audienz *f;* **private ~** Privataudienz *f;* **to have an ~ with sb** eine Audienz bei jdm haben

audience participation *n no pl* Publikumsbeteiligung *f*

audio [ˈɔːdiəʊ, AM ˈɑːdioʊ] *adj attr, inv* Audio-; **~ book** Hörbuch *nt;* **~ cassette** [Hör]kassette *f;* **~ frequency** Tonfrequenz *f*, Hörfrequenz *f;* **~ tape** Tonband *nt*

audio cassette *n* [Audio]kassette *f*, [Tonband]kassette *f* **audio-typing** *n* Tippen *nt* nach Phonodiktat **audio-visual** *adj attr, inv* audiovisuell

audit [ˈɔːdɪt, AM ˈɑː] **I.** *n* FIN Rechnungsprüfung *f*, Buchprüfung *f;* **external** [*or* **independent**] **~** externe [*o* außerbetriebliche] Revision **II.** *vt* ❶ FIN ■ **to ~ sth** etw [amtlich] prüfen ❷ AM, AUS UNIV **to ~ a class** einen Kurs [nur] als Gasthörer besuchen

audition [ɔːˈdɪʃᵊn, AM ɑːˈ-] **I.** *n* (*for actor*) Vorsprechen *nt;* (*for singer*) Vorsingen *nt;* (*for dancer*) Vortanzen *nt;* (*for instrumentalist*) Vorspielen *nt;* **to hold an ~** [*or* **~s**] (*for actor*) vorsprechen lassen; (*for singer*) vorsingen lassen; (*for dancer*) vortanzen lassen; (*for instrumentalist*) vorspielen lassen **II.** *vi actor* vorsprechen; *singer* vorsingen; *instrumentalist* vorspielen; *dancer* vortanzen (**for** für +*akk*) **III.** *vt* ■ **to ~ sb** jdn vorsprechen/vorsingen/vortanzen/vorspielen lassen

auditor [ˈɔːdɪtəʳ, AM ˈɑːdɪt̬ɚ] *n* Rechnungsprüfer(in) *m(f)*, Buchprüfer(in) *m(f);* **external ~** außerbetrieblicher Rechnungsprüfer [*o* Buchprüfer]/außerbetriebliche Rechnungsprüferin [*o* Buchprüferin]; **~s' fees** Revisorengebühren *fpl*

auditoria [ˌɔːdɪˈtɔːriə, AM ˌɑːdəˈ-] *n pl of* **auditorium**

auditorium <*pl* -s *or* -ria> [ˌɔːdɪˈtɔːriəm, AM ˌɑːdəˈ-, *pl* -riə] *n* ❶ THEAT Zuschauerraum *m* ❷ *esp* AM (*hall for listeners*) Zuhörersaal *m*, Vortragssaal *m;* (*for spectators*) Vorführungsraum *m* ❸ AM (*building*) Festhalle *f;* (*for concerts*) Konzerthalle *f*

auditory [ˈɔːdɪtᵊri, AM ˈɑːdətɔːri] *adj inv* ❶ (*connected with hearing*) Hör-; MED Gehör- ❷ (*received by ear*) akustisch; MED auditiv

auditory canal *n* Gehörgang *m* **auditory nerve**

n Gehörnerv *m*

audit trail *n* ECON, FIN ① (*list of checks*) Aufschlüsselung *f* der Posten einer Buchprüfung ② (*check for irregularities*) Überprüfung *f* auf Unstimmigkeiten

au fait [ˌəʊˈfeɪ, AM ˌoʊ-] *adj pred* vertraut; ■**to be ~ with sth** mit etw *dat* vertraut sein; (*informed*) über etw *akk* auf dem Laufenden sein

Aug *n abbrev of* **August** Aug.

auger [ˈɔːgəʳ, AM ˈɑːgɚ] *n* (*for wood*) Handbohrer *m*, Schlangenbohrer *m fachspr;* (*for ground*) Erdbohrer *m*, Schlangenbohrer *m fachspr;* (*in agriculture*) Schnecke *f*

aught [ɔːt, AM ɑːt] *part* (*old liter*) irgendetwas; ***they might have left already, for ~ I know!*** was weiß ich, vielleicht sind sie ja längst weg!

augment I. *vt* [ɔːgˈment, AM ɑːgˈ-] (*form*) ■**to ~ sth** etw vergrößern; **to ~ a fund** einen Fonds aufstocken; **to ~ one's income** sein Einkommen verbessern II. *vi* [ɔːgˈment, AM ɑːgˈ-] (*form*) zunehmen; *income* steigen III. *n* [ˈɔːgmənt, AM ˈɑːg-] LING Augment *nt fachspr*

augmentation [ˌɔːgmənˈteɪʃᵊn, AM ˌɑːg-] *n* (*form*) ① *no pl* (*increase*) Vermehrung *f; of income* Erhöhung *f*, Steigerung *f* ② (*addition*) Zunahme *f*, Zuwachs *m*; **breast ~** Brustvergrößerung *f;* **~s to one's income** zusätzliche Einkünfte ③ MUS Augmentation *f fachspr*

augmented [ɔːgˈmentɪd, AM ɑːgˈ] *adj attr, inv* vergrößert, erweitert; MUS übermäßig; **~ fourth** übermäßige Quarte

au gratin [ˌəʊˈgrætɛ̃(ŋ), AM oʊˈgrɑːtᵊn] *adj after n, inv* überbacken, au gratin; **potatoes ~** überbackene Kartoffeln

augur [ˈɔːgəʳ, AM ˈɑːgɚ] I. *vi* **to ~ ill/well for sb/sth** ein schlechtes/gutes Zeichen [*o* Omen] für jdn/etw sein II. *vt* ■**to ~ sth** etw verheißen III. *n* (*hist*) Wahrsager(in) *m(f)*, Augur(in) *m(f) geh*

augury [ˈɔːgjʊri, AM ˈɑːgjɚi] *n* ① (*form: omen*) [Vor]zeichen *nt*, Omen *nt* (**for** für +*akk*) ② *no pl* (*soothsaying*) Weissagung *f*, Prophezeiung *f*

august [ɔːˈgʌst, AM ɑː-] *adj* (*liter*) erhaben, hoheitsvoll, majestätisch

August [ˈɔːgəst, AM ˈɑː-] *n* August *m; see also* **February**

Augustan [ɔːˈgʌstən, AM əˈ] *adj inv* ① ART, LIT, POL (*of Augustus Caesar*) augusteisch *fachspr;* **~ age** Augusteisches Zeitalter ② ART, LIT (*neoclassic*) neoklassizistisch *fachspr*

Augustinian [ˌɔːgəˈstɪniən, AM ˌɑː] I. *adj inv* ① (*of St Augustine of Hippo*) augustinisch ② (*of religious orders*) Augustiner- II. *n* ① (*monk*) Augustinermönch *m* ② (*adherent*) Anhänger(in) *m(f)* der augustinischen Lehre

AUI connector *n* COMPUT AUI-Anschluss *m*

auk [ɔːk, AM ɑːk] *n* Alk *m;* **great ~** Toralk *m*, Riesenalk *m*

auld [ɔːld] *adj* SCOT *see* **old** alt; **~ lang syne** die gute alte Zeit

aunt [ɑːnt, AM ænt] *n* Tante *f;* **honorary ~** Nenntante *f*

auntie *n*, **aunty** [ɑːnti, AM ænṱi] *n* (*fam*) ① (*also childspeak: aunt*) Tantchen *nt* ② BRIT (*hum: the BBC*) *scherzhafte Bezeichnung für die BBC;* AUS (*hum: the ABC*) *scherzhafte Bezeichnung für die australische Rundfunkgesellschaft*

au pair [ˌəʊˈpeəʳ, AM oʊˈper] *n* Aupair *nt;* **to work as an ~** als Aupair arbeiten; **~ girl** Aupairmädchen *nt*

aura [ˈɔːrə] *n* ① (*quality*) Aura *f;* ***there's an ~ of sadness about him*** er strahlt eine gewisse Traurigkeit aus; ***the woods have an ~ of mystery*** die Wälder haben so etwas Geheimnisvolles an sich ② (*surrounding light*) Aura *f*

aural [ˈɔːrᵊl] *adj inv* akustisch; MED aural, Gehör-; **~ delight** Ohrenschmaus *m;* **~ material** Tonmaterial *nt*

aurally [ˈɔːrᵊli] *adv* akustisch; MED aural *fachspr*

aureole [ˈɔːriəʊl, AM -oʊl] *n* ① (*liter: halo*) Aureole *f geh*, Heiligenschein *m; esp* ART Strahlenkranz *m fachspr* ② ASTRON Korona *f*

auricle [ˈɔːrɪkl̩] *n* ① (*of heart*) Herzohr *nt*, Herzvorhof *m* ② (*of ear*) Ohrmuschel *f*, Auricula *f fachspr*

auricular [ɔːˈrɪkjʊləʳ, AM -jəlɚ] *adj* ① (*form: relating to hearing*) Hör-, Gehör-, aurikulär *fachspr* ② (*form: of/through the ear*) Ohren-; MED aurikulär *fachspr;* (*by the ear*) akustisch; **~ witness** Ohrenzeuge(in) *m(f)* ③ (*relating to heart*) die Herzohren betreffend, zu den Herzohren gehörig, aurikulär *fachspr*, Aurikular- *fachspr*

aurora [ɔːˈrɔːrə] *n* ① (*polar light*) Polarlicht *nt* ② (*poet: rosy dawn*) Morgenröte *f*, Aurora *f poet*

aurora australis [-ɒsˈtreɪlɪs, AM -ɔːˈstreɪ-] *n no pl* Südlicht *nt* **aurora borealis** [-bɒriˈeɪlɪs, AM -bɔːriælɪs] *n no pl* Nordlicht *nt*

auspices [ˈɔːspɪsɪz, AM ˈɑː-] *npl* ① (*backing*) Schirmherrschaft *f*, Auspizien *pl geh;* ***under the ~ of ...*** unter der Schirmherrschaft des/der ... ② (*auguries*) Vorzeichen *pl*, Auspizien *pl geh*

auspicious [ɔːˈspɪʃəs, AM ɑːˈ-] *adj* (*form*) viel versprechend, günstig; **~ occasion** feierlicher Anlass

auspiciously [ɔːˈspɪʃəsli, AM ɑːˈ-] *adv* viel versprechend, günstig

Aussie [ˈɒzi, AM ˈɑːzi] (*fam*) I. *n* Australier(in) *m(f)* II. *adj inv* australisch

austere [ɒsˈtɪəʳ, AM ɑːˈstɪr] *adj* ① (*without comfort*) karg; (*severely plain*) nüchtern; *room* schmucklos; (*ascetic*) asketisch, enthaltsam ② (*joyless and strict*) ernst, streng; **~ attitude** unbeugsame Haltung

austerely [ɒsˈtɪəˈli, AM ɑːˈstɪr-] *adv* streng; **~ beautiful** von herber Schönheit; **~ elegant** von schlichter Eleganz; **~ simple** karg und schlicht; **to live ~** asketisch leben

austerity [ɒsˈterəti, AM ˈɑːsterəṱi] I. *n* ① *no pl* (*absence of comfort*) Rauheit *f*, Härte *f* ② *no pl* (*plainness*) Einfachheit *f;* (*with not much*) Kargheit *f;* (*asceticism*) Askese *f*, Enthaltung *f* ③ *no pl* (*strictness*) Ernstheit *f*, Strenge *f* ④ ■**austerities** *pl* Entbehrungen *pl*, Entsagungen *pl* II. *n modifier* ECON **~ budget** Sparhaushalt *m;* **~ measures** Sparmaßnahmen *pl*

austerity program *n* AM, **austerity programme** *n* Sparprogramm *nt*

Australasia [ˌɒstrəˈleɪʒə, AM ˌɑːstrəˈ-] *n* Australien *nt* und Ozeanien *nt*

Australasian [ˌɒstrəˈleɪʒən, AM ˌɑːstrəˈ-] I. *n* Ozeanier(in) *m(f)* II. *adj* ozeanisch, südwestpazifisch

Australia [ɒsˈtreɪliə, AM ɑːˈstreɪljə] *n* Australien *nt*

Australia Day *n australischer Nationalfeiertag, an dem die Gründung der Kolonie New South Wales am 26. Januar 1788 gefeiert wird*

Australian [ɒsˈtreɪliən, AM ɑːˈstreɪljən] I. *n* ① (*person*) Australier(in) *m(f)* ② (*language*) australisches Englisch II. *adj* australisch

Australian Rules *n + sing vb* SPORTS **~ football** *australische Art des Football mit 18 Spielern*

Australian Stock Exchange *n* australische Börse

Australopithecus [ˌɒstrələ(ʊ)ˈpɪθɪkəs, AM ˌɑːstrəloʊˈ-] *n* ARCHEOL Australopithecus *m*

Austria [ˈɒstriə, AM ˈɑː-] *n* Österreich *nt*

Austrian [ˈɒstriən, AM ˈɑː-] I. *n* ① (*person*) Österreicher(in) *m(f)* ② (*language*) Österreichisch *nt* II. *adj* österreichisch

auteur [əʊˈtɜː, AM oʊˈtɜːr] *n* Filmregisseur(in) *m(f)* mit ausgeprägtem Stil

authentic [ɔːˈθentɪk, AM ɑːˈθenṱɪk] *adj* ① (*genuine*) *manuscript, document* authentisch; ***this is an ~ 1920s dress*** dieses Kleid stammt original aus den Zwanzigern; ***is this painting ~?*** ist dieses Gemälde ein Original?; **~ Scottish accent** unverfälschter schottischer Akzent ② (*reliable*) *account* authentisch ③ (*legitimate*) berechtigt

authentically [ɔːˈθentɪkᵊli, AM ɑːˈ] *adv* echt, original, unverfälscht, authentisch

authenticate [ɔːˈθentɪkeɪt, AM ɑːˈθenṱɪ-] *vt* ■**to ~ sth** etw bestätigen; LAW etw beglaubigen; **to ~ a painting/document** die Echtheit eines Gemäldes/Dokuments bescheinigen

authentication [ɔːˌθentɪˈkeɪʃᵊn, AM ɑːˌθenṱɪˈ-] *n no pl* (*confirmation*) Bestätigung *f;* LAW Beglaubigung *f; of a painting, document* Echtheitserklärung *f*

authenticity [ˌɔːθenˈtɪsəti, AM ˌɑːθenˈtɪsəṱi] *n no pl* ① (*genuineness*) Echtheit *f*, Authentizität *f geh* ② (*legitimacy*) *of a claim* Berechtigung *f*

author [ˈɔːθəʳ, AM ˈɑːθɚ] I. *n* ① (*profession*) Schriftsteller(in) *m(f); of particular book, article* Verfasser(in) *m(f)*, Autor(in) *m(f);* **a book with the ~'s compliments** ein Buch *nt* mit einer Widmung des Autors/der Autorin; **~'s copy** Autorenexemplar *nt;* **~'s royalties** Tantiemen *fpl* ② (*fig form: causer*) Urheber(in) *m(f)*, Verursacher(in) *m(f)* II. *vt* ■**to ~ sth** ① (*write*) etw schreiben [*o* verfassen] ② *esp* AM (*fig*) etw zustande bringen [*o* arrangieren]; **to ~ a deal** ein Geschäft in die Wege leiten

authoress <*pl* -es> [ˈɔːθᵊres, AM ˈɑːθɚɪs] *n* (*dated: profession*) Schriftstellerin *f;* (*writer*) Verfasserin *f*, Autorin *f*

authorial [ɔːˈθɔːriəl, AM ɑːˈ-] *adj inv* Autoren-, eines/des Autors; **~ intention** Absicht *f* des Autors/der Autorin; **~ voice** Stimme *f* des Autors/der Autorin

authoritarian [ˌɔːθɒrɪˈteəriən, AM əˌθɔːrəˈte-] I. *adj* autoritär; **~ state** autoritärer Staat II. *n* autoritärer Mensch; ■**to be an ~** autoritär sein

authoritarianism [ɔːˌθɒrɪˈteəriənɪzᵊm, AM əˌθɔːrəˈteriən-] *n* ① POL (*system*) autoritäres System ② (*quality*) autoritäre Einstellung; POL, PSYCH Autoritarismus *m fachspr*

authoritative [ɔːˈθɒrɪtətɪv, AM əˈθɔːrəteɪṱɪv] *adj* ① (*reliable*) zuverlässig, verlässlich; (*offical*) amtlich ② (*definitive*) maßgebend, maßgeblich ③ (*commanding*) gebieterisch, Respekt einflößend

authoritatively [ɔːˈθɒrɪtətɪvli, AM əˈθɔːrəteɪṱɪvli] *adv* ① (*with authority*) zuverlässig ② (*definitively*) maßgeblich, maßgebend ③ (*commandingly*) gebieterisch, bestimmt

authority [ɔːˈθɒrəti, AM əˈθɔːrəṱi] *n* ① *no pl* (*right of control*) Amtsgewalt *f;* **to be in ~** verantwortlich sein; **to be in** [*or* **have**] **~ over sb** jdm übergeordnet sein; **to be under sb's ~** jdm gegenüber verantwortlich sein; **to exercise** [*or* **exert**] [*or* **use**] **one's ~ over sb** Weisungsbefugnis gegenüber jdm haben ② *no pl* (*permission*) Vollmacht *f*, Befugnis *f;* **to act without ~** seine Befugnisse überschreiten; **on one's own ~** in eigener Verantwortung; FIN **~ to purchase** Ankaufsermächtigung *f* ③ (*strength of personality*) Autorität *f*, Souveränität *f* ④ (*knowledge*) Sachverstand *m*, Kompetenz *f;* **to speak with ~ on sth** kompetent über etw *akk* reden ⑤ (*expert*) Autorität *f*, Kapazität *f*, Experte(in) *m(f);* **to be an ~ on sth** eine Autorität für etw *akk* sein; **world ~** international anerkannte Autorität ⑥ (*responsible organization*) Behörde *f*, Amt *nt;* **education ~** Schulamt *nt;* **health ~** Gesundheitsbehörde *f* ⑦ ■**the authorities** *pl* (*bodies having power*) die Behörden; **competent authorities** zuständige Behörden; **to report sb/sth to the authorities** jdn/etw den Behörden melden ► PHRASES: **to <u>have</u> sth on sb's ~** etw von jdm wissen; **to have sth on <u>good</u> ~** etw aus zuverlässiger Quelle wissen

authorization [ˌɔːθᵊraɪˈzeɪʃᵊn, AM ˌɑːθɚɪˈ-] *n no pl* (*approval*) Genehmigung *f*, Erlaubnis *f;* (*delegation of power*) Bevollmächtigung *f*, Ermächtigung *f*, Autorisierung *f*

authorize [ˈɔːθᵊraɪz, AM ˈɑː-] *vt* ■**to ~ sth** etw genehmigen [*o* bewilligen]; ■**to ~ sb to do sth** jdn bevollmächtigen [*o* ermächtigen], etw zu tun

authorized [ˈɔːθᵊraɪzd, AM ˈɑː-] *adj inv* autorisiert; ***"Entry is permitted only to ~ personnel"*** „Unbefugten ist der Zutritt verboten"; ***"~ personnel only"*** „Zutritt nur für Befugte"; **~ biography** autorisierte Biografie

authorized capital *n* Grundkapital *nt*, autorisiertes [Aktien]kapital **Authorized Version** *n esp* BRIT ■**the ~** *offizielle englische Bibelübersetzung von 1611*

authorship [ˈɔːθəʃɪp, AM ˈɑːθɚ-] *n no pl* ① (*being the writer*) Urheberschaft *f*, Autorschaft *f;* **of unknown ~** eines unbekannten Autors [*o* Verfassers] ② (*as profession*) Schriftstellerei *f*, Schriftstellerberuf *m*

autism [ˈɔːtɪzᵊm, AM ˈɑː-] *n no pl* Autismus *m*

autistic [ɔːˈtɪstɪk, AM ɑːˈ-] *adj* autistisch

A

auto ['ɔːtəʊ, AM 'ɑːt̬oʊ] **I.** *n* AM *(dated)* Auto *nt* **II.** *n modifier esp* AM *(concerning cars) dealer, industry, maker* Auto-; *(automatic)* automatische(r, s); ~ **store** COMPUT automatische Zwischenspeicherung; ~ **restart** COMPUT Selbstanlauf *m*

autobiographer [ˌɔːtəbaɪ'ɒgrəfəʳ, AM ˌɑːt̬əbaɪ'ɑːgrəfɚ] *n* Autobiograf(in) *m(f)*

autobiographical [ˌɔːtəˌbaɪə(ʊ)'græfɪkəl, AM ˌɑːt̬əˌbaɪə'-] *adj* autobiografisch

autobiography [ˌɔːtəbaɪ'ɒgrəfi, AM ˌɑːt̬əbaɪ'ɑː-] *n* Autobiografie *f*

auto-bronzer *n* BRIT, **auto-bronzing cream** *n* BRIT Selbstbräuner *m*

autocade ['ɑːt̬oʊkeɪd] *n* AM Fahrzeugkolonne *f,* Wagenkolonne *f,* Konvoi *m*

autocracy [ɔː'tɒkrəsi, AM ɑː'tɔːk-] *n* ❶ *(society)* Autokratie *f geh* ❷ *no pl (form of government)* Absolutismus *m* ❸ *no pl (fig)* Alleinherrschaft *f*

autocrat ['ɔːtəkræt, AM 'ɑːt̬ə-] *n* Autokrat(in) *m(f) geh*

autocratic [ˌɔːtə'krætɪk, AM ˌɑːt̬ə'kræt̬-] *adj* autokratisch *geh;* ~ **rule** Alleinherrschaft *f*

autocratically [ˌɔːtə'krætɪkəli, AM ˌɑːt̬ə'kræt̬-] *adv* autokratisch *geh*

autocross ['ɔːtə(ʊ)krɒs, AM 'ɑːt̬oʊkrɑːs] *n no pl* Autocross *nt*

Autocue® ['ɔːtə(ʊ)kjuː] *n* BRIT TV Teleprompter® *m*

autoerotic [ˌɔːtəʊɪ'rɒtɪk, AM ˌɑːt̬oʊɪ'rɑːt̬ɪk] *adj* autoerotisch

autoeroticism [ˌɔːtəʊɪ'rɒtɪsɪzəm, AM ˌɑːt̬oʊɪ'rɑːt̬ɪ-] *n no pl* Autoerotik *f*

autofocus *n* PHOT Autofokus *m*

autogiro [ˌɔːtə(ʊ)'dʒaɪ(ə)rəʊ, AM ˌɑːt̬oʊ'dʒaɪroʊ] *n* AEROSP Autogiro *m fachspr,* Tragschrauber *m fachspr*

autograph ['ɔːtəgrɑːf, AM 'ɑːt̬əgræf] **I.** *n* ❶ *(signature)* Autogramm *nt;* **to ask sb for his/her** ~ jdn um ein Autogramm bitten ❷ *(manuscript)* Urschrift *f,* Autograph *nt geh* **II.** *vt* ■**to** ~ **sth** etw signieren

autogyro *n see* **autogiro**

auto-immune *adj attr, inv* autoimmun, Autoimmun-; ~ **disease/system** Autoimmunkrankheit *f*/-system *nt*

Automat® ['ɑːt̬əmæt] *n* AM Automatenrestaurant *nt*

automata [ɔː'tɒmətə, AM ɑː'tɑːmə-] *n pl of* **automaton**

automate ['ɔːtəmeɪt, AM 'ɑːt̬ə-] *vt* ■**to** ~ **sth** etw automatisieren

automated ['ɔːtəmeɪtɪd, AM 'ɑːt̬ə-] *adj* automatisiert; **fully** ~ vollautomatisiert

Automated Clearing House *n,* *n* AM computergestützte Clearingstelle

automated screen trading *n,* **AST** *n* STOCKEX automatisiertes, computergestütztes Börsenhandelssystem

automated teller machine *n* AM Geldautomat *m*

automatic [ˌɔːtə'mætɪk, AM ˌɑːt̬ə'mæt̬ɪk] **I.** *adj* ❶ *(operating independently)* automatisch; **fully** ~ vollautomatisch; ~ **pistol** Selbstladepistole *f;* ~ **rifle** Selbstladegewehr *nt;* ~ **washing machine** Waschautomat *m* ❷ *(involuntary)* automatisch; ~ **driving** mechanisches Fahren; ~ **reaction** mechanische [*o* automatisch] Reaktion ❸ *(immediate)* automatisch **II.** *n* ❶ *(non-manual machine)* Automat *m* ❷ *(car)* Automatikwagen *m* ❸ *(pistol)* Selbstladepistole *f;* *(rifle)* Selbstladegewehr *nt* ❹ *(washing machine)* Waschautomat *m*

automatically [ˌɔːtə'mætɪkəli, AM ˌɑːt̬ə'mæt̬ɪk-] *adv* ❶ *(without human control)* automatisch; *(train doors)* selbsttätig ❷ *(without thinking)* mechanisch ❸ *(inevitably)* automatisch, zwangsläufig

automatic answering machine *n (dated)* automatischer Anrufbeantworter; *see also* **answerphone** **automatic pilot** *n* Autopilot *m* **automatic teller** *n* AM Geldautomat *m* **automatic transmission** *n* Automatikgetriebe *nt*

automation [ˌɔːtə'meɪʃən, AM ˌɑːtə'-] *n no pl* Automatisierung *f;* **factory/office** ~ Automatisierung *f* in einer Fabrik/der Büroarbeit

automatism [ɔː'tɒmətɪzəm] *n* LAW Schuldunfähigkeit *f*

automaton <*pl* -mata *or* -s> [ɔː'tɒmətən, AM ɑː'tɑːmə-, *pl* -mətə] *n* Automat *m,* Roboter *m a. fig*

automobile ['ɔːtəmə(ʊ)biːl, AM 'ɑːt̬əmoʊ-] *esp* AM **I.** *n* Auto *nt,* Kraftfahrzeug *nt* **II.** *n modifier (parts, manufacturer, industry, mechanic)* Auto-; *club* Automobil-; ~ **accident** Autounfall *m;* ~ **industry** Auto[mobil]industrie *f;* ~ **insurance** Kraftfahrzeugversicherung *f*

Automobile Association *n* BRIT ≈Allgemeiner Deutscher Automobilclub *m*

automotive [ˌɔːtə'məʊtɪv, AM ˌɑːt̬ə'moʊt̬ɪv] *adj attr, inv industry, trade, manufacturing* Auto-; *vehicle* selbstfahrend

autonomic nervous system [ˌɔːtənɒmɪk-, AM ɑːt̬ənɑːmɪk-] *n* ANAT vegetatives [*o* autonomes] Nervensystem **autonomic reflex** *n* ANAT unbedingter Reflex

autonomous [ɔː'tɒnəməs, AM ɑː'tɑːnə-] *adj* autonom, unabhängig, selbständig; ■**to be** ~ **of sth** von etw *dat* unabhängig sein

autonomously [ɔː'tɒnəməsli, AM ɑː'tɑːnə] *adv* selbständig, unabhängig, autonom

autonomy [ɔː'tɒnəmi, AM ɑː'tɑː-] *n no pl* Autonomie *f,* Unabhängigkeit *f* **(from** von *+dat)*

autopilot ['ɔːtəʊpaɪlət, AM 'ɑːt̬oʊ-] *n* ❶ *(on aircraft)* Autopilot *m;* **to be on** ~ mit Autopilot fliegen ❷ *no pl (fig)* **to be on** ~ etw [nur noch ganz] automatisch machen, etw automatisch abspulen

autopositive [ˌɔːtəʊ'pɒzətɪv, AM ˌɑːt̬oʊ'pɑːzət̬-] *n* PHOT Umkehrentwicklung *f*

autopsy ['ɔːtɒpsi, AM 'ɑːtɑːp-] *n* ❶ *(post-mortem)* Autopsie *f* **(on** *+gen);* **to carry out** [*or* **perform**] **an** ~ **on sb** an jdm eine Autopsie durchführen [*o* vornehmen] ❷ *no pl (examination process)* Obduktion *f geh,* Leichenöffnung *f;* **to conduct an** ~ **upon sb** bei jdm eine Obduktion vornehmen

autoroute ['ɔːtəruːt] *n* CAN Autobahn *f (in Québec)*

autosuggestion [ˌɔːtə(ʊ)sə'dʒestʃən, AM ˌɑːt̬oʊ-] *n no pl* Autosuggestion *f*

autosuggestive [ˌɔːtə(ʊ)sə'dʒestɪv, AM ˌɑːt̬oʊ-] *adj* autosuggestiv

autrefois acquit *n* LAW Einspruch *m* des Freispruchs in gleicher Sache **autrefois convict** *n* LAW Einrede *f* der Verurteilung in gleicher Sache

autumn ['ɔːtəm, AM 'ɑːt̬əm] *esp* BRIT **I.** *n* Herbst *m;* **in [the]** ~ im Herbst; **[in] late** ~ [im] Spätherbst **II.** *n modifier (day, festival, weather)* Herbst-; ~ **leaves** Herbstlaub *nt;* ~ **term** Wintersemester *nt*

autumnal [ɔː'tʌmnəl, AM ɑː'-] *adj esp* BRIT Herbst-, herbstlich; ~ **colours** Herbstfarben *pl;* BOT Herbstfärbung *f;* ~ **equinox** Herbst-Tagundnachtgleiche *f;* ~ **hues** Herbsttöne *pl*

autumn crocus *n* Herbstzeitlose *f*

auxiliary [ɔːg'zɪliəri, AM ɑːg'zɪljə-] **I.** *n* ❶ *(soldier)* Soldat(in) *m(f)* der Hilfstruppen ❷ BRIT *(assistant nurse)* Hilfsschwester *f;* **medical** ~ ärztliches Hilfspersonal ❸ LING Hilfsverb *nt,* Auxiliar *nt fachspr* ❹ *(assistant)* Hilfskraft *f* **II.** *adj* Hilfs-; *(additional)* Zusatz-; ~ **staff** Aushilfspersonal *nt*

auxiliary nurse *n* BRIT Schwesternhelferin *f* **auxiliary verb** *n* LING Hilfsverb *nt,* Auxiliar *nt fachspr*

av¹ [ɑːv] *adj inv abbrev of* **average** durchschn.

av² [æv] *n (sl) short for* **avatar**

AV [ˌeɪ'viː] *adj* AM *abbrev of* **audio-visual**

avail [ə'veɪl] **I.** *n* Nutzen *m;* **to** [*or* **of**] **no** ~ vergeblich; ***of what ~ is it ...?*** was nutzt es denn ...?; **to little or no** ~ mehr oder weniger erfolglos **II.** *vt (old)* ***it ~ed her nothing to complain*** ihre Beschwerde hatte nichts genutzt **III.** *vt (form)* ■**to** ~ **oneself of sth** von etw *dat* Gebrauch machen; **to** ~ **oneself the opportunity, to do sth** die Gelegenheit nutzen, etw zu tun

availability [əˌveɪlə'bɪləti, AM -ət̬i] *n no pl* Verfügbarkeit *f,* Erhältlichkeit *f;* ECON Lieferbarkeit *f;* ***the offer is subject to*** ~ das Angebot gilt, so lange der Vorrat reicht; ~ **of jobs** Stellenmarkt *m*

available [ə'veɪləbl] *adj* ❶ *(free for use)* verfügbar, zur Verfügung stehen; ***can we finish the project in the time ~?*** können wir das Projekt in der vorhandenen Zeit abschließen?; ***this is the best software*** ~ das ist die beste Software, die es gibt; ***he took the next ~ train to Rome*** er nahm den nächstmöglichen Zug nach Rom; **to make sth** ~ **[to sb]** [jdm] etw zur Verfügung stellen; FIN ~ **capital** verfügbares Kapital ❷ *usu pred (not busy)* ■**to be** ~ abkömmlich [*o* frei] [*o* verfügbar] sein; ***sorry, Mr Paul's not ~ at present*** tut mir Leid, Mr Paul ist im Moment leider verhindert; ***I'm afraid I won't be ~ on the 19th*** ich befürchte, ich habe am 19. keine Zeit; ***are you ~ for dinner tonight?*** kannst du heute Abend zum Essen kommen? ❸ *usu pred* ECON ■**to be** ~ erhältlich [*o* vorrätig] sein; *(in stock)* lieferbar sein; ~ **goods** lieferbare Waren; ~ **size** vorrätige Größe ❹ *usu pred (romantically unattached)* ■**to be** ~ frei [*o* ungebunden] sein

avalanche ['ævəlɑːn(t)ʃ, AM -æntʃ] *n* ❶ *(snow slide)* Lawine *f;* **risk of ~s** Lawinengefahr *f* ❷ *(fig: large influx)* Lawine *f fig,* Flut *f fig;* **to receive an** ~ **of letters/complaints** eine wahre Lawine an Briefen/Beschwerden bekommen

avant-garde [ˌævɑ̃ː(ŋ)'gɑːd, AM ˌɑːvɑːnt'gɑːrd] **I.** *n* + *sing/pl vb* Avantgarde *f* **II.** *adj* avantgardistisch

avarice ['ævərɪs] *n no pl* [Hab]gier *f,* Habsucht *f;* **to be rich beyond the dreams of** ~ unvorstellbar reich sein; **to earn wealth beyond the dreams of** ~ märchenhaft viel verdienen

avaricious [ˌævər'ɪʃəs, AM -ə'rɪ-] *adj (form)* habgierig, habsüchtig

avariciously [ˌævər'ɪʃəsli, AM -ə'rɪʃ-] *adv (form)* habgierig, habsüchtig

avatar ['ævətɑːʳ, AM tɑːr] *n* ❶ REL *(manifestation)* Inkarnation *f,* Herabkunft *f,* Avatara *m fachspr* ❷ *(fig: personification)* Verkörperung *f,* [charakteristisches] Merkmal ❸ INET, COMPUT Avatar *m*

AVC [ˌeɪviː'siː] *n* ECON *abbrev of* **additional voluntary contribution** freiwillige Sonderbeitragsleistung

Ave¹ *n abbrev of* **Avenue** Ave.

Ave² ['ɑːveɪ] *n short for* **Ave Maria** Ave *nt*

avenge [ə'vendʒ] *vt* ■**to** ~ **sb/sth** jdn/etw rächen; ■**to** ~ **oneself on sb [for sth]** sich *akk* an jdm [für etw *akk*] rächen

avenger [ə'vendʒəʳ, AM -ɚ] *n* Rächer(in) *m(f)*

avenue ['ævənjuː, AM *esp* -nuː] *n* ❶ *(broad street)* Avenue *f,* Boulevard *m;* *(tree-lined)* Allee *f;* BRIT *(leading to house)* Allee *f;* **an** ~ **of lime trees** eine Lindenallee ❷ *(fig: possibility)* Weg *m;* **to explore every** ~ alle möglichen Wege prüfen

avenue of appeal *n* LAW Rechtsweg *m*

aver <-rr-> [ə'vɜːʳ, AM -'vɜːr] *vt* ■**to** ~ **sth** ❶ *(form: assert)* etw beteuern ❷ LAW *(claim)* etw behaupten

average ['ævərɪdʒ] **I.** *n* ❶ *(mean value)* Durchschnitt *m;* **to have risen by an** ~ **of 4%** durchschnittlich um 4% gestiegen sein; **on** ~ im Durchschnitt ❷ *no pl (usual standard)* Durchschnitt *m;* **to be about the** ~ dem Durchschnitt entsprechen; **[to be] [well] above/below** ~ [weit] über/unter dem Durchschnitt [liegen] ❸ MATH Durchschnitt *m,* Mittelwert *m;* **law of ~s** Gesetz *nt* der Durchschnittsbildung ❹ *(in marine insurance)* Havarie *f* **II.** *adj inv* ❶ *(arithmetic)* durchschnittlich; *income, age* Durchschnitts-; **sb on an** ~ **income** jd mit einem Durchschnittseinkommen; ~ **rainfall** durchschnittliche Niederschlagsmenge ❷ *(typical)* durchschnittlich, Durchschnitts-; **of** ~ **ability** mit durchschnittlichen Fähigkeiten; **the** ~ **man** der Durchschnittsbürger; ~ **person** Otto Normalverbraucher; **above/below** ~ über-/unterdurchschnittlich **III.** *vt* ❶ *(have in general)* ■**to** ~ **sth** im Durchschnitt [*o* durchschnittlich] etw betragen; **to** ~ **70 hours a week** durchschnittlich 70 Stunden pro Woche arbeiten; **to** ~ **£12,000 per year** durchschnittlich 12.000 Pfund im Jahr verdienen ❷ *(find average)* ■**to** ~ **sth** von etw *dat* den Durchschnitt ermitteln

◆**average out** **I.** *vt* ■**to** ~ **out** ↻ **sth** den Durchschnitt einer S. *gen* berechnen [*o* ermitteln]; **to** ~ **out a column of figures** den Durchschnitt einer Zahlenkolonne ermitteln **II.** *vi* ❶ *(have as average)*

■ **to ~ out at …** im Durchschnitt … betragen, sich *akk* im Durchschnitt auf … belaufen ❷ *(even out)* sich *akk* ausgleichen

average adjuster *n* Schadenregulierer *m;* *(in marine insurance)* [Havarie-]Dispacheur *m*

averagely ['ævərɪdʒli] *adv* durchschnittlich, im Durchschnitt

averager ['ævərɪdʒər, AM -ər] *n* FIN Kapitalanleger(in) *m(f)*, der nach dem Prinzip des Averaging vorgeht

averaging *n* FIN An- und Verkauf *f* von Wertpapieren nach der Durchschnittskostenmethode; **pound-cost ~** Averaging *nt;* **~ down/up** Aktiennachkauf *m* bei fallenden/steigenden Kursen

averment [ə'vɜːmənt, AM -'vɜːr-] *n* LAW Beteuerung *f*, Versicherung *f*, Behauptung *f*

averse [ə'vɜːs, AM -'vɜːrs] *adj pred* ■ **to be ~ to sth** etw *dat* abgeneigt sein; ■ **to not be ~ to sth** etw *dat* nicht abgeneigt sein, nichts gegen etw *akk* haben

aversion [ə'vɜːʃən, AM -'vɜːrʒən] *n* ❶ *(intense dislike)* Abneigung *f*, Aversion *f geh;* **to have an ~ to sb/sth** eine Abneigung [*o* Aversion *geh*] gegen jdn/etw haben ❷ *(hated thing)* Gräuel *m;* ***greed is my pet*** ~ Habgier ist mir ein besonderer Gräuel

aversion therapy *n no pl* PSYCH Aversionstherapie *f*

avert [ə'vɜːt, AM -'vɜːrt] *vt* ❶ *(turn away)* **to ~ one's eyes/gaze** [**from sth**] seine Augen/seinen Blick [von etw *dat*] abwenden; **to ~ one's thoughts from sth** seine Gedanken von etw *dat* abwenden ❷ *(prevent)* ■ **to ~ sth** etw verhindern; **to ~ an accident** einen Unfall verhüten; **to ~ a blow** einen Schlag abwehren; **to ~ a conflict/crisis** einen Konflikt/eine Krise abwenden

aviary ['eɪviəri, AM -eri] *n* Vogelhaus *nt*, Voliere *f geh*

aviation [ˌeɪvi'eɪʃən] *n no pl* ❶ *(operating of aircraft)* Fliegerei *f*, Fliegen *nt;* *(aeronautics)* Luftfahrt *f;* **the British Civil A~ Authority** die britische Luftfahrtbehörde; **the US A~ Administration** das Luftfahrtministerium der USA ❷ *(aircraft manufacture)* Flugzeugbau *m*, Flugzeugtechnik *f*

aviation fuel *n no pl* Flugbenzin *nt* **aviation industry** *n* Flugzeugindustrie *f*

aviator ['eɪvieɪtər, AM -t̬ər] *n* *(dated)* Flieger(in) *m(f)*

avid ['ævɪd] *adj* ❶ *(eager)* eifrig, begeistert, leidenschaftlich; **~ desire** sehnlicher Wunsch ❷ *(greedy)* gierig; ■ **to be ~ for sth** gierig nach etw *dat* sein

avidity [ə'vɪdəti, AM -əṭi] *n no pl* *(enthusiasm)* Begeisterung *f* (**for** für +*akk*), Leidenschaftlichkeit *f* (**for** für +*akk*); *(greed)* Begierde *f* (**for** nach +*dat*), Gier *f* (**for** nach +*dat*)

avidly ['ævɪdli] *adv* *(very enthusiastically)* begeistert, leidenschaftlich; *(greedily)* begierig, gierig

avionics [ˌeɪvi'ɒnɪks, AM -ɑːnɪks] *n* ❶ + *sing vb* AVIAT *(technology)* Luftfahrtelektronik *f*, Avionik *f fachspr* ❷ + *pl vb* AVIAT *(devices)* Bordelektronik *f*, Avionik *f fachspr*

avocado <*pl* -s *or* -es> [ˌævə'kɑːdəʊ, AM -doʊ] *n* Avocado *f*

avocation [ˌævə'keɪʃən] *n* Berufung *f*

avocet ['ævə(ʊ)set, AM -əset] *n* ORN Säbelschnäbler *m*

avoid [ə'vɔɪd] *vt* ❶ *(stay away from)* ■ **to ~ sb/sth** jdn/etw meiden [*o* aus dem Weg gehen]; **to ~ sb's eyes** jds Blicken ausweichen; **to ~ sb/sth like the plague** jdn/etw wie die Pest meiden *fam* ❷ *(prevent sth happening)* ■ **to ~ sth** etw vermeiden [*o* umgehen]; ***I'm not going if I can possibly ~ it*** wenn ich es irgendwie vermeiden kann, werde ich nicht [hin]gehen; **to ~ the danger** die Gefahr meiden; *(specific occasion)* der Gefahr entgehen; **to narrowly ~ sth** etw *dat* knapp entgehen; **to studiously ~ sth** etw sorgfältig vermeiden ❸ *(not hit)* ■ **to ~ sth** *obstacle* etw *dat* ausweichen

avoidable [ə'vɔɪdəbl] *adj* vermeidbar

avoidance [ə'vɔɪdən(t)s] *n no pl* Vermeidung *f;* *of taxes* Umgehung *f;* **tax ~** Steuerumgehung *f*

avoirdupois [ˌævədə'pɔɪz, AM ˌævər-] *n*, **avoirdupois weight** *n* Avoirdupois-System *nt* *(angloamerikanisches Gewichtssystem vor der Umstellung auf das metrische System);* **~ pound** Pfund *nt*

avow [ə'vaʊ] *vt* *(form)* ■ **to ~ sth** etw bekennen; ■ **to ~ that …** eingestehen, dass …; ■ **to ~ oneself to sth** sich *akk* zu etw *dat* bekennen; **to ~ one's love to sb** jdm seine Liebe erklären *liter;* **an ~ed opponent** ein erklärter Gegner

avowal [ə'vaʊəl] *n no pl* *(form)* Bekenntnis *nt;* *of beliefs* Bekundung; **to make an ~ of one's love** seine Liebe gestehen

avowed [ə'vaʊd] *adj attr* erklärte(r,s) *attr*, ausgesprochene(r,s) *attr*

avowedly [ə'vaʊɪdli] *adv* erklärtermaßen, eingestandenermaßen

avuncular [ə'vʌŋkjələr, AM -lər] *adj* onkelhaft

avuncularly [ə'vʌŋkjələrli, AM -lər-] *adv* onkelhaft, wie ein [lieber] Onkel

AWACS ['eɪwæks] *n acr for* **airborn warning and control system** AWACS *nt*

await [ə'weɪt] *vt* ■ **to ~ sb/sth** jdn/etw erwarten; **a prisoner ~ing trial** ein Gefangener/eine Gefangene, dessen/deren Fall noch zur Verhandlung ansteht; **eagerly ~ed** sehnlichst erwartet; **long ~ed** lang ersehnt

awake [ə'weɪk] **I.** *vi* <awoke *or* AM *also* awaked, awoken *or* AM *also* awaked> ❶ *(stop sleeping)* aufwachen, erwachen ❷ *(fig)* ■ **to ~ to sth** sich *dat* einer S. *gen* bewusst werden **II.** *vt* <awoke *or* AM *also* awaked, awoken *or* AM *also* awaked> ❶ *(from sleep)* ■ **to ~ sb** jdn [auf]wecken ❷ *(fig: rekindle)* ■ **to ~ sth** etw wieder erwecken ❸ *(cause to realize)* ■ **to ~ sb to sth** jdm etw bewusst machen; *(make interested)* jds Interesse für etw *akk* wecken **III.** *adj pred* ❶ *(not asleep)* wach; **wide ~** hellwach; **to keep** [*or* **stay**] **~** wach bleiben; **to keep sb ~** jdn wach halten; **to lie ~** wach liegen ❷ *(fig)* ■ **to be ~ to sth** sich *dat* einer S. *gen* bewusst sein

awaken [ə'weɪkən] **I.** *vt* *(liter)* ❶ *usu passive* *(wake up)* ■ **to be ~ed** [**by sb/sth**] [von jdm/etw] geweckt werden ❷ *(fig: start)* ■ **to ~ sth** etw [er]wecken ❸ *(fig: make aware)* ■ **to ~ sb to sth** jdm etw bewusst machen **II.** *vi* erwachen, aufwachen

awakening [ə'weɪkənɪŋ] *n usu no pl* Erwachen *nt;* **rude ~** böses Erwachen; **sudden ~** plötzliche Erkenntnis

award [ə'wɔːd, AM -'wɔːrd] **I.** *vt* **to be ~ed damages** Schadenersatz zugesprochen bekommen; **to ~ sb a grant** jdm ein Stipendium gewähren; **to ~ sb a medal/prize** jdm eine Medaille/einen Preis verleihen **II.** *n* ❶ *(prize)* Preis *m*, Auszeichnung *f* (**for** für +*akk*); **to be presented with an ~** eine Auszeichnung [verliehen] bekommen, einen Preis bekommen ❷ *(compensation)* Entschädigung *f;* **~ of damages** Zubilligung *f* von Schadenersatz ❸ LAW Zuerkennung *f;* *(judicial decision)* Schiedsspruch *m*

award-winning [ə'wɔːdwɪnɪŋ, AM -'wɔːrd-] *adj inv* preisgekrönt

aware [ə'weər, AM -'wer] *adj* ❶ *pred* *(knowing)* ■ **to be ~ of sth** sich *dat* einer S. *gen* bewusst sein; ***as far as I'm*** ~ soviel [*o* soweit] ich weiß; ***not that I'm ~ of*** nicht, dass ich wüsste; **to be** [**perfectly**] **well** [*or* **to be acutely**] **~ of sth** sich *dat* einer S. *gen* [sehr] wohl bewusst sein; ■ **to be ~ that …** sich *dat* bewusst sein, dass …, sich *dat* darüber im Klaren sein, dass …; ■ **to make sb ~ of sth** jdm etw bewusst machen ❷ *pred* *(physically sensing)* ■ **to be ~ of sb/sth** jdn/etw bemerken; ***he was ~ of a pain in his left arm*** er spürte einen Schmerz in seinem linken Arm ❸ *(well informed)* unterrichtet, informiert; **ecologically ~** umweltbewusst; **to act politically ~** politisch bewusst handeln ❹ *child* aufgeweckt

awareness [ə'weərnəs, AM -'wer-] *n no pl* Bewusstsein *nt;* **environmental ~** Umweltbewusstsein *nt*

awareness course *n* Selbstbewusstseinstraining *nt*

awash [ə'wɒʃ, AM -'wɑːʃ] *adj pred* ❶ *(with water)* unter Wasser, überflutet; ■ **to be ~** unter Wasser stehen, überschwemmt sein ❷ *(fig: overwhelmed)* ■ **to be ~ with sth** voll von etw *dat* sein; ***Parliament is ~ with rumours*** im ganzen Parlament brodelt die Gerüchteküche; **to be ~ with money** im Geld schwimmen

away [ə'weɪ] **I.** *adv inv* ❶ *(elsewhere)* weg; **to be ~ on business** geschäftlich unterwegs sein; **to go ~** weggehen, fortgehen; **to move ~** wegziehen; ***she's ~ from work with a cold*** sie ist heute nicht bei der Arbeit, da sie erkältet ist ❷ *(distant)* weg; ***oh, but it's miles*** ~ aber das ist ja ewig weit weg von hier! *fam;* **to move away from somewhere** sich von etw *dat* entfernen; **five miles ~** [**from here**] fünf Meilen [von hier] entfernt; **as far ~ as possible** so weit weg wie möglich; **~ from the city** außerhalb der Stadt; **~ from each other** voneinander entfernt; **to keep** [*or* **stay**] **~ from sb/sth** sich *akk* von jdm/etw fernhalten ❸ *(in another direction)* weg; **to look ~** wegsehen; **to turn ~** sich *akk* abwenden; AM STOCKEX ***the bid is ~ from the market*** das Angebot liegt unter dem Kursniveau ❹ *(fig: from subject, trouble)* **to move a discussion ~ from sth** das Gespräch auf ein anderes Thema bringen ❺ *(in future time)* **to be two days/six months ~** *event* in zwei Tagen/sechs Monaten sein; **to be still/only a week ~** erst/schon in einer Woche sein; ***summer still seems a long time*** ~ der Sommer scheint noch weit entfernt ❻ *(through entire period of time)* ***we danced the night*** ~ wir tanzten die ganze Nacht durch; ***you're dreaming your life*** ~ du verträumst noch dein ganzes Leben ❼ *(continuously)* dahin-; **to drink the night ~** die ganze Nacht über trinken; **to be laughing ~** ständig am Lachen sein; **to write ~** drauflosschreiben *fam* ❽ SPORTS *(at opponents' ground)* **to play ~** auswärts spielen ❾ *(old liter)* **~!** hinweg! *veraltet liter* **II.** *adj inv, attr* SPORTS auswärts, Auswärts-; **~ game** [*or* **fixture**] [*or* **match**] Auswärtsspiel *nt;* **~ team** Gastmannschaft *f;* **~ win** Auswärtssieg *m*

awe [ɔː, AM ɑː] **I.** *n no pl* Ehrfurcht *f;* **to fill sb with ~** jdn mit Ehrfurcht erfüllen; **to hold sb in ~** großen Respekt vor jdm haben, jdn sehr bewundern; **to stand in ~ of sb** vor jdm gewaltigen Respekt haben **II.** *vt* <BRIT aweing *or* AM awing> ■ **to ~ sb** jdm Ehrfurcht einflößen; *(intimidate)* jdn einschüchtern; **to be ~d into silence** beeindruckt schweigen

awed [ɔːd, AM ɑːd] *adj* ehrfurchtsvoll, ehrfürchtig

awe-inspiring *adj* Ehrfurcht gebietend; **an ~ sight** ein erhabener Anblick

awesome ['ɔːsəm, AM 'ɑː-] *adj* ❶ *(impressive)* beeindruckend, eindrucksvoll ❷ *(intimidating)* beängstigend ❸ AM *(sl: very good)* spitze *sl*, super *sl;* **to look ~** spitze aussehen *fam*

awesomely ['ɔːsəmli, AM 'ɑː] *adv* ❶ *(inspiring apprehension)* beängstigend, erschreckend ❷ *(inspiring admiration)* ungemein, verblüffend ❸ *(fam: impressively)* unwahrscheinlich, beeindruckend

awestricken ['ɔːˌstrɪkən, AM 'ɑː-] *adj*, **awestruck** ['ɔːˌstrʌk, AM 'ɑː-] *adj* [von Ehrfurcht] ergriffen; **~ expression** erfurchtsvoller Ausdruck

awful ['ɔːfəl, AM 'ɑː-] *adj* ❶ *(extremely bad)* furchtbar, schrecklich, scheußlich; ***what an ~ thing to say!*** das war aber gemein von dir!; ***you're really*** ~ du bist wirklich schlimm!; **~ quarrel** schlimmer Streit; **to be too ~ for words** unbeschreiblich schlecht sein; **to look ~** schrecklich [*o* fürchterlich] aussehen; **to smell ~** fürchterlich stinken ❷ *attr* *(great)* außerordentlich, eindrucksvoll; **an ~ lot** eine riesige Menge

awfully ['ɔːfəli, AM 'ɑː-] *adv* furchtbar *fam*, entsetzlich *fam;* ***I'm ~ sorry*** es tut mir unheimlich [*o* furchtbar] Leid; ***I'm not ~ good at skiing*** ich kann nicht besonders gut Ski fahren; *(dated)* ***would you mind ~ if …*** würde es dir viel ausmachen, wenn …; ***it's not ~ important*** es ist nicht so wichtig; **an ~ long way** ein schrecklich weiter Weg; **~ kind** furchtbar nett

awfulness ['ɔːfəlnəs, AM 'ɑː-] *n no pl* Furchtbarkeit *f*, Schrecklichkeit *f;* **in all its ~** in seinem ganzen schrecklichen Ausmaß

awhile [ə'(h)waɪl] *adv inv* eine Weile; ***not yet*** ~ so bald nicht!; **to rest ~** sich *akk* eine Weile ausruhen

awkward ['ɔːkwəd, AM 'ɑːkwərd] *adj* ❶ *(difficult)* schwierig; **to be at an ~ age** in einem schwierigen Alter sein; **an ~ customer** *(fig)* ein schwieriger

Mensch, ein unangenehmer Zeitgenosse; **to make things ~ for sb** es jdm schwer machen ② (*embarrassing*) unangenehm, peinlich; ~ **question** peinliche Frage; ~ **silence** betretenes Schweigen, peinliche Stille; **to feel** ~ sich *akk* unbehaglich fühlen; ***I feel quite ~ about that*** das ist mir ziemlich unangenehm ③ (*inconvenient*) ungünstig; ***tomorrow morning is a bit ~ for me*** morgen früh passt es mir nicht so gut; **an ~ time** unpassende [*o* ungünstige] Zeit ④ (*clumsy*) unbeholfen, linkisch *pej* ⑤ BRIT (*uncooperative*) faul, unnütz

awkwardly ['ɔːkwədli, AM 'ɑːkwɚdli] *adv* ① (*inconveniently*) ungünstig, unpassend; ~ **timed** zu einem ungünstigen Zeitpunkt; ~ **placed** an einem ungünstigen Ort ② (*feeling embarrassed*) verlegen, betreten ③ (*clumsily*) unbeholfen, ungeschickt; (*inelegantly*) linkisch *pej*; **to fall** ~ unglücklich hinfallen ④ (*unskilfully*) ungeschickt ⑤ BRIT (*contrarily*) eigensinnig

awkwardness ['ɔːkwədnəs, AM 'ɑːkwɚd-] *n no pl* ① (*embarrassed feeling*) Betretenheit *f*, Verlegenheit *f* ② (*embarrassing nature*) Peinlichkeit *f* ③ (*lack of grace*) Unbeholfenheit *f*, Ungeschicklichkeit *f* ④ (*difficulty*) Schwierigkeit *f* ⑤ (*lack of skill*) Ungeschicktheit *f* ⑥ BRIT (*uncooperativeness*) mangelnde Hilfsbereitschaft

awning ['ɔːnɪŋ, AM 'ɑː-] *n* (*on house*) Markise *f*; (*of caravan*) Vorzelt *nt*, Vordach *nt*; (*on wagon*) Plane *f*; (*on ship*) Sonnensegel *nt*

awoke [ə'wəʊk, AM -'woʊk] *pt of* **awake**

awoken [ə'wəʊkən, AM -'woʊk-] *pp of* **awake**

AWOL ['eɪwɒl, AM -wɑːl] *adj pred acr for* **absent without leave**: **to go** ~ MIL sich *akk* unentschuldigt von der Truppe entfernen; (*fig*) verschwinden

awry [ə'raɪ] *adj pred* ① (*wrong*) verkehrt; **to go** ~ schief gehen, fehlschlagen ② (*untidy*) unordentlich ③ (*askew*) *picture* schief

aw-shucks [,ɑː'ʃʌks] *adj* AM (*fam*) bescheiden, unaufdringlich; ~ **smile** sprödes Lächeln

ax AM, **axe** [æks] **I.** *n* Axt *f*, Beil *nt* ▸ PHRASES: **to get the** ~ (*fam*) *workers* entlassen werden; *projects* gestrichen werden; **to have an ~ to grind** (*have a personal grievance*) ein persönliches Interesse haben; (*have reason for complaint*) Grund zur Klage haben; **to wield the ~ on sth** etw radikal kürzen **II.** *vt* ■**to ~ sth** (*reduce*) *budget* etw radikal kürzen; (*eliminate*) *project* etw [radikal] streichen; **to ~ jobs** Stellen [zusammen]streichen; ■**to ~ sb** jdn entlassen

axiom ['æksiəm] *n* Axiom *nt geh*, Grundsatz *m*; **a widely held** ~ ein allgemein anerkannter Grundsatz

axiomatic [,æksiə'mætɪk, AM -'mæt̬-] *adj* axiomatisch *geh*; ***it is ~ that …*** es liegt auf der Hand, dass …

axiomatically [,æksiə'mætɪkəli, AM -'mæt̬-] *adv* selbstverständlich

axis <*pl* axes> ['æksɪs, *pl* -siːz] *n* ① (*of spinning object*) [Dreh]achse *f* ② MATH Achse *f* ③ (*hist*) ■**the A~** die Achse

Axis Powers *n* (*hist*) ■**the ~** *pl* die Achsenmächte *pl*

axle ['æksl] *n* Achse *f*; **back/front** ~ Hinter-/Vorderachse *f*

ayatollah [,aɪə'tɒlə, AM -'toʊlə] *n* Ayatollah *m*

aye [aɪ] **I.** *interj* ① SCOT, NBRIT (*yes*) ja ② NAUT zu Befehl, jawohl; ~, ~, ***sir!*** zu Befehl, Herr Kapitän! **II.** *n* POL Jastimme *f*; ***the A~s have it*** die Mehrheit ist dafür

Ayurveda [aɪʊə'veɪdə, AM ,ɑːjʊr'-] *n no pl* Ayurveda *m*

azalea [ə'zeɪliə, AM 'zeɪljə] *n* Azalee *f*

Azerbaijani [,æzəbar'dʒɑːni, AM ,ɑːzɚ] **I.** *adj inv* aserbaidschanisch **II.** *n* <*pl* -s> ① (*person*) Aserbaidschaner(in) *m(f)* ② *no pl* (*language*) Aserbaidschanisch *nt*

azidothymidine [ə'zaɪdɔ,θɪmɪdən] *n no pl* MED Azidothymidin *nt*

azimuth ['æzɪməθ] *n* ASTRON Azimut *m o nt fachspr*, Scheitelkreis *m*

Azores [ə'zɔːz, AM eɪ'zɔːrz] *npl* ■**the ~** die Azoren

AZT [,eɪzed'tiː, AM -ziː'-] *n no pl abbrev of* **azidothymidine** AZT *nt*

Aztec ['æztek] **I.** *n* Azteke, -in *m, f* **II.** *adj inv* aztekisch, Azteken-; ~ **language** Aztekisch *nt*

azure ['æʒəʳ, AM 'æʒɚ] **I.** *n no pl* Azur[blau] *nt* **II.** *adj* azur[blau]; *eyes* tief blau

B

B <*pl* -'s>, **b** <*pl* -'s *or* -s> [biː] *n* ① (*letter*) B *nt*, b *nt*; ~ **for Benjamin** [*or* AM **as in Baker**] B für Berta; *see also* **A 1.** ② MUS H *nt*, h *nt*; ~ **flat** B *nt*, b *nt*; ~ **sharp** His *nt*, his *nt*; *see also* **A 2.** ③ (*mark*) ≈ Zwei *f*, ≈ gut; *see also* **A 3.**

b *n* ① AM *abbrev of* **billion** Mrd. ② *abbrev of* **born** geb. ③ COMPUT *abbrev of* **bit** b, bt

B¹ <*pl* -'s *or* -s> [biː] *n* ① (*hypothetical person, thing*) B; *see also* **A¹ 3.** ② (*blood type*) B

B² [biː] *n* ① *abbrev of* **black lead** B; ~ **pencil** Bleistift *m* mit der Härte B ② *abbrev of* **bishop** (*in chess*) L ③ COMPUT *abbrev of* **byte** B

BA [,biː'eɪ] *n* ① *abbrev of* **Bachelor of Arts** B. ② *abbrev of* **British Airways** BA *f*

baa [bɑː] **I.** *n no pl* Blöken *nt*, Geblöke *nt* **II.** *vi* blöken, mähen, mäh machen *fam*

baaing ['bɑːɪŋ] *n no pl* Blöken *nt*, Geblöke *nt*

baas [bɑːs] *n* SA Herr *m*

babbitt metal ['bæbɪt 'metəl] *n no pl* Weißmetall *nt*

babble ['bæbl̩] **I.** *n no pl* ① (*confused speech*) Geplapper *nt pej fam*, Gebabbel *nt* DIAL *pej fam*; ~ **of voices** Stimmengewirr *nt* ② (*murmuring sound*) Murmeln *nt*; *of water* Geplätscher *nt*; *of a brook* Plätschern *nt* ③ (*pej: jargon*) **internet** ~ Internetjargon *m* **II.** *vi* ① (*talk incoherently*) plappern, brabbeln *fam*, quasseln *fam*; *baby* babbeln *fam*, lallen ② *water* plätschern **III.** *vt* ■**to ~ sth** (*incoherently*) etw stammeln; (*tell a secret*) etw ausplaudern; **to ~ an excuse** eine Entschuldigung stottern

◆**babble out** *vt* ■**to ~ out** ⊃ **sth** etw ausplaudern

babbling ['bæblɪŋ] **I.** *adj attr, inv* ① (*muttering nonsense*) stammelnd, plappernd ② (*of water*) plätschernd, murmelnd **II.** *n* ① (*muttering of nonsense*) Gestammel *nt*, Geplapper *nt* ② LING *infant* Geplapper *nt*, Geb[r]abbel *nt*

babe [beɪb] *n* ① (*liter: baby*) Kindlein *nt liter*; ~ **in arms** Säugling *m*; **newborn** ~ Neugeborenes *nt* ② (*inexperienced person*) Neuling *m*, Anfänger(in) *m(f)* ③ (*fam: form of address*) Schatz *m fam*, Baby *nt fam* ④ (*fam: attractive woman*) Süße *f*, Puppe *f sl*; AM (*attractive man*) Baby *nt*, Süßer *m*

babel ['beɪbəl] *n* ① *no pl* (*confusion*) Gewirr *nt* ② *of languages* babylonisches Sprachengewirr ③ **the Tower of B~** REL der Turmbau zu Babel; (*fig*) der Babylonische Turm

baboon [bə'buːn, AM *also* bæ-] *n* ① (*monkey*) Pavian *m* ② (*pej: person*) Neandertaler *m fig, pej*

baby ['beɪbi] **I.** *n* ① (*child*) Baby *nt*; *of animals* Junges *nt*; (*nursing child*) Säugling *m*; **to expect/have a** ~ ein Baby [*o* Kind] erwarten/bekommen ② (*youngest person*) Jüngste(r) *f(m)*; **the ~ of the family** das Nesthäkchen ③ (*childish person*) Kindskopf *m*; ***don't be such a ~ — this won't hurt a bit*** stell' dich nicht so an – es wird nicht wehtun! ④ *esp* AM (*fam: affectionate address*) Baby *nt*, Schatz *m*, Liebling *m* ⑤ (*responsibility*) ***ask Philipp, it's his ~*** frag Philipp, es ist sein Ding ▸ PHRASES: **to throw the ~ out with the bath water** das Kind mit dem Bade ausschütten; **to be left holding the ~** etw ausbaden müssen **II.** *n modifier* ① (*very young*) (*bird, elephant*) klein; ~ **boy/girl** kleiner Sohn/kleines Töchterchen; **a ~ dog** ein Hündchen *nt* ② (*small variety*) Mini-; ~ **car** Kleinwagen *m*; ~ **carrots** Babymöhren *pl*; ~ **vegetables** junges Gemüse ③ (*for babies*) (*bath, equipment, shoes, things, toys*) Baby-; ~ **clothes** Babywäsche *f* **III.** *vt* <-ie> ■**to ~ sb** jdn wie ein kleines Kind behandeln

baby battering *n no pl* Kindesmisshandlung *f*

Baby Bell *n* AM TELEC (*fam*) *eine der sieben Firmen, die nach der Zerschlagung des AT & T-Monopols entstand* **baby blue I.** *n no pl* Bleu *nt* **II.** *adj pred* himmelblau, bleu *präd* **baby-blue** *adj attr* bleu *präd* **baby blues** *npl* ① (*fam: blue eyes*) blaue Augen ② (*fam: post-natal depression*) postnatale Depression **baby bonds** *npl* AM FIN Baby Bonds *pl* **baby boom** *n* Babyboom *m fam* **baby boomer** *n* ① (*person*) ■**to be a ~** einem geburtenstarken Jahrgang angehören ② ■**the ~s** *pl* (*generation*) ≈ die Nachkriegsgeneration *kein pl* **baby buggy®** *n esp* BRIT Buggy *m*; (*more robust version*) Sportwagen *m* **baby carriage** *n* AM (*pram*) Kinderwagen *m* **baby-faced** ['beɪbifeɪst] *adj* mit kindlichen Gesichtszügen *nach n* **baby food** *n no pl* Babynahrung *f* **baby grand** *n* MUS Stutzflügel *m* **Babygro®** ['beɪbigrəʊ, AM -groʊ] *n* Strampler *m*

babyhood ['beɪbihʊd] *n no pl* Säuglingsalter *nt*

babyish ['beɪbiɪʃ] *adj* (*pej*) kindisch *pej*

babyishly ['beɪbiɪʃli] *adv* wie ein kleines Kind

babyishness ['beɪbiɪʃnəs] *n no pl* Kindsköpfigkeit *f*

Babylon ['bæbɪlɒn, AM lɑːn] *n no pl* HIST, REL Babylon *nt*

Babylonian [,bæbɪ'ləʊniən, AM 'loʊ] **I.** *adj inv* babylonisch **II.** *n* Babylonier(in) *m(f)*

baby milk *n no pl* Babymilch *f* **baby-minder** *n* BRIT Tagesmutter *f*; (*profession*) Kinderpfleger(in) *m(f)* **baby oil** *n* Babyöl *nt* **baby's breath** *n no pl* Schleierkraut *nt* **babysit** <-tt-, -sat, -sat> **I.** *vi* babysitten *fam*; ■**to ~ for sb** bei jdm babysitten *fam* **II.** *vt* ■**to ~ sb** auf jdn aufpassen **babysitter** *n* Babysitter(in) *m(f)* **babysitting** *n* Babysitting *nt*, Babysitten *nt* **baby talk** *n no pl* Babysprache *f* **baby tooth** *n* Milchzahn *m* **baby walker** *n* Laufstuhl *m* **baby wipe** *n* [Baby-]feuchttüchlein *nt*

baccarat ['bækərɑː, AM ,bækə'rɑː] *n no pl* Bakkarat *nt*

bacchanal ['bækənəl, AM ,bækə'nɑːl] *n* (*liter*) Baccanal *nt geh*

bacchanalian [,bækə'neɪlɪən] *adj* (*liter*) bacchantisch *geh*

Bacchus ['bækəs] *n no pl* MYTH Bacchus *m*

baccy ['bæki] *n no pl* BRIT, AUS (*dated sl*) Tabak *m*

bachelor ['bætʃələr, AM -ələ] *n* ① (*unmarried man*) Junggeselle *m*; **a confirmed** ~ ein eingefleischter Junggeselle; **an eligible** ~ ein begehrter Junggeselle ② UNIV **B~ of Arts/Science** Bakkalaureus *m* der philosophischen/naturwissenschaftlichen Fakultät (*unterster akademischer Grad in englischsprachigen Ländern*)

bachelor apartment AM, **bachelor flat** *n* Junggesellenwohnung *f*; CAN (*one-room*) Einzimmerwohnung *f*

bachelorhood ['bætʃələhʊd, AM ələ] *n no pl* Junggesellentum *nt*, Junggesellenstand *m*

bachelor pad *n* (*fam*) Junggesellenwohnung *f*

bachelor party *n* AM Junggesellenabschiedsparty *f*

Bachelor's degree *n* Bakkalaureat *nt*, BA (*niedrigster akademischer Grad in englischsprachigen Ländern*); **to have a ~ [in sth]** ein BA [in etw *dat*] haben

Bach flower remedies [bætʃ 'flaʊəʳ ,remədɪz] *npl* NATURMED Bachblüten *pl*

bacillus <*pl* bacilli> [bə'sɪləs, *pl* bə'sɪlaɪ] *n* Bazillus *m*

back [bæk] **I.** *n* ① (*body part*) Rücken *m*; **to be on one's** ~ daniederliegen *geh o hum*, flachliegen *fam*; **to lie on one's** ~ auf dem Rücken liegen; **to put** [*or* **throw**] **one's ~ out** sich *akk* verheben; **to slap sb on the** ~ jdm auf den Rücken klopfen; **behind sb's** ~ (*fig*) hinter jds Rücken ② (*behind front*) *of a building, piece of paper* Rückseite *f*; *of a chair* Lehne *f*; ***we sat at the ~ of the theatre*** we saßen ganz hinten im Theater; ***Ted is out*** [*or* BRIT, AUS ***round***] ***the*** ~ [*or* AM ***out back***] Ted ist draußen hinterm Haus *fam*; **at** [*or* **in**] **the ~ [of the bus/book]** hinten [im Bus/Buch]; ~ **to front** verkehrt herum ③ SPORTS (*defensive player*) Verteidiger(in) *m(f)* ▸ PHRASES: **at**

the ~ **of beyond** am Ende der Welt, j.w.d. ['jɔt-veːdeː] *fam;* **to know sth ~ to front** etw im Schlaf [*o* vorwärts und rückwärts] können *fig;* **to be glad to see the ~ of sb** froh sein, jdn los zu sein; **to know sth like the ~ of one's hand** etw in- und auswendig [*o fam* wie seine Westentasche] kennen; **in** [*or* **at**] **the ~ of one's mind** im Hinterkopf; **to have one's ~ against the wall** mit dem Rücken zur Wand stehen *fig;* **to do sth on the ~ of sth** etw auf der Basis [*o* aufgrund] einer S. *gen* tun; **to get off sb's ~** jdn in Ruhe lassen; **to get** [*or* **put**] **sb's ~ up** jdn in Rage bringen [*o* wütend machen]; **to put one's ~ into sth** sich *akk* in etw *akk* hineinknien; **to ride on the ~ of sth** im Fahrwasser einer S. *gen* mitschwimmen; **to stab sb in the ~** jdm in den Rücken fallen *fig;* **to turn one's ~ on sb** (*reject sb*) sich *akk* von jdm abwenden; (*ignore sb*) jdm den Rücken [zu]kehren **II.** *adj attr, inv* ❶ (*rear*) Hinter-; ~ **door** Hintertür *f;* ~ **entrance** Hintereingang *m;* ~ **leg** Hinterbein *nt;* ~ **pocket** Gesäßtasche *f;* ~ **seat** Rücksitz *m;* ~ **tooth** Backenzahn *m* ❷ MED Rücken-; ~ **pain/problems** Rückenschmerzen *mpl*/Rückenprobleme *ntpl* ❸ (*old*) alt(e,r) *attr;* ~ **issue** alte Ausgabe ► PHRASES: **to be on the ~ burner** auf Eis liegen; **to put sth on the ~ burner** etw auf Eis legen **III.** *adv inv* ❶ (*to previous place*) [wieder] zurück; **there and ~** hin und zurück; **to be ~** [wieder] zurück sein; **to bring ~ memories** Erinnerungen wecken; **to come ~** zurückkommen; **to come ~ [into fashion]** wieder in Mode kommen; **to put sth ~** etw zurücklegen; **to want sb/sth ~** jdn/etw zurück[haben] wollen ❷ (*to the rear, behind*) zurück; ~ **and forth** hin und her; **to lie ~** sich *akk* zurücklegen; **to look ~** sich *akk* umgucken, zurückblicken *a. fig;* **to sit ~** sich *akk* zurücklehnen; **to stand [well] ~** zurücktreten, Abstand halten; **to throw ~ one's head** den Kopf zurückwerfen; (*fig*) **to hold sb ~** jdn zurückhalten; ***don't let anything hold you ~*** lass dich durch nichts aufhalten ❸ (*in return*) zurück; **to call ~** zurückrufen; **to fight** [*or* **hit**] **~** zurückschlagen; **to pay sth ~** etw zurückzahlen; **to write ~** zurückschreiben ❹ (*into past*) zurück; ***as far ~ as I can remember*** so weit ich zurückdenken kann ► PHRASES: **to get** [*or* **pay**] **sb ~** [*or* **get ~ at sb**] [**for sth**] jdm etw heimzahlen **IV.** *vt* ❶ (*support*) ■**to ~ sth** *idea, plan, proposal* etw unterstützen [*o* befürworten]; ■**to ~ sb** jdn unterstützen, jdm den Rücken stärken; **to ~ a bill** FIN [als Dritter] einen Wechsel unterzeichnen; LAW (*support a Bill*) einen Gesetzesentwurf unterstützen; **to ~ a horse** auf ein Pferd setzen ❷ (*drive*) ***she ~ed the car into the garage*** sie fuhr rückwärts in die Garage ► PHRASES: **to ~ the wrong horse** aufs falsche Pferd setzen *fig fam* **V.** *vi car* zurücksetzen; ***the car ~ed down the hill*** das Auto fuhr rückwärts den Berg hinunter

◆**back away** *vi* ■**to ~ away from sb/sth** vor jdm/etw zurückweichen

◆**back down** *vi* nachgeben, einen Rückzieher machen *fam;* **to ~ down from** [*or* **on**] **a opinion/plan** von einem Plan/einem Standpunkt abkommen

◆**back into** *vi* ■**to ~ into sb** *person* mit jdm zusammenstoßen; ■**to ~ into sth** *vehicle* rückwärts gegen etw *akk* fahren; ***the red Honda ~ed into a Mercedes*** der rote Honda fuhr rückwärts in einen Mercedes

◆**back off** *vi* ❶ (*go away*) sich *akk* zurückziehen; (*stop*) stocken; (*leave alone*) ~ ***off!*** lass' mich in Ruhe! ❷ *car* zurücksetzen

◆**back onto** *vi* ■**to ~ onto sth** hinten an etw *akk* [an]grenzen

◆**back out** *vi* einen Rückzieher machen *fam;* **to ~ out from** [*or* **of**] **a contract** von einem Vertrag zurücktreten, aus einem Vertrag aussteigen *fam*

◆**back up I.** *vi* sich *akk* stauen; *sink* verstopfen; **to ~ up for ... miles/kilometers** sich *akk* über ... Meilen/Kilometer stauen **II.** *vt* ❶ (*support*) ■**to ~ up ↻ sb/sth** jdn/etw unterstützen; (*confirm*) ■**to ~ up ↻ sth** etw bestätigen ❷ COMPUT **to ~ up data/files to a disk** Daten/Dateien auf einer Diskette sichern ❸ (*reverse*) **to ~ up a car/lorry** einen Wagen/Laster zurücksetzen ❹ STOCKEX **to ~ a portfolio** das Portefeuille umschichten, auf Papiere mit kürzerer Laufzeit umsteigen

backache *n no pl* Rückenschmerzen *mpl*

back and filling *adj* ECON *market* mit geringen Preisschwankungen **back bacon** *n* CAN ≈ gekochter Schinkenspeck *m*

backbench *n* BRIT POL *hintere Sitzreihe im Unterhaus;* ■**the ~es** *pl* das Plenum

backbencher *n* BRIT POL *einfaches Mitglied des Unterhauses* **backbiting** *n no pl* Lästern *nt* **backbone** *n* ❶ (*spine*) Rückgrat *nt a. fig,* Wirbelsäule *f* ❷ (*important part*) Pfeiler *m fig,* Herz *nt fig* ❸ *no pl* (*character*) Rückgrat *nt fig* **backbreaking** *adj* anstrengend, erschöpfend; ~ **work** Knochenarbeit *f* **back-burner** *vt usu passive* AM ■**to have been ~ed** zurückgestellt worden sein; *project* verschoben worden sein **back burner** *n* hintere Kochplatte ► PHRASES: **to put sth on the ~** etw auf Eis legen **back catalogue** *n* (*of an artist*) Repertoire *nt* **backchat** *n no pl* BRIT (*fam*) Widerrede *f;* ***that's enough of that ~!*** Schluss jetzt! **backcloth** *n esp* BRIT THEAT Prospekt *m* **backcomb** *vt esp* BRIT **to ~ one's hair** sich das Haar toupieren **backcountry** *n no pl* (*pej*) Hinterland *nt* **back cover** *n* Rückseite *f;* PUBL U4-Seite *f* **backdate** *vt* ❶ (*affix earlier date*) **to ~ a cheque/contract** einen Scheck/Vertrag zurückdatieren ❷ *usu passive* (*make retroactive*) ■**to be ~d** ***a pay rise in March ~ed to January*** eine Gehaltserhöhung im März rückwirkend ab Januar **backdoor** *n* STOCKEX **by the ~** Börsenzulassung *f* durch die Hintertür; ~ **financing** AM Finanzierung *f* unter Umgehung der gesetzgebenden Körperschaften; ~ **selling** *Verkauf unter Umgehung der festgelegten Absatzwege* **back door** *n* Hintertür *f;* **through the ~** (*also fig*) durch die Hintertür *a. fig* **backdoor operation** *n* BRIT FIN Stützung *f* des britischen Geldmarktes **backdrop** *n* THEAT Prospekt *m,* Hintergrund *m a. fig*

-backed [bækt] *in compounds* -unterstützt

backed bill *n* FIN avalierter Wechsel

back-end loaded *adj* FIN mit Provisionszahlung bei Rücktritt **back-end network** *n* COMPUT Host-Netzwerk *nt* **back-end processor** *n* COMPUT Nachschaltrechner *m* **back-end server** *n* COMPUT nachgeschalteter Server

backer [bækəʳ, AM -ɚ] *n* Förderer, -in *m, f;* **financial ~s** Geldgeber *pl*

backfire *vi* ❶ AUTO frühzünden ❷ (*go wrong*) fehlschlagen; ***it ~d on us*** es erwies sich als Eigentor ❸ *gun* nach hinten losgehen **backflip** *n* Salto *m* [*o* Rolle *f*] rückwärts **backgammon** *n no pl* Backgammon *nt*

background ['bækgraʊnd] **I.** *n* ❶ (*rear view*) *also* PHOT, FILM Hintergrund *m;* THEAT Kulisse *f;* ***white lettering on a blue ~*** weiße Schrift auf blauem Grund ❷ (*inconspicuous position*) **to fade into the ~** in den Hintergrund treten; **to stay in the ~** im Hintergrund bleiben ❸ SOCIOL Herkunft *f,* Verhältnisse *ntpl,* Background *m;* **to be** [*or* **come**] **from a poor ~** aus armen Verhältnissen stammen ❹ **with a ~ in ...** mit Erfahrung in ...; **to have a ~ in sth** (*experience*) Erfahrung in etw *dat* haben; (*training*) eine Ausbildung in etw *dat* haben ❺ (*explanatory circumstances*) Umstände *mpl,* Hintergründe *mpl;* **against a ~ of high unemployment** vor dem Hintergrund [*o* angesichts] einer hohen Arbeitslosenquote **II.** *n modifier* ❶ (*from surroundings*) (*music*) Hintergrund-; ~ **lighting** indirekte Beleuchtung; ~ **noise** Geräuschkulisse *f* ❷ (*concerning origins*) (*information, knowledge*) Hintergrund-; **to do a ~ check on sb** jdn polizeilich überprüfen ❸ COMPUT ~ **processing** (*low priority job*) nachrangige Verarbeitung; (*process*) Hintergrundverarbeitung *f*

background check *n* Überprüfung *f* der Vergangenheit, Nachforschungen *fpl*

backhand *n no pl* SPORTS Rückhand *f;* **to have a strong ~** eine starke Rückhand haben **backhanded** *adj* ❶ (*insincere*) *action* unredlich; *manner* zweideutig; **a ~ compliment** ein zweifelhaftes Kompliment ❷ (*indirect*) *manner, way* indirekt ❸ ~ **writing** (*handwriting*) nach links geneigte Schrift **backhander** *n* ❶ SPORTS Rückhandschlag *m* ❷ BRIT (*fam: bribe*) Bestechungsgeld *nt,* Schmiergeld *nt pej fam;* **to take a ~ from sb** sich *akk* von jdm schmieren lassen *pej fam* **backhoe** *n* Tieflöffel[bagger] *m,* Löffeltiefbagger *m*

backing ['bækɪŋ] *n no pl* ❶ (*support*) Rückhalt *m,* Unterstützung *f;* (*aid*) Hilfe *f* ❷ FIN **asset ~** Stützung *f* durch Vermögenswerte ❸ (*stiffener*) Verstärkung *f;* FASHION *also* Vlies *nt* ❹ MUS Begleitung *f* ❺ COMPUT ~ **store** [*or* **storage**] [*or* **memory**] Hilfsspeicher *m,* Zusatzspeicher *m*

back interest *n* FIN Zinsrückstand *m* **back issue** *n* JOURN alte Ausgabe **backlash** *n* ❶ (*adverse reaction*) Gegenreaktion *f;* **to provoke a ~** eine Gegenreaktion heraufbeschwören ❷ TECH [Zahn]spiel *nt* **backless** *adj inv dress* rückenfrei **back-level** *n* COMPUT Backlevel *m,* Vorgängerversion *f* **backlight** *n* COMPUT Hintergrundbeleuchtung *f* **backlist** *n* Backlist *f fachspr* (*Verzeichnis der lieferbaren Bücher ohne Neuerscheinungen*) **backlit** ['bæklɪt] *adj attr, inv see* **backlighted** von hinten beleuchtet **backlit display** *n* COMPUT hinterleuchtete Anzeige **backload** *vi* ECON *Werbebudget für die letzte Hälfte einer Planperiode aufbewahren* **backlog** *n usu sing* Rückstand *m;* **to have a ~ of work** mit der Arbeit im Rückstand sein **back number** *n* PUBL alte Ausgabe **back office** *n* STOCKEX, FIN Abwicklungsstelle *f* **backout** *vt* COMPUT zurücksetzen **backpack I.** *n esp* AM (*rucksack*) Rucksack *m* **II.** *vi* mit dem Rucksack reisen; **to ~ around Spain** mit dem Rucksack durch Spanien reisen **backpacker** *n* (*traveller*) Rucksackreisende(r) *f(m);* (*hiker*) Wanderer, -in *m, f* **backpacking** *n no pl* (*travelling*) Rucksackreisen *nt;* (*hiking*) Wandern *nt* **back passage** *n* BRIT (*euph*) Mastdarm *m,* Enddarm *m* **back pay** *n no pl* (*of wages*) Lohnnachzahlung *f;* (*of salaries*) Gehaltsnachzahlung *f* **back payment** *n* Nachzahlung *f* **backpedal** *vi* ❶ (*pedal backwards*) rückwärts treten ❷ (*fig: reverse opinion, action*) einen Rückzieher machen *fam* (**on** bei +*dat*) **backplane** *n* COMPUT gedruckte Rückwandverdrahtung, Rückwandplatine *f* **back pointer** *n* COMPUT Rückwärtszeiger *m* **back road** *n* Nebenstraße *f,* Seitenstraße *f* **back room I.** *n* Hinterzimmer *nt a. fig* **II.** *n modifier* (*secret*) ~ **politics** Hintertreppenpolitik *f;* (*behind the scenes*) (*staff, worker*) im Hintergrund; **the ~ boys** (*scientists*) die Hintermänner *pl;* AM (*politicians*) die Drahtzieher *pl* **backscatter** *n* RADIO Rückstreuung *f* **backscratcher** *n* ❶ (*instrument*) Rückenkratzer *m* ❷ (*pej*) *jd, der jdm einen Gefallen tut, nur um selbst davon zu profitieren* **backscratching** *n no pl* Klüngelei *f,* Gekungel *nt* **back seat** *n* ❶ (*in car*) Rücksitz *m* ❷ (*fig, pej: inferior position*) untergeordnete Stellung; **to take a ~** in den Hintergrund treten **back-seat driver** *n* (*pej*) ❶ (*passenger*) besserwisserischer Beifahrer/ besserwisserische Beifahrerin ❷ (*fig: unwanted advisor*) Besserwisser(in) *m(f) pej,* Wichtigtuer(in) *m(f) pej fam* **backsheet** *n* LAW Umschlagseite *f* **backside** *n* (*fam*) Hinterteil *nt fam,* Hintern *m fam* ► PHRASES: **sb needs a boot** [*or* **kick**] **up the ~** jdm muss man [mal wieder] in den Hintern treten *fam;* **to get off one's ~** seinen Hintern in Bewegung setzen *fam;* **to sit [around] on one's ~** keinen Finger rühren

backslapper ['bækslæpəʳ, AM -ɚ] *n* (*fam*) leutseliger Mensch **backslapping I.** *n no pl* Schulterklopfen *nt* **II.** *adj* ❶ (*hearty*) jovial ❷ (*rowdy*) laut **backslash** *n esp* COMPUT Backslash *m* **backslid** *vi pt of* **backslide** **backslide** <-slid, -slid> *vi* rückläufig sein; **a backsliding development/tendency** eine rückläufige Entwicklung/Tendenz; *person* rückfällig werden; *religious believer* abtrünnig werden **backslider** ['bækslaɪdəʳ, AM ɚ] *n* Abtrünnige(r) *f(m),* Rückfällige(r) *f(m)* **backspace** *n,* **backspace key** *n* Backspace-Taste *f* **backstabber** *n* (*pej fam: woman*) falsche Schlange *pej;* (*man*) falscher Fuffziger *fam* **backstage I.** *n* THEAT Garderobe *f* **II.** *adj* ❶ (*behind the stage*) hinter der Bühne; ~ **worker** Bühnenarbeiter(in) *m(f)* ❷ (*se-*

cret) Geheim- III. *adv* hinter der Bühne [*o fig a.* den Kulissen] **backstairs** I. *npl* Hintertreppe *f* II. *n modifier* (*gossip*) Hintertreppen-; ~ **deal** undurchsichtiges Geschäft III. *adv* **to do sth** ~ etw unter der Hand tun **backstitch** ['bækstɪtʃ] I. *vt* ■**to** ~ **sth** etw mit Steppstich nähen II. *vi* mit Steppstich nähen III. *n no pl* Steppstich *m* **backstop** *n* ① BRIT SPORTS (*in rounders*) *Position beim Schlagball* ② AM SPORTS (*fam: baseball catcher*) Fänger(in) *m(f)* ③ (*fig: protection*) Schutz *m* (**against** gegen +*akk*) **backstreet** I. *n* kleine Seitenstraße II. *n modifier* (*fig*) Hinterhof-; ~ **abortion** (*fig*) illegale Abtreibung; ~ **abortionist** (*fig*) Engelmacher(in) *m(f)*; ~ **atmosphere** Hinterhofatmosphäre *f*; ~ **loanshark** Kredithai *m pej* **backstroke** *n no pl* Rückenschwimmen *nt*; **to swim** ~ rückenschwimmen **backtab** *vi* COMPUT mit dem Tabulator zurückspringen, den Tabulator zurücksetzen **back talk** *n no pl* AM (*fam*) Widerrede *f*, unverschämte Antwort[en] *f[pl]* **back tax** *n* FIN Steuerschuld *f*

back-to-back [ˌbæktə'bæk] I. *adj attr, inv* ① (*of houses*) sich *akk* rückseitig berührend, rückseitig aneinander grenzend ② FIN ~ **credit** Gegenakkreditiv *nt*; ~ **loan** Parallelkredit *m*; LAW ~ **guaranty** Rückbürgschaft *f* ③ (*consecutive*) [unmittelbar] aufeinander folgend II. *adv inv* in Folge **back-to-front** [ˌbæktə'frʌnt] I. *adj* verkehrt, falsch II. *adv* verkehrt [herum], falsch [herum] **backtrack** *vi* ① (*go back*) wieder zurückgehen ② (*change opinion*) einlenken; **to** ~ **on one's demands** seine Forderungen zurücknehmen; **to** ~ **on one's statements** seinen Standpunkt aufgeben

backup ['bækʌp] I. *n* ① (*support*) Unterstützung *f*, Hilfe *f* ② COMPUT Sicherung *f*, Backup *nt* II. *n modifier* ① FIN ~ **credit** Stützungskredit *m*; ~ **line** Stützungslinie *f*, Auffangkreditlinie *f* ② (*in marketing*) ~ **ad** textanschließende Anzeige III. *n modifier* (*equipment*) Hilfs-; ~ **generator** Notstromaggregat *nt*; ~ **method** *Maßnahmen, um ein vorheriges Versäumnis wieder gutzumachen;* ~ **staff** Reservepersonal *nt*; COMPUT ~ **file** Sicherungskopie *f*; ~ **path** Ausweichpfad *m*; ~ **plan** Notplan, m; ~ **procedure** Datensicherungsprozedur *f*; ~ **server** Ausweichserver *m* **backup copy** *n* COMPUT Sicherungskopie *f* **backup disk** *n* COMPUT Sicherungsdiskette *f* **backup light** *n* AM AUTO Rückfahrscheinwerfer *m* **backup singer** *n* AM Backgroundsänger(in) *m(f)* **backup system** *n* ① TECH (*reserve system*) Sicherheitssystem *nt*, Notsystem *nt* ② (*fig*) ***your colleagues are your ~ when things go wrong*** wenn etwas schief geht, kannst du auf deine Kollegen zählen

backward ['bækwəd, AM -wɚd] I. *adj* ① (*facing rear*) rückwärts gewandt [*o* gerichtet]; (*reversed*) Rück[wärts]-; **in a** ~ **direction** rückwärts; **a** ~ **step** ein Schritt nach hinten; ***she left without so much as a ~ glance*** sie ging, ohne sich auch nur noch einmal umzuschauen ② (*slow in development*) *children* zurückgeblieben ③ (*underdeveloped*) *region, area, state* unterentwickelt, rückständig ▸ PHRASES: **to not be** ~ **in coming forward** nicht zimperlich sein II. *adv inv see* **backwards**

backwardation [ˌbækwə'deɪʃən, AM -wɚ'-] *n* STOCKEX Situation *f*, in der der Kassapreis höher als der Preis für die Terminware ist; BRIT Deport *m*

backward integration *n* ECON Rückwärtsintegration *f*

backward-looking *adj* rückständig; ~ **ideas** altmodische Vorstellungen

backwardness ['bækwədnəs, AM -wɚd-] *n no pl* Rückständigkeit *f*

backwards ['bækwədz, AM -wɚdz] *adv* ① (*towards the back*) rückwärts, nach hinten; **to walk** ~ **and forwards** hin- und hergehen ② (*in reverse*) **to count** ~ rückwärts zählen; **to know sth** ~ [**and forwards**] etw in- und auswendig kennen ③ (*downhill*) zurück; ***the ball rolled*** ~ der Ball rollte zurück ④ (*into past*) zurück; **to look** ~ zurückblicken ▸ PHRASES: **to bend** [*or* **lean**] **over** ~ alles versuchen, sich *dat* einen abbrechen *fam*

backwash *n* ① (*receding waves*) Rückströmung *f* ② (*fig: effects*) [Aus]wirkung *f*, Nachwirkung *f*; **the** ~ **of the war** die Nachwehen *fpl* des Kriegs; (*repercussions*) Rückwirkung *f*, Nachspiel *nt* **backwater** *n* ① (*of river*) stehendes Gewässer, totes Wasser ② (*isolated place*) *Ort, an dem die Uhren stillgestanden sind;* (*pej*) rückständiger Ort, toter Fleck *pej fam*; **rural** ~ ländliche Einöde *pej*, tiefste Provinz *pej* **backwoods** I. *npl* ■**the** ~ *weit abgelegene Waldgebiete;* **in the** ~ in der hintersten Provinz II. *n modifier* ① (*of backwoods*) (*road, town*) hinterwäldlerisch ② (*crude, rough*) ungeschliffen; ~ **manners** ungehobelte Manieren **backwoodsman** *n* ① (*pej: living in backwoods*) Waldbewohner(in) *m(f)* ② (*pej: crude person*) Hinterwäldler(in) *m(f)* *iron* ③ BRIT (*fam*) *ehemaliges Mitglied des britischen Oberhauses, das nur selten zu den Sitzungen erschien; heute vom Oberhaus ausgeschlossen*

backyard *n* ① BRIT (*courtyard*) Hinterhof *m* ② AM (*back garden*) Garten *m* hinter dem Haus ▸ PHRASES: **in one's own** ~ vor der eigenen Haustür *fig*; **to have sth in one's** ~ etw in nächster Nähe [*o* vor der Haustür] haben

bacon ['beɪkən] *n* [Schinken]speck *m*; **a rasher of** ~ eine Scheibe [Schinken]speck; ~ **and eggs** Eier *ntpl* mit Speck [*o* Schinken] ▸ PHRASES: **to bring home the** ~ (*earn support*) die Brötchen verdienen *fam*; (*succeed*) erfolgreich sein; SPORTS das Rennen machen

bacteria [bæk'tɪəriə, AM -'tɪr-] *n pl of* **bacterium** Bakterien *pl*

bacterial [bæk'tɪəriəl, AM -'tɪr-] *adj inv* bakteriell, Bakterien-

bacteriological [bækˌtɪəriə'lɒdʒɪkəl, AM -ˌtɪriə'lɑːdʒɪ-] *adj* bakteriologisch

bacteriologist [bækˌtɪəri'ɒlədʒɪst, AM -ˌtɪriə'ɑːlə-] *n* Bakteriologe, -in *m, f*

bacteriology [bækˌtɪəri'ɒlədʒi, AM -ˌtɪriə'ɑːlə-] *n no pl* Bakteriologie *f*

bacterium <*pl* -ria> [bæk'tɪəriəm, AM -'tɪriəm] *n* Bakterie *f*

bad <worse, worst> [bæd] I. *adj* ① (*inferior*) schlecht; ***not ~!*** nicht schlecht!; ■**to be** ~ **at sth** etw nicht gut können; ***he's very ~ at spelling*** in Rechtschreibung ist er sehr schlecht; **to be in** ~ **form** BRIT (*esp dated*) nicht in Form sein ② (*unpleasant*) schlimm, übel; ***things are looking ~*** [***for him***] es sieht nicht gut [für ihn] aus; **a** ~ **character** ein schlechter Charakter; **a** ~ **dream** ein böser Traum; **a** ~ **neighbourhood** eine verkommene [Wohn]gegend; **to have a** ~ **personality** eine unangenehme Art haben; **sb's** ~ **points** jds schlechte Seiten; **a** ~ **smell** ein übler Geruch; **to be a** ~ **sport** ein schlechter Verlierer/eine schlechte Verliererin sein; ~ **taste** schlechter Geschmack; **to have a** ~ **temper** schlecht gelaunt sein ③ (*negative*) schlecht, böse; ~ **blood** böses Blut; **to go from** ~ **to worse** vom Regen in die Traufe kommen *prov* ④ (*pity*) schade; ***too*** ~ zu schade [*o fam* dumm] ⑤ (*difficult*) schlecht, schwierig; **to have a** ~ **marriage** eine schlechte Ehe führen; ~ **times** schwere Zeiten ⑥ (*unfortunate*) (*decision*) schlecht, unglücklich; ~ **luck** Pech *nt* ⑦ (*harmful*) schlecht, schädlich; ■**to be** ~ **for sb** schlecht für jdn sein; **to be** ~ **to one's health** jds Gesundheit schaden; **to be** ~ **to one's teeth** schlecht für die Zähne sein ⑧ (*spoiled*) *food* verdorben; (*fig*) **a** ~ **atmosphere** eine schlechte Atmosphäre; [**to act**] **in** ~ **faith** in böser Absicht [handeln]; ~ **name** schlechter Ruf ⑨ MED schlimm, böse; **to have a** ~ **cold/leg** eine schlimme Erkältung/ein schlimmes Bein haben ⑩ (*serious*) ~ **debt** uneinbringliche Schuld; **a** ~ **storm** ein heftiger Sturm; **to be nowhere near as** ~ **as ...** nicht halb [*o* annähernd] so schlimm wie ... ⑪ (*unacceptable*) *person, character, manners* schlecht, unmöglich; **to fall in with a** ~ **crowd** in eine üble Bande geraten; **a** ~ **egg** (*fig*) eine üble Person; **a** ~ **habit** eine schlechte Angewohnheit; **to use** ~ **language** Kraftausdrücke benutzen ⑫ AM (*sl: cool*) fabelhaft, super ▸ PHRASES: **to give sth up as a** ~ **job** BRIT etw abschreiben *fig fam* II. *adv* ① (*fam: sorry*) schlecht; **to feel** ~ **about sth** sich *akk* wegen einer S. *gen* schlecht fühlen ② (*negatively*) schlecht; ***things look ~ in this company*** in der Firma sieht es nicht gut aus ▸ PHRASES: **sb has it** ~ (*sl*) jdn hat es schwer erwischt *hum*; ***he's got it ~ for Lucy*** er ist total verknallt in Lucy *fam* III. *n no pl* ① (*ill luck*) **to take the good with the** ~ auch das Schlechte [*o* die schlechten Seiten] in Kauf nehmen ② (*evil people*) ■**the** ~ die Bösen *pl* ③ (*destroyed condition*) **to go to the** ~ *fruit* schlecht werden, verderben ④ (*in debt*) **to be in the** ~ im Minus sein ⑤ (*mistake*) Fehler *m*

bad boy *n* (*rebel*) ■**the** ~ **of sth** das Enfant terrible einer S. *gen geh* **bad break** *n* LING Silbentrennfehler *m* **bad cheque** *n* FIN ungültiger [*o* ungedeckter] Scheck **bad debt provision** *n* Rückstellungen für Risikokredite

baddie *n*, **baddy** ['bædi] *n* (*fam*) Bösewicht *m*, Schurke, -in *m, f pej*

bade [bæd, beɪd] *vt* (*old*) *pt of* **bid**

badge [bædʒ] *n* Abzeichen *nt*; (*sticker*) Aufkleber *m*; (*made of metal*) Button *m*; (*on car*) Plakette *f*, Markenemblem *nt*; **membership** ~ Mitgliedsabzeichen *nt*; **police** ~ Polizeimarke *f*

badger ['bædʒəʳ, AM -ɚ] I. *n* Dachs *m* II. *vt* ■**to** ~ **sb** jdn bedrängen; ***stop ~ing me*** lass' mich endlich in Ruhe; ■**to** ~ **sb into** [**doing**] **sth** [*or* **to do sth**] jdn in den Ohren liegen, damit er/sie etw tut

badinage ['bædɪnɑːʒ] *n no pl* (*hum liter*) Frotzeleien *fpl*, Spötteleien *fpl*

badlands ['bædlændz] *npl* unfruchtbares Land, Ödland *nt kein pl*

badly <worse, worst> ['bædli] *adv* ① (*poorly*) schlecht; **to do** ~ *in exam* schlecht abschneiden; FIN schlecht stehen; **to be** ~ **made** schlecht verarbeitet sein; ***she came out of the affair rather ~*** sie kam ziemlich angeschlagen aus der Sache heraus ② (*negatively*) schlecht; **to think** ~ **of sb** [*or* **to think of sb** ~] schlecht von jdm denken ③ (*very much*) sehr, dringend; **to be** ~ **in need of sth** etw dringend benötigen; **to want sth** ~ etw unbedingt wollen ④ (*severely*) schwer; ~ **defeated** vernichtend geschlagen; ~ **hurt** schwer verletzt

badly off *adj pred* ① (*poor*) arm; ***they were rather ~*** es ging ihnen finanziell ziemlich schlecht ② (*lacking*) **to be** ~ **for sth** etw dringend brauchen

badminton ['bædmɪntən] *n no pl* Badminton *nt*, ≈ Federball *nt*

badmouth *vt esp* AM (*fam*) ■**to** ~ **sb** über jdn herziehen *fam* [*o pej* lästern]

badness ['bædnəs] *n no pl* (*moral*) Schlechte *nt*; (*inferior quality*) mindere Qualität

bad-tempered *adj* (*easily irritated*) leicht aufbrausend, cholerisch; (*in a bad mood*) schlecht gelaunt, übellaunig; (*restless*) unruhig; **a** ~ **horse** ein nervöses Pferd

BAe *abbrev of* **British Aerospace** ≈DASA *f*

baffle ['bæfl] I. *vt* ① (*confuse*) ■**to** ~ **sb** jdn verwirren [*o* vor ein Rätsel stellen]; (*amaze*) jdn verblüffen; ***she was completely ~d by his strange behaviour*** durch sein seltsames Verhalten war sie ganz vor den Kopf gestoßen ② (*hinder*) ■**to** ~ **sth** etw verhindern; **to** ~ **a plan** einen Plan vereiteln [*o* durchkreuzen] ③ (*restrain*) **to** ~ **the noise** den Lärm dämpfen II. *n* TECH Umlenkblech *nt*, Ablenkplatte *f*; COMPUT Resonanzwand *f*

bafflement ['bæflmənt] *n no pl* Verblüffung *f*

baffle plate *n* TECH Umlenkblech *nt*, Ablenkplatte *f*

baffling ['bæflɪŋ] *adj* (*confusing*) verwirrend; (*mysterious*) rätselhaft; (*amazing*) verblüffend

BAFTA ['bæftə] *n see* **British Academy of Film and Television Arts** ① (*institution*) britische Film- und Fernsehakademie ② (*award*) Auszeichnung der britischen Film- und Fernsehakademie

bag [bæg] I. *n* ① (*container*) Tasche *f*; (*draw-string* ~) Beutel *m*; (*sack*) Sack *m*; **a** ~ **of flour** (*small*) ein Paket *nt* Mehl; (*big*) ein Sack *m* Mehl; **a** ~ **of potatoes** (*small*) ein Beutel *m* Kartoffeln; (*big*) ein Sack *m* Kartoffeln; **paper/plastic** ~ Papier-/Plastiktüte *f*; **a** ~ **of crisps/sweets** eine Tüte Chips/Bonbons ② (*handbag*) Handtasche *f*; (*travelling bag*) Reisetasche *f*; **to pack one's** ~**s** die Koffer packen ③ (*baggy*

skin) **to have ~s under one's eyes** Ringe unter den Augen haben ❹ ■ **~s of ...** *pl* BRIT, AUS (*fam*) jede Menge ...; **~s of money/time/space** jede Menge Geld/Zeit/Platz ❺ (*pej: dumpy woman*) fette Kuh *pej*; (*grumpy woman*) Schreckschraube *f pej fam*; **an old ~** (*pej sl*) eine [alte] Schachtel *pej fam* ❻ HUNT (*game caught*) Beute *f*, Strecke *f fachspr*
► PHRASES: **to throw sb out ~ and baggage** jdn in hohem Bogen hinauswerfen; **to be a ~ of bones** nur Haut und Knochen sein *fig fam*; **the whole ~ of tricks** (*everything*) das ganze Zeug *fam*, die ganze Chose *fam*; (*set of ingenious plans etc.*) die ganze Trickkiste *fam*; **sth isn't really sb's ~** (*dated sl*) etw ist nicht jds Bier *fam*; **sth is in the ~** jd hat etw in der Tasche *fam* **II.** *vt* <-gg-> ❶ (*put in bag*) **to ~ sth** *fruit, groceries* etw eintüten, etw in eine Tüte einpacken ❷ (*fam: secure*) ■**to ~ [sb] sth [or to ~ sth [for sb]]** etw [für jdn] ergattern [*o* erbeuten]; ***he ~ged himself a trophy wife*** er hat eine tolle Eroberung gemacht *fam* ❸ (*hunt and kill*) **to ~ an animal** ein Tier erlegen [*o* zur Strecke bringen]

◆**bag out** *vt* AUS (*fam: criticize*) ■**to ~ sb out** an jdm herummäkeln *fam*

◆**bag up** *vt* ■**to ~ up ○ sth** *fruit, groceries* etw in eine Tüte [ein]packen; **to ~ up flour** Mehl eintüten; **to ~ up grain** Getreide abfüllen; **to ~ up potatoes** Kartoffeln einsacken

bagatelle [bægəˈtel] *n* (*liter or form*) Bagatelle *f*

bagel [ˈbeɪgəl] *n* Bagel *m* (*weiches, ringförmiges Brötchen*)

bagful <*pl* bagfuls *or* bagsful> [ˈbægfʊl] *n* **a ~ of apples** eine Tasche voller Äpfel; **a ~ of goodies!** Wundertüte *f*; **a ~ of dreams** (*fig*) ein Meer *nt* aus Träumen; **a ~ of memories** (*fig*) eine Flut von Erinnerungen; **a ~ of votes** (*fig*) unzählige Stimmen

baggage [ˈbægɪdʒ] *n no pl* ❶ (*luggage*) Gepäck *nt*; **pieces of ~** Gepäckstücke *pl*; **excess ~** Übergepäck *nt* ❷ (*army equipment*) [Marsch]gepäck *nt* ❸ (*pej, hum: woman*) Miststück *nt pej fam*, Biest *nt pej fam* ❹ (*burden*) **ideological ~** ideologischer Ballast; **to carry emotional/childhood ~ with one** seelischen Ballast/Ballast aus der Kindheit mit sich *dat* herumtragen

baggage allowance *n* Freigepäck *nt* **baggage car** *n* AM, AUS Gepäckwagen *m* **baggage check** *n* Gepäckkontrolle *f* **baggage claim** *n* Gepäckausgabe *f* **baggage handler** *n* Gepäckträger(in) *m(f)* **baggage rack** *n* Gepäckablage *f*; (*net*) Gepäcknetz *nt* **baggage reclaim area** *n* Gepäckausgabe *f* **baggage room** *n* Gepäckaufbewahrung[sstelle] *f* **baggage van** *n* Gepäcktransporter *m*

bagging [ˈbægɪŋ] *n no pl* Abpacken *nt*

baggy [ˈbægi] *adj* zu weit; **~ clothes** weite [*o* weit geschnittene] Kleidung; **~ shirt** ausgeleiertes [*o* sackartiges] T-Shirt; **~ trousers** ausgebeulte Hose

bag lady *n* Obdachlose *f* (*die ihr gesamtes Hab und Gut in Einkaufstüten mit sich führt*) **bagman** *n* ❶ BRIT (*old sl: travelling salesman*) Handlungsreisende(r) *f(m) veraltend*, Vertreter(in) *m(f)* ❷ AUS (*tramp*) Landstreicher(in) *m(f)*, Tramp *m*; (*in town*) Stadtstreicher(in) *m(f)* ❸ CAN (*political fund-raiser*) *jd, der Parteispenden sammelt* **bagpipe** *n modifier* (*music, playing*) Dudelsack- **bagpiper** *n* Dudelsackspieler(in) *m(f)*, Dudelsackpfeifer(in) *m(f)* **bagpipes** *npl* Dudelsack *m*

bags [bægz] *vt* BRIT, AUS (*esp childspeak*) ***I ~ed it first!*** ich zuerst!; **~ *that chair!*** *den* Stuhl krieg ich!; **~ *I sit in the front seat!*** *ich* will vorne sitzen!

baguette [bæˈgət] *n* Baguette *nt o f*, Stangenweißbrot *nt*

bagworm *n* ZOOL Raupe *f* des Sackträgers

bah [bɑː] *interj* bah

Bahamas [bəˈhɑːməz] *npl* ■**the ~** die Bahamas *pl*

Bahamian [bəˈheɪmiən] **I.** *n* Baham[a]er(in) *m(f)* **II.** *adj attr* baham[a]isch

bail [beɪl] **I.** *n* ❶ (*money*) Kaution *f*; **police ~** gegen Sicherheitsleistung von der Polizei gewährte Haftverschonung; **~ bond** BRIT Kautionsurkunde *f*; **to grant ~** die Freilassung gegen Kaution gewähren; **to jump ~** die Kaution verfallen lassen und fliehen; **to put up [or post] [or stand] ~ for sb** für jdn [die] Kaution stellen; **to release [or remand] sb on ~** jdn gegen [eine] Kaution freilassen; **to set ~ at ...** die Kaution auf ... festsetzen ❷ (*printer, typewriter bar*) Papierhalter *m* ❸ (*for horses*) Trennstange *f* **II.** *vi* [Wasser] [aus]schöpfen **III.** *vt* ❶ (*remove*) **to ~ water** Wasser [aus]schöpfen ❷ (*release*) ■**to ~ sb** jdn gegen Kaution freilassen ❸ AUS (*rob*) ■**to ~ sb** jdn überfallen

◆**bail out I.** *vt* ❶ (*pay to release*) ■**to ~ out ○ sb** für jdn [die] Kaution stellen ❷ (*help*) ■**to ~ sb out** jdm aus der Klemme [*o* Patsche] helfen *fam* **II.** *vi* ❶ (*jump out*) [mit dem Fallschirm] abspringen, aussteigen *fachspr* ❷ (*discontinue*) aufhören, aussteigen *fam*, sich *akk* ausklinken *hum fam* ❸ ECON (*fam: sell*) aussteigen

bailee [ˌbeɪˈliː] *n* LAW Verwahrer(in) *m(f)*, Treuhänder(in) *m(f)*

Bailey *n see* **Old Bailey**

Bailey bridge [ˈbeɪlibrɪdʒ] *n* MIL Behelfsbrücke *f*

bailiff [ˈbeɪlɪf] *n* ❶ BRIT (*for buildings*) Verwalter(in) *m(f)*; (*for land*) [Guts]verwalter(in) *m(f)*; **to call [or send] in the ~s** den Verwalter/die Verwalterin einschalten ❷ BRIT LAW (*person employed by court*) Gerichtsdiener *m*, Gerichtsvollzieher *m* ❸ AM LAW (*deputy to sheriff*) Stellvertreter *m* des Sheriffs, Justizwachtmeister(in) *m(f)*

bailiwick [ˈbeɪlɪwɪk] *n* ❶ (*district or jurisdiction of a bailiff*) Amtsbezirk *m* ❷ (*fam: interest*) Steckenpferd *nt*

bailment *n* AM ECON Verwahrung *f*; (*item*) hinterlegte Sache

bailor [ˈbeɪləʳ, AM -ɚ] *n* LAW Hinterleger(in) *m(f)*, Übergeber(in) *m(f)*

bails [beɪlz] *npl* (*in cricket*) Querholz *nt kein pl*

bairn [beən] *n* SCOT, NBRIT Kind *nt*

bait [beɪt] **I.** *n* Köder *m a. fig*; **to swallow the ~** anbeißen; (*fig*) **to rise to [or swallow] [or take] the ~** sich *akk* ködern lassen *fig*, anbeißen *fig*, in die Falle gehen *fig* **II.** *vt* ❶ (*put bait on*) ■**to ~ sth** etw mit einem Köder versehen ❷ (*tease*) ■**to ~ sb [about sth]** jdn [mit etw *dat*] aufziehen; (*harass*) jdn [wegen einer S. *gen*] schikanieren ❸ (*torment*) ■**to ~ sb** jdn quälen; (*with dogs*) ■**to ~ an animal** die Hunde auf ein Tier hetzen

baize [beɪz] *n no pl* Fries *m*; (*for billiard table*) [grüner] Fries

bake [beɪk] **I.** *vi* ❶ (*cook*) backen ❷ (*fam: be hot*) kochen *fam*, glühend heiß sein; *impers*; ***it's baking outside*** draußen ist es wie im Backofen *fam*; ***I'm baking*** ich komme fast um vor Hitze **II.** *vt* ❶ (*cook*) ■**to ~ sth** etw [im Ofen] backen; **to ~ bread/cake/fish** Brot/Kuchen/Fisch backen; **to ~ potatoes** Kartoffeln im Ofen backen ❷ (*pottery*) ■**to ~ sth** etw brennen **III.** *n* ❶ (*dish*) **fish/vegetable ~** Fisch-/Gemüseauflauf *m* ❷ AM (*social event*) gesellige Zusammenkunft (*mit bestimmten Speisen*); **lobster ~** Hummerparty *f*

baked [beɪkt] *adj attr* gebraten; *bread, cake, biscuits* gebacken; **~ apple** Bratapfel *m*; **~ potatoes** Ofenkartoffeln *pl* (*in der Schale*)

Baked Alaska *n* Omelette surprise *f* **baked beans** *n* Baked Beans *pl*, Bohnen *fpl* in Tomatensoße; **Boston ~** *im Ofen gegarte Bohnen mit Speck und Zuckerrübensirup*

Bakelite® [ˈbeɪkəlaɪt] *n no pl* Bakelit® *nt*

baker [ˈbeɪkəʳ, AM -kɚ] *n* Bäcker(in) *m(f)*; **at the ~'s** in der Bäckerei, beim Bäcker

baker's dozen *n* dreizehn [Stück]

bakery [ˈbeɪkəri] *n* (*selling bread*) Bäckerei *f*; (*selling bread and cakes*) Bäcker- und Konditorei *f*; **to go to the ~** zum Bäcker gehen

bakeware [ˈbeɪkweəʳ, AM wer] *n no pl* FOOD Backgeschirr *nt*

Bakewell tart [ˈbeɪkweltɑːt] *n* BRIT *Törtchen mit Mandel- und Marmeladenfüllung*

BAK file extension *n* COMPUT Dateinameerweiterung *f* BAK

baking [ˈbeɪkɪŋ] *n no pl* Backen *nt*; (*pottery*) Brennen *nt*

baking dish *n* Auflaufform *f*; (*for cakes, bread*) Backform *f* **baking powder** *n no pl* Backpulver *nt* **baking sheet** *n* Backblech *nt* **baking soda** *n no pl* Natron *nt* **baking tin** *n* Backform *f*

balaclava [ˌbæləˈklɑːvə] *n* Kapuzenmütze *f*

balalaika [ˌbæləˈlaɪkə] *n* Balalaika *f*

balance [ˈbælən(t)s] **I.** *n* ❶ *no pl* (*also fig: equilibrium*) Balance *f a. fig*, Gleichgewicht *nt a. fig*; **the ~ of nature** das Gleichgewicht der Natur; **the natural ~** das ökologische Gleichgewicht; **to keep one's ~** das Gleichgewicht [be]halten; **to lose one's ~** das Gleichgewicht verlieren; (*fig*) die Fassung verlieren; **to regain one's ~** das Gleichgewicht wiedergewinnen *a. fig*; **to throw sb off ~** (*fig*) jdn aus dem Gleichgewicht bringen *fig* ❷ *no pl* (*equality*) Gleichgewicht *nt*; **the ~ of power** das Kräftegleichgewicht; **to hold the ~ of power** das Kräftegleichgewicht aufrechterhalten; **to redress the ~** das Gleichgewicht wiederherstellen; **to strike a ~ between two things** den Mittelweg zwischen zwei Dingen finden; **to upset the [delicate] ~ between two things** das [empfindliche] Gleichgewicht zwischen zwei Dingen durcheinanderbringen; **on ~** alles in allem ❸ (*scales*) Waage *f* ❹ FIN Saldo *m*, Kontostand *m*; (*amount left to pay*) Restbetrag *m*; **~ in hand** Kassenbestand *m*; **~ brought down [or forward]** Saldoübertrag *m*, Saldovortrag *m*; **~ due [to us]** fälliger Rechnungsbetrag *m* ❺ ECON **~ of payments** Zahlungsbilanz *f*; **~ of trade** Handelsbilanz *f* ❻ (*amount left*) Rest *m* ❼ (*harmony*) Ausgewogenheit *f* ► PHRASES: **the ~ of opinion is ...** die Mehrheit der Leute ist der Meinung, ...; **to be [or hang] in the ~** in der Schwebe sein *fig* **II.** *vi* ❶ (*remain steady*) balancieren ❷ (*be equal*) [aus]balancieren, bilanzieren *fachspr*; ■**to ~ out** sich ausgleichen **III.** *vt* ❶ (*compare*) ■**to ~ sth with [or against] sth** etw gegen etw *akk* abwägen ❷ (*keep steady*) ■**to ~ sth** etw balancieren; **to ~ sth on one's head** etw auf dem Kopf balancieren ❸ (*achieve equilibrium*) ■**to ~ sth against sth** etw gegen etw *akk* abwägen; **to ~ the books** FIN die Bilanz aufstellen; **to ~ the economy [or budget]** den Haushalt ausgleichen ❹ (*neutralize*) ■**to ~ sth** etw ausgleichen

◆**balance off** *vt* **to ~ off the accounts** die Konten ausgleichen

balanced [ˈbæləntst] *adj* ausgewogen; **~d budget** FIN ausgeglichenes Budget; **a ~ diet** eine ausgewogene Ernährung; **~ judgement** objektives Urteil; **a ~ personality** eine ausgeglichene Persönlichkeit

balance-of-payment deficit *n* Zahlungsbilanzdefizit *nt* **balance of payments** *n* ECON **capital account ~** Kapitalbilanz *f* (*Teil der Zahlungsbilanz*); **current account ~** Zahlungsbilanz *f* der laufenden Posten; **long-term ~** langfristige Zahlungsbilanz; **overall ~** Gesamtzahlungsbilanz *f*; **~ adjustment** Zahlungsbilanzausgleich *m*; **~ deficit** Zahlungsbilanzdefizit *nt*; **~ imbalance** Zahlungsbilanzungleichgewicht *nt*; **~ surplus** Zahlungsbilanzüberschuss *m* **balance of trade** *n* **adverse [or unfavourable] ~** passive Handelsbilanz; **favourable ~** aktive Handelsbilanz **balance sheet** *n* Bilanz *f*

balancing act *n* Balanceakt *m a. fig*; ***I had to do a ~ between work and family*** ich musste Arbeit und Familie irgendwie miteinander vereinbaren

balancing item *n*, **balancing figure** *n* ECON Ausgleichsposten *m*

balcony [ˈbælkəni] *n* ❶ (*on a building*) Balkon *m* ❷ THEAT ■**the ~** der Balkon [*o* erste Rang]

bald [bɔːld] *adj* ❶ (*lacking hair*) glatzköpfig, kahl; **~ spot [or patch]** kahle Stelle; **to be [as] ~ as a coot** völlig kahl sein; **to go ~** eine Glatze bekommen, kahl werden ❷ **a ~ tyre** ein abgefahrener Reifen ❸ (*blunt*) unverblümt ❹ (*unadorned*) **~ speech** knappe Rede; **~ style** schlichter [*o* schmuckloser] Stil

bald eagle *n* weißköpfiger Seeadler

balderdash [ˈbɔːldədæʃ, AM ˈbɔːldɚ-] *n no pl* (*dated*) Blödsinn *m pej fam*, Quatsch *m fam*

bald-headed *adj* glatzköpfig *attr*, kahlköpfig *attr*; **a ~ man** ein Glatzkopf *m*

baldie [ˈbɔːldi] *n* (*pej fam*) Glatzkopf *m fam*

balding [ˈbɔːldɪŋ] *adj* **a ~ man** ein Mann mit

schütterem Haar; ■to be ~ eine Glatze bekommen
baldly ['bɔːldli] *adv* unumwunden, unverblümt; **to put it ~, ...** um es geradeheraus zu sagen, ...
baldness ['bɔːldnəs] *n no pl* ① *(lacking hair)* Kahlheit *f* ② *of style* Knappheit *f,* Schlichtheit *f* ③ *(bluntness)* Unverblümtheit *f*
baldy ['bɔːldi] **I.** *n (pej fam)* Glatzkopf *m fam* **II.** *adj* SCOT, IRISH kahl
bale [beɪl] **I.** *n* ① *(bundle)* Ballen *m* ② BRIT, AUS *(rare) see* **bail II.** *vt* ① ■**to ~ sth** *hay, paper, cotton* etw bündeln ② BRIT, AUS *(rare) see* **bail**
Balearic [ˌbæli'ærɪk, AM ˌbɑːli] GEOG **I.** *adj inv* Balearen- **II.** *n* ■**the ~s** *pl* die Balearen *fpl,* die Balearischen Inseln *fpl*
baleful ['beɪlfəl] *adj* ① *(menacing)* böse, bedrohlich; **to give sb a ~ glance** jdm einen bösen Blick zuwerfen ② *(fig)* folgenschwer
balefully ['beɪlfəli] *adv* böse, bedrohlich
balk [bɔːk, BRIT *also* bɔːlk] **I.** *n* Balken *m* **II.** *vi* ① *(stop short) horse* scheuen ② *(be unwilling)* ■**to ~ at sth** vor etw *dat* zurückschrecken
Balkan States [ˌbɔːlkən'steɪts] *n* Balkanstaaten *pl*
ball [bɔːl] **I.** *n* ① *(for play)* Ball *m;* **to bounce the ~** den Ball aufspringen lassen; **to hit the ~** den Ball treffen ② *(sth ball-shaped) of wool, string* Knäuel *m o nt; of dough* Kugel *f;* **to crush paper into a ~** Papier zusammenknüllen; **to curl oneself into a ~** sich *akk* [zu einem Knäuel] zusammenrollen ③ *(body part)* Ballen *m;* **~ of the hand/foot** Hand-/Fußballen *m* ④ *(formal dance)* Ball *m;* **summer ~** Sommerball *m* ⑤ *(root ball of tree)* [Wurzel]ballen *m* ⑥ ■**~s** *pl (fam!: testicles) see* **balls** ▶ PHRASES: **the ~ is in your court** du bist am Ball *fam;* **to take one's eye off the ~** nicht am Ball bleiben, unaufmerksam werden; **to be on the ~** auf Zack sein *fam;* **to get** [*or* **set**] [*or* **start**] **the ~ rolling** eine Sache in Gang bringen, den Stein ins Rollen bringen *fig;* **to have a ~** Spaß haben, sich *akk* bestens amüsieren *fam;* **to play ~** *(be active)* spuren *fam; (cooperate)* mitmachen **II.** *vt* ① **to ~ one's fist** die Faust ballen ② AM *(sl: have sex with)* ■**to ~ sb** jdn bumsen *vulg*
◆**ball up** *vt, vi* AM *see* **balls up**
ballad ['bæləd] *n* Ballade *f*
balladeer [ˌbælə'dɪəʳ, AM -dɪr] *n* Liedermacher(in) *m(f)*
ball-and-socket joint *n* ANAT Kugelgelenk *nt*
ballast ['bæləst] *n no pl* ① *(for ship, balloon)* Ballast *m;* **to take in/discharge ~** Ballast aufnehmen/abwerfen ② RAIL *(for rail track or road)* Schotter *m* ③ ELEC Ballast *m (Stabilisator, um Spannungen auszugleichen)*
ball bearing *n (bearing)* Kugellager *nt; (ball)* Kugellagerkugel *f* **ball boy** *n* Balljunge *m* **ballcock** *n* MECH Schwimmerhahn *m*
ballerina [bælᵊriːnə] *n* Ballerina *f;* **prima ~** Primaballerina *f*
ballet ['bæleɪ, AM bæ'leɪ] **I.** *n no pl* Ballett *nt;* **the Bolshoi B~** das Bolshoi Ballett **II.** *n modifier (of ballet) (teacher, school, shoes)* Ballett-; **~ company** Ballett *nt;* **~ class** Ballettunterricht *m*
ballet dancer *n* Balletttänzer(in) *m(f)*
balletic [bə'letɪk] *adj* graziös, anmutig
ballet master *n* Ballettmeister(in) *m(f)*
ball field *n* AM Spielfeld *nt* **ball game** *n* AM Baseballspiel *nt* ▶ PHRASES: **that's a whole new ~** das ist eine ganz andere Sache **ball girl** *n* Ballmädchen *nt*
ballgown *n* Ballkleid *nt*
ballistic [bə'lɪstɪk] *adj* ① *(relating to projectiles)* ballistisch ② *(huge, extreme)* ungeheuer ▶ PHRASES: **to go ~** *(fam)* ausflippen *fam,* durchdrehen *fam*
ballistic missile *n* Raketengeschoss *nt*
ballistics [bə'lɪstɪks] *n + sing vb* Ballistik *f*
balloon [bə'luːn] **I.** *n* ① *(toy)* [Luft]ballon *m* ② SPORTS, TRANSP [Heißluft]ballon *m,* Freiballon *m;* METEO Wetterballon *m* ③ *(in comics)* Sprechblase *f* ④ *(glass)* **~ [glass]** Cognacschwenker *m* ⑤ FIN hohe Kreditrestschuld **II.** *vi* ① *(escalate)* **the rumours soon ~ed into a full-grown scandal** was als Gerücht anfing wurde schon bald ein handfester Skandal ② ECON *deficit* rasch steigen **III.** *vt* ECON **to ~ prices** Preise [künstlich] hinauftreiben
◆**balloon out** *vi dress, trousers, sail* sich *akk* aufblähen
ballooning [bə'luːnɪŋ] *n no pl* Ballonfahren *nt;* STOCKEX Kurstreiberei *f*
balloonist [bə'luːnɪst] *n* Ballonfahrer(in) *m(f)*
balloon mortgage *n* AM Balloon-Hypothek *f* **balloon note** *n* FIN Schuldschein *m* mit hoher Resttilgung vor Fälligkeit **balloon payment** *n* FIN hohe Abschlusszahlung
ballot ['bælət] **I.** *n* ① *(process)* [geheime] Abstimmung; *(election)* Geheimwahl *f;* **voting is by ~** die Abstimmung ist geheim; **first/second ~** erster/zweiter Wahlgang; **secret ~** Geheimwahl *f;* **to hold a ~** abstimmen; *(elect)* wählen; **to put sth to the ~** über etw *akk* [geheim] abstimmen ② *(vote)* ■**the ~** die abgegebenen Stimmen ③ *(paper)* Stimmzettel *m,* Wahlzettel *m* **II.** *vi* abstimmen; **they ~ed unanimously to accept the deal** der Vorschlag wurde einstimmig angenommen **III.** *vt* ■**to ~ sb [on sth]** jdn [über etw *akk*] abstimmen lassen
ballot box *n* Wahlurne *f* **ballot paper** *n* Stimmzettel *m* **ballot-rigging** *n no pl* Wahlfälschung *f,* Wahlmanipulation *f*
ballpark *n* AM Baseballstadion *nt* **ballpark figure** *n esp* AM *(fam)* ① *(rough estimate)* Richtwert *m;* **the ~ is £2000** das wird schätzungsweise 2000 Pfund kosten; **in the ~** in der Größenordnung ② *(unrealistic estimate)* grobe [oft zu optimistische] Schätzung **ball player** *n* Baseballspieler(in) *m(f)*
ballpoint *n,* **ballpoint pen** *n* Kugelschreiber *m,* Kuli *m fam* **ball printer** *n* COMPUT Kugelkopfdrucker *m* **ballroom** *n* Ballsaal *m* **ballroom dancing** *n no pl* Gesellschaftstanz *m*
balls ['bɔːlz] *n pl (fam!)* Eier *pl derb* ▶ PHRASES: **to be [a load of] ~** [völliger] Mist [*o* Quatsch] sein *pej fam;* **it takes [a lot of] ~ to do sth** es gehört schon eine Menge Mut dazu, etw zu tun; **to have the ~ to do sth** genug Mumm [in den Knochen] haben, etw zu tun; **to have sb by the ~** jdn in der Tasche haben *fam*
◆**balls up I.** *vi* BRIT, AUS Mist *fam* [*o derb* Scheiße] bauen **II.** *vt* ■**to ~ up** ↔ **sth** etw vermasseln *fam*
balls-up *n no pl* BRIT *(fam!)* Scheiß *m derb; (confusion)* Durcheinander *nt*
ballsy ['bɔːlzi] *adj* AM *(fam!)* mutig, unerschrocken
ball valve *n* MECH Kugelventil *nt*
bally ['bæli] *adj inv (dated fam)* verdammt *fam*
ballyhoo [ˌbæli'huː, AM 'bæli-] *n no pl (dated fam)* Tamtam *nt pej fam,* Tara *nt pej fam*
ballyrag <-gg-> ['bæliræg] *vt (sl)* ■**to ~ sb [about doing sth]** jdn [wegen einer S. *gen*] schikanieren
balm [bɑːm] *n* ① *(ointment)* Salbe *f; no pl (fig: relief)* Balsam *m;* **to be ~ to sb** Balsam für jdn [*o* jds Seele] sein ② *(tree)* Balsambaum *m; (resin)* [aromatischer] Duft; **tiger ~** Tigerbalsam *m* ③ *(lemon balm)* Zitronenmelisse *f*
balmy ['bɑːmi] *adj* ① *(soothing)* wohltuend, lindernd ② *(mild, gentle) air, breeze, weather* mild ③ *fragrance* wohlriechend
baloney [bə'ləʊni, AM -'loʊni] **I.** *n no pl* ① AM *(Bologna sausage)* ≈ Fleischwurst *f* ② *(fam: nonsense)* Quatsch *m fam,* Blödsinn *m fam,* Schwachsinn *m fam* **II.** *interj* AM quatsch
balsa ['bɔːlsə] *n* ① *(tree)* Balsabaum *m* ② *no pl (wood)* Balsaholz *nt*
balsam ['bɔːlsəm] **I.** *n no pl* ① *(resin)* Balsam *m* ② *(soothing substance)* Balsam *m* ③ *(fig: soothing influence)* Balsam *m geh* ④ *(tree)* Balsambaum *m* **II.** *adj attr* wohltuend
balsamic vinegar *n no pl* Balsamessig *m*
balsa wood *n no pl* Balsaholz *nt*
balti ['bɔːlti] *n no pl Pakistanische Art des Kochens*
Balti ['bɔːlti] **I.** *n* ① *(person)* Balti *m o f* ② *no pl (language)* Balti *nt* **II.** *adj* aus Baltistan
Baltic ['bɔːltɪk] **I.** *adj attr* baltisch; **the ~ sea** die Ostsee; ■**the ~ States** die baltischen Staaten *pl,* das Baltikum **II.** *n* ■**the ~** die Ostsee
Baltic Futures Exchange *n* STOCKEX Baltische Terminbörse
balun ['bælən] *n* ELEC Impedanzwandler *m*
baluster ['bæləstəʳ, AM ɚ] **I.** *n* ARCHIT Baluster *m,* Geländersäule *f* **II.** *n modifier* Baluster-
balustrade [ˌbælə'streɪd, AM 'bæl-] *n* Balustrade *f,* Geländer *nt,* Brüstung *f*
bamboo [bæm'buː] *n no pl* Bambus *m*
bamboo cane *n* Bambusrohr *nt,* Bambusstock *m*
bamboo shoot *n* Bambussprosse *f*
bamboozle [bæm'buːzl] *vt* ① *(confuse)* ■**to ~ sb** jdn verwirren [*o* aus dem Konzept bringen]; ■**to be ~ed by sth** von etw *dat* verwirrt sein ② *(fam: trick)* ■**to ~ sb** jdn übers Ohr hauen *fam;* **she was ~d into telling them her credit card number** sie ließ sich von ihm ihre Kreditkartennummer abluchsen
ban [bæn] **I.** *n* Verbot *nt;* **~ on smoking/talking** Rauch-/Redeverbot *nt;* **to lift a ~ on sth** das Verbot einer S. *gen* aufheben; **to place** [*or* **put**] **a ~ on sth** etw verbieten [*o* untersagen] **II.** *vt* <-nn-> ■**to ~ sth** etw verbieten; ■**to ~ sb** jdn ausschließen; ■**to be ~ned from sth** von etw *dat* ausgeschlossen werden; **she was ~ned from driving for two years** sie erhielt zwei Jahre Fahrverbot
banal [bə'nɑːl] *adj* banal, trivial
banality [bə'næləti, AM -ṭi] *n* Banalität *f*
banana [bə'nɑːnə, AM -'nænə] **I.** *n* Banane *f;* **a bunch of ~s** eine Staude Bananen **II.** *n modifier (ice cream, cake)* Bananen-; **~ yoghurt** Bananenjoghurt *m o nt,* Joghurt *m o nt* mit Bananengeschmack
banana peel *n* Bananenschale *f* **banana republic** *n (pej)* Bananenrepublik *f oft pej*
bananas [bə'nɑːnəz, AM -'nænəz] *adj pred* ■**to be ~** *(fam)* verrückt sein, ein Rad abhaben *fam;* **to go ~** durchknallen *sl;* **to drive sb ~** jdn verrückt machen
banana skin *n* ① *(peel)* Bananenschale *f* ② BRIT *(fam)* unerwartetes Problem **banana split** *n* Bananensplit *nt* **banana tree** *n* Bananenstaude *f*
bancassurance [ˌbæŋkə'ʃɔːrən(t)s] *n no pl* BRIT *von einer Bank vermittelte Versicherung*
band[1] [bænd] **I.** *n* ① *of metal, cloth* Band *nt;* **rubber** [*or* **elastic**] **~** Gummiband *nt* ② *of colour* Streifen *m; (section also)* Abschnitt *m;* **~ of grass** Grasstreifen *m;* METEO **~ of cloud** Wolkenband *nt;* **a ~ of light rain and showers** ein zerrissenes [Wolken]band mit Regenschauern ③ *(in clothing)* Band *nt;* **hat ~** Hutband *nt;* **head ~** Stirnband *nt;* **waist ~** Bund *m; (for trousers also)* Hosenbund *m* ④ *(range)* Bereich *m,* Kategorie *f;* TELEC Frequenzband *nt;* **UHF ~** UHF-Band *nt;* **in the 30–40 age ~** in der Altersgruppe von 30–40 [Jahren]; **tax ~** Steuerklasse *f* ⑤ *(ring)* Ring *m;* **wedding ~** Trauring *m,* Ehering *m* **II.** *vt* ① *(put band on)* ■**to ~ sth** ein Band um etw *akk* wickeln; ■**to ~ sth together [with sth]** etw [mit etw *dat*] zusammenbinden ② BRIT SCH ■**to ~ sb** jdn einstufen
band[2] [bænd] **I.** *n* ① MUS *(modern)* Band *f,* Gruppe *f; (traditional)* Kapelle *f,* Orchester *nt;* **brass ~** Blaskapelle *f,* Blasorchester *nt;* **~ practice** Probe *f* ② *of robbers* Bande *f,* Gang *f* ③ AM *of animals* Herde *f;* **~ of birds** Vogelschwarm *m;* **a ~ of wild dogs** ein Rudel *nt* wilder Hunde **II.** *vi* sich *akk* zusammentun *fam*
◆**band together** *vi* ■**to ~ together with sb** sich *akk* mit jdm vereinigen [*o* zusammenschließen]
bandage ['bændɪdʒ] **I.** *n* Verband *m; (of cloth)* Binde *f; (for support)* Bandage *f* **II.** *vt* ■**to ~ sth** *(limb)* etw bandagieren; **she had her hand ~d** sie hatte einen Verband um ihre Hand; **to ~ a wound** eine Wunde verbinden
Band-Aid® *n* Hansaplast® *nt,* Heftpflaster *nt*
band-aid solution *n* AM Übergangslösung *f,* Notbehelf *m*
bandanna [bæn'dænə] *n* [großes buntes oder weißgeflecktes] Halstuch; *(handkerchief)* großes Taschentuch
B and B [ˌbiːᵊn(d)'biː] *n* BRIT *abbrev of* **bed and breakfast**
banded *adj* ECON **~ offer** *(type of sales promotion)* Kombipack-Angebot *nt;* **~ pack** Verbundpackung *f*
banderole ['bændərəʊl, AM -roʊl] *n* Wimpel *m,* [Lanzen]fähnchen *nt*
bandicoot ['bændɪkuːt] *n* ① AUS *(marsupial)* Beuteldachs *m,* Bandikut *m fachspr* ② IND *(rat)* Malabarratte *f,* Bandikutratte *f*

banding ['bændɪŋ] *n* ① FASHION Borte *f* ② (*division*) **tax ~** Steuerklassifizierung *f*, Einstufung *f* in eine Steuerklasse ③ (*labelling of animals*) Kennzeichnung *f* [von Tieren]; **~ of birds** [Vogel]beringung *f* ④ BRIT SCH Einstufung *f* (*nach Fähigkeit*) ⑤ COMPUT **elastic ~** elastische Grenzen

bandit ['bændɪt] *n* ① (*robber, murderer*) Gangster *m*, Bandit(in) *m(f)* ② (*swindler*) Gauner(in) *m(f)*, Betrüger(in) *m(f)*

banditry ['bændɪtri] *n no pl* Räuberunwesen *nt*, Banditentum *nt*

bandleader *n* (*dated*) Bandleader(in) *m(f)* **band-limited** *adj* COMPUT bandbegrenzt **bandmaster** *n of a military band* Leiter (in) *m(f)* des Musikkorps, Musikmeister(in) *m(f)*; *of a brass band* Kapellmeister(in) *m(f)* **band member, bandsman** *n* (*modern music*) Bandmitglied *nt;* (*traditional music*) Mitglied *nt* einer Kapelle

bandolier [,bændəl'ɪəʳ, AM də'lɪr] *n* Schulterpatronengurt *m*

bandpass filter *n* ELEC Bandpassfilter *m*

bandstand *n* Musikpavillon *m*, Orchesterpavillon *m* **bandwagon** *n* AM (*old*) Musikantenwagen *m*, [Fest]wagen *m* mit einer Musikkapelle ► PHRASES: **to climb** [*or* **jump**] [*or* **get**] **on the ~** auf den fahrenden Zug aufspringen *fig*, Mitläufer(in) *m(f)* einer S. *gen* werden **bandwidth** ['bændwɪtθ] *n* TELEC Bandbreite *f*

bandy[1] ['bændi] *adj* krumm; **~ legs** O-Beine *pl*

bandy[2] <-ie-> ['bændi] *vt usu passive* ■**to be bandied about** [*or* **around**] verbreitet werden, in Umlauf gesetzt werden; ***large figures were bandied about*** man warf mit großen Zahlen um sich; ***I won't ~ words with you*** (*dated*) ich möchte mich nicht mit dir herumstreiten; **to ~ rumours about** [wilde] Gerüchte verbreiten

bandy-legged *adj* o-beinig *attr;* ■**to be ~** O-Beine haben

bane [beɪn] *n no pl* Ruin *m*, Verderben *nt;* ***he's the ~ of my life!*** er bringt mich noch mal ins Grab! *fam;* **to be more of a ~ than a boon** eher ein Fluch als ein Segen sein

baneful ['beɪnfəl] *adj* (*old*) schädlich, verderblich *geh*

bang [bæŋ] **I.** *n* ① (*loud sound*) Knall *m;* **to go off with a ~** *gun, fireworks* krachend [*o* mit einem Knall] losgehen ② (*blow*) Schlag *m;* ***there was a loud ~ on the door*** jemand hämmerte gegen die Tür; **a ~ on the head** ein Schlag *m* auf den Kopf ③ ■**~s** *pl* AM (*fringe*) [kurzer] Pony ④ (*vulg: sexual intercourse*) Fick *m vulg* ⑤ (*drug dose*) Schuss *m sl* ► PHRASES: **to go** [AM **over**] **with a ~** (*fam*) ein [Bomben]erfolg [*o* echter Knaller] sein *fam* **II.** *adv* ① (*precisely*) genau, exakt; **to walk slap ~ into sb/sth** geradewegs mit jdm/etw *dat* zusammenstoßen; **~ in the middle of the road/of dinner** mitten auf der Straße/beim Essen; **~ on** BRIT (*fam*) absolut korrekt, genau richtig; **~ up-to-date** topaktuell, hochaktuell ② **to go ~** (*make loud noise*) [mit einem lauten Knall] explodieren; *balloon* [laut] knallend zerplatzen ► PHRASES: **~ goes sth** (*fig*) etw geht dahin *fig*, mit etw *dat* ist es aus; ***~ goes my pay rise*** das war's dann wohl mit meiner Gehaltserhöhung *fam* **III.** *interj* ■**~!** *gun* Peng!; *explosion* Krawumm! **IV.** *vi* Krach machen; *door, shutters* knallen, schlagen; **to ~ at the door** an [*o* gegen] die Tür hämmern [*o* schlagen] **V.** *vt* ① (*hit*) **to ~ the door** die Tür zuschlagen; **to ~ one's fist on the table** mit der Faust auf den Tisch hauen; **to ~ one's head on sth** sich den Kopf an etw anschlagen; **to ~ the phone down** den Hörer auf die Gabel knallen ② AM (*cut hair*) **to ~ one's hair** sich *dat* einen Pony schneiden ③ **to ~ a woman** (*vulg*) eine Frau bumsen [*o* vögeln] *vulg* ► PHRASES: **to ~ the drum** die Werbetrommel rühren *fig*

◆**bang away** *vi* ① (*make noise*) *gun* draufloskanllen *fam; person* [herum]ballern *fam;* (*work loudly*) herumhämmern *fam*, herumknallen *fam* ② (*fig: work hard*) ■**to ~ away at sth** sich *akk* hinter etw *akk* klemmen ③ (*vulg: have sex*) [herum]bumsen *vulg*, [herum]vögeln *vulg*

◆**bang in** *vt* **to ~ in a nail/peg** [*or* **to ~ a nail/peg in**] einen Nagel/einen Stift einschlagen

◆**bang on** *vi* ■**to ~ on about sth** BRIT (*pej sl*) etw breittreten *fig*

◆**bang up** *vt* (*fam*) ■**to ~ up** ↔ **sb** jdn einbuchten *fam*

banger ['bæŋəʳ, AM -ɚ] *n* ① BRIT (*old car*) Klapperkiste *f fam*, Rostlaube *f fam* ② (*firework*) Knaller *m*, Kracher *m* ③ BRIT (*fam: sausage*) [Brat]wurst *f;* **~s and mash** Würstchen *ntpl* mit Kartoffelbrei

bangin' ['bæŋɪn] *adj* (*fam*) *idea, plan, date* toll *fam*

Bangladeshi [,bæŋglə'deʃi] **I.** *n* Bangale, -in *m, f*, Bangladeshi *m o f* **II.** *adj* bangalisch

bangle ['bæŋgl̩] *n* (*for arm*) Armreif[en] *m;* (*for ankle*) Fußreif *m*, Fußring *m*

bang-up ['bæŋʌp] *adj* AM (*sl*) bombig *fam*, prima *fam*, klasse *fam;* **to do a ~ job on sth** etw toll hinkriegen *sl*

banish ['bænɪʃ] *vt* ■**to ~ sb from sth** jdn aus etw *dat* verbannen *fig;* **to ~ sb from a country** jdn des Landes verweisen, jdn aus einem Land ausweisen; **to ~ sth from one's mind** sich *dat* etw aus dem Kopf schlagen; **to ~ all sad thoughts** alle traurigen Gedanken verbannen

banished ['bænɪʃt] *adj inv, attr* verbannt

banishment ['bænɪʃmənt] *n no pl* (*form*) Verbannung *f*

banister ['bænɪstəʳ, AM -əstɚ] *n usu pl* [Treppen]geländer *nt*

banjo ['bændʒəʊ, AM -dʒoʊ] *n* <*pl* -s *or* -es> Banjo *nt*

bank[1] [bæŋk] **I.** *n* ① *of a river* Ufer *nt;* (*sloping*) Böschung *f;* (*elevated area*) Abhang *m;* RAIL Bahndamm *m;* **~ of fog** Nebelbank *f*, Nebelwand *f;* **grassy ~s** grüne Hänge ② *of a road, railway* [Kurven]überhöhung *f* ③ (*of aircraft*) Querlage *f*, Schräglage *f* ④ (*row of objects*) Reihe *f* ⑤ (*oar tier*) Ruderbank *f* **II.** *vi* AVIAT in die Querlage [*o* in den Kurvenflug] gehen, den Kurvenflug einleiten **III.** *vt* ① (*heap*) ■**to ~ sth** etw anhäufen [*o* aufschichten]; **to ~ a fire** ein Feuer mit Asche bedecken ② AVIAT **to ~ an aircraft** ein Flugzeug in die Querlage bringen [*o* in die Kurve legen] ③ (*confine*) ■**to ~ sth** *water* etw eindämmen [*o* eingrenzen]

bank[2] [bæŋk] **I.** *n* ① (*financial institution*) Bank *f;* **central ~** Zentralbank *f*, Notenbank *f;* **Hight Street B~s** BRIT *die größten öffentlichen Bankinstitute in Großbritannien;* **merchant ~** BRIT Merchant Bank *f* (*Spezialinstitut für verschiedenste Finanzierungsleistungen: Groß- und Überseehandel und Emissionsgeschäfte*); **national ~** AM von der Bundesregierung zugelassene Bank; **state ~** staatliche Bank; AM einzelstaatlich konzessionierte Bank; **World B~** Weltbank *f;* **B~ of England** Bank von England *f* (*englische Zentralbank*); **to break the ~** die Bank sprengen; **to keep sth in a ~** etw auf [*o* bei] der Bank deponieren [*o* hinterlegen]; **to pay sth into a ~** etw bei einer Bank einzahlen; **to have money at** [*or* **in**] **a bank** Geld auf der Bank haben ② (*banker in gambling*) [Spiel]bank *f*, Bankhalter(in) *m(f);* **to play ~** die Bank halten ③ (*storage place*) Bank *f* **II.** *vi* ① (*have an account*) ein Bankkonto haben; (*transact*) Bankgeschäfte machen; ■**to ~ with** [*or* **at**] **sb** bei jdm ein Konto haben; ***where do you ~?*** bei welcher Bank sind Sie? ② AM (*work in banking*) in [*o* bei] einer Bank arbeiten ③ (*in gambling*) die Bank halten **III.** *vt* **to ~ money** Geld [auf [*o* bei] der Bank] einzahlen; **to ~ valuables** Wertsachen [in [*o* bei] einer Bank] deponieren

◆**bank on** *vi* ■**to ~ on sth** (*rely on*) sich *akk* auf etw *akk* verlassen, auf etw *akk* zählen; (*expect*) mit etw *dat* rechnen; ***can I ~ on your support?*** kann ich auf dich zählen?; ■**to ~ on sb doing sth** sich *akk* darauf verlassen, dass jd etw tut

bankability [,bæŋkə'bɪləti, AM -ti] *n* Ertragsfähigkeit *f*, Marktwert *m*

bankable ['bæŋkəbl] *adj* ① FIN bankfähig, diskontierbar *fachspr;* **~ assets** bankfähige Vermögenswerte ② (*successful*) gewinnbringend, einträglich

bank acceptance *n* FIN Bankakzept *nt* **bank account** *n* Bankkonto *nt* **bank balance** *n no pl* Bankguthaben *nt*, Kontostand *m;* **~ sheet** Bankbilanz *f* **bank bill** *n* FIN Bankakzept *nt*, Bankwechsel *m* **bank book** *n* Sparbuch *nt* **bank borrowing** *n* Kreditaufnahme *f* bei Banken; ***the new factory was financed by ~*** die neue Fabrik wurde durch Bankkredite finanziert; **~ *has increased*** Kreditaufnahmen *fpl* bei Banken haben zugenommen **bank card** *n* AM Bankkarte *f*, Scheckkarte *f;* AUS Kreditkarte *f* **bank charges** *npl* Kontoführungsgebühren *pl*, Kontoführungskosten *pl*, Bankgebühren *pl* **bank check** *n* AM FIN Bankscheck *m* **bank clerk** *n* Bankangestellte(r) *f(m)* **bank code** *n* BRIT FIN Bankleitzahl *f*, BLZ *f* **bank credit** *n* Bankdarlehen *nt*, Bankkredit *m* **bank deposits** *npl* Bankeinlagen *fpl* **bank draft** *n* AM FIN Bankwechsel *m*, Bankscheck *m*

banker ['bæŋkəʳ, AM -kɚ] *n* ① (*in bank*) Banker(in) *m(f) fam* ② (*in gambling*) Bankhalter(in) *m(f)*

bankers' acceptance *n* AM Bankwechsel *m* **banker's acceptances** *npl* AM FIN Bankakzepte *ntpl*

banker's card *n* Scheckkarte *f* **banker's draft** *n* Bankscheck *m*, Bankwechsel *m* **banker's order** *n* Dauerauftrag *m*

Bank for International Settlements *n*, **BIZ** *n* Bank *f* für internationalen Zahlungsausgleich **bank holiday** *n* ① BRIT öffentlicher Feiertag ② AM Bankfeiertag *m* **bank identification number** *n*, **BIN** *n* Bankkennzahl *f*

banking ['bæŋkɪŋ] **I.** *n* Bankwesen *nt*, Bankgeschäft *nt*, Bankgewerbe *nt;* **to be in ~** bei einer Bank arbeiten **II.** *n modifier* (*business, facilities*) Bank-

banking hours *npl* Schalterstunden *pl*, Öffnungszeiten *pl* [einer Bank]

Banking Ombudsman *n* ECON **~** Ombudsfrau *f*, Ombudsmann *m*

bank machine *n* Geldautomat *m* **bank manager** *n* Zweigstellenleiter(in) *m(f)* einer Bank, Filialleiter(in) *m(f)* einer Bank **banknote** *n* ① (*money*) Banknote *f*, Geldschein *m* ② AM FIN Bankschuldschein *m* **bank rate** *n* Diskontsatz *m*, amtlicher Diskont **bank return** *n* BRIT FIN Notenbankausweis *m* **bank robber** *n* Bankräuber(in) *m(f)* **bank robbery** *n* Bankraub *m*, Banküberfall *m* **bankroll I.** *n* (*bank notes*) Banknotenrolle *f*, Banknotenbündel *nt*, Bündel *nt* Geldscheine; (*fig fam*) finanzielle Mittel, Geldmittel *pl* **II.** *vt* (*fam*) ■**to ~ sb** jdm finanziell unter die Arme greifen *fam;* **to ~ a project** ein Projekt finanzieren; ■**to ~ sth** etw finanzieren

bankrupt ['bæŋkrʌpt] **I.** *adj* ① (*insolvent*) bankrott, zahlungsunfähig; **certificated ~** rehabilitierter Konkursschuldner/rehabilitierte Konkursschuldnerin; **discharged ~** entlasteter Konkursschuldner/entlastete Konkursschuldnerin; **undischarged ~** nicht entlasteter Konkursschuldner/entlastete Konkursschuldnerin; **to adjudicate** [*or* **declare**] **sb ~** jdn für zahlungsunfähig [*o* bankrott] erklären; **to go ~** in Konkurs gehen, Bankrott machen *fam* ② (*deficient*) arm; ***this book is ~ of plot*** in diesem Buch gibt es keine Handlung; **to be ~ of ideas** keine Ideen haben; **to be morally ~** (*fig*) moralisch verarmt sein; **to be politically ~** politisch erledigt [*o* ruiniert] sein **II.** *vt* ■**to ~ sb/sth** *person, company* jdn/etw [finanziell] ruinieren **III.** *n* Konkursschuldner *m*, Gemeinschuldner *m*, Bankrotteur *m;* **to declare sb a ~** jdn für zahlungsunfähig [*o* zum Gemeinschuldner] erklären

bankruptcy ['bæŋkrʌp(t)si] *n* ① *no pl* (*insolvency*) Bankrott *m*, Konkurs *m;* **adjudication** [*or* **declaration**] **of ~** Konkurseröffnungsbeschluss *m;* **criminal ~** Konkurs *m* durch verurteilte Straftaten; **criminal ~ order** Verfügung *f* einer Konkursforderung im Strafverfahren gegen Schädiger; **discharge in ~** Entlastung *f* des Konkursschuldners; **to file a petition in ~** Konkurs anmelden, Antrag auf Konkurseröffnung stellen; **to be forced into ~** in den Bankrott [*o* Konkurs] getrieben werden ② (*individual case*) Konkursfall *m* ③ *no pl* (*fig*) **moral ~** moralische Verarmung

Bankruptcy Court *n* LAW Konkursgericht *nt*

bankruptcy notice *n* Konkursanzeige *f* **bankruptcy proceedings** *npl* Konkursverfahren *nt* **bank sort code** *n* BRIT Bankleitzahl *f* **bank statement** *n* Kontoauszug *m,* Bankauszug *m* **bank transfer** *n* Überweisung *f*

banner ['bænəʳ, AM -ɚ] **I.** *n* ① *(sign)* Transparent *nt,* Spruchband *nt* ② *(flag)* Banner *nt,* Fahne *f;* **to carry the ~ of sth** *(fig)* sich *dat* etw auf seine Fahne geschrieben haben *fig;* **to carry the ~ of freedom** *(fig)* die Fahne des Friedens hochhalten *fig;* **under the ~ of sth** *(fig)* unter dem Banner einer S. *gen* **II.** *adj attr* AM *year* überragend, ausgezeichnet, erstklassig

banner headline *n* Schlagzeile *f,* Balkenüberschrift *f*

bannister *n see* **banister**

bannock ['bænək] *n runder, flacher und ungesäuerter Kuchen aus Hafer- oder Gerstenmehl*

banns [bænz] *npl* Aufgebot *nt;* **to forbid the ~** Einspruch gegen die Eheschließung erheben; **to publish the ~** das Aufgebot verkünden [*o* aushängen]

banquet ['bæŋkwɪt] **I.** *n* Bankett *nt,* [offizielles] Festessen **II.** *vi* festlich speisen, tafeln **III.** *vt* **to ~ sb on fine food and drink** jdn festlich bewirten

banquet hall *n,* **banqueting hall** ['bæŋkwɪtɪŋ,hɔːl, AM -t̬ɪŋ] *n* Bankettsaal *m,* Festsaal *m*

banquette [,bæŋ'ket] *n* gepolsterte Sitzbank

banshee ['bænʃi] *n* IRISH Todesfee *f,* Banshee *f;* **to wail** [*or* **howl**] **like a ~** gespenstisch heulen

bantam ['bæntəm, AM -t̬əm] **I.** *n* ① *(chicken)* Bantamhuhn *nt,* Zwerghuhn *nt* ② *(fig: person) energische, aggressive kleine Person* ③ CAN SPORTS *(player under 15)* Bantam *m o f* **II.** *n modifier (for players under 15)* Bantam-; **~ hockey league** Bantam-Hockeyliga *f*

bantamweight *n* ① *(sportsman)* Boxer (in) *m(f)* im Bantamgewicht, Bantamgewichtler(in) *m(f)* ② *(weight class)* Bantamgewicht *nt* *(bis 54 kg)*

banter ['bæntəʳ, AM -t̬ɚ] **I.** *n no pl* scherzhaftes Gerede, heitere Neckerei **II.** *vi* herumscherzen, Späße machen; ■**to ~ with sb** mit jdm herumscherzen

bantering ['bæntᵊrɪŋ] *adj* scherzhaft, neckend

Bantu <*pl* - *or* -s> ['bæntuː] *n* ① *(African)* Bantu *m o f;* SA *(dated or pej!: offensive term)* Bantuneger(in) *m(f) pej* ② *(language)* Bantu *nt*

banyan ['bænjæn, AM -jən] *n* Banyanbaum *m,* indischer Feigenbaum

banzai ['bænzaɪ, AM bɑːnz-] *interj japanischer Schlachtruf/Hochruf*

baobab ['beɪəʊbæb, AM -oʊ-] *n* Baobab *m,* Affenbrotbaum *m*

BAOR *n (hist) abbrev of* **British Army of the Rhine** Britische Rheinarmee

bap [bæp] *n* BRIT *weiches rundes Brötchen [für Sandwich]*

baptism ['bæptɪzᵊm] *n* Taufe *f;* **~ of fire** Feuertaufe *f fig*

baptismal [bæp'tɪzmᵊl] *adj* Tauf-; **~ certificate** Taufschein *m;* **~ font** Taufstein *m,* Taufbecken *nt*

baptist ['bæptɪst] *n* Täufer *m;* **John the B~** Johannes der Täufer

Baptist ['bæptɪst] **I.** *n* Baptist(in) *m(f)* **II.** *n modifier (minister, congregation)* Baptisten-; **the B~ Church** die Kirche der Baptisten, die Baptistengemeinde

baptist(e)ry ['bæptɪstᵊri] *n* ① *(building)* Baptisterium *nt fachspr,* Taufkapelle *f* ② *(basin)* Taufbecken *nt,* Taufstein *m*

baptize [bæp'taɪz, AM 'bæp-] *vt* ■**to ~ sb** jdn taufen; ***I was ~d Elizabeth*** ich wurde [auf den Namen] Elisabeth getauft; **to be ~ed a Protestant/Catholic** protestantisch/katholisch getauft werden

bar [bɑːʳ, AM bɑːr] **I.** *n* ① *(long rigid object)* Stange *f,* Stab *m; of a cage, cell* Gitterstab *m;* **to be behind ~s** hinter Schloss und Riegel sein ② *(in shape of bar)* **a ~ of chocolate** ein Riegel *m* Schokolade; **a ~ of gold** ein Goldbarren *m;* **a ~ of soap** ein Stück *nt* Seife ③ *(band of colour)* Streifen *m,* Band *nt;* **~ of light** Lichtstrahl *m* ④ BRIT *(heating element) Heizelement in künstlichen Kaminen* ⑤ MIL *Querstreifen eines Rangabzeichens* ⑥ BRIT *(marking end) Schranke od. Grenzlinie im House of Commons* ⑦ *(sandbank)* Barre *f,* Sandbank *f* ⑧ *(obstacle)* Hemmnis *nt,* Hindernis *nt;* **to be a ~ to sth** einer S. *dat* im Wege stehen ⑨ *(for drinking)* Lokal *nt,* Bar *f; (counter)* Bar *f,* Theke *f;* **the man behind the ~** der Mann hinter dem Tresen *fam* ⑩ *(small shop)* Imbiss *m* ⑪ LAW *(court)* Gerichtshof *m;* **case at ~** [dem Gericht] vorliegender Fall; **prisoner at the ~** Angeklagte(r) *f(m);* **to be called to the ~** als Anwalt zugelassen werden; **to plead at the ~** vor Gericht plädieren; **at the ~** vor Gericht ⑫ MUS Takt *m;* **three-four ~** Dreivierteltakt *m* **II.** *vt* <-rr-> ① *(fasten)* ■**to ~ sth** *door, window* etw verriegeln [*o* versperren] ② *(obstruct, hinder)* ■**to ~ sth** *road* etw blockieren; ***the centre of the town was ~red off to football supporters*** das Stadtzentrum war für Fußballfans gesperrt; **to ~ sb's way/path** jdm den Weg verstellen [*o* versperren] ③ *(prohibit)* ■**to ~ sth** etw verbieten [*o* untersagen]; ■**to ~ sb from sth** jdn von etw *dat* ausschließen; ■**to be ~red** LAW ausgeschlossen sein; ■**to be ~red from doing sth** bei etw *dat* nicht zugelassen werden; ***he was ~red from playing for England*** er durfte nicht für England antreten; **to ~ a right** LAW ein Recht ausschließen **III.** *prep* außer, ausgenommen, abgesehen von; **~ one** außer einem; **~ none** [alle] ohne Ausnahme, ohne Einschränkung, ausnahmslos

Bar [bɑːʳ, AM bɑːr] *n* LAW ■**the ~** ① BRIT, AUS *(in higher courts)* die höhere Anwaltschaft; **to be called to the ~** als Anwalt/Anwältin vor höheren Gerichten zugelassen werden ② *(ruling body)* die Anwaltschaft; **the Bench and the B~** Richter und Anwälte; **the B~ Council** BRIT Anwaltskammer *f;* **the** [**American**] **B~ Association** US-Bundesanwaltskammer *f;* **to be admitted to the ~** AM als Anwalt/Anwältin [vor Gericht] zugelassen werden; **to read for the ~** BRIT Jura studieren [um Anwalt zu werden]

barb [bɑːb, AM bɑːrb] *n* ① *of hook, arrow* Widerhaken *m,* Stachel *m* ② *(insult)* Gehässigkeit *f,* Spitze *f,* bissige [*o* spitze] Bemerkung

Barbadian [bɑː'beɪdiən, AM bɑːr-] **I.** *n* Barbadier(in) *m(f)* **II.** *adj* barbadisch

barbarian [bɑː'beəriən, AM bɑːr'ber-] *n* ① HIST Barbar(in) *m(f)* ② *(fig, pej: uncultured person)* Barbar(in) *m(f) fig, pej*

barbaric [bɑː'bærɪk, AM bɑːr'ber-] *adj* ① *(cruel)* barbarisch, grausam ② *(fig: uncultured)* unkultiviert, ungesittet, primitiv

barbarically [bɑː'bærɪkᵊli, AM bɑːr'ber-] *adv* barbarisch, grausam

barbarism ['bɑːbᵊrɪzᵊm, AM 'bɑːr-] *n no pl* ① *(unculturedness)* Barbarei *f,* Unkultiviertheit *f* ② *(cruelty)* Barbarei *f,* Grausamkeit *f;* **acts of ~** Greueltaten *fpl,* Grausamkeiten *fpl* ③ LING [Sprach]barbarismus *m*

barbarity [bɑː'bærəti, AM bɑːr'bærət̬i] *n* Barbarei *f,* Grausamkeit *f*

barbarization [,bɑːbəraɪ'zeɪʃᵊn, AM ,bɑːr-] *n no pl* Verrohung *f,* Entmenschlichung *f*

barbarize ['bɑːbəraɪz, AM 'bɑːr-] **I.** *vt* ■**to ~ sth** etw verrohen [*o* verwildern] lassen **II.** *vi* verrohen, verwildern

barbarous ['bɑːbᵊrəs, AM 'bɑːr-] *adj (form, liter) act, treatment* grausam, roh, barbarisch

barbarously ['bɑːbᵊrəsli, AM 'bɑːr-] *adv* auf barbarische Weise, barbarisch

barbarousness ['bɑːbᵊrəsnəs, AM 'bɑːr-] *n no pl* Rohheit *f,* Grausamkeit *f,* Barbarei *f*

Barbary ['bɑːbᵊri, AM 'bɑːr] *(hist)* **I.** *n no pl* Barbarei *f hist* **II.** *adj attr, inv pirat* in maurischen Gewässern *nach n hist*

Barbary ape *n* ZOOL Berberaffe *m,* Magot *m* **Barbary Coast** *n no pl (hist)* ■**the ~** die Barbarenküste *hist* **Barbary States** *npl (hist) see* **Barbary** Länder *ntpl* der Barbarei *hist*

barbecue ['bɑːbɪkjuː, AM 'bɑːr-] **I.** *n* ① *(utensil)* Grill *m,* Bratrost *m* ② *(event)* Grillparty *f;* **to have a ~** grillen **II.** *vt* ■**to ~ sth** etw grillen

barbecue sauce *n* Barbecue-Soße *f,* Grillsoße *f*

barbed [bɑːbd, AM bɑːrbd] *adj attr* ① *hook, arrow* mit Widerhaken [*o* Stacheln] ② *(fig: hurtful, unkind)* scharf *fig,* verletzend *fig;* **~ wit** beißender Humor; **~ joke** boshafter Witz; **~ comment** bissiger Kommentar; **~ remark** bissige [*o* spitze] Bemerkung

barbed wire *n* Stacheldraht *m*

barbel ['bɑːbᵊl, AM 'bɑːr] *n* ZOOL ① <*pl* -s *or* -> *(fish)* Barbe *f* ② *(fleshy filament)* Bartfaden *m*

bar-bell *n* AM STOCKEX Portefeuille *nt,* das aus Wertpapieren mit sehr langer und solchen mit sehr kurzer Laufzeit zusammengesetzt ist

barbell ['bɑːbel, AM 'bɑːr-] *n* Hantel *f*

barber ['bɑːbəʳ, AM 'bɑːrbɚ] *n* [Herren]friseur *m;* **to go to the ~'s** zum Friseur gehen

barbershop *n* AM Friseurgeschäft *nt,* Friseurladen *m (für Herren)* **barbershop quartet** *n* MUS Barbershop-Quartett *nt*

barbican ['bɑːbɪkən, AM 'bɑːr] *n* Außenwerk *nt,* [mit Wachtürmen versehene] Verteidigungsanlage

barbie ['bɑːbi, AM 'bɑːr-] *n* AUS *(fam) short for* **barbecue** *(utensil)* Grill *m; (event)* Grillparty *f*

Barbie doll® ['bɑːbi, AM 'bɑːr-] *n* Barbie[-Puppe]® *f*

barbital ['bɑːrbɪt̬ᵊl] *n no pl* AM, **barbitone** ['bɑːbɪtəʊn, AM 'bɑːrbətoʊn] *n* PHARM Barbital *nt fachspr*

barbiturate ['bɑːbɪtʃᵊrət, AM 'bɑːr-] *n* Barbiturat *nt fachspr,* Schlafmittel *nt*

barbotine ['bɑːbətɪn, AM 'bɑːr-] *n modifier* Töpferkitt-

Barbour jacket® ['bɑːbəʳ, AM 'bɑːrbɚ-] *n* Barbour-Jacke® *f (gewachste Allwetterjacke)*

Bar-B-Q ['bɑːbɪkjuː, AM 'bɑːr-] *n (fam) see* **barbecue**

barbwire ['bɑːrbwaɪɚ] *n no pl* AM *see* **barbed wire**

bar chart *n* Histogramm *nt,* Säulendiagramm *nt,* Balkendiagramm *nt*

Barclays Index ['bɑːkliz-] *n* STOCKEX Preisindex *m* der Börse in Neuseeland **bar code** *n* Strichcode *m,* EAN-Code *m,* Balkencode *m* **bar coded** *adj* mit Strichkodierung *nach n* **bar code reader** *n,* **bar code scanner** *n* Strichcodeleser *m,* Strichcodescanner *m*

bard [bɑːd, AM bɑːrd] *n (liter)* Barde *m poet,* Sänger *m poet o iron,* Dichter *m;* **the B~ of Avon** Shakespeare

bardic ['bɑːdɪk, AM 'bɑːr] *adj inv* Barden-

bare [beəʳ, AM ber] **I.** *adj* ① *(unclothed)* nackt, bloß; **in ~ feet** barfuß; **to do sth with one's ~ hands** *(fig)* etw mit seinen bloßen Händen tun; **with ~ midriff** nabelfrei; **to be ~ to the waist** einen nackten Oberkörper haben ② *(uncovered)* **~ branch** kahler Ast; **~ landscape** karge Landschaft ③ *(empty) cupboard* leer; ***the room was ~ of furniture*** in dem Zimmer standen keinerlei Möbel ④ *(unadorned)* bloß, nackt, schlicht; **the ~ facts** die nackten Tatsachen; **the ~ truth** die ungeschminkte [*o* nackte] Wahrheit; **to lay sth ~** etw freilegen; **to lay ~ the truth** *(fig)* die Wahrheit ans Licht bringen ⑤ *(basic)* **the ~ minimum** das absolute Minimum; **the ~ necessities** [*or* **essentials**] [**of life**] das [zum Leben] Allernotwendigste ▶ PHRASES: **the ~ bones** [**of a story**] die Grundzüge [einer Geschichte] **II.** *vt* ■**to ~ sth** etw entblößen; **to ~ one's head** den Hut abnehmen [*o* ziehen]; **to ~ one's heart/soul to sb** jdm sein Herz ausschütten, sich *akk* jdm anvertrauen; **to ~ one's teeth** die Zähne zeigen [*o* fletschen]

bareback I. *adj inv* ohne Sattel, ungesattelt; **~ rider** *Reiter auf einem ungesattelten Pferd* **II.** *adv inv* **to ride ~** *(without a saddle)* ohne Sattel reiten; *(sl: have unprotected sex)* ungeschützten Sex haben

bare board *n* COMPUT unbestückte Leiterplatine

barefaced *adj (pej)* unverhüllt, schamlos, unverfroren; **~ lie** unverschämte Lüge **barefoot, barefooted I.** *adj inv* barfüßig, barfuß **II.** *adv inv* barfuß **bareheaded I.** *adj inv* barhäuptig, ohne Kopfbedeckung **II.** *adv inv* ohne Kopfbedeckung **bare infinitive** *n* LING einfache Infinitivform **bare-knuckle** [,beə'nʌkḷ, AM ,ber-] *adj attr* ① *(without gloves)* ohne Boxhandschuhe ② *(fig)* brutal **bare-knuckled** [,beə'nʌkḷd, AM ,ber-] *adj attr* brutal

B

bare-legged [ˌbeəˈlegd, AM ˈberˌlegd] *adj inv* ohne Strümpfe *nach n,* unbestrumpft

barely [ˈbeəli, AM ˈber-] *adv inv* ① *(hardly)* kaum; ***we ~ made it on time*** wir haben es gerade noch rechtzeitig geschafft; ***he looked at us with ~ concealed hostility*** er machte kaum Anstrengungen, seine Feindseligkeit vor uns zu verbergen ② *(scantily)* karg, spärlich, dürftig; **~ furnished** spärlich möbliert

bareness [ˈbeənəs, AM ˈber-] *n of a person* Nacktheit *f,* Blöße *f; of a landscape* Kargheit *f,* Kahlheit *f; of a room* Leere *f*

barf [bɑːf, AM bɑːrf] **I.** *vi esp* AM *(fam!)* kotzen *derb* **II.** *n no pl* Kotze *f derb*

barf bag *n* AM *(fam!)* Kotztüte *f derb*

barfly *n (fam)* Kneipenhocker(in) *m(f) fam*

bargain [ˈbɑːgɪn, AM ˈbɑːr-] **I.** *n* ① *(agreement)* Handel *m,* Geschäft *nt;* **to drive a hard ~** hart verhandeln, einen harten Verhandlungskurs fahren; **to keep one's side of the ~** seinen Anteil [des Abkommens] erfüllen; **to strike** [*or* **make**] **a ~** einen Handel machen; *(reach an agreement)* eine Übereinkunft [*o* Verabredung] treffen ② *(good buy)* guter Kauf; ***what a ~!*** das ist aber günstig! [*o* ja geschenkt!]; **a real ~** ein echtes Schnäppchen *fam* ③ STOCKEX *(good offer)* Börsengeschäft *nt,* Abschluss *m;* **~s done** Anzahl der Abschlüsse [*o* Börsengeschäfte] ▸ PHRASES: **into the ~** darüber hinaus, obendrein, noch dazu **II.** *n modifier* **~ buy** Preisschlager *m;* **~ counter** Sonderangebotstisch *m,* Theke *f* für Sonderangebote; **~ offer** Sonderangebot *nt;* **~ rate** Sonderpreis *m;* **~ table** Tisch *m* mit Sonderangeboten **III.** *vi* ① *(negotiate)* ■**to ~** [**with sb**] [mit jdm] [ver]handeln; ■**to ~ for sth** um etw *akk* feilschen ② *(expect)* ■**to ~ that …** damit rechnen [*o* davon ausgehen], dass …

◆**bargain away** *vt* ■**to ~ away** ◯ **sth** sich *dat* etw abhandeln lassen; ***I've ~ed away my freedom*** ich habe meine Freiheit geopfert

◆**bargain for** *vi* ■**to ~ for sth** ① *(negotiate for)* um etw *akk* verhandeln; *(at the market)* um etw *akk* feilschen ② *(reckon with)* etw erwarten, mit etw *dat* rechnen; **to get more than one ~ed for** eine unangenehme Überraschung erleben

◆**bargain on** *vi* ■**to ~ on sth** auf etw *akk* zählen, sich *akk* auf etw *akk* verlassen

bargain basement **I.** *n* AM *Untergeschoss (im Kaufhaus) mit Sonderangeboten* **II.** *n modifier* ***I'm selling this at a ~ price*** ich verkaufe dies zu einem Sonderpreis; **~ prices** Dumpingpreise *mpl* **bargain-basement** *n modifier (prices, suit)* Billig- **bargain bin** *n* Wühlkorb *m* **bargain-bin** *n modifier (sweater)* Ausverkaufs-, reduziert **bargainer** [ˈbɑːgɪnəʳ, AM ˈbɑːrgɪnɚ] *n* Verhandlungspartner(in) *m(f)* **bargain hunter** *n* Schnäppchenjäger(in) *m(f) fam*

bargain hunting *n no pl* Aufstöbern *nt* günstiger Gelegenheitskäufe, Schnäppchenjagd *f*

bargaining [ˈbɑːgɪnɪŋ, AM ˈbɑːr-] **I.** *n no pl* [Ver]handeln *nt;* **plea ~** LAW Absprache *f* zwischen Anklage und Verteidigung *(hinsichtlich der Beschränkung der Anklage auf einzelne Punkte oder des Strafmaßes);* [**free**] **collective ~** ECON [autonome] Tarifverhandlungen **II.** *n modifier (framework, position)* Verhandlungs-

bargaining chip *n,* **bargaining counter** *n* BRIT Trumpfkarte *f* [bei Verhandlungen] *fig* **bargaining power** *n* Verhandlungsstärke *f,* Verhandlungsmacht *f* **bargaining table** *n* **to let sb sit at the ~** jdn an den Verhandlungstisch bitten

bargain price *n* Sonderpreis *m,* Spottpreis *m fam* **bargain sale** *n* Verkauf *m* zu herabgesetzten Preisen, Ausverkauf *m* **bargain table** *n* Wühltisch *m*

barge [bɑːdʒ, AM bɑːrdʒ] **I.** *n (for cargo)* Lastschiff *nt,* Lastkahn *m; (for pleasure)* Prunkschiff *nt,* Galaboot *nt* **II.** *vi* ① *(dash)* rempeln; ***they ~d through the crowd*** sie drängten sich durch die Menge; ■**to ~ into sb** in jdn hineinlaufen, jdn anrempeln ② *(push)* drängeln, schieben **III.** *vt* **to ~ one's way through sth** sich *dat* seinen Weg durch etw *akk* bahnen, sich *akk* durch etw *akk* durchkämpfen; **to ~ one's way to the front** sich *akk* nach vorne drängeln

◆**barge in** *vi (enter)* hereinplatzen *fam,* hereinstürmen *fam; (interrupt)* ins Wort fallen; ***sorry to ~ in …*** entschuldigen Sie, wenn ich Sie unterbreche …; **to ~ in on a meeting** in ein Treffen hineinplatzen

bargee [bɑːˈdʒiː, AM bɑːrˈ] *n* BRIT Kahnführer(in) *m(f)*

bargepole [ˈbɑːdʒpəʊl, AM ˈbɑːrdʒpoʊl] *n* Bootsstange *f* ▸ PHRASES: **sb wouldn't touch sb/sth with a ~** *(fam)* ***she would not touch him with a ~*** sie würde ihn nicht mal mit einer Pinzette anfassen

bar graph *n* Histogramm *nt,* Säulendiagramm *nt,* Balkendiagramm *nt* **bar graphics** *n* AM COMPUT Streifencode *m*

barhopping *n esp* AM *no pl* Kneipentour *f,* Sauftour *f fam;* **to go ~** von einer Kneipe in die nächste ziehen, eine Kneipentour machen

barite [ˈbɑːraɪt] *n no pl* CHEM Baryt *m fachspr,* Schwerspat *m*

baritone [ˈbærɪtəʊn, AM ˈberətoʊn] **I.** *n* Bariton *m,* Baritonstimme *f* **II.** *n modifier (voice, sax)* Bariton-

barium [beəriəm, AM beri] CHEM **I.** *n no pl* Barium *nt* **II.** *n modifier* Barium-

barium meal *n* BRIT, AUS, **barium sulphate** *n* AM *Kontrastflüssigkeit [mit Bariumsulfat]*

bark¹ [bɑːk, AM bɑːrk] *n no pl (part of tree)* [Baum]rinde *f,* Borke *f*

bark² [bɑːk, AM bɑːrk] **I.** *n (animal cry)* Bellen *nt; (fig)* Anblaffen *nt fam,* Anschnauzen *nt fam;* **to give a ~** bellen ▸ PHRASES: **sb's ~ is worse than his/her etc. bite** Hunde die bellen, beißen nicht **II.** *vi (give a bark)* bellen ▸ PHRASES: **to ~ up the wrong tree** auf dem Holzweg sein *fig*

◆**bark out** *vt* ■**to ~ out** ◯ **sth** etw [barsch] bellen

barkeep *n,* **barkeeper** *n* AM ① *(bar owner)* Barbesitzer(in) *m(f),* [Gast]wirt(in) *m(f)* ② *(server of drinks)* Barkeeper *m,* Barmixer *m,* Barmann *m*

barker [ˈbɑːkəʳ, AM ˈbɑːrkɚ] *n (fam)* Marktschreier *m; (outside nightclub, shop)* Anreißer *m*

barking [ˈbɑːkɪŋ] *adv* BRIT *(fam)* verrückt; **to be ~ mad** total durchgeknallt sein *fam,* einen Hau haben *sl*

barley [ˈbɑːli, AM ˈbɑːr-] *n no pl* Gerste *f;* **pearl ~** Gerstengraupen *fpl,* Perlengraupen *fpl*

barley sugar *n hartes, beigefarbenes Zuckerbonbon* **barley water** *n Gerstenwasser mit Zitronen- oder Orangengeschmack*

bar line *n* MUS Taktstrich *m* **barmaid** *n* Bardame *f* **barman** *n* Barmann *m,* Barkeeper *m,* Barmixer *m*

bar mitzvah [bɑːˈmɪtsvə, AM bɑːr-] *n* ① *(ritual)* Bar Mizwa *f* ② *(boy)* Bar Mizwa *m*

barmy [ˈbɑːmi, AM ˈbɑːr-] *adj esp* BRIT *(fam) idea* blödsinnig *fam,* bescheuert *fam,* bekloppt *fam; person* bekloppt *fam,* bescheuert *fam,* plemplem *fam*

barn [bɑːn, AM bɑːrn] *n* Scheune *f,* Scheuer *f* DIAL; *(for animals only)* [Vieh]stall *m*

barnacle [ˈbɑːnəkḷ, AM ˈbɑːrn-] *n* ZOOL Rankenfußkrebs *m,* Rankenfüßer *m*

barn dance *n Tanzveranstaltung mit ländlicher Musik*

Barney [ˈbɑːni, AM ˈbɑːr-] *n (sl) jd, der eine tolle [Surf]ausrüstung hat, die Sportart aber nicht beherrscht*

barney [ˈbɑːni] *n* BRIT Krach *m fam,* Streit *m;* **to have a ~ with sb** mit jdm Krach haben *fam*

barn owl *n* ORN Schleiereule *f* **barnstorm** **I.** *vi esp* AM [Wahl]reden haltend durch die Provinz ziehen **II.** *vt esp* AM **to ~ the country** im Wahlkampf [*o* wahlkämpfend] durchs Land ziehen **barnstorming** [ˈbɑːnstɔːmɪŋ, AM ˈbɑːrnstɔːrm] *adj* mitreißend, überwältigend **barnyard** [ˈbɑːnjɑːd, AM ˈbɑːrnjɑːrd] *n esp* AM [Bauern]hof *m*

barometer [bəˈrɒmɪtəʳ, AM -ˈrɑːmət̬ɚ] *n* Barometer *nt; (fig)* [Stimmungs]barometer *nt,* Stimmungsmesser *m*

barometric [ˌbærə(ʊ)ˈmetrɪk, AM ˌberə-] *adj,* **barometrical** [ˌbærə(ʊ)ˈmetrɪkəl, AM ˌberə-] *adj* barometrisch, Barometer-; **~ pressure** Luftdruck *m,* atmosphärischer Druck

baron [ˈbærən, AM ˈber-] *n* Baron *m,* Freiherr *m; (sl)* LAW Pate *m; (fig)* Magnat *m,* Baron *m fig;* **drug ~** Drogenbaron *m sl;* **oil ~** Ölmagnat *m;* **press ~** Pressezar *m*

Baron [ˈbærən, AM ˈber-] *n* Baron *m (als Anrede)*

baroness [ˈbærənəs, AM ˈber-] *n* Baronin *f,* Baronesse *f,* Freifrau *f*

Baroness [ˈbærənəs, AM ˈber-] *n* Baronin *f (als Anrede)*

baronet [ˈbærənɪt, AM ˈber-] *n* Baronet *m*

baronetcy [ˈbærənɪtsi, AM ˈber-] *n* Baronetstand *m,* Baronetswürde *f*

baronial [bəˈrəʊniəl, AM -ˈroʊ-] *adj* ① *(great)* fürstlich, herrschaftlich, großartig ② *(of a baron) (insignia, crest)* Barons-

barony [ˈbærəni, AM ˈber-] *n* Baronie *f,* Machtbereich *m* eines Barons/einer Baronin

baroque [bəˈrɒk, AM -ˈroʊk] **I.** *adj* barock, Barock- **II.** *n no pl* ■**the ~** der/das Barock

bar printer *n* COMPUT Stabdrucker *m*

barque [bɑːk, AM bɑːrk] *n* ① *(sailing ship)* Bark *f* ② *(poet, liter: boat)* Barke *f*

barrack [ˈbærək] *vt* BRIT ■**to ~ sb** jdn ausbuhen

barracking [ˈbærəkɪŋ] *n no pl* Pfeifen *nt,* Buhrufe *mpl,* Gejohle *nt fam*

barrack-room [ˈbærəkruːm, AM ˈber] *adj attr, inv* ① *(of a barrack room)* im Kasernenton *nach n; (fig)* Kasernen- *fig* ② *(unqualified)* schwadronierend, sich *akk* mausig machend; *lawyer* als lautstarker Besserwisser auftretend

barracks [ˈbærəks, AM ˈber-] *npl + sing/pl vb* ■**the ~** die Kaserne

barrack square *n* Kasernenhof *m*

barracouta <*pl* – *or* -s> [ˌbærəˈkuːtə, AM ˌberəˈkuːt̬ə] *n* ① *(fish)* Hechtmakrele *f* ② NZ *(fam) längliches Brot*

barracuda <*pl* – *or* -s> [ˌbærəˈkuːdə, AM ˌber-] *n* ① *(fish)* Barrakuda *m,* Pfeilhecht *m* ② AM *(fig)* Finanzhyäne *f,* Geldhai *m*

barrage [ˈbærɑː(d)ʒ, AM bəˈrɑː(d)ʒ] **I.** *n* ① MIL Sperrfeuer *nt* ② *(rapid succession)* Hagel *m fig,* Flut *f fig;* ***they received a ~ of criticism*** es hagelte nur so an Kritik; **a ~ of complaints** eine Beschwerdeflut; **a ~ of questions** ein Schwall *m* von Fragen ③ BRIT *(barrier)* Wehr *nt,* Staustufe *f,* Talsperre *f* **II.** *vt* **to be ~d with complaints/quesions** mit Beschwerden/Fragen bombardiert werden

barrage balloon *n* MIL Sperrballon *m*

barratry [ˈbærətri, AM ˈber-] *n* LAW ① *(damaging ship)* Barraterie *f (betrügerische Handlungen eines Schiffskapitäns oder seiner Mannschaft)* ② AM *(starting lawsuit without grounds)* mutwilliges Prozessieren

barre [bɑːʳ, AM bɑːr] *n* [Ballett]stange *f*

barred [bɑːd, AM bɑːrd] *adj inv* [ab]gesperrt; *window* vergittert

barrel [ˈbærəl, AM *also* ˈber-] **I.** *n* ① *(container)* Fass *nt,* Tonne *f* ② *(measure for beer and oil)* Barrel *nt* ③ *of an animal* Rumpf *m,* Leib *m* ④ *of a gun* Lauf *m,* Schaft *m; of a cannon* Rohr *nt* ⑤ *of a pen* Tank *m* ▸ PHRASES: **to be a ~ of fun** [*or* **laughs**] ein [echter] Spaßvogel sein *fam;* ***I wouldn't say he's a ~ of laughs*** er ist nicht gerade eine Stimmungskanone; **to have sb over a ~** jdn in der Hand haben *fam* **II.** *vi* <BRIT -ll- *or* AM *usu* -l-> *(fam)* rasen *fam* **III.** *vt* <BRIT -ll- *or* AM *usu* -l-> ■**to ~ sth** etw in Fässer [ab]füllen

barrel-chested *adj* ■**to be ~** einen breiten Brustkorb haben **barrel distortion** *n* PHYS Tonnenverzeichnung *f* **barrel organ** *n* MUS Drehorgel *f,* Leierkasten *m* **barrel printer** *n* COMPUT Typenwalzendrucker *m* **barrel roll** *n* AVIAT Rolle *f (im Kunstflug)* **barrel vault** *n* ARCHIT Tonnengewölbe *nt*

barren [ˈbærən, AM *esp* ˈber-] *adj* ① *man, animal, plant* unfruchtbar, steril; *(old) woman* kinderlos; **a ~ landscape** eine karge [*o* öde] [*o* kahle] Landschaft ② *(producing no results)* nutzlos, zwecklos; FIN **~ money** totes Kapital ③ *(fig: unproductive)* unproduktiv, unergiebig, dürftig; **to be of ~ results** kaum Erfolg haben; **~ years** magere Jahre

barrenness ['bærᵊnnəs, AM *esp* 'ber-] *n of a plant, soil* Unfruchtbarkeit *f*, Sterilität *f; of a landscape* Kargheit *f*, Unergiebigkeit *f; (old) of a woman* Kinderlosigkeit *f*

barrette [bə'ret] *n* AM *(hair slide)* [Haar]spange *f*

barricade ['bærɪkeɪd, ˌbærə'keɪd, AM 'berə-] **I.** *n* Barrikade *f* **II.** *vt* ■**to ~ sth** etw verbarrikadieren [*o* verrammeln]; ■**to ~ oneself into sth** sich *akk* in etw *dat* verschanzen [*o* verbarrikadieren]

barrier ['bæriər, AM 'beriɚ] *n* ① *(obstacle)* Barriere *f*, Hindernis *nt; (man-made)* Absperrung *f; (at railway station)* Schranke *f* ② *(preventing communication)* Barriere *f*, Hindernis *nt;* **language ~** Sprachbarriere *f*

barrier box *n* ELEC Isoliersteg *m* **barrier cream** *n* BRIT Hautschutzcreme *f* **barrier reef** *n* Wallriff *nt*, vorgelagertes Riff; ■**the Great B~** das Große Barriereriff

barring ['bɑ:rɪŋ] *prep* ausgenommen, außer, abgesehen von; ***we should arrive at ten o'clock ~ any unexpected delays*** wenn es keine unerwarteten Verspätungen gibt, werden wir so um zehn ankommen

barrio [bɑ:rioʊ] *n* AM Barrio *m (vorwiegend spanischsprachiges Viertel in amerikanischen Städten)*

barrister ['bærɪstəʳ] *n*, **barrister-at-law** [ˌbærɪstəʳət'lɔ:] *n* BRIT, AUS Barrister *m*, Rechtsanwalt *m*/Rechtsanwältin *f* [bei höheren Gerichten]

barrow ['bærəʊ, AM 'beroʊ] *n* ① *(wheelbarrow)* Schubkarren *m* ② *(cart)* Wagen *m*, Karren *m*

barrow boy *n* Straßenverkäufer *m*, Straßenhändler *m (mit Karren)*

barry [bɑ:ri] *adv* SCOT *(good)* großartig

bar snack *n* [kleiner] Imbiss, Snack *m* **bar stool** *n* Barhocker *m* **bartender** ['bɑ:ˌtendəʳ, AM 'bɑ:rˌtendɚ] *n esp* AM Barkeeper *m*, Barmixer *m*

barter ['bɑ:təʳ, AM 'bɑ:rtɚ] **I.** *n no pl* Tausch[handel] *m*, Tauschgeschäft *nt* **II.** *vi* ① *(exchange of goods)* Tauschhandel [be]treiben; **to ~ for sth** um etw *akk* handeln [*o* feilschen]; ■**to ~ for sth with sth** etw gegen etw *akk* tauschen ② *(bargain)* [ver]handeln **III.** *vt* ■**to ~ sth for sth** etw gegen etw *akk* tauschen

baryon ['bærɪɒn] *n* PHYS Baryon *nt*

basal ['beɪsᵊl] *adj inv* an der Basis befindlich; *(fig)* grundlegend *fig;* SCI basal *fachspr*

basalt ['bæsɔ:lt, AM bə'sɔ:lt] *n no pl* GEOL Basalt *m*

bascule ['bæskju:l] *n* ① *(bridge)* Klappbrücke *f* ② *(road)* Brückenklappe *f*

base¹ [beɪs] **I.** *n* ① *(bottom) of mountain, tree, lamp* Fuß *m; of vase, glas* Boden *m; of statue, sculpture, column* Sockel *m*, Fuß *m;* ANAT *of spine* Basis *f*, Unterteil *nt;* **~ of the brain** Gehirnbasis *f* ② *(basis) of opinion* Grundlage *f; of research* Ausgangspunkt *m*, Basis *f* ③ *(foundation)* Grundlage *f*, Basis *f*, Ausgangspunkt *m; (of paint)* Substrat *nt*, Grundstoff *m* ④ *(main location)* Hauptsitz *m;* MIL Basis *f*, Stützpunkt *m*, Standort *m* ⑤ *(main ingredient)* Hauptbestandteil *m*, Grundstoff *m* ⑥ *(first ingredient used)* Grundlage *f*, Untergrund *m; (for painting)* Grundierung *f* ⑦ CHEM Base *f*, Lauge *f* ⑧ BIOL [Purin]base *f* ⑨ MATH *(number)* Grundzahl *f*, Basis *f; (of triangle)* Basis *f*, Grundlinie *f*, Grundseite *f; (for solids)* Grundfläche *f* ⑩ ELEC *(middle of transistor)* Basis[zone] *f* ⑪ LING *(primary morpheme)* [Wort]stamm *m; (root)* Wurzel *f* ⑫ SPORTS *(in baseball)* Mal *nt*, Base *f;* **to touch second ~** bis zur zweiten Base kommen ▶ PHRASES: **to get to first ~** *esp* AM *(fig fam)* etw erreichen, einen Schritt nach vorn machen; **to get to first ~ with sb** *esp* AM *(fam)* bei jdm landen können *fam;* **to be off ~** AM *(fam: be mistaken)* falsch liegen; *(be surprised)* völlig überrascht sein; **to touch ~** *esp* AM sich *akk* mit jdm in Verbindung setzen, sich *akk* bei jdm melden **II.** *vt* ① ■**to be ~ed** *firm* seinen Sitz haben; *soldier* stationiert sein ② *(taken from)* ■**to be ~d on sth** auf etw *dat* basieren [*o* beruhen] ③ *(prove)* ■**to ~ sth on sth** *speculation* etw auf etw *akk* stützen [*o* gründen]

base² [beɪs] *adj* ① *(liter: immoral)* niederträchtig, gemein, feige, niedrig; **~ crime** niederträchtiges [*o* feiges] Verbrechen; **~ motives** niedere Beweggründe ② *(menial) work, job* niedrig, geringwertig, untergeordnet, minderwertig

baseball *n* ① *(game)* Baseball *m o nt* ② *(ball)* Baseball *m*

baseball cap *n* Baseballkappe *f*, Baseballmütze *f*

baseball diamond *n Spielfeld beim Baseball*

baseball jacket *n* Baseballjacke *f*

baseboard *n* AM Fußleiste *f*, Wandleiste *f* **base camp** *n* Basislager *nt*, Versorgungslager *nt* **base currency** *n* FIN Währungsgrundlage *f*

-based [beɪst] *in compounds* ① *(concentrating on)* -gestützt, basiert ② *(located at or in)* ansässig [in/an/auf *dat*] ③ *(having as main constituent)* auf -Basis

base form *n* LING Stammform *f*, Grundform *f*

baseless *adj* unbegründet, grundlos, aus der Luft gegriffen; **~ accusations/allegations** haltlose Anschuldigungen/Behauptungen; **to be completely ~** *accusations* jeglicher Grundlage entbehren **baseline** *n* SPORTS ① *(in tennis, volleyball)* Grundlinie *f* ② *(in baseball) Verbindungslinie von einer Base zur nächsten*

basely ['beɪsli] *adv* niederträchtig, gemein, niedrig

baseman *n (in baseball)* Baseman *m*, Spieler *m* an einer Base; **first/second/third ~** Spieler *m* an der ersten/zweiten/dritten Base

basement ['beɪsmənt] *n (living area)* Untergeschoss *nt*, Tiefgeschoss *nt*, Souterrain *nt; (cellar)* Keller *m*, Kellergeschoss *nt;* **~ flat** Souterrainwohnung *f*

base metal *n* unedles Metall

baseness ['beɪsnəs] *n no pl* ① *(liter) of a person* Niederträchtigkeit *f*, Gemeinheit *f; of a motive* Niedrigkeit *f* ② *of a task* Minderwertigkeit *f*, Unzulänglichkeit *f*

base pay *n* ECON Grundlohn *m* **base rate** *n* FIN **bank ~** Eckzins *m* **base rate** *n* BRIT FIN Leitzins *m*, Eckzins *m*

bases¹ ['beɪsiz] *n pl of* **base**

bases² ['beɪsi:z] *n pl of* **basis**

base-weighted index *n* FIN Index *m*, auf ein Basisjahr bezogen

bash [bæʃ] **I.** *n* <*pl* -es> ① *(blow)* [heftiger] Schlag ② BRIT *(sl)* Versuch *m;* **to have a ~ at sth** etw [einmal] probieren, sein Glück mit etw *dat* versuchen ③ *(sl: party)* Party *f*, Fete *f sl* **II.** *vi* ■**to ~ into sb/sth** mit jdm/etw zusammenstoßen **III.** *vt* ① *(hit hard)* ■**to ~ sb** jdn verhauen [*o* verprügeln]; **to ~ one's head/knee on sth** mit dem Kopf/Knie gegen etw *akk* knallen ② *(fam: criticize)* ■**to ~ sb** jdn [verbal] niedermachen; ***you can ~ them all you want, but …*** du kannst über sie sagen, was du willst, aber …

◆**bash on** *vi* BRIT *(fam)* ■**to ~ on [with sth]** [mit etw *dat*] weitermachen

◆**bash out** *vt* **to ~ out a report** schnell mal einen Bericht zusammenschreiben *fam;* **to ~ out a tune on the piano** ein bisschen auf dem Klavier herumklimpern

bashful ['bæʃfᵊl] *adj (in general)* schüchtern, verschämt, scheu; *(on particular occasion)* verlegen; **to feel ~ about doing sth** sich *akk* schämen [*o* genieren], etw zu tun

bashfully ['bæʃfᵊli] *adv (in general)* schüchtern, verschämt; *(on particular occasion)* verlegen

bashfulness ['bæʃfᵊlnəs] *n no pl (in general)* Schüchternheit *f*, Verschämtheit *f; (on particular occasion)* Verlegenheit *f*

bashing ['bæʃɪŋ] *(fam)* **I.** *n no pl* Prügel *f*, Senge *f fam;* **to come in for a ~** Prügel beziehen **II.** *in compounds no pl* -Klatschen *nt sl; (fig)* -schelte *f*

-bashing *in compounds* ① *(assault)* **queer-~** Zusammschlagen *nt* von Schwulen, Überfälle *mpl* auf Schwule; *(criticism)* **union-~** Schlechtmachen *nt* der Gewerkschaften, Einprügeln *nt* auf die Gewerkschaften ② REL **Bible-~ Christian** *Christ, der auf die Bibel schwört;* **~ rate of income tax** Regeleinkommensteuersatz *m*

basic ['beɪsɪk] *adj* ① *(fundamental)* grundlegend, fundamental; ■**to be ~ to sth** grundlegend [*o* wesentlich] für etw *akk* sein; **to have a ~ command of sth** [nur] Grundkenntnisse in etw *dat* besitzen; **the ~ facts** das Wesentliche; **~ needs** elementare Bedürfnisse, Grundbedürfnisse *ntpl;* **~ requirements** Grundvoraussetzungen *fpl* ② *(elementary) terminology, ingredients* Grund-; **~ vocabulary** Grundwortschatz *m;* ■**the ~s** *pl* die Grundlagen; **to go back to the ~** zum Wesentlichen zurückkehren ③ *(very simple) accomodations, food* [sehr] einfach; *car* ohne viele Extras *präd* ④ CHEM basisch ⑤ GEOL basisch

BASIC ['beɪsɪk] *n no pl, no art* COMPUT *see* **Beginner's All-purpose Symbolic Instruction Code** BASIC *nt*

basically ['beɪsɪkᵊli] *adv* ① *(fundamentally)* im Wesentlichen, im Grunde, hauptsächlich ② *(fam: actually)* eigentlich, im Grunde; ***this is ~ your best brand of speakers*** dies ist im Grunde die beste Lautsprechermarke ③ *(very)* ***I was ~ furious*** ich war richtig [*o fam* echt] wütend

basic balance *n* ECON Grundbilanz *f* **Basic English** *n no pl auf 850 Wörter begrenzter englischer Wortschatz für die internationale Kommunikation* **basic idea** *n* Grundidee *f* **basic pay** *n (for blue-collar workers)* Grundlohn *m; (for white-collar workers)* Grundgehalt *nt* **basic salary** *n* Grundgehalt *nt* **basic vocabulary** *n* Grundwortschatz *m* **basic wage(s)** *n* Grundlohn *m*

basil ['bæzᵊl, AM 'beɪzᵊl] *n no pl* Basilikum *nt*

basilica [bə'zɪlɪkə, AM -sɪl-] *n* ARCHIT, REL Basilika *f*

basilisk ['bæzəlɪsk, AM 'bæs] *n* MYTH Basilisk *m*

basin ['beɪsᵊn] *n* ① *(for cooking, washing)* Schüssel *f; (for mixing)* Rührschüssel *f; (washbasin)* Waschbecken *nt* ② *(round valley)* [Tal]kessel *m*, [Tal]mulde *f*, Becken *nt* ③ *(for mooring boats)* [Hafen]becken *nt* ④ *(for swimming)* Schwimmbecken *nt*, Bassin *nt*

basis <*pl* bases> ['beɪsɪs, *pl* -si:z] *n* ① *(foundation)* Grundlage *f*, Basis *f;* ■**to be the ~ for sth** als Grundlage für etw *akk* dienen; ■**on the ~ of sth** auf der Grundlage [*o* Basis] einer S. *gen;* **to do sth on a regular ~** etw regelmäßig tun; **to do sth on a voluntary ~** etw auf freiwilliger Basis tun ② STOCKEX Basis *f;* AM Differenz *f* zwischen dem Kassakurs und dem korrespondierenden Terminkontraktkurs eines Finanztitels

basis price *n* ECON Grundpreis *m*, Basispreis *m;* FIN *bond* Erwerbskurs *m*

basis rate swap *n* Basis-Rate-Swap *m*

bask [bɑ:sk, AM bæsk] *vi* ① *(sit in the sun)* **to ~ in the sun** sich *akk* in der Sonne aalen *fam*, ein Sonnenbad nehmen ② *(fig)* ■**to ~ in sth** *approval, success* sich *akk* in etw *dat* sonnen *fig*

basket ['bɑ:skɪt, AM 'bæskət] *n* ① *(container)* Korb *m* ② *(amount in basket)* Korb[inhalt] *m;* ***two ~s of …*** zwei Körbe voll … ③ FIN **~ of currencies** Währungskorb *m* ④ SPORTS *(net)* [Basketball]korb *m* ⑤ SPORTS *(goal)* Korb *m;* **to score** [*or* **make**] **a ~** einen Korb werfen ▶ PHRASES: **to be a ~ case** *(pej)* ein hoffnungsloser Fall sein

basketball I. *n* Basketball *m* **II.** *n modifier (coach, shoes, star, team)* Basketball- **basketful** *n* a [**whole**] **~ of fruits/vegetables** ein [ganzer] Korb voll[er] Obst/Gemüse **basketmaking** *n no pl* Korbflechterei *f*, Korbflechten *nt*

basket of currencies *n* FIN Währungskorb *m*

basketry ['bɑ:skɪtri, AM 'bæskət-] *n* ① *(craft)* Korbflechterei *f* ② *(baskets)* Korbwaren *fpl*

basket weave ['bɑ:skɪtwi:v, AM 'bæskət] *n no pl* Leinenbindung *f*

basketwork *n* ① *(making baskets)* Korbflechten *nt*, Korbflechterei *f* ② *(objects produced)* Korbwaren *fpl*, Korbarbeiten *fpl*

basking shark ['bɑ:skɪŋʃɑ:k, AM 'bæskɪŋʃɑ:rk] *n* Riesenhai *m*

Basle ['bɑ:zᵊl] *n* GEOG Basel *nt*

basmati [bæs'mɑ:ti] *n*, **basmati rice** *n no pl* Basmatireis *m*

basque [bæsk] *n* Schößchenjacke *f*

Basque [bæsk] **I.** *n* ① *(person)* Baske, -in *m, f* ② *(language)* Baskisch *nt* **II.** *adj* baskisch

bas-relief [ˌbɑ:rɪ'li:f] *n no pl* Basrelief *nt;* **to profile in ~** das Profil eines Basreliefs anfertigen

B

bass¹ [beɪs] I. *n* ① (*voice*) Bass *m*, Bassstimme *f;* **to sing ~** Bass singen ② (*singer*) Bass[sänger] *m*, Bassist *m* ③ (*on amplifier*) Bass *m* II. *n modifier* (*guitar, clarinet*) Bass-; **~ drum** große Trommel, Basstrommel *f;* **~ fiddle** Bassgeige *f;* **~ viol** Gambe *f*

bass² [bæs] *n* (*fish*) Barsch *m*

bass clef [beɪs] *n* Bassschlüssel *m*

basset [ˈbæsɪt] *n*, **basset hound** *n* Basset *m*

bassinet [ˌbæsɪˈnet] *n* (*baby basket*) Babykorb *m;* (*with wheels*) Stubenwagen *m*

bassist [ˈbeɪsɪst] *n* Bassist(in) *m(f)*

bassoon [bəˈsuːn] *n* Fagott *nt*

bassoonist [bəˈsuːnɪst] *n* MUS Fagottist(in) *m(f)*

basso profundo <*pl* bassos profundos *or* bassi profundi> [ˌbæsəʊprəˈfʊndəʊ, AM ˌbɑːsoʊ] *n* MUS tiefste Bassstimme

bastard [ˈbɑːstəd, AM ˈbæstɚd] *n* ① (*pej: as abuse*) Dreckskerl *m pej derb*, Schweinehund *m pej derb*, Scheißkerl *m pej derb;* ■ **to be a [real] ~ to sb** sich *akk* jdm gegenüber wie ein [echtes] Schwein verhalten *derb;* ***you ~!*** du Hund! *pej fam;* **to be a lucky** [*or* BRIT **jammy**] **~** (*hum*) ein verdammter Glückspilz sein *fam* ② (*sl: difficult*) ***this crossword's a ~*** das Kreuzworträtsel hier ist eine verdammt harte Nuss *fam* ③ (*pej old: illegitimate child*) Bastard *m veraltet*, uneheliches Kind; **~ son/daughter** unehelicher Sohn/uneheliche Tocher; **to be born a ~** ein uneheliches Kind sein

bastardization [ˌbɑːstədaɪzeɪʃən, AM ˌbæstɚ-] *n no pl* (*of culture, language, tradition*) Verfälschung *f*

bastardize [ˈbɑːstədaɪz, AM ˈbæstɚ-] *vt* ■ **to ~ sth** *language, art* etw verfälschen

bastardized [ˈbɑːstədaɪzd, AM ˈbæstɚ-] *adj* verfälscht, verhunzt *fam*, verschandelt *fam*

bastardy [ˈbɑːstədi, AM ˈbæstɚdi] *n no pl* (*pej old*) uneheliche Geburt

baste [beɪst] *vt* ■ **to ~ sth** ① FOOD *roast, turkey* etw mit [Braten]saft beträufeln [*o* begießen] ② (*tack*) etw [an]heften

bastion [ˈbæstiən, AM -tʃən] *n* ① (*in fortification*) Bastion *f*, Bollwerk *nt*, Festung *f* ② (*sth which protects*) Bollwerk *nt fig*, Bastion *f fig*, Säule *f fig*, Stütze *f fig;* **a ~ of freedom** ein Bollwerk *nt* des Friedens

bat¹ [bæt] *n* ① (*animal*) Fledermaus *f* ② (*pej*) **an old ~** eine alte Schrulle *fam o pej* ► PHRASES: **to have ~s in the __belfry__** eine Meise [*o* einen Vogel] haben *fam;* **like a ~ out of __hell__** als wäre der Teufel hinter einem her; **to be [as] __blind__ as a ~** blind wie ein Maulwurf sein

bat² [bæt] *vt* (*of eyelashes*) **to ~ one's eyelashes** mit den Wimpern klimpern; **to ~ one's eyelashes at sb** jdm zuzwinkern; **to not ~ an eyelid** (*fig*) nicht mal mit der Wimper zucken

bat³ [bæt] I. *n* (*in baseball, cricket*) Schläger *m*, Schlagholz *nt* ► PHRASES: **[right] __off__ the ~** AM (*immediately*) prompt, auf Anhieb, sofort; **to __do__ sth off one's own ~** BRIT (*fam*) etw auf eigene Faust tun *fam* II. *vi* <-tt-> SPORTS schlagen III. *vt* <-tt-> **to ~ the ball** den Ball schlagen

◆**bat around** <-tt-> *vt* AM (*fam*) **to ~ around the idea [of doing sth]** [*or* **to ~ the idea [of doing sth] around**] eine Idee ausführlich bequatschen *fam*, lange über einen Plan diskutieren

batch [bætʃ] I. *n* <*pl* -es> Schwung *m*, Stapel *m*, Stoß *m; of cookies, muffins, bread* Schub *m*, Ladung *f; of persons* Gruppe *f; of rules, regulations* Bündel *nt* II. *vt* ■ **to ~ sth together** etw bündelweise zusammenfassen; COMPUT ■ **to ~ sth** etw stapelweise [*o* als Stapel] verarbeiten

batch-bake *vt* ■ **to ~ sth** ***we ~ed twenty-five chocolate cakes*** wir haben gleich 25 Schokoladenkuchen auf einmal gebacken **batch file** *n* COMPUT Batch-Datei *f* **batch mode** *n* COMPUT Stapelbetrieb *m* **batch processing** *n* COMPUT Stapelverarbeitung *f*, Batch-Verarbeitung *f* **batch processor** *n* COMPUT Stapelverarbeiter *m* **batch production** *n* ECON Serienfertigung *f*

bated [beɪtɪd, AM -t̬ɪd] *adj* **with ~ breath** mit angehaltenem Atem

BAT file extension *n* COMPUT Dateinameerweiterung *f* BAT

bath [bɑːθ, AM bæθ] I. *n* ① (*tub*) [Bade]wanne *f;* (*room*) Bad[ezimmer] *nt* ② (*water*) Bad[ewasser] *nt;* ***sorry, I'm in the ~*** tut mir Leid, ich sitze gerade in der Badewanne; **to run [sb/oneself] a ~** [jdm/sich] ein Bad einlassen [*o* einlaufen lassen] ③ (*washing*) Bad *nt;* **to give sb/sth a ~** jdn/etw baden; **to have** [*or esp* AM **take**] **a ~** ein Bad nehmen, baden ④ ■ **~s** *pl* MED Bäder *pl;* (*spa town*) Heilbad *nt*, Kurbad *nt* ⑤ ■ **~s** *pl*, + *sing/pl vb* BRIT, AUS (*dated: pool*) [Schwimm]bad *nt*, Badeanstalt *f* ⑥ CHEM (*liquid*) Bad *nt;* (*container*) Behälter *m* II. *n modifier* (*oil, water*) Bade-; **~ essence** Badezusatz *m;* **~ pillow** Kopfpolster *nt* für die Badewanne; **~ rack** Badewannenablage *f;* **~ rail** Badewannengriff *m;* **~ scales** Personenwaage *f;* **~ toys** Spielzeug *nt* für die Badewanne; **~ window** Bad[ezimmer]fenster *nt* III. *vi* [sich *akk*] baden IV. *vt* **to ~ sb/a baby** jdn/ein Baby baden

bath cube *n* BRIT Würfel *m* Badesalz

bathe [beɪð] I. *vi* ① BRIT (*swim*) schwimmen; **to ~ in sea water** in Meerwasser baden ② AM (*bath*) ein Bad nehmen, [sich *akk*] baden II. *vt* ① MED ■ **to ~ sth** etw baden; **to ~ one's eyes** ein Augenbad machen; **to ~ one's feet** ein Fußbad nehmen ② (*fig: cover*) **to be ~d in sweat** Schweiß gebadet sein; **to be ~d in tears** in Tränen aufgelöst sein; ***the sun ~s the city in shades of gold*** die Sonne tauchte die Stadt in goldenes Licht ③ (*fig: surround*) ■ **to be ~d in sth** ***he returned home ~d in the glory of his success*** er kehrte heim und schwelgte im Glanz seines Erfolgs ④ AM (*bath*) ■ **to ~ sb/a baby** jdn/ein Baby baden III. *n no pl* (*dated*) Bad *nt*

bather [ˈbeɪðəʳ, AM -ðɚ] *n* (*dated*) Badende(r) *f(m)*

bathhouse [ˈbɑːθhaʊs, AM ˈbæθ] *n* Badehaus *nt*

bathing [ˈbeɪðɪŋ] *n no pl* Baden *nt;* **to go ~** baden gehen

bathing beach *n* Badestrand *m* **bathing cap** *n* Bademütze *f*, Badekappe *f* **bathing costume** *n* BRIT, AUS (*dated*), **bathing suit** *n* AM Badeanzug *m* **bathing trunks** *npl* Badehose *f*

bath mat *n* (*beside bath*) Wannenvorleger *m*, Badematte *f;* (*beside shower*) Duschvorleger *m;* (*inside bath*) Badewanneneinlage *f;* (*inside shower*) Duscheinlage *f*

bathos [ˈbæθɒs, AM -θɑːs] *n no pl* (*liter*) Umschlag *m* ins Triviale, Bathos *nt fachspr*, Antiklimax *f fachspr*

bathrobe *n* Bademantel *m*

bathroom *n* ① (*room*) Bad[ezimmer] *nt;* **~ en suite** [*or* **en suite ~**] an das Schlafzimmer angrenzendes Bad ② AM, AUS (*lavatory*) Toilette *f;* **to go to the ~** auf die Toilette gehen **bathroom fittings** *npl* BRIT Badezimmerausstattung *f* **bathroom scales** *npl* [Personen]waage *f* **bathroom sink** *n* Waschbecken *nt* **bathroom tissue** *n* (*form*) Toilettenpapier *nt*

bath salts *npl* Badesalz *nt kein pl* **bathtime** *n* Badezeit *f* **bath towel** *n* Bade[hand]tuch *nt* **bathtub** *n esp* AM (*bath*) Badewanne *f*

batik [bætˈiːk, AM bəˈtiːk] I. *n no pl* Batik *m o f* II. *adj attr, inv* Batik-

batman [ˈbætmən] *n esp* BRIT Offiziersbursche *m veraltet*

baton [ˈbætᵊn, AM bəˈtɑːn] *n* ① (*in conducting*) Taktstock *m*, Dirigentenstab *m* ② (*majorette*) [Kommando]stab *m;* **under the ~ of sb** unter der [Stab]führung einer Person *gen* ③ (*in relay races*) Staffelholz *nt*, Stab *m;* **~ change** Stabwechsel *m* ④ (*truncheon*) Schlagstock *m*, [Polizei]knüppel *m*

baton charge *n* BRIT Schlagstockeinsatz *m*

bats [bæts] *adj pred* (*pej fam*) ① (*confused*) bekloppt *fam;* ■ **to be ~** nicht [mehr] alle Tassen im Schrank haben *fam;* **to go ~** überschnappen *fam* ② (*iron: enthusiastic*) ■ **to be ~** aus dem Häuschen sein *fam;* ***I wasn't exactly ~ about that*** ich war nicht gerade entzückt darüber

batsman *n* SPORTS Schlagmann *m*, Schläger *m*

batswoman *n* SPORTS Schlagfrau *f*, Schlägerin *f*

battalion [bəˈtæliən, AM -ljən] *n* Bataillon *nt*

batten [ˈbætᵊn] I. *n* Latte *f*, Leiste *f;* ***the sailors nailed ~s over the hatches*** die Matrosen vernagelten die Lukendeckel mit Brettern II. *vt* ■ **to ~ sth** etw mit Latten [*o* Brettern] befestigen III. *vi* ■ **to ~ on sb** es sich *akk* auf jds Kosten gut gehen lassen; ■ **to ~ on sth** sich *akk* an etw *dat* gütlich tun *geh;* (*fig*) sich *akk* an etw *dat* weiden

◆**batten down** *vt* ■ **to ~ sth** ↻ **down** etw mit Latten befestigen; NAUT etw verschalken *fachspr;* **to ~ down the hatches** die Luken dicht machen; (*fig fam*) sich *akk* auf etwas gefasst machen

batter¹ [ˈbætəʳ, AM ˈbæt̬ɚ] I. *n* [Back]teig *m* II. *vt* FOOD ■ **to ~ sth** etw panieren

batter² [ˈbætəʳ, AM ˈbæt̬ɚ] I. *n* SPORTS Schlagmann *m* II. *vt* ① (*assault*) ■ **to ~ sb** jdn verprügeln; ■ **to ~ sth** auf etw *akk* einschlagen ② (*bruise or damage*) ■ **to ~ sb** jdn böse [*o* übel] zurichten; ■ **to ~ sth** *car* etw verbeulen III. *vi* schlagen; (*with fists*) hämmern; ***the waves ~ed against the rocks*** die Wellen schlugen gegen die Felsen

◆**batter down** *vt* ■ **to ~ down** ↻ **sth** *door* etw einschlagen; **to ~ down a wall** eine Wand niederreißen

◆**batter in** *vt* ■ **to ~ in** ↻ **sth** etw einschlagen

battered [ˈbætəd, AM ˈbæt̬ɚd] *adj* ① (*beaten, injured*) misshandelt, geschlagen; **~ wife house** Frauenhaus *nt* ② (*damaged*) böse zugerichtet; *car* verbeult; *clothes* abgetragen; *equipment* schadhaft; *furniture* ramponiert; *hat* zerbeult; *toys* beschädigt; (*fig*) **~ economy** angeschlagene Wirtschaft; **~ image** ramponiertes Image ③ (*covered in batter*) in Teig gehüllt, paniert; **~ fish** panierter Fisch

battered child *n* misshandeltes Kind **battered child syndrome** *n* Kindesmisshandlung *f* **battered wife** *n* misshandelte Ehefrau

batterer [ˈbætᵊrəʳ, AM ˈbæt̬əɚ] *n* gewalttätiger Mensch, Schläger[typ] *m;* **wife/child ~** Mann *m*, der Frau/Kind schlägt

battering [ˈbætᵊrɪŋ, AM ˈbæt̬-] *n* ① (*attack*) Prügel *mpl*, Schläge *mpl;* **to give sb a ~** jdn verprügeln; ***she'd been given many a ~ by her man*** sie wurde oft von ihrem Mann misshandelt ② (*fam: defeat*) Niederlage *f;* **to take a ~** eine Niederlage einstecken *fam*

battering ram *n* Rammbock *m;* MIL (*hist*) Sturmbock *m hist*, Belagerungswidder *m hist*

battery [ˈbætᵊri, AM ˈbæt̬-] *n* ① (*power*) Batterie *f;* ***the ~ is*** [*or* ***has gone***] ***dead*** die Batterie ist leer; ***batteries not included*** ohne Batterien; **rechargeable ~** Akku *m*, Akkubatterie *f;* **solar ~** Solarbatterie *f;* **~-operated** [*or* **-powered**] batteriebetrieben ② (*large number*) Unmenge *f;* **a ~ of experts** eine [ganze] Reihe von Experten; **a ~ of questions** eine Unmenge [an [*o* von]] Fragen; **a ~ of criticism** eine Flut von Kritik ③ (*weapons*) Batterie *f* ④ *no pl* **assault and ~** (*aggression*) Bedrohung *f* mit tätlichem Angriff, tätliche Bedrohung; (*harming*) Körperverletzung *f;* **aggravated ~** LAW ≈ gefährliche Körperverletzung

battery charger *n* [Batterie]ladegerät *nt* **battery farming** *n* BRIT, AUS Legebatterien *fpl* **battery hen** *n* BRIT, AUS Batteriehuhn *nt* **battery-operated** [ˈbætᵊriˌɒpᵊreɪtɪd, AM ˈbæt̬ᵊriˌɑːpᵊr] *adj*, **battery-powered** [ˈbætᵊriˌpaʊəd, AM ˈbæt̬ᵊriˌpaʊᵊd] *adj* Batterie betrieben

batting [ˈbætɪŋ, AM -t̬-] *n no pl* SPORTS Schlagen *nt;* **to be good at ~** gut schlagen können

battle [ˈbætḷ, AM ˈbæt̬ḷ] I. *n* ① MIL Kampf *m*, Gefecht *nt*, Schlacht *f;* **to join ~ with sb** sich *dat* mit jdm eine Schlacht liefern; **to have been killed in ~** [im Kampf] gefallen sein ② (*fig: struggle*) Kampf *m fig* (**against** gegen +*akk*, **for** für/um +*akk*); **courtroom ~s** LAW Auseinandersetzungen *fpl* zwischen Anwälten im Gerichtssaal; **~ of wills** Machtkampf *m;* **~ of wits** geistiger Wettstreit; **~ of words** Wortgefecht *nt;* **to do ~** kämpfen; **to fight a ~** einen Kampf führen ► PHRASES: **to win the ~ but lose the __war__** ein Gefecht gewinnen, aber den Krieg verlieren; **to lose the ~ but win the __war__** ein Gefecht verlieren, aber den Krieg gewinnen; **that is __half__ the ~** damit ist die Sache schon halb gewonnen; **to fight a __losing__ ~** auf verlorenem Posten kämpfen II. *vi* (*also fig: fight*) kämpfen *a. fig;* ■ **to ~ against sth**

gegen etw *akk* kämpfen; **to ~ against prejudice** gegen Vorurteile ankämpfen; ■**to ~ for sth** um etw *akk* kämpfen; ■**to ~ over sth** um etw *akk* kämpfen; ■**to ~ with sb/sth** mit jdm/etw kämpfen **III.** *vt* AM ■**to ~ sth** gegen etw *akk* [an]kämpfen; **to ~ one's way to the top** sich *akk* nach oben [durch]kämpfen [*o* an die Spitze kämpfen]

◆**battle out** *vt* ■**to ~ out ⊂ sth** etw bis zum Ende durchstehen

battleax *n* AM, **battleaxe** *n* BRIT, AUS ❶ (*hist: weapon*) Streitaxt *f hist* ❷ (*fig, pej sl: woman*) Schreckschraube *f pej fam*, [alter] Drachen *m pej fam* **battle cruiser** *n* Schlachtkreuzer *m* **battle cry** *n* Schlachtruf *m* **battledore** ['bætldɔːʳ, AM 'bætldɔːr] *n* HIST ❶ *no pl* (*sport*) ~ **and shuttlecock** Federballspiel *nt* ❷ (*paddle-shaped tool*) Waschschlegel *m* **battledress** *n no pl* Kampfanzug *m* **battle fatigue** *n* Kriegsneurose *f*, Frontkoller *m fam* **battlefield** *n* ❶ (*site*) Schlachtfeld *nt*; ***Naseby was one of the famous Civil War ~s*** Naseby war einer der berühmten Schauplätze des Bürgerkriegs; ***the fracas turned the restaurant into a ~*** nach dem Aufstand glich das Restaurant einem Schlachtfeld ❷ (*fig*) ECON [hart] umkämpftes Geschäft ❸ (*fig: topic*) Reizthema *nt* **battleground** *n* ❶ (*site*) Schlachtfeld *nt* ❷ (*fig: subject of dispute*) Reizthema *nt* **battle line** *n* Kriegsfront *f*, Kampflinie *f*; (*fig*) ***the ~s are drawn*** die Fronten sind geklärt

battlements ['bætlmənts, AM 'bæt̬l-] *npl* Zinnen *pl*

battler ['bætləʳ, AM -lə] *n* Kämpfernatur *f*, Kämpfer(in) *m(f) fig*

battle-scarred *adj* ❶ (*damaged by war*) kriegsbeschädigt, vom Krieg gezeichnet *geh* ❷ (*fig: marked by experiences*) mitgenommen, gezeichnet *geh* **battleship** *n* Schlachtschiff *nt* **battle zone** *n* Kriegsschauplatz *m*, Kampfgebiet *nt*

batty ['bæti, AM -t̬i] *adj* (*fam*) bekloppt *fam*, plemplem *fam*

bauble ['bɔːbl, AM 'bɑː-] *n* (*ornament*) ■**~s** *pl* Flitterzeug *nt kein pl*; (*trinket*) Nippes *pl*; (*toy*) [Kinder]spielzeug *nt kein pl*

baud [bɔːd] *n*, **baud rate** *n* COMPUT Baudrate *f*

baulk [bɔːk, AM *also* bɑːk] *vi see* **balk**

bauxite ['bɔːksaɪt, AM *also* 'bɑːk-] *n no pl* Bauxit *m*

Bavaria [bə'veəriə, AM 'veriə] *n no pl* GEOG Bayern *nt*

Bavarian [bə'veəriən, AM -'veri-] **I.** *adj* bay[e]risch **II.** *n* Bayer(in) *m(f)*

bawd [bɔːd, AM bɑːd] *n* (*old*) Kupplerin *f*, Puffmutter *f derb*

bawdily ['bɔːdɪli, AM *also* 'bɑː-] *adv* obszön, vulgär, unanständig; **to talk ~** unanständige Sachen erzählen

bawdiness ['bɔːdɪnəs, AM 'bɑː-] *n no pl* Obszönität *f*, Derbheit *f*

bawdy ['bɔːdi, AM *also* 'bɑː-] *adj* derb, obszön, unanständig, schlüpfrig

bawl [bɔːl, AM bɑːl] **I.** *vi* ❶ (*bellow*) brüllen, schreien; ■**to ~ at sb** jdn anbrüllen [*o* anschreien] ❷ (*weep*) heulen, flennen *fam* **II.** *vt* ■**to ~ sth** etw schreien [*o* brüllen]; **to ~ one's eyes out** sich *dat* die Seele aus dem Leib schreien *fam*; **to ~ a song** ein Lied grölen

◆**bawl out** *vt* ❶ (*fam: reprimand*) ■**to ~ out ⊂ sb** jdn zusammenstauchen *fam* ❷ (*bellow*) ■**to ~ out ⊂ sth** etw herausbrüllen [*o* herausschreien]

bawling ['bɔːlɪŋ, AM *also* 'bɑːl-] *n* Brüllen *nt*, Schreien *nt*

bawling out *n* Anschiss *m sl*; **to give sb a real ~** jdn zur Schnecke machen *fam*

bay¹ [beɪ] *n* ❶ (*in building*) Abteilung *f* ❷ (*for parking*) Parkbucht *f*; (*for unloading*) Ladeplatz *m*, Ladebereich *m* ❸ (*window*) Erker *m* ❹ (*body of water*) Bai *f*, Bucht *f*; **the B~ of Biscay** der Golf von Biskaya ❺ (*tree*) Lorbeer[baum] *m*

bay² [beɪ] **I.** *n* Braune(r) *m* **II.** *adj* braun; **~ horse** braunes Pferd, Fuchs *m*

bay³ [beɪ] **I.** *vi* bellen, anschlagen; HUNT melden; ***the mastiffs ~ed around the dead fox*** die Doggen verbellten den toten Fuchs; **to ~ for blood** (*fig*) nach Blut lechzen *fig* **II.** *n no pl* ❶ (*bark*) Bellen *nt*, Gebell *nt* ❷ (*driven into corner*) ■**at ~** *cornered animal* gestellt; **animal at ~** in die Enge getriebenes Tier; **to hold** [*or* **keep**] **sb/sth at ~** (*fig*) sich *dat* jdn/etw vom Leib halten; **to keep one's fears at ~** seine Ängste unter Kontrolle halten

bay leaf *n* Lorbeerblatt *nt*

bayonet ['beɪənət, AM ˌbeɪə'net] **I.** *n* Bajonett *nt*, Seitengewehr *nt*; ***fix ~s!*** Bajonette aufgepflanzt! **II.** *vt* ■**to ~ sb** jdn mit dem Bajonett aufspießen

bayonet charge *n* Bajonettangriff *m*

bayou ['baɪ(j)uː] *n* AM sumpfiger Flussnebenarm

bay window *n* Erkerfenster *nt*

bazaar [bə'zɑːʳ, AM -'zɑːr] *n* ❶ (*oriental market*) Basar *m*; (*shopping area*) Einkaufsviertel *nt*; (*group of shops*) Ladenstraße *f*, Einkaufsstraße *f*; (*market*) Markt *m* ❷ (*fund-raiser*) [Wohltätigkeits]basar *m*; **Christmas ~** Weihnachtsbasar *m*

bazooka [bə'zuːkə] *n* Bazooka *f*

BBC [ˌbiːbiː'siː] *n* BRIT *abbrev of* **British Broadcasting Corporation** BBC *f*

BBC English *n* BRIT ≈ Standard-Englisch *nt* **BBC Pronunciation** *n* BRIT BBC-Aussprache *f*

B box *n* COMPUT B-Register *m*, Indexregister *m*

BC [biː'siː] *adv abbrev of* **before Christ** v. Chr.

BCG [ˌbiːsiː'dʒiː] *n abbrev of* **Bacillus Calmette-Guérin** BCG *m*

be <was, been> [biː, bi] *vi* + *n/adj* ❶ (*describes*) sein; ***she's quite rich/ugly*** sie ist ziemlich reich/hässlich; ***what is that?*** was ist das?; ***she's a doctor*** sie ist Ärztin; ***what do you want to ~ when you grow up?*** was willst du einmal werden, wenn du erwachsen bist?; ***you need to ~ certain before you make an accusation like that*** du musst dir ganz sicher sein, bevor du so eine Anschuldigung vorbringst; ***"may I ~ of service Madam" the waiter asked*** „kann ich Ihnen behilflich sein, gnädige Frau", fragte der Kellner; **to ~ on the same wavelength** auf der gleichen Wellenlänge liegen *fam*; **to ~ able to do sth** etw tun können, in der Lage sein, etw zu tun; **to ~ from a country/a town** aus einem Land/einer Stadt kommen ❷ (*composition*) sein, bestehen aus; ***is this plate pure gold?*** ist dieser Teller aus reinem Gold? ❸ (*opinion*) ■**to ~ for/against sth** für/gegen etw *akk* sein; **to ~ all for sth** ganz [*o* sehr] für etw *akk* sein ❹ (*calculation*) sein, machen, kosten; ***two and two is four*** zwei und zwei ist vier; ***these books are 50p each*** diese Bücher kosten jeweils 50p ❺ (*timing*) **to ~ late/[right] on time** zu spät/[genau] rechtzeitig kommen ❻ (*location*) sein; *town, country* liegen; ***the keys are in that box*** die Schlüssel befinden sich in der Schachtel; ***the food was on the table*** das Essen stand auf dem Tisch; ***he's not here*** er ist nicht da; **to ~ in a fix** [*or* **jam**] (*fam*) in der Klemme stecken *fam*; **to ~ in a bad situation/trouble** in einer schwierigen Situation/Schwierigkeiten sein ❼ *pp* (*visit*) sein; ***the postman hasn't been yet*** der Briefträger war noch nicht da; ***I've never been to Kenya*** ich bin noch nie in Kenia gewesen ❽ (*take place*) stattfinden; ***the meeting is next Tuesday*** die Konferenz findet am nächsten Montag statt ❾ (*do*) sein; **to ~ on benefit** [*or* AM **welfare**] Sozialhilfe bekommen, Sozialhilfeempfänger/Sozialhilfeempfängerin sein; **to ~ on a diet** auf Diät sein; **to ~ on the pill** die Pille nehmen; **to ~ on standby/on holiday** in [Ruf]bereitschaft/im Urlaub sein; ■**to ~ up to sth** etw im Schild[e] führen ❿ (*exist*) existieren, vorhanden sein; (*old liter: live*) leben, sein; ***let her ~!*** lass sie in Ruhe!; ***to ~ or not to ~, that is the question*** Sein oder Nichtsein, das ist die Frage; **there is/are ...** es gibt ... ⓫ (*expresses possibility*) **can it [really] ~ that ...** (*form*) ist es [tatsächlich] möglich, dass ...; **is it that ...** (*form*) kann es sein, dass ... ⓬ **sth is to ~ done** (*expresses ability*) etw kann getan werden; ***the exhibition is currently to ~ seen at the City Gallery*** die Ausstellung ist zur Zeit in der Stadtgalerie zu besichtigen ⓭ ■**to ~ to do sth** (*expresses allowance*) etw dürfen; (*expresses obligation*) etw sollen; ■**not ~ to do sth** etw nicht dürfen; ***what are we to do?*** was sollen wir tun?; ***you're to sit in the corner and keep quiet*** du sollst dich in die Ecke setzen und ruhig sein ⓮ ■**to ~ to do sth** (*expresses future*) etw tun werden; ***we are to visit Australia in the spring*** im Frühling reisen wir nach Australien; (*expresses future in past*) ***she was never to see her brother again*** sie sollte ihren Bruder nie mehr wiedersehen; (*in conditionals*) ***if I were you, I'd ...*** an deiner Stelle würde ich ...; **if sb was** [*or* **were**] **to do sth, ...** wenn jd etw tun würde, ...; ***if he was to work harder, he'd get better grades*** wenn er härter arbeiten würde, bekäme er bessere Noten; **were sb to do sth, ...** (*form*) würde jd etw tun, ...; ***were I to refuse, they'd be very annoyed*** würde ich mich weigern, wären sie äußerst verärgert ⓯ (*impersonal use*) ***what is it?*** was ist?; ***what's it to ~?*** (*what are you drinking*) was möchten Sie trinken?; (*please decide now*) was soll es denn [nun] sein?; ***it is only fair for me*** es erscheint mir nur fair; ***is it true that you were asked to resign?*** stimmt es, dass man dir nahegelegt hat, dein Amt niederzulegen?; ***it's not that I don't like her — it's just that we rarely agree on anything*** es ist nicht so, dass ich sie nicht mag – wir sind nur selten einer Meinung; **as it were** sozusagen, gleichsam ⓰ (*expresses imperatives*) ~ ***quiet or I'll ...!*** sei still oder ich ...!; ~ ***seated!*** (*form*) setzen Sie sich!, nehmen Sie Platz! *geh*; ~ ***yourself!*** sei du selbst! [*o* ganz natürlich!] ⓱ (*expresses continuation*) ■**to ~ doing sth** gerade etw tun; ***don't talk about that while I'm eating*** sprich nicht davon, während ich beim Essen bin; ***she's studying to be a lawyer*** sie studiert, um Rechtsanwältin zu werden; ***it's raining*** es regnet; ***you're always complaining*** du beklagst dich dauernd ⓲ (*expresses passive*) **to ~ asked/pushed** gefragt/gestoßen werden; **to be discovered by sb** von jdm gefunden werden; **to ~ left an orphan** als Waise zurückbleiben; **to ~ left speechless** sprachlos sein ▸ PHRASES: **the ~-all and end-all** das Ein und Alles [*o* A und O]; **to ~ off form** nicht in Form sein; **the joke is on sb** jd ist der Dumme; **~ that as it may** wie dem auch sei; **so ~ it** so sei es, sei's drum *fam*; **far ~ it from sb to do sth** nichts liegt jdm ferner, als etw zu tun; **to ~ off** (*go away, leave*) weggehen; (*begin spoiling*) schlecht sein; ~ ***off with you! go away!*** geh! hau ab! *fam*

beach [biːtʃ] **I.** *n* <*pl* -es> Strand *m*; **pebble** [*or* BRIT **shingle**] **~** Kieselstrand *m*; **on the ~** am Strand ▸ PHRASES: **to be not the only pebble on the ~** nicht der/die Einzige sein; ***you're not the only pebble on the ~*** ich komme auch ohne dich zurecht **II.** *vt* **to ~ a boat** ein Boot auf [den] Strand setzen; ***they ~ed the boat on the shore*** sie zogen das Boot an den Strand; **~ed dolphin/whale** gestrandeter Delphin/Wal

beach bag *n* Strandtasche *f* **beach ball** *n* Wasserball *m* **beach buggy** *n* Strandbuggy *m*, Strandwagen *m* **beach bum** *n* (*fam*) Strandliebhaber(in) *m(f)* **beachcomber** [-ˌkəʊməʳ, AM -ˌkoʊmə] *n* Strandgutsammler(in) *m(f)* **beachfront** *esp* AM **I.** *n* Strandpromenade *f* **II.** *n modifier* (*location, house, property*) am Strand; **~ party** Strandparty *f* **beachhead** *n* Brückenkopf *m* **beach hut** *n* Strandhäuschen *nt* **beach resort** *n* Badeort *m* **beachwear** *n no pl* (*clothing*) Strandkleidung *f*; FASHION Strandmode *f*

beacon ['biːkᵊn] *n* ❶ (*signal*) Leuchtfeuer *nt*, Signalfeuer *nt*; **chain of ~s** BRIT Lichterkette *f*; (*fig*) ***honesty shone from him like a ~*** er strahlte eine unglaubliche Aufrichtigkeit aus ❷ (*fig: inspiration*) Leitstern *m fig geh*; **to light a ~ of hope/love** ein Zeichen der Hoffnung/Liebe setzen

beacon frame *n* COMPUT Beacon-Rahmen *m*

bead [biːd] *n* ❶ (*for jewellery*) Perle *f*; **glass/wooden ~** Glas-/Holzperle *f* ❷ (*fig: droplet*) Tropfen *m*, Perle *f fig*; **~s of perspiration** [*or* **sweat**] Schweißtropfen *mpl*, Schweißperlen *fpl* ❸ REL ■**~s** *pl* Rosenkranz *m*; **to count** [*or* **say**] [*or* **tell**] **one's ~s** den Rosenkranz beten ▸ PHRASES: **to draw** [*or* **take**] **a ~ on sb/sth** auf jdn/etw zielen

beaded ['biːdɪd] *adj* ❶ (*decorated*) mit Perlen be-

B

setzt [*o* verziert] ② (*with drops*) ***after an hour of aerobics your face will be ~ with sweat*** nach einer Stunde Aerobik läuft dir der Schweiß übers Gesicht

beading ['bi:dɪŋ] *n* Perlstab *m*, Perlstabverzierung *f*; TECH Bördelrand *m*, Sicke *f fachspr*

beadle ['bi:dḷ] *n* ① (*ceremonial officer*) Herold *m* ② SCOT (*church officer*) Kirchendiener *m*, Küster *m* ③ HIST (*minor parish officer*) Büttel *m*

beady ['bi:di] *adj* (*pej*) **~ eye** waches Auge; **~ eyes** [glänzende] Knopfaugen; ***she's always got her ~ eyes on me*** sie lässt mich nicht aus den Augen

beagle ['bi:gḷ] *n* Beagle *m*

beak [bi:k] *n* ① (*bird mouth*) Schnabel *m*; (*fam: person's nose*) große Nase, Zinken *m hum fam* ② BRIT (*dated fam: judge*) Kadi *m fam*

beaker ['bi:kəʳ, AM -ɚ] *n* ① (*drinking vessel*) Becher *m* ② SCI, TECH Becherglas *nt*

Beaker cup *n Tonschale aus dem Neolithikum*

be-all ['bi:ɔ:l] *n* ▶ PHRASES: **the ~ and end-all** [of sth] (*fam*) das Ein und Alles [einer Sache] *fam*, der Inbegriff [einer Sache]

beam [bi:m] **I.** *n* ① (*light*) [Licht]strahl *m*, Strahlenbündel *nt*; **electron ~** Elektronenstrahl *m*; **full ~** AM AUTO Fernlicht *nt*; **laser ~** Laserstrahl *m*; (*fig*) **to be off ~** danebenliegen *fam*, auf dem falschen Dampfer sein *fam* ② (*balk*) Balken *m*; **exposed wooden ~s** frei liegende Holzbalken ③ SPORTS Schwebebalken *m* ▶ PHRASES: **to be broad in the ~** breite Hüften haben **II.** *vt* ① (*transmit*) ■**to ~ sth** etw ausstrahlen [*o* senden]; **to ~ a broadcast** eine Sendung ausstrahlen; (*fig*) etw [ver]senden [*o* schicken] ② (*give*) **to ~ a smile at sb** jdm ein Lächeln zuwerfen; ***"I'm so pleased to see you", he ~ed*** mit seinem Lächeln signalisierte er „ich freue mich so, dich zu sehen" **III.** *vi* ① (*glow*) strahlen ② (*smile*) strahlen; ***she ~ed with delight*** sie strahlte vor Freude; ■**to ~ at sb** jdn anstrahlen [*o* anlächeln]

◆**beam down I.** *vi* niederstrahlen; *sun* scheinen; ***the hot summer sun ~ed down on them*** die heiße Sommersonne brannte auf sie herunter **II.** *vt* (*in Star Trek*) ■**to ~ down** ⊂ **sb/sth** jdn/etw [herunter]beamen

◆**beam up** *vt* (*in Star Trek*) ■**to ~ up** ⊂ **sb/sth** jdn/etw hochbeamen; ***~ me up, Scotty*** beam me up Scotty!

beam-ends *npl* NAUT Ende *nt* der Decksbalken; ***the ship was on her*** [*or* ***the***] ~ das Schiff hatte Schlagseite; **to be on one's ~** BRIT (*dated fam*) [finanziell] am Ende [*o fam* pleite] sein

beaming ['bi:mɪŋ] *adj* strahlend; **~ smile** freudestrahlendes Lächeln; ■**to be ~** strahlen

bean [bi:n] *n* (*seed*) Bohne *f*; (*pod*) [Bohnen]hülse *f*; **baked ~s** Baked Beans *pl*; **coffee ~s** Kaffeebohnen *fpl*; **French** [*or* **green**] **~s** grüne Bohnen; **runner ~s** Stangenbohnen *pl*; (*fig*) **to not have a ~** (*fam*) keinen Pfennig in der Tasche haben *fam*; **old ~** BRIT (*dated*) altes Haus *hum fam* ▶ PHRASES: **to be full of ~s** putzmunter [*o* quicklebendig] sein *fam*; **to spill the ~s** aus der Schule plaudern; **to spill the ~s to sb about sth** jdm etw verraten

beanbag *n* ① (*chair*) Sitzsack *m*, Knautschsessel *m* ② (*child's toy*) Bohnensäckchen *nt* **beanbag chair** *n* AM Sitzsack *m*, Knautschsessel *m* **bean counter** *n* AM, AUS (*pej sl*) Erbsenzähler(in) *m(f) pej fam*, Pedant(in) *m(f) pej* **bean curd** *n* Bohnengallerte *f* (*Ausgangsprodukt für die Tofuherstellung*) **bean feast** *n* BRIT, AUS (*fam*) Riesenfete *f fam*, Gelage *nt*

beano <*pl* -s> ['bi:nəʊ, AM noʊ] *n* BRIT (*fam*) Party *f*

beanpole *n* (*hum fam*) Bohnenstange *f hum fam*, lange Latte *hum fam* **bean sprouts** *npl* Sojabohnensprossen *fpl*, Sojabohnenkeimlinge *mpl*

bear¹ [beəʳ, AM ber] **I.** *n* ① (*animal*) Bär *m*; **black/brown ~** Schwarz-/Braunbär *m*; **she ~** Bärin *f*; **to be like a ~ with a sore head** [*or* AM **like a real ~**] (*fig fam*) ein richtiger Brummbär sein *fam* ② STOCKEX (*sb calculatedly selling stocks*) Baissier *m*, Baissespekulant(in) *m(f)*; **covered ~** gedeckter Baissier; **uncovered ~** Baissier *m*, der seine Position noch nicht glattstellen konnte ▶ PHRASES: **it's a ~ to do sth** es ist kompliziert, etw zu tun **II.** *vi* STOCKEX auf Baisse [*o* à la Baisse] spekulieren

bear² <bore, borne *or* AM *also* born> [beəʳ, AM ber] **I.** *vt* ① (*carry*) ■**to ~ sth** etw tragen; (*liter*) ***he was borne backwards by a large wave*** er wurde von einer großen Welle zurückgerissen; **to ~ arms** (*form*) Waffen tragen; **to ~ gifts** (*form*) Geschenke mitbringen; **to ~ tidings** (*old liter*) Neuigkeiten überbringen ② (*display*) **to ~ a date/an imprint/an inscription** ein Datum/einen Aufdruck/eine Aufschrift tragen ③ (*be identified by*) **to ~ sb's name** jds Namen tragen [*o geh* führen] ④ (*behave*) ■**to ~ oneself** ***he bore himself with dignity*** er zeigte Würde ⑤ (*support*) **to ~ the load/the weight** die Last/das Gewicht tragen; (*fig*) **to ~ the cost** die Kosten tragen ⑥ (*endure, shoulder*) ■**to ~ sth** etw ertragen [*o* erdulden]; ***what might have happened doesn't ~ thinking about*** man darf gar nicht daran denken, was hätte passieren können; ***he said something so awful that it doesn't ~ repeating*** er sagte so etwas Schreckliches, dass ich es gar nicht wiederholen möchte; **to ~ the blame** die Schuld auf sich *akk* nehmen; **to ~ the [burden of] responsibility** die [Last der] Verantwortung tragen; **to ~ one's cross** sein Kreuz tragen *fig*; **to ~ the discomfort/hardship** die Unbequemlichkeit/Mühe auf sich *akk* nehmen; **to ~ the pain/tribulation** den Schmerz/Kummer ertragen ⑦ (*tolerate*) ■**to not be able to ~ sb** jdn nicht ertragen [*o* ausstehen] können; ■**to not be able to ~ sth** jdn/etw nicht ertragen können; ■**to not be able to ~ boredom/suspense** Langeweile/Spannung nicht aushalten; ■**to not be able to ~ jokes/criticism** Spaß/Kritik nicht vertragen; ■**to not ~ to do sth** es nicht ertragen können, etw zu tun ⑧ (*harbour resentments*) **to ~ sb a grudge** einen Groll gegen jdn hegen *geh*; **to ~ sb any ill-feeling** auf jdn nicht gut zu sprechen sein; **to not ~ any ill-feeling against sb** nichts gegen jdn haben; **to ~ sb ill-will** jdm gegenüber nachtragend sein; **to ~ no ill-will** keine Feindschaft empfinden ⑨ (*possess*) **to ~ an [uncanny] likeness** [*or* **similarity**] **to sb** [unheimliche] Ähnlichkeit mit jdm haben; **to ~ a [strong] resemblance to sb** [große] Ähnlichkeit mit jdm haben, jdm sehr ähnlich sehen; **to ~ the** [*or* **a**] **scar** eine Narbe davontragen *fig*, gezeichnet sein *geh* ⑩ (*keep*) ***I'll ~ that in mind*** ich werde das mit berücksichtigen ⑪ (*give birth to*) **to ~ a baby** ein Kind gebären [*o* zur Welt bringen]; **to ~ sb a child** jdm ein Kind gebären; ***his wife bore him a son*** seine Frau schenkte ihm einen Sohn; ***I was born in April*** ich bin im April geboren; **to ~ cubs/foals/young** ZOOL Welpen/Fohlen/Junge bekommen ⑫ AGR, BOT **to ~ fruit** (*also fig*) Früchte tragen *a. fig*; FIN, ECON **to ~ interest at 8%** 8% Zinsen bringen, mit 8% verzinst sein ⑬ **to ~ testimony** [*or* **witness**] Zeugnis ablegen; **to ~ witness to sth** von etw *dat* Zeugnis ablegen, etw bezeugen; **to ~ false witness** (*old*) falsches Zeugnis ablegen *veraltend* **II.** *vi* ① (*tend*) **to ~ left/right** sich *akk* links/rechts halten ② (*be patient*) ■**to ~ with sb** mit jdm Geduld [*o* Nachsicht] haben ③ (*press*) drücken; **to ~ on a lever** einen Hebel betätigen ④ (*approach*) ■**to ~ down on** [*or* **upon**] **sb/sth** auf jdn/etw zusteuern ⑤ (*be relevant*) ■**to ~ on sth** etw betreffen; (*have affect on*) etw beeinflussen ⑥ (*put pressure on*) **to bring pressure to ~ on sb/sth** Druck *m* auf jdn/etw ausüben

◆**bear out** *vt* ■**to ~ out** ⊂ **sb/sth** jdn/etw bestätigen; **to ~ sb out in sth** jdn in etw *dat* bestätigen, jdm in etw *dat* Recht geben; ■**to ~ sb out on sth** jdm bei etw *dat* den Rücken stärken

◆**bear up** *vi* standhalten, durchhalten; ***how is she? — oh she's ~ing up*** wie geht es ihr? – nun ja, sie lässt sich nicht unterkriegen; **to [not] ~ up under questioning** einer Befragung [nicht] standhalten

bearable ['beərəbḷ, AM 'berə-] *adj* erträglich

bear covering *n* STOCKEX Deckungskauf *m* eines Baissespekulanten

beard [bɪəd, AM bɪrd] **I.** *n* Bart *m*; ZOOL [Ziegen]bart *m*; **full ~** Vollbart *m*; **to grow a ~** sich *dat* einen Bart wachsen [*o* stehen] lassen; **to have** [*or* **sport**] **a ~** einen Bart tragen [*o* haben] **II.** *vt* (*dated liter*) ■**to ~ sb** jdm trotzen [*o* die Stirn bieten]; **to ~ sb in his/her den** [*or* **lair**] jdn in seiner/ihrer Zufluchtsstätte stellen ▶ PHRASES: **to ~ the lion in his** [*or* **her**] **den** sich *akk* in die Höhle des Löwen wagen *fig*

bearded ['bɪədɪd, AM 'bɪrd-] *adj inv* bärtig; ■**to be ~** einen Bart haben

beardless ['bɪədləs, AM 'bɪrd-] *adj inv* bartlos, ohne Bart; ■**to be ~** keinen Bart haben

bearer ['beərəʳ, AM 'berɚ] *n* ① (*conveyor, messenger*) Überbringer(in) *m(f)*; ***why are you always the ~ of bad news?*** warum bringst du immer schlechte Nachrichten? ② (*form: of financial document*) Inhaber(in) *m(f)*; **~ of shares** Aktionär(in) *m(f)* ③ (*pallbearer*) Sargträger *m*

bearer bond *n* FIN Inhaberschuldverschreibung *f* **bearer cheque**, AM **bearer check** *n* LAW Überbringerscheck *m*, Inhaberscheck *m* **bearer clause** *n* ECON Überbringerklausel *f* **bearer instrument**, **bearer security** *n* ECON Inhaberpapier *nt* **bearer share** *n* ECON Inhaberaktie *f*

bear hug *n* ① (*in wrestling*) Umklammerung *f*, Klammer *f* ② (*embrace*) heftige Umarmung; (*fig*) **to be in the ~ of a sect** in die Fänge einer Sekte geraten sein

bearing ['beəʳɪŋ, AM 'ber-] *n* ① GEOG, NAUT Peilung *f*; **to take a ~ on sth** etw anpeilen, sich *akk* an etw *dat* orientieren; ■**~s** *pl* (*position*) Lage *f kein pl*, Position *f*; (*direction*) Kurs *m kein pl*, Richtung *f*; **to get** [*or* **find**] **one's ~s** (*fig*) sich *akk* zurechtfinden [*o fig* orientieren], zurechtkommen; **to lose one's ~s** die Orientierung verlieren; **to plot one's ~s** (*position*) die Position feststellen; (*direction*) den Kurs ermitteln ② (*deportment*) Benehmen *nt kein pl*, Betragen *nt kein pl*, Verhalten *nt kein pl*; (*posture*) Haltung *f*; ***she had a proud, distinguished ~*** sie hatte eine stolze, vornehme Art; **dignified ~** würdige Haltung ③ TECH Lager *nt* ④ (*relevance*) Tragweite *f kein pl*, Bedeutung *f kein pl*; **to have some ~ on sth** für etw *akk* von Belang [*o* relevant] sein; **to have no ~ on sth** zu etw *akk* keinen Bezug haben, für etw *akk* belangslos sein

bearish ['beərɪʃ, AM 'ber-] *adj* ① STOCKEX baissierend, zur Baisse tendierend; ■**to be ~** auf Baisse spekulieren ② (*grumpy*) brummig

bear market *n* STOCKEX Baisse *f*, Baissemarkt *m* **bear position** *n* STOCKEX Baisseposition *f*; **taking a ~ position** auf fallende Kurstendenz spekulierend **bear sale** *n* STOCKEX Leerverkauf *m* **bearskin** *n* ① (*bear fur*) Bärenfell *nt* ② (*military hat*) Bärenfellmütze *f* **bear squeeze** *n* STOCKEX Herbeiführen *nt* einer Schwänze im Devisengeschäft/Effektenhandel

beast [bi:st] *n* ① (*animal*) Tier *nt*; **~ of burden** (*liter*) Lasttier *nt*; **the king of the ~s** der König der Tiere ② (*fam: nasty person*) Biest *nt pej fam*, Ekel *nt pej fam*; (*cruel person*) Bestie *f pej*; **to be a ~ to sb** zu jdm biestig sein *fam*; **to bring out the ~ in sb** das Tier in jdm zum Vorschein bringen; **a ~ of a day** BRIT ein scheußlicher Tag

beastie ['bi:sti] *n* SCOT (*hum: animal*) Tier *nt*; (*fam: insect*) Insekt *nt*, Tierchen *nt fam*

beastliness ['bi:stlɪnəs] *n no pl* ① BRIT (*fam: unpleasantness*) Widerwärtigkeit *f*, Scheußlichkeit *f* ② (*maliciousness*) Gemeinheit *f*, Niedertracht *f* ③ (*old: cruelty, unrestrainedness*) viehische Rohheit, völlige Hemmungslosigkeit

beastly ['bi:s(t)li] *adj* (*fam*) ① (*disappointing, nasty*) scheußlich, garstig, ekelhaft; **~ weather** BRIT Mistwetter *nt fam* ② (*unfair, unpleasant*) gemein, fies *fam*, eklig *fam*

beat [bi:t] **I.** *n* ① (*pulsation, throb, palpitation*) Schlag *m*; *of the heart* Klopfen *nt*; (*act*) Schlagen *nt kein pl*, Pochen *nt kein pl* ② (*in music*) Takt *m*; **to the ~ of the music** im Takt der Musik; **to have a strong ~** einen ausgeprägten Rhythmus haben ③ *usu sing* (*of policemen*) Revier *nt*; **to be on one's ~** seine Runde machen; **to walk the ~** die Runde machen; **on a ~** auf einem Rundgang ④ (*fig: area of interest*) **to be off sb's ~** nicht jds Fach *nt* sein **II.** *adj pred* (*fam*) ❶ (*exhausted*) völlig erschöpft, erschlagen *fam,* fix und fertg *fam;* **to be dead** ~ *esp* BRIT todmüde [*o fam* total geschafft] sein ❷ (*vanquished, defeated*) geschlagen, besiegt; **to have sb** ~ CHESS jdn schachmatt gesetzt haben **III.** *vt* <beat, beaten *or fam* beat> ❶ (*bang, pound often*) ■**to** ~ **sb** jdn schlagen; **to** ~ **one's child/wife** sein Kind/seine Frau [ver]prügeln; **to** ~ **sb to death** jdn zu Tode prügeln; **to** ~ **sb black and blue** jdn grün und blau schlagen *fam;* **to** ~ **sb senseless** (*fam*) jdn bewusstlos schlagen; **to brutally** [*or* **savagely**] ~ **sb** jdn brutal zusammenschlagen; **to** ~ **a confession out of sb** ein Geständnis aus jdm herausprügeln ❷ AM (*mix food*) **to** ~ **eggs** Eier verrühren ❸ (*cut through*) **to** ~ **one's path through sth** sich *dat* einen Weg durch etw *akk* bahnen ❹ ■**to** ~ **sb** (*defeat*) jdn schlagen [*o* besiegen]; (*do better than*) jdn übertreffen; **to** ~ **sb hands down** jdn haushoch schlagen; **to** ~ **a record** einen Rekord brechen; **to comfortably** [*or* **easily**] [*or* **soundly**] ~ **sb/sth** jdn/etw leicht [*o* mühelos] schlagen; **to** ~ **sb/sth fair and square** jdn/etw ehrlich [*o* mit fairen Mitteln] schlagen; **to narrowly** ~ **sb/sth** jdn/etw knapp schlagen; ■**to** ~ **sb/sth by sth** jdn/etw mit etw *dat* schlagen; ■**to** ~ **sb to sth** jdm bei etw *dat* zuvorkommen ❺ (*be better than*) ■**to** ~ **sb/sth** jdn/etw schlagen, besser als jd/etw sein; ***you can't ~ our local Italian restaurant for a good pizza*** eine bessere Pizza als bei unserem Italiener findest du nirgends ❻ (*prophylactically take action*) ■**to** ~ **sth** etw umgehen; **to** ~ **the rush** die Stoßzeit umgehen ❼ (*hit rhythmically*) ■**to** ~ **sth** auf etw *akk* trommeln; **to** ~ **a drum** trommeln; **to** ~ **time** den Takt schlagen ▶ PHRASES: **to** ~ **one's brains out** sich *dat* den Kopf zerbrechen *fig;* **to** ~ **sb's brains out** (*fam*) jdm den Schädel einschlagen *fam;* **to** ~ **one's breast** [*or* **chest**] sich *dat* an die Brust schlagen *fig;* **to** ~ **the** [**living**] **daylights out of sb** jdn windelweich schlagen *fam;* **to** ~ **sb at their own game** jdn mit seinen eigenen Waffen schlagen *fig;* **to** ~ **the hell out of sb** (*sl*) jdn fürchterlich verdreschen *fam;* **to** ~ **the pants off sb** [*or* BRIT **sb hollow**] (*fam*) jdn vernichtend schlagen; **to** ~ **a path to sb's door** jdm die Bude einrennen *fam;* **to** ~ **sb to the punch** [*or esp* BRIT **the draw**] (*fire gun before other*) schneller als jd ziehen; (*get in first blow*) jdm zuvorkommen; **to** ~ **the rap** AM sich *akk* herauswinden *fam;* **to** ~ **a** [**hasty**] **retreat** [schnell] einen Rückzieher machen; **if you can't** ~ **'em, join 'em** (*saying*) verbünde dich mit ihnen, wenn du sie nicht besiegen kannst *fig;* **that** ~**s everything** [*or* **all**] AM *also* (*sl*) das schlägt dem Fass den Boden aus *fam;* ~ **it!** (*sl*) hau ab! *fam;* **it** ~**s me** [*or* **what** ~**s me is**] **how/why ...** es ist mir ein Rätsel, wie/warum ... **IV.** *vi* <beat, beaten *or fam* beat> ❶ (*throb, vibrate, pound*) schlagen; *sun* brennen; *heart also* klopfen, pochen; *rain* peitschen; (*on metal*) prasseln; ***the doctor could feel no pulse ~ing*** der Arzt konnte keinen Puls feststellen ❷ AM ■**to** ~ **on sb** auf jdn einschlagen; **to** ~ **on the door** gegen die Tür hämmern ▶ PHRASES: **to** ~ **about** [*or* AM **around**] **the bush** um den heißen Brei herumreden *fam*

◆**beat back** *vt* ■**to** ~ **back** ↔ **sth** etw abwehren; MIL etw zurückschlagen; *blaze* eindämmen

◆**beat down I.** *vi hail, rain* niederprasseln; *sun* niederbrennen **II.** *vt* ■**to** ~ **down** ↔ **sb/sth** jdn/etw herunterhandeln; ***I ~ him down to £35*** ich habe ihn auf 35 Pfund heruntergehandelt

◆**beat off** *vt* ■**to** ~ **off** ↔ **sb/sth** jdn/etw abwehren; MIL jdn/etw zurückschlagen

◆**beat out** *vt* ❶ (*extinguish*) **to** ~ **out the fire** das Feuer ausschlagen ❷ (*percussively create sounds*) ■**to** ~ **out** ↔ **sth** etw schlagen [*o* trommeln] ❸ AM (*defeat*) ■**to** ~ **sb out** jdn aus dem Rennen werfen [*o* Feld schlagen]

◆**beat up I.** *vt* ■**to** ~ **up** ↔ **sb** jdn verprügeln [*o fam* zusammenschlagen] **II.** *vi* AM ■**to** ~ **up on sb** jdn verprügeln

beaten ['bi:tᵊn, AM -t̬ᵊn] *adj inv* geschlagen; *earth* festgetreten; *metal* gehämmert, getrieben; ~ **gold** Blattgold *nt;* ~ **track** Trampelpfad *m;* **to be off the** ~ **track** abgelegen sein, abseits vom Weg liegen

beaten-up *adj* ramponiert *fam*

beater ['bi:təʳ, AM -t̬ɚ] *n* ❶ (*wand for hitting*) Schläger *m,* Knüppel *m;* (*for cookery*) Rührbesen *m;* (*for carpets*) [Teppich]klopfer *m;* **electric** ~ Mixer *m* ❷ (*person rousing game*) Treiber(in) *m(f)*

beat generation *n* Beatgeneration *f*

beatific [ˈbi:ətɪfɪk] *adj* (*liter*) [glück]selig, beglückt; ~ **smile** seliges Lächeln

beatifically [ˈbi:ətɪfɪkᵊli] *adv* (*liter*) [glück]selig

beatification [bi,ætɪfɪ'keɪʃᵊn, AM -,æt̬ə-] *n* Seligsprechung *f,* Beatifikation *f fachspr*

beatify [bi'ætɪfaɪ, AM -'æt̬ə-] *vt* REL ■**to** ~ **sb** jdn selig sprechen [*o fachspr* beatifizieren]

beating ['bi:tɪŋ, AM -t̬-] *n* ❶ (*smacking*) Prügel *mpl,* Schläge *mpl* ❷ (*defeat*) Niederlage *f;* **to take a** ~ (*be defeated*) eine Niederlage [*o* Schlappe] einstecken *fam* ❸ (*hard to better*) ***it will take some ~ to make a cake better than mom's*** Mutters Kuchen ist kaum zu übertreffen

beating-up *n* Abreibung *f fam*

Beatitudes [bi'ætɪtju:dz, AM -'æt̬ətu:dz, *also* -ju:dz] *npl* ■**the** ~ die Seligpreisungen

beatnik ['bi:tnɪk] *n* Beatnik *m*

beat-up *adj* (*fam*) ramponiert *fam*

beau <*pl* -s *or* -x> [bəʊ, AM boʊ] *n* (*boyfriend*) Liebhaber *m,* Freund *m;* (*dated: male suitor/wooer/admirer*) Galan *m veraltet,* Verehrer *m veraltend o hum*

Beaufort scale ['bəʊfɔ:t,skeɪl, AM 'boʊfɚt] *n* METEO Beaufortskala *f*

beau monde [bəʊ'mɒnd, AM ,boʊ'mɑ:nd] *n no pl* (*dated*) ■**the** ~ ≈ die Schickeria *fam*

beaut [bju:t] **I.** *n* (*fam or dated: thing*) Prachtstück *nt,* Prachtexemplar *nt;* (*woman*) Schönheit *f* **II.** *adj* AUS (*fam*) klasse *fam,* toll *fam*

beauteous ['bju:tiəs, AM -t̬-] *adj* (*poet*) wunderschön, herrlich, prachtvoll

beautician [bju:'tɪʃᵊn] *n* Kosmetiker(in) *m(f)*

beautification [,bju:tɪfɪ'keɪʃᵊn, AM -t̬ə-] *n no pl* Verschönerung *f*

beautiful ['bju:tɪfᵊl, AM -t̬ə-] **I.** *adj* ❶ (*very attractive*) schön; **extremely** ~ wunderschön ❷ (*uplifting, inspiring*) *time, music* herrlich, großartig; (*very good, excellent*) *cake* wunderbar, exzellent; *sight, weather* herrlich; (*very caring, kind-hearted*) *person* großartig, wunderbar; *deed* großartig ❸ **the** ~ **people** (*dated: hippies*) die Hippies *pl;* (*trendy affluent set*) die Schickeria *meist pej fam* **II.** *n* (*fam: form of adress*) **hello,** ~ hallo, schönes Kind *fam*

beautifully ['bju:tɪfᵊli, AM -t̬ə-] *adv* schön; (*very well*) wunderbar; (*excellently, faultlessly*) ausgezeichnet, hervorragend

beautify ['bju:tɪfaɪ, AM -t̬ə-] *vt* ■**to** ~ **sb/sth** jdn/etw verschönern; (*esp hum*) **to** ~ **oneself** sich *akk* schön machen *a. hum fam*

beauty ['bju:ti, AM -t̬i] *n* ❶ *no pl* (*attractiveness*) Schönheit *f;* **haunting** ~ betörende Schönheit; **natural** [*or* **scenic**] ~ landschaftliche Schönheit ❷ (*very attractive woman*) Schönheit *f,* schöne Frau ❸ (*fam: outstanding specimen*) Prachtstück *nt,* Prachtexemplar *nt* ❹ *no pl* (*attraction*) ***the ~ of our plan ...*** das Schöne an unserem Plan ... ❺ (*iron fam: strong punch*) Haken *m* ▶ PHRASES: ~ **is in the eye of the beholder** (*prov*) über Geschmack lässt sich [bekanntlich] streiten *fam,* die Geschmäcker sind verschieden; ~ **is only skin deep** (*prov*) es ist nicht alles Gold, was glänzt *prov;* ~ **is truth, truth** ~ Schönheit ist Wahrheit und Wahrheit ist Schönheit

beauty contest *n,* **beauty pageant** *n* Schönheitswettbewerb *m* **beauty parlor** AM, **beauty parlour** *n* Schönheitssalon *m,* Kosmetiksalon *m* **beauty queen** *n* Schönheitskönigin *f* **beauty salon** *n,* **beauty shop** *n* AM Schönheitssalon *m,* Kosmetiksalon *m* **beauty sleep** *no pl n* (*hum*) Schlaf *m* vor Mitternacht, Schönheitsschlaf *m hum* **beauty spot** *n* ❶ (*in countryside*) schönes [*o* hübsches] Fleckchen [Erde] ❷ (*on face*) Schönheitsfleck *m*

beaver ['bi:vəʳ, AM -vɚ] **I.** *n* ❶ (*animal*) Biber *m;* (*fig*) Arbeitstier *nt fig* ❷ (*fur*) Biber[pelz] *m* ❸ AM (*vulg: female genitals*) Muschi *f vulg* ❹ (*Beaver Scout*) Neuling bei den Pfadfindern **II.** *vi* (*fam*) **to** ~ **away** schuften *fam*

Beaver Scout *n Neuling bei den Pfadfindern*

beavertail ['bi:vəteɪl] *n* CAN FOOD *in Öl gebackenes süßes Gebäck in Form eines Biberschwanzes*

bebop ['bibɒp, AM -bɑ:p] *n* MUS Bebop *m*

becalmed [bɪ'kɑ:md] *adj* ❶ NAUT ■**to be** ~ in eine Flaute geraten ❷ (*fig*) ~ **state** Stagnation *f*

became [bɪ'keɪm] *pt of* **become**

because [bɪ'kɒz, AM -'kɑ:z] **I.** *conj* ❶ (*for the reason that*) weil, da; **all the more ...** ~ **...** umso mehr ... als ...; ***he was all the more suprised at the gifts ~ he had forgotten his own birthday*** er war umso überraschter über die Geschenken, hatte er doch den eigenen Geburtstag vergessen; ***don't think I'm going to give in just ~ you're smiling so sweetly at me!*** glaub' nicht, dass ich nachgebe, bloß weil du mich so süß anlächelst! ❷ (*fam: for*) denn; ***have you been away, ~ we haven't seen you recently?*** waren Sie weg? wir haben Sie nämlich in letzter Zeit gar nicht gesehen ▶ PHRASES: **just** ~! [einfach] nur so!; ***why can't we go? – just ~!*** warum können wir nicht hingehen? — darum! **II.** *prep* ■~ **of** wegen +*gen*

beck [bek] *n* ❶ BRIT (*little stream*) [Wild]bach *m* ❷ *no pl* (*hand gesture*) Wink *m,* Zeichen *nt;* (*nod*) Nicken *nt;* (*fig*) **to be at sb's** ~ **and call** jdm voll und ganz zur Verfügung stehen, nach jds Pfeife tanzen

beckon ['bekᵊn] **I.** *vt* ■**to** ~ **sb** jdm ein Zeichen geben; ***he ~ed me to join them*** er gab mir ein Zeichen, dass ich mich zu ihnen gesellen solle; ■**to** ~ **sb over** jdn herüberwinken **II.** *vi* ❶ (*signal*) winken; ■**to** ~ **to sb** jdm [zu]winken [*o* ein Zeichen geben] ❷ (*fig: call*) locken *fig,* rufen *fig;* ***I have to go because work ~s*** ich muss gehen, die Arbeit ruft ❸ (*fig: appear probable*) *future* winken *fig*

become <became, become> [bɪ'kʌm] **I.** *vi* + *adj/n* werden; ***this species almost became extinct*** diese Art wäre fast ausgestorben; ***what ever became of Moe Lester?*** was ist wohl aus Moe Lester geworden; ***what has become of my jacket?*** wo ist nur meine Jacke hingekommen?; **to** ~ **angry** ärgerlich [*o* böse] werden; **to** ~ **convinced that ...** zu der Überzeugung kommen [*o geh* gelangen], dass ...; **to** ~ **interested in sb/sth** anfangen, sich *akk* für jdn/etw zu interessieren **II.** *vt* ❶ (*change into*) ■**to** ~ **sth** etw werden; ***she wants to ~ an actress*** sie will Schauspielerin werden; **to** ~ **a legend in one's own time** [*or* **lifetime**] schon zu Lebzeiten zur Legende werden ❷ (*dated: look good*) ■**sth** ~**s sb** etw steht jdm ❸ (*befit*) ■**to** ~ **sb** sich *akk* für jdn schicken

becoming [bɪ'kʌmɪŋ] *adj* (*dated*) ❶ (*attractive, neat, tasteful*) vorteilhaft, geschmackvoll; ***that dress is very ~*** das Kleid steht dir sehr gut ❷ (*suitable appropriate*) schicklich; ■**to be** ~ sich *akk* ziemen *veraltend geh*

becquerel [,bekə'rel] *n* Becquerel *nt*

bed [bed] **I.** *n* ❶ (*furniture*) Bett *nt;* **to get out of** ~ aufstehen; **to go to** ~ zu [*o* ins] Bett gehen; **to make the** ~ das Bett machen; **to put sb to** ~ jdn ins [*o* zu] Bett bringen; **in** ~ im Bett ❷ (*related to sexuality*) **to be good in** ~ gut im Bett sein *fam;* **to go to** ~ **with sb** mit jdm ins Bett gehen *fam* ❸ TOURIST [Hotel]bett *nt* ❹ TYPO **to put sth to** ~ etw in Druck geben ❺ (*flower patch*) Beet *nt;* ~ **of flowers** Blumenbeet *nt* ❻ (*foundation substratum*) Unterlage *f,* Bett *nt fig;* ~ **of clay/rock/sand** Lehm-/Gesteins-/Sandschicht *f;* **sea** ~ Meeresgrund *m,* Meeresboden *m* ❼ FOOD Beilage *f;* ***the chicken was served on a ~ of rice*** das Hähnchen wurde auf Reis serviert ▶ PHRASES: **his life was a** ~ **of nails** er musste in seinem Leben viel Schweres durchmachen; **this is no** ~ **of roses** das ist kein Zuckerschlecken *fam;* **to get out of** [*or* AM *also* **up on**] **the wrong side of the** ~ mit dem linken Fuß [zuerst] aufstehen *fig;* **to be in** ~ **with sb** (*pej*) mit jdm unter einer Decke stecken *pej;* **to be in** ~ **with sth** (*pej*) etw unterstützen; I

wouldn't kick her out of ~ (*hum sl*) ich würde sie nicht von der Bettkante stoßen *hum fam;* **as you make your ~ so you must lie on it,** AM **you made your ~, now lie in it** (*prov*) wie man sich bettet, so liegt man *prov* **II.** *vt* <-dd-> (*dated*) ■**to ~ sb** jdm beiwohnen *euph veraltend geh*

◆**bed down** *vi* ① (*slumber, sleep*) sein Lager aufschlagen; **to ~ down on the couch** auf dem Sofa kampieren *fam* ② (*have sexual intercourse*) ■**to ~ down with sb** mit jdm schlafen [*o* ins Bett gehen] *fam* ③ (*reach state of normality*) sich *akk* legen [*o* normalisieren]

◆**bed out** *vt* HORT ■**to ~ out** ↻ **sth** *plants* etw auspflanzen

BEd [biːˈed] *n* BRIT *abbrev of* **Bachelor of Education** Bakkalaureus *m* der Erziehungswissenschaften

bed and board *n esp* BRIT Unterkunft *f* und Verpflegung *f* **bed and breakfast** *n* ① (*type of accommodation*) Übernachtung *f* mit Frühstück; (*hotel*) Frühstückspension *f;* **~ place** Frühstückspension *f;* **to do ~** Übernachtung *f* mit Frühstück anbieten ② BRIT FIN *kurzfristiger Kauf und Verkauf von Wertpapieren, um die Kapitalertragssteuer zu minimieren*

bedaub [bɪˈdɔːb, AM -ˈdɑːb] *vt usu passive* ■**to be ~ed with sth** mit etw *dat* beschmiert sein; **~ed with clay** lehmbeschmiert

bed-bath *n* BRIT Krankenwäsche *f* im Bett; **to be given a ~ by sb** von jdm im Bett gewaschen werden **bedbug** *n* [Bett]wanze *f* **bedchamber** [ˈbed,tʃeɪmbəʳ, AM bɚ] *n* (*old: bedroom*) Schlafkammer *f,* Schlafgemach *nt veraltet;* **Lady of the B~** königliche Leibzofe **bedclothes** *npl* Bettzeug *nt kein pl*

bedder [ˈbedəʳ, AM -ɚ] *n* HORT Setzling *m*

bedding [ˈbedɪŋ] **I.** *n no pl* Bettzeug *nt;* AGR [Ein]streu *f* **II.** *adj attr, inv* Freiland-, Beet-; **~ plant** Gartenpflanze *f,* Freilandpflanze *f*

bedeck [bɪˈdek] *vt usu passive* ■**to ~ sth** etw schmücken [*o* zieren]; ■**to be ~ed with sth** mit etw *dat* geschmückt sein

bedevil <BRIT -ll- *or* AM *usu* -l-> [bɪˈdevəl] *vt* ① (*distress, worry*) ■**to ~ sb/sth** jdn/etw belasten [*o* bedrücken]; ■**to be ~ed by sth** von etw *dat* geplagt [*o* gequält] werden ② (*complicate*) ■**to ~ sth** etw verkomplizieren [*o* erschweren]

bedfellow *n* (*fig*) Verbündete(r) *f(m),* Genosse, -in *m, f hum;* ***the priest and the politician made strange ~s*** der Pfarrer und der Politiker gaben ein merkwürdiges Gespann ab **bedhead** [ˈbedhed] *n* BRIT Kopfende *nt* [am Bett] **bedjacket** [ˈbeddʒækɪt] *n* Bettjacke *f,* Bettwams *nt veraltet*

bedlam [ˈbedləm] *n no pl* Chaos *nt,* Tumult *m;* ***it was absolute ~ at the football ground*** auf dem Fußballplatz ging es zu wie im Irrenhaus *fam*

bed linen *n* Bettwäsche *f kein pl*

Bedouin [ˈbeduɪn] **I.** *adj attr, inv* Beduinen- **II.** *n* <*pl* -s *or* -> Beduine, -in *m, f*

bedpan *n* Bettpfanne *f,* Bettschüssel *f* **bedpost** *n* Bettpfosten *m* ► PHRASES: **between you, me and the ~** (*fam*) unter uns gesagt

bedraggled [bɪˈdrægḷd] *adj* ① (*wet*) durchnässt, tropfnass ② (*untidy*) verdreckt, ungepflegt

bedridden *adj* bettlägerig **bedrock** *n no pl* Grundgestein *nt,* Felssohle *f,* Felsgrund *m;* (*fig*) Basis *f,* Fundament *nt fig,* Grundlage *f*

bedroom I. *n* Schlafzimmer *nt;* **guest** [*or* **spare**] ~ Gästeschlafzimmer *nt;* **master ~** großes Schlafzimmer; **parents' ~** Elternschlafzimmer *nt* **II.** *n modifier* (*window, mirror, wall*) Schlafzimmer-; **~ eyes** Schlafzimmerblick *m fam;* **~ suburb** [*or* **town**] Schlafstadt *f fam*

-bedroom *in compounds with numbers* -zimmer; **a three-~ house** ein Haus *nt* mit drei Schlafzimmern

bedroom community *n* AM Schlafstadt *f fam* **bedroom farce** *n* Schlafzimmerkomödie *f* **bedroom scene** *n* Bettszene *f* **bedroom suite** *n* Schlafzimmergarnitur *f,* Schlafzimmereinrichtung *f*

bedside *n no pl* Seite *f* des Bettes; **to be at sb's ~** an jds Bett sitzen **bedside lamp** *n* Nachttischlampe *f* **bedside manner** *n* **to have a good ~** gut mit Kranken umgehen können **bedside table** *n* Nachttisch *m*

bedsit *n* BRIT *short for* **bedsitter** Einzimmerappartement *nt* **bedsitter** *n esp* BRIT, *esp* BRIT *form* **bed-sitting room** *n* (*small flat*) Einzimmerappartement *nt;* (*room*) Wohnschlafzimmer *nt* **bedsore** *n* wundgelegene Stelle **bedspread** *n* Tagesdecke *f* **bedstead** *n* Bettgestell *nt* **bedstraw** [ˈbedstrɔː, AM strɑː] *n* BOT Labkraut *nt* **bedtime** *n no pl* Schlafenszeit *f;* ***it's ~*** Zeit fürs Bett!; ***it's long*** [*or* ***way***] ***past your ~*** du solltest schon längst im Bett sein; **at ~** vor dem Schlafengehen **bedtime story** *n* Gutenachtgeschichte *f*

Beduin *n, adj see* **Bedouin**

bed-wetter [ˈbedwetɪŋ] *n* PSYCH Bettnässer(in) *m(f)*

bed-wetting *n no pl* Bettnässen *nt*

bee [biː] *n* ① (*insect*) Biene *f;* **swarm of ~s** Bienenschwarm *m;* **worker ~** Arbeitsbiene *f,* Arbeiterin *f* ② AM, AUS (*meet*) Treffen *nt,* Kränzchen *nt;* **sewing ~** Nähkränzchen *nt* ③ (*competition*) Wettbewerb *m* ► PHRASES: **to have a ~ in one's bonnet** einen Tick haben *fam;* **he thinks he's the ~s' knees** *esp* BRIT (*fam*) er hält sich für den Größten *fam;* **to be a busy** [*or* **busy as a**] **~** (*hum*) fleißig wie eine Biene sein

Beeb [biːb] *n no pl* BRIT (*fam*) *abbrev of* **British Broadcasting Corporation** BBC *f*

beech [biːtʃ] **I.** *n* ① (*tree*) Buche *f* ② (*wood*) Buchenholz *nt,* Buche *f;* **made of ~** aus Buchenholz **II.** *n modifier* (*cabinet, chair, table*) Buchen-; **~ marten** Steinmarder *m*

beechnut *n* Buchecker *f*

bee-eater [ˈbiː,iːtəʳ, AM ṭɚ] *n* ORN Bienenspecht *m*

beef [biːf] **I.** *n no pl* ① (*meat*) Rindfleisch *nt;* **minced** [*or* AM **ground**] **~** Rinderhack[fleisch] *nt;* **roast ~** Roastbeef *nt* ② (*forcefulness, vigour*) [Muskel]kraft *f,* Mumm *m fam,* Schmalz *nt hum fam;* (*fig*) ***the government report didn't have much ~ in it*** dem Regierungsbericht fehlte es an Biss ③ (*complaint*) Beschwerde *f,* Meckerei *f pej fam;* ***my main ~ about the job is that ...*** an der Arbeit passt mir vor allem nicht, dass ... **II.** *vi* nörgeln *pej,* meckern *pej fam;* ■**to ~ about sth** sich *akk* über etw *akk* beschweren

◆**beef up** *vt* (*fam*) ■**to ~ up** ↻ **sth** etw aufmöbeln *fam;* **to ~ up a team** ein Team verstärken; ■**to ~ sth up with sth** etw mit etw *dat* aufmöbeln [*o* aufpeppen] *fam*

beefburger *n* Beefburger *m,* Hamburger *m* **beefcake** *n* (*sl*) ① (*strong man*) Muskelpaket *nt fam,* Muskelprotz *m fam* ② (*muscles*) Muskeln *mpl* **beef cattle** *npl* Schlachtrinder *ntpl,* Mastrinder *ntpl* **Beefeater** *n* BRIT Beefeater *m,* Tower-Wächter *m* **beefsteak** *n* Beefsteak *nt* **beefsteak tomato** *n,* **beef tomato** *n* Fleischtomate *f*

beefy [ˈbiːfi] *adj* (*fam*) ① (*muscular*) muskulös, bullig *fam* ② (*high-powered, efficient*) leistungsstark, effizient ③ (*like beef*) fleischig, Rindfleisch-

beehive *n* ① (*of bees*) Bienenstock *m;* (*rounded*) Bienenkorb *m* ② (*hairstyle*) toupierte Hochfrisur **bee-keeper** [-,kiːpəʳ, AM -pɚ] *n* Imker(in) *m(f),* Bienenzüchter(in) *m(f)* **bee-keeping** [-,kiːpɪŋ] *n no pl* Bienenhaltung *f,* Bienenzucht *f,* Imkerei *f* **beeline** *n no pl* **to make a ~ for sb/sth** schnurstracks auf jdn/etw zugehen

been [biːn, AM bɪn] *pp of* **be**

beep [biːp] **I.** *vt* ① (*make brief noise*) **to ~ one's horn** hupen ② (*fam: on pager*) ■**to ~ sb** jdn anpiepen *fam;* ■**to be ~ed** angepiept werden *fam* **II.** *vi* piepen; (*on ship*) tuten; (*in car*) hupen; ■**to ~ at sb** jdn anhupen **III.** *n* Piep[s]ton *m; of a car* Hupen *nt kein pl; of a ship* Tuten *nt kein pl*

beeper [ˈbiːpəʳ, AM -pɚ] *n* (*fam*) Signalgeber *m,* Piepser *m fam*

beeping [ˈbiːpɪŋ] *n* Piepsen *nt kein pl; of a car* Hupen *nt kein pl; of a ship* Tuten *nt kein pl*

beer [bɪəʳ, AM bɪr] *n* ① *no pl* (*drink*) Bier *nt;* **half-pint/pint of ~** viertel/halber Liter Bier ② (*bottle*) Bier *nt,* Flasche *f* Bier; (*glass*) Bier *nt,* Glas *nt* Bier ► PHRASES: **life's not all ~ and skittles** BRIT (*prov*) das Leben ist nicht nur eitel Sonnenschein *veraltend o hum*

beer belly *n* (*fam*) Bierbauch *m fam* **beer garden** *n* Biergarten *m* **beer gut** *n* (*fam*) Bierbauch *m fam* **beer mat** *n* Bierdeckel *m,* Bierfilz *m* **beer store** *n* CAN *von der Provinzregierung Ontario geführter Bierladen* **beer-swilling** [ˈbɪəswɪlɪŋ, AM ˈbɪr] *adj attr, inv* (*also pej*) bierselig *iron,* Bier saufend *pej* **beer tent** *n* Bierzelt *nt*

beery [ˈbɪəri, AM ˈbɪri] *adj* ① (*of beer*) Bier-; **~ breath** Bierfahne *f fam* ② (*tipsy*) bierselig

bee sting *n* Bienenstich *m*

beeswax *n no pl* Bienenwachs *nt*

beet [biːt] *n* ① (*edible plant root*) [Runkel]rübe *f;* **~ sugar** Rübenzucker *m* ② AM (*beetroot*) rote Bete [*o* Rübe]

beetle [ˈbiːtḷ, AM -ṭḷ] **I.** *n* Käfer *m* **II.** *adj* buschig; **~ brows** buschige Augenbrauen **III.** *vi* BRIT ■**to ~ along** entlangpesen *fam; person also* entlangsausen *fam,* im Laufschritt entlangeilen

◆**beetle away** *vi* BRIT **to ~ away at** [**doing**] **a job** emsig mit einer Arbeit beschäftigt [*o* zugange] sein

◆**beetle off** *vi* BRIT abschwirren *fam,* abziehen *fam,* verschwinden

beetle-browed [-,braʊd] *adj* mit buschigen Augenbrauen; ■**to be ~** buschige Augenbrauen haben

beetling [ˈbiːtḷɪŋ] *adj attr, inv brow, eyebrows* buschig

beetroot [ˈbiːtruːt] *n* BRIT Rote Bete; **to go** [*or* **turn**] **as red as a ~** knallrot werden *fam,* rot werden wie eine Tomate *hum fam*

befall <befell, befallen> [bɪˈfɔːl] (*old*) **I.** *vt* ■**to ~ sb** *calamity* jdm zustoßen [*o geh* widerfahren] **II.** *vi* sich *akk* ereignen

befell [bɪˈfel] *pt of* **befall**

befit <-tt-> [bɪˈfɪt] *vt* (*form*) ■**to ~ sb** jdm geziemen *geh o veraltend;* ***..., as ~s someone of her position ...,*** wie es jemandem in ihrer Stellung geziemt

befitting [bɪˈfɪtɪŋ, AM -ṭɪŋ] *adj* (*form*) schicklich, geziemend *veraltend;* ***that behaviour is not ~ of a man his age*** dieses Verhalten schickt sich nicht für einen Mann seines Alters

before [bɪˈfɔːʳ, AM -ˈfɔːr] **I.** *prep* ① (*at previous time to*) vor +*dat;* **to wash one's hands ~ the meal** sich *dat* vor dem Essen die Hände waschen; ***I need to go ~ 2:00*** ich muss vor 2.00 Uhr gehen; ***the day ~ yesterday*** vorgestern; **~ one's time** vorzeitig; **just ~ sth** kurz vor etw; ***she always buys her Christmas presents just ~ Christmas*** sie kauft ihre Weihnachtsgeschenke immer kurz vor Weihnachten; ■**~ doing sth** vor etw *dat;* ***~ leaving he said goodbye to each of them*** vor seiner Abfahrt verabschiedete er sich von jedem einzelnen ② (*in front of*) vor +*dat; with verbs of motion* vor +*akk;* ***the letter K comes ~ L*** der Buchstabe K kommt vor dem L; ***the patterns swam ~ her eyes*** die Zeichen verschwammen vor ihren Augen; (*encountered first*) vor +*dat;* ***there is a large sign ~ the house*** vor dem Haus ist ein großes Schild; **just ~** genau vor +*dat;* ***the bus stop is just ~ the school*** die Bushaltestelle befindet sich direkt vor der Schule ③ (*higher ranking*) vor +*dat;* ***many mothers put their children's needs ~ their own*** vielen Müttern sind die Bedürfnisse ihrer Kinder wichtiger als ihre eigenen; ***I'd go to debtors' prison ~ asking her for money*** ich würde wegen der Schulden eher ins Gefängnis gehen als sie nach Geld zu fragen ④ (*in presence of*) vor +*dat;* ***he stood up ~ the audience*** er stand vor dem Publikum auf; (*for examination, consideration*) vor +*dat;* ***our case is coming ~ the court this week*** unser Fall kommt diese Woche vor Gericht ⑤ (*in future*) vor +*dat;* **to lie ~ one** vor jdm liegen; ***the job lay ~ them*** die Arbeit lag vor ihnen; **to have sth ~ one** etw vor sich *dat* haben; ***you have your whole future ~ you*** du hast noch deine ganze Zukunft vor dir **II.** *adv inv* (*earlier, previously*) zuvor, vorher; ***I have never seen that ~*** das habe ich noch nie gesehen; ***have you been to Cologne ~?*** waren Sie schon einmal in Köln?; ***haven't we met ~?*** kennen wir uns nicht?; *that has never happened* ~ das ist [bisher] noch nie passiert; *she has seen it all* ~ sie kennt das alles schon; **to be as** ~ wie früher sein; ~ **and after** davor und danach **III.** *adj after n* zuvor; *the day* ~ *it had rained* tags zuvor hatte es geregnet; *the year* ~ *it had been rather quiet* das Vorjahr war ganz ruhig verlaufen **IV.** *conj* ① (*at previous time*) bevor; ~ *you criticize me, …* bevor du mich kritisierst, …; *she was waiting long* ~ *it was time* sie wartete schon lange bevor es soweit war; **right** [*or* **just**] ~ **…** kurz bevor …; *just* ~ *she left the house, …* als sie gerade das Haus verlassen wollte, …; *but* ~ *I knew it, she was gone* doch ehe ich mich versah, war sie verschwunden ② (*rather than*) bevor, ehe; ~ *they testified against their friends, they said they'd go to jail* sie würden eher ins Gefängnis gehen als gegen ihre Freunde auszusagen; *they would die* ~ *they would cooperate with each other* sie würden lieber sterben als miteinander zusammenzuarbeiten ③ (*until*) bis; *it was an hour* ~ *the police arrived* es dauerte eine Stunde, bis die Polizei eintraf; ~ *we got the test results back, a month had gone by* wir warteten einen Monat auf die Testergebnisse ④ (*so that*) damit; *you must say the password at the door* ~ *they'll let you in* du musst an der Tür das Kennwort sagen, damit sie dich hineinlassen

beforehand [bɪˈfɔːhænd, AM -ˈfɔːr-] *adv inv* vorher, im Voraus; *we were informed* ~ wir wurden zuvor informiert

before-tax *adj attr, inv* Brutto-; ~ **income** Bruttoeinkommen *nt*

befriend [bɪˈfrend] *vt* ■**to** ~ **sb** ① (*become friends with*) sich *akk* mit jdm anfreunden ② (*look after*) sich *akk* einer Person *gen* annehmen *geh;* ■**to be** ~**ed by sb** von jdm Beistand erhalten

befuddled [bɪˈfʌdl̩d] *adj* ① (*muddled*) verwirrt ② (*intoxicated*) benebelt; **to be** ~**d by drink** benebelt sein

beg <-gg-> [beg] **I.** *vt* ① (*ask for charity*) ■**to** ~ **sth** um etw *akk* betteln; ■**to** ~ **sth from** [*or fam* **off**] **sb** etw von jdm schnorren *fam* ② (*request*) **to** ~ **leave to do sth** (*form*) um Erlaubnis bitten etw tun zu dürfen; *stop it, I* ~ *you* hör auf, ich bitte dich; ■**to** ~ **sb to do sth** jdn bitten, etw zu tun; ■**to** ~ **that…** darum bitten, dass..; **to** ~ **sb's forgiveness** jdn um Entschuldigung [*o* Verzeihung] bitten; *I* ~ *your pardon* entschuldigen Sie bitte ③ (*leave unresolved*) **to** ~ **the question** keine Antwort auf die [eigentliche] Frage geben; *you're always* ~*ging the question* du weichst immer nur aus; *this crisis* ~*s the question of his leadership* diese Krise wirft die Frage nach seinen Führungsqualitäten auf ► PHRASES: **to go** ~**ging** noch zu haben sein, keinen Abnehmer/keine Abnehmerin finden **II.** *vi* ① (*seek charity*) betteln; ■**to** ~ **for sth** um etw *akk* betteln, um etw *akk* bitten ② (*request*) ■**to** ~ **of sb** *don't give up, I* ~ *of you* (*form*) ich flehe Sie an, geben Sie nicht auf! *geh;* **to** ~ **for clemency** [*or* **mercy**] um Gnade flehen *geh; I* ~ *to inform you that…* (*form*) ich erlaube mir, Sie davon in Kenntnis zu setzen, dass… *geh,* ich möchte Ihnen mitteilen, dass…; *I* ~ *to differ* (*form*) ich erlaube mir, anderer Meinung zu sein *geh* ③ (*request*) *dog* Männchen machen

◆**beg off** *vi* ■**to** ~ **off** [**from**] **sth** (*fam*) sich *akk* [bei etw *dat*] entschuldigen lassen; *we* ~*ged off the meeting* wir sagten das Treffen ab; **to** ~ **off work** sich *dat* freigeben lassen

began [bɪˈgæn] *pt of* **begin**

begat [bɪˈgæt] *pt of* **beget**

beget <-tt-, begot *or esp old* begat, begotten> [bɪˈget] *vt* ① (*liter or old: father*) **to** ~ **a child** ein Kind zeugen ② (*fig form: bring about*) ■**to** ~ **sth** etw gebieten *liter; crime* ~*s crime* Gewalt erzeugt Gegengewalt

begetter [bɪˈgetəʳ, AM ˈgeţɚ] *n* (*liter*) ① (*parent*) [leiblicher] Vater, Erzeuger *veraltet o hum* ② (*creator*) Urheber *m,* Schöpfer *m*

beggar [ˈbegəʳ, AM -ɚ] **I.** *n* ① (*poor person*) Bettler(in) *m(f)* ② + *adj esp* BRIT **little** ~ kleiner Schlingel *hum,* Racker *m hum;* **lucky** ~ Glückspilz *m; you lucky* ~*!* du Glücklicher/du Glückliche! ► PHRASES: ~**s can't be choosers** (*saying*) in der Not darf man nicht wählerisch sein, in der Not frisst der Teufel Fliegen *prov;* **if wishes were horses, [then]** ~**s would ride** (*prov*) vom Wünschen allein ist noch niemand reich geworden **II.** *vt* ■**to** ~ **sb** jdn an den Bettelstab bringen; **to** ~ **a company** eine Firma herunterwirtschaften [*o* in den Ruin treiben]; ■**to** ~ **oneself** sich *akk* ruinieren ► PHRASES: **to** ~ **belief** [einfach] unglaublich sein; **to** ~ **description** jeder Beschreibung spotten, [einfach] unbeschreiblich sein

beggarly [ˈbegəli, AM -ɚli] *adj usu attr* (*dated*) erbärmlich; **a** ~ **amount of money** ein lumpiger Geldbetrag; **a** ~ **existence** eine kümmerliche Existenz; **a** ~ **meal** ein kärgliches Mahl; **a** ~ **pay** eine armselige Bezahlung

beggar-my-neighbour *n* BRIT Bettelmann *m* (*Kartenspiel für zwei, bei dem der Gewinner am Ende alle Karten hat*)

begging [ˈbegɪŋ] *n no pl* Betteln *nt*

begging letter *n* (*fam*) Bittbrief *m*

begin <-nn-, began, begun> [bɪˈgɪn] **I.** *vt* ① (*commence*) ■**to** ~ **sth** etw anfangen [*o* beginnen]; *it's* ~*ning to snow* es fängt an zu schneien; *she began life as the daughter of a waitress* sie kam als Tochter einer Kellnerin zur Welt; **to** ~ **a conversation** eine Unterhaltung anfangen; **to** ~ **a phase** in eine Phase eintreten; **to** ~ **work** mit der Arbeit beginnen ② (*start using*) ■**to** ~ **sth** mit etw *dat* beginnen; *food, bottle* etw anbrechen; *you needn't* ~ *a new loaf of bread* du musst kein neues Brot anschneiden; *you should* ~ *a new page* du solltest eine neue Seite anfangen **II.** *vi* ① (*commence*) anfangen, beginnen; *let's* ~ fangen wir an!; *I don't know where to* ~ ich weiß gar nicht, wo ich anfangen soll; *the film* ~*s at seven* der Film fängt um sieben an; *I'll* ~ *by welcoming our guests* zuerst werde ich unsere Gäste begrüßen; ■**to** ~ **again** neu anfangen; **to** ~ **promisingly** viel versprechend anfangen; ■**to** ~ **on sth** mit etw *dat* anfangen [*o* beginnen]; ■**to** ~ **to do sth** anfangen, etw zu tun; *she was* ~*ning to get angry* allmählich wurde sie wütend; *I can't* [*even*] ~ *to describe this phenomenon* ich kann dieses Phänomen nicht einmal annähernd beschreiben; *there were six of us to* ~ *with but then two people left* anfangs waren wir noch zu sechst, zwei sind dann aber gegangen; *the hotel was awful — to* ~ *with, our room was too small. Then …* das Hotel war schrecklich – erstmal war unser Zimmer viel zu klein und dann …; ■**to** ~ **with sth** mit etw *dat* anfangen ② (*open speech act*) *"well," he began …* „also", fing er an … ③ (*originate*) beginnen; *where does this road* ~*?* wo fängt diese Straße an? ► PHRASES: **charity** ~**s at home** (*prov*) das Hemd ist näher als der Rock *prov;* **life** ~**s at forty** (*saying*) mit vierzig fängt das Leben erst [richtig] an

beginner [bɪˈgɪnəʳ, AM -nɚ] *n* Anfänger(in) *m(f);* **German for** ~**s** Deutsch für Anfänger; ~**'s luck** Anfängerglück *nt;* **false** ~ Einsteiger (in) *m(f)* mit Vorkenntnissen

Beginner's All-Purpose Symbolic Instruction Code *n* COMPUT BASIC [Programmiersprache *f*]

beginners' slope *n* AM, AUS (*nursery slope*) Anfängerhügel *m fam,* Idiotenhügel *m hum fam*

beginning [bɪˈgɪnɪŋ] **I.** *n* ① (*starting point*) Anfang *m;* (*in time*) Beginn *m;* **at** [*or* **in**] **the** ~ am Anfang, zu Beginn; **the** ~ **of the end** der Anfang vom Ende; **from** ~ **to end** (*place*) von vorn bis hinten; (*temporal*) von Anfang bis Ende, von der ersten bis zur letzten Minute; **at the** ~ **of the month** am Monatsanfang; *we will meet at the* ~ *of the month* wir treffen uns Anfang des Monats; **promising** [*or form* **auspicious**] ~ viel versprechender Anfang ② ■~**s** *pl* (*origin*) Anfänge *mpl,* Ursprung *m;* **the** ~**s of civilization** die Anfänge [*o* der Ursprung] der Zivilisation; **to rise from humble** ~**s** sich *akk* aus kleinen Verhältnissen hocharbeiten ③ ■~**s** *pl* (*start*) erste Anzeichen; *I've got the* ~*s of a headache* ich glaube, ich bekomme Kopfschmerzen ► PHRASES: **in the** ~ **was the Word** REL (*prov*) am Anfang war das Wort **II.** *adj attr, inv* Anfangs-; ~ **course** Anfängerkurs *m;* ~ **stage** Anfangsstadium *nt;* ~ **student** Studienanfänger(in) *m(f)*

begone [bɪˈgɒn, AM -ˈgɑːn] *interj* (*liter or old*) ~*!* fort [*o* hinweg] [mit dir]! *geh*

begonia [bɪˈgəʊniə, AM -ˈgoʊnjə] *n* Begonie *f*

begot [bɪˈgɒt, AM -ˈgɑːt] *pt, pp of* **beget**

begotten [bɪˈgɒtᵊn, AM -ˈgɑːţ-] *pp of* **beget**

begrudge [bɪˈgrʌdʒ] *vt* ① (*allow unwillingly*) ■**to** ~ **sb sth** jdm etw missgönnen; *I don't* ~ *him his freedom* ich gönne ihm seine Freiheit ② (*resent*) ■**sb** ~**s sth** jdm tut es um etw *akk* Leid ③ (*be reluctant*) ■**to** ~ **doing sth** etw widerwillig [*o* ungern] tun; *I* ~ *getting up early* ich stehe ungern früh auf ④ (*regret*) ■**to** ~ **having done sth** etw bereuen, bereuen, dass man etw getan hat

begrudgingly [bɪˈgrʌdʒɪŋli] *adv* widerwillig, ungern

beguile [bɪˈgaɪl] *vt* (*liter*) ① (*charm*) ■**to** ~ **sb** jdn betören *geh;* ■**to be** ~**d** [**by sth**] [von etw *dat*] betört sein *geh* ② (*delight*) ■**to** ~ **sb** [**with sth**] jdn [mit etw *dat*] in seinen Bann ziehen *geh* ③ (*mislead*) ■**to** ~ **sb** [**with sth**] jdn [mit etw *dat*] täuschen; ■**to** ~ **sb into doing sth** jdn dazu verlocken [*o* verleiten], etw zu tun ④ (*wile away*) **to** ~ **the tedium** sich *dat* die Langeweile vertreiben

beguiling [bɪˈgaɪlɪŋ] *adj* ① (*charming*) betörend *geh,* verführerisch ② (*intriguing*) faszinierend; *that's a* ~ *argument, but I'm not convinced by it* das Argument hat was, aber überzeugen tut es mich nicht

beguilingly [bɪˈgaɪlɪŋli] *adv* betörend *geh,* verführerisch

begun [bɪˈgʌn] *pp of* **begin**

behalf [bɪˈhɑːf, AM -ˈhæf] *n no pl* **on** ~ **of sb/sth** [*or* **on sb's/sth's** ~] (*speaking for*) im Namen einer Person/einer S. *gen;* (*as authorized by*) im Auftrag von jdm/etw; *I'm writing to you on* ~ *of Mr. Smith* ich schreibe Ihnen in Vertretung von Mr. Smith; **on my/her …** ~ meinetwegen/ihretwegen …; *when I heard people talking about him behind his back, I got angry on his* ~ als ich die Leute hinter seinem Rücken reden hörte, wurde ich in seinem Namen wütend

behave [bɪˈheɪv] **I.** *vi* ① *people how did he* ~ *towards you?* wie hat er sich dir gegenüber verhalten?; **to** ~ **badly/well** sich *akk* schlecht/gut benehmen; **to** ~ **strangely** sich *akk* merkwürdig verhalten [*o* benehmen]; (*act properly*) sich *akk* benehmen; ~*!* benimm dich! ② *object, substance* sich verhalten; *appliance* funktionieren **II.** *vt* ■**to** ~ **oneself** sich *akk* [anständig] benehmen

behaved [bɪˈheɪvd] *adj pred, inv, with adv* **to be badly-**~ unartig [*o* ungezogen] sein, ein schlechtes Benehmen haben; **to be well-**~ artig [*o* brav] [*o* gut erzogen] sein

behavior *n* AM *see* **behaviour**

behavioral *adj* AM *see* **behavioural**

behaviorism *n* AM *see* **behaviourism**

behaviorist *n* AM *see* **behaviourist**

behaviour [bɪˈheɪvjəʳ], AM **behavior** [-vjɚ] **I.** *n no pl* ① *of a person* Benehmen *nt,* Verhalten *nt,* Betragen *nt;* **to be on one's best** ~ sich von seiner besten Seite zeigen ② *of a car* [Fahr]verhalten *nt; of an engine* [Betriebs]verhalten *nt* **II.** *n modifier* (*pattern*) Verhaltens-

behavioural [bɪˈheɪvjᵊrᵊl], AM **behaviorial** [-vjɚ-] *adj inv* Verhaltens-; ~ **psychology/science** Verhaltenspsychologie *f*/-forschung *f*

behavioural segmentation *n no pl* ECON Marktsegmentierung *f* aufgrund von Verhaltensmerkmalen

behaviourism [bɪˈheɪvjᵊrɪzᵊm], AM **behaviorism** [-vjɚ-] *n no pl* PSYCH Behaviorismus *m fachspr*

behaviourist [bɪˈheɪvjᵊrɪst], AM **behaviorist** [-vjɚ-] **I.** *n* PSYCH Behaviorist(in) *m(f) fachspr* **II.** *adj* PSYCH behavioristisch *fachspr*

behaviour pattern *n* Verhaltensmuster *nt* **behaviour therapy** *n* Verhaltenstherapie *f*

behead [bɪˈhed] *vt* ■**to** ~ **sb** jdn köpfen [*o geh* enthaupten]

beheld [bɪˈheld] *pt of* **behold**

behemoth [bɪˈhiːmɒθ, AM mɑːθ] *n* ❶ *(monster)* Ungetüm *nt,* Monstrum *nt* ❷ *(fig: big and powerful person)* Große(r) *f(m),* Größe *f,* Gigant *m*

behest [bɪˈhest] *n no pl (form)* ■ **at sb's ~** [*or* **the ~ of sb**] auf jds Geheiß *geh;* ***the budget proposal was adopted at the President's ~*** der Haushaltsentwurf wurde auf Weisung des Präsidenten angenommen

behind [bɪˈhaɪnd] **I.** *prep* ❶ *(in back of)* hinter *+dat; with verbs of motion* hinter *+akk;* ***the cat was ~ the chair sleeping*** die Katze lag schlafend hinter dem Sessel; **to fall ~ sb** hinter jdn zurückfallen; ***his face was hidden ~ the mask*** sein Gesicht war hinter einer Maske verborgen; **~ the wheel** hinterm Lenkrad [*o* Steuer] ❷ *(hidden by)* hinter *+dat;* ***the town lay ~ the mountain*** die Stadt lag hinter dem Berg ❸ *(as basis for)* hinter *+dat;* ***the motivating factor ~ his sudden enthusiasm*** der ausschlaggebende Faktor für seinen plötzlichen Enthusiasmus; ***the idea ~ the whole movement*** die Idee hinter der ganzen Bewegung ❹ *(in support of)* hinter *+dat;* ***I'm ~ you all the way*** ich stehe voll hinter dir ❺ *(as past experience)* hinter *+dat;* ***they had half of their exercises ~ them*** sie hatten die Hälfte der Übungen hinter sich; **to put sth ~ sb** etw hinter sich *dat* lassen; **long ~** weit zurück ❻ *(responsible for)* hinter *+dat;* ***he wondered what was ~ his neighbor's sudden friendliness*** er fragte sich, was hinter der plötzlichen Freundlichkeit seines Nachbarn steckte ❼ *(late for)* hinter *+dat;* **to be/get ~ schedule** in Verzug sein/geraten ❽ *(less advanced)* **to be ~ sb in sth** jdm in etw *dat* hinterher sein ▸ PHRASES: **~ sb's back** hinter jds Rücken; **to go ~ sb's back** jdn hintergehen; **~ every great man there stands a great woman** *(prov)* hinter jedem starken Mann steht eine starke Frau; **~ the scenes** hinter den Kulissen; **to be ~ the times** hinter der Zeit zurück[geblieben] sein **II.** *adv* hinten; ***we were seated ~*** wir saßen hinten; ***our house has a garden ~*** unser Haus hat hinten einen Garten; **to attack from ~** von hinten [*o* hinterrücks] angreifen; **to come from ~** wieder zur Spitze aufschließen; **to fall ~** zurückfallen; **to leave sb/sth ~** jdn/etw zurücklassen; **to leave sth ~** *(fail to take)* etw [versehentlich] stehen/liegen lassen; *(as a sign)* etw zurücklassen [*o* hinterlassen]; **to leave ~ a stain/a scar/a trail of destruction** einen Fleck/eine Narbe/eine Spur der Verwüstung hinterlassen; **to stay ~** noch dableiben; **to walk ~ [sb]** hinter [jdm] hergehen **III.** *adj pred* ❶ *(in arrears)* ■ **to be ~ with sth** *the rent* mit etw *dat* im Rückstand [*o* Verzug] sein ❷ *(overdue)* ■ **to be ~ sb** hinter jdm zurückliegen; **to be ~ with one's work** mit seiner Arbeit im Rückstand sein ❸ *(mentally slow)* **to be [a long way] ~** [weit] zurück sein; **to be ~ in a subject** in einem Fach hinterherhinken **IV.** *n (fam)* Hintern *m fam;* ***why don't you get off your ~ and do something!*** nun beweg' deinen Hintern und tu was! *fam*

behindhand [bɪˈhaɪndhænd] *adj pred* ■ **to be ~ with sth** mit etw *dat* im Rückstand [*o* Verzug] sein

behind the scenes *adv* hinter den Kulissen; **to act/work ~** hinter den Kulissen agieren/arbeiten

behind-the-scenes *adj attr, inv* hinter den Kulissen; **~ activity** Hintergrundaktivität *f;* **~ person** Person *f* im Hintergrund; **~ work** Arbeit *f* im Verborgenen

behold <beheld, beheld> [bɪˈhəʊld, AM -ˈhoʊld] **I.** *vt (liter or esp old)* ■ **to ~ sth** etw erblicken *geh;* ***the landscape was beautiful to ~*** die Landschaft war schön anzuschauen **II.** *interj* **~!** *(old liter)* siehe! *veraltet geh;* **lo and ~** siehe da *veraltet geh*

beholden [bɪˈhəʊldᵊn, AM -ˈhoʊld-] *adj pred (form)* ■ **to be ~ to sb [for sth]** jdm [wegen einer S. *gen*] verpflichtet [*o* verbunden] sein

beholder [bɪˈhəʊldəʳ, AM -ˈhoʊldɚ] *n (liter or old)* Betrachter(in) *m(f),* Beschauer(in) *m(f) geh* ▸ PHRASES: **beauty is in the eye of the ~** schön ist, was [den Leuten] gefällt *prov*

behookie *n* AM *(fam)* Hintern *m*

behoove [bɪˈhuːv] AM, **behove** [bɪˈhəʊv] *vt (form or dated)* ■ **it ~s sb to do sth** es [ge]ziemt jdm, etw zu tun *veraltet geh;* ***it ill ~s us to do nothing*** es steht uns schlecht an, untätig zu bleiben *veraltend geh*

beige [beɪʒ] *adj* beige[farben]

Beige Book [beɪʒ-] *n* AM FIN das beige Buch *nt*

beigel *n see* **bagel**

being [ˈbiːɪŋ] **I.** *n* ❶ *(creature)* Wesen *nt;* **~ from another planet** Wesen *nt* von einem anderen Stern ❷ *(existence)* Dasein *nt;* **to bring** [*or* **call**] **sth into ~** etw ins Leben rufen; **to come into ~** entstehen ❸ *(soul)* Wesen *nt,* Sein *nt;* ***she hated him with all her ~*** sie hasste ihn aus tiefster Seele **II.** *adj after n* **for the time ~** vorerst, vorläufig, einstweilen

bejeesus [bəˈdʒiːzəs] **I.** *interj* ■ **~!** *(exclamation expressing surprise)* na, so was! *fam* **II.** *n no pl (sl)* **to beat the ~ out of sb** *(give sb a sound beating)* jdn windelweich schlagen; **to scare the ~ out of sb** jdn zu Tode erschrecken

bejeweled [bɪˈdʒuːəld] *adj esp* AM, **bejewelled** *adj* mit Juwelen geschmückt [*o pej fam* behängt]; *(fig)* ***the sky was ~ with stars*** der Himmel war mit Sternen übersät *geh*

belabor [bɪˈleɪbɚ] *vt* AM, **belabour** [-əʳ] *vt* ❶ *(overdo)* **to ~ a subject** ein Thema zu Tode reiten; **to ~ a point** auf einem Punkt herumhacken *fam* ❷ *(dated: beat soundly)* ■ **to ~ sb [with sth]** auf jdn [mit etw *dat*] einschlagen [*o* eindreschen]; *(attack verbally)* **to ~ sb with insults/abuse** jdn [mit Beleidigungen/Beschimpfungen] attackieren [*o* traktieren]

belated [bɪˈleɪtɪd, AM -t̬ɪd] *adj* verspätet; **~ birthday greetings** nachträgliche Geburtstagsgrüße

belatedly [bɪˈleɪtɪdli, AM -t̬ɪd-] *adv* verspätet, nachträglich

belay [bɪˈleɪ] **I.** *vi* festmachen, sichern **II.** *vt* ■ **to ~ sb** jdn anseilen **III.** *n (in mountaineering)* Sicherungsschlinge *f*

belch [beltʃ] **I.** *n* <*pl* -es> Rülpser *m fam* **II.** *vi* aufstoßen, rülpsen *fam* **III.** *vt* ■ **to ~ sth** etw ausstoßen; *volcano* etw ausspeien

◆**belch out, belch forth** *vt* ■ **to ~ sth** ↔ **out** [*or* **forth**] *ash, fumes* etw ausstoßen

beleaguered [bɪˈliːgəd, AM -gɚd] *adj* ❶ *(besieged)* belagert; **to be ~ by an army/reporters** von einer Armee/Reportern belagert werden ❷ *(fig: overburdened)* überlastet; **sb is ~ with work** jdm wächst die Arbeit über den Kopf ❸ *(fig: beset)* bedrängt; ***the fields were ~ by pests*** die Felder wurden von Schädlingen heimgesucht; **~ parents** geplagte Eltern; **to be ~ by problems** von Problemen geplagt werden

belfry [ˈbelfriː] *n* Glockenturm *m* ▸ PHRASES: **to have bats in the ~** einen Vogel haben *fam*

Belgian [ˈbeldʒən] **I.** *n* Belgier(in) *m(f)* **II.** *adj* belgisch

Belgium [ˈbeldʒəm] *n* Belgien *nt*

belie <-y-> [bɪˈlaɪ] *vt* ■ **to ~ sth** ❶ *(disprove)* etw widerlegen [*o geh* Lügen strafen] ❷ *(cover up)* etw verbergen, über etw *akk* hinwegtäuschen

belief [bɪˈliːf] *n* ❶ *(faith)* Glaube *m kein pl;* **political/religious ~s** politische/religiöse Überzeugungen; **to be beyond** [*or* BRIT *also* **beggar**] **~** [einfach] unglaublich sein; **to shake sb's ~ in sth** jds Glaube an etw *akk* erschüttern ❷ *(view)* Überzeugung *f,* Ansicht *f;* ***it is my firm ~ that …*** ich bin der festen Überzeugung, dass …; **in the ~ that …** im Glauben, dass …; **to the best of my ~** nach bestem Wissen und Gewissen; **contrary to popular ~** entgegen der allgemeinen Auffassung

believable [bɪˈliːvəbl̩] *adj* glaubwürdig, glaubhaft

believe [bɪˈliːv] **I.** *vt* ❶ *(presume true)* ■ **to ~ sth** etw glauben; **~ [*you*] *me*** du kannst mir glauben!; ***would you ~ it?*** kannst du dir das vorstellen?, also unglaublich!; ***I wouldn't have ~d it of them*** das hätte ich nicht von ihnen gedacht; ***she couldn't*** [*or* ***could hardly***] ***~ her ears/eyes*** sie traute ihren Ohren/Augen nicht; ***I couldn't ~ my luck*** ich konnte mein Glück [gar] nicht fassen; ***I'll ~ it when I see it!*** das glaube ich erst, wenn ich es sehe!; ***I can't ~ how …*** ich kann gar nicht verstehen, wie …; ***~ it or not*** ob du es glaubst oder nicht *fam;* **to not ~ a word of sth** kein Wort von etw *dat* glauben; ■ **to ~ sb to be sth** jdn für etw *akk* halten; ■ **to ~ that …** glauben, dass …; **to find sth hard to ~** etw kaum glauben [*o* fassen] können; ***she found it hard to ~ that …*** es fiel ihr schwer zu glauben, dass … ❷ **to make ~ [that] …** [*or* **[to be]**] *(pretend)* so tun, als ob …; ***the boys made ~ to be*** [*or* ***that they were***] ***pirates*** die Jungen taten so, als wären sie Piraten ▸ PHRASES: **seeing is believing** *(saying)* was ich sehe, glaube ich **II.** *vi* ❶ *(be certain of)* ■ **to ~ in sth** *UFOs, God* an etw *akk* glauben ❷ *(have confidence)* ■ **to ~ in sb/sth** auf jdn/etw vertrauen ❸ *(support sincerely)* ■ **to ~ in sth** für etw *akk* sein, viel von etw *dat* halten; ***I ~ in going for a run every morning*** ich bin fest davon überzeugt, dass man täglich morgens joggen sollte ❹ *(think)* glauben, denken; ***Jane Roberts, I ~?*** sind Sie nicht Jane Roberts?; ***the robbers are ~d to have escaped via Heathrow Airport*** man nimmt an, dass die Räuber über den Flughafen Heathrow entkommen sind; ***we have [every] reason to ~ that …*** wir haben [allen] Grund zu der Annahme, dass … *geh;* **I ~ not/so** ich glaube nicht/schon

believer [bɪˈliːvəʳ, AM -ɚ] *n* ❶ *(religous follower)* Gläubige(r) *f(m)* ❷ *(enthusiast)* [überzeugter] Anhänger/[überzeugte] Anhängerin; ***I'm a ~ in health food*** ich glaube an gesunde Ernährung; **to be a [great] ~ in doing sth** [sehr] für etw *akk* sein, [sehr] viel von etw *dat* halten

Belisha beacon [bɪˌliːʃəˈ-] *n* BRIT [*gelbes*] *Blinklicht an brit. Zebrastreifen*

belittle [bɪˈlɪtl̩, AM -t̬l̩] *vt* ■ **to ~ sth** etw herabsetzen [*o* schlecht machen]; *one's successes, achievements* etw schmälern; ***she tends to ~ her own efforts*** sie neigt dazu, ihre eigenen Bemühungen runterzuspielen; ■ **to ~ oneself** sich *akk* schlechter machen, als man ist

bell [bel] **I.** *n* ❶ *(for ringing)* Glocke *f;* *(small one)* Glöckchen *nt;* ***the ~s were ringing out*** die Glocken läuteten; **bicycle/door ~** Fahrrad-/Türklingel *f;* **[as] clear as a ~** *(pure)* glasklar; *(obvious)* völlig klar; ***a sound as clear as a ~*** ein glockenreiner Ton; ***the whole thing is as clear as a ~ to me*** das Ganze ist sonnenklar für mich; **sth rings a ~ [with sb]** *(fig)* etw kommt jdm bekannt vor; ***she showed me the list of names but none of them rang any ~s*** sie zeigte mir die Namensliste, aber mit keinem von ihnen konnte ich [irgend]etwas anfangen; ***does this song ring any ~s with you?*** erinnert dich dieses Lied an [irgend]etwas? ❷ *(signal)* Läuten *nt kein pl,* Klingeln *nt kein pl;* ***there's the ~ for lunch/school*** es läutet zur Mittagspause/zum Unterricht; **to give sb a ~** BRIT *(fam)* jdn anrufen ▸ PHRASES: **to be [as] sound as a ~** völlig in Ordnung sein; ***you're looking as sound as a ~*** du siehst kerngesund aus; **hell's ~s** *(surprised)* heidenei! *sl,* Mensch [Meier]!; *(angry)* zum Donnerwetter!; **[to be] saved by the ~** [gerade] noch einmal davon[ge]kommen [sein] *fam;* **with ~s on** AM, AUS *(fam)* mit Vergnügen; ***everybody's waiting for you with ~s on*** alle sind schon ganz gespannt auf dich; ***she was there on time with ~s on*** pünktlich war sie da und stand schon in den Startlöchern **II.** *vt* **to ~ a cow/a goat/a sheep** einer Kuh/einer Ziege/einem Schaf eine Glocke umhängen ▸ PHRASES: **to ~ the cat** der Katze die Schelle umhängen *fig*

belladonna [ˌbeləˈdɒnə, AM -ˈdɑːnə] *n no pl* PHARM Belladonna *f,* Atropin *nt;* BOT Tollkirsche *f*

bell-bottoms *npl* Schlaghose[n] *f[pl]* **bellboy** *n* [Hotel]page *m,* Hoteljunge *m*

belle [bel] *n (dated)* Schöne *f,* Schönheit *f;* **the ~ of the ball** die Ballkönigin

bell-flower *n* Glockenblume *f* **bellhop** *n* AM *(bellboy)* [Hotel]page *m,* Hoteldiener *m*

belli *see* **casus belli**

bellicose [ˈbekɪkəʊs, AM -koʊs] *adj (pej form)* kriegerisch; *person* streitsüchtig; **to be in a ~ mood** in kriegerischer Stimmung sein, zum Streiten aufgelegt sein

B

bellicosity [ˌbelɪˈkɒsəti, AM -əˈkɑːsət̬i] *n no pl* kriegerisches Wesen, Kampf(es)lust *f*

belligerence [bəˈlɪdʒərən(t)s] *n*, **belligerency** [bəˈlɪdʒərən(t)si] *n no pl* Kampf[es]lust *f*, Kriegslust *f*; *person* Streitlust *f*

belligerent [bəˈlɪdʒərənt] *adj* (*pej*) kampflustig, kriegerisch; *person also* streitlustig, streitbar, aggressiv; ~ **behaviour** aggressives Verhalten; ~ **nation** Krieg führende Nation; ~ **people** kriegerisches [*o* kampflustiges] Volk

belligerently [bəˈlɪdʒərəntli] *adv nation* kämpferisch; *person* aggressiv, streitlustig; **to behave** ~ sich *akk* aggressiv verhalten

bell jar *n* Glasglocke *f* **bellman** *n* LAW Alarmanlagenspezialist *m*

bellow [ˈbeləʊ, AM -loʊ] **I.** *vt* **to ~ orders** Befehle brüllen; **to ~ a song** ein Lied grölen **II.** *vi bull, cannon, surf* brüllen; ■**to ~ [that ...]** *person* [lauthals] schreien [*o* brüllen] [, dass ...] **III.** *n* Gebrüll *nt*; **to give a ~ of pain** einen Schmerzensschrei ausstoßen [*o fam* loslassen]; **to give a ~ of rage** voller Wut schreien

bellows [ˈbeləʊz, AM -loʊz] *npl* Blasebalg *m*; **a pair of ~s** ein Blasebalg *m*

bell pepper *n* AM (*sweet pepper*) Paprika *m* **bell-pull** *n* Klingelzug *m* **bell-push** *n* BRIT Klingel *f*, Klingelknopf *m* **bell-ringer** *n* Glöckner *m* **bell-ringing** [ˈbelrɪŋɪŋ] *n no pl* Glockenläuten *nt* **bell rope** *n* Glockenstrang *m*; **to pull the ~** den Klingelzug betätigen **bell tower** *n* Glockenturm *m*

bellwether bond, bellwether issue [ˈbelˌweðər-, AM -ɚ-] *n* FIN Leitemission *f*

belly [ˈbeli] **I.** *n* (*fam*) Bauch *m*; *of a person also* Magen *m*; *of ship, plane also* Unterseite *f*; *of a string instrument* Resonanzboden *m*, Decke *f* ► PHRASES: **sb's eyes are bigger than his/her ~** bei jdm sind die Augen größer als der Magen *prov*; **to have fire in one's ~** voller Enthusiasmus sein, Feuer im Hintern haben *fam*; **the way to a man's heart is through his ~** (*prov*) die Liebe geht durch den Magen *prov*; **to go** [*or* AM *also* **turn**] **~ up** (*fam*) Bankrott [*o fam* Pleite] gehen **II.** *n modifier* Bauch-; ~ **pork** Schweinebauch *m* **III.** *vi* <-ie-> NAUT ■**to ~ out** *sails* sich *akk* [auf]blähen

bellyache I. *n* (*fam*) Bauchschmerzen *mpl*, Bauchweh *nt kein pl fam* **II.** *vi* (*fam*) jammern; (*complain*) meckern (**about** über +*akk*) **bellyaching** *n* (*fam*) Gejammer *nt pej*; (*complaining*) Gequengel *nt pej fam*, Nörgelei *f pej*; **stop that ~!** hör endlich auf zu jammern!; **constant/continual ~** ständiges Gejammer *pej fam* **belly band** *n* PUBL Bauchbinde *f* **belly button** *n* (*fam*) [Bauch]nabel *m* **belly dance** *n* Bauchtanz *m* **belly-dancer** *n* Bauchtänzerin *f* **belly dancing** *n no pl* Bauchtanz *m* **belly flop I.** *n* Bauchklatscher *m fam* **II.** *vi* <-pp-> ① (*dive*) einen Bauchklatscher machen ② AVIAT eine Bauchlandung machen **bellyful** [ˈbelɪfʊl] *n no pl* (*fam*) **to have a ~** einen vollen [*o* voll geschlagenen] Bauch haben *fam*; (*fig*) **to have a ~ of sth** genug von etw *dat* haben, die Nase von etw *dat* voll haben *fam* **belly landing** *n* AVIAT Bauchlandung *f* **belly laugh** *n* (*fam*) dröhnendes Lachen; **to let out a real ~** lauthals lachen

belong [bɪˈlɒŋ, AM -ˈlɑːŋ] *vi* ① (*have right place*) gehören; **to ~ together** zusammengehören; (*be in right place*) hingehören; ***where do these spoons ~?*** wohin gehören diese Löffel?; **to put sth back where it ~s** etw dahin zurücklegen, wo es hingehört; (*should be*) ***that sort of person ~s in jail*** so jemand gehört ins Gefängnis; ***you don't ~ here*** sie haben hier nichts zu suchen ② (*be a member*) [dazu]gehören; **to ~ nowhere** nirgends dazugehören; ***they told him to his face that he didn't ~ there*** sie haben ihm ins Gesicht gesagt, dass er hier nicht hergehöre; ***she didn't feel as if she ~ed in her job anymore*** sie fühlte sich an ihrem Arbeitsplatz einfach nicht mehr am richtigen Platz ③ (*fit in*) ■**to ~ somewhere** irgendwo hinpassen; ***she doesn't really ~ here*** sie passt eigentlich nicht hierher; ***everybody wants to ~*** jeder will dazugehören

◆**belong to** *vi* ① (*be owned*) ■**to ~ to sb** jdm gehören ② (*be member of*) ■**to ~ to sth** zu etw *dat* gehören, etw *dat* angehören ③ (*in category*) ■**to ~ to sth** zu etw *dat* gehören ④ (*be due*) ■**to ~ to sb** jdm zustehen [*o geh* gebühren]; ***the honour ~s to the rescue team*** die Ehre gebührt der Rettungsmannschaft

belonging [bɪˈlɒŋɪŋ, AM -ˈlɑːŋ-] *n no pl* Zugehörigkeit *f*; **to feel** [*or* **have**] **a sense of ~** sich *akk* dazugehörig fühlen

belongings [bɪˈlɒŋɪŋz, AM -ˈlɑːŋ-] *npl* Hab und Gut *nt kein pl*, Habseligkeiten *fpl*; **personal ~** persönliche Sachen; (*on a train etc.*) ***"please make sure you collect all your personal ~"*** „Bitte vergewissern Sie sich, dass Sie nichts [im Zug etc.] vergessen haben"

beloved [bɪˈlʌvɪd] **I.** *n no pl* Geliebte(r) *f(m)*, Liebling *m* **II.** *adj* geliebt, teuer *fig geh*; **to be ~ by/of all** von allen geliebt werden; **dearly ~, ...** (*at weddings, funerals*) liebe Brüder und Schwestern im Herrn, ...

below [bɪˈləʊ, AM -ˈloʊ] **I.** *adv* ① (*lower*) unten, darunter; ***I listened to the voices ~*** ich horchte auf die Stimmen, die von unten heraufklangen; **the fiends of ~** (*liter*) die bösen Geister der Hölle [*o* Unterwelt]; **down ~** NAUT unter Deck; **here ~** (*hum, iron*) auf Erden *geh* ② (*on page*) unten; **see ~** siehe unten; ***the information ~ is strictly confidential*** die nachstehenden Hinweise sind streng vertraulich ③ (*lower in rank*) **an officer ~** ein rangniederer Offizier ④ (*in temperature*) unter Null; **5°/10° ~** 5/10 Grad minus **II.** *prep* ① (*lower than*) unter +*dat*; ***they saw the valley far ~ them*** sie sahen das Tal weit unter sich ② (*underneath*) unter +*dat*; *with verbs of motion* unter +*akk* ③ (*under surface of*) unter +*dat*; *with verbs of motion* unter +*akk*; ***the sun had sunk ~ the horizon*** die Sonne war hinter dem Horizont versunken ④ (*south of*) unterhalb +*gen*; ***Washington D.C. is ~ New York*** Washington D.C. liegt unterhalb von New York ⑤ (*less than*) unter +*dat*; **to be ~ average in sth** in etw *dat* unter dem Durchschnitt sein [*o* liegen]; ***it's 10° ~ zero today*** heute ist es 10° unter Null ⑥ (*quieter than*) unter +*dat*; ***they spoke ~ a whisper*** sie flüsterten leise ⑦ (*inferior to*) **to be ~ sb** unter jdm stehen ⑧ (*lower standard than*) **to marry ~ one's self** unterhalb seines Standes heiraten; **to sink ~ one's self** unter seine Würde sinken; **to be ~ sb** unter jds Würde sein

below-the-line *adj* COMM, ECON ~ **advertising** vergütungsunfähige Werbung; ~ **expenditure** außerordentliche Aufwendungen

Belshazzar [belˈʃæzər, AM ɚ] *n no pl* HIST Belsazar *m*

belt [belt] **I.** *n* ① (*for waist*) Gürtel *m*; **to hit sb below the ~** jdn unter der Gürtellinie treffen; (*fig*) ***their comments were really below the ~*** ihre Kommentare gingen wirklich unter die Gürtellinie ② (*in martial arts*) Gürtel *m*; **the black/brown ~** der schwarze/braune Gürtel; ***she's a black ~*** sie hat den schwarzen Gürtel ③ (*conveyor*) Band *nt*; **conveyor ~** Förderband *nt*; AM (*highway*) Umgehungsstraße *f* ④ (*area*) Gebiet *nt*, Bezirk *m*; **agricultural ~** landwirtschaftliche Zone, Anbaugebiet *nt*; **commuter ~** Einzugsbereich *m* [einer Großstadt]; **green ~** [**of a city**] Grüngürtel *m* [einer Stadt]; **industrial ~** Industriegebiet *nt*, Industrierevier *nt*; **wheat ~** Weizengürtel *m* ⑤ (*fam: a punch*) Schlag *m*; (*drink from bottle*) Schluck *m* ► PHRASES: ~ **and braces** BRIT (*fam*) doppelt und dreifach *fam*; **to tighten one's ~** den Gürtel enger schnallen *fig fam*; [**to have sth**] **under one's ~** [etw] hinter sich *dat* [haben]; ***that typing course is a good thing to have under your ~*** es ist gut, wenn man diesen Schreibmaschinenkurs gemacht hat; ***she had a few years work under her ~ as a probation officer*** sie hat einige Jahre Praxis als Bewährungshelferin; **to have a couple of drinks under one's ~** (*sl*) sich *dat* einige Drinks hinter die Binde gegossen haben *sl* **II.** *vt* ① (*fasten*) **to ~ a coat** den Gürtel eines Mantels zumachen ② (*fam: hit*) ■**to ~ sb** jdn [mit einem Riemen] verprügeln; ***he ~ed her on the jaw*** er haute ihr eine aufs Maul *derb*; **to ~ a ball at the goal** einen Ball aufs Tor knallen *fam* **III.** *vi* (*fam*) rasen *fam*; **to ~ along** [*or* **down**] entlangrasen *fam*

◆**belt out** *vt* (*fam*) **to ~ out a song** ein Lied schmettern

◆**belt up** *vi* ① *esp* BRIT, AUS (*sl: be quiet*) die Klappe [*o* den Rand] halten *fam* ② AUTO sich *akk* anschnallen

belter [ˈbeltər, AM -ɚ] *n* (*sl*) **to be a ~** ein [tolles] Ding sein *fam*, der [helle] Wahnsinn sein *fam*; ***that was a ~ of a goal*** das war ja ein Wahnsinnstor! *fam*

belting [ˈbeltɪŋ] *n* ① (*beating*) Schläge *mpl* mit dem Lederriemen ② *no pl* (*belts*) Treibriemenanlage *f*

beltway *n* AM (*ring road*) Umgehungsstraße *f*

belying [bɪˈlaɪɪŋ] *present progressive of* **belie**

bemoan [bɪˈməʊn, AM -ˈmoʊn] *vt* (*form*) ■**to ~ sth** etw beklagen; **to ~ one's fate** sein Schicksal beklagen [*o* beweinen]

bemused [bɪˈmjuːzd] *adj* verwirrt; **to give sb a ~ look** jdn verständnislos ansehen

bemusedly [bɪˈmjuːzɪdli] *adv* verwundert, seltsam berührt

bench <*pl* -es> [bentʃ] *n* ① (*public seat*) Bank *f*; ■**the ~** SPORTS die [Auswechsel]bank ② LAW ■**the ~** die [Richter]bank, das Gericht; ~ **of magistrates** Richterschaft *f*; **Queen's B~ Division** BRIT Abteilung *f* des High Court; **Masters of the B~** BRIT Ältere Mitglieder der Rechtsanwaltskammer [in London]; ~ **warrant** [richterlicher] Haftbefehl; **to be on the ~** Richter sein; **to serve** [*or* **sit**] **on the ~** als Richter/Richterin tätig sein, auf dem Richterstuhl sitzen; **to take the ~** AM (*become judge/magistrate*) Richter/Richterin werden; AM (*open court proceedings*) die Verhandlung eröffnen ③ ■**the ~es** *pl* BRIT (*where MPs sit*) die Regierungsbank; **the government front ~** die Regierungsbank; **the Opposition front ~** die Sitze des Schattenkabinetts; (*members*) die Mitglieder des Schattenkabinetts; **the Treasury ~** die Mitglieder des Kabinetts; **the back ~es** *hintere Bänke im Unterhaus für weniger wichtige Abgeordnete der Regierung und Opposition*; **the front ~es** *vordere Bänke im Unterhaus für Minister und führende Oppositionspolitiker* ④ TECH (*worktop*) **work ~** Werkbank *f*; CHEM (*in lab*) Arbeitstisch *m*

Bencher [ˈbentʃər] *n* LAW vorsitzender Richter, vorsitzende Richterin *m, f*

benchmark I. *n usu sing* ① (*in surveying*) Höhenmarke *f*, Abrisspunkt *m*, Festpunkt *m* ② (*standard*) Maßstab *m*, Bezugspunkt *m*; (*fig*) **to set a ~** einen Maßstab setzen ③ COMPUT (*programme*) Bewertungsprogramm *nt*, Testprogramm *nt* **II.** *n modifier* ~ **case** Modellfall *m*; COMPUT ~ **run/test** Vergleichslauf *m*/-test *m* **bench press** *n* SPORTS Drücken *nt* in Rückenlage **bench seat** *n* AUTO Sitzbank *f* **bench top** *n* AUS Arbeitsfläche *f* **bench trial** *n* LAW Verhandlung *f* ohne Jury **benchwarmer** *n* AM SPORTS (*substitute*) Ersatzspieler(in) *m(f)* (*der/die kaum eingesetzt wird*)

bend [bend] **I.** *n* ① (*in a road*) Kurve *f*; (*in a pipe*) Krümmung *f*; (*in a river*) Biegung *f*; **to take a ~** um die Kurve fahren ② ■**the ~s** *pl* (*fam*) MED die Caissonkrankheit *kein pl fachspr*, die Taucherkrankheit *kein pl* ► PHRASES: **to go round the ~** durchdrehen *fig fam*, durchknallen *sl*, überschnappen *fam*; **to drive** [*or* **send**] **sb round the ~** jdn zum Wahnsinn treiben *fam* **II.** *vi* <bent, bent> ① (*turn*) *road* biegen, eine Biegung [*o* Kurve] machen; ***the road ~s round to the left*** die Straße biegt nach links; **to ~ forwards/backwards** sich *akk* vor-/zurückbeugen; **to be bent double** sich *akk* krümmen [*o* biegen]; ■**to ~ to sth/sb** (*fig*) sich *akk* etw/jdm beugen, etw/jdm nachgeben ② (*be flexible*) *wire, metal* sich leicht biegen lassen; ***be careful, that wire ~s easily*** vorsicht, der Draht verbiegt sich leicht; (*fig*) **to ~ to sb's will** *person* sich *akk* jdm fügen **III.** *vt* ■**to ~ sth** etw biegen; (*deform*) etw verbiegen; **to ~ one's arms/legs/knees** seine Arme/Beine/Knie beugen; **to ~ the law** das Gesetz zu seinen Gunsten auslegen; **to ~ the rules** (*fig*) sich *akk* nicht ganz an die Regeln halten, ein Auge zudrücken; **to ~ the truth** (*fig*) die Wahrheit verdrehen; **to ~ sb's will** sich *dat* jdn gefügig machen *geh*, sich *akk* jds Willen beugen *geh* ▸ PHRASES: **to ~ sb's ear** (*fig*) jdm in den Ohren liegen *fig*, jdn ein Ohr abschwatzen *fam*; **to ~ one's elbow** AM einen zur Brust nehmen *fam*; **to ~ before the wind** dem Druck nachgeben

◆**bend back** I. *vt* ■**to ~ back** ⊂ **sth** *a branch* etw zurückbiegen; **to ~ sth back into shape** etw wieder in [die ursprüngliche] Form bringen II. *vi* sich *akk* nach hinten beugen

◆**bend down** *vi* sich *akk* niederbeugen [*o* bücken]

◆**bend over, bend forward** *vi* sich *akk* vorbeugen ▸ PHRASES: **to ~ over backwards** sich *dat* die allergrößte Mühe geben, sich *akk* überschlagen *fig fam*

bendable ['bendəbl] *adj* biegbar

bended ['bendɪd] *adj* (*form*) **on ~ knee[s]** auf Knien *a. fig*, inständig *geh*; **to go down on ~ knees to sb** (*fig*) vor jdm in die Knie gehen [*o geh* auf die Knie fallen] *meist fig*, vor jdm einen Kniefall tun *meist fig liter*

bender ['bendəʳ, AM -dɚ] *n* (*fam*) Sauftour *f sl*, Zechtour *f fam*; **to go on a ~** auf [eine] Sauftour gehen *sl*, eine Zechtour unternehmen *fam*

bending ['bendɪŋ] *n no pl* Bücken *nt*

bendy ['bendi] *adj* ❶ *road* kurvig, kurvenreich; *river, path* gewunden; ***the river is very ~ at this point*** der Fluss macht hier viele Biegungen ❷ (*easily bendable*) biegsam

beneath [bɪ'ni:θ] I. *prep* ❶ (*lower than*) unter +*dat*; **to peek out ~ sth** unter etw *dat* hervorsehen ❷ (*underneath*) unter +*dat*; *with verbs of motion* unter +*akk*; **to give way ~ sb** unter jdm nachgeben ❸ (*under surface of*) unter +*dat*; *with verbs of motion* unter +*akk*; ***the sun had sunk ~ the horizon*** die Sonne war hinter dem Horizont versunken ❹ (*quieter than*) unter +*dat*; ***they they spoke ~ a whisper*** sie flüsterten leise ❺ (*inferior to*) **to be ~ sb** unter jdm stehen; (*lower standard than*) unter jds Würde sein; **to be ~ contempt** verachtenswert sein II. *adv inv* unten, darunter

Benedictine [ˌbenɪ'dɪktɪn] *n* ❶ (*monk*) Benediktiner(in) *m(f)* ❷ *no pl* (*liqueur*) Benediktiner *m* (*Kräuterlikör*)

benediction [ˌbenɪ'dɪkʃᵊn] *n* (*form*) Segnung *f*; (*after meal*) Dankgebet *nt*, Danksagung *f*

benefaction [ˌbenɪ'fækʃᵊn, AM -nə'-] *n* ❶ (*form: gift*) Spende *f*, Stiftung *f* ❷ *no pl* (*form: act*) Wohltätigkeit *f*

benefactor ['benɪfæktəʳ, AM -nəfæktɚ] *n* (*philantropist*) Wohltäter *m*; (*patron*) Gönner *m*, Stifter *m*

benefactress <*pl* -es> ['benɪfæktrəs, AM -nə-] *n* (*philantropist*) Wohltäterin *f*; (*patroness*) Gönnerin *f*, Stifterin *f*

benefice ['benɪfɪs] *n* REL, HIST Pfründe *f*

beneficence [bɪ'nefɪsᵊn(t)s] *n* ❶ (*form: endowment*) Stiftung *f* ❷ *no pl* (*kindness*) Wohltätigkeit *f*, Mildtätigkeit *f*

beneficent [bɪ'nefɪsᵊnt] *adj* (*form: kindly*) gütig; (*charitable*) wohltätig, mildtätig

beneficial [ˌbenɪ'fɪʃᵊl] *adj* (*approv*) nützlich; **~ effect** [*or* **influence**] positive Auswirkung, Nutzen *m*; ■**to be ~ to sth** für etw *akk* nützlich [*o* vorteilhaft] sein

beneficial interest *n* ECON Nießbrauch *m* **beneficial occupier** *n* Nießbrauchberechtigte(r) *f(m)* **beneficial owner** *n* LAW wirtschaftlicher Eigentümer/wirtschaftliche Eigentümerin **beneficial use** *n* LAW unbeschränktes Nutzungsrecht

beneficiary [ˌbenɪ'fɪʃᵊri, AM *also* -'fɪʃieri] *n* LAW Nutznießer(in) *m(f)*, Berechtigte(r) *f(m)*; **~ of a judgement/will** Begünstigte(r) *f(m)* eines Urteils/Testaments; **~ of a law/ruling** Nutznießer(in) *m(f)* eines Gesetzes/einer Regelung

benefit ['benɪfɪt] I. *n* ❶ (*advantage*) Vorteil *m*; (*profit*) Nutzen *m*; ***the lecture was of great ~*** der Vortrag hat viel gebracht *fam*; ***the ~s of this plan must be clear to everyone*** die Vorzüge dieses Plans müssen jedem klar sein; ***I offered her the ~s of my experience*** ich bot ihr an, von meiner Erfahrung zu profitieren; ***she drinks a lot less now to the ~ of her health*** sie trinkt jetzt sehr viel weniger, was ihrer Gesundheit zugute kommt; **~ of education** Bildungsprivileg *nt*; **with the ~ of hindsight** im Nachhinein; **to derive** [*or* **get**] [**much**] **~ from sth** einen [großen] Nutzen aus etw *dat* ziehen; ***I didn't derive much ~ from school*** die Schule hat mir nicht viel gebracht *fam*; **to give sb the ~ of the doubt** im Zweifelsfall zu jds Gunsten entscheiden; **for the ~ of sb** zu jds Nutzen [*o* Gunsten]; ***for the ~ of those who weren't listening the first time, ...*** für all diejenigen, die beim ersten Mal nicht zugehört haben, ... ❷ BRIT (*welfare payment*) Beihilfe *f*, Unterstützung *f*; **family/housing/maternity ~** Kinder-/Wohn-/Mutterschaftsgeld *nt*; **sickness/unemployment ~** Kranken-/Arbeitslosengeld *nt*; **social security ~** BRIT Sozialhilfe *f*; **to be on ~** Sozialhilfe bekommen [*o* beziehen] II. *vi* <-t- *or* -tt-> ■**to ~ from sth** von etw *dat* profitieren, aus etw *dat* Nutzen ziehen; ***who do you think ~s from her death?*** wer, glaubst du, hat etwas von ihrem Tod?; ***he'd ~ from a few days off*** ein paar freie Tage würden ihm gut tun III. *vt* <-t- *or* -tt-> ■**to ~ sb/sth** jdm/etw nützen

benefit concert *n* Benefizkonzert *nt*, Wohltätigkeitskonzert *nt* **benefit match** *n* Benefizspiel *nt* **benefit performance** *n* Wohltätigkeitsveranstaltung *f* **benefit segmentation** *n* ECON Marktsegmentierung *f* aufgrund von Nutzen

Benelux ['benəlʌks] *n no pl* die Beneluxstaaten *mpl*

benevolence [bɪ'nevᵊlən(t)s] *n no pl* (*approv*) Wohlwollen *nt*; (*kindness*) Güte *f*; *of a judge etc.* Milde *f*

benevolent [bɪ'nevᵊlənt] *adj* (*approv: warm-hearted*) gütig, mild, wohlwollend; (*generous*) wohltätig

benevolent fund *n* Wohltätigkeitsfond *m*

benevolently [bɪ'nevᵊləntli] *adv* wohlwollend, gütig

benevolent society *n* Wohltätigkeitsverein *m*

Bengal [ˌbeŋ'gɔ:l] *n* Bengalen *nt*

Bengali [ˌbeŋ'gɔ:li] I. *adj* bengalisch; **~ tiger** bengalischer Tiger II. *n* ❶ (*person*) Bengale, -in *m, f* ❷ (*language*) Bengali *nt*, das Bengalische

benighted [bɪ'naɪtɪd, AM -t̬ɪd] *adj* (*pej*) hirnrissig *pej fam*, völlig unbedarft [*o* ahnungslos]; *country, region* gottverlassen; **a ~ idea** eine hirnrissige Idee

benign [bɪ'naɪn] *adj* ❶ (*approv: kind*) gütig; **~ climate** mildes Klima; **~ neglect** gütige Nachsicht ❷ MED **~ polyp/tumour** gutartiger Polyp/Tumor

benignly [bɪ'naɪnli] *adv* wohlwollend

bent [bent] I. *pt, pp of* **bend** II. *n* (*inclination*) Neigung *f*; **to follow one's ~** seiner Neigung folgen; ■**to have a [natural] ~ for sth** einen [natürlichen] Hang zu etw *dat* haben; (*character*) Schlag *m* III. *adj* ❶ *esp* BRIT (*sl: corrupt*) *the police* korrupt; **~ copper** korrupter Polizist; **~ job** krummes Ding ❷ *usu pred* (*pej dated: homosexual*) schwul *fam* ❸ (*determined*) ■**to be [hell] ~ on** [*or* **upon**] [**doing**] **sth** zu etw *dat* [wild] entschlossen sein, etw auf Teufel komm raus wollen *sl* ❹ (*curved*) umgebogen; *wire* verbogen; *person* gekrümmt

benumbed [bɪ'nʌmd] *adj* (*form: with shock, sadness*) benommen, betäubt; **~ with cold** taub vor Kälte; **~ with horror** starr vor Entsetzen

benzene ['benzi:n] *n no pl* Benzol *nt*

benzine ['benzi:n] *n* Benzin *nt*

benzodiazepine ['benzəʊdaɪazəpi:n, AM 'benzoʊ-] *n* Benzodiazepine *ntpl*

bequeath [bɪ'kwi:ð] *vt* ■**to ~ sth to sb** jdm etw hinterlassen *a. fig*; **to ~ a fortune to sb** jdm ein Vermögen hinterlassen [*o* vermachen]

bequest [bɪ'kwest] *n* Vermächtnis *nt*, Hinterlassenschaft *f*; LAW (*form*) **to make a ~ to sb** jdm ein Vermächtnis aussetzen *geh*

berate [bɪ'reɪt] *vt* (*form*) ■**to ~ sb** jdn ausschelten *veraltend geh*

Berber ['bɜ:bəʳ, AM 'bɜ:rbɚ] I. *n* ❶ *no pl* (*language*) Berbersprache *f* ❷ (*person*) Berber(in) *m(f)* II. *adj inv* berberisch, Berber-

bereave [bɪ'ri:v] *vt usu passive* ■**to have been ~ed of sb** (*form*) jdn verloren haben

bereaved [bɪ'ri:vd] I. *adj inv* **~ children/parents** trauernde Kinder/Eltern II. *npl* ■**the ~** die Hinterbliebenen *pl*

bereavement [bɪ'ri:vmənt] *n* (*death*) Trauerfall *m*, Todesfall *m*; (*loss*) schmerzlicher Verlust; **to suffer a ~** einen [schmerzlichen] Verlust erleiden

bereft [bɪ'reft] *adj pred* (*form*) ■**to be ~ of sth** einer S. *gen* beraubt sein; **to feel [utterly] ~** sich *akk* [völlig] verlassen fühlen

beret ['bereɪ, AM bə'reɪ] *n* Baskenmütze *f*; MIL Barett *nt*

bergamot ['bɜ:gəmɒt, AM 'bɜ:rgəmɑ:t] *n* Bergamotte *f*; (*tree also*) Bergamottenbaum *m*; (*fruit also*) Herrenbirne *f*; **~ oil** Bergamottöl *nt*

beribboned [bɪ'rɪbᵊnd] *adj inv* mit Bändern versehen, bebändert

berk [bɜ:k] *n* BRIT, AUS (*sl: fool*) Spinner(in) *m(f) pej fam*; (*oaf*) Blödmann *m pej fam*, Dussel *m fam*; **right ~** ausgemachter Trottel *pej fam*; ***I felt a right ~ when ...*** ich kam mir total blöd vor, als ...

Bermuda shorts *npl* Bermudas *pl*, Bermudashorts *pl*

Berne [bɜ:n, AM bɜ:rn] *n* Bern *nt*

berry ['beri] *n* Beere *f*; **wheat berries** Weizenkörner *ntpl*; **to go ~ picking** Beeren sammeln [*o* pflücken] gehen ▸ PHRASES: **to be as brown as a ~** schokoladenbraun sein *fam*

berserk [bə'zɜ:k, AM bɚ'zɜ:rk] *adj pred* ■**to be ~** außer sich *dat* sein; **to go ~** [fuchsteufels]wild werden *fam*, [vor Wut] außer sich *dat* geraten *geh*, ausrasten *fam*

berth [bɜ:θ, AM bɜ:rθ] I. *n* ❶ (*bed*) NAUT [Schlaf]koje *f*; RAIL Schlafwagenbett *nt* ❷ (*for ship*) Liegeplatz *m* ❸ NAUT (*distance*) Seeraum *m*; **to give a ship a wide ~** ein Schiff auf guten Abstand [von Land] halten; **to give sb a wide ~** (*fig*) um jdn einen großen Bogen machen *fig* II. *vt* **to ~ a ship** ein Schiff am Kai festmachen III. *vi* [am Kai] anlegen [*o* festmachen]

berth cargo *n* COMM Auffüllladung *f*

beseech <beseeched *or* besought, beseeched *or* besought> [bɪ'si:tʃ] *vt* (*form*) ■**to ~ sb to do sth** jdn anflehen, etw zu tun

beseeching [bɪ'si:tʃɪŋ] *adj* flehentlich *geh*, flehend

beseechingly [bɪ'si:tʃɪŋli] *adv* flehentlich

beset <-tt-, beset, beset> [bɪ'set] *vt usu passive* ❶ (*surrounded*) ■**to be ~ by sth** *midges, flies* von etw *dat* bedrängt [*o* verfolgt] werden ❷ (*affect*) ■**to be ~ by** [*or* **with**] **sth** von etw *dat* heimgesucht [*o* geplagt] werden; **~ by worries** von Sorgen geplagt

besetting [bɪ'setɪŋ, AM -t̬ɪŋ] *adj* hartnäckig; **~ sin** Gewohnheitslaster *nt*

beside [bɪ'saɪd] *prep* ❶ (*next to*) neben +*dat*; *with verbs of motion* neben +*akk*; **right ~ sb/sth** genau neben jdm/etw ❷ (*together with*) neben +*dat*; *with verbs of motion* neben +*akk* ❸ (*in addition to*) außer +*dat*; ***~ football, he can play baseball really well*** außer Football spielt er auch recht gut Baseball ❹ (*except for*) abgesehen von +*dat* ❺ (*in comparison to*) neben +*dat*; **to pale ~ sth** neben etw *dat* verblassen ❻ (*overwhelmed by*) **to be ~ one's self with sth** wegen etw *dat* [völlig] außer sich *dat* sein; ***she was ~ herself with joy*** sie war außer sich vor Freude ❼ (*irrelevant to*) **to be ~ the point** nebensächlich sein; (*not an option*) **to be ~ the question** ausgeschlossen sein

besides [bɪ'saɪdz] I. *adv inv* außerdem, überdies; ***I've had job offers from two firms and plenty more ~*** ich hatte Stellenangebote von zwei Firmen und daneben noch von zahlreichen anderen; **many more ~** noch viele mehr II. *prep* ❶ (*in addition to*) außer +*dat*; ***do you play any other sports ~ ice-skating?*** betreibst du noch andere Sportarten außer Eislaufen? ❷ (*except for*) abgesehen von

besiege [bɪ'si:dʒ] *vt* ❶ MIL (*surround*) ■**to ~ sth** *a town* etw belagern; ■**to ~ sb** jdn umzingeln [*o fig* belagern] ❷ (*overwhelm*) ■**to ~ sb with sth** jdn mit etw *dat* überschütten; **to be ~d with letters** mit Briefen überhäuft werden; **to be ~d with requests** mit Bitten bedrängt werden

besieger [bɪ'si:dʒəʳ, AM ɚ] *n usu pl* Belagerer *m*

besmear [bɪ'smɪəʳ, AM -'smɪr] *vt* (*liter or form*) ■**to**

~ **sb/sth** jdn/etw beschmutzen [*o* beschmieren]

besmeared [bɪˈsmɪəʳd, AM -ˈsmɪrd] *adj pred* (*form*) beschmiert *a. fig*, beschmutzt *a. fig*; ***his face was ~ with chocolate*** sein Gesicht war voller Schokolade

besmirch [bɪˈsmɜːtʃ, AM -ˈsmɜːrtʃ] *vt* (*liter*) ■**to ~ sth** etw besudeln *geh o veraltet o a. fig*; **to ~ sb's good name** jds guten Namen beschmutzen; ■**to ~ sb** jdn schlecht machen

besom [ˈbiːsəm] *n* ❶ (*broom*) [Reisig]besen *m* ❷ SCOT, NBRIT (*pej: woman, girl*) Besen *m pej*

besotted [bɪˈsɒtɪd, AM -ˈsɑːt̬ɪd] *adj* ■**to be ~ with sb/sth** in jdn/etw völlig vernarrt sein; **to be ~ with an idea** von einer Idee besessen sein

besought [bɪˈsɔːt, AM -ˈsɑːt] *pt, pp of* **beseech**

bespatter [bɪˈspætəʳ, AM -ˈspæt̬ɚ] *vt* ■**to ~ sb/sth** jdn/etw bespritzen

bespattered [bɪˈspætəd, AM -ˈspæt̬ɚd] *adj pred shoes* bespritzt

bespeak <bespoke, bespoken> [bɪˈspiːk] *vt* (*old form*) ■**to ~ sth** von etw *dat* zeugen *geh*

bespectacled [bɪˈspektəkl̩d] *adj inv, attr* bebrillt

bespoke [bɪˈspəʊk, AM -ˈspoʊk] **I.** *adj inv* BRIT (*form*) nach Maß, Maß-; ~ **tailor** Maßschneider(in) *m(f)*; ~ **tailoring** Maßkonfektion *f*, maßgeschneiderte Kleidung **II.** *pt of* **bespeak**

bespoken [bɪˈspəʊkən, AM -ˈspoʊ-] *pp of* **bespeak**

best [best] **I.** *adj inv superl of* **good** (*finest, most excellent*) beste(r,s); ***what are you ~ at in school?*** in welchem Fach bist du am besten?; ***it is ~ to …*** am besten …; ***the ~ thing she can do is forget him*** das Beste, was sie machen kann, ist ihn zu vergessen; ***it would be ~ if …*** am besten wäre es, wenn …; ***he is acting in her ~ interests*** er handelt nur zu ihrem Besten; ***what's the ~ way to the station?*** wie komme ich am besten zum Bahnhof?; **to be on one's ~ behaviour** sich *akk* von seiner besten Seite zeigen; **the ~ days of my life** die schönste Zeit meines Lebens; ~ **friend** bester Freund/beste Freundin; ~ **regards** [*or* **wishes**] viele [*o* beste] Grüße; ***give my ~ wishes to your wife*** richten Sie Ihrer Frau herzliche Grüße von mir aus ▸ PHRASES: **sb's ~ bet** (*fam*) der beste Weg; ***if you want to get to the station before 10 o'clock, your ~ bet would be to take a taxi*** wenn Sie vor 10 Uhr am Bahnhof sein wollen, nehmen Sie am besten ein Taxi; **to wear one's ~ bib and tucker** sich *akk* in Schale werfen *fam*; **put your ~ foot forward** streng dich an; **may the ~ man win** möge der/die Beste gewinnen; **the ~ things come in small packages** [*or* **parcels**] (*prov*) die Größe sagt noch nichts über den Wert aus; **the ~ part** der größte Teil; ***for the ~ part of two decades*** fast zwei Jahrzehnte lang; **the ~ thing since sliced bread** (*fam*) das [absolute] Nonplusultra *oft hum o iron*; **the ~ things in life are free** (*saying*) die schönsten Dinge im Leben kosten nichts; **with the ~ will in the world** beim besten Willen **II.** *adv inv superl of* **well** am besten; ***which evening would suit you ~ for the party?*** welcher Abend würde dir für die Party am besten passen?; ***Ayers Rock is ~ seen at sunset*** Ayers Rock besucht man am besten bei Sonnenuntergang; ***we'd ~ be going now*** am besten, gehen wir jetzt; **as ~ you can** so gut du kannst; **to do as one thinks ~** tun, was man für richtig hält **III.** *n no pl* ❶ (*the finest*) ■**the ~** der/die/das Beste; ***this is journalism at it's ~*** das ist Journalismus vom Feinsten; ***all the ~!*** (*fam*) alles Gute!; ***and ~ of all*** und allem voran; ***just do the work to the ~ of your ability*** machen Sie die Arbeit einfach so gut Sie können; ***he can dance with the ~ of them*** was das Tanzen betrifft, braucht er sich wirklich nicht zu schämen; ***we've already had the ~ of the hot weather this summer*** die heißen Tage dieses Sommers sind jetzt wohl mehr oder weniger vorbei; ***he just wanted the ~ for her*** er wollte nur das Beste für sie; **to be the ~ of friends** die besten Freunde sein; **to be in the ~ of health** bei bester Gesundheit sein; **to the ~ of my knowledge** meines Wissens; **the ~ that money can buy** das Beste, was mit Geld zu kaufen ist; **to bring out the ~ in sb** das Beste in jdm zum Vorschein bringen; **to get the ~ out of sb** das Beste aus jdm herausholen; **to do/try one's** [**level** [*or* **very**]] **~** sein Bestes tun/versuchen; **to be all for the ~** besser so sein; **to be at one's ~** in Höchstform [*o* bester Verfassung] sein ❷ (*the most optimistic*) ***~ of luck!*** viel Glück!; ***and the ~ of British*** [***luck***] ***to you!*** (*iron, hum*) na, dann mal viel Glück!; ***please give her my ~*** bitte richten Sie ihr meine Grüße aus; **at the ~ of times** in den besten Zeiten; **to send one's ~** AM seine besten [Glück]wünsche senden; **at ~** bestenfalls ❸ **to get** [*or* **have**] **the ~ of sb** über jdn die Oberhand gewinnen; (*fig*) jdn besiegen; **to get** [*or* **have**] **the ~ of a game** ein Spiel gewinnen; **to play the ~ of three/five** *so lange spielen, bis eine Mannschaft zweimal/dreimal gewonnen hat* ▸ PHRASES: **make the ~ of a bad bargain** [*or* BRIT **job**] [*or* AM **situation**], **make the ~ of things** [*or* **it**] das Beste daraus machen; **six of the ~** BRIT SCH (*euph dated*) sechs Schläge (*mit dem Rohrstock*); **to wear one's Sunday ~** seine Sonntagskleider [*o hum* seinen Sonntagsstaat] tragen; **the ~ of both worlds** das Beste von beidem **IV.** *vt* ■**to ~ sb** jdn schlagen [*o* besiegen]

best- [ˌbest] *in compounds* best-; **~-dressed** bestgekleidet *attr*; **~-kept secret** bestgehütetes Geheimnis; **~-looking** am besten aussehend ▸ PHRASES: **the ~-laid schemes of mice and men gang oft agley** (*prov*) selbst Pläne, die bestens durchdacht sind, scheitern oft

best before date *n* Mindesthaltbarkeitsdatum *nt*

best boy *n Assistent des Elektrikers beim Film*

best-dressed [ˈbestˌdrest] *adj attr, inv superl of* **well-dressed** best gekleidet **best evidence** *n* LAW primäres Beweismaterial **best evidence rule** *n* LAW *Unzulässigkeit sekundärer Beweismittel, wenn primäre Beweismittel vorhanden sind*

bestial [ˈbestiəl, AM ˈbestʃəl] *adj* bestialisch, tierisch

bestiality [ˌbestiˈæləti, AM ˌbestʃiˈælət̬i] *n no pl* ❶ (*brutality*) Bestialität *f*; *of person a.* Brutalität *f* ❷ (*sexual behaviour*) Sodomie *f*

bestiary [ˈbestiəri, AM -tʃieri] *n* LIT (*hist*) Bestiaire *nt*, Bestiarium *nt*

bestir <-rr-> [bɪˈstɜːʳ, AM -ˈstɜːr] *vt* (*form*) ■**to ~ sb to do** [*or* **into doing**] **sth** jdn dazu bringen, etw zu tun; ■**to ~ oneself to do sth** (*hum*) sich *akk* dazu aufraffen, etw zu tun; ■**to ~ sth** (*fig*) etw in Bewegung bringen

best-laid [ˈbestˌleɪd] *adj attr, inv* ausgeklügelts-te(r, s), am meisten durchdacht **best man** *n* Trauzeuge *m* (*des Bräutigams*)

bestow [bɪˈstəʊ, AM -ˈstoʊ] *vt* (*form*) ■**to ~ sth** [**up**]**on sb** jdm etw verleihen; (*in a will*) jdn etw hinterlassen; **to ~ a favour on sb** jdm eine Gunst erweisen; **to ~ a gift on sb** jdm etw schenken; **to ~ an office** [**up**]**on sb** jdm ein Amt übertragen; **to ~ a title** [**up**]**on sb** jdm einen Titel verleihen

bestowal [bɪˈstəʊəl, AM -ˈstoʊ-] *n no pl* (*form*) Verleihung *f*; ~ **of consent** feierliche Zustimmung; ~ **of honour** Ehrerweisung *f*

bestrew <bestrewed, bestrewn *or* bestrewed> [bɪˈstruː] *vt* (*liter*) ■**to ~ sth** etw verstreuen; ***autumn leaves ~ed the lawn*** Herbstblätter lagen auf verstreut auf dem Rasen; ■**to ~ sth with sth** etw mit etw *dat* übersäen

bestrewn [bɪˈstruːn] *vt* (*liter*) *pp of* **bestrew**

bestridden [bɪˈstrɪdən] *vt* (*form*) *pp of* **bestride**

bestride <bestrode, bestridden> [bɪˈstraɪd] *vt* (*form, liter*) **to ~ a chair** sich *akk* rittlings auf einen Stuhl setzen; **to ~ a horse** sich *akk* auf ein Pferd schwingen

bestrode [bɪˈstrəʊd, AM -ˈstroʊd] *pt of* **bestride**

best-seller *n* Bestseller *m* **best-seller list** *n* Bestsellerliste *f* **bestselling** *adj inv* Bestseller-; ~ **author** Erfolgsautor(in) *m(f)*

bet [bet] **I.** *n* ❶ (*gamble*) Wette *f*; **to lay** [*or* **make**] [*or* **place**] **a ~ on sth** wetten, dass etw passiert, auf etw *akk* wetten; **to make a ~ with sb** mit jdm wetten ❷ (*fig: guess*) Tipp *m*; ***all ~s are off*** alles ist möglich; ***it's a safe ~ that he won't remember my birthday tomorrow*** ich könnte wetten, dass er morgen meinen Geburtstag vergisst; **to be a good ~** ein guter Tipp sein **II.** *vt* <-tt-, bet *or* -ted, bet *or* -ted> **to ~ £10/$20 on sb/sth** auf jdn/etw 10 Pfund/20 Dollar setzen [*o* wetten]; ***I ~ you £25 that …*** ich wette mit dir um 25 Pfund, dass …; ***I'll ~ him anything he likes that he won't pass the exams*** ich gehe jede Wette mit ihm [darauf] ein, dass er die Prüfungen nicht bestehen wird; **to ~ two to one on sb/sth** zwei zu eins auf jdn/etw wetten ▸ PHRASES: **you can ~ your boots** [*or* **bottom dollar**] [*or* **shirt**] [*or* AM *fam!* **ass**] **that …** du kannst deinen Kopf [*o* dein Hemd] darauf verwetten, dass …; **you ~!** (*fam*) das kannst du mir aber glauben!, aber sicher! **III.** *vi* wetten; ■**to ~ on sb/sth** (*fam*) auf jdn/etw wetten [*o* setzen]; ***I wouldn't ~ on it*** ich würde nicht darauf wetten; ***do you want to ~?*** wollen wir wetten?; ***I'll ~!*** (*as a reply*) und ob!; **to ~ heavily** hoch wetten

beta [ˈbiːtə, AM ˈbeɪt̬ə] *n* Beta *nt*; BRIT SCH, UNIV gut

beta-blocker *n* PHARM Betablocker *m*

betacarotene *n* Betakarotin *nt*

betake <betook, betaken> [bɪˈteɪk] *vt* (*liter*) ❶ (*go somewhere*) ■**to ~ oneself somewhere** sich *akk* irgendwohin begeben ❷ (*dedicate oneself*) ■**to ~ oneself to sth** sich *akk* etw *dat* widmen; (*fig*) sich *akk* einer S. *gen* bedienen

beta shares, beta securities, beta stocks *npl* BRIT FIN weniger umsatzstarke Werte

betel [ˈbiːtəl, AM -t̬əl] *n no pl* Betel *m*

bête noire <*pl* bêtes noires> [ˌbetˈnwɑːʳ, AM -ˈnwɑːr] *n* Gräuel *m*; ■**to be sb's ~** jdm ein Gräuel sein

bethink <bethought, bethought> [bɪˈθɪŋk] *vt* (*form or old*) ■**to ~ oneself of sth** sich *akk* auf etw *akk* besinnen; ■**to ~ oneself how …** sich *akk* überlegen, wie …

Bethlehem [ˈbeθləhem] *n no pl* (*bible*) Bethlehem; (*city in Israel*) Betlehem

betide [bɪˈtaɪd] (*liter*) **I.** *vt* ■**to ~ sb** jdm geschehen; **woe ~ you/him if** wehe dir/ihm wenn **II.** *vi* geschehen; **woe ~** wehe

betimes [bɪˈtaɪmz] *adv inv* (*liter*) beizeiten

betoken [bɪˈtəʊkən, AM -ˈtoʊ-] *vt* (*old*) ■**to ~ sth** etw bedeuten; (*suggest*) auf etw *akk* hindeuten; ***he gave her a gift to ~ his gratitude*** er gab ihr ein Geschenk als Zeichen seiner Dankbarkeit

betray [bɪˈtreɪ] *vt* ❶ (*be disloyal*) ■**to ~ sth** etw verraten; **to ~ a promise** sich *akk* nicht an ein Versprechen halten; **to ~ a secret to sb** jdm ein Geheimnis verraten; **to ~ sb's trust** jds Vertrauen missbrauchen; ■**to ~ sb** (*be unfaithful*) jdm untreu sein; (*deceive*) jdn betrügen [*o geh* hintergehen] ❷ (*reveal feelings*) ■**to ~ sth** etw zeigen [*o* erkennen lassen]; **to ~ one's ignorance** seine Unkenntnis verraten

betrayal [bɪˈtreɪəl] *n* ❶ *no pl* (*treachery*) Verrat *m*; *of trust* Enttäuschung *f*; ***this was an act of ~*** das war Verrat ❷ (*act of treachery*) verräterische Handlung

betrayer [bɪˈtreɪəʳ, AM ɚ] *n* Verräter(in) *m(f)*

betroth [bɪˈtrəʊð, AM -ˈtroʊð] *vt usu passive* (*form or old*) ■**to be ~ed to sb** jdm versprochen sein *veraltet*

betrothal [bɪˈtrəʊðəl, AM -ˈtroʊ-] *n* (*form or old*) Verlobung *f*

betrothed <*pl* -> [bɪˈtrəʊðd, AM -ˈtroʊðd] *n* (*form or old*) Anverlobte(r) *f(m) veraltet*, Verlobte(r) *f(m)*

better[1] [ˈbetəʳ, AM ˈbet̬ɚ] **I.** *adj inv comp of* **good** ❶ (*superior*) besser; ~ ***luck next time*** vielleicht klappt's ja beim nächsten Mal *fam*; ***~ than nothing*** besser als nichts; ***it's ~ that way*** es ist besser so; ***she is much ~ at tennis than I am*** sie spielt viel besser Tennis als ich; **far ~** weit besser; ■**to be ~ for sb/sth** für jdn/etw besser sein; **to be no ~ than one should be** kein Heiliger/keine Heilige sein ❷ (*healthier*) besser; ***I'm much ~ now*** mir geht's schon viel besser; ***he's no ~*** sein Zustand hat sich [noch immer] nicht gebessert; **to get ~** sich *akk* erholen ❸ (*most*) **the ~ part** der größte Teil; **the ~ part of an hour** fast eine Stunde [lang] ▸ PHRASES: **~ the devil you know than the devil you don't**

know (*prov*) von zwei Übeln wählt man besser dasjenige, das man bereits kennt; **discretion is the ~ part of valour** (*prov*) Vorsicht ist die Mutter der Porzellankiste *prov fam;* **~ late than never** (*saying*) besser spät als nie; **~ safe than sorry** (*saying*) Vorsicht ist besser als Nachsicht *prov;* **to go one ~** noch einen draufsetzen *fam* **II.** *adv comp of* **well** ❶ (*in superior manner*) besser; *like* lieber, mehr; ***she did much ~ in her second exam*** sie schnitt in ihrer zweiten Prüfung viel besser ab; ***there is nothing I like ~ than lying in bed on a Sunday morning*** ich mag nichts lieber als an einem Sonntagmorgen im Bett zu liegen; ***some questions are ~ left unanswered*** manche Fragen sollten besser unbeantwortet bleiben; ***or ~ still ...*** oder noch besser ... ❷ (*to a greater degree*) mehr; ***she is much ~-looking than her brother*** sie sieht viel besser aus als ihr Bruder aus; ***you had ~ go home now*** es wäre besser, wenn Sie jetzt nach Hause gingen; **to think ~ of sth** sich *dat* etw anders überlegen; ***I think ~ of him*** ich habe jetzt eine bessere Meinung von ihm **III.** *n no pl* ❶ (*improvement*) Bessere *nt;* ***I have not seen ~ this year*** ich habe dieses Jahr nichts Besseres gesehen; **to change for the ~** sich *akk* zum Guten wenden; **to expect ~ of sb** was Besseres von jdm erwarten; **all** [*or* **so much**] **the ~** umso besser; ***you'll be all the ~ for a good holiday*** ein schöner Urlaub wird dir [richtig] gut tun ❷ ■**one's ~s** *pl* (*hum old*) *Leute, die über einem stehen;* **our elders and ~s** *ältere Leute mit mehr [Lebens]erfahrung* ▸ PHRASES: **to get the ~ of sb** über jdn die Oberhand gewinnen; **to do sth for ~ or [for] worse** etw ungeachtet seiner möglichen Folgen tun **IV.** *vt* ■**to ~ sth** etw verbessern; ■**to ~ oneself** (*improve social position*) sich *akk* verbessern; (*further one's knowledge*) sich *akk* weiterbilden

better² ['betəʳ, AM 'beṭə] *n jd, der eine Wette abschließt*

better half *n* (*hum fam*) bessere Hälfte *hum fam*

betterment ['betəmənt, AM 'beṭə-] *n no pl* Verbesserung *f;* ECON Wertsteigerung *f;* **self-~** [berufliches] Vorwärtskommen

better-off **I.** *adj* besser dran *präd fam;* (*financially*) besser gestellt *präd,* wohlhabender *präd* **II.** *n + pl vb* ■**the ~** die Bessergestellten [*o geh* Bessersituierten] *pl;* (*earning more money*) die Besserverdienenden *pl*

betting ['betɪŋ, AM 'beṭ-] **I.** *n no pl* ❶ (*gambling*) Wetten *nt;* **~ on horses** Pferdewetten *fpl;* ***what's the ~ that ... ?*** (*fig fam*) um was wetten wir, dass ... ? ❷ (*stake*) Wetteinsatz *m;* ***the ~ is running high*** die Wetteinsätze sind hoch **II.** *adj* Wett-; ***if I were a ~ person, ...*** wenn ich darum wetten müsste, ...

betting duty *n* Wettsteuer *f* **betting office** *n,* **betting shop** *n* BRIT Wettbüro *nt* **betting tax** *n* Wettsteuer *f*

bettor ['betəʳ, AM 'beṭə] *n esp* AM *jd, der eine Wette abschließt*

between [bɪ'twi:n] **I.** *prep* ❶ (*in middle of*) zwischen *+dat; with verbs of motion* zwischen *+akk* ❷ (*within*) zwischen *+dat;* **to have nothing ~ one's ears** nichts zwischen den Ohren haben *fam* ❸ (*from one place to other*) zwischen *+dat; with verbs of motion* zwischen *+akk;* (*at point within*) ***the town lies half-way ~ Rome and Florence*** die Stadt liegt auf halbem Weg zwischen Rom und Florenz ❹ (*from one time to other*) zwischen *+dat;* ***traffic is at its worst ~ 7:00 and 8:00 am*** der Verkehr ist am schlimmsten zwischen 7.00 und 8.00 Uhr Morgens; ***you shouldn't eat ~ meals*** du sollst nicht zwischen den Mahlzeiten essen; **~ times** [*or* **whiles**] in der Zwischenzeit ❺ (*in interaction with*) zwischen *+dat;* ***an agreement ~ the parties*** eine Übereinkunft zwischen den Parteien; ***the survey shows a link ~ asthma and air pollution*** die Untersuchung zeigt einen Zusammenhang zwischen Asthma und Luftverschmutzung ❻ (*among*) zwischen *+dat;* ***a close friendship had existed ~ them*** zwischen ihnen hatte eine enge Freundschaft bestanden; ***trade ~ the two countries has increased*** der Handel zwischen den beiden Ländern hat zugenommen; ***let me tell you something ~ friends*** lass' mich dir unter Freunden was sagen; ***~ you and me*** unter uns gesagt ❼ (*separating*) zwischen *+dat;* **to stand/come ~ sb/sth [and sb/sth]** zwischen jdm/etw [und jdm/etw] stehen/zwischen jdn/etw [und jdn/etw] geraten [*o* kommen]; ***what's the difference ~ them?*** was ist der Unterschied zwischen ihnen? ❽ (*combination of*) zwischen *+dat;* **something ~ sb/sth and sb/sth** etwas zwischen jdm/etw und jdm/etw; **a cross/mixture ~ sth/sb and sth/sb** ein Mittelding/eine Mischung zwischen jdm/etw und jdm/etw ❾ (*one from many*) zwischen *+dat;* **to be torn ~ sth [and sth]** zwischen etw *dat* [und etw *dat*] hin und her gerissen sein ▸ PHRASES: **to read ~ the lines** zwischen den Zeilen lesen **II.** *adv inv* dazwischen; [**just**] **~ *you and me*** [*or* ***ourselves***] unter uns gesagt, im Vertrauen gesagt; ■**in ~** dazwischen; **~-meal snack** Zwischenmahlzeit *f*

betwixt [bɪ'twɪkst] **I.** *adv inv* **~ and between** dazwischen **II.** *prep* (*dated*) (*between*) zwischen *+dat; with verbs of motion* zwischen *+akk* ▸ PHRASES: **There's many a slip ~ cup and lip** (*prov*) man soll den Tag nicht vor dem Abend loben

bevel ['bevᵊl] **I.** *vt* <BRIT -ll- *or* AM *usu* -l-> ■**to ~ sth** *piece of metal* etw abschrägen **II.** *n* (*angle*) Abschrägung *f;* (*sloping surface*) Schräge *f*

beveled ['bevᵊld] *adj,* BRIT *esp* **bevelled** *adj* abgeschrägt; **~ edge** Schrägkante *f*

beverage ['bevᵊrɪdʒ] *n* Getränk *nt;* **hot ~** warmes Getränk; **alcoholic ~s** alkoholische Getränke, Alkoholika *pl*

bevvy ['bevi] *n* BRIT (*sl*) [alkoholisches] Getränk, Drink *m fam;* ***do you fancy a ~?*** hättest du Lust, einen trinken zu gehen?

bevy ['bevi] *n* ❶ (*people*) Schar *f* ❷ (*birds*) Schar *f,* Schwarm *m* ❸ (*pej: items*) Wust *m kein pl*

bewail [bɪ'weɪl] *vt* (*form, liter*) ■**to ~ sth** etw beklagen

beware [bɪ'weəʳ, AM -'wer] **I.** *vi* sich *akk* in Acht nehmen; **~!** Vorsicht!; ■**to ~ of sb/sth** sich *akk* vor jdm/etw hüten [*o* in Acht nehmen]; ***"~ of pickpockets!"*** „Vor Taschendieben wird gewarnt!"; ***"~ of the dog"*** „Vorsicht, bissiger Hund!"; ■**to ~ of doing sth** sich *akk* davor hüten, etw zu tun **II.** *vt* ■**to ~ sb** sich *akk* vor jdm in Acht nehmen, vor jdm auf der Hut sein

bewhiskered [bɪ'(h)wɪskəd, AM -kəd] *adj* (*liter*) mit Schnurrbart; **a ~ gentleman** ein Herr mit einem Schnurrbart; ■**to be ~** einen Schnurrbart tragen

bewigged [bɪ'wɪgd] *adj inv* (*liter*) mit Perücke; ■**to be ~** eine Perücke tragen

bewilder [bɪ'wɪldəʳ, AM -də] *vt* ■**to ~ sb** ❶ (*baffle*) jdn verwirren ❷ (*surprise*) jdn verblüffen

bewildered [bɪ'wɪldəd, AM -əd] *adj* (*baffled*) verwirrt, verdutzt *fam;* (*surprised*) verblüfft, perplex

bewildering [bɪ'wɪldᵊrɪŋ, AM -əɪŋ] *adj* verwirrend; (*surprising*) verblüffend

bewilderingly [bɪ'wɪldᵊrɪŋli] *adv* verwirrend

bewilderment [bɪ'wɪldəmənt, AM -əmənt] *n no pl* Verwirrung *f;* (*surprise*) Verblüffung *f,* Erstaunen *nt*

bewitch [bɪ'wɪtʃ] *vt* ❶ (*put under spell*) ■**to ~ sb/sth** jdn/etw verzaubern [*o* verhexen] ❷ (*enchant*) ■**to ~ sb** jdn bezaubern

bewitching [bɪ'wɪtʃɪŋ] *adj* bezaubernd, hinreißend

beyond [bi'ɒnd, AM -'(j)ɑ:nd] **I.** *prep* ❶ (*on the other side of*) über *+akk,* jenseits *+gen;* ***~ the river was a small town*** jenseits des Flusses gab es eine kleine Stadt; ***if you look just ~ the lake*** wenn du gerade über den See hinaus schaust ❷ (*after*) nach *+dat;* **~ 7:00/1999** nach 7.00 Uhr/1999; ***they waited until just ~ 6:00*** sie warteten bis kurz nach 6.00 Uhr; ***my kids are way ~ 18*** meine Kinder sind weit über 18 ❸ (*further than*) über *+akk;* ***she has always lived ~ her means*** sie hat immer über ihre Verhältnisse gelebt; **to go ~ a joke** über einen Witz hinaus gehen; **to be ~ the reach of sb** außerhalb jds Reichweite sein [*o* liegen]; **to see ~ sth** über etw *akk* hinaus sehen; **to be ~ the pale** (*pej*) indiskutabel sein; **~ sb's wildest dreams** jenseits jds wildester Träume ❹ (*too difficult for*) ■**~ sth** jenseits einer S. *gen;* ***this is ~ my comprehension*** das liegt über meinem Verständnis; ■**to be ~ sb** jdm zu hoch sein *fam;* ***that's way ~ me*** das ist mir viel zu hoch ❺ (*more than*) ■**~ sth** mehr als etw; ***I can't pay anything ~ $5*** ich kann nicht mehr als $5 zahlen; ***profits this year were above and ~ all expectation*** die Profite lagen dieses Jahr weit über allen Erwartungen; **~ that** darüber hinaus; **to go ~ sth** über etw *akk* hinaus gehen ❻ (*higher than*) höher als ❼ (*except for*) außer *+dat* ❽ (*surpassing*) jenseits *+gen;* ***his car was damaged ~ repair*** sein Auto wurde irreparabel beschädigt; ***his honest is ~ question*** seine Ehrlichkeit steht außer Frage; **to be ~ help** (*hum, pej*) nicht mehr zu helfen sein **II.** *adv inv* (*in space*) jenseits; (*in time*) darüber hinaus, nach; **~ *specified completion date*** über das festgesetzte Fertigstellungsdatum hinaus; ***a painting of Cape Town harbour with Table Mountain ~*** ein Gemälde vom Hafen Kapstadts mit dem Tafelberg im Hintergrund; **to go ~ sth** über etw *akk* hinausgehen, etw übersteigen; **to go far ~ sth** etw bei weitem übersteigen **III.** *n* ■**the ~** das Jenseits ▸ PHRASES: **at the back of ~** *esp* BRIT am Ende der Welt *hum*

bezel *n* COMPUT Frontblende *f*

b/f ECON *abbrev of* **brought forward** vorgetragen

BFP [ˌbi:ef'pi:] *n* AM LAW *abbrev of* **bona fide purchaser** gutgläubiger Erwerber

BFPO [ˌbi:efpi:'əʊ] *n no pl, no art* BRIT *acr for* **British Forces Post Office** *Poststelle der britischen Streitkräfte*

bhangra ['bæŋgrə] *n* MUS *Musikstil, der Bestandteile der indischen und der westlichen Musik in sich vereint*

bhp [ˌbi:eɪtʃ'pi:] *n no pl abbrev of* **brake horsepower** Bremsleistung *f,* Nutzleistung *f*

bi [baɪ] (*sl*) **I.** *adj* bi *sl* **II.** *n* Bisexuelle(r) *f(m)*

bi- [baɪ] *in compounds* ❶ (*two times per*) **~-weekly/-yearly** zweimal wöchentlich [*o* die Woche]/jährlich [*o* im Jahr]; (*once every two*) **~-weekly** vierzehntägig, alle zwei Wochen; **~-yearly** halbjährlich, alle sechs Monate ❷ (*with two*) zwei-; **~-coloured** zweifarbig

biannual [baɪ'ænjuəl] *adj attr, inv* (*twice a year*) zweimal jährlich; (*half-yearly*) halbjährlich; **~ report** Halbjahresbericht *m*

bias ['baɪəs] **I.** *n usu sing* ❶ (*prejudice*) Vorurteil *nt,* Voreingenommenheit *f;* **likelihood of ~** LAW Besorgnis *f* der Befangenheit; **to have a ~ against sth** gegen etw *akk* eine Abneigung haben ❷ *no pl* (*one-sidedness*) Einseitigkeit *f; of interest* Befangenheit *f* (**against** gegenüber *+dat*); **to accuse sb of ~** jdm Befangenheit vorwerfen ❸ (*predisposition*) Neigung *f;* (*nature*) Veranlagung *f,* Vorliebe *f* (**in favour of/towards** für *+akk*) ❹ *no pl* FASHION schräger Schnitt; **~-cut** schräg geschnitten; **~-cutting** Schrägschnitt *m;* **on the ~** diagonal [*o* schräg] zum Fadenlauf **II.** *vt* <BRIT -ss- *or* AM *usu* -s-> ■**to ~ sth** etw einseitig darstellen; ■**to ~ sb** jdn beeinflussen; ■**to ~ against sth** jdn gegen etw *akk* einnehmen

biased ['baɪəst] *adj,* BRIT *esp* **biassed** *adj* voreingenommen; **~ account** [*or* **report**] tendenziöser Bericht; **to be ~ in sb's favour** für jdn voreingenommen sein; **~ opinions** vorgefasste Meinungen

biathlon [baɪ'æθlən, AM -lɑ:n] *n* Biathlon *nt*

bib [bɪb] *n* Lätzchen *nt* ▸ PHRASES: **to wear one's best ~ and tucker** sich *akk* in Schale werfen *fam*

bible ['baɪbl̩] *n* Bibel *f*

Bible ['baɪbl̩] *n* Bibel *f;* **~-reading class** Bibelstunde *f*

Bible-basher [-ˌbæʃəʳ, AM -ə] *n* (*pej fam*) Bibelfanatiker(in) *m(f),* christlicher Eiferer **Bible-bashing** *n* (*fam*) *fanatisches Predigen der Bibel* **Bible belt** *n* AM *sehr christliche Gebiete der USA* **Bible-thumping** *n esp* AM (*fam*) *fanatisches Predigen der Bibel*

biblical ['bɪblɪkᵊl] *adj inv* biblisch; **~ research** Bibelforschung *f;* **in the ~ sense** im biblischen Sinne; **~ times** biblisches Zeitalter

bibliographer [ˌbɪbliˈɒgrəfəʳ, AM -ɚ] *n* Bibliograf(in) *m(f)*
bibliographic [ˌbɪbliə(ʊ)ˈgræfɪk, AM -oʊˈ-], **bibliographical** [ˌbɪbliə(ʊ)ˈgræfɪkəl, AM -oʊˈ-] *adj* bibliografisch
bibliography [ˌbɪbliˈɒgrəfi, AM -ˈɑːgrə-] *n* Bibliografie *f*
bibliophile [ˈbɪbliə(ʊ)faɪl, AM -əfaɪl] *n* (*form*) Bibliophile(r) *f(m)*, Bücherliebhaber(in) *m(f)*
bicameral [ˌbaɪˈkæmərəl] *adj inv* POL, ADMIN Zweikammer-, mit zwei Kammern; ~ **system** Zweikammersystem *nt*
bicameralism [ˌbaɪˈkæmərəlɪzəm] *n* LAW Zweikammersystem *nt*
bicarb [ˈbaɪkɑːb, AM baɪˈkɑːrb] *n* (*fam*) *short for* **bicarbonate of soda** Natron *nt*
bicarbonate [ˌbaɪˈkɑːbənət, AM -ˈkɑːr-] *n*, **bicarbonate of soda** *n* CHEM doppelt kohlensaures Natrium *fachspr*, Natriumbikarbonat *nt fachspr*; (*in cookery*) Natron *nt*
bicentenary [ˌbaɪsenˈtiːnəri] BRIT, **bicentennial** [ˌbaɪsenˈteniəl] AM **I.** *n* zweihundertjähriges Jubiläum; **the ~ of Goethe's birth/death** Goethes zweihunderster Geburtstag/Todestag **II.** *adj attr* Zweihundertjahr-; ~ **celebration** Zweihundertjahrfeier *f*
biceps <*pl* -> [ˈbaɪseps] *n* Bizeps *m*
bicker [ˈbɪkəʳ, AM -ɚ] *vi* sich zanken, aneinander geraten, sich *akk* in den Haaren liegen
bickering [ˈbɪkərɪŋ] *n no pl* Gezänk *nt*
bickie [ˈbɪki] *n* BRIT, AUS (*fam*) Keks *m*
bicoastal [baɪˈkəʊstəl, AM -ˈkoʊ-] *adj inv* AM ① (*on both coasts*) an der Ost- und Westküste [der USA] *nach n*; ~ **airline commuter** *jd, der geschäftlich häufig von Küste zu Küste fliegt*; **to go ~** (*fam*) an beiden Küsten tätig werden ② (*from coast to coast*) *telephone call* von der Ostküste zur Westküste *nach n*
bicycle [ˈbaɪsɪkl] **I.** *n* Fahrrad *nt*; **to get on one's ~** aufs Fahrrad steigen; **to ride a ~** Fahrrad fahren, Rad fahren; **by ~** mit dem Fahrrad **II.** *n modifier* Fahrrad-; ~ **tour** Fahrradtour *f*; ~ **clip** Hosenklammer *f*
bicycle chain *n* Fahrradkette *f* **bicycle pump** *n* Fahrradpumpe *f*, Luftpumpe *f*
bicyclist [ˈbaɪsɪklɪst] *n see* **cyclist** Radfahrer(in) *m(f)*
bid¹ <-dd-, bid *or* bade, bid *or* bidden> [bɪd] *vt* (*form*) ① (*greet sb*) ■**to ~ sb sth** jdm etw wünschen; **to ~ sb farewell** jdm Lebewohl sagen *geh*; **to ~ one's hopes farewell** (*liter*) seine Hoffnungen aufgeben [*o geh* begraben]; **to ~ sb good morning** jdm einen guten Morgen wünschen; **to ~ sb welcome** jdn willkommen heißen ② (*old: command*) ■**to ~ sb [to] do sth** jdn etw tun heißen *geh*; ***he ~ them leave at once*** er hieß sie sofort gehen *geh* ③ (*old: invite*) ■**to ~ sb to sth** jdn zu etw *dat* laden *geh*
bid² [bɪd] **I.** *n* ① (*offer*) Angebot *nt*; (*at an auction*) Gebot *nt*; [**hostile**] **takeover ~** [feindliches] Übernahmeangebot; **to ~ a bid for sth** für etw *akk* ein Angebot machen; **to put in a ~** ein Angebot vorlegen ② (*attempt*) Versuch *m*; ***her ~ for re-election was unsuccessful*** ihr Bemühen um eine Wiederwahl war erfolglos; **to make a ~ for fame** versuchen, Ruhm zu erlangen; **to make a ~ for power** nach der Macht greifen ③ CARDS Ansage *f* **II.** *vi* <-dd-, bid, bid> ① (*offer money*) bieten ② (*tender*) ein Angebot unterbreiten; **to ~ for a contract** sich *akk* um einen Auftrag bewerben ③ CARDS reizen ④ COMPUT ein Senderecht anfordern **III.** *vt* <-dd-, bid, bid> ■**to ~ sth** etw bieten
◆**bid up** *vt* (*at auctions*) **to ~ up** ↻ **the prices** die Preise durch Bieten in die Höhe treiben
bid basis *n* ECON unter pari
biddable [ˈbɪdəbl̩] *adj* fügsam
bidder [ˈbɪdəʳ, AM -ɚ] *n* Bieter(in) *m(f)*, Bietende(r) *f(m)*; **highest ~** Meistbietende(r) *f(m)*
bidding [bɪdɪŋ] *n no pl* ① (*making of bids*) Bieten *nt*; (*at an auction*) Steigern *nt*; **to open** [*or* **start**] **the ~** das erste Gebot machen; ***the ~ started/stopped at 5,000 dollars*** 5.000 Dollar war das Mindestgebot/Höchstgebot ② (*form or old or hum: command*) Geheiß *nt*; ***you must do your father's ~, young man*** du musst tun, was dein Vater dir sagt, junger Mann; **at sb's ~** auf jds Geheiß *geh* ③ CARDS Reizen *nt*
biddy [ˈbɪdi] *n* (*pej fam*) Oma *f pej sl*, Muttchen *nt pej fam*; **old ~** (*pej*) alte Schachtel *pej fam*
bide [baɪd] *vt* ① **to ~ one's time** den rechten Augenblick [*o* Moment] abwarten ② (*dated*) **to ~ awhile** verweilen *geh*
bidet [ˈbiːdeɪ, AM bɪˈdeɪ] *n* Bidet *nt*
bi-directional [ˌbaɪdɪˈrekʃənəl] *adj* COMPUT zweiseitig gerichtet, in beiden Richtungen; ~ **bus** zweiseitig gerichteter Übertragungsweg; ~ **printer** Zweirichtungsdrucker *m*
bid market *n* ECON Markt *m* mit Unterangebot
bid price *n* ① STOCKEX Kaufgebot *nt*, Geldkurs *m* ② BRIT (*buying price*) Rücknahmepreis *m* **bid rate** *n* Ankaufszinssatz *m*
biennial [baɪˈeniəl] **I.** *adj inv* alle zwei Jahre stattfindend, zweijährlich; ~ **plant** zweijährige Pflanze **II.** *n* BOT zweijährige Pflanze
biennially [baɪˈeniəli] *adv inv* alle zwei Jahre
bier [bɪəʳ, AM bɪr] *n* Bahre *f*
biff [bɪf] (*fam*) **I.** *n* Schlag *m*, Hieb *m* **II.** *vt* ■**to ~ sb** jdn hauen *fam*; **to ~ sb on the nose** jdm eins auf die Nase geben *fam*
bifocal [baɪˈfəʊkəl, AM ˈbaɪˌfoʊ-] *adj inv* Bifokal-; ~ **spectacles** Bifokalbrille *f*
bifocals [baɪˈfəʊkəlz, AM ˈbaɪˌfoʊ-] *npl* Bifokalbrille *f*
bifurcate [ˈbaɪfəkeɪt, AM -fɚ-] (*form*) **I.** *vi river* sich gabeln **II.** *vt* ■**to ~ sth** etw aufteilen; **to ~ responsibility** Verantwortung teilen
bifurcation [ˌbaɪfəˈkeɪʃən, AM fɚˈ] *n* Aufspaltung *f*; (*point of division*) Gabelung *f*; (*branch*) Zweig *m*
big <-gg-> [bɪg] *adj* ① (*of size, amount*) groß; ***the ~ger the better*** je größer desto besser; **to receive a ~ boost** starken Auftrieb erhalten; **a ~ drop in prices** ein starker Preisrückgang; ~ **eater** (*fam*) großer Esser/große Esserin; ~ **meal** üppiges Mahl; ~ **screen** [Groß]leinwand *f*; **to be a ~ spender** (*fam*) auf großem Fuß leben; ~ **stake** hoher Spieleinsatz; ~ **tip** großzügiges Trinkgeld; ~ **toe** großer Zeh; ~ **turnout** großes Zuschaueraufgebot; **the ~gest-ever ...** der/die/das Größte ... aller Zeiten ② (*of maturity*) groß, erwachsen; ~ **boy/girl** großer Junge/großes Mädchen; ~ **brother/sister** großer Bruder/große Schwester; ~ **enough** groß [*o* alt] genug ③ (*significant*) bedeutend, wichtig; ***she's ~ in marketing*** sie ist ganz groß im Bereich Marketing vertreten; ~ **budget film** Film *m* mit großem Budget; ~ **day** großer [*o* bedeutender] Tag; ***it's the ~ day then?*** (*fam: wedding day*) heute ist also der große Tag?; ~ **decision** schwerwiegende Entscheidung; **to have ~ ideas** (*fam*) Rosinen im Kopf haben *fam*; ~ **words** (*fam*) große Worte ④ (*fam: to express emphasis*) groß; (*on a large scale*) in großem Stil; ***he fell for her in a ~ way*** er verliebte sich bis über beide Ohren in sie; ■**to be ~ on sth** auf etw *akk* stehen *fam* ⑤ (*pej, iron fam: generous*) großzügig, nobel *fam*; ***that was very ~ of you*** das war aber nobel von dir
▶ PHRASES: **to be/get too ~ for one's <u>boots</u>** (*pej fam: craving for admiration*) größenwahnsinnig sein/werden; (*feeling superior*) eingebildet sein/werden; **the ~ <u>boys</u>** die Großen; ~ <u>**deal**</u>**!** (*fam*) na und! *fam*; **no ~ <u>deal</u>** (*fam*) nicht der Rede wert; **sb's <u>eyes</u> are ~ger than sb's stomach** jds Augen sind größer als jds Magen; **to be a ~ <u>fish</u> in a little** [*or* **small**] **pond** der Hecht im Karpfenteich sein; **to have ~ger <u>fish</u> to fry** Wichtigeres zu tun haben; **to give sb a ~ <u>hand</u>** (*fam*) jdm begeistert Applaus spenden; **what's the ~ <u>idea</u>?** (*iron fam*) was soll [denn] das? *fam*; ~ <u>**oaks**</u> **from little acorns grow** *esp* BRIT (*prov*) alles Große hat [einmal] klein angefangen; **the ~ger they are, the <u>harder</u> they fall** (*prov*) wer hoch steigt, fällt tief *prov*; **to <u>make</u> it ~** (*fam*) großen Erfolg haben, groß einschlagen *fam*
bigamist [ˈbɪgəmɪst] *n* Bigamist(in) *m(f)*
bigamous [ˈbɪgəməs] *adj inv* bigamistisch
bigamously [ˈbɪgəməsli] *adv inv* bigamistisch
bigamy [ˈbɪgəmi] *n no pl* Bigamie *f*; **to commit ~** Bigamie begehen
Big Apple *n* (*fam*) ■**the ~** New York *nt*; **to take a bite of the ~** AM New York besuchen **big band** *n* Bigband *f*, Big Band *f* **Big Bang** *n* BRIT FIN *Neuordnung des britischen Wertpapiersektors am 27/10/86* **big bang** *n* Urknall *m* **big bang theory** *n* Urknalltheorie *f*
big bickies *npl* AUS (*fam*) ▶ PHRASES: **to <u>make</u> ~** das große Geld [*o fam* die große Kohle] machen **Big Board** *n* AM (*fam*) New Yorker Börse *f* **big-boned** [ˈbɪgbəʊnd, AM boʊnd] *adj inv* stämmig **Big Brother** *n no pl* der Große Bruder; ~ **society** totalitärer Staat, Überwachungsstaat *m* **Big bucks** *npl esp* AM (*fam*) das große Geld, die große Kohle *fam*, ein Haufen Kies *sl*; ~ **prize money** hohe Siegesprämie **big business** *n no pl* ■**to be ~** ein lukratives Geschäft sein **Big business** *n no pl* (*high finance*) Großkapital *nt*; (*major industry*) Großindustrie *f*
big cat *n* Großkatze *f*, Raubkatze *f* **big cheese** *n* (*fam*) hohes Tier *fam* **Big Chief** *n*, **Big Daddy** *n* [Familien-/Firmen]oberhaupt *nt* **big deal** *n* (*iron*) **~!** na und! *fam*; ***what's the ~?*** ja und – was ist da jetzt so toll daran?; ***that's no ~*** (*sl*) das ist nichts Besonderes; **to make a ~ out of sth** ein großes Theater um etw *akk* machen *fam* **big dipper** *n* BRIT Achterbahn *f*, Berg- und Talbahn *f* **Big Dipper** *n* AM ASTRON Großer Bär [*o* Wagen] **big end** *n* TECH Pleuelfuß *m*, Schubstangenkopf *m* **big fish** *n* (*fam*) toller Hecht *fam* **Bigfoot** *n großes, behaartes menschenähnliches Wesen, das im Nordwesten der USA und in Nordkanada vorkommen soll* **Big Four** *n* BRIT FIN ■**the ~** die vier größten britischen Geschäftsbanken **big game** *n no pl* Großwild *nt* **big game hunter** *n* Großwildjäger(in) *m(f)*
biggie [ˈbɪgi] *n* (*fam*) Knüller *m fam*
big gun *n* (*fam*) große Nummer *fam* **big-head** *n* (*pej fam*) Angeber(in) *m(f) pej* **big-headed** *adj* (*pej fam*) eingebildet **big-hearted** *adj* (*approv: generous*) großherzig; (*noble-minded*) großmütig
bight [baɪt] *n* ① (*curve or recess in a coastline*) Bucht *f*; (*in a river*) Krümmung *f*, Schleife *f* ② (*loop of rope*) Schlaufe *f*
big league (*fam*) **I.** *n* Spitze *f*; **to join the ~ of Formula 1** in die Spitzengruppe der Formel 1 aufsteigen **II.** *adj* hochrangig **Big Mo** *n* AM (*fam*) Schwungkraft *f*; **to keep up the ~** den Schwung nicht verlieren **big money** *n* (*fam*) ein Haufen *m* Geld *fam*; **to cost ~** eine [ganze] Stange Geld kosten *fam* **big mouth** *n* (*pej fam: conceited person*) Großmaul *nt pej fam*; (*indiscreet person*) Schwätzer(in) *m(f) pej*, Plaudertasche *f hum, pej*, Klatschbase *f pej fam*; ***keep your ~ shut!*** halt die Klappe! *fam*; **to have a ~** eine große Klappe haben *fam*; **to open one's ~** alles ausplaudern *fam* **big name** *n* (*fam*) Größe *f*, berühmte [*o* namhafte] Persönlichkeit **big noise** *n* (*fam*) hohes Tier *fam*; *see also* **big name**
bigot [ˈbɪgət] *n* Eiferer *m*; **religious ~** religiöser Eiferer
bigoted [ˈbɪgətɪd, AM -t̬ɪd] *adj* (*pej*) fanatisch; REL bigott *geh*
bigotry [ˈbɪgətri] *n no pl* (*pej*) Fanatismus *m*; REL Bigotterie *f*
big-screen tv [ˌbɪgskriːntiːˈviː] *n* Großbildfernseher *m*
big shot *n* (*fam*) hohes Tier *fam* **big smoke** *n* ■**the ~** BRIT (*fam*) London *nt*; *esp* AUS (*fam*) die Großstadt **big-ticket** *adj attr* AM kostspielig **big time** *n* (*fam*) **to be in the ~** eine große Nummer sein *fam*; **to hit** [*or* **make**] **the ~** den großen Durchbruch schaffen **big-time** [ˈbɪgtaɪm] **I.** *adv inv* (*fam: in a big way*) großartig **II.** *adj attr criminal* berühmt-berüchtigt; *capitalist, company, manufacturer* im großen Stil *nach n*; ~ **boy** große Nummer *fam*; ~ **comedian** erstklassiger Komiker/erstklassige Komikerin; ~ **politician** Spitzenpolitiker(in) *m(f)*; ~ **racketeer** Obergauner(in) *m(f) fam* **big top** *n* großes Zirkuszelt **big wheel** *n* BRIT Riesenrad *nt* **bigwig** *n* (*fam*) hohes Tier *fam*; **local ~** Lokalmatador(in) *m(f) oft hum*; **party ~** Parteigröße *f*

B

bijou ['bi:ʒu:] *adj attr* (*approv*) schmucke(r,s) *attr geh;* **a ~ flat** eine nette kleine Wohnung; **a ~ residence** ein schnuckliges kleines Haus *fam*

bikathon ['baɪkəθɒn, AM -θɑ:n] *n* Fahrradrennen *nt* für einen wohltätigen Zweck

bike [baɪk] **I.** *n* ❶ (*fam: bicycle*) [Fahr]rad *nt;* **child's ~** Kinder[fahr]rad *nt;* **to get on a ~** auf ein Fahrrad steigen; **to learn how to ride a ~** Rad fahren lernen; **to ride a ~** Rad fahren; **by ~** mit dem [Fahr]rad ❷ (*motorcycle*) Motorrad *nt,* Maschine *f fam* ▶ PHRASES: **on your** [*or* **yer**] **~!** BRIT (*sl*) hau ab! *fam* **II.** *vi* (*fam: ride bicycle*) mit dem Fahrrad fahren, radeln *fam;* (*ride motorcycle*) mit dem Motorrad fahren

bike lane *n,* **bikeway** *n* [Fahr]radweg *m*

biker ['baɪkəʳ, AM -kɚ] *n* (*fam*) ❶ (*on bicycle*) [Fahr]radfahrer(in) *m(f),* Radler(in) *m(f)* ❷ (*on motorbike*) Motorradfahrer(in) *m(f)* ❸ (*in motorcyclists' gang*) Rocker(in) *m(f)*

biker boots *n pl* Bikerstiefel *mpl*

bike shed *n esp* BRIT (*walled-in*) Fahrradschuppen *m;* (*open*) Fahrradstand *m*

bikie ['baɪki] *n* AUS (*fam*) Rocker(in) *m(f)*

bikini [bɪ'ki:ni] *n* Bikini *m;* **~ bottoms** Bikinihose *f,* Bikiniunterteil *nt;* **~ top** Bikinioberteil *nt;* **a ~-clad woman** eine Frau im Bikini

bikini line *n* Bikinizone *f;* ■**to do one's ~** die Bikinizone enthaaren

bikkie *n,* **bikky** *n* AUS *see* **bickie**

bilabial [baɪ'leɪbiəl] *adj inv* bilabial *geh*

bilateral [baɪ'lætᵊrᵊl, AM -'læt̬ɚ-] *adj inv* bilateral *geh*

bilateral clearing *n* ECON bilaterales Clearing **bilateral contract** *n* LAW bilateraler Vertrag **bilateral credit** *n* ECON bilateraler Kredit

bilaterally [baɪ'lætᵊrᵊli, AM læt̬ɚᵊli] *adv inv* bilateral, beidseitig

bilberry ['bɪlbᵊri, AM -ber-] *n* ❶ (*shrub*) Heidelbeerstrauch *m,* Blaubeerstrauch *m* ❷ (*berry*) Heidelbeere *f,* Blaubeere *f*

bilby ['bɪlbi] *n australische Rattenart*

bile [baɪl] *n no pl* Galle *f;* (*fig: rancour*) Bitterkeit *f;* (*anger*) Ärger *m;* **~ acid** Gallensäure *f;* **~ duct** Gallengang *m meist pl,* Gallenwege *pl*

bilge [bɪldʒ] *n* ❶ *no pl* (*sl or dated: nonsense*) Unsinn *m;* ***don't talk ~*** erzähl keinen Quatsch *fam* ❷ NAUT Bilge *f;* **~ water** Bilgenwasser *nt*

bilharzia [bɪl'hɑ:ziə, AM -'hɑ:rzi-] *n* MED Bilharziose *f*

bilingual [baɪ'lɪŋgwᵊl] *adj inv* zweisprachig, bilingual *fachspr;* **~ secretary** Fremdsprachensekretär(in) *m(f)*

bilingualism [baɪ'lɪŋgwᵊlɪzᵊm] *n no pl* Zweisprachigkeit *f,* Bilingualismus *m fachspr*

bilious ['bɪliəs, AM -jəs] *adj* ❶ MED Gallen-; (*fig: bad-tempered*) übellaunig; (*irritable*) reizbar; **~ attack** MED Gallenkolik *f;* **~ mood** üble Laune; **sb is very ~** jdm läuft immer gleich die Galle über ❷ (*nasty*) widerlich, scheußlich

bilk [bɪlk] *vt* (*fam*) ■**to ~ sb** [**of sth**] jdn [um etw *akk*] prellen [*o* bringen] *fam*

bilking ['bɪlkɪŋ] *n* LAW Prellerei *f*

bill¹ [bɪl] **I.** *n* ❶ (*invoice*) Rechnung *f;* ***could we have the ~, please?*** wir möchten bitte zahlen, zahlen bitte!; ***put it on my ~*** setzen Sie das auf meine Rechnung; **to foot the ~** die Rechnung bezahlen [*o geh* begleichen] ❷ AM (*bank note*) Geldschein *m,* Banknote *f;* [**one-**]**dollar ~** Dollarschein *m,* Dollarnote *f* ❸ FIN **~s payable** Wechselverbindlichkeiten *fpl;* **~s receivable** Wechselforderungen *fpl;* **commercial ~** Handelswechsel *m,* Warenwechsel *m;* **domestic ~** Inlandswechsel *m;* **domiciled ~** Domizilwechsel *m;* **due ~** FIN fälliger Wechsel; **foreign ~** Auslandswechsel *m;* **trade ~** Warenwechsel *m,* Handelswechsel *m;* **Treasury** [*or* AM **T**] **~** Schatzwechsel *m;* **long-dated ~** langfristiger Wechsel; **short-dated ~** kurzfristiger Wechsel; **to accept a ~** einen Wechsel akzeptieren; **to discount a ~** einen Wechsel diskontieren; AM STOCKEX Verpflichtungserklärung *f* über Lieferung von Wertpapieren ❹ (*proposed law*) Gesetzentwurf *m,* Gesetzesvorlage *f;* **Private Member's B~** Gesetzesvorlage *f* eines Abgeordneten; **Private B~** Gesetzesvorlage *f* für ein Einzelfallgesetz; **Public B~** Gesetzesvorlage *f* für ein allgemeines Gesetz; **to amend a ~** (*change*) eine Gesetzesvorlage [*o* einen Gesetzentwurf] abändern; (*add*) eine Gesetzesvorlage [*o* einen Gesetzentwurf] ergänzen; **to pass a ~** ein Gesetz verabschieden; **to throw out a ~** (*fam*) ein Gesetz ablehnen ❺ (*placard*) Plakat *nt;* ***"no ~s"***, AM ***"post no ~s"*** „Plakate ankleben verboten" ❻ (*list of celebrities*) Besetzungsliste *f;* **to top** [*or* **head**] **the ~** der Star des Abends sein ❼ LAW (*written statement*) **~ of indictment** Anklageschrift *f* ▶ PHRASES: **to fit the ~** der/die/das Richtige [*o* Passende] sein **II.** *vt* ❶ (*invoice*) ■**to ~ sb** jdm eine Rechnung ausstellen; ■**to ~ sb for sth** jdm etw in Rechnung stellen, jdm etw berechnen ❷ *usu passive* (*listed*) ■**to be ~ed** angekündigt werden

bill² [bɪl] **I.** *n of bird* Schnabel *m* **II.** *vi* **to ~ and coo** (*hum*) [miteinander] turteln

Bill [bɪl] *n no pl* BRIT (*sl*) **the** [**old**] **~** die Polente *sl*

billabong ['bɪləbɒŋ] *n* AUS toter Flussarm

billboard *n* Reklamefläche *f,* Reklametafel *f;* (*wall*) Plakatwand *f* **bill broker** *n* BRIT FIN Wechselmakler *m,* Wechselfirma *f*

billet ['bɪlɪt, AM -ət] **I.** *n* MIL Quartier *nt* **II.** *vt usu passive* ■**to be ~ed** untergebracht werden; (*soldiers*) einquartiert werden

billet-doux <*pl* billets-doux> [,bɪleɪ'du:] *n* (*liter or usu hum*) Liebesbrief *m,* Billetdoux *nt veraltet*

billfold *n* AM Brieftasche *f* **billhook** *n* Hippe *f*

billiard ['bɪliəd, AM -jɚd] *n modifier* Billard-; **~ ball** Billardkugel *f*

billiards ['bɪliədz, AM -jɚdz] *n no pl* Billard *nt*

billing ['bɪlɪŋ] *n no pl* ❶ (*list*) Programm *nt;* (*advance notice*) Ankündigung *f;* **to get** [*or* **have**] **top ~** an oberster Stelle auf dem Programm stehen ❷ (*publicity*) **advance ~** Reklame *f;* **to live up to one's ~** halten, was man verspricht *m* ❸ (*invoicing*) Rechnungsschreiben *nt* ❹ (*turnover of advertising agency*) Umsatz *m*

billing error *n* Abrechnungsfehler *m* bei Kreditkarten

billion ['bɪliən, AM -jən] *n* Milliarde *f;* BRIT (*old*) Billion *f;* **~ dollar industry** Milliardengeschäft *nt;* **to spend ~s on sth** (*fam*) Unsummen für etw *akk* ausgeben *fam*

billionaire [,bɪliə'neəʳ, AM -jə'ner] *n esp* AM Milliardär(in) *m(f)*

bill of acceptance *n* FIN Akzept *nt* **bill of exchange** *n* Wechsel *m,* Tratte *f fachspr;* **to discount a ~** einen Wechsel diskontieren **bill of fare** *n* Speisekarte *f* **bill of goods** *n* AM Frachtbrief *m;* **to sell sb a ~** (*fig*) jdn verschaukeln *fam* **bill of health** *n* [mündliche] Gesundheitsattestierung [*o* Gesundheitsbestätigung] **bill of lading** *n* Seefrachtbrief *m,* Konnossement *nt fachspr* **bill of rights** *n* BRIT Bill of Rights *f* (*britisches Staatsgrundgesetz*); ■**the B~** AM *Zusatzklauseln 1 – 10 zu den Grundrechten*

billow ['bɪləʊ, AM -oʊ] **I.** *vi* ❶ (*surge*) wogen *geh* ❷ (*bulge*) *cloth* sich blähen; *smoke* in Schwaden aufsteigen; *skirt* sich bauschen; (*fig*) sich *akk* aufblähen [*o* ausweiten]; **~ing corruption** schnell anwachsende Korruption **II.** *n usu pl* ❶ (*wave*) Woge *f geh* ❷ *of cloud, steam* Schwaden *m;* **~s of smoke** Rauchschwaden *pl*

billowy ['bɪləʊi, AM -oʊi] *adj* (*liter*) ❶ (*rolling in waves*) wogend *geh* ❷ (*swelling out*) in Schwaden aufsteigend; ***the steam left the top of the water tower in a ~ cloud*** der Dampf stieg in Schwaden vom Wasserturm auf

bill poster *n* Plakat[an]kleber(in) *m(f);* ***"~s will be prosecuted"*** „das Ankleben von Plakaten wird strafrechtlich verfolgt" **bill posting** *n no pl* Plakatkleben *nt* **bills payable** *n* Wechselverbindlichkeiten *pl* **bill sticker** *n* Plakat[an]kleber(in) *m(f); see also* **bill poster**

billy ['bɪli] *n* ❶ BRIT, AUS (*for camping*) Kochgeschirr *nt* (*zum Campen*) ❷ AM (*truncheon*) Knüppel *m* ❸ (*male goat*) Ziegenbock *m*

billycan *n* BRIT, AUS Kochgeschirr *nt* (*zum Campen*) **billy goat** *n* Ziegenbock *m* **billy-o** ['bɪliəʊ] *n no pl* BRIT, AUS (*dated sl*) **like ~** wie verrückt *fam*

bimbo <*pl* -es *or* -s> ['bɪmbəu, AM -boʊ] *n* (*pej sl*) Häschen *nt fam,* Puppe *f pej fam;* **blonde ~** blondes Dummchen *pej fam*

bi-monthly **I.** *adj inv* ❶ (*twice a month*) zweimal im Monat; **to have a ~ meeting** sich *akk* zweimal im Monat treffen ❷ (*every two months*) zweimonatlich, alle zwei Monate; **~ magazine** zweimonatlich erscheinende Zeitschrift **II.** *adv* ❶ (*twice a month*) zweimal im Monat ❷ (*once every two months*) alle zwei Monate, zweimonatlich

bin [bɪn] **I.** *n* ❶ BRIT, AUS (*for waste*) Mülleimer *m;* BRIT Mülltonne *f;* **to consign sth to** [*or* **throw sth in**] **the ~** etw wegwerfen; **to consign a plan to the ~** (*fig*) einen Plan verwerfen ❷ (*for storage*) Behälter *m;* **bread ~** Brotkasten *m;* **corn ~** Getreidesilo *m;* **wine ~** Weinregal *nt* **II.** *vt* BRIT ■**to ~ sth** etw wegwerfen; (*fig*) etw bleiben lassen

BIN *n abbrev of* **bank identification number** Bankkennzahl *f*

binary ['baɪnᵊri] *adj inv* binär; **~ fission** Zellteilung *f;* **~ numbers** binäre Zahlen

binary code *n,* **binary system** *n* binäres System **binary notation** *n* COMPUT Binärschreibweise *f*

bin bag *n* BRIT Müllbeutel *m,* Mülltüte *f*

bind [baɪnd] **I.** *n* (*fam: obligation*) Verpflichtung *f;* (*burden*) Belastung *f;* **to be a bit of a ~** ziemlich lästig sein; **to be in a bit of a ~** in der Klemme stecken [*o* sitzen] *fam* **II.** *vi* <bound, bound> binden; *clay, soil* fest werden **III.** *vt* <bound, bound> ❶ (*fasten*) ■**to ~ sb to sth** jdn an etw *akk* fesseln; ■**to ~ sth to sth** etw an etw *akk* festbinden; **to be bound hand and foot** an Händen und Füßen gefesselt sein; ■**to be bound to sb** (*fig*) eine starke Bindung zu jdm haben ❷ (*cause to congeal*) ■**to ~ together** ↔ **sth** etw zusammenbinden; ■**to ~ together** ↔ **sb** (*fig*) jdn verbinden ❸ (*commit*) ■**to ~ sb** jdn binden [*o* verpflichten]; ■**to ~ sb to sth** jdn zu etw *dat* verpflichten, jdn an etw *akk* binden; **to ~ sb to secrecy** jdn zum Stillschweigen verpflichten; **to ~ oneself under oath** LAW sich *akk* eidlich verpflichten ❹ *usu passive* ■**to ~ sth** (*attach*) etw anbringen; *cloth* etw annähen; **to ~ one's feet** seine Füße einschnüren; **to ~ one's hair** seine Haare zusammenbinden ❺ TYPO **to ~ a book** ein Buch binden

◆**bind over** *vt usu passive* LAW ■**to be bound over** verwarnt werden; ***he was bound over to keep the peace*** es wurde ihm zur Auflage gemacht, die öffentliche Ordnung zu wahren; ■**to ~ sb over** BRIT ≈ jdm eine Bewährungsfrist geben; AM Untersuchungshaft *f* gegen jdn anordnen

◆**bind up** *vt* ❶ (*bandage*) ■**to ~ up** ↔ **sb/sth** jdn/etw verbinden; **to ~ up one's hair** sich *dat* die Haare hochbinden; **to ~ up a prisoner** einen Gefangenen fesseln ❷ *usu passive* (*connect*) ■**to be bound up with sth** mit etw *dat* zusammenhängen [*o* in Zusammenhang stehen]; ■**to be bound up together** *events* etw miteinander zu tun haben; *people* einander verbunden sein *geh*

binder ['baɪndəʳ, AM -dɚ] *n* ❶ (*cover*) Einband *m;* (*notebook*) Hefter *m* ❷ (*sb who covers books*) Buchbinder(in) *m(f)* ❸ (*substance*) Bindemittel *nt* ❹ AGR [Mäh]binder *m* ❺ AM ECON (*cover note*) Versicherungsschein *m;* (*deposit*) Anzahlung *f*

bindery ['baɪndᵊri, AM -dɚi] *n* Buchbinderei *f*

bindhi ['bɪndi] *n* Bindi *nt* (*Schmuck, der auf die Stirnmitte aufgeklebt wird*)

binding ['baɪndɪŋ] **I.** *n no pl* ❶ (*covering*) Einband *m;* **embossed leather ~** Ledereinband *m* mit Prägedruck ❷ (*act*) Binden *nt* ❸ (*textile strip*) [Naht]band *nt* ❹ (*on ski*) Bindung *f* **II.** *adj* ❶ *attr* verbindlich; **~ agreement** verbindlicher [*o* bindender] Vertrag, **~** *precedent;* LAW bindender Präzedenzfall; **legally ~** rechtsverbindlich ❷ MED stopfend

bind-over order *n* LAW gerichtliche Verwarnung mit Strafvorbehalt

bindweed ['baɪndwi:d] *n no pl* BOT Winde *f*

binge [bɪndʒ] (*fam*) **I.** *n* Gelage *nt;* (*orgy*) Orgie *f;* **drinking ~** Saufgelage *nt fam;* **~-eating** Fressgelage *nt;* (*greed*) Esssucht *f;* **shopping** ~ Kaufrausch *m;* **to go on a** ~ auf Sauftour gehen *fam;* (*shopping*) groß shoppen gehen *fam;* (*eating*) ein Fressgelage abhalten *fam* **II.** *vi* heißhungrig essen; ■**to** ~ **on sth** sich *akk* mit etw *dat* vollstopfen *fam*

bingo [ˈbɪŋgəʊ, AM -goʊ] **I.** *n no pl* Bingo *nt* **II.** *interj* (*fam*) ■~! bingo! *sl* (*drückt positives Erstaunen, Überraschung aus; wird auch verwendet nach gefundener Lösung*)

bin liner *n* BRIT Müllbeutel *m,* Mülltüte *f* **bin man** *n* BRIT (*fam*) Müllmann *m*

binnacle [ˈbɪnəkl̩] *n* NAUT Kompasshaus *nt*

binoculars [bɪˈnɒkjələz, AM -ˈnɑːkjəlɚz] *npl* Fernglas *nt;* **a pair of** ~ ein Fernglas *nt;* **to look through** ~ durch ein Fernglas schauen

binomial [baɪˈnəʊmiəl, AM -ˈnoʊ-] MATH **I.** *n* Binom *nt* **II.** *adj* binomisch

bio- [baɪə(ʊ)-, AM baɪoʊ-] *in compounds* Bio-

bioaeration [ˌbaɪəʊeəˈreɪʃən, AM ˌbaɪoʊerˈeɪʃən] *n* Belebtschlammverfahren *nt* (*biologische Abwasserreinigung*) **biochemical** *adj* biochemisch **biochemically** *adv* biochemisch **biochemist** *n* Biochemiker(in) *m(f)* **biochemistry** *n no pl* Biochemie *f* **biochip** [ˈbaɪəʊtʃɪp, AM ˈbaɪoʊ-] *n* (*chips loaded with DNA*) Biochip *m* **biodegradable** *adj* biologisch abbaubar **biodegrade** *vi* sich zersetzen **biodetergent** *n* biologisches Reinigungsmittel; (*washing powder*) biologisches Waschmittel **biodiversity** *n no pl* Artenvielfalt *f* **biodocumentary** [ˌbaɪəʊˌdɒkjəˈmentəri, AM ˌbaɪoʊˌdɑːkjəˈment̬ɚi] *n* biographische Dokumentation **biodynamic** *adj* biodynamisch **bioengineering** *n no pl* Biotechnik *f* **bioethicist** [ˌbaɪəʊˈeθɪsɪst, AM ˌbaɪoʊ-] *n* Bioethiker(in) *m(f)* **bioethics** *n + sing vb* Bioethik *f* **biofeedback** *n no pl* Biofeedback *nt* **biofuel** *n no pl* Biotreibstoff *m,* biologischer Treibstoff

biog [baɪˈɒg, AM baɪˈɑːg] *n* (*fam*) *see* **biography** Bio *f fam* **biogas** *n* Biogas *nt*

biographer [baɪˈɒgrəfəʳ, AM -ˈɑːgrəfɚ] *n* Biograf(in) *m(f)*

biographical [ˌbaɪəʊˈgræfɪkəl] *adj* biografisch

biography [baɪˈɒgrəfi, AM -ˈɑːgrəfi] *n* ❶ (*account of life*) Biographie *f* ❷ *no pl* (*genre*) Biografie *f,* biografische Literatur

bioinformatics [ˌbaɪə(ʊ)ɪnfəˈmætɪks, AM ˌbaɪoʊɪnfɚˈmæt̬-] *n + sing vb* Bioinformatik *f kein pl*

bioinsecticide *n* Bioinsektizid *nt fachspr,* biologisches Insektenbekämpfungsmittel

biological [ˌbaɪəˈlɒdʒɪkəl, AM -ˈlɑːdʒɪkəl] *adj* biologisch

biological clock *n* (*fam*) biologische Uhr **biological control** *n* biologische Schädlingsbekämpfung **biological event** *n* biologischer Anschlag, Anschlag *m* mit biologischen Waffen

biologically [ˌbaɪəˈlɒdʒɪkəli, AM -ˈlɑːdʒɪ-] *adv* biologisch; ~ **active chemicals** biologisch wirksame Chemikalien; **to be** ~ **based** [*or* **determined**] auf biologischer Grundlage basieren

biological warfare *n* biologische Krieg[s]führung **biological weapons** *npl* biologische Waffen

biologist [baɪˈɒlədʒɪst, AM -ˈɑːlə-] *n* Biologe, -in *m, f*

biology [baɪˈɒlədʒi, AM -ˈɑːlə-] **I.** *n no pl* Biologie *f;* **human** ~ Humanbiologie *f;* **marine** ~ Meeresbiologie *f* **II.** *n modifier* (*book, department, lecture*) Biologie-

biomass [ˌbaɪəʊˈmæs, AM ˌbaɪoʊ-] *n* Biomasse *f*

biomedical [ˌbaɪəʊˈmedɪkəl, AM oʊ'] *adj inv* biomedizinisch **biomedicine** [ˌbaɪəʊˈmedɪsən, AM ˌbaɪoʊˈmedɪsən] *n* Biomedizin *f* **biomorphic** [ˌbaɪəʊˈmɔːfɪk, AM ˌbaɪoʊˈmɔːr-] *adj* biomorph **bio movie** *n* AM (*fam*) biografischer Film

bionic [baɪˈɒnɪk, AM -ˈɑːnɪk] *adj* ❶ MED bionisch ❷ (*fam: extremely active*) hyperaktiv

biopesticide *n* biologisches Schädlingsbekämpfungsmittel **biophysical** [ˌbaɪəʊˈfɪzɪkəl, AM oʊ'] *adj inv* biophysikalisch **biophysics** *n + sing vb* Biophysik *f*

biopic [ˈbaɪəʊpɪk, AM ˌbaɪoʊ-] *n* (*sl*) Filmbiografie *f*

biopsy [ˈbaɪɒpsi, AM -ɑːpsi] *n* Biopsie *f*

biorhythm *n* Biorhythmus *m* **biosphere** *n no pl* Biosphäre *f* **biotech** [ˈbaɪəʊtek, AM ˈbaɪoʊ-] *adj attr, inv* biotechnisch, Biotechnik-; **the** ~ **industry** die Biotechnik-Industrie **biotechnology** *n no pl* (*science, research*) Biotechnologie *f;* (*process*) Biotechnik *f*

biotope [ˈbaɪə(ʊ)təʊp, AM ˌbaɪoʊtoʊp] *n* Biotop *m o nt*

bioweapon [ˈbaɪəʊwepən, AM ˈbaɪoʊ-] *n* biologische Waffe

bipartisan [ˌbaɪpɑːtɪˈzæn, AM baɪˈpɑːrt̬əzən] *adj inv* ❶ (*of two political parties*) Zweiparteien- ❷ (*backed by two political parties*) von zwei Parteien getragen; **a** ~ **agreement** von beiden Parteien erzielte Übereinkunft

bipartite [baɪˈpɑːtaɪt, AM ˈpɑːr] *adj inv* zweiteilig, zweiseitig

biped [ˈbaɪped] *n* Zweifüß[l]er *m*

biplane [baɪpleɪn] *n* Doppeldecker *m*

bipolar [baɪˈpəʊləʳ, AM -ˈpoʊlɚ] *adj* bipolar, zweipolig; ~ **psychosis** bipolare Psychose

bipolar depression *n no pl* PSYCH bipolare Depression

biquinary code [baɪˈkwaɪnəri-] *n* MATH Biquinärcode *m*

biracial [baɪˈreɪʃəl] *adj inv* gemischtrassig

birch [bɜːtʃ, AM bɜːrtʃ] **I.** *n* <*pl* -es> ❶ (*tree*) Birke *f* ❷ *no pl* (*hist: type of punishment*) ■**the** ~ *Züchtigung mit der Rute;* **to bring back the** ~ die Prügelstrafe wieder einführen ❸ (*hist: stick*) Rute *f* **II.** *vt* (*hist*) ■**to** ~ **sb** jdn mit der Rute züchtigen *geh*

bird [bɜːd, AM bɜːrd] **I.** *n* ❶ (*creature*) Vogel *m;* **a flock of** ~**s** ein Vogelschwarm *m;* **caged** ~ Käfigvogel *m;* **migrating** [*or* **migratory**] ~ Zugvogel *m;* **wading** ~ Stelzvogel *m;* **to feel free as a** ~ sich *akk* frei wie ein Vogel fühlen ❷ (*fam: person*) **home** ~ Nesthocker *m fam;* **odd** [*or* **rare**] ~ (*fam*) seltener Vogel *fam;* **strange** ~ komischer Kauz [*o fam* Vogel] ❸ (*dated sl: young female*) Puppe *f fam,* Biene *f fam;* **game old** ~ BRIT, AUS (*approv*) flotte Alte *fam;* **old** ~ (*fam*) alte Schachtel *fam;* **to pick up** [*or* **pull**] **a** ~ BRIT, AUS (*sl or dated*) 'ne Mieze aufreißen *sl* ❹ BRIT, AUS (*dated sl: be in prison*) **to do** ~ sitzen *fam,* hinter Gittern sitzen ▶ PHRASES: **to know about the** ~**s and** **bees** (*euph*) aufgeklärt sein; **to be a** ~ **in a gilded** **cage** in einem goldenen Käfig sitzen; **to see a** ~**'s** **eye** **view of sth** etw aus der Vogelperspektive betrachten; ~**s of a** **feather** **flock together** (*prov*) Gleich und Gleich gesellt sich gern *prov;* **a** ~ **in the** **hand** **is worth two in the bush** (*prov*) besser ein Spatz in der Hand als eine Taube auf dem Dach *prov;* **to kill two** ~**s with one** **stone** zwei Fliegen mit einer Klappe schlagen *fam;* **the early** ~ **catches the** **worm** (*prov*) Morgenstund' hat Gold im Mund *prov;* **a** **little** ~ **told me** das sagt mir mein kleiner Finger; **a** **little** ~ **told me that ...** ein kleines Vögelchen hat mir gezwitschert, dass ...; **the** ~ **has** **flown** der Vogel ist ausgeflogen *fam;* **to** **give** **sb the** ~ jdn auspfeifen; [**strictly**] **for** **the** ~**s** AM, AUS (*fam*) für die Katz' *fam* **II.** *n modifier* ~ **call** Vogelruf *m;* ~ **droppings** Vogelmist *m,* Vogeldreck *m fam;* ~**-life** Vogelwelt *f;* ~ **sanctuary** Vogelreservat *nt,* Vogelschutzgebiet *nt*

bird bath *n* Vogelbad *nt* **birdbrain** *n* (*fam*) Spatzenhirn *nt sl* **birdbrained** *adj* (*fam*) gehirnamputiert *sl;* ■**to be** ~ ein Spatzenhirn haben *sl* **birdcage** *n* Vogelkäfig *m* **bird course** *n* CAN *sehr einfacher Kurs an der Universität* **bird dog** *n* AM (*gun dog*) Hühnerhund *m* **birdhouse** *n* Vogelhaus *nt;* (*big one*) Voliere *f*

birdie [ˈbɜːdi, AM ˈbɜːrdi] **I.** *n* ❶ (*esp childspeak: small bird*) Piepmatz *m Kindersprache* ❷ (*golf*) Birdie *nt* ❸ AM (*shuttlecock*) Federball *m* ▶ PHRASES: **watch** **the** ~ gleich kommt's Vögelchen (*beim Fotografen*) **II.** *vt* (*in golf*) **to** ~ **a hole** einen Schlag unter Par spielen

birdie dance *n* BRIT ■**the** ~ der Ententanz, der Vogerltanz ÖSTERR

birdlike *adj* vogelähnlich, vogelartig **bird of paradise** <*pl* birds of paradise> *n* Paradiesvogel *m* **bird of passage** <*pl* birds of passage> *n* Zugvogel *m;* (*fig also*) unsteter Mensch **bird of prey** <*pl* birds of prey> *n* Raubvogel *m* **birdseed** *n no pl* Vogelfutter *nt* **bird's-eye view** *n* Vogelperspektive *f* **bird's nest** *n* Vogelnest *nt* **birdsong** *n no pl* Vogelgesang *m* **bird table** *n* BRIT Futterplatz *m* (*für Vögel*) **birdwatcher** *n* Vogelbeobachter(in) *m(f)* **birdwatching** *n no pl* Beobachten *nt* von Vögeln

biretta [bɪˈretə, AM ˈret̬ə] *n* Birett *nt*

Biro® *n* BRIT, **biro**® [ˈbaɪ(ə)rəʊ] *n* BRIT Kugelschreiber *m,* Kuli *m fam*

birth [bɜːθ, AM bɜːrθ] *n* ❶ (*event of being born*) Geburt *f;* **from** ~ von Geburt an; **country/date/place of** ~ Geburtsland *nt*/-datum *nt*/-ort *m;* **concealment of** ~ LAW Personenstandsunterdrückung *f,* Verletzung *f* der Anzeigepflicht, [*bei Geburt eines Kindes*]; ~**s and deaths** Geburten und Todesfälle; ~ **defect** Geburtsfehler *m,* konnataler Defekt *fachspr;* ~ **pangs** Geburtswehen *fpl;* **difficult** ~ schwierige Geburt *a. fig;* **live** ~ Lebendgeburt *f;* **to be present at the** ~ bei der Geburt [mit] dabei sein; **to give** ~ entbinden; **to give** ~ **to a child** ein Kind zur Welt bringen [*o* gebären] *liter;* **to give** ~ **to sth** (*fig*) etw hervorbringen [*o* schaffen] ❷ *no pl* (*family*) Abstammung *f,* Herkunft *f;* **of illegitimate/legitimate** ~ unehelicher/ehelicher Abstammung; **by** ~ von Geburt; **to be English by** ~ gebürtiger Engländer/gebürtige Engländerin sein; **to be of low/noble** ~ niedriger/adliger Abstammung sein

birth certificate *n* Geburtsurkunde *f* **birth control** *n* Geburtenkontrolle *f,* Geburtenregelung *f;* ~ **pill** Antibabypille *f,* orales Kontrazeptivum

birthday [ˈbɜːθdeɪ, AM ˈbɜːr-] **I.** *n* Geburtstag *m;* ***happy*** ~ [***to you***]! alles Gute zum Geburtstag! **II.** *n modifier* ~ **boy/girl** (*fam*) Geburtstagskind *nt hum;* ~ **cake** Geburtstagstorte *f,* Geburtstagskuchen *m;* ~ **card** Geburtstagskarte *f* **Birthday Honours** *npl* BRIT *Titel- und Ordensverleihungen am offiziellen Geburtstag des britischen Monarchen/der britischen Monarchin;* ~ **list** *Liste der von der Königin auf Vorschlag der Regierung zu ehrenden britischen Bürger* **birthday party** *n* Geburtstagsparty *f,* Geburtstagsfeier *f* **birthday present** *n* Geburtstagsgeschenk *nt* **birthday suit** *n* (*euph*) **to** **appear** **in one's** ~ im Adams-/Evaskostüm erscheinen *hum fam;* **to** **wear** [**or** **be** **in**] **one's** ~ (*fam or hum*) im Adamskostüm herumlaufen *hum fam*

birthing [ˈbɜːθɪŋ, AM ˈbɜːrd] **I.** *n no pl* Geburt *f* **II.** *n modifier* (*method, position, pool*) Gebär-

birthing center *n* AM Geburtshaus *nt*

birthmark *n* Muttermal *nt,* Geburtsmal *nt* **birth mother** *n* biologische Mutter **birthplace** *n* Geburtsort *m* **birth rate** *n* Geburtenrate *f* **birthright** *n* Geburtsrecht *nt,* angestammtes Recht; **to drive sb out of his** ~ jdn seines Geburtsrechts berauben; (*right of first born*) Erstgeburtsrecht *nt;* **to sell one's** ~ (*fig*) sein Erstgeburtsrecht verkaufen *fig* **birthstone** *n* Monatsstein *m* **birthweight** *n* Geburtsgewicht *nt*

BIS [ˌbiːaɪˈes] *n* FIN *abbrev of* **Bank for International Settlements** BIZ *f*

biscuit [ˈbɪskɪt] *n* ❶ BRIT, AUS Keks *m;* **cheese and** ~**s** Käsekräcker *mpl;* **dog** ~ Hundekuchen *m;* **a packet of** ~**s** eine Packung Kekse ❷ AM (*bread type*) Brötchen *nt* ▶ PHRASES: **that** [**really**] **takes** **the** ~ BRIT (*fam: sth astonishing*) das schlägt dem Fass den Boden aus; (*sth irritating*) das ist die Höhe

bisect [baɪˈsekt, AM ˈbaɪsekt] *vt* ■**to** ~ **sth** (*split in two*) etw zweiteilen; (*divide equally*) etw in der Mitte durchschneiden

bisection [baɪˈsekʃən] *n* (*in two parts*) Zweiteilung *f;* (*in two halves*) Halbierung *f*

bisexual [baɪˈsekʃuəl] **I.** *n* Bisexuelle(r) *f(m);* ■**to be a** ~ bisexuell sein **II.** *adj inv* bisexuell

bisexuality [ˌbaɪsekʃuˈæləti, AM ˈælət̬i] *n no pl* Bisexualität *f*

bishop [ˈbɪʃəp] *n* ❶ (*priest*) Bischof *m* ❷ CHESS Läufer *m*

bishopric [ˈbɪʃəprɪk] *n* ❶ (*term*) Amtszeit *f* (*eines Bischofs*) ❷ (*diocese*) Bistum *nt,* Diözese *f* ❸ (*function*) Bischofsamt *nt*

B

bison <pl -s or -> ['baɪsᵊn, -zᵊn] *n* (*buffalo*) Bison *m;* (*European buffalo*) Wisent *m;* **herds of** ~ Bisonherden *fpl*

bisque [bi:sk, AM bɪsk] *n no pl* (*of fish*) Fischcremesuppe *f,* Schellfischsuppe *f;* (*of vegetable*) Gemüsesuppe *f*

bistable [ˌbaɪ'steɪbl̩] *adj* COMPUT bistabil; ~ **circuit** [*or* **multivibrator**] bistabile Kippschaltung

bistro ['bi:strəʊ, AM -troʊ] *n* Bistro *nt*

bit¹ [bɪt] *n* ❶ (*fam: small piece*) Stück *nt;* ~**s of glass** Glasscherben *fpl;* ~**s of paper** Papierfetzen *mpl;* **little** ~**s** Stückchen *pl;* **to blow sth to** ~**s** etw zerreißen; **to fall** [*or* **come**] **to** ~**s** kaputtgehen *fam;* **to go to** ~**s** (*fig*) [psychisch] zusammenbrechen, durchdrehen *fam;* **to smash sth to** ~**s** etw zerschmettern [*o* zertrümmern]; **to tear sth to** ~**s** etw in Stücke reißen ❷ (*small amount*) ■**a** ~ **of ...** ein wenig [*o* bisschen] ...; ***with a*** ~ ***of luck, I'll pass the exam*** mit viel Glück bestehe ich die Prüfung; ***she heard a*** ~ ***of news about an old friend*** sie erfuhr Neuigkeiten über einen alten Freund; **a** ~ **of trouble** ein bisschen Ärger; **to have a** ~ **put away** einiges auf der hohen Kante haben ❸ (*part*) Teil *m;* ***bring your*** ~***s and pieces!*** BRIT bring deine Siebensachen mit!; **sewing** ~**s and pieces** Nähutensilien *ntpl;* **to do one's** ~ (*fam*) seinen Teil beitragen, das seinige tun; ~ **by** ~ Stück für Stück, nach und nach; ***I saved up the money*** ~ ***by*** ~ ich habe mir das Geld Groschen für Groschen zusammengespart; ***we rebuilt the house over years*** ~ ***by*** ~ wir haben das Haus über die Jahre Stein für Stein wieder aufgebaut ❹ (*fam: short time*) ***I'm just going out for a*** ~ ich gehe mal kurz raus *fam;* ***I'll come along in a*** ~ ich komme gleich nach; **hold on** [*or* **wait**] **a** ~ warte mal [kurz] ❺ (*somewhat*) ***Mary's put on a*** ~ ***of weight*** Mary hat ganz schön zugenommen; ***he's a*** ~ ***of a bore*** er ist ein ziemlicher Langweiler; ***it's a*** ~ ***of a nuisance*** das ist ganz schön lästig; ***he's a*** ~ ***of an artist*** er ist künstlerisch begabt; ***he's a*** ~ ***of a poet*** er ist gar kein so schlechter Dichter; ***I'm a*** ~ ***tired*** ich bin ziemlich müde; ***the house is a*** ~ ***like a Swiss chalet*** das Haus sieht ein bisschen wie ein Schweizer Chalet aus; ***he's a good*** ~ ***older than his wife*** er ist um einiges älter als seine Frau; ■**not a** ~ kein bisschen; **not the least** [*or* **slightest**] ~ **...** kein bisschen ...; **... but not a** ~ **of it** BRIT ... aber nichts dergleichen [*o fam* nicht die Spur]; **quite a** ~ ziemlich; ***that's quite a*** ~ ***of ice cream!*** das ist ganz schön viel Eiskrem! ❻ (*rather*) ***that was a*** ~ ***much*** das war ein starkes Stück; ***that was a*** ~ ***too much of a coincidence*** das konnte kein Zufall mehr sein ❼ BRIT (*fam or hist: coin*) Groschen *m fam;* **threepenny/sixpenny** ~ Dreipence-/Sixpencestück *nt;* **two** ~**s** AM (*dated*) 25 Cents ▶ PHRASES: **to be a** ~ **of fluff** [*or* **stuff**] [*or* **skirt**] BRIT (*sl*) eine dufte Biene sein *fam;* **she was his '**~ **on the side' for several years** BRIT (*sl*) sie war jahrelang seine heimliche Geliebte; **to be a** ~ **of all right** BRIT (*sl*) große Klasse sein *fam*

bit² [bɪt] *vt, vi pt of* **bite**

bit³ [bɪt] *n* Trense *f;* (*fig*) ***she was chafing at the*** ~ ***waiting for the moment when she could visit her boyfriend*** sie konnte es kaum erwarten, ihren Freund besuchen zu dürfen ▶ PHRASES: **to have** [*or* **get**] [*or* **take**] **the** ~ **between one's teeth** (*start working*) sich *akk* an die Arbeit machen; (*become rebellious*) aufmüpfig werden; (*try hard*) sich *akk* mächtig anstrengen

bit⁴ [bɪt] *n* (*drill*) Bohrer[einsatz] *m;* (*chisel*) Meißel *m*

bit⁵ [bɪt] *n* COMPUT Bit *nt*

bitch [bɪtʃ] **I.** *n* <pl -es> ❶ (*female dog*) Hündin *f* ❷ (*fam: complaint*) **to have a good** ~ mal richtig lästern *fam;* **to get into a** ~ **about sth** gemeinsam über etw *akk* schimpfen, sich *akk* gemeinsam über etw *akk* auslassen ❸ (*fam: mean woman*) Drachen *m fam,* Hexe *f,* Bissgurn *f* SÜDD, ÖSTERR *fam;* ***you*** ~***!*** du Miststück! *derb* ❹ (*fig sl: bad situation*) Mist *m fig fam;* ***what a*** ~***!*** so ein Mist! *fam;* ***life's a*** ~ das Leben ist ungerecht; **a** ~ **of a job** ein Scheißjob *m sl* **II.** *vi* (*fam!*) ■**to** ~ **about sb/sth** über jdn/etw lästern

◆**bitch up** *vt* AM (*fam!*) ■**to** ~ **sth** ○ **up** etw versauen *sl*

bitchiness ['bɪtʃɪnəs] *n no pl* (*fam!*) Gemeinheit *f,* Gehässigkeit *f*

bitchy ['bɪtʃi] *adj* (*fam!*) gemein, gehässig

bite [baɪt] **I.** *n* ❶ (*using teeth*) Biss *m; of an insect* Stich *m;* ~ **mark** Bisswunde *f;* **snake/dog** ~ Schlangen-/Hundebiss *m;* **to give sb a** ~ jdn beißen; **to have a** ~ **to eat** (*fam*) eine Kleinigkeit [*o fam* einen Happen] essen; **to take a** ~ **of a pizza** von einer Pizza abbeißen; (*fig: portion*) ***the legal costs took a big*** ~ ***out of their money*** ein großer Teil ihres Geldes ging für die Rechtskosten drauf *fam* ❷ (*fig: sharpness*) Biss *m fig fam,* Schärfe *f fig;* **to give sth more** ~ *report, critique* etw schärfer formulieren; **to have** [**real**] ~ [echten] Biss haben *fam* ❸ (*fish*) Anbeißen *nt;* ***at last I've got a*** ~ endlich hat etwas angebissen ❹ *no pl* (*pungency*) Schärfe *f* ▶ PHRASES: **another** [*or* **a second**] [*or* **a double**] ~ **of the cherry** *esp* BRIT eine zweite Chance **II.** *vt* <bit, bitten> ❶ (*cut with teeth*) ■**to** ~ **sb** jdn beißen; *insect* jdn stechen; **to** ~ **one's lips** sich *dat* auf die Lippen beißen; (*fig*) sich *dat* das Lachen verbeißen; **to** ~ **one's nails** an seinen Nägeln kauen ❷ (*grip road*) **to** ~ **the road** *tyres* greifen ❸ (*affect people*) ■**to** ~ **sth** sich *akk* auf etw *akk* auswirken; ***the laws*** ~ ***him hard*** die Gesetze treffen ihn hart ▶ PHRASES: **to** ~ **the bullet** in den sauren Apfel beißen; **to** ~ **the dust** (*esp hum: crash*) stürzen; (*die*) ins Gras beißen *sl;* (*fig*) scheitern; **to** ~ **the hand that feeds one** die Hand beißen, die einen füttert; **to** ~ **one's tongue** sich *dat* auf die Zunge beißen; **to be badly bitten by sth** von etw *dat* schwer erwischt worden sein *fam;* ***the racing bug bit him badly*** das Rennfieber hat ihn schwer mitgenommen; **what's biting you?** (*fam*) was ist mit dir los?; ~ **me!** AM (*vulg*) leck mich am Arsch! *derb* **III.** *vi* <bit, bitten> ❶ (*with teeth*) *dog, snake* beißen; *insect* stechen; ***just go and ask her — she won't*** ~ (*hum*) frag sie mal – sie beißt [dich] schon nicht; ■**to** ~ **into sth** in etw *akk* beißen ❷ (*also fig: take bait*) anbeißen; **to** ~ **at bait** anbeißen *a. fig* ❸ (*grip road*) *tyres* ***these tyres are biting very well*** diese Reifen haben ein sehr griffiges Profil ❹ (*affect adversely*) einschneidende Wirkung haben; ***the recession was beginning to*** ~ die Rezession machte sich langsam bemerkbar ❺ (*reduce*) ■**to** ~ **into sth** etw reduzieren; ***her job began to*** ~ ***into her free time*** ihr Job nahm immer mehr ihrer Freizeit in Anspruch ❻ (*attack*) ■**to** ~ **into sth** ***the rope bit into his flesh*** das Seil schnitt in sein Fleisch ein; (*fig*) ***the cold began to*** ~ ***into their bones*** die Kälte begann ihnen in die Knochen zu kriechen ▶ PHRASES: **once bitten, twice shy** (*prov*) ein gebranntes Kind scheut das Feuer *prov;* **that** ~**s!** (*fam*) so ein Mist! *fam*

◆**bite back** *vt* ■**to** ~ **sth** ○ **back** *one's anger* etw hinunterschlucken *fig*

◆**bite off** **I.** *vt* ■**to** ~ **sth** ○ **off** etw abbeißen ▶ PHRASES: **to** ~ **sb's head off** (*fam*) jdm den Kopf abreißen *fig;* **to** ~ **off too much** [*or* **more than one can chew**] sich *akk* übernehmen, sich *dat* zu viel zumuten **II.** *vi* (*sl: imitate*) ■**to** ~ **off of sb** sich *dat* etw von jdm abschauen *fam*

biter ['baɪtəʳ, AM -t̬ɚ] *n* ▶ PHRASES: **the** ~ **is bit** wer andern eine Grube gräbt, fällt selbst hinein *prov;* ***this is a case of the*** ~ ***being bit*** diesmal ging der Schuss nach hinten los

bite-sized *adj* mundgerecht; (*fig fam: small*) winzig

biting ['baɪtɪŋ, AM -t̬-] *adj* beißend *attr a. fig;* (*fig*) scharf; ~ **criticism** scharfe Kritik; ~ **sarcasm/satire** beißender Sarkasmus/Spott; ~ **wind** schneidender Wind

bitmap ['bɪtmæp] *n* Bitmap *f fachspr* **bit part** *n* FILM kleine Nebenrolle

bitten ['bɪtᵊn] *vt, vi pp of* **bite**

bitter ['bɪtəʳ, AM -t̬ɚ] **I.** *adj* <-er, -est> ❶ (*sour*) *flavour, taste* bitter; ~ **almonds** Bittermandeln *pl;* ~ **chocolate** BRIT Zartbitterschokolade *f;* ~ **lemon** Bitter Lemon *nt* ❷ (*fig: painful*) bitter, schmerzlich; ~ **disappointment** bittere [*o* herbe] Enttäuschung; ***I pursued my claims to the*** ~ ***end*** ich kämpfte bis zum bitteren Ende um mein Geld; ~ **experience/truth** bittere [*o* schmerzliche] Erfahrung/Wahrheit; ~ **fruits** bittere Früchte; **to taste the** ~ **fruits of sth** die negativen Auswirkungen einer S. *gen* zu spüren bekommen; ~ **irony** bittere [*o* grausame] Ironie; **to sweeten the** ~ **medicine** [*or* **pill**] die bittere Pille versüßen; **to be a** ~ **pill to swallow** ein harter Schlag [*o* Wermutstropfen] sein; **a** ~ **memory** eine quälende Erinnerung; **a** ~ **reminder** ein trauriges Andenken; ~ **remorse** bittere [*o* tiefe] Reue ❸ (*resentful*) ■**to be** ~ [**about sth**] [über etw *akk*] verbittert sein; ~ **expression** verbitterter Gesichtsausdruck; ~ **glance** [*or* **look**] beleidigter [*o* gekränkter] Blick; ~ **humour** [*or* AM **humor**] Zynismus *m;* ~ **and twisted** kauzig und verbittert ❹ (*harsh*) erbittert; ~ **dispute** heftiger Streit; ~ **grudge** tiefer Groll ❺ (*stinging*) bitterkalt; ~ **cold** bittere Kälte; ~ **wind** schneidender [*o* eisiger] Wind; ~ **winter** strenger Winter **II.** *n* BRIT, AUS **a glass of** ~ ein Glas *nt* Bitter; **half a** ~ ein kleines Bitter

bitterly ['bɪtəli, AM -t̬ɚli] *adv* ❶ (*painfully*) bitter; ~ **disappointed** schwer [*o* tief] enttäuscht; **to resent sth** ~ etw bitter bereuen; **to weep** ~ bitterlich weinen ❷ (*intensely*) sehr; ~ **contested** heftig umstritten; ~ **jealous** krankhaft eifersüchtig; **to condemn** ~ vehement verurteilen ❸ (*bitingly*) ~ **cold** bitterkalt

bittern ['bɪtən, AM -t̬ən] *n* Rohrdommel *f*

bitterness ['bɪtənəs, AM -t̬ɚ-] *n no pl* ❶ (*rancour*) Groll *m,* Verbitterung *f* (**towards** gegenüber +*dat*); *of an answer* Heftigkeit *f;* **feeling of** ~ Vorbehalte *pl,* Ressentiments *pl* ❷ FOOD (*acidity*) Bitterkeit *f,* bitterer Geschmack

bitters ['bɪtəz, AM -t̬ɚz] *n + sing vb* Magenbitter *m*

bittersweet *adj* bittersüß *a. fig;* ~ **chocolate** AM Zartbitterschokolade *f*

bitty ['bɪti] *adj* BRIT, AUS (*pej fam*) zusammengestückelt *fam o fig,* zusammengestoppelt *fam o pej*

bitumen ['bɪtʃəmɪn, AM bɪ'tu:mən] *n no pl* Asphalt *m,* Bitumen *nt fachspr*

bituminous [bɪ'tʃu:mɪnəs, AM -'tu:m-] *adj* asphalthaltig, bitumenhaltig, bituminös *fachspr;* ~ **coal** Steinkohle *f,* Fettkohle *f*

bivalve ['baɪvælv] **I.** *n* zweischalige Muschel **II.** *adj* zweischalig

bivouac ['bɪvuæk] **I.** *n* Biwak *nt,* Lager *nt;* ~ **tent** Biwakzelt *nt* **II.** *vi* <-ck-> biwakieren

biweekly [baɪ'wi:kli] **I.** *adj inv* ❶ (*every two weeks*) zweiwöchentlich, vierzehntägig; (*magazine*) Zeitschrift, die vierzehntäglich erscheint ❷ (*twice a week*) zweimal wöchentlich [*o* in der Woche] **II.** *adv inv* ❶ (*every two weeks*) zweiwöchentlich, vierzehntägig ❷ (*twice a week*) zweimal wöchentlich [*o* in der Woche]

biz [bɪz] *n* (*sl*) *short for* **business**: **the music** ~ das Musikgeschäft *nt*

BIZ *n abbrev of* **Bank for International Settlements** Bank *f* für internationalen Zahlungsausgleich

bizarre [bɪ'zɑ:ʳ, AM -'zɑ:r] **I.** *adj* bizarr, seltsam; ~ **behaviour** [*or* AM **behavior**] seltsames [*o* absonderliches] Verhalten; ~ **twist** seltsame Wendung **II.** *n* ■**the** ~ das Bizarre

bizarrely [bɪ'zɑ:li, AM -'zɑ:rli] *adv* bizarr; **to behave** ~ sich *akk* merkwürdig verhalten

bizarreness [bɪ'zɑ:nəs, AM -'zɑ:r-] *n no pl* Bizarrheit *f,* Skurrilität *f*

BL [ˌbi:'el] *n abbrev of* **Bachelor of Law** Bakkalaureus *m* der Rechtswissenschaften

blab <-bb-> [blæb] (*fam*) **I.** *vt* ■**to** ~ **sth** etw ausplaudern *fam;* ■**to** ~ **sth to sb** jdm etw verraten **II.** *vi* plaudern; ■**to** ~ **to sb** jdm gegenüber nicht dichthalten *fam*

blabber ['blæbəʳ, AM -ɚ] (*fam*) **I.** *vi* plappern; ■**to** ~ **on about sth** ständig über etw *akk* quasseln *fam* **II.** *n* Plappermaul *nt fam*

blabbermouth *n* (*fam*) Plappermaul *nt fam*

black [blæk] **I.** *adj* ❶ (*colour*) schwarz; ~ **bear** Schwarzbär *m;* **as** ~ **as night** so schwarz wie die Nacht; **to be beaten** ~ **and blue** grün und blau geschlagen werden ❷ (*dismal*) schwarz *fig*, düster; ~ **despair** tiefste Verzweiflung; **to look as ~ as thunder** ein finsteres Gesicht machen; STOCKEX **B~ Friday/Monday/Tuesday** Schwarzer Freitag/Montag/Dienstag ❸ (*filthy*) schwarz, schmutzig ❹ (*people*) schwarz; ■**to be ~** Schwarze(r) *f(m)* sein; **the ~ vote** die Stimmen *pl* der Schwarzen ▸ PHRASES: **to paint a [very] ~ picture** ein düsteres Bild malen; **to be not as ~ as one is painted** nicht so schlecht wie sein Ruf sein **II.** *n* ❶ (*person*) Schwarze(r) *f(m)* ❷ *no pl* (*wearing black clothes*) **to be dressed in ~** [in] Schwarz gekleidet sein ❸ (*not in debt*) **to be in the ~** in den schwarzen Zahlen sein **III.** *vt* ■**to ~ sth** ❶ (*darken*) etw schwarz färben; **to ~ sb's eye** (*dated*) jdm ein blaues Auge schlagen; **to ~ one's face** sein Gesicht schwärzen [*o* schwarz anmalen]; **to ~ shoes** Schuhe wichsen ❷ BRIT (*boycott*) etw boykottieren

◆**black out I.** *vi* [für einen Moment] bewusstlos [*o* ohnmächtig] werden, [kurz] das Bewusstsein verlieren **II.** *vt* ■**to ~ out** ⊂ **sth** ❶ (*not show light*) etw verdunkeln [*o* abdunkeln] ❷ (*fig: censure*) etw unterschlagen; (*keep secret*) etw geheim halten; **to ~ out a TV programme** die Ausstrahlung einer Fernsehsendung verhindern ❸ (*block out*) etw verdrängen [*o* unterdrücken]

Black Africa *n* Schwarzafrika *nt*

blackamoor ['blækəmɔːʳ, AM mʊr] *n* (*old*) Moor *m veraltet*

black and white I. *adj* ❶ (*documented*) [**down**] **in ~** schwarz auf weiß ❷ (*not in colour*) schwarzweiß; **~ television** Schwarzweißfernsehen *nt* ❸ (*clearcut*) sehr einfach [*o* klar]; **a ~ issue** kein Entweder-Oder-Thema *nt* **II.** *n* ❶ (*in film, photography*) Schwarzweißtechnik *f*; ***he likes working with ~*** er arbeitet gern mit Schwarzweißfotografie; ***they made the film in ~*** der film wurde in Schwarzweis gedreht ❷ (*oversimplified view*) Vereinfachung *f*; **to see things in ~** die Dinge schwarzweiß sehen **blackball** *vt* ■**to ~ sb** (*vote against*) gegen jdn stimmen; (*reject*) jdn ausschließen **black belt** *n* ADMIN Zone *f* mit überwiegend schwarzer Bevölkerung; GEOL Gegend *f* mit schwarzerdigem Boden; SPORTS schwarzer Gürtel; ■**to be a ~** ADMIN überwiegend von Schwarzen bewohnt werden; GEOL aus schwarzerdigem Boden bestehen; SPORTS ein Schwarzgürtel sein **blackberry** ['blækbᵊri, AM -ˌberi] **I.** *n* Brombeere *f*; **~ and apple pie** Brombeerapfelkuchen *m* **II.** *n modifier* (*ice cream, jam, pie, yogurt*) Brombeer-; **~ bush** Brombeerstrauch *m*; **~ tart** Brombeerkuchen *m* **blackberrying** ['blækbᵊriɪŋ, AM -ˌberi-] *n no pl* Brombeersammeln *nt*, Brombeerpflücken *nt*; **to go ~** in die Brombeeren gehen *fam* **blackbird** *n* Amsel *f* **blackboard** *n* Tafel *f*; **~ eraser** Tafelschwamm *m* **black book** *n* (*fig*) schwarze Liste; **to be in sb's ~s** bei jdm schlecht angeschrieben sein **black box** *n* AEROSP Flugschreiber *m*; SCI Blackbox *f* **blackboy** *n* AUS Yucca *f* **blackcap** ['blækkæp] *n* ORN Mönchsgrasmücke *f* **black coffee** *n* schwarzer Kaffee **black comedy** *n* schwarze Komödie **Black Country** *n* BRIT *Industriegebiet in den englischen Midlands* **blackcurrant** [ˌblæk'kʌrᵊnt, AM 'blækˌkɜːr-] **I.** *n* schwarze Johannisbeere **II.** *n modifier* (*jelly, juice*) schwarze(r) Johannisbeer-; **~ bush** schwarzer Johannisbeerstrauch **Black Death** *n* HIST ■**the ~** der schwarze Tod **black economy** *n* Schattenwirtschaft *f*, Untergrundwirtschaft *f*

blacken ['blækᵊn] **I.** *vt* ❶ (*make black*) ■**to ~ sth** etw schwärzen; **smoke-~ed** rauchgeschwärzt ❷ (*malign*) ■**to ~ sb** jdn anschwärzen *fam*; **to ~ sb's name** [*or* **image**] [*or* **reputation**] dem Ruf einer Person schaden **II.** *vi* schwarz [*o* dunkel] werden, sich *akk* verdunkeln

black English *n*, **Black English** *n* schwarzes Englisch (*das Englisch der Schwarzen*) **black eye** *n* blaues Auge, Veilchen *nt fam* **black-eyed bean** *n*, **black-eyed pea** *n* AM Schwarzaugenbohne *f* **blackfly** *n* Blattlaus *f*; **to suffer from ~** von Blattläusen befallen sein **blackguard** ['blægɑːd, AM -gɑːrd] *n* (*pej dated*) Bösewicht *m*, Schuft *m*, Lump *m fam* **blackhead** *n* MED Mitesser *m* **black-hearted** ['blækhɑːtɪd, AM hɑːrtɪd] *adj* (*dated*) niederträchtig **black hole** *n* PHYS schwarzes Loch *a. fig* **Black Hole of Calcutta** *n* ■**the ~** *berüchtigtes Gefängnis in Indien* **black humor** AM, **black humour** *n* schwarzer Humor **black ice** *n* Glatteis *nt*

blacking ['blækɪŋ] *n* ❶ (*for shoes*) schwarze Schuhcreme [*o* Schuhwichse] ❷ BRIT (*industrial action*) *of goods* Boykott *m*; (*by trade union*) Bestreiken *nt*

blackish ['blækɪʃ] *adj* schwärzlich

blackjack ['blækdʒæk] *n* ❶ CARDS Siebzehnundvier *nt* ❷ AM (*cosh*) Totschläger *m* **black lead** *n* Graphit *m* **blackleg** *n* BRIT (*pej*) Streikbrecher(in) *m(f)* **blacklist I.** *vt* ■**to ~ sb** jdn auf die schwarze Liste setzen **II.** *n* schwarze Liste **black look** *n* finstere Miene *fam*; **to give sb a ~** jdm einen finsteren Blick zuwerfen **blackly** ['blækli] *adv* ❶ (*of colour black*) schwarz ❷ (*gloomily*) finster, düster ❸ (*harrowingly*) schwarz **black magic** *n* schwarze Magie

blackmail I. *n* LAW (*act*) Erpressung *f*; **to use emotional ~ on sb** jdn emotionell unter Druck setzen; (*money*) Erpressungsgeld *nt*; **open to ~** erpressbar **II.** *vt* ■**to ~ sb** jdn erpressen; **to ~ money out of sb** Geld von jdm erpressen; ***they tried to ~ me into giving them money*** sie versuchten, mich durch Erpressung zur Herausgabe des Geldes zu zwingen

blackmailer *n* Erpresser(in) *m(f)*

Black Maria *n* (*dated*) grüne Minna *fam o veraltend* **black mark** *n* Tadel *m*; SCH Verweis *m*; (*reprimand*) Minuspunkt *m fig* **black market** *n* Schwarzmarkt *m*; ***there was a thriving ~ in cigarettes during the war*** während des Krieges blühte der Schwarzhandel mit Zigaretten **black marketeer** *n* Schwarzhändler(in) *m(f)*

black market prices *npl* Schwarzmarktpreise *m* **Black Mass** *n* schwarze Messe **black mood** *n* Depression *f*; **to be in a ~** eine Depression haben **Black Muslim** *n* Black Moslem *m*

blackness ['blæknəs] *n no pl* Schwärze *f*, Dunkelheit *f*, Finsternis *f*

blackout ['blækaʊt] *n* ❶ (*unconsciousness*) Ohnmachtsanfall *m*; **to suffer from ~s** unter Ohnmachtsanfällen leiden ❷ (*in broadcasting*) [Strom]ausfall *m*; (*loss of picture*) Bildausfall *m*; (*loss of sound*) Tonausfall *m* ❸ (*censor*) Sperre *f*; **to impose a news ~** eine Nachrichtensperre verhängen ❹ (*covering of lights*) Verdunkelung *f* **black pepper** *n* schwarzer Pfeffer **black pudding** *n* BRIT Blutwurst *f* **Black Rod** *n* LAW [**Gentleman Usher of the**] **~** Zeremonienmeister *m* des britischen Oberhauses **Black Sea** *n* Schwarzes Meer **black sheep** *n* (*fig*) schwarzes Schaf *fig* **blackshirt** ['blækʃɜːt, AM ʃɜːrt] **I.** *n* Schwarzhemd *nt* **II.** *n modifier* (*uniform, stewards*) Schwarzhemd-; **~ violence** Gewalt *f* der Schwarzhemden **blacksmith** *n* [Huf]schmied *m* **black spot** *n* ❶ (*dangerous spot*) Gefahrenstelle *f*; **accident ~** [Unfall]gefahrenstelle *f* ❷ (*problem region*) Problemgebiet *nt*; **a ~ for unemployment** ein Gebiet *nt* mit hoher Arbeitslosigkeit **Black studies** *n + sing vb Studienfach, das sich mit der Geschichte der Schwarzen in den USA befasst* **blackthorn** *n* BOT Schwarzdorn *m*, Schlehdorn *m* **black tie** *n* Smoking *m*; **~ event** Veranstaltung *f* mit Smokingzwang; ***is it ~?*** muss man mit Smoking kommen? **blacktop** ['blæktɒp, AM tɑːp] AM **I.** *n* ❶ *no pl* (*road surfacing material*) Schwarzdecke *f* ❷ (*road*) geteerte Straße **II.** *n modifier* (*highway*) geteert **black treacle** *n* BRIT FOOD Melasse *f*, Sirup *m* **black widow** *n* ZOOL schwarze Witwe **black writer** *n* COMPUT spezieller Laserdrucker

bladder ['blædəʳ, AM -ɚ] *n* ANAT [Harn]blase *f*; **full ~** volle Blase; **to empty one's ~** die Blase entleeren

blade [bleɪd] **I.** *n* ❶ (*flat part*) Klinge *f*; **~ of grass** Grashalm *m*; **~ of an oar** Ruderblatt *nt*; **~ of a turbine** Turbinenschaufel *f*, Turbinenblatt *nt*; **shoulder ~** Schulterblatt *nt* ❷ (*liter or dated: man*) Draufgänger *m*; **a dashing, young ~** ein verwegener junger Bursche *veraltend* **II.** *vi* SPORTS (*fam*) Inliners fahren *fam*, bladen *fam*, inlinen *fam*

bladed ['bleɪdɪd] *adj inv* mit Schneide *nach n*; (*of corn*) mit Spreite *nach n*; **double ~ paddle** Paddel *nt* mit zwei Blättern

blag [blæg] (*sl*) **I.** *n* BRIT (*robbery*) bewaffneter Raubüberfall; (*fam: a bluff*) Bluff *m* **II.** *vt* <-gg-> BRIT (*rob*) ■**to ~ sb** jdn berauben; **to ~ a bank** eine Bank ausrauben; (*fig*) ■**to ~ sth** etw schnorren *fam*; **to ~ one's way into/out of sth** sich *akk* in etw *akk* hineinmanövrieren/aus etw *dat* herausreden **III.** *vi* (*fam*) bluffen; ■**to ~ about sth** sich *akk* über etw *akk* lustig machen

blah blah ['blɑːblɑː] *interj*, **blah blah blah** *interj* (*fam*) blabla *fam*

blame [bleɪm] **I.** *vt* ■**to ~ sb/sth for sth** [*or* **sth on sb/sth**] jdm/etw die Schuld an etw *dat* geben, jdn/etw für etw *akk* verantwortlich machen; ***he has only himself to ~*** er hat es sich selbst zuzuschreiben; ■**to ~ sb for doing sth** jdn beschuldigen, etw getan zu haben; ■**to not ~ sb for sth** jdm etw nicht verübeln ▸ PHRASES: **a bad workman ~s his tools** (*prov*) ein schlechter Handwerker schimpft über sein Werkzeug **II.** *n no pl* ❶ (*guilt*) Schuld *f*; ***where does the ~ lie?*** wer hat Schuld?; **to lay** [*or* **apportion**] **the ~ on sb/sth for sth** jdm/etw die Schuld an etw *dat* zuschieben [*o* geben]; **to pin the ~ for sth on sb** jdm etw anhängen *fam*; **to put the ~ on sb/sth** jdm/etw die Schuld geben; **to shift the ~ onto sb** jdm die Schuld zuschieben; **to take the ~** die Schuld auf sich *akk* nehmen ❷ (*fault*) Tadel *m*

blameless ['bleɪmləs] *adj* schuldlos; **~ life** untadeliges Leben

blamelessly ['bleɪmləsli] *adv* untadelig

blameworthy *adj* (*form*) schuldig; (*neglect*) tadelnswert

blanch [blɑːn(t)ʃ, AM blæn(t)ʃ] **I.** *vi* erblassen, erbleichen, blass [*o* bleich] werden **II.** *vt* ❶ (*cause to whiten*) ■**to ~ sth** etw bleichen ❷ (*parboil*) **to ~ vegetables** Gemüse blanchieren; **~ed almonds** blanchierte Mandeln

blancmange [blə'mɒn(d)ʒ, AM -'mɑːn(d)ʒ] *n no pl* Pudding *m*

bland [blænd] *adj* ❶ (*usu pej: lacking flavour*) fade; (*fig*) nichts sagend, vage ❷ MED (*easily digested*) mild, beruhigend; **~ diet** Schonkost *f* ❸ (*mild*) sanft, mild; **~ disposition** nüchterne [*o* kühle] Veranlagung; **~ manner** ruhige Art

blandishments ['blændɪʃmᵊnts] *npl* (*cajoleries*) Überredungskünste *fpl*; (*flatteries*) Schmeicheleien *fpl*

blandly ['blændli] *adv* farblos; (*not distinctiv*) nichts sagend; **~ polite** ausdruckslos-höflich

blandness ['blændnəs] *n no pl* ❶ (*flatness*) Fadheit *f* ❷ (*mild-mannered*) Sanftheit *f*, Milde *f*

blank [blæŋk] **I.** *adj* ❶ (*empty*) leer; **~ page** [*or* **paper**] [*or* **sheet**] leeres [*o* unbeschriebenes] Blatt, Leerseite *f*; **~ space** Leerraum *m*, Lücke *f*; **~ tape** Leerband *nt*; (*fig*) **to go ~** eine Mattscheibe haben *fam*; ***my mind went ~*** ich hatte ein Brett vor dem Kopf *fam*; ***the screen went ~*** COMPUT der Rechner stürzte ab; TV das Bild fiel aus ❷ (*without emotion*) **~ expression** ausdruckslose Miene; (*without comprehension*) **~ look** verständnisloser Blick; ***my inquiries drew only ~ stares*** auf meine Fragen machten alle nur ein verdutztes Gesicht ❸ (*complete*) völlig; **~ despair** schiere Verzweiflung; **~ refusal** glatte Ablehnung **II.** *n* ❶ (*empty space*) Leerstelle *f*, Lücke *f* ❷ (*mental void*) Gedächtnislücke *f*; ***I've no idea — my mind is a complete ~*** ich habe keine Ahnung – ich habe eine totale Mattscheibe *fam*; ***the rest is a ~*** an den Rest kann ich mich nicht erinnern ❸ (*non-lethal cartridge*) Platzpatrone *f*; **~ cartridge** [*or* **ammunition**] Platzpatrone *f*; **to fire a ~** eine Platzpatrone abfeuern ▸ PHRASES: **to draw a ~** (*non-winner*) eine Niete ziehen; (*fig*) kein Glück haben; (*not remember*) keine Ahnung haben; ***his name draws a ~*** zu seinem Namen fällt mir nichts ein **III.** *vt* ■**to ~ sth** ⊂ **out** (*blot out*) etw ausstreichen; ***some names in the report have***

been ~ed out manche Namen wurden aus dem Bericht gestrichen; (*repress memory*) etw aus dem Gedächtnis streichen, etw verdrängen

blank check *n* AM, **blank cheque** *n* Blankoscheck *m;* (*fig*) Freibrief *m;* **to give sb a ~** jdm freie Hand geben

blanket ['blæŋkɪt] **I.** *n* [Bett]decke *f;* (*fig*) Decke *f,* Hülle *f;* ***a ~ of gloom enveloped the losing team*** eine düstere Stimmung umgab die Verlierermannschaft; **~ of snow** Schneedecke *f* **II.** *vt* ■**to ~ sth** etw bedecken [*o* zudecken]; **to be ~ed in fog** von Nebel umgeben sein **III.** *n modifier* umfassend, ausgedehnt; **~ condemnation** generelle [*o* pauschale] Verurteilung; **~ coverage** JOURN ausführliche Berichterstattung; FIN Pauschaldeckung *f;* **~ term** Allerweltswort *nt*

blanket agreement *n* Gesamtvereinbarung *f* **blanket bombing** *n* Flächenbombardement *nt* **blanket branding** *n no pl* Schöpfung *f* einer Markenfamilie **blanket coverage** *n no pl* (*insurance*) Pauschaldeckung *f* **blanket insurance policy** *n* Generalpolice *f* **blanket lien** *n* AM ECON generelles Sicherungspfandrecht

blanking ['blæŋkɪŋ] *n* TV **~ interval** Austastlücke *f;* **~ pulse** Leerimpuls *m*

blankly ['blæŋkli] *adv* (*without expression*) ausdruckslos; (*without comprehension*) verständnislos; (*surprised*) verdutzt

blankness ['blæŋknəs] *n no pl* ❶ (*bareness, plainness, emptiness*) Leere *f* ❷ (*lack of reaction*) Ausdruckslosigkeit *f* ❸ (*incomprehension*) Verständnislosigkeit *f*

blank verse *n* LIT Blankvers *m*

blare [bleəʳ, AM bler] **I.** *n no pl* Geplärr *nt pej fam;* **a ~ of trumpets** Trompetengeschmetter *nt* **II.** *vi radio* plärren; *music* dröhnen; *trumpets* schmettern

◆**blare out I.** *vt* ■**to ~ out** ○ **sth** *words* etw hinausplärren; ***the radio was blaring out loud music*** aus dem Radio dröhnte laute Musik; **to ~ out a melody** eine Melodie hinausschmettern; **to ~ out an order** einen Befehl hinausbrüllen **II.** *vi music* schmettern; *words* plärren; *order* brüllen

blarney ['blɑːni, AM 'blɑːrni] *n no pl* [plumpe] Schmeichelei; **to have kissed the B~ Stone** (*fig*) Leute beschwatzen können *fam*

blasé ['blɑːzeɪ, AM blɑː'zeɪ] *adj* gelangweilt, gleichgültig; ■**to be ~ about sth** etw *dat* gleichgültig gegenüberstehen

blaspheme [ˌblæs'fiːm, AM 'blæsfiːm] *vi* [Gott] lästern; **to ~ against sb/sth** jdn/etw schmähen *liter*

blasphemer [ˌblæs'fiːməʳ, AM 'blæsfiːmɚ] *n* Gotteslästerer *m*

blasphemous ['blæsfəməs] *adj* blasphemisch *geh,* [gottes]lästerlich

blasphemously ['blæsfəməsli] *adv* blasphemisch *geh,* [gottes]lästerlich

blasphemy ['blæsfəmi] *n no pl* Blasphemie *f geh,* Gotteslästerung *f;* (*iron*) Majestätsbeleidigung *f iron*

blast [blɑːst, AM blæst] **I.** *n* ❶ (*explosion*) Explosion *f,* Detonation *f* ❷ (*air*) Stoß *m,* Druckwelle *f;* **a ~ of air** ein Luftstoß *m* ❸ (*noise*) Schmettern *nt;* ***a sudden ~ of music*** ein plötzlicher Schwall Musik; **a ~ from the past** (*hum*) eine Begegnung mit der Vergangenheit; **~ of a trumpet** Trompetenstoß *m;* **to blow a ~ on a trumpet** in eine Trompete stoßen; **~ of a whistle** Pfeifton *m;* **at full ~** *radio* in voller Lautstärke ❹ AM (*fam: lot of fun*) tolle Zeit *fam;* ***we had a ~ last night!*** das war schon toll gestern Nacht! *fam* **II.** *interj* (*fam! or dated*) verdammt! *sl;* ***~ it!*** so ein Mist! *pej fam* **III.** *vt* ❶ (*explode*) ■**to ~ sth** etw sprengen; (*fig*) ■**to ~ sth/sb** etw/jdn heftig angreifen [*o* unter Beschuss nehmen] *fig;* ***he ~ed his way up the charts*** er hat die Charts erobert ❷ (*fam: hit*) **to ~ the ball** mit Wucht schießen, einen Gewaltschuss machen *fam* **IV.** *vi* fluchen

◆**blast away** *vi* ❶ (*fire continously*) drauflos ballern *fam* ❷ MUS losplärren *fam,* losdröhnen

◆**blast off** *vi* ASTRON, AEROSP abheben, starten

◆**blast out I.** *vt* ■**to ~ sth** ○ **out** etw hinausschmettern; ***loudspeakers were ~ing out the latest hits*** aus den Lautsprechern dröhnten die neuesten Hits **II.** *vi* dröhnen, plärren

blasted ['blɑːstɪd, AM 'blæst-] *adj* ❶ (*liter: ruined*) verwüstet, in Schutt und Asche; **~ heath** BRIT verdorrte [*o* verbrannte] Heidelandschaft ❷ *attr, inv* (*fam!: damned*) verdammt *sl,* verflucht *sl* ❸ *pred* AM (*sl: very drunk*) sturzbesoffen *fam,* total blau *fam;* **to get ~** sich *akk* total voll laufen lassen *sl*

blast furnace *n* Hochofen *m*

blasting ['blɑːstɪŋ, AM 'blæst-] *n no pl* ❶ (*blowing up*) Sprengung *f,* Detonation *f* ❷ (*fig: reprimand*) Verweis *m* ❸ (*fig: criticism*) Verriss *m,* vernichtende Kritik

blast-off ['blɑːstɒf, AM 'blæstɑːf] *n* [Raketen]start *m,* Abschuss *m* **blast wave** *n* Detonationswelle *f,* Druckwelle *f,* Stoßwelle *f*

blat [blæt] *vi esp* AM blöken

blatancy ['bleɪtᵊnsi] *n no pl* Unverholenheit *f,* Krassheit *f;* (*impertinence*) Unverfrorenheit *f,* Eklatanz *f*

blatant ['bleɪtᵊnt] *adj* offensichtlich, eklatant *geh;* **~ attempt** offensichtlicher Versuch; **~ ignorance** offenkundige Unwissenheit; **~ lie** unverfrorene [*o* unverschämte] Lüge; **~ racism** unverhohlener [*o* offener] Rassismus

blatantly ['bleɪtᵊntli] *adv* eklatant *geh,* offensichtlich; **~ obvious** überdeutlich

blather ['blæðəʳ, AM -ɚ] **I.** *n no pl* Geschwätz *nt,* Gefasel *nt fam* **II.** *vi* faseln *fam,* quatschen *fam;* ***he does rather ~*** er redet einen ziemlichen Unsinn daher

◆**blather on** *vi* (*pej*) dumm daherreden, herumfaseln *fam*

blaxploitation [ˌblæksplɔɪ'teɪʃᵊn] *n no pl esp* AM (*fam*) Blaxploitation *f* (*Darstellung von Schwarzen in stereotypen Rollen*)

blaze [bleɪz] **I.** *n* ❶ (*fire*) Brand *m,* Feuer *nt* ❷ (*light*) Glanz *m,* Leuchten *nt;* (*fig*) **~ of colour** [*or* AM **color**] Farbenpracht *f;* **~ of glory** Ruhmesglanz *m;* **in a ~ of glory** mit Glanz und Gloria; **to be surrounded by a ~ of publicity** im Rampenlicht der Öffentlichkeit stehen ❸ (*sudden attack*) Anfall *m,* Ausbruch *m;* **~ of anger** Wutanfall *m* ❹ ZOOL (*on a horse*) Blesse *f* **II.** *vi* glühen, leuchten, strahlen; *eyes* glänzen; *fire* [hell] lodern; *sun* brennen; **to ~ with anger/passion** (*fig liter*) vor Zorn/Leidenschaft glühen *liter* **III.** *vt* **to ~ a trail** [*or* **path**] einen Weg markieren; (*fig*) neue Wege beschreiten *fig,* Pionierarbeit leisten; **to ~ the way for sb/sth** jdm/etw den Weg bahnen

◆**blaze away** *vi* ❶ (*burn*) [dahin]brennen, lodern ❷ (*shine*) [nicht aufhören zu] strahlen ❸ (*shoot*) losschießen, drauflosfeuern *fam;* (*fig*) pausenlos reden

◆**blaze down** *vi sun* sengen, herunterbrennen; *lamps* herabstrahlen

◆**blaze up** *vi* aufflammen, auflodern; (*fig*) aufbrausen; **to ~ up at sth** bei etw *dat* [wütend] auffahren

blazer ['bleɪzəʳ, AM -ɚ] *n* Blazer *m,* [Sport]jacke *f;* **school ~** Jacke *f* der Schuluniform

blazes ['bleɪzɪz] *npl* (*fam or dated*) [***what***] ***the ~ ...?*** was zum Teufel ...? *fam;* ***go to ~!*** scher dich zum Teufel! *fam*

blazing ['bleɪzɪŋ] *adj* glühend heiß; (*fig*) erbittert; **~ fire** loderndes Feuer; **~ headlights** grelle Scheinwerfer; **~ heat** sengende Hitze; **~ inferno** flammendes Inferno; **~ lie** unverfrorene Lüge; **~ row** heftiger Streit; **~ sunshine** [*or* **sun**] grelles Sonnenlicht

blazon ['bleɪzᵊn] *vt usu passive* ❶ (*proclaim*) ■**to be ~ed** verbreitet [*o* verkündet] werden ❷ (*display*) ■**to be ~ed** gezeigt werden; *on clothing* abgebildet sein; ***her name was ~ed across the front of the theatre*** ihr Name prangte an der Vorderseite des Theaters; ■**to ~ sth with sth** etw mit etw *dat* versehen

bleach [bliːtʃ] **I.** *vt* ■**to ~ sth** etw bleichen **II.** *n* <*pl* -es> ❶ (*chemical*) Bleichmittel *nt;* (*for hair*) Blondierungsmittel *nt* ❷ *no pl* (*cleaning agent*) Reinigungsmittel *nt*

bleachers ['bliːtʃɚz] *npl* AM unüberdachte [Zuschauer]tribüne

bleaching ['bliːtʃɪŋ] **I.** *n no pl* (*colour loss*) Bleichen *nt;* (*hair*) Blondieren *nt;* (*disinfecting*) Desinfektion *f* **II.** *adj attr, inv* **~ agent** Bleichmittel *nt;* **~ powder** Bleichpulver *nt,* Chlorkalk *m,* Bleichkalk *m*

bleak [bliːk] *adj* kahl, öde; **~ landscape** trostlose [*o* karge] Landschaft; **~ weather** rauhes [*o* kaltes] Wetter; (*fig*) trostlos, düster *fig*

bleakly ['bliːkli] *adv* ❶ (*hopelessly*) mit dumpfem Gefühl *nach n;* (*of voice*) tonlos ❷ (*forbiddingly*) düster

bleakness ['bliːknəs] *n no pl* ❶ (*dreariness*) Kargheit *f* ❷ (*forbiddingness*) Gefühllosigkeit *f,* Kälte *f* ❸ (*hopelessness*) Hoffnungslosigkeit *f,* Trostlosigkeit *f*

blearily ['blɪərᵊli, AM 'blɪr-] *adv* müde, unausgeschlafen

bleary ['blɪəri, AM 'blɪri] *adj* (*sleepy*) verschlafen; **~ eyes** müde [*o* trübe] Augen; (*blurred*) verschwommen

bleary-eyed *adj* mit müden [*o* trüben] Augen; **to look ~** verschlafen aussehen

bleat [bliːt] **I.** *vi sheep* blöken; *goat* meckern; *calf* muhen; (*fig, pej*) *person* in weinerlichem Ton reden, jammern **II.** *n of sheep* Blöken *nt,* Geblök *nt; of goat* Meckern *nt; of calf* Muhen *nt;* (*fig*) *of a person* Gejammer *nt,* Gemecker *nt*

bled [bled] *pt, pp of* **bleed**

bleed [bliːd] **I.** *vi* <bled, bled> bluten; **to ~ heavily** stark bluten ▸ PHRASES: **my heart ~s** (*iron*) mir blutet das Herz **II.** *vt* <bled, bled> ❶ (*hist: take blood*) ■**to ~ sb** jdn zur Ader lassen [*o* schröpfen]; **to ~ sb dry** [*or* **white**] (*fig fam*) jdn [finanziell] bluten lassen *fam,* jdn schröpfen *fig fam* ❷ TECH, AUTO **to ~ brakes** Bremsen entlüften; **to ~ liquid** Flüssigkeit ablassen

bleeder ['bliːdəʳ, AM -ɚ] *n* ❶ BRIT (*vulg*) Scheißkerl *m sl,* Arschloch *nt sl;* **little ~s** kleine Biester *fam;* (*fam*) ***the poor ~!*** die/der Ärmste!; ***you lucky ~!*** du Glückspilz! ❷ (*hemophiliac*) Bluter(in) *m(f)*

bleeding ['bliːdɪŋ] **I.** *adj attr, inv* BRIT (*fam!*) verdammt *sl* **II.** *adv inv* BRIT (*fam!*) verdammt *sl*

bleeding heart liberal *n* (*pej fam*) *Liberale(r), der/die auf die Tränendrüse drückt*

bleep [bliːp] BRIT **I.** *n* TECH Piepton *m,* Piep[s]en *nt* **II.** *vi* piepsen **III.** *vt* ■**to ~ sb** jdn über einen Piepser rufen

bleeper ['bliːpəʳ, AM -ɚ] *n* BRIT TECH Piepser *m,* Funkrufempfänger *m*

blemish ['blemɪʃ] **I.** *n* <*pl* -es> Makel *m,* Schönheitsfehler *m;* **skin ~** Hautunreinheiten *pl;* **without ~** makellos; (*fig*) untadelig; ***there was not a ~ on his character*** er war völlig unbescholten; **a reputation without ~** ein tadelloser Ruf; **~-free** ohne Makel; (*fig*) untadelig **II.** *vt* ■**to ~ sth** etw verunzieren [*o* verunstalten]; **to ~ sb's reputation** (*fig*) jds Ruf schaden [*o* schädigen]

blench [blen(t)ʃ] *vi* bleich werden, erbleichen; (*fig*) **to ~ at a thought** vor einem Gedanken zurückschrecken

blend [blend] **I.** *n* Mischung *f,* Zusammensetzung *f; of food* Mischung *f,* Zusammenstellung *f; of wine* Verschnitt *m a. pej* **II.** *vt* ■**to ~ sth** etw [miteinander] vermischen **III.** *vi* ❶ (*match*) ■**to ~ with sb/sth** zu jdm/etw passen; MUS mit jdm/etw harmonisieren ❷ (*not be noticeable*) ■**to ~ into sth** mit etw *dat* verschmelzen; ***the thief tried to ~ into the crowd*** der Dieb versuchte, in der Menge zu entkommen

◆**blend in** *vi* sich *akk* vermischen [*o* verbinden]; ■**to ~ in with sth** [gut] zu etw *dat* passen, mit etw *dat* harmonieren

blended ['blendɪd] *adj* FOOD zusammengemischt, gemixt; *coffee* aus verschiedenen Sorten zusammengestellt; *alcohol* verschnitten

blender ['blendəʳ, AM -ɚ] *n* (*person*) Mischer(in) *m(f);* (*apparatus*) Mixer *m,* Mixgerät *nt*

bless <-ed *or liter* blest, -ed *or liter* blest> [bles] *vt* ■**to ~ sb/sth** jdn/etw segnen; **to ~ God** (*praise*) Gott rühmen [*o* preisen]; (*thank*) Gott danken ▸ PHRASES: **B~ your** [**little**] **cotton socks!** BRIT du bist ein Schatz!; **B~ my soul!** (*dated*) du meine Güte!; **B~ you!** [*or* **your heart**] Gott segne dich!; **B~**

him/her! der/die Gute!; B~ you! (*after a sneeze*) Gesundheit!; (*as thanks*) das ist lieb von dir!

blessed ['blesɪd] *adj* gesegnet, selig; (*euph*) dumm, verdammt *sl;* ~ **ground** gesegnete Erde; **not a ~ soul** keine Menschenseele; **the B~ Virgin** die heilige Jungfrau [Maria]; ■**to be ~ with sth** mit etw *dat* gesegnet sein ▶ PHRASES: **B~ are the meek ...** (*prov*) selig sind die Sanftmütigen,...

blessedly ['blesɪdli] *adv* glücklicherweise

blessing ['blesɪŋ] *n* ❶ (*benediction*) Segen *m,* feierliche Zustimmung; **to give one's ~ to sth** zu etw *dat* seinen Segen geben ❷ (*good fortune*) Segen *m,* Geschenk *nt* Gottes *geh* ❸ (*approv: boon*) Segnung *f,* Wohltat *f* ▶ PHRASES: **to be a ~ in disguise** sich *akk* im Nachhinein als Segen erweisen; **to count one's ~s** für das dankbar sein, was man hat

blest [blest] *pt, pp of* **bless**

blether ['bleðəʳ, AM -ɚ] *vi esp* BRIT faseln *fam,* schwafeln *fam*

blew [blu:] *pt of* **blow**

blight [blaɪt] **I.** *vt* ■**to ~ sth** etw vernichten; (*fig*) etw zunichte machen [*o* ruinieren]; **to ~ sb's chances** jds Chancen *pl* zunichte machen **II.** *n* Pflanzenkrankheit *f;* **potato ~** Kartoffelfäule *f;* (*fig*) Plage *f;* **to cast a ~ on sth** einen Schatten auf etw *akk* werfen *fig,* etw verderben *fig*

blighter ['blaɪtəʳ] *n* BRIT (*fam: girl*) Luder *nt sl,* Mistding *nt fam;* (*boy*) Lümmel *m fam,* Mistkerl *m fam*

blight-ridden ['blaɪtrɪdᵊn] *adj* (*fam*) schrecklich, trostlos

blimey ['blaɪmi] *interj* BRIT (*dated fam*) [ach] du liebe Zeit! *fam,* du meine Güte! *fam*

blimp [blɪmp] *n* ❶ AVIAT Parsevalluftschiff *nt* (*kleines, Zeppelin ähnliches Prallluftschiff*) ❷ BRIT (*pej: pompous, conservative*) Reaktionär(in) *m(f) pej,* Ultrakonservative(r) *f(m) pej fam;* (*militarist*) Militarist(in) *m(f) pej;* **Colonel B~** (*dated*) Betonkopf *m pej* ❸ AM (*fam: fat person*) Fettsack *m pej fam* ❹ FILM Schallschutzhaube *f* (*für eine Kamera*)

blimpish ['blɪmpɪʃ] *adj* BRIT (*pej fam*) ❶ (*ultraconservative*) reaktionär *pej,* stockkonservativ *pej fam* ❷ (*old: militarist*) militaristisch *pej*

blind [blaɪnd] **I.** *n* ❶ BRIT (*awning*) Markise *f* ❷ (*indoor window shade*) [Lamellen]vorhang *m,* Jalousie *f;* **roller ~** Jalousie *f,* Rollo *nt;* **Venetian ~** [Stab]jalousie *f* ❸ (*cloaking*) Tarnung *f* ❹ (*pretext*) Vorwand *m,* Alibi *nt;* (*to mask emotion*) Fassade *f;* (*for illegal activities*) Vertuschung *f* ❺ (*people who can't see*) ■**the ~** *pl* die Blinden *pl;* **a newspaper for the ~** eine Zeitung für Blinde ▶ PHRASES: **it's a case of the ~ leading the ~** (*prov*) der Blinde will den Lahmen führen; **the one-eyed man is king in the country of the ~** *esp* BRIT (*prov*) unter Blinden ist der Einäugige König *prov* **II.** *vt* ❶ (*permanently*) ■**to ~ sb** jdn blind machen; (*temporarily*) *sun, light* jdn blenden; **to be ~ed by** [*or* **with**] **tears** blind vor Tränen sein ❷ (*fig: impress*) ■**to ~ sb** jdn blenden; **to ~ sb with science** jdn mit seinem Wissen beeindrucken ❸ *usu passive* (*fig: deceive*) ■**to be ~ed by sb/sth** sich *akk* von jdm/etw blenden lassen; ***his prejudices ~ed him to the fact that he was being illogical*** seine Vorurteile täuschten ihn über seinen Mangel an Logik hinweg; **to be ~ed by love** blind vor Liebe sein **III.** *adj* ❶ (*sightless*) blind; **to go ~** erblinden, blind werden; **to be ~ in one eye** auf einem Auge blind sein ❷ (*fig: unable to perceive*) blind; ■**to be ~ to sth** etw nicht bemerken ❸ *pred* (*fig: unprepared*) auf gut Glück; ***he went into the interview ~*** er ging unvorbereitet ins Interview ❹ *pred esp* BRIT (*fig: without reserve*) rückhaltlos; ***he swore ~ that he had locked the door*** er versicherte hoch und heilig, die Tür verschlossen zu haben ❺ (*fig: lack judgement*) blind; **~ acceptance/devotion** bedingungslose Akzeptanz/Hingabe; **~ anger** [*or* **rage**]**/jealousy** blinde Wut/Eifersucht; **~ obedience** blinder Gehorsam ❻ (*concealed*) verborgen, versteckt; **~ curve** schwer einsehbare Kurve ❼ (*closed*) *pipe* blind; (*walled up*) *door, window* blind ❽ *attr esp* BRIT (*fam: any, the least*) ***he hasn't done a ~ bit of work since lunch*** er hat seit dem Mittagessen noch keinen Handschlag getan [*o* Finger gerührt]; **to not take a ~** [*or* **the ~est**] **bit of notice of sth** etw überhaupt nicht beachten; ***it doesn't matter what I say, she doesn't take a ~ bit of notice*** egal, was ich sage, sie hört überhaupt nicht zu; **not a ~ bit of it** kein bisschen, keine Spur *fam* ▶ PHRASES: **to be as ~ as a bat** (*fam*) so blind wie ein Maulwurf sein; **to turn a ~ eye to sth** etw ignorieren, vor etw *dat* die Augen verschließen; **love is ~** Liebe macht blind **IV.** *adv* ❶ (*without sight*) blind; **to fly ~** blind fliegen; **to taste wines ~** Weine kosten, ohne aufs Etikett zu schauen ❷ FOOD **to bake sth ~** etw blind [*o* ohne Füllung] backen ❸ **to be ~ drunk** stockbetrunken sein *fam*

blind alley *n* (*also fig*) Sackgasse *f a. fig;* **to lead sb down** [*or* **up**] **a ~** *plan, idea* jdn nicht weiterbringen **blind copy receipt** *n* COMPUT Blindkopieversand *m* **blind date** *n* Blind-date *nt,* Verabredung *f* mit einem/einer Unbekannten; **to go** [**out**] **on a ~ date** ein Blind Date haben

blinder ['blaɪndəʳ, AM -ɚ] *n* (*fam*) ❶ BRIT SPORTS **to have/play a ~ of a game** ein Superspiel hinlegen *fam;* **a ~ of a goal** ein wunderschönes Tor, ein Traumtor *nt fam* ❷ BRIT (*excessive drinking*) Kneipentour *f fam,* Sauftour *f fam;* **to go out on a ~** eine Sauftour machen *fam,* auf Sauftour gehen *fam* ❸ AM (*blinkers*) ■**~s** *pl* Scheuklappen *fpl*

blindfold ['blaɪn(d)fəʊld, AM -foʊld] **I.** *n* Augenbinde *f* **II.** *vt* ■**to ~ sb** ❶ (*cover eyes*) jdm die Augen verbinden ❷ (*fig: impede*) jdn blenden; ***hate ~s the mind*** Hass macht blind **III.** *adv inv* ❶ (*eyes covered*) **to do sth ~** etw mit verbundenen Augen tun ❷ (*without thinking*) blind[lings]; **to sign a contract ~** einen Vertrag ohne weiteres unterschreiben ❸ (*with ease*) ■**to be able to do sth ~** etw im Schlaf tun können; ***she passed her exams practically ~*** sie bestand ihre Prüfungen spielend

blindfolded ['blaɪn(d)fəʊldɪd, AM -foʊld-] *inv* **I.** *adj* ■**to be ~** die Augen verbunden haben **II.** *adv* (*fig*) **to do sth ~** etw mit verbundenen Augen tun

blinding ['blaɪndɪŋ] *adj* ❶ (*bright*) *flash* blendend *attr; light also* grell ❷ (*obstructing vision*) ■**to be ~** die Sicht rauben; ***he struggled through the ~ snowstorm*** er kämpfte sich durch den Schneesturm, wobei er kaum die Hand vor den Augen sah; **to have a ~ headache** solche Kopfschmerzen haben, dass einem der Schädel platzt ❸ BRIT (*fam: skilful*) brillant ▶ PHRASES: **to come to sb in a ~ flash** jdm blitzartig klar werden

blindingly ['blaɪndɪŋli] *adv* ❶ (*dazzlingly*) blendend ❷ (*overwhelmingly*) überwältigend

blind landing *n* AVIAT Blindlandung *f*

blindly ['blaɪndli] *adv* ❶ *inv* (*without seeing*) blind ❷ (*fig: without thinking*) blindlings; (*without plan*) ziellos; (*without purpose*) sinnlos

blind man's bluff *n esp* AM, **blind man's buff** *n* Blindekuh

blindness ['blaɪndnəs] *n no pl* ❶ (*inability to see*) Blindheit *f* ❷ (*fig: lacking perception*) **to have a ~ to sth** etw nicht sehen [*o* bemerken], für etw *akk* blind sein

blind side *n* toter Winkel; SPORTS ungeschützte Seite

blindside *vt usu passive* AM ■**to ~ sb** jdn überrumpeln; ■**to be ~d** unliebsam überrascht werden

blind spot *n* ❶ MED blinder Fleck ❷ TRANSP toter Winkel ❸ (*difficulty, weakness*) schwacher Punkt, Schwachpunkt *m;* ***she has a bit of a ~ about maths*** Mathematik ist nicht gerade ihre Stärke

blind trust *n* FIN blindes Vertrauen **blindworm** *n* Blindschleiche *f*

blink [blɪŋk] **I.** *vt* **to ~ one's eyes** mit den Augen zwinkern [*o* blinzeln]; **to not ~ an eye** (*fig*) nicht mit der Wimper zucken; **without ~ing an eye** ohne mit der Wimper zu zucken; **to ~ back tears** die Tränen zurückhalten **II.** *vi* ❶ (*as protective reflex*) blinzeln; (*intentionally*) zwinkern ❷ (*ignore*) ■**to ~ at sth** über etw *akk* hinwegsehen ❸ (*of a light*) blinken; **to ~ left/right** links/rechts anzeigen **III.** *n* ❶ (*eye reflex*) Blinzeln *nt kein pl;* (*intentionally*) Zwinkern *nt kein pl;* **in the ~ of an eye** (*fig*) blitzschnell, im Handumdrehen ❷ (*without hesitation*) **to do sth without a ~** etw ohne weiteres tun ▶ PHRASES: **to be on the ~** (*fam*) kaputt sein *fam*

blinker ['blɪŋkəʳ, AM -ɚ] *n* ❶ AUTO Blinker *m* ❷ *esp* BRIT (*also fig: for horses*) ■**~s** *pl* Scheuklappen *fpl a. fig*

blinkered ['blɪŋkəd, AM -ɚd] *adj esp* BRIT ■**to be ~** ❶ *inv* (*wearing blinkers*) Scheuklappen tragen ❷ (*fig: narrow-minded*) engstirnig [*o* borniert] sein, Scheuklappen aufhaben; **to have a ~ attitude** sich *akk* Neuerungen verschließen

blinkers ['blɪŋkəz, AM -ɚz] *npl esp* BRIT Scheuklappen *fpl;* **to wear ~** Scheuklappen tragen; (*fig*) **to have ~ on** engstirnig [*o* borniert] sein, Scheuklappen tragen

blinking ['blɪŋkɪŋ] *adj attr, inv esp* BRIT (*fam*) verflixt *fam,* verdammt *fam;* ***I'll do whatever I ~ well like!*** ich tue verdammt noch mal das, was mir passt! *sl;* **~ idiot** verdammter Idiot/verdammte Idiotin *fam*

blip [blɪp] *n* ❶ (*on radar screen*) Echoimpuls *m,* Echoanzeige *f* ❷ (*short sound*) [elektronischer] Signalton ❸ (*fig: deviation*) Abweichung *f,* Ausreißer *m fam;* ECON kurzfristiger Einbruch ❹ FILM Markierung *f*

bliss [blɪs] *n no pl* [Glück]seligkeit *f,* Entzücken *nt;* ***what ~!*** herrlich!; **domestic ~** häusliches Idyll; **pure** [*or* **sheer**] **~** die reine Wonne; **wedded** [*or* **marital**] **~** Eheglück *nt* ▶ PHRASES: **ignorance is ~** (*prov*) selig die Armen im Geiste! *iron*

blissful ['blɪsfᵊl] *adj* glückselig; *couple* glücklich; *smile* selig; *memories* wunderschön; ***don't tell them, it's better to leave them in ~ ignorance*** sag ihnen besser nichts, nach dem Motto: was ich nicht weiß, macht mich nicht heiß

blissfully ['blɪsfᵊli] *adv* glücklich; **to be ~ happy** überglücklich sein; **to be ~ ignorant** aus Unwissenheit glücklich sein; **to be ~ unaware of sth** sich *dat* einer S. *gen* zum Glück nicht bewusst sein; **to smile ~** verzückt [*o* selig] lächeln

blister ['blɪstəʳ, AM -ɚ] **I.** *n* ❶ (*on feet, skin*) Blase *f* ❷ (*bubble*) Blase *f* **II.** *vt* ■**to ~ sth** Blasen auf etw *dat* hervorrufen; ***the elements have ~ed the paintwork*** auf Grund der Witterungseinflüsse wirft die Farbe Blasen; ***the sun ~ed his back quite badly*** er hat sich in der Sonne schlimme Blasen auf dem Rücken geholt **III.** *vi paint, metal* Blasen werfen; *skin* Blasen bekommen

blistered ['blɪstəd, AM -ɚd] *adj* ■**to be ~** *feet* Blasen haben; **~ *white paint*** weiße Farbe, die Blasen geworfen hat

blistering ['blɪstᵊrɪŋ, AM -ɚ-] *adj* ❶ (*intense*) Wahnsinns- *fam;* **~ attack** massiver Angriff; **~ heat** brütende Hitze; **to set a ~ pace** ein mörderisches Tempo vorlegen *fam* ❷ (*scathing*) verletzend, scharf; **~ remarks** kränkende Bemerkungen; **~ sarcasm** beißender Sarkasmus

blister pack *n esp* BRIT Klarsichtpackung *f*

blithe [blaɪð] *adj* ❶ (*liter: joyous*) fröhlich; **~ spirit** Frohnatur *f* ❷ (*careless*) unbekümmert; **to have a ~ disregard for rules** sich *akk* nonchalant über Regeln hinwegsetzen *geh;* **to work with ~ indifference** schlampig arbeiten *pej fam*

blithely ['blaɪðli] *adv* unbekümmert; ***she ~ agreed to the contract*** vertrauensselig willigte sie in den Vertrag ein; **to be ~ indifferent to sth** sich *akk* um etw *akk* nicht scheren *fam;* **to be ~ unaware of sth** sich *akk* über etw *akk* einer frommen Täuschung hingeben *geh*

blithering ['blɪðᵊrɪŋ, AM -ɚ-] *adj attr* total *fam;* **~ idiot** [Voll]idiot(in) *m(f) pej fam,* [Voll]trottel *m pej fam*

blitz [blɪts] **I.** *n no pl* ❶ (*air attack*) [plötzlicher] Luftangriff *m;* **to carry out a ~ on sth** einen Luftangriff auf etw *akk* fliegen ❷ BRIT (*in WW II*) ■**the B~** *deutsche Luftangriffe auf britische Städte im zweiten Weltkrieg* ❸ (*fig fam: attack*) **to have a ~ on sth** etw in Angriff nehmen; ***the President is to launch a ~ on teenage crime*** der Präsident wird eine Kampagne zur Bekämpfung der Jugendkriminalität starten ❹ (*of marketing campaign*) intensive [*o* explosionsartige] Werbekampagne **II.** *vt* ❶ (*attack*) **to ~ a city** Luftangriffe auf eine Stadt fliegen ❷ (*fig:*

attack) ■to ~ sth etw in Angriff nehmen

blitzkrieg ['blɪtskri:g] *n no pl* Blitzkrieg *m*

blizzard ['blɪzəd, AM -ɚd] *n* ① (*snowstorm*) Schneesturm *m*, Blizzard *m* ② (*fig: pile*) Unmasse *f*; (*large quantity*) Flut *f* (of von +*dat*)

bloated ['bləʊtɪd, AM 'bloʊt̬-] *adj* ① (*swollen*) aufgedunsen ② (*overindulgence*) voll gestopft *fam*; ~ feeling Völlegefühl *nt* ③ (*fig: excessive*) ~ bureaucracy aufgeblähter Verwaltungsapparat *pej*, bürokratischer Wasserkopf *pej*

bloater ['bləʊtəʳ, AM 'bloʊt̬ɚ] *n* Räucherhering *m*

blob [blɒb, AM blɑ:b] *n* ① (*spot*) Klecks *m*; ~ of ink Tintenklecks *m*; ~ of paint Farbfleck *m* ② (*vague mass*) Klümpchen *nt*; (*vague spot*) [diffuser] Fleck ③ (*pej fam!: person*) fat ~ Fettsack *m pej fam*

bloc [blɒk, AM blɑ:k] *n* POL ① (*group of countries*) Block *m*; the Eastern ~ (*hist*) der Ostblock; trading ~ Handelsgemeinschaft *f* ② (*group of people*) [Interessen]gruppe *f*, Lobby *f*

block [blɒk, AM blɑ:k] I. *n* ① (*solid lump*) *of metal, stone, wood* Block *m*; ~ of wood Holzklotz *m* ② (*toy*) building ~ Bauklötzchen *nt*, Bauklotz *m* ③ (*for executions*) ■the ~ der Richtblock; to go/be sent to the ~ hingerichtet werden ④ SPORTS Startblock *m*; to be first off the [starting] ~s als Erster vom Start wegkommen ⑤ BRIT (*commercial package*) *butter, ice cream* Packung *f*; ~ of chocolate Block *m* [*o* [dicke] Tafel] Schokolade ⑥ AUTO engine ~ Motorblock *m* ⑦ (*set*) ~ of shares Aktienpaket *nt*; ~ of tickets [Eintritts]karten *fpl* in fortlaufender Reihe; *esp* BRIT (*pad of paper*) Block *m*; sketch ~ Zeichenblock *m* ⑧ (*unit*) *of time, exams, seats* Block *m* ⑨ BRIT (*building*) Hochhaus *nt*, Klotz *m pej*; ~ of flats Mehrfamilienhaus *nt*, Wohnblock *m*; high-rise office [*or* tower] ~ Bürohochhaus *nt*; hospital ~ *in prison* Krankenhaustrakt *m*; shower ~ Duschraum *m*; H-~ *in prison* H-Block *m*, H-Trakt *m* ⑩ *esp* AM, AUS (*part of neighbourhood*) [Häuser]block *m*; to go [*or* walk] around the ~ eine Runde um den Block drehen ⑪ *usu sing* (*obstruction*) Verstopfung *f* ⑫ (*impediment*) Hemmung *f*, Blockierung *f*; his attitude is a ~ to progress seine Einstellung hemmt den Fortschritt; to have a mental ~ eine geistige Sperre haben; (*in exam*) einen Blackout haben; *the workers in this company have got a mental ~ about change* die Arbeiter dieser Firma sperren sich innerlich gegen jede Veränderung ⑬ FIN to put a ~ on an account ein Konto sperren lassen ⑭ (*ballet shoe*) Ballettschuh *m* (*mit Zehenverstärkung*) ⑮ (*pulley*) Block *m*, Rolle *f* ⑯ COMPUT [Text]block *m* ⑰ TYPO Druckstock *m*, Klischee *nt fachspr* ► PHRASES: to be a chip off the old ~ ganz der Vater sein; to put one's head on the ~ for sb für jdn durchs Feuer gehen; to be like a ~ of ice [gefühls]kalt sein; to be the new kid on the ~ der/die Neue sein; to be/sit/stand like a ~ of stone wie versteinert sein/dasitzen/dastehen; to knock sb's ~ off (*fam*) jdm eins aufs Maul geben *sl* II. *adj attr, inv* to make ~ bookings blockweise reservieren III. *vt* ① (*hinder passage*) ■to ~ sth etw blockieren; to ~ an artery/a pore/a pipeline eine Arterie/Pore/Pipeline verstopfen; to ~ an exit/a passage einen Ausgang/Durchgang verstellen [*o* versperren]; to ~ the traffic den Verkehr blockieren [*o* aufhalten] ② (*stop, prevent*) ■to ~ sth etw blockieren; to ~ progress den Fortschritt aufhalten [*o* hemmen]; to ~ a project ein Vorhaben durchkreuzen; to ~ a proposal einen Vorschlag blockieren; to ~ sb's view/way jdm die Sicht/den Weg versperren; ■to ~ sb jdm im Weg stehen ③ FIN to ~ an account ein Konto sperren; to ~ payment die Zahlung verweigern ④ SPORTS to ~ the ball den Ball abblocken; to ~ one's opponent den Gegner blockieren

◆**block in** *vt* ① (*hem in*) ■to ~ sb/sth ↔ in jdn/etw einkeilen; (*with car*) jdn zuparken ② ART ■to ~ sth ↔ in etw ausmalen ③ (*add a unit*) ■to ~ sth ↔ in etw [zusätzlich] einplanen

◆**block off** *vt* ■to ~ sth ↔ off ① (*prevent entry*) etw blockieren [*o* versperren]; to ~ off a street eine Straße sperren; to ~ off a part of town einen Stadtteil abriegeln ② (*prevent use*) *fireplace, room, window* etw versiegeln

◆**block out** *vt* ■to ~ out ↔ sth ① (*ignore*) to ~ out emotions/the past/thoughts Gefühle/die Vergangenheit/Gedanken verdrängen; to ~ out noise/pain Lärm/Schmerzen ausschalten ② (*obscure*) to ~ out the light das Licht nicht durchlassen [*o* abhalten]; *that building ~s out the sunlight from this room* das Gebäude nimmt diesem Raum das Sonnenlicht ③ (*sketch*) etw in Umrissen entwerfen ④ (*suppress*) etw unterdrücken ⑤ PHOT etw [weg]retouchieren

◆**block up** I. *vt* ■to ~ sth ↔ up ① (*obstruct*) etw blockieren; (*clog*) etw verstopfen; *my nose is* [*or I'm*] *all ~ed up* meine Nase ist total zu *fam* ② (*fill in*) *hole, window, entrance, room* etw zumauern II. *vi* ■to be ~ed up *nose, pipe* verstopft sein

blockade [blɒk'eɪd, AM blɑ:'keɪd] I. *n* Blockade *f*; economic ~ Wirtschaftsblockade *f*, Embargo *nt*; naval ~ Seeblockade *f*; to break [*or* run] a ~ eine Blockade durchbrechen; to impose a ~ eine Blockade errichten [*o* verhängen]; to lift [*or* raise] a ~ eine Blockade aufheben II. *vt* ■to ~ sth eine Blockade gegen etw *akk* verhängen, etw belagern; to ~ a harbour [*or* AM harbor] einen Hafen abriegeln [*o* sperren]

blockage ['blɒkɪdʒ, AM 'blɑ:-] *n* Verstopfung *f*

block and tackle *n* Flaschenzug *m* **blockbuster** I. *n* ① (*book*) Bestseller *m*; (*film*) Kassenschlager *m fam* ② (*bomb*) Fliegerbombe *f* II. *adj* sehr erfolgreich; ~ film [*or* AM movie] Kassenschlager *m fam*, Kinohit *m* **block capitals** *npl* Blockbuchstaben *mpl*; in ~ in Blockschrift

blocked [blɒkt, AM blɑ:kt] *adj* ① (*no way through*) *passage, entrance, road* blockiert, gesperrt; *pipe, nose, pore* verstopft; ~ artery Arterienverschluss *m* ② (*prevented*) ■to be ~ed verhindert [*o* abgeblockt] werden

blocked account *n* FIN Sperrkonto *nt*, gesperrtes Konto **blocked currency** *n* blockierte Währung; *the company has a large account in ~ currencies* das Unternehmen hat ein hohes Guthaben an nicht frei konvertierbaren Devisen

blockhead *n* (*pej fam*) Strohkopf *m pej fam*, Trottel *m pej fam* **blockhouse** *n* Blockhaus *nt* **block letters** *npl* Blockbuchstaben *mpl* **block trading** *n* STOCKEX Pakethandel *m*, Blockhandel *m* **block vote** *n* POL Sammelstimme *f*

Bloc Québécois [blɑ:k,keɪbeɪ'kwɑ:] *n* CAN *Bundespartei, die die Selbstständigkeit Québecs favorisiert*

bloke [bləʊk] *n* BRIT (*fam*) Typ *m fam*, Kerl *m fam*

blok(e)ish ['bləʊkɪʃ] *adj* BRIT typisch männlich; a ~ [kind of] man ein typischer Mann

blond(e) [blɒnd, AM blɑ:nd] I. *adj hair* blond; *complexion* hell II. *n* (*person*) Blonde(r) *f(m)*; (*woman*) Blondine *f*; dumb ~ (*pej*) dümmliche Blondine *pej*; to be a [natural] ~ [von Natur aus] blond sein

blood [blʌd] I. *n no pl* ① ANAT Blut *nt*; *getting information out of you is like trying to get ~ out of a stone* dir muss man ja alles aus der Nase ziehen *fam*; to donate [*or* give] ~ Blut spenden; to spill [*or* shed] ~ Blut vergießen ② (*fig: violence*) Blut *nt*; ~ and guts [*or* AM *usu* gore] viel Gewalt; *there was so much ~ and guts in the film* der Film strotzte von gewalttätigen Szenen ③ (*fig: lineage*) Blut *nt*; (*ancestors*) Vorfahren *fpl*; one's own flesh and ~ sein eigen[es] Fleisch und Blut *geh*, seine eigenen Kinder; to have blue ~ blaublütig [*o* adelig] sein; *she's got blue ~* in ihren Adern fließt blaues Blut *geh*; to be of the ~ [royal] von königlichem Geblüt sein *geh*; to be of the same ~ gleicher Abstammung sein, zur selben Familie gehören ④ (*fig: temperament*) Temperament *nt*; young ~ junges Blut ⑤ BRIT (*dated: fashionable man*) Stutzer *m veraltet*, Geck *m veraltend* ► PHRASES: to have ~ on one's hands Blut an den Händen [kleben] haben; ~, sweat and tears Blut, Schweiß und Tränen; ~ and thunder Mord und Totschlag; *this newspaper is all ~ and thunder* diese Zeitung ist das reinste Revolverblatt; ~ is thicker than water (*prov*) Blut ist dicker als Wasser *prov*; bad ~ böses Blut; to make sb's ~ run cold jdm das Blut in den Adern gefrieren lassen; in cold ~ kaltblütig; to draw first ~ (*fight*) den ersten Hieb platzieren; (*advantage*) als Erster erfolgreich sein; *we scored in the third minute so it was first ~ to us* wir machten in der dritten Minute ein Tor, damit lagen wir erst einmal vorn; fresh [*or* new] ~ frisches Blut; sb's ~ is up [*or* AM boiling] jd ist wütend [*o fam* auf hundertachtzig]; to be after [*or* out for] sb's ~ es jdm heimzahlen wollen; sth makes sb's ~ boil etw macht jdn rasend [*o* bringt jdn auf die Palme] *fam*; sth is in one's ~ etw liegt jdm im Blut; to taste ~ Blut lecken II. *vt* ① HUNT to ~ a hound einen Jagdhund an Blut gewöhnen; to ~ a novice BRIT einen [Jagd]neuling mit Blut taufen ② (*fig: initiate*) ■to ~ sb jdn [neu] einführen; *the club had to ~ two young players* der Klub musste zwei unerfahrene Spieler auf den Platz schicken

blood alcohol *n no pl* Blutalkohol *m* **blood bank** *n* MED Blutbank *f* **bloodbath** *n* Blutbad *nt* **blood brother** *n* leiblicher Bruder; (*by ceremony*) Blutsbruder *m* **blood clot** *n* Blutgerinnsel *nt* **blood count** *n* MED (*procedure*) Blutbild *nt*; (*results*) Anteil *m* der roten Blutkörperchen; *her ~ is much too low* sie hat viel zu wenig rote Blutkörperchen **bloodcurdling** *adj novel, film* gruselig; ~ scream [*or* shriek] markerschütternder [*o* durchdringender] Schrei **blood donor** *n* Blutspender(in) *m(f)* **blood group** *n* Blutgruppe *f* **blood grouping test** *n* Blut[gruppen]untersuchung *f*, Vaterschaftstest *m* **bloodhound** *n* ① (*dog*) Bluthund *m* ② (*fig pej fam: detective*) Schnüffler(in) *m(f) pej*; (*in pursuit*) Spürhund *m pej fig*

bloodied ['blʌdid] *adj* (*liter*) blutbefleckt, blutbeschmiert

bloodily ['blʌdɪli] *adv* blutig

bloodless ['blʌdləs] *adj* ① *inv* (*without violence*) unblutig, friedlich ② (*pale*) *face* blutleer, leichenblass ③ (*emotionless*) blutleer *fig*, leidenschaftslos

bloodletting *n no pl* ① (*bloodshed*) Blutvergießen *nt* ② (*fig: quarrelling*) Hickhack *m o nt fam* ③ MED (*hist or also fig*) Aderlass *m a. fig* **bloodline** *n* ① (*ancestry*) Linie *f* ② ZOOL Stammbaum *m* **blood lust** *n no pl* (*desire to see violence*) Blutrünstigkeit *f*; (*desire to kill*) Lust *f* zu töten, Blutdurst *m*; (*uncontrollable*) Blutrausch *m* **blood money** *n no pl* ① (*pej: payment for killing*) Mörderlohn *m* ② (*compensation for killed person*) Blutgeld *nt* **blood orange** *n* Blutorange *f* **blood plasma** *n no pl* Blutplasma *nt* **blood poisoning** *n no pl* Blutvergiftung *f* **blood pressure** *n no pl* Blutdruck *m*; to have high/low ~ hohen/niedrigen Blutdruck haben; to put up sb's ~ [*or* make sb's ~ rise] (*fig*) jds Blutdruck *m* in die Höhe treiben, jdn wütend machen **blood pudding** *n* BRIT Blutwurst *f* **blood-red** *adj* blutrot **blood relation** *n* Blutsverwandte(r) *f(m)* **blood relationship** *n* Blutsverwandtschaft *f* **bloodshed** *n no pl* Blutvergießen *nt* **bloodshot** *adj* blutunterlaufen **blood sport** *n usu pl Sportarten, bei denen Tiere getötet werden, z.B. Hetzjagden und Hahnenkämpfe* **bloodstain** *n* Blutfleck *m* **bloodstained** *adj* blutbefleckt, blutbeschmiert **bloodstock** *n + sing/pl vb* Vollblutpferde *ntpl*; a horse of Arab ~ ein reinrassiger Araber **bloodstream** *n* Blutkreislauf *m* **bloodsucker** *n* (*leech*) Blutegel *m*; (*fig*) Blutsauger *m* **blood sugar** *n no pl* MED Blutzucker *m*; ~ level Blutzuckerspiegel *m* **blood test** *n* Bluttest *m* **bloodthirsty** *adj* blutrünstig, blutdürstig *geh* **blood transfusion** *n* [Blut]transfusion *f*, Blutübertragung *f* **blood type** *n* Blutgruppe *f* **blood vessel** *n* Blutgefäß *nt*; (*fig fam*) to burst a ~ ausflippen *sl*; *he almost burst a ~ when he saw the telephone bill* als er die Telefonrechnung sah, hätte ihn fast der Schlag getroffen *fam*

bloody ['blʌdi] I. *adj* ① (*with blood*) blutig; to have a ~ nose aus der Nase bluten; to give sb a ~ nose (*fight*) jdm die Nase blutig schlagen; (*fig: defeat*) jdm zeigen, wer der Stärkere ist ② *attr* (*violent*) gewalttätig, grausam; *war* blutig ③ *attr, inv*

BRIT, AUS (*fam!: emphasis*) verdammt *sl;* ***you took your ~ time!*** du hast dir verdammt lange Zeit gelassen!; ***you're a ~ genius*** du bist [mir] vielleicht ein Genie!; [***what the***] ***~ hell!*** (*in surprise*) Wahnsinn! *fam;* (*in anger*) verdammt [nochmal] *sl;* ***what the ~ hell do you think you're doing in my office?*** was, zum Teufel, haben Sie hier in meinem Büro verloren? *sl;* **not a ~ thing** überhaupt nichts ▸ PHRASES: **to scream ~ murder** *esp* AM brüllen wie am Spieß **II.** *adv inv* BRIT, AUS (*fam!*) total *fam,* verdammt *fam;* **to be ~ awful** schrecklich [*o sl* zum Kotzen] sein; **not ~ likely!** kommt nicht in Frage!; **~ marvellous** [*or* **terrific**] (*also iron*) großartig *a. iron;* **~ stupid** total bescheuert *sl;* **to be ~ useless** zu gar nichts taugen; **to ~ well do sth** einfach etw tun; ***I wish you'd stop complaining and ~ well get on with your job*** ich wünschte, du würdest aufhören zu jammern und einfach deine Arbeit weitermachen **III.** *vt* <-ie-> *usu passive* ■**to ~ sth** etw mit Blut besudeln

Bloody Mary *n* Bloody Mary *f*

bloody-minded *adj* ① (*malicious*) boshaft ② BRIT (*uncooperative*) stur; ■**to be ~** immer Schwierigkeiten machen

bloody-mindedness *n* ① (*maliciousness*) Boshaftigkeit *f* ② BRIT (*stubbornness*) Sturheit *f*

bloom [blu:m] **I.** *n no pl* ① BOT Blüte *f;* (*of trees*) [Baum]blüte *f,* Blühet *f* SCHWEIZ; **to be in** [**full**] **~** in [voller] Blüte stehen; **to come into ~** aufblühen ② (*complexion*) Duftigkeit *f; of a face* Rosigkeit *f* ▸ PHRASES: **in the ~ of youth** (*liter*) in der Blüte der Jugend *liter* **II.** *vi* ① (*produce flowers*) blühen ② (*fig: flourish*) seinen Höhepunkt erreichen, zu voller Blüte gelangen *geh* ③ (*of person*) **to ~ late** spät erblühen; (*of artist*) zu spätem Ruhm gelangen

bloomer ['blu:məʳ, AM -ɚ] *n* ① (*flowering plant*) Blühpflanze *f;* **an early spring ~** ein Frühblüher ② AM (*developing person*) **to be a late ~** ein Spätentwickler sein ③ BRIT (*dated fam: blunder*) Fehler *m;* **to make a ~** einen Bock schießen *fam*

bloomers ['blu:məz, AM -ɚz] *npl* ① (*knickers*) Schlüpfer *m,* [lange] Unterhose, Liebestöter *pl hum fam* ② (*hist: trousers*) [Damen]pumphose *f*

blooming¹ ['blu:mɪŋ] *adj inv* blühend; **to look ~** (*healthy*) blühend [*o* wie das blühende Leben] aussehen; (*relaxed*) [gut] erholt aussehen

blooming² ['blu:mɪŋ], **bloomin'** ['blu:mɪn] *inv* **I.** *adj attr* BRIT (*fam: damned*) verdammt *sl,* verflixt *fam* **II.** *adv* BRIT (*fam*) verdammt *fam*

bloop [blu:p] *vi* COMPUT Fehler *pl* löschen

blooper ['blu:pəʳ, AM -ɚ] *n esp* AM Panne *f,* Missgeschick *nt*

Bloquiste [blɑ:'ki:st] *n* CAN *Mitglied der Bloc Québécois*

blossom ['blɒsᵊm, AM 'blɑ:s-] **I.** *n no pl* ① (*on a tree*) [Baum]blüte *f,* Blühet *f* SCHWEIZ; **the apple ~** die Apfelblüte ② BRIT (*fam: affectionate name*) Süße *f fam,* Kleine *f fam* **II.** *vi* ① (*flower*) blühen ② (*mature*) [heran]reifen; *trade* gedeihen; *friendship, relationship* blühen und gedeihen; ■**to ~** [**out**] *person* aufblühen; ■**to ~ into sth** zu etw *dat* erblühen ③ (*seem to grow*) Gestalt annehmen; ***a smile ~ed on her lips*** auf ihren Lippen zeigte sich ein Lächeln

blot [blɒt, AM blɑ:t] **I.** *n* ① (*mark*) Klecks *m;* **ink ~** Tintenklecks *m* ② (*ugly feature*) Schandfleck *m;* **a ~ on the landscape** ein Schandfleck in der Landschaft ③ *no pl* (*flaw*) Makel *m,* Schandfleck *m;* **to be a ~ on sb's character** ein schlechtes Licht auf jds Charakter *m* werfen; **to be a ~ on sb's reputation** ein schwarzer Fleck auf jds weißer Weste sein **II.** *vt* <-tt-> ① (*mark*) ■**to ~ sth over sth** etw mit etw *dat* beklecksen ② (*dry*) ■**to ~ sth** etw abtupfen; **to ~ a page** eine Seite [mit Löschpapier] ablöschen ▸ PHRASES: **to ~ one's copybook** BRIT sich *akk* unmöglich machen, seinen [guten] Ruf ruinieren

◆**blot out** *vt* ① (*erase*) **to ~ out the memory/thought of sb/sth** die Erinnerung/den Gedanken an jdn/etw auslöschen; **to ~ out a pain** einen Schmerz unterdrücken ② (*cover over*) **sth ~s out the sun** etw verdeckt die Sonne; ***a dark cloud suddenly ~ted out the sun*** eine dunkle Wolke schob sich plötzlich vor die Sonne

blotch [blɒtʃ, AM blɑ:tʃ] **I.** *n* <*pl* -es> (*unsightly mark*) Fleck *m;* (*on face*) Pustel *f,* Ausschlag *m; of ink, paint, colour* Klecks *m,* Fleck *m;* **to be covered with ~es** mit Flecken übersät sein **II.** *vt usu passive* ■**to be ~ed** bekleckst sein; **~ed with ink** voller Tintenkleckse

blotchy ['blɒtʃi, AM 'blɑ:tʃi] *adj* fleckig

blotter ['blɒtəʳ, AM 'blɑ:t̬ɚ] *n* ① (*blotting paper*) [Tinten]löscher *m* ② AM LAW (*recording book*) Tagebuch *nt*

blotting paper *n no pl* Löschpapier *nt*

blotto ['blɒtəʊ, AM 'blɑ:t̬oʊ] *adj pred* (*dated sl*) stinkbesoffen *sl;* **to get** [**completely**] **~** sich *akk* vollkommen zusaufen *sl*

blouse [blaʊz, AM *esp* blaʊs] *n* Bluse *f*

blouson ['blu:zɒn, AM *also* blaʊsɑ:n] *n* Blouson *m o nt*

blow¹ [bləʊ, AM bloʊ] **I.** *vi* <blew, blown> ① (*wind*) wehen, blasen; (*move with wind*) *papers, leaves* wegwehen, davonwehen; ***the window blew open/shut*** das Fenster wurde auf-/zugeweht; ***an icy wind began to ~*** ein eisiger Wind kam auf ② (*make sound*) *horn, trumpet, whistle* ertönen; ***he scored the winning goal just before the whistle blew*** er erzielte das Siegtor kurz vor dem Schlusspfiff ③ (*cool down*) *food* pusten ④ *esp* BRIT (*fam: pant*) keuchen ⑤ *whale* spritzen, blasen; ***there she ~s!*** Wal in Sicht! ⑥ *fuse, light bulb* durchbrennen; *gasket* undicht werden; ***the fuse has ~n*** die Sicherung ist rausgesprungen *fam* ⑦ (*fam: leave*) abhauen *fam;* ***OK folks, I've got to ~*** so Leute, ich muss dann mal los *fam* ▸ PHRASES: **sb ~s hot and cold** jd kann sich *akk* nicht entscheiden **II.** *vt* <blew, blown> ① (*move in air*) ■**to ~ sth** etw blasen; *papers, leaves* etw wehen; ***the gale blew the ship onto the rocks*** der Sturm trieb das Schiff auf die Felsen; **to ~ sb a kiss** [*or* **to ~ a kiss at sb**] jdm ein Küsschen zuwerfen ② (*instrument*) ■**to ~ sth** *horn, whistle* etw blasen; **to ~ a horn** MIL ein Hornsignal geben; **to ~ the trumpet** Trompete spielen; ***the referee blew the whistle to signal the end of the game*** der Schiedsrichter pfiff das Spiel ab ③ (*push air into*) **to ~ an egg** ein Ei ausblasen; **to ~ a fire** ein Feuer anfachen; **to ~ one's nose** sich *dat* die Nase putzen ④ (*produce by blowing*) **to ~ bubbles** [Seifen]blasen produzieren; **to ~ glass** Glas blasen; **to ~ smoke rings** [Rauch]ringe [in die Luft] blasen ⑤ (*burn out, explode*) ■**to ~ sth** *valve, gasket* etw kaputtmachen [*o* zerstören]; **to ~ a bridge** eine Brücke sprengen; **to ~ a car** ein Auto in die Luft sprengen; **to be ~n to pieces** in Stücke gesprengt werden; **to ~ a safe** einen Safe [auf]sprengen; ***we blew a tyre on the motorway*** uns ist auf der Autobahn ein Reifen geplatzt; ***I've ~n a fuse/light bulb*** mir ist eine Sicherung/Glühbirne durchgebrannt ⑥ (*fam: spend extravagantly*) **to ~ money** Geld verpulvern [*o* durchbringen] ⑦ (*fam: expose*) ■**to be ~n** *cover* auffliegen ⑧ BRIT (*fam: damn*) **~** [**it**]! verflixt!; **~ *the expense, we'll take it!*** scheiß auf die Kosten, wir nehmen es! *derb;* ***I'll be ~ed!*** das werden wir ja sehen!; ***I'm ~ed if he thinks he can cheat me!*** das wollen wir doch mal sehen, ob der mich reinlegen kann! ⑨ (*fam: bungle*) ■**to ~ sth** etw vermasseln *fam* ⑩ (*vulg: fellate*) ■**to ~ sb** jdm einen blasen *derb* ▸ PHRASES: **to ~ one's cool** *esp* AM die Fassung verlieren, sich *akk* aufregen; **to ~ a fuse** [*or* **gasket**] in die Luft gehen *fam,* explodieren; **to ~ the gaff** BRIT (*fam*) nicht dichthalten; **to ~ the gaff on sb** BRIT (*fam*) jdn verpfeifen *fam;* **to ~ one's own horn** [*or* **trumpet**] sich *akk* selbst loben; **to ~ one's lid** [*or* **stack**] [*or* **top**] (*fam*) explodieren, in die Luft gehen *fam;* **to ~ sb's mind** (*fam*) jdn restlos verblüffen; **to ~ smoke** übertreiben; ***he's just ~ing smoke*** das ist doch nur heiße Luft; **to ~ the whistle on sb** (*fam*) über jdn auspacken *fam* **III.** *n* ① (*act of blowing*) Blasen *nt;* (*musical instruments*) Spielen *nt;* ***let me have a ~ of your trumpet*** lass mich mal deine Trompete spielen! ② *of nose* **to have a** [**good**] **~** sich *dat* [gründlich] die Nase putzen ③ BRIT (*dated: fresh air*) **to go for a ~** einen [ausgedehnten] Spaziergang machen ④ *no pl* (*sl: marijuana*) Pot *nt*

blow² [bləʊ, AM bloʊ] *n* ① (*hit*) Schlag *m;* (*with fist*) Fausthieb *m;* **at one ~** auf einen Schlag; **to come to ~s over sth** sich *akk* wegen einer S. *gen* prügeln; **to match sth ~ for ~** haargenau mit etw *dat* übereinstimmen ② (*fig: support*) **to strike a ~ for sth** sich *akk* aktiv für etw *akk* einsetzen ③ (*fig: misfortune*) [Schicksals]schlag *m;* (*shock*) Schlag *m;* **to come as** [*or* **be**] **a** [**terrible**] **~** ein schwerer Schlag sein; **to cushion** [*or* **soften**] **the ~** den [Schicksals]schlag abmildern

◆**blow about, blow around I.** *vi* herumgewirbelt werden, herumfliegen **II.** *vt* ■**to ~ sb/sth** ↻ **about** [*or* **around**] jdn/etw herumwirbeln; ***they got very ~n about by the gale*** sie hatten Mühe, sich gegen den Sturm zu behaupten

◆**blow away** *vt* ① (*wind*) ■**to ~ away** ↻ **sth** etw wegwehen ② (*fam: shoot and kill*) ■**to ~ away** ↻ **sb** jdn wegpusten *fam;* (*fig*) jdn umlegen *sl* ③ (*fig fam: shock*) ■**to ~ sb** ↻ **away** jdn [fast] umhauen *fig fam;* ***the news of their divorce really blew me away*** die Nachricht von ihrer Scheidung hat mich fast umgehauen ▸ PHRASES: **to ~ the cobwebs away** BRIT jdn [wieder] munter machen

◆**blow away** *vt* (*fam: shoot dead*) ■**to ~ sb** ↻ **away** (*shock*) jdn umhauen *fig fam*

◆**blow back I.** *vi* zurückwehen **II.** *vt* ■**to ~ sb/sth** ↻ **back** jdn/etw zurückwehen

◆**blow down I.** *vi* umgeweht werden **II.** *vt* ■**to ~ sth** ↻ **down** etw umwehen; **to ~ a fence** einen Zaun eindrücken

◆**blow in I.** *vi* ① (*be blown down*) *window* eingedrückt werden ② (*blow inside*) *dust, sand* hineinwehen ③ (*fam: arrive*) hereinschneien *fam* **II.** *vt* **to ~ a window** ↻ **in** ein Fenster eindrücken

◆**blow off I.** *vt* ① (*breathe to remove*) ■**to ~ sth** ↻ **off** etw herunterblasen; *wind* etw herunterwehen; ***I blew the dust off the old book*** ich blies den Staub von dem alten Buch ② (*remove violently*) **to ~ off an arm/a leg** *explosion* einen Arm/eine Bein abreißen; ***the strength of the explosion blew her leg off*** die Explosion war so stark, dass ihr ein Bein abgerissen wurde ③ AM (*fam: not take seriously*) ■**to ~ sth** ↻ **off** etw nicht ernst nehmen; (*not do one's duty*) etw sausen lassen *fam* ▸ PHRASES: **to ~ the lid off sth** etw aufdecken; **to ~ off steam** sich *akk* abreagieren, Dampf ablassen *fam* **II.** *vi* ① BRIT (*usu childspeak fam*) pup[s]en *fam* ② (*blow away*) weggeweht werden, wegfliegen

◆**blow out I.** *vt* ① (*extinguish*) **to ~ a candle** ↻ **out** eine Kerze ausblasen; ***by morning the storm had ~n itself out*** am Morgen hatte sich der Sturm ausgetobt ② (*burst*) **to ~ a tyre** [*or* AM **tire**] ↻ **out** einen Reifen zum Platzen bringen ③ (*kill*) **to ~ one's/sb's brains out** sich/jdm eine Kugel durch den Kopf jagen ④ (*fill with air*) **to ~ out one's cheeks** die Backen aufblasen **II.** *vi* ① (*go out*) *candle, fire* verlöschen ② (*burst*) *tyre* platzen ③ (*erupt*) *gas, oil well* außer Kontrolle geraten

◆**blow over I.** *vi* ① (*fall down*) *tree* umstürzen ② (*pass*) vorbeigehen; *argument, row, trouble* sich *akk* beruhigen [*o* legen] **II.** *vt* ■**to ~ sb/sth** ↻ **over** jdn/etw umwerfen

◆**blow through** *vi* (*sl*) ■**to ~ through sth** *money* etw verpulvern *fam*

◆**blow up I.** *vi* ① (*develop*) *storm, gale* [her]aufziehen; *scandal* sich *akk* zusammenbrauen; **to ~ up out of all proportion** grotesk übersteigerte Formen annehmen ② (*explode*) explodieren, hochgehen *fam;* (*fig*) an die Decke gehen *fam* ③ (*go wrong*) **to ~ up in one's face** (*fig*) ins Auge gehen *fam* **II.** *vt* ① (*inflate*) ■**to ~ sth** ↻ **up** etw aufblasen; (*fig*) etw hochspielen [*o* hochstilisieren] ② (*enlarge*) **to ~ up a photo/picture** ein Photo/Bild vergrößern ③ (*destroy with explosive*) ■**to ~ sth** ↻ **up** etw in die Luft jagen *fam*

blowback ['bləʊbæk, AM 'bloʊ-] *n* (*backlash*) Rückschlag *m*

blow-by-blow *n* detailgenau; **to give sb a ~ account** jdm haarklein Bericht erstatten

blow-dry I. *vt* <-ie-> **to ~ sb's/one's hair** jdm/sich die Haare fönen **II.** *n no pl* Fönen *nt*

blower ['bləʊəʳ] *n* Brit, Aus *(fam)* Telefon *nt* **blowfly** *n* Schmeißfliege *f* **blowgun** *n* Blasrohr *nt* **blowhard** *n* Am *(pej fam)* Wichtigtuer(in) *m(f) pej,* Renommist(in) *m(f) pej geh;* **to be a ~** sehr von sich *dat* eingenommen sein **blowhole** *n* Atemloch *nt* **blow job** *n (vulg)* **to give sb a ~** jdm einen blasen *vulg* **blowlamp** *n* Lötlampe *f*

blown [bləʊn, Am bloʊn] *vt, vi pp of* **blow**

blowout ['bləʊaʊt, Am 'bloʊ-] *n* ① Brit *(fam: huge meal)* Schlemmerei *f,* Gelage *nt* ② Am *(party)* Fete *f fam,* Party *f* ③ *(eruption) oil, gas* Eruption *f* ④ *esp* Am *(bursting of tyre)* Platzen *nt* [eines Reifens] ⑤ Am stockex reißender Absatz **blowpipe** *n* ① *(weapon)* Blasrohr *nt* ② chem Lötrohr *nt* ③ *(glass making)* Glasbläserpfeife *f*

blowsy ['blaʊzi] *adj (pej)* ungeschlacht; **~ woman** ordinäres Weibsbild *pej fam,* Schlampe *f pej fam*

blowtorch *n* Lötlampe *f* **blow-up** I. *n* ① phot Vergrößerung *f* ② *(explosion)* Explosion *f* ③ *(fam: quarrel)* Streit *m,* Krach *m fam* II. *adj attr* **~ pillow** aufblasbares Kissen

blowy ['bləʊi, Am 'bloʊi] *adj* windig

blowzy *adj see* **blowsy**

BLT [ˌbi:el'ti:] *n esp* Am *abbrev of* **bacon, lettuce and tomato sandwich** *Sandwich mit gebratenem Speck, Salat und Tomate*

blub <-bb-> [blʌb] *vi* Brit *(fam)* plärren *fam,* flennen *fam*

blubber¹ ['blʌbəʳ, Am -ɚ] *vi (fam)* flennen *fam,* heulen *fam*

blubber² ['blʌbəʳ, Am -ɚ] *n no pl* ① *(of sea mammals)* Speck *m* ② *(pej fam: fat)* Speck *m fam*

blubbery ['blʌbᵊri] *adj (pej fam)* wabbelig *fam*

bludgeon ['blʌdʒᵊn] I. *n (dated)* Knüppel *m,* Keule *f* II. *vt* ① *(beat)* ■**to ~ sb** jdn verprügeln; **to ~ sb to death** jdn zu Tode prügeln ② *(fig: coerce)* ■**to ~ sb into doing sth** jdn zwingen, etw zu tun

blue [blu:] I. *adj* <-r, -st> ① *(colour)* blau; **to be ~ with cold** blaugefroren [*o* blau vor Kälte] sein; **dark/greeny/light ~** dunkel-/grün-/hellblau; **to go ~** blau anlaufen ② *(depressed)* traurig, melancholisch gestimmt ③ *(fam: pornographic) joke* schweinisch *fam,* ordinär; **~ movie** Pornofilm *m* ► Phrases: **to do sth until one is ~ in the face** etw tun, bis man schwarz wird; **once in a ~ moon** alle Jubeljahre einmal *fam;* **to scream ~ murder** Brit *(scream loudly)* brüllen wie am Spieß; *(complain)* Zeter und Mordio schreien II. *n* ① *(colour)* Blau *nt;* **to be dressed all in ~** ganz in Blau [gekleidet] sein; **the boys in ~** *(hum fam)* die Gesetzeshüter *pl hum* ② Brit sports **a Cambridge/an Oxford ~** *Student/Studentin der Universität Cambridge bzw. Oxford, der/die seine/ihre Universität in einem sportlichen Wettkampf vertritt bzw. vertreten hat;* ***he was awarded a cricket ~*** er durfte seine Universität in einem Kricketspiel vertreten ③ *(snooker ball)* blaue Billardkugel ► Phrases: **out of the ~** aus heiterem Himmel, ohne Vorwarnung III. *vt* <blu[e]ing, -d> Brit *(sl)* **to ~ money** [sein] Geld rauswerfen *fam*

blue baby *n* blausüchtiger Säugling **blue bag** *n* Am law Tasche *f* des Barristers für seinen Talar **Bluebeard** ['blu:bɪəd, Am bɪrd] *n* ① *no pl* lit *(character by Charles Perrault)* Blaubart *m* ② *(wife murderer)* Blaubart *m,* Frauenmörder *m* **bluebell** *n* [blaue Wiesen]glockenblume **blueberry** ['blu:bᵊri, Am -ˌberi] *n* Heidelbeere *f,* Blaubeere *f meist* nordd, Schwarzbeere *f* südd **bluebird** *n (in N America)* Rotkehlhüttensänger *m; (in S Asia)* Elfenblauvogel *m* **blue-black** *adj* schwarzblau **blue-blooded** *adj* ad[e]lig, blaublütig *oft iron* **Blue Book** *n* econ, fin Blaubuch *nt* **bluebottle** *n* Schmeißfliege *f* **blue cheese** *n* [Blau]schimmelkäse *m* **blue chip** *n* stockex erstklassige Aktie **blue-chip company** *n* finanziell abgesichertes Unternehmen **blue-chip customer** *n* Kunde höchster Bonität **blue-chip security** *n* Spitzenpapier *nt,* erstklassiges Wertpapier **blue-chip share** *n* Standardaktie *f,* Bluechip *m* **blue-collar** *adj attr, inv* **~ job** wenig qualifizierte Arbeit; **~ worker** Arbeiter(in) *m(f)* **blue-eyed** *adj* mit blauen Augen *nach n,* blauäugig *attr; (fig)* **~ boy** Brit, Aus *(pej fam)* Liebling *m* **Blue Flag** *n* Blaue Flagge *(Abfahrtssignalflagge, Flagge P des internationalen Signalbuches)* **blue funk** *n (sl)* **to be in a ~** in heller Panik sein, sich *dat* vor Angst in die Hosen machen *sl* **bluegrass** *n no pl Art Countrymusik aus dem Süden der USA*

blueish ['blu:ɪʃ] *adj* bläulich

bluejay *n* orn Blauhäher *m* **blue jeans** *npl* [Blue]jeans *pl* **blue law** *n* Am *(fam) puritanisches Gesetz, das bestimmte Aktivitäten aus religiösen Gründen verbietet* **Blue Laws** *n* Am Sittengesetze *ntpl (besonders gegen die Entheiligung von Sonn- und Feiertagen)* **blue list** *n* Am stockex *Verzeichnis der zum Verkauf angebotenen Wertpapiere der US-Bundesstaaten und -Kommunen*

blueness ['blu:nəs] *n no pl* Bläue *f*

blue-pencil *esp* Brit I. *n* Rotstift *m;* **to go over a manuscript/a text with a ~** ein Manuskript/einen Text korrigieren II. *vt* <Brit -ll- *or* Am *usu* -l-> ■**to ~ sth** etw korrigieren **blueprint** *n* Blaupause *f; (fig)* Plan *m,* Entwurf *m* **blue riband** *n,* **blue ribbon** *n* ① *(hist)* **the ~** das Blaue Band *(Auszeichnung für Rekordleistung)* ② Am *esp* sch *(prize)* erster Preis, höchste Auszeichnung; ***a ~ of excellence*** das blaue Band für hervorragende Leistungenn **blue-ribbon** *adj attr, inv* hochrangig, führend **blue-ribbon program** *n* comput erstklassiges Programm

blues [blu:z] *npl* ① *(fam)* **to have the ~** melancholisch gestimmt [*o fam* schlecht drauf] sein ② *(music)* Blues *m*

blue-sky *adj* Am stockex **~ laws** Luftschlossgesetze *ntpl;* **~ securities** wertlose Wertpapiere **bluestocking** *n (old or pej)* Blaustrumpf *m veraltend o pej*

bluesy <-ier, -iest> ['blu:zi] *adj* bluesig *sl*

blue tit *n* Blaumeise *f* **Bluetooth** ['blu:tu:θ] I. *n* tech Bluetooth-Technologie *f (drahtlose Verbindung elektronischer Geräte)* II. *n modifier (device, chip)* Bluetooth- *fachspr,* drahtlos

bluff¹ [blʌf] I. *vi* bluffen *fam* II. *vt* ① *(deceive)* ■**to ~ sb** jdn täuschen [*o fam* bluffen]; ***she ~ed the doorman into thinking she was a reporter*** sie machte den Türsteher glauben, dass sie eine Reporterin sei ② *(pretend)* **to ~ one's way into/out of sth** sich *akk* in etw *akk* hinein-/aus etw *dat* herausmogeln; ***he's very good at ~ing his way out of trouble*** er verstehen es, sich aus der Affäre zu ziehen; ***she ~ed her way into that job*** sie hat sich den Job regelrecht erschwindelt III. *n (pretence)* Bluff *m fam;* **to call sb's ~** *(challenge sb)* jdn auffordern, Farbe zu bekennen; *(expose sb)* jdn bloßstellen

bluff² [blʌf] I. *n (steep bank)* Steilhang *m; (shore)* Kliff *nt,* Steilküste *f* II. *adj (direct, outspoken) manner* direkt, schroff, rauh

bluffer ['blʌfəʳ, Am -ɚ] *n* Bluffer(in) *m(f);* ***he's an old ~*** er blufft gerne

bluish ['blu:ɪʃ] *adj* bläulich

blunder ['blʌndəʳ, Am -ɚ] I. *n* schwer[wiegend]er [*o* grober] Fehler, grober Schnitzer *fam;* **to commit** [*or* **make**] **a ~** *(by doing sth)* einen schweren Fehler begehen [*o* machen], Mist bauen *fam; (by saying sth)* ins Fettnäpfchen tretten II. *vi* ① *(make a bad mistake)* einen groben Fehler [*o* Schnitzer] machen [*o* begehen] ② *(act clumsily)* ■**to ~** [**about** [*or* **around**]] [herum]tappen; *(fig fam)* ■**to ~ into sth** in etw *akk* hineinplatzen ③ *(fig: talk clumsily)* ■**to ~ about** herumstottern, herumstammeln III. *vt* ■**to ~ sth** ① *(do wrongly)* bei etw *dat* einen groben Fehler machen, etw verpatzen *fam* ② *(say clumsily)* etw stammeln

blunderbuss <*pl* -es> ['blʌndəbʌs, Am -dɚ-] *n* ① *(hist: gun)* Donnerbüchse *f hum veraltend* ② Am **to be a ~** ungeschickt sein

blunderer ['blʌndᵊrəʳ, Am -ɚɚ] *n* Tollpatsch *m;* **to be a ~** ungeschickt sein

blundering ['blʌndᵊrɪŋ, Am -ɚ-] *adj attr, inv (pej fam)* ungeschickt, tollpatschig, trottelig *pej fam;* ***you ~ idiot!*** du Vollidiot! *pej sl*

blunt [blʌnt] I. *adj* ① *(not sharp)* stumpf; **~ instrument** stumpfer Gegenstand ② *(thick, unrefined) finger* plump ③ *(fig: direct, outspoken)* direkt; *(unfriendly)* ungehobelt, schroff; ***I'll be ~*** ich sage es Ihnen ganz unverblümt II. *vt* ① *(make less sharp)* ■**to ~ sth** etw stumpf machen ② *(fig: dampen)* **to ~ sb's enthusiasm/interest** jds Begeisterung *f*/Interesse *nt* dämpfen [*o* einen Dämpfer versetzen]

bluntly ['blʌntli] *adv* direkt, unverblümt; **to put sth ~** etw ganz offen sagen

bluntness ['blʌntnəs] *n no pl* Direktheit *f*

blur [blɜ:ʳ, Am blɜ:r] I. *vi* <-rr-> verschwimmen II. *vt* <-rr-> ■**to ~ sth** etw verschwimmen lassen; ***alcohol ~s your brain*** Alkohol benebelt den Verstand; **to ~ a picture** die Konturen eines Bildes verschwimmen lassen III. *n no pl* undeutliches Bild; ■**to be a ~** verschwimmen; *(fig)* ***it's all just a ~ to me now*** ich erinnere mich nur noch vage daran; ***the last few days have gone by in a ~*** die letzten Tage sind einfach an mir vorbeigerauscht

blurb [blɜ:b, Am blɜ:rb] *n (fam)* Klappentext *m*

blurred [blɜ:d, Am blɜ:rd] *adj* ① *(vague)* verschwommen, undeutlich; *photograph, picture* unscharf ② *(not clearly separated)* nicht klar voneinander getrennt, verwischt; ***male and female roles are becoming ~*** die Rollen von Mann und Frau lassen sich immer weniger klar voneinander abgrenzen

blurry ['blɜ:ri] *adj* undeutlich, verschwommen; *photograph, picture* unscharf; **to have ~ eyesight** schlechte Augen haben

blurt [blɜ:t, Am blɜ:rt] *vt* ■**to ~ out** ↻ **sth** mit etw *dat* herausplatzen *fam*

blush [blʌʃ] I. *vi* erröten, rot werden II. *n* ① *(red face)* Erröten *nt kein pl;* ***a ~ of shame crept up his face*** er wurde rot vor Scham; ***the dawn came with a ~ of red*** *(fig poet)* die Morgendämmerung überzog den Himmel rot; **to spare sb's ~es** jdn nicht verlegen machen ② Am *(blusher)* Rouge *nt* ► Phrases: **at first ~** auf den ersten Blick

blusher ['blʌʃəʳ, Am -ɚ] *n* Rouge *nt*

blusher brush *n* Rougepinsel *m*

blushing ['blʌʃɪŋ] *adj attr* errötend

bluster ['blʌstəʳ, Am -ɚ] I. *vi* ① *(speak angrily)* poltern, sich *akk* ereifern; ***he ~ed and shouted at everyone*** er überschüttete jeden mit Schimpfreden ② meteo *wind, gale* toben, tosen II. *n no pl* Theater *nt pej*

blustering ['blʌstᵊrɪŋ] *adj inv* ① *(talking with little effect)* dröhnend ② *(blowing noisily)* heulend

blustery ['blʌstᵊri, Am -ɚi] *adj weather* stürmisch

Blu-Tack® ['blu:tæk] *n no pl* Posterstrip *m meist pl (blaue Masse, mit der man Poster ohne sichtbare Klebestreifen an der Wand anbringen kann)*

BM [ˌbi:'em] *n* Am ① univ *abbrev of* **Bachelor of Medicine** Bakkalaureus *m* der Medizin ② med *(euph fam) abbrev of* **bowel movement**

BMA [ˌbi:em'eɪ] *n no pl abbrev of* **British Medical Association:** ■**the ~** die BMA

B-movie ['bi:mu:vi] *adj attr, inv* B-Movie *m,* zweitklassiger Film *a. pej*

BMP *n* comput BMP

BMus [ˌbi:'mʌz] *n abbrev of* **Bachelor of Music** Bakkalaureus *m* der Musik

bn *n abbrev of* **billion**

BNC connector *n* comput BNC-Stecker *m*

BO [ˌbi:'əʊ, Am -'oʊ] *n no pl (esp fam) abbrev of* **body odour**

boa ['bəʊə, Am 'boʊə] *n* ① *(scarf)* Boa *f;* **feather ~** Federboa *f* ② *(snake)* Boa *f*

boa constrictor *n* Boa constrictor *f*

boar [bɔ:ʳ, Am bɔ:r] *n* ① *(pig)* Eber *m;* **wild ~** Wildschwein *nt; (male)* Keiler *m* ② *(meat)* Wildschwein[fleisch] *nt*

board [bɔ:d, Am bɔ:rd] I. *n* ① *(plank)* Brett *nt; (blackboard)* Tafel *f; (notice board)* Schwarzes Brett; *(signboard)* [Aushänge]schild *nt;* stockex *(screen)* Anzeigetafel *f; (floorboard)* Diele *f* ② + *sing/pl vb* admin, pol Behörde *f,* Amt *nt; (committee)* Ausschuss *m,* Kommission *f;* Brit *(ministry)* Ministerium *nt;* **B~ of Education** Am Bildungsausschuss *m;* **~ of examiners** Prüfungskommission *f;* **~ of governors** Kuratorium *nt,* Aufsichtsgremium *nt;* **~ of inquiry** Untersuchungsausschuss *m;* **the Scot-**

tish **Tourist B~** das schottische Fremdenverkehrsamt; **B~ of Trade** BRIT Handelsministerium *nt;* AM Handelskammer *f;* **parole** ~ LAW Ausschuss *m* zur Gewährung der bedingten Haftentlassung; ~ **of visitors** LAW Inspektionskomitee *nt* ③ + *sing/pl vb* (*group of interviewers*) Kommission *f* (*zur Auswahl von Bewerbern*); **to be on a** ~ einer Auswahlkommission angehören; **to go on a** ~ *interviewer* als Prüfer an einem Auswahlverfahren teilnehmen; *candidate* sich *akk* einem Auswahlgespräch unterziehen ④ + *sing/pl vb* ECON ~ **of directors** Vorstand *m,* Unternehmensführung *f* (*bestehend aus Vorstand und Verwaltungsrat*); **supervisory** ~ Aufsichtsrat *m* ⑤ + *sing/pl vb* BRIT (*public facility*) **coal/electricity/gas/water** ~ Versorgungsunternehmen *nt* für Kohle/Strom/Gas/Wasser ⑥ AM **Big** ~ New Yorker Börse; **Little** ~ (*sl*) Amerikanische Börse ⑦ *no pl* TOURIST **bed and** ~ [*or esp* BRIT ~ **and lodging**] [*or* AM **room and** ~] Kost und Logis, Vollpension *f;* **full** ~ Vollpension *f;* **half** ~ Übernachtung *f* mit Frühstück, Halbpension *f* ⑧ THEAT ■**the ~s** *pl* die Bretter *pl,* die die Welt bedeuten; **to tread the ~s** auf der Bühne stehen ⑨ (*in [ice]hockey*) ■**the ~s** *pl* die Bande; ***he crashed into the ~s*** er krachte an die Bande; **to be on the ~s** an die Bande gedrängt werden ⑩ AM (*examination*) ■**the ~s** *pl* [Abschluss]prüfung *f;* **the medical ~s** die Prüfungen in Medizin ⑪ TRANSP **on** ~ (*also fig*) an Bord *a. fig;* ***as soon as I was on ~, I began to have second thoughts*** sobald ich zugestiegen war, kamen mir Bedenken; **to be on ~ an aircraft/a train** im Flugzeug/Zug sitzen; **to go on ~ a bus/train** in einen Bus/Zug einsteigen; **to go on ~ a plane** ein Flugzeug besteigen; **to be on ~ a ship** sich *akk* an Bord eines Schiffes befinden ▶ PHRASES: **to** __**bring**__ [*or* **take**] **sb on** ~ [**for sth**] jdn [an etw *dat*] beteiligen [*o* [bei etw *dat*] mitmachen] lassen; **to** __**let**__ **sth go by the** ~ etw unter den Tisch fallen lassen; **to** __**sweep**__ **the** ~ alles gewinnen, alle Preise abräumen *fam;* **to** __**take**__ **on ~ sth** (*take into consideration*) etw bedenken; (*agree to do*) etw übernehmen; __**across**__ **the** ~ (*all things included*) alles in allem; (*completely*) rundum, auf der ganzen Linie; ***this project needs radical reorganization across the ~*** dieses Projekt muss ganz generell von Grund auf neu organisiert werden **II.** *vt* ① (*cover with wood*) ■**to ~ sth** ⊂ **up** [*or* **over**] etw mit Brettern vernageln ② (*accommodation*) ■**to ~ sb/an animal** jdn/ein Tier unterbringen; **to ~ a lodger** einem Pensionsgast Kost und Logis bieten; **to ~ sb in a school** jdn in einem Internat unterbringen ③ TRANSP **to ~ a plane/ship** ein Flugzeug/Schiff besteigen; ***attention, we are now ~ing flight 701*** Achtung, die Passagiere des Flugs 701 können jetzt an Bord gehen ④ NAUT **to ~ a ship** ein Schiff entern **III.** *vi* ① TOURIST logieren *veraltend;* **to ~ with sb** bei jdm wohnen (*als Pensionsgast*) ② (*at a school*) im Internat wohnen ③ AVIAT [Passagiere] einlassen; ***flight BA345 is now ~ing at Gate 2*** die Passagiere für Flug BA345 können jetzt über Gate 2 zusteigen

boarder ['bɔːdəʳ, AM 'bɔːrdɚ] *n* ① SCH Internatsschüler(in) *m(f)* ② (*lodger*) Pensionsgast *m;* (*regular diner*) Kostgänger(in) *m(f) veraltend;* **to take in ~s** Pensionsgäste aufnehmen

board game *n* Brettspiel *nt*

boarding ['bɔːdɪŋ, AM 'bɔːrd-] *n* Unterbringung *f* in einem Internat

boarding card *n* BRIT Bordkarte *f* **boarding fees** *npl* Internatsgebühren *fpl* **boarding house** *n* ① (*small hotel*) Pension *f* ② SCH Internatstrakt *m* **boarding kennels** *npl* Tierpension *f* **boarding pass** *n* AM (*boarding card*) Bordkarte *f* **boarding-school** *n* Internat *nt*

board meeting *n of executives* Vorstandssitzung *f; of owners' representatives* Aufsichtsratssitzung *f* **board order** *n* Order *m* zu einem bestimmten Kurs **boardroom** *n* ① (*conference room*) Sitzungssaal *m* ② + *sing/pl vb* (*fig: decision-makers*) Vorstand *m,* Chefetage *f*

boards [bɔːdz, AM 'bɔːrdz] *npl see* **board I 7, 8, 9**

board shorts *npl* AUS Badehose *f*

◆**board up** *vt* ■**to ~ up sth** [*or* **to ~ sth up**] etw mit Brettern zunageln

boardwalk *n* AM Steg *m,* Uferpromenade *f* (*aus Holz*)

boast [bəʊst, AM boʊst] **I.** *vi* (*pej*) prahlen *pej,* angeben *pej fam;* ■**to ~ about** [*or* **of**] **sth** mit etw *dat* angeben, sich *akk* mit etw *dat* brüsten *geh;* ■**to ~ that ...** damit angeben, dass ... **II.** *vt* ■**to ~ sth** ① (*say boastfully*) etw prahlerisch verkünden ② (*possess*) sich *akk* einer S. *gen* rühmen **III.** *n* (*pej*) großspurige Behauptung *pej;* **to be an empty** ~ reine Angeberei sein *fam;* **it is sb's proud ~ that ...** jd tut sich *dat* viel darauf zugute, dass ... *geh*

boaster ['bəʊstəʳ, AM 'boʊstɚ] *n* (*pej*) Aufschneider(in) *m(f) pej fam,* Gernegroß *m hum fam,* Angeber(in) *m(f) pej fam*

boastful ['bəʊstfᵊl, AM 'boʊst-] *adj* (*pej*) großspurig *pej,* angeberisch *pej fam;* ~ **talk** Prahlerei *f pej,* Angeberei *f pej fam;* ■**to be** ~ prahlen *pej,* angeben *pej fam;* ***without wanting to be ~, ...*** ohne mich selbst loben zu wollen, ...

boastfully ['bəʊstfᵊli, AM 'boʊst-] *adv* (*pej*) großspurig *pej,* angeberisch *pej fam;* ***I don't want to speak ~ about my own achievements*** ich möchte nicht in Eigenlob verfallen

boastfulness ['bəʊstfᵊlnəs, AM 'boʊst-] *n no pl* (*pej*) Prahlerei *f pej,* Angeberei *f pej fam*

boat [bəʊt, AM boʊt] **I.** *n* ① (*on river, canal, lake*) Boot *nt;* (*on sea*) Schiff *nt;* **to miss the** ~ das Schiff verpassen; (*fig fam*) den Anschluss verpassen; **to take the** ~ das Schiff nehmen; **to travel by** ~ mit dem Schiff fahren ② (*for gravy*) Saucenschüssel *f,* Sauciere *f* ▶ PHRASES: **to be in the** __**same**__ ~ im selben Boot sitzen; **to** __**push**__ **the ~ out** BRIT ganz groß feiern, ein Fass aufmachen *fam* **II.** *vi* Boot fahren **III.** *vt* ■**to ~ sth somewhere** etw irgendwohin verschiffen

boatbuilder ['bəʊtbɪldəʳ, AM ɚ] *n* Bootsbauer *m*

boatbuilding ['bəʊtbɪldɪŋ] *n no pl* Bootsbau *m*

boater ['bəʊtəʳ, AM 'boʊt̬ɚ] *n* Kreissäge *f hum fam* (*flacher, runder Strohhut*)

boat hook *n* Bootshaken *m* **boat house** *n* Bootshaus *nt*

boating ['bəʊtɪŋ, AM 'boʊt̬-] **I.** *n no pl* Bootfahren *nt;* **to go** ~ Bootfahren gehen, eine Bootsfahrt machen; (*go rowing*) rudern gehen **II.** *adj attr, inv* Boots-; ~ **lake** See *m* mit Wassersportmöglichkeiten

boatload *n* Schiffsladung *f;* **in ~s, by the** ~ (*fig*) in Scharen **boatman** *n* ① (*hirer of boats*) Bootsverleiher *m;* (*provider of transport*) Bootsführer *m;* (*of rowing boat*) Ruderer *m* ② NAUT (*naval rank*) Bootsmann *m* **boat people** *npl* Boatpeople *pl*

boat race *n* Bootsrennen *nt,* Regatta *f;* (*of rowing boats*) Ruderregatta *f;* ■**the B~ R~** BRIT die Oxford-Cambridge-Regatta

boatswain ['bəʊsᵊn, 'bəʊtsweɪn, AM 'boʊsᵊn] *n* NAUT [Hoch]bootsmann *m* **boat train** *n* Zug *m* mit Fähranschluss **boat trip** *n* Bootsfahrt *f* **boatyard** *n* [Boots]werft *f;* (*dry dock*) Liegeplatz *m*

bob¹ [bɒb, AM bɑːb] *n* Bubikopf *m,* Bobfrisur *f*

bob² <-bb-> [bɒb, AM bɑːb] **I.** *vi* ① (*move*) ■**to ~ [up and down]** sich *akk* auf und ab bewegen, auf und ab hüpfen; *boxer* [rasch] ausweichen; *bird's tail* wippen; *rabbit* hoppeln; *boat* schaukeln; ***don't ~ up and down so*** sei nicht so zappelig *fam,* zappel nicht so herum *fam;* ■**to ~ [up]** [plötzlich] auftauchen *a. fig;* **to ~ out of sight** abtauchen *fam* ② (*curtsy*) knicksen **II.** *vt* **to ~ one's head** nicken; **to ~ a curtsy [to sb]** [vor jdm] knicksen **III.** *n* (*nod*) Nicken *nt kein pl;* **with a ~ of one's head** mit einem Kopfnicken; (*curtsy*) [angedeuteter] Knicks

bob³ [bɒb, AM bɑːb] *vt* (*sl: fix with plastic surgery*) ■**to ~ sth** *nose* etw richten *fam*

bob⁴ [bɒb, AM bɑːb] *n* BRIT (*shilling*) fünf Pence; (*hist*) Schilling *m;* **to not be short of a ~ or two** (*iron*) das nötige Kleingeld haben *iron*

bob⁵ [bɒb, AM bɑːb] *n* (*fam*) *short for* **bobsleigh** Bob *m*

Bob [bɒb] *n no pl* ▶ PHRASES: **~'s your** __**uncle**__ BRIT (*fam*) die Sache ist erledigt, und fertig ist der Lack *fam;* ***just tell them you're a friend of mine and ~'s your uncle, you'll get the job*** sag ihnen einfach, dass du ein Freund von mir bist, dann hast du den Job schon in der Tasche *fam*

bobbed [bɒbd, AM bɑːbd] *adj* **to have ~ hair** einen Bubikopf [*o* eine Bobfrisur] haben

bobbin ['bɒbɪn, AM 'bɑːb-] *n* Spule *f*

bobble ['bɒbl̩] *n* BRIT Pompon *m,* Bommel *f o m bes* NORDD

bobble hat *n* BRIT Pudelmütze *f*

bobby ['bɒbi] *n* BRIT (*dated fam*) Polizist(in) *m(f),* Bobby *m fam;* ~ **on the beat** Streifenpolizist *m* (*der zu Fuß oder mit dem Fahrrad unterwegs ist*)

bobby pin ['bɒbiˌpɪn, AM 'bɑːbiˌ-] *n* AM, AUS Haarklammer *f*

bobs [bɒbz, AM bɑːbz] *npl* Krimskrams *m kein pl*

bobsleigh *n* Bob[sleigh] *m* **bobtail** *n* ① (*docked tail*) kupierter Schwanz ② (*dog*) kupierter Hund; (*horse*) Pferd *nt* mit gestutztem [*o* kupiertem] Schwanz

Boche [bɒʃ, AM bɑːʃ] *n* (*dated or pej*) Boche *m*

bod [bɒd, AM bɑːd] *n* ① BRIT, AUS (*fam: person*) Type *f fam;* (*man*) Typ *m fam;* (*woman*) Tussi *f pej sl;* **to be [a bit of] an odd** ~ ein komischer [*o* seltsamer] Vogel sein *fam* ② AM (*fam: body*) Körper *m,* Body *m fam;* ***that guy has a great ~*** der Typ hat einen Superbody *sl*

bodacious [boʊ'deɪʃəs] *adj* AM (*sl*) super *fam,* geil *sl*

bode [bəʊd, AM boʊd] **I.** *vi* **to ~ well/ill** etwas Gutes/Schlechtes bedeuten [*o geh* verheißen], ein gutes/schlechtes [Vor]zeichen sein **II.** *vt* ■**to ~ sth** etw ahnen lassen [*o geh* verheißen]

bodega [boʊ'deɪgə] *n* AM Bodega *f*

bodge *vt* BRIT *see* **botch**

bodhran ['baʊrɑːn] *n* BRIT *schottisch-irische Trommel*

bodice ['bɒdɪs, AM 'bɑːd-] *n* (*part of dress*) Oberteil *nt;* (*underwear*) Mieder *nt*

bodice-ripper *n* AM *Roman, in dem der Heldin sexuelle Gewalt angetan wird*

-bodied ['bɒdɪd, AM 'bɑːd] *in compounds* ① (*of housing*) mit Karosserie *nach n* ② (*of animals, wine*) mit Körper *nach n* ③ (*fig: of voice*) **full** ~ voll

bodiless ['bɒdɪləs, AM 'bɑːd] *adj inv* ① (*lacking a body*) körperlos ② (*incorporeal, insubstantial*) unkörperlich, wesenlos

bodily ['bɒdɪli, AM 'bɑːdᵊli] **I.** *adj attr, inv* körperlich; ~ **fluids** Körperflüssigkeiten *fpl;* ~ **functions** Körperfunktionen *fpl;* ***he has lost control of his ~ functions*** er hat die Kontrolle über seinen Körper verloren; ~ **harm** [*or* **injury**] Körperverletzung *f;* ***I was afraid they were going to cause me ~ harm*** ich hatte Angst, dass sie mir etwas antun würden; **actual ~ harm** LAW Körperverletzung *f;* **grievous ~ harm** LAW schwere Körperverletzung; ~ **needs** leibliche Bedürfnisse **II.** *adv inv* ① (*with force*) gewaltsam, mit Gewalt ② (*as a whole*) als Ganzes; ***the whole house was moved ~ to a new site*** das ganze Haus wurde, so wie es war, an einen neuen Standort versetzt

bodkin ['bɒdkɪn, AM 'bɑːd-] *n* Durchziehnadel *f*

body ['bɒdi, AM 'bɑːdi] *n* ① (*physical structure*) Körper *m,* Leib *m liter;* ***she's just after his ~*** (*fig*) ihr Interesse an ihm ist rein körperlich [*o* sexuell]; **the ~ of Christ** der Leib Christi; ~ **and soul** ganz und gar, mit Leib und Seele; ***she put ~ and soul into her work*** sie hatte sich völlig ihrer Arbeit verschrieben ② (*trunk*) Rumpf *m* ③ (*dated: person*) Mensch *m;* ***how is a ~ supposed to live in these conditions?*** wie soll jemand unter diesen Bedingungen leben?; ***she's a cheerful old ~*** sie ist ein fröhliches Haus *fam* ④ + *sing/pl vb* (*organized group*) Körperschaft *f,* Organisation *f,* Organ *nt,* Gremium *nt,* Komitee *nt;* **advisory** ~ beratendes Gremium, beratender Ausschuss; **controlling** ~ Aufsichtsgremium *nt;* **governing** ~ Leitung *f;* **legislative** ~ gesetzgebendes Organ ⑤ + *sing/pl vb* (*group*) Gruppe *f;* **student** ~ Studentenschaft *f;* ~ **of opinion** viele Menschen gleicher Meinung; **in a** ~ gemeinsam ⑥ (*quantity*) Masse *f,* Menge *f,* Haufen *m fam;* ***a substantial ~ of opinion opposes***

change es gibt eine große Gruppe, die einmütig gegen Veränderungen ist; ~ **of evidence/information** Sammlung *f* von Beweis-/Informationsmaterial ⑦ (*central part*) Hauptteil *m,* Wesentliche(s) *nt; of an army* Kerntruppe *f; of a church* Hauptschiff *nt; of a plane, ship* Rumpf *m; of a string instrument* Schallkörper *m;* **in the ~ of the House** BRIT (*Parliament*) im Plenum [des Parlaments] ⑧ AUTO Karosserie *f* ⑨ (*corpse*) Leiche *f;* (*of an animal*) Kadaver *m,* [Tier]leiche *f;* ***the dog's ~ lay on the rubbish heap*** der tote Hund lag auf dem Abfallhaufen ⑩ (*material object*) Gegenstand *m;* SCI Körper *m;* **celestial** [*or* **heavenly**] ~ Himmelskörper *m;* **foreign** ~ Fremdkörper *m* ⑪ (*substance, thickness*) *of hair* Fülle *f,* Volumen *nt; of paper* Stärke *f; of wine* Gehalt *m;* **to have a full** ~ *wine* vollmundig sein ⑫ (*lake, sea*) ~ **of water** Gewässer *nt* ⑬ FASHION Body *m* ► PHRASES: **to keep ~ and soul together** Leib und Seele zusammenhalten; ***his wages are barely enough to keep ~ and soul together*** sein Lohn ist zum Leben zu wenig und zum Sterben zu viel; **over my dead** ~ nur über meine Leiche

body bag *n* Leichensack *m* **body blow** *n* (*also fig*) schwerer Schlag; **to come as a ~ to sb** jdn hart treffen **body builder** *n* Bodybuilder(in) *m(f)* **body-building** *n no pl* Bodybuilding *nt* **body clock** *n* innere [*o* biologische] Uhr **bodyguard** *n* ① (*person*) Bodyguard *m* ② + *sing/pl vb* (*group*) Leibwache *f* **body language** *n no pl* Körpersprache *f* **body lotion** *n* Körperlotion *f* **body odor** AM, **body odour** *n no pl* Körpergeruch *m* **body politic** *n no pl,* + *sing/pl vb* POL [staatliches] Gemeinwesen **body psychotherapy** *n* Körperpsychotherapie *f* **body search** *n* Leibesvisitation *f* **bodyshell** ['bɒdɪʃel, AM 'bɑ:d] *n* AUTO, RAIL Karosserie *f* **body snatcher** *n* (*old*) Leichenräuber(in) *m(f)* **body stocking** *n* FASHION Body[stocking] *m* **bodysuit** *n* FASHION Body[suit] *m* **bodysurf** *vi* sich *akk* von den Wellen tragen lassen **bodywarmer** *n* BRIT Thermoweste *f,* gefütterte Weste **bodywork** *n no pl* AUTO Karosserie *f;* NATURMED Körperarbeit *f* **body-wrap** ['bɒdiræp, AM 'bɑ:di-] *n* Ganzkörperpackung *f*

Boer ['bəʊəʳ, AM bɔ:r] *n* Bure, -in *m, f*

Boer War *n* ■**the** ~ der Burenkrieg

boff [bɑ:f] *vt* AM (*sl*) ■**to ~ sb** mit jdm schlafen *fam*

boffin ['bɒfɪn] *n* BRIT, AUS (*fam: scientist*) Wissenschaftler(in) *m(f);* (*one interest*) Fachidiot(in) *m(f) pej fam*

boffo ['bɑ:foʊ] *adj,* **boffola** [bɑ:'foʊlə] *adj* AM (*fam*) herausragend, Super-

bog [bɒg, AM bɑ:g] **I.** *n* ① (*wet ground*) Sumpf *m;* **peat** ~ [Torf]moor *nt* ② BRIT, AUS (*sl*) Klo *nt fam,* Scheißhaus *nt derb;* ~ **paper** (*sl*) Klopapier *nt fam* **II.** *vt* <-gg-> ■**to be ~ged down** stecken bleiben; **to get ~ged down** sich *akk* verheddern [*o* verzetteln]; **to be ~ged down with work** (*fig fam*) viel zu tun [*o fam* einen Haufen Arbeit] haben **III.** *vi* <-gg-> ① *esp* AM (*stand still*) zum Stillstand kommen ② (*get stuck*) stecken bleiben; (*fig*) sich *akk* festfahren, sich *akk* verheddern

◆**bog off** *vi* BRIT (*sl*) abhauen *sl*

bogey ['bəʊgi, AM 'boʊ-] *n* ① (*fear*) Schreckgespenst *nt;* ***her biggest ~ is being left alone*** es ist ihr Alptraum, allein gelassen zu werden ② BRIT (*sl: nasal mucus*) Popel *m fam* ③ SPORTS (*golf score*) Bogey *nt fachspr*

bogeyman *n* (*fam*) Butzemann *m Kindersprache,* schwarzer Mann *Kindersprache*

boggle ['bɒgḷ, AM 'bɑ:-] **I.** *vi* sprachlos sein; ***he ~d at the suggestion*** der Vorschlag verschlug ihm die Sprache; ***what she said made the imagination ~*** was sie sagte, war kaum vorstellbar; ***the mind ~s at how much they spend on food*** man fasst sich an den Kopf, wenn man hört wieviel sie für Essen ausgeben **II.** *vt* **to ~ the mind** unglaublich sein, die Vorstellungskraft übersteigen; ***it rather ~s the mind, doesn't it?*** da bleibt einem doch der Mund offen stehen! *fam*

boggy ['bɒgi, AM 'bɑ:gi] *adj* schlammig, matschig *fam; ground* morastig

bogie *n* AM *see* **bogey**

bog standard *adj* BRIT (*fam*) Nullachtfünfzehn- *fam,* stinknormal *sl*

bogus ['bəʊgəs, AM 'boʊ-] *adj* unecht, vorgetäuscht; *name, doctor* falsch; *documents* falsch, gefälscht; *transaction, claim* Schein-; **a ~ argument** ein aus der Luft gegriffenes Argument; ~ **company** Scheinfirma *f*

bogy *n see* **bogey**

Bohemia [bəʊ'hi:miə, AM boʊ] *n no pl* Böhmen *nt*

bohemian [bə(ʊ)'hi:miən, AM boʊ'-] **I.** *n* Bohemien *m* **II.** *adj* ~ **life** Künstlerleben *nt;* **to lead a ~ way of life** wie ein Bohemien leben, ein Künstlerleben führen; ■**to be** ~ nach Art der Boheme sein *geh*

bohemianism [bəʊ'hi:miənɪzᵊm, AM boʊ] *n no pl* Boheme *f*

boho *adj attr* (*sl*) *short for* **bohemian**

boil [bɔɪl] **I.** *n* ① *no pl* (*heat a liquid*) **to be on the** [*or* AM **at a**] ~ kochen; **to bring sth to the** [*or* AM **a**] ~, **to come to the** [*or* AM **a**] ~ anfangen zu kochen; **to let sth come to the** [*or* AM **a**] ~ etw aufkochen lassen [*o* zum Kochen bringen]; **to give sth a ~** etw kochen; **to go off the ~** BRIT aufhören zu kochen ② MED Furunkel *m o nt* ► PHRASES: **to go off the ~** BRIT (*stop doing sth*) abspringen; (*lose interest*) das Interesse verlieren **II.** *vi* ① FOOD kochen; ***the potatoes have ~ed dry*** das ganze Kartoffelwasser ist verkocht ② CHEM den Siedepunkt erreichen ③ (*fig*) *sea, river* brodeln, schäumen ④ (*fig fam: anger*) **to** ~ [*or* **be ~ing**] **with rage** vor Wut kochen *fam* ⑤ (*fig fam: be hot*) stark schwitzen; ***you'll ~ if you wear that jumper*** in dem Pullover wirst du dich zu Tode schwitzen *fam* ► PHRASES: **to make sb's blood ~** jdn aufregen **III.** *vt* ■**to ~ sth** ① (*heat*) etw kochen; ~ ***the water before you drink it*** koch das Wasser ab, bevor du es trinkst; (*fig*) ***Jane can't ~ an egg*** Jane kann gerade mal ein Spiegelei in die Pfanne hauen *fam* ② (*bring to boil*) etw zum Kochen bringen; **to ~ the kettle** den Kessel heiß machen ③ (*wash*) etw [aus]kochen

◆**boil away** *vi* verkochen

◆**boil down I.** *vi* (*reduce*) *sauce* einkochen ► PHRASES: **sth all ~s down to sth** etw läuft auf etw *akk* hinaus **II.** *vt* ■**to ~ down** ⊂ **sth** ① FOOD (*reduce*) etw einkochen ② (*fig: condense*) etw zusammenfassen [*o* komprimieren]; (*edit down*) etw kürzen

◆**boil over** *vi* ① (*flow over*) überkochen ② (*fig: go out of control*) *situation* außer Kontrolle geraten, eskalieren; *person* die Geduld verlieren, ausrasten *fam*

◆**boil up I.** *vt* ■**to ~ up** ⊂ **sth** etw aufkochen **II.** *vi trouble* sich *akk* anstauen [*o* zusammenbrauen]

boiled [bɔɪld] *adj attr, inv bacon, ham* gekocht; **hard-/soft-~ egg** hart/weich gekochtes Ei; ~ **potatoes** Salzkartoffeln *fpl*

boiled sweet *n* BRIT Bonbon *nt*

boiler ['bɔɪləʳ, AM -ɚ] *n* ① (*in house*) Boiler *m,* Heißwasserspeicher *m* ② RAIL, TECH [Dampf]kessel *m* ③ BRIT (*fam: chicken*) Suppenhuhn *nt* ④ BRIT (*fam: woman*) Trine *f pej fam,* Spinatwachtel *f pej fam*

boilerhouse *n* Kesselhaus *nt* **boilermaker** *n* ① (*for ships, trains*) Kesselschmied(in) *m(f)* ② (*of heating*) Heizungsbauer(in) *m(f)* ③ (*drink*) *Krug mit Bier und Whisky, der auf einen Zug geleert wird* **boilerman** *n* Heizungsinstallateur *m* **boilerplate** ['bɔɪləpleɪt, AM -lɚ-] **I.** *adj attr, inv* Standard- **II.** *n no pl* AM ① POL (*language*) klischeebehaftete Sprache ② COMPUT Schriftsatz *m* [aus Standardtexten] ③ LAW (*form*) Vordruck *m,* Standardvertrag *m* **boilerplating** ['bɔɪləpleɪtɪŋ, AM -lɚpleɪṭ-] *n* COMPUT Herstellung *f* eines Schriftsatzes [aus Standardtexten] **boiler room** *n* ① (*in a building*) Kesselraum *m* ② AM FIN illegale Organisation für den Vertrieb zweifelhafter Wertpapiere **boiler suit** *n* BRIT, AUS Overall *m*

boiling ['bɔɪlɪŋ] **I.** *adj* ① *inv* (*100°C*) kochend ② (*extremely hot*) sehr heiß; ***I'm ~*** ich komme um vor Hitze; ~ [**hot**] **weather** unerträgliche Hitze **II.** *n no pl* BRIT (*sl*) **the whole ~** das ganze Zeug *fam*

boiling point *n* Siedepunkt *m;* **to reach ~** (*start to boil*) den Siedepunkt erreichen; (*fig: become instable*) eskalieren, sich *akk* immer mehr aufheizen; ***when the sauce reaches ~, lower the heat*** wenn die Sauce anfängt zu kochen, dreh die Flamme kleiner

boisterous ['bɔɪstᵊrəs] *adj* ① (*rough*) wild; (*noisy*) laut ② (*exuberant*) übermütig, ausgelassen; **to be in ~ spirits** in ausgelassener Stimmung sein

boisterously ['bɔɪstᵊrəsli] *adv* ① (*noisily*) laut ② (*exuberantly*) übermütig, ausgelassen

BOJ [ˌbi:əʊ'dʒeɪ, AM -oʊ'-] *n* ECON, FIN *abbrev of* **Bank of Japan** japanische Zentralbank

bold [bəʊld, AM boʊld] *adj* ① (*brave*) mutig; **to put on a ~ front** sich *akk* zusammennehmen, beherrscht auftreten; **to make a ~ move** Mut zeigen; **to take a ~ step** ein Wagnis eingehen ② (*strong*) kräftig; *pattern* auffällig; *handwriting* schwungvoll; ~ **brush strokes** kühne Pinselstriche; ~ **colours** [*or* AM **colors**] kräftige Farben; **in ~ type** in fetten Buchstaben; ***printed in ~ type*** fett gedruckt ③ (*not shy*) mutig, forsch; (*cheeky*) keck, frech; **as ~ as brass** frech wie Oskar *fam;* **if I may be** [*or* **make**] **so ~** (*form*) wenn ich mir eine Bemerkung erlauben darf; (*in questions*) wenn Sie mir die Frage gestatten

bold face *n* TYPO Fettdruck *m*

boldly ['bəʊldli, AM 'boʊld-] *adv* ① (*bravely*) mutig ② (*defiantly*) keck, frech, unverschämt *pej*

boldness ['bəʊldnəs, AM 'boʊld-] *n* ① (*bravery*) Mut *m,* Beherztheit *f;* (*cheekiness*) Unverfrorenheit *f* ② (*willingness to take risks*) Risikobereitschaft *f* ③ (*strongness*) *colours* Kräftigkeit *f; pattern* Auffälligkeit *f*

bole [bəʊl, AM boʊl] *n* Baumstamm *m*

bolero¹ ['bɒlərəʊ, AM bə'leroʊ] *n* (*jacket*) Bolero *m,* Bolerojäckchen *nt*

bolero² [bə'leərəʊ, AM bə'leroʊ] *n* MUS Bolero *m*

Bolivian [bə'lɪviən] **I.** *adj inv* bolivianisch **II.** *n* Bolivianer(in) *m(f)*

boll [bəʊl, bɒl, AM boʊl] *n* Samenkapsel *f*

bollard ['bɒlɑ:d, AM 'bɑ:lɚd] *n* NAUT, TRANSP Poller *m*

bollix up *vt see* **bollocks II**

bollocking ['bɒləkɪŋ] *n* BRIT (*vulg*) Standpauke *f fam,* Strafpredigt *fam;* **to get a good** [*or* **right**] ~ Klartext zu hören kriegen *sl;* **to give sb a good** [*or* **right**] ~ jdn zur Sau machen *derb* [*o fam* gehörig zusammenstauchen]

bollocks ['bɒləks] BRIT, AUS **I.** *n* (*vulg*) ① (*testicles*) Eier *ntpl derb* ② (*rubbish*) totaler Quatsch [*o* Schwachsinn] *fam;* ***you're talking ~!*** du redest Stuss! *sl;* ***what a load of ~!*** du hast wohl den Arsch auf! *derb;* ~ ***to that!*** scheiß drauf! *derb;* ***well, ~ to that, you can get stuffed*** ach ja, du kannst mich am Arsch lecken *vulg* **II.** *vt* (*vulg*) ■**to ~ up** ⊂ **sth** etw vermasseln *fam*

bologna [bə'ləʊni, AM -'loʊ-] *n no pl* AM, AUS Lyoner[wurst] *f*

boloney *n see* **baloney**

Bolshevik ['bɒlʃəvɪk, AM 'boʊl-] *n* ① POL (*hist*) Bolschewik *m* ② (*pej fam: radical socialist*) Bolschewik *m pej veraltend,* Kommunist(in) *m(f)*

Bolshevism ['bɒlʃəvɪzᵊm, AM 'boʊl-] *n no pl* Bolschewismus *m*

bolshie <-r, -st> *adj* BRIT (*fam*), **bolshy** ['bɒlʃi] *adj* BRIT (*fam*) patzig *pej fam*

bolster ['bəʊlstəʳ, AM 'boʊlstɚ] **I.** *n* Nackenrolle *f* **II.** *vt* ① (*prop up*) ■**to ~ sth** etw stützen; ***they had to ~ the roof*** sie mussten das Dach abstützen ② (*encourage*) ■**to ~ sb up** jdn unterstützen, jdm die Stange halten *fam;* **to ~ sb's confidence** [*or* **morale**] jdn moralisch unterstützen [*o* aufbauen]; **to ~ one's image** etw für sein Image tun ③ (*increase*) ■**to ~ sth up** etw erhöhen; ***I need to ~ my earnings somehow*** irgendwie muss ich mein Einkommen aufbessern; **to ~ fears** Ängste schüren

bolt [bəʊlt, AM boʊlt] **I.** *vi* ① (*move quickly*) [schnell] rennen, rasen *fam,* flitzen *fam;* ***she ~ed to the phone*** sie stürzte ans Telefon ② (*run away*) weglaufen, ausreißen *fam,* durchbrennen *fam; horse* durchgehen; ***the horse has ~ed*** (*fig*) der Zug ist schon abgefahren; ***the rabbits ~ed away*** die Kaninchen schossen [*o geh* stoben] davon ③ (*lock*) schließen; *door* verriegeln ④ HORT *plant* ins Kraut schießen **II.** *vt* ① (*gulp down*) ■**to ~ sth** ⊂ **[down]** etw hinunterschlingen ② (*lock*) **to ~ a door/window** eine Tür/ein Fenster verriegeln ③ (*fix*) ■**to ~ sth on[to] sth** etw mit etw *dat* verbolzen **III.** *n* ① (*rapid move*) Sprung *m*, Satz *m*; **to make a ~ for freedom** das Weite suchen, flüchten ② (*lightning*) **~ of lightning** Blitz[schlag] *m* ③ (*on a door*) Riegel *m*; **to draw the ~** den Riegel vorschieben ④ (*screw*) Schraubenbolzen *m* ⑤ (*of a crossbow*) Bolzen *m* ⑥ (*of a gun*) Schlagbolzen *m* ⑦ (*roll of wallpaper*) Rolle *f*; (*roll of cloth*) [Stoff]ballen *m* ► PHRASES: **to be a ~ from** [*or* **out of**] **the blue** aus heiterem Himmel [*o* völlig unerwartet] kommen; **the nuts and ~s of sth** die praktischen Details; **to have shot one's ~** (*fam*) sein Pulver verschossen haben *fig*

bolt-hole *n esp* BRIT, AUS Unterschlupf *m*; **to find a ~** Unterschlupf finden **bolt upright** *adv inv* aufrecht; ***she sat ~ in bed, listening carefully*** sie saß kerzengerade im Bett und hörte aufmerksam zu

bolus <*pl* -es> ['bəʊləs, AM 'boʊ-] *n* MED Bolus *f fachspr*

bomb [bɒm, AM bɑːm] **I.** *n* ① (*explosive*) Bombe *f*; **letter/parcel ~** Brief-/Paketbombe *f*; **unexploded ~** Blindgänger *m*; **to drop a ~ on sth** eine Bombe auf etw *akk* werfen; **to go like a ~** abgehen wie ein geölter Blitz *sl*; **sth looks as if** [*or* **though**] **a ~ has hit it** etw sieht aus, als hätte eine Bombe eingeschlagen; **to plant a ~** eine Bombe legen; **to put a ~ under sb/sth** (*fig fam*) jdn/etw völlig umkrempeln; **to throw a ~** eine Bombe werfen ② (*atom bomb*) ■**the ~** die [Atom]bombe ③ BRIT (*fam: lot of money*) Unsumme *f meist pl* ④ BRIT (*fig fam: success*) **to go [like** [*or* **down**]] **a ~** ein Bombenerfolg sein *fam*; *party* gut abgehen *sl* ⑤ AM (*fam: flop*) **to be a ~** ein Misserfolg [*o fam* Flop] sein **II.** *vt* ■**to ~ sth** etw bombardieren; ***this pub was ~ed a few years ago*** in dieser Kneipe ging vor ein paar Jahren eine Bombe hoch *fam* **III.** *vi* (*fam*) [völlig] danebengehen *fam*

◆**bomb out** **I.** *vi* ■**to ~ out on sth** bei etw *dat* kläglich scheitern; **to ~ out on an exam** mit Pauken und Trompeten durch eine Prüfung fallen **II.** *vt* ■**to ~ sth** ⊂ **out** etw zerbomben; **to ~ sb out [of his/her home]** jdn ausbomben

bombard [bɒm'bɑːd, AM bɑːm'bɑːrd] *vt* ① (*attack*) ■**to ~ sth** etw bombardieren ② (*fig: overwhelm*) ■**to ~ sb with sth** jdn mit etw *dat* überhäufen; **to ~ sb with questions** jdn mit Fragen bombardieren *fam*

bombardier [ˌbɒmbə'dɪəʳ, AM ˌbɑːmbə'dɪr] *n* ① (*soldier*) Artillerieunteroffizier(in) *m(f)* ② (*aircraft personnel*) Bombenschütze, -in *m, f*

bombardment [bɒm'bɑːdmənt, AM bɑːm'bɑːrd-] *n* ① (*attack*) Bombardierung *f*, Bombardement *nt*; **aerial ~** Bombardierung *f* [aus der Luft] ② (*fig*) **a ~ of questions** ein Kreuzfeuer *nt* von Fragen

bombast ['bɒmbæst, AM 'bɑːm-] *n no pl* Schwulst *m pej*, Bombast *m pej*

bombastic [bɒm'bæstɪk, AM bɑːm'-] *adj* (*pompous*) bombastisch, pathetisch *oft pej*; *statement, speech* hochtrabend *pej*; (*sentimental*) schwülstig *pej*

bomb attack *n* (*by plane*) Bombenangriff *m*; (*by terrorists*) Bombenattentat *nt* **bomb crater** *n* Bombentrichter *m* **bomb disposal unit** *n* BRIT Bombenräumkommando *nt*

bombed [bɑːmd] *adj pred* AM (*fam: on drugs*) total zu *sl*; (*on alcohol*) voll *fam*, hinüber *fam*

bomber ['bɒməʳ, AM 'bɑːmɚ] *n* ① (*plane*) Bombenflugzeug *nt*, Bomber *m fam* ② (*person*) Bombenleger(in) *m(f)*

bomber jacket *n* Bomberjacke *f*

bombing ['bɒmɪŋ, AM 'bɑːm-] *n* MIL Bombardierung *f*; (*terrorist attack*) Bombenanschlag *m*

bombproof *adj* bombensicher **bomb scare** *n* Bombenwarnung *f* **bombshell** *n* ① (*also fig: bomb*) Bombe *f a. fig*; ***her decision came as a ~*** ihr Entschluss schlug wie eine Bombe ein; **to drop a ~** (*fig*) die Bombe platzen lassen ② (*woman*) Sexbombe *f sl* **bomb site** *n* Trümmerfeld *nt* **bomb squad** *n* AM (*bomb disposal unit*) Bombenräumkommando *nt*

bona fide [ˌbəʊnə'faɪdi, AM ˌboʊnə'faɪd, 'faɪdi, bɑːnə] **I.** *adj* ① (*genuine*) echt; LAW **~ agreement** Bona-fide-Abkommen *nt*, Abkommen, das in gutem Glauben geschlossen wurde; **~ alibi** hieb- und stichfestes Alibi; **~ purchaser** gutgläubiger Erwerber; **to act ~** in gutem Glauben handeln ② (*serious*) ehrlich; **~ offer** seriöses Angebot **II.** *adv* in gutem Glauben, gutgläubig

bona fides [ˌbəʊnə'faɪdiːz, AM ˌboʊ-] *n* ① *no pl* (*sincere intention*) guter Glaube ② + *pl vb* (*credentials*) Referenzen *fpl*

bonanza [bə'nænzə] **I.** *n* ① (*source of prosperity*) Goldgrube *f fig fam*; **to enjoy a ~** hohe Gewinne machen ② (*event*) Event *nt*; **a fashion ~** ein Modetreff *m* ③ MIN Goldader *f*; **to strike a ~** auf eine Goldader stoßen **II.** *n modifier* einträglich, lukrativ *geh*; **a ~ month** ein lukrativer Monat

bona vacantia [ˌbəʊnəvə'kæntiə, AM ˌboʊnə-] *n* LAW 'herrenlose' Sachen

bonbon ['bɒnbɒn, AM 'bɑːnbɑːn] *n* Bonbon *m o* ÖSTERR *nt*

bonce [bɒn(t)s] *n* BRIT (*sl: head*) Birne *f hum sl*

bond [bɒnd, AM bɑːnd] **I.** *n* ① (*emotional connection*) Bindung *f*; **~ between mother and child** Bindung *f* zwischen Mutter und Kind; **family ~s** Familienbande *pl geh*; **~[s] of friendship/love** Bande *pl* der Freundschaft/Liebe *geh*; **a close ~** eine enge Bindung; **to break a ~** die Verbindung lösen ② (*obligation*) Verpflichtung *f*; **the ~s of marriage** das Band der Ehe ③ STOCKEX (*fixed-interest security*) Rentenfondsanteil *m*; FIN Schuldverschreibung *f*; ■**~s** *pl* Rentenwerte *mpl* ④ LAW (*agreement*) schriftliche Verpflichtung; **bail ~** BRIT Kautionsurkunde *f*; **to enter into a ~** (durch Urkunde) eine Verpflichtung eingehen ⑤ AM LAW (*bail*) Kaution *f* ⑥ (*poet: shackles*) ■**~s** *pl* Fesseln *fpl*; **the ~s of oppression/tyranny** (*fig*) die Fesseln der Unterdrückung/Tyrannei *fig* ⑦ CHEM Bindung *f* ⑧ ECON (*in warehouse*) Zollverschluss *m*, Plombierung *f*; **to place goods in ~** Waren unter Zollverschluss nehmen ⑨ **entry of goods under ~** Einfuhr *f* von Waren unter Zollverschluss; **to take goods out of ~** Waren aus dem Zollverschluss nehmen ► PHRASES: **my word is [as good as] my ~** (*saying*) auf meine Zusage ist Verlass **II.** *vt* ① (*unite emotionally*) ■**to ~ sb** jdn verbinden [*o* zusammenschweißen] ② (*stick together*) ■**to ~ sth together** etw zusammenfügen; ■**to ~ sth to sth** etw mit etw *dat* [fest] verbinden ③ ECON ■**to ~ sth** etw in Zollverschluss nehmen **III.** *vi* haften

bondage ['bɒndɪdʒ, AM 'bɑːn-] *n no pl* ① (*liter: slavery*) Sklaverei *f*; **to be in ~ [to sb]** [bei jdm] in Sklaverei sein; **to be in ~ to superstitious beliefs** (*fig*) dem Aberglauben verfallen sein ② (*sexual act*) Fesseln *nt*; **to be into ~** Fesselung mögen

bonded ['bɒndɪd, AM 'bɑːn-] *adj* ① ECON (*put into a warehouse*) *goods* unter Zollverschluss; **~ goods** Waren unter Zollverschluss; **~ warehouse** Zolllager *nt*, Zollgutlager *nt* ② FIN durch Obligationen gesichert; **~ dept** Obligationsschuld *f* ③ **a ~ travel agent/tour operator** BRIT *Reisebüro/Reiseunternehmen, das sich im Interesse seiner Kunden gegen den eigenen Bankrott versichert hat*

bond-holder *n* FIN Obligationsinhaber(in) *m(f)*

bonding ['bɒndɪŋ, AM 'bɑːn-] *n no pl* Bindung *f*; PSYCH Bonding *nt*

bondized ['bɒndaɪzd, AM 'bɑː-] *adj* ECON thesauriert

bondman *n* Leibeigene(r) *m*; (*slave*) Sklave *m* **bond market** *n* STOCKEX Rentenmarkt *m*, Bondmarkt *m* **bond paper** *n no pl qualitätsvolles Schreib- und Druckpapier* **bond ratings** *npl* AM FIN Anleihebewertung *f* **bondsman** *n* ① (*person in thrall*) Leibeigene(r) *m*; (*slave*) Sklave *m* ② LAW (*surety*) Bürge *m* **bondstone** *n* ARCHIT Binderstein *m* **bondswoman** *n*, **bondwoman** *n* Leibeigene *f*; (*slave*) Sklavin *f* **bond-washing** *n* An- und Verkauf *m* von Wertpapieren zur Steuerausweichung

bond yield *n* FIN (*~ proceeds*) Anleiheerlös *m*; (*loan yield*) Anleiherendite *f*

bone [bəʊn, AM boʊn] **I.** *n* ① ANAT Knochen *m*; *of fish* Gräte *f*; FOOD **off the ~** *fish* entgrätet; *meat* entbeint ② *no pl* (*material*) Bein *nt*; **made of ~** aus Bein ► PHRASES: **to be a bag of ~s** nur noch Haut und Knochen sein; **~ of contention** Zankapfel *m*; **to work one's fingers to the ~** sich *akk* abrackern *sl*; **to be all skin and ~[s]** aus Haut und Knochen bestehen; **to be close to the ~** unter die Haut gehen; **to be frozen** [*or* **chilled**] **to the ~** völlig durchgefroren sein *fig*; **to cut** [*or* **pare**] **sth to the ~** etw drastisch einschränken; **to feel sth in one's ~s** etw instinktiv fühlen; **to make no ~s about sth** kein Geheimnis aus etw *dat* machen; **to have a ~ to pick with sb** mit jdm ein Hühnchen zu rupfen haben *fam* **II.** *n modifier* ① ANAT (*graft, structure*) Knochen- ② (*made of bone*) Bein-; **~-handled knife** Messer *nt* mit Beingriff **III.** *vt* **to ~ a fish** einen Fisch entgräten; **to ~ a piece of meat** Fleisch ausbeinen

◆**bone up** *vi* (*fam*) ■**to ~ up on sth** etw büffeln [*o* pauken] *fam*

bone china *n* feines Porzellan

boned [bəʊnd, AM boʊnd] *adj* **~ fish** entgräteter Fisch; **~ meat** ausgebeintes Fleisch

-boned [bəʊnd, AM boʊnd] *in compounds* -knochig; **big-**[*or* **large-**]**/fine-~** groß-/feinknochig

bone dry *adj inv* staubtrocken **bone fracture** *n* Knochenbruch *m* **bonehead** *n* (*pej sl*) Holzkopf *m pej sl*, Dummkopf *m pej* **bone-headed** [ˌbəʊn'hedɪd, AM ˌboʊn-] *adj* (*sl*) schwachsinnig *pej fam*, blöd *fam* **bone idle** *adj* (*pej*), **bone lazy** *adj* (*pej*) ■**to be ~** stinkfaul sein *sl*

boneless ['bəʊnləs, AM 'boʊn-] *adj inv* **~ chicken** Hühnerfleisch *nt* ohne Knochen; **~ fish** entgräteter Fisch; **~ meat** ausgebeintes Fleisch

bone marrow *n no pl* Knochenmark *nt* **bone meal** *n no pl* Knochenmehl *nt*

boner ['bəʊnəʳ, AM 'boʊnɚ] *n* ① *esp* AM (*vulg: erect penis*) Ständer *m sl* ② (*sl: blunder*) Schnitzer *m fam*; **to pull a ~** einen Schnitzer machen *fam*

boneshaker *n* BRIT (*hum fam*) Klapperkiste *f fam*

boneyard ['bəʊnjɑːd, AM 'boʊnjɑːrd] *n* (*sl*) Friedhof *m*

bonfire ['bɒnfaɪəʳ, AM 'bɑːnfaɪɚ] *n* Freudenfeuer *nt*; **to build a ~** einen Scheiterhaufen machen

bonfire night *n* BRIT, **Bonfire Night** *n* BRIT *Abend des 5. November, an dem in Großbritannien Freudenfeuer abgebrannt werden*

bong [bɒŋ, AM bɑːŋ] *n* Gongschlag *m*

bongo <*pl* -s *or* -es> ['bɒŋgəʊ, AM 'bɑːŋgoʊ] *n*, **bongo drum** *n* MUS Bongo *nt o f*

bonhomie ['bɒnɒmi, AM ˌbɑːnə'miː] *n no pl* gute Laune; **to be full of ~** vor guter Laune sprühen

bonk [bɒŋk, AM bɑːŋk] **I.** *n* ① BRIT (*vulg: sexual intercourse*) Nummer *f derb*; ■**to have a ~** eine Nummer schieben *sl* ② (*hum fam: hit*) Klaps *m fam* **II.** *vt* ① BRIT (*vulg: have sex with*) ■**to ~ sb** mit jdm vögeln *vulg* ② (*hum fam: hit*) ■**to ~ sb/sth** jdn/etw schlagen **III.** *vi* BRIT (*vulg*) vögeln *vulg*

bonkers ['bɒŋkəz, AM 'bɑːŋkɚz] *adj pred* (*hum fam*) verrückt, übergeschnappt *fam*

bon mot <*pl* bons mots> [ˌbɔ̃ː(m)'məʊ, AM ˌbɔ̃ːn'moʊ] *n* Bonmot *nt geh*

bonnet ['bɒnɪt, AM 'bɑːn-] *n* ① (*hat*) Mütze *f*; (*worn by women*) Haube *f* ÖSTERR, SÜDD *veraltet*; **baby's ~** Babymütze *f*, Babyhaube *f* ÖSTERR, SÜDD ② BRIT, AUS AUTO Motorhaube *f*

bonny ['bɒni] *adj* BRIT strahlend gesund; **~ baby** prächtiges Baby; **~ lass** hübsches Mädchen; **to look ~** prächtig aussehen

bonsai ['bɒnsaɪ, AM ˌbɑːn'saɪ] *n* ① *no pl* (*method*) Bonsai *nt* ② (*tree*) Bonsai *m*; **~ tree** Bonsaibaum *m*

bons mots [ˌbɔ̃ː(m)'məʊ, AM ˌbɔ̃ːn'moʊ] *n pl of* **bon mot**

bonspiel ['bɒnspiːl] *n* SCOT Eischießen *nt*

bons vivants [ˌbɔ̃ː(ŋ)vi'vɑ̃(ŋ), AM ˌbɑːnviː'vɑːnt] *n pl of* **bon vivant**

bonus ['bəʊnəs, AM 'boʊ-] *n* ① FIN Prämie *f*; **capital ~** Kapitalprämie *f*, Sonderdividende *f*; **Christmas ~** Weihnachtsgratifikation *f*; **cost-of-living ~** Teu-

rungszulage *f*, Lebenshaltungskostenzuschuss *m*; **merit** ~ Leistungszulage *f*; **productivity** ~ Ertragszulage *f*; **a** ~ **issue** eine Emission von Gratisaktien; ~ **share** Gratisaktie *f* ② (*fig: sth extra*) Bonus *m*
bonus issue *n* BRIT ECON, FIN Emission *f* von Gratisaktien **bonus share** *n* BRIT FIN Genussaktie *f*
bon vivant <*pl* bons vivants> [ˌbɔ̃:(ŋ)vi'vɑ̃(ŋ), AM ˌbɑ:nvi:'vɑ:nt] *n*, **bon viveur** <*pl* bons viveurs> [ˌbɔ̃:(ŋ)vi'vɜ:ʳ] *n* BRIT Bonvivant *m*
bon voyage [ˌbɔ̃:(ŋ)vɔɪ'ɑ:ʒ, AM ˌbɑ:nvwaɪ'-] *interj* Gute Reise!
bony ['bəʊni, AM 'boʊ-] *adj* ① (*with prominent bones*) knochig ② (*full of bones*) *fish* voller Gräten; *meat* knochig
bonze [bɒnz, AM bɑ:nz] *n* REL Bonze *m*
bonzer ['bɒnzəʳ] *adj* AUS (*dated fam*) wunderbar, super *sl*
boo [bu:] **I.** *interj* (*fam*) ① (*to surprise*) huh ② (*to show disapproval*) buh ▸ PHRASES: **she wouldn't say ~ to a goose** sie ist ein schüchternes Pflänzchen **II.** *vi* buhen *fam* **III.** *vt* ■**to ~ sb** jdn ausbuhen *fam*; **to ~ sb off the stage** jdn von der Bühne wegbuhen *fam* **IV.** *n* Buhruf *m*
boob [bu:b] **I.** *n* ① *usu pl* (*sl: breast*) **big ~s** große Titten *derb* ② (*fam: blunder*) Schnitzer *m fam* ③ AM (*person*) Trottel *m pej* **II.** *vi* (*fam*) einen Schnitzer machen *fam*
boob job *n* (*sl*) Brustkorrektur *f*
boo-boo ['bu:bu:] *n* ① (*fam: mistake, blunder*) Schnitzer *m fam* ② AM (*fam: small injury*) Wehweh *nt Kindersprache*, Aua *nt Kindersprache*
boob tube *n* (*fam*) ① FASHION *trägerloses, bauchfreies Top* ② AM (*fam: television*) Glotze *f fam*
booby ['bu:bi] *n* Trottel *m pej*
booby prize *n* Trostpreis *m* **booby trap** *n* ① (*practical joke*) Streich *m* ② (*bomb*) getarnte Bombe **booby-trap I.** *vt* ① (*as a joke*) ■**to ~ sth** etw präparieren; ***she had ~-trapped the door with a bag of flour*** sie hatte oben an der angelehnten Tür eine Tüte Mehl platziert ② (*as a bomb*) **to ~ a car** eine Bombe in einem Auto installieren **II.** *n modifier* **a ~ bomb** eine harmlos getarnte Bombe **booby-trapped** *adj* ① (*as a joke*) *chair, desk, door* präpariert ② (*with a bomb*) mit einem Sprengsatz versehen
boodle ['bu:dl] *n no pl* (*fam*) Zaster *m fam*; **oodles of ~** (*sl*) jede Menge Zaster *fam*
booger ['bʊgəʳ] *n* AM (*bogey*) Popel *m fam*
boogeyman *n* AM *see* **bogeyman**
boogie ['bu:gi, AM 'bʊgi] (*dated*) **I.** *vi* (*fam*) shaken *fam* **II.** *n* (*fam*) Schwof *m sl*; ***I enjoy a good ~ from time to time*** ich schwinge immer mal wieder gern das Tanzbein
boogie board *n* Surfbrett *nt* zum Drauflegen
boogie-woogie [ˌbu:gi'wugi] *n* Boogie-Woogie *m*
boohoo [ˌbu:'hu:] *interj* bäh!; (*iron*) schluchz! *iron*
book [bʊk] **I.** *n* ① (*for reading*) Buch *nt*; **the ~ of Genesis/Exodus** das Buch Genesis/Exodus; **the good ~** die Bibel; **to be in the ~** im Telefonbuch stehen; **to look sth up in a book** etw in einem Buch nachschlagen; ***look up the number in the book*** sieh die Nummer im Telefonbuch nach!; **to write a ~ [on sth]** ein Buch [über etw *akk*] schreiben ② (*set*) Heftchen *nt*; **~ of samples** Musterbuch *nt*; **a ~ of stamps/tickets** ein Briefmarken-/Fahrkartenheftchen *nt* ③ (*for bets*) **to open** [*or* **start**] [*or* **keep**] **a ~ on sth** Wetten über etw *akk* annehmen ④ STOCKEX **to make a ~** *marketmaker* eine Aufstellung von Aktien usw. machen, für die Kaufs- oder Verkaufsaufträge entgegengenommen werden ⑤ *pl* (*financial records*) ■**the ~s** die [Geschäfts]bücher *pl*; **to do the ~s** die Abrechnung machen; **to go over the ~s** die [Geschäfts]bücher überprüfen; **on the ~s** eingetragen; ***we've only got 22 members on our ~s*** wir haben nur 22 eingetragene Mitglieder ▸ PHRASES: **to take a leaf out of sb's ~** sich *dat* an jdm ein Beispiel nehmen; **to be a closed ~ [to sb]** für jdn ein Buch mit sieben Siegeln sein; **to be in sb's good/bad ~s** bei jdm gut/schlecht angeschrieben sein; **to do sth by the ~** etw nach den Buchstaben des Gesetzes machen; **little black ~** (*fam*) *Adressbuch mit Adressen von Geliebten/Liebhabern*; **to buy by the ~** strikt nach Anleitung kaufen; **to bring sb to ~** LAW jdn zur Rechenschaft ziehen, jdn aufschreiben; **to do sth by the ~** etw nach Vorschrift machen; **to be able to read sb like a ~** jdn völlig durchschauen; **to suit one's ~** jdm gelegen kommen; **to throw the ~ at sb** jdm gehörig den Kopf waschen *fam*; **in my ~** meiner Meinung nach **II.** *vt* ① (*reserve*) ■**to ~ sth** etw buchen; ■**to ~ sb sth** [*or* **sth for sb**] etw für jdn reservieren ② (*by policeman*) ■**to ~ sb** jdn verwarnen; **to be ~ed for speeding** eine Verwarnung wegen erhöhter Geschwindigkeit bekommen **III.** *vi* reservieren; ***it's advisable to ~ early*** es empfiehlt sich, frühzeitig zu buchen; ■**to ~ to do sth** sich *akk* für etw *akk* vormerken lassen; ***we've ~ed to fly to Morocco on Friday*** wir haben für Freitag einen Flug nach Marokko reserviert; **to ~ into a hotel** in ein Hotel einchecken; **to be fully ~ed** ausgebucht sein
◆**book in I.** *vi esp* BRIT einchecken **II.** *vt* ■**to ~ sb** ↔ **in** für jdn ein Hotel buchen
◆**book out** *esp* BRIT **I.** *vi* ■**to ~ out [of a hotel]** [aus einem Hotel] auschecken **II.** *vt* **to ~ sb out [of a hotel]** [*or* **to ~ out sb**] jdn [aus einem Hotel] auschecken
◆**book through** *vt* ■**to ~ sb through** ***she's ~ed through to Sydney via Singapore*** sie hat für Sydney mit einem Zwischenstopp in Singapur gebucht
◆**book up** *vi* buchen; **to ~ up a course** einen Kurs buchen; **to ~ up for a holiday** [*or* AM **vacation**] einen Urlaub buchen; ■**to be ~ed up/out** ausgebucht sein
bookable ['bʊkəbl] *adj inv* ① (*able to be reserved*) erhältlich; **~ in advance** im Vorverkauf erhältlich ② SPORTS **a ~ offence** ein Regelverstoß, der zu ahnden ist
bookbinder *n* Buchbinder(in) *m(f)* **bookbinder's** *n* Buchbinderei *f* **bookbinding** *n no pl* Buchbinderhandwerk *nt* **bookcase** *n* Bücherschrank *m* **book club** *n* Buchgemeinschaft *f*, Buchklub *m* **bookend** *n* Buchstütze *f*
Booker Prize ['bʊkəpraɪz, AM ɚ-] *n* Booker Prize *m*
book fair *n* Buchmesse *f*
bookie ['bʊki] *n* (*fam*) *short for* **bookmaker** Buchmacher(in) *m(f)*
booking ['bʊkɪŋ] *n* ① (*reservation*) Reservierung *f*; **advance ~s** Vorreservierung[en] *f*; **a block ~** eine Gruppenreservierung; **to cancel a ~** eine Buchung stornieren; **to make a ~** etw buchen ② SPORTS Verwarnung *f*
booking clerk *n* Schalterbeamte(r) *m*, Schalterbeamte [*o* -in] *f* **booking office** *n* ① THEAT Theaterkasse *f* ② RAIL (*dated*) Fahrkartenschalter *m*
bookish ['bʊkɪʃ] *adj* (*esp pej*) ① (*studious*) streberhaft ② (*unworldly*) weltfremd
bookkeeper *n* Buchhalter(in) *m(f)* **bookkeeping** *n no pl* Buchhaltung *f*; **single-entry ~** einfache Buchführung; **double-entry ~** doppelte Buchführung **bookkeeping transaction** *n* bilanzielle Transaktion **book-learning** *n no pl* Bücherweisheit *f*
booklet ['bʊklət] *n* Broschüre *f*
bookmaker *n* Buchmacher(in) *m(f)* **bookmaker's** *n* Wettannahme[stelle] *f*, Wettbüro *nt* **bookmaking** ['bʊkmeɪkɪŋ] *n modifier* Buchmacher- **bookmark I.** *n* Lesezeichen *nt* **II.** *vt* INET **to ~ a website** bei einer Webseite ein Lesezeichen setzen, eine Webseite zu seinen Favoriten hinzufügen
bookmarker *n* Lesezeichen *nt* **bookmobile** *n* AM (*mobile library*) Bücherbus *m* **book on tape** *n* Hörbuch *nt* **bookplate** *n* Exlibris *nt fachspr* **bookrest** *n* Lesepult *nt* (*zum Lesen am Tisch*) **book review** *n* Buchbesprechung *f* **book reviewer** *n* Buchkritiker(in) *m(f)* **bookseller** *n* Buchhändler(in) *m(f)* **bookshelf** *n* Bücherregal *nt* **bookshop** *n* Buchgeschäft *nt* **book-squaring** *n* STOCKEX Glattstellen *nt* von Positionen **bookstall** *n* Bücherstand *m* **bookstore** *n* AM Buchgeschäft *nt* **book token** *n* Büchergutschein *m* **book trade** *n* Buchhandel *m*; **to be in the ~** im Buchhandel arbeiten **book value** *n* FIN Buchwert *m* **bookwork** *n* ① FIN Buchführung[sarbeit] *f* ② SCH Bücherstudium *nt* **bookworm** *n* Bücherwurm *m hum*
Boolean ['bu:liən] *adj attr, inv* MATH **~ algebra** boolesche Algebra
Boolean data type, Boolean variable *n* MATH boolesche Variable
boom¹ [bu:m] ECON **I.** *vi* florieren, boomen *fam* **II.** *n* Boom *m*, Aufschwung *m*; **~ and bust** *rascher Aufschwung, dem der Zusammenbruch folgt*; **a consumer/property ~** ein Konsum-/Immobilienboom *m*; **a ~ in the sale of property** [*or* **in the property market**] ein Immobilienboom *m*; STOCKEX Hausse *f*; **~ share** steigende Aktie **III.** *n modifier* florierend; **a ~ time** Hochkonjunktur *f*; **a ~ town** eine aufstrebende Stadt; **a ~ year** ein Jahr *nt* des Aufschwungs; **the ~ years** die Jahre wirtschaftlichen Aufschwungs
boom² [bu:m] **I.** *n* Dröhnen *nt kein pl* **II.** *vi* ■**to ~ [out]** dröhnen **III.** *vt* ■**to ~ [out] sth** etw mit dröhnender Stimme befehlen
boom³ [bu:m] *n* ① (*floating barrier*) Baum *m* ② NAUT Baum *m* ③ FILM, TV Galgen *m*
boom box *n* AM (*sl*) Ghettoblaster *m fam*
boomer ['bu:məʳ] *n* AUS ① (*kangaroo*) *ausgewachsenes männliches Känguru* ② (*wave*) große Welle
boomerang ['bu:məræŋ, AM -mər-] **I.** *n* Bumerang *m* **II.** *vi* (*fig*) ■**to ~ on sb** *scheme, plan* sich *akk* für jdn als Bumerang erweisen *fig*
booming ['bu:mɪŋ] *inv* **I.** *adj attr* dröhnend; **a ~ voice** eine dröhnende Stimme **II.** *n no pl* Dröhnen *nt*; **the ~ of the thunder** das dröhnende Grollen des Donners *liter*
boon [bu:n] *n usu sing* Segen *m fig*; **a ~ companion** (*liter*) ein wunderbarer Begleiter/eine wunderbare Begleiterin; **to be** [*or* **prove**] **a ~ [to sb]** sich *akk* [für jdn] als Segen erweisen
boondocks ['bu:ndɒks, AM -dɑ:ks] *npl* AM, AUS (*pej sl*) ■**the ~** die tiefste Provinz
boor [bɔ:ʳ, AM bʊr] *n* (*pej*) Rüpel *m pej*
boorish ['bɔ:rɪʃ, AM 'bʊr-] *adj* (*pej*) rüpelhaft *pej*
boost [bu:st] **I.** *n* Auftrieb *m*; **to give a ~ to sth** etw *dat* Auftrieb geben [*o* verleihen]; **to give a ~ to the economy** die Wirtschaft ankurbeln **II.** *vt* ■**to ~ sth** ① (*improve, increase*) etw ansteigen lassen; ***the theatre managed to ~ its audiences by cutting the price of [the] tickets*** der ermäßigte Eintritt brachte dem Theater vermehrten Zulauf; **to ~ sb's ego** jds Selbstvertrauen steigern; **to ~ sb's image** jds Image aufmöbeln *fam*; **to ~ morale** die Stimmung heben ② (*fam: promote*) für etw *akk* die Werbetrommel rühren ③ ELEC etw verstärken
booster ['bu:stəʳ, AM -ɚ] *n* ① (*improvement*) Verbesserung *f*; **to be a confidence/morale ~** das Selbstvertrauen/die Stimmung heben ② MED zusätzliche Dosis, Boosterdosis *f fachspr*; **a ~ vaccination** [*or fam* **shot**] eine Auffrischungsimpfung
booster rocket *n* Trägerrakete *f* **booster seat** *n* AUTO Kindersitz *m*
boot [bu:t] **I.** *n* ① (*footwear*) Stiefel *m*; **ankle-~** Stiefelette *f*; **walking-~** Wanderschuh *m*; **wellington-~**, AM **rubber-~** Gummistiefel *m* ② (*fam: kick*) Stoß *m*; **to get the ~** (*fig*) hinausfliegen *fam*; **to give sb the ~** (*fig*) jdn hinauswerfen *fam*; **to put the ~ in** BRIT (*kick sb brutally*) jdn mit Fußtritten fertig machen; (*fig: make a situation worse*) einer Sache die Krone aufsetzen ③ BRIT AUTO (*for luggage*) Kofferraum *m*; AM (*wheel clamp*) Wegfahrsperre *f* ④ BRIT (*also hum fam: woman*) **old ~** Schreckschraube *f fam* ⑤ **to ~** obendrein, überdies ▸ PHRASES: **the ~'s on the other foot** BRIT die Lage sieht anders aus; **to have one's heart in one's ~s** das Herz in der Hose haben; **to feel one's heart drop into one's ~s** merken, wie einem der Arsch auf Grundeis geht *sl*; **to be/get too big for one's ~s** hochnäsig sein/werden; **to bet one's ~s that ...** (*fam*) darauf wetten, dass ...; **to die with one's ~s on** [*or* **in one's ~s**] in den Sielen sterben; **to lick sb's ~s** jdm die Füße küssen *fig* **II.** *adj* COMPUT **~ block** [*or* **record**] Urladeprogrammblock *m*; **~ disk** Startdiskette *f*; **~ partition** Boot-Partition *f*, Startpartition *f* **III.** *vt* (*fam*) ■**to ~ sth** etw *dat* einen Tritt versetzen [*o* ge-

ben]; ■ to be ~ed off sth achtkantig aus etw *dat* fliegen *sl;* COMPUT laden

◆**boot out** *vt (fam)* ■ **to ~ sb out** jdn hinauswerfen; **to ~ sb out of a company** jdn rausschmeißen [*o fam* feuern] *fam;* **to ~ sb out of the house** jdn aus der Wohnung/aus dem Haus rausschmeißen *fam*

◆**boot up** *vt* **to ~ the computer** ◯ **up** den Computer hochfahren

bootblack *n esp* AM *(dated)* Schuhputzer(in) *m(f)*

boot camp *n* AM Ausbildungslager *nt*

bootee ['bu:ti, AM -ṭi] *n* gestrickter Babyschuh

booth [bu:ð, bu:θ, AM bu:θ] *n* ① *(cubicle)* Kabine *f;* *(in a restaurant)* Sitzecke *f;* **polling ~** Wahlkabine *f;* **telephone ~** Telefonzelle *f* ② *(at a fair)* Stand *m*

bootie *n see* **bootee**

bootjack *n* Stiefelknecht *m* **bootlace** *n* Schnürsenkel *m,* Schuhband *nt* ÖSTERR **bootleg** I. *n* COMPUT Raubkopie *f* II. *adj attr, inv* ① *(sold illegally)* geschmuggelt ② *(illegally made)* illegal hergestellt; **~ alcohol** schwarz gebrannter Alkohol; **~ CDs** Raubpressungen *fpl;* **~ tapes** Raubkopien *fpl* III. *vt* <-gg-> ■ **to ~ sth** ① *(sell illegally)* etw schmuggeln ② *(make illegally)* etw illegal herstellen; **to ~ alcohol** Alkohol schwarz brennen IV. *vi* <-gg-> Schwarzhandel betreiben **bootlegger** *n* ① *(seller)* Schwarzhändler(in) *m(f)* ② *(manufacturer)* illegaler Hersteller/illegale Herstellerin; *(of alcohol)* Schwarzbrenner(in) *m(f)* **bootlegging** *n* LAW ① *(making illicit alcohol)* Schwarzbrennerei *f,* Schwarzbrennen *nt* ② *(making illegal copies)* Aufnehmen *nt* von Raubdrucken **bootlicker** *n (pej)* Kriecher(in) *m(f) pej,* Schleimer(in) *m(f) pej* **bootmaker** *n* Schuhmacher(in) *m(f)* **bootstrap[1]** *n* Stiefelschlaufe *f* ► PHRASES: **to pull** [*or* **haul**] **oneself up by one's ~s** sich *akk* aus eigener Kraft hochrappeln **bootstrap[2]** *n* COMPUT, **bootstrap loader** *n* COMPUT Urlader *m*

booty ['bu:ti, AM -ṭi] *n* Beutegut *nt*

booze [bu:z] I. *n (fam)* ① *no pl (alcohol)* Alk *m fam;* **to be off the ~** nicht mehr trinken; **to be on the ~** saufen *derb* ② *(activity)* Sauferei *f derb;* **to go out on the ~** auf Sauftour gehen *fam* II. *vi (fam)* saufen *derb;* **to have been boozing all night** die ganze Nacht durchgezecht haben

booze bus *n* AUS Polizeiwagen *m* mit Alkomat

boozer ['bu:zəʳ, AM -ɚ] *n (fam)* ① BRIT *(pub)* Kneipe *f* ② *(person)* Säufer(in) *m(f) pej derb*

booze-up ['bu:zʌp] *n (fam)* Besäufnis *nt sl*

boozing ['bu:zɪŋ] *n no pl* Trinken *nt* **boozy** ['bu:zi] *adj (fam)* versoffen *sl;* **~ breath** Fahne *fig fam*

bop [bɒp, AM ba:p] I. *vi (fam or dated)* tanzen II. *vt (fam)* ■ **to ~ sb** [**on the head**] jdm eine auf den Kopf geben *fam* III. *n* ① *(fam: dance)* Tanz *m* ② *(type of jazz)* Bop *m*

BOP [ˌbi:əʊ'pi:, AM -oʊ'-] *n* ECON *abbrev of* **balance of payments** Zahlungsbilanz *f*

boppy ['bɒpi, AM 'ba:pi] *adj* tanzbar; **~ music** flotte Musik

bora ['bɔ:rə] *n* ① *(wind)* Bora *f* ② AUS SOCIOL *Initiationsritual der Aborigines*

borage ['bɒrɪdʒ, AM 'bɔ:r-] *n* BOT, FOOD Borretsch *m*

borax ['bɔ:ræks] *n* CHEM Borax *m*

Bordeaux [bɔ:'dəʊ, AM bɔ:r'doʊ] *n* ① *(region)* Bordelais *nt* ② *(town)* Bordeaux *nt* ③ *(wine)* Bordeaux *m*

bordello [bɔ:'deləʊ, AM bɔ:r'deloʊ] *n* Bordell *nt*

border ['bɔ:dəʳ, AM 'bɔ:rdɚ] I. *n* ① *(frontier)* Grenze *f* ② *(edge)* Begrenzung *f;* *of picture* Umrahmung *f* ③ *(in garden)* Rabatte *f;* **a herbaceous ~** ein Blumenbeet *nt* ④ FASHION Borte *f;* **an embroidered ~** eine gestickte Borte II. *adj attr, inv* Grenz-; **~ dispute** Grenzstreit *m* III. *vt* ■ **to ~ sth** ① *(be or act as frontier)* an etw *akk* grenzen ② *(bound)* etw begrenzen IV. *vi* ■ **to ~ on sth** an etw *akk* grenzen *a. fig*

border adjustment for internal taxes *n* EU [steuerlicher] Grenzausgleich *m*

borderer ['bɔ:dərəʳ, AM 'bɔ:rdəɚ] *n* Grenzbewohner(in) *m(f)*

bordering ['bɔ:dərɪŋ, AM 'bɔ:rdɚ-] *adj attr, inv* angrenzend; **~ country** Nachbarland *nt*

borderland ['bɔ:dəˡlænd, AM 'bɔ:rdɚ-] *n* ① GEOG Grenzgebiet *nt* ② *(fig)* Grenzbereich *m fig* **borderline** ['bɔ:dəˡlaɪn, AM 'bɔ:rdɚ-] I. *n usu sing* Grenze *f fig* II. *adj usu attr* Grenz-; **~ case** Grenzfall *m;* **to be a ~ candidate** gerade noch als Kandidat/Kandidatin akzeptiert werden; **to be a ~ failure/pass** knapp durchfallen/durchkommen

bore[1] [bɔ:ʳ, AM bɔ:r] *n* Flutwelle *f;* **the Severn ~** die Severn-Flutwelle

bore[2] [bɔ:ʳ, AM bɔ:r] *pt of* **bear**

bore[3] [bɔ:ʳ, AM bɔ:r] I. *n* ① *(thing)* langweilige Sache; **what a ~** wie langweilig ② *(person)* Langweiler(in) *m(f);* **a crashing ~** BRIT ein furchtbarer Langweiler/eine furchtbare Langweilerin II. *vt* ■ **to ~ sb** [**with sth**] jdn [mit etw *dat*] langweilen; **to ~ sb to death** [*or* **to tears**] *(fig)* jdn zu Tode langweilen

bore[4] [bɔ:ʳ, AM bɔ:r] I. *n* ① *(spec: of pipe)* Innendurchmesser *m* ② *(calibre)* Kaliber *nt;* **a small-~ shotgun** ein kleinkalibriges Gewehr ③ *(hole)* Bohrloch *nt* II. *vt* ■ **to ~ sth** etw bohren; **to ~ a hole in sth** ein Loch in etw *akk* bohren III. *vi* ■ **to ~ through sth** etw durchbohren; *(fig)* ***her eyes ~d into me*** ihre Augen durchbohrten mich

boreal ['bɔ:riəl] *adj* ① GEOL boreal ② GEOG **northern ~ forest** winterkalte Waldzone

bored [bɔ:d, AM bɔ:rd] *adj* gelangweilt; ***I'm ~!*** mir langt's! *fam;* **to be ~ with doing sth** es satt haben etw zu tun; **to be ~ stiff** [*or* BRIT **rigid**] [*or* **to death**] [*or* **to tears**] *(fig)* zu Tode gelangweilt sein

boredom ['bɔ:dəm, AM 'bɔ:r-] *n no pl* Langeweile *f;* **out of** [**sheer**] **~** aus [reiner] Langeweile

borehole *n* Bohrloch *nt;* **to sink a ~** ein Bohrloch [in die Erde] treiben

borer ['bɔ:rəʳ, AM 'bɔ:rɚ] *n* ① ZOOL *(worm)* Bohrwurm *m;* *(mollusc)* Bohrmuschel *f;* *(insect)* Bohrfliege *f* ② *(tool)* Bohrer *m*

boric ['bɔ:rɪk] *adj attr, inv* CHEM Bor-; **~ acid** Borsäure *f*

boring ['bɔ:rɪŋ] *adj* langweilig; **to find sth ~** etw langweilig finden

boringly ['bɔ:rɪŋli] *adv* langweilig

born [bɔ:n, AM bɔ:rn] *adj inv* ① *(brought into life)* geboren; *(form)* ***she's a Dubliner ~ and bred*** sie ist eine waschechte Dublinerin; *(fig) concept, idea* entstehen, hervorgehen; **English-~** in England geboren; **to be ~ into a poor/wealthy family** in eine arme/reiche Familie geboren werden; **still-~** totgeboren ② *(with natural ability)* geboren; **a ~ leader** eine geborene Führerpersönlichkeit; ■ **to be ~ to do sth** dazu bestimmt sein, etw zu tun ► PHRASES: **to be ~ with a silver spoon in one's mouth** mit einem silbernen Löffel im Mund geboren werden; **I wasn't ~ yesterday** ich bin schließlich nicht von gestern

born-again *adj attr, inv* überzeugt; **~ Christian** überzeugter Christ/überzeugte Christin

borne [bɔ:n, AM bɔ:rn] *vi* ① *pt of* **bear** ② BRIT *(form: understand)* **to be ~ in on/upon sb** jdm klar werden, jdm dämmern *fam*

-borne [bɔ:n, AM bɔ:rn] *in compounds (air-, water-)* übertragen; **a mosquito-~ disease** eine Krankheit, die von Moskitos übertragen wird

Borneo ['bɔ:niəʊ, AM 'bɔ:rnioʊ] *n no pl* Borneo *nt*

boron ['bɔ:rɒn, AM 'bɔ:ra:n] *n* CHEM Bor *nt*

borough ['bʌrə, AM 'bɜ:roʊ] *n* Verwaltungsbezirk *m;* **the London ~ of Westminster** die Londoner Stadtgemeinde Westminster

borrow ['bɒrəʊ, AM 'ba:roʊ] I. *vt* ① *(take temporarily)* ■ **to ~ sth** [**from sb**] etw [von jdm] leihen; **to ~ a book from a** [**lending**] **library** ein Buch aus einer Bibliothek ausleihen; FIN **to ~ short/long** einen kurzfristigen/langfristigen Kredit aufnehmen; **~ed capital** Fremdkapital *nt* ② *(fig)* **to ~ from another language** aus einer anderen Sprache entlehnen ③ MATH **to ~ a number** eine Zahl borgen ④ STOCKEX ■ **to ~ sth** etw an der Warenbörse zum Lokopreis kaufen und sofort zum Terrminpreis verkaufen II. *vi* Geld leihen; **to ~ heavily** Geld pumpen, wo es nur geht *fam*

borrowed ['bɒrəʊd, AM 'ba:roʊd] *adj inv* ausgeliehen; ***he lives on ~ time*** seine Tage sind gezählt

borrower ['bɒrəʊəʳ, AM 'ba:roʊɚ] *n* ① *(from a bank)* Kreditnehmer(in) *m(f)* ② *(from a library)* Entleiher(in) *m(f)*

borrowing ['bɒrəʊɪŋ, AM 'ba:roʊ-] *n* ① *(take temporarily)* Ausleihen *nt;* **~ from another language** Entlehnen *nt* aus einer Fremdsprache ② FIN *(of money)* Darlehen *nt;* **~ costs** [*or* **cost of ~**] Kreditkosten *pl;* **public ~** Staatsverschuldung *f;* ■ **~s** *pl* aufgenommene Schulden, Darlehensverbindlichkeiten *fpl,* Direktkredite *mpl;* ***the company's ~ have doubled*** die Kreditlasten des Unternehmens haben sich verdoppelt; **gross/net ~** Brutto-/Nettokreditaufnahme *f;* *(debts)* Darlehenssumme[n] *f;* *from bank* Kredit aufnehmen

borrowing power *n no pl* FIN Kreditfähigkeit *f*

borrowing rate *n no pl* FIN Sollzins *m*

borrowings *npl* FIN aufgenommene Schulden, Fremdkapital *nt*

borsch(t) [bɔ:ʃ(t), AM bɔ:r-] *n no pl* FOOD Borschtsch *m*

borstal ['bɔ:stəl, AM 'bɔ:r-] *n* BRIT *(hist)* Jugendstrafanstalt *f*

borzoi ['bɔ:zɔɪ, AM 'bɔ:r-] *n* ZOOL Barsoi *m*

bosh [bɒʃ, AM ba:ʃ] *n (dated)* Schwachsinn *m fam,* Quatsch *m sl*

bo's'n ['bəʊsən, AM 'boʊ-] *n (fam)* NAUT Hochbootsmann *m*

Bosnia ['bɒzniə, AM 'ba:z-] *n* Bosnien *nt*

Bosnian ['bɒzniən, AM 'ba:z] I. *adj inv* bosnisch II. *n* Bosnier(in) *m(f)*

bosom ['bʊzəm] *n usu sing (form or liter)* ① *(breasts)* Busen *m;* **to hold sb to one's ~** jdn an die Brust drücken ② *(centre of emotions)* das Innere; **in the ~ of one's family** *(esp hum)* im Schoß der Familie

bosom buddy *n* AM, **bosom friend** *n,* **bosom pal** *n* Busenfreund(in) *m(f)*

bosomy ['bʊzəmi] *adj* vollbusig

Bosphorus ['bɒsfərəs, AM 'ba:sfɚ-] *n,* **Bosporus** ['bɒspərəs, AM 'ba:spɚ-] *n* GEOG ■ **the ~** der Bosporus

boss[1] [bɒs, AM ba:s] I. *n (person in charge)* Chef(in) *m(f),* Boss *m fam;* ***who's the ~ here?*** *(usu hum fam)* wer hat hier das Sagen?; **to be one's own ~** sein eigener Herr sein II. *vt (fam)* ■ **to ~ sb** [**about** [*or* **around**]] jdn herumkommandieren *fam*

boss[2] [bɒs, AM ba:s] *n* ① *(on shield)* Buckel *m* ② ARCHIT [Gewölbe]kappe *f*

boss[3] [ba:s] *adj* AM *(fam: excellent)* erstklassig, spitzenmäßig *fam*

boss-eyed *adj* BRIT *(sl)* schielend *attr;* ■ **to be ~** einen Silberblick haben *fam o hum*

bossiness ['bɒsɪnəs, AM 'ba:s-] *n no pl* Herrschsucht *f*

bossy ['bɒsi, AM 'ba:si] *adj (pej)* herrschsüchtig, herrisch; **~ boots** BRIT *(childspeak)* rechthaberischer Kerl

Boston matrix *n* ECON Vierfelder-Portfolio-Matrix *f*

bosun ['bəʊsən, AM 'boʊ-] *n (fam)* NAUT Hochbootsmann *m*

botanical [bə'tænɪkəl] *adj inv* botanisch; **~ species** Pflanzenarten *fpl*

botanic(al) garden *n* botanischer Garten

botanist ['bɒtənɪst, AM 'ba:t-] *n* Botaniker(in) *m(f)*

botany ['bɒtəni, AM 'ba:t-] *n* Botanik *f*

botch [bɒtʃ, AM ba:tʃ] I. *n* Pfusch *m kein pl fam;* **to make a ~ of sth** etw verpfuschen *fam* II. *vt* ■ **to ~ sth** [**up**] etw verpfuschen [*o* verpatzen] *fam*

botched [bɒtʃt, AM ba:tʃt] *adj attr* stümperhaft; **~ suicide attempt** misslungener Selbstmordversuch

botcher ['bɒtʃəʳ, AM 'ba:tʃɚ] *n* Stümper(in) *m(f)*

botch-up ['bɒtʃʌp, AM 'ba:tʃ-] *n* Pfusch *m kein pl fam;* **to make a ~ of sth** etw verpfuschen *fam*

botfly ['bɒtflaɪ, AM 'ba:t-] *n* Dasselfliege *f*

both [bəʊθ, AM boʊθ] I. *adj attr, inv* ① *predeterminer* beide; **~ *my parents are journalists*** meine Eltern sind beide Journalisten ② *determiner* beide; ***I think it's important to listen to ~ sides*** ich denke, es ist wichtig, beide Seiten anzuhören; ***I had been looking forward to a delicious meal with***

B

excellent service — but I was disappointed on ~ counts ich hatte mich auf ein leckeres Essen mit exzellentem Service gefreut — aber ich wurde in beiden Punkten enttäuscht; **in ~ cases** in beiden Fällen; **at ~ ends** an beiden Enden; **~ eyes/hands/legs** beide Augen/Hände/Beine; ***he was blind in ~ eyes*** er war auf beiden Augen blind; **~ sexes** Männer und Frauen; **on ~ sides of the Atlantic** auf beiden Seiten des Atlantiks ► PHRASES: **to burn the candle at ~ ends** Raubbau mit seiner Gesundheit betreiben; **to have/want things** [*or* **it**] **~ ways** alles haben wollen **II.** *part* beide; ***Mike and Jim ~ have red hair*** Mike und Jim haben beide rote Haare; ***would you like milk or sugar or ~?*** möchtest du Milch oder Zucker oder beides?; ***Jackie and I are ~ self-employed*** Jackie und ich sind beide selbständig; ***~ of these pictures are fine*** beide Bilder sind schön; ***are ~ of us invited, or just you?*** sind wir beide eingeladen oder nur du?; ***a picture of ~ of us together*** ein Bild von uns beiden gemeinsam; (*form*) ***I've got 2 children, ~ of whom are good at maths*** ich habe 2 Kinder, die beide gut in Mathe sind **III.** *adv* ■**~ … and …** ***I felt ~ happy and sad at the same time*** ich war glücklich und traurig zugleich; ***~ Mike and Jim have red hair*** Mike und Jim haben beide rote Haare; ***it has won favour with ~ young and old*** es hat Zustimmung bei Jung und Alt gefunden; ***our products need to be competitive in terms of ~ quality and price*** unsere Produkte müssen sowohl bei der Qualität als auch beim Preis wettbewerbsfähig sein; **~ men and women** sowohl Männer als auch Frauen

bother ['bɒðəʳ, AM 'bɑːðɚ] **I.** *n* ❶ (*trouble*) Mühe *f;* **it is no ~** [**at all**] [überhaupt] kein Problem!; **to go to all the ~ of doing sth** sich *dat* die Mühe machen, etw zu tun; **to not be/to not seem worth the ~** kaum der Mühe wert sein ❷ (*nuisance*) Belastung *f;* **to not want to be a ~** nicht lästig sein wollen; **to get into a spot of ~** BRIT (*fam*) Schwierigkeiten bekommen; ***there was a spot of ~ in town last night*** letzte Nacht gab es in der Stadt eine Schlägerei **II.** *interj esp* BRIT **~!** Mist! *sl* **III.** *vi usu neg* **to** [**not**] **~ doing** [*or* **to do**] **sth** sich *dat* [nicht] die Mühe machen, etw zu tun; ***you'd have found it if you'd ~ed looking*** hättest du wirklich danach gesucht, dann hättest du es auch gefunden; ***I can't be ~ed to cook this evening*** heute Abend kann ich mich nicht zum Kochen überwinden; ***you needn't have ~ed to do it now, it could have waited*** damit hätten Sie sich Zeit lassen können; ***why did nobody ~ to tell me something was wrong?*** warum hat mir eigentlich keiner gesagt, dass etwas nicht stimmte?; ***he walked out of the office without ~ing to say goodbye*** er ging aus dem Büro, ohne auch nur auf Wiedersehen zu sagen; ***why ~?*** warum sich darüber den Kopf zerbrechen?; ***don't ~!*** lass' nur!; **to not ~ about** [**doing**] **sth** sich *akk* nicht um etw *akk* kümmern **IV.** *vt* ■**to ~ sb** jdn belästigen; ***don't ~ me!*** verschone mich damit!; ***quit ~ing me!*** lass mich in Ruh'!; ***what's ~ing you?*** wo drückt der Schuh?; ***my tooth is ~ing me*** ich habe Zahnschmerzen; ***the heat was beginning to ~ him*** die Hitze begann, ihn zu schaffen zu machen; ***it doesn't ~ me if he doesn't turn up*** es ist mir gleichgültig, wenn er nicht kommt; **to ~ about sth** auf etw *akk* achten

botheration [ˌbɒðəʳ'reɪʃᵊn, AM ˌbɑːðə'reɪ-] *interj* (*dated*) verflixt! *fam*

bothered ['bɒðəd, AM 'bɑːðɚd] *adj* beeinträchtigt; ***I'm not ~*** es stört mich nicht; **to feel** [*or* **be**] **hot and ~** sich *akk* unbehaglich fühlen

bothersome ['bɒðəsᵊm, AM 'bɑːðɚ-] *adj* lästig; **a ~ little man** ein kleiner Quälgeist; **~ noise** schrecklicher Lärm

bothie *n see* **bothy**

bothy <*pl* -ies> ['bɒθi] *n* Schutzhütte *f*

botrytis [bɒt'raɪtɪs, AM boʊ'traɪṭəs] *n* BOT Botrytis *f*

bottle ['bɒtḷ, AM 'bɑːṭḷ] **I.** *n* ❶ (*container*) Flasche *f;* **baby's ~** Fläschchen *nt;* **a one-/two-litre ~ of lemonade** eine Ein-/Zweiliterflasche Limonade; **milk ~** Milchflasche *f;* **a ~ of milk** eine Flasche Milch; **to fill a ~** [**with sth**] eine Flasche [mit etw *dat*] abfüllen ❷ (*fam: alcohol*) **to be on the ~** [Alkohol] trinken; **to be back on the ~** wieder zu trinken beginnen; **to hit the ~** saufen *derb;* **to take to the ~** zur Flasche greifen ❸ BRIT (*sl: courage, confidence*) Mumm *m fam;* **to have a lot of ~** Mumm haben *fam;* **to lose one's ~** kalte Füße kriegen *fig fam* **II.** *vt* ■**to ~ sth** ❶ BRIT (*preserve in jars*) etw einmachen [*o* ÖSTERR, SÜDD einrexen] ❷ (*put into bottles or jars*) etw abfüllen

♦**bottle out** *vi* BRIT (*sl*) kneifen *fam*

♦**bottle up** *vt* ❶ (*repress*) ■**to ~ sth** ○ **up** *feelings, anger* etw unterdrücken ❷ (*entrap*) ■**to ~ sb/sth** ○ **up** jdn/etw einschließen

bottle bank *n* BRIT Altglascontainer *m* **bottle brush** *n* Flaschenbürste *f* **bottle cap** *n* AM Flaschenverschluss *m*

bottled ['bɒtḷd, AM 'bɑːṭḷd] *adj inv* ❶ (*sold in bottles*) in Flaschen abgefüllt; **~ beer** Flaschenbier *nt;* **~ gas** Flaschengas *nt* ❷ BRIT (*preserved in jars or bottles*) eingemacht

bottle-end glasses *npl* AM Aschenbecher *m fig* **bottle-fed** *adj* mit der Flasche gefüttert; **a ~ baby** ein Flaschenkind *nt* **bottle-feed** *vt* **to ~ a baby** ein Baby mit der Flasche füttern **bottle-green** *adj inv* flaschengrün **bottle heater** *n* Fläschchenwärmer *m* **bottleneck** *n* ❶ TRANSP verengte Fahrbahn ❷ (*fig*) Engpass *m fig* ❸ MUS **~ guitar** mit Bottleneck[s] gespielte Gitarre **bottle-nose I.** *n* Knollennase *f* **II.** *adj inv* **~**[**d**] **dolphin** Großer Tümmler; **~**[**d**] **whale** Entenwal *m* **bottle opener** *n* Flaschenöffner *m* **bottle party** *n* BRIT Bottle-Party *f* **bottle screw** *n* Spannschraube *f* **bottle store** *n* BRIT, **bottle shop** *n* AUS (*off-licence*) Getränkeladen *m* (*inkl. Spirituosen*) **bottle top** *n* Flaschenverschluss *m* **bottle tree** *n* BOT Flaschenbaum *m*

bottom ['bɒtəm, AM 'bɑːṭ-] **I.** *n* ❶ (*lowest part*) Boden *m; on chair* Sitz *m; in valley* Talsohle *f,* unteres Ende; ***the boat was floating ~ up*** das Boot trieb kieloben; **bikini/pyjama ~s** Bikini-/Pyjamahose *f;* **at the ~ of the page** am Seitenende; **rock ~** (*fig*) Tiefststand *m;* ***the ~ dropped out of her world*** (*fig*) ihre Welt brach zusammen; **the ~ of the sea** der Meeresgrund; **at the ~ of the stairs** am Fuß der Treppe; **from top to ~** von oben bis unten; **to be at the ~** (*fig*) am Boden sein *fig;* **to sink to the ~** auf den Grund sinken; **to start at the ~** ganz unten anfangen ❷ (*end*) Ende *nt;* **to be** [**at the**] **~ of one's class** Klassenletzte(r) sein; **at the ~ of the garden** im hinteren Teil des Gartens; **at the ~ of the street** am Ende der Straße ❸ ANAT Hinterteil *nt* ► PHRASES: **to mean sth from the ~ of one's heart** etw aus tiefster Seele meinen; **to be at the ~ of sth** einer Sache zugrunde liegen; **to get to the ~ of sth** einer Sache auf den Grund gehen; **at ~** im Grunde [genommen]; **~s up!** (*fam*) ex! *fam* **II.** *adj inv* untere(r, s); **the ~ end of the table** das Tischende; **in ~ gear** BRIT im ersten Gang; **~ half of a bikini/pair of pyjamas** Bikini-/Pyjamahose *f;* **the ~ half of society** die Unterschicht einer Gesellschaft; **the ~ shelf** das unterste Regal ► PHRASES: **you can bet your ~ dollar that …** du kannst darauf wetten, dass … **III.** *vi* ECON ■**to ~ out** seinen Tiefstand erreichen

bottom drawer *n* BRIT **to put sth away in one's ~** etw für die Aussteuer beiseite legen

bottoming out *n* STOCKEX *of share prices* Erreichen *nt* des Tiefstandes

bottomless ['bɒtəmləs, AM 'bɑːṭ-] *adj inv* ❶ (*without limit*) unerschöpflich ❷ (*fig: very deep*) unendlich *fig;* **a ~ pit** ein Fass *nt* ohne Boden *fig;* **to be a ~ pit** unersättlich sein

bottom line *n usu sing* ❶ FIN Bilanz *f,* Abschluss *m;* ***the boss is interested only in the ~*** den Chef interessiert nur, was unterm Strich herauskommt ❷ (*fig: main point*) Wahrheit *f;* ***the ~ is: we need more customers*** mit einem Wort: wir brauchen mehr Kundschaft **bottom-of-the-range** *adj* **a ~ product** ein billiges Produkt

bottomry *n* ECON, NAUT Schiffsverpfändung *f,* Bodmerei *f*

bottom space *n* COMPUT Fußsteg *m* **bottom-up** [ˌbɒtəm'ʌp, AM ˌbɑːṭəm] **I.** *adj* von unten nach oben *nach n* **II.** *adv* von unten nach oben **bottom up method** *n* COMPUT Bottom-Up-Verfahren *nt*

botty ['bɒti] *n* BRIT (*childspeak*) *short for* **bottom** Popo *m fam*

botulism ['bɒtjʊlɪzᵊm, AM 'bɑːtʃə-] *n no pl* MED Nahrungsmittelvergiftung *f,* Botulismus *m fachspr*

boudoir ['buːdwɑːʳ, AM -wɑːr] *n* (*old*) Boudoir *nt,* Damenzimmer *nt*

bouffant ['buːfɑ̃(ŋ), AM buː'fɑːnt] *adj* toupiert; **~ hairstyle** Toupierfrisur *f*

bougainvillea [ˌbuːgᵊn'vɪliə] *n* Bougainvillea *f*

bough [baʊ] *n* (*esp liter*) Ast *m*

bought [bɔːt, AM *esp* bɑːt] *vt pt of* **buy**

bought deal *n* STOCKEX *Emissionsverfahren, bei dem eine Bank dem Emittenten ein festes Angebot für die Übernahme der Anleihe macht* **bought ledger clerk** *n* Kreditorenbuchhalter(in) *m(f)*

bougie ['buː(d)ʒi] *n* MED Bougie *f*

bouillabaisse [ˌbuːjə'bes, -'beɪs] *n* FOOD Bouillabaisse *f*

bouillon ['buːjɔ̃(ŋ), AM 'bʊljɑːn] *n* FOOD Bouillon *f;* **~ cube** Suppenwürfel *m*

boulder ['bəʊldəʳ, AM 'boʊldɚ] *n* Felsbrocken *m,* Felsblock *m;* **erratic ~** erratischer Block

boulder clay *n no pl* GEOL [eiszeitlicher] Geschiebelehm

boules [buːl] *n* SPORTS Boule *nt,* Boccia *nt*

boulevard ['buːləvɑːd, AM 'bʊləvɑːrd] *n* Boulevard *m,* Prachtstraße *f*

bounce [baʊn(t)s] **I.** *n* ❶ (*rebound*) Aufspringen *nt kein pl; esp* BRIT SPORTS *ball* Aufprall; **a bad ~** ungünstig abgeschlagener Ball; **to be beaten by the ~** nicht mehr an den Ball kommen ❷ *no pl* (*spring*) Sprungkraft *f; hair, rubber* Elastizität ❸ (*fig: vitality*) Energie *f,* Schwung *m* ❹ AM (*fam: eject, sack*) **to give sb the ~** jdn hinauswerfen *fam* ❺ ECON (*sharp rise*) *in prices* scharfer Anstieg **II.** *vi* ❶ (*rebound*) springen; SPORTS *ball* aufspringen ❷ (*jump up and down*) hüpfen; ***the car ~d down the bumpy track*** der Wagen holperte den unebenen Fahrweg entlang; **to ~ into the room** (*fig*) ins Zimmer stürzen ❸ FIN (*fam*) *cheque* platzen *fam* ❹ (*work as bouncer*) als Türsteher arbeiten ► PHRASES: **to be bouncing off the walls** AM (*fam*) *children* total aufgedreht sein **III.** *vt* ❶ (*cause to rebound*) ■**to ~ sth** etw aufspringen lassen; **to ~ a baby** ein Baby schaukeln ❷ FIN (*fam*) **to ~ a cheque** [*or* AM **check**] einen Scheck platzen lassen ❸ AM (*throw out*) ■**to ~ sb** jdn hinauswerfen *fam* (*aus einer Kneipe*)

♦**bounce around** *vi* (*be unfocused*) *person* abschweifen

♦**bounce back I.** *vi* ❶ (*rebound*) zurückspringen ❷ (*fig: recover*) wieder auf die Beine kommen **II.** *vt* **to ~ the ball back** [**to sb**] den Ball [zu jdm] zurückwerfen

♦**bounce off I.** *vi* abprallen, abspringen *a. fig; echo, sound* widerhallen; *radio waves* reflektieren; **to ~ off at an angle** schräg abprallen; ***after the meeting, he ~d off back to the office*** nach dem Meeting düste er ins Büro zurück *fam* **II.** *vt* ■**to ~ sth off sth** etw von etw *dat* abprallen lassen; *radio waves* reflektieren; ***criticism just ~s off her*** Kritik prallt einfach an ihr ab

bouncer ['baʊn(t)səʳ, AM -ɚ] *n* ❶ (*person*) Rausschmeißer *m fam* ❷ (*sl: cheque*) geplatzter Scheck *fam* ❸ (*in cricket*) stark aufsteigender Ball

bouncing ['baʊn(t)sɪŋ] *adj* lebhaft; **a ~ baby boy/girl** ein strammer Junge/ein strammes Mädchen; **to be ~ with happiness** vor Glück strahlen

bouncy ['baʊn(t)si] *adj* ❶ *mattress* federnd; **a ~ ball** ein Ball, der gut springt; **~ castle** Hüpfburg *f* ❷ (*fig: cheerful and lively*) frisch und munter

bound[1] [baʊnd] **I.** *vi* (*leap*) springen; *kangaroo* hüpfen; **to ~ out of bed** aus dem Bett springen **II.** *n* (*leap*) Sprung *m,* Satz *m;* **with one** [*or* **a single**] **~** mit einem Satz ► PHRASES: **by leaps and ~s** sprunghaft

bound[2] [baʊnd] **I.** *vt usu passive* (*border*) ■**to be ~ed by sth** von etw *dat* [*o* durch etw *akk*] begrenzt werden **II.** *n* ■ **~s** *pl* Grenze *f;* **to be outside the ~s of acceptable behaviour** die Grenze akzeptablen Verhaltens überschritten haben; **to be within the ~s of the law** sich *akk* im Rahmen des Gesetzes bewegen; **to go beyond the ~s of possibility** die Grenzen des Möglichen überschreiten; **to keep sth within ~s** etw in [vernünftigen] Grenzen halten; **to know no ~s** keine Grenzen kennen ► PHRASES: **to be out of ~s** *ball* im Aus sein; *area* Sperrgebiet sein **III.** *adj pred* (*immersed in*) ■ **to be ~ up in sth** von etw *dat* in Anspruch genommen sein; ■ **to be ~ with sth** mit etw *dat* in [engem] Zusammenhang stehen; ***Britain's fate is inextricably ~ with Europe's*** das Schicksal Großbritanniens ist eng mit dem Schicksal Europas verbunden

bound³ [baʊnd] *adj inv* ■ **to be ~ for X** unterwegs nach X sein; ***where is this ship ~ for?*** wohin fährt dieses Schiff?; **to be ~ for success** (*fig*) auf dem besten Weg sein, erfolgreich zu sein

bound⁴ [baʊnd] **I.** *pt, pp of* **bind II.** *adj pred, inv* ① (*certain*) ***she's ~ to come*** sie kommt ganz bestimmt; ***you're ~ to forget people's names occasionally*** man vergisst zwangsläufig ab und zu die Namen anderer Leute; ***I'm ~ to say that ...*** (*form*) ich muss sagen, ...; ***he's in the pub, I'll be ~*** (*dated or also hum*) ich möchte wetten, er ist im Pub; **to be ~ to happen** zwangsläufig geschehen; ***it was ~ to happen*** das musste so kommen ② (*obliged*) verpflichtet; ■ **to be ~ to do sth** verpflichtet sein, etw zu tun ► PHRASES: **to be ~ and determined** AM [fest] entschlossen sein

-bound *in compounds* ① (*going to*) in Richtung ...; **Berlin-/London-~** nach Berlin/London; **north~/south~** in Richtung Norden/Süden; **in~ and out~ trains** aus- und einfahrende Züge ② (*prevented*) verhindert; ***the road is fog~*** auf der Straße herrscht dichter Nebel; **house~/wheelchair-~** ans Haus/an den Rollstuhl gefesselt; **snow~ airport** eingeschneiter Flughafen

boundary ['baʊndᵊri] *n* ① (*limit*) Grenze *f;* **to transgress the boundaries of good taste** die Grenzen des guten Geschmacks überschreiten; **to cross a ~** eine Grenze überqueren; **to draw/mark a ~ [between two places]** eine Grenze [zwischen zwei Orten] ziehen/darstellen; **to expand beyond a ~** sich *akk* über eine Grenze hinaus ausdehnen ② SPORTS (*in cricket*) Spielfeldgrenze *f* (*beim Kricket*); **to hit** [*or* **score**] **a ~** [den Ball] über die Spielfeldgrenze hinaus schlagen

Boundary Commission *n* LAW Grenzkommission *f*

bounden duty [ˌbaʊndən'-] *n no pl* (*dated or also hum*) Pflicht *f* und Schuldigkeit *f geh*

bounder ['baʊndəʳ, AM -ɚ] *n* (*dated*) Schuft *m fam,* Lump *m oft pej fam*

boundless ['baʊndləs] *adj* grenzenlos, unbegrenzt

bounteous ['baʊntiəs, AM -t̬iəs] *adj* (*old liter*) ① (*abundant*) reichlich; **a ~ harvest** eine reiche Ernte ② (*generous*) freigebig, großzügig ③ (*lavish*) überschwänglich; ***she was always a woman of ~ affection*** sie zeigte immer überströmende Liebenswürdigkeit

bountiful ['baʊntɪfᵊl, AM -t̬ə-] *adj* (*liter*) ① (*generous*) freigebig, großzügig; **Lady B~** die gute Fee ② (*abundant*) reichlich; **a ~ crop** [*or* **harvest**] eine reiche Ernte

bounty ['baʊnti, AM -t̬i] *n* ① (*reward*) Belohnung *f;* (*for capturing sb*) Kopfgeld *nt;* **to place a ~ of $10,000 on sb's head** eine Belohnung in Höhe von 10.000 Dollar auf jdn aussetzen ② *no pl* (*liter: generosity*) Freigebigkeit *f,* Großzügigkeit *f* ③ (*great amount*) Fülle *f*

bounty hunter *n* ① (*hunter of criminals*) Kopfgeldjäger(in) *m(f)* ② (*animal tracker*) Fährtensucher(in) *m(f)*

bouquet [bʊ'keɪ, AM boʊ'-] *n* ① (*of flowers*) Bukett *nt geh,* [Blumen]strauß *m* ② (*aroma*) Bukett *nt; of wine* Blume *f,* Bukett *nt*

bourbon ['bɜːbən, AM 'bɜːr-] *n* Bourbon *m*

bourgeois ['bɔːʒwɑː, AM 'bʊrʒ-] **I.** *adj* ① (*middle-class*) bürgerlich ② (*pej: philistine*) spießbürgerlich, spießig *pej* ③ (*capitalistic*) bourgeois *veraltet* **II.** *n* ① (*person of middle class*) Bürger(in) *m(f)* ② (*pej: philistine*) Spießbürger(in) *m(f),* Spießer(in) *m(f)* ③ (*in communist writing*) Bourgeois *m geh*

bourgeoisie [ˌbɔːʒwɑː'ziː, AM ˌbʊrʒ-] *n + sing/pl vb* ① (*middle class*) Bürgertum *nt;* **petty ~** Kleinbürgertum *nt* ② (*capitalist class*) ■ **the ~** die Bourgeoisie

bout [baʊt] *n* ① (*short attack*) Anfall *m;* **a ~ of coughing** ein Hustenanfall *m;* **a ~ of insanity** ein Anfall *m* von Wahnsinn; **drinking ~** Trinkgelage *nt oft hum;* (*going out*) Sauftour *f fam* ② (*in boxing*) Boxkampf *m;* (*in wrestling*) Ringkampf *m*

boutique [buː'tiːk] *n* Boutique *f*

bovine ['bəʊvaɪn, AM 'boʊ-] *adj* ① (*of cows*) Rinder-; **~ growth hormone** Rinderwachstumshormon *nt* ② (*fig: stupid*) einfältig; (*limited*) beschränkt; (*sluggish*) träge

bovver ['bɒvəʳ] *n no pl* BRIT (*sl*) Straßenkämpfe *mpl;* (*between gangs*) Bandenkämpfe *mpl;* **to go out looking for ~** auf eine Schlägerei aus sein *fam*

bovver boots *npl* BRIT (*sl*) Springerstiefel *mpl,* Rockerstiefel *mpl* **bovver boy** *n* BRIT (*sl*) Rocker *m;* (*misbehaving*) Rowdy *m*

bow¹ [bəʊ, AM boʊ] *n* ① (*weapon*) Bogen *m;* **~ and arrows** Pfeil und Bogen *pl;* **to draw one's ~** den Bogen spannen ② (*for an instrument*) Bogen *m* ③ (*knot*) Schleife *f* ► PHRASES: **to have many/two strings to one's ~** mehrere/zwei Eisen im Feuer haben *fam*

bow² [baʊ] **I.** *vi* ■ **to ~ [to sb/sth]** sich *akk* [vor jdm/etw] verbeugen [*o geh* verneigen]; **to ~ to public pressure** (*fig*) sich *dat* öffentlichem Druck beugen ► PHRASES: **to ~ and scrape** (*pej*) katzbuckeln **II.** *vt* **to ~ one's head** den Kopf senken [*o geh* neigen] **III.** *n* ① (*bending over*) Verbeugung *f,* Verneigung *f geh;* **to give** [*or* **make**] **a ~ [to sb]** [vor jdm] eine Verbeugung machen; **to make one's ~** (*fig*) sein Debut geben; **to take a ~** sich *akk* [unter Applaus] verbeugen; **to take one's final ~** (*fig*) seine letzte Vorstellung geben, zum letzten Mal auftreten ② NAUT Bug *m* ► PHRASES: **to fire a warning shot across sb's ~s** einen Warnschuss vor jds Bug *m* abfeuern

◆**bow down** *vi* ① (*to show reverence*) ■ **to ~ down [before sb]** sich *akk* [vor jdm] verbeugen [*o geh* verneigen] ② (*obey sb*) ■ **to ~ down to sb** sich *akk* jdm fügen

◆**bow out** **I.** *vi* (*stop taking part*) sich *akk* verabschieden; (*retire from job*) sich *akk* ins Privatleben zurückziehen; **to ~ out of a project** aus einem Projekt aussteigen *fam* **II.** *vt* ■ **to ~ sb out** jdn hinauskomplimentieren *euph geh*

bowdlerize ['baʊdləraɪz] *vt* (*pej*) ■ **to ~ sth** etw zensieren; **to ~ a film** anstößige Stellen aus einem Film herausschneiden

bow door *n* NAUT Bugklappe *f*

bowed¹ [baʊd] *adj* (*bent over*) gebeugt; **~ down** [*or* **under**] niedergebeugt; ***the roses were ~ under with blossoms*** die Rosen waren über und über mit Blüten beladen

bowed² [bəʊd, AM boʊd] *adj* (*curved*) bogenförmig, gebogen

bowel ['baʊəl] *n* ① *usu pl* MED (*intestine*) Darm *m,* Gedärm *nt,* Eingeweide *pl;* **to move one's ~s** Stuhl[gang] haben ② (*liter: depths*) ■ **~s** *pl* Innere *nt kein pl;* **the ~s of the Earth** das Erdinnere, das Innere der Erde

bowel movement *n* Stuhl[gang] *m*

bower ['baʊəʳ, AM -ɚ] *n* (*liter*) schattiges Plätzchen; (*enclosed by foliage*) [Garten]laube *f;* **to sit under a leafy ~** an einem schattigen Plätzchen sitzen

bowhead whale ['bəʊhed,-, AM 'boʊ-] *n* Grönlandwal *m*

bowie knife *n,* **Bowie knife** *n* Bowiemesser *nt*

bowl¹ [bəʊl, AM boʊl] *n* ① (*dish*) Schüssel *f;* (*shallower*) Schale *f;* **a ~ of cornflakes** eine Schüssel Cornflakes; **a ~ of rice** eine Schale Reis; **a ~ of soup** eine Tasse Suppe ② *esp* AM (*bowl-shaped building*) ■ **the B~** das Stadion ► PHRASES: **life is just a ~ of cherries** das Leben ist einfach wunderbar; ***she's so rich that life's just a ~ of cherries for her*** sie ist so reich, dass das Leben für sie das reinste Zuckerschlecken ist *fam*

bowl² [bəʊl, AM boʊl] SPORTS **I.** *vi* ① (*in cricket*) werfen ② (*play ten-pins*) bowlen, Bowling spielen; (*play skittles*) kegeln; (*play bowls*) Bowls spielen **II.** *vt* ① (*dismiss*) ■ **to ~ sb** jdn ausschlagen ② (*roll a ball*) **to ~ a ball** einen Ball rollen; **to ~ a bowling ball** eine Bowlingkugel werfen **III.** *n* ① (*in bowls*) Kugel *f;* (*in bowling*) Bowlingkugel *f* ② BRIT ■ **~s** + *sing vb* Bowling *nt;* **to play [at] ~s** Bowling spielen

◆**bowl along** *vi* dahinrollen; ***they ~ed along the road*** sie rauschten die Straße entlang

◆**bowl out** *vt usu passive* SPORTS **to ~ sb ○ out for a number of runs** jdn für eine bestimmte Anzahl von Läufen ausschlagen

◆**bowl over** *vt usu passive* ■ **to ~ over ○ sb** ① (*knock over*) jdn über den Haufen rennen *fam;* (*by car*) jdn über den Haufen fahren *fam;* (*hit with a ball*) jdn umwerfen ② (*fig: astonish*) jdn umwerfen *fam,* jdn umhauen *fam;* ■ **to be ~ed over** sprachlos sein; ***she was ~ed over when she heard she'd won the competition*** es verschlug ihr die Sprache, als sie hörte, dass sie den Wettbewerb gewonnen hatte

bow-legged [bəʊ'legɪd, AM boʊ-] *adj* O-beinig *attr fam* **bowlegs** [bəʊ'legz, AM boʊ-] *npl* O-Beine *ntpl fam*

bowler ['bəʊləʳ, AM 'boʊlɚ] *n* ① (*in cricket*) Werfer *m* ② (*at bowls*) Bowlsspieler(in) *m(f);* (*at bowling*) Bowlingspieler(in) *m(f)* ③ (*hat*) Bowler *m,* Melone *f hum fam*

bowler hat *n* Bowler *m,* Melone *f hum fam*

bowl game *n* AM *eins von mehreren Footballspielen, die nach der eigentlichen Saison zwischen besonders ausgewählten Mannschaften ausgetragen werden*

bowline ['bəʊlɪn, AM 'boʊ-] *n* NAUT Palstek *m*

bowling ['bəʊlɪŋ, AM 'boʊ-] *n no pl* ① (*tenpins*) Bowling *nt;* (*skittles*) Kegeln *nt* ② (*in cricket*) Werfen *nt;* **to open the ~** den ersten Wurf machen

bowling alley *n* (*for tenpins*) Bowlingbahn *f;* (*for skittles*) Kegelbahn *f* **bowling green** *n* Rasenfläche *f* für Bowls

bowman ['bəʊmən, AM 'boʊ-] *n* ① (*archer*) Bogenschütze, -in *m, f* ② (*rower*) Bugmann *m* **bowsprit** ['bəʊsprɪt, AM 'boʊ] *n* NAUT Bugspriet *m* **bowstring** **I.** *n* Bogensehne *f* **II.** *vt* (*hist*) ■ **to ~ sb** jdn erdrosseln **bow tie** *n* FASHION Fliege *f;* **to tie a ~** eine Fliege binden **bow wave** *n* Bugwelle[n] *f[pl];* ***the judgement will be followed by a ~ of lawsuits*** (*fig*) das Urteil wird einen Rattenschwanz von Prozessen im Gefolge haben *fig* **bow window** *n* Erkerfenster *nt*

bow-wow **I.** *interj* [ˌbaʊ'waʊ] wauwau **II.** *n* ['baʊˌwaʊ] (*childspeak: dog*) Wauwau *m Kindersprache*

box¹ [bɒks, AM bɑːks] **I.** *vi* boxen; ■ **to ~ against sb** gegen jdn boxen **II.** *vt* ① (*in match*) ■ **to ~ sb** gegen jdn boxen ② (*slap*) **to ~ sb's ears** jdn ohrfeigen **III.** *n* Schlag *m;* **to give sb a ~ on the ears** jdm eine Ohrfeige geben

box² [bɒks, AM bɑːks] **I.** *n* ① (*container*) Kiste *f;* **ballot ~** Wahlurne *f;* **cardboard ~** Karton *m;* **chocolate ~** Pralinenschachtel *f;* **~ of cigars** Schachtel *f* Zigarren; **a ~ of cookies** eine Dose Kekse; **~ of matches** Streichholzschachtel *f;* **tool ~** Werkzeugkasten *m;* **witness ~** BRIT LAW Zeugenstand *m;* **wooden ~** Holzkiste *f* ② (*rectangular space*) Kästchen *nt,* Feld *nt* ③ (*small space*) **telephone ~** Telefonzelle *f;* ***their new house is just a ~*** ihr neues Haus ist eigentlich nur so groß wie ein Schuhkarton ④ (*in theatre*) Loge *f* ⑤ BRIT, AUS SPORTS (*protective equipment*) Suspensorium *nt* ⑥ (*fam: television*) ■ **the ~** die [Flimmer]kiste *fam,* der Kasten *fam,* die Glotze *sl* **II.** *vt* ① (*place in box*) ■ **to ~ sth [up]** etw in einen Karton legen; (*wrap*) etw [in einen Karton/eine Schachtel] verpacken ② NAUT **to ~ the compass** *alle Kompasspunkte der Reihe nach aufzählen;* (*change direction*) eine Kehrtwendung machen

◆**box in** *vt* ■ **to ~ in ○ sth** etw einklemmen; **to ~**

B

in a car ein Auto einparken; **to feel ~ed in** (*fig*) sich *akk* eingeengt fühlen

◆**box off** *vt* ■**to ~ off** ○ **sth** etw abteilen [*o* abtrennen]; **to ~ an area off** einen Bereich abtrennen

◆**box up** *vt* ■**to ~ up** ○ **sth** etw [in Kartons] einpacken

box[3] [bɒks, AM bɑːks] *n no pl* (*tree*) Buchsbaum *m*

box calf *n* Boxkalf *nt* **box camera** *n* Box[kamera] *f* **box candy** *n* AM *in einer Schachtel verpackte Süßigkeiten* **boxcar** *n* AM ① (*freight car*) [geschlossener] Güterwagen ② (*sl: pair of sixes*) ■**~s** *pl* Sechserpasch *m kein pl* **boxed set** *n Sortiment in einer Box*

boxer [ˈbɒksəʳ, AM ˈbɑːksɚ] *n* ① (*dog*) Boxer *m* ② (*person*) Boxer(in) *m(f)*

boxers [ˈbɒksəz, AM ˈbɑːksɚz] *npl,* **boxer shorts** *npl* Boxershorts *pl*

boxing [ˈbɒksɪŋ, AM ˈbɑːks-] **I.** *n no pl* Boxen *nt* **II.** *n modifier* (*champion*) Box-

boxing card *n* Boxprogramm *nt*

Boxing Day *n* BRIT, CAN zweiter Weihnachtsfeiertag, der 26. Dezember

boxing gloves *npl* Boxhandschuhe *mpl* **boxing match** *n* Boxkampf *m* **boxing ring** *n* Boxring *m* **box junction** *n markierter Kreuzungsbereich, der bei Stau nicht befahren werden darf* **box lunch** *n* AM (*packed lunch*) Lunchpaket *nt* **box number** *n* Chiffre[nummer] *f* **box office** *n* Kasse *f* (*im Kino, Theater*) **box office appeal** *n* **to have great ~** ein [echter] Kassenschlager sein *fam* **box office attraction** *n,* **box office draw** *n* **to be a great** [*or* **huge**] **~** ein [riesiger [*o* gewaltiger]] Kassenschlager sein *fam* **box office failure** *n* Flop *m,* Pleite *f fam* **box office hit** *n* Kassenschlager *m fam* **box office receipts** *npl* verkaufte Eintrittskarten *fpl* **box office star** *n* [Kassen]star *m* **box office success** *n* Kassenerfolg *m* **box office takings** *npl* verkaufte Eintrittskarten *fpl*

boxroom *n* BRIT Abstellraum *m,* Abstellkammer *f* **box score** *n* AM SPORTS tabellarischer Spielbericht (*Ergebnis- und Spielbericht eines Sportereignisses*) **box seat** *n* ① THEAT (*seat in a box*) Logenplatz *m* ② SPORTS (*seat closest to action*) *Platz auf den vordersten Rängen* **box spanner** *n esp* BRIT, AUS Steckschlüssel *m* **box spring** *n* Sprungfeder *f* **box spring mattress** *n* Sprungfedermatratze *f* **box store** *n* AM [Verbraucher-]Abholmarkt *m* **box top** *n* Kartondeckel *m* (*einer Kartonpackung*) **boxwood** *n no pl* Buchsbaumholz *nt* **box wrench** *n* AM (*box spanner*) Steckschlüssel *m*

boxy [ˈbɒksi, AM ˈbɑːksi] *adj* kastenförmig, kistenförmig; **~ shape** Kastenform *f*

boy [bɔɪ] **I.** *n* ① (*male child*) Junge *m,* Bub *m* SÜDD, ÖSTERR, SCHWEIZ ② ■**the ~s** *pl* (*friends*) ***he always spends Friday nights with the ~s*** er verbringt Freitagnacht immer mit seinen Kumpels; **one of the ~s** ein richtiger Mann [*o fam* echter Kerl] ③ (*in office, shop*) Laufbursche *m;* (*in hotel, lift*) Boy *m* ► PHRASES: **the big ~s** die Großen; **the ~s in blue** (*fam*) die Polizei *f,* die Jungs in Grün *hum fam;* **to be a local ~ made good** ein erfolgreicher junger Mann von hier sein; **~s will be ~s** (*saying*) Jungs sind nun mal so; **my ~** (*dated*) mein Junge; **our/the ~s** MIL unsere Jungs **II.** *interj* [**oh**] **~, *that was good!*** Junge, Junge, war das gut! *fam*

boy band *n* Boygroup *f*

boycott [ˈbɔɪkɒt, AM -kɑːt] **I.** *vt* ■**to ~ sth** etw boykottieren **II.** *n* Boykott *m;* **to lift a ~** einen Boykott aufheben; **to put a ~ on sb/sth** [*or* **sb/sth under a ~**] über jdn/etw einen Boykott verhängen

boyfriend *n* Freund *m*

boyhood [ˈbɔɪhʊd] **I.** *n no pl* (*as a child*) Kindheit *f;* (*as a teenager*) Jugend *f* **II.** *n modifier* (*as a child*) Kindheits-; (*as a teenager*) Jugend-

boyish [ˈbɔɪɪʃ] *adj* jungenhaft; (*of woman*) knabenhaft *geh;* **~ enthusiasm** kindlicher Enthusiasmus

boyishly [ˈbɔɪɪʃli] *adv* jungenhaft; (*of woman*) knabenhaft; **~ enthusiastic** kindlich begeistert

boy-meets-girl *adj* Liebes-; **~ story** Liebesgeschichte *f*

boyo <*pl* -s> [ˈbɔɪjəʊ] *n* DIAL (*fam: boy, man*) Bursche *m*

boy scout *n* (*dated*) Pfadfinder(in) *m(f)* **boy scout jamboree** *n* Pfadfindertreffen *nt* **boy scout troop** *n* Pfadfindervereinigung *f,* Pfadfindergruppe *f* **boy toy** *n* AM (*toy boy*) jugendlicher Liebhaber, Gespiele *m veraltet o hum* **boy wonder** *n* Wunderknabe *m,* Wunderkind *nt*

bozo [ˈbəʊzəʊ, AM ˈboʊzoʊ] *n esp* AM (*sl*) dummer Kerl *fam,* Depp *m pej*

B/P *abbrev of* **bills payable** *see* **bill**

BPI, bpi *n* COMPUT *abbrev of* **bits pro inch** Bits *pl* pro Inch

BPP *n* COMPUT *abbrev of* **bits per pixel** BPP

bps *n* COMPUT *abbrev of* **bits per second** bps; **~ rate adjust** bps-Anpassung *f*

BR [ˌbiːˈɑːʳ] *n no pl abbrev of* **British Rail** *britische Eisenbahngesellschaft*

B/R *abbrev of* **bills receivable** *see* **bill**

bra [brɑː] *n* ① (*for woman*) BH *m fam* ② AM (*for car*) *Lederüberzug für die Schnauze eines Autos als Schutz vor Steinchen*

braai [braɪ] SA **I.** *n* Grillfest *nt* **II.** *vt* ■**to ~ sth** etw grillen **III.** *vi* grillen

brace [breɪs] **I.** *n* ① *esp* BRIT MED ■**~** [*or esp* AM, AUS **~s**] (*for teeth*) Zahnklammer *f,* Zahnspange *f;* (*for back*) Stützapparat *m* ② BRIT, AUS (*for trousers*) ■**~s** *pl* Hosenträger *mpl* ③ *esp* AM (*callipers*) ■**~s** *pl* Stützapparat *m* ④ (*pair of birds*) [Federwild]paar *nt;* **~ of partridges** Rebhuhnpaar *nt* **II.** *vt* ① (*prepare for*) ■**to ~ oneself for sth** (*mentally*) sich *akk* auf etw *akk* gefasst machen; (*physically*) sich *akk* auf etw *akk* vorbereiten ② (*support*) ■**to ~ sth** [**with sth**] etw [mit etw *dat*] [ab]stützen; (*horizontally*) etw [mit etw *dat*] verstreben

◆**brace up** *vi* sich *akk* zusammenreißen

brace and bit *n* Bohrwinde *f*

bracelet [ˈbreɪslət] *n* ① (*jewellery*) Armband *nt,* Armreif *m* ② (*fam: handcuffs*) Handschelle[n] *f[pl]*

braces [ˈbreɪsɪz] *n* COMPUT geschweifte Klammern

bracing [ˈbreɪsɪŋ] *adj* erfrischend, belebend, anregend; **~ climate** Reizklima *nt*

bracken [ˈbrækᵊn] *n no pl* Adlerfarn *m*

bracket [ˈbrækɪt] **I.** *n* ① *usu pl* (*in writing*) Klammer *f;* **in** [**round/square**] **~s** in [runden/eckigen] Klammern; **to be included in ~s** in Klammern stehen ② AM, AUS (*square writing symbols*) ■**~s** *pl* eckige Klammern ③ (*category*) Klasse *f,* Gruppe *f;* COMM *also* Stufe *f,* Interval *nt;* **age ~** Altersgruppe *f;* FIN **income ~** Einkommensstufe *f;* **middle-income ~** mittlere Einkommensstufe; **salary ~** Gehaltsklasse *f;* **tax ~** Steuerklasse *f* ④ (*L-shaped support*) Konsole *f,* [Winkel]stütze *f* **II.** *vt* ① (*put into brackets*) ■**to ~ sth** etw einklammern [*o* in Klammern setzen] ② (*include in one group*) ■**to ~ sb with sb** jdn mit jdm in einen Topf werfen *fam;* **to ~ sth together** etw in einen Topf schmeißen *fam*

brackish [ˈbrækɪʃ] *adj* leicht salzig; *water* brackig; **~ water** Brackwasser *nt*

bract [brækt] *n* BOT Deckblatt *nt,* Hüllblatt *nt*

bradawl [ˈbrædɔːl, AM -ɑːl] *n* [flache] Ahle *f,* Pfriem *m*

brae [breɪ] *n* SCOT Abhang *m,* Böschung *f*

brag <-gg-> [bræg] **I.** *vi* ■**to ~** [**about sth**] [mit etw *dat*] prahlen [*o* angeben] **II.** *vt* ■**to ~ that …** damit prahlen [*o* angeben], dass …

braggart [ˈbrægət, AM -ɚt] *n* (*pej dated*) Prahler(in) *m(f)*

brahman [ˈbrɑːmən], **brahmin** [ˈbrɑːmɪn] *n* Brahmane *m*

braid [breɪd] **I.** *n* ① *no pl* (*on cloth*) Borte *f;* (*on uniform*) Litze *f;* (*with metal threads*) Tresse[n] *f[pl]* ② *esp* AM (*plait*) Zopf *m,* Flechte *f geh* **II.** *vt esp* AM ■**to ~ sth** etw flechten **III.** *vi esp* AM flechten

braiding [ˈbreɪdɪŋ] *n see* **braid I**

Braille [breɪl] *n no pl* Blindenschrift *f,* Brailleschrift *f*

brain [breɪn] **I.** *n* ① (*organ*) Gehirn *nt;* ■**~s** *pl* [Ge]hirn *nt* ② (*intelligence*) Verstand *m;* **to have a good ~** einen scharfen Verstand haben; ■**~s** *pl* (*intelligence*) Intelligenz *f kein pl,* Grips *m fam,* Köpfchen *nt fam;* (*imagination*) Einbildung *f kein pl,* Fantasie *f kein pl;* **to have ~s** (*fam*) Köpfchen [*o* Grips] haben *fam;* **to use one's ~s** seinen Kopf [*o fam* sein Hirn] anstrengen ③ (*fam: intelligent person*) heller Kopf *fam;* **the best ~s** die fähigsten Köpfe ④ (*smartest of a group*) ■**the ~s** + *sing vb* der [hellste] Kopf ► PHRASES: **to blow sb's ~s out** (*fam*) jdm eine Kugel durch den Kopf jagen *fam,* jdm das [Ge]hirn rauspusten *sl;* **to have sth on the ~** (*pej fam*) immer nur an etw *akk* denken; **to pick sb's ~**[**s**] jdm ein Loch in den Bauch fragen *fam,* jdn löchern *fam* **II.** *vt* (*fam*) ■**to ~ sb** jdm den Schädel einschlagen *fam;* ■**to ~ oneself** sich *dat* den Kopf [an]stoßen **III.** *adj* Gehirn-

brain cell *n* Gehirn[gewebe]zelle *f* **brainchild** *n* genialer Einfall, Geistesprodukt *nt* **brain damage** *n* [Ge]hirnschaden *m* **brain-damaged** [ˈbreɪndæmɪdʒd] *adj inv* hirngeschädigt **brain dead** *adj* [ge]hirntot; **to declare sb ~** jdn für [ge]hirntot erklären **brain death** *n* [Ge]hirntod *m* **brain disorder** *n* [Ge]hirnerkrankung *f,* [Ge]hirnstörung *f* **brain drain** *n* Braindrain *m,* Abwanderung *f* von Wissenschaftlern/Wissenschaftlerinnen ins Ausland **brain fever** *n* (*dated*) Hirnhautentzündung *f*

brainless [ˈbreɪnləs] *adj* hirnlos *pej;* **~ idiot** Vollidiot *m pej*

brain power *n* (*fam*) Intelligenz *f;* **to have ~** eine Leuchte sein *fam* **brain scan** *n* Computertomographie *f* des Schädels **brainstorm I.** *vi* ein Brainstorming machen **II.** *vt* **to ~ a project** zu einem Projekt ein Brainstorming machen **III.** *n* ① BRIT (*fam: brain shutdown*) Anfall *m* geistiger Umnachtung; **to have a ~** geistig weggetreten sein *fam* ② AM (*brainwave*) Geistesblitz *m fam* **brainstorming** *n no pl* Brainstorming *nt,* gemeinsame Problembewältigung **brainstorming session** *n* Brainstorming *nt;* **to have a ~** ein Brainstorming abhalten [*o* durchführen] **brain teaser** *n* (*sth puzzling*) Rätsel *nt;* (*puzzle*) Denksportaufgabe *f* **brain tissue** *n* Gehirngewebe *nt* **brain trust** *n* AM Braintrust *m,* politische/wirtschaftliche Beratergruppe **brain tumour** *n* [Ge]hirntumor *m* **brainwash** *vt* (*pej*) ■**to ~ sb** jdn einer Gehirnwäsche unterziehen **brainwashing** *n* Gehirnwäsche *f* **brain wave** *n* MED Hirn[strom]welle *f* **brainwave** *n* (*fam*) Geistesblitz *m fam* **brainwork** *n no pl* Kopfarbeit *f*

brainy [ˈbreɪni] *adj* (*intelligent*) gescheit; (*rapid mental grasp*) aufgeweckt

braise [breɪz] *vt* FOOD ■**to ~ sth** etw schmoren

brake[1] [breɪk] **I.** *n* Bremse *f;* **anti-lock ~** Antiblockierbremse *f;* **to apply** [*or* **put on**] **the ~s** bremsen; **to release the ~**[**s**] (*by hand*) die Bremse lösen; (*by foot*) den Fuß von der Bremse nehmen; **to slam on the ~**[**s**] (*fam*) in die Eisen steigen *fam,* auf die Bremse latschen *sl* **II.** *vi* bremsen; **to ~ sharply** [*or* **hard**] scharf bremsen

brake[2] [breɪk] *n* BOT [Adler]farn *m*

brake band *n* AUTO Bremsband *nt* **brake block** *n* (*on bike*) Bremsklotz *m,* Bremsbacke *f fachspr* **brake cable** *n* Bremszug *m,* Bremsseil *nt* **brake drum** *n* Bremstrommel *f* **brake fluid** *n* Bremsflüssigkeit *f* **brake lights** *npl* Bremslichter *ntpl* **brake lining** *n* Bremsbelag *m* **brake pads** *npl* Bremsbeläge *mpl* **brake pedal** *n* Bremspedal *nt* **brake shoe** *n* Bremsklotz *f,* Bremsbacke *f fachspr* **brake van** *n* BRIT RAIL Bremswagen *m*

braking [ˈbreɪkɪŋ] *n no pl* Bremsen *nt*

braking distance *n* Bremsweg *m*

bramble [ˈbræmbḷ] *n* ① (*bush*) Brombeerstrauch *m* ② (*berry*) Brombeere *f* ③ *esp* AM (*thorny bush*) Dornenstrauch *m,* Dornengestrüpp *nt*

bran [bræn] *n no pl* Kleie *f*

branch [brɑːn(t)ʃ, AM bræn(t)ʃ] **I.** *n* ① (*of a bough*) Zweig *m;* (*of the trunk*) Ast *m* ② *esp* AM (*fork*) **~ of a river** Flussarm *m;* **~ of a road** Abzweigung *f* ③ (*local office*) Zweigstelle *f,* Filiale *f* ④ (*subdivision*) Zweig *m* **II.** *vi* ① (*form branches*) Zweige treiben ② (*fig: fork*) sich gabeln

◆**branch off I.** *vi* sich verzweigen [*o* gabeln]; (*into other direction*) abzweigen **II.** *vt* **to ~ off a subject** [*or* **topic**] vom Thema abkommen

◆**branch out** *vi* ❶ (*enter a new field*) seine Aktivitäten ausdehnen [*o* erweitern]; ***the manufacturer recently ~ed out into children's wear*** das Angebot des Herstellers umfasst seit kurzem auch Kinderkleidung; **to ~ out on one's own** sich *akk* selbständig machen; ■**to ~ out [to sth]** [auf etw *akk*] umsatteln *fam* ❷ (*get active*) aktiv werden; **to ~ socially** gesellschaftlich mehr unternehmen

branch line *n* Nebenstrecke *f,* Zweiglinie *f* **branch manager** *n* Filialleiter(in) *m(f),* Zweigstellenleiter(in) *m(f)* **branch network** *n* Filialnetz *nt,* Zweigstellennetz *nt* **branch office** *n* Filiale *f,* Zweigstelle *f,* [Zweig]niederlassung *f*

brand [brænd] **I.** *n* ❶ (*product*) Marke *f;* **own** [*or* AM **store**] [*or* AUS **generic**] **~** Hausmarke *f;* **~ image** Markenimage *nt;* **~ leader** Markenführer *m;* **~ manager** Marketingleiter(in) *m(f)* eines Markenproduktes; **~ recognition** Markenwiedererkennung *f;* **~ switching** Markenwechsel *m* ❷ (*fig: type*) Art *f;* ***do you like his ~ of humour?*** magst du seinen Humor? ❸ (*mark*) Brandmal *nt geh;* (*on animals*) Brandzeichen *nt* ❹ (*liter: flame*) Feuer *nt,* Brand *m* **II.** *vt* ❶ *usu passive* (*fig pej: label*) ■**to be ~ed [as] sth** als etw gebrandmarkt sein ❷ (*mark with hot iron*) ■**to ~ an animal** ein Tier mit einem Brandzeichen versehen ❸ COMM ■**to ~ sth** etw mit dem Markennamen versehen

brand awareness *n* Markenbewusstsein *nt*

branding iron [ˈbrændɪŋ,-] *n* Brandeisen *nt*

brandish [ˈbrændɪʃ] *vt* ■**to ~ sth** etw [drohend] schwingen; **to ~ a gun** mit einer Pistole [herum]fuchteln *fam;* **to ~ a letter** aufgeregt mit einem Brief wedeln

brand loyalty *n* Markentreue *f* **brand management** *n* Markenpositionierung *f* **brand name** *n* Markenname *m* **brand new** *adj inv* [funkel]nagelneu *fam,* brandneu *fam;* **~ car** fabrikneues Auto; **~ baby** neugeborenes Baby **brand positioning** *n* Markenpositionierung *f*

brandy [ˈbrændi] *n* Weinbrand *m,* Brandy *m*

brandy butter *n* Weinbrandbutter *f* (*Creme aus Butter, Zucker und Weinbrand, die gewöhnlich an Weihnachten zum 'Christmas pudding' gegessen wird*) **brandy snap** *n dünnes, oft mit Schlagsahne gefülltes Ingwerteigröllchen, das als Nachspeise gegessen wird*

brash [bræʃ] *adj* (*pej*) ❶ (*cocky*) dreist, unverfroren ❷ (*gaudy*) grell; **~ manner** aufdringliche Art

brashly [ˈbræʃli] *adv* dreist, unverfroren

brashness [ˈbræʃnəs] *n no pl* Dreistigkeit *f,* Unverfrorenheit *f*

brass [brɑːs, AM bræs] **I.** *n* ❶ (*metal*) Messing *nt;* **made of ~** aus Messing ❷ (*brass engraving*) Gedenktafel *f* (*aus Messing*) ❸ + *sing/pl vb* MUS (*brass instrument section*) ■**the ~** die Blechinstrumente *ntpl,* das Blech ❹ *no pl* (*approv fam: cheek*) Frechheit *f;* **to have ~ kess** [*o* frech] sein; (*be bumptious*) vorwitzig sein; **to have the ~ to do sth** (*audacity*) die Frechheit besitzen, etw zu tun ❺ *no pl* BRIT (*dated fam: money*) Kies *m sl,* Kohle *f fam* ▸ PHRASES: **where there's muck there's ~** BRIT (*saying*) Dreck und Geld liegen eng beisammen **II.** *n modifier* ❶ (*made of brass*) (*handle, plaque*) Messing- ❷ MUS **the ~ section** die Blechbläsern; **~ instrument** Blechinstrument *nt*

brass balls *npl* AM (*vulg: brass neck*) Schneid *m fam,* Mumm *m fam* **brass band** *n* Blaskapelle *f*

brassed off *adj pred* BRIT (*fam*) ■**to be ~ with sth/sb** von etw/jdm die Nase voll haben *fam,* etw satt haben *fam;* ■**to be ~ with doing sth** es satt haben, etw zu tun *fam*

brasserie [ˈbræsəri, AM ˌbræsəˈri] *n* Brasserie *f*

brass farthing *n* (*fam*) **to be not worth a ~** keinen Pfifferling [*o fam* roten Heller] wert sein; **to not care a ~ about sth** sich *akk* einen Dreck für etw *akk* interessieren *fam;* **to not have a ~** keinen Pfifferling [*o fam* roten Heller] haben **brass hat** *n* (*sl*) MIL hohes Tier *fam*

brassiere [ˈbræsɪəʳ, AM brəˈzɪr] *n* (*dated form*) Büstenhalter *m*

brass knuckles *npl* Schlagring *m* **brass monkey weather** *n no pl* Hundewetter *nt fam;* (*cold*) Saukälte *f fam;* ***it's ~ today*** es ist arschkalt heute *sl* **brass neck** *n* BRIT (*pej*) **to have the ~ to do sth** die Stirn [*o fam* den Nerv] haben, etw zu tun **brass plate** *n* Messingschild *nt* **brass-rubbing** *n* ❶ *no pl* (*activity*) Durchpausen *nt* (*eines Bildes auf einer Messingtafel*) ❷ (*impression made*) Pausezeichnung *f* (*eines Bildes auf einer Messingtafel*) **brass tacks** *npl* (*fam*) **to get down to ~** zur Sache kommen **brassware** *n no pl* Messinggegenstände *mpl,* Messingware *f*

brassy [ˈbrɑːsi, AM ˈbræsi] *adj* ❶ (*like brass*) messingartig; (*colour*) messingfarben, messingfarbig ❷ MUS (*of brass instrument*) **~ sound** blecherner Klang ❸ (*pej: loud and harsh*) **~ voice** dröhnende Stimme ❹ (*pej: cocky*) frech, unverschämt, dreist

brat [bræt] *n* (*pej fam*) Balg *m od nt fam,* Gör *nt* NORDD, Göre *f* NORDD; **a spoilt ~** ein verzogenes Balg *fam,* ein verzogener Fratz *bes* SÜDD, ÖSTERR; **~ pack** (*fam*) *Gruppe junger, berühmt-berüchtigter* [*Film*]*leute*

bravado [brəˈvɑːdəʊ, AM -doʊ] *n no pl* Draufgängertum *nt,* [prahlerischer] Wagemut *m*

brave [breɪv] **I.** *adj* ❶ (*fearless*) mutig, unerschrocken, kühn; ***the government revealed its ~ new approach to homelessness*** die Regierung gab ihren entschlossenen Neuansatz zur Bekämpfung der Obdachlosigkeit bekannt; **to put up a ~ fight** sich tapfer schlagen, tapfer kämpfen ❷ (*stoical*) tapfer; **~ smile** tapferes Lächeln ▸ PHRASES: **to put on a ~ face** sich *dat* nichts anmerken lassen **II.** *n* (*dated*) [indianischer] Krieger **III.** *vt* ■**to ~ sth** etw *dat* die Stirn bieten; **to ~ the danger/weather** der Gefahr/dem Wetter trotzen

◆**brave out** *vt* ■**to ~ out** ↻ **sth** etw [tapfer] durchstehen

bravely [ˈbreɪvli] *adv* tapfer, mutig

bravery [ˈbreɪvəri] *n no pl* Tapferkeit *f,* Mut *m*

bravo [brɑːˈvəʊ, AM ˈbrɑːvoʊ] *interj* (*dated or also hum*) **~, ~!** bravo, bravo!

bravura [brəˈvjʊərə, AM -ˈvjʊrə] **I.** *n no pl* Bravour *f* **II.** *adj* Bravour-, bravourös

brawl [brɔːl, AM *esp* brɑːl] **I.** *n* [lautstarke] Schlägerei **II.** *vi* sich *akk* [lautstark] schlagen

brawling [ˈbrɔːlɪŋ, AM *esp* ˈbrɑː-] *n no pl* Schlägereien *fpl*

brawn [brɔːn, AM *esp* brɑːn] *n no pl* ❶ (*strength*) Muskelkraft *f,* Stärke *f;* ***I prefer ~ to brains*** für mich sind Muskeln wichtiger als Hirn ❷ BRIT, AUS FOOD Schweinskopfsülze *f*

brawny [ˈbrɔːni, AM *esp* ˈbrɑː-] *adj* (*muscular*) muskulös; (*strong*) kräftig, stark

bray [breɪ] **I.** *vi donkey, mule* schreien; (*pej*) *person* kreischen; **~ing laugh** (*pej*) wieherndes Lachen; **to ~ with laughter** (*pej*) vor Lachen schreien *fam* **II.** *n* [Esels]schrei *m*

braze [breɪz] **I.** *vt* ■**to ~ sth** etw hartlöten **II.** *n* [Hart]lötstelle *f*

brazen [ˈbreɪzən] **I.** *adj* unverschämt, schamlos, frech; **~ hussy** frecher Fratz *hum;* **~ lie** schamlose Lüge *hum* **II.** *vt* ■**to ~ it out** ❶ (*pretend there is no problem*) es durchhalten ❷ (*show no remorse*) es eisern verfechten

brazenly [ˈbreɪzənli] *adv* unverschämt, schamlos, dreist; **to lie ~** schamlos lügen

brazenness [ˈbreɪzənnəs] *n no pl* Dreistigkeit *f,* Unverfrorenheit *f*

brazier [ˈbreɪziəʳ, AM -ʒɚ] *n* ❶ (*heater*) [große, flache] Kohlenpfanne ❷ AM (*barbecue*) [Grill]rost *m*

Brazil [brəˈzɪl] *n* Brasilien *nt*

Brazilian [brəˈzɪliən, AM -ˈzɪljən] **I.** *n* Brasilianer(in) *m(f)* **II.** *adj* brasilianisch

Brazil nut *n* ❶ (*tree*) Juvia-Nussbaum *m* ❷ (*nut*) Paranuss *f*

brazing [ˈbreɪzɪŋ] *n no pl* Hartlöten *nt*

breach [briːtʃ] **I.** *n* ❶ (*infringement*) Verletzung *f,* Verstoß *m;* (*failure to obey law*) Vergehen *nt,* Übertretung *f;* **~ in/of an agreement** Verletzung *f* einer Vereinbarung; **~ of confidence** [*or* **faith**] Vertrauensbruch *m;* **~ of contract** Vertragsbruch *m;* **~ of duty** Pflichtverletzung *f;* **~ of [the] law** Gesetzesverletzung *f,* Rechtsbruch *m;* **~ of the peace** Störung *f* der öffentlichen Ruhe und Ordnung; **~ of promise** Wortbruch *m,* Wortbrüchigkeit *f;* **~ of trust** LAW Verletzung *f* von Treuhänderpflichten; **security ~** Verstoß *m* gegen die Sicherheitsbestimmungen; **fundamental ~** [zum Vertragsrücktritt berechtigender] schwerer Vertragsbruch ❷ (*estrangement*) Bruch *m,* Riss *m;* (*discord*) Zwist *m geh* ❸ (*gap*) Bresche *f veraltend,* Lücke *f;* **to make a ~ [in the enemy's lines]** MIL eine Bresche [in die feindlichen Linien] schlagen, [die feindlichen Linien] durchbrechen; **to step into the ~** (*fig*) einspringen, in die Bresche springen *geh,* aushelfen **II.** *vt* ❶ (*break*) **to ~ an agreement** eine Vereinbarung verletzen; **to ~ a contract** einen Vertrag brechen ❷ (*infiltrate*) ■**to ~ sth** *a defence, the enemy lines* etw durchbrechen **III.** *vi* an die Oberfläche kommen; *whale* auftauchen

breach of the peace *n* BRIT öffentliche Ruhestörung

breach of warranty *n* LAW Verletzung *f* einer Gewährleistungspflicht

bread [bred] *n no pl* ❶ (*food*) Brot *nt;* (*type of bread*) Brotsorte *f;* **crust of ~** Brotrinde *f,* Brotkruste *f;* **a loaf of ~** ein Brot *nt;* (*unsliced*) ein Laib *m* Brot; **a slice of ~** eine Scheibe Brot; **~ and water** (*fig: diet of poverty*) Brot und Wasser; (*chosen abstinence*) Luft und Ideale; **to bake ~** Brot backen ❷ REL Hostie *f;* **to break the ~** das Brot brechen ❸ (*dated sl: money*) Kies *m sl,* Moos *f sl,* Kohle *f fam* ▸ PHRASES: **~ and circuses** Brot und Spiele; **the ~ of life** das Brot des Lebens; ***for her, music was the ~ of life*** für sie war die Musik wie ein Lebenselixier; **to take the ~ out of sb's mouth** jdm das Wasser abgraben; **to know which side one's ~ is buttered** (*fam*) seinen Vorteil kennen; **to want one's ~ buttered on both sides** (*fam*) das Unmögliche wollen; **the best thing since sliced ~** die beste Sache seit Menschengedenken; ***he thinks his new secretary's the best thing since sliced ~*** er hält seine neue Sekretärin für absolut spitze *fam;* **to cast one's ~ upon the waters** etw ohne eine Dankeserwartung tun; **to earn one's [daily] ~** (*form*) sein Brot verdienen, sich *dat* seine Brötchen verdienen *fam;* **man/one cannot live by ~ alone** (*saying*) der Mensch lebt nicht vom Brot allein *prov*

bread and butter I. *n* (*food*) Butterbrot *nt;* (*fig: income*) Lebensunterhalt *m;* (*job*) Broterwerb *m;* ***this is my ~*** damit verdiene ich mir meinen Lebensunterhalt **II.** *n modifier* alltäglich, gewöhnlich; **~ letter** Dankesbrief *m* (*für Gastfreundschaft*); **~ pudding** Brotauflauf *m* **bread basket** *n* ❶ (*container*) Brotkorb *m* ❷ (*region*) Kornkammer *f* ❸ (*fam*) Bauch *m* **bread bin** *n* BRIT, AUS Brotkasten *m* **breadboard** *n* Brotschneidebrett *nt;* ELEC Brettschaltung *f,* Laborplatine *f* **bread box** *n esp* AM (*bread bin*) Brotkasten *m* **breadcrumb** *n* Brotkrume *f,* Brotkrümel *m;* (*for coating food*) ■**~s** *pl* Paniermehl *nt kein pl,* Semmelbrösel *mpl o* ÖSTERR *ntpl;* **to coat** [*or* **cover**] **sth with ~s** etw panieren

breaded [ˈbredɪd] *adj inv* paniert

breadfruit <*pl* -s *or* -> *n* Brotfrucht *f* **bread knife** *n* Brotmesser *nt* **breadline** *n* ❶ *no pl* BRIT (*not enough to live on*) Existenzminimum *nt;* **to be** [*or* **live**] **on the ~** am Existenzminimum leben ❷ AM (*queue*) *Schlange vor einer Essensausgabestelle* **breadstick** [ˈbredstɪk] *n* [knuspriges] Stangenbrot

breadth [bretθ, bredθ] *n no pl* ❶ (*broadness*) Breite *f;* (*width*) Weite *f* ❷ (*fig: multidimensionality*) Ausdehnung *f,* Weite *f;* **~ of learning** umfassende Bildung; **~ of mind** große [geistige] Aufgeschlossenheit

breadwinner *n* Ernährer(in) *m(f),* Geldverdiener(in) *m(f);* **to be the ~** die Brötchen verdienen *fam*

break [breɪk]

I. NOUN	II. TRANSITIVE VERB
III. INTRANSITIVE VERB	

B

I. NOUN

① [fracture] Bruch *m;* (*in glass, pottery*) Sprung *m;* (*in rock, wood*) Riss *m;* MED Bruch *m* ② [gap] Lücke *f;* (*in rock*) Spalt *m;* (*in line*) Unterbrechung *f* ③ [escape] Ausbruch *m;* **to make a ~** ausbrechen ④ [interruption] Unterbrechung *f,* Pause *f; esp* BRIT SCH (*during classes*) Pause *f;* (*holiday*) Ferien *pl;* **coffee/lunch ~** Kaffee-/Mittagspause *f;* **Easter/Christmas ~** Oster-/Weihnachtsferien *pl;* **commercial ~** TV, RADIO Werbung *f;* **to have** [*or* **take**] **a ~** eine Pause machen; ***we decided to have a short ~ in Paris*** wir beschlossen, einen Kurzurlaub in Paris zu verbringen; **to need a ~ from sth** eine Pause von etw *dat* brauchen ⑤ METEO **~ of day** Tagesanbruch *m;* **a ~ in the weather** (*liter*) ein Wetterumschwung *m* ⑥ [divergence] Bruch *m;* **a ~ with family tradition** ein Bruch mit der Familientradition ⑦ [end of relationship] Abbruch *m;* **to make a clean/complete ~** einen sauberen/endgültigen Schlussstrich ziehen; **to make the ~** [**from sb/sth**] die Beziehung [zu jdm/etw] abbrechen ⑧ [opportunity] Chance *f,* Gelegenheit *f;* ***she got her main ~ as an actress in a Spielberg film*** sie hatte ihre größte Chance als Schauspielerin in einem Spielbergfilm ⑨ SPORTS (*in tennis*) **~** [**of serve**] Break *m o nt;* (*in snooker, billiards*) Anstoß *m* ⑩ COMM (*fam: sharp fall*) plötzlicher und starker Einbruch von Preisen und Kursen ⑪ COMPUT **B~ key** Pause-Taste *f* ▶ PHRASES: **give me a ~!** (*fam: knock it off!*) hör auf [damit]!; (*give me a chance*) gib mir eine Chance!

II. TRANSITIVE VERB

<broke, broken> ① [shatter] ■**to ~ sth** etw zerbrechen; (*in two pieces*) etw entzweibrechen; (*force open*) etw aufbrechen; (*damage*) etw kaputtmachen *fam;* (*fracture*) etw brechen; ***we heard the sound of ~ing glass*** wir hörten das Geräusch von zerberstendem Glas; **to ~ an alibi** (*fig*) ein Alibi entkräften; **to ~ one's arm** sich *dat* den Arm brechen; **to ~ one's back** [*or* AM **ass**] (*fig fam*) sich *akk* abrackern [*o* abstrampeln] *fam;* **to ~ sb's back** (*fig*) jdm das Kreuz brechen *fig;* **to ~ a bottle/a glass** eine Flasche/ein Glas zerbrechen; **to ~ an egg** ein Ei aufschlagen; **to ~ sb's heart** (*fig*) jdm das Herz brechen *geh;* **to ~ a nail/tooth** sich *dat* einen Nagel/Zahn abbrechen; **to ~ sb's nose** jdm die Nase brechen; **to ~ sth into smithereens** etw in [tausend] Stücke schlagen; **to ~ the sonic** [*or* **sound**] **barrier** die Schallmauer durchbrechen; **to ~ a window** ein Fenster einschlagen ② [momentarily interrupt] ■**to ~ sth** etw unterbrechen; ***I need something to ~ the monotony of my typing job*** ich brauche etwas, das etwas Abwechslung in meine eintönige Schreibarbeit bringt; **to ~ sb's fall** jds Fall abfangen; **to ~ a circuit** ELEC einen Stromkreis unterbrechen; **to ~ step** [*or* **stride**] aus dem Gleichschritt kommen; MIL aus dem Schritt fallen ③ [put an end to] ■**to ~ sth** etw zerstören; **to ~ the back of sth** BRIT, AUS das Schlimmste einer S. *gen* hinter sich *akk* bringen; ***we can ~ the back of this work today if we really try*** wenn wir uns ernsthaft bemühen, können wir diese Arbeit heute zum größten Teil erledigen; **to ~ camp** das Lager abbrechen; **to ~ a deadlock** einen toten Punkt überwinden, etw wieder in Gang bringen; **to ~ a habit** eine Gewohnheit aufgeben; **to ~ sb of a habit** jdm eine Angewohnheit abgewöhnen; **to ~ an impasse** [*or* **a stalemate**] aus einer Sackgasse herauskommen; **to ~ a romantic mood** eine romantische Stimmung kaputtmachen *fam;* **to ~ the peace/a record/the silence** den Frieden/einen Rekord/das Schweigen brechen; **to ~ a spell** einen Bann brechen; **to ~ sb's spirit** jdn mutlos machen; **to ~ a strike** einen Streik brechen; **to ~ the suspense** [*or* **tension**] die Spannung lösen ④ SPORTS **to ~ a tie** in Führung gehen, einen Führungstreffer erzielen; ■**to ~ sb** TENNIS jdm das Aufschlagspiel abnehmen ⑤ [violate] ■**to ~ sth** etw brechen; **to ~ an agreement** eine Vereinbarung verletzen; **to ~ a date** eine Verabredung nicht einhalten; **to ~ a/the law** ein/das Gesetz übertreten; **to ~ a treaty** gegen einen Vertrag verstoßen; **to ~ one's word** sein Wort brechen ⑥ [forcefully end] ■**to ~ sth** etw durchbrechen; **to ~ sb's hold** sich *akk* aus jds Griff befreien ⑦ [decipher] **to ~ a cipher/a code** eine Geheimschrift/einen Code entschlüsseln ⑧ [make public] ■**to ~ sth** etw bekanntgeben; JOURN etw veröffentlichen; ■**to ~ sth to sb** jdm etw mitteilen [*o* sagen]; ***~ it to me gently!*** (*hum*) bring's mir schonend bei!; ***how will we ever ~ it to her?*** wie sollen wir es ihr sagen?; **to ~ the news to sb** jdm die Nachricht beibringen ⑨ [separate into parts] ■**to ~ sth** etw auseinander reißen; **to ~ bread** REL das [heilige] Abendmahl empfangen; **to ~ bread** [**with sb**] (*dated liter*) [mit jdm] das Brot brechen *veraltet* [*o* sein Brot teilen]; **to ~ a collection** [*or* **set**] eine Sammlung auseinander reißen ⑩ [make change for] **to ~ a note** [*or* AM **bill**] einen Geldschein wechseln [*o fam* klein machen] ⑪ [crush spirit] ■**to ~ sb** jdn brechen [*o fam* kleinkriegen]; ***her spirit had been broken by the regime in the home*** das in dem Heim herrschende System hatte sie seelisch gebrochen; ■**to ~ an animal** (*tame*) ein Tier zähmen; (*train*) ein Tier abrichten; **to ~ sb's will** jds Willen *m* brechen ⑫ [leave] **to ~ cover** MIL aus der Deckung hervorbrechen; (*from hiding place*) aus dem Versteck herauskommen; **to ~ formation** MIL aus der Aufstellung heraustreten; **to ~ rank** MIL aus dem Glied treten; **to ~ rank**[**s**] (*fig*) die eigenen Reihen verraten; **to ~ ship** sich *akk* beim Landgang absetzen ⑬ [open up] **to ~ ground** den ersten Spatenstich machen; **to ~ fresh** [*or* **new**] **ground** (*fig*) Neuland [*o* neue Gebiete] erschließen ▶ PHRASES: **to ~ the bank** (*hum*) die Bank sprengen; **sticks and stones may ~ my bones** [**but names will never hurt me**] (*saying*) Beschimpfungen können mir nichts anhaben; **you can't make an omelette without ~ing eggs** (*saying*) wo gehobelt wird, da fallen Späne *prov;* **to ~ the ice** (*fam*) das Eis brechen; **~ a leg!** (*fam*) Hals- und Beinbruch! *fam;* **to ~ the mould** innovativ sein; **to ~ wind** einen fahren lassen *fam*

III. INTRANSITIVE VERB

<broke, broken> ① [shatter] zerbrechen; (*stop working*) kaputtgehen *fam;* (*fall apart*) auseinander brechen ② [interrupt] Pause machen; ***shall we ~ [off] for lunch?*** machen wir Mittagspause? ③ *wave* sich *akk* brechen; ***a wave broke over the boat*** eine Welle brach über dem Boot zusammen ④ [change in voice] ***her voice was ~ing with emotion*** vor Rührung versagte ihr die Stimme; ***the boy's voice is ~ing*** der Junge ist [gerade] im Stimmbruch ⑤ METEO *weather* umschlagen; *dawn, day* anbrechen; *storm* losbrechen ⑥ [collapse under strain] zusammenbrechen ⑦ [become public] *news, scandal* bekannt [*o* publik] werden, ans Licht kommen ⑧ [in billiards, snooker] anstoßen ⑨ BOXING sich *akk* trennen ⑩ [move out of formation] *clouds* aufreißen; *crowd* sich *akk* teilen; MIL, SPORTS sich *akk* auflösen ⑪ MED [auf]platzen; ***the waters have broken*** die Fruchtblase ist geplatzt ▶ PHRASES: **to ~ even** kostendeckend arbeiten; **to ~ free** ausbrechen, sich *akk* befreien; **to ~ loose** sich *akk* losreißen; **it's make or ~!** es geht um alles oder nichts!

◆**break away** *vi* ① (*move away forcibly*) ■**to ~ away from sb/sth** sich *akk* von jdm/etw losreißen ② (*split off*) sich *akk* absetzen; ***one or two of the tourists broke away [from the tour group]*** einige Touristen trennten sich von der Reisegruppe ③ (*separate and move away*) abbrechen; ***huge chunks of ice are ~ing away from the iceberg*** von dem Eisberg brechen riesige Eisbrocken ab ④ (*shun*) sich *akk* lossagen *geh;* ■**to ~ away from sth** sich *akk* von etw *dat* lossagen *geh;* (*turn away*) sich *akk* von etw *dat* abkehren

◆**break down I.** *vi* ① (*stop working*) stehen bleiben; *engine* versagen; ***my car broke down at the traffic lights*** mein Auto blieb an der Ampel liegen ② (*dissolve*) sich *akk* auflösen; *marriage* scheitern, in die Brüche gehen ③ (*emotionally*) zusammenbrechen **II.** *vt* ■**to ~ down ○ sth** ① (*force open*) etw aufbrechen; (*with foot*) etw eintreten ② (*overcome*) etw niederreißen; **to ~ down a barrier** eine Schranke niederreißen; **to ~ down prejudices against sb** Vorurteile gegen jdn abbauen; **to ~ down sb's reserve** jds Zurückhaltung *f* überwinden; **to ~ down sb's resistance** jds Widerstand *m* brechen ③ CHEM etw aufspalten ④ (*separate into parts*) etw aufgliedern; ***can you please ~ down these figures so I can understand them better?*** können Sie diese Zahlen bitte aufschlüsseln, damit ich sie besser verstehen kann?

◆**break in I.** *vi* ① (*enter by force*) einbrechen ② (*interrupt*) unterbrechen **II.** *vt* ① (*condition*) **to ~ in ○ one's shoes** seine Schuhe einlaufen; **to ~ in ○ a car/an engine** AM ein Auto/einen Motor einfahren ② (*tame*) ■**to ~ an animal ○ in** ein Tier zähmen; (*train*) ein Tier abrichten; **to ~ in a horse** ein Pferd zureiten; **to ~ in one's staff** (*fig*) das Personal einarbeiten ③ (*interrupt*) ■**to ~ in on sth** in etw *akk* hineinplatzen *fam*

◆**break into** *vi* ① (*forcefully enter*) ■**to ~ into sth** in etw *akk* einbrechen; **to ~ into a car** ein Auto aufbrechen ② (*start doing sth*) **to ~ into applause/laughter/tears** in Beifall/Gelächter/Tränen ausbrechen; **to ~ into a run** [plötzlich] zu laufen anfangen ③ (*divide up*) **to ~ into pieces** [in Stücke] zerbrechen ④ (*get involved in*) ■**to ~ into sth** sich *akk* an etw *dat* beteiligen; **to ~ into a business** in ein Geschäft einsteigen

◆**break off I.** *vt* ■**to ~ off ○ sth** ① (*separate forcefully*) etw abbrechen ② (*terminate*) etw beenden; **to ~ off an engagement** eine Verlobung lösen; **to ~ off one's friendship with sb** jdm die Freundschaft aufkündigen *geh;* **to ~ off a relationship** eine Beziehung beenden; ***he tried to ~ it off with her*** er versuchte, mit ihr Schluss zu machen; **to ~ off talks** Gespräche abbrechen **II.** *vi* ① (*separate*) abbrechen ② (*stop speaking*) abbrechen; (*temporarily*) innehalten *geh*

◆**break open** *vt* ■**to ~ open ○ sth** etw aufbrechen; **to ~ a safe open** einen Safe knacken *fam*

◆**break out** *vi* ① (*escape*) ausbrechen; **to ~ out of jail** aus dem Gefängnis ausbrechen ② (*begin*) ausbrechen; *storm* losbrechen; **to ~ out laughing** in Gelächter ausbrechen; **to ~ out singing** [plötzlich] zu singen anfangen ③ (*suddenly say*) herausplatzen *fam* ④ (*become covered with*) **to ~ out in a rash/in spots** einen Ausschlag/Pickel bekommen; **to ~ out in** [**a**] **sweat** ins Schwitzen kommen; ***when I heard the noise I broke out in a cold sweat*** als ich das Geräusch hörte, brach mir der kalte Schweiß aus

◆**break through** *vi* ① (*make one's way*) sich *akk* durchdrängen ② (*be successful*) einschlagen *fam,* groß rauskommen *fam* ③ ■**to ~ through sth** etw [durch]brechen; ***I tried to ~ through the crowd*** ich versuchte, mir einen Weg durch die Menge zu bahnen; ***the sun broke through the clouds*** die Sonne brach durch die Wolken; **to ~ through a barrier** eine Barriere überwinden

◆**break up I.** *vt* ① (*end*) **to ~ up one's friendship with sb** seine Freundschaft mit jdm beenden; **to ~ up a marriage** eine Ehe zerstören; **to ~ up a meeting** eine Versammlung auflösen [*o* Sitzung aufheben]; **to ~ up a strike** einen Streik abbrechen ② (*forcefully end*) ■**to ~ up ○ sth** etw [gewaltsam] beenden; (*dissolve*) etw auflösen ③ (*split up*) ■**to ~ up ○ sth** etw aufspalten; **to ~ up a cartel/a gang/a monopoly** ein Kartell/eine Bande/ein Monopol zerschlagen; **to ~ up a coalition/a union** eine Koalition/einen Zusammenschluss auflösen; **to ~ up a collection** [*or* **set**]**/family** eine Sammlung/Familie auseinander reißen; **~ it up, you two!** (*fam*) auseinander, ihr beiden! ④ (*dig up*) ■**to ~ up sth** etw aufbrechen; **to ~ up the ground** [*or* **soil**] den Boden umgraben ⑤ (*fam*) **to ~ sb up** (*cause laughter*) jdn zum Lachen bringen; ***that show really broke me up*** bei der Show hab ich mich wirklich totgelacht *fam; esp* AM (*upset emotionally*) jdn aus der Fassung bringen; ***his wife's sudden departure broke him up completely*** als ihn seine Frau plötzlich verließ, ist er total zusammengebrochen **II.** *vi* ① (*end relationship*) sich *akk* trennen, Schluss machen *fam* ② (*come to an end*) enden; *meeting* sich *akk* auflösen; *marriage* scheitern, in die Brüche gehen ③ (*fall apart*) auseinander brechen; *coalition* auseinander brechen; *aircraft, ship* zerschellen; (*in air*) zerbersten ④ SCH schließen, aufhören; ***when do you ~ up?*** wann beginnen bei euch die Ferien? ⑤ (*laugh*) loslachen *fam; esp* AM (*be upset*) die Fassung verlieren; ***he broke up completely when his brother died*** er brach völlig zusammen, als sein Bruder starb

◆**break with** *vi* ① (*end relationship*) ■**to ~ with sb** mit jdm brechen ② (*not follow*) ■**to ~ with sth** mit etw *dat* brechen; **to ~ with precedent** sich *akk* nicht an die herkömmliche Praxis halten

breakable [ˈbreɪkəbl] **I.** *adj* zerbrechlich **II.** *n* ■**~s** *pl* zerbrechliche Ware

breakage [ˈbreɪkɪdʒ] *n* ① (*sth broken*) Bruch *m*; ***the customer must pay for any ~s*** zerbrochene Ware muss vom Kunden bezahlt werden ② *no pl* (*action of breaking*) Zerbrechen *nt*; ***there was some ~ of valuable goods during the removal*** während des Umzugs ging wertvolle Ware in die Brüche

breakaway **I.** *n* Lossagung *f*, Abfall *m veraltend;* (*splitting off*) Absplitterung *f* **II.** *n modifier* (*group*) Splitter- **break-dance** *vi* Breakdance tanzen **break-dancer** *n* Breakdancer(in) *m(f)* **break-dancing** *n no pl* Breakdance *m*

breakdown *n* ① (*collapse*) Zusammenbruch *m;* (*failure*) Scheitern *nt*; **a ~ in communication[s]** (*between people*) ein Kommunikationsverlust; **~ of a marriage** LAW Zerrüttung *f* [*o* Scheitern *nt*] einer Ehe ② (*engine failure*) Motorschaden *m;* (*car defect*) Panne *f* ③ (*list*) Aufgliederung *f*, Aufschlüsselung *f* ④ (*decomposition*) Zersetzung *f* ⑤ PSYCH [Nerven]zusammenbruch *m*; *see also* **nervous breakdown** **breakdown lorry** *n* BRIT Abschleppwagen *m* **breakdown service** *n* Abschleppdienst *m* **breakdown truck** *n* BRIT, **breakdown van** *n* BRIT Abschleppwagen *m*

breaker [ˈbreɪkəʳ, AM -ɚ] *n* (*wave*) Brecher *m;* ELEC **circuit ~** Stromkreisunterbrecher *m*

breaker's yard *n* Autofriedhof *m fam*

breakeven point *n* FIN Kostendeckungspunkt *m*, Break-Even-Punkt *m*, Gewinnschwelle *f;* AM STOCKEX Kompensationspunkt *m*

breakfast [ˈbrekfəst] **I.** *n* Frühstück *nt*; **to have ~** frühstücken **II.** *vi* (*form*) frühstücken; **to ~ on bacon and eggs** Eier mit Speck zum Frühstück essen

breakfast menu *n* Frühstückskarte *f* **breakfast table** *n* Frühstückstisch *m* **breakfast television** *n* Frühstücksfernsehen *nt*

break-in *n* Einbruch *m* **breaking and entering** *n* LAW Einbruch *m;* **to charge sb with ~** jdn des Einbruchs anklagen **breaking ball** *n*, **breaking pitch** *n* SPORTS gezielter Wurfball **breaking point** *n* Tiefpunkt *m;* ***her nerves were at ~*** sie war nervlich völlig am Ende **breakneck** *adj attr* **at ~ speed** *of vehicle* mit halsbrecherischer Geschwindigkeit; *evolution, progress* rasend schnell **breakout** *n* Ausbruch *m*

break-out *n* STOCKEX Kursausschlag *m* **break point** *n* ① SPORTS Breakpunkt *m;* **to win a ~** einen Breakpunkt machen ② COMPUT bedingter Programmstop; **~ instruction** [*or* **halt**] Stopbefehl *m;* **~ symbol** Programmstopsignal *nt* **breakthrough** *n* Durchbruch *m* (**in** bei +*dat*) **break-up** *adj* FIN **~ value** Liquidationswert *m* **breakup** *n* Auseinanderbrechen *nt;* (*on rocks*) Zerschellen *nt;* (*in air*) Zerbersten *nt;* (*of a marriage*) Scheitern *nt;* **~ of an empire** Zerfall *m* eines Imperiums [*o* Reiches]; **~ of a group** Auflösung *f* einer Gruppe; COMPUT Verlust *m* **breakwater** *n* Wellenbrecher *m* **breakwind** *n* AUS *see* **windbreak**

bream <*pl* -s *or* -> [briːm] *n* Brachsen *m*, Brachse *f*, Brasse *f* NORDD, MITTELD

breast [brest] **I.** *n* ① (*mammary gland*) Brust *f;* (*bust*) Busen *m* ② (*of bird*) Brust *f* ③ (*liter: chest*) Brust *f;* (*heart*) Herz *nt* ▸ PHRASES: **~ is best** (*saying*) Muttermilch ist immer noch das Beste; **to make a clean ~ of sth** etw gestehen; **to soothe the savage ~** einen aufgebrachten Menschen beruhigen; **to beat one's ~** sich *dat* an die Brust schlagen **II.** *vt* **to ~ a hill** einen Berg ersteigen [*o geh* erklimmen]; **to ~ the waves** gegen die Wellen ankämpfen

breastbone *n* Brustbein *nt* **breast cancer** *n* Brustkrebs *m*

-breasted [ˈbrestɪd] *in compounds* ① (*of woman*) -brüstig ② (*of clothes*) zweireihig

breast-feed <-fed, -fed> **I.** *vi* stillen, die Brust geben **II.** *vt* **to ~ one's baby** sein Baby stillen, seinem Baby die Brust geben **breast-feeding** *n* Stillen *nt* **breast implant** *n* Brustimplantat *nt* **breastplate** *n* MIL Brustharnisch *m* **breast pocket** *n* Brusttasche *f* **breast screening** *n no pl* Brustuntersuchung *f* **breaststroke** *n no pl* Brustschwimmen *nt;* **to do [the] ~** brustschwimmen

breath [breθ] *n* ① (*air*) Atem *m;* (*act of breathing in*) Atemzug *m;* **bad ~** Mundgeruch *m;* **with bated ~** mit angehaltenem Atem; **to take a deep ~** tief Luft holen; **in the next/same ~** (*fig*) im nächsten/gleichen Atemzug; **to be out** [*or* **short**] **of ~** atemlos [*o* außer Atem] sein; **to catch one's ~** [*or* **get one's ~ back**] verschnaufen; **to draw ~** Luft [*o* Atem] holen *fam;* **to gasp for ~** nach Atem ringen; **to hold one's ~** die Luft anhalten; (*fig: wait anxiously*) den Atem anhalten; **don't hold your ~** (*fam*) rechne nicht heute oder morgen damit; **to mutter [sth] under one's ~** [etw] leise vor sich *akk* hin murmeln; **to take sb's ~ away** jdm den Atem rauben; **to waste one's ~** in den Wind reden ② *no pl* (*wind*) **a ~ of air** ein Hauch *m*, ein Lüftchen *nt;* ***it's like a ~ of fresh air when she visits*** (*fig*) es ist so erfrischend, wenn sie zu Besuch kommt; **to go out for a ~ of fresh air** an die frische Luft gehen, frische Luft schnappen gehen ▸ PHRASES: **to be the ~ of life** [**to sb**] für jdn so wichtig sein wie die Luft zum Atmen; **to save one's ~** [BRIT **to cool one's porridge**] sich *dat* die Worte sparen

breathable [ˈbriːðəbl] *adj* ① (*of air*) das Atmen zulassend ② (*of clothes*) luftdurchlässig

breathalyse [ˈbreθəlaɪz], *esp* AM **breathalyze** *vt* ■**to ~ sb** jdn blasen [*o fam* pusten] lassen (*in ein Röhrchen zum Nachweis des Atemalkohols*)

breathalyser® [ˈbreθəlaɪzəʳ], *esp* AM **Breathalyzer®** [-ɚ] *n* Alcotest® *m*, Alkoholtestgerät *nt*

breathe [briːð] **I.** *vi* atmen; **to ~ through one's nose** durch die Nase atmen; **to let wine ~** Wein atmen lassen; **to ~ again/more easily** (*fig*) [erleichtert] aufatmen ▸ PHRASES: **to ~ down sb's neck** jdm im Nacken sitzen **II.** *vt* ① (*exhale*) ■**to ~ sth** etw [aus]atmen; **to ~ garlic fumes** nach Knoblauch riechen ② (*whisper*) ■**to ~ sth** etw flüstern [*o geh* hauchen] ③ (*let out*) **to ~ a sigh of relief** erleichtert aufatmen ④ (*blow air into*) **to ~ sth into sth** Luft in etw *akk* blasen; ***we had to ~ air into the baby's lungs*** wir mussten das Baby beatmen ▸ PHRASES: **to ~ [new] life into sth** [neues] Leben in etw *akk* bringen; **to not ~ a word** kein Sterbenswörtchen sagen; **to ~ one's last** (*liter*) seinen letzten Atemzug tun *geh*

◆**breathe in** **I.** *vi* einatmen **II.** *vt* ■**to ~ in** ↔ **sth** etw einatmen; **to ~ in fresh air** frische Luft schnappen

◆**breathe out** **I.** *vi* ausatmen **II.** *vt* ■**to ~ out** ↔ **sth** etw ausatmen

breather [ˈbriːðəʳ, AM -ɚ] *n* ① (*brief rest*) Atempause *f*, Verschnaufpause *f;* **to need/take a ~** eine Verschnaufpause brauchen/machen ② AM (*break*) ***let's take a ~*** lass' uns mal 'ne Pause machen *fam*

breath freshener *n* ***people often suck a peppermint as a ~*** viele lutschen Pfefferminz, um ihren Atem zu erfrischen

breathing [ˈbriːðɪŋ] *n no pl* (*respiration*) Atmung *f;* (*process*) Atmen *nt;* **steady ~** gleichmäßige Atemzüge

breathing apparatus *n* Sauerstoffgerät *nt* **breathing room** *n*, **breathing space** *n* ① (*break*) Atempause *f*, Verschnaufpause *f fam* ② (*fig: for moving freely*) Bewegungsfreiheit *f;* ***I need some ~ to decide what to do!*** ich brauche etwas Luft, um zu entscheiden, was zu tun ist

breathless [ˈbreθləs] *adj* atemlos, außer Atem; **to leave sb ~** (*physically*) jdm den Atem rauben; (*with excitement*) jdm den Atem verschlagen

breathlessly [ˈbreθləsli] *adv* außer Atem, atemlos; (*holding one's breath*) mit angehaltenem Atem

breathlessness [ˈbreθləsnəs] *n no pl* Atemlosigkeit *f a. fig*

breathtaking *adj* atemberaubend **breathtakingly** *adv* (*remarkably*) atemberaubend; (*incredibly*) unglaublich **breath test** *n* Alkoholtest *m*

breathy [ˈbreθi] *adj* rauchig, hauchig

bred [bred] **I.** *pt, pp of* **breed** **II.** *adj pred* aufgezogen; ***she's a New Zealander born and ~*** sie ist Neuseeländerin durch und durch; **a country-~ boy** ein Junge *m* vom Land

breech [briːtʃ] **I.** *n* ① (*of gun barrel*) Verschluss *m* ② (*hist: buttocks*) Gesäß *nt* **II.** *vt* (*hist*) **to ~ a boy** einem Jungen Kniehosen anziehen

breech birth *n*, **breech delivery** *n* Steißgeburt *f*

breeches [ˈbrɪtʃɪz, ˈbriː-] *npl* Kniehose *f;* **riding ~** Reithose *f;* **to wear the ~ [in the family]** BRIT (*fig*) die Hosen [in der Familie] anhaben *fam*

breech presentation *n* Steißlage *f*

breed [briːd] **I.** *vt* <bred, bred> (*grow*) **to ~ dogs/plants** Hunde/Pflanzen züchten; (*fig*) **to ~ crime** Verbrechen *nt* hervorbringen; **to ~ poverty** Armut *f* verursachen; **to ~ resentment** Ärger hervorrufen ▸ PHRASES: **what's bred in the bone will come out in the flesh** [*or* **blood**] (*prov*) was angeboren ist, setzt sich eines Tages durch; **familiarity ~s contempt** (*saying*) zu große Vertrautheit führt zu Verachtung **II.** *vi* <bred, bred> sich *akk* fortpflanzen, sich *akk* paaren; *birds* brüten; *rabbits* sich *akk* vermehren **III.** *n* ① (*of animal*) Rasse *f;* (*of plant*) Sorte *f;* **~s of animal** Tierarten *fpl* ② (*fam: of person*) Art *f*, Sorte *f*, Schlag *m;* **to be a dying ~** einer aussterbenden Gattung angehören; **a ~ apart** eine Sorte für sich *fam*

breeder [ˈbriːdəʳ, AM -ɚ] *n* Züchter(in) *m(f)*

breeder reactor *n* NUCL Brüter *m*, Brutreaktor *m*

breeding [ˈbriːdɪŋ] *n no pl* ① (*of animals*) Zucht *f* ② (*dated: of people*) Erziehung *f;* **[good] ~** [gute] Kinderstube [*o* Erziehung]

breeding ground *n* ① (*place*) Brutstätte *f;* (*for birds*) Brutplatz *m* ② (*fig: contributing factor*) Brutstätte *f* **breeding season** *n* Zeit *f* der Fortpflanzung und Aufzucht der Jungen; (*for birds*) Brutzeit *f*

breeze [briːz] **I.** *n* ① (*light wind*) Brise *f* ② (*fam: sth very easy*) Kinderspiel *nt fam* ③ *no pl* (*small cinders*) Kohlenlösche *f* **II.** *vi* ■**to ~ through sth** etw mühelos tun [*o* spielend schaffen]; *esp* AM **to ~ to victory** spielend siegen

◆**breeze in** *vi* [fröhlich] hereinschneien *fam*

◆**breeze out** *vi* **to ~ out of a room** unbekümmert aus einem Zimmer herausschlendern

breeze block *n* Bimsstein *m*

breezeway *n* TV getrenntes Schalten von Ton und Bild

breezily [ˈbriːzɪli] *adv* flott, [ganz] munter

breezy [ˈbriːzi] *adj* ① (*pleasantly windy*) windig; (*airy*) luftig ② (*jovial*) unbeschwert, heiter

B register *n* COMPUT Zusatzadressregister *m;* (*in multiplication and division*) B-Register *m*

Bren gun [ˈbrengʌn] *n* leichtes Maschinengewehr

brethren [ˈbreðrən] *npl* REL (*dated*) Brüder *mpl*

Breton [ˈbretᵊn] **I.** *n* ① *no pl* (*language*) Bretonisch *nt* ② (*person*) Bretone, -in *m, f* **II.** *adj inv* bretonisch

Bretton Woods Agreement [ˌbretᵊnwʊdz-] *n* ECON Bretton-Woods-Übereinkommen *nt*

breve [briːv] *n* ① LING (*accent*) Kürzezeichen *nt* ② MUS (*note*) Brevis *f*

breviary [ˈbriːviəri, AM -eri] *n* REL Brevier *nt*

brevity [ˈbrevəti, AM -ət̬i] *n no pl* (*shortness*) Kürze *f;* (*conciseness*) Prägnanz *f*

brew [bruː] **I.** *n* ① (*brewed drink*) Gebräu *nt;* (*beer*) Bräu *nt* ② (*concoction*) Gebräu *nt;* **witch's ~** Zaubertrank *m;* (*fig*) Mischung *f* **II.** *vi* ① (*prepare drink*) **to let the tea ~** den Tee ziehen lassen ② (*fig:*

B

be about to begin) storm, trouble sich *akk* zusammenbrauen **III.** *vt* **to ~ beer** Bier brauen; **to ~ coffee/tea [for sb]** [jdm] Kaffee/Tee kochen; **to ~ a potion** ein Trank zusammenbrauen

◆**brew up I.** *vi* ① BRIT *(fam: brew tea)* sich *dat* einen Tee machen ② *(develop) storm, trouble* sich zusammenbrauen **II.** *vt (fam)* ***would you mind ~ing up a cuppa, love?*** könntest du mir vielleicht eine Tasse Tee machen, Liebling?

brewer ['bru:əʳ, AM -ɚ] *n* [Bier]brauer(in) *m(f)*

brewer's yeast *n* Bierhefe *f*

brewery ['bru:ᵊri, AM -ɚi] *n (company)* Brauerei *f; (for production)* Brauhaus *nt*

brew-up ['bru:ʌp] *n* BRIT *(fam)* Teepause *f*

briar ['braɪəʳ, AM 'braɪɚ] *n* ① BOT *(thorny plant)* Dornbusch *m* ② *(pipe)* Bruyèrepfeife *f*

bribe [braɪb] **I.** *vt* ■**to ~ sb [with sth]** jdn [mit etw *dat*] bestechen; **to ~ a witness** einen Zeugen/eine Zeugin kaufen; ■**to ~ sb into doing sth** jdn bestechen, etw zu tun **II.** *n* Bestechung *f;* **to accept** [*or* **take**] **a ~** sich *akk* bestechen lassen; **to offer sb a ~** jdn bestechen wollen

bribery ['braɪbᵊri] *n no pl* Bestechung *f*

bric-a-brac ['brɪkəˌbræk] *n no pl* Nippes *pl,* Nippsachen *pl*

brick [brɪk] *n* ① *(building block)* Ziegel[stein] *m,* Backstein *m;* **to invest in ~s and mortar** in Immobilien investieren; *(buy a house)* ein Haus *nt* kaufen ② *usu sing (dated or also hum: loyal person)* prima Kumpel *m sl,* feiner Kerl *fam* ► PHRASES: **you can't make ~s without straw** *(prov)* wo nichts ist, kann auch nichts werden *prov;* **to come down on sb like a ton of ~s** *(fam)* jdn [richtig] fertig machen *fam*

◆**brick in** *vt* ■**to ~ in** ↔ **sth** etw einmauern

◆**brick off** *vt* ■**to ~ off** ↔ **sth** etw durch eine Mauer [ab]trennen

◆**brick up** *vt* **to ~ up** ↔ **a window** ein Fenster zumauern

brickbat *n* ① *(missile)* Backsteinbrocken *m* ② *(criticism)* heftige Kritik; *(insulting)* beleidigende Kritik

brickie ['brɪki] *n esp* BRIT, AUS *(fam),* **bricklayer** *n* Maurer(in) *m(f)*

bricklaying *n no pl* Mauern *nt; (trade)* Maurerhandwerk *nt,* Maurerarbeit *f* **brick-red** *adj* ziegelrot

bricks and mortar retailer *n* konventioneller Einzelhändler *(im Gegensatz zu Internethändlern)*

brick wall *n* [Ziegelstein]mauer *f,* [Backstein]mauer *f* ► PHRASES: **to come up against a ~** gegen eine Mauer rennen; **to be talking to a ~** gegen eine Wand reden **brickwork** *n no pl* Mauerwerk *nt (aus Ziegeln o Backstein)* **brickworks** *n + sing/pl vb,* **brickyard** *n* Ziegelei *f*

bridal ['braɪdᵊl] *adj (of a wedding)* Hochzeits-; *(of the bride)* Braut-

bridal shower *n* AM Brautparty *f (bei der die Brautgeschenke überreicht werden)* **bridal suite** *n* Hochzeitssuite *f* **bridal veil** *n* Brautschleier *m* **bridal wear** *n* Brautkleider *ntpl* **bridal wreath** *n* ① *(for the bride)* Brautkranz *m* ② *(shrub)* Spierstrauch *m*

bride [braɪd] *n* Braut *f;* ***may I kiss the blushing ~?*** *(hum)* darf ich die [sittsame] Braut küssen? *veraltend;* **child ~** *Braut, die noch im Kindesalter ist;* **father of the ~** Brautvater *m;* **mother of the ~** Brautmutter *f*

bridegroom ['braɪdgrʊm, -gru:m] *n* Bräutigam *m* **bridesmaid** *n* Brautjungfer *f* **bride-to-be** *n* zukünftige Braut

bridewell ['braɪdwel] *n* LAW *(sl)* Zellen *fpl,* Strafanstalt *f,* Zuchthaus *nt*

bridge [brɪdʒ] **I.** *n* ① *(over gap)* Brücke *f;* **suspension ~** Hängebrücke *f; (fig)* Überbrückung *f* ② *(dental structure)* [Zahn]brücke *f* ③ *usu sing (of nose)* Nasenrücken *m* ④ *(of glasses)* Brillensteg *m* ⑤ MUS *(of instrument)* Steg *m* ⑥ *(on ship)* Kommandobrücke *f* ⑦ *no pl (card game)* Bridge *nt* ► PHRASES: **to be water under the ~** der Vergangenheit angehören; **a lot of water has gone under the ~ since then** seit damals ist viel Wasser den Rhein hinuntergeflossen; **let's cross that ~ when we come to it** alles zu seiner Zeit **II.** *vt* ■**to ~ sth** über etw *akk* eine Brücke schlagen; *(fig)* etw überbrücken; **to ~ a gap** eine Kluft überwinden **III.** *vi (in advertising)* im Bundsteg angeschnittene Anzeige

bridge-building ['brɪdʒbɪldɪŋ] *n no pl* ① *(construction work)* Brückenbau *m* ② *(fig: promotion of relations)* Aufbau *m* von [guten] Beziehungen, Beziehungspflege *f* **bridgehead** *n* MIL Brückenkopf *m; (fig)* Stützpunkt *m,* Ausgangspunkt *m;* **to establish a ~** einen Brückenkopf bilden [*o* errichten]

bridge loan *n* AM *(bridging loan)* Überbrückungskredit *m* **bridge toll** *n* Brückenzoll *m,* Brückenmaut *f bes* ÖSTERR

bridge tournament *n* Bridgeturnier *nt*

bridgework *n no pl esp* AM MED Brücke *f*

bridging finance *n* FIN Zwischenfinanzierungsmittel *ntpl* **bridging loan** ['brɪdʒɪŋ-] *n* BRIT, AUS Überbrückungskredit *m*

bridle ['braɪdḷ] **I.** *n* Zaumzeug *nt,* Zaum *m* **II.** *vt* ① *(put a bridle on)* **to ~ a horse** ein Pferd aufzäumen, einem Pferd das Zaumzeug anlegen ② *(fig: curb)* ■**to ~ one's tongue** seine Zunge im Zaum halten **III.** *vi* ■**to ~ at sth** sich *akk* über etw *akk* entrüsten

bridle path, bridleway *n* Reitweg *m*

Brie [bri:] *n* Brie *m*

brief [bri:f] **I.** *adj* ① *(lasting short time)* kurz; **~ delay/interval** kurze Verzögerung/Pause ② *(concise) account, description, summary* knapp, kurz; ■**to be ~** sich *akk* kurz fassen; **in ~** kurz gesagt ③ *(short in length) shorts, skirt* kurz **II.** *n* ① BRIT, AUS *(instructions)* Anweisungen *fpl,* Instruktionen *fpl;* ***it was my ~ to make sure that …*** ich hatte die Aufgabe, sicherzustellen, dass … ② LAW Unterlagen *fpl* zu einer Rechtssache; *(document of argumentation)* Revisionsbegründung *f;* **to hold a ~ for sb** jdn vor Gericht anwaltich vertreten; **to prepare a ~** eine Rechtssache [für die Verhandlung] vorbereiten ③ BRIT *(sl: lawyer)* Rechtsverdreher(in) *m(f); (pej)* Winkeladvokat(in) *m(f) pej,* Anwalt, Anwältin *m, f* ④ ■**~s** *pl (underpants)* Slip *m,* Unterhose *f* ► PHRASES: **to hold no ~ for sb/sth** von jdm/etw nichts halten **III.** *vt (form)* ① *(inform)* ■**to ~ sb [about** [*or* **on**] **sth]** jdn [über etw *akk*] informieren [*o sl* briefen] ② BRIT LAW **to ~ a barrister** einem Anwalt eine Darstellung des Sachverhalts geben; **to ~ counsel** *einen Anwalt mit der Vertretung eines Falles beauftragen*

briefcase ['bri:fkeɪs] *n* Aktentasche *f,* Aktenmappe *f*

briefing ['bri:fɪŋ] *n* ① *(meeting)* [Einsatz]besprechung *f,* Briefing *nt geh;* **to conduct a ~** eine Besprechung abhalten; **preflight ~** Flugvorbesprechung *f* ② *(information)* Anweisung[en] *f[pl],* Instruktion[en] *f[pl];* **to receive a thorough ~** genaue Anweisungen erhalten

briefly ['bri:fli] *adv* ① *(for a short time) chat, speak, talk* kurz ② *(concisely) answer* knapp ③ *(in short)* kurz [gesagt], kurzum

briefness ['bri:fnəs] *n no pl* Kürze *f*

brier [braɪəʳ, AM braɪɚ] *n see* **briar**

brig¹ [brɪg] *n* NAUT Brigg *f fachspr,* zweimastiges Segelschiff

brig² [brɪg] *n* AM [Militär]gefängnis *nt*

Brig. *n* BRIT, AUS *abbrev of* **Brigadier** Brig.

brigade *n* [brɪ'geɪd] MIL Brigade *f; (fig hum)* **the anti-smoking/animal rights ~** die Anti-Raucher-Front/Tierschutzbewegung

brigadier [ˌbrɪgə'dɪəʳ, AM -'dɪr] *n* BRIT MIL Brigadegeneral *m,* Brigadier *m*

brigadier general *n* MIL Brigadegeneral *m,* Brigadier *m*

brigand ['brɪgᵊnd] *n (liter: bandit)* Bandit(in) *m(f); (robber)* Räuber(in) *m(f)*

brigantine ['brɪgᵊnti:n] *n* NAUT Brigantine *f fachspr,* Brigg *f fachspr*

bright [braɪt] **I.** *adj* ① *(shining) light* hell; *(blinding)* grell; *star also* leuchtend *attr; sunlight, sunshine* strahlend *attr;* ***his eyes were ~ with tears*** in seinen Augen glänzten Tränen ② *(vivid)* leuchtend *attr,* strahlend *attr;* **~ blue** strahlend blau; **~ red** leuchtend rot; **a ~ red face** ein knallrotes Gesicht ③ *(full of light)* hell; **a ~ day** ein heiterer Tag; **a ~ room** ein [freundlicher,] heller Raum ④ *(intelligent)* intelligent, gescheit *fam;* **~ child** aufgewecktes Kind; **~ idea** glänzende *iron* Idee, glorreiche Idee ⑤ *(cheerful)* fröhlich, heiter; ***that was the one ~ spot in a pretty awful day*** das war der einzige Lichtblick an diesem grässlichen Tag; **a ~ smile** ein strahlendes Lächeln ⑥ *(promising)* viel versprechend; *(favourable)* günstig; *future* rosig ► PHRASES: **to look on the ~ side [of sth]** etw positiv sehen; **~-eyed and bushy-tailed** voller Schwung und Elan, frisch und munter; **~ and early** in aller Frühe **II.** *n* AM AUTO ■**~s** *pl* Fernlicht *nt*

brighten ['braɪtᵊn] **I.** *vt* ■**to ~ [up]** ↔ **sth** ① *(make brighter)* etw heller machen [*o* aufhellen] ② *(make look more cheerful)* etw auflockern; **to ~ up a room** einen Raum freundlicher machen ③ *(make more promising)* etw verbessern; **to ~ sb's life** Freude in jds Leben *nt* bringen **II.** *vi* ■**to ~ [up]** ① *(become cheerful)* fröhlicher werden; *eyes* aufleuchten; *face* sich *akk* aufhellen [*o* aufheitern] ② *(become more promising) future* rosiger aussehen; *prospects* besser werden; *weather* sich *akk* aufklären, aufheitern

bright-eyed ['braɪtaɪd] *adj inv* ① *(having bright eyes)* mit glänzenden Augen *nach n* ② *(fig: alert and lively)* rege, unternehmungslustig; *(hum fam)* quicklebendig *fam,* putzmunter *fam*

brightly ['braɪtli] *adv* ① *(not dimly)* hell; ***the sun is shining ~*** die Sonne strahlt; **~ lit** hell erleuchtend ② *(vividly)* leuchtend; **~ coloured** knallbunt ③ *(cheerfully)* fröhlich, heiter

brightness ['braɪtnəs] *n no pl* ① *of light* Helligkeit *f; of the sun, a face* Strahlen *nt; of eyes* Leuchten *nt; of metal* Glanz *m* ② TV Helligkeit *m;* **to adjust the ~** die Helligkeit einstellen

bright spark *n* BRIT *(iron)* Intelligenzbolzen *m pej fam* **brightwork** *n no pl* AUTO blanke Teile *ntpl*

brill [brɪl] BRIT, AUS **I.** *adj (brilliant)* toll *fam,* cool *sl* **II.** *interj (brilliant)* brillant!, klasse! *fam,* toll! *fam*

brilliance ['brɪliən(t)s], **brilliancy** ['brɪliən(t)si] *n no pl* ① *(great ability)* Brillanz *f,* große Begabung, großes Talent; *(cleverness)* Scharfsinn *m; of an idea, a plan* Genialität *f* ② *(great brightness) of hair, metal* strahlender Glanz; *of the sun, a face* Strahlen *nt; of stars, eyes* Funkeln *nt; of snow, water* Glitzern *nt*

brilliant ['brɪliənt] **I.** *adj* ① *(brightly shining) eyes* leuchtend *attr; face, sun* strahlend *attr;* **~ colours** leuchtende [*o* brillante] Farben; **a ~ smile** ein strahlendes Lächeln; **~ sunlight** strahlender Sonnenschein; **~ blue** leuchtend blau; **~ white** strahlend weiß ② *(clever) person* hoch begabt, genial; *plan* brilliant; **~ idea** glänzende Idee; **a ~ actor** ein brillanter Schauspieler/eine brillante Schauspielerin ③ BRIT *(fam: excellent)* hervorragend; ***we had a ~ time*** wir hatten eine tolle Zeit **II.** *interj* BRIT *(fam)* toll! *fam,* klasse! *fam*

brilliantine ['brɪlɪənti:n] **I.** *n no pl* Brillantine *f veraltend,* Haarpomade *f veraltend,* Haargel *nt* **II.** *vt* **to ~ one's hair** sein Haar mit Gel [*o veraltend* Pomade] frisieren; **~d hair** pomadeglänzendes Haar

brilliantly ['brɪliəntli] *adv* ① *(with great skill)* brillant, meisterhaft, erstklassig ② *(extremely brightly)* leuchtend *attr,* glänzend *attr;* **~ lit** hell erleuchtet; **to shine ~** strahlen

brim [brɪm] **I.** *n* ① *(of hat)* Krempe *f* ② *(top)* Rand *m;* **to fill sth to the ~** etw bis an den Rand füllen; **filled** [*or* **full**] **to the ~ with sth** randvoll mit etw *dat* sein **II.** *vi* <-mm-> ■**to ~ with sth** voll von etw *dat* sein; ***her eyes ~med with tears*** ihr standen die Tränen in den Augen; ***his eyes are ~ming with humour*** aus seinen Augen lachte der Schalk; **to ~ with ideas** vor [*o* von] Ideen übersprudeln

◆**brim over** *vi* ① *(overflow)* überlaufen, überfließen, überschwappen *fam* ② *(be full of)* ■**to ~ over with sth** voll von etw *dat* sein; **to be ~ming over with confidence** vor Selbstbewusstsein nur so strotzen; **to be ~ming over with energy/ideas** vor Energie/Einfällen sprühen; **to be ~ming over**

with health vor/von Gesundheit strotzen

brimful ['brɪmfʊl] *adj inv, pred* randvoll; **to be ~ of ideas/life/surprises** (*fig*) voller Ideen/Leben/Überraschungen sein; **~ of soup** bis zum Rand mit Suppe gefüllt

-brimmed [brɪmd] *in compounds inv hat* -krempig; **a broad-~ hat** ein breitkrempiger Hut, ein Hut mit breitem Band

brimstone ['brɪmstə(ʊ)n, AM -stoʊn] *n no pl* (*old*) Schwefel *m*

brine [braɪn] *n* ❶ *no pl* (*salty water*) Sole *f*; (*seawater*) Salzwasser *nt* ❷ (*for food*) [Salz]lake *f*; **olives/tuna in ~** Oliven *fpl*/Thunfisch *m* in Salzlake

bring <brought, brought> [brɪŋ] *vt* ❶ (*convey*) ■**to ~ sb/sth** jdn/etw mitbringen; ***shall I ~ anything to the party?*** soll ich etwas zur Party mitbringen?; ***I've brought my sister with me*** ich habe meine Schwester mitgebracht; ***I didn't ~ my keys with me*** ich habe meine Schlüssel nicht mitgenommen; ■**to ~ sb sth** [*or* **sth to sb**] jdm etw bringen; ***I've brought you a present*** ich habe dir ein Geschenk mitgebracht; **to ~ sth to sb's attention** jdn auf etw *akk* aufmerksam machen; **to ~ sth to sb's knowledge** jdn von etw *dat* in Kenntnis setzen; **to ~ news** Nachrichten überbringen; **to ~ word** Nachricht geben ❷ (*cause to come*) ■**to ~ sb** [**to a place**] jdn [an einen Ort] verschlagen; ***so what ~s you here to London?*** was hat dich hier nach London verschlagen?; ***the walk brought us to a river*** der Spaziergang führte uns an einen Fluss; ***her screams brought everyone running*** durch ihre Schreie kamen alle zu ihr gerannt; (*fig*) ***this ~s me to the second part of my talk*** damit komme ich zum zweiten Teil meiner Rede; **to ~ sth to the** [*or* AM **a**] **boil** etw zum Kochen bringen; **to ~ sth to a close** [*or* **a conclusion**] [*or* **an end**] etw zum Abschluss bringen; **to ~ an issue into focus** ein Thema in den Brennpunkt rücken; **to ~ a picture into focus** ein Bild scharf einstellen; **to ~ salaries in line with sth** Gehälter an etw *akk* angleichen ❸ (*cause to befall*) ■**to ~** [**sb**] **sth** [*or* **sth** [**to** [*or* **for**] **sb**]] [jdm] etw bringen; ***this has brought me nothing but trouble*** das hat mir nichts als Probleme eingebracht; ***what will the future ~ for us?*** was wird uns die Zukunft bringen?; ***the explosion brought the whole building crashing to the ground*** durch die Explosion stürzte das gesamte Gebäude ein; **to ~ happiness/misery** Glück/Unglück bringen; **to ~ sb luck** jdm Glück bringen; **to ~ peace to a region** einer Region den Frieden bringen; **to ~ sb to a state of near despair** jdn an den Rand der Verzweiflung bringen; **to ~ sb to the verge of bankruptcy** jdn an den Rand des Bankrotts bringen ❹ LAW (*lodge*) ■**to ~ sth** [**against sb**] etw [gegen jdn] vorbringen; **to ~ an action/charges against sb** Klage/Anklage gegen jdn erheben; **to ~ a complaint against sb** eine Beschwerde gegen jdn vorbringen; **to ~ a lawsuit** [*or* **proceedings**] **against sb** jdn verklagen, ein gerichtliches Verfahren gegen jdn einleiten; **to ~ sb to trial** jdn anklagen ❺ (*force*) ■**to ~ oneself to do sth** sich *akk* [dazu] durchringen, etw zu tun ❻ (*sell for*) ■**to ~ sth** etw [ein]bringen; **to ~ a price** einen Preis erzielen; **to ~ a profit** Profit bringen ❼ RADIO, TV (*broadcast*) ■**to ~ sb sth** [*or* **sth to sb**] ***next week we'll be ~ing you part 2 of this exciting serial*** den zweiten Teil dieser spannenden Serie sehen Sie nächste Woche; ***unfortunately we can't ~ you that report from Timbuktu right now*** leider können wir den Bericht aus Timbuktu im Moment nicht senden ▶ PHRASES: **to ~ an animal to bay** ein Tier stellen; **to bring sb to bay** jdn in die Enge treiben; **to ~ sb to book** jdn zur Rechenschaft ziehen; **to ~ sth home to sb** jdm etw vor Augen führen [*o* klar machen]; **to ~ sth to life** etw zum Leben erwecken; **to ~ sth to light** etw ans Licht bringen, etw aufdecken; **to ~ sth to mind** etw in Erinnerung rufen, an etw *akk* erinnern; **to ~ tears to sb's eyes** jdm Tränen in die Augen treiben; **to ~ sb to trial** jdn vor Gericht bringen; **to ~ influence to bear on sb/sth** jdn/etw beeinflussen; **to ~ pressure to bear on sb/sth** auf jdn/etw Druck ausüben

◆**bring about** *vt* ■**to ~ about** ◌ **sth** ❶ (*cause to happen*) etw verursachen [*o* herbeiführen] ❷ (*achieve*) ■**to have been brought about by sth** durch etw *akk* zustande gekommen sein

◆**bring along** *vt* ■**to ~ along** ◌ **sth/sb** etw/jdn mitbringen

◆**bring around** *vt esp* AM ❶ (*fetch around*) ■**to ~ around** ◌ **sth/sb** etw/jdn mitbringen ❷ (*make conscious*) ■**to ~ sb around** jdn wieder zu Bewusstsein bringen ❸ (*persuade*) ■**to ~ sb around** jdn umstimmen; ■**to ~ sb around to sth** jdn zu etw *dat* überreden; *to a point of view* jdn von etw *dat* überzeugen

◆**bring back** *vt* ❶ (*return*) ■**to ~ back** ◌ **sth/sb** etw/jdn zurückbringen; **to ~ back the colour to sb's cheeks** jdn wieder munter machen; **to ~ life back to a town** eine Stadt mit neuem Leben erfüllen ❷ (*reintroduce*) ■**to ~ back** ◌ **sth** etw zurückbringen [*o* wiederbringen]; **to ~ back the death penalty** die Todesstrafe wieder einführen ❸ (*call to mind*) **to ~ back memories** [**to sb**] Erinnerungen [bei jdm] wecken; ***these photographs ~ it all back to me*** wenn ich diese Fotos ansehe, sehe ich alles wieder vor mir

◆**bring down** *vt* ❶ (*fetch down*) ■**to ~ down** ◌ **sth/sb** etw/jdn herunterbringen ❷ (*make fall over*) ■**to ~ down** ◌ **sb** jdn zu Fall bringen; ■**to ~ down** ◌ **sth** etw umstoßen ❸ (*shoot down*) **to ~ down a plane** ein Flugzeug abschießen ❹ (*depose*) ■**to ~ down** ◌ **sb/sth** jdn/etw zu Fall bringen; **to ~ down a government** eine Regierung stürzen ❺ (*reduce*) ■**to ~ down** ◌ **sth** etw senken [*o* herabsetzen]; **to ~ down the inflation/prices** die Inflation/Preise senken ❻ (*make depressed*) ■**to ~ down** ◌ **sb** jdn deprimieren ▶ PHRASES: **to ~ the house down** einen Beifallssturm auslösen; **to ~ sb down a peg** [**or two**] jdm einen Dämpfer versetzen

◆**bring forth** *vt* (*form*) ■**to ~ forth** ◌ **sth** etw hervorbringen

◆**bring forward** *vt* ■**to ~ forward** ◌ **sth** ❶ (*reschedule earlier*) **to ~ forward an election/a meeting** Wahlen/eine Sitzung vorverlegen ❷ (*present for discussion*) etw vorbringen; **to ~ an issue forward for debate** ein Thema zur Diskussion stellen; **to ~ forward a proposal** einen Vorschlag machen ❸ FIN (*carry over*) etw übertragen

◆**bring in** *vt* ❶ (*fetch in*) ■**to ~ in** ◌ **sb/sth** jdn/etw hereinbringen; **to ~ in the harvest** die Ernte einbringen ❷ (*introduce*) ■**to ~ in** ◌ **sth** etw einführen; **to ~ in a bill** einen Gesetzentwurf einbringen; **to ~ in a rule** eine Regel einführen; **to ~ in a topic** [*or* **subject**] ein Thema zur Sprache bringen ❸ (*ask to participate*) ■**to ~ in** ◌ **sb** jdn einschalten [*o* hinzuziehen] ❹ FIN (*earn*) ■**to ~ in** ◌ **sth** *money* etw [ein]bringen; **to ~ in a profit of £ 1,000** einen Profit von 1000 Pfund machen ❺ LAW (*produce*) **to ~ in a verdict of guilty/not guilty** einen Schuldspruch/Freispruch fällen

◆**bring into** *vt* ❶ (*ask to join*) ■**to ~ sb into sth** jdn zu etw *dat* hinzuziehen; ***this initiative will ~ new recruits into the fire service*** diese Initiative wird der Feuerwehr neue Leute bringen ❷ (*introduce into discussion*) ■**to ~ sth into sth** etw [in etw *akk*] einbringen; ***why do they always ~ sex into their advertisements?*** warum enthalten ihre Werbungen immer Sex?

◆**bring off** *vt* (*fam*) ■**to ~ off** ◌ **sth** etw zustande bringen; ***she managed to ~ off the biggest cheque fraud in history*** ihr gelang der größte Scheckbetrug aller Zeiten

◆**bring on** *vt* ❶ (*cause to occur*) ■**to ~ on** ◌ **sth** etw herbeiführen; MED etw verursachen [*o* auslösen] ❷ (*cause to experience*) ■**to ~ sth on sb** ***she brought disgrace on the whole family*** sie brachte Schande über die ganze Familie; ***you brought it on yourself*** du bist selbst schuld ❸ (*improve*) ■**to ~ on** ◌ **sb** jdn weiterbringen

◆**bring out** *vt* ❶ (*fetch out*) ■**to ~ out** ◌ **sth** etw herausbringen; **to ~ out sth out of one's pocket** etw aus seiner Tasche ziehen ❷ BRIT, AUS (*encourage to be less shy*) ■**to ~ sb out** jdm die Hemmungen nehmen ❸ (*introduce to market*) ■**to ~ out** ◌ **sth** etw auf den Markt bringen; *book, CD* etw herausbringen ❹ (*reveal*) ■**to ~ out** ◌ **sth** etw zum Vorschein bringen ❺ (*utter*) **to ~ out a few words** ein paar Worte herausbringen ❻ (*cause rash*) **sth ~s sb out in a rash** jd bekommt von etw *dat* einen Ausschlag

◆**bring over** *vt* ❶ (*fetch over*) ■**to ~ over** ◌ **sb/sth** etw/jdn herbeibringen ❷ (*persuade*) **to ~ sb over to one's side** jdn auf seine Seite bringen; **to ~ sb over to one's point of view** jdn von seiner Meinung überzeugen

◆**bring round** *vt esp* BRIT ❶ (*fetch round*) ■**to ~ round** ◌ **sth/sb** etw/jdn mitbringen ❷ (*bring back to consciousness*) ■**to ~ sb round** jdn wieder zu Bewusstsein bringen ❸ (*persuade*) ■**to ~ sb round** [**to sth**] jdn [zu etw *dat*] überreden

◆**bring through** *vt* ■**to ~ sb through sth** *bad times* jdn durch etw *dat* bringen; ***their faith brought them through*** ihr Glaube half ihnen weiter

◆**bring to** *vt* ■**to ~ sb to** jdn wieder zu Bewusstsein bringen

◆**bring together** *vt* **to ~ together people** [*or* **to ~ people together**] Menschen zusammenbringen; (*in crisis*) Menschen zusammenschweißen; (*introduce*) Menschen miteinander bekannt machen

◆**bring up** *vt* ❶ (*carry up*) ■**to ~ up** ◌ **sth/sb** etw/jdn heraufbringen ❷ (*rear*) ■**to ~ up** ◌ **sb** jdn großziehen [*o* aufziehen]; ***we brought them up to respect other people's rights*** wir erzogen sie dazu, die Rechte anderer Menschen zu respektieren; **to be brought up a Catholic** katholisch erzogen werden; **a well/badly brought-up child** ein gut/schlecht erzogenes Kind ❸ (*mention*) ■**to ~ up** ◌ **sth** etw zur Sprache bringen; ***don't ~ up that old subject again*** fang nicht wieder mit diesem alten Thema an; **to ~ up sth for discussion** etw zur Diskussion stellen ❹ (*fam: vomit*) **to ~ up one's breakfast/lunch** das Frühstück/Mittagessen ausspucken *fam* ❺ MIL (*convey*) **to ~ up reinforcements/supplies** die Front mit Verstärkung/Vorräten versorgen ❻ COMPUT (*make appear on screen*) **to ~ up a menu/dialog box** ein Menü/Dialogfenster aufrufen ▶ PHRASES: **to ~ up the rear** das Schlusslicht bilden; **to ~ sb up short** jdn plötzlich zum Anhalten bringen

bring and buy sale *n* BRIT, AUS [Wohltätigkeits]basar *m* (*bei dem mitgebrachte Sachen verkauft werden*)

bring-up *vt* COMPUT starten

brink [brɪŋk] *n no pl* ❶ (*edge*) *of a cliff, gorge, pond* Rand *m* ❷ (*fig: verge*) Rand *m*, Grenze *f*; ■**to be on the ~ of sth** kurz vor etw *dat* stehen; **to be on the ~ of bankruptcy** [*or* **ruin**] kurz vor dem Bankrott stehen; **to drive sb to the ~ of a nervous breakdown** jdn an den Rand eines Nervenzusammenbruchs bringen; **to be on the ~ of extinction** vom Aussterben bedroht sein; **to be on the ~ of war** kurz vor Kriegsausbruch stehen

brinkmanship ['brɪŋkmənʃɪp] *n no pl* Spiel *nt* mit dem Feuer

briny ['braɪni] **I.** *adj* salzig **II.** *n no pl* BRIT (*hum dated*) ■**the ~** die See

brio ['bri:əʊ, AM -oʊ] *n no pl* Schwung *m*

brioche [bri:'ɒʃ, AM *also* -'oʊʃ] *n* Brioche *f o* ÖSTERR *nt*

briquet(te) [brɪ'ket] *n* Brikett *nt*

brisk [brɪsk] *adj* ❶ (*quick*) zügig, flott; **to give sth a ~ flick with a duster** etw schnell mit einem Staubtuch abwischen; **~ pace** flottes Tempo; **to walk at a ~ pace** zügig marschieren; **~ walk** strammer Spaziergang ❷ (*sharp*) *tone* energisch ❸ (*busy*) *sales, trade* lebhaft, rege ❹ (*cool*) *weather, wind* frisch

brisket ['brɪskɪt] *n no pl* FOOD Bruststück *nt*

briskly ['brɪskli] *adv* ❶ (*quickly*) zügig, flott; **to walk ~** eiligen Schrittes laufen ❷ (*sharply*) energisch; **to say sth ~** etw energisch sagen ❸ (*busily*) lebhaft, rege; **to sell ~** sich wie warme Semmeln verkaufen

briskness ['brɪsknəs] *n no pl of a pace* Zügigkeit *f*,

B

Flottheit *f; of manner, tone* Nachdruck *m; of trade* Lebhaftigkeit *f*

bristle ['brɪsl] **I.** *n* Borste *f;* (*on a man's face*) [Bart]stoppel *f meist pl;* **badger** ~ Dachshaar *nt;* **brush ~s** Pinselborsten *fpl;* **natural ~[s]** Naturborsten *fpl* **II.** *vi* ① (*become erect*) *fur* sich *akk* sträuben; *hair* sich *akk* aufstellen ② (*fig: react angrily*) ■**to ~ [at sth]** sich *akk* [über etw *akk*] empören

◆**bristle with** *vt* ■**to ~ with sth** vor etw *dat* strotzen, von etw *dat* voll sein; **to ~ with anger** vor Zorn beben; **to ~ with mistakes/people/police** von Fehlern/Menschen/Polizei wimmeln

bristly ['brɪsli] *adj* borstig, stoppelig, stachelig; ~ **chin** stoppeliges Kinn; ~ **hair** borstige Haare

Brit [brɪt] *n* (*fam*) ① (*person*) Brite, -in *m, f* ② MUS Brit-Award *m*

Britain ['brɪtᵊn] *n* Großbritannien *nt*

Britannia [brɪ'tænjə] *n no pl* [allegorische] Britannia; (*fig*) Britannien *nt*

Britannic [brɪ'tænɪk] *adj inv* (*dated*) britannisch

Britannic Majesty [brɪˌtænɪk'mædʒəsti] *n* **His/Her ~** Seine/Ihre Britannische Majestät

britches ['brɪtʃɪz] *npl esp* AM Kniehose *f;* **[riding] ~** Reithose *f* ▶ PHRASES: **to be too big for one's ~** größenwahnsinnig sein

British ['brɪtɪʃ, AM -t̬-] **I.** *adj* britisch **II.** *npl* ■**the ~** die Briten *pl*

British Broadcasting Corporation *n no pl, + sing/pl vb* ■**the ~** die BBC (*britische Rundfunkgesellschaft*) **British English** *n no pl* britisches Englisch

Britisher ['brɪt̬ɪʃəʳ] *n* AM (*fam*) Brite, -in *m, f*

British Isles *npl* **the ~** die Britischen Inseln

British Summer Time *n no pl* britische Sommerzeit

Briton ['brɪtᵊn] *n* Brite, -in *m, f;* HIST Bretone, -in *m, f*

brittle ['brɪtl̩, AM -t̬-] **I.** *adj* ① (*fragile*) zerbrechlich, spröde; ~ **bones** brüchige Knochen; **a ~ layer of ice** eine dünne Eisschicht ② (*fig: unpleasantly sharp*) *laugh, voice* schrill; *behaviour, person* laut, aber unsicher **II.** *n* [Nuss]krokant *nt*

brittleness ['brɪtl̩nəs] *n no pl* ① (*fragility*) Brüchigkeit *f,* Zerbrechlichkeit *f* ② (*aggressiveness*) Reizbarkeit

bro [brəʊ] *n esp* AM (*fam*) *short for* **brother** Bruder *m; usu sing* (*form of address*) Bruderherz *nt fam*

broach [brəʊtʃ, AM broʊtʃ] **I.** *vt* ■**to ~ sth** ① (*begin to discuss*) *subject* etw anschneiden ② (*open*) etw öffnen; **to ~ a barrel** [*or* **cask**] ein Fass anstechen; (*containing beer also*) ein Fass anzapfen **II.** *n* <*pl* -es> AM (*brooch*) Brosche *f*

B-road ['bi:rəʊd, AM -roʊd] *n* BRIT ≈ Landesstraße *f*

broad [brɔ:d, AM *also* brɑ:d] **I.** *adj* ① (*wide*) *street, river* breit; ~ **shoulders** breite Schultern ② (*spacious*) weit; **a ~ expanse** eine weite Ausdehnung ③ (*obvious*) deutlich, klar; **to drop** [*or* **give**] **a ~ hint** einen Wink mit dem Zaunpfahl geben ④ (*general*) allgemein; **to be in ~ agreement** weitgehend übereinstimmen [*o* einer Meinung sein]; **a ~ description/generalization** eine grobe Beschreibung/Verallgemeinerung; **to give a ~ outline of sth** etw in groben Zügen darstellen; **a ~ range/spectrum** eine breite Palette/ein breites Spektrum ⑤ (*wide-ranging*) weitreichend, ausgedehnt; *education* umfassend; *interests* vielseitig; **to have a ~ appeal** sich allgemeiner Beliebtheit erfreuen; **a ~ cross-section of the population** weite Teile der Bevölkerung ⑥ (*liberal*) *idea, view* tolerant; *outlook* großzügig ⑦ (*strong*) stark, ausgeprägt; **a ~ accent/grin** ein breiter Akzent/ein breites Grinsen ⑧ (*coarse*) derb; ~ **comedy/humour** derbe Komödie/derber Humor ▶ PHRASES: ~ **in the beam** (*hum dated*) breit gebaut; **in ~ daylight** am helllichten Tag[e] **II.** *n esp* AM (*pej! sl*) Tussi *f pej fam*

broadband *n* COMPUT Breitband *m;* ~ **radio** Breitbandradio *nt*

broad bean *n* Saubohne *f,* dicke Bohne

broadcast ['brɔ:dkɑ:st, AM 'brɑ:dkæst] **I.** *n* Übertragung *f;* (*programme*) Sendung *f;* **a live ~ of the concert** eine Liveübertragung des Konzerts; **a live television/radio ~** eine Livesendung im Fernsehen/Radio **II.** *vi* <broadcast *or* AM broadcasted, broadcast *or* AM broadcasted> senden; **to ~ on long wave** auf Langwelle senden **III.** *vt* <broadcast *or* AM broadcasted, broadcast *or* AM broadcasted> ■**to ~ sth** ① (*transmit*) etw senden [*o* ausstrahlen]; **to ~ a match** ein Spiel übertragen; **to ~ a programme** ein Programm senden [*o* ausstrahlen]; **to ~ an SOS** ein SOS funken; **to be ~ live** live ausgestrahlt werden ② (*fam: spread widely*) etw an die große Glocke hängen; **to ~ a rumour** ein Gerücht [überall] verbreiten

broadcaster ['brɔ:dkɑ:stəʳ, AM 'brɑ:dkæstə˞] *n* Medienstar *m;* (*announcer*) Sprecher(in) *m(f);* (*presenter*) Moderator(in) *m(f)*

broadcasting ['brɔ:dkɑ:stɪŋ, AM 'brɑ:dkæst-] *n no pl* (*radio*) Rundfunk *m;* (*TV*) Fernsehen *nt;* **educational/news ~** Bildungs-/Nachrichtensendungen *fpl;* **satellite ~** Satellitenübertragungen *fpl;* **sports ~** Sportsendungen *fpl*

broadcloth ['brɔ:dklɒθ, AM 'brɑ:dklɑ:θ] *n no pl* feines schwarzes Tuch

broaden ['brɔ:dᵊn, AM *also* 'brɑ:d-] **I.** *vi* ① (*become wider*) sich *akk* verbreitern, breiter werden ② (*become more inclusive*) breiter werden, sich ausdehnen; *horizon* sich erweitern **II.** *vt* ■**to ~ sth** ① (*make wider*) etw verbreitern [*o* breiter machen] ② (*fig: expand*) etw vergrößern; ***living in India ~ed my outlook on life*** durch das Leben in Indien habe ich ein viel offeneres Weltbild bekommen; **to ~ one's horizons/one's mind** seinen Horizont erweitern; **to ~ the scope of a discussion** eine Diskussion ausweiten

◆**broaden out** **I.** *vi see* **broaden I II.** *vt* (*make more general*) ■**to ~ out** ⊂ **sth** etw ausdehnen; **to ~ out a definition/an interpretation** eine Definition/Interpretation allgemeiner fassen

broad gauge *n no pl* Breitspur *f* **broad jump** *n no pl* AM (*long jump*) ■**the ~** der Weitsprung

broadleaf BOT **I.** *n* breitblättrige Pflanze **II.** *adj attr, inv* breitblättrig; ~ **forest** *Wald, in dem Bäume mit breitblättrigem Laub wachsen* **broad-leaved** *adj* breitblättrig; ~ **endive** Breitblattendivie *f;* ~ **plant** breitblättrige Pflanze; ~ **tree** Baum *m* mit breitblättrigem Laub

broadly ['brɔ:dli, AM *also* 'brɑ:dli] *adv* ① (*generally*) allgemein, in groben Zügen; ***I ~ agree with you*** ich stimme weitgehend mit dir überein; ~ **speaking, …** ganz allgemein gesehen, … ② (*widely*) breit; ***when Ann saw all the presents she smiled ~*** als Ann die ganzen Geschenke sah, lachte sie über das ganze Gesicht; **to grin ~** breit grinsen

broadminded *adj* (*approv*) tolerant

broadmindedness *n no pl* (*approv*) Toleranz *f*

broadness ['brɔ:dnəs, AM *also* 'brɑ:d-] *n no pl* Weite *f; of accent, grin* Breite *f*

broadsheet *n* BRIT, AUS ① (*newspaper*) großformatige [seriöse] Zeitung ② (*advertisement*) Plakat *nt* ③ TYPO einseitig bedrucktes Blatt, Einblattdruck *m*

broad-shouldered *adj* breitschultrig **broadside** *n* ① **to fire a ~ [at sb]** [auf jdn] eine Breitseite abfeuern *a. fig* ② AM (*publicity leaflet*) Prospekt *m,* Werbeflyer *m* **broad-spectrum** *adj* MED Breitband-; ~ **antibiotic** Breitbandantibiotikum *nt*

broad tape *n* AM ECON Informationsdienst *m* zum Wertpapier- und Warenterminhandel

brocade [brə(ʊ)'keɪd, AM broʊ'-] **I.** *n no pl* Brokat *m* **II.** *n modifier* (*gown, jacket, skirt*) Brokat-, brokaten *geh*

brocaded [brə'keɪdɪd] *adj inv* brokatartig

broccoli ['brɒkᵊli, AM 'brɑ:-] *n no pl* Broccoli *m,* Brokkoli *m*

brochure ['brəʊʃəʳ, AM broʊ'ʃʊr] *n* Broschüre *f;* **travel ~** Reisekatalog *m*

brogue¹ [brəʊg, AM broʊg] *n usu sing irischer oder schottischer Akzent*

brogue² [brəʊg, AM broʊg] *n* Brogue *m fachspr* (*Herrenschuh mit zierenden Lochornamenten und Flügelkappe*)

broil [brɔɪl] *vt esp* AM (*grill*) ■**to ~ sth** etw grillen

broiler ['brɔɪləʳ, AM -ə˞] *n* ① (*chicken*) [Brat]hähnchen *nt,* [Brat]hendel *nt* SÜDD, ÖSTERR ② *esp* AM (*grill*) Grill[rost] *m*

broiler pan *n esp* AM (*grill pan*) Grillpfanne *f*

broiling ['brɔɪlɪŋ] *adj inv* AM (*fam*) glühend heiß

broke [brəʊk, AM broʊk] **I.** *pt of* **break II.** *adj pred* (*fam*) abgebrannt *fam,* pleite *fam,* blank *fam;* **to go ~** Bankrott [*o fam* pleite] gehen ▶ PHRASES: **if it ain't ~ don't fix it** (*iron fam*) verändre nichts, das funktioniert; **to go for ~** (*fam*) alles auf eine Karte setzen

broken ['brəʊkᵊn, AM 'broʊk-] **I.** *pp of* **break II.** *adj inv* ① (*shattered*) zerbrochen; ~ **arm/finger** gebrochener Arm/Finger; ~ **bottle** zerbrochene Flasche; ~ **filling** herausgebrochene Füllung; ~ **glass** Glasscherben *fpl* ② (*not functioning*) *watch* kaputt ③ (*defeated*) *man, woman* gebrochen ④ (*not fluent*) **in ~ English** in gebrochenem Englisch ⑤ (*interrupted*) unterbrochen ⑥ (*dotted*) gestrichelt; **a ~ line** eine gestrichelte Linie ⑦ *attr* (*not adhered to*) *contract, promise* gebrochen; **a ~ engagement** eine gelöste Verlobung; **a ~ marriage** eine zerbrochene Ehe

broken-down *adj inv* ① (*not working*) kaputt ② (*dilapidated*) verfallen, baufällig; ~ **furniture** abgewohnte Möbel **broken family** <*pl* -lies> *n* zerbrochene Familie **broken-hearted** *adj* untröstlich **broken home** *n* zerrüttete Familienverhältnisse **broken lot** *n* ECON (*incomplete set of goods*) unvollständiger Satz

broken up *adj pred* (*fam*) ■**to be ~** aus der Fassung geraten, aufgebracht [*o* aufgelöst] sein

broker ['brəʊkəʳ, AM 'broʊkə˞] **I.** *n* ① COMM (*agent*) Makler(in) *m(f);* (*on the Stock Exchange*) Börsenmakler(in) *m(f),* Broker(in) *m(f) fachspr;* **agency ~** FIN Effekten-Broker(in) *m(f);* **official ~** amtlicher Broker/amtliche Brokerin ② (*negotiator*) Vermittler(in) *m(f),* Unterhändler(in) *m(f)* **II.** *vt* ■**to ~ sth** etw aushandeln; **to ~ a ceasefire/deal** einen Waffenstillstand/ein Geschäft aushandeln

brokerage ['brəʊkərɪdʒ, AM 'broʊ-] *n no pl* ECON ① (*activity*) Maklergeschäft *nt* ② COMM (*fee*) Maklergebühr *f,* Courtage *f*

brokerage firm *n* Maklerfirma *f* **brokerage house** *n* STOCKEX Brokerfirma *f* **broker-dealer** *n* STOCKEX Börsenmakler(in) *m(f),* Broker(in) *m(f) fachspr*

broking ['brəʊkɪŋ, AM 'broʊ-] *n* STOCKEX Maklergeschäft *nt*

brolly ['brɒli] *n esp* BRIT, AUS (*fam*) Schirm *m*

bromide ['brəʊmaɪd, AM 'broʊ-] *n* ① CHEM Bromid *nt* ② MED Beruhigungsmittel *nt* ③ (*platitude*) Gemeinplatz *m,* Platitüde *f geh*

bromine ['brəʊmi:n, AM 'broʊ-] *n no pl* CHEM Brom *nt*

bronchi ['brɒŋki:, AM 'brɑ:ŋ-] *n pl of* **bronchus**

bronchial ['brɒŋki:əl, AM 'brɑ:ŋ-] *adj inv* Bronchial-

bronchial pneumonia *n no pl* Bronchopneumonie *f fachspr* **bronchial tubes** *npl* Bronchien *fpl*

bronchitis [brɒŋ'kaɪtɪs, AM brɑ:ŋ'kaɪt̬ɪs] *n no pl* Bronchitis *f*

bronchopneumonia [ˌbrɒŋkə(ʊ)nju:'məʊniə, AM ˌbrɑ:ŋkoʊnu:'moʊnjə] *n no pl* MED Bronchopneumonie *f fachspr*

bronchus <*pl* -chi> ['brɒŋkəs, AM 'brɑ:ŋ-, *pl* ki:] *n* MED Bronchus *m fachspr*

bronco <*pl* -os> ['brɒŋkəʊ, AM 'brɑ:ŋkoʊ] *n wildes Pferd im Westen der USA*

brontosaurus <*pl* -ruses *or* -ri> [ˌbrɒntə'sɔ:rəs, AM ˌbrɑ:nt̬ə'-] *n* Brontosaurus *m*

Bronx cheer [ˌbrɑ:ŋks'tʃɪr] *n esp* AM (*fam: raspberry*) verächtliches Zischen; **to give sb a ~** jdn auspfeifen

bronze [brɒnz, AM brɑ:nz] **I.** *n* ① *no pl* (*metal*) Bronze *f* ② ART Bronzeobjekt *nt* ③ (*medal*) Bronzemedaille *f; see also* **bronze medal II.** *n modifier* (*urn, sculpture, plate, figure*) Bronze- **III.** *adj inv* bronzefarben; (*made of bronze*) Bronze-

Bronze Age **I.** *n no pl* HIST ■**the ~** die Bronzezeit **II.** *adj attr, inv* Bronzezeit-; ~ **civilizations** Kulturen *fpl* der Bronzezeit

bronzed [brɒnzd, AM brɑ:nzd] *adj skin* [sonnen]gebräunt, braun

B

bronze medal *n* Bronzemedaille *f;* **to get** [*or* **win**] **a ~** Bronze [*o* eine Bronzemedaille] gewinnen
brooch <*pl* -es> [brəʊtʃ, AM broʊtʃ] *n* Brosche *f*
brood [bru:d] **I.** *n* ❶ (*hatch*) Brut *f* ❷ (*hum: young children*) Brut *f kein pl hum,* Nachwuchs *m kein pl* **II.** *vi* ❶ (*mope*) Trübsal blasen; (*worry at length*) grübeln; ■**to ~ on** [*or* **over**] **sth** über etw *dat* brüten, über etw *akk* [nach]grübeln ❷ ZOOL (*sit on eggs*) brüten **III.** *vt* **to ~ eggs** Eier ausbrüten
broodiness ['bru:dinəs] *n no pl* ❶ (*fam*) Kinderwunsch *m* ❷ (*pensiveness*) Nachdenklichkeit *f*
brooding ['bru:dɪŋ] *adj* beunruhigend; **dark ~ clouds** dunkle, schwere Wolken; **a ~ expanse of marshland** ein unheimliches Moorgebiet; **a ~ silence** eine drückende Stille
brood mare *n* Zuchtstute *f*
broody ['bru:di] *adj* ❶ ZOOL brütig ❷ (*fam: ready to have children*) **to feel ~** den Wunsch nach einem Kind haben ❸ (*mopy*) grüblerisch
brook¹ [brʊk] *n* Bach *m*
brook² [brʊk] *vt* (*form: tolerate*) ■**to ~ sth** etw dulden
broom [bru:m, brʊm] *n* ❶ (*brush*) Besen *m* ❷ *no pl* BOT Ginster *m*
broom handle, broomstick ['bru:mstɪk, 'brʊm-] *n* Besenstiel *m*
Bros. *npl* ECON *abbrev of* **brothers** Gebr.
broth [brɒθ, AM brɑ:θ] *n no pl* FOOD Brühe *f,* Fond *m*
brothel ['brɒθəl, AM 'brɑ:θ-] *n* Bordell *nt*
brothel-keeper ['brɒθəlki:pəʳ, AM 'brɑ:θəlki:pɚ] *n* Bordellinhaber(in) *m(f)*
brother ['brʌðəʳ, AM -ɚ] **I.** *n* ❶ (*son of same parents*) Bruder *m;* **~s and sisters** Geschwister *ntpl* ❷ (*comrade*) ■**~s!** *pl* Kameraden!, Brüder!; **~s in arms** Waffenbrüder *mpl* ❸ REL (*monk*) Bruder *m;* ***B~ Michael*** Bruder *m* Michael ❹ *esp* AM (*fam: male friend*) Kumpel *m* ► PHRASES: **I am not my ~'s keeper** ich bin nicht der Hüter meines Bruders *geh* **II.** *interj* (*fam*) Mann! *fam,* Mannomann! *fam*
brotherhood ['brʌðəhʊd, AM -ɚ-] *n* ❶ + *sing/pl vb* (*male group*) Bruderschaft *f* ❷ *no pl* (*feeling*) Brüderlichkeit *f*
brother-in-law <*pl* brothers-in-law> *n* Schwager *m*
brotherly ['brʌðəli, AM -əli] *adj* (*amongst brothers*) brüderlich; (*amongst friends*) freundschaftlich; **some ~ advice** ein freundschaftlicher Rat; **~ love** Bruderliebe *f*
brothers-in-law *n pl of* **brother-in-law**
brougham ['bru:əm, AM broʊm] *n* Brougham *m fachspr* (*Einspänner oder Auto mit offenem Fahrersitz*)
brought [brɔ:t, AM brɑ:t] *pp, pt of* **bring**
brouhaha ['bru:hɑ:hɑ:] *n usu sing* (*fam*) Wirbel *m* (**over** um + *akk*)
brouter ['braʊtəʳ, AM -ɚ] *n* COMPUT Brouter *m*
brow [braʊ] *n* ❶ *usu sing* (*forehead*) Stirn *f;* **to mop** [*or* **wipe**] **one's ~** sich *dat* den Schweiß von der Stirn wischen; **to wrinkle one's ~** die Stirn runzeln ❷ (*eyebrow*) Augenbraue *f* ❸ *usu sing* (*fig*) **~ of a hill** Bergkuppe *f*
browbeat <-beat, -beaten> ['braʊbi:t] *vt* ■**to ~ sb** jdn einschüchtern; ■**to ~ sb into doing sth** jdn unter Druck setzen, dass er etw tut
brown [braʊn] **I.** *n* Braun *nt* **II.** *adj* ❶ (*chocolate-coloured*) braun ❷ (*tanned*) *skin* braun; **~ from the sun** sonnengebräunt; **to go ~** braun werden, bräunen **III.** *vt* FOOD ■**to ~ sth** *onion* etw [an]bräunen; *meat* etw anbraten **IV.** *vi* FOOD braun werden
◆**brown off** *vt* BRIT, AUS (*dated fam*) ■**to be ~ed off with sth** etw satt haben *fam;* **to become** [*or* **get**] **~ed off with sth** etw [so langsam] satt haben *fam*
brown ale *n no pl* BRIT dunkles Bier **brown bag** *n* AM *braune Papiertüte für Eingekauftes im Supermarkt* **brown-bag** <-gg-> *vt* AM **to ~ one's lunch** [*or* **food**] sein [Mittag]essen [von zu Hause] mitbringen **brown bagger** *n* AM *jd, der sein Essen von zu Hause mitbringt* **brown-bag lunch** *n* AM *von zu Hause mitgebrachtes Mittagessen;* **to have a ~** *von zu Hause mitgebrachte Sachen zu Mittag essen* **brown-bag seminar** *n* AM *Treffen, bei dem Essen von zu Hause mitgebracht wird* **brown bear** *n* Braunbär *m* **brown belt** *n* SPORTS ❶ (*belt*) brauner Gürtel ❷ (*person*) Träger(in) *m(f)* des braunen Gürtels **brown bread** *n no pl locker gebackenes Brot aus dunklerem Mehl, etwa wie Mischbrot* **brown coal** *n no pl* Braunkohle *f* **brown goods** *npl* Unterhaltungselektronik *f kein pl* **brown hyena** *n* Schabrackenhyäne *f*
brownie ['braʊni] *n esp* AM *kleiner Schokoladenkuchen mit Nüssen*
Brownie ['braʊni], BRIT *also* **Brownie Guide** *n* junge Pfadfinderin
Brownie pack *n* + *sing/pl vb Gruppe junger Pfadfinderinnen* **brownie point** *n* (*hum fam*) Pluspunkt *m;* **to get** [*or* **score**] [*or* **win**] **~s** Pluspunkte machen
browning ['braʊnɪŋ] *n no pl* BRIT FOOD Bratensatz *m*
brownish ['braʊnɪʃ] *adj* bräunlich
brownnose *vi esp* AM (*pej sl*) katzbuckeln *pej fam,* arschkriechen *pej derb*
brownnoser *n* (*pej sl*) Arschkriecher(in) *m(f) pej derb* **brown-noser** *n esp* AM (*pej sl*) Schleimer(in) *m(f) pej fam,* Speichellecker(in) *m(f) pej fam* **brownout** *n* AM (*during war*) partielle Verdunkelung; (*due to electricity failure*) partieller Stromausfall **brown paper** *n no pl* Packpapier *nt* **brown rat** *n* Wanderratte *f* **brown rice** *n no pl* ungeschälter Reis, Naturreis *m* **brownstone** *n esp* AM ❶ *no pl* (*stone*) rötlich brauner Sandstein ❷ (*house*) [rotbraunes] Sandsteinhaus **brown sugar** *n no pl* brauner Zucker
browse [braʊz] **I.** *vi* ❶ (*skim*) **to ~ through a book/magazine** ein Buch/eine Zeitschrift durchblättern, in einem Buch/einer Zeitschrift [herum]blättern ❷ (*look around*) **to ~** [**around a shop**] sich *akk* in einem Geschäft umsehen, in einem Laden [herum]stöbern ❸ INET browsen, surfen; **to ~ the Internet/the World Wide Web** im Internet/World Wide Web surfen ❹ (*graze*) ■**to ~** [**on sth**] [auf etw *dat*] grasen [*o* weiden] **II.** *vt* ■**to ~ sth** ❶ ZOOL etw abfressen ❷ COMPUT etw durchsehen **III.** *n no pl* ❶ (*look-around*) **to go for** [*or* **take**] **a ~ around** [*or* **in**] **a shop** sich *akk* in einem Geschäft umsehen, in einem Laden [herum]stöbern ❷ (*look-through*) **to have a ~ through a book/magazine** ein Buch/eine Zeitschrift durchblättern, in einem Buch/einer Zeitschrift [herum]blättern
browser ['braʊzəʳ, AM -ɚ] **I.** *n* ❶ (*in shop*) *jd, der im Geschäft [herum]stöbert;* (*in books*) *jd, der in einem Buch schmökert, herumblättert* ❷ INET Browser *m* **II.** *n modifier* INET Browser-; **~ history** Liste *f* der besuchten Websites
bruise [bru:z] **I.** *n* ❶ MED Bluterguss *m,* blauer Fleck; (*contusion*) Prellung *f;* **to be covered in ~s** überall blaue Flecken haben ❷ (*on fruit*) Druckstelle *f* **II.** *vt* ❶ (*injure*) ■**to ~ sb** jdm blaue Flecken zufügen; **to ~ one's arm/leg** sich *akk* am Arm/Bein stoßen ❷ (*fig: hurt*) **to ~ sb's ego/feelings/pride** jds Ego *nt*/Gefühle *fpl*/Stolz *m* verletzen **III.** *vi* einen blauen Fleck bekommen, sich *akk* stoßen; *fruit* Druckstellen bekommen
bruised [bru:zd] *adj* ❶ (*injured*) geprellt; **to be badly ~** eine schwere Prellung haben; **to be battered and ~** grün und blau sein ❷ (*fig: emotionally hurt*) verletzt
bruiser ['bru:zəʳ, AM -zɚ] *n* (*hum fam*) ❶ (*brute*) Schläger[typ] *m fam* ❷ (*boxer*) Boxer(in) *m(f)* ❸ (*big baby*) Pummel *m fam,* Dickerchen *nt fam*
bruising ['bru:zɪŋ] **I.** *n no pl* MED Bluterguss *m* **II.** *adj usu attr* verletzend *a. fig;* **~ contest** aufreibender Wettkampf; **~ encounter** unerfreuliches Treffen
bruit [bru:t] *vt usu passive* (*form or hum*) ■**to ~ sth abroad** [*or* **around**] [*or* **about**] etw überall herumerzählen
brumbie, brumby ['brʌmbi] *n* AUS Brumby *nt fachspr,* australisches Wildpferd
brunch <*pl* -es> [brʌntʃ] *n* Brunch *m*
brunette [bru:'net] **I.** *n* Brünette *f* **II.** *adj inv* brünett
brunt [brʌnt] *n no pl* Wucht *f;* **to bear** [*or* **take**] **the ~ of sth** etw am Stärksten zu spüren bekommen
brush [brʌʃ] **I.** *n* <*pl* -es> ❶ (*for hair, cleaning*) Bürste *f;* (*broom*) Besen *m;* (*for painting*) Pinsel *m* ❷ *no pl* (*act of brushing*) Bürsten *nt;* **to give sth a ~** etw abbürsten; **to give one's teeth a ~** sich *dat* die Zähne putzen ❸ *usu sing* (*stroke*) leichte Berührung ❹ (*encounter*) Zusammenstoß *m;* **to have a ~ with sb** mit jdm aneinander geraten; **to have a ~ with death** dem Tode knapp entronnen sein; **to have a ~ with the law** mit dem Gesetz in Konflikt geraten ❺ *no pl* AM, AUS (*brushwood*) Unterholz *nt,* Gestrüpp *nt* ❻ (*fox's tail*) Fuchsschwanz *m,* Lunte *f fachspr* **II.** *vt* ❶ (*clean*) ■**to ~ sth** etw abbürsten; (*rub*) etw bürsten; **to ~ one's hair** sich *dat* die Haare bürsten; ***Jackie ~ed her hair out of her eyes*** Jackie strich sich die Haare aus dem Gesicht; **to ~ one's teeth** sich *dat* die Zähne putzen ❷ (*touch lightly*) **to ~ sb's cheek** jds Wange *f* leicht berühren ❸ (*apply a substance*) ■**to ~ sth with sth** etw mit etw *dat* bestreichen **III.** *vi* (*touch lightly*) ■**to ~ against sth/sb** etw/jdn streifen; ■**to ~ by sb** an jdm vorbeieilen
◆**brush aside** *vt* ❶ (*move aside*) ■**to ~ aside ○ sth/sb** etw/jdn wegschieben ❷ (*dismiss*) ■**to ~ aside ○ sth** etw abtun; ■**to ~ aside ○ sb** jdn ignorieren
◆**brush away** *vt* ■**to ~ away ○ sth** ❶ (*wipe*) etw wegwischen; **to ~ away a fly** eine Fliege verscheuchen; **to ~ away one's tears** sich *dat* die Tränen abwischen ❷ (*dismiss*) etw [aus seinen Gedanken] verbannen
◆**brush down** *vt* ■**to ~ down ○ sb/sth** jdn/etw abbürsten; ■**to ~ oneself down** sich *akk* zurechtmachen [*o* herrichten]
◆**brush off** *vt* ❶ (*remove with brush*) ■**to ~ off ○ sth** etw abbürsten ❷ (*ignore*) ■**to ~ off ○ sb** jdn abblitzen lassen *fam;* ■**to ~ off ○ sth** etw zurückweisen
◆**brush out** *vt* ■**to ~ out ○ sth** etw [her]ausbürsten; **to ~ out one's hair** sich *akk* die Haare ausbürsten; **to ~ out knots in one's hair** Knoten aus seinem Haar herausbürsten
◆**brush past** *vt* ■**to ~ past sb** jdn streifen
◆**brush up I.** *vi* ■**to ~ up on sth** *one's knowledge* etw auffrischen **II.** *vt* ■**to ~ up sth** *one's knowledge* etw auffrischen
brushed [brʌʃt] *adj inv* aufgeraut; **~ aluminium** mattes Aluminium; **~ cotton** Baumwollvelours *m*
brush fire *n* AM, AUS Buschfeuer *nt* **brush-off** *n no pl* Abfuhr *f;* **to get the ~ from sb** von jdm einen Korb bekommen *fam;* **to give sb the ~** jdm eine Abfuhr erteilen, jdn abblitzen lassen *fam* **brush-stroke** *n usu pl* Pinselstrich *m* **brush-up** ['brʌʃʌp] **I.** *n* BRIT Auffrischung *f a. fig* **II.** *n modifier course* Auffrischungs- **brushwood** *n no pl* Reisig *nt;* **to gather ~** Reisig sammeln **brushwork** *n no pl* Pinselführung *f*
brusque [bru:sk, AM brʌsk] *adj manner, tone* schroff, brüsk; *behaviour* rüde; ■**to be ~ with sb** schroff zu jdm sein
brusquely ['bru:skli, AM 'brʌsk-] *adv answer, say* schroff, brüsk; **to behave ~** sich ungehobelt [*o* rüde] benehmen
brusqueness ['bru:sknəs, AM 'brʌsk-] *n no pl* Schroffheit *f,* rüdes Benehmen
Brussels ['brʌsəlz] *n no pl* Brüssel *nt*
Brussel(s) sprout *n* ❶ (*plant*) ■**~s** *pl* Rosenkohl *m kein pl,* Sprossenkohl *f kein pl* ÖSTERR ❷ (*bud*) Rosenkohlröschen *nt,* Kohlsprosse *f* ÖSTERR
brutal ['bru:təl, AM -t̬-] *adj* brutal *a. fig;* **with ~ honesty** mit schonungsloser Offenheit; **the ~ truth** die ungeschminkte Wahrheit
brutalism ['bru:təlɪzm, AM t̬əl] *n* Brutalität *f,* brutale Art; (*fig*) direkte [*o* unverblümte] Art
brutality [bru:'tæləti, AM -əti] *n no pl* Brutalität *f*
brutalize ['bru:təlaɪz, AM -t̬-] *vt* ■**to ~ sb** ❶ (*treat cruelly*) jdn brutal behandeln ❷ (*make brutal*) jdn verrohen lassen, jdn brutalisieren

brutally ['bru:tᵊli, AM -ṭ-] *adv* brutal *a. fig;* **to be ~ honest** [*or* **frank**] **with sb** jdm die ungeschminkte Wahrheit sagen, zu jdm schonungslos offen sein
brute [bru:t] **I.** *n* ① (*savage*) Bestie *f* ② (*brutal person*) brutaler Kerl, Brutalo *m,* Rohling *m* ③ (*animal*) Vieh *nt meist pej,* Tier *nt* **II.** *adj attr, inv* brutal, roh, grausam; **~ force** rohe Gewalt
brutish ['bru:tɪʃ, AM -ṭ-] *adj* brutal, roh, grausam
bruv [brʌv] *n usu sing* BRIT (*hum fam*) Bruderherz *nt hum*
BS [,bi:'es] **I.** *n* ① *no pl abbrev of* **bullshit** ② AM *abbrev of* **Bachelor of Science** Bakkalaureus *m* der Naturwissenschaften **II.** *vt, vi abbrev of* **bullshit**
BSc [,bi:es'si:] *n abbrev of* **Bachelor of Science** Bakkalaureus *m* der Naturwissenschaften
B-school ['bisku:l] *n* AM (*fam*) Wirtschaftskurs *m* an einer Universität; ***she goes to*** **~** sie studiert Betriebswirtschaft
BSE [,bi:es'i:] *n no pl* BRIT *abbrev of* **bovine spongiform encephalopathy** BSE *f* **BSE Index** [,bi:es'i:] *n* STOCKEX *abbrev of* **Bombay Stock Exchange Index** Preisindex *m* der Börse in Bombay
BSI [,bi:es'aɪ] *n no pl abbrev of* **British Standards Institution** Britischer Normenausschuss
B-side ['bi:saɪd] **I.** *n* B-Seite *f* **II.** *n modifier* B-Seiten-
BST [,bi:es'ti:] *n no pl abbrev of* **British Summer Time**
B2B [,bi:tə'bi:] *n modifier abbrev of* **business to business:** **~ website** B2B-Webseite *f fachspr* (*für Aktionen zwischen Unternehmen*)
B2C [,bi:tə'si:] *n modifier abbrev of* **business to customer:** **~ website** B2C-Webseite *f fachspr* (*für Aktionen zwischen Unternehmen und Endverbrauchern*)
B2E [,bi:tə'i:] *n modifier abbrev of* **business to employee:** **~ website** B2E-Webseite *f fachspr* (*für Aktionen zwischen Unternehmen und ihren Mitarbeitern*)
bub [bʌb] *n* AM (*dated fam*) Freundchen *nt meist hum fam*
bubble ['bʌbl̩] **I.** *n* (*ball of air*) Blase *f;* (*utopian state*) Seifenblase *f;* ***suddenly the*** **~** ***burst*** auf einmal ist alles wie eine Seifenblase geplatzt; **to blow a ~** eine Seifenblase machen; **to burst sb's ~** (*fig*) jds Illusionen *fpl* zerstören; COMM (*deceptive scheme*) Seifenblase *f fig* **II.** *vi* kochen; *coffee, stew* brodeln; *boiling water, fountain* sprudeln; *champagne* perlen; (*make bubbling sound*) blubbern; (*fig*) *anger* kochen
◆**bubble over** *vi* ■**to ~ over with sth** vor etw *dat* [über]sprudeln; **to ~ over with ideas** vor Ideen sprühen
◆**bubble up** *vi rage* [auf]steigen; *gas* in Blasen aufsteigen; *liquid* aufsprudeln
bubble and squeak *n no pl esp* BRIT *Gericht aus gekochtem Kohl, mit gekochten Kartoffeln und evtl. gebratenem Fleisch* **bubble bath** *n* ① (*bath*) Schaumbad *nt* ② *no pl* (*liquid*) Schaumbad *nt,* Badeschaum *m* **bubble gum** *n* Bubble Gum® *m* (*Kaugummi, mit dem man Blasen machen kann*) **bubble-jet printer** [,bʌbl̩dʒet'prɪntəʳ, AM -ɚ] *n* COMPUT Bubblejet-Drucker *m fachspr* (*Tintenstrahldrucker, bei dem eine Luftblase den Austritt der Tinte aus den Düsen bewirkt*) **bubble-jet printing** *n no pl* COMPUT Drucken *nt* mit einem Bubblejet-Drucker **bubble memory** *n* COMPUT Blasenspeicher *m;* **~ cassette** Blasenspeicherkassette *f*
bubbler ['bʌbl̩əʳ, AM -l̩ɚ] *n* ① AM (*drinking fountain*) Trink[wasser]brunnen *m* ② (*old: swindler*) Schwindler(in) *m(f),* Betrüger(in) *m(f)*
Bubble Wrap® *n no pl* Luftpolsterfolie *f*
bubbly ['bʌbl̩i] **I.** *n no pl* (*fam*) Schampus *m fam* **II.** *adj* ① (*full of bubbles*) *drink* sprudelnd; *melted cheese* Blasen werfen ② (*lively*) temperamentvoll, lebhaft
bubonic plague [bju:,bɒnɪk'pleɪg, AM -,bɑ:-] *n no pl* Beulenpest *f*
buccaneer [,bʌkə'nɪəʳ, AM -'nɪr] *n* Seeräuber(in) *m(f),* Freibeuter(in) *m(f),* Pirat(in) *m(f)*
buck¹ [bʌk] *n esp* AM, AUS (*fam: dollar*) Dollar *m;* **to make a fast** [*or* **a quick**] [*or* **an easy**] **~** eine schnelle Mark machen
buck² [bʌk] **I.** *n* <*pl* – *or* -s> ① (*male deer*) Bock *m;* (*male rabbit*) Rammler *m;* (*antelope*) Antilope *f* ② (*liter: stylish young man*) Dandy *m* **II.** *n modifier* **~ rabbit** Rammler *m* **III.** *vi* bocken **IV.** *vt* ① (*of horse*) ■**to ~ sb** jdn abwerfen ② (*oppose*) **to ~ the odds** die Statistiken sprengen; **to ~ the trend** [*or* **tide**] sich dem Trend widersetzen
buck³ [bʌk] *n no pl* (*fam*) ***the ~ stops here!*** auf meine Verantwortung!; **to pass the ~** [**to sb**] die Verantwortung [auf jdn] abwälzen
◆**buck up** **I.** *vi* (*fam*) ① (*cheer up*) [wieder] Mut fassen [*o* guter Dinge sein]; **~ *up!*** Kopf hoch! ② (*hurry up*) sich *akk* beeilen [*o fam* ranhalten] **II.** *vt* ■**to ~ sb up** jdn aufmuntern [*o* aufheitern] ▸ PHRASES: **to ~ one's ideas up** sich *akk* zusammenreißen
bucket ['bʌkɪt] **I.** *n* ① (*pail*) Eimer *m,* Kübel *m;* **champagne ~** Sektkübel *m;* **a ~ of water** ein Eimer *m* Wasser ② (*fam: large amounts*) ■**~s** *pl* Unmengen *fpl;* **to weep** [*or* **cry**] **~s** wie ein Schlosshund heulen; **in ~s** eimerweise; ***the rain came down in ~s*** es goss wie aus Kübeln ③ COMPUT Sammelfeld *m* ▸ PHRASES: **to kick the ~** (*sl*) ins Gras beißen *fam* **II.** *vi* (*fam*) ① BRIT, AUS (*rain heavily*) ■**to ~ down** wie aus Eimern gießen ② (*career*) rasen; **to ~** [*or* **go ~ing**] **along the road** die Straße entlangrasen; **to ~** [*or* **go ~ing**] **down the hill** den Hügel hinunterrasen
bucket brigade *n + sing/pl vb* Feuerwehr *f*
bucketful <*pl* -s *or* bucketsful> *n* ① (*amount bucket holds*) Eimer *m* ② (*a lot*) **~s of cash** Geld wie Heu; **~s of water** eimerweise Wasser; ***we're getting ~s of rain*** bei uns schüttet es wie aus Eimern **bucket-loads** *npl* (*fam*) ■**~ of ...** jede Menge ... *fam* **bucket seat** *n* AUTO, AVIAT Schalensitz *m* **bucket shop** *n* ① BRIT (*fam: travel agency*) Billigreisebüro *nt,* Diskont-Reisebüro *nt* ② AM (*brokerage firm*) Maklerfirma, die mit betrügerischen Mitteln arbeitet
buckeye ['bʌkaɪ] *n* ① RAIL [automatische] Waggonkupplung ② (*tree*) Roßkastanie *f* ③ AM (*fam: native of Ohio*) ■**B~** Einwohner(in) Ohios *m*
buckle ['bʌkl̩] **I.** *n* Schnalle *f* **II.** *vt* ① (*fasten*) ***I ~ed myself into my seat*** ich schnallte mich an; **to ~ one's belt** seinen Gürtel [zu]schnallen; **to ~ one's seat belt** sich *akk* anschnallen; **to ~ one's shoes** sich *dat* die Schuhe zumachen ② (*bend out of shape*) ■**to ~ sth** etw verbeulen; (*bend*) etw verbiegen **III.** *vi roof, pavement* nachgeben; ***my knees began to*** **~** ich bekam weiche Knie
◆**buckle down** *vi* sich *akk* dahinterklemmen *fam*
◆**buckle in** *vt* ■**to ~ in** ⊂ **sb/sth** jdn/etw anschnallen
◆**buckle on** *vt* ■**to ~ on** ⊂ **sth** sich *dat* etw anschnallen; **to ~ on one's backpack** sich *dat* den Rucksack aufschnallen
◆**buckle under** *vi* ■**to ~ under** [**to sb/sth**] [jdm/etw] nachgeben; **to ~ under to pressure/sb's demands** dem Druck/jds Forderungen *fpl* nachgeben
buckled ['bʌkl̩d] *adj* ① *inv* (*fastened*) zugeschnallt; (*with a buckle*) mit einer Schnalle; **~ leather shoes** lederne Schnallenschuhe ② (*twisted*) verformt; **~ metal/a ~ girder** verzogenes Metall/ein verzogener Balken; **to have a ~ wheel** *bike* einen Achter haben
buckling ['bʌkl̩ɪŋ] *n* PHOT Wölbung *f*
buck naked *adj inv* AM (*fam*) splitter[faser]nackt *fam*
buck-passing *n no pl* ***"the time for ~ has passed," said the politician*** „es ist damit vorbei, dass die Verantwortung auf andere abgewälzt werden kann", sagte der Politiker **buck private** *n* AM rangniedrigster Soldat
buckram ['bʌkrəm] *n no pl* Steifleinen *nt* **buck sergeant** *n* AM rangniedrigster Feldwebel
buckshee [bʌk'ʃi:] *adj inv esp* BRIT (*fam*) gratis, umsonst **buckshot** *n no pl* grobkörniger Schrot, Rehposten *m fachspr*
buckskin ['bʌkskɪn] **I.** *n* ① *no pl* Wildleder *nt* ② (*clothes*) ■**~s** *pl* Wildlederkleidung *f kein pl;* (*shoes*) Wildlederschuhe *mpl* **II.** *n modifier* (*jacket, pouch, hat, gloves*) Wildleder- **bucks party** *n* AUS (*fam: stag party*) *Saufabend des Bräutigams mit seinen Kumpeln am Vorabend der Hochzeit* **bucktooth** *n* (*fam*) vorstehender Zahn **buckwheat** *n no pl* Buchweizen *m* **buckwheat cake** *n* Buchweizen-Pfannkuchen *m,* Blini *pl,* Buchweizen-Palatschinke *f* ÖSTERR **buckwheat flour** *n no pl* Buchweizenmehl *nt*
bucolic [bju:'kɒlɪk, AM -'kɑ:lɪk] *adj* (*liter*) ländlich idyllisch, bukolisch *liter*
bud¹ [bʌd] BOT **I.** *n* Knospe *f;* **to be in ~** Knospen haben **II.** *vi* <-dd-> knospen, Knospen treiben
bud² [bʌd] *n* AM (*fam*) Freundchen *nt meist hum fam*
Buddha ['bʊdə, AM 'bu:də] *n* ① *no pl* (*founder of Buddhism*) ■[**the**] **~** [der] Buddha ② (*fully enlightened person*) Buddha *m,* Erleuchtete(r) *f(m)* ③ (*statue*) Buddhastatue *f*
Buddhism ['bʊdɪzᵊm, AM 'bu:-] *n no pl* Buddhismus *m*
buddhist ['bʊdɪst, AM 'bu:-] **I.** *n* Buddhist(in) *m(f)* **II.** *adj inv* buddhistisch
budding ['bʌdɪŋ] *adj attr, inv* (*fig*) angehend; **~ journalist** begabte(r) Nachwuchsjournalist(in)
buddy ['bʌdi] *n* AM (*fam*) Kumpel *m fam*
buddy-buddy ['bʌdibʌdi] *adj* (*esp pej fam*) kumpelhaft, auf Du und Du verkehrend **buddy list** *n* INET Buddyliste *f,* Adressliste *f* **buddy system** *n Sicherheitsmaßnahme, bei der, z. B. bei Ausflügen mit Kindern, die Teilnehmer sich in Paaren zusammenschließen, damit sie aufeinander gegenseitig aufpassen/sich gegenseitig helfen*
budge [bʌdʒ] **I.** *vi* ① (*move*) sich *akk* [vom Fleck] rühren, sich *akk* [von der Stelle] bewegen ② (*change mind*) nachgeben; ■**to ~ from sth** von etw *dat* abrücken; **to ~ from one's original story** von seiner ursprünglichen Geschichte abweichen **II.** *vt* ① (*move*) ■**to ~ sth** etw [von der Stelle] bewegen ② (*cause to change mind*) ■**to ~ sb** jdn umstimmen
◆**budge up** *vi* BRIT (*fam*) zusammenrücken
budgerigar ['bʌdʒᵊrɪgɑ:ʳ, AM -gɑ:r] *n* (*form*) Wellensittich *m*
budget ['bʌdʒɪt] **I.** *n* ① (*financial plan*) Budget *nt,* Etat *m;* **publicity ~** Werbeetat *m;* **to draw up a ~** ein Budget erstellen ② ■**the B~** (*government*) der öffentliche Haushalt[splan]; **Director of the ~** Vorsitzender *m*/Vorsitzende *f* des Haushaltsausschusses ③ (*amount available*) Budget *nt;* **to be on a tight ~** ein knappes Budget haben; **to overspend one's ~** sein Budget überziehen; **to remain within** [**one's**] **~** im Budgetrahmen bleiben; **on ~** wie im Budget vorgesehen **II.** *vt* ① (*allow*) **to ~ £200,000** ein Budget von 200.000 Pfund veranschlagen ② (*use carefully*) **to ~ one's time/one's wages** sich *dat* die Zeit/seinen Lohn einteilen **III.** *vi* ein Budget aufstellen; ■**to ~ for sth** etw [im Budget] vorsehen **IV.** *adj attr, inv* preiswert; **~ travel** Billigreisen *fpl;* **~ prices** Tiefpreise *mpl*
budgetary ['bʌdʒɪtᵊri, AM -teri] *adj inv* Etat-, Budget-, Haushalts-
budget committee *n + sing/pl vb* Haushaltsausschuss *m* **budget cut** *n* Budgetkürzung *f,* Haushaltskürzung *f,* Etatkürzung *f* **budget deficit** *n* ECON Haushaltsdefizit *m*
budgeting ['bʌdʒɪtɪŋ, AM ɪṭɪŋ] *n no pl* Erstellen *nt* eines Finanzplan[e]s, Budgetierung *f geh*
budgie ['bʌdʒi] *n* (*fam*) Wellensittich *m*
buff¹ [bʌf] **I.** *n no pl* ① (*colour*) Gelbbraun *nt* ② (*leather*) [festes, weiches] Leder ▸ PHRASES: **in the ~** nackt, im Adams- und Evaskostüm *hum fam* **II.** *adj* gelbbraun **III.** *vt* ■**to ~** [**up**] **sth** etw polieren
buff² [bʌf] *n* (*fam*) Fan *m;* **computer ~** Computerfreak *m fam*
buffalo <*pl* – *or* -oes> ['bʌfᵊləʊ, AM -əloʊ] *n* Büffel *m*
buffer¹ ['bʌfəʳ, AM -ɚ] **I.** *n* Puffer *m;* (*on railway track*) Prellbock *m* **II.** *vt* ① (*protect*) ■**to ~ sb**

B

[**against sth**] jdn [vor etw *dat*] schützen [*o* bewahren] ② (*moderate*) **to ~ the impact/shock/strain** den Aufprall/den Schock/die Belastung auffangen [*o* dämpfen] ③ CHEM, COMPUT, TECH ■**to ~ sth** etw puffern

buffer² ['bʌfəʳ, AM -ɚ] *n* BRIT (*fam*) **an old ~** ein alter Knacker *pej fam*

buffer state *n* POL Pufferstaat *m* **buffer stocks** *npl* ECON Ausgleichslager *ntpl* für Rohstoffe, Pufferbestände *mpl* **buffer zone** *n* POL Pufferzone *f*

buffet¹ ['bʊfeɪ, 'bʌ-, AM bə'feɪ] **I.** *n* ① (*food*) Büfett *nt;* **cold ~** kaltes Büfett ② BRIT (*restaurant*) [Bahnhofs]imbiss *m* **II.** *n modifier* (*dinner, meal, supper*) mit Büfett

buffet² ['bʌfɪt] *vt usu passive* ■**to ~ sth** etw [heftig] hin und her bewegen

buffet car *n esp* BRIT ≈ Speisewagen *m*

buffeting ['bʌfɪtɪŋ] *n no pl wind, water* [Hin- und Her]schaukeln *nt,* Stöße *mpl; plane* Rütteln *nt; treatment* Schläge *mpl;* (*fig*) Turbulenzen *fpl*

buffoon [bə'fu:n] *n* Clown *m,* Kasper *m;* **to play the ~** den Clown spielen

buffoonery [bə'fu:nᵊri] *n no pl* Herumgealbere *nt*

bug [bʌg] **I.** *n* ① (*insect*) ■**~s** *pl* Ungeziefer *nt kein pl;* (*true bug*) Wanze *f;* **bed ~** Bettwanze *f* ② (*fam*) MED Bazillus *m;* **to have a ~** einen Bazillus haben ③ COMPUT (*fault*) Bug *m fachspr,* Fehler *m* ④ (*listening device*) Wanze *f;* **to plant** [*or* **install**] **a ~** eine Wanze installieren ⑤ (*fam: enthusiasm*) Fieber *nt;* **to be bitten by** [*or* **to catch**] [*or* **to get**] **the sailing/Internet-surfing ~** vom Segel-/Internetfieber gepackt werden **II.** *vt* <-gg-> ① (*install bugs*) ■**to ~ sth** etw verwanzen; **to ~ a telephone** ein Telefon abhören ② (*eavesdrop on*) ■**to ~ sth** *conversation* etw abhören ③ (*fam: annoy*) ■**to ~ sb** [**about sth**] jdm [mit etw *dat*] auf die Nerven gehen; ***stop ~ging me!*** hör auf zu nerven! *fam* ④ (*fam: worry*) ■**to ~ sb** jdm Sorgen bereiten

bugbear *n* Schreckgespenst *nt* **bug-eyed** *adj inv* mit hervorquellenden Augen; ■**to be ~** hervorquellende Augen haben; **to go ~** Glupschaugen [*o* Stielaugen] bekommen **bug eyes** *npl* Glupschaugen *ntpl,* Stielaugen *ntpl*

bugger ['bʌgəʳ, AM -ɚ] **I.** *n* ① BRIT, AUS (*vulg: contemptible person*) Scheißkerl *m derb,* Arschloch *nt derb* ② BRIT, AUS (*vulg: pitied person*) armes Schwein *fam* ③ BRIT, AUS (*vulg: annoying thing*) Scheißding *nt pej derb* ④ (*pej vulg: practising anal intercourse*) Arschficker *m vulg* ⑤ (*lucky*) ***you lucky ~!*** du hast vielleicht ein Schwein! *sl* ▸ PHRASES: **it's got ~ all to do with you!** BRIT, AUS (*sl*) das geht dich einen Dreck an! *derb;* **he knows ~ all about computers** BRIT, AUS (*sl*) er hat keinen blassen Schimmer von Computern *fam* **II.** *interj esp* BRIT, AUS (*vulg*) **~!** Scheiße! *derb;* **~ it!** Scheiß drauf! *derb,* zum Teufel damit! *fam;* **~ me!** [ach] du meine Fresse! *sl* **III.** *vt* ① BRIT, AUS (*sl: cause serious damage*) ■**to ~ sth/sb** etw/jdn ruinieren ② LAW (*have anal intercourse*) ■**to ~ sb** mit jdm Analverkehr haben ③ (*vulg: have anal intercourse*) ■**to ~ sb** jdn in den Arsch ficken *vulg*

◆**bugger about, bugger around I.** *vi* BRIT, AUS (*sl*) herumkaspern; **to ~ about** [*or* **around**] **with the radio/stereo player** am Radio/an der Stereoanlage herumfummeln *fam* **II.** *vt* BRIT, AUS (*sl*) ■**to ~ sb about** [*or* **around**] jdn verarschen *derb*

◆**bugger off** *vi* (*sl*) abhauen *fam;* **~ off!** hau ab! *fam*

◆**bugger up** *vt* (*sl*) ■**to ~ up** ⊂ **sth** etw versauen *sl;* ***he's ~ed up the computer*** er hat den Computer geschrottet *sl;* **to ~ up one's chances** sich *dat* die Chancen vermasseln *fam*

buggered ['bʌgəd] *adj pred* BRIT, AUS (*vulg*) am Arsch *derb;* (*exhausted also*) fix und fertig *fam;* ***I'll be ~ if I'll say sorry to her*** ich werde einen Teufel tun und mich bei ihr entschuldigen *fam*

buggery ['bʌgᵊri] *n no pl* ① LAW Analverkehr *m;* (*bestiality*) Sodomie *f* ② (*vulg*) Arschfickerei *f vulg*

bugging ['bʌgɪŋ] *n no pl* Verwanzen *nt;* **the ~ of a telephone** das Einbauen von Wanzen in ein Telefon

bugging device *n* Wanze *f,* Abhörgerät *nt;* **to plant** [*or* **install**] **a ~** eine Wanze installieren

buggy¹ ['bʌgi] *n* ① BRIT (*pushchair*) Buggy *m* ② AM (*pram*) Kinderwagen *m* ③ (*small vehicle*) Buggy *m* ④ (*carriage*) Kutsche *f;* **horse-drawn ~** Pferdekutsche *f*

buggy² ['bʌgi] *adj* ① (*infested with bugs*) verlaust ② COMPUT fehlerhaft ③ AM (*insane*) gestört, verrückt

bugle ['bju:gl] *n* Horn *nt*

bugle boy *n* Hornist *m* **bugle call** *n* Hornsignal *nt;* **to give** [*or* **sound**] **a ~** ein Hornsignal blasen

bugler ['bju:gləʳ, AM -glɚ] *n* Hornist(in) *m(f)*

build [bɪld] **I.** *n no pl* Körperbau *m,* Figur *f* **II.** *vt* <built, built> ① (*construct*) ■**to ~ sth** etw bauen; ***the church is built of*** [*or* ***out of***] [*or* ***from***] ***brick*** die Kirche ist aus Backstein; **to ~ a [bon]fire** ein [Freuden]feuer machen; **to ~ a memorial** [*or* **monument**] ein Denkmal errichten; **to ~ a nest** ein Nest bauen; **to ~ an office block** ein Bürogebäude errichten; **to ~ a wall** eine Wand ziehen ② (*fig*) ■**to ~ sth** etw aufbauen; **to ~ a more democratic society/a new career** eine demokratischere Gesellschaft/eine neue Laufbahn aufbauen; **to ~ a better future** [**for sb**] [jdm [*o* für jdn]] eine bessere Zukunft schaffen; **to ~ one's vocabulary** sein Vokabular ausbauen ▸ PHRASES: **Rome wasn't built in a day** (*prov*) Rom wurde nicht an einem Tag erbaut *prov* **III.** *vi* <built, built> ① (*construct*) bauen ② (*increase*) zunehmen, wachsen; *tension* steigen

◆**build in** *vt* ■**to ~ in** ⊂ **sth** ① ARCHIT etw einbauen; ***the wardrobes in the bedrooms are all built in*** alle Schränke in den Schlafzimmern sind Einbauschränke ② (*incorporat*) *safeguards* etw einbauen

◆**build into** *vt* ■**to ~ sth into sth** ① ARCHIT etw in etw *akk* einbauen; ***the hotel had been built into the rock*** das Hotel wurde in den Felsen hineingebaut ② (*incorporate*) etw in etw *akk* integrieren

◆**build on I.** *vi* ① (*take advantage of*) ■**to ~ on sth** auf etw *akk* bauen [*o* setzen]; **to ~ on one's reputation** auf seinen Ruf setzen ② (*add extension*) ■**to ~ on** ⊂ **sth** etw anbauen **II.** *vt* ① ARCHIT **to ~ sth on rock/solid foundations** etw auf Fels/soliden Grundfesten errichten ② (*base*) ■**to be built on sth** auf etw *akk* basieren

◆**build up I.** *vt* ① (*strengthen*) ■**to ~ up** ⊂ **sth/sb** etw/jdn aufbauen; **to ~ up one's body** Krafttraining machen; **to ~ up muscles** Muskeln aufbauen ② (*develop*) ■**to ~ up** ⊂ **sth/sb** etw/jdn aufbauen; ***police have built up a profile of the serial killer*** die Polizei hat ein Profil des Serienmörders erstellt; **to ~ up a business/library** eine Firma/Bibliothek aufbauen; **to ~ up one's lead** seinen Vorsprung ausbauen; **to ~ up speed** die Geschwindigkeit erhöhen ③ (*hype*) **to ~ sth up into a crisis** etw zu einer Krise hochspielen; **to ~ up a sportsman/team** einen Sportler/eine Mannschaft hochjubeln **II.** *vi* (*increase*) zunehmen; *traffic* sich *akk* verdichten; *backlog* größer werden; *pressure* sich *akk* erhöhen

builder ['bɪldəʳ, AM -ɚ] *n* (*worker*) Bauarbeiter(in) *m(f);* (*contractor*) Bauherr(in) *m(f)*

building ['bɪldɪŋ] *n* Gebäude *nt,* Bau *m*

building and loan association *n* AM (*dated*) *see* **savings and loan association**

building block *n* ① (*element*) Baustein *m* ② (*child's toy*) Bauklotz *m* **building code** *n* Bauvorschrift[en] *f[pl]* **building contractor** *n* Bauunternehmer(in) *m(f)* **building material** *n* Baumaterial[ien] *nt[pl],* Baustoffe *mpl* **building permit** *n* Baugenehmigung *f* **building site** *n* Baustelle *f,* Baugelände *nt;* ***the ~ is off-limits*** der Zutritt zur Baustelle ist verboten **building society** *n* BRIT, AUS Bausparkasse *f* **building superintendent** *n* Hausverwalter(in) *m(f)* **building trade** *n no pl* Baugewerbe *nt*

build-up *n* ① (*increase*) Zunahme *f;* **~ of pressure** Druckanstieg *m;* **~ of traffic** Verkehrsverdichtung *f;* **~ of troops** Truppenaufmarsch *m,* Truppenmassierung *f geh* ② (*hype*) Werbung *f* ③ (*preparations*) Vorbereitung *f*

built [bɪlt] **I.** *pp, pt of* **build II.** *adj inv* gebaut; **heavily/well ~** kräftig/gut gebaut; **slightly ~** zierlich

built-in ['bɪltɪn] *adj inv* ① (*attached*) eingebaut, Einbau-; **~ cupboard** Einbauschrank *m;* **~ wardrobe** Einbaukleiderschrank *m* ② (*integrated*) integriert, eingebaut; **~ homing device** MIL integriertes Zielfluggerät ③ (*inherent*) eingebaut **built-up** ['bɪltʌp] *adj* ① (*having many buildings*) *area* verbaut ② (*raised*) erhöht; **~ heels/shoes** erhöhte Absätze/Schuhe

bulb [bʌlb] *n* ① BOT Zwiebel *f,* Knolle *f,* Bulbus *m fachspr* ② (*round part*) *of a bow* Wulst *m o f; of a breast pump, test tube* Kolben *m; of a dropper, horn* Ballon *m; of a thermometer* Kugel *f* ③ ELEC Glühlampe *f,* [Glüh]birne *f fam; see also* **light bulb** ④ ANAT knollenförmiges Organ, Bulbus *m fachspr*

bulbous ['bʌlbəs] *adj* knollig, Knollen-; **~ nose** Knollennase *f;* **~ plant** Knollenpflanze *f*

Bulgaria [bʌl'geəriə, AM -'geri-] *n* Bulgarien *nt*

Bulgarian [bʌl'geəriən, AM -'geri-] **I.** *adj* bulgarisch **II.** *n* ① (*person*) Bulgare, -in *m, f* ② (*language*) Bulgarisch *nt*

bulge [bʌldʒ] **I.** *n* ① (*protrusion*) Wölbung *f,* Rundung *f;* (*in driveway, road*) Unebenheit *f;* (*in metal, pipe*) Ausbeulung *f,* Beule *f;* (*in tyre*) Wulst *m;* ARCHIT Wulst *m,* Ausbauchung *f,* Vorsprung *m;* MIL [Front]ausbuchtung *f;* NAUT Kielraum *m,* Bilge *f fachspr* ② (*increase*) Anschwellen *nt,* Zunahme *f;* STOCKEX [plötzlicher] [Kurs]anstieg ▸ PHRASES: **the battle of the ~** (*hum*) der Kampf gegen die Pfunde; **the Battle of the B~** MIL die Ardennenschlacht **II.** *vi* ① (*swell*) sich runden [*o* wölben]; *eyes* hervortreten, hervorquellen; ***he chewed the toffee, his cheeks bulging*** er kaute das Karamelbonbon mit vollen Backen; ***her eyes ~d in surprise*** vor Überraschung fielen ihr die Augen fast aus dem Kopf *fam* ② (*be full*) ■**to be bulging with sth** *bag, briefcase, wallet* prall mit etw *dat* gefüllt sein, mit etw *dat* voll gestopft sein ③ (*protrude*) ■**to ~ over sth** über etw *akk* hängen ▸ PHRASES: **to be bulging at the seams** (*fam*) aus allen Nähten platzen *fam,* brechend voll sein *fam*

◆**bulge out** *vi* sich wölben; *eyes* hervorquellen

bulging ['bʌldʒɪŋ] *adj attr* ① (*full*) *container* zum Bersten voll; *stomach, wallet* prall gefüllt ② (*protruding*) *eyes* hervorquellend

bulgur ['bʌlgəʳ, AM -gɚ] *n,* **bulgur wheat** *n no pl* Bulgur *m,* Weizengrütze *f*

bulimia [bʊ'lɪmiə, AM bju:'-, bu:-] *n,* **bulimia nervosa** [bʊˌlɪmiənɜ:'vəʊsə, AM bju:ˌlɪmiənɜ:r'voʊsə] *n no pl* Bulimie *f*

bulimic [bʊ'lɪmɪk, AM bju:'li:-, -lɪ-] **I.** *adj* bulimisch **II.** *n* Bulimiker(in) *m(f)*

bulk [bʌlk] **I.** *n* ① *no pl* (*mass*) Masse *f;* **to be of tremendous ~** sehr massig sein ② (*size*) Ausmaß *nt; of a book, work* Umfang; *of a problem* Größe *f* ③ (*quantity*) **in ~** in großen Mengen; ECON en gros ④ (*large body*) massiger Körper ⑤ *no pl* (*largest part*) Großteil *m,* größter Teil; **the ~ of the spectators/visitors** die große Masse der Zuschauer/Besucher; **the ~ of the work** die meiste Arbeit ⑥ *no pl* (*in port*) **to break ~** Stückgut aufteilen; NAUT mit dem Löschen der Ladung beginnen **II.** *n modifier* (*coffee, paper*) in großen Mengen; ECON en gros; **~ goods** Massengüter *ntpl;* ECON Schüttgut *nt kein pl;* **~ haulage** Massengutverkehr *m;* **~ order** Großauftrag *m;* **~ store** AM Großhändler *m,* Grossist *m* **III.** *vi* (*liter*) **to ~ large** einen großen Raum einnehmen; **to ~ large in sb's thoughts** [*or* **on sb's mind**] eine große Rolle in jds Denken *nt* spielen

◆**bulk out** *vt* ■**to ~ sb out** jdn fülliger machen; ■**to ~ sth out** etw voluminöser machen; *food* etw strecken

bulk buy *vi* in großen Mengen [*o* en gros] [ein]kaufen **bulk buying** *n no pl* Großeinkauf *m,* Einkauf *m* en gros **bulk carrier** *n* Massengutfrachter *m* **bulked-up** [bʌlkt'ʌp] *adj* gestärkt **bulkhead** *n* MECH Trennwand *f;* AEROSP, AVIAT [Brand]schott *nt;* NAUT Schott *nt* **bulkhead seat** *n* AVIAT Trennwandsitz *m,* Bulkhead-Sitz *m fachspr* **bulk purchase** *n* Mengeneinkauf *m,* Posteinkauf *m* **bulk rate** *n* Mengenrabatt *m* **bulk shipments** *n* Massengütertransport *m*

bulky ['bʌlki] *adj* ① (*person*) massig, unförmig ② (*unwieldy*) *goods, luggage* sperrig

bull [bʊl] **I.** *n* ① (*male bovine*) Stier *m*, Bulle *m* ② (*male elephant, walrus*) Bulle *m* ③ (*fig: strong man*) Bulle *m fam;* **a ~ of a man** ein Bulle *m* von Mann ④ *no pl* ASTROL Stier *m* ⑤ *no pl* (*fam: nonsense*) Quatsch *m fam*, Blödsinn *m fam*, Quark *m sl; **that's a bunch of ~*** das ist doch alles Quatsch *fam* ⑥ STOCKEX Haussier(in) *m(f)*, [Hausse]spekulant(in) *m(f)* ⑦ *no pl* BRIT (*centre of target*) **to hit the ~** (*also fig*) ins Schwarze treffen, einen Volltreffer landen; *see also* **bull's eye 1** ► PHRASES: **like a ~ in a china shop** wie ein Elefant im Porzellanladen; **like a ~ at a gate** wie ein wild gewordener Stier [*o* ein Wilder]; **to take the ~ by the horns** den Stier bei den Hörnern packen; **to be [like] a red rag to a ~** [wie] ein rotes Tuch sein **II.** *n modifier* (*elephant, moose, whale*) -bulle *m;* **~ calf** Bullenkalb *nt*, Stierkalb *nt* **III.** *vi* sich *dat* rücksichtslos seinen Weg bahnen; ***he ~ed through the crowd*** er drängte sich rücksichtslos durch die Menge

bull-and-bear bond *n* BRIT FIN Aktienindexanleihe *f*

bulldog *n* Bulldogge *f;* (*fig*) zäher Bursche *fam*

bulldog bonds *npl* BRIT FIN Auslandsanleihe *f* (*in Großbritannien begeben*) **bulldog clip** *n* BRIT, AUS Flügelklammer *f* [*o* Halteklammer *f*] [mit Feder]; MED Verbandsklammer *f*

bulldoze ['bʊldəʊz, AM -doʊz] *vt* ① ■**to ~ sth [flat]** (*level off*) etw einebnen [*o* planieren]; (*clear*) etw räumen; (*tear down*) etw abreißen ② (*fig: force*) ■**to ~ sb into doing sth** jdn so einschüchtern, dass er etw tut; **to ~ sth through a committee/parliament** etw in einem Ausschuss/Parlament durchboxen *fam*

bulldozer ['bʊldəʊzəʳ, AM -doʊzɚ] **I.** *n* Bulldozer *m*, Planierraupe *f* **II.** *n modifier* (*methods, tactics*) Einschüchterungs-; **~ type** Gewaltmensch *m*, brutaler Kerl *fam*

bullet ['bʊlɪt] **I.** *n* ① MIL Kugel *f;* **to fire a ~** einen Schuss abfeuern; **to fire ~s** schießen, feuern; **to run like a ~** blitzschnell rennen ② TYPO großer Punkt, Spiegelstrich *m* ③ AM FIN *see* **bullet bond** ► PHRASES: **to bite the ~** in den sauren Apfel beißen, die Kröte [*o* bittere Pille] schlucken; **to give sb the ~** jdn feuern *fam* **II.** *n modifier* (*wound*) Schuss-; **~ hole** Einschussloch *nt;* **~ shot** Pistolenschuss *m*, Gewehrschuss *m*

bullet bond *n* AM FIN endfällige Anleihe **bullet-headed** *adj* ① (*having a round head*) rundköpfig; ■**to be ~** einen runden Kopf haben ② (*pej: stubborn*) dickköpfig *pej* **bullet hole** *n* [Ein]schussloch *nt*

bulletin ['bʊlətɪn, AM -ətn] *n* ① (*public notice*) Bulletin *nt*, Verlautbarung *f;* (*update*) [kurzer] Lagebericht, Meldung *f;* **[news] ~** MEDIA [Kurz]nachrichten *fpl* ② (*newsletter*) Mitteilungsblatt *nt*, Rundschreiben *nt;* **church ~** Gemeindebrief *m*

bulletin board *n* ① AM (*notice board*) schwarzes Brett, Anzeigenbrett *nt*, Anschlagtafel *f* ② COMPUT schwarzes Brett, [elektronisches] Anzeigenbrett, Mailbox *f*

bullet loan *n* FIN Kredit *m*, der in einem Betrag zurückgezahlt wird **bullet-proof I.** *adj* kugelsicher, schusssicher **II.** *vt* ■**to ~ sth** etw kugelsicher machen **bullet-proof vest** *n* kugelsichere Weste **bullet train** *n* (*fam*) Superexpress *m*, [japanischer] Hochgeschwindigkeitszug

bullfight *n* Stierkampf *m*

bullfighter *n* Stierkämpfer(in) *m(f)*

bullfighting *n no pl* Stierkampf *m*

bullfinch *n* ① (*bird*) Dompfaff *m*, Gimpel *m* ② BRIT (*obstacle*) hohe Hecke, Bullfinch *m fachspr* **bullfrog** *n* Ochsenfrosch *m* **bullheaded** *adj* (*pej*) dickköpfig *pej fam*, eigensinnig *pej* **bullhorn** *n* AM Megaphon *nt*

bullion ['bʊliən, AM *and Brit also* -jən] *n no pl* ungemünztes Edelmetall, Gold-/Silberbarren *mpl*, Bullion *nt fachspr;* **gold/silver ~** Gold-/Silberbarren *mpl*

bullish ['bʊlɪʃ] *adj* ① (*aggressive*) draufgängerisch, ungestüm ② (*obstinate*) dickköpfig, eigensinnig ③ ECON steigend *attr;* STOCKEX haussierend *attr;* (*fig*) optimistisch; **~ mood** Haussestimmung *f*

bull market *n* STOCKEX Haussemarkt *m*, Markt *m* mit steigenden Kursen **bull-neck** *n* Stiernacken *m* **bull-necked** [-nekt] *adj* stiernackig

bullock ['bʊlək] **I.** *n* Ochse *m* **II.** *vi* AUS, NZ (*fam*) sich *akk* abrackern [*o* schinden] *fam*

bull position *n* STOCKEX Hausseposition *f* **bullring** *n* Stierkampfarena *f* **bullrush** ['bʊlrʌʃ] *n see* **bulrush** **bull's eye I.** *n* ① (*target centre*) Zentrum *nt* der Zielscheibe; (*in darts*) Bull's eye *nt;* **to hit the [*or* get a] ~** (*also fig*) ins Schwarze treffen *a. fig*, einen Volltreffer landen *a. fig* ② (*shot*) Volltreffer *m* ③ (*circular pane*) Butzenscheibe *f;* NAUT Bullauge *nt* ④ FOOD [großes, rundes] Pfefferminzbonbon **II.** *interj* (*fig*) völlig richtig! **bullshit** (*fam!*) **I.** *n no pl* Schwachsinn *m fam*, Blödsinn *m fam*, Quatsch *m fam;* ***don't give me that ~*** komm mir nicht mit so 'nem Scheiß *sl;* **a load [*or* bunch] of ~** völliger Quatsch *fam*, kompletter Schwachsinn *fam* **II.** *interj* **~!** [so ein] Blödsinn! *fam*, Quatsch [mit Soße]! *fam* **III.** *adj excuse* windige(r,s) *pej fam* **IV.** *vt* <-tt-> ① (*deceive*) ■**to ~ sb** jdn verscheißern [*o* verarschen] *sl* ② (*convince*) ■**to ~ sb into doing sth** jdn dazu bequatschen, etw zu tun *pej fam* ③ (*make excuses*) **to ~ one's way out of doing sth** sich *akk* mit windigen Ausreden vor etw *dat* drücken **V.** *vi* <-tt-> Quatsch reden *fam*, Scheiß erzählen *sl* **bullshitter** *n* (*pej fam!*) Großmaul *nt pej fam*, Schwätzer *m pej fam* **bullterrier** *n* Bullterrier *m*

bully ['bʊli] **I.** *n* ① (*in school*) Rüpel *m*, Rabauke *m fam;* (*intimidator*) brutaler [*o* gemeiner] Kerl, Schläger *m fam;* ***you're just a big ~*** du bist ein ganz gemeiner Kerl; **the class ~** der Schlimmste [*o* größte Rabauke] in der Klasse ② FOOD Cornedbeef *nt*, Rinderpökelfleisch *nt* **II.** *vt* <-ie-> ■**to ~ sb** jdn tyrannisieren [*o* drangsalieren]; ■**to ~ sb into doing sth** jdn soweit einschüchtern, dass er etw tut **III.** *adj* ► PHRASES: **~ for you** (*hum, also iron fam*) gratuliere! *hum, a. iron*, na prima! *hum, a. iron fam;* **~ for him/her** (*hum, also iron fam*) echt toll, wie er/sie das macht *hum, a. iron* **IV.** *interj* AM (*fam*) prima! *fam*, klasse! *fam*, gut gemacht!

bully beef *n no pl* Cornedbeef *nt*, Rinderpökelfleisch *nt* **bully boy** *n* (*dated fam*) Gorilla *m pej fam*, [angeheuerter] Schläger *fam* **bully pulpit** *n* AM [Macht]tribüne *f*, Einflusssphäre *f*

bulrush <*pl* -es> ['bʊlrʌʃ] *n* [große] Binse

bulwark ['bʊlwək, AM -wɚk] *n* ① (*protective wall*) Bollwerk *nt;* (*in port*) Hafendamm *m* ② (*fig*) Wall *m*, Bollwerk *nt*, Schutz *m* (**against** vor +*dat*) ③ NAUT ■**~s** *pl* Schiffswand *f*, Schanzkleid *nt kein pl fachspr*

bum [bʌm] **I.** *n* ① (*pej: good-for-nothing*) Penner *m pej sl*, Arschloch *nt pej vulg* ② AM (*tramp*) Landstreicher *m*, Tippelbruder *m meist hum*, Penner *m pej sl* ③ *esp* BRIT, AUS (*fam: bottom*) Hintern *m fam;* **to give sb a kick up the ~** jdn in den Hintern treten *fam* ④ (*avid practitioner*) **ski/tennis ~** Ski-/Tennisfreak *m* ► PHRASES: **to get the ~'s rush** AM (*fam*) rausgeschmissen werden *fam;* **to give sb the ~'s rush** AM (*fam*) jdn rausschmeißen *fam;* **to be on the ~** AM (*sl: broken*) kaputt [*o derb* im Arsch] sein; (*sl: be a vagrant*) ein Penner sein *sl* **II.** *adj attr, inv* (*pej fam*) ① (*inadequate*) miserabel, mies *fam*, Scheiß- *derb;* (*not working*) *fuse, plug* defekt; **to do a ~ job of doing sth** etw völlig vermasseln *fam;* **~ steer** AM, AUS Irreführung *f*, Verschaukelung *f fam*, Verarschung *derb;* **to give sb a ~ steer** jdn irreführen [*o fam* verschaukeln] [*o derb* verarschen] ② (*unpleasant*) bescheuert *fam*, beschissen *sl* ③ (*unfair*) mies *fam;* **~ rap** AM (*unfair punishment*) ungerechte Strafe; (*false criminal charge*) zu Unrecht erhobene Anklage; (*unfair treatment*) ungerechte Behandlung; ***the book review was a ~ rap*** der Verriss des Buches war ungerechtfertigt; **to get the ~ rap** AM der/die Gelackmeierte sein *fam*, die Arschkarte kriegen *derb;* **to give sb a ~ rap** jdn ungerecht behandeln ④ (*unhealthy*) **~ knee/leg** schlimmes [*o fam* kaputtes] Knie/Bein **III.** *vt* <-mm-> (*fam*) ■**to ~ sth off sb** etw von jdm schnorren *fam*

◆**bum about** *vi*, **bum around** *vi* (*fam*) ① (*do nothing*) herumgammeln *fam*, herumlungern *fam;* **to ~ around the house/town/the university** zu Hause/in der Stadt/an der Universität herumhängen *fam* ② (*travel*) **to ~ around Europe** [kreuz und quer] durch Europa ziehen [*o* trampen]

◆**bum out** *vt* AM (*fam*) ■**to ~ sb out** jdm die Stimmung vermiesen *fam;* ■**to be ~med out** (*depressed*) [völlig] am Boden zerstört sein *fam;* (*angry*) stinksauer [*o fam* angefressen] sein; **to get ~med out** (*depressed*) depressiv werden; (*angry*) stinksauer werden *fam*

bumbag *n* BRIT, AUS Gürteltasche *f*

bumble ['bʌmbḷ] *vi* ① (*fam: go awkwardly*) torkeln, dahinstolpern ② (*fig fam: muddle through*) ■**to ~ through sth** sich *akk* durch etw *akk* wursteln *fam* ③ AM (*fam: make mistake*) sich *akk* irren ④ (*mumble*) stockend reden, stammeln; **to ~ through a speech** stockend eine Rede halten ⑤ (*buzz*) *bees* summen

◆**bumble around** *vt* BRIT (*fam*) ■**to ~ around a place** irgendwo herumfuhrwerken [*o* herumwursteln] *fam*

◆**bumble up** *vt* AM ■**to ~ up** ⊂ **sth** *deal, project* etw vermasseln [*o* verbocken] *fam*

bumblebee ['bʌmbḷbi:] *n* Hummel *f*

bumbling ['bʌmblɪŋ] *adj attr* ① (*confused*) schusselig *fam*, zerstreut ② (*clumsy*) tollpatschig; **~ idiot** ausgemachter Volltrottel *fam;* **~ incompetence** Stümperhaftigkeit *f fam*

bumboy ['bʌmbɔɪ] *n* (*vulg sl*) Stricher *sl*

bumf [bʌm(p)f] *n no pl esp* BRIT, AUS (*fam*) ① (*printed matter*) Papierkram *m fam* ② (*paperwork*) [leidiger] Papierkram *fam*

bummed *adj* (*fam*) angefressen *fig fam;* ■**to be ~ that …** angefressen sein, dass … *fig fam*

bummer ['bʌməʳ, AM -ɚ] (*fam*) **I.** *n* Mist *m fam;* ■**to be a ~** saublöd sein *sl; **what a ~!*** so ein Mist! *fam* **II.** *interj* verdammt *fam*, Mist *fam*, Scheiße *derb*

bump [bʌmp] **I.** *n* ① (*on head*) Beule *f;* (*in road*) Unebenheit *f*, [kleine] Erhebung, Hubbel *m fam;* **speed ~** Bodenschwelle *f* (*zur Verkehrsberuhigung*) ② AVIAT [Wind]bö *f*, [Steig]bö *f* ③ AM (*fam: in price*) Erhöhung *f;* (*in salary*) Erhöhung *f*, Aufbesserung *f;* (*promotion*) Beförderung *f; **he got a ~ to manager*** er wurde zum Geschäftsführer befördert ④ (*fam: light blow*) leichter Schlag [*o* Stoß]; AUTO [leichter] Zusammenstoß [mit Blechschaden]; **to get a ~ on one's head** sich *dat* den Kopf anschlagen ⑤ (*thud*) dumpfer Schlag, Bums *m fam*, Rumsen *nt;* **to go ~** rumsen *fam*, poltern ⑥ BRIT (*hum: pregnant belly*) dicker Bauch *hum* ⑦ BRIT (*fam*) **to give sb the ~s** *jdn an Armen und Beinen festhalten und dann mehrmals hintereinander hochwerfen* **II.** *vt* ① **to ~ a vehicle** mit einem Fahrzeug zusammenstoßen, ein Fahrzeug anfahren; ■**to ~ oneself** sich *akk* [an]stoßen ② AM (*replace*) ■**to ~ sb** jdn abservieren *fam* ③ *usu passive* AM (*fam*) AVIAT **to get ~ed from a flight** von der Passagierliste gestrichen werden, aus einem Flug ausgebucht werden **III.** *vi* ■**to ~ along** (*vehicle*) dahinrumpeln; (*passenger*) durchgeschüttelt werden, eine unruhige Fahrt haben; (*air passenger*) einen unruhigen Flug haben; **to ~ along a road/track** eine Straße/die Schienen entlangrumpeln [*o* entlangholpern] *fam*

◆**bump into** *vi* ■**to ~ into sb** ① (*knock against*) mit jdm zusammenstoßen; ■**to ~ into sth** gegen etw *akk* stoßen ② (*fig: meet by chance*) jdm [zufällig] in die Arme laufen

◆**bump off** *vt* (*sl*) ■**to ~ sb** ⊂ **off** jdn umlegen *fam*, jdn um die Ecke bringen *fam*

◆**bump up I.** *vt* (*fam*) ■**to ~ sth** ⊂ **up** etw erhöhen [*o* anheben]; **to ~ up prices/taxes** die Preise/Steuern erhöhen; **to ~ up productivity** die Produktivität steigern **II.** *vi* AM ■**to ~ up against sb** jdn zufällig treffen

bumper ['bʌmpəʳ, AM -ɚ] *n* Stoßstange *f;* **back/front ~** vordere/hintere Stoßstange

bumper car *n* [Auto]skooter *m;* **to drive ~s** Auto-

skooter fahren **bumper crop** *n* Rekordernte *f*
bumper sticker *n* Autoaufkleber *m*
bumph [bʌm(p)f] *n no pl see* **bumf**
bumping ['bʌmpɪŋ] *n* AM *Verdrängung eines Untergeordneten Angestellten vom Tisch im [Betriebs]restaurant*
bumpkin ['bʌmpkɪn] *n (pej fam)* Hinterwäldler(in) *m(f) pej;* **country** ~ *(man)* Bauerntölpel *m pej; (woman)* Landpomeranze *f hum, a. pej fam*
bump start I. *n* AUTO Anschieben *nt;* **to give sb a** ~ jds Auto *nt* anschieben **II.** *vt* **to** ~ **a car** ein Auto anschieben
bumptious ['bʌmpʃəs] *adj (pej)* überheblich, aufgeblasen, wichtigtuerisch
bumptiousness ['bʌmpʃəsnəs] *n no pl* Überheblichkeit *f,* Aufgeblasenheit *f,* Wichtigtuerei *f*
bumpy ['bʌmpi] *adj* ① *(uneven)* uneben, holp[e]rig ② *(jarring)* unruhig; ~ **air** böiger Wind; ~ **flight** unruhiger Flug; ~ **ride** *(in a car)* unruhige Fahrt; *(on a boat)* stürmische Überfahrt ③ *(fig)* bewegt, mit Höhen und Tiefen; **a** ~ **career** eine Karriere mit manchen Rückschlägen
bum rap *n* **to take a** ~ *esp* AM *(unfair criticism)* unfairer Kritik ausgesetzt sein
bun [bʌn] *n* ① *(pastry)* [rundes] Gebäckstück [*o* Teilchen]; **currant** ~ Rosinenbrötchen *nt* ② *esp* AM *(bread roll)* Brötchen *nt,* Semmel *f bes* SÜDD, Weck[en] *m* SÜDD, Weggli *nt* SCHWEIZ ③ *(hair style)* [Haar]knoten *m,* Dutt *m* NORDD; ***she wears her hair in a*** ~ sie trägt einen Knoten ④ *esp* AM, AUS *(fam: buttocks)* ■ ~**s** *pl* Po *m kein pl fam,* Hintern *m kein pl fam* ▶ PHRASES: **she has a** ~ **in the <u>oven</u>** *(usu hum fam)* sie kriegt ein Kind *fam*
bunch <*pl* -es> [bʌn(t)ʃ] **I.** *n* ① *(group) of bananas* Büschel *m; of carrots, parsley, radishes* Bund *m; of files, measures, newspapers* Bündel *nt; of flowers* Strauß *m;* ~ **of grapes** Weintraube *f;* ~ **of keys** Schlüsselbund *m* ② *(fam: group) of people* Gruppe *f,* Haufen *m fam;* **a** ~ **of idiots** ein Haufen *m* [von] Idioten; **a** ~ **of thieves** Diebespack *nt* ③ *esp* AM *(fam: lot)* Menge *f,* Haufen *m fam;* ***thanks a*** ~**!** tausend Dank!; **a whole** ~ **of problems** jede Menge Probleme ④ *(wad)* **in a** ~ *cloth* aufgebauscht, bauschig ⑤ *pl* BRIT ***to wear one's hair in*** ~***es*** Zöpfe [*o fam* Rattenschwänzchen] tragen ▶ PHRASES: **to be the <u>best</u>** [*or* **<u>pick</u>**] **of the** ~ der/die/das Beste von allen sein; **to be the <u>best</u> of a bad** ~ *(person)* noch der/die Beste von allen sein; *(thing)* noch das Beste von allem sein; **to give sb a** ~ **of <u>fives</u>** BRIT *(hum sl)* jdm eine [mit der Faust] reinhauen *sl* **II.** *vt* ① *(put in bunches)* **to** ~ **carrots/parsley/radishes** Karotten/Petersilie/Radieschen bündeln ② *(flex)* **to** ~ **one's muscles** seine Muskeln spielen lassen **III.** *vi* sich bauschen
◆**bunch together I.** *vi people, animals* sich *akk* zusammendrängen, ein [dicht gedrängtes] Häufchen bilden; *cloth* sich bauschen **II.** *vt* ■**to** ~ **sth together** etw zu einem Bündel zusammenfassen
◆**bunch up I.** *vt* ■**to** ~ **up** ↔ **sth** etw zusammenknüllen; *cloth* etw [zusammen]raffen **II.** *vi people, animals* sich *akk* [zusammen]drängen; *cloth* sich bauschen
bunco ['bʌŋkəʊ, AM -koʊ] *n (sl)* LAW Trickbetrügerei *f,* Betrug *m,* Schwindel *m*
bundle ['bʌndl] **I.** *n of bank notes, clothes, sticks* Bündel *nt* ▶ PHRASES: **a <u>[precious]</u>** ~ **of <u>joy</u>** *(fam)* ein Wonneproppen *m;* **a** ~ **of <u>laughs</u>** [*or* **<u>fun</u>**] eine Frohnatur, ein Spaßvogel *m;* **a** ~ **of <u>mischief</u>** *(child)* ein [kleiner] Racker [*o* Schlingel] *fam;* **a** ~ **of <u>nerves</u>** ein Nervenbündel; **to <u>go</u> a** ~ **on sth** BRIT *(fam)* auf etw *akk* stehen *fam;* **to <u>make</u> a** ~ **[on sth]** *(fam)* [mit etw *dat*] einen Haufen Geld verdienen *fam* **II.** *vt* ■**to** ~ **sth into sth** etw in etw *akk* hineinquetschen [*o* hineinstopfen] *fam;* ■**to** ~ **sb into sth** jdn irgendwohin verfrachten *fam* **III.** *vi* ■**to** ~ **into sth** ① *(cram)* sich *akk* in etw *akk* hineinzwängen [*o fam* hineinquetschen] ② *(move quickly)* in etw *akk* eilen; ***we*** ~***d into the bus*** wir sprangen in den Bus
◆**bundle off** *vt* ■**to** ~ **sb off** jdn wegschaffen; ***the children were*** ~***d off to school*** die Kinder wurden in aller Eile zur Schule geschickt
◆**bundle up I.** *vi* sich *akk* warm anziehen [*o fam* einpacken] **II.** *vt* ① *(dress warmly)* ■**to** ~ **sb up** jdn warm anziehen [*o fam* einpacken] ② *(bunch together)* **to** ~ **up papers/sticks** Papiere/Stöcke bündeln
bunfight ['bʌnfaɪt] *n* BRIT *(hum fam)* ① *(official party)* Festivität *f,* Fete *f fam* ② *(argument)* Streiterei *f,* Strauß *m hum geh*
bung [bʌŋ] **I.** *n* ① *esp* BRIT [Flaschen]verschluss *m,* Pfropfen *m,* Stöpsel *m; (of cork)* Korken *m; (of wood)* Spund *m* ② *(underhand payment)* Schmiergeld *nt pej fam* **II.** *vt* ① *esp* BRIT *(close)* ■**to** ~ **sth** etw verschließen ② *esp* BRIT, AUS *(fam: toss)* ■**to** ~ **sth somewhere** etw irgendwohin schmeißen *fam*
◆**bung up** *vt* ■**to** ~ **up** ↔ **sth** *(intentionally)* etw zustopfen [*o* verschließen]; *(unintentionally)* etw verstopfen; ■**to be** ~**ed up** *nose* verstopft sein
bungalow ['bʌŋgələʊ, AM -oʊ] *n* Bungalow *m*
bungee [bʌndʒi:] **I.** *n* Gurt *m* **II.** *vi* Bungee springen
bungee cord *n* Gurt *m* [mit Haken] **bungee jumping** *n no pl* Bungeespringen *nt,* Bungeejumping *nt* **bungee rope** *n* Bungeeseil *nt*
bunghole *n* Spundloch *nt,* Zapfloch *nt*
bungle ['bʌŋgl] **I.** *vt* ■**to** ~ **sth [up]** etw verpfuschen [*o* vermasseln] *fam* **II.** *vi* pfuschen *fam,* Mist bauen *fam* **III.** *n* Pfusch *m kein pl fam,* Pfuscherei *f fam;* **to make a** ~ **of sth** etw verpfuschen *fam*
bungler ['bʌŋgləʳ, AM -ɚ] *n (pej)* Pfuscher(in) *m(f) pej fam,* Stümper(in) *m(f) pej*
bungling ['bʌŋglɪŋ] **I.** *n no pl* Stümperei *f,* Pfuscherei *f fam* **II.** *adj attr, inv* ungeschickt; ~ **fool** [*or* **idiot**] ausgemachter Trottel
bungy jumping *n no pl see* **bungee jumping**
bunion ['bʌnjən] *n* Fußballenentzündung *f*
bunk [bʌŋk] **I.** *n* ① *(in boat)* Koje *f; (in driver's cabin)* Schlafstelle *f,* Schlafkoje *f; (in train)* Bett *nt,* Liege *f* ② *(part of bed)* **bottom/top** ~ unteres/oberes Bett *(eines Etagenbetts)* ③ *no pl (fam)* völliger Blödsinn *fam* ▶ PHRASES: **to <u>do</u> a** ~ BRIT, AUS *(fam)* [heimlich] abhauen *fam,* sich *akk* aus dem Staub machen *fam* **II.** *vi (fam)* ■**to** ~ **[down]** sich *akk* aufs Ohr legen *fam* [*o sl* hauen]; **to** ~ **together** AM sich *dat* eine Bude teilen *fam,* Zimmergenossen sein *(in einem College)*
◆**bunk off** *vi* BRIT *(sl)* sich *akk* verkrümeln *fam,* verduften *fam;* **to** ~ **off school** die Schule schwänzen *fam*
bunk bed *n* Etagenbett *nt*
bunker ['bʌŋkəʳ, AM -ɚ] *n* ① MIL Bunker *m* ② *(in golf)* Bunker *m*
bunkhouse ['bʌŋkhaʊs] *n* Arbeiterbaracke *f*
bunkum ['bʌŋkəm] *n no pl (fam)* Blödsinn *m fam,* Quatsch *m fam*
bunny ['bʌni] *n* ① *(childspeak)* Häschen *nt* ② AM *(fam: waitress)* Bunny *nt (leicht bekleidete, mit Hasenohren und Stummelschwänzchen versehene Bedienung);* **Playboy** ~ Playboy-Häschen *nt*
bunny girl *n (fam)* Bunny *nt* **bunny-hop I.** *vi* <-pp-> *children* hüpfen, hopsen *fam; (with bicycle)* mit dem Fahrrad Sprünge vollführen **II.** *vt* <-pp-> ■**to** ~ **sth** etw mit dem Fahrrad überspringen **III.** *n (jump)* Hüpfer *m fam,* Hopser *m fam; (with bike)* Sprung *m* [mit dem Fahrrad] **bunny rabbit** *n (childspeak)* Häschen *nt*
bunsen burner ['bʌn(t)sᵊn,bɜ:nəʳ, AM -sɪn,bɜ:rnɚ] *n* Bunsenbrenner *m*
bunt [bʌnt] **I.** *vi (in baseball)* den Ball [leicht] abtropfen lassen *fachspr* **II.** *vt (in baseball)* **to** ~ **a ball** einen Ball [leicht] abtropfen lassen *fachspr*
bunting ['bʌntɪŋ, AM -t̬ɪŋ] *n no pl* ① *(decoration)* Schmücken *nt* mit Fähnchen [*o* Wimpeln]; NAUT Beflaggung *f* ② *(material)* Fahnenstoff *m,* Flaggenstoff *m*
buoy [bɔɪ, AM *also* 'bu:i] **I.** *n* Boje *f* **II.** *vt* ① *(float)* ■**to** ~ **sb [up]** *water* jdn tragen ② *(cause to rise)* **to** ~ **prices [up]** Preise in die Höhe treiben ③ *(encourage)* ■**to** ~ **sb up** jdm Auftrieb geben; **to** ~ **sb's hopes [up]** jdm [neue] Hoffnungen machen; **to** ~ **sb's spirits [up]** jds Stimmung *f* heben
buoyancy ['bɔɪən(t)si] *n no pl* ① *(ability to float)* Schwimmfähigkeit *f* ② AVIAT, NAUT Auftrieb *m* ③ *(fig: vivacity)* Schwung *m,* Elan *m* ④ ECON steigende Konjunktur; **a** ~ **in the demand for steel** eine lebhafte Nachfrage nach Stahl
buoyant ['bɔɪənt] *adj* ① *(able to float)* schwimmfähig; ***most woods are*** ~ die meisten Hölzer schwimmen ② *(cheerful)* ■**to be** ~ vergnügt [*o* bester Stimmung] sein; **to be in a** ~ **mood** in Hochstimmung [*o* bester Stimmung] sein ③ ECON *demand, market* lebhaft; *market also* fest; *prices* steigend *attr*
buoyant forces *npl* Auftriebskräfte *fpl*
buoyantly ['bɔɪəntli] *adv* heiter, vergnügt
BUPA ['bu:pə] *n no pl acr for* **British United Provident Association** *private Krankenversicherung*
buppie ['bʌpi] *n* Yuppie *m* schwarzer Hautfarbe
bur *n see* **burr**
burb [bɜ:rb] *n* AM *(fam) short for* **suburb** Vorort *m,* Vorstadt *f*
Burberry® ['bɜ:bᵊri, AM 'bɜ:rberi] *n* ① *(coat)* Burberrymantel *m* ② *no pl (cloth)* Burberrymantelstoff *m*
burble ['bɜ:bl, AM 'bɜ:r-] **I.** *vi* ① *(of water)* plätschern ② *(pej: babble)* plappern *pej fam,* quasseln *pej fam* **II.** *vt (pej)* ■**to** ~ **sth** etw brabbeln *fam;* **to** ~ **one's speech** [*or* **words**] nuscheln
◆**burble away** *vi* drauflos plappern; *baby* vor sich *akk* hin brabbeln
◆**burble on** *vi* drauflos [*o* in einem fort] quasseln *fam*
burden ['bɜ:dᵊn, AM 'bɜ:r-] **I.** *n* ① *(load)* Last *f;* **heavy** ~ schwere Last ② *(fig: obligation)* Belastung *f,* Last *f,* Bürde *f geh;* ~ **of proof** [*or* **persuasion**] LAW Beweislast *f;* **to discharge a** ~ **of proof** den Beweis antreten; ***the*** ~ ***of proof is on the prosecution*** die Anklage trägt die Beweisführungspflicht; **to be a heavy** ~ **to bear** sehr belastend [*o* eine schwere Belastung] sein; **to place a** ~ **on sb** jdn einer Belastung aussetzen; ■**to be a** ~ **to sb** für jdn eine Belastung sein ③ *(form: gist) of views* Kern *m; of writings* Hauptthema *nt,* Kernthema *nt; of a song* Refrain *m* ▶ PHRASES: **the white <u>man's</u>** ~ die Bürde des weißen Mannes **II.** *vt* ① *(load)* ■**to** ~ **sb/sth** jdn/etw beladen ② *(bother)* ■**to** ~ **sb** jdn belasten
burdensome ['bɜ:dᵊnsəm, AM 'bɜ:r-] *adj (form)* belastend, mühsam, lästig
burdock ['bɜ:dɒk, AM 'bɜ:rdɑ:k] *n* BOT Große Klette
bureau <*pl* -x *or* AM, AUS *usu* -s> ['bjʊərəʊ, AM 'bjʊroʊ] *n* ① *(government department)* Amt *nt,* Behörde *f;* **immigration** ~ Einwanderungsbehörde *f* ② *esp* AM *(office)* [Informations]büro *nt,* Agentur *f* ③ *esp* BRIT *(desk)* Sekretär *m* ④ AM *(chest of drawers)* Kommode *f* ⑤ COMPUT **output** ~ Setzerei *f,* Satzanstalt *f;* **word-processing** ~ Textverarbeitungsbüro *nt*
bureaucracy [bjʊə'rɒkrəsi, AM bjʊ'rɑ:-] *n (esp pej)* ① *(organization)* Bürokratie *f,* Verwaltung *f; (officials)* Beamtenschaft *f kein pl,* Staatsdiener *mpl* ② *no pl (paperwork)* Bürokratie *f pej,* Amtsschimmel *m hum, a. pej fam*
bureaucrat ['bjʊərə(ʊ)kræt, AM 'bjʊrə-] *n* Bürokrat(in) *m(f);* **faceless** ~ anonymer Bürokrat
bureaucratic [,bjʊərə(ʊ)'krætɪk, AM ,bjʊrə'kræt̬-] *adj* bürokratisch; ~ **hassle** Ärger *m* mit der Bürokratie
bureaucratically [,bjʊərəʊ'krætɪkᵊli, AM ,bjʊrə'] *adv* bürokratisch
bureau de change <*pl* bureaux de change> [,bjʊərəʊdə'ʃɑ̃ʒ, AM ,bjʊroʊ-] *n* Wechselstube *f*
bureaus *n usu* AM, AUS, **bureaux** *n pl of* **bureau**
burgeon ['bɜ:dʒᵊn, AM 'bɜ:r-] *vi (form)* gedeihen; *business, industry, plant* expandieren; *economy, plant, trade* blühen, florieren *geh,* boomen *fam; love, plant* sprießen
burgeoning ['bɜ:dʒᵊnɪŋ, AM 'bɜ:r-] *adj attr, inv business, economy, trade* blühend *attr,* florierend *attr geh; industry, population* wachsend; *talent, town* aufstrebend; ~ **growth** rasches Wachstum
burger ['bɜ:gəʳ, AM 'bɜ:rgɚ] *n (fam) short for* **hamburger** [Ham]burger *m;* **bacon** ~ Hamburger *m* mit Schinkenspeck; **cheese** ~ Cheeseburger *m;* **veg[gi]e** ~ vegetarischer Hamburger
burgess <*pl* -es> ['bɜ:dʒəs, AM 'bɜ:r] *n* BRIT ① *(old:*

B

citizen) [freier] Bürger *m*, [freie] Bürgerin *f* ❷ (*hist: MP for a borough*) Abgeordnete(r) *f(m)*

burgh ['bʌrə, AM bɜːrg, 'bɜːrə] *n* SCOT (*old*) Stadt[gemeinde] *f*

burgher ['bɜːgəʳ, AM 'bɜːrgɚ] *n* (*old or hum*) Bürger(in) *m(f)*

burglar ['bɜːgləʳ, AM 'bɜːrglɚ] *n* Einbrecher(in) *m(f)*

burglar alarm *n* Alarmanlage *f*; **to set off a ~** eine Alarmanlage auslösen

burglarize ['bɜrgləraɪz] *vt* AM **to ~ an apartment/a house/an office** in eine Wohnung/ein Haus/ein Büro einbrechen; ***they were ~d*** bei ihnen wurde eingebrochen

burglarproof *adj* einbruchsicher

burglary ['bɜːgləri, AM 'bɜːrg-] *n* ❶ (*break-in*) Einbruch *m* ❷ *no pl* (*theft*) Einbruchdiebstahl *m*; **aggravated ~** LAW erschwerter Diebstahl

burgle ['bɜːgl, AM 'bɜːrgl] *vt esp* BRIT, AUS **to ~ an apartment/a house/an office** in eine Wohnung/ein Haus/ein Büro einbrechen; ***they were ~d*** bei ihnen wurde eingebrochen

burgundy ['bɜːgəndi, AM 'bɜːr-] **I.** *n* ❶ (*wine*) Burgunder *m* ❷ (*colour*) Burgunderrot *nt* **II.** *adj* burgunderrot

burial ['beriəl] *n* ❶ (*ceremony*) Beerdigung *f*, Begräbnisfeier *f*; **~ at sea** Seebestattung *f* ❷ *no pl* (*interment*) Begräbnis *nt*, Beerdigung *f*

burial ground *n* Friedhof *m*; HIST Begräbnisstätte *f*

burial place *n*, **burial site** *n* Grabstätte *f*

burk [bɜːk] *n* BRIT, AUS *see* **berk**

burlap ['bɜːrlæp] *n no pl* AM Sackleinen *nt*; **~ sack** [grober] Leinensack

burlap bag *n* Jutetasche *f*

burlesque [bɜː'lesk, AM bɜːr-] *n* ❶ (*something written*) Parodie *f*, Persiflage *f geh* ❷ *no pl* (*genre*) Burleske *f* ❸ AM (*variety show*) Varieteevorstellung *f*; (*comedy show*) Klamauksendung *f*

burly ['bɜːli, AM 'bɜːr-] *adj* kräftig [gebaut], stämmig

Burma ['bɜːmə, AM 'bɜːr] *n no pl* GEOG, HIST Burma *nt*

Burmese [bɜːmiːz, AM 'bɜːr] **I.** *adj inv* burmesisch **II.** *n* <*pl* -> Burmese, -in *m, f*

burn¹ [bɜːn, AM bɜːrn] *n* SCOT Bächlein *nt*

burn² [bɜːn, AM bɜːrn] **I.** *n* ❶ (*injury*) Verbrennung *f*, Brandwunde *f*; (*sunburn*) Sonnenbrand *m*; (*sensation*) Brennen *nt*; **first/second/third degree ~s** Verbrennungen *fpl* ersten/zweiten/dritten Grades; **severe ~s** schwere Verbrennungen ❷ (*damage*) Brandfleck *m*, Brandstelle *f*; (*from acid*) Verätzung *f*; **cigarette ~** Brandloch *nt* ❸ AEROSP Zündung *f* **II.** *n modifier* (*damage, wound*) Brand- **III.** *vi* <burnt *or* AM *usu* **burned**, burnt *or* AM *usu* **burned**> ❶ (*be in flames*) *wood, fire* brennen; *house* in Flammen stehen; (*be destroyed*) *house, forest* abbrennen; *furniture, paper* verbrennen; **to ~ to death** verbrennen ❷ FOOD anbrennen ❸ (*sunburn*) einen Sonnenbrand bekommen; ***my skin ~s easily*** ich bekomme leicht einen Sonnenbrand ❹ (*illuminate*) *candle, light* brennen ❺ (*acid*) ätzen, Verätzungen verursachen ❻ (*hot sensation*) *spicy food, skin* brennen; *forehead* glühen ❼ (*fig*) ■**to be ~ing to do sth** (*have a longing*) darauf brennen, etw zu tun; (*be impatient*) es kaum abwarten können, etw zu tun; (*be eager*) [ganz] heiß darauf sein, etw zu tun *fam* ❽ (*fig: feel strongly*) **to ~ with anger** vor Wut kochen; **to be ~ing with curiosity** vor Neugierde [fast] sterben; **to ~ with desire/passion** vor Begierde/Leidenschaft brennen *geh*; **to ~ with embarrassment** vor Verlegenheit [ganz] rot werden; **to ~ with shame** vor Scham rot anlaufen **IV.** *vt* <burnt *or* AM *usu* **burned**, burnt *or* AM *usu* **burned**> ❶ (*damage with heat*) ■**to ~ sb/sth** jdn/etw verbrennen; **to ~ a village** ein Dorf niederbrennen; ■**to ~ oneself** sich *akk* verbrennen; **to be ~t to death** verbrennen; (*in accident*) in den Flammen umkommen; **to ~ one's fingers/tongue** (*also fig*) sich *dat* die Finger/Zunge verbrennen; **to ~ sth to the ground** etw bis auf die Grundmauern niederbrennen; **to ~ a hole in sth** ein Loch in etw *akk* brennen; **to be ~t at the stake** auf dem Scheiterhaufen verbrannt werden; (*fig*) ans Kreuz genagelt werden *fig*; **to be ~t alive** [*or* **to death**] bei lebendigem Leibe verbrennen ❷ FOOD ■**to ~ sth** etw anbrennen lassen; **to ~ sth to a crisp** etw verschmoren lassen ❸ (*sunburn*) ■**to be ~t** einen Sonnenbrand haben ❹ (*cause hot sensation*) **to ~ sb's skin/tongue** *spicy food, sun* jdm auf der Haut/Zunge brennen; ***I've ~t my tongue*** ich habe mir die Zunge verbrannt; ***the curry ~t her throat*** das Curry brannte ihr im Hals ❺ (*acid*) ■**to ~ sth** etw verätzen ❻ (*use up*) **to ~ calories/fat** Kalorien/Fett verbrennen; **to ~ gas/oil/petrol** Gas/Öl/Benzin verbrauchen ❼ COMPUT **to ~ a CD/DVD-ROM** eine CD/DVD-ROM brennen ► PHRASES: **to ~ one's <u>boats</u>** [*or* **<u>bridges</u>**] alle Brücken hinter sich *dat* abbrechen; **to ~ the <u>candle</u> at both ends** sich *akk* übernehmen; **to ~ in <u>hell</u>** in der Hölle schmoren; **to ~ the <u>midnight</u> oil** bis spät in die Nacht hinein arbeiten; **I've got all the <u>money</u> and it's ~ing a hole in my pocket** ich habe so viel Geld und das will jetzt ausgegeben werden *fam*; **to have got <u>money</u> to ~** Geld wie Heu haben; **to ~ <u>rubber</u>** (*fam*) auf die Tube drücken *fam*; **to have <u>time</u> to ~** alle Zeit der Welt haben

◆**burn away** **I.** *vi* verbrennen; *building, forest* abbrennen; *candle, fire* herunterbrennen; (*continuously*) vor sich hinbrennen **II.** *vt* ■**to ~ sth** ↔ **away** etw abbrennen; **to ~ away hair** Haare versengen

◆**burn down** **I.** *vt* ■**to ~ sth** ↔ **down** etw abbrennen [*o geh* niederbrennen] **II.** *vi building* niederbrennen; *forest* abbrennen; *candle, fire* herunterbrennen

◆**burn in** *vt* ■**to ~ sth** ↔ **in** COMPUT etw einbrennen

◆**burn off** *vt* **to ~ off** ↔ **gas/oil** Gas/Öl abfackeln; **to ~ off** ↔ **a wart** MED eine Warze ausbrennen

◆**burn out** **I.** *vi* ❶ (*extinguish*) *fire, candle* herunterbrennen ❷ *rocket* ausbrennen ❸ AM (*fam: reach saturation*) ■**to ~ out on sth** etw schnell überhaben *fam* ❹ (*stop functioning*) *bulb, fuse* durchbrennen; (*slowly*) *cable, coil, wire* durchschmoren **II.** *vt* ❶ (*stop burning*) **the candle/fire/match ~t itself out** die Kerze/das Feuer/das Streichholz brannte herunter ❷ *usu passive* (*be destroyed*) ***her talent has ~t out*** mit ihrem Talent ist es vorbei; **to be ~t out of house and home** durch einen Brand Haus und Hof verlieren; ■**to ~ out** ↔ **sb** jdn ausräuchern ❸ (*become exhausted*) ■**to ~ oneself out** sich *akk* völlig verausgaben [*o fam* kaputtmachen]; ■**to be ~t out** [völlig] ausgebrannt sein

◆**burn up** **I.** *vi* ❶ (*by fire*) verbrennen; (*destroy*) verbrennen; *fire* auflodern ❷ (*fig: be feverish*) glühen ❸ AEROSP *rocket, satellite* verglühen ► PHRASES: **to ~ up the <u>road</u>** die Straße entlangrasen **II.** *vt* ❶ (*consume*) ■**to ~ up** ↔ **sth** etw verbrauchen; *energy, fuel also* etw fressen *pej fam*; **to ~ up fat** Fett verbrennen ❷ (*fig fam*) **to be ~t up with hatred/jealousy** (*be consumed by*) sich *akk* vor Hass/Eifersucht verzehren *geh*; ***she was ~t up with suspicion*** immerzu nagten Zweifel an ihr ❸ AM (*make angry*) ■**to ~ sb up** jdn zur Weißglut treiben

burned out *adj see* **burnt out**

burner ['bɜːnəʳ, AM 'bɜːrnɚ] *n* ❶ (*heater*) Brenner *m*; AM *also* Kochplatte *f* ❷ CHEM, TECH Brenner *m* ❸ COMPUT Brenner *m*

burn-in *n* COMPUT Einbrennen *nt*, Voraltern *nt*

burning ['bɜːnɪŋ, AM 'bɜːrn-] **I.** *adj attr, inv* ❶ (*on fire*) brennend; *face* glühend ❷ (*fig: intense*) *ambition, desire* brennend; *passion* glühend ❸ (*controversial*) *issue* heiß diskutiert; *problem, question* brennend ❹ (*stinging*) brennend; **to have a ~ sensation on one's skin** ein Brennen auf der Haut spüren **II.** *n no pl* ***there's a smell of ~*** es riecht verbrannt

burnish ['bɜːnɪʃ, AM 'bɜːr-] *vt* (*esp liter*) ■**to ~ sth** etw blank reiben [*o* polieren] [*o fachspr* brünieren]

burnished ['bɜːnɪʃt, AM 'bɜːr-] *adj* (*esp liter*) poliert; (*fig*) **~ skin** goldbraune Farbe; (*face*) goldbrauner Teint

burnout *n* ❶ *no pl* (*exhaustion*) [vollkommene] Erschöpfung; **to suffer ~** [völlig] ausgebrannt sein *sl* ❷ AM (*pej: person*) ausgebrannter Mensch; (*drug abuser*) Junkie *m sl* ❸ COMPUT Ausbrennen *nt*

burnt [bɜːnt, AM bɜːrnt] **I.** *vt, vi pt, pp of* **burn** **II.** *adj* (*completely*) verbrannt; (*partly*) *food* angebrannt; (*from sun*) verbrannt; ***there's a ~ smell*** es riecht verbrannt; **~ sugar** Karamelzucker *m*

burnt offering *n* ❶ (*sacrifice*) Brandopfer *nt* ❷ BRIT (*hum*) angebranntes Essen **burnt out** *adj*, **burnt-out** *adj attr, inv* ❶ *building* ausgebrannt; *fuse* durchgebrannt ❷ (*fig: exhausted*) ausgebrannt *fam* ❸ (*fig: disillusioned*) desillusioniert ❹ AM (*fam: from drugs*) verkifft *sl*

burp [bɜːp, AM bɜːrp] **I.** *n* Rülpser *m*; *of a baby* Bäuerchen *nt*; **to let out a [big] ~** [laut] rülpsen **II.** *vi* aufstoßen, rülpsen *fam*; *baby* ein Bäuerchen machen **III.** *vt* **to ~ a baby** ein Baby aufstoßen lassen

burr [bɜːʳ, AM bɜːr] *n* ❶ BOT Klette *f* ❷ BRIT *of a telephone* Summen *nt*, Summton *m*; *of cogs* Surren *nt* ❸ LING **to speak with a ~** ein gerolltes Zäpfchen-R sprechen (*im Westen Englands und in Schottland*)

burrito [bə'riːtəʊ, AM -t̬oʊ] *n* Burrito *m*, gefüllte Tortilla

burrow ['bʌrəʊ, AM 'bɜːroʊ] **I.** *n of fox, rabbit* Bau *m* **II.** *vt* ❶ **to ~ a hole/tunnel** ein Loch/einen Tunnel graben ❷ (*fig: hide*) ■**to ~ sth [into sth]** etw [in etw *akk*] vergraben **III.** *vi* ❶ (*dig*) ■**to ~ [into sth]** einen Bau [in etw *akk*] graben; ■**to ~ through sth** sich *akk* durch etw *akk* [hin]durchgraben ❷ (*fig: search through*) ■**to ~ through sth** etw durchwühlen [*o* gründlich durchsuchen]

bursar ['bɜːsəʳ, AM 'bɜːrsɚ] *n* Finanzverwalter(in) *m(f)*; UNIV Schatzmeister(in) *m(f)*, Quästor(in) *m(f)* *fachspr*; **~'s office** Rentamt *nt*; UNIV Quästur *f* *fachspr*

bursary ['bɜːsəri, AM 'bɜːr-] *n esp* BRIT ❶ (*grant*) Stipendium *nt* ❷ (*bursar's office*) Rentamt *nt*; UNIV Quästur *f fachspr*

burst [bɜːst, AM bɜːrst] **I.** *n* ❶ (*rupture*) *of pipe* [Rohr]bruch *m*; *of tyre* Platzen *nt* ❷ (*explosion*) Explosion *f* ❸ *of flame* auflodern ❹ (*sudden activity*) Ausbruch *m*; (*in advertising*) stoßweise Werbung; **~ of activity** plötzliche Geschäftigkeit; **~ of applause** Beifallssturm *m*; **~ of growth** Wachstumsschub *m*; **to undergo a ~ of growth** einen Schuss tun *fam*; **~ of economic growth** plötzlich einsetzendes Wirtschaftswachstum; **~ of laughter** Lachsalve *f*; **~ of speed** Spurt *m*; **to put on a ~ of speed** einen Zahn zulegen *fam* **II.** *vi* <burst *or* AM *also* **bursted**, burst *or* AM *also* **bursted**> ❶ (*explode*) *balloon, pipe, tyre* platzen; *bubble* zerplatzen; *dam* bersten, brechen; *wound* aufplatzen; (*fig, hum: when stuffed*) platzen *fig* ❷ (*fig: eager to do*) ■**to be ~ing to do sth** darauf brennen, etw zu tun ❸ (*fam: toilet*) ***I'm ~ing to go to the loo!*** ich muss ganz dringend aufs Klo! *fam* ❹ (*come suddenly*) durchbrechen; ***the sun ~ through the clouds*** die Sonne brach durch die Wolken; **to ~ through the enemy lines** die feindlichen Stellungen durchbrechen ❺ (*be full*) *suitcase* zum Bersten voll sein, platzen *a. fig*; **to ~ with anger/curiosity/joy/pride** vor Wut/Neugier/Freude/Stolz platzen; **to ~ with energy/health/joie de vivre** vor Kraft/Gesundheit/Lebensfreude [nur so] strotzen; **to ~ with excitement/happiness** vor Aufregung/Glück ganz außer sich *dat* sein ► PHRASES: **to ~ at the <u>seams</u>** (*fam*) aus allen Nähten platzen; **to do sth <u>fit</u> to ~** (*fam*) etw mit voller Kraft tun; ***she was crying fit to ~*** sie war völlig in Tränen aufgelöst; ***Tom was singing fit to ~*** Tom sang aus vollem Hals; ***she is talking fit to ~*** sie redet wie ein Wasserfall **III.** *vt* <burst *or* AM *also* **bursted**, burst *or* AM *also* **bursted**> ■**to ~ sth** etw zum Platzen bringen; ***the river ~ its banks*** der Fluss trat über die Ufer; ***she ~ a blood vessel*** ihr ist eine Ader geplatzt; **to ~ a balloon/tyre** einen Ballon/Reifen platzen lassen ► PHRASES: **to ~ sb's <u>bubble</u>** jds Illusionen *pl* zerstören

◆**burst in** *vi* ❶ (*enter suddenly*) hereinstürzen, hineinstürzen ❷ (*surprise*) ■**to ~ in on sb** bei jdm hereinplatzen; **to ~ in on a meeting** in eine Versammlung hineinplatzen

◆**burst into** *vi* ① *(enter suddenly)* ■**to ~ into sth** in etw *akk* hereinstürzen [*o* hineinstürzen] ② *(start suddenly)* **to ~ into blossom** [*or* **flower**] [plötzlich] aufblühen; **to ~ into flames** in Flammen aufgehen; **to ~ into laughter** in [schallendes] Gelächter ausbrechen; **to ~ into song** laut zu singen anfangen; **to ~ into tears** in Tränen ausbrechen; **to ~ into view** plötzlich auftauchen

◆**burst open I.** *vi* ① *(open suddenly) chest, door, lid* aufspringen; *door, window* auffliegen ② *(split open) blister, bud, wound* aufplatzen **II.** *vt* ■**to ~ sth ○ open** etw aufreißen; **to ~ a watermelon open** eine Wassermelone aufbrechen

◆**burst out** *vi* ① *(hurry out)* herausstürzen; **to ~ out of a room** aus einem Zimmer stürmen ② *(speak)* losplatzen; ***"don't go!" he ~ out*** „geh nicht!" platzte es aus ihm heraus ③ *(commence)* **to ~ out crying/laughing/screaming** in Tränen/Gelächter/Geschrei ausbrechen ④ *(appear) sun, emotions* hervorbrechen

burthen ['bɜːðən, AM 'bɜːr] *n (old) see* **burden** Last *f a. fig,* Bürde *f a. fig*

burton ['bɜːtən] *n no pl* ▶ PHRASES: **to have gone for a ~** BRIT *(dated fam)* dahin [*o* vorbei] sein *fam*

bury <-ie-> ['beri] *vt* ① *(put underground)* ■**to ~ sb** jdn begraben; ■**to ~ sth** etw vergraben; **to be buried alive** lebendig begraben sein ② *(fig: hide)* ■**to ~ sth** etw verbergen; ***she buried her face in her hands*** sie vergrub ihr Gesicht in den Händen; **to ~ one's pain** seine Schmerzen nicht zeigen ③ *(engross)* **to ~ oneself in one's book/one's work** sich *akk* in sein Buch/seine Arbeit versenken; **to be buried in one's book/thoughts/work** ganz in sein Buch/seine Gedanken/seine Arbeit versunken [*o* vertieft] sein ▶ PHRASES: **to ~ the hatchet** das Kriegsbeil begraben; **to ~ one's head in the sand** den Kopf in den Sand stecken

◆**bury away** *vt (fig)* ■**to ~ sth ○ away** etw verbergen

bus[1] [bʌs] **I.** *n* <*pl* -es *or* AM *also* -ses> [Omni]bus *m;* **school ~** Schulbus *m;* **to catch/miss the ~** den Bus bekommen/verpassen; **to go by ~** mit dem Bus fahren; **to take the ~** den Bus nehmen **II.** *vt* <-ss- *or* AM *usu* -s-> ■**to ~ sb** *(bring by bus)* jdn mit dem Bus befördern; AM *(for integration) farbige Schulkinder mit dem Bus zu vorwiegend von nichtfarbigen Kindern besuchten Schulen transportieren* **III.** *vi* <-ss- *or* AM *usu* -s-> ① AUTO mit dem Bus fahren ② AM *(in restaurant)* [Geschirr] abräumen

bus[2] *n* COMPUT ① *(communication link)* Übertragungsweg *m;* **daisy chain ~** verkettete Busstruktur; **data ~** Datenübertragungsweg *m;* **dual ~ system** doppeltes Übertragungswegsystem ② *(source of information)* Hauptverbindung *f,* Sammelschiene *f*

busboy *n* AM Abräumer *m,* Hilfskellner *m*

busby ['bʌzbi] *n* [hohe] Bärenfellmütze

bus conductor *n* Busschaffner(in) *m(f)* **bus driver** *n* Busfahrer(in) *m(f)*

bush <*pl* -es> [bʊʃ] *n* ① *(plant)* Busch *m* ② *(thicket)* Gebüsch *nt* ③ *(fig: great amount)* **~ of hair** [dichtes] Haarbüschel ④ *no pl (in Africa, Australia)* Busch *m; (wilderness in general)* Wildnis *f* ▶ PHRASES: **to beat the ~es** AM *(fam)* alles abklappern *fam;* **to beat around** [*or* **about**] **the ~** um den heißen Brei herumreden, wie die Katze um den heißen Brei herumschleichen

bushed [bʊʃt] *adj pred (fam)* ① *(exhausted)* erschlagen *fam,* kaputt *fam,* groggy *fam* ② AUS *(lost in the bush)* ■**to be ~** sich *akk* im Busch verlaufen haben ③ AUS *(bewildered)* verblüfft; ■**to be ~ by sth** von etw *dat* befremdet sein

bushel [bʊʃəl] *n* Bushel *m fachspr (amerikanisch und britisches Getreidemaß),* Scheffel *m hist;* **a ~ of grain/wheat** ein Bushel *m* Getreide/Weizen ▶ PHRASES: **to hide one's light under a ~** sein Licht unter den Scheffel stellen

bush fire *n* Buschfeuer *nt* **bushman** *n* ① *esp* AUS *(inhabitant)* Buschbewohner *m; (expert)* Buschkenner *m;* ■**to be a ~** im Busch leben ② ■**B~** *(people)* Buschmann *m; (language)* Buschmannsprache *f (eine der Khoisan-Sprachen)* **bush ranger** *n* ① AM *(living far from civilization)* ■**to be a ~** in der Wildnis leben ② *(footpad)* Strauchdieb *m,* Wegelagerer *m* ③ AUS *(hist: outlaw)* Buschräuber *m,* Bushranger *m* **bush telegraph** *n no pl (hum dated)* Buschtrommel *f hum* **bushwalking** *n no pl* AUS Buschwanderung *f* **bushwhack** AM **I.** *vi* sich *dat* einen Weg bahnen **II.** *vt* ■**to ~ sb** jdn aus dem Hinterhalt überfallen

bushy ['bʊʃi] **I.** *adj* buschig **II.** *n* AUS *(pej fam)* Hinterwäldler(in) *m(f) pej fam*

busily ['bɪzɪli] *adv* eifrig, geschäftig; **to be ~ engaged on sth** intensiv mit etw *dat* beschäftigt sein

business <*pl* -es> ['bɪznɪs] **I.** *n* ① *no pl (commerce)* Handel *m,* [kaufmännisches] Gewerbe; ***is your visit for ~ or pleasure?*** ist ihr Besuch dienstlicher oder privater Natur?; **to combine** [*or* **mix**] **~ with pleasure** das Angenehme mit dem Nützlichen verbinden; ***never mix ~ with pleasure*** Dienst ist Dienst und Schnaps ist Schnaps *fam;* **to do ~ with sb** mit jdm Geschäfte machen [*o* geschäftliche Beziehungen unterhalten] [*o* Handel treiben]; **to go into ~** Geschäftsmann/Geschäftsfrau werden; ***he went into ~ as a caterer*** er ging ins Gaststättengewerbe; **to go out of ~** das Geschäft aufgeben; **to talk ~** zur Sache kommen; **on ~** beruflich, dienstlich, geschäftlich ② *no pl (sales volume)* Geschäft *nt; (turnover)* Umsatz *m;* ***how's ~ at the moment?*** was machen die Geschäfte?; ***~ is booming/slow*** die Geschäfte gehen hervorragend/nicht gut ③ *(profession)* Branche *f;* ***what line of ~ are you in?*** in welcher Branche sind Sie tätig? ④ *(company)* Unternehmen *nt,* Firma *f,* Betrieb *m;* **small ~** Kleinunternehmen *nt;* **to start up** [*or* **establish**] **a ~** ein Unternehmen gründen ⑤ *no pl (matter)* Angelegenheit *f; (fam: concern, affair)* Angelegenheit *f,* Sache *f;* **see** [*or* **go**] ***about your ~*** *(fam)* kümmere dich um deine eigenen Angelegenheiten; ***that's none of your ~*** *(fam)* das geht dich nichts an; **to be a time-consuming ~** eine zeitraubende Angelegenheit sein; **to have no ~ to do** [*or* **doing**] **sth** nicht das Recht haben, etw zu tun; **to make sth one's ~** sich *dat* etw zur Aufgabe machen; **to mind one's own ~** *(fam)* sich *akk* um seine eigenen Angelegenheiten kümmern ⑥ *no pl* **to mean ~** *(be serious)* es [wirklich] ernst meinen ⑦ *no pl (process)* **to get on with the ~ of sth** mit etw *dat* weitermachen ⑧ BRIT *(affairs discussed)* die Sitzungsthemen des Unterhauses; **~ committee** Unterhausausschuss *m* für die Einteilung der Sitzungszeit ▶ PHRASES: **~ before pleasure** *(prov)* erst die Arbeit, dann das Vergnügen *prov;* **to be ~ as usual** *(prov)* den gewohnten Gang gehen; **to get down to ~** zur Sache kommen; **to be the ~** BRIT *(sl)* spitze sein *fam;* **to be in the ~ of** [**doing**] **sth** dafür zuständig sein, etw zu tun; ***I'm not in the ~ of telling you what to do*** es ist nicht meine Sache, Ihnen zu sagen, was Sie zu tun haben; **to do one's ~** *(euph: person)* austreten, sich *akk* erleichtern *euph; (dog)* sein Geschäft verrichten *euph;* **to do the ~** BRIT *(sl)* es treiben *sl,* eine Nummer schieben *sl;* **like nobody's ~** *(fam)* ganz toll *fam;* **to hurt like nobody's ~** ganz arg wehtun *fam;* **to run like nobody's ~** ganz schnell rennen; **what a ~** was für ein Umstand **II.** *n modifier (account, letter, meeting, partner)* Geschäfts-

business address *n* Geschäftsadresse *f* **business agent** *n* AM Gewerkschaftsfunktionär(in) *m(f)* **business appointment** *n* geschäftliche Verabredung **business card** *n* Visitenkarte *f,* Geschäftskarte *f* **business class** *n no pl* Businessclass *f* **business counsellor** *n* Unternehmensberater(in) *m(f)* **business day** *n* Geschäftstag *m* **business end** *n (hum fam) of a gun* Mündung *f; of a knife* Klinge *f,* Schneide *f;* **to stand behind the ~ of a horse** dort stehen, wohin ein Pferd ausschlagen kann **business expansion scheme** *n* BRIT FIN Programm *nt* zur Förderung von Unternehmenserweiterungen **business hours** *npl* Geschäftszeiten *fpl,* Öffnungszeiten *fpl* **business letter** *n* Geschäftsbrief *m* **businesslike** *adj* geschäftsmäßig, sachlich **business lunch** *n* Geschäftsessen *nt,* Arbeitsessen *nt* **businessman** *n* Geschäftsmann *m; (leader)* Manager *m; (entrepreneur)* Unternehmer *m* **business park** *n* Industriepark *m,* Gewerbegebiet *nt* **business people** *npl* Geschäftsleute *pl; (leaders)* Manager(innen) *mpl(fpl); (entrepreneurs)* Unternehmer(innen) *mpl(fpl)* **business plan** *n* ECON Unternehmensplan *m* **business planning** *n* ECON Unternehmensplanung *f* **business tactic** *n usu pl* [Geschäfts]strategie *f,* [Geschäfts]politik *f* **business transaction** *n* Geschäft *nt,* Handel *m kein pl,* Geschäftsvorfall *m fachspr* **business trip** *n* Dienstreise *f,* Geschäftsreise *f* **businesswoman** *n* Geschäftsfrau *f; (leader)* Managerin *f; (entrepreneur)* Unternehmerin *f*

busk [bʌsk] *vi* BRIT, AUS Straßenmusik machen

busker ['bʌskəʳ, AM -ɚ] *n* Straßenmusikant(in) *m(f)*

bus lane *n* Busspur *f* **busload** *n* Busladung *f;* **~s of tourists** ganze Busladungen *fpl* von Touristen **busman's holiday** *n* Arbeitsurlaub *m* **bus service** *n usu sing* Busverbindung *f,* Busverkehr *m*

busses ['bʌsɪz] *n* AM *pl of* **bus**

bus shelter *n* Wartehäuschen *nt,* Bushäuschen *nt* **bus station** *n* Busbahnhof *m* **bus stop** *n* Bushaltestelle *f*

bust[1] [bʌst] **I.** *n* ① *(statue)* Büste *f* ② *(breasts)* Büste *f,* Busen *m; (circumference)* Brustumfang *m,* Brustweite *f,* Oberweite *f;* **large/small ~** *(breasts)* großer/kleiner Busen; *(circumference)* große/kleine Oberweite **II.** *n modifier (measurement, size)* Brust-

bust[2] [bʌst] **I.** *n* ① *(recession)* [wirtschaftlicher] Niedergang; *(bankruptcy)* Pleite *f* ② *(sl)* Razzia *f;* **drug ~** Drogenrazzia *f* ③ AM *(fam: punch)* [Faust]schlag *m* **II.** *adj pred, inv (fam)* ① *(broken)* kaputt, hinüber *fam* ② *(bankrupt)* **to go ~** Bankrott gehen, Pleite machen *fam* **III.** *vt* <bust *or* AM *usu* busted, bust *or* AM *usu* busted> ① *(fam: break)* ■**to ~ sth** etw kaputtmachen *fam* ② *(fam: beat)* **to ~ a record** einen Rekord brechen ③ AM *(sl: arrest)* ■**to ~ sb** jdn festnehmen; SCH, UNIV ***he got ~ed cheating*** er wurde beim Spicken erwischt *fam* ▶ PHRASES: **to ~ one's arse** [*or* AM **ass**] *(fam!)* sich *akk* kaputtmachen *fam,* sich *dat* den Arsch aufreißen *derb;* **to ~ a gut** *(fam!: work hard)* sich *dat* ein Bein ausreißen *fam; (laugh)* sich *akk* kaputtlachen *fam*

◆**bust into** *vt (sl)* **to ~ into a market** in einen Markt vordringen

◆**bust out** *vi (fam)* **to ~ out of jail** [*or* **prison**] aus dem Gefängnis ausbrechen

◆**bust up** *(fam)* **I.** *vt* ■**to ~ up ○ sth** ① *(put an end to)* etw abrupt beenden; **to ~ up a meeting** eine Versammlung sprengen [*o* auffliegen lassen] ② *(destroy)* etw zerstören [*o fam* kaputtmachen] **II.** *vi couple* sich *akk* trennen, Schluss machen *fam*

bustard ['bʌstəd, AM tɚd] *n* ORN Trappe *f*

busted ['bʌstɪd] AM *(fam) pp of* **bust**[2] **III**

busted bonds *npl* STOCKEX historische Wertpapiere

buster ['bʌstəʳ, AM -ɚ] *n no pl esp* AM *(dated or pej fam)* Meister *m pej, iron fam,* Junge *m pej fam,* Freund *m pej, iron fam,* Freundchen *nt pej, iron fam;* ***cut it out, ~!*** lass das, Junge!; ***well, ~, …*** so, Freundchen, …

bustle ['bʌsl] **I.** *n* ① *no pl (activity)* geschäftiges Treiben, Betriebsamkeit *f;* **hustle and ~** reges Treiben, reger Betrieb; *(general activity)* Getriebe *nt; (commotion)* Hektik *f pej;* ***the hustle and ~ of the city*** das Getriebe der Großstadt ② *(hist: on dress)* Turnüre *f hist,* Gesäßpolster *nt* **II.** *vi* ***the street ~d with activity*** auf der Straße herrschte reger Betrieb; ***the house ~d with activity*** im Haus war was los *fam,* das Haus war voller Leben; ■**to ~ around** [*or* **about**] geschäftig hin- und herlaufen, herumwuseln *fam;* ■**to ~ in/out** geschäftig hinein-/hinauseilen

bustling ['bʌslɪŋ] *adj attr, inv place* belebt, voller Leben *nach n; town* lebendig; *people* geschäftig

bust-up ['bʌstʌp] *n* BRIT, AUS *(fam)* Krach *m fam;* **a big ~** ein Riesenkrach *m;* **to have a ~ with sb** sich *akk* mit jdm verkrachen *fam,* Krach mit jdm haben *fam*

busty ['bʌsti] *adj (fam)* vollbusig

busy ['bɪzi] **I.** *adj* ① *(occupied)* beschäftigt; ***are you***

~? haben Sie einen Moment Zeit?; ***I'm very ~ this week*** ich habe diese Woche viel zu tun; ■**to be ~ with** [*or* **doing**] **sth** mit etw *dat* beschäftigt sein; **to get ~** loslegen *fam,* sich *akk* an die Arbeit machen; **to keep oneself/sb ~ with sth** sich *akk*/jdn mit etw *dat* beschäftigen; ***I'll keep myself ~ with a magazine while I wait*** ich werde mir die Zeit, während ich warte, mit einer Illustrierten vertreiben; ***he keeps himself ~ by building a model train set in his free time*** er verbringt seine Freizeit mit dem Bau einer Modelleisenbahn; **to keep sb ~** *children, work* jdn in Atem [*o fam* Trab] halten ❷ (*active*) *day* arbeitsreich; *life* bewegt, ereignisreich; *intersection, street* viel befahren, verkehrsreich; *seaport* stark frequentiert *geh,* umschlagstark; *shop* stark besucht [*o geh* frequentiert]; ***I've had a ~ day*** ich hatte heute viel zu tun; ***December is the busiest time of the year*** der Dezember ist die Jahreszeit, in der am meisten los ist ❸ (*pej: overly decorated*) überladen; (*too colourful*) *wallpaper* zu bunt; *pattern* unruhig ❹ *esp* AM TELEC besetzt; ***the line is ~*** die Leitung ist besetzt ► PHRASES: **to be** [**as**] **~ as a <u>bee</u>** bienenfleißig sein; ***the children were as ~ as bees picking apples*** die Kinder waren mit Feuereifer dabei, Äpfel zu pflücken **II.** *vt* <-ie-> ■**to ~ oneself with sth** sich *akk* mit etw *dat* beschäftigen

busy bee *n* (*fam*) Arbeitsbiene *f fig fam,* Arbeitspferd *nt fig* **busybody** *n* (*pej fam*) Wichtigtuer(in) *m(f) pej,* G[e]schaftlhuber *m* SÜDD, ÖSTERR *pej fam;* ***some interfering ~*** irgendein Wichtigtuer, der sich überall einmischen muss **busy signal** *n esp* AM TELEC Besetztzeichen *nt* **busywork** *n no pl* AM (*mindless*) stumpfsinnige Arbeit; (*routine*) Routinearbeit *f*

but [bʌt, bət] **I.** *conj* ❶ (*although*) aber; ***she's nice ~ bossy*** sie ist nett, wenn auch rechthaberisch ❷ (*however*) aber, jedoch; ***he's a nice guy ~ I'm not interested in him*** er ist zwar ein netter Kerl, doch ich bin an ihm nicht interessiert; ***I think it's true, ~ then I'm no expert*** ich denke, das trifft zu — ich bin allerdings keine Expertin ❸ (*except*) als, außer; ***what could I do ~ give him all my money?*** mir blieb nichts anderes übrig, als ihm mein ganzes Geld zu geben; (*old liter*) ***they would live their lives differently ~ that they were young again*** sie würden es anders anfangen, wenn sie nochmal jung wären ❹ (*rather*) sondern; ***we must not complain about the problem ~ help to put it right*** wir sollten nicht über das Problem klagen, sondern zu seiner Lösung beitragen ❺ (*in addition*) **not only ... ~ also ...** [**too**] nicht nur[,]... sondern auch ... **II.** *prep* ❶ (*except*) außer +*dat;* ***who ~ me can do that?*** wer außer mir kann das machen?; ***this is the last episode ~ one*** das ist die vorletzte Folge; ***I have no questions ~ one*** ich habe nur noch eine Frage; **all/anyone ~ sb** alle/jeder außer jdm; **anything ~** alles außer +*dat* ❷ (*only*) außer +*dat;* ***no one ~ him can solve that problem*** niemand außer ihm kann das Problem lösen; ***she wanted to go nowhere ~ home*** sie wollte nur noch nach Hause; ***this car has been nothing ~ trouble*** dieses Auto hat nichts als Ärger gemacht ❸ (*rather*) sondern; ***she's not a painter ~ a writer*** sie ist nicht Malerin, sondern Schriftstellerin **III.** *n* Aber *nt;* ***no ~s, go clean your room!*** keine Widerrede, räum jetzt dein Zimmer auf! ► PHRASES: **no** [**<u>ifs</u>, ands or**] **~s about it** da gibt es kein Wenn und Aber; **but me <u>no</u> ~s!** (*prov*) komm mir nicht mit Ausreden! **IV.** *adv inv* ❶ (*form: only*) nur, lediglich; ***she's ~ a young girl*** sie ist doch noch ein junges Mädchen; ***I cannot*** [***help***] ***~ wonder ...*** ich frage mich bloß, ...; ***one cannot ~ smile at the monkey's antics*** man muss über die Streiche des Affen einfach lächeln ❷ *esp* AM (*really*) aber auch; ***everyone, ~ everyone, will be there*** jeder, aber auch wirklich jeder, wird dort sein ► PHRASES: **~ <u>for</u>** bis auf; ***~ for the storm, we would have finished the roof by now*** wäre der Sturm nicht gewesen, wären wir mit dem Dach jetzt fertig; **~ <u>that</u>** (*old*) ***I don't deny ~ that it's true*** ich streite nicht ab, dass es stimmt; **~ <u>then</u>** [**again**] (*on the other hand*) andererseits; (*after all*) schließlich, immerhin

butane [ˈbjuːteɪn] *n no pl* Butan[gas] *nt*

butch [bʊtʃ] **I.** *adj* ❶ (*pej: masculine*) maskulin *a. pej* ❷ (*tough*) muskulös, kräftig gebaut; **~ man** Muskelmann *m fam* **II.** *n* <*pl* -es> ❶ (*pej: lesbian*) maskuliner Typ *a. pej* ❷ (*tough man*) Muskelmann *m fam*

butcher [ˈbʊtʃəʳ, AM -ɚ] **I.** *n* ❶ (*job*) Metzger(in) *m(f),* Fleischer(in) *m(f),* Schlachter(in) *m(f)* NORDD, Fleischhauer(in) *m(f)* ÖSTERR ❷ (*pej: killer*) Schlächter(in) *m(f) pej* ► PHRASES: **the ~, the <u>baker</u>,** [**and**] **the candlestick-maker** alle möglichen Leute, Hinz und Kunz *fam* **II.** *vt* ❶ (*slaughter*) ■**to ~ an animal** ein Tier schlachten; ***the animals were ~ed for meat*** die Tiere wurden geschlachtet und zu Fleisch verarbeitet ❷ (*murder*) ■**to ~ sb/an animal** jdn/ein Tier niedermetzeln [*o* abschlachten] ❸ (*fig: ruin*) ■**to ~ sth** etw verhunzen *fam;* **to ~ a language** eine Sprache verunstalten ❹ SPORTS **to ~ a team** eine Mannschaft vernichtend schlagen [*o fam* auseinander nehmen]

butcher's [ˈbʊtʃəz, AM -ɚz] *n* ❶ <*pl* -ers *or* -ers'> (*meat shop*) Metzgerei *f,* Fleischerei *f;* ***are you going to the ~?*** gehst du zum Metzger? ❷ *no pl* BRIT (*rhyming sl: look*) Blick *m;* ***let's have a ~ at your present, then*** dann werfen wir mal einen Blick auf dein Geschenk **butcher's block** *n* Küchenwagen *m* **butcher's hook** *n no pl* BRIT (*rhyming sl: look*) Blick *m; see also* **butcher's 2**

butchery [ˈbʊtʃəri, AM -ɚi] *n* ❶ *no pl* (*murder*) Abschlachten *nt pej,* Niedermetzeln *nt pej* ❷ *no pl* (*trade*) Fleischerhandwerk *nt;* (*act*) Verarbeitung *f* von Fleisch ❸ BRIT (*slaughterhouse*) Schlachthof *m*

butler [ˈbʌtləʳ, AM -lɚ] *n* Butler *m*

butler's pantry *n* Geschirrkammer *f,* Anrichtekammer *f*

butt [bʌt] **I.** *n* ❶ (*thick bottom part*) dickes Ende; *of a rifle* Kolben *m; of a cigarette* Stummel *m,* Kippe *f fam* ❷ (*sl: cigarette*) Glimmstengel *m fam* ❸ AM (*sl: buttocks*) Po *m,* Hintern *m fam;* **a swat on the ~** ein Klaps *m* auf den Po; **to get off one's ~** seinen Hintern in Bewegung setzen *fam* ❹ (*hit with head*) Stoß *m* [mit dem Kopf]; **to give sb a ~** jdm einen [Kopf]stoß versetzen ❺ (*usu fig: target*) Ziel *nt a. fig,* Zielscheibe *f a. fig;* ***he was always the ~ of his brother's criticism*** die Kritik seines Bruders richtete sich immer gegen ihn; **to be the ~ of sb's jokes** die Zielscheibe des Spotts einer Person *gen* sein ❻ (*barrel*) Fass *nt,* Tonne *f;* [**rain**] **water ~** Regentonne *f* ► PHRASES: **sth <u>bites</u> sb in the ~** (*fam*) *past* etw holt jdn [wieder] ein *fig* **II.** *vt* ■**to ~ sb/sth** jdm/etw einen Stoß mit dem Kopf versetzen; **to ~ one's head against the wall** mit dem Kopf gegen die Wand stoßen ► PHRASES: **to ~ <u>heads</u> with sb** (*fam*) sich *dat* die Köpfe einschlagen **III.** *vi* ❶ (*hit*) *person* mit dem Kopf stoßen; *goat* mit den Hörnern stoßen ❷ (*adjoin*) ***the two houses ~ up against each other*** die beiden Häuser stoßen aneinander

◆**butt in** *vi* (*fam*) dazwischenplatzen, stören; ■**to ~ in on sb** jdm ins Wort fallen; (*become involved*) sich *akk* einmischen

◆**butt into** *vi* (*fam*) **to ~ into sb's business/conversation** sich *akk* in jds Geschäfte/Unterhaltung einmischen

◆**butt out** *vi* ❶ AM (*fam!*) sich *akk* raushalten *fam;* ***~ out, Dad, this isn't your problem*** misch dich nicht ein, Papa, das geht dich nichts an *fam* ❷ AM (*fam: extinguish cigarette*) seine Zigarette ausdrücken

butte [bjuːt] *n* AM GEOL Restberg *m,* Zeugenberg *m,* Spitzkuppe *f*

butter [ˈbʌtəʳ, AM -t̬ɚ] **I.** *n no pl* Butter *f;* **bread and ~** Butterbrot *nt;* **to spread ~ on one's bread** sich *dat* Butter aufs Brot schmieren; **toast and ~** Toast *m* mit Butter ► PHRASES: **she looks as if ~ wouldn't melt in her <u>mouth</u>** sie sieht aus, als könnte sie kein Wässerchen trüben **II.** *vt* **to ~ a piece of bread** eine Scheibe Brot mit Butter bestreichen [*o* buttern]

◆**butter up** *vt* ■**to ~ sb ⊂ up** jdm Honig um den Bart [*o* Mund] schmieren *fam*

butterball AM **I.** *n* (*usu hum: person*) Fettkloß *m pej fam* **II.** *n modifier* **~ turkey** *ein besonders großer, saftiger Truthahn* **butterbean** *n* Wachsbohne *f* **buttercream** *n no pl* Buttercreme *f* **buttercup** *n* Butterblume *f* **butter-dish** *n* Butterdose *f*

buttered [ˈbʌtəd, AM -t̬ɚd] *adj* mit Butter; *bread, toast* gebuttert, mit Butter bestrichen; ***he dropped the toast ~ side down*** er ließ den Toast auf die Butterseite fallen

butterfat *n no pl* [Butter]fett *nt,* [Milch]fett *nt* **butterfingers** <*pl* -> *n* (*hum*) Tolpatsch *m fam,* Schussel *m fam*

butterfly [ˈbʌtəflaɪ, AM -t̬ɚ-] **I.** *n* ❶ (*insect*) Schmetterling *m;* (*fig*) flatterhafter Mensch *pej;* **a social ~** ein Partygirl *pej* ❷ (*in swimming*) Butterfly *m,* Schmetterlingsstil *m* ► PHRASES: **to have butterflies** [**in one's <u>stomach</u>**] (*fam: be excited*) einen Flattermann haben *fam;* (*be nervous*) ein flaues Gefühl [im Magen] haben **II.** *n modifier* (*collection, net, trap, wing*) Schmetterlings- **III.** *vt* <-ie-> **to ~ a cutlet/turkey breast** ein Schnitzel/eine Putenbrust in der Mitte einschneiden und auseinander klappen **butterfly kiss** *n* flüchtige Liebkosung (*mit den Augenwimpern*) **butterfly stroke** *n* ■**the ~** der Butterfly [*o* Schmetterlingsstil]

butter-icing *n no pl* Buttercreme *f* **butter knife** *n* Buttermesser *nt* **buttermilk** *n no pl* Buttermilch *f* **butter mountain** *n* **the** [**European**] **~** der [europäische] Butterberg **butternut squash** *n* AM Flaschenkürbis *m* **butterscotch I.** *n* ❶ *no pl* Karamell *m o* SCHWEIZ *nt,* Sahnekaramell *m o* SCHWEIZ *nt,* Butterkaramell *m o* SCHWEIZ *nt* ❷ (*individual sweet*) Karamellbonbon *nt,* Toffee *nt* **II.** *n modifier* (*fudge, ice cream, icing, sauce*) Karamell-

butter tart *n* CAN *mit einer Karamellcreme und Rosinen gefülltes kleines Mürbteigküchlein*

buttery [ˈbʌtəri, AM -t̬ɚ-] **I.** *adj* ❶ (*with butter*) butt[e]rig; **~ biscuits** Butterkekse *mpl* ❷ (*covered with butter*) butterbeschmiert, butt[e]rig, voll Butter *präd* **II.** *n esp* BRIT Kantine *f;* UNIV Mensa *f,* Cafeteria *f*

buttock [ˈbʌtək, AM -t̬-] *n* [Po]backe *f,* [Hinter]backe *f;* ■**~s** *pl* Gesäß *nt,* Hinterteil *nt fam*

button [ˈbʌtᵊn] **I.** *n* ❶ (*fastening device*) Knopf *m;* **to do up/undo one's ~s** seine Knöpfe zu-/aufmachen; (*on shirt*) sein Hemd zu-/aufknöpfen ❷ TECH (*operating device*) [Schalt]knopf *m;* (*of a doorbell*) Klingelknopf *m;* **to push a ~** auf einen Knopf drücken ❸ AM (*badge*) Button *m,* Abzeichen *nt,* Plakette *f* ► PHRASES: **at the <u>push</u> of a ~** auf Knopfdruck *fig;* **<u>cute</u> as a ~** AM goldig; **to be <u>right</u> on the ~** *esp* AM (*be correct*) den Nagel auf den Kopf treffen; (*at exact time*) auf den [Glocken]schlag genau sein; ***it was 10:30 on the ~ when the doorbell rang*** es war genau 10:30, als es klingelte; **to not be <u>worth</u> a ~** keinen Pfifferling wert sein *fam;* **to <u>push</u>** [*or* **<u>press</u>**] **sb's ~s** jdn auf die Palme bringen **II.** *vt* ■**to ~ one's coat/jacket** den Mantel/die Jacke zuknöpfen ► PHRASES: **to ~ <u>it</u>** [*or* **one's <u>lip</u>**] *esp* AM (*fam*) den Mund halten *fam* **III.** *vi* **to ~ down the front/at** [*or* AM **in**] **the back** sich *akk* vorne/hinten knöpfen lassen

◆**button up** *vt* ■**to ~ up ⊂ sth** *coat, jacket* etw zuknöpfen; **to ~ up a deal** (*fig*) eine Sache unter Dach und Fach bringen

button-down [ˌbʌtᵊnˈdaʊn] *adj,* **buttoned-down** [bʌtᵊndˈdaʊn] *adj attr, inv* ❶ FASHION **~ collar** Button-down-Kragen *m* (*Kragen, dessen Enden am Hemd festgeknöpft werden*) ❷ AM (*usu pej: conservative*) *person* erzkonservativ, der alten Schule *nach n;* (*unimaginative*) fantasielos **button-down fly** *n,* **button fly** *n* Knopfleiste *f* (*als Hosenverschluss*) **buttoned-up** [ˌbʌtᵊndˈʌp] *adj inv* (*also fig*) zugeknöpft *a. fig* **buttonhole I.** *n* ❶ (*on clothing*) Knopfloch *nt* ❷ *esp* BRIT (*flower*) Blume *f* im Knopfloch **II.** *vt* ■**to ~ sb** jdn zu fassen kriegen, sich *dat* jdn schnappen *fam;* (*not let go*) jdn festnageln **button mushroom** *n* junger Champignon **button nose** *n* Stupsnase *f*

butt pack *n* AM (*sl: bumbag*) Gürteltasche *f*

buttress [ˈbʌtrəs] **I.** *n* <*pl* -es> ❶ ARCHIT Strebepfeiler *m,* Stützpfeiler *m,* Bogenpfeiler *m;* **flying ~**

Strebebogen *m* ❷ (*fig: support*) Stütze *f* **II.** *vt* ❶ ARCHIT **to ~ a wall** eine Wand [durch Strebepfeiler] stützen ❷ (*fig: support*) ■**to ~ sth** etw untermauern

butty [ˈbʌti] *n esp* NBRIT (*filled roll*) belegtes Brötchen; (*sandwich*) Sandwich *nt,* Stulle *f* NORDD *fam*

buxom [ˈbʌksəm] *adj* vollbusig, drall

buy [baɪ] **I.** *n* Kauf *m;* **bad ~** schlechter Kauf, Fehlkauf *m;* **quite a ~** ein guter Kauf, ein Schnäppchen *nt fam* **II.** *vt* <bought, bought> ❶ (*purchase*) ■**to ~ [oneself] sth** [sich *dat*] etw kaufen; ***money can't ~ love*** Liebe kann man sich nicht erkaufen; ***$20 ~s a lot less than it used to*** heute bekommt man für 20 Dollar viel weniger als früher; ■**to ~ sb sth** [*or* **sth for sb**] jdm etw kaufen; ■**to ~ sth from** [*or fam* **off**] **sb** jdm etw abkaufen ❷ (*obtain*) **to ~ recognition/success/victory** sich *dat* Anerkennung/Erfolg/einen Sieg erkaufen; **to ~ time** Zeit gewinnen ❸ (*bribe*) ■**to ~ sb** jdn kaufen *fam;* **to ~ sb's vote** jds Stimme kaufen ❹ (*sl: believe*) **to ~ a claim/an excuse/a story** jdm eine Behauptung/eine Entschuldigung/ eine Geschichte abkaufen *fam;* ***I don't ~ it*** das nehme ich dir nicht ab ❺ (*agree to*) ■**to ~ sth** etw *dat* zustimmen; ***I'll ~ that!*** der Meinung bin ich aber auch! ❻ ECON **to ~ at best** bestmöglich kaufen ▶ PHRASES: **to ~ the farm** AM (*fam*) den Löffel abgeben *sl;* **to have everything money can ~** alles haben, was man mit Geld kaufen kann; **to ~ sb's silence** sich *dat* jds Stillschweigen erkaufen; **to ~ it** (*sl: believe*) dran glauben müssen *sl;* (*be killed*) den Löffel abgeben *sl* **III.** *vi* im Einkauf tätig sein

◆**buy forward** *vi* FIN auf Termin kaufen

◆**buy in I.** *vt* ❶ BRIT ■**to ~ in ⊂ sth** sich *akk* mit etw *dat* eindecken ❷ (*at an auction*) ■**to ~ in ⊂ sth** etw rückkaufen ❸ STOCKEX **to ~ in securities/commodity contracts** sich mit Wertpapieren/Schlussbriefen eindecken **II.** *vi company* eigene Aktien rückkaufen

◆**buy into** *vi* ❶ ECON (*pay for a share*) **to ~ into a business/a company** sich *akk* in ein Unternehmen/eine Firma einkaufen ❷ (*gain access*) **to ~ into a club/organization** sich *dat* Zugang zu einem Klub/einer Organisation verschaffen ❸ AM (*sl*) ■**to ~ into sth** (*get involved*) sich *akk* auf etw *akk* einlassen; (*be convinced of*) von etw *dat* überzeugt sein; (*accept*) sich *akk* etw *dat* anschließen; *point of view* etw teilen

◆**buy off** *vt* ■**to ~ off ⊂ sb** jdn kaufen *fam*

◆**buy out** *vt* ❶ (*take over*) **to ~ out a company/shares in a company** eine Firma/Aktien einer Firma aufkaufen ❷ (*buy sb's share*) ■**to ~ out ⊂ sb** jdn auszahlen ❸ BRIT MIL ■**to ~ oneself out** sich *akk* [vom Militärdienst] freikaufen

◆**buy up** *vt* ■**to ~ up ⊂ sth** etw aufkaufen

buy back *n* ECON Rückkauf *m* **buy-back deal** *n* ECON Gegengeschäft *nt* **buy classes** *npl* ECON Kaufkategorien *fpl*

buyer [ˈbaɪəʳ, AM -ɚ] *n* ❶ (*purchaser*) Käufer(in) *m(f);* COMM Abnehmer(in) *m(f)* ❷ (*as job*) Einkäufer(in) *m(f);* (*manager*) Einkaufsleiter(in) *m(f)*

buyer-driven pricing [ˌbaɪədrɪvᵊnˈpraɪsɪŋ, AM ˌbaɪɚ-] *n no pl* vom Käufermarkt gesteuerte Preissetzung

buyer's market *n* COMM Käufermarkt *m* **buyer's risk** *n* Käuferrisiko *nt* **buyer's surplus** *n* Käuferrente *f,* Konsumentenrente *f* **buy grid** *n* ECON Gitterkarte[methode] *f*

buyin *n* ECON **management ~** Übernahme *f* eines Unternehmens durch fremde Manager

buying *n* **bulk ~** Mengeneinkauf *m,* Posteinkauf *m;* **forward ~** Terminkauf *m;* **~ agent** Provisionseinkäufer(in) *m(f),* Kommissionär(in) *m(f)*

buying [ˈbaɪɪŋ] *n no pl* Kauf *m,* Kaufen *nt;* **panic ~** Panikkauf *m meist pl;* **spontaneous ~** Spontankauf *m*

buying power *n no pl* Kaufkraft *f*

buyout [ˈbaɪaʊt] *n* Aufkauf *m,* Übernahme *f;* **~ buyout** Aufkauf *m* des Betriebes durch die Belegschaft; **management ~** [Firmen]übernahme *f* durch das Führungspersonal [*o* Management]; **leveraged ~** fremdfinanzierte [Firmen]übernahme, durch Leihkapital finanzierter Aufkauf [einer Firma]

buzz [bʌz] **I.** *vi* ❶ (*make low sound*) *bee, mosquito, buzzer* summen; *fly, bug* brummen; *ears* dröhnen, sausen; ***his ears were ~ing after the concert*** ihm dröhnten die Ohren nach dem Konzert ❷ (*be active with*) ***my head was ~ing with thoughts*** mir schwirrten alle möglichen Gedanken durch den Kopf; ***the room ~ed with conversation*** das Zimmer war von Stimmengewirr erfüllt; ***the place was ~ing with excitement*** es herrschte ein aufgeregtes Durcheinander ❸ (*go quickly*) sausen ❹ AM (*fam: be tipsy*) ■**to be ~ed** angesäuselt sein *fam* **II.** *vt* ❶ (*call*) ■**to ~ sb** (*buzzer*) jdn über den Summer rufen; (*telephone*) jdn anrufen ❷ AVIAT ■**to ~ sth** *airplane* im Tiefflug über etw hinwegsausen; *motor boat* dicht an etw *dat* vorbeifahren **III.** *n* <*pl* -es> ❶ *of a bee, mosquito, buzzer* Summen *nt kein pl; of a fly, bug* Brummen *nt kein pl* ❷ *no pl* (*activity*) **~ of conversation** Stimmengewirr *nt;* **~ of excitement** aufgeregtes Durcheinander ❸ (*call*) Ruf *m* über den Summer; **to give sb a ~** (*buzzer*) jdn über den Summer rufen; (*fam: telephone*) jdn anrufen ❹ (*fam: rumor, gossip*) Gerede *nt kein pl* ❺ (*fam: high feeling*) [Nerven]kitzel *m,* Kick *m sl;* (*from alcohol*) Rausch *m;* **to have a ~** einen Rausch [*o fam* sitzen] haben; (*from marijuana*) vollgedröhnt sein *sl;* **sth/sb is a ~ to be around** (*fam*) sich *akk* in der Gegenwart einer S. *gen*/in jds Gegenwart wohl fühlen ❻ *no pl* (*rumour*) Gerücht *nt;* ***the ~ is that …*** man munkelt, dass …

◆**buzz around** *vi* ❶ (*fly*) *insect* herumschwirren, herumsurren; ***the fighter planes ~ed around the city*** die Kampfflugzeuge umflogen dröhnend die Stadt ❷ (*fig: move busily*) herumschwirren

◆**buzz off** *vi* (*fam!*) abschwirren *fam,* die Fliege machen *sl;* **~!** (*fam!*) zisch ab! *sl*

buzzard [ˈbʌzəd, AM -ɚd] *n* ❶ BRIT (*European hawk*) Bussard *m* ❷ AM (*turkey vulture*) Truthahngeier *m*

buzzer [ˈbʌzəʳ, AM -ɚ] *n* Summer *m*

buzz phrase *n* Modeausdruck *m* **buzz word** *n* Schlagwort *nt,* Modewort *nt*

b/w *abbrev of* **black and white** sw.

by [baɪ] **I.** *prep* ❶ (*near*) bei, in der Nähe; **to grab sb ~ the arm** jdn am Arm packen; **~ sb's side** an jds Seite ❷ (*method*) mit, durch; ***that's all right ~ me*** ich bin damit einverstanden; **~ car/train** mit dem Auto/Zug; **~ the door** durch die Tür; **to live ~ the rules** sich *akk* an die Vorschriften halten; **~ trade** [*or* **profession**] von Beruf; [**all**] **~ oneself** [ganz] alleine ❸ (*measurement*) um; **~ X per cent** um x Prozent; **to sell ~ the dozen/hundred/thousand** zu Dutzenden/Hunderten/Tausenden verkaufen; **to get paid ~ the hour** stundenweise bezahlt werden; **X metres ~ Y** x Meter mal y Meter ❹ (*not later than*) [spätestens] bis; **~ five o'clock** [spätestens] bis fünf Uhr; **~ the 14 February** [spätestens] bis zum 14.02.; **~ the time** als, bis **II.** *adv inv* ❶ (*past*) vorbei; ***time goes ~ pretty quickly if you keep yourself busy*** wenn man sich beschäftigt, vergeht die Zeit ziemlich schnell; **to pass ~** vorbeikommen; **to speed ~ sb/sth** an jdm/etw vorbeisausen ❷ (*near*) in der Nähe; **close ~** ganz in der Nähe, in unmittelbarer Nähe ❸ (*in reserve*) **to put** [*or* **lay**] **~** zurücklegen ▶ PHRASES: **~ and large** im Großen und Ganzen; **~ and ~** nach und nach

bye [baɪ] *interj* (*fam*) tschüs *fam*

bye-bye [ˌbaɪˈbaɪ] *interj* (*fam*) tschüs *fam;* **to go ~** AM (*childspeak*) gehen; ***it's time to go ~*** es ist Zeit, tschüs zu sagen; **to go ~s** *esp* BRIT (*childspeak*) in die Heia gehen *Kindersprache*

by(e)-law *n* ❶ POL Gemeindeverordnung *f* ❷ ■**~s** *pl* (*of organization*) Satzung *f* **by-election** *n esp* BRIT, CAN Nachwahl *f*

Byelorussia [ˌbjeləʊˈrʌʃə, AM oʊ'] *n no pl see* **Belorussia** GEOG Weißrussland *nt*

Byelorussian [ˌbjeləʊˈrʌʃᵊn, AM oʊ'] *adj inv see* **Belorussian** weißrussisch, Weißrussland-

bygone I. *adj attr, inv age, era, world* vergangen; **to long for the ~ days** sich *akk* nach den alten Zeiten sehnen **II.** *n* ▶ PHRASES: **to let ~s be ~s** die Vergangenheit ruhen lassen

bylaw *n,* **by-law** *n* LAW ❶ (*for club or association*) Satzung *f* ❷ AM (*for corporation*) Satzung *f* ❸ (*made by local authority*) städtische [*o* örtliche] Verordnung **byline** *n* ❶ FBALL Tor[aus]linie *f* ❷ (*in a newspaper*) Verfasserangabe *f* **byname** [ˈbaɪneɪm] *n* Beiname *m,* Spitzname *m*

BYOB [ˌbi:waɪəʊˈbi, AM -oʊ'-] *adj inv abbrev of* **bring your own bottle/booze/beer** Bottle-; **~ party** Bottle-Party *f*

by-pass I. *n* ❶ TRANSP Umgehungsstraße *f* ❷ MED (*operation*) Bypass *m* **II.** *vt* ❶ (*detour*) **to ~ an area/a town/the town centre** ein Gebiet/eine Stadt/die Innenstadt umfahren ❷ (*not consult*) ■**to ~ sb** jdn übergehen; (*omit*) **to ~ a phase/stage/step** eine Phase/ein Stadium/einen Schritt überspringen ❸ (*fig: avoid*) **to ~ a difficulty/an issue/a problem** eine Schwierigkeit/ein Problem/eine Frage vermeiden

by-pass operation *n* Bypassoperation *f* **by-pass surgery** *n no pl* Bypassoperation *f;* **to have ~** sich *akk* einer Bypassoperation unterziehen **bypath** *n* ❶ TRANSP Seitenweg *m* ❷ (*fig: secondary issue*) Nebenaspekt *m* **byplay** *n no pl* THEAT Nebenhandlung *f* **by-product** *n* Nebenprodukt *nt;* (*fig*) Begleiterscheinung *f*

byre [ˈbaɪəʳ] *n* BRIT (*dated liter*) Kuhstall *m*

by-road *n* Nebenstraße *f,* Seitenstraße *f* **bystander** *n* Zuschauer(in) *m(f);* **innocent ~** unbeteiligter Zuschauer/unbeteiligte Zuschauerin, Unbeteiligte(r) *f(m)*

byte [baɪt] *n* COMPUT Byte *nt;* **giga/kilo/mega ~** Giga-/Kilo-/Megabyte *nt*

byway *n* ❶ TRANSP Seitenweg *m* ❷ (*fig: secondary issue*) Nebenaspekt *m* **byword** *n* ❶ (*notable example*) Musterbeispiel *nt* (**for** für +*akk*), Inbegriff *m;* ***their shops are a ~ for good value*** ihre Geschäfte stehen für Qualität ❷ (*motto*) Schlagwort *nt* ❸ (*proverb*) Sprichwort *nt*

byzantine [bɪˈzæntaɪn, AM ˈbɪzᵊnti:n] *adj* ❶ (*pej: overly complicated*) *explanations, procedures* hochkompliziert, schwer durchschaubar ❷ ARCHIT ■**B~** byzantinisch

C

Byzantium [bɪˈzæntiəm] *n no pl* HIST Byzanz *nt*

C <*pl* -'s>, **c** <*pl* -'s *or* -s> [si:] *n* ❶ (*letter*) C *nt,* c *nt;* **~ for** [*or* AM *also* **as in**] **Charlie** C wie Cäsar; *see also* **A 1.** ❷ MUS C *nt,* c *nt;* **~ flat** ces *nt,* Ces *nt;* **~ sharp** Cis *nt,* cis *nt; see also* **A 2.** ❸ (*school mark*) ≈ Drei *f,* ≈ befriedigend; *see also* **A 3.** ❹ (*Roman numeral*) C *nt,* c *nt*

c *abbrev of* circa ca.

C¹ <*pl* -'s *or* -s> [si:] *n* (*symbol for 100*) **~-note** AM Hundertdollarschein *m*

C² ❶ *after n abbrev of* **Celsius** C ❷ *abbrev of* **cancer: the Big ~** (*fam*) Krebs *m*

CA [ˌsi:ˈeɪ] *n* BRIT ECON *abbrev of* **Chartered Accountant** ≈ Wirtschaftsprüfer(in) *m(f)*

ca *prep abbrev of* **circa** ca.

CAB [ˌsi:eɪˈbi:] *n* LAW *abbrev of* **citizens' advice bureau** Bürgerberatungsstelle *f*

cab [kæb] *n* ❶ (*of a truck*) Führerhaus *nt,* Führersitz *m* ❷ *esp* AM, AUS (*taxi*) Taxi *nt;* **to call/hail a ~** ein Taxi rufen [*o* kommen lassen]/herbeiwinken; **by ~** mit dem Taxi; **to go by ~** ein Taxi nehmen ❸ (*hist: horse-drawn*) Droschke *f hist*

cabal [kəˈbæl, AM -ˈbɑ:l] *n* (*pej*) ❶ (*intrigue*) Kabale *f veraltet,* Intrige *f* ❷ (*group*) Clique *f pej,* Klüngel *m pej*

cabaret [ˈkæbəreɪ, AM ˌkæbəˈreɪ] *n* ❶ (*performance*) Varietee *nt;* (*satirical*) Kabarett *nt* ❷ (*nightclub*) Nachtklub *m* mit Varieteevorführungen, Kleinkunstbühne *f*

cabaret act *n* Varieteenummer *f*

cabbage ['kæbɪdʒ] *n* ❶ (*vegetable*) Kohl *m kein pl*, Kraut *nt kein pl bes* SÜDD; (*head*) Kohlkopf *m;* **savoy ~** Wirsing[kohl] *m;* **red/white ~** Rot-/Weißkohl *m bes* NORDD, Rot-/Weißkraut *nt bes* SÜDD, ÖSTERR ❷ *no pl* (*vegetable dish*) Kohl *m* ❸ *esp* BRIT (*pej: dull person*) Trottel *m pej fam*, Dummkopf *m pej;* (*with mental injury*) geistiger Krüppel *a. pej*

cabbagetown ['kæbɪdʒtaʊn] *n* CAN Elendsviertel *nt*, Slumviertel *nt*

cabbalistic [,kæbə'lɪstɪk] *adj* REL kabbalistisch

cabbie *n*, **cabby** ['kæbi] *n, esp* AM **cabdriver** *n* Taxifahrer(in) *m(f)*

caber ['keɪbəʳ] *n* SCOT SPORTS [Baum]stamm *m;* **tossing the ~** Baumstammwerfen *nt* (*bei den Highland Games*)

cabin ['kæbɪn] *n* ❶ (*on ship*) Kabine *f*, Kajüte *f;* (*on plane, for passengers*) Fahrgastraum *m;* (*for pilot*) Cockpit *nt*, Kanzel *f;* (*on truck*) Führerhaus *nt* ❷ (*wooden house*) [Block]hütte *f;* (*for holidays*) Ferienhütte *f*

cabin boy *n* Schiffsjunge *m;* (*steward*) Kabinensteward *m* **cabin class** *n* zweite Klasse, Kajütenklasse *f*, Kabinenklasse *f* **cabin crew** *n + sing/pl vb* Flugbegleitpersonal *nt*, Crew *f* **cabin cruiser** *n* Kajütboot *nt*

cabinet ['kæbɪnət] **I.** *n* ❶ (*storage place*) Schrank *m;* (*small*) Schränkchen *nt;* (*for television*) Fernsehschrank *m;* **display ~** Vitrine *f;* **filing ~** Aktenschrank *m;* **medicine ~** Arzneimittelschrank *m* ❷ *+ sing/pl vb* BRIT, AUS, CAN POL (*senior ministers*) Kabinett *nt;* AM (*advisers to President*) persönliche [*o* engste] Berater **II.** *n modifier* (*decision, member, meeting, session*) Kabinetts-

cabinet maker *n* Möbeltischler(in) *m(f)*, Möbelschreiner(in) *m(f)*, Kunstschreiner(in) *m(f)* **cabinetmaking** ['kæbɪnətmeɪkɪŋ] *n no pl* Kunsttischlerei *f* **cabinet minister** *n* Kabinettsminister(in) *m(f)*, Kabinettsmitglied *nt* **Cabinet Office** *n* LAW Kanzleramt *nt* **cabinet reshuffle** *n* BRIT Kabinettsumbildung *f*

cabin fever *n no pl esp* AM Gefühl *nt* der Beengtheit; **sb has ~** jdm fällt die Decke auf den Kopf **cabin staff** *n + sing/pl vb* Flugbegleitpersonal *nt*, Crew *f*

cable ['keɪbl] **I.** *n* ❶ *no pl* (*thick rope*) NAUT Tau *nt*, Trosse *f fachspr* ❷ ELEC (*wire*) [Leitungs]kabel *nt*, Leitung *f;* **coil of ~** Kabelrolle *f;* **to lay ~s** Kabel verlegen ❸ *no pl* TV Kabelfernsehen *nt* ❹ TELEC Kabelnetz *nt;* **to go over to ~** [*or* **a ~ number**] an das Kabelnetz abgeben, zu einer Nummer im Kabelnetz umschalten; **~ transfer** telegraphische Geldüberweisung ❺ (*message*) Telegramm *nt*, Kabel *nt veraltet;* **to send sth by ~** etw als Telegramm schicken [*o veraltet* kabeln] ❻ (*knitting pattern*) Zopf *m* ❼ FIN (*sl: spot exchange rate*) Kassadevisenkurs *m*, Kassadevisen *pl* **II.** *vt* ❶ (*send telegram*) ■**to ~ sb** jdm ein Telegramm schicken; ■**to ~ sb sth** jdm etw telegrafieren ❷ TV ■**to be ~d** verkabelt sein **III.** *vi* ein Telegramm schicken, kabeln *veraltet*

cable car *n* (*on mountain*) *system* Seilbahn *f; cabin* [Seilbahn]kabine *f;* (*on street*) *system* Kabelbahn *f; car* [Kabelbahn]wagen *m* **cablegram** *n* Telegramm *nt*, Kabel *nt veraltet* **cable network** *n* TV Kabelnetz *nt* **cable railway** *n* Kabelbahn *f*, Standseilbahn *f* **cable stitch** *n* Zopfmuster *nt* **cable television** *n no pl*, **cable TV** *n no pl* Kabelfernsehen *nt*

caboodle [kə'bu:dl] *n esp* AM (*fam*) **the whole [kit and] ~** (*things*) der ganze Krempel *fam;* (*people*) der ganze Haufen *fam*, die ganze Sippschaft *fam*

caboose [kəbu:s] *n* AM NAUT Kombüse *f;* RAIL Dienstwagen *m*

cab rank *n* Taxistand *m*

cabriolet ['kæbriə(ʊ)leɪ, AM ,kæbriə'leɪ] *n* Kabrio[lett] *nt*

cab stand *n* AM (*taxi rank*) Taxistand *m*

CAC [kæk] *n* STOCKEX *abbrev of* **Compagnie des Agents de Change: ~ index** Preisindex *m* der Pariser Börse

cacao [kæ'kaʊ, AM kə'kɑ:oʊ] *n no pl* ❶ (*tree*) Kakaobaum *m* ❷ (*seed*) **~ [bean]** Kakaobohne *f*

cache [kæʃ] **I.** *n* ❶ (*hiding place*) Versteck *nt*, geheimes Lager; (*stockpile*) geheimer Vorrat; **~ of weapons** geheimes Waffenlager ❷ COMPUT Cache *m* (*kleiner Pufferspeicher*) **II.** *vt* ■**to ~ sth** etw verstecken

cache memory *n no pl* COMPUT Cachespeicher *m*

cachet ['kæʃeɪ, AM kæ'ʃeɪ] *n no pl* ❶ (*prestige*) Prestige *nt*, Ansehen *nt;* **international ~** internationales Ansehen; ***this type of jacket used to have a certain ~*** eine solche Jacke machte früher etwas her *fam* ❷ (*distinguishing feature*) Qualitätsmerkmal *nt*

cack [kæk] **I.** *n no pl* BRIT (*fam*) Kacke *f sl* **II.** *vt* BRIT (*fam*) **to ~ one's pants** sich *derb* in die Hose scheißen

cack-handed [,kæk'-] *adj* BRIT, AUS (*fam*) ungeschickt, tolpatschig *fam*

cackle ['kækl] **I.** *vi chicken, goose* gackern; *person also* gackeln *fam*, gickeln DIAL *fam* **II.** *n* ❶ (*chicken noise*) Gackern *nt kein pl;* **to give a ~** gackern ❷ (*laughter*) Gegacker *nt fam*, Gekicher *nt;* (*noisy talk*) Geschnatter *nt pej fam;* **to cut the ~** mit dem Geschnatter aufhören

cacophonous [kə'kɒfənəs, AM -'kɑ:-] *adj* (*form*) misstönend, kakophonisch *fachspr*

cacophony [kə'kɒfəni, AM -'kɑ:-] *n no pl* (*form*) Missklang *m*, Kakophonie *f fachspr;* (*noise*) Krach *m*

cacti ['kæktaɪ] *n pl of* **cactus**

cactus <*pl* -es *or* cacti> ['kæktəs, *pl* -taɪ] *n* Kaktus *m*

cad [kæd] *n* (*pej dated or hum*) Lump *m pej*, Schuft *m pej*

CAD [kæd] *n no pl abbrev of* **Computer-Aided Design** CAD *nt*

cadaver [kə'dɑ:vəʳ, AM -'dævɚ] *n* (*form*) *of humans* Leiche *f; of an animal* Kadaver *m*

cadaverous [kə'dævᵊrəs] *adj* (*pale*) totenbleich, aschgrau; (*thin*) ausgemergelt, ausgezehrt; (*about to die*) vom Tode gezeichnet

caddie ['kædi] **I.** *n* SPORTS Caddie *m* **II.** *vi* <-y-> ■**to ~ for sb** jds Caddie sein

caddie car *n*, **caddie cart** *n* Golfschlägerwagen *m*, Caddie *m fachspr*

caddy ['kædi] **I.** *n* ❶ (*small container*) Dose *f*, Büchse *f;* **tea ~** Teedose *f;* **tool ~** Werkzeugkasten *m* ❷ (*in golf*) Caddie *m* **II.** *vi* ■**to ~ for sb** jds Caddie sein

cadence ['keɪdᵊn(t)s] *n* ❶ (*intonation*) Tonfall *m;* (*rhythm*) *of speech* [Sprech]rhythmus *m*, Sprachmelodie *f; of poetry, prose* Rhythmus *m* ❷ (*fall in pitch*) Abfallen *nt* [der Stimme] ❸ (*regular sound*) *of an engine* Laufrhythmus *m;* ***the ~ of the rustling leaves was soothing*** das gleichmäßige Rascheln der Blätter war beruhigend ❹ MUS Kadenz *f*

cadenza [kə'denzə] *n* MUS Kadenz *f fachspr*, Solopartie *f*

cadet [kə'det] *n* MIL Kadett *m*, Offiziersanwärter *m;* LAW Polizeischüler *m*

cadge [kædʒ] (*fam*) **I.** *vt* ■**to ~ sth off** [*or* **from**] **sb** etw von jdm schnorren *fam;* ***he's always cadging free meals off his clients*** er lässt sich von seinen Klienten immer zum Essen einladen **II.** *vi* betteln, schnorren *fam;* ***I think she was cadging for a bed for the night*** ich glaube, sie war auf eine kostenlose Schlafgelegenheit aus

cadger ['kædʒəʳ, AM -ɚ] *n* (*pej*) Schnorrer(in) *m(f) fam*

cadmium ['kædmiəm] *n no pl* Kadmium *nt*

cadre ['kɑ:dəʳ, AM 'kædri:] *n* ❶ (*elite trained group*) Führungsgruppe *f;* MIL, POL, SPORTS Kader *m* ❷ (*individual member*) Kadermitglied *nt*

caesar ['si:zəʳ, AM zɚ] *n* ❶ (*autocrat*) Cäsar *m* ❷ BRIT MED (*fam*) *see* **Caesarean I 2**

Caesarean [sɪ'zeəriən] **I.** *adj inv* ❶ (*of Caesar*) cäsarisch *geh* ❷ MED Kaiser-; **~ delivery** [*or* **birth**] Geburt *f* durch Kaiserschnitt; ***she was a ~ delivery*** sie wurde mit Kaiserschnitt entbunden; **~ section** Kaiserschnitt *m* **II.** *n* MED Kaiserschnitt *m*

Caesar salad [,si:zə'-, AM -zɚ'-] *n* Cäsarensalat *m*

caesium ['si:ziəm] *n no pl* Cäsium *nt*

caesura [sɪ'zjʊərə, AM sə'zʊrə] *n* LIT Verseinschnitt *m;* (*fig*) Zäsur *f*

café *n*, **cafe** ['kæfeɪ, AM kæ'feɪ] *n* Café *nt;* **sidewalk ~** Straßencafé *nt*

cafe au lait <*pl* -s> [,kæfeɪəʊ'leɪ, AM kæ'feɪoʊ-] *n* Milchkaffee *m* **cafe bar** *n* Café-Restaurant *nt*

cafeteria [,kæfə'tɪəriə, AM -'tɪriə] *n* Cafeteria *f*

cafetière [,kæfə'tjeəʳ, AM -'tjer] *n* Cafetiere *f*, Pressfilterkanne *f*

caff [kæf] *n* BRIT (*fam*) Café *nt*

caffein(e) ['kæfi:n, AM -'i:n] *n no pl* Koffein *nt;* (*in tea*) T[h]ein *nt*

caffè latte <*pl* -s> [,kæfeɪ'læteɪ] *n* Milchkaffee *m*

caftan ['kæftæn] *n* Kaftan *m*

cage [keɪdʒ] **I.** *n* ❶ (*for animals*) Käfig *m;* **rabbit ~** Kaninchenstall *m;* (*fig*) Gefängnis *nt* ❷ (*elevator type*) Fahrkorb *m;* MIN Förderkorb *m* ❸ SPORTS (*baseball*) Gitter *nt;* (*hockey*) Tor *nt;* (*soccer*) Tor *nt*, Kasten *m fam* ❹ AM ECON, FIN Abwicklungsstelle *f*, Schalter *m* **II.** *vt* ■**to ~ an animal** ein Tier in einen Käfig sperren; **to prowl** [*or* **pace**] **like a ~d animal** hin- und herlaufen wie ein Tier im Käfig; ■**to ~ sb [up]** (*fam*) jdn hinter Gitter bringen *fam*

cagey ['keɪdʒi] *adj* (*fam*) ❶ (*secretive*) verschlossen, zugeknöpft *fam;* ***everytime I ask him about it, he becomes very ~*** er antwortet jedesmal ausweichend, wenn ich ihn danach frage; ***she's ~ about her age*** sie macht ein Geheimnis aus ihrem Alter ❷ (*sneaky*) durchtrieben, gerissen *fam*, clever *fam*

cageyness *n no pl see* **caginess**

cagily ['keɪdʒɪli] *adv* (*fam*) zögernd, zurückhaltend; **to reply ~** ausweichend antworten

caginess ['keɪdʒɪnəs] *n no pl* (*fam*) ❶ (*secretiveness*) Verschlossenheit *f* ❷ (*dishonesty*) Durchtriebenheit *f*, Gerissenheit *f*, Cleverness *f fam*

cagoul(e) [kə'gu:l] *n* BRIT Regenjacke *f* [mit Kapuze]

cahoots [kə'hu:ts] *npl* (*fam*) **to be in ~ [with sb]** [mit jdm] gemeinsame Sache machen [*o fam* unter einer Decke stecken]

Cain [keɪn] *n* REL Kain *m* ► PHRASES: **to raise ~** (*fam: make noise*) einen Höllenlärm [*o* Höllenspektakel] machen *fam;* (*complain*) einen Riesenkrach schlagen

cairn [keən, AM kern] *n* Steinhaufen *m* (*als Landmarke, Grab- oder Gedenkstätte*), Cairn *m fachspr*

caisson ['keɪsɒn, AM sᵊn] *n* ❶ (*watertight cabin*) Caisson *m*, Tauchkasten *m* ❷ HIST Munitionswagen *m*

cajole [kə'dʒeʊl, AM -'dʒoʊl] **I.** *vt* ■**to ~ sb** jdn beschwatzen *fam;* ■**to ~ sb into doing sth** jdn dazu überreden, etw zu tun **II.** *vi* [schmeichelnd] betteln

cajolery [kə'dʒəʊlᵊri, AM 'dʒoʊ] *n no pl* Schmeichelei *f*, Liebedienerei *f geh*

cajoling [kə'dʒeʊlɪŋ, AM -'dʒoʊl-] **I.** *n* ❶ *no pl* (*action*) Schmeicheln *nt kein pl*, Schöntun *nt kein pl* ❷ (*words*) Schmeicheleien *fpl;* ***her ~s are driving me crazy*** ihr ständiges Bitten und Betteln macht mich noch verrückt **II.** *adj attr* schmeichlerisch; *tone, voice* einschmeichelnd

Cajun ['keɪdʒən] **I.** *adj* Cajun-; **~ music** Cajun-Musik *f* **II.** *n* ❶ (*person*) Cajun *m o f* ❷ (*dialect*) Cajun *nt* (*im Raum New Orleans*)

cake [keɪk] **I.** *n* ❶ (*in baking*) Kuchen *m;* (*layered*) Torte *f;* **birthday/wedding ~** Geburtstags-/Hochzeitstorte *f;* **butter/sponge ~** Rühr-/Biskuitkuchen *m;* **chocolate ~** Schokoladenkuchen *m;* **fruit ~** englischer [Tee]kuchen; **a piece** [*or* **slice**] **of ~** ein Stück *nt* Kuchen ❷ (*patty*) Küchlein *nt;* **fish ~** Fischfrikadelle *f;* **potato ~** Kartoffelpuffer *m*, Reibekuchen *m* ❸ (*block*) **~ of soap** Stück *nt* Seife ❹ AM (*sl: Black English: money*) Knete *f sl* ► PHRASES: **a piece of ~** (*fam*) kinderleicht, ein Kinderspiel *nt*, ein Klacks *m fam;* **to have a fair slice of the ~** sein Stück vom Kuchen abbekommen; **to have one's ~ and eat it [too]** beides gleichzeitig wollen; **to take the ~** (*fam*) alles übertreffen, den Vogel abschießen *fam* **II.** *n modifier* (*ingredients, form, mixture, recipe*) Kuchen- **III.** *vt* **to be ~d with blood/mud** blut-/dreckverkrustet sein; **to be ~d with filth** schmutzbedeckt sein **IV.** *vi blood, make-up* eintrocknen; *blood, mud* eine Kruste bilden

cake flour *n* AM *griffig-lockeres Mehl, Typ 405* (*für Kuchen*) **cake mix** *n* Backmischung *f* **cake pan** *n* AM, **cake tin** *n esp* BRIT Kuchenform *f* **cake-walk** *n no pl* ① (*dance*) Cakewalk *m* ② AM (*fam: easily reached goal*) Kinderspiel *nt fig*, Spaziergang *m fig*

CAL [kæl, ˌsiːerˈel] *n no pl abbrev of* **Computer-Aided Learning** CAL

calabash <*pl* -es> [ˈkæləbæʃ] *n* ① (*fruit*) Flaschenkürbis *m*, Kalebasse *f* ② (*tree*) Kalebassenbaum *m*

calaboose [ˈkæləbuːs] *n* AM DIAL (*prison*) Kittchen *nt fam*

calamari [ˌkæləˈmɑːri] *npl* Calamares *mpl*

calamine [ˈkæləmaɪn] *n no pl*, **calamine lotion** *n no pl* MED Galmeilotion *f*, Calamina *f fachspr*

calamitous [kəˈlæmɪtəs, AM -ət̬əs] *adj* verheerend, katastrophal

calamity [kəˈlæməti, AM -ət̬i] *n* ① (*disaster*) Katastrophe *f* ② *no pl* Unglück *nt*

Calamity Jane *n* (*pej fam*) Pechmarie *f fam*

calciferous [kælˈsɪfᵊrəs] *adj* kalkhaltig

calcify <-ie-> [ˈkælsɪfaɪ] CHEM **I.** *vt* ■**to ~ sth** etw verkalken [*o fachspr* kalzifizieren] **II.** *vi* verkalken, kalzifizieren *fachspr*

calcium [ˈkælsiəm] *n no pl* Kalzium *nt*, Calcium *nt fachspr*

calculable [ˈkælkjələbl] *adj* ① MATH, ECON kalkulierbar, berechenbar; ***the total damage is ~ at $15,000*** der Gesamtschaden ist auf 15.000 $ zu veranschlagen ② AM (*reliable*) verlässlich

calculate [ˈkælkjəleɪt] **I.** *vt* ① (*compute*) ■**to ~ sth** etw berechnen; (*as estimate*) etw veranschlagen; (*in advance*) etw vorausberechnen [*o fachspr* kalkulieren] ② *passive* (*intend*) ■**to be ~d to do sth** darauf abzielen, etw zu tun; ***his words were ~d to manipulate her*** seine Worte sollten sie manipulieren ③ AM (*fam: suppose*) ■**to ~ that ...** vermuten [*o* annehmen], dass ... **II.** *vi* ■**to ~ [on sth]** [mit etw *dat*] rechnen

calculated [ˈkælkjəleɪtɪd, AM -t̬ɪd] *adj* beabsichtigt, gewollt; *risk* kalkuliert; **to take a ~ risk** ein kalkuliertes Risiko eingehen

calculating [ˈkælkjəleɪtɪŋ, AM -t̬ɪŋ] *adj attr* (*pej*) berechnend *pej*; **~ manner** berechnende Art; **cold and ~** kalt und berechnend

calculation [ˌkælkjəˈleɪʃᵊn] *n* ① ECON, MATH Berechnung *f*; (*in advance*) Vorausberechnung *f*, Kalkulation *f*; (*estimate*) Schätzung *f*; ***we are £20,000 out in our ~s*** wir haben uns um £20.000 verrechnet; **to make** [*or* **do**] **~s** Berechnungen [*o* Kalkulationen] anstellen; **by our ~s** nach unseren Schätzungen ② *no pl* (*in math*) Rechnen *nt*; ***it took some ~*** es bedurfte einiger Rechnerei ③ *no pl* (*pej: selfish planning*) Berechnung *f pej*; ***there's an element of ~ in his behaviour*** sein Verhalten hat etwas Berechnendes

calculator [ˈkælkjəleɪtəʳ, AM -t̬ɚ] *n* Rechner *m*; **pocket ~** Taschenrechner *m*

calculus [ˈkælkjələs] *n no pl* MATH Differentialrechnung *f*, Integralrechnung *f*, Infinitesimalrechnung *f*

caldron *n see* **cauldron**

Caledonian [ˌkæləˈdəʊniən, AM ˈdoʊ] *adj inv* (*liter or hum*) schottisch

calendar [ˈkæləndəʳ, AM -dɚ] **I.** *n* ① (*of the year*) Kalender *m*; **the Jewish/Muslim ~** der jüdische/islamische Kalender; ***the ancient Greeks had a different ~ than we do*** die alten Griechen hatten eine andere Zeitrechnung als wir ② (*time planner*) [Termin]kalender *m* ③ (*schedule*) Programm *nt*; **~ of events** [Veranstaltungs]programm *nt* ④ AM LAW Sitzungskalender *m* (*Liste der Gesetzesentwürfe, die dem Repräsentantenhaus oder dem Senat zur Diskussion vorgelegt werden*) **II.** *vt* ■**to ~ sth** etw in einen Kalender eintragen

calendar month *n* Kalendermonat *m* **calendar year** *n* Kalenderjahr *nt*

calf <*pl* calves> [kɑːf, *pl* kɑːvz, AM kæf, *pl* kævz] *n* ① (*young cow, whale etc*) Kalb *nt*; (*young animal*) Junge(s) *nt*, Jungtier *nt*; **to be in ~** *animal* trächtig sein ② *no pl* (*leather*) Kalbsleder *nt* ③ ANAT Wade *f*

calf-length *adj inv coat, skirt* wadenlang, dreiviertellang

calf love *n no pl* Jugendliebe *f*, erste Liebe **calf-skin** **I.** *n no pl* Kalbsleder *nt* **II.** *n modifier* (*bag, book binding, boots, shoes*) Kalbsleder-

caliber *n no pl* AM *see* **calibre**

calibrate [ˈkælɪbreɪt] *vt* **to ~ an instrument/a scale/a thermometer** ein Instrument/eine Waage/ein Thermometer eichen [*o fachspr* kalibrieren]

calibrated [ˈkælɪbreɪtɪd, AM -t̬ɪd] *adj* geeicht, kalibriert *fachspr*

calibration [ˌkælɪˈbreɪʃᵊn] *n no pl* Eichung *f*, Kalibrierung *f fachspr*

calibre [ˈkælɪbəʳ], AM **caliber** [-ləbɚ] *n* ① *no pl* (*quality*) Niveau *nt*, Format *nt*, Kaliber *nt fam*; ***the competition entries were of high ~*** für den Wettkampf waren hochrangige Wettkämpfer und Wettkämpferinnen gemeldet ② *no pl* (*diameter*) *of a pipe, vessel* [Innen]durchmesser *m*; *of a bullet, gun, rocket* Kaliber *nt*

calico <*pl* -es *or* -s> [ˈkælɪkəʊ, AM -koʊ] **I.** *n* ① *no pl* BRIT (*white cloth*) Baumwollnesselstoff *m*, Kattun *m*, Kaliko *m*; AM (*printed cloth*) bedruckter Kattun, Druckkattun *m* ② AM (*cat*) [bunt]gefleckte Katze **II.** *n modifier* (*blouse, dress, skirt*) Baumwoll-

calico cat *n* AM [bunt]gefleckte Katze

calif *n see* **caliph**

Californian [ˌkælɪˈfɔːniən, AM əˈfɔːrnjən] **I.** *adj inv* kalifornisch **II.** *n* Kalifornier(in) *m(f)*, Einwohner(in) *m(f)* Kaliforniens

caliper *n* AM *see* **calliper**

caliph [ˈkeɪlɪf], AM **calif** *n* (*hist*) Kalif *m hist*

calisthenics *n + sing/pl vb* AM SPORTS *see* **callisthenics**

call [kɔːl, AM *esp* kɑːl]

I. NOUN	**II.** TRANSITIVE VERB
III. INTRANSITIVE VERB	

I. NOUN

① (*on telephone*) [Telefon]anruf *m*, [Telefon]gespräch *nt*, Telefonat *nt*; ***were there any ~s for me?*** hat jemand für mich angerufen?; ***will you take the ~?*** nehmen Sie das Gespräch an?; ***international ~s have become cheaper*** Auslandsgespräche sind billiger geworden; **to give sb a ~** jdn anrufen; **to make a ~** einen Anruf tätigen, ein Telefongespräch führen; **to receive a ~** einen Anruf erhalten, angerufen werden; ***the radio station received a lot of ~s*** bei dem Radiosender gingen viele Anrufe ein; **to return a ~** zurückrufen ② (*by doctor*) Hausbesuch *m*; (*on a friend*) Stippvisite *f fam*; **to make ~s** Hausbesuche machen; **to pay a ~ on sb** bei jdm vorbeischauen ③ (*shout*) Ruf *m*; (*yell*) Schrei *m*; *of an animal* Ruf *m*, Schrei *m*; ***give a ~ if you need something*** melde dich, wenn du etwas brauchst; **duck ~** HUNT Entenlockpfeife *f*, Entenlocke *f fachspr*; **a ~ for help** ein Hilferuf *m*; **within ~** in Rufweite [*o* Hörweite] ④ (*to wake*) **to give sb a ~** jdn wecken ⑤ (*demand*) Forderung *f* (**for** nach + *dat*) ⑥ (*vocation*) Berufung *f*; ***he felt the ~ to join the ministry*** er fühlte sich zum Priesteramt berufen ⑦ *no pl* ECON Nachfrage *f* (**for** nach + *dat*) ⑧ STOCKEX Aufruf *m*; **~ price** Rücknahmekurs *m*; **at ~** auf Abruf; (*option to buy*) Tageskurs *m*, Kaufoption *f*; **~ option** Kaufoption *f*; **~ purchase** [*or* **sale**] Erwerb *m* einer Kaufoption; **~ rule** Schlusskurs *m*; **to exercise one's ~** seine Kaufoption ausüben ⑨ ECON, FIN (*asking for money*) Zahlungsaufforderung *f*; **money at** [*or* **on**] **~** Tagesgeld *nt* ⑩ (*form or also hum: need*) Veranlassung *f*, Grund *m*; **to have no ~ for sth** keinen Grund für etw *dat* haben ⑪ (*appeal*) *of the desert, the sea, the wild* Ruf *m* ⑫ (*judgement*) Entscheidung *f*; SPORTS [Schiedsrichter]entscheidung *f*; ***we had a hard ~ to make*** wir mussten eine schwierige Entscheidung treffen; AM ***is telling white lies right or wrong? — I think that's a judgement ~*** sind Notlügen richtig oder falsch? – ich glaube, das ist eine Frage der Beurteilung ⑬ LAW (*admission of barrister*) Zulassung *f*; ***he is ten years' ~*** er ist seit zehn Jahren [als Anwalt] zugelassen ► PHRASES: **to be at sb's __beck__ and ~** jdm jederzeit zu Diensten stehen; ***I've got him at my beck and ~*** er tanzt völlig nach meiner Pfeife; **to answer the ~ of __nature__** mal kurz verschwinden müssen *fam*; **to be __on__ ~** Bereitschaft [*o* Bereitschaftsdienst] haben

II. TRANSITIVE VERB

① (*on telephone*) ■**to ~ sb** jdn anrufen; (*wake*) jdn telefonisch wecken; **to ~ sb collect** AM jdn per R-Gespräch anrufen ② (*give name*) ■**to ~ sb sth** ***they've ~ed her daughter Katherine*** sie haben ihre Tochter Katherine genannt; ***what's that actor ~ed again?*** wie heißt dieser Schauspieler nochmal?; ***what's that ~ed in Spanish?*** wie heißt das auf Spanisch?; ***no one ~s him by his real name*** niemand nennt ihn bei seinem richtigen Namen; ***she's ~ed by her second name, Jane*** sie wird mit ihrem zweiten Namen Jane gerufen; **to ~ sb names** jdn beschimpfen ③ (*regard as*) **to ~ sb a close friend** jdn als guten Freund/gute Freundin bezeichnen; ***you ~ this a meal?*** das nennst du ein Essen?; ***I'm not ~ing you a liar*** ich sage nicht, dass du lügst; ***I can't remember exactly but let's ~ it £10*** ich weiß es nicht mehr genau, aber sagen wir mal 10 Pfund ④ (*say out loud*) ■**to ~ sth** etw rufen; ■**to ~ sth at sb** jdm etw zurufen; ***he ~ed insults at her*** er beleidigte sie mit lauten Worten ⑤ (*summon*) ■**to ~ sb** jdn rufen; ***I was ~ed to an emergency meeting*** ich wurde zu einer dringenden Sitzung gerufen; **to ~ attention to oneself** auf sich *akk* aufmerksam machen; **to ~ sb's attention to sth** jds Aufmerksamkeit auf etw *akk* lenken; **to ~ sb to dinner** jdn zum Abendessen rufen; **to ~ sth to mind** (*recall*) sich *dat* etw ins Gedächtnis zurückrufen; (*remember*) sich *akk* an etw *akk* erinnern; **to ~ sb to order** (*ask for quiet*) jdn um Ruhe bitten; (*reprimand*) jdn zur Ordnung rufen; **to ~ sth into play** etw ins Spiel bringen; (*get under way*) etw in die Wege leiten; **to ~ sth into question** etw in Frage stellen; **to ~ sb into a room** jdn in ein Zimmer bitten; (*rudely*) jdn in ein Zimmer beordern ⑥ (*summon to office*) ■**to ~ sb** jdn berufen; (*by God*) jdn aussersehen; (*destined to be*) ■**to be ~ to do sth** dazu bestimmt sein, etw zu tun ⑦ (*give orders for*) **to ~ an election/a meeting** Wahlen/eine Konferenz ansetzen [*o geh* anberaumen]; **to ~ a halt to a development/fighting** einer Entwicklung/kämpferischen Auseinandersetzungen Einhalt gebieten *geh*; **to ~ a strike** einen Streik ausrufen ⑧ AM (*fam: challenge*) ■**to ~ sb on sth** jdn auf etw *akk* ansprechen; (*show disapproval*) jdn wegen einer S. *gen* zur Rede stellen ⑨ SPORTS **to ~ a ball** (*baseball*) einen Ball geben; **to ~ a ball/pocket/shot** AM (*in billiards, pool*) eine Kugel/ein Loch/einen Stoß anmelden; **to ~ the game** AM das Spiel unterbrechen [*o* abbrechen]; **to ~ a shot a goal** ein Tor geben ⑩ FIN (*demand payment*) **to ~ a loan/mortgage** die Ablösung eines Darlehens/einer Hypothek fordern ⑪ LAW **to ~ sb to the bar** BRIT jdn als Anwalt zulassen; **to ~ a case** eine Sache [bei Gericht] aufrufen; **to ~ the jury** die Geschworenen auslosen; **to ~ a witness** einen Zeugen/eine Zeugin aufrufen; **to ~ sb as a witness** jdn als Zeugen benennen ► PHRASES: **to ~ sb's __bluff__** (*ask to prove*) jdn beim Wort nehmen; (*challenge to do*) jdn auf die Probe stellen; **to ~ it a __day__** (*fam*) Schluss machen; ***let's ~ it a day!*** Schluss für heute!; **to ~ it __quits__** es gut sein lassen; **to ~ one's __shot__** AM die Karten aufdecken; **to ~ [all] the __shots__** [*or* **to ~ the __tune__**] das Kommando [*o* Sagen] haben; **to ~ a __spade__ a spade** (*usu hum fam*) das Kind beim Namen nennen; **to ~ sth one's __own__** etw sein Eigen nennen *geh*; **don't ~ __us__, we'll ~ you** (*after job interview*) wir kommen auf Sie zurück (*impliziert aber bereits Absage*)

III. INTRANSITIVE VERB

① (*telephone*) anrufen; ***who's ~ing, please?*** wer ist am Apparat?; **to ~ collect** AM ein R-Gespräch führen ② (*drop by*) hereinschauen *fam*, vorbei-

C

schauen ❸ *(shout)* rufen; *(yell)* schreien; *(of an animal, a bird)* schreien ❹ *(summon)* ■**to ~ to sb** nach jdm rufen ❺ ECON, FIN einen Kredit kündigen
◆**call after** I. *vi (yell to)* ■**to ~ after sb** jdm nachrufen II. *vt usu passive* ■**to ~ sb after sb** jdn nach jdm [be]nennen; ■**to be ~ed after sb** nach jdm benannt worden sein
◆**call away** *vt usu passive* ■**to ~ sb ↔ away** jdn wegrufen; **to ~ sb away on business** jdn ohne Vorankündigung auf Geschäftsreise schicken; ■**to be ~ed away** abberufen werden
◆**call back** I. *vt* ❶ *(return call)* ■**to ~ sb back** jdn zurückrufen ❷ *(ask to return)* ■**to ~ back ↔ sb** jdn zurückrufen ❸ *(defective product)* ■**to ~ back ↔ sth** etw zurückrufen II. *vi* ❶ *(phone again)* zurückrufen ❷ *(return: to shop)* wiederkommen
◆**call by** *vi* hereinschauen *fam*, vorbeischauen
◆**call down** *vt* ❶ *(implore)* **to ~ down curses on sb** jdn verwünschen; **to ~ God's help/wrath down on sb** Gottes Hilfe/Zorn auf jdn herabrufen ❷ AM *(scold)* ■**to ~ down ↔ sb** jdn heruntermachen *fam*
◆**call for** *vi* ❶ *(collect)* ■**to ~ for sb/sth** jdn/etw abholen ❷ *(ask)* ■**to ~ for sb** nach jdm rufen; **to ~ for help** um Hilfe rufen ❸ *(demand)* ■**to ~ for sth** nach etw *dat* verlangen; ***this ~s for a celebration*** das muss gefeiert werden; ***I don't think that remark was ~ed for*** ich glaube, diese Bemerkung war unangebracht; **to ~ for order** um Ruhe bitten
◆**call forth** *vt (form)* **to ~ forth criticism/protests** Kritik/Proteste hervorrufen
◆**call in** I. *vt* ❶ *(ask to come)* ■**to ~ in ↔ sb** jdn hereinbitten ❷ ECON, FIN *(ask for payment)* ■**to ~ sth ↔ in** etw einfordern; **to ~ in ↔ a loan** ein Darlehen aufkündigen [*o* zurückfordern] ❸ *(ask for plans)* ■**to ~ sth ↔ in** etw anfordern II. *vi* ❶ RADIO, TV **to ~ in to a show** bei laufender [*o* während einer] Sendung anrufen ❷ *(drop by)* ■**to ~ in on sb** bei jdm vorbeischauen *fam;* **to ~ in at the butcher's** beim Metzger vorbeigehen
◆**call off** *vt* ❶ *(cancel)* ■**to ~ off ↔ sth** etw absagen; **to ~ off a search/a strike** eine Suche/einen Streik abbrechen [*o fam* abblasen] ❷ *(order back)* **to ~ off one's dog** seinen Hund zurückrufen
◆**call on** *vi* ❶ *(appeal to)* ■**to ~ on sb to do sth** jdn dazu auffordern, etw zu tun; ***I now ~ on everyone to raise a glass to the happy couple*** und nun bitte ich Sie alle, ihr Glas auf das glückliche Paar zu erheben; **to ~ on a witness to testify** einen Zeugen/eine Zeugin in den Zeugenstand rufen ❷ *(visit)* ■**to ~ on sb** bei jdm hereinschauen *fam;* ***why don't you ~ on me?*** warum kommst du nicht mal vorbei? *fam* ❸ *(use)* **to ~ on sb's assistance** jds Hilfe in Anspruch nehmen; **to ~ on one's resolve/willpower** seine Entschlusskraft/Willenskraft zusammennehmen; **to ~ on [all] one's strength** [all] seine Kräfte zusammennehmen
◆**call out** I. *vt* ❶ *(shout)* ■**to ~ out ↔ sth** etw rufen; *(yell)* etw schreien; **to ~ out obscenities [at sb]** [jdn an]pöbeln ❷ *(put into action)* **to ~ out the fire brigade/national guard** die Feuerwehr/Nationalgarde in Bewegung setzen II. *vi* rufen; *(yell)* aufschreien; ***if she ~s out, he comes running*** sie braucht nur Piep zu machen und schon kommt er herbeigeeilt; ***he ~ed out in pain*** er schrie vor Schmerzen auf
◆**call over** *vt* ■**to ~ sb over** jdn bitten, näher zu kommen
◆**call round** *vi* BRIT hereinschauen *fam*, vorbeischauen
◆**call up** *vt* ❶ *esp* AM *(telephone)* ■**to ~ up ↔ sb** jdn anrufen ❷ COMPUT ■**to ~ up ↔ sth** etw abrufen ❸ MIL ■**to ~ up ↔ sb** jdn einberufen [*o* einziehen] ❹ *(conjure up)* **to ~ up images/memories/thoughts** Bilder/Erinnerungen/Vorstellungen wachrufen

callable ['kɔːləbl] *adj inv* ECON, FIN **~ bond** kündbare Schuldverschreibung; **~ capital** aufzurufendes Kapital
callanetics® [ˌkælə'netɪks, AM -t̬-] *n + sing/pl vb* Callanetics® *pl*, Fitnessdiät *f*
call-back pay *n* ECON Überstundenlohn *m*
call box *n* BRIT Telefonzelle *f* **call diversion** *n no pl* Rufumleitung *f*
called up *adj attr* **~ed up capital** eingefordertes Kapital
caller ['kɔːləʳ, AM 'kɑːlɚ] *n* ❶ *(on telephone)* Anrufer(in) *m(f)* ❷ *(visitor)* Besucher(in) *m(f);* ***we don't get many ~s here*** wir bekommen hier wenig Besuch
caller ID *n no pl* TELEC Anruferkennung *f*
call girl *n* Callgirl *nt*
calligraphy [kə'lɪgrəfi] I. *n no pl* Kalligraphie *f*, Kunst *f* des Schönschreibens II. *n modifier (lettering, pen, style)* Schönschreib-
call-in ['kɔːlɪn, AM *esp* 'kɑːl-] *n* Anruf *m; see also* **phone-in**
calling ['kɔːlɪŋ, AM *esp* 'kɑːl-] *n* ❶ *(profession)* Beruf *m* ❷ *(inner impulse)* Berufung *f*, Bestimmung *f;* ***it is her ~ to be a writer*** sie ist dazu berufen, Schriftstellerin zu sein
calling card *n* ❶ AM *(telephone card)* Telefonkarte *f; (telephone charge card)* Telefonkreditkarte *f* ❷ *esp* AM *(personal card)* Visitenkarte *f*, Visitkarte *f* ÖSTERR
calliper ['kælɪpəʳ], AM **caliper** [-ləpɚ] *n* ❶ TECH ■**~s** *pl* Greifzirkel *m*, Tast[er]zirkel *m;* **inside/outside ~s** Innen-/Außentaster *m* ❷ MED **~ [splint]** Beinschiene *f*, Gehapparat *m*
callisthenics [kælɪs'θenɪks], AM **calisthenics** [-ləs'-] *n + sing/pl vb* [leichte] Gymnastik, Freiübungen *fpl*, Fitnessübungen *fpl*
call loan *n* ECON, FIN jederzeit kündbarer Kredit **call logging** *n* COMPUT Verbindungsprotokollierung *f*
call money *n* Tagesgeld *nt*
callous ['kæləs] I. *adj* hartherzig, herzlos, gefühllos II. *n* <*pl* -es> *see* **callus**
calloused *adj* schwielig, kallös
callously ['kæləsli] *adv* hartherzig, herzlos, ungerührt
callousness ['kæləsnəs] *n no pl* Herzlosigkeit *f*, Gefühlskälte *f*, Gefühllosigkeit *f*
call-over price *n* ECON, FIN aufgelisteter Preis
callow ['kæləʊ, AM -oʊ] *adj (pej liter)* unreif, unfertig; **~ youth** Milchgesicht *nt a. pej*, grüner Junge *a. pej;* ***Mark was just a ~ youth of sixteen*** Mark war mit seinen sechzehn Jahren noch grün hinter den Ohren
call rate *n* ECON, FIN Tagesgeldsatz *m* **call sign** *n*, **call signal** *n* [Funk]rufzeichen *nt*, [An]rufsignal *nt*
call-up *n* MIL Einberufung *f* **call-up paper** *n* MIL Einberufungsbescheid *m*
callus <*pl* -es> ['kæləs] *n* MED Kallus *m fachspr; (of skin)* [Horn]schwiele *f; (of bone)* [Knochen]narbe *f;* BOT Wundgewebe *nt kein pl*, [verhärtete] Wucherung, Kallus *m fachspr;* **knotty ~es** knorrige Wucherungen
callused ['kæləst] *adj see* **calloused**
call waiting *n no pl* Anklopfen *nt*, Anklopffunktion *f*
calm [kɑːm, AM kɑː(l)m] I. *adj* ❶ *(not nervous)* ruhig, gelassen; ***he has a very ~ manner*** er hat ein besonnenes Wesen; **to be cool, ~ and collected** ruhig und gefasst sein; **to remain cool, ~ and collected** die Nerven bewahren [*o* behalten]; **to keep [*or* stay] ~** ruhig bleiben, [die] Ruhe bewahren; ***she's not very good at keeping ~*** sie verliert leicht die Nerven ❷ *(peaceful)* ruhig, friedlich ❸ METEO windstill; NAUT *sea* ruhig II. *n (esp liter)* ❶ *(calmness)* Ruhe *f*, Stille *f;* **~ of mind** Gelassenheit *f* ❷ METEO Windstille *f;* NAUT Flaute *f;* **the ~ before the storm** *(also fig)* die Ruhe vor dem Sturm *a. fig;* **dead ~** Flaute *f*, völlige Windstille III. *vt* ■**to ~ sb/sth** jdn/etw beruhigen; ***have a drink — it will ~ your nerves*** trink etwas – das wird dich beruhigen; ■**to ~ oneself** sich *akk* beruhigen
◆**calm down** I. *vi* sich *akk* beruhigen; *storm, wind* abflauen, sich *akk* legen II. *vt* ■**to ~ sb ↔ down** jdn beruhigen; ■**to ~ oneself down** sich *akk* beruhigen
calming ['kɑːmɪŋ, AM 'kɑː(l)m-] *adj* beruhigend; **to have a ~ effect on sb** auf jdn besänftigend wirken
calmly ['kɑːmli, AM 'kɑː(l)m-] *adv* ruhig, gelassen; ***she reacted surprisingly ~ to the news*** sie reagierte erstaunlich gefasst auf die Nachricht; **to argue ~** sachlich [*o* nüchtern] argumentieren; **to do sth ~ and collectedly** etw in aller Seelenruhe tun
calmness ['kɑːmnəs, AM 'kɑː(l)m-] *n no pl* ❶ *(inner peace)* Ruhe *f*, Gelassenheit *f;* ***she had never felt such ~ before*** sie hatte noch nie zuvor so eine innere Ruhe verspürt ❷ *(smoothness)* Ruhe *f*, Stille *f;* **the ~ of the sea/weather** das ruhige Meer/Wetter
Calor gas® ['kæləʳ,-] BRIT I. *n no pl* Butangas *nt* II. *n modifier* Butangas-; **~ stove** [Butan]gaskocher *m*
caloric [kə'lɒrɪk, AM -'lɔːr-] *adj* ❶ *inv* PHYS kalorisch, Wärme- ❷ *(high-calorie)* kalorienreich
calorie ['kælᵊri] I. *n* Kalorie *f;* **to be high/low in ~s** kalorienreich/-arm sein, viele/wenig Kalorien haben; **to count ~s** die Kalorien zählen II. *n modifier* Kalorien-; **~-counting** Kalorienzählen *nt;* **~-controlled diet** Kaloriendiät *f;* **~-conscious** kalorienbewusst; **~-reduced** brennwertvermindert
calorific [ˌkælə'rɪfɪk] *adj* ❶ PHYS kalorisch, Wärme-; **~ value** Heizwert *m;* FOOD Brennwert *m* ❷ *(fam: high-calorie)* kalorienreich; **to be very ~** eine Kalorienbombe sein
calumny ['kæləmni] *n (form)* ❶ *no pl (defamation)* Verleumdung *f*, Schmähung *f geh;* **to be subjected to ~** verleumdet werden ❷ *(instance)* Verleumdung *f;* **to utter calumnies** verleumderische Reden führen
calvados ['kælvədɒs, AM ˌkælvə'doʊs] *n no pl* Calvados *m*
Calvary ['kælvᵊri] *n no pl, no art* ❶ *(site of crucifixion)* Golgatha *nt*, Kalvarienberg *m* ❷ *(fig: place of sacrifice)* Martyrium *nt*, Golgatha *nt liter*
calve [kɑːv, AM kæv] *vi* kalben, abkalben *fachspr*
calves [kɑːvz, AM kævz] *n pl of* **calf**
Calvinism ['kɑːlvɪnɪzᵊm] *n no pl* REL Kalvinismus *m*
Calvinist ['kɑːlvɪnɪst] REL I. *n* Kalvinist(in) *m(f)* II. *adj* kalvinistisch
calvinistic *adj*, **Calvinistic** [ˌkɑːlvɪ'nɪstɪk] *adj* REL kalvinistisch; *(fig)* streng
calypso <*pl* -s *or* -es> [kə'lɪpsəʊ, AM -soʊ] *n* Calypso *m*
calyx <*pl* -lyces *or* -es> ['keɪlɪks, *pl* -lɪsiːz] *n* BOT Kelch *m*
cam [kæm] *n* AUTO Nocken *m*
CAM [kæm] *n abbrev of* **computer assisted manufacture** CAM
camaraderie [ˌkæmə'rɑːdᵊri, AM -ɚi] *n no pl* Kameradschaft *f*
camber ['kæmbəʳ, AM -ɚ] *n* ❶ *(road slope)* Wölbung *f*, Überhöhung *f* ❷ BRIT Quergefälle *nt;* **reverse ~** [Straßen]wölbung *f*
Cambodia [ˌkæm'bəʊdiə, AM -'boʊ-] *n no pl* Kambodscha *nt*
Cambodian [ˌkæm'bəʊdiən, AM -'boʊ-] I. *n* ❶ *(native)* Kambodschaner(in) *m(f)* ❷ *no pl (language)* Kambodschanisch *nt* II. *adj inv* kambodschanisch
cambric ['kæmbrɪk] *n no pl* FASHION Kambrik[batist] *m*, Cambrai *m*, Kammertuch *nt*
camcord *vt* ■**to ~ sb/sth** jdn/etw mit der Videokamera filmen
camcorder ['kæmˌkɔːdəʳ, AM -ˌkɔːrdɚ] *n* TV Camcorder *m*
came [keɪm] *vi pt of* **come**
camel ['kæmᵊl] I. *n* ❶ ZOOL Kamel *nt* ❷ *(colour)* Kamelhaarfarbe *f* II. *n modifier (herd, owner, ride, safari)* Kamel- III. *adj* ❶ *(camel hair)* Kamelhaar-; **~ coat** Kamelhaarmantel *m* ❷ *(colour)* kamelhaarfarben, beige
camel hair I. *n no pl* ❶ *(hair)* Kamelhaar *nt* ❷ *(fabric)* Kamelhaarstoff *m* II. *n modifier (brush, coat)* Kamelhaar-
camellia [kə'miːliə, AM -ljə] *n* BOT Kamelie *f*
Camelot ['kæməlɒt, AM -lɑːt] *n* AM *(presidency of John Fitzgerald Kennedy)* *Zeit der Präsidentschaft John F. Kennedys*

camel safari *n* Kamelsafari *f*

Camembert ['kæməmbeəʳ, AM -ber] *n usu no pl* Camembert *m*

cameo <*pl* -os> ['kæmiəʊ, AM -oʊ] **I.** *n* ❶ (*stone*) Kamee *f* ❷ THEAT, FILM Miniaturrolle *f*, winzige Nebenrolle ❸ COMPUT (*reverse characters*) invertierte Zeichen ❹ (*front-lit subject*) Hell-auf-dunkel-Bild *nt*, Aufnahme *f* vor neutralem Hintergrund **II.** *n modifier* (*brooch*) Kameen-

cameo appearance *n* FILM, THEAT Kurzauftritt *m*

cameo part *n*, **cameo role** *n* FILM, THEAT [kleine] Nebenrolle *f*

camera¹ ['kæmᵊrə] **I.** *n* (*for photos*) Kamera *f*, Fotoapparat *m*; (*for filming*) [Video]kamera *f*, Filmkamera *f*; TV Fernsehkamera *f*, Filmkamera *f*; **to be on ~** vor der Kamera stehen; **to go on ~** vor die Kamera treten ▸ PHRASES: **the ~ loves sb** jd ist fotogen **II.** *n modifier* (*assistant, lens, sale, store*) Kamera-; **~ case** Kameratasche *f*; **~ strap** Kamera[trage]riemen *m*

camera² ['kæmᵊrə] *n no pl* LAW **in ~** unter Ausschluss der Öffentlichkeit; (*fig*) hinter verschlossenen Türen; **trial in ~** nichtöffentliche Verhandlung; **to sit in ~** unter Ausschluss der Öffentlichkeit verhandeln

camera angle *n* Aufnahmewinkel *m* **camera crew** *n + sing/pl vb* Kamerateam *nt* **cameraman** *n*, **camera operator** *n* FILM Kameramann, Kamerafrau *m, f*; JOURN Pressefotograf(in) *m(f)* **camera-ready** *adj inv* druckreif, reprofähig *fachspr*; **~ copy** Druckvorlage *f* **camera shot** *n* PHOT Aufnahme *f*; FILM [Film]sequenz *f* **camera-shy** *adj* kamerascheu **camerawoman** *n* FILM Kamerafrau *f*; JOURN Pressefotografin *f* **camera work** *n no pl* Kameraführung *f*

camiknickers ['kæmi,nɪkəz] *npl* BRIT Spitzenhemdhöschen *nt*

camisole ['kæmisəʊl, AM -soʊl] *n* Mieder *nt*, Leibchen *nt veraltet*

camomile ['kæmə(ʊ)maɪl, AM -məmi:l] **I.** *n* Kamille *f*; **Roman ~** echte Kamille **II.** *n modifier* (*oil, tee, rinse, wrap*) Kamillen-

camouflage ['kæməflɑ:ʒ, AM -flɑ:(d)ʒ] **I.** *n no pl* ❶ (*also fig: act*) Tarnung *f a. fig* ❷ (*means*) Tarnung *f*; (*colouring*) Tarnbemalung *f*; (*material*) Verhüllung *f*; ***this cream is an excellent ~ for scars*** diese Creme macht Narben unsichtbar **II.** *n modifier* (*clothing, jacket, net*) Tarn-; **~ paint** Tarnfarbe *f*, Tarnanstrich *m* **III.** *vt* ■**to ~ sb/sth/oneself** jdn/etw/sich tarnen; **~d advertising** Schleichwerbung *f*

camp¹ [kæmp] **I.** *n* ❶ (*encampment*) [Zelt]lager *nt*; **Guide** [*or* AM **Girl Scout**] **~** Pfadfinderinnenlager *nt*; **holiday ~** BRIT Ferienlager *nt*, Ferienkolonie *f*; **peace ~** Friedenslager *nt*, Friedenscamp *nt*; **Scout ~** Pfadfinderlager *nt*; **summer ~** AM Ferienlager *nt*, Sommerlager *nt*; **to be on ~** BRIT zelten, campen; **to go on ~** BRIT Campen gehen [*o* fahren]; **to pitch/break ~** ein Lager [*o* die Zelte] aufschlagen/abbrechen ❷ MIL [Feld]lager *nt*, Militärlager *nt*; (*temporary*) Biwak *nt*; **army ~** Heerlager *nt*, Feldlager *nt*; **prison/refugee ~** Gefangenen-/Flüchtlingslager *nt* ❸ (*fig: like-minded group*) Lager *nt*, Partei *f*, Seite *f*; **to have a foot in both ~s** sich *dat* beide Möglichkeiten offen halten; **the pro-abortion ~** die Abtreibungsbefürworter *pl*; **rival ~** gegnerisches Lager; **to go over to the other ~** ins andere Lager überwechseln **II.** *n modifier* (*commander, fire, kitchen*) Lager- **III.** *vi* ■**to ~ [out]** zelten, campen; **to go ~ing** campen [*o* zelten] gehen

camp² [kæmp] **I.** *n no pl* Manieriertheit *f*, Affektiertheit *f*, Geziertheit *f* **II.** *adj* ❶ (*pej: theatrical*) *performance, show* theatralisch *pej*; *style* manieriert *pej*, gekünstelt *pej*; *behaviour* affektiert *pej*; **high ~** übertrieben, überzogen ❷ (*effeminate*) tuntenhaft *sl*, tuntig *sl* **III.** *vi* sich *akk* affektiert benehmen **IV.** *vt* ■**to ~ sth** ⊂ **up** bei etw *dat* zu dick auftragen *fam*; **to ~ up a role** eine Rolle überzogen spielen; **to ~ it up** übertreiben

campaign [kæm'peɪn] **I.** *n* ❶ (*publicity*) Kampagne *f* (**for** für +*akk*, **against** gegen +*akk*), Aktion *f*, Feldzug *m*; **advertising ~** Werbekampagne *f*, Reklamefeldzug *f*; **door-to-door ~** Haustüraktion *f*; **publicity ~** Werbeaktion *f*, Werbefeldzug *m*; **~ of violence** Gewaltaktion *f*; **political ~** politische Aktion; **to launch a ~** eine Kampagne starten ❷ (*for election*) [**election**] **~** Wahlkampf *m*, Wahlkampagne *f*; **the Republican ~** der Wahlkampf der Republikaner ❸ MIL Feldzug *m*, Offensive *f* **II.** *n modifier* POL (*office, poster, slogan, speech*) Wahlkampf-; **~ button** Wahlkampfplakette *f*, Wahlkampfanstecker *m*; **~ coordinator** [*or* **manager**] Wahlkampfmanager(in) *m(f)*, Wahlkampfleiter(in) *m(f)*; **~ donation** Wahlgeschenk *nt*; **~ issue** Wahlkampfthema *nt*; **~ pledge** [*or* **promise**] Wahlversprechen *nt* **III.** *vi* kämpfen, sich *akk* engagieren; ***they've been ~ing for years to get him out of prison*** sie setzen sich seit Jahren für seine Freilassung ein; ■**to ~ against sb/sth** gegen jdn/etw kämpfen; ■**to ~ for** [*or* **on behalf of**] **sb/sth** für jdn/etw eintreten, sich *akk* für jdn/etw engagieren

campaigner [kæm'peɪnəʳ, AM -ɚ] *n* ❶ (*in election*) Wahlwerber(in) *m(f)* ❷ (*advocate*) Kämpfer(in) *m(f)*; **environmental ~** Umweltschützer(in) *m(f)*, Umweltaktivist(in) *m(f)*; ■**to be a ~ for sth** sich *akk* für etw *akk* einsetzen; ■**to be a ~ against sth** etw bekämpfen ❸ MIL Kämpfer *m*, Feldzugteilnehmer *m*; **old ~** alter Kämpfer, Veteran *m*

campaign trail *n* Wahlkampftour *f*

campanologist [,kæmpə'nɒlədʒɪst, AM -'nɑ:l-] *n* Glöckner(in) *m(f)*

campanology [,kæmpə'nɒlədʒi, AM -'nɑ:l-] *n no pl* Kunst *f* des Glockenläutens

campanula [kəm'pænjʊlə] *n* Glockenblume *f*, Campanula *f fachspr*

camp bed *n* Campingliege *f*; MIL Feldbett *nt* **camp chair** *n* Campingstuhl *m*, Klappstuhl *m*

camper ['kæmpəʳ, AM -ɚ] *n* ❶ (*person*) Camper(in) *m(f)* ❷ (*vehicle*) Wohnmobil *nt*, Campingbus *m*, Campingwagen *m*; (*trailer*) Wohnwagen *m*, Wohnanhänger *m*

camper van *n* Wohnmobil *nt*, Caravan *m* **camp-fever** *n no pl* Flecktyphus *m*, Läusefleckfieber *nt*, epidemisches [*o* klassisches] Fleckfieber **campfire I.** *n* Lagerfeuer *nt* **II.** *n modifier* Lagerfeuer-; **~ song** Pfadfinderlied *nt* **camp follower** *n* ❶ MIL (*civilian follower*) Marketender(in) *m(f) hist* ❷ (*for cause*) Anhänger(in) *m(f)*, Mitläufer(in) *m(f) pej* **campground** *n* AM Campingplatz *m*, Zeltplatz *m*

camphor ['kæm(p)fəʳ, AM -ɚ] *n no pl* Kampfer *m*; **~ ball** Mottenkugel *f*

camping ['kæmpɪŋ] **I.** *n no pl* Camping *nt*, Zelten *nt*; **to go ~** zelten gehen [*o* fahren] **II.** *n modifier* (*equipment*) Camping-; **~ holiday** [*or* AM **vacation**] Campingurlaub *m*

camping ground *n* AUS, **camping site** *n* Campingplatz *m*, Zeltplatz *m* **camping van** *n* Wohnmobil *nt*, Caravan *m* **campsite** *n* Campingplatz *m*, Zeltplatz *m* **camp stool** *n* Campinghocker *m*

campus ['kæmpəs] **I.** *n* (*university*) Universität *f*; (*university grounds*) Campus *m*; **on ~** auf dem Campus **II.** *n modifier* (*buildings, facilities*) Universitäts-, Campus-; **~ life** Universitätsleben *nt*; **~ safety** Sicherheit *f* auf dem Campus [*o* an der Universität]

camshaft ['kæmʃɑ:ft, AM -ʃæft] *n* AUTO Nockenwelle *f*

can¹ [kæn] **I.** *n* ❶ (*container*) Dose *f*, Büchse *f*; **beer/drink ~** Bier-/Getränkedose *f*; **food ~** Konservendose *f*, Konservenbüchse *f*; **milk ~** Milchkanne *f*; **petrol ~** Benzinkanister *m* ❷ (*contents*) **a ~ of lemonade** eine Dose Limonade; **a ~ of paint** eine Büchse Farbe; **a ~ of oil** ein Kanister *m* Öl ❸ AM (*fam: prison*) ■**the ~** der Knast *fam* ❹ AM (*sl: toilet*) Klo *nt fam*, Scheißhaus *nt derb* ▸ PHRASES: **a ~ of worms** eine verzwickte Angelegenheit *fam*; **to open [up] a ~ of worms** ein heißes Eisen anpacken; **to be in the ~** FILM im Kasten sein *fam*; ***this project is finally in the ~*** dieses Projekt ist endlich abgeschlossen **II.** *vt* ❶ (*put in cans*) ■**to ~ sth** etw einmachen [*o* eindosen] ❷ *esp* AM (*fam: stop*) ■**to ~ sth** mit etw *dat* aufhören; **~ it!** hör auf damit! ❸ AM (*fam: fire*) ■**to ~ sb** jdn rausschmeißen *fam*

can² <could, could> [kæn, kən] *aux vb* ❶ (*be able to*) können, in der Lage sein; ***she ~ speak four languages*** sie spricht vier Sprachen; ***the doctors are doing all they ~*** die Ärzte tun, was sie können; ***who ~ blame her?*** wer will es ihr verdenken?; **~ do** kein Problem; ***no can ~*** tut mir Leid ❷ (*fam: be permitted to*) können, dürfen; ***you ~ park over there*** Sie können dort drüben parken; ***~ I go out to play, Mum?*** darf ich draußen spielen gehen, Mami? ❸ (*offering assistance*) können; ***~ I help you with those bags?*** soll ich Ihnen mit den Taschen helfen?; ***~ I be of any help?*** kann ich irgendwie helfen? ❹ (*fam: requesting*) können; ***~ you tell him I'm in London next week?*** könntest du ihm ausrichten, dass ich in der nächsten Woche in London bin?; ***~ you make a little less noise, please?*** könntest du bitte etwas leiser sein? ❺ (*making a demand*) ***you ~ stop that right away!*** hör sofort damit auf!; (*threatening*) ***if you carry on like that, you ~ just go to bed!*** wenn du so weitermachst, kannst du gleich ins Bett gehen! ❻ (*be possible*) können; ***he ~ be really annoying at times*** manchmal kann er wirklich anstrengend sein; (*said to show disbelief*) ***you ~n't be hungry already!*** du kannst doch nicht schon wieder Hunger haben!; ***you ~n't be serious!*** das ist nicht dein Ernst!

Canaan ['keɪnən] *n no pl* REL, HIST Kanaan *nt*

Canaanite ['keɪnənaɪt] **I.** *n* REL, HIST Kanaaniter(in) *m(f)*, Bewohner(in) *m(f)* Kanaans **II.** *adj inv* kanaanitisch

Canada ['kænədə] *n no pl* Kanada *nt*

Canada Day *n* CAN *kanadischer Nationalfeiertag am 01.07.*

Canadian [kə'neɪdiən] **I.** *n* Kanadier(in) *m(f)*; **English ~** Anglokanadier(in) *m(f)*; **French ~** Frankokanadier(in) *m(f)* **II.** *adj inv* kanadisch; **~ English/French** kanadisches Englisch/Französisch

canal [kə'næl] *n* ❶ TRANSP, NAUT Kanal *m*; **Panama C~** Panamakanal *m* ❷ ANAT, BOT Kanal *m*, Röhre *f*; **birth ~** Geburtskanal *m*; **auditory ~** Gehörgang *m*

canal boat *n* Schleppkahn *m*

canalization [,kænᵊlaɪ'zeɪʃᵊn, AM -lɪ'-] *n no pl* ❶ (*sewerage system*) Kanalisation *f* ❷ (*building of a canal*) Kanalbau *m* ❸ (*of a river*) Kanalisierung *f*

canalize ['kænᵊlaɪz, AM -nəl-] *vt* ■**to ~ sth** ❶ (*provide with canals*) etw kanalisieren ❷ (*convert into a canal*) etw in einen Kanal umwandeln; **to ~ a river** einen Fluss kanalisieren

canapé ['kænəpeɪ] *n* Cocktailhappen *m*, Appetithappen *m*, Kanapee *nt meist pl*

canard ['kænɑ:d, AM kə'nɑ:rd] *n* (*liter*) [Zeitungs]ente *f*, Falschmeldung *f*

canary [kə'neəri, AM -'neri] **I.** *n* Kanarienvogel *m*; *esp* BRIT (*fam*) **to have a ~** Zustände kriegen *fam* **II.** *adj inv* **~ yellow** kanariengelb

Canary Islands *npl* Kanarische Inseln, Kanaren *pl*

canary seed *n no pl* Kanarienvogelfutter *nt*

canasta [kə'næstə] *n* CARDS Canasta *nt*

can-can ['kænkæn] *n* Cancan *m*; **to do** [*or* **dance**] **the ~** Cancan tanzen

cancel <BRIT -ll- *or* AM *usu* -l-> ['kæn(t)sᵊl] **I.** *vt* ■**to ~ sth** ❶ (*call off*) etw absagen; **to ~ a plan** einen Plan fallen lassen ❷ (*remove from schedule*) etw streichen; ■**to have been ~led** *train* gestrichen worden sein; *plane also* annulliert worden sein ❸ (*undo*) etw rückgängig machen; **to ~ a booking** [*or* **reservation**]**/an order** eine Reservierung/einen Auftrag stornieren ❹ (*annul*) etw annullieren; (*revoke*) etw widerrufen; **to ~ a contract/decree** einen Vertrag/eine Verfügung aufheben; **to ~ sb's debts** jdn seine Schulden erlassen; **to ~ an instruction** eine Anweisung zurücknehmen ❺ (*discontinue*) etw beenden; COMPUT etw abbrechen; **to ~ a subscription for sth** ein Abonnement für etw *akk* kündigen, etw abbestellen ❻ FIN **to ~ a cheque** [*or* AM **check**] (*stop payment*) einen Scheck stornieren; (*mark paid*) einen Scheck entwerten ❼ (*mark as used*) *ticket* etw entwerten; **to ~ a stamp** eine Briefmarke [ab]stempeln [*o* entwerten] ❽ MATH etw [weg]kürzen; **to ~ each other** sich *akk* gegenseitig aufheben **II.** *vi* absagen

◆**cancel out I.** *vi* sich *akk* [gegenseitig] aufheben

C

II. *vt* ■to ~ out ◌ sth etw aufheben; (*fig*) etw zunichte machen; ***this cheque will ~ out her debt*** mit diesem Scheck wird sie ihre Schulden ausgleichen können

cancellation [ˌkæn(t)sᵊlˈeɪʃᵊn] *n* ① (*calling off*) *of an appointment, concert, match* Absage *f; of a plan* Aufgabe *f* ② (*from schedule*) Stornierung *f,* Streichung *f;* ***many trains are subject to ~*** viele Züge werden gestrichen ③ (*undoing*) *of an order* Stornierung *f; of a booking, reservation also* Rückgängigmachung *f* ④ (*annulling*) Annullierung *f;* (*revocation*) Widerruf *m; of a debt* Erlass *m; of a decree* Aufhebung *f; of an instruction* Zurücknahme *f,* Widerrufung *f;* ~ **of a contract** Aufhebung *f* eines Vertrags, Rücktritt *m* von einem Vertrag ⑤ (*discontinuation*) Kündigung *f; of a subscription* Abbestellung *f* ⑥ FIN (*stop payment*) *of a cheque* Stornierung *f;* (*marking paid*) Entwertung *f* ⑦ (*marking used*) Entwertung *f; of a stamp also* Abstempeln *nt*

cancer [ˈkæn(t)səʳ, AM -ɚ] **I.** *n* ① *no pl* (*disease*) Krebs *m;* **breast** ~ Brustkrebs *m,* Mammakarzinom *nt fachspr;* **lung** ~ Lungenkrebs *m,* Lungenkarzinom *nt fachspr;* **skin** ~ Hautkrebs *m;* ~ **of the stomach/throat** Magen-/Kehlkopfkrebs *m* ② (*growth*) Krebsgeschwulst *f,* Karzinom *nt;* **benign/malign** ~ gut-/bösartige Geschwulst; (*fig*) Krebsgeschwür *nt* **II.** *n modifier* (*cell, patient, research*) Krebs-

Cancer [ˈkæn(t)səʳ, AM -ɚ] *n* ① *no art, no pl* (*sign of Zodiac*) Krebs *m;* **to be born under** ~ im Zeichen [des] Krebs geboren sein ② (*person*) Krebs *m*

cancer check-up *n* Krebsvorsorgeuntersuchung *f*

cancer clinic *n* Krebsklinik *f*

Cancerean *n,* **Cancerian** [kæn(t)ˈsɪəriən, AM -ˈseri-] *n* ASTROL Krebs *m*

cancerous [ˈkæn(t)sᵊrəs] *adj* ① (*diseased*) krebsbefallen ② (*tumour-like*) krebsartig; ~ **growth** krebsartige Wucherung; ~ **tumour/ulcer** Krebsgeschwulst *f*/-geschwür *nt*

cancer research *n no pl* MED Krebsforschung *f*

cancer screening *n no pl* Krebsvorsorgeuntersuchung *f*

cancer stick *n* (*sl*) Sargnagel *m fig fam*

candela [kænˈdelə] *n* PHYS Candela *f,* neue Kerze

candelabra <*pl* – *or* -s> [ˌkændᵊlˈɑːbrə, AM -dəˈlɑː-] *n* Leuchter *m,* Kandelaber *m*

candid [ˈkændɪd] *adj* offen, ehrlich, aufrichtig; ***let me be ~ with you*** ich will ganz offen mit Ihnen sein; ***he was quite ~ about it*** er sprach ganz offen darüber; ~ **camera** versteckte Kamera; ~ **picture** Schnappschuss *m;* ~ **talks** offene [*o* freimütige] Gespräche

candida [ˈkændɪdə] *n* MED Candida *f fachspr*

candidacy [ˈkændɪdəsi] *n no pl* POL Kandidatur *f,* Bewerbung *f* (**for** für +*akk*)

candidate [ˈkændɪdət] *n* ① POL (*competitor*) Kandidat(in) *m(f),* Bewerber(in) *m(f);* **to stand** [*or* AM **run**] **as ~ for sth** für etw *akk* kandidieren, sich *akk* um etw *akk* bewerben; ***there are three ~s standing in the election*** drei Kandidaten stehen zur Wahl; (*likely prospect*) Anwärter(in) *m(f)* ② ECON Bewerber(in) *m(f)* ③ BRIT, AUS SCH, UNIV Prüfungskandidat(in) *m(f),* Examenskandidat(in) *m(f),* Prüfling *m* ④ (*possible choice*) [möglicher] Kandidat; ***this department is a likely ~ for staff cuts*** in dieser Abteilung steht wohl auf der Liste für Personaleinsparungen

candidature [ˈkændɪdətʃəʳ] *n no pl* BRIT Kandidatur *f,* Bewerbung *f*

candidly [ˈkændɪdli] *adv* offen, ehrlich, aufrichtig; ~, ***I was hoping ...*** offen gesagt hatte ich gehofft; ...; **to speak** ~ offen [*o* ehrlich] sein

candied [ˈkændid] *adj inv* eingezuckert; *fruit, ginger* kandiert; (*fig pej*) honigsüß *pej,* schmeichlerisch *pej*

candied peel *n* (*of lemon*) Zitronat *nt;* (*of orange*) Orangeat *nt*

candle [ˈkændl] **I.** *n* Kerze *f;* **scented** ~ Duftkerze *f;* **to light a** ~ eine Kerze anzünden ▶ PHRASES: **to burn one's** [*or* AM **the**] ~ **at both ends** Raubbau mit seiner Gesundheit treiben; **to not hold a ~ to sb** jdm nicht das Wasser reichen können; **the game is not worth the** ~ die Sache ist nicht der Mühe wert **II.** *n modifier* (*wax*) Kerzen-; ~ **bulb** ELEC Kerze[nbirne] *f* **III.** *vt* ■**to ~ sth** etw gegen das Licht halten

candlelight *n no pl* Kerzenlicht *nt,* Kerzenschein *m;* ~ **dinner** Abendessen *nt* bei Kerzenschein; **at early** ~ am frühen Abend **candlelit** *adj inv room* von Kerzen erleuchtet [*o* erhellt]; ~ **dinner** Abendessen *nt* bei Kerzenschein **Candlemas** [ˈkænd|məs] *n* [Mariä] Lichtmess *nt* **candlepower** *n no pl* PHYS Lichtstärke *f* **candlestick** *n* Kerzenständer *m,* Kerzenleuchter *m,* Kerzenhalter *m* **candlewick I.** *n no pl* ① (*of candle*) Kerzendocht *m* ② (*fabric*) Frottierplüsch *m* **II.** *n modifier* (*dressing gown, towel*) Frottierplüsch-

can-do *adj attr* AM zuversichtlich, optimistisch; ~ **attitude** Optimismus *m,* Zuversicht *f*

candor [ˈkændɚ] AM, **candour** [-əʳ] *n no pl* Offenheit *f,* Ehrlichkeit *f,* Aufrichtigkeit *f*

candy [ˈkændi] **I.** *n* ① *no pl* (*sugar*) Kandiszucker *m* ② AM (*sweets*) Süßigkeiten *fpl,* Bonbons *ntpl,* Konfekt *nt geh;* (*piece of candy*) Bonbon *m o nt;* (*chocolate*) Praline *f* ▶ PHRASES: **to be like taking ~ from a baby** ein Kinderspiel sein **II.** *n modifier* (*jar, bar*) Zucker-; ~ **stick** Zuckerstange *f* **III.** *vt* ■**to ~ sth** etw kandieren [*o* mit Zucker überziehen]

candy-ass *n* AM (*fam*) Feigling *m pej,* Waschlappen *m pej* **candyfloss** *n no pl* BRIT Zuckerwatte *f* **candy store** *n* AM Süßwarenladen *m,* Süßwarengeschäft *nt* **candy stripe** *n* Muster *nt* mit bunten Streifen **candy-striped** *adj* bunt gestreift **candytuft** *n* BOT Schleifenblume *f*

cane [keɪn] **I.** *n* ① *no pl* (*of plant*) Rohr *nt* ② (*stick*) Stock *m;* (*for walking*) [Spazier]stock *m;* (*for punishing*) [Rohr]stock *m* ③ *no pl* (*punishment*) **to get the** ~ [eine Tracht] Prügel bekommen; *on hand* eine auf die Finger [*o* DIAL Tatze] bekommen **II.** *n modifier* Rohr-; ~ **basket** Weidenkorb *m,* geflochtener Korb; ~ **coffee table** Rattantischchen *nt;* ~ **furniture** Rattanmöbel *ntpl;* ~ **juice** Zuckerrohrsaft *m;* ~ **work** Rohrgeflecht *nt* **III.** *vt* ① (*weave*) ■**to ~ sth** etw flechten ② (*punish*) ■**to ~ sb** jdn [mit einem Stock] züchtigen

cane chair *n* Rohrstuhl *m,* Rattanstuhl *m* **cane sugar** *n no pl* Rohrzucker *m*

canine [ˈkeɪnaɪn] *adj inv* Hunde-

canine tooth *n* Eckzahn *m,* Reißzahn *m*

caning [ˈkeɪnɪŋ] *n* ① (*corporal punishment*) Tracht *f* Prügel ② (*fam: resounding defeat*) schallende Ohrfeige *fig*

canister [ˈkænɪstəʳ, AM -əstɚ] *n* Behälter *m;* (*for fluids*) Kanister *m;* (*of metal*) Büchse *f,* Dose *f;* **metal** ~ Blechbüchse *f,* Blechdose *f;* **plastic** ~ Plastikbehälter *m;* **waterproof** ~ wasserdichter Behälter

canker [ˈkæŋkəʳ, AM -ɚ] *n* ① *no pl* BOT Brand *m,* Baumkrebs *m* ② MED (*on humans*) Mundgeschwür *nt,* Lippengeschwür *nt;* (*on dogs, cats*) Ohrräude *f kein pl;* (*on horses*) Hufkrebs *m kein pl,* Strahlfäule *f kein pl* ③ *no pl* (*fig form: evil*) Krebsgeschwür *nt*

canker sore *n* Lippengeschwür *nt*

cannabis [ˈkænəbɪs] *n no pl* ① (*plant*) Cannabis *m,* Hanf *m* ② (*drug*) Cannabis *m,* Haschisch *nt,* Marihuana *nt*

canned [kænd] *adj* ① *inv* FOOD konserviert, Dosen-; ~ **beer** Dosenbier *nt;* ~ **fruit** Obstkonserven *fpl,* Dosenobst *nt fam;* ~ **heat** Brennspiritus *m;* ~ **meat** Büchsenfleisch *nt;* ~ **tomatoes** Dosentomaten *fpl,* Tomaten *fpl* aus der Dose; ~ **vegetables** Gemüsekonserven *fpl* ② *inv* MEDIA ***the applause was ~*** der Beifall kam vom Band; ~ **music** Musik *f* aus der Konserve *fam* ③ *pred* (*fam: drunk*) blau *fam,* voll *fam;* **to get** ~ sich *akk* betrinken [*o fam* voll laufen lassen] ④ AM (*fam: from job*) **to be/get** ~ entlassen werden

cannel(l)oni [ˌkænᵊlˈəʊni, AM -əˈloʊ-] *n no pl* Cannelloni *pl*

canner [ˈkænəʳ, AM -ɚ] *n* ① (*employee*) Arbeiter(in) *m(f)* in einer Konservenfabrik ② (*employer*) Konservenfabrikant(in) *m(f)*

cannery [ˈkænᵊri] *n* Konservenfabrik *f*

cannibal [ˈkænɪbᵊl] *n* (*person*) Kannibale, -in *m, f,* Menschenfresser(in) *m(f);* (*animal*) ***some fishes are ~s*** manche Fische fressen sich gegenseitig

cannibalism [ˈkænɪbᵊlɪzᵊm] *n no pl* Kannibalismus *m,* Menschenfresserei *f*

cannibalistic [ˌkænɪbᵊlˈɪstɪk, AM -bəˈl-] *adj inv* kannibalisch

cannibalize [ˈkænɪbᵊlaɪz, AM -bəl-] *vt* **to ~ a car** ein Auto ausschlachten

cannily [ˈkænɪli] *adv* ① (*shrewd*) schlau, geschickt ② (*cautious*) vorsichtig, behutsam

canning [ˈkænɪŋ] **I.** *n no pl* ① (*preserving*) Konservierung *f;* (*in cans*) Konservenherstellung *f,* Konservenfabrikation *f* ② (*recording*) Tonaufnahme *f,* Tonaufzeichnung *f* **II.** *adj attr, inv* Konserven-, Konservierungs-; ~ **factory** [*or* **plant**] Konservenfabrik *f;* ~ **jar** Einmachglas *nt*

cannon [ˈkænən] **I.** *n* ① MIL Kanone *f,* Geschütz *nt* ② BRIT (*in billiards*) Karambolage *f* ▶ PHRASES: **a loose** ~ ein unberechenbarer Faktor; ***he's a loose ~*** er ist unberechenbar **II.** *n modifier* (*fire*) Kanonen-, Geschütz- **III.** *vi* ① (*collide*) ■**to ~ into sb/sth** mit jdm/etw zusammenprallen ② BRIT (*in billiards*) karambolieren; ■**to ~ off sth** von etw *dat* abprallen

cannonade [ˌkænəˈneɪd] *n* Kanonade *f,* Beschießung *f*

cannon ball *n* Kanonenkugel *f* **cannon fodder** *n* Kanonenfutter *nt*

cannot [ˈkænɒt, AM -nɑːt] *aux vb* ***we ~ but succeed*** wir können nur gewinnen; *see also* **can**

canny [ˈkæni] *adj* ① (*clever*) schlau, raffiniert, gerissen; **to strike a ~ bargain** einen vorteilhaften Handel schließen ② NBRIT, SCOT (*approv: nice*) nett; **a ~ lad** ein netter Typ *fam;* **to have a ~ time** eine schöne Zeit haben ③ (*cautious*) vorsichtig, umsichtig

canoe [kəˈnuː] *n* Kanu *nt,* Paddelboot *nt;* BRIT Kajak *nt* ▶ PHRASES: **to paddle one's own** ~ (*handle affairs*) auf eigenen Beinen [*o* Füßen] stehen; (*mind one's business*) sich *akk* um seine eigenen Angelegenheiten kümmern

canoeing [kəˈnuːɪŋ] *n no pl* Paddeln *nt;* SPORTS Kanufahren *nt,* Kanusport *m*

canoeist [kəˈnuːɪst] *n* Kanufahrer(in) *m(f);* SPORTS Kanute, -in *m, f*

canon¹ [ˈkænən] **I.** *n* ① (*guideline*) Richtschnur *f,* [Grund]regel *f,* [Grund]prinzip *nt* ② REL Kanon *m,* Kirchengebot *nt;* **Church ~s** Kirchenrecht *nt,* kirchliche Vorschriften ③ LIT Kanon *m;* **the Shakespearean** ~ Shakespeares Gesamtwerk; **the literary** ~ die [gesamte] Literatur **II.** *n modifier* ~ **law** kanonisches Recht, Kirchenrecht *nt*

canon² [ˈkænən] *n* REL Kanoniker *m,* Kanonikus *m*

canon³ [ˈkænən] *n* MUS Kanon *m*

canonical [kəˈnɒnɪkᵊl, AM ˈnɑː-] *adj* kanonisch, der [Kirchen]norm gemäß

canonical schema [kəˈnɒnɪkᵊl-, AM -ˈnɑːn-] *n* COMPUT kanonisches Schema

canonization [ˌkænənaɪˈzeɪʃᵊn, AM -nɪˈ-] *n* Heiligsprechung *f,* Kanonisation *f fachspr*

canonize [ˈkænənaɪz] *vt* ■**to ~ sb** jdn heilig sprechen [*o fachspr* kanonisieren]

canon law *n* (*church law*) kanonisches Recht

canoodle [kəˈnuːdl] *vi* (*hum dated fam*) [rum]knutschen *fam;* **to ~ with sb** mit jdm schmusen *fam*

can opener *n* Dosenöffner *m,* Büchsenöffner *m*

canopy [ˈkænəpi] *n* ① (*awning*) Überdachung *f;* (*over throne, bed*) Baldachin *m;* ~ **bed** Himmelbett *nt;* (*over entrance*) Vordach *nt;* (*pergola*) Pergola *f* ② (*sunshade*) Sonnendach *nt,* Markise *f;* BRIT (*on pram*) Sonnenschutz *m* ③ AVIAT Kanzeldach *nt,* Kanzelhaube *f,* Kabinendach *nt* ④ (*on parachute*) Fallschirmkappe *f* ⑤ (*treetops*) Blätterdach *nt* ⑥ (*liter: sky*) Firmament *nt liter,* Himmelszelt *nt liter*

canst [kænst] (*old*) *2nd pers sing present of* **can**

cant¹ [kænt] *n no pl* ① (*hypocrisy*) Heuchelei *f,* Scheinheiligkeit *f;* (*pious talk*) frömmlerisches [*o* scheinheiliges] Gerede; ~ **phrases** leere [*o* hohle] Phrasen ② LING Jargon *m,* Fachsprache *f,* Kauderwelsch *nt pej;* **thieves'** ~ Gaunersprache *f,* Argot *nt o m*

cant² [kænt] **I.** *n* Schräge *f,* Abschrägung *f,* geneigte Fläche **II.** *vt* ■**to ~ sth** etw kippen [*o* schräg stellen]

III. *vi* sich *akk* neigen [*o* auf die Seite legen]; ■**to ~ sth over** etw umkippen
◆**cant off** *vt* ■**to ~ sth** ⊂ **off** etw abschrägen

can't [kɑ:nt, AM kænt] (*fam*) = **cannot**

Cantab ['kæntæb] *adj inv short for* **Cantabrigiensis** der Universität Cambridge

cantaloup(e) ['kæntəlu:p, AM -t̬əloʊp] *n* Kantalupmelone *f*, Charentaismelone *f*

cantankerous [ˌkæn'tæŋkᵊrəs] *adj* (*quarrelsome*) streitsüchtig; (*grumpy*) mürrisch, knurrig, muff[e]lig *fam*

cantata [kæn'tɑ:tə, AM kən'tɑ:t̬ə] *n* MUS Kantate *f*

canteen¹ [kæn'ti:n] *n* Kantine *f*; UNIV Mensa *f*

canteen² [kæn'ti:n] *n* ① BRIT, AUS (*for cutlery*) Besteckkasten *m* ② MIL Feldflasche *f*

canter ['kæntəʳ, AM -t̬ɚ] **I.** *n* ① (*gait*) Handgalopp *m*, Kanter *fachspr*; ***the stallion broke in an easy ~*** der Hengst verfiel in einen leichten Galopp ② (*horse ride*) [Aus]ritt *m*; **to go for a ~** einen Ausritt machen **II.** *vi* ① (*ride at canter*) leicht [*o* langsam] galoppieren ② (*go for a ride*) ausreiten, einen Ausritt machen

canticle ['kæntɪkl, AM t̬ə] *n* REL Lobgesang *m*; **the C~s** *pl* das Hohelied

cantilever ['kæntɪli:vəʳ, AM -t̬əli:vɚ] ARCHIT **I.** *n* Ausleger *m*, Träger *m*, Kragarm *m fachspr* **II.** *adj* freitragend, Ausleger-; **~ beam** Ausleger[balken] *m*, Freiträger *m*, Kragarm *m fachspr*; **~ bridge** Auslegerbrücke *f*, Kragbrücke *f fachspr*

canto <*pl* -s> ['kæntəʊ] *n* LIT Gesang *m*

canton ['kæntɒn, AM -tɑ:n] *n* ADMIN Kanton *m*

Canton [ˌkæn'tɒn, AM -'tɑ:n] *n* GEOG Kanton *nt*

Cantonese [ˌkæntə'ni:z, AM -tᵊn'i:z] **I.** *n* <*pl* -> ① (*person*) Kantonese, -in *m, f* ② *no pl* (*language*) Kantonesisch *nt* **II.** *adj inv* kantonesisch

cantonment [kæn'tu:nmənt, 'tɒn, AM 'tɑ:n] *n* ① (*military camp*) Quartier *nt*, Ortsunterkunft *f* ② HIST Garnisonierung *f* der britischen Truppen in Indien

cantor ['kæntɔ:ʳ, AM tɚ] *n* REL, MUS Kantor *m*, Vorsänger *m*

Canuck [kə'nʌk] *n* (*pej fam*) Frankokanadier(in) *m(f)*

Canute [kə'nju:t, AM 'nu:t] *n no pl* HIST Knut *m*

canvas ['kænvəs] **I.** *n* <*pl* -es> ① *no pl* (*cloth*) Segeltuch *nt*; (*for painting*) Leinwand *f*; **under ~** im Zelt ② (*painting*) [Öl]gemälde *nt* **II.** *n modifier* (*bag, shoes*) Segeltuch-; **~ cover** AUTO Plane *f*, Wagenverdeck *nt*

canvass ['kænvəs] **I.** *vt* ① (*gather opinion*) ■**to ~ sb** jdn befragen; ■**to ~ sth** etw erforschen [*o* untersuchen]; **to ~ local opinion** sich *dat* ein Bild von der Meinung der einheimischen Bevölkerung verschaffen ② POL, ECON (*solicit*) **to ~ customers** Kunden werben; **to ~ orders** Aufträge hereinholen; **to ~ votes for a party** um Stimmen für eine Partei werben ③ (*fam: for discussion*) ■**to ~ sth** etw zur Diskussion stellen **II.** *vi* POL um Stimmen werben, Wahlwerbung betreiben; ECON eine Werbekampagne durchführen, Werbung machen **III.** *n* <*pl* -es> POL Wahlkampagne *f*, Aktion *f*; ECON Werbekampagne *f*, Werbefeldzug *m*; **house-to-house ~** Haustüraktion *f*

canvasser ['kænvəsəʳ, AM -ɚ] *n* POL Wahlhelfer(in) *m(f)*, Stimmenwerber(in) *m(f)*; ECON Vertreter(in) *m(f)*

canvassing ['kænvəsɪŋ] *n* POL Wahlwerbung *f*, Wahlkampagne *f*; ECON Kundenwerbung *f*, Reklame *f*; **to go ~** POL Wahlwerbung machen, um Stimmen werben; ECON Kundenwerbung betreiben

canyon ['kænjən] *n* Schlucht *f*, Cañon *m*

CAP [ˌsi:eɪ'pi:] *n* EU *abbrev of* **Common Agricultural Policy** GAP, Gemeinsame Agrarpolitik

cap¹ [kæp] **I.** *n* ① (*hat*) Mütze *f*, Kappe *f*; **shower ~** Duschhaube *f*; **swimming** [*or* AM *usu* **bathing**] **~** Bademütze *f*, Badekappe *f*; **workman's ~** Arbeitermütze *f*; **peaked ~** Schirmmütze *f*; **in ~ and gown** UNIV mit Doktorhut [*o* Barett] und Talar ② *esp* BRIT SPORTS (*fig*) *Ziermütze als Zeichen der Aufstellung für die Nationalmannschaft*; ***Davis has 17 Scottish ~s*** Davis hat 17mal in der Schottischen Nationalmannschaft gespielt; **to win a ~** in die Nationalmannschaft berufen werden ③ (*cover*) Verschluss *m*; (*top*) Verschlusskappe *f*; (*lid*) Deckel *m*, Kappe *f*; (*on tooth*) Krone *f*, Schutzkappe *f*; **lens ~** PHOT Objektivdeckel *m* ④ GEOL Deckschicht *f* ⑤ (*limit*) Obergrenze *f*, Maximum *nt*; **salary ~** AM Gehaltsobergrenze *f*, Einkommensgrenze *f* ⑥ BRIT (*contraceptive*) Pessar *nt* ⑦ (*for toy gun*) Zündplättchen *nt*, Spielzeugpatrone *f* ▶ PHRASES: **to go [somewhere] ~ in hand** kleinlaut auftreten; **to put on one's thinking ~** (*fam*) scharf nachdenken *fam*; **if the ~ fits, wear it** BRIT (*prov*) wem der Schuh passt, der soll ihn sich anziehen; **to set one's ~ at** [*or* AM **for**] **sb** (*dated*) es auf jdn abgesehen haben **II.** *vt* <-pp-> ① ECON, FIN (*limit*) **to ~ the costs** die Kosten begrenzen; **to ~ prices** ein Preislimit festlegen; **to be ~ped at 10%** auf maximal 10% beschränkt sein ② *esp* BRIT SPORTS ■**to ~ sb** jdn für die Nationalmannschaft aufstellen; ***she's been ~ped for Scotland 17 times*** sie hat 17 Mal in der schottischen Nationalmannschaft gespielt ③ (*cover*) ■**to ~ sth** etw bedecken; **to have one's teeth ~ped** seinen Zähne überkronen lassen ④ (*outdo*) ■**to ~ sth** etw überbieten; ***and to ~ it all …*** und um den Ganzen dann die Krone aufzusetzen …; **to ~ the climax** alles übertreffen

cap² [kæp] *n* TYPO *short for* **capital [letter]** großer Buchstabe, Großbuchstabe *m*; **in ~s** in Großbuchstaben; **small ~s** Kapitälchen *ntpl*

capability [ˌkeɪpə'bɪləti, AM -ət̬i] *n* ① *no pl* (*ability*) Fähigkeit *f*, Vermögen *nt*; **to be beyond sb's ~** jds Fähigkeiten übersteigen; **to have the ~ to do sth** in der Lage sein, etw zu tun ② (*potentialities*) Entwicklungsmöglichkeiten *fpl*, Potenzial *nt*; **~ for growth** Wachstumsmöglichkeiten *fpl*, Wachstumschancen *fpl* ③ MIL Potenzial *nt*; **nuclear ~** nukleares Potenzial; **to develop nuclear ~** zur Atommacht werden

capable ['keɪpəbl] *adj* ① (*competent*) fähig; *judge* kompetent; *worker* tüchtig; **to leave sth in sb's ~ hands** (*also hum*) etw vertrauensvoll in jds Hände *fpl* legen; **~ mother** gute Mutter ② (*able*) fähig, befähigt; ***your plan is ~ of being improved*** deinen Plan könnte man noch besser machen; ■**to be ~ of doing sth** in der Lage sein, etw zu tun

capably ['keɪpəbli] *adv* kompetent, geschickt, gekonnt *fam*

capacious [kə'peɪʃəs] *adj* ① (*form*) *room* geräumig; *suit* weit; *pocket, bag* groß ② (*fig*) **~ memory** sehr gutes Gedächtnis; **~ mind** aufnahmefähiger Verstand

capacitance [kə'pæsɪtᵊns, AM 'pæsə] *n no pl* PHYS [elektrische] Speicherfähigkeit [*o* Ladekapazität] *f*

capacitive [kə'pæsɪtɪv] *adj* ELEC kapazitiv

capacitor [kə'pæsɪtəʳ, AM -ət̬ɚ] *n* ELEC Kondensator *m*

capacity [kə'pæsəti, AM -ət̬i] **I.** *n* ① (*cubic capacity*) Fassungsvermögen *nt*; (*available space*) Rauminhalt *m*, Volumen *nt*; ***the stadium has a seating ~ of 50,000*** das Stadium hat 50.000 Sitzplätze ② *no pl* (*ability*) Fähigkeit *f*, Vermögen *nt*; ***it seems to be beyond his ~ to do that*** offensichtlich ist er damit überfordert; ***is it within her ~ to do it?*** ist sie in der Lage, das zu tun?; **mental ~** geistige Fähigkeiten *fpl*; **to have a ~ for sth** etw gut können; **to have a ~ for alcohol** [*or* **drink**] trinkfest sein ③ *no pl* LAW Geschäftsfähigkeit *f*, Rechtsfähigkeit *f*; **person of full age and ~** volljährige und geschäftsfähige Person ④ *no pl* MIL **military ~** militärische Schlagkraft ⑤ (*output*) Leistung[sfähigkeit] *f* ⑥ *no pl* (*maximum output*) Kapazität *f*; **to be full to ~** absolut voll sein; **filled to ~** ganz voll, randvoll; **to work below/at full ~** nicht ganz/voll ausgelastet sein ⑦ (*position*) Funktion *f*, Stellung *f*; (*role*) Eigenschaft *f*; ***he was speaking in his ~ as a critic*** er sprach in seiner Eigenschaft als Kritiker; **in her ~ as a lawyer** [in ihrer Funktion] als Anwältin ⑧ FIN (*solvency*) Kreditfähigkeit *f* ⑨ (*production*) **industrial** [*or* **manufacturing**] [*or* **production**] **~** Produktionskapazität *f*; **~ utilization** Kapazitätsauslastung *f* **II.** *n modifier* ① (*maximum*) Höchst-, Maximal-; ***the hotel is at ~ occupancy*** das Hotel ist voll belegt; **to carry a ~ load** voll beladen sein; **~ working** ECON Vollauslastung *f* ② THEAT, MUS **to play to ~ audience** vor ausverkauftem Saal spielen; ***the star was cheered by a ~ crowd*** ein volles Haus jubelte dem Star zu

capacity utilization *n* Kapazitätenausnutzung *f*

caparison [kə'pærɪsᵊn, AM 'perə] *vt usu passive* ■**to be ~ed [in sth]** [aus]geschmückt sein [mit etw *dat*], dekoriert sein [mit etw *dat*]

C

cape¹ [keɪp] *n* Kap *nt*, Vorgebirge *nt*; **the C~ of Good Hope** das Kap der guten Hoffnung; **C~ Town** Kapstadt *nt*

cape² [keɪp] *n* Umhang *m*, Cape *nt*

caped [keɪpt] *adj inv* mit einem Umhang

caper¹ ['keɪpəʳ, AM -ɚ] **I.** *n* ① (*liter: joyful leap*) Luftsprung *m*, Freudensprung *m*; **to cut a ~** einen Luftsprung machen ② (*usu pej: dubious activity*) Ding *nt sl*, krumme Sache *fam*, Gaunerei *f fam* **II.** *vi* Luftsprünge machen, herumtollen, herumhüpfen

caper² ['keɪpəʳ, AM -ɚ] *n usu pl* FOOD Kaper *f meist pl*

capercaillie [ˌkæpə'keɪli, AM pɚ] *n*, SCOT *also* **capercailzie** [-'keɪlzi] *n* ORN Auerhahn *m*

capias ['keɪpiæs, AM -piəs] LAW **~ ad respondendum** Vorladung *f* eines Beklagten und Vernehmung zur Sache, Haftbefehl *m*

capillary [kə'pɪlᵊri, AM 'kæpəleri] **I.** *n* ① ANAT Kapillare *f*, Kapillargefäß *nt* ② (*fine tube*) Kapillare *f*, Haarröhrchen *nt*, Kapillarröhre *f* **II.** *n modifier* Kapillar-; **~ action** Kapillarwirkung *f*, Kapillareffekt *m*

capital ['kæpɪtᵊl, AM -ət̬ᵊl] **I.** *n* ① (*city*) Hauptstadt *f*; **financial ~** Finanzmetropole *f* ② (*letter*) Großbuchstabe *m*; **in [large] ~s** in Großbuchstaben; **small ~s** Kapitälchen *ntpl* ③ ARCHIT Kapitell *nt*, Kapitäl *nt* ④ *no pl* FIN Vermögen *nt*, Kapital *nt*; **fully paid-up ~** voll einbezahltes Kapital **II.** *n modifier* ① (*principal*) Haupt-; **~ city** Hauptstadt *f*; **~ error** Kardinalfehler *m*, schwerwiegender Fehler ② (*upper case*) Groß-; **~ letter** Großbuchstabe *m*; ***I'm hungry with a ~ H*** ich habe einen Riesenhunger ③ LAW Kapital-; **~ offence** Kapitalverbrechen *nt* ④ (*of business assets*) **~ [adequacy]** [*or* **~-to-asset**] **ratio** Eigenkapitalquote *f*; **~ base** Kapitalbasis *f*; **cost of ~** Kapitalzinsen *pl*; **flight of ~** Kapitalflucht *f*; **~ market** Kapitalmarkt *m*; **movements of ~** Kapitalverkehr *m*; **~ profit** Einkünfte *pl* aus Kapitalvermögen; **~ shares** Investmentfondsanteile *mpl*; **authorized** [*or* **nominal**] **~** genehmigtes Grundkapital; **called-up ~** aufgerufenes Kapital; **circulating ~** Umlaufvermögen *nt*, Betriebskapital *nt*; **equity ~** Aktienkapital *nt*; **fixed ~** Anlagevermögen *nt*; **human ~** Menschenkapital *nt*; **issued ~** ausgegebenes Kapital; **junior/senior ~** nachrangiges/vorrangiges Kapital; **paid-up ~** eingezahltes Kapital; **registered ~** genehmigtes Kapital; **risk ~** Risikokapital *nt*; **share ~** Aktienkapital *nt*; **venture ~** Wagniskapital *nt*; **working ~** Betriebskapital *nt* ⑤ (*invested funds*) [Anlage]kapital *nt*; **~ commitments** Kapitaleinsatz *m*, Investitionsvolumen *nt*; **~ employed** investiertes Kapital; **~ exports** Kapitalausfuhr *m*; **to put ~ into a company** Kapital in ein Unternehmen investieren; **to make ~ [out] of** [*or* **from**] **sth** (*fig*) aus etw *dat* Kapital schlagen **III.** *adj* BRIT (*dated*) einmalig; **~ joke** Mordsspaß *m fam*

capital account *n* ECON, FIN ① (*owner's account*) Kapitalkonto *nt* ② (*investment items*) Vermögensaufstellung *f* eines Investmentfonds ③ AM (*total equity*) Gesamtkapital *nt* **capital adequacy ratio** *n* FIN Kapitalausstattungskoeffizient *m* **capital allowance** *n* FIN Abschreibung *f*; ■**~s** *pl* Abschreibungsbeträge *mpl* aufgrund von Aufwendungen für Anlagegüter **capital assets** *npl* FIN Kapitalvermögen *nt kein pl*; ECON Wirtschaftsgüter *ntpl*, Vermögensgegenstände *mpl* **capital bonus** *n* (*insurance*) Sonderdividende *f* **capital case** *n* LAW Kapitalfall *m* **capital crime** *n* Kapitalverbrechen *nt* **capital equipment** *n* Produktionsmittel *fpl*, Investitionsgüter *pl* **capital expenditure** *n no pl* Investitionsausgaben *fpl*, Kapitalaufwendungen *fpl* **capital gains** *n* Veräußerungsgewinn *m*, Kapitalgewinn *m* **capital gains tax** *n no pl* Kapitalgewinnsteuer *f,* Kapitalertragssteuer *f* **capital goods** *npl* Investitionsgüter *pl,* Anlagegüter *pl* **capital intensive** *adj pred,* **capital-intensive** *adj attr* anlagenintensiv, kapitalintensiv; ~ **industries** kapitalintensive Wirtschaftszweige **capital investment** *n* FIN Kapitalanlage *f,* Geldanlage *f;* COMM Anlageinvestitionen *fpl*

capitalism ['kæpɪtᵊlɪzᵊm, AM -t̬ᵊl-] *n no pl* Kapitalismus *m*

capitalist ['kæpɪtᵊlɪst, AM -t̬ᵊl-] **I.** *n* ① *(investor)* Anleger(in) *m(f),* Investor(in) *m(f)* ② *(supporter of capitalism)* Kapitalist(in) *m(f) oft pej;* *(fig, pej)* Ausbeuter(in) *m(f) pej* **II.** *adj* kapitalistisch; *(pej)* ausbeuterisch *pej*

capitalistic [ˌkæpɪtᵊl'ɪstɪk, AM -t̬ə'lɪs-] *adj* kapitalistisch; *(pej)* ausbeuterisch *pej*

capitalization [ˌkæpɪtᵊlaɪ'zeɪʃᵊn, AM -t̬ᵊlɪ'-] *n no pl* ① LING Großschreibung *f* ② FIN Kapitalaustattung *f;* *(in accounting)* Kapitalisierung *f,* Aktivierung *f;* ~ **of profits** Aktivierung *f* des Gewinns; ~ **of reserves** Kapitalisierung *f* von Rücklagen

capitalization issue *n* Emission *f* von Gratisaktien

capitalize ['kæpɪtᵊlaɪz, AM -t̬əl-] **I.** *vt* ① LING ■**to ~ sth** etw groß schreiben ② FIN ■**to ~ sth** *(invest in)* etw kapitalisieren [*o* aktivieren] *fachspr;* **company ~d at €1,000000** Unternehmen *nt* mit einem Kapital von €1.000000; **to be under-~d** unterkapitalisiert sein *fachspr* ③ FIN *(convert into capital)* etw zu Kapital machen **II.** *vi (fig)* ■**to ~ on sth** aus etw *dat* Kapital schlagen

capital letter *n* Großbuchstabe *m;* **in ~s** in Großbuchstaben

capital levy *n* ECON Vermögenssteuer *f* **capital loss** *n* ECON Kapitalverlust *m* **capital market** *n* ECON Kapitalmarkt *m* **capital movements** *npl* ECON Kapitalverkehr *m kein pl* **capital offence** *n* LAW Kapitalverbrechen *nt* **capital outlay** *n* ECON *see* **capital expenditure capital punishment** *n no pl* Todesstrafe *f* **capital reserves** *npl* Kapitalreserven *fpl* **capital transfer tax** *n* BRIT FIN Schenkungs- und Erbschaftssteuer *f*

capitation [ˌkæpɪ'teɪʃᵊn, AM -ə'-] *n* FIN Kopfsteuer *f*

Capitol ['kæpət̬ᵊl] *n* AM ① *(hill)* ~ **Hill** Capitol Hill; **on ~ Hill** im amerikanischen Kongress ② *(building)* **State C~** Parlamentsgebäude *nt,* Kapitol *nt*

capitulate [kə'pɪtjʊleɪt, AM -'pɪtʃəleɪt] *vi* MIL kapitulieren, sich *akk* ergeben; *(fig)* aufgeben, kapitulieren; **to ~ to sb/sth** MIL sich *akk* jdm/etw ergeben; *(fig)* vor jdm/etw kapitulieren

capitulation [kəˌpɪtjʊ'leɪʃᵊn, AM -ˌpɪtʃə'-] *n* MIL Kapitulation *f* (**to** vor +*dat*); *(fig)* Nachgeben *nt*

capo ['kɑːpoʊ] *n* ① *esp* AM *(sl: in mafia)* Capo *m sl* ② MUS Capotast *m*

capon ['keɪpən, AM -pɑːn] *n* FOOD Kapaun *m*

capo tasto [ˌkæpəʊ'tæstəʊ] *n see* **capo**

capped [kæpt] *adj inv* FIN nach oben begrenzt, gedeckelt; ~ **rate** Höchstzinssatz *m,* Maximalzinssatz *m;* ***the interest rate is ~*** der Zinssatz ist nach oben begrenzt; ~ **rate mortgage** Hypothek *f* mit Maximalzinssatz; ~ **floating rate note** zinsvariabler Schuldtitel mit einem Maximalzinssatz

cappuccino <*pl* -s> [ˌkæpʊ'tʃiːnəʊ, AM -ə'tʃiːnoʊ] *n* Cappuccino *m*

caprice [kə'priːs] *n (liter)* ① *(whim)* Laune *f,* Kaprice *f geh* ② *no pl (spontaneity)* Launenhaftigkeit *f* ③ *(unpredictable event)* Willkür *f;* **Nature's ~s** die Launen der Natur

capricious [kə'priːʃəs] *adj (liter) person* launisch *pej,* launenhaft, kapriziös *geh; tyrant* unberechenbar; *weather* wechselhaft

capriciously [kə'priːʃəsli] *adv* ① *(moodily)* launenhaft, launisch *pej* ② *(arbitrarily)* willkürlich

capriciousness [kə'priːʃəsnəs] *n no pl* ① *(moodiness)* Launenhaftigkeit *f* ② *(arbitrariness)* Willkür *f; of a decision* Willkürlichkeit *f*

Capricorn ['kæprɪkɔːn, AM -rəkɔːrn] *n* ① *no art, no pl (Zodiac sign)* Steinbock *m;* **the Tropic of ~** der Wendekreis des Steinbocks; **to be born under ~** im Zeichen des Steinbocks geboren sein ② *(person)* Steinbock *m*

capsicum ['kæpsɪkəm] *n* ① HORT, BOT Paprika *m,* Kapsikum *nt fachspr* ② FOOD Pfefferschote *f,* Peperoni *f;* *(hot spice)* spanischer Pfeffer ③ *no pl* MED Kapsikum *nt*

capsize [kæp'saɪz, AM 'kæpsaɪz] **I.** *vi* NAUT kentern **II.** *vt* ■**to ~ sth** NAUT etw zum Kentern bringen; *(fig)* etw ruinieren; **to ~ a project** ein Projekt scheitern lassen

capstan ['kæpstən] *n* NAUT [Anker]winde *f,* Schiffswinde *f,* Kapstan *m fachspr;* MECH Tonwelle *f,* Tonrolle *f;* COMPUT Capstan *m,* Bandantrieb *m*

capsule ['kæpsjuːl, AM -sᵊl] *n* ① AEROSP [Raum]kapsel *f* ② PHARM [Arznei]kapsel *f* ③ ANAT Kapsel *f,* Schale *f;* **articular ~** Gelenkkapsel *f*

captain ['kæptɪn, AM -tᵊn] **I.** *n* ① NAUT, AVIAT Kapitän(in) *m(f)* ② SPORTS [Mannschafts]kapitän(in) *m(f),* Mannschaftsführer(in) *m(f)* ③ MIL *(in army)* Hauptmann *m;* *(in navy, air force)* Kapitän(in) *m(f)* ④ ECON ~ **of industry** Großindustrielle(r) *f(m)* **II.** *vt* ■**to ~ sth** etw anführen; MIL etw befehligen; **to ~ a team** Mannschaftskapitän/Mannschaftskapitänin sein

captaincy ['kæptɪnsi] *n* ① *(term)* Führung *f;* ***her ~ of the Welsh team was very successful*** unter ihr war das walisische Team sehr erfolgreich ② *no pl (role)* Führerschaft *f,* Führung *f;* MIL Befehligung *f,* Befehl *m*

caption ['kæpʃᵊn] *n* ① *(heading)* Überschrift *f,* Titel *m* ② *(under illustration)* Bildunterschrift *f,* Legende *f;* *(under cartoon)* Bildtext *m* ③ LAW Urteilskopf *m,* Rubrum *nt,* Kopf *m* einer Urkunde

captious ['kæpʃəs] *adj (form)* überkritisch, spitzfindig

captivate ['kæptɪveɪt, AM -tə-] *vt (approv)* ■**to ~ sb** jdn faszinieren [*o* in seinen Bann ziehen]

captivating ['kæptɪveɪtɪŋ, AM -təveɪt̬ɪŋ] *adj (approv)* faszinierend, bezaubernd; ~ **smile** einnehmendes [*o* gewinnendes] Lächeln

captive ['kæptɪv] **I.** *n* Gefangene(r) *f(m)* **II.** *adj inv* gefangen; *animal* in Gefangenschaft; ~ **audience** unfreiwilliges Publikum; **to take/hold** [*or* **keep**] **sb ~** jdn gefangen nehmen/halten

captivity [kæp'tɪvəti, AM -ət̬i] *n no pl* Gefangenschaft *f;* *(fig)* Unterdrückung *f;* **to be in ~** in Gefangenschaft sein; **animals bred in ~** in Gefangenschaft gezüchtete Tiere

captor ['kæptəʳ, AM -ɚ] *n of a person* Entführer(in) *m(f); of a hostage* Geiselnehmer(in) *m(f); of a country* Eroberer *m; of a ship* Kaperer *m*

capture ['kæptʃəʳ, AM -ɚ] **I.** *vt* ① *(take prisoner)* ■**to ~ sb** jdn gefangen nehmen; *police* jdn festnehmen ② *(take possession)* **to ~ a city** eine Stadt einnehmen [*o* erobern]; **to ~ a ship** ein Schiff kapern [*o* aufbringen]; **to ~ a treasure** einen Schatz erobern ③ *(fig: gain)* ■**to ~ sth** *control, prize* etw erringen; ***the Democrats ~d 70% of the votes*** die Demokraten konnten 70% der Stimmen auf sich vereinigen; **to ~ sb's attention/interest** jds Aufmerksamkeit *f*/Interesse *nt* erregen; **to ~ sb's sympathy** jds Sympathie *f* gewinnen ④ ECON **to ~ the market** den Markt erobern ⑤ *(depict accurately)* ■**to ~ sth** etw einfangen; **to ~ sth in a painting/on film** etw in einem Bild/auf Film festhalten ⑥ COMPUT ■**to ~ sth** etw erfassen **II.** *n of a person* Gefangennahme *f;* *(by police)* Festnahme *f; of a city* Einnahme *f,* Eroberung *f; of a ship* Kapern *nt,* Aufbringen *nt*

Capuchin ['kæpjʊtʃɪn] *n* REL Kapuziner[mönch] *m*

car [kɑːʳ, AM kɑːr] **I.** *n* ① *(vehicle)* Auto *nt,* Wagen *m;* ***let's go by ~*** lass uns mit dem Auto fahren! ② RAIL Waggon *m,* Wagen *m;* **buffet/restaurant/sleeping ~** Buffet-/Speise-/Schlafwagen *m* ③ *(in airship, balloon)* Gondel *f* **II.** *n modifier (accident, dealer, keys, tyres)* Auto-; ~ **door** Wagentür *f,* Autotür *f;* ~ **factory** Automobilfabrik *f;* ~ **rental service** Autovermietung *f,* Autoverleih *m;* ~ **renter** Automieter(in) *m(f);* ~ **stereo** Autoradio *nt;* ~ **tax** Kraftfahrzeugsteuer *f,* Kfz-Steuer *f*

car accessory *n* Autozubehörteil *nt;* **car accessories** *pl* Autozubehör *nt* **car aerial** *n* BRIT, **car antenna** *n* AM Autoantenne *f*

carafe [kə'ræf] *n* Karaffe *f*

caramel ['kærəmᵊl, AM *esp* 'kɑːrmᵊl] **I.** *n* ① *no pl (burnt sugar)* Karamell *m o* SCHWEIZ *a. nt,* gebrannter Zucker ② *(a sweet)* Karamellbonbon *nt,* Karamelle *f* ③ *(colour)* Karamell *nt* **II.** *adj inv* ① FOOD Karamell-; ~ **cream** Karamellcreme *f* ② *(colour)* karamell[farben]

caramelize ['kærəmᵊlaɪz, AM 'kɑːrməl-] **I.** *vi* karamellieren **II.** *vt* ■**to ~ sth** etw karamellisieren; **~d sweets** Karamellbonbons *ntpl*

carapace ['kærəpeɪs, AM 'ker-] *n* ZOOL *(shell)* Rückenschild *m,* [Rücken]panzer *m;* *(fig)* Panzer *m,* Schutzschild *m;* ***no sense of guilt ever penetrated his moral ~*** er ließ nie irgendwelche Schuldgefühle an sich herankommen

carat ['kærət, AM 'ker-] **I.** *n* <*pl* -s *or* -> Karat *nt* **II.** *n modifier* -karätig; **one-~ diamond** einkarätiger Diamant; **24-~ gold** 24-karätiges Gold

caravan ['kærəvæn, AM 'ker-] *n* ① BRIT *(vehicle)* Wohnwagen[anhänger] *m,* Wohnanhänger *m;* **gypsy ~** Zigeunerwagen *m* ② + *sing/pl vb (group of travellers)* Karawane *f;* **to join a ~** sich *akk* einer Karawane anschließen

caravanning ['kærəvænɪŋ] *n no pl* BRIT Urlaub *m* im Wohnwagen, Wohnwagenurlaub *m;* ***we take the children ~ every summer*** wir fahren mit den Kindern jeden Sommer mit dem Wohnwagen in Urlaub; **to go ~** Urlaub im Wohnwagen machen

caravan park *n* AUS [Camping]platz *m* für Wohnwagen

caravansary [ˌkærə'vænsᵊri, AM ˌker-] *n,* AM *also* **caravanserai** [ˌkerə'vænsᵊraɪ] *n* + *sing/pl vb* Karawanserei *f*

caravan site *n* BRIT [Camping]platz *m* für Wohnwagen

caraway ['kærəweɪ, AM 'ker-] *n no pl* Kümmel *m*

caraway seeds *npl* Kümmelsamen *mpl,* Kümmelkörner *ntpl*

carb [kɑːb, AM kɑːrb] *n (fam) short for* **carbohydrate** Kohle[n]hydrat *nt*

carbide ['kɑːbaɪd, AM 'kɑːr-] *n* CHEM Karbid *nt*

carbine ['kɑːbaɪn, AM 'kɑːr-] *n* MIL Karabiner *m*

car body *n* Karosserie *f*

carbohydrate [ˌkɑːbə(ʊ)'haɪdreɪt, AM 'kɑːrboʊ'-] CHEM **I.** *n* Kohle[n]hydrat *nt;* **to be high/low in ~s** viele/wenig Kohlehydrate enthalten **II.** *n modifier* Kohlehydrat-; ~ **sweetener** Zuckeraustauschstoff *m*

carbolic [kɑː'bɒlɪk, AM kɑːr'bɑː-] *adj inv* Karbol-; ~ **soap** Karbolseife *f*

carbolic acid *n* Karbolsäure *f,* Phenol *nt*

car bomb *n* Autobombe *f*

carbon ['kɑːbᵊn, AM 'kɑːr-] **I.** *n* ① *no pl* CHEM Kohlenstoff *m* ② *(dated: copy)* Durchschlag *m,* Kopie *f* ③ *(dated: paper)* Kohlepapier *nt,* Durchschlagpapier *nt* **II.** *n modifier* CHEM *(fibre)* Kohle[nstoff]-; ~ **compound** Kohlenstoffverbindung *f*

carbonated ['kɑːbᵊneɪtɪd, AM 'kɑːrbᵊneɪt̬-] *adj* kohlensäurehaltig, mit Kohlensäure

carbon copy *n* Durchschlag *m,* Durchschrift *f;* *(fig)* Ebenbild *nt;* ***she's a ~ of her mother*** sie ist ihrer Mutter wie aus dem Gesicht geschnitten **carbon-copy crime** *n* Nachahmungstat *f* **carbon dating** *n no pl* SCI Radiokarbonmethode *f,* Radiokohlenstoffmethode *f,* Kohlenstoffdatierung *f,* C-14-Methode *f fachspr* **carbon dioxide** *n no pl* Kohlendioxid *nt,* Kohlensäure *f* **carbon fibre** *n no pl* Kohlenstofffaser *f*

carbonic [kɑː'bɒnɪk, AM kɑːr'bɑːn-] *adj* Kohlen-, kohlenstoffhaltig; ~ **acid** Kohlensäure *f*

carboniferous [ˌkɑːbə'nɪfᵊrəs, AM ˌkɑːr-] *adj* GEOL kohlehaltig, kohleführend; ■**the C~** [**epoch**] das Karbon

carbonize ['kɑːbᵊnaɪz, AM 'kɑːr-] CHEM **I.** *vt* ■**to ~ sth** etw verkohlen [*o fachspr* karbonisieren] **II.** *vi* verkohlen; **to ~ at low temperature** schwelen

carbon microphone *n* COMPUT Kohlemikrofon *nt*

carbon monoxide **I.** *n no pl* Kohlenmonoxid *nt,* Kohlenoxid *nt* **II.** *n modifier (level, poisoning, pollution)* Kohlenmonoxid- **carbon paper** *n no pl (dated)* Kohlepapier *nt,* Durchschlagpapier *nt* **carbon ribbon** *n* COMPUT Karbonband *nt* **carbon set** *n* COMPUT Formulare *pl* mit Kohlepapier **carbon tissue** *n* COMPUT Pigmentpapier *nt*

car-boot sale *n* BRIT *Verkauf persönlicher Gegenstände aus dem Kofferraum auf einem Parkplatz*

carbuncle ['kɑ:bʌŋkl, AM 'kɑ:r-] *n* ❶ MED (*swelling*) Karbunkel *m* ❷ (*gem*) Karfunkel *m* ❸ *no pl* (*gemstone*) rund geschliffener Granat

carburetor ['kɑ:rbəreɪṭəʳ] AM, **carburettor** [ˌkɑ:bjə'retəʳ] *n* BRIT AUTO Vergaser *m*

carcase *n esp* BRIT, **carcass** <*pl* -es> ['kɑ:kəs, AM 'kɑ:r-] *n* ❶ (*of an animal*) Tierleiche *f*, [Tier]kadaver *m;* (*of a meat animal*) Rumpf *m;* (*of poultry*) Gerippe *nt*, Überreste *mpl* ❷ (*of a vehicle*) [Auto]wrack *nt;* **~s of burnt-out vehicles** ausgebrannte Autowracks ❸ (*pej sl: of human body*) Kadaver *m pej sl*

carcinogen [kɑ:'sɪnədʒən, AM kɑ:r'-] *n* Krebserreger *m*, Karzinogen *nt fachspr*, Kanzerogen *nt fachspr;* **a class one ~** einer der gefährlichsten Krebserreger

carcinogenic [ˌkɑ:sɪnə(ʊ)'dʒenɪk, AM ˌkɑ:rsənoʊ'-] *adj* Krebs erregend [*o* auslösend], karzinogen *fachspr*, kanzerogen *fachspr*

carcinoma [ˌkɑ:sɪ'nəʊmə, AM ˌkɑ:rsən'oʊ-] *n* Karzinom *nt fachspr*, Krebsgeschwulst *f*, Tumor *m*

card¹ [kɑ:d, AM kɑ:rd] **I.** *n* ❶ *no pl* (*paper*) Pappe *f*, Karton *m* ❷ (*piece of paper*) Karte *f;* **blank ~** Leerkarte *f*, Blankokarte *f;* **business** [*or* **visiting**]/**index ~** Visiten-/Karteikarte *f* ❸ (*postcard*) [Post]karte *f*, Ansichtskarte *f* ❹ (*with a message*) [Glückwunsch]karte *f;* **anniversary/birthday/Christmas ~** Jubiläums-/Geburtstags-/Weihnachtskarte *f;* **get-well ~** Genesungskarte *f;* **greeting ~** Grußkarte *f*, Glückwunschkarte *f;* **valentine ~** Grußkarte *f* zum Valentinstag ❺ (*game*) [Spiel]karte *f;* **playing ~** Spielkarte *f;* [**game of**] **~s** *pl* Kartenspiel *nt;* ***I've never been much good at ~s*** ich konnte noch nie gut Karten spielen; **house of ~s** (*also fig*) Kartenhaus *nt;* **pack** [*or* AM *also* **deck**] **of ~s** Kartenspiel *nt*, Karten *fpl;* **to deal/shuffle the ~s** die Karten austeilen/mischen; **to play ~s** Karten spielen ❻ (*for paying*) Karte *f;* **cash ~** Geldautomatenkarte *f;* **charge ~** Kundenkreditkarte *f;* **cheque** [*or* **banker's**] [*or* AM **bank**] **~** Scheckkarte *f;* **credit/phone ~** Kredit-/Telefonkarte *f* ❼ (*proof of identity*) Ausweis *m;* **identy** [*or* **ID**] **~** Personalausweis *m;* **membership ~** Mitgliedskarte *f*, Mitgliedsausweis *m;* **party ~** Parteibuch *nt* ❽ BRIT (*fam: employment papers*) ■ **~s** *pl* [Arbeits]papiere *ntpl;* **to ask for one's ~s** sich *dat* seine Papiere geben lassen, kündigen; **to get one's ~s** entlassen werden; **to give sb his/her ~s** jdn entlassen, jdm kündigen ► PHRASES: **to hold** [*or* **keep**] **one's ~s close to one's chest** sich *dat* nicht in die Karten schauen lassen; **to have a ~ up one's sleeve** noch etwas in petto haben; **to put** [*or* **lay**] **one's ~s on the table** seine Karten auf den Tisch legen; **to have** [*or* **hold**] **all the ~s** alle Trümpfe in der Hand haben; **to play one's best** [*or* **trump**] **~** seinen höchsten Trumpf ausspielen; **to play one's ~s right** [*or* **well**] geschickt vorgehen; **to throw in one's ~s** sich *akk* geschlagen geben; **to be on** [*or* AM **in**] **the ~s** zu erwarten sein **II.** *n modifier* ❶ (*using cards*) Karten-; **~ catalogue** [*or* AM **catalog**] Zettelkatalog *m*, Kartei *f;* **~ index** Kartei *f*, Kartothek *f* ❷ (*using playing cards*) (*game, trick*) Karten- **III.** *vt* AM ■ **to ~ sb** sich *dat* jds Ausweis *m* zeigen lassen; ■ **to be ~ed** seinen Ausweis vorzeigen müssen

card² [kɑ:d, AM kɑ:rd] *n* (*dated fam*) Spaßvogel *m*, Witzbold *m*

card³ [kɑ:d, AM kɑ:rd] **I.** *n* MECH Wollkamm *m*, Kratze *f fachspr*, Karde *f fachspr* **II.** *vt* **to ~ cotton/wool** Baumwolle/Wolle kämmen

cardamom ['kɑ:dəməm, AM 'kɑ:rd-] *n*, BRIT *also* **cardamum** *n*, AM *also* **cardamon** [-mən] *n* Kardamom *m o nt*

cardboard I. *n no pl* Pappe *f*, [Papp]karton *m;* (*fig pej*) **to be ~** klischeehaft [*o* stereotyp] sein *pej* **II.** *n modifier* Papp-, Karton-; **~ box** [Papp]karton *m*, Pappschachtel *f;* **~ packaging** Kartonverpackung *f*, Kartonage *f* **cardboard city** *n esp* BRIT Obdachlosensiedlung *f*, Pappschachtelstadt *f* **card-carrying member** *n* POL eingetragenes Mitglied **car deck** *n* NAUT, TRANSP Wagendeck *nt* **card file** *n* Karteikarte *f* **card game** *n* Kartenspiel *nt* **cardholder** *n* FIN Karteninhaber(in) *m(f)*

cardiac ['kɑ:diæk, AM 'kɑ:r-] *adj inv* Herz-; **~ disease** Herzkrankheit *f;* **~ patient** Herzpatient(in) *m(f)*, Herzkranke(r) *f(m)*

cardiac arrest *n* Herzstillstand *m*

cardie *n* BRIT (*fam or childspeak*) *short for* **cardigan**

cardigan ['kɑ:dɪgən, AM 'kɑ:r-] *n* Strickjacke *f*

cardinal ['kɑ:dɪnəl, AM 'kɑ:r-] **I.** *n* ❶ REL Kardinal *m* ❷ ORN Kardinal[vogel] *m* ❸ MATH Grundzahl *f*, Kardinalzahl *f* **II.** *adj attr, inv* Haupt-, hauptsächlich, grundlegend; **~ error** Kardinalfehler *m;* **~ rule** Grundregel *f;* **~ sin** Todsünde *f*

cardinal number *n* Kardinalzahl *f*, Grundzahl *f* **cardinal point** *n* Himmelsrichtung *f* **cardinal virtue** *n* Kardinaltugend *f*

card index *n* Kartei *f;* *of a library* Katalog *m*

cardio ['kɑ:diəʊ, AM 'kɑ:rdioʊ] **I.** *n* (*aerobics*) Cardio *nt* **II.** *n modifier* (*fitness, session, shape, workout*) Cardio-

cardiofunk ['kɑ:diə(ʊ)fʌŋk, AM 'kɑ:rdioʊ-] *n no pl* Cardiofunk *m* (*herzstärkendes Aerobic*)

cardiogram ['kɑ:diə(ʊ)græm, AM 'kɑ:rdioʊ-] *n* MED Kardiogramm *nt*

cardiograph ['kɑ:diə(ʊ)grɑ:f, AM 'kɑ:rdioʊgræf] *n* MED Kardiograph *m*

cardiography [ˌkɑ:di'ɒgrəfi, AM ˌkɑ:rdi'ɑ:g-] *n no pl* MED Kardiographie *f*

cardioid response ['kɑ:diɔɪd-, AM 'kɑ:r-] *n* COMPUT herzförmige Empfangscharakteristik

cardiologist [ˌkɑ:di'ɒlədʒɪst, AM ˌkɑ:rdi'ɑ:l-] *n* MED Kardiologe, -in *m, f*

cardiology [ˌkɑ:di'ɒlədʒi, AM ˌkɑ:rdi'ɑ:l-] *n no pl* MED Kardiologie *f*

cardiopulmonary [ˌkɑ:diə(ʊ)'pʌlmənəri, AM ˌkɑ:rdioʊ'pʊlməneri] *adj inv* kardiopulmonal *fachspr*, Herz-Lungen-; **~ disease** Herz-Lungen-Erkrankung *f*

cardiovascular [ˌkɑ:diə(ʊ)'væskjʊləʳ, AM ˌkɑ:rdioʊ'væskjələʳ] *adj inv* kardiovaskulär *fachspr*, Herz-Kreislauf-

cardoon [kɑ:'du:n, AM kɑ:r'-] *n* spanische Artischocke, Gemüseartischocke *f*, Karde *f*

car door *n* Autotür *f*, Wagentür *f*

cardphone *n* Kartentelefon *nt* **cardpunch** *n* BRIT (*dated*) Lochkartenmaschine *f*, Kartenlocher *m*, Lochkartenstanzer *m* **cardshark** *n esp* AM, **cardsharp** *n* Falschspieler(in) *m(f)*, Zinker(in) *m(f) fam* **card table** *n* Kartentisch *m*, Spieltisch *m* **card vote** *n* BRIT Abstimmung *f* durch Wahlmänner

cardy ['kɑ:di] *n* BRIT (*fam or childspeak*) *short for* **cardigan** Strickjacke *f*

care [keəʳ, AM ker] **I.** *n* ❶ *no pl* (*looking after*) Betreuung *f*, Aufsicht *f;* (*of children, the elderly*) Pflege *f;* (*in hospital*) Versorgung *f;* **duty of ~** Sorgfaltspflicht *f;* **to be in ~** in Pflege sein; **to be taken** [*or* **put**] **into ~** in Pflege gegeben werden; **to take** [**good**] **~ of sb** sich *akk* [gut] um jdn kümmern, jdn [gut] versorgen; **to be under a doctor's ~** bei einem Arzt in Behandlung sein ❷ *no pl* (*protection*) Obhut *f;* **~ and control** LAW [elterliche] Sorgepflicht; **child in ~** Fürsorgekind *nt;* **~ order** LAW Anordnung *f* öffentlicher Fürsorge; **~ proceedings** LAW Fürsorgeverfahren *nt;* **to be in** [*or* **under**] **sb's ~** in jds Obhut sein; **to take** [**good**] **~ of sb/sth** gut auf jdn/etw aufpassen; **take ~** [**of yourself**]! pass auf dich auf!, mach's gut! *fam* ❸ *no pl* (*responsibility*) **to take ~ of sth** sich *akk* um etw *akk* kümmern, für etw *akk* Sorge tragen *geh;* ***you paid for dinner last time, let me take ~ of it*** du hast schon das letzte Essen bezahlt, lass mich das jetzt übernehmen; ***all the travel arrangements have been taken ~ of*** sämtliche Reisevorbereitungen wurden getroffen; **to take ~ of oneself** für sich *akk* selbst sorgen, sich *akk* um sich *akk* selbst kümmern; [**in**] **~ of ...** c/o ..., zu Händen von ... ❹ *no pl* (*maintenance*) Pflege *f;* **hair ~** Haarpflege *f;* **to take ~ of oneself** sich *akk* pflegen; **to take good ~ of sth** *car, toys, machine* etw schonen ❺ *no pl* (*carefulness*) Sorgfalt *f*, Aufmerksamkeit *f;* ***have a ~!*** BRIT (*dated*) pass doch auf!, gib acht!; **to take ~ with sth** bei etw *dat* aufpassen; ***you need to take a bit more ~ with your spelling*** du musst dir mit deiner Rechtschreibung mehr Mühe geben; ***take ~ not to spill your coffee*** pass auf, dass du den Kaffee nicht verschüttest; **to take ~ that ...** darauf achten, dass ...; ***take ~ that you don't fall!*** pass auf, dass du nicht hinfällst!; **to do sth with ~** etw sorgfältig machen; **to drive with ~** umsichtig fahren; **driving without due ~ and attention** BRIT LAW fahrlässiges Verhalten im Straßenverkehr; **to handle sth with ~** mit etw *dat* vorsichtig umgehen; **'handle with ~'** 'Vorsicht, zerbrechlich!' ❻ (*worry*) Sorge *f;* **to not have** [*or* **be without**] **a ~ in the world** keinerlei Sorgen haben; **to be free from ~** unbesorgt sein, keine Sorgen haben **II.** *vi* ❶ (*be concerned*) betroffen sein; ***I think he ~s quite a lot*** ich glaube, es macht ihm eine ganze Menge aus; ***I could[n't] ~ less*** *esp* AM (*fam*) das ist mir völlig egal *fam;* ***as if I ~d*** als ob mir das etwas ausmachen würde; ***for all I ~*** meinetwegen; ***who ~s?*** (*it's not important*) wen interessiert das schon?; (*so what*) was soll's?; ■ **to ~ about** [*or* **for**] **sth** sich *dat* aus etw *dat* etwas machen ❷ (*feel affection*) Zuneigung fühlen; ***I didn't know you ~d!*** ich wusste ja gar nicht, dass du dir etwas aus mir machst; ***I think he ~s for her very much*** ich glaube, sie bedeutet ihm sehr viel ❸ (*want*) ■ **to ~ to do sth** etw tun mögen; ***would you ~ to join us for dinner?*** darf ich Sie zum Abendessen einladen?; ■ **to ~ for sth** etw mögen; ***would you ~ for a drink?*** möchten Sie etwas trinken? ❹ (*look after*) ■ **to ~ for sb/sth** sich *akk* um jdn/etw kümmern **III.** *vt* ■ **sb does not ~ how/what/where/whether/who/why ...** jdm ist es gleich [*o* egal], wie/was/wo/ob/wer/warum ...; ***I don't ~ how much it costs*** ich achte nicht auf den Preis

careen [kə'ri:n] **I.** *vt* **to ~ a boat** ein Schiff kielholen **II.** *vi* ❶ NAUT sich *akk* auf die Seite legen, krängen *fachspr* ❷ *esp* AM (*career*) rasen

career [kə'rɪəʳ, AM -'rɪr] **I.** *n* ❶ (*profession*) Beruf *m;* ***he's taking up a ~ in the police force*** er geht in den Polizeidienst; ***I want a ~ in teaching*** ich möchte Lehrer werden; ***she has a very well-paid ~ as a doctor*** sie arbeitet als gut bezahlte Ärztin ❷ (*working life*) Karriere *f*, Werdegang *m*, Laufbahn *f;* ***don't do anything that will ruin your ~!*** setze deine Karriere nicht aufs Spiel!; ***he will be able to look back on a brilliant ~*** er wird auf eine glänzende Laufbahn zurückblicken können; **to enter upon a ~ in business** eine Laufbahn in der Wirtschaft einschlagen **II.** *n modifier* ❶ (*professional*) Berufs-; **~ politician** Berufspolitiker(in) *m(f)* ❷ BRIT (*job prospects*) ■ **~s ...** (*adviser, outlook, prospects*) Berufs-; **~s office** Berufsberatung *f* **III.** *vi* rasen; **to ~ out of control** außer Kontrolle geraten; **to ~ down a slope** einen Hang hinunterrasen

career girl *n* (*dated*) Karrierefrau *f*

careerist [kə'rɪərɪst, AM -'rɪr-] (*usu pej*) **I.** *n* Karrierist(in) *m(f) pej*, Karrieremacher(in) *m(f)* **II.** *adj* karrieristisch *pej*

career ladder *n* Karriereleiter *f* **career-minded** *adj*, **career-orientated** *adj* karriereorientiert **career prospect** *n* Berufsaussichten *fpl;* ■ **~s** *pl* Aufstiegsmöglichkeiten *fpl* **careers officer** *n* BRIT Berufsberater(in) *m(f)* **career woman** *n* Karrierefrau *f*

carefree *adj* sorgenfrei, unbekümmert, sorglos

careful ['keəfəl, AM 'ker-] *adj* ❶ (*cautious*) vorsichtig; *driver* umsichtig; ***you can't be too ~ these days*** man kann heutzutage nicht vorsichtig genug sein; ***be ~ to look both ways when you cross the road*** denke daran, in beide Richtungen zu sehen, bevor du die Straße überquerst; ***be ~ about the ice on the road*** fahr vorsichtig – es ist glatt draußen; **to be ~ with sth** mit etw *dat* vorsichtig umgehen; ■ **to be ~** [**that**] ... darauf achten, dass ...; ■ **to be ~ where/what/who/how ...** darauf achten, wo/was/wer/wie ...; ***be ~ how you phrase that question*** überlege dir genau, wie du die Frage stellst ❷ (*meticulous*) sorgfältig; *examination* gründlich; *analysis* umfassend; *worker* gewissenhaft; **to pay ~ attention to sth** auf etw *akk* genau achten; **to make a ~ choice** sorgfältig auswählen; **after ~ consideration** nach reiflicher Überlegung; **to make a ~ search of sth** etw gründlich [*o* genau] durchsuchen; [**be**] **~ how you go!** BRIT (*dated*) pass auf dich auf!

carefully ['keəfᵊli, AM 'ker-] *adv* ① (*cautiously*) vorsichtig; **to handle sth ~** mit etw *dat* achtsam [*o* vorsichtig] umgehen ② (*painstakingly*) sorgfältig, gewissenhaft, gründlich; **to examine sb ~** jdn gründlich untersuchen; **to listen ~** aufmerksam zuhören; **to prepare sth ~** etw gewissenhaft [*o* sorgfältig] vorbereiten; **to sift sth ~** etw genau unter die Lupe nehmen

carefulness ['keəfᵊlnəs, AM 'ker-] *n no pl* ① (*caution*) Vorsicht *f*, Achtsamkeit *f* ② (*meticulousness*) Sorgfalt *f*, Gründlichkeit *f*

caregiver *n esp* AM ① (*for ill/disabled person*) Pflegekraft *f* ② (*for child*) Kinderbetreuer(in) *m(f)*

care label *n* Pflegeetikett *nt*

careless ['keələs, AM 'ker-] *adj* ① (*lacking attention*) unvorsichtig; *driver* leichtsinnig, unaufmerksam; LAW fahrlässig; ■**to be ~ with sth** mit etw *dat* leichtsinnig umgehen; ***why are you so ~ with your things?*** warum passt du nicht besser auf deine Sachen auf? ② (*unthinking*) *remark* unbedacht, unüberlegt; *talk* gedankenlos ③ (*not painstaking*) nachlässig, unordentlich ④ (*carefree*) unbekümmert, sorglos, ungezwungen; **~ elegance** lässige Eleganz; **~ simplicity** unbekümmerte Naivität

carelessly ['keələsli, AM 'ker-] *adv* ① (*without attention*) leichtsinnig, unvorsichtig ② (*negligently*) nachlässig, unordentlich ③ (*thoughtlessly*) gedankenlos ④ (*nonchalantly*) lässig, unbekümmert

carelessness ['keələsnəs, AM 'ker-] *n no pl* ① (*lack of care*) Nachlässigkeit *f* ② (*thoughtlessness*) Gedankenlosigkeit *f*, Unüberlegtheit *f* ③ (*lack of carefulness*) Unvorsichtigkeit *f*, Leichtsinn *m*

carer ['keərəʳ] *n* BRIT Betreuer(in) *m(f)*; ***Ken is the children's main ~*** meistens kümmert sich Ken um die Kinder

caress [kə'res] **I.** *n* <*pl* -es> Streicheln *nt*, Liebkosung *f veraltend geh*; ■**~es** *pl* Zärtlichkeiten *fpl* **II.** *vt* ■**to ~ sb/sth** jdn/etw streicheln **III.** *vi* Zärtlichkeiten austauschen

caressing [kə'resɪŋ] *adj* zärtlich, schmeichelnd

caret ['kærɪt, AM 'ker-] *n* COMPUT Winkelzeichen *nt*

caretaker **I.** *n* BRIT (*janitor*) Hausmeister(in) *m(f)*; AM (*property manager*) Hausverwalter(in) *m(f)* **II.** *adj attr, inv* **~ chairman** geschäftsführender Vorsitzender; **~ government** Übergangsregierung *f*, Interimsregierung *f*, geschäftsführende Regierung; **~ Prime Minister** Übergangsministerpräsident *m*, Interimsministerpräsident *m*

caret mark *n*, **caret sign** *n* COMPUT Caretzeichen *nt*, Winkelzeichen *nt*

careworn *n* von Sorgen gezeichnet, vergrämt

car ferry *n* Autofähre *f*

cargo ['kɑːgəʊ, AM 'kɑːrgoʊ] **I.** *n* <*pl* -s *or* -es> ① *no pl* (*goods transported*) Fracht *f*, Ladung *f*, Frachtgut *nt* ② (*load of goods*) *of wool, rice* Ladung *f* **II.** *n modifier* (*container, weight*) Fracht-; **~ plane** [*or* **aircraft**] Transportflugzeug *nt*, Frachtflugzeug *nt*; **~ ship** [*or* **boat**] [*or* **vessel**] Frachter *m*, Frachtschiff *nt*; **~ transport** Gütertransport *m*

cargo trousers *npl* Cargohose *f*

car hire *esp* BRIT **I.** *n* Autovermietung *f kein pl* **II.** *n modifier* Autovermietungs-; **~ company** Leihwagenfirma *f*, Autoverleih *m* **carhop** *n* AM (*dated fam*) Bedienung *f* in einem Drive-in-Restaurant

Caribbean [,kærɪ'biːən, kə'rɪbi-, AM ,kerɪ'-, kə'rɪbi-] **I.** *n no pl* ■**the ~** (*sea*) die Karibik; (*islands*) die Karibischen Inseln **II.** *adj inv* karibisch; *person also* karibischer Abstammung; **the ~ Islands** die Karibischen Inseln; **the ~ Sea** das Karibische Meer, die Karibik; ■**to be ~** aus der Karibik stammen

caribou ['kærɪbuː, AM 'ker-] *n* ZOOL Karibu *m o nt*

caricature ['kærɪkətʃʊəʳ, AM 'kerəkətʃʊr] **I.** *n* Karikatur *f*; (*pej also*) Spottbild *nt pej*; **to become a ~ of oneself** zu einer Karikatur seiner selbst werden **II.** *vt* ■**to ~ sb/sth** (*draw*) jdn/etw karikieren; (*parody*) jdn/etw parodieren

caricaturist ['kærɪkətʃʊərɪst, AM 'kerəkətʃʊr-] *n* Karikaturist(in) *m(f)*

caries ['keəriːz, AM 'ker-] *n no pl* Karies *f*; **dental ~** Zahnkaries *f*, Zahnfäule *f*

carillon [kær'ɪljən, AM 'kerəlɑːn] *n* Glockenspiel *nt*; (*music also*) Glockenspielmusik *f*

caring ['keərɪŋ, AM 'ker-] *adj* (*approv*) warmherzig, mitfühlend, einfühlsam; *person* fürsorglich; *society* sozial; *atmosphere* mitmenschlich

caring profession *n* Sozialberuf *m*

car insurance *n no pl* ① (*policy*) Kraftfahrzeugversicherung *f*, Kfz-Versicherung *f* ② (*premium*) Kfz-Versicherungsprämie *f*, Kfz-Versicherungsbeitrag *m* **carjack** **I.** *n* Wagenheber *m* **II.** *vt* **to ~ a vehicle** ein Auto entführen [und die Insassen berauben] **carjacking** *n* Autoentführung *f*, Autoraub *m kein pl*

Carmelite ['kɑːmᵊlaɪt, AM 'kɑːr] REL **I.** *adj inv* Karmeliter-/Karmeliterinnen- **II.** *n* Karmeliter(in) *m(f)*

carmine ['kɑːmaɪn, AM 'kɑːr-] **I.** *n* Karmin[rot] *nt* **II.** *adj* karminrot, karminfarben

carnage ['kɑːnɪdʒ, AM 'kɑːr-] *n no pl* Blutbad *nt*, Gemetzel *nt*; **the annual ~ on the roads** das alljährliche Blutvergießen auf den Straßen; **scene of ~** blutiges Schauspiel

carnal ['kɑːnᵊl, AM 'kɑːr-] *adj* (*form*) ① *inv* (*fleshly*) fleischlich, körperlich; (*sexual*) sexuell, sinnlich; **~ desire** sinnliche Begierde, Fleischeslust *f veraltet o hum*; **~ pleasures** sinnliche Freuden ② (*fig: worldly*) profan, weltlich

carnality [kɑː'næləti, AM kɑːr'nælət̬i] *n no pl* (*form*) Sinnlichkeit *f*, Fleischeslust *f veraltet o hum*

carnal knowledge *n no pl* (*form*) **to have ~ of sb** mit jdm Geschlechtsverkehr haben

carnation [kɑː'neɪʃᵊn, AM kɑːr'-] **I.** *n* ① (*plant*) [Garten]nelke *f* ② (*flower*) Nelke *f* ③ (*colour*) Blassrot *nt*, Rosarot *nt* **II.** *adj* rosa; **~ pink** zartrosa

carnival ['kɑːnɪvᵊl, AM 'kɑːrnə-] **I.** *n* ① (*festival occasion*) Volksfest *nt*; AM (*funfair*) Jahrmarkt *m* ② (*pre-Lenten festival*) Karneval *m*, Fasching *m bes* SÜDD, ÖSTERR, Fastnacht *f* **II.** *n modifier* (*procession, parade, time*) Karnevals-; **~ atmosphere** ausgelassene Stimmung

carnivore ['kɑːnɪvɔːʳ, AM 'kɑːrnəvɔːr] *n* ① (*meat-eater*) Fleischfresser *m*, Karnivore *m fachspr* ② (*plant*) Fleisch fressende Pflanze, Karnivore *f fachspr* ③ (*hum: non-vegetarian*) Fleischfresser(in) *m(f) hum*

carnivorous [kɑː'nɪvᵊrəs, AM kɑːr'nɪ-] *adj inv* BOT, ZOOL Fleisch fressend, karnivor *fachspr*; **~ plant** Fleisch fressende Pflanze

carob ['kærəb, AM 'ker-] *n* ① *no pl* FOOD Johannisbrot *nt* ② BOT Johannisbrotbaum *m*

carol ['kærᵊl, AM 'ker-] **I.** *n* [fröhliches] Lied *nt*, Jubellied *nt*, Lobgesang *m*; **Christmas ~** Weihnachtslied *nt* **II.** *n modifier* (*book*) Weihnachtslieder-; **~ concert** weihnachtliches Liedersingen, Weihnachtssingen *nt* **III.** *vi* <BRIT -ll- *or* AM *usu* -l-> fröhlich singen; **to go ~ling** als Sternsinger von Haus zu Haus ziehen; (*fig*) **to ~ away** jubilieren

caroler AM, **caroller** ['kærᵊləʳ, AM 'kerᵊlɚ] *n*, **carol singer** *n* Sternsinger(in) *m(f)*

carol-singing *n no pl* Weihnachtssingen *nt*, Sternsingen *nt*; **to go ~** als Sternsinger von Haus zu Haus ziehen

carotene ['kærətiːn, AM 'ker-] *n no pl* Karotin *nt*

carotid [kə'rɒtɪd, AM 'rɑːt̬ɪd] *adj inv* Halsschlagader *f*, Karotis *f fachspr*

carousal [kə'raʊzᵊl] *n no pl* (*dated or hum*) Trinkgelage *nt meist hum*, Zecherei *f veraltend o hum*

carouse [kə'raʊz] *vi* zechen *veraltend o hum*, ein Gelage feiern

carousel [,kærə'sel, AM 'kerəsel, kær-] *n* ① *esp* AM (*roundabout*) Karussell *nt* ② AVIAT [Gepäck]ausgabeband *nt*, Gepäckkarussell *nt* ③ PHOT (*slide holder*) ■**C~®** Rundmagazin *nt*

car owner *n* Autobesitzer(in) *m(f)*

carp¹ <*pl* – *or* -s> [kɑːp, AM kɑːrp] *n* FOOD Karpfen *m*

carp² [kɑːp, AM kɑːrp] *vi* ■**to ~** [**about sb/sth**] [über jdn/etw] meckern *fam*, [an jdm/etw] herumnörgeln *fam*; ***I can't stand the way he's always ~ing*** ich kann sein ständiges Herumnörgeln nicht ausstehen; ■**to ~ at sb** an jdm herummäkeln *fam*; ***she never stops ~ing at him*** sie hat immer etwas an ihm auszusetzen

carpal bone ['kɑːpᵊl,-, AM 'kɑːrpᵊl,-] *n* ANAT (*of hand*) Handwurzelknochen *m*; (*of foot*) Vorderfußwurzelknochen *m* **carpal tunnel syndrome** *n no pl* MED Karpaltunnelsyndrom *nt fachspr*

car park *n* BRIT, AUS Parkplatz *m*; **multi-storey ~** Parkhaus *nt*; **underground ~** Tiefgarage *f*

Carpathians [kɑː'peɪθiənz, AM kɑːr'] *npl* GEOG ■**the ~** die Karpaten *pl*

carpenter ['kɑːpᵊntəʳ, AM 'kɑːrpᵊntɚ] *n* Zimmermann *m*, Schreiner(in) *m(f)*, Tischler(in) *m(f)*

carpenters ['kɑːpᵊntəz, AM 'kɑːrpᵊntɚz] *npl* Zimmermannshose *f*

carpentry ['kɑːpᵊntri, AM 'kɑːr-] *n no pl* ① (*activity*) Zimmerhandwerk *nt*, Schreinerhandwerk *nt*, Tischlerhandwerk *nt*; ***Martin is learning ~*** Martin lernt Tischler *fam* ② (*item*) [**piece of**] **~** Zimmermannsarbeit *f*, Schreinerarbeit *f*, Tischlerarbeit *f*

carpet ['kɑːpɪt, AM 'kɑːrpət] **I.** *n* ① (*rug*) Teppich *m*; **~ of flowers** Blumenteppich *m*; **~ of snow** Schneedecke *f*; **to fit** [*or* **lay**] **a ~** einen Teppich[boden] verlegen; **fitted** [*or* AM **wall-to-wall**] **~** Teppichboden *m* ② *no pl* (*floor covering*) Bodenbelag *m* ► PHRASES: **to be on the ~** (*be reprimanded*) zusammengestaucht werden; (*be under discussion*) diskutiert werden; **to sweep sth under the ~** etw unter den Teppich kehren **II.** *vt* ① (*instal rug*) ■**to ~ sth** etw [mit einem Teppich] auslegen; **to ~ the stairs** einen Läufer auf die Treppenstufen legen ② (*fig fam: severely reprimand*) **to ~ sb** [**for sth**] jdn [wegen einer S. *gen*] zusammenstauchen [*o* zur Minna machen] *fam*

carpet bag *n* (*dated*) Reisetasche *f* **carpetbagger** *n esp* AM (*pej*) politischer Abenteurer [*o* Karrieremacher] (*insbesondere Politiker aus dem Norden der USA, der nach dem Amerikanischen Bürgerkrieg in den Südstaaten Karriere machen wollte*) **carpet bombing** *n* ① *no pl* (*activity*) Flächenbombardierung *f*, großflächige Bombardierung ② (*instance*) Flächenbombardement *nt*

carpeted ['kɑːpɪtɪd, AM 'kɑːrpət̬-] *adj inv* mit einem Teppich ausgelegt; **to have a ~ bathroom** einen Teppich im Bad haben; **thickly ~** mit einem dicken Teppich ausgelegt; (*fig*) **to be ~ with flowers** mit Blumen übersät sein

carpeting ['kɑːpɪtɪŋ, AM 'kɑːrpət̬-] *n no pl* Teppich[boden] *m*, Teppichware *f*, Teppiche *mpl*

carpet slippers *n* Hausschuhe *mpl*, Pantoffeln *mpl* **carpet sweeper** *n* Teppichkehrer *m*, Teppichkehrmaschine *f*

car phone *n* Autotelefon *nt* **carpool** **I.** *n* Fahrgemeinschaft *f* **II.** *vi* eine Fahrgemeinschaft bilden, in einer Fahrgemeinschaft fahren **carpooling** *n no pl* Bildung *f* einer Fahrgemeinschaft **carport** *n* Einstellplatz *m* [mit Schutzdach], Autounterstand *m*, Carport *m*

carrel ['kærᵊl] *n* ① (*cubicle in a library*) Lesekabine *f* ② (*study in a cloister*) Studierwinkel *m*

carriage ['kærɪdʒ, AM 'ker-] *n* ① (*horse-drawn*) Kutsche *f* ② BRIT (*train wagon*) Personenwagen *m*, Reisezugwagen *m* ③ (*posture*) [Körper]haltung *f* ④ (*of a typewriter*) Wagen *m*, Schlitten *m* ⑤ *no pl* BRIT (*transport costs*) Transportkosten *pl*, Frachtkosten *pl*, Frachtgebühr *f*, Rollgeld *nt*; ***that will be £150, ~ included*** das macht 150 Pfund, inklusive Fracht

carriage clock *n* BRIT Reisewecker *m*, Reiseuhr *f* **carriage forward** *adv* BRIT Fracht zahlt Empfänger, Frachtkosten per Nachnahme, unfrei **carriage free** *adv* BRIT frachtfrei, Transport bezahlt **carriage paid** *adv* BRIT frachtfrei, Transport bezahlt **carriage return** *n* ① (*button*) Wagenrücklauftaste *f*, Rückführtaste *f*, Zeilentaste *f* ② (*device*) Wagenrücklauf *m* **carriageway** *n* BRIT Fahrbahn *f*; **dual ~** vierspurige Straße, Schnellstraße *f*; **northbound ~** Fahrbahn *f* in nördlicher Richtung

carrier ['kæriəʳ, AM 'keriə-] *n* ❶ *(person)* Träger(in) *m(f); of luggage* Gepäckträger(in) *m(f); of water* [Wasser]träger(in) *m(f);* *(messenger)* Überbringer(in) *m(f),* Bote, -in *m, f* ❷ MIL *(vehicle)* Transporter *m;* AVIAT Transportflugzeug *nt;* NAUT Transportschiff *nt;* [**aircraft**] ~ Flugzeugträger *m;* [**troop**] ~ Truppentransporter *m* ❸ *(transport company) of people* Personenbeförderungsunternehmen *nt; of goods* Transportunternehmen *nt,* Spedition *f;* *(by air)* Fluggesellschaft *f;* *(person)* Frachtunternehmer(in) *m(f),* Spediteur(in) *m(f);* **common** ~ öffentliches Transportunternehmen; ~**'s lien** LAW Spediteurpfandrecht *nt* ❹ MED *of disease* [Über]träger(in) *m(f)* ❺ BRIT *(fam: bag)* Tragetasche *f; see also* **carrier bag** ❻ RADIO ~ [**wave**] Träger *m,* Trägerwelle *f* ❼ PHYS Trägersubstanz *f* ❽ CHEM Katalysator *m*

carrier bag *n* BRIT Tragetasche *f;* *(of plastic)* [Plastik]tüte *f;* *(of paper)* [Papier]tüte *f* **carrier pigeon** *n* Brieftaube *f*

carrion ['kæriən, AM 'ker-] *n no pl* Aas *nt;* ~ **eater** Aasfresser *m*

carrion crow *n* Rabenkrähe *f*

carrot ['kærət, AM 'ker-] **I.** *n* ❶ *(vegetable)* Möhre *f,* Karotte *f,* Möhrrübe *f* NORDD, gelbe Rübe SÜDD, Rüebli *nt* SCHWEIZ ❷ *(fam: reward)* Belohnung *f,* Anreiz *m;* **to dangle** [*or* **hold out**] **a** ~ **in front of sb** versuchen jdn zu ködern; **the** ~ **and** [**the**] **stick** Zuckerbrot und Peitsche **II.** *n modifier (cake, juice, soup, salad)* Karotten-, Möhren-

carrot-and-stick *adj attr, inv (fam)* ***sometimes I just have to resort to the ~ approach with my children*** manchmal hilft bei meinen Kindern nur noch Zuckerbrot und Peitsche **carrot-top** *n (hum fam)* Rotschopf *m fam*

carroty ['kærəti, AM 'kerət̬i] *adj* möhrenfarben, karottenrot; ~ **hair** feuerrotes Haar

carry <-ie-> ['kæri, AM 'keri] **I.** *vt* ❶ *(in hands, arms)* ■**to** ~ **sb/sth** jdn/etw tragen; ***why do you always ~ so much stuff around?*** warum schleppst du immer so viel Zeug mit dir herum? *fam;* **to** ~ **sb piggyback** jdn huckepack tragen ❷ *(in vehicle)* ■**to** ~ **sb/sth** ***I'm so tired my legs won't ~ me*** ich bin so müde, ich kann mich kaum mehr auf den Beinen halten; ***the bus was ~ing our children to school*** der Bus brachte unsere Kinder zur Schule; ***the truck was not ~ing a load*** der Lastwagen war nicht beladen; ***the stranded ship was ~ing cargo*** das gestrandete Schiff hatte eine Ladung an Bord ❸ *(have on one's person)* ■**to** ~ **sth** etw [bei sich *dat*] haben [*o* tragen] ❹ *(remember)* **to** ~ **sth in one's head** etw [im Kopf] behalten; **to** ~ **a memory of sth** etw in Erinnerung behalten; **to** ~ **a tune** eine Melodie halten ❺ MED *(transmit)* ■**to** ~ **sth** etw übertragen; ■**to be carried by sth** von etw *dat* übertragen werden ❻ *(bear, have)* ***murder used to ~ the death penalty*** auf Mord stand früher die Todesstrafe; **to** ~ **conviction** überzeugend sein; **to** ~ **insurance** versichert sein; **to** ~ **a penalty** eine [Geld]strafe nach sich *dat* ziehen; **to** ~ **responsibility** Verantwortung tragen; **to** ~ **sail** NAUT Segel gesetzt haben; **to** ~ **weight with sb** jdn sehr beeindrucken; ***all cigarette packets ~ a warning*** auf allen Zigarettenpäckchen steht eine Warnung ❼ *(support)* ■**to** ~ **sth** etw tragen; ***the ice isn't thick enough to ~ my weight*** das Eis ist nicht dick genug, um mein Gewicht zu tragen; ***I'm ~ing a lot of work at the moment*** ich habe im Moment viel Arbeit; ***the company is currently being carried by its export sales*** die Firma wird im Moment durch ihre Exporte getragen; ***we cannot afford to ~ people who don't work hard*** Leute, die nicht hart arbeiten, sind für uns nicht tragbar; **to** ~ **oneself well** sich *akk* gut halten ❽ *(sell)* ■**to** ~ **sth** *shop* etw führen ❾ *(win support)* ■**to** ~ **sb** jdn auf seine Seite ziehen; ***the party's popular plans will surely ~ the day at the next election*** mit ihren populären Vorhaben wird die Partei die nächsten Wahlen für sich entscheiden; ***his motion was carried unanimously*** sein Antrag wurde einstimmig angenommen ❿ JOURN ■**to** ~ **sth** über etw *akk* berichten; ***the newspapers all ~ the same story on their front page*** die Zeitungen warten alle mit der gleichen Story auf; **to** ~ **a headline** eine Schlagzeile haben ⓫ *(develop)* **to** ~ **an argument to its** [**logical**] **conclusion** ein Argument [bis zum Schluss] durchdenken; **to** ~ **sth to extremes** [*or* **its limits**] etw bis zum Exzess treiben, mit etw *dat* zu weit gehen; **to** ~ **a joke too far** den Spaß zu weit treiben ⓬ MATH *(put into next column)* **to** ~ **a number** eine Zahl im Sinn behalten ⓭ *(be pregnant)* **to** ~ **a child** ein Kind erwarten, schwanger sein; ***when I was ~ing Rajiv*** als ich mit Rajiv schwanger war ⓮ FIN **to** ~ **interest** Zinsen abwerfen; ***the bonds ~ interest at 10%*** die Wertpapiere werfen 10% Zinsen ab ▸ PHRASES: **to** ~ **the can** BRIT *(fam)* den schwarzen Peter haben; **to** ~ **a torch for sb** *(fam)* jdn anhimmeln *fam;* **to** ~ **all before one** vollen Erfolg haben; *(hum) woman* viel Holz vor der Hütte haben *hum* **II.** *vi* ❶ *(be audible)* zu hören sein ❷ *(fly)* fliegen **III.** *n* FIN Kreditkosten *pl;* **positive/negative** ~ finanzieller Gewinn/Verlust

◆**carry away** *vt* ❶ *(remove)* ■**to** ~ **sth** ○ **away** *storm, flood* etw [mit sich *dat*] forttragen [*o* wegreißen] ❷ *(be overcome by)* ■**to be carried away** [**by sth**] sich *akk* [von etw *dat*] mitreißen lassen; *(be enchanted by)* [von etw *dat*] hingerissen sein; **to get carried away** [**with sth**] es [mit etw *dat*] übertreiben; ***I got rather carried away with buying presents*** ich war beim Geschenkekaufen irgendwie nicht zu bremsen; ***don't get carried away!*** *(fam)* jetzt übertreib es mal nicht! *fam*

◆**carry back** *vt* ■**to** ~ **sb back to the old days** jdn in alte Zeiten [zurück]versetzen

◆**carry forward** *vt* ECON, FIN ■**to** ~ **sth** ○ **forward** etw übertragen; **balance carried forward** [*or* **c/f**] Saldovortrag *m*

◆**carry off** *vt* ❶ *(take away)* ■**to** ~ **sb** ○ **off** jdn wegtragen; *(in football)* jdn vom Spielfeld tragen; ■**to** ~ **sth** ○ **off** etw wegtragen; *thieves* etw erbeuten ❷ *(succeed)* ■**to** ~ **sth off** etw hinbekommen ❸ *(win)* ■**to** ~ **off** ○ **sth** etw gewinnen; **to** ~ **off a prize** einen Preis mit nach Hause nehmen

◆**carry on** **I.** *vt* ■**to** ~ **on** ○ **sth** etw weitermachen [*o* fortsetzen]; ***we'll ~ on this conversation later*** wir reden später weiter; ~ ***on the good work*** weiter so! **II.** *vi* ❶ *(continue)* weitermachen; ■**to** ~ **on doing sth** etw weiter[hin] tun; **to** ~ **on as if nothing has happened** [*or* **as usual**] so weitermachen, als ob nichts geschehen wäre ❷ *(fam: make a fuss)* Radau machen *fam,* den Aufstand proben *iron fam;* *(cry uncontrolledly)* Zeter und Mordio schreien *fam;* ■**to** ~ **on at sb** *(argue incessantly)* mit jdm herumzanken *fam;* *(complain incessantly)* an jdm herummäkeln *fam* ❸ *(dated fam)* ■**to** ~ **on with sb** mit jdm ein Techtelmechtel haben *fam,* etwas mit jdm haben *fam* ❹ *(continue)* ■**to** ~ **on with sth** [erst mal] mit etw *dat* weitermachen; *(make do with sth)* [erst mal] mit etw *dat* auskommen

◆**carry out** *vt* ■**to** ~ **out** ○ **sth** ❶ *(take out)* etw hinaustragen ❷ *(perform task)* etw durchführen; *(make real)* etw realisieren [*o* wahr machen]; **to** ~ **out an attack** angreifen; **to** ~ **out sth to the letter** etw haargenau befolgen; **to** ~ **out an order** einen Befehl befolgen [*o* ausführen]; **to** ~ **out a search** eine Suche durchführen; **to** ~ **out a threat** eine Drohung wahr machen

◆**carry over** **I.** *vt* ■**to** ~ **over** ○ **sth** ❶ FIN *(bring forward)* einen Übertrag von etw *dat* machen; STOCKEX etw prolongieren *fachspr* ❷ *(postpone)* etw verlegen [*o* verschieben]; **to** ~ **over a week's holiday** eine Woche Urlaub ins neue Jahr herübernehmen **II.** *vi* ❶ *(have an effect on)* ■**to** ~ **over into sth** Einfluss auf etw *akk* haben; *(have a negative effect on)* etw beeinträchtigen ❷ *(remain)* übrig bleiben; ■**to** ~ **over from sth** aus etw *dat* stammen

◆**carry through** *vt* ❶ *(sustain)* ■**to** ~ **sb/an animal through** jdn/ein Tier durchbringen ❷ *(complete successfully)* ■**to** ~ **through** ○ **sth** etw durchführen; **to** ~ **a plan through** einen Plan in die Tat umsetzen

carry-all *n* AM ❶ *(travel bag)* Tragetasche *f,* Reisetasche *f* ❷ TRANSP *(horse-drawn vehicle)* *einspänniges, vierrädriges Fuhrwerk;* *(motorized vehicle)* Kombiwagen *m* **carry-cot** *n* BRIT Babytragetasche *f* **carry-forward** *n* FIN Übertrag *m,* Vortrag *m*

carrying *n* COMM ~ **charges** Speditionskosten *pl;* ~ **cost** Lagerkosten *pl*

carrying agent *n* Spediteur(in) *m(f),* Transportunternehmer(in) *m(f)* **carrying capacity** *n* ❶ *(maximum load)* Nutzlast *f,* Tragfähigkeit *f; of cable* Belastbarkeit *f* ❷ ECOL zulässige Siedlungsdichte **carrying charge** *n* AM ❶ ECON *(interest on installments)* Zins *m* für Teilzahlungskredit ❷ *(property owner's costs)* laufende Kosten **carrying-on** <*pl* carryings-on> *n (fam)* ❶ *no pl (dubious affair)* Machenschaft[en] *f[pl]* ❷ *(dubious activity)* Machenschaft[en] *f[pl],* Umtriebe *pl* **carrying trade** *n* Transportgewerbe *nt,* Speditionsgeschäft *nt*

carry-on *n no pl* BRIT *(fam)* ❶ *(fuss)* Aufregung *f;* ***there was a real ~ at the butcher's today*** heute war beim Metzger ziemlich viel los; ***what a ~!*** was für ein Getue! ❷ *(dubious activity)* Machenschaft[en] *f[pl]* ❸ *(love affair)* [Liebes]affäre *f* **carry-on luggage** *n no pl* Handgepäck *nt* **carry-out** **I.** *n* AM, SCOT ❶ *(food)* Schnellimbiss *m* ❷ *(shop)* Imbissstube *f* **II.** *adj attr, inv* Schnellimbiss-; **a** ~ **pizzeria** eine Schnellpizzeria **carry-over** *n* ❶ STOCKEX Übertrag *m,* [Saldo]vortrag *m;* ~ **day** *erster Tag einer neuen Börsenhandelsperiode an der Londoner Börse* ❷ ECON, FIN *(of payment)* Überziehung *f* ❸ *(left over)* Überbleibsel *nt*

car seat *n* AUTO Autositz *m,* Wagensitz *m* **carsick** *adj* ***he always gets ~*** ihm wird beim Autofahren immer schlecht **carsickness** *n no pl* Übelkeit *f (beim Autofahren)*

cart [kɑːt, AM kɑːrt] **I.** *n* ❶ *(pulled vehicle)* Wagen *m,* Karren *m;* **horse** ~ Pferdewagen *m;* **a horse and** ~ Pferd und Wagen ❷ AM *(supermarket trolley)* Einkaufswagen *m* ▸ PHRASES: **to put the** ~ **before the horse** das Pferd von hinten aufzäumen **II.** *vt (transport with effort)* ■**to** ~ **sth** etw mühsam transportieren; *(carry)* etw schleppen *fam*

◆**cart around** *vt* ■**to** ~ **sth** ○ **around** etw mit sich *dat* herumschleppen *fam*

◆**cart away** *vt* ■**to** ~ **sth** ○ **away** etw abtransportieren [*o fam* wegschaffen]

◆**cart off** *vt* ■**to** ~ **sb** ○ **off** jdn [mit Gewalt] wegbringen

cartage ['kɑːtɪdʒ, AM 'kɑːr] *n no pl* ❶ *(load)* Fuhre *f* ❷ *(payment)* Fuhrlohn *m*

carte blanche [ˌkɑːt'blɑ̃(nt)ʃ, AM ˌkɑːrt'blɑː(n)ʃ] *n no pl* Freibrief *m,* Carte blanche *f geh;* **to give sb** ~ [**to do sth**] jdm freie Hand geben[, etw zu tun]

cartel [kɑː'tel, AM kɑːr'-] *n* Kartell *nt*

carter ['kɑːtəʳ, AM 'kɑːrt̬ə-] *n* Kutscher(in) *m(f),* Fuhrmann *m*

Cartesian [kɑː'tiːziən, AM kɑːr'tiːʒᵊn] *adj inv* PHILOS, MATH kartes[ian]isch; ~ **coordinates** kartesische Koordinaten

cartesian structure [kɑː'tiːziən-, AM kɑːr'tiːʒᵊn-] *n* COMPUT kartesische Struktur

Carthage ['kɑːθɪdʒ, AM 'kɑːr] *n no pl* HIST Karthago *nt*

Carthaginian [ˌkɑːθə'dʒɪniən, AM 'kɑːr] **I.** *n* Karthager(in) *m(f),* Punier(in) *m(f)* **II.** *adj inv* karthagisch, punisch

carthorse ['kɑːthɔːs, AM 'kɑːrthɔːrs] *n* Zugpferd *nt,* Kutschpferd *nt*

cartilage ['kɑːtɪlɪdʒ, AM 'kɑːrt̬ᵊl-] *n* MED *no pl* Knorpel *m*

cartilagenous [ˌkɑːtɪ'lædʒɪnəs, AM ˌkɑːrt̬ə'lædʒᵊn-] *adj* MED Knorpel-, knorp[e]lig

cartload *n* Wagenladung *f* (**of** von +*dat*)

cartographer [kɑː'tɒgrəfəʳ, AM kɑːr'tɑːgrəfə-] *n* Kartograph(in) *m(f)*

cartographic [ˌkɑːtəʊ'græfɪk, AM ˌkɑːrt̬ə] *adj inv* kartographisch

cartography [kɑː'tɒgrəfi, AM kɑːr'tɑːg-] *n no pl* Kartographie *f*

carton ['kɑːtᵊn, AM 'kɑːr-] *n* Karton *m;* *(commercial packaging)* Karton *m,* Kiste *m;* *(small)* Schachtel *f;* **milk** ~ Milchtüte *f*

cartoon [kɑː'tuːn, AM kɑːr'-] *n* ❶ *(drawing)*

C

Cartoon *m o nt,* Karikatur *f* ② ART (*preparatory drawing*) Karton *m* ③ FILM Zeichentrickfilm *m*
cartoon character *n* Zeichentrickfigur *f*
cartoonist [kɑːˈtuːnɪst, AM kɑːrˈ-] *n* ① ART Karikaturist(in) *m(f)* ② FILM Zeichner(in) *m(f)* [von Zeichentrickfilmen], Trickzeichner(in) *m(f)*
cartoon strip *n* Cartoon *m o nt*
cartouche [kɑːˈtuːʃ, AM kɑːr] *n* ART Kartusche *f*
cartridge [ˈkɑːtrɪdʒ, AM ˈkɑːr-] *n* ① (*for ink*) Patrone *f* ② (*container*) Hülle *f;* (*for ammunition*) Patrone *f* ③ (*cassette*) Kassette *f* ④ (*pick-up head*) Tonabnehmer *m*
cartridge belt *n* Patronengurt *m,* Patronengürtel *m* **cartridge case** *n* Patronenhülse *f* **cartridge paper** *n* Zeichenpapier *nt* **cartridge pen** *n* Füllfederhalter *m*
cart track *n* BRIT Feldweg *m* **cartwheel** I. *n* ① (*wheel of cart*) Wagenrad *nt* ② SPORTS Rad *nt;* (*activity*) Radschlagen *nt;* **to do** [*or* **turn**] **a ~** ein Rad schlagen II. *vi* Rad schlagen
carve [kɑːv, AM kɑːrv] I. *vt* ■**to ~ sth** ① (*cut a figure*) etw schnitzen; (*with a chisel*) etw meißeln; (*cut a pattern*) etw [ein]ritzen; **to be ~d from stone** aus Stein gemeißelt sein ② FOOD (*cut meat*) etw tranchieren [*o* zerlegen] ③ (*cut*) etw zerschneiden; (*fig: establish*) etw erreichen; **to ~ a name for oneself** sich *dat* einen Namen machen; **to ~ a niche for oneself** eine [Markt]nische [für sich *akk*] finden; ■**to ~ sth out** etw herausschneiden; **to ~ out a tunnel in a rock** einen Tunnel in den Fels treiben [*o* schlagen] II. *vi* tranchieren
◆**carve up** *vt* ① (*divide*) ■**to ~ sth** ⊂ **up** etw [auf]teilen ② BRIT (*fam: cut in front of*) ■**to ~ sb** ⊂ **up** jdn schneiden ③ (*cut up*) ■**to ~ sb** ⊂ **up** jdm [mit einem Messer] böse zurichten
carver [ˈkɑːvəʳ, AM ˈkɑːrvɚ] *n* ① (*person*) Bildhauer(in) *m(f); wood* Holzschnitzer(in) *m(f);* (*at the table*) Vorschneider(in) *m(f)* ② (*knife*) Tranchiermesser *nt;* **electric ~** elektrisches [Tranchier]messer
Carver [ˈkɑːvəʳ] *n* BRIT (*spec*) *Armlehnstuhl, der zu einem Satz von Essstühlen gehört*
carvery [ˈkɑːvᵊri] *n* BRIT *offene Fleischzubereitung in einem Restaurant*
carve-up *n* BRIT (*fam*) Verteilung *f;* (*sharing-out*) Anteil *m* (*bei einer Beute*)
carving [ˈkɑːvɪŋ, AM ˈkɑːrv-] *n* ART ① *no pl* (*art of cutting*) Bildhauerei *f; of wood* Schnitzen *nt* ② (*ornamental figure*) in Stein gemeißelte Figur; (*of wood*) Schnitzerei *f*
carving knife *n* Tranchiermesser *nt* **carving set** *n* Tranchierbesteck *nt*
car wash *n* Autowaschanlage *f*
caryatid <*pl* -es *or* -s> [ˈkæriətɪd, AM ˌkeriˈæt̬ɪd] *n* ARCHIT Karyatide *f*
casanova [ˌkæsəˈnəʊvə, AM -ˈnoʊ-] *n* (*pej*) Casanova *m fam*
cascade [kæsˈkeɪd] I. *n* ① (*waterfall*) Wasserfall *m;* (*artificial waterfall*) Kaskade *f* ② (*liter: flowing mass*) Kaskade *f* II. *vi* sich ergießen; (*fig*) *hair* in Wellen herabfallen
cascade carry *n* ELEC Kaskadenübertrag *m* **cascade connection** *n* COMPUT Kaskadenverbindung *f* **cascade control** *n* COMPUT Kaskadensteuerung *f*
cascading windows *npl* COMPUT überlappende Fenster
case¹ [keɪs] *n* ① (*instance*) Fall *m;* ***is that the ~ with you?*** trifft das für Sie zu?; ***it's not a ~ of choice but of having to*** mit Wollen hat das nichts zu tun, eher mit Müssen; ***if that is the ~ …*** in diesem Fall …; *esp* AM ***in the ~ of her having failed …*** sollte sie nicht bestanden haben, …; ***in no ~ should you light a cigarette*** Sie sollten auf keinen Fall eine Zigarette anzünden; **in ~ of an emergency** im Notfall; **~ of an illness** Krankheitsfall *m;* [**just**] **in ~** für alle Fälle ② LAW [Rechts]fall *m;* ***the detective on the ~*** der Detektiv, der den Fall bearbeitet; ***the ~ went against her*** es wurde gegen sie entschieden; **an assault ~** ein Fall *m* von Körperverletzung; **civil/criminal ~** Zivil-/Strafsache *f,* Zivil-/Strafprozess *m;* **divorce/paternity ~** Scheidungs-/Vaterschaftsprozess *m;* **the ~ for the defence/prosecution** Beweislage *f;* ***let's hear the ~ for the defence*** die Verteidigung hat das Wort; **~ of first impression** Präzedensfall *m;* **murder ~** Mordfall *m;* **~s on collateral review** wiederaufgenommene Verfahren; **~s pending on direct review** anhängige Verfahren; **~ stated** Revisionsvorlage *f;* **~ on appeal** Berufungssache *f;* **no ~ to answer** Antrag *f* auf Verfahrenseinstellung; **to close the ~** den Klageantrag beenden; **to lose/win a ~** einen Prozess verlieren/gewinnen; **to prepare a ~** eine Rechtssache [*o* einen Fall] vorbereiten; **to remit a ~** eine Rechtssache verweisen; **to rest one's ~** seine Beweisführung abschließen; ***the ~ rests*** die Beweisführung ist abgeschlossen; (*fam*) ***I rest my ~*** und, was habe ich gesagt!; **to reopen a ~** ein Verfahren wieder aufnehmen; **to state one's ~** seinen Standpunkt vertreten, seine Sache vortragen ③ (*supporting argument*) Argument[e] *nt[pl]* (**for/against** für/gegen +*akk*); **a ~ in point** ein [zu]treffendes Beispiel; **to make [out] a ~ for/against sth** für/gegen etw *akk* argumentieren; **to overstate the ~** etw zu vehement vertreten ④ (*actual fact, reality*) ■**to be the ~** der Fall sein; **as** [*or* **whatever**] **the ~ might** [*or* **may**] **be** wie dem auch sein mag ⑤ (*fig: person*) ***he's a ~*** er ist eine komische Type; **to be a hard ~** ein schwerer Fall sein; **to be a hopeless/sad ~** ein hoffnungsloser/trauriger Fall sein ⑥ (*fam*) **to be/get on sb's ~** jdm auf die Nerven gehen; ***get off my ~!*** hör auf, mich zu nerven! ⑦ LING (*noun form*) Kasus *m fachspr,* Fall *m;* **to be in the accusative/genitive ~** im Akkusativ/Genitiv stehen
case² [keɪs] *n* ① (*suitcase*) Koffer *m* ② (*for display*) Vitrine *f,* Schaukasten *m* ③ (*packaging plus contents*) Kiste *f; for instruments* Kasten *m;* **a ~ of wine** eine Kiste Wein ④ (*small container*) Schatulle *f;* (*for hat*) Schachtel *f;* (*for spectacles*) Etui *nt;* (*for musical instrument*) Kasten *m;* (*for CD, MC, umbrella*) Hülle *f* ⑤ TYPO Setzkasten *m;* **lower/upper ~ letter** Klein-/Großbuchstabe *m;* **to be written in lower/upper ~ letters** klein/groß geschrieben sein
case³ [keɪs] *vt* (*fam*) **to ~ the joint** sich *dat* den Laden mal ansehen *sl;* **to ~ a place** einen Ort inspizieren
case book *n* Akte *f* [über einen Fall]; MED Krankenakte *f*
cased [keɪst] *adj pred, inv cable* ummantelt; ■**to be ~ in sth** von etw *dat* umgeben [*o* umhüllt] sein
case history *n* Krankengeschichte *f* **case law** *n no pl* LAW Fallrecht *nt*
case-making machine *n* TYPO Buchdeckenmaschine *f*
casement [ˈkeɪsmənt] *n,* **casement window** *n* Flügelfenster *nt;* (*frame*) Fensterflügel *m*
case study *n* Fallstudie *f*
casework [ˈkeɪswɜːk, AM wɜːrk] *n no pl* soziale Betreuung
cash [kæʃ] I. *n no pl* Bargeld *nt;* **~ market** Kassamarkt *m;* **~ position** Kassenlage *f,* Zahlungsmittelbestand *m;* **~ ratio** Barliquidität *f;* ***how much do you have on you in ready ~?*** wie viel haben Sie in bar dabei?; **to be strapped for** [*or* **short of**] **~** (*fam*) blank sein *fam;* ***£100 ~ down and the rest when the work is finished*** 100 Pfund sind sofort fällig und der Rest, wenn die Arbeit fertig ist; **~ in advance** Bargeldvorschuss *m;* **~ in** [*or* AM **on**] **hand** Barbestand *m,* Bargeld *nt;* **to pay by** [*or* **in**] **~** bar bezahlen; **~ with order** Zahlung *f* bei Auftragserteilung II. *vt* **to ~ a cheque** [*or* AM **check**] einen Scheck einlösen [*o* einwechseln]; ■**to ~ in** ⊂ **sth** etw einlösen; **to ~ in chips/tokens** Chips/Gutscheine eintauschen; **to ~ in [one's chips]** (*fig, euph fam*) den Löffel abgeben *fam*
◆**cash in** I. *vi* ■**to ~ in on sth** mit etw *dat* Geld machen, aus etw *dat* Kapital schlagen; **to ~ in on the act** abzocken *fam* II. *vt* ECON, FIN ■**to ~ in** ⊂ **sth** *shares* etw gegen bar verkaufen
◆**cash up** *vi* BRIT Kasse machen, abrechnen
cash and carry I. *n* ① (*shop*) Discountladen *m,* Discounter *m* ② *no pl* ECON, FIN (*on futures market*) gleichzeitiger Kauf bei Kasse und Verkauf bei Termin II. *n modifier* ECON Discount-; **~ sale** Discountverkauf *m* III. *adv* im Discount; **to buy sth ~** etw im Discount kaufen **cash balance** *n* Kassenbestand *m,* Kassenbilanz *f* **cash bar** *n bei Festlichkeiten: Bar, an der man selbst bezahlt* **cash basis** *n* ECON, FIN ergebniswirksame Verbuchung **cash book** *n* FIN Kassenbuch *nt* **cash box** *n* Geldkassette *f* **cash card** *n esp* BRIT Geldautomatenkarte *f* **cash cow** *n* (*fam*) umsatzstarkes Produkt, Cashcow *f* **cash crop** *n* AM *ausschließlich zum Verkauf bestimmte Agrarprodukte* **cash deal** *n* Kassageschäft *f* **cash desk** *n* BRIT Kassenschalter *m* **cash discount** *n* COMM Skonto *m* **cash dispenser** *n* BRIT Geldautomat *m*
cashew [ˈkæʃuː] *n,* **cashew nut** *n* Cashewnuss *f;* (*tree*) Nierenbaum *m*
cash flow *n* FIN Cashflow *m,* Kassenzufluss *m*
cash-flow *adj attr* Cashflow-, Liquiditäts-; **to have a ~ problem** ein Liquiditätsproblem haben; (*fam*) etw knapp mit dem Geld sein, abgebrannt sein *fam*
cashier¹ [kæʃˈɪəʳ, AM -ˈɪr] *n* Kassierer(in) *m(f);* **to be a bank ~** am Schalter einer Bank arbeiten
cashier² [kəˈʃɪəʳ, AM -ˈʃɪr] *vt* MIL ■**to ~ sb** jdn unehrenhaft entlassen
cash machine *n esp* BRIT Geldautomat *m*
cash market *n* STOCKEX Kassamarkt *m*
cashmere [ˈkæʃmɪəʳ, AM ˈkæʒmɪr, -ʃ-] *n* FASHION Kaschmir *m*
cash on delivery *n no pl* Nachnahme *f,* Zahlung *f* bei Lieferung; **to send sth ~** etw per Nachnahme verschicken **cash payment** *n* Barzahlung *f* **cashpoint** *n* BRIT Geldautomat *m* **cash register** *n* Registrierkasse *f* **cash reserve** *n* FIN Barreserve *f,* Liquiditätsreserve *f* **cash sale** *n* [Verkauf *m* gegen] Barzahlung *f* **cash tile** *n* Kasse *f* **cash transaction** *n* ECON Barverkauf *m;* STOCKEX Kassageschäft *nt*
casing [ˈkeɪsɪŋ] *n* ① (*cover, shell*) Hülle *f,* Umhüllung *f; of a machine* Verkleidung *f; of a cable* Ummantelung *f; of a sausage* [Wurst]pelle *f* ② (*window*) [Fenster]futter *nt;* (*door*) [Tür]verkleidung *f*
casino <*pl* -os> [kəˈsiːnəʊ, AM -noʊ] *n* [Spiel]kasino *nt*
cask [kɑːsk, AM kæsk] *n* Fass *nt;* **a ~ of wine** ein Weinfass *nt*
casket [ˈkɑːskɪt, AM ˈkæsk-] *n* ① (*box*) Kästchen *nt,* Schatulle *f geh;* (*for jewels*) Schmuckkästchen *nt* ② AM (*coffin*) Sarg *m* ③ BRIT (*for cremation*) *Holzkästchen zur Aufnahme von Totenasche*
cassava [kəˈsɑːvə] *n no pl* Maniok *m*
casserole [ˈkæsᵊrəʊl, AM -əroʊl] I. *n* ① (*pot*) Schmortopf *m,* Kasserolle *f;* **iron ~** gusseiserne Kasserolle ② (*stew*) ≈ Eintopf *m* II. *vt* ■**to ~ sth** etw in einer Kasserolle kochen
cassette [kəˈset] *n* Kassette *f;* **audio ~** Tonbandkassette *f,* Audiokassette *f;* **video ~** Videokassette *f*
cassette deck *n* Kassettendeck *nt* **cassette player** *n* Kassettenrecorder *m,* Kassettenspieler *m*
cassette recorder *n* Kassettenrecorder *m*
cassock [ˈkæsək] *n* Talar *m,* Soutane *f*
cast [kɑːst, AM kæst] I. *n* ① + *sing/pl vb* THEAT, FILM Besetzung *f,* Ensemble *nt;* **supporting ~** (*actors playing minor roles*) Besetzung *f* der Nebenrollen ② (*moulded object*) [Ab]guss *m* ③ (*plaster*) Gips[verband] *m* ④ (*squint*) **to have a ~ in one's eye** schielen, einen Silberblick haben *fam* ⑤ (*worm excretion*) Ausscheidung *f; of birds of prey* Gewölle *nt* II. *vt* <cast, cast> ① (*throw*) ■**to ~ sth** etw werfen; **to ~ a fishing line** eine Angelschnur auswerfen; **to ~ in one's lot with sb** sich *akk* auf Gedeih und Verderb mit jdm einlassen; **to ~ a net** ein Netz auswerfen; **to ~ a shoe** *horse* ein Hufeisen verlieren; **to ~ one's skin** *snake* sich *akk* häuten ② (*direct*) **to ~ aspersions** [*or* **nasturtiums**] **on sth** BRIT (*hum*) über jdn lästern; **to ~ doubt on sth** etw zweifelhaft erscheinen lassen; **to ~ an eye** [*or* **a glance**] **over sth** einen Blick auf etw *akk* werfen; **to ~ light on sth** Aufschluss über etw *akk* geben; **to ~ one's mind back to sth** versuchen, sich *akk* an etw *akk* zu erinnern; **to ~ a shadow on** [*or* **over**] **sth**

(*also fig*) einen Schatten auf etw *akk* werfen; **to ~ a slur on sth** etw in den Schmutz ziehen ③ (*allocate roles*) **to ~ a film** das Casting für einen Film machen; ***he was often ~ as the villain*** ihm wurde oft die Rolle des Schurken zugeteilt; **to ~ sb in a role** jdm eine Rolle geben; **to ~ sb to type** jdn auf eine bestimmte Rolle festlegen ④ (*give*) **to ~ one's vote** seine Stimme abgeben ⑤ (*make in a mould*) **to ~ a bell** eine Glocke gießen ▶ PHRASES: **to ~ caution to the winds** es darauf ankommen lassen; **to be ~ in the same mould** [*or* AM **mold**] **as sb** aus demselben Holz geschnitzt sein; **to ~ one's net wide** seine Fühler in alle Richtungen ausstrecken; **to ~ pearls before swine** Perlen vor die Säue werfen
◆**cast about** *vi*, **cast around** *vi* ① (*search*) ■ **to ~ about** [*or* **around**] **for sth** auf der Suche nach etw *dat* sein ② HUNT ■ **to ~ about** [*or* **around**] **for an animal** die Witterung eines Tieres *gen* aufnehmen
◆**cast aside** *vt* ■ **to ~ sth** ↔ **aside** sich *akk* von etw *dat* befreien; **to ~ old clothes aside** alte Kleider ablegen; **to ~ inhibitions aside** Hemmungen loswerden
◆**cast away** *vt* ① (*discard*) ■ **to ~ away** ↔ **sth** etw wegwerfen ② (*end up*) ■ **to be ~ away somewhere** irgendwohin verschlagen werden; NAUT irgendwo stranden ③ *see* **cast aside**
◆**cast down** *vt* ① (*fig*) ■ **to be ~ down** niedergeschlagen sein ② (*lower*) **to ~ down one's eyes** die Augen niederschlagen; **to ~ down weapons** die Waffen strecken
◆**cast off** I. *vt* ① (*get rid of*) ■ **to ~ sb/sth** ↔ **off** jdn/etw loswerden; (*free oneself of*) sich *akk* von jdm/etw befreien; **to ~ off friends** sich *akk* von Freunden lossagen ② (*knitting*) **to ~ off stitches** Maschen abketten ③ (*dated: throw off*) ■ **to ~ off** ↔ **sth** etw abwerfen ④ NAUT ■ **to ~ off** ↔ **sth** *ropes, lines* etw losmachen II. *vi* NAUT ablegen
◆**cast on** *vt* **to ~ on stitches** Maschen aufschlagen
◆**cast out** *vt* ■ **to ~ sb/sth** ↔ **out** jdn/etw vertreiben; **to ~ out demons** Dämonen austreiben
◆**cast up** *vt* ■ **to ~ sth** ↔ **up** etw an Land spülen
castanets [ˌkæstəˈnets] *npl* Kastagnetten *fpl*
castaway [ˈkɑːstəweɪ, AM ˈkæst-] *n* ① (*survivor*) Schiffbrüchige(r) *f(m)* ② (*discarded object*) ausrangierter Gegenstand
caste [kɑːst, AM kæst] *n* ① *no pl* (*social class system*) Kastenordnung *nt* ② + *sing/pl vb* (*social class*) Kaste *f*
castellan [ˈkæstələn] *n* HIST Kastellan *m*, Schlossverwalter *m*
castellated [ˈkæstəleɪtɪd, AM -t̬-] *adj* schlossähnlich
caste mark *n Zeichen der Kastenzugehörigkeit*
caster [ˈkɑːstəʳ, AM ˈkæstɚ] *n* ① (*person*) Gießer(in) *m(f)* ② (*machine*) Gießmaschine *f* ③ *see* **castor**
caster machine *n* COMPUT Gießmaschine *f*
caster sugar *n* BRIT, AUS Streuzucker *m*
caste system *n* Kastenordnung *f*
castigate [ˈkæstɪgeɪt, AM -tə-] *vt* (*form*) ■ **to ~ sb** [**for sth**] jdn [wegen einer S. *gen*] geißeln *geh*
castigation [ˌkæstɪˈgeɪʃᵊn, AM -əˈ-] *n* Geißelung *f*; (*rebuke*) scharfer Verweis, scharfe Rüge
Castile [kæsˈtiːl] *n no pl* GEOG, HIST Kastilien *nt*
Castilian [kæsˈtɪliən] *adj inv* kastilisch
casting [ˈkɑːstɪŋ, AM ˈkæst-] *n* ① (*mould*) Guss *m*; *no pl* (*moulding*) Gießen *nt* ② THEAT Casting *nt*, Vorsprechen *nt* ③ (*fishing*) Auswerfen *nt* (*der Netze*)
casting off *n* COMPUT Schätzen *nt* des Satzumfangs
casting vote *n* entscheidende [*o* ausschlaggebende] Stimme
cast iron I. *n no pl* Gusseisen *nt* II. *n modifier* ① (*made of cast iron*) (*bracket, cooking pot, nail*) aus Gusseisen ② (*firm*) **a ~ alibi** ein wasserdichtes [*o* hieb- und stichfestes] Alibi; **a ~ will** ein eiserner Wille ③ (*certain*) **a ~ guarantee** eine sichere Garantie; **a ~ promise** ein festes [*o liter* ehernes] Versprechen
castle [ˈkɑːsl, AM ˈkæsl] I. *n* ① (*fortress*) Burg *f*; (*mansion*) Schloss *nt* ② (*fam: chess piece*) Turm *m* ▶ PHRASES: **to build ~s in the air** Luftschlösser bauen *prov* II. *vi* CHESS rochieren
cast-off I. *n* ① (*clothing*) abgelegtes Kleidungsstück; ■ **~s** *pl* abgelegte Kleidung ② (*fig fam: ex-lover*) Verflossene(r) *f(m) fam* ③ COMPUT geschätzter Satzumfang II. *vt* COMPUT ■ **to ~ sth** ↔ **off** den Satzumfang von etw *dat* schätzen III. *adj inv* (*second-hand*) gebraucht; (*worn*) getragen; (*discarded*) abgelegt
castor [ˈkɑːstəʳ, AM ˈkæstɚ] *n* ① (*wheel*) Laufrolle *f*, Gleitrolle *f* (*unter Möbeln*) ② (*for sugar, pepper*) Streuer *m*
castor oil *n no pl* Rizinusöl *nt* **castor oil plant** *n* Rizinus *m* **castor sugar** *n* Streuzucker *m*
castrate [kæsˈtreɪt, AM ˈkæstreɪt] *vt* **to ~ sb/an animal** jdn/ein Tier kastrieren; (*fig: weaken*) ■ **to ~ sb/sth** jdn/etw schwächen
castration [kæsˈtreɪʃᵊn] *n no pl* Kastration *f*
castrato <*pl* -ti> [kæsˈtrɑːtəʊ, AM -toʊ] *n* Kastrat *m*
casual [ˈkæʒjuəl, AM ˈkæʒuəl] I. *adj* ① (*not planned*) zufällig; **a ~ acquaintance** ein flüchtiger Bekannter/eine flüchtige Bekannte; **a ~ glance** ein flüchtiger Blick ② (*irregular*) gelegentlich; **~ sex** Gelegenheitssex *m*; **~ user of drugs** gelegentlicher Drogenkonsument/gelegentliche Drogenkonsumentin; **~ work** Gelegenheitsarbeit *f*; **~ worker** Gelegenheitsarbeiter(in) *m(f)* ③ (*careless*) gleichgültig; (*offhand*) beiläufig; (*incidental*) zufällig; (*not sympathizing*) sachlich; **~ attitude** gleichgültige Haltung; **~ observer** zufälliger Beobachter/zufällige Beobachterin; **~ remark** beiläufige Bemerkung ④ (*informal*) lässig, salopp; **~ clothes** legere Kleidung; **~ shirt** Freizeithemd *nt*; **~ wear** Freizeitkleidung *f*; **to go business ~** *office, company* im Büro legere Kleidung einführen II. *n* ① (*clothes*) ■ **~s** *pl* zwanglose [*o* saloppe] Kleidung; (*shoes*) Slippers *mpl* ② BRIT (*hooligan*) halbstarker Schlägertyp
casual Friday *n* **to implement a policy of ~** einführen, dass im Büro freitags legere Kleidung getragen werden darf
casually [ˈkæʒjuəli, AM ˈkæʒuəli] *adv* ① (*without seriousness*) beiläufig; **to treat sb ~** jdn kaum beachten ② (*irregularly*) nicht kontinuierlich; **to be employed ~** nicht fest angestellt sein ③ (*accidentally*) zufällig ④ (*informally*) lässig, leger; **~ dressed** salopp gekleidet
casualness [ˈkæʒjuəlnəs] *n no pl* ① (*unconcern*) Gleichgültigkeit *f*, Teilnahmslosigkeit *f* ② (*carelessness*) Achtlosigkeit *f*, Nachlässigkeit *f*
casualty [ˈkæʒjuəlti, AM -ʒuːl-] *n* ① (*accident victim*) [Unfall]opfer *nt*; (*injured person*) Verletzte(r) *f(m)*; (*dead person*) Todesfall *m* ② (*fig: negative result*) Opfer *nt* ③ *no pl* BRIT (*hospital department*) Unfallstation *f*, Unfallchirurgie *f*
casualty department *n* BRIT Unfallstation *f*, Unfallchirurgie *f* **casualty toll** *n* Zahl *f* der Opfer [*o* der Toten und Verletzten] **casualty ward** *n* Unfallstation *f*, Unfallchirurgie *f*
casuistry [ˈkæʒjuɪstri, AM -ʒu-] *n no pl* Spitzfindigkeit *f*, Kasuistik *f geh*
casus belli [ˌkɑːsʊsˈbeliː, AM ˌkeɪsəsˈbelaɪ] *n* LAW Casus belli *m*, kriegsauslösendes Ereignis
CAT *n* COMPUT ① *abbrev of* **computer aided training** computergestütztes Training ② *abbrev of* **computer aided testing** computergestütztes Prüfen
cat¹ [kæt] *n* ① (*animal*) Katze *f*; (*class of animal*) Katze *f*; **big ~** Großkatze; **a domestic ~** eine Hauskatze; **a stray ~** eine streunende [*o* herrenlose] Katze; **to have a pet ~** eine Katze als Haustier haben ② (*fig fam: spiteful woman*) Klatschweib *nt pej fam*, Giftspritze *f pej fam*; ***who's she — the ~'s mother?*** wer ist die denn schon? *pej fam* ③ (*dated sl: person, usu male*) Typ *m fam*; ***he thinks he's the ~'s whiskers*** er glaubt, er hätte den Vogel abgeschossen *fam*; **cool** [*or* **hep**] **~** cooler [*o* scharfer] Typ *sl* ▶ PHRASES: **to let the ~ out of the bag** die Katze aus dem Sack lassen *prov*; **to look like the ~ that got the cream** *esp* BRIT sich *akk* freuen wie ein Schneekönig; **all ~s are grey in the dark** [*or* AM **at night, all ~s are gray**] (*prov*) bei Nacht sind alle Katzen grau *prov*; **to fight** [*or* **be**] **like ~ and dog** wie Katze und Hund sein *prov*; **a ~ in hell's chance** BRIT nicht die Spur einer Chance; **a ~ may look at a king** *esp* BRIT (*prov*) sieht doch die Katze den Kaiser an; **while the ~'s away the mice will play** (*prov*) wenn die Katze nicht zuhause ist, tanzen die Mäuse auf dem Tisch *prov*; [**a game of**] **~ and mouse** [ein] Katz-und-Maus-Spiel *nt*; **to set** [*or* **put**] **the ~ among the pigeons** BRIT für die Katze im Taubenschlag sorgen; **to be like a ~ on a hot tin roof** [*or* BRIT *dated* **hot bricks**] Hummeln im Hintern haben *fam*; (*wait impatiently*) wie auf Kohlen sitzen; **the ~'s got sb's tongue** jdm hat es die Sprache verschlagen *iron*; **to see which way the ~ jumps** (*fam*) sehen, wie der Hase läuft; **to bell the ~** der Katze die Schelle umhängen; **to look like something the ~ brought** [*or* **dragged**] **in** wie gerädert aussehen; **to rain ~s and dogs** wie aus Eimern schütten; **there's no room to swing a ~** BRIT man kann sich vor lauter Enge kaum um die eigene Achse drehen
cat² [kæt] *n* (*fam*) ① AUTO *short for* **catalytic converter** Kat *m fam* ② *short for* **cat o' nine tails** neunschwänzige Katze ③ *short for* **caterpillar tractor** Raupe *f*, Raupenfahrzeug *nt*
CAT [kæt] *n no pl* MED *see* **computerized axial tomography** Computertomographie *f*
cataclysm [ˈkætəklɪzᵊm, AM -t̬-] *n* Unglück *nt*, Katastrophe *f*; (*in a person's life*) Schicksalsschlag *m*
cataclysmic [ˌkætəˈklɪzmɪk, AM -t̬-] *adj* (*liter*) verheerend, katastrophal
catacomb [ˈkætəkuːm, -kəʊm, AM -t̬əkoʊm] *n usu pl* ① (*burial chamber*) Katakombe[n] *f[pl]* ② (*fig: rarely frequented place*) Katakombe[n] *f[pl]*
catalepsy [ˈkætəlepsi, AM -t̬-] *n no pl* MED Katalepsie *f*; (*stupor*) Starrkrampf *m*; (*disease*) Starrsucht *f*
cataleptic [ˌkætəˈleptɪk, AM -t̬-] *adj inv* kataleptisch
catalog [ˈkæt̬əlɑːg] AM, **catalogue** [-tᵊlɒg] I. *n* Katalog *m*; **mail order ~** Versandhauskatalog *m*; (*repeated events*) Reihe *f*; **a ~ of mistakes** eine [ganze] Reihe von Fehlern II. *vt* ■ **to ~ sth** etw katalogisieren
catalysis [kəˈtæləsɪs] *n no pl* CHEM Katalyse *f*
catalyst [ˈkætᵊlɪst, AM -t̬-] *n* ① CHEM Katalysator *m* ② (*fig: cause of change*) Auslöser *m*; ■ **to be the ~ for sth** zu etw *dat* den Anstoß geben
catalytic [ˌkætəˈlɪtɪk, AM -t̬əˈlɪt̬-] *adj* CHEM katalytisch
catalytic converter *n* AUTO Katalysator *m*
catamaran [ˌkætəməˈræn, AM -t̬-] *n* Katamaran *m*
catapult [ˈkætəpʌlt, AM -t̬-] I. *n* Katapult *nt*; (*on aircraft carrier*) Katapult *nt*, Startschleuder *f* II. *vt* ■ **to ~ sb/sth**[**somewhere**] jdn/etw [irgendwohin] katapultieren; **to ~ sb into action** jdn zum Handeln zwingen
cataract¹ [ˈkætᵊrækt, AM -t̬ɚ-] *n* MED grauer Star, Katarakt *m fachspr*; (*diseased part of eye*) getrübte Linse
cataract² [ˈkætᵊrækt, AM -t̬ɚ-] *n* GEOG Stromschnelle *f*, Katarakt *m fachspr*; (*waterfall*) Wasserfall *m*
catarrh [kəˈtɑːʳ, AM -ˈtɑːr] *n no pl* Schleimhautentzündung *f*, Katarrh *m fachspr*; *nose* Schnupfen *m*
catastrophe [kəˈtæstrəfi] *n* (*also fig*) Katastrophe *f*, Desaster *nt*; **to end in ~** ein schlimmes Ende nehmen; **to be heading for ~** Kopf und Kragen riskieren
catastrophic [ˌkætəˈstrɒfɪk, AM -t̬əˈstrɑːf-] *adj* katastrophal
catastrophically [ˌkætəˈstrɒfɪkᵊli, AM ˌkæt̬əˈstrɑːf] *adv* katastrophal
catatonia [ˌkætəˈtəʊniə, AM ˌkæt̬əˈtoʊniə] *n no pl* PSYCH Katatonie *fachspr*
catatonic [ˌkætəˈtɒnɪk, AM -t̬əˈtɑːn-] *adj* MED katatonisch
cat burgler *n* Fassadenkletterer, Fassadenkletterin *m, f* **catcall** I. *n* (*whistle*) Hinterherpfeifen *nt*, [schriller] Pfiff; (*boo*) Buhruf *m*; **to make a ~ at sb** (*disapproval*) jdn auspfeifen/ausbuhen; (*flirt*) hinter jdm herpfeifen II. *vi* (*whistle*) pfeifen; (*hiss*) zischen; (*hoot*) johlen
catch [kætʃ] I. *n* <*pl* -es> ① (*fish caught*) Fang *m*; (*cricket*) Fang *m* ② (*fastening device*) Verschluss *m*; **window ~** Fensterverriegelung *f*; ***all the window***

C

~*es were tightly closed* alle Fenster waren fest verschlossen ❸ (*fam: suitable partner*) [guter] Fang; ***she made quite a*** ~ sie hat einen guten Fang gemacht ❹ (*trick*) Haken *m fam;* ***what's the*** ~***?*** wo ist der Haken [an der Sache]? **II.** *vt* <caught, caught> ❶ (*hold moving object*) ■**to** ~ **sth** etw fangen; (*take hold*) etw ergreifen; (*with difficulty*) etw zu fassen bekommen; **to** ~ **hold of sth** etw zu fassen bekommen ❷ (*capture*) ■**to** ~ **sth** etw fangen; *escaped animal* etw einfangen; *fish, mice* etw fangen; ***the virus was caught in time*** der Virus wurde rechtzeitig erkannt; ■**to** ~ **sb** jdn ergreifen; (*arrest*) jdn festnehmen; SPORTS (*in baseball, cricket*) *jdn durch Abfangen des Balls ausscheiden lassen* ❸ (*become entangled*) ■**to** ~ **sth** an etw *akk* stoßen; **to be caught between two things** zwischen zwei Dingen hin- und hergerissen sein; **to get caught up** sich *akk* verfangen; **to get caught [up] in sth** sich *akk* in etw *dat* verfangen; (*become involved*) in etw *akk* verwickelt werden; **to be caught in the crossfire** ins Kreuzfeuer geraten; (*fig*) zwischen zwei Lager geraten; **to get caught on sth** an etw *dat* hängen bleiben ❹ (*collect*) ■**to** ~ **sth** etw sammeln; (*liquid*) etw auffangen ❺ (*capture expression, atmosphere*) ■**to** ~ **sth** *mood, atmosphere* etw festhalten [*o* einfangen] ❻ (*attract*) **to** ~ **sb's attention** [*or* **eye**] jds Aufmerksamkeit *f* erregen; **to** ~ **sb's fancy** jdm gefallen ❼ (*get*) ■**to** ~ **sth** etw bekommen; ***the necklace caught the light*** die Kette reflektierte das Licht; **to** ~ **the bus/the train** (*be on time*) den Bus/Zug kriegen *fam;* (*travel on*) den Bus/Zug nehmen; **to** ~ **the post** [*or* AM **mail**] eine Postsendung rechtzeitig einwerfen; **to** ~ **a few** [*or* **some**] **rays** sich *akk* ein bisschen die Sonne auf den Bauch scheinen lassen *fam;* **to** ~ **the sun** einen [leichten] Sonnenbrand bekommen ❽ (*notice*) ■**to** ~ **sth** etw [kurz] sehen; (*by chance*) etw [zufällig] sehen; **to** ~ **sight** [*or* **a glimpse**] **of sb/sth** etw kurz sehen ❾ (*take by surprise*) ■**to** ~ **sb doing sth** jdn bei etw *dat* überraschen; *sth forbidden* jdn bei etw *dat* ertappen [*o fam* erwischen]; ***my son was caught in a thunderstorm*** mein Sohn wurde von einem Gewitter überrascht; ***you won't*** ~ ***her at work after four o'clock*** nach vier wirst du sie kaum noch bei der Arbeit antreffen; ***you caught me at a bad time*** Sie haben einen schlechten Zeitpunkt erwischt; ***have I caught you at a bad time?*** komme ich ungelegen?; ***you won't*** ~ ***me in that shop*** in dem Laden wirst du mich niemals finden; ***you won't*** ~ ***me falling for that trick*** auf den Trick falle ich im Leben nicht herein; ***I even caught myself feeling sorry for the thief*** zuletzt tat mir der Dieb auch noch Leid; ***caught in the act!*** auf frischer Tat ertappt!; ***ah, caught you!*** ah, hab ich dich erwischt!; **to** ~ **sb with their trousers** [*or* AM **pants**] **down** jdn in flagranti ertappen; **to** ~ **sb red-handed** jdn auf frischer Tat ertappen; **to** ~ **sb napping** (*fam*) jdn auf dem falschen Fuß erwischen *fam* ❿ (*hear, see*) ■**to** ~ **sth** etw mitbekommen [*o fam* mitkriegen]; ■**to** ~ **sb** jdn treffen; ***I'll*** ~ ***you later*** ich seh dich später ⓫ MED ■**to** ~ **sth** sich *dat* etw einfangen; (*fig: influenced by*) sich *akk* von etw *dat* anstecken lassen; **to** ~ **a cold** sich *akk* erkälten; **to** ~ **one's death [of cold]** sich *dat* den Tod holen ⓬ (*hit*) ■**to** ~ **sth** auf etw *dat* aufschlagen; ***his head caught the edge of the table as he fell*** beim Fallen schlug er mit dem Kopf auf die Tischkante auf; **to** ~ **sb a blow** (*dated*) jdm eine verpassen *fam* ⓭ (*start burning*) **to** ~ **fire** Feuer fangen ► PHRASES: **to** ~ **one's breath** nach Luft schnappen; (*stop breathing*) die Luft anhalten; (*return to normal breathing*) verschnaufen; **to** ~ **a crab** einen Krebs fangen (*mit dem Ruder im Wasser stecken bleiben*); **to** ~ **it** (*fam*) Ärger kriegen *fam;* ***Joe really caught it from Sam*** Sam hat's Joe mal so richtig gegeben; **to** ~ **hell** [*or* **the devil**] in Teufels Küche kommen *fam;* **to be** [*or* **get**] **caught short** BRIT (*euph: need a toilet*) mal müssen *euph fam* **III.** *vi* ■**to** ~ **at sth** BRIT, AUS nach etw *dat* greifen

◆**catch on** *vi* ❶ (*become popular*) sich *akk* durchsetzen ❷ (*fam: understand*) schnallen *sl*

◆**catch out** *vt* BRIT ❶ (*discover wrongdoing*) ■**to** ~ **sb out** jdn ertappen [*o fam* erwischen] ❷ (*trick into a mistake*) ■**to** ~ **sb** ↔ **out** jdn aufs Glatteis führen; (*ask trick questions*) jdn Fangfragen stellen ❸ (*cause difficulty*) ■**to** ~ **sb** ↔ **out** jdn [unangenehm] überraschen ❹ SPORTS ■**to be caught out** ausgeschieden sein

◆**catch up I.** *vi* ❶ (*reach person ahead*) ■**to** ~ **up with sb** jdn einholen; (*discover after search*) jdn ausfindig machen; ***she's*** ~***ing up!*** sie holt auf! ❷ (*complete*) ■**to** ~ **up with** [*or* **on**] **sth** (*fig*) etw fertig machen; (*make up lost time*) etw aufarbeiten; **to** ~ **up on one's sleep** versäumten Schlaf nachholen ❸ (*equal the standard*) ■**to** ~ **up with sth** etw einholen **II.** *vt* BRIT, AUS ■**to** ~ **sb up** jdn später treffen; ***I'll*** ~ ***you up later*** ich komme später nach

catch-22 *n* (*fam*) Zwickmühle *f;* **it's** ~ es ist eine absurde Situation **catch-all** *adj attr, inv* umfassend, allgemein **catch crop** *n* BRIT AGR Zwischenfrucht *f*

catcher [ˈkætʃəʳ, AM -ɚ] *n* (*baseball player*) Fänger(in) *m(f),* Catcher(in) *m(f)*

catcher's mitt *n* Baseballhandschuh *m*

catching [ˈkætʃɪŋ, AM ˈkeətʃ-] *adj pred* (*also fig fam*) ansteckend

catchment [ˈkætʃmənt] *n* [gesammelte] Wassermenge, Reservoir *nt*

catchment area *n* BRIT Einzugsgebiet *nt,* Einzugsbereich *m;* (*river area*) [Wasser]einzugsgebiet *nt*

catchphrase *n* stehende Redensart, Slogan *m*

catch question *n* Fangfrage *f* **catchup** [ˈkætʃʌp, ˈketʃ-] *n* FOOD *see* **ketchup** **catchword** *n* Schlagwort *nt;* (*keyword*) Stichwort *nt,* Losung *f*

catchy [ˈkætʃi] *adj* eingängig; **a** ~ **slogan** ein zündender Werbespruch; **a** ~ **tune** ein Ohrwurm *m*

cat door *n* Katzentür *f* (*klappenartiger enger Durchlass in beiden Richtungen*)

catechism [ˈkætəkɪzᵊm, AM -t̬-] *n* Katechismus *m;* (*fig*) Fragenkatalog *m*

catechist [ˈkætəkɪst, AM -t̬-] *n* Katechist(in) *m(f)*

categorical [ˌkætəˈgɒrɪkᵊl, AM -t̬əˈgɔːr-] *adj* eindeutig, klar; (*final*) endgültig, definitiv

categorically [ˌkætəˈgɒrɪkᵊli, AM -t̬əˈgɔːr-] *adv* definitiv; (*final*) endgültig, kategorisch; **to** ~ **affirm sth** etw endgültig [*o* definitiv] bestätigen; **to** ~ **deny sth** etw kategorisch bestreiten; **to** ~ **refuse sth** etw unmissverständlich ablehnen

categorization [ˌkætəgᵊraɪˈzeɪʃᵊn, AM -t̬əgɚɪ-] *n no pl* Kategorisierung *f*

categorize [ˈkætəgᵊraɪz, AM -t̬əgə-] *vt* ■**to** ~ **sth** etw kategorisieren [*o* [in Gruppen] unterteilen]

category [ˈkætəgᵊri, AM -t̬əgɔːri] *n* Kategorie *f;* LAW ~ **'A' prisoners** Häftlinge der höchsten Gefährlichkeitsstufe; ~ **'B' prisoners** Häftlinge der zweithöchsten Gefährlichkeitsstufe; ~ **'C' prisoners** relativ ungefährliche Häftlinge, die trotzdem nicht als Freigänger beschreiben werden können; ~ **'D' prisoners** Freigänger *pl*

catena [kəˈtiːnə] *n* COMPUT Zahl *f* der Kettenglieder; (*series of characters*) Kette *f*

catenate [ˈkætɪneɪt, AM -tᵊn-] *vt* COMPUT ■**to** ~ **sth** etw verketten

cater [ˈkeɪtəʳ, AM -t̬ɚ] *vi* ❶ (*serve food, drink*) für Speise und Getränke sorgen; *firm* Speisen und Getränke liefern; ***I'm*** ~***ing for all the family on Sunday*** am Sonntag verköstige ich die ganze Familie ❷ (*provide for*) ■**to** ~ **for sb/sth** sich *akk* um jdn/etw kümmern; **to** ~ **for sb's needs** sich *akk* um jds Bedürfnisse *pl* kümmern ❸ (*take into account*) ■**to** ~ **to sb** *target group, clientele* auf jdn abzielen; ***my mother*** ~***s to my brother's every whim*** meine Mutter richtet sich nach allen Launen meines Bruders

caterer [ˈkeɪtᵊrəʳ, AM -t̬ɚɚ] *n* ❶ (*deliverer*) Lebensmittellieferant(in) *m(f),* Speiselieferant(in) *m(f)* ❷ (*host*) Gastronom(in) *m(f)* ❸ (*company*) Cateringservice *m;* (*for parties*) Partyservice *m*

catering [ˈkeɪtᵊrɪŋ, AM -t̬ɚ-] **I.** *n no pl* ❶ (*trade*) Gastronomie *f,* Catering *nt;* ~ **trade** Lebensmittelhandel *m,* Lebensmittelgewerbe *m* ❷ (*service*) Cateringservice *m;* (*for parties*) Partyservice *m;* ***who's doing the*** ~ ***this evening?*** wer macht heute Abend das Catering? **II.** *adj attr; inv* Catering-

caterpillar [ˈkætəpɪləʳ, AM -t̬ɚpɪlɚ] *n* ❶ ZOOL Raupe *f* ❷ (*track*) Raupenkette *f* ❸ (*vehicle*) Raupenfahrzeug *nt*

caterpillar tractor *n* Raupenfahrzeug *nt,* Gleiskettenfahrzeug *nt*

caterwaul [ˈkætəwɔːl, AM -t̬ɚ-] **I.** *n* Heulen *nt kein pl,* Gejaule *nt kein pl* **II.** *vi* heulen, jaulen

catfish <*pl* -> *n* Wels *m,* Seewolf *m,* Katfisch *m*

cat flap *n* Katzentür *f* (*klappenartiger enger Durchlass in beiden Richtungen*) **catgut** *n no pl Faden aus tierischem Darm;* MUS [Darm]saite *f;* MED Katgut *nt*

catharses [kəˈθɑːsiːz, AM -ˈθɑːr-] *n pl of* **catharsis**

catharsis <*pl* -ses> [kəˈθɑːsɪs, AM -ˈθɑːr-, *pl* -siːz] *n* Katharsis *f*

cathartic [kəˈθɑːtɪk, AM -ˈθɑːrt̬-] *adj* befreiend, kathartisch *geh;* ~ **effect** [positiver] Schockeffekt

cathedral [kəˈθiːdrᵊl] *n* Kathedrale *f,* Dom *m,* Münster *nt;* **Cologne** ~ der Kölner Dom; **Freiburg** ~ das Freiburger Münster

cathedral city *n* Domstadt *f*

catherine wheel [ˈkæθᵊrɪn,(h)wiːl] *n* Feuerrad *nt*

catheter [ˈkæθɪtəʳ, AM -ət̬ɚ] *n* Katheter *m*

catheterize [ˈkæθɪtᵊraɪz, AM -ət̬ɚ-] *vt* ■**to** ~ **sb** jdm einen Katheter legen

cathode [ˈkæθəʊd, AM -oʊd] *n* ELEC Kat[h]ode *f*

cathode ray *n* Kat[h]odenstrahl *m* **cathode ray tube** *n* Kat[h]odenstrahlröhre *f,* Braunsche Röhre *f*

catholic [ˈkæθᵊlɪk] **I.** *n* ■**C**~ Katholik(in) *m(f)* **II.** *adj inv* ❶ (*Roman Catholic*) ■**C**~ katholisch ❷ (*form: varied*) [all]umfassend, breit gefächert

Catholicism [kəˈθɒlɪsɪzᵊm, AM -ˈθɑːlə-] *n no pl* Katholizismus *m*

catkin *n* BOT Kätzchen *nt;* **willow** ~ Weidenkätzchen *nt* **catlike** [ˈkætlaɪk] **I.** *adj* Katzen- **II.** *adv* katzenhaft, katzengleich **cat litter** *n no pl* Katzenstreu *f* **catmint** *n* BRIT BOT Katzenminze *f* **catnap** (*fam*) **I.** *n* Nickerchen *nt fam;* **to have a** ~ ein Nickerchen machen *fam* **II.** *vi* <-pp-> [kurz] schlafen, ein Nickerchen machen *fam* **catnip** *n* AM BOT (*catmint*) Katzenminze *f* **cat-o'-nine-tails** <*pl* -> *n* neunschwänzige Katze

cat's cradle *n* Fadenspiel *nt;* (*fig*) Gewirr *nt;* **a** ~ **of legislation** ein unübersehbarer Gesetzesdschungel

cat's eye *n* ❶ (*stone*) Katzenauge *nt,* Chalzedon *m fachspr* ❷ BRIT, AUS Reflektor *m,* Rückstrahler *m,* Katzenauge *nt* **cat's pyjamas** *n usu* AM ■**to be the** ~ (*sl*) der Hit sein *fam,* geil sein *sl; person* der/die Obercoolste sein *sl*

catsuit *n esp* BRIT FASHION hautenger Einteiler **catsup** [ˈkætsəp, ˈketʃəp] *n* AM (*ketchup*) Ketchup *m o nt*

cat's whisker *n* BRIT ❶ (*fam*) ■**to be the** ~**s** der Hit sein *fam,* geil sein *sl; person* der/die Obercoolste sein *sl* ❷ ELEC Detektornadel *f*

cattery [ˈkætᵊri, AM -t̬eri] *n* ZOOL ❶ (*for boarding*) Katzenheim *nt,* Katzenpension *f* ❷ (*for breeding*) Katzenzucht *f*

cattily [ˈkætɪli, AM -t̬-] *adv* spitz, gehässig

cattiness [ˈkætɪnəs, AM -t̬-] *n no pl* Gehässigkeit *f*

cattle [ˈkætl̩, AM -t̬l̩] *npl* ❶ (*cows*) Rinder *ntpl;* ***200 heads of*** ~ 200 Stück Vieh; ~ ***crossing*** Vorsicht Viehbetrieb; **beef** ~ Schlachtrinder *ntpl;* **dairy** ~ Milchkühe *fpl,* Milchvieh *nt;* **to breed/round up** ~ Rinder züchten/zusammentreiben; **to herd** ~ (*tend*) Rinder hüten; (*drive*) Rinder treiben; **to raise** ~ Rinderzucht betreiben ❷ (*old: livestock*) Vieh *nt*

cattle baron *n* AM Rinderbaron *m* **cattle breeder** *n* Rinderzüchter(in) *m(f)* **cattle breeding** *n no pl* Rinderzucht *f* **cattle cake** *n no pl getrocknetes und gepresstes Rinderfutter* **cattle call** *n* AM (*pej fam*) MUS Vorsingen *nt;* THEAT Vorspielen *nt* **cattle car** *n* AM (*cattle truck*) Viehtransporter *m* **cattle dog** *n* AUS, NZ *Hund, der zum Rindertreiben abgerichtet ist* **cattle grid** *n* BRIT, AM **cattle guard** *n* Weidenrost *m,* Gatter *nt* **cattleman** *n* AM (*rearing cattle*) Rinderzüchter *m;* (*tending cattle*) Viehhüter *m* **cattle ranch** *n* AM, AUS

Rinderfarm *f* **cattle rancher** *n* AM, AUS Rinderzüchter(in) *m(f)* **cattle range** *n* AM Rinderweide *f* **cattle rustler** *n* AM (*fam: cattle thief*) Viehdieb(in) *m(f)* **cattle stop** *n* NZ Weidenrost *m* **cattle thief** *n* Viehdieb(in) *m(f)* **cattle truck** *n* BRIT (*railway*) Viehwaggon *m*, Viehwagen *m*; (*road*) Viehanhänger *m*

catty ['kæti, AM 'kæṭi] *adj* ① (*spiteful*) boshaft, gehässig; ~ **remark** bissige Bemerkung ② (*catlike*) katzenartig; ~ **odour** [*or* **smell**] Katzengeruch *m*

catty-corner(ed) I. *adj* AM (*fam*) diagonal; ■ **to be ~ across from** [*or* **to**] **sb/sth** diagonal zu jdm/etw sein/stehen/liegen; ***her house is ~ across from the post office*** ihr Haus liegt schräg gegenüber von der Post II. *adv* AM (*fam*) diagonal; ***she walked ~ across the corner house's lawn*** sie spazierte quer über den Rasen des Eckhauses

CATV *n* COMPUT *abbrev of* **community antenna television** Kabelfernsehen *nt*

catwalk *n* Brücke *f*, Steg *m*; THEAT Galerie *f*; FASHION Laufsteg *m*

Caucasian [kɔː'keɪʒən, AM *esp* kɑː'-] I. *n* ① (*white person*) Weiße(r) *f(m)* ② (*sb from the Caucasus*) Kaukasier(in) *m(f)* ③ (*language*) Kaukasisch *nt* II. *adj inv* ① (*white-skinned*) weiß ② (*of Caucasus*) kaukasisch

Caucasus ['kɔːkəsəs, AM *esp* 'kɑː-] *n* ■ **the ~** der Kaukasus

caucus ['kɔːkəs, AM *esp* 'kɑː-] I. *n* <*pl* -es> ① *esp* AM, NZ POL (*group within party*) [Partei]ausschuss *m* für Wahlangelegenheiten; (*members of group*) [Partei]ausschussmitglieder *ntpl* für Wahlangelegenheiten; (*meeting*) Sitzung *f* ② BRIT (*group*) [Partei]clique *f*; (*meeting*) Versammlung *f* eines internen Parteiausschusses II. *vi esp* AM eine Sitzung abhalten

caudal ['kɔːdəl, AM 'kɑː] *adj inv* Schwanz-

caught [kɔːt, AM *esp* kɑːt] *pt, pp of* **catch**

caul [kɔːl, AM *also* kɑːl] *n* Glückshaube *f*

cauldron ['kɔːldrən, AM *esp* 'kɑːl-] *n* ① (*pot*) großer Kessel; **bubbling ~** brodelnder Kessel; **witch's ~** Hexenkessel *m* ② (*fig*) brodelnder Hexenkessel; ***her heart was a seething ~ of conflicting emotions*** sie war zwischen widerstreitenden Gefühlen hin- und hergerissen; **~ of unrest** Unruheherd *m*

cauli ['kɒli] *n* BRIT (*fam*) *short for* **cauliflower** Blumenkohl *m*

cauliflower ['kɒliflaʊəʳ, AM 'kɑːliflaʊɚ] *n* Blumenkohl *m*; **~ florets** Blumenkohlröschen *ntpl*

cauliflower cheese *n no pl* BRIT Blumenkohl *m* mit Käsesoße **cauliflower ear** *n* SPORTS Boxerohr *nt*, Blumenkohlohr *nt sl*

caulk [kɔːk, AM *esp* kɑːk] I. *n no pl see* **caulking** II. *vt* ■ **to ~ sth** [**up**] etw abdichten; NAUT etw kalfatern *fachspr*

caulking ['kɔːkɪŋ, AM *esp* 'kɑːk-] *n no pl* Dichtungsmaterial *nt*, Material *nt* zum Abdichten

causal ['kɔːzəl, AM *esp* 'kɑː-] *adj* (*form*) ① (*functioning as cause*) ursächlich; (*having cause*) kausal *geh*; **~ phenomenon** Folgeerscheinung *f*; **~ relationship** Kausalzusammenhang *m* ② LING kausal; **~ sentence** Kausalsatz *m*

causality [kɔː'zæləti, AM kɑː'zæləṭi] *n* (*form*) ① (*correlation*) Kausalzusammenhang *m* ② (*principle*) Kausalität *f*

causally ['kɔːzəli, AM *esp* 'kɑː-] *adv* (*form*) ursächlich, kausal *geh*; ***the two events are connected ~*** zwischen den beiden Vorfällen besteht ein kausaler Zusammenhang

causation [kɔː'zeɪʃən, AM *esp* kɑː-] *n no pl* (*form*) Kausalität *f*; (*of particular event*) Grund *m*, Ursache *f*

causative ['kɔːzətɪv, AM 'kɑːzəṭɪv] *adj* (*form*) ① (*showing cause*) ursächlich, kausal *geh* ② LING kausativ

cause [kɔːz, AM *esp* kɑːz] I. *n* ① (*reason*) Grund *m*, Ursache *f*; **~ of action** Klagegrund *m*; **challenge for ~** Ablehnung *f* unter Angabe von Gründen; **challenge without ~** Ablehnung *f* ohne Angabe von Gründen; **~ of death** Todesursache *f*; **~ and effect** Ursache und Wirkung; **contributory ~s** mitverursachende Umstände; **to show ~** Gründe vorlegen ② *no pl* (*understandable grounds*) Anlass *m*; ***you've got good ~ for complaint/concern*** Sie haben allen Grund, sich zu beschweren/besorgt zu sein; **to give ~ for concern** Anlass zur Sorge geben; ***don't worry, there's no ~ for concern*** keine Sorge, es besteht kein Grund zur Beunruhigung; **a just ~** ein triftiger Grund; **to be ~ to celebrate** Grund zum Feiern sein; **with/without** [**good**] **~** aus triftigem/ohne [triftigen] Grund; ■ **to be the ~ of sth** der Grund für etw *akk* sein ③ (*purpose*) Sache *f*; **in the ~ of freedom** im Namen der Freiheit; **a rebel without a ~** *jd, der sich gegen jegliche Autorität widersetzt*; **to make common ~ with sb** mit jdm gemeinsame Sache machen; **a good** [*or* **worthy**] **~** eine gute Sache, ein guter Zweck; **to be for a good ~** für einen guten Zweck sein; **a lost ~** eine verlorene Sache; **to defend** [*or* **further**] **a ~** für eine Sache eintreten; **to do sth in the ~ of sth** etw im Namen einer S. *gen* tun ④ (*court case*) Fall *m*; **to plead a ~** einen Fall vertreten ⑤ LAW (*legal proceedings*) Verhandlung *f*; **~ list** Verhandlungsliste *f*, Terminkalender *m*; **matrimonial ~s** Ehesachen *pl* II. *vt* ■ **to ~ sth** etw verursachen [*o* hervorrufen]; ***this medicine may ~ dizziness and nausea*** die Einnahme dieses Medikaments kann zu Schwindelgefühl und Übelkeit führen; **to ~ a disturbance** die öffentliche [Sicherheit und] Ordnung stören; **to ~ sb harm** jdm schaden [*o* Schaden zufügen]; **to ~ mischief** [*or* **trouble**] Unruhe stiften; ■ **to ~ sb to do sth** jdn veranlassen, etw zu tun; ***the strict teacher ~d the boy to burst into tears*** der strenge Lehrer brachte den Jungen zum Weinen; ***the bright light ~d her to blink*** das helle Licht ließ sie blinzeln

'cause [kəz] *conj* (*sl*) *short for* **because**

cause célèbre <*pl* causes célèbres> [ˌkɔːzsə'lebrə, AM *esp* ˌkɑːz-] *n* ① (*trial*) [Aufsehen erregender] Fall, Cause célèbre *f geh* ② (*event*) Aufsehen erregender Vorfall

causeway ['kɔːzweɪ, AM *esp* kɑːz-] I. *n* (*road*) Damm *m*; (*path*) Knüppeldamm *m* II. *vt* ■ **to ~ sth** etw mit einem Damm versehen

caustic ['kɔːstɪk, AM *esp* 'kɑː-] I. *adj* ① (*corrosive*) ätzend, kaustisch *fachspr*; **~ soda** Ätznatron *nt* ② (*fig: biting*) ätzend; (*sarcastic*) bissig; **~ humour** beißender Witz; **~ tongue** scharfe Zunge II. *n no art* Ätzmittel *nt*; MED Kaustikum *nt fachspr*

caustically ['kɔːstɪkəli, AM *esp* 'kɑː-] *adv* bissig

cauterize ['kɔːtəraɪz, AM 'kɑːṭə-] *vt* ■ **to ~ sth** MED etw kauterisieren *fachspr*; (*fig: desensitize*) etw abstumpfen

caution ['kɔːʃən, AM 'kɑː-] I. *n* ① *no pl* (*carefulness*) Vorsicht *f*, Umsicht *f*; **~ *is advised*** Vorsicht ist geboten; **to act** [*or* **proceed**] **with** [**great**] **~** [sehr] umsichtig vorgehen; **to exercise** [**great**] **~** [große] Vorsicht walten lassen *geh* ② *no pl* (*warning*) Warnung *f*; **~!** Vorsicht!; **to sound a note of ~** eine Warnung aussprechen; **to treat sth with ~** (*reserved*) etw mit Vorbehalt aufnehmen; (*sceptical*) etw *dat* skeptisch gegenüberstehen ③ BRIT LAW (*legal warning*) Verwarnung *f*, Verweis *m*; (*that sb will be charged*) Rechtsmittelbelehrung *f*; **to let sb off with a ~** (*fam*) jdn mit einer Verwarnung davonkommen lassen ④ (*dated fam: amusing person*) Kasper *m* ⑤ LAW (*document*) Vormerkung *f* ► PHRASES: **to err on the side of ~** übervorsichtig sein; **to throw ~ to the winds** Bedenken *ntpl* in den Wind schlagen *fam* II. *vt* (*form*) ① (*warn*) ■ **to ~ sb** [**against sth**] jdn [vor etw *dat*] warnen; ■ **to ~ sb not to do sth** jdm dringend raten, etw nicht zu tun, jdm von etw *dat* dringend abraten; (*more serious*) jdn davor warnen, etw zu tun ② *esp* BRIT, AUS (*warn officially*) ■ **to ~ sb** jdn verwarnen ③ LAW ■ **to ~ sb** jdn auf seine Rechte hinweisen

cautionary ['kɔːʃənəri, AM 'kɑːʃəneri] *adj* (*form: giving warning*) warnend *attr*; (*giving advice*) belehrend; **to sound a ~ note** vor etw *dat* warnen; **~ tale** Geschichte *f* mit einer Moral

cautioner ['kɔːʃənəʳ, AM 'kɑːʃənɚ] *n* LAW Vormerkungsbegünstigte(r) *f(m)*

caution money *n* Kaution *f*

cautious ['kɔːʃəs, AM *esp* 'kɑː-] *adj* ① (*careful*) vorsichtig, achtsam; (*prudent*) umsichtig; **to play a ~ game** auf Sicherheit spielen; ■ **to be ~ about doing sth** (*thoughtful*) etw bedächtig tun; (*hesitating*) etw zögernd tun; ■ **to be ~ in sth** bei etw *dat* mit Bedacht vorgehen ② (*wary*) vorsichtig; (*anxious*) ängstlich; **~ optimism** verhaltener Optimismus

cautiously ['kɔːʃəsli, AM *esp* 'kɑː-] *adv* vorsichtig; (*circumspectly*) umsichtig

cautiousness ['kɔːʃəsnəs, AM *esp* 'kɑː-] *n no pl* ① (*prudence*) Vorsicht *f*; **~ of speech** vorsichtige Ausdrucksweise ② (*carefulness*) Sorgfalt *f*, Sorgsamkeit *f*; (*attentiveness*) Achtsamkeit *f*; (*thoughtfulness*) Bedächtigkeit *f* ③ (*hesitation*) Zögern *f*; (*reserve*) Zurückhaltung *f*

cavalcade [ˌkævəl'keɪd] *n* Kavalkade *f*; *see also* **motorcade**

cavalier [ˌkævəl'ɪəʳ, AM -ə'lɪr] I. *n* ① (*poet: gentleman*) Kavalier *m* ② (*hist: knight*) Ritter *m* II. *adj* (*thoughtless*) unbekümmert; (*scornful*) arrogant, anmaßend; **~ attitude** Unbekümmertheit *f*, Sorglosigkeit *f*; **~ treatment** leichtfertiger [*o* gedankenloser] Umgang

Cavalier [ˌkævəl'ɪəʳ, AM -ə'lɪr] HIST I. *n* Kavalier *m* (*Anhänger Karls I. von England*) II. *adj* Kavalier- (*Karl I. unterstützend*)

cavalierly [ˌkævəl'ɪəli, AM 'lɪrli] *adv* unbekümmert

cavalry ['kævəlri] *n no pl, usu + pl vb* ① (*hist*) ■ **the ~** die Kavallerie [*o* Reiterei]; **~ charge** Reiterattacke *f* ② (*in armoured vehicles*) motorisierte Streitkräfte; (*tank division*) Panzertruppen *fpl*

cavalryman *n* ① (*hist*) Kavallerist *m* ② (*in armoured vehicle*) Angehöriger *m* der motorisierten Streitkräfte; (*in tank division*) Angehöriger *m* der Panzertruppen

cave[1] [keɪv] I. *n* Höhle *f*; **mouth of a ~** Höhleneingang *m*; MIN Eingang *m* eines Bergwerksschachtes II. *vi* ① BRIT, AUS (*explore caves*) Höhlen erforschen ② AM (*fig: give in*) klein beigeben; (*capitulate*) kapitulieren

◆**cave in** I. *vi* ① (*collapse inward*) einstürzen, zusammenbrechen; ***the loose earth wall ~d in on the group*** der lockere Erdwall stürzte über der Gruppe zusammen ② (*give in*) kapitulieren, nachgeben; ■ **to ~ in to sth** sich *akk* etw *dat* beugen II. *vt* ■ **to ~ sth** ⊂ **in** etw eindrücken

cave[2] ['keɪvi] BRIT I. *interj* **~!** Achtung [*o* Vorsicht]! II. *n* (*dated sl*) **to keep ~** Ausschau halten; (*at sth forbidden*) Schmiere stehen *fam*

caveat ['kæviæt] *n* (*form*) ① (*proviso*) Vorbehalt *m* ② LAW (*opposition*) Einspruch *m*; (*warning*) Warnung *f*; **~ emptor** Ausschluss *m* der Gewährleistung; **to enter a ~** Einspruch erheben [*o* einlegen]; (*warn*) warnen

caveator ['kæviætəʳ, AM -ṭɚ] *n* LAW Einspruch Erhebende(r) *f(m)*

caveat venditor [-ven'dɪtəʳ, AM -ɚ] ECON, FIN der Verkäufer sehe sich vor

cave dweller *n* Höhlenmensch *m*, Höhlenbewohner(in) *m(f)* **cave-in** *n* Einsturz *m* **caveman** *n* ① (*prehistoric man*) Höhlenmensch *m*, Höhlenbewohner *m* ② (*pej*) Macho *m fam*, Chauvi *m fam* **cave painting** *n* Höhlenmalerei *f*

caver ['keɪvəʳ] *n* BRIT, AUS Höhlensportler(in) *m(f)*

cavern ['kævən, AM -ɚn] *n* Höhle *f*

cavernous ['kævənəs, AM -ɚn-] *adj* ① (*cave-like*) höhlenartig; **~ hole** gähnendes Loch; **~ pit** tiefe Grube; **~ room** riesiger [kahler] Raum ② (*fig: appearing deep*) **~ cheeks** hohle [*o* eingefallene] Wangen *fpl*; **~ eyes** tiefliegende Augen *ntpl*; **~ mouth** riesiger Mund; *of animal* riesiges Maul

cavewoman *n* Höhlenbewohnerin *f*

caviar(e) ['kæviɑːʳ, AM -iɑːr] *n no pl* (*of sturgeon*) Kaviar *m*; (*of other fish*) [Fisch]rogen *m* ► PHRASES: **to be ~ to the general** vor die Säue geworfene Perle sein *fam*

cavil ['kævəl] (*form*) I. *n* Mäkelei *f kein pl pej*, Krittelei *f pej*; ***the one ~ I have about the book is ...*** das einzige, was ich an dem Buch zu kritisieren habe, ist ... II. *vi* <BRIT -ll- *or* AM *usu* -l-> kritteln *fam*; ■ **to ~ at sth** an etw *dat* herumkritteln *pej fam*

caving ['keɪvɪŋ] *n no pl* BRIT, AUS Höhlenexpedition

f

cavity ['kævəti, AM -ṭi] *n* ❶ (*hole*) Loch *nt*, [Aus]höhlung *f*; (*hollow space*) Hohlraum *m* ❷ ANAT Höhle *f*, [hohler] Raum; **abdominal/thoracic** ~ Bauch-/Brusthöhle *f* ❸ MED (*in tooth*) Loch *nt*

cavity wall *n* ARCHIT Hohlwand *f*

cavort [kə'vɔːt, AM -'vɔːrt] *vi* ❶ (*poet or hum: move*) [herum]toben *fam*, [herum]tollen *fam* ❷ (*hum, euph fam: have sex*) herumspielen *euph*

caw [kɔː, AM *esp* kɑː] **I.** *n* Krächzen *nt* **II.** *vi* krächzen

cawing ['kɔːɪŋ, AM *esp* 'kɑː-] *n* Krächzen *nt*

cay [keɪ, kiː] *n* Sandbank *f*

cayenne [keɪ'en, AM *also* kaɪ-] *n no pl*, **cayenne pepper** *n no pl* Cayennepfeffer *m*

CB [ˌsiː'biː] *n no pl* ❶ *abbrev of* **Citizen's Band** CB-Funk *m* ❷ LAW *abbrev of* **confined to barracks** *see* **confine**

CBC [ˌsiːbiː'siː] *n no pl abbrev of* **Canadian Broadcasting Corporation** *kanadische Rundfunk- und Fernsehanstalt*

CBE [ˌsiːbiː'iː] *n* BRIT *abbrev of* **Commander of the Order of the British Empire** Träger des Ordens des British Empire 3. Klasse

CBI [ˌsiːbiː'aɪ] *n* BRIT *abbrev of* **Confederation of British Industry** *britischer Unternehmerverband*

CBL *n* COMPUT *abbrev of* **computer based learning** computergestütztes Lernen

CBMS *n* COMPUT *abbrev of* **computer based message system** comptergestütztes Nachrichtensystem

CBS [ˌsiːbiː'es] *n abbrev of* **Columbia Broadcasting system** CBS

CBS All Share, CBS Tendency [ˌsiːbiː'es] *n no pl* STOCKEX ■**the** ~ Preisindex *m* der Börse in Amsterdam

CBT [ˌsiːbiː'tiː] *n* ECON, FIN *abbrev of* **Chicago**

CC [ˌsiː'siː] *n* ❶ *no pl abbrev of* **Cricket Club** *Kürzel in Cricketklubnamen* ❷ BRIT *abbrev of* **county councillor, county council**

cc <*pl* – *or* -s> [ˌsiː'siː] *n* ❶ (*measure*) *abbrev of* **cubic centimetre** cm³ ❷ *abbrev of* **carbon copy**: ~ ***Mr Miller*** in Kopie an Mr Miller

CCA *n* ECON, FIN *abbrev of* **current cost accounting** Rechnungslegung *f* zum Tageswert [*o* Marktwert]

CCD *n* COMPUT *abbrev of* **charge coupled device** ladungsgekoppelter Elektronikbaustein; ~ **memory** ladungsgekoppelter Speicher

CD [ˌsiː'diː] *n* ❶ *abbrev of* **compact disc** CD *f*; **on** ~ auf CD ❷ *abbrev of* **civil defence** ❸ *abbrev of* **Corps Diplomatique** Corps diplomatique *nt* ❹ AM *abbrev of* **Congressional District** Kongresswahlbezirk *m* ❺ FIN *abbrev of* **certificate of deposit** Einlagenzertifikat *nt* ❻ LAW *abbrev of* **chief constable** stellvertretender Polizeipräsident

CD player *n* CD-Spieler *m*; **portable** ~ tragbarer CD-Spieler **CD recorder** *n* CD-Brenner *m* **CD-ROM** [ˌsiːdiː'rɒm, AM -'rɑːm] *n abbrev of* **compact disc read-only memory** CD-ROM *f* **CD-ROM drive** *n* CD-ROM-Laufwerk *nt* **CD-RW** [ˌsiːdiːɑː'dʌbljuː, AM -ɑːr-] *n abbrev of* **Compact Disc-Rewritable** CD-RW *f fachspr*

cease [siːs] (*form*) **I.** *vi* aufhören, enden **II.** *vt* ■**to** ~ **sth** etw beenden; **to** ~ **all aid/fire/one's payments** jegliche Hilfeleistungen/das Feuer/seine Zahlungen einstellen; ■**to** ~ **doing** [*or* **to do**] **sth** aufhören, etw zu tun; ***it never ~s to amaze one what …*** es überrascht [einen] doch immer wieder, was … **III.** *n no pl* ~ **and desist order** LAW Unterlassungsverfügung *f*; **without** ~ unaufhörlich, endlos; (*without break*) ohne Pause

ceasefire *n* Feuerpause *f*; (*for longer period*) Waffenruhe *f*

ceaseless ['siːsləs] *adj inv* endlos; ~ **bickering** dauerndes Gezanke; ~ **effort** unablässige Bemühung; ~ **noise** ständiger Lärm

ceaselessly ['siːsləsli] *adv inv* unablässig, unaufhörlich

cedar ['siːdəʳ, AM -ɚ] **I.** *n* ❶ (*tree*) Zeder *f* ❷ *no pl* (*wood*) Zedernholz *nt* **II.** *n modifier* Zedernholz-, aus Zedernholz *nach n*

cedarwood **I.** *n no pl* Zedernholz *nt* **II.** *n modifier* Zedernholz-, aus Zedernholz *nach n*

cede [siːd] *vt* (*form*) ■**to** ~ **sth** [**to sb**] etw [an jdn] abtreten; **to** ~ **ground** (*fig*) an Boden verlieren; **to** ~ **privileges to sb** jdm Privilegien einräumen

cedilla [sə'dɪlə] *n* LING Cedille *f*

CEEC *n abbrev of* **Central and Eastern European Countries** MOEL, mittel- und osteuropäische Länder

Ceefax® ['siːfæks] *n no pl* BRIT *Videotext der BBC*

cegep ['seɪʒep, 'siː-] *n* CAN UNIV (*in Québec*) *acr for* **Collège d'enseignement géneral et professionnel** *Gemeinde-College zur Vorbereitung auf die Universität*

ceilidh ['keɪli] *n esp* SCOT, IRISH *Veranstaltung, bei der man ausgelassen typisch schottische/irische Tänze tanzt, Lieder singt und Geschichten erzählt*

ceiling ['siːlɪŋ] *n* ❶ (*of room*) [Zimmer]decke *f*; (*fig*) Obergrenze *f*, oberste Grenze; **to impose** [*or* **set**] **a** ~ **on sth** eine Obergrenze für etw *akk* festsetzen [*o* festlegen]; **to impose a** ~ **on prices** ein Preislimit festlegen ❷ METEO [**low**] **cloud** ~ [niedrige] Wolkendecke ❸ AVIAT [Dienst]gipfelhöhe *f* ▶ PHRASES: **to <u>hit</u> the** ~ (*fam*) an die Decke gehen *fam*

ceiling fan *n* [Decken]ventilator *m*

ceiling price *n* ECON oberste Preisgrenze **ceiling rose** *n* Deckenrosette *f*

celadon ['selədɒn, AM dɑːn] *n* ❶ *no pl* (*colour*) Blassgrün *nt* ❷ (*glaze*) Seladon *nt*, Celadon *nt* ❸ (*pottery*) Seladongefäß *nt*

celandine ['seləndaɪn] *n* Schöllkraut *nt*

celeb [sə'leb] *n short for* **celebrity** Berühmtheit *f*

celebrant ['seləbrᵊnt] *n* REL Zelebrant *m*

celebrate ['seləbreɪt] **I.** *vi* feiern; **to** ~ **in style** im großen Stil[e] feiern **II.** *vt* ❶ (*mark occasion*) ■**to** ~ **sth** *Christmas* etw feiern; *anniversary, event also* etw begehen; ***they ~d closing the deal with a glass of champagne*** zur Feier des Vertragsabschlusses stießen sie mit einem Glas Sekt an ❷ REL (*hold ceremony*) ■**to** ~ **sth** etw zelebrieren *geh*; **to** ~ **the Eucharist** das Abendmahl feiern ❸ (*praise*) ■**to** ~ **sb/sth** jdn/etw feiern; **to ~d sb as a hero** jdn als Helden feiern

celebrated ['seləbreɪtɪd, AM -ṭ-] *adj* berühmt, gefeiert; ■**to be** ~ **for sth** für etw *akk* berühmt sein

celebration [ˌselə'breɪʃᵊn] *n* ❶ (*party*) Feier *f*; ***this calls for a ~!*** das muss gefeiert werden! ❷ *no pl* (*marking of occasion*) Feiern *nt*; *of anniversary* Begehen *nt*; **to be cause for** ~ Grund [*o* Anlass] zum Feiern sein *m*; ■**in** ~ **of sth** zur Feier einer S. *gen* ❸ REL (*ceremony*) Zelebration *f*; (*of Eucharist*) Feier *f*

celebratory [ˌselə'breɪtᵊri, AM 'seləbrəˌtɔːri] *adj inv* Fest-; ***when we heard the good news, we went for a ~ drink*** als wir die gute Nachrichten erfuhren, gingen wir zur Feier des Tages einen trinken

celebrity [sə'lebrəti, AM -ṭi] *n* ❶ (*famous person*) Berühmtheit *f*, berühmte Persönlichkeit; (*star*) Star *m* ❷ *no pl* (*fame*) Ruhm *m*, Berühmtheit *f*

celeriac [sə'leriæk] *n no pl* [Knollen]sellerie *m o f*

celerity [sə'lerəti, AM -ṭi] *n no pl* (*form: fleetness*) Schnelligkeit *f*; (*speed*) Geschwindigkeit *f*

celery ['selᵊri] *n no pl* [Stangen]sellerie *m o f*; **head of** ~ Selleriestaude *f*

celery salt *n* Selleriesalz *nt* **celery seeds** *npl* Selleriesamen *mpl* **celery stalk** *n* Selleriestange *f*

celesta [sɪ'lestə] *n* MUS Celesta *f*

celeste [sɪ'lest] *n see* **celesta**

celestial [sə'lestiəl, AM -tʃᵊl] *adj* (*poet*) ❶ ASTRON Himmels- ❷ REL himmlisch

celestial body *n* Himmelskörper *m* **celestial music** *n* (*poet*) Sphärenklänge *pl*

celibacy ['seləbəsi] *n no pl* ❶ REL Zölibat *m o nt* ❷ (*sexual abstinence*) Enthaltsamkeit *f* ❸ (*chastity*) Keuschheit *f*

celibate ['seləbət] **I.** *n esp* REL Zölibatär *m*; ■**to be a** ~ im Zölibat leben **II.** *adj* ❶ REL zölibatär ❷ (*refraining from sex*) keusch, enthaltsam

cell [sel] *n* ❶ (*room*) Zelle *f* ❷ (*space*) Feld *nt* ❸ BIOL, ELEC, POL Zelle *f*; **battery** ~ Batteriezelle *f*; **fuel** ~ Brennstoffzelle *f*; **to use one's grey ~s** seine kleinen grauen Zellen anstrengen *hum fam* ❹ TELEC (*local area*) Ortsbereich *m*

cellar ['seləʳ, AM -ɚ] *n* Keller *m*; (*wine cellar*) Weinkeller *m*; **to keep a** ~ einen Weinkeller haben

cellist ['tʃelɪst] *n* Cellist(in) *m(f)*; **principal** ~ erster Cellist/erste Cellistin

cellmate *n* Zellengenosse, -in *m, f* **cell nucleus** *n* Zellkern *m*

cello <*pl* -s> ['tʃeləʊ, AM -oʊ] *n* Cello *nt*

cellophane® ['seləfeɪn] **I.** *n no pl* Cellophan® *nt* **II.** *adj inv* ~ **wrapper** [Klarsicht]folie *f*

cell phone *n* Mobiltelefon *nt*, Handy *nt*, Natel *nt* SCHWEIZ; (*on ship*) Funktelefon *nt*

cellular ['seljələʳ, AM -ɚ] *adj inv* ❶ BIOL Zell-, zellular, zellenförmig; ~ **plant** Lagerpflanze *f* ❷ (*porous*) porös ❸ TELEC Mobil-, Funk-

cellular phone *n* Mobiltelefon *nt*, Handy *nt*

cellulite ['seljəlaɪt] *n no pl* MED Zellulitis *f*

cellulite cream *n* Cellulitiscreme *f*, Zellulitiscreme *f*

celluloid ['seljəlɔɪd] **I.** *n no pl* ❶ (*plastic*) Zelluloid *nt* ❷ (*liter: film, cinema*) Zelluloid *nt*, Film *m*; **on** ~ auf Zelluloid **II.** *adj* ❶ (*made of celluloid*) Zelluloid- ❷ (*liter: cinematic*) kinematographisch *geh*

cellulose ['seljələʊs, AM -loʊs] *n no pl* Zellulose *f*, Zellstoff *m*

Celsius ['selsiəs] **I.** *n* Celsius **II.** *adj inv* Celsius-; ***20 degrees*** ~ 20 Grad Celsius

Celt [kelt, selt] *n* Kelte, -in *m, f*

Celtic ['keltɪk, 'sel-] **I.** *adj inv* keltisch; ~ **Sea** *südlicher Teil der Irischen See* **II.** *n no pl* Keltisch *nt*

cement [sɪ'ment] **I.** *n no pl* ❶ (*powder*) Zement *m*; **quick-setting** ~ schnellbindender Zement ❷ (*binding material*) Klebstoff *m*, Leim *m*; (*of tooth*) [Zahn]zement *m* ❸ (*fig: uniting force*) Band *nt geh*; ***the ~ for their future relations*** die Grundlage [*o* Basis] ihrer künftigen Beziehungen **II.** *vt* ■**to** ~ **sth** ❶ (*with concrete*) etw betonieren; (*with cement*) etw zementieren; ■**to** ~ **over** ⊂ **sth** etw zubetonieren; ■**to** ~ **up** ⊂ **sth** etw zumauern ❷ (*also fig: bind*) etw festigen [*o geh* zementieren]; **to** ~ **an agreement** eine Vereinbarung schließen [*o* treffen]; **to** ~ **a friendship/relationship** eine Freundschaft/Beziehung festigen

cement mixer *n* Betonmischmaschine *f*

cemetery ['semətᵊri, AM -teri] *n* Friedhof *m*

cenotaph ['senə(ʊ)tæf, AM -ətæf] *n* (*in honour of sb*) Ehrenmal *nt*; (*marking negative event*) Mahnmal *nt*; (*remembering dead person*) Kenotaph *nt*, Zenotaph *nt*

censer ['sen(t)səʳ, AM -ɚ] *n* Räuchergefäß *nt*, Räucherschale *f*; REL [Weih]rauchgefäß *nt*

censor ['sen(t)səʳ, AM -ɚ] **I.** *n* Zensor(in) *m(f)*; **to get past the** ~ durch die Zensur kommen **II.** *vt* ■**to** ~ **sth** etw zensieren; ■**to** ~ **sth from sth** etw aus etw *dat* streichen

censored ['sen(t)səd, AM -ɚd] *adj inv* zensiert; ~ **version** gekürzte Fassung

censorious [sen(t)'sɔːriəs] *adj* [übertrieben] kritisch; ~ **comments** scharfe Bemerkungen *fpl*

censorship ['sen(t)səʃɪp, AM -sɚ-] *n no pl* Zensur *f*; ~ **of the press** Pressezensur *f*

censure ['sen(t)sjəʳ, AM -sen(t)ʃɚ] **I.** *n no pl* ❶ (*criticism*) Tadel *m*; **to earn oneself** [**the**] ~ [**of sb**] [von jdm] scharf kritisiert werden ❷ POL (*formal reprimand*) **vote of** ~, ~ **motion** Tadelsantrag *m*, Tadelsvotum *nt*; ~ **vote** Missbilligungsvotum *nt* **II.** *vt* ■**to** ~ **sb for sth** jdn wegen einer S. *gen* tadeln

census ['sen(t)səs] *n* (*official counting*) Zählung *f*; (*in biblical usage*) Schätzung *f*; (*of population*) Volkszählung *f*, Zensus *m fachspr*; **traffic** ~ Verkehrszählung *f*

census taker *n* Volkszähler(in) *m(f)*

cent [sent] *n* Cent *m*; (*coin also*) Centmünze *f*; **to not be worth a** ~ keinen Pfifferling wert sein; **sb does not care a** ~ **about sth** etw ist jdm völlig gleich

centaur ['sentɔːʳ, AM -tɔːr] *n* Zentaur *m*, Kentaur *m*

centenarian [ˌsentɪ'neəriən, AM -tᵊn'eriən] *n* Hundertjährige(r) *f(m)*, Zentenar *m selten geh*

centenary [sen'tiːnᵊri, AM 'sentᵊneri] **I.** *n esp* BRIT (*anniversary*) hundertster Jahrestag; (*birthday*) hundertster Geburtstag; (*celebration*) Hundertjahrfeier *f*; **to celebrate a ~** den hundertsten Jahrestag feiern [*o geh* begehen]; ***the symphony orchestra celebrated its ~*** das Sinfonieorchester feierte sein hundertjähriges Bestehen **II.** *n modifier* Hundertjahr-; **~ celebrations** Feierlichkeiten *fpl* zum hundertsten Jahrestag

center *n, vt* AM *see* **centre**

centered *adj* AM *see* **centre II 3**

centigrade ['sentɪgreɪd, AM 'sent̬ə-] **I.** *n no pl* Celsius **II.** *adj inv* Celsius-; ***two degrees ~*** zwei Grad Celsius

centigram ['sentɪgræm, AM 'sent̬ə-], *esp* BRIT **centigramme** *n* Zentigramm *nt*

centiliter ['sent̬əliːt̬ɚ] AM, **centilitre** ['sentɪliːtəʳ] *n* Zentiliter *m*

centimeter ['sent̬əmiːt̬ɚ] AM, **centimetre** ['sentɪmiːtəʳ] *n* Zentimeter *m*

centipede ['sentɪpiːd, AM -t̬ə-] *n* Tausendfüßler *m*

central ['sentrəl] *adj* ① (*in the middle*) zentral; ***he drilled a ~ hole in the disc*** er bohrte ein Loch in die Mitte der Scheibe; **~ location** zentrale Lage; **~ part** Kernstück *nt*, Herzstück *nt* ② (*paramount*) Haupt-, wesentlich; **to be of ~ importance [to sb]** [für jdn] an [aller]erster Stelle stehen [*o* sehr wichtig sein]; **~ issue** Kernfrage *f*; **to play a ~ role in sth** bei etw *dat* eine zentrale Rolle spielen; ■**to be ~ to sth** wesentlich [*o geh* essenziell] für etw *akk* sein ③ (*national*) Zentral-; **~ bank** Zentralbank *f*

Central African Republic *n* ■**the ~** die Zentralafrikanische Republik **central air conditioning** *n no pl* zentrale Klimaanlage **Central America** *n* Mittelamerika *nt* **Central American I.** *adj* mittelamerikanisch **II.** *n* Mittelamerikaner(in) *m(f)* **Central Asian** *adj* zentralasiatisch **central bank** *n* ECON, FIN Zentralbank *f*; **~ discount rate** Diskontsatz *m* der Zentralbank; **~ intervention** Zentralbankintervention *f*; **President of the Central Bank** Zentralbankpräsident(in) *m(f)*; **Statutes of the Central Bank** Zentralbankstatut *nt* **central casting** *n* ■**to be from ~** perfekt geplant sein; ■**to be out of ~** wie aus dem Bilderbuch sein **Central Committee** *n* POL Zentralkomitee *nt* **Central Criminal Court** *n* LAW Zentralstrafgericht *nt* **Central Europe** *n* Mitteleuropa *nt* **central government** *n* Zentralregierung *f* **central heating** *n no pl* Zentralheizung *f*

centralism ['sentrəlɪzəm] *n no pl* POL Zentralismus *m*

centralist ['sentrəlɪst] **I.** *adj* zentralistisch **II.** *n* Zentralist(in) *m(f)*

centrality [sen'træləti, AM -ət̬i] *n no pl* (*location*) zentrale Lage; (*major importance*) Schlüsselrolle *f*

centralization [ˌsentrəlaɪ'zeɪʃən, AM -lɪ'-] *n no pl* Zentralisierung *f*; COMPUT *also* Einrichtung *f* einer Zentralstelle

centralize ['sentrəlaɪz] *vt* POL, COMPUT ■**to ~ sth** etw zentralisieren

central locking *n no pl* Zentralverriegelung *f*

centrally ['sentrəli] *adv* zentral; **to be ~ heated** Zentralheizung haben; **to be ~ located** zentral liegen [*o* gelegen sein]

central nervous system *n* Zentralnervensystem *nt* **central parity** *n* ECON, FIN Leitparität *f* **central processing unit** *n*, **central processor** *n* COMPUT Zentraleinheit *f* **central purchasing** *n* ECON, FIN Zentraleinkauf *m* **central rate** *n* ECON, FIN Leitkurs *m* **central reservation** *n* BRIT Grünstreifen *m*, Mittelstreifen *m* **Central Standard Time** *n*, **Central Time** *n Zeitzone der Vereinigten Staaten, entspricht der sechsten Zeitzone westlich von Greenwich*

centre ['sentəʳ], AM **center** [-t̬ɚ] **I.** *n* ① (*middle*) Zentrum *nt*, Mitte *f*; ***I love chocolates with soft ~s*** ich liebe Pralinen mit weicher Füllung; ***she felt she was bombarded with criticism, left, right and ~*** sie fühlte sich von allen Seiten mit Kritik bombadiert; ***they made a complete mess of that work, left, right and ~*** sie haben diese Arbeit total verhunzt *fam*; ■**to be the ~ of sth** der Mittelpunkt einer S. *gen* sein; **to be the ~ of attention** im Mittelpunkt der Aufmerksamkeit stehen ② POL Mitte *f*; **to be left/right of ~** Mitte links/rechts sein ③ (*place or building*) Zentrum *nt*, Center *nt*; **fitness ~** Fitnessstudio *nt*; **test ~** Versuchszentrum *nt* ④ (*area of concentration*) Zentrum *nt*; **~ of population** Ballungsraum *m*, Ballungsgebiet *nt* ⑤ SPORTS (*middle player*) Mittelfeldspieler(in) *m(f)*; (*basketball*) Center *m*, mittlerer Angriffspieler; (*ice hockey*) Sturmspitze *f* ⑥ ECON, FIN (*group of items in an account*) Gruppe *f* von Posten **II.** *vt* ① (*put in middle*) ■**to ~ sth** etw zentrieren; TYPO *also* etw mittig setzen *fachspr* ② (*focus*) **to ~ one's attention on sth** seine Aufmerksamkeit auf etw *akk* richten; **to ~ one's efforts on sth** seine Anstrengungen auf etw *akk* konzentrieren ③ (*spiritually, emotionally*) ■**to be ~d** ausgeglichen sein **III.** *vi* ■**to ~ upon sth** *talk, problem* sich *akk* um etw *akk* drehen

centre back *n* (*in football*) Vorstopper(in) *m(f)*; (*in volleyball*) mittlerer Abwehrspieler/mittlere Abwehrspielerin **centreboard** ['sentəbɔːd, AM t̬ɚbɔːrd] *n* NAUT Kielschwert *nt* **centre circle** *n* (*in football, basketball*) Mittelkreis *m* **centrefold** *n Mittelseiten einer Zeitschrift;* (*model*) [Akt]*model, das auf der Mittelseite einer Zeitschrift abgebildet ist* **centre forward** *n* (*in soccer, hockey*) Mittelstürmer(in) *m(f)*; (*in volleyball*) mittlerer Netzspieler/mittlere Netzspielerin **centre half** *n* (*in field hockey*) Mittelfeldspieler(in) *m(f)* **centre line** *n* (*in hockey, basketball*) Mittellinie *f* **centre mark** *n* (*in tennis*) Mittelzeichen *nt* **centre midfield** *n* (*in soccer*) defensiver Mittelfeldspieler/defensive Mittelfeldspielerin **centre of gravity** *n* PHYS Schwerpunkt *m* **centrepiece** *n* ① (*on table*) Tafelaufsatz *m* ② (*best feature*) Prunkstück *nt*; (*central feature*) *of policy, plan* Kernstück *nt*; **the ~ of a meal** die Krönung eines Mahl[e]s *geh* **centre service line** *n* (*in tennis*) mittlere Aufschlaglinie *f* **centre-spread** *n* [doppelseitige] Themenseite (*in der Mitte einer Zeitschrift/Zeitung*) **centre stage I.** *n no pl* Bühnenmitte *f* **II.** *adv* ① THEAT in der Bühnenmitte; ***the actress threw herself to the ground ~ in despair*** die Schauspielerin warf sich verzweifelt in der Mitte der Bühne auf den Boden ② (*fig: conspicuous*) **to be always ~** stets im Mittelpunkt [der Aufmerksamkeit] stehen; **to take ~** eine Schlüsselposition einnehmen **centre strap** *n* (*on tennis net*) Gurtband *m*

centrifugal [ˌsentrɪ'fjuːgəl, AM sen'trɪfjəgəl] *adj inv* zentrifugal; **~ force** Zentrifugalkraft *f fachspr*, Fliehkraft *f*

centrifuge ['sentrɪfjuːdʒ, AM -trə-] *n* MED, TECH Zentrifuge *f fachspr*, Schleuder *f*

centripetal [sen'trɪpɪtəl, AM -ət̬əl] *adj inv* zentripetal; **~ force** Zentripetalkraft *f*

centrist ['sentrɪst] **I.** *n* Anhänger(in) *m(f)* der politischen Mitte; (*politician*) Politiker(in) *m(f)* der Mitte **II.** *adj* [politisch] gemäßigt

centuries-old ['senʃərizəʊld, AM oʊld] *adj inv* jahrhundertealt

centurion [sen'tjʊəriən, AM -'tʊri-] *n* (*hist*) Zenturio *m*

century ['sen(t)ʃəri] *n* ① (*period*) Jahrhundert *nt*; **the event of the ~** das Jahrhundertereignis; **turn of the ~** Jahrhundertwende *f*; **to be centuries old** jahrhundertealt sein; **the twentieth ~** das zwanzigste Jahrhundert ② (*in cricket*) 100 Läufe *pl*

CEO [ˌsiːiː'əʊ, AM -'oʊ] *n abbrev of* **chief executive officer** Generaldirektor(in) *m(f)*, Geschäftsführer(in) *m(f)*

ceramic [sə'ræmɪk] *adj inv* Keramik-, keramisch

ceramic hob *n* BRIT Glaskeramikkochfläche *f*

ceramics [sə'ræmɪks] *n* ① + *sing vb* (*art*) Keramik *f* ② *pl* (*ceramic objects*) Keramiken *fpl*, Töpferwaren *fpl*, Tonwaren *fpl* ③ + *sing vb* (*process*) Töpfern *nt*; **to take a course in ~** einen Töpferkurs machen

cereal ['sɪəriəl, AM 'sɪr-] **I.** *n* ① *no pl* (*cultivated grass*) Getreide *nt* ② (*grain*) Getreidesorte *f* ③ *no pl* (*for breakfast*) Frühstückszerealien *fpl* (*Cornflakes, Müsli …*) **II.** *adj inv* Getreide-

cerebellum <*pl* -s *or* -la> [ˌserɪ'beləm, AM -rə'-, *pl* -lə] *n* ANAT Kleinhirn *nt*, Zerebellum *nt fachspr*

cerebra [sə'riːbrə, AM 'serə-] *n pl of* **cerebrum**

cerebral ['serəbrəl, sə'riː-] *adj* ① ANAT Gehirn-, zerebral *fachspr* ② (*also pej: intellectual*) hochgeistig; ***it was all too ~ for me*** es war mir alles zu hoch *fam*; **~ discussion** intellektuelle Diskussion

cerebral palsy *n no pl* MED zerebrale Lähmung

cerebration [ˌserɪ'breɪʃən, AM -rə'-] *n no pl* ① MED Gehirnfunktion *f* ② (*form or hum: thought process*) Reflexion *f geh*, [Nach]denken *nt*

cerebrum <*pl* -s *or* -bra> [sə'riːbrəm, AM 'serə-, *pl* -brə] *n* ANAT Großhirn *nt*, Zerebrum *nt fachspr*

ceremonial [ˌserɪ'məʊniəl, AM -ə'moʊ-] **I.** *adj* zeremoniell *geh* **II.** *n* (*form, liter*) Zeremoniell *nt geh*; *see also* **ceremony**

ceremonially [ˌserɪ'məʊniəli, AM -ə'moʊ-] *adv* feierlich

ceremonious [ˌserɪ'məʊniəs, AM -ə'moʊ-] *adj* förmlich, zeremoniös *geh*

ceremoniously [ˌserɪ'məʊniəsli, AM -ə'moʊ-] *adv* sehr förmlich, mit großem Zeremoniell *geh*

ceremony ['serɪməni, AM -əmoʊni] *n* ① (*ritual*) Zeremonie *f*, Feier *f*; (*celebration also*) Feierlichkeiten *fpl*; **opening ~** Eröffnungsfeier *f*; **to perform a ~** eine Zeremonie vollziehen *geh* ② *no pl* (*formality*) Förmlichkeit *f*; **pomp and ~** Pomp und Zeremoniell; **to do sth without ~** etw ohne viel Aufhebens tun; **to receive sb with great ~** jdn mit großem Pomp begrüßen; **to stand on ~** förmlich sein

cerise [sə'riːz] (*form*) **I.** *n no pl* Kirschrot *nt* **II.** *adj* kirschrot, cerise

cert¹ [sɜːt] *n usu sing* BRIT (*fam*) *short for* **certainty**: **to be a dead ~** eine todsichere Sache sein *fam*; ***it's a dead ~ that they'll lose*** sie werden todsicher verlieren; **to be a dead ~ to win the medal** Medaillenfavorit *m*/Medaillenfavoritin *f* sein

cert² **I.** *n abbrev of* **certificate II.** *adj abbrev of* **certified**

certain ['sɜːtən, AM 'sɜːrt-] **I.** *adj* ① (*sure*) sicher; (*unavoidable*) gewiss, bestimmt; ***please be ~ to turn out the lights before you leave*** bitte vergewissern Sie sich, dass das Licht ausgeschaltet ist, wenn Sie gehen; ***there is no ~ cure for this disease*** gegen diese Krankheit gibt es kein sicheres Mittel; ***that was ~ to happen*** das musste ja so kommen; ***that vase is ~ to be knocked over if you leave it there*** wenn du die Vase dort stehen lässt, wird sie bestimmt irgendjemand umschmeißen; ***are you ~ about that?*** sind Sie sich dessen wirklich sicher?; ***it is not yet ~ …*** es ist noch nicht ganz klar …; ***I wouldn't be too ~ that …*** ich wäre mir [ja] nicht so sicher, dass …; **to face ~ death** dem [sicheren] Tod ins Auge blicken; **to mean ~ death** den sicheren Tod bedeuten; **to feel ~ [that …]** sicher [*o* [fest] [davon] überzeugt] sein[, dass …]; **to make ~ [that …]** darauf achten[, dass …]; ***please make ~ that you turn off the oven*** schalte bitte unbedingt den Herd aus; **to make ~ of sth** sich *akk* einer S. *gen* vergewissern; **to seem ~ [that …]** davon ausgehen[, dass …], zuversichtlich sein[, dass …]; ■**to be ~ about** [*or* **of**] **sth** sich *dat* einer S. *gen* sicher sein; ***no one is quite ~ about him yet*** bis jetzt kennt ihn noch keiner so recht; ***are you ~ about driving home alone?*** willst du wirklich allein nach Hause fahren?; ■**to be ~ [that] sb does sth** sicher sein, dass jd etw tut; **to be ~ [that] sth will happen** [sich *dat*] sicher sein, dass etw geschehen wird; ■**for ~** ganz sicher; ***I don't know yet for ~*** ich weiß noch nicht genau; ***one thing is [for] ~*** eines ist sicher; ***I can't say for ~*** ich bin mir nicht ganz sicher ② *attr, inv* (*limited*) gewiss; ***he's very reliable — up to a ~ point*** er ist sehr zuverlässig – bis zu einem gewissen Grad; **to a ~ extent** in gewissem Maße ③ *attr, inv* (*specific and specified*) gewisse(r,s) *attr*; (*specific but unspecified*) bestimmte(r,s) *attr*, gewisse(r,s) *attr*; **at a ~ age** in einem bestimmten Alter; **a ~ Steve Rukus** ein gewisser Steve Rukus ④ (*particular*) bestimmt, gewiss; **in ~ circumstances** unter gewissen Umständen **II.** *part pl* (*form*) ***~ of his works have been published*** einige seiner Arbeiten wurden veröffentlicht; ***~ of the candidates were well below the usual standard, but***

others were very good indeed einige Kandidaten lagen deutlich unter dem normalen Niveau, andere waren aber wirklich sehr gut

certain annuity *n* ECON, FIN zeitlich befristete Rente

certainly ['sɜːtᵊnli, AM 'sɜːrt-] *adv* ❶ (*surely*) sicher[lich]; (*without a doubt*) bestimmt, gewiss; ***she ~ is a looker, isn't she?*** sie sieht aber echt toll aus! ❷ (*gladly*) gern[e]; (*of course*) [aber] selbstverständlich, klar *fam;* ~ **not** auf [gar] keinen Fall, [ganz] bestimmt nicht; ***I ~ will not!*** ich denke gar nicht dran!; ***had you forgotten our anniversary? — ~ not!*** hast du unseren Hochzeitstag vergessen? – aber [nein], wo denkst du hin?

certainty ['sɜːtᵊnti, AM 'sɜːrt-] *n* ❶ (*surety*) Gewissheit *f;* **with** ~ mit Sicherheit; ■**to be a** ~ gewiss sein; ***he'll arrive late, that's a [virtual] ~*** er wird zu spät kommen, darauf kannst du wetten!; ***death is a*** ~ um den Tod kommt keiner herum ❷ *no pl* (*state of certainty*) Sicherheit *f*

certifiable [ˌsɜːtɪ'faɪəbl, AM ˌsɜːrt̬ə-] *adj inv* ❶ (*officially admissible*) nachweisbar ❷ (*psychologically ill*) unzurechnungsfähig, nicht zurechnungsfähig ❸ (*fig fam: stupid*) verrückt *fam;* ***he's a ~ nut!*** er ist doch wirklich ein Spinner! *fam;* ■**to be** ~ eine Meise haben *fam*

certificate [sə'tɪfɪkət, AM sɚ'-] *n* ❶ (*official document*) Urkunde *f;* (*attestation*) Bescheinigung *f;* ~ **of achievement** Leistungsnachweis *m;* ~ **of airworthiness/seaworthiness** Luft-/Seetüchtigkeitszeugnis *nt;* ~ **of approval** ECON Zulassungsbescheinigung *f,* Provenienzzertifikat *nt;* ~ **of baptism** Taufschein *m;* **birth** ~ Geburtsurkunde *f;* **death** ~ Sterbeurkunde *f;* **doctor's** [*or* **medical**] ~ ärztliches Attest; **examination** ~ Prüfungszeugnis *nt;* **fire** ~ Brandschutzbescheinigung *f;* ~ **of incorporation** Gründungsurkunde *f;* ~ **of judgment** Urteilsschrift *f;* **land** ~ [beglaubigter] Grundbuchauszug; **marriage** ~ Trauschein *m;* ~ **of ownership** Besitzurkunde *f;* **practising** ~ Bestallungsurkunde *f,* Anwaltszulassung *f;* ~ **of quality** Qualitätszertifikat *nt;* ~ **of registry** Schiffsbrief *m* ❷ FILM Altersfreigabe *f;* **an 18** ~ [Film]freigabe *f* ab 18 Jahre

certificate of deposit *n* ECON, FIN Einlagenzertifikat *nt* **certificate of origin** *n* (*invoice*) Ursprungszeugnis *nt*

certification [ˌsɜːtɪfɪ'keɪʃᵊn, AM ˌsɜːrt̬ə-] *n no pl* ❶ (*state*) Qualifikation *f;* (*process*) Qualifizierung *f* ❷ (*document*) Zertifikat *nt;* (*attestation*) Beglaubigung *f*

certified ['sɜːtɪfaɪd, AM 'sɜːrt̬ə-] *adj attr, inv* ❶ (*documented*) [staatlich] geprüft; ■**to be ~ to do sth** berechtigt sein, etw zu tun ❷ (*guaranteed*) garantiert; ***this manuscript is ~ as genuine*** die Echtheit dieses Manuskripts wurde bestätigt; ~ **cheque** gedeckter Scheck; **a ~ copy** eine Begläubigte Abschrift

certified mail *n no pl* AM (*registered post*) Einschreiben *nt;* **a piece of** ~ ein Einschreiben *nt,* eine Einschreibesendung; **to send sth** ~ etw per [*o* als] Einschreiben schicken **certified public accountant** *n* AM (*chartered accountant*) ≈ Wirtschaftsprüfer(in) *m(f)*

certify <-ie-> ['sɜːtɪfaɪ, AM 'sɜːrt̬ə-] *vt* ❶ (*declare as true*) ■**to ~ sth** etw bescheinigen [*o* bestätigen]; LAW etw beglaubigen; ***I hereby ~ that …*** (*form*) hiermit bestätige ich, dass … *geh;* ***the meat has been certified [as] fit for human consumption*** das Fleisch wurde für den menschlichen Verzehr als geeignet erklärt; **to ~ sb [as] dead** jdn für tot erklären ❷ (*declare mentally ill*) ■**to ~ sb** jdn für unzurechnungsfähig erklären; **to ~ sb insane** jdn für geisteskrank erklären

certiorari [ˌsɜːʃɔː'reərаɪ, AM ˌsɜːrʃiə'reri] *n* LAW Vorlage *f* der Akten an ein höheres Gericht; **order of** ~ Aktenanforderung *f* [durch ein höheres Gericht]

certitude ['sɜːtɪtjuːd, AM 'sɜːrt̬ətuːd] *n no pl* Sicherheit *f,* Gewissheit *f*

cerulean [sə'ruːliən] *adj* (*liter*) ~ **blue** himmelblau

cervical ['sɜːvɪkᵊl, AM 'sɜːr-] *adj inv* ANAT ❶ (*of neck*) zervikal *fachspr;* ~ **vertebra** Halswirbel *m* ❷ (*of cervix*) Gebärmutterhals-

cervical cancer *n* MED Gebärmutterhalskrebs *m* **cervical screening** *n no pl* BRIT MED Untersuchung *f* des Gebärmutterhalses **cervical smear** *n* MED Abstrich *m*

cervices ['sɜːvɪsiːz, AM 'sɜːr-] *n pl of* **cervix**

cervix <*pl* -es *or* -vices> ['sɜːvɪks, AM 'sɜːr-, *pl* -vɪsiːz] *n* ANAT Gebärmutterhals *m,* Muttermund *m*

Cesarean *n, adj* AM *see* **Caesarean**

cesium *n* AM *see* **caesium**

cessate grant ['seseɪt-] *n* LAW erneute gerichtliche Bestätigung

cessation [se'seɪʃᵊn] *n no pl* (*form: end*) Ende *nt;* (*process*) Beendigung *f;* ~ **of hostilities** Einstellung *f* der Kampfhandlungen

cesser ['sesəʳ, AM -ɚ] *n* LAW Ablauf *m,* Aufhören *nt,* Beendigung *f*

cession ['seʃᵊn] *n no pl* Abtretung *f;* LAW Zession *f*

cesspit ['sespɪt] *n,* **cesspool** ['sespuːl] *n* Jauchegrube *f,* Senkgrube *f,* Latrine *f;* (*fig pej*) Sumpf *m*

c'est la vie [ˌseɪlɑː'viː] *interj* so ist das Leben [nun einmal]

CET *n abbrev of* **Common External Tariff** *see* **common**

cetacean [sɪ'teɪʃᵊn] ZOOL **I.** *n* Zetazee *f fachspr,* Wal *m* **II.** *adj inv* Zetazeen- *fachspr,* Wal[fisch]-

Ceylon [sɪ'lɒn, AM -'lɑːn, -seɪ] **I.** *n no pl* ❶ (*hist: country*) Ceylon *nt hist* ❷ (*tea*) Ceylontee *m* **II.** *adj inv* (*hist*) ceylonesisch *hist; see also* **Sri Lanka**

Ceylonese [ˌselə'niːz, AM ˌsiːlə'niːz, seɪ] (*hist*) **I.** *n* <*pl* -> Ceylonese, -in *m, f hist* **II.** *adj* ceylonesisch, aus Ceylon *hist; see also* **Sri Lankan**

c/f *abbrev of* **carried forward** *see* **carry forward**

cf ['siːef] *vt* (*form*) *abbrev of* **compare** vgl.

CFC [ˌsiːef'siː] *n abbrev of* **chlorofluorocarbon** FCKW *nt*

CGA *n* COMPUT *abbrev of* **colour graphics adapter** Farbgrafikadapter *m*

CGM *n* COMPUT *abbrev of* **computer graphics metafile** CGM

CGT [ˌsiːdʒiː'tiː] *n abbrev of* **capital gains tax** *see* **capital gains**

ch *n abbrev of* **chapter** Kap.

cha-cha ['tʃɑːtʃɑː], **cha-cha-cha** **I.** *n* Cha-Cha-Cha *m* **II.** *vi* Cha-Cha-Cha tanzen

chad [tʃæd] *n* COMPUT Stanzrückstand *m;* **~less tape** Schuppenstreifen *m*

Chad [tʃæd] *n no pl* Tschad *m*

chafe [tʃeɪf] **I.** *vi* ❶ (*make sore*) sich *akk* [wund]scheuern [*o* [auf]scheuern]; *hands* wund werden ❷ (*fig: become irritated*) sich *akk* ärgern [*o* aufregen]; ■**to ~ at** [*or* **against**] **sth** sich *akk* über etw *akk* aufregen; ■**to ~ under sth** unter etw *dat* leiden ❸ (*fig: be impatient*) ■**to ~ to do sth** erpicht darauf sein, etw zu tun *fam* **II.** *vt* ❶ (*rub sore*) ■**to ~ sth** etw [wund]scheuern [*o* [auf]scheuern]; ***the icy wind ~d her cheeks*** der eisige Wind ließ ihre Wangen rau werden ❷ (*rub warm*) **to ~ one's hands** seine Hände *fpl* warm reiben **III.** *n* durchgescheuerte Stelle

chafer ['tʃeɪfəʳ, AM -ɚ] *n* Käfer *m;* **cock~** Maikäfer *m;* **rose** ~ Rosenkäfer *m*

chaff¹ [tʃæːf, *Brit also* tʃɑːf] *n no pl* ❶ (*of grain*) Spreu *f* ❷ (*cattle fodder*) Häcksel *m o nt* ❸ (*leftover material*) wertlose Reste *mpl* ► PHRASES: **to separate the wheat from the** ~ die Spreu vom Weizen trennen

chaff² [tʃæːf, *Brit also* tʃɑːf] **I.** *n no pl* Scherze *mpl,* Neckerei *f,* Flachserei *f fam* **II.** *vt* ■**to ~ sb** [**about doing sth**] jdn [wegen einer S. *gen* [*o* mit etw *dat*]] aufziehen

chaffinch <*pl* -es> ['tʃæfɪn(t)ʃ] *n* Buchfink *m*

chagrin ['ʃægrɪn, AM ʃə'grɪn] *n no pl* (*form*) ❶ (*sorrow*) Kummer *m;* (*disappointment*) Enttäuschung *f* ❷ (*embarrassment*) [große] Verlegenheit; [**much**] **to sb's** ~ [sehr] zu jds [*o* zu jds [großer]] Verlegenheit ❸ (*annoyance*) Verdruss *m,* Ärger *m;* [**much**] **to sb's** ~ [sehr] zu jds Verdruss *m*

chagrined ['ʃægrɪnd, AM ʃə'grɪnd] *adj* (*form: disappointed*) verdrossen; (*mortified*) gekränkt; (*sorrowful*) bekümmert; ■**to be ~ at** [*or* **by**] **sth** über etw *akk* [*o* wegen einer S. *gen*] bekümmert sein

chain [tʃeɪn] **I.** *n* ❶ (*series of metal links*) Kette *f;* **to keep a dog on a** ~ ein Hund an der Kette halten; **to put the ~ on the door** die Kette vorlegen; **to pull the** ~ (*dated*) spülen (*auf der Toilette*) ❷ (*fetter, manacle*) Fessel *f,* Kette *f;* **to be in ~s** in Ketten liegen; **to keep sb in ~s** jdn in Fesseln halten; **to rattle one's ~s** mit den Ketten rasseln ❸ (*fig: oppression*) ■**~s** *pl* Fesseln *fpl,* Joch *nt geh;* **to free oneself from the ~s of dictatorship** die Fesseln der Diktatur sprengen; **to free oneself from the ~s of tyranny** sich *akk* vom Joch der Tyrannei befreien *geh* ❹ (*jewellery*) [Hals]kette *f;* **gold/silver** ~ Gold-/Silberkette *f* ❺ (*fig: series*) Reihe *f;* (*interconnection*) Verkettung *f;* ~ **of command** Hierarchie *f;* MIL Befehlskette *f;* **fast food** ~ [Schnell]imbisskette *f;* ~ **of mishaps** Verkettung *f* unglücklicher Umstände; **mountain** ~ [Berg]kette *f,* [Gebirgs]kette *f;* ~ **of shops** Ladenkette *f* ► PHRASES: **to pull** [*or* **yank**] **sb's** ~ jdn triezen *fam* **II.** *vt* ■**to ~ sb/an animal** [**up**] **to sth** jdn/ein Tier an etw *akk* [an]ketten; **to be ~ed to a desk** (*fig*) an den Schreibtisch gefesselt sein

◆**chain up** *vt* ■**to ~ sb/an animal** ○ **up** jdn/ein Tier anketten [*o* an die Kette legen]

chain gang *n* Sträflingskolonne *f;* **to work on the** ~ in einer Sträflingskolonne arbeiten **chain letter** *n* Kettenbrief *m* **chain-link fence** *n* Maschendrahtzaun *m* **chain mail** *n no pl* Kettenhemd *nt,* Kettenpanzer *m* **chain reaction** *n* Kettenreaktion *f;* **to set off a** ~ eine Kettenreaktion auslösen *a. fig* **chain saw** *n* Kettensäge *f* **chain-smoke** *vi* kettenrauchen **chain-smoker** *n* Kettenraucher(in) *m(f)* **chain stitch** *n* Kettenstich *m* **chain store** *n* Kettenladen *m*

chair [tʃeəʳ, AM tʃer] **I.** *n* ❶ (*seat*) Stuhl *m;* ***please take a*** ~ setzen Sie sich doch; **easy** ~ Sessel *m;* **to pull up a** ~ [sich *dat*] einen Stuhl heranziehen ❷ UNIV (*professorship*) Lehrstuhl *m;* (*person*) Lehrstuhlinhaber(in) *m(f);* **to be ~ of a department** den Lehrstuhl eines Fachbereichs innehaben; **interim** ~ Lehrstuhlvertretung *f;* **to hold a ~ in sth** einen Lehrstuhl für etw *akk* [inne]haben ❸ (*head*) Vorsitzende(r) *f(m);* (*of a company*) Vorstand *m;* **to be the ~ of a board** der/die Vorsitzende eines Ausschusses sein ❹ (*presiding place*) ■**the** ~ der Vorsitz; **to address the** ~ sich *akk* an den Vorsitz wenden; **to take the** ~ den Vorsitz übernehmen ❺ AM (*electric chair*) ■**the** ~ der elektrische Stuhl; **to get the** ~ auf den elektrischen Stuhl kommen ❻ AM MUS Sitz *m* in einem Orchester; ***he plays fourth ~ firsts*** er spielt auf dem vierten Platz die erste Geige **II.** *vt* ❶ (*be leader*) ■**to ~ sth** bei etw *dat* den Vorsitz führen ❷ (*carry*) ■**to ~ sb** jdn tragen; (*in victory*) jdn im Triumph tragen

chair lift *n* Sessellift *m* **chairman** *n* Vorsitzende(r) *m;* (*of a company*) Vorstand *m* **chairmanship** *n* Vorsitz *m;* ***his ~ of the commission lasted for two years*** er leitete die Kommission zwei Jahre lang; **to meet under the ~ of sb** unter jds Vorsitz [*o* dem Vorsitz von jdm] tagen **chairperson** *n* Vorsitzende(r) *f(m)* **chairwoman** *n* Vorsitzende *f*

chaise [ʃeɪz] *n* HIST Einspänner *m*

chaise longue <*pl* chaises longues> [ʃeɪz'lɒŋ, AM -'lɔːŋ], AM, AUS *usu* **chaise lounge** [ʃeɪz'laʊndʒ] *n* Chaiselongue *f or a. fam nt*

chakra ['tʃækrə] **I.** *n* Chakra *nt* **II.** *n modifier* (*symbol*) Chakren-

chalet ['ʃæleɪ, AM ʃæ'leɪ] *n* Chalet *nt;* (*similar building*) [chaletähnliches] Landhaus

chalice ['tʃælɪs] *n* (*poet or liter*) Kelch *m;* REL Abendmahlskelch *m*

chalk [tʃɔːk, AM *also* tʃɑːk] **I.** *n no pl* ❶ (*type of stone*) Kalkstein *m* ❷ (*for writing*) Kreide *f;* **a piece** [*or* **stick**] **of** ~ ein Stück[chen] *nt* Kreide; ~ **and talk** BRIT SCH *Unterrichtsgestaltung durch Tafelanschreibe und Vorträge* ► PHRASES: [**as different as**] ~ **and** [*or* **from**] **cheese** (*hum*) [so verschieden wie] Tag und Nacht; **to be as alike as ~ and cheese** grundverschieden sein; **to not know** [*or* **not be able to**

tell] ~ **from cheese** nicht fähig sein, die wesentlichen Unterschiede zu erkennen; **[not] by a long** ~ BRIT bei weitem [nicht]; **as white as** ~ kreidebleich **II.** *vt* ■**to ~ sth** (*write*) etw mit Kreide schreiben; (*draw*) etw mit Kreide zeichnen; (*in billiards*) etw mit Kreide einreiben

◆**chalk up** *vt* (1) (*write*) ■**to ~ up** ↔ **sth** etw [mit Kreide] aufschreiben; (*note down*) etw notieren; (*cover with drawings*) etw [mit Kreide] bemalen; **to ~ up the board** die Tafel beschreiben; (*completely*) die Tafel voll schreiben (2) (*fig: achieve*) **to ~ up a success** einen Erfolg verzeichnen können; **to ~ up a victory** [*or* **win**] einen Sieg verbuchen können (3) (*ascribe*) ■**to ~ sth up to sth** etw etw *dat* zuschreiben; ***I ~ed up my stomach problems to the last night's meal*** ich ging davon aus, dass meine Magenprobleme mit dem gestrigen Abendessen zusammenhingen (4) (*write off*) **to ~ sth up to experience** etw als Erfahrung sehen (5) (*add to a mental list*) ■**to ~ up** ↔ **sth** etw verinnerlichen (6) (*put on bill*) ■**to ~ up sth to sb** etw auf jds Rechnung *f* setzen; (*mark as credit*) etw anschreiben

chalkboard *n* AM, AUS (*blackboard*) Tafel *f;* **to wipe off the** ~ die Tafel wischen; *see also* **blackboard**

chalkface *n* BRIT **at the** ~ im Unterrichtsalltag

chalkie ['tʃɔːki] *n* AUS, NZ (*fam*) Lehrer(in) *m(f)*, Pauker *m sl*

chalkiness ['tʃɔːkinəs, AM *also* 'tʃɑː-] *n no pl* Kalkhaltigkeit *f*

chalk pit *n* Kalk[stein]bruch *m*

chalky ['tʃɔːki, AM *also* 'tʃɑː-] *adj* (1) (*of chalk*) kalk[halt]ig (2) (*dusty*) **to be all** ~ voll[er] Kreide sein (3) (*chalk-like*) kreideartig, kreideähnlich (4) (*pale*) kreidebleich

challenge ['tʃælɪndʒ] **I.** *n* (1) (*hard task*) Herausforderung *f*, schwierige Aufgabe; **to accept a** ~ sich *akk* einer Herausforderung stellen; **to be faced with a** ~ mit einer schwierigen Aufgabe konfrontiert sein; **to find sth a** ~ etw schwierig finden; **to meet the** ~ **[of doing sth]** sich *akk* der Herausforderung stellen[, etw zu tun]; **to present sb [with] a** ~ eine Herausforderung für jdn darstellen; **to rise to a** ~ sich *akk* einer Herausforderung gewachsen zeigen (2) (*call to competition*) Herausforderung *f;* **to accept the** ~ **to do sth** die Herausforderung annehmen, etw zu tun; **to issue a** ~ **to sb to do sth** jdn herausfordern, etw zu tun (3) (*doubting*) Infragestellung *f;* **to be a direct** ~ **to sth** etw offen in Frage stellen; **to be open to** ~ anfechtbar sein; **to pose a** ~ **to sth** etw in Frage stellen (4) MIL (*ask name*) Werdaruf *m* (*militärischer Befehl, sich auszuweisen*) (5) LAW (*refusal*) Ablehnung *f;* ~ **to the array** Ablehnung *f* der gesamten Geschworenen; ~ **to the polls** Ablehnung *f* der einzelnen Geschworenen; ~ **for cause** Ablehnung *f* der Geschworenen unter Angabe von bestimmten Gründen; **challenge without** ~, **peremptory** ~ Ablehnung *f* der Geschworenen ohne Angabe von Gründen; **to make a** ~ **to a member of the jury** ein Mitglied der Geschworenen ablehnen **II.** *vt* (1) (*ask to compete*) ■**to ~ sb [to sth]** jdn [zu etw *dat*] herausfordern; ■**to ~ sb to do sth** jdn herausfordern, etw zu tun; **to ~ a record** versuchen einen Rekord einzustellen (2) (*call into question*) ■**to ~ sb/sth** jdn/etw in Frage stellen (3) (*present with hard task*) ■**to ~ sb** an jdn [hohe] Anforderungen stellen, jdm viel abverlangen (4) MIL (*demand name*) ■**to ~ sb** jdn anrufen (5) LAW (*refuse*) ■**to ~ sb** jdn [als Geschworenen] ablehnen; **to ~ a judge on grounds of bias** AM einen Richter wegen Besorgnis der Befangenheit ablehnen

challenger ['tʃælɪndʒəʳ, AM -ɚ] *n* Herausforderer, Herausforderin *m, f;* ~ **for a title** Titelanwärter(in) *m(f)*

challenging ['tʃælɪndʒɪŋ] *adj* [heraus]fordernd; **sb finds sth** ~ jd empfindet etw als Herausforderung; **sb finds sth not** ~ etw ist für jdn keine Herausforderung

challengingly ['tʃælɪndʒɪŋli] *adv* herausfordernd

chalupa [ʃə'luːpə] *n* AM (*fried tortilla*) Chalupa *f* (*mit Fleisch gefüllter und ausgebackener mexikanischer Maismehlfladen*)

chamber ['tʃeɪmbəʳ, AM -ɚ] **I.** *n* (1) (*old: room*) [Schlaf]gemach *nt geh* (2) (*meeting hall*) Sitzungssaal *m;* (*of lawyer*) Kanzlei *f;* (*of judge*) Amtszimmer *nt;* **Lower/Upper** ~ Zweite/Erste Kammer (*des britischen Abgeordnetenhauses*) (3) **interrogation** ~ Verhörzimmer *nt*, Vernehmungszimmer *nt* (4) (*lawyer's offices*) ■~**s** *pl* Anwaltsbüro *nt*, Kanzlei *f;* (*private room of a judge*) Richterzimmer *nt;* **a trial in ~s** eine Verhandlung unter Ausschluss der Öffentlichkeit (5) (*cavity*) Kammer *f;* **combustion** ~ Brennkammer *f;* ~ **of the heart** Herzkammer *f* **II.** *n modifier* (*music, orchestra*) Kammer-

chamberlain ['tʃeɪmbəlɪn, AM -bɚ-] *n* (1) HIST Kammerherr *m* (2) BRIT (*treasurer*) Leiter(in) *m(f)* der Finanzabteilung; (*of municipal corporation*) Kämmerer *m*, Kämmerin *f*

chambermaid *n* Zimmermädchen *nt*

chamber music *n no pl* Kammermusik *f*

Chamber of Commerce *n* ECON Industrie- und Handelskammer *f*

chamber of horrors *n* Horrorkabinett *nt*

chamber orchestra *n* Kammerorchester *nt*

chamber pot *n* Nachttopf *m*

chambray ['ʃæmbreɪ] *n no pl* Kambrik *m*, Cambric *m*

chameleon [kə'miːliən] *n* (1) (*lizard*) Chamäleon *nt* (2) (*fig pej: person*) Chamäleon *nt pej;* (*esp in political context*) Wendehals *m pej fam;* ***don't be such a ~!*** sei nicht immer so ein Mitläufer!

chameleonic [kəˌmiːli'ɒnɪk, AM -'ɑːnɪk] *adj inv* sehr wechselhaft, wie ein Chamäleon *nach n*

chamfer ['tʃæmfəʳ, AM fɚ] *n* Schrägkante *f*

chamois[1] <*pl* -> ['ʃæmwɑː, AM 'ʃæmi:] *n* Gemse *f*

chamois[2] ['ʃæmi:] *n*, **chamois leather** *n usu no pl* Fensterleder *nt;* ~ **cloth** Ledertuch *nt*

champ[1] [tʃæmp] *n* (*approv fam*) *short for* **champion** Champion *m;* **to be a real** ~ ein echter Kumpel sein *sl*

champ[2] [tʃæmp] **I.** *vi* (*bite hard*) ■**to ~ [down] on sth**, ■**to ~ into sth** in etw *akk* beißen; (*chew loudly*) etw [geräuschvoll] kauen ▶ PHRASES: **to ~ at the bit** vor Ungeduld fiebern **II.** *vt* ■**to ~ sth** etw mampfen *fam*

champagne [ʃæm'peɪn] **I.** *n no pl* (*French champagne*) Champagner *m;* (*sparkling wine*) Sekt *m*, Schaumwein *m* **II.** *adj inv* champagnerfarben **III.** *n modifier* (*of French champagne*) Champagner-; (*of sparkling wine*) Sekt-; ~ **brunch** Sektfrühstück *nt;* ~ **gala** Sektempfang *m*

champagne flute *n* Sektflöte *f*

champagne socialist *n* (*pej*) Champagnersozi(in) *m(f) pej fam*

champers ['ʃæmpəz] *n* + *sing vb* BRIT, AUS (*dated fam*) Schampus *m fam*

champerty ['ʃæmpɜːti, AM -pɜːrṭi] *n* (*old*) LAW Beteiligung *f* an einem Prozess gegen Beteiligung am Prozesserlös

champion ['tʃæmpiːən] **I.** *n* (1) SPORTS Champion *m;* **world** ~ Weltmeister(in) *m(f);* **defending** ~ Titelverteidiger(in) *m(f);* **Olympic** ~ Olympiasieger(in) *m(f);* **reigning** ~ amtierender Meister/amtierende Meisterin (2) (*supporter*) Verfechter(in) *m(f)* (**of** +*gen*) **II.** *vt* ■**to ~ sth** etw verfechten; **to ~ a cause** für eine Sache eintreten **III.** *adj* BRIT (*fam*) klasse *fam*, prima *fam;* ~ **boxer** Boxchampion *m;* ~ **dog** preisgekrönter Hund; ~ **racehorse** Turfsieger(in) *m(f) sl* **IV.** *adv* BRIT (*fam*) super *fam*, fantastisch *fam*

championship ['tʃæmpiːənʃɪp] *n* (1) SPORTS Meisterschaft *f;* **to hold a** ~ amtierender Meister/amtierende Meisterin sein (2) *no pl* (*of a cause*) Einsatz *m*, Engagement *nt*

chance [tʃɑːn(t)s, AM tʃæːn(t)s] **I.** *n* (1) *no pl* (*luck*) Glück; (*coincidence*) Zufall *m;* ~ **encounter** zufällige Begegnung; **to be pure** [*or* **sheer**] ~ **[that ...]** reiner Zufall sein[, dass ...]; **to leave nothing to** ~ nichts dem Zufall überlassen; **as** ~ **would have it** wie es der Zufall wollte; **by** ~ zufällig; **by any** ~ vielleicht; ***do you have a light by any ~?*** hätten Sie vielleicht zufällig Feuer? (2) (*likelihood*) ■~**s** *pl* Möglichkeit *f;* (*prospect*) Aussicht *f*, Chance *f;* ***there's not much of a ~ of my coming to the party*** ich werde wohl nicht zur Party kommen; ***there's not a ~ in hell of my ever going out with him again*** mit dem werde ich nie im Leben nochmal weggehen; ***the ~ was one in a million*** die Chancen standen eins zu einer Million; ~***s are*** **[that]** ... aller Wahrscheinlichkeit nach ...; ~**s of promotion** Aufstiegschancen *fpl;* ~**s of survival** Überlebenschancen *fpl;* **to do sth on the off** ~ etw nur auf gut Glück tun; **there's an outside** ~ **that ...** es besteht eine geringe Chance, dass ...; **to be in with a** ~ eine Chance haben; **to [not] have** [*or* **stand**] **a** ~ **with sb/sth** bei jdm/etw [keine] Chancen haben; ***I don't think I stand a ~ of winning*** ich halte es nicht für sehr wahrscheinlich, dass ich gewinnen werde (3) (*opportunity*) Möglichkeit *f*, Gelegenheit *f;* ***given half a ~, he'd give up working tomorrow*** hätte er auch nur die geringste Chance, würde er morgen aufhören zu arbeiten; BRIT ~ ***would be a fine thing*** schön wär's *fam;* BRIT (*fam*) ***no ~!*** niemals!; **the ~ of a lifetime** die Chance meines/deines/Ihres etc. Lebens *fam;* **to give sb a [second]** ~ **[to do sth]** jdm eine [zweite] Chance geben[, etw zu tun]; **to have a/the** ~ **[to do sth** [*or* **of doing sth**]] eine/die Möglichkeit [*o* Chance] haben[, etw zu tun]; **to miss the/one's** ~ **[to do sth]** die/seine Chance verpassen[, etw zu tun]; ***you missed the perfect ~*** du hast die Chance deines Lebens verpasst *fam* (4) (*risk*) Risiko *nt;* ***the ~ of failure with this project is high*** die Wahrscheinlichkeit, bei diesem Projekt zu scheitern, ist hoch; **to take a** ~ [*or* ~**s**] es darauf ankommen lassen; ***taking ~s with your health is a bad idea*** seine Gesundheit aufs Spiel zu setzen, ist dumm **II.** *vi* unerwartet geschehen; ***they ~ed to be in the restaurant just when I arrived*** als ich ankam, waren sie zufälligerweise auch gerade in dem Restaurant **III.** *vt* (*fam*) ■**to ~ sth** (*hazard*) etw riskieren; (*try*) etw versuchen; ***don't ~ your life's savings on a single investment*** steck doch nicht deine ganzen Ersparnisse in ein einziges Investitionsprojekt!; **to ~ one's arm** [*or* BRIT *also* **to ~ it**] es riskieren [*o* darauf ankommen lassen]

◆**chance along** *vi* zufällig auftauchen

◆**chance on** *vi*, **chance upon** *vi* (1) (*meet unexpectedly*) ■**to ~ on sb** jdn zufällig treffen, jdm zufällig begegnen (2) (*find unexpectedly*) ■**to ~ on** [*or* **upon**] [*or* **across**] **sth** zufällig auf etw *akk* stoßen

chance acquaintance *n* Zufallsbekanntschaft *f*

chance hit *n* SPORTS *Treffer eines Baseballspielers, der einen Spieler der Gegenmannschaft ausscheiden lässt*

chancel ['tʃɑːn(t)səl, AM 'tʃæn-] *n* REL Chor *m*, Altarraum *m*

chancellery ['tʃɑːn(t)sələri, AM 'tʃæn-] *n* (1) (*place*) Kanzleramt *nt* (2) (*position*) Amt *nt* des Kanzlers, Kanzlerschaft *f* (3) AM (*office*) Amtszimmer *nt* [einer Botschaft/eines Konsulats]

chancellor ['tʃɑːn(t)sələʳ, AM 'tʃæn(t)sələ], **Chancellor** *n* (1) POL, UNIV Kanzler(in) *m(f);* (*of federal state*) [Bundes]kanzler(in) *m(f);* **Lord C~** (*chief minister of justice*) Lordkanzler *m* (2) AM (*judge*) *vorsitzender Richter an einem Billigkeitsgericht*

Chancellor of the Exchequer *n* BRIT Finanzminister(in) *m(f)*, Schatzkanzler(in) *m(f)*

chancellorship ['tʃɑːnsələʃɪp, AM 'tʃænsələ-] *n no pl* (1) POL (*office of chancellor*) Kanzleramt *nt* (2) BRIT POL Amt *nt* des Finanzministers (3) REL, ADMIN Rechtsstelle *f* des Bischofs

chancer ['tʃɑːnsəʳ, AM 'tʃænsɚ] *n* (*fam*) Opportunist *m geh*

chancery ['tʃɑːnsəri, AM 'tʃæn] *n* (1) ■**C~** BRIT LAW Gericht *nt* des Lordkanzlers (2) (*public record office*) Kanzlei *f*

Chancery Bar *n* LAW Anwaltschaft *f* der Chancery Division

Chancery Court *n* LAW Gericht *nt* des Lordkanzlers

Chancery Division *n* LAW Chancery-Abteilung *f* des High Court

chancre ['ʃæŋkəʳ, AM kɚ] *n* MED Schanker *m*

chancy ['tʃɑːn(t)si, AM 'tʃæn(t)si] *adj* riskant

chandelier [ʃændə'lɪəʳ, AM -lɪr] *n* Kronleuchter *m*

chandler ['tʃɑːndləʳ, AM 'tʃændlɚ] *n* (1) (*of candles*) Kerzenmacher(in) *m(f)* (2) NAUT Schiffsausrüster *m*

C

chandlery *n* Schiffsausrüster *m*
change [tʃeɪndʒ] **I.** *n* ❶ (*alteration*) [Ver]änderung *f; **that makes a nice** ~* das ist mal eine angenehme Abwechslung; **to be a ~ for the better/worse** eine Verbesserung [*o* einen Fortschritt]/eine Verschlechterung [*o* einen Rückschritt] darstellen; **~ of direction** Richtungsänderung *f*, Richtungswechsel *m;* **~ of heart** Sinnesänderung *f;* **a ~ of pace** ein Tempowechsel *m;* **~ of scene** Tapetenwechsel *m fam;* **~ of surroundings** Ortswechsel *m;* **~ in the weather** Wetterumschwung *m*, Wetterumschlag *m;* **to make a few ~s** einige Änderungen vornehmen; **to ring the ~s** für Abwechslung sorgen ❷ *no pl* (*fluctuation*) Veränderung *f; **let me know if there's any ~ in his condition*** lassen Sie es mich wissen, wenn sein Zustand sich verändert; ***it was a period of great social ~ in the country*** es war eine Zeit großer sozialer Umwälzungen im Land ❸ (*new clothes*) **a ~ of clothes** Kleidung *f* zum Wechseln ❹ *no pl* (*coins*) Münzgeld *nt;* (*money returned*) Wechselgeld *nt*, Retourgeld *nt* SCHWEIZ; ***keep the ~*** der Rest ist für Sie; ***how much do you have in ~?*** wie viel Kleingeld hast du?; ***I gave him a 50 and got back 44 dollars in ~*** ich gab ihm einen 50er und bekam 44 Dollars zurück; **to have the correct ~** es passend haben; **loose** [*or* **small**] **~** Kleingeld *nt;* **to give the wrong ~** falsch herausgeben ❺ (*travel connection*) **to have to make several ~s** mehrmals umsteigen müssen ❻ (*fam: menopause*) ■**the ~** [*or* **the ~ of life**] die Wechseljahre *pl* ▶ PHRASES: **a ~ is as good as a <u>rest</u>** (*prov*) Abwechslung wirkt Wunder; **the <u>wind</u>** [*or* **<u>winds</u>**] **of ~** ein frischer Wind; **to <u>get</u> no ~ out of sb** BRIT (*fam*) aus jdm nichts rauskriegen *fam;* **<u>for</u> a ~** zur Abwechslung; ***why don't you answer the door for a ~?*** warum machst du nicht mal auf? *fam* **II.** *vi* ❶ (*alter*) sich *akk* [ver]ändern; METEO umschlagen; ***nothing [ever] ~s*** alles bleibt immer beim Alten; ***the traffic light ~d back to red*** die Ampel wurde wieder rot; ***the wind ~d from south to west*** der Wind drehte von Süd nach West; ***we just ~d from gas central heating to electric*** wir haben gerade von Gas auf Strom umgestellt; **to ~ for the better/worse** sich *akk* verbessern/verschlechtern; ■**to ~** [**over**] umstellen [auf] ❷ (*of journey*) umsteigen ❸ (*of clothes*) sich *akk* umziehen; (*replace nappy*) die Windeln wechseln; ***have I got time to shower and ~?*** kann ich mich noch schnell duschen und umziehen?; ***the baby needs changing*** das Baby braucht eine frische Windel; ■**to ~ into sth** etw anziehen **III.** *vt* ❶ (*make different*) ■**to ~ sth** etw [ver]ändern; ***she's just ~d jobs*** sie hat gerade ihre Stelle gewechselt; **to ~ the subject** das Thema wechseln ❷ TECH (*replace*) ■**to ~ sth** etw auswechseln; **to ~ a plug** einen Stecker auswechseln ❸ **to ~ the baby** die Windel wechseln, das Baby frisch wickeln; **to ~ the bed** [*or* **sheets**] das Bett neu [*o* frisch] beziehen; **to ~ one's clothes** sich *akk* umziehen, [sich *dat*] etw anderes anziehen; **to ~ one's shirt** ein anderes Hemd anziehen ❹ (*money*) ■**to ~ sth** etw wechseln; **to ~ a dollar/pound** einen Dollar/ein Pfund wechseln; **to ~ money** Geld umtauschen ❺ (*of journey*) **to ~ planes** das Flugzeug wechseln; **to ~ trains** umsteigen ❻ (*of car*) **to ~ gear[s]** einen anderen Gang einlegen, schalten
◆**change down** *vi* AUTO [he]runterschalten
◆**change into** *vi* ❶ (*metamorphose*) sich *akk* verwandeln ❷ AUTO **to ~ into second/third gear** in den zweiten/dritten Gang schalten
◆**change up** *vi* BRIT, AUS AUTO hochschalten
changeability [ˌtʃeɪndʒəˈbɪləti, AM -əṭi] *n* Unbeständigkeit *f*
changeable [ˈtʃeɪndʒəbl̩] *adj* unbeständig; *person* wankelmütig; *weather* wechselhaft; **~ moods** wechselnde Stimmungen
changed [tʃeɪndʒd] *adj inv* verändert; ***he's a ~ man*** er ist ein völlig neuer Mensch geworden
changeless [ˈtʃeɪndʒləs] *adj* (*liter*) ❶ (*unaltered*) unveränderlich, beständig ❷ (*uniform*) gleichförmig
changeling [ˈtʃeɪndʒlɪŋ] *n* Wechselbalg *m*
change machine *n* [Geld]wechselautomat *m*
changeover *n usu sing* Umstellung *f* (**to** auf +*akk*); EU **~ to the euro** Umstellung *f* auf den Euro; **~ on E-day** Stichtagsumstellung *f*
changer [ˈtʃeɪndʒəʳ, AM -ɚ] *n* ECON, FIN Geldwechsler(in) *m(f)*
changing [ˈtʃeɪndʒɪŋ] *adj attr* wechselnd, sich *akk* verändernd
changing room *n* ❶ (*in shop*) [Umkleide]kabine *f* ❷ SPORTS Umkleideraum *m*, Umkleidekabine *f*
channel [ˈtʃænəl] **I.** *n* ❶ RADIO, TV Kanal *m*, Programm *nt; **on ~ five/three*** im fünften/dritten Programm; **cable ~** Kabelkanal *m;* **commercial ~** kommerzieller Sender; **pay ~** Pay-TV *nt;* **to change** [*or* **switch**] **~s** umschalten; **to turn to another ~** [auf ein anderes Programm] umschalten; **to turn to ~ two** ins zweite Programm umschalten ❷ (*waterway*) [Fluss]bett *nt;* (*artificial waterway*) Kanal *m;* **drainage ~** Entwässerungsgraben *m*, Abzugsgraben *m;* **irrigation ~** Bewässerungskanal *m;* **deepwater/navigable ~** schiffbare Fahrrinne; **the** [**English**] **C~** der Ärmelkanal ❸ (*in airport or port*) [Zoll]ausgang *m;* **the red/green ~** der rot/grun gekennzeichnete Ausgang ❹ (*means*) Weg *m; **she found a ~ for her energy in acting*** über das Tanzen hat sie ein Ventil für ihre Energie gefunden; **~ of communication** Kommunikationsweg *m;* **~ of distribution** Vertriebsweg *m;* **to go through the official ~s** den Dienstweg gehen; **through the usual ~s** auf dem üblichen Weg **II.** *vt* <BRIT -ll- *or* AM *usu* -l-> ❶ (*direct*) **to ~ a river through sth** einen Fluss durch etw *akk* [hindurch]leiten; ■**to ~ sth into sth** *one's energies, money* etw in etw *akk* stecken; *interests* etw auf etw *akk* richten; **to ~ water into sth** Wasser in etw *akk* leiten ❷ (*imitate*) ■**to ~ sb** jdn nachmachen
channel-hopping *n*, AM *also* **channel-surfing** *n no pl* TV (*fam*) Zappen *nt fam*, ständiges Umschalten
channel-surf I. *vi* herumzappen **II.** *vt* ■**to ~ sth** etw durchzappen **Channel Tunnel** *n no pl* ■**the ~** der [Ärmel]kanaltunnel
chant [tʃɑːnt, AM tʃænt] **I.** *n* ❶ REL [Sprech]gesang *m;* **Gregorian** [*or* **plain**] **~** Gregorianischer Gesang ❷ SPORTS (*of fans*) Sprechchor *m* **II.** *vi* ❶ REL singen; (*intone*) einen Sprechgesang anstimmen ❷ (*repeat*) *crowd* im Sprechchor rufen **III.** *vt* ■**to ~ sth** ❶ REL etw skandieren *geh;* (*sing*) etw singen ❷ (*say or shout*) **to ~ sb's name/slogans** jds Namen *m*/Slogans im Sprechchor rufen
chanterelle [ʃɑː(n)təˈrel, AM ʃænṭə-] *n* Pfifferling *m*
chanteuse [ʃɑː(n)ˈtɜːz, AM ʃɑːnˈtuːz] *n* [Bar]sängerin *f*
chantey, *esp* AM **chanty** *n see* **shanty**
Chanukah [ˈhɑːnuːkaː, AM -nəkə] *n no pl* REL (*Hanukkah*) Chanukka *f*
chaos [ˈkeɪɒs, AM -ɑːs] *n no pl* Chaos *nt*, Durcheinander *nt;* (*mess also*) Unordnung *f;* **a total** [*or* **utter**] **~** ein einziges Chaos [*o* Durcheinander]; ***we muddled up the name labels and total ~ ensued*** wir hatten die Namensschilder durcheinander gebracht und schon war das Chaos perfekt
chaos theory *n no pl* MATH, PHYS Chaostheorie *f*
chaotic [keɪˈɒtɪk, AM -ˈɑːṭ-] *adj* chaotisch
chaotically [keɪˈɒtɪkəli, AM -ˈɑːṭ-] *adv* chaotisch
chap¹ [tʃæp] *n* BRIT (*fam*) Typ *m fam*, Kerl *m fam; **well, ~s, anyone for a pint?*** na Jungs, hat jemand Lust auf ein Bier?
chap² <-pp-> [tʃæp] **I.** *vi skin* aufspringen, rau [*o* spröde] werden **II.** *vt* **to ~ sb's hands** jds Hände *fpl* rau machen; **to ~ sb's lips** jds Lippen *fpl* aufspringen lassen; **to ~ sb's skin** jds Haut *f* spröde machen
chap³ *n abbrev of* **chapter** Kap.
chapati <*pl* -s *or* -es> [tʃəˈpɑːti, AM -ṭi], **chapatti** <*pl* -s *or* -es> *n* Chapatti *nt*
chapel [ˈtʃæpəl] *n* ❶ (*for worship*) Kapelle *f* ❷ *esp* BRIT (*unorthodox church*) Sektenkirche *f* ❸ SCH, UNIV (*service*) Andacht *f*
chaperon(e) [ˈʃæpərəʊn, AM -roʊn] **I.** *n* ❶ (*esp for young women*) Anstandsdame *f;* (*hum*) Anstandswauwau *m hum fam* ❷ AM (*adult supervisor*) Aufsichtsperson *f*, Anstandswauwau *m hum fam;* **to act as ~** den Anstandswauwau spielen *hum fam* ❸ (*female companion*) Begleiterin *f* **II.** *vt* ■**to ~ sb** ❶ (*dated: accompany*) jdn begleiten; (*hum*) bei jdm den Anstandswauwau spielen *hum fam* ❷ AM (*supervise youth*) jdn beaufsichtigen ❸ (*escort*) jdn begleiten
chaplain [ˈtʃæplɪn] *n* Kaplan *m;* **prison ~** Gefängnisgeistlicher *m;* **the Speaker's C~** Parlamentsgeistlicher *m*
chaplaincy [ˈtʃæplɪn(t)siː] *n* ❶ (*position*) Amt *nt* [*o* Stelle *f*] eines Kaplans ❷ (*office*) Dienstraum *m* [*o* Amtszimmer *nt*] eines Kaplans
chaplet [ˈtʃæplət] *n* Kranz *m*
chapped [tʃæpt] *adj* (*cracked*) aufgesprungen; (*rough*) spröde
chappie [ˈtʃæpi] *n*, **chappy** *n* BRIT (*dated fam*) Kerlchen *m fam*
chaps [tʃæps] *npl* Cowboyhosen *fpl*, lederne Reithosen *fpl*
CHAPS [tʃæps] *n* ECON, FIN *abbrev of* **Clearing House Automated Payments System** elektronisches Abrechnungssystem für Schecks
chapstick® *n* ≈ Labello® *m*
chapter [ˈtʃæptəʳ, AM -ɚ] *n* ❶ (*of book*) Kapitel *nt;* **to cite** [*or* **quote**] **~ and verse** den genauen Wortlaut [einer S. *gen*] wiedergeben ❷ (*of time*) Abschnitt *m*, Kapitel *nt;* **a tragic ~ in the country's history** ein tragisches Kapitel in der Geschichte des Landes; **to open a new ~** ein neues Kapitel beginnen ❸ *esp* AM (*of organization*) Zweig *m;* (*on local level*) Ortsgruppe *f;* AM *Zweig einer religiösen Bruderschaft oder Gemeinschaft* ❹ REL (*of cathedral*) Kapitel *nt* ❺ BRIT, AUS (*form: series*) Serie *f; **their trip was a ~ of accidents*** bei ihrer Reise passierte ein Unglück nach dem anderen ❻ AM LAW **C~ 11** Chapter 11, [*Verfahren zur Konkursabwendung*]; **C~ 7** Chapter 7, [*Vorschriften zur Abwicklung eines Unternehmens*]
chapter house *n* ❶ (*in cathedral*) Kapitel *nt*, Kapitelsaal *m* ❷ AM (*of fraternity, sorority*) Kapitelsaal *m* ❸ *esp* AM (*of branch*) Klubhaus *nt*, Vereinshaus *nt*
char¹ [tʃɑːʳ] **I.** *n* BRIT (*dated fam*) **~** [**woman**] Putzfrau *f* **II.** *vi* BRIT (*dated*) putzen
char² <-rr-> [tʃɑːʳ, AM tʃɑːr] **I.** *vi* verkohlen **II.** *vt* ■**to ~ sth** etw anbrennen [lassen]
char³ [tʃɑːʳ] *n* BRIT (*dated fam*) Tee *m*
char⁴ [tʃɑːʳ, AM tʃɑːr] *n* (*fish*) Saibling *m*
chara [ˈʃærə] *n* BRIT (*fam*), **charabanc** [ˈʃærəbæŋ] *n* BRIT (*dated*) [*offener*] *Omnibus für Ausflugsfahrten*
character [ˈkærəktəʳ, AM ˈkerəktɚ] *n* ❶ *no pl* (*personality*) Charakter *m*, Wesen *nt*, Wesensart *f;* **to be similar in ~** sich *dat* im Wesen ähnlich sein; ■**to not be in ~** untypisch sein; ■**out of ~** ungewöhnlich ❷ (*moral integrity*) Charakter *m;* **strength of ~** Charakterstärke *f;* **weakness of ~** Charakterschwäche *f;* **to be of bad/good ~** ein schlechter/guter Mensch sein; **of dubious/irreproachable/questionable ~** von zweifelhaftem/untadeligem/fragwürdigem Charakter ❸ (*unique person*) Original *nt*, Type *f fam; **he's quite a ~*** der ist vielleicht 'ne Type *fam;* **lack of ~** fehlende Originalität ❹ LIT, ART (*representation*) [Roman]figur *f*, [Roman]gestalt *f;* **main ~** Hauptfigur *f*, Protagonist(in) *m(f) geh* ❺ TYPO (*mark, space*) Zeichen *nt;* (*symbol*) Schriftzeichen *nt* ❻ LAW **to issue ~ evidence** Leumundsbeweise *mpl* aufbieten
character actor *n* Charakterdarsteller *m* **character assassination** *n* Rufmord *m*
characteristic [ˌkærəktəˈrɪstɪk, AM ˌkerəktə-ˈ-] **I.** *n* charakteristisches Merkmal, Charakteristikum *nt geh;* **a ~ of the times** ein Zeichen *nt* der Zeit; **to display a ~** ein Merkmal zeigen; ■**to be a ~ of sth** ein typisches Merkmal einer S. *gen* sein; **to be a ~ of bad taste** von schlechtem Geschmack zeugen **II.** *adj* typisch, charakteristisch; ***she received the bad news with ~ dignity*** sie nahm die schlechte Nachricht wie immer mit Würde auf; ■**to be ~ of sth** typisch für etw *akk* sein
characteristically [ˌkærəktəˈrɪstɪkəli, AM

ˌkerəktɚ'-] *adv* typisch

characterization [ˌkærəktᵊraɪ'zeɪʃᵊn, AM ˌkerəktəɪ'-] *n no pl* ❶ LIT [Personen]beschreibung *f;* FILM Darstellung *f* ❷ (*description*) Beschreibung *f,* Charakterisierung *f*

characterize ['kærəktᵊraɪz, AM 'kerəktə-] *vt* ❶ (*mark as typical*) ■**to ~ sth** etw kennzeichnen [*o* charakterisieren] ❷ (*outline*) ■**to ~ sth as sth** etw als etw *akk* beschreiben

characterless ['kærəktələs, AM 'kerəktɚ-] *adj* ❶ (*lacking originality*) *person* nichts sagend, farblos; *wine* fade ❷ (*lacking integrity*) charakterlos

character reference *n* Referenz *f;* **to give sb a ~** jdm ein Empfehlungsschreiben ausstellen **character set** *n* COMPUT Zeichensatz *m,* Font *m* **character trait** *n* Charakterzug *m* **character witness** *n* LAW Leumundszeuge, -in *m, f*

charade [ʃə'rɑːd, AM -'reɪd] *n* ❶ *usu pl* (*game*) Scharade *f* ❷ (*lie*) Farce *f;* (*fuss*) Affentheater *m pej fam*

charcoal ['tʃɑːkəʊl, AM 'tʃɑːrkoʊl] **I.** *n no pl* ❶ (*fuel*) Holzkohle *f* ❷ (*for drawing*) Kohle *f;* **to draw/sketch in ~** eine Kohlezeichnung/eine Skizze in Kohle anfertigen **II.** *n modifier* (*pencil*) Kohle-

charcoal burner *n* [Holz]kohle[n]ofen *m* **charcoal drawing** *n* Kohlezeichnung *f* **charcoal filter** *n* Kohlenfilter *m* **charcoal gray** AM, **charcoal grey** *adj* schwarzgrau

charge [tʃɑːdʒ, AM tʃɑːrdʒ] **I.** *n* ❶ (*for goods, services*) Gebühr *f;* ***is there a ~ for kids?*** kosten Kinder [auch] etwas?; **free of ~** kostenlos, gebührenfrei; **for a small ~** gegen eine geringe Gebühr; **~s forward** ECON, FIN Gebühr bezahlt Empfänger ❷ LAW Anklage *f;* (*fig*) Vorwurf *m,* Beschuldigung *f;* ■**~s** *pl* Anklagepunkte *mpl;* (*in civil cases*) Ansprüche *mpl;* ***she was put on a ~ of shoplifting*** sie wurde wegen Ladendiebstahls angeklagt; ***there were ~s from within the party that …*** in der Partei wurden Vorwürfe laut, dass …; ***this left her open to the ~ of positive support for the criminals*** dadurch kam der Verdacht auf, dass sie die Gewalttäter unterstütze; **on a ~ of theft** angeklagt wegen Diebstahls; **~ sheet** polizeiliches Anklageblatt; **holding ~** *Nebenbeschuldigung, die dazu dient, jdn während der Hauptermittlungen in Haft zu halten;* **to answer ~s** sich wegen einer Klage [*o* Beschuldigung] verantworten; **to be arrested on a ~ of sth** wegen Verdachts auf etw *akk* festgenommen werden; **to be arrested on a ~ of murder** wegen Mordverdachts festgenommen werden; **to bring ~s against sb** gegen jdn Anklage erheben; **to drop ~s against sb** die Anklage gegen jdn fallenlassen; **to face ~s [of sth]** [wegen einer S. *gen*] unter Anklage stehen, sich *akk* [wegen einer S. *gen*] vor Gericht verantworten müssen *geh;* **to press ~s against sb** gegen jdn Anzeige erstatten; **to withdraw** [*or* **drop**] **~s** eine Anklage zurückziehen [*o* fallen lassen] ❸ MIL Angriff *m,* Attacke *f* ❹ *no pl* (*responsibility*) Verantwortung *f;* ***the child under*** [*or* ***in***] ***her ~*** die Kinder, die sie betreut; **to be in ~** die Verantwortung tragen [*o* haben]; ***who's in ~ here?*** wer ist hier zuständig?; ***she's in ~ of the department*** sie leitet die Abteilung; ***she's in ~ here*** hier hat sie das Sagen; ***you're in ~ until the I get back*** Sie haben bis zu meiner Rückkehr die Verantwortung; **in ~ of a motor vehicle** (*form*) am Steuer eines Kraftfahrzeuges; **to have [sole] ~ of sb/sth** für jdn/etw die [alleinige] Verantwortung tragen; **to take [sole] ~ of sb/sth** für jdn/etw die [alleinige] Verantwortung übernehmen; **to leave sb in ~ of sth** jdm für etw *akk* die Verantwortung übertragen ❺ (*dated: person*) Schützling *m;* (*ward*) Mündel *nt* ❻ (*dated form: command*) Auftrag *m* ❼ *no pl* ELEC Ladung *f;* ***the battery has a full ~*** die Batterie ist voll aufgeladen; **to put sth on ~** BRIT etw aufladen ❽ (*explosive*) [Spreng]ladung *f* ❾ ECON, FIN (*guarantee*) Sicherungsrecht *nt;* **fixed ~** dingliche Sicherung; **floating ~** schwebende Belastung ❿ ECON, FIN (*debit on account*) Belastung *f;* **~ on land** [*or* **over property**] Grundschuld *f;* **fixed ~** Fixbelastung *f;* **floating ~** variable Belastung; **~ by way of legal mortgage** formelle Hypothekenbestellung ⓫ LAW (*instructions from judge*) Rechtsbelehrung *f* ⓬ FIN **Class F ~** Steuergruppe F **II.** *vi* ❶ (*for goods, services*) eine Gebühr verlangen; **to ~ for admission** Eintritt verlangen; **to ~ like a wounded bull** AUS für etw *akk* maßlos viel Geld verlangen; ■**to ~ up** ⊂ **sth** etw in Rechnung stellen; ■**to ~ sb with sth** [*or* **sth to sb**] jdm etw in Rechnung stellen, jdm etw berechnen; **to ~ the packing to the customer** [*or* **the customer with the packing**] dem Kunden Verpackungskosten in Rechnung stellen ❷ ECON, FIN (*take as guarantee*) ■**to ~ sth** etw als Sicherheit für einen Kredit belasten ❸ MIL [vorwärts] stürmen, angreifen; ■**to ~ at sb** auf jdn losgehen *fam;* **~!** (*battle cry*) vorwärts! ❹ ELEC [auf]laden **III.** *vt* ❶ (*for goods, services*) ■**to ~ [sb] sth** [jdm] etw berechnen; ***how much do they ~ for a wash and cut?*** was kostet bei ihnen Waschen und Schneiden?; **to ~ sth to sb's account** etw auf jds Rechnung *f* setzen; **to ~ commission** Provision verlangen ❷ LAW ■**to ~ sb** jdn beschuldigen [*o geh* anklagen]; ■**to be ~d with sth** wegen einer S. *gen* angeklagt sein; ***she's been ~d with murder*** sie wurde des Mordes angeklagt ❸ (*attack*) MIL ■**to ~ sb** jdn angreifen; (*animal*) auf jdn losgehen *fam* ❹ (*dated form: command*) ■**to ~ sb to do sth** [*or* **with doing sth**] jdn beauftragen, etw zu tun; ■**to ~ sb with sth** jdn mit etw *dat* beauftragen ❺ ELEC ■**to ~ sth [up]** etw aufladen ❻ MIL (*load*) **to ~ a gun** ein Gewehr laden

chargeable ['tʃɑːdʒəbl̩, AM 'tʃɑːrdʒ-] *adj inv* ❶ LAW strafbar; ■**to be ~ with sth** wegen einer S. *gen* belangt werden können ❷ COMM **to be ~ to …** zu Lasten gehen von …; **sums ~ to the reserve** auf die Rücklage zurechenbare Beträge ❸ *esp* BRIT (*taxable*) **~ income** zu versteuernde Einkünfte; ■**to be ~ to sb** auf jds Kosten *pl* gehen; **sth is ~ to tax** etw muss versteuert werden ❹ ELEC aufladbar; **re-~ battery** wiederaufladbare Batterie

charge account *n* Kreditkonto *nt*

charge-capping ['tʃɑːdʒˌkæpɪŋ, AM 'tʃɑːrdʒ] *n no pl* BRIT Ausgabenlimit *nt* **charge card** *n* [Kunden]kreditkarte *f*

chargé d'affaires <*pl* chargés d'affaires> [ʃɑːʒeɪdæf'eəʳ, AM ʃɑːrʒeɪdə'fer] *n* Chargé d'affaires *m*

chargee [ˌtʃɑː'dʒiː, AM ˌtʃɑːr-] *n* LAW Hypothekengläubiger(in) *m(f)*

chargehand *n* Vorarbeiter(in) *m(f)*

charge nurse *n* BRIT, AUS Stationsleiter(in) *m(f)*

charger ['tʃɑːdʒəʳ, AM -ɚ] *n* ❶ ELEC Ladegerät *nt* ❷ (*liter: horse*) Ross *nt geh;* (*of a cavalryman*) Kavalleriepferd *nt*

charge sheet *n* BRIT Polizeiregister *nt*

charging order ['tʃɑːdʒɪŋ, AM 'tʃɑːr-] *n* LAW Beschlagnahmeverfügung *f*

chariot ['tʃæriət, AM 'tʃer-] *n* Streitwagen *m liter,* Wagen *m*

charioteer [ˌtʃæriə'tɪəʳ, AM 'tʃeriətɪr] *n* Wagenlenker(in) *m(f)*

charisma [kə'rɪzmə] *n no pl* Charisma *nt*

charismatic [ˌkærɪz'mætɪk, AM ˌkerɪz'mæt̬ɪk] *adj* charismatisch

charitable ['tʃærɪtəbl̩, AM 'tʃer-] *adj* ❶ (*generous with money*) großzügig; (*uncritical*) gütig, freundlich ❷ (*of charity*) wohltätig, karitativ; **~ corporation** AM gemeinnützige Stiftung; **~ donations** [*or* **gifts**] Spenden *fpl* für einen wohltätigen Zweck; **a ~ foundation** [*or* **trust**] eine wohltätige Stiftung; **a ~ organization** eine Wohltätigkeitsorganisation

charitably ['tʃærɪtəbli, AM 'tʃer-] *adv* (*generously*) großzügig; (*kindly*) freundlich

charity ['tʃærɪti, AM 'tʃerət̬i] *n* ❶ *no pl* (*generosity*) Barmherzigkeit *f;* **Christian ~** christliche Nächstenliebe; **human ~** Nächstenliebe *f;* **to show ~** Barmherzigkeit zeigen, barmherzig sein ❷ *no pl* (*help*) Mildtätigkeit *f;* (*welfare*) Wohlfahrt *f;* (*donation*) Almosen *nt meist pl;* ***the proceeds go to ~*** die Erträge sind für wohltätige Zwecke bestimmt; **~ concert/programme** Benefizkonzert *nt*/Benefizveranstaltung *f;* **~ work** ehrenamtliche Arbeit [für einen wohltätigen Zweck]; **to accept ~** Almosen annehmen; **to depend on ~** auf Sozialhilfe angewiesen sein, von Sozialhilfe leben; **to donate** [*or* **give**] **sth to ~** etw für wohltätige Zwecke spenden ❸ (*organization*) Wohltätigkeitsorganisation *f;* ***he started a ~ for the blind*** er gründete einen Blindenverein; **international/local ~** internationale/örtliche Wohltätigkeitsorganisation ▶ PHRASES: **~ begins at home** (*prov*) Nächstenliebe beginnt zu Hause; **as cold as ~** (*of low temperature*) eiskalt; (*of person*) hart wie Stein

charity ball *n* Wohltätigkeitsball *m* **Charity Commissioners** *npl* LAW ■**the ~** das Stiftungsaufsichtsamt **charity drive** *n* Wohltätigkeitsveranstaltung *f* **charity shop** *n* BRIT *Laden, in dem gespendete, meist gebrauchte Waren verkauft werden, um Geld für wohltätige Zwecke zu sammeln* **charity walk** *n* Marsch *m* (*für wohltätige Zwecke*)

charlady ['tʃɑːˌleɪdi] *n* BRIT Putzfrau *f,* Reinemachefrau *f*

charlatan ['ʃɑːlətᵊn, AM 'ʃɑːr-] *n* (*pej: fraud*) Scharlatan *m pej;* (*claiming healing skills*) Quacksalber *m pej*

Charleston ['tʃɑːlstən, AM 'tʃɑːrl-] ■**the ~** der Charleston

charley horse ['tʃɑːrliˌ-] *n* AM (*fam: muscle cramp*) [Muskel]krampf *m;* (*muscle stiffness*) Muskelkater *m*

charlie ['tʃɑːli] *n* BRIT (*fam*) ❶ (*dated: idiot*) Dummkopf *m pej,* Blödmann *m fam;* ***he looks a proper ~ in that hat*** er sieht mit diesem Hut wie ein echter Idiot aus *pej fam* ❷ (*dated: breasts*) ■**~s** *pl* Brüste *mpl* ❸ *no pl* (*cocaine*) Koks *m sl;* (*marijuana*) Pot *nt sl*

charm [tʃɑːm, AM tʃɑːrm] **I.** *n* ❶ *no pl* (*attractive quality*) Charme *m;* **to be of [great] ~** [sehr viel] Charme besitzen [*o* haben]; **old-world ~** Charme *m* der Alten Welt; **to turn on the ~** seinen [ganzen] Charme spielen lassen ❷ (*attractive characteristic*) Reiz *m;* ***she used all her ~s*** sie ließ ihren ganzen Charme spielen ❸ (*jewellery*) Anhänger *m* ❹ (*talisman*) Talisman *m;* **lucky** [*or* **good luck**] **~** Glücksbringer *m* ❺ (*spell*) Zauber *m;* **to work like a ~** hervorragend klappen **II.** *vt* ❶ (*delight*) ■**to ~ sb** jdn bezaubern ❷ (*persuade*) ■**to ~ sb into doing sth** jdn dazu bringen, etw zu tun ▶ PHRASES: **to be able to ~ the birds out of the trees** mit seinem Charme alles erreichen können; **to ~ the pants off [of] sb** jdn [völlig] umgarnen

charm bracelet *n* Armband *nt* mit Anhängern

charmed [tʃɑːmd, AM tʃɑːrmd] *adj* ❶ (*delighted*) bezaubert; (*pej, iron*) entzückend *iron;* ***~, I'm sure!*** na, [das ist ja wirklich] entzückend! *iron* ❷ (*fortunate*) vom Glück gesegnet *geh;* **to lead** [*or* **live**] **a ~ life** ein [richtiges] Glückskind sein

charmer ['tʃɑːməʳ, AM 'tʃɑːrmɚ] *n* ❶ (*likeable person*) Liebling *m* aller, Sonnenschein *m* ❷ (*pej: smooth talker*) Schmeichler(in) *m(f);* (*man*) Charmeur *m;* ***he's a real ~!*** (*pej, iron*) welch ein Flegel! *m pej*

charmeuse [ʃɑː'mɜːz] *n no pl* (*soft silk fabric*) Charmeuse *m*

charming ['tʃɑːmɪŋ, AM 'tʃɑːr-] **I.** *adj* (*approv: delightful*) bezaubernd, reizend, charmant; (*pej: seductive*) charmant, reizend; (*inconsiderate*) reizend *pej, iron;* ***oh, that's just ~!*** na, das ist ja reizend! *iron,* wie reizend! *iron;* **~ ways** charmantes Getue **II.** *interj* (*pej, iron*) **~!** reizend! *iron,* wie reizend! *iron*

charmingly ['tʃɑːmɪŋli, AM 'tʃɑːr-] *adv* reizend, charmant

charmless ['tʃɑːmləs, AM 'tʃɑːr-] *adj* (*pej*) fad[e] *fam,* langweilig, reizlos

charm offensive *n* **to start a ~** seinen ganzen Charme spielen lassen **charm school** *n* ≈ Höhere Töchterschule

charnel house *n* (*old*) Beinhaus *nt*

charred [tʃɑːd, AM tʃɑːrd] *adj* verkohlt; **~ ruins** kohlschwarze Ruinen

chart [tʃɑːt, AM tʃɑːrt] **I.** *n* ❶ (*visual*) Diagramm *nt,* Schaubild *nt;* (*table*) Tabelle *f;* **birth ~** *Diagramm* *der Planetenkonstellation bei der Geburt;* **medical** ~ Krankenblatt *nt;* **weather** ~ Wetterkarte *f* ② *(for records, CDs)* ■**the ~s** *pl* die Charts *pl;* **to be in** [*or* **on**] **the ~s** in den Charts sein; **to move up to number one in the ~s** auf Platz eins der Charts kommen; **to drop off the ~s** nicht mehr in den Charts sein; **to hit the ~s** ein Hit werden; **to top the ~s** ein Nummer eins Hit sein **II.** *vt* ■**to ~ sth** ① *(make map)* etw kartographieren ② *(plot)* etw aufzeichnen; *(register)* etw erfassen ③ *(fig: observe minutely)* etw genau [*o* in allen Einzelheiten] erfassen; **to ~ sb's progress** jds Fortschritte *mpl* aufzeichnen [*o* festhalten] ④ *esp* AM *(plan)* etw festlegen; **to ~ a strategy for sth** eine Strategie für etw *akk* festlegen **III.** *vi* in die Charts kommen

charter ['tʃɑ:tə, AM 'tʃɑ:rt̬ɚ] **I.** *n* ① *(statement of rights)* Charta *f* ② *(constitution)* Charta *f; (of society)* Satzung *f* ③ *(exclusive right)* Freibrief *m* ④ *(founding document)* Gründungsurkunde *f* ⑤ *no pl (renting)* ***they went to a place that had boats for ~*** sie gingen zu einem Bootsverleih ⑥ TRANSP Charter *m;* **~ airline** Charterfluggesellschaft *f* ⑦ FIN **bank ~** Bankkonzession *f* **II.** *vt* ① *usu passive (sign founding papers)* ■**to be ~ed** ***the club was ~ed ten years ago*** der Klub wurde vor zehn Jahren gegründet ② *(rent)* ■**to ~ sth** etw chartern [*o* mieten]

charter company *n* Chartergesellschaft *f*

chartered ['tʃɑ:təd, AM 'tʃɑ:rt̬ɚd] *adj inv* ① *(rented out)* gechartert, gemietet; **a ~ plane** eine Chartermaschine ② BRIT, AUS *(officially qualified)* staatlich geprüft

chartered accountant *n esp* BRIT ≈ amtlich zugelassener Wirtschaftsprüfer/zugelassene Wirtschaftsprüferin **Chartered Association of Certified Accountants** *n* ECON, FIN *Verband staatlich anerkannter Buchprüfer und Steuerberater in Großbritannien* **chartered bank** *n* Geschäftsbank *f*

charterer ['tʃɑ:tʳərʳ, AM 'tʃɑ:rt̬ərɚ] *n (company)* Verleih *m; (person)* Verleiher(in) *m(f);* **~ of boats** *(company)* Bootsverleih *m; (person)* Bootsverleiher(in) *m(f)*

charter flight *n* Charterflug *m* **charter member** *n* AM Gründungsmitglied *nt* **Charter of European Unity** *n* EU Europäische Einigungscharta **charter operator** *n* Anbieter *m* von Charterreisen **charter party** *n* ① *(person, people)* Chartergesellschaft *f* ② *(contract)* Chartervertrag *m,* Charte[r]partie *f*

charting ['tʃɑ:tɪŋ, AM 'tʃɑ:rt̬-] *n no pl* ECON, FIN Auswerten *nt* von Schaubildern und Diagrammen

Chartreuse® [ʃɑ:'trɜ:z, AM ʃɑr:'tru:z] **I.** *n no pl* Chartreuse® *m,* Kartäuserlikör *m* **II.** *adj* chartreusegrün

charwoman *n* BRIT *(dated)* Putzfrau *f,* Reinemachefrau *f*

chary ['tʃeəri, AM 'tʃeri] *adj (sparing)* zurückhaltend; *(wary)* vorsichtig; **to be ~ about** [*or* **of**] **strangers** Fremden gegenüber sehr vorsichtig sein

Charybdis [kə'rɪbdɪs] *n* ► PHRASES: **to be between ~ and Scylla** zwischen Szylla und Charybdis stehen [*o* sein] *geh*

chase [tʃeɪs] **I.** *n* ① *(pursuit)* Verfolgungsjagd *f;* **car ~** Autoverfolgungsjagd *f;* **to give ~ to sb** jdn verfolgen, jdm hinterherrennen ② HUNT ■**the ~** die Jagd; **the thrill of the ~** das Jagdfieber, die Lust am Jagen; *(fig)* die Lust an der Verführung **II.** *vi* ■**to ~ after sb/sth** hinter jdm/etw herlaufen; ■**to ~ around** [*or* **about**] herumhetzen *fam; (rollick about)* herumtoben *fam,* herumjagen **III.** *vt* ① *(pursue)* ■**to ~ sb/sth** jdn/etw verfolgen; **to ~ one's dreams** seinen Träumen nachjagen; **to ~ after women** *(fig)* hinter den Frauen her sein ② *(scare away)* **go ~ *yourself!*** *(fam)* scher dich zum Teufel! *fam;* ■**to ~ away ⇔ sb/sth** *(also fig)* jdn/etw vertreiben; ■**to ~ sb away from sth** jdn von etw *dat* vertreiben; ■**to ~ sb/sth ⇔ off** jdn/etw verscheuchen; ■**to ~ sb/sth out of sth** jdn/etw aus etw *dat* verscheuchen ③ BRIT *(fam: put under pressure)* ■**to ~ sb [up] to do sth** jdm Dampf machen, damit er/sie etw tut *fam* ► PHRASES: **to ~ the dragon** *(sl)* Heroin nehmen; **to ~ the game** das Spiel antreiben [*o* vorwärts treiben]; **to ~ one's tail** herumwuseln DIAL; **to ~ one's tail trying to get sth** hinter etw *dat* her sein

chased [tʃeɪst] *adj* ziseliert

chaser ['tʃeɪsəʳ, AM -ɚ] *n (fam)* ① BRIT, AUS *(stronger drink)* Schluck *m* zum Nachspülen; ***I'll have a beer with a whisky ~*** ein Bier bitte und danach einen Whisky zum Nachspülen ② AM *(weaker drink) nur leicht alkoholisches oder alkoholfreies Getränk, z. B. Bier oder Wasser, das nach einem harten alkoholischen Getränk getrunken wird* ③ *(pursuer)* Verfolger *m*

chasm ['kæzəm] *n* ① GEOL Spalte *f,* Kluft *f;* **yawning ~** gähnender Abgrund ② *(fig: omission)* Lücke *f;* **a gaping ~** eine klaffende Lücke ③ *(fig: great discrepancy)* Kluft *f;* **ideological ~** [unüberbrückbare] Meinungsverschiedenheit; **to bridge a ~** eine Kluft überbrücken

chassis <*pl* -> ['ʃæsi, AM *also* 'tʃæsi, *pl* -sɪz] *n* ① *(of car)* Chassis *nt,* Fahrgestell *nt* ② ELEC Chassis *nt,* Montagerahmen *m (von elektronischen Geräten)*

chaste [tʃeɪst] *adj (form)* ① *(virginal)* keusch, unberührt; **a ~ maiden** *(liter or poet)* eine keusche Jungfrau ② *(faithful)* treu ③ *(innocent)* unschuldig, rein ④ *(simple)* schlicht

chastely ['tʃeɪstli] *adv* keusch, unschuldig; *(simple)* schlicht

chasten [tʃeɪsᵗən] *vt usu passive* ■**to ~ sb** jdn zur Einsicht bringen; ■**to be ~ed by sth** durch etw *akk* zur Einsicht gelangen

chastening ['tʃeɪstənɪŋ] *adj* ernüchternd

chastise [tʃæs'taɪz, AM *also* 'tʃæstaɪz] *vt (form)* ■**to ~ sb for sth/for having done sth** jdn wegen einer S. *gen* züchtigen *geh* [*o* schelten]

chastisement [tʃæs'taɪzmənt] *n no pl (form)* Schelte *f bes* NORDD, Zurechtweisung *f; (by hitting)* Züchtigung *f geh*

chastity ['tʃæstəti, AM -ət̬i] *n no pl* ① *(virginity)* Unberührtheit *f,* Reinheit *f* ② *(abstinence)* sexuelle Enthaltsamkeit, Keuschheit *f;* **vow of ~** Keuschheitsgelübde *nt*

chastity belt *n (hist)* Keuschheitsgürtel *m hist*

chasuble ['tʃæzjʊbl̩, AM jə] *n* Messgewand *nt*

chat [tʃæt] **I.** *n* ① *(informal conversation)* Unterhaltung *f,* Plauderei *f,* Schwatz *m fam;* **to have a ~ with sb about sth** mit jdm ein Schwätzchen über etw *akk* halten *fam,* mit jdm über etw *akk* plaudern ② *(euph: admonition)* Unterredung *f;* **to have a little ~ with sb [about sth]** mit jdm ein Wörtchen [über etw *akk*] reden ③ *no pl (gossip)* Gerede *nt,* Geschwätz *nt;* **idle ~** dummes Gerede ④ INET Chat *m* **II.** *vi* <-tt-> ① *(talk informally)* plaudern; ■**to ~ with** [*or* **to**] **sb [about sth/sb]** mit jdm [über etw/jdn] plaudern ② *(talk animatedly)* ■**to ~ away** sich *akk* angeregt unterhalten ③ *(gossip)* schwätzen *bes* SÜDD *pej fam* ④ COMPUT chatten *sl*

◆**chat up** *vt* BRIT, AUS *(fam)* ■**to ~ up ⇔ sb** ① *(flirt)* jdn anbaggern *sl; (speak to)* jdn anquatschen *fam* ② *(persuade)* jdn bequatschen *fam*

chatelaine ['ʃætəleɪn, AM 'ʃæt̬] *n (dated)* Burgherrin *f*

chatline *n* BRIT *Telefonnummer, bei der man anrufen und sich mit anderen (Fremden) unterhalten kann* **chat partner** *n* Chat-Partner(in) *m(f)* **chat room** **I.** *n* INET Chatroom *m* **II.** *n modifier* INET Chatroom- **chat show** *n* Talkshow *f*

chattel ['tʃætəl, AM 'tʃæt̬-] *n* AM LAW [bewegliches] Eigentum, [bewegliche] Habe *geh;* ■**~s** *pl* Hab und Gut *nt geh;* **~ mortgage** Mobiliarhypothek *f;* **goods and ~s** bewegliches Eigentum, Mobiliar *nt;* **~s real** Grundstücksrechte *ntpl;* **~s personal** persönliche Habe; **incorporeal ~s** immaterielle Vermögenswerte

chatter ['tʃætəʳ, AM -t̬ɚ] **I.** *n* Geschwätz *nt;* **~ of birds** [Vogel]gezwitscher *nt;* **idle ~** Geplapper *nt oft pej fam,* Geschnatter *nt pej fam* **II.** *vi* ① *(converse)* ■**to ~ [about sth]** [über etw *akk*] plaudern [*o bes* SÜDD schwätzen]; ■**to ~ away** endlos schwätzen *bes* SÜDD, drauflos quasseln *oft pej fam;* ■**to ~ on about sth** unentwegt über etw *akk* reden ② *(make clacking noises) teeth* klappern; *machines* knattern; *birds* zwitschern ► PHRASES: **the ~ing classes** BRIT *(pej fam)* das Bildungsbürgertum

chatterbox *n (pej fam)* Quasselstrippe *f pej sl*

chattiness ['tʃætɪnəs] *n no pl* Wortgewandtheit *f,* Eloquenz *f geh*

chatty ['tʃæti, AM -t̬i] *adj (fam)* ① *(person)* gesprächig; *(too much)* geschwätzig *pej;* **to be a ~ kind of person** sehr gesprächig [*o pej* geschwätzig] sein ② *(informal)* Plauder-; **a ~ letter** ein äußerst unterhaltsamer Brief; **in a ~ style** im Plauderton

chat-up line *n* BRIT, AUS Anmache *f fam*

chauffeur ['ʃəʊfəʳ, AM 'ʃoʊfɜ:r] **I.** *n* Chauffeur(in) *m(f),* Fahrer(in) *m(f)* **II.** *vt* ■**to ~ sb around** [*or* **about**] jdn herumfahren [*o fam* herumchauffieren]; **to ~ sb everywhere** jdn in der Weltgeschichte herumkutschieren *fam*

chauvinism ['ʃəʊvɪnɪzəm, AM 'ʃoʊ-] *n no pl (pej)* Chauvinismus *m pej;* **male ~** männlicher Chauvinismus

chauvinist ['ʃəʊvɪnɪst, AM 'ʃoʊ-] *(pej)* **I.** *n* Chauvinist(in) *m(f) pej;* **male ~** [männlicher] Chauvinist *pej;* **male ~ pig** Chauvinistenschwein *nt pej sl* **II.** *adj see* **chauvinistic**

chauvinistic [ʃəʊvɪ'nɪstɪk, AM ʃoʊ-] *adj (pej)* chauvinistisch *pej*

chauvinistically [ʃəʊvɪ'nɪstɪkəli, AM ʃoʊ-] *adv (pej)* chauvinistisch *pej*

cheap [tʃi:p] *adj* ① *(inexpensive)* billig, preiswert; **a ~ ticket** eine ermäßigte Eintritts-/Fahrkarte; **dirt ~** spottbillig *fam;* **to buy sth ~** etw billig [*o* preiswert] kaufen; ***they work out ~er by the box*** sie kommen billiger pro Kiste ② *(pej: exploited)* billig; **~ labour** billige Arbeitskräfte ③ *(worthless)* wertlos ④ *(pej: of bad quality)* minderwertig, billig ⑤ *(pej: miserly)* geizig, knauserig *fam,* knick[e]rig *fam* ⑥ *(pej: sexually easy)* leicht zu haben, billig *pej;* **to feel ~** sich *dat* schäbig vorkommen; **to look ~** ordinär aussehen ⑦ *(pej: cruel)* gemein; **~ joke about sth** billiger Witz über etw *akk* ► PHRASES: **~ at half the price** BRIT, AUS *(fam)* äußerst günstig; **a ~ shot** ein Schuss *m* unter die Gürtellinie; **~ and cheerful** BRIT, AUS *(fam)* gut und preiswert; **~ and nasty** BRIT, AUS *(fam)* billig und schäbig; **to be ~ and nasty** [billiger] Ramsch sein *pej fam;* **to buy sth on the ~** etw für 'nen Appel und 'n Ei bekommen DIAL *fam,* etw für ein Butterbrot bekommen; **to get sth on the ~** *(fam)* etw billiger bekommen

cheapen ['tʃi:pən] *vt* ① *(reduce price)* ■**to ~ sth** etw verbilligen [*o* billiger machen] ② *(degrade)* ■**to ~ sb** jdn schlecht machen

cheapie ['tʃi:pi] *(sl)* **I.** *n* Billigartikel *m* **II.** *adj attr* Billig-, Ramsch- *pej fam*

cheap-jack ['tʃi:pdʒæk] *(dated)* **I.** *n* Ramschhändler(in) *m(f) pej fam* **II.** *adj* Ramsch-

cheaply ['tʃi:pli] *adv* billig, preisgünstig

cheapness ['tʃi:pnəs] *n no pl* ① *(low price)* Billigkeit *f,* niedriger Preis ② *(fam: miserliness)* Geiz *m*

cheapo ['tʃi:pəʊ, AM -poʊ] **I.** *n see* **cheapie** **II.** *adj see* **cheapie**

cheap rate *n* Billigtarif *m,* verbilligter Tarif **cheapskate** *(fam)* **I.** *n* Geizkragen *m pej fam* **II.** *adj attr* knick[e]rig *fam,* knauserig *fam* **cheap time** *n* AM *(fam)* Billigtarifzeit *f*

cheapy ['tʃi:pi] **I.** *n see* **cheapie** **II.** *adj attr (fam) see* **cheapie**

cheat [tʃi:t] **I.** *n* ① *(dishonest person)* Betrüger(in) *m(f); (in game)* Mogler(in) *m(f) fam; (in card game)* Falschspieler(in) *m(f); (in school)* Schummler(in) *m(f) fam* ② *(fraud)* Täuschung *f* **II.** *vi* betrügen; *(esp in game)* mogeln *fam;* **to ~ in an exam** [*or* **a test**] bei einer Prüfung mogeln; **to be caught ~ing** beim Mogeln [*o* Schummeln] ertappt werden *fam;* ■**to ~ at sth** bei etw *dat* mogeln *fam;* ■**to ~ on sb [with sb]** jdn [mit jdm] betrügen **III.** *vt* ① *(treat dishonestly)* ■**to ~ sb** jdn täuschen; *(financially)* jdn betrügen [*o fam* übers Ohr hauen]; **to ~ the taxman** Steuern hinterziehen; ■**to ~ sb out of sth** jdn um etw *akk* betrügen ② *(liter)* **to ~ death** dem Tod entkommen

cheater ['tʃi:təʳ, AM ɚ] *n* Schummler(in) *m(f) fam*

cheat sheet *n* AM *(sl)* Spicker *m* DIAL *sl,* Spickzettel *m* DIAL *sl*

Chechen ['tʃetʃen] *adj inv* tschetschenisch

check [tʃek] **I.** *n* ❶ (*inspection*) Überprüfung *f*, Kontrolle *f*; **security** ~ Sicherheitskontrolle *f*; **spot ~s** Stichproben *fpl* ❷ (*look*) **to take a quick** ~ schnell nachsehen [*o bes* SÜDD, ÖSTERR, SCHWEIZ nachschauen] ❸ (*search for information*) Suchlauf *m*; **background** ~ Nachforschungen *fpl*; **to run a** ~ **on sb** Nachforschungen über jdn anstellen ❹ *no pl* (*restraint*) Kontrolle *f*; **the ~s and balances** POL, LAW das Sicherheitssystem; **to hold** [*or* **keep**] **sth in** ~ etw unter Kontrolle halten ❺ AM (*ticket*) Garderobenmarke *f* ❻ (*pattern*) Karo[muster] *nt* ❼ CHESS Schach *nt*; **to give** ~ [jdm] Schach bieten; **to be in** ~ im Schach stehen ❽ AM (*tick*) Haken *m* ❾ AM (*cheque*) Scheck *m*; *see also* **cheque** ❿ AM, SCOT (*bill*) Rechnung *f* **II.** *adj* Karo- **III.** *vt* ❶ (*inspect*) ■**to** ~ **sth** etw überprüfen [*o* kontrollieren]; **to double-~ sth** etw doppelt [*o* noch einmal] überprüfen ❷ (*prevent*) ■**to** ~ **sth** *attack* etw aufhalten ❸ *esp* AM (*temporarily deposit*) ■**to** ~ **sth** etw zur Aufbewahrung geben; **to** ~ **one's bags/suitcase** AVIAT sein Gepäck/seinen Koffer aufgeben [*o* einchecken] ❹ CHESS **to** ~ **sb's king** jdm Schach bieten ❺ AM (*make a mark*) ■**to** ~ **sth** etw abhaken **IV.** *vi* ❶ (*examine*) nachsehen, nachschauen *bes* SÜDD, ÖSTERR, SCHWEIZ; ■**to** ~ **on sth** nach etw *dat* sehen ❷ (*consult, ask*) ■**to** ~ **with sb** bei jdm nachfragen; **to** ~ **with a doctor/lawyer** einen Arzt/Anwalt konsultieren *geh* ❸ *esp* AM (*be in accordance*) ■**to** ~ [**with sth**] [mit etw *dat*] übereinstimmen

◆**check in I.** *vi* (*at airport*) einchecken; (*at hotel*) sich *akk* [an der Rezeption] anmelden; **to** ~ **in at a hotel** in einem Hotel absteigen **II.** *vt* ■**to** ~ **sb in** (*at airport*) jdn abfertigen [*o* einchecken]; (*at hotel*) jdn anmelden; **to** ~ **one's luggage in** sein Gepäck einchecken lassen

◆**check off** *vt* ■**to** ~ **off** ◯ **sth** etw abhaken; ■**to** ~ **off** ◯ **sb** jdn als anwesend führen

◆**check out I.** *vi* sich *akk* abmelden; **to** ~ **out of** [*or* **from**] **a room** ein [Hotel]zimmer räumen **II.** *vt esp* AM ❶ (*investigate*) ■**to** ~ **out** ◯ **sth** etw untersuchen [*o* überprüfen] ❷ (*sl: observe*) ■**to** ~ **out** ◯ **sth** sich *dat* etw *akk* ansehen, etw auschecken *sl* ▶ PHRASES: ~ **it out!** schau dir bloß mal das an!

◆**check over** *vt* ■**to** ~ **over** ◯ **sth** etw überprüfen

◆**check through** *vt* ■**to** ~ **through** ◯ **sth** etw durchgehen [*o* durchsehen]

◆**check up** *vt* ■**to** ~ **up on sb/sth** ❶ (*monitor*) jdn/etw überprüfen [*o* kontrollieren] ❷ (*research*) über jdn/etw Nachforschungen anstellen

checkable ['tʃekəbl̩] *adj inv* AM ECON, FIN für Schecks benutzbar

check digit *n* ECON Prüfziffer *f*

checked [tʃekt] *adj inv* kariert, Karomuster *nt*

checker ['tʃekəʳ, AM -ɚ] *n* ❶ (*person who checks*) Prüfer(in) *m(f)* ❷ AM (*game piece*) Spielstein *m*, [*im Damespiel*] ❸ (*draughts*) ■**~s** + *sing vb* Damespiel *nt* ❹ AM (*cashier*) Kassierer(in) *m(f)*

checkerboard *n* AM Damebrett *nt*

checkerboarding *n* COMPUT spezielle Speicherorganisation

checkered *adj* AM *see* **chequered**

check-in ['tʃekɪn] *n* ❶ (*registration for flight*) Einchecken *nt*, Abfertigung *f* ❷ (*place in airport*) Abfertigungsschalter *m*, Abflugschalter *m*; (*in hotel*) Rezeption *f* **check-in counter** *n*, **check-in desk** *n* Abfertigungsschalter *m*, Abflugschalter *m*

checking ['tʃekɪŋ] *n no pl* AM gebührenfreie [Scheck]abbuchung

checking account *n* AM (*current account*) Girokonto *nt*; **to have a** ~ **at a bank** ein Girokonto bei einer Bank haben; **to open a** ~ ein Girokonto eröffnen

check-in hall *n* BRIT Abfertigungshalle *f* **checklist** *n* Checkliste *f*, Kontrollliste *f* **checkmate I.** *n no pl* ❶ CHESS Schachmatt *nt*; **to be** ~ schachmatt sein ❷ (*fig: defeat*) das Aus **II.** *vt* ■**to** ~ **sb** ❶ CHESS (*trap king*) jdn schachmatt setzen ❷ (*fig: be victorious*) jdn matt setzen *fig*; ■**to** ~ **sth** etw zunichte machen **checkoff** *n* AM *Einzug der Gewerkschaftsbeiträge durch den Betrieb* **checkout** *n* Kasse *f*; **to work at** [*or* **on**] **the** ~ an der Kasse sitzen

checkout time *n* Zeitpunkt *m* des Auscheckens

checkpoint *n* Kontrollpunkt *m*; **C~ Charlie** (*hist*) Checkpoint Charlie *m* **check room** *n* AM ❶ (*for coats*) Garderobe *f* ❷ (*for luggage*) Gepäckaufbewahrung *f* **check routing symbol** *n* FIN Bankleitzahl *f*

checksum *n* COMPUT Kontrollsumme *f* **check-up** *n* [allgemeine] [Kontroll]untersuchung; (*dental visit*) zahnärztliche [Kontroll]untersuchung; **to go for a** ~ zu einer [Kontroll]untersuchung gehen, einen Check-up machen lassen *fam*

cheddar ['tʃedəʳ, AM -ɚ] *n no pl* Cheddar[käse] *m*

cheek [tʃi:k] *n* ❶ (*of face*) Wange *f geh*, Backe *f*; **to dance** ~ **to** ~ Wange an Wange tanzen *geh* ❷ (*sl: of buttocks*) [Arsch]backe *f derb* ❸ *no pl* (*impertinence*) Frechheit *f*, Unverschämtheit *f*, Dreistigkeit *f*; **to be a** ~ eine Unverschämtheit sein; **to give sb** ~ frech zu jdm sein; **to have the** ~ **to do sth** die Stirn haben [*o* die Dreistigkeit besitzen], etw zu tun ▶ PHRASES: **to be** ~ **by jowl with sth** mit etw *dat* auf engstem Raum beieinander stehen; **to turn the other** ~ die andere Wange [auch] hinhalten *geh*

cheekbone *n usu pl* Wangenbein *nt*, Jochbein *nt*; **high ~s** hohe Wangenknochen *mpl*

cheekily ['tʃi:kɪli] *adv* frech, dreist, vorlaut

cheekiness ['tʃi:kɪnəs] *n no pl* Frechheit *f*, Dreistigkeit *f*

cheeky ['tʃi:ki] *adj* (*impertinent*) frech, dreist; (*lacking respect*) schnippisch, vorlaut; ■**to be** ~ **to sb** zu jdm frech [*o* unverschämt] sein

cheep [tʃi:p] **I.** *n* ❶ (*of bird*) Piepser *m fam*; (*act*) Piepen *nt* ❷ (*any small noise*) Pieps *m fam*; **to not get a** ~ **out of sb** aus jdm nichts [*o fam* keinen Pieps] herausbekommen; **to not hear a** ~ **out of sb** keinen Muckser von jdm hören *fam* **II.** *vi* piep[s]en

cheer [tʃɪəʳ, AM tʃɪr] **I.** *n* ❶ (*shout*) Hurraruf *m*, Beifallsruf *m*; (*cheering*) Jubel *m*; ***three ~s for the champion!*** ein dreifaches Hoch auf den Sieger!; **two ~s** super! *iron*, toll! *iron*; **to give a** ~ Hurra rufen, in Beifallsrufe ausbrechen ❷ *no pl* (*joy*) Jubel *m*, Freude *f*; [**to spread**] **Christmas** ~ (*old*) Weihnachtsfreude *f* [verbreiten]; **to be of good** ~ (*liter*) guten Mutes [*o geh* wohlgemut] sein; **what ~?** (*liter or old*) wie geht es [dir/Ihnen]? **II.** *vi* ❶ (*shout*) **to** ~ **for joy** vor Freude jubeln; ■**to** ~ **for sb** jdn anfeuern ❷ (*liter: make happy*) ■**to** ~ **sb** jdn aufmuntern ▶ PHRASES: **the cup that ~s** [**but not inebriates**] eine aufmunternde Tasse Tee

◆**cheer on** *vt* ■**to** ~ **sb on** jdn anfeuern

◆**cheer up I.** *vi* vergnügt[er] [*o* heiter[er]] werden; ~ ***up!*** lass [doch] den Kopf nicht hängen!, Kopf hoch!; ***he ~ed up at the thought that it was nearly the holidays*** bei dem Gedanken an die nahenden Ferien, ging es ihm schon besser **II.** *vt* ■**to** ~ **sb** ◯ **up** jdn aufmuntern [*o* aufheitern]

cheerful ['tʃɪəfᵊl, AM 'tʃɪr-] *adj* ❶ (*happy*) fröhlich, vergnügt; (*of positive attitude*) heiter; (*optimistic*) optimistisch; **in a** ~ **mood** gut gelaunt, gut aufgelegt; ■**to be** ~ **about sth** froh über etw *akk* sein ❷ (*bright*) heiter; *colour* leuchtend, fröhlich; *tune* fröhlich ❸ (*willing*) [bereit]willig

cheerfully ['tʃɪəfᵊli, AM 'tʃɪr-] *adv* (*happily*) fröhlich, vergnügt; (*in carefree manner*) heiter, sorglos

cheerfulness ['tʃɪəfᵊlnəs, AM 'tʃɪr-] *n no pl* (*happiness*) Heiterkeit *f*, Fröhlichkeit *f*, Frohsinn *m*; (*good mood*) gute Laune

cheerily ['tʃɪərɪli, AM 'tʃɪr-] *adv* fröhlich, vergnügt

cheeriness ['tʃɪərɪnəs, AM 'tʃɪr-] *n no pl* ❶ (*happiness*) Fröhlichkeit *f*, Munterkeit *f* ❷ (*brightness*) Leuchten *nt*; (*clearness*) Heiterkeit *f*

cheerio ['tʃɪəriəʊ] *interj* BRIT (*fam*) ❶ (*goodbye*) tschüs[s] *fam* ❷ (*good health*) prost *fam*, zum Wohl

cheerleader *n* Cheerleader *m*

cheerless ['tʃɪələs, AM 'tʃɪr-] *adj* (*gloomy*) düster, trüb; (*joyless*) freudlos

cheerlessness ['tʃɪələsnəs, AM 'tʃɪr-] *n no pl* Düsterkeit *f*, Trübsinn *m*

cheers [tʃɪəz, AM tʃɪrz] *interj* (*fam*) ❶ (*good health*) prost *fam*, zum Wohl ❷ BRIT (*thanks*) danke [schön] ❸ BRIT (*goodbye*) tschüs[s] *fam*

cheery ['tʃɪəri, AM 'tʃɪri] *adj* fröhlich, lustig

cheery-bye *interj* BRIT (*dated fam*) tschüs[s] *fam*, ciao *sl*

cheese [tʃi:z] **I.** *n no pl* Käse *m*; **goat's** ~ Ziegenkäse *m*; **a grilled** ~ **sandwich** ein getoastetes Käsesandwich; **hard** ~ Hartkäse *m*; **melted** ~ Schmelzkäse *m* ▶ PHRASES: **as different as chalk and** ~ so verschieden wie Tag und Nacht; **the big** ~ *esp* AM (*fam*) der Boss *fam*; **hard** [*or* BRIT **stiff**] [*or* AUS **tough**] ~ (*fam*) Künstlerpech! *hum fam*; **to cut the** ~ AM (*sl*) furzen *derb*, einen ziehen [*o* streichen] lassen *fam*; **say** ~ sag[t] 'cheese'!, bitte [schön] lächeln! **II.** *n modifier* (*dish, filling, sauce*) Käse-; ~ **sandwich** Käsebrot *nt*; **grilled** ~ **sandwich** getoastetes Käsesandwich **III.** *vt* AM (*dated sl*) ~ ***it!*** hau ab! *fam*, mach die Fliege! *fam*

◆**cheese off** *vt* BRIT, AUS (*fam*) ■**to** ~ **sb off** jdm stinken *fam*

cheeseboard ['tʃi:zbɔ:d, AM bɔ:rd] *n* Käseplatte *f*

cheeseburger *n* Cheeseburger *m* **cheesecake** *n* ❶ (*cake*) Käsekuchen *m*; **blueberry/cherry/strawberry** ~ Käsekuchen *m* mit Heidelbeeren/Kirschen/Erdbeeren ❷ *no pl esp* AM (*dated sl: picture*) Pin-up-Girl *nt* **cheesecloth** *n no pl* Leinen *nt*, indische Baumwolle **cheese cutter** *n Draht zum Schneiden von Käse*

cheesed off [,tʃi:zd'ɒf] *adj* BRIT, AUS (*fam*) angeödet *fam*; ■**to be** ~ **with sb** auf jdn sauer sein *fam*

cheese fries *npl* mit Käse überbackene Pommes frites

cheese knife *n* Käsemesser *nt* **cheeseparing** *n no pl* (*pej*) Knauserei *f pej fam*, Pfennigfuchserei *f fam* **cheese straw** *n* Käsestange *f* **cheese whiz®** *n no pl* AM *eine Art Schmelzkäse*

cheesy ['tʃi:zi] *adj* ❶ (*with cheese flavour*) käsig ❷ (*fam: smelly*) übel riechend *attr*; ~ **feet** Käsefüße *mpl pej sl*, Schweißfüße *mpl* ❸ (*fam: not genuine*) **a** ~ **grin** [*or* **smile**] ein Zahnpastalächeln *nt* ❹ AM (*fam: not funny*) plump, billig ❺ AM (*fam: corny, clichéd*) abgedroschen *fam*, geschmacklos; (*shoddy*) schäbig, abgerissen

cheetah ['tʃi:tə, AM -t̬ə] *n* Gepard *m*

chef [ʃef] *n* Koch, Köchin *m, f*; **head-~** Chefkoch, Chefköchin *m, f*; **pastry** ~ Chefkonditor(in) *m(f)*

chef d'oeuvre <*pl* chefs d'oeuvre> [,ʃeɪ'dɜ:vrə, *pl* ʃeɪ'dɜ:vrə] *n* (*form*) Meisterstück *nt*; ART Meisterwerk *nt*

Chelsea bun [,tʃelsi:'-] *n* Rosinenschnecke *f*

chemical ['kemɪkᵊl] **I.** *n* (*substance*) Chemikalie *f*; (*additive*) chemischer Zusatz; **toxic** ~ giftige chemische Substanz **II.** *adj* chemisch, Chemie-; ~ **attack** Angriff *m* mit chemischen Waffen; ~ **industry** Chemieindustrie *f*; ~ **dependency** Abhängigkeit *f*, Sucht *f*

chemical engineering *n no pl* Chemotechnik *f*

chemical equation *n* chemische Gleichung

chemical formula *n* chemische Formel

chemically ['kemɪkᵊli] *adv* chemisch

chemical reaction *n* chemische Reaktion; **to set off a** ~ eine chemische Reaktion in Gang setzen

chemical warfare *n no pl* chemische Krieg[s]führung **chemical weapon** *n* chemische Waffe

chemise [ʃə'mi:z] *n* ❶ (*underwear*) Unterhemd *nt* ❷ (*dress*) Hänger *m*, Hängekleid *nt*

chemist ['kemɪst] *n* ❶ (*student of chemistry*) Chemiker(in) *m(f)* ❷ BRIT, AUS (*store, shop*) *Drogerie, in der man auch Medikamente erhält*

chemistry ['kemɪstri] *n no pl* ❶ (*study*) Chemie *f*; ~ **lab**[**oratory**] chemisches Labor, Chemielabor *nt*; SCH Chemiesaal *m* ❷ CHEM (*make-up*) chemische Zusammensetzung ❸ (*fam: attraction*) [geistige und körperliche] Anziehungskraft; ***the ~ is right between them*** die Chemie stimmt zwischen den beiden

chemist's *n see* **chemist**

chemotherapy [,ki:mə(ʊ)'θerəpi, AM ,ki:moʊ-] *n no pl* Chemotherapie *f*; **to undergo** ~ sich *akk* einer Chemotherapie unterziehen, eine Chemotherapie machen

C

chenille [ʃəˈniːl] *n no pl* (*cord, thread*) Chenille *f;* (*cloth*) *Stoff mit Chenille;* ~ **jumper** Chenillepullover *m*

cheque [tʃek], AM **check** *n* Scheck *m;* ■ **a ~ for ...** ein Scheck über ...; **to give sb a blank ~** (*also fig*) jdm einen Blankoscheck geben *a. fig;* **to make ~s payable to sb** auf jdn Schecks ausstellen; **to make a ~ out to sb** jdm einen Scheck ausstellen; **to pay by** [*or* **with a**] **~** mit [einem] Scheck bezahlen; **to write sb a ~** jdm einen Scheck [aus]schreiben [*o* ausstellen]

cheque account *esp* AUS, AM **check account** *n* Girokonto *nt* **chequebook** *n* Scheckheft *nt,* Scheckbuch *nt* **chequebook journalism** *n* Scheckbuchjournalismus *m sl* **cheque card** *n* Scheckkarte *f*

chequered [ˈtʃekəd], AM **checkered** [-əd] *adj* ① (*patterned*) kariert; (*spotted*) gescheckt ② (*inconsistent*) *history, past* bewegt; (*varied*) bunt; **to have a ~ career** eine bewegte Laufbahn haben *euph*

chequered flag *n* ① (*flag*) schwarzweiß karierte Flagge; **to take the ~** das Rennen gewinnen ② (*end of race*) Ende *nt* des Rennens

cherish [ˈtʃerɪʃ] *vt* ■ **to ~ sb/sth** jdn/etw [wert]schätzen; **to ~ a hope/hopes** eine Hoffnung/Hoffnungen *fpl* hegen *geh;* **to ~ memories of sb/sth** an jdn/etw gute Erinnerungen hegen *geh*

cherished [ˈtʃerɪʃt] *adj attr* [hoch] geschätzt, in Ehren gehalten

Cherokee [ˈtʃerəki] **I.** *n* <*pl* – *or* -s> Cherokee *m o f* **II.** *adj inv* der Cherokee *nach n*

cheroot [ʃəˈruːt] *n* Stumpen *m*

cherry [ˈtʃeri] **I.** *n* ① (*fruit*) Kirsche *f;* **morello** [*or* **sour**] ~ Schattenmorelle *f,* Sauerkirsche *f;* **wild ~** Vogelkirsche *f* ② (*tree*) Kirschbaum *m* ③ (*sl: hymen*) Jungfernhäutchen *nt;* (*virginity*) Jungfräulichkeit *f;* **to lose one's ~** (*fam*) seine Unschuld verlieren; **to pop sb's ~** (*fam*) jdn entjungfern ► PHRASES: **to have a bite of the ~** eine Chance haben; **life is just a bowl of cherries** (*prov*) das Leben ist einfach wunderbar; **sth isn't a bowl of cherries** etw ist kein Spaziergang *fam;* **the ~ on the cake** (*fig*) das Tüpfelchen auf dem i **II.** *n modifier* ① (*fruit*) (*ice cream, jam, orchard, tart, tree*) Kirsch-; (*tree*) (*wood*) Kirschbaum- ② (*flavoured*) (*bubblegum, cola*) Kirsch-, mit Kirschgeschmack ③ (*red*) kirschrot

cherry blossom *n* Kirschblüte *f* **cherry brandy** *n no pl* Kirschlikör *m* **cherry-pick** *vt* ■ **to ~ sth** [sich *dat*] etw herauspicken **cherry-picker** *n* Bockkran *m* **cherry-red** *adj inv* kirschrot **cherry stone** *n* Kirschkern *m* **cherry tomato** *n* Cocktailtomate *f*

cherub [ˈtʃerəb, *pl* -bɪm] *n* ① <*pl* -s *or* -im> REL (*angel*) Cherub *m;* ART Putte *f,* Putto *m* ② <*pl* -s> (*approv fam: child*) Engelchen *nt*

cherubic [tʃeˈruːbɪk] *adj* engelhaft, engel[s]gleich *geh*

cherubim [ˈtʃerəbɪm] *n pl of* **cherub**

cherub-like *adj* engel[s]gleich *geh,* cherubinisch

chervil [ˈtʃɜːvɪl, AM ˈtʃɜːr-] *n no pl* Kerbel *m*

Cheshire cat [ˈtʃeʃəʳ-, AM -ɚ-] *n* ► PHRASES: **to grin like a ~** wie ein Nilpferd grinsen

chess [tʃes] *n no pl* Schach[spiel] *nt*

chessboard *n* Schachbrett *nt* **chessman** *n,* **chesspiece** *n* Schachfigur *f* **chess set** *n* Schachspiel *nt*

chest [tʃest] *n* ① (*torso*) Brust *f,* Brustkorb *m;* **to fold one's arms across one's ~** die Arme vor der Brust verschränken; **~ pains** Schmerzen *mpl* in der Brust; **hairy ~** haarige [Männer]brust ② (*woman's breast*) Brust *f,* Busen *m* ③ (*trunk*) Truhe *f;* (*box*) Kiste *f;* **medicine ~** Arzneimittelschränkchen *nt,* Hausapotheke *f* ④ (*treasury*) Schatzkästchen *nt* ► PHRASES: **to keep** [*or* **play**] **one's cards close to one's ~** sich *dat* nicht in die Karten sehen lassen; **to get sth off one's ~** sich *dat* etw von der Seele reden, etw loswerden *fam*

chest cold *n* Bronchialerkältung *f,* Bronchitis *f*

chesterfield [ˈtʃestəfiːld, AM -tɚ-] *n* ① (*sofa*) Chesterfieldsofa *nt* ② (*coat*) Chesterfield *m*

chest freezer *n* Gefriertruhe *f*

chestnut I. *n* ① (*nut*) Kastanie *f;* **horse ~** Rosskastanie *f;* **hot ~** heiße [Ess]kastanie [*o* Marone]; **sweet ~** Edelkastanie *f* ② **old ~** (*fam: joke*) olle Kamelle *f fam,* Witz *m* mit Bart *fam* ③ (*horse*) Fuchs *m* ► PHRASES: **to pull sb's ~s out of the fire** für jdn die Kastanien aus dem Feuer holen *fam* **II.** *n modifier* (*cream, mousse, puree, stuffing, wood*) Kastanien- **III.** *adj* kastanienfarben; **~ hair** kastanienbraunes Haar

chest of drawers *n* Kommode *f*

chesty [ˈtʃesti] *adj* ① (*having a cold*) erkältet, grippig *fam;* **~ cough** tief sitzender Husten; **to get ~** *esp* BRIT Husten bekommen ② (*fam: with large breasts*) vollbusig

cheval glass [ʃəˈvælglɑːs] *n,* **cheval mirror** [ʃəˈvælˌmɪrəʳ, AM ɚ] *n* Drehspiegel *m*

chevron [ˈʃevrᵊn] *n* ① MIL (*stripe*) Winkel *m* ② BRIT (*road sign*) Kurvenschild *nt*

chew [tʃuː] **I.** *n* ① (*bite*) Bissen *m;* **to have a ~ on sth** auf etw *dat* herumkauen *fam* ② (*candy*) Kaubonbon *m o nt* **II.** *vt* ■ **to ~ sth** etw kauen; (*bite on*) auf etw *dat* herumkauen *fam;* **to ~ one's fingernails/lips** an den Nägeln kauen/auf den Lippen herumbeißen *fam* ► PHRASES: **to ~ the fat with sb** (*fam*) mit jdm über Gott und die Welt reden [*o* ein Schwätzchen halten] *fam* **III.** *vi* kauen ► PHRASES: **to bite off more than one can ~** sich *akk* zu viel zumuten

◆**chew on** *vi* ■ **to ~ on sth** ① (*gnaw*) auf etw *dat* herumkauen ② (*fam: consider at length*) sich *dat* etw [gründlich] durch den Kopf gehen lassen

◆**chew out** *vt* ■ **to ~ sb out** *esp* AM (*fam*) jdn zusammenstauchen *fam,* jdm gehörig den Kopf waschen *fam*

◆**chew over** *vi* ■ **to ~ over** ⊂ **sth** sich *dat* etw gründlich überlegen [*o* durch den Kopf gehen lassen]

◆**chew up** *vt* ■ **to ~ up** ⊂ **sth** ① (*masticate*) etw zerkauen; (*finish*) *animal* etw auffressen ② (*destroy*) etw zerstören

chewing gum *n no pl* ① (*sweet*) Kaugummi *m o nt;* **a piece** [*or* **stick**] **of ~** [ein Stück *nt*] Kaugummi ② (*fig: mindless occupation*) hirnlose Tätigkeit *fam*

chewy [ˈtʃuːi] *adj meat* zäh; *toffee* weich; *biscuits* klebrig

chiaroscuro [kiˌɑːrəˈskʊərəʊ, AM -ˈskjʊroʊ] *n no pl* Helldunkel *nt,* Chiaroscuro *nt fachspr*

chic [ʃiːk] **I.** *n* Chic *m,* Schick *m* **II.** *adj* chic, schick, elegant

Chicago [ʃɪˈkɑːgoʊ] *n* ECON, FIN **the ~ Board of Trade** *Warenbörse von Chicago an der Metalle, Weichwaren und Finanztermingeschäfte gehandelt werden;* **the ~ Mercantile Exchange** *Warenbörse von Chicago, an der lebendes Inventar und Finanztermingeschäfte gehandelt werden;* **the ~ school** die Chicagoer Schule

Chicana [tʃɪˈkɑːnɑ] *n* AM (*also pej fam*) Chicana *f*

chicane [ʃɪˈkeɪn] *n* AUTO, SPORTS Schikane *f*

chicanery [ʃɪˈkeɪnᵊri] *n no pl* (*pej*) Machenschaften *fpl;* (*political*) Winkelzug *m meist pl*

Chicano [tʃɪˈkɑːnoʊ] *n* AM (*also pej fam*) Chicano *m*

chichi <-er, -est> [ˈʃiːʃiː] **I.** *adj* ① (*pej: of style*) übertrieben schick, aufgesetzt; (*overly ornate*) überspannt ② (*in fashion*) Schickeria- **II.** *n* ① (*style*) [prätentiöses] Gehabe, Chichi *nt geh* ② AM (*sl: woman's breast*) Brust *m*

chick [tʃɪk] *n* ① (*baby chicken*) Küken *nt;* (*young bird*) [Vogel]junges *nt* ② (*sl: young female*) Kleine *f fam;* (*pej*) junges Ding *fam,* Mieze *f sl,* Hase *m fam,* Puppe *f fam*

chickabiddy [ˈtʃɪkəbɪdi] *n* (*fam*) Schätzelchen *nt fam,* Mäuschen *nt fam*

chicken [ˈtʃɪkɪn] **I.** *n* ① (*farm bird*) Huhn *nt;* **a headless ~** (*fig*) ein kopfloses [*o* aufgescheuchtes] Huhn *fam* ② *no pl* (*meat*) Hähnchen *nt,* Hühnchen *nt;* **fried/roasted ~** Brathähnchen *nt;* **grilled ~** Grillhähnchen *nt* ③ (*pej sl: person lacking courage*) Angsthase *m fam,* Feigling *m;* **to play ~** eine Mutprobe machen [*o* ablegen] ► PHRASES: **it's a ~ and egg situation** hier stellt sich die Frage, was zuerst da war: die Henne oder das Ei?, das ist eine [echte] Zwickmühle; **to be no spring ~** nicht mehr der/die Jüngste sein *fam;* **don't count your ~s before they're hatched** (*prov*) man soll den Tag nicht vor dem Abend loben *prov* **II.** *adj* (*pej sl*) feige, ängstlich; **to be too ~ to do sth** zu feige sein, [um] etw zu tun

◆**chicken out** *vi* (*pej sl*) kneifen *fam,* es mit der Angst kriegen *fam;* ■ **to ~ out of sth** [*or* **doing sth**] vor etw *dat* kneifen *fam;* ■ **to ~ out on sb/sth** sich *akk* von jdm/etw abseilen *fig fam*

chicken broth *n no pl* Hühnerbrühe *f* **chicken coop** *n* kleiner Hühnerstall **chicken farm** *n* Hühnerfarm *f* **chickenfeed** *n no pl* ① (*fodder*) Hühnerfutter *nt* ② (*of money*) nur ein paar Groschen *fam,* Peanuts *pl iron sl;* ***he gets paid ~ for the work he does*** er bekommt für seine Arbeit nur einen Hungerlohn *pej* **chicken-hearted** *adj,* **chicken-livered** *adj* ängstlich, feige **chickenpox** *n* Windpocken *pl;* **~ scars** Pockennarben *fpl* **chicken run** *n* Hühnerhof *m,* [Hühner]auslauf *m* **chickenshit I.** *n* (*pej! sl*) ① (*coward*) Angsthase *m fam,* Feigling *m,* Schisser *m pej sl* ② (*worthless person*) kleiner Wicht *pej* **II.** *adj* (*pej! sl*) ① (*cowardly*) ängstlich, feige ② (*worthless*) mick[e]rig *pej fam,* lausig *pej* **chicken wire** *n* Hühnerdraht *m,* Maschendraht *m* **chicken yard** *n* AM Hühnerhof *m*

chickpea [ˈtʃɪkpiː] *n* Kichererbse *f*

chickweed [ˈtʃɪkwiːd] *n no pl* BOT Vogelmiere *f*

chicory [ˈtʃɪkᵊri] *n no pl* ① (*vegetable*) Chicorée *m o f* ② (*drink*) Zichorie *f*

chide [tʃaɪd] *vt* (*form*) ■ **to ~ sb** [**for sth**] jdn [wegen einer S. *gen*] tadeln [*o geh* schelten]

chief [tʃiːf] **I.** *n* ① (*head of organization*) Leiter(in) *m(f),* Chef(in) *m(f)* ② (*leader of people*) Führer(in) *m(f);* (*head of clan*) Oberhaupt *nt;* (*head of tribe*) Häuptling *m* ③ BRIT (*hum fam: form of address*) Meister *m hum* ④ LAW (*in person*) ■ **in ~** persönlich; (*examining of witness*) **examination in ~** Befragung *f* von eigenen Zeugen durch den Anwalt ► PHRASES: **too many ~s and not enough Indians** (*prov*) zu viele Chefs und keine Arbeiter, alle schauen zu und keiner arbeitet **II.** *adj attr, inv* ① (*main*) Haupt-, bedeutendste(r, s) *attr;* **the ~ reason for sth** der Hauptgrund für etw *akk* ② (*head*) Chef-, erste(r) *attr;* **~ administrator** Verwaltungschef(in) *m(f);* **to be ~ cook and bottle-washer** (*also iron fam*) Küchendienst machen; **~ minister** Ministerpräsident(in) *m(f)*

chief cashier *n* ECON, FIN leitender Bankbeamter/leitende Bankbeamte **chief clerk** *n* Bürochef(in) *m(f);* (*in accounts*) erster Buchhalter/erste Buchhalterin **chief constable** *n* BRIT Polizeipräsident(in) *m(f);* (*of smaller area*) Polizeichef(in) *m(f);* **Assistant** [*or* **Deputy**] **Chief Constable** stellvertretender Polizeipräsident/stellvertretende Polizeipräsidentin **chief editor** *n* Chefredakteur(in) *m(f)* **chief executive** *n* ① AM (*head of state*) Präsident(in) *m(f)* ② (*head of organization*) ~ [**officer**] Generaldirektor(in) *m(f),* Generaldirektor(in) *m(f)* **Chief Inspector** *or* **Superintendent** *n* Hauptkommissar(in) *m(f)* **chief justice** *n* Oberrichter(in) *m(f);* **Lord C~ Justice** BRIT Lordoberrichter *m*

chiefly [ˈtʃiːfli] *adv* hauptsächlich, vor allem, in erster Linie

chief of staff *n* Stabschef(in) *m(f)*

chieftain [ˈtʃiːftᵊn] *n* (*head of a tribe*) Häuptling *m;* (*of a clan*) Oberhaupt *nt*

chiffon [ˈʃɪfɒn, AM ʃɪˈfɑːn] **I.** *n no pl* Chiffon *m* **II.** *n modifier* ① (*of material*) Chiffon- ② AM FOOD **chocolate/coffee/lemon ~ pie** Schokoladen-/Kaffee-/Zitronensahne[torte] *f*

chignon [ˈʃiːnjɒn, AM -jɑːn] *n* [Haar]knoten *m,* Chignon *m*

Chihuahua [tʃɪˈwɑːwə] *n* Chihuahua *m*

chilblain [ˈtʃɪlbleɪn] *n* Frostbeule *f*

child <*pl* -dren> [tʃaɪld, *pl* tʃɪldrᵊn] **I.** *n* ① (*young human*) Kind *nt;* **illegitimate ~** uneheliches Kind;

unborn ~ ungeborenes Kind, Fötus *m;* **young ~** Kleinkind *nt;* **from a ~** von Kindesbeinen an; **one's/sb's inner ~** das Kind in mir/jdm; PSYCH **the inner ~** das innere Kind ❷ *(offspring)* Kind *nt,* Nachkomme *m; (male)* Sohn *m; (female)* Tochter *f;* ***you are your father's/mother's*** ~ du bist [genau] wie dein Vater/deine Mutter; **an only ~** ein Einzelkind *nt* ❸ *(pej: immature person)* Kind *nt,* unreife [*o* unerfahrene] Person ❹ *(product)* ***she's a real ~ of the sixties*** sie ist ein typisches Kind der Sechzigerjahre ► PHRASES: **the sins of the fathers [are visited upon the ~ren]** *(saying)* die Sünden der Väter [suchen die Kinder heim]; **every man, woman and ~** alle ohne Ausnahme; **spare the rod and spoil the ~** *(saying)* ein Schlag zur rechten Zeit hat noch niemandem geschadet; **~ren should be seen and not heard** *(prov)* Kinder sollte man sehen, aber nicht hören, Kinder sollten sich benehmen; **to be [great] with ~** *(old)* [hoch]schwanger sein, [kurz] vor der Niederkunft stehen *veraltend geh* II. *n modifier* **~ prostitution** Kinderprostitution *f*

child abuse *n no pl* Kindesmisshandlung *f; (sexually)* Kindesmissbrauch *m* **child allowance** *n* BRIT *(fam) see* **child benefit** **childbearing** I. *n no pl* [Kinder]gebären *nt* II. *adj* gebärfähig; **of ~ age** im gebärfähigen Alter **child benefit** *n* BRIT Kindergeld *nt*

childbirth *n no pl* Geburt *f* **childcare** *n no pl* Kinderpflege *f; (social services department)* Kinderfürsorge *f; (for older children)* Jugendfürsorge *f* **childcare centre**, AM **childcare center** *n* Kindertagesstätte *f,* Kinderhort *m* **childcare facility** *n Möglichkeit der Kinderbetreuung*

child destruction *n* LAW Kindestötung *f* [durch Abtreibung]

childhood ['tʃaɪldhʊd] I. *n no pl* Kindheit *f;* **second ~** zweite Kindheit II. *n modifier (ambitions, dreams)* Kindheits-; **~ friend** Freund(in) *m(f)* aus Kindheitstagen

childish ['tʃaɪldɪʃ] *adj (pej)* kindisch, infantil *pej*

childishly ['tʃaɪldɪʃli] *adv (pej)* kindisch, infantil *pej*

childishness ['tʃaɪldɪʃnəs] *n no pl* kindisches Benehmen [*o* Betragen], infantiles Verhalten *pej*

childless ['tʃaɪldləs] *adj inv* kinderlos

childlessness ['tʃaɪldləsnəs] *n no pl* Kinderlosigkeit *f*

childlike *adj* kindlich; **to have a ~ nature/quality** ein kindliches Wesen/Gemüt haben **childminder** *n* Tagesmutter *f;* **a registered ~** eine zugelassene Tagesmutter **childminding** *n no pl* Kinderbetreuung *f; (supervising)* Beaufsichtigung *f* von Kindern **child molester** *n* Kinderschänder *m* **childproof** *adj* kindersicher **child-rearing** *n no pl (pej dated)* Kinderaufzucht *f veraltet,* Kindererziehung *f*

children ['tʃɪldrən] *n pl of* **child**

children's home *n* Kinderheim *nt; (for orphans)* Waisenhaus *nt* **children's-rights** *n modifier* **~ movement** Bewegung *f* zur Wahrung der Rechte der Kinder

child-resistant *adj (form)* kindersicher **child's play** *n* **to be ~** ein Kinderspiel sein **child stealing** *n* LAW Kindesraub *m* **child support** I. *n* Unterhalt *m,* Unterhaltszahlung *f* II. *n modifier* Alimente-; **~ order** Unterhaltszahlung *f,* Alimentezahlung *f*

Chilean ['tʃɪliən, AM tʃɪ'li:ən] I. *adj inv* chilenisch II. *n* Chilene, -in *m, f*

chili <*pl* -es> ['tʃɪli] *n esp* AM *see* **chilli**

chill [tʃɪl] I. *n* ❶ *no pl (coldness)* Kühle *f; (feeling of coldness)* Kältegefühl *nt;* **to send a ~ down sb's spine** *(fig)* jdm einen Schauer über den Rücken jagen; **to take the ~ off [of] sth** etw erwärmen; *(slightly)* etw anwärmen; *(heat up)* etw aufheizen ❷ *(cold)* Erkältung *f;* **to catch a ~** sich *akk* erkälten [*o bes* ÖSTERR verkühlen] II. *adj (liter: cold)* kalt; *(frightening)* erschreckend; *see also* **chilly** ► PHRASES: **to take a ~ pill** AM *(sl)* sich *akk* abregen *fam* III. *vi* ❶ *(grow cold)* abkühlen ❷ *esp* AM *(fam: relax)* relaxen *fam,* chillen *sl; see also* **chill out** ❸ *(stay)* bleiben *hum fam* IV. *vt* ❶ FOOD ■**to ~ sth** etw [ab]kühlen [lassen] ❷ *(fig: make afraid)* **to ~ sb to the bone** jdn bis ins Mark erschüttern; **to ~ sb's marrow** jdm einen [eiskalten] Schauer über den Rücken jagen

◆**chill out** *vi esp* AM *(sl)* ❶ *(relax)* sich *akk* entspannen; *(slow down)* langsam machen, einen Gang runterschalten *fam* ❷ *(calm down)* ***man, you really need to ~ [out]!*** Mensch, jetzt reg dich doch mal ab! *fam*

chilled [tʃɪld] *adj* ❶ *(cold)* kühl; *(colder)* kalt; **~ white wine** gekühlter Weißwein ❷ *pred (frightened)* entsetzt

chill factor *n* Kältefaktor *m*

chilli <*pl* -es> ['tʃɪli] *n* Chili *m; (pod)* Peperoni *f*

chilli con carne [ˌtʃɪlikɒn'kɑ:ni, AM -kɑ:n'kɑ:rni] *n no pl* Chili con Carne *nt*

chilliness ['tʃɪlinəs] *n no pl* Kühle *f,* Frische *f; (fig)* Kühle *f,* Frostigkeit *f*

chilling ['tʃɪlɪŋ] *adj* ❶ *(making cold)* eisig, frostig; **a ~ wind** ein eisiger [*o* schneidender] Wind ❷ *(causing fear)* abschreckend; **a ~ reminder** ein abschreckendes Beispiel; **a ~ scream** ein durchdringender Schrei ❸ *(damaging)* ernüchternd; **a ~ effect** eine ernüchternde Wirkung

chillingly ['tʃɪlɪŋli] *adv* frostig, eisig; ***his words made it ~ clear that …*** seine Worte machten [es] glasklar, dass …

chilli powder *n* Chilipulver *nt,* gemahlener Chili

chillum ['tʃɪləm] *n* ❶ *(hookah)* Wasserpfeife *f* ❷ *(fam: cannabis pipe)* Cannabispfeife *f*

chilly ['tʃɪli] *adj* ❶ *(cold)* kühl, frisch; ***it's a bit ~ out today*** draußen ist es ziemlich frisch heute; **to feel ~** frösteln ❷ *(fig: unfriendly) relationship* frostig, kühl; **to get a ~ reception** kühl empfangen werden

chime [tʃaɪm] I. *n (bell tones)* Geläute *nt; (single one)* Glockenschlag *m; (of doorbell)* Läuten *nt kein pl;* **wind ~s** *pl* Windspiel *nt;* **a set of ~s** ein Glockenspiel *nt* II. *vi* klingen; *church bells* läuten III. *vt* ■**to ~ sth** ***the clock ~d eleven o'clock*** die Uhr schlug elf

◆**chime in** *vi* sich *akk* einschalten [*o* einbringen]; MUS einstimmen

◆**chime with** *vi* ■**to ~ [in] with sb/sth** mit jdm/etw im Einklang sein [*o* konform gehen]

chimera [kaɪ'mɪərə, AM -'mɪrə] *n (form, liter)* Chimäre *f,* Schimäre *f geh*

chimerical [kaɪ'merɪkəl] *adj (form, liter)* chimärisch, schimärisch *geh*

chimichanga [ˌtʃɪmi'tʃæŋgə] *n* AM *mit Fleisch, Käse oder Gemüse gefüllter und ausgebackener mexikanischer Weizenmehlfladen*

chimney ['tʃɪmni] *n* ❶ *(on a building)* Schornstein *m; (of factory)* Schlot *m; (of stove)* Rauchfang *m,* Rauchabzug *m;* **to smoke like a ~** *(fig)* wie ein Schlot rauchen ❷ *(passage in rock)* Kamin *m* ❸ *(of lamp)* [Lampen]zylinder *m*

chimney breast *n* Kaminvorsprung *m* **chimney corner** *n (dated)* Sitzecke *f* am Kamin, Kaminecke *f* **chimney piece** *n (dated)* Kaminsims *m o nt* **chimneypot** *n* Schornsteinaufsatz *m* **chimneystack** *n* BRIT Schornstein *m; (of factory)* Schlot *m* **chimneysweep** *n,* **chimneysweeper** *n* Schornsteinfeger(in) *m(f),* Kaminkehrer(in) *m(f)* DIAL

chimp [tʃɪmp] *n short for* **chimpanzee**

chimpanzee [ˌtʃɪmpən'zi:, AM tʃɪm'pænzi:] *n* Schimpanse *m*

chin [tʃɪn] *n* Kinn *nt;* **to rest one's ~ in one's hands** sein Kinn auf seine Hände aufstützen, das Kinn aufstützen; **double ~** Doppelkinn *nt* ► PHRASES: **to keep one's ~ up** sich *akk* nicht unterkriegen lassen, den Mut nicht verlieren; ***keep your ~ up!*** halt die Ohren steif!, Kopf hoch!; **to take it on the ~** etw mit [großer] Fassung [er]tragen

china ['tʃaɪnə] *n no pl* ❶ *(porcelain)* Porzellan *nt;* **~ doll** Porzellanpuppe *f* ❷ *(tableware)* Geschirr *nt; (set)* Service *nt;* **the best/good ~** das beste/gute Geschirr; **everyday ~** Alltagsgeschirr *nt* ► PHRASES: **to be like a bull in a ~ shop** sich *akk* wie ein Elefant im Porzellanladen benehmen *fam*

China ['tʃaɪnə] *n no pl* ❶ GEOG China *nt* ❷ BRIT *(rhyming sl: mate)* Freund *m* ► PHRASES: **not for all the tea in ~** nicht um alles Gold der Welt *fam*

Chinaman <*pl* -men> ['tʃaɪnəmən] *n* ❶ *(pej old: Chinese man)* Schlitzauge *nt pej* ❷ *(in cricket)* Chinaman *m* **China syndrome** *n no pl* Chinasyndrom *nt* **Chinatown** *n* Chinesenviertel *nt*

chinchilla [tʃɪn'tʃɪlə] I. *n* Chinchilla *f* II. *n modifier* Chinchilla-

Chinese <*pl* -> [tʃaɪ'ni:z] I. *n* ❶ *(person)* Chinese, -in *m, f;* ■**the ~** *pl* die Chinesen ❷ *no pl (language)* Chinesisch *nt* ❸ *no pl (food)* chinesisches Essen II. *adj* chinesisch

Chinese cabbage *n* Chinakohl *m* **Chinese checkers** AM, **Chinese chequers** *n no pl* Halma *nt* **Chinese gooseberry** *n* Kiwi *f* **Chinese lantern** *n* Lampion *m,* Papierlaterne *f* **Chinese mushroom** *n* Mu-Err-Pilz *m* **Chinese puzzle** *n* Geduldspiel *nt (zum Zusammensetzen); (fig)* komplizierte [*o fam* verzwickte] Angelegenheit **Chinese restaurant** *n* Chinarestaurant *nt* **Chinese restaurant syndrome** *n no pl starkes Unwohlsein, das durch übermäßigen Genuss von mit Glutamat gewürztem chinesischem Essen hervorgerufen wird* **Chinese whispers** *n + sing vb* Stille Post

chink [tʃɪŋk] I. *n* ❶ *(opening)* Spalt *m,* Spalte *f,* Ritze *f; (tear)* Riss *m;* **a ~ in sb's armour** *(fig)* jds Schwachstelle *f* [*o* schwacher Punkt] ❷ *(noise)* Klirren *nt; (of coins, keys)* Klimpern *nt fam* II. *vi* klirren; *(with coins, keys)* klimpern *fam*

Chink [tʃɪŋk] *n (pej!)* Schlitzauge *nt pej*

Chinky ['tʃɪŋki] *n* BRIT ❶ *(pej!: person)* Schlitzauge *nt pej* ❷ *(sl: restaurant)* chinesisches Restaurant, Chinarestaurant *nt,* Chinese *m fam*

chinless ['tʃɪnləs] *adj esp* BRIT ❶ *(with small chin)* mit fliehendem Kinn; ■**to be ~** ein fliehendes Kinn haben ❷ *(of weak character)* willensschwach; **a ~ wonder** *(fam)* ein reicher Schnösel *pej fam*

chin music *n no pl* AM *(fam)* Geschwätz *nt*

chinos ['tʃi:nəʊz, AM -noʊz] *npl* **a pair of ~** *Hose aus speziell gewebtem Baumwollstoff*

chin rest *n* Kinnstütze *f* **chinstrap** *n* Kinnriemen *m*

chintz [tʃɪnts] *n no pl* Chintz *m*

chintzy ['tʃɪntsi] *adj* ❶ *(of fabric)* Chintz- ❷ AM *(pej fam: of shoddy quality)* schäbig; *(cheap)* billig ❸ AM *(pej fam: miserly)* knauserig *fam,* knick[e]rig *fam*

chin-up ['tʃɪnʌp] *n esp* AM Klimmzug *m*

chinwag ['tʃɪnwæg] *n (dated fam)* Schwatz *m fam;* **to have a good ~ with sb** mit jdm ein nettes Schwätzchen halten *fam*

chip [tʃɪp] I. *n* ❶ *(broken-off piece)* Splitter *m; (of wood)* Span *m* ❷ *(crack)* ausgeschlagene Ecke; *(on blade)* Scharte *f;* ***this cup has got a ~ in it*** diese Tasse ist angeschlagen ❸ BRIT *(fried potato)* ■**~s** *pl* Pommes frites *pl;* **beans/egg/sausage and ~s** Bohnen *fpl*/Ei *nt*/Würstchen *nt* und Pommes *fam;* **fish and ~s** Fisch und Chips ❹ AM *(crisps)* ■**~s** *pl* Chips *pl* ❺ COMPUT Chip *m* ❻ *(for gambling)* Spielmarke *f,* Chip *m;* **bargaining ~** *(fig)* Einsatz *m* ► PHRASES: **to be a ~ off the old block** *(fam)* ganz der Vater/die Mutter sein; **to have a ~ on one's shoulder** *(fam)* einen Komplex haben [und daher sehr empfindlich sein]; **when the ~s are down** *(fam)* wenn es drauf ankommt *fam;* **to have had one's ~s** BRIT *(fam)* ausgedient haben II. *vt* <-pp-> ❶ *(damage)* ■**to ~ sth** etw wegschlagen [*o* abschlagen]; *(knock out)* etw ausschlagen; *(break off)* etw abbrechen ❷ SPORTS **to ~ the ball** den Ball chippen ❸ *(cut)* ■**to ~ sth** *food* etw schnitzeln; *hard substance* etw bearbeiten III. *vi* <-pp-> [leicht] abbrechen

◆**chip away** *vi* ■**to ~ away at sth** an etw *dat* nagen

◆**chip in** *(fam)* I. *vi* ❶ *(pay)* beisteuern; ***he also ~ped in with £20*** er hat sich auch mit 20 Pfund beteiligt, er hat auch 20 Pfund beigesteuert ❷ *(help)* mithelfen; ***if you'll all ~ in …*** wenn ihr alle mit anpackt … ❸ BRIT *(interrupt)* dazwischenreden II. *vt*

■**to ~ in ↔ sth** ① (*contribute money*) *money* etw beisteuern ② BRIT (*comment*) etw einwerfen

chip-basket *n* BRIT Frittiersieb *nt* **chipboard** *n no pl* Sperrholzplatte *f*, Spanplatte *f* **chipmaker** *n* ELEC Chiphersteller *m*

chipmunk ['tʃɪpmʌŋk] *n* Backenhörnchen *nt*

chip pan *n* BRIT Fritteuse *f*

chipped [tʃɪpt] *adj* abgeschlagen; (*of blade*) schartig; **~ plate** angeschlagener Teller; **~ tooth** abgebrochener Zahn

chipper ['tʃɪpəʳ, AM -ɚ] *adj* (*fam*) aufgekratzt *fam*, munter

chipping ['tʃɪpɪŋ] *n usu pl* BRIT Schotter *m*

chip(p)olata [,tʃɪpəˡ'lɑːtə] *n* BRIT Cocktailwürstchen *nt*

chippy ['tʃɪpi] *n* ① BRIT (*fam: food outlet*) Frittenbude *f fam*, Pommesbude *f fam* ② AM (*pej! sl: female whore*) [billiges] Flittchen *pej fam* ③ BRIT (*fam: carpenter*) Schreiner(in) *m(f)*

CHIPS [tʃɪps] *n* ECON, FIN *abbrev of* **Clearing House Interbank Payments System** *elektronisches Zahlungsverkehrssystem der New York Clearing House Association*

chip shop *n* BRIT Frittenbude *f fam* **chip wagon** *n* CAN *meist ausgedienter Bus, der als Snackbar mit Pommes Frites und Hot Dogs dient*

chiropodist [kɪ'rɒpədɪst, ʃɪ-, AM -'rɑːpə-] *n* Fußpfleger(in) *m(f)*

chiropody [kɪ'rɒpədi, ʃɪ-, AM -'rɑːpə-] *n no pl* Fußpflege *f*

chiropractic ['kaɪ(ə)rə(ʊ)præktɪk, AM 'kaɪroʊ-] *n no pl* Chiropraktik *f*

chiropractor ['kaɪ(ə)rə(ʊ),præktəʳ, AM 'kaɪroʊ,præktɚ] *n* Chiropraktiker(in) *m(f)*

chirp [tʃɜːp, AM tʃɜːrp] **I.** *vt* ■**to ~ sth** (*say*) etw zwitschern **II.** *vi* ① *bird* zwitschern; (*in cricket*) zirpen ② SA (*complain*) sich *akk* beschweren **III.** *n* Zwitschern *nt*

chirpily ['tʃɜːpɪli, AM 'tʃɜːrp-] *adv* munter, fröhlich, quietschvergnügt *fam*

chirpiness ['tʃɜːpɪnəs, AM 'tʃɜːrp-] *n no pl* Aufgekratztheit *f*, Munterkeit *f*, Fröhlichkeit *f*

chirpy ['tʃɜːpi, AM 'tʃɜːrpi] *adj* aufgekratzt *fam*, quietschfidel *fam*, quietschvergnügt *fam*

chirrup ['tʃɪrəp] **I.** *n* Zwitschern *nt*; (*of sparrow*) Tschilpen *nt* **II.** *vi* <-pp-> zwitschern **III.** *vt* <-pp-> ■**to ~ sth** etw zwitschern

chisel ['tʃɪzəˡ] **I.** *n* Meißel *m*; (*for wood*) Beitel *m*; **hammer and ~** Hammer und Meißel **II.** *vt* <BRIT -ll- *or* AM *usu* -l-> ① (*cut*) ■**to ~ sth [out of sth]** etw [aus etw *dat* heraus]meißeln ② (*pej fam: get by trickery*) ■**to ~ sth out of sb** etw von jdm ergaunern *fam*; ■**to ~ sb** jdn reinlegen *fam*

chiseled *adj* AM *see* **chiselled**

chiseler *n* AM *see* **chiseller**

chiselled ['tʃɪzəˡld], AM *usu* **chiseled** *adj* scharf geschnitten

chiseller ['tʃɪzəˡləʳ], AM *usu* **chiseler** [-ɚ] *n* (*pej fam*) Mogler(in) *m(f)*, Gauner(in) *m(f)*, Schwindler(in) *m(f)*

chit [tʃɪt] *n* ① BRIT (*official paper*) Bescheinigung *f*, Nachweis *m*; (*from doctor*) Krankmeldung *f*; (*note of debt owed*) Schuldschein *m*; (*by shop*) Gutschein *m* ② (*pej dated: girl*) junges Ding *fam*

chit-chat ['tʃɪtʃæt] (*fam*) **I.** *n no pl* Geplauder *nt*, Plauderei *f*; **idle ~** leeres Gerede **II.** *vi* plaudern; ■**to ~ about sth** über etw *akk* plaudern

chitlins ['tʃɪtlɪnz], **chitterlings** ['tʃɪtəˡlɪŋz, AM 'tʃɪt̬ɚ-] *npl* Gekröse *nt*, Innereien *pl* (*vom Schwein*)

chivalric ['ʃɪvəˡlrɪk, AM ʃɪ'vælrɪk] *adj* ritterlich

chivalrous ['ʃɪvəˡlrəs] *adj* ritterlich, galant

chivalrously ['ʃɪvəˡlrəsli] *adv* ritterlich, galant

chivalry ['ʃɪvəˡlri] *n no pl* ① (*behaviour*) Ritterlichkeit *f*, galantes Benehmen ② HIST Ritter *mpl*, Ritterschaft *f* ③ (*knights' code*) Rittertum *nt* ▸ PHRASES: **the age of ~ is [not yet] dead** (*saying*) die Zeit der Kavaliere ist [noch lange nicht] vorbei, es gibt auch noch richtige Kavaliere

chive [tʃaɪv] **I.** *n* ■**~s** *pl* Schnittlauch *m kein pl* **II.** *n modifier* (*cheese, dressing, sauce*) Schnittlauch-

chiv(v)y ['tʃɪvi] *vt* (*fam*) ■**to ~ sb along [***or* **up]** jdn antreiben; ■**to ~ sb into doing sth** (*give incentive*) jdn anstacheln, etw zu tun; (*urge*) jdn drängen, etw zu tun

chloride ['klɔːraɪd] *n no pl* Chlorid *nt*

chlorinate ['klɔːrɪneɪt] *vt* ■**to ~ sth** etw chloren

chlorinated ['klɔːrɪneɪtɪd, AM -t̬-] *adj* gechlort; **a ~ [swimming] pool** ein Schwimmbad *nt* mit Chlorwasser

chlorine ['klɔːriːn] *n no pl* Chlor *nt*

chlorofluorocarbon [,klɔːrə(ʊ)flʊərə(ʊ)'kɑːbəˡn, AM ,klɔːroʊflʊroʊ'kɑːrbəˡn] *n* Fluorchlorkohlenwasserstoff *m*

chloroform ['klɔːrəfɔːm, AM -fɔːrm] **I.** *n no pl* Chloroform *nt* **II.** *vt* ■**to ~ sb** jdn chloroformieren *veraltend*

chlorophyll ['klɔːrəfɪl] *n no pl* Chlorophyll *nt*

chlorous ['klɔːrəs] *adj* chlorhaltig; (*similar to chlorine*) chlorartig; **~ acid** Chlorsäure *f*

chocaholic *n see* **chocoholic**

choc-ice ['tʃɒkaɪs] *n* BRIT *Eis[riegel] mit Schokoladenüberzug*

chock [tʃɒk, AM tʃɑːk] *n* Bremsklotz *m*, Bremskeil *m*

chock-a-block [,tʃɒkə'blɒk, AM ,tʃɑːkə'blɑːk] *adj pred* (*fam*) voll gestopft; ■**to be ~ with sth** mit etw *dat* voll gestopft sein

chocker ['tʃɒkəʳ] *adj pred* (*fam*) ① BRIT (*tired*) geschafft *fam*, erledigt *fam* ② BRIT (*fed-up*) ■**to be ~ with sth** etw leid sein, von etw *dat* die Nase voll haben *fam* ③ *esp* AUS, NZ (*full*) proppenvoll *fam*

chock-full *adj pred* (*fam*) ① (*full*) proppenvoll *fam*, zum Bersten voll *geh*; **~ of people** voller Menschen ② (*fig: crammed*) ■**to be ~ of sth** reich an etw *dat* sein; **~ of calories/vitamins** kalorien-/vitaminreich

chocoholic [,tʃɒkə'hɒlɪk, AM ,tʃɑːkə'hɑːlɪk] *n* (*hum fam*) Schokosüchtige(r) *f(m) hum*

chocolate ['tʃɒkəˡlət, AM 'tʃɑːklət] **I.** *n* ① *no pl* (*substance*) Schokolade *f*; **a bar of ~** eine Tafel Schokolade; **~ mousse** Mousse *f* au chocolat; **baking ~** Blockschokolade *f*; **dark ~ [***or* BRIT *also* **bitter] [***or* AM *also* **bittersweet]** Zartbitterschokolade *f*; **semi-sweet ~** halbbitterschokolade *f*; **hot ~** [heißer] Kakao, [heiße] Schokolade ② (*sweet*) Praline *f*; **a box of ~s** eine Schachtel Pralinen **II.** *n modifier* (*bar, biscuit, cake, ice cream, sauce*) Schokoladen-

chocolate box **I.** *n* Pralinenschachtel *f* **II.** *adj usu attr* (*romantic*) schnuckelig *fam*, niedlich; (*overly romantic*) kitschig; (*cute*) nett, niedlich; (*uninteresting*) verträumt, verschlafen

choice [tʃɔɪs] **I.** *n* ① *no pl* (*selection*) Wahl *f*; ***It's your choice!*** Du hast die Wahl!; **freedom of ~** Entscheidungsfreiheit *f*; **an informed ~** eine fundierte Entscheidung; **to do sth by [***or* **from] [***or* **out of] ~** etw freiwillig tun; **sb has no ~ [but to do sth]** jd hat keine andere Wahl [*o* jdm bleibt nichts anderes übrig][, als etw zu tun]; **to make a ~** eine Wahl treffen ② *no pl* (*variety*) Auswahl *f*; **a wide ~ of sth** eine reiche Auswahl an etw *dat* ③ (*person, thing*) Wahl *f*; ■**to be sb's ~ as sth** jds Kandidat(in) *m(f)* für etw *akk* sein; **to be the best/worst ~ for sth** die beste/schlechteste Wahl für etw *akk* sein ▸ PHRASES: **you pays your <u>money</u> and you takes your ~** (*saying fam*) die Wahl liegt ganz bei dir/Ihnen; **to be <u>spoilt</u> for ~** die Qual der Wahl haben **II.** *adj* ① (*top quality*) erstklassig; **the ~st cut of roast** das feinste [*o* beste] Stück Braten ② (*iron: abusive*) **~ language** deftige Sprache; **~ words** beißende Kommentare

choir [kwaɪəʳ, AM kwaɪɚ] *n* ① (*singers*) Chor *m*; (*instruments*) Gruppe *f*, Ensemble *nt*; **church ~** Kirchenchor *m*; **~ member** Chormitglied *nt*; **school ~** Schulchor *m*; **to sing in a ~** in einem Chor singen ② (*of cathedral*) Chor[raum] *m*

choirboy *n* Chorknabe *m*, Sängerknabe *m*; **The Vienna C~s** Die Wiener Sängerknaben *mpl* **choirmaster** *n* Chorleiter(in) *m(f)* **choir practice** *n* Chorprobe *f* **choir stalls** *npl* Chorgestühl *nt*

choke [tʃəʊk, AM tʃoʊk] **I.** *n* ① *no pl* AUTO Choke *m*; **to put the ~ in/out** den Choke hineindrücken/ziehen ② (*outburst*) **a ~ of laughter** Gelächter *nt* **II.** *vt* ① (*strangle*) ■**to ~ sb** jdn erwürgen [*o* erdrosseln]; (*suffocate*) jdn ersticken; ■**to ~ sth** *plant* etw ersticken ② *usu passive* (*fam: overwhelm emotionally*) ■**to ~ sb** jdn überwältigen; ■**to be ~d by sth** von etw *dat* überwältigt sein ③ (*blocked*) ■**to be ~d** verstopft sein **III.** *vi* ① (*have problems breathing*) keine Luft bekommen; **to ~ to death** ersticken; ■**to ~ on sth** sich *akk* an etw *dat* verschlucken ② AM SPORTS (*sl*) versagen

◆**choke back** *vt* ■**to ~ back ↔ sth** *anger, feelings* etw unterdrücken; **to ~ back tears** Tränen zurückhalten [*o* unterdrücken]

◆**choke off** *vt* ■**to ~ off ↔ sth** (*prevent*) etw verhindern; (*reduce*) etw drosseln

◆**choke up** *vt* ■**to ~ sb up** (*fam*) jdn überwältigen [*o* zu Tränen rühren]

choke chain *n* Würgehalsband *nt* (*für Hunde*)

choke cherry *n* AM virginische Traubenkirsche

choked [tʃəʊkt, AM tʃoʊkt] *adj* ① (*halting*) erstickt; **with a ~ voice** mit erstickter Stimme; ■**to be ~ with sth** (*fig*) von etw *dat* überwältigt [*o* übermannt] sein ② (*blocked*) verstopft; ***the streets were ~ with traffic*** die Straßen waren verstopft; **~ with leaves** mit Blättern verstopft; **~ with vegetation** von Pflanzen überwuchert ③ BRIT (*fig fam: upset*) [völlig] fertig *fam*; **to be [all] ~ up** vor Rührung kein Wort herausbringen *fam*

chokehold *n* (*grip*) Würgegriff *m*; (*dated: device*) Halsfessel *f*; (*fig*) eiserner Griff

choker ['tʃəʊkəʳ, AM 'tʃoʊkɚ] *n* ① (*necklace*) eng anliegende Halskette, enger Halsreif; (*ribbon*) Halsband *nt* ② AM (*fam: person*) Schwächling *m*, Versager *m*

chokey ['tʃəʊki] *n no pl* BRIT (*fam*) Knast *m fam*, Loch *nt fam*; **five years' ~** fünf Jahre Knast *fam*

choler ['kɒləʳ, AM 'kɑːlɚ] *n no pl* ① (*liter or old: anger, irascibility*) Zorn *m* ② MED (*hist*) Wut *f*

cholera ['kɒləˡrə, AM 'kɑːlɚə] *n no pl* Cholera *f*

choleric ['kɒləˡrɪk, AM 'kɑːlɚ-] *adj* cholerisch, aufbrausend

cholesterol [kə'lestəˡrɒl, AM -tərɑːl] *n no pl* Cholesterin *nt*; **bad/good ~** zu hoher/niedriger Cholesterinwert, erhöhter/geringer Cholesterinwert; **high-~ foods** sehr cholesterinhaltige Nahrungsmittel *ntpl*, Nahrungsmittel *ntpl* mit hohem Cholesteringehalt; **~ level** Cholesterinspiegel *m*

choline ['kəʊliːn, AM 'koʊ-] *n no pl* Cholin *nt*

chomp [tʃɒmp, AM tʃɑːmp] **I.** *vi* (*bite*) ■**to ~ into sth** herzhaft in etw *akk* [hinein]beißen; ■**to ~ [away] on sth** etw mampfen *sl* **II.** *vt* ■**to ~ sth** etw mampfen *sl*

choo-choo ['tʃuːtʃuː] *n* (*childspeak*) tsch[u]-tsch[u], puff-puff *Kindersprache*

choose <chose, chosen> [tʃuːz] **I.** *vt* ■**to ~ sth** etw auswählen; ***the magazine chose him as 'Man of the Year'*** die Zeitschrift wählte [*o* kürte] ihn zum ‚Mann des Jahres'; ***they chose her to lead the project*** sie haben sie zur Leiterin des Projekts gewählt **II.** *vi* (*select*) wählen; (*decide*) sich *akk* entscheiden; ***you can ~ from these prizes*** Sie können sich etwas unter diesen Preisen aussuchen; **to ~ to do sth** es vorziehen etw zu tun; ***you chose to ignore my advice*** du wolltest ja nicht auf mich hören!; **to do as one ~s** das tun, wonach einem zumute ist ▸ PHRASES: **there is <u>little</u> [***or* **<u>nothing</u>] [***or* **<u>not much</u>] to ~ between sth and sth** etw und etw unterscheiden sich kaum; **you <u>cannot</u> ~ but do sth** (*form*) man hat keine andere Wahl, als etw zu tun

choos(e)y ['tʃuːzi] *adj* (*fam*) ■**to be ~ [about sth]** [bei etw *dat*] wählerisch sein

chop [tʃɒp, AM tʃɑːp] **I.** *vt* <-pp-> ① (*cut*) ■**to ~ sth ↔ [up]** etw klein schneiden; **to have one's hair ~ped short** (*fam*) sich *dat* die Haare kurz schneiden lassen; **to ~ wood** Holz hacken ② (*reduce*) ■**to ~ sth** etw kürzen ③ (*hit*) **to ~ a ball** einen Ball schneiden ④ (*sl: lay off*) ■**to ~ sb** jdn feuern *fam* **II.** *vi* <-pp-> hacken ▸ PHRASES: **to ~ <u>logic</u>** disputieren; **to ~ and <u>change</u>** BRIT, AUS (*of opinion*) ständig die [*o* seine] Meinung ändern *fam*, wankelmütig sein; (*of action*) häufig wechseln **III.** *n* ① (*esp pork, lamb*) Kotelett *nt* ② (*hit*) Schlag *m*; **karate ~** Karateschlag *m* ③ *no pl* (*of water*) Wellengang *m* ④ AM (*animal feed*) zerkleinertes Getreidefutter ⑤ *esp*

BRIT, AUS (*fam: not wanted*) **to be for the ~** auf der Abschussliste stehen *fam;* **to be facing the ~** vor dem Aus [*o* Ende] stehen; **to get** [*or* **be given**] **the ~** gefeuert werden *fam,* auf die Straße gesetzt werden *fam,* rausgeworfen [*o fam* rausgeschmissen] werden *fam*

◆**chop down** *vt* **to ~ down a tree** [*or* **to ~ a tree down**] einen Baum fällen

◆**chop off** *vt* ■**to ~ sth** ○ **off** etw abhacken

chop-chop [ˌtʃɒp'tʃɒp, AM ˌtʃɑːp'tʃɑːp] *interj* (*fam*) hopphopp *fam*

chophouse *n* billige Gaststätte

chopper ['tʃɒpəʳ, AM 'tʃɑːpɚ] *n* ❶ (*sl: helicopter*) Hubschrauber *m* ❷ BRIT (*tool for butcher*) Hackbeil *nt;* (*for woodcutting*) Hackmesser *nt* ❸ (*sl: motorcycle*) Chopper *m* ❹ BRIT (*vulg sl: penis*) Schwanz *m vulg* ❺ (*sl: set of teeth*) ■**~s** *pl* Zähne *mpl,* Gebiss *nt;* (*false teeth*) [künstliches] Gebiss

chopping ['tʃɒpɪŋ, AM 'tʃɑːpɪŋ] *n no pl* (*wood cutting*) Holzhacken *nt;* (*cutting of food*) Kleinhacken *nt*

chopping block *n* Hackklotz *m* **chopping board** *n* Hackbrett *nt* **chopping knife** *n* Wiegemesser *nt*

choppy ['tʃɒpi, AM 'tʃɑːpi] *adj* NAUT bewegt, kabbelig *fachspr*

chops [tʃɒps, AM tʃɑːps] *npl* ❶ (*fam: area around mouth*) Mundwinkel *mpl; of a dog, lion* Lefzen *fpl;* **to lick one's ~** *person* sich *dat* die Lippen lecken; *animal* sich *dat* das Maul lecken; **to smack one's ~** AM (*sl*) [mit den Lippen] schmatzen ❷ MUS **to have great ~** eine große Lippenfertigkeit besitzen

chopstick *n usu pl* [Ess]stäbchen *nt* **chop suey** [ˌtʃɒp'suːi, AM ˌtʃɑːp'-] *n* Chopsuey *nt*

choral ['kɔːrᵊl] *adj* Chor-; **~ society** Gesangverein *m*

chorale [kɒ'rɑːl, AM kə'ræl] *n* Choral *m*

choral scholar *n* Gesangsstipendiat(in) *m(f)*

chord [kɔːd, AM kɔːrd] *n* MUS Akkord *m* ▶ PHRASES: **to strike** [*or* **touch**] **a ~ with sb** jdn berühren *fig;* **to strike** [*or* **touch**] **the right cord** den richtigen Ton treffen

chordal ['kɔːdᵊl, AM 'kɔːr] *adj inv* MUS akkordisch

chord keying *n* COMPUT Tastenfolge *f*

chore [tʃɔːʳ, AM tʃɔːr] *n* ❶ (*routine task*) Routinearbeit *f;* **household ~s** Hausarbeit *f;* **to do the ~s** die Hausarbeit erledigen ❷ (*tedious task*) langweilige Aufgabe; (*unpleasant task*) lästige Aufgabe

choreograph ['kɒriəgrɑːf, AM 'kɔːriəgræf] *vt* **to ~ a ballet** ein Ballett choreographieren

choreographer [ˌkɒri'ɒgrəfəʳ, AM ˌkɔːri'ɑːgrəfɚ] *n* Choreograph(in) *m(f)*

choreographic [ˌkɒriəʊ'græfɪk, AM ˌkɔːriə'-] *adj* choreographisch

choreography [ˌkɒri'ɒgrəfi, AM ˌkɔːri'ɑːgrə-] *n no pl* Choreographie *f*

chorister ['kɒrɪstəʳ, AM 'kɔːrɪstɚ] *n* Chormitglied *nt;* (*in cathedral choir*) Kirchenchorsänger(in) *m(f);* (*boy*) Chorknabe *m*

chortle [tʃɔːtl, AM tʃɔːrtl] **I.** *vi* gluckern, glucksen; ***what are you ~ing about?*** was gibt es da zu kichern? **II.** *n* Gluckser *m;* ***he gave a ~ of pure delight*** er gluckste vor Freude

chorus ['kɔːrəs] **I.** *n* <*pl* -es> ❶ (*refrain*) Refrain *m;* ***they burst into a ~ of Happy Birthday*** sie stimmten ein Happy Birthday an; **to join in the ~** in den Refrain einstimmen; **the dawn ~** das Morgenkonzert der Vögel ❷ + *sing/pl vb* (*group of singers*) Chor *m* ❸ + *sing/pl vb* (*supporting singers*) Chor *m;* (*dancers*) Ballett *nt,* Tanzgruppe *f;* THEAT Chor *m* ❹ *usu sing* (*by many speakers*) Chor *m;* **a ~ of disapproval** allgemeine Ablehnung **II.** *vi* im Chor sprechen

chorus boy *n* ❶ (*in church choir*) Chorknabe *m* ❷ (*supporting dancer*) Tänzer *m* in einer Gruppe, Revuetänzer *m;* (*supporting singer*) Chorsänger *m* **chorus girl** *n* Revuetänzerin *f,* Revuegirl *nt;* (*supporting girl singer*) Chorsängerin *f* **chorus line** *n* Revue *f;* (*supporting singers*) Chor *m;* (*supporting dancers*) Ballett *nt,* Tanzgruppe *f*

chose¹ [tʃəʊz, AM -oʊz] *pt of* **choose**

chose² *n* LAW **~ in action** obligatorischer Anspruch; **~ in possession** bewegliche Sache

chosen [tʃəʊzᵊn, AM -oʊz-] **I.** *pp of* **choose II.** *adj* (*selected*) [aus]gewählt, ausgesucht; **the ~ people** REL das auserwählte Volk ▶ PHRASES: **many are called but few are ~** (*prov*) viele sind berufen, aber nur wenige [sind] auserwählt *prov*

choux pastry [ʃuː'peɪstri] *n no pl* Brandteig *m*

chow [tʃaʊ] *n* ❶ AM (*sl: food*) Futter *nt;* **the ~ line** (*fam*) die Schlange bei der Essensausgabe ❷ (*dog*) Chow-Chow *m*

chow chow *n* Chow-Chow *m*

chowder ['tʃaʊdɚ] *n no pl* AM *sämige Suppe mit Fisch, Muscheln etc.;* **clam ~** *sämige Suppe mit Venusmuscheln*

chrism ['krɪzᵊm] *n* Chrisma *nt*

Christ [kraɪst] **I.** *n* Christus *m* **II.** *interj* (*sl*) Herrgott *fam;* **for ~'s sake** um Himmels willen *fam;* **~ almighty** Herrgott noch mal *fam*

christen [krɪsᵊn] *vt* ❶ (*give name to*) ■**to ~ sb** jdn taufen; (*give nickname to*) jdm einen Spitznamen geben; ■**to be ~ed after sb** nach jdm benannt sein; **to ~ a ship** ein Schiff taufen ❷ (*use for first time*) ■**to ~ sth** *new clothes, shoes* etw einweihen *hum fam*

Christendom ['krɪsᵊndəm] *n no pl* (*hist*) Christenheit *f,* Christen *mpl;* **all ~** die gesamte christliche Welt

christening ['krɪsᵊnɪŋ] *n,* **christening ceremony** *n* Taufe *f*

Christian ['krɪstʃən] **I.** *n* Christ(in) *m(f);* (*good or kind person*) guter Mensch; **to become a ~** Christ/Christin werden **II.** *adj* christlich *a. fig;* (*decent*) anständig

Christian burial *n* christliches Begräbnis **Christian era** *n* christliche Zeitrechnung

Christianity [ˌkrɪsti'ænɪti, AM -tʃi'ænəṭi] *n no pl* Christentum *nt;* (*Christian quality*) Christlichkeit *f*

Christianize ['krɪstʃənaɪz] *vt* ■**to ~ sb** jdn zum Christentum bekehren; **to ~ an area** ein Gebiet christianisieren

Christian name *n esp* BRIT Vorname *m,* Rufname *m* **Christian Science** *n* Christliche Wissenschaft, Christian Science *f*

Christlike ['kraɪstlaɪk] *adj* christusgleich

Christmas <*pl* -es *or* -ses> ['krɪs(t)məs, AM 'krɪsməs] *n* Weihnachten *nt;* ***Happy*** [*or* ***Merry***] ***~!*** Frohe [*o* Fröhliche] Weihnachten!; **at ~** [an] Weihnachten; **the Twelve Days of ~** die Zwölf Nächte

Christmas bonus *n* Weihnachtsgeld *nt kein pl,* Weihnachtsgratifikation *f geh* **Christmas box** *n* BRIT *kleines Geschenk/Trinkgeld zu Weihnachten für Postboten, Müllmänner etc.* **Christmas cake** *n* BRIT, AUS *gehaltvoller Kuchen mit Trockenfrüchten und Zuckerguss* **Christmas card** *n* Weihnachtskarte *f* **Christmas carol** *n* Weihnachtslied *nt* **Christmas cracker** *n* BRIT Knallbonbon *nt;* **to pull a ~** ein Knallbonbon aufziehen **Christmas Day** *n* erster Weihnachtsfeiertag **Christmas decorations** *npl* Weihnachtsdekoration *f,* Weihnachtsschmuck *m kein pl* **Christmas Eve** *n* Heiligabend *m;* **on ~** Heiligabend **Christmas party** *n* Weihnachtsfeier *f* **Christmas present** *n* Weihnachtsgeschenk *nt* **Christmas pudding** *n* BRIT Plumpudding *m* **Christmas shopping** *n no pl* Weihnachtseinkauf *m meist pl;* **to do one's ~** seine Weihnachtseinkäufe erledigen **Christmas stocking** *n am Kamin aufgehängter Strumpf, in den der Weihnachtsmann Heiligabend die Geschenke für die Kinder stopfen soll*

Christmassy ['krɪs(t)məsi, AM 'krɪsməsi] *adj* weihnachtlich

Christmas-time *n* Weihnachtszeit *f* **Christmas tree** *n* Weihnachtsbaum *m,* Christbaum *m* DIAL **Christmas wreath** *n* Weihnachtskranz *m*

chroma ['krəʊmə, AM 'kroʊ-] *n* COMPUT Farbenreinheit *f,* Farbenintensität *f;* **~ control** Farbkontrolle *f;* **~ detector** Farbdetektor *m*

chromatic [krəʊ'mætɪk, AM -'mæṭ-] *adj* MUS, PHYS chromatisch; **~ chart** Farbentabelle *f;* **~ aberration** chromatische Abweichung, Farbabweichung *f,* Farbaberration *f*

chromatically [krəʊ'mætɪkᵊli, AM -'mæṭ-] *n* COMPUT Chromatizität *f*

chromatic scale *n* MUS chromatische Tonleiter

chrome [krəʊm, AM -oʊ-], **chromium** ['krəʊmiəm, AM -oʊ-] **I.** *n no pl* Chrom *nt* **II.** *n modifier* (*fender, fixtures*) Chrom-; **~ bumper** verchromte Stoßstange; **~ dye** Chrombeize *f;* **~ steel** Chromnickelstahl *m;* **~-plated** verchromt **III.** *adj inv* **~ yellow** chromgelb

chrome-plated ['krəʊmpleɪtɪd, AM 'kroʊm] *adj see* **chromium-plated**

chrominance signal ['krəʊmənᵊn(t)s, AM 'kroʊ-] *n* COMPUT Farbsignal *nt*

chromium-plated ['krəʊmiəmpleɪtɪd, AM 'kroʊm] *adj* verchromt

chromosome ['krəʊməsəʊm, AM 'kroʊməsoʊm] *n* Chromosom *nt;* **X-~** X-Chromosom *nt;* **Y-~** Y-Chromosom *nt*

chromosome defect *adj* Chromosomenschaden *m,* Chromosomendefekt *m*

chronic ['krɒnɪk, AM 'krɑː-] **I.** *adj* ❶ (*permanent*) *alcoholic, bronchitis, condition* chronisch; **~ liar** notorischer Lügner/notorische Lügnerin ❷ BRIT, AUS (*fam: extremely bad*) furchtbar *fam,* wahnsinnig *fam* **II.** *n* AM (*sl*) starkes Marihuana

chronically ['krɒnɪkᵊli, AM 'krɑː-] *adv* ❶ (*long-term*) chronisch; **to be ~ ill** chronisch krank sein ❷ BRIT, AUS (*fam: very badly*) furchtbar, entsetzlich *fam*

chronic fatigue syndrome *n no pl* chronisches Müdigkeitssyndrom

chronicle ['krɒnɪkl, AM 'krɑː-] **I.** *vt* ■**to ~ sth** etw aufzeichnen **II.** *n* ❶ (*recording of events*) Chronik *f;* **the Anglo-Saxon ~** die Angelsächsische Chronik ❷ (*fam: account of events*) Bericht *m;* (*title of newspaper*) ■**C~** Anzeiger *m*

chronicler ['krɒnɪkləʳ, AM 'krɑːnɪklɚ] *n* Chronist(in) *m(f)*

Chronicles ['krɒnɪklz, AM 'krɑː-] *npl* REL Chronika *fpl* (*zwei Bücher des Alten Testaments*)

chronograph ['krɒnəgrɑːf, AM 'krɑːnəgræf] *n* Zeitmesser *m,* Chronograph *m fachspr*

chronological [ˌkrɒnə'lɒdʒɪkᵊl, AM ˌkrɑːnə'lɑː-] *adj* chronologisch; **in ~ order** [*or* **sequence**] in chronologischer Reihenfolge

chronologically [ˌkrɒnə'lɒdʒɪkᵊli, AM ˌkrɑːnə'lɑː-] *adv* chronologisch; **to be listed ~** in chronologischer Reihenfolge aufgelistet sein

chronology [krɒn'ɒlədʒi, AM krən'ɑː-] *n no pl* zeitliche Abfolge, Chronologie *f geh;* (*summary*) chronologischer Bericht

chronometer [krɒn'ɒmɪtəʳ, AM krə'nɑːməṭɚ] *n* Zeitmesser *m,* Chronometer *nt fachspr*

chronopsychology [ˌkrəʊnə(ʊ)saɪ'kɒlədʒi, AM ˌkroʊnoʊsaɪ'kɑː-] *n no pl* Chronopsychologie *f fachspr* (*untersucht den natürlichen Körperrhythmus*)

chronotherapeutics [ˌkrəʊnə(ʊ)θerə'pjuːtɪks, AM ˌkroʊnoʊθerə'pjuːṭɪks] *n* + *sing vb* MED Chronotherapie *f fachspr* (*nutzt die Erkenntnisse über den natürlichen Körperrhythmus bei der Behandlung von Krankheiten*)

chronotherapy [ˌkrəʊnə(ʊ)'θerəpi, AM ˌkroʊnoʊ'-] *n no pl* MED Chronotherapie *f fachspr* (*nutzt die Erkenntnisse über den natürlichen Körperrhythmus bei der Behandlung von Krankheiten*)

chrysalis <*pl* -es> ['krɪsᵊlɪs] *n* BIOL (*pupa*) Puppe *f;* (*casing*) Kokon *m*

chrysanthemum [krɪ'sæn(t)θəməm] *n* Chrysantheme *f*

chub <*pl* – *or* -s> [tʃʌb] *n* ZOOL Döbel *m*

Chubb® [tʃʌb] *n,* **Chubb lock®** *n* BRIT Sicherheitsschloss *nt*

chubbiness ['tʃʌbinəs] *n no pl* Rundlichkeit *f,* Pummeligkeit *f;* (*with chubby cheeks*) Pausbäckigkeit *f*

chubby ['tʃʌbi] *adj* dicklich, pummelig; **~ child** Pummelchen *nt fam;* **~ face** pausbäckiges Gesicht; **~ fingers** Wurstfinger *mpl*

chuck [tʃʌk] **I.** *n* ❶ (*playful touch*) Stups *m fam;* **to**

C

give sb a ~ under the chin jdm einen Stups unters Kinn geben *fam* ❷ NBRIT (*fam: term of endearment*) Schnuckelchen *nt fam,* Schnucki *nt fam* ❸ (*holding device*) Spannfutter *nt* ❹ (*beef cut*) Schulterstück *nt* vom Rind **II.** *vt* ❶ (*fam: throw*) ■ **to ~ sth** etw schmeißen *fam* ❷ (*fam: end a relationship*) ■ **to ~ sb** mit jdm Schluss machen *fam* ❸ (*touch playfully*) ■ **to ~ sb** jdn stupsen *fam;* **to ~ sb under the chin** jdm einen Stups unters Kinn geben ❹ (*fam: give up*) ■ **to ~ sth** *job* etw [hin]schmeißen *fam*

◆**chuck away** *vt* (*fam*) ■ **to ~ sth** ○ **away** etw wegschmeißen *fam*

◆**chuck in** *vt* (*fam*) ■ **to ~ sth** ○ **in** etw hinschmeißen *fam* ► PHRASES: **to ~ in the towel** das Handtuch schmeißen *fig fam*

◆**chuck out** *vt* (*fam*) ❶ (*throw away*) ■ **to ~ sth** ○ **out** etw wegschmeißen *fam* ❷ (*force sb to leave*) ■ **to ~ sb** ○ **out** jdn an die [frische] Luft setzen *fam*

◆**chuck up I.** *vt* BRIT (*fam*) ■ **to ~ sth** ○ **up** etw hinschmeißen *fam* **II.** *vi* (*fam*) brechen, kotzen *derb*

chucker-out <*pl* **chuckers-out**> *n* BRIT (*fam*) Rausschmeißer *m fam*

chuckie ['tʃʌki] *n* NBRIT Schnuckelchen *nt fam,* Schnucki *nt fam*

chuckle [tʃʌkl] **I.** *n* Gekicher *nt kein pl;* **to give a ~** kichern **II.** *vi* in sich *akk* hineinlachen

chuck steak *n* Schulterstück *nt* vom Rind

chuddies ['tʃʌdiz] *npl* (*fam*) Slip *m,* Unterhose *f*

chuff [tʃʌf] *vi steam engine* puffen *fam; engine* tuckern

chuffed [tʃʌft] *adj* BRIT, AUS (*fam*) froh; ■ **to be ~ about sth** sich *akk* über etw *akk* freuen; **to be dead ~** sich *akk* wie ein Schneekönig/eine Schneekönigin freuen *fam;* **to be less than ~ with sth** mit etw *dat* mehr als unzufrieden sein

chug [tʃʌg] **I.** *vi* <-gg-> tuckern **II.** *n* Tuckern *nt*

◆**chug along** *vi* (*fam*) sich *akk* dahinschleppen

chukka ['tʃʌkə] *n,* AM *also* **chukker** ['tʃʌkəʳ, AM -ɚ] *n* (*in pologame*) Chukka *nt,* Chukker *nt*

chum [tʃʌm] **I.** *n* (*fam*) Kamerad(in) *m(f) veraltend;* (*more intimate*) Busenfreund(in) *m(f) meist iron* **II.** *vi* <-mm-> (*esp dated fam*) ■ **to ~ up with sb** sich *akk* mit jdm anfreunden

chummy ['tʃʌmi] *adj* ❶ (*fam: friendly*) freundlich; ■ **to be ~ with sb** mit jdm gut befreundet sein; **to get ~ with sb** sich *akk* mit jdm anfreunden ❷ (*pej fam: too friendly*) plumpvertraulich; ***don't get ~ with me!*** tu jetzt bloß nicht so freundlich!

chump [tʃʌmp] *n* (*fam*) Trottel *m fam* ► PHRASES: **to be off one's ~** seinen Verstand verloren haben *fam;* **to go off one's ~** BRIT (*dated fam*) den Verstand verlieren *fam*

chump change *n* AM (*fam: very little money*) Taschengeld *nt fig fam* **chump chop** *n* BRIT, AUS Kotelett *nt*

chunder ['tʃʌndəʳ] **I.** *vi esp* AUS (*fam*) kotzen *derb* **II.** *n no pl esp* AUS (*fam*) Kotze *f derb*

chunk [tʃʌŋk] *n* ❶ (*thick lump or piece*) Brocken *m;* **~ of bread/cheese** [großes] Stück Brot/Käse; **~s of meat** Fleischbrocken *mpl;* **pineapple ~s** Ananasstücke *ntpl;* **~s of stone** Felsbrocken *mpl* ❷ (*fig fam: large part of sth*) großer Batzen *fam*

chunky ['tʃʌŋki] *adj woolen garment* grob; *jewellery* klobig; *person* stämmig, untersetzt; **~ marmalade** *Orangenmarmelade mit Fruchtstücken*

Chunnel ['tʃʌnᵊl] *n* (*fam*) ■ **the ~** der Kanaltunnel

chunter ['tʃʌntəʳ] *vi* BRIT (*fam*) brummeln *fam*

chupatti *n see* **chapati**

church [tʃɜːtʃ, AM tʃɜːrtʃ] **I.** *n* <*pl* -es> ❶ (*building*) Kirche *f,* Gotteshaus *nt;* **to go to** [*or* **attend**] **~** in die [*o* zur] Kirche gehen ❷ (*body of worshippers*) Kirche[ngemeinde] *f* ❸ *no pl* (*organization*) ■ **the C~** die Kirche; **the Anglican/Catholic C~** die Anglikanische/Katholische Kirche; **the Free C~** die Freikirche; **to enter** [*or* **go into**] **the ~** Geistlicher werden ❹ *no pl* (*service*) Gottesdienst *m* **II.** *n modifier* ❶ (*of church organization*) kirchlich, Kirch[en]-; **~ elder** Kirchenälteste(r) *f(m);* **~ fête** *esp* BRIT Kirchenbasar *m;* **~ function** Kirchenveranstaltung *f;* **~ wedding** kirchliche Trauung ❷ (*of a church building*) (*bells, steps, walls*) Kirchen-; **~ pew** Kirchenbank *f;* **~ porch** Kirchenportal *nt;* **~ steeple** (*tower*) Kirchturm *m;* (*spire on top of tower*) Kirchturmspitze *f* ► PHRASES: **as poor as a ~ mouse** arm wie eine Kirchenmaus *fam*

churchgoer *n* Kirchgänger(in) *m(f)* **churchgoing** *n no pl* Kirchenbesuch *m* **church hall** *n esp* BRIT Gemeindesaal *m* **churchman** *n* (*clergyman*) Geistlicher *m,* Priester *m;* (*church member*) [männliches] Mitglied einer Kirche **Church of England** *n* BRIT Kirche *f* von England **church service** *n* Gottesdienst *m* **churchwarden** *n* ❶ BRIT (*in Anglican Church*) Gemeindevorsteher(in) *m(f);* AM (*church administrator*) Vermögensverwalter(in) *m(f)* einer Kirche ❷ BRIT (*clay tobacco pipe*) Tabak[s]pfeife *f* (*aus Ton*) **churchwoman** *n* (*ordained official*) Geistliche *f,* Priesterin *f;* (*female member of a church*) [weibliches] Mitglied einer Kirche

churchy ['tʃɜːtʃi, AM 'tʃɜːr-] *adj* (*fam or pej*) *person* kirchenfromm *pej,* päpstlicher als der Papst *pej; atmosphere* wie in einer Kirche

churchyard *n* Friedhof *m,* Kirchhof *m veraltend*

churl [tʃɜːl, AM tʃɜːrl] *n* Flegel *m pej,* Rüpel *m pej*

churlish ['tʃɜːlɪʃ, AM 'tʃɜːr-] *adj* ungehobelt, grob; (*no manners*) unhöflich

churlishly ['tʃɜːlɪʃli, AM 'tʃɜːr-] *adv* ungehobelt, grob

churlishness ['tʃɜːlɪʃnəs, AM 'tʃɜːr-] *n no pl* Ungehobeltheit *f,* ungehobeltes Benehmen, Grobheit *f*

churn [tʃɜːn, AM tʃɜːrn] **I.** *n* Butterfass *nt;* **milk ~** Milchkanne *f* **II.** *vt* ■ **to ~ sth** *earth, ground, sea* etw aufwühlen; **to ~ the milk** die Milch quirlen **III.** *vi* (*fig*) sich *akk* heftig drehen; ***my stomach was ~ing*** mir drehte sich der Magen um

◆**churn about** *vi* sich *akk* herumwälzen

◆**churn out** *vt* (*fam*) ■ **to ~ sth** ○ **out** *mass-product* etw auswerfen [*o pej* in Massenproduktion herstellen]

◆**churn up** *vt* ■ **to ~ sth** ○ **up** *earth, ground* etw aufwühlen; **to ~ up emotions** Emotionen schüren

churning *n* STOCKEX Provisionsschneiderei *f* (*Effektenhandel zum Nachteil des Kunden, allein mit dem Ziel einer möglichst hohen Courtage für den makler*)

chute¹ [ʃuːt] *n short for* **parachute** Fallschirm *m*

chute² [ʃuːt] *n* Rutsche *f,* Rutschbahn *f;* **emergency ~** AVIAT Notrutsche *f;* **laundry ~** Wäscheschacht *m;* **rubbish** [*or* AM **garbage**] **~** Müllschlucker *m*

chutney ['tʃʌtni] *n* Chutney *nt*

chutzpah ['hʊtspɑː] *n no pl* (*approv*) Chuzpe *f pej fam;* (*pej*) Dreistigkeit *f*

CIA [ˌsiːaɪ'eɪ] *n* AM *abbrev of* **Central Intelligence Agency** CIA *m o f*

ciao [tʃaʊ] *interj* (*hello*) hallo; (*goodbye*) ciao *sl,* tschau *sl,* tschüs *fam*

cicada [sɪ'kɑːdə, AM -'keɪ-] *n* Zikade *f*

cicerone <*pl* ciceroni> [ˌtʃɪtʃə'rəʊni, ˌsɪsə-, AM ˌsɪsə'roʊ-] *n* Cicerone *m*

CID [ˌsiːaɪ'diː] *n* BRIT *abbrev of* **Criminal Investigation Department** Oberste Kriminalpolizeibehörde, ≈ Kripo *f*

cider ['saɪdəʳ, AM -ɚ] **I.** *n no pl* BRIT (*alcoholic drink*) Cidre *m,* Apfelwein *m;* AM (*unfermented juice*) Apfelmost *m;* **dry ~** [herber] Most; **sweet ~** Süßmost *m* **II.** *n modifier* (*press, punch, season, vinegar*) Apfel-; **~ apples** Pressäpfel *mpl*

c.i.f. COMM *see* **cost, insurance and freight** Kosten, Versicherung und Fracht

cig [sɪg] *n* (*fam*) *abbrev of* **cigarette** Kippe *f sl*

cigar [sɪ'gɑːʳ, AM -'gɑːr] *n* Zigarre *f*

cigarbox *n* Zigarrenkiste *f* **cigarcase** *n* Zigarrenetui *nt* **cigar-cutter** *n* Zigarrenabschneider *m*

cigarette [ˌsɪgəʳ'et, AM -gə'ret] *n* Zigarette *f;* **a packet of ~s** eine Packung Zigaretten; **to drag** [*or* **draw**] **on a ~** an einer Zigarette ziehen; **to light a ~** [sich *dat*] eine Zigarette anzünden [*o* anstecken]

cigarette butt *n* Zigarettenstummel *m,* Zigarettenkippe *f* **cigarette case** *n* Zigarettenetui *nt* **cigarette end** *n* BRIT Zigarettenstummel *m,* Zigarettenkippe *f* **cigarette holder** *n* Zigarettenspitze *f* **cigarette lighter** *n* Feuerzeug *nt* **cigarette machine** *n* Zigarettenautomat *m* **cigarette paper** *n* Zigarettenpapier *nt* **cigarette smoke** *n no pl* Zigarettenrauch *m,* Zigarettenqualm *m* **cigarette smoker** *n* Zigarettenraucher(in) *m(f)*

cigarillo [ˌsɪgə'rɪləʊ, AM -oʊ] *n* Zigarillo *m o nt, fam a. f*

cigar-shaped *adj* zigarrenförmig

ciggy ['sɪgi] *n* (*fam*) *abbrev of* **cigarette** Kippe *f sl*

cill *n see* **sill**

CIM *n* COMPUT ❶ *abbrev of* **computer input from microfilm** CIM, Dateneingabe *f* von Mikrofilm ❷ *abbrev of* **computer integrated manufacture** computerintegrierte Fertigung

C-in-C [ˌsiːɪn'siː] *n abbrev of* **Commander-in-Chief** Oberbefehlshaber(in) *m(f)*

cinch <*pl* -es> [sɪntʃ] *n usu sing* ■ **a ~** (*easy task*) ein Kinderspiel *nt fam;* (*a certainty*) eine todsichere Sache *fam*

cinder ['sɪndəʳ, AM -ɚ] *n* Zinder *m meist pl;* ■ **~s** *pl* Asche *f kein pl;* **burnt to a ~** verkohlt

cinder block *n* AM Schlackenstein *m*

Cinderella [ˌsɪndᵊr'elə] *n* Aschenputtel *nt,* Aschenbrödel *nt;* (*underrated person or thing*) Stiefkind *nt fig*

cinder track *n* Aschenbahn *f*

cine ['sɪni] *adj attr* Film-, Kino-

cineast *n* ❶ (*film enthusiast*) Kinoliebhaber(in) *m(f)* ❷ (*film-maker*) Cineast(in) *m(f)*

cine-camera *n* Filmkamera *f* **cine-film** *n* Schmalfilm *m*

cinema ['sɪnəmə] *n* Kino *nt;* (*film world also*) Film *m;* **~ ticket** Kinokarte *f;* **~ seat** Kinoplatz *m;* **to go to the ~** ins Kino gehen

cinemagoer *n* Kinogänger(in) *m(f)* **cinemagoing I.** *n no pl* Kinobesuch *m meist pl* **II.** *adj* Kino-; **the ~ public** das Kinopublikum **CinemaScope®** *n* Cinemascope® *nt*

cinematic [ˌsɪnɪ'mætɪk, AM -ə'mæţɪk] *adj* Film-, filmisch

cinematograph [ˌsɪnɪ'mætəgrɑːf, AM ə'mæţəgræf] *n* BRIT HIST Kinematograph *m*

cinematographer [ˌsɪnɪmə'tɒgrəfəʳ, AM -əmə'tɑːgrəfɚ] *n* Kameramann, Kamerafrau *m, f*

cinematography [ˌsɪnɪmə'tɒgrəfi, AM -əmə'ţɑː-] *n* Kinematographie *f*

cine-projector *n* Filmprojektor *m*

cinnabar ['sɪnəbɑːʳ, AM bɑːr] **I.** *n* Zinnober *m,* Cinnabarit *m fachspr* **II.** *n modifier* Zinnober-; **~ red** Zinnoberrot; **~ blood** zinnoberrotes Blut

cinnamon ['sɪnəmən] **I.** *n no pl* Zimt *m;* (*bark*) Zimtrinde *f* **II.** *n modifier* (*biscuit, stick, tree*) Zimt- **III.** *adj* zimtfarben

CIO [ˌsiːaɪ'əʊ, AM 'oʊ] *n no pl abbrev of* **Congress of Industrial Organizations** *amerikanischer Dachverband der Gewerkschaften*

cipher ['saɪfəʳ, AM -ɚ] *n* ❶ (*secret code*) [Geheim]code *m;* (*in writing*) Geheimschrift *f;* (*sign*) Chiffre *f;* **in ~** chiffriert ❷ (*unimportant person*) Null *f fam;* (*unimportant thing*) Nichts *nt;* (*person used as a pawn*) Marionette *f* ❸ AM (*zero*) Null *f*

cipher code *n no pl* (*secret code system*) Geheimcode *m;* (*in writing*) Geheimschrift *f*

CIR *n* COMPUT *abbrev of* **current instruction register** aktuelles Befehlsregister

circa ['sɜːkə, AM 'sɜːr-] *prep* (*form*) circa, zirka

circadian [sɜː'keɪdiən, AM sɚ'-] *adj* zirkadian, im 24-Stunden-Rhythmus

circle ['sɜːkl, AM 'sɜːr-] **I.** *n* ❶ (*round shape*) Kreis *m;* **to have ~s under one's eyes** Ringe unter den Augen haben; **to go round in ~s** [*or* **in a ~**] sich *akk* im Kreis drehen *a. fig;* (*fig*) **to run round in ~s** am Rotieren sein ❷ (*group of people*) Kreis *m,* Runde *f;* **the family ~** der Familienkreis; **~ of friends** Freundeskreis *m;* **an intellectual/political ~** ein intellektueller/politischer Zirkel *geh;* **to move in different ~s** sich *akk* in unterschiedlichen Kreisen bewegen; **to move in exalted ~s** in gehobenen Kreisen verkehren; **to move in the right ~s** in den richtigen Kreisen verkehren ❸ *no pl* (*in theatre*) Rang *m* ► PHRASES: **to come full ~** zum Ausgangspunkt zurückkehren; ***now we've come full*** ~ jetzt ist wieder alles beim Alten; **to square the** ~ etw Unmögliches versuchen; **a vicious** ~ ein Teufelskreis *m* **II.** *vt* ① (*draw a circle*) ■**to** ~ **sth** um etw *akk* einen Kringel machen, etw umkringeln ② (*walk around*) ■**to** ~ **sth/sb** etw/jdn umkreisen **III.** *vi* kreisen

circlet ['sɜ:klət, AM 'sɜ:r] *n* Reif *m*

circuit ['sɜ:kɪt, AM 'sɜ:r-] *n* ① (*closed system*) Kreis[lauf] *m;* ELEC Schaltsystem *nt* ② SPORTS Rennstrecke *f;* **to do a** ~ eine Runde drehen ③ (*circular route*) Rundgang *m* (**of** um/durch +*akk*) ④ (*sequence of events*) Runde *f;* **lecture** ~ Vortragsreihe *f;* **tennis** ~ Tennis(turnier)runde *f* ⑤ LAW Gerichtsbezirk *m* (*in dem, oft an verschiedenen Orten, regelmäßig Gerichtstage abgehalten werden*); **to be on** ~ *im Gerichtsbezirk auf Rundreise sein;* **C~ Court** BRIT ≈ Landgericht *nt*

circuit board *n* Schaltbrett *nt* **circuit breaker** *n* Schutzschalter *m,* Stromkreisunterbrecher *m* **circuit diagram** *n* Schaltplan *m* **circuit judge** *n* *Richter/Richterin, der/die in regelmäßig wechselndem Turnus an verschiedenen Bezirksgerichten den Vorsitz führt*

circuitous [sə'kju:ɪtəs, AM sɚ'kju:ət̬əs] *adj explanation, means* umständlich; ~ **route** Umweg *m*

circuitously [sə'kju:ɪtəsli, AM sɚ'kju:ət̬-] *adv* umständlich

circuitry ['sɜ:kɪtri, AM 'sɜ:r-] *n no pl* ELEC Schaltkreise *mpl,* Schaltsystem *nt*

circuit training *n* Circuittraining *nt,* Zirkeltraining *nt;* **to do** ~ Zirkeltraining machen

circular ['sɜ:kjələʳ, AM 'sɜ:rkjəlɚ] **I.** *adj* [kreis]rund; ~ **bath** runde Badewanne **II.** *n* (*letter, notice*) Rundschreiben *nt,* Rundbrief *m,* Umlauf *m;* (*advertisement*) Wurfsendung *f*

circular argument *n* Zirkelschluss *m geh* **circular file** *n* (*hum*) ■**the** ~ die Rundablage *hum*

circularity [ˌsɜ:kjə'lærəti, AM ˌsɜ:rkjə'lerət̬i] *n no pl* Zirkelschluss *m geh,* Teufelskreis *m*

circularize ['sɜ:kjələraɪz, AM 'sɜ:rkjələ-] *vt* ADMIN ■**to** ~ **sth** *letter, information* etw in Umlauf bringen

circular letter *n* Rundschreiben *nt,* Rundbrief *m* **circular saw** *n* Kreissäge *f* **circular tour** *n,* **circular trip** *n* Rundreise *f,* Rundfahrt *f*

circulate ['sɜ:kjəleɪt, AM 'sɜ:rkjə-] **I.** *vt* ■**to** ~ **sth** *news* etw in Umlauf bringen; *card, petition* etw herumgehen [*o* zirkulieren] lassen **II.** *vi* zirkulieren; *rumours* kursieren, sich *akk* verbreiten; ~ ***among your guests!*** mach mal eine Runde!; **to** ~ **quickly** *rumours, bad news* sich schnell herumsprechen

circulating *adj* COMPUT ~ **register** Kreislaufregister *nt;* ~ **storage** Umlaufspeicher *m*

circulating capital *n* FIN Umlaufvermögen *nt* **circulating library** *n* (*dated*) Leihbibliothek *f* **circulating medium** *n* Zahlungsmittel *nt*

circulation [ˌsɜ:kjə'leɪʃᵊn, AM ˌsɜ:r-] *n no pl* ① MED [Blut]kreislauf *m,* [Blut]zirkulation *f,* Durchblutung *f;* **people with poor** ~ Menschen *mpl* mit Durchblutungsstörungen ② (*copies sold*) Auflage *f* ③ (*use*) *of money* Umlauf *m;* **to be taken out of** ~ aus dem Verkehr gezogen werden ④ (*fig fam: seen in public*) **to be out of** ~ aus dem Verkehr gezogen sein; **to be back in** ~ wieder mitmischen *fam*

circulation list *n* Verteilerliste *f* (*für Rundschreiben*)

circulatory [ˌsɜ:kjə'leɪtᵊri, AM 'sɜ:rkjələtɔ:ri] *adj attr, inv* Kreislauf-; **the** ~ **system** der [Blut]kreislauf

circumcise ['sɜ:kəmsaɪz, AM 'sɜ:r-] *vt* ■**to** ~ **sb** jdn beschneiden

circumcision [ˌsɜ:kəm'sɪʒᵊn, AM ˌsɜ:r-] *n* Beschneidung *f*

circumference [sə'kʌm(p)fᵊrᵊn(t)s, AM sɚ'-] *n* ① (*boundary line*) Kreislinie *f;* (*distance around*) Umfang *m;* **a circle 30 centimetres in** ~ ein Kreis mit 30 Zentimetern Umfang ② (*outside edge*) Peripherie *f*

circumflex *n* LING Zirkumflex *m*

circumlocution [ˌsɜ:kəmlə'kju:ʃᵊn, AM ˌsɜ:r-] *n* (*form*) ① (*roundabout expression*) Umschreibung *f;* (*roundabout way of speaking*) Weitschweifigkeit *f* ② *no pl* (*being indirect*) Drumherumreden *nt fam*

circumlocutory [ˌsɜ:kəmlə'kju:tᵊri, AM ˌsɜ:rkəm'lɑ:kju:tɔ:ri] *adj* (*form*) weitschweifig

circumnavigate [ˌsɜ:kəm'nævɪgeɪt, AM ˌsɜ:r-] *vt* ■**to** ~ **sth** ① NAUT (*sail around*) etw umfahren; (*by sailing boat*) etw umsegeln; **to** ~ **a cape** ein Kap umschiffen ② (*fig: avoid*) etw umgehen *fig*

circumnavigation [ˌsɜ:kəmnævɪ'geɪʃᵊn, AM ˌsɜ:r-] *n* NAUT Umschiffung *f;* (*by sailing boat*) Umseg[e]lung *f*

circumscribe ['sɜ:kəmskraɪb, AM 'sɜ:r-] *vt* ■**to** ~ **sth** etw eingrenzen; **to** ~ **sb's room for manoeuvre** jds Handlungsfreiheit einschränken; **to** ~ **a triangle** (*in geometry*) ein Dreieck umschreiben *fachspr*

circumscribed ['sɜ:kəmskraɪbd, AM 'sɜ:r-] *adj* begrenzt, eingeschränkt

circumscription [ˌsɜ:kəm'skrɪpʃᵊn, AM ˌsɜ:r-] *n no pl* MATH Umschreibung *f fachspr*

circumspect ['sɜ:kəmspekt, AM 'sɜ:r-] *adj* umsichtig, vorsichtig; ■**to be** ~ **about sth** etw vorsichtig beurteilen

circumspection [ˌsɜ:kəm'spekʃᵊn, AM ˌsɜ:r-] *n no pl* Umsicht *f*

circumspectly ['sɜ:kəmspektli, AM 'sɜ:r-] *adv* umsichtig, vorsichtig

circumstance ['sɜ:kəmstæn(t)s, AM 'sɜ:r-] *n* ① (*situation*) Umstand *m,* Lage *f;* **poor economic** ~**s** schlechte Wirtschaftslage ② (*conditions*) Umstände *mpl,* Verhältnisse *ntpl;* **by force of** ~ durch die Umstände bedingt; **to be a victim of** ~**[s]** ein Opfer der Verhältnisse sein; **regardless of** ~ ohne Rücksicht auf die Umstände; **to live in reduced** ~**s** in beschränkten Verhältnissen leben; **to not do sth in** [*or* **under**] **any** ~**s** etw unter keinen Umständen tun; **in** [*or* **under**] **no** ~**s** auf keinen Fall, unter keinen Umständen; **in** [*or* **under**] **the** ~**s** unter diesen Umständen ③ (*importance*) **nothing of** ~ nichts von Bedeutung

circumstantial [ˌsɜ:kəm'stæn(t)ʃᵊl, AM ˌsɜ:r-] *adj* ausführlich, detailliert

circumstantial evidence *n esp* LAW Indizienbeweis *m*

circumvent [ˌsɜ:kəm'vent, AM ˌsɜ:r-] *vt* ■**to** ~ **sth** *law, regulation, rule* etw umgehen

circumvention [ˌsɜ:kəm'ven(t)ʃᵊn, AM ˌsɜ:r-] *n no pl of a law, regulation, rule* Umgehung *f*

circus ['sɜ:kəs, AM 'sɜ:r-] **I.** *n* ① (*show*) Zirkus *m;* **to join a/the** ~ zu einem/dem Zirkus gehen, sich *akk* einem/dem Zirkus anschließen; **a one-man** ~ ein Einmannzirkus *m;* **travelling** ~ Wanderzirkus *m* ② (*pej: group of people*) Truppe *f;* **the media** ~ der Medienzirkus ③ *no pl* (*noisy scene*) Zirkus *m pej fam* ④ BRIT (*area with roads*) [runder] Platz; **Oxford/Piccadilly C~** Oxford/Piccadilly Circus *m* ▸ PHRASES: **bread and** ~**es** BRIT Brot und Spiele **II.** *n modifier* (*animal, trick, stunt, show, tent, performance*) Zirkus-; ~ **act** Zirkusnummer *f;* ~ **ring** Manege *f*

cirrhosis [sɪ'rəʊsɪs, AM sə'roʊ-] *n* Zirrhose *f;* ~ **of the liver** Leberzirrhose *f*

cirrus <*pl* -ri> ['sɪrəs, *pl* -ri] *n* METEO Zirrus *m fachspr,* Zirruswolke *f,* Federwolke *f*

CIS [ˌsi:aɪ'es] *n no pl abbrev of* **Commonwealth of Independent States** GUS *f*

CISC *n abbrev of* **complex instruction set computer** konventioneller Rechner

cissy *n* (*fam*) *see* **sissy**

Cistercian [sɪ'stɜ:ʃᵊn, AM -'stɜ:r-] **I.** *adj inv* Zisterzienser-; ~ **Order** Zisterzienserorden *m* **II.** *n* Zisterzienser(in) *m(f)*

cistern ['sɪstən, AM -ɚn] *n* Zisterne *f;* (*of toilet*) Spülkasten *m,* Wasserkasten *m;* (*in roof*) Wasserspeicher *m*

citadel ['sɪtədᵊl, AM -t̬-] *n* ① (*fortress*) Zitadelle *f* ② (*fig: exclusive organization*) Hochburg *f*

citation [saɪ'teɪʃᵊn] *n* ① (*written quotation*) Zitat *nt* ② AM (*commendation for bravery*) lobende Erwähnung ③ LAW (*summons*) Vorladung *f*

cite [saɪt] *vt* ① (*mention*) ■**to** ~ **sth** etw anführen; **to** ~ **sth as evidence** etw als Beweis anführen; **to** ~ **an example/a reason** ein Beispiel/einen Grund anführen ② (*quote*) ■**to** ~ **sth/sb** etw/jdn zitieren ③ *usu passive* AM (*officially commend*) ■**to be** ~**ed for sth** für etw *akk* lobend erwähnt werden ④ LAW (*summon*) ■**to** ~ **sb** jdn vorladen

citizen ['sɪtɪzᵊn, AM -t̬-] *n* ① (*national*) [Staats]bürger(in) *m(f);* **British** ~ britischer Staatsbürger/britische Staatsbürgerin; **a law-abiding** ~ ein gesetzestreuer Bürger/eine gesetzestreue Bürgerin; **to become a** ~ **of a country** eingebürgert werden ② (*resident of town*) Bürger(in) *m(f);* **a second-class** ~ ein Bürger/eine Bürgerin zweiter Klasse

citizenry ['sɪtɪzᵊnri, AM -t̬-] *n + sing/pl vb* (*form*) Bürgerschaft *f*

Citizens Advice Bureau *n* BRIT Bürgerberatungsstelle *f* **citizen's arrest** *n* Festnahme *f* durch eine Zivilperson **Citizens' Band radio** *n* CB-Funk *m*

citizenship ['sɪtɪzᵊnʃɪp, AM -t̬-] *n no pl* ① (*national status*) Staatsbürgerschaft *f;* **to apply for** ~ **of a country** die Staatsbürgerschaft eines Landes beantragen; **joint** ~ doppelte Staatsbürgerschaft ② (*neighbourly behaviour*) **good** ~ gute Nachbarschaft

citric ['sɪtrɪk] *adj* Zitrus-

citric acid *n* Zitronensäure *f*

citrine [sɪ'tri:n] *n* (*topaz quartz*) Zitrin *m*

citrus ['sɪtrəs] **I.** *n* <*pl* – *or* -es> Zitrusgewächs *nt* **II.** *n modifier* Zitrus-; ~ **grower** Zitrusfruchtpflanzer(in) *m(f);* ~ **orchard** Zitrusfruchtplantage *f*

citrus fruit *n* Zitrusfrucht *f*

city ['sɪti, AM -t̬-] **I.** *n* ① (*large town*) [Groß]stadt *f;* **capital** ~ Hauptstadt *f;* **to have the freedom of the** ~ die Ehrenbürgerrechte der Stadt haben ② (*residents*) Stadtbewohner(innen) *mpl(fpl);* (*as whole*) Stadt *f* ③ ■**the** ~ AUS (*city centre*) die Innenstadt (*einer Hauptstadt*) **II.** *n modifier* [Groß]stadt-, städtisch; ~ **block** Wohnblock *m* im Stadtgebiet; ~ **building** Großstadtgebäude *nt;* ~ **life** [Groß]stadtleben *nt;* ~ **mayor** Oberbürgermeister(in) *m(f);* ~ **police** Stadtpolizei *f;* ~ **rubbish** [*or* AM **trash**] **collector** städtische Müllabfuhr; ~ **sites** Stadtsehenswürdigkeiten *fpl;* ~ **street** Straße *f* im Stadtbereich

City ['sɪti] *n no pl* BRIT ■**the** ~ *das Londoner Banken- und Börsenviertel*

city centre BRIT, AUS **I.** *n* Innenstadt *f,* Stadtzentrum *nt* **II.** *n modifier* Innenstadt-; ~ **attractions** Sehenswürdigkeiten *fpl* der Innenstadt; ~ **crime** Kriminalität *f* im Innenstadtbereich; ~ **problems** Probleme *ntpl* im Stadtzentrum; ~ **school** zentral gelegene Schule **City Code on Takeovers and Mergers** *n* ECON, FIN Richtlinien *pl* für Unternehmenszusammenschlüsse (*in London*) **city council** *n* Stadtrat *m* **city councillor** *n* Stadtrat, Stadträtin *m, f* **city desk** *n* ■**the** ~ BRIT Redaktion *f* für Wirtschaftsnachrichten; AM Redaktion *f* für Lokalnachrichten **city father** *n* (*dated*) Stadtverordnete(r) *f(m);* ■**the** ~**s** *pl* die Stadtväter *pl* **city hall** *n esp* AM Rathaus *nt;* ■**C~** Stadtverwaltung *f* **city information centre** *n* BRIT städtisches Auskunftsbüro [*o* Verkehrsbüro] **city planner** *n* Stadtplaner(in) *m(f)* **city slicker** *n* (*pej fam*) Großstädter(in) *m(f),* Großstadtsnob *m pej* **city-state** *n* (*hist*) Stadtstaat *m* **citywide** *adj attr, inv esp* AM stadtweit, die ganze Stadt umfassend

civet ['sɪvɪt] *n* ① (*animal*) Zibetkatze *f* ② *no pl* (*substance*) Zibet *m*

civic ['sɪvɪk] *adj attr, inv* städtisch, Stadt-; (*of citizenship*) bürgerlich, Bürger-; ~ **authorities** Stadtverwaltung *f;* ~ **centre** BRIT Verwaltungszentrum *nt;* ~ **functions** städtische Aufgaben; ~ **pride** *Stolz eines Bürgers auf seine Stadt*

Civic Holiday *n* CAN *der erste Montag im August*

civics ['sɪvɪks] *n + sing vb* Gemeinschaftskunde *f*

civies ['sɪviz] *npl* AM *see* **civvies**

civil ['sɪvᵊl] *adj* ① *attr, inv* (*non-military*) zivil, Zivil-; (*of ordinary citizens*) bürgerlich, Bürger-; ~ **government** Zivilverwaltung *f* ② (*courteous*) höflich, zuvorkommend; **to not have a** ~ **word to say for sb** für jdn nicht ein freundliches Wort übrig haben; **to keep a** ~ **tongue in one's head** seine Zunge im Zaum halten ③ *attr, inv* (*private rights*) Zivil-, zivilrechtlich; ~ **case** Zivilprozess *m*

civil action *n* Zivilprozess *m;* **to bring a ~ against sb** gegen jdn einen Zivilprozess anstrengen **civil activist** *n* Bürgerrechtler(in) *m(f)* **civil court** *n* Zivilgericht *nt* **civil defence** *n no pl* Zivilschutz *m* **civil disobedience** *n no pl* ziviler Ungehorsam **civil disorder** *n* LAW, POL [innere] Unruhen, Aufruhr *m* **civil engineer** *n* Bauingenieur(in) *m(f)* **civil engineering** *n* Hoch- und Tiefbau *m*
civilian [sɪˈvɪliən, AM -jən] **I.** *n* Zivilist(in) *m(f)* **II.** *adj attr, inv* Zivil-; **to wear ~ clothes** Zivil[kleidung] tragen; **in ~ life** im Zivilleben, als Zivilist; **~ population** Zivilbevölkerung *f*
civility [sɪˈvɪləti, AM -t̬iz] *n* ① *no pl* (*politeness*) Höflichkeit *f* ② (*remarks*) ■**~s** *pl* Höflichkeiten *fpl,* Höflichkeitsfloskeln *fpl*
civilization [ˌsɪv(ə)laɪˈzeɪʃ(ə)n, AM -(ə)lɪ-] *n* ① (*stage of society and culture*) Zivilisation[sstufe] *f,* Kultur[stufe] *f* ② *no pl* (*human society and culture*) zivilisierte Welt ③ *no pl* (*esp hum: comfortable living conditions*) Zivilisation *f;* **miles from ~** (*hum*) meilenweit von der Zivilisation entfernt *fig* ④ *no pl* (*process of civilization*) Zivilisierung *f*
civilize [ˈsɪv(ə)laɪz, AM -əl-] *vt* ■**to ~ sb** jdn zivilisieren; *individual* jdn Manieren beibringen
civilized [ˈsɪv(ə)laɪzd, AM -əl-] *adj* ① (*advanced in social customs*) zivilisiert; **~ nation** Kulturnation *f* ② (*polite, reasonable*) höflich; **a ~ person** ein wohlerzogener Mensch ③ (*showing good taste*) kultiviert
civil law *n* Zivilrecht *nt,* bürgerliches Recht **civil liberties** *npl* [bürgerliche] Freiheitsrechte *ntpl* **civil list** *n* BRIT Zivilliste *f*
civilly [ˈsɪv(ə)li] *adv* höflich, zuvorkommend
civil marriage *n* Zivilehe *f;* (*ceremony*) Ziviltrauung *f* **civil population** *n* Zivilbevölkerung *f* **civil rights** *npl* Bürgerrechte *ntpl* **civil rights movement** *n* Bürgerrechtsbewegung *f* **civil servant** *n* [Staats]beamte(r) *m,* [Staats]beamte [*o* -in] *f* **civil service** *n* öffentlicher Dienst, Staatsdienst *m* **civil strife** *n* LAW, POL [innere] Unruhen **civil union** *n* gleichgeschlechtliche Ehe **civil war** *n* Bürgerkrieg *m*
civvies [ˈsɪviz] *npl esp* BRIT (*dated fam*) Zivil *nt kein pl,* Zivilklamotten *fpl fam;* **in ~** in Zivil
civvy street *n* BRIT (*dated fam*) Zivilleben *nt*
CJ *n* ① EU *abbrev of* **Court of Justice of the European Communities** EuGH ② LAW *abbrev of* **chief justice** Oberrichter(in) *m(f)*
cl *abbrev of* **centilitre** cl
clack [klæk] **I.** *vi* klappern **II.** *n* Klappern *nt,* Geklapper *nt pej fam*
clad [klæd] *adj inv* gekleidet; (*covered*) bedeckt; **to be ~ in blue** [ganz] in Blau gekleidet sein; **an ivy-~ wall** eine efeubewachsene Mauer
cladding [ˈklædɪŋ] *n no pl* Verkleidung *f*
clag [klæg] *n* AUS Leim *m,* Klebstoff *m*
claim [kleɪm] **I.** *n* ① (*assertion*) Behauptung *f;* **a ~ to fame** ein Anspruch *m* auf Ruhm; **to make ~s to be sth** behaupten, etw zu sein; **to make wild ~s about sth** über etw *akk* wilde Behauptungen aufstellen; **to substantiate a ~** eine Behauptung untermauern; **to support a ~** (*in argument*) eine Behauptung stützen; (*in legal affairs*) einen Anspruch begründen ② (*demand for money*) Forderung *f;* **to make a ~ on one's insurance** bei der Versicherung einen Schadensanspruch geltend machen; **to pay a ~** einen Schaden bezahlen; **to put in a ~ [for sth]** [für etw *akk*] Schadensersatz beantragen; **to submit a ~ for sth** für etw *akk* eine Auslagenerstattung einreichen ③ (*right to sth*) Anspruch *m,* Anrecht *nt* (**to** auf +*akk*); **legal ~** LAW Rechtsanspruch *m;* **to have a/no ~ to sth** auf etw *akk* Anspruch/keinen Anspruch haben; **to have no ~s on sb** jdm gegenüber keine Ansprüche haben; **to lay ~ to sth** auf etw *akk* Anspruch erheben ④ ECON (*insurance: event*) Schadensfall *m;* (*insurance: right*) Versicherungsanspruch *m,* Anspruch auf Versicherungsleistung *f;* **to settle a ~** eine Forderung regulieren ⑤ LAW (*law suit*) Klage *f;* (*assertion of right*) Klagebegehren *nt;* **particulars of ~** Klagebegründung *f;* **~ barred by procedural requirements** die Klage ist unzulässig; **~ barred by res judicata** die Rechtskraft steht der Klage entgegen; **~ barred by the statute of limitations** der Anspruch ist verjährt ⑥ LAW (*legal matter*) **small ~** Bagatellsache *f;* (*court*) **small ~s court** *Gericht, das für Geldansprüche bis zu einer bestimmten Höhe zuständig ist* **II.** *vt* ① (*assert*) ■**to ~ [that] ...** behaupten, dass ...; **to ~ responsibility** die Verantwortung übernehmen; ***both contestants ~ed victory after the race*** nach dem Rennen erhoben beide Wettbewerbsteilnehmer Anspruch auf den ersten Platz; **to ~ a number of members** eine Anzahl von Mitgliedern aufweisen ② (*declare ownership*) ■**to ~ sth** auf etw *akk* Anspruch erheben; **to ~ the reward for sth** Anspruch auf die Belohnung für etw *akk* erheben; **to ~ ownership of sth** Besitzanspruch auf etw *akk* erheben; **to ~ diplomatic immunity** sich *akk* auf diplomatische Immunität berufen; **to ~ a title** Anspruch auf einen Titel erheben; **to ~ the throne** den Thron beanspruchen ③ (*take up, require*) **to ~ a lot of time** viel Zeit in Anspruch nehmen ④ (*demand in writing*) ■**to ~ sth** etw beantragen; **to ~ one's money back** BRIT sein Geld zurückverlangen; **to ~ a refund** eine Rückerstattung fordern; **to ~ damages** Schadensersatz fordern ⑤ (*cause death*) **to ~ thousands of lives** Tausende von Leben fordern ⑥ LAW (*state grievance*) ■**to ~ sth** eine Forderung geltend machen ⑦ (*sl*) ■**to ~ sb** (*attack*) jdn angreifen; (*arrest*) jdn verhaften ▸ PHRASES: **to ~ the moral high ground** die Moral für sich *akk* beanspruchen **III.** *vi* seine Ansprüche geltend machen; ■**to ~ for sth** etw fordern; **to ~ for compensation/damages** Schadensersatz fordern; **to ~ on the insurance** Schadensersatz bei der Versicherung beantragen
◆**claim back** *vt* ■**to ~ sth** ⊂ **back** etw zurückfordern
claimant [kleɪmənt] *n* Anspruchsteller(in) *m(f);* (*for benefits*) Antragsteller(in) *m(f);* LAW Kläger(in) *m(f);* **~ to a throne** Thronanwärter(in) *m(f);* **~ to a title** Titelanwärter(in) *m(f);* **rightful ~** LAW Anspruchsberechtigte(r) *f(m)*
claim form *n* Schadenformular *nt,* Antragsformular *nt* auf Schadenersatz; **to complete [*or* fill in] a ~** ein Antragsformular *nt* auf Schadenersatz ausfüllen
claim frame *n* COMPUT Claim Frame *m*
claims department *n* COMM Schadenabteilung *f*
claims manager *n* COMM Leiter(in) *m(f)* der Schadenabteilung
clairvoyance [ˌkleəˈvɔɪən(t)s, AM ˌkler-] *n no pl* Hellsehen *nt*
clairvoyant [ˌkleəˈvɔɪənt, AM ˌkler-] **I.** *n* Hellseher(in) *m(f)* **II.** *adj powers* hellseherisch; ■**to be ~** hellsehen können
clam [klæm] **I.** *n* FOOD Venusmuschel *f;* **to shut up like a ~** (*fig*) auf einmal ganz schweigsam werden **II.** *vi* <-mm-> ■**to ~ up** keinen Piep[s] mehr sagen *fam*
clambake [ˈklæmbeɪk] *n* AM Muschelessen *nt* am Strand
clamber [ˈklæmbəʳ, AM -ɚ] **I.** *vi* klettern, kraxeln *bes* SÜDD, ÖSTERR *fam;* **to ~ up the rocks** auf die Felsen klettern, die Felsen hochkraxeln *bes* SÜDD, ÖSTERR *fam* **II.** *n usu sing* Kletterei *f,* Kraxelei *f bes* SÜDD, ÖSTERR *fam*
clam chowder *n* [sämige] Muschelsuppe
clamminess [ˈklæmɪnəs] *n no pl* Klammheit *f,* Feuchtigkeit *f*
clammy [ˈklæmi] *adj hands, skin, weather* feuchtkalt
clamor *n, vi* AM *see* **clamour**
clamorous [ˈklæm(ə)rəs] *adj* ① (*vociferous*) *complaints, demands* lautstark ② (*loud, noisy*) lärmend; ■**to be ~** sehr laut sein
clamour [ˈklæməʳ], AM **clamor** [-ɚ] **I.** *vi* (*demand loudly*) schreien *fig;* (*protest loudly*) protestieren; ■**to ~ for sth** nach etw *dat* schreien [*o* lauthals verlangen]; ■**to ~ against sth** [lauthals] gegen etw *akk* protestieren; **to ~ for attention** lautstark um Aufmerksamkeit kämpfen **II.** *n* ① (*popular outcry*) Aufschrei *m;* (*vociferous complaint*) [heftiges] Klagen; (*demand*) lautstarke Forderung; ***there has been a ~ from all sides about ...*** von allen Seiten beschwert man sich lauthals über ... ② (*loud noise*) Lärm *m*
clamp [klæmp] **I.** *n* Klammer *f;* (*screwable*) Klemme *f* **II.** *vt* ① (*fasten together*) ■**to ~ sth to sth [*or* sth together]** etw zusammenklammern ② (*hold tightly in place*) ■**to ~ sth** etw fest halten; ***he ~ed his hand over her mouth*** er hielt ihr mit der Hand den Mund zu ③ (*fig: impose forcefully*) **to ~ economic sanctions on a country** einem Land wirtschaftliche Sanktionen auferlegen ④ *esp* BRIT (*immobilize a vehicle*) **to ~ a car** eine Wegfahrsperre an einem Auto anbringen
◆**clamp down** *vi* ■**to ~ down on sth** gegen etw *akk* scharf vorgehen
clampdown *n* scharfes Vorgehen (**on** gegen +*akk*); **to have a ~ on sth** gegen etw *akk* scharf vorgehen
clan [klæn] *n* + *sing/pl vb esp* SCOT Clan *m,* Sippe *f;* (*hum fam: one's family*) Sippschaft *f hum;* **a gathering of the ~s** ein Sippentag *m,* ein Clantreffen *nt;* (*fam: meeting of relatives*) ein Familientreffen *nt*
clandestine [klænˈdestɪn] *adj affair, meeting* heimlich; *operation, plan* geheim, Geheim-
clandestinely [klænˈdestɪnli] *adv* heimlich
clang [klæŋ] **I.** *vi* scheppern; *bell* [laut] läuten **II.** *vt* ① (*close loudly*) **to ~ the door shut** die Tür zuschlagen [*o fam* zuknallen] ② (*cause to make harsh noise*) ■**to ~ sth** mit etw *dat* klappern; *bell* etw läuten **III.** *n usu sing* Scheppern *nt,* Klappern *nt; bell* [lautes] Läuten
clanger [ˈklæŋəʳ] *n* BRIT (*fam*) Fauxpas *m;* **to drop a ~** ins Fettnäpfchen treten *fam*
clangor [ˈklæŋgɚ] *n* AM, **clangour** [-əʳ] *n no pl* schriller Klang; *of tin cans* Scheppern *nt*
clank [klæŋk] **I.** *vi* klirren; *chain* rasseln; **to ~ shut** *door* scheppernd zufallen **II.** *vt* ■**to ~ sth** mit etw *dat* klirren **III.** *n usu sing* Klirren *nt,* Geklirr *nt;* **the ~ of a chain** das Gerassel einer Kette
clannish [ˈklænɪʃ] *adj* (*pej*) klüngelhaft *pej,* cliquenhaft *pej;* ***they're quite ~*** die sind eine eingeschworene Clique
clannishly [ˈklænɪʃli] *adv* (*pej*) klüngelhaft *pej,* cliquenhaft *pej*
clannishness [ˈklænɪʃnəs] *n no pl* (*pej*) Cliquenhaftigkeit *f pej;* (*in a village, family*) fester Zusammenhalt (*zur Abgrenzung*); (*against minorities*) Zusammenschluss *m* gegen Minderheiten
clansman *n* SCOT Clanmitglied *nt,* Clanangehöriger *m* **clanswoman** *n* SCOT Clanmitglied *nt,* Clanangehörige *f*
clap [klæp] **I.** *n* ① (*act*) Klatschen *nt;* **to give sb a ~ [*or* a ~ to [*or* for] sb]** jdm applaudieren; ***let's give a big ~ to our winning contestant!*** einen donnernden Applaus für unsere siegreiche Kandidatin! ② (*noise*) Krachen *nt;* **a ~ of thunder** ein Donner[schlag] *m* **II.** *vt* <-pp-> ① (*slap palms together*) **to ~ one's hands [together]** in die Hände klatschen ② (*applaud*) ■**to ~ sb** jdm Beifall klatschen ③ (*place quickly*) ■**to ~ sth over sth** ***she ~ped her hand over her mouth*** sie hielt sich schnell den Mund zu; **to ~ sb on the back** jdm auf die Schulter klopfen; **to ~ sb in chains** jdn in Ketten legen; **to ~ handcuffs on sb** jdm Handschellen anlegen; **to ~ on one's hat** sich *dat* seinen Hut aufstülpen; **to ~ the lid on the jar/tin** den Deckel auf das Glas/die Dose klatschen; **to ~ sb in [*or* into] prison [*or* jail]** jdn ins Gefängnis stecken ▸ PHRASES: **to ~ eyes on sb/sth** jdn/etw [erstmals] zu sehen bekommen [*o fam* kriegen] **III.** *vi* <-pp-> ① (*slap palms together*) klatschen; **to ~ along** mitklatschen ② (*applaud*) applaudieren, Beifall klatschen
◆**clap on** *vt* ① (*impose*) ■**to ~ sth** ⊂ **on** *tariffs* etw auferlegen ② NAUT **to ~ on sail** Beisegel setzen
◆**clap out** *vt* ■**to ~ sth** ⊂ **out** *tune, rhythm, beat* etw mitklatschen
clapboard [ˈklæpbɔːrd] *n* AM ① *no pl* (*weatherboards*) Schindel *f* ② FILM Klappe *f*
clapometer [klæpˈɒmɪtəʳ, AM -ˈɑːmət̬ɚ] *n* Beifallmessgerät *nt;* **~ ratings** Beliebtheitsgrad *m*
clapped-out [ˈklæptaʊt] *adj* BRIT, AUS (*fam*) *person* fertig, geschafft; *car* klapprig

clapper ['klæpəʳ, AM -ɚ] *n* ① (*part of a bell*) Klöppel *m* ② COMPUT Nadeldruckwerk *nt* ▶ PHRASES: **like the** ~ BRIT (*fam*) mit einem Affenzahn *fam;* **to work like the** ~ wie besessen arbeiten
clapperboard *n* FILM Klappe *f*
claptrap ['klæptræp] *n no pl* (*pej fam*) Unsinn *m,* Geschwätz *nt pej;* **a load of** ~ jede Menge Unsinn
claret ['klærət, AM 'kle-] *n* ① (*wine*) roter Bordeaux; (*red wine*) Rotwein *m* ② (*colour*) Weinrot *nt*
clarification [ˌklærɪfɪ'keɪʃᵊn, AM *esp* ˌkler-] *n* Klarstellung *f,* [Ab]klärung *f*
clarified butter *adj inv* ~ **butter** (*liquid*) geklärte Butter; (*solid*) Butterschmalz *nt*
clarify <-ie-> ['klærɪfaɪ, AM *esp* 'kler-] *vt* ① (*make clear*) ■**to** ~ **sth** etw klarstellen [*o* näher erläutern]; **to** ~ **sb's mind** jdn überzeugen ② FOOD **to** ~ **butter** Butter klären
clarinet [ˌklærɪ'net, AM *also* ˌkler-] *n* Klarinette *f;* **to play the** ~ Klarinette spielen
clarinet(t)ist [ˌklærɪ'netɪst, AM ˌklerəneṭ-] *n* Klarinettist(in) *m(f)*
clarion ['klæriən, AM 'kler] *n* HIST hohe Solotrompete, Clarino *nt,* Clairon *nt;* ~ **call** Fanfarenstoß *m*
clarion call ['klæriənˌkɔːl] *n* (*form, liter*) Aufruf *m,* Ruf *m* (**for** nach +*dat*)
clarity ['klærəti, AM 'klerəṭi] *n no pl* Klarheit *f; of a photo* Schärfe *f;* ~ **of thought** gedankliche Klarheit
clash [klæʃ] **I.** *vi* ① (*come into conflict*) zusammenstoßen, aneinander geraten ② (*compete against*) aufeinander treffen ③ (*contradict*) kollidieren *geh;* ■**to** ~ **with sth** mit etw *dat* im Widerspruch stehen ④ (*be discordant*) nicht harmonieren; *colours* sich beißen ⑤ *esp* BRIT, AUS (*coincide inconveniently*) zusammenfallen, kollidieren *geh;* **to** ~ **with another event** mit einem anderen Ereignis kollidieren ⑥ (*make harsh noise*) klirren, scheppern *fam* **II.** *vt* MUS **to** ~ **cymbals** [**together**] Becken gegeneinander schlagen **III.** *n* <*pl* -es> ① (*hostile encounter*) Zusammenstoß *m,* Kollision *f geh;* (*strong disagreement*) Auseinandersetzung *f* ② (*contest*) Aufeinandertreffen *nt* ③ (*conflict*) Konflikt *m;* **a** ~ **of loyalities** ein Loyalitätskonflikt *m* ④ (*incompatibility*) Unvereinbarkeit *f* ⑤ *esp* BRIT, AUS (*inconvenient simultaneous occurrence*) unglückliches Zusammentreffen ⑥ (*loud harsh noise*) Geklirr *nt*
clasp [klɑːsp, AM klæsp] **I.** *n* ① (*firm grip*) Griff *m;* **to hold sth in a** ~ etw umklammern ② (*fastening device*) Verschluss *m* **II.** *vt* ■**to** ~ **sb/sth** jdn/etw umklammern; **to** ~ **sb/sth in one's arms** jdn/etw [fest] in die Arme schließen; **to** ~ **one's hands** die Hände ringen
clasp knife *n* Klappmesser *nt,* Taschenmesser *nt*
class [klɑːs, AM klæs] **I.** *n* <*pl* -es> ① (*group of learners*) [Schul]klasse *f* ② + *sing/pl vb* (*all people in this group*) Klasse *f* ③ (*lesson*) Unterricht *m,* [Unterrichts]stunde *f;* **evening** ~ [*or* ~**es**] Abendkurs *m;* **to attend** [*or* **go to**] ~ [*or* ~**es**] am Unterricht teilnehmen; **to take** [*or* **teach**] **a** ~ unterrichten; UNIV eine Vorlesung halten; **to talk in** ~ während des Unterrichts reden ④ SPORTS Kurs[us] *m;* **to go to an aerobics** ~ einen Aerobic-Kurs machen ⑤ AM (*graduates of a year*) Jahrgang *m;* **the** ~ **of 1975/1980** der Jahrgang 1975/1980 ⑥ (*economic and social division*) Klasse *f,* Schicht *f;* **the middle/upper** ~ die Mittel-/Oberschicht, die mittlere/obere Gesellschaftsschicht; **the working** ~ die Arbeiterklasse ⑦ *no pl* (*membership of social strata*) Klassenzugehörigkeit *f* ⑧ (*grade, category*) Klasse *f,* Kategorie *f;* BRIT ***shall I post the letter first or second*** ~**?** soll ich den Brief als Erste- oder Zweite-Klasse-Sendung aufgeben?; **to travel first** ~ erster Klasse fahren ⑨ (*quality* (*of produce*)) Qualität *f;* ■**C**~ **A/I** A/I Sorte *f* ⑩ BRIT, AUS (*type of degree*) Prädikat *nt;* **a first** ~ **honours degree** ein Prädikatsexamen *nt;* **a second** ~ **honours degree** ein Examen mit dem Prädikat ‚Gut' ⑪ *no pl* (*stylish*) **to have** ~ Klasse haben *fam* ⑫ (*classification for species*) Klasse *f* ⑬ AM ECON, FIN Aktiengattung *f* ⑭ LAW **C**~ **F charge** Belastung *f* in Abteilung 6 ▶ PHRASES: **to be in a** ~ **of one's own** [*or* **by oneself**] eine Klasse für sich *akk* sein; **to be out of sb's** ~ jdm haushoch überlegen sein *fig* **II.** *adj inv* ① (*of economic and social division*) Klassen- ② (*excellent, very good*) erstklassig, klasse *fam;* **world-**~ Weltklasse- **III.** *vt* ■**to** ~ **sb as sth** jdn als etw *akk* einordnen; ***when I travel by bus I'm still*** ~***ed as a child*** wenn ich mit dem Bus fahre, gelte noch als Kind; ***I would*** ~ ***her among the top ten novelists*** ich würde sie zu den zehn besten Schriftstellern zählen
class act *n* AM jd/etw mit Klasse **class action** *n* AM LAW Gruppenklage *f* **class conflict** *n* Klassenkampf *m* **class-conscious** *adj* klassenbewusst **class distinctions** *npl* Klassenunterschiede *mpl* **class exams** *npl* Klassenarbeiten *fpl* **class gift** *n* LAW Schenkung *f* an eine bestimmte Personengruppe
classic ['klæsɪk] **I.** *adj* ① (*traditional*) *literature* klassisch; *garment also* zeitlos; **a** ~ **goal** ein klassisches Tor ② (*typical*) klassisch, typisch; **a** ~ **case** [*or* **example**] **of sth** ein klassischer Fall [*o* klassisches Beispiel] einer S. *gen* ③ (*pej fam: stupid*) ***that's just*** ~***, isn't it!*** das ist doch mal wieder typisch! *fam* **II.** *n* Klassiker *m;* (*garment*) klassisch-zeitloses Kleidungsstück, Klassiker *m;* **a modern** ~ ein moderner Klassiker
classical ['klæsɪkᵊl] *adj* ① (*simple and stylish*) klassisch, zeitlos ② *inv* (*of ancient culture*) *architecture* klassizistisch; *ballet, literature, theatre* klassisch; **in** ~ **Rome** im alten Rom, im Rom der Antike ③ *inv* (*observing traditional standards*) klassisch, traditionell; **the** ~ **economics of Adam Smith** die Klassische Schule von Adam Smith
classically ['klæsɪkᵊli] *adv* klassisch, zeitlos; (*typically also*) typisch; (*conventionally also*) traditionell
classical music *n* klassische Musik, Klassik *f*
Classical period *n* MUS, LIT Klassik *f*
classic car *n* Oldtimer *m*
Classicism ['klæsɪsɪzᵊm] *n no pl* Klassik *f;* ARCHIT Klassizismus *m*
classicist ['klæsɪsɪst] *n* ① (*follower of Classicism*) Klassizist(in) *m(f)* ② (*ancient Greek or Roman expert*) Altphilologe, Altphilologin *m, f*
classics ['klæsɪks] *n* + *sing vb* Klassische Philologie, Altphilologie *f;* **to be a** ~ **scholar** Altphilologe/Altphilologin sein
classifiable ['klæsɪfaɪəbḷ, AM -sə-] *adj* klassifizierbar, einzuordnen *präd*
classification [ˌklæsɪfɪ'keɪʃᵊn, AM ˌklæsə-] *n* ① *no pl* (*organizing into groups*) Klassifizierung *f,* Klassifikation *f,* Einteilung *f* ② (*category*) Rubrik *f*
classified ['klæsɪfaɪd] *adj inv* geheim, Geheim-; ■**to be** ~ unter Verschluss stehen
classified ad *n* Kleinanzeige *f* **classified information** *n* Verschlusssache *f,* Geheimsache *f*
classify <-ie-> ['klæsɪfaɪ] *vt* ■**to** ~ **sth** etw klassifizieren [*o* nach Gruppen unterteilen]
classless *adj* klassenlos; ~ **society** klassenlose Gesellschaft **classmate** *n* Klassenkamerad(in) *m(f),* Mitschüler(in) *m(f)* **class president** *n* AM Klassensprecher(in) *m(f)* **class reunion** *n* Klassentreffen *nt* **classroom** *n* Klassenzimmer *nt;* **in the** ~ (*room*) im Klassenzimmer; (*teaching*) im Unterricht **class structure** *n* Klassenstruktur *f* **class struggle** *n,* **class war** *n* Klassenkampf *m* **class suit** *n* LAW Gruppenklage *f*
classy ['klɑːsi, AM 'klæsi] *adj* erstklassig; ***she's a really*** ~ ***lady*** die Frau hat Klasse; ~ **restaurant** Nobelrestaurant *nt*
clatter ['klætəʳ, AM -ṭɚ] **I.** *vt* ■**to** ~ **sth** *dishes* mit etw *dat* klappern **II.** *vi* ① (*rattle*) klappern ② (*walk noisily*) trampeln, poltern; *hooves* trappeln **III.** *n no pl* Klappern *nt,* Geklapper *nt; hooves* Getrappel *nt; of metal things* Scheppern *nt*
clause [klɔːz, AM klɑːz] **I.** *n* ① (*part of sentence*) Satzglied *nt,* Satzteil *m;* **main** [*or* **independent**]**/subordinate** [*or* **dependent**] ~ Haupt-/Nebensatz *m,* übergeordneter/abhängiger Satz ② (*in a contract*) Klausel *f,* Bestimmung *f;* (*in law*) Abschnitt *m,* Absatz *m,* Paragraph *m;* **forfeit** ~ Verfallsklausel *f,* Verwirkungsklausel *f;* **liability** ~ Haftungsklausel *f;* **to amend a** ~ **in a contract** eine Klausel in einem Vertrag abändern **II.** *vi* ■**to** ~ **sth** ECON, FIN etw mit Wechselvermerken versehen
claustrophobia [ˌklɔːstrə'fəʊbiə, AM ˌklɑːstrə'foʊ-] *n no pl* Klaustrophobie *f geh,* Platzangst *f fam;* **to get** ~ Platzangst bekommen *fam;* **to suffer from** ~ an Klaustrophobie leiden
claustrophobic [ˌklɔːstrə'fəʊbɪk, AM ˌklɑːstrə'foʊ-] **I.** *adj person* klaustrophobisch *geh; place* beengend; ***my room's a bit*** ~ in meinem Zimmer kriegt man fast Platzangst *fam* **II.** *n jd, der unter Klaustrophobie leidet*
clavichord ['klævɪkɔːd, AM -kɔːrd] *n* Klavichord *nt*
clavicle ['klævɪkḷ] *n* ANAT (*spec*) Clavicula *f fachspr,* Schlüsselbein *nt*
claw [klɔː, AM *also* klɑː] **I.** *n* Kralle *f; of birds of prey, big cats* Klaue[n] *f[pl]*; (*of sea creatures*) Schere[n] *f[pl]*; **to sharpen one's** ~**s** die Krallen schärfen ▶ PHRASES: **to get one's** ~**s into sb** jdn in die Klauen bekommen *fig* **II.** *vt* ① (*scratch*) ■**to** ~ **sb** jdn kratzen; ■**to** ~ **sth** etw zerkratzen ② (*make way by using hands*) **to** ~ **one's way through sth** sich *dat* seinen Weg durch etw *akk* graben; (*fig: fight to achieve*) sich *akk* durch etw *akk* durchboxen **III.** *vi* ■**to** ~ **at sth** ① (*take hold of*) sich *akk* an etw *akk* krallen; **to** ~ **at thin air** ins Leere greifen ② (*injure with claws*) die Krallen in etw *akk* schlagen
◆**claw back** *vt esp* BRIT ■**to** ~ **sth** ↻ **back** (*via taxes*) etw zurückholen
clawback *n* ECON, FIN ① (*money*) Zurückholung *f,* Rückforderung *f* ② (*share allocation*) Zeichnung *f* neuer Aktien durch die alten Aktionäre **claw hammer** *n* Splitthammer *m*
clay [kleɪ] **I.** *n no pl* ① (*earth*) Lehm *m;* (*for pottery*) Ton *m;* **modelling** ~ Modelliermasse *f* ② (*fig liter or poet: substance of human body*) Erde *f,* Staub *m;* **mortal** ~ Staub und Asche ③ TENNIS, SPORTS Sand *m;* **to play on a** ~ **court** auf einem Rotgrantplatz spielen *fachspr* ▶ PHRASES: **to have feet of** ~ tönerne Füße haben **II.** *n modifier* ① (*of heavy earth*) Lehm-; ~ **brick** Backstein *m;* ~ **pitcher** Tonkrug *m;* ~ **pottery** Steingut *nt;* ~ **vase** Tonvase *f* ② TENNIS, SPORTS Sand-; ~ **court** Sandplatz *m,* Rotgrantplatz *m fachspr*
clayey ['kleɪi] *adj* lehmig; ■**to be** ~ lehmhaltig sein; ~ **earth** Lehmboden *m*
claymore ['kleɪmɔːʳ, AM mɔːr] *n* ① HIST (*broadsword*) schottisches Breitschwert ② (*anti-personnel mine*) Landmine *f*
clay pigeon *n* Tontaube *f* **clay pigeon shoot** *n* [Veranstaltung *f* im] Tontaubenschießen *nt* **clay pigeon shooting** *n* Tontaubenschießen *nt* **clay shoot** *n* [Veranstaltung *f* im] Tontaubenschießen *nt*
clean [kliːn] **I.** *adj* ① (*not dirty*) sauber; ~ **air/hands** saubere Luft/Hände; ~ **sheet** frisches Laken; ~ **shirt** sauberes Hemd; **spotlessly** [*or* **scrupulously**] ~ peinlichst sauber; [**as**] ~ **as a whistle** [*or* BRIT **as a new pin**] blitzblank *fam* ② (*free from bacteria*) sauber, rein; ~ **air** saubere Luft; ~ **water** sauberes Wasser ③ *attr* (*blank*) *sheet of paper* leer ④ (*fair*) *methods, fight* sauber, fair ⑤ (*sl: free from crime, offence*) sauber *sl;* **to keep one's hands** ~ sich *dat* die Hände nicht schmutzig machen; **to have** ~ **hands** [*or* **a** ~ **slate**] eine weiße Weste haben *fam;* ~ **driving licence** Führerschein *m* ohne Strafpunkte; **to have a** ~ **record** nicht vorbestraft sein ⑥ (*fam: no drugs*) ■**to be** ~ ~ **sein;** *alcoholic* trocken sein ⑦ (*morally acceptable*) sauber, anständig; ***it's all good,*** ~ ***fun*** das ist alles völlig harmlos!; ~ **joke** anständiger Witz; ~ **living** makellose Lebensweise ⑧ (*smooth*) ~ **design** klares Design; ~ **lines** klare Linien ⑨ (*straight*) sauber; ~ **break** MED glatter Bruch; ~ **hit** SPORTS sauberer Treffer ⑩ (*complete, entire*) gründlich; **to make a** ~ **break from sth** unter etw *dat* einen Schlussstrich ziehen; **to make a** ~ **job of sth** saubere Arbeit leisten; **to make a** ~ **start** noch einmal [ganz] von vorne anfangen; **to make a** ~ **sweep of sth** etw total verändern; (*win everything*) bei etw *dat* [alles] abräumen *fam* ⑪ (*toilet-trained*) ■**to be** ~ nicht mehr in die Windeln machen; *animal* stubenrein sein ⑫ MED **to give sb a** ~ **bill of health** jdn für gesund erklären; **to give sth a** ~ **bill of health** (*fig*) etw für gesundheitlich unbe-

C

denklich erklären ⑬ REL rein ⑭ *wood* astrein ► PHRASES: **to make a ~ breast of sth** etw gestehen, sich *dat* etw von der Seele reden; **to show a ~ pair of heels** (*fam*) Fersengeld geben *hum fam;* **to keep one's nose ~** sauber bleiben *hum fam;* **to wipe the slate ~** reinen Tisch machen *fam;* **to come ~** reinen Tisch machen **II.** *adv* ① *inv* (*completely*) total, völlig; ***I ~ forgot your birthday*** ich habe deinen Geburtstag total vergessen; ***I ~ forgot that …*** ich habe schlichtweg vergessen, dass …; ***he's been doing this for years and getting ~ away with it*** er macht das seit Jahren und kommt glatt damit durch! *fam;* ***Sue got ~ away*** Sue ist spurlos verschwunden; ***the cat got ~ away*** die Katze ist uns/ihnen/etc. glatt entwischt; **~ bowled** BRIT SPORTS sauber geschlagen ② (*not dirty*) sauber ► PHRASES: **a new broom sweeps ~** neue Besen kehren gut *prov* **III.** *vt* ① (*remove dirt*) ■**to ~ sth** etw sauber machen; *furniture* etw reinigen; (*dry-~*) etw reinigen; **to ~ the car** das Auto waschen; **to ~ a carpet** einen Teppich reinigen; **to ~ one's face/hands** sich *dat* das Gesicht/die Hände waschen; **to ~ the floor** den Boden wischen; **to ~ house** AM die Hausarbeit machen; **to ~ the house** putzen; **to ~ one's nails** sich *dat* die Nägel sauber machen; **to ~ one's shoes/ the windows** seine Schuhe/Fenster putzen; **to ~ one's teeth** sich *dat* die Zähne putzen; **to ~ a wound** eine Wunde reinigen; ■**to ~ sth from** [*or* **off**] **sth,** ■**to ~ off sth from sth** etw von etw *dat* abwischen ② FOOD **to ~ a chicken/fish** ein Huhn/einen Fisch ausnehmen; **to ~ vegetables** Gemüse putzen ③ (*eat all*) **to ~ one's plate** seinen Teller leer essen ► PHRASES: **to ~ sb's clock** AM (*sl*) jdn verdreschen *fam* **IV.** *vi pans, pots* sich reinigen lassen; **to ~ easily** sich leicht einigen lassen **V.** *n* **to give sth a** [**good**] **~** etw [gründlich] sauber machen; *shoes, window, teeth, room* etw [gründlich] putzen; *hands, face* etw [gründlich] waschen; *furniture, carpet* etw [gründlich] reinigen; **to give the floor a good ~** den Boden gründlich wischen

◆**clean down** *vt esp* BRIT ■**to ~ sth ↔ down** etw waschen; *walls* etw abwaschen; **to ~ down the windows** Fenster putzen

◆**clean out** *vt* ① (*clean thoroughly*) ■**to ~ sth ↔ out** etw [gründlich] sauber machen; (*with water*) etw ausspülen; (*empty and ~*) *cupboard, drawer* etw [ausräumen und] auswaschen; (*throw away things*) etw entrümpeln; **to ~ out a room** ein Zimmer aufräumen und sauber machen; **to ~ out the stables** die Ställe ausmisten; **to ~ out sb's stomach** jdn den Magen auspumpen ② (*fam: take all resources*) ■**to ~ sb ↔ out** jdn [wie eine Weihnachtsgans] ausnehmen *sl;* **to ~ out the bank** (*in games*) die Bank sprengen; **to ~ sb out of drink** jdn alles wegdrinken *fam;* **to ~ sb out of food** jdn die letzten Haare vom Kopf fressen *sl;* **to be completely ~ed out** völlig blank sein *sl;* ***we're ~ed out of beer*** wir haben kein Bier mehr

◆**clean up I.** *vt* ① (*make clean*) ■**to ~ up ↔ sth** etw sauber machen; *building* etw reinigen; **to ~ up the kitchen/a room** die Küche/ein Zimmer aufräumen; **to ~ up the mess** aufräumen; ■**to ~ oneself up** sich *akk* sauber machen; (*wash*) sich *akk* waschen; (*freshen oneself*) sich *akk* frisch machen ② (*eradicate sex, crime*) ■**to ~ up ↔ sth** mit etw *dat* aufräumen; ***we need to ~ up television*** das Fernsehen muss wieder sauber werden!; **to ~ up the city** die Stadt säubern ③ (*fam: make gain, profit*) ■**to ~ up ↔ sth** etw absahnen *sl;* **to ~ up a fortune** ein Vermögen machen *fam* ► PHRASES: **to ~ up one's act** sich *akk* bessern **II.** *vi* ① (*make clean*) aufräumen; (*freshen oneself*) sich *akk* frisch machen; ■**to ~ up after sb** jdm hinterherräumen ② *esp* AM (*sl: make profit*) absahnen *sl*

clean bill *n* AM LAW Gesetzesvorlage *f* (*ohne dass Abänderungen kenntlich gemacht sind*) **clean credit** *n* FIN Bankakkreditiv *nt* **clean-cut** *adj* ① (*sharply outlined*) klar umrissen; (*straight and even*) regelmäßig; **~ features** regelmäßige Gesichtszüge ② (*approv*) *person* anständig

cleaner ['kli:nəʳ, AM -ɚ] *n* ① (*person*) Raumpfleger(in) *m(f) euph;* (*in offices*) Büroreiniger(in) *m(f);* (*woman*) Putzfrau *f,* Reinemachefrau *f* ② *no pl* (*substance*) Reiniger *m,* Reinigungsmittel *nt*

cleaner's ['kli:nəz, AM -ɚz] *n + sing vb,* **cleaners** *npl* Reinigung *f;* **at the ~** in der Reinigung ► PHRASES: **to have been taken to the ~** (*cheated*) reingelegt worden sein *fam;* (*badly beaten*) fertig gemacht worden sein *fam*

clean float *n* ECON, FIN sauberes Floaten **clean hands** *npl* LAW ***the plaintiff must have ~*** Motive und Handlungen des Klägers müssen aufrichtig sein

cleaning ['kli:nɪŋ] **I.** *n no pl* Reinigung *f;* **to do the ~** sauber machen **II.** *adj attr, inv* Reinigungs-

cleaning lady *n,* **cleaning woman** *n* Putzfrau *f,* Reinemachefrau *f,* Raumpflegerin *f euph*

clean-limbed *adj* (*approv*) wohlproportioniert

cleanliness ['klenlɪnəs] *n no pl* Sauberkeit *f,* Reinlichkeit *f* ► PHRASES: **~ is next to godliness** (*saying dated*) Reinlichkeit kommt gleich nach Gottseligkeit *veraltend*

clean-living [ˌkli:n'lɪvɪŋ] *adj inv* von untadeligem Lebenswandel *nach n*

cleanly ['kli:nli] *adv* sauber; (*without edges also*) glatt; (*equally*) gleichmäßig; ***the clavicle broke ~*** es war ein glatter Schlüsselbeinbruch

clean-needle ['kli:n,ni:dl] *n modifier* **~ distribution** Verteilung *f* sauberer Spritzbestecke; **~ program** Programm *nt* zur Verteilung sauberer Spritzbestecke

cleanness ['kli:nnəs] *n no pl* Sauberkeit *f*

clean-out ['kli:naʊt] *n* ■**to give sth a** [**good**] **~** etw [gründlich] saubermachen; (*fig*) Säuberung *f*

cleanse [klenz] *vt* ① (*remove dirt*) ■**to ~ sth** etw reinigen; **to ~ a wound** eine Wunde säubern ② (*make morally pure*) **to be ~d of one's sins** von seinen Sünden rein gewaschen werden; **to ~ one's thoughts** seine Gedanken reinigen ③ (*remove disreputable elements*) ■**to ~ sth** etw säubern

cleanser ['klenzəʳ, AM -ɚ] *n* ① (*dirt remover*) Reiniger *m,* Reinigungsmittel *nt* ② *no pl* (*for use on body*) Reinigungscreme *f*

clean-shaven *adj inv* glatt rasiert

cleansing ['klenzɪŋ] *adj usu attr* Reinigungs-; **~ effect** reinigende Wirkung

cleansing cream *n* Reinigungscreme *f* **cleansing department** *n* BRIT Stadtreinigung *f* **cleansing lotion** *n* Reinigungslotion *f* **cleansing tissue** *n* Kosmetiktuch *nt*

clean-up *n* ① (*thorough cleaning*) gründliche Reinigung; **sth needs a good ~** etw muss gründlich sauber gemacht werden ② (*removal of illegal activities*) Säuberungsaktion *f;* ***this town could really use a good ~*** in dieser Stadt müsste einmal gründlich aufgeräumt werden ③ *no pl esp* AM (*large profit*) Profit *m* **clean-up campaign** *n* Aufräumaktion *f;* (*fig*) moralische Säuberungsaktion

clear [klɪəʳ, AM klɪr]

I. ADJECTIVE	II. NOUN
III. ADVERB	IV. TRANSITIVE VERB
V. INTRANSITIVE VERB	

I. ADJECTIVE

① [*understandable*] *definition, description, message* klar; *explanation, description also* verständlich; (*definite*) *impression, similarity* eindeutig; (*distinct*) *statement, stage* klar, deutlich; *signs* deutlich; ***he wasn't very ~*** er hat sich nicht sonderlich klar ausgedrückt; **~ instructions** klare Anweisungen; **to have ~ memories of sth** (*fig*) sich *akk* deutlich an etw *akk* erinnern können; **a ~ picture** ein scharfes Bild; **to have a ~ perception of sth** klare Vorstellungen von etw *dat* haben; **to have a ~ understanding of sth** ein klares Verständnis einer Sache haben; **to make oneself ~** sich *akk* deutlich [*o* klar] ausdrücken; **as ~ as a bell** glockenhell, glockenrein; [**as**] **~ as day** eindeutig, unmissverständlich ② [*obvious*] klar, sicher; ***is that ~?*** ist das klar?; ***it's ~ [to me] that …*** es ist [mir] klar, dass …; ***they have made it ~ that …*** sie haben es unmissverständlich klar gemacht, dass…; ***Richard isn't at all ~ about what …*** Richard ist sich nicht im Mindesten darüber im Klaren, was …; ***it's not ~ whether …*** es ist nicht klar, ob …; ***he's a ~ favourite*** er ist ein klarer Favorit; ***he's got a ~ lead*** er führt eindeutig; **a ~ case of …** ein klarer Fall von …; **a ~ majority** eine klare Mehrheit; ■**to be ~ that …** sich *dat* sicher sein, dass …; ■**to be ~ about sth** sich *dat* über etw *akk* im Klaren sein; **to get ~ about sth** sich *dat* über etw *akk* klar werden; **to make one's position ~** seine Haltung deutlich machen; **to make oneself ~** [**to sb**] sich *akk* [jdm] verständlich machen; **to make sth ~** [**to sb**] etw [jdm gegenüber] klar zum Ausdruck bringen; **do I make myself ~?** habe ich mich klar ausgedrückt?; **as ~ as day** sonnenklar ③ *usu attr* [*unconfused*] klar; **to keep a ~ head** einen klaren Kopf bewahren; **a ~ thinker** jd, der klar denken kann ④ [*free*] ■**to be ~ of sth** ***she's ~ of all suspicion*** sie ist frei von jeglichem Verdacht; (*guilt-free*) **to have a ~ conscience** ein reines Gewissen haben ⑤ [*unobstructed*] *passage, path* frei; *throat* unbelegt; (*complete*) ganz, voll; (*fig*) ***could you see your way ~ to lending me some money?*** könntest du mir eventuell etwas Geld leihen?; **a ~ view** ein freier Blick, eine ungehinderte Aussicht ⑥ [*transparent*] *glass* durchsichtig; *water, soup* klar; **as ~ as crystal** kristallklar; **that's as ~ as mud** da blickt man gar nicht durch ⑦ [*pure*] **~ complexion/skin** reines Teint/reine Haut; **a ~ sound** ein klarer Ton ⑧ [*bright, shining*] *of colours, eyes* leuchtend ⑨ [*of weather, atmosphere*] *sky, day, night, air* klar; **~ weather** heiteres Wetter ⑩ *inv* [*net*] rein, netto; **a ~ profit** ein Reingewinn *m* ⑪ *inv* [*not touching*] **~ jump** fehlerfreier Sprung ⑫ *inv* [*away from*] ***the gate must be ~ of the ground*** das Tor darf den Boden nicht berühren; ***… one wheel ~ of the ground …*** ein Rad ragte in die Luft; ***wait till we're ~ of the main road …*** warte, bis wir die Hauptstraße verlassen haben; **to keep** [*or* **stay**] [*or* **steer**] **~ of sb/sth** sich *akk* von jdm/etw fern halten ► PHRASES: **the coast is ~** die Luft ist rein *fam;* **out of a ~ sky** aus heiterem Himmel; **all ~** die Luft ist rein

II. NOUN

■**to be in the ~** außer Verdacht sein

III. ADVERB

① [*away from*] ***he jumped two centimetres ~ of the bar*** er sprang mit einem Abstand von zwei Zentimetern über die Leiste; ***please move ~ of the edge of the platform*** bitte von der Bahnsteigkante zurücktreten; ***make sure you park ~ of the kerb*** pass auf, dass du nicht zu nah am Randstein parkst; ***stand ~ of the doors*** (*in underground*) bitte zurückbleiben; (*at train station*) Türe schliessen selbsttätig – Vorsicht bei der Abfahrt; **to steer ~ of sth** NAUT um etw herumsteuern; **to steer ~ of sb** jdn meiden; **to steer ~ of a place** um etw einen großen Bogen machen; **to stand ~** [**of sth**] (*by moving to the side*) zur Seite gehen; (*by moving back*) zurückbleiben; (*remain in a distance*) von etw *dat* entfernt bleiben; **to be thrown ~ of sth** aus etw *dat* herausgeschleudert werden; **to get ~ of sth** etw hinter sich *dat* lassen; **to be ~ of sth** etw hinter sich *dat* gelassen haben ② [*distinctly*] **to see ~** klar sehen; **loud and ~** klar und deutlich ③ [*entirely*] ***they got ~ away*** sie haben sich aus dem Staub gemacht

IV. TRANSITIVE VERB

① [*remove doubts*] ■**to ~ sth** etw klären ② [*remove confusion*] **to ~ one's head** einen klaren Kopf bekommen ③ [*remove obstruction*] ■**to ~ sth** etw beseitigen; *land, snow* etw räumen; **to ~ the road** die Straße freimachen [*o* räumen]; ■**to ~ sth from** [*or* **off**] **sth** etw von etw *dat* wegräumen; **to ~ one's throat** sich *akk* räuspern; **to ~ the way for sb to do sth** es jdn ermöglichen, etw zu tun ④ [*remove blemish*] ■**to ~ sth** etw reinigen; **to ~ the air** (*remove dirt*) die Luft reinigen; (*remove bad feeling*) die Atmosphäre reinigen ⑤ [*empty*] ■**to ~ sth** (*of* *things*) etw ausräumen; ***they ~ed the building in 3 minutes*** sie räumten das Gebäude in 3 Minuten; **to ~ the table** den Tisch abräumen (6) (*acquit*) **to ~ sb of charges** LAW jdn freisprechen; **to ~ sb of a crime** LAW jdn eines Verbrechens freisprechen; **to ~ sb's name** jds Namen reinwaschen (7) (*complete work*) ■ **to ~ sth** etw erledigen (8) FIN ***Bill ~s $200 a week*** Bill macht 200 Dollar die Woche *fam;* **to ~ a cheque** einen Scheck freigeben, bestätigen, dass ein Scheck gedeckt ist; **to ~ one's debts** seine Schulden begleichen; **to ~ a certain sum** eine bestimmte Summe freigeben *geh* (9) (*jump without touching*) ■ **to ~ sth** über etw *akk* springen (10) (*approve*) ***you'll have to ~ that with the boss*** das müssen Sie mit dem Chef klären (11) (*give official permission*) ■ **to ~ sth** etw genehmigen; **to ~ a plane for take-off** ein Flugzeug zum Start freigeben; ■ **to ~ sth with sb** etw mit jdm abklären; ■ **to ~ sb to do sth** jdm genehmigen, etw zu tun; **to ~ customs** Zollformalitäten erledigen (12) (*in football*) **to ~ the ball** klären; **to ~ the ball with one's head** mit einem Kopfball klären ▶ PHRASES: **to ~ the decks** (*fam*) klar Schiff machen *fam*

V. INTRANSITIVE VERB

(1) (*delete*) löschen (2) (*become transparent*) sich *akk* klären (3) (*become free of blemish*) sich *akk* reinigen (4) (*weather*) sich *akk* [auf]klären; ***it's ~ing up*** es klart auf, es wird klar; *fog, smoke* sich *akk* auflösen; (*go, disappear*) ■ **to ~** [**away**] verschwinden (5) FIN einen Scheck freigeben

◆**clear away** I. *vt* ■ **to ~ sth** ↔ **away** etw wegräumen II. *vi* (*of table*) abräumen

◆**clear off** I. *vi* (*fam*) verschwinden *fam,* abhauen *fam,* sich *akk* verziehen *fam;* ***"Clear off!"*** „Verschwinde!", „Verdufte!" II. *vt* ■ **to ~ sb off sth** jdn von etw *dat* vertreiben; FIN **to ~ off** ↔ **a debt** eine Schuld begleichen [*o* tilgen]

◆**clear out** I. *vt* ■ **to ~ out** ↔ **sth** *a cupboard, a drawer* etw ausräumen; (*throw away*) etw wegwerfen; **to ~ out the attic** den Dachboden entrümpeln II. *vi* verschwinden *fam,* abhauen *fam;* ■ **to ~ out of somewhere** [von] irgendwo ausziehen; ***they've got to ~ out of their home by the end of the month*** sie müssen bis Ende des Monats ihr Haus räumen

◆**clear up** I. *vt* (1) (*explain*) ■ **to ~ sth** ↔ **up** *a matter, a point* etw klären; *a mystery* etw aufklären; **to ~ up a few loose ends** einige offene Punkte [ab]klären (2) (*clean*) ■ **to ~ sth** ↔ **up** etw aufräumen; ***I've got to ~ things up*** ich muss mal aufräumen II. *vi* (1) (*tidy*) aufräumen; ■ **to ~ up after sb** hinter jdm herräumen, jdm hinterherräumen (2) (*become cured*) verschwinden; *cold also* sich *akk* legen; *problems* sich in Luft auflösen *fam* (3) (*stop raining*) aufhören zu regnen; (*brighten up*) sich *akk* aufklären, sich *akk* aufhellen

clearance ['klɪərən(t)s, AM 'klɪr-] *n no pl* (1) (*act of clearing*) Beseitigung *f,* Entfernung *f;* **a slum ~ programme** BRIT ein Slumsanierungsprogramm *nt* (2) (*space*) Spielraum *m,* Zwischenraum *m; of a door* lichte Höhe (3) FIN, ECON *of a debt* Tilgung *f;* **~ of a cheque** [*or* AM **check**] Verrechnung *f* eines Schecks (4) (*of customs*) **~ certificate** Ausklarierungsschein *m,* Zollabfertigungsschein *m;* **customs ~** Zollabfertigung *f;* **to effect customs ~** die Zollabfertigung vornehmen (5) (*official permission*) Genehmigung *f;* AVIAT (*for take-off*) Starterlaubnis *f;* (*for landing*) Landeerlaubnis *f;* **security ~** Unbedenklichkeitsbescheinigung *f*

clearance certificate *n* Zollabfertigungsschein *m,* Ausklarierungsschein *m*

clearance sale *n* Räumungsverkauf *m*

clear-cut I. *adj* (1) (*sharply outlined*) scharf geschnitten; **~ features** markante Züge (2) (*definite*) *opinion* klar, bestimmt; **a ~ case** ein eindeutiger Fall; **a ~ dividing line** eine scharfe Trennlinie II. *vt* ■ **to ~ sth** *woodlands* etw abholzen **clear-fell** *vt* ■ **to ~ sth** *woodlands* etw abholzen **clear glass** I. *n no pl* klares Glas; (*for window*) [einfaches] Fensterglas II. *n modifier* (*of drinking glasses*) neutral **clear-headed** *adj* klar denkend *attr;* ■ **to be ~** einen klaren Kopf haben

clearing ['klɪərɪŋ, AM 'klɪr-] *n* (1) (*in woods*) Lichtung *f* (2) ECON, FIN (*transaction settling*) Clearing *nt;* **~ member** Clearingteilnehmer(in) *m(f)*

clearing bank *n* BRIT ECON Clearingbank *f fachspr*

clearing house *n* (1) BRIT ECON (*organization for clearing cheques*) Clearingzentrale *f fachspr* (2) (*central agency*) Zentrale *f;* (*for university applications*) zentrale Zulassungsstelle **Clearing House Automated Payments System** *n* FIN elektronisches Abrechnungssystem für Schecks

clearing up I. *n* (*of dirty dishes*) Abräumen *nt;* (*tidying*) Aufräumen *nt;* **to do the ~** den Abwasch erledigen II. *adj* Aufräumungs-; **~ operations** Aufräumungsarbeiten *fpl*

clearly ['klɪəli, AM 'klɪr-] *adv* (1) (*distinctly*) klar, deutlich; **loudly and ~** laut und deutlich; **to think ~** klar denken, einen klaren Gedanken fassen (2) (*obviously*) offensichtlich; (*unambiguously*) eindeutig; (*undoubtedly*) zweifellos; **~, *you should tell her the truth*** natürlich solltest du ihr die Wahrheit sagen

clearness ['klɪənəs, AM 'klɪr-] *n no pl* Klarheit *f;* (*unambiguousness*) Eindeutigkeit *f; of a glance, look* Intensität *f,* Schärfe *f*

clear-out *n no pl esp* BRIT Entrümpelung *f;* **to give sth a good ~** etw gründlich entrümpeln **clear-sighted** *adj* scharfsichtig, hellsichtig *geh;* ■ **to be ~ about sth** etw scharf im Auge behalten **clear title** *n* LAW **to have a ~ title to sth** ein unbestrittenes Recht auf etw *akk* haben **clear-up rate** *n* LAW Aufklärungsrate *f* **clearway** *n* BRIT Schnellstraße *f,* Straße *f* mit Halteverbot

cleat [kli:t] *n* (1) (*for strengthening woodwork*) Leiste *f* (2) (*for securing ropes*) Klampe *f* (3) AM (*on boots*) Stollen *m*

cleated shoes *npl* Schuhe *mpl* mit Stollen

cleats [kli:ts] *npl* AM Sportschuhe *mpl* mit Stollen

cleavage ['kli:vɪdʒ] *n* (1) *no pl* (*of woman*) Dekolletee *nt* (2) (*form: split*) Kluft *f;* (*fig*) Spaltung *f,* Kluft *f*

cleave[1] <-d *or* cleft *or* AM clove, -d *or* cleft *or* AM clove> [kli:v] I. *vi* (*dated liter*) sich *akk* spalten II. *vt* ■ **to ~ sth** etw spalten

cleave[2] <-d, -d> [kli:v] *vi* (*form, liter: stick to*) ■ **to ~ to sth** an etw *dat* haften; (*continue to believe in*) an etw *dat* festhalten

cleaver ['kli:vəʳ, AM -ɚ] *n* (1) (*butcher's knife*) Hackbeil *nt* (2) (*oar for rowing*) beilförmiges Ruder

clef [klef] *n* [Noten]schlüssel *m*

cleft [kleft] I. *adj usu attr, inv* gespalten; **~ lip** gespaltene Lippe; **~ palate** Gaumenspalte *f,* Wolfsrachen *m* ▶ PHRASES: **to be caught in a ~ stick** in der Klemme sitzen *fam* II. *n* Spalt *m,* Spalte *f*

clematis <*pl* -> ['klemətɪs, AM -t̬əs] *n* BOT Klematis *f,* Waldrebe *f*

clemency ['klemən(t)si] *n no pl* Milde *f;* **appeal for ~** Gnadengesuch *nt;* **executive ~** AM LAW Begnadigung *f* durch den Präsidenten

clement ['klemənt] *adj* (*mild*) *climate, punishment also* gnädig; ■ **to be ~ towards sb** jn gegenüber Gnade walten lassen

clementine ['klemənti:n, AM *esp* -taɪn] *n* Klementine *f*

clench [klen(t)ʃ] *vt* ■ **to ~ sth** etw [fest] umklammern; (*grasp*) etw [fest] packen; **to ~ one's fist** die Faust ballen; **to ~ one's teeth** die Zähne fest zusammenbeißen; **to ~ sth between** [*or* **in**] **one's teeth** etw zwischen die Zähne klemmen

clenched [klen(t)ʃt] *adj* zusammengepresst; **~ fists** geballte Fäuste; **to speak through ~ed teeth** mit zusammengebissenen Zähnen sprechen

Cleopatra [ˌkli:əʊ'pætrə, AM ˌkliou'] *n no pl* Kleopatra

clerestory <*pl* -ies> ['klɪəstɔ:ri, AM 'klɪr] *n* Lichtgaden *m*

clergy ['klɜ:dʒi, AM 'klɜ:r-] *n + pl vb* ■ **the ~** die Geistlichkeit, die Geistlichen *pl;* **to join the ~** Geistliche(r) werden

clergyman *n* Geistliche(r) *m* **clergywoman** *n* Geistliche *f*

cleric ['klerɪk] *n* Geistliche(r) *f(m),* Kleriker(in) *m(f)*

clerical ['klerɪkᵊl] *adj inv* (1) *attr* (*of the clergy*) geistlich (2) (*of offices, of clerks*) Büro-; **~ error** Versehen *nt;* **~ job** [*or* **work**] Büroarbeit *f*

clerical collar *n* Priesterkragen *m*

clericalism ['klerɪkᵊlɪzᵊm] *n no pl* Klerikalismus *m*

clerical staff *n + sing/pl vb* Büropersonal *nt*

clerical work *n no pl* Büroarbeit *f*

clerk [klɑ:k, AM klɜ:rk] I. *n* (1) (*employed person*) Büroangestellte(r) *f(m);* AM (*hotel receptionist*) Empfangschef *m*/Empfangsdame *f;* **junior office ~** Bürogehilfe, -in *m, f;* **sales ~** AM Verkäufer(in) *m(f)* (2) LAW **C~ of the House** [**of Commons**] Verwaltungschef *m* des Unterhauses; **C~ of the House** [**of Lords**] Verwaltungschef *m* des Oberhauses; **~ to the justices** juristischer Berater des Amtsrichters II. *vi* AM **to ~ in an office** in einem Büro beschäftigt sein

clerkess [ˌklɑ:'kɪs] *n* SCOT Büroangestellte *f,* Sachbearbeiterin *f*

clerkship ['klɜ:rkʃɪp] *n* AM LAW Vorbereitungszeit *f* bei einem Anwalt

clever ['klevəʳ, AM -ɚ] *adj* (1) (*intelligent*) klug, gescheit, schlau *fam;* **to be ~ at a subject** in einem Fach sehr gut sein; **~ boy/girl** kluger Junge/kluges Mädchen (2) (*skilful*) geschickt; (*showing intelligence*) clever; ■ **to be ~ at sth** geschickt in etw *dat* sein; ***he's very ~ at getting his own way*** er hat es raus, seinen Willen durchzusetzen; **to be ~ with one's hands** geschickte Hände haben; **a ~ trick** ein raffinierter Trick (3) (*pej: quick-witted but insincere*) clever, gerissen *pej;* **too ~ by half** (*pej*) neunmalklug *pej*

clever-clever *adj* BRIT (*pej*) oberschlau *iron fam,* superschlau *iron fam* **clever clogs** <*pl* -> *n* BRIT (*pej*), **clever dick** *n* BRIT (*pej*) Klugscheißer *m pej sl,* Superschlaue(r) *f(m) iron*

cleverly ['klevᵊli, AM -ɚli] *adv* klug; (*skillfully*) geschickt; **to handle a situation ~** eine Situation sehr geschickt meistern

cleverness ['klevənəs, AM -ɚ-] *n no pl* (1) (*quick-wittedness*) Schlauheit *f,* Klugheit *f,* Cleverness *f; of a machine* Intelligenz *f* (2) (*skill*) Geschick *nt,* Geschicklichkeit *f*

clew [klu:] *n* (1) NAUT [Schot]horn *nt fachspr* (2) (*old: clue*) Anhaltspunkt *m;* (*trail*) Spur *f*

cliché ['kli:ʃeɪ, AM kli:'ʃeɪ] *n* Klischee *nt;* (*hackneyed phrase*) [abgedroschene] Phrase *pej,* Gemeinplatz *m pej*

clichéd ['kli:ʃeɪd, AM kli:'ʃeɪd] *adj,* **cliché-ridden** *adj* klischeehaft, voller Klischees

click [klɪk] I. *n* (1) (*short, sharp sound*) Klicken *nt; of door* Zuschnappen *nt; of fingers* Knipsen *nt,* Schnipsen *nt; of heels* Zusammenklappen *nt; of lock* Einschnappen *nt; of tongue* Schnalzen *nt* (2) CAN (*sl*) Kilometer *m* (3) LING Schnalzlaut *m* (4) COMPUT Klick *m;* **double-~** Doppelklick *m;* **drag-and-~** Ziehen *nt* und Klicken II. *vi* (1) (*short, sharp sound*) klicken; *door* zuschnappen; *lock* einschnappen (2) (*fam: become friendly*) ■ **to ~** [**with sb**] sich *akk* [mit jdm] auf Anhieb verstehen; (*become popular*) [bei jdm] [gut] ankommen *fam;* ***Liz and I really ~ed with each other the first time we met*** zwischen Liz und mir hat es gleich gefunkt (3) (*fam: become understandable*) [plötzlich] klar werden; ***so it's finally ~ed that …*** hast du jetzt endlich kapiert, dass … *fam* (4) COMPUT klicken; ■ **to ~ on sth** etw anklicken III. *vt* (1) (*make sound*) **to ~ one's fingers** [mit den Fingern] schnippen; **to ~ one's heels** die Hacken zusammenklappen; **to ~ off the light** das Licht ausknipsen; **to ~ one's tongue** mit der Zunge schnalzen (2) COMPUT ■ **to ~ sth** etw anklicken

◆**click around** *vi* COMPUT [mit der Maus] herumklicken; **to ~ around websites** INET [herum]surfen

click language *n* Schnalzlautsprache *f* (*Sprache, die auf Verschlusslauten basiert*)

client ['klaɪənt] *n* Kunde, -in *m, f; of psychotherapist, lawyer* Klient(in) *m(f); of barrister also* Mandant(in) *m(f);* COMPUT Klient *nt*

clientele [ˌkli:ɑ̃(n)'tel, AM ˌklaɪən'-] *n + sing/pl vb* Klientel *f,* Kundschaft *f*

C

client-server architecture *n* COMPUT Client-Server-Architektur *f* **client-server network** *n* COMPUT Client-Server-Netzwerk *nt*
client state *n* abhängiger Staat
cliff [klɪf] *n* Klippe *f*, Kliff *nt*
cliffhanger *n* Thriller *m* **clifftop** *n* Felsspitze *f*, Klippenrand *m*
climacteric [klaɪˈmæktərɪk, AM -tə-] *n* (*form*) Wechseljahre *pl*, Klimakterium *nt fachspr*
climactic [klaɪˈmæktɪk] *adj usu attr* sich *akk* steigernd; **the ~ point** der Höhepunkt
climate [ˈklaɪmət] *n* Klima *nt a. fig;* **change of ~** Klimawechsel *m;* **the ~ of the Mediterranean** das Mittelmeerklima; **the ~ of opinion** die Stimmungslage, die allgemeine Meinung; **the economic ~** das wirtschaftliche Klima; **an extreme ~** ein extremes Klima; **to move to a warmer ~** in wärmere Gegenden ziehen
climatic [klaɪˈmætɪk, AM -t̬ɪk] *adj inv* klimatisch, Klima-; ■**to be ~** klimatisch bedingt sein; **~ changes** Klimaveränderungen *fpl*
climatologist [ˌklaɪməˈtɒlədʒɪst, AM -ˈtɑːlə-] *n* Klimaforscher(in) *m(f)*, Klimatologe, -in *m, f fachspr*
climatology [ˌklaɪməˈtɒlədʒi, AM -ˈtɑːlə-] *n no pl* Klimakunde *f*, Klimatologie *f fachspr*
climax [ˈklaɪmæks] **I.** *n* Höhepunkt *m;* (*sexual also*) Orgasmus *m;* **to experience** [*or* **reach**] **~** einen Orgasmus haben **II.** *vi* ❶ (*reach a high point*) einen Höhepunkt erreichen; ■**to ~ in sth** in etw *dat* gipfeln ❷ (*achieve orgasm*) einen Orgasmus haben
climb [klaɪm] **I.** *n* ❶ (*ascent*) Aufstieg *m;* (*climbing*) Klettertour *f;* ■**~ up/down the mountain** Aufstieg *m*/Abstieg *m;* **~ to power** (*fig*) Aufstieg *m* zur Macht ❷ AVIAT Steigflug *m;* **rate of ~** Steiggeschwindigkeit *f* ❸ (*increase*) Anstieg *m* (**in** +*gen*) **II.** *vt* ❶ (*ascend, go up*) ■**to ~** [**up**] ↔ **sth** auf etw *akk* [hinauf]steigen; **to ~** [**up**] **a hill** auf einen Hügel [hinauf]steigen; **to ~** [**up**] **a ladder** eine Leiter hinaufklettern; **to ~** [**up**] **the stairs** die Treppe hochgehen; **to ~** [**up**] **a tree** auf einen Baum [hoch]klettern ❷ (*get to the top*) **to ~ a hill** einen Hügel ersteigen; **to ~ a steep path** einen steilen Pfad erklimmen ▸ PHRASES: **to ~ the walls** die Wände hochgehen *fig fam* **III.** *vi* ❶ (*ascend*) [auf]steigen *a. fig;* **to ~ to a height of ...** AVIAT auf eine Höhe von ... steigen; ■**to ~ up** *road, path* sich *akk* hochschlängeln; *plant* hochklettern ❷ (*increase rapidly*) [an]steigen; *costs, prices also* klettern *fig* ❸ (*get into*) ■**to ~ into sth** *a car, sleeping bag* in etw *akk* hineinklettern; ***he ~ed into his suit*** er stieg in seinen Anzug ❹ (*get out*) ■**to ~ out of sth** aus etw *dat* herausklettern ▸ PHRASES: **to ~ on the bandwagon** (*fam*) auf den fahrenden Zug aufspringen; **the higher you ~ the harder you fall** wer hoch steigt, fällt tief *prov*
◆**climb down** *vi* ❶ (*descend*) heruntersteigen; *road* hinunterführen; **to ~ down from the summit** vom Gipfel absteigen; **to ~ down a tree** von einem Baum herunterklettern ❷ BRIT, AUS (*back down*) von seinem hohen Ross steigen *fam;* (*give in*) klein beigeben
climbable [ˈklaɪməbl] *adj* besteigbar; **~ tree** bekletterbarer Baum
climb-down *n* BRIT [Ein]geständnis *nt*
climber [ˈklaɪmər, AM -ɚ] *n* ❶ (*mountaineer*) Bergsteiger(in) *m(f);* *of rock faces* Kletterer, Kletterin *m, f* ❷ (*climbing plant*) Kletterpflanze *f* ❸ (*fig fam: striver for higher status*) Aufsteiger(in) *m(f) fam;* **a social ~** ein sozialer Aufsteiger/eine soziale Aufsteigerin *fam* ❹ AM (*climbing frame*) Klettergerüst *nt*
climbing [ˈklaɪmɪŋ] **I.** *n no pl* (*ascending mountains*) Bergsteigen *nt;* (*ascending rock faces*) Klettern *nt;* **to go ~** bergsteigen gehen **II.** *adj attr, inv* ❶ (*of climbing plants*) Kletter- ❷ (*for going up mountains*) Kletter-, Bergsteiger-; **~ boots** Kletterschuhe *mpl*, Bergschuhe *mpl*
climbing frame *n* BRIT Klettergerüst *nt* **climbing irons** *npl* Steigeisen *ntpl*
climes [klaɪmz] *npl* (*liter or hum: climate*) Klima *nt*, Witterung *f;* **sunnier ~** sonnigere Gefilde *hum*
clinch [klɪn(t)ʃ] **I.** *n* <*pl* -es> ❶ (*embrace*) Umschlingung *f;* **to be locked in a** [**tight**] **~** sich *akk* [fest] umschlingen ❷ (*in boxing*) Clinch *m*, Umklammerung *f;* **to get into a ~** sich *akk* umklammern; **to get out of a ~** sich *akk* aus einer Umklammerung lösen **II.** *vt* ■**to ~ sth** ❶ (*settle decisively*) etw entscheiden; ***that ~ed it for her*** damit war die Sache für sie klar; **to ~ a deal** einen Handel perfekt machen [*o* besiegeln] ❷ TECH **to ~ a nail** einen Nagel krumm schlagen **III.** *vi* (*in boxing*) clinchen
clincher [ˈklɪn(t)ʃər, AM -ɚ] *n* (*fam*) entscheidender Faktor; ***that was the real ~*** das gab den Ausschlag
cling <clung, clung> [klɪŋ] *vi* ❶ (*hold tightly*) klammern; **~ *on or you might fall over*** halt dich fest, damit du nicht hinfällst; ■**to ~ together** sich *akk* aneinander klammern; (*in love*) einander umschlingen; ■**to ~ to sth** sich *akk* an etw *akk* klammern *a. fig;* (*fig*) ***the road ~s to the coastline*** die Straße schmiegt sich eng an die Küste; **to ~ to the belief/hope that ...** sich *akk* an den Glauben/die Hoffnung klammern, dass... ❷ (*stick*) kleben; (*fig*) *smell* hängen bleiben; *child, lover* klammern
clingfilm *n no pl* BRIT Frischhaltefolie *f*
clinging [ˈklɪŋɪŋ] *adj* ❶ (*close-fitting*) eng anliegend *attr;* **a** [**very**] **~ dress** ein hautenges Kleid ❷ (*emotionally*) klammernd *attr;* **a very ~ child** ein sehr anhängliches Kind
clingy [ˈklɪŋi] *adj* klammernd *attr*
clinic [ˈklɪnɪk] *n* Klinik *f;* **prenatal** [*or* BRIT **antenatal**] **~** geburtsvorbereitende Klinik; **ear, nose and throat ~** Hals-Nasen-Ohrenklinik *f;* **to hold a ~** BRIT *doctor* Sprechstunde haben; *MP* Sprechstunde abhalten
clinical [ˈklɪnɪkəl] *adj inv* ❶ *attr* klinisch; **Department of C~ Medicine** Abteilung *f* für Klinische Medizin; **~ test** klinische Untersuchung; **~ training** klinische Ausbildung; **~ trials** *pl* klinische Erprobung ❷ (*hospital-like*) *rooms, clothes* steril, kalt ❸ (*emotionless*) *attitude, person* distanziert, nüchtern
clinical depression *n* klinische Depression
clinically [ˈklɪnɪkəli] *adv inv* ❶ (*medically*) klinisch; **~ dead** klinisch tot; **~ proven** klinisch getestet ❷ (*in emotionless fashion*) distanziert, nüchtern
clinical psychology *n no pl* klinische Psychologie
clinical thermometer *n* Fieberthermometer *nt*
clinician [ˈklɪnɪʃən] *n* Kliniker(in) *m(f)*
clink[1] [klɪŋk] **I.** *vt* ■**to ~ sth** mit etw *dat* klirren; *esp metal* mit etw *dat* klimpern; **to ~ glasses** die Gläser klingen lassen **II.** *vi* klirren; *esp metal* klimpern **III.** *n no pl* Klirren *nt;* *coins* Klimpern *nt*
clink[2] [klɪŋk] *n* (*fam*) Knast *m fam*, Kittchen *nt fam;* **in** [**the**] **~** im Knast [*o* Kittchen] *fam*
clinker [ˈklɪŋkər, AM -ɚ] *n no pl* Schlacke *f;* **~ brick** Klinkerstein *m*
clinking [ˈklɪŋkɪŋ] *n no pl* Geklirr *nt;* **~ of chains** Kettenrasseln *nt*
clip[1] [klɪp] **I.** *n* ❶ (*fastener*) Klipp *m;* (*for wires*) Klemme *f;* **bicycle ~** [Fahrrad]klammer *f;* **hair ~** [Haar]spange *f;* **paper ~** Büroklammer *f* ❷ (*for cartridges*) Ladestreifen *m* ❸ (*jewellery*) Klipp *m*, Klips *m* **II.** *vt* <-pp-> ■**to ~ sth together** *papers, documents* etw zusammenklammern [*o* zusammenheften]
clip[2] [klɪp] **I.** *n* ❶ (*trim*) Schneiden *nt;* *of a dog* Trimmen *nt;* *of a sheep* Scheren *nt;* **to give a hedge a ~** eine Hecke schneiden ❷ FILM, TV (*extract*) Ausschnitt *m*, Clip *m* ❸ (*sharp blow*) Hieb *m geh*, Schlag *m;* **to get a ~ round the ear** eins hinter die Ohren bekommen *fam* ❹ *no pl* (*fam: fast speed*) Tempo *nt;* **at a fast ~** mit einem Affenzahn *fam* **II.** *vt* <-pp-> ❶ (*trim*) **to ~ a dog** einen Hund trimmen; **to ~ a hedge** eine Hecke stutzen; **to ~ one's nails** sich *dat* die Nägel schneiden; **to ~ sheep** Schafe scheren ❷ BRIT (*make a hole*) **to ~ a ticket** ein Ticket entwerten ❸ (*fig: reduce*) ■**to ~ sth** etw verkürzen; *record* etw unterbieten ❹ (*omit syllables*) **to ~ one's words** abgehackt sprechen, Silben verschlucken ❺ (*attach*) ■**to ~ sth to sth** etw an etw *akk* anheften ❻ (*touch*) ■**to ~ sth** etw streifen; **to ~ sb's ear** jdm eins hinter die Ohren geben; **to ~ the edge of the kerb** die Bordsteinkante streifen ▸ PHRASES: **to ~ sb's wings** (*fig*) jdm die Flügel stutzen
◆**clip on** *vt* ■**to ~ sth** ↔ **on** etw mit einem Klipp befestigen
◆**clip out** *vt* ■**to ~ sth** ↔ **out** etw ausschneiden
clip-art *n* COMPUT Clipart *f*
clipboard *n* Klemmbrett *nt*, Manuskripthalter *m;* COMPUT Zwischenspeicher *m;* (*utility*) Zwischenablage *f* **clip-clop** **I.** *n* Klippklapp *nt*, Klappern *nt;* *of hooves* Getrappel *nt* **II.** *vi* <-pp-> klappern **clip earring** *n* Ohrklipp *m*, Ohrklips *m* **clip joint** *n* (*fam*) Nepplokal *nt pej fam* **clip-on** **I.** *adj* ansteckbar; **~ earring** Ohrklipp *m*, Ohrklips *m;* **~ sunglasses** Sonnenschutzgläser *ntpl* zum Aufstecken **II.** *n* Klips *m;* (*bow-tie*) Selbstbinder *m veraltend;* (*sunglasses*) Sonnenschutzgläser *ntpl* zum Aufstecken **clip-on earring** *n* Ohrklips *m*, Ohrklipp *m*
clipped [klɪpt] *adj* ❶ (*trimmed*) gestutzt ❷ (*cut short*) *way of speaking* abgehackt; *style* knapp
clipper [ˈklɪpər, AM -ɚ] *n* ❶ NAUT (*hist*) Klipper *m* (*schnelles Segelschiff*) ❷ AVIAT Clipper *m*
clippers [ˈklɪpəz, AM -ɚz] *npl* Schere *f*
clipping [ˈklɪpɪŋ] *n* **grass ~s** das gemähte Gras; **nail ~s** abgeschnittene Nägel; **newspaper ~** Zeitungsausschnitt *m*
clique [kliːk, AM *also* klɪk] *n + sing/pl vb* (*pej*) Clique *f*, Klüngel *m pej*
cliquish [ˈkliːkɪʃ, AM *also* klɪk-] *adj* (*pej*), **cliquy** [ˈkliːki, AM *also* klɪki] *adj* (*pej*) cliquenhaft, klüngelhaft *pej*
clitoral [ˈklɪtərəl, AM -t̬ɚ-] *adj inv* klitoral
clitoridectomy <*pl* -mies> [ˌklɪtərɪˈdektəmi] *n* Klitorisentfernung *f*, Klitoridektomie *f fachspr*
clitoris [ˈklɪtərɪs, AM -t̬ɚəs] *n* Klitoris *f*, Kitzler *m*
Cllr *n abbrev of* **Councillor** Ratsmitglied *nt*
cloak [kləʊk, AM kloʊk] **I.** *n* ❶ (*garment*) Umhang *m* ❷ (*fig: cover for secret*) Deckmantel *m;* **under the ~ of darkness** im Schutz der Dunkelheit **II.** *vt* ■**to ~ sth** etw verhüllen; **to be ~ed in mist** in Nebel gehüllt sein; **to be ~ed in secrecy** geheim gehalten werden
cloak-and-dagger *adj* ❶ (*of melodramatic adventure*) Mantel-und-Degen-; ■**to be ~** abenteuerlich sein ❷ (*secret*) *meeting* geheim; *intrigue* undurchsichtig; **~ operation** Nacht-und-Nebel-Aktion *f*
cloakroom *n* ❶ (*room for leaving coats*) Garderobe *f* ❷ BRIT (*euph: toilet in public building*) Toilette *f;* **the gents/ladies ~** die Herren-/Damentoilette
clobber [ˈklɒbər, AM ˈklɑːbɚ] **I.** *vt* ❶ (*fam: strike repeatedly*) ■**to ~ sb** [**with sth**] jdn [mit etw *dat*] verprügeln; **to ~ sb one** (*fam*) jdm eine scheuern [*o* kleben] *fam* ❷ (*fig fam: punish*) ■**to ~ sb** jdn bestrafen ❸ (*fam: harm*) ■**to ~ sb** jdm schaden; **sb gets ~ed with the costs of sth** die Kosten einer S. *gen* schröpfen jdn ❹ (*fam: defeat heavily*) ■**to ~ sb** jdn vernichtend schlagen **II.** *n no pl* BRIT, AUS (*fam*) Zeug *nt oft pej fam*, Kram *m fam*
cloche [klɒʃ, AM kloʊʃ] *n* ❶ (*for plants*) Glasschutz *m;* (*of plastic*) Abdeckfolie *f* ❷ (*bell-shaped hat*) Glockenhut *m*
clock [klɒk, AM klɑːk] **I.** *n* ❶ (*for time measuring*) Uhr *f;* **alarm ~** Wecker *m;* **the ~ chimes** [*or* **strikes**] **...** die Uhr schlägt ...; **the ~ says ...** die Uhr zeigt ... [an]; **to put** [*or* **turn**] **the ~ back** die Uhr zurückstellen; **to put** [*or* **turn**] **the ~ forward** [*or* BRIT **on**] die Uhr vorstellen; **to put** [*or* **turn**] **the ~s back** (*fig*) die Zeit zurückdrehen; ***the court's decision will put the ~s back fifty years*** dieses Gerichtsurteil wirft die Rechtsprechung um fünfzig Jahre zurück; **to have** [*or* **keep**] **one's eye on the ~, to watch the ~** ständig auf die Uhr gucken; **to run against the ~** auf Zeit laufen; **to set a ~** eine Uhr stellen; **to work against the ~** gegen die Zeit arbeiten; **to work according to** [*or* **by**] **the ~** die Arbeitszeit genau einhalten; **round** [*or* **around**] **the ~** rund um die Uhr *fam* ❷ (*speedometer, mileometer*) Tachometer *m o nt*, Tacho *m o nt fam* **II.** *vt* ❶ (*measure speed*) ■**to ~ sb at sth** ***he was ~ed at 10 seconds for the 100 metres*** er lief die 100 Meter in 10 Sekunden; ■**to ~ sb doing sth** ***the police ~ed him doing 80 mph*** die Polizei blitzte ihn mit 80 mph ❷ (*run or travel at speed of*) ■**to ~ sth** ***this***

car can ~ ***240 kmh*** dieses Auto hat bis zu 240 Sachen drauf *fam;* ***he ~ed 10 seconds in the 100 metres*** er lief die 100 Meter in 10 Sekunden ❸ (*fam: hit, strike*) ■**to ~ sb [one]** jdm eine kleben [*o* schmieren] *fam*

◆**clock in** *vi* ❶ (*record arrival time*) stechen *fam,* den Arbeitsbeginn registrieren ❷ (*fig fam: arrive*) ankommen, eintreffen; (*without hurry*) eintrudeln *fam*

◆**clock out** *vi* ❶ (*record departure time*) stechen *fam,* das Arbeitsende registrieren ❷ (*fig fam: leave work*) Feierabend machen

◆**clock up** *vt* ■**to ~ up ○ sth** ❶ (*travel a specific distance*) etw fahren + *sein* ❷ *esp* BRIT (*attain*) *victory, medal* etw für sich *akk* verbuchen können

clockface *n* Zifferblatt *nt*

clocking-in time [ˈklɒkɪŋɪn,-, AM ˈklɑːk-] *n* Stechzeit *f* (*spätester Zeitpunkt, an dem man sich am Arbeitsplatz registriert haben muss*)

clock radio *n* Radiowecker *m* **clock timer** *n* Zeitschaltuhr *f* **clock tower** *n* Uhrenturm *m* **clock-watcher** *n* (*pej*) *jd, der ständig auf die Uhr sieht* **clock-watching** *n no pl* (*pej*) dauerndes Auf-die-Uhr-Sehen

clockwise [ˈklɒkwaɪz, AM ˈklɑːk-] **I.** *adj usu attr, inv* im Uhrzeigersinn; **to turn sth in a ~ direction** etw im Uhrzeigersinn drehen **II.** *adv* im Uhrzeigersinn; **to move/turn ~** sich *akk* im Uhrzeigersinn bewegen/drehen

clockwork **I.** *n no pl* Uhrwerk *nt;* ***everything is going like ~*** alles läuft wie am Schnürchen *fam;* **~ toy** Spielzeug *nt* zum Aufziehen; **regular as ~** pünktlich wie ein Uhrwerk; ***my daughter always calls me on Friday evenings, regular as ~*** meine Tochter ruft mich immer freitagabends an, ich kann fast die Uhr danach stellen **II.** *adj* präzise, exakt; **with ~ precision** mit der Präzision eines Uhrwerks

clod [klɒd, AM klɑːd] *n* ❶ (*of earth, clay*) Klumpen *m* ❷ (*dated: stupid person*) Trottel *m pej fam*

clodhopper *n* ❶ (*fam: large heavy shoe*) Quadratlatschen *pl hum fam* ❷ (*fam: clumsy or awkward person*) Tollpatsch *m fam,* Trampel *m o nt meist pej fam* **clodhopping** *adj* ❶ (*fam: heavy*) *shoes* klobig ❷ (*fam: boorish*) plump; (*awkward*) ungeschickt; (*clumsy*) schwerfällig

clog [klɒg, AM klɑːg] **I.** *n* Holzschuh *m;* (*modern*) Clog[s] *m[pl]* ▶ PHRASES: **to <u>pop</u> one's ~** BRIT (*sl*) den Löffel abgeben *fam,* abkratzen *derb* **II.** *vi* <-gg-> ■**to ~ [up]** *pipe* verstopfen **III.** *vt* <-gg-> ■**to ~ sth ○ up** etw verstopfen; **to ~ [up] the drains** den Abfluss verstopfen

clog-dance *n* Holzschuhtanz *m*

clogged [klɒgd, AM klɑːgd] *adj drain* verstopft

cloister [ˈklɔɪstəʳ, AM -ɚ] *n usu pl* Kreuzgang *m*

cloistered [ˈklɔɪstəd, AM -ɚd] *adj* ❶ (*of a cloister*) **a ~ court** ein [Kloster]hof *m* mit einem Kreuzgang ❷ (*secluded*) weltabgeschieden; (*sheltered*) [klösterlich] behütet; **to lead a ~ life** in einer Welt für sich *akk* leben

clone [kləʊn, AM kloʊn] **I.** *n* ❶ (*produced asexually*) Klon *m* ❷ (*pej: imitation*) Kopie *f oft pej* ❸ TECH Nachbau *m* **II.** *vt* ■**to ~ sth/sb** jdn/etw klonen

cloning [ˈkləʊnɪŋ, AM ˈkloʊn-] *n no pl* Klonen *nt;* **reproductive ~** Klonen *nt* von Menschen; **therapeutic ~** therapeutisches Klonen

clonk [klɒŋk, AM klɑːŋk] **I.** *vi* klirren, scheppern, klappern **II.** *vt* (*fam*) ■**to ~ sb/sth** jmd/etw eins überziehen *fam,* in jdn/etw reinhauen *fam*

close¹ [kləʊs, AM kloʊs] **I.** *adj usu pred* ❶ (*short distance*) nah[e]; ***let's go to the ~st pub*** lasst uns in das nächste Pub gehen!; ■**to be ~ to sth** in der Nähe einer S. *gen* liegen; ***our guest-house was ~ to the sea*** unsere Pension war nicht weit vom Meer entfernt; **~ combat** Nahkampf *m;* **~ to the ground** dicht über dem Boden; **in ~ proximity** in unmittelbarer Nähe; **at ~ quarters** aus der Nähe [betrachtet]; **at ~ range** aus kurzer Entfernung; **~ together** nahe [*o* dicht] beieinander ❷ (*near*) **to be ~ to exhaustion** total erschöpft sein; **to be ~ to perfection** so gut wie perfekt sein; **to be ~ to tears** den Tränen nahe sein ❸ (*near in time*) nahe [bevorstehend]; ***it's ~ to X-Mas*** Weihnachten steht vor der Tür; ***war is ~*** ein Krieg steht unmittelbar bevor; **~ together** nahe [*o* dicht] beieinander ❹ (*intimate*) ■**to be ~ to sb** jdm [sehr] nahe stehen; ***my brother and I have always been very ~*** mein Bruder und ich standen uns schon immer sehr nahe; ***... because of their ~ links with terrorist groups ...*** wegen ihrer engen Verbindung zu Terrorgruppen; **~ bond** enges Band; **~ co-operation** enge Zusammenarbeit; **just ~ family** nur die nähsten Verwandten; **~ friend** enger Freund/enge Freundin; **~ friendship** enge Freundschaft; **~ links** eine enge Verbindung; **~ relatives** nahe Verwandte ❺ (*little space between*) eng; **~ handwriting** enge Schrift; **ten pages of ~ print** zehn eng bedruckte Seiten; **~ ranks** geschlossene Reihen; **~ weave** dichtes Gewebe ❻ (*fig: dense*) **~ argument** stichhaltiges Argument; **~ reasoning** geschlossene Argumentation ❼ (*almost equal*) knapp; ***the race is going to be a ~ contest*** das wird ein Kopf-an-Kopf-Rennen!; ***the election was too ~ a call*** der Ausgang der Wahl war völlig offen; **~ race** Kopf-an-Kopf-Rennen *nt* ❽ (*similar*) **to be ~st equivalent to sth** etw *dat* am nächsten kommen; **~ resemblance** große Ähnlichkeit; **to bear a ~ resemblance to sb/sth** jdm/etw sehr ähnlich sehen/sein ❾ (*exact*) genau; **to play ~ attention to sb** jdm gut zuhören; **to play ~ attention to sth** genau auf etw *akk* achten; **to keep a ~ eye on sth** etw gut im Auge behalten ❿ (*secret*) verschwiegen; ***she's very ~ about her relationship*** was ihre Beziehung angeht, ist sie sehr verschwiegen; **~ secret** großes Geheimnis ⓫ (*airless, stifling*) schwül; (*in room*) stickig ⓬ (*mean*) knauserig *pej* ⓭ (*almost*) **~ to** [*or* **on**] **...** nahezu ..., fast ...; **~ to midnight** kurz vor Mitternacht ⓮ LING **~ vowel** geschlossener Vokal ▶ PHRASES: **to be ~ to the <u>bone</u>** der Wahrheit ziemlich nahe kommen; **that was a ~ <u>call</u>!** das war knapp!; **to hold** [*or* **keep**] **one's <u>cards</u> ~ to one's chest** sich *dat* nicht in die Karten sehen lassen; **that was too ~ for <u>comfort</u>!** das ging gerade nochmal gut!; (*distance*) ***she lives too ~ for comfort*** sie wohnt näher als lieb ist; **that was a ~ <u>shave</u>!** das war knapp! *fam;* **to have had a ~ <u>shave</u>** gerade noch davongekommen sein **II.** *adv* (*near in location*) nahe; (*near in time*) nahe [bevorstehend]; ***please come ~r*** kommen Sie doch näher!; ***the election is getting ~*** die Wahlen stehen unmittelbar vor der Tür; ***she came ~ to getting that job*** fast hätte sie die Stelle bekommen; **to come ~ to blows** beinahe handgreiflich werden; **to be ~ at hand** *person* in Reichweite sein; *event* unmittelbar bevorstehen; **to come ~ to tears** den Tränen nahe kommen; **to come ~ to the truth** der Wahrheit [ziemlich] nahe kommen; **to get ~ to sb/sth** jdm/etw nahe kommen; **to hold sb ~** jdn fest an sich drücken; **on looking ~r** bei genauerem Hinsehen; ■**~ by** in der Nähe; ***the little child stood ~ by his mother*** das kleine Kind stand dicht bei seiner Mutter; ■**from ~ up** aus der Nähe; ■**~ together** dicht beieinander; ***please stand ~ together*** können Sie vielleicht noch ein bisschen aufrücken?; ***these appointments are too ~ together*** diese Termine liegen einfach zu dicht aufeinander ▶ PHRASES: **to sail ~ to the <u>wind</u>** sich *akk* hart an der Grenze des Erlaubten bewegen **III.** *vi* ❶ ■**to ~ on sb/an animal** sich *akk* jdm/einem Tier bedrohlich nähern ❷ STOCKEX (*reach a price*) ***shares ~d at 15 dollars*** die Aktien erreichten eine Schlussnotierung von 15 Dollar **IV.** *n* BRIT Hof *m;* (*in street names*) *Straßenname für Sackgassen;* (*around cathedral*) Domhof *m;* SCOT *schmaler, meist offener Durchgang oder Hof*

close² [kləʊz, AM kloʊz] **I.** *vt* ❶ (*shut*) ■**to ~ sth** etw schließen; **to ~ a book** ein Buch zumachen; **to ~ a company/factory/shop** einen Betrieb/eine Fabrik/einen Laden schließen; **to ~ the curtains** die Vorhänge zuziehen; **to ~ the door/one's mouth/the window** die Tür/seinen Mund/das Fenster zumachen; **to ~ one's ears** (*fig*) sich *akk* taub stellen; **to ~ one's eyes** seine Augen zumachen [*o* schließen]; **to ~ one's eyes to sth** (*fig*) die Augen vor etw *dat* verschließen; **to ~ a plant/railway line** ein Werk/eine Bahnstrecke stilllegen; **to ~ ranks** die Reihen schließen; ***the party has ~d ranks on the issue*** die Partei nimmt dem Thema gegenüber eine geschlossene Stellung ein; **to ~ a road** eine Straße sperren; ECON, FIN **to ~ an account** ein Konto auflösen ❷ (*bring to an end*) ***the matter is ~d*** der Fall ist abgeschlossen; ***the performance was ~d with 'Auld Lang Syne'*** die Aufführung endete mit dem Lied ‚Auld Lang Syne'; **to ~ a bank account** ein Konto auflösen; **to ~ a case** LAW einen Fall abschließen; ***case ~d*** *also* LAW der Fall ist abgeschlossen; **to ~ a deal** einen Handel [ab]schließen; **to ~ a discussion** eine Diskussion beenden; ***let's ~ this discussion with a brief summary*** lassen Sie mich diese Diskussion mit einer kurzen Zusammenfassung abschließen; **to ~ a meeting** ein Besprechung beenden ❸ (*make smaller*) ■**to ~ sth** etw schließen; **to ~ the gap between x and y** die Kluft zwischen x und y überwinden ❹ ELEC **to ~ a circuit** einen Stromkreis schließen ❺ COMPUT **to ~ a file** eine Datei zumachen [*o* schließen] ▶ PHRASES: **to ~ the stable <u>door</u> after the horse has bolted** den Brunnen erst zudecken, wenn das Kind hineingefallen ist *prov* **II.** *vi* ❶ (*shut*) *wound* sich schließen; *door, window, lid* zugehen; *shop, bank* schließen; ***her eyes ~d in tiredness*** vor Müdigkeit fielen ihr die Augen zu; ***this box doesn't ~ properly*** diese Kiste geht nicht richtig zu ❷ (*shut down*) schließen; *shop* zumachen; *factory also* stilllegen ❸ (*end*) zu Ende gehen; *meeting* schließen; *play* abgesetzt werden; STOCKEX ***the pound ~d at $1.62*** das Pfund schloss mit 1,62 Dollar ❹ (*approach*) sich *akk* nähern; ***the tanks ~d to within 50 metres of the frontline*** die Panzer kamen bis auf 50 Meter an die Front heran **III.** *n* ❶ *no pl* (*end*) Ende *nt,* Schluss *m;* **to bring** [*or* **draw**] **sth to a ~** etw beenden; **to come to a ~** zu Ende gehen, enden; **to draw to a ~** sich dem Ende zuneigen; **at the ~ of business** bei Geschäftsschluss; **at the ~ of trading** bei Börsenschluss ❷ STOCKEX Börsenschluss *m;* **by the ~** bei Börsenschluss ❸ (*in cricket*) ■**the ~** *Ende des Spieltages beim Cricket* ❹ MUS Kadenz *f*

◆**close down** **I.** *vi shop, business* schließen, zumachen; *factory* stillgelegt werden, den Betrieb einstellen; BRIT TV, RADIO Sendeschluss haben **II.** *vt* ■**to ~ down ○ sth** etw schließen; **to ~ down a factory** eine Fabrik stilllegen; **to ~ down a shop** einen Laden zumachen

◆**close in** *vi* ❶ (*come near*) aufrücken, immer näher kommen; ■**to ~ in on sb/sth** sich *akk* jdm/etw immer mehr nähern; (*surround*) jdn/etw umzingeln; **to ~ in for the kill** zum Todesstoß ansetzen; (*fig*) zum entscheidenden Schlag ausholen *fig* ❷ (*start*) *darkness* hereinbrechen; (*end*) *days* kürzer werden ❸ METEO ***the weather has ~d in*** es hat zugezogen

◆**close off** *vt usu passive* ■**to ~ off ○ sth** etw absperren [*o* abriegeln]; ■**to be ~d off** abgesperrt sein; *road* gesperrt sein; **to ~ off a road** eine Straße sperren; **to ~ off a room** ein Zimmer verriegeln

◆**close out** **I.** *vt* ❶ (*prevent from entering*) ■**to ~ out ○ sth** *sound, light* etw aussperren; ***she closed out the light*** sie verdunkelte das Zimmer ❷ AM (*bring to an end*) ■**to ~ out ○ sth** *conversation* etw beenden ❸ AM (*get rid*) ■**to ~ out ○ sth** etw abstoßen **II.** *vi* ECON, FIN eine Kauf-/Verkaufsposition schließen

◆**close up** **I.** *vi* ❶ (*shut*) *flower, oyster, wound* sich schließen ❷ MIL *troops* aufrücken ❸ (*get nearer*) *people* zusammenrücken, aufschließen ❹ (*become blank*) *face* sich versteinern ❺ (*lock up*) abschließen **II.** *vt* ■**to ~ up ○ sth** ❶ (*shut securely*) etw abschließen ❷ (*shut completely*) *firm, shop* etw schließen

◆**close with** *vi* ■**to ~ with sb** *boxer* mit jdm ringen; ***the man ~d with him in hand-to-hand fighting*** der Mann fing ein Handgemenge mit ihm an

close-by **I.** *adj pred* in der Nähe **II.** *adv* in der Nähe

close company *n* BRIT ECON Gesellschaft *f* mit geringer Mitgliederzahl **close corporation** *n* AM ECON personenbezogene Aktiengesellschaft **close-cropped** *adj* kurz geschnitten; ~ **hair** Stoppelfrisur *f*, Meckischnitt *m fam*

closed [kləʊzd, AM kloʊzd] *adj* ① (*not open*) geschlossen, zu *fam*; **a ~ book** (*fig*) ein Buch *nt* mit sieben Siegeln *fig*; **behind ~ doors** (*fig*) hinter verschlossenen Türen *fig* ② LAW, POL (*not public*) nicht öffentlich

closed circuit television *n* interne Fernsehanlage; (*for surveillance*) Fernsehüberwachungsanlage *f* **closed economy** *n* Staatshandel *m* **closed fund** *n* geschlossener [Investment]fonds **closed market** *n* geschlossener Markt

close-down *n* [Geschäfts]schließung *f*; *of a factory* Stillegung *f*; TV, RADIO Sendeschluss *m*

closed season *n* Schonzeit *f* **closed session** *n* LAW geschlossene [*o* nicht öffentliche] Sitzung **closed shop** *n* Closed Shop *m*, Unternehmen *nt* mit Gewerkschaftszwang

close-ended, AM **closed-end** *adj inv* ECON, FIN mit im Voraus festgesetzter Emissionshöhe *nach n* **close-fitting** *adj* eng anliegend [*o* sitzend]; ■ **to be ~** eng anliegen **close-grained** *adj* feinkörnig; ~ **wood** [*or* **timber**] fein gemasertes Holz **close-knit** *adj* eng verbunden; ***they're such a ~ village*** in der Gemeinde kennt jeder jeden

closely [ˈkləʊsli, AM ˈkloʊ-] *adv* ① (*intimately*) eng; **to be ~ linked** eng miteinander verbunden sein ② (*carefully*) **a ~ guarded secret** ein sorgfältig gehütetes Geheimnis

closely held *adj* ECON, FIN im Besitz von nur wenigen Aktionären *nach n, präd*

closeness [ˈkləʊsnəs, AM ˈkloʊ-] *n* ① *no pl* (*nearness*) Nähe *f* ② *no pl* (*intimacy*) Vertrautheit *f*, Intimität *f* ③ BRIT (*airlessness*) Schwüle *f*; (*stuffiness*) Stickigkeit *f*; *of the weather* Schwülheit *f*

◆**close off** *vi* ECON, FIN abschließen

close-out AM **I.** *n* Räumungsverkauf *m*, Ausverkauf *m* **II.** *adj attr, inv* Räumungs-; ~ **sale** Räumungsverkauf *m* [wegen Geschäftsaufgabe] **close-run** [ˈkləʊsrʌn, AM ˈkloʊs] *adj inv* knapp **close season** *n* AM HUNT Schonzeit *f*; BRIT SPORTS Saisonpause *f* **close-set** *adj* dicht beieinander liegend; ~ **eyes** eng zusammenstehende Augen

closet [ˈklɒzɪt, AM ˈklɑː-] **I.** *n esp* AM (*cupboard*) [Wand]schrank *m*; (*for storage*) Abstellraum *m*; (*for food*) Vorratsraum *m*; **a ~ alcoholic** ein heimlicher Trinker/eine heimliche Trinkerin ▸ PHRASES: **to come out of the ~** seine Homosexualität bekennen, sich *akk* outen **II.** *adj attr* heimlich **III.** *vt* ① (*stay shut away*) **to ~ oneself in one's room** sich *akk* in seinem Zimmer einschließen; **to ~ oneself in one's study** sich *akk* im Arbeitszimmer vergraben ② *usu passive* ■ **to be ~ed with sb** mit jdm hinter verschlossenen Türen tagen

close-up *n* Nahaufnahme *f*

closing [ˈkləʊzɪŋ, AM ˈkloʊ-] **I.** *adj usu attr, inv* End-, Schluss-; **the ~ phase of a project** die Endphase eines Projekts; ~ **remarks** abschließende Worte; ~ **speech** Schlussrede *f* **II.** *n* ① (*bringing to an end*) Beenden *nt kein pl*, Schließen *nt kein pl*; (*action of closing*) Schließung *f* ② (*end of business hours*) Geschäftsschluss *m*, Ladenschluss *m*; **Sunday ~** BRIT Geschlossenbleiben *nt* der Geschäfte an Sonntagen; **early ~** früher Geschäfts-/Ladenschluss

closing balance *n* ECON Endsaldo *m* **closing date** *n* Schlusstermin *m*; (*for competition*) Einsendeschluss *m*; (*for work due*) Abgabetermin *m* (**for** für +*akk*) **closing down** *n* Schließung *f* **closing-down sale** *n* Räumungsverkauf *m*, Ausverkauf *m* **closing out** *n* ECON, FIN Beendigung *f* eines Terminkontrakts **closing price** *n* Schlussnotierung *f* **closing stock** *n* ECON Schlussbestand *m* **closing time** *n* (*for shop*) Ladenschluss *m*; (*for staff*) Feierabend *m*; (*of pub*) Sperrstunde *f*, Polizeistunde *f*

closure [ˈkləʊʒəʳ, AM ˈkloʊʒɚ] **I.** *n* ① (*of shop, institution*) Schließung *f*; *of street* Sperrung *f*; **the ~ of a pit** die Stilllegung einer Grube ② **to have ~** (*end*) etw verarbeiten; ***do we have ~ about this affair?*** ist diese Sache endlich gegessen?; ~ **motion** POL Antrag *m* auf Schluss der Debatte **II.** *vt* POL **to ~ the debate** die Debatte schließen

clot [klɒt, AM klɑːt] **I.** *n* ① (*semi-solid lump*) Klumpen *m*; [**blood**] ~ [Blut]gerinnsel *nt* ② BRIT (*dated or hum fam: stupid person*) Dummkopf *m pej*, Trottel *m pej* **II.** *vi* <-tt-> *blood, liquid* gerinnen, koagulieren *fachspr*; **an anti-[blood] ~ting agent** ein Blutverdünnungsmittel *nt*

cloth [klɒθ, AM klɑːθ] **I.** *n* ① *no pl* (*woven material*) Tuch *nt*, Stoff *m* ② (*for cleaning*) Wischtuch *nt*, Lappen *m*; **dish~** Spültuch *nt*, Spüllappen *m* ③ (*clergy*) Geistlichkeit *f*; **a man of the ~** ein Geistlicher *m* ▸ PHRASES: **to cut one's coat according to one's ~** (*prov*) sich *akk* nach der Decke strecken **II.** *n modifier* (*tablecloth, bag, jacket*) Stoff-; ~ **jacket** Textiljacke *f*

cloth cap **I.** *n* BRIT [wollene] Schirmmütze **II.** *adj* BRIT Arbeiter-; ■ **to be ~** proletenhaft sein *pej*; **the ~ mentality** die [typische] Arbeitermentalität

clothe [kləʊð, AM kloʊð] *vt* ① (*dress*) ■ **to ~ sb** jdn anziehen [*o* [be]kleiden]; (*fit with clothes*) jdn einkleiden; **fully/partially ~d** vollständig/teilweise bekleidet; **~d all in white** ganz in Weiß [gekleidet] ② (*fig: fit with*) ■ **to ~ sth** etw bedecken [*o geh* bekleiden]

cloth-ears *n* BRIT (*dated or pej fam*) Doofmann *m pej fam*

clothes [kləʊ(ð)z, AM kloʊ(ð)z] *npl* Kleider *ntpl*; (*collectively*) Kleidung *f kein pl*; **designer ~** Modellkleider *ntpl*; **to put one's ~ on** sich *akk* anziehen; **to take one's ~ off** sich *akk* ausziehen

clothes basket *n* Wäschekorb *m* **clothes brush** *n* Kleiderbürste *f* **clothes-hanger** *n* Kleiderbügel *m* **clothes horse** *n* ① (*for drying clothing*) Wäscheständer *m* ② (*pej fam: slavish fashion fan*) Modefreak *m* **clothes line** *n* Wäscheleine *f* **clothes-moth** *n* [Kleider]motte *f* **clothes peg** *n* BRIT, **clothes pin** *n* AM Wäscheklammer *f* **clothes rack** *n* Kleiderständer *m* **clothes shop** *n* Kleidergeschäft *nt*

clothier [ˈkləʊðiəʳ, AM ˈkloʊðiɚ] *n* Wirkwarenhändler(in) *m(f)*

clothing [ˈkləʊðɪŋ, AM ˈkloʊ-] *n no pl* Kleidung *f*; **an article** [*or* **item**] **of ~** ein Kleidungsstück *nt*; **food and ~** Essen und Kleidung ▸ PHRASES: **a wolf in sheep's ~** ein Wolf *m* im Schafspelz

clothing industry *n* Bekleidungsindustrie *f*

clotted cream [ˌklɒtɪdˈ-] *n* BRIT *dicker Rahm, der von langsam erhitzter Milch abgeschöpft wird*

cloture [ˈkloʊtʃɚ] *n* AM LAW Antrag *m* auf Schluss der Debatte

cloud [klaʊd] **I.** *n* ① (*in sky*) Wolke *f*; **cirrus ~** Federwolke *f*, Zirruswolke *f*; **cumulus ~** Kumuluswolke *f*; **rain ~** Regenwolke *f*; **stratus ~** Schichtwolke *f*, Stratuswolke *f* ② (*mass*) ~ **of dust/smoke/tear gas** Staub-/Rauch-/Tränengaswolke *f*; *of insects* Schwarm *m*; (*fig*) ***the ~ of suspicion hanging over his head*** der auf ihm lastende Verdacht ▸ PHRASES: **to have one's head in the ~s** mit seinen Gedanken ganz woanders sein; **a ~ on the horizon** ein Wölkchen am Horizont; ***the only ~ on the horizon is my in-laws coming to stay in December*** nur der Besuch meiner Schwiegereltern im Dezember liegt mir auf der Seele; **every ~ has a silver lining** (*prov*) jedes Unglück hat auch sein Gutes; **to be on ~ nine** (*dated*) im siebten Himmel schweben; **to be under a ~** keinen guten Ruf haben **II.** *vt* ① (*fig: obscure*) ■ **to ~ sth** etw vernebeln; **to ~ an issue** eine Angelegenheit verschleiern; **to ~ sb's memory** jds Erinnerungsvermögen trüben ② (*fig: make sad*) **to ~ sb's spirit** jdn betrüben **III.** *vi face* sich verdüstern

◆**cloud over** *vi* ① (*become cloudy*) ***the sky has ~ed over*** der Himmel ist bewölkt [*o* bedeckt]; ***it always ~s over like this in the afternoon*** es zieht sich am Nachmittag immer so zu *fam* ② (*become gloomy*) sich *akk* verdüstern; *face* sich *akk* verfinstern ③ (*become misty*) *eyes* sich *akk* mit Tränen füllen, feucht werden

cloud bank *n* Wolkenbank *f*, Wolkenwand *f* **cloudburst** *n* Wolkenbruch *m* **cloud-capped** *adj* wolkenverhangen; ~ **hills/mountains** wolkenverhangene Hügel/Berge **cloud chamber** *n* NUCL Nebelkammer *f* **cloud cover** *n* Wolkendecke *f* **cloud cuckoo land** *n* (*pej*) Wolkenkuckucksheim *nt*; **to live in ~** auf dem Mond leben

clouded [ˈklaʊdɪd] *adj* ① (*cloudy*) bewölkt, bedeckt ② (*not transparent*) *liquid* trüb ③ (*confused*) *mind* vernebelt, getrübt

cloudiness [ˈklaʊdɪnəs] *n no pl* ① (*opaqueness*) Trübung *f* ② (*cloud cover*) Wolkigkeit *f* ③ (*tearfulness*) Tränen *pl*

cloudless [ˈklaʊdləs] *adj* wolkenlos, klar

cloudy [ˈklaʊdi] *adj* ① (*overcast*) bewölkt, bedeckt ② (*not transparent*) *liquid* trüb

clout [klaʊt] **I.** *n* ① (*fam: hit*) Schlag *m*; **to get a ~ round the ears** eins hinter die Ohren kriegen *fam*; **to give sb a ~** jdm eine runterhauen *fam*; **to give sth a ~** auf etw *akk* schlagen; ***give Thomas a good ~ on the head if he keeps pestering you like that*** gib Thomas einmal richtig eins auf den Deckel, wenn er dich dauernd so ärgert *fam* ② *no pl* (*power*) Schlagkraft *f*; **political ~** politische Macht; **to have ~** Einfluss haben; ***she's got quite a bit of ~ around here*** sie hat hier eine Menge Einfluss **II.** *vt* (*fam*) ■ **to ~ sb** jdm schmieren *fam*; ***I'll ~ you round the head if you say that again!*** du kriegst gleich eins auf den Deckel, wenn du das nochmal sagst! *fam*; ■ **to ~ sth** auf etw *akk* schlagen

clove[1] [kləʊv, AM kloʊv] *n* ~ **of garlic** Knoblauchzehe *f*

clove[2] [kləʊv, AM kloʊv] *n* Gewürznelke *f*; **ground ~s** gemahlene Nelken

clove[3] [kləʊv, AM kloʊv] *pt of* **cleave**

cloven [ˈkləʊvᵊn, AM ˈkloʊ-] *pp of* **cleave**

cloven hoof *n of devil* Pferdefuß *m* **cloven-hooved** *adj inv* paarhufig **cloven-hooved animal** *n* Paarhufer *m*

clover [ˈkləʊvəʳ, AM ˈkloʊvɚ] *n no pl* Klee *m*; **four-leaf ~** vierblättriges Kleeblatt ▸ PHRASES: **to be in ~** wie Gott in Frankreich leben

cloverleaf *n* BOT, TRANSP Kleeblatt *nt*

clown [klaʊn] **I.** *n* ① (*entertainer*) Clown *m* ② (*funny person*) Kasper *m hum fam*, Witzbold *m hum fam*; (*ignorant person*) Trottel *m pej*, Dummkopf *m pej* **II.** *vi* ■ **to ~ around** [*or* **about**] herumalbern, herumblödeln *fam*

clownish [ˈklaʊnɪʃ] *adj* clownhaft, albern; ~ **behaviour** Clownerie *f*, Albernheit *f*

cloy [klɔɪ] *vt* ■ **to ~ sth** etw sättigen

cloying [ˈklɔɪɪŋ] *adj* (*liter*) ① (*pej: too sweet*) übermäßig süß; ~ **pastry** extrem süßes Teilchen; ~ **perfume** widerwärtig süßliches Parfüm ② (*pej: insincerely sweet*) süßlich; ***her ~ manner*** ihr süßliches Gehabe ③ (*pej: emotionally excessive*) übersteigert, exzessiv; ~ **sentimentality** übertriebene Sentimentalität

cloyingly [ˈklɔɪɪŋli] *adv* (*pej*) übermäßig; ~ **sweet** furchtbar süß

cloze test [ˈkləʊztest, AM ˈkloʊz] *n* Lückentest *m*

club [klʌb] **I.** *n* ① (*group*) Klub *m*, Verein *m*; **golf/squash/tennis ~** Golf-/Squash-/Tennisklub *m*; **member of the ~** Klubmitglied *nt*; **to join a ~** einem Verein beitreten; ***join the ~!*** (*fam*) du [also] auch!; **welcome to the ~!** willkommen im Klub!, gratuliere! ② SPORTS (*team*) [Sport]verein *m*, Club *m*; **volleyball ~** Volleyballverein *m* ③ SPORTS (*bat*) Schläger *m*; **golf ~** Golfschläger *m* ④ (*weapon*) Knüppel *m*, Keule *f*; **wooden ~** Holzkeule *f* ⑤ CARDS Kreuz *nt*, Eichel *f*; **queen of ~s** Kreuzdame *f* ⑥ (*disco*) Diskothek *f*, Klub *m* ▸ PHRASES: **to be in the ~** BRIT (*dated sl*) in anderen Umständen sein **II.** *vt* <-bb-> ■ **to ~ sb/sth** auf jdn/etw einknüppeln; **to ~ sb/an animal to death** jdn/ein Tier erschlagen [*o* totschlagen]; **to ~ sb to the ground** jdn niederknüppeln

◆**club together** *vi persons* sich *akk* zusammentun; (*put money together*) zusammenlegen

clubbable [ˈklʌbəbl] *adj* gesellig

clubbing [ˈklʌbɪŋ] *n no pl* **to go ~** in die Disko gehen, clubben gehen *sl*

club car *n* AM Zugrestaurant *nt* **club foot** *n* MED Klumpfuß *m* **clubhouse** *n* Klubhaus *nt,* Vereinshaus *nt* **clubland** ['klʌblænd] *n no pl* BRIT *(sl) britische Klubszene* **clubman** <*pl* -men> ['klʌbmən] *n* Klubmitglied *nt* **club member** *n* Klubmitglied *nt,* Vereinsmitglied *nt* **club sandwich** *n* Klubsandwich *nt,* Doppeldecker *m fam* **club soda** *n* AM Sodawasser *nt*

cluck [klʌk] **I.** *vi* gackern; *(fig)* glucken, bemuttern **II.** *vt* **to ~ disapproval** seinen Unwillen äußern

clue [klu:] **I.** *n* ❶ *(evidence)* Hinweis *m,* Anhaltspunkt *m; (hint)* Tipp *m; (in criminal investigation)* Spur *f;* **to give sb a ~** jdm einen Tipp geben; **to not leave a ~** keine Spuren hinterlassen; **to search** [*or* **look**] **for ~s** nach Hinweisen suchen ❷ *(fig: secret)* Schlüssel *m* (**to** zu +*dat*); **the ~ to longevity** das Geheimnis des Altwerdens ❸ *(idea)* Ahnung *f;* **to have a ~** [**about sth**] eine Ahnung [von etw *dat*] haben; ***I haven't a ~!*** [ich hab'] keine Ahnung! **II.** *vt* AM ■**to ~ sb in** [**on sth**] jdn [über etw *akk*] informieren

◆**clue up** *vt* AUS ■**to ~ sb up** [**on sth**] jdn [über etw *akk*] informieren

clued up ['klu:dʌp] *adj* BRIT, AUS ■**to be ~ up on** [*or* **about**] **sth** über etw *akk* im Bilde sein *fam*

clueless ['klu:ləs] *adj (fam)* ahnungslos; ■**to be ~ about sth** von etw *dat* keine Ahnung haben

clump [klʌmp] **I.** *n* ❶ *(group)* Gruppe *f;* **~ of bushes** Gebüsch *nt;* **~ of trees** Baumgruppe *f;* **to grow in ~s** in Gruppen wachsen ❷ *(lump)* Klumpen *m;* **~ of mud/soil** Dreck-/Erdklumpen *m* ❸ *no pl (heavy sound)* Sta[m]pfen *nt,* Trampeln *nt* **II.** *vt* ❶ *(group)* ■**to ~ sb together** ***she tends to ~ people together in groups*** sie neigt dazu, die Menschen in Gruppen einzuteilen ❷ BRIT *(fam: clout)* ■**to ~ sb** jdm eine schmieren *fam* ❸ AM **to ~ the garbage** den Müll auf einen Haufen werfen **III.** *vi* ❶ *(group)* ■**to ~ together** sich *akk* zusammenballen; **the crowd ~ed together** die Gruppe drängte sich zusammen ❷ *(walk noisily)* ■**to ~ around** herumtrampeln; *(lifting feet high)* herumstapfen

clumpy <-ier, -iest> ['klʌmpi] *adj* klobig

clumsily ['klʌmzɪli] *adv* unbeholfen

clumsiness ['klʌmzɪnəs] *n* Ungeschicktheit *f,* Schwerfälligkeit *f;* **~ *is his middle name*** er ist die Ungeschicktheit in Person

clumsy ['klʌmzi] *adj* ❶ *(bungling)* ungeschickt, unbeholfen; **~ attempt** plumper Versuch; **~ idiot** Tolpatsch *m hum fam* ❷ *(ungainly)* **to look ~** plump [*o* klobig] wirken ❸ *(unwieldy)* unförmig, klobig; **~ to use** unhandlich ❹ LIT schwerfällig, unbeholfen; **~ verse** plumper Vers

clung [klʌŋ] *pp, pt of* **cling**

clunk [klʌŋk] *n* dumpfes Geräusch; **to shut with a ~** zuschnappen; **to make a ~** klacken

clunky *adj attr (fig: ungraceful)* plump, hölzern *fig*

cluster ['klʌstəʳ, AM -ɚ] **I.** *n* Bündel *nt; of people* Traube *f; of gems* Büschel *nt; of eggs* Gelege *nt; of islands* Gruppe *f; of mushrooms* Büschel *nt; of consonants, vowels* Cluster *m;* **~ of bees** Bienenschwarm *m;* **~ of people** Menschentraube *f;* **~ of stars** Sternhaufen *m;* COMPUT Cluster *m* **II.** *vi* ■**to ~ around sth** sich *akk* um etw *akk* scharen; ■**to ~ together** sich *akk* aneinander kauern

cluster bomb *n* Splitterbombe *f,* Streubombe *f* **cluster fuck** *n (vulg)* furchtbares Durcheinander

clustering ['klʌstᵊrɪŋ, AM -ɚ-] *n* COMPUT Gruppierung *f*

clutch [klʌtʃ] **I.** *vi* ■**to ~ at** [*or* **onto**] **sth** sich *akk* an etw *akk* klammern **II.** *vt* ■**to ~ sth/sb** etw/jdn umklammern; **to ~ sb's hand** jds Hand umklammern **III.** *n* ❶ *usu sing* AUTO *(transmission device)* Kupplung *f;* **to let the ~ out** auskuppeln; **to push the ~ in** einkuppeln ❷ *(set)* **~ of eggs** Gelege *nt; (fig: group)* Schar *f;* **~ of students** eine Schar Studenten ❸ *(control)* **to fall into the ~es of sb/sth** jdm/etw in die Hände fallen [*o fam* ins Netz gehen]; **to get out of sb's ~s** sich *akk* aus jds Klauen befreien *fig fam*

clutch bag *n* Unterarmtasche *f* **clutch hitter** *n* AM SPORTS *sehr zuverlässiger Schläger im Baseball*

clutter ['klʌtəʳ, AM -t̬ɚ] **I.** *n no pl* ❶ *(mess)* Durcheinander *nt,* Unordnung *f;* ***he always leaves his office in a ~*** er hinterlässt in seinem Büro immer ein Schlachtfeld *hum* ❷ *(unorganized stuff)* Kram *m* **II.** *vt* ■**to ~ sth** etw durcheinander bringen; ***don't ~ up your mind with useless details!*** belaste dich nicht mit sinnlosen Einzelheiten!

cluttered ['klʌtəd, AM -t̬ɚd] *adj* durcheinander, wirr; **~ desk** vollgepackter Schreibtisch; *(fig)* ***my mind is quite ~ at the moment*** ich habe im Moment den Kopf voller Gedanken; ***their house is ~ with kid's toys*** ihr Haus ist mit Kinderspielzeug übersät

cm <*pl* -> *n abbrev of* **centimetre** cm

CM *n abbrev of* **central memory** Zentralspeicher *m*

CME *n* ECON, FIN *abbrev of* **Chicago Mercantile Exchange** *see* **Chicago**

Cmnd *n* LAW *abbrev of* **command papers** Regierungsvorlagen *fpl*

c'mon [kə'mɒn, AM -'mɑ:n] *(fam)* = **come on**

CND [ˌsi:en'di:] *n, adj abbrev of* **Campaign for Nuclear Disarmament** *Kampagne für atomare Abrüstung*

CNN [ˌsi:en'en] *n no pl abbrev of* **Cable News Network** CNN *kein art*

CO [ˌsi:'əʊ, AM -'oʊ] *n* MIL *abbrev of* **Commanding Officer** Befehlshaber(in) *m(f)*

Co[1] *n* [kəʊ, AM koʊ] *no pl abbrev of* **company**: **Miller and ~** Miller & Co

Co[2] *n* GEOG *abbrev of* **county**

c/o ['keəʳɒv, AM 'kerɑ:v] *abbrev of* **care of** c/o, bei

coach [kəʊtʃ, AM koʊtʃ] **I.** *n* ❶ BRIT *(private bus)* [Omni]bus *m,* Reisebus *m;* **by ~** mit dem Bus ❷ *(horse-drawn carriage)* Kutsche *f,* Karosse *f* ❸ *(railway carriage)* [Eisenbahn]wagen *m,* Waggon *m* ❹ *(teacher)* Nachhilfelehrer(in) *m(f),* Privatlehrer(in) *m(f);* **geography ~** Erdkundelehrer(in) *m(f);* SPORTS Trainer(in) *m(f); (about life)* persönlicher Betreuer/persönliche Betreuerin, Coach *m fachspr* **II.** *vt* ❶ SPORTS ■**to ~ sb** jdn trainieren; ***he ~es boxing*** er gibt Boxunterricht ❷ *(help to learn)* ■**to ~ sb** jdn Nachhilfe geben; **to ~ sb for an exam** jdn auf ein Examen vorbereiten **III.** *vi* trainieren

coachbuilder *n* BRIT AUTO Karosseriebauer(in) *m(f)*

coach house *n* Wagenschuppen *m*

coaching ['kəʊtʃɪŋ, AM 'koʊtʃ-] *n no pl* ❶ SPORTS Training *nt* ❷ *(teaching)* Nachhilfe *f,* [Privat]unterricht *m;* **extra ~** Nachhilfeunterricht *m; (about life)* Coaching *nt fachspr*

coaching staff *n* SPORTS Trainingspersonal *nt*

coachload ['kəʊtʃləʊd, AM 'koʊtʃloʊd] *n + sing/pl vb* Wagenladung *f* **coachman** *n* Kutscher *m*

coach section *n no pl* AM AVIAT *(economy class seating area)* Touristenklasse *f* **coach station** *n* BRIT Busbahnhof *m* **coachwork** *n no pl* BRIT AUTO Karosserie *f*

coagulate [kəʊ'ægjəleɪt, AM koʊ'-] **I.** *vi blood* gerinnen; *sauce* eindicken; *albumin* hart werden **II.** *vt* **to ~ blood** Blut gerinnen lassen

coagulation [kəʊˌægjə'leɪʃᵊn, AM koʊˌ-] *n no pl of blood* Gerinnung *f; of albumin* Hartwerden *nt,* Festwerden *nt; of sauce* Eindicken *nt*

coal [kəʊl, AM koʊl] *n* Kohle *f; (piece of coal also)* Stück *nt* Kohle; **to mine ~** Kohle abbauen ▶ PHRASES: **to carry** [*or* **take**] **~s to Newcastle** Eulen nach Athen tragen *prov;* **to drag** [*or* **haul**] **sb over the ~s** jdm die Leviten lesen

coal bed *n* Kohlenflöz *nt* **coal-black** *adj* kohlrabenschwarz **coal box** *n* Kohlenkasten *m* **coal bunker** *n* Kohlenbunker *m*

coalesce [kəʊə'les, AM koʊ-] **I.** *vi (form)* sich *akk* verbinden, eine Verbindung eingehen; *(fig)* sich vereinigen, zusammengehen **II.** *vt* COMPUT ■**to ~ sth** etw vereinigen

coalescence [kəʊə'lesᵊn(t)s, AM koʊ-] *n no pl (form)* Vereinigung *f,* Verbindung *f*

coal face *n* ❶ *(mine)* Streb *m* ❷ BRIT, AUS *(fig)* **at the ~** vor Ort **coal field** *n* Kohle[n]revier *nt* **coal-fired** *adj* kohlebeheizt; **~ central-heating** Kohle[n]heizung *f*

coalition [ˌkəʊə'lɪʃᵊn, AM ˌkoʊ-] *n* POL Koalition *f;* **government by ~** Koalitionsregierung *f;* **government ~** Regierungskoalition *f;* **to form a ~** eine Koalition bilden

coalman <*pl* -men> ['kəʊlmæn, AM 'koʊl] *n* Kohlenmann *m*

coal mine *n* Kohlenbergwerk *nt,* Kohlengrube *f* **coal miner** *n* Bergmann *m,* Grubenarbeiter *m,* Kumpel *m fam* **coal mining** *n* Kohle[n]bergbau *m* **coal scuttle** *n* Kohleneimer *m,* Kohlenkasten *m* **coal tar** *n* [Stein]kohlenteer *m*

coarse [kɔ:s, AM kɔ:rs] *adj* ❶ *(rough)* grob; **~ features** grobe [*o* derbe] Gesichtszüge; **~ sand** grober [*o* grobkörniger] Sand; **~ skin** raue Haut ❷ *(vulgar)* vulgär, derb; **~ invective** wüste Beschimpfung; **~ joke** unanständiger Witz

coarsely ['kɔ:sli, AM 'kɔ:rs-] *adv* vulgär, primitiv; **to behave ~** sich *akk* ungehobelt benehmen

coarsen ['kɔ:sᵊn, AM 'kɔ:rs-] **I.** *vt* ■**to ~ sth** etw rau machen **II.** *vi voice* rau werden

coarseness ['kɔ:snəs, AM 'kɔ:rs-] *n no pl* ❶ *(roughness) of cloth* Grobheit *f,* Rauheit *f* ❷ *(rudeness)* Grobheit *f,* Derbheit *f*

coast [kəʊst, AM koʊst] **I.** *n* Küste *f;* **three miles off the ~** drei Meilen vor der Küste; **on the east/west ~** an der Ost-/Westküste; **~ to ~** von Küste zu Küste ▶ PHRASES: **the ~ is clear** die Luft ist rein *fig* **II.** *vi* dahinrollen; *bicycle* im Freilauf fahren; *automobile* im Leerlauf fahren; *ship* die Küste entlangfahren; *(fig)* ohne Anstrengung vorankommen; **to ~ down the hill** den Berg hinunterrollen; **to be ~ing along** mühelos [*o* spielend] vorankommen

coastal ['kəʊstᵊl, AM 'koʊ-] *adj inv* Küsten-; **~ resort** Küstenbadeort *m;* **~ strip** Küstenstreifen *m;* **~ town** Küstenstadt *f*

coaster ['kəʊstəʳ, AM 'koʊstɚ] *n* ❶ *(boat)* Küstenmotorschiff *nt* ❷ *(table mat)* Untersetzer *m;* **cork ~** Korkuntersetzer *m* ❸ AM TRANSP Fußstütze *f;* **~ brake** Rücktrittbremse *f*

coastguard *n* ❶ *(person)* Küstenwache *f;* **to work as a ~** bei der Küstenwache arbeiten ❷ *(organization)* ■**the ~** die Küstenwacht [*o* Küstenwache] **coastline** *n no pl* Küste[nlinie] *f* **coast-to-coast** *adj* landesweit; **~ flight** ein Flug *m* von Küste zu Küste

coat [kəʊt, AM koʊt] **I.** *n* ❶ *(outer garment)* Mantel *m;* **leather ~** Ledermantel *m;* **to do one's ~ up** sich *dat* seinen Mantel überziehen; **to get** [*or* **put**] **one's ~ on** sich *dat* seinen Mantel anziehen; **to turn one's ~** *(fig)* sein Mäntelchen nach dem Wind hängen ❷ *(animal's fur)* Fell *nt,* Pelz *m; of birds* Gefieder *nt* ❸ *(layer)* Schicht *f;* **~ of chocolate** Schokoladenüberzug *m;* **~ of dust/varnish** Staub-/Lackschicht *f;* **~ of paint** Farbanstrich *m;* **the first ~** der erste Anstrich; **to give sth a ~** etw *dat* einen Anstrich geben **II.** *vt* ■**to ~ sth** [**with sth**] etw [mit etw *dat*] überziehen; **to ~ sth with breadcrumbs** etw panieren; **to ~ sth with chocolate** etw mit einer Schokoladenglasur überziehen; **to ~ sth with paint** etw [an]streichen

coated ['kəʊtɪd, AM 'koʊt̬-] *adj* überzogen; *tongue* belegt; *textiles* imprägniert; *glass* getönt; *wire* isoliert; ***your trousers are ~ in mud!*** deine Hose starrt vor Dreck!; ***her face was ~ in make-up*** sie hatte sich das Gesicht zugekleistert

-coated ['kəʊtɪd, AM 'koʊt̬-] *in compounds* ❶ *(having such a coat)* **rough~** rau; **smooth~** zarthäutig ❷ *(covered with)* **plastic~** kunststoffbeschichtet; **plastic~ wire** isolierter Draht; **sugar~** mit Zuckerguss; **sugar~ almonds** gebrannte Mandeln

coat hanger *n* Kleiderbügel *m* **coat hook** *n* Kleiderhaken *m*

coati [kəʊ'ɑ:ti, AM koʊ'ɑ:t̬i] *n* Nasenbär *m*

coating ['kəʊtɪŋ, AM 'koʊt̬-] *n* Schicht *f,* Überzug *m; of paint* Anstrich *m; see also* **coat I 3**

coat of arms *n* Wappen *nt;* **family ~** Familienwappen *nt* **coat peg** *n* BRIT Kleiderhaken *m* **coat-tails** *npl* Frackschöße *pl,* Rockschöße *pl veraltend* ▶ PHRASES: **to ride** [*or* **hang**] **on sb's ~** auf der Erfolgswelle eines anderen mitschwimmen

co-author [kəʊ'ɔ:θəʳ, AM koʊ'ɑ:θɚ] **I.** *n* Koautor(in) *m(f),* Mitautor(in) *m(f)* **II.** *vt* ■**to ~ sth** etw gemeinsam verfassen

coax [kəʊks, AM koʊks] *vt* ■ **to ~ sb to do** [*or* **into doing**] **sth** jdn dazu bringen [*o* überreden], etw zu tun; **to ~ a smile out of sb** jdm ein Lächeln entlocken; **to ~ £10 out of sb** jdm 10 Pfund abschwatzen *fam*

co-axial cable [kəʊ'æksiəl-, AM koʊ'-] *n* COMPUT Koaxialkabel *m*

coaxing ['kəʊksɪŋ, AM 'koʊks-] **I.** *n no pl* Zuspruch *m*; ***with a little ~ the engine started*** mit ein wenig Fingerspitzengefühl kam der Motor in Gang **II.** *adj* schmeichelnd, schmeichlerisch

coaxingly ['kəʊksɪŋli, AM 'koʊks-] *adv* schmeichelnd

cob [kɒb, AM kɑːb] *n* ① (*nut*) *see* **cobnut** Haselnuss *f* ② (*horse*) Haflinger *m* ③ BRIT (*bread*) Laib *m* ④ (*swan*) männlicher Schwan ⑤ (*corncob*) *see* **corncob** Kolben *m* ⑥ BRIT (*for building walls*) Strohlehm *m*

cobalt ['kəʊbɔːlt, AM 'koʊ-] *n no pl* Kobalt *nt*

cobalt blue *n* Kobaltblau *nt*

cobber ['kɒbəʳ] *n* AUS (*dated fam*) Kumpel *m fam*; ***how is it, ~?*** wie geht's, altes Haus?

cobble¹ ['kɒbl̩, AM 'kɑːbl̩] **I.** *n* Kopfstein *m*, Pflasterstein *m* **II.** *vt* **to ~ a road** [*or* **street**] eine Straße [mit Kopfstein] pflastern

cobble² ['kɒbl̩, AM 'kɑːbl̩] *vt* (*dated*) **to ~ shoes** Schuhe flicken

◆**cobble together** *vt* ■ **to ~ together** ⊂ **sth** etw zusammenschustern *fam*; **to ~ together an essay** einen Aufsatz zusammenschreiben; **to ~ a meal together** eine Mahlzeit zusammenrühren

cobbled ['kɒbl̩d, AM 'kɑːbl̩d] *adj* **~ streets** Straßen *fpl* mit Kopfsteinpflaster

cobbler ['kɒbləʳ, AM 'kɑːbləʳ] *n* [Flick]schuster *m*

cobblestone *n* Kopfstein *m*, Pflasterstein *m*

cobnut *n* Haselnuss *f*

cobol, COBOL ['kəʊbɒl, AM 'koʊbɔːl] *n no pl* COMPUT COBOL *nt*; **to programme in ~** in COBOL programmieren

cobra ['kəʊbrə, AM 'koʊ-] *n* Kobra *f*

cobweb ['kɒbweb, AM 'kɑːb-] *n* (*web*) Spinnennetz *nt*; (*single thread*) Spinn[en]webe *f*

cobwebbed ['kɒbwebd, AM 'kɑːb] *adj inv* mit Spinnweben verhangen

coca ['kəʊkə, AM 'koʊ-] *n* Kokabaum *m*

Coca-Cola® *n* Coca-Cola® *f o nt*

cocaine [kə(ʊ)'keɪn, AM koʊ'-] *n no pl* Kokain *nt*; **to be addicted to ~** kokainsüchtig sein

coccyges ['kɒksaɪdʒiːz, AM 'kɑːk-] *n pl of* **coccyx**

coccyx <*pl* -es *or* -yges> ['kɒksɪks, AM 'kɑːk-, *pl* -saɪdʒiːz] *n* Steißbein *nt*

cochineal [ˌkɒtʃɪ'niːl, AM 'kɑːtʃəniːl] *n no pl* Koschenille *f*

cochlea <*pl* -e *or* -s> ['kɒkliə, AM 'kɑːk-, *pl* -liiː] *n* ANAT Schnecke *f*

cochleae ['kɒkliiː, AM 'kɑːk-] *n pl of* **cochlea**

cochlear ['kɒkliəʳ, AM 'kɑːkliəʳ] *adj inv* MED Schnecken-, kochleär *fachspr*

cock [kɒk, AM kɑːk] **I.** *n* ① (*male chicken*) Hahn *m* ② (*vulg: penis*) Schwanz *m vulg* ③ *no pl* BRIT (*vulg: nonsense*) Scheiß *m vulg* ④ BRIT (*dated fam: form of address*) Kumpel *m fam* **II.** *n modifier* ORN männlich; **~ pheasant/sparrow** Fasanen-/Sperlingmännchen *nt* **III.** *vt* ① (*turn*) **to ~ one's ear** seine Ohren spitzen; **to ~ one's hat** seinen Hut schief aufsetzen; **to ~ one's head** den Kopf auf die Seite legen ② (*ready gun*) **to ~ a gun** den Hahn spannen ③ (*express disrespect*) **to ~ a snook at sth** über etw *akk* lästern

◆**cock up** *vt* BRIT (*sl*) ■ **to ~ up** ⊂ **sth** etw versauen *sl*

cockade [kɒ'keɪd, AM kɑː'-] *n* Kokarde *f*

cock-a-doodle-doo [ˌkɒkəduːdl̩'duː, AM ˌkɑːk-] **I.** *n* Kikeriki *nt*; **to go ~** (*childspeak*) kikeriki machen *Kindersprache* **II.** *vi* (*childspeak*) kikeriki machen *Kindersprache* **cock-a-hoop** *adj inv* BRIT (*dated fam*) ■ **to be ~** ganz aus dem Häuschen sein *fam* **cock-a-leekie** [ˌkɒkə'liːki, AM ˌkɑːk-] *n* Hühnersuppe *f* mit Lauch

cock-and-bull story *n* Lügenmärchen *nt*, Lügengeschichte *f*; **to come up with a ~** ein Lügenmärchen auftischen; **to give sb a ~** jdm eine Lügengeschichte erzählen

cockatoo <*pl* -s *or* -> [ˌkɒkə'tuː, AM 'kɑːkətuː] *n* Kakadu *m*; **Australian ~** australischer Kakadu

cockatrice ['kɒkətraɪs, AM 'kɑːkə] *n see* **basilisk** Basilisk *m*

cockchafer ['kɒkˌtʃeɪfəʳ, AM 'kɑːkˌtʃeɪfəʳ] *n* Maikäfer *m* **cockcrow** *n* Hahnenschrei *m*; **to rise at ~** beim ersten Hahnenschrei aufstehen

cocked [kɒkt, AM kɑːkt] *adj* aufwärts gerichtet; *hat* aufgestülpt; **~ hat** Dreispitz *m*

cocker ['kɒkəʳ, AM 'kɑːkəʳ], **cocker spaniel** *n* Cockerspaniel *m*

cockerel ['kɒkᵊrᵊl, AM 'kɑːkəᵊl] *n* junger Hahn; (*fig*) junger Mann

cockeyed ['kɒkaɪd, AM 'kɑːk-] *adj* ① (*fam: not straight*) schief, krumm ② (*ridiculous*) *idea, plan* lächerlich, verrückt ③ *esp* AM (*dated fam: drunk*) betrunken, blau *fam*

cock fight *n* Hahnenkampf *m*

cockiness ['kɒkinəs, AM 'kɑːk-] *n* Großspurigkeit *f*

cockle ['kɒkl̩, AM 'kɑːkl̩] *n* Herzmuschel *f*

Cockney ['kɒkni, AM 'kɑːk-] **I.** *n* ① (*person*) Cockney *m* ② (*dialect*) Cockney *nt* (*im Osten Londons gesprochener Dialekt*) **II.** *adj inv* **~ accent** Cockneyakzent *m*

Cockney rhyming slang *n Art des Sprechens in Reimen im Cockneydialekt*

cock-of-the-walk *n* (*dated or pej*) Gockel *m hum, pej fam*, eingebildeter Fatzke *pej sl*; **to be the ~** die Szene beherrschen

cockpit ['kɒkpɪt, AM 'kɑːk-] *n* ① (*pilot's area*) Cockpit *nt*, Pilotenkanzel *f*; **a four-person ~** ein 4-Mann-Cockpit *nt* ② *usu sing* (*area of fighting*) Kampfplatz *m*; **~ of Europe** Kriegsschauplatz *m* Europa

cockroach ['kɒkrəʊtʃ, AM 'kɑːkroʊtʃ] *n* Küchenschabe *f*, Kakerlak *m*, Kakerlake *f fam*; **~-infested** mit Kakerlaken verseucht

cockscomb ['kɒkskəʊm, AM 'kɑːkskoʊm] *n* ORN, ZOOL Hahnenkamm *m*

cocksure ['kɒkʃʊəʳ, AM 'kɑːkʃʊr] *adj* (*convinced*) todsicher, fest überzeugt; (*pej fam: self-confident*) arrogant, anmaßend; **to be ~ of oneself** sich *dat* seiner Sache völlig sicher sein

cocktail ['kɒkteɪl, AM 'kɑːk-] *n* ① (*drink*) Cocktail *m* ② (*mixture*) Gemisch *nt*, Mischung *f*; **~ of drink and drugs** Alkohol- und Drogencocktail *m*; **~ of gases** Gasgemisch *nt* ③ (*dish*) Cocktail *m*; **fruit ~** Obstsalat *m*; (*canned food*) Früchtecocktail *m*; **seafood/shrimp ~** Meeresfrüchte-/Krabbencocktail *m*

cocktail cabinet *n* Hausbar *f* **cocktail dress** *n* Cocktailkleid *nt* **cocktail lounge** *n* Cocktailbar *f* **cocktail stick** *n* Spießchen *nt*, Partystick *m*

cock-teaser *n* (*vulg sl*) Demivierge *f veraltend*

cock-up ['kɒkʌp, AM 'kɑːk-] *n* (*sl*) Mist *m fam*, Schlamassel *m fam*; **to make a ~ with** [*or* **of**] **sth** bei etw *dat* Scheiße bauen *sl*; ***what a ~!*** so ein Mist! *fam*

cocky ['kɒki, AM 'kɑːki] *adj* (*fam*) großspurig, aufgeblasen *pej fam*

cocoa ['kəʊkəʊ, AM 'koʊkoʊ] *n no pl* ① (*chocolate powder*) Kakao *m*, Kakaopulver *nt* ② (*hot drink*) Kakao *m*; **a mug of ~** ein Becher *m* Kakao

cocoa butter *n* Kakaobutter *f*

coconut ['kəʊkənʌt, AM 'koʊ-] *n* Kokosnuss *f*; **a slice of ~** ein Stück *nt* Kokosnuss, eine Kokosnussspalte *bes* ÖSTERR; **grated ~** Kokosraspel *fpl*, Kokosette *nt* ÖSTERR

coconut butter *n* Kokosfett *nt*, Kokosbutter *f* **coconut matting** *n* Kokosmatte *f*, Kokosläufer *m* **coconut milk** *n* Kokosmilch *f* **coconut oil** *n* Kokosöl *nt* **coconut palm** *n* Kokospalme *f* **coconut shy** *n* BRIT Wurfbude *f*; **to play a ~** eine Runde Dosen werfen

cocoon [kə'kuːn] **I.** *n* Kokon *m* **II.** *vt* ■ **to ~ sb against** [*or* **from**] **sth** jdn von etw *dat* abschirmen [*o* fernhalten]

cocooning *n no pl* Cocooning *nt* (*Zurückziehen in die eigenen vier Wände*)

cod <*pl* – *or* -s> [kɒd, AM kɑːd] *n* Kabeljau *m*; *in Baltic* Dorsch *m*

COD [ˌsiːəʊ'diː, AM -oʊ'-] *n no pl* ① *abbrev of* **cash on delivery** ② AM *abbrev of* **collection on delivery** p. Nachn.

coda ['kəʊdə, AM 'koʊ-] *n* MUS Koda *f*

coddle ['kɒdl̩, AM 'kɑːdl̩] *vt* ① (*cook gently*) ■ **to ~ sth** etw langsam köcheln lassen; **to ~ eggs** Eier pochieren ② (*treat tenderly*) ■ **to ~ sb** jdn verhätscheln

code [kəʊd, AM koʊd] **I.** *n* ① (*ciphered language*) Kode *m*, Code *m*, Chiffre *f*; **to break** [*or* **crack**] **a ~** einen Kode entschlüsseln; **to decipher a ~** einen Kode entziffern; **to write sth in ~** etw verschlüsseln [*o* kodieren] ② LAW (*collection of laws*) Gesetzbuch *nt*; (*set of rules*) Kodex *m*; **the Highway C~** Straßenverkehrsordnung *f*; **~ of honour** Ehrenkodex *m*; **the penal ~** Strafgesetzbuch *nt* **II.** *vt* **to ~ a message** eine Nachricht chiffrieren [*o* verschlüsseln] [*o* kodieren]

CODEC *n* COMPUT *abbrev of* **coder/decoder** Codierer/Decodierer *m*

coded ['kəʊdɪd, AM 'koʊd] *adj inv* verschlüsselt

co-defendant *n* LAW Mitbeklagte(r) *f(m)*

codeine ['kəʊdiːn, AM 'koʊ-] *n* ① *no pl* (*pain-relieving drug*) Kodein *nt* ② (*tablet*) Schmerztablette *f*

code name *n* Deckname *m* **code-named** *adj* ***the mission is 'Ice-breaker'*** der Einsatz trägt den Decknamen ‚Eisbrecher' **code number** *n* Kodenummer *f*, Geheimnummer *f*; ADMIN Kennziffer *f*; FIN Bankleitzahl *f* **code of conduct** *n* Verhaltenskodex *m*; ADMIN Verwaltungsvorschrift[en] *f[pl]* **code of practice** *n* Verhaltensregeln *fpl*; **to abide by the ~** sich *akk* an die Richtlinien halten

coder ['kəʊdəʳ, AM 'koʊdəʳ] *n* (*computer programmer*) Programmierer(in) *m(f)*

co-determination [ˌkəʊdɪtɜːmɪ'neɪʃᵊn, AM ˌkoʊdɪtɜːr-] *n* Mitbestimmung *f*

code word *n* Kodewort *nt*; COMPUT Kennwort *nt*, Passwort *nt*

codex <*pl* -dices> ['kəʊdeks, *pl* -dɪsiːz, AM 'koʊ-, *pl* -dəsiːz] *n* Kodex *m*

codger ['kɒdʒəʳ, AM 'kɑːdʒəʳ] *n* (*hum, pej fam*) alter Knacker *hum o pej fam*

codices ['kəʊdɪsiːz, AM 'koʊdəsiːz] *n pl of* **codex**

codicil ['kəʊdɪsɪl, AM 'kɑːdəsᵊl] *n* Testamentsnachtrag *m*, Kodizill *nt fachspr*; **to add a ~ to a will** ein Kodizill zu einem Testament hinzufügen

codification [ˌkəʊdɪfɪ'keɪʃᵊn, AM ˌkɑː-] *n* LAW ① (*legal code*) Kodifizierung *f* von Gesetzen ② (*to make Act of Parliament*) Vereinigung *f* von Gesetzen

codify ['kəʊdɪfaɪ, AM 'kɑː-] *vt* ■ **to ~ sth** LAW etw kodifizieren; **to ~ grammar** LING Grammatikregeln festlegen

coding ['kəʊdɪŋ, AM 'koʊd] *n* ① (*assigning a code*) Kodierung *f*, Verschlüsselung *f*, Chiffrierung *f* ② (*the assigned code*) Kodierung *f* ③ BIOL (*coding genetically*) Kode *m*

codling¹ ['kɒdlɪŋ, AM 'kɑːd-] *n* BRIT Kochapfel *m*

codling² ['kɒdlɪŋ, AM 'kɑːd-] *n* junger Kabeljau; (*in Baltic*) junger Dorsch

codling moth *n* Apfelwickler *m*

cod liver oil *n* Lebertran *m*

codpiece ['kɒdpiːs, AM 'kɑːd-] *n* Hosenbeutel *m hist*

co-driver ['kəʊdraɪvəʳ, AM 'koʊdraɪvəʳ] *n* Beifahrer(in) *m(f)*

codswallop ['kɒdzˌwɒləp] *n no pl* BRIT, AUS (*fam*) Quatsch *m fam*, Stuss *m fam*; **a load of ~** eine Menge Blödsinn; ***what a load of ~!*** was für ein Schwachsinn! *fam*

co-ed [ˌkəʊ'ed, AM ˌkoʊ-] SCH, UNIV **I.** *adj inv* (*fam*) koedukativ, gemischt; **~ school** gemischte Schule; **to go ~** gemischten Unterricht einführen **II.** *n* (*dated fam: at school/college*) Schülerin *f*; (*at university*) Studentin *f*

co-education [ˌkəʊedʒʊ'keɪʃᵊn, AM ˌkoʊ-] *n no pl* Koedukation *f*

co-educational [ˌkəʊedʒuː'keɪʃᵊnᵊl, AM ˌkoʊ-] *adj inv* koedukativ, gemischt; **~ institution/school** gemischte Einrichtung/Schule

coefficient [ˌkəʊɪ'fɪʃᵊnt, AM ˌkoʊ-] *n* MATH, PHYS Koeffizient *m*, Faktor *m*

coequal [ˌkəʊ'iːkwᵊl, AM ˌkoʊ-] **I.** *n* (*form*) Gleichrangige(r) *f(m)*, Ebenbürtige(r) *f(m)* **II.** *adj inv* (*form*) gleichrangig, ebenbürtig

coerce [kəʊ'ɜːs, AM koʊ'ɜːrs] *vt* (*form*) ■**to ~ sb into doing sth** jdn dazu zwingen, etw zu tun; **to ~ sb into sth** jdn zu etw *dat* zwingen

coercion [kəʊ'ɜːʃᵊn, AM koʊ'ɜːrʒᵊn] *n no pl* (*form*) Zwang *m*; LAW Nötigung *f*; **to do sth under ~** unter Zwang handeln

coercive [kəʊ'ɜːsɪv, AM koʊ'ɜːr-] *adj* zwingend *attr*, Zwangs-; **~ measures** Zwangsmaßnahmen *fpl*; **~ power** Zwangsgewalt *f*

coercivity [ˌkəʊɜː'sɪvəti, AM ˌkoʊɜːr'sɪvət̬i] *n* COMPUT Koerzitivkraft *f*

coeval [kəʊ'iːvᵊl, AM koʊ-] (*form, liter*) **I.** *n* Zeitgenosse, -in *m, f*; POL, UNIV Mitstreiter(in) *m(f)* **II.** *adj inv* zeitgenössisch; **to be ~** (*having same date*) aus der gleichen Zeit stammen; (*having same origin*) zeitlich parallel entstanden sein

coexist [ˌkəʊɪg'zɪst, AM ˌkoʊ-] *vi* koexistieren *geh*, nebeneinander bestehen [*o* existieren]

coexistence [ˌkəʊɪg'zɪstᵊn(t)s, AM ˌkoʊ-] *n no pl* Koexistenz *f geh*; **peaceful ~** friedliches Miteinander, friedliche Koexistenz

coexistent [ˌkəʊɪg'zɪstᵊnt, AM ˌkoʊ-] *adj* koexistent *geh*, nebeneinander bestehend

coextensive [ˌkəʊɪks'tensɪv, AM ˌkoʊ] *adj inv* entsprechend

C of E ['siːəviː] *adj, n abbrev of* **Church of England**

coffee ['kɒfiː, AM 'kɑː-] *n* ❶ (*hot drink*) Kaffee *m*; **a cup of ~** eine Tasse Kaffee; **a black ~** ein schwarzer Kaffee, eine Tasse schwarzer Kaffee; ***do you take your ~ white?*** trinken Sie Ihren Kaffee mit Milch?; ***can I get you a ~?*** soll ich dir einen Kaffee holen?; **fresh ~** (*roasted*) frisch gerösteter Kaffee; (*made*) frisch gebrühter Kaffee; **instant ~** Instantkaffee *m* ❷ (*colour*) Kaffeebraun *nt* ► PHRASES: **to [wake up and] smell the ~** (*fam: come to one's senses*) zu sich *dat* kommen *fig*

coffee bar *n* Café *nt* **coffee bean** *n* Kaffeebohne *f*; **to grind ~s** Kaffeebohnen mahlen **coffee break** *n* Kaffeepause *f*; **to have a ~** eine Kaffeepause machen **coffee cake** *n* ❶ BRIT, AUS (*cake*) Mokkakuchen *m* ❷ AM, AUS (*sweet bread*) Stuten *m* **coffee-colored** AM, **coffee-coloured** *adj* kaffeebraun, kaffeefarben **coffee cup** *n* Kaffeetasse *f* **coffee-grinder** *n* Kaffeemühle *f* **coffee grounds** *npl* Kaffeesatz *m kein pl* **coffee house** *n* Café *nt*, Kaffeehaus *nt* **coffee klatch** *n* AM Kaffeeklatsch *m* **coffee machine** *n* Kaffeemaschine *f*, Kaffeeautomat *m* **coffee mill** *n* Kaffeemühle *f* **coffee morning** *n* BRIT Morgenkaffee *m* (*Wohltätigkeitsveranstaltung*) **coffee pot** *n* Kaffeekanne *f* **coffee shop** *n* (*for drinking*) Café *nt*; (*for selling*) Kaffeegeschäft *nt* **coffee table** *n* Couchtisch *m*, Beistelltisch *m* **coffee-table book** *n* Bildband *m*, Hochglanzband *m*

coffer ['kɒfəʳ, AM 'kɑːfɚ] *n* ❶ (*box*) Truhe *f*, Kiste *f*; (*for money*) Schatulle *f*, Kassette *f* ❷ (*money reserves*) ■**the ~s** *pl* die Rücklagen *pl*; *of the state* Staatssäckel *nt fam*

cofferdam ['kɒfədæm, AM 'kɑːfɚ-] *n* Caisson *m*

coffin ['kɒfɪn, AM 'kɑː-] *n* Sarg *m*; BRIT, AUS TECH Transportbehälter *m*

co-financing [ˌkəʊ'faɪnæn(t)sɪŋ, AM ˌkoʊ'-] *n* ECON, FIN Kofinanzierung *f*, gemeinsame Finanzierung

cog [kɒg, AM kɑːg] *n* ❶ (*part of wheel*) Zahn *m* ❷ (*wheel*) Zahnrad *nt* ❸ (*fig, pej: minor, yet necessary part*) **to be just a ~ in a [*or* the] machine** nur ein Rädchen im Getriebe sein *fig*

cogency ['kəʊdʒᵊn(t)si, AM 'koʊ-] *n no pl* (*form*) *of an argument, reasoning* Stichhaltigkeit *f*; *of a document, description* Überzeugungskraft *f*; *of writing style* Stringenz *f geh*

cogeneration [ˌkəʊdʒenə'reɪʃᵊn, AM ˌkoʊ-] *adj attr, inv* Kombinations-; **~ plant** Kombinationskraftwerk *nt*

cogent ['kəʊdʒᵊnt, AM 'koʊ-] *adj* (*form*) stichhaltig, überzeugend; **~ argument** stichhaltiges [*o* triftiges] Argument; **~ evidence** hieb- und stichfester Beweis; **~ reason** Logik *f*; **~ reasoning** logisches [*o* folgerichtiges] Denken; **~ speech** gut durchdachte Rede

cogently ['kəʊdʒᵊntli, AM 'koʊ-] *adv* (*form*) stichhaltig, überzeugend; **to argue ~ for sth** schlüssig für etw *akk* argumentieren

cogitate ['kɒdʒɪteɪt, AM 'kɑːdʒə-] *vi* (*form or hum*) ■**to ~ about** [*or* **on**] [*or* **upon**] **sth** über etw *akk* nachdenken

cogitation [ˌkɒdʒɪ'teɪʃᵊn, AM ˌkɑːdʒə-] *n* (*hum also form*) Nachdenken *nt*, Nachsinnen *nt geh*

cognac ['kɒnjæk, AM 'koʊnjæk] *n* Cognac *m*

cognate ['kɒgneɪt, AM 'kɑːg-] LING **I.** *adj* [ur]verwandt (**with** mit +*dat*); **~ languages** [*or* **words**] urverwandte Sprachen [*o* Wörter] **II.** *n* verwandtes Wort; **false ~** Faux ami *m*, falscher Freund

cognition [kɒg'nɪʃᵊn, AM kɑːg'-] *n* (*form*) ❶ (*thought*) Erkennen *nt* ❷ *no pl* (*mental processes*) Erkenntnis *f* ❸ (*realization*) Wahrnehmung *f*

cognitive ['kɒgnətɪv, AM 'kɑːgnət̬ɪv] *adj attr* (*form*) kognitiv *geh*

cognitive psychology *n* kognitive Psychologie

cognitive therapy *n* Kognitionstherapie *f*

cognizance ['kɒgnɪzᵊn(t)s, AM 'kɑːgnə-] *n no pl* (*form*) LAW ❶ (*awareness*) Kenntnis[nahme] *f*; **to take ~ of sth** etw zur Kenntnis nehmen, von etw *dat* Kenntnis nehmen ❷ (*jurisdiction*) Zuständigkeit *f*, Befugnis *f*; **to take ~ of sth** für etw *akk* zuständig sein

cognizant ['kɒgnɪzᵊnt, AM 'kɑːgnə-] *adj* (*form*) ❶ (*aware*) in Kenntnis, unterrichtet; **to be ~ of the facts** die Fakten kennen ❷ (*having jurisdiction*) zuständig

cognomen [kɒg'nəʊmen, AM kɑːg'noʊ-] *n* ❶ (*nickname*) Spitzname *m*, Beiname *m* ❷ (*ancient Roman's family name*) Familienname *m*, Zuname *m*

cognoscenti [ˌkɒnjə(ʊ)'ʃenti, AM ˌkɑːg'nə'ʃenti] *npl* (*form, liter*) Kenner(innen) *mpl(fpl)*

cogwheel ['kɒgwiːl, AM 'kɑːg-] *n* Zahnrad *nt*

cohabit [kəʊ'hæbɪt, AM koʊ-] *vi* (*form*) ■**to ~ [with sb]** [mit jdm] zusammenleben; LAW [mit jdm] in eheähnlicher Gemeinschaft leben

cohabitant [kəʊ'hæbɪtᵊnt, AM koʊ'hæbɪt̬ᵊnt] *n* (*form*) Lebensgefährte(in) *m(f)*

cohabitation [kəʊˌhæbɪ'teɪʃᵊn, AM koʊˌ-] *n no pl* Zusammenleben *nt*; LAW eheähnliche Gemeinschaft

cohabitee [kəʊhæbɪ'tiː, AM koʊ-] *n* (*form*) Lebensgefährte(in) *m(f)*

cohabiter [kəʊ'hæbɪtəʳ, AM koʊ'hæbɪt̬ɚ] *n* LAW in eheähnlicher Gemeinschaft Lebende(r) *f(m)*

co-heir [ˌkəʊ'eəʳ, AM 'koʊer] *n* LAW Miterbe(in) *m(f)*

co-heiress [ˌkəʊ'eəres, AM 'koʊerəs] *n* LAW Miterbin *f*

cohere [kə(ʊ)'hɪəʳ, AM koʊ'hɪr] *vi* (*form*) *ideas* zusammenhängen; *system, work* in sich *dat* geschlossen sein

coherence [kə(ʊ)'hɪərᵊn(t)s, AM koʊ'hɪr-] *n no pl* *of ideas* Zusammenhang *m* (**between** zwischen +*dat*); *of system, work* Geschlossenheit *f*

coherent [kə(ʊ)'hɪərᵊnt, AM koʊ'hɪr-] *adj ideas* zusammenhängend; *system, work* in sich *dat* geschlossen; *idea, words* verständlich; **~ argument** schlüssiges Argument; **~ speech/story** zusammenhängende Rede/Geschichte; **~ bundle** PHYS kohärentes Bündel

coherently [kə(ʊ)'hɪərᵊntli, AM koʊ'hɪr-] *adv ideas* zusammenhängend; *system, work* in sich *dat* geschlossen; **to speak ~** verständlich sprechen

cohesion [kə(ʊ)'hiːʒᵊn, AM koʊ'-] *n no pl* Zusammenhalt *m*, Zusammenhang *m*, Kohäsion *f geh*; **lack of ~** mangelnder Zusammenhalt

Cohesion Fund *n* EU Kohäsionsfonds *m*

cohesive [kə(ʊ)'hiːsɪv, AM koʊ'-] *adj* geschlossen, zusammenhängend; **~ forces** vereinte Kräfte; **~ group** geschlossene Gruppe

cohesiveness [kə(ʊ)'hiːsɪvnəs, AM koʊ'-] *n no pl* (*in physics*) Kohäsionskraft *f*, Bindekraft *f*; (*in group*) Zusammenhalt *m*, Zusammenhang *m*, Geschlossenheit *f*

cohort ['kə(ʊ)hɔːt, AM 'koʊhɔːrt] *n* ❶ (*subgroup*) [Personen]gruppe *f*; **age ~** Altersgruppe *f*; **among the younger ~** unter den Jüngeren ❷ *esp* AM (*pej: crony*) ■**~s** *pl* Konsorten *pl pej fam*

coif [kɔɪf] *n* ❶ REL Haube *f* ❷ HIST (*worn under armour*) Helmkappe *f*

coiffed [kɔɪft, AM kwɑːft] *adj* (*esp hum*) frisiert; **to have one's hair ~** sich *dat* das Haar frisieren lassen; **to look ~** frisch frisiert aussehen

coiffeur [kwɒ'fɜːʳ, AM kwɑːfɜːr] *n* Friseur *m*, Coiffeur *m geh*

coiffure [kwɒ'fjʊəʳ, AM kwɑːfjʊr] *n* (*form*) Frisur *f*, Haartracht *f*; **a 1950s ~** eine Frisur aus den 50er Jahren

coil [kɔɪl] **I.** *n* ❶ (*wound spiral*) Rolle *f*; ELEC Spule *f*; **~ of rope** Rolle *f* Seil; **~ of smoke** (*fig*) Rauchsäule *f* ❷ (*fam: contraceptive*) Spirale *f* ❸ (*lock of hair*) Locke *f* **II.** *vi* ■**to ~ around sth** sich *akk* um etw *akk* winden **III.** *vt* ■**to ~ sth** etw aufwickeln [*o* aufrollen]; ***she ~ed her hair into a neat bun*** sie drehte ihr Haar zu einem hübschen Knoten; ■**to ~ oneself around sth** sich *akk* um etw *akk* winden

coiled [kɔɪld] *adj* gewunden; **~ spring** Sprungfeder *f*, Spiralfeder *f*

coin [kɔɪn] **I.** *n* Münze *f*, Geldstück *nt*; **denomination of ~** Münzeinheit *f*; **gold ~** Goldmünze *f*; **to exchange ~s for notes** Münzen in Geldscheine umtauschen; ***ten pounds in 20p ~s*** zehn Pfund in 20-Pence-Stücken; **counterfeit ~s** Falschgeld *nt*; **to mint ~s** Münzen prägen; **to take** [*or* **accept**] **~s** Münzen annehmen **II.** *vt* **to ~ a motto** ein Motto prägen ► PHRASES: **to ~ it [in]** BRIT, **to ~ money** AM (*fam*) Geld scheffeln *fam*; **to ~ a phrase ...** ich will mal so sagen ...; ***I was, to ~ a phrase, gobsmacked*** ich war ganz einfach platt *fam*

coinage ['kɔɪnɪdʒ] *n* ❶ *no pl* (*set of coins*) Münzen *fpl*, Hartgeld *nt*; (*act*) Prägung *f*, Prägen *nt*; **bronze/silver ~** Bronze-/Silbermünzen *fpl* ❷ (*invented word*) Neuschöpfung *f*, Prägung *f*

coin-box telephone *n* Münzfernsprecher *m*

coincide [ˌkəʊɪn'saɪd, AM ˌkoʊ-] *vi* ■**to ~ [with sth]** *subjects, ideas* [mit etw *dat*] übereinstimmen; *events* [mit etw *dat*] zusammenfallen; ***our views ~ on a range of subjects*** wir sind in vielen Dingen einer Meinung

coincidence [kəʊ'ɪn(t)sɪdᵊn(t)s, AM koʊ-] *n* ❶ (*instance*) Zufall *m*; (*chance*) Glück *nt*, Fügung *f geh*; ***what a ~!*** was für ein Zufall!; **by ~** durch Zufall; **pure ~** reiner Zufall ❷ (*agreement*) Übereinstimmung *f*; *of events* Zusammenfallen *nt*

coincidence circuit *n*, **coincidence element** *n* ELEC Koinzidenzschaltung *f*, UND-Schaltung *f*

coincident [kəʊ'ɪn(t)sɪdᵊnt, AM koʊ-] *adj* ❶ (*occupying same time*) zusammentreffend; **~ events** gleichzeitig geschehende Ereignisse; (*occupying same space*) zusammenfallend ❷ (*in harmony with*) übereinstimmend; ■**to be ~ with sth** mit etw *dat* übereinstimmen

coincidental [kəʊˌɪn(t)sɪ'dᵊntᵊl, AM koʊˌɪn(t)sɪ'dᵊnt̬ᵊl] *adj* zufällig; ***it was purely ~ that ...*** es war purer Zufall, dass ...; ***what a ~ meeting*** was für ein Zufall, dass wir uns getroffen haben

coincidentally [kəʊˌɪn(t)sɪ'dᵊntᵊli, AM koʊˌɪn(t)sɪ'dᵊnt̬ᵊli] *adv* zufällig[erweise]

coir [kɔɪəʳ, AM kɔɪr] *n no pl* Coir *nt*

coital ['kəʊɪtᵊl, AM 'koʊə-] *adj inv* Koitus-, Beischlaf-; **~ position** [Sex]stellung *f*

coitus ['kəʊɪtəs, AM 'koʊət̬əs] *n no pl* (*form*) Geschlechtsverkehr *m*; MED Koitus *m*; LAW Beischlaf *m*

coitus interruptus [ˌkəʊɪtəsɪntə'rʌptəs, AM ˌkoʊət̬əsɪnt̬ə'-] *n* Koitus interruptus *m*

cojones [kə'hoʊneɪz] *npl* **to have ~** *esp* AM (*fam*) Mumm [*o* Courage] haben

coke [kəʊk, AM koʊk] *n no pl* ❶ (*fuel*) Koks *m* ❷ (*sl*) Kokain *nt*, Koks *m sl*; *see also* **cocaine**

Coke® [kəʊk, AM koʊk] *n short for* **Coca Cola** Coke *f fam*

col *n abbrev of* **column** Sp.

Col *n abbrev of* **colonel**

C

cola ['kəʊlə, AM 'koʊ-] *n* Cola *nt o f fam;* **types of ~** Colasorten *fpl;* ■ **~s** *pl* Colagetränke *ntpl,* Colalimonaden *fpl*

COLA *n* AM ECON, FIN *acr for* **cost-of-living allowance** Lebenshaltungskostenzuschuss *m*

colander ['kʌləndəʳ, 'kɒ-, AM -ɚ, 'kɑː-] *n* Sieb *nt,* Seiher *m*

cold [kəʊld, AM koʊld] **I.** *adj* ① *(not warm)* kalt; **a nice ~ beer** ein schönes, kühles Bier; **~ food** kalte Gerichte; **as ~ as ice** eiskalt; **bitterly ~** bitterkalt; **to be** [*or* **feel**] **~** frieren; ***I'm ~*** mir ist kalt; **to get ~** zu frieren beginnen; **to go ~** kalt werden; COMPUT **~ boot** [*or* **start**] Kaltstart *m;* **~ standby** Cold-Standby-System *nt* ② *(fig: not friendly)* kalt, kühl; ***his ~ blue eyes*** seine kühlen blauen Augen ③ *(unprepared, unannounced)* unvorbereitet ④ **~ call** *of insurance salesman* unangemeldeter Vertreterbesuch ▸ PHRASES: **to have/get ~ feet** kalte Füße bekommen *fig fam;* **to pour** [*or* **throw**] **~ water on sth** etw *dat* einen Dämpfer versetzen *fam* **II.** *n* ① *(low temperature)* Kälte *f;* **to be blue with ~** vor Kälte ganz blau sein; **to shiver with ~** vor Kälte zittern ② MED *(illness)* Erkältung *f;* *(runny nose)* Schnupfen *m;* **to get a stinking** [*or* **streaming**] **~** BRIT, AUS *(fam)* eine saumäßige Erkältung bekommen *fam;* **to catch** [*or* **get**] **a ~** sich *akk* erkälten; **to have a ~** erkältet sein ▸ PHRASES: **to leave sb/sth out in the ~** jdn/etw im Regen stehen lassen *fam*

cold bag *n* BRIT Kühltasche *f* **cold-blooded** *adj* ① *(ectothermic)* kaltblütig; **~ animal** Kaltblüter *m* ② *(extremely evil)* kaltblütig, unbarmherzig **cold-bloodedly** [ˌkəʊld'blʌdɪdli, AM ˌkoʊld] *adv* kaltblütig **cold call** *n* Anmache *f fam;* ECON unangemeldeter Vertreterbesuch **cold comfort** *n* schwacher Trost **cold cream** *n* Cold Cream *f (halbfette Feuchtigkeitscreme)* **cold cuts** *npl* Aufschnitt *m kein pl* **cold-eyed** *adj* ***she gave him a ~ stare*** sie blickte ihn kalt an **cold fish** *n (pej: insensitive person)* Eisblock *m fig;* *(sullen, morose)* Brummbär *m fam,* Griesgram *m pej* **cold frame** *n* Frühbeet *nt* **cold front** *n* Kaltfront *f* **cold-hearted** *adj* kaltherzig, hartherzig

coldish ['kəʊldɪʃ, AM 'koʊld-] *adj* kühl

coldly ['kəʊldli, AM 'koʊld-] *adv* kalt, kühl; **to say sth ~** etw abweisend sagen

coldness ['kəʊldnəs, AM 'koʊld-] *n no pl* Kälte *f,* Kühle *f;* **~ of manner** Reserviertheit *f,* Distanziertheit *f*

cold shower *n (hum)* **to take a ~** eine kalte Dusche nehmen; *(fig)* sich *akk* [wieder] abregen [*o* beruhigen] **cold snap** *n* kurze Kälteperiode, Kälteeinbruch *m* **cold sore** *n* MED Herpes *m,* Bläschenausschlag *m;* ■ **~s** *pl* Herpesbläschen *ntpl* **cold start** *n* AUTO, COMPUT Kaltstart *m* **cold storage** *n* Kühllagerung *f;* **to put sth in ~** etw kühl lagern; *(fig)* etw auf Eis legen *fig* **cold store** *n* Kühlhalle *f,* Kühlhaus *nt* **cold sweat** *n* kalter Schweiß; **to put sb in a ~** jdn in Angst und Schrecken versetzen **cold truth** *n* nackte Wahrheit **cold turkey** *n (sl)* sofortiger Totalentzug, kalter Entzug *fam;* **to go through ~** [*or* AM **to quit ~**] eine radikale Entziehungskur machen **cold war** *n* POL kalter Krieg **cold wave** *n* ① METEO *(cold snap)* Kältewelle *f* ② *(dated: permanent wave)* Kaltwelle *f veraltet;* **to get a ~** sich *dat* eine Kaltwelle machen lassen

coleslaw ['kəʊlslɔː, AM 'koʊlslɑː] *n no pl* Krautsalat *m,* Kohlsalat *m*

colic ['kɒlɪk, AM 'kɑː-] *n no pl* Kolik *f*

colicky ['kɒlɪki, AM 'kɑː-] *adj* kolikartig; ■ **to be ~** an Koliken leiden; **~ baby** *Baby, das an Koliken leidet*

coliseum [ˌkɒlɪ'siəm, AM ˌkɑːlə] *n see* **colosseum**

colitis [kɒ'laɪtəs, AM koʊː'laɪt̬əs] *n no pl* Dickdarmentzündung *f,* Kolitis *f fachspr;* **ulcerative ~** geschwürige Dickdarmentzündung

collaborate [kə'læbəreɪt] *vi* ① *(work together)* ■ **to ~** [**with sb**] [mit jdm] zusammenarbeiten; ■ **to ~ on sth** zusammen [*o* gemeinsam] an etw *dat* arbeiten ② *(pej: aid enemy)* ■ **to ~ with sb** mit jdm kollaborieren

collaboration [kəˌlæbəˈreɪʃən] *n* ① *(working with sb)* Zusammenarbeit *f;* **to do sth in ~ with sb** etw in Zusammenarbeit mit jdm tun ② *no pl (aiding enemy)* Kollaboration *f*

collaborationist [kəˌlæbəˈreɪʃənɪst] *n (pej)* Kollaborateur(in) *m(f)*

collaborative [kə'læbərətɪv, AM -ərət̬ɪv] *adj* zusammenarbeitend; **~ effort** gemeinsame Anstrengung

collaboratively [kə'læbərətɪv] *adv* gemeinsam, im Team

collaborator [kə'læbəreɪtəʳ, AM -t̬ɚ] *n* ① *(colleague)* Mitarbeiter(in) *m(f);* **female ~** Mitarbeiterin *f* ② *(pej: traitor)* Kollaborateur(in) *m(f);* **Nazi ~** Nazispitzel *m*

collage ['kɒlɑːʒ, AM kə'lɑːʒ] *n* ① *(arrangement of objects)* Collage *f;* **~ of photos/postcards** Foto-/Postkartencollage *f* ② *(art style)* Collage[ntechnik] *f*

collagen ['kɒlədʒən, AM 'kɑː-] *n no pl* Kollagen *nt*

collagen implant *n* ① *(cosmetic operation)* Kollagenimplantation *f* ② *(inserted material)* Kollagenimplantat *nt* **collagen injection** *n* Kollageninjektion *f*

collapse [kə'læps] **I.** *vi* ① *(fall down) things, buildings* zusammenbrechen, einstürzen; *people* zusammenbrechen, kollabieren *geh;* **to ~ with laughter** [**at a joke**] *(fig)* sich *akk* [über einen Witz] kaputtlachen *fam* ② *(fail)* zusammenbrechen; *enterprise* zugrunde gehen; *government* stürzen, zu Fall kommen; *hopes* sich *akk* zerschlagen; *plans, talks* scheitern; *prices* einbrechen; *property market* zusammenbrechen; *society* zerfallen; ***his whole world had ~d*** für ihn war eine Welt zusammengebrochen **II.** *n* ① *(act of falling down)* Einsturz *m;* **~ of a bridge/building** Einsturz *m* einer Brücke/eines Gebäudes ② *(failure)* Zusammenbruch *m;* **to be on the brink** [*or* **verge**] **of ~** kurz vor dem Aus stehen; **~ of a business** Zusammenbruch *m* eines Unternehmens; **~ of confidence** Verlust *m* der Glaubwürdigkeit; **~ of one's marriage** Scheitern *nt* einer Ehe; **~ of prices** Preissturz *m;* MED Kollaps *m;* **to suffer a mental/nervous ~** einen Nervenzusammenbruch erleiden

collapsed [kə'læpst] *adj* MED zusammengebrochen, kollabiert *geh*

collapsible [kə'læpsɪbl] *adj* zusammenklappbar, zusammenlegbar; **~ chair** Klappstuhl *m*

collar ['kɒləʳ, AM 'kɑːlɚ] **I.** *n* ① *(piece around neck)* Kragen *m;* **fur ~** Pelzkragen *m;* **wide ~** halsferner Kragen ② *(restraining band)* Halsband *nt;* **cat's/dog's ~** Katzen-/Hundehalsband *nt;* BRIT *(leash)* Hundeleine *f;* **to put one's dog on a ~** seinen Hund an die Leine nehmen ③ *(necklace)* Halsband *nt,* Kollier *nt;* **diamond ~** Diamantkollier *nt* ④ ZOOL *(fur area around neck)* Mähne *f* ⑤ ECON, FIN Zinsbegrenzung *f* nach oben und nach unten **II.** *vt (fam)* ■ **to ~ sb** jdn schnappen *fam;* *(fig)* jdn in ein Gespräch verwickeln

collar bone *n* Schlüsselbein *nt;* **to break** [*or* **fracture**] **one's ~** sich *dat* das Schlüsselbein brechen

collate [kə'ləɪt] **I.** *vt* ■ **to ~ sth** ① *(analyse)* etw vergleichen ② *(arrange in order)* etw zusammenstellen **II.** *vi photocopier* ordnen, sortieren

collateral [kə'lætərəl, AM kə'læt̬-] **I.** *n* FIN [zusätzliche] Sicherheit, Nebensicherheit *f;* **to use** [*or* **put up**] [*or* **offer**] **sth as** [**a**] **~** etw als Sicherheit anbieten **II.** *adj* ① *(parallel)* gleichzeitig, parallel; **~ agreement** beidseitiges Abkommen ② *(form: descended in different line)* seitlich, kollateral *fachspr;* **~ relatives** Verwandte *pl* einer Seitenlinie ③ *(subordinate)* nebensächlich; FIN zusätzlich; **~ insurance** Zusatzversicherung *f*

collateral acceptance *n* FIN Avalakzept *nt* **collateral bond** *n* FIN wertpapiergesicherte Schuldverschreibung **collateral contract** *n* Nebenvertrag *m* **collateral damage** *n* Nebenschaden *m,* Kollateralschaden *m* **collateral issue** *n* LAW Nebenfrage *f*

collateralize [kə'lætərəlaɪz, AM -'læt̬-] *vt* ECON, FIN ■ **to ~ sth** *loan* etw *dat* Sicherheit leisten

collateral loan *n* FIN Lombardkredit *m,* Lombarddarlehen *nt*

collaterally [kə'lætərəli, AM kə'læt̬-] *adv* kollateral *fachspr;* **~ related** in einer Seitenlinie verwandt

collation [kə'leɪʃən] *n* ① *(comparing)* Vergleich *m,* Kollationieren *nt;* *(arranging)* Ordnen *nt,* Sortieren *nt* ② *(dated form: light meal)* Imbiss *m,* Kollation *f veraltet*

collator [kə'ləɪtəʳ, AM -t̬ɚ] *n* COMPUT Sortierer *m;* *(device)* Kartenmischer *m*

colleague ['kɒliːg, AM 'kɑː-] *n* [Arbeits]kollege, -in *m, f,* Mitarbeiter(in) *m(f)*

collect¹ ['kɒlekt, AM 'kɑːlekt] *n* REL Kirchengebet *nt*

collect² [kə'lekt] **I.** *adj* AM TELEC *(paid for by receiving party)* **~ call** R-Gespräch *nt* **II.** *adv* AM *inv (on cost of receiving party)* **to call ~** ein R-Gespräch führen **III.** *vi* ① *(gather)* sich *akk* versammeln; *(accumulate)* sich *akk* ansammeln ② *(gather money)* sammeln; ***we're ~ing for the homeless*** wir sammeln für Obdachlose **IV.** *vt* ① *(gather)* ■ **to ~ sth** etw einsammeln; **to ~ coins/stamps** Münzen/Briefmarken sammeln; **to ~ dust** den Staub anziehen; *(no use)* [nur] ein Staubfänger sein; **to ~ money** Geld sammeln ② *(pick up)* ■ **to ~ sb/sth** jdn/etw abholen; ***I'll ~ you from the station*** ich hole dich vom Bahnhof ab ③ *(form: regain control)* ■ **to ~ oneself** sich *akk* sammeln; **to ~ one's thoughts** [*or* **wits**] seine Gedanken ordnen, sich *akk* sammeln

◆**collect up** *vt* **to ~ up one's belongings** sein Hab und Gut zusammenpacken; **to ~ up empty bottles** leere Flaschen aufsammeln; **to ~ up tickets** Fahrscheine einsammeln

collectable [kə'lektəbl] **I.** *adj* sammelbar **II.** *n* Sammlerstück *nt,* Sammelobjekt *nt*

collectables, collectibles [kə'lektəb|z] *npl* ECON, FIN Sammlerstücke *ntpl*

collect call *n* AM R-Gespräch *nt;* **to accept a ~** ein R-Gespräch annehmen; **to make a ~** ein R-Gespräch anmelden

collected [kə'lektɪd] *adj* beherrscht, gelassen, ruhig

collectible *adj, n see* **collectable**

collection [kə'lekʃən] *n* ① ■ **~s** *pl (money gathered)* Sammlung *f;* *(in church)* Kollekte *f;* **to have** [*or* **hold**] **a ~ for charity** für einen wohltätigen Zweck sammeln ② *(objects collected)* Sammlung *f;* **~ of art/coins/stamps** Kunst-/Münz-/Briefmarkensammlung *f;* *(crowd of people)* Ansammlung *f;* *(fig: large number)* Auswahl *f,* Sortiment *nt;* **a ~ of toothbrushes** eine Auswahl an Zahnbürsten ③ *(range of clothes)* Kollektion *f;* **spring/winter ~** Frühjahrs-/Winterkollektion *f* ④ *(act of getting)* *of mail* Abholung *f;* ***the photos are ready for ~*** die Fotos liegen zur Abholung bereit; **rubbish ~** Müllabfuhr *f;* BRIT *(from letterbox)* [Briefkasten]leerung *f* ⑤ FIN **~s** Einzug *m,* Inkasso *nt;* **tax ~** Steuereinziehung *f;* **debt ~** Schuldeneintreibung *f;* **debt collection agency** Inkassobüro *nt;* **bills for ~** fällige Inkassowechsel

collection-only check *n* FIN Verrechnungsscheck *m*

collective [kə'lektɪv] **I.** *adj* gemeinsam, kollektiv; **~ action** Gemeinschaftsaktion *f;* **~ decision** gemeinsame Entscheidung; **~ interests** Gesamtinteressen *ntpl;* **~ leadership** kollektive Führung; **~ opinion** Mehrheitsmeinung *f* **II.** *n* Gemeinschaft *f,* Gruppe *f;* POL Kollektiv *nt;* ECON Genossenschaftsbetrieb *m,* Produktionsgenossenschaft *f;* LING Sammelbegriff *m,* Kollektivum *nt fachspr*

collective bargaining *n* Tarifverhandlungen *fpl;* **to engage in ~** in Tarifverhandlungen einsteigen **collective farm** *n* landwirtschaftliche Produktionsgenossenschaft

collectively [kə'lektɪvli] *adv* alle zusammen

collective noun *n* LING Sammelbegriff *m,* Kollektivum *nt fachspr* **collective responsibility** *n* LAW Kollektivverantwortung *f* **collective wage agreement** *n* ECON Lohntarifvertrag *m*

collectivism [kə'lektɪvɪzəm, AM -tə-] *n no pl* Kollektivismus *m*

collectivist [kə'lektɪvɪst] **I.** *adj* kollektivistisch **II.** *n* Kollektivist(in) *m(f)*

collectivize [kəˈlektɪvaɪz] *vt* ■**to ~ sth** etw kollektivieren

collector [kəˈlektəʳ, AM -ɚ] *n* ❶ *(of objects)* Sammler(in) *m(f);* **stamp ~** Briefmarkensammler(in) *m(f)* ❷ *(of payments)* Gebühreneintreiber(in) *m(f); of cash* Kassierer(in) *m(f);* **tax ~** Steuereintreiber(in) *m(f)* ❸ ELEC Stromabnehmer *m*

collector's item *n,* **collector's piece** *n* Liebhaberstück *nt,* Sammlerstück *nt*

collect transfer *vt* COMPUT ■**to ~ sth** etw sammelnd laden

colleen [ˈkɒliːn, kɒˈliːn] *n* IRISH [junges] Mädchen; ***good day to you,* ~** guten Tag, mein Mädchen

college [ˈkɒlɪdʒ, AM ˈkɑː-] *n* ❶ *(school)* Gymnasium *nt; (privately funded)* Kolleg *nt;* **art ~** Kunstakademie *f;* **to drop out of ~** vom Kolleg [*o* Gymnasium] abgehen; BRIT, AUS *(children's private school)* Privatschule *f;* **Cheltenham Ladies' C~** *private Mädchenschule in Cheltenham; (boarding school)* Internatsschule *f* ❷ *(university)* Universität *f,* Hochschule *f; (privately funded)* Akademie *f,* College *nt;* **to go to ~** auf die Universität gehen, studieren ❸ BRIT *(division of university)* College *nt;* **to go to** [*or* **be at**] **a ~** die Universität besuchen, studieren; *(members of college)* College *nt* ❹ AM *(university faculty)* Fakultät *f,* Fachbereich *m;* **I attended the C~ of Arts and Sciences** ich habe an der kunst- und naturwissenschaftlichen Fakultät studiert; *(college building)* Universitätsgebäude *nt,* Hochschulgebäude *nt* ❺ *esp* BRIT *(collegiate group)* Kollegium *nt,* Kammer *f;* **~ of Medicine** Ärztekollegium *nt;* **~ of Physicians** Ärztekammer *f,* Ärztebund *m*

college graduate *n* AM Hochschulabsolvent(in) *m(f)*

collegiate [kəˈliːdʒiət, AM -dʒɪt] *adj* College-, Hochschul-; **~ theatre** Theatergruppe *f* der Universität; **~ sports** Hochschulsport *m;* ***Cambridge is a ~ university*** die Universität von Cambridge ist in mehrere Colleges untergliedert

collide [kəˈlaɪd] *vi* ■**to ~** [**with sb/sth**] mit jdm/etw zusammenstoßen; ■**to ~ into sb** auf jdn auffahren; ***the bike ~d into a tree*** das Fahrrad fuhr gegen einen Baum

collie [ˈkɒli, AM ˈkɑː-] *n* Collie *m*

collier [ˈkɒliəʳ, AM ˈkɑːljɚ] *n (form)* ❶ MIN Bergmann *m fam,* Kohlenarbeiter *m* ❷ *(ship)* Schleppkahn *m,* Kohlenschiff *nt*

colliery [ˈkɒljəri, AM ˈkɑːljɚi] *n* Bergwerk *nt,* Grube *f,* Zeche *f*

collision [kəˈlɪʒᵊn] *n* Zusammenstoß *m,* Zusammenprall *m,* Kollision *f geh;* **head-on ~** Frontalzusammenstoß *m;* **~ of interests** *(fig)* Interessenskonflikt *m;* **~ of opinions** Meinungsverschiedenheit *f;* **a ~ between two vehicles** ein Zusammenstoß *m* von zwei Fahrzeugen; **to be in ~** kollidieren, zusammenstoßen; **to come into ~ with sth** mit etw *dat* zusammenstoßen; *ships* in eine Kollision mit etw *dat* geraten

collision course *n* Kollisionskurs *m;* **to be on a ~** *(fig)* auf Konfrontationskurs sein **collision detection** *n* Zusammenstoßerkennung *f;* **carrier sense multiple access-~** Verfahren *nt* zum Schutz davor, dass nicht mehrere Sender in einem Netz gleichzeitig senden

collocate [ˈkɒləkeɪt, AM ˈkɑːl-] **I.** *vi* LING ■**to ~** [**with sth**] [mit etw *dat*] kollokieren *fachspr* **II.** *n* Kollokator *m fachspr*

collocation [ˌkɒləˈkeɪʃᵊn, AM ˌkɑːl-] *n* LING Kollokation *f fachspr*

colloquial [kəˈləʊkwiəl, AM -ˈloʊ-] *adj* umgangssprachlich; **~ expression/writing** umgangssprachlicher Ausdruck/Schreibstil; **~ language** Umgangssprache *f;* **~ way of saying sth** umgangssprachliche Ausdrucksweise

colloquialism [kəˈləʊkwiəlɪzᵊm, AM -ˈloʊ-] *n* umgangssprachlicher Ausdruck, Kolloquialismus *m fachspr*

colloquially [kəˈləʊkwiəli, AM -ˈloʊ-] *adv* umgangssprachlich

colloquium <*pl* -quia> [kəˈləʊkwiəm, AM ˈloʊ] *n* Kolloquium *nt*

colloquy [ˈkɒləkwi, AM ˈkɑː-] *n (dated also form)* Konversation *f,* Unterredung *f geh*

collude [kəˈluːd] *vi* ■**to ~ with sb** mit jdm unter einer Decke stecken

collusion [kəˈluːʒᵊn] *n no pl* geheime Absprache; **to act in ~ with sb** mit jdm gemeinsame Sache machen

collusive [kəˈluːsɪv] *adj* heimlich verabredet, abgekartet *fam;* **~ action** LAW [unerlaubte] in geheimer Absprache erfolgte Handlung; **~ behaviour** vorher verabredetes Verhalten

collywobbles [ˈkɒliwɒblz, AM ˈkɑːliwɑː-] *npl (hum fam)* **to have the ~** Muffensausen haben *hum sl;* ***driving with you gives me the ~*** wenn ich mit dir fahre, bekomme ich ein flaues Gefühl in der Magengegend

cologne [kəˈləʊn, AM -ˈloʊn] *n no pl (aftershave)* Rasierwasser *nt; (perfume)* Parfum *nt,* Eau de Cologne *nt*

colon [ˈkəʊlɒn, AM ˈkoʊlən] *n* ❶ ANAT *(intestine part)* Dickdarm *m* ❷ LING *(punctuation mark)* Doppelpunkt *m*

colon cancer *n* MED Darmkrebs *m;* **risk of ~** Darmkrebsrisiko *nt*

colonel [ˈkɜːnᵊl, AM ˈkɝː-] *n* MIL Oberst *m;* ■**C~** Herr Oberst

Colonel Blimp [ˌkɜːnᵊlˈblɪmp] *n esp* BRIT *(dated or pej) Personifizierung des wertkonservativen Engländers*

colonial [kəˈləʊniəl, AM -ˈloʊ-] **I.** *adj* ❶ *(relating to a colony)* kolonial, Kolonial-; **~ dependency** koloniale Abhängigkeit; **~ power** Kolonialmacht *f;* **~ rule** Kolonialherrschaft *f* ❷ *esp* AM HIST *(of colonial times)* **C~ architecture** Kolonialstil *m,* im Stil der Kolonialzeit; **C~ furniture** Möbel *ntpl* aus der Kolonialzeit. **II.** *n* ❶ *(inhabitant of colony)* Kolonist(in) *m(f)* ❷ *(esp pej: former inhabitant)* ehemaliger Kolonialbesitzer/ehemalige Kolonialbesitzerin

colonialism [kəˈləʊniəlɪzᵊm, AM -ˈloʊ-] *n no pl* Kolonialismus *m*

colonialist [kəˈləʊniəlɪst, AM -ˈloʊ-] **I.** *n* Kolonialist(in) *m(f)* **II.** *adj* kolonialistisch; **~ ideology** Kolonialismus *m;* **~ powers** kolonialistische Kräfte

colonial mentality *n* kolonialistische Gesinnung

colonic irrigation [kəˌlɒnɪkɪrɪˈgeɪʃᵊn, AM -ˌlɑː-] *n no pl* Kolon-Hydrotherapie *f*

colonist [ˈkɒlənɪst, AM ˈkɑː-] *n* Kolonist(in) *m(f),* Siedler(in) *m(f)*

colonization [ˌkɒlənaɪˈzeɪʃᵊn, AM ˌkɑːlənɪ-] *n no pl esp* AM Kolonisation *f,* Kolonisierung *f*

colonize [ˈkɒlənaɪz, AM ˈkɑː-] *vt* **to ~ a country** ein Land kolonisieren

colonized [ˈkɒlənaɪzd, AM ˈkɑːlə] *npl* ■**the ~** das kolonisierte Volk

colonizer [ˈkɒlənaɪzəʳ, AM ˈkɑːlənaɪzɚ] *n* Kolonisator *m; (with emphasis on power)* Kolonialherr *m*

colonnade [ˌkɒləˈneɪd, AM ˌkɑː-] *n* ARCHIT Säulengang *m,* Kolonnade *f geh*

colonoscopy <*pl* -pies> [ˌkɒlənˈɒskəpi, AM ˌkoʊlənˈɑːs-] *n* Darmspiegelung *f*

colony [ˈkɒləni, AM ˈkɑː-] *n* ❶ *(territory)* Kolonie *f,* Kolonialgebiet *nt* ❷ *(group of colonists)* Siedlung *f;* **the British ~ in Spain** die britische Kolonie in Spanien ❸ *(group with shared interest)* Kolonie *f,* Klub *m;* **nudist ~** FKK-Kolonie *f* ❹ ZOOL *(group living together)* Kolonie *f;* **~ of ants/termites** Ameisen-/Termitenstaat *m;* **~ of bacteria** Bakterienkultur *f;* **~ of bees** Bienenvolk *nt*

colophon [ˈkɒləfən, AM ˈkɑːlə] *n* HIST Kolophon *nt*

color *n, adj, vt, vi* AM *see* **colour**

Colorado beetle [ˌkɒləraːdəʊˈ-, AM ˌkɑːlərædoʊ-] *n,* **Colorado potato beetle** *n* Kartoffelkäfer *m*

colorant [ˈkʌlᵊrənt] *n* AM, AUS *see* **colourant**

coloration [ˌkʌləˈreɪʃᵊn] *n no pl (presence of colour)* Färbung *f; (colour pattern)* Farbgebung *f;* **camouflaged ~** Tarnfarbe *f*

coloratura [ˌkɒlərəˈtjʊərə, AM ˌkʌlɚəˈtʊrə] *n* MUS Koloratur *f; (soprano)* Koloratursopran *m,* Koloratursängerin *f*

color commentary *n modifier* lebendig

colorist [ˈkʌlᵊrɪst] *n* AM, AUS *see* **colourist**

colossal [kəˈlɒsᵊl, AM -ˈlɑː-] *adj (big)* ungeheuer, riesig; **~ statue** gewaltige Statue; *(outrageous)* riesig, kolossal *fam;* **~ amount** [**of money**] gigantische Summe, Unsumme *f;* **~ cheek** unglaubliche Frechheit [*o* Dreistigkeit]; **~ task** Mammutaufgabe *f*

colosseum [ˌkɒlɪˈsiəm, AM ˌkɑːlə] *n* Coliseum *nt*

colossi [kəˈlɒsaɪ, AM -ˈlɑː-] *n pl of* **colossus**

Colossians [ˌkɒləˈtjʊərə, AM ˌkʌlɚəˈtʊrə] *npl* Kolosser

colossus <*pl* -es *or* colossi> [kəˈlɒsəs, AM -lɑː-, *pl* -aɪ] *n* ❶ *(large statue)* Koloss *m;* **marble ~** Marmorkoloss *m;* **C~ of Rhodes** der Koloss von Rhodos ❷ *(large building)* Koloss *m,* Gebäudekomplex *m;* **the Bundesbank ~** das gigantische Bundesbankgebäude ❸ *(influential person)* Gigant(in) *m(f);* **~ of the literary world** Literaturpapst, Literaturpäpstin *m, f*

colostomy [kəˈlɒstəmi, AM ˈlɑː] **I.** *n* <*pl* -ies> MED ❶ *(surgical operation)* Kolostomie *f fachspr,* Kolonfistelung *f* ❷ *(opening so formed)* Kolostomie *f fachspr,* Kunstafter *m* **II.** *n modifier* Kolostomie-

colostrum [kəˈlɒstrəm, AM ˈlɑː] *n no pl* Vormilch *f,* Kolostrum *nt*

colour [ˈkʌləʳ], AM **color** [-ɚ] **I.** *n* ❶ *(red, blue etc)* Farbe *f;* ***what ~ is her hair?*** was hat sie für eine Haarfarbe?; **~ photos** Farbfotos *ntpl;* **favourite ~** Lieblingsfarbe *f;* **rich jewel ~s** satte, leuchtende Farben; **primary ~** Grundfarbe *f,* Primärfarbe *f fachspr;* **to be ablaze with** [*or* **be a riot of**] **~** in allen Farben erstrahlen; **to add** [**a splash of**] **~ to the garden** dem Garten ein wenig Farbe verleihen; **to come** [*or* **be available**] **in a ~** in einer Farbe erhältlich sein; **to give** [*or* **lend**] **sth ~** [*or* **to give** [*or* **lend**] **~ to sth**] etw *dat* [mehr] Farbe verleihen; *food* etw *dat* Würze verleihen ❷ *(vigour)* Farbe *f;* **to add some** [*or* **a little**] **~ to sth** etw ein wenig auflockern [*o* lebendig machen]; **to give** [*or* **lend**] **~ to a story** eine Geschichte glaubwürdig erscheinen lassen ❸ *(dye)* Färbemittel *nt,* Farbstoff *m* ❹ *(ruddiness of complexion)* Gesichtsfarbe *f;* ***she hasn't much ~*** sie sieht so blass aus; **to have ~ in one's cheeks** gerötete Wangen haben; **to have a high** [*or* AM **a lot of**] **~** *(look healthy)* eine gesunde Gesichtsfarbe haben; *(look feverish)* [ganz] rot im Gesicht sein ❺ *(skin colour)* Hautfarbe *f* ❻ SCH, UNIV ■**~s** *pl* Sportabzeichen *nt;* **to be awarded one's ~s for a sport, to gain** [*or* **get**] **one's ~s for a sport** sein Sportabzeichen bekommen ❼ *(flag)* ■**~s** *pl* Fahne *f,* Flagge *f;* **regimental ~s** Regimentsfahne *f;* **to display one's ~s** Farbe bekennen; **to salute the ~s** die Fahne grüßen ► PHRASES: **to see sb in their true ~s** jdn näher kennen lernen; **to show one's true ~s** sein wahres Gesicht zeigen; **to pass with flying ~s** glänzend abschneiden **II.** *vt* ■**to ~ sth** ❶ *(change colour of)* etw färben; **to ~ one's hair** sich *dat* die Haare färben; **to ~ a room blue** ein Zimmer blau streichen ❷ *(distort)* etw beeinflussen; *(misrepresent)* etw beschönigen; **to ~ an attitude/a judgment** eine Haltung/ein Urteil beeinträchtigen; **~ed report** gefärbter Bericht **III.** *vi face* rot werden, erröten *geh; leaves* sich *akk* verfärben; **to ~ with embarrassment** vor Verlegenheit rot werden

◆**colour in** *vt* ■**to ~ in** ↄ **sth** etw ausmalen

◆**colour up** *vi* rot werden, erröten *geh*

colourant [ˈkʌlᵊrənt] *n* BRIT, AUS Färbemittel *nt*

colour bar *n* Rassenschranke *f* **colour blind** *adj* farbenblind; **to be ~ to a colour** eine Farbe nicht richtig wahrnehmen können **colour blindness** *n no pl* Farbenblindheit *f* **colour-coded** *adj inv* ***the books are all ~*** alle Bücher sind mit einer Farbkennzeichnung versehen

colour consultant *n* Farbberater(in) *m(f)*

coloured [ˈkʌləd], AM **colored** [-ɚd] *adj* ❶ *(having colour)* farbig, bunt; **~ drawing** Farbzeichnung *f;* **~ ink** farbige Tinte; **~ pencil** [*or* **crayon**] Buntstift *m,* Farbstift *m* ❷ *(often pej: dark-skinned)* farbig ❸ SA *(of mixed race)* gemischtrassig; **~ population** Mischlinge *pl*

Coloured [ˈkʌləd], AM **Colored** [-ɚd] *n* ❶ *(dated: person of dark-skinned race)* Farbige(r) *f(m)* ❷ SA *(person of mixed race)* Mulatte, -in *m, f,*

C

Mischling *m*
-coloured ['kʌləd], AM **-colored** [-ɚd] *in compounds* **amber-~** bernsteinfarben; **chocolate-~** schokoladenbraun; **flesh-~** fleischfarben; **gold-~** goldfarben; **peach-~** pfirsichfarbig; **brightly-~** leuchtend bunt; **multi-~** bunt, mehrfarbig
colour-fast *adj* farbecht **colour filter** *n* PHOT Farbfilter *m o nt*
colourful ['kʌləfᵊl], AM **colorful** [-lɚ-] *adj* ① (*full of colour*) *paintings* farbenfroh, farbenprächtig, farbenfreudig; *clothing* bunt, farbig ② (*vivid*) lebendig, lebhaft; **~ description** anschauliche Schilderung; **~ pageant** abwechslungsreiches Historienspiel ③ (*interesting*) [bunt] schillernd; **to have a ~ past** eine bewegte Vergangenheit haben; **~ part of town** belebter Stadtteil; **~ personality** schillerende Persönlichkeit ④ (*euph: vulgar*) **~ language** schlüpfrige Sprache
colourfully ['kʌləfᵊli], AM **colorfully** [-lɚ-] *adv* ① (*with colours*) farbenfroh, bunt, farbig; **to be dressed ~** bunte Kleider tragen ② (*vividly*) lebendig, lebhaft; (*interestingly*) auffallend, schillernd; **to describe sth ~** etw anschaulich schildern
colour guard *n* MIL Fahnenwache *f*, Fahnenabordnung *f*
colouring ['kʌlərɪŋ], AM **coloring** *n no pl* ① (*complexion*) Gesichtsfarbe *f*, Teint *m* ② (*colour-changing chemical*) Farbstoff *m*; **artificial ~s** künstliche Färbemittel
colouring book *n* Malbuch *nt*
colourist ['kʌlᵊrɪst] *n* BRIT, AUS ① (*artist, designer*) Farbenkünstler(in) *m(f)* ② (*hairdresser*) Färber(in) *m(f)*
colourless ['kʌlələs], AM **colorless** [-lɚ-] *adj* ① (*having no colour*) farblos; (*pale*) blass ② (*bland*) farblos, grau, langweilig; **a grey, ~ city** eine graue, triste Stadt; **~ style of writing** nüchterner Schreibstil
colour photography *n no pl* Farbfotografie *f* **colour printing** *n* Farbdruck *m* **colour scheme** *n* Farbzusammenstellung *f*, Farbgebung *f* **colour slide** *n* Farbdia *nt* **colour supplement** *n esp* BRIT Farbbeilage *f* **colour television** *n* ① *no pl* (*broadcasting*) Farbfernsehen *nt* ② (*set*) Farbfernseher *m*, Farbfernsehgerät *nt* **colourway** *n* BRIT Farbkombination *f*
colt [kəʊlt, AM koʊlt] *n* [Hengst]fohlen *nt*; (*fig*) Grünschnabel *m*
Colt® [kəʊlt, AM koʊlt] *n* Colt *m*
coltish ['kəʊltɪʃ, AM 'koʊltɪʃ] *adj* ausgelassen, übermütig; **young and ~** jung und ungestüm
coltsfoot *n* Huflattich *m*
columbine ['kɒləmbaɪn, AM 'kɑː-] *n* Akelei *f*
column ['kɒləm, AM 'kɑː-] *n* ① (*pillar*) Säule *f*, Pfeiler *m*; **Nelson's C~** *Denkmal am Trafalger Square in London*; **stone ~** Steinsäule *f* ② (*narrow vertical shape*) Röhre *f*; **~ of smoke** Rauchsäule *f*; **spinal ~** ANAT Wirbelsäule *f*, Rückgrat *nt* ③ MIL, NAUT (*formation*) Kolonne *f*; **to march in ~s of four** in Viererreihen marschieren ④ TYPO Kolumne *f*, Textspalte *f* ⑤ (*article*) Kolumne *f*, Spalte *f*; **fashion/gossip ~** Mode-/Klatschspalte *f*; **political ~** politischer Kommentar ⑥ (*vertical row*) Kolonne *f*, Reihe *f*; **~ of figures** Zahlenreihe *f*, Zahlenkolonne *f*
columnist ['kɒləmnɪst, AM 'kɑː-] *n* Kolumnist(in) *m(f)*
coma ['kəʊmə, AM 'koʊ-] *n* MED Koma *nt*; **to be in a ~** im Koma liegen; **to go** [*or* **fall**] **into a ~** ins Koma fallen; **to wake up out of one's ~** aus dem Koma erwachen
comatose ['kəʊmətəʊs, AM 'koʊmətoʊs] *adj* ① (*in a coma*) bewusstlos, komatös *fachspr* ② (*fam: coma-like*) apathisch; **~ state** Apathie *f*
comb [kəʊm, AM koʊm] **I.** *n* ① (*for hair*) Kamm *m*; (*hair-arranging device*) Kämmchen *nt* ② ZOOL Kamm *m* **II.** *vt* ① (*tidy with a comb*) ■**to ~ sth** etw kämmen; **to ~ one's hair** sich *dat* [die Haare] kämmen; ■**to ~ sth out** etw auskämmen ② (*search thoroughly*) ■**to ~ sth** etw durchkämmen [*o* durchforsten]; **to ~ an apartment for clues** eine Wohnung nach Hinweisen durchsuchen; **to ~ a book** ein Buch sichten
combat **I.** *n* ['kɒmbæt, AM 'kɑːm-] *no pl* ① (*wartime fighting*) Kampf *m*; **hand-to-hand ~** Nahkampf *m*; **in ~** im Kampf; **to die in ~** fallen ② (*battle*) Schlacht *f*, Gefecht *nt*; **the ~ between good and evil** der Kampf zwischen gut und böse **II.** *vt* <-tt- *or* -t-> ['kɒmbæt, AM kəm'bæt] ■**to ~ sth** *crime, disease* etw bekämpfen; **to ~ a desire** [*or* **an urge**] gegen ein Verlangen ankämpfen
combat aircraft *n* Kampfflugzeug *nt*
combatant ['kɒmbətᵊnt, AM kəm'bætᵊnt, 'kɑːm-] *n* Kämpfer(in) *m(f)*, Kombattant(in) *m(f) geh*; (*member of armed forces*) Angehörige(r) *f(m)* der Streitkräfte; (*fighting in war*) Frontkämpfer(in) *m(f)*, Kriegsteilnehmer(in) *m(f)*
combat boots *npl* Springerstiefel *mpl* **combat fatigue** *n no pl* (*loss of motivation*) Kriegsmüdigkeit *f*; (*mental disorder*) Kriegstrauma *nt*, Kriegsneurose *f*; **to suffer from ~** unter einem Kriegstrauma leiden
combative ['kɒmbətɪv, AM kəm'bæt̬ɪv, 'kɑːm-] *adj* (*competitive*) angriffslustig, streitlustig, aggressiv; (*pugnacious*) kampfbereit; **~ mood** [*or* **spirit**] Angriffslust *f*, Streitlust *f*, Aggressivität *f*; **~ spirit** (*fig*) Kampfgeist *m*
combat jacket *n* Bomberjacke *f*
combats *npl short for* **combat trousers** Armeehose *f* **combat zone** *n* Kampfgebiet *nt*, Kampfzone *f*
comber ['kəʊməʳ, AM 'koʊmɚ] *n* Brecher *m*, Sturzwelle *f*
combination [,kɒmbɪ'neɪʃᵊn, AM ,kɑːmbə'-] *n* ① (*mixture of things*) Kombination *f*; *of events* Verkettung *f*; ***green is a ~ of blue and yellow*** grün ist eine Mischung aus blau und gelb; **~ of circumstances** Verkettung *f* von Umständen; **~ of colours** Farbkombination *f*, Farbzusammenstellung *f*; **~ of flavours** Geschmackskombination *f*; **the right ~ of intelligence and charm** die ideale Kombination aus Herz und Verstand; **~ of letters** Buchstabenreihe *f* ② (*sequence of numbers*) [Zahlen]kombination *f* ③ (*togetherness*) **in ~** zusammen, gemeinsam
combination lock *n* Zahlenschloss *nt*, Kombinationsschloss *nt*
combine [kəm'baɪn] **I.** *vt* ■**to ~ sth** [**with** [*or* **and**] **sth**] etw [mit etw *dat*] verbinden [*o* kombinieren]; ***~ all the ingredients in a large pot ...*** geben Sie alle Zutaten in einen großen Topf ...; **to ~ business with pleasure** das Angenehme mit dem Nützlichen verbinden; **to ~ family life with a career** Familie und Karriere unter einen Hut bringen *fam*; **to ~ forces against sb/sth** alle Kräfte gegen jdn/etw sammeln [*o* vereinigen] **II.** *vi* ① (*mix together*) sich *akk* verbinden; ***oil and water don't ~*** Wasser und Öl lassen sich nicht vermischen ② (*add up*) zusammenwirken; ***everything ~d to give me the illusion that she loved me*** alles sprach einfach dafür, dass sie mich liebte ③ (*work together*) ■**to ~ against sb** sich *akk* gegen jdn verbünden
combined [kəm'baɪnd] *adj* vereint, gemeinsam; **~ efforts** vereinte Anstrengungen; **a ~ total of $2268** eine Gesamtsumme von $2268
combine harvester *n* Mähdrescher *m*
combining form *n* LING Wortbildungselement *nt*, Affix *nt fachspr*
combo ['kɒmbəʊ, AM 'kɑːmboʊ] *n* + *sing/pl vb* (*fam*) Combo *f*; **jazz ~** Jazzcombo *f*, kleine Jazzband
combustible [kəm'bʌstəbl] *adj* (*form*) ① (*highly flammable*) brennbar, entflammbar; **highly ~ material** leicht entzündliches Material ② (*excitable*) reizbar, erregbar
combustion [kəm'bʌstʃᵊn] *n no pl* ① (*burning*) Verbrennung *f*; **~ of fuel** Treibstoffverbrennung *f* ② CHEM (*rapid oxidation*) Oxidation *f*
combustion chamber *n* CHEM *of jet engine* Brennkammer *f*; *of internal-combustion engine* Verbrennungsraum *m*

come [kʌm]

I. INTRANSITIVE VERB **II.** TRANSITIVE VERB
III. NOUN

I. INTRANSITIVE VERB

<came, come> ① (*move towards*) kommen; ***~ here a moment*** kommst du mal einen Moment [her]?; ***careful, a car's coming!*** Achtung, da kommt ein Auto!; ***my sister came rushing out of the train*** meine Schwester stürmte aus dem Zug; ***coming!*** ich komme!; ***have you ~ straight from the airport?*** kommen Sie direkt vom Flughafen?; ***did you ~ here by car?*** sind Sie mit dem Auto gekommen?; ***she's ~ 500 km to be here with us tonight*** sie ist 500 km gereist, um heute Abend bei uns zu sein; ***~ to sunny Bridlington for your holidays!*** machen Sie Urlaub im sonnigen Bridlington!; **to ~ into a room/building** in ein Zimmer/Gebäude kommen; ■**to ~ towards sb** auf jdn zugehen ② (*arrive*) ankommen; ***has she ~ yet?*** ist sie schon da?; ***Christmas is coming*** bald ist Weihnachten; ***morning has not yet ~*** es ist noch nicht Morgen; ***Christmas only ~s once a year*** Weihnachten ist nur einmal im Jahr; ***how often does the post ~?*** wie oft kommt die Post?; ***~ Monday morning you'll regret ...*** Montagmorgen wirst du es bereuen, dass ...; ***~ March, I will have been married for two years*** im März werde ich zwei Jahre verheiratet sein; ***I think the time has ~ to ...*** ich denke, es ist an der Zeit, ...; ***how's your headache? — it ~s and goes*** was machen deine Kopfschmerzen? – mal besser, mal schlechter; **in days to ~** in Zukunft; **to ~ to sb's rescue** jdm zu Hilfe kommen; **to ~ as a surprise** überraschend kommen; **the year to ~** das kommende [*o* nächste] Jahr; **in years to ~** in der Zukunft ③ (*go for a purpose*) ■**to ~ and do sth** [vorbei]kommen, um etw zu tun; ***~ and visit us sometime*** komm doch mal vorbei; ***I'll ~ and pick you up in the car*** ich hole dich dann mit dem Auto ab; ***dad, ~ and see what I've done*** Papa, schau [mal], was ich gemacht habe; ***I've ~ to read the gas meter*** ich soll den Gaszähler ablesen; ■**to ~ for sb/sth** jdn/etw abholen; ***your father will ~ for you at 4 o'clock*** dein Vater kommt dich um 16 Uhr abholen; ***the police have ~ for you*** die Polizei will Sie sprechen ④ (*accompany someone*) mitkommen; ***are you coming or staying?*** kommst du oder bleibst du noch?; ***would you like to ~ for a walk?*** kommst du mit spazieren?; ***are you coming to the cinema tonight?*** kommst du heute Abend mit ins Kino?; ***do you want to ~ to the pub with us?*** kommst du mit einen trinken? ⑤ (*originate from*) herrühren, stammen; ***where is that awful smell coming from?*** wo kommt dieser schreckliche Gestank her?; ***his voice came from the bathroom*** seine Stimme drang aus dem Badezimmer; ***he ~s of a farming family*** er stammt aus einer Familie mit langer Tradition in der Landwirtschaft; ***does that quote ~ from Shakespeare?*** stammt das Zitat von Shakespeare?; **to ~ from Italy/a wealthy family** aus Italien/einer wohlhabenden Familie stammen ⑥ (*in sequence*) ***Z ~s after Y*** Z kommt nach Y; ***Monday ~s before Tuesday*** Montag kommt vor Dienstag; ***the article ~s before the noun*** der Artikel steht vor dem Substantiv ⑦ (*in competition*) ***he ~s first in the list of the world's richest men*** er führt die Liste der reichsten Männer an; ***Paul came far behind*** Paul kam nur unter „ferner liefen"; **to ~ first/second** BRIT, AUS Erste(r)/Zweite(r) werden; **to ~ from behind** aufholen ⑧ (*have priority*) **to ~ before sth** wichtiger als etw sein; **to ~ first** [bei jdm] an erster Stelle stehen ⑨ (*happen*) geschehen; ***how exactly did you ~ to be naked in the first place?*** wie genau kam es dazu, dass Sie nackt waren?; ***~ to think of it ...*** wenn ich es mir recht überlege, ...; ***~ what may*** komme, was wolle; ***how did the window ~ to be open?*** wieso war das Fenster offen?; ***you could see it coming*** das war ja zu erwarten; ***how ~?*** wieso?; ***how ~ you missed the train?*** wie kommt's, dass du den Zug verpasst hast? ⑩ (*be, become*) **to ~ under bombardment/pressure/suspicion** unter Beschuss/Druck/Verdacht geraten; **to ~ under criticism** in die Kritik geraten; **to ~ into fashion** in

Mode kommen; **to ~ into money/property/a title** zu Geld/Besitz/einem Titel kommen; **to ~ into office** sein Amt antreten; **to ~ into power** an die Macht kommen; **to ~ loose** sich [ab]lösen; **to ~ open** sich *akk* öffnen; *door* aufgehen; ***how did that phrase ~ to mean that?*** wie kam dieser Ausdruck zu dieser Bedeutung?; ***I've ~ to like him more and more*** ich finde ihn immer netter; ***I've finally ~ to agree with you*** du hast mich überzeugt; ***your shoelaces have ~ undone*** deine Schnürsenkel sind aufgegangen; ***all my dreams came true*** all meine Träume haben sich erfüllt; ***everything will ~ right in the end*** am Ende wird alles gut werden; ***nothing came of it*** daraus ist nichts geworden; ***his hair ~s [down] to his shoulders*** seine Haare reichen ihm bis auf die Schultern ⑪ (*be available*) erhältlich sein; (*exist*) vorkommen, existieren; ***the vase ~s in a red box*** die Vase wird in einem roten Karton geliefert; ***how would you like your coffee? — as it ~s, please*** wie trinken Sie Ihren Kaffee? – schwarz, bitte; **sth ~s in different sizes/colours** etw ist in unterschiedlichen Größen/Farben erhältlich, etw gibt es in unterschiedlichen Größen/Farben; **to ~ cheap[er]** billig[er] sein *fam* ⑫ (*progress*) weiterkommen; ***we've ~ a long way*** wir haben viel erreicht ⑬ (*sl: have orgasm*) kommen *sl* ▸ PHRASES: **~ again?** [wie] bitte?; **to ~ clean about sth** etw beichten; **to be as stupid as they ~** dumm wie Stroh sein; **to ~ unstuck** BRIT, AUS *plan* schief gehen; *speaker* stecken bleiben; *person* baden gehen *fam; project* in die Binsen gehen *fam;* **~, ~!** ach, ich bitte dich! *fam;* **he/she had it coming [to himself/herself]** (*fam*) das hat er/sie sich selbst zu verdanken!; **I don't know whether I'm coming or going** ich weiß nicht, wo mir der Kopf steht *fam;* **don't ~ it [with me]!** sei nicht so frech [zu mir]!; **... and ~ to that ...** ... und da wir gerade davon sprechen, ... *fam*

II. TRANSITIVE VERB

(*esp pej: behave like*) **to ~ the heavy father [with sb]** [bei jdm] den strengen Vater herauskehren; **to ~ the poor little innocent [with sb]** [bei jdm] die Unschuldige/den Unschuldigen spielen; ***don't ~ that game with me!*** komm mir jetzt bloß nicht so! *fam*

III. NOUN

no pl (*vulg: semen*) Soße *f vulg*

◆**come about** *vi* ① (*happen*) passieren; ***how did the problem ~ about in the first place?*** wie kam es überhaupt zu diesem Problem?; ***it came about that he died the day after winning a million*** er starb nur einen Tag nach seinem Millionengewinn ② NAUT beidrehen

◆**come across** *vi* ① (*be evident*) *feelings* zum Ausdruck kommen, rüberkommen *fam* ② (*create an impression*) wirken; ***she ~s across really well on television*** sie macht sich im Fernsehen wirklich gut; ***how did her explanation ~ across?*** wie ist ihre Erklärung angekommen? ③ (*hand over*) ■**to ~ across with sth** etw rausrücken *fam; information* mit etw *dat* rausrücken ④ (*per chance*) ■**to ~ across sb** jdm [zufällig] begegnen, jdm über den Weg laufen; ■**to ~ across sth** [zufällig] auf etw *akk* stoßen; ***have you ever ~ across anything like this before?*** ist dir so etwas schon einmal begegnet?

◆**come along** *vi* ① (*hurry*) **~ *along!*** jetzt komm [endlich]! ② (*go too*) mitgehen, mitkommen; ***I'm going to the Picasso exhibition — why don't you ~ along*** ich gehe zu der Picassoausstellung – komm' doch mit; ***I'll ~ along later*** ich komme später nach ③ (*arrive*) ankommen; *job, opportunity* sich bieten ④ (*progress*) Fortschritte machen; *person* sich *akk* gut machen; ***how is the project coming along?*** wie geht's mit dem Projekt voran?; ***how's the chicken coming along?*** ist das Hühnchen bald fertig?

◆**come apart** *vi* auseinander fallen, kaputtgehen *fam*

◆**come around** *vi see* **come round**

◆**come at** *vi* ① (*attack*) ■**to ~ at sb** auf jdn losgehen; ***the ball came right at me*** der Ball kam genau auf mich zu ② (*discover*) ■**to ~ at sth** etw herausfinden ③ (*tackle*) **to ~ at a problem** ein Problem angehen

◆**come away** *vi* ① (*dated: leave*) weggehen; ***I had to ~ away from the party early*** ich musste die Party früh verlassen ② (*become detached*) sich lösen ③ (*be left*) **to ~ away with the feeling that ...** mit dem Gefühl gehen, dass ...

◆**come back** *vi* ① (*return*) zurückkommen; ***~ back and visit us, won't you?*** kommen Sie doch mal wieder bei uns vorbei!; ***the rain is coming back again*** es regnet schon wieder; ***and now to ~ back to your question . . .*** um auf Ihre Frage zurückzukommen ...; **to ~ back to a question/topic** auf eine Frage/ein Thema zurückkommen; **to ~ back from war** aus dem Krieg zurückkehren; ■**to ~ back to sb** zu jdm zurückkehren ② (*be remembered*) *name* wieder einfallen; *memories* wieder zurückkommen ③ (*return to fashion*) wieder in Mode kommen; *artist* ein Come-back haben; ***flared trousers have ~ back*** Schlaghosen sind wieder in ④ *esp* AM (*reply*) ■**to ~ back at sb with sth** jdm etw entgegnen; **to ~ back at sb with a vengeance** es jdm [so richtig] heimzahlen ⑤ SPORTS (*catch up*) aufholen

◆**come between** *vi* **to ~ between two people** zwischen zwei Leute treten; ***nothing ~s between Jim and his exercise*** nichts kann Jim von seinem Training abhalten; ***his work always seems to ~ between him and his family*** seine Arbeit scheint immer zwischen ihm und seiner Familie zu stehen; ***don't let one little quarrel ~ between you!*** lasst euch nicht durch einen kleinen Streit auseinander bringen!

◆**come by** *vi* ① (*visit*) vorbeischauen, vorbeikommen; **to ~ by for a coffee** auf einen Kaffee vorbeikommen; **to ~ by the house** *esp* AM vorbeikommen, vorbeischauen ② (*meet*) ■**to ~ by sb** jdm über den Weg laufen; ■**to ~ by sth** [zufällig] auf etw *akk* stoßen; *see also* **come across** ③ (*obtain*) ■**to ~ by sth** etw kriegen *fam;* ***how did you ~ by that black eye?*** wie bist du denn zu dem blauen Auge gekommen?; **to ~ by an idea** auf eine Idee kommen

◆**come down** *vi* ① (*move down*) [herunter]fallen; *snow, rain* fallen; *trousers* rutschen; *plane* [not]landen; (*crash*) abstürzen; ***after several encores, the curtain finally came down for the last time*** nach mehreren Zugaben fiel schließlich der letzte Vorhang ② (*collapse*) einstürzen; ***the building will have to ~ down*** das Gebäude muss abgerissen werden ③ (*move downstairs*) [die Treppe] herunterkommen [*o* heruntergehen] ④ (*visit south*) runterkommen *fam* ⑤ (*become less*) *prices, cost, inflation* sinken; *prices, cost also* fallen; **to ~ down a few pounds** ein paar Pfund nachlassen ⑥ (*lose rank*) sinken, absteigen; ***he's ~ down*** er ist ganz schön tief gesunken ⑦ (*handed down*) *tradition* überliefert werden ⑧ (*fam: stop feeling [positive] effect*) ■**to ~ down from sth** *drugs* von etw *dat* [wieder] runterkommen *fam* ⑨ (*depend on*) ■**to ~ down to sth** auf etw *akk* ankommen ⑩ (*amount to*) ■**to ~ down to sth** auf etw *akk* hinauslaufen; ***it all ~s down to money in the end*** letzten Endes ist doch alles eine Geldfrage ⑪ (*reach decision*) **to ~ down on the side of sb/sth** sich *akk* für jdn/etw entscheiden ⑫ BRIT UNIV (*leave*) [von der Universität] abgehen, die Universität abschließen [*o* verlassen] ⑬ (*be taken ill*) ■**to ~ down with sth** sich *dat* etw eingefangen haben ⑭ (*rebuke*) ■**to ~ down on sb [for doing sth]** jdn [wegen einer S. *gen*] rankriegen *fam;* **to ~ down on sb like a ton of bricks** (*fam*) mit jdm Schlitten fahren *fam* ⑮ (*be removed*) ***those pictures will have to ~ down*** diese Bilder müssen runter *fam*

◆**come forth** *vi* (*with information*) sich *akk* melden

◆**come forward** *vi* ① (*volunteer*) sich *akk* [bei der Polizei] melden; ***all those willing to volunteer please ~ forward*** alle Freiwilligen bitte melden; ■**to ~ forward to do sth** sich *akk* [dazu] bereit erklären, etw zu tun ② (*suggest*) **to ~ forward with a suggestion** [*or* **proposal**] einen Vorschlag machen

◆**come in** *vi* ① (*enter*) hereinkommen; (*into room, apartment*) eintreten; **do ~ in** komm doch rein; **~ *in!*** herein! ② (*arrive*) ankommen, eintreffen; *ship* einlaufen; *train* einfahren; *plane* landen; *fruit, vegetables* geerntet werden; *supplies* eintreffen; *tide, sea* kommen, hereinbrechen; *money* reinkommen *fam; news, information, results, call* hereinkommen; ***reports are just coming in of a major oil spillage*** soeben erreichen uns Berichte von einer großen Ölpest; **to get more money coming in** mehr Geld reinbekommen *fam;* **to have £20,000 coming in every year** 20.000 Pfund im Jahr verdienen *fam* ③ (*become fashionable*) im Kommen sein, in Mode kommen ④ + *adj* (*be*) **to ~ in handy** gelegen kommen; **to ~ in useful** sich *akk* als nützlich erweisen ⑤ (*play a part*) ***where do I ~ in?*** welche Rolle spiele ich dabei?; ***and that's where you ~ in*** und hier kommst du dann ins Spiel; ***and here's where experience ~s in*** und hier ist es dann wichtig, dass man eine gewisse Erfahrung hat ⑥ (*begin to participate*) sich *akk* einschalten; ■**to ~ in on sth** sich *akk* an etw *dat* beteiligen ⑦ (*be positioned*) **to ~ in first/second** Erste(r)/Zweite(r) werden ⑧ POL ans Ruder kommen *fam* ⑨ (*radio communication*) **~ *in, bravo four*** Bravo Four, bitte melden! ⑩ (*be subjected to*) ■**to ~ in for sth** etw erregen; **to ~ in for criticism** (*suffer from criticism*) Kritik einstecken müssen; (*cause criticism*) Kritik hervorrufen

◆**come into** *vi* ① (*inherit*) **to ~ into money** Geld erben ② (*be involved*) ***love doesn't ~ into it — I'm marrying for money*** Liebe spielt dabei keine Rolle – ich heirate des Geldes wegen; ***where do I ~ into it?*** was habe ich damit zu tun?

◆**come near to** *vi* ■**to ~ near to doing sth** drauf und dran sein, etw zu tun

◆**come off** *vi* ① (*fam: succeed*) Erfolg haben, gelingen, klappen *fam; attempts* glücken; ***his jokes didn't ~ off*** seine Witze gingen in die Hose *fam* ② (*take place*) stattfinden; ***their marriage didn't ~ off*** aus ihrer Hochzeit wurde nichts ③ (*end up*) abschneiden; **to always ~ off worse** immer den Kürzeren ziehen; **to ~ off with a few scratches** mit ein paar Kratzern davonkommen ④ (*become detached*) *handle, knob* abgehen; ***does the hood ~ off?*** lässt sich ist die Kapuze abnehmen?; ***my lipstick came off on his collar*** mein Lippenstift färbte auf seinen Kragen ab ⑤ (*removeable*) *stain* rausgehen ⑥ (*fall [from horse]*) [he]runterfallen ⑦ (*stop being performed*) *play, film, show* abgesetzt werden ⑧ AM (*complete*) ***the company was coming off one of its best years ever*** die Firma hatte einen ihrer besten Jahresabschlüsse gemacht ⑨ (*fam: have orgasm*) kommen *fam* ⑩ (*fall*) **to ~ off a horse** vom Pferd fallen ⑪ (*get over*) **to ~ off an injury** sich *akk* von einer Verletzung erholen ⑫ *esp* BRIT (*stop taking*) ■**to ~ off sth** mit etw *dat* aufhören; **to ~ off the alcohol** mit dem Trinken aufhören ▸ PHRASES: **~ off it!** (*fam*) jetzt mach aber mal halblang! *fam*

◆**come on** *vi* ① **~ *on!*** (*hurry*) komm jetzt!, mach schon! *fam;* (*expression of encouragement*) komm schon! ② (*expression of annoyance*) **~ *on!*** jetzt hör aber auf! ③ (*improve*) vorankommen, Fortschritte machen; ***how's your English coming on?*** wie geht's mit deinem Englisch voran?; ***how's your broken leg? — oh, it's coming on*** was macht dein gebrochenes Bein? – ah, schon wieder besser ④ *esp* AM (*fam: express sexual interest*) ■**to ~ on to sb** jdn anbaggern *fam;* **to ~ on stong** ganz schön rangehen *fam* ⑤ (*appear*) *actor, performer* auftreten ⑥ (*begin*) *film, programme* anfangen, beginnen; (*start to work*) *heating, lights* angehen; *night, darkness* hereinbrechen; ***what time does the news ~ on?*** wann kommen die Nachrichten?; ***the rain came on*** es begann zu regnen; ***I've a cold coming on*** ich kriege eine Erkältung; **to have a**

headache/bad temper coming on Kopfschmerzen/schlechte Laune kriegen *fam* ⑦ LAW *case* verhandelt werden ⑧ (*see accidently*) ■ **to ~ on sth** [zufällig] auf etw *akk* stoßen ⑨ (*age*) ***he's coming on fifty*** er wird fünfzig ⑩ (*begin discussing*) **to ~ on to a subject** [*or* **topic**] ein Thema anschneiden ⑪ *see* **come upon**

◆**come out** *vi* ① (*go outside*) herauskommen; (*go out socially*) ausgehen; ***can Zoe ~ out to play?*** kommt Zoe raus zum Spielen?; ***the police watched him ~ out of the house*** die Polizei beobachtete ihn, wie er das Haus verließ; **to ~ out of prison** aus dem Gefängnis kommen ② (*be released*) *book, magazine* herauskommen; (*onto the market*) auf den Markt kommen; *results* bekannt gegeben werden; *film* anlaufen ③ (*become known*) *news* bekannt werden, herauskommen ④ (*end up*) herauskommen *fam;* ***my cooking always ~s out a mess*** was ich auch koche, es schmeckt es immer schrecklich; ***these figures have ~ out wrong*** diese Zahlen haben sich als falsch herausgestellt; ***your painting has ~ out really well*** Ihr Gemälde ist wirklich gut geworden; ***she came out of the divorce settlement a rich woman*** sie ging aus der Scheidung als reiche Frau hervor ⑤ PHOT [gut] herauskommen; ***damn, the photo hasn't ~ out*** Mist, das Foto ist nichts geworden! *fam* ⑥ (*express opinion*) **to ~ out in favour of/against sth** sich *akk* für/gegen etw *akk* aussprechen ⑦ (*tell*) ■ **to ~ out with sth** *truth, facts* mit etw *dat* herausrücken *fam;* **to ~ out with good ideas** gute Ideen vorbringen; **to ~ out with a remark** eine Bemerkung loslassen *fam* ⑧ (*result*) ***a lot of good films came out of that period*** aus dieser Zeit stammen viele gute Filme; ***a lot of inventions came out of his tireless research*** sein unermüdliches Forschen führte zu vielen Erfindungen ⑨ (*appear*) *sun, buds, flowers* herauskommen, rauskommen *fam; stars* zu sehen sein ⑩ (*in contest*) **to ~ out top** [*or* **best**]/**the winner** Beste(r)/Sieger(in) werden ⑪ BRIT (*strike*) **to ~** [**on strike**] in den Streik treten ⑫ (*reveal homosexuality*) sich *akk* outen *sl;* ■ **to ~ out to sb** sich *akk* jdm gegenüber outen; ■ **to ~ out about sth** *alcoholism, mental illness, AIDS, homosexuality* etw bekannt geben ⑬ (*remove itself*) *tooth* herausfallen; ***can you get this cork to ~ out of the bottle?*** bekommst du den Korken aus der Flasche heraus? ⑭ (*fade*) *stain, mark, colour* herausgehen *fam* ⑮ (*break out*) ausbrechen; **to ~ out in a rash/spots** einen Ausschlag/Pickel bekommen ⑯ (*resolve*) *riddle* sich lösen lassen; MATH *problems* aufgehen ⑰ BRIT (*dated: make debut*) debütieren ⑱ (*seem*) ***I didn't mean to be rude — it just came out that way*** ich wollte nicht unhöflich sein – es klang nur so ► PHRASES: **it will all ~ out in the <u>wash</u>** (*prov: be revealed*) am Ende wird alles rauskommen; (*be all right*) am Ende wird schon alles gut gehen

◆**come over** *vi* ① (*to a place*) [her]überkommen; (*to sb's home*) vorbeischauen *fam;* ***~ on over and have a drink with us*** komm doch rüber und trink was mit uns; ***her son is coming over from America this summer*** ihr Sohn kommt diesen Sommer aus Amerika herüber; ***we'll ~ over at six*** wir kommen um sechs ② + *adj* BRIT, AUS (*feel*) **to ~ over dizzy/peculiar** sich *akk* [plötzlich ganz] benommen/komisch fühlen; ■ **sth ~s over sb** etw überkommt jdn; ***I don't know what came over me*** ich weiß wirklich nicht, was in mich gefahren ist ③ (*change point of view*) **to ~ over to sb's side** auf jds Seite *f* überwechseln; **to ~ over to sb's point of view** sich *akk* jds Standpunkt *m* anschließen ④ (*create impression*) wirken; **to ~ over as arrogant/as a bit of a bore** arrogant/langweilig wirken; **to ~ over as a genius** ein Genie zu sein scheinen ⑤ (*be evident*) [*negative*] *feelings* durchscheinen

◆**come round** *vi esp* BRIT, AUS ① (*visit sb's home*) vorbeikommen, vorbeischauen ② (*regain consciousness*) [wieder] zu sich *dat* kommen; **to ~ round from** [**the**] **anaesthetic** aus der Narkose erwachen ③ (*change one's mind*) seine Meinung ändern, es sich *dat* anders überlegen; **to ~ round to sb's point of view/way of thinking** sich *akk* jds Standpunkt *m*/Auffassung *f* anschließen ④ (*recur, arrive*) *a holiday, party, month* kommen; *memo, letter* hereinkommen; ***our party is coming round soon*** bald ist ja unsere Party!; ***by the time January ~s round, I expect to be engaged*** ich denke, im Januar werde ich bereits verlobt sein; ***Christmas only ~s round once a year*** Weihnachten ist nur einmal im Jahr; ***I hope to be teaching by the time the spring semester ~s round*** ich hoffe, dass ich unterrichten werde, wenn das Sommersemester beginnt ⑤ (*calm down*) wieder vernünftig werden, sich *akk* wieder beruhigen

◆**come through** *vi* ① (*survive*) durchkommen; (*fig*) ***do you think we'll ~ through all right?*** denkst du, dass wir das unbeschadet überstehen werden?; ■ **to ~ through sth** etw überleben ② BRIT, AUS (*arrive*) *results, visa* eintreffen, ankommen; *call* eingehen; ***my visa/divorce still hasn't ~ through*** mein Visum/meine Scheidung ist noch nicht durch *fam* ③ (*show*) *one's nervousness, excitement, charm* durchkommen; ***you mustn't let your nervousness ~ through in public*** du darfst der Öffentlichkeit nicht zeigen, dass du nervös bist

◆**come to** *vi* ① (*regain consciousness*) [wieder] zu sich *dat* kommen ② NAUT beidrehen ③ (*amount to*) ■ **to ~ to sth** sich *akk* auf etw *akk* belaufen; ***that ~s to £25*** das macht 25 Pfund; ***how much does the total ~ to?*** wie viel macht das insgesamt? ④ (*reach*) ■ **to ~ to sth** ***we came to a nice castle*** wir kamen an ein schönes Schloss; ***what are things coming to*** [*or* ***is the world coming to***]? wo soll das alles nur hinführen?; ***this has ~ to be common nowadays*** heutzutage ist das nichts Besonderes mehr; ***what if you lose your job? — well, if it ~s to that, …*** was, wenn du deine Arbeit verlierst? – wenn es dazu kommt, …; ***it has ~ to my attention that …*** mir ist aufgefallen, dass …; ***a lot of new ideas came to me this morning*** heute Morgen sind mir viele neue Ideen gekommen; ***writing ~s naturally to me*** Schreiben fiel mir noch nie schwer; ***what's his name again? — ah, it'll ~ to me later*** wie heißt er noch mal? – na ja, es wird mir schon noch einfallen; ***he won't ~ to any harm so long as …*** ihm wird nichts passieren, solange …; ***he will never ~ to much*** er wird es nie zu viel bringen; ***it ~s to the same thing*** das läuft auf dasselbe raus; **to ~ to the conclusion …** zu dem Schluss kommen, dass …; **to have ~ to a decision** eine Entscheidung getroffen haben; **to ~ to an end** zu Ende gehen; **to ~ to the point** zum Punkt [*o* zur Sache] kommen; **to ~ to rest** zum Stehen kommen; **to ~ to nothing** zu nichts führen ⑤ (*concern*) ■ **to ~ to sth** ***when it ~s to travelling …*** wenn's ums Reisen geht, …; ***when it ~s to modern jazz, very few people know more than Phil Schaap*** in Sachen moderner Jazz kennt sich kaum einer besser aus als Phil Schaap

◆**come together** *vi people* zusammenkommen; *events* zusammenfallen

◆**come under** *vi* ① (*be listed under*) ■ **to ~ under sth** unter etw *dat* stehen; ***soups ~ under 'starters'*** Suppen sind als Vorspeisen aufgeführt; ***what exactly ~s under 'printed matter'?*** was fällt eigentlich alles unter den Begriff ‚Gedrucktes'? ② (*subject to*) **to ~ under fire/sb's influence** unter Beschuss/jds Einfluss *m* geraten; **to have ~ under new management** *shop* unter neuer Leitung stehen ③ (*be responsibility of*) **sth ~s under the department of …** für etw *akk* ist die Abteilung für … zuständig; ***complaints don't ~ under our department*** für Beschwerden ist unsere Abteilung nicht zuständig

◆**come up** *vi* ① (*to higher place*) hochkommen; *sun, moon* aufgehen; ***do you ~ up to Edinburgh often?*** kommen Sie oft nach Edinburgh? ② (*study*) ***my sister came up to Cambridge last year*** meine Schwester studiert seit letztem Jahr in Cambridge ③ (*be mentioned*) aufkommen; *topic* angeschnitten werden; *name* erwähnt werden ④ LAW *case* verhandelt werden; *accused* vor Gericht kommen ⑤ (*happen*) passieren; ***please let me know if something ~s up*** gib mir bitte Bescheid, wenn irgendwas passiert ⑥ (*present itself*) **to ~ up for sale** zum Verkauf stehen ⑦ (*vacant*) *job* frei werden ⑧ (*on television*) ***coming up next on BBC 2 …*** und auf BBC 2 sehen Sie als nächstes … ⑨ (*of plants*) herauskommen ⑩ (*after polishing*) *colour* herauskommen ► PHRASES: **to have ~ up in the <u>world</u>** vornehm geworden sein; (*achieved sth*) es zu was gebracht haben

◆**come up against** *vi* ■ **to ~ up against sth** *problems* auf etw *akk* stoßen; ■ **to ~ up against sb** (*in sports*) auf jdn treffen; (*sb opposing your ideas*) an jdn geraten

◆**come up to** *vi* ① (*reach*) ■ **to ~ up to sth** bis zu etw *dat* reichen; ***he doesn't even ~*** [***up***] ***to my chest!*** er geht mir nicht einmal bis zur Brust! ② (*meet*) ■ **to ~ up to sb's standards** jds Anforderungen *pl* genügen; **to ~ up to sb's expectations** jds Erwartungen *pl* entsprechen ③ (*approach*) ■ **to ~ up to sb** auf jdn zukommen; ***my dad is coming up to retirement*** mein Vater steuert auf die Rente zu; ***it's coming up to five o'clock*** es geht auf fünf Uhr zu

◆**come up with** *vi* ① (*think of*) ■ **to ~ up with sth** auf etw *akk* kommen; **to ~ up with an answer/an idea** eine Antwort/eine Idee haben; **to ~ up with information** Informationen liefern; **to ~ up with a solution** eine Lösung finden; **to ~ up with a suggestion** einen Vorschlag vorbringen; ***I'll let you know if I ~ up with somehting*** ich geb dir Bescheid, wenn mir was einfällt ② (*provide*) ■ **to ~ up with sth** *money* etw beschaffen ③ (*get abreast*) ■ **to ~ up with sb** jdn einholen

◆**come upon** *vi* ① (*by chance*) ■ **to ~ upon sth** [zufällig] auf etw *akk* stoßen; ■ **to ~ upon sb** [zufällig] jdm begegnen ② (*attack*) ■ **to ~ upon sb** jdn überfallen; *disaster* über jdn hereinbrechen

comeback ['kʌmbæk] *n* ① (*return*) Come-back *nt;* **to make** [*or* **stage**] **a ~** ein Come-back starten; *clothes* wieder in Mode kommen; **to have made a ~** *clothes* wieder [voll] in sein *sl* ② (*retort*) Reaktion *f;* ***she insulted me so badly that I had no ~ of any kind*** sie hat mich derart beleidigt, dass ich gar nichts erwidern konnte

COMECON ['kɒmɪkɒn, AM 'kɑːmɪkɑːn] *n no pl, + sing/pl vb* ECON, FIN (*hist*) *short for* **Council for Mutual Economic Assistance** COMECON

comedian [kə'miːdiən] *n* ① (*actor*) Komödienschauspieler(in) *m(f)*, Komödiant(in) *m(f);* (*person telling jokes*) Komiker(in) *m(f);* **stand-up ~** Entertainer(in) *m(f)* ② (*funny person*) Clown *m hum*, Witzbold *m hum*, Spaßvogel *m hum;* **class ~** Klassenclown *m pej*, Klassenkasper *m pej*

comedic [kə'miːdɪk] *adj* humoristisch

comedienne [kə,miːdi'en] *n* ① (*actress*) Komödienschauspielerin *f*, Komödiendarstellerin *f*, Komödiantin *f;* (*female comedian*) Komikerin *f* ② (*funny female*) Clown *m hum*, Spaßvogel *m hum;* **class ~** Klassenclown *m*, Klassenkasper *m*

comedown ['kʌmdaʊn] *n no pl* (*fam*) ① (*anticlimax*) Enttäuschung *f* ② (*decline in status*) Abstieg *m*, Niedergang *m*

comedy ['kɒmədi, AM 'kɑː-] *n* ① THEAT, LIT (*amusing work*) Komödie *f*, Lustspiel *nt* ② (*funny situation*) Theater *nt*, Komödie *f*

comedy of manners <*pl* comedies of manners> *n* Comedy of Manners *f*, Sittenstück *nt* (*Komödientyp in der englischen Restaurationszeit des 17. Jh.*)

come-hither [,kʌm'hɪðə', AM ðɚ] **I.** *adj inv* (*dated fam*) verführerisch **II.** *n usu sing* (*dated fam*) Aufmunterung *f*

comeliness ['kʌmlɪnəs] *n no pl* Attraktivität *f*, Ansehnlichkeit *f;* **~ of a woman** Reize *mpl* einer Frau

comely ['kʌmli] *adj* (*dated*) *woman* attraktiv, ansehnlich

come-on ['kʌmɒn, AM -ɑːn] *n esp* AM (*fam*) ① (*expression of sexual interest*) Anmache *f fam;* **to give**

sb **the** [*or* **a**] ~ jdn anmachen [*o* anbaggern] *sl* ② (*enticement*) Verlockung *f*, Anreiz *m*, Köder *m*
comer ['kʌməʳ, AM -ɚ] *n* junges Talent
comestibles [kə'mestɪbl̩z] *npl* (*form or hum*) Nahrungsmittel *pl*, Lebensmittel *pl*; **wholesale** ~ Massennahrungsmittel *pl*
comet ['kɒmɪt, AM 'kɑː] *n* Komet *m*; ~ **Hale Bopp** der Komet Hale Bopp
come-uppance [kʌm'ʌpən(t)s] *n no pl* (*hum fam*) **to get one's** ~ die Quittung kriegen, sein Fett abkriegen *sl*
comfit ['kʌmfɪt] *n* (*dated*) Konfekt *nt*
comfort ['kʌm(p)fət, AM -fɚt] **I.** *n* ① *no pl* (*comfortable feeling*) Komfort *m*, Behaglichkeit *f*, Bequemlichkeit *f*; ***the deadline is getting too close for*** ~ der Termin rückt bedrohlich näher; **to live in** ~ komfortabel leben ② *no pl* (*consolation*) Trost *m*; **cold** ~ ein schwacher Trost; **to be a** [*or* **some**] ~ [**to sb**] ein Trost *m* [für jdn] sein; **to find** ~ **in sth** in etw *dat* Trost finden; **to give sb no** ~ **that ...** für jdn kein Trost sein, dass ...; **to take** ~ **from the fact that ...** sich *akk* damit trösten, dass ... ③ (*pleasurable things in life*) ■ **~s** *pl* Komfort *m kein pl*, Annehmlichkeiten *fpl*; **creature ~s** leibliches Wohl **II.** *vt* ■ **to** ~ **sb** jdn trösten
comfortable ['kʌm(p)ftəbl̩, AM -fɚṭəbl̩] *adj* ① (*offering comfort*) *atmosphere* behaglich; *clothes, furniture, position* bequem; *house, hotel, room* komfortabel; *income, pension* ausreichend; *temperature* angenehm ② (*at ease*) **to be** [*or* **feel**] ~ sich *akk* wohl fühlen; ***are you ~?*** sitzt du bequem?; **to feel** ~ **with sth** mit etw zufrieden sein; **to make oneself** ~ es sich *dat* bequem machen; ***make yourself*** ~ mach es dir bequem ③ MED (*not in dangerous condition*) wohlauf *geh*; ***the patient is*** ~ der Patient hat keine Beschwerden ④ (*financially stable*) bequem, sorgenfrei; **to live a** ~ **life** in gesicherten Verhältnissen leben; **to make a** ~ **living** ein komfortables Einkommen haben ⑤ SPORTS (*substantial*) beachtlich, deutlich; **to have a** ~ **lead** deutlich in Führung liegen
comfortably ['kʌm(p)ftəbli, AM -fɚṭəbli] *adv* ① (*in a comfortable manner*) bequem; ***can you see ~ with those glasses on?*** sehen Sie gut mit dieser Brille?; **to sleep** ~ gut schlafen ② (*easily*) leicht; ***we should be able to drive there ~ in an hour*** in einer Stunde dürften wir problemlos dort sein ③ (*in financially stable manner*) ***they are ~ off*** es geht [finanziell] ihnen gut; **to live** ~ sorgenfrei leben ④ (*substantially*) deutlich; **to lead** ~ deutlich führen [*o* in Führung liegen]
comforter ['kʌm(p)fətəʳ, AM -fɚṭɚ] *n* ① AM (*duvet*) Oberbett *nt*, Deckbett *nt* ② (*person*) Tröster(in) *m(f)* ③ *esp* BRIT (*baby's dummy*) Schnuller *m*
comfort food *n* (*sweets*) Süßigkeiten *fpl*; (*cakes etc*) Süßspeisen *fpl*; (*crisps etc*) Knabberkram *m fam*
comforting ['kʌm(p)fətɪŋ, AM -fɚṭɪŋ] *adj thought* beruhigend, tröstlich; *word* tröstend *attr*, ermutigend; *warmth* wohlig
comfortingly ['kʌm(p)fətɪŋli, AM -fɚṭɪŋli] *adv* ~ **warm** wohltuend warm; **to smile** ~ **at sb** jdn wohlwollend anlächeln; **to wink** ~ **at sb** jdm aufmunternd zuzwinkern
comfortless ['kʌm(p)fətləs, AM -fɚt-] *adj* (*form*) *furniture, clothes* unbequem; *hotel* ohne Komfort; *person, room* ungemütlich; *prospect* düster, trostlos, unerfreulich; *thought* unangenehm
comfort letter *n* COMM Bonitätsbestätigung *f*
comfort station *n* AM öffentliche Toilette **comfort stop** *n* AUS Rast *f*; **to take a** ~ Rast machen
comfy ['kʌm(p)fi] *adj* (*fam*) *furniture, clothes* bequem; *hotel, room* gemütlich
comic ['kɒmɪk, AM 'kɑː-] **I.** *n* ① (*cartoon magazine*) Comicheft *nt*; ■ **~s** *pl* Comics *mpl* ② (*funny person*) Clown *m hum*, Witzbold *m hum* ③ (*comedian*) Komiker(in) *m(f)* **II.** *adj* komisch, lustig; ~ **play** Komödie *f*
comical ['kɒmɪkəl, AM 'kɑː-] *adj* komisch, lustig; ***do I look ~ in this hat?*** sehe ich mit diesem Hut komisch aus?
comically ['kɒmɪkəli, AM 'kɑː-] *adv* komisch, lustig; **to act** [*or* **behave**] ~ herumalbern *fam*
comic book *n* AM Comicbuch *nt* **comic opera** *n* MUS komische Oper **comic strip** *n* Comic *m* (*in einer Zeitung*)
coming ['kʌmɪŋ] **I.** *adj attr, inv* (*next*) kommend; (*approaching*) herannahend; ***I'll be back this ~ Friday*** nächsten Freitag bin ich zurück; ~ **difficulties** bevorstehende Schwierigkeiten; **the** ~ **elections** die anstehenden Wahlen; **the** ~ **generation** die kommende Generation; ~ **storm** nahender Sturm; **the** ~ **year** das kommende [*o* nächste] Jahr **II.** *n* ① *no pl* (*arrival*) Ankunft *f*; **the** ~ **of the Messiah** REL das Nahen des Messias ② (*approaching*) ~**s and goings** ein Kommen und Gehen *nt*
coming out <*pl* comings out> *n* Outing *nt*, Coming-out *nt* **coming-out** [kʌmɪŋ'aʊt] *n modifier* Outing-, coming-out-
COMIT index *n* ECON, FIN *Preisindex der Börse in Mailand*
comity of nations [ˌkɒmɪti-, AM 'kɑːməṭi-] *n no pl* ① LAW, POL Einvernehmen *nt* der Nationen ② (*acknowledgement of other laws*) Anerkennung *f* ausländischer Gesetze und Gerichtsentscheidungen ③ AM (*deferring to other courts*) Achtung [*o* des Bundesgerichts] der Zuständigkeit von Gerichten anderer Bundesstaaten *f*
comma [ˌkɒmə, AM 'kɑːmə] *n* Komma *nt*; ~ **rule** Kommaregel *f*; **to put a** ~ ein Komma setzen
comma bacillus <*pl* -li> *n* BIOL, MED Kommabazillus *m*
command [kə'mɑːnd, AM -'mænd] **I.** *vt* ① (*order*) ■ **to** ~ **sb** jdm einen Befehl geben [*o geh* erteilen]; ■ **to** ~ **sb to do sth** jdm befehlen, etw zu tun ② MIL (*be in charge*) ■ **to** ~ **sth** den Oberbefehl über etw *akk* haben; **to** ~ **a company** eine Einheit leiten; **to** ~ **a ship** ein Schiff befehligen ③ (*be able to ask*) **to** ~ **the prices** die Preise diktieren ④ (*have at disposal*) ■ **to** ~ **sth** über etw *akk* verfügen ⑤ (*form: inspire*) ■ **to** ~ **sth** etw gebieten *geh*; ***she ~s my utmost admiration*** sie hat meine volle Bewunderung; **to** ~ **sb's sympathy** jds Mitleid erwecken; **to** ~ **sb's respect** jdm Respekt einflößen ⑥ (*form: give*) **to** ~ **a view** einen Ausblick bieten [*o geh* gewähren] **II.** *vi* Befehle erteilen [*o* geben] **III.** *n* ① (*order*) Befehl *m*; **the Royal C~** BRIT königliche Order; **to give a** ~ einen Befehl erteilen [*o* geben]; **to obey a** ~ einen Befehl ausführen; **at my** ~ auf meinen Befehl ② *no pl* (*authority*) Kommando *nt*; **to take** ~ **of a force** das Kommando über eine Truppe übernehmen; **to have** ~ **over** [*or* **be in** ~ **of**] **a regiment/fleet** ein Regiment/eine Flotte befehligen; ■ **to be at sb's** ~ (*hum*) jdm zur Verfügung stehen; **under sb's** ~ unter jds Kommando *nt* ③ *no pl* (*control*) Kontrolle *f*; ■ **to be in** ~ [**of oneself**] sich *akk* unter Kontrolle haben; ■ **to be in** ~ **of sth** etw unter Kontrolle [*o fam* im Griff] haben; **to have sth at one's** ~ über etw *akk* verfügen ④ + *sing/pl vb* MIL (*military district*) ■ **C~** Befehlsbereich *m*; (*troops*) Kommando *nt* ⑤ COMPUT (*instruction*) Befehl *m*; **invalid** ~ ungültiger Befehl; **to type a** ~ einen Befehl eingeben ⑥ *no pl* (*knowledge*) Beherrschung *f*; **to have a** ~ **of a language** eine Sprache beherrschen
commandant ['kɒməndænt, AM 'kɑː-] *n* MIL Kommandant(in) *m(f)*; **C~-in-Chief** Oberbefehlshaber(in) *m(f)*; ~ **of the Marine Corps** Marinekommandant(in) *m(f)*
commandeer [ˌkɒmən'dɪəʳ, AM ˌkɑːmən'dɪr] *vt* ■ **to** ~ **sth** etw beschlagnahmen
commander [kə'mɑːndəʳ, AM -'mændɚ] *n* ① MIL (*officer in charge*) Kommandant(in) *m(f)*, Befehlshaber(in) *m(f)* ② BRIT MIL, NAUT (*naval officer*) Fregattenkapitän(in) *m(f)* ③ BRIT (*assistant chief constable*) Kommandeur(in) *m(f)* der Londoner Polizei
commander-in-chief *n* MIL Oberbefehlshaber(in) *m(f)*; ~ **of the Army** Oberbefehlshaber(in) *m(f)* der Truppen
commanding [kə'mɑːndɪŋ, AM -'mænd-] *adj inv* ① (*authoritative*) gebieterisch, Befehls-; ~ **manner** gebieterische Art *pej*; ~ **tone** Befehlston *m pej* ② (*dominant*) *position* beherrschend; *person* befehlend, gebietend ③ (*considerable*) beachtlich, deutlich
commandingly [kə'mɑːndɪŋli, AM 'mæn] *adv* ① (*imposingly*) beherrschend, dominierend ② (*perfunctorily*) Ehrfurcht einflößend
commanding officer *n* MIL befehlshabender Offizier/befehlshabende Offizierin, Offizier(in) *m(f)* vom Dienst
commandment [kə'mɑːn(d)mənt, AM -'mæn(d)-] *n* ① REL (*divine rule*) ■ **C~** Gebot *nt*; **the Ten C~s** die Zehn Gebote ② (*liter: order*) Gebot *nt*, Weisung *f*; **to obey a** ~ ein Gebot befolgen
command module *n* AVIAT Kommandokapsel *f*
commando <*pl* -s *or* -es> [kə'mɑːndəʊ, AM -'mændoʊ] *n* MIL ① + *sing/pl vb* (*group of soldiers*) Kommando *nt*, Kommandotrupp *m*; **to join a** ~ einem Kommando beitreten ② (*member of commando*) Angehörige(r) *f(m)* eines Kommandotrupps
Command papers *npl* LAW Regierungsvorlagen *pl* **command performance** *n* FILM, THEAT [königliche] Galavorstellung *f* (*auf besonderen Wunsch hin*) **command post** *n* MIL Kommandoposten *m*, Befehlsstand *m*
comme il faut [ˌkɒmiːl'fəʊ, AM 'kʌmiːl'foʊ] *adj inv, pred* (*hum form*) ■ **to not be** ~ sich nicht gehören
commemorate [kə'meməreɪt] *vt* ■ **to** ~ **sb/sth** einer Person/einer S. *gen* gedenken
commemoration [kəˌmemə'reɪʃən] *n no pl* Gedenken *nt*; **in** ~ **of sb** zum Gedenken an jdn; **in** ~ **of sth** zur Erinnerung an etw *akk*
commemorative [kə'memərətɪv, AM -əṭɪv] *adj* Gedenk-, Gedächtnis-; ~ **issue of a stamp** Gedächtnisausgabe *f* einer Briefmarke; ~ **plaque** Gedenktafel *f*; ~ **service** Gedenkgottesdienst *m*; ~ **statue** Gedenkstatue *f*
commemorative stamp *n* Gedenkmarke *f*
commence [kə'men(t)s] *vi* (*form*) beginnen, anfangen
commencement [kə'men(t)smənt] *n* (*form*) ① (*beginning*) Beginn *m*, Anfang *m*; **date of** ~ LAW Datum *nt* des Inkrafttretens [eines Gesetzes]; ~ **of a flight** Abflug *m*, Start *m*; ~ **of a journey** Reiseantritt *m*, Reisebeginn *m* ② AM SCH, UNIV (*graduation ceremony*) Abschlussfeier *f*, Entlassungsfeier *f*
commend [kə'mend] *vt* ① (*praise*) ■ **to** ~ **sb/sth** [**on** [*or* **for**] **sth**] jdn/etw [für etw *akk* [*o* wegen einer S. *gen*]] loben ② (*recommend*) ■ **to** ~ **sth** [**to sb**] [jdm] etw empfehlen; ***the hotel has little to ~ it*** das Hotel ist nicht sehr empfehlenswert; ***'highly ~ed'*** ‚sehr empfehlenswert'
commendable [kə'mendəbl̩] *adj* lobenswert, löblich
commendably [kə'mendəbli] *adv* vorbildlich, lobenswert; **to behave** ~ sich *akk* vorbildlich verhalten
commendation [ˌkɒmen'deɪʃən, AM ˌkɑːmən'-] *n* ① *no pl* (*praise*) Lob *nt*; (*official*) Belobigung *f*; **to receive** ~ **for sth** eine Belobigung für etw *akk* erhalten ② (*honour*) Auszeichnung *f*, Ehrung *f*; **to receive a** ~ **for sth** eine Auszeichnung für etw *akk* erhalten, für etw *akk* ausgezeichnet werden
commendatory [kə'mendətəri, AM -tɔːri] *adj remark* lobend *attr*, anerkennend *attr*; ~ **gesture** Geste *f* der Anerkennung
commensurable [kə'men(t)ʃərəbl̩, AM -sɚəbl̩] *adj* MATH vergleichbar, kommensurabel *geh*
commensurate [kə'men(t)ʃərət, AM -sɚət] *adj* (*form*) ■ **to be** ~ **with sth** etw *dat* angemessen sein, etw *dat* entsprechen
commensurately [kə'menʃərətli, AM ʃɚət] *adv* entsprechend
comment ['kɒment, AM 'kɑː-] **I.** *n* Kommentar *m*, Bemerkung *f* (**about/on** über +*akk*); **no** ~ kein Kommentar; **fair** ~ sachliche Kritik; **to make a** ~ eine Stellungnahme abgeben; **to refrain from** ~ sich *akk* eines Kommentars enthalten **II.** *vi* sich *akk* äußern, einen Kommentar abgeben; ■ **to** ~ **on sth** etw kommentieren, sich *akk* zu etw *dat* äußern; **to refuse** [*or* **decline**] **to** ~ **on sth** sich *akk* zu etw *dat* nicht äußern wollen, zu etw *dat* keine Stellung nehmen; ■ **to** ~ **that ...** bemerken [*o* anmerken], dass ...

commentary ['kɒmentᵊri, AM 'kɑːmənteri] *n* Kommentar *m* (**on** über +*akk*); LAW Erläuterungswerk *nt,* Kommentar *m;* ***he always gives a running ~ on what's happening*** er muss dauernd zu allem seinen Senf dazugeben *fam;* **political/literary ~** politischer/literarischer Kommentar; **to provide ~** Bericht erstatten

commentary box *n* TV, RADIO Kommentatorenkabine *f*

commentate ['kɒmənteɪt, AM 'kɑː-] *vi* TV, RADIO ■**to ~ on sth** etw kommentieren; ***she ~s on the tennis each year at Wimbledon*** sie berichtet jedes Jahr vom Tennis aus Wimbledon

commentator ['kɒmənteɪtəʳ, AM 'kɑːmənteɪtɚ] *n* TV, RADIO Kommentator(in) *m(f),* Reporter(in) *m(f);* **radio ~** Radiokommentator(in) *m(f),* Radioreporter(in) *m(f)*

commerce ['kɒmɜːs, AM 'kɑːmɜːrs] *n* Handel *m;* **the world of ~ [and industry]** die Geschäftswelt

commercial [kə'mɜːʃᵊl, AM -'mɜːr-] **I.** *adj* ❶ (*relating to commerce*) kaufmännisch, Handels-; ***the ~ future of the company …*** die geschäftliche Zukunft des Unternehmens …; **~ empire** Handelsimperium *nt;* **~ organization** Handelsorganisation *f;* **~ success** kommerzieller Erfolg; **~ venture** Handelsunternehmen *nt* ❷ (*pej: profit-orientated*) *production, movie, record* kommerziell, profitorientiert ❸ RADIO, TV (*paid for by advertisements*) Privat-; **~ radio** (*advertisements*) Werbefunk *m;* (*financed by adverts only*) kommerzieller Rundfunk; **~ television** (*advertisements*) Werbefernsehen *nt;* (*financed by adverts only*) kommerzielles Fernsehen, Privatfernsehen *nt* ❹ (*available to general public*) **~ product** Massenprodukt *nt* **II.** *n* Werbespot *m;* (*TV or radio advertisement*) Fernseh-/Radiowerbung *f*

commercial bank *n* AM Geschäftsbank *f* **commercial bill** *n* Warenwechsel *m,* Handelswechsel *m* **commercial break** *n* RADIO, TV Werbepause *f* **Commercial Court** *n* BRIT LAW Handelsgericht *nt*

commercialism [kə'mɜːʃᵊlɪzᵊm, AM -'mɜːr-] *n no pl* Kommerzialisierung *f;* (*in connection with art, literature*) Kommerz *m*

commercialization [kəˌmɜːʃᵊlaɪ'zeɪʃᵊn, AM -ˌmɜːrʃə-] *n no pl* Kommerzialisierung *f,* Vermarktung *f;* **~ of football** die Kommerzialisierung des Fußballs

commercialize [kə'mɜːʃᵊlaɪz, AM -'mɜːrʃə-] *vt esp* AM ■**to ~ sth** etw kommerzialisieren [*o* vermarkten]

commercial lawyer *n* Jurist(in) *m(f)* [*o* Spezialist(in) *m(f)*] für Handelsrecht

commercially [kə'mɜːʃᵊli, AM -'mɜːr-] *adv* ❶ (*on the market*) kommerziell, geschäftlich; **to succeed ~** auf dem Markt bestehen können; **to fail ~** sich *akk* auf dem Markt nicht halten können ❷ (*for public consumption*) auf dem Markt; **~ available** im Handel erhältlich

commercial paper *n* kurzfristige Schuldtitel **commercial property** *n* Industrieimmobilien *pl,* gewerblich genutzte Gebäude **commercial vehicle** *n* Nutzfahrzeug *nt,* gewerbliches Fahrzeug

commie ['kɒmi, AM 'kɑːmi] **I.** *n* (*pej dated sl*) Rote(r) *f(m) sl* (*Bezeichnung für einen Kommunisten*) **II.** *adj inv* (*pej dated sl*) rot *sl*

commingle [kə'mɪŋl] (*liter*) **I.** *vi* ■**to ~ [with sb/sth]** sich *akk* [mit jdm/etw] vermischen **II.** *vt usu passive* ■**to ~ sth with sth** etw mit etw *dat* vermischen

commis <*pl* -> ['kɒmi, AM ˌkɑː'mi] *n,* **commis chef** *n* Hilfskoch, Hilfsköchin *m, f*

commiserate [kə'mɪzᵊreɪt] *vi* ■**to ~ with sb** mit jdm mitfühlen

commiseration [kəˌmɪzᵊ'reɪʃᵊn] *n* ❶ *no pl* (*sympathy*) Mitgefühl *nt,* Anteilnahme *f;* ***she gave me a look of ~*** sie blickte mich mitfühlend an ❷ (*expression of sympathy*) ■**~s** *pl* Beileid *nt kein pl;* ***I offered her my ~s*** ich sprach ihr mein Beileid aus; ***~s on losing the match!*** tut mir Leid, dass Sie das Spiel verloren haben!

commissar [ˌkɒmɪ'sɑːʳ, AM ˌkɑːmə'sɑːr] *n* POL Kommissar(in) *m(f)*

commissariat [ˌkɒmɪ'seəriət, AM ˌkɑːmə'ser-] *n* + *sing/pl vb* MIL Intendantur *f*

commissary ['kɒmɪsᵊri, AM 'kɑːməseri] *n* MIL ❶ (*person*) Intendant(in) *m(f)* ❷ AM (*shop*) *spezieller Laden für Soldaten*

commission [kə'mɪʃᵊn] **I.** *vt* ❶ (*order*) ■**to ~ sth** etw in Auftrag geben; ■**to ~ sb [to do sth]** jdn beauftragen[, etw zu tun] ❷ *usu passive* MIL ■**to be ~ed as sth** zu etw *dat* ernannt werden **II.** *n* ❶ (*order*) Auftrag *m;* **to take/carry out a ~** einen Auftrag annehmen/ausführen ❷ (*system of payment*) Provision *f;* **to get [a] ~ on sth** für etw *akk* Provision bekommen [*o* erhalten]; **to take a ~** Provision verlangen; ECON **broker's ~** Maklerprovision *f* ❸ + *sing/pl vb* (*investigative body*) Kommission *f,* Ausschuss *m,* **C~** *of the European Union,* Europäische Kommission; **Law C~** ständiger Rechtsausschuss; **Royal C~** königlicher Untersuchungsausschuss; **fact-finding ~** Untersuchungskommission *f,* Untersuchungsausschuss *m;* **special ~** Sonderkommission *f;* **to set up [*or* establish] [*or* appoint] a ~** eine Kommission einsetzen [*o* bilden] ❹ (*appointment*) Ernennung *f;* MIL Offizierspatent *nt;* **to get a [*or* one's] ~** zum Offizier ernannt werden; **to have a ~ in the armed forces** Offizier *m* der Streitkräfte sein; **to resign one's ~** aus dem Offiziersdienst ausscheiden ❺ *no pl* LAW (*form: perpetration*) Verübung *f;* **the ~ of a crime/murder** das Begehen eines Verbrechens/Mordes ❻ *no pl* NAUT, AVIAT **in/out of ~** *car, lift, machine* in/außer Betrieb; *battleship* in/außer Dienst; (*fig*) außer Gefecht *hum;* **to have been put out of ~** aus dem Verkehr gezogen worden sein

commission agency *n* Kommissionsgeschäft *nt*

commission agent *n* ECON Kommissionär(in) *m(f)*

commissionaire [kəˌmɪʃᵊ'neəʳ] *n esp* BRIT Portier(in) *m(f)*

commission broker *n* AM Kommissionsmakler(in) *m(f)*

commissioned officer *n* Offizier(in) *m(f)*

commissioner [kə'mɪʃᵊnəʳ, AM -ɚ] *n* ❶ (*appointed person*) Beauftragte(r) *f(m),* Bevollmächtigte(r) *f(m)* ❷ (*member of commission*) Kommissionsmitglied *nt,* Ausschussmitglied *nt;* EU EG-Kommissar *m;* **the C~s of the Inland Revenue** Aufsichtsbehörde des Finanzamts; **~ for oaths** Notar *m, Anwalt, der befugt ist, Eide abzunehmen* ❸ (*of the police*) Polizeipräsident(in) *m(f)* ❹ (*person in charge*) Verantwortliche(r) *f(m);* **police ~** Polizeikommandeur *m;* **~ in charge of the London police force** Polizeipräsident(in) *m(f)* von London; **the ~ of Major League Baseball** der/die Vorsitzende des Major League Baseball

commission house *n* Brokerhaus *nt*

commit <-tt-> [kə'mɪt] **I.** *vt* ❶ (*carry out*) ■**to ~ sth** etw begehen; ***the newspaper is being sued for allegedly ~ting libel*** die Zeitung wird wegen angeblicher Verleumdung verklagt; **to ~ a crime/sin** ein Verbrechen/eine Sünde begehen; **to ~ an offence** eine strafbare Handlung begehen; **to ~ suicide** Selbstmord begehen ❷ (*bind*) **to ~ money to a project** Geld für ein Projekt bereitstellen; **to ~ soldiers to the defence of a region** Soldaten zur Verteidigung eines Gebietes entsenden; ■**to ~ oneself to sth** sich *akk* etw *dat* voll und ganz widmen; **to ~ oneself to a relationship** sich *akk* auf eine Beziehung einlassen; ■**to ~ oneself to doing sth** sich *akk* verpflichten, etw zu tun ❸ (*institutionalize*) ■**to ~ sb** jdn einweisen; **to ~ sb to prison** jdn ins Gefängnis einweisen; ***he's been ~ted to prison for fraud*** er ist wegen Betrugs inhaftiert worden; **to ~ sb to a hospital** jdn in ein Krankenhaus einweisen [lassen] ❹ (*entrust*) **to ~ sth to memory** sich *dat* etw einprägen; **to ~ sth to paper** etw zu Papier bringen **II.** *vi* (*bind oneself*) ■**to ~ to sth** sich *akk* auf etw *akk* festlegen; **to ~ to a course of action** einen einmal eingeschlagenen Weg weiterverfolgen; **to ~ oneself on an issue** sich *akk* in einer Frage festlegen

commitment [kə'mɪtmənt] *n* ❶ *no pl* (*dedication*) Engagement *nt;* ***I'm afraid of ~*** ich habe Bindungsängste; **~ to nuclear disarmament** Engagement *nt* für atomare Abrüstung ❷ (*obligation*) Verpflichtung *f* (**to** gegenüber +*dat*); ***I had other ~s*** ich hatte anderweitige Verpflichtungen; **to make a ~ to do sth** versprechen etw zu tun; ***with absolutely no ~ to buy!*** es besteht keinerlei Kaufzwang!; **to have family ~s** familiäre Verpflichtungen haben ❸ (*sending to hospital*) Einweisung *f,* Unterbringung *f;* (*sending to prison*) Einlieferung *f,* Überstellung *f geh* ❹ ECON, FIN Absichtserklärung *f*

commitment fee *n* Bereitstellungskommission *f*

committal [kə'mɪtᵊl, AM -t̬ᵊl] *n no pl* ❶ (*committing a crime*) Begehen *nt,* Verüben *nt* ❷ (*sending to hospital*) Einweisung *f,* Unterbringung *f* ❸ LAW (*sending to prison*) Einlieferung *f,* Überstellung *f geh,* Inhaftierung *f;* **~ for trial** Übergabe *f* der Sache an eine höhere Instanz; **~ for sentence** Überweisung *f* an eine höhere Instanz zur Aburteilung

committal order *n* LAW Haftanordnung *f* **committal proceedings** *npl* LAW gerichtliche Voruntersuchung **committal warrant** *n* LAW Nachricht *f* zum Strafantritt, Einlieferungsbefehl *m*

committed [kə'mɪtɪd, AM -'mɪt̬ɪd] *adj* ❶ (*obliged*) verpflichtet, gebunden; ■**to be ~ to sth** auf etw *akk* festgelegt sein; ■**to be ~ to do/doing sth** verpflichtet sein, etw zu tun ❷ (*dedicated*) engagiert; **~ Christian** überzeugter Christ/überzeugte Christin; ■**to be ~ to sth** sich *akk* für etw *akk* engagieren; ***she doesn't seem very ~ to the idea*** sie scheint von der Sache nicht besonders überzeugt zu sein; ■**to be ~ to doing sth** sich *dat* zur Aufgabe machen, etw zu tun

committee [kə'mɪti, AM -'mɪt̬i] *n* + *sing/pl vb* Ausschuss *m,* Komitee *nt;* **C~ of the Whole House** BRIT LAW Unterhausausschuss *m* zur Prüfung von Gesetzentwürfen; **C~ of Privileges** LAW Ausschuss *m* zur Untersuchung von Privilegien; **Public Accounts C~** LAW Rechnungsprüfungsausschuss *m;* **C~ of Ways and Means** LAW Finanzausschuss *m;* **~ meeting** Ausschusssitzung *f;* **~ member** Ausschussmitglied *nt;* **select ~** Sonderausschuss *m;* **standing ~** ständiger Ausschuss; **to be [*or* sit] on a ~** in einem Ausschuss [*o* Komitee] sein [*o* sitzen], einem Ausschuss [*o* Komitee] angehören; **to form [*or* set up] a ~** einen Ausschuss [*o* ein Komitee] bilden

committeeman *n* AM Regionalpolitiker *m* **Committee Stage** *n* LAW *Prüfung eines Gesetzentwurfes im dafür zuständigen Ausschuss* **committeewoman** *n* AM Regionalpolitikerin *f*

commode [kə'məʊd, AM -'moʊd] *n* ❶ (*chair with toilet*) Leibstuhl *m,* Toilettenstuhl *m* ❷ (*chest of drawers*) [dekorative] Kommode

commodification [kəˌmɒdɪfɪ'keɪʃᵊn, AM -ˌmɑː-] *n* Kommodifikation *f*

commodify [kə'mɒdɪfaɪ, AM -'mɑː-] *vt* ■**to ~ sb** jdn kommodifizieren

commodious [kə'məʊdiəs, AM -'moʊ-] *adj* (*form*) geräumig; **a ~ chair** ein bequemer Sessel

commodities market [kə'mɒdətizˌmɑːkɪt, AM -'mɑːdət̬izˌmɑːr-] *n* (*products*) Warenmarkt *m;* (*raw materials*) Rohstoffmarkt *m*

commodity [kə'mɒdəti, AM -'mɑːdət̬i] **I.** *n* ❶ (*product*) Ware *f;* (*raw material*) Rohstoff *m;* **hard ~** metallischer Rohstoff; **soft ~** Lebensmittelrofstoff *m* ❷ (*beneficial quality*) [unerlässliche] Eigenschaft **II.** *n modifier* (*products*) Waren-; (*raw materials*) Rohstoff-

commodity dealer *n* Warenhändler(in) *m(f)* **commodity exchange** *n* STOCKEX Warenbörse *f;* (*raw materials*) Rohstoffbörse *f* **Commodity Exchange** *n* AM Warenbörse *f* [in New York] **commodity futures** *npl* STOCKEX Warentermingeschäft *nt* **commodity market** *n* STOCKEX Warenbörse *f* **commodity market** *n* (*products*) Warenmarkt *m;* (*raw materials*) Rohstoffmarkt *m*

commodore ['kɒmədɔːʳ, AM 'kɑːmədɔːr] *n* ❶ (*in navy*) Kommodore *m* ❷ (*of yacht club*) Präsident(in) *m(f)* eines Jachtklubs

common ['kɒmən, AM 'kɑː-] **I.** *adj* <-er, -est *or* more ~, most ~> ❶ (*often encountered*) üblich, gewöhnlich; **a ~ name** ein gängiger [*o* weit verbreiteter] Name; **a ~ saying** ein verbreiteter Spruch ❷ *(normal)* normal; ***it is ~ practice …*** es ist allgemein üblich …; **~ courtesy/decency** ein Gebot *nt* der Höflichkeit/des Anstands; ***it's ~ courtesy …*** es gehört sich einfach …; **~ salt** Kochsalz *nt* ❸ *(widespread)* weit verbreitet; ***it is ~ knowledge that …*** es ist allgemein bekannt, dass …; **a ~ ailment** ein weit verbreitetes Übel; **a ~ disease** eine weit verbreitete Krankheit ❹ *inv (shared)* gemeinsam; **~ area** allgemeiner Bereich; **by ~ assent/consent** mit allgemeiner Zustimmung/Einwilligung; **~ bathroom** Gemeinschaftsbad *nt;* **to make ~ cause with sb** mit jdm gemeinsame Sache machen; **for the ~ good** für das Gemeinwohl; **to be on ~ ground with sb** jds Ansichten teilen; **~ interests** gemeinsame Interessen; **~ property** *(held jointly)* Gemeinschaftseigentum *nt; (known by most people)* Allgemeingut *nt;* **tenancy in ~** Bruchteilsgemeinschaft *f;* **in ~** gemeinsam; **to have sth in ~ [with sb]** etw [mit jdm] gemein haben; ***we've got a lot of interests in ~*** wir haben viele gemeinsame Interessen ❺ ZOOL, BOT *sparrow, primrose* gemein ❻ <-er, -est> *(pej: vulgar)* vulgär; **a ~ slut** eine ordinäre Schlampe *pej fam* ❼ *(ordinary)* einfach; **a ~ criminal** ein gewöhnlicher Verbrecher/eine gewöhnliche Verbrecherin *pej;* **a ~ thief** ein gemeiner Dieb/eine gemeine Diebin ❽ *(low-ranking)* einfach, gemein *veraltend;* **a ~ labourer** ein einfacher Arbeiter/eine einfache Arbeiterin; **the ~ man** der Normalbürger [*o* Durchschnittsbürger]; **~ people** einfache Leute; **a ~ soldier** ein einfacher Soldat **II.** *n* Gemeindeland *nt; (park)* öffentliche Grünfläche, Anger *m* DIAL; *(fields and woods)* Allmende *f*

Common Agricultural Policy *n* EU Gemeinsame Agrarpolitik

commonalty ['kɒmənəlti, AM 'kɑːmə] *npl* HIST ■**the ~** das gemeine Volk *kein pl*

common assault *n* LAW Bedrohung *f,* unqualifizierte Gewaltandrohung **common carrier** *n* ❶ TRANSP *(carrying goods)* Spedition *f,* Transportunternehmen *nt; (carrying passengers)* öffentliches Verkehrsunternehmen ❷ AM TELEC Telefongesellschaft *f* **common cold** *n no pl* ■**the ~** die [einfache] Erkältung, der Schnupfen *fam* **Common Defence Policy** *n* EU Gemeinsame Verteidigungspolitik **common denominator** *n* ❶ MATH Hauptnenner *m,* gemeinsamer Nenner; **lowest ~** kleinster gemeinsamer Nenner ❷ *(shared feature)* gemeinsamer Nenner *fig,* Gemeinsamkeit *f*

common dividend *n* AM ECON, FIN Dividende *f* von Stammaktien **common divisor** *n* gemeinsamer Teiler [*o* Divisor]

commoner ['kɒmənəʳ, AM 'kɑːmənɚ] *n* Bürgerliche(r) *f(m),* Nichtadelige(r) *f(m)*

Common Era *n* christliche Zeitrechnung **Common External Tarif** *n* EU Gemeinsamer Außenzoll **common factor** *n* gemeinsamer Teiler [*o* Divisor] **common land** *n* Gemeindeland *nt;* AM *(park)* öffentliche Grünfläche, Anger *m* DIAL; *(field)* Allmende *f* **common law** *n no pl* LAW ❶ *(law according to court decisions)* nicht kodifiziertes Recht ❷ BRIT *(system of laws)* [ungeschriebenes englisches] Gewohnheitsrecht **common-law** *adj inv* LAW **~ marriage** eheähnliche Gemeinschaft, Konsensehe *f;* **~ husband/wife** Lebensgefährte *m*/Lebensgefährtin *f*

commonly ['kɒmənli, AM 'kɑː-] *adv* ❶ *(often)* häufig; *(usually)* gemeinhin; **a ~ held belief** eine weit verbreitete Annahme; **~ *known as …*** oft auch … genannt ❷ *(pej: vulgarly)* gewöhnlich, vulgär *geh*

common management information protocol *n* COMPUT Common Management Information Protocol *nt* **Common Market** *n (hist)* ■**the ~** der Gemeinsame Markt *fam; see also* **European Community, European Union** **common noun** *n* Gattungsbegriff *m,* Appellativum *nt fachspr* **common nuisance** *n* LAW grober Unfug **common-or-garden** *adj attr* BRIT *(fam)* stinknormal *sl,* Allerwelts- *fam;* **a ~ animal/plant** ein gemeines Tier/eine gemeine Pflanze; **a ~ topic** ein Wald- und Wiesenthema *nt fam,* ein Allerweltsthema *nt fam* **common ownership** *n* LAW Miteigentum *nt* **commonplace** **I.** *adj* ❶ *(normal)* alltäglich, normal; ■**to be ~** gang und gäbe sein ❷ *(pej: trite)* banal *pej,* platt *pej* **II.** *n* Gemeinplatz *m pej,* Banalität *f pej,* Plattitüde *f geh* **common pricing** *n* Preisabsprache *f* **common room** *n* BRIT SCH, UNIV Gemeinschaftsraum *m,* Aufenthaltsraum *m;* **junior/senior ~** Gemeinschaftsraum *m* für Studierende/Lehrkräfte

commons ['kɑːmənz] *npl* AM *(common room)* ■**the ~** der Aufenthaltsraum [*o* Gemeinschaftsraum]

Commons ['kɒmənz, AM 'kɑː-] *n + sing/pl vb* POL ■**the ~** das Unterhaus; *see also* **House of Commons**

common seal *n* Gesellschaftssiegel *nt* **common sense** **I.** *n no pl* gesunder Menschenverstand **II.** *n modifier (attitude, solution)* vernünftig; **a ~ approach** ein praktischer Ansatz

commonsensical [ˌkɒmən'sen(t)sɪkəl, AM ˌkɑː-] *adj* vernünftig

Common Serjeant [-sɑːdʒənt] *n* LAW ranghöherer Barrister **common stockholder** *n* FIN Stammaktionär(in) *m(f)* **common stocks** *npl* AM STOCKEX Stammaktien *fpl* **common time** *n no pl* MUS Viervierteltakt *m* **common touch** *n no pl* **to have the ~** *(person)* nicht abgehoben sein *fig* **Common Transport Policy** *n* EU Gemeinsame Verkehrspolitik

commonweal ['kɒmənwiːl, AM 'kɑːm] *n no pl (old) see* **commonwealth:** ■**the ~** das Gemeinwesen

commonwealth *n* ❶ POL Staat *m,* Republik *f* ❷ *(form: group)* Interessengemeinschaft *f*

Commonwealth **I.** *n* ❶ *(international organisation)* ■**the ~** das [*o* ÖSTERR, SÜDD der] Commonwealth; *see also* **Commonwealth of Nations** ❷ *(hist: under Cromwell)* ■**the ~** *die englische Republik unter Cromwell* **II.** *n modifier* Commonwealth-; **the C~ Games** die Commonwealth-Spiele *pl*

Commonwealth of Nations *n* ■**the ~** das [*o* ÖSTERR, SÜDD der] Commonwealth

commorientes *npl* Kommorienten *pl,* gleichzeitig Versterbende

commotion [kə'məʊʃən, AM -'moʊ-] *n usu no pl* ❶ *(fuss)* Theater *nt* **(over** um *+akk*); ***what's all this ~*** was soll der ganze Wirbel ❷ *(noisy confusion)* Spektakel *m;* **to cause a ~** Chaos verursachen

communal ['kɒmjʊnəl, kə'mjuː-, AM kə'mjuː-, 'kɑːmjə-] *adj* ❶ *(shared)* gemeinsam; **~ bathroom/kitchen** Gemeinschaftsbad *nt*/-küche *f;* **~ facilities** Gemeinschaftseinrichtungen *fpl;* **~ ownership** Gemein[schafts]eigentum *nt;* **~ property** Allgemeinbesitz *m* ❷ *(of racial communities)* Rassen-; **~ *riots have once again broken out between the two ethnic groups*** zwischen den beiden ethnischen Gruppen kam es erneut zu Ausschreitungen; **~ violence** Gewalt *f* zwischen ethnischen Gruppen ❸ *(of religious communities)* Gemeinde-; **~ prayer** Gemeinschaftsgebet *nt* ❹ *(of a commune)* Kommunen-; **~ living** Leben *nt* in einer Kommune

communally ['kɒmjʊnəli, kə'mjuː-, AM kə'mjuː-, 'kɑːmjə-] *adv* gemeinschaftlich, gemeinsam

commune¹ ['kɒmjuːn, AM 'kɑː-] *n + sing/pl vb* ❶ *(group)* Kommune *f;* ***she joined a women's ~*** sie ist einer Frauenkommune beigetreten ❷ ADMIN, POL Gemeinde *f,* Kommune *f geh*

commune² [kə'mjuːn] *vi (liter)* ■**to ~ with sb** Zwiesprache mit jdm halten *geh;* **to ~ with God** Zwiesprache mit Gott halten *geh;* **to ~ with nature** im Dialog mit der Natur stehen

communicable [kə'mjuːnɪkəbl] *adj emotion, thoughts, information* vermittelbar; **~ disease** *(contagious)* übertragbare Krankheit

communicant [kə'mjuːnɪkənt] *n* REL Kommunikant(in) *m(f)*

communicate [kə'mjuːnɪkeɪt] **I.** *vt* ❶ *(pass on)* ■**to ~ sth [to sb]** [jdm] etw mitteilen; *information, ideas, knowledge, thoughts* [jdm] etw vermitteln; **to ~ information** Informationen übermitteln; **to ~ knowledge** Wissen vermitteln; **to ~ sth by [*or* through] [*or* in] writing** etw schriftlich mitteilen ❷ MED **to ~ a disease to sb** eine Krankheit auf jdn übertragen **II.** *vi* ❶ *(give information)* kommunizieren, sich *akk* verständigen; **to ~ with one's hands** sich *akk* mit den Händen verständigen ❷ *(be in touch)* ■**to ~ with sb** mit jdm in Verbindung stehen; *(socially)* sich *akk* verstehen; ■**to ~ with each other** sich *akk* einander mitteilen; **to ~ by phone/radio** telefonisch/über Funk kommunizieren ❸ *(form: connect)* ■**to ~ with sth** mit etw *dat* verbunden sein ❹ REL die Kommunion empfangen

communication [kəˌmjuːnɪ'keɪʃən] *n no pl* ❶ *(being in touch)* Kommunikation *f,* Verständigung *f;* ***there's very little ~ between them*** die beiden haben sich sehr wenig zu sagen; **breakdown in ~** Zusammenbruch *m* der Kommunikation; **~ gap** Informationslücke *f;* **means of ~** Kommunikationsmittel *nt* ❷ *(passing on) of ideas, knowledge, thoughts* Vermittlung *f; of information* Übermittlung *f; of emotions* Ausdruck *m* ❸ *(form: thing communicated)* Mitteilung *f,* Benachrichtigung *f;* **privileged ~** LAW der Rechtsverfolgung entzogene Mitteilungen ❹ MED *of a disease* Übertragung *f* **(to** auf *+akk*) ❺ *(connection)* Verbindung *f* **(between** zwischen *+dat*)

communication cord *n* BRIT RAIL Notbremse *f*

communications [kəˌmjuːnɪ'keɪʃənz] **I.** *npl* ❶ RADIO, TELEC Fernmeldewesen *nt kein pl,* Telekommunikation *f kein pl* ❷ TRANSP Verkehrsnetz *nt,* Verkehrswege *mpl;* **rail and road ~** Schienen- und Straßennetz *nt* ❸ *+ sing vb* UNIV Kommunikationswissenschaften *fpl* **II.** *n modifier* Kommunikations-; **~ channel** Kommunikationswege *mpl;* **~ network** Kommunikationsnetz *nt,* Nachrichtennetz *nt;* **~ system** Kommunikationssystem *nt,* Nachrichtensystem *nt;* **~ zone** Fernmeldebereich *m*

communication science *n* Kommunikationswissenschaft *f* **communications satellite** *n* Nachrichtensatellit *m* **communication studies** *npl* Kommunikationswissenschaften *fpl*

communicative *adj* [kə'mjuːnɪkətɪv, AM esp -nəkeɪt̬ɪv] ❶ *(of person)* mitteilsam, gesprächig; **~ ability** Kommunikationsfähigkeit *f;* **~ skills** kommunikatives Talent ❷ *(in language teaching)* **the ~ approach** der kommunikative Ansatz

communicator [kə'mjuːnɪkeɪtəʳ, AM -t̬ɚ] *n* kommunikativer Mensch

communion [kə'mjuːniən, AM -njən] *n no pl (liter)* ❶ *(union)* ■**~ with sb/sth** [tiefe] Verbundenheit mit jdm/etw; **spiritual ~** eine spirituelle Verbindung; **in ~ with God/nature** in Zwiesprache mit Gott/der Natur ❷ *(religious community)* Gemeinde *f,* Glaubensgemeinschaft *f;* **the Anglican ~** die anglikanische Kirche

Communion [kə'mjuːniən, AM -njən] *n* REL Kommunion *f;* **to take one's First ~** Erstkommunion feiern; **to give sb Holy ~** jdm die heilige Kommunion spenden; **to go to ~** zur Kommunion gehen

communion of saints *n* Gemeinschaft *f* der Heiligen

communiqué [kə'mjuːnikeɪ, AM kəˌmjuːnɪ'keɪ] *n* Kommuniqué *nt;* **to issue a ~** ein Kommuniqué herausgeben

communism ['kɒmjənɪzəm, AM 'kɑː-] *n no pl* Kommunismus *m;* ■**under ~** unter dem Kommunismus

communist ['kɒmjənɪst, AM 'kɑː-] **I.** *n* Kommunist(in) *m(f)* **II.** *adj* kommunistisch; **~ government** kommunistische Regierung; **C~ Manifesto** Kommunistisches Manifest; **C~ Party** Kommunistische Partei

community [kə'mjuːnəti, AM -nət̬i] **I.** *n* ❶ ADMIN Gemeinde *f;* **~ home** kommunales Kinderheim; **~ policing** Zusammenarbeit *f* zwischen Bürgern und Kontakt[bereichs]beamten; **the local ~** die hiesige Gemeinde ❷ *(group)* **the business ~** die Geschäftswelt, die Geschäftsleute *pl;* **the international ~** die Völkergemeinschaft; **the Jewish ~** die jüdische Gemeinde; **the scientific ~** die Wissenschaftler *pl* ❸ *no pl (togetherness)* Gemeinschaft *f;* **a sense of ~** ein Gemeinschaftsgefühl *nt* ❹ *no pl (public)* ■**the ~** die Allgemeinheit, die Öffentlichkeit; **to serve the** ~ der Allgemeinheit dienen ⑤ ECOL (*of plants*) Flora *f;* (*of animals*) Fauna *f;* **Kenya's wildlife** ~ die Tierwelt Kenias **II.** *n modifier* Gemeinde-; ~ **hospital** Kommunalkrankenhaus *nt;* ~ **organization** Kommunalverband *m*

Community [kə'mju:nəti, AM -nət̬i] *n* ■**the** [**European**] ~ die [europäische] Gemeinschaft; *see also* **European Community**

community antenna television *n* TV Kabelfernsehen *nt* **community center** AM, **community centre** *n* Gemeindezentrum *nt* **community charge** *n* BRIT (*hist*) *Kopfsteuer zur Finanzierung der Stadt- und Gemeindeverwaltungen* **community chest** *n* AM Wohltätigkeitsfond *m* [aus privaten Zuwendungen], Sammlung *f* für wohltätige Zwecke **community college** *n* AM *teilsubventioniertes zweijähriges College;* BRIT ≈ Volkshochschule *f* **Community law** *n* EU Gemeinschaftsrecht *nt* **Community legislation** *n* LAW Bestimmungen der Europäischen Union **community property** *n* LAW Gesamtgut *nt* [bei Gütergemeinschaft] **community service** *n no pl* gemeinnützige Arbeit; **to perform** ~ gemeinnützige Arbeit verrichten **community service order** *n* LAW Verurteilung *f* zu gemeinnütziger Arbeit **community singing** *n no pl* gemeinsames Singen **community spirit** *n no pl* Gemeinschaftsgeist *m* **community worker** *n* Sozialarbeiter(in) *m(f)*

commutable [kə'mju:təbl̩, AM -t̬ə-] *adj* ① *distance* durch Pendeln zurücklegbar; ***the journey is too long to be*** ~ man fährt zu lange, als dass man pendeln könnte ② LAW umwandelbar, abänderbar; **a** ~ **punishment** [*or* **sentence**] eine umwandelbare Strafe, ein abänderbares Strafmaß

commutation [ˌkɒmju:'teɪʃən, AM ˌkɑ:mjə-] *n* ① LAW Strafumwandlung *f,* Strafmilderung *f* ② FIN Abfindung *f;* ~ **payment** Abfindungszahlung *f*

commutation ticket *n* AM RAIL Zeitkarte *f*

commutator ['kɒmju:teɪtəʳ, AM ˌkɑ:mjəteɪt̬ə] *n* ELEC Kommutator *m fachspr,* Stromwender *m fachspr*

commute [kə'mju:t] **I.** *n* (*fam*) Pendelstrecke *f;* ***it's an hour's*** ~ ***to work*** ich fahre eine Stunde zur Arbeit **II.** *vi* pendeln; **to** ~ **from Brighton to London** [*or* **between Brighton and London**] zwischen Brighton und London pendeln; **to** ~ **by train** mit dem Zug pendeln **III.** *vt* (*form*) ① FIN (*exchange*) ■**to** ~ **sth** etw umwandeln ② LAW (*reduce*) **to** ~ **a punishment/sentence** ein Strafmaß herabsetzen

commuter [kə'mju:təʳ, AM -t̬ə] **I.** *n* Pendler(in) *m(f)* **II.** *n modifier* Pendel-; ~ **traffic** Pendelverkehr *m*

commuter belt *n* städtischer Einzugsbereich **commuter train** *n* Pendlerzug *m*

comp¹ [kɒmp, AM kɑ:mp] *n* ① *short for* **competition** ② BRIT *short for* **compositor**

comp² [kɒmp, AM kɑ:mp] *vt* ■**to** ~ **sth** etw verschenken; ■**to** ~ **sb in sth** jdn in etw *akk* hereinschleusen

compact¹ **I.** *adj* [kəm'pækt] ① (*dense*) kompakt; *body also* gedrungen; *sand, snow, soil* fest; **of** ~ **build** von gedrungener Statur; **a** ~ **cluster of houses** eine eng verbaute Häusergruppe; ~ **style** knapper Stil ② (*small*) kompakt; ~ **camera** Kompaktkamera *f;* **a** ~ **office** ein kleines Büro **II.** *vt* [kəm'pækt] (*form*) ■**to** ~ **sth** (*by a person*) *sand, soil, snow* etw festtreten; (*by a vehicle*) etw festfahren **III.** *n* ['kɒmpækt, AM 'kɑ:-] ① (*cosmetics*) Puderdose *f* ② AM, AUS AUTO Kompaktwagen *m*

compact² ['kɒmpækt, AM 'kɑ:-] *n* (*form*) ① (*contract*) Vertrag *m,* Pakt *m* ② (*formal agreement*) Übereinkunft *f,* Vereinbarung *f;* **to make a** ~ eine Übereinkunft schließen

compact disc, AM *also* **compact disk** *n* Compactdisc *f*

compactly [kəm'pæktli] *adv* kompakt; **a** ~ **written text** ein knapp geschriebener Text; ~ **built** kompakt gebaut

compactness [kəm'pæktnəs] *n no pl* Kompaktheit *f; of style* Knappheit *f*

compactor [kəm'pæktəʳ] *n* AM ① (*in construction*) Straßenwalze *f* ② (*for waste*) Verdichtungsgerät *nt*

companding [kəm'pændɪŋ] *n* COMPUT *abbrev of* **compressing and expanding** Kompandierung *f*

compandor [kəm'pændəʳ, AM -ɚ] *n* COMPUT *abbrev of* **compressor/expander** Kompandierer *m*

Companies Act *n* ■**the Companies Act** BRIT *Gesetze über Aktiengesellschaften* **Companies House** *n* BRIT *britische Gesellschaftsregistrierbehörde* **Companies Registration Office** *n* BRIT *britische Gesellschaftsregistrierbehörde*

companion [kəm'pænjən] **I.** *n* ① (*person accompanying sb*) Begleiter(in) *m(f);* (*associate*) Gefährte, -in *m, f,* Kamerad(in) *m(f) veraltend;* (*euph: sexual partner*) Liebhaber(in) *m(f);* (*fig*) ***hunger was his constant*** ~ er wurde ständig von Hunger geplagt; **close** ~ enger Freund/enge Freundin; **constant** ~ ständiger Begleiter/ständige Begleiterin; **drinking** ~ Saufkumpan *m fam;* **travelling** ~ Reisebegleiter(in) *m(f)* ② (*dated: for single woman*) Gesellschafterin *f* ③ (*dated: matching item*) Gegenstück *nt,* Pendant *nt geh* ④ (*reference book*) Ratgeber *m,* Führer *m* **II.** *n modifier* ~ **volume** Begleitband *m*

companionable [kəm'pænjənəbl̩] *adj* angenehm; **a** ~ **person** ein umgänglicher Mensch; **a** ~ **silence** eine wohltuende Stille

companionably [kəm'pænjənəbli] *adv* freundschaftlich

companion-in-arms *n* MIL Waffengefährte *m geh* **companion planting** *n* Partnerpflanzung *f* **companion set** *n* Kaminbesteck *nt*

companionship [kəm'pænjənʃɪp] *n no pl* (*company*) Gesellschaft *f;* (*friendship*) Kameradschaft *f*

companionway *n* NAUT Niedergang *m*

company ['kʌmpəni] **I.** *n* ① COMM Firma *f,* Unternehmen *nt;* **Adams and C~** Adams & Co.; **car** ~ Autofirma *f;* **Registrar of Companies** (*official*) Registerbevollmächtigter *m;* (*list*) **register of companies** [*or* **companies' register**] Firmenregister *m;* **close** ~ Personengesellschaft *f;* **shipping** ~ Reederei *f;* **to set up a** ~ eine Firma gründen ② *no pl* (*companionship*) Gesellschaft *f;* ***she bought two dogs for*** ~ sie kaufte sich zwei Hunde, um Gesellschaft zu haben; **dull/poor** ~ langweilige/wenig unterhaltsame Gesellschaft; **good/interesting** ~ angenehme/interessante Gesellschaft; **present** ~ **excepted** die Anwesenden ausgenommen; **to be in** ~ in Gesellschaft sein; **to be in good** ~ sich *akk* in guter Gesellschaft befinden; **to enjoy one's own** ~ (*iron*) gern allein [*o* für sich *akk*] sein; **to keep sb** ~ jdm Gesellschaft leisten; **to keep** ~ [**with sb**] mit jdm Umgang haben [*o* verkehren]; ***he's been keeping bad*** ~ er befindet sich in schlechter Gesellschaft; **in the** ~ **of** in Gesellschaft von, begleitet von; ***I travelled in the*** ~ ***of two friends*** ich reiste in Gesellschaft von zwei Freunden ③ *no pl* (*visitors*) Besuch *m kein pl,* Gäste *mpl;* **to expect/have** ~ Gäste erwarten/haben ④ THEAT Schauspieltruppe *f,* Ensemble *nt* ⑤ MIL Kompanie *f* ⑥ BRIT, CAN [**Girl**] **guide** ~ Pfadfinderinnentruppe *f* ⑦ BRIT (*in the City of London*) Gesellschaft *f,* Wohltätigkeitsorganisation *f* **II.** *n modifier* (*director, earnings*) Firmen-; ~ **headquarters** Firmensitz *m;* ~ **policy** Firmenpolitik *f;* ~ **profits** Gesellschaftsgewinne *mpl*

company car *n* Firmenwagen *m* **company housing** *n no pl* Firmenwohnungen *fpl* **company law** *n* Unternehmensrecht *nt* **company man** *n* (*usu pej*) firmenhöriger Mitarbeiter; ■**to be a** ~ der Firma hörig sein, mit der Firma verheiratet sein **company member** *n* ECON Gesellschafter(in) *m(f)* **company prospectus** *n* STOCKEX Emissionsprospekt *m* **company secretary** *n* ECON Prokurist(in) *m(f)* **company town** *n Stadt mit einem einzelnen Unternehmen als Hauptarbeitgeber*

comparable ['kɒmpərəbl̩, AM 'kɑ:-] *adj* vergleichbar (**to/with** mit +*dat*)

comparably ['kɒmpərəbli, AM 'kɑ:m] *adv inv* vergleichbar

comparative [kəm'pærətɪv, AM -'perət̬ɪv] **I.** *n* Komparativ *m* **II.** *adj* ① *inv* LING ~ **form** Komparativ *m,* erste Steigerungsform ② (*involving comparison*) vergleichend *attr;* ***there's a*** ~ ***rise this year in the number of babies born*** dieses Jahr wurden im Vergleich mehr Babys geboren; ~ **law** vergleichende Rechtswissenschaft; ~ **linguistics** vergleichende Sprachwissenschaft; ~ **literature** vergleichende Literaturwissenschaft, Komparatistik *f fachspr;* ~ **research** vergleichende Forschung; **a** ~ **study** eine vergleichende Studie ③ (*relative*) relativ

comparatively [kəm'pærətɪvli, AM -'perət̬ɪv-] *adv* ① (*relatively*) verhältnismäßig, relativ; ~ ***speaking, this computer is easy to use*** dieser Computer ist vergleichsweise einfach zu bedienen ② (*by comparison*) im Vergleich; **to analyse/judge sth** ~ etw durch einen Vergleich analysieren/bewerten

comparator [kəm'pærətəʳ, AM -'perət̬ə] *n* COMPUT Vergleicher *m*

compare [kəm'peəʳ, AM -'per] **I.** *vt* ① (*look for differences*) ■**to** ~ **sth/sb** etw/jdn vergleichen (**with** mit +*dat*); ~**d with** [*or* **to**] verglichen mit *dat;* **to** ~ **prices** Preise vergleichen ② (*liken*) ■**to** ~ **sb/sth** [**with sb/sth**] jdn/etw [mit jdm/etw] vergleichen; ***instant coffee can't be*** ~***d with freshly ground coffee*** zwische Instantkaffee und frisch gemahlenem Kaffee liegt ein himmelweiter Unterschied ③ LING *adjective, adverb* steigern ▶ PHRASES: **to** ~ **notes on sth** Meinungen über etw *akk* austauschen **II.** *vi* vergleichbar sein; ***last year's weather just doesn't*** ~ das Wetter im letzten Jahr war einfach unvergleichlich; **to** ~ **favourably** vergleichsweise gut abschneiden; ***the hotel*** ~***d favourably with the one we stayed in last year*** das Hotel war dieses Jahr um einiges besser als das, in dem wir letztes Jahr wohnten **III.** *n no pl* (*liter*) **beyond** ~ unvergleichlich

comparison [kəm'pærɪsən, AM -'per-] *n* ① (*contrast*) Vergleich *m;* **by** ~ **with** verglichen mit *dat;* **to bear** [*or* **stand**] ~ **with sb/sth** einem Vergleich mit jdm/etw gewachsen sein [*o* standhalten]; **to draw** [*or* **make**] **a** ~ einen Vergleich anstellen ② (*similarity*) Vergleich *m;* **there's no** ~ das ist gar kein Vergleich!

compartment [kəm'pɑ:tmənt, AM -'pɑ:rt-] *n* ① RAIL [Zug]abteil *nt,* Coupé *nt* ÖSTERR; **first class** ~ Erste[r]-Klasse-Abteil *nt* ② (*section*) Fach *nt;* **freezer** ~ Gefrierfach *nt,* Tiefkühlfach *nt;* **inner/sleeping** ~ (*in a tent*) Innenraum *m*/Schlafbereich *m*

compartmentalize [ˌkɒmpɑ:t'mentəlaɪz, AM kəmpɑ:rt'ment̬ə-] *vt* ■**to** ~ **sth** etw aufgliedern; **to** ~ **one's life** (*fig*) die unterschiedlichen Bereiche seines Lebens getrennt halten

compass <*pl* -es> ['kʌmpəs] *n* ① (*for showing direction*) Kompass *m;* ***they took a*** ~ ***reading*** sie lasen den Kompass ab; ~ **needle** Kompassnadel *f* ② (*for drawing circles*) Zirkel *m* ③ *no pl* (*form, liter: range*) Umfang *m,* Rahmen *m;* MUS Tonumfang *m* (**of** +*gen*); **to be beyond the** ~ **of sb's brain/powers** jds [geistigen] Horizont/Kräfte übersteigen

compasses ['kʌmpəsɪz] *npl* [**a pair of**] ~ Zirkel *m*

compassion [kəm'pæʃən] *n no pl* Mitgefühl *nt,* Mitleid *nt;* **to feel** [*or* **have**] ~ **for** [*or* **towards**] **sb** Mitleid mit jdm haben; **to show** ~ **for** [*or* **towards**] **sb** Mitgefühl für jdn zeigen; **with** ~ voller Mitgefühl

compassionate [kəm'pæʃənət] *adj* mitfühlend, voller Mitgefühl

compassionate leave *n no pl* Sonderurlaub *m* aus familiären Gründen; **to grant** ~ Sonderurlaub bewilligen

compassionately [kəm'pæʃənətli] *adv* voller Mitgefühl

compassion fatigue *n no pl* Nachlassen *nt* der [öffentlichen] Hilfsbereitschaft

compass rose *n* Windrose *f*

compatibility [kəmˌpætə'bɪləti, AM -ˌpæt̬ə'bɪləṭi] *n no pl* Vereinbarkeit *f;* COMPUT, MED Kompatibilität *f fachspr;* ***many marriages break down because of a lack of*** ~ ***between the two partners*** viele Ehen zerbrechen, weil die Partner nicht zueinander passen

compatible [kəm'pætɪbl̩, AM -'pæt̬-] *adj* ① (*of people or animals*) ■**to be** ~ zusammenpassen; ***cats are not*** ~ ***with birds*** Katzen vertragen sich nicht mit Vögeln ② (*of colours*) ■ **to be ~** zusammenpassen; ***the curtains aren't ~ with the carpet*** die Vorhänge beißen sich mit dem Teppich *fam* ③ MED (*of blood groups*) kompatibel ④ COMPUT kompatibel ⑤ (*consistent*) vereinbar (**with** mit +*dat*)

compatibly [kəm'pætɪbli, AM -'pæt̬-] *adv* aufeinander abgestimmt

compatriot [kəm'pætriət, AM -'peɪ-] *n* (*form*) Landsmann, Landsmännin *m, f*

compel <-ll-> [kəm'pel] *vt* ① (*force*) ■ **to ~ sb to do sth** jdn [dazu] zwingen, etw zu tun; **to feel ~led [to do sth]** sich *akk* gezwungen [*o* genötigt] sehen[, etw zu tun] ② (*form: cause to happen*) ■ **to ~ sth** *person* etw erzwingen; *circumstances* etw erforderlich machen; **to ~ attention** Aufmerksamkeit erregen

compellability [kəmˌpelə'bɪləti, AM -ət̬i] *n* LAW Zwang *m*

compellable [kəm'peləbl̩] *adj* LAW **a ~ witness** aussagepflichtiger Zeuge

compelling [kəm'pelɪŋ] *adj circumstances, evidence, reason* zwingend; *film, painting, performance* fesselnd; **~ desire** unwiderstehliches Verlangen

compellingly [kəm'pelɪŋli] *adv* ① (*irresistibly*) unwiderstehlich ② (*convincingly*) überzeugend ③ (*overwhelmingly*) überwältigend

compendia [kəm'pendiə] *n pl of* **compendium**

compendium <*pl* -s *or* -dia> [kəm'pendiəm, *pl* -diə] *n* Handbuch *nt*, Kompendium *nt geh*

compensate ['kɒmpənseɪt, AM 'kɑːm-] **I.** *vt* ■ **to ~ sb for sth** jdn für etw *akk* [finanziell] entschädigen **II.** *vi* kompensieren *geh;* ■ **to ~ for sth** etw ausgleichen [*o fam* wettmachen] [*o fachspr* kompensieren]

compensating ['kɒmpənseɪtɪŋ, AM 'kɑːm-] *adj* ausgleichend *attr;* ***it was a difficult job, but there were ~ rewards*** es war zwar ein schwieriger Job, doch entschädigte der Lohn für den Aufwand

compensation [ˌkɒmpən'seɪʃᵊn, AM ˌkɑːm-] **I.** *n no pl* ① (*monetary amends*) Entschädigung[sleistung] *f*, Schadenersatz *m;* **~ for loss of earnings** Verdienstausfallentschädigung *f;* **to claim** [*or* **seek**] **~** Schadenersatzansprüche geltend machen, [finanzielle] Entschädigung fordern ② (*recompense*) Entschädigung *f;* **in ~** als Ersatz, zum Ausgleich **II.** *n modifier* ① **~ claim** Schadenersatzanspruch *m* ② AM (*salary*) **~ package** Pauschalabfindung *f*, Gesamtvergütung *f*

compensation deal *n* Kompensationsgeschäft *nt*

compensation fund *n* FIN Ausgleichsfonds *m*

compensation order *n* LAW Urteil *nt* auf Schadenersatz

compensatory [ˌkɒmpən'seɪtᵊri, AM kəm'pen(t)sətɔːri] *adj inv* ECON, FIN kompensatorisch; **~ damages** ausgleichender Schadenersatz; **~ financing** Ausgleichsfinanzierung *f*

compère ['kɒmpeəʳ] **I.** *n* BRIT (*fam*) Conférencier *m* **II.** *vt* BRIT (*fam*) **to ~ a show** eine Show moderieren

compete [kəm'piːt] *vi* ① (*measure onesself with*) ■ **to ~ for sth [with sb]** [gegen jdn] um etw *akk* wetteifern [*o* kämpfen]; ***you just can't ~ with him*** man kann sich mit ihm einfach nicht messen; (*fig*) ***turn the music down — I'm not competing with that noise*** dreh die Musik leiser – ich schreie nicht gegen diesen Lärm an ② SPORTS antreten; ***are you competing in the 100 metres?*** nimmst du an dem 100-Meter-Rennen teil?; **to ~ for a medal/money/a prize** um eine Medaille/Geld/einen Preis kämpfen ③ COMM **to ~ for customers** um Kunden kämpfen

competence ['kɒmpɪtᵊn(t)s, AM 'kɑːm-], **competency** ['kɒmpɪtᵊn(t)si, AM 'kɑːm-] *n no pl* ① (*ability*) Fähigkeit *f*, Kompetenz *f;* ***I don't doubt his ~ as a nuclear physicist*** ich zweifle seine Fähigkeiten als Atomphysiker nicht an; ***he reached a reasonable level of ~ in his English*** sein Englisch erreichte ein recht gutes Niveau; **~ test** Befähigungsprüfung *f;* **to have the ~ to do sth** kompetent genug sein, um etw zu tun ② LAW (*of a court*) Zuständigkeit *f;* **to be within the ~ of the court** in den Zuständigkeitsbereich des Gerichts fallen ③ LAW (*state of a witness*) Wertigkeit *f* der Zeugenaussage

competent ['kɒmpɪtᵊnt, AM 'kɑːm-] *adj* ① (*capable*) *teacher, writer* fähig; (*qualified*) kompetent; ***I'm not ~ to make that decision*** ich bin nicht befähigt, diese Entscheidung zu treffen ② (*adequate*) ausreichend; ***he speaks quite ~ German*** er spricht recht gutes Deutsch ③ LAW zuständig; **~ authority** zuständige Behörde; **~ witness** zulässiger Zeuge/zulässige Zeugin

competently ['kɒmpɪtᵊntli, AM 'kɑːm-] *adv* gekonnt

competition [ˌkɒmpə'tɪʃᵊn, AM ˌkɑːm-] *n* ① *no pl* (*state of competing*) Konkurrenz *f*, Wettbewerb *m;* **fierce ~** ein harter Kampf; ■ **to be in ~ with sb** mit jdm konkurrieren, in Konkurrenz [*o* im Wettbewerb] zu jdm stehen; ***she's no ~*** sie ist keine Konkurrenz ② COMM Konkurrenz *f;* **unfair ~** unlauterer Wettbewerb ③ (*contest*) Wettbewerb *m;* **beauty ~** Schönheitswettbewerb *m;* **diving/swimming ~** Tauch-/Schwimmwettbewerb *m;* **to enter a ~** an einem Wettbewerb teilnehmen, bei einem Wettbewerb mitmachen

competitive [kəm'petɪtɪv, AM -'pet̬ət̬ɪv] *adj* ① (*characterized by competition*) konkurrierend *attr;* (*eager to compete*) kampfbereit; ***acting is very ~*** in der Schauspielerei herrscht harte Konkurrenz; ***you're very ~! it's meant to be a friendly match*** du bist sehr aggressiv! das soll ein Freundschaftsspiel sein; **~ spirit** Wettkampfgeist *m;* **~ sports** Leistungssport *m* ② (*able to compete*) konkurrenzfähig, wettbewerbsfähig; **~ bidding** Ausschreibungswettbewerb *m;* **~ edge** Wettbewerbsvorteil *m*, Wettbewerbsvorsprung *m*

competitive devaluation *n* ECON, FIN Abwertung *f* aus Wettbewerbsgründen

competitively [kəm'petɪtɪvli, AM -'pet̬ət̬ɪv-] *adv* ① (*ambitiously*) wettbewerbsorientiert; ***he approaches his job very ~*** er ist in seinem Job sehr ehrgeizig ② (*ably*) wettbewerbsfähig; ***our products are ~ priced*** die Preise unserer Produkte sind konkurrenzfähig ③ (*in competition*) in Wettkämpfen; ***she plays bridge ~*** sie spielt Bridge auf Wettkampfbasis

competitiveness [kəm'petɪtɪvnəs, AM -'pet̬ət̬ɪv-] *n no pl* ① (*ambition*) Konkurrenzdenken *nt* ② (*ability to compete*) *of companies, prices* Wettbewerbsfähigkeit *f*

competitor [kəm'petɪtəʳ, AM -'pet̬ət̬ɚ] *n* ① COMM Konkurrent(in) *m(f)*, Mitbewerber(in) *m(f)* ② (*one who competes*) [Wettkampf]gegner(in) *m(f);* (*participant*) [Wettbewerbs]teilnehmer(in) *m(f)*

compilation [ˌkɒmpɪ'leɪʃᵊn, AM ˌkɑːmpə-] *n* ① *no pl* (*act of compiling*) Zusammenstellung *f* ② (*collection*) Sammlung *f* ③ COMPUT **~ error** Kompilierfehler *m;* **~ time** Kompilierzeit *f*

compile [kəm'paɪl] *vt* ■ **to ~ sth** ① (*put together*) *list, table, dictionary* etw erstellen ② (*gather*) *facts, information* etw zusammentragen [*o* sammeln] ③ COMPUT etw kompilieren *fachspr*

compiler [kəm'paɪləʳ, AM -ɚ] *n* ① (*one who compiles*) Sammler(in) *m(f)* ② COMPUT Compiler *m fachspr*

complacence [kəm'pleɪsᵊn(t)s], **complacency** [kəm'pleɪsᵊn(t)si] *n no pl* (*pej*) Selbstzufriedenheit *f meist pej*, Selbstgefälligkeit *f pej*

complacent [kəm'pleɪsᵊnt] *adj* (*pej*) selbstzufrieden *meist pej*, selbstgefällig *pej*

complacently [kəm'pleɪsᵊntli] *adv* selbstzufrieden *meist pej*, selbstgefällig *pej*

complain [kəm'pleɪn] *vi* klagen, sich *akk* beklagen; ■ **to ~ about sth** sich *akk* über etw *akk* beklagen; ■ **to ~ that ...** sich *akk* darüber beklagen, dass ...; ■ **to ~ to sb** sich *akk* bei jdm beklagen; ***stop ~ing!*** hör auf zu jammern! *fam;* ***how are things? — oh, can't ~*** wie geht's? – oh, ich kann mich nicht beklagen; ***she's been ~ing of a bad back*** sie klagt über Rückenschmerzen

complainant [kəm'pleɪnənt] *n* LAW ① (*complainer*) Beschwerdeführer(in) *m(f)* ② (*plaintiff*) Kläger(in) *m(f)*

complainingly [kəm'pleɪnɪŋli] *adv* klagend

complaint [kəm'pleɪnt] *n* ① (*expression of displeasure*) Beschwerde *f*, Klage *f;* **to have cause** [*or* **grounds**] **for ~** Grund zur Klage haben; **to lodge** [*or* **make**] **a ~** Beschwerde einlegen; ■ **a ~ against sb** eine Beschwerde gegen jdn ② LAW (*claim*) Klageschrift *f;* **to lodge** [*or* **make**] **a ~ against sb** jdn verklagen; AM gegen jdn Anzeige erstatten ③ COMM, LAW Mängelrüge *f*, Reklamation *f;* **~s procedure** Beschwerdeverfahren *nt;* **Police C~s Committee** Ausschuss *m* zur Untersuchung ploizeilicher Vergehen; **to lodge** [*or* **make**] **a ~** eine Mängelrüge erheben ④ (*illness*) Leiden *nt*, Beschwerden *fpl;* **heart ~** Herzleiden *nt*

complaisance [kəm'pleɪzᵊn(t)s, AM -sᵊn(t)s] *n no pl* (*form, liter*) Entgegenkommen *nt*, Zuvorkommenheit *f*

complaisant [kəm'pleɪzᵊnt, AM -sᵊnt] *adj* (*form, liter*) gefällig, entgegenkommend

compleat [kəm'pliːt] *adj* (*old*) *see* **complete**

complement ['kɒmplɪmənt, AM 'kɑːm-] **I.** *vt* ■ **to ~ sth** etw ergänzen [*o* abrunden]; **to ~ each other** sich *akk* [gegenseitig] ergänzen; ***strawberries and cream ~ each other perfectly*** Erdbeeren und Sahne passen wunderbar zusammen **II.** *n* ① (*accompaniment*) Ergänzung *f* ② LING Ergänzung *f* ③ *no pl* **a full ~ of staff** eine komplette Ersatzmannschaft

complementary [ˌkɒmplɪ'mentᵊri, AM ˌkɑːmplə'ment̬ɚi] *adj* ① (*complementing each other*) einander ergänzend *attr;* **~ needs** sich *akk* ergänzende Bedürfnisse; **~ products** ergänzende Produkte, Kuppelprodukte *ntpl fachspr;* **~ services** Zusatzleistungen *fpl* ② (*making complete*) ergänzend

complementary angle *n* MATH Komplementwinkel *m fachspr*

complementary colour *n* Komplementärfarbe *f*

complementary medicine *n no pl* BRIT alternative Heilkunde [*o* Medizin]

complete [kəm'pliːt] **I.** *vt* ■ **to ~ sth** ① (*add what is missing*) *collection, set* etw vervollständigen; *form, questionnaire* etw [vollständig] ausfüllen; ***all she needed to ~ her happiness was a baby*** alles, was ihr zu ihrem Glück noch fehlte, war ein Baby ② (*finish*) etw fertig stellen [*o* zu Ende bringen]; **to ~ a conveyance** LAW eine Eigentumsübertragung abschließen; **to ~ a course** einen Kurs absolvieren; **to ~ one's studies** sein Studium zu Ende bringen **II.** *adj* ① (*with nothing missing*) vollständig, komplett; **a ~ set** ein vollständiges Set; **the ~ works of Shakespeare** Shakespeares gesammelte Werke; ***sun, sand and romance — their holiday was ~*** Sonne, Sand, Romantik – ihr Urlaub war vollkommen ② *pred* (*finished*) *book* fertig ③ (*including*) **~ with** inklusive; **~ with batteries** inklusive Batterien ④ *attr* (*total*) absolut, komplett; ***the man's a ~ fool!*** der Mann ist ein Vollidiot! *fam;* ***it was a ~ surprise*** es war eine völlige Überraschung; **~ blank** völlige Leere; **~ breakdown** totaler Zusammenbruch; **~ coverage** (*in insurance*) volle Deckung [*o* Risikoübernahme]; **in ~ darkness** in völliger Dunkelheit; **the ~ gentleman** der perfekte Gentleman; **~ mastery** vollkommene Beherrschung; **~ paralysis** vollständige Lähmung; **~ protein** vollwertiges Eiweiß; **~ silence** absolute Stille; **a ~ stranger** ein völlig Fremder/eine völlig Fremde; **~ and utter** total *fam*

completed [kəm'pliːtɪd, AM -t̬ɪd] *adj* vollendet; **a recently ~ shopping centre** ein kürzlich fertig gestelltes Einkaufszentrum

completely [kəm'pliːtli] *adv* völlig; **~ certain** absolut sicher; **to be ~ convinced** der vollen Überzeugung sein; **to devote oneself ~ to sth** sich *akk* etw *dat* ganz [und gar] widmen; **to disappear ~** spurlos verschwinden

completeness [kəm'pliːtnəs] *n no pl* Vollständigkeit *f*

completion [kəm'pliːʃᵊn] *n no pl* Fertigstellung *f;* ***you'll be paid on ~ of the project*** die Bezahlung erfolgt nach Abschluss des Projekts; **~ of a conveyance** LAW Vertragsabschluss *m* [bei Eigentumsübertragung]; **~ statement** LAW Abschlussrechnung *f* nach Vertragsabschluss; **to near ~** kurz vor dem Abschluss [*o* vor der Fertigstellung] stehen

completion date *n* (*in production*) Fertigstellungstermin *m;* (*in sales*) Abschlusstermin *m* (*Tag, an dem der Verkauf besiegelt wird*)

complex I. *adj* ['kɒmpleks, AM kɑːm'pleks] komplex; (*complicated*) kompliziert; *issue, matter, personality, problem* vielschichtig; *plot, theory* verwickelt, verstrickt; **~ carbohydrate/molecule** komplexes Kohlenhydrat/Molekül; **~ network of roads** verästeltes Straßennetz **II.** *n* <*pl* -es> ['kɒmpleks, AM 'kɑːm-] ❶ ARCHIT Komplex *m;* **apartment ~** AM Wohnkomplex *m;* **housing ~** Wohnhausanlage *f;* **sports and leisure ~** Sport- und Freizeitzentrum *nt;* **shopping ~** Einkaufszentrum *nt* ❷ PSYCH Komplex *m;* ***he's got a ~ about being bald*** er hat einen Komplex wegen seiner Kahlköpfigkeit; ***I've got a real ~ about spiders*** ich kann Spinnen partout nicht ausstehen; **guilt/inferiority ~** Schuld-/Minderwertigkeitskomplex *m;* **persecution ~** Verfolgungswahn *m;* **weight ~** Komplex *m* aufgrund von Gewichtsproblemen; **to give sb a ~** (*fam*) bei jdm Komplexe verursachen

complexion [kəm'plekʃᵊn] *n* ❶ (*skin colour*) Teint *m;* **clear/spotty ~** reine/unreine Haut; **dark/fair/pale ~** dunkler/heller/blasser Teint; **healthy ~** gesunde Gesichtsfarbe ❷ (*character*) Schattierung *f,* Couleur *f geh; of people* Gesinnung *f* ► PHRASES: **to put a different/new ~ on sth** etw in einem anderen/neuen Licht erscheinen lassen

complexity [kəm'pleksəti, AM -əṭi] *n* ❶ *no pl* (*intricacy*) Komplexität *f,* Vielschichtigkeit *f* ❷ (*complication*) Kompliziertheit *f*

complex sentence *n* LING Satzgefüge *nt* **complex word** *n* LING Kompositum *nt*

compliance [kəm'plaɪən(t)s] *n no pl* (*form*) ❶ (*conformity*) Übereinstimmung *f;* **declaration of ~** LAW *Erklärung der Richtigkeit von Angaben im Sinne des Companies Act zur Gesellschaftsgründung;* **in ~ with sb's desire** wunschgemäß; **in ~ with the law** gesetzeskonform; **in ~ with sb's order/request/wishes** gemäß jds Befehl/Anfrage/Wünschen; **in ~ with the regulations** unter Einhaltung der Bestimmungen ❷ (*pej: obeyance*) Willfährigkeit *f pej geh,* Gefügigkeit *f*

compliance department *n* ECON, FIN *Aufsichtsorgan in Brokerhäusern, das über Einhaltung der Börsenordnung wacht* **compliance officer** *n* ECON, FIN Angehöriger *m*/Angehörige *f* des Aufsichtsorgans eines Brokerhauses

compliant [kəm'plaɪənt] *adj* (*form*) gefügig; **~ with safety regulations** den Sicherheitsbestimmungen entsprechend; ■**not ~ with** LAW nicht übereinstimmend mit

complicate ['kɒmplɪkeɪt, AM 'kɑːmplə-] *vt* ■**to ~ sth** (*make more difficult*) etw [ver]komplizieren [*o* [noch] komplizierter machen]; (*make worse*) etw verschlimmern; ***to ~ matters ...*** um die Dinge noch komplizierter zu machen ...

complicated ['kɒmplɪkeɪtɪd, AM 'kɑːmpləkeɪṭɪd] *adj plan, story* kompliziert; *situation, person* schwierig

complication [ˌkɒmplɪ'keɪʃᵊn, AM ˌkɑːmplə'-] *n* Komplikation *f;* ***~s arose*** Komplikationen sind aufgetreten

complicit [kəm'plɪsɪt] *adj inv* verschwörerisch; ■**to be ~ in sth** an etw *dat* beteiligt sein

complicity [kəm'plɪsəti, AM -əṭi] *n* LAW *no pl* (*form*) Mittäterschaft *f,* Komplizenschaft *f* (**in** bei +*dat*); **~ in a crime** Beteiligung *f* an einem Verbrechen

compliment ['kɒmplɪmənt, AM 'kɑːmplə-] **I.** *n* ❶ (*expression of approval*) Kompliment *nt;* ***my ~s to the chef!*** mein Kompliment an die Köchin!; ***that he survived the accident is a ~ to the skill of the medical team*** dass er den Unfall überlebt hat, macht dem Ärzteteam alle Ehre; **to pay sb a ~** jdm ein Kompliment machen; ***he paid me the ~ of trusting me with his secret*** er erwies mir die Ehre, mich in sein Geheimnis einzuweihen; **to repay** [*or* **return**] **a ~** ein Kompliment erwidern; **to take sth as a ~** etw als Kompliment auffassen ❷ (*form*) **with ~s** mit den besten Empfehlungen *geh,* zur gefälligen Kenntnisnahme *geh;* **to supply drinks with one's ~s** eine Runde ausgeben ► PHRASES: **~s of the season** frohes Fest; **to be fishing for ~s** auf Komplimente aus sein **II.** *vt* ■**to ~ sb** jdm ein Kompliment machen; ***I must ~ you on your handling of a very difficult situation*** ich muss Ihnen dazu gratulieren, wie Sie die schwierige Situation gemeistert haben

complimentary [ˌkɒmplɪ'mentᵊri, AM ˌkɑːmpləmenṭᵊi] *adj* ❶ (*expressing a compliment*) schmeichelhaft; **to be ~ about sb/sth** sich über jdn/etw schmeichelhaft äußern, von jdm/etw begeistert sein ❷ (*free, without charge*) Frei-, Gratis-; **~ ticket** Freikarte *f*

compliment slip *n* COMM Kurzantwortkarte *f*

compline ['kɒmplɪn, AM 'kɑːm] *n* Komplet *nt*

comply [kəm'plaɪ] *vi* sich *akk* fügen; ■**to ~ with sth** etw befolgen; ***there are serious penalities for failure to ~ with the regulations*** bei Regelverstößen drohen strenge Strafen; **to ~ with the law/the rules** das Gesetz/die Regeln einhalten; **to refuse to ~ with an order** sich *akk* weigern, einem Befehl Folge zu leisten; **to ~ with the regulations** die Bestimmungen erfüllen

component [kəm'pəʊnənt, AM -'poʊ-] *n* Teil *m;* TECH [Bau]element *nt,* Komponente *f; of a diet* Bestandteil *m;* **key ~** zentraler Bestandteil, Schlüsselkomponente *f*

component parts *npl* Einzelteile *ntpl,* Komponenten *fpl*

comport [kəm'pɔːt, AM -'pɔːrt] *vr* (*form*) ■**to ~ oneself** sich *akk* verhalten; ***he ~ed himself well in the interview*** er hat sich bei dem Interview gut gehalten

comportment [kəm'pɔːtmənt, AM -'pɔːrt-] *n no pl* (*dated*) Verhalten *nt*

compose [kəm'pəʊz, AM -'poʊz] **I.** *vi* komponieren **II.** *vt* ❶ MUS, LIT (*produce*) ■**to ~ sth** etw komponieren; **to ~ a play/poem** ein Theaterstück/Gedicht verfassen ❷ (*write*) ■**to ~ sth** etw abfassen; **to ~ a letter** einen Brief aufsetzen ❸ *usu passive* (*comprise*) ■**to be ~d of sth** aus etw *dat* bestehen, sich *akk* aus etw *akk* zusammensetzen ❹ (*calm, collect*) ■**to ~ sth** etw ordnen; ■**to ~ oneself** sich *akk* beruhigen; ***she tried hard to ~ her features into a smile*** sie versuchte angestrengt, sich zu einem Lächeln zu zwingen; **to ~ differences** (*form*) Differenzen beilegen; **to ~ one's thoughts** seine Gedanken ordnen [*o* sammeln] ❺ TYPO ■**to ~ sth** etw setzen

composed [kəm'pəʊzd, AM -'poʊzd] *adj* (*collected*) gefasst, beherrscht; (*calm*) ruhig

composedly [kəm'pəʊzɪdli, AM -'poʊz-] *adv* (*collectedly*) gefasst, beherrscht; (*calmly*) ruhig

composer [kəm'pəʊzəʳ, AM -'poʊzɚ] *n* Komponist(in) *m(f)*

composite ['kɒmpəzɪt, AM kəm'pɑːzɪt] **I.** *n* ❶ (*mixture*) Gemisch *nt;* ***the photography was a ~*** das Foto war eine Montage ❷ (*building material*) Verbundmaterial *nt,* Verbundwerkstoff *m* ❸ COMPUT **~ display** Kombinationsbildschirm *m;* **~ video** Farbbildsignalgemisch *nt;* **~ video signal** Farbmischsignal *nt* **II.** *adj* zusammengesetzt; **~ photograph/picture** Foto-/Bildmontage *f*

composite circuit *n* ELEC kombinierter Schaltkreis

composite index *n* STOCKEX Börsenbarometer *nt*

composition [ˌkɒmpə'zɪʃᵊn, AM ˌkɑːm-] *n* ❶ *no pl* (*in music*) Komponieren *nt;* (*in literature*) Verfassen *nt;* (*subject of study*) Kompositionslehre *f;* ***is this poem of your own ~?*** hast du dieses Gedicht selbst verfasst? ❷ (*piece of music*) Komposition *f* ❸ (*arrangement*) Gestaltung *f;* (*of painting, picture*) Komposition *f geh* ❹ (*short essay*) Aufsatz *m* (**on** über +*akk*) ❺ *no pl* (*make-up*) *of a group* Zusammenstellung *f;* CHEM Zusammensetzung *f* ❻ *no pl* TYPO Satz *m*

compositional [ˌkɒmpə'zɪʃᵊnᵊl, AM ˌkɑːm] *adj inv* kompositorisch, Kompositions-

compositor [kəm'pɒzɪtəʳ, AM -'pɑːzɪṭɚ] *n* [Schrift]setzer(in) *m(f);* **electronic ~** elektronische Setzmaschine

compos mentis [ˌkɒmpəs'mentɪs, AM ˌkɑːmpəs'menṭəs] *adj pred* LAW (*sane*) zurechnungsfähig, geistig gesund; (*hum*) ***he's rarely ~ before ten o'clock in the morning*** vor 10 Uhr morgens ist er in der Regel noch nicht ansprechbar

compost ['kɒmpɒst, AM 'kɑːmpoʊst] **I.** *n no pl* Kompost *m* **II.** *n modifier* **~ heap/pile** Komposthaufen *m* **III.** *vt* ■**to ~ sth** etw kompostieren

composure [kəm'pəʊʒəʳ, AM -'poʊʒɚ] *n no pl* Fassung *f,* Beherrschung *f;* **to lose one's ~** die Fassung verlieren; **to regain one's ~** seine Fassung wiedergewinnen

compôte ['kɒmpəʊt, AM 'kɑːmpoʊt] *n* Kompott *nt;* **fruit ~** Fruchtkompott *nt*

compound¹ I. *vt* [kəm'paʊnd, AM *esp* kɑːm'-] ■**to ~ sth** ❶ (*make worse*) etw verschlimmern; **to ~ a problem** ein Problem verstärken [*o* vergrößern] ❷ (*mix*) *materials, substances* etw mischen ❸ *usu passive* (*constitute*) sich *akk* aus etw *dat* zusammensetzen, aus etw *dat* bestehen ❹ ECON, FIN ■**to ~ sth** etw durch Vergleich erledigen, einen Vergleich schließen, to **~ an offence;** LAW ein Verfahren gegen Geldauflage einstellen **II.** *vi* [kəm'paʊnd, AM kɑːm'-] LAW sich *akk* vergleichen; **to ~ with one's creditors** mit seinen Gläubigern einen Vergleich schließen **III.** *n* ['kɒmpaʊnd, AM 'kɑːm-] ❶ (*combination*) Mischung *f,* Kombination *f* ❷ CHEM Verbindung *f;* **nitrogen ~** Stickstoffverbindung *f* **IV.** *adj* COMPUT **~ logical element** zusammengesetztes logisches Element; **~ statement** zusammengesetzte Anweisung *f*

compound² ['kɒmpaʊnd, AM 'kɑːm-] *n* MIL Truppenlager *nt;* **embassy ~** Botschaftsgelände *nt;* **family ~** Familiensitz *m;* **prison ~** Gefängnishof *m*

compound eye *n* ZOOL Facettenauge *nt* **compound fracture** *n* MED offener Bruch, komplizierte Fraktur *fachspr* **compound interest** *n no pl* FIN Zinseszins *m* **compound leaf** *n* BOT aus Teilblättern zusammengesetztes Blatt **compound noun** *n* LING Kompositum *nt* **compound verb** *n* LING zusammengesetztes Verb

comprehend [ˌkɒmprɪ'hend, AM ˌkɑːm-] **I.** *vi* (*also form*) begreifen, verstehen **II.** *vt* ■**to ~ sth** ❶ (*understand completely*) etw begreifen [*o* verstehen] ❷ (*form: comprise*) etw umfassen

comprehensibility [ˌkɒmprɪhen(t)sə'bɪləti, AM ˌkɑːmprəhen(t)sə'bɪləṭi] *n no pl* Verständlichkeit *f*

comprehensible [ˌkɒmprɪ'hen(t)səbḷ, AM ˌkɑːm-] *adj* verständlich (**to** für +*akk*)

comprehensibly [ˌkɒmprɪ'hen(t)səbli, AM ˌkɑːm-] *adv* verständlich

comprehension [ˌkɒmprɪ'hen(t)ʃᵊn, AM ˌkɑːm-] **I.** *n no pl* Verständnis *nt;* **to be beyond sb's ~** jdm unbegreiflich [*o* unverständlich] sein **II.** *n modifier* **listening/reading ~ test** Hör-/Leseverständnistest *m*

comprehensive [ˌkɒmprɪ'hen(t)sɪv, AM ˌkɑːmprə-] **I.** *adj* umfassend, global; **~ answer** ausführliche Antwort; **~ coverage** volle Deckung; **~ list** vollständige Liste; **fully ~** allumfassend **II.** *n* BRIT Gesamtschule *f; see also* **comprehensive school**

comprehensive insurance *n no pl* AUTO Vollkaskoversicherung *f*

comprehensively [ˌkɒmprɪ'hen(t)sɪvli, AM ˌkɑːmprə-] *adv* umfassend; ***the plan has been ~ rejected*** der Plan wurde in allen Punkten abgelehnt; **a ~ illustrated book** ein reich bebildertes Buch

comprehensiveness [ˌkɒmprɪ'hensɪvnəs, AM ˌkɑːmprə] *n no pl* Umfang *m*

comprehensive school I. *n* BRIT Gesamtschule *f;* **to attend** [*or* **go to**] **~** eine Gesamtschule besuchen, auf eine Gesamtschule gehen **II.** *n modifier* Gesamtschul-; ***I had a ~ education*** ich habe eine Gesamtschule besucht; **~ pupil** Schüler(in) *m(f)* an einer Gesamtschule

compress¹ [kəm'pres] *vt* ■**to ~ sth** ❶ (*squeeze together*) etw zusammendrücken [*o* zusammenpressen]; **to ~ air/a gas** Luft/ein Gas komprimieren; ■**to ~ clothes into a bag** Kleidung in eine Ta-

sche stopfen *fam* ② (*condense*) etw zusammenfassen (**into** in +*dat*)
compress² <*pl* -es> ['kɒmpres, AM 'kɑ:m-] *n* Kompresse *f*, Wickel *m;* **cold/hot ~** kalter/heißer Wickel
compressed [kəm'prest] *adj* komprimiert
compressed air *n no pl* Druckluft *f*, Pressluft *f*
compression [kəm'preʃᵊn] **I.** *n no pl* (*process of compressing*) Kompression *f*, Verdichtung *f*, Komprimierung *f;* (*in writing*) knapper Stil; COMPUT **data ~** Datenverdichtung *f;* **disk ~ software** Festplattenkomprimierungssoftware *f* **II.** *n modifier* **high/low ~ engine** hoch-/niedrigverdichteter Motor
compressor [kəm'presəʳ, AM -ɚ] *n* Kompressor *m*, Verdichter *m;* COMPUT Verdichter *m;* (*program or device*) Verdichtungsprogramm *nt;* **audio ~** Tonkompressor *m*
comprise [kəm'praɪz] *vt* (*form*) ■**to ~ sth** aus etw *dat* bestehen
compromise ['kɒmprəmaɪz, AM 'kɑ:m-] **I.** *n* Kompromiss *m;* **to agree to a ~** einem Kompromiss zustimmen, sich *akk* auf einen Kompromiss einigen; **to make a ~** einen Kompromiss schließen [*o* eingehen]; **to reach** [*or* **arrive at**] **a ~** zu einem Kompromiss gelangen; **to work out a ~** einen Kompromiss ausarbeiten **II.** *vi* Kompromisse [*o* einen Kompromiss] eingehen; ***after long negotiations they ~d at $3500*** nach langen Verhandlungen einigten sie sich auf $3500 **III.** *vt* (*pej*) ■**to ~ sth** etw *dat* schaden; ■**to ~ oneself** sich *akk* kompromittieren, seinem [eigenen] Ansehen schaden; **to ~ one's beliefs/principles** seiner Überzeugung/seinen Prinzipien untreu werden; **to ~ one's reputation** seinem Ruf schaden
compromising ['kɒmprəmaɪzɪŋ, AM 'kɑ:m-] *adj esp attr* kompromittierend
comptometer [ˌkɒmp'tɒmɪtəʳ, AM ˌkɑ:mp'tɑ:mɪt̬ɚ] *n* COMPUT automatische Zählmaschine
comptroller [kən'trəʊləʳ, AM -'troʊlɚ] *n* Rechnungsprüfer(in) *m(f)*, Controller(in) *m(f);* **C~ and Auditor Genereal** BRIT LAW Rechnungsprüfer des Rechnungshofes; **~ of the Currency** AM ECON, FIN Präsident(in) *m(f)* der US-Bankenaufsichtsbehörde
compulsion [kəm'pʌlʃᵊn] *n no pl* ① (*irresistible urge*) Zwang *m;* ■**to have a ~ [to do sth]** den Drang haben[, etw zu tun]; **driven by some kind of inner ~** von einem inneren Zwang getrieben ② *no pl* (*force*) Druck *m;* **under ~** unter Druck [*o* Zwang]; ***don't feel under any ~ to take me with you*** Sie brauchen sich nicht verpflichtet zu fühlen, mich mitzunehmen
compulsive [kəm'pʌlsɪv] *adj* ① (*obsessive*) zwanghaft; ***he is a ~ smoker*** er ist nikotinsüchtig; **~ gambling** krankhafter Spieltrieb; **~ eating disorder** krankhafte Essstörung; **~ liar** notorischer Lügner/notorische Lügnerin ② (*captivating*) fesselnd; ***her latest book is a ~ read*** ihr letztes Buch muss man einfach gelesen haben; **~ reading** Pflichtlektüre *f;* **~ viewing** TV Pflichttermin *m* (*TV*); **utterly ~** überaus faszinierend
compulsively [kəm'pʌlsɪvli] *adv* ① (*obsessively*) zwanghaft; ***she smokes ~*** sie ist süchtig nach Zigaretten; **to clean ~** einen Putzfimmel haben *pej;* **to eat ~** zwanghaft essen; **to exercise** [*or* **work**] **~** wie besessen trainieren/arbeiten *fam;* **to lie ~** notorisch lügen; **to talk ~** ständig reden müssen ② (*captivatingly*) fesselnd, faszinierend; **~ readable/viewable** unbedingt lesenswert/sehenswert
compulsiveness [kəm'pʌlsɪvnəs] *n no pl* Zwanghaftigkeit *f*
compulsorily [kəm'pʌlsᵊrᵊli] *adv* zwangsweise
compulsory [kəm'pʌlsᵊri] *adj* verpflichtend, obligatorisch *geh*, Pflicht-; **~ attendance** Anwesenheitspflicht *f;* **~ education** [*or* **schooling**] [allgemeine] Schulpflicht; **~ by law** gesetzlich vorgeschrieben; **~ retirement** Zwangspensionierung *f;* **~ military service** [allgemeine] Wehrpflicht; **~ subject** Pflichtfach *nt;* **~ vaccination** Pflichtimpfung *f*
compulsory liquidation *n* COMM Zwangsliquidation *f* **compulsory purchase** *n* COMM Enteignung *f* **compulsory purchase order** *n* LAW Enteignungsbeschluss *m*
compulsory winding up order *n* COMM Zwangsliquidationsbeschluss *m*
compunction [kəm'pʌŋ(k)ʃᵊn] *n no pl* Schuldgefühle *ntpl*, Gewissensbisse *mpl;* ■**to have no ~ about sth** keine Skrupel wegen einer S. *gen* haben
computation [ˌkɒmpjə'teɪʃᵊn, AM ˌkɑ:m-] *n* Berechnung *f*, Kalkulation *f*
computational [ˌkɒmpjə'teɪsᵊnᵊl, AM ˌkɑ:m] *adj inv* ① MATH rechnerisch ② COMPUT Computer-
compute [kəm'pju:t] *vt* ■**to ~ sth** etw berechnen [*o* errechnen] ② AM **that doesn't ~** das ergibt keinen Sinn, das ist unlogisch
computer [kəm'pju:təʳ, AM -t̬ɚ] *n* Computer *m*, Rechner *m;* **to do sth by** [*or* **on**] **~** etw mit dem Computer bearbeiten; **to record sth on ~** etw mit dem Computer erfassen
computer-aided *adj*, **computer-assisted** *adj* COMPUT computergestützt; **~ design** computergestützte Entwurf und Konstruktion **computer-aided design** [kəmˌpju:təʳeɪdɪddɪ'zaɪn, AM t̬ɚ] *n*, **computer-assisted design** [kəmˌpju:təʳəsɪstɪddɪ'zaɪn, AM t̬ɚ] *n no pl see* **CAD** computergestützter Entwurf
computerate [kəmˌpju:tᵊrət, AM -t̬ɚ-] *adj* **to be ~** sich *akk* mit Computern auskennen
computer-based [kəmˌpju:tə'beɪst, AM -t̬ɚ] *adj inv* computerisiert **computer card** *n* Computerregister *nt* **computer center** AM, **computer centre** *n* Rechenzentrum *nt* **computer-controlled** [kəmˌpju:təkən'trəʊld, AM -t̬ɚkən'troʊld] *adj inv* elektronisch **computer crime** *n* ① *no pl* (*phenomenon*) Computerkriminalität *f* ② (*act*) Straftat *f* mit dem Computer, Computerverbrechen *nt* **computer dating** *n no pl* Partnertreff *m* via Computer **computer fraud** *n* LAW Computerbetrug *m* **computer freak** *n* Computerfreak *m* **computer game** *n* Computerspiel *nt* **computer-generated** [ˌkɒmpju:tə'dʒenəreɪtɪd, AM ˌkɑ:mpju:t̬ɚ'-] *adj inv* computeranimiert, computergeneriert **computer graphics** *n + sing/pl vb* Computergrafik *f* **computer hardware** *n no pl* [Computer]hardware *f*
computerization [kəmˌpju:tᵊraɪ'zeɪʃᵊn, AM -t̬ɚɪ'-] *n no pl* ① (*computer storage*) Computerisierung *f;* **~ of data** elektronische Datenspeicherung ② (*equipping with computers*) Ausrüstung *f* mit Computern, Umstellung *f* auf EDV
computerize [kəm'pju:tᵊraɪz, AM -t̬əraɪz] **I.** *vt* ■**to ~ sth** ① (*store on computer*) etw [im Computer] speichern ② (*equip with computers*) etw computerisieren [*o* auf EDV umstellen] **II.** *vi* auf EDV umstellen
computer-literate *adj* mit EDV-Kenntnissen; **to be ~** sich *akk* mit Computern auskennen **computer network** *n* Rechnernetz *nt*, Netzwerk *nt* **computer program** *n* Computerprogramm *nt* **computer programmer** *n* Programmierer(in) *m(f)* **computer science** *n no pl* Informatik *f;* **~ course** Informatikkurs *m* **computer scientist** *n* Informatiker(in) *m(f)* **computer search** *n* Recherche *f* am Computer; **to conduct a ~** per Computer recherchieren **computer simulation** *n* Computersimulation *f* **computer software** *n no pl* [Computer]software *f* **computer system** *n* Computersystem *nt* **computer tomography** *n* MED Computertomographie *f* **computer virus** *n* Virus *m* **computer work-station** *n* Computerarbeitsplatz *m*
computing [kəm'pju:tɪŋ, AM -t̬ɪŋ] *n no pl* ① (*calculating*) Berechnen *nt*, Kalkulieren *nt* ② COMPUT EDV *f;* **distributed** [*or* **community**] **~** Rechnen *nt* in einem Netzwerk; **distributed-~ network** Netzwerk *nt*
comrade ['kɒmreɪd, AM 'kɑ:mræd] *n* ① (*dated: friend*) Kamerad(in) *m(f)* ② POL [Partei]genosse, -in *m, f;* ***dear ~s ...*** liebe Genossinnen, liebe Genossen ... ③ (*fellow trade-unionist*) [Gewerkschafts]genosse, -in *m, f*
comrade-in-arms <*pl* comrades-in-arms> *n* Kriegskamerad *m*, Waffenbruder *m geh*
comradely ['kɒmreɪdli, AM 'kɑ:mræd-] *adj* kameradschaftlich
comradeship ['kɒmreɪdʃɪp, AM 'kɑ:mræd-] *n no pl* Kameradschaft *f;* **spirit of ~** Kameradschaftsgeist *m*
con¹ [kɒn, AM kɑ:n] **I.** *vt* <-nn-> (*fam*) **to ~ one's way into a building** sich *akk* in ein Gebäude einschleichen; ■**to ~ sb** jdn reinlegen *fam;* ■**to ~ sb into doing sth** jdn [mit Tricks] dazu bringen, etw zu tun; **to ~ sb into believing** [*or* **thinking**] **that ...** jdm weismachen wollen [*o* vorschwindeln], dass ...; ■**to ~ sb out of sth** [*or* **sth out of sb**] *money, savings* jdm etw abluchsen *fam*, jdn um etw *akk* bringen *fam* **II.** *n* ① (*trick*) Schwindel *m kein pl*, Bauernfängerei *f kein pl;* ***it's just a ~!*** das ist alles ein ausgemachter Schwindel! ② (*sl: convict*) Knacki *m sl*, Knastbruder *m fam* ③ LAW (*sl: sentencing*) Verurteilung *f*
con² [kɒn, AM kɑ:n] *n usu pl* (*fam: disadvantage*) **the pros and ~s** das Für und Wider, das Pro und Kontra
Con *adj abbrev of* **conservative I 3**
con artist *n* Schwindler(in) *m(f);* (*high-class pretender*) Hochstapler(in) *m(f)*
concatenate [kən'kætəneɪt, AM -'kæt̬ə-] *vt* COMPUT ■**to ~ sth** etw verketten; **~d data set** verkettete Dateien
concatenation [kənˌkætə'neɪʃᵊn, AM -ˌkæt̬ə-] *n* Verkettung *f*
concave ['kɒnkeɪv, AM kɑ:n'keɪv] *adj* nach innen gewölbt, konkav *geh;* **~ lens** Konkavlinse *f*
concavity [kɒn'kævəti, AM kɑ:n'kævət̬i] *n no pl* SCI Konkavität *f fachspr*
conceal [kən'si:l] *vt* ■**to ~ sth [from sb]** etw [vor jdm] verbergen [*o* verheimlichen]; **to ~ evidence** Beweismaterial zurückhalten [*o* unterschlagen]; **to ~ information from sb** jdm Informationen vorenthalten; **to ~ one's surprise** seine Überraschung verbergen; **to ~ the truth** die Wahrheit verschweigen
concealed [kən'si:ld] *adj* verborgen, versteckt; **~ entrance** verborgener Eingang; **~ lighting** indirekte Beleuchtung; **~ [security] camera** versteckte [Überwachungs]kamera
concealer [kən'si:ləʳ, AM -ɚ] *n* (*stick*) Abdeckstift *m;* (*cream*) Abdeckcreme *f*
concealment [kən'si:lmənt] *n no pl* Verheimlichung *f; of evidence, information* Verschweigen *nt*, Zurückhalten *nt; of feelings* Verbergen *nt;* **~ of assets** COMM Vermögensverschleierung *f;* **~ of birth** LAW Personenstandsunterdrückung *f*, Verletzung *f* der Anzeigepflicht (*bei Geburt eines Kindes*); **to watch sth from a place of ~** etw von einem Versteck aus beobachten
concede [kən'si:d] **I.** *vt* ① (*acknowledge*) ■**to ~ sth** etw zugeben [*o* einräumen]; **to ~ defeat** eine Niederlage eingestehen, sich *akk* geschlagen geben ② (*surrender*) ■**to ~ sth** *authority, power* etw aufgeben; **to ~ independence to a country** einem Land die Unabhängigkeit zugestehen; **to ~ a territory** ein Gebiet abtreten ③ (*grant*) ■**to ~ sth** *privilege, right* etw einräumen ④ SPORTS **to ~ a goal** ein Tor kassieren *fam;* **to ~ a match/point** ein Spiel/einen Punkt abgeben **II.** *vi* sich *akk* geschlagen geben, kapitulieren
conceit [kən'si:t] *n* ① *no pl* (*vanity*) Einbildung *f;* **to be full of ~** schrecklich eingebildet sein *fam* ② (*liter: elaborate metaphor*) Konzetto *nt meist pl fachspr*
conceited [kən'si:tɪd, AM -t̬-] *adj* (*pej*) eingebildet; ***without wishing to sound ~ ...*** ohne eingebildet klingen zu wollen, ...
conceivable [kən'si:vəbl] *adj* vorstellbar, denkbar; ***it's hardly ~ that ...*** es ist kaum vorstellbar, dass ...; **by every ~ means** mit allen [nur] erdenklichen Mitteln; **in every ~ place** an jedem erdenklichen Ort; **the best plan ~** der denkbar beste Plan
conceivably [kən'si:vəbli] *adv inv* möglicherweise; **~ the best/worst** der/die/das denkbar Beste/Schlechteste
conceive [kən'si:v] **I.** *vt* ① (*conceptualize*) ■**to ~**

sth auf etw *akk* kommen, sich *dat* etw einfallen lassen; **to ~ an idea/a plan** eine Idee/einen Plan haben ❷ (*create*) ■**to ~ sth** etw entwerfen [*o* konzipieren] ❸ (*imagine*) ■**to ~ sth** sich *dat* etw vorstellen ❹ (*become pregnant with*) **to ~ a baby/child** ein Baby/Kind empfangen **II.** *vi* ❶ (*imagine*) ■**to ~ of sth** sich *dat* etw vorstellen; ■**to ~ of sb/sth as sth** jdn/etw für etw *akk* halten ❷ (*devise*) ■**to ~ of sth** auf etw *akk* kommen; **to ~ of an idea for sth** eine Idee für etw *akk* haben ❸ (*become pregnant*) empfangen

conceived [kən'si:vd] *adj* **ill-/well-~** schlecht/gut durchdacht

concentrate ['kɒn(t)sᵊntreɪt, AM 'kɑ:n(t)-] **I.** *vi* ❶ (*focus one's thoughts*) ■**to ~ [on sth]** sich *akk* [auf etw *akk*] konzentrieren ❷ (*come together*) sich *akk* sammeln **II.** *vt* ❶ (*focus*) ***the police are concentrating their search in the area around the school*** die Polizei konzentriert ihre Suche auf das Gebiet um die Schule herum; **to ~ one's mind on sth** sich *akk* auf etw *akk* konzentrieren; **to ~ one's thoughts on sth** seine Gedanken auf etw *akk* konzentrieren ❷ (*accumulate*) ■**to ~ sth** etw konzentrieren [*o* ansammeln]; ***most of the country's population is ~d in the north*** der Großteil der Bevölkerung ballt sich im Norden; **to ~ forces/troops** Streitkräfte/Truppen zusammenziehen [*o* konzentrieren] ❸ CHEM ■**to ~ sth** etw konzentrieren **III.** *n* ❶ CHEM, FOOD Konzentrat *nt;* **fruit juice/tomato ~** Fruchtsaft-/Tomatenkonzentrat *nt* ❷ GEOL angereichertes Erz

concentrated ['kɒn(t)sᵊntreɪtɪd, AM 'kɑ:n(t)sᵊntreɪṭ-] *adj* ❶ (*focused*) konzentriert; **a ~ attack** eine geballte Attacke; **to make a ~ effort** eine gezielte Anstrengung unternehmen ❷ (*not diluted*) konzentriert; **~ juice** Saftkonzentrat *nt;* **~ solution** CHEM konzentrierte Lösung

concentration [ˌkɒn(t)sᵊn'treɪʃᵊn, AM ˌkɑ:n(t)-] *n* ❶ *no pl* (*mental focus*) Konzentration *f* (**on** auf +*akk*); **powers of ~** Konzentrationsfähigkeit *f;* **intense ~** äußerste Konzentration; **to lose [one's] ~** sich *akk* nicht mehr konzentrieren können ❷ (*accumulation*) Konzentrierung *f,* Zusammenballung *f; of cases* Häufung *f; of troops* Zusammenziehung *f;* **~s of police** verstärktes Polizeiaufgebot; **~ of power** Machtkonzentration *f* ❸ CHEM Konzentration *f;* **~ of lead** Bleigehalt *m*

concentration camp *n* Konzentrationslager *nt*

concentration span *n* Konzentrationsspanne *f*

concentric [kən'sentrɪk] *adj* konzentrisch

concept ['kɒnsept, AM 'kɑ:n-] *n* ❶ (*abstract idea*) Vorstellung *f,* Idee *f* (**of** von +*dat*); ***I don't think you have any ~ of what this means*** ich glaube, du verstehst überhaupt nicht, was das bedeutet; **~ of beauty** Schönheitsbegriff *m,* Schönheitsideal *nt* ❷ (*plan*) Entwurf *m,* Konzept *nt,* Plan *m* (**of** für +*akk*); **to grasp a ~** ein Konzept [*o* eine Idee] begreifen

concept car *n* Konzeptauto *nt fachspr* (*futuristisches Automodell*)

conception [kən'sepʃᵊn] *n* ❶ (*basic understanding*) Vorstellung *f;* ***she has a ~ of people as being basically good*** sie hält die Menschen für grundsätzlich gut ❷ (*idea*) Idee *f,* Konzept *nt;* (*creation*) Konzeption *f,* Entwurf *m;* **~ of the world** Weltbild *nt* ❸ *no pl* BIOL Empfängnis *f,* Konzeption *f fachspr*

conceptual [kən'septʃuəl] *adj* konzeptuell *geh;* (*reflecting concepts also*) begrifflich

conceptualism [kən'septʃu:əlɪzᵊm] *n no pl* PHILOS Konzeptualismus *m*

conceptualization [kənˌseptʃu:əlaɪ'zeɪʃᵊn, AM tʃuᵊlɪ'] *n* Konzeptualisierung *f geh*

conceptualize [kən'septʃuəlaɪz] **I.** *vi* [begrifflich] denken **II.** *vt* ■**to ~ sth** etw begrifflich erfassen

conceptually [kən'septʃu:əli] *adv* konzeptuell *geh*

conceptual model *n* COMPUT konzeptionelles Modell

concern [kən'sɜ:n, AM -'sɜ:rn] **I.** *vt* ❶ (*apply to*) ■**to ~ sb** jdn angehen [*o* betreffen]; (*affect*) jdn betreffen; ■**to ~ oneself with sth** (*take an interest in*) sich *akk* mit etw *dat* befassen; ***you don't need to ~ yourself with this matter*** Sie brauchen sich um diese Angelegenheit nicht zu kümmern ❷ (*be about*) ■**to ~ sb/sth** von jdm/etw handeln; ■**to be ~ed with sth** von etw *dat* handeln, etw [thematisch] behandeln ❸ (*worry*) ■**to ~ sb** jdn beunruhigen; ■**to ~ oneself** sich *dat* Sorgen machen; ■**to be ~ about sth** sich *dat* um etw *akk* Sorgen machen ▶ PHRASES: **as <u>far</u> as I'm ~ed** was mich anbelangt [*o* betrifft]; **to whom it <u>may</u> ~** *formelhafte Anrede bei amtlichen Verlautbarungen, die keinen konkreten Adressaten haben* **II.** *n* ❶ (*matter of interest*) Anliegen *nt,* Interesse *nt;* ***it's no ~ of mine!*** das geht mich [doch] nichts an!; ***that's none of your ~*** das geht dich nichts an; ***the company's sole ~ is to …*** die alleinige Sorge des Unternehmens liegt darin, …; **major ~** Hauptanliegen *nt,* Hauptinteresse *nt;* ■**to be of ~ to sb** für jdn von Interesse [*o* Bedeutung] sein ❷ (*worry*) Sorge *f,* Besorgnis *f* (**about** um +*akk*); ***his ~ to appear …*** sein [eifriges] Bemühen, … zu wirken; ***~ for the safety of the two missing teenagers is growing*** die Sorge um die beiden vermissten Teenager wächst beständig; ***my ~ is that you're not getting your work done*** ich mache mir Sorgen, dass du deine Arbeit nicht erledigt bekommst; ***I have a matter of some ~ that I would like to talk to you about*** es gibt da ein Problem, über das ich gern mit Ihnen sprechen würde ❸ COMM Konzern *m,* Unternehmen *nt;* **family ~** Familienunternehmen *nt;* **a going ~** ein florierendes Unternehmen; **industrial ~** Industriekonzern *m*

concerned [kən'sɜ:nd, AM -'sɜ:rnd] *adj* ❶ *pred, inv* (*involved*) betroffen; ***I'd like to thank everyone ~*** ich möchte allen Beteiligten danken; ***it was quite a shock for all ~*** es war für alle Betroffenen ein ziemlicher Schock; ***I'm not very good where money is ~*** in Geldangelegenheiten bin ich nicht sonderlich gut; ***her job is something ~ with computers*** ihre Arbeit hat irgendwie mit Computern zu tun; **the parties ~ed** die Beteiligten ❷ (*worried*) ■**to be ~ [about [*or* for] sb]** [um jdn] besorgt sein; ■**to be ~ [about [*or* for] sth]** [wegen einer S. *gen*] beunruhigt sein; ***I'm a bit ~ about your health*** ich mache mir Gedanken um deine Gesundheit; ***aren't you ~ that she might tell somebody?*** haben Sie keine Angst, dass sie es jemandem erzählen könnte?; ***he was ~ to hear that …*** er vernahm mit Sorge, dass …; **~ parents** besorgte Eltern

concernedly [kən'sɜ:nɪdli, AM -'sɜ:rn-] *adv* besorgt, beunruhigt

concerning [kən'sɜ:nɪŋ, AM -'sɜ:rn-] *prep* (*form*) bezüglich +*gen*

concert ['kɒnsət, AM 'kɑ:nsəᵊt] **I.** *n* ❶ MUS Konzert *nt;* **to give a ~** ein Konzert geben; **in ~** live ❷ (*form*) **in ~** gemeinsam; *voices* im Chor; **in ~ with sb** in Übereinstimmung [*o* Abstimmung] mit jdm; **to act in ~** zusammenarbeiten **II.** *n modifier* (*hall, pianist*) Konzert-; **~ band** [konzertierende] Musikkapelle; **~ performance** Konzert *nt;* **~ tour** [Konzert]tournee *f;* **~ version** Konzertstück *nt*

concerted [kən'sɜ:tɪd, AM -'sɜ:rṭɪd] *adj usu attr* ❶ (*joint*) gemeinsam, gemeinschaftlich; POL konzertiert *geh;* **~ attack** vereinter Angriff; **~ exercise** gemeinsame Übung ❷ (*resolute*) *attempt, effort* entschlossen

concert-goer *n* Konzertgänger(in) *m(f),* Konzertbesucher(in) *m(f)* **concert grand** *n* Konzertflügel *m*

concerti [kən'tʃeəti, AM -'tʃerṭi] *n* MUS *pl of* **concerto**

concertina [ˌkɒn(t)sə'ti:nə, AM 'kɑ:n(t)səᵊ-] **I.** *n* Konzertina *f fachspr,* Ziehharmonika *f* **II.** *vi* BRIT, AUS sich *akk* [ziehharmonikaförmig] zusammenschieben **III.** *vt* BRIT, AUS ■**to ~ sth** etw zusammendrücken [*o* zusammenschieben]

concertina file *n* BRIT Schriftenordner *m* (*mit halbkreisförmig angeordneten Fächern zum Auffächern*) **concertina fold** *n* COMPUT Zickzackfaltung *f* **concertina wire** *n* MIL Stacheldrahtrolle *f* (*zum verhaumäßigen Auseinanderziehen*)

concertmaster *n esp* AM Konzertmeister(in) *m(f)*

concerto <*pl* -s *or* -ti> [kən'tʃeətəʊ, *pl* -ti, AM -'tʃerṭoʊ, *pl* -ṭi] *n* Konzert *nt,* Concerto *nt fachspr;* **Mozart's ~ for flute** Mozart-Konzert *nt* für Querflöte

concert pitch *n* MUS Kammerton *m* ▶ PHRASES: **to <u>be</u> at ~** in Höchstform sein

concession [kən'seʃᵊn] *n* ❶ (*compensation*) Zugeständnis *nt;* **as a ~** als Ausgleich ❷ (*compromise*) Zugeständnis *nt;* **to make a ~ [to sb]** ein Zugeständnis [an jdn] machen ❸ (*consideration*) Berücksichtigung *f kein pl;* **to make no ~ to sth** auf etw *akk* keine Rücksicht nehmen ❹ (*admission of defeat*) Eingeständnis *nt* [einer Niederlage] ❺ ECON Konzession *f,* Lizenz *f;* **to have a ~ to sell goods** eine Verkaufskonzession haben ❻ LAW **~ of land** Landverleihung *f*

concessionaire [kənˌseʃᵊn'eəʳ, AM -'er] *n* ECON, LAW Konzessionär(in) *m(f),* Konzessionsinhaber(in) *m(f)*

concessionary [kən'seʃᵊnᵊri, AM -ʃᵊneri] *adj* ❶ ECON Konzessions-, lizensiert ❷ (*reduced*) **~ price** [*or* **rate**]**/ticket** verbilligter Preis/verbilligtes Ticket

concessive [kən'sesɪv] *adj* Zugeständnisse machend *attr*

concessive clause [kənˌsesɪv'klɔ:z, AM -klɑ:z] *n* LING Konzessivsatz *m fachspr*

conch <*pl* -es> [kɒn(t)ʃ, AM kɑ:ŋk, kɑ:ntʃ] *n* Trompetenschnecke *f;* (*mythology*) Tritonshorn *nt*

conchie ['kɒnʃi] **I.** *n* ❶ AUS (*fam: overly conscientious person*) Streberling *m pej fam* ❷ BRIT (*pej fam: conscientious objector*) Kriegsdienstverweigerer *m* **II.** *adj* AUS (*fam*) übereifrig, streberhaft *pej*

concierge [ˌkɒnsi'eəʒ, AM koʊn'sjerʒ] *n* ❶ (*hotel employee*) Rezeptionist(in) *m(f)* ❷ (*resident caretaker*) Hausmeister(in) *m(f),* Concierge *m o f*

conciliate [kən'sɪlieɪt] **I.** *vi* schlichten; **to ~ between two sides involved** zwischen zwei Konfliktparteien vermitteln **II.** *vt* ❶ (*placate*) ■**to ~ sb** jdn besänftigen [*o* beschwichtigen] ❷ (*dated: reconcile*) **to ~ views/theories** Ansichten/Theorien miteinander in Einklang bringen

conciliation [kənˌsɪli'eɪʃᵊn] *n no pl* (*form*) ❶ (*reconciliation*) Besänftigung *f,* Beschwichtigung *f* ❷ (*mediation*) Schlichtung *f*

conciliation board *n* Schlichtungskommission *f,* Schlichtungsstelle *f* **Conciliation Service** *n* LAW *see* **Advisory, Conciliation and Arbitration Service**

conciliator [kən'sɪlieɪtəʳ, AM ṭəᵊ] *n* Vermittler(in) *m(f)*

conciliatory [kən'sɪliətᵊri, AM -tɔ:ri] *adj* versöhnlich; (*mediating*) beschwichtigend

concise [kən'saɪs] *adj* präzise, exakt; *answer, writing also* kurz und bündig; *style also* knapp

concisely [kən'saɪsli] *adv* prägnant, kurz und bündig, präzise

conciseness [kən'saɪsnəs] *n,* **concision** [kən'sɪʒᵊn] *n no pl* Prägnanz *f,* Knappheit *f*

conclave ['kɒŋkleɪv, AM 'kɑ:n-] *n* (*form*) ❶ COMM, POL Klausur[tagung] *f* ❷ REL Konklave *nt*

conclude [kən'klu:d] **I.** *vi* enden, schließen; ***"well, that's all I have to say," he ~d*** „so, mehr habe ich nicht zu sagen", meinte er abschließend **II.** *vt* ❶ (*finish*) ■**to ~ sth [with sth]** *speech* etw [mit etw *dat*] [ab]schließen [*o* beenden] ❷ (*determine*) ■**to ~ sth** etw beschließen; ***we talked all night, but nothing was ~d*** wir redeten die ganze Nacht, kamen aber zu keinem Ergebnis ❸ (*infer*) ■**to ~ [from sth] that …** [aus etw *dat*] schließen [*o* schlussfolgern], dass … ❹ LAW **to ~ an agreement/a peace treaty** ein Abkommen/einen Friedensvertrag schließen; **to ~ a contract** einen Vertrag abschließen

concluding [kən'klu:dɪŋ] *adj* abschließend; **~ chapter/remark** Schlusskapitel *nt*/-bemerkung *f;* **~ episode** letzte Episode

conclusion [kən'klu:ʒᵊn] *n* ❶ (*end*) Abschluss *m; of a story* Schluss *m;* **in ~** zum Abschluss, abschließend ❷ (*decision*) Entschluss *m;* **to come to a ~** einen Beschluss fassen; **to reach a ~** zu einem Entschluss gelangen ❸ (*inference*) Schluss *m,* Schlussfolgerung *f;* **to come to/draw** [*or* **reach**] **the ~ that …** zu dem Schluss kommen/gelangen, dass …

❹ COMM Abschluss *m;* ~ **of a contract/deal** Vertrags-/Geschäftsabschluss *m* ❺ LAW ~ **of fact** Tatsachenfeststellung *f;* ~ **of law** rechtliche [Schluss-Folgerung], Rechtsfolgerung *f*

conclusive [kən'klu:sɪv] *adj* ❶ (*convincing*) *arguments, facts* schlüssig, überzeugend ❷ (*decisive*) eindeutig; ~ **evidence** stichhaltiges Beweismaterial; ~ **proof** eindeutiger Beweis; ~ **test** beweiskräftiger Test

conclusively [kən'klu:sɪvli] *adv* ❶ (*convincingly*) *argue* schlüssig; *demonstrate* überzeugend ❷ (*decisively*) *show* eindeutig; *prove* stichhaltig

concoct [kən'kɒkt, AM -'kɑ:kt] *vt* ❶ (*mix*) **to ~ a dish** ein Gericht zusammenstellen; **to ~ a drink** ein Getränk mixen ❷ (*devise*) ■**to ~ sth** (*in a story, tale*) sich *dat* etw ausdenken; (*as excuse, explanation, lie*) sich *dat* etw zurechtbasteln *fam;* **to ~ a plan** einen Plan aushecken

concoction [kən'kɒkʃən, AM -'kɑ:k-] *n* ❶ (*dish*) Kreation *f;* (*drink also*) Gebräu *nt hum o pej* ❷ (*fabrication*) **a ~ of lies** ein Lügengewebe *nt*

concomitant [kən'kɒmɪtənt, AM -'kɑ:mət̬ənt] **I.** *adj* einhergehend; ■**to be ~ with sth** von etw *dat* begleitet werden, mit etw *dat* einhergehen; ~ **circumstances** Begleitumstände *mpl* **II.** *n* (*form*) Begleiterscheinung *f*

concomitantly [kən'kɒmɪtəntli, AM -'kɑ:mət̬ənt-] *adv* begleitend

concord ['kɒŋkɔ:d, AM 'kɑ:nkɔ:rd] *n no pl* (*form*) ❶ (*harmony*) Eintracht *f;* **to live in ~ [with sb]** [mit jdm] in Eintracht leben ❷ LING Kongruenz *f fachspr*

concordance [kən'kɔ:dən(t)s, AM -'kɔ:r-] LIT **I.** *n* Konkordanz *f fachspr;* **a Bible/Shakespeare ~** eine Bibel-/Shakespearekonkordanz; **a ~ to Keats** eine Konkordanz zu den Werken von Keats **II.** *vt* ■**to ~ sth** etw in einer Konkordanz erfassen

concordat [kɒn'kɔ:dæt, AM kən'kɔ:r-] *n* REL Konkordat *nt*

concourse ['kɒnkɔ:s, AM 'kɑ:nkɔ:rs] *n* ❶ (*place*) Halle *f;* **station ~** Bahnhofshalle *f* ❷ (*crowd*) Menschenmenge *f*

concrete ['kɒŋkri:t, AM 'kɑ:n-] **I.** *n no pl* Beton *m;* **reinforced ~** Stahlbeton *m,* Eisenbeton *m* ▸ PHRASES: **to be cast [*or* set] in ~** fest ausgemacht sein; ***these regulations are set in ~*** an diesen Bestimmungen gibt es nichts zu rütteln **II.** *n modifier* (*block, bridge, slab*) Beton-; ~ **path** betonierter Weg **III.** *adj idea, suggestion, term* konkret; *evidence, proof* eindeutig **IV.** *vt* ■**to ~ sth** etw betonieren; ■**to ~ sth ↻ over** etw zubetonieren

concrete jungle *n* Betonwüste *f*

concretely [kɒn'kri:tli, AM kɑ:n'] *adv* konkret

concrete mixer *n* Betonmischmaschine *f* **concrete noun** *n* LING Konkretum *nt fachspr* **concrete poetry** *n no pl* LIT konkrete Poesie *fachspr*

concretion [kɒn'kri:ʃən, AM kɑ:n'] *n* GEOL Konkretion *f,* Verschmelzung *f fachspr;* MED *also* Konkrement *nt*

concubine ['kɒŋkjubaɪn, AM 'kɑ:ŋ-] *n* (*hist*) Konkubine *f veraltet*

concupiscence [kən'kju:pɪsən(t)s, AM *esp* kɑ:n-] *n no pl* (*liter or dated*) [sinnliche] Begierde, Lüsternheit *f,* Konkupiszenz *f fachspr*

concur <-rr-> [kən'kɜ:r, AM -'kɜ:r] *vi* ❶ (*agree*) übereinstimmen; **to ~ with sb's opinion** jds Meinung *f* zustimmen; ■**to ~ with sb [in [*or* on] sth]** jdm [in etw *dat*] beipflichten; ■**to ~ with one another** sich *dat* einig sein; ■**to ~ that ...** sich *dat* einig sein, dass ... ❷ (*form: happen simultaneously*) zusammentreffen, sich gleichzeitig ereignen

concurrence [kən'kʌrən(t)s] *n no pl* (*form*) ❶ (*agreement*) Übereinstimmung *f,* [wechselseitiges] Einverständnis ❷ (*simultaneous occurrence*) Zusammentreffen *nt*

concurrent [kən'kʌrənt] *adj* ❶ (*simultaneous*) gleichzeitig; ■**to be ~ with sth** gleichzeitig mit etw *dat* stattfinden ❷ (*together*) gemeinsam ❸ (*in agreement*) übereinstimmend *attr*

concurrently [kən'kʌrəntli] *adv* ❶ (*simultaneously*) gleichzeitig ❷ (*together*) gemeinsam ❸ (*in agreement*) übereinstimmend *attr*

concurrent silence *n* LAW gleichzeitig zu verbüßende Freiheitsstrafe

concuss [kən'kʌs] *vt usu passive* ■**to be ~ed** eine Gehirnerschütterung erleiden; (*have concussion*) eine Gehirnerschütterung haben

concussion [kən'kʌʃən] *n no pl* Gehirnerschütterung *f;* **mild ~** leichte Gehirnerschütterung; **to receive a ~** eine Gehirnerschütterung erleiden; **to suffer [from] a ~** eine Gehirnerschütterung haben

condemn [kən'dem] *vt* ❶ (*censure*) ■**to ~ sb/sth** jdn/etw verurteilen; ■**to ~ sb for sth** jdn wegen einer S. *gen* verurteilen ❷ LAW ■**to ~ sb [to sth]** jdn [zu etw *dat*] verurteilen; ***poverty had ~ed him from birth to a life of crime*** (*fig*) die Armut hatte ihn von Geburt an zu einem Leben voller Verbrechen verdammt; **to be ~ed to death** zum Tode verurteilt werden; ■**to ~ sb to do sth** jdn dazu verurteilen, etw zu tun ❸ (*declare unsafe*) ■**to ~ sth** etw für unbrauchbar erklären; *food* etw für den Verzehr als ungeeignet erklären; **to ~ a building** ein Gebäude für unbewohnbar erklären

condemnation [ˌkɒndem'neɪʃən, AM ˌkɑ:n-] *n* ❶ (*reproof*) Verurteilung *f,* Verdammung *f* ❷ (*legal act*) Verurteilung *f* ❸ (*declaration as unsafe*) Untauglichkeitserklärung *f* ❹ LAW (*forfeiting property*) Beschlagnahme *f,* Enteignung *f*

condemnatory [kən'demnətəri, AM -tɔ:ri] *adj* verurteilend, aburteilend; ~ **glance [*or* look]** [äußerst] missbilligender Blick; ~ **speech** vernichtende Rede; ~ **tone** abfälliger Ton

condemned [kən'demd] *adj* ❶ (*sentenced to death*) [zum Tode] verurteilt ❷ (*declared unsafe*) *food* nicht für den Verzehr geeignet; ~ **building** unbewohnbares [*o* abbruchreifes] Gebäude

condemned cell *n* Todeszelle *f*

condensation [ˌkɒnden'seɪʃən, AM 'kɑ:n-] *n* ❶ *no pl* (*process*) *of a liquid* Kondensation *f; of a gas* Verdichtung *f* ❷ *no pl* (*droplets*) Kondenswasser *nt,* Kondensat *nt* ❸ *of a text* Verkürzung *f,* Zusammenfassung *f*

condense [kən'den(t)s] **I.** *vt* ❶ (*concentrate*) **to ~ a gas** ein Gas komprimieren; **to ~ a liquid** eine Flüssigkeit eindicken ❷ (*form droplets from*) ■**to ~ sth** etw kondensieren ❸ (*shorten*) **to ~ a text** einen Text zusammenfassen **II.** *vi* kondensieren

condensed [kən'den(t)st] *adj* ❶ (*concentrated*) konzentriert ❷ (*expressed briefly*) verkürzt, komprimiert

condensed milk *n no pl* Kondensmilch *f,* Dosenmilch *f*

condenser [kən'den(t)səʳ, AM -ɚ] *n* CHEM Kondensator *m fachspr*

condenser lens *n* PHYS Sammellinse *f*

condescend [ˌkɒndɪ'send, AM ˌkɑ:n-] *vi* ❶ (*liter: patronize*) ■**to ~ to sb** jdn herablassend behandeln ❷ (*usu hum: lower oneself*) ■**to ~ to do sth** sich *akk* herablassen, etw zu tun *bes hum, iron*

condescending [ˌkɒndɪ'sendɪŋ, AM ˌkɑ:n-] *adj* herablassend; ***he's ~ to his staff*** er behandelt seine Angestellten von oben herab

condescendingly [ˌkɒndɪ'sendɪŋli, AM ˌkɑ:n-] *adv* gönnerhaft

condescension [ˌkɒndɪ'senʃən, AM ˌkɑ:n-] *n no pl* herablassende Haltung

condiment ['kɒndɪmənt, AM 'kɑ:ndə-] *n* (*spice*) Gewürz *nt;* (*sauce*) Soße *f*

condition [kən'dɪʃən] **I.** *n* ❶ (*state*) Zustand *m;* **he is in bad/good ~** er ist in schlechter/guter Verfassung [*o* schlecht/gut in Form]; **in mint [*or* perfect] ~** in tadellosem Zustand; **in peak ~** in Höchstform [*o* Topform]; **in a terrible ~** in einem furchtbaren Zustand; ■**to be out of ~** nicht in Form sein; ■**to be in no ~ to do sth** nicht in der Verfassung sein, etw zu tun ❷ MED Leiden *nt;* ***he's got a heart ~*** er ist herzkrank ❸ (*circumstances*) ■**~s** *pl* Bedingungen *fpl,* Verhältnisse *ntpl;* **weather ~s** Wetterbedingungen *fpl;* **in [*or* under] good/bad ~s** unter guten/schlechten Bedingungen; **working ~s** Arbeitsbedingungen *fpl* ❹ EU **~s for participation** Eintrittsbedingungen *fpl* ❺ (*stipulation*) Bedingung *f,* Kondition *f;* ~ **precedent** LAW aufschiebende Bedingung; ~ **subsequent** LAW auflösende Bedingung; **to make [*or* set] a ~** eine Bedingung stellen; ■**on the ~ that ...** unter der Bedingung, dass ... **II.** *vt* ❶ *usu passive* PSYCH, SOCIOL ■**to ~ sb/an animal [to do sth]** jdn/ein Tier konditionieren[, etw zu tun] *fachspr;* ■**to be ~ed** konditioniert sein; **~ed reflex [*or* response]** konditionierter Reflex ❷ (*accustom*) ■**to ~ sb to sth** jdn an etw *akk* gewöhnen ❸ (*use conditioner*) **to ~ one's hair** eine Pflegespülung machen

conditional [kən'dɪʃənəl] **I.** *adj* ❶ (*subject to a stipulation*) bedingt, vorbehaltlich; (*dependent*) abhängig; ■**to be ~ [up]on sth** von etw *dat* abhängen; ~ **acceptance/offer** Annahme *f*/Angebot *nt* unter Vorbehalt, bedingte Annahme/bedingtes Angebot; ~ **discharge** LAW bedingte Strafaussetzung; ~ **promise** vorbehaltliches Verprechen ❷ LING abhängig, bedingt **II.** *n* LING ■**the ~** der Konditional *fachspr*

conditionality [ˌkəndɪʃən'æləti, AM -ət̬i] *n no pl* ECON, FIN Konditionalität *f*

conditionally [kən'dɪʃənəli] *adv* unter [*o* mit] Vorbehalt

conditional sentence *n* LING Bedingungssatz *m,* Konditionalsatz *m fachspr*

conditioned [kən'dɪʃənd] *adj* (*trained*) konditioniert; (*accustomed*) anerzogen; ~ **reflex** konditionierter [*o* bedingter] Reflex

conditioner [kən'dɪʃənəʳ, AM -ɚ] *n no pl* ❶ (*for hair*) Pflegespülung *f* ❷ (*for clothes*) Weichspüler *m*

conditioning [kən'dɪʃənɪŋ] *n* PSYCH *no pl* Konditionierung *f fachspr*

condo ['kɑ:ndoʊ] *n* AM (*fam*) *abbrev of* **condominium** ❶ (*owned apartment*) Eigentumswohnung *f* ❷ (*apartment building*) Wohnblock *m* [mit Eigentumswohnungen]

condole [kən'dəʊl, AM -'doʊl] *vi* ■**to ~ with sb** jdm sein Beileid aussprechen, jdm kondolieren *geh*

condolence [kən'dəʊlən(t)s, AM -'doʊ-] *n* ■**~s** *pl* Beileid *nt kein pl,* Kondolenz *f geh;* **letter of ~** Beileidsschreiben *nt,* Kondolenzbrief *m geh;* **to offer one's ~s [to sb]** (*form*) [jdm] sein Beileid [*o* Mitgefühl] aussprechen

condom ['kɒndɒm, AM 'kɑ:ndəm] *n* Kondom *nt*

condominium [ˌkɒndə'mɪniəm, AM ˌkɑ:n-] *n* ❶ AM (*owned apartment*) Eigentumswohnung *f;* (*apartment building*) Wohnblock *m* [mit Eigentumswohnungen] ❷ POL Kondominium *nt fachspr*

condonation [ˌkɒndə(ʊ)'neɪʃən, AM ˌkɑ:ndoʊ'-] *n* LAW Verzeihung *f*

condone [kən'dəʊn, AM -'doʊn] *vt* ■**to ~ sth** etw [stillschweigend] dulden [*o* hinnehmen]

condor ['kɒndɔ:ʳ, AM 'kɑ:ndɑ:r, -ɚ] *n* Kondor *m*

conduce [kən'dju:s, AM *esp* -'du:s] *vi* (*form*) ■**to ~ to sth** etw *dat* dienlich [*o* förderlich] sein *geh*

conducive [kən'dju:sɪv, AM *esp* -'du:-] *adj* dienlich, förderlich; ■**to be ~ to sth** etw begünstigen; ■**to not be ~ to sth** nicht förderlich für etw *akk* sein, etw *dat* nicht dienen

conduct I. *vt* [kən'dʌkt] ❶ (*carry out*) **to ~ an experiment/an inquiry/a study** ein Experiment/eine Ermittlung/eine Studie durchführen; **to ~ one's private life** sein Privatleben gestalten; **to ~ negotiations** Verhandlungen führen; **to ~ a religious service** einen Gottesdienst abhalten ❷ (*direct*) **to ~ a business/meeting** einen Betrieb/eine Besprechung leiten; **to ~ an orchestra** ein Orchester dirigieren; **to ~ traffic [*or* BRIT the traffic]** den Verkehr [um]leiten ❸ (*guide*) ■**to ~ sb** jdn führen; **~ed tour** Führung *f* ❹ ELEC **to ~ electricity/heat** Strom/Wärme leiten ❺ (*form: behave*) ■**to ~ oneself** sich *akk* benehmen **II.** *vi* [kən'dʌkt] MUS dirigieren **III.** *n* ['kɒndʌkt, AM 'kɑ:n-] *no pl* ❶ (*behaviour*) Benehmen *nt,* Verhalten *nt; of pupils* Betragen *nt;* **code of ~** Vehaltenskodex *m* ❷ (*form: management*) Führung *f,* Leitung *f*

conductible [kən'dʌktəbl] *adj* ELEC leitbar

conduction [kən'dʌkʃən] *n no pl* ELEC Leitung *f*

conductive [kən'dʌktɪv] *adj* ELEC leitend *attr,* leitfähig

conductivity [ˌkɒndʌk'tɪvəti, AM 'kɑ:ndʌktɪvət̬i] *n no pl* ELEC Leitfähigkeit *f*

C

conductor [kənˈdʌktəʳ, AM -ɚ] *n* ① MUS Dirigent(in) *m(f); of choir also* [musikalischer] Leiter/[musikalische] Leiterin ② PHYS, ELEC Leiter *m,* Konduktor *m fachspr* ③ BRIT (*on bus*) Schaffner(in) *m(f);* AM (*on train*) Zugführer(in) *m(f)*
conductress [kənˈdʌktrəs] *n* BRIT Schaffnerin *f*
conduit [ˈkɒndjuɪt, AM ˈkɑːnduɪt] *n* ① (*pipe*) [Rohr]leitung *f;* (*channel*) Kanal *m* ② ELEC Kabelkanal *m*
cone [kəʊn, AM koʊn] *n* ① MATH Kegel *m;* ~ **of light** Lichtkegel *m;* **traffic** ~ Leitkegel *m,* Pylon *m fachspr* ② FOOD Hörnchen *nt;* **ice cream** ~ Eistüte *f* ③ BOT Zapfen *m;* **fir** ~ Tannenzapfen *m*
◆**cone off** *vt* ■**to** ~ **sth** ↔ **off** etw [mit Pylonen] absperren
coney [ˈkəʊni, AM ˈkoʊ-] *n* (*dated: cony*) Kaninchen *nt*
confab [ˈkɒnfæb, AM ˈkɑːn-] (*dated*) **I.** *n* (*fam*) [ungezwungene] Unterhaltung; **to have a** ~ [**about sth**] etw [kurz] bekakeln *fam,* einen kurzen Plausch [über etw *akk*] halten SÜDD, ÖSTERR **II.** *vi* <-bb-> (*fam*) plaudern, klönen NORDD *fam,* plauschen SÜDD, ÖSTERR
confection [kənˈfekʃᵊn] *n* (*form*) ① (*sweet*) Naschwerk *nt,* Zuckerwerk ZIEL...:/ *nt veraltet* ② (*article*) modischer Artikel
confectioner [kənˈfekʃᵊnəʳ, AM -ɚ] *n* (*baker*) Konditor(in) *m(f);* (*retailer*) Süßwarenhändler(in) *m(f)*
confectioner's sugar *n* AM (*icing sugar*) Puderzucker *m*
confectionery [kənˈfekʃᵊnᵊri, AM -ʃəneri] *n no pl* (*sweets*) Süßwaren *pl;* (*cakes and pastries*) Konditoreiwaren *pl;* (*chocolate*) Konfekt *nt*
confederacy [kənˈfedᵊrəsi] *n + sing/pl vb* Konföderation *f,* Staatenbund *m;* ■**the C~** AM HIST die Konföderierten Staaten *pl* von Amerika
confederate [kənˈfedᵊrət] **I.** *n* ① (*ally*) Verbündete(r) *f(m),* Bundesgenosse, -in *m, f* ② (*accomplice*) Komplize, -in *m, f* ③ AM HIST Konföderierte(r) *f(m),* Südstaatler(in) *m(f)* **II.** *n modifier* (*goals, groups, policy*) Bündnis-; AM HIST ■**C~** (*army, course, soldiers, states*) Südstaaten-; **Confederate States** AM die Konföderierten Staaten [von Amerika]
confederation [kənˌfedəˈreɪʃᵊn] *n + sing/pl vb* ① POL Bündnis *nt; of nations* Bund *m;* ~ **of states** Staatenbund *m* ② ECON Verband *m;* **C~ of British Industry** Britischer Industrieverband [*o* Unternehmerverband]
confer <-rr-> [kənˈfɜːʳ, AM -ˈfɜːr] **I.** *vt* ■**to** ~ **sth** [**up**]**on sb** *honours, titles* jdm etw verleihen; **to** ~ **power/rights on sb** jdm Macht/Rechte übertragen **II.** *vi* ■**to** ~ **with sb** sich *akk* mit jdm beraten
conference [ˈkɒnfᵊrᵊn(t)s, AM ˈkɑːnfɚ-] *n* Konferenz *f,* Tagung *f* (**on** über +*akk*); **to be in** ~ [**with sb**] [mit jdm] in einer Besprechung sein; **to attend a** ~ auf einer Konferenz sein; (*in future*) auf eine Konferenz gehen; **to convene a** ~ eine Konferenz einberufen; **to hold a** ~ eine Konferenz abhalten
conference call *n* Konferenzschaltung *f* **conference proceedings** *npl* Konferenzbericht *m* **conference room** *n* Konferenzraum *m* **conference table** *n* Konferenztisch *m*
conferment [kənˈfɜːmənt, AM ˈfɜːr] *n no pl* Verleihung *f*
confess [kənˈfes] **I.** *vi* ① (*admit*) zugeben, gestehen; ■**to** ~ **to sth** etw gestehen; ■**to** ~ **having done sth** gestehen, etw getan zu haben; **to** ~ **to a crime** ein Verbrechen gestehen; ■**to** ~ **to sb that** ... jdm gestehen, dass ... ② REL beichten **II.** *vt* ① (*admit*) ■**to** ~ **sth** etw zugeben [*o* gestehen]; ***the director has ~ed himself puzzled by the company's losses*** der Direktor räumte ein, angesichts der Firmenverluste vor einem Rätsel zu stehen ② REL ■**to** ~ **sth** [**to sb**] [jdm] etw beichten; **to** ~ **one's sins** seine Sünden *fpl* bekennen; **to** ~ **one's sins to a priest** einem Priester seine Sünden *fpl* beichten
confessed [kənˈfest] *adj attr, inv* erklärte(r,s); **a** ~ **addict** *jd, der seine Sucht eingestanden hat;* ~ **alcoholic/homosexual** bekennender Alkoholiker/Homosexueller/bekennende Alkoholikerin/Homosexuelle; ~ **man-hater** erklärter Männerfeind/erklärte Männerfeindin
confessedly [kənˈfesɪdli] *adv* zugegebenermaßen
confession [kənˈfeʃᵊn] *n* ① (*admission*) Geständnis *nt; of a failure* Eingeständnis *nt;* **to have a** ~ **to make** etw gestehen [*o fam* beichten] müssen ② (*admission of a crime*) Geständnis *nt;* ~ **and avoidance** LAW Einrede *f* ohne Leugnung des Klageanspruchs; **to give** [*or* **make**] **a** ~ ein Geständnis ablegen ③ REL Beichte *f;* **to go to** ~ zur Beichte gehen
confessional [kənˈfeʃᵊnᵊl] *n* Beichtstuhl *m*
confessor [kənˈfesəʳ, AM -ɚ] *n* Beichtvater *m*
confetti [kənˈfeti, AM -t̬i] *n no pl* Konfetti *nt;* **to shower sb with** [*or* **in**] ~ Konfetti auf jdn niederregnen lassen; **to be showered with** ~ mit Konfetti überschüttet werden
confidant [ˈkɒnfɪdænt, AM ˈkɑːnfə-] *n* Vertraute(r), Vertraute *m, f;* **a close** [*or* **intimate**] ~ ein enger Vertrauter/eine enge Vertraute
confidante [ˈkɒnfɪdænt, AM ˈkɑːnfə-] *n* Vertraute *f*
confide [kənˈfaɪd] *vt* ① (*tell secrets*) ■**to** ~ **sth** etw gestehen; ■**to** ~ [**to sb**] **that** ... jdm anvertrauen, dass ...; (*confess*) [jdm] gestehen, dass ... ② (*form: entrust*) **to** ~ **sth to sb's care** jdm etw in gutem Glauben anvertrauen; **to** ~ **sb to sb's care** jdn in jds Obhut *f* geben
◆**confide in** *vi* ■**to** ~ **in sb** sich *akk* jdm anvertrauen
confidence [ˈkɒnfɪdᵊn(t)s, AM ˈkɑːnfə-] *n* ① *no pl* (*trust*) Vertrauen *nt;* **breach of** ~ Vertrauensbruch *m;* ~ **vote** Vertrauensvotum *nt;* **vote of no** ~ Misstrauensvotum *nt;* **to take sb into one's** ~ jdn ins Vertrauen ziehen; **to win sb's** ~ jds Vertrauen *nt* gewinnen; **in** ~ im Vertrauen ② (*secrets*) ■**~s** *pl* Vertraulichkeiten *fpl;* **to exchange ~s** Vertraulichkeiten austauschen ③ *no pl* (*faith*) Vertrauen *nt,* Zuversicht *f;* **to have every/much/no** ~ **in sb** volles [*o* vollstes]/großes/kein Vertrauen zu jdm haben; **to place** [*or* **put**] **one's** ~ **in sb/sth** sein Vertrauen in jdn/etw setzen, auf jdn/etw bauen ④ *kein pl* (*self-assurance*) Selbstvertrauen *nt,* Selbstbewusstsein *nt;* **to have the** ~ **to do sth** das Selbstbewusstsein besitzen, etw zu tun; **to lack** ~ kein Selbstvertrauen haben
confidence game *n* AM LAW Schwindel *m,* Betrug *m,* Bauernfängerei *f* **confidence man** *n* Trickbetrüger *m,* Schwindler *m,* Bauernfänger *m fam;* (*concerning social status*) Hochstapler *m* **confidence trick** *n* Trickbetrug *m kein pl,* Schwindel *m kein pl,* Bauernfängerei *f kein pl fam;* (*concerning social status*) Hochstapelei *f* **confidence trickster** *n* Trickbetrüger(in) *m(f),* Schwindler(in) *m(f),* Bauernfänger(in) *m(f) fam;* (*concerning social status*) Hochstapler(in) *m(f)*
confident [ˈkɒnfɪdᵊnt, AM ˈkɑːnfə-] *adj* ① (*certain*) zuversichtlich; **to be confident about sth** in Bezug auf etw *akk* zuversichtlich sein; ■**to be** ~ **of sth** von etw *dat* überzeugt sein; ■**to be** ~ **that** ... zuversichtlich [*o* überzeugt] sein, dass ... ② (*self-assured*) selbstsicher, selbstbewusst; ■**to be** ~ **in oneself** selbstbewusst sein
confidential [ˌkɒnfɪˈden(t)ʃᵊl, AM ˌkɑːnfəˈ-] *adj* vertraulich; ***he's got a very ~ manner*** er geht mit allem sehr vertraulich um; **strictly** ~ streng vertraulich; **to keep sth** ~ etw für sich *akk* behalten; **to treat sth as** ~ etw vertraulich behandeln
confidential communication *n* LAW vertrauliche Mitteilung
confidentiality [ˌkɒnfɪdən(t)ʃiˈæləti, AM ˌkɑːnfədən(t)ʃiˈælət̬i] *n no pl* Vertraulichkeit *f,* Diskretion *f;* **to break** ~ LAW die Vertraulichkeit brechen
confidentially [ˌkɒnfɪˈden(t)ʃᵊli, AM ˌkɑːnfəˈ-] *adv* vertraulich; **to tell sb sth** ~ jdm etw im Vertrauen sagen
confidently [ˈkɒnfɪdᵊntli, AM ˈkɑːnfə-] *adv* ① (*self-assuredly*) selbstbewusst, selbstsicher ② (*with trust*) vertrauensvoll, zuversichtlich
confiding [kənˈfaɪdɪŋ] *adj* vertrauensvoll
confidingly [kənˈfaɪdɪŋli] *adv* vertrauensvoll
configuration [kənˌfɪgəˈreɪʃᵊn, AM *and Brit also* -ˌfɪgjə-] **I.** *n* ① (*ordered arrangement*) Anordnung *f,* Gruppierung *f;* **the** ~ **of the stars** die Stellung der Sterne ② COMPUT Konfiguration *f* ③ CHEM Struktur *f,* Gestalt *f* **II.** *n modifier* COMPUT (*button, file, mode*) Konfigurations-
configure [kənˈfɪgəʳ, AM -ˈfɪgjɚ] *vt* ① COMPUT ■**to** ~ **sth** etw konfigurieren ② (*put together*) ■**to** ~ **sth** etw konfigurieren; ***the navy is configuring old merchant ships as troop transports*** die Navy funktioniert alte Handelsfrachter in Truppentransporter um
configured *adj* COMPUT ~**-in** betriebsbereit konfiguriert; ~**-off** [*or* **-out**] nicht konfiguriert
confine I. *vt* [kənˈfaɪn] ① (*restrict*) ■**to** ~ **sth to sth** *discussion, use* etw auf etw *akk* beschränken; ***you are asked to ~ your use of the telephone to business calls alone*** bitte nutzen Sie Ihr Telefon nur für geschäftliche Telefonate; ■**to be ~d to sth** auf etw *akk* beschränkt sein; ***it's an attitude which seems to be ~d to the upper classes*** eine solche Haltung wird anscheinend nur von den oberen Schichten vertreten ② (*shut in*) ■**to** ~ **sb** jdn einsperren; (*imprison also*) jdn inhaftieren; **~d to barracks** Kasernenarrest *m* haben; ***he was ~d to the house all day*** er war den ganzen Tag ans Haus gefesselt; **to be ~d to quarters** MIL Ausgangssperre haben **II.** *n* [ˈkɒnfaɪn, AM ˈkɑːn-] ■**the ~s** *pl* die Grenzen *fpl;* **to be beyond the ~s of sb's understanding** jds Horizont *m* überschreiten
confined [kənˈfaɪnd] *adj* beengt
confinement [kənˈfaɪnmənt] *n* ① *no pl* (*act of confining*) Einsperren *nt;* (*state of being confined*) Eingesperrtsein *nt;* (*restriction*) Gebundenheit *f;* (*imprisoning*) Inhaftierung *f;* (*imprisonment*) Haft *f;* **solitary** ~ Einzelhaft *f;* ~ **to quarters** MIL Ausgangssperre *f* ② MED (*dated*) Niederkunft *f veraltet geh*
confining [kənˈfaɪnɪŋ] *adj* einengend *attr,* einschränkend *attr*
confirm [kənˈfɜːm, AM -ˈfɜrm] **I.** *vt* ① (*verify*) ■**to** ~ **sth** etw bestätigen; ■**to** ~ **that** ... bestätigen, dass ... ② (*strengthen*) **to** ~ **sb's faith** jdn in seinem Glauben bestärken; **to** ~ **sb's feelings/suspicion** jds Gefühle *ntpl*/Verdacht *m* erhärten; **to** ~ **sb's opinion** jds Meinung *f* bekräftigen ③ *usu passive* REL ■**to be ~ed** (*into Roman Catholic Church*) gefirmt werden; (*into Protestant Church*) konfirmiert werden **II.** *vi* bestätigen; **to** ~ **by telephone/in writing** telefonisch/schriftlich bestätigen
confirmation [ˌkɒnfəˈmeɪʃᵊn, AM ˌkɑːnfɚ-] *n* ① (*verification*) Bestätigung *f;* **letter of** ~ schriftliche Bestätigung ② *no pl* (*corroboration*) *of news, a rumour* Bestätigung *f; of a suspicion* Erhärtung *f* ③ REL (*into Roman Catholic Church*) Firmung *f;* (*into Protestant Church*) Konfirmation *f*
confirmation class *n* (*in Roman Catholic Church*) Firmunterricht *m;* (*in Protestant Church*) Konfirmandenstunde *f*
confirmatory [kənˈfɜːmətᵊri, AM ˈfɜːrmətɔːri] *adj* bestätigend
confirmed [kənˈfɜːmd, AM -ˈfɜrmd] *adj attr* ① (*firmly established*) erklärt, ausgesprochen; ~ **alcoholic** chronischer Alkoholiker/chronische Alkoholikerin; ~ **atheist/non-smoker** überzeugter Atheist/Nichtraucher/überzeugte Atheistin/Nichtraucherin; ~ **bachelor** eingefleischter Junggeselle; ~ **invalid** Schwerbeschädigte(r) *f(m)* ② (*proved*) bestätigt
confiscate [ˈkɒnfɪskeɪt, AM ˈkɑːnfə-] *vt* ■**to** ~ **sth** [**from sb**] etw [von jdm] beschlagnahmen [*o geh* konfiszieren]
confiscation [ˌkɒnfɪˈskeɪʃᵊn, AM ˌkɑːnfəˈ-] *n* Beschlagnahme *f,* Konfiszierung *f geh*
conflagrant [kənˈfleɪgrᵊnt] *adj* brennend *attr,* feurig *a. fig*
conflagration [ˌkɒnfləˈgreɪʃᵊn, AM ˌkɑːn-] *n* (*form*) Feuersbrunst *f geh,* Großbrand *m;* (*fig*) Katastrophe *f*
conflate [kənˈfleɪt] *vt* ■**to** ~ **sth** *texts, stories* etw zusammenfassen
conflation [kənˈfleɪʃᵊn] *n* Verschmelzung *f; of texts* Zusammenfassung *f*
conflict I. *n* [ˈkɒnflɪkt, AM ˈkɑːn-] ① (*clash*) Konflikt *m;* ~ **of interests** Interessenskonflikt *m;* **to be in** ~ **with sb** mit jdm im Streit liegen; **to come** [*or*

enter] into ~ with sb mit jdm in Konflikt geraten ❷ (*battle*) Kampf *m,* Zusammenstoß *m;* ***there have been several ~s between the two countries*** zwischen den beiden Ländern gab es mehrere kämpferische Auseinandersetzungen ❸ LAW **C~ of Laws** Kollisionsrecht *nt,* Gesetzeskonflikt *m* **II.** *vi* [kən'flɪkt] ■**to ~ with sb** mit jdm im Konflikt liegen; **to ~ with each other** sich gegenseitig widersprechen; ■**to ~ with sth** im Widerspruch zu etw *dat* stehen

conflicting [kən'flɪktɪŋ] *adj* widersprüchlich; **~ claims** entgegengesetzte [*o* kollidierende] Ansprüche *mpl;* **~ evidence** widersprüchliche Zeugenaussagen *fpl;* **~ interests** gegensätzliche Interessen *ntpl*

confluence ['kɒnfluən(t)s, AM 'kɑːn-] *n of rivers* Zusammenfluss *m*

confluent ['kɒnfluənt, AM 'kɑːn-] *adj* zusammenfließend

conflux ['kɒnflʌks, AM 'kɑːn-] *n of rivers* Zusammenfluss *m*

conform [kən'fɔːm, AM -'fɔːrm] *vi* sich *akk* einfügen [*o* anpassen]; (*agree*) übereinstimmen, konform gehen *geh;* ■**to ~ to** [*or* **with**] **sth** etw *dat* entsprechen; (*agree*) mit etw *dat* übereinstimmen [*o geh* konform gehen]

conformance [kən'fɔːməns, AM 'fɔːrm] *n see* **conformity** Übereinstimmung *f*

conformism [kən'fɔːmɪzᵊm, AM -'fɔːrm-] *n no pl* Konformismus *m*

conformist [kən'fɔːmɪst, AM -'fɔːr-] **I.** *n* Konformist(in) *m(f)* **II.** *adj* konformistisch

conformity [kən'fɔːməti, AM -'fɔːrməṭi] *n no pl* ❶ (*uniformity*) Konformismus *m* ❷ (*form: compliance*) ■**in ~ with sth** in Übereinstimmung mit etw *dat;* ***in ~ with your request …*** gemäß Ihrer Bitte …; **in ~ with the law** in Einklang mit dem Gesetz

confound [kən'faʊnd] **I.** *vt* ❶ (*astonish*) ■**to ~ sb** jdn verblüffen [*o* in Erstaunen versetzen] ❷ (*confuse*) ■**to ~ sb** jdn verwirren ❸ (*dated: overthrow*) ■**to ~ sth** *prediction, theory* etw über den Haufen werfen **II.** *interj* **~ *it!*** verdammt [*o* verflixt] nochmal! *fam*

confounded [kən'faʊndɪd] *adj attr* (*dated fam*) verflixt *fam,* verflucht *fam;* **~ *man!*** verflixter Kerl! *fam;* **~ idiot** verdammter Idiot *pej fam*

confounding [kən'faʊndɪŋ] *adj* (*form*) verwirrend

confraternity [ˌkɒnfrə'tɜːnəti, AM ˌkɑːnfrə'tɜrnəṭi] *n* Brüderschaft *f*

confrere ['kɒnfreəʳ, AM kɑː'nfrer] *n* Kollege, -in *m, f*

confront [kən'frʌnt] *vt* ❶ (*face*) ■**to ~ sth** etw *dat* begegnen; **to ~ a danger** einer Gefahr ins Auge sehen; **to ~ a difficulty/issue/problem** sich *akk* einer Schwierigkeit/einem Problem stellen; **to ~ an enemy** einem Feind entgegentreten ❷ *usu passive* (*compel to deal with*) jdn mit jdm/etw konfrontieren; ■**to be ~ed with** [*or* **by**] **sth** mit etw *dat* konfrontiert werden; ***when I was ~ed by the TV camera, …*** als ich der Fernsehkamera gegenüberstand, …; ***as she left the court, she was ~ed by an angry crowd*** als sie das Gericht verließ, traf sie auf eine wütende Menschenmenge; **to be ~ed with an accusation** sich *akk* einer Anschuldigung stellen müssen; **to be ~ed with a problem** vor ein Problem gestellt werden

confrontation [ˌkɒnfrʌn'teɪʃᵊn, AM ˌkɑːnfrən'-] *n* (*hostility*) Auseinandersetzung *f,* Konfrontation *f;* (*clash*) Zusammenstoß *m;* (*during inquiry*) Gegenüberstellung *f;* ***she actually enjoys ~*** sie geht gerne auf Konfrontationskurs

confrontational [ˌkɒnfrʌn'teɪʃᵊnᵊl, AM ˌkɑːnfrən'-] *adj* provokativ, herausfordernd

Confucian [kən'fjuːʃᵊn] *adj* REL konfuzianisch

Confucianism [kən'fjuːʃᵊnɪzᵊm] *n* REL Konfuzianismus *m*

confuse [kən'fjuːz] *vt* ❶ (*perplex*) ■**to ~ sb** jdn verwirren [*o* durcheinander bringen] ❷ (*complicate, muddle*) ■**to ~ sth** etw [noch] verworrener machen ❸ (*misidentify*) ■**to ~ sb/sth with** [*or* **and**] **sb/sth** jdn/etw mit jdm/etw verwechseln; **to ~ dates/names** Termine/Namen durcheinander bringen

confused [kən'fjuːzd] *adj* ❶ *people* verwirrt, durcheinander ❷ *situation* verworren, konfus

confusedly [kən'fjuːzɪdli] *adv* verwirrt

confusing [kən'fjuːzɪŋ] *adj* verwirrend

confusingly [kən'fjuːzɪŋli] *adv* verwirrend

confusion [kən'fjuːʒᵊn] *n no pl* ❶ (*perplexity*) Verwirrung *f* ❷ (*mix-up*) Verwechslung *f* ❸ (*disorder*) Durcheinander *nt,* Wirrwarr *nt;* ***he threw everything into ~*** er brachte alles durcheinander; ■**to be in ~** durcheinander sein

confusion marketing *n no pl Vertrieb von Waren oder Dienstleistungen, bei dem sich Unternehmen den Markt teilen und sich der direkte Vergleich zwischen den Anbietern erschwert*

confute [kən'fjuːt] *vt* (*form*) ■**to ~ sb/sth** jdn/etw widerlegen

conga ['kɒŋə, AM 'kɑːn-] *n* Conga *f*

congeal [kən'dʒiːl] *vi* erstarren; *glue* fest [*o* hart] werden; *blood* gerinnen

congealed [kən'dʒiːld] *adj* erstarrt; *glue* fest [*o* hart] [geworden]; *blood* geronnen

congenial [kən'dʒiːniəl, AM '-njəl] *adj* ❶ (*similar*) geistesverwandt, kongenial *geh* ❷ (*attractive*) angenehm; **~ character** ansprechendes Wesen; **~ people** sympathische Leute

congenital [kən'dʒenɪtᵊl, AM -əṭᵊl] *adj inv* angeboren, kongenital *fachspr;* (*fig*) permanent; **~ abnormality/heart defect** angeborene Abnormität/angeborener Herzfehler; **~ defect** Geburtsfehler *m;* **~ liar** Gewohnheitslügner(in) *m(f)*

congenitally [kən'dʒenɪtᵊli, AM əṭᵊli] *adv inv* von Geburt an *a. fig*

conger eel [ˌkɒŋəʳ-, AM 'kɑːŋɚ-] *n* Meeraal *m,* Seeaal *m*

congested [kən'dʒestɪd] *adj* ❶ (*overcrowded*) überfüllt; **~ road** [*or* **street**] verstopfte Straße; **~ town** über[be]völkerte Stadt ❷ MED verstopft; **~ arteries** verstopfte Arterien *fpl;* **~ lungs** Lungenstauung *f;* **to have a ~ nose** eine verstopfte Nase haben

congestion [kən'dʒestʃᵊn] *n no pl* (*overcrowding*) Überfüllung *f;* (*on roads, freeways*) Stau *m;* (*blockage*) Verstopfung *f,* Stauung *f;* **nasal ~** verstopfte Nase; COMPUT Überlastung *f*

congestive [kən'dʒestɪv] *adj inv* MED kongestiv *fachspr*

conglomerate [kən'glɒmᵊreɪt, AM -'glɑːmərɪt] *n* ECON, GEOL Konglomerat *nt;* **industrial ~** Industriekonglomerat *nt*

conglomeration [kənˌglɒmᵊ'reɪʃᵊn, AM -ˌglɑːmə'-] *n* Ansammlung *f*

Congo ['kɒŋgəʊ, AM 'kɑːŋgoʊ] *n* ■**the C~** der Kongo

Congolese [ˌkɒŋgə(ʊ)'liːz, AM ˌkɑːŋgə-] **I.** *adj* kongolesisch **II.** *n* <*pl* -> ❶ (*person*) Kongolese, -in *m, f* ❷ *no pl* (*language*) Kongolesisch *nt*

congrats [kən'græts] *npl* (*fam*) *see* **congratulations**

congratulate [kən'grætʃʊleɪt, AM -'grætʃə-] *vt* ■**to ~ sb** [**on sth**] (*wish well*) jdm [zu etw *dat*] gratulieren; (*praise, applaude*) jdm [zu etw *dat*] gratulieren, jdn [zu etw *dat*] beglückwünschen; (*be proud*) ■**to ~ oneself for** [*or* **on**] **sth** sich *akk* zu etw *dat* beglückwünschen; ***I ~ myself for giving up smoking*** ich bin stolz darauf, das Rauchen aufgegeben zu haben; ■**to be ~d for sth** für etw *akk* gelobt werden

congratulation [kənˌgrætʃʊ'leɪʃᵊn, AM -ə'-] *n no pl* Gratulation *f,* Glückwunsch *m;* **note of ~** Glückwunschschreiben *nt;* ***he sent her a note of ~ on her election victory*** er gratulierte ihr schriftlich zu ihrem Wahlsieg

congratulations [kənˌgrætʃʊ'leɪʃᵊnz, AM -ə'-] *npl* Glückwunsch *m,* Glückwünsche *mpl;* **~!** gratuliere!, Glückwunsch!; **~ *on your graduation/promotion!*** herzlichen Glückwunsch zur bestandenen Prüfung/zur Beförderung!; [**our**] **~ to sb** [unsere] Glückwünsche an jdn; **to extend** [*or* **offer**] **one's ~ to sb** jdm gratulieren, jdn beglückwünschen

congratulatory [kənˌgrætʃʊ'leɪtᵊri, AM -'grætʃᵊlətɔːri] *adj* Glückwunsch-; **~ card** Glückwunschkarte *f* (**for/on** zu +*dat*); **~ remark** anerkennende Bemerkung; **~ speech** Festrede *f*

congregate ['kɒŋgrɪgeɪt, AM 'kɑːŋ-] *vi* sich sammeln *akk;* (*for event*) sich *akk* versammeln

congregation [ˌkɒŋgrɪ'geɪʃᵊn, AM ˌkɑːŋ-] *n* + *sing/pl vb* ❶ (*attending church*) [Kirchen]gemeinde *f* ❷ (*of cardinals*) Kongregation *f* ❸ (*conference*) Versammlung *f* ❹ *no pl* (*gathering*) Ansammlung *f,* Auflauf *m* ❺ *no pl* (*of people in cities*) Zusammenballung *f*

congregational [ˌkɒŋgrɪ'geɪʃᵊnᵊl, AM ˌkɑːŋ-] *adj* Gemeinde-; **~ hymnal** Gemeindegesangbuch *nt*

Congregationalism [ˌkɒŋgrɪ'geɪʃᵊnᵊlɪzᵊm, AM ˌkɑːŋ] *n no pl* Kongregationalismus

Congregationalist [ˌkɒŋgrɪ'geɪʃᵊnᵊlɪst, AM ˌkɑːŋ] **I.** *n* Kongregationalist(in) *m(f)* **II.** *adj inv* kongregationalistisch

congress ['kɒŋgres, AM 'kɑːŋ-] *n* Kongress *m;* (*conference*) Tagung *f;* **party ~** Parteikongress *m,* Parteitag *m;* **an annual/a biennial ~** eine jährliche/zweijährliche Tagung; **medical ~** Ärztekongress *m;* **musical ~** Musikertagung *f;* **to convene** [*or* **hold**] **a ~** einen Kongress veranstalten; (*a conference*) eine Tagung abhalten

Congress ['kɒŋgres, AM 'kɑːŋ-] *n* [**the US**] **C~** der [amerikanische] Kongress

congressional [kən'greʃᵊnᵊl, AM kəŋ'-] *adj inv* Kongress-; **~ actions/committee** Maßnahmen *fpl/* Ausschuss *m* des US-Kongresses; **~ district** Wahlbezirk *m* (*von Abgeordneten des US-Kongresses*); **~ elections** Abgeordnetenwahlen *fpl* (*für den US-Kongress*), Wahlen *fpl* zum US-Kongress; **~ hearings** Anhörungen *fpl* (*von Kongressmitgliedern*); **the C~ Record** LAW Protokoll *nt* der Kongressdebatten

congressman *n* [Kongress]abgeordneter *m* **congresswoman** *n* [Kongress]abgeordnete *f*

congruence ['kɒŋgruːən(t)s, AM 'kɑːŋ-] *n no pl* ❶ MATH Kongruenz *f fachspr* ❷ (*correspondence*) Übereinstimmung *f* (**with** mit +*dat*)

congruent ['kɒŋgruːənt, AM 'kɑːŋ-] *adj* ❶ MATH kongruent *fachspr;* **~ triangles** kongruente Dreiecke *fachspr* ❷ (*agreeing*) übereinstimmend; ■**to be ~ with sth** mit etw *dat* übereinstimmen

congruity [kɒŋ'gruːəti, AM kɑːŋ'gruːəṭi] *n no pl* ❶ MATH Kongruenz *f fachspr,* Deckungsgleichheit *f fachspr* ❷ (*agreement*) Übereinstimmung *f* (**with** mit +*dat*)

congruous ['kɒŋgruːəs, AM 'kɑːŋ-] *adj* ❶ (*math*) kongruent *fachspr,* deckungsgleich *fachspr* ❷ (*agreeing*) übereinstimmend; ■**to be ~ with sth** mit etw *dat* übereinstimmen

conical ['kɒnɪkᵊl, AM 'kɑː-] *adj* ❶ (*cone-shaped*) konisch, kegelförmig ❷ GEOG **~ projection** Kegelprojektion *f fachspr* ❸ MATH **~ section** Kegelschnitt *m fachspr*

conifer ['kɒnɪfəʳ, AM 'kɑːnəfɚ] *n* Nadelbaum *m,* Konifere *f fachspr*

coniferous [kə(ʊ)'nɪfᵊrəs, AM koʊ'-, kə'-] *adj* Nadel-; **~ forest** Nadelwald *m;* ***most of Canada's forests are ~*** in Canada gibt es überwiegend Nadelwälder; **~ tree** Nadelbaum *m*

conj *n abbrev of* **conjunction** Konj.

conjectural [kən'dʒektʃᵊrᵊl] *adj* mutmaßlich; **~ proof** Indizien; **sth is entirely ~** etw ist reine Vermutung

conjecture [kən'dʒektʃəʳ, AM -ɚ] **I.** *n* Mutmaßung *f,* Vermutung *f* (**about** über +*akk*); ***there's been a lot of ~ recently about the royal marriage*** in letzter Zeit wurde viel über die Hochzeit im Königshaus spekuliert **II.** *vt* ■**to ~ sth** etw vermuten; ■**to ~ that …** vermuten [*o* mutmaßen], dass … **III.** *vi* mutmaßen, Vermutungen anstellen

conjoin [kən'dʒɔɪn] *vt* (*form*) ■**to ~ sth** [**with** [*or* **to**] **~ sth and sth**] **sth**] etw mit etw *dat* verbinden [*o* verknüpfen]; **to be ~ed with sth** mit etw *dat* einhergehen

conjoined [kən'dʒɔɪnd] *adj inv* (*form*) verbunden; ***the past and the present are ~ in this author's imagination*** Vergangenheit und Gegenwart bilden in der Vorstellungswelt dieses Autors eine Einheit

conjoint [kən'dʒɔɪnt] *adj attr, inv* verbunden, ver-

C

eint, Gemeinschafts-

conjugal ['kɒndʒʊgᵊl, AM 'kɑːndʒə-] *adj attr, inv* (*form*) ehelich, Ehe-; ~ **bed** Ehebett *nt;* ~ **happiness** Eheglück *nt;* ~ **loyalty/visits/rights** eheliche Treue/Besuche/Rechte [und Pflichten]

conjugate ['kɒndʒʊgeɪt, AM 'kɑːndʒə-] LING **I.** *vi* konjugiert werden *fachspr* **II.** *vt* **to ~ a verb** ein Verb konjugieren *fachspr*

conjugation [ˌkɒndʒʊ'geɪʃᵊn, AM ˌkɑːndʒə'-] *n* LING ❶ *no pl* (*variation*) Konjugation *f fachspr,* Beugung *f fachspr* ❷ (*class*) Konjugation[sklasse] *f fachspr;* **irregular/regular ~** unregelmäßige/regelmäßige Konjugation[sklasse] *fachspr*

conjunct ['kɒndʒʌŋ(k)t, AM 'kɑːn-] *n* COMPUT Variable *f* in der logischen UND-Funktion

conjunction [kən'dʒʌŋkʃᵊn] *n* ❶ LING Konjunktion *f fachspr,* Bindewort *nt;* **coordinating/subordinating ~** beiordnende/unterordnende Konjunktion *fachspr* ❷ (*combination*) *of events, features* Zusammentreffen *nt;* **an unfortunate ~ of circumstances** eine unglückliche Verkettung von Umständen; ■ **in ~ with sth** in Verbindung mit etw *dat;* ■ **in ~ with sb** zusammen [*o* gemeinsam] mit jdm; (*cooperation*) in Zusammenarbeit mit jdm ❸ COMPUT UND-Funktion *f*

conjunctivitis [kənˌdʒʊŋ(k)tɪ'vaɪtɪs, AM -tə'vaɪţɪs] *n no pl* Bindehautentzündung *f,* Konjunktivitis *f fachspr*

conjure ['kʌndʒəʳ, AM 'kɒndʒɚ] **I.** *vi* zaubern ▶ PHRASES: **a name to ~ with** ein Name *m,* der Wunder wirkt **II.** *vt* **to ~ sth from nothing/nowhere** etw aus dem Nichts hervorzaubern; **to ~ a rabbit from** [*or* **out of**] **a hat** einen Hasen aus dem Hut [hervor]zaubern; **to ~ spirits** Geister beschwören

◆**conjure up** *vt* ■ **to ~ up** ↻ **sth** ❶ (*call upon*) etw beschwören; **to ~ up the spirits of the dead** die Geister der Toten [herbei]rufen ❷ (*recall, suggest*) etw heraufbeschwören ❸ (*fig: produce*) etw hervorzaubern; *a meal* etw zaubern

conjurer ['kʌndʒᵊrəʳ, AM 'kɒndʒɚɚ] *n* Zauberer, Zauberin *m, f,* Zauberkünstler(in) *m(f)*

conjuring ['kʌndʒᵊrɪŋ, AM 'kɒn-] *n no pl* Zaubern *nt,* Zauberei *f*

conjuring trick *n* Zaubertrick *m*

conjuror *n see* **conjurer**

conk [kɒŋk, AM kɑːŋk] **I.** *n* ❶ BRIT, AUS (*hum sl: nose*) Zinken *m hum sl,* Riecher *m sl* ❷ (*dated fam: head*) Birne *f sl* **II.** *vt* (*hum fam*) ■ **to ~ sb** jdn schlagen [*o fam* hauen]; **to ~ one's head on sth** sich *dat* den Kopf an etw *dat* anschlagen

◆**conk out** *vi* (*fam*) ❶ (*fail, stop working*) den Geist aufgeben *fam,* streiken *fam* ❷ (*tire out*) *person* umkippen *fam;* (*faint*) ohnmächtig werden ❸ (*die*) ins Gras beißen *sl*

conker ['kɒŋkəʳ] *n* BRIT Rosskastanie *f;* ■ **~s** + *sing vb* (*game*) *Spiel, bei dem zwei Spieler mit an Fäden befestigten Kastanien wechselseitig versuchen, die Kastanie des Gegenspielers zu treffen und zu zerstören*

con man *n* Schwindler *m pej;* (*promising marriage*) Heiratsschwindler *m*

conmanship ['kɒnmənʃɪp, AM 'kɑːn-] *n no pl* Betrug *f,* Schwindel *f pej fam;* (*promised marriage*) Heiratsschwindel *m*

connect [kə'nekt] **I.** *vi* ❶ (*plug in*) ■ **to ~** [**up**] **to sth** an etw *akk* angeschlossen werden; ***where does the cooker ~ to the electricity?*** wo ist der Anschluss für den Herd?; (*have contact*) *wires etc* Kontakt haben ❷ (*form network*) ■ **to ~ with sth** Anschluss an etw *akk* haben ❸ AVIAT, RAIL ■ **to ~ with sth** Anschluss an etw *akk* haben ❹ (*feel affinity*) ■ **to ~ with sb** sich auf Anhieb gut mit jdm verstehen *fam* ❺ (*fam: hit*) treffen ❻ (*join*) miteinander verbunden sein; ■ **to ~ with sth** mit etw *dat* verbunden sein **II.** *vt* ❶ ELEC, COMPUT ■ **to ~ sth** (*join*) etw verbinden (**to/with** mit +*dat*); (*plug in*) etw anschließen (**to/with** an +*akk*); ■ **to ~ sth together** etw miteinander verbinden ❷ *utility company* ■ **to ~ sth/sb** etw/jdn anschließen (**to/with** an +*akk*); **to be ~ed to the mains** ELEC ans Stromnetz angeschlossen sein ❸ (*make accessible*) ■ **to ~ sth** eine Verbindung zu etw *dat* herstellen ❹ (*associate, relate*) ■ **to ~ sb/sth** jdn/etw miteinander in Zusammenhang [*o* Verbindung] bringen; ■ **to ~ sb/sth with sth** jdn/etw mit etw *dat* in Verbindung [*o* Zusammenhang] bringen ❺ TELEC (*put through*) ■ **to ~ sb** jdn verbinden; ***could you ~ me with Paris please?*** könnten Sie mich bitte mit Paris verbinden?; ***I'll ~ you*** ich verbinde [Sie]

connected [kə'nektɪd] *adj pred, inv* ❶ (*joined together*) ■ **to be ~** verbunden sein (**to/with** mit +*dat*); (*plugged in*) angeschlossen sein (**to/with** an +*akk*) ❷ (*related, being family*) ■ **to be ~ to sb** mit jdm verwandt sein; ***I don't think he's ~ to that family*** ich glaube nicht, dass er mit dieser Familie verwandt ist; **to be ~** [**to sb**] **by marriage** [mit jdm] verschwägert sein ❸ (*having to do with*) ■ **to be ~** miteinander in Zusammenhang stehen, zusammenhängen; ***the two murders seem to be ~ in some way*** zwischen den beiden Morden scheint es irgendeinen Zusammenhang zu geben; ■ **to be ~ with sth** mit etw *dat* in Verbindung [*o* Zusammenhang] stehen, mit etw *dat* zusammenhängen ❹ (*based*) ■ **to be ~ to sth** auf etw *akk* bezogen sein

connected person *n* LAW Vertrauensperson *f*

connecting [kə'nektɪŋ] *adj attr, inv* ~ **door** Verbindungstür *f;* ~ **flight** Anschlussflug *m;* ~ **link** Bindeglied *nt*

connecting rod *n* AUTO Kurbelstange *f fachspr,* Pleuelstange *f fachspr*

connection [kə'nekʃᵊn] *n* ❶ *no pl* (*joining, link*) Verbindung *f* (**to/with** mit +*dat*); *to the mains, a telephone, a computer network* Anschluss *m* (**to** an +*akk*); ~ **to the Internet** Internetanschluss *m;* **to get a ~** (*on phone*) [zu jdm] durchkommen; ***I'm always trying to ring you but I can never get a ~*** ich versuche nun schon länger, dich telefonisch zu erreichen, aber nie komme ich durch ❷ TRANSP (*link*) Verbindung *f* (**between** zwischen +*dat*); (*connecting train, flight*) Anschluss *m;* ***there are good ~s from Manchester to Birmingham*** es gibt gute [Verkehrs]verbindungen von Manchester nach Birmingham; **railway ~** Eisenbahnverbindung; **poor ~s** schlechte Verbindungen; **to miss one's ~** seinen Anschluss verpassen ❸ (*people, contacts*) ■ **~s** *pl* Beziehungen *fpl* (**with** zu +*dat*); **to have ~s** Beziehungen haben ❹ (*association*) ■ **sb's ~ with sb** jds Beziehung *f* zu jdm; ***what's his ~ with the girl?*** in welcher Beziehung steht er zu dem Mädchen? ❺ (*reference*) **in that/this ~** in diesem Zusammenhang; **in ~ with sth** im Zusammenhang mit etw *dat* ❻ (*causality*) ■ **~ between sth** Zusammenhang *m* zwischen etw *dat;* ***there was no ~ between the two phenomena*** die beiden Phänomene hingen nicht zusammen ❼ (*conclusion*) ***... but I never made the ~ that they were sisters*** ...aber ich habe nie daraus geschlossen, dass sie Schwestern sein könnten

connective [kə'nektɪv] **I.** *n* LING Bindeglied *nt* **II.** *adj inv* verbindend, Binde-

connective tissue [kəˌnektɪv'-] *n no pl* MED Bindegewebe *nt*

connector [kə'nektəʳ, AM -ɚ] *n* ELEC Verbindungselement *nt*

connexion *n esp* BRIT (*dated*) *see* **connection**

conning tower ['kɒnɪŋˌtaʊəʳ, AM 'kɑːnɪŋtaʊɚ] *n* MIL Kommandoturm *m*

connivance [kə'naɪvᵊn(t)s] *n no pl* stillschweigende Billigung, stillschweigendes Einverständnis; ~ **at** [*or* **in**] **a crime** Mitwisserschaft *f* bei einem Verbrechen; **to be in ~ with sb** mit jdm gemeinsame Sache machen; ■ **to do sth with the ~ of sb** etw mit jds Wissen *nt* tun

connive [kə'naɪv] *vi* ❶ (*conspire*) ■ **to ~ with sb** sich *akk* mit jdm verschwören, mit jdm gemeinsame Sache machen ❷ (*condone*) ■ **to ~ at sth** etw [stillschweigend] dulden, vor etw *dat* die Augen verschließen; **to ~ at a crime** einem Verbrechen Vorschub leisten; ■ **to ~ in doing sth** sich *akk* verschwören, etw zu tun

conniving [kə'naɪvɪŋ] *adj* (*malicious*) boshaft; (*underhanded*) hinterhältig, tückisch; ~ **bastard** (*pej*) hinterhältiger Schuft *pej*

connoisseur [ˌkɒnə'sɜːʳ, AM ˌkɑːnə'sɜːr] *n* Kenner(in) *m(f),* Connaisseur *m veraltend;* **art/wine ~** Kunst-/Weinkenner(in) *m(f);* **ballet ~** Ballettexperte, -in *m, f;* **food ~** Gourmet *m*

connotation [ˌkɒnə(ʊ)'teɪʃᵊn, AM ˌkɑːnə'-] *n* Konnotation *f fachspr;* **to have ~s of sth** *of a word* mit etw *dat* assoziiert werden

connotative ['kɒnəʊteɪtɪv, AM 'kɑːnə] *adj* mitmeinend, implizierend

connote [kə'nəʊt, AM -'noʊt] *vt* ■ **to ~ sth** mit etw *dat* gleichbedeutend sein; ***to me chocolate ~s pleasure and indulgence*** Schokolade assoziiere ich mit Freude und Genuss

connubial [kə'njuːbiəl, AM -'nuː-] *adj inv* (*form*) ehelich, Ehe-; ~ **bed** Ehebett *nt;* ~ **bliss** Eheglück *nt;* ~ **relations** Beziehung *f* zwischen den Ehepartnern

conquer ['kɒŋkəʳ, AM 'kɑːŋkɚ] **I.** *vt* ■ **to ~ sth** ❶ MIL etw erobern; ■ **to ~ sb** jdn besiegen ❷ (*win over*) etw erobern; **to ~ sb's heart** jds Herz *nt* erobern ❸ (*climb*) etw bezwingen ❹ (*overcome*) etw überwinden; **to ~ a disease** eine Krankheit besiegen; **to ~ a problem** ein Problem in den Griff bekommen **II.** *vi* ▶ PHRASES: **I came, I saw, I ~ed** (*saying*) ich kam, ich sah, ich siegte

conqueror ['kɒŋkᵊrəʳ, AM 'kɑːŋkɚɚ] *n* ❶ MIL (*of sth*) Eroberer, Eroberin *m, f;* (*of sb*) Sieger(in) *m(f)* (**of** über +*akk*); **William the C~** William der Eroberer ❷ (*climber*) Bezwinger(in) *m(f)*

conquest ['kɒŋkwest, AM 'kɑːn-] *n* ❶ *no pl* MIL *of a thing* Eroberung *f; of a person* Sieg *m* (**of** über +*akk*) ❷ (*hum: sexual*) Eroberung *f fam;* **to make a ~ of sb** jdn erobern ❸ *no pl* (*climbing*) Bezwingung *f* ❹ *no pl* (*overcoming*) Überwindung *f*

conquistador <*pl* -s *or* -es> [kɒn'kɪstədɔːʳ, AM kɑːŋ'kɪstədɔːr] *n* [spanischer] Eroberer, Konquistador *m*

con rod *n* AUTO (*fam*) *short for* **connecting rod** Kurbelstange *f fachspr,* Pleuelstange *f fachspr*

Cons *short for* **conservative 3**

conscience ['kɒn(t)ʃᵊn(t)s, AM 'kɑːn-] *n* Gewissen *nt;* **my ~ *wouldn't let me do that*** das könnte ich mit meinem Gewissen nicht vereinbaren; **a matter** [*or* **question**] **of ~** eine Gewissensfrage; **to feel pangs** [*or* **a pang of**] **of ~** Gewissensbisse haben; **in all** [*or* **good**] **~** guten Gewissens; **a bad** [*or* **guilty**] **~** ein schlechtes Gewissen; **to have a guilty ~ about sth** wegen einer S. *gen* ein schlechtes Gewissen haben; **a clear/an easy ~** ein reines/ruhiges Gewissen; **to do sth with a clear ~** ruhigen Gewissens etw tun; **to appeal to/arouse sb's ~** jdm ins Gewissen reden; **sth is on one's ~** jd hat wegen einer S. *gen* ein schlechtes Gewissen; **to ease** [*or* **salve**] **one's ~** sein Gewissen beruhigen; **to have no ~ about doing sth** sich *dat* kein Gewissen daraus machen, etw zu tun; **to have sth on one's ~** etw auf dem Gewissen haben; **to have sb's death on one's ~** jdn auf dem Gewissen haben; **sth preys** [*or* **weighs**] **on sb's ~** jd hat wegen einer S. *gen* Gewissensbisse; **to prick** [*or* **stir**] **sb's conscience** an jds Gewissen *nt* appellieren

conscience clause *n* LAW Gewissensklausel *f fachspr*

conscience money *n no pl Geld, mit dem man sich ein ruhiges Gewissen erkaufen will;* ***he paid his illegitimate children ~*** er zahlte seinen unehelichen Kinder Geld, um sein Gewissen zu beruhigen

conscience-stricken *adj* schuldbewusst; ■ **to be ~** [**over sth**] sich *akk* [wegen einer S. *gen*] schuldig fühlen

conscientious [ˌkɒn(t)ʃiː'en(t)ʃəs, AM ˌkɑːn-] *adj* ❶ (*thorough*) *person* gewissenhaft; (*with sense of duty*) pflichtbewusst; *work* gründlich, sorgfältig; ***Mary was ~ about her work*** Mary erledigte ihre Arbeit gründlich ❷ (*moral*) **on ~ grounds** aus Gewissensgründen; **~ objector** Kriegsdienstverweigerer, Kriegsdienstverweigerin *m, f*

conscientiously [ˌkɒn(t)ʃiː'en(t)ʃəsli, AM ˌkɑːn-] *adv* (*thoroughly*) gewissenhaft, sorgfältig; (*with sense of duty*) pflichtbewusst

conscientiousness [ˌkɒn(t)ʃiˈen(t)ʃəsnəs, AM ˌkɑːn-] *n no pl* (*thoroughness*) Gewissenhaftigkeit *f;* (*sense of duty*) Pflichtbewusstsein *nt*

conscious [ˈkɒn(t)ʃəs, AM ˈkɑːn-] *adj* ❶ MED (*sentient*) ■**to be [fully]** ~ bei [vollem] Bewusstsein sein ❷ (*hum: awake*) wach ❸ (*deliberate*) bewusst; **a** ~ **decision** eine bewusste Entscheidung ❹ *after n* (*aware*) bewusst; **fashion/security** ~ mode-/sicherheitsbewusst; **figure/health/weight** ~ figur-/gesundheits-/gewichtsbewusst; **to be money** ~ sparsam sein, sparsam mit dem Geld umgehen ❺ *pred* (*knowing, feeling*) ■**to be** ~ **of sth** sich *dat* einer S. *gen* bewusst sein; ***the tooth doesn't exactly hurt but I'm*** ~ ***of it all the time*** der Zahn schmerzt nicht richtig, aber ich spüre ihn die ganze Zeit; **sb is/becomes** ~ **[of the fact] that ...** jdm ist/wird bewusst, dass ..., jd ist/wird sich *dat* der Tatsache bewusst, dass ... ❻ *pred* (*sensitive*) ■**to be** ~ **of sth** für etw *akk* empfänglich sein

conscious error *n* COMPUT bewusster Fehler

consciously [ˈkɒn(t)ʃəsli, AM ˈkɑːn-] *adv* bewusst, absichtlich

consciousness [ˈkɒn(t)ʃəsnəs, AM ˈkɑːn-] *n no pl* ❶ MED (*sentience*) Bewusstsein *nt;* **to lose** ~ das Bewusstsein verlieren, bewusstlos werden; **to recover** [*or* **regain**] ~ das Bewusstsein wiedererlangen, wieder zu Bewusstsein kommen ❷ (*perception*) ■**sb's** ~ **of sth** jds Wissen *nt* um etw *akk;* **to enter into** [*or* **impinge on**] **sb's** ~ in jds Bewusstsein *nt* eindringen, jds Bewusstsein *nt* erreichen; ■**sb's** ~ **that ...** das Bewusstsein, dass ... ❸ (*awareness*) *political, social* Bewusstsein *nt;* **health** ~ Bewusstsein *nt* für die eigene Gesundheit; **to raise sb's political** ~ jds politisches Bewusstsein erweitern

consciousness raising *n no pl* Bewusstwerdung *f,* Bewusstseinsbildung *f;* ***after all of the*** ~ ***the party did ...*** nach allem, was die Partei unternommen hatte, um mehr politisches Bewusstsein zu wecken ... **consciousness-raising** *adj attr, inv* bewusstseinsbildend

conscript I. *n* [ˈkɒnskrɪpt, AM ˈkɑːn-] Wehrpflichtige(r) *m* II. *adj* [ˈkɒnskrɪpt, AM ˈkɑːn-] *attr, inv* eingezogen, einberufen; ~ **army** Armee *f* von Wehrpflichtigen; ~ **soldiers** Wehrpflichtige *pl* III. *vt* [kənˈskrɪpt] ■**to** ~ **sb** jdn einziehen [*o* einberufen]; **to be ~ed into the army** [zum Wehrdienst] einberufen werden; **to be ~ed into the navy** zur Marine eingezogen werden

conscription [kənˈskrɪpʃən] *n no pl* MIL Wehrpflicht *f;* (*act of conscripting*) Einberufung *f;* **universal** ~ allgemeine Wehrpflicht; **to introduce** ~ die Wehrpflicht einführen

consecrate [ˈkɒn(t)sɪkreɪt, AM ˈkɑːn-] *vt* ❶ (*sanctify*) ■**to** ~ **sth** etw weihen ❷ (*ordain*) ■**to** ~ **sb** jdn weihen [*o fachspr* ordinieren]; **to be ~d priest** zum Priester geweiht werden ❸ (*form: dedicate*) **to** ~ **one's life to sth** sein Leben etw *dat* widmen [*o geh* weihen] ❹ (*fam: devote*) ■**to** ~ **sth to sth** etw für etw *akk* bestimmen

consecrated [ˈkɒn(t)sɪkreɪtɪd, AM ˈkɑːn-] *adj inv* geweiht; ~ **bread** Laib *m* Christi; **to pass around the** ~ **bread** die Kommunion austeilen; ~ **ground** heiliger Boden; ~ **wine** Eucharistiewein *m*

consecration [ˌkɒn(t)sɪˈkreɪʃən, AM ˌkɑːn-] *n no pl* ❶ (*sanctification*) *of host* Weihe *f* ❷ (*ordination*) Ordination *f fachspr*

consecutive [kənˈsekjʊtɪv, AM -jət̬ɪv] *adj inv* ❶ (*following*) *days, months* aufeinander folgend, hintereinander; *numbers* fortlaufend; ***the third*** ~ ***weekend that I've spent working*** schon das dritte Wochenende, an dem ich arbeite; ***this is the fifth*** ~ ***night that I haven't slept*** ich habe jetzt schon fünf Nächte hintereinander nicht geschlafen ❷ LING ~ **clause** Konsekutivsatz *m fachspr* ❸ (*not simultaneous*) ~ **interpreting** Konsekutivdolmetschen *nt*

consecutively [kənˈsekjʊtɪvli, AM -jət̬ɪv-] *adv* hintereinander; ~ **numbered** fortlaufend nummeriert

consecutive quotation *n* STOCKEX fortlaufende Notierung *f* **consecutive sentences** *npl* LAW mehrere nacheinander zu verbüßende Freiheitsstrafen

consensual [kənˈsen(t)sjuəl, AM -ˈsen(t)ʃu-] *adj* (*form*) übereinstimmend; ~ **acts** LAW einverständlicher Verkehr; ~ **contract** Vertrag *m* im gegenseitigen Einvernehmen; ■**to be** ~ in gegenseitigem Einvernehmen geschehen *geh*

consensus [kənˈsen(t)səs] *n no pl* Übereinstimmung *f,* Konsens *m geh* (**among** unter +*dat*); **to be the general** ~ die allgemeine Meinung sein; **there is a** ~ **that ...** es besteht Einigkeit darüber, dass ...; **to reach a** ~ **on sth** sich *akk* in etw *dat* einigen

consensus ad idem *n* LAW Einmütigkeit *f* **consensus politics** *npl* Politik *f* des Miteinander

consent [kənˈsent] (*form*) I. *n no pl* Zustimmung *f,* Einwilligung *f;* **age of** ~ LAW ≈ Ehemündigkeitsalter *nt fachspr;* **by common** ~ nach allgemeiner Auffassung; **informed** ~ erklärtes Einverständnis; **by mutual** ~ im gegenseitigen Einverständnis; **to give one's** ~ seine Zustimmung erteilen [*o* geben], seine Einwilligung geben; **to refuse** [*or* **withhold**] **one's** ~ seine Zustimmung verweigern ▶ PHRASES: <u>**silence**</u> **means** ~ (*prov*) Schweigen bedeutet Zustimmung II. *vi* ■**to** ~ **to sth** etw *dat* zustimmen, in etw *dat* einwilligen; **to** ~ **to a marriage** sein Einverständnis zu einer Heirat geben; ■**to** ~ **to do sth** einwilligen [*o* sich bereit erklären], etw zu tun; ■**to** ~ **to sb doing sth** seine Einwilligung dazu geben [*o* darin einwilligen], dass jd etw tut

consenting adult *n* mündiger Bürger, mündige Bürgerin *m, f*

consent judgment *n* LAW einverständlich beantragtes Urteil, Prozessvergleich *m* **consent order** *n* LAW Beschluss *m* aufgrund der Zustimmung der beschwerten Partei

consequence [ˈkɒn(t)sɪkwən(t)s, AM ˈkɑːn(t)-] *n* ❶ (*result*) Folge *f,* Konsequenz *f;* ***look at the ~s!*** schau dir das Resultat an!; **disastrous ~s** katastrophale [*o* verheerende] Folgen; **to accept** [*or* **face**] **the ~s** die Konsequenzen tragen müssen [*o* auf sich *akk* nehmen]; **to bear** [*or* **suffer**] [*or* **take**] **the ~s** die Konsequenzen tragen; **to have ~s for sb/sth** Konsequenzen für jdn/etw haben; **as a** ~ folglich, daher; **as a** ~ **of sth** als Folge einer S. *gen;* **in** ~ folglich; **in** ~ **of sth** infolge einer S. *gen;* **in** ~ **of which** infolgedessen ❷ *no pl* (*significance*) Bedeutung *f;* (*importance*) Wichtigkeit *f;* **of no/some** ~ ([*un*]*important*) unwichtig/wichtig; ([*in*]*significant*) unbedeutend/bedeutend; ***she is a woman of no*** ~ sie hat nichts zu sagen; **nothing of [any]** ~ nichts Besonderes [*o* von Bedeutung]

consequent [ˈkɒn(t)sɪkwənt, AM ˈkɑːn(t)-] *adj attr* daraus folgend [*o* resultierend]; ***our use of harmful chemicals and the*** ~ ***damage to the environment is ...*** dass wir schädliche Chemikalien benutzen und damit unsere Umwelt zerstören, ist ...

consequential [ˌkɒn(t)sɪˈkwentʃəl, AM ˌkɑːn(t)-] *adj* ❶ *see* **consequent** ❷ LAW folgerichtig ❸ (*important*) wichtig

consequentially [ˌkɒnsɪˈkwenʃəli, AM ˌkɑːn] *adv* folgerichtig, demzufolge

consequently [ˈkɒn(t)sɪkwəntli, AM ˈkɑːn(t)-] *adv* folglich, infolgedessen

conservancy <*pl* -ies> [kənˈsɜːvənsi, AM sɜːr] *n* ❶ (*council*) Schutzbehörde, Instandhaltungsbehörde; **the Nature C~ Council** die Naturschutzbehörde ❷ *no pl* (*conservation*) Erhaltung *f,* Bewahrung *f*

conservation [ˌkɒn(t)səˈveɪʃən, AM ˌkɑːn(t)sə-] I. *n no pl* (*protection*) Schutz *m;* (*preservation*) Erhaltung *f;* ~ **of energy/reserves/resources** Erhaltung *f* von Energie/Reserven/Ressourcen; **wildlife** ~ Schutz *m* frei lebender Tiere II. *n modifier* ~ **area** Naturschutzgebiet *nt;* ~ **technology** Umweltschutztechnik *f*

conservationist [ˌkɒn(t)səˈveɪʃənɪst, AM ˌkɑːn(t)sə-] I. *n* Umweltschützer(in) *m(f),* Naturschützer(in) *m(f)* II. *adj attr, inv* Umweltschutz-; ~ **groups** Umweltschutzgruppen *fpl*

conservatism [kənˈsɜːvətɪzəm, AM -ˈsɜːr-] *n no pl* ❶ (*conservative attitude*) konservative Einstellung ❷ POL ■**C~** Konservatismus *m*

conservative [kənˈsɜːvətɪv, AM -ˈsɜːrvət̬ɪv] I. *adj* ❶ (*in dress, opinion*) konservativ; **to be** ~ **in one's views** in seinen Ansichten konservativ sein; **to be a** ~ **dresser** konservativ gekleidet sein ❷ (*low*) zurückhaltend, vorsichtig; ~ **estimate** vorsichtige Schätzung ❸ POL ■**C~** konservativ; ***did you vote C~?*** haben Sie die Konservativen gewählt?; **the C~ Party** die Konservative Partei; REL **C~ Judaism** der konservative Judaismus II. *n* POL ■**C~** Konservative(r) *f(m);* **a staunch C~** ein überzeugter [*o* loyaler] Konservativer

conservatively [kənˈsɜːvətɪvli, AM -ˈsɜːrvət̬ɪv-] *adv* konservativ; *estimate* vorsichtig

conservatoire [kənˈsɜːvətwɑːʳ] *n* BRIT Konservatorium *nt*

conservator [kənˈsɜːrvət̬ə] *n* AM ECON, FIN Vormund *m*

conservatory [kənˈsɜːvətri, AM -ˈsɜːrvət̬ɔːri] *n* ❶ (*for plants*) Wintergarten *m* ❷ MUS Konservatorium *nt*

conserve I. *vt* [kənˈsɜːv, AM -ˈsɜːrv] ■**to** ~ **sth** ❶ (*save*) etw sparen; **to** ~ **energy** Energie sparen; **to** ~ **one's strength** seine Kräfte *fpl* schonen ❷ (*maintain*) etw erhalten [*o* bewahren]; (*protect*) etw schützen II. *n* [kənˈsɜːv, AM ˈkɑːnsɜːrv] Eingemachtes *nt kein pl;* **apricot/strawberry** ~ eingemachte Aprikosen/Erdbeeren

consider [kənˈsɪdəʳ, AM -ə] *vt* ❶ (*contemplate*) ■**to** ~ **sth** über etw *akk* nachdenken, sich *dat* etw *akk* überlegen; ***well, I'll consider it*** ich lasse es mir durch den Kopf gehen; ■**to** ~ **sb/sth for sth** jdn/etw für etw *akk* in Erwägung ziehen; **to be ~ed for a job** für einen Job in Erwägung gezogen werden; ■**to** ~ **doing sth** daran denken [*o* sich *akk* mit dem Gedanken tragen], etw zu tun; ■**to** ~ **how/what/where/why ...** darüber nachdenken [*o* sich *dat* überlegen], wie/was/wo/warum ... ❷ (*look at*) ■**to** ~ **sb/sth** jdn/etw betrachten; (*think of*) ■**to** ~ **sth/sb** an etw/jdn denken; (*take into account*) ■**to** ~ **sth** etw bedenken [*o* berücksichtigen]; ***you've got to*** ~ ***the time factor*** Sie dürfen den Zeitfaktor nicht aus dem Auge verlieren; **all things ~ed** alles in allem ❸ (*regard as*) ■**to** ~ **sb/sth [as** [*or* **to be**]**] sth** jdn/etw für etw *akk* halten, jdn/etw als etw *akk* betrachten; ***I*** ~ ***it a compliment/ an honour/ an insult ...*** ich betrachte es als Kompliment/Ehre/Beleidigung...; ~ ***yourself at home*** fühlen Sie sich wie zu Hause; ~ ***yourself sacked!*** betrachten Sie sich als entlassen!; ***do you*** ~ ***her trustworthy?*** denkst du, man kann ihr vertrauen?; **to** ~ **sb a genius** jdn für ein Genie halten; ~ **it done** schon erledigt! *fam;* **to** ~ **oneself lucky that ...** sich *akk* glücklich schätzen können, dass ...; ■**to be ~ed [to be] sth** als etw gelten; ■**to** ~ **that ...** denken [*o* der Meinung sein], dass ...

considerable [kənˈsɪdərəbl̩] *adj* erheblich, beträchtlich

considerably [kənˈsɪdərəbli] *adv* erheblich, beträchtlich; (*rather*) ziemlich

considerate [kənˈsɪdərət] *adj* rücksichtsvoll; (*attentive*) aufmerksam; ■**to be** ~ **towards sb** gegenüber jdm rücksichtsvoll sein

considerately [kənˈsɪdərətli] *adv* rücksichtsvoll, bedachtsam

consideration [kənˌsɪdərˈeɪʃən] *n* ❶ *no pl* (*thought*) Überlegung *f;* **after careful** ~ nach reiflicher Überlegung; **on careful** ~ **of sth** nach sorgfältiger Prüfung einer S. *gen;* **to deserve** [*or* **need**] [*or* **require**] ~ der Überlegung bedürfen *geh;* **to give sth one's** ~ [*or* ~ **to sth**] etw in Erwägung [*o* Betracht] ziehen; ■**to be under** ~ geprüft werden ❷ *no pl* (*account*) **to take sth into** ~ etw berücksichtigen [*o* bedenken], etw in Betracht ziehen ❸ (*factor*) Gesichtspunkt *m,* Faktor *m;* **to be motivated by political ~s** von politischen Überlegungen motiviert sein ❹ *no pl* (*regard*) Rücksicht *f;* ***you've got no*** ~ ***for others!*** du denkst immer nur an dich!; **out of/without** ~ **for sb/sth** aus/ohne Rücksicht auf jdn/etw ❺ (*dated or hum: payment*) **for a modest** [*or* **small**] ~ gegen ein geringes Entgelt ❻ LAW Gegenleistung *f;* **executed** ~ erbrachte Gegenleistung; **executory** ~ wechselseitiges Leistungsversprechen ▶ PHRASES: <u>**in**</u> ~ **of sth** als Dank für etw *akk*

considered [kənˈsɪdəd, AM -ˈɚd] *adj* ① *opinion* wohl überlegt; ***it's my ~ opinion that …*** wenn ich es mir recht überlege, finde ich, dass … ② *(respected)* **well/highly ~** [hoch] geachtet

considering [kənˈsɪdᵊrɪŋ] **I.** *prep* ▪**~ sth …** wenn man etw bedenkt …; ***~ her fear of heights …*** wenn man bedenkt, unter welcher Höhenangst sie leidet, …; ▪**~ how/what …** wenn man bedenkt, wie/was … **II.** *conj* ▪**~ that …** wenn man bedenkt, dass …, dafür, dass …; ***her figure is wonderful ~ [that] she eats so much chocolate*** dafür, dass sie so viel Schokolade isst, hat sie eine wundervolle Figur **III.** *adv* ① *(all in all)* alles in allem; *(really)* eigentlich; ***he did very well in the course, ~*** alles in allem hat er den Kurs gut abgeschlossen; ***Harry wasn't feeling too bad, ~*** eigentlich fühlte sich Harry gar nicht so schlecht ② *(esp hum fam: surprisingly)* in Anbetracht der Umstände

consign [kənˈsaɪn] *vt (form)* ① *(send)* ▪**to ~ sth to sb** etw an jdn senden; **to ~ goods/articles to sb** Waren/Artikel an jdn verschicken [*o* versenden] ② *(place)* **to ~ sb to sb's care** jdn in jds Obhut *f* geben; **to be ~ed to the care of sb** unter jds Obhut *f* stehen; **to be ~ed to poverty/oblivion** in Armut/Vergessenheit geraten; **to be ~ed to prison** ins Gefängnis kommen

consignee [ˌkɒnsaɪˈniː, AM ˌkɑːn-] *n (form)* Empfänger(in) *m(f)*, Konsignatar *m*, Konsignatär *m fachspr*

consigner [kənˈsaɪnəʳ, AM -ɚ] *n (form)* Absender(in) *m(f)*, Konsignant *m fachspr*

consignment [kənˈsaɪnmənt] *n* ① *(goods being delivered)* Warensendung *f* ② *no pl* ECON **on ~** in Kommission; **goods on ~, ~ goods** Kommissionswaren *fpl*; **to ship sth on ~** in Konsignation liefern *fachspr* ③ *no pl (placing)* ***her ~ to prison was reported in detail by the press*** die Presse hat ausführlich darüber berichtet, wie sie ins Gefängnis kam

consignment note *n* Frachtbrief *m*

consignor [kənˈsaɪnəʳ, AM -ɚ] *n* COMM Absender(in) *m(f)*, Konsignant *m fachspr*

consist [kənˈsɪst] *vi* ① *(comprise)* ▪**to ~ of sth** aus etw *dat* bestehen ② *(form: derive from)* ▪**to ~ in sth** in etw *dat* bestehen; ***the beauty of air travel ~s in its speed and ease*** das Schöne am Fliegen ist die Schnelligkeit und Bequemlichkeit; ***for her, happiness ~s in …*** für sie besteht Glück darin, …

consistency [kənˈsɪstᵊn(t)si] *n no pl* ① *(firmness)* Konsistenz *f*; ***melt the chocolate to a pouring ~*** die Schokolade zum Schmelzen bringen, bis sie flüssig wird ② *no pl (constancy)* Beständigkeit *f*, Konsistenz *f geh*; **sth lacks ~** etw *dat* mangelt es an Konsistenz *geh* ③ *(logic)* Folgerichtigkeit *f* ④ *no pl (in principles, aims)* Konsequenz *f*

consistency check *n* COMPUT Konsistenzprüfung *f*

consistent [kənˈsɪstᵊnt] *adj* ① *(compatible)* ▪**to be ~ with sth** mit etw *dat* vereinbar sein; *(in correspondence)* mit etw *dat* übereinstimmen, etw *dat* entsprechen ② *(steady)* beständig; *way of doing sth* gleich bleibend; *improvement* stetig, ständig; *(in uniform manner)* einheitlich ③ *(logical)* folgerichtig; **a ~ explanation** eine logische Erklärung ④ *(in agreement with principles, aims)* konsequent

consistently [kənˈsɪstᵊntli] *adv* ständig

consolation [ˌkɒnsəˈleɪʃᵊn, AM ˌkɑːn-] *n* ① *no pl (comfort)* Trost *m*; ***that's little [or not much] ~!*** *(iron)* das ist ein schwacher Trost! *iron*; ***my's ~ is that …*** was mich tröstet ist, dass …; **if it's [of] any ~, …** wenn es ein Trost für dich ist, …; ***it was some ~ to him to know that …*** es war tröstlich für ihn zu wissen, dass …; **there is [some]/no ~ in doing sth** es ist ein Trost [*o* tröstlich]/kein Trost, etw zu tun; **there is ~ in knowing that …** es ist tröstlich [*o* ein Trost] zu wissen, dass …; **for ~** zum Trost ② *no pl (act of consoling)* Trösten *nt*; **to offer words of ~** Worte des Trostes [*o* tröstende Worte] spenden ③ *(comforter)* **as a ~ for sth** als Trost [*o hum* Trostpflaster] für etw *akk* ④ *(support)* Trost *m*, Stütze *f*; **to be a ~ to sb** ein Trost *m* für jdn sein

consolation prize *n* Trostpreis *m*

consolatory [kənˈsɒlətᵊri, AM -ˈsɑːlətɔːri] *adj* tröstend; **~ letter** Trostbrief *m*

console¹ [kənˈsəʊl, AM -ˈsoʊl] *vt* ▪**to ~ sb/oneself [with sth]** jdn/sich [mit etw *dat*] trösten; ▪**to ~ sb for/on sth** jdn über etw *akk* hinwegtrösten; **to ~ oneself with the thought that …** sich *akk* mit dem Gedanken trösten, dass …

console² [ˈkɒnsəʊl, AM ˈkɑːnsoʊl] *n* ① *(control desk)* Schaltpult *nt*; *(control panel)* Kontrollpult *nt* ② COMPUT Konsole *f*

consolidate [kənˈsɒlɪdeɪt, AM -ˈsɑːlə-] **I.** *vi* ① *(improve)* sich *akk* festigen [*o geh* konsolidieren] ② *(unite)* sich *akk* zusammenschließen [*o* vereinigen] ③ STOCKEX *(remain unchanged) price of stock* konsolidieren **II.** *vt* ▪**to ~ sth** ① *(improve)* etw festigen [*o geh* konsolidieren]; **to ~ a firm's position in the market** die Marktposition einer Firma konsolidieren *geh*; **to ~ one's hold on sth** seinen Einfluss auf etw *akk* festigen; **to ~ sb's relationship** jds Beziehung *f* festigen ② *(unite)* etw vereinigen ③ LAW etw vereinfachen, schon bestehende Gesetze verbinden

consolidated [kənˈsɒlɪdeɪtɪd, AM -ˈsɑːlədeɪt̬-] *adj* vereint, konsolidiert *fachspr*; **the ~ power of a company** die geballte Macht eines Unternehmens

consolidated accounts *n* ECON Konzernabschluss *m* **consolidated balance sheet** *n* ECON konsolidierte Bilanz, Konzernbilanz *f* **consolidated fund** *n* BRIT FIN konsolidierter Staatsfonds *fachspr* **consolidated profit and loss account** *n* ECON konsolidierte Gewinn- und Verlustrechnung, Gewinn- und Verlustrechnung *f* eines Konzerns **consolidated stock** *n* ECON, FIN *see* **consols**

Consolidating Act *n* LAW Kodifizierungsgesetz *nt*

consolidation [kənˌsɒlɪˈdeɪʃᵊn, AM -ˈsɑːlə-] *n no pl* ① *(improvement)* Festigung *f*, Konsolidierung *f* ② *(merging) companies* Fusion *f*, Zusammenschluss *m*; *(company)* konsolidierte Unternehmensgruppe ③ FIN *(investing)* Konsolidierung *f* ④ LAW Kodifikation *f*; *(hearing proceedings together)* Verbindung *f*, Zusammenfassung *f*

consols [kənˈsɒlz] *npl* BRIT ECON, FIN Konsols *pl*, konsolidierte Staatsanleihen *pl*

consommé [kənˈsɒmeɪ, AM ˌkɑːn(t)səˈmeɪ] *n no pl* Kraftbrühe *f*, Consommé *f o nt*

consonance [ˈkɒn(t)sᵊnən(t)s, AM ˈkɑːn(t)-] *n no pl* ① MUS Konsonanz *f fachspr* ② *(fig form: harmony)* ▪**~ between sth** Einklang *m* [*o* Harmonie *f*] zwischen etw *dat*; *(correspondence)* **in ~ with sth** in Einklang *geh* [*o* Übereinstimmung] mit etw *dat*

consonant [ˈkɒn(t)sᵊnənt, AM ˈkɑːn(t)-] **I.** *n* Konsonant *m* **II.** *adj* ▪**to be ~ with sth** in Einklang mit etw *dat* sein *geh*, mit etw *dat* übereinstimmen

consonantal [ˌkɒnsᵊnˈæntᵊl, AM ˌkɑːnsəˈnænt̬ᵊl] *adj inv* LING konsonantisch *fachspr*

consort **I.** *vi* [kənˈsɔːt, AM -ˈsɔːrt] ▪**to ~ together** miteinander verkehren; ▪**to ~ with sb** mit jdm verkehren **II.** *n* [ˈkɒnsɔːt, AM ˈkɑːnsɔːrt] Gemahl(in) *m(f) geh*, Gatte, -in *m, f geh*; **prince ~** Prinzgemahl *m geh*

consortia [kənˌsɔːtiə, AM -ˈsɔːrt̬iə] *n pl of see* **consortium**

consortium <*pl* -s *or* -tia> [kənˌsɔːtiəm, *pl* -tiə, AM -ˈsɔːrt̬iəm, *pl* -t̬iə] *n* ① ECON Konsortium *nt fachspr*; **~ of companies** Firmenkonsortium *nt fachspr*, Firmengruppe *f*; **to form a ~** ein Konsortium bilden ② LAW Recht *nt* der ehelichen Gemeinschaft

conspicuous [kənˈspɪkjuːəs] *adj (noticeable)* auffallend; *(clearly visible)* unübersehbar; *person, behaviour, colour, clothes* auffällig; **to be ~ by one's absence** *(esp hum)* durch Abwesenheit glänzen *esp hum*; **~ beauty** außergewöhnliche Schönheit; **~ figure** exzellente Figur; **to look ~** auffallen

conspicuous consumption *n* Prestigekauf *m*

conspicuously [kənˈspɪkjuːəsli] *adv (noticeably)* auffallend; *(clearly visible)* deutlich sichtbar

conspicuousness [kənˈspɪkjuːəsnəs] *n no pl* Auffälligkeit *f*; ***the ~ of her white hat was really embarrassing*** es war schon direkt peinlich, wie ihr weißer Hut einem ins Auge stach

conspiracy [kənˈspɪrəsi] *n* ① *no pl (secret planning)* Konspiration *f geh*, Verschwörung *f*; **~ to defraud** LAW Verabredung *f* zum Betrug *fachspr*; **~ to murder** Mordkomplott *nt* ② *(plot)* Komplott *nt*, Verschwörung *f* (**against** gegen +*akk*); ***there was a ~ to keep me out of the group*** es gab eine Verschwörung, mich aus der Gruppe rauszuhalten; **there is a ~ of silence about sth** [über etw *akk*] herrscht verabredetes Stillschweigen

conspiracy theory *n* Verschwörungstheorie *f*

conspirator [kənˈspɪrətəʳ, AM -ət̬ɚ] *n* Verschwörer(in) *m(f)*

conspiratorial [kənˌspɪrəˈtɔːrɪəl] *adj* verschwörerisch; **to exchange ~ glances** verschwörerische Blicke austauschen

conspiratorially [kənˌspɪrəˈtɔːrɪəli] *adv* verschwörerisch; **to whisper ~** verschwörerisch tuscheln

conspire [kənˈspaɪəʳ, AM -ˈspaɪɚ] *vi (also fig)* sich *akk* verschwören; ▪**to ~ [together] to do sth** heimlich planen, etw zu tun; ▪**to ~ against/with sb** sich *akk* gegen jdn/mit jdm verschwören; *(fig)* ***the weather had ~d to ruin their day*** das Wetter hatte sich gegen sie verschworen

constable [ˈkʌn(t)stəbl] *n* BRIT Polizist(in) *m(f)*, [Polizei]wachtmeister(in) *m(f)*; **police ~** Polizist *m*; **woman police ~** Polizistin *f*

constabulary [kənˈstæbjʊlᵊri] *n + sing/pl vb* BRIT Polizei *f kein pl*

constancy [ˈkɒn(t)stən(t)si, AM ˈkɑːn(t)-] *n no pl (form: being unchanging)* Beständigkeit *f*; *of feelings* Unveränderlichkeit *f*; *(loyalty, faithfulness)* Treue *f*; *(perseverance)* **~ [of purpose]** Ausdauer *f*

constant [ˈkɒn(t)stənt, AM ˈkɑːn(t)-] **I.** *n* MATH, PHYS Konstante *f fachspr*, konstante Größe *fachspr*; ***the fundamental ~s in life are birth and death*** Geburt und Tod sind die Grundkonstanten des Lebens **II.** *adj attr* ① *(continuous)* dauernd, ständig, permanent; ***we had ~ rain*** es hat ununterbrochen geregnet; **~ bickering** unaufhörliches Gezänk; **~ chatter** permanentes Schwatzen; **~ noise** ständiger Lärm; **to have ~ pain** ständigen Schmerzen ausgesetzt sein; **~ scrutiny** Routineüberprüfungen *fpl*; **~ shelling** ununterbrochene Bombardierung; **~ surveillance** regelmäßige Überwachung ② *(unchanging)* beständig, gleich bleibend; *feelings* immer während; **~ amount/level** konstante Menge/konstantes Niveau; **~ support** unablässige Unterstützung; **~ temperature** gleich bleibende [*o* konstante] Temperatur ③ *(loyal)* treu ④ *(frequent)* fortwährend, unaufhörlich; **to be in ~ trouble with sb** ständig Probleme mit jdm haben; **~ use** ständiger Gebrauch

constantly [ˈkɒn(t)stəntli, AM ˈkɑːn(t)-] *adv inv* ständig, dauernd, permanent; **to bicker ~** sich *akk* ununterbrochen zanken; **to complain ~** sich *akk* ständig beklagen

constellation [ˌkɒn(t)stəˈleɪʃᵊn, AM ˈkɑːn(t)-] *n* ASTROL, ASTRON Sternbild *nt*, Konstellation *f fachspr*

consternation [ˌkɒn(t)stəˈneɪʃᵊn, AM ˌkɑːn(t)stɚ-] *n no pl* Bestürzung *f*; **a look of ~** eine bestürzte Miene; ***a look of ~ crossed his face*** er machte ein bestürztes Gesicht; **to cause ~** Bestürzung hervorrufen; **to fill sb with ~** jdn bestürzen; **in ~** bestürzt; ▪**to sb's ~** zu jds Bestürzung *f*, mit Bestürzung

constipate [ˈkɒn(t)stɪpeɪt, AM ˈkɑːn(t)stə-] *vt* MED ▪**to ~ sb** bei jdm zu Verstopfung führen; ***that will ~ me*** davon bekomme ich Verstopfung

constipated [ˈkɒn(t)stɪpeɪtɪd, AM ˈkɑːn(t)stəpeɪt̬ɪd] *adj* verstopft; **to be/become [or get] ~** [eine] Verstopfung haben/bekommen; **mentally ~** *(fig)* gehemmt

constipation [ˌkɒn(t)stɪˈpeɪʃᵊn, AM ˌkɑːn(t)stə-] *n no pl* Verstopfung *f*

constituency [kənˈstɪtjuən(t)si, AM -ˈstɪtʃu-] *n* ① POL *(area)* Wahlkreis *m*; *(voters also)* Wählerschaft *f* eines Wahlkreises ② + *sing/pl vb (supporters)* Anhängerschaft *f*

constituent [kənˈstɪtjuənt, AM -ˈstɪtʃu-] **I.** *n* ① *(voter)* Wähler(in) *m(f)* ② *(part)* Bestandteil *m*; **ba-**

sic [*or* **essential**] ~s Grundbestandteile *mpl;* **main ~s** Hauptbestandteile *mpl* **II.** *adj attr, inv* ❶ (*component*) einzeln, bildend, konstituierend *geh;* **the council's ~ members** die einzelnen Ratsmitglieder; **~ part** Bestandteil *m;* **the ~ parts of a sentence** die einzelnen Satzteile ❷ (*voting*) wählend ❸ POL *assembly, meeting* konstituierend *fachspr*

constitute ['kɒn(t)stɪtju:t, AM 'kɑ:n(t)stətu:t] *vt* ■**to ~ sth** ❶ (*make up*) etw ausmachen; ***women ~ about ten percent of Parliament*** etwa zehn Prozent der Parlamentsmitglieder sind Frauen ❷ (*form: be*) etw sein; **to ~ a threat to sth** eine Bedrohung für etw *akk* darstellen [*o* sein] ❸ (*establish*) etw einrichten

constitution [ˌkɒn(t)stɪ'tju:ʃᵊn, AM ˌkɑ:n(t)stə'tu:-] *n* ❶ (*structure*) Zusammensetzung *f;* **genetic ~** genetische Struktur ❷ POL Verfassung *f;* **written/unwritten ~** geschriebene/ungeschriebene Verfassung; **under the ~** nach der Verfassung ❸ (*health*) Konstitution *f,* Verfassung *f;* **to have a strong/weak ~** eine gute/schwache Konstitution haben ❹ *no pl* (*establishment*) Einrichtung *f* ❺ LAW Satzung *f,* Statut *nt*

constitutional [ˌkɒn(t)stɪ'tju:ʃᵊnᵊl, AM ˌkɑ:n(t)stə'tu:-] **I.** *adj* ❶ POL konstitutionell *fachspr,* verfassungsmäßig; **~ amendment** Verfassungsänderung *f;* **~ democracy/monarchy** konstitutionelle Demokratie/Monarchie *fachspr;* **~ law** Verfassungsrecht *nt;* **~ lawyer** ein auf Verfassungsrecht spezialisierter Jurist; **~ monarch** konstitutioneller Monarch *fachspr;* **~ right** Grundrecht *nt;* **to be not ~** verfassungswidrig sein; ■**it ist not ~ to do sth** es ist verfassungswidrig, etw zu tun ❷ (*physical*) konstitutionell *fachspr,* körperlich bedingt; **~ weakness** körperlich bedingte Schwäche **II.** *n* (*hum dated*) Spaziergang *m;* **to go on one's ~** seinen Spaziergang machen

constitutionality [ˌkɑ:n(t)stətu:ʃᵊn'æləṭi] *n no pl* AM Verfassungsmäßigkeit *f;* **to challenge** [*or* **question**] **the ~ of a law** die Verfassungsmäßigkeit eines Gesetzes in Frage stellen

constitutionalize [ˌkɒn(t)stɪ'tju:ʃᵊnᵊlaɪz, AM ˌkɑ:n(t)stə'tu:ʃᵊnəl-] *vt* ■**to ~ sth** etw in der Verfassung verankern

constitutionally [ˌkɒn(t)stɪ'tju:ʃᵊnᵊli, AM ˌkɑ:n(t)stə'tu:-] *adv* ❶ POL verfassungsgemäß ❷ (*physically*) konstitutionell *fachspr,* körperlich; ***he's just ~ weak*** er hat einfach eine schwache Konstitution; (*fig hum: by nature*) von Natur aus

constrain [kən'streɪn] *vt* ❶ (*restrict*) ■**to ~ sth** etw einschränken; **to ~ the development/progress of sth** die Entwicklung/den Fortschritt einer S. *gen* bremsen ❷ (*compel*) ■**to ~ sb** jdn zwingen ❸ (*liter: imprison*) ■**to ~ sb** jdn inhaftieren

constrained [kən'streɪnd] *adj* ❶ (*compelled*) **to feel ~ to do sth** sich *akk* gezwungen [*o* genötigt] fühlen, etw zu tun; ***don't feel ~ to do what he says*** lass dich von ihm nicht unter Druck setzen ❷ (*stiff*) gezwungen, steif; *laugh* unnatürlich

constraint [kən'streɪnt] *n* ❶ (*compulsion*) Zwang *m;* **the ~ of politeness** das Gebot der Höflichkeit; **under ~** unter Zwang ❷ (*restriction*) Beschränkung *f,* Einschränkung *f;* (*hindrance*) Behinderung *f;* **to impose ~s on sb/sth** jdm/etw Beschränkungen auferlegen *geh,* jdn/etw einschränken; **to place ~s on sth** etw *dat* Zwänge auferlegen ❸ *no pl* (*form: stiffness*) Gezwungenheit *f;* (*awkwardness*) Befangenheit *f;* **without ~** ungezwungen

constrict [kən'strɪkt] **I.** *vt* ❶ (*narrow*) ■**to ~ sth** *muscle* etw verengen; (*squeeze*) ■**to ~ sth** etw einschnüren ❷ (*hinder*) ■**to ~ sth** etw behindern; **to ~ sb's movements** jds Bewegungsfreiheit *f* einschränken ❸ (*restrict*) **to ~ sb** [*or* **sb's lifestyle**] jdn beengen [*o* einengen] [*o* einschränken] **II.** *vi* sich *akk* zusammenziehen; ***he felt his throat ~*** er fühlte, wie es ihm die Kehle zu[sammen]schnürte

constriction [kən'strɪkʃᵊn] *n* ❶ *no pl* (*narrowing*) Verengung *f;* (*squeezing*) Einschnüren *nt;* (*tightness*) Enge *f;* ***he felt a ~ in his chest*** er hatte das Gefühl, dass ihm etwas die Brust einschnürte ❷ (*hindrance*) Behinderung *f* ❸ *usu pl* (*restriction*) Beschränkung *f,* Einschränkung *f* ❹ *no pl* (*being restricted*) Beengtheit *f,* Enge *f*

constrictive [kən'strɪktɪv] *adj* eng

constrictor [kən'strɪktəʳ, AM -ɚ] *n* ❶ (*boa*) Boa [constrictor] *f* ❷ ANAT **~** [**muscle**] Schließmuskel *m*

construct I. *n* ['kɒnstrʌkt, AM 'kɑ:n-] Gedankengebäude *nt,* [gedankliches] Konstrukt *fachspr;* ***his reputation is largely a media ~*** sein Ruf ist weitgehend ein Ergebnis der Berichterstattung durch die Medien **II.** *vt* [kən'strʌkt] ❶ (*build*) ■**to ~ sth** etw bauen; **to ~ a dam** einen Damm errichten; ■**to ~ sth of/out of sth** etw aus etw *dat* bauen; ***the wall is ~ed of concrete*** die Wand ist aus Beton ❷ (*develop*) ■**to ~ sth** etw entwickeln; **to ~ an argument/a story** ein Argument/eine Geschichte aufbauen; **to ~ a theory** eine Theorie entwickeln [*o geh* konstruieren] ❸ LING **to ~ a sentence** einen Satz konstruieren *fachspr*

construction [kən'strʌkʃᵊn] *n* ❶ *no pl* (*act of building*) Bau *m;* ***a marvellous work of engineering and ~*** ein Meisterwerk der Ingenieur- und Baukunst; **the ~ industry** die Bauindustrie; **~ site** Baustelle *f;* **~ worker** Bauarbeiter(in) *m(f);* **to be under ~** im [*o* in] Bau sein; ***how long has the hotel been under ~?*** wie lange hat man an dem Hotel gebaut? ❷ (*how sth is built*) Bauweise *f* ❸ *object, machine* Konstruktion *f;* (*architectural feature*) Bau *m,* Bauwerk *nt;* (*building*) Gebäude *nt* ❹ (*development*) Entwicklung *f* ❺ LING Konstruktion *f fachspr;* **absolute/idiomatic ~** absolute/idiomatische Konstruktion *fachspr* ❻ (*interpretation*) Interpretation *f,* Deutung *f;* **to put the wrong ~ on sb's actions** jds Vorgehen *nt* falsch verstehen [*o* deuten]

constructional [kən'strʌkʃᵊnəl] *adj* baulich; **~ plan** Bauplan *m;* **~ technique** Bauweise *f*

constructive [kən'strʌktɪv] *adj* ❶ (*helpful*) konstruktiv *geh* ❷ ARCHIT, TECH Bau-; **~ plans** Baupläne *mpl*

constructive dismissal *n* ECON durch Arbeitgeber herbeigeführte Kündigung durch den Arbeitnehmer **constructive knowledge** *n* LAW gesetzlich unterstellte Kenntnis

constructively [kən'strʌktɪvli] *adv* konstruktiv *geh,* auf konstruktive Weise; ***use your energy a bit more ~*** setz mal deine Energie etwas sinnvoller ein

constructive notice *n* LAW zumutbare Kenntnis **constructive total loss** *n* fingierter [*o* angenommener] Totalverlust **constructive trust** *n* LAW fingiertes Treuhandverhältnis

constructor [kən'strʌktəʳ, AM -ɚ] *n* (*tech*) Konstrukteur(in) *m(f);* ARCHIT Erbauer(in) *m(f)*

construe [kən'stru:] *vt* ❶ (*form: interpret*) ■**to ~ sth as sth** etw als etw *akk* deuten; **to ~ sth as an apology** etw als eine Entschuldigung verstehen; **to ~ sth as indecision** etw als Unentschlossenheit auslegen; ■**to ~ sth to be sth** etw als etw *akk* auffassen ❷ LING (*dated: analyse*) etw analysieren; **to ~ a sentence** einen Satz analysieren [*o* zerlegen]

consul ['kɒn(t)sᵊl, AM 'kɑ:n(t)-] *n* Konsul(in) *m(f)*

consular ['kɒn(t)sjuləʳ, AM 'kɑ:n(t)sjulɚ] *adj inv* konsularisch, Konsulats-; **in a ~ capacity** in der Eigenschaft als Konsul; **~ office** Konsulatsbüro *nt,* Amtszimmer *nt* des Konsuls

consulate ['kɒn(t)sjulət, AM 'kɑ:n(t)-] *n* ❶ (*building*) Konsulat *nt* ❷ + *sing/pl vb* (*staff*) Konsulatsbelegschaft *f*

consulate general <*pl* consulates general> *n* Generalkonsulat *nt*

consul general <*pl* consuls general> *n* Generalkonsul(in) *m(f)*

consult [kən'sʌlt] **I.** *vi* sich *akk* beraten; ■**to ~ with sb** sich *akk* mit jdm beraten; ■**to ~ with sb about sth** etw mit jdm besprechen, sich *akk* mit jdm über etw *akk* beraten **II.** *vt* ❶ (*ask*) ■**to ~ sb** [**about** [*or* **on**] **sth**] jdn [bezüglich einer S. *gen*] um Rat fragen; **to ~ a doctor/lawyer/specialist** einen Arzt/Anwalt/Spezialisten konsultieren *geh* [*o* zu Rate ziehen] ❷ (*look at*) ■**to ~ sth** etw heranziehen [*o* zu Rate ziehen]; ***I'll ~ my diary*** ich seh mal in meinem Kalender nach; **to ~ a dictionary** in einem Wörterbuch nachschlagen; **to ~ a list/map** in einer Liste/auf einer Karte nachsehen; **to ~ the oracle** das Orakel befragen; **to ~ one's watch** auf die Uhr sehen ❸ (*consider*) ■**to ~ sth** etw prüfen; **to ~ one's feelings/intuitions** auf sein Gefühl/seine Intuition hören; ***I have to ~ my feelings before ...*** ich muss erst mit mir zu Rate gehen, bevor ...

consultancy [kən'sʌltᵊn(t)si] *n* ❶ *no pl* (*advice*) Beratung *f* ❷ (*firm*) Beratungsdienst *m;* **engineering ~** Ingenieurbüro *nt;* **financial ~** Finanzberater *m*

consultant [kən'sʌltᵊnt] *n* ❶ (*adviser*) Berater(in) *m(f);* **computer ~** Computerexperte, -in *m, f,* Computerfachmann, Computerfachfrau *m, f;* **management ~** Unternehmensberater(in) *m(f);* **public relations ~** PR-Berater(in) *m(f);* **tax ~** Steuerberater(in) *m(f);* ■**~** [**to sb**] **for** [*or* **on**] **sth** [jds] Berater(in) *m(f)* für etw *akk;* ***~ for foreign investments*** Investitionsberater(in) *m(f)* ❷ BRIT MED Facharzt, Fachärztin *m, f;* **cancer ~** Krebsspezialist(in) *m(f);* ■**~ in sth** Spezialist(in) *m(f)* in etw *dat*

consultation [ˌkɒnsᵊl'teɪʃᵊn, AM 'kɑ:n-] *n* ❶ *no pl* (*advice*) Beratung *f* (**with** mit +*dat,* **on** über +*akk*); **to be in ~** [**with sb**] sich *akk* [mit jdm] beraten; **to decide on sth in ~ with sb** etw in Absprache mit jdm entscheiden ❷ (*meeting*) Beratung *f,* Besprechung *f; with one's lawyer, accountant* Rücksprache *f* (**with** mit +*dat,* **about/on** über +*akk*) ❸ MED Konsultation *f;* **to have a ~ with sb** jdn konsultieren

consultative [kən'sʌltətɪv, AM -ṭəṭɪv] *adj attr, inv* beratend, Beratungs-; ***she works for the firm in a ~ capacity*** sie arbeitet als Beraterin für die Firma; **~ committee** Beratungsgremium *nt*

consulting [kən'sʌltɪŋ] *adj attr, inv* beratend

consulting actuary *n* beratender Versicherungsmathematiker/beratende Versicherungsmathematikerin, Aktuar(in) *m(f)* **consulting hours** *npl* Sprechstunde *f* **consulting room** *n* Sprechzimmer *nt*

consumable [kən'sju:məbḷ, AM 'su:] *adj inv* verbrauchbar, Verbrauchs-; (*fig*) Gebrauchs-

consumables [kən'sju:məbḷz, AM -'su:-] *npl* Verbrauchsgüter *ntpl,* Konsumgüter *ntpl*

consume [kən'sju:m, AM -'su:m] *vt* ❶ (*eat, drink*) ■**to ~ sth** etw konsumieren [*o* zu sich *dat* nehmen]; *food also* etw verzehren; (*hum*) etw vertilgen *hum fam* ❷ (*destroy*) ■**to ~ sth** *fire* etw zerstören [*o* vernichten] ❸ (*obsess*) **to be ~d by anger** von unbändigem Zorn erfüllt sein; **to be ~d by envy/jealousy** vor Neid/Eifersucht [fast] vergehen; **to be ~d by greed/hatred/guilt** von Gier/Hass/Schuld erfüllt sein; **to be ~d by passion for sb** sich *akk* vor Leidenschaft nach jdm verzehren ❹ (*use up*) ■**to ~ sth** etw verbrauchen; **to ~ energy/fuel** Energie/Benzin verbrauchen; **to ~ all one's money** sein ganzes Geld aufbrauchen ❺ (*buy*) ■**to ~ sth** etw kaufen

consumer [kən'sju:məʳ, AM -'su:mɚ] **I.** *n* Verbraucher(in) *m(f),* Konsument(in) *m(f) fachspr* **II.** *n modifier* (*advise, credit*) Verbraucher-; **~ demand** Nachfrage *f;* **~ legislation** Verbraucherschutzgesetze *pl;* **~ revolution** Veränderung *f* des Konsumverhaltens; **~ rights** Rechte *ntpl* des Verbrauchers

consumer durables *npl* Gebrauchsgüter *ntpl*

consumerism [kən'sju:mərɪzᵊm, AM -'su:mɚɪ-] *n no pl* ❶ (*protection*) Verbraucherschutz *m* ❷ (*pej: attitude*) Konsumdenken *nt;* **rampant ~** ausufernder Konsum

consumerist [kən'sju:merɪst, AM -'su:mɚ-] *adj* (*pej*) Konsum-

consumer price index *n* AM, AUS Verbraucherpreisindex *m* **consumer protection** *n no pl* Verbraucherschutz *m* **consumer society** *n* Konsumgesellschaft *f*

consuming [kən'sju:mɪŋ, AM -'su:m-] *adj attr, inv desire, passion* glühend, verzehrend *geh; ambition, interest* brennend

consummate I. *adj* ['kɒn(t)semət, kən'sʌmət, AM 'kɑ:n(t)səmɪt] *attr* (*form*) vollendet, vollkommen; **~ athlete** Spitzensportler(in) *m(f);* **a ~ liar** ein ausgebuffter Lügner/eine ausgebuffte Lügnerin; **~ skill**

C

unübertroffene Geschicklichkeit; **a ~ thief** ein Meisterdieb/eine Meisterdiebin **II.** *vt* ['kɒn(t)səmeɪt, AM 'kɑːn(t)sə-] *(form)* ■**to ~ sth** etw vollenden; **to ~ a marriage** LAW eine Ehe vollziehen

consummately [kən'sʌmətli, AM 'kɑːnsəmɪtli] *adv* vollkommen, restlos

consummation [ˌkɒn(t)sə'meɪʃᵊn, AM ˌkɑːn(t)sə'-] *n no pl (form)* ① *(completion)* Erfüllung *f; of a career* Höhepunkt *m* ② *of a marriage* Vollzug *m;* **non-~ of the marriage** Nichtvollzug *m* der Ehe

consumption [kən'sʌm(p)ʃᵊn] *n no pl* ① *(using up)* Verbrauch *m; (using)* Konsum *m;* **energy/fuel ~** Energie-/Benzinverbrauch *m* ② *(eating, drinking)* Konsum *m; of food also* Verzehr *m;* **fat ~** Verzehr *m* von Fettmachern; **to be unfit for human ~** nicht zum menschlichen Verzehr geeignet sein ③ *(purchase)* Verkauf *m* ④ *(use)* **for internal ~** zur internen Nutzung ⑤ *no pl* MED *(dated)* Schwindsucht *f veraltet*

consumptive [kən'sʌm(p)tɪv] *(dated)* **I.** *n* MED Schwindsüchtige(r) *f(m) veraltet* **II.** *adj inv* MED schwindsüchtig *veraltet*

cont *adj abbrev of* **continued** Forts.

contact ['kɒntækt, AM 'kɑːn-] **I.** *n* ① *no pl (communication)* Kontakt *m,* Verbindung *f;* ***there isn't enough ~ between teachers and parents*** die Lehrer und Eltern tauschen sich nicht genügend aus; ***I'll get into ~ with him*** ich melde mich bei ihm; ***I couldn't get into ~ with him*** ich habe ihn nicht erreicht; **to have ~ with the [outside] world** Kontakt zur Außenwelt haben; **to be in ~ [with sb]** [mit jdm] in Verbindung stehen; **to establish** [*or* **make**]/**maintain** [*or* **stay in**] **~ with sb** mit jdm in Kontakt kommen/bleiben; **to keep in ~ with sb** den Kontakt zu jdm aufrechterhalten; **to lose ~ with sb** den Kontakt zu jdm verlieren; **to make ~ with sb** sich *akk* mit jdm in Verbindung setzen, Kontakt zu jdm aufnehmen; *on the phone* jdn [telefonisch] erreichen ② *(person)* ***I've got a ~ in a printing firm*** ich habe Verbindungen zu [*o* ich kenne da jemanden in] einer Druckerei; **business ~s** Geschäftskontakte *mpl;* **international/professional/social ~s** internationale/berufliche/soziale Kontakte; ■**~s** *pl (connections)* Beziehungen *fpl;* ***you need ~s*** ohne Beziehungen geht nichts; **to build up ~s** Kontakte aufbauen; **to have ~s** Beziehungen [*o* Verbindungen] haben ③ *(relationship)* Beziehung *f;* **to forge ~s with sb** mit jdm Kontakte eingehen ④ *no pl (touch)* Kontakt *m;* **[physical] ~** Berührung *f;* ***have you come into ~ with anyone with chickenpox?*** hatten Sie mit jemandem, der Windpocken hat, Kontakt?; **to be in/make ~ with sth** etw berühren; **to come into ~ with sth** *(also fig)* mit etw *dat* in Berührung kommen *a. fig;* ***don't let that glue come into ~ with your skin*** lassen Sie diesen Klebstoff nicht an Ihre Haut kommen; **on ~** bei Berührung ⑤ ELEC Kontakt *m* **II.** *vt* ■**to ~ sb** sich *akk* mit jdm in Verbindung setzen; *(get to by phone)* jdn [telefonisch] erreichen; ***can I ~ you by phone?*** sind Sie telefonisch zu erreichen?; ***if there is any way we can be of assistance please do not hesitate to ~ us*** falls Sie Hilfe brauchen, setzen Sie sich einfach mit uns in Verbindung; ***you can ~ me on*** [*or* AM ***at***] ***123 456*** sie erreichen mich unter der Nummer 123 456

contactable [kən'tæktəbl̩] *adj* erreichbar; *on the phone* telefonisch erreichbar

contact-breaker *n* ELEC Unterbrecher *m fachspr*

contact lens *n* Kontaktlinse *f* **contact man** *n* Kontaktperson *f,* V-Mann *m,* Verbindungsmann *m* **contact number** *n* Rufnummer *f* **contact print** *n* Kontaktabzug *m* **contact sport** *n Sportarten mit Körperkontakt wie z. B. American Football oder Rugby* **contact visit** *n Besuch im Gefängnis, bei dem Körperkontakt erlaubt ist*

contagion [kən'teɪdʒᵊn] *n* ① *no pl* Ansteckung *f; (potential)* Ansteckungsgefahr *f;* **risk of ~** Ansteckungsgefahr *f* ② *(dated: disease)* ansteckende Krankheit ③ *(bad influence)* schädlicher Einfluss

contagious [kən'teɪdʒəs] *adj* ① *disease* ansteckend, direkt übertragbar; *person* ansteckend; **a highly ~ infection** eine äußerst ansteckende Infektionskrankheit ② *emotion* ansteckend; ***her laughter is very ~*** ihr Lachen steckt alle an; **~ enthusiasm** ansteckende Begeisterung

contain [kən'teɪn] *vt* ■**to ~ sth** ① *(hold, have, include)* etw enthalten; ***a file ~ing a lot of important documents*** ein Aktenordner mit zahlreichen wichtigen Informationen; ***try to avoid foods which ~ a lot of fat*** versuchen Sie allzu fette Nahrungsmittel zu vermeiden; ■**to be ~ed in sth** in etw *dat* enthalten sein; ***the documents ~ed in the old box ...*** die Dokumente, die sich in der alten Schachtel befanden, ... ② *(limit)* etw in Grenzen halten; *(hold back)* etw aufhalten ③ *(suppress)* etw zurückhalten; ■**to ~ oneself** sich *akk* zurückhalten; ***she could barely ~ herself*** sie konnte kaum an sich halten

container [kən'teɪnəʳ, AM -ɚ] *n* ① *(small)* Behälter *m,* Gefäß *nt;* **plastic ~** Plastikbehälter *m;* **unbreakable ~** unzerbrechliches Gefäß ② TRANSP *(large)* Container *m*

containerize [kən'teɪnᵊraɪz, AM -nəraɪz] *vt* ■**to ~ sth** etw in Container verpacken

container ship *n* Containerschiff *nt*

containment [kən'teɪnmənt] *n no pl* ① *(limit)* Eindämmung *f;* ***~ of crowd violence was the police's main concern*** das Hauptanliegen der Polizei war es, gewalttätige Ausschreitungen der Menge zu verhindern ② POL, MIL In-Schach-Halten *nt*

contaminant [kən'tæmɪnənt] *n* Verunreinigung *f;* **to be free of ~s** keine Verunreinigungen enthalten

contaminate [kən'tæmɪneɪt] *vt* ■**to ~ sth** etw verschmutzen [*o* verunreinigen]; *food* etw verseuchen; *(with radioactivity, disease-causing agents)* etw verseuchen; *(poison)* etw vergiften

contaminated [kən'tæmɪneɪtɪd, AM -t̬ɪd] *adj* verschmutzt, verunreinigt; *food* verseucht; *(by radioactivity, by disease-causing agents)* verseucht; *(poisoned)* vergiftet; ***the spinach is ~ [by toxic chemicals]*** der Spinat weist chemische Rückstände auf

contamination [kənˌtæmɪ'neɪʃᵊn] *n no pl* Verunreinigung *f,* Verschmutzung *f; of food* Verseuchung *f; (by radioactivity, disease-causing agents)* Verseuchung *f; (by poison)* Vergiftung *f*

contango [kən'tæŋəʊ, AM -goʊ] *n no pl* ECON, FIN ① *(interest payment)* Reportgeschäft *nt;* **~ day** Reporttag *m* ② *(cash price)* Report *m*

contd *adj abbrev of* **continued** Forts.

contemnor [kən'temnəʳ, AM -ɚ] *n* LAW Störer(in) *m(f)* [der Orndung] im Gerichtssaal

contemplate ['kɒntəmpleɪt, AM 'kɑːn-] **I.** *vi* nachdenken **II.** *vt* ■**to ~ sth** ① *(gaze at)* etw betrachten ② *(consider)* etw erwägen [*o* in Erwägung ziehen]; *(reflect upon)* über etw *akk* nachdenken; **to ~ suicide** an Selbstmord denken; ***he would never ~ suicide*** Selbstmord käme für ihn niemals in Frage; ■**to ~ doing sth** erwägen [*o* mit dem Gedanken spielen], etw zu tun ③ *(intend, have in mind)* an etw *akk* denken; ***it's too awful to ~*** schon der bloße Gedanke daran ist einfach schrecklich; ■**to ~ doing sth** daran denken, etw zu tun

contemplation [ˌkɒntəm'pleɪʃᵊn, AM 'kɑːn-] *n no pl* ① *(gazing)* Betrachtung *f* ② *(thought)* Nachdenken *nt* (**of** über +*akk*); **to be lost in ~** in Gedanken versunken sein ③ REL Besinnung *f,* Kontemplation *f geh;* ***the nuns have an hour set aside for silent ~ every morning*** die Nonnen haben jeden Morgen eine Stunde Zeit zur inneren Einkehr

contemplative [kən'templətɪv, AM -t̬-] *adj* ① *(reflective) mood* nachdenklich ② REL besinnlich; *life* beschaulich, kontemplativ *geh*

contemplatively [kən'templətɪvli, AM -t̬-] *adv* ① *(reflectively)* nachdenklich; ***he gazed out of the window ~*** er sah ganz in Gedanken versunken aus dem Fenster ② REL kontemplativ *geh,* besinnlich

contemporaneous [kənˌtempᵊr'eɪniəs] *adj (form)* aus derselben Zeit; *(occurring at the same time)* gleichzeitig stattfindend; ■**to be ~** aus derselben Zeit stammen; *(ocurring at the same time)* gleichzeitig stattfinden

contemporaneously [kənˌtempᵊr'eɪniəsli] *adv (form)* zur gleichen Zeit; ***the two authors lived ~*** die beiden Autoren waren Zeitgenossen

contemporary [kən'tempᵊrᵊri, AM -pᵊreri] **I.** *n* ① *(from same period)* Zeitgenosse, -in *m, f;* **to be a ~ of sb** ein Zeitgenosse *m*/eine Zeitgenossin von jdm sein ② *(of same age)* Altersgenosse, -in *m, f* **II.** *adj attr* ① *(from same period)* zeitgenössisch; **~ accounts** zeitgenössische Berichte ② *(modern)* modern, zeitgenössisch; ***it still has a ~ feel to it*** es könnte ebenso gut aus der heutigen Zeit stammen

contempt [kən'tem(p)t] *n no pl* ① *(scorn)* Verachtung *f* (**for** für +*akk*); *(disregard)* Geringschätzung *f* (**for** +*gen*); **to be beneath ~** unter aller Kritik sein; **to conceal/show one's ~** seine Geringschätzung verbergen/zeigen; **to have ~ for sb/sth** Verachtung für jdn/etw empfinden; **to hold sb/sth in ~** jdn/etw verachten; **to treat sb/sth with ~** jdn/etw mit Verachtung strafen; ***you should treat those remarks with ~*** diesen Bemerkungen sollten Sie überhaupt keine Beachtung schenken ② LAW **~ [of court]** Missachtung *f* [des Gerichts]; **~ of Parliament** [*or* **the House**] Missachtung *f* der Parlamentshoheit; **to be in ~** das Gericht [*o* die Würde] des Gerichts missachten; **to purge one's ~** sich für ein ungebührliches Verhalten entschuldigen

contemptible [kən'tem(p)təbl̩] *adj* verachtenswert

contemptibly [kən'tem(p)təbli] *adv* verachtenswert

contempt of court *n no pl see* **contempt 2**

contemptuous [kən'tem(p)tʃuəs] *adj* verächtlich; *look, remark also* geringschätzig; **to give sb a ~ look** jdn verächtlich anschauen; **to be very ~ of sb/sth** voller Verachtung [*o* Geringschätzung] auf jdn [herab]blicken

contemptuously [kən'tem(p)tʃuəsli] *adv* verächtlich, geringschätzig

contend [kən'tend] **I.** *vi* ① *(compete)* ■**to ~ against sb/sth** gegen jdn/etw kämpfen; ■**to ~ [with sb] for sth** [mit jdm] um etw *akk* wetteifern; **to ~ for a title** um einen Titel kämpfen ② *(cope)* ■**to ~ with sth** mit etw *dat* fertig werden müssen; **to have sb/sth to ~ with** sich *akk* gegen jdn/etw behaupten müssen, es mit jdm/etw zu tun haben **II.** *vt* ■**to ~ that ...** behaupten, dass ...; *lawyer* geltend machen, dass ...

contender [kən'tendəʳ, AM -ɚ] *n* Kandidat(in) *m(f),* Bewerber(in) *m(f)* (**for** für +*akk*); **to be a ~ for the championship title** ein Anwärter/eine Anwärterin auf den Meistertitel sein

contending [kən'tendɪŋ] *adj attr, inv* [wider]streitend, gegensätzlich

content¹ ['kɒntent, AM 'kɑːn-] *n* ① *(what is inside) of a container, text, film* Inhalt *m;* **table of ~s** Inhaltsverzeichnis *nt* ② *(amount contained) of a substance, an ingredient* Gehalt (**of** an +*dat*); **to have a high/low fat ~** einen hohen/niedrigen Fettgehalt [*o* Fettanteil] aufweisen ③ *no pl (substance, meaning)* Gehalt *m;* ***it's a beautiful film, but it lacks ~*** es ist ein wunderschöner Film, aber sehr gehaltvoll ist er nicht

content² [kən'tent] **I.** *adj pred* zufrieden (**with** mit +*dat*); ■**to be [not] ~ to do sth** etw [nicht] gerne tun **II.** *vt* ■**to ~ sb** jdn zufrieden stellen; **to be easily ~ed** leicht zufrieden zu stellen sein; ■**to ~ oneself with sth** sich *akk* mit etw *dat* zufrieden geben [*o* begnügen]; **to ~ oneself with a simple life** mit einem einfachen Leben zufrieden sein **III.** *n no pl* Zufriedenheit *f;* **to one's heart's ~** nach Herzenslust; **time of ~** sorgenfreie Zeit

contented [kən'tentɪd, AM -t̬-] *adj* zufrieden (**with** mit +*dat*); **to not be ~ until ...** keine Ruhe geben, bis ...

contentedly [kən'tentɪdli, AM -t̬-] *adv* zufrieden

contentedness [kən'tentɪdnəs, AM -t̬-] *n no pl* Zufriedenheit *f*

contention [kən'ten(t)ʃᵊn] *n* ① *no pl (dispute)* Streit *m* (**about** um +*akk,* **between** zwischen +*dat*); **to be in ~** strittig [*o* umstritten] sein; *(up for discussion)* zur Debatte stehen ② *(quarrel)* Streit *m,* Auseinandersetzung *f* (**among** unter *+dat*) ③ (*opinion*) Behauptung *f;* **it is sb's ~ that ...** jd behauptet, dass ... ④ *no pl* SPORTS **to be in/out of ~ for sth** [noch] im/aus dem Rennen um etw *akk* sein; **to put sb out of ~ for the championship/promotion/the title** jdn aus dem Rennen um die Meisterschaft/den Aufstieg/den Titel werfen ► PHRASES: **bone of ~** Zankapfel *m*

contentious [kən'ten(t)ʃəs] *adj* ① (*controversial*) kontrovers *geh; issue* umstritten; *decision, matter, question also* strittig ② (*provocative*) provokatorisch ③ (*heated*) hitzig; **~ debates** hitzige Debatten

contentiously [kən'tenʃəsli] *adv* Widerspruch hervorrufend

contentiousness [kən'ten(t)ʃəsnəs] *n no pl* ① (*controversy*) Kontroverse *f* ② (*argumentativeness*) Streitsucht *f,* Streitlust *f* ③ (*heatedness*) Hitzigkeit *f*

contentment [kən'tentmənt] *n no pl* Zufriedenheit *f;* **pure ~** volle Zufriedenheit; **with ~** zufrieden

contents ['kɒntents, AM 'kɑ:n-] **I.** *npl* ① (*inside*) Inhalt *m;* ***he poured the ~ of the bottle down the drain*** er goss die Flasche in den Abfluss; **complete with ~** mitsamt dem Inhalt; **to empty sth of its ~** etw ausleeren; **to empty a cupboard/a room of its ~** einen Schrank/ein Zimmer ausräumen ② (*text*) Inhalt *m;* [**table of**] **~** Inhaltsverzeichnis *nt* **II.** *n modifier* **~ page** Inhaltsverzeichnis *nt*

contest I. *n* ['kɒntest, AM 'kɑ:n-] ① (*event, competition*) Wettbewerb *m;* SPORTS Wettkampf *m;* **beauty ~** Schönheitswettbewerb *m;* **dance ~** Tanzturnier *nt;* **singing ~** Gesangswettbewerb *m;* **sports ~** Sportwettkampf *m;* **tennis ~** Tennisturnier *nt;* **to enter a ~** an einem Wettbewerb teilnehmen; SPORTS an einem Wettkampf teilnehmen; **to hold** [*or* **stage**] **a ~** einen Wettbewerb veranstalten; SPORTS einen Wettkampf veranstalten ② *also* POL (*competing*) Wettstreit *m* (**for** um *+akk*); **a leadership ~** ein Wettstreit *m* um die Führungsposition; **media ~** Wettstreit *m* der Medien ③ (*dispute*) Streit *m;* (*fight*) Kampf *m* (**for** um *+akk*) ► PHRASES: **no ~** ungleicher Kampf **II.** *vt* [kən'test] ■**to ~ sth** ① (*compete for*) um etw *akk* kämpfen [*o* konkurrieren] ② POL (*compete in*) an etw *dat* teilnehmen; (*compete for*) für etw *akk* kandidieren; **to ~ the presidency** für das Amt des Präsidenten/der Präsidentin [*o* die Präsidentschaft] kandidieren; **to ~ a seat** um einen Wahlkreis kämpfen ③ (*dispute*) etw bestreiten; *decision, idea* etw in Frage stellen; (*challenge legality of*) etw anfechten; **to ~ claims/a will** Ansprüche/ein Testament anfechten; **to ~ a suit** einen Prozess [*o* ein Verfahren] anfechten

contestant [kən'test^ə^nt] *n* ① (*of a competition*) Wettbewerbsteilnehmer(in) *m(f);* SPORTS Wettkampfteilnehmer(in) *m(f); in a quiz* Kandidat(in) *m(f)* ② POL Kandidat(in) *m(f)* (**for** für *+akk*); **~ for the presidency** Präsidentschaftskandidat(in) *m(f)*

context ['kɒntekst, AM 'kɑ:n-] *n* ① (*text*) Kontext *m;* (*circumstances*) *of a statement* Kontext *m,* Zusammenhang *m;* **to use** [*or* **quote**] [*or* **take**] **sth out of ~** etw aus dem Zusammenhang [*o* Kontext] reißen ② (*situation, background*) Kontext *m geh,* Zusammenhang *m;* **historical ~** historischer Kontext *geh;* **to see sth in ~** etw im Kontext sehen *geh;* **in the ~ of sth** in Zusammenhang mit etw *dat;* ***viewed in the ~ of the current political situation, ...*** vor dem Hintergrund der derzeitigen politischen Landschaft betrachtet ...

contextual [kən'tekstjuəl, AM kən'tekstʃuəl] *adj attr* ① LING kontextuell *fachspr* ② (*form: in light of situation*) dem Zusammenhang entsprechend [*o* gemäß], kontextuell *geh;* ***the ~ view of this situation makes a revolution look likely*** wenn man diese Situation im Gesamtzusammenhang betrachtet, so scheint eine Revolution wahrscheinlich

contextualize [kən'tekstjuəlaɪz, AM kən'tekstʃu-] *vt* ■**to ~ sth** ① LING etw kontextualisieren *fachspr* ② (*form*) etw im Gesamtzusammenhang [*o geh* im [Gesamt]kontext] sehen; **to ~ a problem** ein Problem in seinen Zusammenhängen erfassen

contextually [kən'tekstjuəli, AM kən'tekstʃu-] *adv* ① LING kontextuell *fachspr* ② (*form: in the situation*) im Zusammenhang; ***seen ~, ...*** als Ganzes und im Zusammenhang betrachtet ...

contiguity [,kɒntɪ'gju:əti, AM ,kɑ:nṭə'gju:əṭi] *n no pl* (*form*) ① (*vicinity*) Kontiguität *f veraltet geh; geographical* [unmittelbare] Nähe [*o* Nachbarschaft] ② (*succession*) [unmittelbare] Aufeinanderfolge

contiguous [kən'tɪgjuəs] *adj inv* (*form*) ① ■**to be ~** (*next to*) in unmittelbarer Nachbarschaft liegen; (*adjoining*) aneinander grenzen; (*touching*) sich *akk* berühren; ■**to be ~ to** [*or* **with**] **sth** (*next to*) in unmittelbarer Nachbarschaft zu etw *dat* liegen; (*adjoining*) an etw *akk* [an]grenzen; (*touching*) etw berühren; ***the two states are ~ with each other*** die beiden Staaten grenzen aneinander ② (*in time*) ■**to be ~** [unmittelbar] aufeinander folgen; ■**to be ~ to** [*or* **with**] **sth** unmittelbar auf etw *akk* folgen

continence ['kɒntɪnen(t)s, AM 'kɑ:nt^ə^nən(t)s] *n no pl* ① MED Kontinenz *f fachspr* ② (*old: self-control*) Selbstbeherrschung *f;* (*chastity*) Enthaltsamkeit *f*

continent¹ ['kɒntɪnent, AM 'kɑ:nt^ə^nənt] *n* ① (*land*) Kontinent *m,* Erdteil *m* ② *no pl* ■**the C~** Kontinentaleuropa *nt;* **on the C~** in Europa, auf dem Kontinent

continent² ['kɒntɪnent, AM 'kɑ:nt^ə^nənt] *adj* ① MED ■**to be ~** seine Blase und Darmtätigkeit kontrollieren können ② (*old: chaste*) enthaltsam, keusch *veraltend*

continental [,kɒntɪ'nent^ə^l, AM ,kɑ:nt^ə^'nənt^ə^l] **I.** *adj* ① *inv* kontinental, Kontinental-; **~ land** Festland *nt;* **~ waters** kontinentale Gewässer, Küstengewässer *nt* eines Kontinents ② (*European*) europäisch; **the ~ way of life** der europäische Lebensstil **II.** *n* Europäer(in) *m(f)*

continental breakfast *n* kontinentales [*o* kleines] Frühstück **continental climate** *n no pl* Kontinentalklima *nt* **continental drift** *n* GEOL *no pl* Kontinentaldrift *f fachspr* **continental quilt** *n* BRIT Steppdecke *f;* (*with down*) Daunendecke *f* **continental shelf** *n* GEOL Kontinentalsockel *m fachspr,* Festland[s]sockel *m*

contingency [kən'tɪndʒ^ə^n(t)si] *n* (*form*) ① (*event*) Eventualität *f,* Möglichkeit *f;* **to provide for every ~** [*or* **all possible contingencies**] alle Möglichkeiten einplanen; **possible ~** möglicher Fall; **unforeseen ~** unvorhersehbare Eventualitäten ② (*provision*) Vorkehrung *f* (**against** gegen *+akk*) ③ (*expense*) Ausgabe *f*

contingency fund *n* FIN Eventualfonds *m fachspr* **contingency plan** *n* Alternativplan *m;* ***have you made any ~s?*** hast du dir irgendetwas anderes überlegt? **contingency reserve** *n* ECON Fonds *m* für unvorhergesehene Ausgaben, Feuerwehrfonds *m*

contingent [kən'tɪndʒ^ə^nt] **I.** *n* ① (*group*) Gruppe *f;* **feminist ~** feministische Gruppierung ② MIL [Truppen]kontingent *nt,* Trupp *m* **II.** *adj* ■**to be ~ [up]on sth** von etw *dat* abhängig sein

contingent expenses *n* ECON unvorhergesehene Sonderausgaben **contingent fee** *n* LAW Erfolgshonorar *nt* **contingent interest** *n no pl* AM LAW bedingtes Recht **contingent liability** *n* ECON Eventualverbindlichkeit *f* **contingent policy** *n* ECON Risikoversicherung *f*

continua [kən'tɪnjuə] *n pl of* **continuum**

continual [kən'tɪnjuəl] *adj* ständig, andauernd; (*without stopping*) ununterbrochen, pausenlos; ***I've had ~ problems with this car*** mit diesem Wagen habe ich nichts als Probleme gehabt; **~ attacks** pausenlose Angriffe; **~ interruptions** ständige [*o* permanente] [*o* andauernde] Unterbrechungen; **to have ~ pain** permanent Schmerzen haben

continually [kən'tɪnjuəli] *adv* ständig, [an]dauernd; ***they're ~ arguing*** sie streiten die ganze Zeit

continuance [kən'tɪnjuəns] *n no pl* ① (*remaining in existence or operation*) Fortbestehen *nt* ② (*time something lasts*) Fortdauer *f* ③ (*remaining in a particular condition*) Überdauern *nt,* Verbleiben *nt*

continuation [kən,tɪnju'eɪʃ^ə^n] *n* ① *no pl* (*keeping up*) Fortsetzung *f,* Fortführung *f* ② *no pl* (*resuming*) Fortsetzung *f* ③ *no pl* (*going on*) Fortdauer *f* ④ (*sth continued*) Fortsetzung *f; of a river* Fortführung *f*

continue [kən'tɪnju] **I.** *vi* ① (*persist*) andauern; (*go on*) weitergehen; *rain, storm* anhalten, nicht nachlassen; (*in an activity*) weitermachen; ***despite our arguments he ~s to leave his dirty clothes on the floor*** trotz unserer Streitigkeiten lässt er die schmutzige Wäsche nach wie vor auf dem Boden liegen; ■**to ~ doing/to do sth** weiter[hin] etw tun; **to ~ fighting/playing/talking** [*or* **to fight/play/talk**] weiterkämpfen/-spielen/-reden; ■**to ~ with sth** mit etw *dat* fortfahren [*o* weitermachen]; ***~ with the medicine until the symptoms disappear*** nehmen Sie das Medikament weiter, bis die Symptome verschwinden ② (*remain*) bleiben; **to ~ in office/power** weiter[hin] im Amt/an der Macht bleiben; ■**to ~ to be sth** [weiterhin] etw bleiben; ***he ~s to be an important member of the team*** er ist [*o* bleibt] nach wie vor ein wichtiges Mitglied der Mannschaft; ■**to ~ as sth** weiter als etw tätig sein ③ (*resume*) weitergehen; *an activity* weitermachen, fortfahren; *speaking, reading* fortfahren; ***may I ~?*** darf ich fortfahren?; ***he ~d by describing/explaining how ...*** er fuhr fort, indem er beschrieb/erklärte, wie ...; **~ overleaf** Fortsetzung *f* umseitig; **to ~ on the next page** auf der nächsten Seite weitergehen; **to ~ on one's way** seinen Weg fortsetzen; ■**to ~ doing sth** weiter etw tun; **to ~ eating/reading** weiteressen/weiterlesen; ■**to ~ with sth** mit etw *dat* fortfahren [*o* weitermachen] ④ (*not end*) *path, road* weitergehen; (*travel*) **to ~ northwards** *person* in Richtung Norden weiterreisen ⑤ (*with direct speech*) fortfahren **II.** *vt* ■**to ~ sth** ① (*keep up, carry on*) etw fortführen [*o* fortsetzen]; *an action* mit etw *dat* weitermachen [*o* fortfahren]; **to ~ one's career** seine Karriere weiterverfolgen; **to ~ one's education/studies** seine Ausbildung/Studien fortsetzen; **to ~ work** weiterarbeiten ② (*resume*) etw fortsetzen; **to be ~d on the next page** auf der nächsten Seite weitergehen

continued [kən'tɪnju:d] *adj attr, inv* fortwährend; ***the ~ fighting in the city ...*** die ununterbrochenen Kampfhandlungen in der Stadt...; **the ~ existence of sth** das Weiterbestehen einer S. *gen*

continuing [kən'tɪnju:ɪŋ] *adj attr, inv* ① (*continual*) ständig; **~ stalemate** fortgesetzte Pattsituation ② SCH **~ education** weiterführende Schulen

continuity [,kɒntɪn'ju:əti, AM ,kɑ:nt^ə^n'u:əṭi] **I.** *n no pl* ① (*consistency*) Kontinuität *f geh* ② (*transition*) ■**~ between/with sth** Verbindung *f* zwischen/mit etw *dat* ③ (*stability*) Stabilität *f* ④ (*logic*) roter Faden; ***there is no ~ in your argument*** Ihre Argumentation ist nicht schlüssig ⑤ FILM, TV Drehbuch *nt,* Manuskript *nt* **II.** *n modifier* **~ boy/girl** Scriptboy *m*/-girl *nt;* **~ error** Folgefehler *m*

continuo <*pl* -s> [kən'tɪnjuəʊ, AM juoʊ] *n* MUS *see* **basso continuo** Generalbass *m*

continuous [kən'tɪnjuəs] *adj attr, inv* ① (*permanent*) dauernd, ständig, ununterbrochen; (*steady*) kontinuierlich *geh,* stetig; (*unbroken*) durchgehend; *line also* durchgezogen; **a ~ low buzzing noise** ein ununterbrochener leiser Summton; **~ pain** anhaltende Schmerzen; **~ rain/sunshine** anhaltender Regen/Sonnenschein; ***we had ~ rain for the whole weekend*** es hat das ganze Wochenende ununterbrochen geregnet; **to be in ~ employment** in ständiger Beschäftigung sein ② LING **~ form** Verlaufsform *f fachspr*

continuous assessment *n* Probezeit *f*

continuously [kən'tɪnjuəsli] *adv inv* (*permanently*) dauernd, ständig, ununterbrochen; (*steadily*) kontinuierlich *geh,* stetig; ***it's been raining ~ for two days*** es regnet schon seit zwei Tagen ununterbrochen; **to work ~** pausenlos arbeiten

continuum <*pl* -nua *or* -s> [kən'tɪnjuəm, *pl* -njuə] *n* (*form*) SCI Kontinuum *nt fachspr*

contort [kən'tɔ:t, AM -'tɔ:rt] **I.** *vi* (*in pain*) sich *akk* verzerren; (*in displeasure*) sich *akk* verziehen; ***his face had ~ed with bitterness and rage*** seine Miene hatte sich vor Bitterkeit und Wut verzogen **II.** *vt* ■**to ~ sth** ① (*deform*) etw verdrehen [*o* verrenken]; **to ~ one's body** sich *akk* verrenken; **a**

C

face **~ed by pain** ein schmerzverzerrtes Gesicht ❷ *(abuse)* etw verdrehen *pej fam;* **to ~ the truth/sb's words** die Wahrheit/jds Worte verdrehen *pej fam*

contorted [kən'tɔːtɪd, AM -'tɔːrt̬ɪd] *adj* ❶ *(awry)* verdreht; **~ hands** verdrehte Hände; **~ limbs** verrenkte [*o* verdrehte] Gliedmaßen ❷ *(false)* verdreht *pej fam*

contortion [kən'tɔːʃᵊn, AM -'tɔːr-] *n* ❶ *of an acrobat* Verrenkung *f,* Verdrehung *f;* **bodily ~s** Verrenkungen *fpl;* **facial ~s** Grimassen *fpl* ❷ *no pl (deforming) of a structure* Verdrehung *f*

contortionist [kən'tɔːʃᵊnɪst, AM -'tɔːr-] *n* ❶ *(acrobat)* Schlangenmensch *m* ❷ *(smooth talker)* Wortverdreher(in) *m(f) pej*

contour ['kɒntʊəʳ, AM 'kɑːntʊr] **I.** *n* ❶ *(outline)* Kontur *f meist pl,* Umriss *m meist pl;* **the ~s of the [human] body** die [Körper]konturen *pl;* **the ~ of sb's face** jds Profil *nt* ❷ GEOG Höhenlinie *f fachspr* **II.** *vt* ■**to ~ sth** ❶ *(shape)* etw formen ❷ *(draw)* etw umreißen; ***he ~ed the face with light pencil lines*** er zeichnete den Umriss des Gesichts mit feinen Bleistiftstrichen

contoured ['kɒntʊəd, AM 'kɑːntʊrd] *adj inv* konturenreich, geschwunden; **a ~ seat** ein der Körperform angepasster Sitz

contour line *n* GEOG Höhenlinie *f fachspr* **contour map** *n* GEOG Höhenlinienkarte *f fachspr*

contra *vt (in bookkeeping)* **to ~ an entry** einen Eintrag zurückbuchen

contraband ['kɒntrəbænd, AM 'kɑːn-] **I.** *n no pl* Schmuggelware *f;* **~ of war** Kriegskonterbande *f* **II.** *adj attr, inv alcohol, cargo, cigarettes* geschmuggelt; **~ goods** Schmuggelware *f*

contraception [ˌkɒntrə'sepʃᵊn, AM ˌkɑːn-] *n no pl* [Empfängnis]verhütung *f,* Kontrazeption *f fachspr;* **form** [*or* **method**] **of ~** Verhütungsmethode *f*

contraceptive [ˌkɒntrə'septɪv, AM ˌkɑːn-] **I.** *n* Verhütungsmittel *nt,* Kontrazeptiv[um] *nt fachspr* **II.** *adj inv* empfängnisverhütend *attr,* kontrazeptiv *fachspr;* **~ device** empfängnisverhütendes Mittel; **~ method** Verhütungsmethode *f;* **~ pill** Antibabypille *f,* Pille *f fam*

contract[1] ['kɒntrækt, AM 'kɑːn-] **I.** *n* ❶ *(agreement)* Vertrag *m,* Kontrakt *m fachspr;* **exchange of ~s** Unterzeichnung *f* des Kaufvertrages *(bei Grundbesitz);* **~ of service** Arbeitsvertrag *m;* **~ for services** Dienstleistungsvertrag *m;* **a five-year ~** ein Vertrag *m* auf fünf Jahre; **by private ~** durch Privatvertrag; **temporary ~** Zeitvertrag *m;* **to abrogate a ~** einen Vertrag außer Kraft setzen; **to award a ~ to sb** jdm einen Vertrag zuerkennen; **to be bound by ~ [to do sth]** vertraglich verpflichtet sein[, etw zu tun]; **to be under ~ [to** [*or* **with**] **sb]** [bei jdm] unter Vertrag stehen; **to be under ~ to do sth** vertraglich verpflichtet sein, etw zu tun; **to break [the terms of] a ~** gegen die vertraglichen Bestimmungen verstoßen, einen Vertrag brechen; **to cancel/conclude/draw up a ~** einen Vertrag kündigen/abschließen/aufsetzen; **to enter into a ~** einen Vertrag [ab]schließen [*o* eingehen]; **to make a ~ with sb** einen Vertrag mit jdm [ab]schließen [*o* machen]; **to negotiate a ~** einen Vertrag verhandeln; **to repudiate a ~** einen Vertrag nicht anerkennen; **to sign a ~** einen Vertrag unterschreiben [*o geh* unterzeichnen]; **to sign a ~ to do sth** sich *akk* vertraglich verpflichten, etw zu tun; **to void a ~** einen Vertrag aufheben [*o* für nichtig erklären]; **to win the ~ [to do sth]** die Ausschreibung [für etw *akk*] gewinnen, den Vertrag [für etw *akk*] bekommen ❷ *(sl: agreement to kill sb)* Auftrag *m;* ***there is a ~ out for him*** auf seinen Kopf ist Geld ausgesetzt **II.** *vi* ■**to ~ to do sth** vertraglich festlegen [*o* sich *akk* vertraglich verpflichten], etw zu tun; ■**to ~ into sth** BRIT sich *akk* vertraglich zu etw *dat* verpflichten; ■**to ~ with sb [for sth]** mit jdm [für etw *akk*] einen Vertrag abschließen; ■**to ~ with sb to do sth** mit jdm vertraglich vereinbaren, etw zu tun **III.** *vt* ■**to ~ sth** etw vertraglich vereinbaren; ■**to ~ sb to do sth** jdn vertraglich dazu verpflichten, etw zu tun

◆**contract out** *vt* ■**to ~ out** ○ **sth [to sb]** etw [an jdn] vergeben, etw [von jdm] außer Haus machen lassen

contract[2] [kən'trækt] **I.** *vi* ❶ *(shrink)* sich zusammenziehen; *pupils* sich verengen ❷ *(tense) muscle* sich *akk* zusammenziehen, kontrahieren *fachspr* ❸ LING ■**to ~ to sth** zu etw *dat* verkürzt [*o* zusammengezogen] werden **II.** *vt* ■**to ~ sth** ❶ *(tense) muscles, metal* etw zusammenziehen [*o fachspr* kontrahieren]; **to ~ one's muscles** die Muskeln anspannen ❷ *(ling)* etw verkürzen [*o* zusammenziehen] ❸ *(catch)* **to ~ AIDS/a cold/smallpox** AIDS/eine Erkältung/die Pocken bekommen; **to ~ pneumonia/a virus** sich *dat* eine Lungenentzündung/einen Virus zuziehen

contractile [kən'træktaɪl, AM -tᵊl] *adj* MED kontraktil *fachspr*

contractile tissue *n* MED kontraktiles Gewebe *fachspr*

contraction [kən'trækʃᵊn] *n* ❶ *no pl (shrinkage)* Zusammenziehen *nt; of pupils* Verengung *f;* ***cold causes the ~ of the metal*** die Kälte führt dazu, dass das Metall sich zusammenzieht ❷ *no pl (tension) of a muscle* Kontraktion *f fachspr* ❸ *usu pl of the uterus* Wehe *f meist pl;* ***she began having ~s*** bei ihr setzten die Wehen ein ❹ LING Kontraktion *f fachspr*

contract killer *n* Auftragskiller(in) *m(f)* **contract law** *n* Vertragsrecht *nt* **contract note** *n* Ausführungsanzeige *f* **contract of employment** *n* Arbeitsvertrag *m*

contractor [kən'træktəʳ, AM 'kɑːntræktɚ] *n (person)* Auftragnehmer(in) *m(f); (firm)* beauftragte Firma; **building ~** Bauunternehmer *m*

contractual [kən'træktʃuᵊl] *adj attr, inv* vertraglich; **~ conditions** Vertragsbedingungen *fpl;* **to be under a ~ obligation to sb** bei jdm unter Vertrag stehen, vertraglich an jdn gebunden sein; **~ terms** Vertragsbestimmungen *fpl*

contractually [kən'træktʃuᵊli] *adv inv* vertraglich; **to be ~ bound/obliged [to do sth]** vertraglich gebunden/verpflichtet sein [etw zu tun] **contractual savings** *n* ECON, FIN Sparvertrag *m*

contradict [ˌkɒntrə'dɪkt, AM ˌkɑːn-] **I.** *vi* widersprechen **II.** *vt* ❶ *(state the opposite)* ■**to ~ sb/sth** jdm/etw widersprechen; ■**to ~ oneself** sich *dat* [selbst] widersprechen ❷ *(be contrary)* ■**to ~ sth** im [*o* in] Widerspruch mit [*o* zu] etw *dat* stehen, etw *dat* widersprechen

contradiction [ˌkɒntrə'dɪkʃᵊn, AM ˌkɑːn-] *n* ❶ *no pl (statement of opposite)* Widerspruch *m* **(of** gegen +*akk*) ❷ *(being contrary)* Widerspruch *m;* ***isn't that a bit of a ~?*** widerspricht sich das nicht irgendwie? ❸ *(action, statement)* Widersprüchlichkeit *f;* **a ~ in terms** ein Widerspruch in sich

contradictorily [ˌkɒntrə'dɪktᵊrᵊli, AM ˌkɑːn-] *adv* im Widerspruch dazu

contradictory [ˌkɒntrə'dɪktᵊri, AM ˌkɑːn-] *adj* widersprüchlich, sich widersprechend *attr;* **to be given ~ advice** widersprüchliche [*o* gegensätzliche] Ratschläge bekommen; **to give sb ~ signs** widersprüchliche Signale an jdn aussenden; ■**to be ~ to sth** etw *dat* widersprechen, im [*o* in] Widerspruch mit [*o* zu] etw *dat* stehen

contradistinction [ˌkɒntrədɪ'stɪŋ(k)ʃᵊn, AM ˌkɑːn-] *n no pl (form)* ■**in ~ to sth** im Gegensatz [*o* Unterschied] zu etw *dat*

contra entry *n* Gegenbuchung *f*

contraflow ['kɒntrəfləʊ, AM 'kɑːntrəfloʊ] *n no pl esp* BRIT Gegenverkehr *m;* **~ in force** [*or* **operation**] geltender Gegenverkehr

contraindication [ˌkɒntraɪndɪ'keɪʃᵊn, AM ˌkɑːntrə-] *n* MED Gegenanzeige *f,* Kontraindikation *f fachspr*

contralti [kən'trælti] *n pl of see* **contralto**

contralto <*pl* -s *or* -ti> [kən'træltəʊ, AM -toʊ, *pl* -ti] *n* ❶ *(singer)* Altist(in) *m(f)* ❷ *(voice)* Alt *m,* Altstimme *f*

contra proferentem [ˌkɒntrəprɒfə'rentem, AM ˌkɑːntrəprɑː-] *n* LAW Unklarheiten in Geschäftsbedingungen gehen zu Lasten des Verfassers

contraption [kən'træpʃᵊn] *n* Apparat *m; (vehicle)* Kiste *f sl,* Vehikel *nt oft pej;* ***don't ask me how to use this ~*** frag mich bloß nicht, wie man dieses Ding benutzt *fam*

contrapuntal [ˌkɒntrə'pʌntᵊl, AM ˌkɑːn-] *adj* MUS kontrapunktisch *fachspr*

contrarily [kən'treərɪli, AM -'trer-] *adv* aus purem Widerspruchsgeist; *horse* widerspenstig

contrariness [kən'treərɪnəs, AM -'trer-] *n no pl (argumentativeness)* Widerspruchsgeist *m; (perversity)* Widerspenstigkeit *f,* Widerborstigkeit *f; (obstinacy)* Eigensinn *m*

contrary[1] ['kɒntrᵊri, AM 'kɑːntrɚi] **I.** *n no pl* ■**the ~** das Gegenteil; **proof to the ~** Gegenbeweis *m;* **to think the ~** das [genaue] Gegenteil denken; **on** [*or* **quite**] **the ~** ganz im Gegenteil; **to the ~** gegenteilig; ***if I don't hear something to the ~ …*** wenn ich nichts Anderes [*o* Gegenteiliges] höre … **II.** *adj* ❶ *(opposite)* entgegengesetzt, gegenteilig; **~ to my advice/expectations** entgegen meinem Rat/meinen Erwartungen; **~ to [all] expectations** entgegen allen Erwartungen, wider Erwarten; **~ to common** [*or* **popular**] **opinion** im Gegensatz zur allgemeinen Meinung; ■**to be ~ to sth** im Gegensatz zu etw *dat* stehen; **to accept opinions ~ to one's own** gegenteilige Ansichten akzeptieren; **to put forward the ~ point of view** die gegenteilige Ansicht vertreten ❷ *(contradictory)* widersprüchlich

contrary[2] [kən'treəri, AM -'treri] *adj (argumentative)* widerspenstig, widerborstig; *(obstinate)* eigensinnig; ***he's just being ~*** er versucht einfach nur seinen Dickkopf durchzusetzen *fam*

contrast **I.** *n* ['kɒntrɑːst, AM 'kɑːntræst] ❶ *(difference)* Gegensatz *m,* Kontrast *m* **(between** zwischen +*dat,* **to/with** zu +*dat*); **a marked ~ between sth** ein spürbarer Gegensatz zwischen etw *dat;* **to make quite a ~** einen großen Gegensatz [*o* starken Kontrast] darstellen; **to be in stark ~ to sth** in krassem Gegensatz zu etw *dat* stehen; **to provide a ~ to sth** einen Kontrast zu etw *dat* liefern; **by** [*or* **in**] **~** im Gegensatz, dagegen; **in ~ to sth** im Gegensatz zu etw *dat;* ■**the ~ of sth with sth** der Kontrast [*o* Gegensatz] zwischen etw *dat* und etw *dat* ❷ TV [Bild]kontrast *m; (tone)* [Farb]kontrast *m* **II.** *vt* [kən'trɑːst, AM -'træst] ■**to ~ sth** etw [einander] gegenüberstellen, etw [miteinander] vergleichen; ■**to ~ sth with sth** etw etw *dat* gegenüberstellen, etw mit etw *dat* vergleichen **III.** *vi* [kən'trɑːst, AM -'træst] kontrastieren **(with** mit +*dat*); **to ~ sharply** scharf kontrastieren

contrast control *n* TV Kontrastregler *m*

contrasting [kən'trɑːstɪŋ, AM -'træst-] *adj attr* gegensätzlich; ***the survey shows the ~ attitudes between different age groups*** die Umfrage zeigt, wie unterschiedlich die Einstellungen verschiedener Altersgruppen sind; **~ colours/flavours** konträre Farben/Geschmacksrichtungen; **~ techniques** unterschiedliche Techniken

contrastive [kən'trɑːstɪv, AM -'træst-] *adj* LING kontrastiv *fachspr*

contrast medium *n* MED Kontrastmittel *nt fachspr*

contravene [ˌkɒntrə'viːn, AM ˌkɑːn-] *vt (form)* ■**to ~ sth** gegen etw *akk* verstoßen, etw verletzen; **to ~ a law** gegen ein Gesetz verstoßen, ein Gesetz übertreten [*o* verletzen]

contravention [ˌkɒntrə'venʃᵊn, AM ˌkɑːn-] *n (form)* Verstoß *m* **(of** gegen +*akk*); **to act in ~ of the regulations** gegen die Bestimmungen verstoßen; **to be in ~ of sth** LAW gegen etw *akk* verstoßen

contretemps <*pl* -> ['kɒntrətɑ̃ː(ŋ), AM 'kɑːntrətɑ̃ː] *n* Zwischenfall *m;* ***we had a slight ~ at the bar*** es kam zu einem kleinen Zwischenfall an der Bar; ■**~ with sb** kleine Meinungsverschiedenheit [*o* Auseinandersetzung] mit jdm

contribute [kən'trɪbjuːt, *Brit also* 'kɒntrɪbjuːt] **I.** *vi* ❶ ■**to ~ to** [*or* **towards**] **sth** *(give money, food, equipment)* etwas zu etw *dat* beisteuern; *(donate)* für etw *akk* spenden; **to ~ towards sb's leaving present** etwas zu jds Abschiedsgeschenk beisteuern, sich *akk* an jds Abschiedsgeschenk beteiligen; *(pay in) to pension etc* einen Beitrag leisten ❷ *(give help, support, ideas)* ■**to ~ to** [*or* **towards**] **sth** zu etw *dat* beitragen; ***if you're not contributing to the solution, you're contributing to the problem*** wer das Problem nicht angeht, macht es noch größer; ***he didn't ~ much to the meeting*** er hat nicht viel zur Besprechung beigetragen; **to ~ to community/society** einen gesellschaftlichen Beitrag leisten; **to ~ to the success of sth** zum Erfolg einer S. *gen* beitragen ③ PUBL ■**to ~ to sth** einen Beitrag für etw *akk* schreiben; (*regularly*) für etw *akk* schreiben **II.** *vt* ① (*give*) ■**to ~ sth [to** [*or* **towards] sth]** *money, food, equipment* etw [zu etw *dat*] beisteuern; (*donate*) etw [für etw *akk*] spenden; *ideas, suggestions;* ■**to ~ sth [to sth]** etw [zu etw *dat*] beitragen ② (*submit*) ■**to ~ sth [to sth]** etw [zu etw *dat*] beisteuern, etw [für etw *akk*] liefern; **to ~ an article to a newspaper** einen Artikel für eine Zeitung schreiben

contribution [ˌkɒntrɪˈbjuːʃᵊn, AM ˌkɑːn-] *n* ① (*money, food, equipment*) Beitrag *m* (**to/towards** zu +*dat*); (*donation*) Spende *f* (**to/towards** für +*akk*); **to make a ~ of £100,000 to sth** 100.000 Pfund zu etw *dat* beisteuern; (*donate*) 100.000 Pfund für etw *akk* spenden ② (*regular payment*) Beitrag *m;* **trade union ~** Gewerkschaftsbeitrag *m;* **voluntary ~s** freiwillige Beiträge ③ (*advance, support, addition*) Beitrag *m* (**to** zu +*dat*); ***she didn't make much of a ~ at the meeting this morning*** sie hat nicht besonders viel zur Besprechung heute Morgen beigetragen; **to make a major** [*or* **an outstanding**] **~** einen bedeutenden [*o* erheblichen] Beitrag leisten, [erheblich] beitragen ④ (*article, story*) **~ for** [*or* **to**] **a magazine/newspaper** Beitrag *m* für eine Zeitschrift/Zeitung

contribution of capital *n* ECON Kapitaleinlage *f,* Kapitaleinbringung *f*

contributor [kənˈtrɪbjuːtəʳ, AM -jət̬ɚ] *n* ① (*helper*) Mitwirkende(r) *f(m);* (*donor*) Spender(in) *m(f)* ② (*writer*) Mitarbeiter(in) *m(f)* (**to** bei +*dat*); **to be a regular ~ to a magazine** regelmäßig für eine Zeitschrift schreiben

contributory [kənˈtrɪbjuːtᵊri, AM -jətɔːri] **I.** *adj* ① (*joint*) **~ pension scheme** [*or* AM **plan**] beitragspflichtige Rentenversorgung; ***the company offers a ~ pension scheme*** die Firma bietet eine anteilige Zahlung der Rentenbeiträge ② (*causing*) **~ causes** mitverursachende Umstände; **to be a ~ cause of sth** eine der Ursachen für etw *akk* sein; **to be a ~ factor** ein Faktor unter vielen sein; **to be a ~ factor to sth** ein Faktor sein, der bei etw *dat* eine Rolle spielt [*o* der zu etw *dat* beiträgt] **II.** *n* nachschusspflichtiger Aktionär, nachschusspflichtige Aktionärin *m, f*

contributory negligence *n no pl* BRIT, AUS LAW Mitverschulden *nt;* **partial ~** Teilschuld *f*

con trick *n* (*sl*) *short for* **confidence trick** Betrug *m kein pl,* Schwindel *m kein pl*

contrite [kənˈtraɪt] *adj* (*form, liter*) zerknirscht; **~ apology** reuevolle [*o* zerknirschte] Entschuldigung; **~ expression** zerknirschter Gesichtsausdruck [*o* reuiger]

contritely [kənˈtraɪtli] *adv* (*form, liter*) zerknirscht, reuig *geh*

contrition [kənˈtrɪʃᵊn] *n no pl* (*form, liter*) Reue *f;* **act of ~** Buße *f*

contrivance [kənˈtraɪvᵊn(t)s] *n* ① (*device*) Vorrichtung *f;* (*machine, gadget*) Apparat *m,* Gerät *nt;* (*makeshift*) Notbehelf *m* ② *no pl* (*devising*) Planung *f;* (*invention*) Erfindung *f;* (*imagination*) Erfindungsgabe *f,* Findigkeit *f* ③ (*pej: plot*) [schlauer [*o* cleverer]] Plan; ***I'm sure it was a ~*** ich bin sicher, dass es ein abgekartetes Spiel war *fam* ④ *no pl* (*pej: plotting*) Planung *f*

contrive [kənˈtraɪv] **I.** *vt* ■**to ~ sth** ① (*devise*) etw ersinnen *geh,* sich *dat* etw ausdenken; **to ~ a plan** einen Plan aushecken *fam* [*o geh* ersinnen]; **to ~ plans** Pläne schmieden ② (*arrange*) etw arrangieren; **to ~ a meeting** ein Treffen arrangieren ③ (*make*) etw fabrizieren **II.** *vi* ■**to ~ to do sth** es schaffen, etw zu tun

contrived [kənˈtraɪvd] *adj* (*pej: artificial*) *plot, story* gestellt, gekünstelt *pej;* ***his excuse sounded a bit ~*** seine Entschuldigung klang ein bisschen zu konstruiert; **~ smile** gezwungenes Lächeln

control [kənˈtrəʊl, AM -ˈtroʊl] **I.** *n* ① *no pl* (*command*) Kontrolle *f;* **to be in ~ [of sth]** etw leiten [*o* unter Kontrolle haben]; **to be in full ~ of sth** völlig die Kontrolle über etw *akk* haben; **to be in full ~ of the siutation** Herr der Lage sein; **to be under ~** unter Kontrolle sein; **to be under the ~ of sb** unter jds Kommando [*o* Kontrolle] stehen; **to bring** [*or* **get**] **sth under ~** *fire* etw unter Kontrolle bringen; **to exert** [*or form* **exercise**] **~ over sb/sth** jdn/etw beherrschen; **to gain/take ~ of sth** die Herrschaft über etw *akk* gewinnen/übernehmen; **to get/go out of ~** außer Kontrolle geraten; **the car/fire went out of ~** das Auto/Feuer geriet außer Kontrolle; **to have ~ over sb** Kontrolle *f* über jdn haben; **to lose ~ over sth** die Kontrolle über etw *akk* verlieren; **to slip out of sb's ~** nicht mehr in jds Macht [*o* Händen] liegen; **to wrest ~ from sb** jdm die Kontrolle nehmen; **out of** [*or* **beyond**] **~** außer Kontrolle; **the situation is out of ~** die Situation ist außer Kontrolle; **to slip out of sb's ~** nicht mehr in jds Macht [*o* Händen] liegen ② (*restriction*) **birth ~** Geburtenkontrolle *f;* **rent ~s** Mitpreisbindung *f* ③ *usu pl* (*rules*) ■**~s on sth** Kontrolle *f* einer S. *gen;* **to impose ~s on sth** Kontrollen einführen [*o* verordnen] ④ *no pl* (*self-restraint*) Selbstbeherrschung *f;* **to be in ~ of one's emotions** Herr seiner Gefühle sein; **sb's ~ over her/his emotions** jds Kontrolle über seine/ihre Gefühle ⑤ *usu pl* ECON Kontrolle *f;* **price ~s** Preiskontrollen *fpl;* **wage ~s** Gehaltskontrollen *fpl;* **to impose** [*or* **introduce**]/**tighten ~s on sth** Kontrollen einführen/konsolidieren ⑥ (*checkpoint*) Kontrolle *f;* **customs/passport ~** Zoll-/Passkontrolle *f;* **to go through customs ~** die Zollkontrolle passieren *geh,* durch den Zoll gehen *fam* ⑦ MED, SCI (*comparison*) Kontroll-; (*person*) Kontrollperson *f* ⑧ TECH Schalter *m,* Regler *m;* **volume ~** Lautstärkeregler *m;* **to take over the ~s** die Kontrolle übernehmen ⑨ (*base*) Basis *f;* **tower ~** Sicherheitskontrolle *f* am Flughafen **II.** *vt* <-ll-> ① (*direct*) ■**to ~ sth** etw kontrollieren ② (*command*) ■**to ~ sb/sth** jdn/etw beherrschen; **to ~ one's dog/oneself** seinen Hund/sich unter Kontrolle haben ③ TECH ■**to ~ sth** *temperature* etw regulieren ④ (*curb*) ■**to ~ sth** etw zurückhalten; **to ~ one's anger** seinen Zorn mäßigen; **to ~ one's temper/urge** sein Temperament/Verlangen zügeln ⑤ (*contain*) ■**to ~ sth** etw zurückhalten [*o* unter Kontrolle bringen]; **to ~ a disease** eine Krankheit eindämmen; **to ~ an epidemic** eine Epidemie stoppen ⑥ ECON, LAW (*regulate*) ■**to ~ sth** etw regulieren [*o* kontrollieren] [*o* unter Kontrolle bringen]; **to ~ inflation** die Inflation eindämmen; **to ~ prices/spending** Preise/Ausgaben regulieren ▶ PHRASES: **to ~ the purse strings** das Geld zusammenhalten, den Daumen draufhalten *sl*

◆**control for** *vi* ■**to ~ for sth** *external factor* etw in Betracht ziehen

control board *n* Schalttafel *f* **control center** AM, **control centre** *n* Kontrollzentrum *nt* **control character** *n* COMPUT Steuerzeichen *nt fachspr* **control column** *n* Steuerknüppel *m* **control desk** *n* Schaltpult *nt,* Steuerpult *nt* **control freak** *n* (*sl*) Kontrollfreak *m sl* **control group** *n* MED Kontrollgruppe *f fachspr* **control key** *n* COMPUT Control-Taste *f,* Steuerungstaste *f*

controllable [kənˈtrəʊləbl, AM -ˈtroʊl-] *adj* kontrollierbar, steuerbar; **a ~ disease** eine Krankheit, die man in den Griff bekommen kann

controlled [kənˈtrəʊld, AM -ˈtroʊld] *adj* ① (*mastered*) kontrolliert, unter Kontrolle; *voice* beherrscht ② MED **~ drug** verschreibungspflichtiges Medikament; **~ substances** AM kontrollierte Drogen ③ SCI **~ experiment/trial** kontrolliertes Experiment/kontrollierter Versuch

controller [kənˈtrəʊləʳ, AM -ˈtroʊlə] *n* ① (*director*) Leiter(in) *m(f);* (*of a radio station*) Intendant(in) *m(f);* (*supervisor*) Aufseher(in) *m(f)* ② TECH **temperature ~** Thermometer *nt* ③ AVIAT **air-traffic** [*or* **flight**] **~** Fluglotse, -in *m, f* ④ FIN Controller(in) *m(f);* AM ECON, FIN (*chief accountant*) Leiter(in) *m(f)* der Buchhaltung ⑤ (*pej: power-wielder*) **to be a real ~** immer alles unter Kontrolle haben müssen

control lever *n* Schalthebel *m,* Steuerhebel *m;* AVIAT Steuerknüppel *m* **control light** *n* Kontrollleuchte *f,* Kontrolllampe *f*

controlling interest *n* ECON Mehrheitsbeteiligung *f fachspr* (**in** an +*dat*) **control panel** *n* Schalttafel *f;* (*desk*) Schaltpult *nt,* Steuerpult *nt;* COMPUT Bedienungspult *nt,* Betriebspult *nt* **control room** *n* Kontrollraum *m;* NAUT Kommandoraum *m;* MIL Operationszentrale *f* **control switch** *n* Steuerungsschalter *m,* Hilfsschalter *m* **control test** *n* Überprüfung *f* **control tower** *n* Tower *m,* Kontrollturm *m* **control unit** *n* COMPUT Steuereinheit *f,* Steuerwerk *nt fachspr*

controversial [ˌkɒntrəˈvɜːʃᵊl, AM ˌkɑːntrəˈvɜːr-] *adj* umstritten, kontrovers *geh; decision, matter, question also* strittig

controversially [ˌkɒntrəˈvɜːʃᵊli, AM ˌkɑːntrəˈvɜːr] *adv* auf kontroverse Art, nicht unumstritten

controversy [kənˈtrɒvəsi, ˈkɒntrəvɜːsi, AM ˈkɑːntrəvɜːrsi] *n* Kontroverse *f geh,* Auseinandersetzungen *fpl* (**over/surrounding** über/um +*akk*); ***a ~ surrounding the use of drugs in athletics*** eine Kontroverse zum Thema Drogen im Sport; **to cause bitter ~** zu erbitterten Auseinandersetzungen führen; **to stir up a fierce/heated ~** zu heftigen Kontroversen Anlass geben; **to arouse** [*or* **cause**]/**fuel ~** eine Auseinandersetzung entfachen; **to be beyond ~** unumstritten sein; **to be surrounded with ~** umstritten sein

controvert [ˌkɒntrəˈvɜːt, AM ˈkɑːntrəvɜːrt] *vt* ■**to ~ sth** ① (*dispute*) etw anfechten [*o* bestreiten] ② (*refute*) etw widerlegen, etw *dat* widersprechen

contuse [kənˈtjuːz, AM *esp* -ˈtuːz] MED **I.** *vi* sich *dat* eine Quetschung [*o* Prellung] zuziehen **II.** *vt* ■**to ~ one's sth** sich *dat* etw quetschen [*o* prellen], sich *dat* eine Prellung an etw *dat* zuziehen

contusion [kənˈtjuːʒᵊn, AM *esp* -ˈtuː-] *n* MED Quetschung *f,* Prellung *f,* Kontusion *f fachspr* (**to** an +*dat*); ***there was a large ~ to the right shoulder*** die rechte Schulter war geprellt

conundrum [kəˈnʌndrʌm] *n* ① (*puzzle*) Rätsel *nt;* (*problem*) Problem *nt;* **to pose a ~** ein Rätsel aufgeben ② (*pun*) Wortspiel *nt;* (*riddle*) Scherzfrage *f*

conurban [kɒnˈɜːbᵊn, AM kɑːnˈɜːr-] *adj attr* in einem Ballungsgebiet, eines Ballungsgebiets

conurbation [ˌkɒnɜːˈbeɪʃᵊn, AM ˌkɑːnɜːrˈ-] *n* (*form*) Ballungsraum *m,* Ballungsgebiet *nt*

convalesce [ˌkɒnvəˈles, AM ˌkɑːn-] *vi* genesen, sich *akk* erholen; ■**to ~ from sth** von etw *dat* genesen

convalescence [ˌkɒnvəˈlesᵊn(t)s, AM ˌkɑːn-] *n* ① (*recovery*) Genesung *f* (**from** von +*dat*), Rekonvaleszenz *f fachspr* ② (*time*) Genesungszeit *f,* Rekonvaleszenz *f fachspr;* **to require [a] long [period of] ~** eine lange Genesungszeit brauchen

convalescent [ˌkɒnvəˈlesᵊnt, AM ˌkɑːn-] **I.** *n* Genesende(r) *f(m),* Rekonvaleszent(in) *m(f) fachspr* **II.** *adj inv* ① *person* genesend; **to be ~** auf dem Besserungswege sein ② *attr for convalescents* Genesungs-, Rekonvaleszenz- *fachspr;* **to have a long ~ period** eine lange Genesungszeit brauchen

convalescent home *n,* **convalescent hospital** *n* Genesungsheim *nt*

convection [kənˈvekʃᵊn] *n no pl* SCI Konvektion *f fachspr*

convection current *n* SCI Konvektionsströmung *f fachspr* **convection oven** *n* Heißluftherd *m*

convector [kənˈvektəʳ, AM -ɚ] *n,* **convector heater** *n* Heizlüfter *m*

convene [kənˈviːn] (*form*) **I.** *vi* sich *akk* versammeln, zusammenkommen; *Congress, committee, cabinet* zusammentreten **II.** *vt* ■**to ~ sb** *a group of people* jdn zusammenrufen [*o* versammeln]; ■**to ~ sth** etw einberufen; **to ~ a meeting of ministers** ein Ministertreffen einberufen

convener *n see* **convenor**

convenience [kənˈviːniən(t)s, AM -ˈviːnjən(t)s] *n* ① *no pl* (*usefulness*) Zweckmäßigkeit *f;* (*comfort*) Annehmlichkeit *f;* **for ~'s sake** aus praktischen

Gründen; **at your earliest** ~ möglichst bald, baldmöglichst; ■**the** ~ **of doing sth** die Annehmlichkeit, etw zu tun; **the** ~ **of having sth very close** die Annehmlichkeit, etw ganz in der Nähe zu haben; **at your** ~ wenn [*o* wann immer] es Ihnen passt; [**just**] **for** ~ [nur] aus Bequemlichkeit ❷ (*device*) Annehmlichkeit *f*, Komfort *m kein pl;* **modern** ~**s** moderner Komfort; **with all modern** ~**s** mit allem [*o* modernstem] Komfort

convenience food *n* Fertiggerichte *ntpl* **convenience store** *n* AM Laden *m* an der Ecke

convenient [kən'viːniənt, AM -'viːnjənt] *adj* ❶ (*useful*) zweckmäßig, praktisch; (*suitable*) günstig; (*comfortable*) bequem; ~ **excuse** passende Entschuldigung; ■**it is** [**very**] ~ **that ...** es ist [sehr] praktisch, dass ...; **to find it** ~ **to do sth** es praktisch finden, etw zu tun ❷ *date, time* passend, günstig; ***if it's*** ~ ***for you*** wenn es Ihnen passt; ***is Saturday*** ~ ***for you*** passt es Ihnen am Samstag?; **a** ~ **moment** [*or* **time**] ein günstiger [*o* passender] Zeitpunkt; **very** ~ **opening hours** sehr günstige Öffnungszeiten; ■**it is** ~ **for sb to do sth** es macht jdm keine Umstände, etw zu tun ❸ (*accessible*) günstig gelegen; ***the new flat is very*** ~ ***for the kids' school*** die neue Wohnung liegt sehr günstig, ganz in der Nähe der Schule der Kinder ❹ (*beneficial*) **to be** ~ **for sb** jdm gelegen kommen; ***his competitors injury was most*** ~ ***for him*** die Verletzung seines Konkurrenten kam ihm sehr gelegen

conveniently [kən'viːniəntli, AM -'viːnjənt-] *adv* ❶ (*usefully*) praktisch; (*suitably*) günstig; ~ **situated** [*or* **located**] günstig gelegen ❷ (*hum: deliberately*) günstigerweise

convenor [kən'viːnəʳ] *n hochrangiger Gewerkschaftsfunktionär, der Gewerkschaftsversammlungen einberuft*

convent ['kɒnvənt, AM 'kɑːn-] *n* [Nonnen]kloster *nt*, [Frauen]kloster *nt;* **to enter a** ~ ins Kloster gehen

convention [kən'ven(t)ʃən] **I.** *n* ❶ (*custom*) Brauch *m*, Sitte *f;* (*social code*) Konvention *f;* **social** ~**s** gesellschaftliche Konventionen; **to break with the** ~**s** mit den Konventionen brechen; **to defy** [*or* **flout**] ~ sich *akk* nicht an die gesellschaftlichen Konventionen [*o geh* Gepflogenheiten] halten; **it's a** ~ **that ...** es ist üblich, dass ...; ~ **dictates that ...** es ist Brauch [*o* Sitte], dass ...; **to be founded upon** ~**s** auf Konventionen gegründet sein ❷ (*agreement*) Abkommen *nt; of human rights* Konvention *f;* ***the*** ~ ***of the assembly was that ...*** die Versammlung gelangte zu der Übereinkunft, dass ... ❸ (*assembly*) [Mitglieder]versammlung *f;* **party** ~ Parteiversammlung *f;* **annual** ~ Jahrestreffen *nt;* **to hold a** ~ eine Versammlung abhalten ❹ (*conference*) Tagung *f*, Konferenz *f;* (*meeting*) Versammlung *f;* ***he attended a*** ~ ***on human rights*** er besuchte eine Konferenz zum Thema Menschenrechte **II.** *n modifier* ~ **centre** Tagungszentrum *nt*

conventional [kən'ven(t)ʃənəl] *adj* ❶ (*traditional*) konventionell *geh;* (*unoriginal also*) traditionsgebunden; ~ **attitudes** [*or* **opinions**] herkömmliche [*o* konventionelle] Ansichten, konventionelles Denken; ~ **medicine** Schulmedizin *f* ❷ MIL konventionell *fachspr;* ~ **war** konventionell geführter Krieg; ~ **warfare/weapons** konventionelle Kriegsführung/Waffen

conventionality [kənˌven(t)ʃə'næləti, AM -əṭi] *n no pl* Konventionalität *f; of theory, technique* Herkömmlichkeit *f;* ***the*** ~ ***of this music*** die herkömmliche Art dieser Musik

conventionally [kən'venʃənəli] *adv dress, behave* konventionell; *written, built* traditionell

conventional memory *n no pl* COMPUT konventioneller Speicher *fachspr* **conventional wisdom** *n no pl* weit verbreitete Weisheit; ***the*** ~ ***about him is that he's a swindler*** er gilt allgemein als Schwindler

convent school *n* Klosterschule *f*

converge [kən'vɜːdʒ, AM -'vɜːrdʒ] *vi* ❶ *lines, roads* zusammenlaufen; (*meet*) zusammentreffen ❷ (*congregate*) **to** ~ **on a city** *tourists, fans* scharenweise in eine Stadt kommen [*o pej* einfallen] ❸ (*resemble*) sich *akk* einander annähern, konvergieren *geh* ❹ MATH *series* konvergieren *fachspr*

convergence [kən'vɜːdʒən(t)s, AM -'vɜːrdʒ-] *n no pl* ❶ (*resemblance*) Annäherung *f*, Konvergenz *f geh* ❷ *of lines, roads* Zusammenlaufen *nt;* (*meeting*) Zusammentreffen *nt;* **point of** ~ Schnittpunkt *m* ❸ MATH *of a series* Konvergenz *f fachspr*

convergence criteria *n* EU Konvergenzkriterien *ntpl* **convergence phase** *n* EU Konvergenzphase *f* **convergence policy** *n* EU Konvergenzpolitik *f* **convergence programme** *n* EU Konvergenzprogramm *nt*

convergent [kən'vɜːdʒənt, AM -'vɜːrdʒ-] *adj attr* ❶ *lines* konvergent *geh* ❷ (*similar*) ähnlich, konvergierend *geh;* ~ **opinions** konvergierende Meinungen ❸ MATH ~ **series** konvergierende Reihe

conversant [kən'vɜːsənt, AM -'vɜːr-] *adj* ■**to be** ~ **with sth** mit etw *dat* vertraut sein

conversation [ˌkɒnvə'seɪʃən, AM ˌkɑːnvɚ'-] *n* Gespräch *nt*, Unterhaltung *f*, Konversation *f geh* (**about** über +*akk*); **the art of** ~ die Kunst der gepflegten Konversation [*o* Unterhaltung]; **fragments** [*or* **scraps**] **of a** ~ Fetzen *mpl* einer Unterhaltung [*o* eines Gesprächs]; **telephone** ~ Telefongespräch *nt;* **to be in** ~ [**with sb**] sich *akk* [mit jdm] unterhalten; **to be deep in** ~ [**with sb**] [mit jdm] ins Gespräch vertieft sein; **to carry on** [*or* **hold**] **a** ~ sich *akk* unterhalten, eine Unterhaltung [*o* ein Gespräch] führen; **to get caught up in a** ~ in ein Gespräch verwickelt werden; **to get into** ~ **with sb** mit jdm ins Gespräch kommen; **to have a** ~ **with sb** sich *akk* mit jdm unterhalten, ein Gespräch [*o* eine Unterhaltung] mit jdm haben; **to have an interesting** ~ [**with sb**] ein interessantes Gespräch [mit jdm] haben; **to make** ~ sich *akk* unterhalten; (*small talk*) Konversation machen; **to run out of** ~ sich *dat* nichts mehr zu sagen haben; ***we seem to have run out of*** ~ ***after two minutes*** offensichtlich ist uns schon nach zwei Minuten der Gesprächsstoff ausgegangen; **to strike up a** ~ [**with sb**] [mit jdm] ins Gespräch kommen

conversational[1] [ˌkɒnvə'seɪʃənəl, AM ˌkɑːnvɚ'-] *adj* Gesprächs-, Unterhaltungs-; ***he had a relaxed and*** ~ ***style of writing*** er schrieb in einem lockeren und legeren Stil; **to have** ~ **skills** ein anregender Gesprächspartner/eine anregende Gesprächspartnerin sein; ~ **tone** Plauderton *m*

conversational[2] *n* COMPUT, **conversational mode** *n* COMPUT Dialogbetrieb *m*

conversationalist [ˌkɒnvə'seɪʃənəlɪst, AM ˌkɑːnvɚ'-] *n* ❶ (*entertainer*) guter Unterhalter/gute Unterhalterin ❷ (*talker*) guter Gesprächspartner/gute Gesprächspartnerin

conversationally [ˌkɒnvə'seɪʃənəli, AM ˌkɑːnvɚ'-] *adv* im Plauderton

conversation piece *n* Gesprächsgegenstand *m* **conversation stopper** *n* (*fam*) ***that was a real*** ~ da verstummten plötzlich alle

converse[1] [kən'vɜːs, AM -'vɜːr-] *vi* (*form*) sich *akk* unterhalten; ■**to** ~ **with sb** sich *akk* mit jdm unterhalten, ein Gespräch mit jdm führen

converse[2] ['kɒnvɜːs, AM 'kɑːnvɜːrs] (*form*) **I.** *n* ■**the** ~ das Gegenteil; ***the*** ~ ***applies here*** hier ist es umgekehrt **II.** *adj* gegenteilig

conversely [kən'vɜːsli, AM -'vɜːr-] *adv* umgekehrt

conversion [kən'vɜːʃən, AM -'vɜːrʒən] *n* ❶ *no pl* (*change of form or function*) ■**the** ~ **of sth into sth** die Umwandlung einer S. *gen* in etw *akk;* ARCHIT der Umbau einer S. *gen* zu etw *dat;* TECH die Umrüstung einer S. *gen* zu etw *dat* ❷ (*rooms, building*) Umbau *m* ❸ REL Konversion *f geh;* ■~ **to sth** Übertritt *m* [*o* Bekehrung *f*] zu etw *dat;* **sb's** ~ **to Buddhism/Islam** jds Übertritt zum Buddhismus/Islam ❹ (*changing beliefs or opinions*) Wandel *m;* **to undergo a** ~ einen [inneren] Wandel durchmachen; POL einen Richtungswechsel vollziehen; ■**sb's** ~ **to sth** jds Bekehrung *f* zu etw *dat* ❺ *no pl* (*calculation*) ■**the** ~ **of sth into sth** die Umrechnung einer S. *gen* in etw *akk;* **to work out the** ~ **of sth into sth** etw in etw *dat* umrechnen ❻ SPORTS Verwandlung *f* ❼ ECON, FIN (*of currency*) Konversion *f*, Wandlung *f;* ~ **of funds** LAW Veruntreuung *f* von Geldern; ~ **of notes and coins** EU Bargeldumstellung *f*

conversion charges *n* FIN Umrechnungsgebühren *fpl* **conversion discount** *n*, **conversion premium** *n* Konvertierungsprämie *f*, Wandelprämie *f* **conversion issue** *n* Konvertierungsemission *f* **conversion period** *n* Konvertierungszeitraum *m* **conversion rate** *n* EU **euro to national currency** ~**s** Konversionskurse *mpl* zwischen dem Euro und den nationalen Währungseinheiten; **irrevocable** [*or* **irrevocably fixed**] ~**s** unwiderruflich festgesetzte Umrechnungskurse **conversion value** *n* Umstellungswert *m*

convert I. *n* ['kɒnvɜːt, AM 'kɑːnvɜːrt] ❶ REL Bekehrte(r) *f(m)*, Konvertit(in) *m(f) geh;* **to be a** ~ **to Buddhism** [*or* **a Buddhist** ~] zum Buddhismus übergetreten sein; **a** ~ **to Catholicism** ein/eine zum Katholizismus Übergetretener/Übergetretene; **to become a** ~ **to Islam** zum Islam übertreten ❷ POL ■**a** ~ **to sth** ein/eine zu etw *dat* Bekehrter/Bekehrte; **to become a** ~ **to socialism** ein überzeugter Sozialist/eine überzeugte Sozialistin werden ❸ (*to a way of living*) ■**a** ~ **to sth** ein Anhänger/eine Anhängerin einer S. *gen;* **to be a** ~ **to healthy living** zu einem gesunden Lebensstil stehen; **to be a** ~ **to vegeterianism** Vegetarier(in) *m(f)* sein **II.** *vi* [kən'vɜːt, AM -'vɜːrt] ❶ REL übertreten; ***he*** ~***ed to his wife's religion*** er nahm die Religion seiner Frau an ❷ (*change in function*) ■**to** ~ [**in**]**to sth** sich *akk* in etw *akk* [*o* zu etw *dat*] verwandeln lassen **III.** *vt* [kən'vɜːt, AM -'vɜːrt] ❶ REL ■**to** ~ **sb** jdn bekehren; **to** ~ **sb to Christianity** jdn zum Christentum bekehren ❷ (*change beliefs*) ■**to** ~ **sb** jdn bekehren (**to** zu +*dat*); (*persuade*) jdn überreden (**to** zu +*dat*) ❸ (*change in form or function*) ■**to** ~ **sth** etw umwandeln [*o* verwandeln] (**into** in +*akk*); ARCHIT etw umbauen (**into** zu +*dat*); TECH etw umrüsten (**into** zu +*dat*); ***couldn't we*** ~ ***the small bedroom into a second bathroom?*** könnten wir aus dem kleinen Schlafzimmer nicht ein zweites Badezimmer machen?; **to** ~ **the attic into an office** das Dachgeschoss zu einem Büro ausbauen; **to** ~ **energy into electricity** Energie in Elektrizität umwandeln ❹ (*calculate*) ■**to** ~ **sth into sth** etw in etw *akk* umrechnen; (*exchange*) *money* etw in etw *akk* umtauschen ❺ SPORTS ■**to** ~ **sth** etw verwandeln ❻ (*to a different fuel*) ■**to** ~ **sth** [**from sth**] **to sth** etw [von etw *dat*] auf etw *akk* umstellen; **to** ~ **a machine/street to natural gas** eine Maschine/Straße auf Erdgas umstellen

converted [kən'vɜːtɪd, AM 'vɜːrṭɪd] *adj inv* umgewandelt; *building* umgebaut, zweckentfremdet *a. pej*

converter [kən'vɜːtəʳ, AM -'vɜːrṭɚ] *n* ❶ ELEC Umwandler *m;* **AC/DC** ~ Stromgleichrichter *m;* **A/D** ~ A/D-Umwandler *m;* **current** ~ Stromwandler *m* ❷ AUTO Katalysator *m*, Kat *m fam*

convertibility [kənˌvɜːtəbɪləti, AM ˌvɜːrṭəbɪləṭi] *n no pl* ❶ (*changeability*) Umwandelbarkeit *f* ❷ (*of currency*) Umtauschbarkeit *f*, Konvertierbarkeit *f*

convertible [kən'vɜːtɪbl, AM -'vɜːrṭəbl] **I.** *n* Kabrio[lett] *nt*, Kabriole *nt* ÖSTERR **II.** *adj* ❶ (*changeable*) verwandelbar; ~ **sofa** Bettsofa *nt;* ***is this sofa*** ~***?*** lässt sich dieses Sofa in ein Bett verwandeln? ❷ FIN (*exchangeable*) konvertibel *fachspr*, konvertierbar *fachspr;* **a** ~ **currency** eine [frei] konvertierbare Währung *fachspr;* ■**to be** ~ **into sth** in etw *akk* konvertierbar sein *fachspr*

convertible bond *n* FIN Wandelanleihe *f*, Wandelschuldverschreibung *f* **convertible currency** *n* FIN [frei] konvertierbare Währung **convertible debenture** *n* BRIT FIN Wandelschuldverschreibung *f* **convertible loan stock** *n* BRIT FIN Wandelanleihe *f*

convertor *n see* **converter**

convex ['kɒnveks, AM 'kɑːn-] *adj* konvex *fachspr;* ~ **lens** Konvexlinse *f fachspr;* ~ **mirror** Konvexspiegel *m*

convexity [kən'veksəti, AM ṭi] *n* konvexe Form

convey [kən'veɪ] *vt* ❶ (*transport*) ■**to** ~ **sth** [**somewhere**] etw [irgendwohin] befördern; **to** ~ **sth by sea** etw auf dem Seeweg befördern ❷ (*trans-*

mit) ■**to ~ sth [to sb]** [jdm] etw überbringen; (*impart*) [jdm] etw vermitteln; (*make clear*) [jdm] etw deutlich machen; ***words can not ~ how much I love him*** meine Liebe für ihn lässt sich nicht mit Worten ausdrücken; ***do ~ my apologies to him*** sag ihm bitte, wie Leid es mir tut; ***please ~ my compliments*** [*or* ***regards***] ***to your father*** (*form*) grüßen Sie bitte Ihren Vater von mir; **to ~ one's condolences [to sb]** [jdm] sein Beileid aussprechen ③ (*indicate*) ■**to ~ to sb that ...** jdm zu verstehen geben, dass ..., jdm zeigen, dass ...; **to ~ the right/wrong impression** einen richtigen/falschen Eindruck vermitteln ④ LAW (*transfer title*) **to ~ a property to a purchaser** einem Käufer Eigentum übertragen

conveyance [kən'veɪən(t)s] *n* ① *no pl* (*form: transport*) Beförderung *f;* **form** [*or* **mode**] **of ~** Transportmittel *nt* ② (*form: vehicle*) Verkehrsmittel *nt;* **public ~** öffentliches Verkehrsmittel ③ *no pl* (*form: communication*) Übermittlung *f* ④ *no pl* LAW (*transfer*) Eigentumsübertragung *f,* Überschreibung *f;* **fraudulent ~** Vollstreckungsvereitelung *f* durch Eigentumsübertragung; ■**the ~ of sth to sb** die Überschreibung einer S. *gen* auf jdn ⑤ LAW (*document*) Übertragungsurkunde *f*

conveyancer [kən'veɪən(t)səʳ, AM -sɚ] *n* LAW Notar(in) *m(f)* für Eigentumsübertragungen

conveyancing [kən'veɪən(t)sɪŋ] *n no pl* LAW Aufsetzen *nt* eines Eigentumsübertragungsdokuments; (*law and procedure*) Eigentumsübertragungsverfahren *nt,* Überschreibung *f,* Eigentumsübertragung *f;* **do-it-yourself ~** Aufsetzen *nt* einer Übertragungsurkunde ohne notarielle Hilfe

conveyor *n,* **conveyer** [kən'veɪəʳ, AM -ɚ] *n* ① (*bearer*) Überbringer(in) *m(f);* **to be the ~ of bad tidings** schlechte Nachrichten überbringen ② *see* **conveyor belt**

conveyor belt *n* Förderband *nt;* (*in assembly*) Fließband *nt;* (*at airport, for luggage*) Förderband *nt*

convict I. *n* ['kɒnvɪkt, AM 'kɑ:n-] Strafgefangene(r) *f(m),* Sträfling *m* II. *vi* [kən'vɪkt] auf schuldig erkennen *fachspr,* einen Schuldspruch fällen, verurteilen III. *vt* [kən'vɪkt] ■**to ~ sb** jdn verurteilen; ***he has twice been ~ed of robbery*** er ist zweimal wegen Raubes verurteilt worden; **to ~ sb for the murder of sb** jdn für den Mord an jdm verurteilen

convicted [kən'vɪktɪd] *adj attr, inv* verurteilt; **~ed criminal** verurteilter Straftäter

conviction [kən'vɪkʃᵊn] *n* ① (*judgement*) Verurteilung *f* (**for** wegen *+gen*); ***it was her first ~ for stealing*** sie wurde zum ersten Mal wegen Diebstahls verurteilt; **previous ~s** Vorstrafen *fpl;* **to have no/two previous ~s** nicht/zweifach vorbestraft sein; **to overturn a ~** eine Verurteilung aufheben ② (*belief*) Überzeugung *f;* **deep** [*or* **firm**]**/lifelong ~** tiefe [*o* feste]/unerschütterliche Überzeugung; **to have a deep ~ that ...** der festen Überzeugung sein, dass ...; **it is sb's [personal] ~ that ...** jd ist der [persönlichen] Überzeugung [*o* Meinung], dass ...; **political/religious ~s** politische/religiöse Anschauungen; **to be of strong ~s** feste Grundsätze haben; **sb/sth carries ~** jd/etw ist [*o* klingt] überzeugend; **sb/sth doesn't carry** [*or* **lacks**] **~** jdm/etw mangelt es an Überzeugung; **to have ~ about sth** von etw *dat* überzeugt sein; **by ~** überzeugt; **a socialist by ~** ein überzeugter Sozialist/eine überzeugte Sozialistin

convict settlement *n* Strafkolonie *f*

convince [kən'vɪn(t)s] *vt* ■**to ~ sb [of sth]** jdn [von etw *dat*] überzeugen; ■**to ~ sb to do sth** jdn dazu bringen, etw zu tun; ■**to ~ sb that ...** jdn [davon] überzeugen, dass ...

convinced [kən'vɪn(t)st] *adj* ① (*persuaded*) überzeugt; ■**to be ~ of sth** von etw *dat* überzeugt sein; ■**to be ~ that ...** überzeugt sein, dass ... ② *attr* (*of ones beliefs*) überzeugt; **a ~ Christian** ein überzeugter Christ/eine überzeugte Christin; **a ~ Socialist** ein überzeugter Sozialist/eine überzeugte Sozialistin

convincing [kən'vɪn(t)sɪŋ] *adj* überzeugend; **~ argument** stichhaltiges [*o* überzeugendes] Argument; **~ evidence/proof** schlagender [*o* stichhaltiger] [*o* überzeugender] Beweis; **~ victory** [*or* **win**] überzeugender Sieg; **totally** [*or* **utterly**] **~** äußerst überzeugend; **to make sth ~** etw überzeugend darstellen

convincingly [kən'vɪn(t)sɪŋli] *adv* überzeugend; **to argue very ~ in favour of sth** mit großer Überzeugung für etw *akk* sprechen

convivial [kən'vɪviəl] *adj* ① (*sociable*) gesellig; (*hospitable*) gastlich ② (*lively, jovial*) heiter, fröhlich

conviviality [kənˌvɪvi'æləti, AM -ət̬i] *n no pl* ① (*sociability*) Geselligkeit *f* ② (*liveliness, joviality*) unbeschwerte Heiterkeit, Fröhlichkeit *f*

convivially [kən'vɪviəli] *adv* ① (*sociably*) gesellig ② (*jovially*) fröhlich ③ (*enjoyably*) heiter

convocation [ˌkɒnvə(ʊ)'keɪʃᵊn, AM ˌkɑ:nvə'-] *n* (*form*) ① *no pl* (*arranging*) Einberufung *f* ② (*meeting*) Versammlung *f;* **to hold a ~** eine Versammlung abhalten

convoke [kən'vəʊk, AM 'voʊk] *vt* (*form*) ■**to ~ sth** etw ein-/zusammenberufen

convoluted [ˌkɒnvə'lu:tɪd, AM ˌkɑ:nvə'lu:t̬-] *adj* (*form*) ① (*twisted*) verwickelt, verschlungen; **~ route** verzwickte Route ② (*difficult*) *sentences* verschachtelt; *plot* verschlungen ③ (*coiled*) gewunden; (*spiral*) spiralig

convolution [ˌkɒnvə'lu:ʃᵊn, AM ˌkɑ:n-] *n* (*form*) ① *usu pl* (*coil*) Windung *f* ② *usu pl* (*complexity*) Verschlungenheit *f kein pl;* **to have many ~s** *film, story* verworren sein ③ MED **~ of the brain** Krümmung *f* des Gehirns

convolvulus <*pl* – *or* -es> [kən'vɒlvjʊləs, AM 'vɑ:lvju:] *n* BOT Winde *f*

convoy ['kɒnvɔɪ, AM 'kɑ:n-] I. *n* ① (*by sea*) Konvoi *m,* Geleit *nt* ② (*by road*) Konvoi *m;* **~ of cars** Fahrzeugkonvoi *m;* **~ of trucks** Lkw-Konvoi *m;* **to form a ~** einen Konvoi bilden; **in ~** im Konvoi; ***shall we drive to the party in ~?*** sollen wir gemeinsam zur Party fahren?; **under ~** unter Geleitschutz II. *vt* ■**to ~ sb** jdn eskortieren [*o* begleiten]; ***a couple of tanks ~ed the trucks across the border*** eine Gruppe von Panzern brachte die Lkws im Konvoi über die Grenze

convulse [kən'vʌls] I. *vi* sich *akk* krümmen [*o* winden]; **to ~ in** [*or* **with**] **laughter** sich *akk* vor Lachen biegen [*o* ausschütten] *fam;* **to ~ in** [*or* **with**] **pain** sich *akk* vor Schmerzen winden [*o* krümmen] II. *vt* ■**to ~ sth** etw erschüttern; ***a racking cough ~d her whole body*** sie wurde von einem fürchterlichen Husten geschüttelt; **to be ~d with laughter** sich *akk* vor Lachen biegen *fam*

convulsion [kən'vʌlʃᵊn] *n usu pl* ① (*spasm*) Krampf *m;* **to go into ~s** Krämpfe bekommen ② (*quake*) Erschütterung *f;* ***the ~ of the earth shook the village*** das Dorf wurde von Erdbebenstößen erschüttert ③ (*unrest*) Aufruhr *m kein pl,* Unruhen *fpl* ④ **~s** *pl* (*laughter*) Lachkrämpfe *mpl;* **to collapse in** [*or* **go into**]**/to be in ~s** sich *akk* vor Lachen biegen *fam* [*o* schütteln]

convulsive [kən'vʌlsɪv] *adj* Krampf-, krampfartig; *movement* krampfhaft; **~ illness** *eine Krankheit, zu deren Symptomen Muskelkrämpfe gehören;* **~ spasms** Muskelkrämpfe *mpl,* konvulsivische Zuckungen *fachspr*

convulsively [kən'vʌlsɪvli] *adv* krampfartig, krampfhaft, konvulsivisch *geh*

cony ['kəʊni, AM 'koʊ-] *n* (*old*) ① (*rabbit*) Kaninchen *nt* ② (*fur*) Kaninchenfell *nt*

coo [ku:] I. *vi* ① *dove, baby* gurren ② (*talk softly*) ■**to ~ over sb/sth** liebevoll über jdn/etw sprechen II. *vt* ■**to ~ sth** etw flüstern; **to ~ sweet nothings in sb's ear** jdm süße Worte ins Ohr flüstern III. *n no pl* Gurren *nt,* Girren *nt*

cooee ['ku:i] (*fam*) I. *interj* hey! II. *n* Rufweite *f*

cook [kʊk] I. *n* Koch, Köchin *m, f* ▶ PHRASES: **too many ~s spoil the broth** [*or* **soup**] (*prov*) viele Köche verderben den Brei *prov* II. *vi* ① (*make meals*) kochen; ■**to ~ for sb** für jdn kochen ② (*in water*) kochen; *fish, meat* garen; (*fry, roast*) braten; *cake, pie* backen ③ AM (*fam: do well*) so richtig gut einschlagen *fam,* in Höchstform sein; (*be ready to go*) loslegen können *fam;* ***now we're ~ in'!*** jetzt kann es losgehen! *fam* ▶ PHRASES: **what's ~ing?** (*sl*) was ist los? *fam* III. *vt* ■**to ~ sth** ① (*make*) etw kochen [*o* machen]; (*prepare*) etw zubereiten [*o* kochen]; ***how do you ~ this fish/meat?*** wie wird dieser Fisch/dieses Fleisch zubereitet?; ***I don't ~ meat very often*** ich mache [*o* koche] nicht so oft Fleischgerichte; **to ~ lunch** das Mittagessen kochen [*o* machen]; ■**to ~ sb sth** [*or* **sth for sb**] jdm etw kochen, etw für jdn kochen; **to ~ a meal [for sb]** [für jdn] kochen ② (*heat*) etw kochen; *fish, meat* etw garen; (*fry, roast*) etw braten ③ (*fam: falsify*) etw frisieren *fam;* **to ~ the books** die Bücher fälschen [*o fam* frisieren] ▶ PHRASES: **to ~ sb's goose** (*fam*) jdn fertig machen *fam;* ***that's ~ed his goose, hasn't it*** damit ist er wirklich erledigt *fam*

◆**cook down** *vt* AM FOOD ■**to ~ down ⊂ sth** etw reduzieren

◆**cook up** *vt* ■**to ~ up ⊂ sth** ① (*prepare quickly*) etw auf die Schnelle zubereiten; ***he ~ed up a delicious omelette in no more than 10 minutes*** in nur zehn Minuten zauberte er ein köstliches Omelette auf den Tisch ② (*improvise*) **to ~ up a meal** eine Mahlzeit improvisieren ③ (*concoct*) sich *dat* etw ausdenken; **to ~ up an excuse/a story** eine Entschuldigung/Geschichte erfinden; **to ~ up a plan** einen Plan aushecken *fam*

cookbook *n* Kochbuch *nt*

cooked [kʊkt] *adj* ① (*not raw or cold*) gekocht; **~ food** gekochte Speisen; **a ~ meal/supper** eine warme Mahlzeit/ein warmes Abendessen; **~ vegetables** gekochtes Gemüse; ■**to be ~** (*cake, meat*) durch sein ② *pred* (*fam: in trouble*) ■**to be ~** in einer ausweglosen Situation sein

cooked breakfast *n* BRIT englisches Frühstück (*mit Speck, Eiern und Würstchen*)

cooker ['kʊkəʳ] *n* ① *esp* BRIT (*stove*) Herd *m* ② BRIT (*fam: apple*) Kochapfel *m*

cookery ['kʊkᵊri, AM -ɚi] I. *n no pl* ① (*cooking*) Kochen *nt;* **to be very skilled in ~** ganz ausgezeichnet kochen ② AM (*cafe*) Gasthof *m* II. *n modifier* Koch-; **to take a ~ course** einen Kochkurs machen

cookery book *n* BRIT, AUS Kochbuch *nt*

cookhouse ['kʊkhaʊs] *n* Küchentrakt *m;* MIL Feldküche *f*

cookie ['kʊki] *n esp* AM ① (*biscuit*) Keks *m,* Plätzchen *nt;* **chocolate-chip ~** Schokokeks *m;* **coconut ~** Kokosnussplätzchen *nt;* **peanut butter ~** Erdnusskeks *m* ② AM (*fam: person*) Typ *m fam;* **a smart ~** ein cleverer Bursche, ein schlaues Bürschchen; **a tough ~** ein zäher Typ *fam;* ***Carrie's quite the tough ~*** Carrie ist eine von der ganz zähen Sorte *fam* ③ COMPUT Cookie *nt fachspr* ▶ PHRASES: **tough ~s!** AM pech gehabt!; **that's the way the ~ crumbles** (*saying*) so ist das nun mal im Leben, tja, so kann's gehen *fam*

cookie-cutter ['kʊkikʌtɚ] *adj attr, inv* AM identisch, Serien-

cooking ['kʊkɪŋ] I. *n no pl* Kochen *nt;* **to do the ~** kochen; **to hate ~** nicht gerne kochen II. *n modifier* Koch-; **~ chocolate** Blockschokolade *f;* **~ foil** BRIT Alufolie *f;* **~ oil** Speiseöl *nt*

cooking apple *n* Kochapfel *m*

cookout *n esp* AM (*fam*) Grillparty *f;* **to have a ~** eine Grillparty veranstalten

cookware ['kʊkweəʳ, AM wer] *n no pl* Kochgeschirr *nt*

cooky *n esp* AM *see* **cookie**

cool [ku:l] I. *adj* ① (*pleasantly cold*) kühl; (*unpleasantly cold*) kalt; ***store in a ~ and dry place*** kühl und trocken lagern ② (*clothing, material*) leicht, luftig ③ *colour* kühl ④ (*calm*) ruhig, gelassen, cool *sl;* (*level-headed*) besonnen; **to keep** [*or* **stay**] **~** ruhig [*o sl* cool] bleiben; **to keep a ~ head** (*sl*) einen kühlen Kopf bewahren; **~, calm and collected** kühl, ruhig und besonnen; ■**to be ~ with sb/sth** (*to approve of*) kein Problem mit jdm/etw haben ⑤ (*unfriendly*) kühl, unterkühlt; **a ~ reception/welcome** ein kühler Empfang; **to give sb a ~ reception** jdn kühl empfangen; ■**to be ~ towards sb** sich *akk* jdm gegenüber kühl [*o* abweisend] verhalten ❻ *(unfeeling)* kühl; *(not showing interest)* abweisend; ■**to be ~ about sth** etw *dat* abweisend gegenüberstehen ❼ *(fam: trendy, great)* cool *sl,* geil *sl;* **to look ~** cool aussehen *sl* ❽ *(fam: considerable)* **a ~ amount** eine ganz schöne Summe; **a ~ £100,000** *(at least)* mindestens 100.000 Pfund ► PHRASES: **~ as a cucumber** völlig gelassen [*o sl* cool] **II.** *interj (fam)* super *fam,* cool *sl,* geil *sl* **III.** *n no pl* ❶ *(cold)* **to sit/stay in the ~** im Kühlen sitzen/bleiben; ■**the ~ of sth** die Kühle einer S. *gen;* **in the ~ of the evening/night** in der Abendkühle/Kühle der Nacht ❷ *(calm)* Ruhe *f,* Gelassenheit *f;* **to keep one's ~** die Ruhe bewahren, sich *akk* nicht aufregen, cool bleiben *sl;* **to lose one's ~** die [*o* seine] Ruhe verlieren, sich *akk* aufregen **IV.** *vi* ❶ *(lose heat)* abkühlen (**to** auf +*akk*); **to let sth ~ to room temperature** etw auf Zimmertemperatur abkühlen lassen ❷ *(die down)* nachlassen **V.** *vt* ❶ *(make cold)* ■**to ~ sth** etw kühlen; *(cool down)* etw abkühlen ❷ *(sl: calm down)* [**just**] **~ it!** reg dich ab! *fam;* ***just ~ it everyone, fighting won't solve anything*** ganz ruhig bleiben! ein Streit bringt überhaupt nichts

◆**cool down I.** *vi* ❶ *(lose heat)* abkühlen ❷ *(calm down)* sich *akk* beruhigen [*o fam* abregen] **II.** *vt* ❶ *(calm)* ■**to ~ down** ⊂ **sb** jdn beruhigen ❷ *(reduce temperature)* ■**to ~ down** ⊂ **sth** etw abkühlen

◆**cool off** *vi* ❶ *(lose heat)* sich *akk* abkühlen ❷ *(calm down) person* sich *akk* beruhigen ❸ *(die down)* nachlassen, abkühlen *fig*

coolant ['ku:lənt] *n* MECH Kühlflüssigkeit *f,* Kühlmittel *nt*

cool bag *n* BRIT Kühltasche *f*

cooler ['ku:ləʳ, AM -ɚ] *n* ❶ *(box)* Kühlbox *f; for champagne* [Sekt]kühler *m* ❷ *(drink) mit Wein und Saft gemischtes Erfrischungsgetränk* ❸ *(sl: prison)* **the ~** der Bau *fam*

cooler bag *n* AM Kühltasche *f*

coolheaded *adj* besonnen; **to remain ~** einen kühlen Kopf behalten [*o* bewahren]

coolie ['ku:li] *n (pej! dated)* Kuli *m pej;* **to hire ~s** ungelernte [*o* billige] Arbeitskräfte einstellen

cooling ['ku:lɪŋ] *adj attr* ❶ *(making cool)* [ab]kühlend; **a ~ breeze** eine kühle Brise; **a ~ drink** ein erfrischendes [*o* kühlendes] Getränk; **to have a ~ effect** eine kühlende Wirkung haben; **to take a ~ swim in the river** ein kühles Bad im Fluss nehmen ❷ *(dying down)* nachlassend

cooling off period *n* ECON, FIN ❶ *(during industrial dispute)* Friedenspflicht *f* ❷ *(before retirement)* Überlegungsfrist *f* ❸ *(after signing life insurance)* Überdenkungsperiode [*o* -frist] *f*

cooling-off period *n Zeitraum für Schlichtungsvereinbarungen bei Streiks* **cooling time** *n* LAW Friedenspflicht *f* [bei Arbeitskämpfen]; *(to think about purchase)* Rücktrittsfrist *f* **cooling tower** *n* Kühlturm *m*

coolly ['ku:lli] *adv (coldly)* kühl, distanziert; *(in a relaxed manner)* cool *sl,* gelassen; **to receive sth rather ~** *(indifferently)* etw ziemlich gleichgültig aufnehmen; *(in a relaxed manner)* etw ziemlich cool aufnehmen *sl*

coolness ['ku:lnəs] *n no pl* ❶ *(low temperature)* Kühle *f* ❷ *(unfriendliness)* Kühle *f,* Distanziertheit *f* ❸ *(relaxed manner)* coole Art *sl*

coomb(e) [ku:m] *n* BRIT ❶ *(short valley)* Einschnitt *m* ❷ GEOL *(in limestone region)* Talmulde *f*

coon [ku:n] *n* ❶ *(racoon)* Waschbär(in) *m(f)* ❷ *(pej! sl: black)* Neger(in) *m(f) pej,* Nigger(in) *m(f) pej*

coop [ku:p] **I.** *n* Hühnerstall *m* ► PHRASES: **to fly the ~** sich *akk* aus dem Staub machen *fam* **II.** *vt* ■**to ~ up** ⊂ **sb** jdn einsperren [*o* einschließen]; ■**to ~ up** ⊂ **an animal** ein Tier einsperren

co-op ['kəʊɒp, AM 'koʊɑ:p] *n abbrev of* **cooperative I**

cooped up *adj person* eingesperrt; *animals* zusammengepfercht

cooper ['ku:pəʳ, AM -ɚ] **I.** *n* Böttcher *m,* Küfer *m* **II.** *vi (make barrels)* Fässer herstellen; *(repair barrels)* Fässer ausbessern

cooperate [kəʊ'ɒpᵊreɪt, AM koʊ'ɑ:pəreɪt] *vi* ❶ *(help)* kooperieren; *(comply also)* mitmachen ❷ *(act jointly)* kooperieren, zusammenarbeiten; ■**to ~ in sth** bei etw *dat* zusammenarbeiten; ■**to ~ with sb** mit jdm zusammenarbeiten [*o* kooperieren]; **to ~ fully** [*or* **closely**] **with sb** [**in sth**] [bei etw *dat*] eng mit jdm zusammenarbeiten; ***he ~d fully with the government in its investigation*** er hat die Regierung bei ihren Untersuchungen in jeder Hinsicht unterstützt; ■**to ~** [**with sb**] **in doing sth** etw [mit jdm] zusammen tun ❸ *(hum: be suitable)* ***if the weather ~s …*** wenn das Wetter mitmacht,…

cooperation [ˌkəʊɒpᵊ'reɪʃᵊn, AM ˌkoʊ'ɑ:pə'-] *n no pl* ❶ *(assistance)* Kooperation *f,* Mitarbeit *f* (**in** bei +*dat*); **with sb's ~** mit jds Hilfe ❷ *(joint work)* Zusammenarbeit *f,* Kooperation *f* (**in/between** bei/zwischen +*dat*); **to produce sth in ~ with sb** etw in Zusammenarbeit mit jdm herstellen

cooperative [kəʊ'ɒpᵊrətɪv, AM koʊ'ɑ:pɚət̬ɪv] **I.** *n* Genossenschaft *f,* Kooperative *f;* **farming ~** landwirtschaftliche Genossenschaft **II.** *adj* ❶ *attr, inv* ECON genossenschaftlich, kooperativ; **~ business** Unternehmen *nt* auf genossenschaftlicher Basis; **~ farm** landwirtschaftliche Genossenschaft; **~ society** Konsumgenossenschaft *f;* **~ store** Konsum[laden] *m* ❷ *(willing)* kooperativ; **to be very ~** sehr kooperativ [*o* entgegenkommend] sein

cooperatively [kəʊ'ɒpᵊrətɪvli, AM koʊ'ɑ:pɚət̬ɪvli] *adv* gemeinsam

cooperative processing *n* COMPUT kooperative Verarbeitung

coopt *vt* ■**to ~ sth** etw übernehmen

co-opt [kəʊ'ɒpt, AM koʊ'ɑ:pt] *vt* ❶ *(vote in)* ■**to ~ sb** jdn kooptieren *geh;* ■**to ~ sb on to sth** jdn durch Kooptation in etw *akk* wählen *geh* ❷ *(integrate)* ■**to be ~ed into sth** in etw *akk* aufgenommen werden; ***the small bookstore in our area was ~ed into a large chain*** der kleine Buchladen in unserem Stadtviertel wurde von der großen Ladenkette geschluckt *pej fam*

coordinate I. *n* [kəʊ'ɔ:dɪnət, AM koʊ'ɔ:rdᵊn-] ❶ *usu pl* MATH Koordinate *f fachspr* ❷ *(equal)* Gleichgestellte(r) *f(m),* Gleichrangige(r) *f(m);* ***since he was my ~, …*** da er mir gleichgestellt war, … ❸ ■**~s** *pl* FASHION Kombination *f* **II.** *vi* [kəʊ'ɔ:dɪneɪt, AM koʊ'ɔ:rdᵊn-] ❶ *(act jointly)* gut zusammenarbeiten [*o* kooperieren]; **to ~ closely** eng zusammenarbeiten; ■**to ~ with sb** mit jdm zusammenarbeiten ❷ *(match)* zusammenpassen; ■**sth ~s with sth** etw passt zu etw *dat,* etw und etw passen zusammen **III.** *vt* [kəʊ'ɔ:dɪneɪt, AM koʊ'ɔ:rdᵊn-] ■**to ~ sth** etw koordinieren *geh; operations, schedules* etw aufeinander abstimmen **IV.** *adj* [kəʊ'ɔ:dɪnət, AM koʊ'ɔ:rdᵊn-] ❶ *(equal)* gleichwertig, gleichrangig; **~ pay for men and women** gleicher Lohn für Männer und Frauen ❷ *(acting jointly)* aufeinander abgestimmt ❸ CHEM koordiniert *fachspr,* koordinativ *fachspr;* **~ bond** koordinative Bindung *fachspr*

coordinate clause *n* nebengeordneter Satz; *(main clause also)* nebengeordneter Hauptsatz; *(subordinate clause also)* nebengeordneter Nebensatz

coordinated [kəʊ'ɔ:dɪneɪtɪd, AM koʊ'ɔ:rdᵊneɪt̬ɪd] *adj* ❶ *attack* koordiniert, geordnet ❷ *(matching)* aufeinander abgestimmt

coordination [kəʊˌɔ:dɪn'eɪʃᵊn, AM koʊˌɔ:rdᵊn'-] *n no pl* ❶ *(coordinating)* Koordination *f geh; of operations, schedules also* Abstimmung *f;* **central ~** Federführung *f;* **the ~ of efforts** die gemeinsamen Anstrengungen ❷ *(cooperation)* Zusammenarbeit *f,* Zusammenwirken *nt geh* (**between** zwischen +*dat*) ❸ *(dexterity)* Sinn *m* für Koordination; **to not have much ~** kein gutes Koordinationsgefühl besitzen; **to lack ~** Koordinationsschwierigkeiten haben

coordinator [kəʊ'ɔ:dɪneɪtəʳ, AM koʊ'ɔ:rdᵊneɪtɚ] *n* Koordinator(in) *m(f);* **to act as central** [*or* **general**] **~** federführend sein

coot [ku:t] *n* ❶ *(bird)* Blässhuhn *nt,* Wasserhuhn *nt* ❷ AM *(fam: stupid person)* **old ~** alter Esel *fam* ► PHRASES: **as bald as a ~** völlig kahl

cootie ['ku:t̬i] *n usu pl* AM *(fam)* Laus *f*

co-own [ˌkəʊ'əʊn, AM ˌkoʊ'oʊn] *vt* ■**to ~ sth** etw mitbesitzen

co-owner [ˌkəʊ'əʊnəʳ, AM ˌkoʊ'oʊnɚ] *n* Mitbesitzer(in) *m(f),* Miteigentümer(in) *m(f)*

co-ownership [ˌkəʊ'əʊnəʃɪp, AM ˌkoʊ'oʊnɚ-] *n* ❶ *(of a property)* Miteigentum *nt,* Mitbesitz *m* ❷ *(of shares)* Bruchteilseigentum *nt*

cop [kɒp, AM kɑ:p] **I.** *n* ❶ *(fam: police officer)* Bulle *m sl;* **to play ~s and robbers** Räuber und Gendarm spielen ❷ *no pl* BRIT *(sl)* **to not be much ~** nicht besonders gut sein; ***was that film you went to see any ~?*** taugte der Film was, den ihr gesehen habt? ► PHRASES: **it's a fair ~** BRIT *(dated fam)* jetzt hat's mich [halt] erwischt *fam* **II.** *n modifier (car, siren, uniform)* Bullen- **III.** *vt* <-pp-> ❶ BRIT, AUS *(sl)* **to ~ it** *(be in trouble)* dran sein *fam;* *(get killed)* gekillt werden *fam;* ***you'll really ~ it if your parents find out*** du wirst wirklich Ärger kriegen, wenn's deine Eltern erfahren ❷ *(dated sl: receive)* ■**to ~ sth** etw bekommen; **to ~ the blame for sth** die Schuld für etw bekommen; **to ~ hold of sth** etw mit anpacken *fam;* **to ~ a** [**quick**] **look at sth** einen [kurzen] Blick auf etw *akk* werfen ❸ *(sl: arrest)* ■**to ~ sb** jdn schnappen ❹ **to ~ a plea** AM LAW *(plead guilty) sich schuldig bekennen und dafür eine mildere Strafe aushandeln* ► PHRASES: **to ~ a feel** *(fam!)* angrapschen; **~ a load of that!** kuck dir das mal an! *fam;* **to ~ a few Zs** AM *(sl)* sich *akk* aufs Ohr hauen *fam*

◆**cop out** *vi (sl)* ❶ *(change one's mind)* aussteigen *fam;* ■**to ~ out of sth** aus etw *dat* aussteigen ❷ *(let sb down)* ■**to ~ out on sb** jdn hängen lassen *fam*

co-partner [ˌkəʊ'pɑ:tnəʳ, AM ˌkoʊ'pɑ:rtnɚ] *n* Geschäftspartner(in) *m(f),* Teilhaber(in) *m(f)*

co-partnership [ˌkəʊ'pɑ:tnəʃɪp, AM ˌkoʊ'pɑ:rtnɚ-] *n* Teilhaberschaft *f*

cope [kəʊp, AM koʊp] *vi* ❶ *(mentally)* zurechtkommen; ***he just couldn't ~ any longer*** er konnte einfach nicht mehr; **to ~ with children/difficult people** mit Kindern/schwierigen Personen fertig werden [*o* zurechtkommen]; **to ~ with a problem/job/situation** ein Problem/einen Job/eine Situation bewältigen; **to ~ with a difficult task** eine schwierige Aufgabe meistern ❷ *(physically)* gewachsen sein; ■**to ~ with sth** etw schaffen

copeck ['kəʊpek, AM 'koʊ-] *n (rare) see* **kope(c)k**

Copenhagen [ˌkəʊpᵊn'heɪgᵊn, -'hɑ:-, AM 'koʊpᵊnˌheɪ-, -ˌhɑ:-] *n* Kopenhagen *nt*

Copernican [kəʊ'pɜ:nɪkᵊn, AM koʊ'pɜ:r] *adj inv* kopernikanisch

copier ['kɒpiəʳ, AM 'kɑ:piɚ] *n* ❶ *(for documents)* Kopiergerät *nt,* Kopierer *m fam;* *(for tapes)* Überspielgerät *nt* ❷ *(person)* Kopist(in) *m(f)* ❸ *(usu childspeak fam: imitator)* Nachmacher(in) *m(f);* *(cheater)* Abgucker(in) *m(f) fam*

co-pilot [ˌkəʊ'paɪlət, AM ˌkoʊ'-] *n* Kopilot(in) *m(f)*

coping saw ['kəʊpɪŋ-, AM 'koʊpɪŋ-] *n* Laubsäge *f*

copious ['kəʊpiəs, AM 'koʊ-] *adj* ❶ *(many, much)* zahlreich, viel; ***the region has had ~ snow*** die Region hat reichlich Schnee gehabt; **~ amounts of beer/food/money** Unmengen von Bier/Essen/Geld; **~ notes** zahlreiche Notizen ❷ *pred (in thoughts or words)* überschwänglich, weitschweifig

copiously ['kəʊpiəsli, AM 'koʊ-] *adv* ausgiebig, reichlich; ***he was sweating ~*** er schwitzte sehr stark

cop-out ['kɒpaʊt, AM 'kɑ:p-] *n (sl)* ❶ *(evasive action)* Ausweichmanöver *m;* *(excuse)* Rückzieher *m* ❷ *(disappointment)* Enttäuschung *f,* schwache Vorstellung

copper ['kɒpəʳ, AM 'kɑ:pɚ] **I.** *n* ❶ *no pl (metal)* Kupfer *nt;* **made of ~** aus Kupfer ❷ *(sl: police officer)* Bulle *m sl* ❸ *esp* BRIT *(sl: coins)* ■**~s** *pl* Kleingeld *nt kein pl* ❹ *(colour)* Kupferrot *nt* **II.** *n modifier (made of copper) (bracelet, kettle, pan, statue, wire)* Kupfer-; *(relating to copper) (deposit, mine, ore)* Kupfer- **III.** *adj* kupferfarben, kupferrot **IV.** *vt* ■**to ~ sth** etw kupfern

C

Copper Age *n* HIST ■**the** ~ die Kupferzeit **copper beech** *n* Blutbuche *f* **copper-bottomed** *adj* BRIT (*fig*) *guarantee, investment* todsicher *fam* **copper-colored** AM, **copper-coloured** *adj* kupferfarben, kupferrot **coppernob** *n* BRIT (*fam*) Rotkopf *m fam* **copper ore** *n no pl* Kupfererz *nt* **copperplate** I. *n* ❶ ART (*engraving*) Kupferstichplatte *f*; (*print*) Kupferstechen *nt* ❷ *no pl* (*handwriting*) ≈ gestochene Handschrift II. *n modifier* ~ **writing** ≈ gestochene Handschrift **copperplate printing** *n* TYPO Kupferdruck *m* **copper-plating** *n no pl* Verkupferung *f* **coppersmith** *n* Kupferschmied(in) *m(f)*

coppery ['kɒpᵊri, AM 'kɑ:pɚi] *adj* kupfern, kupferrot

coppice ['kɒpɪs, AM 'kɑ:p-] I. *n* zurückgeschnittenes Waldstück II. *vt* HORT **to ~ trees/bushes** Bäume/Büsche stutzen [*o* zurückschneiden]

coprocessor [ˌkəʊ'prəʊsesəʳ, AM ˌkoʊ'prɑ:sesɚ] *n* COMPUT Koprozessor *m*

co-produce [ˌkəʊprə'dju:s, AM ˌkoʊprə'du:s] *vt* ■**to ~ sth** etw koproduzieren

co-production [ˌkəʊprə'dʌkʃᵊn, AM ˌkoʊ-] *n* Koproduktion *f*

coprolalia [ˌkɒprə(ʊ)'leɪliə, AM ˌkɑ:prə'leɪ:liə] *n no pl* PSYCH Koprolalie *f*

coprophilia [ˌkɒprə(ʊ)'fɪliə, AM ˌkɑ:prə'-] *n no pl* Koprophilie *f*

copse [kɒps, AM kɑ:ps] *n* kleines Wäldchen

cop shop *n* (*dated sl*) [Polizei]revier *nt*

copter ['kɒptəʳ, AM 'kɑ:pt̬ɚ] *n* (*sl*) Hubschrauber *m*

Coptic ['kɒptɪk, AM 'kɑ:p-] *adj inv* koptisch; **the C~ Church** die koptische Kirche

copula ['kɒpjələ, AM 'kɑ:p-] *n* LING Kopula *f*, Satzband *nt*

copulate ['kɒpjəleɪt, AM 'kɑ:p-] *vi* kopulieren *geh*, sich *akk* paaren

copulation [ˌkɒpjə'leɪʃᵊn, AM ˌkɑ:p-] *n no pl* Kopulation *f geh*, Paarung *f*

copy ['kɒpi, AM 'kɑ:pi] I. *n* ❶ (*duplicate*) Kopie *f*; (*of a document*) Abschrift *f*; (*of a photo*) Abzug *m*; (*of a painting*) Kopie *f*, Reproduktion *f*; **carbon ~** Durchschlag *m*; **certified ~** beglaubigte Kopie; **to be a carbon ~ of sb** (*fig*) jdm wie aus dem Gesicht geschnitten sein; **a true ~** eine originalgetreue Kopie ❷ (*photocopy*) Kopie *f*; **to have** [*or* **get**] **a ~ done** eine Kopie machen lassen; **to make a ~** eine Kopie machen; **to make a ~ of sth** etw kopieren ❸ (*issue*) *of book, magazine, newspaper* Exemplar *nt*; ***have you got a ~ of the latest Vogue magazine?*** hast du die neueste Vogue?; **hard ~** COMPUT (*printout*) [Computer]ausdruck *m* ❹ *no pl* PUBL Manuskript *nt*; (*in advertising*) Werbetext *m*; ***disasters make good ~ for newspapers*** Katastrophen sind guter Stoff für Zeitungen; **clean ~** Reinschrift *f*; **to check/write ~** ein Manuskript gegenlesen/schreiben II. *vt* <-ie-> ❶ (*duplicate*) ■**to ~ sth** etw kopieren; **to ~ a CD/record onto a cassette** eine CD/Platte auf [eine] Kassette überspielen; **to ~ a file onto a disk** eine Datei auf eine Diskette kopieren; ■**to ~ sth to sb** jdm etw kopieren; (*write down*) ■**to ~ sth** *from text* etw abschreiben; *from words* etw niederschreiben ❷ (*imitate*) ■**to ~ sb** jdn nachmachen; **to ~ a look/style** ein Aussehen/einen Stil nachahmen; **to ~ a picture** ein Bild abmalen; **to ~ an article/essay/sb's work** (*plagiarize*) einen Artikel/Aufsatz/jds Arbeit *f* abschreiben III. *vi* <-ie-> ❶ (*imitate*) nachahmen ❷ (*in school*) abschreiben

◆**copy down** *vt* ■**to ~ down** ↔ **sth** (*from a text*) etw abschreiben; (*from sb's words*) etw niederschreiben

◆**copy in** *vt* ■**to ~ sb** ↔ **in** jdm etw zur Kenntnis schicken

◆**copy out** *vt* ■**to ~ sth** ↔ **out** (*from a text*) etw abschreiben; (*from sb's words*) etw niederschreiben

copybook I. *adj attr, inv* ❶ (*exemplary*) beispielhaft, ideal; ~ **manoeuvre** [*or* AM **maneuver**] Bilderbuchmanöver *nt* ❷ (*conventional*) abgedroschen; ~ **sentiments** unechte Gefühle II. *n* (*dated*) Schönschreibheft *nt* ▶ PHRASES: **to blot one's ~** BRIT seinen Ruf ruinieren **copycat** I. *n* (*usu childspeak pej fam*) Nachmacher(in) *m(f)*; (*of written work*) Abschreiber(in) *m(f)*; ***you're just a ~*** du machst mir immer alles nach II. *adj attr, inv* imitiert, nachgemacht **copy date** *n* JOURN, PUBL Redaktionsschluss *m* **copydesk** *n* AM JOURN, PUBL Redaktionstisch *m*

copy-edit *vt* JOURN, PUBL **to ~ an article/editorial** einen Artikel/Leitartikel redigieren; **to ~ a novel/story** einen Roman/eine Geschichte Korrektur lesen; **to ~ a manuscript** ein Manuskript lektorieren **copy editing** *n no pl* ❶ (*activity*) Manuskriptbearbeitung *f* ❷ (*department*) MEDIA Redaktion *f*; PUBL Lektorat *nt* **copy editor** *n* Manuskriptbearbeiter(in) *m(f)*; (*press*) Redakteur(in) *m(f)*; (*publishing house*) Lektor(in) *m(f)* **copying machine** *n* (*dated: Xerox machine*) Kopiermaschine *f*, Kopiergerät *nt*

copyist ['kɒpiɪst, AM 'kɑ:pi-] *n* Kopist(in) *m(f)*

copy protect COMPUT I. *n* Kopierschutz *m* II. *vt* ■**to ~ sth** den Kopierschutz einer S. *gen* aktivieren; ■**to be ~ed** kopiergeschützt sein **copy protected** *adj pred, inv*, **copy-protected** *adj attr, inv* COMPUT kopiergeschützt **copy protection** *n no pl* COMPUT Kopierschutz *m* **copy reader** *n* Manuskriptbearbeiter(in) *m(f)*; (*press*) Redakteur(in) *m(f)*; (*publishing house*) Lektor(in) *m(f)*

copyright ['kɒpiraɪt, AM 'kɑ:pi-] I. *n* Copyright *nt*, Urheberrecht *nt*; ***the publishers own the ~ on*** [*or* ***for***] ***the play*** der Verlag hat das Copyright an dem Stück; ***this work is out of ~*** dieses Werk ist nicht [mehr] urheberrechtlich geschützt; **breach** [*or* **infringement**] **of ~** Verletzung *f* des Urheberrechts, Verstoß *m* gegen das Urheberrecht; **to be subject to ~** urheberrechtlich geschützt sein; **protected under** [*or* **by**] **~** urheberrechtlich geschützt; **work still in ~** urheberrechtlich geschütztes Werk II. *vt* ■**to ~ sth** etw urheberrechtlich schützen III. *adj* urheberrechtlich geschützt

copyrighted ['kɒpiraɪtɪd, AM 'kɑ:piraɪt̬-] *adj* LAW urheberrechtlich [*o* verlagsrechtlich] geschützt **copyright holder** *n* JOURN, LAW Urheber(in) *m(f)*, Urheberrechtsinhaber(in) *m(f)* **copyright law** *n* Urheberrecht *nt* **copyright notice** *n* Urhebervermerk *m* **copyright owner** *n* LAW Urheberrechtsinhaber(in) *m(f)*

copywriter *n* [Werbe]texter(in) *m(f)*

coquetry ['kɒkɪtri, AM 'koʊkə-] *n no pl* Koketterie *f*

coquette [kɒk'et, AM koʊ'ket] *n* kokette Frau

coquettish [kɒk'etɪʃ, AM koʊ'ket̬-] *adj* kokett

coquettishly [kɒk'etɪʃli, AM koʊ'ket̬-] *adv* kokett

cor [kɔ:ʳ] *interj* BRIT (*hum sl*) ~! Mensch! *fam*, Mann! *fam*; ~ **blimey!** (*dated*) ich werd verrückt! *fam*

coracle ['kɒrəkl̩, AM 'kɔ:r-] *n ovales, aus einem mit Leder bespannten Holzgerippe bestehendes Boot*

coral ['kɒrəl, AM 'kɔ:r-] I. *n no pl* Koralle *f*; **made of ~** Korallen- II. *n modifier* (*bracelet, necklace, earring*) Korallen- III. *adj* korallenrot

coral-colored AM, **coral-coloured** *adj* korallenrot **coral island** *n* Koralleninsel *f* **coral reef** *n* Korallenriff *nt* **Coral Sea** *n* ■**the ~** das Korallenmeer **coral snake** *n* Korallennatter *f*

cor anglais <*pl* cors anglais> [ˌkɔ:'rɒŋgleɪ, AM ˌkɔ:rɑ:ŋ'-] *n* Englischhorn *nt*

corbel ['kɔ:bᵊl, AM 'kɔ:r-] *n* ARCHIT Kragstein *m*

cord [kɔ:d, AM kɔ:rd] I. *n* ❶ (*for parcel*) Schnur *f*; (*for curtain, trousers*) Kordel *f*; AM, AUS (*electrical cord*) Kabel *nt* ❷ ANAT (*umbilical cord*) Nabelschnur *f*; (*spinal cord*) Rückenmark *nt* ❸ *no pl* (*corduroy*) Cordsamt *m* ❹ (*trousers*) ■**~s** *pl* Cordhose *f* ❺ (*of wood*) Klafter *m*; **a ~ of wood** ein Klafter *m* Holz ▶ PHRASES: **to cut the ~** (*fam*) sich *akk* abnabeln *fam* II. *n modifier* (*jacket, jeans, shirt*) Cord- III. *vt* ■**to ~ sth off** [*or* **to ~ off sth**] etw absperren [*o* abriegeln]

cordage ['kɔ:dɪdʒ, AM 'kɔ:rd-] *n no pl* NAUT Tauwerk *nt*

corded ['kɔ:dɪd, AM 'kɔ:rd-] *adj inv* ❶ *clothing* gerippt ❷ *muscles* angespannt ❸ **a ~ phone** ein Telefon *nt* mit Schnur

cordial ['kɔ:diəl, AM 'kɔ:rdʒəl] I. *adj* ❶ (*friendly*) freundlich, herzlich; ~ **relations** freundschaftliche Beziehungen ❷ (*form: strong*) heftig; ~ **dislike** tiefe Abneigung II. *n* BRIT, AUS **lime/raspberry ~** Limetten-/Himbeersirup *m*; AM Likör *m*

cordiality [ˌkɔ:di'æləti, AM ˌkɔ:rdʒi'ælət̬i] *n* ❶ *no pl* (*friendliness*) Herzlichkeit *f* ❷ (*pleasant remarks*) ■**cordialities** *pl* Freundlichkeiten *fpl*; **to exchange cordialities** Freundlichkeiten austauschen

cordially ['kɔ:diəli, AM 'kɔ:rdʒ-, -djəl-] *adv* ❶ (*in friendly way*) herzlich; (*in letter*) ~ ***yours, Dianne*** herzlichst, Dianne; **to speak ~ to sb** aufrichtig mit jdm sprechen ❷ (*strongly*) aus tiefstem Herzen; **to ~ dislike sb** jdn zutiefst verabscheuen

cordite ['kɔ:daɪt, AM 'kɔ:r-] *n no pl* Kordit *m*

cordless ['kɔ:dləs, AM 'kɔ:r-] *adj inv* schnurlos; ~ **telephone** schnurloses Telefon

cordon ['kɔ:dᵊn, AM 'kɔ:r-] I. *n* ❶ *of vehicles* Absperrung *f*, Sperrgürtel *m*; *of police, guards, soldiers* Kordon *m*; **police ~** Polizeikordon *m* ❷ (*on uniform*) Kordon *m*, Ordensband *nt* ❸ HORT Spalierobstbaum *m* II. *vt* ■**to ~ off sth** [*or* **to ~ sth off**] etw absperren; **to ~ off onlookers/a crowd** Schaulustige/eine Menge abriegeln

cordon bleu [ˌkɔ:dɔ̃:(m)'blɜ:, AM ˌkɔ:rdɔ̃:'blu:] I. *adj inv* FOOD ❶ (*of highest class*) *cuisine, food, cook* erstklassig, exzellent ❷ *after n* (*method of preparation*) **chicken/veal ~** Hühner-/Kalbs-Cordon bleu *nt* II. *n* Meisterkoch, Meisterköchin *m, f*

cordoned off *adj pred, inv*, **cordoned-off** *adj attr, inv* abgesperrt, abgeriegelt

cordon sanitaire <*pl* cordons sanitaires> [ˌkɔ:dɔ̃:(n)sænɪ'teəʳ, AM kɔ:rˌdɔ̃:sɑ:ni'ter] *n* Quarantänesperre *f*

corduroy ['kɔ:dʒərɔɪ, AM 'kɔ:rdə-] I. *n* ❶ *no pl* (*material*) Cordsamt *m* ❷ (*trousers*) ■**~s** *pl* Cordhose *f* II. *n modifier* (*jacket, jeans, shirt*) Cord-

cordwood *n no pl* Klafterholz *nt*

core [kɔ:ʳ, AM kɔ:r] I. *n* ❶ (*centre*) *of apple, pear* Kernhaus *nt*, Kerngehäuse *nt*; GEOL *of rock* Innere[s] *nt*; *of planet* Mittelpunkt *m*; NUCL (*of reactor*) [Reaktor]kern *m*; **to be rotten to the ~** völlig verfault sein ❷ (*central group*) *people* Kern *m*; **the hard ~** der harte Kern *fam* ❸ (*fig: central part*) Kern *m*; **to get to the ~ of a matter/issue** zum Kern einer Angelegenheit/eines Problems vordringen; (*completely*) **to be conservative/arrogant/a patriot to the ~** durch und durch konservativ/arrogant/Patriot sein; **to be rotten to the ~** bis ins Mark verdorben sein, durch und durch schlecht sein; **to be shocked to the ~** bis ins Mark erschüttert sein ❹ (*bore sample*) Bohrprobe *f* ❺ ELEC (*of cable*) Leiter *m* ❻ COMPUT (*for storing bits*) Kern *m* II. *adj attr, inv* (*activity, message*) Haupt-; **the ~ issue** die zentrale Frage, der zentrale Punkt III. *vt* **to ~ fruit** Früchte entkernen; (*in recipes*) ***peel and ~ the apples*** die Äpfel schälen und das Kerngehäuse entfernen [*o* ausschneiden]

core audience *n* Stammpublikum *nt* **core business** *n* Hauptgeschäftstätigkeit *f* **core curriculum** *n* SCH, UNIV Pflichtfach *nt* **core hours** *npl* Kernzeit *f*

co-religionist [ˌkəʊrɪ'lɪdʒᵊnɪst, AM ˌkoʊrə'] *n*, **co-religionist** [ˌkəʊrɪ'lɪdʒᵊnɪst, AM ˌkoʊrə'] *n* Glaubensgenosse, -in *m, f* **core memory** *n*, **core store** *n* COMPUT Hauptspeicher *m*

core sample *n* GEOL Kernprobe *f*

coresident [ˌkəʊ'rezɪdᵊnt, AM ˌkoʊ'-] *adj* COMPUT co-resident

co-respondent [ˌkəʊrɪ'spɒndənt, AM ˌkoʊrɪ'spɑ:n-] *n* LAW Mitbeklagte(r) *f(m)* (*in einem Scheidungsprozess*) **core time** *n* Kernzeit *f* **core vocabulary** *n no pl* Grundwortschatz *m*

Corfu [kɔ:'fu:, AM 'kɔ:rfu:] *n* Korfu *nt*

corgi ['kɔ:gi, AM 'kɔ:r-] *n* Corgi *m*

coriander [ˌkɒri'ændəʳ, AM 'kɔ:riændɚ] *n no pl* Koriander *m*

Corinth ['kɒrɪnθ, AM 'kɑ:] *n no pl* Korinth *nt*

Corinthian [kə'rɪn(t)θiən] I. *adj inv* ARCHIT korinthisch II. *n* REL ■**~s** + *sing vb* Korinther *pl*

cork [kɔ:k, AM kɔ:rk] I. *n* ❶ *no pl* (*material*) Kork *m* ❷ (*stopper*) Korken *m*; AM (*fig fam*) ***hey, put a ~ on it!*** he, halt die Klappe! ❸ (*in fishing*) Schwimmer *m* **II.** *n modifier* (*flooring, tile, board, tree*) Kork- **III.** *vt* ① **to ~ a bottle** eine Flasche zukorken ② AM (*fig fam*) **~ it!** halt die Klappe! *fam*

◆**cork up** *vt* **to ~ up a bottle** eine Flasche zukorken; **to ~ up one's feelings** (*fig*) seine Gefühle unterdrücken

corkage ['kɔːkɪdʒ, AM 'kɔːr-] *n no pl*, **cork charge** *n* AM Korkengeld *nt*

corked [kɔːkt, AM kɔːrkt] *adj* korkig; ■**to be ~** nach Kork schmecken, Kork haben

corker ['kɔːkəʳ, AM 'kɔːrkɚ] *n* (*hum dated fam: person*) toller Kerl; (*thing*) tolle Sache; **a ~ of a goal/party** ein Spitzentor *nt*/eine Spitzenparty *fam;* **a ~ of a story** eine Bombenstory

corking ['kɔːkɪŋ] *adj attr, inv* BRIT (*dated fam*) Klasse-

cork oak *n* Korkeiche *f* **corkscrew** *n* Korkenzieher *m* **corkscrew curls** *npl* Korkenzieherlocken *fpl*

corky <-ier, -iest> ['kɔːki, AM 'kɔːr] *adj* korkig

corm [kɔːm, AM kɔːrm] *n* BOT Knolle *f*

cormorant ['kɔːmᵊrənt, AM 'kɔːr-] *n* ORN Kormoran *m*

corn¹ [kɔːn, AM kɔːrn] *n* ① *no pl* BRIT (*cereal in general*) Getreide *nt*, Korn *nt;* **field of ~** Kornfeld *nt*, Getreidefeld *nt;* **sheaf of ~** Getreidegarbe *f*, Getreidebündel *nt* ② *no pl* BRIT (*particular cereal*) Weizen *m;* SCOT Hafer *m;* AM, AUS (*maize*) Mais *m;* **~ on the cob** Maiskolben *m* ③ BRIT (*single grain*) [Getreide]korn *nt* ④ *esp* AM (*sl: sth trite*) Banalität *f*, Kitsch *m*

corn² [kɔːn, AM kɔːrn] *n* MED (*on feet*) Hühnerauge *nt* ▶ PHRASES: **to <u>tread</u> on sb's ~s** BRIT jdm auf die Hühneraugen treten

cornball AM **I.** *n* (*fam: sentimental person*) ***he's such a ~*** er ist so sentimental; (*in funny way*) er ist so ein Scherzkeks **II.** *adj attr* (*fam: trite, sentimental*) sentimental; (*unoriginal, outdated*) *joke* abgedroschen **Corn Belt** *n* AM GEOG ■**the ~** der Maisgürtel **corn bread** *n no pl* AM Maisbrot *nt* **corn chip** *n usu pl* Maischip *m* **corncob** *n* Maiskolben *m* **corncob pipe** *n* AM Maiskolbenpfeife *f*

corn-colored AM, **corn-coloured** *adj inv* maisfarben, maisgelb

corncrake ['kɔːnkreɪk, AM 'kɔːrn-] *n* Wachtelkönig *m* **corn crib** *n* AM AGR Maisspeicher *m* **corn dodger** *n* AM Maisfladen *m* **corn-dog** *n modifier aufgespießter, frittierter Hotdog umhüllt mit Maisteig* **corn dolly** *n* BRIT Strohpuppe *f*

cornea ['kɔːniə, AM 'kɔːr-] *n* ANAT Hornhaut *f*, Kornea *f fachspr*

corneal [kɔː'niᵊl, AM kɔːr'-] *n* Hornhaut-

corned beef [ˌkɔːnd'-, AM ˌkɔːr-] *n no pl* Cornedbeef *nt*, gepökeltes Rindfleisch **corned beef hash** *n no pl* AM, AUS *Eintopfgericht aus Cornedbeef und Kartoffeln*

corner ['kɔːnəʳ, AM 'kɔːrnɚ] **I.** *n* ① (*of road*) Ecke *f;* **on the ~ of a street** an einer Straßenecke; **just around the ~** gleich um die Ecke; ***the summer holidays are just around the ~*** (*fig*) die Sommerferien stehen vor der Tür; **to drive around the ~** um eine Ecke biegen; **to take a ~** eine Kurve nehmen; **to cut a ~** eine Kurve schneiden ② (*corner part*) *of table* Kante *f; of page, picture* Rand *m; of a sheet, room* Ecke *f;* ***I searched every ~ of the desk*** ich haben den ganzen Schreibtisch abgesucht; ***we searched every ~ of the house*** wir suchten in allen [Ecken und] Winkeln des Hauses; ***do you have a spare ~ where I can put my things?*** hast du ein freies Eckchen, wo ich meine Sachen abstellen kann?; **to put a child in the ~** ein Kind in die Ecke stellen; **to turn down** [*or* **fold**] **the ~ of a page** ein Eselsohr machen ③ (*area*) Gegend *f*, Ecke *f fam;* ***a quaint ~ of Germany*** eine malerische Gegend Deutschlands; **a distant** [*or* **remote**] [*or* **far**] **~ of the earth** ein entlegener Winkel der Erde; **the four ~s of the world** [*or* **earth**] alle vier Himmelsrichtungen; **at every ~** (*fig*) überall ④ (*periphery*) **out of the ~ of one's eye** aus dem Augenwinkel; **~ of sb's mouth** jds Mundwinkel *m hum* ⑤ (*fig: aspect*) Seite *f* ⑥ ECON **to have a ~ of the market** den Markt beherrschen ⑦ SPORTS (*in hockey, football*) Ecke *f*, Eckball *m;* BOXING (*area*) Ecke *f* ⑧ (*supporters*) ***the boxer was encouraged by his ~*** der Boxer wurde von seiner Ecke unterstützt; **to be in sb's ~** auf jds Seite *f* stehen ▶ PHRASES: **to be in a <u>tight</u> ~** in der Klemme stecken; **to <u>cut</u> ~s** (*financially*) Kosten sparen; (*in procedure*) das Verfahren abkürzen; **to <u>drive</u>** [*or* **box**] [*or* **force**] **sb into a** [**tight**] **~** jdn in die Enge treiben; **to <u>get</u> oneself into a** [**tight**] **~** sich *akk* [selbst] in Schwierigkeiten bringen; **to have <u>turned</u> the ~** über den Berg sein **II.** *adj attr, inv* Eck-; **~ sofa/table** Ecksofa *nt*/Ecktisch *m;* **a ~ piece** ein Randstück **III.** *vt* ① (*trap*) ■**to ~ sb** jdn in die Enge treiben; (*pursue*) jdn stellen ② COMM ■**to ~ sth** etw monopolisieren; **to ~ the market** den Markt beherrschen **IV.** *vi vehicle* eine Kurve/Kurven nehmen; **to ~ well** gut in der Kurve liegen

-cornered ['kɔːnəd, AM 'kɔːrnɚd] *in compounds* -eckig; **three~** dreieckig

corner kick *n* SPORTS Eckball *m* **corner shop** *n* BRIT Tante-Emma-Laden *m fam* **cornerstone** *n* ARCHIT (*also fig*) Eckstein *m* **corner store** *n esp* CAN Tante-Emma-Laden *m*, Laden *m* an der Ecke **cornerwise** *adv inv* quer, diagonal

cornet ['kɔːnɪt, AM kɔːr'net] *n* ① MUS Kornett *nt* ② BRIT FOOD Waffeltüte *f;* **~ of ice cream** Eistüte *f*

corn exchange *n* BRIT HIST Getreidebörse *f* **cornfed** ['kɔːnfed, AM 'kɔːr] *adj inv* ① (*fed on grain*) [mit] Getreide gefüttert ② AM (*fam: well fed*) gut genährt **cornfield** *n* BRIT Getreidefeld *nt;* AM Maisfeld *nt* **cornflakes** *npl* Cornflakes *pl* **cornflour** *n no pl* BRIT, AUS Speisestärke *f*, Maisstärke *f*, Stärkemehl *nt* **cornflower** *n* Kornblume *f* **cornflower blue** *adj* kornblumenblau

cornice ['kɔːnɪs, AM 'kɔːr-] *n* ARCHIT [Kranz]gesims *nt*, Kranzleiste *f*

Cornish ['kɔːnɪʃ, AM 'kɔːr-] **I.** *adj inv* aus Cornwall, kornisch **II.** *n* ① *no pl* (*language*) Kornisch *nt* ② (*people*) ■**the ~** *pl* die Bewohner von Cornwall

Cornish cream *n no pl* BRIT *dicker Rahm von erhitzter Milch* **Cornish hen** *n kleines Brathuhn* **Cornishman** <*pl* -men> ['kɔːnɪʃmən, AM 'kɔːr] *n* Bewohner(in) *m(f)* Cornwalls **Cornish pasty** *n* BRIT *Gebäck aus Blätterteig mit Fleischfüllung*

cornmeal *n no pl esp* AM (*fine*) Maismehl *nt;* (*coarse*) grobes Maismehl, Polenta *f* **cornmeal mush** *n no pl* AM Maisbrei *m*

corn oil *n no pl* Maiskeimöl *nt* **corn pone** *n* AM ausgebackenes Maisbrot **corn-poppy** *n* Klatschmohn *m* **corn roast** *n* CAN, AM *Picknick im Herbst, bei dem am offenen Feuer geröstete oder gekochte Maiskolben gegessen werden* **cornrow** *n esp* AM ■**~s** *pl Reihen von eng an der Kopfhaut geflochtene Zöpfe* **cornstarch** *n no pl* AM (*cornflour*) Speisestärke *f*, Stärkemehl *nt* **corn syrup** *n no pl* AM Maisstärkesirup *m*, Glucosesirup *m*

cornucopia [ˌkɔːnjʊ'kəʊpiə, AM ˌkɔːrnə'koʊ-] *n* ① (*symbol of plenty*) Füllhorn *nt* ② (*fig: abundance*) Fülle *f* (**of** von +*dat*); **to be a ~ of information** eine sehr gute Informationsquelle sein

corn whiskey *n* AM Maiswhiskey *m*

corny ['kɔːni, AM 'kɔːrni] *adj* (*fam: sentimental*) kitschig; (*dopey*) blöd

corolla [kə'rəʊlə, AM 'roʊ] *n* BOT Krone *f*, Korolla *f fachspr*

corollary [kə'rɒlᵊri, AM 'kɔːrəleri] *n* (*form*) logische Konsequenz

corona <*pl* -nae *or* -s> [kə'rəʊnə, AM -'roʊ-, *pl* -niː] *n* ① ASTRON, ELEC Korona *f* ② BOT Krone *f* ③ (*cigar*) Corona *f*

coronae [kə'rəʊniː, AM -'roʊ-] *n pl of* **corona**

coronary ['kɒrənᵊri, AM 'kɔːrəneri] **I.** *n* Herzinfarkt *m;* ***when he got the bill he nearly had a ~*** (*hum fam*) als er die Rechnung bekam, hätte er fast einen Herzinfarkt bekommen **II.** *adj inv* koronar, Herzkranz-; **~ arteries** Herzkranzarterien *fpl*, Herzkranzgefäße *ntpl;* **~ failure** Herzversagen *nt* **coronary heart disease** *n no pl* koronare Herzkrankheit **coronary thrombosis** *n* Koronarthrombose *f*

coronation [ˌkɒrə'neɪʃᵊn, AM ˌkɔːr-] **I.** *n* Krönung[szeremonie] *f* **II.** *n modifier* (*ceremony, day, mug, robes*) Krönungs-

coroner ['kɒrənəʳ, AM 'kɔːrᵊnɚ] *n* Coroner *m* (*Beamter, der unter verdächtigen Umständen eingetretene Todesfälle untersucht*); **~'s inquest** *Gerichtsverhandlung zur Feststellung der Todesursache aufgrund der Ermittlungsergebnisse des Coroners;* **~'s jury** *Untersuchungskommission bei nicht eindeutig natürlichen Todesfällen*

coronet ['kɒrənɪt, AM ˌkɔːrə'net] *n* kleine Krone, Diadem *nt*

coroutine [ˌkəʊruː'tiːn, AM ˌkoʊ-] *n* COMPUT Co-Routine *f*

Corp¹ [kɔːp, AM kɔːrp] *n short for* **corporation**

Corp² *n abbrev of* **corporal**

corpora ['kɔːpᵊrə, AM 'kɔːrpɚə] *n pl of* **corpus**

corporal ['kɔːpᵊrᵊl, AM 'kɔːr-] *n* Unteroffizier *m*

corporal punishment *n* körperliche Züchtigung, Prügelstrafe *f*

corporate ['kɔːpᵊrət, AM 'kɔːr-] *adj attr, inv* ① (*shared by group*) Gemeinschafts-; ***we are taking action for the ~ good*** wir handeln für das Gemeinwohl; **a ~ decision** eine gemeinsame Entscheidung; **~ identity** Corporate Identity *f;* **to take ~ responsibility** gemeinsam Verantwortung übernehmen ② (*of corporation*) körperschaftlich, korporativ *geh;* **~ financing** Unternehmensfinanzierung *f;* **~ lending** Darlehen *ntpl* an Firmen; **~ policy** Firmenpolitik *f*

corporate bond *n* AM FIN Industrieschuldverschreibung *f*

corporate culture *n* Unternehmenskultur *f* **corporate finance** *n* COMM Unternehmensfinanzen *pl* **corporate giant** *n* Riesenkonzern *m* **corporate image** *n* Unternehmensidentität *f* **corporate law** *n* Unternehmensrecht *nt;* AM Aktienrecht *nt* **corporate loan** *n* Firmenkredit *m*, Industrieschuldverschreibung *f*

corporately ['kɔːpᵊrətli, AM 'kɔːr] *adv* ① COMM körperschaftlich, korporativ; **to be ~ owned** einer Firma *dat* gehören ② (*as a whole*) gemeinsam **corporate network** *n* Firmennetzwerk *nt* **corporate personality** *n* LAW Körperschaft *f* **corporate raider** *n* Unternehmensaufkäufer(in) *m(f)*

corporation [ˌkɔːpᵊr'eɪʃᵊn, AM ˌkɔːrpə'reɪ-] *n* ① (*business*) Unternehmen *nt*, Körperschaft *f;* **multinational ~** multinationale Gesellschaft; **a public ~** BRIT wirtschaftliche Unternehmung der öffentlichen Hand ② BRIT (*incorporated company*) öffentlichrechtliche Körperschaft; AM (*company with limited liability*) [Kapital]gesellschaft *f* (*etwa entsprechend einer Gesellschaft mit beschränkter Haftung*) ③ BRIT (*local council*) Stadtverwaltung *f;* **municipal ~** kommunale Körperschaft ④ BRIT (*hum fam: big belly*) Schmerbauch *m*

corporation loan *n* BRIT ECON, FIN Kommunalanleihe *f*

corporation tax *n* FIN Körperschaftssteuer *f;* **Advance C~ Tax** Körperschaftssteuervorauszahlung *f*

corporatism ['kɔːpᵊrətɪzᵊm, AM 'kɔːr] *n no pl* der Trend zur Bildung von Großunternehmen; ***the growth of ~*** die steigende Zahl der Großunternehmen; **a sense of ~** das Zusammenhörigkeitsgefühl [innerhalb eines Unternehmens]

corporeal [kɔː'pɔːriəl, AM kɔːr'-] *adj* (*form, liter*) körperlich, physisch; **~ hereditaments** LAW vererbbare materielle Gegenstände; **~ needs** materielle Bedürfnisse

corporeally [kɔː'pɔːriəli, AM kɔːr'-] *adv* (*form, liter*) körperlich

corps <*pl* -> [kɔːʳ, AM kɔːr] *n + sing/pl vb* ① MIL (*unit*) Korps *nt;* **medical ~** Sanitätstruppe *f;* **military ~** Armeekorps *nt;* **officer ~** Offzierskorps *nt* ② (*group*) Korps *nt;* **the diplomatic ~** das Diplomatische Korps

corps de ballet <*pl* -> [ˌkɔːdə'bæleɪ, AM ˌkɔːrdəbæl'eɪ] *n + sing/pl vb* Ballettkorps *nt*, Balletttruppe *f*

corpse [kɔːps, AM kɔːrps] **I.** *n* Leiche *f*, Leichnam *m geh* **II.** *vi* THEAT (*sl*) es vermasseln *fam* (*als Schauspieler eine Aufführung vermasseln, indem man* *den Text vergisst oder plötzlich lachen muss)*

corpulence ['kɔ:pjʊlən(t)s, AM 'kɔ:rpjə-] *n no pl* Korpulenz *f*

corpulent ['kɔ:pjʊlənt, AM 'kɔ:rpjə-] *adj (euph)* korpulent

corpus <*pl* -pora *or* -es> ['kɔ:pəs, *pl* -pərə, AM 'kɔ:r-, *pl* -pərə] *n* ❶ LIT *(collection)* Korpus *nt*, Sammlung *f; (complete works)* Gesamtwerk *nt* ❷ *(in linguistics)* Korpus *nt* ❸ *(main body)* Großteil *m* ❹ LAW Gesetzessammlung *f*, Korpus *nt*

Corpus Christi [-'krɪsti] *n* Fronleichnam *m*

corpuscle ['kɔ:pʌsl, AM 'kɔ:r-] *n* MED Blutkörperchen *nt;* **red/white ~s** rote/weiße Blutkörperchen

corpuscular [kɔ:'pʌskjələʳ, AM kɔ:r'pʌskjələ˞] *adj inv* HIST Korpuskular-

corpus delicti [-dɪ'lɪktaɪ] *n* Corpus Delicti *nt*, Beweisstück *nt* **corpus legis** [-'ledʒɪs] *n* LAW Corpus *nt* legis, Gesetzessammlung *f* römischen Rechts

corral [kə'ræl] AM **I.** *n* [Fang]gehege *nt*, Korral *m fachspr* **II.** *vt* <-ll-> **to ~ animals** Tiere in den Korral treiben; ■**to ~ sth off** etw absperren

correct [kə'rekt] **I.** *vt* ❶ *(put right)* ■**to ~ sb/sth** jdn/etw korrigieren; ***I stand ~ed*** *(hum)* ich nehme alles zurück; **to ~ a bad habit** sich *dat* eine schlechte Gewohnheit abgewöhnen; **to ~ a watch** eine Uhr richtig stellen ❷ *(adjust)* ■**to ~ sth** *figures, data* etw berichtigen; *an instrument* etw korrigieren **II.** *adj* ❶ *(accurate, true)* richtig, korrekt; ***you were ~ in advising us to sell the stocks*** du hattest Recht, uns den Verkauf der Aktien anzuraten; ***that is ~*** das stimmt ❷ *(proper)* korrekt, angemessen; ***he's a very ~ gentleman*** er weiß, was sich gehört; **to be ~ in one's dress** korrekt gekleidet sein

correction [kə'rekʃən] *n* ❶ *(change)* Korrektur *f;* ***~s in red ink*** Korrekturen mit roter Tinte ❷ *no pl (improvement)* Verbesserung *f*, Berichtigung *f;* **subject to ~** ohne Gewähr, Änderungen vorbehalten ❸ *no pl (punishment)* Maßregelung *f*, Züchtigung *f*

correctional [kə'rekʃənəl] *adj inv* AM, AUS LAW Besserungs-; **a ~ program** *ein Programm zur Erziehung bzw. Besserung junger Straftäter*

correctional center *n* AM, AUS, **correctional facility** *n* AM, AUS, **correctional institution** *n* AM, AUS Besserungsanstalt *f*, Strafanstalt *f*, Strafvollzugsanstalt *f*

correction fluid *n no pl* Korrekturflüssigkeit *f*

corrections [kə'rekʃənz] *npl* AM LAW *(form)* erzieherische Strafmaßnahmen

correction tape *n no pl* Korrekturband *nt*

corrective [kə'rektɪv] **I.** *adj* ❶ *(counteractive)* korrigierend; **~ surgery** Korrekturoperation *f* ❷ LAW *(improving behaviour)* Besserungs-, erzieherisch **II.** *n* Abhilfe *f*, Korrektiv *nt geh*

correctly [kə'rektli] *adv* korrekt, richtig; ***he has ~ asked if…*** er hat richtigerweise gefragt, ob …

correctness [kə'rektnəs] *n no pl* Korrektheit *f*, Richtigkeit *f*

correlate ['kɒrəleɪt, AM 'kɔ:r-] **I.** *vt* ■**to ~ sth with sth** etw mit [*o* zu] etw *dat* in Beziehung setzen **II.** *vi* sich *dat* entsprechen; ■**to ~ with sth** mit etw *dat* in Beziehung stehen

correlation [,kɒrə'leɪʃən, AM ,kɔ:r-] *n* ❶ *(cause, result)* Wechselbeziehung *f*, Zusammenhang *m; (relationship)* Beziehung *f*, Zusammenhang *m;* ***there's a strong ~ between …*** es besteht ein enger Zusammenhang zwischen …; ***there's little ~ between wealth and happiness*** Reichtum und Glück haben wenig miteinander zu tun ❷ *(in statistics)* Korrelation *f*

correlative [kə'relətɪv, AM ţɪv] **I.** *adj inv* korrelativ, korrelierend **II.** *n* Korrelat *nt*

correspond [,kɒrɪ'spɒnd, AM ,kɔ:rə'spɑ:nd] *vi* ❶ *(be equivalent of)* entsprechen; *(be same as)* übereinstimmen; **to ~ closely/roughly to sth** etw *dat* genau/ungefähr entsprechen; ■**to ~ with sth** mit etw *dat* übereinstimmen; ***his story didn't ~ with the witness's version*** seine Geschichte deckte sich nicht mit der Version des Zeugen ❷ *(write)* ■**to ~ [with sb]** [mit jdm] korrespondieren

correspondence [,kɒrɪ'spɒndən(t)s, AM ,kɔ:rə'spɑ:n-] *n* ❶ *(relationship)* Beziehung *f* ❷ *no pl (letter-writing)* Korrespondenz *f*, Schriftverkehr *m;* **business ~** Geschäftskorrespondenz *f;* **to be in ~ with sb** mit jdm in Korrespondenz [*o* Briefwechsel] stehen; **to enter into ~ with sb** *(form)* einen Briefwechsel mit jdm führen *geh*

correspondence college *n* UNIV Fernhochschule *f* **correspondence column** *n* BRIT Leserbriefspalte *f* **correspondence course** *n* Fernkurs *m* **correspondence school** *n* Fernlehrinstitut *nt* **correspondence tray** *n* BRIT Fach *nt* für eingehende Post

correspondent [,kɒrɪ'spɒndənt, AM ,kɔ:rə'spɑ:n-] *n* ❶ *(of letters)* Briefeschreiber(in) *m(f)* ❷ *(journalist)* Berichterstatter(in) *m(f)*, Korrespondent(in) *m(f);* **foreign ~** Auslandskorrespondent(in) *m(f);* **special/war ~** Sonder-/Kriegsberichterstatter(in) *m(f)* ❸ *(equivalent)* Entsprechung *f*

correspondent bank *n* ECON, FIN Korrespondenzbank *f*

corresponding [,kɒrɪ'spɒndɪŋ, AM ,kɔ:rə'spɑ:n-] *adj* ❶ *(same)* entsprechend; **in the ~ period last year** im gleichen Zeitraum des letzten Jahres ❷ *(accompanying)* dazugehörig

correspondingly [,kɒrɪ'spɒndɪŋli, AM ,kɔ:rə'spɑ:n-] *adv* entsprechend

corridor ['kɒrɪdɔ:ʳ, AM 'kɔ:rɪdə˞, -dɔ:r] *n* ❶ *(in building)* Flur *m*, Gang *m*, Korridor *m; (on train)* Korridor *m*, [Durch]gang *m; (fig)* **the ~s of power** die Schalthebel der Macht ❷ *(strip of land)* Korridor *m;* **the Polish ~** der polnische Korridor; AVIAT *(strip of air space)* Korridor *m;* **air ~** Luftkorridor *m*

corridor train *n* D-Zug *m*

corrie ['kɒri] *n* BRIT, ESP SCOT Gletschertopf *m*

corrigendum <*pl* -da> [,kɒrɪ'dʒendəm, AM ,kɔ:r-, *pl* -də] *n* LAW Berichtigung *f*

corroborate [kə'rɒbəreɪt, AM -'rɑ:bər-] *vt* **to ~ a story/theory** eine Geschichte/Theorie bekräftigen [*o* bestätigen]

corroborating [kə'rɒbəreɪtɪŋ, AM -'rɑ:bər-] *adj attr* bestätigend, erhärtend; **~ evidence/reports** erhärtende Beweise *mpl*/Berichte

corroboration [kə,rɒbə'reɪʃən, AM -,rɑ:bə'-] *n* Bestätigung *f*, Beweis *m;* **in ~ of** zur Bestätigung [*o* Untermauerung] einer S. *gen*

corroborative [kə'rɒbərətɪv, AM -'rɑ:bərəţɪv] *adj* bestätigend, erhärtend; **to be ~ of sth** etw *akk* untermauern

corrode [kə'rəʊd, AM -'roʊd] **I.** *vi metal* korrodieren, zerfressen werden **II.** *vt* ■**to ~ sth** etw korrodieren [*o* zerfressen]; *(fig)* etw zerstören

corroded [kə'rəʊdɪd, AM -'roʊd-] *adj* korrodiert, zerfressen; *metal* verrostet

corrosion [kə'rəʊʒən, AM -'roʊ-] *n no pl* ❶ *of metal, stone* Korrosion *f* ❷ *(fig: deterioration)* Verfall *m*

corrosive [kə'rəʊsɪv, AM -'roʊ-] **I.** *adj* ❶ *(destructive)* korrosiv; **~ acid** ätzende Säure ❷ *(fig: destructive) jealousy* zerstörerisch **II.** *n* korrodierender Stoff

corrosively [kə'rəʊsɪvli, AM -'roʊ-] *adv* korrodierend; **to act ~ on sth** eine zersetzende Wirkung auf etw *akk* haben

corrugated ['kɒrəgeɪtɪd, AM 'kɔ:rəgeɪţ-] *adj inv* ❶ *(furrowed) iron, cardboard* gewellt ❷ BRIT *(rutted) road* zerfurcht, ausgefahren

corrugated cardboard *n no pl* Wellpappe *f* **corrugated iron** *n no pl* Wellblech *nt*

corrupt [kə'rʌpt] **I.** *adj* ❶ *(dishonest)* korrupt; *(bribable)* bestechlich; **~ morals** verdorbener Charakter; **~ practices** unehrenhafte Praktiken ❷ *(ruined) text, manuscript* entstellt; *file* unlesbar; *disk* kaputt **II.** *vt* ❶ *(debase ethically)* ■**to ~ sb** jdn korrumpieren; *(morally)* jdn [moralisch] verderben; **to ~ sb's morals** jds Charakter *m* verderben ❷ *(change)* **to ~ English/French** Englisch/Französisch entstellen; **to ~ a text/sb's work** einen Text/jds Arbeit *f* verfälschen ❸ *(influence by bribes)* ■**to ~ sb** jdn bestechen ❹ COMPUT *(spoil)* **to ~ a file** eine Datei ruinieren; **~ed file** fehlerhafte Datei

corruptible [kə'rʌptəbl] *adj* ❶ *(dishonest)* korrumpierbar; *(bribable)* bestechlich ❷ *(easily influenced) young people* charakterlich [noch] nicht gefestigt, labil

corruption [kə'rʌpʃən] *n* ❶ *no pl (action) of moral standards* Korruption *f; of a text* Entstellung *f; of computer file* Zerstörung *f* ❷ *no pl (dishonesty)* Unehrenhaftigkeit *f; (bribery)* Korruption *f*, Bestechung *f* ❸ LING *(changed form)* korrumpierte Form ❹ *(decay)* Zersetzung *f*, Fäulnis *f*

corruptly [kə'rʌptli] *adv* mit unehrlichen Mitteln; LAW durch Bestechung; *(wrongly altered)* fälschlicherweise; **to be ~ involved with sb/sth** zu jdm/etw in einer korrupten Verbindung stehen; ***he ~ accepted gifts*** er ließ sich mit Geschenken bestechen

corsage [kɔ:'sɑ:ʒ, AM kɔ:r'-] *n* ❶ *(flower pin)* Ansteckbukett *nt* ❷ *(bodice)* Mieder *nt*, Korsage *f*

corsair ['kɔ:seəʳ, AM 'kɔ:rser] *n* Korsar *m*

cors anglais [,kɔ:'rɒŋgleɪ, AM ,kɔ:rɑ:ŋ'-] *n pl of* **cor anglais**

corselet ['kɔ:slət, AM 'kɔ:r] *n* ❶ HIST *(piece of armour)* Brustpanzer *m* ❷ *see* **corset**

corset ['kɔ:sət, AM 'kɔ:r-] *n* ❶ *(undergarment)* Korsett *nt;* MED *(for bad back)* Stützkorsett *nt* ❷ *(fig: restriction)* Restriktion *f*

Corsica ['kɔ:sɪkə, AM 'kɔ:r-] *n* Korsika *nt*

Corsican ['kɔ:sɪkən, AM 'kɔ:r-] **I.** *adj inv* korsisch; **~ holiday** Urlaub *m* auf Korsika **II.** *n* ❶ *(person)* Korse, -in *m, f* ❷ *no pl (language)* Korsisch *nt*

cortege [kɔ:'teɪʒ, AM kɔ:r'teʒ] *n* Leichenzug *m*

cortex <*pl* -tices> ['kɔ:teks, *pl* -tɪsi:z, AM 'kɔ:r-, *pl* -ţɪsi:z] *n* Kortex *m fachspr*, Rinde *f;* **the cerebral/renal ~** die Hirn-/Nierenrinde

cortical ['kɔ:tɪkəl, AM 'kɔ:rţɪ] *adj inv* Rinden-, kortikal *fachspr*

cortices ['kɔ:tɪsi:z, AM 'kɔ:r-] *n pl of* **cortex**

cortisol ['kɔ:tɪsɒl, AM 'kɔ:rţəsɑ:l] *n no pl* Cortisol *nt*, Hydrocortison *nt*

cortisone ['kɔ:tɪzəʊn, AM 'kɔ:rţəzoʊn] *n no pl* Kortison *nt*

coruscant [kɒ'rʌskənt, AM kə'-] *adj (liter)* funkelnd *attr*

coruscate ['kɒrəskeɪt, AM 'kɔ:r-] *vi (liter) light* funkeln, glitzern; ***his speech ~d with wit*** *(fig)* seine Rede sprühte vor Witz

coruscating ['kɒrəskeɪtɪŋ, AM 'kɔ:rəskeɪţ-] *adj (liter)* glitzernd; **~ wit** *(fig)* sprühender Geist

corvette [kɔ:'vet, AM kɔ:r] *n* Korvette *f*

cos[1] *n* MATH *abbrev of* **cosine** cos.

cos[2] [kəz, kɒz] *conj* BRIT *short for* **because**

cos[3] [kɒs, kɒz] *n* BRIT, AUS Romagnasalat *m*, römischer Salat

Cosa Nostra [,kəʊzə'nɒstrə, AM ,koʊsə'noʊ-] *n* Cosa Nostra *f*

cosh [kɒʃ, AM kɑ:ʃ] *esp* BRIT **I.** *n (fam)* Totschläger *m* **II.** *vt (fam)* **to ~ sb [on** [*or* **over] the head]** jdm eins überziehen *fam*

co-signatory [,kəʊ'sɪgnətəri, AM ,koʊ'sɪgnətɔ:ri] *n* Mitunterzeichner(in) *m(f)*

cosily ['kəʊzɪli, AM 'koʊ-] *adv* gemütlich

cosine ['kəʊsaɪn, AM 'koʊ-] *n* MATH Kosinus *m*

cosiness ['kəʊzɪnəs, AM 'koʊ-] *n no pl* Gemütlichkeit *f*, Behaglichkeit *f; of relationship* Vertrautheit *f*

cos lettuce *n no pl esp* BRIT, AUS Romagnasalat *m*, römischer Salat

cosmetic [kɒz'metɪk, AM kɑ:z'meţ-] **I.** *n* ❶ *(lipstick, rouge)* Kosmetik *f* ❷ **~s** *pl* Kosmetika *ntpl*, Kosmetikartikel *mpl* **II.** *adj* ❶ *(of beauty)* Kosmetik-; **~ cream** kosmetische Creme, Kosmetikcreme *f* ❷ *(fig: superficial)* kosmetisch; **~ changes/improvements** kosmetische Veränderungen/Verbesserungen

cosmetically [kɒz'metɪkli, AM kɑ:z'meţ-] *adv* kosmetisch; **~ perfect** äußerlich perfekt

cosmetician [,kɒzmə'tɪʃən, AM ,kɑ:z-] *n* Kosmetiker(in) *m(f)*

cosmetic surgery *n no pl* kosmetische [*o* plastische] Chirurgie; **to have ~** sich *akk* einer Schönheitsoperation unterziehen

cosmic ['kɒzmɪk, AM 'kɑ:z-] *adj attr (of universe)* kosmisch; **~ dust** kosmischer Staub; *(large)* **of ~ proportions** [*or* **dimensions**] [*or* **scale**] von kosmischen Ausmaßen

cosmically ['kɒzmɪkli, AM 'kɑ:z-] *adv* kosmisch; ~

seen/speaking kosmisch betrachtet/gesehen

cosmogony <*pl* -ies> [kɒzˈmɒgəni, AM kɑːzˈmɑː-] *n* Kosmogonie *f*

cosmography [ˌkɒzˈmɒgrəfi, AM ˌkɑːzˈmɑːg-] *n no pl* Kosmographie *f*

cosmologic(al) [ˌkɒzməˈlɒdʒɪkəl, AM ˌkɑːzməˈlɑː-] *adj inv* kosmologisch

cosmologist [ˌkɒzˈmɒlədʒɪst, AM ˌkɑːzˈmɑːl-] *n* Kosmologe, -in *m, f*

cosmology [ˌkɒzˈmɒlədʒi, AM ˌkɑːzˈmɑːl-] *n no pl* Kosmologie *f*

cosmonaut [ˈkɒzmənɔːt, AM ˈkɑːzmənɑːt] *n* Kosmonaut(in) *m(f)*

cosmopolitan [ˌkɒzməˈpɒlɪtən, AM ˌkɑːzməˈpɑːlɪt̬ən] **I.** *adj* kosmopolitisch **II.** *n* Kosmopolit(in) *m(f)*

cosmos [ˈkɒzmɒs, AM ˈkɑːzmoʊs] *n no pl* Kosmos *m,* Weltall *nt*

Cossack [ˈkɒsæk, AM ˈkɑː-] **I.** *n* Kosak(in) *m(f)* **II.** *adj inv* Kosaken-

cosset <-tt-> [ˈkɒsɪt, AM ˈkɑː-] *vt* ■**to ~ sb** jdn umsorgen [*o* verwöhnen]; ■**to be ~ted** verwöhnt werden; (*pej*) verhätschelt werden

cossie [ˈkɒzi] *n* BRIT, AUS (*fam*) Badeanzug *m*

cost [kɒst, AM kɑːst] **I.** *vt* ① <cost, cost> (*amount to*) **to ~ £40/lots of money/nothing** 40 Pfund/viel Geld/nichts kosten; ***how much does it ~?*** wie viel kostet es?; ***it'll ~ you to have your roof mended*** das Ausbessern deines Daches wird dich ganz schön was kosten; ***it ~ him dear to apologize*** es fiel ihm schwer, sich zu entschuldigen; ***it doesn't ~ anything to ask*** fragen kostet nichts; **to ~ a bundle** viel kosten; **to ~ a small fortune** [*or* **an arm and a leg**] [*or* BRIT *also* **a packet**] ein kleines Vermögen [*o fam* eine Stange Geld] kosten ② <cost, cost> (*cause loss of*) ***drinking and driving ~s lives*** Trunkenheit am Steuer fordert Menschenleben; **to ~ sb his/her patience** jds Geduld *f* kosten; **to ~ [sb] time/energy** [jdn] viel Zeit/Energie kosten ③ <-ed, -ed> (*calculate price*) ■**to ~ sth [out]** etw [durch]kalkulieren **II.** *n* ① (*price*) Preis *m,* Kosten *pl* (**of** für +*akk*); ***this policy means that the ~ of goods will rise/fall again*** diese Politik bedeutet, dass die Kosten für Konsumgüter wieder steigen/fallen werden; **~s order** LAW Kostenentscheidung *f* [durch das Gericht]; **at no ~ to the state/consumers** ohne Kosten für den Staat/Verbraucher; **~ of borrowing** [*or* **money**] Kreditkosten *pl;* **~, insurance and freight** Kosten, Versicherung und Fracht; **fixed/taxed ~s** feststehende/festgesetzte Kosten; **at no extra ~** ohne Aufpreis; **at huge ~** für Unsummen; **to cover** [*or form* **defray**] **the ~ of sth** die Kosten von etw *dat* decken; **to cut the ~ of sth** den Preis von etw *dat* heruntersetzen; **to sell sth at ~** etw zum Selbstkostenpreis verkaufen ② (*fig: sacrifice*) Aufwand *m kein pl;* ***it may be less expensive but consider the ~ in time and effort*** es ist vielleicht günstiger, aber bedenke den Aufwand an Zeit und Bemühungen; **at the ~ of one's health** auf Kosten der Gesundheit; **at no ~ to the environment/quality** ohne Beeinträchtigung für die Umwelt/Qualität; **at all ~[s]** [*or* **at any ~**] [*or* **whatever the ~**] um jeden Preis, koste es, was es wolle; **at great personal ~** unter großen persönlichen Opfern; **to learn sth to one's ~** etw am eigenen Leib erfahren; **to know sth at one's ~** etw *akk* zu jds Leidwesen erfahren haben ③ ■**~s** *pl* Kosten *pl* (**of** für +*akk*); LAW Prozesskosten *pl;* **to cut ~s** die Kosten senken; **the ~s incurred** die entstandenen [*o* angefallenen] Kosten

cost analysis *n* COMM Kostanalyse *f*

co-star [ˌkəʊˈstɑːr, AM ˌkoʊˈstɑːr] **I.** *n* einer der Hauptdarsteller; **to be sb's ~** neben jdm die Hauptrolle spielen **II.** *vt* <-rr-> ■**to ~ sb** neben jdm die Hauptrolle spielen; ***the film ~s Paul Newman and Robert Redford*** der Film zeigt Paul Newman und Robert Redford in den Hauptrollen **III.** *vi* <-rr-> ■**to ~ with sb** an der Seite von jdm die Hauptrolle spielen **cost-benefit analysis** <*pl* -ses> *n* ECON Kosten-Nutzen-Analyse *f,* Kosten-Nutzen-Rechnung *f* **cost centre** *n* ECON Kostenstelle *f* **cost-conscious** *adj* kostenbewusst **cost-cutting** *adj attr* Kosten senkend, Kosten dämpfend; **a ~ exercise** ein Versuch *m,* Kosten zu senken; **~ programme** [*or* AM **program**] Sparprogramm *nt* **cost-effective** *adj* kostengünstig **cost-effectively** [ˌkɒstɪˈfektɪvli, AM ˌkɑːst] *adv* Kosten effektiv, Kosten sparend **cost-effectiveness** *n no pl* Rentabilität *f,* Kosteneffizienz *f*

coster [ˈkɒstər, AM ˈkɑːstɚ] *n,* **costermonger** [ˈkɒstəˌmʌŋər, AM ˈkɑːstɚˌmʌŋɚ] *n* BRIT (*dated*) Straßenhändler(in) *m(f)*

costing [ˈkɒstɪŋ, AM ˈkɑːst-] *n* ECON Kalkulation *f,* Kostenberechnung *f*

costing department *n* ECON Kostenbuchhaltung *f,* betriebliches Rechnungswesen

costive [ˈkɒstɪv, AM ˈkɑːst-] *adj* (*form*) verstopft

costliness [ˈkɒstlɪnəs, AM ˈkɑːst-] *n no pl of mistake* Kostspieligkeit *f; of machinery* hoher Kostenaufwand

costly [ˈkɒstli, AM ˈkɑːst-] *adj* kostspielig, teuer; **a ~ mistake** (*fig*) ein kostspieliger [*o* folgenschwerer] Fehler; **~ delays/setbacks** kostspielige Verzögerungen/Rückschläge; **to prove ~** sich *akk* als kostspielig herausstellen

cost of living *n no pl* Lebenshaltungskosten *pl* **cost-of-living** *adj attr, inv* **~ increase** Teuerungszulage *f* **cost-of-living index** *n* AM, AUS (*retail price index*) Lebenshaltungsindex *m* **cost-plus** *adj* **to calculate on a ~ basis** unter Einbeziehung einer Gewinnspanne kalkulieren **cost price** *n* Selbstkostenpreis *m;* **at ~** zum Selbstkostenpreis **cost-push** *adj* Kosten steigernd **cost-push inflation** *n no pl* Kostendruckinflation *f*

costume [ˈkɒstjuːm, AM ˈkɑːstuːm, -stjuːm] *n* ① (*national dress*) Tracht *f;* **historical ~** historisches Kostüm; **national ~** Landestracht *f;* **to dress in** [*or* **wear**] **~** Tracht tragen; **dressed in ~** in Tracht ② (*decorative dress*) Kostüm *nt;* **Halloween ~** Halloweenkostüm *nt;* **to wear a [clown/cowboy/witch] ~** [als Clown/Cowboy/Hexe] verkleidet sein

costume ball *n* Kostümball *m* **costume drama** *n* Kostümfilm *m* **costume jewellery,** AM **costume jewelry** *n no pl* Modeschmuck *m* **costume party** *n* AM Kostümfest *nt*

costumier [kɒsˈtjuːmiər, -ei, AM kɑːˈstuːmieɪ, -stjuː-] *n* ① (*costume hirer*) Kostümverleiher(in) *m(f)* ② (*for theatre*) Kostümier *m*

cosy [ˈkəʊzi, AM ˈkoʊ-] **I.** *adj* ① (*pleasant and comfortable*) gemütlich, behaglich, heimelig; (*nice and warm*) mollig warm; **~ atmosphere** heimelige Atmosphäre; **~ chat** gemütliche Plauderei; **a ~ relationship** eine traute Beziehung ② (*pej: convenient*) bequem *fig;* **to make a ~ arrangement** etw unter der Hand vereinbaren, mauscheln *fam;* **a ~ deal** ein Kuhhandel *m fam* **II.** *n* **tea/egg ~** Tee-/Eierwärmer *m* **III.** *vi* <-ie-> ■**to ~ up to sb/sth** ① (*snuggle up to*) sich *akk* an jdn/etw anschmiegen ② (*make deal with*) mit jdm/etw einen Kuhhandel machen *fam*

cot¹ *n* MATH *abbrev of* **cotangent** Kotangens *m*

cot² [kɒt, AM kɑːt] *n* ① BRIT (*baby's bed*) Kinderbett *nt* ② AM (*camp bed*) Feldbett *nt;* (*fold-out bed*) Klappbett *nt*

cotangent [ˌkəʊˈtændʒənt, AM ˌkoʊ-] *n* MATH Kotangens *m*

cot bumper *n* BRIT Polster *nt* (*für ein Kinderbett*) **cot death** *n* BRIT plötzlicher Kindstod

cote [kəʊt, AM koʊt] *n* ① *see* **dovecote** Taubenschlag *f* ② (*shelter for mammals*) Stall *m*

coterie [ˈkəʊtəri, AM ˈkoʊt̬ɚi] *n* Clique *f;* **a ~ of writers/intellectuals** ein Zirkel *m* von Schriftstellern/Intellektuellen

coterminous [ˌkəʊˈtɜːmɪnəs, AM ˌkoʊˈtɜːr-] *adj inv* ① (*sharing same border*) angrenzend; **to be ~ with a country** mit einem Land eine gemeinsame Grenze haben ② (*sharing time frame*) von gleicher Dauer

coterminously [ˌkəʊˈtɜːmɪnəsli, AM ˌkoʊˈtɜːr-] *adv inv* zeitgleich; **to run ~** gleichzeitig stattfinden

cottage [ˈkɒtɪdʒ, AM ˈkɑːt̬-] *n* ① (*small house*) Cottage *nt,* Hütte *f;* **country ~** Landhaus *nt;* **thatched ~** Landhaus mit Stroh-/Reetdach; (*additional house on property*) Gästehaus *nt* ② (*sl: for homosexuals*) Schwulentreff *m fam*

cottage cheese *n no pl* Hüttenkäse *m* **cottage industry** *n* BRIT Heimindustrie *f* **cottage loaf** *n esp* BRIT *runder Laib Brot* **cottage pie** *n* BRIT Fleisch-Kartoffel-Auflauf *m*

cottager [ˈkɒtɪdʒər, AM ˈkɑːt̬ɪdʒɚ] *n* Cottagebewohner(in) *m(f),* Bewohner(in) *m(f)* eines kleinen Ferienhauses

cottaging [ˈkɒtɪdʒɪŋ, AM ˈkɑːt̬-] *n no pl* (*sl*) *sexuelle Handlungen zwischen Männern in öffentlichen Toiletten*

cotter [ˈkɒtər, AM ˈkɑːt̬ɚ] *n,* **cotter pin** *n* Splint *m*

cotter pin [ˈkɒtə-, AM ˈkɑːt̬ɚ-] *n* Splint *m*

cotton [ˈkɒtən, AM ˈkɑː-] **I.** *n* ① (*plant*) Baumwolle *f* ② (*material*) Baumwolle *f;* **made of pure ~** aus reiner Baumwolle ③ (*thread*) Garn *nt;* **reel** [*or* AM **spool**] **of ~** Garnrolle *f* **II.** *n modifier* (*blouse, material, socks, sheets, trousers*) Baumwoll- **III.** *vi* ① (*fam: understand*) ■**to ~ on** kapieren *fam;* ■**to ~ on to sth** etw kapieren ② AM (*like*) ■**to ~ to sth/sb** mit etw/jdm sympathisieren

cotton ball *n* AM Wattebällchen *nt* **cotton batting** *n no pl* AM (*cotton wool*) Watte *f* **cotton bud** *n* BRIT Wattestäbchen *nt* **cotton candy** *n no pl* AM (*candy floss*) Zuckerwatte *f* **cotton gin** *n* AGR Entkörnungsmaschine *f* **cotton-grower** *n* Baumwollpflanzer(in) *m(f)* **cotton mill** *n* Baumwollspinnerei *f* **cotton mouth** *n* AM (*fam*) ausgetrockneter Mund; **to have ~** einen ausgetrockneten Mund haben **cotton pads** *npl* AM (*cotton wool pads*) Wattebäusche *mpl* **cotton-picking I.** *n no pl* Baumwollpflücken *nt* **II.** *adj attr, inv* AM verflucht *sl* **cotton print** *n* bedruckter Baumwollstoff **cotton seed** *n* Baumwollsamen *m* **cotton seed oil** *n no pl* Baumwollsamenöl *nt* **Cotton States** *npl* AM GEOG ■**the ~** die Baumwollstaaten **cotton swab** *n* AM (*cotton bud*) Wattestäbchen *nt* **cotton tail** *n* AM (*fam*) Kaninchen *nt,* Karnickel *nt fam* **cotton wool** *n no pl* ① BRIT Watte *f* ② AM (*from raw cotton*) [Roh]baumwolle *f* ▸ PHRASES: **to wrap sb in ~** BRIT jdn in Watte packen **cotton wool pads** *npl* BRIT, AUS Wattebäusche *mpl*

cottony [ˈkɒtəni, AM ˈkɑː-] *adj* baumwollartig

couch¹ [kaʊtʃ] **I.** *n* <*pl* -es> Couch *f,* Sofa *nt;* **psychiatrist's ~** Psychologencouch *f;* **to be on the ~** (*fig*) in Therapie sein **II.** *vt* ■**to ~ sth** etw formulieren; ***this form is all ~ed in legal terminology*** dieses Formular besteht nur aus juristischen Formulierungen; ***he ~ed his criticism in tactful phrases*** er fasste seine Kritik in taktvolle Sätze

couch² [kuːtʃ, kaʊtʃ] *n no pl* (*grass*) Schnürgras *nt*

couchette [kuːˈʃet] *n* BRIT RAIL Liege *f* (*in einem Schlafwagen*)

couch grass *n no pl* Schnürgras *nt* **couch potato** *n* (*fam*) Couchpotato *f,* Fernsehglotzer(in) *m(f)*

cougar [ˈkuːgər, AM -ɚ] *n esp* AM Puma *m*

cough [kɒf, AM kɑːf] **I.** *n* Husten *m;* **a bad** [*or* **nasty**] **~** ein schlimmer Husten; **chesty** [*or* **hacking**] **~** tief sitzender Husten; **to give a ~** (*as warning*) hüsteln; **to have a ~** einen Husten haben; **to have smoker's ~** Raucherhusten haben **II.** *vi* ① *person* husten, sich *akk* räuspern ② *motor* stottern ③ *esp* BRIT (*fam: reveal information*) singen *fam* **III.** *vt* **to ~ blood** Blut husten

◆**cough up I.** *vt* ① (*bring up*) **to ~ up** ◌ **blood/phlegm** Blut/Schleim husten ② (*fam: pay reluctantly*) **to ~ up money** Geld herausrücken *fam;* ***you owe me money so come on, ~ it up!*** du schuldest mir Geld, also komm rüber damit! **II.** *vi* (*fam: pay*) Geld herausrücken *fam;* (*give back*) [wieder] herausrücken, zurückgeben; BRIT (*admit*) [mit der Wahrheit] herausrücken

cough drop *n* Hustenpastille *f,* Hustenbonbon *nt* **coughing fit** *n* Hustenanfall *m* **cough medicine** *n no pl,* **cough mixture** *n* BRIT Hustensaft *m* **cough sweet** *n* BRIT Hustenbonbon *nt* **cough syrup** *n no pl* Hustensaft *m*

could [kʊd, kəd] *pt, subjunctive of* **can**

couldn't [ˈkʊdənt] = **could not** *see* **can**

coulis <*pl* -> ['ku:li] *n* Fruchtsoße *f;* **with/on raspberry ~** mit/auf Himbeersoße
coulisse [ku:'li:s] *n* THEAT Kulisse *f*
coulomb ['ku:lɒm, AM -lɑ:m] *n* ELEC Coulomb *nt*
council ['kaʊn(t)sᵊl] *n* ❶ + *sing/pl vb* ADMIN Rat *m;* **borough ~** Gemeinderat *m;* **local/town/city ~** Gemeinde-/Stadtrat *m;* **Security C~** Sicherheitsrat *m;* **the United Nations Security C~** der Sicherheitsrat der Vereinten Nationen; **to be on the local ~** im Gemeinderat sitzen, Gemeinderatsmitglied sein ❷ (*meeting*) Rat *m;* **to hold ~** sich *akk* beraten, Rat halten ❸ LAW (*legislation*) **Order in C~** königlicher Erlass
council estate *n* BRIT Siedlung *f* mit Sozialwohnungen **council flat** *n* BRIT, **council house** *n* BRIT Sozialwohnung *f* **council housing** *n no pl* BRIT sozialer Wohnungsbau
councillor ['kaʊn(t)sᵊlər], AM **councilor** [-ɚ] *n* Ratsmitglied *nt;* **town ~** Stadtrat, Stadträtin *m, f*
councilman *n* AM Ratsmitglied *nt;* **town ~** Stadtrat *m* **council meeting** *n* Ratsversammlung *f* **Council of Europe** *n* Europarat *m* **Council of Ministers** *n* EU Ministerrat *m* **council of war** *n* Kriegsrat *m;* (*fig*) **to hold a ~** Kriegsrat halten
councilor *n* AM *see* **councillor**
council tax *n no pl* BRIT Gemeindesteuer *f*
councilwoman *n* AM Ratsmitglied *nt;* **town ~** Stadträtin *f*
counsel ['kaʊn(t)sᵊl] **I.** *vt* <BRIT -ll- *or* AM *usu* -l-> ❶ (*advise*) **to ~ caution/promptness** Vorsicht/Promptheit empfehlen; ■**to ~ sb about** [*or* **on**] **sth** jdn bei etw *dat* beraten; ■**to ~ sb against sth** jdm von etw *dat* abraten; (*be in therapy*) **to be ~ed for depression/drug addiction** wegen Depression/Drogenabhängigkeit in Behandlung sein ❷ (*form: promote*) ■**to ~ sth** zu etw *dat* raten **II.** *n* ❶ *no pl* (*form: advice*) Rat[schlag] *m;* **to take ~ from sb** von jdm einen Rat annehmen ❷ (*lawyer*) Anwalt, Anwältin *m, f;* **~'s advice** [*or* **opinion**] Rechtsgutachten *nt* [eines Barristers]; **Queen's C~** Kronanwalt *m;* **~ for the defence** Verteidiger(in) *m(f);* **leading ~** führender Anwalt [unter mehreren Vertretern der jeweiligen Partei] ► PHRASES: **to keep one's own ~** seine Meinung für sich *akk* behalten
counseling AM, **counselling** ['kaʊn(t)sᵊlɪŋ] **I.** *n no pl* psychologische Betreuung; **to be in ~** in Therapie sein **II.** *adj attr, inv* Beratungs-; **~ service** Beratungsdienst *m;* **to offer a ~ service to sb** jdn psychologisch betreuen
counsellor ['kaʊn(t)sᵊlər], AM **counselor** [-ɚ] *n* ❶ (*advisor*) Berater(in) *m(f);* **debt/financial ~** Schulden-/Finanzberater(in) *m(f);* **marriage** [**guidance**] **~** Eheberater(in) *m(f);* **guidance ~** AM (*for career*) Berufsberater(in) *m(f)* (*in der Schule*); (*for problems*) psychologischer Betreuer/psychologische Betreuerin ❷ AM (*lawyer*) Anwalt, Anwältin *m, f*
count¹ [kaʊnt] *n* Graf *m*
count² [kaʊnt] **I.** *n* ❶ (*totalling up*) Zählung *f;* POL Auszählung *f;* **to keep ~ of sth** etw genau zählen; **to lose ~** beim Zählen durcheinanderkommen; (*fig*) den Überblick verlieren; **on the ~ of three/four/ten** bei drei/vier/zehn ❷ (*measured amount*) [An]zahl *f,* Ergebnis *nt;* SPORTS Punktestand *m;* **final ~** Endstand *m* ❸ (*consideration*) Berücksichtigung *f;* **to take** [**no**] **~ of sth** etw [nicht] berücksichtigen ❹ LAW Anklagepunkt *m;* **to be found guilty on two ~s of murder** des zweifachen Mordes für schuldig befunden werden; **to be found guilty on the first ~** [*or* **all ~s**] im ersten Anklagepunkt [*o* in allen [Anklage]punkten] für schuldig befunden werden ❺ (*point*) Punkt *m;* (*reason*) Grund *m;* **to agree with sb on all ~s** mit jdm in allen Punkten übereinstimmen; **to be angry with sb on several ~s** auf jdn aus mehreren Gründen zornig sein; **to fail on a number of ~s** in einer Reihe von Punkten versagen ► PHRASES: **to be out for the ~** BOXING ausgezählt werden; (*fig*) k.o. sein *fam* **II.** *vt* ❶ (*number*) ■**to ~ sth** etw zählen; ***there'll be eight for dinner ~ing ourselves*** uns mitgerechnet sind wir acht zum Abendessen; ***I could ~ the number of times he's been on time on the fingers of one hand*** ich könnte die paar Mal, die er pünktlich war, an den Fingern einer Hand abzählen; **to ~ one's change** sein Wechselgeld nachzählen; **to ~ heads** [*or* AM *also* **noses**] abzählen; ■**to ~ sb/sth among sth** jdn/etw zu etw *dat* zählen; ECON, FIN (*include*) etw [mit]rechnen [*o* [mit]zählen] ❷ (*consider*) **to ~ sb as a friend** jdn als Freund betrachten [*o* zu seinen Freunden zählen]; **to ~ sth a success/failure** etw als Erfolg/Misserfolg verbuchen; **to ~ oneself lucky** [*or* **fortunate**] sich *akk* glücklich schätzen; **to ~ oneself unhappy** [*or* **unfortunate**] sich *akk* für unglücklich halten; ■**to ~ sth against sb** jdm etw verübeln ► PHRASES: **to ~ one's blessings** dankbar sein; **don't ~ your chickens before they're hatched** (*prov*) man soll den Tag nicht vor dem Abend loben *prov;* **to ~ the cost**[**s**] [**of sth**] (*consider effects*) die Folgen [einer S. *gen*] bedenken; (*suffer*) [etw] bereuen **III.** *vi* ❶ (*number*) zählen ❷ (*be considered*) ***that has always ~ed among my favourite operas*** das hat schon immer zu meinen Lieblingsopern gezählt; ■**to ~ against sb** gegen jdn sprechen; ■**to be ~ed as sth** als etw gelten ❸ (*be of value*) zählen, wichtig sein; ***that's what ~s*** darauf kommt es an; ***this essay will count towards your final degree*** dieser Aufsatz geht in die Berechnung Ihrer Endnote ein; ■**to not ~** nicht zählen; ***his opinion doesn't ~ for anything here*** seine Meinung zählt hier nicht
◆**count down** *vi* rückwärts bis Null zählen; AEROSP den Countdown durchführen
◆**count in** *vt* ■**to ~ sb in** jdn mitrechnen; ***~ me in*** ich bin dabei
◆**count off** *vi* AM abzählen
◆**count on** *vi* ❶ (*depend on*) ■**to ~ on sb/sth** auf jdn/etw zählen; ■**to ~ on sb doing sth** [*or* **on sb to do sth**] sich *akk* darauf verlassen, dass jd etw tut ❷ (*reckon with*) ***I'm ~ing on getting away for a few days next week*** ich hoffe schwer, dass ich mir nächste Woche ein paar Tage freinehmen kann *fam;* ■**to ~ on sb doing sth** davon ausgehen, dass jd etw tut; ■**sb did not ~ on ...** jd hat nicht damit gerechnet, dass ...; ***I didn't ~ on it raining*** ich hätte nicht gedacht, dass es regnen würde
◆**count out I.** *vi* ❶ BRIT (*number off aloud*) abzählen ❷ (*in games*) auszählen **II.** *vt* (*fam*) ■**to ~ sb out** jdn nicht einplanen; ***~ me out!*** ohne mich!; ***who wants to come swimming tomorrow? — ~ me out*** wer hat Lust, morgen mit schwimmen zu gehen? – ich nicht
◆**count up I.** *vt* ■**to ~ sth** ⊃ **up** etw zusammenzählen **II.** *vi* **to ~ up to three/ten** bis drei/zehn zählen
◆**count upon** *vt* (*usu form*) *see* **count on**
countable ['kaʊntəbl, AM -t̬ə-] *adj* LING zählbar
countable noun *n* LING zählbares Substantiv
countdown ['kaʊntdaʊn] *n* Countdown *m* (**to** +*gen*)
countenance ['kaʊntᵊnən(t)s] **I.** *n* ❶ (*form, liter: face*) Angesicht *nt,* Antlitz *nt;* (*form: facial expression*) Gesichtsausdruck *m,* Gesichtszüge *mpl;* **to be of noble ~** edle Gesichtszüge haben ❷ (*approval*) Unterstützung *f;* **to give** [*or* **lend**] **~ to sth** (*form*) etw unterstützen ❸ *no pl* (*composure*) Haltung *f;* **to keep one's ~** (*form*) die Haltung bewahren; **to keep sb in ~** jdn beruhigen; **to be out of ~** fassungslos sein; **to put sb out of ~** jdn aus der Fassung bringen **II.** *vt* (*form*) ■**to ~ sth** etw gutheißen; ■**to not ~ sth** etw nicht dulden [*o geh* billigen]
counter ['kaʊntər, AM -t̬ɚ] **I.** *n* ❶ (*service point*) Theke *f;* (*in shop*) [Laden]theke *f,* Ladentisch *m;* (*in bar, restaurant*) Theke *f;* (*in bank, post office*) Schalter *m;* [**kitchen**] **~** AM (*worktop*) [Küchen]arbeitsplatte *f;* **bargaining ~** Verhandlungsbasis *f;* **over the ~** rezeptfrei; **over-the-~ market** STOCKEX Freiverkehr[smarkt] *m* (*für nicht im offiziellen Börsenhandel zugelassene Aktien*)*;* **under the ~** (*fig*) unterm Ladentisch ❷ (*person who counts*) Zähler(in) *m(f);* (*machine that counts*) Zählwerk *nt* ❸ (*disc*) Spielmarke *f* ❹ (*factor*) Zähler *m* **II.** *vt* **to ~ sb's arguments** jds Argumenten *ntpl* widersprechen; **to ~ sb's instructions/orders** jds Instruktionen *fpl*/Befehle *mpl* aufheben; **to ~ a loss/death/divorce** einen Verlust/Tod/eine Scheidung wettmachen [*o* ausgleichen] **III.** *vi* (*oppose*) **to ~ with sth** mit etw *dat* kontern; SPORTS (*react by scoring*) kontern **IV.** *adv inv* entgegen; **to act ~ to sth** etw *dat* zuwiderhandeln; **to run ~ to sth** etw *dat* zuwiderlaufen
counteract *vt* ■**to ~ sth** etw *dat* entgegenwirken; **to ~ a disease** eine Krankheit bekämpfen; **to ~ poison/a drug** Gift/eine Droge neutralisieren
counteraction [ˌkaʊntərˈækʃᵊn, AM t̬ɚˈ] *n no pl* Gegenwirkung *f* **counteractive** *adj* ❶ (*working against*) kontraproduktiv, entgegenwirkend *attr* ❷ (*neutralizing*) *to a drug, poison* neutralisierend *attr* **counterargument** *n* Gegenargument *nt* **counterattack I.** *n* Gegenangriff *m* **II.** *vt* ■**to ~ sb** jdn im Gegenzug angreifen **III.** *vi* zurückschlagen; SPORTS kontern **counterattraction** *n* konkurrierendes Freizeitangebot; ***video rental is now a major ~ to cinema-going*** Videoverleih ist heutzutage eine Hauptkonkurrenz zum Kino
counterbalance I. *n* ['kaʊntəˌbælən(t)s, AM -t̬ɚ,-] Gegengewicht *nt;* (*fig*) **to be a ~** ausgleichend wirken **II.** *vt* [ˌkaʊntəˈbælən(t)s, AM -t̬ɚˈ-] ■**to ~ sth** etw ausgleichen; (*fig*) ein Gegengewicht zu etw *dat* darstellen **counterblast** *n* (*liter*) Gegenschlag *m* (**to** gegen +*akk*) **countercharge I.** *n* LAW Gegenklage *f* **II.** *vt* LAW ■**to ~ sth** gegen etw *akk* Gegenklage erheben **countercheck I.** *n* ❶ (*restraint*) Hemmnis *nt,* Sperre *f;* **to put a ~ on sth** (*fig*) etw begrenzen ❷ (*second check*) Gegenprüfung *f* **II.** *vt* ■**to ~ sth** etw gegenprüfen **counterclaim** ['kaʊntəkleɪm, AM t̬ɚ] LAW **I.** *n* ❶ (*against plaintiff*) Widerklage *f* ❷ (*for damages*) Gegenanspruch *n,* Gegenforderung *f* **II.** *vi* eine Gegenforderung erheben; ■**to ~ that ...** dagegenhalten, dass ... **counterclockwise** *adj inv* AM (*anticlockwise*) linksläufig, gegen den Uhrzeigersinn **counterculture** *n* Gegenkultur *f* **counter-espionage** *n no pl* Spionageabwehr *f,* Gegenspionage *f* **counter-espionage service** *n* Spionageabwehrdienst *m*
counterfeit ['kaʊntəfɪt, AM -t̬ɚ-] **I.** *adj inv* gefälscht, nachgemacht; **~ money** Falschgeld *nt* **II.** *vt* **to ~ money/a signature/a passport** Geld/eine Unterschift/einen Pass fälschen [*o* nachmachen]; (*fig*) **to ~ pleasure/satisfaction/surprise/terror** Freude/Zufriedenheit/Überraschung/Angst vortäuschen **III.** *n* Fälschung *f*
counterfeiter ['kaʊntəfɪtər, AM -t̬ɚfɪt̬ɚ] *n* Fälscher(in) *m(f);* **~ of money** Falschmünzer(in) *m(f)*
counterfeiting *n* LAW Fälschung *f*
counterfoil *n* BRIT FIN [Kontroll]abschnitt *m,* Coupon *m* **counter-insurgency** *n Maßnahmen zur Bekämpfung aufständischer Gruppen* **counter-intelligence** *n* Spionageabwehr *f* **counter-intuitive** *adj* gegen die [eigene] Intuition
counter lunch *n* AM Imbiss *m*
countermand [ˌkaʊntəˈmɑ:nd, AM -t̬ɚˈmænd] *vt* ■**to ~ sth** etw rückgängig machen; ■**to ~ sb** jdm widersprechen; MIL **to ~ an order** einen Befehl widerrufen [*o* aufheben] **countermeasure** *n* Gegenmaßnahme *f* **counteroffensive** *n* Gegenoffensive *f,* Gegenangriff *m a. fig* **counter-offer** *n* Gegenangebot *nt* **counterpane** *n* Tagesdecke *f* **counterpart** *n* ❶ (*equivalent*) Gegenüber *nt;* (*complement*) Gegenstück *nt,* Pendant *nt;* POL Amtskollege, -in *m, f;* (*in management*) Gegenspieler(in) *m(f)* ❷ LAW (*copy*) Kopie *f* [*o* Duplikat *nt*] [einer Originalurkunde] **counterpoint** *n* MUS Kontrapunkt *m* **counterpoise** (*form*) **I.** *n* Gegengewicht *nt;* (*fig*) **to be a ~** ausgleichend wirken **II.** *vt* ■**to ~ sth** etw ausgleichen; (*fig*) ein Gegengewicht zu etw *dat* darstellen **counterproductive** *adj* kontraproduktiv; **to prove ~** sich *akk* als kontraproduktiv erweisen **counter-promise** *n* LAW Gegenversprechen *nt* **counterpurchase** *n* ECON, FIN Kompensationsgeschäft *nt* **counter-reformation** *n,* **Counter-Reformation** *n* REL ■**the ~** die Gegenreformation **counter-revolution** *n* Gegenrevolution *f;* **to stage a ~** eine Gegenrevolution inszenieren

C

[ˌkaʊntərevəˈluːʃənəri, AM ˌkaʊnt̬ərevəˈluːʃəneri] I. *adj inv* konterrevolutionär II. *n* <*pl* -ies> Konterrevolutionär(in) *m(f)* **countersign** *vt* **to ~ a will/cheque** [*or* AM **check**]/**document** ein Testament/einen Scheck/ein Dokument gegenzeichnen **countersignature** *n* Gegenunterschrift *f* **countersink** <-sank, -sunk> *vt usu passive* ■**to ~ sth** [**in sth**] *screw* etw [in etw *akk*] versenken **countersunk** *pp of* countersink **countertenor** *n* hoher Tenor **counter-terrorism** *n no pl* Terrorismusbekämpfung *f* **countertrade** *n no pl* ECON, FIN Gegengeschäfte *pl*

countervailing [ˌkaʊntəˈveɪlɪŋ, AM -t̬ɚˈ-] *adj attr, inv* ausgleichend **countervailing credit** *n* FIN Gegenakkreditiv *nt* **countervailing duty** *n* (*extra import duty*) Grenzausgleichabgabe *f*

counterweight *n* Gegengewicht *nt*

countess <*pl* -es> [ˈkaʊntɪs, AM -t̬ɪs] *n* Gräfin *f*

counting house [ˈkaʊntɪŋhaʊs] *n* HIST Kontor *nt* **counting perforator** *n* TYPO Zählperforator *m*

countless [ˈkaʊntləs] *adj inv* zahllos, unzählig

countrified [ˈkʌntrɪfaɪd] *adj* ❶ (*rural*) ländlich; (*rural-looking*) rustikal; **~ area** ländliche Gegend ❷ (*pej: artificially rural*) auf rustikal gemacht ❸ (*pej: unsophisticated*) bäurisch; ***he is rather ~ in his ways*** er ist ein ziemlicher Bauer

country [ˈkʌntri] I. *n* ❶ (*nation*) Land *nt;* **~ of destination** Bestimmungsland *nt;* **the east/west of the ~** der Osten/Westen des Landes; **~ of origin** Herkunftsland *nt;* **native ~** Heimat *f,* Heimatland *nt;* **to die for one's ~** fürs Vaterland sterben ❷ *no pl* (*population*) ■**the ~** das Volk; **the whole ~** das ganze Land; **to go to the ~** BRIT POL Neuwahlen ausschreiben ❸ *no pl* (*rural areas*) ■**the ~** das Land; **town and ~** Stadt und Land; ■**in the ~** auf dem Land; **a weekend in the ~** ein Wochenende *m* auf dem Land ❹ *no pl* (*land*) Land *nt,* Gebiet *nt;* **marshy ~** Sumpfgebiet *nt;* **open ~** freies Land; **rough ~** urwüchsige Landschaft; **the undiscovered ~** LIT das Reich des Todes *geh;* **across ~** (*not on roads*) querfeldein; (*avoiding towns*) über Land ❺ *no pl* (*music*) Countrymusik *f* II. *n modifier* ❶ (*rural*) (*cottage, lane*) Land-; (*customs, ways*) ländlich; **~ life** Landleben *nt;* **~ village** bäuerliches Dorf ❷ MUS (*record, singer*) volkstümlich; **~ music** Countrymusik *f*

country and western *n no pl* Country- und Westernmusik *f* **country broker** *n* ECON, FIN Broker(in) *m(f)* außerhalb der Finanzmetropole **country bumpkin** *n* Bauerntölpel *m pej;* (*woman*) Bauerntrampel *m pej fam* **country club** *n* Country Club *m* (*nobler Club*) **country code** *n* BRIT ■**the ~** Verhaltensregeln *fpl* zum Schutz der Natur **country dance** *n* BRIT [englischer] Volkstanz **country folk** *npl* Landbevölkerung *f* **country house** *n* Landhaus *nt* **countryman** *n* ❶ (*of same nationality*) **fellow ~** Landsmann *m;* **countrymen and women** Landsleute *pl* ❷ (*from rural area*) Landbewohner *m* **country retreat** *n* Ferienhaus *nt* auf dem Land **country road** *n* Landstraße *f* **country seat** *n* Landsitz *m* **countryside** *n no pl* Land *nt;* (*scenery*) Landschaft *f;* **to live in the ~** auf dem Land leben **countrywide** *inv* I. *adj* landesweit II. *adv* im ganzen Land, über das ganze Land verteilt **countrywoman** *n* ❶ (*of same nationality*) **fellow ~** Landsmännin *f* ❷ (*from rural area*) Landbewohnerin *f*

county [ˈkaʊnti, AM -t̬-] I. *n* ❶ BRIT Grafschaft *f;* **C~ Antrim** die Grafschaft Antrim ❷ AM [Verwaltungs]bezirk *m* II. *adj inv* BRIT (*pej*) der Landschickeria zugehörig *pej; accent, behaviour* vornehm

county borough *n* BRIT (*hist*) *Stadtbezirk mit grafschaftlichen Rechten* **county commissioner** *n* Gemeindeaufsichtsbeamte(r) *f(m)*/Gemeindeaufsichtsbeamtin *f* **county council** *n + sing/pl vb* BRIT Grafschaftsrat *m,* Bezirksverwaltung *m* **county councillor** *n* BRIT Mitglied *nt* des Grafschaftsrats **county court** *n + sing/pl vb* ≈ Amtsgericht *nt;* BRIT Grafschaftsgericht *nt;* **C~ Court Rules** Richtlinien eines Grafschaftsgerichts **county library** *n* Bezirksbibliothek *f;* BRIT Grafschaftsbibliothek *f* **county seat** *n* AM Bezirkshauptstadt *f* **county town** *n* BRIT Hauptstadt *f* einer Grafschaft

coup [kuː] *n* ❶ (*unexpected achievement*) Coup *m,* Schlag *m;* **to bring** [*or* **pull**] **off a ~** einen Coup landen ❷ POL Staatsstreich *m*

coup de foudre <*pl* coups de foudre> [ˌkuːdəˈfuːdr(ə)] *n* ❶ (*unforeseen event*) überraschendes Ereignis ❷ (*love at first sight*) Liebe *f* auf den ersten Blick **coup de grâce** <*pl* coups de grâce> [ˌkuːdəˈɡrɑːs] *n* Gnadenstoß *m;* **to give sb/sth/an animal the ~** jdm/etw/einem Tier den Gnadenstoß versetzen; ■**to be the ~ for sb/sth** (*fig*) jdm/etw den Rest geben *fam* **coup d'état** <*pl* coups d'état> [ˌkuːdeɪˈtɑː] *n* Staatsstreich *m;* **to launch a ~** einen Staatsstreich durchführen

coupé [ˈkuːpeɪ, AM kuːˈpeɪ] *n* Coupé *nt*

couple [ˈkʌpl] I. *n* ❶ *no pl* (*a few*) ■**a ~ of …** einige …, ein paar …; ***I've only had a ~ of drinks*** ich habe nur wenig getrunken; **every ~ of days** alle paar Tage; **for the last ~ of days** in den letzten Tagen; **in a ~ more minutes** in wenigen Minuten; **the next ~ of minutes** die nächsten Minuten; [**over**] **the past ~ of months** in den letzten Monaten, während der letzten Monate; **the first ~ of weeks** die ersten Wochen; **another ~ of …** noch ein paar … ❷ + *sing/pl vb* (*two people*) Paar *nt;* **childless ~** kinderloses Paar; **courting** [*or* AM **dating**] **~** Liebespaar *nt;* **an elderly/a young ~** ein älteres/junges Paar; **to make a lovely ~** ein hübsches Paar abgeben; **a** [**newly**] **married ~** ein [frisch vermähltes] Paar; **same-sex ~** homosexuelles Paar II. *vt* ❶ RAIL (*join*) **to ~ a car** [**to sth**] einen Waggon [an etw *akk*] kuppeln ❷ *usu passive* (*put together*) ■**to be ~d with sth** mit etw *dat* verbunden sein III. *vi* (*old*) Geschlechtsverkehr haben

coupler [ˈkʌpləʳ, AM lɚ] *n* ❶ (*sth that connects two things*) Koppler *m* ❷ MUS *see* **acoustic coupler** Koppel *f*

couplet [ˈkʌplət] *n* Verspaar *nt;* **rhyming ~** Reimpaar *nt*

coupling [ˈkʌplɪŋ] *n* ❶ RAIL (*linking device*) Kupplung *f* ❷ (*linking*) Verknüpfung *f,* Verbindung *f* ❸ *no pl* (*old: sexual intercourse*) Geschlechtsverkehr *m*

coupon [ˈkuːpɒn, AM -pɑːn] *n* ❶ (*voucher*) Bon *m,* Coupon *m,* Gutschein *m* ❷ BRIT (*for basic items*) Bezugsschein *m,* Wertmarke *f* ❸ (*return slip*) Rücksendeabschnitt *m* ❹ BRIT SPORTS (*entry form*) Wettschein *m;* FBALL Tippschein *m;* **football/pools ~** Totoschein *m* ❺ ECON, FIN Zinsschein *m*

coupon security *n* AM Rentenwerte *pl*

coupon sheet *n* FIN Kuponbogen *m,* Zinsbogen *m*

courage [ˈkʌrɪdʒ, AM *also* ˈkɜːr-] *n no pl* Mut *m,* Tapferkeit *f,* Courage *f;* **to have the ~ of one's convictions** für seine Überzeugungen eintreten, Zivilcourage haben; **to lack the ~ of one's convictions** keine Zivilcourage haben; **to show great ~** großen Mut beweisen; ■**to have the ~ to do sth** den Mut haben, etw zu tun; **to take** [*or* **summon up**] [*or* BRIT *also* **pluck up**] [**the**] **~ to do sth** seinen Mut zusammennehmen, um etw zu tun ▶ PHRASES: **to take one's ~ in both <u>hands</u>** seinen ganzen Mut zusammennehmen; **to get some <u>Dutch</u> ~** sich *dat* Mut antrinken

courageous [kəˈreɪdʒəs] *adj* mutig, tapfer

courageously [kəˈreɪdʒəsli] *adv* mutig, tapfer

courgette [kɔːˈʒet, AM kʊrˈ-] *n esp* BRIT (*small marrow*) Zucchino *m*

courier [ˈkʊriəʳ, AM -ɚ] *n* ❶ (*delivery person*) Kurier(in) *m(f),* Bote, -in *m, f,* Zusteller(in) *m(f);* **bike/motorcycle ~** Fahrrad-/Motorradbote, -in *m, f* ❷ (*tour guide*) Reiseführer(in) *m(f)*

courier service *n* Botendienst *m,* Kurierdienst *m*

course [kɔːs, AM kɔːrs] I. *n* ❶ (*of aircraft, ship*) Kurs *m;* **to change ~** den Kurs ändern; **to keep** [*or* **maintain**] **one's ~** seinen Kurs beibehalten; (*fig*) seiner Richtung treu bleiben; **to set** [**a**] **~ for Singapore** auf Singapur zusteuern; **to steer a ~** (*also fig*) einen Kurs steuern *a. fig;* **to steer a ~ between the islands** zwischen den Inseln durchsteuern; ***they are steering a middle ~ between communism and capitalism*** sie verfolgen einen gemäßigten Kurs zwischen Kommunismus und Kapitalismus; **to be off ~** nicht auf Kurs sein; (*fig*) aus der Bahn geraten sein; **to be driven off ~** [vom Kurs] abgetrieben werden; (*fig*) von seinen Plänen abgebracht werden; **to be on ~** auf Kurs sein; (*fig*) auf dem richtigen Weg sein; ***we're on ~ to finish the job by the end of the week*** wenn alles so weiterläuft, sind wir bis Ende der Woche mit der Arbeit fertig; ***they are on ~ for a resounding victory*** sie sind auf dem Weg zu einem haushohen Sieg ❷ (*of road*) Verlauf *m;* (*of river*) Lauf *m;* **to follow a straight/winding ~** gerade/kurvig verlaufen; **to change ~** einen anderen Verlauf nehmen ❸ (*way of acting*) **~** [**of action**] Vorgehen *nt;* ***of the three ~s open to us this seems most likely to lead to success*** von den drei Wegen, die uns offen stehen, scheint dieser am ehesten zum Erfolg zu führen; ***if they raise their prices we shall have to follow the same ~*** wenn sie ihre Preise erhöhen, werden wir das Gleiche tun müssen; **the best/wisest ~** das Beste/Vernünftigste; ***your best ~ would be to wait a week and then phone her again*** das Beste wäre, du würdest eine Woche warten und sie dann wieder anrufen ❹ (*development*) Verlauf *m;* **to change the ~ of history** den Lauf der Geschichte ändern; **to pervert the ~ of justice** den Lauf der Gerechtigkeit beeinflussen ❺ **in the ~ of sth** (*during*) im Verlauf [*o* während] einer S. *gen;* ***in the course of his speech*** in seiner Rede; **in the ~ of the next three or four weeks** in den nächsten drei bis vier Wochen; **in the normal** [*or* **ordinary**] **~ of events** normalerweise; **in the ~ of time** im Lauf[e] der Zeit ❻ **of ~** (*certainly*) natürlich; **of ~ not** natürlich nicht ❼ (*series of classes*) Kurs *m;* **cookery** [*or* **cooking**] **~** Kochkurs *m;* **retraining ~** Umschulungskurs *m;* **to do** [*or* **take**] **a ~** [**in sth**] einen Kurs [für etw *akk*] besuchen; **to go on a ~** BRIT einen Kurs besuchen; **to go away on a training ~** einen Lehrgang machen ❽ MED **~** [**of treatment**] Behandlung *f;* **~ of iron tablets** Eisenkur *f;* **a ~ of physiotherapy** [*or* AM *usu* **physical therapy**] eine physiotherapeutische Behandlung; **to put sb on a ~ of sth** jdn mit etw *dat* behandeln ❾ SPORTS Bahn *f,* Strecke *f;* **golf ~** Golfplatz *m;* **obstacle ~** Hindernisparcour *m* ❿ (*part of meal*) Gang *m;* **the fish/meat ~** der Fisch-/Fleischgang ⓫ (*layer*) Schicht *f,* Lage *f;* **damp-proof ~** Feuchtigkeitsdämmschicht *f* ▶ PHRASES: **to be <u>par</u> for the ~** normal sein; **in <u>due</u> ~** zu gegebener Zeit; **to <u>stay</u> the ~** [bis zum Ende] durchhalten; **to <u>take</u>** [*or* **run**] **its ~** seinen Weg gehen; **to let nature take its ~** nicht in die Natur eingreifen II. *vt* HUNT **to ~ game** Wild hetzen III. *vi* ❶ (*flow*) strömen, fließen; ***tears were coursing down his cheeks*** Tränen liefen ihm über die Wangen ❷ HUNT an einer Hetzjagd teilnehmen

course book *n esp* BRIT SCH Lehrbuch *nt*

courser [ˈkɔːsəʳ, AM ˈkɔːrsɚ] *n* ❶ (*hunter*) Teilnehmer(in) *m(f)* an einer Hetzjagd ❷ (*bird*) Gewöhnlicher Rennvogel

coursework *n no pl* SCH schriftliche Arbeit (*die bei der Prüfung in die Wertung eingeht*)

coursing [ˈkɔːsɪŋ, AM ˈkɔːr] *n no pl* Hetzjagd *f*

court [kɔːt, AM kɔːrt] I. *n* ❶ (*judicial body*) Gericht *nt;* **~ adjourned!** die Verhandlung wird vertagt!; **C~ of Appeal** Berufungsgericht *nt;* **~ of first instance** Gericht *nt* erster Instanz; **C~ of Protection** BRIT Gericht *nt,* das das Vermögen von Entmündigten verwaltet; **High C~** [**of Justice**] BRIT Oberstes Zivilgericht; **International C~ of Justice** Internationaler Gerichtshof; **Supreme C~** [**of Judicature**] BRIT Oberster Gerichtshof für England und Wales; **Supreme C~** [**of the United States**] AM oberstes US Bundesgericht; **C~ of Session** SCOT Oberstes Gericht in Zivilsachen; **civil ~** Zivilgericht *nt;* **criminal ~** Strafgericht *nt;* **county ~** ≈ Amtsgericht *nt;* BRIT Grafschaftsgericht *nt;* **crown ~** BRIT Gericht *nt* für Strafsachen höherer Ordnung (*in England und Wales*); **~ of first instance** Gericht *nt* erster Instanz; **law ~** [*or* **~ of law**] Gericht *nt,* Gerichtshof *m;* **in a ~ of law** vor Gericht; **in open ~** in öffentlicher Verhandlung; **magistrates' ~** *erstinstanzliches*

Gericht für Strafsachen niederer Ordnung; by order of the ~ durch Gerichtsbeschluss; to go to ~ vor Gericht gehen; to reach an out-of-~ settlement zu einem außergerichtlichen Vergleich kommen; to settle [a case] out of ~ eine Sache außergerichtlich beilegen; to take sb to ~ jdn vor Gericht bringen, gegen jdn gerichtlich vorgehen (2) (room) Gerichtssaal m; silence in ~! Ruhe im Gerichtssaal!; to appear in ~ vor Gericht erscheinen (3) (playing area) [Spiel]platz m; badminton/squash ~ Badminton-/Squashcourt m; grass/hard ~ Rasen-/Hartplatz m; tennis ~ Tenniscourt m (4) (of king, queen) Hof m; ■at ~ bei Hof; to be presented at ~ bei Hofe vorgestellt werden (5) (yard) Hof m; ■in the ~ auf dem Hof (6) (as street, building name) Meadow C~ Meadow Court ▶ PHRASES: to put the ball in sb's ~ jdm den Ball zuwerfen II. vt (1) (dated: woo) ■to ~ sb jdn umwerben, jdm den Hof machen veraltend (2) (ingratiate oneself) ■to ~ sb jdn hofieren, sich akk bei jdm einzuschmeicheln versuchen (3) (fig: try to gain) ■to ~ sth sich akk um etw akk bemühen; he tried to ~ her approval for his plans er versuchte, sie für seine Pläne zu gewinnen; to ~ popularity/sb's favour Ruhm/jds Gunst f suchen (4) (fig: risk) ■to ~ sth etw herausfordern; to ~ danger mit der Gefahr spielen; to ~ controversy/disaster Streit/eine Gefahr heraufbeschwören III. vi (dated) ein Liebespaar sein

court action n LAW gerichtliches Vorgehen **court card** n BRIT Bildkarte f (beim Kartenspiel) **court case** n Gerichtsverfahren nt **court correspondent** n Hofberichterstatter(in) m(f)

courteous ['kɜːtiəs, AM 'kɜːrt̬-] adj höflich

courteously ['kɜːtiəsli, AM 'kɜːrt̬-] adv höflich

courtesan [ˌkɔːtɪ'zæn, AM 'kɔːrt̬əzᵊn] n (liter) Kurtisane f liter

courtesy ['kɜːtəsi, AM 'kɜːrt̬-] n (1) no pl (politeness) Höflichkeit f; to have the [common] ~ to do sth so höflich sein, etw zu tun; to show [sb] [some] ~ [jdm gegenüber] höflich [o entgegenkommend] sein (2) (courteous gesture) Höflichkeit f; an exchange of courtesies ein Austausch m von Höflichkeiten ▶ PHRASES: [by] ~ of sb/sth (with the permission of) mit freundlicher Genehmigung von jdm/etw; (thanks to) dank jdm/etw

courtesy bus n BRIT kostenfreier Bus m **courtesy call** n (1) (visit) Anstandsbesuch m; to pay a ~ on sb jdm einen Anstandsbesuch abstatten (2) (euph) Anruf von einem Telfonverkäufer/einer Telefonverkäuferin neue Kunden zu werben **courtesy light** n AUTO Innenleuchte f **courtesy mirror** n AUTO Schminkspiegel m **courtesy title** n Ehrentitel m

court hearing n [Gerichts]verhandlung f **courthouse** n AM Gerichtsgebäude nt; county/federal ~ Bezirks-/Bundesgericht nt

courtier ['kɔːtiəʳ, AM 'kɔːrt̬iɚ] n Höfling m; (fig) Schmeichler m pej, Schleimer m pej

courting couple n + sing/pl vb (dated) Liebespaar nt; BRIT (euph) Pärchen nt beim Liebesspiel

court jester n (hist) Hofnarr m

courtliness ['kɔːtlɪnəs, AM 'kɔːr-] n no pl Galanterie f geh

courtly ['kɔːtli, AM 'kɔːr-] adj galant geh; ~ love LIT höfische Liebe

court martial I. n <pl -s or form courts martial> (1) (court) Kriegsgericht nt; BRIT Militärgericht nt (2) (trial) Militärgerichtsprozess nt II. vt <BRIT -ll- or AM usu -l-> ■to ~ sb jdn vor ein Kriegsgericht [o Militärgericht] stellen **court of inquiry** n MIL Untersuchungsausschuss m **court order** n Gerichtsbeschluss m, gerichtliche Verfügung **courtroom** n Gerichtssaal m **courtroom drama** n Gerichtsstück nt **court ruling** n gerichtliche Entscheidung, Gerichtsentscheid m

courtship ['kɔːtʃɪp, AM 'kɔːr-] I. n (1) (period of wooing) Zeit f der jungen Liebe (2) no pl (wooing) Werben nt (of um +akk), Freien nt veraltend (of um +akk) (3) no pl (to win support) Werben nt (of um +akk) (4) no pl (of controversy) Heraufbeschwören nt (5) no pl ZOOL Werben nt II. n modifier ZOOL (behaviour, dance, ritual) Paarungs-

court shoe n BRIT Pumps m

courts martial n pl of **court martial**

courtyard n Hof m; (walled-in) Innenhof m; ■in the ~ auf dem Hof

couscous ['kuːskuːs] n Couscous m o nt

cousin ['kʌzᵊn] n Vetter m, Cousin, Cousine m, f; our American/European ~s unsere amerikanischen/europäischen Cousins und Cousinen; distant ~ entfernter Cousin/entfernte Cousine; second ~ Cousin m/Cousine f zweiten Grades, Großcousin, Großcousine m, f; a ~ once removed Neffe, Nichte m, f zweiten Grades

cousinly ['kʌzᵊnli] adj vetterlich

couth [kuːθ] adj (hum) kultiviert

couture [kuː'tjʊəʳ, AM -'tʊr] n Couture f

couturier [kuː'tjʊəriei, AM -'tʊr-] n Couturier m geh, Modeschöpfer m

couturière [kuː'tjʊəriːʳ, AM -'tʊriər, -ˌtʊri'er] n Modeschöpferin f

cove¹ [kəʊv, AM koʊv] n GEOG kleine Bucht

cove² [kəʊv] n BRIT (dated fam: man) Bursche m veraltend

coven ['kʌvᵊn] n + sing/pl vb [witches'] ~ Hexenzirkel m; (meeting also) Hexensabbat m

covenant ['kʌvᵊnənt] I. n (1) (legal agreement) vertragliches Abkommen; ~ to repair Instandsetzungsvertrag m (2) REL Bündnis nt; God's ~ with Abraham Gottes Bündnis mit Abraham (3) (clause) Vertragsabrede f; restrictive ~ restriktive Vertragsklausel, einschränkende Vereinbarung (4) BRIT (charity donation) [vertragliche] Zusicherung einer regelmäßigen Spende II. vt BRIT ■to ~ sth etw vertraglich vereinen III. vi sich akk vertraglich verpflichten; ■to ~ to do sth vertraglich vereinbaren, etw zu tun

Coventry ['kɒvᵊntri, AM 'kʌv-] n no pl Coventry (Stadt in England) ▶ PHRASES: to send sb to ~ BRIT jdn schneiden fig

cover ['kʌvəʳ, AM -ɚ] I. n (1) (spread) Abdeckung f; (flexible plastic case) Plane f; (for smaller objects) Hülle f; (cloth case) Kleiderhülle f; (protective top) Deckel m; (for bed) [Bett]decke f; (for armchair, sofa) [Schon]bezug m; cushion ~ Kissenbezug m; manhole ~ Schachtdeckel m; quilt [or duvet] ~ Bettdeckenbezug m (2) (sheets) ■the ~s pl das Bettzeug; Ann burrowed down beneath the ~s Ann zog sich die Decke über den Kopf; he threw back the ~s er warf die Bettdecke zurück (3) (of a book) Einband m; of a magazine Titelseite f, Cover nt; hard ~ gebundenes Buch, Hardcover nt; soft ~ Taschenbuch nt; to read a book from ~ to ~ ein Buch vom Anfang bis zum Ende lesen [o in einem durchlesen] (4) (envelope) Briefumschlag m; under plain ~ in neutralem Umschlag; under separate ~ mit getrennter Post (5) no pl (shelter) Schutz m; not many of the seats are under ~ nicht viele Sitze sind überdacht; (concealed) he ordered his men to stay under ~ er befahl seinen Männern, in ihren Verstecken zu bleiben; under ~ of darkness im Schutz der Dunkelheit; to take ~ somewhere sich akk irgendwo unterstellen; I took ~ behind a wall/in a ditch/under the table ich versteckte mich hinter einer Wand/in einem Graben/unter dem Tisch (6) no pl (for animals to hide) Dickicht nt, Unterholz nt; to break ~ aus dem [schützenden] Unterholz hervorbrechen (7) (concealing true identity) Tarnung f; under ~ as getarnt als; to blow sb's ~ jdn enttarnen [o auffliegen lassen] (8) no pl MIL Deckung f; (from bombs, gun attacks) Feuerschutz m (9) no pl esp BRIT (insurance) Versicherungsschutz m, Deckung f; do you have ~ against theft? sind Sie gegen Diebstahl versichert?; to ask for additional ~ zusätzliche Deckung verlangen; full ~ voller Versicherungsschutz; third-party ~ Haftpflichtversicherung f; comprehensive ~ Vollkaskoversicherung f; to have ~ versichert sein, Versicherungsschutz haben; to operate without adequate ~ keinen ausreichenden Versicherungsschutz haben (10) ECON, FIN (security) Abdeckung f, Absicherung f; do you have sufficient ~ for this loan? haben Sie ausreichende Sicherheiten für diesen Kredit? (11) no pl (substitute) Vertretung f; to provide ~ for sb jdn vertreten; to provide emergency ~ einen Notdienst aufrechterhalten, eine Notfallversorgung gewährleisten (12) MUS (recording) Coverversion f ▶ PHRASES: never judge a book by its ~ man sollte niemals nur nach dem Äußeren urteilen II. vt (1) (put over) ■to ~ sth/sb etw/jdn bedecken; (against dust also) etw überziehen; snow ~ed the hills Schnee bedeckte die Hügel; ■to be ~ed [in [or with]] sth [mit etw dat] bedeckt sein; my hands are ~ed in ink/mud/paint meine Hände sind voller Tinte/Schlamm/Farbe; how much of the Earth's surface is ~ed by water? wie viel Prozent der Erdoberfläche liegt unter Wasser?; ~ed with blood voll Blut, blutig (2) (to protect) ■to ~ sth/sb [with sth] etw/jdn [mit etw dat] abdecken; they ~ed him with a blanket sie deckten ihn mit einer Decke zu; to ~ one's eyes/face with one's hands die Augen/das Gesicht mit den Händen bedecken (3) (in order to hide) ■to ~ sth etw verdecken; (fig) one's confusion etw überspielen (4) (extend over) ■to ~ sth sich akk über etw akk erstrecken; London ~s 1579 square kilometres [of land] London erstreckt sich über 1579 Quadratkilometer; (fig) the new office will ~ the whole of Scotland das neue Büro ist für ganz Schottland zuständig (5) (travel) to ~ a lot of ground eine große Strecke zurücklegen; (make progress) gut vorankommen; (be wide-ranging) sehr umfassend sein; during the meeting we ~ed a lot of ground wir sind auf der Sitzung gut vorangekommen; to ~ 20 kilometres in two hours 20 km in zwei Stunden fahren (6) (deal with) ■to ~ sth sich akk mit etw dat befassen, etw behandeln; this leaflet ~s what we've just discussed in more detail in der Broschüre finden Sie Informationen zu dem, was wir gerade ausführlich besprochen haben; do these parking restrictions ~ residents as well as visitors? gelten die Parkbeschränkungen sowohl für Anlieger als auch für Besucher?; the new regulations ~ precisely where and when protest marches can take place in den neuen Regelungen ist genau festgehalten, wo und wann Protestmärsche stattfinden dürfen (7) (be enough for) ■to ~ sth etw [ab]decken; to ~ the costs die Kosten decken; here's £20, will that ~ it? hier ist 20 Pfund, wird das reichen? (8) (report on) ■to ~ sth über etw akk berichten; the journalist was in Vietnam, ~ing the war er war Kriegsberichterstatter in Vietnam (9) (insure) ■to ~ sb/sth [against [or for] sth] jdn/etw [gegen etw akk] versichern; are we ~ed for accidental damage? sind wir gegen Unfallschäden versichert?; the damage was ~ed by the insurance der Schaden wurde von der Versicherung bezahlt; to be fully ~ed vollen Versicherungsschutz haben (10) (earn enough to pay) etw [ab]decken [o sichern]; the dividend is ~ed four times das Verhältnis Gewinn-Dividende ist 4:1 (11) (protect) ■to ~ oneself [against sth] sich akk [gegen etw akk] absichern; she tried to ~ herself by saying that ... sie versuchte sich damit herauszureden, dass ... (12) MIL ■to ~ sb/sth jdn/etw decken; (give covering fire) jdm/etw Feuerschutz geben; ~ me! gib mir Deckung!; to ~ sb's retreat jds Rückzug m decken (13) (aim weapon at) ■to ~ sb seine Waffe auf jdn/etw richten; hands up! I've got you ~ed! Hände hoch! meine Waffe ist auf Sie gerichtet! (14) (watch) ■to ~ sth etw bewachen (15) (do sb's job) ■to ~ sth [for sb] etw [für jdn] übernehmen; could you ~ my shift for me tomorrow? könnten Sie morgen meine Schicht übernehmen? (16) (adopt song) to ~ a song einen Song covern fachspr, von einem Lied eine Coverversion aufnehmen (17) ZOOL to ~ an animal ein Tier decken ▶ PHRASES: to ~ one's back sich absichern fig; to ~ oneself with glory sich akk mit Ruhm bedecken; to ~ a multitude of sins viel Unschönes verbergen; to ~ one's tracks seine Spuren verwischen III. vi to ~ well/badly paint gut/schlecht decken

◆**cover for** vi ■to ~ for sb (1) (do sb's job) jds Arbeit f übernehmen (2) (make excuses) jdn decken

◆**cover over** vt the sky was ~ed over with

C

clouds der Himmel war mit Wolken bedeckt

◆**cover up** I. *vt* ① (*protect*) ■**to ~ up** ○ **sb/sth** jdn/etw bedecken; ■**to ~ oneself up** (*when naked*) sich *akk* bedecken; (*dress warmly*) sich *akk* einmummeln; **to ~ oneself up warm** sich *akk* warm anziehen ② (*hide*) ■**to ~ up** ○ **sth** etw verdecken; **to ~ up a spot** (*on face*) einen Pickel abdecken ③ (*keep secret*) ■**to ~ up** ○ **sth** etw geheim halten [*o* vertuschen] II. *vi* alles vertuschen; ■**to ~ up for sb** jdn decken

coverage ['kʌvᵊrɪdʒ] *n no pl* ① (*reporting*) Berichterstattung *f;* **election/sports ~** Wahl-/Sportberichterstattung *f;* **to receive a lot of media ~** ein großes Medienecho erhalten; **television ~ of an event** TV-Berichterstattung *f* über ein Ereignis ② (*dealing with*) Behandlung *f;* **to give comprehensive ~ of sth** etw ausführlich behandeln ③ AM (*insurance*) Versicherungsschutz *m,* Deckung *f*

coveralls *npl* AM Overall *m* **cover boy** *n* Coverboy *m,* Mann *m* auf dem Titelblatt **cover charge** *n* (*in a restaurant*) Kosten *pl* für das Gedeck; (*in a nightclub*) Eintritt *m*

covered ['kʌvəd, AM -ərd] *adj inv* ① (*roofed over*) überdacht; **~ wagon** Planwagen *m* ② (*insured*) versichert

covered bear *n* STOCKEX gedeckter Baissier

cover girl *n* Covergirl *nt,* Titelblattmädchen *nt*

covering ['kʌvᵊrɪŋ, AM -ər-] I. *n* Bedeckung *f;* **floor ~** Bodenbelag *m;* **a light ~ of snow** eine dünne Schneeschicht; **to put a fresh ~ on a wound** eine Wunde frisch verbinden II. *adj attr* MIL Deckungs-, Schutz-; **~ fire** Feuerschutz *m*

covering letter *n* BRIT Begleitbrief *m* **covering note** *n* BRIT Begleitschreiben *nt*

coverlet ['kʌvələt, AM -ər-] *n* Tagesdecke *f*

cover letter *n* AM, AUS (*covering letter*) Begleitbrief *m* **cover model** *n* Covermodel *nt* (*auf dem Titelblatt einer Zeitschrift abgebildetes Model*) **cover note** *n* AM, AUS (*covering note*) Begleitschreiben *nt* **cover story** *n* Coverstory *f,* Titelgeschichte *f*

covert I. *adj* ['kʌvət, AM 'koʊvɜːrt] verdeckt, geheim; **~ glance** verstohlener Blick II. *n* ['kʌvət, AM -vət] Dickicht *nt kein pl,* Unterholz *nt kein pl*

covertly ['kʌvətli, AM 'koʊvɜːrt-] *adv* verdeckt, geheim; **to operate ~** im Geheimen operieren

coverture ['kʌvətʃəʳ, AM -ətʃər] *n* LAW Ehestand *m* [einer Frau]

cover-up ['kʌvərʌp, AM -vər-] *n* Vertuschung *f;* ***there was a ~*** die Sache wurde vertuscht

cover version *n* Coverversion *f*

covet ['kʌvɪt] *vt* ■**to ~ sth/sb** etw/jdn begehren

covetable ['kʌvɪtəbl̩, AM -t̬-] *adj* begehrenswert

coveted ['kʌvɪtɪd, AM -t̬-] *adj* begehrt; **highly ~** äußerst begehrt

covetous ['kʌvɪtəs, AM -t̬-] *adj* begehrlich; **to cast ~ eyes on sth** begehrliche Blicke auf etw *akk* werfen; ■**to be ~ of sth** etw begehren; (*envious*) auf etw *akk* neidisch sein

covetously ['kʌvɪtəsli, AM -t̬-] *adv* begehrlich; **to look/glance ~** begehrlich blicken

covetousness ['kʌvɪtəsnəs, AM -t̬-] *n no pl* Begierde *f* (**of** nach +*dat*); (*envy*) Neid *m* (**of** auf +*dat*); (*greed*) Habgier *f* (**of** nach +*dat*); REL **~ *is one on the seven deadly sins*** Geiz ist eine der sieben Todsünden

cow¹ [kaʊ] *n* ① (*female ox*) Kuh *f;* **a herd of ~s** eine Kuhherde ② (*female mammal*) Weibchen *nt;* **elephant ~** Elefantenkuh *f* ③ BRIT (*pej sl: stupid woman*) Kuh *f pej;* **stupid ~** dumme Kuh *pej;* AM (*pej fam: fat woman*) Fettsack *m* ④ AUS (*fam: unpleasant thing*) ***it's been a ~ of a day*** das war ein blöder Tag; **a ~ of a job** ein Mistjob *m pej fam;* **a ~ of a trip** eine furchtbare Reise; **a fair ~** eine echte Dreckarbeit *fam* ▶ PHRASES: **until/till the ~s come home** bis in alle Ewigkeit; **to have a ~** AM (*fam*) ausrasten *fam*

cow² [kaʊ] *vt* ■**to ~ sb** jdn einschüchtern; ■**to be ~ed by sb/sth** durch jdn/etw eingeschüchtert werden; ***they refused to be ~ed into submission by the army*** sie ließen sich von den Militärkräften nicht in die Knie zwingen

coward ['kaʊəd, AM -ərd] *n* Feigling *m;* **to be a miserable/terrible ~** ein elender/schrecklicher Feigling sein; **to be a moral ~** ein Duckmäuser sein *pej,* keine Zivilcourage haben; **to brand sb [as] a ~** jdn als Feigling hinstellen

cowardice ['kaʊədɪs, AM -ərd-] *n no pl,* **cowardliness** ['kaʊədlɪnəs, AM -ərd-] *n no pl* Feigheit *f;* **an act of [pure] ~** eine feige Tat; **moral ~** Duckmäuserei *f pej*

cowardly ['kaʊədli, AM -ərd-] *adj* ① (*fearful*) feige; ■**to be ~** feige sein, sich *akk* feige verhalten ② (*mean*) feige; **a ~ attack** ein gemeiner [*o* hinterhältiger] Überfall

cowbell *n* Kuhglocke *f* **cowboy** I. *n* ① (*cattle hand*) Cowboy *m;* **to play ~s and Indians** ≈ Räuber und Gendarm spielen ② (*fam: dishonest tradesperson*) Pfuscher(in) *m(f) pej* II. *n modifier* (*boots, clothes, hat, music*) Cowboy-; **~ film** [*or* **movie**] Cowboyfilm *m,* Western *m* **cowcake** *n* AM Kuhfladen *m* **cowcatcher** *n* AM RAIL Schienenräumer *m* **cow chip** *n* AM getrockneter Kuhfladen **cowdung** *n no pl* Kuhdung *m*

cower ['kaʊəʳ, AM -ər] *vi* kauern; **to ~ behind sb/sth** sich *akk* hinter jdn/etw ducken

cowgirl *n* Cowgirl *nt* **cowhand** *n,* **cowherd** *n* Kuhhirt(in) *m(f),* Rinderhirt(in) *m(f)* **cowhide** I. *n no pl* Rindsleder *nt* II. *n modifier* (*boots, jacket, saddle*) Rindsleder-, rindsledern; **~ waistcoat** Rindslederjacke *f*

cowl [kaʊl] *n* ① (*hood*) Kapuze *f* ② (*on chimney*) Schornsteinkappe *f* ③ (*engine hood*) Motorhaube *f*

cowlick ['kaʊlɪk] *n* (*fam*) [Haar]tolle *f*

cowling ['kaʊlɪŋ] *n* AVIAT Motorhaube *f*

cowman *n* ① (*cowherd*) Rinderhirt *m,* Kuhhirt *m* ② AUS (*farm manager*) Rinderfarmer *m*

co-worker [ˌkəʊ'wɜːkəʳ, AM ˌkoʊ'wɜːrkər] *n* Mitarbeiter(in) *m(f);* (*colleague*) Kollege, -in *m, f*

cow parsley *n no pl* BOT Bärenklau *m* **cowpat** *n* BRIT Kuhfladen *m* **cowpox** *n no pl* Kuhpocken *pl*

cowrie *n,* **cowry** ['kaʊri] *n* Kauri *m o f;* **~ shell** Kaurimuschel *f*

co-write <-wrote, -written> ['kəʊˌraɪt, AM 'koʊˌ-] *vt* ■**to ~ sth [with sb]** etw [mit jdm] gemeinsam schreiben

co-writer ['kəʊˌraɪtəʳ, AM 'koʊˌraɪt̬ər] *n* Co-Autor(in) *m(f),* Mitautor(in) *m(f)*

cowshed *n* Kuhstall *m* **cowslip** *n* ① BRIT (*primrose*) Schlüsselblume *f* ② AM (*marsh marigold*) Sumpfdotterblume *f*

cox [kɒks, AM kɑːks] I. *n* Steuermann *m* (*beim Rudern*) II. *vi* [ein Ruderboot] steuern III. *vt* **to ~ a rowing boat** ein Ruderboot steuern

coxcomb ['kɒkskəʊm, AM 'kɑːkskoʊm] *n* (*dated*) Geck *m veraltet*

coxless ['kɒksləs, AM 'kɑːks] *adj inv* ohne Steuermann *nach n*

coxswain ['kɒksᵊn, AM 'kɑːk-] *n* (*form*) Steuermann *m* (*beim Rudern*)

coy [kɔɪ] *adj* ① (*secretive*) geheimnistuerisch, verhalten; ■**to be ~ about sth** aus etw *dat* ein Geheimnis machen ② (*pretending to be shy*) geziert; ***come on, don't be so ~*** komm, zier dich nicht so; **a ~ glance** ein [gespielt] unschuldiger Blick

coyly ['kɔɪli] *adv* ① (*secretively*) geheimnistuerisch, verhalten ② (*flirtatiously*) mit gespielter Unschuld; ***she smiled ~*** sie lächelte kokett

coyness ['kɔɪnəs] *n no pl* ① (*secretiveness*) Zurückhaltung *f;* **without a hint of ~** ganz ohne Vorbehalt, völlig offen ② (*flirtatiousness*) Koketterie *f*

coyote [kɔɪ'əʊti, AM kaɪ'oʊt̬i] *n* ① (*animal*) Koyote *m* ② AM (*fam: in illegal immigration*) Schlepper *m*

coypu <*pl* -s *or* -> ['kɔɪpuː] *n* Fischotter *m,* Nutria *f fachspr*

cozily *adv* AM *see* **cosily**

cozy *adj* AM *see* **cosy**

◆**cozy up** *vi* AM (*fam*) ■**to ~ up to sb** sich *akk* bei jdm einschmeicheln *pej*

cozzie ['kɒzi] *n* BRIT, AUS (*fam*) *short for* **swimming costume** Badeanzug *m*

cp *abbrev of* **compare** vgl.

CP [ˌsiː'piː] *n* ECON, FIN *abbrev of* **commercial paper** kurzfristige Schuldtitel *pl*

CPI [ˌsiːpiː'aɪ] *n* AM ECON, FIN *abbrev of* **consumer price index** Verbraucherpreisindex *m*

CPU [ˌsiːpiː'juː] *n* COMPUT *abbrev of* **central processing unit** CPU *f*

crab¹ [kræb] I. *n* ① (*sea animal*) Krebs *m* ② *no pl* (*meat*) Krebsfleisch *nt;* **dressed ~** in der Schale angerichtetes Krebsfleisch ③ ASTROL ■**the C~** (*Cancer*) Krebs *m;* **to be born under the C~** im Sternzeichen Krebs geboren sein ④ (*tree*) Holzapfelbaum *m* ⑤ (*sour apple*) Holzapfel *m* ⑥ AM (*fam: person*) Nörgler(in) *m(f),* Griesgram *m pej* ▶ PHRASES: **to catch a ~** SPORTS einen Krebs fangen II. *n modifier* Krebs-; **~ meat** Krebsfleisch *nt;* **~ salad** Krebscocktail *m*

crab² <-bb-> [kræb] *vi* (*fam*) nörgeln; ■**to ~ about sth** über etw *akk* nörgeln; ***he can always find something to ~ about*** er hat immer etwas auszusetzen

crab apple *n* ① (*tree*) Holzapfelbaum *m* ② (*fruit*) Holzapfel *m* **crab-apple tree** *n* Holzapfelbaum *m*

crabbed [kræbd] *adj* ① (*too close together*) **~ writing** enge Schrift ② (*bad-tempered*) mürrisch, griesgrämig

crabbily ['kræbɪli] *adv* (*fam*) nörglerisch

crabbiness ['kræbɪnəs] *n no pl* (*fam*) Nörgelei *f*

crabby ['kræbi] *adj* (*fam*) nörglerisch

crabgrass *n no pl* AM Fingerhirse *f* **crab louse** *n* Filzlaus *f*

crabs [kræbz] *npl* Filzläuse *fpl*

crabwise *adv* seitwärts

crack [kræk] I. *n* ① (*fissure*) Riss *m;* ***there was a ~ in the teacup*** die Teetasse hatte einen Sprung; (*fig*) ***~s began to show in his facade of self-confidence*** in seinem aufgesetzten Selbstbewusstsein wurden Sprünge sichtbar; **hairline ~** Haarriss *m* ② (*narrow space*) Ritze *f,* Spalt *m;* **to open a door/window [just] a ~** eine Tür/ein Fenster [nur] einen Spalt öffnen ③ (*sharp noise*) *of a breaking branch* Knacken *nt kein pl; of breaking ice* Krachen *nt kein pl; of a rifle* Knall *m;* **a loud ~ of thunder** ein lautes Donnerkrachen ④ (*sharp blow*) Schlag *m;* **to give sb a ~ over the head** jdm eins überziehen [*o* über den Schädel geben] ⑤ *no pl* (*illegal drug*) Crack *nt o m;* **~ house** (*fam*) Drogentreffpunkt *m* ⑥ (*joke*) Witz *m;* **a cheap ~** ein schlechter Witz; **to make a ~ about sth** einen Witz über etw *akk* reißen ⑦ (*fam: attempt*) Versuch *m;* ***it was her first ~ at [beating] the world record*** es war ihr erster Versuch, den Weltrekord einzustellen; **to have a ~ at sth** [*or* **to give sth a ~**] etw [aus]probieren ▶ PHRASES: **at the ~ of dawn** im Morgengrauen; **the ~ of doom** der Jüngste Tag; **to get/have a fair ~ of the whip** BRIT eine [echte] Chance bekommen/haben II. *adj attr, inv* erstklassig, Super- *fam;* **~ marksman** Meisterschütze *m;* **~ shot** Meisterschütze, -in *m, f;* **~ regiment** Eliteregiment *nt* III. *vt* ① (*break*) **to ~ a cup/glass/window** einen Sprung in eine Tasse/ein Glas/eine Fensterscheibe machen ② (*open*) ■**to ~ sth [open]** [*or* **to ~ [open] sth**] etw aufbrechen; ***come round and we'll ~ [open] a bottle together*** komm doch vorbei, dann machen wir eine Flasche auf; **to ~ an egg** ein Ei aufschlagen; **to ~ nuts** Nüsse knacken; **to ~ [open] a safe** (*fam*) einen Safe knacken *fam* ③ (*solve*) ***I've ~ed it!*** ich hab's!; **to ~ a code/problem** einen Code/ein Problem knacken *fam* ④ (*hit*) **to ~ sb on** [*or* **over**] **the head** jdm eins auf/über den Schädel geben; **to ~ one's head/elbow on sth** sich *dat* den Kopf/Ellbogen an etw *dat* anschlagen ⑤ (*make noise*) **to ~ one's knuckles** mit den Fingern knacken; **to ~ a whip** mit einer Peitsche knallen ▶ PHRASES: **to ~ a joke** einen Witz reißen *fam;* **to ~ the whip** ein strengeres Regiment aufziehen IV. *vi* ① (*break*) [zer]brechen, zerspringen; *lips, paintwork* aufspringen, rissig werden ② (*fam: break down*) zusammenbrechen; *relationship* zerbrechen; *facade* abbröckeln ③ (*break down*) zusammenbrechen; ***his voice ~d with emotion*** seine Stimme versagte vor Rührung; **to ~ during interrogation** beim Verhör zusammenbrechen; **to ~ under**

pressure of work unter der Arbeitslast zusammenbrechen ❹ *(make noise)* *breaking ice, thunder* krachen; *breaking branch* knacken; *shot, whip* knallen ▸ PHRASES: **to get ~ing** *(fam)* loslegen *fam;* ***I'd better get ~ing on writing these letters*** ich sollte mich endlich mal dranmachen, diese Briefe zu schreiben; ***get ~ing or we'll miss the train*** jetzt aber los, sonst verpassen wir den Zug

◆**crack down** *vi* ■**to ~ down** [**on sb/sth**] [gegen jdn/etw] hart vorgehen [*o* energisch durchgreifen]

◆**crack into** *vi (fam)* **to ~ into a market** in einen Markt vordringen

◆**crack on** *vi* BRIT *(fam)* ■**to ~ on with sth** mit etw *dat* weitermachen

◆**crack up** I. *vi (fam)* ❶ *(find sth hilarious)* lachen müssen ❷ *(have nervous breakdown)* zusammenbrechen; *(go crazy)* durchdrehen *fam,* überschnappen *fam* II. *vt* ❶ *(assert)* ■**to ~ sth up to be sth** etw als etw *akk* herausstellen; ***they're always ~ing it up to be the best but I'm not so sure*** es wird immer in den Himmel gelobt, aber ich habe so meine Bedenken; ***this new washing powder is not all it's ~ed up to be*** das neue Waschpulver hält nicht alles, was es verspricht ❷ *(amuse)* ■**sth ~s sb up** etw bringt jdn zum Lachen; ***every time I see her wearing that hat it ~s me up*** jedes Mal wenn ich sie mit diesem Hut sehe, könnte ich mich kaputtlachen

crackbrained *adj (fam)* bescheuert *fam,* bekloppt *fam* **crackdown** *n* scharfes Vorgehen (**on** gegen +*akk*)

cracked [krækt] *adj* ❶ *(having cracks)* rissig; **a ~ cup/glass** eine gesprungene Tasse/ein gesprungenes Glas; **~ lips** aufgesprungene Lippen ❷ *pred (fam: crazy)* verrückt, bescheuert *fam*

cracked wheat *n no pl* Weizengrütze *f,* Bulgur *m*

cracker ['krækəʳ, AM -ɚ] *n* ❶ *(dry biscuit)* Kräcker *m* ❷ *(firework)* Kracher *m;* *(paper tube)* Knallbonbon *nt;* **to pull a ~** ein Knallbonbon aufziehen ❸ BRIT *(fam: excellent thing)* Knüller *m;* ***the horse ran a ~ of a race*** das Pferd lief ein Superrennen *fam* ❹ BRIT *(fam: attractive woman)* tolle Frau *fam;* ***she's a real ~*** sie ist einfach umwerfend ❺ AM *(pej!: Black English: white person)* Weiße(r) *f(m)*

crackerjack ['krækədʒæk, AM ɚ] I. *n* AM *(fam)* Knüller *m fam;* *(person)* As *nt fam* II. *adj (dated)* ausgezeichnet, fantastisch

crackers ['krækəz, AM -ɚz] *adj pred (fam)* verrückt, bescheuert *fam*

crack head *n (sl: cocaine addict)* Kokser(in) *m(f) fam,* Giftler *m sl*

cracking ['krækɪŋ] *adj* BRIT *(fam)* ❶ *(excellent)* toll *fam,* super *sl;* **to be in ~ form** in Topform sein ❷ *(very fast)* **at a ~ pace** in einem atemberaubenden Tempo, mit einem Affenzahn *fam*

crackle ['krækl̩] I. *vi paper* knistern; *telephone line* knacken; ***the logs ~d in the fireplace*** das Kaminfeuer prasselte vor sich hin; *(fig)* ***the atmosphere ~d with tension*** die Atmosphäre knisterte vor Spannung II. *vt* ■**to ~ sth** mit etw *dat* knistern III. *n* *(on a telephone line, radio)* Knacken *nt kein pl;* *of paper* Knistern *nt kein pl;* *of fire also* Prasseln *nt kein pl*

crackling ['kræklɪŋ] *n* ❶ *no pl of paper* Knistern *nt;* *(of fire also)* Prasseln *nt;* *(on the radio)* Knacken *nt* ❷ *(pork skin)* [Braten]kruste *f*

crackly ['krækli] *adj voice* brüchig; *telephone line* gestört; ***the phone line was very ~*** in der Telefonleitung knackte es häufig

crackpot I. *n (fam)* Spinner(in) *m(f) fam* II. *adj (fam)* bescheuert *fam,* bekloppt *fam*

cracksman *n (sl)* LAW Safeknacker *m*

crack-up *n (fam)* Zusammenbruch *m*

cradle ['kreɪdl̩] I. *n* ❶ *(baby's bed)* Wiege *f;* **the ~ of human evolution** *(fig)* die Wiege der Menschheit; **from the ~ to the grave** von der Wiege bis zur Bahre; **to rock a ~** eine Wiege schaukeln ❷ *(framework)* Gerüst *nt (für Reparaturarbeiten)* ❸ BRIT *(hanging scaffold)* Hängebühne *f* ❹ *(part of telephone)* Gabel *f* ▸ PHRASES: **the hand that rocks the ~ rules the world** *(saying)* die Hand an der Wiege regiert die Welt II. *vt* ■**to ~ sb/sth** jdn/etw [sanft] halten; **to ~ sb's head on one's lap** jds Kopf *m* in seinen Schoß betten; **to ~ sb in luxury** *(fig)* jdn in Luxus betten

cradle-snatcher *n (pej fam)* *Mann oder Frau mit wesentlich jüngerem Sexualpartner*

craft¹ <*pl* -> [krɑːft, AM kræft] *n* TRANSP *(ship)* Schiff *nt;* *(boat)* Boot *nt;* *(plane)* Flugzeug *nt;* *(spaceship)* Raumschiff *nt*

craft² [krɑːft, AM kræft] I. *n* ❶ *(trade)* Gewerbe *nt,* Zunft *f,* Handwerk *nt kein pl* ❷ *no pl (handicraft)* Handwerk *nt;* *(special skill)* Kunst *f;* ***as a poet her literary ~ is unquestioned*** als Dichterin steht ihr literarisches Können außer Frage; **the actor's ~** die Schauspielkunst; **the ~ of glass-blowing** die [Kunst der] Glasbläserei; **to know** [*or* **be master of**] **one's ~** sein Handwerk verstehen ❸ *(handmade objects)* ■**~s** *pl* Kunsthandwerk *nt kein pl* ❹ *no pl (guile)* Heimtücke *f,* Hinterlist *f* II. *vt usu passive* ■**to ~ sth** etw kunstvoll fertigen; **a beautifully ~ed silver brooch** eine kunstvoll gefertigte Silberbrosche; **a cleverly ~ed poem** ein geschickt verfasstes Gedicht

craft and design *n* SCH *no pl* Werken *nt,* Kunsterziehung *f* **craft fair** *n* Kunsthandwerksmarkt *m*

craft guild *n* Handwerkszunft *f*

craftily ['krɑːftɪli, AM 'kræft-] *adv* schlau; *(with guile)* arglistig, hinterhältig

craftiness ['krɑːftɪnəs, AM 'kræft-] *n no pl* Gerissenheit *f;* *(guile)* Arglist *f*

craft shop *n* Kunstgewerbeladen *m* **craftsman** *n* gelernter Handwerker; **master ~** Handwerksmeister *m*

craftsmanship ['krɑːftsmənʃɪp, AM 'kræfts-] *n no pl* Kunstfertigkeit *f,* handwerkliches Können

craftsperson <*pl* -s *or* craftspeople> ['krɑːftsˌpɜːsən, AM 'kræftsˌpɜrːsən] *n* Handwerker(in) *m(f)*

craftswoman *n* gelernte Handwerkerin; **master ~** Handwerksmeisterin *f*

craft union *n* Handwerkergewerkschaft *f* **craftwork** *n no pl* Kunsthandwerk *nt* **craftworker** *n* Kunsthandwerker(in) *m(f)*

crafty ['krɑːfti, AM 'kræfti] *adj* schlau, gerissen; *(with guile)* arglistig, hinterhältig; **a ~ idea** eine pfiffige Idee

crag [kræg] *n* Felsmassiv *nt;* *(cliff)* Klippe *f*

craggy ['krægi] *adj* felsig; *(rough and uneven)* zerklüftet; **~ features** markante Gesichtszüge

crake [kreɪk] *n* Ralle *f*

cram <-mm-> [kræm] I. *vt* ■**to ~ sth in**[**to**] **sth** etw in etw *akk* stopfen; ***six children were ~med into the back of the car*** sechs Kinder saßen gedrängt auf dem Rücksitz des Autos; ***we've got an awful lot to ~ into the next half hour*** wir müssen in die nächste halbe Stunde einiges hineinpacken; **to ~ sb's head with facts** *(pej)* jdn mit Fakten überhäufen; **to ~ sth into one's mouth** sich *dat* etw in den Mund stopfen; **to ~ a sandwich down** sich *dat* ein Sandwich reinstopfen *fam* II. *vi* lernen, büffeln *fam,* pauken *fam;* ■**to ~ for sth** für etw *akk* lernen [*o fam* büffeln] [*o fam* pauken]

◆**cram in** *vi,* **cram into** *vi* ■**to ~ in**[**to**] **sth** sich *akk* in etw *akk* hineinzwängen [*o* hineinquetschen]

cram-full *adj pred* voll gestopft, gerammelt [*o* bis zum Bersten] voll

crammed [kræmd] *adj* vollgestopft, gerammelt [*o* bis zum Bersten] voll *präd;* ■**to be ~ with** [*or* **full of**] **sth** bis zum Bersten [*o* gerammelt] voll mit etw *dat* sein

crammer ['kræməʳ, AM -ɚ] *n* ❶ *(person)* [Ein]pauker *m fam* ❷ BRIT *(dated fam: book)* Paukbuch *nt fam;* *(school)* Paukschule *f fam*

cramp [kræmp] I. *n* [Muskel]krampf *m;* ***I have ~*** [*or* AM ***a ~***] ***in my foot*** ich habe einen Krampf im Fuß; **stomach ~s** Magenkrämpfe *mpl;* **to get ~** [*or* AM **~s**] einen Krampf bekommen II. *vt* ■**to ~ sb** jdn einengen [*o* beschränken] ▸ PHRASES: **to ~ sb's style** *(fam)* jdn nicht zum Zug kommen lassen

cramped [kræmpt] *adj room, house* beengt; **~ accommodation** [*or* **surroundings**] beengte Wohnverhältnisse; **a ~ schedule** [*or* **timetable**] ein voller Zeitplan; **to be** [**rather**] **~ for space** [ziemlich] wenig Platz haben

crampon ['kræmpɒn, AM -pɑːn] *n* Steigeisen *nt*

cranberry ['krænbᵊri, AM -ˌberi] *n* Preiselbeere *f*

cranberry sauce *n* Preiselbeergelee *nt;* **baked Camembert with ~** gebackener Camembert mit Preiselbeeren

crane [kreɪn] I. *n* ❶ *(for lifting)* Kran *m* ❷ *(bird)* Kranich *m* II. *vt* **to ~ one's neck** den Hals recken III. *vi* ■**to ~ forward** sich *akk* vorbeugen; ***she ~d over the heads of the crowd*** sie streckte ihren Kopf über die Menge

crane driver *n* Kranführer(in) *m(f)* **crane fly** *n* [Erd]schnake *f*

crania ['kreɪniə] *n pl of* **cranium**

cranial ['kreɪniəl] *adj inv* Schädel-, kranial *fachspr;* **~ fracture** Schädelfraktur *f;* **~ index** Kranialindex *m fachspr;* **~ nerves** Gehirnnerven *mpl*

craniosacral therapy [ˌkreɪniə(ʊ)ˌseɪkrᵊl'-, AM -nioʊ,-] *n* Kraniosakraltherapie *f*

cranium <*pl* -s *or* -nia> ['kreɪniəm, *pl* -niə] *n* Schädel *m*

crank¹ [kræŋk] *n (sl: methamphetamine)* Crank *nt*

crank² [kræŋk] I. *n (fam)* ❶ *(eccentric)* Spinner(in) *m(f) pej fam;* **health-food ~** Gesundheitsapostel *m pej;* **religious ~** religiöser Spinner/religiöse Spinnerin *pej* ❷ AM *(bad-tempered person)* Griesgram *m pej* II. *n modifier* **~ call** Juxanruf *m;* **~ caller** Juxanrufer(in) *m(f)*

crank³ [kræŋk] I. *n* Kurbel *f* II. *vt* ■**to ~ sth** *engine, gramophone, telephone* etw ankurbeln; **to ~ a handle** eine Kurbel drehen

◆**crank out** *vt (fam)* ■**to ~ out** ↔ **sth** etw produzieren

◆**crank up** *vt* ❶ *(turn with crank)* ■**to ~ up** ↔ **sth** *engine, gramophone, telephone* etw ankurbeln ❷ *(fam: increase)* **to ~ up the speed/pressure** die Geschwindigkeit/den Druck erhöhen; **to ~ the volume up on the radio** das Radio lauter stellen

crankcase *n* Kurbelgehäuse *nt* **crankshaft** *n* Kurbelwelle *f*

cranky ['kræŋki] *adj (fam)* ❶ *(eccentric)* verschroben *pej* ❷ AM, AUS *(bad-tempered)* mürrisch, übellaunig

cranny ['kræni] *n* Ritze *f,* Spalte *f;* **in every nook and ~, in all nooks and crannies** in allen Ecken und Winkeln, überall

crap [kræp] I. *vi* <-pp-> *(fam!)* kacken *derb,* scheißen *derb* II. *n usu sing (vulg)* Scheiße *f a. fig derb;* **a load of ~** ein Haufen *m* Scheiße *derb;* **to have** [*or* AM **take**] **a ~** kacken *derb,* scheißen *derb; see also* **shit** III. *adj inv (fam!)* mies *pej fam;* ***he does ~ work*** seine Arbeit ist Scheiße *pej derb*

crape *n see* **crêpe**

crapper ['kræpəʳ, AM -ɚ] *n (vulg)* Scheißhaus *nt derb*

crappy ['kræpi] *adj (fam!)* Scheiß- *derb;* ■**to be** [**so**] **~** [so eine] Scheiße sein *pej derb*

craps [kræps] *npl + sing vb* AM Craps *nt (Würfelspiel);* **to shoot ~** Craps spielen

crash [kræʃ] I. *n* <*pl* -es> ❶ *(accident)* Unfall *m;* **car ~** Autounfall *m;* **plane ~** Flugzeugabsturz *m* ❷ *(noise)* Krach *m kein pl;* ■**with a ~** mit Getöse ❸ COMM *(collapse)* Zusammenbruch *m;* **stock market ~** Börsenkrach *m* ❹ COMPUT *(failure)* Absturz *m;* **computer ~** Computerabsturz *m* II. *vi* ❶ *(have an accident)* *driver, car* verunglücken; *plane* abstürzen; **to ~ on landing/take-off** beim Landen/Starten abstürzen ❷ *(hit)* ■**to ~ into sth** auf etw *akk* aufprallen ❸ *(collide with)* ■**to ~ into sb/sth** mit etw/jdm zusammenstoßen; **to ~ head-on** frontal zusammenstoßen ❹ *(make loud noise)* *cymbals, thunder* donnern; *door* knallen; *(move noisily)* poltern; ***the dog ~ed*** [*or* ***came ~ing***] ***through the bushes*** der Hund preschte durch die Büsche; ***the car ~ed through the roadblock*** das Auto krachte durch die Straßensperre; **to ~** [*or* **come ~ing**] **to the ground** auf den Boden knallen; ***the vase ~ed to the ground*** die Vase zerschellte am Boden; ■**to ~ against sth** gegen etw *akk* knallen *fam;* *waves*

schlagen, klatschen ⑤ COMM, STOCKEX *(collapse) stockmarket* zusammenbrechen; *company* pleite machen *fam,* in Konkurs gehen ⑥ COMPUT *(fail)* abstürzen ⑦ *(sl: sleep)* ■ **to ~ [out]** wegtreten *fam* **III.** *vt* ① *(damage in accident)* ■ **to ~ sth** etw zu Bruch fahren; **to ~ a plane** eine Bruchlandung machen ② *(make noise)* ■ **to ~ sth** etw schmettern [*o* knallen]; ***she ~ed the vase against the wall*** sie knallte die Vase gegen die Wand ③ *(fam: gatecrash)* **to ~ a party** uneingeladen zu einer Party kommen
crash barrier *n* BRIT, AUS Leitplanke *f* **crash course** *n* Intensivkurs *m,* Crashkurs *m* (**in** in +*dat*) **crash diet** *n* radikale Abmagerungskur, Crashdiät *f;* **to go on a ~** eine radikale Abmagerungskur machen **crash helmet** *n* Sturzhelm *m*
crashing ['kræʃɪŋ] *adj attr, inv (fam)* völlig, total; ***he's a ~ bore*** er ist ein totaler Langweiler
crash-land *vi* bruchlanden, eine Bruchlandung machen **crash-landing** *n* Bruchlandung *f* **crash program** AM, **crash programme** *n* Intensivkurs *m* **crash-protected** *adj* COMPUT absturzgesichert **crash-test dummy** ['kræʃtest,dʌmi] *n* Dummy *m,* Autocrashpuppe *f*
crass [kræs] *adj* krass, grob; *behaviour* derb; **a ~ error of judgement** ein krasses Fehlurteil; **~ ignorance** haarsträubende Dummheit; **a ~ remark** eine grobe Bemerkung
crassly ['kræsli] *adv* krass, grob; **to behave ~** sich *akk* sehr rüde benehmen
crassness ['kræsnəs] *n no pl* Grobheit *f;* *(tactlessness)* Taktlosigkeit *f,* Mangel *m* an Feingefühl
crate [kreɪt] **I.** *n* ① *(open box)* Kiste *f;* *(for bottles)* [Getränke]kasten *m;* **a ~ of beer** ein Kasten *m* Bier; **packing ~** Versandkiste *f* ② *(hum fam: old car, plane)* Kiste *f hum fam* **II.** *vt* ■ **to ~ sth [up]** etw in eine Kiste einpacken
crater ['kreɪtəʳ, AM -t̬ɚ] **I.** *n* Krater *m;* **bomb ~** Bombentrichter *m* **II.** *vi (sl)* stürzen; *prices* fallen
cratered ['kreɪtəd, AM -t̬ɚd] *adj* mit [vielen] Kratern versehen; ***the ~ surface of the moon*** die Oberfläche des Mondes, die von Kratern durchsetzt ist; ***the road is badly ~*** die Straße hat viele Schlaglöcher
cravat [krə'væt] *n* Halstuch *nt (für Männer)*
crave [kreɪv] **I.** *vt* ■ **to ~ sth** etw begehren; **to ~ attention** sich *akk* nach Aufmerksamkeit sehnen **II.** *vi* ■ **to ~ for sth** sich *akk* nach etw *dat* sehnen
craven ['kreɪvᵊn] *adj* feige; **a ~ coward** ein unglaublicher Feigling
cravenly ['kreɪvᵊnli] *adv* feige, feigherzig *veraltet*
craving ['kreɪvɪŋ] *n* heftiges Verlangen (**for** nach +*dat*)
craw [krɔː, AM *also* krɑː] *n* BRIT *(fam)* ▶ PHRASES: **to stick in one's ~** jdm im Magen liegen *fam*
crawfish ['krɔːfɪʃ, AM *esp* 'krɑː-] *n* ① *(freshwater crayfish)* Flusskrebs *m* ② *(spiny lobster)* Languste *f*
crawl [krɔːl, AM *esp* krɑːl] **I.** *vi* ① *(go on all fours)* krabbeln; ■ **to ~ somewhere** irgendwo[hin] krabbeln ② *(move slowly)* kriechen; **to ~ down/up sth** etw hinunter-/hinaufkriechen ③ *(fam: be obsequious)* kriechen *pej;* ■ **to ~ [up] to sb** vor jdm kriechen *pej* ④ *(fam: be overrun)* ■ **to ~** [*or* **be ~ing**] **with sth** von etw *dat* wimmeln ▶ PHRASES: **to make sb's flesh ~** jdm Übelkeit verursachen **II.** *n no pl* ① *(slow pace)* **to move at a ~** kriechen, im Schneckentempo fahren ② *(style of swimming)* Kraulen *nt kein pl;* **to do the ~** kraulen
crawler ['krɔːləʳ, AM 'krɑːlɚ] *n* ① *(very young child)* Krabbelkind *nt;* **to be a ~** im Krabbelalter sein ② *(pej fam: obsequious person)* Kriecher(in) *m(f) pej,* Schleimer(in) *m(f) pej fam*
crawler lane *n (fam)* Kriechspur *f*
crawling peg *n no pl* ECON, FIN Gleitparität *f*
crawl space *n* AM TECH Kriechboden *m;* *(for storage)* Zwischendecke *f*
crayfish *n* ① *(in freshwater)* Flusskrebs *m* ② *(spiny lobster)* Languste *f*
crayon ['kreɪɒn, AM -ɑːn] **I.** *n* Buntstift *m;* **wax ~s** Malkreiden *fpl* **II.** *vt* ■ **to ~ [in] sth** [*or* **to ~ sth [in]**] etw [mit Buntstift] ausmalen **III.** *vi* [mit Buntstift] malen

craze [kreɪz] *n* Mode[erscheinung] *f,* Fimmel *m pej fam;* ■ **~ for sth** Begeisterung *f* für etw *akk;* ***that's the latest ~*** das ist der letzte Schrei
crazed [kreɪzd] *adj* wahnsinnig, verrückt; ***he became ~ with jealousy*** er wurde rasend vor Eifersucht
crazily ['kreɪzɪli] *adv* ① *(madly)* wie verrückt ② *(at crazy angle)* schief
craziness ['kreɪzɪnəs] *n no pl* Verrücktheit *f*
crazy ['kreɪzi] **I.** *adj* ① *(mad)* verrückt, wahnsinnig; **to [nearly] drive sb ~** jdn [fast] zum Wahnsinn treiben; **to go ~** verrückt werden ② *(very interested)* ■ **to be ~ about sb/sth** nach jdm/etw verrückt sein; **car/football-~** verrückt nach Autos/Fußball *präd* ▶ PHRASES: **like ~** *(fam)* wie verrückt [*o* wild] *fam* **II.** *n* AM *(sl)* Irre(r) *f(m),* Verrückte(r) *f(m);* **street ~** Verrückte(r) *f(m)* auf der Straße
crazy paving *n no pl* BRIT, AUS Mosaikpflaster *nt*
CRC [,siːɑː'siː, AM -ɑːr'-] *n abbrev of* **camera-ready copy** CRC *f*
creak [kriːk] **I.** *vi furniture* knarren; *door* quietschen; *bones* knirschen; **to ~ into action** *esp* BRIT *(fig)* langsam in Bewegung kommen, sich *akk* mühsam in Bewegung setzen **II.** *n of furniture* Knarren *nt kein pl; of bones* Knirschen *nt kein pl; of a door* Quietschen *nt kein pl*
creakily ['kriːkɪli] *adv furniture* knarrend; *door* quietschend
creakiness ['kriːkɪnəs] *n no pl of furniture* Geknarre *nt; of a door* Gequietsche *nt; of bones* Geknirsche *nt*
creaky ['kriːki] *adj* ① *(squeaky) door* quietschend; *furniture* knarrend; ■ **to be ~** *door* quietschen; *furniture* knarren ② *(fig: badly made)* schlecht gemacht; *plot, legal system* schwach
cream [kriːm] **I.** *n* ① *no pl* FOOD *(from milk)* Sahne *f,* Obers *nt* ÖSTERR; **strawberries/peaches and ~** Erdbeeren/Pfirsiche mit Sahne [*o* ÖSTERR Obers]; **clotted ~** BRIT *dicker Rahm von erhitzter Milch;* **double** [*or* **heavy**] **~** AM Crème double *f;* **single** [*or* **light**] **~** AM Kaffeesahne *f* ② FOOD *(soup, dessert)* Creme *f;* **~ of asparagus/mushroom soup** Spargel-/Pilzcremesuppe *f;* **salad ~** Salatcreme *f* ③ FOOD *(sweet)* **chocolate ~** Praline *f* mit Cremefüllung, Cremehütchen *nt;* **orange/peppermint ~** Praline *f* mit Orangen-/Pfefferminzfüllung ④ *(for body)* Creme *f;* **antiseptic ~** antiseptische Creme; **face/hand ~** Gesichts-/Handcreme *f* ⑤ *no pl (colour)* Creme *nt* ▶ PHRASES: **the ~** [AM *also* **of the crop**] die Crème de la Crème; ***the ~ of this year's graduates/American society*** die Elite der diesjährigen Absolventen/der amerikanischen Gesellschaft **II.** *n modifier (sauce, soup)* Creme-; **~ biscuits** cremegefüllte Kekse; **~ cake** Sahnetorte *f;* **to have a peaches-and-~ complexion** eine Pfirsichhaut haben **III.** *adj inv* cremefarben **IV.** *vt* ① *(beat)* ■ **to ~ sth** etw cremig rühren; ***~ the butter and sugar together*** die Butter mit dem Zucker schaumig schlagen; **~ed potatoes** Kartoffelpüree *nt* ② *(remove cream)* **to ~ milk** Milch entrahmen ③ *(add cream)* ***do you ~ your coffee?*** möchten Sie Sahne in den Kaffee? ④ *(apply lotion)* ■ **to ~ sth** etw eincremen ⑤ AM *(sl: beat up)* ■ **to ~ sb** jdn zusammenschlagen *fam* ⑥ AM *(fam: defeat)* ■ **to ~ sb** jdn schlagen [*o* besiegen]
◆**cream off** *vt* ① *(take the best)* ■ **to ~ off** ↔ **sth/sb** etw/jdn herauspicken ② *(make a profit)* ■ **to ~ off** ↔ **sth** etw absahnen *fam*
cream cake *n* Sahnetorte *f* **cream cheese** *n* [Doppelrahm]frischkäse *m* **cream-colored** AM, **cream-coloured** *adj* cremefarben **cream cracker** *n* BRIT Kräcker *m* **cream deodorant** *n* Deocrem[e] *f*
creamer ['kriːməʳ, AM -ɚ] *n* ① *no pl (dried milk substitute)* Kaffeeweißer *m* ② AM, AUS *(cream jug)* Sahnekännchen *nt* ③ *(dairy machine)* Milchschleuder *f,* Entrahmungszentrifuge *f*
creamery ['kriːmᵊri, AM -əi] *n* Molkerei *f*
creaminess ['kriːmɪnəs] *n no pl* ① FOOD Cremigkeit *f,* cremige Konsistenz ② *(of skin)* Samtigkeit *f*
cream of tartar *n no pl* Weinstein *m* **cream puff** *n* AM ① *(pastry)* Windbeutel *m* ② *(fig: wimpy man)* Weichei *nt* **cream sherry** *n no pl* süßer Sherry **cream soda** *n* AM *Softdrink mit Vanillegeschmack* **cream tea** *n* BRIT *Tee mit Scones, Marmelade und Sahne*
creamy ['kriːmi] *adj* ① *(smooth and rich)* cremig, sahnig ② *(smooth)* **~ skin** samtweiche [*o* samtige] Haut ③ *(off-white)* cremefarben
crease [kriːs] **I.** *n* ① *(fold)* [Bügel]falte *f; of a book* Eselsohr *nt; of a hat* Kniff *m* ② *(in cricket)* Spielfeldlinie *f* **II.** *vt (wrinkle)* ■ **to ~ sth [up]** etw zerknittern **III.** *vi* knittern
◆**crease up** BRIT **I.** *vi (fam)* sich *akk* vor Lachen kugeln **II.** *vt (fam)* ■ **to ~ sb up** jdn zum Lachen bringen
crease-resistant *adj* bügelfrei, knitterfrei
create [kri'eɪt] **I.** *vt* ① *(make)* ■ **to ~ sth** etw erschaffen [*o geh* kreieren]; ***who ~d the world?*** wer hat die Welt erschaffen? ② *(cause)* ■ **to ~ sth** etw erzeugen [*o* produzieren]; ***unemployment ~s many social problems*** durch die Arbeitslosigkeit entstehen viele soziale Probleme; **to ~ confusion** Unruhe stiften; **to ~ an impression** einen Eindruck erwecken; **to ~ a precedent** einen Präzedenzfall schaffen; **to ~ a sensation** Aufsehen erregen ③ *(form: give title)* ***he was ~ed first Earl of Cheshunt*** er wurde zum ersten Earl of Cheshunt ernannt **II.** *vi* BRIT, AUS *(fam)* eine Szene machen *fam*
creation [kri'eɪʃᵊn] *n* ① *no pl (making)* [Er]schaffung *f;* *(founding)* Gründung *f;* **job/wealth ~** Schaffung *f* neuer Jobs/von Wohlstand ② *(product)* Produkt *nt,* Erzeugnis *nt;* FASHION Kreation *f;* *(of arts also)* Werk *nt;* ***the ~ of a diseased mind*** das Produkt eines kranken Gehirns; ***the latest ~s from Paris*** die neuesten Kreationen aus Paris ③ *no pl* REL ■ **the C~** die Schöpfung ④ *no pl (the world)* die Welt [*o* Schöpfung]; **the wonders of ~** die Wunder der Schöpfung [*o* des Lebens]
creationism [kri'eɪʃᵊnɪzᵊm] *n no pl Lehre von der Weltschöpfung durch einen allmächtigen Schöpfer*
creationist [kri'eɪʃᵊnɪst] *n jd, der den biblischen Bericht von der Erschaffung der Welt wörtlich nimmt*
creative [kri'eɪtɪv, AM -t̬-] *adj* kreativ, schöpferisch; **~ ability** [*or* **talent**] Kreativität *f;* **~ imagination** lebhafte Fantasie; **~ powers** kreative Kräfte
creative accountancy, creative accounting *n no pl* ECON, FIN Bilanzkosmetik *f*
creative accounting *n no pl (fam)* kreative Buchführung **creative director** *n* Kreativdirektor(in) *m(f)* **creative financing** *n no pl* ECON, FIN kreative Finanzierung
creatively [kri'eɪtɪvli, AM -t̬-] *adv* kreativ, schöpferisch, einfallsreich
creativeness [kri'eɪtɪvnəs, AM -t̬-] *n no pl,* **creativity** [,kriːer'tɪvəti, AM -ət̬i] *n no pl* Kreativität *f*
creative writing *n no pl* kreatives Schreiben
creator [kri'eɪtəʳ, AM -t̬ɚ] *n* Schöpfer(in) *m(f);* ■ **the C~** der Schöpfer, Gott *m*
creature ['kriːtʃəʳ, AM -ɚ] *n* ① *(being)* Kreatur *f,* Lebewesen *nt;* **~ from outer space** außerirdisches Wesen; **living ~s** Lebewesen *ntpl;* **mythical ~** mythologisches Wesen ② *(person)* Kreatur *f,* Geschöpf *nt;* ***John is a weak ~*** John ist ein Schwächling; ***you heartless ~!*** du herzlose Kreatur!; **a lovely ~** ein wunderbares Geschöpf ③ *(pawn)* Werkzeug *nt;* **to be a ~ of habit** ein Gewohnheitstier sein
creature comforts *npl (fam)* leibliche Genüsse, leibliches Wohl
creche [kreʃ] *n* ① BRIT, AUS *(nursery)* Kinderkrippe *f* ② AM *(for foundlings)* Waisenhaus *f*
cred [kred] *n no pl* BRIT *(fam) short for* **credibility** Glaubwürdigkeit *f;* **[street] ~** Anerkennung *f* bei Altersgenossen
credence ['kriːdᵊn(t)s] *n no pl (form)* Glaube *m;* **to add** [*or* **lend**] **~ to sth** etw glaubwürdig machen; **to give** [*or* **attach**] **~ to sth** etw *dat* Glauben schenken
credential [krɪ'den(t)ʃᵊl] *vt* AM ■ **to ~ sb** jdn zulassen
credentials [krɪ'den(t)ʃᵊlz] *npl* ① *(letter of introduction)* Empfehlungsschreiben *nt,* Referenzen *fpl;* *(for ambassador)* Beglaubigungsschreiben *nt;* **to**

present one's ~ sein Empfehlungsschreiben vorlegen ② *(qualifications)* Qualifikation *f;* **to establish one's ~s** sich einen Ruf machen ③ *(documents)* Zeugnisse *ntpl*

credibility [ˌkredəˈbɪləti, AM -ət̬i] *n no pl* Glaubwürdigkeit *f;* **to lose ~** die Glaubwürdigkeit verlieren

credibility gap *n* Unterschied *m (zwischen Versprechen und Handlungen)*

credible [ˈkredəbl̩] *adj* glaubwürdig; ***it's barely ~ that ...*** es ist kaum zu glauben, dass ...

credibly [ˈkredəbli] *adv* glaubwürdig

credit [ˈkredɪt] **I.** *n* ① *no pl (praise)* Ehre *f; (recognition)* Anerkennung *f; (standing)* Ansehen *nt;* ***all ~ to her for not telling on us*** alle Achtung, dass sie uns nicht verraten hat!; ***to her*** [***great***] ***~, she admitted she was wrong*** man muss es ihr hoch anrechen, dass sie zugegeben hat, dass sie sich geirrt hatte; ***she has a family, three books and a professorship to her ~*** sie hat eine Familie, drei Bücher und eine Professur auf ihrer Habenseite zu verbuchen; **to be a ~ to sb/sth** [*or* **to do sb/sth ~**] jdm/etw Ehre machen; **to claim ~** [**for sth**] [für etw *akk*] Anerkennung beanspruchen; **to gain ~** an Ansehen gewinnen; **to get ~ for sth** für etw *akk* Anerkennung bekommen; **to give sb ~ for sth** jdm für etw *akk* Anerkennung zollen *geh;* ***I gave him ~ for better judgement than he showed*** ich hätte ihm ein besseres Urteilsvermögen zugetraut; **to give ~ to sth** einer S. *dat* Glauben schenken; **to take** [**the**] **~** [**for sth**] die [ganzen] Lorbeeren [für etw *akk*] einheimsen *fam,* es sich *dat* als Verdienst anrechnen, etw getan zu haben ② *no pl* COMM Kredit *m;* **to be in ~** *esp* BRIT im Haben [*o* Plus] sein; **to buy/sell sth on ~** etw auf Kredit [*o fam* Pump] kaufen/gegen Kredit verkaufen; **to give** [**sb**] **~** [jdm] Kredit geben; **to live on ~** auf Pump leben *fam;* **to offer ~ on sth** auf etw *akk* Kredit bieten ③ FIN *(money in the bank)* Haben *nt;* **account in ~** positives Konto; **~ column** Guthabenspalte *f;* **debit**[**s**] **and ~**[**s**] Soll *nt* und Haben *nt;* **~ entry** Gutschrift *f;* **letter of ~** Akkreditiv *nt,* Kreditbrief *m;* **tax ~** Steuergutschrift *f;* **~ by way of bank guaranty** Avalkredit *m* ④ SCH Schein *m* ⑤ ▪**~s** *pl* FILM, TV Abspann *m;* **to roll the ~s** den Abspann loslassen ► PHRASES: [**to give**] **~ where ~'s due** *(saying)* Ehre, wem Ehre gebührt *prov* **II.** *vt* ① *(give money to)* **to ~ sb/an account with a sum** [*or* **to ~ a sum to sb/an account**] jdm/einem Konto einen Betrag gutschreiben ② *(believe)* ▪**to ~ sth** etw glauben; ***would you ~ it?!*** ist das zu glauben?!; ***her excuse took some ~ing*** ihre Entschuldigung war ziemlich unglaubwürdig; ▪**to ~ sb with sth** jdm etw zutrauen; ▪**to ~ sth with sth** etw *dat* etw zuschreiben

creditable [ˈkredɪtəbl̩, AM -t̬ə-] *adj action, effort* ehrenwert, rühmlich; *victory, defeat* verdient; ***our team came in a ~ third*** unsere Mannschaft kam auf einen verdienten dritten Platz

creditably [ˈkredɪtəbli, AM t̬ə] *adv* Glaubwürdigkeit *f*

credit account *n* BRIT Kundenkreditkonto *nt;* **to open a ~** ein Kundenkreditkonto eröffnen **credit agency** *n* Kreditauskunftei *f,* ≈ Schufa *f (in Deutschland: Schutzgemeinschaft für allgemeine Kreditsicherung)* **credit balance** *n usu sing* FIN Guthaben *nt; (in accounting)* Habensaldo *m* **credit card** *n* Kreditkarte *f* **credit controller** *n* FIN für Kreditkontrolle zuständige(r) Angestellte *f(m)* **credit crunch** *n* AM *(credit squeeze)* Kreditrestriktion *f fachspr,* Kreditdrosselung *f fachspr*

credit entry *n* Gutschrift *f,* Habenbuchung *f* **credit limit** *n* Kredit[höchst]grenze *f* **credit line** *n* ① *(acknowledgement of origin)* Quellenangabe *f* ② FIN Kreditrahmen *m;* **to establish** [*or* **open up**] **a ~ with a bank** einen Kreditrahmen mit einer Bank vereinbaren **credit note** *n* BRIT, AUS Gutschrift *f*

creditor [ˈkredɪtəʳ, AM -t̬ɚ] *n* Gläubiger(in) *m(f),* Kreditor(in) *m(f) fachspr;* **judgment ~** Vollstreckungsgläubiger *m;* **preferential ~** bevorrechtigter Gläubiger; **secured ~** gesicherter Gläubiger; **unsecured ~** ungesicherter Gläubiger

creditor nation *n* ECON, FIN Gläubigernation *f* **credit rating** *n* Kreditwürdigkeit *f kein pl* **credit risk** *n* FIN Kreditrisiko *nt,* Ausfallrisiko *nt* **credit side** *n* Habenseite *f* **credit squeeze** *n* BRIT, AUS Kreditrestriktion *f fachspr,* Kreditdrosselung *f fachspr* **credit standing** *n no pl* FIN Bonität *f,* Kreditwürdigkeit *f*

Crédit Suisse Index [ˌkredɪtˈswɪs-] *n no pl* ECON, FIN ▪**the ~** *der Preisindex der Börse in Zürich* **credit terms** *npl* Kreditbedingungen *fpl* **credit union** *n* Kreditgenossenschaft *f* **credit worthiness** *n no pl see* **credit standing creditworthy** *adj* kreditwürdig

credo [ˈkreɪdəʊ, AM ˈkriːdoʊ] *n* Überzeugung *f,* Kredo *nt geh;* ▪**the C~** REL das Glaubensbekenntnis [*o* Kredo]

credulity [krəˈdjuːləti, AM -ˈduːlət̬i, -ˈdjuː-] *n no pl (form)* Leichtgläubigkeit *f; (trustingness)* Gutgläubigkeit *f;* **to stretch** [*or* **strain**] **sb's ~** jds Vertrauen auf die Probe stellen

credulous [ˈkredjʊləs, AM ˈkredʒə] *adj (form)* leichtgläubig; *(trusting)* gutgläubig

credulousness [ˈkredjʊləsnəs, AM ˈkredʒə-] *n no pl (form)* Leichtgläubigkeit *f; (trustingness)* Gutgläubigkeit *f*

creed [kriːd] *n* Überzeugung *f,* Kredo *nt geh;* ▪**the C~** REL das Glaubensbekenntnis [*o* Kredo]

creek [kriːk] *n* ① BRIT *(coastal inlet)* kleine Bucht; *(narrow waterway)* Wasserlauf *m* ② AM, AUS *(stream)* Bach *m; (tributary)* Nebenfluss *m* ► PHRASES: **to be up the ~** [**without a paddle**] *(fam)* in der Patsche sitzen *fam*

creel [kriːl] *n* ① *(spinning rack)* Spulengatter *nt,* Kantergestell *nt* ② *(large wicker fish basket)* Fischkorb *m* ③ *(angler's fishing basket)* Anglerkorb *m* ④ *(lobster basket)* Hummerkorb *m*

creep [kriːp] **I.** *n (fam)* ① *(unpleasant person)* Mistkerl *m fam* ② *(unpleasant feeling)* ▪**the ~s** *pl* das Gruseln *kein pl;* ***I get the ~s when ...*** es gruselt mich immer, wenn ...; ***that gives me the ~s*** das ist mir nicht ganz geheuer **II.** *vi* <crept, crept> ① *(move)* kriechen; *water level* steigen; ▪**to ~ along** [dahin]kriechen; ***the traffic was ~ing along at a snail's pace*** der Verkehr bewegte sich im Schneckentempo voran; ▪**to ~ into sth** in etw *akk* kriechen; *(fig)* ***doubts began to ~ into people's minds*** den Menschen kamen langsam Zweifel; ▪**to ~ through sth** durch etw *akk* kriechen ② *(fig liter)* ***tiredness crept over her*** die Müdigkeit überkam sie

◆**creep in** *vi* sich *akk* hineinschleichen [*o* hereinschleichen]; *(fig) doubts, mistakes* einschleichen

◆**creep out** *vi* sich *akk* hinausschleichen

◆**creep up** *vi* ① *(increase steadily)* [an]steigen; *prices also* in die Höhe klettern ② *(sneak up on)* ▪**to ~ up behind** [*or* **on**] **sb** sich *akk* an jdn anschleichen; *(fig)* ***a feeling of drowsiness slowly crept up on her*** ein Gefühl der Benommenheit überkam sie langsam; ***old age is ~ing up on me*** ich merke, dass ich langsam älter werde

creeper [ˈkriːpəʳ, AM -ɚ] *n* BOT *(along ground)* Kriechgewächs *nt; (up a wall)* Kletterpflanze *f*

creeping [ˈkriːpɪŋ] *adj attr, inv (also fig)* schleichend; **~ inflation/paralysis** schleichende Inflation/Lähmung

creeping plant *n (along ground)* Kriechgewächs *nt; (up a wall)* Kletterpflanze *f*

creepy [ˈkriːpi] *adj (fam)* grus[e]lig, schaurig

creepy crawlie [-ˈkrɔːli, AM -ˈkrɑː-] *n* AUS Bodenabsauggerät *nt (für den Swimmingpool)* **creepy-crawly** *n (fam or esp childspeak)* Krabbeltier *nt fam*

cremate [krɪˈmeɪt, AM ˈkriːmeɪt] *vt* ▪**to ~ sb** jdn verbrennen [*o* einäschern]

cremation [krɪˈmeɪʃᵊn] *n* Einäscherung *f,* [Leichen]verbrennung *f*

crematorium <*pl* -s *or* -ria> [ˌkreməˈtɔːriəm, AM ˌkriːməˈtɔːr-, *pl* -riə] *n* Krematorium *nt*

crematory [ˈkremətᵊri, AM ˈkriːmətɔːri] **I.** *n* AM *(crematorium)* Krematorium *nt* **II.** *adj* Verbrennungs-; **~ tradition** Brauch *m* der Einäscherung

crème de la crème <*pl* -> [ˌkremdəlɑːˈkrem] *n* das Beste vom Besten, die Crème de la Crème

crème de menthe [ˌkremdəˈmɑ̃θ, AM ˈmɑːnt] *n no pl* FOOD Pfefferminzlikör *m,* Crème de menthe *f*

crème fraîche [ˌkremˈfreɪʃ] *n* Crème fraîche *f*

crenellated [ˈkrenəleɪtɪd] *adj inv* HIST mit Zinnen versehen

crenellations [ˈkrenəleɪʃᵊnz] *npl* Zinnenbildung *f,* Krenelierung *f geh*

C

Creole [ˈkriːəʊl, AM -oʊl] **I.** *n* ① *(person)* Kreole, -in *m, f* ② *(language)* Kreolisch *nt kein pl* **II.** *adj* kreolisch

creosote [ˈkriəsəʊt, AM -soʊt] *n no pl* ① *(wood preservative)* Teeröl *nt* ② *(antiseptic)* Kreosot *nt*

crêpe [kreɪp] *n no pl* ① FOOD Crêpe *f* ② *(fabric)* Krepp *m* ③ *(rubber)* Kreppgummi *m;* **~-soled shoes** Schuhe *mpl* mit Kreppsohle

crêpe de Chine [ˌkrepdəˈʃiːn, ˌkreɪp] *n no pl* Crêpe *m* de Chine *geh,* Seidenflor *m*

crêpe paper *n no pl* Krepppapier *nt*

crêperie [ˈkreɪpəri, krep-] *n* FOOD Crêperie *f*

crêpe rubber *n no pl see* **crêpe 2** Kreppgummi *nt*

crept [krept] *pp, pt of* **creep**

crepuscular [krəˈpʌskjələʳ, AM jələ˞] *adj inv* ① *(of twilight)* dämmerig, Dämmerungs- ② ZOOL dämmerungsaktiv

crescendo [krɪˈʃendəʊ, AM -doʊ] **I.** *n* ① MUS Crescendo *nt* ② *(fig)* Anstieg *m;* **a rising ~ of criticism/violence** ein steter Anstieg der Kritik/Gewalt; **to reach a ~** einen Höhepunkt erreichen **II.** *vi (reach a peak)* den Höhepunkt erreichen **III.** *adj inv* MUS anschwellend, Crescendo- *fachspr*

crescent [ˈkresᵊnt] **I.** *n* ① *(moon)* Mondsichel *f* ② *(street) mondsichelförmig angelegte Straße;* ***they live at number 15, Park C~*** sie wohnen in der Park Crescent [Nr.] 15 ③ *(row of houses) mondsichelförmig gebaute Häuserreihe* **II.** *adj* sichelförmig; **the ~ moon** der zunehmende Mond

cress [kres] *n no pl* Kresse *f*

crest [krest] **I.** *n* ① *(peak)* Kamm *m;* **~ of a hill** Hügelkuppe *f;* **~ of a mountain** Bergrücken *m;* **~ of a roof** Dachfirst *m;* **~ of a wave** Wellenkamm *m* ② ZOOL *of a cock* Kamm *m; of a bird* Schopf *m* ③ *(helmet plume)* Federbusch *m (als Helmschmuck)* ④ *(insignia)* Emblem *nt;* **family ~** Familienwappen *nt* ► PHRASES: **to be** [*or* **ride**] **on the ~ of a wave** [ganz] oben schwimmen *fig* **II.** *vi* [hoch] aufwogen

crested [ˈkrestɪd] *adj inv* ① *(tufted)* mit einem Kamm/Schopf/einer Haube versehen ② *(of waves)* gewellt, mit Wellenkamm *nach n* ③ *(emblazoned)* mit Wappen [*o* Abzeichen] geziert

crestfallen *adj* niedergeschlagen

Cretaceous [krɪˈteɪʃəs] *adj* GEOL kreidehaltig; **the ~ period** die Kreidezeit

Cretan [ˈkriːtᵊn] *adj inv* GEOG, HIST kretisch

Crete [kriːt] *n* Kreta *nt*

cretin [ˈkretɪn, AM ˈkriː-] *n (pej fam)* Schwachkopf *m pej fam*

cretinism [ˈkretɪnɪzᵊm, AM ˈkriːtᵊn] *n no pl* ① MED *(dated)* Kretinismus *m fachspr* ② *(pej: stupidity)* Schwachsinn *m,* Kretinismus *m fig geh*

cretinous [ˈkretɪnəs, AM ˈkriːtᵊn] *adj* ① MED *(dated)* kretinoid *geh* ② *(pej: stupid)* schwachsinnig *pej*

cretonne [kreˈtɒn, AM kriːˈtɑːn] *n no pl* Kretonne *f*

Creutzfeldt-Jakob disease [ˌkrɔɪtsfeltˈjækɒb-, AM -kəb-] *n* Creutzfeldt-Jakob-Syndrom *nt*

crevasse [krəˈvæs] *n* Gletscherspalte *f*

crevice [ˈkrevɪs] *n* Spalte *f,* Spalt *m; (in face)* Furche *f*

crew¹ [kruː] **I.** *n + sing/pl vb* ① *(working team) of aircraft, ship* Crew *f,* Besatzung *f;* **ambulance/lifeboat ~** Rettungsmannschaft *f;* **camera/film ~** Kamera-/Filmteam *nt;* **ground ~** Bodenpersonal *nt;* **the ~ of a train** das Zugpersonal ② *(fam or esp pej: gang)* Bande *f fam;* **a motley ~** ein bunt zusammengewürfelter Haufen *fam* ③ *(rowing)* Rudern *nt kein pl* **II.** *vt* **to ~ a boat/plane** zur Mannschaft eines Boot[e]s/Flugzeugs gehören **III.** *vi (act as crewmember)* Mannschaftsmitglied sein; ▪**to ~ for sb** zu jds Mannschaft gehören

crew² [kruː] *vi esp* BRIT *pp, pt of* **crow**
crew coach *n* AM Trainer(in) *m(f)* der Rudermannschaft **crew cut** *n* Bürstenschnitt *m* **crewman** *n*, **crewmember** *n* Besatzungsmitglied *nt* **crew neck** *n* ❶ *(round neckline)* runder Ausschnitt ❷ *(sweater)* Pullover *m* mit rundem Ausschnitt; *(T-shirt)* T-Shirt *nt* mit rundem Ausschnitt **crew team** *n* AM Rudermannschaft *f*
crib [krɪb] **I.** *n* ❶ *esp* AM *(cot)* Gitterbett *nt;* REL Krippe *f* ❷ *(fam: plagiarized work)* Plagiat *nt geh* ❸ *(fam: crib sheet)* Spickzettel *m sl,* Schummler *m* ÖSTERR *sl* **II.** *vt* <-bb-> *(pej fam)* ■**to ~ sth** etw abschreiben **III.** *vi* <-bb-> *(pej fam)* abschreiben, spicken DIAL *sl;* ■**to ~ from sb** von jdm abschreiben
cribbage ['krɪbɪdʒ] *n no pl* Cribbage *nt (Kartenspiel)*
crib death *n* AM plötzlicher Kindstod
crib notes *n pl esp* AM, **crib sheet** *n* Spickzettel *m sl,* Schummelzettel *m* ÖSTERR *fam*
crick [krɪk] **I.** *n* Stich *m;* **to get a ~ in one's back/neck** einen steifen Rücken/Hals bekommen **II.** *vt* ■**to ~ sth** sich *dat* etw verrenken; ***I ~ed my neck*** ich bekam einen steifen Hals
cricket¹ ['krɪkɪt] *n* ZOOL Grille *f*
cricket² ['krɪkɪt] *n no pl* SPORTS Kricket *nt* ▸ PHRASES: **that's simply not ~** BRIT *(dated or hum fam)* das ist einfach nicht die feine englische Art
cricket ball *n* Kricketball *m* **cricket bat** *n* Kricketschläger *m*
cricketer ['krɪkɪtəʳ, AM -ɚ] *n* Kricketspieler(in) *m(f)*
cricket field *n*, **cricket ground** *n* Kricketplatz *m*
cricketing ['krɪkɪtɪŋ] *adj inv* Kricket-
cricket match *n* Kricketspiel *nt* **cricket net** *n Bereich zum Üben des Kricketschlags* **cricket pitch** *n* Kricket[spiel]feld *nt* **cricket team** *n* Kricketmannschaft *f*
cried [kraɪd] *pp, pt of* **cry**
crier ['kraɪəʳ, AM -ɚ] *n* Ausrufer(in) *m(f)*
crikey ['kraɪkiː] *interj* BRIT *(dated fam)* da schau her! *fam*
crim [krɪm] *n short for* **criminal** *(sl)* Gauner(in) *m(f) pej*
crime [kraɪm] *n* ❶ *(illegal act)* Verbrechen *nt;* **a ~ against humanity** ein Verbrechen *nt* gegen die Menschlichkeit; **the scene of the ~** der Tatort; **heinous/petty ~** abscheuliches/geringfügiges Verbrechen; **to be accused of/charged with a ~** eines Verbrechens angeklagt/beschuldigt werden; **to commit a ~** ein Verbrechen *nt* begehen ❷ *no art, no pl (criminal acts collectively)* Kriminalität *f;* **to lead a life of ~** das Leben eines/einer Kriminellen führen; **petty ~** Kleinkriminalität *f* ❸ *(shameful act)* Schande *f,* Sünde *f fig;* ***it would be a ~*** es wäre eine Schande ▸ PHRASES: **~ doesn't pay** Verbrechen zahlen sich nicht aus
Crimea [kraɪ'miːə] *n* GEOG ■**the ~** die Krim; **the ~n War** der Krimkrieg
Crimean [kraɪ'miːən] *adj inv* GEOG Krim-
crime-busting ['kraɪmbʌstɪŋ] *n (form)* Verbrechensbekämpfung *f* **crime-fighting** ['kraɪmfaɪtɪŋ] *n no pl* Verbrechensbekämpfung *f* **crime laboratory** *n* gerichtsmedizinisches Labor **crime of passion** *n* Verbrechen *nt* aus Leidenschaft **crime prevention** *n no pl* präventive Verbrechensbekämpfung *geh,* Verbrechensverhütung *f* **crime rate** *n* Kriminalitätsrate *f,* Verbrechenszahlen *fpl* **crime-ridden** *adj* ***this area is particularly ~-ridden*** dieses Gebiet hat eine besonders hohe Kriminalitätsrate **crime watch** *n* AM Bürgerwehr *f (zur Verbrechensbekämpfung)* **crime wave** *n* Welle *f* der Kriminalität, Verbrechenswelle *f* **crime writer** *n* Krimiautor(in) *m(f)*
criminal ['krɪmɪn(ə)l] **I.** *n* Verbrecher(in) *m(f);* **a hardened ~** Gewohnheitsverbrecher(in) *m(f)* **II.** *adj* ❶ *(illegal)* verbrecherisch, kriminell; *(punishable)* strafbar; **~ act** Straftat *f;* **~ action** Strafverfahren *nt,* strafrechtliche Verfolgung; **~ bankruptcy** Konkurs *m* durch verurteilte Straftaten; **~ behaviour** kriminelles Verhalten; **~ code** Strafgesetzbuch *nt;* **~ conspiracy** illegale Verschwörung; **~ court** Strafgericht *nt;* **with ~ intent** in verbrecherischer Absicht; **~ libel** strafbare Verleumdung; **a ~ offence** ein strafbares Vergehen; **the ~ population** die Kriminellen; **to have a ~ record** vorbestraft sein; **age of ~ responsibility** Strafmündigkeit *f* ❷ *(shameful)* schändlich; ***it's ~ to charge so much*** es ist ein Verbrechen, so viel Geld zu verlangen *fig fam;* ***the way we waste natural resources is ~*** es ist unverantwortlich, wie verschwenderisch wir mit den Naturschätzen umgehen; **a ~ waste of money** eine ungeheure Geldverschwendung
criminal conversation *n (dated, hist)* Ehebruch *m;* **to be involved in** [*or* **commit**] **~** Ehebruch begehen **criminal damage** *n* [Sach]schaden *m (durch Gewalteinwirkung)* **Criminal Injuries Compensation Board** *n* LAW Entscheidungsbehörde für Verbrechensopfer **criminal investigation** *n* polizeiliche Ermittlung **Criminal Investigation Department** *n* BRIT Kriminalpolizei *f kein pl*
criminality [ˌkrɪmɪ'næləti, AM -ə'nælət̬i] *n no pl* Kriminalität *f*
criminalization [ˌkrɪmɪnəlaɪ'zeɪʃ(ə)n, AM lɪ'] *n no pl* Kriminalisierung *f*
criminalize ['krɪmɪn(ə)laɪz, AM -nəlaɪz] *vt* ■**to ~ sb/sth** jdn/etw kriminalisieren
criminal justice system *n* Strafrechtssystem *nt* **criminal law** *n no pl* Strafrecht *nt* **criminal lawyer** *n* Anwalt, Anwältin *m, f* für Strafsachen; *(specialized in defence)* Strafverteidiger(in) *m(f)*
criminally ['krɪmɪn(ə)li] *adv* strafbarerweise, strafrechtlich **criminal negligence** *n no art, no pl* [strafbare [*o* grobe]] Fahrlässigkeit **criminal offence** *n* LAW strafbare Handlung **criminal record** *n* Vorstrafenregister *nt;* ■**to have a ~** vorbestraft sein
criminologist [ˌkrɪmɪ'nɒlədʒɪst, AM -'nɑːlə-] *n* Kriminologe, -in *m, f*
criminology [ˌkrɪmɪ'nɒlədʒi, AM -'nɑːlə-] *n no pl* Kriminologie *f*
crimp [krɪmp] *vt* ■**to ~ sth** ❶ *(press into small folds)* etw kräuseln [*o* in Fältchen legen]; **to ~ pastry** den Teigrand andrücken ❷ **to ~ one's hair** *(make wavy)* sich *dat* das Haar wellen; *(make curly)* sich *dat* Locken ins Haar machen
crimplene® ['krɪmpliːn] *n no pl* knitterfreier Trevira®
crimson ['krɪmz(ə)n] **I.** *n no pl* Purpur[rot] *nt,* Karmesin[rot] *nt* **II.** *adj* purpurn, purpurrot; **to blush ~** knallrot werden *fam;* **to go** [*or* **turn**] **~ with rage** vor Wut puterrot anlaufen
cringe [krɪndʒ] *vi* ❶ *(cower)* sich *akk* ducken; ***she ~d away from the blow*** sie duckte sich, um dem Schlag auszuweichen; **to ~ back in terror** ängstlich zusammenzucken ❷ *(shiver)* schaudern; *(feel uncomfortable)* ***we all ~d with embarrassment*** das war uns allen furchtbar peinlich
cringe-making *adj* BRIT *(fam) dialogue* peinlich; *(ugly)* schauderhaft
cringing ['krɪndʒɪŋ] *adj* kriecherisch *pej*
crinkle ['krɪŋkl] **I.** *vt* ■**to ~ sth** etw [zer]knittern; ***be sure not to ~ the document*** achte darauf, das Dokument nicht zu knicken; **to ~ one's nose** die Nase rümpfen **II.** *vi dress, paper* knittern; *face, skin* [Lach]fältchen bekommen **III.** *n* [Knitter]falte *f;* *(in hair)* Krause *f;* ***there was a ~ of suspicion on Ann's forehead*** misstrauisch runzelte Ann die Stirn
crinkle-cut chips *npl* BRIT, AM **crinkle-cut french fries** *npl* Pommes frites *pl* mit Wellenschnitt
crinkled ['krɪŋkld] *adj hair* kraus; *paper, cloth* geknittert, Knitter-
crinkly ['krɪŋkli] *adj* ❶ *(full of wrinkles) paper* zerknittert; *skin* knittrig ❷ *(wavy and curly)* gekräuselt; **~ hair** Kraushaar *nt*
crinoline ['krɪn(ə)lɪn] *n* ❶ HIST *(stiffened petticoat)* Krinoline *f,* Reifrock *m* ❷ *no pl (fabric used for stiffening)* Steifleinen *nt*
cripes [kraɪps] *interj (fam)* Gott [nein]! *fam*
cripple ['krɪpl] **I.** *n (dated or pej)* Krüppel *m;* *(fig, pej)* Lahmarsch *m derb* **II.** *vt* ❶ *(disable)* ■**to ~ sb** jdn zum Krüppel machen ❷ *(damage severely)* ■**to ~ sth** *armoured vehicle* gefechtsunfähig machen; **to ~ an attempt** einen Versuch zum Scheitern bringen; **to ~ a machine** eine Maschine kaputtmachen *fam* ❸ *(paralyze)* ■**to ~ sth** etw lahm legen
crippled ['krɪpld] *adj* verkrüppelt; **a ~ aeroplane** ein schrottreifes Flugzeug; **to be ~ with debt** von Schulden erdrückt werden *fig;* **to be ~ with rheumatism** von Rheuma geplagt sein
crippled leapfrog test *n* COMPUT Teilprüfung *f* im Bocksprungprogramm
crippling ['krɪplɪŋ] *adj debts* erdrückend; *pain* lähmend; **a ~ attack of malaria** ein schwerer Malariaanfall
crisis <*pl* -ses> ['kraɪsɪs, *pl* -siːz] *n* Krise *f;* ***education is in ~*** das Bildungswesen steckt in einer Krise; **a ~ in** [*or* **of**] **confidence** eine Vertrauenskrise; **energy ~** Energiekrise *f;* **a ~ situation** eine Krisensituation; **to come to a ~** auf eine Krise zusteuern; **to go through a ~** eine Krise durchmachen; **to resolve** [*or* **solve**] **a ~** eine Krise überwinden
crisis center AM, **crisis centre** *n* Krisenzentrum *nt* **crisis management** *n no pl* Krisenmanagement *nt*
crisp [krɪsp] **I.** *adj* ❶ *(hard and brittle)* knusprig; **~ bacon** knusprig gebratener Schinkenspeck; **~ biscuits** knusprige Kekse *mpl* ÖSTERR *a. ntpl;* **~ snow** knirschender Schnee ❷ *(firm and fresh)* frisch und knackig; **~ apple/lettuce** knackiger Apfel/Salat ❸ *(stiff and smooth)* [*tablecloth*] *paper* steif; **~ banknote** druckfrische Banknote ❹ *(bracing) air, morning* frisch; **~ *mountain air*** frische, kühle Bergluft ❺ *(sharply defined) image* gestochen scharf ❻ FASHION *appearance* makellos ❼ *(quick and precise) manner, style* präzise; *answer, reply* knapp; **short and ~** kurz und knapp **II.** *n* ❶ *usu pl* BRIT *(potato ~)* Chip *m;* **burnt to a ~** verkohlt ❷ AM *(crumble)* Obstdessert *nt (mit Streuseln überbacken);* **cherry ~s** ≈ Kirschtörtchen *ntpl*
crispbread *n* Knäckebrot *nt*
crisper ['krɪspəʳ, AM -ɚ] *n* Gemüsefach *nt (im Kühlschrank)*
crisply ['krɪspli] *adv* ❶ *(briskly)* spitz, scharf, knapp ❷ *(of hair)* kraus, gekräuselt ❸ *(of food)* knusprig, knackig
crispness ['krɪspnəs] *n no pl* ❶ *(briskness)* Flottheit *f,* Frische *f* ❷ *(rigidness)* Steifheit *f,* Steifigkeit *f* ❸ *(of hair)* Festigkeit *f* ❹ *(of food)* Knusp[e]rigkeit *f,* Knackigkeit *f* ❺ *(invigoratingness)* belebende [*o* aufmunternde] Wirkung
crispy ['krɪspi] *adj (approv)* knusprig; **~ bacon** knusprig gebratener Schinkenspeck
criss-cross **I.** *vt* ■**to ~ sth** *bus, train* etw durchqueren; ■**to be ~ed by sth** ***this area of the city is ~ed by railway lines*** dieses Stadtviertel ist von Schienen durchzogen **II.** *vi roads, railway tracks* sich *akk* kreuzen **III.** *adj inv* überkreuz, Kreuz-; **~ grille** Kreuzgitter *nt*
crit [krɪt] *n (fam)* ❶ *short for* **critic** ❷ *no pl short for* **criticism**
criterion <*pl* -ria> [kraɪ'tɪəriən, AM -'tɪriən, *pl* -riə] *n* Kriterium *nt*
critic ['krɪtɪk, AM -t̬-] *n* Kritiker(in) *m(f);* *(for books)* Rezensent(in) *m(f);* **a harsh ~** ein scharfer Kritiker/eine scharfe Kritikerin
critical ['krɪtɪk(ə)l, AM -t̬-] *adj* ❶ *(involving judgements)* kritisch; **to receive** [*or* **win**] **~ acclaim** von den Kritikern gelobt [*o* positiv aufgenommen] werden; **~ edition/evaluation** kritische Ausgabe/Bewertung; **~ success** Erfolg *m* bei der Kritik ❷ *(fault-finding)* kritisch, missbilligend; ■**to be ~ of sb** an jdm etwas auszusetzen haben; **to look at** [*or* **judge**] **sth with a ~ eye** etw kritisch betrachten; **to be highly** [*or* **sharply**] **~ of sth/sb** etw/jdm [äußerst] kritisch gegenüberstehen ❸ *(crucial)* entscheidend; **~ factor/moment** entscheidender Faktor/Augenblick ❹ *(dangerous) condition, situation* kritisch; MED *also* lebensbedrohlich; **to be on the ~ list** ein Todeskandidat/eine Todeskandidatin sein ▸ PHRASES: **to go ~** den Höhepunkt erreichen; PHYS *nuclear reactor* kritisch werden *fachspr*
critical angle *n* PHYS kritischer Winkel

critical error *n* COMPUT kritischer Fehler
critically ['krɪtɪkəli, AM -t̬-] *adv* ❶ (*in an evaluating way*) kritisch; (*by the critics*) von Kritikerseite; ***the ~ acclaimed film ...*** der Film, der von den Kritikern hochgelobt wurde, ... ❷ (*negatively*) kritisch, missbilligend ❸ (*gravely*) bedenklich; **to be in a ~ bad condition** in einem bedenklich schlechten Zustand sein; **to be ~ ill** schwer [*o* ernsthaft] krank sein
critical mass *n* ❶ COMM (*as minimum*) *minimale Betriebsgröße, mit der das Überleben gesichert werden kann;* (*as maximum*) *maximale Betriebsgröße, die das Überleben gerade noch erlaubt* ❷ PHYS kritische Masse
criticism ['krɪtɪsɪzəm, AM -t̬-] *n* ❶ *no pl* (*fault-finding*) Kritik *f;* **to attract ~** Kritik erregen; **to lay oneself open** [*or* **expose oneself**] **to ~** sich *akk* der Kritik aussetzen; **to take** [*or* **accept**] **~** Kritik annehmen ❷ (*negative judgement*) Kritik *f;* **to have a few ~s of** [*or* **about**] **sth** zu etw *dat* einige kritische Anmerkungen haben ❸ *no pl* (*analytical evaluation*) Kritik *f;* **literary ~** Literaturkritik *f*
criticize ['krɪtɪsaɪz, AM -t̬-] **I.** *vt* ■**to ~ sb/sth** jdn/etw kritisch beurteilen; ■**to ~ sb/sth for sth** jdn/etw wegen einer S. *gen* kritisieren **II.** *vi* kritisieren
critique [krɪ'ti:k] *n* Kritik *f*
critter ['krɪtəʳ, AM t̬ɚ] *n* AM (*fam*) ❶ (*creature*) Lebewesen *nt,* Kreatur *f* ❷ (*person*) Typ *m fam*
CRO [ˌsi:ɑ:r'əʊ] *n* BRIT ECON, FIN *abbrev of* **Companies Registration Office** *britische Gesellschaftsregistrierbehörde*
croak [krəʊk, AM kroʊk] **I.** *vi* ❶ *crow, person* krächzen; *frog* quaken ❷ BRIT (*sl: inform on others*) singen *fam* ❸ (*sl: die*) abkratzen *derb,* den Löffel abgeben *fam* **II.** *vt* ❶ (*speak with rough voice*) ■**to ~ sth** etw krächzen ❷ (*dated sl: kill*) ■**to ~ sb** jdn abmurksen [*o sl* kalt machen] *sl* **III.** *n of a crow, person* Krächzen *nt kein pl; of a frog* Quaken *nt kein pl*
croaky ['krəʊki, AM 'kroʊki] *adj voice* heiser
Croat ['krəʊæt, AM 'kroʊ-] *n* ❶ (*person*) Kroate, -in *m, f* ❷ (*language*) Kroatisch *nt kein pl*
Croatia [krəʊ'eɪʃə, AM kroʊ-] *n* Kroatien *nt*
Croatian [krəʊ'eɪʃən, AM 'kroʊ-] **I.** *adj* kroatisch **II.** *n* ❶ (*person*) Kroate, -in *m, f* ❷ (*language*) Kroatisch *nt kein pl*
croc [krɒk, AM krɑ:k] *n* (*fam*) *short for* **crocodile** Krokodil *nt*
crochet ['krəʊʃeɪ, AM kroʊ'ʃeɪ] **I.** *n no pl* Häkeln *nt;* (*work*) Häkelarbeit *f* **II.** *vi* häkeln **III.** *vt* ■**to ~ sth** etw häkeln
crocheted ['krəʊʃeɪd, AM kroʊ'ʃeɪd] *adj inv* gehäkelt
crochet hook *n,* **crochet needle** *n* Häkelnadel *f*
crock [krɒk, AM krɑ:k] *n* ❶ (*clay container*) [Ton]topf *m* ❷ (*dated or hum: worthless old person*) kauziger Alter/kauzige Alte *pej;* (*worthless old car*) Schrottkiste *f pej fam* ❸ *no pl* AM (*fam: nonsense*) ■**a ~** ein absoluter Schwachsinn *pej fam*
▸ PHRASES: **a ~ of shit** AM (*vulg*) ein Haufen *m* Scheiße *pej derb*
crockery ['krɒkəri, AM 'krɑ:kɚi] *n no pl* Geschirr *nt*
crocodile <*pl* – *or* -s> ['krɒkədaɪl, AM 'krɑ:k-] *n* ❶ ZOOL Krokodil *nt;* **~ skin** Krokodilleder *nt* ❷ BRIT (*fam: line of pupils*) Zweierreihe *f* (*von Schulkindern*)
crocodile clip *n* ELEC Krokodilklemme *f* **crocodile tears** *n pl* Krokodilstränen *fpl fam;* **to shed ~** Krokodilstränen vergießen *fam*
crocus ['krəʊkəs, AM 'kroʊ-] *n* Krokus *m*
Croesus ['kri:səs] *n* HIST (*also fig*) Krösus *m*
croft [krɒft, AM krɑ:ft] *n esp* SCOT (*small farm*) kleiner [gepachteter] Bauernhof; (*farmhouse*) kleines Bauernhaus
crofter ['krɒftəʳ, AM 'krɑ:ftɚ] *n esp* SCOT Kleinpächter(in) *m(f)*
crofting ['krɒftɪŋ, AM 'krɑ:ft] BRIT **I.** *n no pl* AGR Parzellenwirtschaft *f* **II.** *n modifier* Kleinbauern-
croissant ['krwæsɑ̃(ŋ), AM krwɑ:'sɑ̃] *n* Croissant *nt*
crone [krəʊn, AM kroʊn] *n* (*liter or pej*) alte Hexe *pej*
crony ['krəʊni, AM 'kroʊni] *adj* (*esp pej fam*) Spießgeselle *m pej o hum fam,* Kumpan *m a. pej fam,* Haberer *m* ÖSTERR *fam*
cronyism ['krəʊniɪzəm, AM 'kroʊ-] *n no pl* (*esp pej*) Kumpanei *f oft pej fam,* Vetternwirtschaft *f pej,* Freunderlwirtschaft *f* ÖSTERR *pej fam*
crook [krʊk] **I.** *n* ❶ (*fam: rogue*) Gauner *m fam* ❷ *usu sing* (*curve*) Beuge *f; of arm* Armbeuge ❸ (*of a shepherd*) Hirtenstab *m;* (*of a bishop*) Bischofsstab *m,* Krummstab *m* **II.** *adj* AUS (*fam*) ❶ (*ill*) krank; **to be ~ with a cold** erkältet sein; **to feel ~** sich *akk* mies fühlen *fam;* **to go ~** krank werden ❷ (*annoyed*) ■**to be ~ on sb** auf jdn wütend sein; **to go ~** ausrasten *fam;* **to go ~ at sb** auf jdn wütend werden ❸ (*unsatisfactory*) *place, situation* schlecht, mies *fam;* (*out of order*) *car* kaputt *fam* ❹ (*illegal*) **a ~ thing** eine krumme Sache *fam* **III.** *vt* (*dated*) ■**to ~ sth** etw krümmen [*o* biegen]; **to ~ one's arm** den Arm beugen; **to ~ one's finger** den Finger krümmen
crooked ['krʊkɪd] *adj* ❶ (*fig fam: dishonest*) unehrlich; *police officer, politician* korrupt *pej; salesman* betrügerisch ❷ (*not straight*) *teeth, grin* schief; *nose, lines, legs* krumm
crookedly ['krʊkɪdli] *adv* ❶ (*out of shape*) krumm, schief ❷ (*of a grin*) süßsäuerlich *fig*
croon [kru:n] **I.** *vt* ■**to ~ sth** mit schmachtender Stimme singen, schnulzen *pej fam;* ■**to ~ sth to oneself** etw vor sich *akk* hin summen **II.** *vi* leise reden, im sanften Flüsterton reden **III.** *n* ❶ (*song*) sentimentaler Song, Schnulze *f pej fam* ❷ (*voice*) schmachtender Tonfall
crooner ['kru:nəʳ, AM -ɚ] *n* (*dated*) Schnulzensänger(in) *m(f) pej fam*
crop [krɒp, AM krɑ:p] **I.** *n* ❶ (*plant*) Feldfrucht *f;* (*harvest*) Ernte *f;* **to harvest the ~s** die Ernte einbringen ❷ (*group*) Gruppe *f;* ***this year's ~ of films*** die diesjährige Filmproduktion ❸ (*short hair cut*) Kurzhaarschnitt *m;* **a very short ~** ein Bürsten[haar]schnitt *m;* **to give sb a close ~** jdm einen Igelschnitt [*o veraltend fam* eine Meckifrisur] verpassen ❹ ORN Kropf *m* ❺ (*whip*) Reitgerte *f,* Reitpeitsche *f* **II.** *vt* <-pp-> ■**to ~ sth** ❶ (*plant with crops*) etw bestellen [*o* bebauen]; ***the land here has been over-~ped*** auf diesen Feldern wurde Raubbau getrieben ❷ (*cut short*) *sheep, horses* etw abgrasen [*o* abweiden] [*o* abfressen]; **to ~ a photo** ein Foto zurechtschneiden; **to have one's hair ~ped** sich *dat* das Haar kurz schneiden lassen **III.** *vi* wachsen, gedeihen; **to ~ well** gut gedeihen [*o* wachsen]
◆**crop up** *vi* (*fam*) auftauchen *fig;* ***her name keeps ~ping up in conversation*** ihr Name taucht in den Gesprächen immer wieder auf; ***something's ~ped up*** es ist etwas dazwischengekommen
crop circle *n* Korn[feld]kreis *m* **crop dusting** *n* Schädlingsbekämpfung *f* (*durch Besprühen des Getreides*) **crop-eradication** [ˌkrɒpɪrædɪ'keɪʃən, AM ˌkrɑ:p-] *n no pl* (*marijuana destruction*) Drogenvernichtung *f*
cropped [krɒpt, AM krɑ:pt] *adj* FASHION kurz
cropper ['krɒpəʳ, AM 'krɑ:pɚ] *n* ❶ AGR Nutzpflanze *f;* **a heavy ~** eine gut tragende Pflanze ❷ *no pl* (*sl*) **to come a ~** (*fail miserably*) auf die Nase fallen *fig;* (*fall from horse*) [vom Pferd] stürzen; (*have an accident*) einen [schweren] Autounfall haben
crop rotation *n* Fruchtfolge *f,* Fruchtwechsel *m* **crop spraying** *n* Schädlingsbekämpfung *f* (*durch Besprühen des Getreides*) **crop top** *n* FASHION bauchfreies Top
croquet ['krəʊkeɪ, AM 'kroʊ-] *n no pl* Krocket[spiel] *nt*
croquet lawn *n* Krocketrasen *m*
croquette [krɒ'ket, AM kroʊ'ket] *n* FOOD Krokette[n] *f[pl]*
cross [krɒs, AM krɑ:s] **I.** *n* ❶ (*shape*) Kreuz *nt;* **to mark sth with a ~** etw ankreuzen; **to put** [*or* **place**] **a ~ on/next to sth** bei/neben etw *dat* ein Kreuz machen ❷ (*sign of Christianity*) Kreuz[zeichen] *nt;* **to make the sign of the ~** das Kreuzzeichen machen ❸ (*burden*) Kreuz *nt kein pl,* Leiden *nt;* **to bear a ~** ein Kreuz tragen ❹ (*medal*) Kreuz[abzeichen] *nt* ❺ SCI (*mixture*) Kreuzung *f;* (*fig*) Mischung *f* ❻ SPORTS Querschuss *m* **II.** *adj* verärgert; ■**to be ~ about sth** über etw *akk* verärgert sein; ***she is ~ at being given all the boring jobs*** sie ist verärgert, weil sie immer die langweiligen Arbeiten bekommt; ■**to be ~ that ...** verärgert sein, dass ...; **to get ~** [**with sb**] [mit jdm] böse werden **III.** *vt* ❶ (*go across*) *country, desert, valley* durchqueren; *equator, lake, mountains, river* überqueren; **to ~ the border** die Grenze passieren; **to ~ a road** über eine Straße gehen/fahren; **to ~ the threshold** die Schwelle überschreiten ❷ SPORTS (*pass across*) **to ~ the ball** den Ball cross spielen ❸ (*lie across each other*) **to ~ one's arms** die Arme verschränken; **to ~ one's legs** die Beine übereinander schlagen ❹ (*make sign of cross*) ■**to ~ oneself** sich *akk* bekreuz[ig]en ❺ (*oppose*) ■**to ~ sb** sich *akk* jdm widersetzen ❻ (*crossbreed*) ■**to ~ an animal with another animal** ein Tier mit einem anderen Tier kreuzen ❼ BRIT POL **to ~ the floor** [**of the House**] die Partei [*o* Fraktion] wechseln; **let's ~ that bridge when we come** [*or* **get**] **to it** wir werden uns mit diesem Problem beschäftigen, wenn es so weit ist *fam;* **to ~ a cheque** BRIT, AUS einen Scheck zur Verrechnung ausstellen; **to ~ one's fingers, to keep** [*or* **have**] **one's fingers ~ed** die Daumen drücken [*o fam* halten]; **to ~ sb's hand** [*or* **palm**] **with silver** jdm Geld in die Hand drücken *fam;* **~ my heart and hope to die** (*prov*) großes Ehrenwort *fam,* ich schwör's *fam;* **to ~ the line** (*go out of play*) ins Aus gehen; (*go into goal*) ins Tor gehen; (*cross the equator*) den Äquator passieren; **to ~ one's mind** jdm einfallen; ***it never actually ~ed my mind*** das ist mir gar nie in den Sinn gekommen; **to ~ sb's path** jdm über den Weg laufen; **to ~ paths with sb** jdn treffen; ***when did you last ~ paths with each other?*** wann seid ihr euch zuletzt über den Weg gelaufen?; **to ~ swords with sb** mit jdm die Klinge kreuzen *geh;* **to ~ wires** *usu passive* etwas falsch verstehen **IV.** *vi* ❶ (*intersect*) sich *akk* kreuzen ❷ (*go across*) überqueren; (*by ferry*) übersetzen; ***look both ways before you ~*** schau' nach beiden Seiten bevor du rübergehst ❸ (*coincidentally cross paths*) sich *akk* treffen; ***our letters must have ~ed in the post*** unsere Briefe müssen sich auf dem Postweg gekreuzt haben; TELEC ***the lines are ~ed*** [*or* ***we've got a ~ed line***] da ist jemand in unserer Leitung
◆**cross off** *vt* ■**to ~ off** ↔ **sb/sth** jdn/etw streichen; **to ~ sb's name off a list** jds Namen von einer Liste streichen
◆**cross out** *vt* ■**to ~ out** ↔ **sth** etw ausstreichen [*o* durchstreichen]; **to ~ out one's name** seinen Namen durchstreichen
◆**cross over** **I.** *vi* hinübergehen; (*on a boat, ferry*) übersetzen; ***don't you dare ~ over on a red light!*** geh ja nicht bei Rot über die Straße!; ■**to ~ over to sth** zu etw *dat* hinübergehen; (*fig*) zu etw *dat* überwechseln **II.** *vt* **to ~ over a border/river/road** eine Grenze/einen Fluss/eine Straße überqueren
cross-assembler *n* COMPUT Kreuzassemblierer *m*
crossbar *n* Querlatte *f; of goal* Torlatte *f; of bicycle* [Quer]stange *f* **crossbeam** *n* Querbalken *m* **cross-bench** *n* BRIT POL *Bank der Abgeordneten, die weder der Regierungs- noch der Oppositionspartei angehören* **cross-bencher** *n* BRIT POL *Abgeordneter/Abgeordnete, der/die weder der Regierungs- noch der Oppositionspartei angehört* **cross-border** *adj* **~ listing** ECON, FIN im Börsenhandel mehrerer Länder zugelassenes Wertpapier; **~ services** grenzüberschreitende Dienstleistungen **crossbow** *n* Armbrust *f* **crossbred** *adj inv* ZOOL, BOT gekreuzt; **~ dog** Mischlingshund *m* **crossbreed** **I.** *n* ZOOL, BOT Kreuzung *f;* (*half-breed*) Mischling *m* **II.** *vt* ■**to ~ sth** etw kreuzen (**with** mit +*dat*) **crosscheck** **I.** *vt* ■**to ~ sth** etw nachprüfen (**with** mit +*dat*); ***why don't you ~ your list against mine*** warum gleichst du deine Liste nicht mit meiner ab **II.** *vi* abklären; **to ~ with the authorities** bei den Behörden nachfragen

C

cross-compiler *n* COMPUT Kreuzkompilierer *m* **cross-country** I. *adj* Querfeldein-, Gelände-; ~ **race** Geländerennen *nt;* ~ **racer** Geländeläufer(in) *m(f);* ~ **run** Geländelauf *m* II. *adv* ❶ *(across a country)* **to travel** ~ quer durchs Land reisen ❷ *(across countryside)* querfeldein; **to hike/walk** ~ querfeldein wandern/laufen III. *n* Geländelauf *m;* *(with bicycle)* Geländerennen *nt* **cross-country running** *n* Geländelauf *m* **cross-country skiing** *n no pl* Langlauf *m* **cross-court** *inv* I. *adj* TENNIS cross *fachspr;* **to hit a** ~ **forehand** eine Vorhand cross schlagen *fachspr* II. *adv* TENNIS cross *fachspr* **cross-cultural** *adj* interkulturell **cross-current** *n (of air)* Seitenwind *m;* *(of water)* Gegenströmung *f* **cross-disciplinary** [ˌkrɒsdɪsəˈplɪnəri, AM ˌkrɑːsdɪsəˈplɪneri] *adj* interdisziplinär **cross-dresser** [ˌkrɒsˈdresɪŋ, AM ˌkrɑːs] *n* Transvestit *m* **cross-dressing** *n no pl* Transvestismus *m* **cross-examination** *n* Kreuzverhör *nt;* **under** ~ im Kreuzverhör **cross-examine** *vt* ■**to** ~ **sb** jdn ins Kreuzverhör nehmen *a. fig;* *(be overly curious)* jdn ausfragen (**about** über +*akk*) **cross exchange** *n* AM *(cross rate)* Kreuzparität *f* **cross-eyed** *adj* schielend *attr;* ■**to be** ~ schielen **cross-fertilization** *n no pl* ❶ BOT Kreuzbefruchtung *f* ❷ *(exchange) of ideas, customs* Austausch *m;* **cultural** ~ Kulturaustausch *m* **crossfire** *n no pl* Kreuzfeuer *nt;* **to be caught in the** ~ ins Kreuzfeuer geraten *a. fig* **cross-frontier** *adj trade* grenzüberschreitend **cross-grained** *adj person* querköpfig *fam;* *timber* quergefasert; **to become** ~ widerspenstig werden **cross hairs** *npl* Fadenkreuz *nt* **cross-hatch** [ˈkrɒshætʃ, AM ˈkrɑːs-] *vt* ■**to** ~ **sth** etw kreuzweise schraffieren **cross-hatching** [ˈkrɒshætʃɪŋ, AM ˈkrɑːs-] *n no pl* Kreuzschraffur *f* **cross-head screw** *n* Kreuz[schlitz]schraube *f* **cross holding** *n* FIN gegenseitige Beteiligung, Kapitalverflechtung *f* **cross infection** *n* Kreuzinfektion *f*

crossing [ˈkrɒsɪŋ, AM ˈkrɑːs-] *n* ❶ *(place to cross)* Übergang *m;* RAIL Bahnübergang *m;* *(crossroads)* [Straßen]kreuzung *f;* **border** ~ Grenzübergang *m;* **pedestrian** ~ Zebrastreifen *m* ❷ *(journey)* Überfahrt *f;* **the** ~ **of the Alps** die Überquerung der Alpen

crossing guard *n* AM Schülerlotse, -in *m, f*

cross-legged [ˌkrɒsˈlegd, -ˈlegɪd, AM ˌkrɑːsˈlegəd, -ˈlegd] I. *adj* **in a** ~ **position** mit gekreuzten Beinen II. *adv* **to sit** ~ im Schneidersitz [da]sitzen

crossly [ˈkrɒsli, AM ˈkrɑːs-] *adv* verärgert

cross matching *n no pl* MED Kreuzprobe *f* **crossover** I. *n modifier (album, music)* gemischt; ~ **study** MED Kreuzstudie *f* II. *n* ❶ *(place)* Übergang *m,* Straßenüberführung *f;* RAIL Gleisverbindung *f* ❷ *(mixed styles)* [Stil]mix *m* **crosspatch** *n (hum dated fam)* Brummbär *m fam* **crosspiece** *n (beam)* Querbalken *m;* *(bar)* Querstück *nt* **cross-ply** [ˈkrɒsplaɪ, AM ˈkrɑːs-] *n,* **crossply tyre** *n* Diagonalreifen *m* **cross pollination** *n* Fremdbestäubung *f* **cross-promotion** *n* Cross-Promotion *f,* produktübergreifende Werbekampagne **cross-purposes** *npl* ▶ PHRASES: **to be talking at** ~ aneinander vorbeireden **cross-question** *vt* ■**to** ~ **sb** jdn ins Kreuzverhör nehmen *a. fig; see also* **cross-examine** **cross rate** *n* ECON, FIN Kreuzparität *f,* Usancekurs *m* **cross-refer** *vt* ■**to** ~ **sb** jdn verweisen (**to** auf +*akk*) **cross-reference** I. *n* Querverweis *m* (**to** auf +*akk*) II. *vt* COMPUT einen Querverweis machen **crossroads** <*pl* -> *n* Kreuzung *f;* *(fig)* Wendepunkt *m;* ■**at a** [*or* **the**] ~ am Scheideweg **cross-section** *n* ❶ *(cut)* Querschnitt *m;* ~ **of a human heart** Querschnitt *m* durch ein menschliches Herz ❷ *(sample)* repräsentative Auswahl **cross-selling** *n no pl* ECON, FIN Leistungsverbund *m* **cross stitch** *n* Kreuzstich *m* **cross street** *n esp* AM Querstraße *f* **crosstalk** *n* ❶ TELEC *(interference)* Nebengespräch *nt* ❷ BRIT *(repartee)* Wortgefecht *nt* **cross-town** I. *adj* **the** ~ **bus service** der Busservice durch die Stadt II. *adv* **he drove us** ~ er fuhr uns durch die Stadt **crosswalk** *n* AM *(pedestrian crossing)* Zebrastreifen *m,* Fußgängerübergang *m* **crossways** *adv* quer **crosswind** *n* Seitenwind *m* **crosswise** I. *adj* Quer- II. *adv* quer **crossword** *n,* **crossword puzzle** *n* Kreuzworträtsel *nt*

crostini [krɒˈstiːniː, AM krɑːˈ-] *npl* Crostini *mpl*

crotch [krɒtʃ, AM krɑːtʃ] *n* Unterleib *m; of trousers* Schritt *m;* *(in a tree, road, river)* Gabelung *f*

crotchet [ˈkrɒtʃɪt, AM ˈkrɑːtʃət] *n esp* BRIT MUS Viertelnote *f*

crotchety [ˈkrɒtʃɪti, AM ˈkrɑːtʃət̬i] *adj (fam) child* quengelig *fam*

crotchless [ˈkrɒtʃləs, AM ˈkrɑːtʃ-] *adj* FASHION *panties* genitalienfrei

crouch [kraʊtʃ] I. *n usu sing* Hocke *f* II. *vi* sich *akk* kauern

◆**crouch down** *vi* sich *akk* niederkauern

croup [kruːp] *n no pl* Krupp *m fachspr,* Kehlkopfdiphtherie *f fachspr;* **to suffer from** ~ an Krupp leiden

croupier [ˈkruːpiəʳ, AM -ieɪ] *n* Croupier *m*

crouton [ˈkruːtɒn, AM -tɑːn] *n* FOOD Croûton *m*

crow[1] [krəʊ, AM kroʊ] *n* Krähe *f* ▶ PHRASES: **as the** ~ **flies** [in der] Luftlinie

crow[2] <crowed *or esp* BRIT crew, crowed *or esp* BRIT crew> [krəʊ, AM kroʊ] *vi* ❶ *(cry) baby, cock* krähen ❷ *(express happiness)* jauchzen, juchzen *fam;* *(gloatingly)* triumphieren; **to** ~ **with delight** vor Freude jubeln

◆**crow about** *vi,* **crow over** *vi* ■**to** ~ **about** [*or* **over**] **sth** mit etw *dat* prahlen [*o fam* angeben] [*o fam* protzen]

crowbar *n* Brecheisen *nt,* Brechstange *f*

crowd [kraʊd] I. *n* + *sing/pl vb* ❶ *(throng)* [Menschen]menge *f;* SPORTS, MUS Zuschauermenge *f;* **to draw a large** ~ eine große Menschenmenge anlocken [*o* anziehen] ❷ *(fam: clique)* Clique *f;* **a bad** ~ ein übler Haufen *fam* ❸ *no pl (multitude of people)* ■**the** ~ die [breite] Masse; **to follow** [*or* **go with**] [*or* **move with**] **the** ~ mit der Masse gehen; **to stand out from the** ~ aus der Masse herausragen II. *vt* ❶ *(fill)* **to** ~ **a stadium** ein Stadion füllen; **to** ~ **the streets** die Straßen bevölkern ❷ *(fam: pressure)* ■**to** ~ **sb** jdn [be]drängen ❸ *(force)* ■**to** ~ **sb into sth** jdn in etw *akk* hineinzwängen; ***they ~ed as many spectators as they could into the hall*** sie pferchten so viele Zuschauer wie eben möglich in die Halle III. *vi* ■**to** ~ **into sth** sich *akk* in etw *akk* hineindrängen [*o* hineinquetschen]; ***hordes of commuters ~ed into the train*** Massen von Pendlern drängten sich in den Zug [hinein]

◆**crowd about** *vi,* **crowd around** *vi* sich *akk* versammeln; ■**to** ~ **around sb/sth** sich *akk* um jdn/etw scharen; ***the autograph seekers ~ed about the entrance to the movie studio*** die Autogrammjäger belagerten den Eingang des Filmstudios

◆**crowd in** *vi* [sich *akk*] hineindrängen; *(stream in)* hineinströmen; ■**to** ~ **in on sb** *(fig) worries, problems* auf jdn einstürmen

◆**crowd out** *vt* ■**to** ~ **out** ⊂ **sb/sth** jdn/etw herausdrängen [*o* verdrängen]

◆**crowd round** *vi* BRIT sich *akk* versammeln

crowded [ˈkraʊdɪd] *adj* überfüllt; *schedule, timetable* übervoll; ■~ **out** *(fam)* gerammelt voll *fam;* **to feel** ~ *(fam)* sich *akk* bedrängt fühlen

crowding out *n no pl* ECON, FIN Verdrängungseffekt *m*

crowd-puller *n* Massenattraktion *f,* Kassenfüller *m*

crown [kraʊn] I. *n* ❶ *(of a monarch)* Krone *f;* ~ **of thorns** Dornenkrone *f;* **to wear the** [*or* **one's**] ~ die Krone tragen ❷ ■**the C~** *(monarchy)* die Krone; *(monarch)* der König/die Königin; **associate of the** ~ **Office** Geschäftsstellenbeamter *m* ❸ *(sporting title)* Meisterschaftstitel *m* ❹ *(top of head)* Scheitel *m;* *(of hill)* Kuppe *f;* *(of mountain)* Gipfel *m;* *(of a roof)* [Dach]first *m;* *(of a tooth, tree, hat)* Krone *f* ❺ BRIT *(hist: coin)* Krone *f,* Fünfschillingstück *nt* II. *vt* ❶ *(as monarch)* ■**to** ~ **sb** jdn krönen ❷ SPORTS **to** ~ **sb world champion** jdn zum Weltmeister krönen; ***she's the newly ~ed world champion*** sie ist die frisch gebackene Weltmeisterin ❸ *(make perfect)* ■**to** ~ **sth** etw krönen [*o* glanzvoll abrunden] ❹ *(liter: top)* ■**to** ~ **sth** etw krönen ❺ *(fam: hit on head)* ■**to** ~ **sb** jdm eins überziehen [*o* aufs Dach geben] *fam* ❻ MED **to** ~ **teeth** Zähne überkronen ▶ PHRASES: **to** ~ **it all** BRIT, AUS *(iron)* als [*o* zur] Krönung des Ganzen *iron*

crown cap *n* Kronenverschluss *m* **crown colony** *n* Kronkolonie *f* **crown copyright** *n* Urheberrecht *nt* der Krone **crown cork** *n* Kron[en]korken *m* **crown court** *n* BRIT höheres Gericht für Strafsachen

crowned crane *n* ORN Kronenkranich *m* **crowned head** *n* gekröntes Haupt; **Europe's ~s** Europas gekrönte Häupter

crowning [ˈkraʊnɪŋ] *adj inv* krönend; **the** ~ **achievement** die Krönung (**of** +*gen*)

crown jewels *npl* Kronjuwelen *ntpl o mpl* **crown land** *n* Kronkolonie *f* **Crown Lands** *npl* Ländereien oder Eigentum der Krone **crown prince** *n* Kronprinz *m* **crown princess** *n* Kronprinzessin *f* **crown privilege** *n Vorrecht der Krone oder Regierung, die Vorlage von Urkunden vor Gericht abzulehnen* **Crown Property** *n* Ländereien oder Eigentum der Krone **Crown Prosecution Service** *n* BRIT Staatsanwaltschaft *f* **crown prosecutor** *n* BRIT Staatsanwalt, Staatsanwältin *m, f* **crown witness** *n* Kronzeuge, -in *m, f* **crow's feet** *npl (wrinkles)* Krähenfüße *mpl fam* **crow's nest** *n* NAUT Krähennest *nt fachspr,* Ausguck *m*

CRT [ˌsiːɑːˈtiː, AM -ɑːrˈ-] *n* COMPUT *abbrev of* **cathode ray tube** Kathodenstrahlröhre *f,* Bildröhre *f*

crucial [ˈkruːʃəl] *adj* ❶ *(decisive)* entscheidend; *(critical)* kritisch; *(very important)* äußerst wichtig; **a** ~ **decision** eine richtungsweisende Entscheidung; ■**to be** ~ **to sth** für etw *akk* entscheidend sein; **a** ~ **moment** ein entscheidender Augenblick; **to prove** ~ **to sth** sich *akk* für etw *akk* als entscheidend erweisen ❷ BRIT *(sl: excellent)* super *sl*

crucially [ˈkruːʃəli] *adv* entscheidend; ~ **important** von entscheidender Bedeutung

cruciate ligament [ˌkruːsiːətˈ-] *n* ANAT Kreuzband *nt*

crucible [ˈkruːsɪbl̩] *n* ❶ TECH *(melting pot)* Schmelztiegel *m* ❷ *(fig: severe test)* Feuerprobe *f*

crucifix [ˈkruːsɪfɪks] *n* Kruzifix *nt*

crucifixion [ˌkruːsəˈfɪkʃən] *n* HIST, REL Kreuzigung *f;* ■**the C~** die Kreuzigung Christi; **to execute sb by** ~ jdn kreuzigen

cruciform [ˈkruːsɪfɔːm, AM -fɔːrm] *adj (form)* kreuzförmig, Kreuz-

crucify [ˈkruːsɪfaɪ] *vt* ■**to** ~ **sb** jdn kreuzigen; *(fig fam)* jdn lynchen *fig, hum; author, play* verreissen *fig fam*

crud [krʌd] *n no pl (fam)* Dreck *m a. fig, pej fam*

cruddy [ˈkrʌdi] *adj (fam)* mies *fam*

crude [kruːd] I. *adj* ❶ *(rudimentary)* primitiv ❷ *(unsophisticated) attempt, forgery* plump; *idea* naiv; *letter* unbeholfen; *style* unkonventionell ❸ *(vulgar)* derb; *manners* rau, krud[e] *geh* ❹ *(unprocessed)* roh, Roh-; ~ **oil** Rohöl *nt* II. *n* Rohöl *nt*

crudely [ˈkruːdli] *adv* ❶ *(in a rudimentary way)* primitiv; ~ **drawn** grob umrissen ❷ *(rudely)* rüde; **to behave** ~ sich *akk* ungehobelt benehmen

crudeness [ˈkruːdnəs] *n,* **crudity** [ˈkruːdəti, AM -t̬i] *n no pl* ❶ *(lack of sophistication)* Rohheit *f,* Primitivität *f* ❷ *(vulgarity)* Derbheit *f;* ***we were shocked by the ~ of his behaviour*** wir waren schockiert über sein rüdes Benehmen

crudités [ˈkruːdɪteɪ, AM ˌkruːdɪˈteɪ] *npl* FOOD Rohkost *f kein pl*

cruel <BRIT -ll- *or* AM *usu* -l-> [ˈkruːəl] *adj* ❶ *(deliberately mean)* grausam; *remark* gemein; ■**to be** ~ **to sb** zu jdm grausam sein; **a** ~ **streak** eine üble Phase; ~ **tyranny** blutige Tyrannei ❷ *(harsh)* hart; *disappointment* schrecklich; **a** ~ **wind** ein beißender Wind ▶ PHRASES: **to be** ~ **to be kind** *(saying)* jdm beinhart die Wahrheit sagen

cruelly [ˈkruːəlli] *adv* grausam

cruelty [ˈkruːəlti, AM -t̬-] *n* Grausamkeit *f* (**to** gegen +*akk*); **an act of** ~ eine grausame Tat; ~ **to animals**

Tierquälerei *f;* ~ **to children** Kindesmisshandlung *f;* **to accuse sb of** ~ jdn der Grausamkeit bezichtigen [*o* beschuldigen]

cruelty-free *adj esp* BRIT nicht an Tieren getestet

cruet ['kru:ɪt] *n* ① BRIT Essig-/Ölfläschchen *nt* ② BRIT (*rack*) Menage *f*

cruise [kru:z] **I.** *n* Kreuzfahrt *f;* **to go on a** ~ eine Kreuzfahrt machen **II.** *vi* ① (*take a cruise*) eine Kreuzfahrt machen; (*ship*) kreuzen; **to** ~ **along the Seine** die Seine entlangschippern *fam* ② (*travel at constant speed*) *aeroplane* [mit Reisegeschwindigkeit] fliegen; *car* [konstante Geschwindigkeit] fahren ③ (*sl: drive around aimlessly*) herumfahren *fam;* (*look for casual sex*) jdn aufreißen [gehen] *fam;* ***he's just cruising*** er ist ein Aufreißer *fam* **III.** *vt* (*sl*) ■**to** ~ **sb** jdn aufreißen *fam;* **to** ~ **the bars/clubs/streets** in einer Bar/einem Klub/auf der Straße aufreißen gehen *fam*

cruise control *n* Temporegler *m,* Geschwindigkeitsregler *m;* **to come** [*or* **be equipped**] **with** ~ mit einem Temporegler ausgestattet sein **cruise liner** *n* Kreuzfahrtschiff *nt* **cruise missile** *n* Marschflugkörper *m*

cruiser ['kru:zəʳ, AM -ɚ] *n* ① (*warship*) Kreuzer *m* ② (*pleasure boat*) Motoryacht *f*

cruiserweight ['kru:zəweɪt, AM zɚ] *n* BRIT *see* **light heavyweight** SPORTS Halbschwergewicht *nt*

cruise ship *n* Kreuzfahrtschiff *nt*

cruising ['kru:zɪŋ] *n* AM Herumfahren *nt kein pl fam*

cruising altitude *n* Reiseflughöhe *f* **cruising speed** *n* Reisegeschwindigkeit *f*

cruller ['krʌlɚ] *n* AM (*ring-shaped doughnut*) Spritzkuchen *m;* (*twisted doughnut*) *länglicher Berliner mit Zuckerglasur*

crumb [krʌm] **I.** *n* ① FOOD *of biscuit, cake* Krümel *m,* Brösel *m* ÖSTERR *a. nt; of bread also* Krume *f* ② (*fig*) ~**s of news** bruchstückhafte Nachrichten; **a small** ~ **of comfort** ein kleiner Trost, ein kleines Trostpflaster *hum;* **a** ~ **of hope** ein Funke[n] *m* Hoffnung; **any** ~ **of hope** jedes Fünkchen Hoffnung; **a few** ~**s of wisdom** ein Fünkchen *nt* Weisheit ③ *no pl* (*inside of bread*) Krume *f* **II.** *interj* BRIT, AUS (*dated*) ■~**s!** ach du meine Güte! *fam* **III.** *vt* FOOD ■**to** ~ **sth** etw panieren; **crispy** ~**ed** knusprig paniert

crumble ['krʌmbl̩] **I.** *vt* ■**to** ~ **sth** etw zerkrümeln [*o* zerbröseln]; (*break into bits*) etw zerbröckeln **II.** *vi* ① (*disintegrate*) zerbröckeln, zerbröseln; ~**ing plaster** brüchiger Gips ② (*fig*) *empire* zerfallen; *opposition* [allmählich] zerbrechen; *resistance* schwinden; *support* abbröckeln, allmählich abnehmen **III.** *n* BRIT *mit Streuseln überbackenes Kompott;* **apple/peach** ~ Apfel-/Pfirsichauflauf *m*

crumbly ['krʌmbli] **I.** *adj bread, cake* krümelig, bröselig; *brick, stone* bröckelig; ~ **cheese** bröckeliger [*o* krümeliger] Käse **II.** *n* BRIT (*fam: old person*) Grufti *m*

crummy ['krʌmi] *adj* (*fam*) mies *fam; carpet, house* schäbig; *idea* blöd *fam;* ***they live in a*** ~ ***house*** sie wohnen in einer richtigen Bruchbude *pej fam;* **a** ~ **job** eine miese Arbeit *fam;* **a** ~ **joint** ein heruntergekommener Laden *fam;* **to feel** ~ sich *akk* mies fühlen *fam*

crumpet ['krʌmpɪt] *n* ① *esp* BRIT *flaches rundes Brötchen zum Auftoasten* ② *no pl* BRIT (*pej sl*) Mieze *f sl;* **to be a nice bit of** ~ sehr sexy sein

crumple ['krʌmpl̩] **I.** *vt* ■**to** ~ **sth** etw zerknittern; **to** ~ **a dress/suit** [sich *dat*] ein Kleid/einen Anzug zerknittern [*o fam* zerknautschen]; **to** ~ **paper** Papier zerknüllen [*o* zusammenknüllen] **II.** *vi* ① (*become dented*) [*part of*] *car, bike* eingedrückt werden ② (*become wrinkled*) *face* sich *akk* verziehen; ***her face*** ~***d with laughter*** ihr Gesicht verzog sich zu einem Lachen ③ (*collapse*) zusammenbrechen; **to** ~ **into a heap** völlig zusammenbrechen

◆**crumple up** *vt* ■**to** ~ **up** ↔ **sth** etw zusammenknüllen

crumple zone *n* BRIT, AUS AUTO Knautschzone *f*

crunch [krʌntʃ] **I.** *n* ① *usu sing* (*noise*) Knirschen *nt kein pl* ② *no pl* (*fam: difficult situation*) Krise *f;* **to find oneself in a** ~ in einer Krise stecken ③ (*abdominal exercise*) Crunch *m* ▶ PHRASES: **if it comes to the** ~ (*fam*) wenn es hart auf hart kommt; **when it comes to the** ~ (*fam*) wenn es darauf ankommt **II.** *n modifier* (*time, period, situation*) stressig *fam* **III.** *vt* FOOD ■**to** ~ **sth** etw geräuschvoll verzehren [*o fam* mampfen] **IV.** *vi* ① *gravel, snow* knirschen ② FOOD ■**to** ~ **on sth** geräuschvoll in etw *akk* beißen

◆**crunch up** *vt* ■**to** ~ **up** ↔ **sth** etw zermalmen; ***the car was*** ~***ed up into a small cube*** das Auto wurde zu einem kleinen Quader zusammengepresst

crunchy ['krʌntʃi] *adj cereal, toast* knusprig; *snow* verharscht; ~ **peanut butter** Erdnussbutter *f* mit Erdnussstückchen

crusade [kru:'seɪd] **I.** *n* ① (*campaign*) Kreuzzug *m,* Kampagne *f* (**for** für +*akk,* **against** gegen +*akk*); **a moral** ~ **for racial equality** ein moralischer Kampf für Rassengleichheit; **a** ~ **against illiteracy/drug dealing** ein Kampf *m* gegen den Analphabetismus/Drogenhandel; **to start a** ~ [**against sth**] eine Kampagne [*o* einen Kreuzzug] [gegen etw *akk*] starten ② HIST ■**the C**~**s** *pl* die Kreuzzüge *mpl* **II.** *vi* ■**to** ~ **for/against sth** einen Kreuzzug für/gegen etw *akk* führen

crusader [kru:'seɪdəʳ, AM -ɚ] *n* ① (*campaigner*) ■**a** ~ **against sth** jd, der gegen etw *akk* zu Felde zieht ② HIST Kreuzritter *m*

crush [krʌʃ] **I.** *vt* ① (*compress*) ■**to** ~ **sth** etw zusammendrücken; (*causing serious damage*) etw zerquetschen; MED [sich *akk*] etw quetschen; **to** ~ **sb to death** jdn zerquetschen ② (*mash*) ■**to** ~ **sth** etw zerdrücken; ~ ***the almonds into a fine powder*** die Mandeln fein mahlen; **to** ~ **an apple** einen Apfel fein zerkleinern; **to** ~ **a clove of garlic** eine Knoblauchzehe zerdrücken; **to** ~ **grapes** Trauben zerstampfen ③ (*break into pieces*) **to** ~ **ice** Eis zerstoßen ④ (*shock*) ■**to** ~ **sb** jdn [stark] erschüttern; ***he was completely*** ~***ed by the news*** die Nachricht hat ihn furchtbar getroffen ⑤ (*defeat*) ■**to** ~ **sb/sth** jdn/etw vernichten [*o* unschädlich machen]; ***the army was determined to*** ~ ***all resistance*** die Armee war entschlossen, jeglichen Widerstand zu zerschlagen; **to** ~ **hopes** Hoffnungen zunichte machen; **to** ~ **an opponent** einen Gegner [vernichtend] schlagen; **to** ~ **a rebellion/riot** eine Rebellion/einen Aufstand niederschlagen **II.** *n* ① *no pl* (*crowd*) Gewühl *nt,* Gedränge *nt* ② (*fam: temporary infatuation*) **to get a** ~ **on sb** sich *akk* in jdn verknallen *fam;* **to have a** ~ **on sb** in jdn verknallt [*o* verschossen] sein *fam* ③ *no pl* (*drink*) Fruchtsaft *m* mit zerstoßenem Eis; **orange** ~ Orangensaft *m* mit zerstoßenem Eis

crush barrier *n* BRIT Absperrung *f*

crushed [krʌʃt] *adj* ① (*compressed*) zerdrückt; (*mashed*) zerquetscht, zermalmt ② (*broken into pieces*) ~ **ice** zerstoßenes Eis ③ (*badly creased*) *clothes* zerknittert ④ (*emotionally hurt*) verletzt; **to feel** ~ sich *akk* getroffen fühlen

crushing ['krʌʃɪŋ] *adj* schrecklich; **a** ~ **blow** ein harter [*o* furchtbarer] Schlag; **a** ~ **defeat** eine vernichtende Niederlage

crushingly ['krʌʃɪŋli] *adv* ① (*overwhelmingly*) überwältigend ② (*with great weight*) mit zermalmender Wucht

crust [krʌst] *n* ① FOOD (*outer layer*) *of pastry* Kruste; *of bread also* Rinde *f;* **a** ~ **of dirt** ein Schmutzrand *m;* **a dry** ~ ein Stück *nt* hartes Brot ② GEOL [Erd]kruste *f*

crustacean [krʌs'teɪʃᵊn] *n* Krustentier *nt,* Krebstier *nt,* Krustazee *f fachspr*

crusted ['krʌstɪd] *adj* **to be** ~ **with sth** von etw *dat* verkrustet sein

crusty ['krʌsti] **I.** *adj* ① *bread* knusprig ② (*grumpy*) mürrisch, grantig; ***he's a*** ~ ***old bachelor*** er ist ein brummiger alter Junggeselle **II.** *n* BRIT (*fam*) *junger Obdachloser, der die Tiere und die Natur liebt* **III.** *n modifier* BRIT (*fam: close to nature, often without a home*) (*lifestyle*) naturnah

crutch [krʌtʃ] *n* ① MED Krücke *f;* **to be** [*or* **go about**] [*or* **walk**] **on** ~**es** auf Krücken gehen ② *no pl* (*source of support*) Stütze *f,* Halt *m;* ***after my husband died, my brother became an emotional*** ~ ***for me*** nach dem Tod meines Mannes gab mir mein Bruder seelischen Halt ③ ANAT, FASHION Unterleib *m; of trousers* Schritt *m*

crux [krʌks] *n no pl* Kernfrage *f;* **the** ~ **of the matter** der springende Punkt

cry <-ie-> [kraɪ] **I.** *n* ① *no pl* (*act of shedding tears*) Weinen *nt;* **to have a** ~ sich *akk* ausweinen; ***have a good*** ~ wein dich ruhig aus ② (*loud emotional utterance*) Schrei *m;* (*shout also*) Ruf *m;* ***they were wakened by cries of 'fire!'*** sie wachten auf, weil jemand [mehrmals] laut ‚Feuer!' schrie; **a** ~ **of pain/pleasure** ein Schmerzens-/Freudenschrei *m;* **to give** [*or* **utter**] **a** ~ einen Schrei ausstoßen ③ (*appeal*) Ruf *m* (**for** nach +*dat*); ~ **for help** Hilferuf *m,* Hilfeschrei *m* ④ (*slogan*) Parole *f* ⑤ ZOOL, ORN Schreien *nt kein pl,* Geschrei *nt kein pl* ▶ PHRASES: **to be a <u>far</u>** ~ **from sth** wenig mit etw *dat* zu tun haben, weit von etw *dat* entfernt sein; ***that's a far*** ~ ***from the truth*** das hat mit der Wahrheit ziemlich wenig zu tun; ***it's still a far*** ~ ***from what I expected of you*** das hätte ich nie von Ihnen erwartet; **to be in <u>full</u>** ~ in ein eifriges Gespräch vertieft sein; HUNT *hounds* in voller Jagd sein; **to be in <u>full</u>** ~ **over sth** gegen etw *akk* Sturm laufen **II.** *vi* weinen; *baby* schreien; ■**to** ~ **for sth** nach etw *dat* weinen; ***we all laughed until we cried*** wir alle lachten Tränen; **to** ~ **for joy** vor Freude weinen ▶ PHRASES: **it is no good** ~**ing over spilt** [*or* AM **spilled**] **<u>milk</u>** was passiert ist, ist passiert **III.** *vt* ■**to** ~ **sth** ① (*shed tears*) etw weinen; ***she cried bitter tears*** sie vergoss bittere Tränen; **to** ~ **oneself to sleep** sich *akk* in den Schlaf weinen ② (*exclaim*) etw rufen [*o* schreien]; ***"help me!" he cried*** „Hilfe!" schrie er ▶ PHRASES: **to** ~ **one's <u>eyes</u>** [*or* **<u>heart</u>**] **out** sich *dat* die Augen ausweinen; **to** ~ **<u>wolf</u>** falschen Alarm geben; **to** ~ **<u>foul</u>** einen Regelverstoß [öffentlich] kritisieren; **to** ~ **<u>foul</u> at sth** etw [öffentlich] als Fehlverhalten kritisieren

◆**cry down** *vt* ① (*decry*) ■**to** ~ **down** ↔ **sth** etw anprangern ② (*denigrate*) ■**to** ~ **down** ↔ **sb/sth** jdn/etw schlecht machen [*o fam* heruntermachen]; **to** ~ **down objections** Einwände abtun

◆**cry off** *vi* (*fam*) einen Rückzieher machen, aussteigen *fam;* ***she usually says she'll be there and then cries off at the last minute*** sie sagt immer, sie würde kommen, und sagt dann in der letzten Minute doch ab

◆**cry out I.** *vi* ① (*shout*) aufschreien; ***she cried out in pain*** sie schrie vor Schmerz auf ② (*protest*) ■**to** ~ **out against sth** [lautstark] gegen etw *akk* protestieren, sich *akk* [lauthals] über etw *akk* beschweren ③ (*need*) ■**to** ~ **out for sth** nach etw *dat* schreien; ***I've never seen a car*** ~ ***out so badly for a wash*** ich habe noch nie ein Auto gesehen, das so dringend gewaschen werden müsste ▶ PHRASES: **for** ~**ing out <u>loud</u>** (*fam*) verdammt nochmal! *fam* **II.** *vt* ■**to** ~ **out** ↔ **sth** etw rufen; (*scream*) etw schreien

crybaby *n* (*pej fam*) Heulsuse *f pej fam*

crying ['kraɪɪŋ] **I.** *n no pl* Weinen *nt;* (*screaming*) Schreien *nt* **II.** *adj attr, inv* dringend; ***there's a*** ~ ***need for a better education system*** eine Verbesserung des Bildungssystems ist dringend erforderlich ▶ PHRASES: **it's a** ~ **<u>shame</u> that ...** es ist jammerschade, dass ... *fam*

cryogenic [ˌkraɪə(ʊ)'dʒenɪk, AM -ə'-] *adj attr, inv* Kälte erzeugend

cryogenic memory *n* PHYS supraleitender Speicher

cryogenics [ˌkraɪə(ʊ)'dʒenɪks, AM -ə'-] *n* + *sing vb* PHYS Kryogenik *f kein pl fachspr,* Tieftemperaturphysik *f kein pl*

cryosurgery [ˌkraɪə(ʊ)'sɜ:dʒəri, AM -ə'sɜ:r-] *n no pl* MED Kryochirurgie *f fachspr,* Kältechirurgie *f*

cryotherapy [ˌkraɪə(ʊ)'θerəpi, AM -ə'-] *n* MED Kryotherapie *f fachspr,* Kältetherapie *f*

crypt [krɪpt] *n* Krypta *f*

cryptanalysis [ˌkrɪptə'næləsɪs] *n* Kryptoanalyse *f*

cryptic ['krɪptɪk] *adj comment, remark* rätselhaft, kryptisch *geh; message also* geheimnisvoll, verschlüsselt; ~ **crossword** *Kreuzworträtsel, bei dem* *man um die Ecke denken muss;* ~ **look** unergründlicher Blick; ~ **smile** Mona-Lisa-Lächeln *nt;* ■**to be ~ about sth** sich *akk* nur sehr vage zu etw *dat* äußern; ***the police were being very ~ about the condition of the hostages*** die Polizei äußerte sich nur sehr vorsichtig über den Zustand der Geiseln

cryptically ['krɪptɪkᵊli] *adv* kryptisch *geh,* rätselhaft; ***they spoke ~*** sie sprachen in Rätseln; ***I like movies which end ~*** ich mag Filme, die ungewiss ausgehen; **to hint ~ at sth** einen versteckten Hinweis auf etw *akk* geben

cryptogram ['krɪptə(ʊ)græm, AM -təgræm] *n* Geheimtext *m,* Kryptogramm *nt veraltet*

cryptographer [krɪp'tɒgrəfəʳ, AM 'tɑːgrəfɚ] *n* Entschlüsselungsexperte, -in *m, f*

cryptographic [ˌkrɪptə(ʊ)'græfɪk, AM -tə'-] *adj* kryptographisch; ~ **algorithm** Chiffrieralgorithmus *m;* ~ **key** Chiffrierschlüssel *m*

cryptography [krɪp'tɒgrəfi, AM -'tɑː-] *n no pl* Ver- und Entschlüsselungstechnik *f,* Kryptographie *f*

crystal ['krɪstᵊl] I. *n* ① CHEM, GEOL Kristall *m;* **ice ~** Eiskristall *m;* **quartz ~** Quartzkristall *m;* **salt ~** Salzkristall *m;* **snow ~** Schneekristall *m* ② *no pl (glass)* Kristallglas *nt;* **lead ~** Bleikristall *nt* ③ *(on a watch, clock)* [Uhr]glas *nt* II. *adj inv* ① CHEM kristallin ② *(made of crystal)* Kristall-; **a ~ chandelier** ein Kristallleuchter *m*

crystal ball *n* Kristallkugel *f;* ***I haven't got a ~*** ich bin (doch) kein Hellseher **crystal clear** *adj* ① *(transparent) water* kristallklar ② *(obvious)* glasklar, völlig [*o* vollkommen] klar; ***it's all ~ to me now*** jetzt ist mir alles sonnenklar; ***the evidence is now ~*** der Beweis liegt nun ganz klar auf der Hand; ***she made it ~ that ...*** sie stellte unmissverständlich klar, dass ... **crystal-gaze** *vi* hellsehen

crystalline ['krɪstᵊlaɪn] *adj inv* ① CHEM kristallin ② *(liter: crystal clear)* kristallklar, klar wie ein Kristall

crystallization [ˌkrɪstᵊlaɪ'zeɪʃᵊn, AM -lɪ'-] *n no pl* CHEM Kristallisierung *f,* Kristallisation *f*

crystallize ['krɪstᵊlaɪz] I. *vi* CHEM kristallisieren; *feelings* fassbar [*o* greifbar] werden II. *vt* ■**to ~ sth** etw herausbilden [*o* herauskristallisieren]; ***the event helped to ~ my thoughts*** das Ereignis half mir, meine Gedanken zu ordnen

crystallized fruit *n* kandierte Frucht

crystallography [ˌkrɪstᵊl'ɒgrəfi, AM təl'ɑːgrə] *n no pl* SCI Kristallographie *f fachspr*

CSA [ˌsiːes'eɪ] *n no pl abbrev of* **Child Support Agency** *staatliche Stelle, die sich mit Unterhaltszahlungen für Kinder befasst*

CSE [ˌsiːes'iː] *adj, n (old) see* **Certificate of Secondary Education** *ehemaliger Schulabschluss, den man mit 16 Jahren macht*

c-section ['siːˌsekʃᵊn] *n* MED Kaiserschnitt *m*

CSIS [ˌsiːesaɪ'es] *n abbrev of* **Canadian Security Intelligence Service** ≈BND *m, Geheimdienst Canadas*

ct *n abbrev of* **carat**

CT *n* ECON *abbrev of* **corporation tax** K.St. *f*

CTP *n* EU *abbrev of* **Common Transport Policy** GVP *f*

CTT [ˌsiːtiː'tiː] *n* LAW *abbrev of* **capital transfer tax**

cub [kʌb] *n* ① ZOOL Junge[s] *nt;* **a bear/wolf ~** ein Bären-/Wolfsjunge[s] *nt;* **a lion/tiger ~** ein Löwen-/Tigerbaby *nt* ② *(cub scout)* Wölfling *m*

Cuba ['kjuːbə] *n* Kuba *nt*

Cuban ['kjuːbən] I. *adj inv* kubanisch II. *n* Kubaner(in) *m(f)*

cubbyhole ['kʌbihəʊl, AM -hoʊl] I. *n* Kämmerchen *nt,* Kabäuschen *nt* DIAL, [winziges] Kabuff *nt* DIAL *oft pej* II. *n modifier* winzig

cube [kjuːb] I. *n* ① *(shape)* Würfel *m,* Kubus *m fachspr;* **ice ~** Eiswürfel *m* ② MATH Kubikzahl *f,* dritte Potenz II. *vt* ■**to ~ sth** ① FOOD etw in Würfel schneiden; **to ~ the meat/potatoes** das Fleisch/die Kartoffeln in Würfel schneiden [*o* würfeln] ② MATH etw hoch drei nehmen; ***2 ~d equals 8*** 2 hoch 3 ist 8

cube farm *n (sl)* Großraumbüro *nt* mit Trennwänden **cube root** *n* MATH Kubikwurzel *f;* ***the ~ of 125 is 5*** die Kubikwurzel von 125 ist 5

cubic ['kjuːbɪk] *adj* ① *attr, inv* MATH Kubik-; ~ **centimetre/foot/metre** Kubikzentimeter/-fuß/-meter *m* ② *(cube-shaped)* kubisch *fachspr,* würfelförmig

cubic capacity *n* MATH Kubikinhalt *m*

cubicle ['kjuːbɪkl] *n* ① *(changing room)* [Umkleide]kabine *f* ② *(sleeping compartment)* winziges Schlafzimmer, Schlafzelle *f;* *(tiny room)* Zelle *f*

cubiform ['kjuːbɪfɔːm, AM fɔːrm] *adj inv* ARCHIT würfelförmig

cubism ['kjuːbɪzᵊm] *n no pl* ART Kubismus *m*

cubist ['kjuːbɪst] ART I. *n* Kubist(in) *m(f)* II. *adj* kubistisch

cubit ['kjuːbɪt] *n* HIST Elle *f hist*

cuboid ['kjuːbɔɪd] *adj* quaderförmig

cub reporter *n* Nachwuchsreporter(in) *m(f);* *(trainee)* Volontär(in) *m(f)* bei einer Zeitung **cub scout** *n* Wölfling *m*

cuckold ['kʊkəʊld, AM -oʊld] I. *n (pej dated)* gehörnter Ehemann, Hahnrei *m veraltend* II. *vt (pej dated)* ■**to ~ sb** jdn betrügen [*o veraltend* zum Hahnrei machen], jdm Hörner aufsetzen

cuckoo ['kʊkuː, AM *also* 'kuːkuː] I. *n* ORN Kuckuck *m* II. *adj (fam)* übergeschnappt *fam;* ***you must be ~*** du musst doch völlig bekloppt sein *fam;* **to go ~** überschnappen *fam*

cuckoo clock *n* Kuckucksuhr *f* **cuckoo spit** *n no pl* ZOOL Kuckucksspeichel *m*

cucumber ['kjuːkʌmbəʳ, AM -ɚ] *n* [Salat]gurke *f* ► PHRASES: **to be [as] cool as a ~** *(fam)* immer einen kühlen Kopf behalten, die Ruhe weg haben *fam*

cud [kʌd] *n no pl* wiedergekäutes Futter; **to chew the ~** wiederkäuen ► PHRASES: **to chew the ~** *(fam)* sinnieren

cuddle ['kʌdl] I. *n* [liebevolle] Umarmung, Liebkosung *f;* **to need plenty of ~s** sehr viel Zärtlichkeit brauchen; **to give sb a ~** jdn umarmen; ***come here and give me a ~*** komm her und drück mich ganz fest II. *vt* ■**to ~ sb/sth** jdn/etw liebkosen [*o fam* knuddeln] III. *vi* kuscheln

◆**cuddle up** *vi (fam)* sich *akk* aneinander kuscheln; ■**to ~ up to sb** sich *akk* an jdn kuscheln [*o* schmiegen]

cuddly ['kʌdli] *adj (approv)* knuddelig *fam*

cuddly toy *n* BRIT, AUS Schmusetier *nt*

cudgel ['kʌdʒᵊl] I. *n* Knüppel *m;* ***guards armed with ~s*** mit Polizeiknüppeln bewaffnete Wachposten ► PHRASES: **to take up [the] ~s for sb/sth** BRIT, AUS für jdn/etw eine Lanze brechen; **to take up [the] ~s for/against sb/sth** BRIT, AUS für/gegen jdn/etw auf die Barrikaden gehen II. *vt* <BRIT -ll- *or* AM *usu* -l-> ■**to ~ sb** jdn niederknüppeln; ■**to ~ sb into doing sth** *(fig)* jdn zu etw *dat* zwingen ► PHRASES: **to ~ one's brains** sich *dat* das Hirn zermartern

cue [kjuː] I. *n* ① THEAT Stichwort *nt;* *(fig also)* Signal *nt,* Zeichen *nt;* **to miss one's ~** sein Stichwort verpassen; **to take one's ~ from sb** *(follow sb's example)* jds Beispiel *nt* folgen; *(follow sb's advice)* jds Zeichen *nt* Folge leisten; **to take one's ~ from sth** sich *akk* von etw *dat* inspirieren lassen ② *(in billiards, snooker)* Queue *nt* ÖSTERR *a. m fachspr,* Billardstock *m* ③ COMPUT Aufruf *m* ► PHRASES: **[right] on ~** wie gerufen II. *vt* ■**to ~ in sb** [*or* **to ~ sb in**] jdm das Stichwort geben

cue ball *n (in billiards, snooker)* Billardkugel *f* **cue card** *n* TV Neger *m fachspr*

cuff [kʌf] I. *n* ① FASHION *(of sleeve)* Manschette *f;* ***I rolled back my ~s*** ich krempelte die Ärmel hoch ② AM, AUS FASHION *(of trouser leg)* [Hosen]aufschlag *m* ③ *(blow)* Klaps *m fam* ④ *(fam)* LAW ■**~s** *pl* Handschellen *fpl;* ***get the ~s on him!*** legen Sie ihm [die] Handschellen an! ► PHRASES: **off the ~** aus dem Stegreif II. *vt* ■**to ~ sb** ① *(strike)* jdm einen Klaps geben *fam* ② *(fam: handcuff)* jdm Handschellen anlegen; ***with his hands ~ed behind his back*** mit auf dem Rücken gefesselten Händen

cuffed [kʌft] *adj inv* AM FASHION Stulpen-; ~ **trousers** Hose *f* mit Aufschlag

cuff link *n* Manschettenknopf *m*

cuirass [kwɪ'ræs] *n* HIST Kürass *m,* Brustharnisch *m*

cuisine [kwɪ'ziːn] *n no pl* Küche *f*

cul-de-sac <*pl* -s *or* culs-de-sac> ['kʌldəsæk] *n (also fig)* Sackgasse *f a. fig;* **to come to a ~ [with sth]** [bei etw *dat*] in eine Sackgasse geraten

culinarily [ˌkʌlɪ'neərɪli, AM -'ner-] *adv* kulinarisch

culinary ['kʌlɪnᵊri, AM -ləneri] *adj inv* kulinarisch; ~ **delights** kulinarische Köstlichkeiten; ~ **equipment** Küchengeräte *ntpl;* ~ **implements** Kochutensilien *ntpl*

cull [kʌl] I. *vt* ① *(kill)* ■**to ~ an animal** ein Tier erlegen *(um den Bestand zu reduzieren)* ② *(select)* ■**to ~ sth** etw herausfiltern [*o* auswählen] II. *n* Abschlachten *nt kein pl;* *(fig)* Abschuss *m kein pl*

cullet ['kʌlɪt] *n no pl* Glasbruch *m*

culm [kʌlm] *n* BOT Halm *m*

culminate ['kʌlmɪneɪt] *vi* ■**to ~ in sth** in etw *dat* gipfeln; ***their many years of research have finally ~d in a cure for the disease*** ihre jahrelangen Forschungen haben mit der Entdeckung eines Heilmittels für die Krankheit ihren Höhepunkt erreicht

culmination [ˌkʌlmɪ'neɪʃᵊn] *n no pl* Höhepunkt *m*

culottes [kjuː'lɒts, AM kuː'lɑːts] *npl* Hosenrock *m;* ■**a pair of ~** ein Hosenrock *m*

culpability [ˌkʌlpə'bɪləti, AM -əţi] *n no pl (form)* Schuld *f;* **to accept ~** die Schuld auf sich *akk* nehmen

culpable ['kʌlpəbl] *adj (form)* schuldig; **to hold sb ~ for sth** jdm die Schuld an etw *dat* geben

culpable homicide *n no pl* LAW Totschlag *m;* **to charge sb with ~** jdn wegen Totschlags anklagen; **to convict sb of ~** jdn wegen Totschlags verurteilen **culpable negligence** *n no pl* LAW grobe Fahrlässigkeit

culprit ['kʌlprɪt] *n* Schuldige(r) *f(m),* Täter(in) *m(f);* *(hum)* Missetäter(in) *m(f)*

cult [kʌlt] *n* ① *(sect)* Kult *m,* Sekte *f;* **religious ~** religiöse Sekte ② *(fig: fad)* Kult *m;* **fitness ~** Fitnesskult *m;* **personality ~** Personenkult *m*

cult figure *n* Kultfigur *f* **cult following** *n* Fangemeinde *f,* Anhängerschaft *f*

cultivable ['kʌltɪvəbl, AM ţə] *adj* bebaubar, kultivierbar

cultivate ['kʌltɪveɪt, AM -tə-] *vt* ① AGR *(grow)* ■**to ~ sth** etw anbauen; **to ~ crops** Getreide anbauen; **to ~ vegetables** Gemüse anbauen [*o* ziehen] ② AGR *(till)* **to ~ the land** das Land bestellen ③ *(fig form)* ■**to ~ sth** etw entwickeln; **to ~ an accent** einen Akzent pflegen; **to ~ a career** eine Karriere fördern; **to ~ contacts/relationships** Kontakte/Beziehungen pflegen; **to ~ one's mind** seine geistigen Fähigkeiten steigern; **to ~ sb's mind** jdn geistig fördern; **to ~ one's reputation** etwas für seinen guten Ruf tun; **to ~ sb's talent** jds Talent *nt* fördern

cultivated ['kʌltɪveɪtɪd, AM -təveɪţɪd] *adj* ① AGR *field* bestellt; *land, soil also* kultiviert, bebaut ② *(fig)* kultiviert, gebildet

cultivation [ˌkʌltɪ'veɪʃᵊn, AM -tə'-] *n no pl* AGR *of crops, vegetables* Anbau *m; of land* Bebauung *m,* Bestellung *m;* **to bring land under ~** Land bebauen [*o* kultivieren]

cultivator ['kʌltɪveɪtəʳ, AM -təveɪţɚ] *n* AGR ① *(machine)* Kultivator *m fachspr,* Grubber *m fachspr* ② *(person)* Landwirt(in) *m(f)*

cultural ['kʌltʃᵊrᵊl] *adj* kulturell; ~ **stereotype** Klischee *nt;* ~ **anthropology** Kulturanthropologie *f;* ~ **attaché** Kulturattaché *m;* ~ **backwater** [*or* **desert**] Kulturwüste *f;* ***this town's a bit of a ~ desert!*** in dieser Stadt ist kulturell überhaupt nichts los!; ~ **cringe** BRIT, AUS *Minderwertigkeitskomplex aufgrund kultureller Unterlegenheitsgefühle;* ~ **exchange** Kulturaustausch *m;* ~ **interest** Interesse *nt* für Kunst und Kultur; ~ **revolution** Kulturrevolution *f*

culturally ['kʌltʃᵊrᵊli] *adv* kulturell, in kultureller Hinsicht; ~ **diverse** multikulturell

culture ['kʌltʃəʳ, AM -tʃɚ] I. *n* ① SOCIOL Kultur *f* ② *no pl* ART, LIT, MUS Kultur *f,* Bildung *f;* **person of ~** kultivierter Mann/kultivierte Frau ③ BIOL Zucht *f,* Züchtung *f;* *(of microorganisms)* Kultur *f;* **silkworm ~** Seidenraupenzucht *f;* **to grow a ~** eine [Bakterien]kultur anlegen **II.** *vt* BIOL **to ~ cells/microorganisms** Zellen/Mikroorganismen züchten

cultured ['kʌltʃəd, AM -tʃɚd] *adj* kultiviert

cultured pearl *n* Zuchtperle *f*

culture gap *n große Kluft zwischen verschiedenen Bevölkerungsgruppierungen bedingt durch einen unterschiedlichen Lebensstil;* ***there's a ~ between many teenagers and their parents*** viele Teenager haben völlig andere Vorstellungen als ihre Eltern

culture shock *n* Kulturschock *m;* **to go through ~** einen Kulturschock erleben; **to suffer from ~** einen Kulturschock haben **culture vulture** *n* BRIT (*pej fam*) [Kunst- und] Kulturfreak *m fam*

culvert ['kʌlvət, AM vɚt] **I.** *n* [überwölbter] Abzugskanal; (*for cable*) unterirdische Leitung **II.** *vt usu passive* ■**to ~ sth** etw durch einen Abzugskanal leiten

cum [kʌm, kʊm] *prep* ① FIN **~ all** einschließlich aller Rechte; **~ coupon** mit Coupon; **~ dividend** mit Dividende; **~ rights** einschließlich Bezugsrechte ② (*combined with*) **a playroom-~-study** ein Spiel- und Lernzimmer *nt*

cumbersome ['kʌmbəsəm, AM -bɚ-] *adj,* **cumbrous** ['kʌmbrəs] *adj luggage* unhandlich, sperrig; *clothing* unbequem; *style of writing* schwerfällig, umständlich; ***it's rather ~ having to carry all these cases around*** es ist wirklich beschwerlich, all diese Kisten herumschleppen zu müssen; **a ~ old computer** ein langsamer alter Computer

cumin ['kʌmɪn, 'kju:-] *n no pl* Kreuzkümmel *m*

cumin seed *n* Kreuzkümmelsamen *m*

cummerbund ['kʌməbʌnd] *n* FASHION Kummerbund *m*

cumulative ['kju:mjələtɪv, AM -t̬-] *adj* gesamt, kumulativ *geh;* **~ evidence** LAW Häufung *f* von Beweismitteln; ***the ~ evidence was overwhelming*** die Fülle an Beweismaterial war überwältigend; **~ total** Gesamtbetrag *m*

cumulatively ['kju:mjələtɪvli, AM t̬ɪv] *adv* alles in allem, kumulativ *geh*

cumulative preference share *n* FIN kumulative Vorzugsaktie

cumulonimbus <*pl* -bi> [ˌkju:mjələʊ'nɪmbəs, AM -loʊ'] *n* METEO Kumulonimbus *m fachspr*

cumulus <*pl* -li> ['kju:mjələs, *pl* li:] *n* METEO Kumulus *m fachspr,* Haufenwolke *f*

cuneiform ['kju:nɪfɔ:m, AM -nəfɔ:rm] *adj inv* keilförmig; LING Keil-; **~ characters** Keilschriftzeichen *ntpl;* **~ writing** Keilschrift *f*

cunnilingus [kʌnɪ'lɪŋgəs] *n no pl* Cunnilingus *m*

cunning ['kʌnɪŋ] **I.** *adj* ① (*ingenious*) *idea* clever, raffiniert; *person also* schlau, gerissen; *device* ausgeklügelt; ***it was ~ of the managing director to ...*** es war ziemlich clever von dem Geschäftsführer, ...; **to develop ~ defences** raffinierte Schutzmechanismen entwickeln; **a ~ look** ein listiger Blick; **a ~ plan** ein gerissener Plan ② AM (*cute*) süß, niedlich ▶ PHRASES: **to be as ~ as a fox** ein schlauer Fuchs sein **II.** *n no pl* (*ingenuity*) Cleverness *f,* Gerissenheit *f fam;* **to show a bit of ~** sich *akk* klug anstellen

cunningly ['kʌnɪŋli] *adv* (*slyly*) schlau; (*ingeniously*) geschickt, clever, raffiniert

cunt [kʌnt] *n* (*vulg*) ① (*pej!: person*) Arsch *m vulg;* ***you [stupid] ~!*** du blöde Sau! *derb* ② (*vagina*) Möse *f sl,* Fotze *f vulg*

cup [kʌp] **I.** *n* ① (*container*) Tasse *f;* **coffee/tea ~** Kaffee-/Teetasse *f;* **a cup of chocolate/coffee/tea** eine Tasse Schokolade/Kaffee/Tee; **egg ~** Eierbecher *m;* **paper/plastic ~** Papp-/Plastikbecher *m* ② *esp* AM (*measure*) *0,237 l;* **a ~ of flour/water** eine Tasse [voll] Mehl/Wasser ③ SPORTS (*trophy*) Pokal *m;* (*championship*) Cup *m;* **the Davis C~** der Daviscup; **to play in the C~** an einem Pokalwettbewerb teilnehmen; **to win a ~** einen Pokal gewinnen, Pokalsieger werden; **to win the World C~** den Weltcup gewinnen, Weltmeister werden ④ REL (*chalice*) Kelch *m* ⑤ BOT Kelch *m; of an acorn* Fruchtbecher *m* ⑥ FASHION (*part of bra*) Körbchen *nt;* (*size*) Körbchengröße *f;* **A/B/C ~** Körbchengröße [*o* Cup] A/B/C ⑦ AM SPORTS Unterleibsschutz *m,* Schutz *m* für die Genitalien ⑧ *no pl* (*drink*) Punsch *m* ▶ PHRASES: **that's [just]/not my ~ of tea** (*fam*) das ist genau/nicht gerade mein Fall **II.** *vt* <-pp-> **to ~ one's hands** mit den Händen eine Schale bilden; ***she ~ped her hands around her mug*** sie legte die Hände um den Becher; ***"Hallo!" he shouted, with his hands ~ped around his mouth*** „hallo!" rief er und legte dabei die Hände trichterförmig um den Mund; **to ~ sth in one's hands** etw in der hohlen Hand halten; ***she ~ped her chin in her hands*** sie stützte das Kinn in die Hand

cupboard ['kʌbəd, AM -ɚd] *n* (*for clothing*) Schrank *m,* Kasten *m* ÖSTERR; ***I'm afraid the ~ is bare*** (*of food*) ich fürchte, der [Vorrats]schrank ist leer; **kitchen ~** Küchenschrank *m;* **built-in ~** Einbauschrank *m*

cupboard love *n no pl* BRIT Geschmeichel *nt meist pej* **cupboard space** *n no pl* Stauraum *m*

cupcake *n* rundes Küchlein (*Muffin aus Rührteig*)

cup final *n* Pokalendspiel *nt,* Cupfinale *nt*

cupful <*pl* -s *or esp* AM cupsful> ['kʌpfʊl] *n* Tasse *f* (*0,237 l*)

cup holders *npl* Titelverteidiger *m*

cupid ['kju:pɪd] *n* ① *no pl* MYTH, REL (*Roman god*) ■**C~** Kupido *m,* Amor *m* ② (*naked winged child*) Amorette *f,* Putte *f*

cupidity [kju:'pɪdəti, AM -əti] *n no pl* Habgier *f*

cupola ['kju:pᵊlə] *n* ARCHIT Kuppel *f*

cuppa ['kʌpə] *n esp* BRIT (*fam*) Tasse *f* Tee

cup tie *n* Pokalspiel *nt* **cup-tied** *adj inv* BRIT FBALL gesperrt

cur [kɜ:ʳ, AM kɜr] *n* (*liter or pej*) ① (*dog*) [gefährlicher] Köter *pej* ② (*person*) Kanaille *f pej,* fieser Hund *pej fam*

curability [ˌkjʊərə'bɪləti, AM ˌkjʊrə'bɪləti] *n no pl* Heilbarkeit *f*

curable ['kjʊərəbl̩, AM 'kjʊr-] *adj* heilbar

curaçao ['kjʊərəsaʊ, AM 'kjʊrəsoʊ] *n no pl* Curaçao *m*

curare [kjʊ(ə)'rɑ:ri, AM kjʊ'rɑ:ri] *n no pl* Kurare *nt*

curate ['kjʊərət, AM 'kjʊr-] *n* REL Kurat *m,* Hilfsgeistlicher *m* ▶ PHRASES: **that film was a bit of a ~'s egg** streckenweise war der Film gar nicht so schlecht

curative ['kjʊərətɪv, AM 'kjʊrət̬ɪv] *adj* heilend, kurativ *fachspr;* **~ medicine** Heilmittel *nt*

curator [kjʊə'reɪtəʳ, AM kjʊ'reɪt̬ɚ] *n* Konservator(in) *m(f) geh*

curatorial [ˌkjʊərə'tɔ:riəl, AM 'kjʊrə] *adj inv* kuratorisch

curb [kɜ:b, AM kɜ:rb] **I.** *vt* ① (*restrain an animal*) **to ~ one's dog** AM seinen Hund an der Leine führen; **to ~ a horse** ein Pferd zügeln ② (*control*) ■**to ~ sth** etw zügeln; ***I'm having a tough time ~ing my appetite for sweets*** es fällt mir schwer, meinen Appetit auf Süßigkeiten zu bremsen; ***she couldn't ~ her passion*** sie konnte ihre Leidenschaft nicht im Zaum halten; **to ~ one's anger/impatience/temper** seinen Zorn/seine Ungeduld/sein Temperament zügeln; **to ~ the arms race** das Wettrüsten begrenzen; **to ~ expenditure** [*or* **expenses**] Ausgaben senken [*o* reduzieren]; **to ~ inflation** die Inflation bremsen; **to ~ tax evasion** die Steuerhinterziehung eindämmen ③ (*hinder*) ■**to ~ sth** etw aufhalten **II.** *n* ① (*control*) Beschränkung *f,* Einschränkung *f;* **to keep a ~ on sth** etw im Zaum [*o* in Schranken] halten; **to put a ~ on sth** etw zügeln; **to put a ~ on one's enthusiasm** seine Begeisterung zügeln ② (*of harness*) Kandare *f* ③ AM (*kerb*) Randstein *m*

curb cut *n* AM (*dropped kerb*) abgeschrägter Randstein **curb exchange** *n* STOCKEX *früherer Name der amerikanischen Wertpapierbörse* **curbside** AM **I.** *n no pl* (*kerbside*) Bordsteinkante *f* **II.** *adj attr, inv* (*kerbside*) Bordstein- **curbstone** *n* AM (*kerbstone*) Randstein *m,* Bordstein *m* **curd cheese** *n no pl esp* BRIT Quark *m,* Topfen *m* ÖSTERR

curdle [kɜ:dl̩, AM kɜ:rdl̩] **I.** *vi milk* gerinnen; *flour* klumpen; *liquid* stocken ▶ PHRASES: **to make sb's blood ~** jdm das Blut in den Adern gerinnen [*o* stocken] lassen **II.** *vt* ■**to ~ sth** etw gerinnen lassen ▶ PHRASES: **to ~ sb's blood** jdn zu Tode erschrecken; ***the strange sound ~d his blood*** der seltsame Laut ließ ihm das Blut in den Adern gefrieren

curds [kɜ:dz, AM kɜ:rdz] *npl* geronnene [*o* dicke] Milch

cure [kjʊəʳ, AM kjʊr] **I.** *vt* ① (*heal*) ■**to ~ sb [of sth]** jdn [von etw *dat*] heilen [*o* kurieren] *a. fig;* ***she's had great success curing her patients*** sie hat große Heilungserfolge bei ihren Patienten erzielt; *cancer* besiegen; **to ~ sb of a disease/an illness** jdn von einer Krankheit heilen ② (*preserve food*) ■**to ~ sth** etw haltbar machen; (*by smoking*) etw räuchern; (*by salting*) etw pökeln; (*by drying*) etw trocknen; (*using vinegar*) etw in Essig einlegen ▶ PHRASES: **what can't be ~d must be endured** (*saying*) was hilft's, wir können [ja doch] nichts dran ändern **II.** *n* ① (*remedy*) [Heil]mittel *nt;* ***there is no known ~ for this disease*** gegen diese Krankheit gibt es kein Mittel; ***the best ~ for boredom is hard work!*** das beste Mittel gegen Langeweile ist harte Arbeit!; **to search** [*or* **look**] **for a ~ [for a disease]** nach einem Mittel [gegen eine Krankheit] suchen ② *no pl* (*recovery*) Heilung *f;* (*fig: solution*) Lösung *f;* ***she was beyond ~*** ihr war nicht mehr zu helfen

cure-all **I.** *n* Allheilmittel *nt* (**for** gegen +*akk*) **II.** *adj* Allheil-; **a ~ wonder drug** ein Wundermittel *nt* gegen alles

cured ham *n* gepökelter Schinken

curfew ['kɜ:fju:, AM 'kɜ:r-] *n* Ausgangssperre *f;* ***what time is the ~?*** wann ist Sperrstunde?; **to break the ~** sich *akk* nicht an die Ausgangssperre halten; **to impose** [*or* **enforce**]**/lift** [*or* **end**] **a ~** eine Ausgangssperre verhängen/aufheben

Curia ['kjʊəriə, AM 'kjʊri-] *n* REL Kurie *f*

curie ['kjʊəri, AM 'kjʊri] *n* PHYS Curie *nt*

curio ['kjʊəriəʊ, AM 'kjʊrioʊ] *n* Kuriosität *f*

curiosity [ˌkjʊəri'ɒsəti, AM ˌkjʊri'ɑ:səti] *n* ① *no pl* (*desire to know*) Wissbegier[de] *f,* Neugier[de] *f;* **to arouse** [*or* **develop**] [*or* **excite**] **sb's ~** jds Neugier[de] *f* wecken; **to burn with/die of** [*or* **with**] **~** vor Neugier brennen/fast umkommen *fam;* **to satisfy sb's ~** jds Neugier[de] *f* befriedigen; **out of** [*or* **from**] **~** aus Neugier ② (*object*) Kuriosität *f;* ***cars like mine are curiosities nowadays*** solche Wagen wie meiner sind heutzutage eine Rarität ▶ PHRASES: **~ killed the cat** (*prov*) wer wird denn so neugierig sein?

curiosity value *n no pl* Seltenheitswert *m*

curious ['kjʊəriəs, AM 'kjʊri-] *adj* ① (*inquisitive*) neugierig, wissbegierig; **to be ~ to see sb/sth** neugierig [*o* gespannt] darauf sein, jdn/etw zu sehen; ■**to be ~ as to** [*or* **about**] **sth** neugierig auf etw *akk* sein; ***I was extremely ~ as to how they met*** ich wollte zu gerne wissen, wie sie sich kennen gelernt haben ② (*peculiar*) seltsam, merkwürdig, eigenartig; ***a ~ thing happened to me yesterday*** gestern ist mir etwas ganz Komisches passiert; ***how ~!*** wie seltsam!; ***what a ~ sight!*** welch ein seltsamer Anblick; ***he's a ~ sort*** er ist schon ein komischer Kauz

curiously ['kjʊəriəsli, AM 'kjʊri-] *adv* ① (*with curiosity*) neugierig, wissbegierig ② (*strangely*) seltsamerweise, merkwürdigerweise

curl [kɜ:l, AM kɜ:rl] **I.** *n* ① (*loop of hair*) Locke *f;* **to fall in ~s** in Locken herabfallen ② *no pl* (*curliness*) Welligkeit *f,* Wellung *f;* **to have a natural ~** Naturlocken haben ③ (*spiral*) Kringel *m;* **~s of smoke** Rauchkringel *mpl* ④ SPORTS Hantelübung *f* **II.** *vi* ① (*of hair*) sich *akk* locken [*o* kräuseln]; ***does your hair ~ naturally?*** hast du Naturlocken? ② (*of a leaf*) sich *akk* einrollen ③ (*of a plant*) sich *akk* winden [*o* schlingen]; ***some plants ~ round tree trunks*** einige Pflanzen ranken sich um Baumstämme ④ (*of a river*) ■**to ~ [through sth]** sich *akk* [durch etw *akk*] schlängeln ⑤ (*of lips*) sich *akk* [spöttisch] kräuseln; ***her lip ~ed at what he said*** bei seinen Worten schürzte sie verächtlich die Lippen **III.** *vt* ① **to ~ one's hair** sich *dat* Locken drehen ② **to ~ one's lip** [verächtlich] die Lippen schürzen [*o* kräuseln] ③ **to ~ one's toes** die Zehen einziehen ④ **to ~ oneself into a ball** sich *akk* zusammenrollen ⑤ (*wrap*) ■**to ~ sth [round sth]** etw [um etw *akk*] herumwickeln; ***a new baby will automatically ~ its fingers round any object it touches*** ein Neugeborenes umklammert automatisch alle Objekte, die es berührt

◆**curl up** *vi* ❶ *leaf* sich *akk* einrollen; *animal, person also* sich *akk* zusammenrollen; *paper* sich *akk* wellen; **to ~ up in an armchair/in bed** sich in einen Sessel/ins Bett kuscheln ❷ BRIT (*with laughter*) sich *akk* vor Lachen biegen [*o* krümmen] ► PHRASES: **to ~ up and die** am liebsten im Erdboden versinken wollen

curler ['kɜːləʳ, AM 'kɜːrlɚ] *n* Lockenwickler *m*

curlew ['kɜːljuː, AM 'kɜːrluː] *n* ORN Brachvogel *m*

curlicue ['kɜːlɪkjuː, AM 'kɜːr-] *n* Schnörkel *m*

curliness ['kɜːlɪnəs, AM 'kɜːr-] *n no pl* Welligkeit *f*

curling ['kɜːlɪŋ, AM 'kɜːr-] *n no pl* SPORTS Curling *nt fachspr,* Eisstockschießen *nt;* **~ stone** Puck *m*

curling iron *n,* **curling tongs** *npl* Lockenstab *m,* Brennschere *f veraltend*

curly ['kɜːli, AM 'kɜːr-] *adj leaves* gewellt, gekräuselt; *hair also* lockig

curly-haired [ˌkɜːlɪ'heəd, AM ˌkɜːrlɪherd] *adj inv* lockenköpfig, mit lockigem Haar *nach n* **curly kale** *n no pl* Grünkohl *m*

currant ['kʌrᵊnt, AM 'kɜːr-] *n* ❶ (*dried grape*) Korinthe *f;* **~ bun** Korinthenbrötchen *nt* ❷ (*berry*) Johannisbeere *f,* Ribisel *f* ÖSTERR; **~ bush** Johannisbeerstrauch *m*

currency ['kʌrᵊn(t)si, AM 'kɜːr-] *n* ❶ (*money*) Währung *f;* ***the world's major currencies*** die wichtigsten Währungen der Welt; **~ declaration** Deklaration *f* des mitgeführten Bargelds; **~ of a euro-participating country** EU Teilnehmerwährung *f;* **blocked ~** nicht frei konvertier- und transferierbare Währung; **free ~** frei konvertierbare Währung; **hard/soft ~** harte/weiche Währung; **bilateral conversion rates between participating currencies** EU bilaterale Kurse zwischen den Teilnehmerwährungen; **to buy/sell a ~** Geld [einer anderen Währung] kaufen/verkaufen; **to exchange ~** Geld [um]tauschen; **[foreign] ~** Devisen *pl,* Valuta *pl* ❷ *no pl* (*acceptance*) [weite] Verbreitung *f,* Geläufigkeit *f;* **to enjoy wide ~** weit verbreitet sein; **to gain ~** sich *akk* verbreiten, um sich *akk* greifen; **to have ~** verbreitet [*o* geläufig] sein

currency areas *n* FIN Währungsgebiete *ntpl* **currency backing** *n* FIN Währungsgarantie *f* **currency band** *n* FIN Währungsbandbreite *f* **currency basket** *n* FIN Währungskorb *m* **currency clause** *n* Währungsklausel *f* **currency conversion** *n* Währungsumstellung *f* **currency futures** *n* FIN Devisenterminkontrakt *m* **currency movements** *npl* Kursschwankungen *fpl* **currency reserves** *n* FIN Währungsreserven *fpl* **currency swap** *n* FIN Währungsswap *m,* Devisenswap *m* **currency unit** *n* FIN Währungseinheit *f*

current ['kʌrᵊnt, AM 'kɜːr-] **I.** *adj* jetzig, gegenwärtig; *periodical* aktuell; **~ assets** ECON Umlaufvermögen *nt;* **to dress according to the ~ fashion** sich *akk* der aktuellen Mode entsprechend kleiden; **the ~ issue** die letzte [*o* aktuelle] Ausgabe; **~ liabilities** ECON laufende Verbindlichkeiten; **in ~ use** gebräuchlich; **the ~ vogue** die aktuelle [*o* herrschende] Mode; **the ~ year** dieses Jahr; **the ~ yield** der derzeitige Ertrag **II.** *n* ❶ (*of air, water*) Strömung *f;* **~ of air** Luftströmung *f;* **ocean ~s** Meeresströmungen *fpl;* **to swim against/with the ~** gegen/mit dem Strom schwimmen *a. fig* ❷ ELEC Strom *m* ❸ (*fig: tendency*) Tendenz *f,* Trend *m;* **the ~ of events** der Strom der Ereignisse; **~ of fashion** Modetrend *m;* **the ~ of opinion** der Meinungstrend; **to drift** [*or* **go**] [*or* **swim**] **with the ~** mit dem Strom schwimmen

current account *n* BRIT Girokonto *nt* **current affairs** *n,* **current events** *npl* POL Zeitgeschehen *nt kein pl* **current assets** *npl* FIN Umlaufvermögen *nt* **current cost accounting** *n no pl* Rechnungslegung *f* zum Wiederbeschaffungswert **current liabilities** *npl* FIN kurzfristige Verbindlichkeiten

currently ['kʌrᵊntli, AM 'kɜːr-] *adv inv* zur Zeit, gegenwärtig, momentan

current price *n* FIN Tagespreis *m,* Tageskurs *m* **current value** *n* Gegenwartswert *m* **current yield** *n no pl* laufende Rendite *fpl*

curricle ['kʌrɪkl̩, AM ˌkɜːr] *n* HIST Halbkutsche *f,* Kabriolett *nt hist*

curricular [kə'rɪkjələʳ, AM -ɚ] *adj inv* SCH Lehrplan-, Studienplan-

curriculum <*pl* -la> [kə'rɪkjələm, *pl* -lə] *n* Lehrplan *m;* **to be on the ~** auf dem Lehrplan stehen

curriculum vitae <*pl* -s *or* curricula vitae> [-'viːtaɪ] *n* Lebenslauf *m*

curried ['kʌrid, AM 'kɜːrid] *adj inv* Curry-; **~ fish** Fisch *m* mit Curry[soße]

curry¹ ['kʌri, AM 'kɜːri] **I.** *n* Curry *nt o m,* Currygericht *nt;* **beef/lamb/vegetable ~** Rindfleisch-/Lamm-/Gemüsecurry *nt o m;* **chicken ~** Curryhuhn *nt;* **~ paste** Currypaste *f;* **~ powder** Currypulver *nt;* **hot/medium/mild ~** scharfes/mittelscharfes/mildes Curry **II.** *vt* <-ie-> ■**to ~ sth** etw als Curry zubereiten

curry² <-ie-> ['kʌri, AM 'kɜːri] *vt* **to ~ a horse** ein Pferd striegeln ► PHRASES: **to ~ favour [with sb]** sich *akk* [bei jdm] einschmeicheln [*o* lieb Kind machen] [wollen]

curry-comb *n* Striegel *m*

curse [kɜːs, AM kɜːrs] **I.** *vi* fluchen; **cursing and swearing** schimpfend und fluchend **II.** *vt* ■**to ~ sb/sth** ❶ (*swear at*) jdn/etw verfluchen; (*fig*) ***I could ~ her for losing my key!*** ich könnte sie auf den Mond schießen, weil sie meinen Schlüssel verloren hat! *fam* ❷ (*put a magic spell on*) jdn/etw verwünschen, einen Fluch über jdn/etw aussprechen; ***it seemed as if his family had been ~d*** es war, als ob ein Fluch auf seiner Familie lastete; (*dated fam*) **~ *this dreadful traffic!*** dieser vermaledeite Verkehr aber auch! *veraltend fam* **III.** *n* ❶ (*swear word*) Fluch *m;* ***he let out a blaring ~*** er fluchte ganz fürchterlich; **with a ~** fluchend ❷ (*magic spell*) Fluch *m;* **to put a ~ on sb** [*or* **to put sb under a ~**] jdn verwünschen, einen Fluch über jdn aussprechen ❸ (*cause of misery*) Fluch *m,* Plage *f* ❹ (*hum fam: menstruation*) **to have the ~** seine Tage haben *fam*

cursed¹ ['kɜːsɪd, AM 'kɜːr-] *adj attr* (*annoying*) verflucht *pej fam,* verdammt *pej fam*

cursed² [kɜːst, AM kɜːrst] *adj* ❶ (*hum: under a curse*) verhext, verflucht *pej fam* ❷ (*fig: afflicted*) ■**to be ~ with sth** mit etw *dat* geschlagen sein; ***I get the feeling I'm ~ with bad luck*** so langsam habe ich das Gefühl, ich werde vom Pech verfolgt

cursive ['kɜːsɪv, AM 'kɜːr-] *adj inv* LIT kursiv; **~ writing** Kursivschrift *f*

cursor ['kɜːsəʳ, AM 'kɜːrsɚ] *n* COMPUT Cursor *m*

cursorily ['kɜːsᵊrᵊli, AM 'kɜːr-] *adv glance* flüchtig; ***perhaps you could at least examine it ~?*** vielleicht könnten Sie zumindest einmal einen kurzen Blick darauf werfen?

cursory ['kɜːsᵊri, AM 'kɜːr-] *adj glance, look* flüchtig; *examination, inspection, remark* oberflächlich

curst [kʌrst] *adj* (*old*) *see* **cursed** verflucht *a. fig,* verwünscht *a. fig*

curt [kɜːt, AM kɜːrt] *adj* (*pej*) schroff, barsch; **to give sb a ~ refusal** jdm etw kurzerhand abschlagen; ■**to be ~ with sb** zu jdm kurz angebunden sein

curtail [kɜː'teɪl, AM kɚ'-] *vt* ■**to ~ sth** ❶ (*reduce*) etw kürzen; **to ~ expenditure** die Ausgaben kürzen; **to ~ output** die Produktion drosseln; **to ~ public spending** die öffentlichen Ausgaben kürzen; **to ~ sb's rights** jds Rechte *pl* beschneiden ❷ (*shorten*) etw verkürzen; **to ~ a holiday** einen Urlaub frühzeitig abbrechen; **to ~ a speech/visit** eine Rede/einen Besuch abbrechen

curtailment [kɜː'teɪlmənt, AM kɚ-] *n* Beschränkung *f,* Beschneidung *f*

curtain ['kɜːtᵊn, AM 'kɜːr-] **I.** *n* ❶ (*across a window*) Vorhang *m,* Gardine *f;* **floor-length ~s** bodenlange Gardinen; **lace ~s** Tüllgardinen *fpl;* **to draw/open the ~s** die Vorhänge zuziehen/aufziehen ❷ (*fig: screen*) Schleier *m,* Vorhang *m;* **a ~ of rain** eine Regenwand; **a thick ~ of smoke** eine dicke Rauchwand ❸ THEAT (*stage screen*) Vorhang *m;* ***the ~ rises*** [*or* ***goes up***] der Vorhang hebt sich [*o* geht auf]; ***the ~ falls*** der Vorhang senkt sich [*o* fällt]; ***most New York theatres have a 7.30 ~*** in den meisten New Yorker Theatern beginnt die Vorstellung um 19.30 Uhr; **the final ~** die letzte Vorstellung ► PHRASES: **it'll be ~s for him if he doesn't do what I tell him!** (*fam*) wenn er nicht tut, was ich ihm sage, dann kriegt er aber Probleme! *fam* **II.** *vt* **to ~ a house** ein Haus mit Vorhängen ausstatten; **a ~ed window** ein Fenster *nt* mit Vorhängen

◆**curtain off** *vt* ■**to ~ off ↔ sth** etw [durch einen Vorhang] abteilen; ***the nurse ~ed off the bed*** die Krankenschwester zog einen Vorhang vor das Bett

curtain call *n* THEAT Vorhang *m;* **to take a ~** vor den Vorhang treten[, um den Applaus entgegenzunehmen], einen Vorhang bekommen **curtain rail** *n* Vorhangschiene *f* **curtain raiser** *n* THEAT [kurzes] Vorspiel **curtain rod** *n* Vorhangstange *f* **curtain time** *n no pl* THEAT Vorstellungsbeginn *m*

curtilage ['kɜːtᵊlɪdʒ, AM 'kɜːrt̬ᵊl-] *n* LAW eingezäuntes Land eines Anwesens

curtly ['kɜːtli, AM 'kɜːrt-] *adv* brüsk, barsch, schroff; **to dismiss sb ~** jdn kurzerhand entlassen

curtness ['kɜːtnəs, AM 'kɜːrt-] *n no pl* Schroffheit *f,* Barschheit *f*

curtsey, curtsy ['kɜːtsi, AM 'kɜːrt-] **I.** *vi* knicksen, einen Knicks machen; ■**to ~ to sb** einen Knicks vor jdm machen, vor jdm knicksen **II.** *n* [Hof]knicks *m;* **to make** [*or* **drop**] [*or* **bob**] **a ~ to sb** einen [Hof]knicks vor jdm machen

curvaceous [kɜː'veɪʃəs, AM kɜːr'-] *adj woman* kurvenreich *hum fam,* üppig *fam*

curvature ['kɜːvətʃəʳ, AM 'kɜːrvətʃɚ] *n no pl* Krümmung *f;* ***the ~ of the earth's surface*** die Krümmung der Erdoberfläche; **~ of the spine** Rückgratverkrümmung *f*

curve [kɜːv, AM kɜːrv] **I.** *n* ❶ (*bending line*) *of a figure, vase* Rundung *f,* Wölbung *f; of a road* Kurve *f;* **to make a ~** *road* eine Kurve machen; *river* einen Bogen [*o* eine Biegung] machen; **her ~s** ihre Kurven *hum fam* ❷ MATH Kurve *f* ❸ (*curve ball in baseball*) Effetball *m fachspr* **II.** *vi river, road* eine Kurve machen; *line* eine Kurve beschreiben; ***the path ~d upwards and downwards*** der Weg schlängelte sich hügelauf und hügelab; ***his mouth ~d into a smile*** sein Mund verzog sich zu einem Lächeln; **to ~ through the air** in einem hohen Bogen durch die Luft fliegen **III.** *vt* ■**to ~ sth** etw biegen

curve ball *n* AM (*in baseball*) Effetball *m fachspr;* **to throw sb a ~** (*fig*) jdn überraschen

curved [kɜːvd, AM kɜːrvd] *adj* gebogen, geschwungen; ***the ~ line represents the temperature fluctuation*** die Kurve zeigt die Temperaturschwankungen; **a ~ surface** eine gewölbte Oberfläche

curvilinear [ˌkɜːvɪ'lɪniəʳ, AM ˌkɜːrvə'lɪniɚ] *adj inv* bogenförmig, in Bogenlinie[n] verlaufend

curvy ['kɜːvi, AM 'kɜːrvi] *adj* kurvenreich; *line* krumm

cushion ['kʊʃᵊn] **I.** *n* ❶ (*pillow*) Kissen *nt,* Polster *m* ÖSTERR; ***she sank back against*** [*or* ***into***] ***the ~s*** sie sank in die Kissen zurück ❷ (*fig: buffer*) Puffer *m,* Polster *nt o* ÖSTERR *a. m;* **a ~ of air** ein Luftkissen *nt,* ein Luftpolster *m* ÖSTERR **II.** *vt* ■**to ~ sth** etw dämpfen; (*fig*) *fall, blow* auffangen, dämpfen

cushioned ['kʊʃᵊnd] *adj* gepolstert, Polster-; **~ seat** Polsterstuhl *m,* Polstersessel *m*

cushy ['kʊʃi] *adj* (*pej fam*) bequem; **a ~ class** eine lockere Stunde *fam;* **a ~ job** ein ruhiger [*o* gemütlicher] Job; **to have a ~ time** sich *dat* kein Bein ausreißen *fam* ► PHRASES: **to be on to a ~ number** BRIT eine ruhige Kugel schieben *fam*

cusp [kʌsp] *n* ❶ (*point*) Kurvenschnittpunkt *m,* Scheitelpunkt *m;* ■**to be at** [*or* **on**] **the ~ [of sth]** (*fig*) sich *akk* am Kreuzungspunkt [*o* an der Schwelle] [von etw *dat*] befinden ❷ ASTROL Eintritt *m* in ein neues Sternkreiszeichen

cuspidor ['kʌspədɔːr] *n esp* AM (*spittoon*) Spucknapf *m*

cuss [kʌs] (*fam*) **I.** *vi* fluchen **II.** *n* ❶ (*person*) Kauz *m;* ***you're a stupid, stubborn ~!*** du bist ein sturer [alter] Esel! *pej fam* ❷ (*curse*) Fluch *m* ▶ PHRASES: **to <u>not</u> <u>give</u> a** [**tinker's**] ~ BRIT keinen Pfifferling drauf geben *fam; **I don't give a tinker's ~ what she thinks*** es ist mir völlig schnuppe, was sie denkt *fam*

cussed [kʌst] *adj* (*pej fam*) ❶ (*stubborn*) stur ❷ (*annoying*) verflucht *pej fam*, verdammt *pej fam*

cussedly [ˈkʌsɪdli] *adv* (*pej fam*) ❶ (*stubbornly*) stur ❷ (*annoyingly*) verflucht *pej fam*, verdammt *pej fam*

cussedness [ˈkʌsɪdnəs] *n no pl* (*pej fam*) Sturheit *f*; **out of sheer** [*or* **pure**] ~ aus reiner Sturheit

cussword *n* (*sl*) Schimpfwort *nt*

custard [ˈkʌstəd, AM -tɚd] *n no pl* FOOD (*sauce*) ≈ Vanillesoße *f*; (*set*) ≈ Vanillepudding *m*

custard pie *n* ❶ FOOD ≈ Vanillecremetorte *f* ❷ FILM, TV *künstliche Sahnetorte, die jdm ins Gesicht geworfen wird* **custard powder** *n* BRIT, AUS Puddingpulver *nt* (*mit Vanillegeschmack*) **custard tart** *n* Puddingtörtchen *nt*

custodial [kʌsˈtəʊdiəl, AM -ˈtoʊ-] *adj inv* Wach-, Bewachungs-; ~ **duties** Dienst *m* als Aufseher; ~ **care** Obhut *f geh*

custodial establishment, custodial institution *n* LAW Strafanstalt *f* **custodial sentence** *n* Gefängnisstrafe *f*; **to give sb a** ~ jdn zu einer Gefängnisstrafe verurteilen

custodian [kʌsˈtəʊdiən, AM -ˈtoʊ-] *n* ❶ (*keeper*) Aufseher(in) *m(f)*; (*fig*) Hüter(in) *m(f)*; **the ~ of the castle** der Aufseher/die Aufseherin des Schlosses; **the ~ of law and order** der Hüter/die Hüterin von Gesetz und Ordnung; **the ~ of public morals** der Wächter/die Wächterin über die öffentliche Moral; **the ~ of the museum** der Museumswärter/die Museumswärterin; **the ~ of the Queen's jewels** der Hüter/die Hüterin der königlichen Juwelen ❷ AM (*caretaker*) Hausmeister(in) *m(f)*

custody [ˈkʌstədi] *n no pl* ❶ (*guardianship*) Obhut *f geh*, Schutz *m*; LAW Sorgerecht *nt* (**of** für +*akk*); **to award** [*or* **give**] [*or* **grant**] ~ **of a child to sb** jdm das Sorgerecht für ein Kind übertragen [*o* erteilen]; **to get** [*or* **receive**] ~ [**of sb/sth**] das Sorgerecht [für jdn/etw] bekommen [*o* erhalten]; ***the mother got ~*** [***of the child***] das Kind wurde der Mutter zugesprochen ❷ (*detention*) Haft *f*, Verwahrung *f*; **remand in ~** Untersuchungshaft *f*; **to hold sb in ~** jdn in Gewahrsam halten; **to remand sb in ~** jdn in die Untersuchungshaft zurücksenden; **to take sb into ~** jdn verhaften; **to take sb into protective ~** jdn in Schutzhaft nehmen

custom [ˈkʌstəm] *n* ❶ (*tradition*) Brauch *m*, Sitte *f*; **local ~** Gepflogenheit *f*; ***around here it's a local ~ to ...*** hier [bei uns] ist es Brauch, ...; **an ancient ~** ein alter Brauch; ***in my country, it's the ~ to ...*** in meinem Land ist es üblich, dass ...; **a national/strange ~** ein landesüblicher/seltsamer Brauch ❷ *no pl* (*usual behaviour*) Gewohnheit *f*; ***it is her ~ to ...*** es ist ihre Gewohnheit, ...; ■**as is sb's ~** wie es jds Gewohnheit *f* ist ❸ *no pl* (*clientele*) Kundschaft *f*; (*patronage*) **to withdraw one's ~** [*or* **take one's ~ elsewhere**] anderswohin gehen; ***if we don't give good service, people will withdraw their ~*** wenn wir keinen guten Service bieten, gehen die Kunden eben anderswohin

customarily [ˌkʌstəˈmerɪlɪ] *adv inv* normalerweise, üblicherweise

customary [ˈkʌstəmᵊri, AM -meri] *adj* ❶ (*traditional*) ■**to be ~ for sb to do sth** für jdn üblich sein, etw zu tun; ■**as is ~** wie es Brauch [*o* üblich] ist ❷ (*usual*) üblich; ***that's just his ~ politeness*** das ist [doch] nur seine übliche höfliche Art; [**at**] **the ~ hour** [um] die übliche Zeit

custom-built *adj inv* entsprechend den Kundenwünschen gefertigt; ***his car is ~*** sein Auto ist eine Spezialanfertigung [*o* Sonderanfertigung] **custom clothes** *npl esp* AM maßgeschneiderte Kleidung *f*

customer [ˈkʌstəməʳ, AM -ɚ] *n* ❶ (*buyer, patron*) Kunde, -in *m, f*, Käufer(in) *m(f)*; **regular ~** Stammkunde, -in *m, f*; **to serve a ~** einen Kunden bedienen ❷ (*esp pej fam: person*) Typ *m fam*; ***she really is an odd ~*** sie ist schon wirklich eine seltsame Person; **an awkward ~** ein seltsamer Typ ▶ PHRASES: **the ~ is <u>king</u>** (*prov*) der Kunde ist König *prov*; **the ~ is always <u>right</u>** der Kunde hat immer Recht

customer number *n* Kundennummer *f* **customer service** *n usu pl* Kundendienst *m kein pl* **customer service counter** *n* Kundendienstschalter *m* **customer service department** *n* Kundendienst *m*

customize [ˈkʌstəmaɪz] *vt* ■**to ~ sth** etw nach Kundenwünschen anfertigen; ***he ~d his car*** er ließ seinen Wagen nach seinen Wünschen ausstatten

customized [ˈkʌstəmaɪzd] *adj* kundengerecht angefertigt

custom-made *adj inv* auf den Kunden zugeschnitten; **a ~ car** ein speziell angefertigter Wagen; **a ~ shirt** ein maßgeschneidertes Hemd; ~ **shoes** Schuhe *mpl* nach Maß, maßgefertigte Schuhe; **a ~ slipcover** ein Schonbezug *m* in Sonderanfertigung; ~ **suit** Maßanzug *m*

customs [ˈkʌstəmz] *npl* Zoll *m*; **to ~ goods to customs** Waren deklarieren [*o* zur Verzollung anmelden]; **to get** [*or* **go**] [*or* **pass**] **through ~** durch den Zoll gehen; **to pay ~** [**on sth**] Zoll [für etw *akk*] [be]zahlen

Customs and Excise Department *n* + *sing/pl vb* [britische] Behörde für Zölle und Verbrauchssteuern **customs broker** *n* Spediteur, der die Zollabfertigung übernimmt **customs clearance** *n* Zollabfertigung *f kein pl*; **to get ~ for sth** etw verzollt bekommen **customs declaration** *n* FIN Zollerklärung *f*, Zolldeklaration *f* **customs documents** *npl* Zollpapiere *ntpl* **customs dues** *npl*, **customs duties** *npl* Zollabgaben *fpl* **customs duty** *n no pl* Zoll *m*, Zollabgabe *f* **customs entry point** *n* Zollanmeldestelle *f* **customs examination** *n* Zollkontrolle *f*; **to be subjected to a ~** sich *akk* einer Zollkontrolle unterziehen müssen, gefilzt werden *fam* **custom(s) house** *n* Zollamt *nt* **customs officer, customs official** *n* Zollbeamte(r) *m*, Zollbeamte [*o* -in] *f* **customs union** *n* EU Zollunion *f*

cut [kʌt]

I. NOUN	II. ADJECTIVE
III. INTERJECTION	IV. TRANSITIVE VERB
V. INTRANSITIVE VERB	

I. NOUN

❶ (*act*) Schnitt *m*; **to make a ~** [**in sth**] [in etw *akk*] einen Einschnitt machen ❷ (*slice*) *of meat* Stück *nt*; *of bread* Scheibe *f*, Schnitte *f*; ***sirloin is the most expensive ~ of beef*** die Lende ist das teuerste Stück vom Rind; **cold ~s** Aufschnitt *m* ❸ (*trim*) Schnitt *m*; ***her hair was in need of a ~*** ihre Haare mussten geschnitten werden ❹ (*fit*) [Zu]schnitt *m*; *of shirt, trousers* Schnitt *m* ❺ (*wound*) Schnittwunde *f*, Schnitt *m*; **deep ~** tiefe Schnittwunde; **to get a ~** sich *akk* schneiden; ***where'd you get that ~?*** wo hast du dich denn da geschnitten? *fam* ❻ (*insult*) Beleidigung *f* (**at** für +*akk*) ❼ *also* FIN (*fam: due, share*) [An]teil *m*; ***when am I going to get my ~?*** wann bekomme ich meinen Anteil? *m* ❽ (*decrease*) Senkung *f*, Herabsetzung *f*; ~ **in emissions** Abgasreduzierung *f*; ~ **in interest rates** Zinssenkung *f*; ~ **in prices** Preissenkung *f*, Ermäßigung *f*; ~ **in production** Produktionseinschränkung *f*; ~ **in staff** Personalabbau *m*; **to take a ~** eine Kürzung hinnehmen; ***he took a ~ in salary*** er nahm eine Gehaltskürzung hin; ***many people have had to take a ~ in their living standards*** viele Menschen mussten sich mit einer Einschränkung ihres Lebensstandards abfinden ❾ (*less spending*) ■**~s** *pl* Kürzungen *fpl*, Streichungen *fpl*; **budget ~s** Haushaltskürzungen *fpl*; **to make ~s in the budget** Abstriche am Etat machen ❿ (*abridgement*) Schnitt *m*, Streichung *f*; **to make a ~ in a film** eine Szene aus einem Film herausschneiden; **to make ~s** Streichungen vornehmen ⓫ AM (*truancy*) Schwänzen *nt kein pl fam*; **to have a ~** schwänzen *fam* ⓬ SPORTS **to give the ball a ~** den Ball anschneiden ▶ PHRASES: **the ~ and <u>thrust</u> of sth** das Spannungsfeld einer S. *gen*; **to be a ~ <u>above</u> sb/sth** jdm/etw um einiges überlegen sein

II. ADJECTIVE

❶ (*removed*) abgeschnitten; (*sliced*) *bread* [auf]geschnitten; ~ **flowers** Schnittblumen *fpl* ❷ (*fitted*) *glass, jewel* geschliffen

III. INTERJECTION

~ **!** FILM Schnitt!

IV. TRANSITIVE VERB

<-tt-, cut, cut> ❶ (*slice*) ■**to ~ sth** etw schneiden; ***did you already ~ some bread?*** hast du schon etwas Brot aufgeschnitten?; **to ~ a hole in sth** ein Loch in etw *akk* schneiden; **to ~ sth to pieces** [*or* **shreds**] etw zerstückeln; **to ~ sth in**[**to**] **several pieces** etw in mehrere Teile zerschneiden; ***how can I ~ this cake in two pieces?*** wie kann ich diesen Kuchen halbieren?; **to ~ sb/sth free** jdn/etw losschneiden; (*from wreck*) jdn/etw herausschneiden; **to ~ sth loose** etw losschneiden; **to ~ sth open** etw aufschneiden; ■**to ~ sb sth** [*or* **sth for sb**] jdm [*o* für jdn] etw schneiden; ***could you ~ me a slice of bread?*** könntest du mir eine Scheibe Brot abschneiden?; ■**to ~ sth with sth** etw mit etw *dat* schneiden ❷ (*sever*) ■**to ~ sth** etw durchschneiden; ***she nearly ~ an artery with the new hedgetrimmer*** sie durchtrennte fast eine Arterie mit der neuen elektrischen Heckenschere ❸ (*trim*) ■**to ~ sth** etw [ab]schneiden; **to ~ one's fingernails** sich *dat* die Fingernägel schneiden; **to ~ flowers** Blumen abschneiden; **to ~ the grass** den Rasen mähen; **to ~ sb's hair** jdm die Haare schneiden; **to have** [*or* **get**] **one's hair ~** sich *dat* die Haare schneiden lassen ❹ (*injure*) ■**to ~ oneself/sb** [**with sth**] sich/jdn [mit etw *dat*] schneiden; ***I've ~ my hand on that glass*** ich habe mir die Hand an diesem Glas geschnitten; ***he ~ his head open*** er hat sich den Kopf aufgeschlagen ❺ (*clear*) ■**to ~ sth** *road, tunnel* etw bauen; *ditch, trench* etw graben; ***they're planning to ~ a road right through the forest*** sie planen, eine Straße mitten durch den Wald zu schlagen; **to ~ a swath through sth** eine Bahn durch etw *akk* schneiden ❻ (*decrease*) ■**to ~ sth** etw senken [*o* herabsetzen] [*o* reduzieren]; ***they should ~ class sizes to 30*** die Klassengröße sollte auf 30 Schüler verringert werden; **to ~ costs** die Kosten senken; **to ~ one's losses** weitere Verluste vermeiden; **to ~ overtime** die Überstunden reduzieren; **to ~ prices** die Preise herabsetzen [*o* senken]; **to ~ wages** die Löhne kürzen; ■**to ~ sth by sth** etw um etw *akk* kürzen [*o* reduzieren]; ***our company is cutting its workforce by 20%*** unsere Firma baut 20% ihres Personals ab ❼ (*break*) ■**to ~ sth** etw unterbrechen; ***they ~ our supply lines*** sie schnitten uns unsere Versorgungslinien ab ❽ (*abridge*) **to ~ a film** einen Film kürzen; **to ~ short** ↻ **sth** etw abbrechen; (*interrupt*) **to ~ sb short** jdn unterbrechen, jdm ins Wort fallen ❾ (*remove*) **to be ~ from the team** aus dem Team entfernt werden; **to ~ a scene in a film** eine Szene aus einem Film herausschneiden ❿ (*miss*) ■**to ~ sth** etw auslassen; ***she decided to ~ some of her meetings*** sie entschied sich, einige ihrer Treffen nicht wahrzunehmen; **to ~ a class** [*or* **lesson**]/**school** eine [Unterrichts]stunde/die Schule schwänzen *fam* ⓫ (*turn off*) **to ~ the motor** [*or* **engine**] den Motor abstellen ⓬ (*fam: desist from*) ■**to ~ sth** *behaviour* etw [unter]lassen; **to ~ the cackle** BRIT, AUS (*hum*) auf den Punkt kommen; **to ~ the crap** (*sl*) mit der Scheiße aufhören *derb* ⓭ (*shape*) **to ~ a diamond** einen Diamanten schleifen ⓮ AUTO **to ~ a corner** [**too sharply**] eine Kurve [zu scharf] schneiden ⓯ **to ~ a tooth** einen Zahn bekommen, zahnen ⓰ CARDS **to ~ the cards** die Karten abheben ⓱ MUS **to ~ a record/CD** eine Platte/CD aufnehmen ⓲ COMPUT **to ~ and paste sth** etw ausschneiden und einfügen ⓳ MATH ■**to ~ sth** etw schneiden ⓴ SPORTS **to ~ the ball** den Ball [an]schneiden ▶ PHRASES: **to ~ <u>capers</u>** (*dated*) Luftsprünge machen; **to ~ the <u>cheese</u>** AM (*fam*) einen fahren las-

sen *derb;* **you should ~ your coat according to your cloth** BRIT *(prov)* man muss sich *akk* nach der Decke strecken *prov;* **to be ~ from the same cloth** aus dem gleichen Holz geschnitzt sein; **to ~ corners** schnell und kostengünstig arbeiten; **to ~ a fine** [*or* **quite a**] **figure** [*or* BRIT **dash**] *(dated)* eine gute Figur machen; **to ~ the ground from under sb's feet** jdm den Boden unter den Füßen wegziehen; **to ~ no** [*or* **very little**] **ice with sb** keinen Eindruck auf jdn machen; **to be so thick that you can ~ it with a knife** zum Zerreißen gespannt sein; ***the tension was so thick in the air that you could ~ it with a knife*** die Atmosphäre war zum Zerreißen gespannt; **to ~ off one's nose to spite one's face** sich *akk* ins eigene Fleisch schneiden; **to ~ sb to the quick** [*or* **heart**] jdn ins Mark treffen; **to ~ sb some slack** AM mit jdm nachsichtig sein; **to ~ a long story short** der langen Rede kurzer Sinn, um es kurz zu machen; **to ~ one's teeth** [*or* **eye-teeth**] [**on sth**] sich *dat* die ersten Sporen [mit etw *dat*] verdienen; **to ~ sb dead** jdn schneiden; ***today in the store Martha ~ me dead*** heute im Supermarkt hat Martha mich keines Blickes gewürdigt; **to ~ it** [*or* **things**] [**a bit**] **fine** [*or* **close**] [ein bisschen] knapp kalkulieren; **to** [**not**] **~ it** [*or* AM *also* **the mustard**] [k]ein hohes Niveau erreichen

V. INTRANSITIVE VERB

<-tt-, cut, cut> ❶ *(slice) knife* schneiden ❷ *(slice easily) material* sich *akk* schneiden lassen ❸ *(take short cut)* **to ~ over a field** eine Abkürzung über ein Feld nehmen; *see also* **cut across 2, cut over, cut through 3** ❹ CARDS abheben; **to ~ for dealer** den Geber auslosen ❺ AM *(fam: push in)* **to ~ [in line]** sich *akk* vordrängeln; **to ~ in front of sb** sich *akk* vor jdn drängeln; ***no ~ting!*** nicht drängeln! ❻ COMPUT **to ~ and paste** ausschneiden und einfügen ❼ *(withdraw)* ■**to ~ loose from sth** sich *akk* von etw *dat* trennen ► PHRASES: **to ~ to the chase** AM *(fam)* auf den Punkt kommen; **to ~ both** [*or* **two**] **ways** eine zweischneidige Sache sein; **to ~ loose** AM, AUS alle Hemmungen verlieren; ***she really ~s loose when she dances*** sie tobt sich beim Tanzen richtig aus; **to ~ and run** Reißaus nehmen, sich *akk* aus dem Staub machen

◆**cut across** *vi* ❶ *(to other side)* hinüberfahren ❷ *(take short cut)* ■**to ~ across sth** etw durchqueren; **to ~ across country** querfeldein fahren; **to ~ across a field** quer über ein Feld gehen ❸ *(fig: affect)* **to ~ across different groups** quer durch verschiedene Gruppen gehen; **to ~ across party lines** parteiübergreifend sein; ***support ~s across party lines*** die Unterstützung geht quer durch alle Parteien

◆**cut ahead** *vi* AM ■**to ~ ahead [of sb]** [jdn] überholen

◆**cut along** *vi (dated)* sich *akk* auf die Socken machen *fam*

◆**cut away** *vt* ■**to ~ away** ⊂ **sth** etw wegschneiden

◆**cut back I.** *vt* ■**to ~ back** ⊂ **sth** ❶ HORT etw zurückschneiden [*o* stutzen] ❷ FIN, ECON etw kürzen [*o* verringern]; ***the President wants to ~ back defence spending by 10%*** der Präsident will die Verteidigungsausgaben um 10% reduzieren; **to ~ back benefits** die Leistungen beschneiden [*o* kürzen]; **to ~ back costs** die Kosten senken [*o* reduzieren]; **to ~ back production** die Produktion zurückschrauben **II.** *vi* ❶ *(return)* zurückgehen, kehrtmachen ❷ *(reduce)* ■**to ~ back on sth** etw kürzen; **to ~ back on orders** weniger Aufträge erteilen; **to ~ back on spending** die Ausgaben reduzieren [*o* senken]; **to ~ back on wastage** weniger Abfall produzieren

◆**cut down I.** *vt* ❶ *(fell)* **to ~ down** ⊂ **a tree** einen Baum umhauen [*o* fällen] ❷ *(reduce)* ■**to ~ down** ⊂ **sth** etw einschränken; **to ~ down the labour force** die Belegschaft [*o* das Personal] abbauen; **to ~ down production** die Produktion zurückfahren; **to ~ down wastage** weniger Abfall produzieren ❸ *(abridge)* ■**to ~ down** ⊂ **sth** etw kürzen; **to ~ a text down** einen Text zusammenstreichen ❹ FASHION ■**to ~ down** ⊂ **sth** etw kürzen ► PHRASES: **to ~ sb down to size** *(fam)* jdn in seine Schranken verweisen **II.** *vi* ■**to ~ down on sth** etw einschränken; **to ~ down on drinking/smoking** das Trinken/Rauchen einschränken; ***you should ~ down on fatty foods*** Sie sollten fettärmer essen

◆**cut in I.** *vi* ❶ *(interrupt)* unterbrechen, sich *akk* einmischen ❷ *(activate)* sich *akk* einschalten ❸ AUTO einscheren; ***did you see that white car ~ in?*** hast du gesehen, wie das weiße Auto rübergezogen ist? *fam;* ■**to ~ in in front of sb** jdn schneiden; ■**to ~ in on sb/sth** sich *akk* vor jdn/etw setzen; ***that white car ~ in on us!*** das weiße Auto hat sich vor uns gedrängt! ❹ *(take over)* ■**to ~ in on sb** jdn ablösen; ***she was dancing with Jack, when Tom suddenly ~ in*** sie tanzte gerade mit Jack, als Tom ihn plötzlich ablöste ❺ *(jump queue)* sich *akk* vordrängeln; ■**to ~ in on** [*or* **in front of**] **sb** sich *akk* vor jdn drängeln **II.** *vt* ■**to ~ sb in** ❶ *(share with)* jdn [am Gewinn] beteiligen ❷ *(include)* jdn teilnehmen lassen; *(in a game)* jdn mitspielen lassen; ***shall we ~ you in?*** willst du mitmachen?

◆**cut into** *vi* ■**to ~ into sth** ❶ *(slice)* etw anschneiden ❷ *(decrease)* etw verkürzen; ***the shopping ~s into her weekend*** das Einkaufen nimmt Zeit von ihrem Wochenende ❸ *(interrupt)* etw unterbrechen; ***his words ~ into her thoughts*** seine Worte unterbrachen ihre Gedanken

◆**cut off** *vt* ❶ *(remove)* ■**to ~ off** ⊂ **sth** etw abschneiden; ■**to ~ sth off sth** etw von etw *dat* abschneiden; **to ~ the fat off a steak** das Fett von einem Steak wegschneiden ❷ *(sever)* ■**to ~ off** ⊂ **sth** etw abschneiden; ***his leg was ~ off by a machine*** sein Bein wurde von einer Maschine abgetrennt ❸ *(silence)* ■**to ~ off** ⊂ **sb** jdn unterbrechen; **to ~ sb off in mid-sentence** [*or* **mid-flow**] jdm den Satz abschneiden ❹ *(disconnect)* ■**to ~ off** ⊂ **sth** etw unterbinden; **to ~ off electricity** den Strom abstellen [*o* sperren]; **to ~ off the enemy's escape route** dem Feind den Fluchtweg abschneiden; **to ~ off sb's gas supply** jdm das Gas abdrehen; **to ~ off a phone conversation** ein Telefongespräch unterbrechen ❺ *(isolate)* ■**to ~ off** ⊂ **sb/sth** jdn/etw abschneiden; **to be/get ~ off by sth** durch etw *akk* abgeschnitten sein/werden; ***they were ~ off by the snow*** sie waren durch den Schnee von der Außenwelt abgeschnitten; ■**to ~ oneself off [from sb]** sich *akk* [von jdm] zurückziehen [*o* fernhalten]; ***when his wife died, he ~ himself off from other people*** nach dem Tod seiner Frau lebte er ganz zurückgezogen ❻ AM *(refuse drink)* ■**to ~ off** ⊂ **sb** jdm nichts mehr zu trinken geben ❼ AM AUTO *(pull in front of)* ■**to ~ off** ⊂ **sb/sth** jdn/etw schneiden; **to get ~ off** geschnitten werden ► PHRASES: **to be ~ off in one's prime** in der Blüte seiner Jahre dahingerafft werden *geh;* **to ~ sb off with a shilling** [*or* **without a penny**] jdn enterben

◆**cut out I.** *vt* ❶ *(excise)* ■**to ~ out sth [from sth]** [*or* **sth out [of sth]**] etw [aus etw *dat*] herausschneiden; ***please ~ the soft spots out of the vegetables before you cook them*** schneide bitte die weichen Stellen aus dem Gemüse, bevor du es kochst ❷ *(from paper)* ■**to ~ out sth [from sth]** [*or* **sth out [of sth]**] etw [aus etw *dat*] ausschneiden ❸ *(abridge)* ■**to ~ out** ⊂ **sth** etw streichen; **to ~ a scene out of a film** eine Szene aus einem Film streichen ❹ *(eschew)* ■**to ~ out** ⊂ **sth** etw weglassen; ***since my heart attack, I've ~ fatty foods out altogether*** seit meinem Herzanfall verzichte ich ganz auf fettes Essen; ***if you ~ sugar out of your diet, you should lose weight*** wenn du Zucker von deinem Speiseplan streichst, müsstest du eigentlich abnehmen; **to ~ out all mention** [*or* **reference**] **of sth** etw überhaupt nicht erwähnen ❺ *(fam: desist)* ■**to ~ out** ⊂ **sth** mit etw *dat* aufhören, etw beenden; **~ it** [*or* **that**] **out!** hör auf damit!, lass den Quatsch! *fam* ❻ *(block)* **to ~ out the light** das Licht abschirmen; ***it's a beautiful tree, but it ~s out most of the light*** es ist ein schöner Baum, aber er nimmt uns das meiste Licht ❼ *(exclude)* ■**to ~ out sb [from sth]** [*or* **sb out [of sth]**] jdn [von etw *dat*] ausschließen; **you can ~ me out!** ohne mich! ❽ *(disinherit)* **to ~ sb out of one's will** jdn aus seinem Testament streichen ► PHRASES: **to have one's work ~ out** alle Hände voll zu tun haben; **to be ~ out for sth** für etw *akk* geeignet sein; ***I'm not ~ out to be a politician*** ich bin nicht zum Politiker geschaffen **II.** *vi* ❶ *(stop operating)* sich *akk* ausschalten [*o* abschalten]; *plane's engine* aussetzen ❷ AM AUTO ausscheren; **to ~ out of traffic** plötzlich die Spur wechseln ❸ AM *(depart)* sich *akk* davonmachen *fam;* ***he ~ out after dinner*** nach dem Essen schwirrte er ab *fam*

◆**cut over** *vi* **to ~ over a field/yard** die Abkürzung über ein Feld/einen Hof nehmen

◆**cut through** *vi* ■**to ~ through sth** ❶ *(slice)* etw durchschneiden ❷ *(cross)* etw durchschneiden [*o* durchqueren]; ***the path ~s through our orchard*** der Weg verläuft quer durch unseren Obstgarten ❸ *(take short cut)* die Abkürzung über etw *akk* nehmen; ***we can ~ through my back yard*** wir können über meinen Hinterhof abkürzen ❹ *(glide)* **to ~ through the water** das Wasser durchschneiden

◆**cut up I.** *vt* ❶ *(slice)* ■**to ~ up** ⊂ **sth** etw zerschneiden; ***could you ~ my meat up for me please, Daddy?*** kannst du mir das Fleisch klein schneiden, Papi?; **to ~ up a roast** einen Braten aufschneiden [*o* zerlegen]; **to ~ sth up into pieces** etw in Stücke zerschneiden ❷ *(injure)* ■**to ~ up** ⊂ **sb** jdm Schnittwunden zufügen ❸ *(fig: sadden)* ■**to ~ sb up** jdn schwer treffen [*o* arg mitnehmen]; ***the divorce really ~ him up*** die Scheidung war ein schwerer Schlag für ihn; ■**to be ~ up [about sth]** [über etw *akk*] zutiefst betroffen sein ❹ BRIT AUTO *(pull in front of)* ■**to ~ up** ⊂ **sb/sth** jdn/etw schneiden; **to get ~ up** geschnitten werden **II.** *vi* AM sich *akk* danebenbenehmen, den Clown spielen *pej* ► PHRASES: **to ~ up rough** BRIT grob werden

cut-and-dried *adj inv* ❶ *(fixed)* abgemacht, festgelegt; **a ~ decision** eine klare Entscheidung ❷ *(simple)* eindeutig, klar; ***there is no ~ answer to this problem*** für dieses Problem gibt es kein Patentrezept

cut and paste *n* COMPUT Textumstellung *f*

cutaneous [kjuːˈteɪniəs] *adj inv esp* MED Haut-

cutaway [ˈkʌtəweɪ, AM ˈkʌt̬-] *adj inv* ❶ *(showing inside) diagram, drawing, model* Schnitt- ❷ FASHION **~ neckline** tiefer Ausschnitt **cutback** [ˈkʌtbæk] *n* ECON Kürzung *f*, Abbau *m*, Einschränkung *f*; **~ in capacity** Kapazitätsabbau *m*; **~ in expenditure** Ausgabenkürzung *f*; **~ in production** Produktionsdrosselung *f*

cute <-r, -st> [kjuːt] *adj* ❶ *(sweet) baby, puppy* süß, niedlich ❷ AM *(clever)* schlau, gerissen *pej*

cutely [ˈkjuːtli] *adv* ❶ *(endearingly)* niedlich, süß *fig* ❷ AM *(fam: cleverly)* auf schlaue [*o* clevere] *fam* Art; ***the child was ~ named after their manager*** das Kind trug sinnigerweise den Namen ihres Geschäftsführers ❸ AM *(fam: sexily)* prächtig, knackig *sl*

cuteness [ˈkjuːtnəs] *n no pl* ❶ *(sweetness)* Niedlichkeit *f* ❷ *(cleverness)* Schlauheit *f*, Cleverness *f*

cutesy [ˈkjuːtsi] *adj* AM *(pej fam)* kitschig *pej*

cutey *n esp* AM *(fam) see* **cutie**

cut flowers *npl* Schnittblumen *fpl* **cut glass I.** *n no pl* Kristallglas *nt*, geschliffenes Glas **II.** *n modifier (vase)* Kristall-

cuticle [ˈkjuːtɪkl, AM -t̬ə-] *n* Oberhaut *f*, Epidermis *f fachspr;* *(of nail)* Nagelhaut *f*

cutie [ˈkjuːt̬i] *n* AM *(fam)*, **cutiepie** [ˈkjuːt̬ipaɪ] *n* AM *(fam: woman)* dufte Biene *fam*, flotter Käfer *fam;* *(man)* irrer Typ *fam;* ***hi there, ~!*** hallo, Süße!; **to be a real** [*or* **such a**] **~** *child* ein süßer Fratz sein; *animal* ein lieber [*o* süßer] Kerl sein

cutlass <*pl* -es> [ˈkʌtləs] *n* Entermesser *nt*

cutler [ˈkʌtləʳ, AM ɚ] *n* ❶ *(workman)* Messerschmied *m* ❷ *(producer)* Fabrikant *m* von Messerwaren

cutlery [ˈkʌtlərɪ] *n no pl* Besteck *nt*

cutlet ['kʌtlət] *n* ① *(meat)* Kotelett *nt;* *(boneless chop)* Schnitzel *nt;* **veal** ~ Kalbskotelett *nt* ② *(patty)* Frikadelle *f,* Hacksteak *nt;* **vegetable** ~ Gemüsebratling *m,* Gemüsefrikadelle *f*
cut lunch *n* AUS vorbereitetes Mittagessen
cutoff ['kʌtɒf, AM 'kʌt̬ɑ:f] **I.** *n* ① *(limit)* Obergrenze *f,* Höchstgrenze *f* ② *(stop)* Beendigung *f;* ~ **of medical supplies** Einstellung *f* der medizinischen Hilfslieferungen **II.** *n modifier* ~ **date** Endtermin *m*
cutoff frequency *n* ELEC Grenzfrequenz *f* **cutoff jeans** *n,* **cutoffs** *npl* abgeschnittene Jeans
cutout ['kʌtaʊt, AM 'kʌt̬-] **I.** *n* ① *(shape)* Ausschneidefigur *f,* Ausschneidemodell *nt* ② *(stereotype)* **cardboard** ~ [Reklame]puppe *f,* Pappfigur *f* ③ *(switch)* Unterbrecher *m,* Sicherung *f,* Ausschalter *m* **II.** *adj inv* ausgeschnitten **cutout fuse** *n* Sicherungsautomat *m* **cutout switch** *n* Sicherungsschalter *m*
cut-price **I.** *adj attr, inv* ① *(product)* Billig-; *clothes* herabgesetzt; *ticket* ermäßigt; ~ **computer** verbilligter Computer ② *(store)* ~ **shop/supermarket** Billigladen/-supermarkt *m* **II.** *adv inv* zu Schleuderpreisen, ermäßigt; ***I bought my sofa*** ~ ich habe mein Sofa zu einem verbilligten Preis gekauft **cut-rate** *adj attr, inv* zu verbilligtem Tarif, herabgesetzt, verbilligt; ~ **offer** Billigangebot *nt,* Sonderangebot *nt*
cutsie *adj* AM *(pej fam) see* **cutesy**
cutsiepie ['kju:tsipaɪ] *n* AM *(pej fam)* Tussi *f pej fam*
cutter ['kʌtəʳ, AM 'kʌt̬ɚ] *n* ① *(tool)* Schneidwerkzeug *nt,* Schneider *m,* Schneidemaschine *f;* **pizza** ~ Pizzaschneider *m* ② *(person)* [Zu]schneider(in) *m(f);* FILM Cutter(in) *m(f)* ③ NAUT Kutter *m* ④ *(in cricket)* Cutter *m*
cutthroat ['kʌtθrəʊt, AM θroʊt] **I.** *n (dated: murderer)* Mörder *m,* Halsabschneider *m a. fig* **II.** *adj* mörderisch, gnadenlos, unbarmherzig; ***the advertising world is a very*** ~ ***business*** in der Werbebranche wird mit harten Bandagen gekämpft; ~ **competition** gnadenloser Konkurrenzkampf **cutthroat razor** *n* BRIT, AUS [offenes] Rasiermesser *nt*
cutting ['kʌtɪŋ, AM -t̬-] **I.** *n* ① JOURN Ausschnitt *m;* **press** ~ Zeitungsausschnitt *m* ② HORT Ableger *m* **II.** *adj comment* scharf; *remark* beißend, spitz
cutting edge *n* ① *(blade)* Schneide *f* ② *no pl (latest stage)* vorderste Front; ▪**to be at the** ~ an führender Stelle [*o* vorderster Front] stehen ③ *no pl (person)* Wegbereiter(in) *m(f)* ④ *no pl (force)* Zugkraft *f* ⑤ *no pl (eloquence)* Ausdruckskraft *f,* Eloquenz *f geh*
cuttlebone ['kʌtl-, AM 'kʌt̬l] *n no pl* Sepiaschale *f,* Schulp *m* **cuttlefish** <*pl* – *or* -es> *n* Tintenfisch *m,* Kuttelfisch *m*
cutup ['kʌt̬ʌp] *n* AM Kasper *m fam,* Witzbold *m fam,* Clown *m oft pej;* **class** ~ Klassenkasper *m,* Klassenclown *m*
CV [,si:'vi:] *n abbrev of* **curriculum vitae**
cwm *n* Kar *nt*
CWO [,si:dʌblju:'əʊ, AM -'oʊ] COMM *abbrev of* **cash with order** *see* **cash**
cwt <*pl* – *or* -s> *abbrev of* **hundredweight**
cyan ['saɪæn] **I.** *n no pl* Zyanblau *nt* **II.** *adj* blaugrün, zyanblau
cyanide ['saɪənaɪd] *n no pl* Zyanid *nt fachspr,* Blausäuresalz *nt*
cyber- ['saɪbə, AM -ɚ] *in compounds* Cyber-, Internet- **cybercafe** ['saɪbəkæfeɪ, AM -bɚ-] *n* Cybercafe *nt* **cybercrook** ['saɪbəkrʊk, AM -ɚ-] *n* Internetbetrüger(in) *m(f)* **cybermerchant** ['saɪbəmɜ:tʃənt, AM -ɚmɜ:r-] *n* Internethändler(in) *m(f)* **cybernaut** ['saɪbənɔ:t, AM -ɚ-] *n* Cybernaut *m* **cybernetic** [,saɪbə'netɪk, AM bɚ'net̬] *adj inv* PHYS kybernetisch *fachspr* **cybernetics** [,saɪbə'netɪks, AM -bɚ'net̬-] *n + sing vb* Kybernetik *f kein pl* **cyberpunk** ['saɪbəpʌŋk, AM -bɚ] *n no pl* LIT Cyberpunk *m* **cybersex** ['saɪbəseks, AM -ɚ-] *n modifier* Cybersex *m* **cyber-shop** ['saɪbəʃɒp, AM -ɚʃɑ:p] *vi* Internetgeschäft *nt* **cybershopper** ['saɪbəʃɒpəʳ, AM -ɚʃɑ:pɚ] *n* Cybershopper(in) *m(f)* *(jd, der über das Internet einkauft)* **cyberspace** ['saɪbəspeɪs, AM -bɚ-] *n* Cyberspace *m* **cyberspeed** ['saɪbəspi:d, AM -bɚ-] **I.** *n* ▪**at** ~ mit rasendem Tempo **II.** *n modifier* blitzschnell *fam* **cybersquatting** ['saɪbəskwɒtɪŋ, AM -bɚskwɑ:t̬-] *n no pl* INET Cybersquatting *nt fachspr (Registrierung von Markennamen als Webadressen, um sie weiterzuverkaufen)* **cyber-time** ['saɪbətaɪm, AM -ɚ-] *n no pl* Zeit *f* online **cyberventing** ['saɪbəventɪŋ, AM -bɚ-] *n no pl sich in dafür eingerichteten Chatforen seinem Ärger über seinen Chef Luft machen*
cyborg ['saɪbɔ:g, AM bɔ:rg] *n* LIT, FILM Cyborg *m*
cyclamen ['sɪkləmən, AM 'saɪklə-] *n* Alpenveilchen *nt,* Zyklame *f* ÖSTERR, SCHWEIZ
cycle¹ ['saɪkl̩] *short for* **bicycle** **I.** *n* [Fahr]rad *nt;* **racing** ~ Rennrad *nt* **II.** *vi* Rad fahren, radeln *fam,* mit dem [Fahr]rad fahren
cycle² ['saɪkl̩] *n* ① *(sequence)* Zyklus *m,* Kreislauf *m;* ***the council holds its elections on a four-year*** ~ der Rat hält seine Wahlen in einem Turnus von vier Jahren ab; ~ **of life** Lebenskreislauf *m;* ~ **of materials** Materialkreislauf *m;* ~ **of the seasons** Zyklus *m* der Jahreszeiten; **sth occurs in** ~**s** etw vollzieht sich *akk* in Zyklen ② *(operation)* Arbeitsgang *m* ③ *(collection)* Zyklus *m;* ~ **of poems/songs** Gedichte-/Liederzyklus *m*
cycle clip *n* Fahrradclip *m* **cycle helmet** *n* Fahrradhelm *m* **cycle lane** *n,* **cycle path** *n* [Fahr]radweg *m* **cycle rack** *n* Fahrradständer *m;* *(on car)* Fahrradträger *m,* Fahrradhalterung *f* **cycle shed** *n* BRIT Fahrradschuppen *m,* Fahrradunterstand *m* **cycle shop** *n* Fahrradladen *m,* Fahrradgeschäft *nt* **cycle shorts** *npl* Radlerhose *f* **cycle way** *n* [Fahr]radweg *m*
cyclical ['saɪklɪkəl, 'sɪk-] *adj* ① *(occurring in cycles)* zyklisch, periodisch; **to follow a** ~ **pattern** zyklisch verlaufen ② ECON, FIN ~ **stocks** zyklische Werte *pl*
cyclic redundancy check *n* COMPUT zyklische Blockprüfung, CRC-Prüfung *f*
cycling ['saɪklɪŋ] *n no pl* Radfahren *nt,* Radeln *nt fam;* SPORTS Radrennsport *m,* Rennradfahren *nt*
cycling helmet *n* Fahrradhelm *m;* **to wear a** ~ einen Fahrradhelm tragen [*o fam* aufhaben] **cycling shorts** *npl* Radlerhose *f* **cycling tour** *n* [Fahr]radtour *f*
cyclist ['saɪklɪst] *n* Radfahrer(in) *m(f),* Radler(in) *m(f) fam*
cyclone ['saɪkləʊn, AM -kloʊn] *n* ① METEO [tropischer] Wirbelsturm, Zyklon *m* ② AM, AUS *(fence)* **C~® fence** Maschendrahtzaun *m*
cyclonic [saɪ'klɒnɪk, AM 'klɑ:] *adj inv* METEO Tiefdruck-
Cyclops <*pl* -ses *or* -es> ['saɪklɒps, *pl* saɪ'kləʊpi:z, AM -klɑ:ps, *pl* -'kloʊpi:z] *n* Zyklop *m*
cygnet ['sɪgnət] *n* junger Schwan, Schwanenjunge(s) *nt*
cylinder ['sɪlɪndəʳ, AM -ɚ] *n* ① MATH Zylinder *m* ② TECH *(roller)* Walze *f* ③ *(vessel)* Flasche *f;* ~ **of gas** Gasflasche *f;* ~ **of oxygen** Sauerstoffflasche *f* ④ AUTO Zylinder *m;* **six-~ engine** Motor *m* mit sechs Zylindern, Sechszylindermotor *m;* **to be firing on all four ~s** auf allen vier Zylindern laufen
cylinder capacity *n no pl* AUTO Hubraum *m* **cylinder head** *n* AUTO Zylinderkopf *m*
cylindrical [sə'lɪndrɪkəl] *adj* zylindrisch, walzenförmig
cymbal ['sɪmbəl] *n usu pl* Beckenteller *m;* ▪~**s** Becken *nt,* Zimbel *f;* **clash** [*or* **crash**] **of** ~**s** Beckenschlag *m*
cymbalist ['sɪmbəlɪst] *n* Beckenschläger(in) *m(f)*
cynic ['sɪnɪk] *n (pej)* Zyniker(in) *m(f) pej*
cynical ['sɪnɪkəl] *adj (pej)* ① *(bitter)* zynisch *pej;* **to take a** ~ **view of sb/sth** jdm/etw gegenüber eine zynische Einstellung haben; **to be** [**deeply**] ~ **about sb/sth** sich *akk* [sehr] zynisch über jdn/etw äußern ② *(doubtful)* ▪**to be** ~ **about sb/sth** jdm/etw gegenüber misstrauisch [*o* skeptisch] sein ③ *(exploitive)* skrupellos *pej*
cynically ['sɪnɪkəli] *adv (pej)* zynisch *pej*
cynicism ['sɪnɪsɪzəm] *n no pl (pej)* Zynismus *m pej*
cynosure ['saɪnəsjʊəʳ, AM -ʃʊr] *n (liter)* Anziehungspunkt *m,* Gegenstand *m* der Bewunderung; **to be the** ~ **of all eyes** alle Blicke auf sich *akk* ziehen
cypher *n see* **cipher**
cy-près [,si:'preɪ] LAW **I.** *adj* so nahe wie möglich; ~ **doctrine** Änderung im anzunahmenden Sinn [eines Stiftungsgebers] **II.** *adv* so nahe wie möglich
cypress ['saɪprəs] *n* Zypresse *f*
Cypriot ['sɪpriət] **I.** *n* Zypriote, -in *m, f* **II.** *adj inv* zypr[iot]isch
Cyprus ['saɪprəs] *n no pl* Zypern *nt*
Cyrillic [sə'rɪlɪk] **I.** *n no pl* Kyrillisch *nt* **II.** *adj inv alphabet* kyrillisch
cyst [sɪst] *n* MED Zyste *f*
cystic fibrosis [,sɪstɪkfaɪ'brəʊsɪs, AM -'broʊ-] *n no pl* Mukoviszidose *f,* zystische Fibrose
cystitis [sɪ'staɪtɪs, AM -t̬-] *n no pl* Blasenentzündung *f,* Zystitis *f fachspr*
cytological [,saɪtəʊ'lɒdʒɪkəl, AM -t̬ə'lɑ:-] *adj inv* BIOL zytologisch; ~ **research** Zellforschung *f*
cytologically [,saɪtə(ʊ)'lɒdʒɪkəli, AM -t̬ə'lɑ:-] *adv inv* BIOL zytologisch
cytologist [saɪ'tɒlədʒɪst, AM -'tɑ:-] *n* BIOL Zellforscher(in) *m(f),* Zytologe, -in *m, f*
cytology [saɪ'tɒlədʒi, AM -'tɑ:-] *n no pl* BIOL Zytologie *f,* Zellenlehre *f*
cytoplasm ['saɪtə(ʊ)plæzəm, AM -t̬ə-] *n no pl* BIOL Zytoplasma *nt,* Zellplasma *nt*
czar *n esp* AM *see* **tsar**
czarina *n esp* AM *see* **tsarina**
Czarist ['zɑ:rɪst] HIST **I.** *adj inv* Zaren-, zaristisch **II.** *n* Zarist(in) *m(f)*
Czech [tʃek] **I.** *n* ① *(person)* Tscheche, -in *m, f* ② *no pl (language)* Tschechisch *nt* **II.** *adj inv* tschechisch
Czechoslovak [,tʃekəʊ'sləʊvæk, AM -oʊ'sloʊvɑ:k] *(hist)* **I.** *adj inv* tschechoslowakisch *hist* **II.** *n* Tschechoslowake, -in *m, f hist*
Czechoslovakia [,tʃekə(ʊ)slə(ʊ)'vækiə, AM -oʊsloʊ'vɑ:-] *n no pl (hist)* die Tschechoslowakei
Czechoslovakian [,tʃekə(ʊ)slə(ʊ)'vækiən, AM -oʊsloʊ'vɑ:-] *(hist)* **I.** *n* Tschechoslowake, -in *m, f* **II.** *adj inv* tschechoslowakisch
Czech Republic *n no pl* ▪**the** ~ die Tschechische Republik, Tschechien *nt*

D

D <*pl* -'s>, **d** <*pl* 's *or* -s> [di:] *n* ① *(letter)* D *nt,* d *nt;* ~ **for David** [*or* AM **as in Dog**] D für Dora; *see also* **A 1.** ② MUS D *nt,* d *nt;* ~ **flat** Des *nt,* des *nt;* ~ **sharp** Dis *nt,* dis *nt; see also* **A 2.** ③ *(school mark)* ≈ Vier *f,* ≈ ausreichend; *see also* **A 3.** ④ *(Roman numeral)* D *nt,* d *nt* ⑤ ECON, FIN **Schedule** ~ zu versteuernde Einkünfte, die nicht aus Beschäftigungen kommen; **Table** ~ Mustersatzung im Gesetz über Aktiengesellschaften
d *abbrev of* **died** gest.
'd [d] ① = **had** *see* **have** ② = **would** *see* **would**
DA [,di:'eɪ] *n* AM LAW *abbrev of* **district attorney**
dab [dæb] **I.** *vt* <-bb-> ▪**to** ~ **sth** [**with sth**] etw [mit etw *dat*] betupfen; **to** ~ **a bit of powder on sth** etwas Puder auf etw *akk* auftragen; **to** ~ **one's eyes** sich *dat* die Augen [trocken] tupfen; ▪**to** ~ **sth from sth** etw von etw *dat* abtupfen **II.** *vi* <-bb-> ▪**to** ~ **at sth** etw betupfen; ***he was ~bing at his eyes with a handkerchief*** er trocknete sich die Augen mit einem Taschentuch **III.** *n* ① *(spot)* Klecks *m,* Spritzer *m,* Tropfen *m;* ***just a ~ will do it*** ein bisschen reicht; **a** ~ **of butter** etwas Butter; **a** ~ **of ointment** ein Tupfer *m* Salbe; **a** ~ **of paint** ein Klecks *m* Farbe ② BRIT *(dated fam: fingerprints)* ▪~**s** *pl* Fingerabdrücke *mpl*
dabble ['dæbl̩] **I.** *vi* dilettieren; ▪**to** ~ **in** [*or* **with**] **sth** sich *akk* nebenbei mit etw *dat* beschäftigen; ***she ~d with several careers*** sie versuchte sich in mehreren Berufen **II.** *vt* **to** ~ **one's feet/hands in water** mit den Füßen/Händen im Wasser planschen

III. *n no pl* Zwischenspiel *nt;* ***after a brief ~ in politics, he returned to the world of business*** nach einem kurzen Abstecher in die Politik kehrte er in die Wirtschaft zurück

dabbler ['dæbləʳ, AM -ɚ] *n* Amateur(in) *m(f)*, Dilettant(in) *m(f);* ■**to be a ~ in sth** etw dilettantisch tun; **to be a ~ in writing** ein Amateurschriftsteller *m/*eine Amateurschriftstellerin sein

dab hand *n* BRIT *(fam)* Könner(in) *m(f)*, Profi *m fam,* Ass *nt fam;* ***you're a bit of a ~ in the kitchen*** du bist ja ein richtiger Kochkünstler; ■**to be a ~ at sth** ein [wahrer] Meister in etw *dat* sein; **to be a ~ at cricket** ein Kricketass sein *fam*

DAC, D/A converter *n* COMPUT *abbrev of* **digital to analog converter** Digital-Analog-Umsetzer *m*

dace <*pl* -> [deɪs] *n* ZOOL Weißfisch *m*

dacha ['dætʃə, AM 'dɑː-] *n* Datscha *f*, Datsche *f*

dachshund ['dæksᵊnd, AM 'dɑːkshʊnd] *n* Dackel *m*, Dachshund *m*

Dacron® ['dækrɒn, AM 'deɪkrɑːn] *n no pl* AM *(terylene)* Dacron® *nt*, Terylene® *nt*

dactylic [dæk'tɪlɪk] *adj inv* LING daktylisch *fachspr*

DAD *n* COMPUT *abbrev of* **digital audio disk** digitale Tonplatte

dad [dæd] *n (fam)* Papa *m fam,* Vati *m fam;* **mum** [*or* AM **mom**] **and ~** Mama und Papa, Vati und Mutti; ■**D~** Papa, Vati

Dada ['dɑːdɑː] *n no pl* ART Dada *m*

daddy ['dædi] *n (fam)* ① *(childspeak: dad)* Vati *m fam,* Papi *m fam,* Papa *m fam;* **mummy** [*or* AM **mommy**] **and ~** Mami und Papi, Mama und Papa, Vati und Mutti; ■**D~** Vati, Papi, Papa ② *(fig)* ■**the ~ of sth** der Erfinder [*o* Vater] einer S. *gen*

daddy-long-legs <*pl* -> *n (fam)* ① *(crane fly)* Schnake *f* ② AM *(harvestman)* Weberknecht *m*

dado <*pl* -s> ['deɪdəʊ, AM doʊ] *n* ARCHIT ① *(part of a wall)* Paneel *nt* ② *(part of a pedestal)* Postamentwürfel *m*

daemon ['diːmən] *n* ① COMPUT Dämon-Prozess *m* ② *(old) see* **demon**

daff [dæf] *n (fam) see* **daffodil**

daffodil ['dæfədɪl] *n* Osterglocke *f*, Osterblume *f*, gelbe Narzisse

daffy ['dæfi] *adj,* **daft** [dɑːft, AM dæft] *adj (fam)* doof *pej sl,* blöd *fam,* bekloppt *sl;* ***this was a pretty ~ thing to do*** das war ziemlich bescheuert *sl;* ***don't be ~!*** mach keinen Quatsch! *fam;* ***you ~ idiot!*** du Vollidiot! *sl;* ***some of the suggested solutions were just plain ~*** einige der Lösungsvorschläge waren einfach schwachsinnig; ■**to be ~ about sb/sth** nach jdm/etw verrückt sein ▶ PHRASES: **to be as ~ as a <u>brush</u>** dumm wie Bohnenstroh sein

daftness ['dɑːftnəs, AM 'dæft-] *n no pl* Blödheit *f fam*

dag [dæg] *n* AUS *(fam)* ① *(ugly)* Zottel *m fam,* Zausel *m* DIAL *fam* ② *(dated: funny)* Scherzbold *m*, Witzbold *m*

dagger ['dægəʳ, AM -ɚ] *n* ① *(knife)* Dolch *m* ② TYPO Kreuz *nt* ▶ PHRASES: **to be at ~s <u>drawn</u> with sb** mit jdm auf [dem] Kriegsfuß stehen; **to <u>look</u> ~s at sb** jdn mit Blicken durchbohren

dago <*pl* -es *or* -s> ['deɪgəʊ, AM -goʊ] *n (pej!)* Kanake *m pej sl*

daguerr(e)otype [də'gerə(ʊ)taɪp, AM -ətaɪp] *n* PHOT *(hist)* Daguerreotypie *f*

dahlia ['deɪliə, AM 'dæljə] *n* Dahlie *f*

Dáil [dɔɪl] *n,* **Dáil Éireann** [ˌdɔɪl'eərən, AM -'erən] *n no pl, + sing/pl vb* Dáil *f (das Unterhaus der Republik Irland)*

daily ['deɪli] I. *adj attr, inv* ① *(every day)* täglich; **on a ~ basis** tageweise; **one's ~ bread** *(fam)* sein tägliches Brot; **~ consumption** täglicher Verbrauch, Tagesverbrauch *m;* **~ grind** Alltagstrott *m;* **~ life/routine** Alltagsleben *nt/*-routine *f* ② FIN **~ interest** [*or* **interest calculated ~**] Tageszins *m* II. *adv inv* jeden Tag, täglich; **twice ~** jeden Tag zweimal, zweimal täglich III. *n* ① *(newspaper)* Tageszeitung *f;* **national ~** BRIT landesweite Tageszeitung ② BRIT *(dated fam: cleaner)* Reinemachefrau *f*, Putzfrau *f*, Reinigungskraft *f*

daily help <*pl* -> *n* BRIT *(dated) see* **daily III 2**

daily newspaper *n* Tageszeitung *f* **daily quotation** *n* FIN Tagesnotierung *f* **daily sales returns** *n* FIN Tagesumsatz *m*

Daimyo bond ['daɪmɪəʊ-, AM -oʊ-] *n* ECON, FIN Daimyo-Anleihe *f*

daintily ['deɪntɪli, AM -t̬-] *adv* zierlich, anmutig, reizend, nett

daintiness ['deɪntɪnəs, AM -t̬ɪ-] *n no pl* Zierlichkeit *f*, Anmut *f*

dainty ['deɪnti, AM -t̬-] I. *adj* ① *(delicate) child* fein, zart ② *(tasty) cake* appetitlich, lecker *fam* II. *n usu pl* Leckerbissen *m*

daiquiri ['daɪkɪri, AM 'dækəʳi] *n Cocktail aus Rum, Zitronensaft und Zucker*

dairy ['deəri, AM 'deri] I. *n* ① *(vendor)* Molkerei *f*, Molkereibetrieb *m* ② *esp* AM *(farm)* Milchbetrieb *m*, auf Milchwirtschaft spezialisierter Bauernhof II. *n modifier* ① *(of milk)* Molkerei-; **~ produce** Molkereiprodukte *ntpl;* **~ products** Molkereierzeugnisse *ntpl* ② *(producing milk)* Milch-; **~ farmer** Milchbauer, Milchbäuerin *m, f;* **~ herd** Herde *f* Milchkühe; **~ industry** Milchindustrie *f;* **~ man** Milchmann *m*

dairying [deərɪŋ, AM der-] *n no pl* ① *(business)* Milchwirtschaft *f* ② *(activity)* Milchverarbeitung *f*

dairymaid *n (old)* Molkereiangestellte *f* **dairyman** *n* Molkereiangestellter *m*

dais [deɪɪs] *n* Podium *nt*

daisy ['deɪziː] *n* Gänseblümchen *nt; see also* **fresh 9, push up I 3**

daisy chain *n* ① *(necklace, bracelet)* Kette *f* aus Gänseblümchen ② COMPUT Verkettung *f;* **~ bus** verkettete Busstruktur

daisy-chain *vt* COMPUT ■**to ~ sth** etw verketten

daisywheel *n* Typenrad *nt*, Typenscheibe *f*

Dalai Lama [ˌdælaɪ'lɑːme, AM ˌdɑːlaɪ'-] *n* Dalai-Lama *m*

dale [deɪl] *n* ① DIAL *(poet: valley)* Tal *nt;* **over hill and ~** über Berg und Tal ② GEOG ■**the D~s** *pl bergige Gegend in Nordengland*

dalliance ['dæliən(t)s] *n* ① *(esp hum: affair)* Liebelei *f*, Liebschaft *f*, Affäre *f*, Verhältnis *nt;* ■**to have a ~ with sb** mit jdm ein Verhältnis [*o* eine Affäre] haben ② *no pl (esp hum: flirting)* Geschäker *nt hum fam,* Flirt *m* ③ *(fig: interest)* [kurze] Affäre *f* ④ *no pl (wasting time)* Zeitverschwendung *f*

dally <-ie-> ['dæli] *vi* ① *(dated: dawdle)* [herum]trödeln *fam;* ■**to ~ over sth** *over tasks* mit etw *dat* trödeln *fam* ② *(consider)* **to ~ with the idea** mit der Idee spielen [*o* mit dem Gedanken liebäugeln]; **to ~ with the idea of doing sth** mit dem Gedanken spielen, etw zu tun ③ *(old: flirt)* ■**to ~ with sb** mit jdm schäkern [*o* flirten]; **to ~ with sb's affections** mit jds Gefühlen *ntpl* spielen

Dalmatia [dæl'meɪʃe] *n no pl* HIST Dalmatien *nt*

dalmatian [dæl'meɪʃᵊn] *n* Dalmatiner *m*

dam [dæm] I. *n* [Stau]damm *m*, Deich *m* II. *vt* <-mm-> **to ~ the river** den Fluss absperren [*o* dämmen]

◆**dam up** *vt* ① *(obstruct)* **to ~ up** ⊂ **the river** den Fluss [auf]stauen ② *(suppress)* **to ~ up one's emotions** [*or* **feelings**] seine Gefühle unterdrücken

damage ['dæmɪdʒ] I. *vt* ■**to ~ sth** ① *(wreck)* etw *dat* schaden [*o* Schaden zufügen], etw [be]schädigen; **to be badly ~d** *building* schwer beschädigt sein ② *(blemish)* etw *dat* schaden; ***the scandal is damaging his good reputation*** der Skandal schadet seinem [guten] Ruf II. *n no pl* ① *(destruction)* Schaden *m* (to an +*dat*), [Be]schädigung *f;* **to cause ~ to sth** etw beschädigen ② *(injury)* Schaden *m* (to an +*dat*); **to suffer brain ~** einen Gehirnschaden erleiden; **to do ~ to sb/sth** jdm/etw schaden [*o* Schaden zufügen]; **to do ~ to sb's pride** jds Stolz *m* verletzen ③ LAW Schaden *m;* **causing criminal ~** Verursachung *f* strafbarer Sachbeschädigung; **malicious ~** böswillige Sachbeschädigung ▶ PHRASES: **the ~ is <u>done</u>** es ist nun einmal passiert; **<u>what's</u> the ~?** *(hum fam)* was kostet der Spaß?

damaged ['dæmɪdʒd] *adj* ① *(destroyed)* beschädigt; **fire-~ goods** brandgeschädigte Waren; **badly ~** stark [*o* schwer] beschädigt ② *(injured)* verletzt ③ *(blemished) reputation* befleckt ▶ PHRASES: **to be ~ <u>goods</u>** *(pej sl)* keine Jungfrau mehr sein

damage feasant *n* LAW Schadenstiftung *f* durch fremde Tiere **damage limitation** *n no pl* ① POL Schadensbegrenzung *f* ② MIL Vermeidung *f* von Verlusten

damages ['dæmɪdʒɪz] *npl* LAW Schaden[s]ersatz *m kein pl;* **measure of ~** Schadensbemessung *f;* **mitigation of ~** Herabsetzung *f* des Schadenersatzes; **aggravated ~** erhöhter Schadenersatz; **compensatory ~** ausgleichender Schadenersatz; **exemplary** [*or* **punitive**] **~** verschärfter Schadenersatz; **general ~** genereller Schadenersatz; **liquidated ~** bezifferter Schadenersatz; **nominal ~** nomineller Schadenersatz; **special ~** Schadenersatz *m* für konkreten Schaden; **to be awarded ~** [**over sth**] Schadenersatz [für etw *akk*] zugesprochen bekommen; **to claim ~** Anspruch auf Schadensersatz erheben

damaging ['dæmɪdʒɪŋ] *adj* ① *(destroying)* schädlich; **to have a ~ effect** [**on sth**] sich *akk* auf etw *akk* negativ auswirken; ■**to be ~ to sth** für etw *akk* schädlich sein ② *(disadvantageous) evidence, remark* nachteilig

damask ['dæməsk] I. *n no pl* Damast *m* II. *n modifier tablecloth* damasten, Damast-, aus Damast

dambusters ['dæmbʌstəz, AM -ɚz] *npl* HIST ■**the ~** *Bezeichnung für eine britische Bomberschwadron, die sich im 2. Weltkrieg auf die Zerstörung deutscher Staudämme konzentrierte*

dame [deɪm] *n* ① AM *(dated sl: woman)* Dame *f* ② BRIT *(title)* Freifrau *f*, Dame *f;* **D~ Fortune** Frau Fortuna *f;* **to make sb a D~** jdn zur Freifrau erheben ③ BRIT *(pantomime)* komische Alte

dammit ['dæmɪt] *interj (sl)* verdammt!, verflucht!

damn [dæm] I. *interj (sl)* ■**~** [**it**]! verdammt!, verflucht! II. *adj attr, inv (sl)* ① *(cursed)* Scheiß- *derb;* ***I can't get the ~ thing to work!*** ich bring dieses Scheißding nicht zum Laufen! *derb;* **~ fool** [*or* **idiot**] Vollidiot *m sl* ② *(emph)* verdammt *sl;* **to be a ~ sight better** entschieden besser sein ▶ PHRASES: **~ <u>all</u>** BRIT nicht die Bohne; **to know ~ all about sth** von etw *dat* überhaupt keine Ahnung haben III. *vt* ① *(sl: curse)* ■**to ~ sb/sth** jdn/etw verfluchen; **~ *you!*** hol dich der Teufel! *sl,* du kannst mich mal! *fam* ② *usu passive (condemn)* ■**to ~ sb/sth** jdn/etw verurteilen; **to ~ a novel** einen Roman verreißen; ■**to ~ sb for sth** jdn wegen einer S. *gen* verurteilen ③ *(punish)* ■**to ~ sb** jdn verdammen ▶ PHRASES: **to ~ sb with faint <u>praise</u>** jdn auf die sanfte Art zerreißen; **as <u>near</u> as ~ it** *(fam)* so gut wie; ***it's not quite ten feet, but it's as near as ~ it*** es sind so gut wie zehn Fuß; **sb/sth <u>be</u> ~ed!** *(fam!)* der Teufel hol jdn/etw *sl;* **I'll <u>be</u> ~ed!** *(fam!)* nicht zu glauben!, das ist die Höhe!; **I'll <u>be</u> ~ed if I do that** das werde ich auf gar keinen Fall tun; ***I'm ~ed if I'm going to invite her*** es fällt mir nicht im Traum ein, sie einzuladen; **to <u>be</u> ~ed if one does and ~ed if one doesn't** die Wahl zwischen Pest und Cholera haben; **<u>well</u> I'm** [*or* **I'll be**] **~ed!** *(fam!)* mich tritt ein Pferd! *fam* IV. *adv inv (fam!)* verdammt *sl;* ***I should know ~ well*** das will ich aber auch stark hoffen *fam* V. *n no pl (fam!)* **sb does not give** [*or* **care**] **a ~ about sb/sth** jdm ist jd/etw scheißegal *sl*

damnable ['dæmnəbḷ] *adj (dated)* grässlich

damnably ['dæmnəbli] *adv* grässlich

damnation [dæm'neɪʃᵊn] *n no pl* Verdammung *f*, Verdammnis *f geh;* **eternal ~** ewige Verdammnis

damned [dæmd] I. *adj attr, inv (fam!)* ① *(cursed)* Scheiß- *derb; see also* **damn II 1** ② *(emph: extreme)* verdammt *fam; see also* **damn II 2** II. *adv inv (fam!)* verdammt; **to be ~ arrogant** verdammt arrogant sein; *see also* **damn IV** III. *n* ■**the ~** *pl* die Verdammten *pl*

damnedest ['dæmdɪst] I. *adj attr, inv esp* AM verrückteste(r,s), bizarrste(r,s); ***that's the ~ excuse I ever heard!*** das ist die abgefahrenste Ausrede, die ich je gehört habe! *sl* II. *n no pl (fam)* **to do** [*or* **try**] **one's ~** [**to do sth**] sich *dat* alle Mühe geben[, etw zu tun]

damning ['dæmɪŋ] *adj remark* vernichtend, belastend, erdrückend; ~ **comment** vernichtender Kommentar; ~ **evidence** erdrückende Beweise; ~ **report** belastender Bericht

Damocles ['dæməkli:z] *n no pl* Damokles *m; see also* **sword**

damp [dæmp] **I.** *adj table, cloth* feucht, klamm **II.** *n no pl* BRIT, AUS Feuchtigkeit *f;* **patch of** ~ feuchter Fleck **III.** *vt* ■**to** ~ **sth** etw befeuchten; **to** ~ **a cloth** ein Tuch anfeuchten; **to** ~ **shirts for ironing** Hemden zum Bügeln einsprengen [*o* einspritzen]

◆**damp down** *vt* **to** ~ **down** ↻ **a fire/flames** ein Feuer/Flammen ersticken; (*fig*) **to** ~ **down** ↻ **one's feelings** seine Gefühle unterdrücken; **to** ~ **down speculation** Spekulationen dämpfen; **to** ~ **down sb's spirits** jdm den Mut nehmen, jdn entmutigen

damp course *n* [Feuchtigkeits]dämmschicht *f,* Feuchtigkeitsisolierschicht *f,* Sperrschicht *f*

dampen ['dæmpən] *vt* ■**to** ~ **sth** ① (*wet*) etw befeuchten [*o* anfeuchten]; ***the rain had ~ed the tent*** das Zelt war vom Regen feucht geworden ② (*suppress*) etw dämpfen; **to** ~ **sb's enthusiasm** jdn entmutigen, jds Begeisterung *f* einen Dämpfer aufsetzen; **to** ~ **one's expectations** seine Erwartungen zurückschrauben ③ (*mute*) *sound* etw dämpfen

damper¹ ['dæmpəʳ, AM -pɚ] *n* (*fam*) Dämpfer *m;* **to put a** ~ **on sth** etw *dat* einen Dämpfer aufsetzen

damper² ['dæmpəʳ, AM -pɚ] *adj comp of* **damp I**

dampish ['dæmpɪʃ] *adj* [etwas] feucht

damply ['dæmpli] *adv* feucht, durchnass

dampness ['dæmpnəs] *n no pl* Feuchtigkeit *f;* ~ **in the air** Luftfeuchtigkeit *f*

damp-proof *vt* ■**to** ~ **sth** etw gegen Feuchtigkeit schützen **damp-proof course** *n see* **damp course damp squib** *n* BRIT, AUS (*fam*) Reinfall *m fam,* Pleite *f fam*

damsel ['dæmzəl] *n* (*dated liter*) Maid *f veraltet o hum;* ~ **in distress** (*hum*) hilflose junge Dame

damsel fly *n* Seejungfer *f*

damson ['dæmzən] *n* Haferpflaume *f,* Damaszenerpflaume *f*

dance [dɑ:n(t)s, AM dæn(t)s] **I.** *vi* ① (*to music*) tanzen; **to** ~ **all night** die ganze Nacht tanzen, die Nacht durchtanzen; **to go dancing** tanzen gehen; ■**to** ~ **to sth/with sb** zu etw *dat*/mit jdm tanzen ② (*skip*) herumtanzen, herumspringen, herumhüpfen; ***the flowers are dancing in the breeze*** die Blumen wiegen sich im Wind; ***the sunlight was dancing on the surface of the water*** das Sonnenlicht tänzelte auf der Wasseroberfläche ▸ PHRASES: **to** ~ **to sb's tune** nach jds Pfeife *f* tanzen **II.** *vt* ① (*partner*) ■**to** ~ **sb somewhere** mit jdm irgendwohin tanzen; ***he ~d her around the room*** er tanzte mit ihr durch den Raum ② (*perform*) **to** ~ **calypso/tango** Calypso/Tango tanzen; **to** ~ **a waltz** einen Walzer tanzen ▸ PHRASES: **to** ~ **attendance on sb** um jdn herumscharwenzeln **III.** *n* ① (*to music*) Tanz *m;* **to have a** ~ **with sb** mit jdm tanzen ② (*steps*) Tanz *m;* ***the next*** ~ der nächste Tanz; **slow** ~ Schieber *m,* langsamer Tanz; *see also* **lead** ③ (*ball*) Tanzparty *f,* Tanzabend *m,* Tanzveranstaltung *f,* Ball *m;* ***will you come to the ~ with me?*** gehst du mit mir auf den Ball?; **end-of-term dinner** ~ Semesterabschlussball *m* ④ *no pl* (*art*) Tanz *m;* **classical/modern** ~ klassischer/moderner Tanz

danceable ['dɑ:n(t)səbl, AM 'dæn-] *adj* **sth is** ~ *song* man kann zu etw *dat* tanzen

dance band *n* Tanzkapelle *f* **dance class** *n* Tanzunterricht *m,* Tanzstunde *f* **dance floor** *n* Tanzfläche *f,* Tanzparkett *nt,* Tanzboden *m* **dance hall** *n* Tanzsaal *m* **dance music** *n no pl* Tanzmusik *f*

dancer ['dɑ:n(t)səʳ, AM 'dæn(t)sɚ] *n* Tänzer(in) *m(f)*

dance studio *n* Tanzschule *f,* Tanzstudio *nt*

dancing ['dɑ:n(t)sɪŋ, AM 'dæn(t)s-] *n no pl* Tanzen *nt*

dancing master *n* Tanzlehrer(in) *m(f)* **dancing partner** *n* Tanzpartner(in) *m(f)* **dancing shoes** *npl* Tanzschuhe *mpl*

D and C [ˌdi:ənd'si:] *n* MED *abbrev of* **dilation and curettage** Dilation und Kürettage *f fachspr,* Ausschabung *f*

dandelion ['dændɪlaɪən, AM -də-] *n* Löwenzahn *m,* Pusteblume *f*

dander ['dændəʳ, AM -dɚ] *n* ▸ PHRASES: **to get** [*or* **have**] **one's** ~ **up** (*fam*) seine Borsten aufstellen *fam;* **to get sb's** ~ **up** (*fam*) jdn auf die Palme bringen *fam*

dandified ['dændɪfaɪd, AM -də-] *adj* (*pej, hum*) herausgeputzt, geschniegelt *hum,* aufgedonnert *pej;* ~ **appearance** sehr gepflegte Erscheinung

dandle ['dændl] *vt* (*dated*) ■**to** ~ **sb** jdn schaukeln; **to** ~ **a baby** [**on one's knee**] ein Baby [auf dem Knie] wiegen

dandruff ['dændrʌf, AM -drəf] *n no pl* [Kopf]schuppen *pl*

dandy ['dændi] **I.** *n* (*pej*) Dandy *m pej,* Geck *m pej* **II.** *adj esp* AM (*dated*) ① (*overly stylish*) geckenhaft *pej,* geschniegelt *hum* ② (*very good*) prima *fam;* ***that's just ~!*** das ist großartig!; ***we had a ~ time*** wir hatten eine wunderschöne Zeit

Dane [deɪn] *n* Däne, -in *m, f*

dang [dæŋ] *adj inv* AM (*euph fam*) *see* **damn(ed)** verdammt *derb,* verflucht *derb*

danger ['deɪndʒəʳ, AM -dʒɚ] *n* ① *no pl* (*jeopardy*) [Lebens]gefahr *f;* ***~! keep out!*** Zutritt verboten! Lebensgefahr!; **a** ~ **to life and limb** eine Gefahr für Leib und Leben; ■**to be in** ~ in Gefahr sein; ***I felt my life was in*** ~ ich hatte Angst um mein Leben; **to be in** ~ **of extinction** vom Aussterben bedroht sein; ■**to be in** ~ **of doing sth** Gefahr laufen, etw zu tun ② (*risk*) Gefahr *f,* Bedrohung *f;* ■**to be a** ~ **to sb/sth** eine Gefahr für jdn/etw sein; ■**there is a** ~ **that ...** es besteht die Gefahr, dass ... ③ *no pl* (*chance*) Gefahr *f,* Risiko *nt;* ***there is no ~ of that!*** (*hum*) diese Gefahr besteht nicht; ***there's no ~ of me going out with him!*** (*hum*) ich werde bestimmt nicht mit ihm ausgehen! ④ *no pl* MED ■**to be out of** ~ außer Gefahr [*o fam* über den Berg] sein

danger area *n* Gefahrenbereich *m,* Gefahrenzone *f;* ***stay out — this is a ~!*** Betreten verboten! Gefahrenzone! **danger list** *n* **to be on the** ~ in Lebensgefahr schweben; **to be off the** ~ über den Berg sein *fam* **danger money** *n no pl* BRIT, AUS Gefahrenzulage *f*

dangerous ['deɪndʒərəs] *adj* gefährlich, gefahrvoll; ~ **drugs** gesundheitsgefährdende Drogen; ~ **to health** gesundheitsgefährdend; ■**it is** ~ **to do sth** es ist gefährlich, etw zu tun

dangerously ['deɪndʒərəsli] *adv* gefährlich; **to live** ~ gefährlich leben

dangle ['dæŋgl] **I.** *vi* ■**to** ~ **from** [*or* **off**] **sth** von etw *dat* herabhängen; ***she had big earrings dangling from her ears*** an ihren Ohren baumelten große Ohrringe ▸ PHRASES: **to keep sb dangling** jdn zappeln lassen **II.** *vt* ① (*swing*) **to** ~ **one's feet** mit den Füßen baumeln; ***he ~d his feet in the warm water*** er ließ seine Füße im warmen Wasser baumeln ② (*tempt with*) ■**to** ~ **sth before** [*or* **in front of**] **sb** jdm etw [verlockend] in Aussicht stellen

dangling participle *n* LING *Partizip, das ein selbst nicht vorkommendes Nomen näher bestimmt*

dangly ['dæŋg]i] *adj* herabhängend, baumelnd

Danish ['deɪnɪʃ] **I.** *n* <*pl* -es> ① *no pl* (*language*) Dänisch *nt,* das Dänische ② (*people*) ■**the** ~ *pl* die Dänen ③ AM (*cake*) *see* **Danish pastry II.** *adj inv* dänisch

Danish pastry *n* Blätterteiggebäck *nt,* Plunder *nt*

dank [dæŋk] *adj* [unangenehm] feucht, nass[kalt]

dankness ['dæŋknəs] *n no pl* Feuchte *f,* Feuchtigkeit *f*

Danube ['dænju:b] *n no pl* ■**the** ~ die Donau

dapper <-er, -est> ['dæpəʳ, AM -ɚ] *adj person* adrett, elegant, gepflegt

dapple ['dæpl] *vt* ■**to** ~ **sth** etw tüpfeln, etw sprenkeln

dappled ['dæpld] *adj horse, pony* scheckig, gefleckt, gescheckt; *light* gesprenkelt; ~ **shade** Halbschatten *m*

DAR [ˌdi:eɪ'ɑ:ʳ, AM -'ɑ:r] *n no pl abbrev of* **Daughters of the American Revolution**

Darby and Joan [ˌdɑ:biənd'dʒəʊn] *n* BRIT (*hum*) *Bezeichnung für älteres Ehepaar*

dare [deəʳ, AM der] **I.** *vt* ■**to** ~ **sb** [**to do sth**] jdn herausfordern[, etw zu tun]; ***I ~ you!*** trau dich!; ***I ~ you to ask him to dance*** ich wette, dass du dich nicht traust, ihn zum Tanzen aufzufordern; ***she was daring him to come any closer*** sie warnte ihn [davor], näher zu kommen **II.** *vi* sich *akk* trauen; ■**to** ~ [**to**] **do sth** riskieren [*o* wagen] [*o* sich *akk* trauen] etw zu tun; ***who ~s to do that?*** wer traut sich das?; ***do you ~ to tell him this?*** traust du dich, ihm das zu sagen?; ~ ***he tell her this?*** traut er sich, ihr das zu sagen?; ***he*** ~[*s*] ***not ask her name*** er traut sich nicht, sie nach ihrem Namen zu fragen; ***he was under attack for daring to criticize the Prime Minister*** er wurde angegriffen, weil er es gewagt hatte, den Premierminister zu kritisieren; ■**to not** ~ [**to**] **do sth** [*or form* **to** ~ **not do sth**] nicht wagen [*o* sich *akk* nicht trauen] etw zu tun; ***I don't ~ to think*** [*or* ***dare not think***] ***how much it's going to cost*** ich wage nicht daran zu denken, wie viel es kosten wird ▸ PHRASES: ~ **I say** [**it**] ... (*dated or hum*) ich wage zu behaupten, ...; **who ~s wins** (*prov*) wer wagt, gewinnt *prov;* [**just** [*or* **don't**]] **you ~!** (*esp hum*) untersteh dich!; **how** ~ **you!** was fällt Ihnen ein!; **how** ~ **sb do sth** wie kann es jd wagen, etw zu tun; ***how ~ you use my car!*** was fällt dir ein, mein Auto zu benutzen!; *see also* **daresay III.** *n* Mutprobe *f,* Wagnis *nt;* ***it's a ~!*** sei kein Frosch!; **to do sth** BRIT **as** [*or* BRIT, AUS **for**] [*or* AM **on**] **a** ~ etw als Mutprobe tun

daredevil (*fam*) **I.** *n* Draufgänger(in) *m(f),* Teufelskerl *m* **II.** *n modifier* tollkühn, waghalsig, verwegen; ~ **stunt** halsbrecherischer Stunt; **to pull a** ~ **stunt** etwas total Wahnsinniges tun *fam*

daren't [deənt, AM dernt] = **dare not, dares not** *see* **dare I, II**

daresay *vi* ■**I** ~ [*or* **dare say**] ich meine [*o* möchte sagen]; ***he gets paid a lot of money, but I ~*** [***that***] ***he earns it*** er bekommt viel Geld, aber meiner Meinung nach verdient er es auch

daring ['deərɪŋ, AM 'der-] **I.** *adj* ① (*brave*) *person* kühn, wagemutig; *crime* dreist; ~ **rescue operation** riskante [*o* waghalsige] Rettungsaktion; ■**it is** ~ **to do sth** es ist kühn, etw zu tun ② (*provocative*) verwegen; *film* gewagt ③ (*revealing*) *dress, skirt* gewagt **II.** *n no pl* Kühnheit *f,* Wagemut *m;* **to show** ~ Mut beweisen [*o* zeigen]

daringly ['deərɪŋli, AM 'der-] *adv* ① (*bravely*) wagemutig, kühn ② (*provocatively*) herausfordernd, provozierend

dark [dɑ:k, AM dɑ:rk] **I.** *adj* ① (*unlit*) dunkel, finster, düster; ***it was too ~ to see properly*** es war schon so düster, dass man nichts mehr richtig erkennen konnte; ***what time does it get ~ in the summer?*** wann wird es im Sommer dunkel?; ***our bedroom was very*** ~ in unserem Schlafzimmer war es sehr düster ② (*in colour*) *hair, skin, eyes* dunkel; ~ **blue** dunkelblau; **tall,** ~ **and handsome** groß, dunkel und gut aussehend ③ *attr* (*sad*) dunkel; *days* finster; *vision* düster; ~ **chapter** dunkles Kapitel; ~ **predictions** düstere Vorhersagen; **to have a** ~ **side** Nachteile haben; **to look on the** ~ **side of things** schwarz sehen, pessimistisch sein ④ (*evil*) finster, düster; ~ **look** finsterer Blick; **to have a** ~ **side** eine finstere [*o* dunkle] Seite haben ⑤ (*secret*) dunkel, verborgen, geheim[nisvoll]; **to keep sth** ~ [**from sb**] etw [vor jdm] geheim halten ⑥ (*hum: remote*) tief; ***he lived somewhere in ~est Peru*** er lebte irgendwo im tiefsten Peru ⑦ LING dunkel; ***a ~ 'l'*** ein dunkles ‚l' ▸ PHRASES: **the ~est hour is just before the dawn** (*prov*) schlimmer kann es jetzt nicht mehr werden **II.** *n no pl* ■**the** ~ die Dunkelheit, das Dunkel; **to be afraid of the** ~ Angst vor der Dunkelheit haben; **to see/sit in the** ~ im Dunkeln sehen/sitzen; **to do sth before/after** ~ etw vor/nach Einbruch der Dunkelheit tun ▸ PHRASES: **a leap in the** ~ ein Sprung *m* ins Ungewisse; **a shot** [*or* **stab**] **in the** ~ ein Treffer *m* ins Schwarze; **to keep sb in the** ~ [**about** [*or* **as to**] **sth**] jdn [über etw *akk*] im Dunkeln lassen; **to be** [**completely**] **in the** ~ keine Ahnung haben

Dark Ages *npl* ① HIST ■**the** ~ das frühe Mittelalter ② *(ignorance)* ■**the d~ a~** die schlimmen Zeiten; ***this takes us back to the*** ~ das ist ein Rückschritt in finstere Zeiten **dark chocolate** *n no pl* AM, AUS *(plain chocolate)* Bitterschokolade *f*, bittere Schokolade **dark-coloured** <darker-, darkest-> *adj* dunkelfarben; ~ **outfit** Kleidung *f* in dezenten [*o* gedeckten] Farben **Dark Continent** *n no pl* ■**the** ~ Afrika *nt*, der schwarze Kontinent **dark current** *n* ELEC Dunkelstrom *m*

darken ['dɑːkᵊn, AM 'dɑːr-] **I.** *vi* ① *(lose light)* *sky* dunkel werden, sich verdunkeln [*o* verfinstern] ② *(look angry)* *mood* sich verdüstern [*o* verfinstern]; ***his face ~ed in anger*** sein Gesicht verfinsterte sich vor Wut **II.** *vt* ① *(shade)* ■**to ~ sth** etw verdunkeln; **to ~ a room** einen Raum abdunkeln ② *(spoil)* ***nuclear weapons ~ our planet*** Atomwaffen bedrohen das Leben auf der Erde ► PHRASES: **never to ~ these/sb's doors again!** *(liter)* sich *akk* nie wieder blicken lassen *fam;* ***never ~ these doors again!*** lass dich hier bloß nicht wieder blicken! *fam*

darkened ['dɑːkᵊnd, AM 'dɑːr-] *adj attr, inv* verdunkelt; *room* abgedunkelt

dark glasses *npl* Sonnenbrille *f* **dark horse** *n* ① BRIT, AUS *(talent)* unbekannte Größe, unbeschriebenes Blatt; ***Anna's such a*** ~ Anna hat viele versteckte Talente ② AM *(victor)* erfolgreicher Außenseiter

darkie *n*, AM *usu* **darky** ['dɑːki, AM 'dɑːr-] *n (pej! dated sl)* Neger(in) *m(f) pej*

darkish ['dɑːkɪʃ, AM 'dɑːr-] *adj* ① *(dark-coloured)* dunkel[farben] ② *(of person)* dunkleren Typs *nach n* ③ *(of hair)* dunkel ④ *(dim)* trüb[e] ⑤ *(mysterious)* geheimnisvoll, dunkel *fig*

darkly ['dɑːkli, AM 'dɑːrk-] *adv* ① *(dimly)* dunkel, finster; ***he could be seen ~ on the foggy moor*** er war in dem nebligen Moor nur schwer zu erkennen ② *(sadly)* traurig ③ *(ominously)* böse; **to look at sb ~** jdn böse ansehen

dark matter *n no pl* ASTRON dunkle Materie *fachspr*

darkness ['dɑːknəs, AM 'dɑːrk-] *n no pl* ① *(no light)* Dunkelheit *f*, Finsternis *f;* ***the room was in complete*** ~ der Raum war völlig dunkel; **to be plunged into ~** in Dunkelheit getaucht sein ② *(night)* Finsternis *f* ③ *of colour* Dunkelheit *f* ④ *(fig: sadness)* Düsterkeit *f;* ***moments of*** ~ düstere Momente ⑤ *(fig: evil) of one's soul* Finsterkeit *f* ⑥ *(fig: secrecy)* Dunkelheit *f;* **to draw a veil of ~ across sth** den Schleier des Geheimnisses über etw *akk* breiten

darkroom *n* Dunkelkammer *f* **dark-skinned** <darker-, darkest-> *adj* dunkelhäutig

dark trace tube *n* ELEC Dunkelschriftröhre *f*

darky *n (pej! dated sl) see* **darkie**

darling ['dɑːlɪŋ, AM 'dɑːr-] **I.** *n* ① *(beloved)* Liebling *m*, Schatz *m*, Schätzchen *nt;* ***oh, ~, I do love you*** Liebling, ich liebe dich ② *(lovable person)* Engel *m*, Schatz *m;* ***what a ~ you are to bring me some tea!*** das ist wirklich nett von dir, dass du mir Tee bringst!; ■**to be sb's ~** jds Liebling *nt* sein; ■**be a ~ and ...** sei so lieb [*o* nett] und ..., sei ein Schatz und ... ③ *(fam: friendly term)* Schatz *m*, Schätzchen *nt;* ***here's your change, ~*** hier ist Ihr Wechselgeld, Schätzchen *fam* **II.** *n modifier* ① *(beloved)* hübsch, reizend, entzückend; *(in a letter)* ***D~ Martha, ...*** Liebe Martha, ... ② *(pretty)* *cat* süß, goldig, lieb; **a ~ little cottage** ein reizendes kleines Landhaus

darn¹ [dɑːn, AM dɑːrn] **I.** *vt* **to ~ a hole** ein Loch stopfen **II.** *n* gestopfte Stelle; ***the cardigan is full of ~s*** die Strickweste ist überall gestopft

darn² [dɑːn, AM dɑːrn] *(fam)* **I.** *interj* Mist! *fam*, verflixt! *fam*, zum Kuckuck! *fam;* ~ ***it!*** verflixt noch mal! *fam*, verflixt und zugenäht! *fam*, so ein Mist! *fam* **II.** *adj attr, inv* ***he was a ~ sight younger than Elizabeth*** er war ein ganzes Stück jünger als Elizabeth **III.** *adv inv* verdammt *fam;* ***that's a ~ fine horse*** das ist ein verdammt schönes Pferd **IV.** *n no pl* ***I don't give a ~!*** das ist mir völlig schnurz *fam*

darned [dɑːnd, AM dɑːrnd] *adj, adv inv see* **darn² II, III**

darning ['dɑːnɪŋ, AM 'dɑːrn-] *n no pl* ① *(needlework)* Stopfen *nt;* ***his job of ~ is excellent*** er hat das Loch hervorragend gestopft ② *no pl (clothes)* ■**the** ~ die Stopfsachen *fpl*

darning needle *n* Stopfnadel *f*

dart [dɑːt, AM dɑːrt] **I.** *n* ① *(weapon)* Pfeil *m;* **to fire a ~ at sb/sth** einen Pfeil auf jdn/etw abschießen; *see also* **darts** ② *usu sing (dash)* Satz *m*, Sprung *m;* **to make a ~ for sb/sth** auf jdn/etw losstürzen ③ *(pleat)* Abnäher *m;* **to make a ~** einen Abnäher machen ► PHRASES: **to make a ~ at sth** sich *dat* einen Reim auf etw *akk* machen **II.** *vi* ■**to ~ somewhere** irgendwohin flitzen [*o* sausen] *fam;* ***the fish ~ed through the water*** der Fisch schnellte durch das Wasser; ■**to ~ away** davonflitzen *fam;* ■**to ~ at sb** auf jdn losstürzen **III.** *vt* **to ~ a glance** [*or* **look**] **somewhere** einen Blick irgendwohin werfen; **to ~ a look at sb** jdm einen Blick zuwerfen

◆**dart out** *vt no passive* ***the lizard ~ed out its tongue*** die Eidechse ließ ihre Zunge herausschnellen

dartboard *n* Dartscheibe *f*

darts [dɑːtz, AM dɑːrtz] *n + sing vb* Darts *nt kein pl;* ***do you feel like a game of ~?*** hast du Lust, Darts zu spielen?; **to play ~** Darts spielen; *see also* **dart**

Darwinian [dɑː'wɪniən, AM dɑːr] BIOL, PHILOS **I.** *adj inv* ① *(Darwinist)* darwinistisch ② *(by Darwin)* Darwin[i]sch **II.** *n* Darwinist(in) *m(f)* **Darwinism** ['dɑːwɪnɪzᵊm, AM 'dɑːr] *n no pl* BIOL, PHILOS Darwinismus *m*

dash [dæʃ] **I.** *n* <*pl* -es> ① *(rush)* Hetze *f*, Hast *nt;* ***it was a mad ~*** wir mussten uns total abhetzen *fam;* **to make a ~ for the door/exit** zur Tür/zum Ausgang stürzen; ***she made a ~ for it*** sie rannte, so schnell sie konnte ② *esp* AM SPORTS Kurzstreckenlauf *m* ③ *(little bit)* kleiner Zusatz, kleine Beimengung; **a ~ of cinnamon/nutmeg/pepper** eine Messerspitze Zimt/Muskat/Pfeffer; **to add a ~ of colour to a dish** einem Gericht einen Farbtupfer hinzufügen; **a ~ of salt** eine Prise Salz; **a ~ of originality** ein Hauch *m* von Originalität, eine gewisse Originalität; **a ~ of rum** ein Schuss *m* Rum; **a ~ of yellow** ein Stich *m* ins Gelbe ④ *(punctuation)* Gedankenstrich *m* ⑤ *(flair)* Schwung *m*, Elan *m;* *(pluck)* Schneid *m* ⑥ *(morse signal)* [Morse]strich *m;* **dots and ~es** Morsezeichen *ntpl* ⑦ AUTO *(fam: dashboard)* Armaturenbrett *nt* **II.** *interj* BRIT *(dated)* ~ **it!** *(bother!)* verflixt!, Mist!; ~ **it** [**all**]! *(expressing righteous indignation)* ich muss doch sehr bitten! **III.** *vi* ① *(hurry)* stürmen, rasen *fam;* ***I've got to*** ~ ich muss mich sputen *fam;* ***we ~ed along the platform and just managed to catch the train*** wir hasteten die Plattform entlang und haben den Zug noch so gerade gekriegt; **to ~ across the street/into the house** über die Straße/ins Haus flitzen *fam;* **to ~ out of the room** aus dem Zimmer stürmen; ■**to ~ about** [*or* **around**] herumrennen *fam;* ■**to ~ at sth** sich *akk* auf etw *akk* stürzen; ■**to ~ off** davonjagen, die Fliege machen *fam* ② *(strike forcefully)* schmettern; *waves also* peitschen **IV.** *vt* ① *(strike forcefully)* ■**to ~ sth** [**against sth**] etw [gegen etw *akk*] schleudern [*o* schmettern]; ***he ~ed his hand against a rock*** er schlug sich die Hand an einem Felsen auf; **to ~ sth to pieces** etw zerschmettern [*o* in tausend Stücke schlagen] ② *(destroy)* ■**to be ~ed** zerstört [*o* vernichtet] werden; ***his spirits were ~ed by the ridicule of his classmates*** der Spott seiner Klassenkameraden hat ihn völlig geknickt; **to ~ sb's hopes** jds Hoffnungen *fpl* zunichte machen

◆**dash off** *vt* ■**to ~ off** ⇄ **sth** etw schnell erledigen; **to ~ off a report** einen Bericht runterreißen *fam;* **to ~ off a meal** ein Essen hinzaubern *fam*

dashboard *n* Armaturenbrett *nt*, Instrumentenbrett *nt*

dashed [dæʃt] **I.** *adv inv esp* BRIT *(dated fam)* verflixt *fam* **II.** *adj attr* gestrichelt; ~ **line** gestrichelte Linie

dashing ['dæʃɪŋ] *adj (dated)* schneidig, forsch, flott, fesch; ~ **young man** flotter junger Mann

dashingly ['dæʃɪŋli] *adv (dated)* charmant, flott

dastardly ['dæstədli, AM -tərd-] *adj (liter) attack, plot, revenge* hinterhältig, heimtückisch; ~ **deeds** Gemeinheiten *fpl*

DAT [ˌdiːeɪ'tiː] *n abbrev of* **digital audio tape**

data ['deɪtə, AM -t̬ə] *npl + sing/pl vb* Daten *pl;* **computer ~** Computerdaten *pl;* **to collect ~** Fakten sammeln; **to retrieve ~** Daten abrufen [*o* aufrufen]; **to transfer ~** Daten übertragen [*o* transferieren]

data archaeologist *n no pl* Datenarchivar(in) *m(f)* **data archaeology** *n no pl* COMPUT Datenarchivierung *f* **data bank** *n* Datenbank *f* **database** *n* Datenbestand *m*, Datenbank *f* **data capture** *n no pl* Datenerfassung *f* **data carrier** *n* Datenträger *m* **data glove** *n* Datenhandschuh *m* *(Handschuh, der mit einer virtuellen Hand im Computer verbunden ist)* **datagram** *n* COMPUT Datagramm *nt* **data haven** *n* Datenoase *f (um unter Umgehung der Rechtsvorschriften Daten zu speichern)* **data item** *n* COMPUT [Daten]feld *nt* **data network** *n* Datennetzwerk *nt* **data processing** **I.** *n no pl* Datenverarbeitung *f* **II.** *n modifier* Datenverarbeitungs-

data protection *n no pl* BRIT Datenschutz *m* **Data Protection Act** *n* Datenschutzgesetz *nt* **Data Protection Registry, Data Protection Registrar's office** *n* BRIT Datenschutzbehörde *f*

data retrieval *n no pl* Datenaufruf *m*, Datenabruf *m* **data security** *n no pl* Datensicherheit *f*, Datenschutz *m* **Datastream** ['deɪtəstriːm] *n no pl* BRIT FIN Datastream *(Onlinebörseninformationsdienst)* **data transfer** *n no pl* Datenübertragung *f*, Datentransfer *m*

datcha ['dætʃə, AM 'dɑːtʃə] *n see* **dacha**

date¹ [deɪt] **I.** *n* ① *(calendar day)* Datum *nt;* ***do you know what today's ~ is?*** weißt du, welches Datum wir heute haben?; **closing ~** letzter Termin; **at an early ~** früh, frühzeitig; **expiry** [*or* AM **expiration**] **~** Verfallsdatum *nt;* **to be in ~** *food* das Verfallsdatum noch nicht haben [*o* noch haltbar sein]; **out of ~** überholt, nicht mehr aktuell; **to be out of ~** *food* das Verfallsdatum haben ② *(the present)* **to ~** bis jetzt/heute; **up to ~** *technology* auf dem neuesten Stand; *fashion, style, slang* zeitgemäß; **to ~, interest to ~** FIN Zinsen *pl* bis auf den heutigen Tag ③ *(on coins)* Jahreszahl *f* ④ *(business appointment)* Termin *m*, Verabredung *f;* ***it's a ~!*** abgemacht!; **to make a ~** sich *akk* verabreden; ***shall we make it a ~?*** sollen wir es festhalten? ⑤ *(booked performance)* Aufführungstermin *m* ⑥ *(social appointment)* Verabredung *f;* *(romantic appointment)* Rendevouz *nt;* **a hot ~** *(fam)* ein heißes Date *sl;* **to go out on a ~** ausgehen; **to have a ~ with sb** mit jdm verabredet sein ⑦ *(person)* Begleitung *f;* **a hot ~** *(fam)* ein heißer Typ/eine heiße Frau *fam;* **to find** [*or* **get**] **a ~** einen Partner [*o* Begleiter]/eine Partnerin [*o* Begleiterin] finden **II.** *vt* ① *(have relationship)* ■**to ~ sb** mit jdm gehen *fam* ② *(establish the age of)* ■**to ~ sth** etw datieren; ***the expert ~d the pipe at 1862*** der Experte datierte die Pfeife auf das Jahr 1862 ③ *(reveal the age of)* ■**to ~ sb** jdn altersmäßig verraten; ***you went to Beach Boys concerts? that sure ~s you!*** du warst auf den Konzerten der Beach Boys? daran merkt man, wie alt du bist! ④ *(put date on)* ■**to ~ sth** etw datieren; ***in reply to your letter ~d November 2nd, ...*** unter Bezugnahme auf Ihren Brief vom 2. November ... *form;* FIN **to ~ a cheque forward** einen Scheck vordatieren **III.** *vi* ① *(have a relationship)* miteinander gehen *fam;* ***we think our daughter is still too young to ~*** AM wir denken, unsere Tochter ist noch zu jung, um einen Freund zu haben ② *(go back to)* ■**to ~ from** [*or* **back to**] **sth** *style* auf etw *akk* zurückgehen; *tradition* von etw *dat* herrühren, aus etw *dat* stammen ③ *(show its age)* veraltet wirken; *(go out of fashion)* aus der Mode kommen

date² [deɪt] *n* Dattel *f*

dated ['deɪtɪd, AM -t̬ɪd] *adj* veraltet, überholt; ~ **ideas** rückständige Ideen

dated securities *n* FIN Wertpapiere *pl* mit festem Rückzahlungstermin **dated stocks** *n* FIN Wertpapiere *pl* mit festem Rückzahlungstermin

dateline *n* JOURN Datumszeile *f*, Kopfzeile *f* **date of bill** *n* FIN Fälligkeitstermin *m* eines Wechsels **date of commencement** *n* POL *Tag des Inkrafttretens eines vom Parlament gebilligten Gesetzes* **date rape** *n* Vergewaltigung *f* durch eine dem Opfer bekannte Person
date-stamp *n* Datumsstempel *m*
dating agency *n* BRIT, **dating service** *n* AM, AUS Partnervermittlungsagentur *f*
dative ['deɪtɪv, AM -t̬ɪv] **I.** *n no pl* LING ■**the ~** der Dativ; **to be in the ~** im Dativ stehen; **to take the ~** den Dativ nach sich ziehen **II.** *adj inv* **the ~ case** der Dativ
datum <*pl* data> ['deɪtəm, AM t̬əm] *n* (*rare*) gegebener Faktor, festgestelltes Element
daub [dɔːb, AM *esp* dɑːb] **I.** *vt* ■**to ~ sth** etw beschmieren; **to ~ gel into one's hair** sich *akk* Gel in die Haare schmieren **II.** *n* ❶ (*patch of liquid*) Spritzer *m*; ***to avenge himself, he painted his sister's dollhouse with ~s of glue*** um sich zu rächen, schmierte er das Puppenhaus seiner Schwester mit Klebstoff voll; **~ of paint** Farbklecks *m* ❷ (*pej: bad painting*) Schmiererei *f pej fam*, Kleckserei *f pej fam* ❸ ARCHIT **wattle and ~** mit Lehm beworfenes Flechtwerk
daughter ['dɔːtəʳ, AM 'dɑːt̬ɚ] *n* Tochter *f a. fig*
daughter board *n* COMPUT Tochterplatine *f*
daughter-in-law <*pl* daughters-in-law> *n* Schwiegertochter *f* **daughter language** *n* LING Tochtersprache *f* **Daughters of the American Revolution** *n* Töchter *fpl* der Amerikanischen Revolution (*patriotische Frauenvereinigung in den USA*)
daunt [dɔːnt, AM *esp* dɑːnt] *vt usu passive* ■**to ~ sb** (*intimidate*) jdn einschüchtern; (*discourage*) jdn entmutigen; **nothing ~ed** *esp* BRIT unerschrocken, unverzagt
daunting ['dɔːntɪŋ, AM *esp* 'dɑːnt-] *adj* (*intimidating*) erschreckend; (*discouraging*) entmutigend; **a ~ prospect** eine entmutigende Aussicht; **a ~ task** eine beängstigende Aufgabe
dauntless ['dɔːntləs, AM *esp* 'dɑːnt-] *adj* (*liter*) furchtlos, unerschrocken, kühn
davenport ['dævᵊnpɔːt, AM pɔːrt] *n* ❶ BRIT (*desk*) ≈ Sekretär *m* ❷ AM (*sofa*) großes [Bett]sofa
davit ['dævɪt] *n* NAUT Davit *m*, Bootskran *m*
Davy Jones's locker [ˌdeɪvɪˌdʒəʊnzɪz'-, AM -ˌdʒoʊnzɪz'-] *n no pl* alles verschlingendes Meer *liter*, nasses Grab *veraltet liter* **Davy lamp** *n* [Gruben]sicherheitslampe *f*, davische Lampe
dawdle ['dɔːdl̩, AM *esp* 'dɑː-] *vi* trödeln, bummeln *fam*; **to ~ around the stores** einen Bummel durch die Geschäfte machen; **to ~ over one's breakfast/work** beim Frühstück/bei der Arbeit herumtrödeln *fam*
dawdler ['dɔːdləʳ, AM 'dɑːdlɚ] *n* Trödler(in) *m(f) pej fam*, Bummler(in) *m(f) pej fam*, Bummelant(in) *m(f) pej fam*
dawn [dɔːn, AM *esp* dɑːn] **I.** *n* ❶ *no pl* (*daybreak*) [Morgen]dämmerung *f*, Morgenröte *f liter*; **at [the break of] ~** bei Tagesanbruch, im Morgengrauen; **[from] ~ to dusk** von morgens bis abends; **~ breaks** der Tag bricht an ❷ (*fig: beginning*) *of an era, a period* Anfang *m*, Beginn *m* **II.** *vi* ❶ (*start*) *day* anbrechen; (*fig*) *age, era, year* anbrechen, [herauf]dämmern *geh*; ***the day was just ~ing as the ship landed*** es dämmerte gerade, als das Schiff einlief; ***a new age ~ed with the invention of the steam engine*** mit der Erfindung der Dampfmaschine nahm ein neues Zeitalter seinen Anfang ❷ (*become apparent*) bewusst werden, dämmern *fam*; ***it suddenly ~ed on me that, …*** auf einmal fiel mir siedend heiß ein, dass …
dawn chorus *n esp* BRIT, AUS Morgenkonzert *nt* der Vögel **dawn raid** *n* ❶ *esp* BRIT, AUS (*surprise morning attack*) Razzia *f* im Morgengrauen ❷ BRIT STOCKEX plötzlicher Aufkauf von Aktien; **to make a ~ on sth** einen Angriff auf etw *akk* starten
DAX index [dæks-] *n* ECON, FIN *abbrev of* **Deutscher Aktien Index** DAX
day [deɪ] *n* ❶ (*24 hours*) Tag *m*; ***my birthday is ten ~s from now*** heute in zehn Tagen habe ich Geburtstag; ***what a ~!*** was für ein Tag!; ***you're forty if you're a ~*** du bist mindestens vierzig [Jahre alt]; ***you don't look a ~ over forty*** Sie sehen kein bisschen älter als vierzig aus; ***we're expecting the response any ~ now*** die Antwort kann jetzt jeden Tag kommen; **in a few ~s [time]** in einigen [*o* in ein paar] Tagen; **the ~ after tomorrow/before yesterday** vorgestern/übermorgen; **for a few ~s** auf ein paar Tage, für einige Tage; **from this ~ forth** von heute an; **~ in ~ out** (*iron*) tagaus, tagein; **from one ~ to the next** von heute auf morgen; **one ~** eines Tages; **from that ~ on[wards]** von dem Tag an; **the other ~** neulich, vor einigen Tagen; **two ~s ago** vor zwei Tagen; **~ after ~** Tag für Tag, tagaus, tagein; **~ by ~** Tag für Tag; **from ~ to ~** von einem Tag auf den nächsten, von Tag zu Tag; **to the ~** auf den Tag genau; **to this ~** bis heute; **some ~** [irgendwann] einmal; **these ~s** in letzter Zeit; **one of these ~s** eines Tages; (*soon*) demnächst ❷ ECON, FIN (*work period*) Arbeitstag *m*; ***he works three ~s on, two ~s off*** er arbeitet drei Tage und hat dann zwei Tage frei; **to work an eight-hour ~** einen achtstündigen Arbeitstag haben ❸ (*not night*) Tag *m*; **all ~ [long]** den ganzen Tag [über [*o* lang]]; **a sunny/wet ~** ein sonniger/regnerischer Tag; **by ~** tagsüber, während des Tages ❹ (*work period*) [Arbeits]tag *m*; **all ~** den ganzen Tag; **a full ~** ein anstrengender Tag, ein Tag *m* randvoll mit Terminen; **to take a ~ off** einen Tag freinehmen ❺ (*former time*) **in those ~s** damals; **in/since sb's ~** zu/seit jds Zeit *f*; ■**in the ~s before/of/when …** zur Zeit vor/des/, als … ► PHRASES: **in this ~ and age** heutzutage; **D~ of Atonement** [jüdisches] Versöhnungsfest; **at the end of the ~** (*in the final analysis*) letzten Endes; (*in conclusion*) folglich; **the D~ of Judgment** der Jüngste Tag; **sth is like night and ~** etw ist wie Tag und Nacht; **to end one's ~s in poverty** in Armut enden, seine Tage in Armut beschließen; **to pass the time of ~** plaudern, plauschen SÜDD, ÖSTERR; **to be all in a ~'s work** zum Alltag gehören; **to have seen better ~s** schon bessere Tage gesehen haben; **the big ~** der große Tag; **in all my born ~s** in meinem ganzen Leben, bis an jds *akk* Lebensende *nt*; **until sb's dying ~, sb's ~s [as sth] are numbered** jds Tage *mpl* [als etw] sind gezählt; **from ~ one** von Anfang an, vom ersten Tag an; **to be one of those ~s** ein Unglückstag sein; **to call it a ~** Schluss machen [für heute]; **to carry [*or* win] the ~** den Sieg davontragen *geh*; **to have had one's ~** seine [beste] Zeit gehabt haben; **to make sb's ~** jds Tag *m* retten; **to name the ~** den Hochzeitstermin festsetzen, den Tag der Hochzeit festlegen; **those were the ~s** das waren noch Zeiten; **that will be the ~!** das möchte ich zu gern[e] einmal erleben! *fam*
daybed *n* ❶ (*for daytime rest*) Liegesofa *nt* ❷ AM Bettsofa *nt* **daybook** *n* ECON Journal *nt* **day boy** *n* BRIT SCH Externer *m* **daybreak** *n no pl* Tagesanbruch *m*; **at ~** bei Tagesanbruch, im Morgengrauen **daycare** *n no pl of pre-schoolers* Vorschulkinderbetreuung *f*; *of the elderly* Altenbetreuung *f*; (*centre for pre-schoolers*) Kindertagesstätte *f*; (*for the elderly*) Altentagesstätte *f* **daycare center** AM, **daycare centre** *n* (*for children*) Kindertagesstätte *f*; (*for the elderly*) Altentagesstätte *f* **daydream** **I.** *vi* [mit offenen Augen] träumen, vor sich *akk* hinträumen **II.** *n* Tagtraum *m*, Wachtraum *m* **daydreamer** *n* Tagträumer(in) *m(f)*, verträumte Person **day girl** *n* BRIT SCH Externe *f* **Day-Glo®** ['deɪgləʊ, AM -gloʊ] *adj attr, inv* neonfarben, Neon-; **~ yellow** Neongelb *nt* **day job** *n* (*hum fam*) Hauptberuf *m*, Brotberuf *m* ► PHRASES: **don't give up your [*or* the] ~!** (*as put-down*) Schuster bleib bei deinen Leisten; (*as warning*) häng deinen Beruf nicht gleich an den Nagel *fam* **day laborer** AM, **day labourer** *n* Tagelöhner(in) *m(f)*
daylight *n no pl* Tageslicht *nt*; **in broad ~** am helllichten Tag[e] ► PHRASES: **to knock [*or* beat] the living ~s out of sb** (*fam*) jdn windelweich schlagen *fam*; **to scare [*or* frighten] the living ~s out of sb** (*fam*) jdn zu Tode erschrecken; **to let ~ into sth** etw ans Licht [der Öffentlichkeit] bringen; **to see ~** [allmählich] klar sehen; ***he saw ~*** ihm ging ein Licht auf **daylight robbery** *n no pl* BRIT, AUS Nepp *m pej fam*, Wucher *m pej* **daylight saving time** *n* Sommerzeit *f* **day lily** *n* Taglilie *f*
day-long ['deɪlɒŋ] *adj attr, inv* den ganzen Tag [an]dauernd **day nursery** *n* Kindertagesstätte *f* **day order** *n* STOCKEX Tagesorder *f*, Tagesauftrag *m* **day patient** *n* MED Tagespatient(in) *m(f)* **day pupil** *n* BRIT SCH Externe(r) *f(m)* **day release** **I.** *n* BRIT [tageweise] Freistellung zur Weiterbildung (*berufliche Fortbildung im Rahmen eines bestehenden Arbeitsverhältnisses*) **II.** *n modifier* Fortbildungs-; **~ course** bezahlter Fortbildungskurs **day return** *n* BRIT Tagesrückfahrkarte *f* **day school** *n* Tagesschule *f* [ohne Internat] **day shift** *n* Tagschicht *f* **day student** *n esp* AM, AUS Externe(r) *f(m)*; UNIV Student/Studentin, der/die zu Hause wohnt **daytime** **I.** *n no pl* Tag *m*, Tageszeit *f*; **in [*or* during] the ~** tagsüber, bei Tag **II.** *n modifier* (*light, temperatures*) Tages- **day-to-day** *adj* ❶ (*daily*) [tag]täglich; (*normal*) alltäglich; **on a ~ basis** tageweise ❷ (*short-term*) **on a ~ basis** von einem Tag auf den nächsten; **~ survival** der tägliche Kampf ums Überleben **day trader** *n* STOCKEX Tagesspekulant(in) *m(f)*
day training center AM, **day training centre** *n* LAW Tagesausbildungsstätte *f* **day trip** *n* Tagesausflug *m* **day tripper** *n* Tagesausflügler(in) *m(f)*
daze [deɪz] **I.** *n no pl* Betäubung *f*; **to be in a ~** ganz betäubt [*o* benommen] sein; **to be walking around in a ~** wie im Taumel umhergehen **II.** *vt usu passive* ■**to be ~d** wie betäubt [*o* ganz benommen] sein
dazedly ['deɪzədli] *adv* betäubt, benommen
dazzle ['dæzl̩] **I.** *vt* ■**to ~ sb/an animal [with sth]** jdn/ein Tier [mit etw *dat*] blenden **II.** *n no pl* ❶ (*brilliance*) Glanz *m* ❷ (*sudden brightness*) blendendes Licht
dazzling ['dæzl̩ɪŋ] *adj* ❶ (*visually brilliant*) blendend *attr*; *diamond* funkelnd *attr* ❷ (*impressive*) blendend *attr*, überwältigend *attr*, umwerfend *attr*; *smile* strahlend *attr*; *success* glänzend *attr*
dazzlingly ['dæzl̩ɪŋli] *adv* funkelnd; (*fig*) **to smile ~ at sb** jdn strahlend anlächeln
dB <*pl* -> *n abbrev of* **decibel(s)** db *nt*
DC [ˌdiː'siː] *n no pl* ❶ ELEC *abbrev of* **direct current** Gleichstrom *m* ❷ *abbrev of* **District of Columbia** D.C.
DCC [ˌdiːsiː'siː] *n* ❶ *abbrev of* **digital compact cassette** DCC *f* ❷ *abbrev of* **deputy chief constable** stellvertretender Polizeichef
DCF [ˌdiːsiː'ef] *n* ECON, FIN *abbrev of* **discounted cash flow** diskontierter Cashflow
D-Day *n no pl, no art* ❶ (*hist*) Invasionstag *m*; ***the ~ landings began on June 6, 1944, when Allied forces invaded Normandy*** die Invasion begann am 6. Juni 1944, als die allierten Streitkräfte in die Normandie einfielen ❷ (*fig: important target date*) der Tag X
DDT [ˌdiːdiː'tiː] *n* CHEM *no pl abbrev of* **dichlorodiphenyl-trichloroethane** DDT *nt*
deaccession [ˌdiːæk'seʃᵊn] *vt* ■**to ~ sth** etw entlehnen
deacon ['diːkən] *n* Diakon(in) *m(f)*
deaconess [ˌdiːkə'nes] *n* Diakonisse *f*, Diakonissin *f*
deactivate [ˌdiː'æktɪveɪt] *vt* ■**to ~ sth** *alarm, motor* etw abschalten; CHEM etw desaktivieren *fachspr*; **to ~ a bomb** eine Bombe entschärfen
deactivation [diːˌæktɪ'veɪʃᵊn] *n* ❶ (*action*) Inaktivierung *f fachspr*; *of alarm* Ausschalten *nt*; *of a bomb* Entschärfung *f* ❷ (*function*) Abschaltvorrichtung *f*
dead [ded] **I.** *adj* ❶ *inv* (*not alive*) tot; *plant* abgestorben, tot; ***she's been ~ for three years*** sie ist [schon] drei Jahre tot; **to be ~ on arrival** beim Eintreffen ins Krankenhaus bereits tot sein; **~ body** Leiche *f*; **to drop ~** tot umfallen; **to shoot sb ~** jdn erschießen; **to be shot ~** erschossen werden ❷ *inv* (*obsolete, not active*) *custom* ausgestorben; *feelings* erloschen; (*gone out*) *fire* erloschen, aus *fam*; *rail-*

D

way line stillgelegt; ***acid rain has become a ~ issue*** über sauren Regen spricht heute keiner mehr; ***my cigarette is*** ~ meine Zigarette ist ausgegangen; (*no longer in use*) **are these tins ~?** brauchst du diese Dosen noch?; ~ **language** tote Sprache; ~ **volcano** erloschener Vulkan ③ *inv* (*numb*) *limbs* taub; ***my legs have gone*** ~ meine Beine sind eingeschlafen ④ *inv* (*with no emotion*) *voice* kalt; (*flat*) *sound* dumpf ⑤ *inv* (*not bright*) *colour* matt, stumpf ⑥ (*boring, deserted*) *city* tot, [wie] ausgestorben *präd; party* öde; *season* tot; ~ **performance** glanzlose Vorführung ⑦ *inv* FIN ~ **capital** totes Kapital ⑧ (*fig fam: exhausted*) tot *fam,* kaputt *fam,* erledigt *fam;* **to be ~ on one's feet** zum Umfallen müde sein ⑨ *inv* (*not functioning*) *phone, radio, tv* tot; ***and then the phone went*** ~ und dann war die Leitung tot; ***the phone has gone*** ~ die Leitung ist tot; ***the line went*** ~ die Leitung brach zusammen ⑩ *inv* (*fig: used up*) verbraucht; *battery* leer; *match* erloschen ⑪ *attr, inv* (*totally*) völlig, total, absolut; ***that remark was a ~ give-away*** diese Bemerkung sagte alles; ***wow, ~ centre!*** hui, genau in die Mitte!; ~ **calm** METEO Windstille *f;* **to be in a ~ faint** in eine tiefe Ohnmacht gefallen sein; ~ **silence** Totenstille *f;* ***we sat in ~ silence*** keiner von uns sagte auch nur ein Wort; **to come to ~ stop** zum völligen Stillstand kommen ⑫ *inv* (*fast asleep*) ■**to be ~** tief und fest schlafen; **to be ~ to the world** fest eingeschlafen [*o fam* total weg] sein ⑬ *inv* SPORTS ~ **ball** toter Ball (*Ball, der ohne Bewertung ins Aus geht*) ▸ PHRASES: **over my ~ body** nur über meine Leiche *fam;* **to be [as] ~ as a doornail** [*or dated* **dodo**] mausetot sein *fam;* **to be a ~ duck** *thing* eine Schnapsidee sein; *person* eine Null sein *fam;* **you'll be ~ meat if you ever do that again** ich kill dich, wenn du das noch einmal machst! *sl;* ~ **men tell no tales** (*prov*) Tote reden nicht; **to be ~ from the neck** strohdoof sein *fam;* **to catch** [*or* **get**] [*or* **have**] **sb ~ to rights** jdn auf frischer Tat ertappen; **to be a ~ ringer for sb** ein Doppelgänger von jdm sein, für jdn durchgehen können; **to be ~ and buried** tot und begraben sein; **I wouldn't be seen ~ in that dress** so ein Kleid würde ich nie im Leben anziehen; **I wouldn't be seen ~ in that pub** in diese Kneipe würden mich keine zehn Pferde bringen **II.** *adv* ① *inv* (*fam: totally*) absolut, total, völlig; ***I'm ~ beat*** ich bin todmüde; ***your analysis is ~ on target*** deine Analyse trifft genau ins Schwarze; ***you're ~ right*** du hast vollkommen [*o* absolut] Recht!; **"~ slow"** „Schritt fahren"; ~ **certain** todsicher *fam;* ~ **drunk** stockbetrunken; ~ **easy** *esp* BRIT kinderleicht; ~ **good** BRIT (*fam*) super *fam;* **to have been ~ lucky** Schwein gehabt haben *sl;* **to be ~ set against sth** absolut gegen etw *akk* sein; **to be ~ set on sth** etw felsenfest vorhaben; ~ **silent** totenstill; ~ **still** regungslos; ~ **tired** totmüde ② *inv* (*exactly*) genau; ***the town hall is ~ ahead*** die Stadthalle liegt direkt da vorne; **to be ~ in the centre** genau in der Mitte sein; ~ **on five o'clock** Punkt fünf; ~ **on target** genau im Ziel; ~ **on time** auf die Minute genau; **to be ~ on time** pünktlich wie die Maurer sein *fam* ▸ PHRASES: **to stop ~ in one's tracks** auf der Stelle stehen bleiben; **to stop sth ~ in its tracks** etw völlig zum Stillstand bringen; ***his political career was stopped ~ in its tracks*** seine politische Karriere fand ein jähes Ende; **to tell sb sth ~ straight** jdm unverblümt die Wahrheit sagen; **are you coming to the party? — ~ straight I am** gehst du auf die Party? – darauf kannst du wetten! *fam* **III.** *n* ① (*people*) ■**the ~** *pl* die Toten *pl;* (*fig*) ***you're making enough noise to wake the ~!*** bei dem Lärm kann man ja Tote aufwecken!; ***let the ~ bury the ~*** lasst die Toten die Toten begraben; **to come back from the ~** (*come back to life*) aus dem Jenseits zurückkommen, von den Toten zurückkehren; **to show [some] respect for the ~** den Toten Respekt zollen [*o* erweisen] ② **to rise from the ~** (*recover from an illness*) [von den Toten] auferstehen, wiederauferstehen *iron;* SPORTS sich *akk* fangen ③ (*right in the middle*) **in the ~ of night** mitten in der Nacht; **in the ~ of winter** im tiefsten Winter

dead-ball line *n* SPORTS [Spielfeld]linie *f* **deadbeat** (*fam*) **I.** *n esp* AM, AUS (*lazy person*) Faulpelz *m pej fam;* (*chronic debtor*) Schnorrer(in) *m(f) pej fam;* (*feckless person*) Gammler(in) *m(f) pej fam,* Versager(in) *m(f) pej* **II.** *n modifier* AM **a ~ dad** *geschiedener Vater, der sich seiner Unterhaltspflicht entziehen will;* **a ~ debtor** ein säumiger [*o* zahlungsunwilliger] Schuldner/eine säumige [*o* zahlungsunwillige] Schuldnerin; **a ~ renter** ein säumiger Mieter/eine säumige Mieterin **deadbeat dad** *n* zahlungssäumiger Vater

dead bolt *n* TECH Schließriegel *m* **dead cat bounce** *n* STOCKEX letztes Aufbäumen *fig* **dead center** AM, **dead centre** *n* genaue Mitte

deaden [ˈdedᵊn] *vt* ■**to ~ sth** ① (*numb*) *pain* etw abtöten [*o* betäuben] *a. fig* ② (*diminish*) etw dämpfen; ***rubber insulation is used to ~ the effect of the vibrations*** man verwendet Gummiisolierungen, um die Vibrationswirkung abzuschwächen; **to ~ the noise** den Lärm dämpfen

dead-end I. *n* Sackgasse *f a. fig;* **to reach a ~** in eine Sackgasse geraten *a. fig* **II.** *n modifier* (*not leading anywhere*) ohne Ausgang *nach n;* (*fig*) aussichtslos; ~ **job** Job *m* ohne Aufstiegschancen; **a ~ situation** eine ausweglose [*o* aussichtslose] Lage; ~ **street** Sackgasse *f* **III.** *vi* enden

deadening [ˈdedᵊnɪŋ] *adj* betäubend *attr,* abstumpfend *attr*

deadhead I. *n* ① (*dull person*) Hohlkopf *m pej,* Langweiler(in) *m(f) pej* ② AM (*person with free ticket*) Freikarteninhaber(in) *m(f)* ③ *esp* BRIT BOT welke Blüte[n] *f[pl]* ④ (*sl: fan of the Grateful Dead*) Deadhead *m sl* **II.** *vt esp* BRIT BOT welke Blüten auspflücken/abschneiden (*als gärtnerische Maßnahme*)

dead heat *n* totes Rennen; ***the race ended in a ~*** das Rennen ging unentschieden aus **dead letter** *n* ① (*undeliverable letter*) unzustellbarer Brief ② LAW toter Buchstabe (*noch bestehendes, aber nicht mehr angewandtes Gesetz*) **deadline** *n* letzter Termin (**for** für +*akk*), Deadline *f* (**for** für +*akk*); **to meet a ~** einen Termin [*o* Stichtag] einhalten; **to miss a ~** eine Frist versäumen [*o* verstreichen lassen]

deadliness [ˈdedlinəs] *n no pl* Tödlichkeit *f; of a substance* tödliche Wirkung

deadlock [ˈdedlɒk, AM -lɑːk] **I.** *n no pl* toter Punkt; ***the negotiations have come to a ~*** die Verhandlungen haben sich festgefahren; **to break** [*or* **resolve**] **a ~** einen toten Punkt überwinden; **to end in ~** an einem toten Punkt enden **II.** *vt usu passive* ***the talks have been ~ed for ten days*** seit zehn Tagen verlaufen die Gespräche ergebnislos

deadlocked *adj* festgefahren

deadly [ˈdedli] **I.** *adj* ① (*capable of killing*) tödlich; **a ~ look** ein tödlicher [*o* mörderischer] Blick ② (*total*) Tod-; ~ **enemies** Todfeinde *mpl;* **in ~ earnest** todernst ③ (*pej fam: very boring*) todlangweilig ▸ PHRASES: **the seven ~ sins** die sieben Todsünden *fpl* **II.** *adv* ① (*deathly*) ~ **pale** leichenblass ② (*absolutely*) sehr, schrecklich *fam,* tod-; ~ **dull/serious** todlangweilig/-ernst

deadly nightshade *n* BOT Tollkirsche *f* **dead man's handle** *n,* **dead man's pedal** *n esp* RAIL SIFA-Schalttaste *f,* Totmannkurbel *f*

dead money *n* ECON, FIN totes Kapital

deadness [ˈdednəs] *n no pl* ① (*numbness*) Taubheit *f;* (*fig*) Leere *f,* Öde *f* ② (*death*) Tod *m*

dead-on [ˌdedˈɒn, AM -ˈɑːn] *adj* (*fam*) absolut richtig **deadpan I.** *adj of expression, face* ausdruckslos; ***he says the funniest things in the most ~ tone*** er erzählt die witzigsten Sachen in todernstem Ton; ~ **humour** trockener Humor **II.** *vt* (*to joke without laughing*) ■**to ~ sth** etw trocken sagen **dead reckoning** *n no pl* NAUT gegisstes Besteck *fachspr* **Dead Sea** *n* ■**the ~** das Tote Meer **Dead Sea scrolls** *npl* REL Schriftrollen *fpl* von Qumran **deadweight** *n no pl* Eigengewicht *nt,* Totgewicht *nt fachspr;* ***the unconscious girl was a ~ to the fireman*** das bewusstlose Mädchen war furchtbar schwer für den Feuerwehrmann **dead wood** *n no pl* ① BOT totes Holz ② (*fam: useless person, thing*) Ballast *m*

deaf [def] **I.** *adj* (*unable to hear*) taub; (*hard of hearing*) schwerhörig; **to be ~ in one ear** auf einem Ohr taub sein; **to go ~** taub werden; ■**to be ~ to sth** (*fig*) taube Ohren für etw *akk* haben ▸ PHRASES: **to turn a ~ ear** sich *akk* taub stellen; **to fall on ~ ears** auf taube Ohren stoßen, kein Gehör finden; **to be [as] ~ as a post** stocktaub sein **II.** *npl* ■**the ~** die Tauben *fpl* **deaf aid** *n* BRIT Hörgerät *nt*

deafen [ˈdefᵊn] *vt* ■**to ~ sb** jdn taub machen; (*fig*) jdn betäuben

deafening [ˈdefᵊnɪŋ] *adj* ohrenbetäubend

deaf-mute *n* Taubstumme(r) *f(m)*

deafness [ˈdefnəs] *n no pl* (*complete*) Taubheit *f;* (*partial*) Schwerhörigkeit *f*

deal¹ [diːl] *n no pl* Menge *f;* **a great** [*or* **good**] **~** eine Menge, ziemlich viel; **a great ~ of fun/work** eine Menge Spaß/Arbeit; **a good ~ of money/stress/time** ziemlich viel Geld/Stress/Zeit; **to be under a great ~ of pressure** unter sehr großem Druck stehen; **to feel** [*or* **be**] **a ~ better** (*dated*) sich *akk* schon wieder um vieles besser fühlen

deal² <-t, -t> [diːl] **I.** *n* ① (*in business*) Geschäft *nt,* Handel *m,* Deal *m sl;* ***we got a good ~ on that computer*** mit dem Rechner haben wir ein gutes Geschäft gemacht; ***I never make ~s*** ich lasse mich nie auf Geschäfte ein; **to do** [*or* **make**] **a ~ with sb** mit jdm ein Geschäft abschließen, mit jdm einen Deal machen *sl;* **to make sb a ~** [*or* AM **to make a ~ for sb**] jdm ein Angebot machen ② (*general agreement*) Abkommen *nt,* Abmachung *f;* ***it's a ~*** abgemacht; **to make** [*or* **do**] **a ~ [with sb]** eine Vereinbarung [mit jdm] treffen; ***Mum made a ~ with me — if I do my homework, I can stay up to watch the film*** Mama schlug mir einen Handel vor – wenn ich meine Hausaufgaben mache, darf ich aufbleiben und den Film sehen ③ (*treatment*) **a fair/raw** [*or* **rough**] **~** eine faire/ungerechte Behandlung; ***she got a raw ~ on her divorce*** bei ihrer Scheidung wurde ihr übel mitgespielt ④ CARDS Geben *nt;* ***it's your ~*** du gibst ▸ PHRASES: **big ~!, what's the big ~?** (*fam*) was soll's? *fam,* na und? *fam;* **what's the ~ [with sth]?** AM (*fam*) worum geht's eigentlich [bei etw *dat*]? *fam,* was ist los [mit etw *dat*]? *fam;* **what's your ~?** AM (*fam*) was hast du denn? *fam,* was ist mit dir los? *fam* **II.** *vi* ① CARDS geben; ***whose turn is it to ~?*** wer gibt? ② (*sl: sell drugs*) Drogen verkaufen, dealen **III.** *vt* ① (*give*) ■**to ~ sth [out]** etw verteilen; **to ~ sb a blow** jdm einen Schlag versetzen *a. fig;* **to ~ out blows** Hiebe austeilen; CARDS **to ~ [out] cards** [*or* **to ~ cards out**] geben ② *esp* AM (*sell*) ■**to ~ sth** mit etw *dat* dealen

◆**deal in I.** *vi* ■**to ~ in sth** mit etw *dat* handeln **II.** *vt* (*fam*) ■**to ~ sb in** jdn aufnehmen; CARDS jdm Karten geben; ***do you want to play on the company football team? — sure, ~ me in*** bist du interessiert, im Fußballteam der Firma mitzuspielen? – klar, du kannst auf mich zählen!

◆**deal with** *vi* ■**to ~ with sb/sth** ① (*handle*) sich *akk* mit jdm/etw befassen; ***I'll ~ with the car insurance*** ich kümmere mich um die Autoversicherung ② (*discuss, treat*) von jdm/etw handeln ③ (*do business*) mit jdm/etw Geschäfte machen

dealer [ˈdiːləʳ, AM -ɚ] *n* ① COMM Händler(in) *m(f);* **antique ~** Antiquitätenhändler(in) *m(f);* **drug ~** [Drogen]dealer(in) *m(f),* Rauschgifthändler(in) *m(f)* ② CARDS [Karten]geber(in) *m(f)*

dealership [ˈdiːləʃɪp, AM -lɚ-] *n* Verkaufsstelle *f*

dealing [ˈdiːlɪŋ] *n* ① ■**~s** *pl* (*transactions*) Geschäfte *ntpl,* [Geschäfts]verkehr *m kein pl,* [Geschäfts]verbindungen *fpl;* (*contact*) Umgang *m kein pl;* **to be involved in shady ~s** in dunkle Geschäfte verwickelt sein; **to have ~s with sb** Umgang mit jdm haben, mit jdm zu tun haben ② *no pl* (*way of behaving*) Verhalten *nt;* (*in business*) Geschäftsgebaren *nt* ③ BRIT STOCKEX Effektenhandel *m;* ~ **for** [*or* **within**] **the account** Kauf und Verkauf des gleichen Wertpapieres innerhalb der gleichen Börsenhandelsperiode; ~ **by making a price** AM Kursnotierung *f* für jeden Abschluss ④ CARDS Geben *nt*

dealing floor *n* STOCKEX *see* **trading floor**

deallocate [ˌdiːˈæləkeɪt] *vt* COMPUT ■**to ~ sth** etw freigeben

dealt [delt] *pt, pp of* **deal**

dean [diːn] *n* ① UNIV Dekan(in) *m(f)* ② REL Dekan *m*, Dekanin *f selten*

deanery <*pl* -ies> [ˈdiːnᵊri] *n* REL Dekanat *nt*

dean's list *n* AM UNIV Bestenliste *f* (*an US-amerikanischen Universitäten semesterweise erstelltes Verzeichnis mit den Namen der jeweils besten Studenten*)

dear [dɪəʳ, AM dɪr] **I.** *adj* ① (*much loved*) lieb, teuer *geh;* (*lovely*) *baby, kitten* süß; *thing also* entzückend, reizend; **to do sth for ~ life** etw um des nackten Lebens willen tun; ■**to be ~ to sb** jdm viel bedeuten; **to be very ~ to sb** jdm lieb und teuer sein ② (*in letters*) ***D~ Mr Jones, …*** Sehr geehrter Herr Jones, … *form*, Lieber Herr Jones, … ③ (*form: costly*) teuer; **~ money** teures Geld **II.** *adv* sehr; **to cost sb ~** jdn teuer zu stehen kommen **III.** *interj* (*dated fam*) **~, ~!** ach du liebe Güte! *fam;* **~ me!** du liebe Zeit! *fam;* **oh ~!** du meine Güte! *fam* **IV.** *n* ① (*nice person*) Schatz *m*, Engel *m;* **to be [such] a ~** ein [echter] Schatz sein; ***be a ~ and go get grandma a blanket*** sei so lieb und hole [der] Oma eine Decke; **there's a ~** sei so lieb; **my ~** mein Schatz, mein Lieber/meine Liebe ② (*term of endearment*) Liebste(r) *f(m)*, Liebling *m*, Schatz *m;* ***yes, ~est, anything you say*** (*iron, hum*) ja, mein Teuerster/meine Teuerste, alles, was du willst *hum;* **my ~est** [mein] Liebling *m*

dearie [ˈdɪəri, AM ˈdɪri] (*dated*) **I.** *n* Schätzchen *nt*, Liebling *m;* ***she's a ~*** sie ist ein Schatz **II.** *interj* (*fam*) **~ me** ach du meine Güte! *fam;* **oh ~** ach je!

dear John letter *n* Abschiedsbrief *m*

dearly [ˈdɪəli, AM ˈdɪrli] *adv* von ganzem Herzen; **~ beloved** REL liebe Gemeinde, liebe Brüder und Schwestern im Herrn *fachspr;* **to pay ~ for sth** (*fig*) teuer für etw *akk* bezahlen *fig*

dearness [ˈdɪənəs, AM ˈdɪr-] *n no pl* ① (*preciousness*) Kostbarkeit *f;* (*expensiveness*) hoher Preis ② (*sweetness*) Liebenswürdigkeit *f*, Freundlichkeit *f*

dearth [dɜːθ, AM dɜːrθ] *n no pl* (*form*) Mangel *m* (**of** an +*dat*); ***the organization suffers from a ~ of volunteers*** der Organisation mangelt es an Freiwilligen

deary *n see* **dearie**

death [deθ] **I.** *n* ① (*end of life*) Tod *m;* (*end*) Ende *nt*, Tod *m;* **to be bored to ~ with sth** sich *akk* mit etw *dat* zu Tode langweilen; **frightened to ~** zu Tode erschrocken; **to die a natural ~** eines natürlichen Todes sterben; **to be sick to ~ of sth** etw gründlich leid sein; ***I'm sick to ~ of all your complaints*** dein ewiges Klagen hängt mir zum Hals raus *fam;* **to be done** [*or* **discussed**] **to ~** zu Tode geritten werden; **to drink oneself to ~** sich *akk* zu Tode saufen *fam;* **to freeze to ~** erfrieren; **to laugh oneself to ~** sich *akk* totlachen; **to love sb to ~** jdn über alles lieben; **to be put to ~** getötet [*o* umgebracht] werden; **to worry sb** [*or fam* **have sb worried**] **to ~** jdn zu Tode ängstigen ② ECON **~ in service** (*insurance*) Versicherungszahlung *f* im Todesfall eines Betriebsangehörigen ▶ PHRASES: **to be at ~'s <u>door</u>** an der Schwelle des Todes stehen *geh;* **a <u>duel</u> to the ~** ein [Zwei]kampf *m* auf Leben und Tod; **to <u>be</u> the ~ of sb** jdn das Leben kosten, jdn [noch] ins Grab bringen; **to <u>catch</u> one's ~ [of cold]** sich *dat* den Tod holen; **to <u>look</u> like ~ warmed up** [*or* AM **over**] wie eine Leiche auf Urlaub aussehen *fam;* **to be <u>in</u> at the ~** BRIT das Ende miterleben **II.** *n modifier* (*march, rattle*) Todes-; **~ benefit** Hinterbliebenenrente *f*

deathbed **I.** *n* Totenbett *nt*, Sterbebett *nt;* **to be on one's ~** auf dem Sterbebett liegen **II.** *n modifier* (*promise, scene*) Sterbe-; **~ confession** letzte Beichte; **~ statement** letzte Worte *ntpl*

death benefit *n* ECON, FIN Sterbegeld *nt* **death blow** *n* tödlicher Schlag, Todesstoß *m;* **to deal sb a ~** jdm einen Todesstoß versetzen; (*fig: severe shock*) harter Schlag **death certificate** *n* Sterbeurkunde *f*, Totenschein *m* **death-dealing** [ˈdeθdiːlɪŋ] *adj inv* lebensbedrohlich **death-defying** *adj* todesmutig **death duties** *npl* BRIT (*fam*) Erbschaftssteuern *fpl* **death grant** *n* BRIT Sterbegeld *nt*

death knell *n* ① (*fig: end*) Todesstoß *m* (**of/for** für +*akk*); **to sound** [*or* **toll**] **the ~ of** [*or* **for**] **sth** die Sterbeglocke für etw *akk* [ein]läuten ② (*old: bell*) Sterbeglocke *f*, Totenglocke *f*

deathless [ˈdeθləs] *adj* (*liter*) unsterblich

deathly [ˈdeθli] **I.** *adv* tödlich, toten-; **~ pale** totenbleich **II.** *adj* tödlich, toten-; **~ hush** [*or* **silence**] Totenstille *f*

death mask *n* Totenmaske *f* **death penalty** *n* ■**the ~** die Todesstrafe; **to abolish** [*or* **do away with**] **the ~** die Todesstrafe abschaffen; **to receive** [*or* **get**] **the ~** zum Tode verurteilt werden; **to reintroduce** [*or* **reinstate**] **the ~** die Todesstrafe wieder einführen **death rate** *n* Sterblichkeitsziffer *f* **death row** *n esp* AM Todestrakt *m;* **to be on ~** im Todestrakt sitzen **death sentence** *n* ■**the ~** das Todesurteil; **to receive** [*or* **get**] **the ~** zum Tode verurteilt werden

death's head *n* Totenkopf *m*

death squad *n* (*pej*) Todesschwadron *f*, Todeskommando *nt* **death tax** *n* AM Erbschaftssteuer *f* **death threat** *n* Morddrohung *f* **death throes** *npl* Todeskampf *m kein pl* **death toll** *n* Zahl *f* der Todesopfer **death trap** *n* Todesfalle *f;* ***be careful — those icy stairs are a ~!*** gib acht – die vereiste Treppe ist lebensgefährlich! **death warrant** *n* LAW Hinrichtungsbefehl *m;* (*fig*) Todesurteil *nt;* **to sign sb's ~** jds Todesurteil *nt* unterzeichnen [*o* unterschreiben] *a. fig* **deathwatch beetle** *n* Klopfkäfer *m* **death wish** *n* (*fam*) Todessehnsucht *f*

deb [deb] *n* (*fam*) *abbrev of* **debutante** Debütantin *f*

debacle [deɪˈbɑːkl̩, AM dɪ-] *n* Debakel *nt geh*, Katastrophe *f*

debar <-rr-> [ˌdiːˈbɑːʳ, AM -ˈbɑːr] *vt usu passive* ■**to be ~red from sth** von etw *dat* ausgeschlossen werden; ***he was ~red from practising his trade*** ihm wurde seine Geschäftslizenz entzogen

debase [dɪˈbeɪs] *vt* ① (*degrade*) ■**to ~ sth** etw herabsetzen; (*make trite*) *qualities* etw entwerten ② (*lower moral character*) ■**to ~ sb** jdn entwürdigen ③ (*impair quality*) ■**to ~ sth** etw mindern [*o* verschlechtern]; **to ~ the currency** [*or* **coinage**] den Münzwert schmälern

debasement [dɪˈbeɪsmənt] *n no pl* ① (*degradation*) Herabsetzung *f* ② (*loss of meaning*) Entwertung *f*, Aushöhlung *f geh; of morals, attitudes* Verfall *m*, Verderbnis *f* ③ (*deterioration*) Verschlechterung *f;* **~ of the currency** [*or* **coinage**] Münzverfälschung *f* (*Verwendung unedlen Materials bei der Herstellung*)

debatable [dɪˈbeɪtəbl̩, AM -t̬-] *adj* strittig, umstritten; ■**it's ~ whether …** es ist fraglich, ob …

debate [dɪˈbeɪt] **I.** *n* ① *no pl* (*open discussion*) Debatte *f*, Diskussion *f* (**over/about** über +*akk*); **public ~** öffentliche Debatte; **to be open to ~** sich *akk* [erst] noch erweisen müssen ② (*formal discussion*) Streitgespräch *nt*, Wortgefecht *nt*, Schlagabtausch *m* **II.** *vt* ■**to ~ sth** etw diskutieren **III.** *vi* ■**to ~ about sth** über etw *akk* diskutieren [*o* debattieren]; ■**to ~ whether …** beraten [*o* überlegen], ob …

debater [dɪˈbeɪtəʳ, AM -t̬ɚ] *n* Diskussionsredner(in) *m(f)*, Debattierer(in) *m(f)*

debauch [dɪˈbɔːtʃ, AM *esp* -ˈbɑːtʃ] (*liter*) **I.** *vt* ■**to ~ sb** jdn [sittlich] verderben [*o geh* korrumpieren] **II.** *n* Orgie *f*, Ausschweifungen *fpl*

debauched [dɪˈbɔːtʃt, AM *esp* -ˈbɑːtʃt] *adj* verkommen; *lifestyle* ausschweifend

debauchee [ˌdebɔːˈtʃiː, AM *esp* -bɑː-] *n* (*pej*) Wüstling *m pej*, Lüstling *m pej*

debauchery [dɪˈbɔːtʃᵊriː, AM *also* -ˈbɑː-] *n no pl* (*pej*) Ausschweifungen *fpl*

debenture [dɪˈben(t)ʃəʳ, AM *esp* -ˈben(t)ʃɚ] *n* LAW ① BRIT (*document acknowledging a debt*) Schuldverschreibung *f fachspr*, Obligation *f fachspr;* **issue of ~s** Ausgabe *f* von Schuldverschreibungen; **register of ~s** Verzeichnis *nt* der Obligationäre ② BRIT (*secured fixed-interest bond*) [genehmigte] Inhaberschuldverschreibung *fachspr* ③ AM (*unsecured loan*) ungesicherte Schuldverschreibung

debenture bonds *npl* ① BRIT gesicherte/ungesicherte Anleihe in gleicher Stückelung ② AM ungesicherte Anleihe **debenture capital** *n* FIN Anleihekapital *nt*

debenture holder *n* FIN Obligationär(in) *m(f)*

debenture issue *n* FIN Ausgabe *f* von Schuldverschreibungen

debenture register *n* FIN Verzeichnis *nt* der Obligationäre

debenture stock *n* FIN ① BRIT Anleihe *f* mit schwebender Belastung des Gesellschaftsvermögens ② AM Vorzugsaktie *f* erster Ordnung

debilitate [dɪˈbɪlɪteɪt] *vt* ■**to ~ sb/sth** jdn/etw schwächen

debilitating [dɪˈbɪlɪteɪtɪŋ, AM t̬ɪŋ] *adj* schwächend; **~ disease** schwächende Krankheit

debility [dɪˈbɪləti, AM -ət̬i] *n no pl* Schwäche *f*

debit [ˈdebɪt] **I.** *n* Debet *nt*, Soll *nt*, [Konto]belastung *f;* **to be in ~** im Minus sein **II.** *vt* ■**to ~ sth** etw abbuchen; **to ~ an amount against sb['s account]** jds Konto *nt* mit einem Betrag belasten

debit balance *n* FIN Sollsaldo *m* **debit card** *n* COMM Kundenkarte *f* **debit column** *n* Sollseite *f*, Debetseite *f*

debit entry *n* Lastschrift *f*, Sollbuchung *f* **debit side** *n* Sollseite *f*, Debetseite *f*

deblock [ˌdiːˈblɒk, AM -ˈblɑːk] *vt* COMPUT ■**to ~ sth** etw entblocken

debonair [ˌdebəˈneəʳ, AM -ˈner] *adj* (*approv dated form*) flott, lässig-elegant

debouch [dɪˈbaʊtʃ] *vi* seinen Weg nehmen, [ein]münden

de-bounce [ˌdiːˈbaʊn(t)s] *n* COMPUT Entprellen *nt*

debrief [ˌdiːˈbriːf] *vt* ■**to ~ sb** jdn [eingehend] befragen

debriefing [ˌdiːˈbriːfɪŋ] *n*, **debriefing session** *n* Einsatzbesprechung *f*

debris [ˈdebriː, ˈdeɪ-, AM dəˈbriː] *n no pl* Trümmer *pl*, Schutt *m;* **flying ~** umherfliegende [Bruch]teile

debt [det] *n* ① (*sth owed*) Schuld *f;* **a ~ of gratitude** eine Dankesschuld *geh* ② FIN ■**~s** *pl* Schulden *fpl;* (*borrowed to finance corporate activities*) Fremdkapital *nt;* **to pay back** [*or* **off**] **~s** Schulden abzahlen [*o* begleichen]; **to pay off a ~** eine Schuld begleichen; **to reschedule a ~** umschulden; **to run up a [huge] ~** [enorme] Schulden machen ③ *no pl* (*state of owing*) Schuld *f*, Verpflichtung *f;* **to be out of ~** schuldenfrei sein; **to be [heavily] in ~ to sb** [*or* **in sb's ~**] [große] Schulden bei jdm haben; (*fig*) [tief] in jds Schuld stehen; **to go** [*or* **run**] **[heavily] into ~** [enorme] Schulden machen, sich *akk* [stark] verschulden

debt collection *n no pl* Schuldeneintreibung *f*, Inkasso[verfahren] *nt fachspr* **debt-collection** *adj attr, inv agent, service* Inkasso-; **~ agency** Inkassobüro *nt* **debt collector** *n* Schuldeneintreiber(in) *m(f)*, Inkassobevollmächtigte(r) *f(m)* **debt-convertible bond** *n* ECON, FIN Wandelschuldverschreibung *f* **debt counselling** *n no pl* Schuldnerberatung *f* **debt-counselling service** *n* Schuldnerberatungsdienst *m* **debt criterion** *n* EU Schuldenkriterium *nt* **debt deferral** *n* Moratorium *nt* **debt factor** *n* FIN Factor *m* **debt of honour** *n* Ehrenschuld *f;* **to discharge a ~** eine Ehrenschuld tilgen

debtor [ˈdetəʳ, AM ˈdet̬ɚ] *n* Schuldner(in) *m(f)*, Debitor(in) *m(f) fachspr;* **judgement ~** Vollstreckungsschuldner *m;* **reliable ~** vertrauenswürdiger [*o* zuverlässiger] Schuldner/vertrauenswürdige [*o* zuverlässige] Schuldnerin

debtor country *n*, **debtor nation** *n* Schuldnerstaat *m*

debt refunding, debt rescheduling *n* Umschuldung *f* **debt repayment** *n* Schuldenrückzahlung *f*

debt-service ratio *n* FIN Schuldendienstquote *f* **debt servicing** *n no pl* Schuldenrückzahlung *f*, Schuldendienst *m* **debt-strapped** [ˈdetstræpt]

D

adj schuldengeplagt

debt swap *n* FIN Schuldenswap *m*

debug <-gg-> [ˌdiːˈbʌg] *vt* ■**to** ~ **sth** ❶ COMPUT bei etw *dat* die Fehler beseitigen; **to** ~ **a programme** ein Programm auf Viren hin absuchen ❷ (*remove hidden microphones*) etw entwanzen ❸ AM (*remove insects*) etw gründlich [von Insekten] säubern; **to** ~ **a dog** einen Hund entlausen

debugger [ˌdiːˈbʌgəʳ, AM -ɚ] *n* COMPUT Debugger *m*, Fehlersuchprogramm *nt*

debunk [ˌdiːˈbʌŋk] *vt* ■**to** ~ **sth** etw entzaubern, etw *dat* den Nimbus nehmen *geh;* **to** ~ **a myth/theory** einen Mythos/eine Theorie stürzen

debut [ˈdeɪbjuː] **I.** *n of a performer* Debüt *nt; of a debutante erste Vorstellung einer jungen Dame bei Hof;* **to make one's** ~ sein Debüt geben, debütieren **II.** *n modifier* Debüt-; ~ **album** Debütalbum *nt* **III.** *vi* debütieren; ***she ~ed as a soloist with the New York Philharmonic at the age of 16*** mit 16 gab sie ihr Debüt als Solistin bei den New Yorker Philharmonikern

debutante [ˈdebjuːtɑ̃ːnt, AM -tɑːnt] *n* Debütantin *f a. fig*

Dec *n abbrev of* **December** Dez.

decade [ˈdekeɪd, dɪˈkeɪd] *n* Jahrzehnt *nt*, Dekade *f*

decadence [ˈdekədᵊn(t)s] *n no pl* Dekadenz *f*, Verfall *m*

decadent [ˈdekədᵊnt] *adj* ❶ (*morally declining*) *society* dekadent; *lifestyle also* maßlos ❷ (*sumptuous*) *richness* verschwenderisch; (*hum*) *dish* maßlos, üppig

decaf [ˈdiːkæf] (*fam*) **I.** *adj inv abbrev of* **decaffeinated** entkoffeiniert, koffeinfrei **II.** *n abbrev of* **decaffeinated coffee** entkoffeinierter [*o* koffeinfreier] Kaffee

decaffeinated [dɪˈkæfɪneɪtɪd, AM -t̬ɪd] **I.** *adj inv* koffeinfrei, entkoffeiniert **II.** *n* (*fam: coffee*) koffeinfreier Kaffee; (*any beverage*) koffeinfreies Getränk

decal [ˈdiːkæl] *n esp* AM, AUS Abziehbild *nt*

Decalogue [ˈdekəlɒg, AM -lɑːg] *n* (*form*) ■**the** ~ der Dekalog *fachspr,* die Zehn Gebote

decamp [dɪˈkæmp] *vi* (*fam: leave secretly*) sich *akk* aus dem Staub machen *fam,* abhauen *fam;* (*abscond*) türmen *fam,* durchbrennen *fam*

decant [dɪˈkænt] *vt* ■**to** ~ **sth** FOOD etw umfüllen; BRIT (*fig fam*) ***visitors have to ~ themselves from the buses into small boats for the tour*** die Besucher müssen für die Tour von Bussen auf kleine Boote überwechseln

decanter [dɪˈkæntəʳ, AM -t̬ɚ] *n* Karaffe *f*

decapitate [dɪˈkæpɪteɪt] *vt* ■**to** ~ **sb** jdn köpfen [*o* enthaupten]; **to** ~ **an animal** einem Tier den Kopf abschlagen

decapitation [dɪˌkæpɪˈteɪʃᵊn] *n no pl* Enthauptung *f*

decathlete [dɪˈkæθliːt] *n* Zehnkämpfer(in) *m(f)*

decathlon [dɪˈkæθlɒn, AM -lɑːn] *n* Zehnkampf *m*

decay [dɪˈkeɪ] **I.** *n no pl* ❶ (*deterioration*) Niedergang *m*, Verfall *m;* **death and** ~ Tod und Untergang; **to be in a** [**advanced**] **state of** ~ in einem Zustand des [fortgeschrittenen] Zerfalls sein; **environmental** ~ Verfall *m* der Umwelt; **industrial** ~ Untergang *m* der Industrie; **mental/moral** ~ geistiger/moralischer Verfall; **urban** ~ Verfall *m* der Städte, Niedergang *m* der Stadtkultur; **to fall into** ~ verfallen ❷ BIOL Verwesung *f;* BOT Fäulnis *f;* PHYS *of radioactive substance* Zerfall *m;* **dental** [*or* **tooth**] ~ Zahnfäule *f* **II.** *vi* ❶ (*deteriorate*) verfallen ❷ BIOL verwesen, verfaulen, faulen; BOT verblühen, absterben; PHYS zerfallen **III.** *vt* ■**to** ~ **sth** etw zerstören [*o* ruinieren]; **to** ~ **wood** Holz morsch werden lassen

decd *adj inv abbrev of* **deceased** gest.

decease [dɪˈsiːs] *n no pl* (*form*) Ableben *nt form;* **upon sb's** ~ bei jds Ableben *nt*

deceased [dɪˈsiːst] (*form*) **I.** *n* <*pl* -> ■**the** ~ der/die Verstorbene; ■**the** ~ *pl* die Verstorbenen *pl* **II.** *adj inv* verstorben; **recently** ~ kürzlich verstorben

deceit [dɪˈsiːt] *n* ❶ *no pl* (*misrepresentation*) Täuschung *f;* (*trickery*) Betrug *m;* **to practise** ~ betrügen; **to obtain property by** ~ Besitz betrügerisch erwerben ❷ (*act of deception*) Täuschungsmanöver *nt*

deceitful [dɪˈsiːtfᵊl] *adj* [be]trügerisch, hinterlistig

deceitfully [dɪˈsiːtfᵊli] *adv* hinterlistig, [be]trügerisch; **to obtain sth** ~ etw auf betrügerischem Wege erreichen

deceitfulness [dɪˈsiːtfᵊlnəs] *n no pl* Hinterlist *f*, Falschheit *f* (**to** gegenüber +*dat*)

deceive [dɪˈsiːv] *vt* ■**to** ~ **sb** jdn betrügen [*o* täuschen]; ***the sound of the door closing ~d me into thinking they had gone out*** das Geräusch der zufallenden Tür ließ mich fälschlich annehmen, sie seien ausgegangen; ***for a moment she thought her eyes were deceiving her*** einen Augenblick lang traute sie ihren [eigenen] Augen nicht; ■**to** ~ **oneself** sich *akk* [selbst] täuschen, sich *dat* etwas vormachen *fam;* ■**to be ~ed by sth** von etw *dat* getäuscht werden, sich *akk* von etw *dat* täuschen lassen

deceiver [dɪˈsiːvəʳ, AM -ɚ] *n* (*pej*) Betrüger(in) *m(f)*

decelerate [ˌdiːˈselᵊreɪt, AM -ləreɪt] **I.** *vi* sich *akk* verlangsamen; *vehicle, driver* langsamer fahren **II.** *vt* ■**to** ~ **sth** etw verlangsamen

deceleration [ˌdɪseləˈreɪʃᵊn] *n* Verlangsamung *f*

December [dɪˈsembəʳ, AM -ɚ] *n* Dezember *m; see also* **February**

decency [ˈdiːsᵊn(t)si] *n* ❶ *no pl* (*social respectability*) Anstand *m*, Schicklichkeit *f;* (*goodness*) Anständigkeit *f;* **to show a little** ~ etwas Anstand zeigen; **to have the** ~ **to do sth** die Liebenswürdigkeit haben, etw zu tun ❷ (*approved behaviour*) ■**decencies** *pl* Anstandsformen *fpl;* ***I hate funerals, but you must observe the decencies*** ich hasse Beerdigungen, aber man muss eben die Form wahren ❸ AM (*basic comforts*) ■**decencies** *pl* Annehmlichkeiten *fpl*

decent [ˈdiːsᵊnt] *adj* ❶ (*socially acceptable*) anständig, ordentlich ❷ (*good*) nett, freundlich; ***it was really ~ of you to help*** es wahr wirklich nett von Ihnen, zu helfen ❸ (*appropriate*) angemessen; **a** ~ **interval** ein angemessener Zeitraum; **to do the** ~ **thing** das [einzig] Richtige tun ❹ (*good-sized*) anständig, ordentlich; **a** ~ **helping** eine ordentliche Portion *fam* ❺ (*acceptable*) annehmbar

decently [ˈdiːsᵊntli] *adv* ❶ (*in a civilized manner*) mit Anstand ❷ (*fittingly, appropriately*) richtig, gehörig

decentralization [diːˌsentrᵊlaɪˈzeɪʃᵊn, AM -lɪˈ-] *n no pl* Dezentralisierung *f*

decentralize [ˌdiːˈsentrᵊlaɪz] **I.** *vt* ■**to** ~ **sth** etw dezentralisieren **II.** *vi* dezentralisieren

decentralized [ˌdiːˈsentrᵊlaɪzd] *adj* dezentral *geh*

deception [dɪˈsepʃᵊn] *n no pl* Täuschung *f*, Betrug *m;* **credit card** ~ BRIT Kreditkartenbetrug *m*

deceptive [dɪˈseptɪv] *adj* ❶ (*misleading*) täuschend, irreführend ❷ (*deceitful*) trügerisch ▸ PHRASES: <u>**appearances**</u> **can be** ~ (*prov*) der Schein trügt *prov*

deceptively [dɪˈseptɪvli] *adv* ❶ (*misleadingly*) irrig, täuschend ❷ (*deceitfully*) trügerisch

deceptiveness [dɪˈseptɪvnəs] *n no pl* ❶ (*misleadingness*) Täuschung *f* ❷ (*deceitfulness*) Betrügerei *f*

decibel [ˈdesɪbel] **I.** *n* Dezibel *nt* **II.** *n modifier* (*measurement, level, range*) Dezibel-; **the** ~ **count/scale** die Dezibelzahl/-skala

decide [dɪˈsaɪd] **I.** *vi* ❶ (*make a choice*) sich *akk* entscheiden; ***where are you going on vacation? — we haven't ~d yet*** wohin fahrt ihr in Urlaub? – wir haben uns noch nicht festgelegt; ***we haven't ~d on a name for the baby yet*** wir haben uns noch nicht entschieden, wie wir das Baby nennen werden; ■**to** ~ **against sth/sb** sich *akk* gegen etw/jdn entscheiden; ■**to** ~ **for** [*or* **in favour of**] [*or* **on**] **sth/sb** sich *akk* für etw/jdn entscheiden; ■**to** ~ **for oneself** für sich *akk* selbst entscheiden ❷ (*resolve*) beschließen; ■**to** ~ **to do sth** sich *akk* entschließen, etw zu tun; ***have you ~d about going to the beach yet?*** weißt du schon, ob du an den Strand gehst? **II.** *vt* ❶ (*make a decision*) ■**to** ~ **sth** etw entscheiden [*o* bestimmen]; ***he ~d that he liked her*** er kam zu der Überzeugung, dass er sie mochte; **to** ~ **sb's destiny** [*or* **fate**] über jds Schicksal *nt* entscheiden; **to** ~ **a game/question** ein Spiel/eine Frage entscheiden ❷ (*bring to a decision*) ***this business about the letter ~d me*** die Sache mit dem Brief gab für mich den Ausschlag

decided [dɪˈsaɪdɪd] *adj* (*definite*) entschieden, dezidiert *geh;* ***he walks with a ~ limp*** er humpelt auffällig; **a** ~ **advantage/disadvantage** ein klarer [*o* deutlicher] Vorteil/Nachteil; ~ **case** LAW entschiedener Fall; **a** ~ **dislike** eine ausgesprochene Abneigung; **a** ~ **opinion** eine feste Meinung

decidedly [dɪˈsaɪdɪdli] *adv* entschieden, deutlich

decider [dɪˈsaɪdəʳ, AM -ɚ] *n* ❶ (*game*) Entscheidungsspiel *nt* ❷ (*point*) Entscheidungspunkt *m;* ***Jones scored the ~ in the final minute*** Jones landete in letzter Minute den entscheidenden Treffer

deciding [dɪˈsaɪdɪŋ] *adj* entscheidend; ~ **factor** entscheidender Faktor; ~ **reason/vote** ausschlaggebender Grund/ausschlaggebende Stimme

deciduous [dɪˈsɪdjuəs] *adj inv* ***oak trees are ~*** Eichenbäume werfen alljährlich ihr Laub ab; ~ **tree** Laubbaum *m*

decile [ˈdesaɪl, AM ˈdɪsˌaɪl] *n* ECON, FIN Zehntelstelle *f*, Dezil *nt*

decimal [ˈdesɪmᵊl] *n* Dezimalzahl *f;* **to express** [*or* **write**] **sth as a** ~ etw als Dezimalzahl schreiben

decimal currency *n* Dezimalwährung *f* **decimal fraction** *n* Dezimalbruch *m*

decimalization [ˌdesɪmᵊlaɪˈzeɪʃᵊn, AM -lɪˈ-] *n no pl* Dezimalisierung *f form,* Umstellung *f* auf das Dezimalsystem

decimalize [ˈdesɪmᵊlaɪz] *vt* ■**to** ~ **sth** *currency, number* etw auf das Dezimalsystem umstellen, etw dezimalisieren *form*

decimal place *n* Dezimalstelle *f;* **to calculate sth to three ~s** etw bis auf drei Dezimalstellen berechnen **decimal point** *n* Komma *nt* **decimal system** *n* Dezimalsystem *nt*

decimate [ˈdesɪmeɪt] *vt* ■**to** ~ **sth** etw dezimieren; **to** ~ **the population** die Bevölkerung dezimieren; ■**to** ~ **sb** (*fig*) jdn vernichtend schlagen

decimonic ringing [ˌdesɪˈmɒnɪk, AM -ˈmɑː-] *n* TELEC dezimonisches Läuten

decipher [dɪˈsaɪfəʳ, AM -ɚ] *vt* ■**to** ~ **sth** etw entziffern; **to** ~ **a code** einen Code entschlüsseln

decipherable [dɪˈsaɪfᵊrəbl̩] *adj* entzifferbar; (*fig*) enträtselbar

decision [dɪˈsɪʒᵊn] *n* ❶ (*choice*) Entscheidung *f* (**about/on** über +*akk*), Entschluss *m;* ***let me have your ~ by next week*** geben Sie mir bis nächste Woche Bescheid, wie Sie sich entschieden haben; **to come to** [*or* **reach**] **a** ~ zu einer Entscheidung gelangen; **to make a** ~ eine Entscheidung fällen [*o* treffen]; **to respect sb's** ~ jds Entscheidung *f* respektieren ❷ LAW Entscheidung *f*, Urteil *nt;* **to hand down a** ~ ein Urteil fällen ❸ *no pl* (*resoluteness*) Entschiedenheit *f*, Entschlossenheit *f;* **to act with** ~ entschlossen handeln

decision-maker *n* POL, ECON, MIL (*leader*) [aktiver] Entscheidungsträger/[aktive] Entscheidungsträger, Macher(in) *m(f) fam* **decision-making** *n no pl* Entscheidungsfindung *f;* **the** ~ **process** der Prozess der Entscheidungsfindung

decisive [dɪˈsaɪsɪv] *adj* ❶ (*determining*) bestimmend; *battle, defeat, victory, progress* entscheidend; **to play a** ~ **part in sth** eine maßgebliche Rolle bei etw *dat* spielen ❷ (*firm*) *action, measure* entschlossen, resolut; *cut, progress* entschieden; ***"no" was his ~ reply*** „nein" antwortete er mit Bestimmtheit

decisively [dɪˈsaɪsɪvli] *adv* ❶ (*crucially*) entscheidend, maßgeblich ❷ (*firmly*) **to act/intervene** ~ entschlossen handeln/eingreifen; **to reject sth** ~ etw entschieden ablehnen

decisiveness [dɪˈsaɪsɪvnəs] *n no pl* ❶ (*crucialness*) ausschlaggebende Bedeutung ❷ (*firmness*) Entschlossenheit *f;* **to show** ~ Entschlossenheit zeigen

deck [dek] **I.** *n* ❶ (*on a ship*) Deck *nt;* **main** ~ Hauptdeck *nt;* **to go below ~s** unter Deck gehen; **to go up on** ~ an Deck gehen ❷ (*on a bus*) Deck *nt;* **the upper** ~ das Oberdeck ❸ *esp* AM, AUS (*raised* *porch*) Veranda *f*, [Sonnen]terrasse *f* ④ *esp* AM CARDS ~ **of cards** Spiel *nt* Karten; *see also* **pack** ⑤ MUS, ELEC Laufwerk *nt*; **cassette/tape** ~ Kassetten-/Tapedeck *nt* ▶ PHRASES: **to have all hands on** ~ jede erdenkliche Unterstützung haben; **to clear the** ~**s** klar Schiff machen *fam*; **to hit the** ~ (*get down*) sich *akk* auf den Boden werfen; (*get going*) loslegen *fam* **II.** *vt* ① *usu passive* (*adorn*) ■~ **sth** [**out**] etw [aus]schmücken; ***the room was ~ed with flowers*** das Zimmer war mit Blumen geschmückt; **to be ~ed** [**out**] **in one's best** [*or* **finery**] herausgeputzt sein ② (*sl: knock down*) ■**to** ~ **sb** jdm eine verpassen *fam*

deckchair *n* Liegestuhl *m*; (*on ship*) Deckchair *m* ▶ PHRASES: **sth is like rearranging** [*or* **moving**] **the** ~**s on the Titanic** BRIT etw ist völlig umsonst [*o* vergeblich] **deckhand** *n* Deckshelfer *m*, Decksmann *m* **deckhouse** *n* NAUT Deckshaus *nt*

declaim [dɪˈkleɪm] (*form*) **I.** *vt* ■**to** ~ **sth** etw deklamieren *geh* **II.** *vi* deklamieren *geh*

declamation [ˌdekləˈmeɪʃᵊn] *n* (*form*) ① *no pl* (*rhetorical art*) Deklamatorik *f geh*, Vortragskunst *f* ② (*speech*) Deklamation *f geh*, kunstgerechter Vortrag; ~***s against the press are common enough*** Ausfälle gegen die Presse sind gar nicht so selten

declamatory [dɪˈklæmətᵊri, AM -tɔːri] *adj* (*form*) deklamatorisch; *manner* theatralisch; *colours* schreiend *attr*

declarable [dɪˈkleərəbl̩, AM -ˈklerə-] *adj inv* (*form: taxable*) steuerpflichtig *form*; (*at customs*) zollpflichtig

declaration [ˌdekləˈreɪʃᵊn] *n* ① (*statement*) Erklärung *f*, Deklaration *f form*; *of a witness* Aussage *f*; ~ **of income** Einkommensteuererklärung *f*; ~ **of intent/love** Absichts-/Liebeserklärung *f*; ~ **of war** Kriegserklärung *f*; **to make a** ~ eine Erklärung abgeben ② CARDS Ansage *f*

declaration of association *n* FIN Gründungserklärung *f* einer Kapitalgesellschaft

declaration of income *n* ECON Einkommen[s]steuererklärung *f* **Declaration of Independence** *n no pl* (*hist*) ■**the** ~ die Unabhängigkeitserklärung der USA

declarative [dɪˈklærətɪv, AM -ˈklerət̬ɪv] *adj* deklarativ; ~ **statement** LING Aussagesatz *m*

declaratory judgment *n* LAW Feststellungsurteil *nt*

declare [dɪˈkleəʳ, AM -ˈkler] **I.** *vt* ① (*make known*) ■**to** ~ **sth** etw verkünden [*o* bekannt machen] [*o* kundtun]; **to** ~ **one's intention** seine Absicht kundtun; **to** ~ **one's love for sb** jdm eine Liebeserklärung machen; ***she ~d her love for tiramisu*** sie gestand, eine Schwäche für Tiramisu zu haben; **to** ~ **one's support for sth** seine Unterstützung für etw *akk* zusagen ② (*state*) ■**to** ~ **that …** erklären, dass …; **to** ~ **war on sb** jdm den Krieg erklären; **to** ~ **oneself** [**to be**] **bankrupt** sich *akk* für bankrott erklären; ***the country ~d independence in 1952*** das Land hat im Jahre 1952 seine Unabhängigkeit erklärt; ***I now ~ the Olympic Games open*** hiermit erkläre ich die Olympischen Spiele für eröffnet ③ CARDS ■**to** ~ **sth** etw ansagen ④ ECON (*for customs, tax*) ■**to** ~ **sth** etw deklarieren *form*; ***have you anything to ~?*** haben Sie etwas zu verzollen?; **to** ~ **goods** Waren verzollen; **to** ~ **one's income** sein Einkommen angeben ⑤ (*pronounce*) ■**to** ~ **oneself** sich *akk* erklären, sich *akk* zu erkennen geben; **to** ~ **oneself in favour of sth** sich *akk* für etw *akk* aussprechen **II.** *vi* ① (*make a statement*) ■**to** ~ **against/for sth** sich *akk* gegen/für etw *akk* aussprechen ② (*in cricket*) ein Spiel vorzeitig abbrechen **III.** *interj* (*dated*) **well, I** [**do**] ~**!** na so was!

declared [dɪˈkleəd, AM -ˈklerd] *adj inv* erklärt; ~ **value** ECON, FIN angemeldeter [*o* angegebener] Wert

declassification [ˌdiːˌklæsɪfɪˈkeɪʃᵊn] *n no pl of information, documents* Freigabe *f*

declassify <-ie-> [ˌdiːˈklæsɪfaɪ] *vt* ■**to** ~ **sth** *information, documents* etw *akk* freigeben

declension [dɪˈklen(t)ʃᵊn] *n* LING ① (*grammatical class*) Fall *m*, Kasus *m fachspr* ② *no pl* (*grammatical system*) Deklination *f fachspr*

decline [dɪˈklaɪn] **I.** *n* ① (*decrease*) Rückgang *m*, Abnahme *f*; **a** ~ **in the number of unemployed** ein Rückgang *m* der Arbeitslosenzahl; **to be on the** [*or* **in**] ~ im Rückgang befindlich sein, zurückgehen ② (*deterioration*) Verschlechterung *f*; **a rapid** ~ **in health** ein schneller gesundheitlicher Verfall; **industrial** ~ Niedergang *m* der Industrie **II.** *vi* ① (*diminish*) *interest, popularity* sinken, fallen, nachlassen, zurückgehen; *health* sich *akk* verschlechtern; *strength* abnehmen ② (*sink in position*) abfallen, sich *akk* neigen ③ (*refuse*) ablehnen; **to** ~ **to comment on sth** jeden Kommentar zu etw *dat* ablehnen [*o* verweigern] **III.** *vt* ■**to** ~ **sth** ① (*refuse*) etw ablehnen; **to** ~ **an invitation/offer** eine Einladung/ein Angebot ablehnen [*o* ausschlagen] ② LING *noun, pronoun, adjective* etw deklinieren [*o* beugen]

declining years *npl* Lebensabend *m geh*; **in one's** ~ im Alter

declivity <*pl* -ies> [dɪˈklɪvəti] *n* abschüssige Stelle, Abhang *m*

declutch [ˌdiːˈklʌtʃ] *vi* auskuppeln

decoction [dɪˈkɒkʃᵊn, AM -ˈkɑːk-] *n* ① (*activity*) Auskochen *nt*, Absieden *nt* ② (*product*) Absud *m*

decode [dɪˈkəʊd, AM -ˈkoʊd] *vt* ■**to** ~ **sth** etw entschlüsseln [*o* dekodieren]

decoder [dɪˈkəʊdəʳ, AM -ˈkoʊdɚ] *n* ① (*device*) Decoder *m*, Dekodierer *m* ② (*person*) Dekodierer(in) *m(f)*

decoke [dɪˈkəʊk] BRIT **I.** *vt* ■**to** ~ **sth** etw entrußen **II.** *n* Entrußung *f*

décolletage [ˌdeɪkɒlˈtɑːʒ, AM -kɑːləˈ-] *n*, **décolleté** [ˌdeɪkɒlˈteɪ, AM -kɑːləˈ-] *n* [tiefer] Ausschnitt, Dekolleté *nt*

decolonization [ˌdiːˌkɒlənaɪˈzeɪʃᵊn, AM -ˌkɑːlə-] *n no pl* Entkolonialisierung *f*

decommission [ˌdiːkəˈmɪʃᵊn] *vt* ① MIL ■**to** ~ **sb** jdn ausmustern ② (*remove from service*) ■**to** ~ **sth** etw außer Dienst nehmen, etw ausrangieren; (*shut down*) etw stilllegen

decompilation [ˌdiːˌkɒmprɪˈleɪʃᵊn, AM -ˌkɑːmpə-] *n* COMPUT Rückumsetzung *f*

decompose [ˌdiːkəmˈpəʊz, AM -ˈpoʊz] **I.** *vi* sich *akk* zersetzen [*o* auflösen]; (*rot*) verwesen **II.** *vt* ■**to** ~ **sth** ① PHYS, CHEM (*separate*) etw zerlegen [*o* [auf]spalten] ② (*decay*) etw zersetzen [*o* abbauen]

decomposition [ˌdiːkɒmpəˈzɪʃᵊn, AM -kɑːm-] *n no pl* ① (*separation*) Zerlegung *f*, Aufspaltung *f*; CHEM Abbau *m* ② (*state of decay*) Zersetzung *f*, Verwesung *f*, Fäulnis *f*

decompress [ˌdiːkəmˈpres] **I.** *vt* ■**to** ~ **sth** (*remove pressure*) den Druck in etw *dat* ablassen; (*lessen pressure*) den Druck in etw *dat* verringern; COMPUT etw dekomprimieren *fachspr*; ***deep-sea divers must be ~ed slowly before coming to the surface*** Tiefseetaucher müssen beim Auftauchen langsam dekomprimieren **II.** *vi* ① (*lose pressure*) dekomprimieren *fachspr* ② AM (*fam: recover*) sich *akk* erholen

decompression [ˌdiːkəmˈpreʃᵊn] *n no pl* (*of air pressure*) Druckverminderung *f*, Dekompression *f fachspr*; COMPUT Entpacken *nt fachspr*

decompression chamber *n* Dekompressionskammer *f* **decompression sickness** *n*, **decompression syndrome** *n no pl* Dekompressionskrankheit *f*

decongestant [ˌdiːkənˈdʒestᵊnt] *n* abschwellendes Mittel, Mittel, das die Atemwege frei macht

deconstruct [ˌdiːkənˈstrʌkt] *vt* ■**to** ~ **sth** *a theory* etw dekonstruieren *geh*

deconstruction [ˌdiːkənˈstrʌkʃᵊn] *n no pl* Dekonstruktion *f*

decontaminate [ˌdiːkənˈtæmɪneɪt] *vt* ECOL, CHEM ■**to** ~ **sth** etw entseuchen [*o fachspr* dekontaminieren]

decontamination [ˌdiːkəntæmɪˈneɪʃᵊn] *n no pl* ECOL, CHEM Dekontaminierung *f*, Entseuchung *f*

decontamination programme *n* ECOL, CHEM Dekontaminierungsprogramm *nt*, Entseuchungsprogramm *nt*

decontrol <-ll-> [ˌdiːkənˈtrəʊl, AM -troʊl] *vt* ECON ■**to** ~ **sth** etw freigeben; **to** ~ **trade** Handelsbeschränkungen aufheben

decor [ˈdeɪkɔːʳ, AM ˈdeɪkɔːr] *n no pl* ① (*of room, house*) Ausstattung *f*, Einrichtung *f*; **interior** ~ Inneneinrichtung *f*, Innenausstattung *f* ② THEAT Dekor *m o nt*

decorate [ˈdekəreɪt] **I.** *vt* ① (*adorn*) ■**to** ~ **sth** [**with sth**] *room, tree* etw [mit etw *dat*] schmücken; **to** ~ **a cake/shop window** eine Torte/ein Schaufenster dekorieren ② (*paint*) ■**to** ~ **sth** *room* etw streichen; (*wallpaper*) etw tapezieren; (*paint and wallpaper*) etw renovieren ③ *usu passive* (*award a medal*) ■**to be** ~**d** [**for sth**] [für etw *akk*] ausgezeichnet werden **II.** *vi* (*paint*) streichen; (*wallpaper*) tapezieren

decoration [ˌdekəˈreɪʃᵊn] *n* ① (*for party*) Dekoration *f*; (*for Christmas tree*) Schmuck *m kein pl*; **for** ~ zur Dekoration ② *no pl* (*process of decorating*) Dekorieren *nt*, Schmücken *nt*; (*with paint*) Streichen *nt*; (*with wallpaper*) Tapezieren *nt* ③ (*medal*) Auszeichnung *f* (**for** für +*akk*)

decorative [ˈdekᵊrətɪv, AM -t̬ɪv] *adj* dekorativ; (*hum*) ***just sit there and look*** ~ (*pej*) sitz einfach da und sieh nett aus *pej*

decoratively [ˈdekᵊrətɪvli, AM -t̬ɪv-] *adv* dekorativ

decorator [ˈdekᵊreɪtəʳ, AM -t̬ɚ] *n* BRIT Maler(in) *m(f)*; **painter and** ~ *esp* AM Innenarchitekt(in) *m(f)*

decorous [ˈdekᵊrəs, AM -kɚ-] *adj* (*form*) *behaviour, manners* schicklich; ~ **kiss** flüchtiger Kuss; ~ **language** korrekte Ausdrucksweise

decorously [ˈdekᵊrəsli, AM -kɚ-] *adv* tadellos, schicklich

decorum [dɪˈkɔːrəm] *n no pl* (*form*) Schicklichkeit *f*; **to act** [*or* **behave**] **with** ~ sich *akk* schicklich [*o* tadellos] benehmen

decoy [ˈdiːkɔɪ] **I.** *n* Lockvogel *m*; **to act as a** ~ den Lockvogel spielen; **to use sb as a** ~ jdn als Lockvogel benutzen **II.** *vt* [dɪˈkɔɪ] ■**to** ~ **sb into doing sth** jdn zu etw *dat* verleiten; ***the missiles were ~ed into going off course*** die Raketen konnten von ihrem Kurs abgelenkt werden

decoy duck *n* HUNT Lockvogel *m*

decrease I. *vi* [dɪˈkriːs, ˈdiːkriːs] *crime, unemployment, inflation* abnehmen, zurückgehen **II.** *vt* [dɪˈkriːs, ˈdiːkriːs] ■**to** ~ **sth** etw reduzieren; **to** ~ **costs** Kosten verringern [*o* reduzieren]; **to** ~ **prices/spending** Ausgaben/Preise senken; **to** ~ **production** die Produktion drosseln **III.** *n* [ˈdiːkriːs] Abnahme *f*; *numbers* Rückgang *m*; ~ **in births** Geburtenrückgang *m*; ~ **in price** Preissenkung *f*; ■**to be on the** ~ rückläufig sein

decree [dɪˈkriː] **I.** *n* (*form*) Dekret *nt form*, Erlass *m*; **to govern by** ~ auf dem Verordnungsweg regieren; **to issue a** ~ ein Dekret erlassen, einen Erlass herausgeben **II.** *vt* ■**to** ~ **sth** etw verfügen; ***the new drug has been ~d unsafe*** das neue Medikament wurde als gesundheitsgefährend eingestuft; ■**to** ~ **that …** beschließen, dass …

decree absolute <*pl* decrees absolute> *n* BRIT LAW endgültiges Scheidungsurteil **decree nisi** [-ˈnaɪsaɪ] *n* BRIT LAW vorläufiges Scheidungsurteil

decrepit [dɪˈkrepɪt] *adj chair, car* klapprig; *old person* klapprig *fam*; **a** ~ **building** ein heruntergekommenes [*o* verfallenes] Gebäude; **a** ~ **economy** eine heruntergekommene Wirtschaft

decrepitude [dɪˈkrepɪtjuːd, AM *esp* -tuːd] *n no pl* (*form*) heruntergekommener Zustand; *of a person* Klapprigkeit *f fam*

decriminalization [diːˌkrɪmɪnᵊlaɪˈzeɪʃᵊn, AM -nᵊlɪ-] *n no pl* Legalisierung *f*

decriminalize [diːˈkrɪmɪnᵊlaɪz] *vt* ■**to** ~ **sth** etw legalisieren

decruit *vt* (*euph*) ■**to** ~ **sb** jdn entlassen

decry <-ie-> [dɪˈkraɪ] *vt* (*form*) ■**to** ~ **sth** [**as sth**] etw [als etw] anprangern

dedicate [ˈdedɪkeɪt] *vt* ① (*devote*) ■**to** ~ **oneself to sth** sich *akk* etw *dat* widmen; ***he has ~d his life to scientific research*** er hat sein Leben in den Dienst der Forschung gestellt ② PUBL ■**to** ~ **sth to sb** *book* jdm etw *akk* widmen ③ REL **to** ~ **a church**

[to sb] [jdm] eine Kirche weihen

dedicated ['dedɪkeɪtɪd, AM -t̬ɪd] *adj* ① *(hard working) doctor, environmentalist, teacher* engagiert; ■**to be ~ to sth** etw *dat* verschrieben sein; ***she's completely ~ to her work*** sie lebt nur für ihre Arbeit ② *(devoted)* **~ follower** treuer Anhänger/treue Anhängerin ③ COMPUT ausschließlich zugeordnet, dediziert

dedication [ˌdedɪ'keɪʃᵊn] *n* ① *(hard work)* Engagement *nt* **(to** für *+akk*) ② *(in book)* Widmung *f;* **to write a ~** eine Widmung schreiben ③ REL Einweihung *f,* Weihe *f*

deduce [dɪ'dju:s, AM *esp* -du:s] *vt* ■**to ~ sth** etw folgern; ■**to ~ that …** folgern, dass; ■**to ~ whether …** feststellen, ob …

deducible [dɪ'dju:səbl, AM *esp* -du:s-] *adj (form)* ableitbar; ■**to be ~ from sth** sich aus etw *dat* ableiten lassen

deducing title [dɪ'dju:sɪŋ-, AM -'du:s] *n* LAW Nachweis *m* des Eigentumtitels

deduct [dɪ'dʌkt] *vt* ■**to ~ sth [from sth]** *points, expenses, commission* etw [von etw *dat*] abziehen

deductable AUS, **deductible** [dɪ'dʌktəbl] *adj inv* absetzbar, abzugsfähig

deduction [dɪ'dʌkʃᵊn] *n* ① *(inference)* Schlussfolgerung *f;* **to make a ~** eine Schlussfolgerung ziehen ② ECON *(subtraction)* Abzug *m;* **~s from salary** [*or* **at source**] [*or* **salary ~s**] Lohnabzüge *pl;* **tax ~s** *(from salary)* Steuerabzüge *pl;* AM *(tax offsets)* [von der Steuer] absetzbare Ausgaben *pl*

deductive [dɪ'dʌktɪv] *adj* deduktiv

deed [di:d] *n* ① *(action)* Tat *f;* **to do an evil ~** eine Untat begehen; **to do the dirty ~s for sb** für jdn die Drecksarbeit machen; **in word and ~** mit Wort und Tat; **to do a good ~** eine gute Tat vollbringen ② *usu pl* LAW Urkunde *f,* Dokument *nt;* **title ~s** Grundeigentumsurkunde *f,* ≈ Grundbucheintrag *m*

deed box *n* Dokumentenkassette *f*

deed of arrangement *n* ECON, FIN Vergleichsvereinbarung *f* [zwischen Schuldner und Gläubiger] **deed of assignment** *n* ECON, FIN Übereignungsurkunde *f,* Abtretungsurkunde *f* **deed of covenant** *n* ECON, FIN Vertragsurkunde *f,* Versprechensurkunde *f* **deed of partnership** *n* ECON, FIN Gesellschaftsvertrag *m* **deed of transfer** *n* ECON, FIN [Aktien]übertragungsurkunde *f*

deed poll *n* LAW *einseitige Rechtserklärung (besonders zur Namensänderung);* **to change one's name by ~** seinen Namen durch eine einseitige Rechtserklärung ändern

deejay ['di:dʒeɪ] *n (fam)* Discjockey *m,* Diskjockey *m*

deem [di:m] *vt usu passive (form)* ■**to be ~ed sth** als etw gelten [*o geh* erachtet werden]; ***the area has now been ~ed safe*** das Gebiet gilt jetzt als sicher; ■**to ~ sb to have done sth** annehmen, dass jd etw getan hat

deep [di:p] **I.** *adj* ① *(not shallow) cut, hole, wound, lake, water* tief; ***the pond is 2 m ~*** der Teich ist 2 m tief; ***the snow was 1 m ~*** der Schnee lag einen Meter hoch ② *(full)* **to let out a ~ sigh** tief seufzen; **to take a ~ breath** tief Luft holen ③ *(engrossed)* **to be ~ in conversation/thought** in ein Gespräch/in Gedanken vertieft sein; **to be in ~ thought** tief in Gedanken versunken sein ④ *(extending back) wardrobe, closet* tief; ***they were standing four ~*** sie standen zu viert hintereinander ⑤ *(located far back)* **~ in the forest/jungle** tief im Wald/Dschungel ⑥ *(profound) coma, sadness, satisfaction, sleep* tief; ***you have my ~est sympathy*** herzliches Beileid; ***I felt a ~ sense of irritation*** ich war sehr verärgert; **~ admiration/interest** große Bewunderung/großes Interesse; **to have a ~ aversion to sth** gegen etw *akk* eine starke Abneigung haben; **to be ~ in debt** hoch verschuldet sein; **to be in ~ despair** total verzweifelt sein; **to be a ~ disappointment to sb** eine schwere Enttäuschung für jdn sein, jdn schwer enttäuschen; **to have ~ feelings for sb** für jdn tiefe Gefühle haben; **a ~ economic recession** ein starker Konjunkturrückgang; **with ~ regret** mit großem Bedauern; **to be in ~ trouble** in großen Schwierigkeiten stecken; **to have gained a ~er understanding of sth** jetzt ein besseres Verständnis einer S. *gen* haben ⑦ *book, discussion, meaning* tief; ***quantum physics is a bit ~ for me*** die Quantenphysik ist für mich schwer verständlich; ***that was a really ~ film*** der Film hatte wirklich Tiefgang ⑧ *(low) note, voice* tief ⑨ *(of colour)* **a ~ blue sky** ein tiefblauer Himmel; **~ red** dunkelrot ▸ PHRASES: **to be in/get into ~ water [over sth]** [wegen einer S. *gen*] bis über beide Ohren in Schwierigkeiten stecken/geraten **II.** *adv* ① *(far down)* tief; ***the sadness I feel about her death runs ~*** ich bin zutiefst über ihren Tod betrübt; **~-down** tief im Innersten; **~-down inside sb** tief in jds Innersten; **to breathe ~** tief atmen ② *(far back)* **~ in the [distant] past** vor sehr langer Zeit ▸ PHRASES: **still waters run ~** *(prov)* stille Wasser sind tief *prov;* **to [really] dig ~** sich *akk* [schwer] ins Zeug legen; **to go** [*or* **run**] **~** *fear* tief sitzen **III.** *n (liter)* ■**the ~** die Tiefe

deep discount bond *n* FIN Anleihe *f,* die mit einem niedrigen Coupon und einem hohen Disagio begeben wird

deep-discounted *adj attr, inv* ECON, FIN **~ rights issue** Bezugsrechtemission *f* zu besonders günstigen Bedingungen

deepen ['di:pᵊn] **I.** *vt* ■**to ~ sth** ① *(make deeper) channel, hole* etw tiefer machen ② *(intensify) feelings* etw vertiefen; **to ~ one's knowledge** sein Wissen vertiefen **II.** *vi* ① *water* tiefer werden ② *(intensify) feelings, understanding* sich *akk* vertiefen; *budget deficit, economic crisis, recession* sich *akk* verschärfen ③ *tone, voice* tiefer werden ④ *(become darker) colour* intensiver [*o* dunkler] werden

deep end *n* Schwimmerbecken *nt* ▸ PHRASES: **to go off the ~ about sth** sich *akk* maßlos über etw *akk* aufregen; **to jump/be thrown in at the ~** ins kalte Wasser springen/gestoßen werden; **to throw sb in at the ~** jdn ins kalte Wasser werfen

deepening ['di:pᵊnɪŋ] *adj* tiefer werdend *attr*

deep-freeze *n* Tiefkühlschrank *m;* (*chest*) Tiefkühltruhe *f* **deep-fried** *adj* fritiert **deep-frozen** *adj* tiefgefroren **deep-frozen foods** *n* Tiefkühlkost *f* **deep-fry** *vt* ■**to ~ sth** etw fritieren **deep kiss** *n* Zungenkuss *m* **deep-laid** *adj* raffiniert

deeply ['di:pli] *adv* ① *(very) disappointed, discouraging, impressed* sehr, äußerst; ***I'm ~ grateful to you*** ich bin dir äußerst dankbar; **to be ~ appreciative of sth** etw sehr schätzen; **to be ~ insulted** zutiefst getroffen sein; **to be ~ interested in sth** an etw *dat* äußerst interessiert sein; **to ~ regret sth** etw sehr bereuen ② *(far down) breathe, cut* tief; **to be ~ ingrained in sb** tief in jdm verwurzelt sein; **to inhale ~** tief einatmen

deepness ['di:pnəs] *n* Tiefe *f*

deep-rooted *adj* ① *(established) affection, belief* tief; **~ fear/prejudice** tief sitzende Angst/tief sitzendes Vorurteil; **~ habit** feste Gewohnheit ② BOT *tree* tief verwurzelt **deep sea** *n* Tiefsee *f* **deep-sea diver** *n* Tiefseetaucher(in) *m(f)* **deep-sea diving** *n* Tiefseetauchen *nt;* **to go ~** Tiefseetauchen gehen **deep-sea fishing** *n* Hochseefischen *nt,* Hochseefischerei *f;* **to go ~** Hochseefischen gehen **deep-seated** *adj* tief sitzend *attr;* **~ hatred** tief sitzender Hass; **~ tumour** tief sitzender Tumor **deep-set** *adj* **~ eyes** tief liegende Augen **deep-six** *vt* AM *(fam: cause to disappear)* ■**to ~ sth** etw versenken **Deep South** *n* AM ■**the ~** der tiefe Süden **deep space** *n* ASTRON äußerer Weltraum *fachspr (außerhalb unseres Sonnensystems);* ■**in ~** in den Tiefen des Weltraums **deep structure** *n* LING Tiefenstruktur *f*

deer <*pl* -> [dɪəʳ, AM dɪr] *n* Hirsch *m*

deerskin *n no pl (of stags)* Hirschleder *nt;* (*of roes*) Rehleder *nt* **deerstalker** *n* Jagdmütze *f (Mütze mit Ohrklappen, Sherlock Holmes-Mütze)*

de-escalate [di:'eskəleɪt] **I.** *vt* ■**to ~ sth** etw entschärfen; **to ~ a conflict** einen Konflikt entschärfen **II.** *vi* entschärfen

def *adj* AM *(sl: excellent)* korrekt *fam*

deface [dɪ'feɪs] *vt* ■**to ~ sth** etw verunstalten; **to ~ a building** ein Gebäude verschandeln

de facto [ˌdeɪ'fæktəʊ, AM -toʊ] **I.** *adv (form)* de facto *form* **II.** *adj attr (form)* de facto *form* **III.** *n* AUS Lebensgefährte, -in *m, f*

defaecate *vi* BRIT *see* **defecate**

defalcation [ˌdi:fæl'keɪʃᵊn] *n no pl* ECON, FIN Veruntreuung *f,* Unterschlagung *f*

defamation [ˌdefə'meɪʃᵊn] *n no pl (form)* Diffamierung *f;* **~ of character** Rufmord *m*

defamatory [dɪ'fæmətᵊri, AM -tɔ:ri] *adj (form)* diffamierend; **a ~ speech** eine Schmährede; **~ statement** beleidigende Äußerung, üble Nachrede

defame [dɪ'feɪm] *vt (form)* ■**to ~ sb** jdn verleugnen [*o geh* diffamieren]

defang [dɪ'fæŋ] *vt (fig)* ■**to ~ sth** etw entschärfen [*o* abschwächen]

default [dɪ'fɔ:lt, AM -'fa:lt] **I.** *vi* ① FIN *(failure to pay)* in Verzug geraten; **to ~ on payments** mit Zahlungen in Verzug geraten ② COMPUT ■**to ~ to sth** standardmäßig eingestellt sein **II.** *n* ① *of contract* Nichterfüllung *f,* Vertragswidrigkeit *f;* **by ~** im Unterlassungsfall ② *(failure to pay debt)* Versäumnis *nt,* Nichtzahlung *f;* ***the company is in ~*** die Firma befindet sich in Verzug; **in ~ of payment …** bei Zahlungsverzug … ③ *no pl* ■**by ~** automatisch; ***the copier always sets itself by ~ to make just one copy*** der Kopierer stellt sich automatisch auf eine einzige Kopie ein; ***he was elected by ~*** er wurde in Ermangelung anderer Kandidaten gewählt; **to win by ~** automatisch gewinnen *(ohne, dass man etwas dafür getan hat)* ④ *(form: absence)* ■**in ~ of sth** in Ermangelung einer S. *gen geh* **III.** *n modifier* voreingestellt, Standard-; **~ mechanism** Standardmechanismus *m;* **~ option** Standardversion *f;* **~ program** Standardprogramm *nt*

default action *n* LAW Klage *f* auf geschuldeten Geldbetrag

defaulter [dɪ'fɔ:ltəʳ, AM -'fa:ltɚ] *n* ECON, FIN säumiger Schuldner/säumige Schuldnerin

default judgement *n* Versäumnisurteil *nt*

default setting *n* COMPUT Standardeinstellung *f*

default summons *n* LAW Mahnbescheid *m*

default value *n* COMPUT Standardwert *m*

defeasance [dɪ'fi:zᵊn(t)s] *n* LAW Aufhebung[sklausel] *f,* Verwirkung[sklausel] *f,* Annulierung *f*

defeat [dɪ'fi:t] **I.** *vt* ① *(win over)* ■**to ~ sb/sth** *candidate, enemy, army* jdn/etw besiegen; ■**to ~ sb** *(at cards, chess, football)* jdn schlagen; ***this line of reasoning ~s me, I must admit*** *(fig)* diesem Argument kann ich leider nicht folgen; **to ~ sb's hopes** jds Hoffnungen zerschlagen; **to ~ a proposal** einen Vorschlag ablehnen ② POL *(turn down)* ■**to be ~ed** *bill* abgelehnt werden; **to ~ an amendment** einen Antrag auf Gesetzesänderung ablehnen ③ *(destroy)* ■**to ~ sth** ***that ~s the purpose of this meeting*** dann verliert dieses Treffen seinen Sinn **II.** *n* Niederlage *f;* **to admit** [*or* **concede**]**/suffer ~** eine Niederlage eingestehen/erleiden

defeated [dɪfi:tɪd, AM -t̬-] *adj attr candidate, team* unterlegen

defeatism [dɪ'fi:tɪzᵊm, AM -t̬-] *n no pl (pej)* Defätismus *m,* Defaitismus *m* SCHWEIZ

defeatist [dɪ'fi:tɪst, AM -t̬ɪst] **I.** *adj* defätistisch, defaitistisch SCHWEIZ; **to have a ~ attitude** ein Schwarzseher/eine Schwarzseherin sein **II.** *n* Defätist(in) *m(f),* Defaitist(in) *m(f)* SCHWEIZ

defecate ['defəkeɪt] *vi (form)* den Darm entleeren, defäkieren *geh*

defecation [ˌdefə'keɪʃᵊn] *n no pl (form)* Stuhlentleerung *f,* Defäkation *f geh*

defect **I.** *n* ['di:fekt] ① *(in product)* Fehler *m;* **character ~** *(fig)* Charakterfehler *m* ② TECH Defekt *m* **(in** an *+dat*) ③ MED **birth/speech ~** Geburts-/Sprachfehler *m* **II.** *vi* [dɪ'fekt] POL ■**to ~ [to a country]** [in ein Land] überlaufen; **to ~ to the West** in den Westen flüchten

defection [dɪ'fekʃᵊn] *n* Flucht *f;* POL Überlaufen *nt,* Wechsel *m*

defective [dɪ'fektɪv] **I.** *adj* ① *goods* fehlerhaft ② TECH *part, plug, wiring* defekt ③ MED **~ hearing** mangelhaftes Hörvermögen; **to have a ~ heart**

valve einen Herzklappenfehler haben ④ LING ~ **verb** defektives Verb **II.** *n* (*pej*) Geistesgestörte(r) *f(m)*

defector [dɪˈfektəʳ, AM -ɚ] *n* POL Überläufer(in) *m(f)*

defence [dɪˈfen(t)s], AM **defense** *n* ① (*of person*) Schutz *m* (**against** gegen +*akk*); (*of country*) Verteidigung *f*; ***all I can say, in ~ of my actions, is ...*** alles, was ich zu meiner Verteidigung vorbringen kann, ist, ...; ***he spoke in ~ of civil rights*** er verteidigte die Bürgerrechte; **ministry of ~** Verteidigungsministerium *nt*; **to come/rush to sb's ~** jdm zu Hilfe kommen/eilen; **to put up a stubborn ~** sich *akk* zäh verteidigen ② LAW Verteidigung *f*; **witness for the ~** Zeuge, -in *m, f* der Verteidigung, Entlastungszeuge, -in *m, f*; **to conduct the ~** die Verteidigung führen ③ LAW (*arguments*) Klageerwiderung *f*, Einspruch *m*; **to file a ~** eine Klage beantworten ④ (*document*) Verteidigungsvorbringen *nt*, Klageerwiderung *f* ⑤ SPORTS Abwehr *f*; **to play in** [*or* AM **on**] **~** Abwehrspieler/Abwehrspielerin sein; CHESS **to use a ~** eine Verteidigungsstellung einnehmen ⑥ PSYCH Abwehrmechanismus *m* ⑦ (*of body*) ▪**~s** *pl* Abwehrkräfte *fpl*; **to build up one's ~s** MED seine Abwehrkräfte stärken

defence counsel *n* LAW Verteidiger(in) *m(f)* **defence document** *n* ECON, FIN Verteidigungsschriftstück *nt* (*gegen ein Übernahmeangebot*) **defence lawyer** *n* LAW Strafverteidiger(in) *m(f)*

defenceless [dɪˈfen(t)sləs] *adj* wehrlos, schutzlos; ▪**to be ~ against sth** wehrlos gegenüber etw *dat* sein

defencelessness [dɪˈfen(t)sləsnəs] *n no pl* Wehrlosigkeit *f*

defence mechanism *n* ANAT, PSYCH Abwehrmechanismus *m* **Defence Minister** *n* Verteidigungsminister(in) *m(f)* **Defence Secretary** *n* Verteidigungssekretär(in) *m(f)*

defend [dɪˈfend] **I.** *vt* ① (*protect*) ▪**to ~ oneself/sth** [**against sb/sth**] sich *akk*/etw [gegen jdn/etw] verteidigen; (*fight off*) ▪**to ~ oneself against sth** sich *akk* gegen etw *akk* wehren; **to ~ a currency** eine Währung stützen; **to ~ one's point of view** auf seinem Standpunkt beharren ② (*support*) ▪**to ~ sb/sth** jdn/etw unterstützen; **to ~ a policy** eine politische Linie verteidigen ③ LAW ▪**to ~ sb** jdn verteidigen; **to ~ an action** sich *akk* auf eine Klage einlassen, einen Prozess in der Verteidigungsposition führen; **to ~ a lawsuit** einen Prozess als Beklagte *f*/Beklagter *m* führen ④ SPORTS **to ~ one's title** seinen Titel verteidigen **II.** *vi* SPORTS verteidigen

defendable [dɪˈfendəbl̩] *adj esp* AM, AUS *see* **defensible**

defendant [dɪˈfendənt] *n* LAW Angeklagte(r) *f(m)*; (*civil action*) Beklagte(r) *f(m)*

defended takeover *n* ECON, FIN angefochtene Übernahme

defender [dɪˈfendəʳ, AM -ɚ] *n* ① (*protector*) Beschützer(in) *m(f)*; (*supporter*) Verfechter(in) *m(f)* ② SPORTS Verteidiger(in) *m(f)*

defending champion *n* Titelverteidiger(in) *m(f)*

defense *n esp* AM *see* **defence**

defensible [dɪˈfen(t)səbl̩] *adj* ① (*capable of being defended*) wehrhaft; **to be easily ~** leicht zu verteidigen sein ② (*supportable*) vertretbar; (*justifiable*) gerechtfertigt; ▪**to be ~** vertretbar sein

defensive [dɪˈfen(t)sɪv] **I.** *adj* ① (*intended for defence*) defensiv ② (*quick to challenge criticism*) defensiv **II.** *n* Defensive *f*; **to be on the ~** in der Defensive sein; **to go on the ~** in die Defensive gehen

defensively [dɪˈfen(t)sɪvli] *adv* defensiv

defensiveness [dɪˈfen(t)sɪvnəs] *n no pl* defensives Verhalten; ~ ***is a sign of insecurity*** wenn jemand schnell auf die Barrikaden geht, ist das ein Anzeichen von Unsicherheit

defensive stocks *npl* ECON, FIN risikoarme Aktien

defer <-rr-> [dɪˈfɜːʳ, AM -ˈfɜːr] **I.** *vi* (*form*) ▪**to ~ to sb/sth** sich *akk* jdm/etw beugen [*o* fügen]; **to ~ to sb's judgement** sich *akk* jds Urteil *nt* fügen **II.** *vt* ▪**to ~ sth** etw verschieben; FIN, LAW etw aufschieben; **to ~ a decision** eine Entscheidung vertagen

deference [ˈdefᵊrᵊn(t)s] *n no pl* (*form*) Respekt *m*; **to do sth in** [*or* **out of**] **~ to sb/sth** etw aus Respekt vor jdm/etw tun; **to pay** [*or* **show**] **~ to sb** jdm Respekt entgegenbringen; **to treat sb with ~** jdn respektvoll [*o* mit Respekt] behandeln

deferential [ˌdefᵊˈren(t)ʃᵊl] *adj* respektvoll; ▪**to be ~ to** [*or* **towards**] **sb** sich *akk* respektvoll jdm gegenüber benehmen

deferentially [ˌdefᵊˈren(t)ʃᵊli] *adj* respektvoll; **to bow ~** sich *akk* respektvoll verbeugen

deferment [dɪˈfɜːmənt, AM -ˈfɜːr-] *n*, **deferral** [dɪˈfɜːrᵊl, AM -ˈfɜːr-] *n* Aufschub *m*; LAW Vertagung *f*; **~ of sentence** LAW Aufschub *m* der Urteilsverkündung

deferred *adj* ECON, FIN **~ coupon note** [*or* **interest bond**] Obligationen *pl* mit aufgeschobener Verzinsung; **~ equity** Nachzugsaktien *pl*; **~ payment** (*later payment*) aufgeschobene Zahlung; (*instalment*) Ratenzahlung *f*; **~ ordinary shares** Nachzugsaktien *pl*; **~ tax** latente Steuer

deferred addressing *n* COMPUT indirekte [*o* ausgesetzte] Adressierung **deferred payment** *n* Ratenzahlung *f*; **to make ~s** in Raten bezahlen

defiance [dɪˈfaɪən(t)s] *n no pl* Auflehnung *f*, Aufsässigkeit *f* (**against** gegen +*akk*); ▪**in ~ of sb/sth** jdm/etw zum Trotz

defiant [dɪˈfaɪənt] *adj* ① (*showing disobedience*) aufsässig, aufmüpfig *fam*; **to remain ~** uneinsichtig [*o* unnachgiebig] bleiben ② (*displaying defiance*) herausfordernd; **to be in a ~ mood** in Kampfstimmung sein; **to take a ~ stand** eine Protesthaltung einnehmen

defiantly [dɪˈfaɪəntli] *adv* aufsässig

defibrillator [diːˈfɪbrɪleɪtəʳ, AM -t̬ɚ] *n* MED Defibrillator *m*

deficiency [dɪˈfɪʃᵊn(t)si] *n* ① (*shortage, lack*) Mangel *m* (**in** an +*dat*); **vitamin ~** Vitaminmangel *m*; **to suffer from a ~ in** [*or* **of**] **sth** Mangel an etw *dat* leiden ② (*weakness, weak point*) Defizit *nt* (**in** in +*dat*) ③ COMM Fehlbestand *m*; ECON, FIN Fehlbetrag *m*; **to make up a ~** einen Fehlbetrag ausgleichen ④ AM LAW Nachtragsbewilligung *f*

deficiency disease *n* MED Mangelkrankheit *f*

deficient [dɪˈfɪʃᵊnt] *adj* unzureichend, mangelhaft; ▪**to be ~ in sth** an etw *dat* mangeln; **to be mentally ~** geistig behindert sein

deficiently [dɪˈfɪʃᵊntli] *adv* unzureichend, mangelhaft

deficit [ˈdefɪsɪt] *n* Defizit *nt* (**in** in +*dat*); **to reduce** [*or* **cut**]/**run a ~** ein Defizit verringern/haben

defile¹ [dɪˈfaɪl] *vt* (*form: spoil, make dirty*) ▪**to ~ sth** etw beschmutzen [*o* besudeln]; **to ~ a tomb/woman** ein Grab/eine Frau schänden

defile² [dɪˈfaɪl, ˈdiː-] **I.** *n* (*esp liter*) Hohlweg *m* **II.** *vi* hintereinander marschieren

defilement [dɪˈfaɪlmənt] *n no pl* (*form, liter*) of *tomb* Schändung *f*; *of shrine also* Entweihung *f*

definable [dɪˈfaɪnəbl̩] *adj* definierbar

define [dɪˈfaɪn] *vt* ① (*give definition*) ▪**to ~ sth** [**as sth**] etw [als etw *akk*] definieren ② (*specify*) ▪**to ~ sth** etw festlegen; **to ~ sb's rights** jds Rechte festlegen ③ (*characterize*) ▪**to be ~d by sth** *by one's job* über etw *akk* definiert werden ④ (*clearly show in outline*) ▪**to be ~ed against sth** sich *akk* [deutlich] gegen etw *akk* abzeichnen

◆**define down** *vt* ▪**to ~ sth** ◯ **down** etw verharmlosen

defining moment [dɪˌfaɪnɪŋˈ-] *n* entscheidender Moment

definite [ˈdefɪnət] **I.** *adj evidence, proof* sicher; *place, shape, tendency, time limit* bestimmt; ***let's make the 9th*** ~ machen wir den 9. fest; ***is that ~?*** ist das sicher?; ***there's nothing ~ yet*** es steht noch nichts fest; ***one thing's ~, ...*** eines ist sicher, ...; ▪**to be ~ about sth** sich *dat* einer S. *gen* sicher sein; **a ~ answer** eine klare [*o* eindeutige] Antwort; **a ~ decision** eine definitive Entscheidung; **a ~ increase** ein eindeutiger Zuwachs; **to have ~ opinions** feste Vorstellungen von etw *dat* haben; **a ~ improvement** eine eindeutige Verbesserung **II.** *n* (*fam*) ***she's a ~ for the Olympic team*** sie wird auf jeden Fall in der Olympiamannschaft dabei sein; ***are you going to Helen's party? — it's a*** ~ kommst du zu Helens Party? – auf jeden Fall!

definite article *n* LING bestimmter Artikel

definitely [ˈdefɪnətli] *adv* ① (*clearly*) eindeutig, definitiv; ***we're ~ going by car*** wir fahren auf jeden Fall mit dem Auto; **to decide sth ~** etw endgültig beschließen ② (*categorically*) mit Bestimmtheit; ***he stated his opinion most*** ~ er äußerte ganz klar seine Meinung

D

definiteness [dɪˈfɪnətɪvnəs, AM t̬ɪv] *n no pl* Bestimmtheit *f*

definition [ˌdefɪˈnɪʃᵊn] *n* ① (*meaning*) Definition *f*, Erklärung *f*; **by ~** per Definition, per definitionem *geh* ② *no pl* (*clearness, distinctness*) Schärfe *f*; **to lack ~** unscharf sein; (*fig*) unklar sein ③ (*of duties*) Definierung *f*, Festlegung *f*

definitive [dɪˈfɪnətɪv, AM -t̬-] *adj* ① (*conclusive*) endgültig; **~ proof** eindeutiger Beweis ② (*best, most authoritative*) ultimativ; ***this is the ~ guide to America*** das ist *der* Amerikaführer

definitively [dɪˈfɪnətɪvli, AM t̬ɪv] *adv* definitiv *geh*

deflate [dɪˈfleɪt] **I.** *vt* ① (*release air*) ▪**to ~ sth** *balloon, ball* Luft aus etw *dat* ablassen ② (*reduce*) ▪**to ~ sth** etw zunichte machen; **to ~ sb's hopes** jds Hoffnungen zunichte machen; **to ~ sb's reputation** jds Ruf schaden ③ (*lose confidence*) ▪**to be ~d** einen Dämpfer bekommen haben *fam* ④ ECON, FIN ▪**to ~ sth** etw deflationieren *fachspr* **II.** *vi* Luft verlieren

deflated [dɪˈfleɪtɪd, AM -t̬-] *adj* ① (*without air*) **~ tyre** platter Reifen ② (*uncertain*) unsicher, zweifelnd; **to feel ~** sich *akk* unsicher fühlen

deflation [dɪˈfleɪʃᵊn] *n no pl* ECON, FIN ① (*reduction of money in circulation*) Deflation *f* ② (*fall*) Rückgang *m*

deflationary [dɪˈfleɪʃᵊnᵊri, AM -eri] *adj* deflationär

deflator [dɪˈfleɪtəʳ, AM -t̬ɚ] *n* ECON, FIN inflationsspezifischer Betrag

deflect [dɪˈflekt] **I.** *vt* ▪**to ~ sb from doing sth** jdn davon abbringen, etw zu tun; ▪**to ~ sth** etw ablenken; **to ~ the ball** den Ball abfälschen; **to ~ a blow** einen Schlag abwehren; **to ~ light** PHYS das Licht beugen; **to ~ a shot** einen Schuss abfälschen **II.** *vi* ▪**to ~ off sth** *ball* von etw *dat* abprallen

deflection [dɪˈflekʃᵊn] *n* Ablenkung *f*; SPORTS Abpraller *m*; ***the ball took a ~ [off a defender's leg]*** der Ball war [am Bein eines Verteidigers] abgeprallt

deflower [dɪˈflaʊəʳ, AM -ˈflaʊɚ] *vt* (*liter*) ▪**to ~ sb** jdn entjungfern [*o geh* deflorieren]

defog <-gg-> [dɪˈfɑːg] *vt* AM (*demist*) **to ~ the window/the windshield** das Fenster/die Windschutzscheibe freimachen

defogger [dɪˈfɑːgɚ] *n* AM AUTO (*demister*) Gebläse *nt*

defoliant [diːˈfəʊliənt, AM -ˈfoʊ-] *n* Entlaubungsmittel *nt*

defoliate [diːˈfəʊlieɪt, AM -ˈfoʊ-] *vt* ▪**to ~ sth** *plant, tree* etw entlauben

defoliation [diːˌfəʊliˈeɪʃᵊn, AM -ˌfoʊ-] *n no pl* Entlaubung *f*

deforce [dɪˈfɔːs, AM -ˈfɔːrs] *vt* LAW **to ~ land** widerrechtlich Grundbesitz entziehen

deforcement [dɪˈfɔːsmənt, AM -ˈfɔːrs-] *n* LAW widerrechtliche Entziehung von Grundbesitz, verbotene Eigenmacht

deforest [diːˈfɒrɪst, AM -ˈfɔːr-] *vt* ▪**to ~ sth** etw abholzen

deforestation [diːˌfɒrɪˈsteɪʃᵊn, AM -ˌfɔːr-] *n no pl* Abholzung *f*, Entwaldung *f*

deform [dɪˈfɔːm, AM -ˈfɔːrm] **I.** *vt* ▪**to ~ sth** etw deformieren; **to ~ sb's spine** jds Rückgrat verformen; ▪**to be ~ed** *extremities* verkrüppelt sein; *face* entstellt sein **II.** *vi* sich *akk* verformen

deformation [diːˌfɔːˈmeɪʃᵊn, ˈdefə-, AM -ˌfɔːrm-] *n no pl* Deformation *f*, Verformung *f*; **~ of one's bones** Knochenmissbildung *f*

deformed [dɪˈfɔːmd, AM -ˈfɔːrmd] *adj* verformt; MED missgebildet; **to be born ~** missgebildet zur Welt kommen

deformity [dɪˈfɔːməti, AM -ˈfɔːrmət̬i] *n* ANAT Missbildung *f*; *of moral disposition* Verderbtheit *f*

defragmentation [ˌdiːˌfrægmənˈteɪʃən] n COMPUT Defragmentierung f

defraud [dɪˈfrɔːd, AM -ˈfrɑːd] vt ■to ~ sb [of sth] jdn [um etw akk] betrügen

defray [dɪˈfreɪ] vt (form) to ~ the costs/sb's expenses die/jds Kosten tragen [o übernehmen]

defrayal [dɪˈfreɪəl] n, **defrayment** [dɪˈfreɪmənt] n Übernahme f

defrock [diːˈfrɒk, AM -ˈfrɑːk] vt to ~ a priest einen Priester seines Amtes entheben

defrost [diːˈfrɒst, AM -ˈfrɑːst] I. vt ■to ~ sth etw auftauen; to ~ a fridge den Kühlschrank abtauen; to ~ one's windscreen seine Windschutzscheibe enteisen II. vi auftauen; fridge, freezer abtauen

defroster [diːˈfrɒstəʳ, AM -ˈfrɑːstɚ] n esp AM AUTO Gebläse nt

deft [deft] adj geschickt, sicher; ■to be ~ at sth etw sehr geschickt tun können

deftly [ˈdeftli] adv geschickt

deftness [ˈdeftnəs] n no pl Geschicklichkeit f

defunct [dɪˈfʌŋ(k)t] adj (form) gestorben; (hum) hinüber fam; a ~ idea eine überholte Vorstellung; a ~ institution eine ausgediente Institution; a ~ process ein überholter Vorgang

defuse [diːˈfjuːz] vt ■to ~ sth etw entschärfen a. fig; to ~ criticism Kritik entkräften

defy <-ie-> [dɪˈfaɪ] vt ① (disobey) ■to ~ sb/sth sich akk jdm/etw widersetzen; (fig: resist, withstand) sich akk etw dat entziehen; to ~ description jeder Beschreibung spotten ② (challenge, dare) ■to ~ sb *I ~ you to prove your accusations* dann beweisen Sie doch erstmal Ihre Anschuldigungen

deg. n abbrev of degree

degauss [diːˈgaʊs] vt COMPUT entmagnetisieren

degausser [diːˈgaʊsəʳ, AM -ɚ] n COMPUT Entmagnetisierungsgerät nt

degearing [dɪˈgɪərɪŋ, AM -ˈgɪr-] n no pl ECON, FIN Reduzierung f des Verschuldungsgrads

degeneracy [dɪˈdʒenərəsi] n no pl Degeneration f

degenerate I. vi [dɪˈdʒenəreɪt] degenerieren; ■to ~ into sth zu etw dat entarten, in etw akk ausarten; to ~ into violence in Gewalt umschlagen II. adj [dɪˈdʒenərət] degeneriert III. n [dɪˈdʒenərət] jd, der keine moralischen Werte mehr hat

degeneration [dɪˌdʒenəˈreɪʃən] n no pl Degeneration f

degenerative [dɪˈdʒenərətɪv, AM -nɚət̬ɪv] adj MED degenerativ

degenerative disease n MED degenerative Krankheit

degradation [degrəˈdeɪʃən] n no pl ① of person Erniedrigung f ② (deterioration) of health, conditions Verschlechterung f; environmental ~ [zunehmende] Schädigung der Umwelt

degrade [dɪˈgreɪd] I. vt ① (debase, defile) ■to ~ sb/oneself jdn/sich erniedrigen ② (destroy) ■to ~ sth environment, area etw angreifen; to ~ an area of natural beauty eine schöne Naturlandschaft verschandeln ③ GEOL ■to ~ sth etw erodieren ④ ELEC radio signals etw beeinträchtigen ⑤ CHEM ■to ~ sth etw abbauen ⑥ MIL (in rank) ■to ~ sb jdn degradieren II. vi ① ELEC (in quality) beeinträchtigt werden ② CHEM ■to ~ into sth zu etw dat abgebaut werden

degrading [dɪˈgreɪdɪŋ] adj erniedrigend, entwürdigend

degree [dɪˈgriː] n ① (amount) Maß nt; (extent) Grad m; to different ~s in unterschiedlichem Maße, unterschiedlich stark; a high ~ of skill ein hohes Maß an Können; to the last ~ im höchsten Grad; by ~s nach und nach; to some ~ bis zu einem gewissen Grad ② MATH, METEO Grad m ③ UNIV (rank or title) Abschluss m; to do a ~ in sth etw studieren; to have a ~ in sth einen Abschluss in etw haben; to have a master's ~ in sth esp AM, AUS einen Magister[titel] in etw haben ④ LAW prohibited ~s verbotene Verwandschaftsgrade

dehumanize [ˌdiːˈhjuːmənaɪz] vt ■to ~ sb jdn entmenschlichen

dehumidifier [ˌdiːhjuːˈmɪdɪfaɪəʳ, AM -ɚfaɪɚ] n Entfeuchter m

dehydrate [ˌdiːhaɪˈdreɪt] I. vt ■to ~ sth etw dat das Wasser entziehen; to ~ the body den Körper austrocknen [o fachspr dehydrieren]; to become ~d austrocknen, dehydrieren fachspr II. vi MED dehydrieren

dehydrated [ˌdiːhaɪˈdreɪtɪd, AM -t̬ɪd] adj food getrocknet; skin ausgetrocknet; ~ food Trockennahrung f

dehydration [ˌdiːhaɪˈdreɪʃən] n no pl MED Dehydration f

de-ice [ˌdiːˈaɪs] vt ■to ~ sth etw enteisen

de-icer [ˌdiːˈaɪsəʳ, AM -ɚ] n no pl ① (for airplanes) Enteisungsflüssigkeit f; (for cars) Defroster m, Enteiser m ② (machine) Enteisungsgerät nt

deictic [ˈdaɪktɪk] LING I. adj inv deiktisch II. n Deiktikum nt

deification [ˈdeɪfɪkeɪʃən, AM ˈdiːə-] n no pl Verehrung f, Vergötterung f

deify [ˈdeɪɪfaɪ, AM ˈdiː-] vt ① (make into a god) ■to ~ sb/sth jdn/etw als Gottheit verehren; to ~ an emperor einen Herrscher als Gottheit verehren ② (worship like a god) ■to ~ sb jdn vergöttern

deign [deɪn] (pej) I. vi ■to ~ to do sth sich akk [dazu] herablassen, etw zu tun II. vt (old) ■to ~ sth sich akk zu etw dat herablassen

deindustrialization [ˌdiːɪndʌstriəlaɪˈzeɪʃən, AM -lɪˈzeɪ-] n no pl Deindustrialisierung f

deism [ˈdeɪɪzəm, AM ˈdiː-] n no pl Deismus m

deist [ˈdeɪɪst] n Deist(in) m(f)

deity [ˈdeɪɪti, AM ˈdiːət̬i] n Gottheit f

Deity [ˈdeɪɪti, AM ˈdiːət̬i] n no pl (form) ■the ~ Gott m

deixis [ˈdaɪksɪs] n no pl LING Deixis f

déjà vu [ˌdeɪʒɑːˈvuː] n no pl ① PSYCH Déjà-vu[-Erlebnis] nt; to have a feeling [or sense] of ~ ein Déjà-vu[-Erlebnis] haben, das Gefühl haben, jdn/etw schon einmal gesehen zu haben ② (pej: tediously familiar) *the movie has a strong sense of ~ about it* bei dem Film hat man das Gefühl, ihn schon zigmal gesehen zu haben

deject [dɪˈdʒekt] vt ■to ~ sb jdn deprimieren

dejected [dɪˈdʒektɪd] adj niedergeschlagen

dejectedly [dɪˈdʒektɪdli] adv niedergeschlagen

dejection [dɪˈdʒekʃən] n no pl Niedergeschlagenheit f

de jure [ˌdeɪˈdʒʊəreɪ, AM diːˈdʒʊri] I. adv LAW rechtmäßig, de jure fachspr; to recognize sth ~ etw rechtmäßig [o de jure] anerkennen II. adj inv LAW rechtmäßig, de jure fachspr

deke [diːk] n CAN (in ice hockey) Täuschungsmanöver eines Spielers, um an einen anderen Spieler vorbeizukommen

◆**deke out** vi sich akk schnell und unauffällig davonstehlen [o herausschleichen] [o fam davonmachen]

dekko [ˈdekəʊ] n no pl BRIT, AUS (dated sl) Blick m; to have [or take] a ~ at sth einen Blick auf etw akk werfen; *come and have a ~* schau mal

delay [dɪˈleɪ] I. vt ① (postpone) ■to ~ sth etw verschieben ② (hold up) to be ~ed [by 10 minutes] [zehn Minuten] Verspätung haben; *I was ~ed* ich wurde aufgehalten II. vi verschieben, aufschieben III. n Verzögerung f, Verspätung f; *we apologize for the ~* wir bitten um Verständnis für die Verspätung; *I apologize for my ~ in replying* bitte entschuldigen Sie, dass ich Ihnen erst jetzt antworte; ■without ~ unverzüglich

delayed [dɪˈleɪd] adj attr verspätet, verzögert; a ~ flight/train ein verspäteter Flug/Zug; ~ reaction verzögerte Reaktion; ~ shock Spätschock m

delayed-action adj zeitverzögert; ~ fuse Zeitzünder m

delaying [dɪˈleɪɪŋ] adj attr verzögernd; ~ tactics Verzögerungstaktiken fpl

del credere [ˌdelˈkredəreɪ, AM -ɚeɪ] n ECON, FIN ~ agent Delkredereagent(in) m(f)

dele [ˈdiːliː] n Deleatur nt, Deleaturzeichen nt

delectable [dɪˈlektəbl̩] adj food, drink köstlich; (esp hum) person bezaubernd, reizend

delectation [ˌdiːlekˈteɪʃən] n no pl (form or hum) Vergnügen nt; for sb's ~ zu jds Vergnügen

delegate I. n [ˈdelɪgət] Delegierte(r) f(m); to send a ~ einen Delegierten/eine Delegierte entsenden II. vt [ˈdelɪgeɪt] ① (appoint, send as representative) ■to ~ sb jdn als Vertreter/Vertreterin [aus]wählen; ■to ~ sb to do sth jdn dazu bestimmen, etw zu tun; *he was ~d to meet new arrivals* man wählte ihn zur Begrüßung der Neuankömmlinge aus ② (assign task) ■to ~ sth to sb power, authority, responsibility etw auf jdn übertragen; ■to ~ sb to do sth jdn zu etw dat ermächtigen III. vi [ˈdelɪgeɪt] delegieren

delegation [ˌdelɪˈgeɪʃən] n ① + sing/pl vb (group of delegates) Delegation f ② no pl of authority Delegation f

delete [dɪˈliːt] I. vt ① (in writing) ■to ~ sth [from sth] etw [aus etw dat] streichen ② COMPUT ■to ~ sth etw löschen II. vi löschen; *please ~ as appropriate* Nichtzutreffendes bitte streichen

delete key n COMPUT Löschtaste f

deleterious [ˌdelɪˈtɪəriəs, AM ˌdeləˈtɪri-] adj (form) schädlich; to be ~ to sth für etw akk schädlich sein; to be ~ to one's health gesundheitsschädlich sein

deleteriously [ˌdelɪˈtɪəriəsli, AM ˌdeləˈtɪri-] adv (form) schädlich

deletion [dɪˈliːʃən] n ① (act, item removed) Löschung f; of a file Löschen nt ② (item crossed out) Streichung f; to make a ~ etw streichen

delft [delft] n no pl Delfter Fayencen pl

deli [ˈdeli] n (fam) short for delicatessen Feinkostgeschäft nt

deliberate I. adj [dɪˈlɪbərət] ① (intentional) bewusst, absichtlich; *it wasn't ~* es war keine Absicht; a ~ decision eine bewusste Entscheidung ② (careful) a ~ movement eine vorsichtige [o bedächtige] Bewegung II. vi [dɪˈlɪbəreɪt] (form) [gründlich] nachdenken (on über +akk); to ~ on a case über einen Fall beraten III. vt [dɪˈlɪbəreɪt] (form) ① (discuss) ■to ~ sth question etw beraten ② (consider) ■to ~ whether… überlegen, ob…

deliberately [dɪˈlɪbərətli] adv absichtlich; to do/say sth ~ etw in voller Absicht tun/sagen

deliberateness [dɪˈlɪbərətnəs] n no pl ① (intention) Vorsätzlichkeit f ② (consideredness) Überlegtheit f

deliberation [dɪˌlɪbəˈreɪʃən] n ① no pl (slowness, carefulness) Bedächtigkeit f; to do sth with ~ etw mit Bedacht tun ② (form: consideration) Überlegung f; LAW Beratung f; *after much ~, …* nach gründlicher Überlegung …

deliberative [dɪˈlɪbərətɪv, AM ˈlɪbɚət̬ɪv] adj inv beratend

delicacy [ˈdelɪkəsi] n ① FOOD Delikatesse f ② no pl (discretion) Takt m, Feingefühl nt; *that is a matter of some ~* das ist eine ziemlich heikle Angelegenheit; to behave with ~ Feingefühl an den Tag legen ③ no pl (fineness) of lace, china Feinheit f; of features Zartheit f; hands also Zierlichkeit f ④ no pl of health Zerbrechlichkeit f

delicate [ˈdelɪkət] adj ① (sensitive) fabric, flower, equipment, instruments, plant empfindlich; china, vase zerbrechlich; ~ china zartes Porzellan ② (tricky) problem, situation heikel ③ (fine, deft, subtle) work, workmanship fein; ~ cycle (in washmachine) Feinwaschgang m; to strike a ~ balance ein Gleichgewicht vorsichtig bewahren ④ (prone to illness) person anfällig, empfindlich; health zart; to be in a ~ condition (old) in anderen Umständen sein veraltend ⑤ beauty, flavour, hands, lace, pattern, scent, skin zart; ~ aroma zartes Aroma; ~ features feine Gesichtszüge; ~ flavour feiner Geschmack; a ~ shade of pink ein zartes Rosa

delicately [ˈdelɪkətli] adv ① (carefully) vorsichtig; to handle sth ~ etw mit Vorsicht behandeln; to phrase sth ~ etw vorsichtig formulieren ② (lightly) mild; ~ flavoured with … (with herbs, spices) fein gewürzt mit …; ~ scented flowers zart duftende Blumen

delicatessen [ˌdelɪkəˈtesən] n Feinkostgeschäft nt

delicious [deˈlɪʃəs] adj ① food köstlich, lecker fam; to taste ~ vorzüglich [o köstlich] schmecken ② (fig: delightful) ~ gossip guter Klatsch

deliciously [de'lɪʃəsli] *adv* köstlich, lecker; (*fig*) wunderbar
deliciousness [de'lɪʃəsnəs] *n no pl* Köstlichkeit *f*
delight [dɪ'laɪt] **I.** *n* Freude *f;* ***the ~s of being retired*** die Annehmlichkeiten des Ruhestandes; ***it's a ~ to watch her dance*** es ist eine Freude, ihr beim Tanzen zuzusehen; ***it's a ~ to the senses*** es erfreut die Sinne; ***much to my ~, …*** zu meiner großen Freude, …; ***Alex takes [great] ~ in teasing his sister*** Alex liebt es, seine Schwester zu ärgern; **to do sth with ~** etw mit Freuden tun; **to do sth in ~** etw vor Freude tun **II.** *vt* ■**to ~ sb** jdn erfreuen **III.** *vi* ■**to ~ in sth** Vergnügen bei etw *dat* empfinden; ■**to ~ in doing sth** es lieben, etw zu tun
delighted [dɪ'laɪtɪd, AM -t̬-] *adj audience* hocherfreut; *smile* vergnügt; ■**to be ~ at** [*or* **by**] [*or* **with**] **sth** von etw *dat* begeistert sein; ■**to be ~ that…** begeistert [*o* hocherfreut] sein, dass…; ■**to be ~ to do sth** etw mit [großem] Vergnügen tun; ***I was ~ to meet you*** es hat mich sehr gefreut, Sie kennenzulernen; **the ~ audience** das begeisterte Publikum
delightedly [dɪ'laɪtɪdli, AM -t̬-] *adv* mit großer Freude; *applaud* begeistert
delightful [dɪ'laɪtfəl] *adj* ① *meal, atmosphere, weather, book, concert* wunderbar; *evening, village* reizend ② *smile, person* charmant
delightfully [dɪ'laɪtfəli] *adv sing, play an instrument* wunderbar; *peaceful* angenehm; **a ~ funny story** eine köstliche Geschichte
delimit [dɪ'lɪmɪt] *vt* (*form*) ■**to ~ sth** *power* etw einschränken; **to ~ a boundary** eine Grenze abstecken
delimitation [dɪˌlɪmɪ'teɪʃən] *n* Abgrenzung *f*
delimiter [dɪ'lɪmɪtəʳ, AM -t̬ɚ] *n* COMPUT Begrenzungssymbol *nt;* (*boundary*) Abgrenzung *f*
delineate [dɪ'lɪnieɪt] *vt* ① (*describe*) ■**to ~ sth** etw beschreiben ② (*mark*) **to ~ a boundary** eine Begrenzung aufzeigen
delineation [dɪˌlɪni'eɪʃən] *n* (*form*) *of problem* Schilderung *f; of character* Beschreibung *f*
delinquency [dɪ'lɪŋkwən(t)si] *n no pl* ① LAW (*illegal conduct*) Straffälligkeit *f,* Delinquenz *f fachspr;* **juvenile ~** Jugendkriminalität *f* ② (*form: neglect of duty*) Versäumnis *nt* ③ AM ECON, FIN verspätete Zahlung
delinquent [dɪ'lɪŋkwənt] **I.** *n* LAW Delinquent(in) *m(f),* Straffällige(r) *f(m);* **juvenile ~** jugendlicher Täter/jugendliche Täterin **II.** *adj* ① (*unlawful*) delinquent *fachspr,* straffällig; **~ behaviour** kriminelles Verhalten ② *esp* AM (*form: late, in arrears*) ■**to be ~ in doing sth** *payments* mit etw *dat* überfällig [*o* im Rückstand] sein; **~ debt** übergfällige Schuld
delirious [dɪ'lɪriəs] *adj* ① MED **to be ~** im Delirium sein [*o* liegen] ② (*extremely happy*) **~ crowd** taumelnde Menschenmenge; **~ with joy** außer sich *dat* vor Freude
deliriously [dɪ'lɪriəsli] *adv* ① (*incoherently*) irre, wirr; **to mutter ~** wirres Zeug reden ② (*extremely*) wahnsinnig; **~ happy** wahnsinnig glücklich, überglücklich
delirium [dɪ'lɪriəm] *n no pl* ① MED Delirium *nt* ② (*wild excitement*) Raserei *f,* Wahn *m*
delirium tremens [-'tremenz] *n* PSYCH Säuferwahnsinn *m,* Delirium tremens *nt fachspr*
delist [dɪ'lɪst] *vt* ECON, FIN ■**to ~ sth** die Börsennotierung von etw *dat* aufheben
deliver [dɪ'lɪvəʳ, AM -ɚ] **I.** *vt* ① (*bring*) ■**to ~ sth** *goods* etw liefern; (*by post*) etw zustellen; ***they ~ free [of charge]*** sie liefern frei Haus; **to ~ newspapers** Zeitungen austragen; (*by car*) Zeitungen ausfahren; **to ~ a message to sb** jdm eine Nachricht überbringen; **to ~ a summons** LAW jdn vorladen lassen ② (*recite*) **to ~ a lecture/a speech** eine Vorlesung/eine Rede halten; LAW (*pronounce*) **to ~ a verdict** ein Urteil verkünden ③ (*direct*) **to ~ a blow to sb's head** jdm einen Schlag auf den Kopf geben; ***he ~ed a sharp rebuke to his son*** er hielt seinem Sohn eine gehörige Standpauke ④ SPORTS (*throw, propel*) **to ~ a ball** einen Ball werfen; **to ~ a punch** BOXING einen Schlag landen ⑤ (*give birth*) **to ~ a baby** ein Kind zur Welt bringen; (*aid in giving birth*) ein Kind entbinden; **to be ~ed of a baby** (*old*) von einem Kind entbunden werden ⑥ (*form, liter: save, liberate*) ■**to ~ sb from sth** jdn von etw *dat* erlösen; **~ *us from evil*** REL bewahre uns vor dem Bösen ⑦ (*produce*) **to ~ a promise** ein Versprechen einlösen; **to ~ a vote** *esp* AM POL die gewünschte Anzahl von Stimmen erreichen ⑧ (*hand over*) ■**to ~ sb/sth to sb** jdn/etw jdm ausliefern; **to ~ a town to the enemy** eine Stadt dem Feind ausliefern ⑨ (*form: confidently express or recite*) ■**to ~ oneself of sth** etw von sich *dat* geben; **to ~ oneself of one's opinion** seine Meinung äußern ▶ PHRASES: **to ~ the goods** etw in die Tat umsetzen können; ***they couldn't ~ the goods*** sie haben mich/uns enttäuscht **II.** *vi* ① (*suppy*) liefern ② (*fulfil*) ■**to ~ on sth** etw einhalten [*o* erfüllen]
deliverable [dɪ'lɪvərəbl] *adj* haltbar, machbar; *promise* einhaltbar
deliverance [dɪ'lɪvərən(t)s] *n no pl* (*form, liter*) Erlösung *f* (**from** von +*dat*)
deliverer [dɪ'lɪvərəʳ, AM -vɚɚ] *n* (*form, liter*) Erlöser *m,* Befreier *m*
delivery [dɪ'lɪvəri] *n* ① (*of goods*) Lieferung *f;* (*of mail*) Zustellung *f;* **~ time** Lieferzeit *f;* **to be for ~** zur Lieferung für jdn bestimmt sein; **to get a ~ of sth** eine Lieferung einer S. *gen* erhalten; ***we get two deliveries of mail a day*** wir bekommen zweimal am Tag Post; **to take ~ of sth** die Lieferung einer S. *gen* annehmen; **to pay for sth on ~** etw bei Lieferung bezahlen ② (*manner of speaking*) Vortragsweise *f* ③ SPORTS Wurf *m* ④ (*birth*) Entbindung *f* ⑤ LAW Aushändigung *f,* Übergabe *f*
delivery address *n* Lieferungsanschrift *f* **delivery boy** *n* (*of newspapers, brochures*) Austräger *m* **delivery charges** *npl* Versandkosten *pl* **deliveryman** *n* Ausfahrer *m,* Fahrer *m* **delivery month** *n* ECON, FIN Liefermonat *m* **deliveryperson** *n* Lieferant(in) *m(f),* Lieferer, -in *m, f* **delivery room** *n,* **delivery suite** *n,* **delivery unit** *n* Kreissaal *m* **delivery van** *n* Lieferwagen *m*
dell [del] *n* (*liter*) bewaldetes Tal
delouse [diː'laʊs] *vt* ■**to ~ sb/an animal** jdn/ein Tier entlausen
Delphian ['delfiən] *adj,* **Delphic** ['delfɪk] *adj inv* HIST delphisch *a. fig*
delphinium [del'fɪniəm] *n* BOT Rittersporn *m*
delta ['deltə, AM -tə] *n* GEOG Delta *nt*
delta shares *n,* **delta securities** *n,* **delta stocks** *npl* ECON, FIN Deltaaktien *fpl* **delta wing** *n* AVIAT Deltaflügel *m*
delude [dɪ'luːd] *vt* ■**to ~ sb** jdn täuschen; ■**to ~ sb/oneself** jdm/sich etwas vormachen
deluge ['deljuːdʒ] **I.** *n* ① (*downpour*) Regenguss *m;* (*flood*) Flut *f;* **to get caught in a ~** von einem Regenguss überrascht werden; ■**the D~** REL die Sintflut ② (*great amount*) Flut *f;* **a ~ of complaints** eine Flut von Beschwerden **II.** *vt* ■**to ~ sth** etw überfluten; ■**to be ~d** überflutet werden; ■**to ~ sb with sth** jdn mit etw *dat* überhäufen [*o* überschütten]; ■**to be ~d with sth** mit etw *dat* überschüttet werden
delusion [dɪ'luːʒən] *n* Täuschung *f;* **to suffer from** [*or* **be under**] [*or form* **labour under**] **the ~ that…** sich *dat* einbilden, dass …; **to suffer from ~s** PSYCH unter Wahnvorstellungen leiden; **~s of grandeur** Größenwahn *m*
delusive [dɪ'luːsɪv] *adj* trügerisch; **to give the ~ impression that …** den trügerischen Eindruck erwecken, dass …
delusively [dɪ'luːsɪvli] *adv* trügerisch
delusory [dɪ'luːsəri] *adj see* **delusive**
de luxe [dɪ'lʌks] *adj* Luxus-; **~ hotel** Luxushotel *nt*
delve [delv] *vi* ■**to ~** [**for sth**] [nach etw *dat*] suchen; **to ~ in one's pocket** in seiner Tasche kramen; **to ~ into sb's past** in jds Vergangenheit nachforschen; **to ~ into a subject** sich *akk* in ein Thema vertiefen
Dem. **I.** *n* AM POL *abbrev of* **Democrat** Demokrat(in) *m(f)* **II.** *adj* AM POL *abbrev of* **Democratic party** Demokratisch
demagog *n esp* AM *see* **demagogue**
demagogic [ˌdemə'gɒgɪk, AM -'gɑːdʒɪk] *adj* demagogisch
demagogically [ˌdemə'gɒgɪkli, AM -'gɑːdʒɪkli] *adv* demagogisch
demagogue ['deməgɒg, AM -gɑːg], AM *also* **demagog** *n* (*pej*) Demagoge, -in *m, f*
demagoguery [demə'gɒgəri, AM -'gɑːgɚi] *n no pl,* **demagogy** ['deməgɒgi, AM -gɑːgi] *n no pl* Demagogie *f*
demand [dɪ'mɑːnd, AM -'mænd] **I.** *vt* ① (*insist upon*) ■**to ~ sth** [**from sb**] etw [von jdm] verlangen [*o* fordern]; ***I ~ to see the person in charge*** ich will mit dem Verantwortlichen/der Verantwortlichen sprechen; ■**to ~ that …** verlangen, dass …; **to ~ discipline from sb** Disziplin von jdm fordern; **to ~ an explanation** eine Erklärung verlangen ② (*insist in being told*) ■**to ~ sth** etw unbedingt wissen wollen ③ (*need*) ■**to ~ sth** etw erfordern; **to ~ a lot of concentration** ein hohes Maß an Konzentration erfordern **II.** *n* ① (*insistent request*) Forderung *f* (**for** nach +*dat*); **~ for independence** Forderung nach Unabhängigkeit; **to do sth on ~** etw auf Verlangen tun; **to make a ~ that …** die Forderung stellen, dass … ② (*requirement*) Bedarf *m;* COMM (*for a product*) Nachfrage *f;* **supply and ~** Angebot und Nachfrage; **to be in ~** gefragt sein ③ BRIT (*for payment*) Mahnung *f;* **to receive a** [**final**] **~ for sth** eine Mahnung für etw *akk* erhalten ④ (*expectations*) **to make ~s on sb** Anforderungen *fpl* an jdn stellen; ***she's got many ~s on her time*** sie ist zeitlich sehr beansprucht
demand bill *n* FIN Sichtwechsel *m* **demand draft** *n* ECON, FIN Sichttratte *f* **demand feeding** *n* Stillen *nt* nach Bedarf
demanding [dɪ'mɑːndɪŋ, AM -'mænd-] *adj journey, work* anstrengend; *job, person, test, user* anspruchsvoll; **a very ~ child** ein sehr anstrengendes Kind; ■**to be ~ of sth** etw sehr intensiv beanspruchen; **to be ~ of sb's time** viel von jds Zeit beanspruchen
demanding with menaces *n* LAW [räuberische] Erpressung
demand note *n* ① ECON Zahlungsaufforderung *f* ② AM (*demand draft*) Wechsel *m* **demand-pull inflation** *n no pl* ECON, FIN Nachfrageinflation *f*
demarcate ['diːmɑːkeɪt, AM -mɑːr-] *vt* ■**to ~ sth** etw abgrenzen; **to ~ responsibilities** Verantwortlichkeiten festlegen
demarcation [ˌdiːmɑː'keɪʃən, AM -mɑːr-], AM *also* **demarkation** *n* Grenze *f,* Abgrenzung *f,* Demarkation *f geh;* **line of ~** Grenzlinie *f;* MIL, POL Demarkationslinie *f*
demarcation dispute *n* BRIT, AUS Zuständigkeitsstreitigkeit[en] *f*[*pl*] (zwischen Gewerkschaften) **demarcation line** *n* Abgrenzung *f;* MIL, POL Demarkationslinie *f*
démarche ['deɪmɑːʃ, AM deɪ'mɑːrʃ] *n* LAW Demarche *f*
demark [diː'mɑːrk] *vt esp* AM *see* **demarcate**
demarkation *n esp* AM *see* **demarcation**
dematerialize [ˌdɪmə'tɪəriəlaɪz] **I.** *vi* ① (*disintegrate*) sich *akk* in Luft auslösen, verschwinden ② (*become spiritualized*) entmaterialisieren **II.** *vt* ■**to ~ sth** ① (*disintegrate*) etw auflösen [*o* verschwinden lassen] ② (*spiritualize*) etw entmaterialisieren
demean [dɪ'miːn] *vt* ■**to ~ oneself/sb** sich/jdn erniedrigen
demeaning [dɪ'miːnɪŋ] *adj* erniedrigend; ■**to be ~ to sb** jdn erniedrigen
demeanor [dɪ'miːnɚ] AM, **demeanour** [-nəʳ] *n no pl* (*form: behaviour*) Verhalten *nt,* Gebaren *nt geh;* (*bearing*) Erscheinungsbild *nt*
demented [dɪ'mentɪd, AM -t̬-] *adj* verrückt, wahnsinnig
dementedly [dɪ'mentɪdli, AM -t̬-] *adv* verrückt; **to laugh ~** wie verrückt lachen
dementia [dɪ'men(t)ʃə] *n no pl* MED Demenz *f*
demerara [deməˈreərə, AM -rɑːrə] *n,* **demerara sugar** *n no pl* brauner Zucker, Farinzucker *m*
demerge [dɪ'mɜːdʒ, AM -mɜːrdʒ] *vt* **to ~ a compa-**

D

ny eine Firma entfusionieren

demerger [dɪ'mɜ:dʒəʳ, AM -'mɜ:rdʒə] *n* Entfusionierung *f*

demerit [ˌdi:'merɪt, AM dɪ'mer-] *n* ❶ (*fault*) Schwachpunkt *m,* Schwäche *f;* **to consider the merits and ~s of sth** die Stärken und Schwächen einer S. *gen* in Betracht ziehen ❷ AM SCH (*black mark*) Minuspunkt *m*

demesne [dɪmeɪn, -'mi:n] *n* LAW ❶ (*estate*) Gut *nt;* **to be held in ~** etw als Gutsbesitz haben ❷ (*hist: domain, realm*) [Hoheits]gebiet *nt*

demigod ['demigɒd, AM -gɑ:d] *n* Halbgott *m a. fig*

demigoddess ['demigɒdes, AM -gɑ:d-] *n* Halbgöttin *f a. fig*

demilitarization [di:ˌmɪlɪtᵊraɪ'zeɪʃᵊn, AM -ţ-] *n* Entmilitarisierung *f*

demilitarize [di:'mɪlɪtᵊraɪz, AM -ţ-] *vt* ■**to ~ sth** etw entmilitarisieren

demilitarized zone *n* entmilitarisierte Zone; **to create a ~** eine entmilitarisierte Zone einrichten

demimonde ['demimɒnd, AM -mɑ:nd] *n no pl* Halbwelt *f*

de minimis non curat lex LAW das Gericht befasst sich nicht mit Geringfügigem

demise [dɪ'maɪz] *n no pl* ❶ (*form: person's death*) Ableben *nt;* (*fig*) *of a company* Niedergang *m;* **in the event of my ~** im Falle meines Ablebens ❷ LAW Verpachtung *f*

demise charter *n* Miete *f* [*o* Chartern *nt*] eines Schiffes ohne Besatzung, Bareboatcharter *f*

demist [dɪ'mɪst] *vt* BRIT **to ~ a window** eine Scheibe freimachen

demister [dɪ'mɪstəʳ] *n* BRIT AUTO Gebläse *nt*

demitasse ['demitæs] *n esp* AM (*coffee*) ≈ Espresso *m;* (*coffee-cup*) Mokkatasse *f*

demivolt(e) ['demivɒlt, AM -vɑ:lt] *n* SPORTS halbe Volte; **to perform a ~** eine halbe Volte reiten

demo¹ *n short for* **demographics** Bevölkerungsentwicklung *f*

demo² ['deməʊ, AM -oʊ] (*fam*) **I.** *n* Demo *f fam;* **to go on a ~** auf eine [*o* zu einer] Demo gehen **II.** *adj* Demo **III.** *vt* <-'d, -'d> (*fam: do a demonstration*) ■**to ~ sth** etw demonstrieren

demob [di:'mɒb, AM -'mɑ:b] **I.** *vt* MIL (*fam*) *short for* **demobilize** ❶ (*discharge from service*) ■**to ~ sb** jdn aus dem Kriegsdienst entlassen ❷ (*disband*) ■**to ~ sth** etw demobilisieren; **to ~ an army** ein Heer auflösen **II.** *n* MIL (*fam*) *short for* **demobilization** ❶ (*discharging from service*) Demobilisierung *f veraltet,* Entlassung *f* ❷ (*disbanding*) Demobilisierung *f; of ships* Ausmusterung *f*

demobilization [di:ˌməʊbᵊlaɪ'zeɪʃᵊn, AM -ˌmoʊbᵊlɪ'-] *n* ❶ (*discharging from military service*) Demobilisierung *f veraltet,* Entlassung *f* ❷ (*act of disbanding*) Demobilisierung *f; of ships* Ausmusterung *f*

demobilize [di:'məʊbəlaɪz, AM -ˌmoʊ-] **I.** *vt* ❶ (*discharge from military service*) jdn aus dem Kriegsdienst entlassen ❷ (*disband*) ■**to ~ sth** etw demobilisieren; **to ~ ships** Schiffe ausmustern **II.** *vi* demobilisieren

democracy [dɪ'mɒkrəsi, AM -'mɑ:-] *n* Demokratie *f*

democrat ['deməkræt] *n* Demokrat(in) *m(f)*

Democrat ['deməkræt] *n* AM POL Demokrat(in) *m(f)*

democratic [ˌdemə'krætɪk, AM -ţ-] *adj* demokratisch

democratically [ˌdemə'krætɪkᵊli, AM -ţ-] *adv* demokratisch

Democratic party *n* AM POL Demokratische Partei

democratization [dɪˌmɒkrətaɪ'zeɪʃᵊn, AM -mɑ:krəţɪ-] *n no pl* Demokratisierung *f*

democratize [dɪ'mɒkrətaɪz, AM -mɑ:krə-] *vt* ■**to ~ sth** etw demokratisieren

demodulation [dɪˌmɒdjə'leɪʃᵊn, AM -ˌmɑ:dʒ-] *n* COMPUT Demodulation *f*

demodulator [dɪ'mɒdjəleɪtəʳ, AM -'mɑ:dʒəleɪţə] *n* COMPUT Demodulator *m*

demographer [dɪ'mɒgrəfəʳ, AM -mɑ:grəfə] *n* Demograph(in) *m(f)*

demographic [ˌdemə'græfɪk] *adj inv* demographisch

demographically [ˌdemə(ʊ)'græfɪkᵊli, AM -mə'-] *adv* demographisch

demographics [ˌdemə'græfɪks] *npl* Demographie *f*

demography [dɪ'mɒgrəfi, AM -mɑ:-] *n no pl* Demographie *f*

demolish [dɪ'mɒlɪʃ, AM -mɑ:-] *vt* ■**to ~ sth** ❶ (*destroy*) *building* etw abreißen; (*car in accident*) etw demolieren; (*in scrap yard*) etw verschrotten; **to ~ a wall** eine Wand einreißen ❷ (*refute, defeat*) etw zunichte machen; **to ~ an argument** ein Argument widerlegen; ■**to ~ sb** jdn niedermachen *fam* ❸ (*fam: eat up*) etw verdrücken *fam*

demolition [ˌdemə'lɪʃᵊn] *n* Abriss *m;* (*fig*) Widerlegung *f*

demolition derby *n* AM *Rennen, bei dem sich die Fahrzeuge gegenseitig rammen* **demolition worker** *n* Abbrucharbeiter(in) *m(f)*

demon ['di:mən] **I.** *n* (*evil spirit*) Dämon *m;* **to exorcise** [*or* **drive out**] **a ~** einen Dämon austreiben; (*fig: wicked person*) Fiesling *m* ▸ PHRASES: **to work like a ~, to be a ~ for work** [*or* **~ worker**] (*fam*) wie ein Besessener/eine Besessene arbeiten **II.** *n modifier* (*fam: very powerful*) (*backhand*) höllisch *fam;* **a ~ chess player** ein höllisch guter Schachspieler

demon alcohol *n esp* AM (*hum*), **demon drink** *n esp* BRIT (*hum*) ■**the ~** König *m* Alkohol *hum*

demonetization [di:ˌmʌnɪtaɪ'zeɪʃᵊn, AM -ˌmɑ:nətɪ'-] *n no pl* Entwertung *f,* Außerkurssetzung *f*

demonetize [ˌdi:'mʌnɪtaɪz, AM -'mɑ:nə-] *vt* ECON, FIN ■**to ~ sth** *coin, note* etw entwerten [*o* einziehen]

demoniac [dɪ'məʊniæk, AM -moʊ-] *adj,* **demoniacal** [di:mə'naɪəkᵊl] *adj* (*form*) ❶ (*evil, demonic*) teuflisch ❷ (*frenzied, raging*) besessen

demoniacally [di:mə'naɪəkᵊli] *adv* (*form*) ❶ (*evilly*) teuflisch ❷ (*frenziedly*) besessen; **to behave ~** sich *akk* wie besessen aufführen

demonic [dɪ'mɒnɪk, AM -'mɑ:-] *adj* ❶ (*devilish*) teuflisch ❷ (*evil*) bösartig ❸ (*frenzied*) dämonisch

demonically [dɪ'mɒnɪkᵊli, AM -'mɑ:-] *adv* ❶ (*by evil spirits*) **to be ~ possessed** von bösen Geistern/einem bösen Geist besessen sein ❷ (*cruelly*) bestialisch

demonize ['di:mənaɪz] *vt* ■**to ~ sb** jdn verteufeln

demonology [ˌdi:mə'nɒlədʒi, AM 'nɑ:lə-] *n no pl* Dämonologie *f*

demonstrability [dɪˌmɒn(t)strə'bɪləti, AM -ˌmɑ:n(t)strə'bɪləţi] *n no pl* Nachweisbarkeit *f*

demonstrable [dɪ'mɒn(t)strəbl̩, AM -'mɑ:n(t)-] *adj* nachweislich

demonstrably [dɪ'mɒn(t)strəbli, AM -'mɑ:n(t)-] *adv* nachweislich; ***that's ~ untrue!*** das lässt sich leicht widerlegen

demonstrate ['demənstreɪt] **I.** *vt* ■**to ~ sth** ❶ (*show*) etw zeigen [*o* beweisen]; ■**to ~ that ...** zeigen, dass ...; ■**to ~ sth to sb** *machine, appliance, operation* jdm etw vorführen; (*show*) jdn etw zeigen; **to ~ one's appreciation** seine Anerkennung zeigen; **to ~ authority** Autorität demonstrieren; **to ~ enthusiasm** [**for sth**] Begeisterung [für etw *akk*] zeigen; **to ~ interest** [**in sth**] Interesse [an etw *dat*] zeigen; **to ~ one's knowledge** sein Wissen demonstrieren; **to ~ one's loyalty** seine Loyalität beweisen; **to ~ great skill** großes Können beweisen ❷ (*prove*) etw nachweisen **II.** *vi* ■**to ~** [**for sth**] [für etw *akk*] demonstrieren; ■**to ~ against/in support of sth** gegen/für etw *akk* demonstrieren

demonstration [ˌdemən'streɪʃᵊn] *n* ❶ (*act of showing*) Demonstration *f,* Vorführung *f;* ***let me give you a ~ of how the camera works*** ich zeige dir mal, wie die Kamera funktioniert; **~ of forces** Machtdemonstration *f* ❷ (*open expression*) Ausdruck *m;* ***she gave him a hug as a ~ of her affection*** sie umarmte ihn als Zeichen ihrer Zuneigung ❸ (*protest march*) Demonstration *f* (**against** gegen +*akk,* **for** für +*akk*); **to hold** [*or* **stage**] **a ~** eine Demonstration abhalten; **to take part in a ~** an einer Demonstration teilnehmen

demonstration model *n* Vorführmodell *nt*

demonstrative [dɪ'mɒn(t)strətɪv, AM dɪ'mɑ:n(t)strəţɪv] *adj* ❶ (*form: illustrative*) schlüssig; ■**to be ~ of sth** etw veranschaulichen ❷ (*expressing feelings*) offen

demonstrative legacy *n* LAW beschränktes Gattungsvermächtnis

demonstratively [dɪ'mɒn(t)strətɪvli, AM -'mɑ:n(t)strəţɪvli] *adv* offen

demonstrativeness [dɪ'mɒn(t)strətɪvnəs, AM -'mɑ:n(t)strəţ-] *n no pl* Offenheit *f*

demonstrative pronoun *n* LING Demonstrativpronomen *nt*

demonstrator ['demənstreɪtəʳ, AM -ţə] *n* ❶ (*of a product*) Vorführer(in) *m(f)* ❷ (*in a demonstration*) Demonstrant(in) *m(f)*

demoralization [dɪˌmɒrᵊlaɪ'zeɪʃən, AM -ˌmɔ:rəlɪ-] *n no pl esp* AM Demoralisierung *f*

demoralize [dɪ'mɒrᵊlaɪz, AM -'mɔ:r-] *vt esp* AM ■**to ~ sb** jdn demoralisieren

demoralizing [dɪ'mɒrəlaɪzɪŋ, AM 'mɔ:r] *adj* demoralisierend

demote [dɪ'məʊt, AM -'moʊt] *vt* ■**to ~ sb** [**to sth**] jdn [zu etw *dat*] zurückstufen; MIL jdn [zu etw *dat*] degradieren

demotic [dɪ'mɒtɪk, AM -'mɑ:ţɪk] *adj* (*form*) volkstümlich, demotisch *fachspr;* **~ language** Umgangssprache *f*

demotion [dɪ'məʊʃᵊn, AM -'moʊ-] *n* Degradierung *f;* **to be subjected to a ~** degradiert werden

demotivate [di:'məʊtɪveɪt, AM -'moʊ-] *vt* ■**to ~ sb** jdn demotivieren

demultiplex [ˌdi:'mʌltipleks, AM -'mʌlţə-] *vt* COMPUT entmultiplexieren

demultiplexor [ˌdi:'mʌltipleksəʳ, AM -ţəpleksə-] *n* COMPUT Entmultiplexor *m*

demur [dɪ'mɜ:ʳ, AM -'mɜ:r] **I.** *vi* <-rr-> (*form*) ■**to ~ at sth** Einwände gegen etw *akk* erheben; ■**to ~ at doing sth** sich *akk* davor sträuben, etw zu tun **II.** *n no pl* Einwand *m;* **without ~** widerspruchslos

demure [dɪ'mjʊəʳ, AM -'mjʊr] *adj* ❶ (*shy*) [sehr] schüchtern, zurückhaltend; ***she gave him a ~ smile*** sie lächelte ihm schüchtern zu ❷ (*composed and reserved*) gesetzt

demurely [dɪ'mjʊəli, AM -'mjʊrli] *adv* schüchtern

demureness [dɪ'mjʊənəs, AM -'mjʊrnəs] *n no pl* ❶ (*shyness*) Zurückhaltung *f,* Schüchternheit *f* ❷ (*composed reserve*) Gesetztheit *f*

demurrer [dɪ'mjʊᵊrəʳ, AM -'mjʊrə] *n* LAW Einwendung *f* der mangelnden Schlüssigkeit

demystification [dɪˌmɪstɪfɪ'keɪʃᵊn] *n no pl* Entmystifizierung *f*

demystify [di:'mɪstɪfaɪ] *vt* ■**to ~ sth** etw enträtseln [*o* entmystifizieren]

demythologize [ˌdi:mɪ'θɒlədʒaɪz, AM -'θɑ:lə-] *vt* ■**to ~ sth** etw entmythologisieren; **to ~ a legend** eine Legende entmythologisieren

den [den] *n* ❶ (*lair*) Bau *m* ❷ (*children's playhouse*) Verschlag *m* ❸ (*study*) Arbeitszimmer *nt;* (*private room*) Bude *f fam,* gemütliches Zimmer; *esp* AM (*for hobbies*) Hobbyraum *m* ❹ (*hum: evil place*) Lasterhöhle *f pej fam;* **~ of thieves** Räuberhöhle *f fam*

denationalization [di:ˌnæʃᵊnᵊlaɪ'zeɪʃᵊn] *n* Privatisierung *f*

denationalize [ˌdi:'næʃᵊnᵊlaɪz] *vt* ■**to ~ sth** etw privatisieren

denature [dɪ'neɪθəʳ, AM tʃə] **I.** *vt* ■**to ~ sth** etw denaturieren **II.** *vi* denaturieren

dendrite ['dendraɪt] *n* ANAT Dendrit *m fachspr*

deniable [dɪ'naɪəbl̩] *adj* widerlegbar

denial [dɪ'naɪəl] *n* ❶ (*statement*) Dementi *nt;* (*action*) Leugnen *nt kein pl;* ■**to be in ~** [**about sth**] [etw] abstreiten; **~ of guilt** Unschuldsbekundung *f;* **to issue a ~** ein Dementi herausgeben ❷ *no pl* (*refusal*) Ablehnung *f,* Weigerung *f;* **~ of equal opportunities** Verweigerung *f* von Chancengleichheit; **~ of human rights** Nichtanerkennung *f* der Menschenrechte ❸ PSYCH **to be in ~** sich *akk* der Realität verschließen

denial of justice *n* LAW Rechtsverweigerung *f*
denier ['deniəʳ, AM 'denjɚ] *n no pl* Denier *nt*
denigrate ['denɪgreɪt] *vt* ■**to ~ sb/sth** jdn/etw verunglimpfen *geh*
denigration [ˌdenɪ'greɪʃᵊn] *n no pl* Verunglimpfung *f geh*
denim ['denɪm] **I.** *n* ① *no pl* (*material*) Denim® *m*, blauer Jeansstoff ② (*fam: clothes*) ■**~s** *pl* Jeans *f[pl]* **II.** *n modifier (jacket, shirt, skirt)* Jeans-
denitrification [dɪˌnaɪtrɪfɪ'keɪʃᵊn] *n no pl* CHEM Denitrifikation *f*
denizen ['denɪzᵊn] *n* (*liter or hum*) Bewohner(in) *m(f)*
Denmark ['denmɑ:k, AM -mɑ:rk] *n* Dänemark *nt*
den mother *n* AM Herbergsmutter *f*
denominate [dɪ'nɒmɪneɪt, AM 'nɑ:mə] *vt* ① FIN ■**to be ~d in sth** in etw *akk* gestückelt sein ② (*form: call, name*) ■**to ~ sth sth** etw als etw bezeichnen
denomination [dɪˌnɒmɪ'neɪʃᵊn, AM -ˌnɑ:mə-] *n* ① (*religious group*) Konfessionsgemeinschaft *f* ② FIN (*unit of value*) Stückelung *f*; **coins of all ~s** Münzen in allen Größen [*o* jeglicher Wertbezeichnung]
denominational [dɪˌnɒmɪ'neɪʃᵊnᵊl, AM -ˌnɑ:mə-] *adj inv* Konfessions-; **~ group** Konfessionsgruppe *f*
denominator [dɪ'nɒmɪneɪtəʳ, AM -'nɑ:məneɪt̬ɚ] *n* Nenner *m*; **common ~** gemeinsamer Nenner
denotation [dɪnə(ʊ)'teɪʃᵊn, AM -noʊ'-] *n* (*marking*) Kennzeichnung *f*; (*sign*) Zeichen *nt*
denote [dɪ'nə(ʊ)t, AM -'noʊt] *vt* ■**to ~ sth** etw bedeuten; **to ~ displeasure** Missfallen zum Ausdruck bringen
denouement [deɪ'nu:mɑ̃] *n* (*form*) Ende *nt*; *play, film* Ausgang *m*
denounce [dɪ'naʊn(t)s] *vt* ① (*criticize*) ■**to ~ sth** etw anprangern ② (*accuse*) ■**to ~ sb as sth** jdn als etw *akk* entlarven; ■**to ~ sb to sb** jdn bei jdm denunzieren
de novo [deɪ'nəʊvəʊ, AM -'noʊvoʊ] LAW von neuem
dense <-r, -st> [den(t)s] *adj* ① (*thick, compact*) dicht; **~ crowd** dichte Zuschauermenge; **~ fog** dichter Nebel; **~ print** enge Schrift ② (*complex*) anspruchsvoll, schwierig; **~ book** anspruchsvolles Buch ③ (*fig fam: stupid*) dumm, dämlich *pej fam*
densely ['den(t)sli] *adv* dicht; **~ populated** dicht bevölkert; **~ wooded** dicht bewaldet
denseness ['den(t)snəs] *n no pl* Dichte *f*
density ['den(t)sɪti, AM -sət̬i] *n* ① (*compactness*) Dichte *f*; **population ~** Bevölkerungsdichte *f* ② PHYS Dichte *f*; **to be high/low in ~, to have a high/low ~** eine hohe/geringe Dichte besitzen
dent [dent] **I.** *n* ① (*hollow*) Beule *f*, Delle *f* ② (*fig: adverse effect*) Loch *nt*; ***that has made a big ~ in our savings*** das hat ein großes Loch in unsere Ersparnisse gerissen; ***that has really put a ~ in his self-confidence*** das hat sein Selbstbewusstsein angeschlagen **II.** *vt* ① (*put a dent in*) ■**to ~ sth** etw einbeulen ② (*fig: have adverse effect on*) **to ~ sb's confidence** jds Selbstbewusstsein *nt* anknacksen *fam*
dental ['dentᵊl, AM -t̬-] *adj inv* Zahn-; **~ decay** Zahnfäule *f*, Karies *f*
dental floss *n no pl* Zahnseide *f*; **to use ~** Zahnseide verwenden **dental hygiene** *n no pl* Mundhygiene *f*; **to practise ~** Mundhygiene betreiben **dental nurse** *n* MED Zahnarzthelfer(in) *m(f)* **dental practitioner** *n*, **dental surgeon** *n* Zahnarzt, Zahnärztin *m, f*
dentist ['dentɪst, AM -t̬-] *n* Zahnarzt, Zahnärztin *m, f*
dentistry ['dentɪstri, AM -t̬-] *n no pl* Zahnmedizin *f*
dentition [den'tɪʃᵊn] *n* ANAT Gebissanordnung *f*
dentures ['den(t)ʃəz, AM -ʃɚz] *npl* [Zahn]prothese *f*; **to clean ~** die Prothese reinigen; **to wear ~** eine Prothese tragen
denuclearize [ˌdi:'nju:kliəraɪz] *vt* ■**to ~ sth** etw atomwaffenfrei machen
denude [dɪ'nju:d, AM *esp* -'nu:d] *vt* ■**to ~ sth** *vegetation* etw kahl werden lassen [*o* kahl machen]; **to ~ a country's defences** (*fig*) die Verteidigungsfähigkeit eines Landes beschneiden
denunciation [dɪˌnʌn(t)si'eɪʃᵊn] *n* ① (*condemnation*) *of a policy* Anprangerung *f* ② (*denouncing*) Denunziation *f*
deny <-ie-> [dɪ'naɪ] *vt* ① (*declare untrue*) ■**to ~ sth** etw abstreiten [*o* zurückweisen]; ■**to ~ doing sth** abstreiten, etw getan zu haben; ■**to ~ that ...** abstreiten, dass ...; ***there's no ~ing that ...*** es lässt sich nicht bestreiten, dass ...; **to ~ an accusation** eine Anschuldigung zurückweisen ② (*refuse to grant*) ■**to ~ sth to sb** [*or* **sb sth**] jdm etw verweigern [*o geh* verwehren]; ***her request for time off work was denied*** ihre Bitte um Urlaub wurde abgelehnt; **to ~ sb access to sth** jdn den Zugang zu etw *dat* verweigern [*o geh* verwehren] ③ (*do without*) ■**to ~ oneself sth** *a pleasure* sich *dat* etw versagen ④ (*refuse to acknowledge*) ■**to ~ sth** etw verleugnen ⑤ (*form: disown*) ■**to ~ sth** etw verleugnen
deodorant [di'əʊdᵊrᵊnt, AM -'oʊ-] *n* Deo *nt*, Deodorant *nt*
deodorize [di'əʊdᵊraɪz, AM -'oʊdə-] *vt* ■**to ~ sth** etw desodorieren
deoxyribonucleic acid [dɪˌɒksɪraɪbəʊnju:ˌkleɪɪk'æsɪd, AM dɪˌɑ:ksɪraɪboʊnu:ˌkli:ɪk-] *n see* **DNA** Desoxyribonukleinsäure *f*
dep [dep] **I.** *n* ① *short for* **departure** *of train, road vehicles* Abf. *f*; *aircraft* Abfl. *m* ② CAN (*fam*) *short for* **dépanneur II.** *vi short for* **depart** fährt ab; *ship, boat also* legt ab; *aircraft* startet, fliegt ab
dépanneur [deɪpæ'nɜ:r] *n* CAN Tante-Emma-Laden *m*, Laden *m* an der Ecke
depart [dɪ'pɑ:t, AM -'pɑ:rt] **I.** *vi* ① (*leave*) fortgehen; *plane* abfliegen, starten; *train* abfahren; *ship* ablegen, abfahren ② (*differ*) ■**to ~ from sth** von etw *dat* abweichen; **to ~ from normal practice** von der üblichen Verfahrensweise abweichen **II.** *vt* **to ~ this life** [*or* **earth**] aus diesem Leben scheiden
departed [dɪ'pɑ:tɪd, AM -'pɑ:rt̬-] (*form*) **I.** *adj inv* verstorben; **our** [**dear**] **~ friends** unsere lieben Verstorbenen **II.** *n pl* ■**the ~** die Verstorbenen [*o* Toten] *pl*; **to mourn the ~** um die Verstorbenen trauern; **to remember the ~** der Verstorbenen gedenken *geh*
department [dɪ'pɑ:tmənt, AM -'pɑ:rt-] *n* ① (*of university*) Institut *nt* ② (*of company, organization, shop*) Abteilung *f*; **personnel ~** Personalabteilung *f*; ***the furniture ~*** die Möbelabteilung ③ BRIT POL (*of government*) Ministerium *nt*; **~ of Health and Social Security** Ministerium *nt* für Gesundheits- und Sozialwesen; **~ of Transport** Verkehrsministerium *nt* ④ ADMIN Amt *nt* ⑤ (*fig fam: field of expertise*) Zuständigkeitsbereich *m*; (*hum: category*) ***he's a bit lacking in the brain ~*** er ist nicht gerade der Hellste
departmental [ˌdɪpɑ:t'mentᵊl, AM -ˌpɑ:rt-] *adj inv* ① UNIV Instituts-; **~ head** Institutsleiter(in) *m(f)* ② (*in company or organization*) Abteilungs-; **~ head** Abteilungsleiter(in) *m(f)*; **~ meeting** Abteilungsbesprechung *f* ③ POL Ministerial- ④ ADMIN Amts-; **~ head** Amtsleiter(in) *m(f)*
departmentalism [ˌdi:pɑ:t'mentᵊlɪzᵊm, AM ˌdi:pɑ:rt'ment̬ᵊl] *n no pl* Abteilungsbildung *f*
departmentally [ˌdi:pɑ:t'mentᵊli, AM ˌdi:pɑ:rt'ment̬ᵊli] *adv inv* (*as department*) als Abteilung; (*within the department*) in der Abteilung; (*by the department*) von der Abteilung
departmental manager *n* ECON, FIN Abteilungsleiter(in) *m(f)*
Department of State *n* AM Außenministerium *nt*
department store *n* Kaufhaus *nt* **department store chain** *n* Kaufhauskette *f*
departure [dɪ'pɑ:tʃəʳ, AM -'pɑ:rtʃɚ] *n* ① (*on a journey*) Abreise *f*; *plane* Abflug *m*; *train, road vehicle* Abfahrt *f*; *ship* Ablegen *nt*, Abfahrt *f* ② (*act of leaving*) Abschied *m*; **~ from politics** Abschied *m* aus der Politik ③ (*deviation, divergence*) Abweichung *f*; *from policy, strategy* Abkehr *f*; ***there can be no ~ from the rules*** es können keine Ausnahmen gemacht werden
departure gate *n* Flugsteig *m* **departure lounge** *n* Abfahrthalle *f*; AVIAT Abflughalle *f*
departure time *n* Abfahrtzeit *f*; AVIAT Abflugzeit *f*
depend [dɪ'pend] *vi* ① (*rely on circumstance*) ■**to ~ on sth** von etw *dat* abhängen; ***can you lend me some money? — that ~s — how much?*** kannst du mir Geld leihen? – kommt darauf an – wie viel?; ***the company's success ~s on getting that new account*** der Erfolg der Firma hängt davon ab, ob sie diesen neuen Kunden bekommt; ***that ~s on the weather*** das hängt vom Wetter ab; ■**~ing on ...** je nachdem, ...; ***~ing on the weather*** je nachdem, wie das Wetter ist, je nach Wetterlage ② (*get help from*) ■**to ~ on sb/sth** von jdm/etw abhängig sein; **to ~ heavily on sb** dringend auf jdn angewiesen sein; **to ~ on sb/sth for one's livelihood** finanziell auf jdn/etw angewiesen sein ③ (*rely on*) ■**to ~ [up]on sb/sth** sich *akk* auf jdn/etw verlassen; (*hum*) ***you can ~ on her to be late*** sie kommmt *immer* zu spät!
dependability [dɪˌpendə'bɪləti, AM -ət̬i] *n no pl* Zuverlässigkeit *f*, Verlässlichkeit *f*
dependable [dɪ'pendəbl̩] *adj* zuverlässig, verlässlich
dependably [dɪ'pendəbli] *adv* zuverlässig, verlässlich
dependance *n no pl* AM *see* **dependence**
dependant [dɪ'pendənt] *n* [finanziell] abhängige(r) Angehörige(r) *f(m)*
dependence [dɪ'pendən(t)s] *n no pl* Abhängigkeit *f*; **drug ~** Drogenabhängigkeit *f*
dependency [dɪ'pendən(t)si] *n* ① *no pl* Abhängigkeit *f*; *see also* **dependence** ② (*dependent state*) Territorium *nt*; ***Puerto Rico is a US ~*** Puerto Rico gehört zum Territorium der USA
dependent [dɪ'pendənt] **I.** *adj* ① *pred* (*contingent, conditional*) ■**to be ~ [up]on sth** von etw *dat* abhängen ② (*relying on*) abhängig; ■**to be ~ on sth** von etw *dat* abhängig sein; *help, goodwill* auf etw *akk* angewiesen sein; **to be ~ on drugs** drogenabhängig sein ③ LAW finanziell abhängig **II.** *n esp* AM *see* **dependant**
dependent clause *n* LING Nebensatz *m*
depersonalize [di'pɜ:sᵊnᵊlaɪz, AM -'pɜ:rs-] *vt usu passive* ■**to be ~d** depersonalisiert sein; ***the military has a way of depersonalizing people*** das Militär nimmt den Leuten die Persönlichkeit
depict [dɪ'pɪkt] *vt* (*form*) ■**to ~ sth [as sth]** etw [als etw *akk*] darstellen [*o* beschreiben]; ■**to ~ sb** jdn zeigen [*o* darstellen]
depiction [dɪ'pɪkʃᵊn] *n* Darstellung *f*; **the ~ of violence on television** Gewaltdarstellung *f* im Fernsehen
depilator ['depɪleɪtəʳ, AM -t̬ɚ] *n* Epilierer *m*
depilatory [dɪ'pɪlətᵊri, AM -tɔ:ri] **I.** *n* Enthaarungsmittel *nt*; **to use a ~** ein Enthaarungsmittel verwenden **II.** *adj inv* Enthaarungs-; **~ substance** Enthaarungsmittel *nt*
depilatory cream *n* Enthaarungscreme *f*
deplane [di:'pleɪn] *vi* AM AVIAT von Bord gehen
deplete [dɪ'pli:t] *vt* ■**to ~ sth** etw vermindern [*o* verringern]; ***these chemicals are thought to ~ the ozone layer*** diese Chemikalien stehen im Verdacht, die Ozonschicht abzubauen; **to ~ one's bank account/savings** (*hum*) sein Bankkonto/seine Ersparnisse plündern *hum*
depleted [dɪ'pli:tɪd, AM -t̬ɪd] *adj* verbraucht, erschöpft; *soil* ausgelaugt
depletion [dɪ'pli:ʃᵊn] *n* Abbau *m*; *of resources, capital* Erschöpfung *f*; **the ~ of the ozone layer** der Abbau der Ozonschicht
deplorable [dɪ'plɔ:rəbl̩] *adj living conditions* erbärmlich; ***it seems ~ that ...*** es ist ungeheuerlich, dass ...
deplorably [dɪ'plɔ:rəbli] *adv* entsetzlich
deplore [dɪ'plɔ:ʳ, AM -'plɔ:r] *vt* ■**to ~ sth** ① (*disapprove*) etw verurteilen ② (*regret*) etw beklagen
deploy [dɪ'plɔɪ] *vt* ■**to ~ sth** etw einsetzen; **to ~ one's skill** seine Fähigkeiten einbringen; **to ~ troops** Truppen einsetzen
deployment [dɪ'plɔɪmənt] *n no pl* Einsatz *m*; **~ of troops** Truppeneinsatz *m*
depoliticization [ˌdi:pəˌlɪtɪsaɪ'zeɪʃᵊn, AM -ˌlɪt̬ɪsɪ'-]

n no pl Entpolitisierung *f*

depoliticize [ˌdiːpəˈlɪtɪsaɪz, AM -t̬-] *vt esp* AM ■ **to ~ sth** etw entpolitisieren

depone [dɪˈpəʊn, AM ˈpoʊn] *n* LAW unter Eid aussagender Zeuge

deponent [dɪˈpəʊnənt, AM -ˈpoʊ-] *n* LAW vereidigter Zeuge

depopulate [ˌdiːˈpɒpjəleɪt, AM -ˈpɑːp-] *vt usu passive* ■ **to have been ~d** entvölkert worden sein

depopulation [diːˌpɒpjəˈleɪʃᵊn, AM -ˌpɑːp-] *n no pl* Entvölkerung *f;* **~ of an area** Entvölkerung *f* einer Gegend

deport [dɪˈpɔːt, AM -ˈpɔːrt] *vt* ■ **to ~ sb** jdn ausweisen; *prisoner* jdn deportieren; **to ~ sb back to his home country** jdn in sein Heimatland abschieben

deportation [ˌdɪpɔːˈteɪʃᵊn, AM -pɔːr-] *n* Ausweisung *f,* Abschiebung *f; of prisoner* Deportation *f*

deportation order *n* Ausweisungsbeschluss *m*

deportee [ˌdɪpɔːˈtiː, AM -pɔːr-] *n* (*waiting to be deported*) Abzuschiebende(r) *f(m);* (*already deported*) Abgeschobene(r) *f(m)*

deportment [dɪˈpɔːtmənt, AM -ˈpɔːrt-] *n no pl* (*form*) Benehmen *nt*

depose [dɪˈpəʊz, AM -ˈpoʊz] **I.** *vt* ■ **to ~ sb** jdn absetzen; **to ~ sb from the throne** jdn entthronen **II.** *vi* LAW unter Eid aussagen [*o* zu Protokoll geben]

deposit [dɪˈpɒzɪt, AM -ˈpɑː-] **I.** *vt* ① (*leave, put down*) ■ **to ~ sb** jdn absetzen; ■ **to ~ sth** etw ablegen/abstellen; GEOL etw ablagern; **to ~ luggage** Gepäck deponieren ② (*pay into account*) ■ **to ~ sth** etw einzahlen; (*pay as first instalment*) etw anzahlen; **to ~ money in one's account** Geld auf sein Konto einzahlen ③ (*leave as security*) ■ **to ~ sth** etw als Sicherheit hinterlegen **II.** *n* ① (*sediment*) Bodensatz *m;* (*layer*) Ablagerung *f;* (*underground layer*) Vorkommen *nt;* **~ of mud** Schlammschicht *f;* **oil ~s** Ölvorkommen *pl* ② FIN (*money put in bank*) Einzahlung *f,* Einlage *f;* **bank ~s** *pl* Bankeinlagen *fpl;* **certificate of ~** Einzahlungsbeleg *m;* **fixed ~** Festgeld *nt;* **~s at notice** *pl* Kündigungsgelder; *pl;* **~ at 7 days' notice** Sparkonto *nt* mit 7-tägiger Kündigungsfrist ③ (*first instalment*) Anzahlung *f;* (*security*) Kaution *f; bottle* Pfand *nt;* **to forfeit** [*or* **lose**] **a ~** eine Anzahlung/eine Kaution verlieren; **to make a ~** eine Anzahlung machen; **to leave a ~** eine Anzahlung hinterlegen; **to leave sth as a ~** etw als Anzahlung hinterlegen; **on ~** als Guthaben ④ POL *Geld, das von einem aufgestellten Kandidaten gezahlt wird, das aber verfällt, wenn der Kandidat nicht genügend Stimmen erhält*

deposit account *n* BRIT Sparkonto *nt*

depositary [dɪˈpɑːzɪteri] *n* AM LAW Verwahrer *m,* Depot *nt,* Hinterlegungsstelle *f*

deposit bottle *n* AM Pfandflasche *f*

deposition [ˌdepəˈzɪʃᵊn] *n* ① *no pl* (*form: removal from power*) Absetzung *f; dictator* Sturz *m;* **the ~ of a tyrant** der Sturz eines Tyrannen ② (*written statement*) Protokoll *nt;* **to file** [*or* **give**] **a ~** eine Aussage zu Protokoll geben; **to take a ~** eine Aussage aufnehmen

depositor [dɪˈpɒzɪtəʳ, AM -ˈpɑːzɪt̬ɚ] *n* Anleger(in) *m(f)*

depository [dɪˈpɒzɪtᵊri, AM -ˈpɑːzətɔːri] *n* ① (*warehouse*) Lagerhaus *nt;* **furniture ~** Möbellager *nt;* **~ for nuclear waste** Atommülllager *nt* ② FIN (*for money, documents*) Depotbank *f* ③ LAW Hinterlegungsstelle *f*

deposit slip *n* Einzahlungsbeleg *m*

deposit-taking business *n* FIN Passivgeschäft *nt*

deposit-taking institution *n* autorisierter Depositennehmer, Depositenbank *f*

depot [ˈdepəʊ, AM ˈdiːpoʊ] *n* ① (*storage building, storehouse*) Depot *nt* ② AM (*bus, train station*) Depot *nt*

deprave [dɪˈpreɪv] *vt* (*form*) ■ **to ~ sb** jdn verderben

depraved [dɪˈpreɪvd] *adj* verdorben *geh,* verkommen

depravity [dɪˈprævəti, AM -ət̬i] *n no pl* Verdorbenheit *f,* Verderbtheit *f geh*

deprecate [ˈdeprəkeɪt] *vt* (*form*) ① (*show disapproval of*) ■ **to ~ sth** etw missbilligen ② (*disparage*) ■ **to ~ sb/sth** jdn/etw schlecht machen

deprecating [ˈdeprəkeɪtɪŋ, AM -t̬-] *adj* (*form*) ① (*strongly disapproving*) missbilligend; **~ stare** strafender [*o* tadelnder] Blick ② (*disparaging*) herablassend; (*apologetic*) entschuldigend *attr;* **~ smile** herablassendes Lächeln

deprecatingly [ˈdeprəkeɪtɪŋli, AM -t̬-] *adv* (*form*) ① (*disapprovingly*) missbilligend; **to stare ~ at sb** jdn strafend [*o* missbilligend] ansehen ② (*in a belittling manner*) herablassend; **to smile ~ at sb** jdn herablassend anlächeln

deprecation [ˌdeprəˈkeɪʃᵊn] *n no pl* ① (*form: strong dispproval*) Missbilligung *f* ② (*belittling*) Herablassung *f;* **~ of sb's achievements** Herabsetzung *f* jds Errungenschaften *fpl*

deprecatory [ˈdeprəkətᵊri, AM -tɔːri] *adj see* **deprecating**

depreciate [dɪˈpriːʃieɪt] **I.** *vi* an Wert verlieren **II.** *vt* ■ **to ~ sth** ① (*lower value*) etw entwerten, den Wert einer S. *gen* mindern ② FIN *assets* etw abschreiben

depreciation [ˌdɪpriːʃɪˈeɪʃᵊn] *n no pl* ① (*lowering of value*) Wertminderung *f,* Wertverlust *m;* **to allow for ~** den Wertverlust [*o* die Wertverminderung] bedenken/einkalkulieren ② FIN *of assets* Abschreibung *f; of currencies* Entwertung *f;* **accelerated ~** beschleunigte Abschreibung, Sonderabschreibung *f;* **annual ~** jährliche Abschreibung; **historic cost ~** Abschreibung *f* von den Anschaffungskosten; **replacement cost ~** Abschreibung *f* vom Wiederbeschaffungswert; **straight line ~** lineare Abschreibung

depreciation rate *n* FIN Abschreibungssatz *m*

depredation [ˌdeprəˈdeɪʃᵊn] *n usu pl* Verheerung *f,* Verwüstung *f*

depress [dɪˈpres] *vt* ① (*sadden, deject*) ■ **to ~ sb** jdn deprimieren ② (*reduce amount or activity*) ■ **to ~ sth** etw drücken; **to ~ earnings** Einkünfte schrumpfen lassen; **to ~ the economy** die Wirtschaft belasten; **to ~ the prices** die Preise drücken ③ (*form: press down*) ■ **to ~ sth** etw niederdrücken; **to ~ a button** einen Knopf/eine Taste drücken; **to ~ a pedal** auf ein Pedal treten

depressant [dɪˈpresᵊnt] **I.** *n* Beruhigungsmittel *nt* **II.** *adj* beruhigend; **~ effect** beruhigende Wirkung

depressed [dɪˈprest] *adj* ① (*sad, dejected*) deprimiert; **to be clinically ~** krankhaft depressiv sein; **to feel ~** sich *akk* niedergeschlagen fühlen; ■ **to be ~ about** [*or* **by**] [*or* **over**] [*or* BRIT **at**] **sth** wegen einer S. *gen* deprimiert sein ② (*affected by economic depression*) **~ market** angespannte Marktlage; (*economically deprived*) heruntergekommen *fam* ③ MED (*pushed in*) **~ fracture of the skull** Schädelfraktur *f* mit Impression

depressing [dɪˈpresɪŋ] *adj* deprimierend; **~ weather** deprimierendes Wetter

depressingly [dɪˈpresɪŋli] *adv* deprimierend

depression [dɪˈpreʃᵊn] *n* ① *no pl* (*sadness*) Depression *f;* **clinical ~** krankhafte Depression; **deep ~** tiefe Depression; **to have ~** eine Depression haben; **to suffer from ~** unter einer Depression/unter Depressionen leiden ② (*slump*) Wirtschaftskrise *f* ③ METEO (*area of low pressure*) Tiefdruckgebiet *nt* ④ (*hollow*) Mulde *f,* Vertiefung *f*

depressive [dɪˈpresɪv] **I.** *n* Depressive(r) *f(m)* **II.** *adj* depressiv; **to suffer from a ~ disorder** an einer depressiven Störung leiden

depressurization [dɪˌpreʃᵊraɪˈzeɪʃᵊn, AM -ˌpreʃɚɪ-] *n no pl esp* AM AVIAT Druckverlust *m;* ***the ~ of the cabin*** der Druckverlust in der Kabine

depressurize [dɪˈpreʃᵊraɪz, AM -əraɪz] AVIAT **I.** *vt* ■ **to ~ sth** den Druck bei etw *dat* verringern; ***the explosion instantly ~d the cabin*** durch die Explosion ging augenblicklich der Kabinendruck verloren **II.** *vi* Druck verlieren

deprivation [ˌdeprɪˈveɪʃᵊn] *n* Entbehrung *f;* **to suffer ~s** Entbehrungen erleiden

deprive [dɪˈpraɪv] *vt* ■ **to ~ sb of sth** jdm etw entziehen [*o* vorenthalten]; **to ~ sb of his/her dignity** jdn seiner Würde berauben *geh;* **to ~ sb of freedom** jdn der Freiheit berauben *geh;* **to ~ sb of sleep** jdm den Schlaf entziehen

deprived [dɪˈpraɪvd] *adj* sozial benachteiligt, unterprivilegiert; **~ child** sozial benachteiligtes Kind

dept *n abbrev of* **department** Abt. *f*

depth [depθ] *n* ① (*distance downward*) Tiefe *f;* ***what is the ~ of this part of the sea?*** wie tief ist das Meer hier? ② *no pl* (*distance from front to back*) Tiefe *f;* **~ of the shelf** Regaltiefe *f* ③ *no pl* (*profundity*) Tiefe *f;* ***he spoke with great ~ of feeling*** er erzählte tief gerührt; (*seriousness, profoundness*) Tiefgründigkeit *f,* Tiefe *f;* **~ of experience** Erfahrungsreichtum *m* ④ (*middle part*) ■ **~s** *pl* Tiefe *f;* (*intense period*) Tiefpunkt *m;* ***the house is in the ~s of the forest*** das Haus liegt mitten im Wald; ***in the ~ of winter*** mitten im tiefsten Winter; **to be in the ~s of despair** zutiefst verzweifelt sein ⑤ (*liter: deepest part*) ■ **the ~s** *pl* die Tiefen *pl;* **the ~s of the ocean** die Tiefen des Ozeans ⑥ (*profundity*) ■ **~s** *pl* Tiefe *f,* Tiefgründigkeit *f kein pl;* (*serious qualities*) Talente *ntpl;* ***he has hidden ~s*** er hat verborgene Talente ⑦ *no pl* (*in detail*) **in ~** gründlich, genau ⑧ *no pl* (*lowness of pitch*) Tiefe *f* ⑨ *no pl* (*intensity of colour*) Tiefe *f,* Intensität *f* ► PHRASES: **to be out of** [*or* **beyond**] **one's ~** für jdn zu hoch sein *fam;* **to get** [*or* **go**] **out of one's ~** den Boden unter den Füßen verlieren; **to sink to a ~** [*or* **~s**] tief sinken

depth charge *n* Wasserbombe *f;* **to drop a ~** eine Wasserbombe werfen

deputation [ˌdepjəˈteɪʃᵊn] *n + sing/pl vb* Abordnung *f;* ***they led a ~ to Parliament*** sie führten eine Abordnung vor das Parlament; **to receive a ~** eine Abordnung empfangen; **to send sb as part of a ~ to do sth** jdn mit einer Deputation schicken, um etw zu tun

depute [dɪpjuːt] *vt* (*form*) ① (*appoint*) ■ **to ~ sb** [**to do sth**] jdn [dazu] abordnen[, um etw zu tun] ② (*delegate*) ■ **to ~ sth to sb** etw auf jdn übertragen; **to ~ the leadership to sb** jdm die Leitung übertragen

deputize [ˈdepjətaɪz] *vi* ■ **to ~ for sb** für jdn einspringen, jdn vertreten

deputy [ˈdepjətiː, AM -t̬-] **I.** *n* Stellvertreter(in) *m(f);* AM LAW Stellvertreter *m* des Sheriffs; **to act as ~** [**for sb**] als Stellvertreter/Stellvertreterin [für jdn] fungieren **II.** *adj attr, inv* stellvertretend; **~ manager** stellvertretender Geschäftsführer/stellvertretende Geschäftsführerin

deque *n* COMPUT *abbrev of* **double-ended queue** nach beiden Seiten offene Warteschlange

derail [dɪˈreɪl] **I.** *vt* ■ **to be ~ed** entgleisen; **to ~ a train** einen Zug entgleisen lassen; **to ~ negotiations** (*fig*) Verhandlungen zum Scheitern bringen **II.** *vi* entgleisen

derailment [dɪˈreɪlmənt] *n* Entgleisung *f;* (*fig*) *of negotiation* Scheitern *nt*

derange [dɪˈreɪndʒ] *vt* ■ **to ~ sb** jdn geistig verwirren

deranged [dɪˈreɪndʒd] *adj* geistesgestört; **~ personality** gestörte Persönlichkeit

derangement [dɪˈreɪndʒmənt] *n no pl* [Geistes]gestörtheit *f*

derby [ˈdɑːbi, AM ˈdɜːrbi] *n* ① (*match between local teams*) Derby *nt;* **local ~** Lokalderby *nt; esp* AM (*important contest*) Derby *nt* ② AM (*bowler hat*) Melone *f*

Derby [ˈdɑːbi, AM ˈdɜːrbi] *n no pl* Derby *nt*

deregulate [diːˈregjuːleɪt] *vt* ■ **to ~ sth** etw deregulieren

deregulation [diːˌregjuːˈleɪʃᵊn] *n no pl* Deregulierung *f*

derelict [ˈderəlɪkt] **I.** *adj* verlassen; **~ building** leer stehendes Gebäude; **~ car** liegen gebliebenes Auto; **~ site** brachliegendes Gelände; **to lie ~** brachliegen; **to stand ~** leer stehen **II.** *n* ① (*form: homeless*) Obdachlose(r) *f(m)* ② LAW [treibendes] Wrack

dereliction [ˌderəˈlɪkʃᵊn] *n* ① *no pl* (*dilapidation*) Verwahrlosung *f;* **to be in a state of ~** völlig verwahrlost sein ② (*negligence*) Vernachlässigung *f;* **~ of duty** [*or* **responsibility**] Pflichtvernachlässigung *f*

deride [dɪˈraɪd] *vt (form)* ■**to ~ sb** jdn verspotten, sich *akk* über jdn lustig machen
de rigueur [dərɪˈɡɜːʳ, AM -ˈɡɜːr] *adj pred (form)* unabdingbar, unerlässlich; ***among kids it's ~ to be interested in computers*** unter Kindern ist es ein Muss, sich für Computer zu interessieren
derision [dɪˈrɪʒᵊn] *n no pl* Hohn *m,* Spott *m;* **to meet** [*or* **treat**] **sth with** ~ etw verhöhnen [*o* verspotten]
derisive [dɪˈraɪsɪv] *adj* spöttisch, höhnisch; ~ **laughter** hämisches Gelächter
derisively [dɪˈraɪsɪvli] *adv* spöttisch, höhnisch; **to laugh** ~ hämisch lachen
derisory [dɪˈraɪsᵊri] *adj* ❶ *(derisive)* spöttisch, höhnisch ❷ *(ridiculous)* lächerlich; ~ **amount** lächerliche Menge
derivation [ˌderɪˈveɪʃᵊn] *n* ❶ *(origin)* Ursprung *m,* Herkunft *f* ❷ *(process of evolving)* Ableitung *f,* Derivation *f fachspr*
derivative [dɪˈrɪvətɪv, AM -t̬-] **I.** *adj (pej)* nachgemacht, nachgeahmt **II.** *n* Ableitung *f,* Derivat *nt fachspr;* ***petrol is a ~ of coal*** Benzin ist ein Kohlederivat
derivative action *n* LAW Aktionärsklage *f*
derivative instrument *n* ECON, FIN abgeleitete Wertpapierart
derive [dɪˈraɪv] **I.** *vt* ■**to ~ sth from** [*or* **out of**] **sth** etw aus etw *dat* gewinnen; **sb ~s pleasure from doing sth** etw bereitet jdm Vergnügen **II.** *vi* ■**to ~ from sth** sich von etw *dat* ableiten [lassen]
dermatitis [ˌdɜːməˈtaɪtɪs, AM ˌdɜːrməˈtaɪt̬əs] *n no pl* Hautreizung *f,* Dermatitis *f fachspr*
dermatologist [ˌdɜːməˈtɒlədʒɪst, AM ˌdɜːrməˈtɑːl-] *n* Dermatologe, -in *m, f fachspr,* Hautarzt, Hautärztin *m, f*
dermatology [ˌdɜːməˈtɒlədʒi, AM ˌdɜːrməˈtɑːl-] *n no pl* Dermatologie *f*
derogate [ˈderə(ʊ)ɡeɪt, AM -rəɡeɪt] *vi (form)* ■**to ~ from sth** ❶ *(detract from)* etw einschränken; **to ~ from sb's rights** jds Rechte *ntpl* beschneiden ❷ *(deviate from)* von etw *dat* abweichen
derogation [ˌderə(ʊ)ˈɡeɪʃᵊn, AM -rəˈ-] *n no pl* ❶ *(lessening)* Einschränkung *f* ❷ *(debasement)* Entwürdigung *f;* ***his rude acts were a ~ of his rank of colonel*** sein rüdes Verhalten war eine Schande für seinen Rang als Oberst ❸ LAW Teilaufhebung *f,* Abbruch *m*
derogatory [dɪˈrɒɡətᵊri, AM -ˈrɑːɡətɔːri] *adj* abfällig; ~ **remark** abfällige Bemerkung
derrick [ˈderɪk] *n* ❶ *(crane)* Lastkran *m;* **to operate a ~** einen Lastkran bedienen ❷ *(framework over oil well)* Bohrturm *m*
derring-do [ˌderɪŋˈduː] *n no pl (dated)* Wagemut *m veraltend*
derv [dɜːv] *n no pl* BRIT Diesel *m*
dervish [ˈdɜːvɪʃ, AM ˈdɜːr-] REL **I.** *n* Derwisch *m* **II.** *adj inv* Derwisch-; ~ **sect** Derwischsekte *f*
DES *n no pl* ❶ COMPUT *abbrev of* **data encryption standard** Datenverschlüsselungsnorm *f* ❷ BRIT *(hist) abbrev of* **Department of Education and Science** *ehemaliges Ministerium für Bildung und Wissenschaft*
desalinate [diːˈsælɪneɪt] *vt* **to ~ water** Wasser entsalzen
desalination [diːˌsælɪˈneɪʃᵊn] *n no pl* Entsalzung *f*
desalination plant *n* Entsalzungsanlage *f*
descale [diːˈskeɪl] *vt* ■**to ~ sth** *kettle, heating system* etw entkalken
descant [ˈdeskænt] *n* MUS Diskant *m;* **to sing a ~** einen Diskant singen
descant recorder *n* Sopranflöte *f;* **to play a ~** Sopranflöte spielen
descend [dɪˈsend] **I.** *vi* ❶ *(go down) path* herunterführen; *person* heruntergehen ❷ *(fall)* herabsinken; ***darkness ~ed*** Dunkelheit senkte sich herab *geh* ❸ *(deteriorate)* ■**to ~ into sth** in etw *akk* umschlagen ❹ *(lower oneself)* ***I never thought she would ~ to the level of stealing*** ich hätte nie geglaubt, dass sie so tief sinken würde, dass sie stiehlt ❺ *(originate from)* ■**to ~ from sb/sth** von jdm/etw abstammen; *ideas* sich auf etw *akk* stützen **II.** *vt* **to ~ a ladder/the stairs** eine Leiter/die Treppe hinuntersteigen
◆**descend on** *vi,* **descend upon** *vi* ❶ *(to visit unexpectedly)* ■**to ~ [up]on sb/sth** jdn/etw überfallen *a. hum* ❷ *(to make a sudden raid on)* ■**to ~ [up]on sth** etw stürmen ❸ *(fig: come down upon)* ■**to ~ [up]on sb** jdn überkommen; ***silence ~ed on the room*** Stille senkte sich über den Raum *geh*
descendant [dɪˈsendənt] *n* Nachkomme *m* (**of** +*gen*)
descended [dɪˈsendɪd] *adj pred, inv* ■**to be ~ from sb** von jdm abstammen
descender [dɪˈsendəʳ, AM dɚ] *n* TYPO Unterlänge *f*
descending tops *npl* ECON, FIN absteigende Spitzen
descent [dɪˈsent] *n* ❶ *(landing approach)* [Lande]anflug *m* ❷ *(way, passage down)* Abstieg *m kein pl* ❸ *(fig: decline)* Abrutsch *m* ❹ *no pl (ancestry)* Abstammung *f;* **lineal ~** Abstammung *f* in gerader Linie, direkte Abstammung; **to claim ~ from sb** behaupten, von jdm abzustammen; **to trace one's ~** seine Abstammung zurückverfolgen; **by ~** LAW durch gesetzliche Erbfolge
describe [dɪˈskraɪb] *vt* ❶ *(tell in words)* ■**to ~ sb/sth [to sb]** [jdm] jdn/etw beschreiben; **to ~ an attacker** einen Angreifer beschreiben; **to ~ an experience** eine Erfahrung schildern; **to ~ sb as stupid** jdn als dumm bezeichnen ❷ *(dated: draw)* **to ~ a circle** einen Kreis beschreiben; **to ~ a curve** eine Kurve ziehen; **to ~ a line** eine Linie ziehen
description [dɪˈskrɪpʃᵊn] *n* Beschreibung *f;* **to give an accurate/a detailed ~ of sb/sth** eine genaue/detaillierte Beschreibung von jdm/etw abgeben; **of every ~** jeglicher Art; **to answer** [*or* **fit**] **a ~ of sb/sth** auf jds Beschreibung *f*/die Beschreibung einer S. *gen* passen, der Beschreibung einer S./einer Person *gen* entsprechen; **to defy** [*or* **be beyond**] **~** jeglicher Beschreibung spotten; **to write a ~ of sb/sth** jdn/etw schriftlich schildern
descriptive [dɪˈskrɪptɪv] *adj* beschreibend, veranschaulichend; ***this passage is very ~*** dieser Abschnitt enthält eine ausführliche Beschreibung; ~ **statistics** deskriptive Statistik
descriptively [dɪˈskrɪptɪvli] *adv* anschaulich, deskriptiv *fachspr*
descry <-ie-> [dɪˈskraɪ] *vt (poet)* ■**to ~ sth** etw wahrnehmen
desecrate [ˈdesɪkreɪt] *vt* ■**to ~ sth** etw schänden [*o* entweihen]
desecration [ˈdesɪkreɪʃᵊn] *n no pl* Schändung *f;* ~ **of a cemetary** Friedhofsschändung *f*
desegregate [diːˈseɡrɪɡeɪt] *vt* **to ~ armed forces/schools/universities** die Rassentrennung in der Armee/in der Schule/an der Universität aufheben
desegregation [diːˈseɡrɪɡeɪʃᵊn] *n no pl* Aufhebung *f* der Rassentrennung; ~ **of schools** Aufhebung *f* der Rassentrennung an Schulen
deselect [ˌdiːsəˈlekt] *vt* BRIT ■**to ~ sb** jdn abwählen
desensitization [diːˌsen(t)sɪtaɪˈzeɪʃᵊn, AM -sɪtɪˈ-] *n no pl* ❶ *(making less sensitive)* Desensibilisierung *f geh,* Abstumpfung *f* ❷ MED Desensibilisierung *f fachspr*
desensitize [diːˈsen(t)sɪtaɪz] *vt esp* AM ❶ *(make less sensitive to)* ■**to ~ sb** jdn abstumpfen ❷ MED ■**to ~ sb** jdn desensibilisieren *fachspr;* ■**to ~ sth** etw unempfindlich machen
desert¹ [dɪˈzɜːt, AM dɪˈzɜːrt] **I.** *vi* desertieren; **to ~ from the army** von der Armee desertieren; **to ~ to the enemy** zum Feind überlaufen **II.** *vt* ❶ *(run away from duty)* ■**to ~ sth** etw verlassen; **to ~ the army** desertieren ❷ *(abandon)* ■**to ~ sb [for sb]** jdn [wegen einer Person *gen*] verlassen ❸ *(fail)* ■**to ~ sb** jdn im Stich lassen; ***my courage ~ed me*** mein Mut ließ mich im Stich
desert² [ˈdezət, AM -ɚt] **I.** *n* ❶ *(sandy expanse)* Wüste *f* ❷ *(fig: uninteresting place)* Wüste *f;* ***this town is a cultural/intellectual ~*** diese Stadt ist eine kulturelle/intellektuelle Wüste **II.** *n modifier (plant, sun, animal)* Wüsten-
desert boots *npl* Halbstiefel *mpl*
deserted [dɪˈzɜːtɪd, AM -ˈzɜːrt̬ɪd] *adj* verlassen; *of town* ausgestorben
deserter [dɪˈzɜːtəʳ, AM -ˈzɜːrt̬ɚ] *n* Deserteur(in) *m(f)*
desertification [dɪˌzɜːtɪfɪˈkeɪʃᵊn, AM -ˌzɜːrt̬ə-] *n no pl* Desertifikation *f fachspr,* Vordringen *nt* der Wüste
desertion [dɪˈzɜːʃᵊn, AM dɪˈzɜːr-] *n* ❶ *(act of deserting)* Desertion *f,* Desertieren *nt;* *(fig: act of leaving an organization)* Austritt *m* (**from** aus +*dat*) ❷ *no pl (act of abandoning)* Verlassen *nt*
desert island *n* einsame Insel
deserts [dɪˈzɜːtz, AM dɪˈzɜːrtz] *npl* Quittung *f;* **to get one's [just] ~** seine Quittung bekommen; ***we all get our just ~ in the end*** letztendlich bekommen wir alle unsere Quittung, wie man sich bettet, so liegt man *prov*
deserve [dɪˈzɜːv, AM dɪˈzɜːrv] *vt (merit)* ■**to ~ sth** etw verdienen; *(esp hum)* ***what have I done to ~ [all] this?*** womit habe ich das verdient?; **to ~ a break/medal** eine Pause/Medaille verdienen; **to ~ mention** erwähnenswert sein ► PHRASES: **one good turn ~s another** *(prov)* eine Hand wäscht die andere *prov*
deserved [dɪˈzɜːvd, AM dɪˈzɜːrvd] *adj* verdient, gerechtfertigt
deservedly [dɪˈzɜːvɪdli, AM dɪˈzɜːr-] *adv* verdientermaßen, gerechtfertigterweise; ~ **so** zu Recht; **to be ~ praised** verdientermaßen gelobt werden
deserving [dɪˈzɜːvɪŋ, AM dɪˈzɜːr-] *adj* ❶ *(meritorious)* verdienstvoll ❷ *(form: worthy)* ■**to be ~ of sth** einer S. *gen* würdig sein; **a ~ cause** eine gute Sache
deserving poor *npl* ■**the ~** die Bedürftigen *pl*
desiccated [ˈdesɪkeɪtɪd, AM -t̬-] *adj inv (dried up)* vertrocknet; *(dried)* getrocknet; ~ **coconut** geraspelte Kokosnuss; ~ **skin** gegerbte Haut
desiccation [ˌdesɪˈkeɪʃᵊn] *n no pl* Austrocknung *f;* **to protect sth from ~** etw vor dem Austrocknen schützen
desideratum <*pl* -desiderata> [dɪˌzɪdᵊˈrɑːtəm, AM dɪˌsɪdəˈrɑːt̬əm] *n* Erwünschtes *nt,* Desiderat *nt geh*
design [dɪˈzaɪn] **I.** *vt* ❶ *(plan)* ■**to ~ sth** etw entwerfen; **to ~ books** Bücher gestalten; **to ~ cars** Autos konstruieren; **to ~ a dress** ein Kleid entwerfen ❷ *(intend)* ■**to be ~ed for sb** für jdn konzipiert sein; ***these measures are ~ed to reduce pollution*** diese Maßnahmen sollen die Luftverschmutzung verringern **II.** *vi* entwerfen, gestalten **III.** *n* ❶ *(plan or drawing)* Entwurf *m* ❷ *no pl (art of creating designs)* Design *nt;* **to study ~** Design studieren ❸ *(arrangement of form, colour)* Design *nt* (**of** +*gen*); *of building* Bauart *f; of machine* Konstruktion *f* ❹ *no pl (intention)* Vorsatz *m,* Absicht *f;* **to do sth by ~** etw mit Absicht tun ❺ *(pattern)* Muster *nt* ❻ *(fam: dishonest intentions)* ■**~s** *pl* Absichten *fpl; (hum)* **to have ~s on a championship** es auf einen Titel abgesehen haben **IV.** *adj attr, inv* Konstruktions-; ~ **fault** Konstruktionsfehler *m;* ~ **feature** Konstruktionsmerkmal *nt*
designate [ˈdezɪɡneɪt] **I.** *vt* ■**to ~ sb [[as] sth]** jdn [zu etw *dat*] ernennen; ■**to ~ sb to do sth** jdn mit etw *dat* beauftragen; ■**to ~ sth [as sth]** etw [zu etw *dat*] erklären; ■**to ~ sth for sb** etw für jdn konzipieren; **to ~ one's successor** seinen Nachfolger ernennen **II.** *adj inv, after n* designiert; ***the Governor ~*** der designierte Gouverneur
designation [ˌdezɪɡˈneɪʃᵊn] *n* ❶ *(title)* Bezeichnung *f* ❷ *(act of designating)* Festlegung *f;* ~ **of sth as sth** Auszeichnung einer S. *gen* als etw
designedly [dɪˈzaɪnɪdli] *adv* vorsätzlich
designer [dɪˈzaɪnəʳ, AM -nɚ] **I.** *n* Designer(in) *m(f)* **II.** *n modifier (dog, children)* Designer-; ~ **jeans** Designerjeans *f*
designer drug *n* Designerdroge *f* **designer label clothes** *npl* Designerkleidung *f kein pl*
designer socialism *n no pl (hum, pej) die als bigott angesehene wohltätige Einstellung reicher Leute* **designer socialist** *n (hum, pej) reiche Person, deren wohltätige Einstellung als bigott angesehen wird* **designer stubble** *n no pl (hum)* Dreitagebart *m*

D

designing [dɪˈzaɪnɪŋ] **I.** *n* Design *nt* **II.** *adj* (*pej*) berechnend

desirability [dɪˌzaɪərəˈbɪləti, AM dɪˌzaɪrəˈbɪləṭi] *n no pl* ① (*desirable quality*) erstrebenswerte Eigenschaft; ***people seem to disagree about the ~ of reform*** die Menschen scheinen sich uneins darüber zu sein, ob Reformen erstrebenswert sind ② (*sexual attractiveness*) Begehrtheit *f;* ***she need have no doubts about her*** ~ sie braucht keine Zweifel in Bezug auf ihre Attraktivität zu hegen

desirable [dɪˈzaɪərəbḷ, AM dɪˈzaɪrəbḷ] *adj* ① (*worth having*) erstrebenswert; (*popular*) begehrt; ***the house is in a very ~ area of the city*** das Haus befindet sich in einer begehrten Wohngegend; (*beneficial*) ***computer literacy is ~ for this job*** für diesen Job sind Computerkenntnisse erwünscht; **~ aim** erstrebenswertes Ziel ② (*sexually attractive*) begehrenswert

desirably [dɪˈzaɪərəbli, AM dɪˈzaɪrəbli] *adv* erstrebenswert; **to be ~ situated** gut gelegen sein

desire [dɪˈzaɪəʳ, AM dɪˈzaɪɚ] **I.** *vt* ① (*want*) ■**to ~ sth** etw wünschen; ***I ~ nothing other than to be left in peace*** ich will nichts weiter als in Ruhe gelassen werden; ***do you ~ me to leave?*** (*form*) möchten Sie, dass ich gehe?; ■**to ~ that ...** (*form*) wünschen, dass ...; **to achieve the ~d effect** die gewünschte Wirkung erzielen ② (*esp liter: be sexually attracted to*) ■**to ~ sb** jdn begehren **II.** *n* ① (*strong wish*) Verlangen *nt;* (*stronger*) Sehnsucht *f;* (*request*) Wunsch *m;* **to express the ~ to do sth/that ...** den Wunsch äußern, etw zu tun/dass ... ② (*sexual need*) Begierde *f,* Lust *f;* **to be the object of sb's ~** das Objekt von jds Begierde *f* sein; **to satisfy one's ~** seine Begierde befriedigen

desirous [dɪˈzaɪərəs, AM dɪˈzaɪrəs] *adj pred* (*form*) ■**to be ~ of doing sth** den Wunsch haben, etw zu tun

desist [dɪzɪst] *vi* (*form*) einhalten *geh;* ■**to ~ from doing sth** davon absehen, etw zu tun

desk [desk] *n* ① (*table for writing*) Schreibtisch *m;* **to arrive on** [*or* **land on**] **sb's ~** auf jds Schreibtisch *m* landen; **to sit at one's ~** an seinem Schreibtisch sitzen; **to be stuck behind a ~** (*fam*) am Schreibtisch festsitzen ② (*service counter*) Schalter *m;* **to work on the ~** hinterm Schalter arbeiten ③ (*till*) **cash** [*or* **pay**] **~** Kasse *f* ④ AM (*bank department*) Abteilung *f* ⑤ (*newspaper section*) Redaktion *f;* **the City ~** die Wirtschaftsredaktion

desk-bound *adj* schreibtischgebunden **desk clerk** *n* AM (*receptionist*) Rezeptionist(in) *m(f)* **desk job** *n* Schreibtischtätigkeit *f;* **to have a ~** einen Schreibtischjob haben *fam* **desktop I.** *adj attr, inv* Desktop-; **~ computer** Desktopcomputer *m* **II.** *n* Desktop *m* **desktop publishing** *n no pl* Desktoppublishing *nt;* **to do ~** Desktoppublishing betreiben

desolate [ˈdesᵊlət] *adj* ① (*barren*) trostlos; **~ landscape/prospect** trostlose Landschaft/Aussicht ② (*unhappy*) niedergeschlagen; **to feel ~** sich *akk* niedergeschlagen fühlen; **to look ~** niedergeschlagen aussehen

desolated [ˈdesᵊleɪtɪd, AM -ṭ-] *adj pred* verzweifelt; **to feel ~** verzweifelt sein

desolately [ˈdesᵊlətli] *adv* verzweifelt

desolating [ˈdesᵊleɪtɪŋ, AM -ṭ-] *adj* trostlos; **~ business** trostlose Angelegenheit

desolation [ˈdesᵊleɪʃᵊn] *n no pl* ① (*barrenness*) Trostlosigkeit *f;* **~ of a landscape** Trostlosigkeit *f* einer Landschaft ② (*sadness, sorrow*) Verzweiflung *f*

despair [dɪˈspeəʳ, AM -ˈsper] **I.** *n no pl* (*feeling of hopelessness*) Verzweiflung *f;* ***a sense of ~ seems to have settled on the team*** es scheint sich eine verzweifelte Stimmung in der Mannschaft auszubreiten; **to be in ~ about** [*or* **over**] **sth** über etw *akk* [*o* wegen einer S. *gen*] verzweifelt sein; **to do sth out of ~** etw aus Verzweiflung tun; **to drive sb to ~** jdn zur Verzweiflung bringen [*o* treiben]; **to be filled with ~** voller Verzweiflung sein; **to the ~ of sb** zu jds Verzweiflung ▸ PHRASES: **to be the ~ of sb** jds Sorgenkind *nt* sein **II.** *vi* ■**to ~** [**at** [*or* **over**] **sth**] [an etw *dat*] verzweifeln; ■**to ~ of sb/sth** an jdm/etw verzweifeln; **to ~ of doing sth** die Hoffnung aufgeben, etw zu tun

despairing [dɪˈspeərɪŋ, AM -ˈsperɪŋ] *adj* (*pej*) verzweifelt, hoffnungslos; **~ attitude** hoffnungslose Einstellung; **~ glance** verzweifelter Blick

despairingly [dɪˈspeərɪŋli, AM -ˈsperɪŋli] *adv* verzweifelt, hoffnungslos

despatch [dɪˈspætʃ] *n, vt see* **dispatch**

despatch box *n* LAW Depeschenkassette *f*

desperado <*pl* -s *or* -es> [despəˈrɑːdəʊ, AM -doʊ] *n* Desperado *m,* Galgenvogel *m*

desperate [ˈdespᵊrət] *adj* ① (*reckless because of despair*) verzweifelt; **~ attempt** verzweifelter Versuch; **~ solution** drastische Lösung ② (*serious*) verzweifelt, extrem; (*great*) dringend; ***I'm in a ~ hurry*** ich hab's wahnsinnig eilig *fam;* **to be in ~ need of help** dringendst Hilfe brauchen; **~ poverty** äußerste Armut; **~ situation** verzweifelte Lage; **to be in ~ straits** in extremen Schwierigkeiten stecken *fam* ③ *usu pred* (*having great need or desire*) ■**to be ~ for sth** etw dringendst brauchen; ***I'm ~ for a drink!*** ich brauche jetzt schleunigst was zu trinken! *fam*

desperately [ˈdespᵊrətli] *adv* ① (*in a desparate manner*) verzweifelt ② (*seriously, extremely*) äußerst; (*greatly*) enorm *fam;* ***I'm not ~ keen on watching football*** ich bin nicht sonderlich scharf auf Fußball *sl;* ***they ~ wanted a child*** sie wollten unbedingt ein Kind haben; **to be ~ ill** todkrank sein

desperation [ˌdespᵊˈreɪʃᵊn] *n no pl* ① (*hopelessness*) Verzweiflung *f;* **an act of ~** eine Verzweiflungstat; **to drive sb to ~** jdn zur Verzweiflung treiben; **in ~** aus Verzweiflung; **out of ~** aus Verzweiflung ② (*state of being desperate*) Verlangen *nt* (**for** nach +*dat*)

despicable [dɪˈspɪkəbḷ] *adj act, crime, person* abscheulich; *person also* verachtenswert; ***it was ~ of her to lie about her friend*** es war gemein von ihr, über ihren Freund zu lügen *fam*

despicably [dɪˈspɪkəbli] *adv* verachtenswert, abscheulich; **to behave ~** gemein sein *fam*

despise [dɪˈspaɪz] *vt* ■**to ~ sb/sth** [**for sth**] jdn/etw [für etw *akk*] verachten; ***that's an offer not to be ~d*** dieses Angebot ist nicht zu verachten; **to ~ the government for its policies** die Regierung für ihre politische Linie verachten

despite [dɪˈspaɪt] *prep* ① (*in spite of*) trotz +*gen;* **~ the fact that ...** trotz [*o* ungeachtet] der Tatsache, dass ... ② (*against one's will*) **~ *himself, he laughed*** er konnte sich das Lachen nicht verkneifen

despoil [dɪˈspɔɪl] *vt* ■**to ~ sth** etw plündern

despondency [dɪˈspɒndən(t)si, AM -ˈspɑːn-] *n no pl* Niedergeschlagenheit *f*

despondent [dɪˈspɒndənt, AM -ˈspɑːn-] *adj* niedergeschlagen, mutlos; **to become** [*or* **get**] [*or* **grow**] **~** niedergeschlagen sein, mutlos werden; **to feel ~ about sth** sich *akk* wegen einer S. *gen* niedergeschlagen fühlen; ***she felt ~ about ever finding a proper job*** sie hatte fast schon die Hoffnung aufgegeben, je einen richtigen Job zu finden

despondently [dɪˈspɒndəntli, AM -ˈspɑːn-] *adv* niedergeschlagen; **to shake one's head ~** mutlos den Kopf schütteln

despool [ˌdiːˈspuːl] *vt* COMPUT übertragen

despot [ˈdespɒt, AM -pət] *n* Despot *m*

despotic [deˈspɒtɪk, AM desˈpɑːṭɪk] *adj* despotisch

despotically [deˈspɒtɪkli, AM desˈpɑːṭɪkli] *adv* despotisch

despotic network *n* COMPUT zwangssynchronisiertes Netz

despotism [ˈdespətɪzᵊm] *n no pl* Despotismus *m geh,* Tyrannei *f*

de-spun antenna [ˌdiːˈspʌn] *n* COMPUT raumfeste Antenne

des res [ˌdezˈrez] *n* BRIT (*hum fam*) *short for* **desirable residence:** ***this is a very ~ on the outskirts of town*** das ist eine super Hütte am Stadtrand *hum fam*

dessert [dɪˈzɜːt, AM dɪˈzɜːrt] *n* Nachtisch *m,* Dessert *nt geh;* **to have sth for ~** etw zum Nachtisch haben

dessert fork *n* Dessertgabel *f* **dessert menu** *n* Dessertkarte *f* **dessertspoon** *n* ① (*spoon for dessert*) Dessertlöffel *m;* (*spoon to go along with knife and fork*) Esslöffel *m* ② (*dessertspoonful*) **a ~ of sugar** ein Teelöffel *m* Zucker; **a ~ of cream** ein Kleks *m* Sahne **dessert wine** *n* Dessertwein *m*

destabilization [diːˌsteɪbᵊlaɪˈzeɪʃᵊn, AM -lɪˈ-] *n no pl* Destabilisierung *f;* **~ of the economy** Destabilisierung *f* der Wirtschaft

destabilize [diːˈsteɪbᵊlaɪz] *vt* ■**to ~ sth** etw destabilisieren [*o* aus dem Gleichgewicht bringen]; **to ~ a process** einen Prozess gefährden; **to ~ a regime** ein Regime unterwandern; **to ~ a region** eine Region destabilisieren

destabilizing [diːˈsteɪbᵊlaɪzɪŋ] *adj attr* destabilisierend; **~ effect** destabilisierende Wirkung

destination [ˌdestɪˈneɪʃᵊn] *n* Ziel *nt; journey* Reiseziel *nt; letter, parcel* Bestimmungsort *m*

destined [ˈdestɪnd] *adj pred* ① (*intended*) ■**to be ~ for sth** für etw *akk* bestimmt sein; ■**to be ~ to do sth** dazu bestimmt sein, etw zu tun ② (*bound for*) bestimmt; ***customs officers have seized heroin ~ for New York*** Zollbeamte haben Heroin beschlagnahmt, das für New York bestimmt war ③ (*heading towards*) ■**to be ~ for sth** für etw *akk* vorherbestimmt sein; ***she is ~ for an extremely successful career*** ihr steht eine sehr erfolgreiche Karriere bevor; ***these plans are ~ to fail*** diese Pläne sind zum Scheitern verurteilt ④ (*hum: meant to be*) vorherbestimmt

destiny [ˈdestɪniː] *n* Schicksal *nt;* **~ of a nation** Schicksal *nt* einer Nation; **to be a victim of ~** ein Opfer *nt* des Schicksals sein; **to control** [*or* **determine**] [*or* **take charge of**] **one's ~** sein Schicksal lenken [*o* bestimmen]; **to escape one's ~** seinem Schicksal entfliehen; **to fight against ~** gegen das Schicksal ankämpfen; **to shape one's ~** sein Schicksal gestalten

destitute [ˈdestɪtjuːt, AM *esp* -tuːt] **I.** *adj* mittellos; **~ person** mittelloser Mensch **II.** *n* ■**the ~** *pl* die Bedürftigen *pl*

destitution [ˌdestɪˈtjuːʃᵊn, AM *esp* -ˈtuː-] *n no pl* Armut *f*

destroy [dɪˈstrɔɪ] *vt* ① (*demolish*) ■**to ~ sth** etw zerstören ② (*do away with*) ■**to ~ sth** etw vernichten; **to ~ evidence** Beweise vernichten ③ (*kill*) ■**to ~ sth** etw auslöschen *geh;* **to ~ a dog/horse** einen Hund/ein Pferd einschläfern; **to ~ a herd** eine Herde abschlachten ④ (*ruin*) ■**to ~ sth** etw zunichte machen; **to ~ sb's reputation** jds Ansehen *nt* ruinieren ⑤ (*crush*) ■**to ~ sb** jdn fertig machen; ***she was utterly ~ed when her boyfriend left her*** sie war völlig am Boden zerstört, als ihr Freund sie verließ *fam*

destroyer [dɪˈstrɔɪəʳ, AM -ɚ] *n* ① (*military ship*) Zerstörer *m* ② (*sth that destroys*) zerstörerische Macht; (*sb who destroys*) Vernichter(in) *m(f)*

destructible [dɪˈstrʌktəbḷ] *adj* zerstörbar

destruction [dɪˈstrʌkʃᵊn] *n no pl* Zerstörung *f;* **child ~** LAW Kindestötung *f* durch Abtreibung; **mass ~** Massenvernichtung *f;* **to leave a trail of ~** eine Spur der Verwüstung hinterlassen

destructive [dɪˈstrʌktɪv] *adj* destruktiv *geh,* zerstörerisch

destructively [dɪˈstrʌktɪvli] *adv* destruktiv *geh,* zerstörerisch

destructiveness [dɪˈstrʌktɪvnəs] *n no pl* Zerstörungswut *f; of explosive* Sprengkraft *f*

desuetude [dɪˈsjuːɪtjuːd, AM ˈdeswɪtuːd] *n no pl* (*form*) Ungebräuchlichkeit *f;* **to fall into ~** außer Gebrauch kommen

desulfurization *n no pl* AM *see* **desulphurization**

desulfurize *vt* AM CHEM *see* **desulphurize**

desulphurization [diːˌsʌlfəraɪˈzeɪʃᵊn], AM **desulfurization** [-rɪˈ-] *n no pl* CHEM Entsulfurisierung *f*

desulphurize [diːˈsʌlfəraɪz], AM **desulfurize** *vt* CHEM ■**to ~ sth** etw entschwefeln

desultorily [ˈdesᵊltᵊrᵊli, AM -tɔːr-] *adv* (*form, liter*) halbherzig; **to applaud ~** verhalten applaudieren; **to converse ~** sich *akk* lustlos unterhalten

desultory [ˈdesᵊltᵊri, AM -tɔːr-] *adj* (*form, liter*)

halbherzig; ~ **attempt** halbherziger Versuch
detach [dɪ'tætʃ] *vt* ■**to ~ sth** *hood* etw abnehmen; (*without reattaching*) etw abtrennen
detachable [dɪ'tætʃəbl] *adj inv* abnehmbar; ~ **collar** abnehmbarer Kragen
detached [dɪ'tætʃt] *adj* ① *inv* (*separated*) abgelöst; **to become ~** sich *akk* ablösen ② (*disinterested, aloof*) distanziert; (*impartial*) unbeteiligt; ~ **observer** unbeteiligter Beobachter
detached house *n* Einzelhaus *nt,* freistehendes Haus
detachment [dɪ'tætʃmənt] *n* ① *no pl* (*disinterest, aloofness*) Distanziertheit *f* ② (*of soldiers*) Einsatztruppe *f,* Abteilung *f*
detail ['di:teɪl, AM dɪ'teɪl] **I.** *n* ① (*item of information*) Detail *nt,* Einzelheit *f;* ***just one last ~ …*** nur noch eine Kleinigkeit …; **the full ~s** sämtliche Einzelheiten; **for further ~s …** Weiteres …; ***write in for further ~s*** schreiben Sie, um nähere Informationen zu erhalten; **all the gory ~s** (*hum*) alle pikanten Details; **sketchy ~s of** [*or* **about**] **sth** lückenhafte [*o* unvollständige] Angaben über etw *akk;* **to divulge** [*or* **disclose**] **~s** Einzelheiten enthüllen; **to give** [*or* **provide**] **~s about sth** nähere Angaben zu etw *dat* machen; **to go into ~** ins Detail [*o* Einzelne] gehen, auf die Einzelheiten eingehen; **in ~** im Detail [*o* Einzelnen], ausführlich; ***in graphic ~*** in aller Ausführlichkeit ② (*unimportant item*) Kleinigkeit *f,* Nebensache *f,* Nebensächlichkeit *f* ③ ■**~s** *pl* (*sb's vital statistics*) Personalien *fpl form,* persönliche Daten ④ (*small feature*) Detail *nt,* das Einzelne; **to have an eye for ~** einen Blick fürs Detail haben ⑤ MIL (*schedule*) Tagesdienstplan *m;* **to announce the day's ~** den Tagesbefehl ausgeben ⑥ MIL (*special group*) Sonderkommando *nt,* Einsatzkommando *nt,* Sondertrupp *m* **II.** *vt* ① (*explain*) **to ~ a plan** einen Plan ausführlich [*o* im Einzelnen] erläutern ② (*specify*) ■**to ~ sth** etw einzeln aufführen ③ MIL ■**to ~ sb to do sth** jdn dazu abkommandieren, etw zu tun
detailed ['di:teɪld, AM dɪ'teɪld] *adj* detailliert, genau; *description, report* ausführlich; ~ **study** eingehende Studie [*o* Untersuchung]
detailed account *n* ECON, FIN detaillierte Rechnung
detain [dɪ'teɪn] *vt* ■**to ~ sb** ① LAW jdn in Haft nehmen [*o* inhaftieren]; **to be ~ed in custody** in [Untersuchungs]haft gehalten werden; **to be ~ed at His/Her Majesty's pleasure** BRIT eine Haftstrafe von unbestimmter Dauer verbüßen (*in der Regel lebenslänglich*); **to ~ sb without trial** jdn ohne Gerichtsverfahren in Haft halten ② (*form: delay*) jdn aufhalten ③ SCH jdn nachsitzen lassen
detainee [,di:teɪ'ni:] *n* Häftling *m*
detainer [dɪ'teɪnəʳ, AM -ɚ] *n* LAW Inhaftierung *f*
detect [dɪ'tekt] *vt* ① (*catch in act*) ■**to ~ sb doing sth** jdn bei etw *dat* ertappen [*o fam* erwischen]; **to ~ sb in a crime** jdn auf frischer Tat ertappen ② (*discover presence of*) ■**to ~ sth** etw entdecken [*o* orten]; *a smell* etw bemerken; *a sound* etw wahrnehmen; *lead, disease* etw feststellen; ***do I ~ a note of sarcasm in your voice?*** höre ich da [etwa] einen sarkastischen Unterton aus deinen Worten heraus?; **to ~ a mine** eine Mine aufspüren
detectable [dɪ'tektəbl] *adj* (*able to be found*) feststellbar; (*discernible*) *change* wahrnehmbar, spürbar; ***the drug is ~ in the body up to three months after it has been taken*** das Mittel ist noch drei Monate nach seiner Einnahme im Körper nachweisbar
detection [dɪ'tekʃən] *n no pl* ① (*act of discovering*) Entdeckung *f; of cancer* Feststellung *f,* Erkennung *f* ② (*work of detective*) **crime ~** Aufdeckung *f* von Verbrechen
detection rate *n* LAW Aufklärungsquote *f*
detective [dɪ'tektɪv] *n* ① (*in police*) Kriminalbeamte(r) *m,* Kriminalbeamte [*o* -in] *f;* (*form of address*) **D~ Sergeant Lewis** Kriminalobermeister(in) *m(f)* Lewis ② (*private*) [Privat]detektiv(in) *m(f)*
detective agency *n* Detektivbüro *nt,* Detektei *f*
detective constable *n* BRIT Kriminalmeister(in) *m(f)* **detective film** *n* Kriminalfilm *m,* Krimi *m fam* **detective inspector** *n* BRIT Polizeiinspektor(in) *m(f),* Kriminalinspektor(in) *m(f)* **detective novel** *n* Kriminalroman *m,* Krimi *m fam* **detective sergeant** *n* BRIT Kriminalmeister(in) *m(f)* **detective story** *n* Kriminalroman *m;* (*single story also*) Detektivgeschichte *f,* Krimi *m fam* **detective superintendent** *n* BRIT Kriminalkommissar(in) *m(f)* **detective work** *n no pl* Ermittlungsarbeit *f;* (*fig*) Detektivarbeit *f*
detector [dɪ'tektəʳ, AM -ɚ] *n* Detektor *m;* **smoke ~** Rauchmelder *m*
detente [deɪ'tɑ̃nt, AM -'tɑ:nt] *n no pl* POL (*form*) Détente *f form,* Entspannung *f*
detention [dɪ'ten(t)ʃən] *n* ① *no pl* (*state*) Haft *f* ② (*act*) Inhaftierung *f,* Festnahme *f* ③ *no pl* MIL Arrest *m* ④ SCH Nachsitzen *nt kein pl,* Arrest *m kein pl;* **to get** [*or* **have**] **~** nachsitzen müssen, Arrest bekommen ⑤ LAW (*wrongfully holding goods*) [widerrechtliche] Vorenthaltung, Einbehaltung *f*
detention camp *n* Internierungslager *nt* **detention centre** *n* BRIT, **detention home** *n* AM Jugendstrafanstalt *f,* Jugendgefängnis *nt* **detention order** *n* LAW Haftbefehl *m*
deter <-rr-> [dɪ'tɜ:ʳ, AM -'tɜ:r] *vt* **to ~ an attack** einen Angriff verhindern; ■**to ~ sb** jdn abschrecken; ***nothing will ~ him*** nichts wird ihn [davon] abhalten; ■**to ~ sb from doing sth** jdn davon abschrecken [*o* abhalten], etw zu tun
detergent [dɪ'tɜ:dʒənt, AM -'tɜ:r-] *n* Reinigungsmittel *nt;* **laundry ~** Waschmittel *nt;* **liquid ~** [Geschirr]spülmittel *nt*
deteriorate [dɪ'tɪəriəreɪt, AM -'tɪriə-] *vi* ① (*become worse*) *condition, situation* sich *akk* verschlechtern; *sales* zurückgehen; *morals* verfallen; *tumour* entarten; *a discussion* an Niveau verlieren; ***the conflict seems to be deteriorating into a war*** der Konflikt scheint in einen Krieg auszuarten; ***the economy is slowly deteriorating*** mit der Wirtschaft geht es langsam bergab; **to ~ dramatically/markedly/steadily** sich *akk* dramatisch/merklich/stetig verschlechtern ② (*disintegrate*) *building, structure* verfallen, baufällig werden, verkommen *fam; leather, wood* sich *akk* zersetzen, verrotten; *food* verderben, vergammeln *fam*
deterioration [dɪ,tɪəriə'reɪʃən, AM -,tɪriə-] *n no pl* ① (*worsening*) Verschlechterung *f; of morals* Zerfall *m* ② ECON, TECH Qualitätsverlust *m* ③ (*disintegration*) *of a building* Verfall *m,* Zerfall *m; of metal, wood* Zersetzung *f*
determinable [dɪ'tɜ:mɪnəbl, AM -'tɜ:r-] *adj* bestimmbar
determinant [dɪ'tɜ:mɪnənt, AM -'tɜ:r-] **I.** *n* ① (*determining factor*) entscheidender [*o* ausschlaggebender] Faktor ② MATH, BIOL Determinante *f* **II.** *adj* entscheidend, ausschlaggebend
determinate [dɪ'tɜ:mɪneɪt, AM -'tɜ:r-] *adj* ① (*limited*) begrenzt, festgelegt ② (*of specific scope*) eindeutig, bestimmt, entschieden
determination [dɪ,tɜ:mɪ'neɪʃən, AM -,tɜ:r-] *n no pl* ① (*resolve*) Entschlossenheit *f,* Entschiedenheit *f;* **dogged/fierce/ruthless ~** zähe/wilde/rücksichtslose Entschlossenheit; **relentless ~** Unnachgiebigkeit *f;* **to have a ~ to do sth** die feste Absicht haben [*o* fest entschlossen sein], etw zu tun ② (*determining*) *of a cause* Feststellung *f; of a blood group* Bestimmung *f*
determinative [dɪ'tɜ:mɪnətɪv, AM dɪ'tɜ:rmɪneɪṭɪv] *adj pred* LAW maßgeblich, [rechts]erheblich
determine [dɪ'tɜ:mɪn, AM -'tɜ:r-] *vt* ① (*decide*) ■**to ~ sth** etw entscheiden; ■**to ~ that …** beschließen, dass …; ***it has yet to be ~d*** (*form*) eine Entscheidung darüber steht noch aus *form* ② (*find out*) ■**to ~ sth** etw ermitteln [*o* feststellen]; **to ~ the cause of sth** den Grund einer S. *gen* herausfinden; ■**to ~ that …** feststellen, dass …; (*give as result*) ergeben, dass …; ■**to ~ when/where/who/why …** herausfinden, wann/wo/wer/warum … ③ (*influence*) ■**to ~ sth** etw bestimmen; ***it will be ~d by how much money is available*** es wird davon abhängen, wie viel Geld uns zur Verfügung steht; **genetically ~** genetisch festgelegt ④ (*cause to decide*) ■**to ~ sb to do sth** jdn veranlassen, etw zu tun
determined [dɪ'tɜ:mɪnd, AM -'tɜ:r-] *adj* entschlossen; ■**to be ~ to do sth** entschlossen sein, etw zu tun, etw unbedingt tun wollen; ***she is ~ that her daughter will study*** sie hat es sich in den Kopf gesetzt, dass ihre Tochter einmal studieren wird
determinedly [dɪ'tɜ:mɪndli, AM -'tɜ:r-] *adv* entschlossen; ***he was ~ polite despite the aggressive questioning*** trotz der aggressiven Befragung ließ er sich nicht in seiner Höflichkeit beirren
determiner [dɪ'tɜ:mɪnəʳ, AM -'tɜ:rmɪnɚ] *n* Bestimmungswort *nt*
determinism [dɪ'tɜ:mɪnɪzəm, AM -'tɜ:r-] *n no pl* PHILOS Determinismus *m*
determinist [dɪ'tɜ:mɪnɪst, AM dɪ'tɜ:r] PHILOS **I.** *n* Determinist(in) *m(f) fachspr* **II.** *adj inv* deterministisch *fachspr*
deterministic [dɪ'tɜ:mɪnɪstɪk, AM dɪ'tɜ:r-] *adj inv see* **determinist II**
deterrence [dɪ'terən(t)s] *n no pl* Abschreckung *f*
deterrent [dɪ'terənt] **I.** *n* Abschreckung *f,* Abschreckungsmittel *nt* (**against** gegen +*akk*); **nuclear ~s** atomare Abschreckungsmittel; **to act** [*or* **serve**] **as a ~ to sb** eine abschreckende Wirkung auf jdn haben; ■**to be a ~** abschrecken **II.** *adj* abschreckend, Abschreckungs-; ~ **effect** abschreckende Wirkung; ~ **sentence** abschreckende Strafe
detest [dɪ'test] *vt* ■**to ~ sb/sth** jdn/etw verabscheuen [*o* hassen]; ***I ~ having to get up early in the morning*** ich hasse es, frühmorgens aufstehen zu müssen
detestable [dɪ'testəbl] *adj* ① (*causing dislike*) abscheulich ② (*meriting dislike*) verabscheuungswürdig, verabscheuenswert
detestably [dɪ'testəbli] *adv* auf abscheuliche Weise
detestation [,di:tes'teɪʃən] *n no pl* (*form*) Abscheu *m* (**of** vor +*dat*); ***most people have a ~ of war*** die meisten Menschen verabscheuen den Krieg
dethrone [di:'θrəʊn, AM dɪ'θroʊn] *vt* **to ~ a monarch** einen Monarchen/eine Monarchin absetzen [*o geh* entthronen]; ■**to ~ sb** (*fig*) jdn [aus seiner Machtstellung] verdrängen
detinue ['detɪnju:, AM -tən-] *n* LAW [widerrechtliche] Vorenthaltung [von Besitz]
detonate ['detəneɪt] **I.** *vi* ① (*explode*) detonieren *geh,* explodieren; **detonating ball/gas** Knallerbse *f*/-gas *nt* ② AUTO *engine* klopfen **II.** *vt* ■**to ~ sth** etw detonieren [*o* explodieren] lassen, etw zur Detonation [*o* Explosion] bringen
detonation [,detə'neɪʃən] *n* ① (*explosion*) Detonation *f,* Explosion *f* ② (*knocking*) *of an engine* Klopfen *nt*
detonator ['detəneɪtəʳ, AM -ṭɚ] *n* ① (*device on bomb*) [Spreng]zünder *m,* Sprengkapsel *f,* Zündkapsel *f* ② CHEM Initialsprengstoff *m,* Detonator *m fachspr*
detour ['di:tʊəʳ, AM -tʊr] *n* ① (*long way round*) Umweg *m;* **to make** [*or* AM **take**] **a ~** einen Umweg machen [*o* fahren] ② (*diversion*) Umleitung *f;* (*fig: from topic*) Abschweifung *f*
detox [,di:'tɒks, AM di:'tɑ:ks] *n no pl* (*fam*) ① (*treatment*) *short for* **detoxification** Entzug *m fam* ② (*place*) *short for* **detoxification centre** Entziehungsanstalt *f*
detoxification [di:,tɒksɪfɪ'keɪʃən, AM -,tɑ:k-] *n no pl* ① (*remove poison*) Entgiftung *f,* Detoxikation *f fachspr* ② (*treatment for addiction*) Entzug *m fam,* Entziehung[skur] *f*
detoxification centre, AM **detoxification center** *n* ① (*for addicts*) Entziehungsanstalt *f,* Entziehungsklinik *f* ② (*for victims of poisoning*) Entgiftungszentrum *nt* **detoxification programme,** AM **detoxification program** *n* Entziehungskur *f*
detoxify <-ie-> [,di:'tɒksɪfaɪ, AM di:'tɑ:k-] **I.** *vt* ① (*remove poison*) ■**to ~ sb/sth** jdn/etw entgiften ② (*treat addict*) ■**to ~ sb** jdn einer Entziehungskur unterziehen *geh* **II.** *vi* ① *addict* sich *akk* einer Entziehungskur unterziehen, entziehen *fam* ② (*get rid*

of poison) body sich *akk* selbst entgiften
detract [dɪˈtrækt] **I.** *vi* ■**to ~ from sth** etw beeinträchtigen, etw *dat* schaden [*o geh* Abbruch tun]; **to ~ from sb's achievements** jds Leistungen *fpl* schmälern [*o* mindern] **II.** *vt* ■**to ~ sb from sth** jdn von etw *dat* abbringen; **to ~ sb's attention from sth** jds Aufmerksamkeit von etw *dat* ablenken
detractor [dɪˈtræktəʳ, AM -ɚ] *n* ❶ *(critic)* Kritiker(in) *m(f)* ❷ *(slanderer)* Lästerer, Lästerin *m, f,* Verleumder(in) *m(f);* ■**~s** böse Zungen
detriment [ˈdetrɪmənt] *n no pl* ❶ *(harm, damage)* Schaden *m,* Nachteil *m;* ***... to the ~ of her studies*** ... zum Nachteil ihres Studiums; **without ~ to sth** ohne Schaden für etw *akk* ❷ LAW Nachteil *m,* Beeinträchtigung *f;* **to the ~ of the plaintiff** dem Kläger zum Nachteil; **without ~** ohne Beeinträchtigung
detrimental [ˌdetrɪˈmentᵊl] *adj* schädlich; **to have a ~ effect on sth** sich *akk* nachteilig auf etw *akk* auswirken
detritus [dɪˈtraɪtəs, AM -t̬-] *n no pl* ❶ *(waste)* Unrat *m geh,* Abfälle *mpl* ❷ GEOL Geröll *nt,* Gesteinsschutt *m* ❸ BIOL Schwebestoffe *mpl,* Bodensatz *m,* Detritus *m fachspr*
de trop [dəˈtrəʊ, AM -ˈtroʊ] *adj pred, inv (form)* überflüssig; **to feel oneself ~** sich *dat* überflüssig [*o fam* wie das fünfte Rad am Wagen] vorkommen
deuce [djuːs, AM *esp* duːs] **I.** *n no pl* ❶ CARDS Zwei *f;* *(dice)* Zwei *f,* zwei Augen ❷ TENNIS Einstand *m* ❸ *(dated sl: devil)* Teufel *m sl;* **to be a ~ of a problem** ein vertracktes Problem sein *fam;* **how/what the ~ ...** wie/was zum Teufel ... *sl* **II.** *interj (dated)* Teufel nochmal! *sl,* zum Kuckuck! *fam*
deus ex machina [ˌdeɪəseksˈmækɪnə, -ˈmɑː-] *n* THEAT Deus ex Machina *m;* *(fig)* Retter *m* in der Not
deuteragonist [ˌdjuːtəˈrægənɪst, AM ˌduːt̬-] *n* THEAT Deuteragonist(in) *m(f),* zweiter Schauspieler *(auf der altgriechischen Bühne)*
deuterium [djuːˈtɪəriəm, AM duːˈtɪr-] *n no pl* schwerer Wasserstoff, Deuterium *nt fachspr*
Deuteronomy [ˌdjuːtəˈrɒnəmi, AM ˌduːt̬əˈrɑːnə-] *n no pl* REL, LIT Fünftes Buch Mose, Deuteronomium *nt fachspr*
Deutschmark [ˈdɔɪtʃmɑːk, AM -mɑːrk] *n* Deutsche Mark, D-Mark *f*
devaluate [ˌdiːˈvæljueɪt] *vt see* **devalue**
devaluation [ˌdiːvæljuˈeɪʃᵊn] *n no pl* FIN Abwertung *f,* Devaluation *f fachspr*
devalue [ˌdiːˈvæljuː] *vt* ❶ *(reduce value)* ■**to ~ sth** etw abwerten; **to ~ sb's achievement** jds Leistung *f* herabsetzen ❷ FIN **to ~ a currency** eine Währung abwerten [*o fachspr* devalvieren]
devastate [ˈdevəsteɪt] *vt* ■**to ~ sth** etw vernichten [*o* [völlig] zerstören]; **to ~ a crop/an enemy** eine Ernte/einen Feind vernichten; **to ~ the economy** die Wirtschaft zugrunde richten; **to ~ sb's hope/life** jds Hoffnung *f*/Leben *nt* zerstören; **to ~ a region** eine Gegend verwüsten; *(fam)* ■**to ~ sb** jdn umhauen *fam;* ***he was utterly ~d when his wife left him*** er war völlig am Boden zerstört, als seine Frau ihn verließ
devastating [ˈdevəsteɪtɪŋ, AM -t̬-] *adj* ❶ *(also fig: destructive)* verheerend, vernichtend *a. fig;* ***their hopes of winning suffered a ~ blow*** ihre Hoffnungen wurden mit einem Schlag zunichte gemacht ❷ *(fig fam: overwhelming)* umwerfend *fam,* hinreißend; *charm, smile* unwiderstehlich; **sb's ~ wit** [*or* **humour**] jds entwaffnender Witz [*o* Humor] ❸ *(fig fam: crushing) fact, news, result* niederschmetternd
devastatingly [ˈdevəsteɪtɪŋli, AM -t̬-] *adv* ❶ *(destructively)* entsetzlich, furchtbar; **~ cruel** entsetzlich grausam ❷ *(overwhelmingly)* wahnsinnig *fam,* schrecklich *fam,* unheimlich *fam;* **a ~ attractive man** ein wahnsinnig attraktiver Mann
devastation [ˌdevəˈsteɪʃᵊn] *n no pl* ❶ *(destruction)* Verwüstung *f,* Zerstörung *f;* **a trail of ~** eine Spur der Verwüstung ❷ *(of person)* Verzweiflung *f,* Niedergeschlagenheit *f;* **utter ~** völlige Verzweiflung
devein [ˌdiːˈveɪn] *vt* **to ~ a prawn/shrimp** den Darm von einer Garnele/einem Shrimp abziehen
develop [dɪˈveləp] **I.** *vi* ❶ *(grow)* sich *akk* entwickeln (**into** zu +*dat*); *abilities* sich *akk* entfalten; ***the whole affair might ~ into a scandal*** die ganze Sache könnte sich zu einem Skandal auswachsen ❷ *(come into being) friendship, misunderstanding* entstehen; *difficulties, doubts* auftreten ❸ *(show)* sich *akk* zeigen, auftreten ❹ PHOT *film* entwickelt werden **II.** *vt* ❶ *(improve)* **to ~ an idea/a policy/a strategy** eine Vorstellung/eine Politik/eine Strategie entwickeln; **to ~ muscles** Muskeln bilden; **to ~ one's muscles** sich *dat* Muskeln antrainieren, seine Muskeln stärken; **to ~ one's skills/talents** seine Fähigkeiten/Talente weiterentwickeln ❷ *(create)* ■**to ~ sth** etw erarbeiten [*o* ausarbeiten]; **to ~ a drug/product/technology** ein Arzneimittel/ein Produkt/eine Technologie entwickeln; **to ~ a plan/programme** einen Plan/ein Programm ausarbeiten ❸ *(show)* ■**to ~ sth** etw zeigen [*o* an den Tag legen]; ***she's ~ed some very strange habits*** sie hat einige sehr merkwürdige Gewohnheiten angenommen ❹ *(suffer from)* ■**to ~ sth** etw bekommen [*o* entwickeln]; **to ~ an allergy to sth** eine Allergie gegen etw *akk* entwickeln ❺ ARCHIT *(build)* **to ~ a land site** ein Gelände erschließen [und bebauen]; ***they are going to ~ this area into a shopping complex*** sie haben vor, auf diesem Gelände ein Einkaufszentrum zu errichten ❻ PHOT **to ~ a film** einen Film entwickeln ❼ MUS *(elaborate)* **to ~ a theme** ein Thema entwickeln [*o* durchführen] ❽ CHESS **to ~ a piece** eine Figur [auf ein anderes Feld] ziehen
developed [dɪˈveləpt] *adj* ❶ *(advanced)* entwickelt; ***he's very highly ~ for his age*** er ist schon sehr weit für sein Alter; **~ country** hochentwickeltes Land, Industrieland *nt;* **the ~ world** die Industrieländer *ntpl* ❷ ARCHIT **~ area** [*or* **land**] erschlossenes Bauland, baureifes Land
developer [dɪˈveləpəʳ, AM -ɚ] *n* ❶ PSYCH **late ~** Spätentwickler(in) *m(f)* ❷ *(person)* Bauunternehmer(in) *m(f);* *(company)* Baufirma *f,* Bauunternehmen *nt;* **property ~** *(person)* Bauunternehmer(in) *m(f);* *(company)* Bauträgerfirma *f* ❸ PHOT Entwickler *m,* Entwicklerflüssigkeit *f*
developing [dɪˈveləpɪŋ] *adj attr, inv* sich *akk* entwickelnd; **~ decisions/ideas/plans** heranreifende Entscheidungen/Vorstellungen/Pläne
developing country *n,* **developing nation** *n* Entwicklungsland *nt* **developing tank** *n* Entwicklungsdose *f,* Entwicklungstank *m* **developing world** *n no pl* Entwicklungsländer *ntpl*
development [dɪˈveləpmənt] **I.** *n* ❶ *no pl (act, process)* Entwicklung *f;* *(growth also)* Wachstum *nt;* **product ~** Produktentwicklung *f;* **under-/over-~** Unter-/Überentwicklung *f* ❷ *(new event)* Entwicklung *f;* **the new/latest ~s** die neuen/jüngsten Entwicklungen; ***have there been any new ~s?*** hat sich etwas Neues ergeben? ❸ *no pl* ARCHIT *(work)* Bau *m;* *(area)* Baugebiet *nt;* **housing ~** Wohnungsbau *m;* **property ~** Grundstückserschließung *f;* **new ~** Neubaugebiet *nt* ❹ MUS *of a theme* Durchführung *f,* Entwicklung *f* ❺ CHESS *(moving)* Ziehen *nt* **II.** *n modifier* Entwicklungs-; **~ project** POL Entwicklungsprojekt *nt;* ARCHIT Erschließungsvorhaben *nt*
developmental [dɪˌveləpˈmentᵊl, AM -t̬ᵊl] *adj process, stage* Entwicklungs-
development area *n* BRIT staatlich gefördertes strukturschwaches Gebiet
deviance [ˈdiːviən(t)s] *n no pl* ❶ SOCIOL Abweichung *f;* **~ from the norm** abweichendes Verhalten, Devianz *f fachspr* ❷ MATH Abweichung *f,* Summe *f* der Abweichungsquadrate
deviancy [ˈdiːviənsi] *n* Abweichung *f*
deviant [ˈdiːviənt] SOCIOL **I.** *n* **to be a** [**sexual/social**] **~** [im sexuellen/sozialen Verhalten] von der Norm abweichen **II.** *adj behaviour* abweichend *attr,* deviant *fachspr;* **~ career** Werdegang *m* der Abweichung
deviate I. *n* [ˈdiːviət] SOCIOL von der Norm abweichende Person; **sexual/social ~** von der sexuellen/sozialen Norm abweichende Person **II.** *vi* [ˈdiːvieɪt] ❶ *(diverge)* abweichen; POL [von der Parteilinie] abweichen, deviieren *fachspr* (**from** von +*dat*); **to ~ from the norm** von der Norm abweichen; ***this weather pattern ~s from the norm*** das Wetter ist für diese Jahreszeit unüblich ❷ *(go in another direction)* sich *akk* entfernen; **to ~ from the route** sich *akk* vom Weg entfernen, vom Weg abkommen; **to ~ from a rule** von einer Regel abweichen, sich *akk* nicht an eine Regel halten
deviation [ˌdiːviˈeɪʃᵊn] *n* ❶ SOCIOL Abweichung *f;* **~ from the norm** Abweichung *f* von der Norm; **sexual/social ~** Abweichung *f* von der sexuellen/sozialen Norm, sexuelle/soziale Devianz *fachspr;* POL Abweichen *nt* von der Parteilinie, Deviation *f fachspr* ❷ MATH, NAUT Abweichung *f,* Deviation *f fachspr;* NAUT *also* Fehlweisung *f*
deviationist [ˌdiːviˈeɪʃᵊnɪst] *n* POL Abweichler(in) *m(f),* Deviationist(in) *m(f) fachspr*
device [dɪˈvaɪs] *n* ❶ *(machine)* Gerät *nt,* Vorrichtung *f,* Apparat *m;* **bugging/hearing ~** Abhör-/Hörgerät *nt* ❷ *(method)* Verfahren *nt,* Maßnahme *f;* **contraceptive ~** Methode *f* der Empfängnisverhütung; **linguistic/stylistic ~** Sprach-/Stilmittel *nt;* **literary/rhetorical ~** literarischer/rhetorischer Kunstgriff; **marketing ~** absatzförderndes Mittel ❸ *(bomb)* Sprengsatz *m;* **explosive/incendiary ~** Spreng-/Brandsatz *m;* **nuclear ~** atomarer Sprengkörper ► PHRASES: **to leave sb to their own ~s** jdn sich *dat* selbst überlassen
devil [ˈdevᵊl] **I.** *n* ❶ *no pl (Satan)* ■**the D~** der Teufel; **to be possessed by the D~** vom Teufel besessen sein, den Teufel im Leib haben ❷ *(demon)* böser Geist, Dämon *m;* *(fig: wicked person)* Teufel(in) *m(f) fam,* Teufelsbraten *m pej fam,* Satansbraten *m pej fam;* ***he's a real ~*** er ist ein echtes Scheusal *fam* ❸ *(approv fam: sly person)* alter Fuchs *fam;* *(daring person)* Teufelskerl *m fam,* Draufgänger(in) *m(f) fam;* **be a ~** nur zu *fam,* sei kein Frosch *fam;* **you ~** du bist [mir] vielleicht so eine Marke *fam* ❹ *(affectionately)* **cheeky ~** Frechdachs *m hum fam;* **little ~** kleiner Schlingel *fam;* **lucky ~** Glückskind *nt,* Glückspilz *m fam;* **poor ~** armer Teufel [*o* Schlucker] [*o* Kerl] *fam* ❺ *(emphasizing)* **to be a ~ of a job** eine Heidenarbeit sein *fam;* **to have the ~ of a job** [*or* **time**] **doing sth** es verteufelt [*o* verdammt] schwer haben, etw zu tun *fam;* ***we had the ~ of a time trying to find the place*** es war verdammt schwierig für uns, den Ort zu finden; **how/what/where/who/why the ~ ...?** wie/was/wo/wer/warum zum Teufel ...? *fam* ❻ *esp* LAW *(junior assistant)* Assessor(in) *m(f)* ❼ BRIT *(machine)* Zerkleinerungsmaschine *f,* [Reiß]wolf *m* ❽ ZOOL [**Tasmanian**] **~** Tasmanischer Teufel, Beutelteufel *m* ► PHRASES: **to give the ~ his due** das muss man ihm/ihr lassen; **~ take the hindmost** den Letzten beißen die Hunde *prov;* **needs must when the ~ drives** *(prov)* ob du willst oder nicht; **to be between the ~ and the deep blue sea** sich *akk* in einer Zwickmühle befinden *fam;* **go to the ~!** geh zum Teufel! *sl,* scher dich zum Teufel! *sl;* **there'll be the ~ to pay** das gibt Ärger; ***if he catches you doing that there'll be the ~ to pay*** wenn er dich dabei erwischt, ist die Hölle los; **to play the ~ with sb/sth** jdm/etw übel mitspielen, Schindluder mit jdm/etw treiben; **speak** [*or dated* **talk**] **of the ~** [**and he appears**] wenn man vom Teufel spricht[, ist er auch schon da], wenn man den Teufel nennt[, kommt er gerennt] SÜDD *prov,* man soll den Teufel nicht an die Wand malen; **like the ~** wie besessen [*o fam* wild] **II.** *vi* LAW **to ~ for sb** für jdn als Anwaltsvertreter tätig sein
devilish [ˈdevᵊlɪʃ] **I.** *adj* ❶ *plan, plot* teuflisch; *grin also* tückisch; *heat, mess* fürchterlich, furchtbar *fam,* schrecklich *fam* ❷ *(difficult) situation* verteufelt *fam;* *problem* vertrackt *fam,* verzwickt *fam;* **~ job** Heidenarbeit *f* **II.** *adv* BRIT *(dated: extremely) see* **devilishly 2**
devilishly [ˈdevᵊlɪʃli] *adv* ❶ *(mischievously) smile, wink* teuflisch, diabolisch ❷ *(extremely)* schrecklich *fam,* verdammt *fam;* **~ clever** [*or* **cunning**]**/handsome/hot** verdammt schlau/gut aussehend/heiß; **~ cruel** schrecklich grausam; **~ difficult** äußerst verzwickt
devil-may-care *adj attr* sorglos, leichtsinnig *pej;* ***she was always cheerful and had a ~ attitude***

about the future sie war stets fröhlich und machte sich keine Gedanken über die Zukunft

devilment ['devᵊlmənt] *n,* **devilry** ['devᵊlri] *n no pl (dated)* [grober] Unfug, böser Streich; **purely out of** ~ aus reinem Übermut; **to be up to** ~ Unfug im Sinn haben, etwas im Schilde führen

devil's advocate *n* Advocatus Diaboli *m;* **to play the** ~ den Advocatus Diaboli spielen **devil's food cake** *n* glasierte Schoko[laden]cremetorte **devils on horseback** *n* BRIT Backpflaumen *fpl* im Speckmantel auf Toast

devious ['di:viəs] *adj* ❶ *(dishonest) person* verschlagen, unaufrichtig; *scheme* krumm *fam* ❷ *attr (roundabout)* gewunden; **to take a** ~ **route** einen Umweg fahren

deviously ['di:viəsli] *adv* verschlagen, hinterhältig

deviousness ['di:viəsnəs] *n no pl* ❶ *(dishonesty)* Verschlagenheit *f,* Hinterhältigkeit *f* ❷ *(of a route)* Gewundenheit *f*

devise [dɪ'vaɪz] **I.** *vt* ■**to** ~ **sth** ❶ *(contrive)* etw erdenken [*o* ersinnen]; **to** ~ **a plot** [*or* **scheme**] einen Plan aushecken, ein Komplott schmieden *geh* ❷ LAW *property* über etw *akk* letztwillig verfügen, etw hinterlassen [*o* vermachen] **II.** *n* LAW letztwillige Verfügung *(über Grundbesitz)*

devitalize [ˌdi:'vaɪtᵊlaɪz, AM -t̬ᵊl-] *vt* ■**to** ~ **sth** etw schwächen [*o* entkräften]; **to** ~ **an argument** ein Argument entkräften; **to** ~ **a programme/project** ein Programm/Projekt auslaufen lassen

devoid [dɪ'vɔɪd] *adj pred* ■**to be** ~ **of sth** ohne etw *akk* sein; ***he seems to be*** ~ ***of any compassion whatsoever*** ihm fehlt anscheinend jegliches Mitgefühl; **to be completely** ~ **of feeling/ornament/sense** völlig gefühl-/schmuck-/sinnlos sein

devoir [də'vwɑ:ʳ, AM -'vwɑ:r] *n* ❶ *(duty)* Pflicht *f;* **to do one's** ~ seine Pflicht und Schuldigkeit tun *geh* ❷ *pl (respect)* **to pay one's** ~**s to sb** jdm seine Aufwartung machen *veraltet geh*

devolution [ˌdi:və'lu:ʃᵊn, AM ˌdevə'-] *n no pl* ❶ POL *(decentralization)* Dezentralisierung *f;* ~ **of authority** Delegierung *f* von Amtsgewalt ❷ LAW *(transference)* Übergang *m;* ~ **of an inheritance** Anfall *m* einer Erbschaft; ~ **of property/rights** Übergang *m* von Eigentum/Rechten

devolve [dɪ'vɒlv, AM -'vɑ:lv] **I.** *vi* ❶ *(be transferred) duty, functions* übergehen, übertragen werden; ***the responsibility*** ~***s on her as soon as the boss leaves the office*** die Verantwortung geht auf sie über, sobald der Chef das Büro verlässt ❷ LAW *(become sb's property)* ■**to** ~ **on sb** auf jdn übergehen **II.** *vt (form)* ■**to** ~ **sth** etw übertragen (**on/upon** auf *+akk*); **to** ~ **duties/rights/property** Pflichte/Rechte/Eigentum übertragen; **to** ~ **responsibility downward** Verantwortung nach unten weitergeben; ■**to** ~ **sth to sb** jdm etw übertragen, etw an jdn delegieren

Devon ['devᵊn] *n no pl* Devon *nt*

Devonian [dɪ'vəuniən, AM -'vou-] **I.** *n* ❶ *(person)* Bewohner(in) *m(f)* von Devon[shire] ❷ *no pl* GEOL Devon *nt* ❸ ZOOL Devonrind *nt,* Devonschaf *nt* **II.** *adj inv* ❶ *(of Devon)* aus Devon[shire] ❷ GEOL devonisch; ~ **formation** Devon *nt*

devote [dɪ'vəut, AM -'vout] *vt* ■**to** ~ **sth to sb/sth** jdm/etw etw widmen; **to** ~ **one's time to sb/sth** jdm/etw seine Zeit opfern; ■**to** ~ **oneself to sth** sich *akk* etw *dat* widmen; **to** ~ **oneself to God** sein Leben Gott weihen

devoted [dɪ'vəutɪd, AM -'vout̬ɪd] *adj admirer* begeistert; *child, dog* anhänglich; *disciple, follower, friend* treu; *friendship, love* aufrichtig; *husband, mother* hingebungsvoll; *servant* ergeben *geh;* ■**to be** ~ **to sb/sth** jdm/etw treu ergeben sein; ***she is*** ~ ***to her job*** sie geht völlig in ihrer Arbeit auf

devotedly [dɪ'vəutɪdli, AM -'vout̬ɪd-] *adv* treu ergeben, hingebungsvoll

devotee [ˌdevə(ʊ)'ti:, AM -və'-] *n of an artist* Verehrer(in) *m(f); of a leader* Anhänger(in) *m(f); of a cause* Verfechter(in) *m(f); of music* Liebhaber(in) *m(f); of a sport* Fan *m fam*

devotion [dɪ'vəuʃᵊn, AM -'vou-] *n no pl* ❶ *(loyalty)* Treue *f,* Ergebenheit *f* ❷ *(dedication)* Hingabe *f,* Aufopferung *f;* **selfless/unstinting** ~ **to a cause/duty** selbstlose/rückhaltlose Hingabe an eine Sache/Pflicht ❸ *(affection) of the husband, wife* Liebe *f,* innige Zuneigung; *of children* Anhänglichkeit *f; of an admirer* Verehrung *f,* Wertschätzung *f* ❹ REL Frömmigkeit *f,* Andacht *f;* ***she has a deep*** ~ ***to God*** sie ist sehr gottergeben

devotional [dɪ'vəuʃᵊnᵊl, AM -'vou-] *adj book, exercise, picture* Andachts-; *congregation, prayer, worshipper* andächtig; *literature* erbaulich, Erbauungs-; *person, practice* fromm, religiös; ~ **articles** Devotionalien *fpl;* ~ **services** gottesdienstliche Handlungen

devour [dɪ'vauəʳ, AM -ɚ] *vt* ❶ *(eat)* ■**to** ~ **sth** etw verschlingen; *(fig)* **to** ~ **a book** ein Buch verschlingen ❷ *(consume)* ■**to** ~ **sth** etw vernichten [*o geh* verzehren]; ***the flames*** ~***ed most of the documents*** die Flammen vernichteten den größten Teil der Unterlagen; *(fig)* **to be** ~**ed by jealousy/passion** sich *akk* vor Eifersucht/Leidenschaft verzehren *geh*

devouring [dɪ'vauərɪŋ, AM -ɚɪŋ] *adj attr (fig esp liter) ambition, hatred, passion* verzehrend *geh; curiosity* brennend; *fire* vernichtend

devout [dɪ'vaut] *adj* ❶ *Catholic, person* fromm, gläubig; *(fig: committed)* eifrig; *environmentalist, pacifist* [sehr] engagiert, erklärt; **to be a** ~ **believer in sth** fest von etw *dat* überzeugt sein ❷ *(sincere) prayers* inbrünstig, andächtig; *hope, wish* innig, sehnlich

devoutly [dɪ'vautli] *adv* ❶ *(earnestly religious)* streng religiös; ***a*** ~ ***Catholic family*** eine streng katholische Familie ❷ *(sincerely)* **to pray** ~ andächtig beten; **to hope** ~ inständig [*o geh* inbrünstig] hoffen

dew [dju:, AM du:] *n no pl* Tau *m*

dewberry ['dju:bᵊri, AM 'du:beri, 'dju:-] *n* ❶ *(berry)* Brombeere *f* ❷ *(shrub)* Brombeerstrauch *m* **dewdrop** *n* ❶ *(drop of dew)* Tautropfen *m* ❷ BOT Zwergbrombeere *f*

Dewey decimal classification [ˌdju:i-, AM ˌdu:i-, ˌdju:i-] *n,* **Dewey system** *n no pl esp* AM Dewey-System *nt (System der Katalogisierung von Büchern für Bibliotheken)*

dewfall *n no pl* Taubildung *f,* Taufall *m;* ■**at** ~ *(poet, liter)* in aller Frühe **dewlap** *n of a cow* Wamme *f; of a turkey* Hautlappen *m; of a fat person* Doppelkinn *nt; (from age)* Halsfalte *f*

deworm [ˌdi:'wɜ:m, AM -'wɜrm] *vt* ■**to** ~ **an animal** ein Tier entwurmen

dew point *n* PHYS Taupunkt *m*

dewy ['dju:i, AM *esp* 'du:i] *adj* ❶ *(covered with dew)* taufeucht; *morning* taufrisch ❷ *(moist) skin* feucht

dewy-eyed *adj* ❶ *(pej: naive)* naiv *pej,* blauäugig *fig pej* ❷ *(emotional)* mit feuchten Augen; **to get** [*or* **go**] ~ feuchte Augen bekommen

dexterity [dek'sterəti, AM -ət̬i] *n no pl* ❶ *(of hands)* Geschicklichkeit *f* ❷ *(cleverness)* Gewandtheit *f; (of speech)* Redegewandtheit *f*

dexterous ['dekstᵊrəs] *adj* ❶ *(skilful) dancer* gewandt; *fingers, hands, person* geschickt, flink ❷ *(clever) orator, politician* gewandt; *mind, manager* findig

dexterously ['dekstᵊrəsli] *adv* ❶ *(skilfully)* geschickt ❷ *(cleverly)* gewandt

dextrose ['dekstrəus, AM -trous] *n no pl* Traubenzucker *m,* Dextrose *f fachspr*

dextrous ['dekstrəs] *adj see* **dexterous**

dextrously ['dekstrəsli] *adv see* **dexterously**

DFC [ˌdi:ef'si:] *n* BRIT MIL *abbrev of* **Distinguished Flying Cross** *Militärorden für Piloten*

DFE [ˌdi:ef'i:] *n no pl* BRIT *abbrev of* **Department for Education** Ministerium *nt* für Gesundheit und Soziales

dhal [dɑ:l] *n no pl* Dal *pl (Hindi für Hülsenfrüchte bzw. Gericht aus diesen)*

dharma ['dɑ:mə, AM 'dɑ:r-] *n no pl* Dharma *nt (im Buddhismus und Hinduismus überwiegend im Sinne von Gesetz/Pflicht verwendet)*

dhoti ['dəuti, AM 'dout̬i] *n* Lendentuch *nt (der Inder)*

dhow [dau] *n* NAUT D[h]au *f*

DHSS [ˌdi:eɪtʃes'es] *n no pl, + sing/pl vb* BRIT *(hist) abbrev of* **Department of Health and Social Security:** ■**the** ~ Ministerium *nt* für Gesundheit und Soziales

diabetes [ˌdaɪə'bi:ti:z, AM -t̬əs] *n no pl* Zuckerkrankheit *f,* Diabetes *m*

diabetic [ˌdaɪə'betɪk, AM -'bet̬-] **I.** *n* Diabetiker(in) *m(f),* Zuckerkranke(r) *f(m)* **II.** *adj* ❶ *(having diabetes)* zuckerkrank, diabetisch *fachspr* ❷ *(for diabetics)* Diabetiker-, Diabetes-; ~ **chocolate/diet/food** Diabetikerschokolade/-diät/-kost *f*

diabolic [ˌdaɪə'bɒlɪk, AM -'bɑ:-] *adj* ❶ *(of Devil)* Teufels- ❷ *(evil)* teuflisch, diabolisch *geh*

diabolical [ˌdaɪə'bɒlɪkᵊl, AM -'bɑ:-] *adj* ❶ *(of Devil)* Teufels- ❷ *(evil)* teuflisch, diabolisch *geh* ❸ *(fam: very bad)* schrecklich *fam,* grässlich *fam*

diabolically [ˌdaɪə'bɒlɪkᵊli, AM -'bɑ:-] *adv* ❶ *(extremely)* wahnsinnig *fam,* unheimlich *fam,* fürchterlich *fam;* ~ **difficult** saumäßig schwer *sl;* ***he invented a*** ~ ***clever scheme*** er hat sich einen ungemein schlauen Plan ausgedacht; ***she is*** ~ ***cunning*** sie ist eine ganz Ausgebuffte *sl* ❷ *(wickedly)* diabolisch, teuflisch-boshaft

diachronic [ˌdaɪə'krɒnɪk, AM -'krɑ:-] *adj inv* LING diachron[isch]

diacritic [ˌdaɪə'krɪtɪk, AM -t̬-] **I.** *adj attr, inv* LING diakritisch **II.** *n* LING diakritisches Zeichen

diacritical [ˌdaɪə'krɪtɪkᵊl, AM -t̬-] *adj inv* LING diakritisch

diadem ['daɪədem] *n* Diadem *nt*

diagnose ['daɪəgnəuz, AM ˌdaɪəg'nous] **I.** *vi* diagnostizieren **II.** *vt* ■**to** ~ **sth** ❶ MED etw diagnostizieren [*o* feststellen]; ***she was*** ~***d as having diabetes*** man hat bei ihr Diabetes festgestellt ❷ *(discover)* etw erkennen; **to** ~ **a fault** [*or* **flaw**] einen Fehler [*o* Defekt] feststellen

diagnoses [ˌdaɪəg'nəusi:z, AM -'nou-] *n pl of* **diagnosis**

diagnosis <*pl* -ses> [ˌdaɪəg'nəusɪs, AM -'nou-, *pl* -si:z] *n* ❶ *of a disease* Diagnose *f;* **to make a** ~ eine Diagnose stellen ❷ *of a problem* Beurteilung *f* ❸ BIOL Bestimmung *f,* Diagnose *fachspr*

diagnostic [ˌdaɪəg'nɒstɪk, AM -'nɑ:-] *adj* diagnostisch

diagnostician [ˌdaɪəgnɒs'tɪʃᵊn, AM nɑ:s'] *n* Diagnostiker(in) *m(f)*

diagnostics *npl* COMPUT Diagnostik *f;* **compiler** ~ Kompiliererdiagnostik *f*

diagonal [daɪ'ægᵊnᵊl] **I.** *adj inv line* diagonal, schräg; ~ **stripe** Schrägstreifen *m* **II.** *n* Diagonale *f*

diagonally [daɪ'ægᵊnᵊli] *adv inv* schräg, diagonal; **to live/sit** ~ **across from sb** jdm schräg gegenüber wohnen/sitzen

diagram ['daɪəgræm] **I.** *n* ❶ *(drawing)* schematische Darstellung [*o* Zeichnung], Schema *nt;* **wiring** ~ Schaltplan *m,* Schaltbild *nt;* **to draw a** ~ eine Skizze anfertigen ❷ *(chart)* Diagramm *nt,* graphische Darstellung, Schaubild *nt* ❸ MATH Diagramm *nt* **II.** *vt* <-mm-> ■**to** ~ **sth** etw schematisch aufzeichnen

diagrammatic [ˌdaɪəgrə'mætɪk, AM -t̬-] *adj* schematisch, diagrammatisch

diagrammatically [ˌdaɪəgrə'mætɪkli, AM -t̬-] *adv* schematisch, diagrammatisch

dial [daɪəl, AM daɪ(ə)l] **I.** *n* ❶ *of clock* Zifferblatt; *of gauge, instrument* Skala *f,* Skale *f fachspr; of telephone* Wählscheibe *f,* Nummernscheibe *f;* RADIO, TV [Einstell]skala *f;* ~ **illumination** Skalenbeleuchtung *f* ❷ BRIT *(sl: face)* Visage *f pej sl* **II.** *vi* <BRIT -ll- *or* AM *usu* -l-> wählen; **to** ~ **direct** durchwählen **III.** *vt* **to** ~ **a number** eine Nummer wählen; ***you've just*** ~***ed the wrong number*** Sie haben sich soeben verwählt; ***he*** ~***ed the doctor's office*** er rief in der Arztpraxis an; **to** ~ **999** [*or* AM **911**] den Notruf wählen

dialect ['daɪəlekt] **I.** *n* Dialekt *m,* Mundart *f* **II.** *n modifier (dictionary, geography)* Dialekt-, Mundart-

dialectal [ˌdaɪə'lektᵊl] *adj* dialektal, mundartlich

dialectic [ˌdaɪə'lektɪk] **I.** *n no pl* Dialektik *f* **II.** *adj* dialektisch

dialectical [ˌdaɪəˈlektɪkəl] *adj* dialektisch

dialectical materialism *n* PHILOS dialektischer Materialismus, DIAMAT *m*, Diamat *m*

dialectician [ˌdaɪəlekˈtɪʃən] *n* Dialektiker(in) *m(f)*

dialectics [ˌdaɪəˈlektɪks] *npl* + *sing vb see* **dialectic I**

dialling [ˈdaɪəlɪŋ, AM ˈdaɪ(ə)l-] *n no pl* Wählen *nt;* **direct ~** Direktwahl *f,* Durchwahl *f*

dialling code *n* BRIT Vorwahl *f,* Ortsnetzkennzahl *f*

dialling tone *n* BRIT Amtston *m,* Wählton *m*

dialog [ˈdaɪəlɑːg] AM, **dialogue** [-lɒg] *n* ❶ *(conversation)* [Zwie]gespräch *nt,* Dialog *m geh* ❷ LIT, THEAT, FILM Dialog *m* ❸ POL Gespräch *nt,* Unterredung *f,* Dialog *m geh;* **to engage in ~** sich *akk* an einem Dialog beteiligen, sich *akk* auf einen Dialog einlassen *geh;* **to enter into ~ with sb** in einen Dialog mit jdm [ein]treten *geh*

dialog box AM, **dialogue box** *n* COMPUT Dialogbox *f*

dial tone *n* AM, AUS Amtston *m,* Wählton *m*

dialup *n,* **dial-up service** *n* COMPUT Onlinedienst *m*

dialysis [daɪˈæləsɪs] *n no pl* ❶ MED *(of blood)* Blutwäsche *f,* [Hämo]dialyse *f fachspr* ❷ CHEM Dialyse *f fachspr,* Trennung *f*

diamanté [ˌdiːəˈmɑ̃(ŋ)teɪ, AM -ˈmɑːnteɪ] **I.** *n no pl* Strass *m* **II.** *adj inv brooch, earrings* Strass-

diameter [daɪˈæmətəʳ, AM -t̬ɚ] *n* ❶ *(of pipe etc)* Durchmesser *m,* Diameter *m fachspr;* ***the pipe is 4 cm in ~*** das Rohr misst 4 cm im Durchmesser [*o* hat einen Durchmesser von 4 cm] ❷ *(of magnification)* Vergrößerung *f*

diametrically [daɪəˈmetrɪkəli] *adv inv* ❶ *(of or along a diameter)* diametrisch *fachspr* ❷ *(fig: completely)* **~ opposed** völlig [*o geh* diametral] entgegengesetzt; ***their points of view are ~ opposed*** sie vertreten gegensätzliche Standpunkte

diamond [ˈdaɪəmənd] **I.** *n* ❶ *(stone)* Diamant *m;* ■**~s** *pl* Diamanten *mpl,* Diamantschmuck *m;* **conflict** [*or* **blood**] **~s** Conflict Diamonds *mpl fig* (*afrikanische Edelsteine, mit deren Erlös Konfliktgruppen finanziert werden*) ❷ MATH Raute *f,* Rhombus *m* ❸ CARDS Karo *nt;* **ace/king of ~s** Karoass *nt*/-könig *m* ❹ *(tool)* [Glaser]diamant *m* ❺ *(in baseball)* Spielfeld *nt;* *(infield)* Innenfeld *nt* ▸ PHRASES: **a ~ in the <u>rough</u>** AM ein ungeschliffener Diamant; ***Rachel is a ~ in the rough*** Rachel ist ein Juwel, ihr fehlt nur der Schliff; **it was ~ <u>cut</u> ~** AM sie standen einander in nichts nach **II.** *n modifier (brooch, necklace, ring)* Diamant-

diamond anniversary *n* diamantene Hochzeit

diamond cutter *n* Diamantschneider(in) *m(f),* Diamantschleifer(in) *m(f)*

diamond-encrusted *adj inv* diamantbesetzt, mit Diamanten besetzt

diamond jubilee *n esp* BRIT diamantenes [*o* sechzigjähriges] Jubiläum, Sechzigjahrfeier *f*

diamond mine *n* Diamantenmine *f*

diamond wedding *n* diamantene Hochzeit

diapason [ˌdaɪəˈpeɪzən] *n* MUS ❶ *(range)* Diapason *m o nt fachspr* ❷ *(organ)* englisches Orgelregister; **open ~** Achtfuß-Prinzipal *nt;* **stopped ~** Achtfuß-Gedackt *m* ❸ *no pl (pitch standard)* Normalstimmton *m,* Kammerton *m;* *(rich sound)* voller [*o* volltönender] Klang; *(fig)* Zusammenklang *m,* Harmonie *f* ❹ *(tuning device)* Stimmpfeife *f*

diaper [ˈdaɪəpəʳ, AM -ɚ] **I.** *n* ❶ AM *(nappy)* Windel *f;* **cloth ~** Stoffwindel *f;* **disposable ~** Wegwerfwindel *f,* Papierwindel *f* ❷ *(patterned fabric)* Jacquardgewebe *nt* **II.** *vt* **to ~ a baby** ein Baby wickeln [*o* windeln]

diaper cover *n* AM Windelhose *f*

diaper rash *n* AM *(nappy rash)* Windelausschlag *m*

diaper service *n* AM Windelwaschdienst *m,* Windelservice *m o nt*

diaphanous [daɪˈæfənəs] *adj (liter)* durchscheinend, [licht]durchlässig; **~ cloth** durchsichtiger [*o* transparenter] Stoff

diaphragm [ˈdaɪəfræm] *n* ❶ ANAT Zwerchfell *nt,* Scheidewand *f,* Diaphragma *nt fachspr* ❷ MECH, TECH Membran[e] *f* ❸ PHOT [Okular]blende *f* ❹ *(contraceptive)* [Scheiden]diaphragma *nt,* [Scheiden]pessar *nt*

diarist [ˈdaɪərɪst] *n* Tagebuchschreiber(in) *m(f)*

diarrhea [ˌdaɪəˈriːə] *esp* AM, **diarrhoea** [-ˈrɪə] *n no pl* Durchfall *m,* Diarrhö[e] *f fachspr*

diary [ˈdaɪəriː] *n* ❶ *(book)* Tagebuch *nt;* **to keep a ~** [ein] Tagebuch führen ❷ *(schedule)* [Termin]kalender *m,* Taschenkalender *m*

diaspora [daɪˈæspərə] *n no pl* ❶ *(of Jews)* **the D~** die Judenvertreibung; *(of other groups)* Verstreuung *f* ❷ + *sing/pl vb (scattered ones)* Diaspora *f;* *(religous communities also)* Streugemeinde *f;* **D~ Jews** die Juden in der Diaspora; **the Christian ~** die in der Diaspora lebenden Christen; **the Asian ~** die im Ausland lebenden Asiaten

diatomic [daɪəˈtɒmɪk, AM -ˈtɑː-] *adj inv* CHEM zweiatomig, doppelatomig

diatonic [daɪəˈtɒnɪk, AM -ˈtɑː-] *adj inv* MUS diatonisch

diatribe [ˈdaɪətraɪb] *n (form: verbal)* Schmährede *f;* *(written)* Schmähschrift *f;* LIT [gelehrte] Streitschrift, Diatribe *f fachspr;* **to launch into a ~** eine Schmährede vom Stapel lassen *fam*

dibble [ˈdɪbl̩] **I.** *n* ❶ *(implement)* Pflanzholz *nt,* Setzholz *nt* ❷ AM *(sl: policeman)* Bulle *m sl* ❸ AM *(vulg: penis)* Schwanz *m vulg* **II.** *vi* dibbeln *fachspr,* mit einem Setzholz Pflanzlöcher machen **III.** *vt* ■**to ~ sth in** etw mit einem Setzholz einpflanzen; **to ~ the soil** mit einem Setzholz Pflanzlöcher in den Boden machen

dice [daɪs] **I.** *n* <*pl* -> ❶ *(object)* Würfel *m;* *(game)* Würfelspiel *nt;* **to load the ~** die Würfel präparieren; *(fig)* mit gezinkten Karten spielen; **to play ~** würfeln, ein Würfelspiel machen; **to roll** [*or* **throw**] **the ~** würfeln, knobeln ❷ *(food)* Würfel *m* ▸ PHRASES: **<u>no</u> ~!** AM *(fam: refusal of request)* kommt [überhaupt] nicht in Frage *fam,* daraus wird nichts *fam;* *(of no use)* vergiss es *fam,* [das ist] völlig witzlos *fam;* *(having no luck)* keine Chance **II.** *vi* würfeln ▸ PHRASES: **to ~ with <u>death</u>** mit seinem Leben spielen, sein Leben aufs Spiel setzen **III.** *vt* ❶ *(cut)* ■**to ~ sth** etw würfeln [*o* in Würfel schneiden] ❷ AUS *(sl: reject)* ■**to ~ sb** jdn abweisen, jdm die kalte Schulter zeigen *fam*

dicey [ˈdaɪsi] *adj (fam)* unsicher, riskant; *situation* prekär *geh*

dichotomizing search [daɪˈkɒtəmaɪzɪŋ-, AM -ˈkɑːt̬ə-] *n* COMPUT eliminierende Suche, Einstichverfahren *nt*

dichotomy [daɪˈkɒtəmi, AM -ˈkɑːt̬ə-] *n (form)* ❶ PHILOS Zweiteilung *f,* Dichotomie *f geh* ❷ BOT Aufspaltung *f,* Gabelung *f,* Dichotomie *f fachspr*

dichromatic [ˌdaɪkrəˈmætɪk, AM -t̬ɪk] *adj inv* ❶ *(two-tone)* zweifarbig ❷ MED zweifarbensichtig, dichromatisch *fachspr*

dick [dɪk] *n* ❶ BRIT *(sl: chap)* Kerl *m fam,* Typ *m sl* ❷ *(pej!: stupid man)* Idiot *m pej,* Schwachkopf *m pej* ❸ AM *(pej sl: detective)* Schnüffler *m pej fam* ❹ *(vulg: penis)* Schwanz *m vulg* ❺ AM *(fam)* **~ all** *(nothing)* einen [feuchten] Dreck *sl;* ***he doesn't know ~ all*** einen Dreck weiß er *sl* ❻ CAN *(sl)* **~ all** *(nothing)* überhaupt nichts; ***last night I did ~ all*** gestern Abend habe ich überhaupt nichts gemacht

dickens [ˈdɪkɪnz] *n (dated fam)* **how/what/why the ~ ...?** wie/was/warum zum Teufel ...? *sl*

Dickensian [dɪˈkenziən] *adj* LIT *(written by Dickens)* von Dickens; *(in Dickens' style)* in Dickensscher Manier; *(of Dickens' day)* wie zu Dickens' Zeiten

dicker [ˈdɪkɚ] *vi esp* AM feilschen *pej,* schachern *pej* (**with** mit +*dat*)

dickey [ˈdɪki] *n (for shirt)* Hemdenbrust *f,* Vorhemd *nt,* Plastron *m o nt;* *(for blouse)* Bluseneinsatz *m*

dickey bow *n* BRIT *(fam)* Fliege *f,* Schleife *f,* Binder *m veraltend*

dickhead *n (vulg)* Hohlkopf *m pej,* Schwachkopf *m pej*

dickie *n see* **dickey**

dickie bow *n* BRIT *(fam) see* **dickey bow**

dicky[1] *n see* **dickybird**

dicky[2] [ˈdɪki] *adj* BRIT, AUS *(sl)* schlecht; **~ heart** schwaches Herz

dickybird *n* ❶ BRIT *(childspeak: when takings photos)* Vögelchen *nt* ❷ *no pl (rhyming sl)* ***we haven't heard a ~ from Riza recently*** in der letzten Zeit haben wir von Riza überhaupt nichts gehört; **to not say a ~ to sb** jdm kein Sterbenswörtchen [*o* keinen Ton] verraten

dicky bow *n* BRIT *(fam) see* **dickey bow**

dicta [ˈdɪktə] *n pl of* **dictum**

Dictaphone® [ˈdɪktəfəʊn, AM -foʊn] *n* Diktaphon® *nt,* Diktiergerät *nt*

dictate [dɪkˈteɪt, AM ˈdɪk-] **I.** *vt* ■**to ~ sth** ❶ *(command)* etw befehlen [*o* anordnen] [*o geh* diktieren] ❷ *(make necessary)* etw bestimmen [*o* notwendig machen] [*o geh* diktieren] ❸ *a letter, memo* etw diktieren **II.** *vi* ❶ *(command)* befehlen, anordnen; ■**to ~ to sb** jdm Vorschriften machen, jdn herumkommandieren *fam;* ***I will not be ~d to in this manner!*** so lasse ich mich nicht herumkommandieren! ❷ *(to a secretary)* diktieren; **to ~ into a machine** in ein Gerät diktieren, auf Band sprechen

dictates [ˈdɪkteɪts] *npl* Gebot *nt kein pl; of fashion* Diktat *nt kein pl geh;* **to follow the ~ of one's conscience** der Stimme seines Gewissens folgen; **the ~ of fairness** das Gebot der Fairness

dictation [dɪkˈteɪʃən] *n* ECON, SCH Diktat *nt;* **to take ~** ein Diktat aufnehmen

dictator [dɪkˈteɪtəʳ, AM -t̬ɚ] *n* ❶ POL *(also fig)* Diktator *m pej;* ***my boss is a bit of a ~*** mein Chef ist ein kleiner Diktator ❷ *(of text)* Diktierende(r) *f(m)*

dictatorial [ˌdɪktəˈtɔːriəl] *adj* diktatorisch; **~ ruler** Gewaltherrscher(in) *m(f)*

dictatorship [dɪkˈteɪtəʃɪp, AM -t̬ɚ-] *n* Diktatur *f;* **the ~ of General Franco** die Francodiktatur; **after many years of ~** nach vielen Jahren der Diktatur

diction [ˈdɪkʃən] *n no pl* ❶ *(of speaking)* Ausdrucksweise *f,* Redestil *m,* Diktion *f geh* ❷ *(of pronunciation)* Aussprache *f;* **to have good ~** eine gute Aussprache haben

dictionary [ˈdɪkʃənəri, AM -eri] **I.** *n (of words)* Wörterbuch *nt;* *(of facts)* Lexikon *nt;* **to look sth up in a ~** etw in einem Wörterbuch nachschlagen **II.** *n modifier (entry, use)* Wörterbuch-

dictum <*pl* -ta *or* -s> [ˈdɪktəm, *pl* -tə] *n* ❶ *(saying)* Diktum *nt geh,* [bedeutsamer] Ausspruch, geflügeltes Wort ❷ *(maxim)* Maxime *f,* Grundsatz *m* ❸ LAW richterliches Diktum *fachspr,* richterlicher Spruch

did [dɪd] *pt of* **do**

didactic [daɪˈdæktɪk] *adj (esp pej)* ❶ *method* didaktisch ❷ *(teaching a moral)* belehrend; **~ novel** Bildungsroman *m;* **~ play** Lehrstück *nt* ❸ *(pedantic)* schulmeisterlich *pej*

didactically [daɪˈdæktɪkli] *adv (also pej)* didaktisch, belehrend, schulmeisterlich *pej*

diddle [ˈdɪdl̩] *(fam)* **I.** *vt (cheat)* ■**to ~ sb** jdn übers Ohr hauen *fam;* ■**to ~ sb out of sth** jdm etw abgaunern *fam* **II.** *vi* AM *(tinker)* ■**to ~** [**around**] **with sth** an etw *dat* [he]rummachen *fam;* ***he ~d with the washing machine but it still wouldn't work*** er hantierte an der Waschmaschine herum, sie wollte aber immer noch nicht laufen

diddly [ˈdɪdl̩i] *n* AM, **diddly-squat** *n* AM *(sl)* nichts, einen feuchten Kehricht *sl;* **to know ~** einen Dreck wissen *sl,* keine Ahnung vom Tuten und Blasen haben *sl*

diddums [ˈdɪdəmz] **I.** *interj* BRIT *(hum)* ❶ *(mock sympathy)* du Arme(r) ❷ *(childspeak: comfort)* heile, heile Segen *Kindersprache* **II.** *n* armer Kleiner/arme Kleine

didgeridoo [ˌdɪdʒəriˈduː] *n* MUS Didjeridu *nt* (*Musikinstrument der australischen Aborigines*)

didn't [ˈdɪdənt] = **did not** *see* **do**

didst [dɪdst] *vt, vi (old) 2nd pers sing pt of* **do**

die[1] [daɪ] *n* ❶ <*pl* dice> *(for games)* Würfel *m* ❷ TECH *(for shaping)* [Press]form *f,* Matrize *f;* *(for forging)* Gesenk *nt,* Kokille *f;* *(for cutting)* Schneidwerkzeug *nt;* *(for stamping)* [Press]stempel *m;* ELEC Rohchip *m* ▸ PHRASES: **as <u>straight</u>** [*or* **<u>true</u>**] **as a ~** grundehrlich; **the ~ is <u>cast</u>** die Würfel sind gefallen

die[2] <-y-> [daɪ] **I.** *vi* ❶ *(cease to live)* sterben, umkommen; ***she said she would finish the race or***

~ ***in the attempt*** sie sagte, sie werde das Rennen tot oder lebend beenden; ***I'd rather ~ than ...*** lieber sterbe ich, als dass ...; **to almost ~ of boredom/embarrassment/laughter** (*fam*) vor Langeweile/Scham/Lachen fast sterben *fam;* ***we almost ~d laughing*** wir hätten uns fast totgelacht; **to ~ of** [*or* **from**] **cancer/Aids** an Krebs/Aids sterben; **to ~ by one's own hand** (*liter*) Hand an sich *akk* legen *euph geh;* **to ~ of hunger** verhungern, hungers sterben *geh;* **to ~ in one's sleep** [sanft] entschlafen *euph geh;* **to ~ young** jung sterben, einen frühen Tod finden *geh;* ■ **to ~ for sth** für etw *akk* sterben; **to ~ for one's beliefs** für seine Überzeugungen in den Tod gehen *geh* ② (*fig: end*) vergehen, [dahin]schwinden, erlöschen *geh; love* sterben; ***the secret will ~ with her*** sie wird das Geheimnis mit ins Grab nehmen ③ (*fam: stop functioning*) kaputtgehen *fam; engine* stehen bleiben, verrecken *pej sl; battery* leer werden; *flames, lights* [v]erlöschen, ausgehen; ***he wore his jeans until they ~d*** AM er trug seine Jeans, bis sie völlig hinüber waren *fam* ► PHRASES: **to ~ hard** (*person*) nicht aufgeben; (*beliefs, customs*) nicht totzukriegen sein *hum fam;* (*rumour*) sich *akk* lange halten; **never say ~** nur nicht aufgeben; **do or ~** ***to get the job I'll do or ~*** ich werde alles geben, um die Stelle zu kriegen *fam;* ***it's do or ~ in this business venture*** bei diesem Geschäftsvorhaben geht es ums Ganze; **to be dying to do sth** darauf brennen, etw zu tun; ***I'm dying to hear the news*** ich bin wahnsinnig gespannt, die Neuigkeiten zu erfahren *fam;* **to be dying for sth** großes Verlangen nach etw *dat* haben; ***I'm dying for a cup of tea*** ich hätte jetzt zu gern eine Tasse Tee; **to be something to ~ for** (*fam*) unwiderstehlich gut sein; ***this chocolate cake is something to ~ for*** diese Schokoladentorte ist einfach köstlich **II.** *vt* **to ~ a lonely death** einsam sterben; **to ~ a natural/violent death** eines natürlichen/gewaltsamen Todes sterben ► PHRASES: **to ~ the death** BRIT THEAT (*fam*) ein totaler Flop sein *fam*

◆**die away** *vi* schwinden, ersterben *geh; sobs* nachlassen, immer schwächer werden; *anger, enthusiasm, wind* sich *akk* allmählich legen, nachlassen; *sound* verhallen, verklingen

◆**die back** *vi flower, leaves, plant* absterben

◆**die down** *vi loud music, noise* leiser werden; *rain, wind* schwächer werden; *storm* sich legen; *excitement* abklingen

◆**die off** *vi species* aussterben; *customs* aussterben, in Vergessenheit geraten; *flower, leaves, plant* absterben

◆**die out** *vi* aussterben

die-cast **I.** *vt* ■ **to ~ sth** etw spritzgießen [*o* druckgießen] **II.** *adj inv* Spritzguss-, Druckguss-

diehard **I.** *n* (*pej*) Dickschädel *m pej fam,* Sturkopf *m pej fam;* POL Ewiggestrige(r) *f(m)* **II.** *n modifier* (*reformer, critic*) unermüdlich; (*conservative, reactionary*) Erz-; (*cynic*) unverbesserlich

diesel ['di:zəl, AM *also* -səl] **I.** *n no pl* ① (*fuel*) Dieselkraftstoff *m,* Diesel *m;* **to run on ~** mit Diesel fahren ② (*vehicle*) Dieselfahrzeug *nt,* Diesel *m fam* **II.** *n modifier* (*locomotive, power, tractor, train*) Diesel-

diesel-electric *adj inv* Diesel-Elektro- **diesel engine** *n* Dieselmotor *m* **diesel oil** *n* Dieselöl *nt,* Dieselkraftstoff *m*

diet[1] [daɪət] **I.** *n* ① (*food and drink*) Nahrung *f,* Ernährung *f;* ***they to exist on a ~ of burgers and chips*** sie ernähren sich ausschließlich von Hamburgern und Pommes frites; **balanced/healthy/varied ~** ausgewogene/gesunde/abwechslungsreiche Kost [*o* Ernährung]; **staple ~** Hauptnahrungsmittel *ntpl* ② (*for medical reasons*) Diät *f,* Schonkost *f;* **strict ~** strenge Diät; **to be on a ~** auf Diät sein *fam;* **to put sb on a ~** jdm eine Diät verordnen, jdn auf Diät setzen *fam* ③ (*for losing weight*) Diät *f,* Schlankheitskur *f;* **crash ~** Radikalkur *f;* **to go on a ~** eine Diät [*o* Schlankheitskur] machen; **calorie-controlled ~** kalorienreduzierte Diät ④ (*fig: routine*) Gewohnheit *f;* ***part of her therapy includes a ~ of fresh air*** zu ihrer Therapie gehört ein regelmäßiger Gang an die frische Luft; (*sth provided habitually*) **steady ~** ewiges Einerlei *pej fam;* ***the television offers a ~ of comedies and old movies*** das Fernsehen bringt nur Komödien und alte Filme **II.** *vi* Diät halten [*o* leben] **III.** *vt* ■ **to ~ sb** jdn auf Diät setzen *fam,* jdm eine Diät verordnen **IV.** *n modifier* (*cola, ice cream, meal, soda*) Diät-

diet[2] [daɪət] *n* ① POL (*of province*) Landtag *m;* (*federal*) Bundestag *m,* Reichstag *m hist* ② (*assembly*) Versammlung *f* ③ SCOT (*court session*) Gerichtstag *m,* Gerichtstermin *m*

dietary ['daɪətəri, AM -teri] **I.** *n* Diätplan *m,* Diätfahrplan *m fam,* Ernährungsplan *m* **II.** *adj inv* ① (*of usual food*) Ernährungs-, Ess-; **~ habits** Essgewohnheiten *fpl* ② (*of medical diet*) Diät-, diätetisch

dietary fibre, AM **dietary fiber** *n no pl* Ballaststoff *m,* [unverdauliche] Rohfasern *fpl*

dieter ['daɪətər, AM -t̬ɚ] *n* Diätpatient(in) *m(f)*

dietetic [ˌdaɪə'tetɪk, AM -t̬] *adj inv* diätetisch

dietetics [ˌdaɪə'tetɪks, AM -t̬-] *n + sing vb* Ernährungslehre *f,* Diätkunde *f,* Diätetik *f fachspr*

dietician, dietitian [ˌdaɪə'tɪʃən] *n* Diätassistent(in) *m(f),* Ernährungsberater(in) *m(f)*

differ ['dɪfər, AM -ɚ] *vi* ① (*be unlike*) ■ **to ~** [**from/in sth**] sich *akk* [von/in etw *dat*] unterscheiden; ***your taste in music ~s from hers*** du hast einen anderen Musikgeschmack als sie; **to ~ considerably/radically/significantly** sich *akk* beträchtlich/völlig/merklich unterscheiden ② (*not agree*) verschiedener Meinung sein, unterschiedliche Ansichten haben; LAW ***I beg to ~*** ich bin anderer Ansicht; ■ **to ~ with sb** anderer Meinung als jd sein

difference ['dɪfərən(t)s] *n* ① (*state*) Unterschied *m* (**between** zwischen *+dat*); **~ in quality** Qualitätsunterschied *m* ② (*distinction*) Verschiedenheit *f;* ***there is a great ~ between theory and practice*** die Theorie unterscheidet sich sehr von der Praxis; ***try new Cremetti: the ice cream with a ~*** probieren Sie das neue Cremetti: das etwas andere Eis; **to make a ~** einen Unterschied machen; **to make all the ~** die Sache völlig ändern; **for all the ~ it** [*or* **that**] **will make** auch wenn sich dadurch nichts ändert; **to make all the ~ in the world** [*or* **a world of ~**] einen himmelweiten Unterschied machen; **to make a ~ to sth** etw verändern; ***the new wallpaper in the bedroom has made all the ~ to it*** durch die neue Tapete wirkt das Schlafzimmer jetzt ganz anders ③ FIN Differenz *f;* **to make up the ~** die Differenz ausgleichen, den Fehlbetrag decken; MATH (*after subtraction*) Rest *m* ④ (*disagreement*) Meinungsverschiedenheit *f,* Differenz *f geh;* **to have a ~ of opinion** eine Meinungsverschiedenheit haben; **to put aside/settle** [*or* **resolve**] **~s** Meinungsverschiedenheiten beiseite lassen/beilegen

different ['dɪfərənt] *adj* ① (*not the same*) anders *präd,* andere(r,s) *attr;* ***he seems to be ~ now that he's been to college*** er scheint sich geändert zu haben, seit er am College war ② (*distinct*) unterschiedlich, verschieden; ***she seems to wear something ~ every day*** sie scheint jeden Tag etwas anderes zu tragen; ■ **to be ~ from sb/sth** sich *akk* von jdm/etw unterscheiden; ***Emily is entirely ~ from her sister*** Emily ist ganz anders als ihre Schwester ③ (*unusual*) ausgefallen, ungewöhnlich; ***well, those purple shoes are certainly ~*** deine lila Schuhen sind eher ein wenig ungewöhnlich, oder?; **to do something ~** etwas Außergewöhnliches tun ► PHRASES: **to be as ~ as chalk and cheese** [*or esp* AM **night and day**] grundverschieden [*o* [so verschieden] wie Tag und Nacht] sein

differential [ˌdɪfə'ren(t)ʃəl] **I.** *n* ① (*difference*) Unterschied *m;* ECON Gefälle *nt;* **pay/price/tariff ~** Einkommens-/Preis-/Tarifunterschied *m,* Lohn-/Preis-/Tarifgefälle *nt* ② MATH Differenzial *nt* ③ AUTO, MECH Differenzial[getriebe] *nt,* Ausgleichsgetriebe *nt* **II.** *adj* ① (*different*) unterschiedlich, ungleich; **~ access** COMPUT selektiver Zugang [*o* Zugriff]; **~ treatment** Ungleichbehandlung *f* ② ECON gestaffelt, Staffel-; **~ tariff** Staffeltarif *m* ③ MATH, MECH Differenzial-

differential calculus *n* Differenzialrechnung *f*

differential equation *n* Differenzialgleichung *f*

differential gear *n* Differenzialgetriebe *nt*

differentially [ˌdɪfə'ren(t)ʃəli] *adv* unterschiedlich

differentiate [ˌdɪfə'ren(t)ʃieɪt] **I.** *vi* unterscheiden, einen Unterschied machen; ***I'm not very good at differentiating between wines*** ich kann Weine nicht sehr gut voneinander unterscheiden **II.** *vt* ■ **to ~ sb/sth from sb/sth** jdn/etw von jdm/etw unterscheiden

differentiation [ˌdɪfəren(t)ʃi'eɪʃən] *n* ① (*showing differences*) Unterscheidung *f,* Differenzierung *f;* **to make a ~** einen Unterschied machen, unterscheiden ② (*becoming different*) Differenzierung *f;* (*of specializing*) Spezialisierung *f;* ***the ~ of the foetal organs ...*** die Ausbildung der einzelnen embryonalen Organe ... ③ ECON Produktdifferenzierung *f*

differently ['dɪfərentli] *adv* verschieden, unterschiedlich

difficult ['dɪfɪkəlt] *adj* ① (*not easy*) *examination, language, task* schwierig, schwer; *case, problem, situation* schwierig; *choice, decision* schwer; ***this problem is ~ to deal with*** dieses Problem ist schwer in den Griff zu bekommen; (*it was ~ for her to say good-bye*) es fiel ihr schwer, sich zu verabschieden; **~ climb** schwieriger Aufstieg; **~ labour** schwere Geburt; **to find it ~ to do sth** es schwer finden, etw zu tun ② (*with hardship*) *age, position* schwierig; *life, time* schwer; *job, trip* beschwerlich ③ (*not easy to please*) schwierig; ***the manager is ~ to deal with*** mit dem Manager ist nicht gut Kirschen essen *fam* ④ (*complex*) *author, book, concept* schwierig, schwer verständlich

difficulty ['dɪfɪkəlti] *n* ① *no pl* (*effort*) Mühe *f;* **with ~** mit Mühe, mühsam ② *no pl* (*problematic nature*) *of a task* Schwierigkeit *f* ③ (*trouble*) Problem *nt,* Schwierigkeit *f;* ***a ~ has arisen*** es gibt da ein Problem; **to be fraught with difficulties** jede Menge Probleme mit sich *dat* bringen *fam;* **learning difficulties** Lernschwierigkeiten *fpl;* **to be in difficulties** in Schwierigkeiten sein; **to be in difficulties with sb** BRIT, AUS Unannehmlichkeiten mit jdm haben; **to encounter difficulties** auf Schwierigkeiten stoßen; **to have ~ doing sth** Schwierigkeiten dabei haben, etw zu tun; ***she has been having great ~ finding a job*** es war sehr schwer für sie, eine Stelle zu finden

diffidence ['dɪfɪdən(t)s] *n no pl* ① (*shyness*) Schüchternheit *f,* Mangel *m* an Selbstvertrauen; ***with great ~, he asked her ...*** ganz schüchtern fragte er sie, ... ② (*modesty*) Zurückhaltung *f,* Bescheidenheit *f*

diffident ['dɪfɪdənt] *adj* ① (*shy*) zaghaft, schüchtern ② (*modest*) zurückhaltend, bescheiden

diffidently ['dɪfɪdəntli] *adv* ① (*shyly*) zaghaft, schüchtern ② (*modestly*) zurückhaltend, bescheiden

diffract [dɪ'frækt] *vt* PHYS ■ **to ~ sth** etw beugen

diffraction [dɪ'frækʃən] *n no pl* PHYS Beugung *f,* Diffraktion *f fachspr*

diffuse **I.** *adj* [dɪ'fju:s] ① (*spread out*) *community* [weit] verstreut; **~ light** diffuses Licht, Streulicht *nt* ② (*unclear*) *pain* diffus; **~ murmuring** undeutliches Gemurmel ③ (*verbose*) *explanation, report* weitschweifig; *prose, speech* langatmig **II.** *vi* [dɪ'fju:z] ① (*disperse*) *knowledge* sich *akk* verbreiten; PHYS *gas* diffundieren *fachspr,* sich *akk* ausbreiten; *fluid* sich *akk* verbreiten [*o* verteilen]; ***oxygen ~s from the lungs into the bloodstream*** Sauerstoff dringt aus der Lunge in den Blutkreislauf ② PHYS (*intermingle*) sich *akk* vermischen **III.** *vt* [dɪ'fju:z] ① (*disseminate*) ■ **to ~ sth** etw verbreiten [*o* in Umlauf bringen]; **to ~ knowledge** Wissen verbreiten ② (*pour out*) ■ **to ~ sth** etw ausgießen [*o* ausschütten] ③ PHYS ■ **to ~ sth into sth** etw in etw *akk* eindringen [*o fachspr* diffundieren] lassen; ***gas is ~d into the bladder*** in die Blase wird Gas eingebracht

diffusely [dɪ'fju:sli] *adv* ① (*in a dispersed manner*) verstreut ② (*verbosely*) langatmig, weitschweifig

diffuseness [dɪ'fju:snəs] *n no pl* Mangel *m* an Abgrenzung, Unklarheit *f,* Unschärfe *f*

diffuser [dɪ'fju:zər, AM -ɚ] *n* ① (*for light*) [Licht]diffusor *m,* lichtstreuender Körper ② (*for airstream*)

D

Diffusor *m*, Luftverteiler *f*, [Druckluft]belüfter *m*

diffusion [dɪ'fju:ʒᵊn] *n no pl* Verbreitung *f*; SOCIOL Ausbreitung *f*; CHEM, PHYS Diffusion *f*

diffusor *n see* **diffuser**

dig [dɪg] I. *n* ❶ (*with shovel*) Grabung *f*; ARCHEOL Ausgrabung *f*; ARCHIT Erdarbeiten *pl*; **to go on a ~** eine Ausgrabung machen ❷ (*thrust*) Stoß *m*, Puff *m fam*; **~ in the ribs** Rippenstoß *m*; (*fig: cutting remark*) Seitenhieb *m* (**at** auf +*akk*); **to have** [*or* **make**] [*or* **take**] **a ~ at sb** gegen jdn sticheln ❸ *esp* BRIT (*fam*) ■**~s** *pl* [Studenten]bude *f fam*; **to live in ~s** ein möbliertes Zimmer [*o fam* eine eigene Bude] haben II. *vi* <-gg-, dug, dug> ❶ (*break up ground*) graben; ■**to ~ for sth** nach etw *dat* graben; ■**to ~ into/through sth** sich *akk* in/durch etw *akk* graben ❷ (*poke*) graben, wühlen; ***her nails dug into his palm*** ihre Nägel gruben sich in seine Hand; ***I've got a stone in my shoe and it's ~ging into my foot*** in meinem Schuh ist ein Stein, der bohrt sich in meinen Fuß; **to ~ in one's pocket** in der Tasche graben [*o* [herum]wühlen] *fam* ❸ (*dated sl: understand*) schnallen *sl*, kapieren *fam*; ***you ~, man?*** alles klar, Junge? *fam* ► PHRASES: **to ~** [**deeper**] **into one's pockets** [tiefer] in die eigene Tasche greifen; **to ~** [**deeper**] **into one's resources** [*or* **savings**] [verstärkt] auf eigene Mittel/Ersparnisse zurückgreifen; **to ~ deeper** der Sache nachgehen [*o* auf den Grund gehen], tiefer bohren III. *vt* <-gg-, dug, dug> ❶ (*with a shovel*) ■**to ~ sth** etw graben; **to ~ a canal/ditch** einen Kanal/Graben ausheben; **to ~ a hole** ein Loch buddeln *fam* ❷ ARCHEOL ■**to ~ sth** etw ausgraben [*o* freilegen] ❸ (*thrust*) ■**to ~ sb** jdm einen Stoß geben; **to ~ a pole into the ground** einen Pfahl in den Boden rammen; **to ~ sb in the ribs** jdn [mit dem Ellenbogen] anstoßen; **to ~ one's spurs into a horse** einem Pferd die Sporen geben ❹ (*dated sl: like*) ■**to ~ sth** auf etw *akk* stehen *sl* ❺ (*dated sl: understand a meaning*) ■**to ~ sth** etw schnallen *sl* [*o fam* kapieren] ► PHRASES: **to dig** [**up**] **the dirt about** [*or* **on**] **sb** jdn durch den Schmutz ziehen; **to ~ one's own grave** sich *dat* sein eigenes Grab schaufeln; **to ~ in one's heels** [*or* **toes**] [*or* **feet**] auf stur schalten, keinen Zentimeter nachgeben; **to ~ oneself into a hole** sich *dat* selbst eine Grube graben

◆**dig in** I. *vi* ❶ (*fam: begin eating*) reinhauen *fam*, zulangen *fam*, zuschlagen *fam*; **~ in!** schlag zu!, hau rein! ❷ MIL sich *akk* eingraben [*o* verschanzen] ❸ *usu passive* (*be established*) ■**to be dug in** sich *akk* eingerichtet [*o* eingelebt] haben; MIL sich *akk* verschanzt haben II. *vt* **to ~ fertilizer** ◌ **in** Dünger untergraben

◆**dig out** *vt* (*also fig*) ■**to ~ out** ◌ **sth** etw ausgraben *a. fig*, etw herausholen

◆**dig over** *vt* ■**to ~ over** ◌ **sth** *dirt* etw umgraben

◆**dig up** *vt* ■**to ~ up** ◌ **sth** ❶ (*turn over*) etw umgraben ❷ (*remove*) etw ausgraben; ARCHEOL etw freilegen; **to ~ up weeds** Unkraut jäten ❸ (*fig: find out*) etw herausfinden [*o* ausgraben]; **to ~ up information on sb/sth** etwas über jdn/etw herausfinden

digerati [ˌdɪdʒə'rɑ:ti, AM -ţ-] *npl* Digerati, Computer-/Internetexperten, -innen *m, f fam*

digest I. *vi* [daɪ'dʒest] *food* sich *akk* verdauen lassen II. *vt* [daɪ'dʒest] ■**to ~ sth** ❶ (*in stomach*) etw verdauen ❷ (*fig: understand*) etw verarbeiten [*o* verdauen] ❸ CHEM (*decompose*) etw auflösen [*o fachspr* digerieren] III. *n* ['daɪdʒest] Auswahl *f* (**of** aus +*dat*), Überblick *m* (**of** über +*akk*); LAW Fallsammlung *f* [in Auszügen]; **~ of findings** Zusammenstellung *f* von Ergebnissen; LAW Sammlung [*o* Auswahl] *f* von Gerichtsentscheidungen

digestible [dɪ'dʒestəbl] *adj* verdaulich, bekömmlich

digestion [dɪ'dʒestʃᵊn] *n* Verdauung *f*, Digestion *f fachspr*

digestive [daɪ'dʒestɪv] I. *adj inv* Verdauungs-, digestiv *fachspr*; *disorder, enzymes, juices, tract* Verdauungs- II. *n* verdauungsförderndes Mittel, Digestivum *nt fachspr*

digestive biscuit *n* Vollkornkeks *m* **digestive system** *n* Verdauungssystem *nt*

digger ['dɪgəʳ, AM -ɚ] *n* ❶ (*machine*) Bagger *m*; (*gardening tool*) Grabschaufel *f*; AGR Tiefkulturpflug *m*, Rodepflug *m*; **mechanical ~** Grabmaschine *f*, Grabgerät *nt* ❷ (*sb who digs*) Gräber(in) *m(f)*, Erdarbeiter(in) *m(f)*; ARCHEOL Ausgräber(in) *m(f)*; MIN Bergmann *m*; AUS (*gold miner*) Goldgräber(in) *m(f)* ❸ AUS (*fam: buddy*) Kumpel *m fam* ❹ AUS, NZ (*fam: soldier*) [australischer/neuseeländischer] Soldat

diggings ['dɪgɪŋz] *npl* ❶ (*excavated earth*) [Erd]aushub *m kein pl* ❷ (*mine*) [Gold]mine *f*, [Gold]bergwerk *nt* ❸ BRIT (*dated fam: lodgings*) [Studenten]bude *f fam*

digit ['dɪdʒɪt] *n* ❶ MATH Ziffer *f*; **three-~ number** dreistellige Zahl ❷ (*finger*) Finger *m*; (*toe*) Zehe *f*

digital ['dɪdʒɪtᵊl, AM -ţᵊl] *adj inv* digital, Digital-; **~ editing** (*editing movies using the computer*) digitale Bearbeitung

digital audio tape *n* digitales Tonband **digital cash** *n no pl* elektronisches Geld, Plastikgeld *nt fam* **digital clock** *n* Digitaluhr *f*

digitalis [ˌdɪdʒɪ'teɪlɪs, AM -'tælɪs] *n no pl* ❶ PHARM Digitalis *nt* ❷ BOT Digitalis *f fachspr*, Fingerhut *m*

digitally ['dɪdʒɪtᵊli, AM -ţᵊli] *adv inv* digital

digital watermark *n* digitales Wasserzeichen

digitigrade ['dɪdʒɪtɪgreɪd] I. *n* ZOOL Zehengänger *m* II. *adj* ZOOL auf Zehen gehend

digitize ['dɪdʒɪtaɪz] *vt* ■**to ~ sth** etw digitalisieren

diglossia [daɪ'glɒsiə, AM -'glɑ:-] *n no pl* Diglossie *f*

dignified ['dɪgnɪfaɪd] *adj* ❶ (*with dignity*) *conduct, person, speech* würdig, würdevoll; *manners* fein; *silence* ehrfürchtig ❷ (*worthy of respect*) ehrwürdig, Achtung gebietend

dignify <-ie-> ['dɪgnɪfaɪ] *vt* ■**to ~ sth** etw Würde verleihen; ***it would be a crime to ~ this rhyme with the label poetry*** es wäre eine Schande, diese Zeilen in den Rang eines Gedichts zu erheben; **to ~ an occasion** einem festlichen Ereignis Glanz verleihen

dignitary ['dɪgnɪtᵊri, AM -nəteri] *n* Würdenträger(in) *m(f)*

dignity ['dɪgnɪti, AM -ţ-] *n no pl* ❶ (*composure*) Würde *f*; **a man of ~** ein Mann von würdevollem Auftreten; **to behave with great ~** mit großer Würde auftreten ❷ (*worthiness*) Würde *f*, [menschliche] Größe; **human ~** Menschenwürde *f*; **to die with ~** mit Würde sterben ❸ (*respect*) Ansehen *nt*, Achtung *f*; **to be beneath sb's ~** unter jds Würde *f* sein; **to stand on one's own ~** Respekt fordern

digraph ['daɪgrɑ:f, AM græf] *n* LING Digraph *m fachspr*

digress [daɪ'gres] *vi* abschweifen; ■**to ~ from sth** von etw *dat* abschweifen [*o* abkommen]

digression [daɪ'greʃᵊn] *n* Abschweifung *f*, Exkurs *m*; **~ on American history** Exkurs *m* über amerikanische Geschichte

digressive [daɪ'gresɪv] *adj* abschweifend

digs [dɪgz] *n see* **dig I 3**

dihedral [daɪ'hi:drᵊl] I. *adj inv* zweiflächig, diedrisch II. *n no pl* AVIAT V-Form *f*, V-Stellung *f*

dike *n see* **dyke**

dilapidated [dɪ'læpɪdeɪtɪd, AM -ţ-] *adj house* verfallen, baufällig; *building, estate* heruntergekommen, verwahrlost; *car* klapprig, ramponiert *fam*

dilapidation [dɪˌlæpɪ'deɪʃᵊn] *n no pl of house* Verfall *m*, Baufälligkeit *f*; ***the farmhouse had fallen into a state of ~*** das Bauernhaus war baufällig geworden

dilate [daɪ'leɪt, AM 'daɪleɪt] I. *vi* sich *akk* weiten [*o* [aus]dehnen] [*o* erweitern] II. *vt* ■**to ~ sth** etw weiten [*o* erweitern] [*o* ausdehnen]; ***this will ~ the arteries*** die Arterien werden dadurch weiter

◆**dilate on, dilate upon** *vi* (*form*) ■**to ~** [**up**]**on sth** sich *akk* über etw *akk* auslassen

dilated [daɪ'leɪtɪd, AM 'daɪleɪţ-] *adj* erweitert, ausgedehnt; ***after 20 hours of labour she was only 2 cm ~*** nach 20 Stunden Wehen war der Muttermund erst 2 cm geöffnet; **with ~ eyes** mit aufgerissenen Augen

dilation [daɪ'leɪʃᵊn] *n no pl* Erweiterung *f*, Ausdehnung *f*

dilatory ['dɪlətᵊri, AM -tɔ:ri] *adj* (*form*) langsam, saumselig *geh*; ***we apologize for being so ~ in dealing with your enquiry*** wir bitten die säumige Bearbeitung Ihrer Anfrage zu entschuldigen; **~ motion** LAW Verzögerungsantrag *m*; **~ plea** LAW dilatorische [aufschiebende] Einrede

dilberted ['dɪlbɚţɪd] *adj* AM *pred* ■**to be ~** ein Opfer seines/ihres Vorgesetzten sein

dildo <*pl* -s *or* -es> ['dɪldəʊ, AM -doʊ] *n* ❶ (*for sex*) Dildo *m* ❷ AM (*sl: idiot*) Trottel *m pej fam*, Rindvieh *nt pej*

dilemma [dɪ'lemə] *n* Dilemma *nt*, Zwangslage *f*; ***the President is in a ~ over how to tackle the crisis*** der Präsident steht bei der Lösung der Krise vor einem Dilemma; **to be caught in a ~** sich in einem Dilemma befinden; **to be faced** [*or* **confronted**] **with a ~** vor einem Dilemma stehen, in der Zwickmühle stecken; **to resolve a ~** ein Dilemma ausräumen, aus einem Dilemma herauskommen; LAW eine Streitfrage regeln

dilettante [ˌdɪlɪ'tænti, AM -ə'tɑ:nt] I. *n* <*pl* -s *or* -ti> [-taɪ] ❶ (*not expert*) Dilettant(in) *m(f) a. pej geh*, Amateur(in) *m(f)*, Laie *m* ❷ ART (*old*) Kunstliebhaber(in) *m(f)* II. *n modifier* (*approach, attitude*) dilettantisch, amateurhaft, laienhaft

dilettanti [ˌdɪlɪ'tænti, AM -taɪ] *n pl of* **dilettante**

diligence ['dɪlɪdʒᵊn(t)s] *n no pl* ❶ (*effort*) Eifer *m* ❷ (*industriousness*) Fleiß *m*

diligent ['dɪlɪdʒᵊnt] *adj* ❶ (*hard-working*) fleißig, eifrig; ***their lawyer was extremely ~ in preparing their case*** ihr Anwalt hat den Fall mit außergewöhnlichem Eifer vorbereitet ❷ (*painstaking*) sorgfältig, gewissenhaft (**about** mit +*dat*)

diligently ['dɪlɪdʒᵊntli] *adv* sorgfältig, gewissenhaft

dill [dɪl] *n no pl* Dill *m*

dill pickle *n* Essiggurke *f* **dill weed** *n no pl* Dill *m*

dillydally <-ie-> ['dɪliˌdæli] *vi* (*dated fam*) ❶ (*dawdle*) [herum]trödeln *meist pej fam* ❷ (*vacillate*) schwanken, zaudern

dilute [daɪ'lu:t] I. *vt* ■**to ~ sth** ❶ (*mix*) etw verdünnen [*o* strecken] (**with** mit +*dat*) ❷ (*fig*) etw abschwächen [*o* mildern]; **to ~ fears** Ängste zerstreuen; **to ~ one's investment in a company** seine Investitionen *fpl* in eine Firma reduzieren; **to ~ a statement** einer Stellungnahme die Schärfe nehmen II. *adj* verdünnt; **~ colour** ausgebleichte [*o* verblasste] Farbe; **~ light** schwaches Licht

diluted [daɪ'lu:tɪd, AM -ţ-] *adj esp* AM *juice, chemical solution* verdünnt; *soup, sauce* gestreckt

dilution [daɪ'lu:ʃᵊn] *n* ❶ *no pl* (*act*) Verdünnen *nt*; **by ~** durch Verdünnen ❷ (*liquid*) Verdünnung *f*, verdünnte Lösung ❸ *no pl* (*fig: weakening*) Verwässerung *f*, Abschwächung *f* ❹ ECON, FIN **~ of equity** [*or* **shareholding**] Wertminderung *f* von Aktien

diluvial [daɪ'lu:viəl, AM dɪ'-] *adj* sintflutartig

dim <-mm-> [dɪm] I. *adj* ❶ (*not bright*) schwach, trüb; **~ glow** schwacher [*o* trüber] Schein; **~ light** schwaches [*o* trübes] Licht; (*poorly lit*) düster, schumm[e]rig, dunkel; **~ corner** dunkle Ecke; **~ room** schummriges Zimmer ❷ (*indistinct*) undeutlich, verschwommen, schwach; **~ memory** [*or* **recollection**] verschwommene Erinnerung; **~ shape** verschwommene Konturen *fpl*; **~ sound** leises Geräusch; **~ view/vision** unscharfe Sicht ❸ (*dull*) *colour* matt, trüb, blass ❹ (*fig: slow to understand*) schwer von Begriff *fam*, beschränkt *fam*, begriffsstutzig ❺ (*fig: unfavourable*) dunkel, ungünstig; **~ prospects** trübe Aussichten; **to take a ~ view of sth** mit etw *dat* gar nicht einverstanden sein, von etw *dat* nichts halten II. *vt* ■**to ~ sth** etw abdunkeln [*o* verdunkeln]; **to ~ the lights** das Licht dämpfen; AUTO **to ~ the headlights** abblenden III. *vi lights* dunkler werden, verlöschen; *hopes* schwächer werden, schwinden

dim. *adj inv abbrev of* **diminuendo** dim.

dime [daɪm] *n* AM Dime *m*, Zehncentstück *nt* ► PHRASES: **a ~ a dozen** spottbillig; ***books like this are a ~ a dozen*** Bücher wie das sind Dutzendware *pej*; **she hasn't a ~** sie ist total pleite [*o* abgebrannt] *fam*

dimension [ˌdaɪˈmen(t)ʃᵊn, AM dɪˈ-] **I.** *n* ❶ *(measurements)* *of room* Dimension *f,* Abmessung *f;* ■**~s** *pl (size)* Ausmaß *nt,* Umfang *m kein pl;* **of large** [*or* **vast**] **~s** von riesigen Ausmaßen, riesengroß ❷ *(aspect)* Dimension *f,* Aspekt *m; **these weapons add a new ~ to modern warfare*** durch diese Waffen erhält die moderne Kriegsführung eine [ganz] neue Dimension; **~ of a problem** Bedeutung *f* eines Problems ❸ MATH Dimension *f* **II.** *vt* ■**to ~ sth** ❶ *(shape)* etw abmessen ❷ *(indicate size)* etw dimensionieren

-dimensional [ˌdaɪˈmen(t)ʃᵊnᵊl, AM dɪˈ-] *in compounds (1-, 2-, 3-)* -dimensional

dimeter [ˈdɪmɪtəʳ, AM -ət̬ɚ] *n* LIT Dimeter *m*

diminish [dɪˈmɪnɪʃ] **I.** *vt* ❶ *(lessen)* ■**to ~ sth** etw vermindern [*o* verringern]; **to ~ sb's achievements** jds Leistungen *fpl* schmälern [*o* herabwürdigen]; **to ~ a memory** eine Erinnerung beeinträchtigen; **to ~ sb's resolve** jdn verunsichern ❷ *(disparage)* ■**to ~ sb** jdn herabsetzen [*o* herabwürdigen] **II.** *vi* sich *akk* vermindern; *pain* nachlassen, abklingen; *influence, value* abnehmen, zurückgehen; **~ [greatly] in value** [stark] an Wert verlieren

diminished capacity *n no pl* AM LAW verminderte Zurechnungsfähigkeit; **on grounds of ~** aufgrund verminderter Zurechnungsfähigkeit **diminished chord** *n* MUS vermindertes Intervall **diminished responsibility** *n no pl* verminderte Zurechnungsfähigkeit; **on grounds of ~** aufgrund verminderter Zurechnungsfähigkeit

diminishing returns *npl* abnehmende Skalenerträge; **the law of ~** Gesetz *nt* vom abnehmenden Ertragszuwachs, Ertragsgesetz *nt*

diminuendo [dɪˌmɪnjuˈendəʊ, AM -doʊ] MUS **I.** *n* <*pl* -s *or* -di> Diminuendo *nt* **II.** *adv inv* diminuendo **III.** *adj inv* diminuendo **IV.** *vi* leiser werden

diminution [ˌdɪmɪˈnjuːʃᵊn, AM -əˈnuː-] *n* ❶ *no pl* Verringerung *f,* Abnahme *f,* Verminderung *f; **there will be a temporary ~ in prospects*** die Möglichkeiten sind vorübergehend eingeschränkt ❷ MUS Diminution *f*

diminutive [dɪˈmɪnjətɪv, AM -t̬-] **I.** *adj* ❶ *(small)* winzig, klein ❷ *(indicating smallness)* diminutiv, Verkleinerungs- **II.** *n* Diminutiv *nt,* Verkleinerungsform *f*

dimity [ˈdɪmɪti, AM ət̬i] *n no pl* FASHION geköperter Barchent

dimly [ˈdɪmli] *adv* ❶ *(not brightly)* schwach ❷ *(indistinctly)* undeutlich, unscharf ❸ *(vaguely)* **to remember sth ~** sich *akk* dunkel an etw *akk* erinnern

dimmer [ˈdɪməʳ, AM -ɚ] *n,* **dimmer switch** *n* Dimmer *m,* Helligkeitsregler *m*

dimness [ˈdɪmnəs] *n no pl* ❶ *(lack of light)* Trübheit *f,* Halbdunkel *nt; of a lamp* Mattheit *f; of a memory* Undeutlichkeit *f; of an outline* Unschärfe *f; of a room* Düsterkeit *f* ❷ *(lack of intelligence)* Beschränktheit *f*

dimple [ˈdɪmpl̩] **I.** *n (in cheeks, chin)* Grübchen *nt; (indentation)* Delle *f; (in water)* Kräuselung *f* **II.** *vt **a smile ~d his cheeks*** als er lächelte, bekam er Grübchen in den Wangen **III.** *vi* Grübchen bekommen

dimpled [ˈdɪmpl̩d] *adj* mit Grübchen; ■**to be ~** Grübchen haben

dim sim [ˌdɪmˈsɪm] *n,* **dim sum** [-ˈsʌm] *n no pl* FOOD Dim Sim *(gefüllte chinesische Knödel)*

dimwit I. *n (pej sl)* Dummkopf *m pej,* Hohlkopf *m pej* **II.** *interj* Blödmann *m fam,* Dummkopf *m fam*

dim-witted *adj* dusselig *fam,* dämlich *fam,* blöd *fam,* minderbemittelt *pej sl,* unterbelichtet *pej fam*

DIN *n* COMPUT *abbrev of* **deutsche Industrienorm** DIN

din [dɪn] **I.** *n no pl* Lärm *m,* Getöse *nt;* **the ~ of the traffic** der Verkehrslärm; **terrible ~** Höllenlärm *m;* **to make ~** Krach machen **II.** *vt* ■**to ~ sth into sb** jdm etw einbläuen [*o* einhämmern]

dinar [ˈdiːnɑːʳ, AM diːˈnɑːr] *n* Dinar *m;* **Arab accounting ~** arabischer Verrechnungsdinar

dine [daɪn] *vi (form)* essen, speisen *geh,* dinieren *geh*

◆**dine off** *vi* ■**to ~ off sth** von etw *dat* leben, etw essen

◆**dine out** *vi* ❶ *(eat in restaurant)* auswärts essen [*o geh* speisen]; ***we're dining out tonight at a special little restaurant*** wir gehen heute Abend zum Essen in ein kleines Restaurant ❷ *(fig: be invited)* ■**to ~ out on sth** wegen etw *dat* zum Essen eingeladen werden; ***I've been dining out for months on the story*** die Geschichte hat mir monatelang Einladungen zum Essen verschafft

diner [ˈdaɪnəʳ, AM -ɚ] *n* ❶ *(person)* Speisende(r) *f(m); (in restaurant)* Gast *m* ❷ RAIL Speisewagen *m* ❸ AM *Restaurant am Straßenrand mit Theke und Tischen*

dinero [dɪˈneroʊ] *n no pl* AM *(fam)* Knete *f fam,* Zaster *m fam*

ding¹ [dɪŋ] **I.** *vi* läuten **II.** *adv* **to go ~** läuten, klingeln **III.** *n* Klingeln *nt,* Läuten *nt* **IV.** *interj* Ring!

ding² [dɪŋ] *n* AUS *(sl)* Riesenparty *f fam,* Riesending *nt fam*

ding³ [dɪŋ] *n* **to get a ~** *(fam)* einen Kratzer [ins Auto] bekommen

ding-a-ling [ˈdɪŋəlɪŋ] **I.** *n* ❶ *(onomat)* Klingeling *nt* ❷ AM *(fam: stupid person)* Depp *m pej* **II.** *adj attr (sl: stupid)* gaga

dingbat [ˈdɪŋbæt] *n* ❶ AM, AUS, NZ *(stupid person)* Dummkopf *m pej,* Trottel *m pej fam* ❷ AUS, NZ *(madness)* ■**~s** *pl* Irrsinn *m kein pl,* Wahnsinn *m kein pl;* **to give sb the ~s** jdn verrückt machen; **to end up with the ~** ins Irrenhaus kommen, durchdrehen *fam*

ding-dong [ˈdɪŋdɒŋ, AM -dɑːŋ] **I.** *n no pl* ❶ *(onomat)* Bimbam *nt* ❷ *esp* BRIT, AUS *(fam: argument)* Krach *m fam* ❸ BRIT *(fam: party)* [Riesen]ding *nt fam* **II.** *adj attr esp* BRIT, AUS *(fam)* heiß; **a ~ argument** ein heftiger Streit **III.** *adv* **to go ~** klingeln, läuten

dinghy [ˈdɪŋgi, AM -ŋi] *n* Ding[h]i *nt*

dingle [ˈdɪŋgl̩] *n (poet, liter)* tiefes bewaldetes Tal, tiefe waldige Schlucht

dingo <*pl* -es *or* -s> [ˈdɪŋgəʊ, AM -goʊ] *n* ❶ *(dog)* Dingo *m,* australischer Windhund ❷ AUS *(sl: coward)* Feigling *m*

dingy [ˈdɪdʒi] *adj* schmutzig, schmuddelig, schäbig; **~ colour** trübe Farbe

dining car [ˈdaɪnɪŋˌ-] *n* RAIL Speisewagen *m* **dining hall** *n* Speisesaal *m* **dining room I.** *n (in house)* Esszimmer *nt; (in hotel)* Speisesaal *m* **II.** *n modifier (table, window)* Esszimmer- **dining table** *n* Esstisch *m*

dink¹ [dɪŋk] *n acr for* **double income, no kids** kinderloser Doppelverdiener/kinderlose Doppelverdienerin

dink² [dɪŋk] *n* FBALL, TENNIS Stop[flug]ball *m*

dinky¹ [ˈdɪŋki] *adj* ❶ BRIT, AUS *(approv: pretty)* niedlich, schnuckelig, zierlich ❷ AM *(pej: small)* klein, unbedeutend; **~ apartment** enge Wohnung

dinky² [ˈdɪŋki] *n acr for* **double income, no kids** kinderloser Doppelverdiener/kinderlose Doppelverdienerin, Dink *m*

dinner [ˈdɪnəʳ, AM -ɚ] *n* ❶ *(evening meal)* Abendessen *nt,* Dinner *nt; (warm lunch)* Mittagessen *nt; **we've been invited to ~ at John and Mary's*** wir sind bei John und Mary zum Essen eingeladen; ***~'s ready!*** das Essen ist fertig!; **to finish ~** zu Ende essen; **to go out for ~** essen gehen; **to have ~** zu Abend/Mittag essen; **to have sb over for ~** jdn zum Essen haben; **to make ~** das Essen zubereiten; **for ~** zum Essen ❷ *(formal meal)* Diner *nt,* Festessen *nt;* **to hold a ~ [for sb]** [für jdn] ein [offizielles] Essen geben ▶ PHRASES: **I've written more books than you've had <u>hot</u> ~s!** ich habe schon mehr Bücher geschrieben, als du Briefe

dinner dance *n* [Abend]essen *nt* mit Tanz **dinner jacket** *n* Smoking[jacke] *m* **dinner lady** *n* BRIT SCH *servierende Aufseherin an Schulen* **dinner party** *n* Abendgesellschaft *f* [mit Essen], Diner *nt;* **to have** [*or* **give**] **a ~** ein Abendessen geben **dinner service** *n,* **dinner set** *n* Tafelservice *nt,* Speiseservice *nt* **dinner table** *n (in house)* Esstisch *m; (at formal event)* Tafel *f; **don't argue at the ~*** beim Essen streitet man nicht **dinnertime** *n no pl* Essenszeit *f*

dinosaur [ˈdaɪnəsɔːʳ, AM -sɔːr] *n* Dinosaurier *m; (fig: object)* Auslaufmodell *nt; (person)* Betonkopf *m pej; **this typewriter is a bit of a ~*** diese Schreibmaschine ist ein Überbleibsel aus einer vergangenen Epoche

DInsp *n* LAW *abbrev of* **detective inspector** Kriminalinspektor(in) *m(f)*

dint [dɪnt] **I.** *n* ❶ *(dent)* Beule *f,* Delle *f* ❷ *(old: blow)* Schlag *m* ▶ PHRASES: **<u>by</u> ~ of sth** durch etw *akk* **II.** *vt* ■**to ~ sth** etw verbeulen [*o* einbeulen], eine Delle in etw *akk* machen

diocesan [daɪˈɒsɪsᵊn, -zᵊn, AM -ˈɑːsə-] **I.** *adj inv* Diözesan-, Bistums- **II.** *n* [Diözesan]bischof *m*

diocese [ˈdaɪəsɪs, -siːz] *n* Diözese *f,* Bistum *nt*

diode [ˈdaɪəʊd, AM -oʊd] *n* Diode *f*

dioecious [daɪˈiːʃəs] *adj inv* diözisch *fachspr;* BOT *also* zweihäusig; ZOOL *also* getrenntgeschlechtlich

Dionysiac [ˌdaɪəˈnɪsiæk, -ˈnɪz-] *adj,* **Dionysian** [ˌdaɪəˈnɪsiən, -ˈnɪz-, AM -ˈnɪʃ-] *adj* ❶ *(sensual)* dionysisch *geh,* rauschhaft, ekstatisch, wild begeistert ❷ *inv (of Dionysus)* dionysisch *geh* **Dionysius** [ˌdaɪəˈnaɪsiəs, AM ˈnɪʃəs] *n no pl* HIST Dionysios *m*

diopter [daɪˈɑːptɚ] AM, **dioptre** [-ˈɒptəʳ] *n* Dioptrie *f*

dioptric [daɪˈɒptrɪk, AM -ˈɑːp-] **I.** *adj* ❶ *(aiding sight)* durchsichtig ❷ *(refractive)* lichtbrechend **II.** *n* ■**~s** *pl,* + *sing vb* Dioptrie *f*

diorama [ˌdaɪəˈrɑːmə, AM -ˈræmə] *n* Diorama *nt*

diorite [ˈdaɪəraɪt] *n no pl* Quarzgestein *nt,* Diorit *m*

dioxide [daɪˈɒksaɪd, AM -ˈɑːk-] *n no pl* CHEM Dioxyd *nt,* Dioxid *nt fachspr*

dioxin [daɪˈɒksɪn, AM -ˈɑːk-] *n* CHEM Dioxin *nt*

dip [dɪp] **I.** *n* ❶ *(dipping)* [kurzes] Eintauchen *kein pl* ❷ FOOD Dip *m,* Soße *f* ❸ *(brief swim)* kurzes Bad; **to go for a ~** mal schnell ins Wasser springen *fam,* kurz reinspringen *fam* ❹ *(cleaning liquid)* [Reinigungs]lösung *f,* Desinfektionslösung *f* ❺ *(brief study)* Ausflug *m;* **a ~ into politics** ein Ausflug *m* in die Politik ❻ *(downward slope)* Fallen *nt kein pl; road* Vertiefung *f; (drop)* Sinken *nt kein pl,* Senkung *f; (in skyline)* Abfallen *nt kein pl,* Neigung *f; **a sudden ~ in the temperature*** ein plötzlicher Temperatureinbruch ❼ ASTRON Neigung *f,* Depression *f fachspr* ❽ PHYS Inklination *f,* Neigungswinkel *m* ❾ GEOL [Ein]fallen *nt kein pl* ❿ *(sl: pickpocket)* Taschendieb(in) *m(f)* ⓫ AM *(sl: fool)* Dummkopf *m pej,* Tölpel *m pej* ⓬ *(candle)* gezogene Kerze **II.** *vi* <-pp-> ❶ *(go down)* [ver]sinken; *(lower)* sich *akk* senken; ***the sun ~ped below the horizon*** die Sonne verschwand am Horizont ❷ *(decline)* fallen, sinken; ***the profits ~ped*** die Einnahmen gingen zurück ❸ *(slope down)* abfallen ❹ *(go under water)* eintauchen, untertauchen **III.** *vt* <-pp-> ❶ *(immerse)* ■**to ~ sth** etw [ein]tauchen; ■**to ~ sth in[to] sth** etw in etw *akk* [ein]tauchen; FOOD etw in etw *akk* [ein]tunken ❷ *(put into)* ■**to ~ sth in[to] sth** etw in etw *akk* [hinein]stecken; *(put into and pull out)* **to ~ [one's hand] into sth** [mit der Hand] in etw *akk* hineingreifen [*o* hineinlangen] ❸ *(lower)* ■**to ~ sth** etw senken [*o* neigen]; **to ~ one's flag** die Flagge dippen ❹ BRIT, AUS *(dim)* **to ~ the headlights** [die Scheinwerfer] abblenden ❺ *(dye)* ■**to ~ sth** etw färben [*o* in Farbe tauchen] ❻ AGR *(wash)* **to ~ sheep** Schafe dippen [*o* in desinfizierender Lösung baden] ❼ *(make candle)* **to ~ candles** Kerzen ziehen ❽ *(baptize)* ■**to ~ sb** jdn taufen ▶ PHRASES: **to ~ one's <u>toe</u> in sth** seine Fühler nach etw *dat* ausstrecken

◆**dip in** *vi* zugreifen

◆**dip into** *vi* ❶ *(study casually)* ■**to ~ into sth** einen kurzen Blick auf etw *akk* werfen; **to ~ into a book** kurz in ein Buch hineinschauen; **to ~ into a subject** sich *akk* flüchtig mit einem Thema befassen [*o* beschäftigen] ❷ *(spend)* ■**to ~ into sth** etw angreifen; **to ~ into one's reserves/savings** an seine Ersparnisse/Reserven gehen; **to ~ into one's pocket** [*or* **wallet**] tief in die Tasche greifen

diphtheria [dɪfˈθɪəriə, AM -ˈθɪriə] *n no pl* MED Diphtherie *f*

diphthong [ˈdɪfθɒŋ, AM -θɑːŋ] *n* LING Doppellaut

D

m, Doppelvokal *m,* Diphthong *m fachspr*
diploid [ˈdɪplɔɪd] BIOL **I.** *adj inv* diploid **II.** *n* diploide Zelle, diploider Organismus
diploma [dɪˈpləʊmə, AM -ˈploʊ-] *n* ① SCH, UNIV Diplom *nt;* **to hold a ~ in sth** ein Diplom in etw *dat* haben ② *(honorary document)* [Ehren]urkunde *f*
diplomacy [dɪˈpləʊməsi, AM -ˈploʊ-] *n no pl also* POL Diplomatie *f;* *(in managing relations)* Verhandlungsgeschick *nt;* **quiet ~** stille Diplomatie; **secret ~** Geheimdiplomatie *f*
diplomat [ˈdɪpləmæt] *n also* POL Diplomat(in) *m(f)*
diplomatic [ˌdɪpləˈmætɪk, AM -ṭ-] *adj* diplomatisch; *(tactful also)* taktvoll; ***he gave a very ~ answer*** er antwortete sehr diplomatisch; **by ~ channels** auf diplomatischem Weg; **~ language** Diplomatensprache *f;* **to grant sb ~ status** jdn in den Diplomatenstand erheben
diplomatically [ˌdɪpləˈmætɪkli, AM -ṭ-] *adv* diplomatisch; POL *also* auf diplomatischem Weg[e]
diplomatic bag *n* Diplomatenpost *m,* Kuriergepäck *nt* **diplomatic corps** *n* diplomatisches Korps **diplomatic immunity** *n no pl* diplomatische Immunität **diplomatic pouch** *n* AM Diplomatenpost *f,* Kuriergepäck *nt* **diplomatic relations** *npl* diplomatische Beziehungen; **to break off ~** die diplomatischen Beziehungen abbrechen **diplomatic service** *n no pl* diplomatischer Dienst
diplomatist [dɪˈpləʊmətɪst, AM -ˈploʊ-] *n see* **diplomat**
diplopia [dɪˈpləʊpiə, AM -ˈploʊ-] *n no pl* MED Doppeltsehen *nt,* Diplopie *f fachspr*
dipolar [daɪˈpəʊləʳ, AM -ˈpoʊlə-] *adj inv* zweipolig
dipole [ˈdaɪpəʊl, AM -poʊl] *n* ① PHYS, CHEM, ELEC Dipol *m* ② *(aerial)* Dipolantenne *f*
dipper [ˈdɪpəʳ, AM -ə-] *n* ① ORN Taucher *m* ② *(ladle)* Schöpflöffel *m,* [Schöpf]kelle *f*
dippy [ˈdɪpi] *adj (sl)* verrückt *fam,* übergeschnappt *fam,* meschugge *sl*
dipso [ˈdɪpsəʊ, AM -soʊ] *n (fam) short for* **dipsomaniac** Trunksüchtige(r) *f(m),* Dipsomane, -in *m, f*
dipsomania [ˌdɪpsə(ʊ)ˈmeɪniə, AM -sə'-] *n no pl* MED [periodisch auftretende] Trunksucht, Dipsomanie *f fachspr*
dipsomaniac [ˌdɪpsə(ʊ)ˈmeɪniæk, AM -sə'-] *n* MED Trunksüchtige(r) *f(m),* Dipsomane, -in *m, f*
dipstick *n* ① AUTO [Öl]messstab *m* ② *(fam: idiot)* Idiot(in) *m(f) pej,* Dummkopf *m pej* **dip switch** *n* BRIT AUTO Abblendschalter *m*
diptych [ˈdɪptɪk] *n* ART Diptychon *nt*
dire [ˈdaɪəʳ, AM -ə-] *adj* ① *(dreadful)* entsetzlich, schrecklich, fuchtbar; **~ poverty** äußerste [*o* extreme] Armut; **~ situation** aussichtslose Situation; **to be in ~ straits** in einer ernsten Notlage sein ② *(ominous)* Unheil bringend [*o* verkündend] *attr;* **~ warning** unheilvolle Warnung ③ *pred (fam: very bad)* grässlich *fam,* schauderhaft *pej fam* ④ *(urgent)* dringend; **to be in ~ need of help** ganz dringend Hilfe brauchen
DirecPC [dɪˈrekpiːsiː] *n modifier* INET DirecPC- *fachspr*
direct [dɪˈrekt] **I.** *adj* ① *(without interruption)* direkt; **~ flight** Direktflug *m;* **a ~ train** ein durchgehender Zug; *(without detour)* **~ route** kürzester Weg ② *(without intervention)* unmittelbar, direkt; **~ link** Direktverbindung *f;* **~ negotiations** Direktverhandlungen *fpl* ③ *(frank)* offen, direkt; ***I'll be ~ with you …*** wenn ich ehrlich bin, …; **~ manner** direkte Art; **~ question** direkte [*o* unverblümte] Frage ④ *(lineal)* direkt; ***Diana is a ~ descendant of Robert Peel*** Diana stammt in direkter Linie von Robert Peel ab ⑤ *(exact)* genau, glatt *fam;* **the ~ opposite of sth** das genaue [*o* komplette] Gegenteil von etw *dat* ⑥ ASTRON rechtläufig ⑦ LAW **~ evidence** unmittelbarer Beweis; **~ examination** Befragung *f* eines Zeugen durch die benennende Partei **II.** *adv* ① *(with no intermediary)* direkt; **to dial ~** selbst wählen, durchwählen ② *(via direct route)* direkt, geradewegs; *(this train goes ~ to Rome)* dieser Zug fährt ohne Halt bis nach Rom durch; **to fly ~ to a city** ohne Zwischenlandung nach einer Stadt fliegen **III.** *vt* ① *(control)* ■ **to ~ sth** etw leiten [*o* führen]; **to ~ the traffic** den Verkehr regeln [*o* dirigieren] ② *(order)* ■ **to ~ sb to do sth** jdn anweisen, etw zu tun ③ *(aim)* ■ **to ~ sth against sb** etw gegen jdn richten; ■ **to ~ sth at/to sb** etw an jdn richten; ***was that remark ~ed at me?*** galt diese Bemerkung mir?; ***their efforts were ~ed towards helping the homeless*** mit ihrem Engagement wollten sie den Obdachlosen helfen; **to ~ sb's attention at sth** jds Aufmerksamkeit *f* auf etw *akk* lenken; **to ~ a blow at sb** nach jdm schlagen; **to ~ a letter to sb** einen Brief an jdn adressieren ④ *(threaten with weapon)* ■ **to ~ sth at sth/sb** etw auf etw/jdn richten ⑤ *(give directions)* ■ **to ~ sb to sth** jdm den Weg zu etw *dat* zeigen [*o* sagen]; ***could you please ~ me to the train station?*** könnten Sie mir bitte den Weg zum Bahnhof zeigen? ⑥ THEAT, FILM ■ **to ~ sth** bei etw *dat* Regie führen; MUS etw dirigieren **IV.** *vi* THEAT, FILM Regie führen; MUS dirigieren
direct access *n no pl* COMPUT Direktzugriff *m,* direkter Zugriff **direct action** *n no pl* POL direkte Aktion; ECON Arbeitskampfmaßnahme *f* **direct banking** *n no pl* Telebanking *nt* **direct business** *n* ECON, FIN direktes Versicherungsgeschäft
direct costs *npl* Fixkosten, Gemeinkosten **direct current** *n no pl* ELEC Gleichstrom *m* **direct debit** *n no pl* BRIT, CAN Einzugsermächtigung *f,* Einzugsverfahren *nt;* ***I pay my electricity bill by ~*** ich lasse meine Stromrechnung abbuchen **direct debit authorization** *n* FIN Einzugsermächtigung *f* **direct debiting** *n no pl* FIN Lastschriftverfahren *nt;* **~ service** Abbuchungsverfahren *nt* **direct deposit** *n* Überweisungsauftrag *m;* **to pay by ~** per Überweisung bezahlen **direct dialling** *n no pl* Direktwahl *f,* Durchwahl *f* **direct discourse** *n no pl* AM *(direct speech)* direkte [*o* wörtliche] Rede **direct hit** *n* Volltreffer *m*
direction [dɪˈrekʃᵊn] *n* ① *(course taken)* Richtung *f;* ***he was going in the ~ of the bedroom*** er ging in Richtung Schlafzimmer; **sense of ~** Orientierungssinn *m;* **to lack ~** orientierungslos sein; **to move in a ~** sich *akk* in eine Richtung bewegen; **in opposite ~s** in entgegengesetzter Richtung; **in the right/wrong ~** in die richtige/falsche Richtung; **to give sb ~s** jdm den Weg beschreiben ② *no pl (supervision)* Leitung *f,* Führung *f;* **under sb's ~** unter jds Führung [*o* Leitung] *f* ③ *no pl* FILM, TV, THEAT Regie *f;* **under sb's ~** unter jds Regie *f,* unter der Regie von jdm ④ *(instructions)* ■ **~s** *pl* Anweisungen *fpl;* LAW Instruktionen *fpl,* Rechtsbelehrung *f* [der Geschworenen]; *(orders given by judge)* prozessleitende Verfügungen; **to give** [*or* **issue**] **~s that …** Anweisungen geben, dass … ⑤ *(tendency)* Richtung *f,* Tendenz *f,* Strömung *f*
directional [dɪˈrekʃᵊnᵊl] *adj inv* RADIO gerichtet, Peil-, Richt-; **~ radio** Richtfunk *m*
directionless [dɪˈrekʃᵊnləs] *adj* richtungslos, ziellos
directive [dɪˈrektɪv] *n* ① *(form)* [An]weisung *f,* Direktive *f geh* ② EU Richtlinie *f,* Direktive *f*
directly [dɪˈrektli] **I.** *adv* ① *(without interruption)* direkt, ohne Umwege; **to tell sb sth ~** jdm etw ohne Umschweife sagen ② *(exactly)* direkt, genau ③ *(soon)* sofort, gleich, bald; ***I'll be with you ~*** ich bin gleich bei Ihnen ④ *(frankly)* offen, aufrichtig, direkt ⑤ *(immediately)* **~ after/before …** unmittelbar danach/davor … **II.** *conj* sobald, sowie
direct mail *n no pl* Direktwerbung *f,* Directmailing *nt* **direct marketing** *n no pl* COMM Direktmarketing *nt,* Direktvertrieb *m* **direct method** *n no pl* LING direkte Methode
directness [dɪˈrektnəs] *n no pl* Direktheit *f,* Geradheit *f*
direct object *n* direktes Objekt, Akkusativobjekt *nt*
director [dɪˈrektəʳ, AM -ə-] *n* ① *of company* Direktor(in) *m(f);* *of information centre* Leiter(in) *m(f);* **D~ of Public Prosecutions** LAW Leiter *m* der Anklagebehörde, [General]Staatsanwalt *m* ② *(member of board)* Mitglied *nt* des Board of Directors; **board of ~s** Board *m* of Directors *(leitendes Gremium eines Unternehmens)* ③ FILM, THEAT Regisseur(in) *m(f);* *of orchestra* Dirigent(in) *m(f);* *of choir* Chorleiter(in) *m(f)*
directorate [dɪˈrektᵊrət, AM -ṭət] *n + sing/pl vb* ① ADMIN Direktion *f,* Direktorat *nt;* **fish and game ~** *Komission für Fischen und Jagen* ② *(board)* Direktorium *nt,* Aufsichtsrat *m*
director general <*pl* -s> *n esp* BRIT Generaldirektor(in) *m(f);* **D~-General of Fair Trading** Leiter *m* des Amtes für Verbraucherschutz
directorial [dɪˌrekˈtɔːriᵊl] *adj inv* ① *(of director)* direktorial, Direktor[en]-; *(managerial)* führend *attr,* leitend *attr;* **~ style** Führungsstil *m* ② FILM, TV, THEAT **his ~ debut** sein Debüt *nt* als Regisseur
directorship [dɪˈrektəʃɪp, AM -tə-] *n* Direktorenstelle *f,* Direktorenposten *m;* ***he holds several company ~s*** er ist an der Leitung verschiedener Unternehmen beteiligt
directory [dɪˈrektᵊri, AM -əri] *n* ① TELEC Telefonbuch *nt;* *(list)* Verzeichnis *nt;* **address ~** Adressbuch *nt,* Adressenverzeichnis *nt;* **business ~** Branchenverzeichnis *nt;* **commercial** [*or* **trade**] **~** ECON, FIN Branchenadressbuch *nt;* **telephone ~** Telefonbuch *nt,* Fernsprechbuch *nt;* **to look sth up in a ~** etw in einem Verzeichnis nachschlagen ② PUBL, MEDIA Inhaltsverzeichnis *nt;* COMPUT Verzeichnis *nt,* Ordner *m*
directory assistance *n no pl* AM, AUS, **directory enquiries** *npl* BRIT [Telefon]auskunft *f kein pl,* Fernsprechauskunft *f kein pl*
direct paper *n* ECON, FIN Schuldtitel *m* mit direkter Plazierung
direct-sales *n modifier* COMM Direktverkaufs-, im Direktverkauf *nach n;* **~ operation** Direktverkauf *m* **direct share ownership** *n* ECON, FIN direkter Aktienbesitz **direct speech** *n no pl* direkte [*o* wörtliche] Rede **direct tax** *n* direkte Steuer
DirecTV [dɪˈrektiːviː] *n modifier* TV DirecTV- *fachspr*
dirge [dɜːdʒ, AM dɜːrdʒ] *n* Trauerlied *nt,* Grabgesang *m*
dirigible [ˈdɪrɪdʒəbḷ, AM -ədʒ-] **I.** *n* Zeppelin *m,* [lenkbares] Luftschiff **II.** *adj* lenkbar
dirk [dɜːk, AM dɜːrk] *n* Dolch *m,* Dolchmesser *nt*
dirndl [ˈdɜːndḷ, AM ˈdɜːrn-] *n* ① *(traditional dress)* Dirndl[kleid] *nt* ② *(skirt)* Dirndlrock *m*
dirndl skirt *n* Dirndlrock *m*
dirt [dɜːt, AM dɜːrt] *n no pl* ① *(filth)* Schmutz *m,* Dreck *m;* **to be covered in ~** ganz schmutzig sein; **to live in ~** im Dreck leben; **to show ~** *of cloth etc* den Schmutz sehen lassen ② *(soil)* Erde *f,* Boden *m;* *(mud)* Schlamm *m,* Morast *m* ③ *(obscenity)* obszöne [*o* vulgäre] Sprache, unflätige Reden *fpl;* ***don't talk ~*** rede nicht so obszön daher ④ *(rumour)* [üble] Verleumdung [*o* Nachrede], schmutzige Wäsche, Schmutz *m;* *(gossip)* Klatsch *m fam,* Tratsch *m fam;* ***the ~ on everyone*** der neueste Klatsch zu allen und jeden; **to dig for ~** nach Skandalen suchen ⑤ *(fam: excrement)* Dreck *m,* Kot *m,* Scheiße *f fam;* **dog ~** Hundedreck *m,* Hundescheiße *f fam*
▶ PHRASES: **to eat ~** *(fam)* Beleidigungen schlucken, sich *akk* widerspruchslos demütigen lassen; **to treat sb like ~** jdn wie [den letzten] Dreck behandeln *fam*
dirtball *n* AM *(fam)* Arschloch *nt derb* **dirt bike** *n* Geländemotorrad *nt* **dirt cheap** *inv* **I.** *adj (fam)* spottbillig *fam* **II.** *adv* **to sell sth ~** etw verschleudern
dirtiness [ˈdɜːtɪnəs, AM ˈdɜːr-] *n no pl* ① *(lack of cleanliness)* Schmutz *m,* Schmutzigkeit *f* ② *(vulgarity)* Unanständigkeit *f,* Obszönität *f*
dirt poor *adj inv (fam)* sehr arm **dirt road** *n* Schotterstraße *f,* unbefestigte Straße **dirt track** *n* BRIT, AUS ① *(path)* Feldweg *m;* *(road)* Schotterstraße *f,* unbefestigte Straße ② SPORTS Aschenbahn *f*
dirty [ˈdɜːti, AM ˈdɜːr-] **I.** *adj* ① *(unclean)* dreckig, schmutzig; ***this is really a ~ job*** bei dieser Arbeit macht man sich ganz schön dreckig; MED **~ needle** benutzte Nadel ② *(squalid)* verwahrlost, dreckig ③ *(fam: nasty)* gemein, hinterhältig; **a ~ trick** ein gemeiner Trick; *(dishonest)* gemein, hinterlistig; **~ liar** dreckiger Lügner/dreckige Lügnerin *pej;* **~ rascal** gerissener Gauner ④ BRIT *(rainy and cold)*

schlecht, unfreundlich; ~ **weather** Sauwetter *nt fam,* Dreckwetter *nt fam* ⑤ *(fam: lewd)* schmutzig, unanständig; ~ **language** vulgäre [*o* obszöne] Sprache; **to have a ~ mind** eine schmutzige Fantasie haben ⑥ *(unfriendly)* feindselig, abweisend; **to give sb a ~ look** jdm einen bösen Blick zuwerfen ⑦ *(not pure)* schmutzig; ~ **yellow** schmutzig gelb ► PHRASES: **to get one's hands ~** sich *dat* die Hände schmutzig machen **II.** *adv inv* ① BRIT, AUS *(sl: very)* sehr, extrem; ~ **great/big** riesig, verdammt groß *fam* ② *(dishonestly)* unfair, gemein; **to play ~** unfair spielen ③ *(obscenely)* obszön; **to talk ~** sich *akk* vulgär ausdrücken **III.** *vt* ■**to ~ sth** etw beschmutzen [*o* besudeln] *meist pej;* **to ~ one's hands** sich *dat* die Hände schmutzig machen **IV.** *n no pl* BRIT, AUS *(fam)* ► PHRASES: **to do the ~ on sb** jdn [he]reinlegen *fam*

dirty bit *n* COMPUT Kennbit *nt* **dirty-blonde** *adj inv hair* dunkelblond **dirty float** *n* ECON, FIN schmutziges Floaten, beschränkt freigegebene Wechselkurse *pl* **dirty money** *n no pl* ① *(dishonestly acquired)* schmutziges Geld ② BRIT *(extra pay)* Schmutzzulage *f* **dirty old man** *n (fam)* geiler alter Bock *pej* **dirty tricks campaign** *n* POL, COMM hinterlistige Kampagne **dirty weekend** *n esp* BRIT *(fam)* Liebeswochenende *nt* **dirty word** *n* ① *(obscenity)* unanständiges Wort ② *(unliked word)* unpopuläres Wort **dirty work** *n no pl* Drecksarbeit *f;* **to do the ~ for sb** [*or* **sb's ~**] für jdn die Drecksarbeit machen *fam*

dis¹ <-ss-> *vt* AM *(sl) short for* **disrespect:** ■**to ~ sb** jdn dissen *sl,* über jdn herziehen, jdn verächtlich machen

dis² *vt see* **diss**

disability [ˌdɪsəˈbɪləti, AM -əṭi] *n* ① *(incapacity)* Unfähigkeit *f kein pl,* Unvermögen *nt kein pl;* ~ **benefit** Erwerbsunfähigkeitsrente *f;* **person under a ~** LAW Prozessunfähiger *m;* **mental/physical ~** geistige Behinderung/Körperbehinderung *f* ② *no pl (condition)* Behinderung *f* ③ *(disadvantage)* Benachteiligung *f,* Einschränkung *f*

disable [dɪˈseɪbl̩] *vt* ■**to ~ sb** jdn arbeitsunfähig machen; **to ~ sb for life** jdn zum Invaliden machen; ■**to ~ sth** etw funktionsunfähig [*o* unbrauchbar] machen; COMPUT etw ausschalten [*o* sperren]

disabled [dɪˈseɪbl̩d] **I.** *adj* ① *(handicapped)* behindert; ~ **person** Behinderter *m;* **mentally ~** geistig behindert; **physically ~** körperbehindert; **severely** [*or* **seriously**] ~ schwer behindert ② *(for the handicapped)* für Behinderte, Behinderten- ③ LAW rechtsunfähig, geschäftsunfähig; ECON arbeitsunfähig, erwerbsunfähig **II.** *n* ■**the ~** *pl* die Behinderten

disabled access *n no pl* behindertengerechter Zugang

disablement [dɪˈseɪbl̩mənt] **I.** *n no pl* Behinderung *f* **II.** *n modifier* ~ **pension** Arbeitsunfallrente *f*

disabling [dɪˈseɪbl̩ɪŋ] *adj* behindernd; ***he suffered from a ~ disease*** er erlitt eine Krankheit, die ihn zum Invaliden machte

disabling statute *n* LAW Gesetz *nt* zur Entziehung der Rechtsfähigkeit [*o* Geschäftsfähigkeit]

disabuse [ˌdɪsəˈbjuːz] *vt (form)* ■**to ~ sb of sth** jdn über etw *akk* eines Besseren belehren, jdn von etw *dat* abbringen

disadvantage [ˌdɪsədˈvɑːntɪdʒ, AM -ˈvæn-] **I.** *n* Nachteil *m,* Benachteiligung *f;* ***it will eventually work to her ~*** es wird schließlich zu ihrem Nachteil sein; **educational ~** Benachteiligung *f* in der Ausbildung; **major/minor ~** großer/kleiner Nachteil; **social ~** soziale Benachteiligung; **to be at a ~** im Nachteil sein; **to put** [*or* **place**] **sb at a ~** jdn benachteiligen **II.** *vt* ■**to ~ sb** jdn benachteiligen

disadvantaged [ˌdɪsədˈvɑːntɪdʒd, AM -ˈvænṭ-] **I.** *adj* benachteiligt **II.** *n* ■**the ~** *pl* die Benachteiligten

disadvantageous [ˌdɪsˌædvənˈteɪdʒəs, AM -vænˈ-] *adj* nachteilig, ungünstig; ■**to be ~ to sb** für jdn nachteilig [*o* von Nachteil] sein

disadvantageously [ˌdɪsædvənˈteɪdʒəsli, AM væn] *adv* zum Nachteil, mit nachteiliger Wirkung

disaffected [ˌdɪsəˈfektɪd] *adj (dissatisfied)* unzufrieden; *(estranged)* entfremdet

disaffection [ˌdɪsəˈfekʃən] *n no pl (dissatisfaction)* Unzufriedenheit *f* (**with** mit +*dat*); *(estrangement)* Entfremdung *f* (**with** von +*dat*)

disafforest [ˌdɪsəˈfɒrɪst, AM -ˈfɔːr-] *vt see* **deforest**

disagree [ˌdɪsəˈgriː] *vi* ① *(dissent)* nicht übereinstimmen; *(with plan, decision)* nicht einverstanden sein; *(with sb else)* uneinig [*o* anderer Meinung] sein; ***I strongly ~ with the decision*** ich kann mich der Entscheidung in keiner Weise anschließen ② *(quarrel)* sich *akk* streiten, eine Auseinandersetzung [*o* Meinungsverschiedenheit] haben ③ *(not correspond)* nicht übereinstimmen, im Widerspruch stehen ④ FOOD nicht zuträglich sein; ***I must have eaten something that ~d with me*** ich muss etwas gegessen haben, das mir nicht bekommt

disagreeable [ˌdɪsəˈgriːəbl̩] *adj* ① *(unpleasant)* unangenehm ② *(unamiable)* übellaunig, unsympathisch

disagreeably [ˌdɪsəˈgriːəbli] *adv* unangenehm

disagreement [ˌdɪsəˈgriːmənt] *n* ① *no pl (lack of agreement)* Uneinigkeit *f;* **to be in ~ about sth** sich *dat* über etw *akk* nicht einig sein ② *(argument)* Meinungsverschiedenheit *f,* Streit *m* (**over/about** um/über +*akk*) ③ *no pl (discrepancy)* Diskrepanz *f*

disallow [ˌdɪsəˈlaʊ] *vt* ■**to ~ sth** ① *(rule out)* etw nicht erlauben; SPORTS etw nicht anerkennen [*o* nicht gelten lassen]; **to ~ a goal** ein Tor annullieren ② LAW etw ablehnen [*o* abweisen] [*o* zurückweisen]; **to ~ a claim** einen Anspruch zurückweisen [abweisen], eine Forderung nicht anerkennen

disambiguate [ˌdɪsæmˈbɪgjueɪt] *vt* ■**to ~ sth** etw eindeutig darstellen, etw klären

disappear [ˌdɪsəˈpɪəʳ, AM -ˈpɪr] *vi* ① *(vanish)* verschwinden; *memory* schwinden; ***he seemed to ~ into thin air*** er schien, sich in Luft aufgelöst zu haben; **to ~ without a trace** spurlos verschwinden; **to ~ from view** [*or* **out of sight**] [dem Blick] entschwinden *geh,* verschwinden; ■**to ~ beneath/behind sth** unter/hinter etw *dat* verschwinden ② *(become extinct)* aussterben, verloren gehen; *(fig)* ***these craftsmen have all but ~ed*** solche Handwerker gibt es schon fast nicht mehr

disappearance [ˌdɪsəˈpɪərən(t)s, AM -ˈpɪr-] *n no pl* ① *(vanishing)* Verschwinden *nt* ② *(becoming extinct)* Aussterben *nt*

disappoint [ˌdɪsəˈpɔɪnt] *vt* ■**to ~ sb/sth** jdn/etw enttäuschen; **to ~ sb's expectations** jds Erwartungen *fpl* enttäuschen [*o* nicht entsprechen]; **to ~ sb's hopes** jds Hoffnungen *fpl* zunichte machen [*o* enttäuschen]

disappointed [ˌdɪsəˈpɔɪntɪd, AM -ṭ-] *adj* enttäuscht (**at/about** über +*akk,* **in/with** mit +*dat*); ***I was ~ to learn that …*** ich was enttäuscht, als ich erfuhr, dass …

disappointedly [ˌdɪsəˈpɔɪntɪdli, AM -ṭ-] *adv* enttäuscht

disappointing [ˌdɪsəˈpɔɪntɪŋ, AM -ṭ-] *adj* enttäuschend; ***how ~!*** so eine Enttäuschung!

disappointingly [ˌdɪsəˈpɔɪntɪŋli, AM -ṭ-] *adv* enttäuschend; ~, ***she did not show up*** sie tauchte enttäuschenderweise nicht auf

disappointment [ˌdɪsəˈpɔɪntmənt] *n* Enttäuschung *f* (**in** über +*akk*); **to one's ~** zu jds Enttäuschung *f;* ■**to be a ~ to sb** für jdn eine Enttäuschung sein; **to suffer a ~** eine Enttäuschung erleben

disapprobation [ˌdɪsæprə(ʊ)ˈbeɪʃən, AM -ˌæprəˈ-] *n no pl (form)* Missbilligung *f;* **to cause ~** Missfallen erregen

disapproval [ˌdɪsəˈpruːvəl] *n no pl* Missbilligung *f;* ***there was a hint of ~ in his voice*** in seiner Stimme schwang ein leichtes Missfallen

disapprove [ˌdɪsəˈpruːv] *vi* dagegen sein; ■**to ~ of sth** etw missbilligen; **to ~ of sb's behaviour** jds Verhalten *nt* kritisieren; ■**to ~ of sb** jdn ablehnen

disapproving [ˌdɪsəˈpruːvɪŋ] *adj* missbilligend *attr*

disapprovingly [ˌdɪsəˈpruːvɪŋli] *adv* missbilligend

disarm [dɪˈsɑːm, AM -ɑːrm] **I.** *vt* ① MIL ■**to ~ sb** jdn entwaffnen; **to ~ a bomb/mine** eine Bombe/Mine entschärfen ② **to ~ a critic** einen Kritiker verstummen lassen; **to ~ criticism** Kritik entschärfen ③ *(charm)* ■**to ~ sb** jdn entwaffnen [*o* freundlich stimmen] ④ COMPUT ■**to ~ sth** etw deaktivieren **II.** *vi* abrüsten

disarmament [dɪˈsɑːməmənt, AM -ɑːrm-] **I.** *n no pl* Abrüstung *f;* **nuclear ~** atomare Abrüstung **II.** *n modifier (agreement, proposal)* Abrüstungs-; **in the ~ field** auf dem Gebiet der Abrüstung

disarmament talks *npl* Abrüstungsverhandlungen *fpl,* Abrüstungsgespräche *ntpl*

disarmer [dɪˈsɑːməʳ] *n* BRIT Rüstungsgegner(in) *m(f),* Abrüstungsbefürworter(in) *m(f)*

disarming [dɪˈsɑːmɪŋ, AM -ɑːrm-] *adj (approv)* entwaffnend, gewinnend; ~ **candour** [*or* **frankness**] entwaffnende Offenheit; ~ **smile** entwaffnendes [*o* charmantes] Lächeln

disarmingly [dɪsˈɑːmɪŋli, AM ˈɑːrm] *adv* entwaffnend

disarrange [ˌdɪsəˈreɪndʒ] *vt* ■**to ~ sth** etw durcheinander [*o* in Unordnung] bringen; **~d hair** zerzaustes Haar

disarray [ˌdɪsəˈreɪ] **I.** *n no pl* ① *(disorder)* Unordnung *f,* Durcheinander *nt;* **to be in** [**a state of**] ~ in [einem Zustand der] Unordnung sein; ***her hair was in ~*** ihr Haar war [ganz] zerzaust; **to throw sth into ~** etw durcheinander bringen ② *(confusion)* Verwirrung *f,* Wirrwarr *m* **II.** *vt* ■**to ~ sth** etw in Unordnung bringen

disassemble [ˌdɪsəˈsembl̩] *vt* ■**to ~ sth** ① *(take apart)* auseinander nehmen, zerlegen ② COMPUT *programme* zurückverwandeln

disassociate [ˌdɪsəˈsəʊsieɪt, AM -ˈsoʊʃi-] *vt see* **dissociate**

disaster [dɪˈzɑːstəʳ, AM -ˈzæstɚ] *n* ① *(misfortune)* Katastrophe *f,* Unglück *nt,* Desaster *nt;* **air ~** Flugzeugunglück *nt,* Flugzeugkatastrophe *f;* **rail ~** Eisenbahnunglück *nt,* Zugunglück *nt;* **environmental ~** Umweltkatastrophe *f;* **natural/global ~** Naturkatastrophe *f*/globale Katastrophe ② *no pl* ***everything was going smoothly until ~ struck*** alles lief reibungslos, bis die Katastrophe ihren Lauf nahm; **to avert ~** eine Katastrophe abwenden; **to spell ~ for sth** eine Katastrophe für etw *akk* bedeuten ③ *(fam: failure)* Katastrophe *f;* ***the evening was a complete ~*** der Abend war der totale Reinfall; ***as a teacher, he was a ~*** als Lehrer war er absolut unfähig

disaster area *n* Katastrophengebiet *nt;* ***after the party, the house was a ~*** *(fig hum)* nach dem Fest sah das Haus aus wie ein Schlachtfeld **disaster movie** *n* Katastrophenfilm *m*

disastrous [dɪˈzɑːstrəs, AM -ˈzæs-] *adj* ① *(causing disaster)* katastrophal, verheerend; **to have a ~ impact on sth** auf etw *akk* einen verhängnisvollen Einfluss haben; ■**to be ~ for sb/sth** für jdn/etw katastrophal sein, sich *akk* auf jdn/etw katastrophal auswirken ② *(unsuccessful)* unglückselig, verhängnisvoll; **a ~ attempt** ein unglücklicher Versuch

disastrously [dɪˈzɑːstrəsli, AM -ˈzæs-] *adv* katastrophal, verheerend; ***it all went ~ wrong*** es war eine Katastrophe

disavow [ˌdɪsəˈvaʊ] *vt (form)* ■**to ~ sth** etw verleugnen; **to ~ responsibility** die Verantwortung von sich *dat* weisen; **to ~ a rumour** ein Gerücht ableugnen

disavowal [ˌdɪsəˈvaʊəl] *n* Ableugnung *f,* Verleugnung *f;* POL Dementi *nt*

disband [dɪsˈbænd] **I.** *vi* sich *akk* auflösen **II.** *vt* ■**to ~ sth** etw auflösen

disbar <-rr-> [dɪsˈbɑːʳ, AM -ˈbɑːr] *vt* LAW ■**to ~ sb** jdn aus der Anwaltschaft ausschließen, jdn von der Anwaltsliste streichen; ***he was ~red for gross negligence*** ihm wurde aufgrund grober Fahrlässigkeit die Zulassung entzogen

disbelief [ˌdɪsbɪˈliːf] *n no pl* Unglaube *m,* Zweifel *m;* *(shock)* Fassungslosigkeit *f;* ***she shook her head in ~*** sie schüttelte ungläubig den Kopf

disbelieve [ˌdɪsbɪˈliːv] *(form)* **I.** *vt* ■**to ~ sb** jdm nicht glauben; ■**to ~ sth** etw bezweifeln [*o* nicht glauben] **II.** *vi* ■**to ~ in sth** an etw *akk* nicht glauben

disbeliever [ˌdɪsbɪˈliːvəʳ, AM -ɚ] *n* Zweifler(in) *m(f)*, Ungläubige(r) *f(m)*

disburse [dɪsˈbɜːs, AM -ˈbɜːrs] *vt* **to ~ financial aid/money/funds** Finanzhilfe/Geld/Fondsmittel auszahlen

disbursement [dɪsˈbɜːsmənt, AM -ˈbɜːrs-] *n* Auszahlung *f*

disc [dɪsk], AM **disk** *n* ❶ *(shape, object)* Scheibe *f*, Platte *f;* MED Bandscheibe *f;* BRIT AUTO Parkscheibe *f* ❷ MUS [Schall]platte *f;* *(CD)* CD *f* ❸ COMPUT Diskette *f* ❹ *(in tarot)* ■~s *pl* Scheiben *f*

discard I. *vt* [dɪˈskɑːd, AM -kɑːrd] ❶ *(throw away)* ■**to ~ sth** etw wegwerfen; **to ~ a coat** einen Mantel ausziehen [*o* ablegen]; **to ~ an idea** eine Idee fallen lassen [*o* verwerfen] ❷ CARDS **to ~ a card** eine Karte abwerfen [*o* ablegen] **II.** *vi* CARDS abwerfen **III.** *n* [ˈdɪskɑːd, AM -skɑːrd] ❶ CARDS abgelegte [*o* abgeworfene] Karte ❷ *(rejects)* Ausschuss *m kein pl*

disc brake *n* Scheibenbremse *f* **disc drive** *n* BRIT COMPUT *see* **disk drive**

discern [dɪˈsɜːn, AM -ˈsɜːrn] *vt (form)* ■**to ~ sth** ❶ *(recognize)* etw wahrnehmen ❷ *(understand)* etw erkennen

discernible [dɪˈsɜːnəbl̩, AM -ˈsɜːrn-] *adj* ❶ *(recognizable)* wahrnehmbar, erkennbar ❷ *(understandable)* erkennbar

discernibly [dɪˈsɜːnəbli, AM -ˈsɜːrn-] *adv* ❶ *(recognizably)* wahrnehmbar, erkennbar ❷ *(understandably)* erkennbar

discerning [dɪˈsɜːnɪŋ, AM -ˈsɜːrn-] *adj (approv: with good judgement)* urteilsfähig; ***these are wines for the ~ palate*** das sind Weine für den feinen Gaumen; **~ critic** angesehener Kritiker/angesehene Kritikerin; *(insightful)* scharfsichtig; **~ reader** kritischer Leser/kritische Leserin

discernment [dɪˈsɜːnmənt, AM -ˈsɜːrn-] *n no pl* ❶ *(good judgement)* Urteilskraft *f;* *(insight)* Scharfsinn *m*, feines Gespür ❷ *(act of discerning)* Wahrnehmung *f*, Erkennen *nt*

discharge I. *vt* [dɪsˈtʃɑːdʒ, AM -ɑːrdʒ] ❶ *(from confinement)* ■**to ~ sb** jdn freisprechen; **to ~ a patient from hospital** einen Patienten aus dem Krankenhaus entlassen; **to ~ a prisoner** einen Gefangenen freilassen [*o* entlassen] ❷ *(from employment)* ■**to ~ sb** jdn entlassen; MIL jdn verabschieden ❸ *(form: fire)* **to ~ rounds** [*or* **shots**] Schüsse abgeben [*o* abfeuern]; **to ~ a weapon** eine Waffe abfeuern ❹ *(emit)* ■**to ~ sth** etw von sich *dat* geben, etw absondern [*o* ausstoßen]; ***the wound is still discharging a lot of fluid*** die Wunde sondert immer noch viel Flüssigkeit ab; **to ~ a liquid** eine Flüssigkeit abgeben [*o* absondern]; **to ~ sewage** Abwasser ablassen [*o* ablaufen lassen]; **to ~ smoke/gas** Rauch/Gas ausstoßen [*o* ausströmen lassen] ❺ *(utter)* ■**to ~ sth** etw ausstoßen [*o* von sich *dat* geben]; **to ~ abuse** Beleidigungen von sich *dat* geben ❻ ECON, FIN *(pay off)* ■**to ~ sth** etw bezahlen [*o* begleichen]; **to ~ a debt** eine Schuld tilgen [*o* begleichen]; **to ~ one's liabilities** eine Schuld begleichen, eine Verbindlichkeit erfüllen; **to ~ a bankrupt** *person* einen Konkursschuldner/eine Konkursschuldnerin entlasten ❼ *(perform)* **to ~ one's duty** seiner Verpflichtung nachkommen, seine Pflicht erfüllen; **to ~ one's responsibility** seiner Verantwortung nachkommen, sich *akk* seiner Verantwortung stellen ❽ PHYS, ELEC ■**to ~ sth** etw entladen ❾ NAUT ■**to ~ sth** etw entladen [*o* ausladen]; **to ~ cargo** Ladung löschen; **to ~ a ship** ein Schiff entladen ❿ LAW *(cancel an order)* ■**to ~ sth** etw aufheben **II.** *vi* [dɪsˈtʃɑːdʒ, AM -ɑːrdʒ] sich *akk* ergießen, ausströmen; *wound* eitern **III.** *n* [ˈdɪstʃɑːdʒ, AM -ɑːrdʒ] ❶ *no pl of patient* Entlassung *f;* **absolute ~** unbeschränkte Entlassung; **~ from hospital/prison** Entlassung aus dem Krankenhaus/Gefängnis; *of employee* Kündigung *f*, Entlassung *f;* *of soldier* Abschied *m*, Entlassung *f;* **dishonourable ~** MIL unehrenhafte Entlassung ❷ *(firing of gun)* Abfeuern *nt kein pl*, Abschießen *nt kein pl;* **accidental ~** versehentliche Auslösung ❸ *of liquid* Ausstoß *m kein pl*, Ausströmen *nt kein pl* ❹ *(liquid emitted)* Ausfluss *m kein pl*, Absonderung *f;* **nasal ~** Nasensekret *nt*, Nasenschleim *m;* **vaginal ~** Scheidenausfluss *m*, Scheidensekret *nt* ❺ *of debt* Bezahlung *f*, Begleichung *f;* **final ~** letzte Tilgungsrate; **in full ~ of a debt** Schuldentilgung *f* in voller Höhe ❻ *of duty* Erfüllung *f;* **~ of one's duty** Pflichterfüllung *f;* **~ by performance** Leistungserfüllung *f* ❼ PHYS, ELEC Entladung *f* ❽ *(unloading)* Entladung *f;* *of a cargo* Löschen *nt kein pl* ❾ LAW *(ending of contract) Erlöschen eines Vertrages [durch Erfüllung, Befreiung, Vertragsverletzung];* **~ by agreement** einverständliche Vertragsbeendigung; **~ in** [*or* **of**] **bankruptcy** Konkursaufhebung *f*, Entlastung *f* eines Konkursschuldners; **conditional ~** Strafaussetzung *f* zur Bewährung

Discharge Calendar *n* AM *einer der Sitzungskalender des Repräsentantenhauses*

disciple [dɪˈsaɪpl̩] *n* Anhänger(in) *m(f);* *(pupil)* Schüler(in) *m(f);* *(of Jesus)* Jünger *m*

disciplinarian [ˌdɪsəplɪˈneəriən, AM -ˈneri-] *n* Zuchtmeister(in) *m(f);* **to be a strict ~** eiserne Disziplin verlangen

disciplinary [ˌdɪsəˈplɪnəri, AM ˈdɪsəplɪneri] *adj inv* Disziplinar-, disziplinarisch; **to take ~ action against sb** ein Disziplinarverfahren gegen jdn anstrengen; **~ measures** Disziplinarmaßnahmen *fpl;* **~ problems** Disziplinprobleme *ntpl*

disciplinary procedure *n no pl* Disziplinarverfahren *nt*

discipline [ˈdɪsəplɪn] **I.** *n* ❶ *no pl (control)* Disziplin *f;* *(rules)* Vorschriften *fpl*, Regeln *fpl* ❷ *no pl (self-control)* Selbstdisziplin *f;* *(for the mind)* [Gehirn]training *nt*, Gehirnjogging *nt* ❸ *(subject)* Disziplin *f*, [Studien]fach *nt* **II.** *vt* ❶ *(have self control)* ■**to ~ oneself** sich *akk* disziplinieren; ***I'm trying to ~ myself to eat less*** ich versuche mich daran zu gewöhnen, weniger zu essen ❷ *(punish)* ■**to ~ sb for sth** jdn für etw *akk* bestrafen [*o* züchtigen] ❸ *(drill)* ■**to ~ sb** jdn schulen [*o* ausbilden]; MIL jdn drillen

disciplined [ˈdɪsəplɪnd] *adj* diszipliniert, ordentlich

disc jockey *n* Diskjockey *m*

disclaim [dɪsˈkleɪm] *vt* ■**to ~ sth** ❶ *(form: deny)* etw abstreiten [*o* von sich *dat* weisen]; **to ~ responsibility for sth** die Verantwortung für etw *akk* ablehnen ❷ LAW auf etw *akk* verzichten; **to ~ one's inheritance** sein Erbe ausschlagen

disclaimer [dɪsˈkleɪməʳ, AM -ɚ] *n* ❶ *(form: of responsibility)* Dementi *nt*, Widerruf *m* ❷ LAW Verzichtserklärung *f;* *(clause)* Haftungsausschlussklausel *f*

disclose [dɪsˈkləʊz, AM -ˈkloʊz] *vt* ■**to ~ sth** ❶ *(reveal)* etw bekannt geben; **to ~ a secret/the truth** ein Geheimnis/die Wahrheit enthüllen ❷ *(uncover)* etw enthüllen *geh* [*o* aufdecken]

disclosure [dɪsˈkləʊʒəʳ, AM -ˈkloʊʒɚ] *n (form)* ❶ *no pl (act of disclosing) of secret* Enthüllen *nt geh;* *of information* Bekanntgeben *nt;* ECON, FIN **~ of shareholding** Offenlegung *f* von Aktienbeteiligung ❷ *(revelation)* Enthüllung *f*, Aufdeckung *f;* **damaging ~** folgenschwere Enthüllung

discman® *n* Discman *m*

disco [ˈdɪskəʊ, AM -koʊ] **I.** *n* ❶ *short for* **discotheque** *(place)* Disko[thek] *f;* BRIT *(disco equipment)* Diskothekenanlage *f;* *(dance event)* Disko *f*, Disco *f* ❷ *no pl short for* **disco music** Diskomusik *f*, Disco *m* **II.** *n modifier (lighting)* Disko- **III.** *vi* ❶ *(go to a disco)* in die Disko gehen ❷ *(dance)* Disco tanzen

discography <*pl* -ies> [dɪskˈɒgrəfi, AM ˈɑːg-] *n* MUS Tonträgerverzeichnis *nt*, Diskographie *f*

discolor [dɪˈskʌlɚ] AM, **discolour** [-əʳ] **I.** *vi* sich *akk* verfärben **II.** *vt* ■**to ~ sth** etw verfärben

discoloration [dɪˌskʌləˈreɪʃᵊn] *n (ruining)* Verfärbung *f;* *(fading)* Entfärbung *f*, Farbverlust *m;* *(mark)* Fleck *m;* *of teeth* Verfärbung *f*, Fleck *m*

discoloured [dɪsˈkʌləd, AM ɚd] *adj* verfärbt; *textiles* verschossen

discomfit [dɪˈskʌm(p)fɪt] *vt (form)* ■**to ~ sb** *(cause embarrassment)* jdm Unbehagen bereiten, jdn in Verlegenheit bringen; *(cause inconvenience)* jdm Unannehmlichkeiten bereiten

discomfiture [dɪˈskʌm(p)fɪtʃəʳ, AM -ɚ] *n no pl (form)* Unbehagen *nt*

discomfort [dɪˈskʌm(p)fət, AM -fɚt] *n* ❶ *no pl (slight pain)* leichter Schmerz, Beschwerden *fpl* (**in** mit +*dat*) ❷ *no pl (mental uneasiness)* Unbehagen *nt* ❸ *(inconvenience)* Unannehmlichkeit *f*

disco music *n no pl* Diskomusik *f*, Disco *m*

discon [dɪsˈkɑːn] *n modifier* LAW *short for* **disorderly conduct** aufgrund ungebührlichen Verhaltens *nach n;* ***he was a ~ arrest*** er wurde aufgrund ungebührlichen Verhaltens verhaftet

disconcert [ˌdɪskənˈsɜːt, AM -ˈsɜːrt] *vt* ■**to ~ sb** jdn beunruhigen; *(unnerve)* jdn irritieren

disconcerting [ˌdɪskənˈsɜːtɪŋ, AM -ˈsɜːrt-] *adj* beunruhigend; *(unnerving)* irritierend

disconcertingly [ˌdɪskənˈsɜːtɪŋli, AM -ˈsɜːrt-] *adv* beunruhigend; *(unnervingly)* irritierend

disconnect [ˌdɪskəˈnekt] **I.** *vt* ELEC ❶ *(turn off)* ■**to ~ sth** etw trennen [*o* abschalten]; ***while we were talking on the phone we suddenly got ~ed*** während des Telefongesprächs wurde die Verbindung plötzlich unterbrochen; ■**to ~ sb** jdn nicht mehr versorgen ❷ *(cancel)* **to ~ electricity/gas** Strom/Gas abstellen; **to ~ the phone** *(customer)* das Telefon abmelden; *(company)* das Telefon abstellen **II.** *n* [Kommunikations]lücke *f* (**between** zwischen +*dat*)

disconnected [ˌdɪskəˈnektɪd] *adj inv* ❶ *(turned off)* abgeschaltet, [ab]getrennt; *(left without supply)* abgestellt ❷ *(incoherent)* zusammenhang[s]los, unzusammenhängend

disconnection [ˌdɪskəˈnekʃᵊn] *n* Unterbrechung *f*, Trennung *f;* **a sense of ~** ein Gefühl *nt* der Ausgeschlossenheit (**from** von +*dat*)

disconsolate [dɪˈskɒn(t)sᵊlət, AM -ˈskɑːn(t)-] *adj (dejected)* niedergeschlagen, deprimiert; *(inconsolable)* unglücklich, untröstlich

disconsolately [dɪˈskɒn(t)sᵊlətli, AM -ˈskɑːn(t)-] *adv* niedergeschlagen, deprimiert

discontent [dɪskənˈtent] *n no pl* Unzufriedenheit *f;* **rumblings of ~** Entrüstungsstürme *mpl;* **widespread ~** weitverbreitete Unzufriedenheit

discontented [dɪskənˈtentɪd, AM -t̬-] *adj* unzufrieden (**with/about** mit +*dat*)

discontentedly [dɪskənˈtentɪdli, AM -t̬-] *adv* unzufrieden

discontentment [dɪskənˈtentmənt] *n no pl see* **discontent**

discontinuance [ˌdɪskənˈtɪnjuən(t)s] *n no pl*, **discontinuation** [ˌdɪskənˌtɪnjuˈeɪʃᵊn] *n (form)* Einstellung *f*, Aufgabe *f;* *of business relations* Abbruch *m;* *of a subscription* Abbestellung *f*

discontinue [ˌdɪskənˈtɪnjuː] *(form)* **I.** *vt* ■**to ~ sth** ❶ *(stop providing)* etw abbrechen; **to ~ a product** ein Produkt auslaufen lassen; **to ~ service** eine Dienstleistung einstellen [*o* beenden] ❷ *(put an end to) one's visits* etw aufgeben; **to ~ medication** eine Behandlung abbrechen; **to ~ a subscription** ein Abonnement kündigen [*o* beenden] **II.** *vi* aufhören

discontinued [ˌdɪskənˈtɪnjuːd] *adj inv* auslaufend; **~ model** Auslaufmodell *nt*

discontinuity [ˌdɪsˌkɒntɪˈnjuːəti, AM -ˌkɑːntᵊnˈuːət̬i] *n (form)* ❶ *no pl (lack of continuity)* Diskontinuität *f*, mangelnde Kontinuität ❷ *(in an account)* Bruch *m;* *(gap)* Lücke *f*

discontinuous [ˌdɪskənˈtɪnjuəs] *adj* ❶ *(incoherent)* unzusammenhängend, zusammenhang[s]los ❷ *(not continuing)* nicht kontinuierlich, mit Unterbrechungen *nach n*

discord [ˈdɪskɔːd, AM -kɔːrd] *n no pl (form)* ❶ *(disagreement)* Uneinigkeit *f*, Zwietracht *f geh*, Disharmonie *f geh;* ***the letter caused ~ between uncle and nephew*** der Brief führte zu Missklängen zwischen Onkel und Neffe; **to sound a note of ~** einen Misston anschlagen ❷ MUS Disharmonie *f*

discordance [dɪsˈkɔːdᵊns, AM ˈkɔːr] *n* ❶ *(incongruity)* fehlende Übereinstimmung, Missverhältnis *nt* ❷ *(conflict)* Uneinigkeit *f*, Meinungsverschiedenheit *f* ❸ *(of sound)* Mißklang *m*, Dissonanz *f*

discordant [dɪˈskɔːdᵊnt, AM -ˈskɔːrd-] *adj* ❶ *(disagreeing)* abweichend *attr*, sich *dat* widersprechend *attr*, entgegengesetzt; **to strike a ~ note** einen Misston anschlagen; ~ **views** gegensätzliche Ansichten ② MUS disharmonisch, misstönend

discotheque ['dɪskətek] *n* ① *(place)* Diskothek *f* ② *(dance event)* Disko *f fam* ③ BRIT *(disco equipment)* Diskothekenanlage *f*

discount I. *n* ['dɪskaʊnt] ① *(reduction)* Rabatt *m,* Preisnachlass *m;* **~s are available to club members** Clubmitglieder erhalten einen Rabatt; ~ **for cash** Skonto *nt o m;* **to give a** ~ [einen] Rabatt geben [*o* gewähren]; ***will you give me a ~ for quantity?*** geben Sie mir einen Mengenrabatt?; **at a** ~ mit Rabatt ② FIN *(less than sell value)* Disagio *nt;* **currency at a** ~ Diskontwährung *f;* **shares which stand at a** ~ Aktien, die unter pari sind **II.** *vt* [dɪ'skaʊnt] ■**to** ~ **sth** ① *(disregard)* etw unberücksichtigt lassen; **to** ~ **a possibility** eine Möglichkeit nicht berücksichtigen; **to** ~ **a testimony/an analysis** eine Aussage/Analyse nicht einbeziehen ② *(lower in price)* etw senken [*o* reduzieren]; **to** ~ **an article** einen Artikel herabsetzen; **to** ~ **a price** einen Preis reduzieren [*o* senken] ③ ECON, FIN ***shares are ~ing a rise in the dollar*** die Aktien nehmen eine Aufwertung des Dollar vorweg

discount broker *n* FIN Diskontmakler(in) *m(f),* Wechslemakler(in) *m(f)*

discount card *n* Ermäßigungskarte *f* **discount credit** *n no pl* FIN Diskontkredit *m* **discount flight** *n* Billigflug *m* **discount market** *n* FIN Diskontmarkt *m* **discount rate** *n* FIN Diskontsatz *m* **discount store** *n* Discountladen *m,* Discountgeschäft *nt* **discount warehouse** *n* Discountkaufhaus *m*

discount window *n* AM Lombardfenster *nt,* Refinanzierungsstelle *f* einer Zentralbank

discourage [dɪ'skʌrɪdʒ, AM -'skɜːr-] *vt* ① *(dishearten)* ■**to** ~ **sb** jdn entmutigen ② *(dissuade)* ■**to** ~ **sth** von etw *dat* abraten; ■**to** ~ **sb from doing sth** jdm davon abraten, etw zu tun ③ *(stop)* ■**to** ~ **sb** jdn abhalten; ■**to** ~ **sb from doing sth** jdn davon abhalten, etw zu tun

discouragement [dɪ'skʌrɪdʒmənt, AM -'skɜːr-] *n* ① *no pl (action)* Entmutigung *f; (feeling)* Mutlosigkeit *f* ② *(discouraging thing)* Hindernis *nt,* Beeinträchtigung *f,* Schwierigkeit *f* ③ *no pl (deterrence)* Abschreckung *f; (dissuasion)* Abraten *nt*

discouraging [dɪ'skʌrɪdʒɪŋ, AM -'skɜːr-] *adj* entmutigend

discouragingly [dɪs'kʊrɪdʒɪŋli, AM kɜːrɪdʒ] *adv* auf entmutigende Weise, [eher] abschreckend

discourse I. *n* ['dɪskɔːs, AM -kɔːrs] *(form)* ① *no pl (communication)* Diskurs *m geh,* Kommunikation *f,* Unterhaltung *f;* LING ~ **analysis** Diskursanalyse *f* ② *(lecture)* Vortrag *m; (written treatment)* Abhandlung *f,* Diskurs *m geh* **II.** *vi* [dɪ'skɔːs, AM -'skɔːrs] ① *(lecture)* einen Vortrag halten; ■**to** ~ [**up**]**on sth** über etw *akk* dozieren ② *(converse)* sprechen, sich *akk* unterhalten

discourteous [dɪ'skɜːtiəs, AM -'skɜːrt̬i-] *adj (form)* unhöflich

discourtesy [dɪ'skɜːtəsi, AM -'skɜːrt̬ə-] *n (form)* Unhöflichkeit *f;* *(act also)* Unhöflichkeit[sbezeugung] *f*

discover [dɪ'skʌvəʳ, AM -ɚ] *vt* ① *(find out)* ■**to** ~ **sth** etw herausfinden [*o* entdecken] [*o* feststellen]; ■**to** ~ **that …** herausfinden [*o* entdecken], dass … ② *(find first)* ■**to** ~ **sth** etw entdecken; *(fig: talent-spot)* ■**to** ~ **sb** jdn entdecken [*o* berühmt machen] ③ *(find)* ■**to** ~ **sth** etw finden [*o* ausfindig machen]; ■**to** ~ **sb doing sth** jdn bei etw *dat* ertappen

discoverer [dɪ'skʌvᵊrəʳ, AM -ɚɚ] *n* Entdecker(in) *m(f)*

discovery [dɪ'skʌvᵊri, AM -əri] *n* ① *(action of being discovered)* Entdeckung *f; of star, actor* [Neu]entdeckung *f* ② LAW Offenlegung *f* [*o* Bekanntgabe *f*] von Urkunden

discredit [dɪ'skredɪt] **I.** *vt* ① *(disgrace)* ■**to** ~ **sb/sth** jdn/etw in Verruf [*o* Misskredit] bringen, jdn/etw diskreditieren ② *(cause to appear false)* ■**to** ~ **sth** etw unglaubwürdig machen ③ *(disbelieve)* ■**to** ~ **sth** etw anzweifeln [*o* bezweifeln], etw *dat* keinen Glauben schenken **II.** *n no pl* ① *(disrepute)* Misskredit *m,* schlechter Ruf; ***this has brought ~ upon the whole school*** das hat dem Ruf der ganzen Schule geschadet; **to be to sb's** ~ jdm keine Ehre machen ② *(sb, sth that discredits)* Schande *f* (**to** für +*akk*)

discreditable [dɪ'skredɪtəbl̩, AM -t̬ə-] *adj* schändlich, unehrenhaft, diskreditierend

discreditably [dɪ'skredɪtəbli, AM -t̬ə-] *adv* schändlich, unehrenhaft, diskreditierend

discredited [dɪs'kredɪtɪd, AM ɪt̬ɪd] *adj* unglaubwürdig, diskreditiert *geh*

discreet [dɪ'skriːt] *adj* ① *(unobtrusive)* diskret; *colour, pattern* dezent; ~ **elegance** unaufdringliche Eleganz ② *(tactful)* taktvoll

discreetly [dɪ'skriːtli] *adv* diskret; ~ **dressed** dezent gekleidet

discrepancy [dɪ'skrepᵊn(t)si] *n* ① *(form)* Diskrepanz *f geh,* Widerspruch *m,* Unstimmigkeit *f* ② ECON, FIN **statistical** ~ statistische Abweichung

discrepant [dɪ'skrepᵊnt] *adj* verschieden, [voneinander] abweichend *attr*

discrete [dɪ'skriːt] *adj* eigenständig

discretion [dɪ'skreʃᵊn] *n no pl* ① *(behaviour)* Diskretion *f,* Verschwiegenheit *f,* Zurückhaltung *f;* **to be the** [**very**] **soul of** ~ die Diskretion in Person sein ② *(good judgement)* Klugheit *f,* Besonnenheit *f,* Umsicht *f;* **age of** ~ LAW Alter *nt* der freien Willensbestimmung, Strafmündigkeit *f;* **to reach the age of** ~ mündig werden; **to exercise one's** ~ nach eigenem Ermessen handeln; **to leave sth to sb's** ~ etw in jds Ermessen *nt* stellen, etw jds Entscheidung *f* überlassen; **to use one's** ~ nach eigenem Ermessen handeln; **at sb's** ~ nach jds Ermessen *nt;* **to be at the** ~ **of sb** [*or* **at sb's** ~] in jds Ermessen *nt* stehen ③ *(freedom)* Belieben *nt; esp* LAW Ermessen *nt;* ***it is within his ~ to leave the country*** es steht ihm frei, das Land zu verlassen ► PHRASES: ~ **is the better part of valour** *(prov)* Vorsicht ist die Mutter der Porzellankiste *prov fam*

discretionary [dɪ'skreʃᵊnᵊri, AM -eri] *adj (form)* willkürlich, beliebig, Ermessens-; **on a** ~ **basis** mit freiem Ermessensspielraum; ~ **powers** Ermessensspielraum *m,* Entscheidungsgewalt *f;* **wide** ~ **power** unbeschränkte Vollmacht; ~ **trust** uneingeschränktes Treuhandverhältnis

discretionary account *n* AM ECON, FIN treuhänderisch verwaltetes Konto **discretionary client** *n* ECON, FIN Kunde *m*/Kundin *f,* für dessen/deren Wertpapiere der Treuhänder freie Ermessensbefugnisse hat **discretionary funds** *npl* ECON, FIN frei verfügbare Mittel

discriminate [dɪ'skrɪmɪneɪt] **I.** *vi* ① *(differentiate)* unterscheiden, einen Unterschied machen ② *(be prejudiced)* diskriminieren; **to** ~ **in favour of sb** jdn bevorzugen [*o* begünstigen]; ■**to** ~ **against sb** jdn diskriminieren [*o* benachteiligen] **II.** *vt* ① *(tell apart)* ■**to** ~ **sth from sth** etw von etw *dat* unterscheiden; *(twins, sth identical etc)* etw auseinander halten ② *(mark as distinctive)* ■**to** ~ **sb/sth from sb/sth** jdn/etw von jdm/etw abheben

discriminating [dɪ'skrɪmɪneɪtɪŋ, AM -t̬-] *adj (approv form)* ① *(able to discern)* kritisch; ~ **palate** feiner Gaumen *geh* ② *(having good taste)* anspruchsvoll

discrimination [dɪˌskrɪmɪ'neɪʃᵊn] *n no pl* ① *(prejudice)* Diskriminierung *f,* Benachteiligung *f;* **age** ~ unterschiedliche Behandlung [*o* Benachteiligung] aufgrund des Alters; **positive** [*or* **reverse**] ~ Begünstigung *f* benachteiligter Schichten; **racial** ~ Rassendiskriminierung *f;* **sexual** ~, ~ **on grounds of sex** Diskriminierung *f* aufgrund des Geschlechts ② *(taste)* [kritisches] Urteilsvermögen, Urteilskraft *f* ③ *(ability to differentiate)* Unterscheidung *f*

discriminatory [dɪ'skrɪmɪnətᵊri, AM -tɔːri] *adj* diskriminierend

discursive [dɪ'skɜːsɪv, AM -'skɜːr-] *adj (form)* ① *(esp pej)* abschweifend *attr,* weitschweifig ② LIT diskursiv, folgernd *attr;* **a** ~ **style** ein diskursiver Stil

discursively [dɪ'skɜːsɪvli, AM -'skɜːr-] *adv (esp pej)* abschweifend, weitschweifig

discus <*pl* -es> ['dɪskəs] *n* SPORTS Diskus *m; (event)* ■**the** ~ das Diskuswerfen

discuss [dɪ'skʌs] *vt* ■**to** ~ **sth** ① *(talk about)* etw besprechen; *best way of doing sth* über etw *akk* beraten; ***this booklet ~es how to …*** in dieser Broschüre wird beschrieben, wie man …; ***there's nothing to ~*** es gibt nichts zu besprechen; **to** ~ **a point/detail/topic** einen Punkt/ein Detail/ein Thema besprechen ② *(debate)* etw erörtern [*o* diskutieren]

discussion [dɪ'skʌʃᵊn] **I.** *n* Diskussion *f,* Erörterung *f;* ***the matter is open to ~*** das Thema steht zur Diskussion; **to be under** ~ zur Diskussion stehen; ***the matter is still under ~*** die Beratung ist noch nicht zu Ende; **to hold** [*or* **have**] **a** ~ eine Besprechung haben **II.** *n modifier* Diskussions-; ~ **group** Diskussionsrunde *f*

discus thrower *n* Diskuswerfer(in) *m(f)* **discus throwing** *n no pl* Diskuswerfen *nt*

disdain [dɪs'deɪn] **I.** *n no pl* Verachtung *f;* **to show one's** ~ **of sb/sth** jdn/etw verschmähen [*o* verachten] **II.** *vt* ■**to** ~ **sth** *(despise)* etw verachten [*o* gering schätzen]; *(reject)* etw verschmähen; **to** ~ **to do sth** zu stolz sein, etw zu tun; ***they ~ed to speak with us*** es war unter ihrer Würde, mit uns zu sprechen

disdainful [dɪs'deɪnfᵊl] *adj (form)* verächtlich, geringschätzig; ***a country once ~ of foreign authors*** ein Land, das einmal die ausländischen Autoren verachtet hat

disdainfully [dɪs'deɪnfᵊli] *adv* abschätzig, verächtlich

disease [dɪ'ziːz] *n* ① MED Krankheit *f,* Leiden *nt;* **outbreak of** [**a**] ~ Ausbruch *m* einer Krankheit, Krankheitsbeginn *m;* **contagious** [*or* **infectious**]/**rare/common** ~ ansteckende/seltene/häufige Krankheit; **to catch** [*or* **contract**] **a** ~ sich *dat* eine Krankheit zuziehen, von einer Krankheit befallen werden ② *no pl (fig: adverse condition)* Gebrechen *nt,* Leiden *nt*

diseased [dɪ'ziːzd] *adj* ① *body part* krank, erkrankt; *plant* befallen ② *(abnormal)* krankhaft; **a** ~ **mind** ein kranker Verstand

disembark [ˌdɪsɪm'bɑːk, AM -'bɑːrk] *vi* von Bord gehen; ***the passengers ~ed from the ferry*** die Passagiere verließen die Fähre

disembarkation [ˌdɪsɪmbɑː'keɪʃᵊn, AM -bɑːr'-] *n aircraft* Landung *f; of boat* Ausschiffung *f; of passengers* Aussteigen *nt kein pl; of cargo* Entladen *nt kein pl*

disembodied [ˌdɪsɪm'bɒdid, AM -'bɑːdid] *adj inv* körperlos; **a** ~ **voice** eine geisterhafte Stimme

disembowel <BRIT -ll- *or* AM *usu* -l-> [ˌdɪsɪm'baʊəl] *vt* ■**to** ~ **sb** jdm die Eingeweide entfernen; *by violence* jdm den Bauch aufschlitzen; ■**to** ~ **oneself** sich *dat* den Bauch aufschlitzen; **to** ~ **an animal** einem Tier die Eingeweide herausnehmen, ein Tier ausweiden

disenchant [ˌdɪsɪn'tʃɑːnt, AM -'tʃænt] *vt* ■**to** ~ **sb** jdn desillusionieren [*o* ernüchtern]; ■**to** ~ **sth** etw entzaubern

disenchanted [ˌdɪsɪn'tʃɑːntɪd, AM -'tʃænt̬ɪd] *adj* desillusioniert, ernüchtert; *(disappointed)* enttäuscht

disenchantment [ˌdɪsɪn'tʃɑːntmənt, AM -'tʃænt-] *n no pl* Desillusionierung *f,* Enttäuschung *f,* Ernüchterung *f;* ***the public's ~ with social conditions*** die Unzufriedenheit der Bevölkerung mit den sozialen Verhältnissen

disenfranchise [ˌdɪsɪn'fræn(t)ʃaɪz] *vt* ■**to** ~ **sb** jdn entrechten; ECON jdm eine Konzession entziehen; POL jdm die Bürgerrechte aberkennen; **to** ~ **a town** einer Stadt das Recht nehmen, einen Abgeordneten ins Parlament zu entsenden

disenfranchised [ˌdɪsɪn'fræn(t)ʃaɪzd] *adj inv* entrechtet

disenfranchisement [ˌdɪsɪn'fræn(t)ʃɪzmənt, AM -(t)ʃaɪz-] *n no pl* LAW, POL Entziehung *f* des Wahlrechts; *of town* Aberkennung *f* des Rechts, einen Abgeordneten ins Parlament zu entsenden

disengage [ˌdɪsɪn'geɪdʒ] **I.** *vt* ① *(extricate)* ■**to** ~ **oneself** [**from sth**] sich *akk* [von etw *dat*] lösen [*o*

D

befreien] ❷ MECH ■**to ~ sth** etw entkuppeln; **to ~ the clutch** auskuppeln ❸ MIL **to ~ troops** Truppen abziehen **II.** *vi* ❶ (*become detached*) sich *akk* lösen [*o* frei machen] ❷ (*in fencing*) sich *akk* [aus der gegnerischen Bindung] lösen

disengagement [ˌdɪsɪnˈgeɪdʒmənt] *n no pl* ❶ MECH Lösung *f; of a clutch* Auskuppeln *nt* ❷ MIL Absetzen *nt* ❸ (*in fencing*) Befreiung *f*

disentangle [ˌdɪsɪnˈtæŋgl] **I.** *vt* ❶ (*untangle*) ■**to ~ sth** etw entwirren [*o* entflechten]; **to ~ a rope** ein Seil entknoten [*o* entwirren]; (*fig*) ■**to ~ sth from sth** etw aus etw *dat* herauslösen; ***to ~ hard facts from myth*** die Tatsachen von den Legenden trennen ❷ (*get away*) ■**to ~ oneself from sth** sich *akk* von etw *dat* befreien [*o* lösen] **II.** *vi* sich *akk* [voneinander] loslösen [*o* frei machen]

disestablish [ˌdɪsɪˈstæblɪʃ] *vt* (*form*) ■**to ~ sth** etw vom Staat trennen; **to ~ the Church** Kirche und Staat trennen

disestablishment [ˌdɪsɪˈstæblɪʃmənt] *n no pl* Trennung *f* [vom Staat]; **the ~ of the Church** die Trennung von Kirche und Staat

disfavor [ˌdɪsˈfeɪvəʳ] AM, **disfavour** [-əʳ] **I.** *n no pl* Missbilligung *f,* Missfallen *nt;* **to be in ~ with sb** bei jdm in Ungnade stehen; **to fall into ~ with sb** bei jdm in Ungnade fallen; **to hold sb in ~** jdm seine Gunst vorenthalten [*o* nicht gewähren]; **to look on sb with ~** jdn mit Missfallen betrachten **II.** *vt* ■**to ~ sb** jdn benachteiligen; ■**to ~ sth** etw missbilligen

disfiguration [dɪsˌfɪgəˈreɪʃᵊn, AM -gjəˈ-] *n no pl* Entstellung *f,* Verunstaltung *f;* ***the ~ of the town continues*** die Stadt wird weiterhin verunstaltet

disfigure [dɪsˈfɪgəʳ, AM -gjɚ] *vt* ■**to ~ sb/sth** jdn/etw entstellen [*o* verunstalten]

disfigurement [dɪsˈfɪgəmənt, AM -ˈfɪgjɚ-] *n no pl see* **disfiguration**

disfranchise [ˌdɪsˈfræn(t)ʃaɪz] *vt see* **disenfranchise**

disgorge [dɪsˈgɔːdʒ, AM -ˈgɔːrdʒ] **I.** *vt* ■**to ~ sth** etw ausspucken [*o* ausspeien] *a. fig* **II.** *vi* sich *akk* ergießen; ***the river ~s into the Black Sea*** der Fluss fließt in das Schwarze Meer

disgrace [dɪsˈgreɪs] **I.** *n no pl* ❶ (*shame*) Schande *f,* Schmach *f geh;* **to bring ~ on sb/sth** Schande über jdn/etw bringen ❷ (*sth or sb shameful*) Schande *f,* Schandfleck *m* **II.** *vt* ■**to ~ sb** Schande über jdn bringen, jdm Schande bereiten; ***he has been ~d*** er ist in Ungnade gefallen

disgraced [dɪsˈgreɪst] *adj* beschämt; ■**to be ~** blamiert sein

disgraceful [dɪsˈgreɪsfᵊl] *adj* schändlich, skandalös; ***it is ~ that …*** es ist ein Skandal [*o* eine Schande], dass …; **~ behaviour** [*or* **conduct**] skandalöses Verhalten [*o* Benehmen]

disgracefully [dɪsˈgreɪsfᵊli] *adv* schändlich; ***the unemployment pay is ~ low*** das Arbeitslosengeld ist erbärmlich niedrig

disgruntled [dɪsˈgrʌntl̩d, AM -t̬l̩d] *adj* verärgert (**with** über +*akk*), verstimmt

disgruntlement [dɪsˈgrʌntl̩mənt] *n no pl* Verstimmung *f,* Verärgerung *f,* Anstoßnahme *f geh*

disguise [dɪsˈgaɪz] **I.** *vt* ❶ (*mask*) ■**to ~ oneself** [**as sb/sth**] sich *akk* [als jd/etw] verkleiden ❷ (*change appearance*) ■**to ~ sth** etw verschleiern [*o* unkenntlich machen]; **to ~ a fact** eine Tatsache verbergen [*o* verschleiern]; **to ~ one's voice** seine Stimme verstellen ❸ (*cover up*) ■**to ~ sth** etw verbergen [*o* verstecken]; **to ~ one's feelings** seine Gefühle verbergen; **to ~ a blemish** einen Fehler kaschieren [*o* verdecken] **II.** *n* (*for body*) Verkleidung *f;* (*for face*) Maske *f;* **to put on a ~** sich *akk* verkleiden; ***he put on a false beard as a ~*** er tarnte sich mit einem falschen Bart; **to wear a ~** verkleidet sein; **in ~** verkleidet, getarnt

disguised [dɪsˈgaɪzd] *adj* verkleidet, maskiert; **to be ~ as a cowboy** als Cowboy verkleidet [*o* maskiert] sein; (*fig*) verborgen, verschleiert; ***with barely ~ anger*** mit kaum verhülltem Ärger; **~ tax** versteckte Steuer

disgust [dɪsˈgʌst] **I.** *n no pl* ❶ (*revulsion*) Abscheu *m,* Ekel *m;* **to be filled with ~ at sth** von etw *dat* angewidert sein; **sth fills sb with ~** etw ekelt jdn an; **to step back in ~** [**from sth**] angeekelt [*o* angewidert] [von etw *dat*] zurückweichen; **to turn away** [**from sth**] **in ~** sich *akk* angeekelt [*o* angewidert] [von etw *dat*] abwenden ❷ (*indignation*) Empörung *f,* Entrüstung *f* (**at** über +*akk*); [**much**] **to sb's ~** [sehr] zu jds Entrüstung; **to express one's ~** [**at sth**] seine Entrüstung [*o* Empörung] über etw *akk* zum Ausdruck bringen; **to hide one's ~ at sth** seine Empörung über etw *akk* verbergen; **in ~** entrüstet, empört; **to do sth in ~** etw tun aus Empörung darüber, dass … **II.** *vt* ■**to ~ sb** ❶ (*sicken*) jdn anwidern [*o* anekeln] ❷ (*appal*) jdn entrüsten [*o* empören]

disgusted [dɪsˈgʌstɪd] *adj* ❶ (*sickened*) angeekelt, angewidert ❷ (*indignant*) empört; ■**to be ~ at sth** über etw *akk* entrüstet [*o* empört] sein; ■**to be ~ at** [*or* **with**] **sb for** [**not**] **doing sth** darüber empört sein, dass jd etw [nicht] tut; ■**to be ~ that …** darüber empört sein, dass …

disgustedly [dɪsˈgʌstɪdli] *adv* empört, entrüstet

disgusting [dɪsˈgʌstɪŋ] *adj* ❶ (*unacceptable*) empörend; ■**it is ~ how/that …** es ist empörend, wie/dass … ❷ (*repulsive*) widerlich, widerwärtig

disgustingly [dɪsˈgʌstɪŋli] *adv* ❶ (*repulsively*) widerlich, ekelhaft ❷ (*iron: unbelievably*) unglaublich; ***his grades are ~ good*** seine Noten sind unverschämt gut *fam*

dish [dɪʃ] **I.** *n* <*pl* -es> ❶ (*for serving*) Schale *f;* AM (*plate*) Teller *m;* **deep ~** Schüssel *f;* **to put sth in** [*or* **on**] **a ~** etw in eine Schüssel tun; **to serve sth in** [*or* **on**] **a ~** etw in einer Schüssel servieren ❷ (*crockery*) ■**the ~es** *pl* das Geschirr *kein pl;* **the dirty ~es** das schmutzige [*o* dreckige] Geschirr; **to do** [*or* **wash**] **the ~es** [ab]spülen, abwaschen; **to stack the ~es** das Geschirr stapeln ❸ (*meal*) Gericht *nt;* **favourite ~** Lieblingsgericht *nt,* Leibgericht *nt;* **main ~** Hauptspeise; **sweet ~** Süßspeise *f;* **fish ~** Fischgericht *nt;* **side ~** Beilage *f* ❹ TELEC Schüssel *f,* Antenne *f fam;* **satellite ~** Parabolantenne *f,* Satellitenschüssel *f fam* ❺ (*approv sl: man*) toller Typ *fam;* (*woman*) klasse Frau *fam* **II.** *vt* ❶ (*serve*) ■**to ~ sth** etw anrichten ❷ (*dated sl*) ■**to ~ sb** jdn ruinieren; ■**to ~ sth** etw zunichte machen; **to ~ sb's chances** [**of sth**] jds Chancen [auf etw *akk*] zunichte machen ▸ PHRASES: **to ~ the dirt on sb** jdn öffentlich bloßstellen **III.** *vi* AM (*fam: gossip*) klatschen, tratschen; ■**to ~ about sth** etw breittreten *pej fam,* sich *akk* über etw *akk* auslassen

◆**dish out** *vt* ❶ (*give freely*) ■**to ~ out** ◌ **sth** [**to sb**] etw großzügig [an jdn] verteilen; **to ~ out punishment** [be]strafen; **to ~ it out** austeilen *fam;* (*fight*) kräftig zuschlagen; ***he can ~ it out but can't take it*** austeilen kann er, aber einstecken nicht ❷ (*serve*) ■**to ~ sth** ◌ **out for sb** [*or* **sb out sth**] jdm etw servieren; ***could you ~ me out some more potatoes, please?*** würdest du mir bitte noch ein paar Kartoffeln geben?

◆**dish up** (*fam*) **I.** *vt* ■**to ~ up** ◌ **sth** ❶ (*serve*) etw auftischen *fam;* ***~ it up, I'm starving*** bring das Essen, sonst verhungere ich noch! ❷ (*fig: produce*) etw bieten **II.** *vi* anrichten; ***I'm ready to ~ up*** es kann angerichtet werden

dishabille [ˈdɪsæbˈiːl, AM -əˈbiːl] *n no pl* FASHION Zerzaustheit *f,* Ungepflegtheit *f;* **look of ~** Schmuddellook *m*

dish aerial *n* BRIT Parabolantenne *f,* Satellitenschüssel *f fam*

disharmonious [ˌdɪshɑːˈməʊniəs, AM -hɑːrˈmoʊ-] *adj* (*form*) disharmonisch

disharmony [dɪsˈhɑːməni, AM -ˈhɑːr-] *n no pl* (*form*) Disharmonie *f;* **undercurrents of ~** unterschwellige Missstimmung; **to stir up ~** Missstimmung erzeugen

dishcloth *n* Geschirrtuch *nt*

dishearten [dɪsˈhɑːtᵊn, AM -ˈhɑːr-] *vt* ■**to ~ sb** jdn entmutigen; ■**to be ~ed by sth** durch etw *akk* entmutigt werden; ■**to be ~ed at sth** durch etw *akk* entmutigt sein [*o* den Mut verlieren]

disheartening [dɪsˈhɑːtᵊnɪŋ, AM -ˈhɑːr-] *adj* entmutigend; (*disappointing*) enttäuschend

disheveled [dɪˈʃevᵊld], AM *usu* **dishevelled** *adj* unordentlich; **~ hair** zerzauste Haare

dish liquid *n* AM [Geschirr]spülmittel *nt*

dishonest [dɪˈsɒnɪst, AM -ˈsɑːn-] *adj* ❶ (*deceitful*) unehrlich; (*lying*) verlogen; **morally ~** moralisch unlauter; ■**to be ~ about sth** bei etw *dat* nicht ehrlich sein; ***he's been ~ about his past*** er hat über seine Vergangenheit gelogen; ■**to be ~ in sth** bei etw *dat* betrügen ❷ (*misleading*) täuschend *attr;* **a ~ account of events** eine irreführende Darstellung der Ereignisse

dishonestly [dɪˈsɒnɪstli, AM -ˈsɑːn-] *adv* auf unehrliche [*o* betrügerische] Art und Weise; **to act ~** unredlich handeln

dishonesty [dɪˈsɒnɪsti, AM -ˈsɑːn-] *n* ❶ *no pl* (*deceitfulness*) Unehrlichkeit *f,* Unaufrichtigkeit *f,* Verlogenheit *f* ❷ (*deceitful act*) Unredlichkeit *f*

dishonor *vt, n* AM *see* **dishonour**

dishonorable *adj* AM *see* **dishonourable**

dishonour [dɪˈsɒnəʳ], AM **dishonor** [-ˈsɑːnɚ] (*form*) **I.** *n no pl* ❶ (*shame, disgrace*) Schande *f* (**to** für +*akk*); **to bring ~ on sb** jdm Schande bereiten; **to face ~** mit der Schande leben ❷ FIN **notice of ~** *Mitteilung, dass eine Rechnung aussteht* **II.** *vt* ❶ (*disgrace*) ■**to ~ sb/sth** dem Ansehen einer Person/einer S. *gen* schaden ❷ (*not respect*) **to ~ an agreement** eine Abmachung verletzen, gegen eine Abmachung verstoßen; **to ~ one's principles** gegen seine Prinzipien verstoßen; **to ~ a promise** sich *akk* nicht an ein Versprechen halten, ein Versprechen nicht einlösen

dishonourable [dɪˈsɒnərəbl̩], AM **dishonorable** [-ˈsɑːnɚ-] *adj* ehrlos, unehrenhaft; **to receive a ~ discharge** [**for sth**] [wegen einer S. *gen*] unehrenhaft entlassen werden

dishpan *n* AM (*sink*) Spülbecken *nt* **dishpan hands** *npl* AM Spülhände *fpl* **dish rack** *n* AM (*plate rack*) Geschirrständer *m* **dishrag** *n* AM (*dishcloth*) Geschirrtuch *nt* **dish soap** *n* AM Geschirrspülmittel *nt* **dish towel** *n esp* AM Geschirrtuch *nt* **dishwasher** *n* ❶ (*machine*) Geschirrspülmaschine *f;* **to load/unload** [*or* **empty**] **the ~** die Geschirrspülmaschine einräumen/ausräumen; **to run the ~** die Geschirrspülmaschine laufen lassen ❷ (*person*) Tellerwäscher(in) *m(f);* (*hum*) Geschirrspülmaschine *f hum*

dishwashing liquid *n* AM Geschirrspülmittel *nt*

dishwater *n no pl* (*also fig*) Spülwasser *nt*

dishy [ˈdɪʃi] *adj* BRIT, AUS (*sl*) sexy *fam*

disillusion [ˌdɪsɪˈluːʒᵊn] **I.** *vt* ■**to ~ sb** jdn desillusionieren [*o* ernüchtern]; ***I hate*** [*or* ***am sorry***] ***to ~ you, but …*** ich möchte dir ja nicht deine Illusionen rauben, aber … **II.** *n no pl* Ernüchterung *f,* Desillusionierung *f*

disillusioned [ˌdɪsɪˈluːʒᵊnd] *adj* desillusioniert; ■**to be ~ with sb/sth** von jdm/etw enttäuscht sein

disillusionment [ˌdɪsɪˈluːʒᵊnmənt] *n no pl* Ernüchterung *f,* Enttäuschung *f* (**with** über +*akk*)

disincentive [ˌdɪsɪnˈsentɪv, AM -t̬-] **I.** *n* Entmutigung *f;* **to be** [*or* **act as**] **a ~ to sth** sich *akk* abschreckend auf etw *akk* auswirken **II.** *adj* entmutigend; **to have a ~ effect on sb** auf jdn entmutigend wirken

disinclination [ˌdɪsɪnklɪˈneɪʃᵊn] *n no pl* (*aversion*) Abneigung *f;* (*reluctance*) Unlust *f;* **to feel** [*or* **have**] **a strong ~ to do sth** eine starke Abneigung dagegen haben, etw zu tun

disinclined [ˌdɪsɪnˈklaɪnd] *adj pred* abgeneigt; ■**to be ~ to do sth** nicht gewillt sein, etw zu tun

disinfect [ˌdɪsɪnˈfekt] *vt* ■**to ~ sth** etw desinfizieren

disinfectant [ˌdɪsɪnˈfektənt] **I.** *n* Desinfektionsmittel *nt;* **a powerful ~** ein starkes Desinfektionsmittel **II.** *adj* desinfizierend; **~ products** Desinfektionsmittel *ntpl*

disinfection [ˌdɪsɪnˈfekʃᵊn] *n no pl* Desinfizierung *f*

disinflation [ˌdɪsɪnˈfleɪʃᵊn] *n no pl* ECON Desinflation *f fachspr;* (*reduction*) Inflationsrückgang *m;* (*measures against*) Inflationsbekämpfung *f*

disinformation [ˌdɪsɪnfəˈmeɪʃᵊn, AM -fɚ-] *n no pl*

Fehlinformation *f;* **to spread** ~ Fehlinformationen verbreiten

disingenuous [ˌdɪsɪnˈdʒenjuəs] *adj* (*form*) unaufrichtig; ~ **look** verschlagener Blick; ~ **manner** verlogene Art; ~ **smile** verlogenes Lächeln

disingenuously [ˌdɪsɪnˈdʒenjuəsli] *adv* unaufrichtig

disinherit [ˌdɪsɪnˈherɪt] *vt* ■**to** ~ **sb** jdn enterben

disinheritance [ˌdɪsɪnˈherɪtənts, AM ţənts] *n no pl* Enterbung *f*

disintegrate [dɪˈsɪntɪgreɪt, AM -ţə-] **I.** *vi* ① (*break apart*) zerfallen ② (*be divided*) ■**to** ~ **into sth** *empire* in etw *akk* zerfallen ③ (*fig*) *marriage* zerbrechen; **to** ~ **into chaos** sich *akk* in Chaos auflösen ④ (*fam: break down*) einen Nervenzusammenbruch kriegen *fam* ⑤ NUCL *atom* sich *akk* in seine Bestandteile auflösen **II.** *vt* NUCL **to** ~ **an atom** ein Atom in seine Bestandteile auflösen

disintegration [dɪˌsɪntɪˈgreɪʃən, AM -ţəˈ-] *n no pl* ① (*breaking apart*) Auseinanderbröckeln *nt; of cells* Zerstörung *f* ② (*loss of cohesion*) Zerfall *m,* Auflösung *f* ③ (*worsening*) *of services* Verschlechterung *f* ④ *of personality* Verfall *m* ⑤ NUCL Auflösung *f* in seine Bestandteile

disinter <-rr-> [ˈdɪsɪnˈtɜːr, AM -ˈtɜːr] *vt* ① (*form: dig up*) ■**to** ~ **sb** jdn ausgraben; (*exhume*) jdn exhumieren ② (*fig*) ■**to** ~ **sth** etw wiederentdecken [*o hum* ausgraben]

disinterest [dɪˌsɪntrəst, -trɪst, AM -trɪst] *n no pl* ① (*impartiality*) Desinteresse *nt* (**with** an +*dat*) ② (*indifference*) Gleichgültigkeit *f* (**in** gegenüber +*dat*)

disinterested [dɪˌsɪntrəstɪd, -trɪst-, AM -trɪst-] *adj* ① (*impartial*) neutral, unparteiisch; ~ **advice** objektiver Rat; ~ **judgement** gerechtes Urteil; ~ **observer** neutraler Beobachter; ~ **party** Unbeteiligte(r) *f(m)* ② (*uninterested*) desinteressiert

disinterestedly [dɪˌsɪntrəstɪdli, -trɪst-, AM -trɪst-] *adv* ① (*impartially*) gerecht, unparteiisch ② (*indifferently*) desinteressiert

disinterestedness [dɪsˈɪntrəstɪdnəs, AM -trɪstɪd-] *n no pl* ① (*unselfishness*) Uneigennützigkeit *f,* Selbstlosigkeit *f* ② (*lack of concernedness*) Desinteresse *f*

disintermediation [ˌdɪsɪntəmiːdiˈeɪʃən, AM -ɪntɚ-] *n no pl* ECON, FIN Industrieclearing *nt* ohne Kreditinstitutbeteiligung

disinterment [ˌdɪsɪnˈtɜːmənt, AM -tɜːr-] *n no pl* Ausgrabung *f*

disinvest [dɪsɪnˈvest] FIN **I.** *vi* desinvestieren *fachspr,* Anlagekapital zurückziehen; ■**to** ~ **from sth** sich *akk* aus etw *dat* zurückziehen **II.** *vt* **to** ~ **shares** Aktien zurückziehen

disinvestment [dɪsɪnˈvestmənt] *n no pl* FIN Desinvestition *f fachspr,* Zurückziehung *f* von Anlagekapital

disjecta membra [dɪsˌdʒektəˈmembrə] *npl* (*liter: written fragments*) geschriebene Fragmente

disjointed [dɪsˈdʒɔɪntɪd, AM -ţ-] *adj* ① (*not coherent*) zusammenhanglos, unzusammenhängend *attr* ② (*disunited*) zerrissen

disjunct [dɪsˈdʒʌŋ(k)t] *adj* LING disjunkt

disjunctive [dɪsˈdʒʌŋtɪvli] *adj* ① (*lacking connection*) getrennt, nicht zusammenhängend ② LING, PHILOS disjunktiv *fachspr*

disk [dɪsk] *n* ① COMPUT Diskette *f;* **back-up** ~ Sicherungsdiskette *f;* **fixed** [*or* **hard**] ~ Festplatte *f;* **floppy** ~ Floppydisk *f;* **removable** ~ Wechseldatenträger *m* ② AM *see* **disc**

disk box *n* Diskettenbox *f* **disk drive** *n* COMPUT Laufwerk *nt;* **fixed** ~ Plattenlaufwerk *nt;* **floppy** ~ Diskettenlaufwerk *nt* (*für Floppydisks*)

diskette [dɪˈsket] *n* COMPUT Diskette *f; see also* **disk 1**

diskless [ˈdɪskləs] *adj* COMPUT plattenlos; ~ **operating system** plattenloses Betriebssystem

disk operating system *n* COMPUT Plattenbetriebssystem *nt* **disk space** *n* COMPUT Diskettenspeicher *m;* (*hard disk drive*) Plattenspeicher *m*

dislike [dɪsˈlaɪk] **I.** *vt* ■**to** ~ **sb/sth** jdn/etw nicht mögen [*o fam* leiden können]; (*not condone*) ■**to** ~ **sth** etw missbilligen; ■**sb** ~**s sth** jdm missfällt etw; **to deeply** [*or* **heartily**] [*or* **intensely**] ~ **sb/sth** jdn/etw zutiefst hassen; ■**to** ~ **doing sth** etw nicht gern tun **II.** *n* Abneigung *f;* **likes and** ~**s** Vorlieben und Abneigungen; **a hearty** [*or* **strong**] ~ **of** [*or* **for**] **sth** eine tiefe [*o* starke] Abneigung gegen etw *akk;* **to show** [*or* **have**] **a** ~ **of** [*or* **for**] **sth** eine Abneigung gegen etw *akk* haben [*o* hegen]; **to take a**[**n instant**] ~ **to sb/sth** jdn/etw [spontan] unsympathisch finden

dislik(e)able [dɪsˈlaɪkəbl̩] *adj* unsympathisch

dislocate [ˈdɪslə(ʊ)keɪt, AM dɪsˈloʊ-] *vt* ① (*disturb normal position of*) ■**to** ~ **sth** *joint* sich *dat* etw ausrenken [*o* verrenken]; **to** ~ **one's shoulder** sich *dat* die Schulter auskugeln ② *usu passive* (*disrupt*) ■**to be** ~**d by sth** durch etw *akk* beeinträchtigt werden ③ *usu passive* (*misused*) ■**to have been** ~**d** zweckentfremdet worden sein

dislocated [ˈdɪslə(ʊ)keɪtɪd, AM dɪsˈloʊkeɪţɪd] *adj* ① *joint* verrenkt, ausgerenkt; *shoulder* ausgekugelt ② (*put out of place*) deplaziert; (*misused*) zweckentfremdet

dislocation [ˌdɪslə(ʊ)ˈkeɪʃən, AM -loʊˈ-] *n* ① *of joint* Verrenkung *f; of shoulder* Auskugeln *nt kein pl* ② *no pl* (*fig: disturbance*) Störung *f* ③ (*displacement*) Verlagerung *f*

dislodge [dɪˈslɒdʒ, AM -ˈlɑːdʒ] *vt* ① (*loosen up*) ■**to** ~ **sth** etw lösen; ***the earthquake*** ~***d stones from the walls*** durch das Erdbeben lösten sich Steine aus den Wänden ② (*fig*) ■**to** ~ **sb** jdn verdrängen; **to** ~ **the enemy from town** den Feind aus der Stadt verdrängen

disloyal [dɪˈslɔɪəl] *adj* ■~ [**to sb/sth**] [jdm/etw gegenüber] illoyal

disloyalty [dɪˈslɔɪəlti] *n no pl* Illoyalität *f* (**to** gegenüber +*dat*); **to demonstrate** ~ **to sb/sth** jdm gegenüber illoyal sein

dismal [ˈdɪzməl] *adj* ① (*gloomy*) düster; *mood also* trist; ~ **expression** finsterer Gesichtsausdruck ② (*dreary*) trostlos; ~ **outlook** trübe Aussicht; ~ **weather** trübes Wetter ③ (*fam: pitiful*) kläglich; **a** ~ **failure** ein großer Reinfall; ~ **truth** bittere Wahrheit; ~ **weather** grässliches [*o* scheußliches] Wetter

dismally [ˈdɪzməli] *adv* ① (*gloomily*) düster; **to look** ~ finster blicken ② (*drearily*) hoffnungslos; (*melancholically*) freudlos; (*grey*) trostlos ③ (*fam: pitifully*) schrecklich, furchtbar

dismantle [dɪˈsmæntl̩, AM -ţl̩] **I.** *vi* zerlegbar sein, sich zerlegen lassen **II.** *vt* ① (*take apart*) ■**to** ~ **sth** etw zerlegen ② (*fig: do away with*) ■**to** ~ **sth** etw demontieren

dismantling *n no pl of border controls, trade barriers* Abbau *m*

dismay [dɪˈsmeɪ] **I.** *n no pl* Entsetzen *nt,* Bestürzung *f* (**at/with** über +*akk*); **to sb's** [**great**] ~ zu jds [großer] Bestürzung; ***she discovered, to her*** ~***, that …*** bestürzt entdeckte sie, dass …; **to be filled with** ~ entsetzt sein; **to watch in** [*or* **with**] ~ **…** mit Entsetzen [*o* Bestürzung] zusehen, wie … **II.** *vt* ■**to** ~ **sb** jdn schockieren; ***it*** ~***ed us that …*** wir waren bestürzt darüber, dass …

dismayed [dɪˈsmeɪd] *adj* bestürzt; *expression* betroffen (**at/with** über +*akk*)

dismaying [dɪˈsmeɪɪŋ] *adj* bestürzend

dismember [dɪˈsmembəʳ, AM -ɚ] *vt* ■**to** ~ **sb** jdn zerstückeln; ■**to** ~ **an animal** ein Tier zerlegen; (*fig*) **to** ~ **a country** ein Land zersplittern

dismembered [dɪˈsmembəd, AM -bɚd] *adj* verstümmelt

dismemberment [dɪˈsmembə-, AM -bɚmənt] *n no pl* ① (*chopping off*) Verstümmelung *f* ② (*fig*) Zersplitterung *f*

dismiss [dɪˈsmɪs] *vt* ① (*ignore*) ■**to** ~ **sb/sth** [**as sth**] jdn/etw [als etw *akk*] abtun; **to** ~ **an idea** eine Idee aufgeben; **to** ~ **a thought** [**from one's mind**] einen Gedanken [wieder] fallen lassen, sich *dat* einen Gedanken aus dem Kopf schlagen *fam* ② (*send away*) ■**to** ~ **sb** jdn wegschicken; *class* jdn gehen lassen; MIL ~***ed!*** wegtreten! ③ (*sack*) ■**to** ~ **sb** jdn entlassen ④ LAW **to** ~ **a** [**court**] **case/an indictment** [**for lack of evidence**] einen Prozess/ein Verfahren [mangels Beweisen] einstellen; **to** ~ **a charge** eine Klage abweisen

dismissal [dɪˈsmɪsəl] *n* ① *no pl* (*disregard*) Abtun *nt;* **to meet with** ~ auf Ablehnung stoßen ② (*from job*) Entlassung *f* (**from** aus +*dat*); **curt** [*or* **summary**] ~ fristlose Kündigung; **unfair** ~ sozial ungerechtfertigte Entlassung ③ *of an assembly* Auflösung *f* ④ LAW *of a case* Abweisung *f; of the accused* Entlassung *f*

dismissive [dɪˈsmɪsɪv] *adj* geringschätzig; ■**to be** ~ **of sth** etw geringschätzig abtun

dismissively [dɪˈsmɪsɪvli] *adv* geringschätzig, verächtlich; **to wave one's hand** ~ eine verächtliche Handbewegung machen

dismount [dɪˈsmaʊnt] **I.** *vi* absteigen; **to** ~ **from a bike/horse/motorcycle** von einem Fahrrad/Pferd/Motorrad absteigen **II.** *vt* ■**to** ~ **sth** etw abmontieren; **to** ~ **a drive** COMPUT ein Laufwerk deaktivieren; **to** ~ **a tape** COMPUT ein Band entladen

disobedience [ˌdɪsə(ʊ)ˈbiːdiən(t)s, AM -səˈ-] *n no pl* Ungehorsam *m* (**to** gegenüber +*dat*); ~ **to orders** Missachtung *f* von Befehlen; **civil** ~ passiver Widerstand, ziviler [*o* bürgerlicher] Ungehorsam; **wilful** ~ wissentlicher Ungehorsam

disobedient [ˌdɪsə(ʊ)ˈbiːdiənt, AM -səˈ-] *adj* ungehorsam; ■**to be** ~ **to**[**wards**] **sb** jdm nicht gehorchen

disobediently [ˌdɪsə(ʊ)ˈbiːdiəntli, AM -səˈ-] *adv* ungehorsam

disobey [ˌdɪsə(ʊ)ˈbeɪ, AM -səˈ-] **I.** *vt* ■**to** ~ **sb** jdm nicht gehorchen; ***I won't have you*** ~***ing me!*** ich dulde mir gegenüber keinen Ungehorsam!; **to** ~ **orders** Befehle nicht befolgen; ■**to** ~ **rules** sich *akk* nicht an die Regeln halten **II.** *vi* ungehorsam sein

disoblige [ˌdɪsəˈblaɪdʒ] *vt* (*form*) ■**to** ~ **sb** jdm nicht hilfreich [*o* behilflich] sein

disobliging [ˌdɪsəˈblaɪdʒɪŋ] *adj* (*form*) ungefällig, nicht hilfreich [*o* behilflich]

disorder [dɪˈsɔːdəʳ, AM -ɔːrdɚ] *n* ① *no pl* (*disarray*) Unordnung *f;* **state of** ~ chaotischer Zustand; **to be in** ~ in Unordnung sein; **to retreat in** ~ MIL sich *akk* ungeordnet zurückziehen; **to throw sth into** ~ etw in Unordnung bringen [*o* durcheinander bringen] ② MED [Funktions]störung *f;* **brain** ~ Störung *f* der Gehirnfunktion; **circulatory** ~ Kreislaufstörung *f;* **digestive** [*or* **intestinal**] ~ Verdauungsstörung *f;* **kidney** ~ Nierenleiden *nt;* **mental** ~ Geistesstörung *f;* **neurotic** ~ Neurose *f;* **personality** ~ Persönlichkeitsstörung *f;* **respiratory** ~ Störung *f* der Atemwege; **skin** ~ Hautirritation *f* ③ *no pl* (*riot*) Aufruhr *m;* **civil** ~ Bürgerunruhen *fpl;* **public** ~ öffentliche Unruhen

disordered [dɪsˈɔːdəd, AM ˈɔːrdɚd] *adj* unordentlich; *health* gestört; ***my stomach is*** ~ ich habe mir den Magen verdorben

disorderly [dɪˈsɔːdəli, AM -ɔːrdɚli] *adj* ① (*untidy*) unordentlich; **to keep a** ~ **house** LAW ein Bordell treiben; ~ **life** unorganisiertes Leben ② (*unruly*) aufrührerisch; **drunken and** ~ **conduct** Trunkenheit *f* und ordnungswidriges Verhalten

disorganization [dɪˌsɔːgənaɪˈzeɪʃən, AM -ɔːrgənɪ-] *n no pl* Desorganisation *f,* schlechte Organisation; (*chaos*) Durcheinander *nt*

disorganized [dɪˈsɔːgənaɪzd, AM -ɔːr-] *adj* schlecht organisiert; **to be a** ~ **mess** ein einziges Durcheinander sein; ~ **person** unordentliche Person

disorientate [dɪˈsɔːrɪənteɪt] *vt,* AM *usu* **disorient** [dɪˈsɔːrɪənt] *vt usu passive* ① (*lose bearings*) **to be/get** [*or* **become**] [**totally**] ~**d** [völlig] die Orientierung verloren haben/verlieren ② (*be confused*) ■**to be** ~**d** orientierungslos sein; ***she became*** ~***d as to time and place*** sie verlor jegliches Raum- und Zeitgefühl; **to make sb feel** ~**d** jdn verwirren

disorientating [dɪˈsɔːrɪənteɪtɪŋ] *adj,* AM *usu* **disorienting** [dɪˈsɔːrɪəntɪŋ] *adj* ① (*confusing*) verwirrend ② (*strange*) merkwürdig

disorientation [dɪsˌɔːrɪənˈteɪʃən] *n no pl* Richtungslosigkeit *f,* Desorientierung *f*

disown [dɪˈsəʊn, AM -soʊn] *vt* ■**to** ~ **sb** ① (*sever ties*) jdn verstoßen ② (*repudiate*) jdn verleugnen;

D

(*hum also*) jdn nicht mehr kennen *hum*
disparage [dɪˈspærɪdʒ, AM -per-] *vt* ■**to ~ sb/sth** jdn/etw diskreditieren *geh*
disparagement [dɪˈspærɪdʒmənt, AM -per-] *n no pl* (*snub*) Herabsetzung *f;* (*denigration*) Verunglimpfung *f;* (*abuse*) Schmähung *f*
disparaging [dɪˈspærɪdʒɪŋ, AM -per-] *adj* geringschätzig, verächtlich; **~ remark** spöttische Bemerkung; **to make ~ remarks about sb** sich *akk* abschätzig über jdn äußern
disparagingly [dɪˈspærɪdʒɪŋli, AM -per-] *adv* geringschätzig, verächtlich; **to speak ~ of sb/sth** abschätzig über jdn/etw sprechen
disparate [dɪˈspərət] *adj* (*form*) [grund]verschieden; **~ natures** unvereinbare Charaktere
disparity [dɪˈspærəti, AM -t̬i] *n* Disparität *f geh,* Ungleichheit *f kein pl*
dispassion [dɪsˈpæʃən] *n no pl* Gelassenheit *f,* Leidenschaftslosigkeit *f*
dispassionate [dɪˈspæʃənət] *adj* objektiv, sachlich, nüchtern
dispassionately [dɪˈspæʃənətli] *adv* nüchtern, sachlich; **to look at sth ~** etw nüchtern betrachten; ***... but speaking ~ ...*** ... nüchtern gesehen, ... jedoch ...
dispatch [dɪˈspætʃ] **I.** *n* <*pl* -es> ① (*something sent*) Lieferung *f,* Sendung *f;* **~ of clothing** Kleidersendung *f* ② *no pl* (*sending*) Veschicken *nt,* Versenden *nt; of a person* Entsendung *f* ③ (*press report*) [Auslands]bericht *m* ④ MIL (*report*) [Kriegs]bericht; **to be mentioned in ~es** rühmend erwähnt werden ▶ PHRASES: **to <u>do</u> sth with ~** (*dated form*) etw prompt erledigen **II.** *vt* ① (*send*) ■**to ~ sth somewhere** etw irgendwohin senden [*o* schicken]; **to ~ a letter/telegram** einen Brief/ein Telegramm aufgeben; ■**to ~ sb** jdn entsenden; ■**to be ~ed to a place** an einen Ort entsandt werden ② (*hum: devour*) **to ~ food** Essen verputzen *fam* ③ (*hum: kill*) ■**to ~ sb/an animal** jdn/ein Tier ins Jenseits befördern *fam* [*o* zur Strecke bringen] ④ (*deal with*) **to ~ a problem/task** ein Problem/eine Aufgabe erledigen [*o* lösen]
dispatch box *n* ① (*box*) Depeschenkassette *f* ② BRIT ■**the D~ B~** *Rednerstand im britischen Unterhaus*
dispatch rider *n* BRIT Kurier *m,* Eilbote, -in *m, f*
dispel <-ll-> [dɪˈspel] *vt* **to ~ sb's doubts** jds Zweifel zerstreuen [*o* vertreiben] [*o* verscheuchen]; **to ~ a fear** eine Befürchtung zerstreuen; **to ~ an idea** eine Idee verwerfen; **to ~ a myth** einen Mythos zerstören; **to ~ sb's sorrows** jds Kummer vertreiben
dispensable [dɪˈspen(t)səbl̩] *adj* entbehrlich
dispensary [dɪˈspen(t)səri] *n* ① (*room*) [Krankenhaus]apotheke *f* ② (*clinic*) Dispensarium *nt*
dispensation [dɪˌspenˈseɪʃən] *n* (*form*) ① *no pl* (*permission*) Befreiung *f;* REL Dispens *f;* **papal ~** päpstlicher Erlass; **special ~** Sondergenehmigung *f* ② (*system*) System *nt* ③ *no pl* (*handing out*) Verteilen *nt,* Verteilung *f; of medication also* Ausgabe *f* ④ LAW Rechtsprechung *f*
dispense [dɪˈspens] **I.** *vt* ① (*provide*) ■**to ~ sth [to sb/sth]** etw [an jdn/etw] austeilen [*o* verteilen]; **to ~ advice** [gute] Ratschläge erteilen; **to ~ wisdom** Weisheiten von sich *dat* geben ② (*prepare*) **to ~ medicine** Medizin ausgeben ③ LAW **to ~ justice** Recht sprechen **II.** *vi* ① (*do without*) ■**to ~ with sth** auf etw *akk* verzichten; **to ~ with sb's services** auf jds Dienste verzichten können ② (*form: exempt*) ■**to not be able to ~ with sth** ohne etw *akk* auskommen können
dispenser [dɪˈspensəʳ, AM -ɚ] *n* ① (*machine*) Automat *m;* **drinks/cash ~** Getränke-/Geldautomat *m;* **paper towel ~** Automat *m* für Papierhandtücher; **soap ~** Seifenspender *m* ② (*provider*) Verteiler(in) *m(f); of funds* Vergabestelle *f*
dispensing chemist [dɪˌspen(t)sɪŋˈ-] *n* BRIT, AUS Apotheker(in) *m(f);* ■**~'s** Apotheke *f* **dispensing machine** *n* Automat *m* **dispensing optician** *n* BRIT Optiker(in) *m(f);* **at the ~'s** beim Optiker
dispersal [dɪˈspɜːsəl, AM -pɜːr-] *n no pl* ① (*scattering*) Zerstreuung *f; of a crowd* Auflösung *f;* (*migration*) Verbreitung *f* ② (*breakup*) Auseinandergehen *nt kein pl;* ***she was disappointed in the quick ~ of the audience after the concert*** sie war enttäuscht, dass sich die Zuschauermenge nach dem Konzert so schnell auflöste ③ (*spread*) Verstreutheit *f;* ***the ~ of his family all over the world made it difficult to get together for Christmas*** da seine Familie über die ganze Welt zerstreut war, war es schwierig, an Weihnachten zusammenzukommen
dispersant [dɪˈspɜːsənt, AM -pɜːr-] *n* Dispersionsmittel *nt,* Dispergens *nt fachspr;* **oil ~** Öldispergator *m fachspr*
disperse [dɪˈspɜːs, AM -pɜːrs] **I.** *vt* ① (*dispel*) ■**to ~ sth** *mist* etw auflösen; **to ~ a crowd** eine [Menschen]menge zerstreuen [*o* auflösen] ② (*distribute*) **to ~ seeds** Samen verteilen ③ (*clear*) ■**to ~ sth** *oil slick* etw auflösen ④ PHYS **to ~ light** Licht streuen **II.** *vi* ① *crowd* auseinander gehen, sich *akk* verlaufen ② (*thin out*) *mist* sich *akk* auflösen
dispersed [dɪˈspɜːst, AM -pɜːrst] *adj* verstreut; *group of people* zerstreut
dispersion [dɪˈspɜːʃən, AM -pɜːrʒ-] *n no pl* ① (*form: distribution*) Verteilung *f* ② (*spread*) Verbreitung *f* ③ PHYS Streuung *f*
dispirit [dɪˈspɪrɪt] *vt* ■**to ~ sb** jdn entmutigen, jdm den Schwung nehmen
dispirited [dɪˈspɪrɪtɪd, AM -t̬-] *adj* niedergeschlagen, entmutigt; (*depressed*) deprimiert; ■**sb is ~ by sth** etw hat jdn entmutigt
dispiritedly [dɪˈspɪrɪtɪdli, AM -t̬-] *adv* deprimiert, entmutigt
dispiriting [dɪˈspɪrɪtɪŋ, AM -t̬-] *adj* deprimierend; ■**to be ~ to sb** jdn entmutigen
displace [dɪˈspleɪs] *vt* ① (*force out*) ■**to ~ sb** jdn vertreiben; ■**to be ~d** vertrieben werden ② (*replace*) ■**to ~ sth/sb** etw/jdn ersetzen [*o* ablösen], an die Stelle von etw/jdm treten ③ (*fam: force from office*) ■**to ~ sb** jdn ausbooten *fam* ④ PHYS **to ~ air/water** Luft/Wasser verdrängen
displaced person *n* Vertriebene(r) *f(m)*
displacement [dɪˈspleɪsmənt] *n no pl* ① (*expulsion*) Vertreibung *f* ② (*relocation*) Umsiedlung *f* ③ (*replacement*) Ablösung *f* ④ PHYS, NAUT Verdrängung *f,* verdrängtes Flüssigkeitsvolumen ⑤ AUTO Hubraum *m*
displacement activity *n* Ersatzbefriedigung *f*
display [dɪˈspleɪ] **I.** *vt* ■**to ~ sth** ① (*on a notice board*) etw aushängen; **to ~ sth in a shop window** etw in einem Schaufenster auslegen ② (*demonstrate*) etw zeigen; **to ~ one's ignorance** seine Unwissenheit nicht verbergen; **to ~ one's power** seine Macht demonstrieren; **to ~ self-control** gefasst sein ③ (*flaunt*) etw zur Schau stellen ④ TYPO etw hervorheben **II.** *n* ① (*in a museum, shop*) Auslage *f;* **to be/go on ~** ausgestellt sein/werden ② (*performance*) Vorführung; **firework** BRIT [*or* AM, AUS **fireworks**] **~** Feuerwerk *nt* ③ (*demonstration*) Bezeigung *f geh,* Demonstration *f;* **~ of anger** Wutausbruch *m;* **to make a public ~ of grief** öffentlich seinen großen Kummer zeigen ④ COMPUT Display *nt;* **17 inches ~** 17-Zoll-Bildschirm *m;* **colour ~** Farbmonitor *m* ⑤ (*ostentation*) Großspurigkeit *f;* **to make** [*or* **put on**] **a ~** großspurig tun *fam*
display case *n,* **display cabinet** *n* Vitrine *f;* **~ of glass** Glasvitrine *f* **display type** *n no pl* TYPO Blockschrift *f* **display window** *n* Schaufenster *nt*
displease [dɪˈspliːz] *vt* ■**to ~ sb** jdm missfallen; ■**to be ~d by** [*or* **with**] [*or* **at**] **sth** mit etw *dat* unzufrieden sein; **to be highly** [*or* **greatly**] **~d** sehr verärgert sein
displeasing [dɪˈspliːzɪŋ] *adj* ärgerlich; **~ sensation** unangenehmes Gefühl
displeasure [dɪˈspleʒəʳ, AM -ʒɚ] *n no pl* Missfallen *nt* (**at** über +*akk*); **to incur sb's ~** jds Missfallen erregen; **much to sb's ~** sehr zu jds Missfallen *dat*
disport [dɪˌspɔːt, AM -spɔːrt] *vt* (*old or hum*) ■**to ~ oneself** sich *akk* vergnügen
disposable [dɪˈspəʊzəbl̩, AM -ˈspoʊ-] **I.** *adj* ① *articles* Wegwerf-; **~ razor** Einwegrasierer *m;* **~ towel** Einmalhandtuch *nt* ② (*dismissible*) unbedeutend ③ FIN verfügbar, disponibel; **~ assets** disponibles [*o* frei verfügbares] Vermögen **II.** *n* ■**~s** *pl* Wegwerfartikel *mpl*
disposable camera *n* Einmalkamera *f,* Wegwerfkamera *f* **disposable income** *n no pl* verfügbares Einkommen; **high/low ~** hohes/niedriges verfügbares Einkommen **disposable lenses** *n pl* Wegwerflinsen *fpl*
disposal [dɪˈspəʊzəl, AM -ˈspoʊ-] *n* ① *no pl* Beseitigung *f; of waste* Entsorgung *f;* **~ of garbage** Müllabfuhr *f* ② AM *im Spülbecken angebrachter Müllschlucker* ③ *no pl of a rival* Sieg (**of** über +*akk*) ④ (*control*) Verfügung *f;* **to have sth at one's ~** etw zu seiner [freien] Verfügung haben; **to place** [*or* **put**] **sth at sb's ~** jdm etw zur Verfügung stellen; ■**to be at sb's ~** zu jds Verfügung *dat* stehen
disposal site *n* Müllhalde *f,* Müllkippe *f;* **~ for nuclear waste** Atommüllendlager *nt*
dispose [dɪˈspəʊz, AM -ˈspoʊ-] *vt* (*form*) ■**to ~ sb to[wards] sb** jdn für jdn gewinnen [*o* einnehmen]; ■**to ~ sb to[wards] sth** jdn zu etw *dat* bewegen; ■**to ~ sb to do sth** jdn [dazu] bewegen, etw zu tun; ***whatever ~d you to do that?*** was in aller Welt hat dich nur dazu bewogen?
◆**dispose of** *vi* ① (*get rid of*) ■**to ~ of sb/sth** jdn/etw beseitigen; ■**to ~ of sth** (*sell*) etw veräußern ② (*deal with*) ■**to ~ of sth** etw erledigen [*o* regeln]; ***ok, that's ~d of*** so, das wäre erledigt ③ (*fam: kill*) ■**to ~ of sb** jdn um die Ecke bringen *fam,* jdn beseitgen *fam* ④ (*fam: consume*) ■**to ~ of sth** etw verputzen *fam* ⑤ (*have*) ■**to ~ of sth** *time, money* über etw *akk* verfügen ⑥ (*defeat*) ■**to ~ of sb** jdn besiegen
disposed [dɪˈspəʊzd, AM -ˈspoʊ-] *adj pred* (*form*) geneigt; **to be** [*or* **feel**] **~ to do sth** geneigt sein, etw zu tun; **to not be** [*or* **feel**] **~ to do sth** keine große Lust haben, etw zu tun; **to be** [*or* **feel**] **~ towards sb/sth** jdm/etw wohlgesonnen sein
disposition [ˌdɪspəˈzɪʃən] *n* ① (*nature*) Art *f,* Charakter *m;* **to have** [*or* **be of**] **a cheerful ~** eine Frohnatur sein; **to have** [*or* **be of**] **a gloomy ~** ein depressiver Typ sein; **to have** [*or* **be of**] **a sunny ~** ein sonniges Gemüt haben ② (*tendency*) Veranlagung *f* (**to** zu +*dat*); **to have the ~ to do sth** die Veranlagung dazu haben, etw zu tun ③ LAW Verfügung *f*
dispossess [ˌdɪspəˈzes] *vt usu passive* (*form*) ■**to have been ~ed** enteignet worden sein; ***they ~ed him of his house*** sein Haus wurde enteignet
dispossessed [ˌdɪspəˈzest] (*form*) **I.** *adj inv* enteignet **II.** *npl* ■**the ~** die Enteigneten *pl;* **the poor and the ~** die Armen und die Besitzlosen
dispossession [ˌdɪspəˈzeʃən] *n no pl* (*form*) Enteignung *f*
disproof [dɪsˈpruːf] *n* Gegenbeweis *m*
disproportion [ˌdɪsprəˈpɔːʃən, AM -ˈpɔːr-] *n no pl* (*form*) Missverhältnis *nt*
disproportionate [ˌdɪsprəˈpɔːʃənət, AM -ˈpɔːr-] *adj* ① (*unequal*) ■**to be ~ to sth** zu etw *dat* in keinem Verhältnis stehen ② (*unwarranted*) unangemessen, unangebracht
disproportionately [ˌdɪsprəˈpɔːʃənətli, AM -ˈpɔːr-] *adv* ① (*unequally*) ungleich ② (*too much*) unverhältnismäßig; **a ~ large amount of sth** unverhältnismäßig viel von etw *dat*
disprove [dɪˈspruːv] *vt* ■**to ~ sth** etw widerlegen
disputable [dɪˈspjuːtəbl̩, AM -t̬-] *adj* strittig, fraglich; ***I think that's ~*** darüber lässt sich streiten; **~ point** strittiger Punkt; **~ statements** fragwürdige Aussagen
disputably [dɪˈspjuːtəbli, AM -t̬-] *adv* disputabel *geh,* fragwürdig
disputant [ˈdɪspjʊtənt] *n* Gesprächsgegner(in) *m(f),* Kontrahent(in) *m(f)*
disputation [ˌdɪspjʊˈteɪʃən, AM -ˈspjuː-] *n* (*form or old*) ① *no pl* (*disputing*) Kontroverse *f* ② (*argument*) Disput *m geh,* Streitgespräch *nt*
disputatious [ˌdɪspjʊˈteɪʃəs, AM -ˈspjuː-] *adj* (*form or dated*) streitsüchtig
dispute I. *vt* [dɪˈspjuːt] ① (*argue*) ■**to ~ sth** sich *akk* über etw *akk* streiten; **to be hotly ~ed** heftig diskutiert werden ② (*oppose*) ■**to ~ sth** etw bestreiten [*o* anzweifeln]; ■**to ~ [that] ...** bestreiten,

dass ... ③ SPORTS **to ~ the lead** um die Führungsposition kämpfen **II.** *vi* [dɪ'spju:t] ■**to ~ [with sb] over sth** [mit jdm] über etw *akk* streiten **III.** *n* [dɪ'spju:t, 'dɪspju:t] ① (*argument*) Debatte *f,* Streit *m,* Disput *m* (**over** über +*akk*); ***that is open to ~*** darüber lässt sich streiten; **pay ~** Lohnverhandlung *f;* **territorial ~** Gebietsverhandlungen *fpl;* **trade ~** Handelsstreitigkeiten *pl;* (*between management and workers*) Arbeitsstreitigkeiten *pl,* Arbeitskampf *m;* **to settle** [*or* **resolve**] **a ~ [over sth]** einen Streit [um etw *akk*] beilegen; **to stir up a ~ [about sth]** eine Einigung [über etw *akk*] erzielen; ■**to be in ~ with sb over sth** mit jdm über etw *akk* streiten ② *no pl* (*doubt*) Zweifel; **to be open to ~** fragwürdig bleiben; **to be in/beyond ~** zur Debatte/außer Frage stehen; **beyond ~** zweifelsohne

disputed [dɪ'spju:tɪd, AM -t̬-] *adj* ① (*controversial*) umstritten ② LAW angefochten

disqualification [dɪˌskwɒlɪfɪ'keɪʃᵊn, AM -kwɑ:lə-] *n* ① (*act of being disqualified*) Ausschluss *m* (**from** von +*dat*); SPORTS Disqualifikation *f* (**from** von +*dat*) ② LAW (*revocation of permission*) Entzug *m* der Fahrerlaubnis ③ LAW (*rule*) Unfähigkeit *f* zur Bekleidung eines Amtes

disqualify <-ie-> [dɪ'skwɒlɪfaɪ, AM -kwɑ:lə-] *vt* ① (*expel*) ■**to ~ sb [from sth]** jdn [von etw *dat*] ausschließen; SPORTS jdn [von etw *dat*] disqualifizieren; ■**to ~ sb from doing sth** jdn wegen einer S. *gen* disqualifizieren [*o* sperren] ② LAW **to ~ sb from driving** jdm den Führerschein entziehen; ***she was fined heavily for driving while disqualified*** wegen Fahrens ohne Führerschein wurde sie mit einer hohen Geldstrafe belegt ③ (*exempt*) **to ~ sb for military service** jdn ausmustern

disquiet [dɪ'skwaɪət] (*form*) **I.** *n no pl* Besorgnis *f* (**about** um +*akk,* **over** über +*akk*), Unruhe *f;* **growing ~** wachsende Besorgnis; **to allay sb's ~** jds Besorgnis zerstreuen; **to fill sb with ~** jdn besorgen **II.** *vt* ■**to ~ sb** jdn beunruhigen

disquieting [dɪ'skwaɪətɪŋ, AM -t̬-] *adj* (*form*) ① (*worrying*) beunruhigend, Besorgnis erregend ② (*unnerving*) nervtötend

disquisition [ˌdɪskwɪ'zɪʃᵊn] *n* (*form*) Abhandlung *f* (**on** über +*akk*)

disregard [ˌdɪsrɪ'gɑ:d, AM -gɑ:rd] **I.** *vt* ■**to ~ sth/sb** etw/jdn ignorieren [*o* nicht beachten] **II.** *n no pl* Gleichgültigkeit *f* (**for** gegenüber +*dat*); (*for a rule, the law*) Missachtung *f;* **wilful ~ for sth** vorsätzliche Missachtung von etw *dat;* **to show ~ for sth** gegenüber etw *dat* Gleichgültigkeit an den Tag legen

disrepair [ˌdɪsrɪ'peəʳ, AM -per] *n no pl* Baufälligkeit *f;* **to fall into ~** verfallen

disreputable [dɪs'repjətəbl̩, AM -t̬-] *adj* verrufen, zwielichtig

disreputably [dɪs'repjətəbli, AM -t̬-] *adv* unehrenhaft; **to dress ~** sich *akk* anrüchig kleiden; **to live ~** ein anrüchiges Leben führen

disrepute [ˌdɪsrɪ'pju:t] *n* Verruf *m kein pl;* **to bring sb/sth into ~ [with sb]** jdn/etw [bei jdm] in Verruf bringen; **to fall into ~** in Verruf geraten

disrespect [ˌdɪsrɪ'spekt] **I.** *n no pl* Respektlosigkeit *f* (**for** gegenüber +*dat*); ***no ~ to your boss, but ...*** ohne deinem Chef zu nahe treten zu wollen, aber ...; **a gesture of ~** eine respektlose Geste; **to intend** [*or* **mean**] **no ~ for sth** etw *dat* gegenüber nicht respektlos sein wollen; **to not mean [to show] any ~** nicht unhöflich sein wollen; **to show sb ~** jdm gegenüber respektlos sein, jdm keinen Respekt zollen *geh;* **to show [a deep [***or* **profound]] ~** [völlig] respektlos sein **II.** *vt* AM (*fam*) ■**to ~ sb** jdn beleidigen

disrespectful [ˌdɪsrɪ'spektfᵊl] *adj* respektlos

disrespectfully [ˌdɪsrɪ'spektfᵊli] *adv* respektlos

disrobe [dɪs'rəʊb, AM -roʊb] *vi* (*form*) [seine Robe] ablegen; (*hum*) sich *akk* freimachen

disrupt [dɪs'rʌpt] *vt* ■**to ~ sth** ① (*disturb*) etw stören; (*bring to a standstill*) *transport system* etw zum Erliegen bringen; **to ~ sb's concentration** jds Konzentration stören; **to ~ a meeting/the class** eine Versammlung/den Unterricht stören ② (*form: destroy*) etw zerstören

disruption [dɪs'rʌpʃᵊn] *n* ① (*interruption*) Unterbrechung *f;* **to cause a ~** zu einer Unterbrechung führen ② *no pl* (*disrupting*) Störung *f;* **~ of traffic** Verkehrsbehinderung *f*

disruptive [dɪs'rʌptɪv] *adj* störend; **~ influence** Störelement *nt;* (*person*) Unruhestifter *m pej;* ■**to be ~ to sth** für etw *akk* kontraproduktiv sein

disruptively [dɪs'rʌptɪvli] *adv* **to behave ~** stören

diss [dɪs] *vt* AM (*sl*) ■**to ~ sb** jdn schneiden *fam*

dissatisfaction [dɪsˌsætɪs'fækʃᵊn, AM -t̬əs-] *n no pl* Unzufriedenheit *f* (**with** mit +*dat*); **growing ~** wachsende Unzufriedenheit; **to express** [*or* **voice**] **~ with sth** seine Unzufriedenheit über etw *akk* äußern; **to feel ~ with sth** mit etw *dat* unzufrieden sein

dissatisfied [dɪs'sætɪsfaɪd, AM -t̬əs-] *adj* unzufrieden (**with** mit +*dat*)

dissect [dɪ'sekt, daɪ-] *vt* ① (*cut open*) ■**to ~ sb/sth** jdn/etw sezieren ② (*fig: analyse*) ■**to ~ sth** etw analysieren

dissection [dɪ'sekʃᵊn, daɪ-] *n* ① *no pl* (*dissecting*) Sezieren *nt* ② (*instance*) Sektion *f* ③ (*fig*) Analyse *f;* ***it was just a casual comment — it wasn't meant for ~!*** es war nur so eine Bemerkung – wir brauchen das jetzt nicht Stunden auszudiskutieren

dissed [dɪst] *adj attr* (*sl*) gedisst *sl,* schlecht gemacht

disseisin [dɪs'si:zɪn] *n* LAW widerrechtlicher Entzug des Grundbesitzes

dissemble [dɪ'sembl̩] **I.** *vi* sich *akk* verstellen **II.** *vt* **to ~ one's feelings/an intention** seine Gefühle/eine Absicht verbergen [*o* verheimlichen]

disseminate [dɪ'semɪneɪt] *vt* (*form, liter*) ■**to ~ sth** etw verbreiten

dissemination [dɪˌsemɪ'neɪʃᵊn] *n no pl* (*form, liter*) Verbreitung *f*

dissension [dɪ'sen(t)ʃᵊn] *n* (*form*) Meinungsverschiedenheit[en] *m[pl],* Differenz[en] *f[pl];* **~ within** [*or* BRIT **among**] **a group** Differenzen *fpl* innerhalb einer Gruppe *gen;* **to sow** [*or* **stir up**] **~** zu Meinungsverschiedenheiten *dat* führen

dissent [dɪ'sent] **I.** *n no pl* ① (*disagreement*) Meinungsverschiedenheit *f;* ***there is some ~ on this issue*** in dieser Angelegenheit ist man sich uneinig ② (*protest*) Einwand *m,* Widerspruch *m;* **voice of ~** Gegenstimme *f;* **to brook** [*or* **tolerate**] **no ~** keinen Widerspruch dulden **II.** *vi* dagegen stimmen; (*disagree*) anderer Meinung sein, differieren; ■**to ~ from sth** mit etw *dat* nicht übereinstimmen

dissenter [dɪ'sentəʳ, AM -t̬ɚ] *n* Andersdenkende(r) *f(m);* POL Dissident(in) *m(f)*

dissentient [dɪ'senʃᵊnt] **I.** *adj* abweichend, ander sdenkend **II.** *n* Andersdenkende(r) *f(m); vote* Gegenstimme *f*

dissenting [dɪ'sentɪŋ, AM -t̬ɪŋ] *adj opinion* abweichend *attr;* **~ group** Splittergruppe *f;* **~ judgment** abweichendes Urteil; **~ voice** Gegenstimme *f*

dissertation [ˌdɪsə'teɪʃᵊn, AM -sɚ-] *n* Dissertation *f,* Doktorarbeit *f* (**on** über +*akk*); **master's ~** BRIT ≈ Magisterarbeit *f;* **to write a ~** eine Dissertation schreiben, promovieren

disservice [dɪs'sɜ:vɪs, AM -sɜ:r-] *n no pl* **to do oneself/sb a ~** [*or* **to do a ~ to oneself/sb**] sich/jdm einen schlechten Dienst erweisen

dissidence ['dɪsɪdᵊn(t)s] *n no pl* Meinungsverschiedenheit *f;* POL Kritik *f* an der Regierung

dissident ['dɪsɪdᵊnt] **I.** *n* Dissident(in) *m(f);* **political ~** Regimekritiker(in) *m(f)* **II.** *adj inv* regimekritisch

dissimilar [dɪs'sɪmɪləʳ, AM -lɚ] *adj* unterschiedlich

dissimilarity [dɪsˌsɪmɪ'lærəti, AM -'lerət̬i] *n* Unterschied *m* (**between** zwischen +*dat*)

dissimulate [dɪs'sɪmjəleɪt] (*liter*) **I.** *vt* ■**to ~ sth** etw verbergen **II.** *vi* sich *akk* verstecken

dissimulation [dɪˌsɪmjə'leɪʃᵊn] *n no pl* ① (*concealment*) Verheimlichung *f* ② (*dissembling*) Verstellung *f,* Heuchelei *f*

dissipate ['dɪsɪpeɪt] **I.** *vi* ① (*disperse*) allmählich verschwinden; *a crowd, mist* sich *akk* auflösen ② (*die down*) verschwinden, sich *akk* in Luft auflösen *fam* **II.** *vt* ■**to ~ sth** ① (*disperse*) *oil spill* etw auflösen ② (*squander*) etw verschwenden

dissipated ['dɪsɪpeɪtɪd, AM -t̬-] *adj* (*form, liter*) **~ behaviour** zügelloses Verhalten; **~ energy** verschwendete [*o* vergeudete] Energie; **~ life** ausschweifendes Leben

dissipation [ˌdɪsɪ'peɪʃᵊn] *n* (*form*) ① (*squandering*) Verschwendung *f,* Vergeudung *f;* **~ of money/time** Geld-/Zeitverschwendung *f* ② (*indulgence*) Übermäßigkeit *f;* **a life of ~** ein ausschweifendes Leben; **sexual ~** ausschweifendes Sexualleben

dissociate [dɪ'səʊsieɪt, AM -soʊ-] *vt* ■**to ~ sth from sth** etw getrennt von etw *dat* betrachten; ■**to ~ oneself from sb/sth** sich *akk* von jdm/etw distanzieren

dissociation [dɪˌsəʊsi'eɪʃᵊn, AM -soʊ-] *n no pl* ① (*separation*) Trennung *f* (**of** von +*dat,* **between** zwischen +*dat*) ② CHEM Dissoziation *f fachspr* (**of** von +*dat*), Aufschluss *m fachspr* (**of** +*gen*)

dissolute ['dɪsəlu:t] *adj* (*liter*) *life* ausschweifend; *person* zügellos

dissolutely ['dɪsəlu:tli] *adv* (*liter*) ausschweifend; **to behave ~** sich *akk* zügellos aufführen; **to live ~** ein lasterhaftes Leben führen

dissoluteness ['dɪsəlu:tnəs] *n no pl* (*liter*) Zügellosigkeit *f*

dissolution [ˌdɪsə'lu:ʃᵊn] *n* ① *no pl* (*annulment*) Auflösung *f;* **~ of a marriage** Annulierung *f* einer Ehe; **~ of Parliament** Auflösung *f* des Parliaments ② (*liter: debauchery*) Ausschweifung *f;* **to lead a life of ~** ein ausschweifendes Leben führen

dissolve [dɪ'zɒlv, AM -zɑ:lv] **I.** *vi* ① (*be absorbed*) sich *akk* auflösen ② (*subside*) **to ~ in[to] giggles** loskichern; **to ~ in[to] laughter** loslachen; **to ~ in[to] tears** in Tränen ausbrechen ③ (*dissipate*) verschwinden; *tension* sich *akk* lösen ④ FILM (*fade out*) ■**to ~ into sth** auf etw *akk* überblenden **II.** *vt* ① (*liquefy*) ■**to ~ sth [in sth]** etw [in etw *dat*] [auf]lösen ② (*annul*) ■**to ~ sth** etw auflösen; **to ~ a marriage** eine Ehe scheiden; **to ~ parliament** das Parlament auflösen

dissonance ['dɪsᵊnən(t)s] *n no pl* ① MUS Dissonanz *f* ② (*disagreement*) Unstimmigkeit *f*

dissonant ['dɪsᵊnənt] *adj* ① MUS dissonant ② (*clashing*) nicht harmonierend; **~ opinions** nicht übereinstimmende Meinungen

dissuade [dɪ'sweɪd] *vt* (*form*) ■**to ~ sb [from sth]** jdn [von etw *dat*] abbringen; ■**to ~ sb from doing sth** jdn davon abbringen, etw zu tun

distaff ['dɪstɑ:f, AM tæf] *n* [Spinn]rocken *m*

distance ['dɪstᵊn(t)s] **I.** *n* ① (*route*) Strecke *f;* ***it's only a short ~ away from here*** es ist nicht weit von hier; **braking ~** Bremsweg *m;* **over long ~s** über weite Strecken; **to keep at a safe ~** Sicherheitsabstand halten; **to close [up] the ~ [to sth]** den Abstand [zu etw *dat*] verringern; **to cover long ~s** lange Strecken zurücklegen ② (*linear measure*) Entfernung *f;* ***what's the ~ between Madrid and Barcelona?*** wie weit sind Madrid und Barcelona voneinander entfernt?; ***you've come from quite a long ~, haven't you?*** du kommst von weiter her, stimmst?; **within driving/walking ~** mit dem Auto/zu Fuß erreichbar; ***he lives within walking ~ of work*** er kann zu Fuß zu Arbeit gehen; **within shouting ~** in Rufweite ③ *no pl* (*remoteness*) Ferne *f;* ***they sped off into the ~*** sie brausten davon; **to look off into the ~** in die Ferne blicken; **in the ~** in der Ferne; **from** [*or* **at**] **a distance** von weitem ④ (*period*) Zeitraum *m;* ***in a ~ of 5 years*** innerhalb von fünf Jahren ⑤ (*fig: aloofness*) Distanz *f kein pl* (**between** zwischen +*dat*); **to keep one's ~** auf Distanz bleiben; **to keep one's ~ from sb/sth** sich *akk* von jdm/etw fern halten ⑥ SPORTS (*length of race*) Entfernung *f,* Distanz *f;* (*number of rounds*) Zahl *f* der Runden ► PHRASES: **within spitting ~** (*fam*) aus kürzester Distanz; **to go the ~** bis zum Ende durchhalten **II.** *vt* ■**to ~ oneself from sb/sth** sich *akk* von jdm/etw distanzieren

distance learning *n no pl* Fernunterricht *m;* **~ course** Fernkurs *m* **distance runner** *n* Langstreckenläufer(in) *m(f)*

distant ['dɪstᵊnt] *adj* ① (*far away*) fern; ***she could***

D

hear the ~ sound of fireworks exploding sie konnte von fern das Geräusch explodierender Feuerwerkskörper hören; ***the village lay two miles ~*** das Dorf war zwei Meilen entfernt; **in the not-too-~ future** in nicht allzu ferner Zukunft; **~ lands** ferne Länder *ntpl;* **from the dim and ~ past** aus der fernen Vergangenheit; **at some ~ point in the future** irgendwann einmal; **~ relative** entfernte(r) Verwandte(r) *f(m)* ❷ *(aloof)* unnahbar; ■**to be ~ with sb** jdm gegenüber distanziert sein ❸ *(absent)* *look* abwesend

distantly [ˈdɪstᵊntli] *adv* ❶ *(far away)* in der Ferne, weit entfernt; ***she heard her mother calling her ~*** sie hörte, wie ihre Mutter sie von fern rief ❷ *(loftily)* distanziert, kühl, reserviert ❸ *(absently)* abwesend ❹ *(not closely)* **to be ~ related** entfernt [miteinander] verwandt sein

distaste [dɪˈsteɪst] *n no pl* Widerwille *m* (**for** gegen +*akk*); *(repulsion)* Abscheu *f* (**for** vor +*dat*); **much to sb's ~** sehr zu jds Abscheu *dat;* **with ~** mit Widerwillen

distasteful [dɪˈsteɪstfᵊl] *adj* abscheulich; *(tasteless)* geschmacklos; ■**to be ~ to sb** sich *akk* jdm gegenüber abscheulich verhalten

distastefully [dɪˈsteɪstfᵊli] *adv* ❶ *(unpleasantly)* abscheulich, widerlich; *(tastelessly)* geschmacklos ❷ *(disdainfully)* verachtungsvoll

distastefulness [dɪˈsteɪstfᵊlnəs] *n no pl* Widerwärtigkeit *f*

distemper [dɪˈstempəʳ, AM -ɚ] *n* ❶ *(of dogs)* Staupe *f;* *(of horses)* Druse *f* ❷ *(paint)* Temperafarbe *f*

distend [dɪˈstend] MED **I.** *vt usu passive* ■**to be ~ed** aufgebläht sein **II.** *vi* sich *akk* [auf]blähen

distension [dɪˈstenʃᵊn] *n no pl* MED [Auf]blähung *f*

distil <-ll-> [dɪˈstɪl], AM, AUS **distill** *vt* ■**to ~ sth** ❶ CHEM etw destillieren ❷ *(fig)* etw zusammenfassen

distillation [ˌdɪstɪˈleɪʃᵊn] *n* ❶ *no pl* CHEM Destillation *f;* **~ process** Destillationsverfahren *nt* ❷ *(fig)* Quintessenz *f;* *(person)* Verkörperung *f* (**of** +*gen*)

distilled [dɪˈstɪld] *adj* ❶ CHEM destilliert; **~ water** destilliertes Wasser ❷ *(summarized)* zusammengefasst; **a ~ version of the events** eine komprimierte Fassung der Ereignisse

distiller [dɪˈstɪləʳ, AM -ɚ] *n* ❶ *(company)* Destillerie *f* ❷ *(person)* Destillateur *m,* Brenner *m;* **bootleg ~** Schwarzbrenner *m*

distillery [dɪˈstɪlᵊri] *n* Brennerei *f,* Destillerie *f;* **whisky ~** Whiskeybrennerei *f*

distinct [dɪˈstɪŋ(k)t] *adj* ❶ *(different)* verschieden; ■**to be ~ from sth** sich *akk* von etw *dat* unterscheiden, unterschiedlich sein; **as ~ from sth** im Unterschied zu etw *dat* ❷ *(perceivable)* deutlich; **~ words** deutliche Worte ❸ *attr (marked)* eindeutig; **to get the ~ impression that …** den nachhaltigen Eindruck bekommen, dass …

distinction [dɪˈstɪŋ(k)ʃᵊn] *n* ❶ *(difference)* Unterschied *m* (**between** zwischen +*dat*); **class ~s** Klassenunterschiede *mpl;* **~ without a difference** *künstlich geschaffener Unterschied, wo eigentlich gar keiner besteht;* **clear** [*or* **sharp**] **~** deutlicher Unterschied; **to blur a ~** Unterschiede verwischen; **to draw** [*or* **make**] **a ~ between sth** zwischen etw *dat* unterscheiden [*o* einen Unterschied machen] ❷ *no pl (eminence)* **of** [**great**] **~** von hohem Rang [*o* herausragender Bedeutung] ❸ *no pl (honour)* Ehre *f;* ***she has the ~ of being one of the few people to …*** sie hat die Ehre, zu den wenigen Menschen zu gehören, die …; **to hold the dubious** [*or* **doubtful**] **~ of doing sth** die etwas zweifelhafte Ehre besitzen, etw zu tun ❹ *(award)* Auszeichnung *f;* **to be granted a ~** eine Auszeichnung verliehen bekommen ❺ BRIT SCH *die bestmögliche Note;* ■**with ~** ausgezeichnet; **to gain a ~ in sth** in etw *dat* die bestmögliche Note bekommen; **to pass** [**an exam**] **with ~** [ein Examen] mit Auszeichnung bestehen

distinctive [dɪˈstɪŋ(k)tɪv] *adj* ❶ *(special)* charakteristisch, unverwechselbar ❷ *(distinguishing)* **~ feature** Unterscheidungsmerkmal *nt*

distinctively [dɪˈstɪŋtɪvli] *adv* deutlich, ausgeprägt

distinctiveness [dɪˈstɪŋ(k)tɪvnəs] *n no pl* Besonderheit *f;* *(characteristic feature)* Unverwechselbarkeit *f*

distinctly [dɪˈstɪŋ(k)tli] *adv* deutlich, klar; ***I ~ told you not to do that*** ich habe dir das ausdrücklich verboten; **to ~ remember having done sth** sich *akk* genau daran erinnern, etw getan zu haben

distinctness [dɪˈstɪŋ(k)tnəs] *n no pl* ❶ *(clarity)* Deutlichkeit *f* ❷ *(difference)* Verschiedenheit *f* (**from** von +*dat*)

distinguish [dɪˈstɪŋgwɪʃ] **I.** *vi* ■**to ~ between sth and sth** zwischen etw *dat* und etw *dat* unterscheiden **II.** *vt* ❶ *(tell apart)* ■**to ~ sb/sth from sb/sth** jdn/etw von jdm/etw unterscheiden; **to ~ a case** LAW den Unterschied zu einem Präzedenzfall herausstellen; **to be able to ~ good from evil** Gut von Böse voneinander unterscheiden können ❷ *(characterize)* ■**to ~ sb/sth from sb/sth** jdn/etw von jdm/etw unterscheiden; *(positively)* jdn/etw von jdm/etw abheben; ***it's the range of his voice that ~es him from other tenors*** sein Stimmumfang hebt ihn von anderen Tenören ab ❸ *(discern)* ■**to ~ sth** etw ausmachen [*o* erkennen] [können] ❹ *(excel)* ■**to ~ oneself in sth** sich *akk* in etw *dat* auszeichnen [*o* einen Namen machen]

distinguishable [dɪˈstɪŋgwɪʃəbl] *adj* unterscheidbar; **to be clearly** [*or* **plainly**] **~** leicht zu unterscheiden sein; ■**to be ~ from sb/sth** von jdm/etw zu unterscheiden sein

distinguished [dɪˈstɪŋgwɪʃt] *adj* ❶ *(eminent)* hervorragend, ausgezeichnet, von hohem Rang; ■**to be ~ for sth** sich *akk* durch etw *akk* auszeichnen ❷ *(stylish)* distinguiert *geh*

distinguishing [dɪˈstɪŋgwɪʃɪŋ] *adj* charakteristisch, kennzeichnend; **~ feature** besonderes Kennzeichen

distort [dɪˈstɔːt, AM -ɔːrt] *vt usu passive* ❶ *(out of shape)* ■**to ~ sth** etw verzerren; ■**to be ~ed** *face* entstellt sein; **to ~ sound** den Ton verzerren ❷ *(fig)* **to ~ the facts/a statement/the truth** die Tatsachen/eine Aussage/die Wahrheit verdrehen; **to ~ history/a result** die Geschichte/ein Ergebnis verfälschen

distorted [dɪˈstɔːtɪd, AM -ɔːrṭ-] *adj* ❶ *(twisted)* *face* entstellt; *parts of the body* verformt; **~ in agony** schmerzverzerrt ❷ *(fig)* verfälscht, verzerrt; **to have a ~ idea/image of sth** eine völlig verzerrte Vorstellung/ein völlig verzerrtes Bild von etw *dat* haben; **to give a ~ impression** einen falschen Eindruck vermitteln

distortion [dɪˈstɔːʃᵊn, AM -ɔːr-] *n* ❶ *(twisting)* Verzerrung *f;* *of a face* Entstellung *f;* *(on CDs)* Klirrfaktor *m* ❷ *(fig)* **~ of the truth/facts** Verdrehung *f* der Wahrheit/Tatsachen

distract [dɪˈstrækt] *vt* ■**to ~ sb** [**from sth**] jdn [von etw *dat*] ablenken; **to ~ sb's attention** [**away**] **from sth** jds Aufmerksamkeit von etw *dat* ablenken; **to be easily ~ed** leicht abzulenken sein; ■**to ~ oneself** [**by doing sth**] sich *akk* ablenken[, indem man etw tut]

distracted [dɪˈstræktɪd] *adj* verwirrt, zerstreut; *(worried)* besorgt

distractedly [dɪˈstræktɪdli] *adv* *(confusedly)* zerstreut; *(excitedly)* aufgeregt, wie von Sinnen; *(worridly)* verzweifelt

distracting [dɪˈstræktɪŋ] *adj* ❶ *(disturbing)* störend; **sb finds sth ~** jdn stört etw ❷ *(stopping sb from concentrating)* ■**to be ~ for sb** jdn ablenken

distraction [dɪˈstrækʃᵊn] *n* ❶ *(disturbance)* Störung *f;* **sb finds sth a ~** etw stört jdn ❷ *(diversion)* Ablenkung *f* (**from** von +*dat*); **a welcome ~** eine willkommene Ablenkung ❸ *(entertainment)* Zerstreuung *f,* Zeitvertreib *m* ❹ *no pl (confusion)* Aufregung *f;* ***they were in a state of extreme ~ when their daughter went missing*** sie waren extrem verzweifelt, als ihre Tochter vermisst wurde
► PHRASES: **to drive sb to ~** jdn zum [*o* in den] Wahnsinn treiben; **to love sb to ~** jdn wahnsinnig lieben

distrain [dɪˈstreɪn] LAW **I.** *vi* die Pfändung vornehmen **II.** *vt* ■**to ~ sb/sth** jdn/etw pfänden; **to ~ goods** Waren beschlagnahmen [*o* in Besitz nehmen]

distraint [dɪˈstreɪnt] *n no pl* LAW Pfändung *f,* Zwangsvollstreckung *f*

distraught [dɪˈstrɔːt, AM -ɑːt] *adj* verzweifelt, außer sich *dat;* ■**to be ~ at** [*or* **over**] **sth** über etw *akk* außer sich *dat* sein; **to be ~ with pleasure** vor Freude ganz aus dem Häuschen sein *fam*

distress [dɪˈstres] **I.** *n no pl* ❶ *(pain)* Schmerz *m,* Leid *nt;* *(anguish)* Kummer *m,* Sorge *f* (**at** über +*akk*); **to be in ~** in Sorge sein; **to be a source of ~ to sb** jdm Anlass zur Sorge geben ❷ *(despair)* Verzweiflung *f* ❸ *(exhaustion)* Erschöpfung *f;* **to be in ~** MED in Atemnot sein; **to show signs of ~** Anzeichen der Erschöpfung zeigen ❹ *(emergency)* Not *f;* **economic/financial ~** ökonomische/finanzielle Not; **to be in ~** in Not [geraten] sein; **to relieve ~** Not lindern; **vessels in ~** Schiffe *ntpl* in Seenot ❺ LAW Beschlagnahme *f,* Inbesitznahme *f* **II.** *vt* ■**to ~ sb** jdn quälen; ■**to ~ oneself** sich *dat* Sorgen machen; **to be deeply ~ed** äußerst unglücklich sein

distress call *n* NAUT Notsignal *nt;* **to send out a ~** ein Notsignal senden

distressed [dɪˈstrest] *adj* ❶ *(unhappy)* bekümmert; ***I was deeply ~ to learn of your loss*** mit tiefem Bedauern erfuhr ich von Ihrem Verlust ❷ *(shocked)* erschüttert (**at** über +*akk*); **deeply ~** zutiefst erschüttert ❸ *(in difficulties)* ■**to be ~** in Not sein; **~ area** Notstandsgebiet *nt*

distressing [dɪˈstresɪŋ] *adj,* AM *also* **distressful** [dɪˈstresfᵊl] *adj* ❶ *(worrying)* Besorgnis erregend, erschreckend; ***it is very ~ that …*** es ist erschreckend, dass …; **deeply ~** zutiefst erschreckend ❷ *(painful)* schmerzlich; **to be deeply ~ for sb** sehr schmerzlich für jdn sein

distressingly [dɪˈstresɪŋli] *adv* bedauerlicherweise, leider; **~ little** herzlich wenig; **to yowl ~** *dog* jämmerlich [*o* erbärmlich] jaulen

distress rocket *n* NAUT Notrakete *f* **distress signal** *n* Notsignal *nt*

distributary [dɪˈstrɪbjʊtᵊri, AM -jəteri] *n* GEOG Flussarm *m* eines Deltas

distribute [dɪˈstrɪbjuːt, *Brit also* ˈdɪstrɪ-] *vt* ❶ *(share)* ■**to ~ sth** [**among sb**] etw [unter jdm] verteilen; ■**to ~ sth between sb** etw unter jdm aufteilen; ■**to ~ sth to sb** etw an jdn verteilen; **to ~ sth fairly** etw gerecht verteilen; **to ~ food among the poor** Nahrung *f* an die Armen verteilen ❷ *(spread)* ■**to ~ sth** etw verteilen; **to ~ sth evenly** etw gleichmäßig verteilen; **to be widely ~d** weit verbreitet sein ❸ ECON ■**to ~ sth** *goods* etw vertreiben; **to be ~d worldwide** weltweit vertrieben werden ❹ *(occur)* ■**to be ~d somewhere** irgendwo verbreitet sein; ***the birds are mainly ~d in marshes and river valleys*** diese Vögel sind hauptsächlich in Sümpfen und Flussgegenden verbreitet

distributed profits *n* ECON, FIN ausgeschüttete Gewinne **distributed system** [dɪˌstrɪbjuːtɪdˈ, AM -ṭɪdˈ-] *n* COMPUT Vertriebssystem *nt*

distribution [ˌdɪstrɪˈbjuːʃᵊn] *n no pl* ❶ *(sharing)* Verteilung *f;* **~ of assets** FIN Verteilung *f* des Vermögens; **equitable/even ~** gerechte/gleichmäßige Verteilung ❷ *(scattering)* Verbreitung *f* ❸ ECON Vertrieb *m;* **~ of goods** Warenaustausch *m,* Warenverkehr *m* ❹ *(occurrence)* Vorkommen *nt* ❺ LING Distribution *f;* **complementary ~** komplementäre Distribution ❻ MATH **normal ~** Normalverteilung *f* ❼ ECON, FIN **~ of income** Gewinnausschüttung *f*

distribution area *n* ECON Absatzgebiet *nt* **distribution board** *n* ELEC Verteiler *m,* Verteilungstafel *f* *fachspr* **distribution channel** *n* ECON Vertriebsweg *m,* Absatzweg *m* **distribution list** *n* ECON Verteiler *m,* Verteilerliste *f* **distribution network** *n* ECON Vertriebsnetz *nt* **distribution rights** *npl* Vertriebsrechte *ntpl;* ■**the ~** das Vertriebsrecht **distribution system** *n* ECON Vertriebsnetz *nt*

distributive [dɪˈstrɪbjətɪv, AM -ṭ-] *adj* ❶ ECON **~ industries** vertreibende Industrien ❷ LING, MATH distributiv

distributor [dɪˈstrɪbjətəʳ, AM -ṭɚ] *n* ❶ *(marketer)* Vertreiber *m;* *(company)* Vertriebsgesellschaft *f;* **film/record ~** Film-/Plattenanbieter *m* ❷ AUTO Ver-

teiler *m*, Zündverteiler *m fachspr*
district [ˈdɪstrɪkt] *n* ❶ (*area*) Gebiet *nt;* (*within a town/country*) Bezirk *m* ❷ AM ■**the D~** *Distrikt Columbia mit der Hauptstadt Washington* ❸ ADMIN [Verwaltungs]bezirk *m*
district attorney *n* AM Staatsanwalt, Staatsanwältin *m, f;* (*state prosecuting attorney*) Staatsanwalt *m*/Staatsanwältin *f* eines Einzelstaates, Bezirkstaatsanwalt, Bezirksanwältin *m, f* **district council** *n* BRIT Bezirksamt *nt* **district court** *n* AM [Bundes]bezirksgericht *nt* **district nurse** *n* BRIT Gemeindeschwester *f*
distrust [dɪˈstrʌst] **I.** *vt* ■**to ~ sb/sth** jdm/etw misstrauen; **to be deeply/widely ~ed** sehr wenig Vertrauen genießen **II.** *n no pl* Misstrauen *nt;* **a [deep] ~ of sb/sth** ein [tiefes] Misstrauen gegenüber jdm/etw; **mutual ~** gegenseitiges Misstrauen; **to encounter sth with deep ~** etw *dat* mit großem Misstrauen begegnen
distrustful [dɪˈstrʌstfᵊl] *adj* misstrauisch; ***she's a woman of ~ nature*** sie ist sehr misstrauisch; **to be [deeply] ~ of sth** etw *dat* gegenüber [äußerst] misstrauisch sein, einer S. *dat* [sehr] misstrauen
disturb [dɪˈstɜ:b, AM -ɜ:rb] **I.** *vt* ❶ (*interrupt*) ■**to ~ sb/sth** jdn/etw stören; **to ~ the peace** die öffentliche Sicherheit und Ordnung stören, Unruhe stiften ❷ (*worry*) ■**to ~ sb** jdn beunruhigen; ■**to be ~ed by sth** von etw *dat* beunruhigt werden ❸ (*disarrange*) ■**to ~ sth** etw durcheinander bringen; ***no frown ever ~ed his placid countenance*** ruhig wie er war, verzog er nie auch nur eine Miene; **to ~ sb's hair** jds Haare zerzausen **II.** *vi* stören; ***"do not ~"*** „bitte nicht stören"
disturbance [dɪˈstɜ:bᵊn(t)s, AM -ɜ:rb-] *n* ❶ *no pl* (*annoyance*) Belästigung *f;* **to cause ~ to sb** jdn stören ❷ (*distraction*) Störung *f;* **~ of the peace** Störung *f* des Friedens ❸ (*riot*) Tumult *m;* **to cause** [*or* **create**] [*or* **make**] **a ~** Unruhe stiften; **to quell** [*or* **put down**] **a ~** Unruhen unterdrücken ❹ PSYCH **mental ~** geistige Verwirrung
disturbed [dɪˈstɜ:bd, AM -ɜ:r-] *adj* ❶ (*worried*) beunruhigt; ■**to be ~ed about** [*or* **at**] **sth** über etw *akk* beunruhigt sein; ■**to be ~ed that …** beunruhigt sein, dass … ❷ PSYCH [geistig] verwirrt; **~ behaviour** gestörtes Verhalten; **emotionally/mentally ~** emotional/psychisch gestört
disturbing [dɪˈstɜ:bɪŋ, AM -ɜ:r-] *adj* ❶ (*causing worry*) beunruhigend, Besorgnis erregend; ■**to be ~ to sb** für jdn erschreckend sein; ***the following programme contains scenes that may be ~ to some viewers*** einige Zuschauer könnten an Szenen des folgenden Programms Anstoß nehmen ❷ (*annoying*) störend
disturbingly [dɪˈstɜ:bɪŋli, AM -ɜ:r-] *adv* beunruhigend, Besorgnis erregend
disunite [ˌdɪsju:ˈnaɪt] *vt* ■**to ~ sth** etw entzweien [*o* spalten]
disunited [ˌdɪsju:ˈnaɪtɪd, AM -t̬-] *adj* entzweit, gespalten *fig;* **a ~ nation** eine gespaltene Nation; **a ~ party** eine gespaltene Partei
disunity [dɪsˈju:nɪti, AM -ɪt̬i] *n no pl* Uneinigkeit *f* (**among** unter +*dat*)
disuse [dɪsˈju:s] *n no pl* Nichtgebrauch *m;* **to fall into ~** nicht mehr benutzt werden
disused [dɪsˈju:zd] *adj inv* ungenutzt, nicht gebraucht; *building* leer stehend; **a ~ warehouse** ein still gelegtes Lagerhaus
disyllabic [ˌdaɪsɪˈlæbɪk] *adj* LING zweisilbig
ditch [dɪtʃ] **I.** *n* <*pl* -es> Graben *m;* **a deep/shallow ~** ein tiefer/flacher Graben; **to dig a ~** einen Graben ausheben; **irrigation ~** Bewässerungsgraben *m* **II.** *vt* ❶ (*discard*) ■**to ~ sth** etw wegwerfen; **to ~ a getaway car** ein Fluchtauto [einfach] stehen lassen; **to ~ a proposal** einen Plan aufgeben ❷ (*get away from*) ■**to ~ sb/sth** jdm/etw entwischen ❸ (*sack*) ■**to ~ sb** jdn entlassen [*o fam* feuern] ❹ (*end relationship*) ■**to ~ sb** jdm den Laufpass geben *fam* ❺ (*to land*) **to ~ a plane** eine Maschine im Bach landen *sl* **III.** *vi* AVIAT *plane* auf dem Wasser landen
ditchwater *n no pl* abgestandenes Wasser in einem Graben ▶ PHRASES: [**as**] **dull as ~** stinklangweilig *sl*
dither [ˈdɪðəʳ, AM -ɚ] **I.** *n no pl* (*pej*) ❶ (*indecision*) Unentschlossenheit *f* ❷ (*agitation*) Aufregung *f;* **to be in** [*or* **all of**] **a ~ [about sth]** [über etw *akk*] ganz aufgeregt sein, [wegen etw *dat*] ganz aus dem Häuschen sein *fam* **II.** *vi* (*pej*) ❶ (*be indecisive*) unentschlossen sein, zögern, schwanken; ***she's still ~ing over whether to …*** sie ist sich immer noch nicht schlüssig darüber, ob … ❷ (*be nervous*) nervös [*o* fahrig] sein; ■**to ~ about** unkonzentriert sein **III.** *vt* COMPUT ■**to ~ sth** etw dithern *fachspr;* **to ~ colours** Farben mischen [*o fachspr* dithern]
ditherer [ˈdɪðᵊrəʳ, AM -ᵊɚ] *n* (*pej*) Zauderer *m*
dithery [ˈdɪðᵊri] *adj* (*pej*) ❶ (*indecisive*) unentschlossen ❷ (*nervous*) fahrig, nervös
dithyramb [ˈdɪθɪræm] *n* LIT Dithyrambus *m fachspr*
ditransitive [ˌdaɪˈtrænsɪtɪv, AM -sət̬ɪv] *adj inv* LING ditransitiv *fachspr*
ditsy [ˈdɪtsi] *adj* AM (*fam*) schusselig, hirnlos *pej fam*
ditto [ˈdɪtəʊ, AM ˈdɪt̬oʊ] **I.** *adv inv* (*likewise*) dito, ebenso, das Gleiche gilt für; (*me too*) ich auch; ***that goes ~ for me*** AM das Gleiche gilt für mich **II.** *n* LING Wiederholungszeichen *nt*
dittogram [ˈdɪtəʊgræm, AM -t̬oʊ-] *n* COMPUT Dittographie *f*
ditto mark *n see* **ditto II**
ditty [ˈdɪti, AM ˈdɪt̬i] *n* [banales] Liedchen; **a popular ~** ein leichtes Liedchen; **to sing a ~** ein Liedchen singen
diuretic [ˌdaɪjʊəˈretɪk, AM -jəˈret̬-] MED **I.** *n* harntreibendes Mittel, Diuretikum *nt fachspr* **II.** *adj* harntreibend, diuretisch *fachspr;* **~ effect** harntreibende Wirkung
diurnal [ˌdaɪˈɜ:nᵊl, AM -ˈɜ:r-] *adj inv* SCI ❶ (*daily*) Tages-, täglich wiederkehrend *attr;* **~ temperature fluctuations** tägliche Temperaturschwankungen ❷ (*opp: nocturnal*) tagaktiv; **~ flowers** *nur am Tag blühende Blumen*
diurnally [ˌdaɪˈɜ:nᵊli, AM -ˈɜ:r-] *adv inv* SCI tagsüber
diva [ˈdi:və] *n* Diva *f;* (*admired woman*) Berühmtheit *f;* **opera ~** Operndiva *f*
divan [dɪˈvæn] *n* Diwan *m,* Ottomane *f veraltet*
divan bed *n* Bettcouch *f*
dive [daɪv] **I.** *n* ❶ (*into water*) [Kopf]sprung *m;* **to execute a ~** einen [Kopf]sprung machen; **a swallow** BRIT [*or* AM **swan**] **~** ein Schwalbensprung; **a crash ~** ein Schnelltauchmanöver ❷ *of a plane* Sturzflug *m* ❸ (*sudden movement*) ■**to make a ~ for sth** einen [Hecht]sprung nach etw *dat* machen; **to make a ~ at sb** auf jdn/etw zuspringen ❹ (*drop in price*) [Preis]sturz *m;* **to take a ~** fallen; *profits* sinken ❺ (*setback*) **to take a ~** einen Schlag erleiden; ***her reputation took a ~*** ihr Ruf bekam einen Kratzer ❻ (*fam: dingy place*) [anrüchige] Kneipe, Spelunke *f* ❼ FBALL Schwalbe *f;* BOXING **to take a ~** ein K.O. vortäuschen **II.** *vi* <**dived** *or* AM **dove, dived** *or* AM **dove**> ❶ (*into water*) einen Kopfsprung ins Wasser machen; (*underwater*) tauchen; ■**to ~ off sth** von etw *dat* [herunter]springen; ■**to ~ for sth** nach etw *dat* tauchen; **to ~ for pearls** nach Perlen tauchen ❷ *plane, bird* einen Sturzflug machen ❸ (*move quickly*) verschwinden; ■**to ~ for sth** nach etw *dat* hechten; ■**to ~ after sb/sth** jdm/etw nachstürzen [*o* nacheilen]; **to ~ through the open window** durch das offene Fenster abhauen *fam;* **to ~ for cover** [*or* **safety**] schnell in Deckung gehen ❹ *prices, shares* fallen
◆**dive in** *vi* [mit dem Kopf voran] ins Wasser springen
◆**dive into** *vi* ■**to ~ into sth** ❶ (*plunge*) in etw *akk* hineinspringen; **to ~ headfirst into sth** kopfüber [*o* mit dem Kopf voran] in etw *akk* hineinspringen ❷ (*move quickly*) sich *akk* schnell in etw *akk* hineinbegeben; **to ~ into a car** schnell in ein Auto einsteigen ❸ (*do rashly*) sich *akk* in etw *akk* stürzen; **to ~ into a sexual relationship with sb** mit jdm eine [schnelle] sexuelle Beziehung eingehen ❹ (*do committedly*) *work, project* sich *akk* in etw *akk* stürzen ❺ (*reach into*) in etw *akk* hineinfassen; ***she ~d into her bag*** sie fischte in ihrer Tasche herum *fam;* **to ~ into a pocket** in eine Tasche hineinfassen
dive-bomb *vt* ■**to ~ sth** etw im Sturzflug bombardieren
dive bomber *n* Sturzbomber *m*
diver [ˈdaɪvəʳ, AM -ɚ] *n* ❶ (*in ocean, lake*) Taucher(in) *m(f);* **police ~** Polizeitaucher(in) *m(f);* SPORTS Turmspringer(in) *m(f)* ❷ (*animal*) Taucher *m*
diverge [daɪˈvɜ:dʒ, AM dɪˈvɜrdʒ] *vi* ❶ (*separate*) auseinander gehen; ***their paths ~d*** ihre Wege trennten sich; ■**to ~ from sth** von etw *dat* abweichen ❷ (*not follow*) ■**to ~ from sth** von etw *dat* abweichen ❸ (*differ*) auseinander gehen; ■**to ~ from sth** von etw *dat* abweichen; **to ~ dramatically** stark voneinander abweichen; **to ~ dramatically from sth** stark von etw *dat* abweichen, sich *akk* stark von etw *dat* unterscheiden ❹ MATH divergieren *fachspr*
divergence [daɪˈvɜ:dʒən(t)s, AM dɪˈvɜr-] *n* ❶ (*difference*) Divergenz *f geh* (**of** von +*dat*), Auseinandergehen *nt;* **~s of opinion** Meinungsverschiedenheiten *fpl* ❷ (*deviation*) Abweichung *f* (**from** von +*dat*); **a ~ from previous trends** eine Abweichung von den vorherigen Trends
divergent [daɪˈvɜ:dʒənt, AM dɪˈvɜr-] *adj* ❶ (*differing*) abweichend; ■**to be ~ from sth** von etw *dat* abweichen; **to be widely ~** sehr unterschiedlich sein, weit auseinander gehen; **to hold widely ~ opinions** weit auseinandergehende Meinungen haben ❷ MATH divergierend *fachspr,* divergent *fachspr*
divers [ˈdaɪvəz, AM -vɚz] *adj attr* (*old*) diverse, mehrere *attr*
diverse [ˈdaɪvɜ:s, AM ˈdɪvɜ:rs] *adj* ❶ (*varied*) vielfältig, breit gefächert; **culturally** [*or* **ethnically**] **~** multikulturell ❷ (*not alike*) unterschiedlich
diversification [daɪˌvɜ:sɪfɪˈkeɪʃᵊn, AM dɪˌvɜ:r-] *n no pl* ECON ❶ *of services* Diversifizierung *f fachspr,* Diversifikation *f fachspr;* **~ in manufacturing** Erweiterung *f* des Produktionsprogramms ❷ *of business* Streuung *f,* Verteilung *f* (**into** auf +*akk*); **~ into new markets** Erschließung *f* neuer Märkte
diversification of investment *n* ECON, FIN Streuung *f* von Anlagen
diversify <-ie-> [daɪˈvɜ:sɪfaɪ, AM dɪˈvɜ:r-] **I.** *vi* ❶ (*become varied*) vielfältiger werden; **to ~ into new markets** sich *akk* in neue Märkte ausdehnen ❷ (*expand activities*) ■**to ~ into sth** sich auf etw *akk* umstellen **II.** *vt* ■**to ~ sth** etw umfangreicher machen; **to ~ a programme** ein Programm erweitern
diversion [daɪˈvɜ:ʃᵊn, AM dɪˈvɜ:r-] *n* ❶ *no pl* (*rerouting*) Verlegung *f;* **traffic ~** Umleitung *f* ❷ (*distraction*) Ablenkung *f;* (*entertainment*) Unterhaltung *f;* **to create a ~** ein Ablenkungsmanöver inszenieren
diversionary [daɪˈvɜ:ʃᵊnᵊri, AM dɪˈvɜ:rʒᵊneri] *adj* ablenkend *attr,* Ablenkungs-; **a ~ tactic** ein Ablenkungsmanöver
diversity [daɪˈvɜ:səti, AM dɪˈvɜ:rsət̬i] *n no pl* Vielfalt *f;* **~ of opinion** Meinungsvielfalt *f;* **ethnic and cultural ~** ethnische und kulturelle Vielfalt
divert [daɪˈvɜ:t, AM dɪˈvɜ:rt] **I.** *vt* ❶ (*reroute*) ■**to ~ sth** etw verlegen [*o* umleiten]; **to ~ a line** eine Strecke verlegen; **to ~ traffic** den Verkehr umleiten ❷ (*reallocate*) ■**to ~ sth** etw für einen anderen Zweck verwenden; ■**to ~ sth into sth** etw für etw *akk* verwenden; ***additional staff have been ~ed into the department*** es wurden zusätzlich Arbeitskräfte für die Abteilung abgestellt; **to ~ funds** Finanzmittel anders einsetzen ❸ (*distract*) ■**to ~ sth from sth** von etw *dat* ablenken; **to ~ sb's attention away from sth** jds Aufmerksamkeit von etw *dat* ablenken ❹ (*amuse*) ■**to ~ sb** jdn unterhalten [*o* zerstreuen] **II.** *vi* umdrehen, die Richtung ändern
diverting [daɪˈvɜ:tɪŋ, AM dɪˈvɜ:rt-] *adj* amüsant, unterhaltsam; ***a ~ book*** ein unterhaltsames Buch
divest [daɪˈvest, AM dɪˈ-] **I.** *vt* ❶ (*deprive*) ■**to ~ sb of sth** jdn einer S. *gen* berauben ❷ (*relieve*) ■**to ~ sb of sth** jdm etw abnehmen; (*steal*) jdm etw stehlen; ■**to ~ oneself of sth** sich *akk* einer Sache *gen* entledigen ❸ *esp* AM (*sell*) ■**to ~ sth** etw verkau-

fen, sich *akk* einer S. *gen* entledigen *form* **II.** *vi esp* AM ❶ (*sell*) verkaufen ❷ (*pull out*) ■**to ~ from sth** aus etw *dat* ausscheiden, sich *akk* aus etw *dat* zurückziehen **III.** *vt* ❶ (*doff*) ■**to ~ oneself of sth** etw ablegen [*o* ausziehen] ❷ (*rid*) ■**to ~ oneself of sth** etw aufgeben [*o* ablegen], sich *akk* einer S. *gen* entäußern *form* ❸ (*sell*) ■**to ~ oneself of sth** etw verkaufen, sich *akk* einer S. *gen* entledigen *form*

divestiture [daɪˈvestɪtʃəʳ, AM dɪˈvestɪtʃɚ] *n*, **divestment** [daɪˈvestmənt, AM dɪˈ-] *n no pl* ❶ (*deprivation*) Entblößung *f*, Entkleidung *f*; (*fig*) Beraubung *f*; **the ~ of privileges** der Verlust von Privilegien ❷ (*doffing*) Ablegen *nt* ❸ AM *of investments* Verkauf *m*, Veräußerung *f*; *of a company* Abstoßung *f*

divi <*pl* -s> [ˈdɪvi] *n* BRIT (*fam*) *see* **divvy**

dividable [dɪˈvaɪdəbl̩] *adj inv* AM (*divisible*) MATH teilbar

divide [dɪˈvaɪd] **I.** *n* ❶ (*gulf*) Kluft *f* (**between** zwischen +*dat*) ❷ (*boundary*) Grenze *f*; **continental ~** Kontinentalsperre *f* ❸ AM (*watershed*) Wasserscheide *f* ▸ PHRASES: **to cross the Great D~** die Schwelle des Todes überschreiten **II.** *vt* ❶ (*split*) ■**to ~ sth** etw teilen ❷ (*share*) ■**to ~ sth** etw aufteilen; **to ~ sth equally [between [*or* among] sb]** etw zu gleichen Teilen [untereinander] aufteilen; ***Britain is to ~ the development costs with Germany and France*** England, Deutschland und Frankreich sollen die Entwicklungskosten gemeinsam tragen ❸ MATH ■**to ~ sth by sth** etw durch etw *akk* teilen; ***10 ~d by 2 equals 5*** 10 geteilt durch 2 ist 5 ❹ (*separate*) ■**to ~ sth from sth** etw von etw *dat* trennen, etw gegen etw *akk* abgrenzen; ■**to ~ sb** jdn entzweien [*o* auseinander bringen]; ***they refused to let the distance ~ them*** sie ließen sich durch die Entfernung nicht auseinander bringen; ***the fence ~s our field from our neighbour's*** der Zaun grenzt unser Grundstück von dem unserer Nachbarn ab ❺ (*allocate*) etw zuteilen; ***she ~s her time between her apartment in New York and her cottage in Yorkshire*** sie verbringt ihre Zeit abwechselnd in ihrem Apartment in New York und ihrem Landhaus in Yorkshire ❻ (*disunite*) ■**to ~ sb/sth** jdn/etw spalten; **to ~ a nation** eine Nation spalten; ■**to be ~d over [*or* on] sth** über etw *akk* verschiedene Ansichten haben, [sich *dat*] in etw *dat* uneinig sein ❼ BRIT POL **to ~ the House** durch Hammelsprung abstimmen **III.** *vi* ❶ (*split*) sich *akk* teilen; **to ~ equally [*or* evenly]** in gleiche Teile zerfallen; ***the vote is expected to ~ equally for and against the proposal*** man erwartet, dass ebenso viele für wie gegen den Vorschlag stimmen werden ❷ MATH dividieren ❸ (*separate*) ***their paths ~d*** ihre Wege trennten sich ❹ BRIT POL im Hammelsprung abstimmen ❺ (*disagree*) nicht übereinstimmen ▸ PHRASES: **to ~ and rule [*or* conquer]** teilen und herrschen

◆**divide into I.** *vi* ❶ (*split up*) ■**to ~ into sth** sich *akk* in etw *akk* [auf]teilen; **to ~ into groups** sich *akk* in Gruppen aufteilen ❷ MATH ***3 ~s into 9 with no remainder*** 9 ist durch 3 ohne Rest teilbar **II.** *vt* ❶ (*split up*) ■**to ~ sth into sth** etw in etw *akk* aufteilen; **~ *the pastry into four equal parts!*** teile das [Kuchen]stückchen in vier gleiche Teile auf! ❷ (*math*) ***50 ~d into 10 is 5*** 50 geteilt durch 10 ist 5

◆**divide off** *vt* ■**to ~ off** ⊂ **sth** etw [ab]teilen; ■**to ~ sth off into sth** etw in etw *akk* unterteilen

◆**divide up I.** *vt* ■**to ~ up** ⊂ **sth** ❶ (*split up*) etw aufteilen ❷ (*share*) *see* **divide II 2** ❸ (*partition*) etw teilen **II.** *vi* sich teilen

divided [dɪˈvaɪdɪd] *adj* ❶ (*undecided*) hin-und hergerissen; **to be ~ over sth** sich *dat* über etw *akk* noch nicht einig sein ❷ (*in disagreement*) uneinig; ■**to be ~ over sth** über etw *akk* uneinig sein

divided highway *n* AM, AUS Schnellstraße *f*

dividend [ˈdɪvɪdend] *n* ❶ FIN Dividende *f*, Gewinnanteil *m*; ■**cum ~** mit [*o* cum] Dividende; ■**ex ~** ohne [*o* ex] Dividende; **distribution of ~s** Ausschüttung *f*; **to declare a ~** eine Dividende erklären [*o* beschließen]; **to maintain the ~** Dividenden in gleicher Höhe ausschütten, Restdividende *f*; **to pass [*or* AM omit] the ~** keine Dividende ausschütten, die Dividende ausfallen lassen; **to pay ~s** Dividenden auszahlen ❷ (*benefit*) zusätzlicher Vorteil; **to pay ~s** sich *akk* bezahlt machen ❸ MATH Dividend *m*; *of fraction* Zähler *m*

dividend cover *n* FIN Dividendendeckung *f* (im Verhältnis zum Gewinn)

dividend forecast *n* STOCKEX Dividendenprognose *f*

dividend warrant *n* BRIT FIN Dividendenzahlungsanweisung *f*, Coupon *m*

dividend yield *n* FIN Dividendenertrag *m*, Dividendenrendite *f*

dividers [dɪˈvaɪdəz, AM -dɚz] *npl* Zirkel *m*; **a pair of ~** ein Zirkel *m*

dividing line *n* Trennlinie *f*; **to mark a ~** eine Trennlinie markieren; **to cross the ~** die Trennlinie überschreiten; **to draw a ~ between sth and sth** (*fig*) eine Grenze zwischen etw *dat* und etw *dat* ziehen, zwischen etw *dat* und etw *dat* unterscheiden

divination [ˈdɪvɪˈneɪʃᵊn] *n no pl* Wahrsagerei *f*; **powers of ~** hellseherische Kräfte; **to possess powers of ~** hellseherische Kräfte haben

divine [dɪˈvaɪn] **I.** *adj* ❶ *inv* (*of God*) göttlich, Gottes-; **~ intervention** Gottes Hilfe; **to pray for ~ intervention** um Gottes Hilfe beten; **~ judgement** göttliches Urteil; **~ test** göttliche Prüfung; **a ~ right** ein heiliges Recht; **the ~ right of kings** (*hist*) das Königtum von Gottes Gnaden *hist*; **the ~ will** der Wille Gottes ❷ *inv* (*sacred*) heilig; **~ liturgy** heilige Liturgie; **~ service** Gottesdienst *m* ❸ *inv* (*godly*) göttlich ❹ (*splendid*) himmlisch; ***it's simply ~!*** es ist einfach himmlisch!; **~ voice** göttliche [*o* begnadete] Stimme **II.** *vt* ■**to ~ sth** ❶ (*guess*) etw erraten [*o* erahnen]; ■**to ~ from sb/sth that …** jdm/etw ansehen, dass …; ■**to ~ that/what …** erraten [*o* ahnen], dass/was …; **to ~ the future** die Zukunft vorhersehen ❷ (*search for*) mit einer Wünschelrute nach etw *dat* suchen **III.** *vi* ■**to ~ for sth** mit einer Wünschelrute nach etw *dat* suchen **IV.** *n* ❶ *no pl* ■**the D~** die Göttlichen [*o* Heiligen] ❷ (*member of clergy*) Geistliche(r) *f(m)*; (*theologian*) Theologe, -in *m, f*

divinely [dɪˈvaɪnli] *adv* göttlich, himmlisch; **to sing ~** wie ein junger Gott singen

diviner [dɪˈvaɪnəʳ, AM -ɚ] *n* Wünschelrutengänger(in) *m(f)*; (*of future*) Wahrsager(in) *m(f)*

diving [ˈdaɪvɪŋ] *n no pl* ❶ (*into water*) Tauchen *nt*; SPORTS Turmspringen *nt* ❷ (*underwater*) Tauchen *nt*; **to go ~** tauchen gehen

diving bell *n* Taucherglocke *f*; **to breath through the ~** durch die Taucherglocke atmen **diving board** *n* Sprungbrett *nt*; **to spring [*or* jump] from [*or* off] the ~** vom Sprungbrett springen **diving suit** *n* Taucheranzug *m*

divining rod *n* Wünschelrute *f*; **to hold out the ~** die Wünschelrute ausrichten

divinity [dɪˈvɪnəti, AM -əṭi] *n* ❶ *no pl* (*godliness*) Göttlichkeit *f*; (*godly nature*) göttliche Natur ❷ (*god*) Gottheit *f* ❸ *no pl* (*dated*) Theologie *f*; **~ student** Theologiestudent(in) *m(f)*

divisible [dɪˈvɪzəbl̩] *adj inv* ■**to be ~ by sth** durch etw *akk* teilbar sein; ***5 is ~ by 5 and 1*** 5 ist durch 5 und 1 teilbar

division [dɪˈvɪʒᵊn] *n* ❶ *no pl* (*sharing*) Verteilung *f*; **~ of the tasks** Aufgabenverteilung *f* ❷ *no pl* (*breakup*) Teilung *f* ❸ (*section*) Teil *m*; **the main ~s of sth** die Hauptbestandteile einer S. *gen* ❹ (*disagreement*) Meinungsverschiedenheit *f*; **to have a ~ of opinion** anderer Meinung sein; **~ within a party** Gespaltenheit *f* innerhalb einer Partei ❺ (*difference*) Kluft *f*; **the ~ between the rich and the poor** die Kluft zwischen Reich und Arm ❻ (*border*) Grenze *f*, Trennlinie *f* ❼ *no pl* MATH Division *f*, Dividieren *nt*, Teilen *nt*; **to do ~** dividieren ❽ MIL (*unit*) Division *f*; ***an infantry ~*** eine Infanteriedivision ❾ (*department*) Abteilung *f* ❿ (*league*) Liga *f*; **first/second/third ~** erste/zweite/dritte Liga; **to be in the first ~** erstklassig sein ⓫ BRIT POL Abstimmung *f* durch Hammelsprung ⓬ LAW (*main section*) [Gerichts]abteilung *f*, Kammer *f*, Senat *m* ⓭ (*company*) Tochtergesellschaft *f*

divisional [dɪˈvɪʒᵊnᵊl] *adj inv* Abteilungs-; MIL Divisions-; SPORTS Liga-; **~ *manager*** Abteilungsleiter(in) *m(f)*; **~ commander** Abteilungskommandant *m*; **to play in ~ competitions** bei verschiedenen Wettbewerben mitmachen

divisional court *n* LAW Abteilungsgericht *nt*, Rechtsmittelkammer *f* **divisional judge** *n* LAW Richter *m* in einer Gerichtsabteilung

division lobby *n* BRIT *Abstimmungsraum im britischen Parlament* **division of labour** *n no pl* Arbeitsteilung *f* **division sign** *n* Teilungszeichen *nt*

divisive [dɪˈvaɪsɪv] *adj* entzweiend; **to be a ~ element within the family** ein Streitpunkt innerhalb der Familie sein; **~ issue** Streitfrage *f*; **to be a highly ~ issue** ein höchst kontroverses Thema sein

divisiveness [dɪˈvaɪsɪvnəs] *n no pl* Gespaltenheit *f*

divisor [dɪˈvaɪzəʳ, AM -zɚ] *n* MATH Divisor *m*, Teiler *m*; (*of fraction*) Nenner *m*; **greatest common ~** größter gemeinsamer Nenner

divorce [dɪˈvɔːs, AM -ˈvɔːrs] **I.** *n* ❶ LAW Scheidung *f*; ***what are the chances of a marriage ending in ~?*** wie hoch ist die Wahrscheinlichkeit, dass eine Ehe geschieden wird?; **a ~ by mutual consent** Scheidung in gegenseitigem Einvernehmen; **to file [*or* sue sb] for ~** gegen jdn die Scheidung einreichen; **to get a ~ [from sb]** sich *akk* [von jdm] scheiden lassen; **to grant a ~** in eine Scheidung einwilligen, einer Scheidung zustimmen ❷ *no pl* (*separation*) Trennung *f*; ***a ~ between the arts and the sciences*** eine Kluft zwischen den Künsten und der Wissenschaft **II.** *n modifier* Scheidungs-; **~ petition** Scheidungsantrag *m*; **~ proceedings** Scheidungsprozess *m*; **~ settlement** Beilegung *f* der Scheidung **III.** *vt* ❶ (*annul marriage*) ■**to ~ sb** sich *akk* von jdm scheiden lassen; ■**to get [*or form* be] ~d [from sb] [for sth]** [von jdm] [wegen einer S. *gen*] geschieden werden ❷ (*distance*) ■**to ~ sth** etw voneinander trennen; ■**to ~ oneself from sth** sich *akk* selbst von etw *dat* trennen [*o* distanzieren] **IV.** *vi* sich *akk* scheiden lassen

divorcé [dɪˈvɔːseɪ, AM -ˈvɔːrs-] *n* Geschiedener *m*

divorced [dɪˈvɔːst, AM -ˈvɔːrst] *adj inv* ❶ (*ceased to be married*) geschieden ❷ (*out of touch*) ■**to be ~ from sth** keinen Bezug zu etw *dat* haben; **to be ~ from the real world** realitätsfern sein

divorcée [dɪˈvɔːseɪ, AM -ˈvɔːrs-] *n* Geschiedene *f*

divorcee [dɪˈvɔːsiː, AM -ˈvɔːrsiː] *n* Geschiedene(r) *f(m)*; **female ~** geschiedene Frau

Divorce Registry *n* LAW für Scheidungen zuständiges Gericht in London

divot [ˈdɪvət] *n* ❶ SCOT (*roof turf*) [Gras]sode *f*, Grasnarbe *f* ❷ SPORTS *vom Golfschläger ausgehacktes Rasenstück*

divulge [daɪˈvʌldʒ, AM *usu* dɪˈ-] *vt* ■**to ~ sth** etw enthüllen [*o* verraten] [*o* preisgeben]; ***to ~ information to the press*** Informationen an die Presse weitergeben; ■**to ~ how/that …** verraten, wie/dass …

divvy <*pl* -ies> [ˈdɪvi] *n* BRIT (*fam*) FIN Dividende *f*

divvy up <-ie-> [ˌdɪviˈʌp] *vt esp* AM (*fam*) ■**to ~ sth up [*or* up sth] [between sb]** etw [unter jdm] aufteilen; ***we divvied up the cake between us*** wir haben den Kuchen unter uns aufgeteilt

dixie [ˈdɪksi] *n* MIL Kochkessel *m*

Dixieland [ˈdɪksilænd] *n no pl* MUS Dixie[land] *m*

DIY [ˌdiːaɪˈwaɪ] *n no pl* BRIT, AUS *abbrev of* **do-it-yourself** Selbstbedienung *f*; **~ store** Selbstbedienungsladen *m*

dizzily [ˈdɪzɪli] *adv* Schwindel erregend; **to be ~ above sth** weit über etw *dat* liegen

dizziness [ˈdɪzɪnəs] *n no pl* Schwindel *m*; **spell of ~** Schwindelanfall *m*

dizzy [ˈdɪzi] **I.** *adj* ❶ (*unsteady*) schwindlig; ***the medication made her ~*** von dem Medikament wurde ihr schwindlig; **~ spells** Schwindelanfälle *mpl*; **to suffer ~ spells** unter Schwindelanfällen leiden; **~ with happiness/excitement** schwindlig vor Freude/Aufregung ❷ (*vertiginous*) Schwindel erregend; **a ~ height** eine Schwindel erregende Höhe ❸ (*rapid*) atemberaubend; **~ progress** atemberaubender Fortschritt ④ (*fam: silly*) dumm, einfältig; **a ~ blonde** eine naive Blondine **II.** *vt* <-ie-> ■**to ~ sb** jdn verwirren; ***her nearness dizzied him*** ihre Nähe verwirrte ihn

dizzying ['dɪziɪŋ] *adj* ① (*vertiginous*) Schwindel erregend ② (*rapid*) **~ speed** [*or* **pace**] atemberaubende Geschwindigkeit ③ (*confusing*) verwirrend

dizzyingly ['dɪziɪŋli] *adv* in schwindelerregender Weise; (*confusingly*) verwirrend

DJ [,di:'dʒeɪ] *n* ① *abbrev of* **disc jockey** DJ *m;* **to work as a ~** als DJ arbeiten ② BRIT *abbrev of* **dinner jacket**

DLitt [,di:'lɪt] *n abbrev of* **Doctor of Letters** ≈ Dr. phil. *m*

DLL [,di:el'el] *n* COMPUT *abbrev of* **dynamic link library** DLL *f*

DM [,di:'em], **D-Mark** ['dɔɪtʃmɑ:k, AM -mɑrk] *n* ECON, FIN *abbrev of* **Deutschmark**

DMs [,di:'emz] *npl* (*fam*) *abbrev of* **Doc Martens**

DNA [,di:en'eɪ] *n no pl* BIOL *abbrev of* **desoxyribonucleic acid** DNS *f*

DNA vaccine *n* DNS-Impfstoff *m*

D-notice ['di:,nəʊtɪs] *n* BRIT *Anweisung der Regierung, etwas als Staatsgeheimnis zu behandeln*

do [du:]

I. AUXILIARY VERB	**II.** TRANSITIVE VERB
III. INTRANSITIVE VERB	**IV.** NOUN

I. AUXILIARY VERB

<does, did, done> ① (*negating verb*) ***Frida ~esn't like olives*** Frida mag keine Oliven; ***I ~n't want to go yet!*** ich will noch nicht gehen!; ***I ~n't smoke*** ich rauche nicht; ***it ~esn't matter*** das macht nichts; ***~n't [you] speak to me like that!*** sprich nicht so mit mir!; ***~n't be silly*** sei nicht albern!; BRIT, AUS ***~n't let's argue about it*** lasst uns deswegen nicht streiten ② (*forming question*) ***~ you like children?*** magst du Kinder?; ***did he see you?*** hat er dich gesehen?; ***what did you say?*** was hast du gesagt?; ***~ you/~es he/she indeed*** [*or* ***now***]***?*** tatsächlich?; ***~ I like cheese? — I love cheese!*** ob ich Käse mag? – ich liebe Käse! ③ (*for emphasis*) ***~ come to our party*** ach komm doch zu unserer Party; ***may I join you? — please ~!*** kann ich mitkommen? – aber bitte!; ***boy, did he yell!*** der hat vielleicht geschrien! *fam;* ***so you ~ like beer after all*** du magst also doch Bier; ***you ~ look tired*** du siehst wirklich müde aus; ***~ shut up, Sarah*** halte bloß deinen Mund, Sarah; ***~ tell me!*** sag's mir doch!; ***~ I/~es he/she ever!*** und ob! ④ (*inverting verb*) ***not only did I speak to her, I even …*** ich habe nicht nur mit ihr gesprochen, sondern auch …; ***little ~es she know*** sie hat echt keine Ahnung; (*not yet*) sie ahnt noch nichts; (*form*) ***never did I hear such a terrible noise*** noch nie habe ich so ein schreckliches Geräusch gehört ⑤ (*replacing verb*) ***she runs much faster than he ~es*** sie läuft viel schneller als er; ***he said he wouldn't come, but fortunately he did*** er meinte, dass er nicht kommen würde; aber glücklicherweise tat er es dann doch; ***~ you like Chopin? — yes, I ~/no, I ~n't*** mögen Sie Chopin? – ja/nein; ***who ate the cake? — I did!/didn't!*** wer hat den Kuchen gegessen? – ich!/ich nicht!; ***I ~n't like Chinese food — nor*** [*or* ***neither***] ***~ I/I ~*** ich esse nicht gerne Chinesisch – ich auch nicht/ich schon; ***… so ~ I …*** ich auch; ***so you ~n't like her — I ~!*** du magst sie also nicht – doch! ⑥ (*requesting affirmation*) ***you ~n't understand the question, ~ you?*** Sie verstehen die Frage nicht, stimmt's?; ***you ~ understand what I mean, ~n't you?*** du verstehst [doch], was ich meine, oder? ⑦ (*expressing surprise*) ***so they really got married, did they?*** dann haben sie also wirklich geheiratet!

II. TRANSITIVE VERB

<does, did, done> ① (*perform*) ■**to ~ sth** etw tun [*o* machen]; ***what shall I ~ now?*** was soll ich jetzt machen?; ***just ~ it!*** mach's einfach!; ***what are you ~ing over the weekend?*** was machst du am Wochenende?; ***haven't you got anything better to ~?*** hast du nichts Besseres zu tun?; ***justice must be done*** Gerechtigkeit muss sein; ***he ~es nothing but complain*** er beklagt sich echt den ganzen Tag lang *fam;* ***what have you done to her?*** was hast du mit ihr gemacht?; ***what are these toys ~ing here?*** was macht das [ganze] Spielzeug hier?; ***what's the front door ~ing open?*** warum steht die Haustür offen?; ***what on earth are you ~ing [there]!*** was um alles in der Welt machst du denn da?; ***I'm sorry, it simply can't be done before next weekend*** tut mir Leid, aber vor dem nächsten Wochenende geht es einfach nicht; ***that was a stupid thing to ~*** das war dumm!; ***what have you done with my coat?*** wo hast du meinen Mantel hingetan?; **to ~ one's best** sein Bestes tun [*o* geben]; **to ~ business with sb** mit jdm Geschäfte machen *fam;* **to ~ lunch** *esp* AM auswärts zu Mittag essen; **to ~ nothing of the sort** nichts dergleichen tun ② (*undertake*) ■**to ~ sth with sb/oneself** etw mit jdm/sich anfangen; ***what am I going to ~ with myself while you are away?*** was soll ich nur die ganze Zeit machen, wenn du nicht da bist ③ (*help*) ■**to ~ sth for sb** etw für jdn tun; ***what can I ~ for you?*** was kann ich für Sie tun?; ***you never ~ anything for me!*** du tust nie was für mich!; ***can you ~ anything for my bad back, doctor?*** können Sie was gegen meine Rückenbeschwerden tun, Herr Doktor?; ***these pills have done nothing for me*** diese Pillen haben mir überhaupt nicht geholfen ④ (*use for*) ■**to ~ sth with sth** etw mit etw *dat* tun; ***what are you going to ~ with that hammer?*** was hast du mit dem Hammer vor?; ***what should we ~ with this box?*** was sollen wir mit dieser Kiste machen? ⑤ (*job*) **to ~ sth for a living** mit etw *dat* seinen Lebensunterhalt verdienen; ***what ~es your mother ~?*** was macht deine Mutter beruflich? ⑥ (*take action*) ■**to ~ sth about sth** etw gegen etw *akk* tun; ***I know I drink too much, but I can't ~ anything about it*** ich weiß, dass ich zu viel trinke, aber ich kann nichts dagegen tun; ***what is to be done about that?*** was kann man dagegen tun?; ***~n't just stand there, ~ something!*** stehen Sie doch nicht nur so rum, tun Sie was! ⑦ (*deal with*) ■**to ~ sth** etw machen [*o* erledigen]; ***if you ~ the washing up, …*** wenn du abspülst, …; ***let me ~ the talking*** überlass mir das Reden; ***today we're going to ~ Chapter 4*** heute beschäftigen wir uns mit Kapitel 4; ***I found someone to ~ the garden wall*** ich habe jemanden gefunden, der die Gartenmauer bauen wird; **to ~ one's homework** [seine] Hausaufgaben machen; **to ~ the shopping** einkaufen ⑧ (*learn*) ■**to ~ sth** ***have you ever done any Chinese?*** hast du jemals Chinesisch gelernt?; ***Diane did History at London University*** Diane hat an der London University Geschichte [im Hauptfach] studiert ⑨ (*solve*) ■**to ~ sth** *riddle* etw lösen; **to ~ a crossword** ein Kreuzworträtsel lösen [*o fam* machen]; ***can you ~ this sum for me?*** kannst du das für mich zusammenrechnen? ⑩ (*fam: finish*) ■**to be done** ***are you done?*** bist du jetzt fertig? *fam* ⑪ (*produce*) ■**to ~ sth for sb** [*or* **sb sth**] etw für jdn machen; ***can you ~ me 20 photocopies of this report?*** kannst du mir diesen Bericht 20 mal abziehen? ⑫ (*tidy*) **to ~ the dishes** das Geschirr abspülen; **to ~ one's nails** (*varnish*) sich *dat* die Nägel lackieren; (*cut*) sich *dat* die Nägel schneiden; **to ~ one's shoes** seine Schuhe putzen; **to ~ one's teeth** sich *dat* die Zähne putzen ⑬ (*arrange*) **to ~ a bow tie** eine Schleife binden; **to ~ flowers** Blumen arrangieren; **to get one's hair done** zum Friseur gehen; ***where ~ you get your hair done?*** zu welchem Friseur gehst du? ⑭ (*visit*) ■**to ~ sth** etw besichtigen; **to ~ India** eine Indienreise machen; **to ~ Nice** sich *dat* Nizza ansehen ⑮ AUTO **to ~ 100 km/h …** 100 fahren *fam* ⑯ (*travel*) **to ~ Paris to Bordeaux in five hours** in fünf Stunden von Paris nach Bordeaux fahren ⑰ (*suffice*) ■**to ~ sb** jdm genügen; ***that'll ~ me nicely, thank you*** das reicht mir dicke, danke! *fam;* ***I only have diet cola — will that ~ you?*** ich habe nur Diätcola – trinkst du die auch? ⑱ (*provide*) ■**to ~ sth** ***this pub only ~es food at lunchtime*** in diesem Pub gibt es nur zur Mittagszeit etwas zu essen; ***~ you ~ travel insurance as well?*** bieten Sie auch Reiseversicherungen an?; ***sorry, we ~n't ~ hot meals*** tut mir Leid, bei uns gibt es nur kalte Küche ⑲ (*cook*) **to ~ the cooking** kochen; ***how long should the carrots be done for?*** wie lange müssen die Karotten kochen?; ***could you ~ me something without fish?*** könntest du mir etwas ohne Fisch kochen? ⑳ (*cause*) ■**to ~ sb sth** jdm etw tun; **to ~ sb a favour** jdm einen Gefallen tun; **to ~ sb good** jdm gut tun; ***it would ~ you good to get some fresh air*** es würde dir gut tun, etwas frische Luft zu schnappen; **to ~ sb harm** jdm schaden; *see also* **credit, honour, justice** ㉑ *esp* BRIT (*serve*) ■**to ~ sb** jdn drannehmen; ***but he said he'd ~ me next*** aber er sagte, dass ich als Nächste drankäme! ㉒ (*treat well*) **to ~ sb well** jdn verwöhnen; **to ~ oneself well** es sich *dat* gut gehen lassen ㉓ (*act*) ■**to ~ sth** *play* etw aufführen; **to ~ a role** eine Rolle spielen; ***who did James Bond before Roger Moore?*** wer hat James Bond vor Roger Moore gespielt? ㉔ (*impersonate*) ■**to ~ sb/sth** jdn/etw nachmachen; ***he ~es a brilliant Churchill*** er kann Churchill wunderbar nachmachen; (*fig*) ***I hope she won't ~ a Helen and get divorced six months after her wedding*** ich hoffe, sie macht es nicht wie Helen und lässt sich sechs Monate nach ihrer Hochzeit wieder scheiden ㉕ (*fam sl: rob*) ■**to ~ sth** in etw *dat* einen Bruch machen *sl* ㉖ (*fam: cheat*) ■**to ~ sb** jdn übers Ohr hauen *fam;* ***he did me for a thousand quid for that car*** er hat mir einen Tausender für das Auto abgeknöpft ㉗ (*fam: be in jail*) **to ~ 5 years [for sth]** [wegen einer S. *gen*] fünf Jahre sitzen; ***if you're not careful, you'll end up ~ing time again*** wenn du nicht vorsichtig bist, musst du wieder sitzen ㉘ *esp* BRIT (*fam: punish*) ■**to ~ sb** jdn fertig machen *fam;* **to get done for sth** (*by the police*) wegen einer S. *gen* von der Polizei angehalten werden; (*by a court*) für etw *akk* verurteilt werden ㉙ (*fam: take drugs*) ■**to ~ sth** ***how long have you been ~ing heroin?*** wie lange nimmst du schon Heroin? ㉚ (*translate*) **to be done into French/German** *book* ins Französische/Deutsche übersetzt worden sein; **to ~ a translation** übersetzen ㉛ (*exhaust*) ■**to have ~ sb** ***this last climb has really done me*** diese letzte Tour hat mir wirklich den Rest gegeben ㉜ (*fam: impress*) **sth ~es nothing for sb** etw reißt jdn nicht gerade vom Hocker *fam;* ***Bach has never done anything for me*** Bach hat mich noch nie sonderlich vom Hocker gerissen *fam;* ***that film really did something to me*** dieser Film hat mich wirklich beeindruckt; (*excite sexually*) ***you really ~ something to me, you know*** du machst mich echt an, weißt du [das] *fam* ㉝ (*euph fam: have sex*) ■**to ~ it with sb** mit jdm schlafen *euph;* ***how old were you when you first did it?*** wie alt warst du bei deinem ersten Mal? ㉞ (*don't mention*) ***~n't good morning me!*** komm mir nicht mit guten Morgen! ▶ PHRASES: **what's done cannot be undone** (*prov*), **what's done is done** (*saying*) was passiert ist, ist passiert; **that ~es it!** so, das war's jetzt!; **that's done it!** jetzt haben wir die Bescherung! *fam*

III. INTRANSITIVE VERB

<does, did, done> ① (*behave*) **to ~ right** [*or* **the right thing**] das Richtige tun; **to ~ well to ~ sth** gut daran tun, etw zu tun; **to ~ as one pleases** tun, was einem Spaß macht; ***~ as I ~*** mach's wie ich *fam;* ***~ as you're told*** tu, was man dir sagt ② (*fare*) **sb is ~ing badly/fine** [*or* **all right**] [*or* **well**] jdm geht es schlecht/gut; ***mother and baby are ~ing well*** Mutter und Kind sind wohlauf; ***how is your mother ~ing?*** wie geht es deiner Mutter?; ***how is Mary ~ing in her new job?*** wie geht es Mary in ihrem neuen Job?; ***you could ~ better*** du könntest besser sein; (*perform*) du könntest es besser machen; ***George has done well for himself*** George hat es für seine Verhältnisse weit gebracht; ***our***

D

daughter is ~ ing well at school unsere Tochter ist gut in der Schule; **to ~ing well out of sth** erfolgreich mit etw *dat* sein ③ (*fam: finish*) ***have you done?*** bist du fertig?; ***have you done with those scissors yet?*** brauchst du die Schere noch?; ***I haven't done with you yet*** ich bin noch nicht fertig mit dir ④ (*be acceptable, suffice*) passen, in Ordnung sein; ***that'll ~*** das ist o.k. so; ***will £10 ~?*** reichen 10 Pfund?; ***this kind of behaviour just won't ~!*** so ein Verhalten geht einfach nicht an!; ***~ you think this will ~ for a blanket?*** glaubst du, das können wir als Decke nehmen?; ***that'll ~ as a cushion*** das geht [erstmal] als Kissen; ***this will ~ just fine as a table*** das wird einen guten Tisch abgeben; ***this will have to ~ for a meal*** das muss als Essen genügen; ***will this room ~?*** ist dieses Zimmer o.k. für Sie?; ***it ~n't ~ to criticize your parents*** seine Eltern kritisiert man nicht; ***will it ~ if I get those books to you by Friday?*** reicht es, wenn ich dir die Bücher bis Freitag bringe?; ***we'll make ~ with $ 100*** 100 Dollar müssen reichen; ***that will never ~*** das geht einfach nicht; ■**to ~ [for sb]** sich *akk* [für jdn] eignen ⑤ (*fam: happen*) ***this town is so boring — there's never anything ~ing*** diese Stadt ist so langweilig – nie tut sich was ► PHRASES: **it isn't done** BRIT es ist nicht üblich; **that will ~** jetzt reicht's aber!; **~ unto others as you would they should ~ unto you** (*prov*) was du nicht willst, das man dir tut, das füg auch keinem andern zu *prov*; **how ~ you ~?** (*form or dated: as introduction*) angenehm; **what's ~ing?** (*fam*) was ist los?

IV. NOUN

① *esp* BRIT, AUS (*fam: party*) Fete *f fam*; **a big ~** eine Riesenfete *fam* ② BRIT (*sl: swindle*) Schwindel *m fam* ③ BRIT (*fam: treatment*) **fair ~s** gleiches Recht für alle ④ AM (*sl*) ***that's some ~ you've got!*** das ist ja eine Frisur, die du da hast! ⑤ *no pl* (*droppings*) **dog ~** Hundehäufchen *nt* ⑥ (*allowed, not allowed*) **the ~s and ~n'ts** was man tun und was man nicht tun sollte

◆**do away** *vi* ① (*discard*) ■**to ~ away with sth** etw loswerden; **to ~ away with rules** Regeln abschaffen ② (*fam: kill*) ■**to ~ away with sb** jdn um die Ecke bringen *fam*; ■**to be done away with by sb** von jdm um die Ecke gebracht werden *fam*

◆**do by** *vi* **to ~ badly/well by sb** (*form*) jdn schlecht/gut behandeln; **to be hard done by** vom Schicksal stiefmütterlich behandelt werden ► PHRASES: **~ as you would be done by** BRIT (*saying*) was du nicht willst, das man dir tut, das füg auch keinem andern zu *prov*

◆**do down** *vi* ■**to ~ down ⊂ sb** jdn schlecht machen; ■**to ~ down ⊂ sb for [not] doing sth** jdn für etw, das er/sie [nicht] tut, [he]runtermachen *fam*; ■**to ~ down ⊂ sth** etw heruntermachen

◆**do for** *vi* ① BRIT (*fam: ruin*) ■**to ~ for sth** etw ruinieren; ■**to ~ for sb** jdn fertig machen *fam*; ■**to be done for** fertig sein *fam*; (*tired*) müde sein ② BRIT (*dated: clean*) ■**to ~ for sb** bei jdm putzen

◆**do in** *vt* (*sl*) ① (*kill*) ■**to ~ in ⊂ sb** jdn kaltmachen *fam*; ■**to ~ oneself in** sich *akk* umbringen ② (*tire*) ■**to ~ in ⊂ sb** jdn schaffen *fam* ③ (*injure*) ■**to ~ in ⊂ sth** sich *dat* etw verletzen

◆**do out** *vt* ① BRIT (*fam: tidy*) ■**to ~ out ⊂ sth** etw putzen und aufräumen ② (*adorn, decorate*) ■**to ~ sth ⊂ out with sth** etw mit etw *dat* dekorieren [*o* schmücken]; ***they did the living room out with balloons*** sie schmückten das Wohnzimmer mit Ballons; ***the bathroom has been done out in pale yellow*** das Badezimmer ist in Hellgelb gehalten

◆**do out of** *vt* ■**to ~ sb out of sth** jdn um etw *akk* bringen; *inheritance* jdn um etw *akk* prellen

◆**do over** *vt* ① *esp* BRIT, AUS (*fam: beat*) ■**to ~ over ⊂ sb** jdn zusammenschlagen *fam* ② BRIT (*fam: rob*) ■**to ~ over ⊂ sth** etw ausrauben ③ (*fam: redecorate*) ■**to ~ over ⊂ sth** etw neu herrichten ④ AM (*fam: redo*) ■**to ~ sth over** etw noch einmal machen

◆**do up** I. *vt* ① (*close*) ■**to ~ up ⊂ sth** *dress* etw zumachen; **to ~ up one's shoes** seine Schuhe zubinden; **to ~ up a zip** einen Reißverschluss zuziehen ② (*adorn*) ■**to ~ up ⊂ sth** etw herrichten; **to ~ up a house** ein Haus renovieren; **to ~ up a room** ein Zimmer ausstatten ③ (*dress*) ■**to ~ oneself up** sich *akk* zurecht machen ④ (*hair*) **to ~ up one's hair** sich *dat* die Haare hochstecken ⑤ (*wrap*) ■**to ~ up ⊂ sth in sth** etw in etw *akk* einpacken; **to ~ sth up in paper** etw in Papier einschlagen; ■**to ~ up ⊂ sth with sth** etw mit etw *dat* einpacken II. *vi dress* zugehen *fam*, zugemacht werden *fam*

◆**do with** *vi* ① BRIT (*fam: bear*) ■**sb can't** [*or* **cannot**] **~** [*or* **be ~ing**] **with sth** jd kann etw nicht ertragen; ***I can't ~ with all this shouting and screaming*** ich kann das Geschreie nicht mehr ertragen; ***I really can't ~ with you behaving like this*** ich finde es unerträglich, wie du dich benimmst! ② BRIT (*fam: need*) ■**sb could ~ with sth** jd könnte etw brauchen; ***I could ~ with a sleep*** ich könnte jetzt etwas Schlaf gebrauchen; ***I could ~ with a cup of tea*** eine Tasse Tee wäre jetzt schön ③ (*be related to*) ■**to be** [*or* **have**] **to ~ with sth** mit etw *dat* zu tun haben, um etw *akk* gehen; ***why did you want to talk to me? — it's to ~ with a complaint*** warum wollten Sie mich sprechen? – es geht um eine Beschwerde; **to be** [*or* **have**] **nothing to ~ with sth** mit etw *dat* nichts zu tun haben; **what's that got to ~ with it?** was hat das damit zu tun? ④ (*be involved with*) **to have nothing/something/a lot to ~ with sth** nichts/etwas/viel mit etw *dat* zu tun haben; ***what's that got to ~ with it?*** was hat das damit zu tun? ⑤ (*deal with*) ■**to be** [*or* **have**] **to ~ with sth** von etw *dat* handeln; ***what's your book about? — it's to ~ with human behaviour*** worum geht es in deinem Buch? – es geht um menschliches Verhalten ⑥ (*refuse contact*) **to not have anything [more] to ~ with sb** nichts [mehr] mit jdm zu tun haben ⑦ (*not concern*) **sth has nothing to ~ with sb** etw geht jdn nichts an; ***it has nothing to ~ with you what my son ~es*** was mein Sohn macht, geht dich nichts an; ***it's my decision — it's nothing to ~ with you!*** das ist meine Entscheidung – das geht dich nichts an!

◆**do without** *vi* ■**to ~ without sth** ① (*not have*) ohne etw *akk* auskommen ② (*prefer not to have*) auf etw *akk* verzichten *a. iron*

doable ['du:əbl̩] *adj* machbar

dob <-bb-> [dɒb] I. *vt* AUS (*fam*) ■**to ~ sb in to sb** jdm von jdm erzählen; ***Helen ~bed me in to Mum*** Helen erzählte Mutter von mir II. *vi* AUS (*fam*) ■**to ~ on sb** jdm berichten

◆**dob in** *vt* AUS (*fam*) ■**to ~ in ⊂ sb to do sth** jdn zu etw *dat* verdonnern

dobber ['dɒbəʳ] *n* AUS (*fam*) Informant(in) *m(f)*

Doberman ['dəʊbəmən, AM 'doʊbɚ] *n*, **Doberman pinscher** ['pɪnʃəʳ, AM 'pɪnʃɚ] *n* ZOOL Dobermann *m*

doc [dɒk, AM dɑ:k] *n* (*fam*) *short for* **doctor** Arzt, Ärztin *m, f*

docile ['dəʊsaɪl, AM 'dɑ:sᵊl] *adj* sanftmütig; ***a cheap and ~ workforce*** eine billige und willige Arbeiterschaft; **~ horse** lammfrommes Pferd

docilely ['dəʊsaɪlli, AM 'dɑ:sᵊlli] *adv* folgsam, gelehrig

docility [dəʊ'sɪləti, AM dɑ:'sɪləṭi] *n no pl* Sanftmut *f*; *of animal* Zahmheit *f*

dock[1] [dɒk, AM dɑ:k] I. *n* ① (*wharf*) Dock *nt*; ■**the ~s** *pl* die Hafenanlagen *pl*; **to be in ~** im Hafen liegen; **at the ~s** an den Docks; **dry/floating ~** Trocken-/Schwimmdock *nt*; **to go into ~** anlegen ② AM (*pier*) Kai *m*; **onto the ~** auf dem Kai ► PHRASES: **in ~** BRIT, AUS in Reparatur II. *vi* ① NAUT anlegen, ins Dock gehen ② AEROSP andocken; ■**to ~ with sth** an etw *akk* andocken III. *vt* ■**to ~ sth** etw eindocken; AEROSP etw aneinander koppeln

dock[2] [dɒk, AM dɑ:k] *n no pl esp* BRIT ■**the ~** die Anklagebank; **to be in the ~** auf der Anklagebank sitzen; **~ brief** Beauftragung *f* eines [im Gericht anwesenden] Anwaltes mit der Verteidigung ► PHRASES: **to be in the ~** Schwierigkeiten bekommen

dock[3] [dɒk, AM dɑ:k] *vt* ① (*reduce*) ■**to ~ sth by sth** etw um etw *akk* verringern; ■**to ~ sth from sth** etw von etw *dat* abziehen; ***they ~ed ten dollars from her wages*** sie haben zehn Dollar von ihrem Lohn abgezogen; **to ~ pay by 20%** das Gehalt um 20% kürzen ② (*cut off*) **to ~ an animal** einem Tier den Schwanz kupieren

dock[4] [dɒk, AM dɑ:k] *n* BOT *no pl* Ampfer *m*, Bitterkraut *nt*

docker ['dɒkəʳ, AM 'dɑ:kɚ] *n* (*fam*) Hafenarbeiter(in) *m(f)*, Werftarbeiter(in) *m(f)*

docket ['dɒkɪt, AM 'dɑ:kɪt] I. *n* ① BRIT, AUS (*delivery note*) Lieferschein *m*; **to sign the ~** den Lieferschein gegenzeichnen ② AM LAW Terminplan *m* ③ AM (*agenda*) Tagesordnung *f*; ■**to be on the ~** an der Tagesordnung sein ④ AM COMPUT [Vorgehens]erklärung *f* II. *vt* ① (*list*) ■**to ~ sth** etw in einen Lieferschein eintragen ② (*classify*) ■**to ~ sb/sth as sth** jdn/etw als etw *akk* klassifizieren

docking ['dɒkɪŋ, AM 'dɑ:kɪŋ] *n no pl* ① NAUT Eindocken *nt*, Anlegen *nt* ② AEROSP Ankoppeln *nt*, Kopplung *f* ③ (*reducing*) Kürzung *f*; **~ of wages** Lohnkürzungen *fpl*

dockland BRIT I. *n* Hafenviertel *nt*; ■**the ~s** *pl* das Hafenviertel II. *n modifier* (*community*) Hafenviertel- **dockside** *n no pl* ■**the ~** der [Fracht]hafen **dockworker** *n* Hafenarbeiter *m*, Werftarbeiter *m* **dockyard** *n* Werft *f*

Doc Martens [ˌdɒk'mɑ:tɪnz, AM ˌdɑ:k'mɑ:rtᵊnz] *npl* (*fam*) Doc Martens *pl*

doctor ['dɒktəʳ, AM 'dɑ:ktɚ] I. *n* ① (*medic*) Arzt, Ärztin *m, f*; ***good morning, D~ Smith*** guten Morgen, Herr/Frau Doktor Smith; **to be at the ~'s** beim Arzt/bei der Ärztin sein; **to go to the ~'s** zum Arzt/zur Ärztin gehen; **to see a ~ [about sth]** einen Arzt/eine Ärztin [wegen einer S. *gen*] aufsuchen; **~'s certificate** Attest *nt*, ärztliche Bescheinigung; **company ~** (*medic*) Werksarzt, Werksärztin *m, f* ② (*academic*) Doktor *m* ► PHRASES: **~'s orders** (*esp hum*) ärztliche Anweisung; **to be just what the ~ ordered** genau das Richtige sein II. *vt* ① (*pej: falsify*) ■**to ~ sth** etw fälschen ② (*poison*) ■**to ~ sth [with sth]** etw [mit etw *dat*] vergiften ③ AM (*add alcohol to*) ■**to ~ sth** etw mit Alkohol versetzen ④ *usu passive* BRIT, AUS (*fam: neuter*) **to ~ an animal** ein Tier kastrieren [*o* sterilisieren]

doctoral ['dɒktᵊrᵊl, AM 'dɑ:k-] *adj attr, inv* Doktor-; **~ programme** Doktorenprogramm *nt*; **~ degree** Doktorgrad *m*; **~ work** Doktorarbeit *f*, Promotion *f*

doctoral dissertation *n*, **doctoral thesis** *n* Doktorarbeit *f*, Promotion *f*

doctorate ['dɒktᵊrət, AM 'dɑ:k-] *n* Doktor *m*, Doktortitel *m*; **to receive one's ~** seinen Doktortitel erhalten; **~ in science/philosophy** Doktor[titel] *m* in Naturwissenschaften/Philosophie; **honorary ~** Ehrendoktorwürde *f*; **to award** [*or* **grant**] **a ~** die Doktorwürde verliehen bekommen

doctored ['dɒktəd, AM 'dɑ:ktɚd] *adj* gefälscht; **~ evidence** gefälschtes Beweismittel

doctor's office *n* Praxis *f*; **to wait at the ~** in der Praxis warten

doctrinaire [ˌdɒktrɪ'neəʳ, AM ˌdɑ:ktrə'ner] *adj* (*pej form*) doktrinär

doctrinal [dɒk'traɪnᵊl, AM 'dɑ:ktrɪ-] *adj inv* (*form*) lehrmäßig, Lehr-, dogmatisch; **~ statements** dogmatische Aussagen; **~ theory** reine Lehre

doctrine ['dɒktrɪn, AM 'dɑ:k-] *n* ① *no pl* (*set of beliefs*) Doktrin *f*, Lehre *f*; ***the ~ of predestination*** die Prädistinationslehre; **military ~** Militärdoktrin *f* ② (*belief*) Grundsatz *m*, Lehrmeinung *f*; **a basic/sound ~** ein fundierter Grundsatz; **to apply a ~** nach einem Grundsatz handeln; **to disprove a ~** einen Grundsatz widerlegen; **to preach a ~** einen Grundsatz vertreten

docudrama ['dɒkju:ˌdrɑ:mə, AM 'dɑ:k-] *n short for* **drama documentary** Dokumentarspiel *nt*; TV Dokumentarfilm *m*

document ['dɒkjəmənt, AM 'dɑ:k-] I. *n* Dokument *nt*; **list of ~s** LAW Verzeichnis *nt* des schriftlichen Beweismaterials; **travel ~s** Reisedokumente *pl,* Reisepapiere *pl;* **confidential** ~ vertrauliches Dokument; **restricted/secret/top-secret** ~ geheimes Dokument; **to classify a** ~ ein Dokument für geheim erklären; **to draw up/file a** ~ ein Dokument aufsetzen/abheften **II.** *vt* ■**to** ~ **sth** etw dokumentieren [*o* belegen]; **to be well-~ed** gut dokumentiert sein

documentary [ˌdɒkjəˈmentᵊri, AM ˌdɑːkjəˈmentəri] **I.** *n* Dokumentation *f,* Dokumentarfilm *m* (**on** über +*akk*) **II.** *adj attr* ① (*factual*) dokumentarisch, Dokumentar- ② *inv* (*official*) urkundlich, Urkunden-; ~ **evidence** [*or* **proof**] Urkundenbeweis *m*

documentary acceptance credit *n* ECON, FIN Rembourskredit *m* **documentary credit, documentary letter of credit** *n* AM FIN Dokumentenakkreditiv *nt*

documentation [ˌdɒkjəmenˈteɪʃᵊn, AM ˌdɑːk-] *n no pl* ① (*proof*) schriftlicher [*o* dokumentarischer] Nachweis; **strong/weak** ~ starker/schwacher Nachweis; **to provide** ~ **for sth** den Nachweis für etw *akk* liefern ② (*manual*) Informationsmaterial *nt* ③ (*papers*) Ausweispapiere *pl;* **proper** ~ einwandfreie Ausweispapiere; **the relevant** ~ die nötigen Ausweispapiere ④ (*classification*) Anordnung *f*

dodder [ˈdɒdəʳ, AM ˈdɑːdɚ] *vi* (*fam*) wacklig gehen; **to** ~ **along** dahinwackeln

doddering [ˈdɒdᵊrɪŋ, AM ˈdɑːd-] *adj,* **doddery** [ˈdɒdᵊri, AM ˈdɑːdɚi] *adj* (*fam*) zittrig, tattrig *fam;* **a** ~ **old man** ein Tattergreis *m;* ~ [**old**] **fool** vertrottelter [alter] Opa *pej fam*

doddle [ˈdɒdl̩] *n no pl* BRIT (*fam*) ■**to be a** ~ ein Kinderspiel sein

dodge [dɒdʒ, AM dɑːdʒ] **I.** *vt* ■**to** ~ **sth** ① (*duck*) etw *dat* ausweichen ② (*evade*) sich *akk* entziehen; **to** ~ **a question** eine Frage ausweichend beantworten; **to** ~ **work** sich *akk* vor der Arbeit drücken; ■**to** ~ **doing sth** um etw *akk* herumkommen **II.** *vi* ausweichen, zur Seite gehen **III.** *n* (*fam*) Ausweichmanöver *nt;* ***that's just another*** ~ ***to get out of doing work*** das ist nur ein erneuter Versuch, sich vor der Arbeit zu drücken; **tax** ~ Steuertrick *m*

◆**dodge around** *vi* ■**to** ~ **around with sb** BRIT (*sl*) mit jdm herumhängen [*o* abhängen]

Dodgem® [ˈdɒdʒəm, AM ˈdɑːdʒ-] *n,* **Dodgem car**® *n* Autoscooter *m;* **to go on the ~s** Autoscooter fahren; *see also* **bumper car**

dodger [ˈdɒdʒəʳ, AM ˈdɑːdʒɚ] *n* (*pej*) Drückeberger(in) *m(f);* **to be a draft** ~ sich *akk* vor dem Militärdienst drücken; **tax** ~ Steuerhinterzieher(in) *m(f)*

dodgy [ˈdɒdʒi, AM ˈdɑːdʒi] *adj esp* BRIT, AUS (*fam*) ① (*unreliable*) zweifelhaft; ~ **weather** unbeständiges [*o* unzuverlässiges] Wetter ② (*dishonest*) unehrlich; **a** ~ **businessman** ein zweifelhafter [*o* zwielichtiger] Geschäftsmann ③ (*risky*) riskant; **to sound** ~ riskant klingen ④ (*poor*) armselig

dodo <*pl* -s *or* -es> [ˈdəʊdəʊ, AM ˈdoʊdoʊ] *n* ① (*hist*) Dodo *m* ② (*pej: idiot*) Dummkopf *m pej* ▶ PHRASES: **to be as dead as a** [*or* **the**] ~ (*dated*) völlig überholt sein; (*dull*) tote Hose sein

Dod's Parliamentary Companion [dɒdz-] *n* LAW Dods Parlamentsführer *m*

doe [dəʊ, AM doʊ] *n* ① (*deer*) Hirschkuh *f,* [Reh]geiß *f* ② (*hare or rabbit*) Häsin *f*

doe-eyed *adj inv* ■**to be** ~ rehbraune Augen haben

doer [ˈduːəʳ, AM ˈduːɚ] *n* (*approv*) Macher *m*

does [dʌz, dəz] *vt, vi, aux vb 3rd pers sing of* **do**

doeskin **I.** *n no pl* Hirschleder *nt* **II.** *n modifier* hirschledern, aus Hirschleder *nach n;* ~ ***gloves*** hirschlederne Handschuhe

doesn't [dʌzᵊnt] = **does not** *see* **do I, II**

doff [dɒf, AM dɑːf] *vt* (*liter*) ■**to** ~ **sth** etw ausziehen; **to** ~ **one's hat** den Hut abnehmen [*o* ablegen]; **to** ~ **one's hat to sb** vor jdm den Hut ziehen ▶ PHRASES: **to** ~ **its hat to sth** etw *dat* seinen Respekt erweisen; ***the song ~s its hat to the best soul traditions*** das Lied ist eine Hommage an die besten Soul-Traditionen

dog [dɒg, AM dɑːg] **I.** *n* ① (*canine*) Hund *m;* **good ~!** braver Hund!; **breed of** ~ Hunderasse *f,* Hundezüchtung *f;* **bird** ~ Hühnerhund *m;* **hunting** ~ Jagdhund *m;* **police** ~ **handler** Polizeihundführer(in) *m(f);* **to breed/keep ~s** Hunde züchten/halten; **to walk the** ~ den Hund ausführen ② *pl* (*fam: dog races*) ■**the ~s** das Hunderennen ③ (*pej: nasty man*) Hund *m;* ***the*** [***dirty***] ***~!*** der [gemeine] Hund! *fam;* (*ugly woman*) Vogelscheuche *f pej,* Schreckschraube *f pej* ④ (*catch*) Klammer *f* ⑤ (*sl: failure*) Flop *m,* Pleite *f;* ***these tiny computers were ~s*** diese winzigen Computer waren ein Flop ⑥ BRIT (*sl: mess*) **~'s dinner** Schweinerei *f,* Pfusch *m* ▶ PHRASES: **a ~'s breakfast** BRIT (*fam*) Pfusch *m fam,* Schlamperei *f fam;* **to make a ~'s breakfast of sth** etw verpfuschen; **to not have a ~'s chance** [**with sb**] (*fam*) nicht die geringste Chance [bei jdm] haben; **every** ~ **has its day** (*prov*) auch ein blindes Huhn findet mal ein Korn *fam;* **to be done** [*or* **dressed**] [*or* **got**] **up like a ~'s dinner** BRIT (*fam*) wie ein Papagei angezogen sein; **a ~'s life** ein Hundeleben *fam;* **to lead** [**sb**] **a ~'s life** [jdm] das Leben zur Hölle machen; **a** ~ **in the manger** ein Neidhammel *pej sl;* [**the**] **lucky** ~ [der] Glückspilz *fam;* ~ **eat** ~ jeder gegen jeden; **to fight like cat and** ~ unerbittlich kämpfen; **to go to the ~s** vor die Hunde gehen *fam;* **why keep a** ~ **and bark yourself?** (*prov*) warum etwas selbst machen, wenn man jdn hat, der dafür bezahlt wird?; **to put on the** ~ AM, AUS (*fam*) sich *akk* aufspielen; **to turn** ~ **on sb** AUS (*fam*) jdn verpfeifen; **like a** ~ wie ein Hund **II.** *n modifier* Hunde-; ~ ***food*** Hundefutter *nt;* ~ **hairs** Hundehaare *pl* **III.** *vt* <-gg-> ■**to** ~ **sb/sth** ① (*follow*) jdn/etw ständig verfolgen; **to** ~ **sb's every step** jdm auf Schritt und Tritt folgen; **to** ~ **sb with questions** jdn mit Fragen verfolgen ② (*beset*) jdn/etw begleiten; ***technical problems ~ged our trip from the outset*** auf unserer Reise hatten wir von Anfang an ständig technische Probleme

dog biscuit *n* Hundekuchen *m* **dogcart** *n* (*hist*) Dogcart *m,* Einspänner *m* **dogcatcher** *n* Hundefänger *m* **dog collar** *n* ① (*of a dog*) Hundehalsband *nt* ② (*fam: of a vicar*) Halskragen *m* eines Geistlichen **dog days** *n pl* ① (*weather*) Hundstage *pl* ② (*slump*) schlechte Zeiten; ***these are*** ~ ***for British film production*** dies sind schlechte Tage für die britische Filmproduktion **dog-eared** *adj attr* verknickt, sie hat eine verknickte Kopie vom Text; ■**to be** ~ Eselsohren haben **dog-eat-dog** *adj attr* jeder gegen jeden; ***it's a*** ~ ***world*** es ist eine mörderische Welt; **to fight** ~ jeder gegen jeden kämpfen **dog-end** *n* (*fam*) ① (*butt*) Stummel *m* ② (*worst part*) dickes Ende **dogfight** *n* ① MIL Luftkampf *m;* **to engage in a** ~ in einen Luftkampf verwickelt sein ② (*between dogs*) Hundekampf *m* ③ (*brawl*) Schlägerei *f;* **to get in a** ~ in eine Schlägerei verwickelt werden ④ (*struggle*) Streit *m* **dogfish** *n* Hundshai *m*

dogged [ˈdɒgɪd, AM ˈdɑːg-] *adj* verbissen, zäh; ~ **determination** wilde Entschlossenheit

doggedly [ˈdɒgɪdli, AM ˈdɑːg-] *adj* beharrlich

doggedness [ˈdɒgɪdnəs, AM ˈdɑːg-] *n no pl* Beharrlichkeit *f,* Hartnäckigkeit *f*

doggerel [ˈdɒgᵊrᵊl, AM ˈdɑːgɚᵊl] *n no pl* Knittelvers *m*

doggie [ˈdɒgi, AM ˈdɑːgi] *n,* **doggy** *n* (*childspeak*) Wauwau *m Kindersprache*

doggo [ˈdɒgəʊ, AM ˈdɑːgoʊ] *adv inv* (*dated fam*) **to lie** ~ mucksmäuschenstill sein *fam,* sich *fam* nicht mucken

doggone [ˈdɑːgɑːn] AM **I.** *adj attr, inv* (*fam*) verdammt; ***where'd I put my*** ~ ***glasses?*** wo habe ich verdammt noch mal meine Brille hingelegt? **II.** *interj* (*fam*) ~ [***it***]! verdammt noch mal!

doggy *n see* **doggie**

doggy bag *n Beutel für Speisereste;* ***I'll have to ask for a*** ~ ich muss mir den Rest einpacken lassen **doggy paddle** *n,* AM, AUS *also* **dog paddle** *n hundeartige Schwimmbewegungen;* **to do the** ~ Hundepaddeln machen

doghouse *n* AM Hundehütte *f* ▶ PHRASES: **to be in the** ~ in Ungnade gefallen sein

dogie [ˈdoʊgi] *n* AM *mutterloses Kalb*

dogleg *n* scharfe Kurve

doglike [ˈdɒglaɪk, AM ˈdɑːg] **I.** *adj* ① (*like a dog*) hundeartig, hundeähnlich ② (*slavish*) hündisch *pej* **II.** *adv* wie ein Hund, wie die Hunde

dogma [ˈdɒgmə, AM ˈdɑːg-] *n* (*pej*) ① (*belief*) Dogma *nt,* Lehrmeinung *f;* ■**the** ~ **that ...** die Lehrmeinung [*o* das Dogma], dass ...; **to reject a** ~ eine Lehrmeinung ablehnen ② *no pl* (*doctrine*) Dogma *nt;* **political/religious** ~ politisches/religiöses Dogma

dogmatic [dɒgˈmætɪk, AM dɑːgˈmæt̬-] *adj* (*pej*) dogmatisch; ■**to be** ~ **about sth** in etw *dat* sehr dogmatisch sein

dogmatically [dɒgˈmætɪkᵊli, AM dɑːgˈmæt̬-] *adv* (*pej*) dogmatisch

dogmatism [ˈdɒgmətɪzᵊm, AM ˈdɑːg-] *n no pl* (*pej*) Dogmatismus *m*

dogmatist [ˈdɒgmətɪst, AM ˈdɑːg-] *n* (*pej*) Dogmatiker(in) *m(f)*

do-gooder *n* (*esp pej*) Weltverbesserer, Weltverbesserin *m, f*

dog paddle *n see* **doggy paddle** **dog rose** *n* Hundsrose *f,* eurasische Wildrose **dogsbody** *n* BRIT, AUS (*fam*) Kuli *m fig;* **the general** ~ das Mädchen für alles; **to be sick of being the general** ~ es satt haben, das Mädchen für alles zu sein **dog tag** *n* ① AM MIL (*sl: identity disc*) Erkennungsmarke *f fam* ② (*for dog*) Hundemarke *f* **dog-tired** *adj* (*fam*) hundemüde *fam* **dogwood** *n* Hartriegel *m*

doily [ˈdɔɪli] *n* Zierdeckchen *nt,* Platzdeckchen *nt;* **lace** ~ Spitzendeckchen *nt*

doing [ˈduːɪŋ] *n* ① *no pl* (*sb's work*) **to be sb's** ~ jds Werk sein; ***that's all your*** ~ daran bist allein du schuld; **to take some** [*or* **a lot of**] ~ ganz schön anstrengend sein *fam* ② *pl* (*activities*) ■**~s** Tätigkeiten *fpl,* Tun *nt kein pl;* ***there have been a great many ~s and goings-on lately*** in letzter Zeit hat sich einiges getan; ***she knows nothing of his ~s*** sie weiß nicht, was er treibt *fam* ③ ■**~s** (*droppings*) **dogs'** ~ Hundehäufchen *nt*

doings [ˈduːɪŋz] *n sing* BRIT Dingsbums *nt fam*

do-it-yourself [ˌduːɪtjɔːˈself, AM -jɚˈ-] *n no pl see* **DIY** Do-it-yourself

Dolby® [ˈdɒlbi, AM ˈdɑːl-, ˈdoʊl-] **I.** *n no pl* Dolby[-System] *nt* **II.** *adj inv* Dolby-; ~ **sound** Dolby Sound *m*

doldrums [ˈdɒldrəmz, AM ˈdoʊl-] *npl* (*old*) Kalmen *fpl,* Kalmenzone *f,* Kalmengürtel *m* ▶ PHRASES: **to be in the** ~ (*be in low spirits*) deprimiert [*o* niedergeschlagen] sein, Trübsal blasen *fam;* (*be in stagnant state*) eine Flaute durchmachen, in einer Flaute stecken

dole [dəʊl, AM doʊl] **I.** *n* ■**the** ~ das Arbeitslosengeld, die Arbeitslosenunterstützung, die Stütze *fam;* **to be** [*or* **go**] **on the** ~ Arbeitslosengeld bekommen, stempeln gehen *fam;* (*fig*) arbeitslos sein **II.** *n modifier* Arbeitslosen-; ~ **money** Arbeitslosengeld *nt,* Arbeitslosenunterstützung *f,* Stempelgeld *nt fam;* **to exist on one's** ~ **money** vom Arbeitslosengeld leben **III.** *vt* ■**to** ~ [**out**] **sth** [*or* **sth** [**out**]] etw sparsam austeilen [*o* verteilen] (**to** an +*akk*)

doleful [ˈdəʊlfᵊl, AM ˈdoʊl-] *adj* trübselig; *expression* traurig; *story* rührselig; ~ **lyric** sentimentaler Liedtext

dolefully [ˈdəʊlfᵊli, AM ˈdoʊl-] *adv* traurig, niedergeschlagen

dole-out *n* (*pej*) Essen *nt* für Arme **dole queue** *n* BRIT Schlange *f* von Arbeitslosen

doli capax [ˌdɒlɪˈkæpæks, AM ˌdɑː-], **doli incapax** LAW strafmündig, strafunmündig

doll [dɒl, AM dɑːl] **I.** *n* ① (*toy*) Puppe *f* ② (*approv dated fam: attractive woman*) Puppe *f sl* ③ AM (*approv fam: kind woman*) Schatz *m fam;* (*kind man*) prima Kerl; ***be a*** ~ ***and ...*** sei [doch bitte] so lieb und ... **II.** *vt* ■**to** ~ **oneself up** sich *akk* herausputzen [*o fam* in Schale werfen] [*o pej* aufdonnern]

dollar [ˈdɒləʳ, AM ˈdɑːlɚ] **I.** *n* Dollar *m* **II.** *n modifier* (*amount, rate*) Dollar-; ~ **account** Dollarkonto *nt;* **~-denominated cheque** auf Dollar ausgestellter Scheck; ~ **gap/reserves** Dollarlücke *f*/-reserven *fpl;* ~ **value** Wert *m* des Dollars

dollar bill *n* Dollarnote *f,* Dollarschein *m*

dollar cost averaging *n* AM ECON, FIN Kursdurchschnittsverfahren *nt* **dollar diplomacy** *n no pl* Dollardiplomatie *f* **dollar sign** *n* Dollarzeichen *nt*

doll corner *n* AM Spielecke *f* **dollhouse** *n* AM (*doll's house*) Puppenhaus *nt*

dollop [ˈdɒləp, AM ˈdɑːl-] *n* FOOD Klacks *m kein pl fam*, Schlag *m kein pl fam;* **a ~ of brandy** ein Schuss *m* Brandy; **a ~ of whipped cream** ein Klacks *m* [*o* Klecks *m*] Schlagsahne

doll's carriage *n* AM Puppenwagen *m* **doll's house** *n* BRIT, AUS Puppenhaus *nt* **doll's pram** *n* BRIT, AUS Puppenwagen *m*

dolly [ˈdɒli, AM ˈdɑːli] *n* ❶ (*childspeak: doll*) Püppchen *nt* ❷ TRANSP [Transport]wagen *m;* FILM Kamerawagen *m*, Dolly *m fachspr;* RAIL (*locomotive*) Schmalspurrangierlokomotive *f;* (*small railway waggon*) Rollfahrzeug *nt;* TECH fahrbares Montagegestell

dolly bird *n* BRIT (*dated fam*) Mieze *f sl*, Puppe *f sl*

dolly mixtures *npl* BRIT Bonbonmischung *f*

dolmen [ˈdɒlmen, AM ˈdoʊl-] *n* ARCHEOL Dolmen *m*

dolomite [ˈdɒləmaɪt, AM ˈdoʊ] *n no pl* Dolomit *m*

Dolomites [ˈdɒləmaɪts, AM ˈdoʊ] *npl* ■**the ~** die Dolomiten *pl*

dolorous [ˈdɒlərəs, AM ˈdoʊlə-] *adj* (*liter*) traurig, wehmütig

dolphin [ˈdɒlfɪn, AM ˈdɑːl-] *n* Delphin *m;* **bottle-nosed ~** Großer Tümmler

dolphinarium <*pl* -s *or* dolphinaria> [ˌdɒlfɪnˈeəriəm, AM ˌdɑːlfɪneri-] *n* Delphinarium *nt*

dolt [dəʊlt, AM doʊlt] *n* (*pej*) Tollpatsch *m pej*, Tölpel *m pej*

doltishly [ˈdəʊltɪʃli, AM ˈdoʊl-] *adv* tölpelhaft

domain [də(ʊ)ˈmeɪn, AM doʊˈ-] *n* ❶ (*area*) Reich *nt*, Gebiet *nt;* LAW Grundbesitz *m kein pl;* **private ~** Privateigentum *nt;* **public ~** (*common property*) öffentliches Eigentum, Gemeingut *nt geh;* (*belonging to state*) Staatsländereien *pl*, staatlicher Grundbesitz; **to be in the public ~** der Allgemeinheit zugänglich sein ❷ (*sphere of influence*) Bereich *m*, Gebiet *nt fig*, Domäne *f fig;* **a man's ~** Männersache *f;* **to be in the public ~** (*be no private property*) der Öffentlichkeit zugänglich sein; (*be generally known*) allgemein bekannt sein ❸ COMPUT Domäne *f;* TELEC Domain *f*

domain name *n* COMPUT Domänenname *m*, Internetadresse *f;* TELEC Domain-Name *m*

dome [dəʊm, AM doʊm] **I.** *n* ❶ (*rounded roof*) Kuppeldach *nt*, Kuppel *f;* **inner/outer ~** Innen-/Außengewölbe *nt* ❷ (*liter: dome-like shape*) Gewölbe *nt fig; of a hill* Kuppe *f;* **the ~ of the sky** das Himmelsgewölbe [*o* Himmelszelt] [*o* Firmament] *liter* ❸ (*fam: head*) Glatze *f* **II.** *n modifier* Kuppel-; **~ light** AUTO Deckenlicht *nt;* **~ nut** TECH Hutmutter *f;* **~ roof** Kuppeldach *nt*

domed [dəʊmd, AM doʊmd] *adj inv* gewölbt, kuppelförmig; **~ ceiling** Kuppeldach *nt*

Domesday Book [ˈduːmzdeɪ-] *n* LAW Domesday Book *nt*

domestic [dəˈmestɪk] **I.** *adj* ❶ (*of the household*) häuslich, Haus-; **~ bliss** häusliches Glück; ***they lived in ~ bliss*** sie führten ein glückliches Familienleben; **~ commitments** familiäre Verpflichtungen; **~ discord** häusliche Zwietracht; **~ relations court** Familiengericht *nt;* **to be in ~ service** als Hausangestellte(r) arbeiten; **~ violence** Gewalt *f* in der Familie; **~ work** Hausarbeit *f* ❷ (*fond of home*) häuslich; ***he is a ~ man*** er ist ein häuslicher Typ ❸ *inv* (*a country's own*) Inlands-, inländisch; **~ affairs** innere [*o* innenpolitische] Angelegenheiten; **~ airline** Inlandsfluggesellschaft *f;* **~ considerations** innenpolitische Erwägungen; **~ economic policy** Binnenwirtschaftspolitik *f;* **~ mail** Inlandspost *f;* **~ market** Binnenmarkt *m*, Inlandsmarkt *m;* **~ public opinion** politische Meinung im Land; **~ policy** Innenpolitik *f;* **~ product** einheimisches Produkt [*o* Erzeugnis]; **gross ~ product** Bruttoinlandsprodukt *nt;* **~ trade** Binnenhandel *m;* **~ wines** einheimische Weine **II.** *n* (*dated*) Domestik *m veraltet*, Hausangestellte(r) *f(m)*

domestically [dəˈmestɪkli] *adv* ❶ (*relating to home life*) häuslich; **to be ~ inclined** häuslich veranlagt sein ❷ (*within a country*) im Inland; ***that would be unacceptable both ~ and internationally*** das wäre sowohl auf Inlands- als auch Auslandsebene inakzeptabel

domestic animal *n* Haustier *nt* **domestic appliance** *n* [elektrisches] Haushaltsgerät

domesticate [dəˈmestɪkeɪt] *vt* ❶ (*tame*) ■**to ~ an animal** ein Tier zähmen [*o geh* domestizieren] ❷ (*accustom to home life*) ■**to ~ sb** jdn häuslich machen

domesticated [dəˈmestɪkeɪtɪd, AM keɪt̬ɪd] *adj* (*hum*) häuslich

domestication [dəˌmestɪˈkeɪʃən] *n no pl* Domestikation *f a. hum*

domestic disturbance *n* (*euph*) Ehekrach *m*, häusliche Querelen *pl geh* **domestic flight** *n* Inlandsflug *m* **domestic help** *n no pl* Hausangestellte(r) *f(m)*, Haushaltshilfe *f*

domestic interest rates *n* ECON, FIN Inlandszinssätze *pl*

domesticity [ˌdəʊmesˈtɪsəti, AM ˌdoʊmesˈtɪsət̬i] *n no pl* ❶ (*fondness for home life*) Häuslichkeit *f* ❷ (*home and family life*) häusliches Leben; **to settle into ~** häuslich werden, sich *akk* der Familie widmen

domestic premises *npl* LAW Privathaus *nt*, Privatwohnung *f*, Privathaushalt *m* **domestic proceedings** *npl* LAW familienrechtliches Verfahren **domestic science** *n* Hauswirtschaftslehre *f*

domicile [ˈdɒmɪsaɪl, AM ˈdɑːmə-] *n* (*form*) Wohnsitz *m form*, Wohnort *m;* LAW ständiger Wohnsitz; **breach of ~** Hausfriedensbruch *m;* **change of ~** Wohnsitzänderung *f;* **~ of choice** gewählter Wohnsitz; **~ of origin** ursprünglicher Wohnsitz

domiciled [ˈdɒmɪsaɪld, AM ˈdɑːmə-] *adj pred, inv* ❶ (*form*) *person* wohnhaft *form*, ansässig; **to be ~d in ...** seinen Wohnsitz in ... haben, in ... ansässig sein; ***he was ~ in Saudi Arabia*** er lebte in Saudi-Arabien ❷ FIN **bills ~d in France** in Frankreich zahlbare Wechsel

domiciliary [ˌdɒmɪˈsɪliəri, AM ˌdɑːməˈsɪlieri] *adj* Haus-; **~ nurse** Heimhilfe *f*

dominance [ˈdɒmɪnən(t)s, AM ˈdɑːmə-] *n no pl* ❶ (*superior position*) Vormachtstellung *f*, dominierende Position; MIL Vormacht *f;* **Canada's ~ in the air** Kanadas Luftüberlegenheit *f;* **China's ~ on land** Chinas Vormacht *f* zu Lande ❷ (*being dominant*) Dominanz *f*, Vorherrschen *nt* (**over** über +*akk*)

dominant [ˈdɒmɪnənt, AM ˈdɑːmə-] **I.** *adj* ❶ (*masterful, controlling*) dominierend *attr*, vorherrschend *attr; group* tonangebend; *issue* beherrschend; *personality* dominierend; **~ male** männliches Leittier; **the ~ military power in the region** die stärkste Militärmacht in der Region; **~ position** beherrschende Stellung ❷ BIOL (*not recessive*) dominant, überlagernd *attr;* **~ characteristic/gene** dominantes Merkmal/Gen ❸ MUS dominant, Dominant-; **~ seventh** Dominantseptakkord *m* ❹ LAW **~ tenement** herrschendes Grundstück **II.** *n* MUS Dominante *f*

dominate [ˈdɒmɪneɪt, AM ˈdɑːmə-] **I.** *vt* ❶ (*have control*) ■**to ~ sb/sth** jdn/etw beherrschen [*o* dominieren]; ***they ~d the rest of the match*** sie gingen für den Rest des Spieles in Führung; **to be ~d by ambition** vom Ehrgeiz beherrscht sein; **to be ~d by envy/greed** von Neid/Gier erfüllt sein; **to be ~d by fear** voller Angst sein; **to ~ sb's thoughts** jds Denken beherrschen ❷ (*be the biggest, etc*) ■**to ~ sth** etw beherrschen *fig;* ***the group ~d the pop charts*** die Gruppe führte die Hitlisten an ❸ PSYCH (*pej: browbeat*) ■**to ~ sb** jdn dominieren *pej* **II.** *vi* dominieren; ■**to ~ over sb/sth** über jdn/etw herrschen, jdn/etw beherrschen

dominating [ˈdɒmɪneɪtɪŋ, AM ˈdɑːməneɪt̬-] *adj* ❶ (*tending to dominate*) dominierend *attr* ❷ *attr* (*most important*) vorherrschend, dominierend; **~ feature** hervorstechendes Merkmal, vorherrschende Eigenschaft

domination [ˌdɒmɪˈneɪʃən, AM ˌdɑːməˈ-] *n no pl* ❶ (*state of dominating*) [Vor]herrschaft *f;* **world ~** Weltherrschaft *f;* ■**to be under the ~ of sb/sth** von jdm/etw beherrscht werden ❷ (*controlling position*) Vormachtstellung *f;* ***their ~ of the market for computer operating systems*** ihre marktbeherrschende Stellung, was Computerbetriebssysteme anbelangt

dominatrices [ˌdɒmɪˈneɪtrɪsiːz, AM ˌdɑːməˈ-] *n pl of* **dominatrix**

dominatrix <*pl* -trices> [ˌdɒmɪˈneɪtrɪks, AM ˌdɑːməˈ-, *pl* -trɪsiːz] *n* ❶ (*in sadomasochism*) Domina *f* ❷ (*pej: powerful woman*) dominante Frau; POL Despotin *f pej;* (*like a man*) Mannweib *nt pej*

domineer [ˌdɒmɪˈnɪəʳ, AM ˌdɑːməˈnɪr] *vi* sich *akk* aufspielen *pej fam;* ■**to ~ over sb** jdn tyrannisieren; POL despotisch über jdn herrschen; ***she ~s over her husband*** sie hat ihren Ehemann unter dem Pantoffel *fam*

domineering [ˌdɒmɪˈnɪərɪŋ, AM ˌdɑːməˈnɪr-] *adj* (*pej*) herrschsüchtig, tyrannisch; POL despotisch; **~ management style** herrischer Führungsstil

Dominican [dəˈmɪnɪkən, AM doʊˈ-] **I.** *adj inv* ❶ REL Dominikaner-; **~ friar** [*or* **monk**] Dominikaner[mönch] *m;* **~ nun** [*or* **sister**] Dominikanerin *f*, Dominikanernonne *f* ❷ (*relating to Dominican Republic*) dominikanisch **II.** *n* ❶ REL Dominikaner(in) *m(f)* ❷ (*inhabitant of the Dominican Republic*) Dominikaner(in) *m(f)*

dominion [dəˈmɪnjən] *n* ❶ *no pl* (*form: sovereignty*) Herrschaft *f;* ■**to have ~ over sb/sth** die Herrschaft über jdn/etw haben, über jdn/etw herrschen; **to be under Dutch ~** unter holländischer Herrschaft stehen ❷ (*realm*) Herrschaftsgebiet *nt;* POL Hoheitsgebiet *nt* ❸ POL, HIST ■**D~** Dominion *nt;* **the D~ of Canada** das Dominion Kanada

Dominion *n* Dominion *nt* (*selbständiges Land des Commonwealth*)

domino <*pl* -es> [ˈdɒmɪnəʊ, AM ˈdɑːmənoʊ] *n* ❶ (*piece*) Dominostein *m* ❷ (*game*) ■**~es** + *sing vb, no art* Domino[spiel] *nt;* **to play ~es** Domino spielen

domino effect *n no pl* Dominoeffekt *m*

don¹ [dɒn, AM dɑːn] *n* ❶ BRIT (*university teacher, esp at Oxford or Cambridge*) [Universitäts]dozent(in) *m(f)* ❷ AM (*sl: mafia boss*) Mafiaboss *m fam*

don² <-nn-> [dɒn, AM dɑːn] *vt* (*liter*) ■**to ~ sth** etw anziehen; **to ~ one's hat** seinen Hut aufsetzen

donate [də(ʊ)ˈneɪt, AM ˈdoʊneɪt] **I.** *vt* ■**to ~ sth [to sb]** [jdm] etw spenden; **to ~ blood/money** Blut/Geld spenden; **to ~ money to charity** Geld für wohltätige Zwecke spenden; **to ~ time [to sth]** [für etw *akk*] Zeit aufwenden **II.** *vi* spenden; **to ~ to a charity organization** für eine karitative Einrichtung spenden; LAW eine Schenkung machen

donatio mortis causa [dəʊˈnɑːtiəʊ-, AM doʊˈnɑːtioʊ-] LAW Schenkung *f* wegen bevorstehenden Todes

donation [də(ʊ)ˈneɪʃən, AM doʊˈ-] *n* ❶ (*contribution*) [Geld]spende *f*, Zuwendung *f;* (*endowment*) Stiftung *f;* LAW Schenkung *f;* **~s to political parties** Parteispenden *fpl;* **charitable ~s** Spenden *fpl* für wohltätige Zwecke; **to make a ~** LAW eine Schenkung machen; **to make a ~ of sth to sb** jdm etw zum Geschenk machen ❷ *no pl* (*act of donating*) Spenden *nt;* **~ of blood** Blutspenden *nt;* **~ of food** Spenden *nt* von Nahrungsmitteln; **~ of money** Spenden *nt* von Geld; **~ of time** Opfern *nt* von Zeit

done [dʌn] *pp of* **do**

donee [də(ʊ)ˈniː, AM doʊ-] *n* LAW Spendenempfänger *m*, Schenkungsempfänger *m*, Beschenkter *m*

doner kebab [ˈdɒnəkɪbæb, AM ˌdoʊnəkrˈbɑːb] *n* Döner[kebab] *m*

dong *n* ❶ (*sound of bell*) Bimbam *nt* ❷ FIN (*currency*) Dong *m* ❸ (*sl: penis*) Teil *nt fam*

dongle [ˈdɒŋgl, AM ˈdɑːŋ-] *n* COMPUT Dongle *nt fachspr* (*Hardwarekomponente zur Sperre des Zugangs zu einem PC*)

Don Juan [ˌdɒnˈdʒuːən, AM ˌdɑːnˈ(h)wɑːn] *n* Don Juan *m fig*

donkey [ˈdɒŋki, AM ˈdɑːŋ-] *n* ❶ (*animal*) Esel *m* ❷ (*pej fam: person*) [sturer] Esel *pej fam* ▶ PHRASES: **to talk the hind legs off a ~** (*prov*) jdm ein Ohr abquatschen *fam*

donkey jacket *n* BRIT *gefütterte, wasserdichte Ja-*

cke **donkey's years** *npl* (*fam*) eine Ewigkeit *fam;* ***she's been in the same job for*** ~ sie arbeitet schon ewig im gleichen Job; ***I haven't seen you in*** ~**!** dich habe ich ja seit einer Ewigkeit nicht gesehen!

donkey work *n no pl* (*fam*) Dreck[s]arbeit *f fam,* Schwerarbeit *f*

donnish ['dɒnɪʃ, AM 'dɑ:n-] *adj* gelehrt, gebildet; ~ **tone** belehrender Tonfall *pej*

donor ['dəʊnəʳ, AM 'doʊnɚ] *n* (*contributor*) Spender(in) *m(f);* (*for large sums*) Stifter(in) *m(f);* LAW Schenker(in) *m(f),* Schenkungsgeber(in) *m(f);* (*gift giver*) Geber(in) *m(f);* **blood/organ** ~ Blut-/Organspender(in) *m(f);* **sperm** ~ Samenspender *m;* **anonymous** ~ anonymer Spender/anonyme Spenderin

donor card *n* Organspenderausweis *m*

don't [dəʊnt, AM doʊnt] *see* **do not** *see* **do I, II**

donut *n* AM, AUS *see* **doughnut**

doodad ['du:dæd] *n* AM, AUS Dings[bums] *nt kein pl fam*

doodah ['du:dɑ:] *n* BRIT, AUS Dings[bums] *nt kein pl fam,* Dingsda *nt kein pl fam* ▶ PHRASES: **to be all of a** ~ ganz aus dem Häuschen sein *fam*

doodle ['du:dḷ] **I.** *vi* vor sich *akk* hinkritzeln **II.** *n* Gekritzel *nt kein pl pej,* Kritzelei *f pej*

doodlebug ['du:dḷbʌg] *n* BRIT (*fam*) V1[-Bombe] *f*

doofus ['du:fəs] *n* AM (*fam*) Blödmann *m fam,* Doofie *m fam*

doohickey ['du:,hɪki] *n* AM Dings[bums] *nt kein pl fam,* Dingsda *nt kein pl fam*

doolally [du:'læli] *adj* (*fam*) ① (*crazy*) durchgeknallt *fam* ② (*exciting, great*) abgehoben *fig fam*

doom [du:m] **I.** *n* ① (*grim destiny*) Verhängnis *nt kein pl,* [schlimmes] Schicksal; ***he met his*** ~ (*liter*) sein Schicksal ereilte ihn *liter o hum;* **portent of** ~ [böses] Zeichen des Schicksals ② (*disaster*) Unheil *nt;* ***the newspapers are always full of*** ~ ***and gloom these days*** (*iron, hum*) die Zeitungen sind heutzutage voll von Katastrophenmeldungen; **prophet of** ~ Schwarzseher(in) *m(f) pej,* Pessimist(in) *m(f);* **impending** ~ drohendes Unheil ③ (*dated: the Last Judgement*) das Jüngste Gericht; **until the crack of** ~ bis zum Jüngsten Tag **II.** *vt* ■ **to** ~ **sb** [**to sth**] jdn [zu etw *dat*] verdammen [*o* verurteilen]; ***mounting debts*** ~***ed the factory to closure*** wachsende Schulden machten die Schließung der Fabrik unumgänglich

doomed [du:md] *adj* ① (*destined to end badly*) verdammt, verloren; ***this is a*** ~ ***city*** diese Stadt ist dem Untergang geweiht *geh;* ***this is a city*** ~ ***to dereliction*** diese Stadt ist dem Verfall preisgegeben *geh;* **to be** ~ **to failure** zum Scheitern verurteilt sein ② (*condemned*) verurteilt; ~ **person** Verurteilte(r) *f(m)*

doomsday ['du:mzdeɪ] **I.** *n no pl* der Jüngste Tag; ■ **till** [*or* **until**] ~ bis zum Jüngsten Tag; (*fig: endlessly*) bis jd schwarz wird *fam;* ***you could talk till*** ~, ***but they will never change their minds*** da kannst du reden, bis du schwarz wirst, sie werden ihre Meinung niemals ändern **II.** *n modifier* apokalyptisch, [Welt]untergangs-

door [dɔ:ʳ, AM dɔ:r] *n* ① (*entrance*) Tür *f;* **back/front** ~ Hinter-/Vordertür *f;* **main** ~ Haupteingang *m;* **patio** ~ Terrassentür *f;* **revolving/sliding** ~ Dreh-/Schiebetür *f;* **swing** ~ Pendeltür *f,* Schwingtür *f;* **to shut** [*or* **slam**] **the** ~ **to sb's face** jdm die Tür vor der Nase zuschlagen; **behind closed** ~**s** hinter verschlossenen Türen; **to answer the** ~ [auf das Läuten [hin]] die Tür aufmachen; **to be on the** ~ Türsteher sein; **to knock at** [*or* **on**] **the** ~ an die Tür klopfen; **to lay sth at sb's** ~ (*fig*) jdm etw anlasten [*o* zur Last machen], jdn für etw *akk* verantwortlich machen; **to open/shut** [*or* **close**] **the** ~ die Tür aufmachen/schließen; **to see** [*or* **show**] **sb to the** ~ jdn zur Tür bringen; **to show sb the** ~ (*form*) jdm die Tür weisen *form,* jdn hinauswerfen *fam;* ***show him the door*** zeig ihm, wo es hinausgeht *fam;* **to slip through the** ~ durch die Tür schlüpfen [*o* entwischen]; ■ **at the** ~ an der Tür; ***someone is at the*** ~ da ist jemand an der Tür; **out of** ~**s** im Freien, draußen ② (*house*) **two** ~**s away** zwei Häuser weiter; **two** ~**s down/up** zwei Häuser die Straße runter/rauf *fam;* **next** ~ nebenan; ***the people next*** ~ die Leute von nebenan; ~ **to** ~ von Tür zu Tür [*o* Haus zu Haus] ③ (*room*) **two** ~**s down/up** zwei Zimmer den Gang hinunter/hinauf; ***his office is the third*** ~ ***on the left*** sein Büro ist die dritte Tür links ④ (*fig: means of access/opportunity*) Tür *f fig,* Zugang *m fig;* **to have a foot in the** ~ einen Fuß in der Tür haben *fig;* **to close the** ~ **on** [*or* **to**] **sth** etw unmöglich machen [*o* ausschließen]; **to leave the** ~ **open to sth** die Tür für etw *akk* offen lassen [*o* halten] *fig;* **to open the** ~ **to sth** etw ermöglichen, etw *dat* Tür und Tor öffnen *pej;* ***these discussions may well open the*** ~ ***to a peaceful solution*** diese Gespräche sind vielleicht der Auftakt zu einer friedlichen Lösung; **to shut** [*or* **slam**] **the** ~ **in sb's face** jdn abweisen ▶ PHRASES: **to shut** [*or* **close**] **the stable** [*or* **barn**] ~ **after the horse has bolted** (*prov*) den Brunnen zudecken, wenn das Kind schon hineingefallen ist

doorbell *n* Türklingel *f,* Türglocke *f*

do-or-die [,du:ɔ:'daɪ, AM ɔ:r'-] *adj attr* auf Ganze gehend

doorframe *n* Türrahmen *m* **doorjamb** *n* (*doorpost*) Türpfosten *m* **door-keeper** *n* Portier *m* **doorknob** *n* Türknauf *m,* Türgriff *m* **door-knocker** *n* Türklopfer *m* **doorman** *n* Portier *m* **doormat** *n* ① (*thing*) Fußmatte *f,* Abtreter *m,* Fußabstreifer *m bes* SÜDD ② (*pej: person*) Waschlappen *m fig, pej* **doornail** *n* (*fam*) Türnagel *m;* **as dead as a** ~ mausetot *fam* **door-plate** *n* Türschild *nt* **doorpost** *n* Türpfosten *m* **door prize** *n* AM *Preis, der unter den Besuchern einer öffentlichen Veranstaltung verlost wird* **doorstep** **I.** *n* ① (*step outside a house door*) Türstufe *f;* ***don't keep her on the*** ~, ***invite her in*** lass sie nicht in der Tür stehen, bitte sie herein; **to have sth right on the** ~ (*fig*) etw direkt vor der Haustür haben *fig;* ***there's a lovely park right on our*** ~ direkt vor unserer Haustür ist ein wunderschöner Park ② BRIT (*sl: thick slice of bread*) dicke Scheibe Brot **II.** *vt* <-pp-> BRIT JOURN (*fam*) ■ **to** ~ **sb** jdm [vor der Haustür] auflauern; ***he complained about being constantly*** ~***ped by the press*** er beschwerte sich darüber, dass sein Haus ständig von Journalisten belagert war

doorstop *n* Türstopper *m,* Türanschlag *m* **door to door** *adv* von Haus zu Haus; **to sell sth** ~ etw an der Haustüre verkaufen **door-to-door** *adj attr, inv* von Haus zu Haus; ***the police made*** ~ ***enquiries*** die Polizei ließ bei ihren Ermittlungen kein Haus aus; ~ **canvassing** Kundenwerbung *f* an der Haustür, Klinkenputzen *nt pej fam;* ~ **salesman** Vertreter *m,* Hausierer *m pej;* ~ **selling** Verkauf *m* an der Haustür, Haustürgeschäft *nt* **doorway** *n* [Tür]eingang *m;* **to stand in the** ~ in der Tür stehen

doozie ['du:zi] *n esp* AM (*fam*) Kapriole *f,* starkes Stück; ***he delivered himself of another*** ~ er hat sich wieder ganz schön was geleistet

dope [dəʊp, AM doʊp] **I.** *n* ① *no pl* (*fam: illegal drug*) Rauschgift *nt,* Droge *f,* Stoff *m sl;* LAW Suchtmittel *nt;* ~ **fiend** AM (*dated*) Rauschgiftsüchtige(r) *f(m);* **to smoke** ~ Haschisch [*o* Marihuana] rauchen; **to take** ~ Drogen [*o* Rauschgift] nehmen ② SPORTS Dopingmittel *nt,* Dopingpräparat *nt* ③ (*sl: stupid person*) Trottel *m fam,* Idiot *m fam* ④ *no pl* (*sl: information*) [vertrauliche] Informationen, Geheimtips *mpl;* **to give sb the** ~ **on** [*or* **about**] **sth** jdm Insiderinformationen über etw *akk* geben ⑤ AVIAT Spannlack *m,* Zellonlack *m* ⑥ (*thick lubricant*) Schmiere *f,* Schmiermittel *nt* ⑦ (*petrol*) Additiv *nt,* Zusatz[stoff] *m* ⑧ ELEC Dotiermittel *nt,* Dotierungsstoff *m* ⑨ AM (*sl: ace*) Ass *nt;* ■ **to be** ~ ein Ass sein **II.** *adj* AM (*sl: Black English: good*) super *fam,* cool *sl* **III.** *vt* ① SPORTS ■ **to** ~ **sb** jdm Dopingmittel verabreichen, jdn dopen *fam;* **to** ~ **a racehorse** ein Rennpferd dopen ② (*add drugs to*) ■ **to** ~ **sth** etw präparieren *fam;* ***he must have*** ~***d her drink*** er muss ihrem Getränk ein Betäubungsmittel beigemischt haben

◆**dope up** *vt* (*fam*) ■ **to** ~ **up** ↻ **sb** jdn unter Drogen setzen; ■ **to be** ~**d up** unter Drogen stehen

doped [dəʊpt, AM doʊpt] *adj* ■ **to be** ~ unter Drogen stehen; SPORTS gedopt sein

dope peddler *n* (*dated fam*) Dealer(in) *m(f) sl,* Drogenhändler(in) *m(f)* **dope test** *n* Dopingkontrolle *f,* Dopingtest *m;* **to take/pass a** ~ **test** sich *akk* einer Dopingkontrolle unterziehen/einen Dopingtest bestehen

dopey ['dəʊpi, AM 'doʊpi] *adj* ① (*half stupefied*) benommen, benebelt *fam* ② (*pej: silly*) blöd *fam,* doof *pej sl*

doping ['dəʊpɪŋ, AM 'doʊp-] **I.** *n no pl* SPORTS Doping *nt;* **case of** ~ Dopingfall *m* **II.** *n modifier* Doping-

doppelgänger ['dɒpəl,geŋəʳ, AM 'dɑ:pəl,geŋɚ] *n* Doppelgänger(in) *m(f)*

Doppler effect ['dɒpləʳ-, AM 'dɑ:plɚ-] *n* PHYS Dopplereffekt *m*

dopy *adj see* **dopey**

do-rag ['du:ræg] *n* (*sl*) *Stück Stoff, z.B. Taschentuch, Schal, das männliche Schwarze auf dem Kopf zum Schutz ihrer Frisur oder als Zeichen der Gruppenzugehörigkeit tragen*

Doric ['dɒrɪk, AM 'dɔ:r-] *adj inv* dorisch; ~ **column** dorische Säule

dork [dɔ:k, AM dɔ:rk] *n* AM, AUS (*pej sl*) Trottel *m pej fam,* Dummkopf *m pej fam*

dorm [dɔ:m, AM dɔ:rm] *n short for* **dormitory** ① (*sleeping quarters*) Schlafsaal *m* ② *esp* AM (*student housing*) Studentenwohnheim *nt*

dormancy ['dɔ:mənsi, AM 'dɔ:r] *n no pl* ① (*state of sleep*) Schlafzustand *m;* (*fig: state of rest*) Ruhezustand *m* ② BIOL (*of plants*) Ruhezeit *f* ③ MED Latenz *f geh*

dormant ['dɔ:mənt, AM 'dɔ:r-] *adj* ① (*inactive*) *volcano* untätig; ~ **account** umsatzloses Konto; ~ **capital** ECON totes Kapital; ~ **talents** brachliegende Talente; ~ **title** LAW ruhender Rechtstitel; **to lie** ~ (*fig*) schlummern; FIN unverzinslich sein ② BOT, BIOL (*alive but not currently growing*) ■ **to be** ~ ruhen; **to lie** ~ schlafen; *seeds* ruhen

dormant partner *n* COMM stiller Gesellschafter

dormer ['dɔ:məʳ, AM 'dɔ:rmɚ] *n,* **dormer window** *n* Mansardenfenster *nt,* [stehendes] Dachfenster

dormitory ['dɔ:mɪtəri, AM 'dɔ:rmətɔ:ri] *n* ① (*sleeping quarters*) Schlafsaal *m* ② *esp* AM (*student hostel*) Studentenwohnheim *nt*

dormitory suburb *n* AUS, **dormitory town** *n* BRIT Wohnvorort *m,* Schlafstadt *f*

Dormobile® ['dɔ:məbi:l, AM 'dɔ:r-] *n* Campingbus *m,* Wohnmobil *nt*

dormouse ['dɔ:maʊs, AM 'dɔ:r-] *n* Haselmaus *f*

dorsal ['dɔ:səl, AM 'dɔ:r-] *adj attr, inv* Rücken-, dorsal *fachspr*

dorsal fin *n* Rückenflosse *f*

dory ['dɔ:ri] *n* ① (*fish*) **John D**~ Heringskönig *m,* Petersfisch *m* ② AM NAUT (*fishing boat*) Dory *nt* (*kleines Ruderboot*), Langkieler *f fachspr*

DOS [dɒs, AM dɑ:s] *n no pl, no art acr for* **disk operating system** DOS *nt*

dosage ['dəʊsɪdʒ, AM 'doʊ-] *n* (*size of dose*) Dosis *f;* (*giving of medicine*) Dosierung *f;* **a high/low** ~ eine hohe/niedrige Dosierung; **to increase/decrease the** ~ die Dosis erhöhen/herabsetzen

dose [dəʊs, AM doʊs] **I.** *n* ① (*dosage*) Dosis *f;* **a large/small/lethal** ~ eine starke/schwache/tödliche Dosis; **in small** ~**s** (*fig*) in kleinen Dosen [*o* Mengen] *fig;* ***she's very nice, but only in small*** ~***s*** sie ist sehr nett, aber nur, wenn man sie nicht lange ertragen muss; **to go through sb like a** ~ **of salts** bei jdm eine stark abführende Wirkung haben; **like a** ~ **of salts** (*fig sl*) in null Komma nichts *fam;* ***the medicine went through me like a*** ~ ***of salts*** das Medikament hat bei mir sofort angeschlagen [*o* gewirkt] ② NUCL Dosis *f;* ~ **of radiation** Strahlendosis *f,* Bestrahlungsdosis *f* ③ (*fam: amount or unit of something unpleasant*) Dosis *f fig,* Portion *f;* ***she's got a nasty*** ~ ***of flu*** die Grippe hat sie schwer erwischt *fam* ④ (*sl: case of gonorrhea*) Tripper *m sl* **II.** *vt* ■ **to** ~ **sb with sth** jdn mit etw *dat* [medizinisch] behandeln, jdm etw geben [*o geh* verabreichen]

◆**dose up** *vt* ■ **to** ~ **up** ↻ **sb** [**with sth**] jdm hohe Dosen [von etw *dat*] verabreichen; ■ **to** ~ **up** ↻

oneself [with sth] hohe Dosen [von etw *dat*] [ein]nehmen

dosh [dɒʃ] *n no pl* BRIT, AUS (*sl: money*) Knete *f sl*, Moos *nt sl*, Kies *m sl*

doss [dɒs] **I.** *n no pl* BRIT (*sl*) Kinderspiel *nt fam* **II.** *vi* BRIT, AUS (*fam*) pennen *fam*

◆**doss about** BRIT, **doss around** *vi* BRIT rumhängen *fam*; ***he doesn't do anything but ~ about*** er liegt ständig nur auf der faulen Haut

◆**doss down** *vi* BRIT sich *akk* aufs Ohr hauen *fam*, pennen *fam*; ***I'll ~ down on the camp bed*** ich hau' mich einfach auf die Campingliege

dosser ['dɒsəʳ] *n* ① BRIT (*pej sl*) Penner(in) *m(f) pej sl*, Obdachlose(r) *f(m)*, Stadtstreicher(in) *m(f)* ② BRIT (*pej sl*) Faulenzer(in) *m(f) pej*, Faulpelz *m pej fam*

dosshouse *n* BRIT (*sl*) Penne *f sl*, Obdachlosenheim *nt*, Nachtasyl *nt*

dossier ['dɒsieɪ, AM 'dɑːs-] *n* Dossier *nt*, Akte *f*

dost [dʌst] (*old*) *2nd pers sing present of* **do**

dot [dɒt, AM dɑːt] **I.** *n* ① (*tiny round mark*) Punkt *m*; (*on material*) Tupfen *m*; **at two o'clock on the ~** [*or* **on the ~ of two o'clock**] (*fig*) Punkt zwei Uhr; ***the plane landed on the ~ of two o'clock*** das Flugzeug landete auf die Sekunde genau um zwei Uhr ② (*diacritic*) Punkt *m* ③ (*signal*) Punkt *m*; **~s and dashes** (*morse code*) kurze und lange Signale ▸ PHRASES: **in the year ~** BRIT, AUS (*dated*) vor ewigen Zeiten, Anno dazumal *fam* **II.** *vt* <-tt-> ① (*make a dot*) ■**to ~ sth** etw mit einem Punkt versehen, einen Punkt auf etw *akk* setzen; **to ~ one's** [*or* **the**] **i's and cross one's** [*or* **the**] **t's, to ~ every i and cross every t** sehr penibel [*o* peinlich genau] sein ② *usu passive* (*have many of*) ■**to be ~ted with sth** mit etw *dat* übersät sein; ***the countryside is ~ted with beautiful ancient churches*** überall auf dem Land findet man schöne alte Kirchen

dotage ['dəʊtɪdʒ, AM 'doʊt̬-] *n no pl* Altersschwäche *f*, Senilität *f geh*; ■**to be in one's ~** senil sein; (*hum: be old*) tatterig sein *fam*

dot bomb *n* COMM (*sl*) gescheiterte Dotcom-Firma

dotcom ['dɒtkɒm, AM 'dɑːtkɑːm] **I.** *n* INET Dotcom-Firma *f* **II.** *adj inv* INET auf dem Dotcom-Markt *nach n*, im E-Commerce *nach n* **dotcommer** [dɒt'kɒməʳ, AM dɑːt'kɑːmə-] *n* INET *jd, der eine Dotcom-Firma leitet oder dafür arbeitet*

dote [dəʊt, AM doʊt] *vi* ① (*love very much*) ■**to ~ on** [*or* **upon**] **sb** in jdn [ganz] vernarrt sein ② (*pej: adore excessively*) ■**to ~ on** [*or* **upon**] **sb/sth** jdn/etw abgöttisch lieben

doth [dʌθ] (*old*) *3rd pers sing present of* **do**

doting ['dəʊtɪŋ, AM 'doʊt̬-] *adj attr* vernarrt; ***the ~ father with the baby on his knee*** der Vater mit seinem abgöttisch geliebten Baby auf den Knien

dot-matrix [ˌdɒt'meɪtrɪks, AM ˌdɑːt] *n modifier* Punktmatrix-

dot-matrix printer *n* COMPUT Matrixdrucker *m*, Rasterdrucker *m*

dotted line [ˌdɒtɪd'-, AM ˌdɑːt̬-] *n* gepunktete [*o* punktierte] Linie; ***tear along the ~*** trennen Sie den Abschnitt an der gepunkteten Linie ab; **to sign on the ~** unterschreiben, seine/ihre Unterschrift leisten *form* **dotted swiss** *n no pl* AM Tupfenmull *m*, Punktmull *m*, Tupfenmusselin *m*

dottiness ['dɒtɪnəs, AM 'dɑːt̬-] *n no pl* Schrulligkeit *f*; ***the sheer ~ of the suggestion made us all burst out laughing*** der Vorschlag war so komisch, dass wir alle in Gelächter ausbrachen

dotty ['dɒti, AM 'dɑːt̬i] *adj* verschroben *pej*, schrullig *fam*, kauzig; **~ idea** verrückte Idee; **to be ~ about sb/sth** (*dated*) in jdn/etw vernarrt [*o* nach jdm/etw verrückt] sein, voll auf jdn/etw stehen *sl*; **to go ~** vertrotteln *fam*

double ['dʌbl] **I.** *adj inv* doppelt, Doppel-, zweifach; ***the word 'cool' has a ~ 'o' in the middle*** das Wort ‚cool' wird mit zwei ‚o' in der Mitte geschrieben; ***Sabina's telephone number is ~ three, one, five*** Sabinas Telefonnummer ist zweimal die Drei, eins, fünf; ***we have a ~ problem because time is short and several staff have recently left*** wir haben zwei Probleme: die Zeit ist knapp und mehrere Mitarbeiter haben uns vor kurzem verlassen; ***having twins usually means ~ trouble for the parents*** Zwillinge sind für die Eltern in der Regel auch eine doppelte Belastung; ***most of the photos on this roll are ~ exposures*** die meisten Fotos auf diesem Film sind doppelt belichtet; **~ chimneys** Doppelkamine *mpl*; **~ daffodil/narcissus/primrose** BOT gefüllte Osterglocke/Narzisse/Pfingstrose; **~ door** (*door with two parts*) Flügeltür *f*, zweiflügelige Tür; (*twofold door*) Doppeltür *f*; SPORTS **~ dribble** Doppeldribbeln *nt*; **~ life** Doppelleben *nt*; **to have a ~ meaning** doppeldeutig sein; **~ pneumonia** doppelseitige Lungenentzündung; **to be ~ the price** doppelt so teuer sein; **~ sheet** Doppelbettlaken *nt*; **~ whisky** doppelter Whisky **II.** *adv* doppelt, zweifach; **to be bent ~** sich *akk* krümmen; ***after half an hour bent ~ weeding the garden, …*** nachdem sie eine halbe Stunde in gebückter Haltung Unkraut gejätet hatte, …; ***they were bent ~ with laughter*** sie krümmten [*o* bogen] sich vor Lachen; **to charge sb ~** jdm das Doppelte berechnen; **to see ~** doppelt sehen **III.** *n* ① (*double quantity of sth*) Doppelte *nt*, Zweifache *nt*; ***can I get you a Scotch? — make it a ~, please!*** darf ich Ihnen einen Scotch bringen? – ja, einen Doppelten, bitte! ② (*duplicate person*) Doppelgänger(in) *m(f)*, Ebenbild *nt*; FILM Double *nt*; ***he was your absolute ~*** er war dir wie aus dem Gesicht geschnitten ③ TENNIS, SPORTS ■**~s** *pl* Doppel *nt*; **men's/women's ~s** Herren-/Damendoppel *nt*; **mixed ~s** gemischtes Doppel ④ SPORTS (*two-base hit in baseball*) Double *nt* ▸ PHRASES: **I'll bet you ~ or nothing** [*or* **quits**] **that …** BRIT ich wette mit dir um das Doppelte, dass …; **on** [*or* **at**] **the ~** MIL (*or fam*) im Laufschritt, im Eiltempo; ***get my dinner and be back here on the ~!*** bring mir auf der Stelle mein Abendessen! **IV.** *vt* ■**to ~ sth** ① (*make twice as much/many*) etw verdoppeln; **to ~ the stakes** den Einsatz verdoppeln ② (*make two layers*) etw doppelt nehmen; **to ~ grocery bags** zwei Einkaufstüten ineinander stecken **V.** *vi* ① (*increase twofold*) sich *akk* verdoppeln ② (*serve a second purpose*) doppelt verwendbar sein, eine Doppelfunktion haben; THEAT eine Doppelrolle spielen; ***the kitchen table ~s as my desk when I'm writing*** wenn ich schreibe, wird der Küchentisch zu meinem Schreibtisch

◆**double back** *vi* umkehren, kehrtmachen; ■**to ~ back on oneself** einen Haken schlagen

◆**double over** *vi* sich *akk* biegen [*o* krümmen]; **to ~ over in pain** sich *akk* vor Schmerzen krümmen; *see also* **double up 1**

◆**double up** *vi* ① (*bend over*) sich *akk* biegen [*o* krümmen]; **to ~ up with laughter** sich *akk* biegen [*o* kringeln] vor Lachen; **to ~ up with pain** sich *akk* vor Schmerzen krümmen ② (*share room*) ■**to ~ up with sb** [**in sth**] [etw] mit jdm teilen [*o* gemeinsam nutzen]; ***we've had to ~ up in the offices*** je zwei von uns mussten sich ein Büro teilen

double act *n* ① (*performance*) Doppelconference *f* ② (*pair of entertainers*) Paar *nt* **double agent** *n* Doppelagent(in) *m(f)* **double-barreled** AM, **double-barrelled** *adj* ① (*having two barrels*) doppelläufig; **~ shotgun** Doppelflinte *f*, doppelläufiges Gewehr ② AM, AUS (*having two purposes*) zweideutig; ***it was a ~ question*** die Frage war zweideutig ③ *esp* BRIT (*hyphenated*) **~ name** Doppelname *m* **double bass** *n* Kontrabass *m* **double bed** *n* Doppelbett *nt* **double bill** *n* FILM, THEAT Doppelveranstaltung *f*, Doppelprogramm *nt* **double bind** *n* Dilemma *nt*, Zwickmühle *f*; **to be caught in a ~** sich *akk* in einem Dilemma befinden, in einer Zwickmühle stecken *fam* **double-blind** *adj* PSYCH Doppelblind-; **~ test** Doppelblindversuch *m* **double bluff** *n* doppelter Bluff **double-book** *vt* ■**to ~ sth** etw doppelt reservieren; **to ~ a flight** einen Flug zweimal buchen; **to ~ a room/a seat** ein bereits vergebenes Zimmer/einen bereits vergebenen Sitzplatz reservieren; **to ~ a ticket** eine Fahrkarte doppelt ausstellen **double-breasted** *adj inv* zweireihig, doppelreihig; **~ suit** Zweireiher *m* **double-check** *vt* ■**to ~ sth** (*verify again*) etw noch einmal überprüfen [*o* ein zweites Mal kontrollieren]; ■**to ~ that …** nochmals nachsehen, ob…; (*verify in two ways*) etw zweifach überprüfen [*o* kontrollieren] **double chin** *n* Doppelkinn *nt*

double-click I. *vt* COMPUT ■**to ~ sth** etw doppelt [*o* zweimal] anklicken; **to ~ the mouse** mit der Maus zweimal klicken **II.** *vi* COMPUT doppelklicken, doppelt klicken **double cream** *n no pl* Schlagsahne *f*

double-cross I. *vt* ■**to ~ sb** mit jdm ein falsches [*o* doppeltes] Spiel treiben, jdn hintergehen [*o fam* linken]; ***I'm trusting you John — don't ~ me*** ich vertraue dir, John – hau mich nicht übers Ohr *fam* **II.** *n* <*pl* -es> falsches Spiel, Doppelspiel *nt* **double-crosser** *n* (*pej*) falscher Hund *pej sl* **double currency** *n* ECON, FIN Doppelwährung *f* **double-date I.** *n* AM Verabredung *f* zweier Paare, Pärchentreff *m*; ***we could make it a ~ with Jenny and Joe*** wir könnten doch zu viert mit Jenny und Joe hingehen; **to go on a ~** sich *akk* mit einem anderen Paar treffen [*o* verabreden] **II.** *vi* AM mit einem anderen Paar ausgehen **III.** *vt* ■**to ~ sb** sich *akk* noch mit jemand anderem treffen; ***she is double-dating me*** sie trifft sich außer mit mir noch mit einem anderen **double-dealer** *n* (*pej*) Betrüger(in) *m(f)*, falscher Fuffziger *pej fam* **double-dealing I.** *n no pl* (*pej*) Betrug *m*, Betrügerei *f*, [betrügerische] Machenschaften *pej* **II.** *adj attr* (*pej*) betrügerisch, hinterhältig *fam* **double-decker** *n* ① (*bus*) Doppeldecker *m*; **~ bus** Doppeldecker[bus] *m*, Doppelstockomnibus *m* ② AM (*sandwich*) doppeltes Sandwich, Doppeldecker *m fam* **double-decker sandwich** *n* AM doppeltes Sandwich, Doppeldecker *m fam* **double-dip** <-pp-> *vi* AM, AUS ECON Bezüge [*o* Leistungen] [zu Unrecht] doppelt erhalten, doppelt abkassieren *pej fam* **double-dipper** *n* AM Eiswaffel *f* mit zwei Kugeln Eis **double-dipping** *n no pl* AM, AUS doppeltes Abkassieren *fam* **double Dutch** *n no pl* ① (*fam: incomprehensible words*) Kauderwelsch *nt*; ***it sounds like ~ to me*** ich verstehe nur Bahnhof *fam* ② AM (*jump rope style*) Seilhüpfen *nt* [*o* Seilspringen *nt*] mit zwei Seilen **double-edged** *adj* ① (*fig: negative and positive*) zweischneidig *fig*; **~ compliment** zweideutiges Kompliment ② (*two cutting edges*) *sword* zweischneidig **double entendre** [ˌduːblɑ̃n'tɑ̃ndr(ə), AM ˌdʌblɑːn'tɑːndrə] *n* Doppeldeutigkeit *f*, Zweideutigkeit *f* **double-entry** *n* doppelte Buchführung; **~ accounting/bookkeeping** doppelte Abrechnung/Buchführung **double fault I.** *n* TENNIS Doppelfehler *m* **II.** *vi* TENNIS einen Doppelfehler machen **double feature** *n* FILM Doppelprogramm *nt*, Programm *nt* mit zwei Hauptfilmen **double-glaze** *vt* ■**to ~ sth** etw doppelt verglasen [*o* isolierverglasen] **double-glazing** *n no pl* Doppelverglasung *f*, Isolierverglasung *f* **double-header** *n esp* AM SPORTS Doppelspieltag *m*, Doppelveranstaltung *f* (*zwei Spiele derselben Mannschaften an einem Tag*); **to play a ~** zweimal hintereinander gegen dieselbe Mannschaft antreten **double helix** *n* BIOL, CHEM Doppelhelix *f*, Doppelspirale *f* **double honours** *n* BRIT *zwei gleichzeitig in verschiedenen Studienfächern erworbene ‚honours degrees'* **double jeopardy** *n* AM doppelte Strafverfolgung (*wegen desselben Delikts*) **double-jointed** *adj* äußerst gelenkig, sehr beweglich **double negative** *n* LING doppelte Verneinung **double option** *n* FIN Stellage *f*, doppelte Option **double-page spread** *n* JOURN Doppelseite *f* **double-park I.** *vi* in zweiter Reihe parken **II.** *vt* **to ~ a vehicle** ein Fahrzeug in der zweiten Reihe parken **double play** *n* (*in Baseball*) Doppelaus *nt*

double-quick I. *adv* sehr schnell, blitzschnell; ***I'll be there ~*** bin ich in null Komma nichts da *fam* **II.** *adj* sofortige(r,s); **~ response** blitzschnelle Antwort; **in ~ time** in null Komma nichts *fam*

double reed I. *n* MUS (*reed part*) doppeltes Rohrblatt; (*instrument*) Doppelrohrblattinstrument *nt* **II.** *adj attr, inv* MUS mit zwei Rohrblättern; **~ instrument** Instrument *nt* mit zwei Rohrblättern, Doppelrohrblattinstrument *nt* **double room** *n* Doppelzimmer *nt* **double-sided** *adj inv* doppelseitig **double-space** *vt* ■**to ~ sth** etw mit doppeltem Zeilenabstand [*o* zweizeilig] schreiben **double-**

spaced *adj inv* mit doppeltem Zeilenabstand **double-spacing** *n no pl* doppelter Zeilenabstand **doublespeak** *n no pl (pej)* Doppelzüngigkeit *f pej* **double spread** *n* JOURN Doppelseite *f* **double standard** *n* ① SOCIOL Doppelmoral *f kein pl;* **to apply ~s** mit zweierlei Maß messen ② ECON Doppelwährung *f* **double stop** *n* MUS Doppelgriff *m* **doublet** ['dʌblət] *n* ① FASHION *(hist)* Wams *nt hist* ② LING Dublette *f* ③ COMPUT Dyade *f,* Zwei-Bit-Byte *nt*

double take *n* verzögerte Reaktion; ■**to do a ~** zweimal hinschauen **double-talk** *n no pl (pej)* Doppelzüngigkeit *f pej,* doppelzüngiges Gerede *pej* **double taxation** *n* Doppelbesteuerung *f* **double taxation agreement** *n,* **double taxation treaty** *n* LAW Doppelbesteuerungsabkommen *nt* **double-team** *vt* AM ■**to ~ sb** jdn durch zwei Abwehrspieler/Abwehrspielerinnen decken **double-think** *n no pl* zwiespältiges [*o* widersprüchliches] Denken **double time** *n no pl* ① *(double pay)* doppelter Stundenlohn; **to be paid ~** den doppelten Stundenlohn erhalten ② MIL Schnellschritt *m,* Laufschritt *m* **double vision** *n no pl* MED Doppeltsehen *nt,* Diplopie *f fachspr;* ***she suffered from ~ after hitting her head*** nachdem sie sich den Kopf angeschlagen hatte, sah sie alles doppelt **double whammy** *n (fam)* zweifacher Schlag *fig,* doppeltes Pech *fam*

doubloon [dʌb'lu:n] *n* HIST Dublone *f*

doubly ['dʌbli] *adv inv* doppelt, zweifach; ***you'd better make ~ sure that everything is switched off*** sieh lieber zweimal nach, ob alles ausgeschaltet ist

doubt [daʊt] **I.** *n* ① *no pl (lack of certainty)* Zweifel *m* (**about** an +*dat*); ***there seems to be some ~ about the facts*** es scheint noch einige Zweifel zu geben, was die Fakten betrifft; ■**to be in ~** fraglich [*o* zweifelhaft] sein; ***the future of the project is in ~*** die Zukunft des Projekts ist ungewiss; ■**to be in ~ about sth** über etw *akk* im Zweifel sein, sich *dat* über etw *akk* unschlüssig sein; **not a shadow of ~** nicht der geringste Zweifel; **no ~** zweifellos, ohne Zweifel; **open to ~** fraglich, unsicher; **beyond reasonable ~** LAW jeden Zweifel ausschließend, zweifelsfrei; **proof of guilt beyond all reasonable ~** Schuldbeweis *m,* der jeden Zweifel ausschließt; **without a ~** ohne jeden Zweifel, zweifellos; **to cast ~ on sth** etw in Zweifel ziehen ② *(feeling of uncertainty)* Unsicherheit *f,* Ungewissheit *f;* ***I'm having ~s about going to Africa*** ich bin mir noch unschlüssig, ob ich nach Afrika gehen soll; **to have one's ~s about sth** seine Zweifel an etw *dat* haben; **to have one's ~s that ...** bezweifeln, dass...; **to raise ~s about sth** Zweifel an etw *dat* aufkommen lassen ③ *no pl (lack of belief)* Zweifel *m,* Bedenken *pl;* ***I never had any ~ [that] you would win*** ich habe nie im Geringsten daran gezweifelt, dass du gewinnen würdest **II.** *vt* ① *(be unwilling to believe)* ■**to ~ sb** jdm misstrauen; ■**to ~ sth** Zweifel an etw *dat* haben, etw bezweifeln; ***she ~ed the evidence of her own eyes*** sie traute ihren eigenen Augen nicht ② *(call in question)* ■**to ~ sb** jdm nicht glauben; ■**to ~ sth** etw anzweifeln [*o* bezweifeln] [*o* in Frage stellen]; **to ~ sb's abilities** an jds Fähigkeiten zweifeln; **to ~ the authenticity of a document** Zweifel an der Echtheit eines Dokuments haben; **to ~ sb's authority** jds Autorität in Frage stellen; **to ~ sb's sincerity** [*or* **veracity**] Zweifel an jds Aufrichtigkeit haben ③ *(feel uncertain)* ■**to ~ that ...** bezweifeln, dass ...; ■**to ~ whether** [*or* **if**] **...** zweifeln, ob ...

doubter ['daʊtəʳ, AM -t̬ɚ] *n* Zweifler(in) *m(f),* Skeptiker(in) *m(f)*

doubtful ['daʊtfᵊl] *adj* ① *(expressing doubt)* zweifelnd, skeptisch; ***the expression on her face was ~*** sie blickte skeptisch; **~ person** Skeptiker(in) *m(f)* ② *(uncertain, undecided)* unsicher, unschlüssig; ■**to be ~ about sth** über etw *akk* im Zweifel sein, sich *dat* über etw *akk* unschlüssig sein ③ *(unlikely)* fraglich, ungewiss; ***it was ~ that the money would ever be found again*** es war unwahrscheinlich, dass das Geld jemals wieder gefunden würde; ■**to be ~ whether** [*or* **if**] **...** zweifelhaft sein, ob ..., nicht sicher sein, ob ... ④ *(questionable)* fragwürdig, zweifelhaft; ***this is in ~ taste at best*** dies zeugt doch von recht fragwürdigem Geschmack; **~ advantage** zweifelhafter Vorteil, zweifelhaftes Privileg; **~ distinction** fragwürdige Auszeichnung; **~ honour** zweifelhafte Ehre

doubtfully ['daʊtfᵊli] *adv* zweifelnd, voller Zweifel; ***she looked at me ~*** sie sah mich skeptisch an

doubting Thomas <*pl* -es> [ˌdaʊtɪŋ'tɒməs, AM -t̬ɪŋ'tɑ:m-] *n (apostle)* ungläubiger Thomas *a. fig,* ewiger Zweifler *m*

doubtless ['daʊtləs] *adv inv* sicherlich; ***~ you have heard the news already*** Sie haben die Neuigkeiten bestimmt schon gehört

douche [du:ʃ] **I.** *n* ① *(water jet)* Dusche *f;* MED Spülung *f* ② *(device)* Dusche *f,* Brause *f;* MED Spülapparat *m,* Irrigator *m fachspr* **II.** *vi* sich *akk* duschen; MED eine Spülung machen **III.** *vt* ■**to ~ sth** etw [ab]duschen; MED etw [aus]spülen

dough [dəʊ, AM doʊ] *n* ① *(for baking)* Teig *m;* **bread/pastry/yeast ~** Brot-/Torten-/Hefeteig *m* ② *no pl esp* AM *(sl: money)* Kohle *f sl,* Zaster *m sl,* Knete *f sl*

doughboy ['dəʊbɔɪ, AM 'doʊ-] *n* ① *(boiled dumpling)* Kloß *m,* Knödel *m* SÜDD, ÖSTERR; *(fried dumpling)* Krapfen *m* ② AM *(fam: US infantryman)* Landser *m* **doughnut** ['doʊnʌt] *n* Donut *m,* Doughnut *m;* **iced** [*or* AM **glazed**] **~** glasierter Donut, Donut *m* mit Zuckerguss; **jam/**AM **jelly ~** mit Marmelade/Gelee gefüllter Donut; **~ hole** AM *Gebäck, das aus dem Innenstück eines Donut hergestellt wird*

doughty ['daʊti, AM -t̬-] *adj (liter)* tapfer, kühn

doughy ['dəʊi, AM 'doʊi] *adj* ① *(dough-like)* teigig, teigartig; *bread, cake* nicht richtig durchgebacken ② *(fig: pale and flabby)* teigig *fig; (pale) face* käsig; *(puffy)* schwammig, aufgedunsen

doula ['du:lə] *n* Doula *f (Frau, die andere Frauen während und nach der Schwangerschaft unterstützt)*

dour ['dʊəʳ, 'daʊəʳ, AM 'dʊr, 'daʊɚ] *adj person, character* mürrisch, verdrießlich; *face* düster; *expression* finster; *struggle* hart[näckig]

dourly ['dʊəli, 'daʊəli, AM 'dʊrli, 'daʊɚ-] *adv* mürrisch, verdrossen

douse [daʊs] *vt* ① *(drench)* ■**to ~ sth in** [*or* **with**] **sth** *liquid, petrol* etw über etw *akk* schütten, etw mit etw *dat* übergießen ② *(extinguish)* ■**to ~ sth** etw ausmachen; *fire* etw löschen; ***~ the light!*** mach das Licht aus!

dove¹ [dʌv] **I.** *n* ① *(bird)* Taube *f* ② POL *(peaceful person)* Taube *f fig* **II.** *n modifier* Tauben-; **~ droppings** Taubendreck *m;* **~ population** Taubenbestand *m*

dove² [doʊv] *vi esp* AM *pt of* **dive**

dovecot(e) ['dʌvkɒt, AM -kɑ:t] *n* Taubenschlag *m* **dove-gray** AM, **dove-grey** *adj* taubengrau

doveish ['dʌvɪʃ] *adj* LAW gemäßigt

dovetail ['dʌvteɪl] **I.** *vi* ■**to ~ with** [*or* **into**] **sth** mit etw *dat* übereinstimmen, genau zu etw *dat* passen; ***their plans ~ed conveniently with ours*** ihre und unsere Pläne waren perfekt aufeinander abgestimmt **II.** *vt* ① *(join together)* ■**to ~ sth** *in wood* etw verschwalben [*o* durch einen Schwalbenschwanz verbinden]; *in metal* etw verzinken [*o* mit einem Zinken versehen]; ■**to ~ sth with sth** etw mit etw *dat* verzahnen ② *(fig)* ■**to ~ sth with** [*or* **into**] **sth** etw an etw *akk* anpassen [*o* mit etw *dat* koordinieren]; **to ~ dates** Termine aufeinander abstimmen **III.** *n (wood)* Schwalbenschwanz *m; (metal)* Zinken *m*

dovetail joint *n (wood)* Schwalbenschwanzverbindung *f; (metal)* Zinkung *f*

dowager ['daʊədʒəʳ, AM -ɚ] **I.** *n* ① *(widow of high rank)* [adlige] Witwe ② *(dignified old woman)* würdevolle alte Dame, Patriarchin *f,* Matrone *f* **II.** *adj after n, inv* verwitwet; **~ duchess** Herzoginwitwe *f;* **~ Queen** [*or* **queen ~**] Königinwitwe *f*

dowager's hump *n (fam)* Altersbuckel *m,* Alterskyphose *f fachspr*

dowdy ['daʊdi] *adj (pej)* ohne jeden Schick *nach n pej;* ***she wears ~ clothes*** ihrer Kleidung fehlt jede Eleganz

dowel ['daʊəl] *n (in wood)* [Holz]dübel *m,* [Holz]stift *m; (in stone)* [Wand]dübel *m*

dower house ['daʊəhaʊs, AM 'daʊɚ-] *n* BRIT *kleineres Haus auf einem Landsitz, das für die Witwe gebaut wird*

Dow Jones Average [ˌdaʊdʒəʊnz'-, AM -dʒoʊnz'-] *n,* **Dow Jones Industrial Average** *n* Dow Jones [Index] *m* **Dow Jones Index** *n no pl* Dow-Jones-Index *m*

D

down¹ [daʊn]

I. ADVERB	II. PREPOSITION
III. ADJECTIVE	IV. TRANSITIVE VERB
V. NOUN	VI. INTERJECTION

I. ADVERB

① *(in/to a lower position)* hinunter, hinab; *(towards sb)* herunter, herab; ***the baby falls ~ constantly*** das Baby fällt ständig hin; ***get ~ off that table!*** komm sofort von diesem Tisch herunter!; ***the leaflet slipped ~ behind the wardrobe*** die Broschüre ist hinter dem Kleiderschrank hinuntergerutscht; ***you'll have to come further ~ [the steps]*** du musst noch ein Stück treppab gehen; **"~!"** *(to dog)* „Platz!"; **to be** [*or* **lie**] **face ~** auf dem Bauch [*o* mit dem Gesicht nach unten] liegen; **to put ~ sth** etw hinstellen ② *inv (in the south)* im Süden, unten *fam; (towards the south)* in den Süden, runter *fam;* ***things are much more expensive ~ [in the] south*** unten im Süden ist alles viel teurer; ***how often do you come ~ to Cornwall?*** wie oft kommen Sie nach Cornwall runter? *fam* ③ *inv (away from centre)* außerhalb; ***my parents live ~ in Worcestershire, but they come up to London occasionally*** meine Eltern leben außerhalb in Worcestershire, aber sie kommen gelegentlich nach London; ***he has a house ~ by the harbour*** er hat ein Haus draußen am Hafen; **~ our way** hier in unserem Viertel [*o* unserer Gegend] ④ *(in/to a weaker position)* unten; ***she's certainly come ~ in the world!*** da muss es mit ihr ganz schön bergab gegangen sein! *fam;* **to be ~ on one's luck** eine Pechsträhne haben; ***she's been ~ on her luck recently*** in letzter Zeit ist sie vom Pech verfolgt; **to be ~ to sth** nur noch etw haben; **to be ~ with sth** an etw *dat* erkrankt sein; ***she's ~ with flu*** sie liegt mit einer Grippe im Bett; **to come** [*or* **go**] **~ with sth** an etw *dat* erkranken, etw bekommen *fam;* **to hit** [*or* **kick**] **sb when he's ~** jdn treten, wenn er schon am Boden liegt *fig* ⑤ SPORTS im Rückstand; ***Milan were three goals ~ at half-time*** zur Halbzeit lag Mailand [um] drei Tore zurück; ***he quit the poker game when he was only $50 ~*** er hörte mit dem Pokerspiel auf, als er erst 50 Dollar verloren hatte ⑥ *(in time)* ***Joan of Arc's fame has echoed ~ [through] the centuries*** Jean d'Arcs Ruhm hat die Jahrhunderte überdauert; **~ to the last century** bis ins vorige Jahrhundert [hinein]; **to come ~** *myths* überliefert werden; **to pass** [*or* **hand**] **sth ~** etw weitergeben [*o* überliefern] ⑦ *(at/to a lower amount)* niedriger; ***the pay offer is ~ 2 % from last year*** das Lohnangebot liegt 2 % unter dem vom Vorjahr; ***the number of students has gone ~*** die Zahl der Studierenden ist gesunken; **to get the price ~** den Preis drücken [*o* herunterhandeln] ⑧ *(in/to a weaker condition)* herunter; ***let the fire burn ~*** lass das Feuer herunterbrennen; ***settle ~, you two*** gebt mal ein bisschen Ruhe ihr zwei; **to turn the music/radio ~** die Musik/das Radio leiser stellen [*o* machen]; **to water a drink ~** ein Getränk verwässern ⑨ *(including)* bis einschließlich; **from sb/sth ~ to sb/sth** von jdm/etw bis hin zu jdm/etw; ***the entire administration has come under suspicion, from the mayor ~*** das gesamte Verwaltungspersonal, angefangen beim Bürgermeister, ist in Verdacht geraten ⑩ *(on paper)* **to have sth ~ in writing** [*or* **on paper**] etw schriftlich haben; ***do you have it ~***

in writing or was it just a verbal agreement? haben Sie das schwarz auf weiß oder war es nur eine mündliche Vereinbarung? *fam;* **to copy sth ~** etw niederschreiben [*o* zu Papier bringen]; **to get** [*or* **put**] **sb ~ for sth** jdn für etw *akk* vormerken; ***we've got you ~ for five tickets*** wir haben fünf Karten für Sie vorbestellt; **to put sth ~** etw aufschreiben [*o* niederschreiben]; **to write sth ~** etw niederschreiben [*o* schriftlich niederlegen] ⓫ (*swallowed*) hinunter; **to get sth ~** etw [hinunter]schlucken; ***she couldn't get the pill ~*** sie brachte die Tablette nicht hinunter *fam;* ***you'll feel better once you've got some hot soup ~*** du wirst dich besser fühlen, wenn du ein bisschen heiße Suppe gegessen hast; **to keep sth ~** MED etw bei sich *dat* behalten ⓬ (*thoroughly*) gründlich; **to nail sth ~** etw festnageln; **to wash/wipe sth ~** etw von oben bis unten waschen/wischen; ***he washed the car ~ with soapy water*** er wusch den Wagen gründlich mit Seifenlauge ⓭ (*already finished*) vorbei; ***two lectures ~, eight to go*** zwei Vorlesungen haben wir schon besucht, es bleiben also noch acht ⓮ (*as initial payment*) als Anzahlung; **to pay** [*or* **put**] **£100 ~** 100 Pfund anzahlen ⓯ (*attributable*) zurückzuführen; ▪**to be ~ to sth** auf etw *akk* zurückzuführen sein; ***the problem is ~ to her inexperience, not any lack of intelligence*** es liegt an ihrer Unerfahrenheit nicht an mangelnder Intelligenz; **to be** [*or* AM *also* **come**] **~ to sb** jds Sache sein; ***it's all ~ to you now to make it work*** nun ist es an Ihnen, die Sache in Gang zu bringen ⓰ (*reduce to*) **to come ~ to sth** auf etw *akk* hinauslaufen; **what the problem comes ~ to is this: …** die entscheidende Frage ist: …; ***well, if I bring it ~ to its simplest level, …*** also, stark vereinfacht könnte man sagen, … ⓱ (*in crossword puzzles*) senkrecht ⓲ (*sl: okay*) ▪**to be ~ with sth** mit etw *dat* o.k. gehen *fam* ▶ PHRASES: **~ to the ground** völlig, ganz und gar, total *fam;* ***that suits me ~ to the ground*** das ist genau das Richtige für mich

II. PREPOSITION

❶ (*in a downward direction*) ▪**~ sth** etw hinunter [*o* herunter]; ***my uncle's in hospital after falling ~ some stairs*** mein Onkel ist im Krankenhaus, nachdem er die Treppe heruntergefallen ist; **up and ~ the stairs** die Treppe rauf und runter; ***she poured the liquid ~ the sink*** sie schüttete die Flüssigkeit in den Abfluss ❷ (*downhill*) hinunter, hinab; **to go ~ the hill/mountain** den Hügel/Berg hinuntergehen; ***I walked ~ the hill*** ich ging den Hügel hinab ❸ (*along*) ▪**~ sth** hinunter, entlang; ***go ~ the street towards the river*** gehen Sie die Straße entlang zum Fluß; ***her office is ~ the corridor on the right*** ihr Büro ist weiter den Gang entlang auf der rechten Seite; ***we drove ~ the motorway as far as Bristol*** wir fuhren die Schnellstraße hinunter bis nach Bristol; ***they sailed the boat ~ the river*** sie segelten mit dem Boot flußabwärts; ***I ran my finger ~ the list of ingredients*** ich ging mit dem Finger die Zutatenliste durch; ***her long red hair reached most of the way ~ her back*** ihre langen roten Haare bedeckten fast ihren ganzen Rücken; **~ town** stadteinwärts; ***I went ~ town*** ich fuhr in die Stadt hinein; **~ one's way** in jds Gegend; ***they speak with a peculiar accent ~ his way*** in seiner Ecke haben die Leute einen besonderen Akzent; **up and ~ sb/sth** bei jdm/etw auf und ab ❹ (*through time*) ▪**~ sth** durch etw hindurch, über etw hinweg; **~ the generations** über Generationen hinweg; **~ the centuries** durch die Jahrhunderte hindurch; **~ the ages** von Generation zu Generation; **~ the road** [*or* **line**] [*or* **track**] auf der ganzen Linie *fig,* voll und ganz *fig* ❺ BRIT, AUS (*fam: to*) ▪**~ sth** zu [*o* in] etw *dat;* ***I went ~ the pub with my mates*** ich ging mit meinen Freunden in die Kneipe; **to go ~ the shops** einkaufen gehen ❻ FOOD (*inside*) ▪**sth ~ sb** etw in jdm; ***you'll feel better once you've got some hot soup ~ you*** du fühlts dich gleich besser, wenn du ein bißchen heiße Suppe gegessen hast ▶ PHRASES: **to go ~ the drain** [*or* **toilet**] [*or* **tube**[**s**]] [*or* **plughole**] [*or* BRIT *also* **pan**] [*or* AUS **gurgler**] für die Katz sein; ***we don't want all their hard work to go ~ the drain*** ich möchte nicht, dass ihre harte Arbeit ganz umsonst ist

III. ADJECTIVE

<more ~, most ~> ❶ *inv* (*moving downward*) abwärts führend, nach unten *nach n;* **the ~ escalator** die Rolltreppe nach unten ❷ *pred* (*fam: unhappy, sad*) niedergeschlagen, deprimiert, down *fam;* ***I've been feeling a bit ~ this week*** diese Woche bin ich nicht so gut drauf *fam* ❸ (*fam: unhappy with*) ▪**to be ~ on sb** jdn auf dem Kieker haben *fam* ❹ *pred, inv* (*not functioning*) außer Betrieb; ***the computer will be ~ for an hour*** der Computer wird für eine Stunde abgeschaltet; ***I'm afraid the*** [***telephone***] ***lines are ~*** ich fürchte, die Telefonleitungen sind tot ❺ *inv* BRIT (*dated: travelling away from the city*) stadtauswärts fahrend *attr;* **~ platform** Bahnsteig *m* für stadtauswärts fahrende Züge ❻ (*sunk to a low level*) niedrig; ***the river is ~*** der Fluss hat [*o geh* führt] Niedrigwasser

IV. TRANSITIVE VERB

❶ BOXING, SPORTS (*knock down*) ▪**to ~ sb** jdn zu Fall bringen; BOXING jdn niederschlagen [*o sl* auf die Bretter schicken] ❷ (*shoot down*) ▪**to ~ sth** etw abschießen [*o fam* runterholen] ❸ *esp* BRIT **to ~ tools** (*cease work*) mit der Arbeit aufhören; (*have a break*) die Arbeit unterbrechen; (*during strike*) die Arbeit niederlegen; ***the printers are threatening to ~ tools*** die Drucker drohen mit Arbeitsniederlegungen ❹ AM, AUS SPORTS (*defeat*) ▪**to ~ sb** jdn schlagen [*o fam* fertig machen] ❺ (*swallow* [*quickly*]) ▪**to ~ sth** *food* etw verschlingen [*o* herunterschlingen]; *drink* etw hinunterschlucken [*o fam* hinunterkippen] [*o fam* runterschütten]; ***he'd ~ed four beers*** er hatte vier Bier gekippt *fam*

V. NOUN

❶ (*bad fortune*) Tiefpunkt *m,* schlechte Zeit; **ups and ~s** Auf und Ab *nt;* ***well, we've had our ups and ~s*** wir haben schon Höhen und Tiefen durchgemacht ❷ (*fam: dislike*) Groll *m;* ▪**to have a ~ on sb** jdn auf dem Kieker haben *fam;* ***why do you have a ~ on him?*** was hast du gegen ihn? ❸ AM FBALL Versuch *m;* ***it's second ~ and seven yards to go*** es ist der zweite Versuch, und es sind noch sieben Yards

VI. INTERJECTION

~ ***with taxes!*** weg mit den Steuern!; ~ ***with the dictator!*** nieder mit dem Diktator!

down² [daʊn] **I.** *n no pl* ❶ (*soft feathers*) Daunen *fpl,* Flaumfedern *fpl* ❷ (*soft hair or fluff*) [Bart]flaum *m,* feine Härchen **II.** *n modifier* Daunen-; **~ jacket/quilt** Daunenjacke *f*/-decke *f*

down³ [daʊn] *n esp* BRIT Hügelland *nt,* [baumloser] Höhenzug; ▪**the ~s** *pl* die Downs (*an der Südküste Englands*)

down-and-out I. *adj attr* ❶ (*destitute*) heruntergekommen *fam,* erledigt *fam;* **~ lifestyle** Pennerleben *nt pej sl* ❷ BOXING k.o. **II.** *n* (*pej*) Penner(in) *m(f) pej sl* **down at heel** *adj pred,* **down-at-heel** *adj attr building* heruntergekommen *fam; clothes* schäbig, abgerissen *fam; appearance* ungepflegt **downbeat I.** *adj* (*fam*) ❶ (*pessimistic*) pessimistisch, düster ❷ (*not showing interest*) gleichgültig; (*bored*) gelangweilt ❸ (*unexciting*) ungezwungen, locker; ***the actual signing of the treaty was a ~ affair*** die eigentliche Vertragsunterzeichnung verlief in einer lockeren Atmosphäre **II.** *n* MUS erster [betonter] Taktteil **downcast** *adj* ❶ (*sad*) niedergeschlagen, deprimiert; ***you're looking a little ~ this morning*** du wirkst heute Morgen ein bisschen gedrückt; ***she still feels ~ at times*** manchmal ist sie immer noch ganz mutlos ❷ (*looking down*) gesenkt; **~ eyes** niedergeschlagene Augen; **~ look** gesenkter Blick

downer [ˈdaʊnəʳ, AM -ɚ] *n* ❶ (*sl: depressing experience*) deprimierendes Erlebnis, harter Schlag *fig* ❷ (*fam: sedative*) Beruhigungsmittel *nt,* Tranquilizer *m fachspr,* Downer *m sl*

downfall *n* ❶ (*ruin*) Untergang *m,* Fall *m fig;* **the ~ of the government** der Sturz der Regierung ❷ (*cause of ruin*) Ruin *m;* ***drinking was his ~*** das Trinken hat ihn ruiniert **downgrade I.** *vt* ❶ (*reduce in status*) ▪**to ~ sb** jdn degradieren; ▪**to ~ sth** etw herunterstufen [*o* niedriger einstufen] ❷ (*disparage*) ▪**to ~ sb/sth** [**to sth**] jdn/etw [als etw *akk*] abtun; **to ~ the importance of sth** die Bedeutung einer S. *gen* herunterspielen **II.** *n* ❶ (*case of demotion*) Degradierung *f* ❷ *esp* AM (*downward slope*) Gefälle *nt,* Gefällstrecke *f*

downhearted *adj* niedergeschlagen, niedergedrückt, mutlos **downhill I.** *adv* (*downwards*) bergab, abwärts; **to go ~** *person* heruntergehen; *vehicle* herunterfahren; *road, path* bergab führen [*o* gehen]; (*fig*) ***the first week was okay, but it's all gone ~ since then*** die erste Woche war in Ordnung, aber seither hat sich alles verschlechtert; ***he is going ~*** es geht bergab mit ihm **II.** *adj* ▪**to be ~** bergab führen, abschüssig sein, abfallen; ***the route is all ~ from here to the finish*** von hier bis zum Ziel geht es nur noch bergab; **~ hike** Abstieg *m;* (*fig*) **the ~ course of economy** die Talfahrt der Wirtschaft; **to be ~** [**all the way**] leichter [*o* einfacher] werden **downhill skiing** *n no pl* Abfahrtslauf *m* **downhome** *adj* bodenständig; ▪**to be ~** auf dem Boden bleiben

Downing Street [ˈdaʊnɪŋ,-] *n no art* [**10**] ~ Downing Street *f* [Nr. 10] (*Wohnsitz des englischen Premierministers*)*;* (*fig*) die britische Regierung

download *vt* COMPUT ▪**to ~ sth** [**to sth**] etw [auf etw *akk*] herunterladen

downloadable *adj* COMPUT fernladbar, hinunterladbar **down-market** *adv inv* ECON, FIN ***the company has decided to go ~*** die Firma hat beschlossen, sich dem Massenmarkt zuzuwenden **downmarket I.** *adj* weniger anspruchsvoll, für den Massenmarkt *nach n;* **~ product** Billigprodukt *nt,* Massenprodukt *nt;* **~ tabloid newspaper** Massenblatt *nt,* Boulevardzeitung *f* **II.** *adv* auf den Massenmarkt ausgerichtet **down payment** *n* Anzahlung *f;* **to make** [*or* **put**] **a ~ on sth** eine Anzahlung für etw *akk* leisten **downpipe** *n esp* BRIT [Regen]fallrohr *nt* **downplay** *vt* ▪**to ~ sth** etw herunterspielen [*o geh* bagatellisieren] **downpour** *n* Regenguss *m,* Platzregen *m;* **torrential ~** Wolkenbruch *m*

downright I. *adj* ❶ *attr* (*complete*) völlig, absolut; ***it is a ~ disgrace*** es ist eine ausgesprochene Schande; **~ lie** glatte Lüge; **~ nonsense** kompletter Unsinn ❷ (*straightforward*) offen, ehrlich; ***her manner is direct and ~*** sie hat eine direkte und offenherzige Art **II.** *adv* (*completely*) ausgesprochen, völlig, ganz und gar; ***these working conditions are ~ dangerous*** diese Arbeitsbedingungen sind schlichtweg gefährlich; ***she's being ~ difficult*** sie ist ausgesprochen schwierig; **to refuse sth ~** etw glatt ablehnen

downriver I. *adj* flussabwärts [*o* stromabwärts] gelegen; **the ~ ford** die flussabwärts gelegene Furt **II.** *adv* flussabwärts, stromabwärts **downshifter** [ˈdaʊnʃɪftəʳ, AM -ɚ] *n* Aussteiger(in) *m(f)* **downside** *n no pl* Kehrseite *f,* Schattenseite *f*

downside factor *n* ECON, FIN Verlustfaktor *m* **downside risk** *n* ECON, FIN Kursrisiko *nt* nach unten **downsize** *vi* ECON Personal abbauen, sich *akk* verkleinern **downsizer** *n* ECON Unternehmen, das Personal abbaut (*als Rationalisierungsmaßnahme*) **downsizing I.** *n* ❶ *no pl* (*staff reduction*) Personalabbau *m,* Stellenabbau *m* ❷ (*cut in staff*) Entlassungswelle *f,* Kündigungswelle *f,* Rationalisierung *f* **II.** *adj attr, inv* sich *akk* verkleinernd; **~ company** Unternehmen, das Personal abbaut **downspout** *n* AM (*downpipe*) [Regen]fallrohr *nt* **Down's Syndrome** *n* Down-Syndrom *nt,* Trisomie 21 *f,* Mongolismus *m fam* **downstage I.** *adv* zum vorderen Teil der Bühne [hin]; **to move ~** sich *akk* auf der Bühne nach vorne bewegen **II.** *adj* im vorderen Bühnenabschnitt *nach n,* im Vordergrund der Bühne *nach n* **downstairs I.** *adv inv* treppab, die Treppe hinunter, nach unten; ***there's a man*** ~ unten steht ein Mann; **to go** ~ nach unten [*o* hinunter] gehen **II.** *adj inv* ① (*one floor down*) im unteren Stockwerk; ***there's a*** ~ ***bathroom*** unten gibt es ein Badezimmer; ***our*** ~ ***neighbours are delightful people*** die Nachbarn unter uns sind reizende Leute ② (*on the ground floor*) im Erdgeschoss [*o* Parterre] **III.** *n no pl* Erdgeschoss *nt,* Parterre *nt* **downstream I.** *adv* stromabwärts, flussabwärts **II.** *adj* stromabwärts [*o* flussabwärts] gelegen; ~ **voyage** Reise *f* flussabwärts

downswing *n* ① (*downward trend*) Abwärtstrend *m; in figures* Rückgang *m* ② (*recession*) Abschwung *m,* Konjunkturrückgang *m* ③ *no pl* (*in golf*) Abwärtsschwingen *nt,* Abschwung *m*

downtick *n* AM STOCKEX leichter Kursabfall; (*share*) Aktie *f* mit leicht fallender Tendenz; (*transaction lower than previous rate*) Kursabschlag *m* **downtime** *n no pl* COMPUT, MECH Ausfallzeit *f* **down-to-earth** *adj* nüchtern, sachlich; ~ **plan** realistischer Plan; ***she's a*** ~ ***sort of woman*** sie steht mit beiden Beinen fest auf der Erde **downtown** AM **I.** *n no pl, no art* Innenstadt *f,* Stadtmitte *f,* [Stadt]zentrum *nt,* Geschäftsviertel *nt* **II.** *adv* in der Innenstadt, im [Stadt]zentrum; ***shall we eat*** ~ ***tonight?*** sollen wir heute in der Stadt essen?; **to go/ride** ~ in die Innenstadt [*o* ins [Stadt]zentrum] gehen/fahren **III.** *n modifier* Innenstadt-; ~ **crime** Verbrechen *nt* in der Innenstadt; ~ **scene** Großstadtszene *f;* ~ **stores** Läden *mpl* in der Innenstadt [*o* im Zentrum]; ~ **traffic** Verkehr *m* im Zentrum, Innenstadtverkehr *m*

downtrodden *adj* unterdrückt, geknechtet *geh*

downturn *n* ECON Rückgang *m,* Abwärtstrend *m;* **economic** ~ Konjunkturabschwung *m;* **to take a** ~ sinken, abflauen; *prices* fallen **down under** BRIT, AM **I.** *adv* (*fam: Australia*) in [*o* nach] Australien; (*New Zealand*) in [*o* nach] Neuseeland **II.** *n* Australien *nt;* (*New Zealand*) Neuseeland *nt*

downward ['daʊnwəd, AM -wɚd] **I.** *adj inv* nach unten [gerichtet]; **to be on a** ~ **trend** sich *akk* im Abwärtstrend befinden, zurückgehen; ***at last inflation is on a*** ~ ***path*** endlich ist die Inflation[srate] rückläufig **II.** *adv esp* AM *see* **downwards**

downwards ['daʊnwədz, AM -wɚdz] *adv inv* ① (*in/toward a lower position*) abwärts, nach unten, hinunter; ***the road slopes gently*** ~ die Straße fällt sanft ab; ***the water filters*** ~ ***through the rock*** das Wasser sickert durch den Felsen nach unten; **to lie face** ~ mit dem Gesicht nach unten [*o* auf dem Bauch] liegen ② (*to a lower number*) nach unten; ***casualty figures were revised*** ~ die Zahl der Gefallenen wurde nach unten korrigiert; **children of six and** ~ Kinder mit sechs Jahren und darunter

downwind I. *adv* mit dem Wind, in Windrichtung; **to be** ~ **of sb** sich *akk* in jds Windschatten befinden **II.** *adj* in Windrichtung [liegend]; ~ **side** windabgewandte Seite; ***hunters always approach an animal from the*** ~ ***side*** Jäger pirschen sich immer nur gegen die Windrichtung an ein Tier heran

downy ['daʊni] *adj* ① (*fluffy*) mit feinen Härchen; *hair* flaumig ② BRIT (*sl: knowing, clever*) clever *fam,* gerissen *fam;* ***he's a*** ~ ***old bird*** er ist ein gerissener alter Fuchs *fam*

dowry ['daʊri] *n* Mitgift *f kein pl veraltend,* Aussteuer *f kein pl*

dowse[1] [daʊz] *vi* mit einer Wünschelrute suchen; **to find sth by dowsing** etw mit Hilfe einer Wünschelrute aufspüren

dowse[2] [daʊz] *vt see* **douse**

dowser ['daʊzəʳ, AM -ɚ] *n* [Wünschel]rutengänger(in) *m(f)*

dowsing ['daʊzɪŋ] **I.** *n no pl* Wünschelrutengehen *nt* **II.** *adj* ~ **rod** Wünschelrute *f*

doyen ['dɔɪen] *n* Altmeister *m,* Nestor *m geh,* Doyen *m fig geh;* ~ **of the diplomatic corps** Doyen *m* des diplomatischen Korps

doyenne [dɔɪ'en] *n* Altmeisterin *f,* Nestorin *f geh,* Doyenne *f geh*

doyl(e)y ['dɔɪli] *n see* **doily**

doze [dəʊz, AM doʊz] **I.** *n* Nickerchen *nt kein pl fam;* **to fall into a** ~ einnicken *fam,* wegdösen *fam;* **to have a** ~ ein Nickerchen machen [*o* halten] *fam* **II.** *vi* dösen *fam*

◆**doze off** *vi* eindösen *fam,* einnicken *fam*

dozen ['dʌzᵊn] *n* Dutzend *nt;* **half a** ~ [*or* **a half** ~] ein halbes Dutzend; **two/several** ~ **people** zwei/mehrere Dutzend Leute; ~**s of times** (*very often*) x-mal *fam;* **by the** ~ zu Dutzenden, dutzendweise ▶ PHRASES: **to talk nineteen to the** ~ reden wie ein Wasserfall

dozily ['dəʊzɪli, AM 'doʊz-] *adv* schläfrig, verschlafen; **to murmur sth** ~ etw halb im Schlaf murmeln

doziness ['dəʊzɪnəs, AM 'doʊz-] *n no pl* ① (*condition of feeling dozy*) Schläfrigkeit *f,* Müdigkeit *f* ② BRIT (*fam: stupidity*) Dummheit *f,* Stupidität *f*

dozy ['dəʊzi, AM 'doʊzi] *adj* ① (*drowsy, sleepy*) schläfrig, verschlafen ② BRIT (*fam: stupid*) dumm, schwer von Begriff *pej fam;* ~ **idiot** Trottel *m pej fam,* Döskopp *m* NORDD *pej fam*

dp *n,* **DP** *n* COMPUT *see* **data processing** DV, Datenverarbeitung *f*

DPhil [ˌdiː'fɪl] *n abbrev of* **Doctor of Philosophy** Dr. phil.

dpi, d.p.i. COMPUT *see* **dots per inch** Punkte *pl* pro Inch

DPP [ˌdiːpiː'piː] *n* BRIT *abbrev of* **Director of Public Prosecutions** Oberstaatsanwalt, Oberstaatsanwältin *m, f*

Dr *n abbrev of* **doctor** Dr.

drab <-bb-> [dræb] *adj* trist, langweilig; ~ **colours** trübe Farben; ~ **existence** eintöniges Leben, freudloses Dasein *geh;* ~ **person** farblose Person; ~ **surroundings** trostlose Umgebung

drably ['dræbli] *adv* trist *geh*

drabness ['dræbnəs] *n no pl* Tristheit *f,* Düsterkeit *f; of life* Eintönigkeit *f,* Monotonie *f; of surroundings* Trostlosigkeit *f*

drachma <*pl* -s *or* -> ['drækmə] *n* Drachme *f*

draconian [drə'kəʊniən, AM -'koʊ-] *adj* drakonisch, hart

draft [drɑːft, AM dræft] **I.** *n* ① (*preliminary version*) Entwurf *m;* **first** ~ erster Entwurf, Konzept *nt;* **preliminary** ~ Vorentwurf *m;* **rough** ~ Rohfassung *f,* Rohentwurf *m* ② *no pl esp* AM (*military conscription*) Einberufung *f,* Einziehung *f;* ~ **card** Einberufungsbescheid *m;* ~ **order** Einberufungsbefehl *m* ③ *no pl esp* AM (*conscripted persons*) Wehrpflichtige *mpl,* Rekruten *mpl* ④ *esp* BRIT ECON, FIN Zahlungsanweisung *f,* [gezogener] Wechsel, Tratte *f fachspr;* **bank** ~ Bankwechsel *m,* Banktratte *f;* **banker's** ~ Bankscheck *m;* ~ **at sight** Sichtwechsel *m* ⑤ AM *see* **draught II.** *n modifier* ① (*preliminary*) Entwurfs-; ~ **contract/law** Vertrags-/Gesetzentwurf *m;* ~ **letter** Entwurf *m* eines Briefes [*o* Schreibens]; **to be still in the** ~ **stages** sich *akk* noch im Entwurfsstadium befinden ② *esp* AM (*relating to military conscription*) Einberufungs-; ~ **board** Wehrersatzbehörde *f,* Musterungskommission *f;* **district** ~ **board** Kreiswehrersatzamt *nt;* ~ **exemption** Befreiung *f* vom Wehrdienst **III.** *vt* ① (*prepare*) ■**to** ~ **sth** etw entwerfen [*o* skizzieren]; **to** ~ **a bill** [*or* **law**] einen Gesetzentwurf verfassen; **to** ~ **a contract** einen Vertrag aufsetzen; **to** ~ **a plan** einen Plan entwerfen; **to** ~ **a proposal** einen Vorschlag ausarbeiten ② *esp* AM MIL ■**to** ~ **sb** jdn einziehen [*o* einberufen]; **to** ~ **sb into the army** jdn zum Wehrdienst einberufen

◆**draft in** *vt* BRIT ■**to** ~ **in** ○ **sb** jdn als Aushilfe [*o* als Aushilfskraft] einstellen

draft dodger *n esp* AM (*conscientious objector*) Wehrdienstverweigerer, -in *m, f;* (*shirker*) Drückeberger(in) *m(f) pej*

draftee [ˌdrɑːf'tiː, AM ˌdræf'-] *n esp* AM Wehrpflichtige(r) *f(m)*

drafter ['drɑːftəʳ, AM 'dræftɚ] *n* ECON, FIN Verfasser(in) *m(f)*

drafting ['drɑːftɪŋ, AM 'dræ-] *n no pl* ECON, FIN Verfassen *nt,* Formulieren *nt*

draftsman *n* AM, AUS *see* **draughtsman draftswoman** *n* AM, AUS *see* **draughtswoman**

drafty *adj* AM *see* **draughty**

drag [dræg] **I.** *n* ① *no pl* PHYS Widerstand *m;* AVIAT Luftwiderstand *m,* Strömungswiderstand *m;* NAUT Wasserwiderstand *m* ② *no pl* (*impediment*) Hemmschuh *m fig,* Hindernis *nt;* ■**to be a** ~ **on sb** ein Klotz an jds Bein sein, für jdn eine Last sein; ■**to be a** ~ **on sth** etw behindern, einer S. *dat* im Wege stehen ③ *no pl* (*fam: bore*) langweilige Sache; ***that's a bit of a*** ~ ***— we've run out of coffee*** das ist ja echt ätzend – wir haben keinen Kaffee mehr *sl;* ***the party was an awful*** ~ die Party war sowas von stinklangweilig *sl* ④ *no pl* (*fam: cross dress*) Frauenklamotten *fpl fam,* Fummel *m sl;* ■**to be in** ~ Frauenkleider tragen, einen Fummel anhaben *sl* ⑤ (*fam: inhalation of smoke*) Zug *m* ▶ PHRASES: **the main** ~ AM (*fam*) die Hauptstraße **II.** *adj attr, inv* transvestitisch, Transvestiten-; ~ **artist** *Künstler, der in Frauenkleidern auftritt* **III.** *vt* <-gg-> ① (*pull along the ground*) ■**to** ~ **sb/sth somewhere** jdn/etw irgendwohin ziehen [*o* schleifen] [*o* zerren]; **to** ~ **one's heels** [*or* **feet**] schlurfen; (*fig*) sich *dat* Zeit lassen; ***the government is*** ~***ging its heels over this issue*** die Regierung lässt die Sache schleifen; **to** ~ **sb's name through the mud** [*or* **mire**] jds Namen durch den Dreck [*o* Schmutz] ziehen; **to** ~ **sth behind oneself** etw hinter sich *dat* herziehen; **to** ~ **oneself somewhere** sich *akk* irgendwohin schleppen ② (*take sb somewhere unwillingly*) ■**to** ~ **sb somewhere** jdn irgendwohin schleifen [*o* zerren]; ***we had to*** ~ ***him out of the bar*** wir mussten ihn aus der Bar herausholen; ***I don't want to*** ~ ***you away if you're enjoying yourself*** ich will dich hier nicht wegreißen, wenn du dich gerade amüsierst *fam* ③ (*bring up*) **to** ~ **sth into the conversation** etw aufs Tapet bringen *fam,* das Thema auf etw *akk* lenken ④ (*involve*) ■**to** ~ **sb into sth** jdn in etw *akk* hineinziehen [*o* verwickeln]; ***don't*** ~ ***me into your argument!*** lasst mich bitte aus eurem Streit heraus! ⑤ (*force*) ■**to** ~ **sth out of sb** etw aus jdm herausbringen [*o* herausholen]; ***you never tell me how you feel — I always have to*** ~ ***it out of you*** du sagst mir nie, wie du dich fühlst – ich muss dir immer alles aus der Nase ziehen; **to** ~ **a confession/the truth out of sb** jdm ein Geständnis/die Wahrheit entlocken ⑥ (*search*) **to** ~ **a lake/river** einen See/Fluss absuchen ⑦ COMPUT ■**to** ~ **sth** etw [ver]schieben; ~ **and drop** ziehen und ablegen **IV.** *vi* <-gg-> ① (*trail along*) schleifen ② (*pej: proceed tediously*) sich *akk* [da]hinziehen [*o pej* dahinschleppen], schleppend [*o* zäh] vorangehen *pej;* ***this meeting is really starting to*** ~ dieses Treffen zieht sich allmählich ziemlich in die Länge; **to** ~ **to a close** schleppend zu Ende gehen ③ AM (*fam: feel unwell*) sich *akk* schlapp fühlen ④ AM (*sl: race in cars*) ein Rennen fahren [*o fam* machen], sich *dat* ein Rennen liefern

◆**drag along** *vi* ■**to** ~ **along** ○ **sth** etw wegschleppen [*o* wegzerren]; ■**to** ~ **along** ○ **sb** jdn mitschleppen; **to** ~ **oneself along** sich *akk* dahinschleppen

◆**drag apart** *vt* ■**to** ~ **sb apart** jdn auseinander zerren; *fighting parties* jdn trennen

◆**drag down** *vt* ■**to** ~ **sb down** ① (*force sb to a lower level*) jdn herunterziehen [*o* nach unten ziehen] *fig;* ***when he argues, he always ends up*** ~***ging others down to his level*** wenn er sich streitet, zieht er die anderen am Ende immer auf sein Niveau herunter; ■**to** ~ **sb down with oneself** jdn mit sich *dat* reißen ② (*make sb depressed*) jdn zermürben [*o fam* fertig machen]

◆**drag in** *vt* **to** ~ **in** ○ **sb** jdn hineinziehen [*o* hineinbringen]; ■**to** ~ **in** ○ **sth** etw aufs Tapet bringen *fam*

◆**drag on** *vi* (*pej*) sich *akk* [da]hinziehen [*o fig* dahinschleppen] [*o* in die Länge ziehen] *pej;* **to** ~ **on for hours** sich *akk* stundenlang hinziehen

◆**drag out** *vt* ■**to** ~ **out** ○ **sth** ① (*protract*) etw in die Länge ziehen [*o* hinausziehen] ② (*liter: suffer through*) sich *akk* durch etw *akk* schleppen; **to** ~ **out a weary life** vor sich *akk* hinleben; **to** ~ **out one's days** sein Leben fristen

◆**drag up** *vt* ① (*mention sth*) ■**to** ~ **up** ○ **sth** etw wieder ausgraben *fig* ② *esp* BRIT (*pej: raise children*) **to** ~ **up** ○ **a child** ein Kind lieblos aufziehen

dragee [dræʒ'eɪ] *n* dragierte [*o* mit Zucker überzo-

D

gene] Mandel
drag lift *n* Schlepplift *m* **dragnet** *n* ❶ (*systematic search*) Ringfahndung *f* ❷ (*fishing net*) Schleppnetz *nt*
dragoman <*pl* -s *or* -men> ['drægəʊmən, AM goʊ] *n* Dragoman *m*
dragon ['drægᵊn] *n* ❶ (*mythical creature*) Drache *m*, Lindwurm *m liter o hum* ❷ (*woman*) Drachen *m oft pej fam* ❸ AUS (*lizard*) Eidechse *f*
dragonfly *n* Libelle *f*
dragoon [drə'gu:n] **I.** *n* (*hist*) Dragoner *m hist* **II.** *vt* ■**to ~ sb into doing sth** jdn zwingen, etw zu tun, jdm etw aufzwingen
drag queen *n* Transvestit *m*, Tunte *f pej sl* **drag race** *n* AUTO, SPORTS Dragsterrennen *nt*, Beschleunigungsrennen *nt*
dragster ['drægstəʳ, AM -ɚ] *n* AUTO, SPORTS Dragster *m*
drain [dreɪn] **I.** *n* ❶ (*pipe*) Rohr *nt;* (*under sink*) Abfluss *m*, Abflussrohr *nt;* (*at roadside*) Gully *m;* **~ in the road** Kanalisationsrohr *nt*, Abwasserleitung *f;* **to be down the ~** (*fig*) für immer [*o* unwiederbringlich] verloren sein; **to go down the ~** (*fig*) vor die Hunde gehen *fam;* **to throw sth down the ~** (*fig*) etw zum Fenster hinauswerfen *fig* ❷ (*plumbing system*) ■**~s** *pl* Kanalisation *f* ❸ (*constant outflow*) Belastung *f;* ■**to be a ~ on sth** eine Belastung für etw *akk* darstellen [*o* sein]; ***looking after her elderly mother is quite a ~ on her energy*** die Pflege ihrer alten Mutter zehrt sehr an ihren Kräften; **brain ~** Brain-Drain *m*, Abwanderung *f* von Wissenschaftlern, -innen *mpl, fpl* [ins Ausland] ❹ BRIT (*fam*) **to laugh like a ~** sich *akk* halb totlachen **II.** *vt* ❶ (*remove liquid*) ■**to ~ sth** etw entwässern; *liquid* etw ablaufen lassen; *vegetables* etw abgießen; **to ~ marshes/soil** Sümpfe/Boden entwässern [*o fachspr* dränieren]; **to ~ noodles/rice** Nudeln/Reis abtropfen lassen; **to ~ a pond** einen Teich ablassen [*o* trockenlegen]; **to ~ an abscess** MED einen Abszess drainieren ❷ (*form: empty*) ■**to ~ sth** etw austrinken; **to ~ a bottle** eine Flasche leeren [*o* leer trinken]; **to ~ one's glass** sein Glas austrinken [*o* leeren] ❸ (*exhaust*) ■**to ~ sb** jdn [völlig] auslaugen [*o* erschöpfen] ❹ (*deplete*) ■**to ~ sth of sb** jdn einer S. *gen* berauben *geh* **III.** *vi* ❶ (*flow away*) ablaufen, abfließen ❷ (*permit drainage*) entwässert [*o* trocken] werden; ***the soil had got too hard and wouldn't ~ properly*** der Boden war zu hart geworden und das Wasser konnte nicht richtig ablaufen ❸ (*become dry*) abtropfen ❹ (*vanish gradually*) dahinschwinden; ***the colour ~ed from her face*** die Farbe wich aus ihrem Gesicht
◆**drain away** *vi liquid* ablaufen, abfließen; *energy, fear, strength, tension* nachlassen, [dahin]schwinden
◆**drain off** *vt* ■**to ~ off** ⊂ **sth** *water* etw abgießen; **to ~ off noodles/rice** Nudeln/Reis abtropfen lassen
drainage ['dreɪnɪdʒ] **I.** *n no pl* ❶ (*water removal*) Entwässerung *f* ❷ (*system*) Kanalisation *f*, Abwasserkanäle *mpl;* (*system*) Entwässerungssystem *nt;* (*in fields, etc*) Dränage *f* ❸ (*material drained off*) abgeleitete Flüssigkeit; (*sewage*) Abwasser *nt* **II.** *n modifier* Entwässerungs-; **~ area** GEOG Einzugsgebiet *nt*, Entwässerungsgebiet *nt;* **~ channel** Abzugsgraben *m*, Entwässerungsgraben *m;* **~ system** Schmutzwassersystem *nt*, Schmutzwassernetz *nt;* NAUT Lenzanlage *f*
drainage basin *n* GEOG Einzugsgebiet *nt*, Entwässerungsgebiet *nt*
drainboard *n* AM (*draining board*) Ablauf *m*, Abtropfbrett *nt*
drained [dreɪnd] *adj* erschöpft, fix und fertig *fam*, k.o. *fam;* ***you look compeletely ~*** du siehst total erledigt aus *fam*
drainer ['dreɪnəʳ] *n* BRIT, **draining board** *n* Abtropfgefäß *nt*, Abtropfbrett *nt*
drainpipe *n* ❶ (*for sewage*) Abflussrohr *nt*, Abwasserleitung *f;* (*for rainwater*) Regenrohr *nt* ❷ ■**~s** *pl* (*trousers*) Röhrenhose *f* **drainpipe trousers** *npl* Röhrenhose *f*
drake [dreɪk] *n* Enterich *m*, Erpel *m*
dram [dræm] *n esp* SCOT **a ~ of whisky** ein Schluck *m* Whisky; ***would you care for a wee ~?*** wie wär's mit einem kleinen Schluck?
drama ['drɑ:mə] **I.** *n* ❶ *no pl* (*theatre art*) Schauspielerei *f*, Schauspielkunst *f* ❷ *no pl* (*dramatic literature*) Drama *nt*, dramatische Literatur ❸ (*play, theatrical piece*) Drama *nt*, Schauspiel *nt;* **television ~** Fernsehspiel *nt;* **historical ~** historisches Stück ❹ *no pl* (*dramatic quality*) Dramatik *f;* ***the situation was packed with ~*** die Situation war hoch dramatisch ❺ (*dramatic event*) Drama *nt fig;* **to make a ~ out of sth** aus etw *dat* ein Drama machen **II.** *n modifier* Theater-, Schauspiel-; **~ critic** Theaterkritiker(in) *m(f);* **~ teacher** Schauspiellehrer(in) *m(f)*
drama documentary *n* FILM, TV Dokumentarspiel *nt* **drama group** *n* Theatergruppe *f;* **amateur ~** Laienspielgruppe *f* **drama school** *n* Schauspielschule *f;* **to go to ~** die Schauspielschule besuchen
dramatic [drə'mætɪk, AM -t̬-] *adj* ❶ (*in theatre*) Theater-; **~ artist** Bühnenschauspieler(in) *m(f)*, Theaterschauspieler(in) *m(f);* **~ production** Bühnenbearbeitung *f*, Inszenierung *f;* **~ reading** Schauspiellesung *f;* **~ work** [Theater]stück *nt;* **~ irony** LIT tragische Ironie; **~ monologue** LIT dramatischer Monolog; **~ poetry** LIT dramatische Dichtung ❷ (*action-filled*) dramatisch; **~ climax** dramatischer Höhepunkt; **~ spectacle** dramatisches Schauspiel ❸ (*pej: theatrical*) theatralisch *pej;* ***she looked rather ~*** sie wirkte ziemlich theatralisch; **~ gesture** theatralische Geste ❹ (*very noticeable*) dramatisch, spektakulär; ***there's been a ~ rise in unemployment*** die Arbeitslosigkeit ist drastisch angestiegen ❺ (*sudden and exciting*) *development* dramatisch; *change* einschneidend
dramatically [drə'mætɪkᵊli, AM -t̬-] *adv* ❶ (*relating to the theatre*) schauspielerisch; ***it's an interesting idea, but I don't think it will work ~*** es ist eine interessante Idee, aber ich glaube nicht, dass sich das auf der Bühne umsetzen lässt ❷ (*pej: exaggeratedly*) theatralisch *pej* ❸ (*strikingly*) dramatisch, beträchtlich ❹ (*suddenly and excitingly*) dramatisch, drastisch; ***your life changes ~ when you have a baby*** ein Kind stellt dein Leben total auf den Kopf; ***the political situation has been developing ~*** die politische Situation hat sich dramatisch zugespitzt
dramatics [drə'mætɪks, AM -t̬-] *npl* ❶ + *sing vb* (*art of acting*) Dramaturgie *f;* **amateur ~** Laientheater *nt* ❷ (*usu pej: exaggerated behaviour*) theatralisches Getue *pej*, Theatralik *f*
dramatis personae [ˌdrɑ:mətɪspɜ:'səʊnaɪ, -ni:, AM -t̬ɪspɚ'soʊ-, ˌdræm-, -ni:] *n + sing vb* ❶ (*characters*) Personen *pl* der Handlung (*eines Theaterstücks*); (*actors*) Besetzung *f* ❷ (*listing*) Rollenverzeichnis *nt*
dramatist ['dræmətɪst, AM -t̬-, 'drɑ:m-] *n* Dramatiker(in) *m(f)*, Bühnenautor(in) *m(f)*
dramatization [ˌdræmətaɪ'zeɪʃᵊn, AM -t̬ɪ'-, ˌdrɑ:m-] *n* ❶ (*dramatizing of a work*) Dramatisierung *f;* THEAT Bühnenbearbeitung *f;* FILM Kinobearbeitung *f;* TV Fernsehbearbeitung *f* ❷ *no pl* (*usu pej: exaggeration*) Dramatisieren *nt meist pej;* ***she has a tendency toward ~*** sie neigt dazu, alles zu dramatisieren
dramatize ['dræmətaɪz, AM *also* 'drɑ:m-] **I.** *vt* ■**to ~ sth** ❶ (*adapt*) etw bearbeiten; ***the novel is currently being ~d for TV*** der Roman wird derzeit für das Fernsehen bearbeitet ❷ (*usu pej: exaggerate*) etw dramatisieren [*o fam* hochspielen] *pej* **II.** *vi novel* sich *akk* bearbeiten lassen
drank [dræŋk] *pt of* **drink**
drape [dreɪp] **I.** *vt* ❶ (*cover loosely*) ■**to ~ sth [in** [*or* **with**] **sth]** etw [mit etw *dat*] bedecken [*o* behängen] ❷ (*place on*) ■**to ~ sth [around/over] sth** etw [um/über etw *akk*] drapieren; ***she ~d the silk scarf around her bare shoulders*** sie legte sich das Seidentuch anmutig um die bloßen Schultern; ***I saw him last night in the pub with some woman ~d all over him*** ich habe ihn gestern Abend in der Kneipe gesehen, in enger Umschlingung mit einer Frau **II.** *vi* herabhängen, herabfallen; ***clothes in woollen fabrics ~ well*** Kleider aus Wollstoffen fallen schön **III.** *n* ❶ *no pl* (*way of hanging*) Fall *m* ❷ (*fold*) ■**~s** *pl* Falten *fpl* ❸ *esp* AM (*curtains*) ■**~s** *pl* Vorhänge *mpl*, Gardinen *fpl*
draper ['dreɪpəʳ] *n* BRIT (*dated*) Textilkaufmann, Textilkauffrau *m, f*, Stoffhändler(in) *m(f) veraltet;* **~'s shop** Textilgeschäft *nt*
drapery ['dreɪpᵊri] *n* ❶ *no pl* (*loosely arranged fabric*) Behang *m* ❷ *no pl* BRIT (*dated: cloths*) Stoffe *mpl*, Textilien *fpl;* ***you'll find ~ on the second floor*** die Textilwaren finden Sie im ersten Stock ❸ AM, AUS (*heavy curtains*) ■**draperies** *pl* [schwere] Vorhänge
drastic ['dræstɪk] *adj* drastisch; ***isn't that a bit ~?*** ist das nicht ein bisschen übertrieben?; **~ action** rigoroses Durchgreifen; **~ cuts** drastische Kürzungen; **~ change** radikale [*o* einschneidende] Veränderung; **to take ~ measures** drastische Maßnahmen ergreifen
drastically ['dræstɪkli] *adv* drastisch, rigoros; **to change one's diet ~** seine Ernährung von Grund auf umstellen
drat [dræt] *interj* (*dated fam*) verflixt! *fam*, verdammt! *fam*
dratted ['drætɪd] *adj attr* (*dated fam*) verflucht *pej sl*, verdammt *pej sl*
draught [drɑ:ft], AM *usu* **draft** [dræft] **I.** *n* ❶ (*air current*) [Luft]zug *m kein pl;* ***there's a ~ every time that door is opened*** jedes Mal, wenn die Tür aufgeht, zieht es; **to feel the ~** (*fig*) in der Klemme sitzen *fam;* ***he's feeling the ~ right now*** ihm geht allmählich das Geld aus; **to sit in a ~** im Zug sitzen ❷ (*form: act of drinking*) Zug *m kein pl*, Schluck *m kein pl;* **a ~ of beer** ein Schluck Bier ❸ PHARM (*dated*) Dosis *f* ❹ *no pl* **on ~** vom Fass; **beer on ~** Fassbier *nt*, Bier *nt* vom Fass ❺ (*of ship*) Tiefgang *m kein pl* ❻ BRIT, AUS (*game*) ■**~s** *pl* Damespiel *nt*, Dame; **to play ~** Dame spielen **II.** *adj attr; inv* ❶ (*in cask*) vom Fass, Fass-; **~ beer** Bier *nt* vom Fass, Fassbier *nt* ❷ (*used for pulling loads*) Zug-; **~ animal** Zugtier *nt*
draught board *n* BRIT, AUS Damebrett *nt*
draughtsman *n*, AM *usu* **draftsman** ❶ (*in technical drawing*) technischer Zeichner, Konstruktionszeichner *m* ❷ (*skilled drawer*) Zeichner *m* ❸ BRIT, AUS (*game*) Damestein *m* ❹ LAW Entwerfer *m*, Urkundenverfasser *m;* **costs ~** Kostensachbearbeiter *m;* **parliamentary ~** Jurist, der Gesetzesentwürfe formuliert
draughtsmanship ['drɑ:f(t)smənʃɪp], AM *usu* **draftsmanship** ['dræf(t)s-] *n no pl* zeichnerisches Können; ***his ~ is excellent*** seine zeichnerischen Fähigkeiten sind hervorragend
draughtswoman, AM *usu* **draftswoman** *n* ❶ (*job*) technische Zeichnerin, Konstruktionszeichnerin *f* ❷ (*skilled drawer*) Zeichnerin *f*
draughty ['drɑ:fti], AM *usu* **drafty** ['dræfti] *adj* zugig; ***it's a bit ~ in here*** hier zieht es ein bisschen

draw [drɔ:, AM *also* drɑ:]

I. NOUN **II.** TRANSITIVE VERB
III. INTRANSITIVE VERB

I. NOUN

❶ (*celebrity*) Publikumsmagnet *m*, Attraktion *f;* (*popular film, play, etc*) Kassenschlager *m*, Publikumserfolg *m* ❷ (*power*) Anziehungskraft *f*, Attraktivität *f;* ***an auction has more ~ than a jumble sale*** eine Versteigerung lockt mehr Menschen an als ein Flohmarkt ❸ (*drawn contest*) Unentschieden *nt;* **to end in a ~** unentschieden enden [*o* ausgehen] ❹ (*drawing lots*) Verlosung *f*, Tombola *f;* ***it's just the luck of the ~*** man muss es eben so nehmen, wie es kommt ❺ (*drawing gun*) Ziehen *nt;* **to be quick on the ~** schnell ziehen können; (*fig*) schlagfertig sein ❻ (*inhalation*) Zug *m;* ***he had a quick ~ on his cigarette and tossed it away*** er zog noch einmal kurz an seiner Zigarette und warf sie dann weg

II. TRANSITIVE VERB

<drew, -n> ① *(make a picture)* ■ **to ~ sb/sth** jdn/etw zeichnen; **to ~ a line** einen Strich [*o* eine Linie] ziehen; ***I ~ the line there*** (*fig*) da ist bei mir Schluss; **to ~ a map/sketch** eine Karte/Skizze anfertigen; **to ~ a picture of sth** (*fig*) das Bild einer S. *gen* zeichnen *fig;* **to ~ sth to scale** etw maßstabsgetreu zeichnen ② *(depict)* ■ **to ~ sth** etw darstellen [*o* beschreiben]; ***the plot is exciting, but the characters haven't been very well ~n*** die Handlung ist spannend, aber die Charaktere sind nicht gut herausgearbeitet ③ *(pull)* ■ **to ~ sth** etw ziehen; ***he drew his coat tightly around his shoulders*** er zog sich den Mantel fest um die Schultern; ***the little boat was ~n into the whirlpool*** das kleine Boot wurde in den Strudel hineingezogen; ***he drew her into a tender embrace*** er zog sie mit einer zärtlichen Umarmung an sich; **to ~ the blinds** [*or* AM *also* **shades**] (*open*) die Jalousien [*o* Rollläden] hochziehen; (*close*) die Jalousien [*o* Rollläden] herunterlassen; **to ~ the curtains** (*pull together*) die Vorhänge zuziehen; (*pull apart*) die Vorhänge aufziehen; **to ~ sb aside** [*or* **to one side**] jdn beiseite nehmen; **to ~ sb into** [**an**] **ambush** jdn in einen Hinterhalt locken ④ *(attract)* ■ **to ~ sb** jdn anlocken [*o* anziehen]; ■ **to ~ sth** etw auf sich *akk* ziehen [*o* lenken]; ***you're ~ing a lot of curious looks in that hat*** mit diesem Hut ziehst du eine Menge neugieriger Blicke auf dich; **to ~ [sb's] attention [to sb/sth]** [jds] Aufmerksamkeit *f* [auf jdn/etw] lenken; ***she waved at him to ~ his attention*** sie winkte ihm zu, um ihn auf sich aufmerksam zu machen; **to ~ attention to oneself** Aufmerksamkeit erregen; **to ~ a cheer from the crowd** die Menge zum Lachen bringen; **to ~ sb's fire** jds Kritik *f* auf sich *akk* ziehen; ■ **to feel ~n to [***or* **toward[s]] sb** sich *akk* zu jdm hingezogen fühlen; ***her eyes were immediately ~n to the tall blond man*** der große Blonde zog sofort ihre Blicke auf sich ⑤ *(involve in)* ■ **to ~ sb into sth** jdn in etw *akk* hineinziehen [*o* verwickeln]; **to ~ sb into an argument/discussion** jdn in eine Auseinandersetzung/Diskussion hineinziehen; **to ~ sb into a conversation** jdn in eine Unterhaltung verwickeln ⑥ *(attract)* ■ **to ~ sth** etw hervorrufen; ***her speech drew an angry response*** ihre Rede hat für Verärgerung gesorgt; **to ~ applause** Beifall ernten; **to ~ criticism** Kritik erregen [*o* hervorrufen]; ■ **to ~ sth from sb** jdn zu etw *dat* veranlassen; ***his performance drew a gasp of amazement from the audience*** bei seiner Darbietung verschlug es dem Publikum den Atem; **to ~ a confession from sb** jdm ein Geständnis entlocken ⑦ *(formulate)* **to ~ an analogy** eine Parallele ziehen [*o geh* Analogie herstellen]; **to ~ a comparison** einen Vergleich anstellen; ***you can't really ~ a comparison between the two cases*** man kann die beiden Fälle wirklich nicht miteinander vergleichen; **to ~ a conclusion** [*or* **an inference**] einen Schluss ziehen, zu einer Schlussfolgerung kommen; **to ~ a distinction [between sth]** etw auseinander halten [*o* voneinander unterscheiden]; **to ~ a parallel** eine Parallele ziehen ⑧ *(pull out)* **to ~ a weapon** eine Waffe ziehen; ***I couldn't believe it when she drew a knife on me*** ich war völlig perplex, als sie ein Messer zückte *fam* ⑨ MED *(extract)* **to ~ blood** Blut fließen lassen; ***he bit me so hard that it drew blood*** er biss mich so fest, dass ich blutete; **to ~ first blood** den ersten Treffer erzielen *a. fig;* **to ~ a tooth** (*dated*) einen Zahn ziehen ⑩ CARDS **to ~ a card [from the deck]** eine Karte [vom Stapel] abheben [*o* ziehen] ⑪ *(get from source)* ■ **to ~ sth [from sb/sth]** etw [von jdm/etw] beziehen [*o* erhalten] [*o* bekommen]; ***he drew much of his inspiration from his travels*** einen Großteil seiner Anregungen holte er sich auf seinen Reisen; ***the university ~s its students from all 50 states*** die Studenten der Universität kommen aus allen 50 Bundesstaaten ⑫ *(earn)* ■ **to ~ sth** etw beziehen; (*receive*) etw bekommen [*o* erhalten]; ***this investment will ~ 10% interest*** diese Investition bringt 10% Zinsen; **to ~ pay** [*or* **a salary**] ein Gehalt beziehen; **to ~ a pension** Rente bekommen [*o* beziehen]; **to ~ unemployment benefit/a wage** Arbeitslosengeld/einen Lohn bekommen [*o* erhalten] ⑬ *(select by chance)* ■ **to ~ sth** etw ziehen [*o* auslosen]; ***we're about to ~ the winning card*** wir ziehen jetzt gleich den Hauptgewinn; ***Real Madrid has ~n Juventus in the football quarter finals*** als Gegner von Real Madrid im Fußballviertelfinale wurde Juventus Turin ausgelost; **to ~ lots for sth** um etw *akk* losen, etw auslosen; ***they drew lots for it*** sie losten darum ⑭ *(obtain water)* **to ~ water** Wasser holen; ***she drew water from the well*** sie schöpfte Wasser aus dem Brunnen; **to ~ sb's bath** jds Badewasser *nt* einlassen ⑮ *(pour)* **to ~ a beer** ein Bier zapfen ⑯ FIN *(withdraw)* **to ~ money/£500 from one's account** Geld/500 Pfund von seinem Konto abheben; **to ~ a cheque on sb/sth** einen Scheck auf jdn/etw ausstellen ⑰ *(inhale)* **to ~ a breath** Luft [*o* Atem] holen; ***she drew a deep breath*** sie holte [einmal] tief Luft; **to ~ breath** (*fig*) verschnaufen, eine Verschnaufpause einlegen ⑱ NAUT ***the ship ~s 20 feet of water*** das Schiff hat sechs Meter Tiefgang ⑲ SPORTS *(stretch a bow)* **to ~ a bow** einen Bogen spannen ⑳ *(disembowel)* **to ~ fowl/game** (*at butcher's*) ein Tier ausnehmen; (*after hunt*) ein Tier ausweiden ▸ PHRASES: **to ~ a <u>bead</u> on sb/sth** auf jdn/etw zielen; **to ~ a <u>blank</u>** eine Niete ziehen, kein Glück haben; ***she had spent all morning searching but had ~n a blank*** sie hatte den ganzen Morgen gesucht – doch ohne Erfolg; **to ~ the <u>line</u> at sth** bei etw *dat* die Grenze ziehen; ***I ~ the line there*** da ist bei mir Schluss; **to ~ a <u>veil</u> over sth** über etw *akk* den Mantel des Schweigens breiten; **~n and <u>quartered</u>** (*hist*) gestreckt und gevierteilt

III. INTRANSITIVE VERB

<drew, -n> ① *(make pictures)* zeichnen ② *(proceed)* sich *akk* bewegen; *vehicle, ship* fahren; ***the train slowly drew into the station*** der Zug fuhr langsam in den Bahnhof ein; **to ~ alongside sth** mit etw *dat* gleichziehen, an etw *akk* herankommen; ***as we drew alongside the black Fiat I recognized the driver*** als wir mit dem schwarzen Fiat auf gleicher Höhe waren, erkannte ich den Fahrer; **to ~ apart** sich *akk* voneinander trennen; ***the embracing couple drew apart*** das eng umschlungene Pärchen löste sich voneinander; **to ~ away** wegfahren; **to ~ away from sth** BRIT sich *akk* von etw *dat* entfernen; **to ~ level with sb/sth** mit jdm/etw gleichziehen; ***slowly Paul drew level with the BMW*** allmählich holte Paul den BMW ein ③ *(approach [in time])* **to ~ to a close** [*or* **an end**] sich *akk* seinem Ende nähern, zu Ende gehen; **to ~ near** [*or* **nearer**] näher rücken [*o* kommen]; ***Christmas is ~ing nearer*** Weihnachten rückt [immer] näher ④ *(make use of)* ■ **to ~ on sb** auf jdn zurückkommen, jdn in Anspruch nehmen; ■ **to ~ on sth** auf etw *akk* zurückgreifen, von etw *dat* Gebrauch machen, etw in Anspruch nehmen; ***like most writers, she ~s on personal experience in her work*** wie die meisten Schriftsteller schöpft sie bei ihrer Arbeit aus persönlichen Erfahrungen; **to ~ on funds** auf [Geld]mittel zurückgreifen; **to ~ on sb's knowledge** jdn als Kenner zu Rate ziehen, sich *dat* jds Wissen *nt* zunutze machen ⑤ *(inhale)* **to ~ on one's cigarette/pipe** an seiner Zigarette/Pfeife ziehen ⑥ *(draw lots)* losen, das Los entscheiden lassen; ■ **to ~ for sth** um etw *akk* losen, etw durch das Los entscheiden lassen ⑦ SPORTS *(tie)* unentschieden spielen; ***Coventry drew 1–1 with Manchester United in the semi-finals*** im Halbfinale trennten sich Coventry und Manchester United 1:1 unentschieden

◆**draw back** I. *vi* zurückweichen; (*fig*) sich *akk* zurückziehen II. *vt* ■ **to ~ sb back to sth** jdn veranlassen, auf etw *akk* zurückzukommen; ***what drew you back to teaching after so many years in business?*** was hat Sie dazu bewogen, sich nach so vielen Jahren im Geschäftsleben wieder dem Lehrberuf zuzuwenden?; **to ~ sb back to a place** jdn veranlassen, an einen Ort zurückzukehren

◆**draw down** *vt* ■ **to ~ down ↔ sth** etw hervorrufen; ***her behaviour drew down the disapproval of the church*** mit ihrem Verhalten erregte sie heftiges Missfallen bei der Kirche; ***his careless remark drew down the anger of his mother-in-law*** mit seiner unbedachten Bemerkung zog er sich den Zorn seiner Schwiegermutter zu

◆**draw in** I. *vi* ① *(arrive and stop) train* einfahren; *car* anhalten ② *(shorten) days* kürzer werden II. *vt* ① *(involve)* ■ **to ~ sb in** jdn hineinziehen; ***I really don't want to be drawn in*** ich möchte da wirklich nicht [mit] hineingezogen werden ② *(inhale)* **to ~ in a [deep] breath** [tief] Luft [*o* Atem] holen, [tief] einatmen ▸ PHRASES: **to ~ in one's <u>horns</u>** einen Rückzieher machen; (*scale back*) seine Ziele etwas zurückschrauben; **to ~ in the <u>reins</u>** die Zügel anziehen

◆**draw off** *vt* ① *(excess liquid)* ■ **to ~ off ↔ sth** *liquid* etw ablassen; **to ~ off beer** Bier abzapfen; **to ~ off wine** Wein abfüllen; **to ~ off blood** MED Blut abnehmen ② *(take off)* **to ~ boots/gloves ↔ off** Stiefel/Handschuhe ausziehen

◆**draw on** *vi* ① *(put on)* **to ~ on boots/gloves** Stiefel/Handschuhe anziehen ② *(pass slowly) evening, summer* vergehen; ***as the evening drew on, ...*** im Verlauf des Abends ...; ***as time drew on, ...*** mit der Zeit ... ③ *(form: approach [in time])* näher kommen, nahen *geh;* ***winter ~s on*** der Winter naht

◆**draw out** I. *vt* ① *(prolong)* ■ **to ~ out ↔ sth** etw in die Länge ziehen; **to ~ out a discussion** eine Diskussion hinausziehen [*o* in die Länge ziehen]; **to ~ out the vowels** die Vokale dehnen ② *(pull out sth)* ■ **to ~ out ↔ sth** etw herausziehen [*o* herausholen]; **to ~ out a pistol** eine Pistole ziehen [*o* zücken] ③ FIN *(withdraw)* ■ **to ~ out ↔ sth** etw abheben; ***Mike drew $1000 out of his current account*** Mike hob 1000 Dollar von seinem Girokonto ab ④ *(persuade to talk)* ■ **to ~ sb out** jdn dazu bringen, aus sich *dat* herauszugehen; ***the interviewer manages to ~ people out [of themselves]*** dem Interviewer gelingt es, die Menschen aus der Reserve zu locken II. *vi* ① *(depart) train* ausfahren; *car, bus* herausfahren; ***the train drew out of the station*** der Zug verließ den Bahnhof ② *(lengthen) days* länger werden

◆**draw together** I. *vt* ■ **to ~ sb together** jdn zusammenbringen, zu einer Annäherung zwischen jdm führen; ***unfortunately, the death of their son did not ~ them together*** der Tod ihres Sohnes brachte sie einander leider nicht näher; ■ **to ~ sth together** etw zusammenziehen; ***she drew the folds of her skirt together and ascended the stairs*** sie raffte ihren Rock zusammen und stieg die Treppe hinauf II. *vi* zusammenrücken; **to ~ closer together** enger [*o* näher] zusammenrücken

◆**draw up** I. *vt* ① *(draft)* ■ **to ~ up sth** etw aufsetzen; **to ~ up the agenda** die Tagesordnung aufstellen [*o* festsetzen]; **to ~ up a codicil** einen Testamentsnachtrag abfassen [*o* ausarbeiten]; **to ~ up a constitution** eine Satzung abfassen; **to ~ up a contract** einen Vertrag abschließen; **to ~ up a curriculum** [*or* **syllabus**] einen Lehrplan aufstellen; **to ~ up guidelines** Richtlinien festlegen; **to ~ up a list** eine Liste aufstellen; **to ~ up a plan** einen Plan entwerfen [*o* ausarbeiten]; **to ~ up a proposal/questionnaire** einen Vorschlag/Fragebogen ausarbeiten; **to ~ up a protocol** ein Protokoll aufnehmen; **to ~ up a report** einen Bericht erstellen [*o* abfassen] [*o* ausarbeiten]; **to ~ up a will** ein Testament errichten ② *(pull toward one)* ■ **to ~ up ↔ sth** etw heranziehen [*o* zu sich *dat* ziehen]; ***~ up a chair!*** hol dir doch einen Stuhl!; ***could you ~ up an extra chair, please?*** könnten Sie bitte noch einen Stuhl dazustellen?; ***he drew the blanket up to his chin*** er zog sich die Bettdecke bis ans Kinn ③ *(stand up)* **to ~ oneself up [to one's full height]** (*straighten up*) sich *akk* [zu seiner vollen Größe] aufrichten II. *vi* ① *(arrive) car* vorfahren; *train* einfahren; ***the limousine drew up to the hotel entrance*** die Limousine fuhr vor dem Hoteleingang vor; ***just ~ up here and I'll get out*** fahr einfach hier ran, dann steige ich aus *fam;* ■**to ~ up with sb** jdn einholen ② MIL *troops* aufmarschieren; ***the band drew up before the reviewing stand*** die Kapelle stellte sich vor der [Parade]tribüne auf; **to ~ up in full array** in voller Uniform aufmarschieren

drawback *n* Nachteil *m;* ***there are several ~s to your plan*** dein Plan hat einige Haken *fam* **drawbridge** *n* Zugbrücke *f* **drawdown** *n* ECON, FIN [Kredit]inanspruchnahme *f*

drawee [ˌdrɔːˈiː, AM ˌdrɑː-] *n* ECON Trassat *m fachspr,* Bezogene(r) *f(m)*

drawer¹ [ˈdrɔːʳ, AM ˈdrɔːr] *n* Schublade *f;* **chest of ~s** Kommode *f* ▶ PHRASES: **to be out of the top ~** (*dated*) zu den oberen Zehntausend gehören

drawer² [ˈdrɔːəʳ, AM ˈdrɑːə] *n* ① (*of a cheque*) Aussteller(in) *m(f),* Trassant *m fachspr* ② (*sb who draws*) Zeichner(in) *m(f)*

drawers [ˈdrɔːz, AM ˈdrɔːrz] *npl* (*dated fam: for men*) Unterhose *f;* (*for women*) Schlüpfer *m*

drawing [ˈdrɔːɪŋ, AM *also* ˈdrɑː-] *n* ① *no pl* (*art*) Zeichnen *nt;* **the art of ~** die Zeichenkunst ② (*picture*) Zeichnung *f;* **pen-and-ink/pencil ~** Tusche-/Bleistiftzeichnung *f;* **to make a ~** eine Zeichnung anfertigen ③ (*outline*) Skizze *f,* Entwurf *m* ④ (*technical diagram*) technische Zeichnung, Maßzeichnung *f;* **mechanical ~** technische Zeichnung

drawing board *n* Reißbrett *nt,* Zeichenbrett *nt;* **to go back to the ~** (*fig*) noch einmal von vorn anfangen **drawing pin** *n* BRIT, AUS Reißnagel *m,* Reißzwecke *f* **drawing rights** *npl* FIN **~ rights** Ziehungsrechte *ntpl* **drawing room** *n* (*dated form*) Wohnzimmer *nt,* Salon *m veraltend geh*

drawings *npl* LAW [Privat]entnahmen *nt*

drawl [drɔːl, AM *also* drɑːl] **I.** *n* schleppende Sprache, gedehnte Sprechweise; **Texas ~** breites Texanisch **II.** *vi* schleppend [*o* gedehnt] sprechen **III.** *vt* ■**to ~ sth** etw dehnen [*o* gedehnt [*o* breit] [aus]sprechen

drawn [drɔːn, AM *also* drɑːn] **I.** *pp of* **draw II.** *adj* ① (*showing tiredness and strain*) abgespannt; **to look tired and ~** müde und abgespannt aussehen ② FOOD (*melted*) **~ butter** Buttersauce *f* ③ SPORTS unentschieden; **~ game** [*or* **match**] Unentschieden *nt*

drawn out *adj pred,* **drawn-out** *adj attr* lang gezogen, ausgedehnt; **~ affair** langwierige Angelegenheit

drawstring *n* Kordel *f* zum Zuziehen, Zugband *nt*

drawstring pants *npl* Tunnelzughose *f*

dray [dreɪ] *n* Rollwagen *m,* Tafelwagen *m*

dray horse *n* Zugpferd *nt*

dread [dred] **I.** *vt* ① (*fear greatly*) ■**to ~ sth** sich *akk* vor etw *dat* sehr fürchten, vor etw *dat* große Angst haben; ■**to ~ doing sth** große Angst haben, etw zu tun; ■**to ~ that ...** sich *akk* sehr davor fürchten, dass ..., große Angst davor haben, dass ...; ***I ~ to think what would happen if ...*** ich wage gar nicht daran zu denken, was geschehen würde, wenn ... ② (*look forward to with fear*) ■**to ~ sth** vor etw *dat* Angst haben, sich *akk* vor etw *dat* fürchten; ***he's ~ing his driving test*** er hat Angst vor der Fahrprüfung; ■**to ~ doing sth** Angst davor haben, etw zu tun; ***I'm ~ing having to ring her*** ich traue mich gar nicht, sie anzurufen **II.** *n no pl* Furcht *f,* [große] Angst; **to be** [*or* **stand**] [*or* **live**] **in ~ of sth** in [ständiger] Angst vor etw *dat* leben; **to fill sb with ~** jdn mit Angst und Schrecken erfüllen **III.** *adj attr* (*liter*) fürchterlich, schrecklich, furchtbar; **the ~ spectre of civil war** das Schreckgespenst eines Bürgerkrieges

dreaded [ˈdredɪd] *adj attr* ① (*form: feared*) gefürchtet ② (*hum, iron*) gefürchtet *hum, iron;* ***I've got my ~ cousin coming to stay!*** mein schrecklicher Cousin kommt zu Besuch!

dreaded lurgy *n* BRIT, AUS (*hum, iron fam*) ■**the ~** eine lästige Krankheit (*als Ausrede für etwas*)

dreadful [ˈdredfᵊl] *adj* ① (*awful*) schrecklich, furchtbar; **~ accident** schlimmer Unfall; **~ atrocity** entsetzliche Gräueltat; **~ mistake** furchtbarer Fehler ② (*of very bad quality*) miserabel, erbärmlich, mies *fam* ③ (*disagreeable*) schrecklich *fam,* furchtbar *fam;* **~ annoyance** großes Ärgernis; **a ~ bore** ein entsetzlich langweiliger Mensch; **~ bother** [*or* **nuisance**] schreckliche [*o* lästige] Plage

dreadfully [ˈdredfᵊli] *adv* ① (*in a terrible manner*) schrecklich, entsetzlich; ***she behaved ~*** sie hat sich furchtbar aufgeführt ② (*very poorly*) mies *fam,* grauenhaft *fam;* ***David dances ~*** David ist ein miserabler Tänzer ③ (*extremely*) schrecklich, furchtbar; ***he was ~ upset*** er hat sich furchtbar aufgeregt; ***I'm ~ sorry*** es tut mir schrecklich Leid

dreadnought [ˈdrednɔːt] *n* ① HIST (*battleship*) Dreadnought *m* ② (*old: heavy overcoat*) dicker Mantel

dreads [dredz] *npl,* **dreadlocks** *npl* Dreadlocks *pl*

dream [driːm] **I.** *n* ① (*during sleep*) Traum *m;* **bad/pleasant ~** schlimmer [*o* schlechter]/schöner Traum; **recurring ~** [immer] wiederkehrender Traum; ■**to have a ~** [**about sth**] [von etw *dat*] träumen ② (*daydream*) Traum *m,* Träumerei *f;* ■**to be in a ~** vor sich *akk* hinträumen, mit offenen Augen träumen ③ (*aspiration*) [Wunsch]traum *m;* ***win the house of your ~s*** gewinnen Sie das Haus Ihrer Träume!; **the ~ of independence** der Traum von der Unabhängigkeit; **a ~ come true** ein in Erfüllung gegangener Traum ④ (*fam: perfect thing, person*) Traum *m fam;* ***his new girlfriend is a ~!*** seine neue Freundin ist einfach perfekt!; ***this is a ~ of a house*** das ist ein Traum von einem Haus; ***he's got a ~ of an apartment*** er hat eine traumhafte Wohnung; **to go/run/work/play like a ~** wie eine Eins fahren/funktionieren/spielen ▶ PHRASES: **in your ~s!** du träumst wohl!, nie im Leben! **II.** *adj* ① (*ideal*) Traum-; **~ holiday/house** Traumurlaub *m*/-haus *nt;* **to be** [**living**] **in a ~ world** (*pej*) in einer Traumwelt leben *pej* ② (*relating to dreams*) Traum-; **~ sequence** FILM Traumsequenz *f;* **~ time** AUS MYTH Traumzeit *f* **III.** *vi* <dreamt *or* dreamed, dreamt *or* dreamed> ① (*during sleep*) träumen; ■**to ~ about** [*or* **of**] **sb/sth** von jdm/etw träumen; ***what did you ~ about last night?*** wovon hast du letzte Nacht geträumt? ② (*fantasize*) ■**to ~ of** [*or* **about**] **sth** von etw *dat* träumen; **~ on!** (*iron*) träum [nur schön] weiter! *iron* ③ (*consider*) ■**to not ~ of sth** nicht [einmal] im Traum an etw *akk* denken; ***I wouldn't ~ of asking him for money!*** es würde mir nicht im Traum einfallen, ihn um Geld zu bitten **IV.** *vt* <dreamt *or* dreamed, dreamt *or* dreamed> ① (*during sleep*) ■**to ~ that ...** träumen, dass ... ② (*imagine*) ■**to ~ sth** etw träumen; ***I must have ~t it*** das muss ich wohl geträumt haben ③ (*consider possible*) **to never ~ that...** nicht im Traum daran denken, dass...

◆**dream away** *vt* ■**to ~ away ↔ sth** ***she's just ~ing away the time*** sie verbringt ihre Zeit mit Träumen

◆**dream up** *vt* ■**to ~ up ↔ sth** sich *dat* etw ausdenken

dreamboat *n* (*approv dated fam*) Traummann, Traumfrau *m, f fam,* Schwarm *m*

dreamer [ˈdriːməʳ, AM -ə] *n* ① (*person who dreams*) Träumer(in) *m(f)* ② (*pej: impractical person*) Träumer(in) *m(f) pej,* Traumtänzer(in) *m(f) pej*

dreamily [ˈdriːmɪli] *adv* verträumt

dreaminess [ˈdriːmɪnəs] *n no pl* ① (*daydreaming*) Verträumtheit *f* ② (*dreamlike quality*) Träumerei *f*

dreamland *n* (*fam*) Traumland *nt*

dreamless [ˈdriːmləs] *adj* traumlos

dreamlike *adj* traumhaft

dreamt [drem(p)t] *pt, pp of* **dream**

dream team *n* Dreamteam *nt* **dream ticket** *n* POL ideale Besetzung, ideales Team

dream world *n* Traumwelt *f;* **to live in a ~** (*pej*) in einer Traumwelt leben *pej*

dreamy [ˈdriːmi] *adj* ① (*gorgeous*) zum Träumen; ***the film opens with a ~ shot of a sunset*** der Film beginnt mit einem traumhaft schönen Sonnenuntergang ② (*daydreaming*) verträumt; **to get a ~ expression on one's face** einen verträumten Gesichtsausdruck bekommen ③ (*approv sl: delightful, wonderful*) traumhaft *fam;* ***I think your brother is just ~*** ich finde, dein Bruder ist ein echter Schatz

drear [drɪəʳ, AM drɪr] *adj* (*liter*) trübselig; *see also* **dreary**

drearily [ˈdrɪərɪli, AM ˈdrɪr-] *adv* ① (*depressingly*) trübsinnig *pej,* düster ② (*monotonously*) eintönig, langweilig *pej,* monoton

dreariness [ˈdrɪərɪnəs, AM ˈdrɪr-] *n no pl* ① (*depressing quality*) Trübseligkeit *f pej,* Tristheit *f pej;* ***the area is noted for the ~ of its weather*** die Gegend ist bekannt für ihr trübes Wetter ② (*monotony*) Eintönigkeit *f,* Monotonie *f;* ***he lamented the ~ of his life*** er beklagte sich über sein eintöniges Leben

dreary [ˈdrɪəri, AM ˈdrɪri] *adj* ① (*depressing*) trostlos *pej,* düster; ***the village looked grey and ~*** das Dorf wirkte grau und trostlos; **a ~ day** ein trister [*o* trüber] Tag ② (*bleak*) eintönig, langweilig *pej,* monoton

dreck *n* (*sl*) Mist *m fam,* Dreck *m*

dredge¹ [dredʒ] **I.** *n* ① (*machinery*) Bagger *m;* (*boat*) Schwimmbagger *m,* Nassbagger *m* ② (*net*) Schleppnetz *nt* **II.** *vt* ■**to ~ sth** ① (*dig out*) etw ausbaggern; **to ~ a canal/lake/river** einen Kanal/See/Fluss ausbaggern [*o* nassbaggern] [*o* schlämmen] ② (*search*) etw absuchen

◆**dredge up** *vt* ■**to ~ up ↔ sth** ① (*bring to surface*) etw heraufholen ② (*fig: remember*) etw ans Licht zerren [*o* wieder ausgraben]; ***don't let's ~ all that up again*** lasst uns das nicht alles wieder aufrühren; **to ~ up painful memories** schmerzliche Erinnerungen wecken [*o* wachrufen]

dredge² [dredʒ] *vt* FOOD ■**to ~ sth with** [*or* **in**] **sth** etw mit etw *dat* bestreuen [*o* bestäuben]; ***~ the meat in flour before searing*** wenden Sie das Fleisch vor dem Anbraten kurz in Mehl

dredger¹ [ˈdredʒəʳ, AM -ə] *n* (*machine*) Bagger *m;* (*boat*) Schwimmbagger *m,* Nassbagger *m*

dredger² [ˈdredʒəʳ, AM -ə] *n* FOOD Streuer *m*

dregs [dregz] *npl* ① (*drink sediment*) [Boden]satz *m kein pl;* *of coffee* Kaffeesatz *m kein pl;* **to drink sth** [**down**] **to the ~** etw bis auf den letzten Tropfen austrinken ② (*pej: worst part*) Abschaum *m kein pl pej;* **the ~ of society** der Abschaum der Gesellschaft

drench [dren(t)ʃ] *vt* ■**to ~ sb/sth** jdn/etw durchnässen; **to get ~ed to the skin** nass bis auf die Haut werden; **to be ~ed in sweat** schweißgebadet sein

drenched [dren(t)ʃt] *adj* völlig durchnässt; ***you're ~!*** du bist ja vollkommen durchnässt!; **~ in blood** blutgetränkt; **~ in tears** in Tränen aufgelöst

drenching [ˈdrenʃɪŋ] *n* Durchnässen *nt kein pl*

Dresden china [ˌdrezdᵊnˈtʃaɪnə] **I.** *n no pl* Dresdener Porzellan *nt* **II.** *n modifier* aus Dresdener Porzellan *nach n*

dress [dres] **I.** *n* <*pl* -es> ① (*woman's garment*) Kleid *nt;* **party ~** Partykleid *nt;* **long/short ~** langes/kurzes Kleid; **sleeveless/strapless ~** ärmelloses/trägerloses Kleid ② *no pl* (*clothing*) Kleidung *f;* **evening ~** Abendkleidung *f;* **casual ~** legere Kleidung; **ceremonial ~** Staat *m;* **formal ~** Gesellschaftskleidung *f;* **traditional ~** Tracht *f* **II.** *vi* ① (*put on clothing*) sich *akk* anziehen ② (*wear clothing*) sich *akk* kleiden; ***he always ~es fairly casually*** er ist immer ziemlich leger angezogen; **to ~ for dinner** sich *akk* zum Abendessen umziehen **III.** *vt* ① (*put on clothing*) ■**to ~ sb/oneself** jdn/sich *akk* anziehen ② FOOD (*add a dressing*) **to ~ a salad** einen Salat anmachen; **to ~ vegetables** Gemüse mit einer Soße übergießen ③ (*treat a wound*) **to ~ an injury/a wound** eine Verletzung/Wunde verbinden [*o* versorgen] ④ FASHION (*prepare carefully*) ■**to ~ sth** etw zurechtmachen; **to ~ sb's hair** jds Haare *ntpl* frisieren ⑤ (*decorate*) ■**to ~ sth** etw dekorieren [*o* schmücken]; **to ~ shop windows** Schaufenster dekorieren; ■**to ~ sb** jdn herausputzen

◆**dress down I.** *vi* sich *akk* leger anziehen **II.** *vt* ■**to ~ down ↔ sb** jdn zurechtweisen [*o fam* herunterputzen], jdm eins auf den Deckel geben *fam;* ***he***

got* ~ *ed down for nothing er wurde wegen nichts zur Schnecke gemacht *fam*

◆dress up I. *vi* ❶ (*wear nice clothes*) sich *akk* herausputzen [*o* schick anziehen]; (*wear formal clothes*) sich *akk* fein machen [*o* elegant anziehen] ❷ (*disguise oneself*) sich *akk* verkleiden [*o* kostümieren]; ***the children are* ~ *ing up as pirates*** die Kinder verkleiden sich als Piraten; ■**to ~ up in sth** sich *akk* mit etw *dat* kostümieren **II.** *vt* ❶ (*dress nicely*) ■**to ~ oneself up** sich *akk* herausputzen [*o* schick anziehen]; (*dress formally*) sich *akk* fein machen [*o* elegant anziehen] ❷ (*wear costume*) ■**to ~ sb/oneself up** [**as sb/sth**] jdn/sich [als jdn/etw] verkleiden [*o* kostümieren] ❸ (*improve*) ■**to ~ sth** ↺ **up** etw verschönern; ***I* ~ *ed the pizza up with a few extra tomatoes*** ich verzierte die Pizza mit ein paar zusätzlichen Tomaten; **to ~ up a story** eine Geschichte ausschmücken ❹ (*make seem better*) ■**to ~ sth** ↺ **up** etw beschönigen; ***the data had been* ~ *ed up a bit so the stockholders wouldn't be alarmed*** die Zahlen waren etwas schöngefärbt, um die Aktionäre nicht zu verschrecken

dressage [ˈdresɑːʒ, AM drəˈsɑːʒ] *n no pl, no art* Dressur *f*, Dressurreiten *nt*

dress circle *n* THEAT erster Rang **dress coat** *n* Frack *m* **dress code** *n* ❶ (*accepted standard*) Kleiderordnung *f* ❷ (*required standard*) Bekleidungsvorschriften *fpl*

dressed [drest] *adj* ❶ *pred, inv* (*clothed*) angezogen, angekleidet *geh*; ***I'm not* ~ *yet*** ich bin noch nicht angezogen; **to get ~** sich *akk* anziehen ❷ (*in a specified manner*) gekleidet; **badly/well ~** schlecht/gut gekleidet; **simply/smartly ~** einfach/elegant gekleidet; **to be ~ to kill** aufgedonnert sein *pej fam*; **to be ~ up** elegant gekleidet sein; ***we all got* ~ *up for the wedding*** wir machten uns alle fein für die Hochzeit; ■**to be ~ for sth** für etw *akk* passend gekleidet sein; ■**to be ~ in sth** etw tragen; ***was he the one who was* ~ *in that awful suit?*** war das der in dem schrecklichen Anzug? ❸ *inv* FOOD (*tossed with a dressing*) angemacht

dressed crab *n* farcierter [*o* mit einer Farce gefüllter] Krebs

dresser [ˈdresəʳ, AM -ɚ] *n* ❶ (*person*) **to be a sloppy/snappy/stylish ~** jd sein, der sich salopp/flott/elegant kleidet ❷ THEAT (*actor's assistant*) Garderobier(e) *m(f)* ❸ (*sideboard*) Anrichte *f*, Büfett *nt* ❹ AM, CAN (*chest of drawers*) [Frisier]kommode *f*, Toilettentisch *m*

dressing [ˈdresɪŋ] *n* ❶ *no pl* (*of clothes*) Tragen *nt* von Kleidung ❷ (*for salad*) [Salat]soße *f*, Dressing *nt*; **French ~** French Dressing *nt*; **garlic/herb ~** Knoblauch-/Kräutersoße *f*; **salad ~** Salatsoße *f*, Saladressing *nt* ❸ (*for injury*) Verband *m*

dressing-down *n* (*fam*) Zurechtweisung *f*, Standpauke *f fam*; **to get a ~** zurechtgewiesen werden, eins auf den Deckel kriegen *fam*; **to get off with a severe ~** mit einer ernsten Verwarnung davonkommen; **to give sb a ~** jdm eine Standpauke halten *fam*, jdn zusammenstauchen *fam* **dressing gown** *n* Morgenmantel *m veraltend*, Bademantel *m* **dressing room** *n* (*in house*) Ankleideraum *m*; (*in theatre*) [Künstler]garderobe *f*; SPORTS Umkleidekabine *f* **dressing table** *n* Frisierkommode *f*, Toilettentisch *m*

dressmaker *n* [Damen]schneider(in) *m(f)* **dressmaking I.** *n no pl* Schneidern *nt*; ***my aunt does a lot of* ~** meine Tante schneidert sehr viel [selbst] **II.** *adj attr, inv* Schneider-; **~ and tailoring shop** Damen- und Herrenschneiderei *f* **dress parade** *n* ❶ MIL Parade *f* in Galauniform ❷ FASHION Modenschau *f* **dress rehearsal** *n* THEAT Generalprobe *f* **dress sense** *n no pl* Sinn *m* für Mode **dress shirt** *n* Smokinghemd *nt*, Anzughemd *nt* **dress suit** *n* Abendanzug *m*, Smoking *m* **dress uniform** *n* Galauniform *f*, Paradeuniform *f*; **full-~** große Galauniform

dressy [ˈdresi] *adj* (*fam*) ❶ (*stylish*) elegant, schick; **to be a ~ person** immer gut angezogen sein ❷ (*requiring formal clothes*) vornehm; **~ affair** [*or* **occasion**] besonderer Anlass, besondere Gelegenheit

drew [druː] *pt of* **draw**

dribble [ˈdrɪbl] **I.** *vi* ❶ *baby, child* sabbern *fam*, geifern *pej* ❷ (*trickle*) *tap* tropfen ❸ (*fig: arrive in small numbers*) kleckerweise eintreffen *fam*; ***people have started to* ~ *into the stadium*** die Leute kommen nach und nach ins Stadion ❹ (*in basketball*) dribbeln **II.** *vt* ❶ (*let drop*) ■**to ~ sth** etw tropfen lassen, etw träufeln ❷ SPORTS **to ~ a ball** mit einem Ball dribbeln **III.** *n* ❶ *no pl* (*saliva*) Sabber *m fam*, Geifer *m* ❷ (*droplet*) Tropfen *m* ❸ SPORTS Dribbeln *nt kein pl*, Dribbling *nt kein pl*

dribbler [ˈdrɪbləʳ, AM -ɚ] *n* SPORTS Dribbler(in) *m(f)*, Dribbelkünstler(in) *m(f)*

dribbling [ˈdrɪblɪŋ] *n no pl* SPORTS Dribbling *nt*

driblet [ˈdrɪblət] *n* [kleiner] Tropfen, Tröpfchen *nt*; **in ~s** tröpfchenweise, in kleinen Mengen

dribs [drɪbz] *npl* **in ~ and drabs** (*persons*) in kleinen Gruppen, kleckerweise *fam*; (*things*) in kleinen Mengen, kleckerweise *fam*

dried [draɪd] **I.** *pt, pp of* **dry II.** *adj attr, inv* getrocknet, Trocken-; **~ fish** getrockneter Fisch; (*cod*) Stockfisch *m*; **~ flowers** Trockenblumen *fpl*; **~ fruit** Dörrobst *nt*, Backobst *nt*; **~ milk** Trockenmilch *f*, Milchpulver *nt*; **~ mushrooms/peas** getrocknete Pilze/Erbsen

dried up *adj pred*, **dried-up** *adj attr* ausgetrocknet; **~ old maid** (*pej*) vertrocknete alte Jungfer *pej*

drift [drɪft] **I.** *vi* ❶ (*be moved*) treiben; *mist, fog, clouds* ziehen; *balloon* schweben; ***we let ourselves* ~ *downstream*** wir ließen uns flussabwärts treiben; **to ~ out to sea** aufs offene Meer hinaustreiben ❷ (*move aimlessly*) [ziellos] herumwandern; ***after the meeting, people* ~ *ed away in twos and threes*** nach der Versammlung schlenderten die Leute in Zweier- und Dreiergrüppchen davon ❸ (*progress casually*) sich *akk* treiben lassen; ***she just seems to* ~ *from one boyfriend to another*** sie scheint von einer Beziehung in die nächste zu schlittern; ***the talk* ~ *ed aimlessly from one subject to another*** man kam vom Hundertsten ins Tausendste; **to ~ into crime** in die Kriminalität abdriften; **to ~ into a situation** in eine Situation hineingeraten; **to ~ with the tide** mit dem Strom schwimmen ❹ (*pile up*) Verwehungen bilden, angeweht werden; ***snow had* ~ *ed against the garage door*** vor der Garagentür war Schnee angeweht worden ❺ FIN *prices* leicht nachgeben, schwächer notieren; ***cotton prices* ~ *ed in the first quarter*** Baumwollpreise gaben im ersten Quartal leicht nach **II.** *n* ❶ (*slow movement*) Strömen *nt*; **the ~ of unemployed youth** der Zustrom arbeitsloser Jugendlicher; **~ from the land** Landflucht *f* ❷ (*slow trend*) Tendenz *f*, Strömung *f*, Trend *m*; **downward ~** Abwärtstrend *m*; ***the downward* ~ *in copper prices*** der Preisverfall bei Kupfer ❸ (*mass*) Wehe *f*, Verwehung *f*; **~ of snow** Schneewehe *f*, Schneeverwehung *f*; **~ of sand** Sandwehe *f*, Haufen *m* Flugsand ❹ (*central meaning*) Kernaussage *f*; (*train of thought*) Gedankengang *m*; **to catch** [*or* **follow**] [*or* **get**] **sb's ~** verstehen, was jd sagen will

◆drift about, drift along *vi* **to ~ along** [*or* **about**] **with the crowd** mit dem Strom schwimmen, mit der Herde laufen

◆drift apart *vi* einander fremd werden, sich *akk* auseinander leben

◆drift around *vi* sich *akk* [willenlos] treiben lassen

◆drift off *vi* einschlummern, in Schlaf sinken, eindösen *fam*; **to ~ off to sleep** einschlafen, vom Schlaf übermannt werden

drifter [ˈdrɪftəʳ, AM -ɚ] *n* ziellos dahinlebender Mensch, Gammler(in) *m(f) meist pej*; **to be a ~** sich *akk* treiben lassen

drift ice *n no pl* Treibeis *nt*

drifting [ˈdrɪftɪŋ] *adj attr* Treib-; **~ clouds** dahinziehende Wolken; **~ mine** MIL Treibmine *f*; **~ snow** Schneeverwehungen *fpl* **driftnet** *n* NAUT Treibnetz *nt* **drift sand** *n no pl* Treibsand *m* **driftwood** *n no pl* Treibholz *nt*

drill¹ [drɪl] **I.** *n* Bohrer *m*, Bohrgerät *nt*; **electric ~** [Hand]bohrmaschine *f*; **pneumatic ~** Pressluftbohrer *m*, Druckluftbohrer *m* **II.** *vt* ❶ (*in building*) ■**to ~ sth** etw durchbohren; **to ~ a hole/well** ein Loch/einen Brunnen bohren; **to ~ a tooth** bohren ❷ (*sl: shoot*) ■**to ~ sb** jdm eine Kugel verpassen *fam*; **to ~ sb full of holes** jdn durchlöchern *fam* **III.** *vi* bohren; ■**to ~ through sth** etw durchbohren; **to ~ for oil** nach Öl bohren **IV.** *n modifier* Bohr-; **~ bit** Bohrspitze *f*, Bohrmeißel *m*; **~ chuck** [*or* **head**] Bohrfutter *nt*; **~ ship** Bohrschiff *nt*

drill² [drɪl] **I.** *n* ❶ *no pl* (*training*) hartes Training; MIL Drill *m kein pl*; **to do rifle ~** Schießübungen machen ❷ (*exercise*) Übung *f*; **fire ~** (*for firemen*) Feuerwehrübung *f*; (*for others*) Probe[feuer]alarm *m*; **to do spelling ~s** Buchstabierübungen machen ❸ (*fam: routine procedure*) **what's the ~?** wie geht das?, wie wird das gemacht?; **to know the ~** wissen, wie es geht, den Bogen raushaben *fam* **II.** *vt* MIL, SCH ■**to ~ sb** jdn drillen; ***he* ~ *ed the children in what they should say*** er bläute den Kindern ein, was sie sagen sollten **III.** *vi* MIL exerzieren **IV.** *n modifier* MIL Drill-; **~ ground** Exerzierplatz *m*

drilling [ˈdrɪlɪŋ] *n no pl* Bohren *nt* **drilling rig** *n* (*on land*) Bohrturm *m*; (*off shore*) Bohrinsel *f*

drill sergeant *n* MIL Ausbilder *m*

drily [ˈdraɪli] *adv* ❶ (*with dry humour*) trocken ❷ (*coldly*) kühl

drink [drɪŋk] **I.** *n* ❶ *no pl* (*liquid nourishment*) Trinken *nt*; **to have no food or ~** nichts zu Essen und zu Trinken haben ❷ (*amount*) Getränk *nt*; ***can I get you a* ~*?*** kann ich Ihnen etwas zu trinken bringen?; **a ~ of coffee/juice/milk** ein Schluck *m* Kaffee/Saft/Milch; **soft ~** Softdrink *m*, alkoholfreies Getränk; **to fill** [*or* **top off**] **sb's ~** jdm nachschenken; **to have a ~** etw trinken ❸ *no pl* (*alcohol*) Alkohol *m*; ***he came home smelling of* ~** er kam mit einer [Alkohol]fahne nach Hause ❹ (*alcoholic drink*) Drink *m*, Gläschen *nt*; ***I do like a* ~ *occasionally*** hin und wieder trinke ich schon mal ganz gern ein Schlückchen; ***have we got time for a quick* ~*?*** haben wir noch Zeit für ein schnelles Gläschen?; ■**~s** *pl* Getränke *ntpl*; ***come for* ~*s on Saturday*** kommen Sie doch am Samstag auf einen Drink vorbei; ***whose turn is it to buy the* ~*s?*** wer gibt die nächste Runde aus? ❺ *no pl* (*excessive alcohol consumption*) Trinken *nt*, Saufen *nt fam*; **~ was his ruin** der Alkohol war sein Verderben; **to drive sb to ~** jdn zum Trinker/zur Trinkerin machen; **to take to ~** mit dem Trinken anfangen, sich *dat* das Trinken angewöhnen ❻ (*fam*) ■**the ~** das Meer **II.** *vi* <drank, drunk> ❶ (*consume liquid*) trinken; ***what would you like to* ~*?*** was möchten Sie trinken? ❷ (*consume alcohol*) [Alkohol] trinken; **to ~ heavily** viel trinken, saufen *sl*; **to ~ moderately** [*or* **in moderation**] maßvoll [*o* in Maßen] trinken; **to ~ and drive** unter Alkoholeinfluss [*o* nach dem Trinken] fahren; ■**to ~ to sb/sth** auf jdn/etw trinken [*o* anstoßen]; ***I'll* ~ *to that*** darauf trinke ich; (*fig*) dem kann ich nur zustimmen ❸ (*pej: have alcohol problem*) trinken *pej*; ***her husband* ~*s*** ihr Mann ist ein Trinker; **to ~ like a fish** saufen *sl*, sich *akk* voll laufen lassen *fam*; ***he* ~*s like a fish*** er säuft wie ein Loch *sl* **III.** *vt* <drank, drunk> ❶ (*consume beverage*) ■**to ~ sth** etw trinken; **to drink a bottle of wine/a glass of water** eine Flasche Wein/ein Glas Wasser trinken; **to ~ one's fill** seinen Durst löschen; **to ~ one's soup** seine Suppe essen ❷ (*consume alcohol*) ■**to ~ sth** etw trinken; **to ~ a toast to sb/sth** auf jdn/etw trinken; **to ~ sb under the table** jdn unter den Tisch trinken; **to ~ oneself to death** sich *akk* zu Tode saufen [*o* totsaufen] *sl*; **to ~ oneself into a stupor** sich *akk* bis zur Besinnungslosigkeit betrinken ❸ (*absorb moisture*) ■**to ~ sth** etw aufsaugen; ***my car* ~*s petrol*** mein Auto schluckt viel Benzin *fam*; **to ~ water** Wasser [ver]brauchen; ***these plants* ~ *amazing amounts of water*** diese Pflanzen brauchen erstaunlich viel Wasser

◆drink down *vt* ■**to ~ down** ↺ **sth** etw auf einen Zug austrinken [*o* schnell hinuntertrinken]

◆drink in *vt* ■**to ~ in** ↺ **sth** etw [begierig] in sich *akk* aufnehmen; ***they paused to* ~ *in the beauty***

of the view sie machten Halt, um den schönen Ausblick auf sich wirken zu lassen; ***they drank in the words of their leader*** sie hingen ihrem Anführer an den Lippen

◆**drink off** *vt* ■**to ~ off** ○ **sth** etw [in einem Zug] austrinken [*o* leeren]

◆**drink up** I. *vi* austrinken, leer trinken II. *vt* ■**to ~ up** ○ **sth** etw austrinken [*o* leeren]

drinkable ['drɪŋkəbl̩] *adj* trinkbar; **~ water** Trinkwasser; **~ wine** süffiger Wein

drink-driver *n.* BRIT betrunkener Autofahrer, betrunkene Autofahrerin *m, f* **drink-driving** *n no pl* BRIT, AUS Trunkenheit *f* am Steuer

drinker ['drɪŋkəʳ, AM -ɚ] *n* ① (*of fluids*) Trinkende(r) *f(m)*, Trinker(in) *m(f)*; **~ of coffee/tea** Kaffee-/Teetrinker(in) *m(f)* ② (*of alcohol*) Trinker(in) *m(f)*; (*alcoholic*) Alkoholiker(in) *m(f)*; **to be a light ~** wenig [*o* kaum] [Alkohol] trinken; **hard** [*or* **heavy**]/**moderate ~** starker/maßvoller Trinker/starke/maßvolle Trinkerin

drinking ['drɪŋkɪŋ] I. *n no pl* ① (*consumption*) Trinken *nt*; ***this water is not for ~*** das ist kein Trinkwasser ② (*of alcohol*) Trinken *nt*; **~ *and driving is dangerous*** Alkohol am Steuer ist gefährlich; **to do a lot of ~** viel [Alkohol] trinken II. *adj* ① (*for drinking from*) Trink-; **~ cup/glass** Trinkbecher *m*/-glas *nt* ② (*relating to alcohol*) Trink-; **~ bout** Sauftour *f fam*; **~ habits** Trinkgewohnheiten *fpl*

drinking fountain *n* Trinkwasserbrunnen *m*

drinking problem *n* AM, AUS (*pej: of person*) Alkoholproblem *nt*; (*of society*) Alkoholmissbrauch *m*; **to have a ~** ein Alkoholproblem haben **drinking song** *n* Trinklied *nt* **drinking straw** *n* Strohhalm *m*, Trinkhalm *m* **drinking-up time** *n* BRIT *die letzten zehn Minuten vor der Sperrstunde* **drinking water** *n no pl* Trinkwasser *nt* **drinking-water supply** *n* Trinkwasserversorgung *f*; **subterranean ~** unterirdischer Trinkwasservorrat; **to poison the ~** das Trinkwasser vergiften

drink problem *n* BRIT, AUS (*pej: of person*) Alkoholproblem *nt*; (*of society*) Alkoholmissbrauch *m*

drinks cabinet *n* Hausbar *f* **drinks machine** *n* Getränkeautomat *m* **drinks trolley** *n* Servierwagen *m*

drip [drɪp] I. *vi* <-pp-> (*continually*) tropfen; (*in individual drops*) tröpfeln II. *vt* <-pp-> ■**to ~ sth** etw [herunter]tropfen lassen; **to ~ blood** Blut verlieren III. *n* ① *no pl* (*act of dripping*) Tropfen *nt*; *of rain* Tröpfeln *nt* ② (*drop*) Tropfen *m* ③ MED Tropf *m*; **to be on a ~** am Tropf hängen, eine Infusion bekommen ④ (*pej sl: foolish person*) Flasche *f pej fam*, Null *f pej fam*

drip-dry I. *vt* <-ie-> **to ~ clothes** Kleidung tropfnass aufhängen II. *adj* bügelfrei, knitterfrei

dripping ['drɪpɪŋ] I. *adj inv* ① (*dropping drips*) tropfend; ■**to be ~** tropfen ② (*extremely wet*) klatschnass, triefend; ***Jim was ~ with sweat*** Jim lief der Schweiß herunter ③ (*hum, iron: be covered with sth*) ■**to be ~ with sth** über und über mit etw *dat* behängt sein *hum, iron* II. *adv* **to be ~ wet** klatschnass [*o* patschnass] [*o* vollkommen durchnässt] sein III. *n* Bratenfett *nt*, Schmalz *nt*

drippy ['drɪpi] *adj* (*pej sl*) ① (*stupid*) dumm *pej*, doof *pej fam* ② (*sentimental*) rührselig *pej*, kitschig *pej*, schmalzig *pej*

drive [draɪv] I. *n* ① (*act of driving*) Fahrt *f*, Fahren *nt*; **to go for a ~** eine [Spazier]fahrt machen; **to go for a ~ in the new car** eine Spritztour mit dem neuen Wagen machen; **to take sb out for a ~** jdn auf eine Spazierfahrt mitnehmen, mit jdm spazieren fahren ② (*distance driven*) Fahrt *f*, [Fahr]strecke *f*; ***they live a day's ~ north of us*** sie wohnen eine Tagesfahrt nördlich von uns ③ (*driveway*) Fahrstraße *f*, Fahrweg *m*; (*car entrance*) Einfahrt *f*; (*approaching road*) Zufahrt[sstraße] *f*, Zufahrtsweg *m*; (*to large building*) Auffahrt *f* ④ *no pl* MECH, TECH (*transmission*) Antrieb *m*; **all-wheel ~** Allradantrieb *m*; **front-wheel ~** Vorderradantrieb *m*, Frontantrieb *m*; AUTO Steuerung *f*, Lenkung *f*; **left-/right-hand ~** Links-/Rechtssteuerung *f* ⑤ *no pl* (*energy*) Tatkraft *f*, Dynamik *m*, Energie *f*; PSYCH Trieb *m*; ***she lacks ~*** es fehlt ihr an Elan; **sex ~** Geschlechts-/Sexualtrieb *m*, Libido *f geh*; **to have ~** Schwung [*o* Elan] haben; ***he has the ~ to succeed*** mit seiner Energie wird er es schaffen ⑥ (*vigorous campaign*) Aktion *f*, Kampagne *f*; **to organize a ~ to collect money** eine Sammelaktion organisieren; **economy ~** Sparmaßnahmen *fpl*; **to be on an economy ~** Sparmaßnahmen durchführen; **fund-raising ~** Spenden[sammel]aktion *f*; **membership/recruitment ~** Anwerbungskampagne *f*, Mitgliederwerbeaktion *f* ⑦ TENNIS, SPORTS (*powerful stroke*) Treibschlag *m*, Treibball *m*, Drive *m* ⑧ COMPUT Laufwerk *nt*; **disk ~** Diskettenlaufwerk *nt*; **CD-ROM ~** CD-ROM-Laufwerk *nt* ⑨ AGR (*of animals*) Treiben *nt*; **cattle ~** Viehtrieb *m* II. *vt* <drove, -n> ① (*operate vehicle*) ■**to ~ sth** *car, truck* etw fahren; *racing car* etw steuern; *coach* etw lenken; **to ~ an automatic** einen Wagen mit Automatik fahren ② (*use vehicle*) ■**to ~ sth** etw fahren; **to ~ a sports car/Porsche** einen Sportwagen/Porsche fahren ③ (*provide transport*) ■**to ~ sb** jdn fahren; ***I drove my daughter to school*** ich fuhr meine Tochter zur Schule ④ (*force movement*) ■**to ~ an animal** *mule, ox* ein Tier antreiben; ■**to be driven from a place** aus einem Ort vertrieben werden; (*fig*) ***he ~s himself too hard*** er mutet sich zu viel zu ⑤ (*propel*) ■**to ~ sth somewhere** etw irgendwohin treiben; ***the rain was ~n against the windows by the wind*** der Wind peitschte den Regen gegen die Fenster ⑥ (*cause to become*) treiben; ***he ~s me crazy*** er macht mich wahnsinnig; ***what drove you to do that?*** was hat Sie dazu gebracht, das zu tun? ⑦ (*force into a state*) ■**to ~ sb/sth [somewhere]** jdn/etw [irgendwohin] treiben; ***the government has ~n the economy into deep recession*** die Regierung hat die Wirtschaft in eine tiefe Rezession gestürzt; ***a succession of scandals eventually drove the minister out of office*** eine Reihe von Skandalen zwang den Minister schließlich zur Amtsniederlegung; (*hum*) ***banning boxing would simply ~ the sport underground*** ein Verbot des Boxsports würde nur dazu führen, dass dieser Sport heimlich weiter betrieben wird; **to ~ sb to drink** jdn zum Trinken bringen; **to ~ sb to suicide** jdn in den Selbstmord treiben; ■**to ~ sb to do sth** jdn dazu treiben [*o* bewegen], etw zu tun [*o* bringen]; ***it was the arguments that drove her to leave home*** wegen der Streitereien verließ sie schließlich ihr Zuhause ⑧ (*render*) **to ~ sb mad** [*or* **crazy**] [*or* **insane**] jdn verrückt machen; ***it's driving me mad!*** das macht mich nochmal wahnsinnig!; **to ~ an animal wild** ein Tier wild machen; **to ~ sb wild** jdn heiß machen *fam* ⑨ (*hit into place*) ■**to ~ sth into sth** etw in etw *akk* schlagen [*o* treiben]; **to ~ a post into the ground** einen Pfosten in den Boden rammen; ■**to ~ sth between sth** etw mit etw *dat* spalten; **to ~ a wedge between two people** einen Keil zwischen zwei Menschen treiben ⑩ (*provide power*) ■**to ~ sth** *engine* etw antreiben ⑪ (*in golf*) **to ~ a ball** einen Ball treiben ▶ PHRASES: **to ~ a hard bargain** hart verhandeln; ***you want £2000 for that? you certainly ~ a hard bargain!*** 2000 Pfund wollen Sie dafür? das ist ja wohl total überzogen! *fam*; **to ~ a coach and horses through sth** etw auseinandernehmen *fig*; **to ~ one's message** [*or* **point**] **home** seinen Standpunkt klarmachen III. *vi* <drove, -n> ① (*operate vehicle*) fahren; ***who was driving at the time of the accident?*** wer saß zur Zeit des Unfalls am Steuer?; ***someone drove into the back of his car yesterday*** jemand ist ihm gestern hinten ins Auto gefahren; **to ~ fast/slowly/carefully** schnell/langsam/vorsichtig fahren; **to learn to ~** [Auto] fahren lernen, den Führerschein machen ② (*travel by automobile*) mit dem Auto fahren; ***are you going by train? — no, I'm driving*** fahren Sie mit dem Zug? – nein, mit dem Auto; ***I always ~ to work*** ich fahre immer mit dem Auto zur Arbeit; **to ~ on/past** weiter-/vorbeifahren ③ (*function*) fahren, laufen

◆**drive at** *vi* ■**to be driving at sth** auf etw *akk* hinauswollen; ***what are you driving at?*** worauf wollen Sie hinaus?

◆**drive away** I. *vt* ① (*force to leave*) ■**to ~ away** ○ **sb/sth** jdn/etw vertreiben [*o* wegjagen]; **to ~ away suspicions** Bedenken zerstreuen ② (*in vehicle*) ■**to ~ sb away** jdn wegfahren [*o* wegbringen] II. *vi* wegfahren, fortfahren

◆**drive off** I. *vt* ■**to ~ off** ○ **sb/sth** jdn/etw vertreiben [*o* verjagen]; **to ~ off an attack** einen Angriff zurückschlagen [*o* abwehren] II. *vi* wegfahren, abfahren; ***they drove off to the registry to get married*** sie machten sich auf den Weg zum Standesamt, um zu heiraten

◆**drive out** *vt* ■**to ~ out** ○ **sb/sth** jdn/etw hinausjagen [*o* vertreiben]; **to ~ out an evil spirit** einen bösen Geist austreiben

◆**drive up** I. *vt* ■**to ~ up sth** etw hochtreiben; **to ~ up prices** die Preise hochtreiben II. *vi* vorfahren

drive belt *n* Treibriemen *m*, Transmissionsriemen *m* **drive-by** *adj attr, inv* **~ killing/murder** Anschlag *m*/Mord *m* von einem vorbeifahrenden Auto aus **drive-by shooting** *n Schießerei aus dem fahrenden Auto heraus* **drive-in** *esp* AM, AUS I. *adj attr, inv* Drive-in-, Auto-; **~ window** Autoschalter *m* II. *n* ① (*restaurant*) Drive-in *nt*, Drive-in-Restaurant *nt* ② (*cinema/movie*) Autokino *nt* **drive-in bank** *n esp* AM, AUS Bank *f* mit Autoschalter **drive-in cinema** *n*, **drive-in movie** *n esp* AM, AUS Autokino *nt* **drive-in restaurant** *n esp* AM, AUS Drive-in *nt*, Drive-in-Restaurant *nt*

drivel ['drɪvᵊl] *n no pl* (*pej*) Gefasel *nt pej fam*, Geschwätz *nt pej*; **to talk ~** Blödsinn [*o* Quatsch] daherreden *fam*

drivelling ['drɪvᵊlɪŋ], AM *usu* **driveling** *adj attr, inv* (*pej*) **~ idiot** Volltrottel *m pej fam*, Spinner *m pej fam*; ■**to be ~** Blödsinn daherreden *pej fam*

driven ['drɪvᵊn] I. *pp of* **drive** II. *adj* ① (*very ambitious*) ehrgeizig, rührig, geschäftig; ***like most of the lawyers that I know, Rachel is ~*** wie die meisten Anwälte, die ich kenne, will auch Rachel hoch hinaus ② (*powered*) betrieben, angetrieben; **electrically ~** elektrisch angetrieben, mit elektrischem Antrieb ③ *attr* (*propelled by sth*) [voran]getrieben ▶ PHRASES: **to be as pure as the ~ snow** so unschuldig wie ein Engel sein

-driven *in compounds* betrieben; **gas-/petrol-/steam-~** gas-/benzin-/dampfbetrieben; **propeller-/wind-~** mit Propeller-/Windantrieb; **market-~** ECON marktorientiert

driver ['draɪvəʳ, AM -ɚ] *n* ① *of car* [Auto]fahrer(in) *m(f)*; *of lorry* [Lastwagen]fahrer(in) *m(f)*; *of locomotive* Führer(in) *m(f)*; *of coach* Kutscher(in) *m(f)*; **bus/taxi ~** Bus-/Taxifahrer(in) *m(f)* ② (*golf club*) Driver *m*

driver's ed *n* (*fam*) *short for* **driver's education program** ① (*from an early age*) Verkehrserziehung *f*, Verkehrserziehungsprogramm *nt* ② (*driving school*) Fahrschule *f* **driver's education** *n no pl* AM Fahrunterricht *m* **driver's licence** *n* BRIT, AUS, **driver's license** *n* AM Führerschein *m* **driver's seat** *n* AM, AUS (*driving seat*) Fahrersitz *m*; **to be in the ~** (*fig*) die Zügel in der Hand haben

drive shaft *n* MECH, TECH Antriebswelle *f*; AUTO Kardanwelle *f*

drive-through AM I. *adj attr, inv* Drive-through- II. *n* Durchfahrt *f*

driveway *n* ① (*car entrance*) Einfahrt *f* ② (*approach road*) Zufahrt[sstraße] *f*, Zufahrtsweg *m*; (*to large building*) Auffahrt *f*

driving ['draɪvɪŋ] I. *n* (*of vehicle*) Fahren *nt*; **~ while under the influence of alcohol** AM Fahren *nt* unter dem Einfluss von Alkohol; **careless ~** fahrlässiges Fahren; **drunk ~** Trunkenheit *f* am Steuer; **~ while intoxicated** AM Fahren *nt* in betrunkenem Zustand; **reckless ~** rücksichtsloser Fahrstil II. *adj* ① (*on road*) Fahr-; **~ conditions** Straßenverhältnisse *pl* ② (*lashing*) stürmisch; **~ rain** peitschender Regen; **~ snow** Schneetreiben *nt* ③ (*powerfully motivating*) treibend *attr*; **~ ambition** starker Ehrgeiz

driving force *n no pl* treibende Kraft, Triebfeder *f fig*; ■**to be the ~ behind sth** die treibende Kraft hinter etw *dat* sein **driving instructor** *n* Fahrlehrer(in) *m(f)* **driving lesson** *n* Fahrstunde *f*;

■~s *pl* Fahrunterricht *m kein pl;* ***our son is taking ~s*** unser Sohn macht gerade den Führerschein
driving licence *n* BRIT Führerschein *m,* Fahrerlaubnis *f form* **driving mirror** *n* Rückspiegel *m;* **to check in the ~** in den Rückspiegel blicken [*o* schauen] **driving pool** *n* Fuhrpark *m* **driving range** *n* (*in golf*) Drivingrange *nt* **driving school** *n* Fahrschule *f* **driving seat** *n* BRIT Fahrersitz *m;* **to be in the ~** (*fig*) die Zügel in der Hand haben **driving test** *n* Fahrprüfung *f;* **to fail one's ~** die Fahrprüfung nicht bestehen, durch die Fahrprüfung fallen *fam;* **to take one's ~** die Fahrprüfung machen [*o* ablegen], den Führerschein machen *fam;* **to pass one's ~** die Fahrprüfung bestehen, durch die Fahrprüfung kommen *fam*
drizzle ['drɪzl] **I.** *n no pl* ① (*light rain*) Nieselregen *m,* Sprühregen *m,* Nieseln *nt* ② (*small amount of liquid*) ein paar Spritzer [*o* Tropfen] **II.** *vi* nieseln **III.** *vt* FOOD ■**to ~ sth [over sth]** etw [über etw *akk*] träufeln
drizzly ['drɪzl̩i] *adj* Niesel-, Sprüh-; ***it was a ~ afternoon*** es hat den ganzen Nachmittag genieselt
droll [drəʊl, AM droʊl] *adj* drollig, komisch; **to look at sb with a ~ expression** jdn verschmitzt anblicken; **~ remark** witzige [*o* lustige] Bemerkung
drolly ['drəʊli, AM 'droʊli] *adv* drollig, komisch
dromedary [drɒmədᵊri, AM drɑːməderi] *n* Dromedar *nt*
drone [drəʊn, AM droʊn] **I.** *n no pl* ① (*sound*) *of a machine* Brummen *nt; of insects* Summen *nt; of a person* monotone Stimme, Geleier *nt pej* ② (*male bee*) Drohne *f;* (*fig pej*) Schmarotzer(in) *m(f) pej* ③ MUS Bass[ton] *m* **II.** *vi* ① (*make sound*) summen; *aircraft, engine* brummen ② (*speak monotonously*) monoton [*o* eintönig] sprechen, leiern *pej;* **to ~ on** in monotonem Tonfall reden
drool [druːl] **I.** *vi* ① (*dribble*) sabbern *fam,* geifern ② (*fig: feel desire*) **to make sb ~** jdn verrückt machen *fam,* jdm den Kopf verdrehen; ■**to ~ over sb/sth** von jdm/etw hingerissen sein; ***I can sit for hours, ~ing over recipes*** ich kann stundenlang da sitzen und voller Begeisterung in Rezepten schmökern; ***Astrid ~s over Mulder*** Astrid findet Mulder zum Anbeißen **II.** *n no pl* ① (*saliva*) Sabber *m fam,* Geifer *m* ② (*pej: senseless talk*) Geschwätz *nt pej,* Gefasel *nt pej fam,* Gewäsch *nt pej fam*
droop [druːp] **I.** *vi* ① (*hang down*) schlaff herunterhängen; *flowers* die Köpfe hängen lassen; *eyelids* zufallen; ***her breasts are starting to ~*** sie bekommt eine Hängebrust *fam;* ***my spirits ~ at the prospect of work on Monday*** (*fig*) bei der Aussicht auf die Arbeit am Montag sinkt meine Stimmung ② (*lack energy*) schlapp sein; (*after work, match, etc*) fertig [*o* erledigt] sein *fam* **II.** *n* ① (*hang*) Herunterhängen *nt kein pl; of body* Gebeugtsein *nt kein pl; of eyelids* Schwere *f kein pl* ② BRIT (*sl: impotence*) Erektionsunfähigkeit *f,* Schlappe *f fam;* **performance-anxiety ~** die Angst, keinen hoch zu kriegen *fam*
drooping ['druːpɪŋ] *adj attr, inv* [herunter]hängend; **~ branches** herabhängende Äste; **~ eyelids** schwere Augenlider
droopy ['druːpi] *adj* (*fam*) ① (*hanging down*) [schlaff] herabhängend *attr;* ***Clive has a long ~ moustache*** Clive hat einen langen nach unten hängenden Schnurrbart ② (*dejected*) mutlos, niedergeschlagen; (*exhausted*) schlapp, matt

drop [drɒp, AM drɑːp]

I. NOUN II. TRANSITIVE VERB
III. INTRANSITIVE VERB

I. NOUN

① (*vertical distance*) Gefälle *nt;* (*difference in level*) Höhenunterschied *m;* ***there's a ~ of two metres from the window to the ground*** die Distanz zwischen Fenster und Boden beträgt zwei Meter; **a sheer ~** ein steiles Gefälle ② (*decrease*) Rückgang *m,* Fall *m;* ***the ~ in magazine subscriptions is causing concern*** die Abnahme der Zeitschriftenabonnements ist Besorgnis erregend; **~ in temperatures** Temperaturrückgang *m* ③ (*by aircraft*) Abwurf *m;* ***the supplies were delivered by air ~*** die Vorräte wurden mit dem Fallschirm abgeworfen; **food/letter ~** Futter-/Postabwurf *m;* **~ of medical supplies** Abwurf *m* von medizinischen Versorgungsgütern ④ *of liquid* Tropfen *m;* **~ of rain/water** Regen-/Wassertropfen *m;* **~s of paint** Farbspritzer *mpl;* **~ by ~** tropfenweise; ■**~s** *pl* MED Tropfen *mpl* ⑤ (*fam: drink*) Schluck *m fam,* Gläschen *nt fam;* **a ~ *more juice/whisky/wine*** noch einen Schluck Saft/Whisky/Wein; ***wine anyone? — just a ~ for me please*** will jemand Wein? – für mich bitte nur ganz wenig; **to have had a ~ too much [to drink]** ein Glas über den Durst getrunken haben *hum fam,* einen sitzen haben *fam;* **to have [*or* take] a ~** sich *dat* einen genehmigen *hum fam;* **to like a wee ~** BRIT ganz gerne mal einen Schluck trinken; **to not touch a ~** keinen Tropfen anrühren ⑥ (*boiled sweet*) Bonbon *m o nt;* **fruit ~** Fruchtbonbon *nt* ⑦ (*collection point*) [Geheim]versteck *nt* ⑧ (*execution by hanging*) ■**the ~** (*dated fam*) [Tod *m* durch] Erhängen *nt;* ***he's for the ~*** er soll gehängt werden ▶ PHRASES: **at the ~ of a hat** im Handumdrehen, prompt; **a ~ in the ocean** ein Tropfen *m* auf den heißen Stein *fig;* **to get [*or* have] the ~ on sb** jdm zuvorkommen

II. TRANSITIVE VERB

<-pp-> ① (*cause to fall*) ■**to ~ sth** etw fallen lassen; ***leaflets were ~ped on the town*** über der Stadt wurden Flugblätter abgeworfen; **to ~ anchor** Anker werfen, den Anker auswerfen, vor Anker gehen; **to ~ ballast/a bomb** Ballast/eine Bombe abwerfen; **to ~ a bombshell** (*fig*) eine Bombe platzen lassen *fig fam;* **to ~ a depth charge** eine Wasserbombe abschießen; **to ~ a stitch** eine Masche fallen lassen ② (*lower*) ■**to ~ sth** etw senken; ***you can ~ your arm now, Claire*** du kannst deinen Arm jetzt herunternehmen, Claire; **to ~ one's eyes** die Augen niederschlagen [*o geh* senken]; **to ~ prices** die Preise senken; **to ~ one's voice** die Stimme senken ③ (*fam: send*) **to ~ sth in the post** [*or* AM **mail**] etw in die Post tun *fam;* **to ~ sb a line/postcard** jdm ein paar Zeilen/eine [Post]karte schreiben; **to ~ a letter into a mailbox** AM einen Brief einwerfen ④ (*dismiss*) **to ~ sb [from his job]** jdn entlassen ⑤ (*give up*) ■**to ~ sth** etw aufgeben [*o fig* fallen lassen]; ***I'm going to ~ aerobics next year*** nächstes Jahr höre ich mit Aerobic auf; ***let's ~ the subject*** lassen wir das Thema; **to ~ an allegation/charges** eine Behauptung/die Anklage fallen lassen; **to ~ a course** aus einem Kurs aussteigen *fam;* **to ~ a demand** von einer Forderung abgehen; **to ~ everything** alles stehen und liegen lassen; **to let it ~** es auf sich *dat* beruhen lassen ⑥ (*abandon*) ■**to ~ sb** jdn fallen lassen *fig,* mit jdm nichts mehr zu tun haben wollen; (*end a relationship*) mit jdm Schluss machen *fam;* **to ~ sb like a hot brick** [*or* **potato**] (*fig*) jdn wie eine heiße Kartoffel fallen lassen *fam* ⑦ SPORTS **to ~ sb from a team** jdn aus einer Mannschaft ausschließen ⑧ (*leave out*) ■**to ~ sth** etw weglassen; **to ~ one's aitches** [*or* **h's**] BRIT, AUS den Buchstaben ‚h' [im Anlaut] nicht aussprechen [*o fam* verschlucken] (*euphemistisch für jemanden, der zur Unterschicht gehört*) ⑨ (*fam: tell indirectly*) **to ~ [sb] a hint** [*or* **some hints**] [jdm gegenüber] eine Anspielung [*o* Andeutung] machen; ***I've been dropping hints that I would like to be invited*** ich habe durchblicken lassen, dass ich gerne eingeladen werden würde *fam;* **to ~ a remark** eine Bemerkung fallen lassen; **to ~ a word in sb's ear [about sth]** einmal mit jdm [über etw *akk*] sprechen; ***don't worry — I've ~ped a word in his ear*** mach' dir keine Sorgen, ich habe ihn schon bearbeitet *fam* ▶ PHRASES: **to ~ the ball** AM einen Schnitzer machen; **to ~ a brick** [*or* BRIT **clanger**] ins Fettnäpfchen treten *hum fam;* **to ~ one's guard** (*cease being careful*) unvorsichtig sein; (*allow sb to get closer*) seine Reserviertheit aufgeben; **to ~ a name, to name-~** *bekannte Persönlichkeiten beiläufig erwähnen und so tun, als würde man sie gut kennen, um andere zu beeindrucken;* **to ~ sb right in it** (*fam*) jdn [ganz schön] reinreiten *fam;* **to let it ~ that ...** beiläufig erwähnen, dass ...; (*make known*) etw durchblicken lassen

III. INTRANSITIVE VERB

<-pp-> ① (*descend*) [herunter]fallen; **to ~ into a chair** in einen Sessel fallen [*o* sinken]; ***when he heard that he wasn't going to be invited his jaw ~ped*** als er hörte, dass er nicht eingeladen war, klappte ihm der Unterkiefer herunter; ***the curtain ~ped*** THEAT der Vorhang ist gefallen; (*fig*) ***the curtain has ~ed on communist rule*** über die kommunistische Herrschaft ist endgültig der Vorhang gefallen ② (*become lower*) *land* sinken; *water level* fallen, sich *akk* senken; *prices, temperatures* sinken, zurückgehen, fallen ③ (*fam: become exhausted*) umfallen, umsinken; **to ~ with exhaustion** [*or* **tiredness**] vor Erschöpfung umfallen; **to be fit** [*or* **ready**] **to ~** zum Umfallen müde sein; **to ~ [down] dead** tot umfallen; **~ *dead!*** (*fam*) scher' dich zum Teufel! *fam;* ***people are ~ping like flies here*** (*fam*) die Leute fallen hier um wie die Fliegen *fam* ▶ PHRASES: **the penny ~ed** *esp* BRIT der Groschen ist gefallen *fam*
◆**drop away** *vi* ① (*decrease*) sich *akk* verringern; *interest, support* sinken ② (*become lower*) *land* [steil] abfallen
◆**drop back** *vi* ① (*lose position*) zurückfallen ② (*concede position*) sich *akk* zurückfallen lassen
◆**drop behind** *vi* zurückfallen; ■**to ~ behind in sth** mit etw *dat* im Rückstand sein [*o fam* hinterherhinken]; ***she ~ped behind in her schoolwork*** sie hat in der Schule den Anschluss verloren
◆**drop by** *vi* (*fam*) vorbeischauen *fam,* vorbeikommen *fam*
◆**drop in** *vi* (*fam*) vorbeischauen *fam,* vorbeikommen *fam;* ■**to ~ in on sb** bei jdm vorbeischauen *fam;* ***he doesn't mind people ~ping in on him*** es stört ihn nicht, wenn Leute einfach unangemeldet bei ihm hereinschneien *fam*
◆**drop into** *vi* ① (*visit briefly*) **to ~ into a bar/a shop** in eine Bar/ein Geschäft hineingehen ② (*revert to*) ■**to ~ into sth** in etw *akk* [ver]fallen; ***she tends to ~ into her dialect when she gets excited*** sie verfällt immer in ihren Dialekt, wenn sie aufgeregt ist
◆**drop off I.** *vt* (*fam*) ■**to ~ sth ↔ off** etw abliefern; ■**to ~ sb ↔ off** jdn absetzen; *passengers* jdn aussteigen lassen; ***where do you want to be ~ped off?*** wo soll ich dich absetzen? **II.** *vi* ① (*fall off*) abfallen; ***in autumn the leaves ~ off the trees*** im Herbst fallen die Blätter von den Bäumen ② (*decrease*) sich *akk* verringern, zurückgehen; *support, interest* nachlassen ③ (*fam: fall asleep*) einschlafen; **to ~ off to sleep** einnicken *fam,* einschlafen
◆**drop out** *vi* ① (*give up membership*) ausscheiden; ***was he thrown out or did he ~ out?*** wurde er rausgeworfen oder ist er von sich aus ausgetreten?; **to ~ out of a course/school/university** einen Kurs/die Schule/das Studium abbrechen ② *of society* aussteigen *fam* ③ LING ausgelassen [*o* weggelassen] werden; ***words like 'thee' have ~ped out of modern English*** Wörter wie ‚thee' sind aus dem Neuenglischen verschwunden
◆**drop round** BRIT **I.** *vi* (*fam*) vorbeischauen *fam,* vorbeikommen *fam* **II.** *vt* (*fam*) ■**to ~ sth round** etw vorbeibringen *fam*

drop cloth *n* AM (*dust sheet*) Staubdecke *f* **drop-dead I.** *adv* wahnsinnig *fam;* **~ gorgeous** [*or* **handsome**] wahnsinnig gutaussehend *fam* **II.** *adj attr* (*approv*) umwerfend *fam,* atemberaubend; **~ gorgeous** wirklich hinreißend **drop-down menu** *n* COMPUT Pull-down-Menü *nt fachspr* **drop earrings** *npl* Ohrringe *mpl* in Tropfenform **drop goal** *n* (*in football, rugby*) Dropgoal *nt* **drop in** *n* COMPUT Störsignal *nt* **drop-in center** AM, **drop-in centre** *n,* **drop-in facility** *n* Beratungsstelle *f* **drop kick** *n* SPORTS (*in American football*) Dropkick *m fachspr;* (*in rugby*) Sprungtritt *m fachspr*

drop-leaf table *n* Klapptisch *m*
droplet ['drɒplət, AM 'drɑ:p-] *n* Tröpfchen *nt*
droplock bond *n* ECON, FIN Wertpapier *nt*, das variabel verzinslich emittiert wurde, aber zu einem festverzinslichen Titel wird, wenn das Zinsniveau eine bestimmte Untergrenze erreicht hat
drop out *n* COMPUT ① (*incorrect magnetization*) Ausfall *m* ② (*loss of signals*) Signalausfall *m*
dropout *n* ① (*from university*) [Studien]abbrecher(in) *m(f)*; AM (*from school*) [**high school**] ~ Schulabgänger(in) *m(f)* ② (*from conventional lifestyle*) Aussteiger(in) *m(f) fam*
dropper ['drɒpəʳ, AM 'drɑ:pɚ] *n* Tropfenzähler *m*, Tropfer *m*
droppings ['drɒpɪŋz, AM 'drɑ:p-] *npl of horse, sheep* Mist *m*; (*of horse also*) Pferdeäpfel *mpl*; *of mice, rats* Dreck *m kein pl*; **bird** ~ Vogeldreck *m*; **sheep** ~ Schafmist *m*
drop shot *n* TENNIS Stopp[ball] *m fachspr*
dropsy <*pl* -ies> ['drɒpsi, AM 'drɑ:p] *n* (*dated*) *see* **oedema** Ödem *m*
dross [drɒs, AM drɑ:s] *n no pl* Schrott *m fig fam*, Müll *m fig fam*; **human** ~ (*pej*) Abschaum *m pej*
drought [draʊt] *n* ① *no pl* (*aridity*) Trockenheit *f*, Dürre *f* ② (*dry period*) Dürre[periode] *f*
drove¹ [drəʊv, AM droʊv] **I.** *n* ① *of animals* Herde *f*; **a ~ of cattle** eine Herde Rinder [*o* Rinderherde] ② (*many*) ■~**s** *pl* (*fam*) *of people* Scharen *fpl* (**of** von +*dat*); **in** [*or* BRIT **in their**] ~**s** in Scharen *fpl* **II.** *vt* **to ~ cattle/sheep** Vieh/Schafe treiben
drove² [drəʊv, AM droʊv] *pt of* **drive**
drover ['drəʊvəʳ, AM 'droʊvɚ] *n* Viehtreiber(in) *m(f)*
drown [draʊn] **I.** *vt* ① (*kill*) ■**to ~ sb/an animal** jdn/ein Tier ertränken; (*cause to die*) ■**to be ~ed** ertrinken; **to look like a ~ed rat** (*fam*) pudelnass sein *fam* ② (*cover*) ■**to ~ sth** etw überfluten; ***he ~s his food in ketchup*** (*fig*) er tränkt sein Essen in Ketchup ③ (*make inaudible*) ■**to ~ sth** etw übertönen ▸ PHRASES: **a ~ing man will clutch at a straw** (*prov*) ein Ertrinkender klammert sich an jeden Strohhalm; **to ~ one's sorrows in drink** seinen Kummer [*o* seine Sorgen] im Alkohol ertränken **II.** *vi* ① (*die*) ertrinken ② (*fig fam: have too much*) **to ~ in sth** in etw *dat* ertrinken *fig*
◆**drown out** *vt* ■**to ~ out ↔ sth** etw übertönen; ■**to ~ out ↔ sb** jdn niederschreien [*o* übertönen]
drowse [draʊz] *vi* dösen *fam*, dämmern
drowsily ['draʊzɪli] *adv* schläfrig
drowsiness ['draʊzɪnəs] *n no pl* Schläfrigkeit *f*; **to cause** ~ müde [*o* schläfrig] machen
drowsy ['draʊzi] *adj* schläfrig; (*after waking up*) verschlafen
drub <-bb-> [drʌb] *vt* ■**to ~ sb/sth** ① (*hit or beat repeatedly*) jdn/etw verprügeln ② (*fam: defeat thoroughly*) jdn/etw vernichtend schlagen
drubbing ['drʌbɪŋ] *n usu sing* (*fam*) ① SPORTS (*defeat*) Niederlage *f*; **to get** [*or* **receive**] **a severe** ~ eine schwere Niederlage erleiden *fam* ② (*beating*) [Tracht *f*] Prügel, Abreibung *f fam*; **to give sb a** ~ jdm eine Tracht Prügel verpassen; **to be given a ~ by sb** von jdm [eine Tracht] Prügel beziehen; **to take a** ~ Prügel beziehen [*o* einstecken] *fam*
drudge [drʌdʒ] **I.** *n* Kuli *m pej*, Arbeitstier *nt fig, oft pej* **II.** *vi* schuften *fam*, sich *akk* [ab]plagen [*o* abrackern] *fam*
drudgery ['drʌdʒəri, AM -əi] *n no pl* Schufterei *f fam*, Plackerei *f fam*
drug [drʌg] **I.** *n* ① (*medicine*) Medikament *nt*, Arznei *f*, Arzneimittel *nt*; **to be on/take ~s** [**for sth**] Medikamente [gegen etw *akk*] [ein]nehmen ② (*narcotic*) Droge *f*, Rauschgift *nt*; **controlled ~s** illegale Drogen; **dangerous ~s** gesundheitsgefährdende Drogen; **to be on** [*or fam* **do**] [*or* **take**] **~s** Drogen nehmen, drogensüchtig [*o* rauschgiftsüchtig] sein ③ (*fig: something addictive*) Droge *f fig* **II.** *vt* <-gg-> ① MED (*sedate*) ■**to ~ sb** jdm Beruhigungsmittel verabreichen; **to be ~ged to the eyeballs** (*fam*) mit Medikamenten vollgepumpt sein *fam* ② (*secretly*) ■**to ~ sb** jdn unter Drogen setzen
drug abuse *n* Drogenmissbrauch *m* **drug addict** *n* Drogenabhängige(r) *f(m)*, Drogensüchtige(r) *f(m)* **drug addiction** *n no pl* Drogenabhängigkeit *f*, Drogensucht *f* **drug baron** *n esp* BRIT Drogenboss *m* **drug charge** *n* Anklage *f* wegen Drogenbesitzes; **to be on ~s** wegen Drogenbesitzes angeklagt sein **drug company** *n* Arzneimittelhersteller *m* **drug consumption** *n no pl* Drogenkonsum *m* **drug culture** *n* Drogenszene *f* **drug dealer** *n* Drogenhändler(in) *m(f)*, Dealer(in) *m(f)* **drug dependency** *n no pl* Drogenabhängigkeit *f*
drugged [drʌgd] *adj pred* ■**to be** ~ ① MED (*sedated*) betäubt sein ② (*with illegal substances*) unter Drogen stehen
druggie ['drʌgi] **I.** *n* (*pej sl: heroin addict*) Fixer(in) *m(f) fam*; (*user of hashish or marijuana*) Kiffer(in) *m(f) sl*; (*cocain addict*) Kokser(in) *m(f) sl* **II.** *n modifier* (*attitude, boyfriend, talk*) Fixer- *sl*; ~ **haze** Drogennebel *m*; ~ **world** Drogenszene *f*
druggist ['drʌgɪst] *n* AM (*pharmacist*) Apotheker(in) *m(f)*
druggy ['drʌgi] *adj* (*sl*) auf Trip *sl*, auf Drogen *nach n*
drug lord *n* AM Drogenboss *m* **drug manufacturer** *n* Arzneimittelhersteller *m* **drug overdose** *n* Überdosis *f* Drogen **drug peddler** *n* (*pej fam*), **drug pusher** *n* (*pej fam*), **drugs dealer** *n* BRIT Drogenhändler(in) *m(f)*, Dealer(in) *m(f)* **drugs overdose** *n* BRIT Überdosis *f* Drogen **drug squad** *n*, **drugs squad** *n* BRIT Drogenfahndung *f* **drugstore** *n* AM Drogerie *f* **drug taking** *n no pl* Einnahme *f* von Drogen **drug testing** *n no pl* Drogentest *m* **drug therapy** *n* medikamentöse Behandlung **drug traffic** *n* Drogenhandel *m* **drug trafficker** *n* Drogenhändler(in) *m(f)* **drug trafficking** *n no pl* Drogenhandel *m* **drug user** *n* Drogenabhängige(r) *f(m)*
druid ['dru:ɪd] *n* Druide *m*
drum [drʌm] **I.** *n* ① MUS Trommel *f*; **bass** ~ Basstrommel *f*; **beat of a** ~ Trommelschlag *m*; **bongo** ~ Bongotrommel *f*; **roll of ~s** Trommelwirbel *m*; **snare** ~ kleine Trommel, Militärtrommel *f*; **steel** ~ Steeldrum *f*; ■~**s** *pl* (*drum kit*) Schlagzeug *nt* ② (*sound*) ~ **of hooves** Pferdegetrappel *nt* ③ (*for storage*) Trommel *f*; **oil** ~ Ölfass *nt*; ~ **of pesticide** Pestizidbehälter *m* ④ (*machine part*) Trommel *f* ⑤ (*ear drum*) Trommelfell *nt* ▸ PHRASES: **to bang** [*or* **beat**] **the ~ [for sb/sth]** [für jdn/etw] die [Werbe]trommel rühren *fam* **II.** *vi* <-mm-> ① MUS trommeln; (*on a drum kit*) Schlagzeug spielen ② (*strike repeatedly*) ■**to ~ on sth** auf etw *akk* trommeln; ***she ~med impatiently on the table*** sie trommelte ungeduldig [mit den Fingern] auf den Tisch; ***the rain ~med loudly on the tin roof*** der Regen trommelte laut auf das Blechdach **III.** *vt* <-mm-> (*fam*) ① (*make noise*) **to ~ one's fingers [on the table]** [mit den Fingern] auf den Tisch trommeln ② (*repeat*) ■**to ~ sth into sb** jdm etw einhämmern *fam*
◆**drum out** *vt* ■**to ~ sb out of sth** [*or* **out sb from sth**] jdn aus etw *dat* ausstoßen, jdn [mit Schimpf und Schande] aus etw *dat* jagen; **to ~ sb out of office** jdn hinauswerfen *fam*
◆**drum up** *vt* (*fam*) **to ~ up business** Geschäfte anbahnen; **to ~ up clients** Kunden auftreiben; **to ~ up enthusiasm** Begeisterung entfachen *geh*; **to ~ up support for sb/sth** Unterstützung für jdn/etw suchen [*o* organisieren]
drumbeat *n* Trommelschlag *m* **drum brake** *n* TRANSP Trommelbremse *f* **drumhead** **I.** *n* MUS [Trommel]fell *nt*, Schlagfell *nt fachspr* **II.** *adj attr, inv* provisorisch; ~ **court martial** Standgericht *nt* **drum kit** *n esp* BRIT Schlagzeug *nt* **drum machine** *n* Trommelsynthesizer *m*, Drum Machine *f* **drum major** *n* Tambourmajor *m* **drum majorette** *n esp* AM Tambourmajorin *f*
drummer ['drʌməʳ, AM -ɚ] *n* ① MUS Trommler(in) *m(f)*; (*playing the drums*) Schlagzeuger(in) *m(f)* ② *esp* AM (*dated: travelling salesman*) Vertreter(in) *m(f)*, Handlungsreisende(r) *f(m) fachspr*
drum roll *n* Trommelwirbel *m* **drum set** *n* AM (*drum kit*) Schlagzeug *nt* **drumstick** *n* ① MUS Trommelstock *m*, Trommelschlegel *m* ② FOOD Keule *f*, Schlegel *m* SÜDD, ÖSTERR
drunk [drʌŋk] **I.** *adj* ① (*inebriated*) betrunken; ***he was charged with being ~ and disorderly*** er wurde wegen Erregung öffentlichen Ärgernisses durch Trunkenheit angeklagt; ~ **driving** Trunkenheit *f* am Steuer; ~ **and disorderly** betrunken und öffentliches Ärgernis erregend; **to be ~ as a lord** [*or* **skunk**] (*fam*) total blau [*o* voll] sein *fam*; **to be blind** [*or fam* **dead**] ~ stockbetrunken *fam* sein [*o sl* stockbesoffen]; **to get** ~ sich *akk* betrinken; **to be/get ~ on sth** von etw *dat* betrunken sein/werden; (*fig*) **punch** ~ betäubt, benommen ② (*fig: overcome*) trunken *poet*; ■**to be ~ with sth** trunken vor etw *dat* sein; **to be ~ with joy** freudetrunken [*o* trunken vor Freude] sein *poet*; **to be ~ with success** vom Erfolg berauscht sein *poet* **II.** *n* (*pej*) ① (*person*) Betrunkene(r) *f(m)*; (*addicted drinker*) Trinker(in) *m(f)* ② (*fam: drinking spree*) **to be/go on a** ~ eine Kneipentour machen *fam* **III.** *vt, vi pp of* **drink**
drunkard ['drʌŋkəd, AM -ɚd] *n* (*pej*) Betrunkene(r) *f(m)*; (*addicted drinker*) Trinker(in) *m(f)*
drunken ['drʌŋkᵊn] *adj attr* (*pej*) ① *person* betrunken, versoffen *sl*; ~ **bum** (*fam*) versoffener Penner *sl*, Trunkenbold *m veraltend fam* ② (*involving alcohol*) ~ **brawl** Streit *m* zwischen Betrunkenen; ~ **driving** AM LAW Trunkenheit *f* am Steuer; ~ **orgy** Trinkgelage *nt meist hum*, Saufgelage *nt pej fam*; **in a ~ stupor** im Vollrausch
drunkenly ['drʌŋkᵊnli] *adv* betrunken
drunkenness ['drʌŋkᵊnnəs] *n no pl* ① (*state*) Betrunkenheit *f* ② (*addiction*) Trunksucht *f*
dry [draɪ] **I.** *adj* <-ier, -iest *or* -er, est> ① (*not wet*) trocken; ***the kettle has boiled ~*** das ganze Wasser im Kessel ist verdampft; **to be [as] ~ as a bone, to be bone-~** (*fam*) knochentrocken [*o* staubtrocken] sein *fam*; ~ **bread** trockenes Brot; **to go** ~ austrocknen ② *hair, skin* trocken ③ *river, well, pond* ausgetrocknet; **to go** [*or* **run**] ~ austrocknen; **to run** ~ *source* versiegen ④ METEO trocken; *climate also* niederschlagsfrei; *soil also* dürr ⑤ (*lacking lubrication*) trocken; ~ **cough** trockener Husten; ~ **throat** trockene Kehle ⑥ (*without alcohol*) alkoholfrei; ~ **bar** Bar *f* ohne Alkoholausschank; ~ **party** Fest *nt* ohne alkoholische Getränke; ~ **state** Staat *m* mit Alkoholverbot ⑦ (*not sweet*) *drink* trocken; *wine also* herb ⑧ (*pej: uninteresting*) *speech, writing* trocken, nüchtern; (*cold*) kühl; **as ~ as dust** sterbenslangweilig, stinklangweilig *fam* ⑨ (*approv: understated*) trocken; ~ **[sense of] humour** [*or* AM **humor**]/**wit** trockener Humor ▸ PHRASES: **to bleed sb** ~ jdn ausnehmen; **to come up** ~ AM erfolglos sein; **to run** ~ unproduktiv werden **II.** *n* <*pl* dries *or* -s> ① (*inside*) ■**the** ~ das Trockene; ***come into the ~*** komm ins Trockene ② (*drought*) Dürre *f* ③ AM (*fam: prohibitionist*) Prohibitionist(in) *m(f)*, Alkoholgegner(in) *m(f)* **III.** *vt* <-ie-> ■**to ~ sth** etw trocknen; *fruit, meat* etw dörren; (*dry out*) etw austrocknen; (*dry up*) etw abtrocknen; ~ ***your eyes!*** hör auf zu weinen!, wisch dir die Tränen ab!; **to ~ the dishes** [das Geschirr] abtrocknen; **to ~ flowers** Blumen trocknen; **to ~ one's hands** sich *dat* die Hände abtrocknen; **to ~ the laundry** die Wäsche trocknen; ■**to ~ oneself** sich *akk* abtrocknen **IV.** *vi* <-ie-> ① (*lose moisture*) trocknen; **to put sth out to** ~ etw zum Trocknen raushängen ② (*dry up*) abtrocknen ③ THEAT (*fam: forget one's lines*) stecken bleiben
◆**dry off** **I.** *vt* ■**to ~ off ↔ sb/sth/oneself** jdn/etw/sich *akk* abtrocknen **II.** *vi* trocknen
◆**dry out** **I.** *vi* ① (*become moistureless*) austrocknen ② (*stop drinking*) *alcoholic* trocken werden *fam*; (*sober up*) *drunk person* ausnüchtern **II.** *vt* ■**to ~ sth ↔ out** etw austrocknen; (*leave to dry*) etw trocknen [lassen]
◆**dry up** **I.** *vi* ① (*become dry*) austrocknen; *source, spring, well* versiegen ② (*dry the dishes*) abtrocknen ③ (*evaporate*) *liquid* trocknen ④ (*fig: stop talking*) den Faden verlieren; (*on stage*) stecken bleiben *fam* ⑤ (*fig: run out*) *funds* schrumpfen; *source* versiegen *fig*; *supply* ausbleiben;

conversation versiegen *fig* **II.** *vt* ■**to ~ up** ↻ **sth** ❶ *(after washing-up)* etw abtrocknen ❷ *(dry out)* etw austrocknen **III.** *interj (fam!: shut up!)* halt die Klappe! *sl*

dryad [ˈdraɪæd] *n* Dryade *f meist pl,* Waldnymphe *f*

dry cell *n* ELEC Trockenelement *nt fachspr,* Trockenzelle *f fachspr* **dry cell battery** *n* Trockenbatterie *f fachspr* **dry-clean** *vt* ■**to ~ sth** etw chemisch reinigen; *'~ only'* ,chemisch reinigen' **dry cleaner's** *n* Reinigung *f* **dry cleaning** *n no pl* [chemische] Reinigung **dry dock** *n* Trockendock *nt;* **to be in ~** im Trockendock liegen

dryer [ˈdraɪəʳ, AM -ɚ] *n* ❶ *(for laundry)* [Wäsche]trockner *m* ❷ *(for hair)* Fön *m;* *(overhead)* Trockenhaube *f*

dry-eyed *adj* trockenen Auges *geh* **dry fly** *n (in fishing)* Trockenfliege *f* **dry-fly fishing** *n no pl* Fischen *nt* mit Trockenfliegen **dry goods** *npl* AM *(haberdashery)* Kurzwaren *pl;* *(drapery)* Stoffe *pl,* Textilwaren *pl* **dry ice** *n no pl* Trockeneis *nt*

drying [ˈdraɪɪŋ] *n,* **drying up** *n no pl of dishes* Abtrocknen *nt*

dry land *no pl n* Festland *nt;* **to be back on ~** wieder festen Boden unter den Füßen haben

dryly [ˈdraɪli] *adv* trocken

dry measure *n* Trockenmaß *nt*

dryness [ˈdraɪnəs] *n no pl* ❶ *(not wetness)* Trockenheit *f* ❷ *(drought)* Dürre *f* ❸ *of alcohol* Trockenheit *f* ❹ *(pej: tedium, monotony)* Nüchternheit *f,* Trockenheit *f*

dry rot *n no pl* ❶ *(in timber)* Hausschwamm *m,* Holzschwamm *m* ❷ *(in plants)* Trockenfäule *f* **dry run** *n* MIL Trockenübung *f;* *(fig)* Probe *f;* THEAT Generalprobe *f* **dry-shod** **I.** *adj* mit trockenen Schuhen **II.** *adv* trockenen Fußes *geh* **drystone wall** *n* BRIT Trockensteinmauer *f*

DSc *n abbrev of* **Doctor of Science** Dr.rer.nat.

DSC [ˌdiːesˈsiː] *n* BRIT *abbrev of* **Distinguished Service Cross** *Auszeichnung für besondere Dienste*

DSO [ˌdiːesˈəʊ] *n* BRIT *abbrev of* **Distinguished Service Order** *Auszeichnung für besondere Verdienste*

DTI [ˌdiːtiːˈaɪ] *n* ECON, FIN *abbrev of* **Department of Trade and Industry** *see* **department 2**

D to A converter *n* COMPUT *abbrev of* **digital to analog converter** Digital-Analog-Umsetzer *m*

DTP [ˌdiːtiːˈpiː] *n abbrev of* **desktop publishing** DTP *nt*

DTs [ˌdiːˈtiːz] *npl (fam) abbrev of* **delirium tremens**

D-type flip-flop *n* COMPUT Einheit *f* mit bistabiler Schaltung

dual [ˈdjuːəl, AM *esp* ˈduːəl] *adj attr, inv (double)* doppelte(r,s), Doppel-; *(two different)* zweierlei; ***his visit had a ~ function*** mit seinem Besuch bezweckte er zweierlei; **~ ownership** ECON Miteigentümerschaft *f,* Teilhaberschaft *f;* **~ role** Doppelrolle *f*

dual carriageway *n* BRIT ≈ Schnellstraße *f (Straße mit jeweils zwei Fahrbahnen in jede Richtung, getrennt durch Mittelstreifen)* **dual citizenship** *n* doppelte Staatsbürgerschaft [*o* Staatsangehörigkeit] **dual controls** *npl* AUTO doppelte Bedienungsvorrichtung *(bei Fahrschulwagen);* AVIAT Doppelsteuerung *f* **dual currency accounting** *n* EU doppelte Währungsbuchhaltung **dual currency bond** *n* FIN Doppelwährungsanleihe *f* **dual currency phase** *n* EU Doppelwährungsphase *f* **dual-deck** *adj* **~ CD recorder** Doppeldeck *nt* **dualfuel** *n* mit zwei verschiedenen Brennstoffen *nach n*

dualism [ˈdjuːəlɪzᵊm, AM *esp* ˈduːᵊl-] *n no pl (form)* Dualismus *m*

dualist [ˈdjuːəlɪst, AM ˈduː] **I.** *n* Dualist(in) *m(f)* **II.** *adj inv* dualistisch

dualistic [ˌdjuːəˈlɪstɪk, AM ˌduː] *adj inv* dualistisch

duality [djuˈæləti, AM duˈæləṭi, dju-] *n (form)* Dualität *f geh*

dual listing *n* STOCKEX Notierung *f* einer Aktie an zwei Börsen

dual nationality *n* doppelte Staatsbürgerschaft [*o* Staatsangehörigkeit], Doppelstaatsbürgerschaft **dual personality** *n* gespaltene Persönlichkeit

dual pricing *n* FIN räumliche Preisdifferenzierung

dual-purpose *adj attr* zweifach verwendbare(r,s); ***a ~ treatment to fight dandruff and restore damaged hair*** ein Shampoo gegen Schuppen und zugleich eine Kur für geschädigtes Haar

dub¹ <-bb-> [dʌb] *vt* ❶ *(confer knighthood)* **to ~ sb a knight** jdn zum Ritter schlagen ❷ *(fig: give sb a name)* ■**to ~ sb [as] sth** jdn etw nennen

dub² [dʌb] *n no pl* ❶ MUS *Musikstil aus der Karibik mit ungewöhnlichem Rhythmus* ❷ LIT *moderne Poesie mit einem an die karibische Musik angelehnten Rhythmus*

dub³ <-bb-> [dʌb] *vt* ■**to ~ sth** *film* etw synchronisieren; **to ~ sth into English** etw ins Englische übersetzen

◆**dub in** *vt* ■**to ~ sth** ↻ **in** in etw einspielen; *(copy a recording)* etw überspielen

◆**dub over** **I.** *vi* unterlegen **II.** *vt usu passive* ■**to be ~bed over** unterlegt sein; *voice* synchronisiert sein

dubbed [dʌbd] *adj film* synchronisiert; **to be ~bed into English** ins Englische übersetzt sein

dubbin [ˈdʌbɪn] *n no pl* Lederfett *nt*

dubbing [ˈdʌbɪŋ] *n* ❶ FILM Synchronisation *f* ❷ *no pl (dubbin)* Lederfett *nt*

dubious [ˈdjuːbiəs, AM *esp* ˈduː-] *adj* ❶ *(pej: questionable, doubtful)* zweifelhaft, ungewiss; **~ claims** fragwürdige Behauptungen; **~ distinction/honour** [*or* AM **honor**] fragwürdige Auszeichnung/Ehre ❷ *(untrustworthy)* dubios *geh,* fragwürdig, zweifelhaft; *(ambiguous)* fragwürdig, zweifelhaft; **~ characters/methods** zweifelhafte Charaktere/Methoden; **~ undertaking** bedenkliches Unternehmen ❸ *(unsure, doubtful)* unsicher; ***I'm still a bit ~*** ich habe immer noch Zweifel; **to have a ~ expression on one's face** zweifelnd dreinschauen; **to be/feel ~ about sth** *(doubt)* an etw *dat* zweifeln; *(doubtful)* **to be/feel ~ about** [*or* **as to**] **whether ...** bezweifeln, ob ...; *(be unsure)* sich *dat* nicht sicher sein, ob/was/wo ..., noch nicht wissen [*o* sich *dat* unschlüssig [darüber] sein], ob/was/wo ...; ***he was ~ about where he should go on holiday*** er ist sich noch unschlüssig, wohin er in Urlaub fahren sollte

dubiously [ˈdjuːbiəsli, AM ˈduː-] *adv* fragwürdig; **to say sth ~** etw zweifelnd sagen

ducal [ˈdjuːkᵊl, AM *esp* ˈduː-] *adj inv* herzoglich, Herzogs-

ducat [ˈdʌkət] *n (hist)* Dukaten *m*

duchess <*pl* -es> [ˈdʌtʃɪs] *n* Herzogin *f*

duchy [ˈdʌtʃi] *n* Herzogtum *nt*

duck [dʌk] **I.** *n* ❶ *(bird)* Ente *f* ❷ *no pl (meat)* Ente *f,* Entenfleisch *nt;* **Peking ~** Pekingente *f* ❸ SPORTS *(in cricket)* **to be out for** [*or* **to make**] **a ~** keinen Punkt erzielen; **to break a ~** den ersten Punkt erzielen ❹ *no pl* BRIT *(dated fam)* Schatz *m fam,* Schätzchen *nt fam* ▶ PHRASES: **sth is water off a ~'s <u>back</u> to sb** etw perlt [*o* prallt] an jdm ab *fig;* **to have one's ~s in a <u>row</u>** AM bereit sein; **to take to sth like a ~ to <u>water</u>** *(fam)* bei etw *dat* gleich in seinem Element sein; ***he took to fatherhood like a ~ to water*** er war der geborene Vater **II.** *vi* ❶ *(lower head)* **to ~ [down]** sich *akk* ducken; **to ~ [down] out of sight** sich *akk* ducken, um nicht gesehen zu werden ❷ *(plunge)* **to ~ in** [*or* **under**] **water** [unter]tauchen ❸ *(hide quickly)* sich *akk* verziehen *fam,* verschwinden; **to ~ out of sight** sich *akk* verstecken **III.** *vt* ❶ *(lower quickly)* **to ~ one's head** den Kopf einziehen; **to ~ one's head in** [*or* **under**] **water** den Kopf unter Wasser tauchen ❷ *(avoid)* ■**to ~ sth** etw *dat* ausweichen; ***he managed to ~ the blows*** es gelang ihm, den Schlägen auszuweichen; *(fig)* ■**to ~ sth** etw *dat* ausweichen; *(shirk)* sich *akk* vor etw *dat* drücken *fam;* **to ~ one's duties/responsibility** sich *akk* vor seinen Pflichten/vor der Verantwortung drücken; **to ~ an issue** einer Frage ausweichen

◆**duck out** *vi (fam)* ■**to ~ out [of sth]** sich *akk* [vor etw *dat*] drücken

duck à l'orange [ˌdʌkɑːlə'rɔ̃(ŋ)ʒ] *n* Ente *f* à l'orange **duck-billed platypus** *n* Schnabeltier *nt*

duckboards *npl* Lattenrost *m*

duckie *n, adj see* **ducky**

ducking [ˈdʌkɪŋ] *n no pl* [Unter]tauchen *nt;* ***the boat turned over and we all got a ~*** das Boot kenterte und wir wurden alle bis auf die Haut nass; **to give sb a ~** jdn untertauchen [*o* tunken] **ducking stool** *n (hist)* Tauchstuhl *m hist*

duckling [ˈdʌklɪŋ] *n* ❶ *(animal)* Entenküken *nt,* Entlein *nt,* Entchen *nt* ❷ *(meat)* junge Ente

ducks [dʌks] *n* BRIT *(dated fam)* Schatz *m fam,* Schätzchen *nt fam*

ducks and drakes *n Spiel, bei dem man Steine über die Wasseroberfläche springen lässt* **duck soup** *n no pl* AM *(fam: an easy task)* **to be ~ [for sb]** [für jdn] ein Kinderspiel sein **duckweed** *n no pl* Wasserlinse *f,* Entengrün *nt,* Entengrütze *f*

ducky [ˈdʌki] *(dated)* **I.** *n* BRIT *(fam)* Schatz *m fam,* Schätzchen *nt fam* **II.** *adj esp* AM *(fam: charming)* entzückend; *(excellent)* toll *fam,* super *fam*

duct [dʌkt] *n* ❶ *(pipe)* [Rohr]leitung *f,* Rohr *nt;* **air ~** Luftkanal *m,* Luftschacht *m* ❷ ANAT Kanal *m,* Gang *m;* **ear ~** Gehörgang *m;* **tear ~** Tränenkanal *m*

ductile [ˈdʌktaɪl, AM *esp* -tɪl] *adj (spec)* duktil *fachspr;* *(bendable also)* verformbar; *(stretchable also)* dehnbar

ductless gland [ˌdʌktləsˈ-] *n* ANAT, MED endokrine Drüse *fachspr*

dud [dʌd] *(fam)* **I.** *n* ❶ *(bomb)* Blindgänger *m;* *(non-funtioning object)* **to be a ~** nicht funktionieren; ***this pen is a ~*** dieser Füller taugt nichts ❷ *(failure)* Reinfall *m fam* ❸ *(person)* Versager *m,* Niete *f fam,* Blindgänger *m sl* ❹ *(clothes)* ■**~s** *pl (fam)* Klamotten *pl* ❺ *(fam: banknote)* Blüte *f fam* **II.** *adj inv* ❶ *(useless, worthless)* schlecht, mies ❷ *(forged)* gefälscht, falsch; **~ cheque** gefälschter Scheck; *(bouncing)* ungedeckter [*o fam* fauler] Scheck

dude [duːd] *n esp* AM *(fam)* ❶ *(smartly dressed urbanite)* feiner Pinkel *pej fam* ❷ *(fellow, chap)* Typ *m fam,* Kerl *m fam;* ***hey, ~, how's it going?*** na, wie geht's, Mann? *fam* **dude ranch** *n* AM Ferienranch *f*

dudgeon [ˈdʌdʒᵊn] *n no pl (form)* Empörung *f,* Verärgerung *f;* **in ~** aufgebracht, wütend; **in high ~** äußerst empört

due [djuː, AM *esp* duː] **I.** *adj inv* ❶ *pred* ECON, FIN *(payable) bill, loan* fällig; ***our loan is ~ for repayment on August 1*** wir müssen unser Darlehen bis zum 1. August zurückzahlen; **~ bills** *(actual bills)* fällige Rechnungen *pl;* *(debts owing)* Schuldanerkenntnis *nt,* Zahlungsverpflichtung *f;* **~ date** Fälligkeitstermin *m,* Fälligkeitstag *m;* **to fall ~** fällig werden, zu zahlen sein ❷ *pred (rightly owing)* ■**to be ~ to sb** jdm zustehen; ***our thanks are ~ to everyone who gave so generously*** unser Dank gilt allen großzügigen Spendern ❸ *pred (entitled to)* ■**sb is ~ sth** jdm steht etw zu; ***I'm still ~ seven days paid holiday*** mir stehen immer noch sieben Tage bezahlter Urlaub zu; **to be ~ money from sb** von jdm noch Geld zu bekommen haben ❹ *attr (appropriate)* gebührend, angemessen; **without ~ care and attention** BRIT, AUS LAW fahrlässig; ***he was found by the court to have been driving without ~ care and attention*** das Gericht befand ihn des fahrlässigen Verhaltens im Straßenverkehr für schuldig; **with ~ care/caution** mit der nötigen Sorgfalt/Vorsicht; **after ~ consideration** nach reiflicher Überlegung; **with ~ diligence** mit der erforderlichen Sorgfalt; **with [all] ~ respect** bei allem [gebotenen] Respekt; **to treat sb with the respect ~ to him/her** jdn mit dem nötigen Respekt behandeln ❺ *pred (expected)* fällig; ***what time is the next bus ~ [to arrive/leave]?*** wann kommt/fährt der nächste Bus?; ***we're not ~ to arrive for another two hours*** wir kommen erst in zwei Stunden an; ***their baby is ~ in January*** sie erwarten ihr Baby im Januar; ***when are you ~?*** wann ist es denn soweit? ❻ *attr (form)* **in ~ course** zu gegebener Zeit; **at the ~ time** zur rechten Zeit; **the ~ process of the law** ordnungsgemäßes [*o* ordentliches] Verfahren ❼ *(because of)* ■**~ to sth** wegen [*o* auf Grund] einer S. *gen;* **~ *to circumstances beyond***

our control … auf Grund unvorhersehbarer Umstände …; ■**to be** ~ **to sb/sth** jdm/etw zuzuschreiben sein; ***it is*** ~ ***to him that we have to start all over again*** seinetwegen müssen wir wieder ganz von vorne anfangen; ***it is*** ~ ***to her that we won the big order*** wir haben es ihr zu verdanken, dass wir den großen Auftrag bekommen haben **II.** *n* ① *(fair treatment)* ***she feels that equal pay for equal work is simply her*** ~ sie hält gleiche Bezahlung für gleiche Arbeit einfach nur für gerecht [*o* recht und billig]; **to give sb his/her** ~ jdm Gerechtigkeit widerfahren lassen *geh;* ***to give her her*** ~ ***she worked under very difficult conditions*** man muss fairerweise zugeben, dass sie unter sehr schwierigen Bedingungen gearbeitet hat ② *(fees)* ■**~s** *pl* Gebühren *pl; of members* [Mitglieds]beitrag *m;* **annual ~s** Jahresbeitrag *m* ③ *(debts)* ■**~s** *pl* Schulden *pl;* *(obligations)* Verpflichtungen *pl;* **to pay one's ~s** *(meet debts)* seine Schulden bezahlen; *(meet obligations)* seinen Verpflichtungen nachkommen; *(undergo hardship for collective goal)* seine Schuldigkeit tun **III.** *adv inv, before adv* ~ **north** genau [*o* direkt] nach Norden

duel ['dju:əl, AM *esp* 'du:-] **I.** *n* ① *(hist: formal fight)* Duell *nt hist;* **to challenge sb to a** ~ jdn zum Duell fordern; **to fight a** ~ ein Duell austragen; **to fight a** ~ **over sb** sich *akk* wegen einer Person *gen* duellieren ② *(struggle)* Duell *nt geh;* ~ **of wits** intellektueller Schlagabtausch; ~ **of words** Wortgefecht *nt,* Rededuell *nt;* **to be locked in a** ~ **for sth** verbissen um etw *akk* kämpfen **II.** *vi* <BRIT -ll- *or* AM *usu* -l-> *(hist)* sich *akk* duellieren *hist*

dueling *adj* AM *see* **duelling**

duelist *n* AM *see* **duellist**

duelling ['dju:əlɪŋ], AM **dueling** [*esp* 'du:-] *adj attr, inv* sich *akk* bekämpfend, in Fehde liegend *geh*

duellist ['dju:əlɪst], AM **duelist** [*esp* 'du:-] *n* ① *(hist)* Duellant *m hist* ② *(person in close contest)* Gegner *m*

duet [dju'et, AM *esp* du'-] *n (for instruments)* Duo *nt;* *(for voices)* Duett *nt*

duff [dʌf] **I.** *adj* BRIT *(fam)* mies *pej fam* **II.** *n* AM *(fam)* Hintern *m fam;* **get off your** ~ beweg deinen Hintern *sl* **III.** *vt* AUS ■**to** ~ **animals** *Tiere stehlen und mit neuen Brandzeichen versehen;* ■**to** ~ **sb** jdn bescheißen [*o* abzocken] *sl;* ■**to** ~ **sth** etw abzocken *sl,* sich *dat* etw ergaunern *(indem man Preisschilder vertauscht oder das Aussehen eines Gegenstandes so verändert, dass er billiger erscheint)*

◆**duff up** *vt* BRIT *(fam)* ■**to** ~ **sb** ↔ **up** jdn zusammenschlagen *fam*

duffel bag ['dʌfᵊl,-] *n* Matchbeutel *m;* NAUT Seesack *m* **duffel coat** *n* Dufflecoat *m*

duffer ['dʌfəʳ, AM -ɚ] *n (dated)* Dummkopf *m pej;* **to be a** ~ **at physics** eine Niete in Physik sein *fam*

dug [dʌg] **I.** *pt, pp of* **dig II.** *n usu pl* Zitze *f*

dugout *n* ① MIL Schützengraben *m* ② SPORTS *(in football)* überdachte Trainerbank; AM *(in baseball)* überdachte Spielerbank ③ AM, AUS *(canoe)* Einbaum *m*

duh [dʊ] *interj* AM [ja] klar, sicher; ***well,*** ~ na, klar

DUI [ˌdi:ju:'aɪ] BRIT LAW *abbrev of* **driving under the influence** Trunkenheit *f* am Steuer

duke [dju:k, AM du:k] *n* Herzog *m*

dukedom ['dju:kdəm, AM 'du:k-] *n* ① *no pl (rank)* Herzogswürde *f* ② *(land)* Herzogtum *nt*

dulcet ['dʌlsɪt] *adj attr (liter)* wohlklingend, angenehm

dulcimer ['dʌlsɪməʳ, AM -ɚ] *n* Hackbrett *nt,* Zimbal *nt*

dull [dʌl] **I.** *adj* ① *(pej: boring)* langweilig, eintönig, fade; **as** ~ **as ditchwater** stinklangweilig *sl;* ~ **life** eintöniges Leben; ~ **routine** stumpfsinnige Routine; **deadly** [*or* **terribly**] ~ todlangweilig ② ECON, FIN ~ **market** flauer Markt ③ *(not bright, shiny) animal's coat* glanzlos, stumpf; *sky* bedeckt, grau; *weather* trüb; *colour* matt; *light* schwach, trübe, matt; TYPO matt ④ *(indistinct, muted)* dumpf; ~ **ache/thud** dumpfer Schmerz/Schlag ⑤ *esp* AM *(not sharp)* stumpf ⑥ *(dated: not intelligent)* beschränkt *pej;* *(slow-witted)* begriffsstutzig; ~ **pupil** langsamer Schüler **II.** *vt* ■**to** ~ **sth** ① *(lessen)* etw schwächen [*o* trüben]; **to** ~ **the pain** den Schmerz betäuben ② *(desensitize)* etw abstumpfen [*o* stumpf werden lassen]

dullard ['dʌləd, AM -ɚd] *n (pej dated)* Dummkopf *m pej*

dullness ['dʌlnəs] *n no pl* ① *(pej: tedium)* Langweiligkeit *f,* Eintönigkeit *f; of a routine* Stumpfsinn *m* ② ECON, FIN *of market* Flaute *f,* Stagnation *f* ③ METEO Trübheit *f liter* ④ *(of pain)* Dumpfheit *f* ⑤ *of a knife* Stumpfheit *f* ⑥ *(stupidity)* Beschränktheit *f pej;* *(slow-wittedness)* Begriffsstutzigkeit *f pej;* *(apathy)* Stumpfsinnigkeit *f;* *(sluggishness)* Trägheit *f*

dullsville ['dʌlzvɪl] *n no pl esp* AM *(pej fam)* **to be** ~ todlangweilig sein

dully ['dʌlli] *adv* ① *(pej: boringly)* langweilig; *play music* ohne Schwung *nach n* ② *(not brightly)* matt, trübe ③ *(not intensely) feel, ache* dumpf

duly ['dju:li, AM *esp* 'du:-] *adv inv* ① *(appropriately)* gebührend, in angemessener Weise; ***he*** ~ ***apologized*** er entschuldigte sich gebührend ② *(puntually)* pünktlich; *(straightaway)* prompt; *(at the expected time)* wie erwartet

dumb [dʌm] *adj inv* ① *(mute)* stumm; **deaf and** ~ taubstumm ② *(tongue-tied)* stumm, sprachlos; ***she was struck*** ~ ***with amazement/fear*** es verschlug ihr vor Staunen/Angst die Sprache; ~ **approval** stillschweigende Zustimmung ③ *(pej fam: stupid)* dumm, blöd *fam,* doof *fam;* ***are they brave or just*** ~***?*** ist das jetzt Mut oder einfach nur Dummheit?; **to act** [*or* **play**] ~ sich *akk* dumm stellen *fam*

◆**dumb down** *esp* AM **I.** *vt (usu pej fam: make easy)* ■**to** ~ **sth** ↔ **down** etw vereinfachen [*o* verflachen] *(das geistige Niveau so weit herunterschrauben, daß eine breite Masse erreicht wird);* ***they told him to*** ~ ***down his message*** sie legten ihm nahe, sich einfacher auszudrücken **II.** *vi (usu pej fam: become easier)* immer simpler werden; *(become superficial) newspaper* immer seichter werden

dumbbell *n* ① SPORTS Hantel *f* ② AM *(pej fam: dummy)* Dummkopf *m pej*

dumbed-down [ˌdʌmd'daʊn] *adj attr* vereinfacht, verflacht

dumbfound *vt* ■**to** ~ **sb** jdn verblüffen [*o* sprachlos machen] **dumbfounded** *adj* sprachlos, verblüfft

dumbly ['dʌmli] *adv inv* stumm

dumbness ['dʌmnəs] *n no pl* ① *(inability to speak)* Stummheit *f* ② *(stupidity)* Dummheit *f,* Blödheit *f fam*

dumbo <*pl* -s> ['dʌmbəʊ, AM boʊ] *n* Dummkopf *m pej*

dumbshow *n no pl esp* BRIT *(fam)* Zeichensprache *f;* **to use** ~ sich *akk* der Zeichensprache bedienen

◆**dumbsize** *vt* ■**to** ~ **sth** ↔ **down** *company* die Belegschaft derartig reduzieren, daß nicht mehr effektiv gearbeitet werden kann **dumbstricken** *adj,* **dumbstruck** *adj* sprachlos, verblüfft **dumb terminal** *n* COMPUT nichtprogrammierbare Datenstation **dumb waiter** *n* Speiseaufzug *m,* stummer Diener **dum-dum** *n,* **dum-dum bullet** *n* Dumdum[geschoss] *nt* **dumfound** *vt see* **dumbfound**

dummy ['dʌmi] **I.** *n* ① *(mannequin)* Schaufensterpuppe *f;* *(crash test ~)* Dummy *m;* *(doll)* [**ventriloquist's**] ~ [Bauchredner]puppe *f;* **to stand there like a stuffed** ~ *(fam)* wie ein Ölgötze dastehen *pej fam* ② *(substitute)* Attrappe *f* ③ BRIT, AUS *(for baby)* Schnuller *m* ④ *(pej: fool)* Dummkopf *m pej* ⑤ CARDS *(in bridge)* Strohmann *m* ⑥ LAW Gesetzesvorlage *f* in erster Lesung **II.** *adj attr, inv (duplicate)* nachgemacht; *(not real)* unecht; *(false)* falsch; ~ **ammunition** Übungsmunition *f;* *(blank cartridge)* Platzpatronen *fpl* **III.** *vi* AM *(fam)* ■**to** ~ **up** dichthalten *fam,* kein Sterbenswörtchen sagen *fam*

dummy run *n esp* BRIT ① MIL Übung *f* ② *(tryout, rehearsal)* Probe *f;* *(of apparatus)* Probelauf *m*

dump [dʌmp] **I.** *n* ① *(for rubbish)* Müll[ablade]platz *m;* *(fig, pej: messy place)* Dreckloch *nt fam;* *(badly run place)* Sauladen *m pej fam* ② *(storage place)* Lager *nt,* Depot *nt;* **ammunition** ~ Munitionslager *nt* ③ COMPUT Speicherabzug *m fachspr* ④ *(fam!: faeces)* Scheiße *f derb;* **to have** [*or* **take**] **a** ~ ein Ei legen *derb* **II.** *vt* ① *waste* ■**to** ~ **sth** *(unload)* etw abladen; *(deposit)* etw abstellen; *(throw away)* etw wegwerfen; ***toxic chemicals continue to be*** ~***ed in the North Sea*** es werden nach wie vor giftige Chemikalien in die Nordsee gekippt ② *(put down carelessly)* ■**to** ~ **sth** etw hinknallen *fam;* *(fam: leave)* etw lassen; ***where can I*** ~ ***my coat?*** wo kann ich meinen Mantel lassen?; **to** ~ **sth on the table/in the corner** etw auf den Tisch/in die Ecke knallen *fam* ③ *(fam: abandon)* ■**to** ~ **sth** *plan, project* etw fallen lassen; *sth unwanted* etw loswerden, sich *akk* einer S. entledigen *gen;* ***the criminals*** ~***ed the car and fled on foot*** die Verbrecher entledigten sich des Autos und flohen zu Fuß ④ *(fam: leave sb)* ■**to** ~ **sb** jdn verlassen *fig,* jdm den Laufpass geben *fam* ⑤ COMPUT ■**to** ~ **sth** etw ausgeben *fachspr* ⑥ ECON *(sell)* ■**to** ~ **sth on sb** etw an jdn verschleudern [*o* zu Schleuderpreisen an jdn verkaufen] **III.** *vi* ① *(fam!: defecate)* scheißen *derb* ② *esp* AM *(fam: treat unfairly)* ■**to** ~ **on sb** jdn fertig machen *fam,* auf jdm herumtrampeln *fig fam;* *(sl)* etw auf jdn abladen; *(disparage, condemn)* ■**to** ~ **on sb/sth** jdn/etw schlecht machen *fam,* jdn/etw in den Schmutz ziehen, über jdn/etw herziehen *fam*

dumper ['dʌmpəʳ] *n* ① AUS *(in surfing)* Brecher *m,* Riesenwelle *f* ② BRIT *(truck)* Kipper *m*

dumper truck *n* BRIT Kipper *m*

dumping ['dʌmpɪŋ] *n no pl* ECON Dumping *nt fachspr*

dumping ground *n* Müll[ablade]platz *m* **dumping price** *n* ECON Dumpingpreis *m*

dumpling ['dʌmplɪŋ] *n* Knödel *m,* Kloß *m*

dumps [dʌmps] *npl (fam)* Niedergeschlagenheit *f kein pl;* **to be** [**down**] **in the** ~ niedergeschlagen [*o sl* down] sein

Dumpster® ['dʌmpstɚ] *n* AM *(container)* Container *m*

dump truck *n* AM *(dumper truck)* Kipper *m*

dumpy ['dʌmpi] *adj* untersetzt, pummelig *fam*

dun¹ [dʌn] *adj inv* graubraun

dun² [dʌn] **I.** *vt* <-nn-> ■**to** ~ **sb** jdn mahnen; **to be ~ned for one's debts** wegen Schulden verfolgt werden, die Schuldeneintreiber am Hals haben *fam* **II.** *n* Zahlungsaufforderung *f,* Mahnung *f*

dunce [dʌns] *n (pej: poor pupil)* schlechter Schüler, schlechte Schülerin; *(stupid person)* Dummkopf *m pej;* **to be a** ~ **at sth** schlecht [*o* eine Niete] in etw *dat* sein

dunce cap *n esp* AM, **dunce's cap** *n (hist) Spotthut, der schlechten Schülern aufgesetzt wurde, meistens aus Papier bestand und die Aufschrift ‚ich bin ein Esel' trug*

dunderhead ['dʌndəhed, AM -dɚ-] *n (pej dated fam)* Dummkopf *m pej,* Schwachkopf *m pej*

dunderheaded *adj* dumm, einfältig

dune [dju:n, AM *esp* du:n] *n* Düne *f*

dune buggy *n* Strandbuggy *m*

dung [dʌŋ] *n no pl* Dung *m*

dungarees [ˌdʌŋgə'ri:z] *npl esp* BRIT *(overall)* Latzhose *f;* AM *(denim trousers)* Jeans[hose] *f*

dungeon ['dʌndʒᵊn] *n* Verlies *nt,* Kerker *m;* *(fig: dark place)* Loch *nt pej sl*

dunghill *n* Misthaufen *m;* *(fig, pej: disagreeable place)* Loch *nt pej sl*

dunk [dʌŋk] **I.** *vt* ① *(dip into)* ■**to** ~ **sth in sth** etw in etw *akk* [ein]tunken DIAL [*o* [ein]tauchen] ② *(in basketball)* **to** ~ **the ball** *einen Punkt mit einem Wurf direkt in den Korb erzielen, bei dem die Hände über dem Rand bleiben* **II.** *n* **to go for a** ~ *(fam)* eintauchen, schwimmen gehen

dunno [də'nəʊ, AM -'noʊ] *(sl)* = **don't know** *see* **know**

dunny ['dʌni] *n* AUS *(fam)* Klo *nt fam*

duo ['dju:ə(ʊ), AM 'du:oʊ, 'dju:-] *n* ① *(pair)* Duo *nt* ② MUS *(duet)* Duett *nt,* Duo *nt*

duodena [ˌdju:ə(ʊ)'di:nə, AM ˌdu:ə'-, ˌdju:-] *n pl of* **duodenum**

duodenal [ˌdju:ə(ʊ)'di:nᵊl, AM ˌdu:ə'-, ˌdju:-] *adj inv* MED Zwölffingerdarm-, duodenale(r,s) *fachspr;* ~

ulcer Zwölffingerdarmgeschwür *nt*

duodenum <*pl* -na *or* -s> [ˌdjuːə(ʊ)ˈdiːnəm, AM ˌduːə'-, ˌdjuːə'-, *pl* -nə] *n* Zwölffingerdarm *m*, Duodenum *nt fachspr*

dupe [djuːp, AM *esp* duːp] **I.** *n* (*tricked person*) Betrogene(r) *f(m)*, Gelackmeierte(r) *f(m) hum fam*; (*victim*) Opfer *nt* **II.** *vt usu passive* ■**to be ~d** betrogen werden; ***they were ~d by drug smugglers into carrying heroin for them*** sie wurden von Drogenschmugglern als Heroinkuriere benutzt, ohne dass sie sich dessen bewusst waren

duple ['djuːpl̩, AM 'duː] *adj inv* MUS doppelt, zweifach

duplex ['djuːpleks, AM *esp* 'duː-] **I.** *n* <*pl* -es> ① AM, AUS Doppelhaus *nt* ② AM (*flat having two floors*) Maisonette[wohnung] *f* **II.** *adj* doppelt, Doppel-

duplicate **I.** *vt* ['djuːplɪkeɪt, AM *esp* 'duː-] ① (*replicate*) ■**to ~ sth** eine zweite Anfertigung von etw *dat* machen; (*repeat an activity*) etw noch einmal machen; ***parenthood is an experience that nothing else can ~*** (*fig*) die Erfahrung, Vater oder Mutter zu sein, kann durch nichts ersetzt werden ② (*copy*) etw nachmachen; (*photocopy*) etw kopieren; **to ~ a device** ein Gerät nachbauen **II.** *vi of a bookkeeping entry* ■**to ~ with sth** miteinander übereinstimmen **III.** *adj* ['djuːplɪkət, AM 'duː-] *attr, inv* Doppel-, Zweit-; **~ key** Nachschlüssel *m* **IV.** *n* ['djuːplɪkət, AM 'duː-] Duplikat *nt*, Zweitschrift *f*, Kopie *f*; *of a document* Zweitausfertigung *f*, Zweitschrift *f*; **~ [of a] receipt** Quittungsduplikat *nt*; **in ~** in zweifacher [*o* doppelter] Ausfertigung

duplicate bridge *n Bridgeart, bei der das Spiel mit derselben Kartenverteilung, aber mit anderen Spielern wiederholt wird*

duplicating ['djuːplɪkeɪtɪŋ, AM 'duːplɪkeɪt̬-] *n no pl* ECON, FIN Kopieren *nt*

duplicating machine *n* Kopiergerät *nt*, Kopierer *m fam* **duplicating paper** *n* Saugpostpapier *nt*, Matrizenpapier *nt*

duplication [ˌdjuːplɪ'keɪʃᵊn, AM *esp* ˌduː-] *n no pl* Verdoppelung *f*; **~ of work** doppelte Arbeit

duplicator ['djuːplɪkeɪtəʳ, AM 'duːplɪkeɪt̬ɚ, 'djuː-] *n* Kopiergerät *nt*, Kopierer *m fam*

duplicitous [djuː'plɪsɪtəs, AM duː'plɪsət̬əs] *adj* doppelzüngig *pej*

duplicity [djʊ'plɪsəti, AM duː'plɪsət̬i, djuː-] *n no pl* (*pej form: speech*) Doppelzüngigkeit *f pej*; (*action*) falsches [*o* doppeltes] Spiel, Doppelspiel *nt*

durability [ˌdjʊərə'bɪləti, AM ˌdʊrə'bɪlət̬i, ˌdjʊr-] *n no pl* ① (*endurance*) Dauerhaftigkeit *f*, Dauer *f* ② *of a product* Haltbarkeit *f*; *of a machine* Lebensdauer *f*

durable ['djʊərəbl̩, AM 'dʊrə-, 'djʊrə-] *adj* ① (*hard-wearing*) strapazierfähig, haltbar ② (*long-lasting*) dauerhaft; **~ goods** langlebige Gebrauchsgüter; **~ peace** dauerhafter Friede

duration [ˌdjʊ(ə)'reɪʃᵊn, AM ˌdʊ'-, ˌdjʊ'-] *n no pl* Dauer *f*; *of a film* Länge *f*; **a stay of two years' ~** ein zweijähriger Aufenthalt; **for the ~** (*until this situation ends*) bis zum Ende; (*dated: until the war ends*) für die Dauer des Krieges; ***I suppose we're stuck with each other for the ~*** sieht so aus als müssten wir es bis auf weiteres miteinander aushalten

duress [djʊ'res, AM *esp* dʊ'-] *n no pl* (*form*) Zwang *m*, Nötigung *f*; **under ~** unter Zwang

Durex® ['djʊəreks] *n* BRIT Gummi *m sl*, Kondom *nt*

during ['djʊərɪŋ, AM 'dʊr-, 'djʊr-] *prep* ① (*in time of*) während +*gen*; **~ *World War Two*** während des Zweiten Weltkriegs ② (*weekdays*) **~ the week** während [*o* unter] der Woche

durned [dɜrnd] *adj, adv esp* AM (*rare*) *see* **darn² II, III**

dusk [dʌsk] *n no pl* [Abend]dämmerung *f*; **~ *is falling*** es dämmert; **after/at ~** nach/bei Einbruch der Dunkelheit

dusky ['dʌski] *adj* ① (*dark-hued*) dunkel; **~ blue** dunkelblau ② (*usu pej! dated: dark-skinned*) dunkelhäutig

dust [dʌst] **I.** *n no pl* Staub *m*; **coal ~** Kohlenstaub *m*; **particle of ~** Staubpartikel *nt*; **to collect** [*or* **gather**] **~** Staub ansammeln; **to be covered in ~** staubbedeckt [*o* staubig] sein; *furniture, objects* völlig verstaubt sein ▸ PHRASES: **to throw ~ in sb's eyes** jdm Sand in die Augen streuen *fig*; **to allow the ~ to settle, to let the ~ settle, to wait till the ~ has settled** [ab]warten, bis sich die Wogen wieder geglättet haben; **to bite the ~** ins Gras beißen *fig fam*; **to eat sb's ~** AM (*fam*) von jdm abgehängt werden *fam*; ***eat my ~!*** versuch' mitzuhalten, wenn du kannst!; **to leave sb/sth in the ~** etw/jdn weit übertreffen; **to lick the ~** im Staub kriechen *fig*; **to not see sb for [the] ~** blitzschnell abhauen *fam*; **to turn to ~** (*liter*) zu Staub werden *fig liter* **II.** *vt* ① (*clean*) ■**to ~ sth** *objects, furniture* etw abstauben; *rooms, buildings* in etw *dat* Staub wischen ② (*spread over finely*) ■**to ~ sth [with sth]** etw [mit etw *dat*] bestäuben; (*using grated material*) etw [mit etw *dat*] bestreuen; **to ~ crops** Getreide bestäuben; **to ~ sth with insecticide** etw mit einem Schädlingsbekämpfungsmittel besprühen **III.** *vi* Staub wischen

◆**dust down** *vt* BRIT, AUS ① (*return to use*) ■**to ~ sth ↔ down** etw wieder benutzen ② (*fam: criticize*) ■**to ~ down ↔ sb** jdn zusammenstauchen *fam*

◆**dust off** *vt* ■**to ~ sth ↔ off** ① (*dust*) etw entstauben [*o* abstauben] ② (*return to use*) etw wieder benutzen

dustball *n* AM (*fam*) Wollmaus *f hum* **dustbin** *n esp* BRIT Mülleimer *m*; (*big container*) Mülltonne *f* **dustbin liner** *n esp* BRIT Müllbeutel *m* **dustbin lorry** *n* BRIT Müllwagen *m* **dust bowl** *n* Trockengebiet *nt*; ■**the Dust Bowl** (*hist*) die Dust Bowl (*Gebiet der USA, in dem um 1930 große Trockenheit und Bodenerosion herrschte, was einen Massenexodus zur Folge hatte*) **dust bunny** *n* AM (*fam*) Wollmaus *f hum* **dustcart** *n* BRIT Müllwagen *m* **dust cloth** *n* AM Staubtuch *nt* **dust-coat** *n* Kittel *m* **dust cover** *n* (*for furniture*) Schonbezug *m*; (*for devices*) Abdeckhaube *f*; (*on a book*) Schutzumschlag *m*; (*for clothes*) Staubschutz *m kein pl*

duster ['dʌstəʳ, AM -ɚ] *n* Staubtuch *nt*; **feather ~** Staubwedel *m*

dusting ['dʌstɪŋ] *n no pl* ① (*layer*) Schicht *f*, [dünner] Belag [*o* Überzug]; ***there was a ~ of snow on the lawn*** auf dem Rasen lag eine dünne Schneeschicht ② (*cleaning*) Staubwischen *nt*, Abstauben *nt*; **to give sth a ~** *objects, furniture* etw abstauben; *rooms, buildings* in etw *dat* Staub wischen

dust jacket *n* Schutzumschlag *m* **dustman** *n* BRIT Müllmann *m* **dust mop** *n* Staubbesen *m* **dustpan** *n* Schaufel *f*; **~ and brush** Schaufel *f* und Besen *m* **dust sheet** *n* BRIT Staubdecke *f* **dust storm** *n* Staubsturm *m* **dust-up** *n* (*fam*) ① (*fight*) Schlägerei *f* ② (*dispute*) Krach *m fam*, Streit *m*

dusty ['dʌsti] *adj* ① (*covered in dust*) staubig; *objects, furniture* verstaubt ② (*colour*) stumpf, matt; **~ brown** graubraun; **~ pink** altrosa ③ (*unexciting*) trocken, uninteressant ④ BRIT (*brusque*) **~ answer** schroffe Antwort

Dutch [dʌtʃ] **I.** *adj* holländisch, niederländisch **II.** *n* ① *no pl* (*language*) Holländisch *nt*, Niederländisch *nt* ② (*people*) ■**the ~** *pl* die Holländer [*o* Niederländer] *pl* **III.** *adv* **to go ~** getrennte Kasse machen

Dutch cap *n* BRIT Pessar *nt* **Dutch courage** *n no pl* (*fam*) angetrunkener Mut; **to give oneself ~** sich *dat* Mut antrinken **Dutch elm disease** *n no pl* Ulmensterben *nt* **Dutchman** *n* Holländer *m*, Niederländer *m* ▸ PHRASES: **if … I'm a ~** BRIT wenn …, [dann] bin ich der Kaiser von China **Dutch oven** *n* AM Schmortopf *m* **Dutch treat** *n no pl* (*fam*) *Unternehmung in der Gruppe, bei der getrennte Kasse gemacht wird* **Dutchwoman** *n* Holländerin *f*, Niederländerin *f*

dutiable ['djuːtiəbl̩, AM 'duːt̬i-, 'djuːt̬i-] *adj inv* zollpflichtig

dutiful ['djuːtɪfᵊl, AM 'duːt̬ɪ-, 'djuːt̬ɪ-] *adj* ① *person* pflichtbewusst; (*obedient*) gehorsam ② *act* pflichtschuldig; ***after the speech, there were a few ~ cheers*** nach der Rede gab es ein paar lahme Jubelrufe *fam*

dutifully ['djuːtɪfᵊli, AM 'duːt̬ɪ-, 'djuːt̬ɪ-] *adv* pflichtbewusst; (*obediently*) gehorsam

duty ['djuːti, AM 'duːt̬i, 'djuːt̬i] **I.** *n* ① *no pl* (*obligation*) Pflicht *f*, Verpflichtung *f*; (*moral responsibility*) Schuldigkeit *f*, Pflicht *f*; ***he has a ~ to visit his mother more than once a year*** er ist moralisch verpflichtet, seine Mutter öfter als nur einmal im Jahr zu besuchen; ***you have a ~ to yourself to take a holiday now and then*** du bist es dir schuldig, hin und wieder Urlaub zu nehmen; **to do sth out of ~** etw aus Pflichtbewusstsein tun; **to do one's ~** seine Pflicht tun; **to do one's ~ by sb** jdm gegenüber seine Pflicht erfüllen [*o* tun]; **to entrust sb with a ~** (*form*) jdn mit einer Aufgabe betrauen; **to make it one's ~ to do sth** es sich *dat* zur Pflicht machen, etw zu tun ② (*task, function*) Aufgabe *f*, Pflicht *f* ③ *no pl* (*work*) Dienst *m*; **night ~** Nachtdienst *m*; **point ~** Verkehrsdienst *m*; **to do ~ for sb** jdn vertreten, für jdn einspringen; **to report for ~** sich *akk* zum Dienst melden; **to be suspended from ~** vom Dienst suspendiert sein; **on/off ~** im/nicht im Dienst; **to be off ~** [dienst]frei haben; **to be on ~** Dienst haben; **to come/go on ~** seinen Dienst antreten ④ (*revenue*) Zoll *m* (**on** auf +*akk*); **customs duties** Zollabgaben *pl*; **to be free of ~** zollfrei sein; **to pay ~ on sth** etw verzollen **II.** *n modifier* (*nurse, officer*) diensthabende(r,s)

duty-bound *adj* ■**to be ~ to do sth** verpflichtet sein, etw zu tun; **to feel [oneself] ~ to do sth** sich *akk* verpflichtet fühlen, etw zu tun **duty call** *n* Pflichtbesuch *m*, Höflichkeitsbesuch *m* **duty-free** **I.** *adj* zollfreì **II.** *n* ■**~s** *pl* zollfreie Waren **duty-free shop** *n* Duty-free-Shop *m* **duty of care** *n* LAW Sorgfaltspflicht *f* **duty-rated** *adj* COMPUT bezogen auf die Nutzleistung **duty roster** *n* Dienstplan *m* **duty sergeant** *n* Polizeibeamte(r) *f(m)* vom Dienst **duty solicitor** *n* LAW abrufbereiter Pflichtverteidiger im Magistrates' Court

duvet ['djuːveɪ, 'duː-, AM duː'veɪ, djuː'-] *n esp* BRIT Steppdecke *f*; (*with down also*) Daunendecke *f*

duvet cover *n esp* BRIT Bettbezug *m*

DV [ˌdiː'viː] *n abbrev of* **digital video** DV *nt*

DVD [ˌdiːviː'diː] *abbrev of* **digital video disk** **I.** *n* DVD *f* **II.** *n modifier* (*film*) DVD-, auf DVD *nach n*

DVD player *n* DVD-Player *m*

DVLA [ˌdiːviːel'eɪ] *n no pl abbrev of* **Driver and Vehicle Licensing Agency** Kfz-Steuer- und Führerscheinbehörde *f*

dwarf [dwɔːf, AM dwɔːrf] **I.** *n* <*pl* -s *or* dwarves> ① (*small person*) Zwerg(in) *m(f)* ② (*imaginary creature*) Zwerg *m* **II.** *n modifier* (*conifer, lemur, hippo*) winzige(r,s) *attr*, Zwerg- **III.** *vt* ■**to ~ sb/sth** jdn/etw überragen; (*fig*) jdn/etw in den Schatten stellen *fig*

dwarf star *n* ASTRON Zwerg[stern] *m fachspr*

dwarves [dwɔːvz, AM dwɔːrvz] *n pl of* **dwarf**

dweeb [dwiːb] *n* AM (*sl*) Schwachkopf *m fam*

dwell <dwelt *or* -ed, dwelt *or* -ed> [dwel] *vi* (*form*) wohnen, leben; ■**to ~ with sb** bei jdm wohnen

◆**dwell on** *vi*, **dwell upon** *vi* ■**to ~ on** [*or* **upon**] **sth** bei etw *fig* verweilen *geh*; **to ~ on** [*or* **upon**] **a subject** auf einem Thema herumreiten *sl*

dweller ['dweləʳ, AM -ɚ] *n* (*form*) Bewohner(in) *m(f)*

dwelling ['dwelɪŋ] *n* (*form*) Wohnung *f* **dwelling house** *n* Wohnhaus *nt*

dwelt [dwelt] *pp, pt of* **dwell**

DWI [ˌdiːˌdʌblјuː'aɪ] *n* AM *abbrev of* **driving I**

dwindle ['dwɪndl̩] *vi* abnehmen, schwinden *geh*; (*numbers*) zurückgehen; *money, supplies* schrumpfen; ***the circulation has ~d to 5,000*** die Auflage ist auf 5000 gesunken

dwindling ['dwɪndl̩ɪŋ] *adj* schwindende(r,s) *attr geh*, Schwund-, abnehmende(r,s) *attr*; *number* sinkende(r,s)

dyad ['daɪæd] *n see* **doublet**

dyadic operation [daɪ'ædɪk-] *n* COMPUT dyadische Operation

D

dye [daɪ] **I.** *vt* ■**to ~ sth** etw färben **II.** *n* Färbemittel *nt*, Farbstoff *m;* (*for hair*) Haarfärbemittel *nt*

dyed-in-the-wool *adj attr, inv* Erz-, durch und durch; ~ **prejudices** tief sitzende Vorurteile; **a ~ reactionary** ein unverbesserlicher [*o* eingefleischter] Reaktionär; ~ **opinions** [*or* **views**] unbeugsame Ansichten

dyer [daɪəʳ, AM daɪɚ] *n* Färber(in) *m(f)*

dyestuff [ˈdaɪstʌf] *n* Farbstoff *m* **dye-works** *n* Färberei *f*

dying [ˈdaɪɪŋ] *adj attr, inv* ① *person, animal* sterbend; (*fig: failing*) hoffnungslos, nicht mehr zu rettende(r,s); (*fig: becoming less important*) aussterbend; ~ ***traditions*** fast verschwundene Bräuche ② (*when sb dies*) **to my ~ day** bis an mein Lebensende; **sb's ~ words** jds letzte Worte

dyke [daɪk] *n* ① (*wall*) Deich *m*, Damm *m* ② (*drainage channel*) [Abfluss]graben *m*, Kanal *m* ③ (*pej! sl: lesbian*) Lesbe *f fam*

dynamic [daɪˈnæmɪk] *adj* ① (*energetic, forceful*) dynamisch ② *attr, inv* MUS dynamisch *fachspr* ③ *attr* PHYS dynamisch *fachspr*

dynamically [daɪˈnæmɪkli] *adv* dynamisch

dynamics [daɪˈnæmɪks] *n* ① *no pl* PHYS Dynamik *f fachspr;* (*in sciences*) **atmospheric ~** atmosphärische Dynamik *fachspr;* **chemical ~** chemische Dynamik *fachspr;* **population ~** Bevölkerungsdynamik *f fachspr* ② (*fig*) *of change, growth* Dynamik *f;* **group ~** Gruppendynamik *f* ③ MUS Dynamik *f fachspr*

dynamism [ˈdaɪnəmɪzᵊm] *n no pl* ① (*quality*) Dynamik *f* ② PHILOS Dynamismus *m fachspr*

dynamite [ˈdaɪnəmaɪt] **I.** *n no pl* ① (*explosive*) Dynamit *nt* ② (*fig fam: sth potentially shocking, dangerous*) Dynamit *nt fig*, Zündstoff *m fig;* **political ~** politischer Zündstoff; **to be ~** brisant sein ③ (*fig fam: sth/sb fantastic, sensational*) **to be ~** eine Wucht sein *sl* **II.** *vt* ■**to ~ sth** etw mit Dynamit sprengen **III.** *n modifier* (*fig fam*) explosiv

dynamo [ˈdaɪnəməʊ, AM -moʊ] *n* ① *esp* BRIT (*generator*) Dynamo *m;* *of a car* Lichtmaschine *f* ② (*fig: person*) Energiebündel *nt fam*

dynastic [dɪˈnæstɪk, AM daɪˈ-] *adj inv* dynastisch

dynasty [ˈdɪnəsti, AM ˈdaɪ-] *n* Dynastie *f*

d'you [dʒuː, djuː, dʒə, djə] (*fam*) = **do you** *see* **do**

dysentery [ˈdɪsᵊntᵊri, AM -teri] *n no pl* Ruhr *f*, Dysenterie *f fachspr*

dysfunction [dɪsˈfʌŋ(k)ʃᵊn] *n* ① MED Funktionsstörung *f* ② TECH Störung *f*, Defekt *m*

dysfunctional [dɪsˈfʌŋ(k)ʃᵊnᵊl] *adj* ① MED funktionsgestört ② *esp* SOCIOL gestört; ~ **family** gestörte Familie, Problemfamilie *f*

dyslexia [dɪˈsleksiə] *n no pl* Legasthenie *f*

dyslexic [dɪˈsleksɪk] *adj* legasthenisch

dyspepsia [dɪˈspepsiə] *n no pl* MED Verdauungsstörung *f*, Dyspepsie *f fachspr*

dyspeptic [dɪˈspeptɪk] **I.** *adj* ① *inv* MED dyspeptisch *fachspr;* ~ **disorders** Verdauungsstörungen *fpl* ② (*fig liter: pessimistic*) pessimistisch; (*bad-tempered*) missgestimmt *geh* **II.** *n* MED Dyspeptiker(in) *m(f) fachspr*, Verdauungsstörungen *pl*

E

E <*pl* -'s>, **e** <*pl* -'s *or* -s> [iː] *n* ① (*letter*) E *nt*, e *nt;* ~ **for Edward** [*or* AM **as in Easy**] E für Emil; *see also* **A 1.** ② MUS E *nt*, e *nt;* ~ **flat** Es *nt*, es *nt;* ~ **sharp** Eis *nt*, eis *nt;* *see also* **A 2.** ③ (*school mark*) ≈ Fünf *f*, ≈ mangelhaft; *see also* **A 3.**

e- *in compounds* INET, COMPUT e-, elektronisch

E¹ *n* ① FIN **Table ~** Mustersatzung *f* des Companies Act; **Schedule ~** [zu versteuernde] Einkünfte aus nicht selbstständiger Arbeit ② LAW ~ **list** *Liste der Häftlinge, bei denen Ausbruchsgefahr besteht*

E² [iː] **I.** *n* ① *no pl abbrev of* **east** O ② (*fam: drug*) *abbrev of* **ecstasy** Ecstasy *f;* **to do** [*or* **take**] ~ Ecstasy nehmen [*o sl* einwerfen] **II.** *vi* (*sl: to take ecstasy*) Ecstasy nehmen **III.** *adj abbrev of* **eastern**

each [iːtʃ] **I.** *adj attr, inv* jede(r,s); ***he shook the hand of ~ man he saw*** er schüttelte jedem, den er sah, die Hand; ***it's about 500 miles ~ way to my parent's house*** zum Wohnort meiner Eltern sind es ungefähr 500 Meilen in eine Richtung; **~ and every house/person** jedes einzelne Haus/jeder Einzelne; **~ and every one of us** jede(r) Einzelne von uns; ~ ***one of the books*** jedes einzelne Buch; **~ one of you** jede(r) Einzelne von euch **II.** *part* ① (*every person*) jede(r,s); ***we have invited 50 guests and ~ is supposed to bring a date with them*** wir haben 50 Gäste eingeladen, die alle in Begleitung kommen sollen; **they/we etc. ~ …** jede(r) von ihnen/uns/ihnen etc. …; ***give the kids ~ one piece of candy*** gib jedem Kind ein Bonbon; ***they ~ have their own personality*** jeder von ihnen hat seine eigene Persönlichkeit; ***we ~ wanted the bedroom with the window*** wir wollten alle das Schlafzimmer mit dem Fenster; ***he gave us ~ $100 to spend as we like*** er gab jeder von uns 100 Dollar zur freien Verfügung; ***he said he loved ~ of his five wives in different ways*** er sagte, er liebte jede seiner fünf Frauen auf andere Weise; **~ of us** jede(r) von uns ② (*every thing*) jede(r,s); ***the cows were milked and ~ was sent out to graze afterwards*** die Kühe wurden gemolken und danach alle wieder auf die Weide geschickt; ***there are five leaflets — please take one of ~*** hier sind fünf Broschüren — nehmen Sie bitte von jeder eine; ~ ***of the five satellites have their own orbit*** jeder der fünf Satelliten hat seine eigene Umlaufbahn ▶ PHRASES: ~ **to his** [*or* **their**] **own** BRIT jedem das Seine **III.** *adv inv* ***the bill comes to £79, so that's about £10 ~*** die Rechnung beläuft sich auf 79 Pfund, das sind dann für jeden ungefähr 10 Pfund; ***give the kids one cookie ~ and then no more sweets until after dinner*** gib jedem Kindern ein Keks, und dann keine Süßigkeiten mehr bis nach dem Abendessen; ***those toy cars cost $3.50 ~*** die Spielzeugautos kosten 3,50 Dollar das Stück

each other *part after vb* einander; ***the couple looked at ~ and smiled*** die beiden sahen einander an und lächelten; ***they're always wearing ~'s clothes*** sie tauschen immer die Kleidung; ***why are you arguing with ~?*** warum streitet ihr euch?; **to be made for ~** füreinander bestimmt sein

each-way BRIT **I.** *adj inv* auf Sieg oder Platz; ~ **bet** Sieg- oder Platzwette *f;* ***I put a £10 ~ bet on Yogi Bear*** ich habe 10 Pfund auf Sieg oder Platz für Yogi Bear gesetzt **II.** *adv inv* **to bet ~** auf Sieg oder Platz setzen

eager <-er, -est *or* more ~, most ~> [ˈiːgəʳ, AM -ɚ] *adj* ① (*hungry*) begierig; ■**to be ~ for sth** auf etw *akk* begierig sein, nach etw *dat* gierig sein; ***the crowd were ~ for blood*** die Menge wollte Blut sehen ② (*enthusiastic*) eifrig, einsatzfreudig; ■**to be ~ to do sth** (*keen*) etw unbedingt tun wollen, darauf erpicht sein, etw zu tun *geh;* (*trying hard*) eifrig bemüht sein, etw zu tun; **to be ~ to learn** lernbegierig [*o* lerneifrig] sein ③ (*expectant*) *face, eyes* erwartungsvoll; ~ **anticipation** gespannte Erwartung

eager beaver *n* (*fam*) Arbeitstier *nt oft pej*

eagerly [ˈiːgəli, AM -ɚ-] *adv* ① (*hungrily*) [be]gierig ② (*enthusiastically*) eifrig ③ (*expectantly*) **to be ~ awaited** mit Spannung erwartet werden

eagerness [ˈiːgənəs, AM -ɚ-] *n no pl* Eifer *m;* ~ **to learn** Lerneifer *m*, Lernbegierde *f;* ~ **to succeed** Erfolgswille *m;* **to have** [*or* **show**] **no ~ for sth** (*not want to do*) nicht erpicht auf etw *akk* sein; (*not be enthusiastic*) sich *akk* nicht für etw *akk* begeistern, für etw *akk* keine Begeisterung zeigen

eagle [ˈiːgl] *n* Adler *m*

eagle eye *n* Adlerauge *nt;* **to have an ~** Adleraugen haben **eagle-eyed** *adj* scharfsichtig; ■**to be ~** Adleraugen haben

ear¹ [ɪəʳ, AM ɪr] *n* ANAT Ohr *nt;* **~, nose and throat specialist** Hals-Nasen-Ohren-Arzt, Hals-Nasen-Ohren-Ärztin *m, f*, HNO-Arzt, HNO-Ärztin *m, f;* **to have good ~s** gute Ohren [*o* ein feines Gehör] haben; **to grin/smile from ~ to ~** von einem Ohr zum anderen grinsen/strahlen *fam* ▶ PHRASES: **to be up to one's ~s in debt/work** bis über die Ohren in Schulden/Arbeit stecken; **to have** [*or* **keep**] **an ~ to the ground** auf dem Laufenden bleiben [*o* sein]; **to be all ~s** ganz Ohr sein; **to listen with half an ~** [nur] mit halbem Ohr zuhören; **to go in one ~ and out the other** zum einen Ohr hinein- und zum anderen wieder hinausgehen *fam;* **to keep one's ~s open** die Ohren offen halten; **to be out on one's ~** (*fam*) rausgeflogen sein *fam;* [**to give sb**] **a thick ~** *esp* BRIT jdm ein paar hinter die Ohren geben *fam*, jdm eine runterhauen *fam;* **sb's ~s are burning** jdm klingen die Ohren *hum fam;* **to close one's ~s to sth** etw ignorieren; **sb's ~s are flapping** jd spitzt die Ohren *fam;* **to gain the ~ of sb** bei jdm Gehör finden; **to have an ~ for sth** für etw *akk* ein Gehör haben, ein [feines] Ohr für etw *akk* haben; **sb has sth coming out of their ~s** (*fam*) etw hängt jdm zum Hals[e] [he]raus *fam;* **to have the ~ of sb** jds Vertrauen *nt* haben

ear² [ɪəʳ, AM ɪr] *n* AGR Ähre *f*

earache [ˈɪəreɪk, AM ˈɪr-] *n no pl* Ohrenschmerzen *mpl* **earbashing** *n no pl* (*fam*) **to get an ~** einen Anschiss *sl* [*o fam* was zu hören] bekommen; **to give sb an ~** jdm eine Standpauke halten *fam* **eardrops** *npl* Ohrentropfen *mpl* **eardrum** *n* Trommelfell *nt*

eared [ɪəd, AM ɪrd] *adj inv* -ohrig, mit Ohren *nach n*

earflaps *npl* Ohrenschützer *mpl* **earful** *n no pl* (*fam*) ① (*rebuke*) Anschiss *m sl;* **to get an ~** was zu hören *fam* [*o sl* einen Anschiss] bekommen; **to give sb an ~** jdm eine Standpauke halten *fam* ② (*insults*) **to get an ~** eine Flut von Beschimpfungen über sich *akk* ergehen lassen müssen; **to give sb an ~** jdn beschimpfen **earhole** [ˈɪəhəʊl, AM ˈɪrhoʊl] *n* (*fam*) Ohr *nt* **ear infection** *n* Ohrenentzündung *f*

earl [ɜːl, AM ɜːrl] *n* Graf *m*

earldom [ˈɜːldəm, AM ˈɜːrl-] *n* ① (*rank*) Grafenstand *m*, Grafenwürde *f;* **to be awarded an ~** einen Grafentitel verliehen bekommen, in den Grafenstand erhoben werden ② (*lands*) Grafschaft *f*

earlier [ˈɜːliəʳ, AM ˈɜːrliɚ] **I.** *adj comp of* **early** früher; **at an ~ date** früher **II.** *adv comp of* **early** früher; ***we can't deliver the goods ~ than Monday*** wir können nicht vor [*o* frühestens am] Montag liefern; **~ in the day** früher am Tag; **~ on** [**today**] vorhin; ~ [**on**] **this evening/morning** vorhin [heute Abend/Morgen]; ~ [**on**] **this week/year** vor ein paar Tagen/Monaten

earliest [ˈɜːlɪɪst, AM ˈɜːr-] **I.** *adj inv superl of* **early**: ■**the ~ …** der/die/das früheste …; **at the ~ possible date** sobald wie [irgend] möglich; **at the ~** [**possible**] **opportunity** bei der erstbesten Gelegenheit; **sb's ~ years** jds früheste Kindheit **II.** *adv inv superl of* **early** zuerst; ***who arrived ~?*** wer kam als Erster?; ***the ~ I can come is Monday*** ich kann frühestens am Montag kommen; **at the ~** frühestens

earliness [ˈɜːlɪnəs, AM ˈɜːr-] *n no pl* ① (*in good time*) Frühzeitigkeit *f;* ***her ~ in perceiving that her husband had suffered a stroke significantly aided his recovery*** sie erkannte sofort, dass ihr Mann einen Schlaganfall hatte, was wesentlich zu seiner Genesung beitrug ② (*prematureness*) Voreiligkeit *f*

earlobe *n* Ohrläppchen *nt*

early <-ier, -iest *or* more ~, most ~> [ˈɜːli, AM ˈɜːr-] **I.** *adj* ① (*in the day*) früh; ***she usually has an ~ breakfast*** sie frühstückt meistens zeitig; **~ edition** Morgenausgabe *f;* **the ~ hours** die frühen Morgenstunden; **in the ~ morning** am frühen Morgen; **~ morning call** Weckruf *m;* **~ riser** Frühaufsteher(in) *m(f)* ② (*of a period*) früh, Früh-; ***she is in her ~ thirties*** sie ist Anfang dreißig; **in the ~ afternoon** am frühen Nachmittag; **at an ~ age** in jungen Jahren; **from an ~ age** von klein auf; **in the ~ 15th century** Anfang [*o* zu Beginn] des 15. Jahrhunderts; **~ education** Früherziehung *f*, Vorschulerziehung *f;* **to score an ~ goal** ein frühes Tor erzielen; **~ potatoes** Frühkartoffeln *fpl;* **~ returns** erste Wahlergebnisse; **~ Romantic** Frühromantiker(in) *m(f);* **~ stage** Anfangsstadium *nt*, Frühstadium *f* ③ *attr* (*form: prompt*) schnell, baldig; ~ ***payment appreciated*** um baldige Zahlung wird gebeten ❹ (*ahead of expected time*) vorzeitig; (*comparatively early*) [früh]zeitig; ***I took an ~ train home from work today*** ich habe heute nach der Arbeit einen früheren Zug genommen; ***you are ~*** du bist früh dran *fam;* **to have an ~ dinner/lunch** früh zu Abend/Mittag essen; **to have an ~ night** früh schlafen [*o* zu Bett] gehen; ~ **parole** vorzeitige [Haft]entlassung; ~ **retirement** vorzeitiger [*o* vorgezogener] Ruhestand; **to take ~ retirement** vorzeitig in den Ruhestand gehen ❺ *attr* (*first*) erste(r,s), frühe(r,s); **the ~ Christians** die ersten Christen; **the E~ Church** die Urkirche; **the ~ masters** ART die frühen Meister **II.** *adv* ❶ (*in the day*) früh, zeitig; **to get up** [*or* **rise**] ~ früh aufstehen ❷ (*in good time*) vorzeitig; **to arrive** ~ zeitig eintreffen ❸ (*ahead of expected time*) vorzeitig; (*prematurely*) zu früh; (*comparatively early*) [früh]zeitig; ***the plane landed 20 minutes ~*** das Flugzeug landete 20 Minuten früher [als geplant]; **to die** ~ früh sterben ❹ (*of a period*) früh; ***I'll call you ~ next Monday/tomorrow*** ich rufe dich Montag/morgen Vormittag an; ~ [**on**] **in life** früh im Leben; ~ **in the week** Anfang der Woche; ~ **in October** Anfang Oktober; ~ **next week** Anfang nächster Woche

early bird *n* (*hum*) Frühaufsteher(in) *m(f)* ▶ PHRASES: **the ~ catches the worm** (*prov*) Morgenstund hat Gold im Mund *prov* **Early Childhood Education** *n no pl* AM Kleinkindpädagogik *f form* **early-closing day** *n* BRIT ***today is ~*** heute haben die Geschäfte nachmittags geschlossen **early day motion** *n* POL frühzeitiger Antrag [im Unterhaus] **early music** *n* frühe [*o* alte] Musik **early warning** *adj usu attr* Frühwarn-; ~ **system** Frühwarnsystem *nt* **early withdrawal** *n* ECON, FIN Vorschusszinsen *pl*

earmark **I.** *vt usu passive* ❶ (*mark*) ■**to ~ sth** etw kennzeichnen ❷ (*allocate*) ■**to ~ sth for sth** etw für etw *akk* vorsehen [*o* bestimmen]; **to ~ money for sth** Geld für etw *akk* bereitstellen **II.** *n* Kennzeichen *nt,* Merkmal *nt;* ***this has all the ~s of another one of his hare-brained schemes*** das sieht wieder ganz nach einer seiner hirnverbrannten Ideen aus *fam* **earmuffs** *npl* Ohrenschützer *mpl*

earn [ɜːn, AM ɜːrn] **I.** *vt* ❶ (*be paid*) ■**to ~ sth** etw verdienen [*o* einnehmen]; **to ~ one's daily bread** [**as a waiter**] sein Brot [*o fam* seine Brötchen] [als Kellner] verdienen; **to ~ a living** [*or* **one's livelihood**] seinen Lebensunterhalt verdienen ❷ (*yield*) ■**to ~ sb sth** jdm etw einbringen; ***at 10% interest, £10,000 in the bank will ~ you £1,000 a year*** bei 10% Zinsen tragen dir 10.000 Pfund auf der Bank 1.000 Pfund im Jahr ein ❸ (*deserve*) ■**to ~ sth** etw verdienen; ***I feel I've ~ed a few weeks off*** ich glaube, ich habe mir ein paar Wochen Urlaub verdient; ■**to ~ sb sth** jdm etw einbringen; ***the president's speeches ~ed him many friends*** mit seinen Reden hat sich der Präsident viele Freunde gemacht; **to ~ sb nothing but criticism** jdm nichts als Kritik einbringen; **to ~ sb's respect** jds Respekt *m* gewinnen **II.** *vi* verdienen

earned income *n* FIN Arbeitseinkommen *nt;* **wife's ~ allowance** Freibetrag *m* für Erwerbseinkommen der Ehefrau

earner [ˈɜːnəʳ, AM ˈɜːrnɚ] *n* ❶ (*person*) Verdiener(in) *m(f)* ❷ (*fam: income source*) Einnahmequelle *f,* Verdienstquelle *f;* **to be a nice little ~** ganz schön was einbringen *fam*

earnest [ˈɜːnɪst, AM ˈɜːr-] **I.** *adj* ❶ (*serious*) ernst ❷ (*determined*) ernsthaft, ernstlich; ~ **attempt** ernst gemeinter Versuch; ~ **desire** aufrichtiges Verlangen **II.** *n no pl* ❶ (*resolution*) Ernst *m;* **to be in** [**deadly**] ~ es [tod]ernst meinen ❷ (*seriousness*) Ernst *m,* Ernsthaftigkeit *f;* **in ~** (*with seriousness*) ernsthaft; (*completely*) richtig ❸ (*earnest money*) Handgeld *nt*

earnestly [ˈɜːnɪstli, AM ˈɜːr-] *adv* ernsthaft
earnest money *n no pl* AM Handgeld *nt*
earnestness [ˈɜːnɪstnəs, AM ˈɜːr-] *n no pl* Ernst *m,* Ernsthaftigkeit *f;* ***he explained in all ~ that ...*** er behauptete allen Ernstes, dass ...

earning capacity *n* BRIT, **earning power** *n* AM *no pl* ECON, FIN Verdienstmöglichkeiten *fpl*
earning potential *n* ECON, FIN *of person* Erwerbsfähigkeit *f; of share* Ertragsfähigkeit *f*
earning power *n no pl* Ertragskraft *f*
earnings [ˈɜːnɪŋz, AM ˈɜːr-] *npl* ❶ (*salary, wages*) Einkommen *nt,* Verdienst *m; of a business* Ertrag *m;* **attachment of ~** Lohnpfändung *f,* Gehaltspfändung *f;* **immoral ~** (*form*) unehrenhafte Einkünfte *form;* **invisible ~** unsichtbare Einkünfte, Einkünfte *pl* aus unsichtbaren Leistungen ❷ (*income from interest, dividends*) Gewinn *m,* Profit *m,* Ertrag *m;* ~ **per share** Gewinn *m* pro Aktie; ~ **yield** Kurs-Gewinn-Verhältnis *nt;* **gross ~** Bruttoeinkommen *nt,* Bruttoeinnahmen *pl;* **retained ~** einbehaltene Gewinne **earnings credit** *n* AM FIN Bonus *m* auf Kontoführungsgebühren bei Gehaltskonten **earnings per share** *n* AM FIN Gewinn *m* pro Aktie; **fully-diluted ~** Gewinn *m* je Aktie unter Annahme einer Gewinnverbreiterung **earnings-related** *adj inv* einkommensbezogen, verdienstbezogen; ~ **pension** verdienstbezogene [*o* einkommensbezogene] Rente

earphone *n* Kopfhörer *m;* [**a pair of**] **~s** Kopfhörer *m* **earpiece** *n* Hörer *m* **ear-piercing** **I.** *adj* ohrenbetäubend; ~ **scream** markerschütternder Schrei **II.** *n no pl* Ohrlochstechen *nt* **earplug** *n usu pl* Ohrenstöpsel *nt,* Ohropax® *nt kein pl* **earring** *n* Ohrring *m;* **clip-on ~s** Klipps *mpl;* **stud ~** Ohrstecker *m* **earshot** *n no pl* [**with**]**in/out of ~** in/außer Hörweite **ear-splitting** *adj* ohrenbetäubend

earth [ɜːθ, AM ɜːrθ] **I.** *n* ❶ *no pl* (*planet*) Erde *f;* ***how on ~ did this happen?*** wie, um alles in der Welt, konnte das passieren? *fam;* ***nothing on ~ would make me sell my house*** um nichts in der Welt würde ich mein Haus verkaufen; ***nothing on ~ will make me change my mind*** keine Macht der Welt kann mich dazu bringen, meine Meinung zu ändern; **to look like nothing** [**else**] **on ~** wie nicht von dieser Welt aussehen; **what/who/where/why on earth ...** was/wer/wo/warum um alles in der Welt ... *fam;* **on ~** auf Erden *liter o hum* ❷ *no pl* (*soil*) Erde *f,* Boden *m* ❸ *no pl* BRIT, AUS ELEC Erdung *f,* Erdungsleitung *f* ❹ (*of an animal*) Bau *m* ▶ PHRASES: **to bring sb back** [**down**] **to ~** jdn wieder auf den Boden der Tatsachen zurückholen; **to come back** [**down**] **to ~** auf den Boden der Tatsachen zurückkommen; **to be down to ~** (*not pretentious*) ein natürlicher und umgänglicher Mensch sein; (*practical*) mit beiden Beinen fest auf dem Boden stehen; **to charge/cost/pay the ~** BRIT ein Vermögen verlangen/kosten/bezahlen; **to go to ~** BRIT untertauchen; **the ~ moved** (*iron or hum fam*) die Erde bebte *iron* **II.** *vt* BRIT ■**to ~ sth** etw erden

◆**earth up** *vt* ■**to ~ sth** ↺ **up** ❶ (*cover with earth*) etw mit Erde bedecken ❷ AM (*fig: find*) etw ausgraben [*o* finden]; ***wherever did you ~ that up?*** wo hast du denn das ausgegraben?

earthbound *adj* ❶ *inv* (*on earth*) erdgebunden ❷ (*fig: without imagination*) fantasielos, unoriginell ❸ *inv* (*towards earth*) erdwärts **earth color** AM, **earth colour** *n* Erdfarbe *f*

earthen [ˈɜːθᵊn, AM ˈɜːr-] *adj inv* irden
earthenware **I.** *n no pl* Tonwaren *pl,* Steingut *nt* **II.** *n modifier* (*pot, vase*) Steingut-, Ton-, aus Ton; ~ **tile** Keramikkachel *f*
earthiness [ˈɜːθɪnəs, AM ˈɜːr-] *n no pl* ❶ (*honesty*) Ehrlichkeit *f;* (*directness*) Direktheit *f* ❷ (*pej: coarseness*) Derbheit *f,* ungehobeltes Benehmen
earthling [ˈɜːθlɪŋ, AM ˈɜːr-] *n* Erdbewohner(in) *m(f),* Erdling *m hum*
earthly [ˈɜːθli, AM ˈɜːr-] **I.** *adj inv* ❶ (*on Earth*) irdisch, Erden-; **sb's ~ belongings** (*form*) jds irdische Güter; ~ **existence** Erdenleben *nt geh,* irdisches Leben; ~ **paradise** Paradies *nt* auf Erden ❷ (*fam: possible*) möglich; ***there is no ~ reason why ...*** es gibt nicht den geringsten Grund, warum ...; **to not have an ~ chance** [**of doing sth**] nicht die geringste Chance haben[, etw zu tun]; **to not make an ~ difference** nicht den geringsten Unterschied machen; **to be of no ~ use to sb** jdm nicht im Geringsten nützen **II.** *n* BRIT (*fam*) **to not have an ~** [**of doing sth**] nicht die geringste Chance haben[, etw zu tun]

earth mother *n* ❶ REL Erdmutter *f,* Erdgöttin *f* ❷ (*approv fam: woman*) Vollweib *nt fam* **earthquake** *n* Erdbeben *nt;* (*fig*) Erschütterung *f* **earthquake zone** *n* Erdbebengebiet *nt* **earth science** *n* Geowissenschaft[en] *f[pl]* **earth-shaking** *adj,* **earth-shattering** *adj* welterschütternd, weltbewegend **earth tone** *n* Erdfarbe *f* **earth tremor** *n* leichtes Erdbeben **earthward** *inv* **I.** *adj* erdwärts gerichtet; ~ **descent** Landeanflug *m* **II.** *adv* erdwärts, auf die Erde zu **earthwards** *adv inv* erdwärts, auf die Erde zu **earth wire** *n usu sing* BRIT, AUS Erdung *f,* Erdungsleitung *f* **earthwork** *n* ❶ *usu pl* (*fortification*) Erdwall *m* ❷ *no pl* (*moving of soil*) Erdarbeiten *pl* **earthworm** *n* Regenwurm *m*

earthy <-ier, -iest *or* more ~, most ~> [ˈɜːθi, AM ˈɜːr-] *adj* ❶ *smell, touch* erdig ❷ (*direct*) direkt ❸ (*pej: coarse*) derb, vulgär; ~ [**sense of**] **humour** derber Humor

earwax *n no pl* Ohrenschmalz *m* **earwig** *n* ❶ (*Dermaptera*) Ohrwurm *m* ❷ AM (*centipede*) *kleiner Hundertfüßer*

ease [iːz] **I.** *n no pl* ❶ (*effortlessness*) Leichtigkeit *f,* Mühelosigkeit *f;* ***for ~ of access*** um einen besseren Zugang zu ermöglichen; **to do sth with ~** etw mit Leichtigkeit tun ❷ (*comfort*) Bequemlichkeit *f;* **a life of ~** ein angenehmes Leben; **to put sb's mind at ~** jdn beruhigen; **to be** [*or* **feel**] **at** [**one's**] ~ sich *akk* wohl fühlen ❸ (*uninhibitedness*) Unbefangenheit *f;* [***stand***] ***at ~!*** MIL rührt euch!; **to be at** [**one's**] ~ unbefangen sein; **to feel at** [**one's**] ~ sich *akk* wohl fühlen; **to put** [*or* **set**] **sb at** [**their**] ~ jdm die Befangenheit nehmen ❹ FIN *of securities prices* Nachgeben *nt,* Abbröckeln *nt* **II.** *vt* ❶ (*relieve*) **to ~ sb's conscience** jdn beruhigen; **to ~ pain** Schmerzen lindern; **to ~ a problem** ein Problem entschärfen; **to ~ the strain** die Belastung mindern; **to ~ the tension** die Anspannung lösen; (*fig*) die Lage entspannen ❷ (*free*) **to ~ sb of a burden** jdn von einer Last befreien; (*hum fam*) **to ~ sb of their money** jdn um sein Geld erleichtern ❸ (*move*) ■**to ~ sth into sth** etw behutsam in etw *akk* einführen; ***she ~d the key into the lock*** vorsichtig steckte sie den Schlüssel ins Schloss; ***I ~d myself through the crowd*** ich schob mich durch die Menge **III.** *vi* (*lessen*) nachlassen; *tension, situation* sich *akk* beruhigen [*o* entspannen]; (*relax*) *prices* nachlassen, nachgeben

◆**ease off** *vi* ❶ (*decrease*) nachlassen ❷ (*work less*) **to ~ off** [**at work**] [auf der Arbeit] kürzer treten *fam*

◆**ease out** *vt* ■**to ~ sb** ↺ **out** jdn rausekeln *fam;* **to ~ sb out of power** jdn aus dem Sessel heben

◆**ease up** *vi* ❶ (*abate*) nachlassen ❷ (*relax*) sich *akk* entspannen ❸ (*wind down*) nachlassen; **to ~ up on the accelerator** Gas wegnehmen *fam,* vom Gas gehen *fam* ❹ (*be less severe*) ■**to ~ up on sb** zu jdm weniger streng sein, jdn sanfter anfassen *fam*

easel [ˈiːzᵊl] *n* Staffelei *f*
easement [ˈiːzmənt] *n* LAW **affirmative ~** positive Grunddienstbarkeit; **negative ~** negative Grunddienstbarkeit
easily [ˈiːzɪli] *adv* ❶ (*without difficulty*) leicht; (*effortlessly also*) mühelos; ***she passed her exam ~*** sie bestand ihr Examen mit Leichtigkeit; **to be ~ impressed/shaken** leicht zu beeindrucken/erschüttern sein; **to win ~** spielend gewinnen ❷ (*quickly*) schnell; **to tan ~** schnell bräunen [*o* braun werden] ❸ (*by far*) ■**to be ~ the ... + superl** ganz klar [*o* bei weitem] der/die/das ... sein; ***Venice is ~ the most beautiful city in Europe*** Venedig ist zweifellos die schönste Stadt Europas ❹ (*probably*) [sehr] leicht; ***his guess could ~ be wrong*** sein Vermutung könnte genauso gut falsch sein; ~ **possible** gut möglich ❺ (*at least*) gut und gern[e] *fam,* locker *sl*
easiness [ˈiːzɪnəs] *n no pl* ❶ (*lack of difficulty*) Leichtigkeit *f;* (*effortlessness also*) Mühelosigkeit *f; of a question* Einfachheit *f* ❷ (*quickness*) Leichtig-

keit *f,* Schnelligkeit *f* ❸ (*comfortableness*) Bequemlichkeit *f;* (*being trouble-free*) Unbeschwertheit *f*
easing ['i:zɪŋ] *n* Verminderung *f; of a headache, pain* Linderung *f; of political tension* Entspannung *f*
east [i:st] **I.** *n no pl* ❶ (*compass point*) Osten *m;* ***the wind comes from the ~*** der Wind kommt aus [*o* von] Ost [*o* östlicher Richtung]; **to be/lie 10 km to the ~ of sth** 10 km östlich einer S. *gen* sein/liegen; **from/to the ~** nach/von Osten ❷ (*part of a country, region, town*) ■**the E~** der Osten; ***'Birmingham (E~)'*** ,Birmingham-Ost' ❸ (*hist: Eastern bloc*) ■**the E~** der Osten, der Ostblock *hist* ❹ (*Asia*) ■**the E~** der Osten [*o* Orient]; **the Near/Middle/Far ~** der Nahe/Mittlere/Ferne Osten **II.** *adj* östlich, Ost-; **E~ Berlin** Ostberlin *nt;* **the E~ Side** AM *der Ostteil von Manhattan;* **~ Stuttgart** Stuttgart-Ost; **~ wind** Ostwind *m* **III.** *adv* ostwärts, nach Osten; **~ of Heidelberg/the town centre** [*or* AM **downtown**] östlich von Heidelberg/der Innenstadt; **to face ~** nach Osten liegen
eastbound *adj inv* nach Osten; **~ train** Zug *m* in Richtung Osten **East Coast** *n* ■**the ~** die Ostküste **East End** *n* ■**the ~** das [Londoner] Eastend **East Ender** *n Bewohner(in) des Londoner Eastend*
Easter ['i:stəʳ, AM -ɚ] *n no art* ❶ REL Ostern, Osterfest *nt;* **at/over ~** an/über Ostern ❷ (*season*) Ostern, Osterzeit *f* ❸ LAW Gerichtstermine *pl* vom 15. April bis 8. bzw 13. Mai, Vorlesungszeit *f* vom 15. April bis 8. bzw. 13. Mai
Easter Day *n* Ostersonntag *m* **Easter egg** *n* Osterei *nt* **Easter holidays** *npl* Osterferien *pl*
Easter Island *n* Osterinsel *f*
easterly ['i:stəli, AM -ɚ-] **I.** *adj* ❶ (*location*) östlich, Ost-; ***he lives on the ~ edge of the town*** er wohnt am östlichen Stadtrand ❷ (*direction*) Ost-; **to travel in an ~ direction** Richtung Osten fahren; **~ wind** Wind *m* aus östlicher Richtung **II.** *n* Ostwind *m*
eastern ['i:stᵊn, AM -ɚn] *adj* ❶ *location* östlich, Ost-; **E~ Europe** Osteuropa *nt;* **~ hemisphere** östliche Hemisphäre; **the ~ seaboard** AM die Ostküste ❷ (*Asian*) asiatisch; **E~ architecture** orientalische Baukunst ❸ (*hist: communist*) Ost-; **the E~ bloc** der Ostblock *hist* ❹ REL **the E~ church** die Ostkirche, die griechisch-orthodoxe Kirche
easterner ['i:stᵊnəʳ, AM -ɚnɚ] *n Bewohner(in) des Ostens eines Landes;* AM Oststaatler(in) *m(f)*
easternmost ['i:stᵊnməʊst, AM -ɚnmoʊst] *adj* ■**the ~ …** der/die/das östlichste … **Eastern Standard Time** *n,* **Eastern Time** *n* AM Ostküstenzeit *f*
Easter Sunday *n* Ostersonntag *m;* **on ~** am Ostersonntag
east-facing *adj* nach Osten; ■**to be ~** nach Osten liegen [*o* gehen] **East Germany** *n no pl* ❶ (*eastern part of Germany*) Ostdeutschland *nt* ❷ (*hist: German Democratic Republic*) Ostdeutschland *nt hist,* DDR *f hist* **eastward** *inv* **I.** *adj* östlich, nach Osten **II.** *adv* ostwärts, nach Osten **eastwards** *adv* ostwärts, nach Osten
easy <-ier, -iest *or* more ~, most ~> ['i:zi] **I.** *adj* ❶ (*not difficult*) leicht, einfach; ***would a ten o'clock appointment be easier for you?*** würde Ihnen ein Termin für 10 Uhr besser passen?; ***the house is ~ to find*** das Haus ist leicht zu finden; ***he is ~ to get on with*** mit ihm kann man gut auskommen; ***it's ~ for you to laugh*** du hast gut lachen; **~ access** leichter Zugang; **to be ~ game** [*or* **meat**] [*or* **mark**] [*or* **prey**] [**for sb**] (*sl*) leichte Beute [für jdn] sein *fam;* **to be as ~ as falling off a log** [*or* **as pie**] [*or* **as anything**] (*fam*) kinderleicht sein *fam;* **~ money** (*fam*) leicht verdientes Geld; FIN leichtes Geld, billiges Geld; **to be within ~ reach** leicht erreichbar sein; **~ solution** einfache Lösung; **to be the easiest thing in the world** (*fam*) die einfachste Sache [von] der Welt sein; **to be an ~ touch** (*fam*) leichtgläubig sein; **to be far from ~** alles andere als leicht sein; **~-peasy** BRIT (*fam or usu childspeak*) kinderleicht *fam;* **to be ~ to annoy** [*or* **upset**]**/please** leicht erregbar/zufrieden zu stellen sein; **to be easier said than done** (*fam*) leichter gesagt als getan sein; **it is ~ to see that …** es ist offensichtlich, dass …; ECON, FIN ***the loan is repayable in ~ payments*** das Darlehen ist unter erleichterten Bedingungen zurückzuzahlen ❷ (*effortless*) leicht, mühelos; **~ walk** bequemer Spaziergang ❸ (*trouble-free*) angenehm; (*comfortable*) bequem; **~ life** sorgloses [*o* unbeschwertes] Leben ❹ (*not worried*) **~ conscience** [*or* **mind**] ruhiges Gewissen; **to be ~ in one's mind** beruhigt sein; **to not feel ~ about sth** sich *akk* bei etw *dat* nicht wohl fühlen ❺ (*fam: indifferent*) ***I'm ~*** mir ist es egal *fam* ❻ (*relaxed*) entspannt; ■**to be ~ about sth** etw leicht nehmen; **~ charm** ungezwungener Charme; **at an ~ pace** in gemütlichem Tempo; **on ~ terms** ECON zu günstigen Bedingungen; **a woman of ~ virtue** (*dated*) Freudenmädchen *nt veraltet* ❼ (*pleasing*) angenehm; **to be ~ on the ear/eye** angenehm für das Ohr/Auge sein ❽ (*pej: simplistic*) [zu] einfach, simpel *oft pej* ❾ STOCKEX (*lower priced*) ***share prices are easier*** die Aktienpreise sind günstiger; COMM **~ market** Käufermarkt *m* ▶ PHRASES: **to be on ~ <u>street</u>** (*dated fam*) in guten Verhältnissen leben **II.** *adv* ❶ (*cautiously*) vorsichtig, sachte; **~ *does it*** (*fam*) immer langsam [*o* sachte], Vorsicht ist die Mutter der Porzellankiste *prov;* **to go ~ on** [*or* **with**] **sth** (*fam*) sich *akk* bei etw *dat* zurückhalten, mit etw *dat* sparsam umgehen; ***go ~ on the cream*** nimm nicht so viel Sahne; **to go ~ on sb** (*fam*) nicht zu hart mit jdm umgehen ❷ (*in a relaxed manner*) ***take it ~!*** nur keine Aufregung!, immer mit der Ruhe!; **to take things** [*or* **it**] **~** (*fam: for one's health*) sich *akk* schonen; (*rest*) sich *akk* keinen Stress machen *fam* ❸ (*fam*) **~ <u>come</u>, ~ go** wie gewonnen, so zerronnen **III.** *interj* (*fam*) locker *sl;* ***my car can do 250 kph, ~!*** mein Auto fährt locker 250 km/h! *sl*
easy-care *adj inv* pflegeleicht **easy chair** *n* Sessel *m* **easy-going** *adj* (*approv: straightforward*) unkompliziert; (*relaxed*) gelassen, locker; **~ attitude** Gelassenheit *f* **easy listening** *n no pl* Unterhaltungsmusik *f* **easy money policy** *n* FIN Politik *f* des billigen Geldes **easy payment plan** *n* günstige Rückzahlungsbedingungen (*bei Ratenkauf*) **easy-peasy** [,i:zi'pi:zi] *adj inv* BRIT (*fam*) babyleicht *fam* **easy-to-use** *adj attr* benutzerfreundlich, anwenderfreundlich
eat <ate, eaten> [i:t] **I.** *vt* ❶ (*consume*) ■**to ~ sth** etw essen; *animal* etw fressen; ***have you ~en?*** hast du [schon] gegessen?; ***don't be afraid of the boss, he won't ~ you*** hab keine Angst vor dem Chef, er wird dich schon nicht [auf]fressen *fam;* **to ~ breakfast** frühstücken; **to ~ one's fill** sich *akk* satt essen; **to ~ lunch/supper** zu Mittag/Abend essen; **to ~ a meal** etwas essen, eine Mahlzeit einnehmen *geh* ❷ AM (*fig fam: accept costs*) ■**to ~ sth** etw hinnehmen [*o fam* schlucken] [müssen] ▶ PHRASES: **to ~ sb for <u>breakfast</u>** (*fam*) jdn zum Frühstück verspeisen *fam;* ***our boss ~s people like you for breakfast*** unser Boss ist Leuten wie dir haushoch überlegen; **I'll ~ my <u>hat</u> if …** ich fresse einen Besen, wenn … *sl;* **~ your <u>heart</u> out** (*hum fam*) platze ruhig vor Neid *fam;* **to ~ one's <u>heart</u> out** (*fam*) sich *akk* [vor Kummer] verzehren *geh;* **to ~ like a <u>horse</u>** wie ein Scheunendrescher essen *sl;* [**I'm so hungry**] **I could ~ a <u>horse</u>** (*esp hum fam*) [ich bin so hungrig,] ich könnte ein ganzes Pferd verdrücken *fam;* **to ~ sb out of <u>house</u> and home** jdm die Haare vom Kopf fressen *hum fam;* **to ~ <u>humble pie</u>** [*or* AM, AUS *also* **<u>crow</u>**] (*fam*) zu Kreuze kriechen; **to ~ one's <u>words</u>** seine Worte zurücknehmen; **<u>what's</u> ~ing you?** (*fam*) was bedrückt [*o* quält] dich?, was hast du denn? **II.** *vi* essen; (*fam*) **to ~ for comfort** aus Frust essen *fam* ▶ PHRASES: **she has them ~ing out of her <u>hand</u>** sie fressen ihr aus der Hand *fam;* **you <u>are</u> what you ~** (*prov*) der Mensch ist, was er isst *prov*
♦**eat away I.** *vt* ■**to ~ sth ⊂ away** ❶ *usu passive* (*erode*) etw zerfressen [*o* zersetzen]; *river, sea* etw auswaschen; GEOL etw abtragen [*o fachspr* erodieren] ❷ MED etw zerfressen ❸ (*ruin*) etw allmählich zerstören **II.** *vi* ■**to ~ away at sth** ❶ (*erode*) etw zerfressen [*o* zersetzen], an etw *dat* fressen; *river, sea* etw auswaschen; GEOL etw abtragen [*o fachspr* erodieren] ❷ (*undermine*) etw untergraben
♦**eat in** *vi* zu Hause essen
♦**eat into** *vi* ❶ (*dig into*) ■**to ~ into sth** sich *akk* in etw *akk* hineinfressen ❷ (*corrode*) ■**to ~ into sth** etw angreifen [*o* befallen] ❸ (*use up*) ■**to ~ into sth** *money, resources* etw angreifen; ***inflation was ~ing into her savings*** die Inflation ließ ihre Ersparnisse zusammenschmelzen ❹ (*trouble*) ■**to ~ into sb/sth** an jdm/etw nagen; ***jealousy ~s into the soul*** Eifersucht frisst sich in die Seele
♦**eat out** *vi* auswärts essen, essen gehen; **to ~ out in a Chinese restaurant** chinesisch essen gehen
♦**eat up I.** *vt* ❶ (*finish*) ■**to ~ sth ⊂ up** etw aufessen; *animal* etw auffressen ❷ (*erode*) ■**to ~ sth ⊂ up** etw zerfressen; GEOL etw abtragen [*o fachspr* erodieren] ❸ (*plague*) ■**to be ~en up by** [*or* **with**] **sth** von etw *dat* verzehrt [*o* gequält] werden; **to be ~en up with envy** vor Neid vergehen [*o fam* platzen] ❹ (*consume*) ■**to ~ sth ⊂ up** *money, resources* etw verschlingen; *petrol* etw schlucken [*o fam* fressen] **II.** *vi* aufessen; *animals* auffressen
eatable ['i:təbl̩, AM 'i:t̬-] *adj* essbar, genießbar
eaten ['i:tᵊn] *pp of* **eat**
eater ['i:təʳ, AM -t̬ɚ] *n* ❶ (*person*) Esser(in) *m(f);* **to be a big/small ~** ein guter/schlechter Esser/eine gute/schlechte Esserin ❷ *esp* BRIT (*fam: apple*) Essapfel *m*
eatery ['i:t̬ɚi] *n esp* AM Restaurant *nt,* Esslokal *nt*
eating ['i:tɪŋ, AM -t̬-] *adj attr, inv* ❶ *place* Ess-, Speise-; **~ house** Restaurant *nt* ❷ (*consumption*) Ess-; **~ habits** Essgewohnheiten *fpl*
eating apple *n* Speiseapfel *m* **eating disorder** *n* Essstörung *f* **eating out** *n no pl* Essengehen *nt*
eats [i:ts] *npl* (*fam*) Häppchen *ntpl*
eau de cologne [,əʊdəkə'ləʊn, AM ,oʊdəkə'loʊn] *n no pl* Eau de Cologne *nt,* Kölnischwasser *nt*
eaves [i:vz] *npl* Dachvorsprung *m*
eavesdrop <-pp-> ['i:vzdrɒp, AM -drɑ:p] *vi* [heimlich] lauschen; ■**to ~ on sb/sth** jdn/etw belauschen
eavesdropper ['i:vz'drɒpəʳ, AM -drɑ:pɚ] *n* Lauscher(in) *m(f)*
eavestrough ['i:vstrɒf] *n* CAN (*gutter*) Dachrinne *f,* Regenrinne *f*
ebb [eb] **I.** *n no pl* ❶ (*of the sea*) Ebbe *f;* **on the ~** bei Ebbe ❷ (*fig*) **the ~ and flow of sth** das Auf und Ab einer S. *gen;* **the ~ and flow of married life** die Höhen und Tiefen des Ehelebens; **to be at a low ~** auf einem Tiefstand sein; *funds* knapp bei Kasse sein *fam* **II.** *vi* ❶ *sea, tide* zurückgehen ❷ (*lessen*) schwinden, nachlassen
♦**ebb away** *vi* ❶ *sea, tide* zurückgehen ❷ (*lessen*) *strength* nachlassen; *respect* sinken
ebb tide *n* Ebbe *f*
EBD [,i:bi:'di:] *n abbrev of* **Electronic Brakeforce Distribution** EBV *f*
Ebonics *n + sing vb* Black English *nt* (*Oberbegriff für das gesprochene Englisch der Schwarzen in Amerika*)
ebony ['ebᵊni] **I.** *n no pl* Ebenholz *nt* **II.** *n modifier* (*cabinet, carving, table*) Ebenholz-, aus Ebenholz **III.** *adj* (*liter: colour*) schwarz [wie Ebenholz]
eBook ['i:bʊk] *n* INET, COMPUT E-Book *nt* (*digitalisiertes Buch*)
EBRD [,i:bi:ɑ:'di:, AM -ɑ:r'-] *n* ECON, FIN *abbrev of* **European Bank for Reconstruction and Development**
ebullience [ɪ'bʌliən(t)s, AM ɪ'bʊlj-] *n no pl* (*approv*) Überschwänglichkeit *f*
ebullient [ɪ'bʌliənt, AM ɪ'bʊlj-] *adj* (*approv*) überschwänglich, überschäumend; **to be in an ~ mood** ausgelassen sein
ebulliently [ɪ'bʌliəntli, AM ɪ'bʊlj-] *adv* überschwänglich, überschäumend; ***he behaved ~*** er war ausgelassen
EC [,i:'si:] *n no pl* (*hist*) *abbrev of* **European Community** EG *f hist*
e-car ['i:kɑ:ʳ, AM -kɑ:r] *n short for* **electric car** Elektroauto *nt*
ECB *n abbrev of* **European Central Bank** EZB *f*
eccentric [ɪk'sentrɪk] **I.** *n* Exzentriker(in) *m(f)*

II. *adj* ① (*unconventional*) exzentrisch *geh;* ~ **clothes** ausgefallene Kleidung ② *circle, orbit* exzentrisch

eccentrically [ɪk'sentrɪkᵊli] *adv* exzentrisch *geh,* überspannt *pej*

eccentricity [ˌeksen'trɪsəti, AM -əṭi] *n* ① *usu pl* (*traits*) exzentrische Verhaltensweise, Überspanntheit *f pej* ② *no pl* (*unconventionalness*) Exzentrizität *f geh,* Exzentrik *f geh,* Überspanntheit *f pej*

ecclesiastic [ɪˌklizi'æstɪk] (*form*) I. *n* Geistliche(r) *m* II. *adj inv* kirchlich, geistlich

ecclesiastical [ɪˌklizi'æstɪkᵊl] *adj inv* (*form*) kirchlich, geistlich; ~ **court** Kirchengericht *nt;* ~ **history** Kirchengeschichte *f*

eccrine ['ekrɪn] *adj inv* ekkrin *fachspr;* ~ **gland** ekkrine Drüse *fachspr*

ECE [ˌi:si:'i:] *n no pl* AM *abbrev of* **Early Childhood Education**

ECG [ˌi:si:'dʒi:] *n abbrev of* **electrocardiogram** EKG *nt*

echelon ['eʃəlɒn, AM -lɑ:n] *n* ① (*level*) Rang *m* ② MIL (*formation*) Staffel[formation] *f*

echidna [ek'ɪdnə, AM i:'kɪd-] *n* [australischer] Schnabeligel

echo ['ekəʊ, AM -oʊ] I. *n* <*pl* -es> ① (*reverberation*) Echo *nt* ② (*fig: close imitation*) Anklang *m* (**of** an +*akk*) ▸ PHRASES: **to cheer sb to the** ~ *esp* BRIT jdm brausenden Beifall spenden II. *vi* ① *sound* [wider]hallen; ▪ **to** ~ **against sth** von etw *dat* widerhallen; **to** ~ **down** [**through**] **the ages** (*fig*) aus längst vergangenen Zeiten nachhallen ② *place* [wider]hallen ③ (*fig: repeat*) wiederholen III. *vt* ▪ **to** ~ **sth** ① (*copy*) etw wiedergeben; (*reflect*) etw widerspiegeln ② (*resemble*) etw *dat* ähneln, an etw *akk* erinnern ③ (*repeat sb's words*) etw wiederholen

echo chamber *n* Hallraum *m,* schallharter Raum **echo sounder** *n* Echolot *nt*

ECL *n* COMPUT *abbrev of* **emitter coupled logic** emittergekoppelte Logik

éclair [eɪ'kleəʳ, AM -'kler] *n* Eclair *nt*

eclectic [ek'lektɪk] I. *adj* eklektisch *oft pej geh;* ~ **blend** bunte Mischung II. *n* Eklektiker(in) *m(f) oft pej geh*

eclectically [ek'lektɪkᵊli] *adv* (*form*) eklektisch *oft pej geh*

eclecticism [ek'lektɪsɪzᵊm, AM -təs-] *n no pl* (*form*) Eklektizismus *m oft pej geh*

eclipse [ɪ'klɪps] I. *n* ① (*of the sun, moon*) Finsternis *f fachspr,* Eklipse *f fachspr;* **lunar/solar** ~ Mond-/Sonnenfinsternis *f;* **total/partial** ~ **of the sun** totale/partielle Sonnenfinsternis ② *no pl* (*fig: decline*) Niedergang *m;* **to be in** ~ in der Versenkung verschwunden sein; **to go into** ~ [in der Versenkung] verschwinden II. *vt* ① *usu passive* (*obscure*) **to** ~ **the sun/moon** den Mond/die Sonne verfinstern ② (*fig: overshadow*) ▪ **to** ~ **sth** etw in den Hintergrund drängen; ▪ **to** ~ **sb** jdn in den Schatten stellen

eco- [i:kə(ʊ)-, AM ekoʊ, i:-] *in compounds* (*product*) Öko-; (*environmental*) **sth is an ~-hazard** etw ist umweltschädlich; **~-horror** Umweltkatastrophe *f*

ECOFIN Council ['ekəʊfɪn-] *n* EU ECOFIN-Rat *m*

eco-friendly <more ~, most ~> *adj* umweltfreundlich **eco-label** *n* Umweltetikett *nt,* blauer Engel

ecological [ˌi:kə'lɒdʒɪkᵊl, AM -'lɑ:dʒ-] *adj* ökologisch; ~ **catastrophe** [*or* **disaster**] Umweltkatastrophe *f;* ~ **issues** Umweltfragen *fpl;* ~ **research** Umweltforschung *f*

ecologically [ˌi:kə'lɒdʒɪkᵊli, AM -'lɑ:dʒ-] *adv* ökologisch; ~ **friendly** umweltfreundlich; ~ **harmful** umweltfeindlich, umweltschädlich; ~ **sound** ökologisch unbedenklich, umweltverträglich

ecologist [i:'kɒlədʒɪst, AM -'kɑ:l-] *n* ① (*expert*) Ökologe, -in *m, f* ② POL Umweltbeauftragte(r) *f(m)*

ecology [i:'kɒlədʒi, AM -'kɑ:l-] *n no pl* ① (*system*) Ökologie *f* ② (*science*) Ökologie *f*

ecology movement *n* Umweltbewegung *f,* Öko-Bewegung *f* **ecology party** *n* Umweltpartei *f,* Öko-Partei *f* **ecology tax** *n* Umweltsteuer *f,* Öko-Steuer *f*

e-commerce [ˌi:'kɒmɜ:s, AM -'kɑ:mɜ:rs] *short for* **electronic commerce** I. *n no pl* E-Commerce *m* (*Vertrieb von Waren oder Dienstleistungen über das Internet*) II. *n modifier* (*site*) E-Commerce-

econometric [i:ˌkɒnə'metrɪk, AM -ˌkɑ:n-] *adj inv* (*spec*) ökonometrisch *fachspr*

econometrics [i:ˌkɒnə'metrɪks, AM -ˌkɑ:n-] *n no pl* (*spec*) Ökonometrie *f fachspr*

economic [ˌi:kə'nɒmɪk, AM -'nɑ:m-] *adj* ① *attr, inv* POL, ECON ökonomisch, Wirtschafts-, wirtschaftlich; ~ **aid** [*or* **assistance**] Wirtschaftshilfe *f;* ~ **development** wirtschaftliche Entwicklung; ~ **downturn** Konjunkturabschwächung *f;* ~ **forecast** Wirtschaftsprognose *f;* ~ **geography** Wirtschaftsgeographie *f;* ~ **progress** wirtschaftlicher Fortschritt; ~ **self-sufficiency** Autarkie *f,* wirtschaftliche Unabhängigkeit; ~ **system** Wirtschaftssystem *nt;* ~ **upturn** Konjunkturaufschwung *f;* ~ **warfare** Wirtschaftskrieg *m* ② (*profitable*) rentabel, profitabel

economical [ˌi:kə'nɒmɪkᵊl, AM -'nɑ:m-] *adj* ① (*cost-effective*) wirtschaftlich, ökonomisch; *car* sparsam ② (*thrifty*) sparsam; (*pej*) knaus[e]rig *pej fam;* **to be** ~ **with the truth** (*hum*) mit der Wahrheit hinter dem Berg halten

economically [ˌi:kə'nɒmɪkᵊli, AM -'nɑ:m-] *adv* ① (*thriftily*) sparsam; **to use sth** ~ mit etw *dat* sparsam umgehen; ~ **written** prägnant geschrieben ② *inv* POL, ECON wirtschaftlich, ökonomisch; **to be** ~ **viable** wirtschaftlich überlebensfähig sein

Economic and Monetary Union *n* EU Wirtschafts- und Währungsunion *f*

Economic and Social Committee *n* EU Wirtschafts- und Sozialausschuss *m*

economic cohesion *n* EU wirtschaftlicher Zusammenhalt **economic divergence** *n* EU ökonomischer Unterschied **economic policy cooperation** *n* EU wirtschaftspolitische Zusammenarbeit

economic reform *n* Wirtschaftsreform *f*

economics [ˌi:kə'nɒmɪks, AM -'nɑ:m-] *npl* ① + *sing vb* (*science*) Wirtschaftswissenschaft[en] *f[pl];* (*management studies*) Betriebswirtschaft *f;* **socialist** ~ die sozialistische Wirtschaftslehre ② (*economic aspects*) wirtschaftlicher Aspekt

economist [ɪ'kɒnəmɪst, AM -'kɑ:n-] *n* Wirtschaftswissenschaftler(in) *m(f);* (*in industrial management*) Betriebswirtschaftler(in) *m(f),* Betriebswirt(in) *m(f)*

economize [ɪ'kɒnəmaɪz, AM -'kɑ:n-] *vi* sparen; ▪ **to** ~ **on sth** an etw *dat* sparen

economy [ɪ'kɒnəmi, AM -'kɑ:n-] *n* ① (*system*) Wirtschaft *f* ② (*thriftiness*) Sparsamkeit *f kein pl;* **for the purposes of** ~ aus Ersparnisgründen; **to make economies** Einsparungen machen, Sparmaßnahmen durchführen ③ *no pl* (*sparing use of sth*) Ökonomie *f,* Wirtschaftlichkeit *f;* ~ **of language** prägnante Ausdrucksweise

economy class *n* Touristenklasse *f* **economy drive** *n* Sparmaßnahmen *fpl;* **to be on an** ~ (*fam*) auf dem Spartrip sein *fam* **economy pack** *n,* **economy size** *n* Sparpackung *f,* Haushaltspackung *f* **economy-size(d)** *adj attr, inv* Spar-; ~ **pack** Sparpackung *f*

ecosystem ['i:kə(ʊ)-, AM 'ekoʊˌ-] *n* Ökosystem *nt*

ecotourism *n* Ökotourismus *m* **eco-tourist** *n* Ökotourist(in) *m(f)* **eco-warrior** *n* militanter Umweltschützer/militante Umweltschützerin

ECP [ˌi:si:'pi:] *n* ECON, FIN *abbrev of* **Eurocommercial paper**

ecru ['eɪkru:] I. *n no pl* Ekrü *nt* II. *adj* ekrü

ecstasy ['ekstəsi] *n* ① (*bliss*) Ekstase *f,* Verzückung *f;* **in** ~ in Ekstase; **in an** ~ **of jealousy** in einem Anfall von Eifersucht; **to be in/go into ecstasies** in Ekstase sein/geraten ② *no pl* (*sl: drug*) ▪ **E~** Ecstasy *f*

ecstatic [ɪk'stætɪk, AM -ṭ-] *adj* ekstatisch, verzückt; **to not exactly be** ~ **about** [*or* **at**] [*or* **over**] **sb/sth** (*iron fam*) von jdm/etw nicht gerade entzückt sein *iron fam*

ecstatically [ɪk'stætɪkᵊli, AM -ṭ-] *adv* ekstatisch, verzückt; **to be** ~ **happy** überglücklich sein, außer sich *dat* vor Freude sein

ECT [ˌi:si:'ti:] *n abbrev of* **electro-convulsive therapy** Elektroschocktherapie *f*

ectomorph ['ektəʊmɔ:f, AM toʊmɔ:rf] *n* ANAT ektomorpher Mensch

ectomorphic [ˌektə(ʊ)'mɔ:fɪk, AM -toʊ'mɔ:r-] *adj* ektomorph *fachspr,* schlankwüchsig

ectopic[1] [ek'tɒpɪk, AM 'tɑ:] *adj* MED ektopisch

ectopic[2] [ek'tɒpɪk, AM 'tɑ:] *n see* **ectopic pregnancy** Bauchhöhlenschwangerschaft *f,* Extrauteringravidität *f fachspr*

ectopic pregnancy [ekˌtɒpɪk'pregnən(t)si, AM -ˌtɑ:p-] *n* MED ektopische Schwangerschaft *fachspr,* Eileiterschwangerschaft *f*

ectoplasm ['ektəʊplæzᵊm, AM -toʊ-] *n no pl* BIOL Ektoplasma *nt fachspr*

ECU ['ekju:, 'eɪkju:, AM 'eɪku:] *n abbrev of* **European Currency Unit** ECU *m o f*

Ecuador ['ekwədɔ:ʳ, AM -dɔ:r] *n no pl* Ekuador *nt,* Ecuador *nt*

Ecuadorean [ˌekwə'dɔ:riən] *adj inv* ecuadorianisch

Ecuadorian ['ekwədɔ:riən] I. *n* Ekuadorianer(in) *m(f),* Ecuadorianer(in) *m(f)* II. *adj inv* ekuadorianisch, ecuadorianisch

ecumenical [ˌi:kjʊ'menɪkᵊl, AM ˌek-] *adj inv* (*form*) ökumenisch; **E~ Council** + *sing/pl vb* Ökumenisches Konzil; ~ **service** ökumenischer Gottesdienst

ecumenically [ˌekjʊ'menɪkᵊli] *adv* ökumenisch

ecumenicism [ˌi:kjʊ'menɪsɪzᵊm, AM ˌek-] *n no pl* (*form*) Ökumenismus *m fachspr,* ökumenische Bewegung

eczema ['eksɪmə, AM -sə-] *n no pl* Ekzem *nt geh,* [Haut]ausschlag *m*

ed. I. *n* ① *abbrev of* **editor** Hrsg. ② *abbrev of* **edition** Ausg. II. *vt abbrev of* **edited** hrsg.

Edam ['i:dæm, AM -dəm] *n* Edamer [Käse] *m*

E-day *n* EU Stichtag *m* (*an dem der Euro eingeführt wurde*)

eddy ['edi] I. *vi* <-ie-> wirbeln; *water* strudeln II. *n* Wirbel *m; of water* Strudel *m*

edelweiss <*pl* -> ['eɪdᵊlvaɪs] *n* Edelweiß *nt*

edema [ɪ'di:mə] *n no pl* AM MED Ödem *nt fachspr*

Eden ['i:dᵊn] *n no pl* (*also fig*) Eden *nt a. fig,* Paradies *nt a. fig;* **the garden of** ~ der Garten Eden

edge [edʒ] I. *n* ① (*boundary*) Rand *m; of a lake* Ufer *nt;* **at the** ~ **of the road** am Straßenrand; **the** ~ **of the table** die Tischkante ② (*fig: threshold*) Rand *m,* Schwelle *f;* **to be on the** ~ **of collapse/a catastrophe** am Rande des Zusammenbruchs/einer Katastrophe stehen ③ (*blade*) Schneide *f;* (*sharp side*) Kante *f,* Rand *m;* **rounded/sharp** ~ abgerundete/scharfe Kante; **to put an** ~ **on sth** etw schärfen [*o* schleifen]; **to take the** ~ **off sth** etw stumpf machen ④ *no pl* (*intensity*) Heftigkeit *f;* (*sharpness*) Schärfe *f;* ***his apology took the*** ~ ***off her anger*** seine Entschuldigung besänftigte ihren Ärger; ***there's an*** ~ ***to her voice*** sie schlägt einen scharfen Ton an; **to take the** ~ **off sb's appetite** jdm den Appetit nehmen ⑤ (*nervousness*) **to be on** ~ nervös [*o* gereizt] sein; ***her nerves are on*** ~ sie ist nervös; **to set** [*or* **put**] **sb's teeth on** ~ jdm auf die Nerven gehen *fam* ⑥ (*superiority*) ▪ **the** ~ Überlegenheit *f;* **to have the** ~ **over sb** jdm überlegen sein, jdm gegenüber im Vorteil sein ▸ PHRASES: **to live on the** ~ ein extremes [*o* exzentrisches] Leben führen II. *vt* **to** ~ **one's way forward** sich *akk* langsam vorwärts bewegen; **to** ~ **one's hand near to sth** seine Hand einer S. *dat* [langsam] nähern III. *vi* sich *akk* schieben

◆**edge down** *vi* FIN *share prices* schwächer tendieren, leicht fallen

◆**edge forward** *vi* langsam voranrücken

◆**edge out** *vt* ▪ **to** ~ **out** ⊂ **sb** jdn hinausdrängen

◆**edge up** *vi* (*creep higher*) allmählich [*o* langsam] ansteigen; *share prices* stärker tendieren, leicht steigen; **to** ~ **up 10%** um 10% ansteigen; **to** ~ **up to 5%** auf 5% ansteigen

edged [edʒd] *adj inv* ▪ **to be** ~ **with sth** von etw *dat* umrandet sein; *coat* mit etw *dat* besetzt sein; *table cloth* mit etw *dat* eingefasst sein

-edged [edʒd] *in compounds* **dull-~** stumpf;

E

sharp-~ scharf; **single/two-** [*o* **double-**] ~ ein-/zweischneidig
edge notched card *n* Kerblochkarte *f*
edge trimmer *n* Rasenschneidegerät *nt*
edgeways ['edʒweɪz] *adv,* **edgewise** ['edʒwaɪz] *adv inv* (*with edge foremost*) mit der Kante voran; (*sideways*) seitlich; **to not get a word in** ~ (*fam*) nicht zu Wort kommen; **to see sth** ~ [on] etw von der Seite sehen
edgily ['edʒɪli] *adv* nervös, gereizt
edginess ['edʒɪnəs] *n no pl* Nervosität *f,* Angespanntheit *f*
edging ['edʒɪŋ] *n* Umrandung *f; of a tablecloth, dress* Borte *f; of a lawn, garden* Einfassung *f*
edgy ['edʒi] *adj* (*fam*) nervös, gereizt
EDI [ˌi:di:'aɪ] *n* ECON, FIN *abbrev of* **electronic data interchange** *elektronischer Datenaustausch* (*von einer Firma zu einer anderen*)
edible ['edɪbl̩] *adj* essbar, genießbar; ~ **mushroom** Speisepilz *m*
edict ['i:dɪkt] *n* (*form*) Edikt *nt hist,* Erlass *m,* Verordnung *f*
edification [ˌedɪfɪ'keɪʃᵊn] *n no pl* (*form*) Erbauung *f geh o a. iron;* **for sb's** ~ zu jds Erbauung *f geh*
edifice ['edɪfɪs] *n* ❶ (*form: building*) Gebäude *nt* ❷ (*fig: structure*) Gebäude *nt,* Gefüge *nt*
edify <-ie-> ['edɪfaɪ] *vt* (*form*) ■**to** ~ **sb** ❶ (*uplift*) jdn erbauen *geh* ❷ (*educate*) jdn erbauen [*o* innerlich bereichern] *geh*
edifying ['edɪfaɪɪŋ] *adj* (*hum: enjoyable*) erbaulich *geh o a. iron,* erhebend *geh*
edit ['edɪt] *vt* ❶ (*modify for publication*) ■**to** ~ **sth** etw redigieren; **to** ~ **copy** einen Beitrag bearbeiten ❷ COMPUT **to** ~ **a file** eine Datei editieren *fachspr* ❸ (*be editor of*) ■**to** ~ **sth** etw herausgeben [*o* edieren]; **to** ~ **a newspaper** eine Zeitung herausgeben ❹ FILM, TV, RADIO ■**to** ~ **sth** etw cutten [*o* schneiden]
◆**edit down** *vt* ■**to** ~ **down** ◌ **sth** etw kürzen; FILM, TV, RADIO etw zusammenschneiden
◆**edit out** *vt* ■**to** ~ **out** ◌ **sth** PUBL, JOURN etw [heraus]streichen [*o fam* weglassen]; FILM, TV, RADIO etw herausschneiden
editing ['edɪtɪŋ, AM -t̬-] *n no pl* ❶ *of a text* Bearbeiten *nt,* Redigieren *nt* ❷ *of a film, tape* Bearbeiten *nt,* Schneiden *nt,* Cutten *nt*
edition [ɪ'dɪʃᵊn] *n* ❶ (*issue*) Ausgabe *f;* (*version*) Ausgabe *f,* Edition *f fachspr;* **early** ~ **of a paper** Morgenausgabe *f* einer Zeitung; **first** ~ Erstausgabe *f;* **hardback** ~ gebundene Ausgabe; **paperback** ~ Taschenbuchausgabe *f* ❷ (*broadcast*) Folge *f* ❸ (*simultaneously published books*) Auflage *f; of a newspaper, magazine also* Ausgabe *f;* **limited** ~ limitierte Auflage; **second/third** ~ zweite/dritte Auflage ❹ AM (*of an event*) Auflage *f;* ***the 77th ~ of the Indianapolis 500*** die 77. Indianapolis 500 ❺ (*clone*) Ausgabe *f hum*
editor ['edɪtəʳ, AM -t̬ə-] *n* ❶ (*of a newspaper, magazine*) Herausgeber(in) *m(f)* ❷ (*of a press department*) Redakteur(in) *m(f);* (*of a publishing department*) [Verlags]redakteur(in) *m(f);* **the city** ~ Wirtschaftsredakteur *m;* **sports** ~ Sportredakteur(in) *m(f)* ❸ (*of a book*) Herausgeber(in) *m(f)* ❹ FILM Cutter(in) *m(f)*
editorial [ˌedɪ'tɔ:riəl, AM -ə'-] **I.** *n* Leitartikel *m* **II.** *adj attr, inv* ❶ (*of a press or publishing department*) Redaktions-, redaktionell; ~ **decisions** redaktionelle Entscheidungen; ~ **staff** + *sing/pl vb* Redaktion *f* ❷ (*reflecting opinions of editors*) ~ **article** Leitartikel *m;* ~ **opinion** Auslegung *f* von Fakten ❸ (*regulatory*) zensierend, regulierend; **to exercise** ~ **control** Zensur ausüben
editorial board *n* + *sing/pl vb* Chefredaktion *f*
editorialize [ˌedɪ'tɔ:riᵊlaɪz, AM -ə'tɔ:riə-] *vi* JOURN seine eigene Meinung vertreten
editorially [ˌedɪ'tɔ:riəli, AM ˌedə] *adv inv* redaktionell
editor-in-chief [ˌedɪtərɪn'tʃi:f, AM -t̬ərɪn'-] *n* (*at newspaper*) Chefredakteur(in) *m(f);* (*at publishing house*) Herausgeber(in) *m(f)*
editorship ['edɪtəʃɪp, AM t̬ə-] *n* Leitung *f*
EDP [ˌi:di:'pi:] *n no pl abbrev of* **electronic data processing** EDV *f*
EDT [ˌi:di:'ti:] *n no pl abbrev of* **Eastern Daylight Time** *östliche Sommerzeit* (*in den USA und Kanada*)
educable ['edʒʊkəbl̩] *adj* einer Bildung zugänglich
educate ['edʒʊkeɪt] *vt* ❶ (*teach knowledge*) ■**to** ~ **sb** jdn unterrichten; (*train*) jdn ausbilden; **to be** ~**d at Oxford** in Oxford auf die [*o* zur] Schule gehen; ***I was ~d in the private school system*** ich habe Privatschulen besucht ❷ (*enlighten*) ■**to** ~ **sb** jdn aufklären; **to** ~ **the public** die Öffentlichkeit aufklären [*o* informieren]; ■**to** ~ **sb about** [*or* **in**] [*or* **on**] **sth** jdn über etw *akk* aufklären ❸ (*rare: bring up*) ■**to** ~ **sb** jdn erziehen
educated ['edʒʊkeɪtɪd, AM -t̬-] *adj* ❶ (*schooled*) gebildet; **highly** ~ hochgebildet; **to be Cambridge-/Oxford-/Harvard-**~ in Cambridge/Oxford/Harvard studiert haben ❷ (*cultivated*) kultiviert
educated guess *n* wohlbegründete Vermutung [*o* Annahme]; **to make an** ~ eine fundierte Vermutung äußern
education [ˌedʒʊ'keɪʃᵊn] *n no pl* ❶ (*teaching knowledge*) Bildung *f;* (*training*) Ausbildung *f;* ***he received most of his ~ at home*** er wurde größtenteils zu Hause unterrichtet; **science** ~ naturwissenschaftlicher Unterricht, Unterricht *m* in den naturwissenschaftlichen Fächern ❷ (*knowledge*) Bildung *f;* **to have a gap in one's** ~ eine Bildungslücke haben; **classical/literary** ~ klassische/literarische Bildung ❸ (*system*) Erziehungswesen *nt;* (*schools, colleges, universities*) Bildungswesen *nt* ❹ (*study of teaching*) Pädagogik *f,* Erziehungswissenschaft *f*
educational [ˌedʒʊ'keɪʃᵊnᵊl] *adj* ❶ *attr, inv* SCH, UNIV Bildungs-, pädagogisch; ~ **background** schulischer Werdegang; ~ **establishment** Bildungsanstalt *f;* ~ **film** Lehrfilm *m;* ~ **institution** Bildungseinrichtung *f;* ~ **psychology** Schulpsychologie *f;* ~ **qualifications** schulische Qualifikationen; ~ **standards** Bildungsniveau *nt;* ~ **system** Bildungswesen *nt* ❷ (*enlightening*) lehrreich; **an** ~ **experience** eine lehrreiche Erfahrung; **an** ~ **journey** eine Bildungsreise ❸ (*raising awareness*) bewusstseinsbildend; ~ **campaign** Informationskampagne
educationalist [ˌedʒʊ'keɪʃᵊnᵊlɪst] *n* Erziehungswissenschaftler(in) *m(f),* Pädagoge, -in *m, f*
educationally [ˌedʒʊ'keɪʃᵊnᵊli] *adv* pädagogisch, erzieherisch; ~ ***I think Stuttgart has the edge over Cologne*** ich glaube, dass Stuttgart Köln im Hinblick auf die Bildungseinrichtungen überlegen ist; ~ **disadvantaged** lernbehindert
education correspondent *n* Berichterstatter(in) *m(f)* für den Sektor Bildungswesen
educationist [ˌedʒʊ'keɪʃᵊnɪst] *n* Erziehungswissenschaftler(in) *m(f),* Pädagoge, -in *m, f*
education lobby *n* + *sing/pl vb* Bildungslobby *f*
educative ['edʒʊkətɪv, AM -keɪt̬ɪv] *adj* erzieherisch, pädagogisch; ~ **toys** pädagogisch wertvolles Spielzeug
educator ['edʒʊkeɪtəʳ, AM -t̬ə-] *n esp* AM Erzieher(in) *m(f),* Pädagoge, -in *m, f geh;* (*teacher*) Lehrer(in) *m(f)*
Edwardian [ed'wɔ:diən, AM -'wɑ:r-] **I.** *adj inv* aus der Zeit Edwards VII., edwardianisch **II.** *n* Edwardianer(in) *m(f)*
EEA [ˌi:i:'eɪ] *n* ECON, FIN *abbrev of* **European Economic Area**
EEC [ˌi:i:'si:] *n no pl* (*hist*) *abbrev of* **European Economic Community** EWG *f hist*
EEG [ˌi:i:'dʒi:] *n abbrev of* **electroencephalogram** EEG *nt*
eek [i:k] *interj* (*esp hum fam*) ih, igitt
eel [i:l] *n* Aal *m;* **jellied** ~**s** Aal *m* in Aspik; **to be like** [*or* **slippery as**] **an** ~ aalglatt [*o* glatt wie ein Aal] sein *pej*
eemie ['i:mi] *n* AM (*fam!: early-morning erection*) morgendliche Erektion
EEMU *n abbrev of* **European Economic and Monetary Union** EWWU *f;* **EEMU-participating country** EWWU-Teilnehmerland *nt,* EWWU-Teilnehmerstaat *m*
e'er [eəʳ, AM er] *adv* (*poet*) *see* **ever**
eerie <-r, -st> ['ɪəri, AM 'ɪri] *adj* unheimlich
eerily ['ɪərɪli, AM 'ɪr-] *adv* unheimlich
eeriness ['ɪərɪnəs, AM 'ɪr-] *n no pl* Unheimlichkeit *f*
eery *adj see* **eerie**
eff [ef] *vi* BRIT (*euph fam!*) fluchen, schimpfen; **to** ~ **and blind** (*esp hum*) fluchen
◆**eff off** *vi* BRIT (*euph fam!*) ~ ***off!*** verpiss dich! *sl,* hau ab! *fam*
efface [ɪ'feɪs] *vt* ❶ (*also fig: erase*) ■**to** ~ **sth** etw auslöschen *a. fig;* **to** ~ **the memory of sth** die Erinnerung an etw *akk* auslöschen ❷ (*be humble*) ■**to** ~ **oneself** zurückhaltend sein, sich *akk* zurückhalten
effect [ɪ'fekt] **I.** *n* ❶ (*consequence*) Auswirkung *f* ([**up**]**on** auf +*akk*), Folge *f* ([**up**]**on** für +*akk*); **the overall** ~ das Gesamtresultat ❷ *no pl* (*influence*) Einfluss *m* (**on** auf +*akk*) ❸ *no pl* (*force*) Wirksamkeit *f;* LAW [Rechts]kraft *f,* Gültigkeit *f;* **to come into** ~ in Kraft treten, wirksam werden; **to remain in** ~ wirksam [*o* in Kraft] bleiben; **to take** ~ (*come into force*) *laws, regulations* in Kraft treten, wirksam werden; (*start to work*) *medicine, anaesthetic* Wirkung zeigen, wirken; **with** ~ **from 1st January** (*form*) mit Wirkung vom 1. Januar *form* ❹ (*result*) Wirkung *f;* (*success*) Erfolg *m;* ***talking to him had no ~ because he got drunk again*** mit ihm zu sprechen war umsonst, denn er betrank sich wieder; **to good** ~ mit Erfolg ❺ *no pl* (*esp pej: attention-seeking*) **for** ~ aus Effekthascherei *pej;* ***she uses bad language for ~*** sie gebraucht ordinäre Ausdrücke, um sich in Szene zu setzen *fam* ❻ (*essentially*) **in** ~ eigentlich, in Wirklichkeit ❼ (*summarizing*) **to say something to the effect that ...** sinngemäß sagen, dass ...; ***she said she was unhappy or words to that ~*** sie sagte, sie sei unglücklich, oder etwas in der Art; ***I received a letter to the ~ that my contract had run out*** ich erhielt einen Brief des Inhalts, dass mein Vertrag abgelaufen war ❽ (*sounds, lighting*) ■~**s** *pl* Effekte *mpl;* **light/sound** ~**s** Licht-/Klangeffekte *mpl* ❾ (*spec: belongings*) ■~**s** *pl* Eigentum *nt kein pl,* Vermögen *nt kein pl,* Effekten *pl fachspr;* **personal** ~ Gegenstände *mpl* des persönlichen Gebrauchs **II.** *vt* ■**to** ~ **sth** etw bewirken; **to** ~ **a breakthrough** einen Durchbruch erzielen; **to** ~ **a change** eine Änderung herbeiführen; **to** ~ **a cure** eine Heilung bewirken; **to** ~ **a merger** fusionieren; **to** ~ **a reform** eine Reform durchführen
effective [ɪ'fektɪv] *adj* ❶ (*competent*) fähig, kompetent; ***he was an ~ speaker*** er war ein guter Redner ❷ (*achieving the desired effect*) wirksam, effektiv; (*successful*) erfolgreich; ~ **medicine** wirksames Medikament; ***the medicine was ~ in lowering the fever*** das Medikament hat das Fieber gesenkt; ***the treatment hasn't been very ~*** die Behandlung hat wenig Wirkung gezeigt ❸ (*real*) tatsächlich, wirklich; ***she's in ~ control of the office*** sie ist die eigentliche Leiterin der Geschäftsstelle ❹ (*operative*) gültig; *law* [rechts]wirksam; **to become** ~ *law* [rechts]wirksam werden, in Kraft treten ❺ (*striking*) effektvoll, wirkungsvoll
effective exchange rate *n* FIN effektiver Wechselkurs
effectively [ɪ'fektɪvli] *adv* ❶ (*efficiently*) wirksam, effektiv; (*successfully*) erfolgreich ❷ (*essentially*) eigentlich, tatsächlich
effectiveness [ɪ'fektɪvnəs] *n no pl* Wirksamkeit *f,* Effektivität *f*
effective price *n* FIN tatsächlicher Preis **effective rate** *n* FIN Effektivzins *m* **effective yield** *n* ECON, FIN Effektivertrag *m,* Effektivrendite *f*
effectual [ɪ'fektʃuəl, AM -tʃu:-] *adj* (*form*) ❶ (*effective*) wirksam ❷ (*in effect*) wirklich, tatsächlich, eigentlich
effectually [ɪ'fektʃuəli, AM -tʃu:-] *adv* (*form*) ❶ (*efficiently*) effektiv, wirksam; (*successfully*) erfolgreich ❷ (*in practice*) in Wirklichkeit, tatsächlich
effectuate [ɪ'fektʃueɪt, AM -tʃu:-] *vt* (*form*) ■**to** ~ **sth** etw bewirken; **to** ~ **a change** eine Änderung herbeiführen

effeminacy [ɪ'femɪnəsi] *n no pl* (*pej*) unmännliches Verhalten

effeminate [ɪ'femɪnət] *adj* (*pej*) unmännlich, weibisch *pej,* effeminiert *geh*

effervesce [ˌefə'ves, AM -ɚ'-] *vi* ❶ (*spec: bubble*) sprudeln ❷ (*fig approv*) *person* vor Temperament sprudeln [*o* überschäumen]

effervescence [ˌefə'vesən(t)s, AM -ɚ'-] *n no pl* ❶ *of a liquid* Sprudeln *nt* ❷ (*fig approv*) *of a person* übersprudelndes [*o* überschäumendes] Temperament

effervescent [ˌefə'vesənt, AM -ɚ'-] *adj* ❶ *inv* (*giving off gas*) sprudelnd *attr;* ~ **drink** sprudelndes [*o geh* moussierendes] Getränk; ~ **tablet** Brausetablette *f* ❷ (*fig approv*) *person* sprudelnd *attr,* überschäumend; ■**to be** ~ vor Temperament sprudeln [*o* überschäumen]

effete [ɪ'fi:t] *adj* (*liter*) ❶ (*pej: weak*) weichlich *pej,* verweichlicht *pej* ❷ (*exhausted*) erschöpft, entkräftet ❸ (*pej: effeminate*) weibisch *pej*

efficacious [ˌefɪ'keɪʃəs] *adj* (*form*) wirksam; (*successful*) erfolgreich; ~ **medicine** wirksames Medikament

efficacy ['efɪkəsi] *n* (*form*) Wirksamkeit *f*

efficiency [ɪ'fɪʃən(t)si] *n* ❶ *no pl* (*proficiency*) *of a company* Leistungsfähigkeit *f; of a system* Effizienz *f geh,* Leistungsfähigkeit *f; of a person* Tüchtigkeit *f; of a method* Wirksamkeit *f,* Effizienz *f geh* ❷ *no pl* (*frugality*) Wirtschaftlichkeit *f,* Effizienz *f geh;* **energy** ~ sparsame Energieverwendung ❸ (*spec: of a machine, an engine*) Wirkungsgrad *m fachspr* ❹ AM (*apartment*) kleines Apartment

efficiency apartment *n* AM kleines Apartment

efficient [ɪ'fɪʃənt] *adj* ❶ (*productive*) leistungsfähig, effizient *geh;* ~ **person** fähige [*o* tüchtige] Person ❷ (*economical*) wirtschaftlich

efficiently [ɪ'fɪʃəntli] *adv* effizient *geh*

effigy ['efɪdʒi] *n* Bild[nis] *nt;* **to burn/hang sb in** ~ jdn symbolisch verbrennen/hängen

effing ['efɪŋ] *adj attr, inv* BRIT (*euph fam!*) verdammt *fam,* Scheiß- *derb*

efflorescense [ˌeflɔ:'resən(t)s, AM -lə'-] *n no pl* ❶ BOT Blüte *f* ❷ (*liter*) *of a trend* Blüte[zeit] *f*

effluence ['efluəns] *n* Abfluss *m*

effluent ['efluənt] *n* Abwasser *nt*

effluvium <*pl* -via> [ɪ'flu:viəm] *n* Erguss *m*

efflux <*pl* -es> ['eflʌks] *n* ECON, FIN Abfluss *m*

effort ['efət, AM -ɚt] *n* ❶ (*exertion*) Mühe *f,* Anstrengung *f;* ***despite all my ~s, he is still smoking*** trotz all meiner Bemühungen raucht er immer noch; **to be worth the** ~ die Mühe wert sein; **it is an** ~ **[for sb] to do sth** es kostet [jdn] Mühe, etw zu tun; **to make an** ~ **[to do sth]** sich *akk* anstrengen [*o* sich *dat* Mühe geben][, etw zu tun] ❷ (*trying*) Bemühung *f,* Bemühen *nt kein pl geh;* **to make an** ~ **[to do sth]** sich *akk* bemühen [*o* sich *dat* Mühe geben][, etw zu tun]; **to not make any** ~ **to do sth** sich *dat* nicht die geringste Mühe geben [*o* sich *akk* nicht bemühen], etw zu tun ❸ (*outcome*) Versuch *m;* ***that's a fairly poor*** ~ das ist eine ziemlich schwache Leistung

effortless ['efətləs, AM -ɚt-] *adj* ❶ (*easy*) mühelos, leicht; ~ **charm** ungezwungener Charme; ~ **grace** natürliche Grazie ❷ (*undemanding*) unkompliziert, einfach

effortlessly ['efətləsli, AM -ɚt-] *adv* mühelos, ohne Anstrengung

effortlessness ['efətləsnəs, AM -ɚt-] *n no pl* Mühelosigkeit *f*

effrontery [ɪ'frʌntəri, AM ef'rʌnt̬ɚi] *n no pl* (*form*) Unverfrorenheit *f geh,* Unverschämtheit *f;* **to have the** ~ **to do sth** die Unverschämtheit [*o* Unverfrorenheit] besitzen, etw zu tun

effusion [ɪ'fju:ʒən] *n* (*liter*) ❶ (*outburst*) Gefühlsausbruch *m* ❷ (*esp pej: of feelings*) Erguss *m pej*

effusive [ɪ'fju:sɪv] *adj* (*form*) überschwänglich

effusively [ɪ'fju:sɪvli] *adv* (*form*) überschwänglich

effusiveness [ɪ'fju:sɪvnəs] *n no pl* Überschwänglichkeit *f*

EFL [ˌi:ef'el] *n no pl abbrev of* **English as a Foreign Language** Englisch *nt* als Fremdsprache

EFT [ˌi:ef'ti:] *n no pl abbrev of* **electronic funds transfer** elektronischer Zahlungsverkehr, elektronische Kontoabbuchung

EFTA *n,* **Efta** ['eftə] *n no pl,* + *sing/pl vb acr for* **European Free Trade Association** EFTA *f*

e.g. [ˌi:'dʒi:] *abbrev of* **exempli gratia** z. B.

egalitarian [ɪˌgælɪ'teəriən, AM -'teri-] **I.** *n* Verfechter(in) *m(f)* des Egalitarismus **II.** *adj* egalitär *geh;* ***the party's principles are basically*** ~ die Prinzipien der Partei beruhen im Wesentlichen auf dem Gleichheitsgedanken

egalitarianism [ɪˌgælɪ'teəriənɪzəm, AM -'teri-] *n no pl* Egalitarismus *m geh*

e-generation ['i:dʒenəreɪʃən] *n* Computergeneration *f,* Internetgeneration *f;* ■**to be** ~ ein Kind des elektronischen Zeitalters sein *fig*

egg [eg] **I.** *n* ❶ (*food*) Ei *nt;* **[half] a dozen ~s** ein [halbes] Dutzend Eier; **quail's ~s** Wachteleier *ntpl;* **beaten** ~ geschlagenes Ei; **hard-boiled/soft-boiled** ~ hart/weich gekochtes Ei; **to lay an** ~ ein Ei legen ❷ (*cell*) Eizelle *f* ❸ (*shape*) Ei *nt;* **chocolate** ~ Schokoladenei *nt* ▸ PHRASES: **to put all one's ~s in one basket** alles auf eine Karte setzen; **to be left with** ~ **on one's face** dumm dastehen *fam;* **it's like teaching your grandmother to suck ~s** (*fam*) da will das Ei [*o* Küken] [mal] wieder klüger sein als die Henne *hum fam;* **to be a bad** ~ (*fam*) ein Gauner *m* sein; **as sure as ~s is ~s** BRIT (*fam*) das ist so sicher wie das Amen in der Kirche **II.** *vt* ■**to** ~ **sb** ◯ **on** jdn anstacheln

egg-and-spoon race *n* Eierlaufen *nt kein pl* **egg cell** *n* Eizelle *f* **egg cup** *n* Eierbecher *m* **egghead** *n* (*hum fam*) Eierkopf *m oft pej fam,* Egghead *m oft hum geh* **eggplant** *n esp* AM, AUS Aubergine *f* **egg roll** *n* AM (*spring roll*) Frühlingsrolle *f* **eggshell** *n* Eierschale *f* **egg spoon** *n* Eierlöffel *m* **egg timer** *n* Eieruhr *f* **egg whisk** *n* Schneebesen *m* **egg white** *n no pl* Eiweiß *nt;* **beaten** ~ Eischnee *m*

eggy ['egi] *adj pred* (*fam*) **to smell/taste** ~ nach Ei riechen/schmecken

egg yolk *n* Eigelb *nt,* Eidotter *m*

EGM [ˌi:dʒi:'em] *n* ECON, FIN *abbrev of* **extraordinary general meeting**

ego ['i:gəʊ, AM -oʊ] *n* ❶ PSYCH Ego *nt fachspr,* Ich *nt fachspr* ❷ (*self-esteem*) Selbstbewusstsein *nt kein pl,* Ego *nt kein pl fam;* **to bolster** [*or* **boost**] **sb's** ~ jds Ego *nt* stärken *fam*

egocentric [ˌi:gə(ʊ)'sentrɪk, AM -goʊ'-] *adj* (*esp pej*) egozentrisch *geh,* ichbezogen

egocentrically [ˌi:gə(ʊ)'sentrɪkəli, AM -goʊ'-] *adv* (*esp pej*) egozentrisch *geh,* ichbezogen

egocentricity [ˌi:gəʊsen'trɪsəti, AM -goʊsen'trɪsət̬i] *n no pl* Egozentrik *f geh,* Ichbezogenheit *f*

egoism ['i:gəʊɪzəm, AM -goʊ-] *n no pl* ❶ (*pej: egotism*) Egoismus *m,* Egotismus *m geh* ❷ (*ethical theory*) Egotismus *m fachspr*

egoist ['i:gəʊɪst, AM -goʊ-] *n* (*pej*) Egoist *m,* Egotist *m*

egoistic [ˌi:gəʊ'ɪstɪk, AM -goʊ'-] *adj* (*pej*) egoistisch

egomania [ˌi:gə(ʊ)'meɪniə, AM -goʊ'-] *n no pl* Egomanie *f geh*

egomaniac [ˌi:gə(ʊ)'meɪniæk, AM -goʊ'-] *n* (*pej*) Egomane, -in *m, f geh*

egotism ['i:gəʊtɪzəm, AM -goʊ-] *n no pl* Egoismus *m,* Egotismus *m geh*

egotist ['i:gəʊtɪst, AM -goʊ-] *n* (*pej*) Egoist(in) *m(f),* Egotist(in) *m(f) geh*

egotistic [ˌi:gəʊ'tɪstɪk, AM -goʊ'-] *adj* (*pej*) egoistisch

ego trip *n* Egotrip *m sl;* **to be on an** ~ auf dem Egotrip sein *sl*

egregious [ɪ'gri:dʒəs] *adj* (*pej form*) unerhört, ungeheuerlich; ~ **error** krasser [*o* grober] Fehler

egret ['i:grət, AM gret] *n* Silberreiher *m*

Egypt ['i:dʒɪpt] *n no pl* Ägypten *nt*

Egyptian [ɪ'dʒɪpʃən] **I.** *n* Ägypter(in) *m(f)* **II.** *adj inv* ägyptisch

Egyptology [ˌi:dʒɪp'tɒlədʒi, AM 'tɑ:lə] *n no pl* Ägyptologie *f*

eh [eɪ] *interj* (*fam*) ■~? (*expressing confusion*) was? *fam,* hä? *fam;* (*expressing surprise also*) wie bitte?; (*asking for repetition*) wie bitte?, was? *fam;* (*inviting response to statement*) nicht [wahr]?; ***... — ~? what are you talking about?*** ... – hä? wovon sprichst du überhaupt?; ***... — ~! why didn't you tell me sooner?*** ... – was? warum hast du [mir] das nicht früher gesagt?; ***I got the job, that's good, ~?*** ich habe den Job, ist das nicht toll? *fam*

EIB [ˌi:aɪ'bi:] *n* ECON, FIN *abbrev of* **European Investment Bank**

eider ['aɪdər, AM -ɚ] *n* Eiderente *f*

eiderdown ['aɪdədaʊn, AM -dɚ-] *n* ❶ (*feathers*) [Eider]daunen *fpl* ❷ (*quilt*) Daunenbett *nt,* Federbett *nt*

eidetic [aɪ'detɪk, AM -t̬-] PSYCH **I.** *adj* eidetisch *fachspr* **II.** *n* Eidetiker(in) *m(f) fachspr*

eight [eɪt] **I.** *adj* ❶ (*number*) acht; ~ ***times three is 24*** acht mal drei ist 24; ***that costs £~*** das kostet acht Pfund; ***the number ~ goes to the station*** die Linie acht fährt zum Bahnhof; ***the score is ~ three*** es steht acht zu drei; ***there are ~ of us*** wir sind [zu] acht; ***they're sold in packets of ~*** das wird in einer Achterpackung verkauft; ***after ringing the bell ~ times we ...*** nachdem wir achtmal geklingelt hatten, ...; **in chapter** ~ in Kapitel acht, im achten Kapitel; **a family of** ~ eine achtköpfige Familie; ~ **and a quarter/half** achteinviertel/achteinhalb; ~ **times the amount of ...** achtmal so viel ...; **one in** ~ **[people]** jeder Achte; **in** ~ **[different] colours/sizes** in acht verschiedenen Farben/Größen; **to bet at** ~ **to one** acht zu eins wetten ❷ (*age*) acht; ***a boy of*** ~ ein achtjähriger Junge; **to be/turn** ~ **[years old]** acht [Jahre alt] sein/werden; **at the age of** ~ [*or* **at** ~ **[years old]**] [*or* **aged** ~] mit acht Jahren, im Alter von acht Jahren *geh* ❸ (*time*) **to be** ~ **[o'clock]** acht [Uhr] sein; **at** ~ **[o'clock]** um acht [Uhr]; **[at] about** [*or* **around**] ~ **[o'clock]** gegen acht [Uhr]; **ten/twenty [minutes] past** [*or* AM *usu* **after**] ~ **[o'clock]** zehn/zwanzig [Minuten] nach acht [Uhr]; **ten/twenty [minutes] to** [*or* AM *usu* **before**] ~ **[o'clock]** zehn/zwanzig [Minuten] vor acht [Uhr]; **just** [*or* **shortly**] **after/before** ~ **[o'clock]** kurz nach/vor acht [Uhr]; **half past** ~ [*or* BRIT *fam* **half** ~] halb neun; **at** ~ **thirty** um halb neun, um acht Uhr dreißig; **at** ~ **twenty/forty-five** um zwanzig nach acht [*o* acht Uhr zwanzig]/Viertel vor neun [*o* drei viertel neun] [*o* acht Uhr fünfundvierzig] **II.** *n* ❶ (*number, symbol*) Acht *f* ❷ SPORTS (*boat*) Achter *m;* (*crew also*) Achtermannschaft *f;* ■~**s** *pl* Achterrennen *nt;* **number** ~ (*rugby union forward*) Stürmer *m;* **last** [*or* **final**] ~ TENNIS die letzten Acht; **to skate a figure of** ~ **[on the ice]** [auf dem Eis] eine Acht laufen ❸ BRIT (*clothing size*) [Kleidergröße] 34; AM (*clothing size*) [Kleidergröße] 38; BRIT (*shoe size*) [Schuhgröße] 41; AM (*shoe size*) [Schuhgröße] 39 ❹ CARDS Acht *f;* ~ **of clubs/hearts** Kreuz-/Herz-Acht *f* ❺ (*public transport*) ■**the** ~ die Acht ▸ PHRASES: **to be behind the** ~ **ball** AM im Nachteil sein; **to have one past the** ~ BRIT (*sl*) einen über den Durst getrunken haben *fam*

eight-day *adj attr* achttägig

eighteen [eɪ'ti:n] **I.** *adj* ❶ (*number, age*) achtzehn; ***there are ~ of us*** wir sind achtzehn [*o* zu achtzehnt]; *see also* **eight I 1, 2** ❷ (*time*) ~ **hundred hours** *spoken* achtzehn Uhr; **1800 hrs** *written* 18:00; **at** ~ **twenty/thirty** um achtzehn Uhr zwanzig [*o* 18:20] [*o* zwanzig nach sechs]/dreißig [*o* 18:30] [*o* halb sieben]; *see also* **eight I 3 II.** *n* ❶ (*number, symbol*) Achtzehn *f;* **in the** ~ **twenties** in den zwanziger Jahren des neunzehnten Jahrhunderts ❷ BRIT FILM ~ **certificate** [Alters]freigabe *f* ab 18 Jahren; **to be given an** ~ **certificate** ab 18 [Jahren] freigegeben sein

eighteenth [eɪ'ti:nθ] **I.** *adj inv* achtzehnte(r,s) **II.** *n* ■**the** ~ der/die/das Achtzehnte

eight-figure *adj* ~ **number** achtstellige Zahl

eighth [eɪtθ] **I.** *adj inv* achte(r,s); ***you're the ~ person to put your name down*** du bist der Achte, der sich einträgt; ~ **grade** AM achte Klasse; **every** ~ **person** jeder Achte; **in** ~ **place** an achter Stelle; **the**

~ **largest ...** der/die/das achtgrößte ... **II.** *n no pl* ❶ *(order)* ■**the** ~ der/die/das Achte; **to be** ~ **[in line]** als Achter an der Reihe [*o fam* dran] sein; **to be/finish** ~ **[in a race]** [bei einem Rennen] Achter sein/werden [*o* als Achter ins Ziel kommen] ❷ *(date)* ■**the** ~ **[of the month]** *spoken* der Achte [des Monats]; ■**the 8th [of the month]** *written* der 8. [des Monats]; **on the** ~ **of February** am achten Februar ❸ *(in titles)* **Henry the E~** *spoken* Heinrich der Achte; **Henry VIII** *written* Heinrich VIII. ❹ *(fraction)* Achtel *nt* **III.** *adv inv* achtens

eighthly ['eɪtθli] *adv* achtens

eighth note *n* AM MUS Achtelnote *f,* Achtel *nt*

eight-hour *adj attr* achtstündig; ~ **day** Achtstundentag *m* **eight hundred I.** *adj* achthundert **II.** *n* Achthundert *f;* **800 number** AM ≈ 0130-Nummer *f* *(gebührenfreie Telefonnummer)*

eightieth ['eɪtiəθ, AM -t̬i-] **I.** *adj inv* achtzigste(r,s); *see also* **eighth I II.** *n* ❶ *(order)* ■**the** ~ der/die/das Achtzigste; *see also* **eighth II 1** ❷ *(fraction)* Achzigstel *nt*

eight-page *adj attr* achtseitig **eight-part, eight-piece** *adj attr* achtteilig **eight-sided** *adj attr* achtseitig **eight-storey** *adj* BRIT, AM **eight-story** *adj attr* achtstöckig **eight thousand I.** *adj* achttausend **II.** *n* Achttausend *f*

eighty ['eɪti, AM -t̬i] **I.** *adj* achtzig; *see also* **eight I 1, 2 II.** *n* ❶ *(number)* Achtzig *f* ❷ *(age)* **to be in one's eighties** in den Achtzigern sein; **to be in one's early/mid/late eighties** Anfang/Mitte/Ende achtzig sein ❸ *(decade)* ■**the eighties** *pl* die achtziger [*o* 80er] Jahre, die Achtziger; **in the eighties** in den Achtzigern ❹ *(temperature)* **to be in the eighties** um die 38 Grad Celsius warm sein ❺ *(fam: speed)* achtzig; **to do** [*or* **drive**] ~ achtzig fahren, mit achtzig Sachen fahren *fam*

eight-year *adj attr* achtjährig **eight-year-old I.** *adj attr* achtjährig, acht Jahre alt **II.** *n* Achtjährige(r) *f(m); **she learnt to ride as an** ~* sie lernte mit acht Jahren reiten

eighty-track disk *n* COMPUT Platte *f* mit 80 Spuren

eighty-year *adj attr war* achtzigjährig **eighty-year-old I.** *adj attr* achtzigjährig, achtzig Jahre alt **II.** *n* Achtzigjährige(r) *f(m)*

Eire ['eərə, AM 'erə] *n* Eire *nt,* Irland *nt* *(amtlicher Name für die Republik Irland 1937–1949)*

either ['aɪðəʳ, 'i:-, AM 'i:ðɚ, 'aɪ-] **I.** *conj* ~ **... or ...** entweder ... oder ...; ~ ***you leave now or I call the police!*** entweder Sie gehen jetzt oder ich rufe die Polizei! **II.** *adv inv* ❶ *(introducing alternative)* ~ **... or ...** entweder ... oder ...; ***available in*** ~ ***black or white*** in Schwarz oder Weiß erhältlich; ***I'm going to buy*** ~ ***a new camera or a new video*** ich kaufe entweder eine neue Kamera oder einen neuen Videorekorder ❷ + *neg (indicating similarity)* ***I haven't been to the cinema for ages — I haven't been*** ~ ich bin seit Ewigkeiten nicht [mehr] im Kino gewesen – ich auch nicht; ***I don't eat meat and my husband doesn't*** ~ ich esse kein Fleisch und mein Ehemann auch nicht; ***it won't do any harm, but won't really help*** ~ es schadet nicht, hilft aber auch nicht wirklich ❸ + *neg (moreover)* ***they do really good food at that restaurant and it's not very expensive*** ~ das Essen in diesem Restaurant ist wirklich gut – und nicht einmal sehr teuer **III.** *adj attr, inv* ❶ *(each of two)* beide; ***unfortunately I was sitting at the table with smokers on*** ~ ***side of me*** leider saß ich an dem Tisch zwischen zwei Rauchern; ***the road was straight with fields of grass on*** ~ ***side*** die Straße war gerade und auf beiden Seiten von Wiesen umgeben ❷ *(one of two)* eine(r,s) [von beiden]; ~ ***person would be fine for the job*** jede(r) der beiden wäre für den Job geeignet; ***there were no children of*** ~ ***marriage*** aus den beiden Ehen stammen keine Kinder; ~ **way** [*or* **in** ~ **case**] so oder so **IV.** *part no pl (any one of two)* beide(s); ***we have beer and wine — would you like*** ~***?*** wir haben Bier und Wein – was hättest du lieber?; ***you can have*** ~ ***of the two chocolates*** welche der beiden Pralinen hättest du gerne?; ~ **of you** eine(r) von euch beiden

either-or *adj* Entweder-Oder-; ~ **situation** Entweder-Oder-Situation *f*

ejaculate [ɪ'dʒækjəleɪt] **I.** *vi* ejakulieren **II.** *vt* ■**to** ~ **sth** ❶ *(dated: utter suddenly)* etw ausrufen [*o* ausstoßen] ❷ *(eject semen)* etw ausspritzen [*o* ejakulieren] **III.** *n* [ɪ'dʒækjələt] Ejakulat *nt fachspr,* Samen *m*

ejaculation [ɪˌdʒækjə'leɪʃᵊn] *n* ❶ *(process of ejaculating)* Ejakulation *f fachspr,* Samenerguss *m* ❷ *(dated: sudden outburst)* Ausbruch *m* ❸ *(cry)* Ausruf *m*

eject [ɪ'dʒekt] **I.** *vt* ❶ *(kick out)* ■**to** ~ **sb** jdn hinauswerfen [*o* hinausbefördern] (**from** aus +*dat*); LAW jdn zwangräumen, bei jdm eine Zwangsräumung durchführen, jdn zur Räumung zwingen ❷ TECH ■**to** ~ **sth** etw auswerfen; ***the VCR*** ~***ed the cassette*** der Videorekorder gab die Kassette aus **II.** *vi* AVIAT den Schleudersitz betätigen

ejecta [ɪ'dʒektə] *npl esp* GEOG, ASTRON Auswurf *m,* Auswurfmaterial *nt*

ejection [ɪ'dʒekʃᵊn] *n no pl* ❶ *(kicking out) of a person* Hinauswurf *m* ❷ TECH Auswerfen *nt;* AVIAT *of a pilot* Hinausschleudern *nt* ❸ LAW [Zwangs]räumung *f*

ejection seat *n* Schleudersitz *m*

ejectment [ɪ'dʒektmᵊnt] *n* LAW **action of** ~ Räumungsklage *f*

ejector [ɪ'dʒektəʳ, AM -ɚ] *n* Auswerfer *m,* Ejektor *m fachspr*

ejector seat *n* Schleudersitz *m*

eke [i:k] *vt* ■**to** ~ **sth** ⊂ **out** *food* etw strecken; **to** ~ **out a miserable existence** ein armseliges Dasein fristen; **to** ~ **out a living** sich *akk* mehr schlecht als recht durchschlagen

EKG [ˌi:keɪ'dʒi:] *n* AM *abbrev of* **electrocardiogram** EKG *nt,* Ekg *nt*

elaborate I. *adj* [ɪ'læbᵊrət, AM -ɚət] ❶ *(not simple) design, pattern* kompliziert, raffiniert; *clothes, decorations* kunstvoll [gearbeitet]; *style of writing* ausgefeilt; *banquet* aufwendig, üppig ❷ *(very detailed)* ausführlich, detailliert; *plan* ausgeklügelt; *preparations* sorgfältig **II.** *vi* [ɪ'læbᵊreɪt, AM -ɚeɪt] ins Detail gehen; ■**to** ~ **on sth** etw näher ausführen [*o* ausführlich behandeln], auf etw *akk* ausführlich eingehen

elaborately [ɪ'læbᵊrətli, AM -ɚət-] *adv* ❶ *(detailed)* ausführlich; ~ **planned** sorgfältig geplant ❷ *(ornate)* kunstvoll, kompliziert; ~ **decorated** kunstvoll verziert

elaboration [ɪˌlæbə'reɪʃᵊn] *n* ❶ *no pl (detail work)* Ausfeilung *f,* Ausarbeitung *f* ❷ *(explanation)* [nähere] Ausführung, Erklärung *f*

élan [eɪ'lɑ̃(ŋ), AM -'lɑ:n] *n no pl (approv liter)* Elan *m,* Schwung *m*

eland [i:'lənd] *n* Elenantilope *f*

elapse [ɪ'læps] *vi time* vergehen, verstreichen *geh*

elapsed time *n* COMPUT Gesamtverarbeitungszeit *f*

elastane [ɪ'læsteɪn] *n modifier* Elastan-, aus Elastan *nach n*

elastic [ɪ'læstɪk] **I.** *adj* ❶ *(stretchable)* elastisch, dehnbar; **to have** ~ **properties** elastisch sein ❷ *(fig: adaptable)* flexibel, anpassungsfähig ❸ *(fig: buoyant) person* seelisch robust; ***he has an*** ~ ***personality*** er ist nicht unterzukriegen ❹ ECON *(variable) currency* elastisch **II.** *n* ❶ *(material)* elastisches Material, Gummi *m* ❷ *(band)* Gummiband *nt,* Gummi *m fam*

elasticated [ɪ'læstɪkeɪtɪd, AM -t̬-] *adj* BRIT elastisch; **with an** ~ **waist** mit [einem] Gummizug in der Taille

elastic band *n* Gummiband *nt*

elasticity [ˌɪlæs'tɪsəti, AM -ət̬i] *n no pl* ❶ *(quality of being elastic)* Elastizität *f,* Dehnbarkeit *f* ❷ *(fig: flexibility)* Flexibilität *f; of a law* Auslegbarkeit *f* ❸ ECON Anpassungsfähigkeit *f,* Elastizität *f fachspr*

elasticized [ɪ'læstɪsaɪzd] *adj* AM elastisch

Elastoplast® [ɪ'læstə(ʊ)plɑ:st] *n no pl* BRIT Hansaplast® *nt*

elate [ɪ'leɪt] *vt* ■**to** ~ **sb** jdn begeistern [*o* [hoch] erfreuen] [*o* in Hochstimmung versetzen]

elated [ɪ'leɪtɪd, AM -t̬-] *adj* **to be** ~ **at** [*or* **by**] **sth** über etw *akk* hocherfreut sein, aufgrund einer S. *gen* in Hochstimmung sein

elation [ɪ'leɪʃᵊn] *n no pl* Hochstimmung *f,* Begeisterung *f;* **to experience a sense of** ~ in Hochstimmung sein

elbow ['elbəʊ, AM -boʊ] **I.** *n* ❶ *(arm joint)* Ell[en]bogen *m* ❷ *(clothing covering elbow)* Ellbogen *m* ❸ *(fig: in a pipe, river)* Knie *nt; (in a road, river)* Biegung *f,* Krümmung *f* ► PHRASES: **to give sb the** ~ jdm den Laufpass geben *fam;* **[out] at the** ~**s** *(clothes)* durchgewetzt, abgetragen; *(person)* heruntergekommen; **to be at sb's** ~ *(close at hand)* in jds [unmittelbarer] Nähe sein; *(working closely with sb)* eng mit jdm zusammenarbeiten **II.** *vt* ■**to** ~ **sb** jdm mit dem Ellbogen einen Stoß versetzen; **to** ~ **sb out** jdn hinausdrängeln; ***she*** ~***ed him in the ribs*** sie stieß ihm den Ellbogen in die Rippen

elbow grease *n* Muskelkraft *f,* Schmalz *nt fam;* **to use some** ~, **to put some [real]** ~ **into it** *(fam)* sich *akk* [ordentlich] ins Zeug legen *fam;* ***"come on, use some*** ~***!" shouted*** „los, Leute, etwas mehr Einsatz bitte!" **elbow room** *n* ❶ *(space to move)* Ellbogenfreiheit *f* ❷ *(fig: freedom of action)* Bewegungsfreiheit *f fig,* Spielraum *m*

elder[1] ['eldəʳ, AM -ɚ] **I.** *n* ❶ *(older person)* Ältere(r) *f(m); **listen to the advice of your*** ~***s*** hör auf den Rat der Älteren [*o* von Leuten, die älter sind als du] ❷ *(older brother, sister)* ***she is my*** ~ ***by three years*** sie ist drei Jahre älter als ich ❸ *(respected person)* Älteste(r) *f(m);* **village** ~ Dorfälteste(r) *f(m)* ❹ REL **church** ~ [*or* **E~**] [Kirchen]älteste(r) *f(m)* **II.** *adj attr, inv* ältere(r,s); POL ~ **statesman/stateswoman** erfahrener Politiker [*o* Staatsmann]/erfahrene Politikerin

elder[2] ['eldəʳ, AM -ɚ] *n* BOT Holunder *m*

elderberry ['eldəˌberi, AM -ɚˌ-] *n* ❶ *(berry)* Holunderbeere *f* ❷ *(tree)* Holunder[strauch] *m* **elderberry wine** *n* Holunder[beer]wein *m*

elderflower ['eldəˌflaʊəʳ, AM dɚˌflaʊɚ] *n* Holunderblüte *f*

elderly ['eldᵊli, AM -ɚli] **I.** *adj* ältere(r,s) *attr,* ältlich **II.** *n* ■**the** ~ *pl* ältere Menschen, Senioren

elder tree *n* Holunderstrauch *m*

eldest ['eldɪst] **I.** *adj inv* älteste(r,s) **II.** *n no pl* ■**the** ~ der/die Älteste

eldest hand *n* CARDS Vorhand *f*

El Dorado *n,* **eldorado** [ˌeldə'rɑ:dəʊ, AM -doʊ] *n* Eldorado *nt*

elect [ɪ'lekt] **I.** *vt* ❶ *(choose someone by voting)* ■**to** ~ **sb** jdn wählen; **to** ~ **sb as a representative** jdn zum Stellvertreter wählen; **to** ~ **sb to a committee** jdn in ein Gremium [*o* einen Ausschuss] wählen; **to be** ~**ed chairman/president** zum Vorsitzenden/Präsidenten gewählt werden; **the president** ~ der designierte President; ~**ed body** gewähltes Gremium; ~**ed official** Wahlbeamte(r) *m,* Wahlbeamte [*o* -in] *f* ❷ *(opt for)* ■**to** ~ **to do sth** sich *akk* [dafür] entscheiden, etw zu tun; ***he*** ~***ed to follow the second plan*** er entschied sich für die Durchführung des zweiten Plans **II.** *n pl* REL ■**the** ~ die Auserwählten

electable [ɪ'lektəbl] *adj* wählbar

election [ɪ'lekʃᵊn] *n* ❶ *(voting event)* Wahl *f;* **to hold an** ~ eine Wahl durchführen ❷ *(form: choose)* **to make an** ~ eine Wahl treffen ❸ LAW *(choice of taking benefit)* Wahlvermächtnis *f*

election address *n* Wahlrede *f* **election booth** *n* Wahlkabine *f* **election campaign** *n* Wahlkampf *m,* Wahlkampagne *f* **election day** *n,* **Election Day** *n* AM Wahltag *m*

electioneer [ɪˌlekʃə'nɪəʳ, AM -'nɪr] **I.** *n* Wahlhelfer(in) *m(f)* **II.** *vi* Wahlkampf betreiben [*o* machen]; **to** ~ **for sb** für jdn als Wahlhelfer arbeiten

electioneering [ɪˌlekʃə'nɪərɪŋ, AM -'nɪr-] *n no pl* Wahlkampf *m,* Wahlkampagne *f; (pej)* Wahlpropaganda *f pej*

election manifesto *n* Wahlprogramm *nt* **election platform** *n* Wahlprogramm *nt* **election returns** *npl (report)* Wahlberichte *mpl; (counts)* Wahlergebnisse *ntpl*

elective [ɪ'lektɪv] *adj inv* ❶ *(appointed by elec-*

tion) gewählt; (*based on voting*) Wahl- ❷ (*optional, not necessary*) wahlfrei, fakultativ, Wahl-; ~ **subject** SCH, UNIV Wahlfach *nt;* ~ **surgery** MED elektive Operation, Operation *f* zum Zeitpunkt der [eigenen] Wahl ❸ (*selective concern*) ~ **affinity** Wahlverwandtschaft *f geh*
elective dictatorship *n* (*pej*) gewählte Diktatur
elector [ɪˈlektəʳ] *n* ❶ (*voter*) Wähler(in) *m(f),* Wahlberechtigte(r) *f(m);* **register of ~s** Wählerliste *f* ❷ AM (*member of electoral college*) Wahlmann *m* ❸ (*hist: German prince*) ■**E~** Kurfürst *m*
electoral [ɪˈlektᵊrᵊl] *adj attr, inv* Wahl-, Wähler-
electoral college *n* ❶ (*electors of a leader*) Wahlausschuss *m* ❷ (*of US president*) Wahlmännergremium *nt*
electorally [ɪˈlektᵊrᵊli] *adv inv* in Bezug auf die Wahlen; **to be ~ damaging** sich *akk* wahltaktisch [*o* auf die Wahl] negativ auswirken
electoral register *n,* **electoral roll** *n* Wählerliste *f,* Wählerverzeichnis *nt*
electorate [ɪˈlektᵊrət] *n* ■**the ~** die Wählerschaft [*o* Wähler]
Electra complex [ɪˈlektᵊrə,] *n* PSYCH Elektrakomplex *m fachspr*
electret [ɪˈlektrɪt] *n* COMPUT [Ferro]dielektrikum *nt*
electric [ɪˈlektrɪk] *adj* ❶ (*powered by electricity*) elektrisch, Elektro-; ~ **blanket** Heizdecke *f;* ~ **current** elektrischer Strom; ~ **guitar** E-Gitarre *f;* ~ **motor** Elektromotor *m* ❷ (*involving or conveying electricity*) Strom-; ~ **bill** Stromrechnung *f* ❸ (*fig: exciting*) elektrisierend; *atmosphere* spannungsgeladen; *performance* mitreißend
electrical [ɪˈlektᵊrɪkᵊl] *adj inv* elektrisch, Elektro-; ~ **circuit** [elektrischer] Stromkreis; ~ **device** Elektrogerät *nt;* ~ **fittings** Elektroinstallationen *fpl*
electrical engineer *n* (*without univ degree*) Elektrotechniker(in) *m(f);* (*with univ degree*) Elektroingenieur(in) *m(f)* **electrical engineering** *n* Elektrotechnik *f*
electrically [ɪˈlektrɪkᵊli] *adv inv* elektrisch
electricals [ɪˈlektrɪkᵊlz] *npl* STOCKEX Elektrizitätsaktien *pl,* Elektrowerte *pl*
electrical storm *n* Gewitter *nt,* Gewittersturm *m*
electric blue *n no pl* metallisches Hellblau
electric-blue [ɪˌlektrɪkˈbluː] *adj attr, inv* hellblaumetallic[farben]
electric chair *n* LAW elektrischer Stuhl **electric charge** *n* PHYS elektrische Ladung **electric eel** *n* Zitteraal *m* **electric eye** *n* ELEC Photozelle *f* **electric fence** *n* elektrischer Zaun, Elektrozaun *m* **electric field** *n* ELEC elektrisches Feld **electric fire** *n,* AM **electric heater** *n* [elektrischer] Heizofen, Heizstrahler *m,* Elektroheizgerät *nt*
electrician [ˌelɪkˈtrɪʃᵊn, ˌiːlek-, AM ɪˌlek-, ˌiːlek-] *n* (*without univ degree*) Elektriker(in) *m(f),* Elektroinstallateur(in) *m(f);* (*with univ degree*) Elektrotechniker(in) *m(f)*
electricity [ˌelɪkˈtrɪsəti, ˌiːlek-, AM ɪˌlekˈtrɪsət̬i, ˌiːlek-] *n no pl* Elektrizität *f,* [elektrischer] Strom; **heated/lit by ~** elektrisch beheizt/beleuchtet; **powered by ~** mit Elektroantrieb, elektrisch angetrieben
electricity meter *n* Stromzähler *m;* **to read the ~** den Stromzähler ablesen **electricity pylon** *n* Hochspannungsmast *m*
electric mirror *n* (*rear-view mirror*) automatisch abblendbarer Spiegel; (*side mirror*) elektrisch einstellbarer Spiegel **electric organ** *n* elektrische Orgel **electric ray** *n* Zitterrochen *m* **electric razor** *n* [Elektro]rasierer *m fam*
electrics [ɪˈlektrɪks] *npl* BRIT Elektrik *f,* elektrische Ausstattung [*o* Ausrüstung]
electric shock *n* Stromschlag *m,* [elektrischer] Schlag; MED Elektroschock *m* **electric storm** *n* Gewitter *nt,* Gewittersturm *m* **electric window** *n* elektrischer Fensterheber
electrification [ɪˌlektrɪfɪˈkeɪʃᵊn] *n no pl* Elektrifizierung *f;* (*fig*) Elektrisierung *f fig,* Begeisterung *f*
electrify [ɪˈlektrɪfaɪ] *vt* ❶ TECH ■**to ~ sth** etw elektrifizieren ❷ (*fig: imbue with excitement*) ■**to ~ sb** jdn elektrisieren [*o* begeistern]
electrifying [ɪˈlektrɪfaɪɪŋ] *adj* (*fig*) elektrisierend, begeisternd
electro- [ɪˈlektrə(ʊ)-, AM -troʊ-] *in compounds* (*surgery, shock*) Elektro-
electroanalysis *n* Elektroanalyse *f* **electrocardiogram** *n* Elektrokardiogramm *nt,* EKG *nt,* Ekg *nt* **electrocardiograph** *n* Elektrokardiograph *m* **electrochemical** *adj inv* elektrochemisch **electroconvulsive therapy** *n no pl* BRIT Elektroschocktherapie *f*
electrocute [ɪˈlektrəkjuːt] *vt* ■**to ~ sb** (*kill*) jdn durch einen Stromschlag töten; (*execute*) jdn auf dem elektrischen Stuhl hinrichten
electrocution [ɪˌlektrəˈkjuːʃᵊn] *n* ❶ (*death*) Tötung *f* durch Stromschlag ❷ LAW Hinrichtung *f* durch den elektrischen Stuhl
electrode [ɪˈlektrəʊd, AM -troʊd] *n* Elektrode *f*
electroencephalogram [-enˈsefᵊlə(ʊ)græm, AM -əloʊ-] *n* Elektroenzephalogramm *nt,* EEG *nt*
electroencephalograph [-enˈsefᵊlə(ʊ)grɑːf, AM -əloʊgræf] *n* Elektroenzephalograph *m*
electroluminescence [ɪˌlektrə(ʊ)ˌluːmɪˈnesᵊn(t)s, AM -troʊˌluːməˈ-] *n* ELEC Elektrolumineszenz *f* **electroluminescent** [ɪˌlektrə(ʊ)ˌluːmɪˈnesᵊnt, AM -troʊˌluːməˈ-] *adj* COMPUT elektrolumineszent; ~ **display** Elektrolumineszenzanzeige *f* **electroluminescing** [ɪˌlektrə(ʊ)ˌluːmɪˈnesɪŋ, AM -troʊˌluːməˈ-] *adj* ELEC elektrolumineszierend
electrolysis [ˌelɪkˈtrɒləsɪs, ˌiːlek-, AM ɪˌlekˈtrɑːl-, ˌiːlek-] *n no pl* CHEM, PHYS Elektrolyse *f;* MED Elektroresektion *f*
electrolyte [ɪˈlektrəlaɪt] *n* BIOL, CHEM Elektrolyt *m*
electromagnet *n* Elektromagnet *m* **electromagnetic** *adj inv* elektromagnetisch **electromagnetically** *adv* ELEC elektromagnetisch **electromagnetic radiation** *n* elektromagnetische Strahlung **electromagnetic spectrum** *n* elektromagnetisches Spektrum **electromagnetic wave** *n* elektromagnetische Welle [*o* Schwingung]
electromagnetism *n no pl* Elektromagnetismus *m* **electromotive force** *n* elektromotorische Kraft
electron [ɪˈlektrɒn, AM -trɑːn] *n* Elektron *nt*
electronic [ˌelekˈtrɒnɪk, ˌiːlek-, AM ɪˌlekˈtrɑːn-, ˌiːlek-] *adj inv* elektronisch; ~ **calculator** Elektronenrechner *m;* ~ **data processing** elektronische Datenverarbeitung; ~ **guitar** Elektrogitarre *f,* E-Gitarre *f;* ~ **organ** elektronische Orgel
electronically [ˌelekˈtrɒnɪkli, ˌiːlek-, AM ɪˌlekˈtrɑːn-, ˌiːlek-] *adv inv* elektronisch
electronic art *n* kinetische Kunst, Electronic Art *f*
electronic banking *n* ECON, FIN elektronische Abwicklung von Bankgeschäften **electronic brakeforce distribution** *n,* **EBD** *n* elektronische Bremskraftverteilung **electronic cottage** *n* BRIT Telearbeitsplatz *m* **electronic countermeasure** *n* MIL elektronische Abwehrmaßnahme [*o* Gegenmaßnahme] **electronic flash** *n* PHYS, PHOT Elektronenblitz *m* **electronic funds transfer** *n* elektronischer Zahlungsverkehr **electronic intelligence** *n* ❶ (*obtaining secrets from computers*) elektronische Nachrichtenbeschaffung ❷ (*artificial intelligence*) elektronische Intelligenz **electronic mail** *n* (*system*) elektronische Post, Mailboxsystem *nt;* (*single message*) elektronischer Brief, E-Mail *f; see also* **e-mail** **electronic nose** *n* elektronischer Geruchssensor **electronic publishing** *n* ❶ (*publishing*) elektronische Publikation, Electronic Publishing *nt* ❷ (*texts*) Publikationen *fpl* auf elektronischen Datenträgern
electronics [ˌelekˈtrɒnɪks, ˌiːlek-, AM ɪˌlekˈtrɑːn-, ˌiːlek-] *n + sing/pl vb* ❶ (*electronic circuits*) Elektronik *f* ❷ UNIV, SCI Elektronik *f kein pl*
electronic superhighway *n* elektronische Datenautobahn **electronic tagging** *n* LAW elektronische Fußfessel **electronic text** *n* elektronischer [*o* maschinell lesbarer] Text **electronic town hall** *n,* **electronic town-meeting** *n* elektronisches Stadtforum, Telediskussionsforum *nt* für lokale Belange **electronic warfare** *n* elektronische Krieg[s]führung
electron microscope *n* Elektronenmikroskop *nt*
electron tube *n* Elektronenröhre *f*
electroplate [ɪˈlektrə(ʊ)pleɪt, AM -troʊ-] **I.** *vt usu passive* ■**to ~ sth** etw galvanisieren; **~ed cutlery** versilbertes Besteck **II.** *n* Galvanisierung *f,* galvanischer Überzug
electroscope [ɪˈlektrə(ʊ)skəʊp, AM -troʊskoʊp] *n* Elektroskop *nt*
electrosensitive [ɪˌlektrə(ʊ)ˈsen(t)sɪtɪv, AM -troʊˈsen(t)sət̬ɪv] *adj* COMPUT ~ **paper** elektrosensitives Papier; ~ **printing** elektrosensitives Drucken
electroshock therapy [ɪˌlektrə(ʊ)ʃɒk-, AM -troʊʃɑːk-] *n no pl* AM Elektroschocktherapie *f,* Elektroschockbehandlung *f*
electrostatic [ɪˌlektrə(ʊ)ˈstætɪk, AM -troʊˈstæt̬-] *adj inv* elektrostatisch
electrotherapy [ɪˌlektrə(ʊ)ˈθerəpi, AM -troʊˈ-] *n* Elektrotherapie *f*
eleemosynary [ˌeliiːˈmɒsɪnᵊri, AM ˌelɪˈmɑːsəneri] *adj* LAW wohltätig, karitativ
elegance [ˈelɪgᵊn(t)s] *n no pl* Eleganz *f*
elegant [ˈelɪgᵊnt] *adj* elegant
elegantly [ˈelɪgᵊntli] *adv* elegant
elegiac [ˌelɪˈdʒaɪək, AM *also* ɪˈliːdʒiæk] *adj* LIT elegisch; ~ **poetry** elegische Gedichte
elegy [ˈelɪdʒi] *n* LIT Elegie *f,* Klagegedicht *nt*
element [ˈelɪmənt] *n* ❶ CHEM Element *nt,* Grundstoff *m* ❷ ELEC (*heating part of appliance*) Heizelement *nt* ❸ (*part of a group of people*) Element *nt* ❹ (*rough weather*) ■**the ~s** *pl* die Elemente [*o* Naturgewalten]; **to battle against the ~s** gegen die Naturgewalten ankämpfen; **to brave** [*or* **face**] **the ~s** den Elementen trotzen
elemental [ˌelɪˈmentᵊl, AM -əˈment̬ᵊl] *adj* ❶ (*form, liter: basic, natural*) elementar, natürlich; ~ **desire** natürliches Verlangen; **the ~ forces** die Naturkräfte [*o geh* Urgewalten]; ~ **needs** elementare Bedürfnisse, Grundbedürfnisse *pl* ❷ (*fig: strong and basic*) elementar, urgewaltig; ***he shouted at her in ~ fury*** rasend vor Wut schrie er sie an; ~ **strength** urwüchsige Kraft
elementary [ˌelɪˈmentᵊri, AM -əˈment̬ɚi] *adj* elementar, grundlegend; ***they failed to take ~ precautions*** sie haben nicht einmal die einfachsten Vorsichtsmaßnahmen getroffen; ~ **course** Grundkurs *m;* ~ **mathematics** die Grundlagen der Mathematik; ~ **mistake** grober Fehler; ~ **science** elementare Naturwissenschaften *fpl;* ~ **education** AM Elementarunterricht *m*
elementary particles *n pl* Elementarteilchen *pl*
elementary school *n* Grundschule *f*
elephant [ˈelɪfənt] *n* Elefant *m*
elephantiasis [ˌelɪfənˈtaɪəsɪs] *n* MED Elephantiasis *f fachspr*
elephantine [ˌelɪˈfæntaɪn] *adj* ❶ (*huge*) massig, riesenhaft ❷ (*clumsy*) plump, schwerfällig
elephant seal *n* Seeelefant *m*
elevate [ˈelɪveɪt] *vt* ❶ (*lift*) ■**to ~ sth** etw [empor]heben [*o* anheben]; (*raise*) etw erhöhen ❷ (*fig: increase importance*) ■**to ~ sb/sth to sth** jdn/etw zu etw *dat* erheben; ***they ~ed the band members to the status of gods*** sie behandelten die Bandmitglieder wie Götter
elevated [ˈelɪveɪtɪd, AM -t̬-] *adj* ❶ (*raised*) erhöht, höherliegend, hochgelegen; ~ **road** Hochstraße *f* ❷ MED (*form*) ~ **blood-pressure** erhöhter Blutdruck ❸ (*important*) gehoben; **to hold an ~ position** eine gehobene Position einnehmen; **to have an ~ idea of oneself** von sich *dat* selbst sehr eingenommen sein ❹ LIT *language, style* gehoben; ~ **thoughts** erhabene Gedanken
elevated railroad *n* AM Hochbahn *f*
elevation [ˌelɪˈveɪʃᵊn] *n* (*form*) ❶ (*height*) Höhe *f;* (*above sea level*) *of mountain* Höhe *f* über dem Meeresspiegel ❷ (*raised area*) [Boden]erhebung *f;* (*hill*) Anhöhe *f* ❸ (*rise*) Beförderung *f;* (*to peerage*) Erhebung *f*
elevator [ˈelɪveɪt̬ɚ] *n* AM Aufzug *m,* Fahrstuhl *m,* Lift *m*
elevator music *n no pl* (*pej*) [Hintergrund]gedudel

nt pej **elevator operator** *n* Fahrstuhlführer(in) *m(f)*, Liftboy *m*

eleven [ɪˈlevᵊn] **I.** *adj* ① (*number*) elf; ***after ringing the bell ~ times we …*** nachdem wir elfmal geklingelt hatten, …; **a family of ~** eine elfköpfige Familie; **~ and a quarter/half** elfeinviertel/elfeinhalb; **~ times the amount of …** elfmal so viel …; **one in ~ [people]** jeder Elfte; *see also* **eight 1** ② (*age*) elf; ***a boy of ~*** ein elfjähriger Junge; *see also* **eight 2** ③ (*time*) **to be ~ [o'clock]** elf [Uhr] sein; **half past ~** [*or* BRIT *fam* **half ~**] halb zwölf; **at ~ thirty** um halb zwölf, um elf Uhr dreißig; **at ~ forty-five** um Viertel vor zwölf [*o* drei viertel zwölf]; *see also* **eight 3** **II.** *n* ① (*number, symbol*) Elf *f* ② FBALL ■**the ~** die Elf; **the second ~** die zweite Mannschaft ③ BRIT (*shoe size*) [Schuhgröße] 44; AM (*shoe size*) [Schuhgröße] 42 ④ CARDS Elf *f*; **~ of clubs/hearts** Kreuz-/Herz-Elf *f* ⑤ (*public transport*) ■**the ~** die Elf

eleven-plus *n* BRIT SCH *Prüfung der 11-jährigen Schüler vor dem Wechsel an eine weiterführende Schule*

elevenses [ɪˈlevᵊnzɪz] *npl* BRIT (*fam*) zweites Frühstück

eleventh [ɪˈlevᵊnθ] **I.** *adj* elf(r,s); *see also* **eighth I** **II.** *n* ① (*order*) **the ~** der/die/das Elfte *f(m)*; *see also* **eighth II 1** ② (*date*) **the ~ [of the month]** *spoken* der Elfte [des Monats]; **the 11th [of the month]** *written* der 11. [des Monats]; **on the ~ of February** am elften Februar ③ (*in titles*) ■**the E~** der/die Elfte; *see also* **eighth II 3** ④ (*fraction*) Elftel *nt* **III.** *adv inv* elftens

eleventh hour *n* **at the ~** im letzten Augenblick [*o* Moment], in letzter Minute, fünf vor zwölf *fig*

elf <*pl* elves> [elf] *n* Elf *m*, Elfe *f*

elfin [ˈelfɪn] *adj* elfenhaft, elfisch

elicit [ɪˈlɪsɪt] *vt* ① (*obtain*) ■**to ~ sth from sb** jdm etw entlocken ② (*provoke*) **to ~ criticism/controversy/an immune response** Kritik/Kontroversen/eine Immunreaktion hervorrufen

elide [ɪˈlaɪd] **I.** *vt* ■**to ~ sth** ① *esp* LING (*omit*) etw auslassen, etw elidieren *fachspr* ② (*merge*) etw verschmelzen, etw ineinander aufgehen lassen **II.** *vi* verschmelzen

eligibility [ˌelɪdʒəˈbɪləti, AM -əṭi] *n no pl* ① (*for a job*) Eignung *f*; (*fitness*) Qualifikation *f* ② (*entitlement*) Berechtigung *f* ③ POL Wählbarkeit *f*

eligible [ˈelɪdʒəbl] *adj* ① (*qualified*) ■**to be ~** in Frage kommen; ■**to be ~ for** [*or* **to**] **sth** für etw *akk* qualifiziert [*o* geeignet] sein; **to be ~ for promotion** für eine Beförderung in Frage kommen ② (*entitled*) zu etw *dat* berechtigt sein; ***he is not ~ to enter the competition*** er ist für den Wettkampf nicht zugelassen [*o* teilnahmeberechtigt]; **to be ~ to early retirement/maternity leave** Anspruch auf Frühpensionierung/Mutterschaftsurlaub haben ③ POL **~ for election** wählbar; **~ to vote** wahlberechtigt ④ (*desirable*) **~ bachelor** begehrter Junggeselle

eligible bill *n* ECON, FIN rediskontfähiger Wechsel **eligible liabilities** *n* ECON, FIN Bankeinlagen *pl* mit einer Laufzeit von weniger als zwei Jahren **eligible paper** *n* ECON, FIN rediskontfähiger Wechsel

eliminate [ɪˈlɪmɪneɪt] *vt* ① (*eradicate*) ■**to ~ sth** etw beseitigen [*o* entfernen] [*o geh* eliminieren]; **to ~ poverty** die Armut besiegen; **to ~ prejudice** Vorurteile ausräumen ② (*exclude from consideration*) ■**to ~ sth** etw ausschließen ③ SPORTS ■**to ~ sb** jdn sperren; **to ~ sb from further participation** jdn von der weiteren Teilnahme ausschließen ④ (*euph sl: murder*) ■**to ~ sb** jdn eliminieren [*o* beseitigen] [*o* ausschalten] *euph sl* ⑤ BIOL (*discharge waste*) ■**to ~ sth** etw ausscheiden

elimination [ɪˌlɪmɪˈneɪʃᵊn] *n no pl* Beseitigung *f*, Eliminierung *f geh*; *of diseases, racism* Ausmerzen *nt*; **process of ~** Ausleseverfahren *nt*, Selektionsprozess *m*

elimination tournament *n* AM Ausscheidungswettkampf *m*

eliminator [ɪˈlɪmɪneɪtəʳ, AM -ṭɚ] *n* ① BRIT (*sports*) Ausscheidungskampf *m* ② ELEC Sperrkreis *m*

ELINT *n*, **Elint** [ɪˈlɪnt, AM ˈelɪnt] *n acr for* **electronic intelligence**

elision [ɪˈlɪʒᵊn] *n* ① *no pl esp* LING (*ommitting*) Auslassung *f*, Elision *f fachspr* ② *no pl* (*merging*) Verschmelzung *f*

elite [ɪˈliːt] **I.** *n* ① (*the best*) Elite *f* ② (*iron: rich people*) ■**the ~** *pl* die oberen Zehntausend **II.** *adj* Elite-

elitism [ɪˈliːtɪzᵊm, AM -ṭ-] *n no pl* Elitedenken *nt pej*, elitäres Denken *pej*

elitist [ɪˈliːtɪst, AM -ṭ-] *adj* (*pej*) elitär *pej*

elixir [ɪˈlɪksəʳ, AM -ɚ] *n* Elixier *nt*, Zaubertrank *m*

Elizabethan [ɪˌlɪzəˈbiːθᵊn] **I.** *adj inv* elisabethanisch **II.** *n* Elisabethaner(in) *m(f)*, Zeitgenosse, -in *m, f* von Königin Elisabeth I. von England

elk <*pl* – *or* -s> [elk] *n* Elch *m*

elk-hound *n* [schwedischer] Elchhund, Jämthund *m*

ellipse [ɪˈlɪps] *n* MATH Ellipse *f*

ellipsis <*pl* -ses> [ɪˈlɪpsɪs, *pl* -siːz] *n* ① LIT, LING Ellipse *f* ② TYPO Auslassungszeichen *nt*, Auslassung *f*

elliptic(al) [ɪˈlɪptɪk(ᵊl)] *adj* ① MATH elliptisch ② LIT, LING elliptisch, unvollständig

elliptically [ɪˈlɪptɪkᵊli] *adv* ① MATH elliptisch ② LIT, LING elliptisch

elm [elm] *n* Ulme *f*

elocution [ˌeləˈkjuːʃᵊn] *n no pl* ① (*art of rhetoric*) Vortragskunst *f*, Redekunst *f* ② (*method of speaking*) Sprechtechnik *f*

elongate [ˈiːlɒŋgeɪt, AM ɪˈlɑːŋ-] **I.** *vt* ■**to ~ sth** etw strecken [*o* verlängern] **II.** *vi* länger werden

elongated [ˈiːlɒŋgeɪtɪd, AM ɪˈlɑːŋgeɪṭ-] *adj* ① (*extra length added*) verlängert; (*stretched*) [lang] gestreckt ② (*shape*) länglich

elongation [ˌiːlɒŋˈgeɪʃᵊn, AM -lɑːŋˈ-] *n* (*adding extra length*) Verlängerung *f*; (*stretching*) Strecken *nt*; **the ~ of a vowel** die Dehnung eines Vokals

elope [ɪˈləʊp, AM -oʊp] *vi* ■**to ~ [with sb]** [mit jdm zusammen] weglaufen [*o fam* ausreißen] [*o fam* durchbrennen]

elopement [ɪˈləʊpmənt, AM -oʊp-] *n* Weglaufen *nt*, Durchbrennen *nt fam*, Ausreißen *nt fam*

eloquence [ˈeləkwən(t)s] *n* Sprachgewandtheit *f*, Wortgewandtheit *f*, Redegewandtheit *f*, Eloquenz *f geh*

eloquent [ˈeləkwənt] *adj* sprachgewandt, wortgewandt, redegewandt, eloquent *geh*

eloquently [ˈeləkwəntli] *adv* sprachgewandt, wortgewandt, redegewandt, eloquent *geh*

else [els] *adv inv* ① (*other*) **everybody ~** alle anderen; **someone ~** jemand anders; **anyone** [*or* **anybody**] **~?** sonst noch jemand?; ***has anyone ~ seen my bag?*** hat [vielleicht] sonst jemand meine Tasche gesehen?; ***where ~ should I look?*** wo könnte ich sonst noch nachsehen?; ***I didn't know what ~ to say*** ich wusste nicht, was ich noch sagen sollte ② (*something different*) **something ~** etwas anderes ③ (*otherwise*) andernfalls, sonst; ***… or ~ …!*** …, sonst …!; ***you'd better go now, ~ you'll miss the bus*** du solltest besser gehen, sonst verpasst du noch den Bus

else rule *n* COMPUT ELSE-Regel *f*

elsewhere [ˈels(h)weəʳ, AM -(h)wer] *adv inv* woanders, anderswo; ***let's go ~!*** lass uns woandershin gehen!

ELT [ˌiːelˈtiː] *n abbrev of* **English Language Teaching** ELT *m* (*Unterricht des Englischen als Fremdsprache*)

elucidate [ɪˈluːsɪdeɪt] (*form*) **I.** *vt* ■**to ~ sth** etw erklären [*o* erläutern]; **to ~ a mystery** ein Geheimnis aufklären **II.** *vi* sich *akk* [auf]klären

elucidation [ɪˌluːsɪˈdeɪʃᵊn] *n* Erklärung *f*, Erläuterung *f*; **to need ~** einer Erklärung bedürfen

elucidatory [ɪˌluːsɪˈdeɪtᵊri, AM tɔːri] *adj* erklärend, erläuternd

elude [ɪˈluːd] *vt* ① (*escape*) ■**to ~ sb** jdm entkommen; **to ~ capture** der Gefangennahme entgehen ② (*fig: not be evident*) ■**to ~ sb/sth** sich *akk* jdm/etw entziehen; ***the final solution continued to ~ him*** es wollte ihm einfach keine endgültige Lösung einfallen; **to ~ comprehension** [völlig] unverständlich sein; **to ~ sb's memory** jdm entfallen sein

elusive [ɪˈluːsɪv] *adj* ① (*evasive*) ausweichend; ***he was a very ~ person*** er war so jemand, der ständig auswich ② (*difficult to obtain*) schwer fassbar; **~ meaning** schwer definierbare Bedeutung; **~ memory** schlechtes Gedächtnis, schwache Erinnerung; **~ thought** flüchtiger Gedanke ③ (*avoiding pursuit*) schwer zu fassen

elusively [ɪˈluːsɪvli] *adv* ausweichend

elusiveness [ɪˈluːsɪvnəs] *n no pl* ausweichendes Verhalten, Ausweichen *nt*; ***there was some ~ about her answers*** ihre Antworten waren recht ausweichend

elves [elvz] *n pl of* **elf**

Elysian fields [ɪˌlɪziən'-, AM -ˈlɪʒən'-] *n*, **Elysium** [ɪˈlɪziəm, AM *also* -ʒiəm] *n* (*liter*) Elysium *nt liter*, elysäische Gefilde *liter*; (*fig*) Paradies *nt fig*, Himmel *m* [auf Erden]; **to be in ~** sich *akk* wie im Paradies fühlen

'em [əm] *part* (*fam*) *short for* **them**

emaciated [ɪˈmeɪsieɪtɪd, -ʃieɪ-, AM -sieɪṭɪd] *adj* [stark] abgemagert, ausgezehrt, ausgemergelt

emaciation [ɪˌmeɪʃiˈeɪʃᵊn, AM *usu* -si'-] *n no pl* [starke] Abmagerung, Auszehrung *f*, Ausmergelung *f*

e-mail [ˈiːmeɪl] **I.** *n abbrev of* **electronic mail** E-Mail *f*; **to send [sb] an ~** [jdm] eine E-Mail senden; **to receive** [*or* **get**] **an ~** eine E-Mail bekommen **II.** *vt* ■**to ~ sb sth** jdm etw [e-]mailen [*o* per E-mail schicken]

emanate [ˈeməneɪt] **I.** *vi* (*form: originate*) ■**to ~ from sb/sth** *heat, light* von jdm/etw ausstrahlen; *aroma, odour* von jdm/etw ausgehen; *documents* von jdm/etw stammen; ***light ~d from the back room*** aus dem Hinterzimmer schien Licht **II.** *vt* ■**to ~ sth** etw ausstrahlen; **to ~ confidence** Zuversicht verströmen; **to ~ joy** Freude verbreiten; **to ~ an order** einen Befehl erteilen

emanation [ˌeməˈneɪʃᵊn] *n* (*form*) Ausstrahlen *nt*; *of gas, odour, steam* Ausströmen *nt*

emancipate [ɪˈmæn(t)sɪpeɪt] *vt* ① SOCIOL ■**to ~ oneself from sb/sth** sich *akk* von jdm/etw emanzipieren [*o* unabhängig machen]; ■**to ~ sb from sth** jdn von etw *dat* befreien [*o* frei machen] ② POL jdn befreien [*o* unabhängig machen]; **to ~ a slave** einen Sklaven/eine Sklavin freilassen

emancipated [ɪˈmæn(t)sɪpeɪtɪd, AM -ṭ-] *adj inv* ① SOCIOL emanzipiert ② POL frei; **~ slave** freigelassener Sklave/freigelassene Sklavin

emancipation [ɪˌmæn(t)sɪˈpeɪʃᵊn] *n no pl* ① SOCIOL Emanzipation *f*, Emanzipierung *f* ② POL Befreiung *f*; **~ of a slave** Freilassung eines Sklaven/einer Sklavin

emasculate [ɪˈmæskjʊleɪt] *vt usu passive* ① (*weaken*) ■**to ~ sb/sth** jdn/etw entkräften [*o* schwächen] ② (*make unmanly*) ■**to ~ sb** jdn entmannen [*o* kastrieren]; ***he felt ~d by the girl's ridicule*** er fühlte sich durch den Spott des Mädchens in seiner Mannesehre gekränkt

emasculation [ɪˌmæskjʊˈleɪʃᵊn] *n no pl* (*form*) ① (*weakening*) Schwächung *f*, Entkräftung *f*; *of a plan* Verwässerung *f* ② (*castration*) Entmannung *f*, Kastration *f*

embalm [ɪmˈbɑːm, em'-, AM *esp* -em'-] *vt* ■**to ~ sb/sth** jdn/etw [ein]balsamieren; **to be ~ed in sth** (*fig*) in etw *dat* fortleben

embalmer [ɪmˈbɑːməʳ, em'-, AM -emˈbɑːmɚ, ɪm'-] *n* Einbalsamierer(in) *m(f)*

embankment [ɪmˈbæŋkmənt, em'-, AM *esp* em-] *n* Damm *m*; *of a road* [Straßen]damm *m*, Böschung *f*; *of a river* Uferbefestigung *f*, Uferdamm *m*, Deich *m*; **railway ~** Bahndamm *m*

embargo [ɪmˈbɑːgəʊ, em'-, AM emˈbɑːrgoʊ, ɪm-] **I.** *n* <*pl* -es> Embargo *nt*; **arms ~** Waffenembargo *nt*, Waffenausfuhrverbot *nt*; **trade ~** Handelsembargo *nt*; **to lay** [*or* **place**] **an ~ on sth** ein Embargo über etw *akk* verhängen; **to lift** [*or* **raise**] **an ~ from sth** ein Embargo für etw *akk* aufheben **II.** *vt* ■**to ~ sth** über etw *akk* ein Embargo verhängen, etw einem Embargo unterwerfen

embark [ɪmˈbɑːk, em'-, AM emˈbɑːrk, ɪm'-] *vi* ① (*board*) sich *akk* einschiffen ② (*begin*) ■**to ~ on** [*or* **upon**] **sth** etw in Angriff nehmen [*o* anfangen]

embarkation [ˌembɑːˈkeɪʃᵊn, AM -bɑːrˈ-] *n of passengers, cargo* Einschiffung *f; of cargo* Verladung *f*
embarkation card *n* Bordkarte *f*
embarrass [ɪmˈbærəs, AM emˈber-] *vt* ■**to ~ oneself/sb** sich *akk* [selbst]/jdn in Verlegenheit [*o* eine peinliche Lage] bringen
embarrassed [ɪmˈbærəst, AM emˈber-] *adj* verlegen, peinlich berührt; **to be financially ~** in finanziellen Schwierigkeiten stecken; **to feel ~** verlegen sein; ***I feel so ~ed about it*** das ist mir so peinlich; **to look** [*or* **seem**] **~** verlegen wirken [*o* aussehen]; **to make sb feel ~** jdn verlegen machen
embarrassing [ɪmˈbærəsɪŋ, AM emˈber-] *adj* peinlich; *generosity* beschämend; *situation* unangenehm, peinlich
embarrassingly [ɪmˈbærəsɪŋli, AM emˈber-] *adv* peinlich; **~, *he had forgotten to congratulate her*** peinlicherweise hatte er vergessen, ihr zu gratulieren
embarrassment [ɪmˈbærəsmənt, AM emˈber-] *n* (*instance*) Peinlichkeit *f;* (*feeling*) Verlegenheit *f;* ***she blushed with ~*** sie wurde rot vor Verlegenheit; ■**to be an ~** [**to sb**] [jdm] peinlich sein; ***you were a real ~ to me this evening!*** ich habe mich heute Abend deinetwegen echt geschämt!; ***he is an ~ to his family*** er blamiert seine Familie; **to cause sb ~** jdn verlegen machen; **to cause ~ to sb** jdn in Verlegenheit bringen
embassy [ˈembəsi] *n* ❶ (*building*) Botschaftsgebäude *nt,* Botschaft *f* ❷ (*staff*) Botschaftspersonal *nt,* Botschaft *f*
embattled [ɪmˈbætl̩d, em'-, AM emˈbæt̬l̩d, ɪm'-] *adj* ❶ (*ready to fight*) kampfbereit ❷ (*fortified*) befestigt ❸ (*having to fight*) **~ government** attackierte Regierung; **to feel ~** sich *akk* [stark] bedrängt fühlen
embed <-dd-> [ɪmˈbed, em'-, AM *esp* em'-] *vt* ■**to ~ sth in**[**to**] **sth** etw in etw *akk* einlassen [*o* einbetten]; (*fig*) etw in etw *akk* verankern *fig;* ***the idea seems ~ded in his mind*** die Idee scheint ihm nicht mehr aus dem Kopf zu gehen; **to ~ sth in cement** etw einzementieren
embedded [ɪmˈbedɪd, em'-, AM *esp* em'-] *adj* [fest] eingelassen; (*fig*) verankert *fig,* verwurzelt *fig;* **~ in concrete** einbetoniert; **to be firmly ~ in sth** fest in etw *dat* verwurzelt sein
embedded code *n* COMPUT eingebetteter Code; **~ command** eingebetteter Befehl; **~ computer** [*or* **system**] eingebettetes System
embellish [ɪmˈbelɪʃ, em'-, AM *esp* em'-] *vt* ❶ (*decorate*) ■**to ~ sth** etw schmücken [*o* verzieren] ❷ (*fig: add to*) **to ~ a story** eine Geschichte ausschmücken; **to ~ the truth** die Wahrheit beschönigen
embellishment [ɪmˈbelɪʃmənt, em'-, AM *esp* em'-] *n* ❶ (*beautiful adornment*) Verschönerung *f;* (*decoration*) Verzierung *f* ❷ (*addition to*) *of a story* Ausschmückung *f; of the truth* Beschönigung *f*
embers [ˈembəz, AM ˈembɚz] *npl* Glut *f*
embezzle [ɪmˈbezl̩, em'-, AM *esp* em'-] *vt* ■**to ~ sth** *money* etw veruntreuen [*o* unterschlagen]
embezzlement [ɪmˈbezl̩mənt, em'-, AM *esp* em'-] *n no pl* Unterschlagung *f,* Veruntreuung *f*
embezzler [ɪmˈbezl̩əʳ, em'-, AM emˈbezl̩ɚ, ɪm'-] *n* Veruntreuer(in) *m(f)*
embitter [ɪmˈbɪtəʳ, em'-, AM emˈbɪt̬ɚ, ɪm'-] *vt usu passive* ❶ (*make bitter*) ■**to ~ sb** jdn verbittern ❷ (*make worse*) ■**to ~ sth** etw verschlimmern; **to ~ relations** die Beziehungen trüben; **to ~ the fight** den Kampf verschärfen
emblazon [ɪmˈbleɪzᵊn, em'-, AM *esp* em'-] *vt usu passive* ■**to ~ sth** [**with sth**] etw [mit etw *dat*] verzieren [*o* schmücken]; **a logo was ~ed on the t-shirt** auf dem T-Shirt prangte ein Logo; ■**to ~ sth across sth** etw mit etw *dat* versehen; ***the author's name was ~ed across the dust-jacket*** der Name des Autors prangte auf dem Buchumschlag
emblem [ˈembləm] *n* Emblem *nt,* Symbol *nt; of a political party, country* Wahrzeichen *nt;* (*in heraldry*) Wappenbild *nt*
emblematic [ˌembləˈmætɪk, AM -t̬-] *adj* (*form*) symbolisch, sinnbildlich (**of** für +*akk*)
emblematically [ˌembləˈmætɪkli, AM -t̬-] *adv* (*form*) symbolisch, sinnbildlich
emblements [ˈembləmənts] *npl* LAW Feldfrüchte *pl,* Ernteertrag *m,* Ernte *f* auf dem Halm
embodiment [ɪmˈbɒdɪmənt, em'-, AM emˈbɑːd-, ɪm'-] *n no pl* ❶ (*incarnation*) Verkörperung *f,* Inbegriff *m;* (*she is the ~ of virtue*) sie ist die Tugend selbst ❷ (*incorporation*) Eingliederung *f,* Einverleibung *f,* Aufnahme *f*
embody [ɪmˈbɒdi, em'-, AM emˈbɑːdi, ɪm'-] *vt* ■**to ~ sth** ❶ (*show*) etw zum Ausdruck bringen [*o* ausdrücken] ❷ (*be incarnation of*) etw darstellen [*o* verkörpern] ❸ (*incorporate*) etw aufnehmen
embolden [ɪmˈbəʊldᵊn, em'-, AM emˈboʊl-, ɪm'-] *vt* (*form*) ■**to ~ oneself** sich *dat* selbst Mut machen; ■**to ~ sb to do sth** jdn dazu ermutigen, etw zu tun; ■**to be ~ed** ermutigt werden
emboldening [ɪmˈbəʊldᵊnɪŋ, AM emˈboʊ-] *n* COMPUT halbfettes Drucken
embolism [ˈembəlɪzᵊm] *n* MED Embolie *f*
emboss [ɪmˈbɒs, em'-, AM emˈbɑːs, ɪm'-] *vt usu passive* ■**to ~ sth** etw prägen; **~ed letter paper** geprägtes Briefpapier
embrace [ɪmˈbreɪs, em'-, AM *esp* em'-] **I.** *vt* ❶ (*hug, clasp*) ■**to ~ sb** jdn umarmen [*o* in die Arme schließen]; ■**to ~ sth** etw umfassen [*o* umklammern] ❷ (*fig: eagerly accept*) ■**to ~ sth** etw [bereitwillig] übernehmen; **to ~ an idea** eine Idee aufgreifen; **to ~ an offer** ein Angebot [gern] annehmen; **to ~ the opportunity** die Gelegenheit ergreifen [*o* wahrnehmen] ❸ (*fig: adopt*) sich *dat* etw zu eigen machen; ***he ~ed the cause of the natives*** er machte die Sache der Eingeborenen zu seiner eigenen **II.** *n* Umarmung *f*
embracery [ɪmˈbreɪsᵊri, AM emˈbreɪseri] *n* LAW Bestechung *f* von Geschworenen
embrasure [ɪmˈbreɪʒəʳ, AM emˈbreɪʒɚ] *n* ❶ ARCHIT Laibung *f* ❷ MIL Schießscharte *f*
embrocation [ˌembrə(ʊ)ˈkeɪʃᵊn, AM -broʊˈ-] *n* Einreibemittel *nt,* Liniment *nt fachspr*
embroider [ɪmˈbrɔɪdəʳ, em'-, AM emˈbrɔɪdɚ, ɪm'-] **I.** *vi* sticken **II.** *vt* ❶ (*by needlework*) ■**to ~ sth** [**onto sth**] etw [auf etw *akk*] sticken; **to ~ a cloth** ein Tuch besticken [*o* mit einer Stickerei verzieren] ❷ (*fig: embellish*) ■**to ~ sth with sth** etw mit etw *dat* ausschmücken; ■**to ~ on sth** etw ausschmücken
embroidered [ɪmˈbrɔɪdəd, AM emˈbrɔɪdɚd] *adj inv* ❶ (*decorated with patterns*) mit Stickerei[en] versehen ❷ (*decorating as a pattern*) [auf]gestickt
embroidery [ɪmˈbrɔɪdᵊri, AM emˈbrɔɪdəri] *n* ❶ (*craft*) Stickerei *f;* **to be good at ~** gut sticken können ❷ *no pl* (*fig: fictitious additions*) Ausschmückungen *fpl*
embroil [ɪmˈbrɔɪl, em'-, AM *esp* em'-] *vt* ■**to ~ sb in sth** jdn in etw *akk* hineinziehen [*o* verwickeln]; ■**to ~ oneself in sth** sich *akk* in etw *akk* einmischen; ■**to be/become ~ed in sth** in etw *akk* verwickelt sein/werden
embryo [ˈembriəʊ, AM -oʊ] *n* Embryo *m o* ÖSTERR *a. nt*
embryologist [ˌembriˈɒlədʒɪst, AM -ˈɑːl-] *n* MED Embryologe, -in *m, f*
embryology [ˌembriˈɒlədʒi, AM -ˈɑːl-] *n no pl* Embryologie *f*
embryonic [ˌembriˈɒnɪk, AM -ˈɑːn-] *adj* embryonal, embryonisch; (*fig*) unentwickelt, unausgereift; ***the project is still in its ~ stage*** das Projekt steckt noch in den Kinderschuhen
emcee [ˌemˈsiː] AM **I.** *n* (*compère*) Conférencier *m;* TV Showmaster *m* **II.** *vt* (*compère*) ■**to ~ sth** etw als Conférencier leiten [*o bes* ÖSTERR konferieren] **III.** *vi see* **MC**
emend [ɪˈmend, iː'-] *vt* ■**to ~ sth** etw berichtigen [*o* verbessern] [*o* korrigieren]
emendation [ˌiːmenˈdeɪʃᵊn, ˌemen'-] *n* (*form*) Verbesserung *f,* Berichtigung *f,* Korrektur *f*
emerald [ˈemᵊrᵊld] *n* ❶ (*stone*) Smaragd *m* ❷ (*colour*) Smaragdgrün *nt*
emerald green *n no pl* Smaragdgrün *nt* **Emerald Isle** *n* ■**the ~** (*liter*) die Grüne Insel (*Irland*)
emerge [ɪˈmɜːdʒ, iː'-, AM ɪˈmɜːrdʒ, iː'-] *vi* ❶ (*come out*) ■**to ~ from sth** aus etw *dat* herauskommen; ■**to ~ from behind/beneath** [*or* **under**] **sth** hinter/unter etw *dat* hervorkommen ❷ (*from liquid*) auftauchen, an die [Wasser]oberfläche kommen; **to ~ from the sea** aus dem Meer auftauchen ❸ (*fig: become known*) herauskommen, sich *akk* herausstellen; *truth* an den Tag kommen ❹ (*fig: become famous*) in Erscheinung treten, auftreten ❺ (*be started*) entstehen; ***at the end of the war, the country ~d as a new democracy*** nach dem Krieg wurde der Staat als Demokratie neu gegründet ❻ (*fig: make it through*) herauskommen; **to ~ unscathed from a scandal** aus einem Skandal unbeschadet hervorgehen
emergence [ɪˈmɜːdʒən(t)s, iː'-, AM ɪˈmɜːr-, iː'-] *n no pl* ❶ (*appearance*) Auftauchen *nt* (**from** aus +*dat*), Hervortreten *nt,* Hervorkommen *nt* ❷ (*from liquid*) Auftauchen *nt* ❸ (*taking place*) *of circumstances* Auftreten *nt,* Eintreten *nt* ❹ (*becoming known*) *of facts* Bekanntwerden *nt* ❺ (*becoming prominent*) *of a book, etc* Erscheinen *nt; of a person, group* Bekanntwerden *nt; of a product* Verbreitung *f* ❻ (*birth*) *of ideas, trends* Aufkommen *nt; of a country* Entstehung *f,* Gründung *f* ❼ (*survival*) Hervorgehen *nt* (**from** aus +*dat*)
emergency [ɪˈmɜːdʒən(t)si, iː'-, AM ɪˈmɜːr-, iː'-] **I.** *n* ❶ (*extreme situation*) Notfall *m,* Notlage *f;* **in case of ~** im Notfall; **medical ~** medizinischer Notfall ❷ POL Ausnahmezustand *m,* Notstand *m;* **to declare** [*or* **proclaim**] **a state of ~** den Ausnahmezustand erklären [*o* ausrufen]; **to lift the state of ~** den Ausnahmezustand aufheben ❸ AM (*emergency room*) Notaufnahme *f,* Unfallstation *f* **II.** *n modifier* (*landing, meeting*) Not-; **~ aid** Soforthilfe *f;* **~ measures** POL Notstandsmaßnahmen *pl;* **to take ~ measures** Krisenmaßnahmen ergreifen
emergency brake *n* AM Notbremse *f* **emergency call** *n* Notruf *m* **emergency cord** *n* AM RAIL Notbremse *f* **emergency credit** *n* ECON, FIN Stützungskredit *m* **emergency exit** *n* Notausgang *m;* TRANSP Notausstieg *m* **emergency powers** *npl* Notstandsermächtigung *f,* Ermächtigung *f* zur Anwendung ausserordentlicher Maßnahmen **emergency reserves** *npl* Notfonds *m* **emergency room** *n* AM Notaufnahme *f,* Unfallstation *f* **emergency services** *n pl* Notdienst *m,* Bereitschaftsdienst *m* **emergency stop** *n* Notbremsung *f,* Vollbremsung *f*
emergent [ɪˈmɜːdʒənt, AM ɪˈmɜːr-] *adj attr* ❶ (*newly formed*) *democracy, nation* aufstrebend, jung ❷ (*successful*) *author* aufstrebend ❸ (*rising out*) *island, rock, tree* aufragend ❹ (*urgent*) *danger* akut
emeritus [ɪˈmerɪtəs, AM -ət̬əs] *adj after n, inv* emeritiert; **professor ~** Professor *m* emeritus
emery [ˈemᵊri] *n no pl* Schmirgel *m*
emery board *n* Nagelfeile *f* **emery paper** *n* Schmirgelpapier *nt,* Sandpapier *nt*
emetic [ɪˈmetɪk, AM -t̬-] **I.** *adj* ❶ MED Brechreiz erregend, emetisch *fachspr* ❷ (*fig*) Ekel erregend **II.** *n* Brechmittel *nt,* Emetikum *nt fachspr*
EMF [ˌiːemˈef] *n* ❶ ELEC, PHYS *abbrev of* **electromotive force** EMK *f* ❷ *no pl* FIN, POL *abbrev of* **European Monetary Fund** EWF *m*
EMI [ˌiːemˈaɪ] *n* ❶ FIN, POL *abbrev of* **European Monetary Institute** EWI *nt* ❷ COMPUT *abbrev of* **electromagnetic interference** elektromagnetische Störung
emigrant [ˈemɪgrənt] *n* Auswanderer, -in *m, f,* Emigrant(in) *m(f)*
emigrate [ˈemɪgreɪt] *vi* auswandern; (*esp for political reasons*) emigrieren
emigration [ˌemɪˈgreɪʃᵊn] *n* Auswanderung *f;* (*esp for political reasons*) Emigration *f*
emigré *n,* **émigré** [ˈemɪgreɪ] *n* Emigrant(in) *m(f)*
eminence [ˈemɪnən(t)s] *n no pl* hohes Ansehen; **to achieve** [*or* **win**] **~** [**as sth**] (*become respected*) [als etw] zu hohem Ansehen gelangen, sich *dat* ein hohes Ansehen [als etw] verschaffen; (*become famous*) [als etw] berühmt werden

Eminence ['emɪnən(t)s] *n* REL Eminenz *f;* **your ~** Eure Eminenz

éminence grise <*pl* éminences grises> [ˌemɪnən(t)s'gri:z, AM ˌeɪmi:nɑ:n-] *n* graue Eminenz

eminent ['emɪnənt] *adj attr* bedeutend, berühmt, [hoch]angesehen

eminent domain *n* LAW Enteignungsrecht *nt* [des Staates]

eminently ['emɪnəntli] *adv* überaus, ausgesprochen, außerordentlich; ***the film is ~ forgettable*** den Film kann man getrost vergessen; **~ memorable** absolut unvergesslich

emir [em'ɪəʳ, AM -'ɪr] *n* ■**E~** Emir *m*

emirate ['emɪrət, AM em'ɪreɪt] *n* Emirat *nt;* **the United Arab E~s** die Vereinigten Arabischen Emirate

emissary ['emɪsəri, AM -seri] *n* Emissär(in) *m(f),* Abgesandte(r) *f(m)*

emission [ɪ'mɪʃən, i:'-] *n* ① *(giving off)* Emission *f,* Abgabe *f; of fumes* Emission *f,* Ausstoß *m; of gas* Ausströmen *nt; of light* Ausstrahlen *nt,* Abgabe *f; of heat* Abgabe *f,* Abstrahlung *f; of sounds* Abgabe *f; of liquid* Ausströmen *nt,* Ausfließen *nt,* Auslaufen *nt; of an odour* Ausströmen *nt,* Verströmen *nt; of rays* Aussendung *f,* Emission *f; of sparks* Versprühen *nt; of steam* Ablassen *nt* ② *(utterance)* Äußerung *f; of a cry of joy, pain* Ausstoßen *nt* ③ *(slow seepage)* Absonderung *f; (steady flow)* Strahl *m; (in spurts)* Spritzer *m*

emit <-tt-> [ɪ'mɪt, i:-] *vt* ■**to ~ sth** ① *(give off)* etw abgeben [*o* emittieren]; **to ~ fumes/smoke** Abgase/Rauch ausstoßen; **to ~ gas** Gas verströmen; **to ~ heat/radiation/a sound** Hitze/Strahlung/ein Geräusch abgeben; **to ~ liquid** Flüssigkeit absondern [*o* abscheiden]; **to ~ an odour** [*or* AM **odor**] einen Duft verströmen; **to ~ rays** Strahlen aussenden; **to ~ sparks** Funken [ver]sprühen; **to ~ steam** Dampf ablassen ② *(utter)* etw von sich *dat* geben [*o* äußern]; **to ~ a cry of joy/pain** einen Freuden-/Schmerzensschrei ausstoßen; **to ~ a groan** [auf]stöhnen; **to ~ a loud guffaw** schallend [*o* laut] lachen; **to ~ a squeal** einen Schrei ausstoßen ③ *(seep slowly)* etw absondern; *(flow steadily)* etw ausströmen; *(in spurts)* etw ausspritzen

Emmy ['emi] *n* AM TV Emmy *m* *(amerikanischer Fernsehpreis)*

emollient [ɪ'mɒliənt, i:'-, AM -'mɑ:ljənt, i:'-] **I.** *n* ① CHEM Weichmacher *m* ② MED Linderungsmittel *nt* **II.** *adj inv* lindernd, beruhigend; *(fig)* sanft, beruhigend; **~ words** besänftigende Worte

emolument [ɪ'mɒljʊmənt, AM -'mɑ:l-] *n* *(form: compensation)* Vergütung *f; (fee)* Honorar *nt; (salary)* Bezüge *mpl,* Einkünfte *fpl*

emote [ɪ'məʊt, AM 'moʊt] *vi esp* THEAT Emotionen spielen lassen, sich *akk* in die Rolle hineinsteigern

emoticon [ɪ'məʊtɪkɒn, AM -'moʊtɪkɑ:n] *n* INET Emoticon *nt* *(bei Kommunikation via Internet verwendete Zeichenkombination, die eine Gefühlsäußerung wiedergibt)*

emoting [ɪ'məʊtɪŋ, AM -'moʊt-] *n no pl* Gefühlsausdruck *m,* Ausdrücken *nt* von Emotionen

emotion [ɪ'məʊʃən, AM -'moʊ-] *n* Gefühl *nt,* Emotion *f;* **to be driven by ~** sich *akk* von seinen Gefühlen leiten lassen; **to be overcome by** [*or* **with**] **~** von [seinen] Gefühlen überwältigt [*o* übermannt] werden

emotional [ɪ'məʊʃənəl, AM -'moʊ-] *adj* ① *(involving emotion)* emotional, emotionell; *decision* gefühlsmäßig; *speech* gefühlsbetont; *voice* gefühlvoll; ***he doesn't want ~ involvement with anyone*** er will sich auf niemanden gefühlsmäßig einlassen; **~ charge** emotionale Angespanntheit; **~ experience** erregende Erfahrung; **to have an ~ impact on sb** jdn emotional berühren; **~ reception** herzlicher Empfang; **to make an ~ appeal to sb** an jds Gefühle appellieren; **to suffer an ~ collapse** einen Nervenzusammenbruch erleiden ② PSYCH *development* seelisch; **~ blackmail** psychologische Erpressung; **to use ~ blackmail against sb** jdn psychisch unter Druck setzen; **~ character** [*or* **disposition**] leichte Erregbarkeit; **~ person** leicht erregbare Person

emotionalism [ɪ'məʊʃənəlɪzəm, AM -'moʊ-] *n no pl* ① *(pej: being too emotional)* Rührseligkeit *f pej,* Gefühlsduselei *f pej* ② *(full of emotion) of lyrics, words* Emotionalität *f,* Gefühlsbetontheit *f*

emotionally [ɪ'məʊʃənəli, AM -'moʊ-] *adv* ① *(involving emotion)* emotional, gefühlsmäßig; **to be ~ involved with sb/sth** sich *akk* jdm/etw sehr verbunden fühlen; **to get ~ involved with sb** sich *akk* emotional auf jdn einlassen ② PSYCH **~ constipated** [emotional] gehemmt; **~ disturbed** seelisch gestört, blockiert

emotionally charged *adj* emotionsgeladen

emotionless [ɪ'məʊʃənləs, AM -'moʊ-] *adj* emotionslos, gefühllos; *face* ausdruckslos; *voice* gleichgültig

emotive [ɪ'məʊtɪv, AM -'moʊṭ-] *adj* emotional, gefühlsbetont; LING, PSYCH emotiv *fachspr;* **~ term** [*or* **word**] Reizwort *nt*

emotively [ɪ'məʊtɪvli, AM -'moʊṭ-] *adv* emotional, gefühlsbetont

empanel [ɪm'pænəl, -em'-], AM *usu* **impanel** [em'-, ɪm'-] *vt* LAW ■**to ~ sb** jdn in die Geschworenenliste eintragen [*o* als Geschworenen einsetzen]; **to ~ a jury** eine Geschworenenliste aufstellen

empathetic [empə'θetɪk, AM -'θeṭ-] *adj* einfühlsam, einfühlend; PSYCH empathisch

empathize ['empəθaɪz] *vi* ■**to ~ with sb** sich *akk* in jdn einfühlen [*o* hineinversetzen]

empathy ['empəθi] *n no pl* Einfühlungsvermögen *nt;* PSYCH Empathie *f fachspr*

emperor ['empərəʳ, AM -ɚ] *n* Kaiser *m*

emperor moth *n* Kleines Nachtpfauenauge **emperor penguin** *n* Kaiserpinguin *m*

emphasis <*pl* -ses> ['em(p)fəsɪs] *n* ① *(importance)* Betonung *f,* Bedeutung *f;* **to lay** [*or* **place**] [**great**] **~ on sth** [großen] Wert [*o* [großes] Gewicht] auf etw *akk* legen, etw [sehr] betonen; **to place** [**far**] **greater ~ on sth** etw stärker akzentuieren, einen stärkeren Akzent auf etw *akk* legen ② LING *(accent)* Betonung *f,* Akzent *m*

emphasize ['em(p)fəsaɪz] *vt* ① *(put emphasis on)* ■**to ~ sth** etw betonen [*o* hervorheben]; ***he ~d that all the people taking part in the research were volunteers*** er legte Wert auf die Feststellung, dass alle Probanden freiwillig teilnahmen ② *(put accent)* ■**to ~ sth** etw betonen ③ *(make stand out)* ■**to ~ sth** etw hervorheben

emphatic [ɪm'fætɪk, em'-, AM em'fæṭ-, ɪm'-] *adj* ① *(strong)* nachdrücklich, emphatisch *geh;* **~ denial** [*or* **rejection**] entschiedene [*o* energische] Ablehnung ② *(insistent)* eindringlich, nachdrücklich; ***she was ~ in her rejection of the accusation*** sie wies die Anschuldigung mit Entschiedenheit zurück; ***he's most ~ that he should talk to you*** er besteht darauf, dass er unbedingt mit dir reden muss ③ *(decisive)* ausdrücklich, bestimmt; **~ victory** deutlicher [*o* klarer] Sieg

emphatically [ɪm'fætɪkli, em'-, AM em'fæṭ-, ɪm'-] *adv* mit Nachdruck, nachdrücklich, ausdrücklich, emphatisch *geh;* **to ~ reject sth** etw entschieden [*o* energisch] zurückweisen

emphysema [ˌem(p)fɪ'si:mə, AM -fə'si:-, -'zi:-] *n no pl* MED Emphysem *nt fachspr*

empire ['empaɪəʳ, AM -ɚ] *n* Imperium *nt,* [Welt]reich *nt; (fig)* Imperium *nt;* **economic/financial ~** Wirtschafts-/Finanzimperium *nt*

empire builder *n* ① *(augmenter of an empire)* Architekt *m* eines Weltreiches *fig* ② *(power seeker)* *Person oder Organisation, die auf Erweiterung des eigenen Machtbereichs bedacht ist* **empire-building** *n no pl* ① *(strengthening of a state)* Aufbau *m* eines Staatsgebildes ② *(fig: strengthening of own power) tätiges Streben nach Machtzuwachs*

empirical [ɪm'pɪrɪkəl, -em'-, AM em'-, ɪm'-] *adj* erfahrungsmäßig; SCI empirisch

empirically [ɪm'pɪrɪkəli, em'-, AM *esp* em'-] *adv* SCI empirisch

empiricism [ɪm'pɪrɪsɪzəm, em'-, AM *esp* em'-] *n no pl* SCI Empirie *f;* PHILOS Empirismus *m*

empiricist [ɪm'pɪrɪsɪst, em'-, AM *esp* em'-] *n* SCI Empiriker(in) *m(f);* PHILOS Empirist(in) *m(f)*

emplacement [ɪm'pleɪsmənt, AM em'-] *n* MIL Geschützstand *m,* Stellung *f*

emplane [ɪm'pleɪn, AM em'-] **I.** *vt* ■**to ~ sb/sth** jdn/etw an Bord nehmen **II.** *vi* an Bord gehen

employ [ɪm'plɔɪ, AM em'-] **I.** *vt* ① *(pay to do work)* ■**to ~ sb** [**as sth**] jdn [als etw *akk*] beschäftigen; *(take into service)* jdn [als etw *akk*] einstellen [*o* anstellen]; ***they ~ twenty staff*** sie haben zwanzig Angestellte; ***she's ~ed as an editor with Klett Publishing*** sie arbeitet als Redakteurin beim Klett Verlag; **to be ~ed with a company** bei einer Firma arbeiten; ■**to ~ sb to do sth** jdn beauftragen [*o* engagieren], etw zu tun ② *(fig)* ■**to ~ sth** *(put to use)* etw einsetzen; *(use)* etw anwenden; **to ~ one's intellect** seinen Verstand gebrauchen; **to ~ one's time** seine Zeit nutzen; ■**to ~ oneself in** [*or* **with**] **doing sth** damit beschäftigt sein, etw zu tun **II.** *n no pl (form or dated)* Beschäftigung *f;* ■**to be in the ~ of sb** [*or* **in sb's ~**] bei jdm beschäftigt sein

employable [ɪm'plɔɪəbl, AM em'-] *adj* ① *(to be hired)* vermittelbar; ***a university degree would make him more ~*** mit einem Universitätsabschluss hätte er auf dem Arbeitsmarkt bessere Chancen ② *(usable) method, echnique* anwendbar, verwendbar

employed **I.** *adj* ECON, FIN ① *(in paid work)* ***he is not gainfully ~*** er ist nicht erwerbstätig; **self-~** selbstständig ② *(used profitably)* arbeitend, Gewinn bringend angelegt; **return on capital ~** Rentabilität *f* des Kapitaleinsatzes **II.** *npl* ECON, FIN ■**the ~** *pl* die Arbeitnehmer; **the self-~** die Selbstständigen

employee [ɪm'plɔɪi:, AM em'-] **I.** *n* Angestellte(r) *f(m); (vs employer)* Arbeitnehmer(in) *m(f),* Beschäftigte(r) *f(m);* ■**~s** *pl (in company)* Belegschaft *f; (vs employers)* Arbeitnehmerschaft *f,* Arbeitnehmer *pl;* **to be an ~ of a bank/of the university** bei einer Bank/an der Universität angestellt sein **II.** *n* ECON, FIN **~ share** [*or* AM **stock**] **ownership plan** Belegschaftsaktienfonds *m*

employee buyout *n* ECON Aufkauf *m* durch die Belegschaft

employer [ɪm'plɔɪəʳ, AM em'plɔɪɚ] *n* Arbeitgeber(in) *m(f);* **~s and employees** Arbeitgeber und Arbeitnehmer; **~s' federation** [*or* **association**] Arbeitgeberverband *m*

employer's contribution *n* ECON Arbeitgeberanteil *m* **employer's liability** *n* LAW Unternehmerhaftpflicht *f* **employer's organization** *n,* **employer's association** *n* ECON, FIN Arbeitgeberverband *m*

employment [ɪm'plɔɪmənt, AM em'-] *n no pl* ① *(having work)* Beschäftigung *f; (taking on)* Anstellung *f,* Einstellung *f;* **conditions of ~** Arbeitsvertragsbedingungen *pl;* **security of ~** Arbeitsplatzsicherheit *f;* **full ~** Vollbeschäftigung *f;* **full-time ~** Ganztagsbeschäftigung *f;* **part-time ~** *(part of day)* Halbtagsbeschäftigung *f; (part of week)* Teilzeitbeschäftigung *f;* **temporary ~** Zeitarbeit *f;* **to be in ~** BRIT *(form)* erwerbstätig sein; **to be in sb's ~** [*or* **in the ~ of sb**] bei jdm angestellt sein; **to be out of ~** erwerbslos sein; **to be without ~** ohne Arbeit [*o* erwerbslos] sein; **to find sb alternative ~** für jdn eine andere Stelle finden; **to give ~ to sb** jdn beschäftigen; **to take up ~ with a company** bei einer Firma eine Stelle annehmen; **level of ~** Beschäftigungsgrad *m* ② *(profession)* Beruf *m,* Tätigkeit *f,* Beschäftigung *f;* ***what's your ~?*** was sind Sie von Beruf? ③ *(fig: use) of skill* Anwendung *f; of means* Einsatz *m; of a concept* Verwendung *f* **employment bureau** *n* Stellenvermittlung *f,* Arbeitsvermittlungsstelle *f* **employment contract** *n* ECON Arbeitsvertrag *m* **employment exchange** *n* BRIT *(dated),* **employment office** *n* BRIT Arbeitsamt *nt*

emporia [em'pɔ:riə] *n pl of* **emporium**

emporium <*pl* -s *or* -ia> [em'pɔ:riəm, *pl* -riə] *n* *(shop)* Kaufhaus *nt,* Warenhaus *nt; (market)* Handelszentrum *nt*

empower [ɪm'paʊəʳ, AM em'paʊɚ] *vt* ① *(make mentally stronger)* ■**to ~ oneself/sb** sich/jdn [mental] stärken [*o* aufbauen] ② *(give ability)* ■**to ~**

sb to do sth jdn befähigen, etw zu tun; (*authorize*) jdn ermächtigen [*o* autorisieren], etw zu tun

empowerment [ɪm'paʊəmənt, AM em'paʊɚ-] *n no pl* Bevollmächtigung *f; of minorities, the underprivileged* Stärkung *f*, Unterstützung *f*

empress <*pl* -es> ['emprəs] *n* Kaiserin *f*

emptily ['em(p)tɪli] *adv* leer; **to look ~ at sb/sth** jdn/etw ausdruckslos ansehen

emptiness ['em(p)tɪnəs] *n no pl* Leere *f*

empty ['em(p)ti] **I.** *adj* ❶ (*with nothing inside*) leer; (*with no people*) *ship, train* leer; *house, flat* leer stehend *attr; castle* unbewohnt; (*without cargo*) unbeladen; (*unfurnished*) unmöbliert; (*not taken*) *chair* frei; ***the larder was ~ of food*** in der Speisekammer waren keine Lebensmittel mehr; ***you shouldn't drink alcohol on an ~ stomach*** du solltest auf nüchternen Magen keinen Alkohol trinken; **~ of people** menschenleer; **to stare into ~ space** ins Leere starren ❷ FOOD nährstoffarm; **~ calories** wertlose Kalorien ❸ (*fig: without purpose, meaning*) leer, nichts sagend; ***her life felt ~*** ihr Leben fühlte sich leer an; **to lead an ~ existence** ein armseliges Leben führen; **~ gestures/promises/threats/words** leere Gesten/Versprechungen/Drohungen/Worte; **~ talk** hohles Gerede **II.** *vt* <-ie-> ■**to ~ sth** etw [ent]leeren; ***he emptied the bath*** er ließ das Wasser aus der Badwanne; ***he emptied the contents of the tin into the saucepan*** er schüttete den Inhalt der Dose in den Kochtopf; **to ~ one's bladder/bowels** seine Blase/seinen Darm entleeren; **to ~ a bottle** eine Flasche ausleeren; **to ~ a house** ein Haus räumen; (*hum*) *burglar* ein Haus leer räumen; **to ~ sth into the sink** etw in den Ausguss schütten **III.** *vi* <-ie-> sich *akk* leeren; *water* auslaufen; *river* münden **IV.** *n* ■**empties** *pl* Leergut *nt*

◆**empty out I.** *vt* ■**to ~ out ⊖ sth** etw ausleeren; ***she emptied her bag out onto the desk*** sie leerte den Inhalt ihrer Tasche auf den Tisch **II.** *vi* sich *akk* leeren

empty-handed *adj* mit leeren Händen; **to return ~** (*fig*) unverrichteter Dinge zurückkehren **empty-headed** *adj* hohl[köpfig], strohdumm *fam* **empty nest** *n* (*fig*) *Haushalt, aus dem die erwachsenen Kinder ausgezogen sind* **empty-nester** *n* AM *Elternteil in einem Haushalt, aus dem die erwachsenen Kinder bereits ausgezogen sind*

empurple [ɪm'pɜːpl, AM em'pɜːr-] *vt* ❶ (*make angry*) ■**to ~ sb** jdn in Rage bringen ❷ (*make purple*) ■**to ~ sth** etw violett färben; (*make red*) etw purpurrot färben

em rule ['emruːl] *n* BRIT [verlängerter] Gedankenstrich (*in der Breite eines ‚m'*)

EMS [ˌiːem'es] *n no pl* ECON *abbrev of* **European Monetary System** EWS *nt*

EMU [ˌiːem'juː] *n see* **European Monetary Union** EWU *f*

emu <*pl* – *or* -s> ['iːmjuː] *n* Emu *m*

EMU [ˌiːem'juː] *n no pl* ECON *abbrev of* **economic and monetary union** EWU *f*

emulate ['emjəleɪt] *vt* ❶ (*copy*) ■**to ~ sb/sth** jdm/etw nacheifern ❷ COMPUT ■**to ~ sth** etw emulieren *fachspr*

emulation [ˌemjə'leɪʃᵊn] *n no pl* Nacheifern *nt*, Nachahmen *nt;* COMPUT Emulation *f fachspr*

emulous ['emjələs] *adj* ❶ (*seeking to emulate*) ■**to be ~ of sth** etw *dat* nacheifern ❷ (*by spirit of rivalry*) konkurrierend, wetteifernd; **~ actions** Nachahmungsversuche *pl*

emulsifier [ɪ'mʌlsɪfaɪə', AM -ɚ] *n* Emulgator *m*

emulsify <-ie-> [ɪ'mʌlsɪfaɪ] **I.** *vt* ■**to ~ sth** etw zu einer Emulsion verbinden, *fachspr* emulgieren **II.** *vi* eine Emulsion bilden, emulgieren *fachspr*

emulsion [ɪ'mʌlʃᵊn] *n* ❶ (*mixture*) Emulsion *f* ❷ BRIT (*paint*) Dispersionsfarbe *f*

enable [ɪ'neɪbl] *vt* ❶ (*give the ability*) ■**sth ~s sb to do sth** etw ermöglicht jdm, etw zu tun ❷ COMPUT ■**to ~ sth** etw aktivieren

enabler [ɪ'neɪblə', AM -ɚ] *n Person oder Organisation, die etwas ermöglicht;* COMPUT Enabler *m fachspr*

enabling act [ɪ'neɪblɪŋ,-] *n* LAW, POL Ermächtigungsgesetz *nt;* AM (*legalizing the unlawful*) Anpassungsgesetz *nt*, gesetzliche Sonderregelung

enabling legislation *n*, **enabling statute** *n* Ermächtigungsgesetz *nt*

enact [ɪ'nækt] *vt* ❶ LAW ■**to ~ sth** etw erlassen [*o* gesetzlich verordnen]; **to ~ legislation** Gesetze erlassen; ■**to ~ that ...** verfügen, dass ...; ■**to be ~ed** *legislation* Gesetzeskraft erlangen ❷ (*carry out*) **to ~ a plan** einen Plan ausführen ❸ THEAT **to ~ a part/role** einen Part/eine Rolle spielen; **to ~ a play** ein Stück aufführen ❹ (*fig*) ■**to be ~ed** *scene* sich abspielen

enactment [ɪ'næktmənt] *n* ❶ LAW Verfügung *f*, Erlass *m*, gesetzliche Bestimmung; (*carrying out a legislation*) Verabschiedung *f* ❷ *no pl* (*carrying out*) *of a plan* Ausführung *f* ❸ THEAT (*performance*) Aufführung *f*

enamel [ɪ'næmᵊl] **I.** *n* ❶ (*substance*) Email *nt*, Emaille *f fam* ❷ (*part of tooth*) Zahnschmelz *m* ❸ (*paint*) Emaillelack *m*, Glasur *f* **II.** *n modifier* Emaille- **III.** *vt* <BRIT -ll- *or* AM *usu* -l-> ■**to ~ sth** etw emaillieren; ■**~led** emailliert

enamelled [ɪ'næmᵊld] *adj inv* emailliert, Email-

enamor *vt* AM *see* **enamour**

enamored *adj pred* AM *see* **enamoured**

enamour [ɪ'næmə'], AM **enamor** [-ɚ] *vt usu passive* ■**to be ~ed of** [*or* **with**] **sb/sth** (*taken by*) von jdm/etw [besonders] angetan sein; (*infatuated with*) in jdn/etw verliebt sein

enamoured [ɪ'næmə'd], AM **enamored** [-ɚd] *adj pred* ■**to be ~ with** [*or* **of**] **sth** von etw *dat* begeistert sein; ■**to be ~ with** [*or* **of**] **sb** in jdn verliebt sein

enantiomorph [ɪ'næntiə(ʊ)mɔːf, AM -oʊmɔːrf] *n* ❶ (*mirror image*) Spiegelbild *nt* ❷ CHEM Enantiomer *nt fachspr*, Spiegelbildisomer *nt fachspr*, enantiomorphe Form *fachspr*

en bloc [ˌɑ̃ː(m)'blɒk, AM ɑ̃ː(m)'blɑːk] *adv inv* im Ganzen, als Ganzes, en bloc

encamp [ɪn'kæmp, AM en'-] **I.** *vt* ■**to be ~ed** das Lager aufgeschlagen haben **II.** *vi* sein Lager aufschlagen; MIL [ein] Lager beziehen

encampment [ɪn'kæmpmənt, AM en'-] *n* (*place*) Lager *nt;* (*living in camp*) Lagern *nt*

encapsulate [ɪn'kæpsjəleɪt, AM en'-] *vt* ■**to ~ sth** ❶ (*totally enclose*) PHARM etw in Kapseln abfüllen; (*put capsule around*) etw ummanteln; ***the nuclear waste was ~d in concrete*** der Atommüll wurde in Beton eingeschlossen ❷ (*fig: express the essence*) etw zusammenfassen; **to ~ an atmosphere** eine Stimmung einfangen

encapsulated [ɪn'kæpsjəleɪt, AM en'-] *adj* COMPUT verkapselt

encapsulation [ɪnˌkæpsjə'leɪʃᵊn, AM enˌ-] *n* ❶ (*enclose*) *of waste material* Ummantelung *f*, Verkapselung *f; of nuclear waste* Einschließen *nt;* (*in capsule*) Einkapseln *nt;* PHARM Abfüllen *nt* in Kapseln ❷ LIT Zusammenfassung *f*, geraffte Darstellung ❸ (*fig*) *of an atmosphere* Einfangen *nt kein pl*

encase [ɪn'keɪs, AM enˌ-] *vt usu passive* ■**to be ~d** ummantelt [*o* verkleidet] sein; *cake* überzogen sein; ■**to be ~d** [**in sth**] *waste* [in etw *dat*] eingeschlossen sein; **a diamond ~d in pure gold** ein Diamant *m* in reines Gold gefasst; **to be ~d in plaster** eingegipst sein

encash [ɪn'kæʃ] *vt* ECON, FIN ■**to ~ sth** *cheque* etw einlösen

encashable [ɪn'kæʃəbl] *adj inv* ECON, FIN einlösbar

encashment [ɪn'kæʃmənt] *n* ECON, FIN Einlösung *f*, Inkasso *nt*

encephalitis [ˌenkefə'laɪtɪs, AM enˌsefə'laɪt̬ɪs] *n* MED Enzephalitis *f fachspr*, Gehirnentzündung *f*

encephalogram [en'kefələgræm, AM en'sefəloʊ-] *n* MED Enzephalogramm *nt fachspr*, Röntgenaufnahme *f* des Gehirns

encephalograph [en'kefələgrɑːf, AM en'sefəloʊgræf] *n* MED Enzephalograph *m fachspr*

encephalon <*pl* -la> [en'kefəlɒn, AM en'sefəlɑːn, *pl* -lə] *n* ANAT Enzephalon *nt fachspr*, Gehirn *nt*

enchain [ɪn'tʃeɪn, AM en'-] *vt* ❶ (*chain up*) ■**to ~ sb** jdn in Ketten legen; **to ~ a dog** einen Hund an die Kette legen ❷ (*hold fast*) ■**to ~ sb** jdn fesseln; **to ~ sb's attentions** jds Aufmerksamkeit fesseln; **to ~ sb's emotions** jdn faszinieren ❸ (*fig: impede*) ■**to ~ sb** jdn behindern [*o* einschränken]

enchant [ɪn'tʃɑːnt, AM en'tʃænt] *vt* ■**to ~ sb** [**with sth**] (*delight*) jdn [mit etw *dat*] entzücken [*o* bezaubern]; (*bewitch*) jdn [mit etw *dat*] verzaubern

enchanted [ɪn'tʃɑːntɪd, AM en'tʃænt̬ɪd] *adj* (*delighted*) entzückt; (*liter: bewitched*) verzaubert; **~ forest** [*or* **wood**] Zauberwald *m*

enchanter [ɪn'tʃɑːntə', AM en'tʃænt̬ɚ] *n* (*dated*) Zauberer *m*

enchanting [ɪn'tʃɑːntɪŋ, AM en'tʃænt̬-] *adj* bezaubernd, entzückend, hinreißend

enchantingly [ɪn'tʃɑːntɪŋli, AM 'tʃæn] *adv* bezaubernd, entzückend

enchantment [ɪn'tʃɑːntmənt, AM en'tʃænt-] *n* (*delight*) Entzücken *nt;* (*charm*) Zauber *m*, Liebreiz *m geh o veraltend*

enchantress <*pl* -es> [ɪn'tʃɑːntrɪs, AM en'tʃænt-] *n* (*sorceress*) Zauberin *f*, Magierin *f;* (*alluring female*) bezaubernde Frau

enchilada [ˌentʃɪ'lɑːdə] *n* Enchilada *f*

encipher [ɪn'saɪfə', AM en'saɪfɚ] *vt* ■**to ~ sth** etw chiffrieren [*o* verschlüsseln]

encircle [ɪn'sɜːkl, AM en'sɜːr-] *vt* ■**to ~ sb/sth** (*enclose*) jdn/etw umgeben; (*make a circle around*) jdn/etw einkreisen; MIL jdn/etw einkesseln; ***the M25 ~s London*** die M25 führt ringförmig um London herum; **to ~ the enemy** den Feind umzingeln [*o* einschließen]

encirclement [ɪn'sɜːklmənt, AM en'sɜːr-] *n* Einkreisung *f;* ARCHIT Umschließung *f;* MIL Umzingelung *f*, Einkesselung *f*

encl. I. *adj abbrev of* **enclosed** Anl. **II.** *n abbrev of* **enclosure** Anl.

enclave ['enkleɪv] *n* Enklave *f*

enclitic [ɪn'klɪtɪk, AM en'klɪt̬ɪk] LING **I.** *adj* enklitisch *fachspr* **II.** *n* Enklitikon *nt fachspr*

enclose [ɪn'kləʊz, AM en'kloʊz] *vt* ■**to ~ sth** ❶ (*surround*) etw umgeben; (*shut in*) etw einschließen; TECH etw einschließen [*o* einkapseln]; **to ~ sth in brackets** etw einklammern; **to ~ sth with a fence** etw einzäunen [*o* einfrieden] ❷ (*include in same envelope*) etw beilegen [*o* beifügen]; ***please find ~d ...*** in der Anlage [*o* beiliegend] senden wir Ihnen ...

enclosed [ɪn'kləʊzd, AM en'kloʊzd] *adj* (*separated*) abgegrenzt; (*surrounded by fence*) eingezäunt, eingefriedet; (*shut in*) eingeschlossen; **~ order** REL geschlossener Orden; **in ~ spaces** in geschlossenen Räumen

enclosure [ɪn'kləʊʒə', AM en'kloʊʒɚ] *n* ❶ (*enclosed area*) eingezäuntes [*o* eingefriedetes] Grundstück, Einfriedung *f;* (*for keeping animals*) Gehege *nt;* (*paddock*) Koppel *f* ❷ (*act of enclosing*) Einfriedung *f;* (*with fence*) Einzäunung *f*, Einzäunen *nt*, Umzäunung *f*, Umzäunen *nt;* LAW Privatisierung *f* durch Einfriedung ❸ BRIT SPORTS Zuschauerbereich *m;* **Royal E~** *Zuschauerbereich für die königliche Familie* ❹ (*enclosed item*) Anlage *f*

encode [ɪn'kəʊd, AM en'koʊd] *vt* ■**to ~ sth** ❶ (*put into code*) etw kodieren [*o* chiffrieren]; COMPUT etw kodieren ❷ LING etw enkodieren *fachspr*

encoder [ɪn'kəʊdə', AM en'koʊdɚ] *n* ❶ (*sb, sth that encodes*) Chiffrierer(in) *m(f)*, Verschlüss[e]ler(in) *m(f)* ❷ COMPUT Codeumsetzer *m;* **colour ~** Farbumsetzer *m* **encoding** *n* COMPUT Umsetzung *f;* **binary ~** binäre Umsetzung

encomia [ɪn'kəʊmiə, AM en'koʊ-] *n pl of* **encomium**

encomiast [ɪn'kəʊmiæst, AM en'koʊ-, *pl* -miə] *n* ❶ (*pej: flatterer*) Schönredner(in) *m(f) pej*, Schmeichler(in) *m(f) a. pej* ❷ (*eulogist*) Lobredner(in) *m(f)*

encomium <*pl* -s *or* -ia> [ɪn'kəʊmiəm, AM en'koʊ-, *pl* -miə] *n* (*dated form*) Laudatio *f geh*, Lobrede *f*

encompass [ɪn'kʌmpəs, AM en'-] *vt* ■**to ~ sth** etw umfassen [*o* beinhalten]; ***the festival ~es all forms***

of art auf dem Festival wird jede Art von Kunst angeboten

encore ['ɒŋkɔːʳ, AM 'ɑːnkɔːr] *n* Zugabe *f;* **to call for/receive an ~** eine Zugabe verlangen/bekommen; **to do sth as** [*or* **for**] **an ~** etw als Zugabe spielen; **to give an ~** eine Zugabe geben; **for an ~** (*fig*) obendrein; ***... and then for an ~ he dropped our pizzas on the carpet!*** ... und dann fielen ihm auch noch unsere Pizzen auf den Teppich!

encore marriage *n no pl* Zweitehe *f*

encounter [ɪn'kaʊntəʳ, AM en'kaʊnt̬ɚ] **I.** *vt* ❶ (*experience*) ■**to ~ sb/sth** auf jdn/etw treffen [*o* stoßen]; **to ~ danger** in Gefahr geraten; **to ~ difficulties/resistance** auf Probleme/Widerstand stoßen ❷ (*unexpectedly meet*) ■**to ~ sb** jdn [unerwartet] treffen, jdm begegnen **II.** *n* [Zusammen]treffen *nt,* Begegnung *f* (**between** zwischen +*dat*); SPORTS Aufeinandertreffen *nt,* Begegnung *f;* MIL Zusammenstoß *m;* **chance ~** zufällige Begegnung; **verbal ~** Wortgefecht *nt*

encourage [ɪn'kʌrɪdʒ, AM en'kɜːr-] *vt* ❶ (*give courage*) ■**to ~ sb** jdm Mut zusprechen [*o* machen]; (*give confidence*) jdn ermutigen [*o* bestärken]; (*give hope*) jdn unterstützen [*o* bestärken] ❷ (*urge*) ■**to ~ sb to do sth** jdn [dazu] ermuntern, etw zu tun; (*advise*) jdm [dazu] raten, etw zu tun ❸ (*support*) ■**to ~ sb/sth** jdn/etw unterstützen [*o* fördern]; ■**to ~ sb** SPORTS jdn anfeuern ❹ (*make more likely*) ■**to ~ sth** etw fördern [*o* begünstigen]

encouraged [ɪn'kʌrɪdʒd, AM en'kɜːr-] *adj* ■**to be ~ by sb** von jdm ermutigt werden; ■**to be ~ by sth** durch etw *akk* [neuen] Mut schöpfen; **to feel ~ by sth** sich *akk* durch etw *akk* ermutigt [*o* bestärkt] fühlen

encouragement [ɪn'kʌrɪdʒmənt, AM en'kɜːr-] *n no pl* (*incitement*) Ermutigung *f;* (*urging*) Ermunterung *f;* SPORTS Anfeuerung *f;* (*support*) Unterstützung *f,* Förderung *f;* **to be a great ~ to sb** jdn großen Auftrieb geben; **to give sb ~** jdn ermutigen [*o* ermuntern]; **to give** [**positive**] **~ to sth** etw fördern [*o* unterstützen]

encouraging [ɪn'kʌrɪdʒɪŋ, AM en'kɜːr-] *adj* ermutigend; ***he took her interest as an ~ sign*** ihr Interesse machte ihm Hoffnung; ***I found my teacher very ~*** meine Lehrerin hat mir sehr viel Mut gemacht

encouragingly [ɪn'kʌrɪdʒɪŋli, AM en'kɜːr-] *adv* ermutigend

encroach [ɪn'krəʊtʃ, AM en'kroʊ-] *vi* ■**to ~** [**up**]**on sb** zu jdm vordringen; ***exam time is ~ing upon us*** der Prüfungszeitraum rückt immer näher; ■**to ~** [**up**]**on sth** in etw *akk* eindringen; *troops* in etw *akk* vordringen; **to ~** [**up**]**on sb's rights** in jds Rechte eingreifen, jds Rechte beschneiden; **to ~ on sb's time** jds Zeit *f* [über Gebühr] in Anspruch nehmen

encroachment [ɪn'krəʊtʃmənt, AM en'kroʊ-] *n* ❶ (*incursion*) Übergriff *m* (**on** auf +*akk*); (*interference*) Eingriff *m* (**on** in +*akk*); (*intrusion*) Eindringen *nt* (**on** in +*akk*); **an ~ on human rights** eine Verletzung der Menschenrechte ❷ (*gradual approach*) Vordringen *nt;* **the ~ of old age** das [unaufhaltsame] Fortschreiten des Alters ❸ (*on time*) Beanspruchung *f*

encrust [ɪn'krʌst, AM en'-] *vt* ■**to ~ sth** etw überkrusten; ■**to ~ sth with** [*or* **in**] **sth** *jewelry* etw mit etw *dat* besetzen

encrustation *n* AM, AUS *see* **incrustation**

encrusted [ɪn'krʌstɪd, AM en'-] *adj* überkrustet; **~ed with dirt/cement/earth** schmutz-/zement-/erdverkrustet; **to be ~ in gold** mit Gold überzogen sein; **a diamond-~ed brooch** eine diamantenbesetzte Brosche; **to be ~ with jewels** [ganz] mit Edelsteinen besetzt sein

encrypt [ɪn'krɪpt, AM en'-] *vt usu passive* COMPUT, TV ■**to be ~ed** verschlüsselt sein

encryption [ɪn'krɪpʃᵊn, AM en'-] *n no pl* TV Verschlüsselung *f;* COMPUT *also* Kodierung *f*

encumber [ɪn'kʌmbəʳ, AM en'kʌmbɚ] *vt usu passive* ■**to be ~ed with** [*or* **by**] **sth** (*be burdened*) mit etw *dat* belastet sein; (*be impeded*) durch etw *akk* behindert sein; **to be ~ed with debts** völlig verschuldet sein

encumbrance [ɪn'kʌmbrən(t)s, AM en'-] *n* ❶ (*burden*) Belastung *f;* *of debts* Last *f;* (*impediment*) Behinderung *f,* Hindernis *nt;* **to be without ~** ohne Anhang sein ❷ (*mortgage*) Belastung *f;* ■**~s** *pl* Hypothekenschulden *pl;* **free from ~s** schuldenfrei, lastenfrei

encyclical [ɪn'sɪklɪk, AM en'-] REL **I.** *n* Enzyklika *f* **II.** *adj* enzyklisch; **~ letter** Enzyklika *f*

encyclop(**a**)**edia** [ɪnˌsaɪklə'piːdiə, AM en'-] *n* Lexikon *nt,* Enzyklopädie *f geh*

encyclop(**a**)**edic** [ɪnˌsaɪklə'piːdɪk, AM en'-] *adj* universal, enzyklopädisch *geh*

end [end] **I.** *n* ❶ (*last, furthest point*) Ende *nt* ❷ (*final part, finish*) Ende *nt,* Schluss *m* ❸ (*completion*) **at the ~ of six months** nach Ablauf von sechs Monaten ❹ (*surface bounding extremities*) Ende *nt;* TECH Stirnseite *f,* Stirnfläche *f* ❺ *usu pl* (*aims*) Ziel *nt,* Absicht *f;* (*purpose*) Zweck *m;* **to use sth for commercial ~s** etw zu kommerziellen Zwecken einsetzen; **to achieve one's ~s** seine Ziele erreichen ❻ (*death*) Ende *nt,* Tod *m;* **sudden/untimely ~** plötzliches/vorzeitiges Ende; **sb is nearing his/her ~** mit jdm geht es zu Ende ❼ (*small leftover piece*) Rest *m,* Ende *nt;* *of a candle, cigarette* Stummel *m* ❽ SPORTS (*either half of a pitch*) [Spielfeld]hälfte *f;* (*player in American Football*) *am nächsten an den Seitenlinien stehender Spieler* ❾ COMPUT (*button on keyboard*) ‚Ende' ❿ (*fig: matter of concern*) Teil *m;* ***I'm taking care of my ~ of the plan and hope he's taking care of his*** ich kümmere mich um meinen Teil des Plans und hoffe, dass er sich um seinen kümmert; ***stick to your ~ of the deal!*** halte dich an deinen Teil der Abmachung! ⓫ (*position*) ■**~ on** ***the table faced him ~ on*** er stand vor der kurzen Tischkante; ***place the table ~ on against the wall*** stell den Tisch mit der schmalen Seite an die Wand ► PHRASES: **at the ~ of the day** (*when everything is considered*) letzten Endes; (*finally, eventually*) schließlich, zum Schluss; **to reach the ~ of the line** [*or* **road**] am Ende sein; **~ of story** Schluss, aus, fertig *fam;* ***he deserved to be punished, ~ of story*** er hat die Strafe verdient und Schluss *fam;* [**and**] **that's the ~ of the story** [*or* **matter**] und jetzt Schluss damit!; **to be at the ~ of one's tether** [*or* AM **rope**] am Ende [seiner Kräfte] sein; **it's not the ~ of the world** davon geht die Welt nicht unter; **to come to a bad** [*or* BRIT **sticky**] **~** ein schlimmes Ende nehmen; **to hold** [*or* **keep**] **one's ~ up** sich *akk* nicht unterkriegen lassen *fam;* **the ~ justifies the means** (*prov*) der Zweck heiligt die Mittel *prov;* **to meet one's ~** den Tod finden *geh;* **to make** [**both**] **~s meet** mit seinem Geld zurechtkommen, über die Runden kommen *fam;* **to put an ~ to oneself/it all** mit seinem Leben/dem Ganzen Schluss machen; **that would please Granny no ~** darüber würde sich Oma unglaublich freuen; **no ~ of trouble** reichlich Ärger; **in the ~** (*when everything is considered*) letzten Endes; (*finally, eventually*) schließlich, zum Schluss; **to become an ~ in itself** [zum] Selbstzweck werden; **to this ~** zu diesem Zweck **II.** *vt* ❶ (*finish*) ■**to ~ sth** etw beenden [*o* zu Ende bringen]; **to ~ up one's speech with the words ...** seine Rede mit den Worten ... [be]schließen ❷ (*make stop*) ■**to ~ sth** etw beenden, etw *dat* ein Ende setzen [*o* machen] **III.** *vi* ❶ (*result in*) ■**to ~ in sth** in etw *dat* enden; **to ~ in divorce** mit der Scheidung enden; **to ~ in a draw** unentschieden ausgehen; **to ~ in a fight** mit einer Schlägerei enden ❷ (*finish*) enden

◆**end up** *vi* ***most of this meat will ~ up as dog food*** ein Großteil dieses Fleisches wird zu Hundefutter verarbeitet; ***after travelling around the world, she ~ed up teaching English as a foreign language*** nachdem sie durch die Welt gereist war, unterrichtete sie schließlich Englisch als Fremdsprache; **to ~ up in love with sb** sich *akk* [schließlich] in jdn verlieben; **to ~ up a rich man** ein reicher Mann werden; **to ~ up in prison** im Gefängnis landen *fam;* **to ~ up a prostitute** als Prostituierte enden; **to ~ up homeless** [schließlich] auf der Straße landen *fam;* **to ~ up penniless** [schließlich] ohne einen Pfennig dastehen *fam*

endanger [ɪn'deɪndʒəʳ, AM en'deɪndʒɚ] *vt* ■**to ~ sb/sth** jdn/etw gefährden

endangered species [ɪnˌdeɪndʒəd'-, AM en'deɪndʒɚd'-] *n* vom Aussterben bedrohte Tierart

en dash ['endæʃ] *n* BRIT Bindestrich *m* (*in der Breite eines ‚n'*)

endear [ɪn'dɪəʳ, AM en'dɪr] *vt* ■**to ~ sb/oneself to sb** jdn/sich bei jdm beliebt machen

endearing [ɪn'dɪəʳɪŋ, AM en'dɪr-] *adj* lieb[enswert], reizend; **an ~ smile** ein gewinnendes Lächeln

endearingly [ɪn'dɪəʳɪŋli, AM en'dɪr-] *adv* lieb[enswert], reizend; **to smile ~** gewinnend lächeln

endearment [ɪn'dɪəʳmənt, AM en'dɪr-] *n* Zärtlichkeit *f;* **terms of ~** Koseworte *ntpl,* Kosenamen *mpl;* **words of ~** liebe [*o* zärtliche] Worte

endeavor [en'devɚ] AM, **endeavour** [ɪn'devəʳ] BRIT **I.** *vi* ■**to ~ to do sth** sich *akk* bemühen [*o* anstrengen], etw zu tun **II.** *n* Anstrengung *f,* Bemühung *f;* (*striving*) Bestreben *nt;* **to make every ~ to do sth** alle Anstrengungen unternehmen, [um] etw zu tun

endemic [en'demɪk] *adj* BIOL, MED endemisch *fachspr; plant, animal* einheimisch; **to be ~ in certain regions** *diseases* nur in bestimmten Regionen auftreten; *plants* nur in bestimmten Regionen verbreitet sein

endermic [en'dɜːmɪk, AM -'dɜːr-] *adj* MED endermal *fachspr*

endgame ['en(d)geɪm] *n* Endspiel *nt;* (*fig*) Finale *nt*

ending ['endɪŋ] *n* ❶ (*last part*) Ende *nt,* Schluss *m;* *of a day* Abschluss *m;* *of a story, book* Ausgang *m;* **happy ~** Happyend *nt* ❷ LING Endung *f*

endive ['endaɪv, -dɪv, AM 'endaɪv] *n* ❶ (*plant*) Endivie *f* ❷ AM (*chicory*) Chicorée *m*

endless ['endləs] *adj* (*without end*) endlos; (*innumerable*) unzählig; (*infinite*) unendlich; (*going on too long*) endlos, unendlich lang; ***the play seemed ~*** das Stück schien kein Ende zu nehmen

endlessly ['endləsli] *adv* (*infinitely*) endlos; (*incessantly*) unaufhörlich, ununterbrochen

end line *n* (*in basketball, football*) Endlinie *f* **endmost** *adj* letzte(r,s)

endocrine ['endə(ʊ)kraɪn, AM -dəkrɪn] *adj* MED endokrin *fachspr;* **~ gland** endokrine Düse

endocrinology [ˌendəʊkraɪ'nɒlədʒi, AM doʊkrɪ'nɑː] *n no pl* SCI, MED Enokrinologie *f fachspr*

endogamy [ɪn'dɒgəmi, AM en'dɑːg-] *n* SOCIOL Endogamie *f fachspr*

endogenous [ɪn'dɒdʒənəs, AM en'dɑːdʒə-] *adj* endogen *fachspr*

endometriosis [ˌendəʊˌmiːtrɪ'əʊsɪs, AM -doʊˌmiːtrɪ'oʊ-] *n* Endometriose *f fachspr*

endomorph ['endə(ʊ)mɔːf, AM -doʊmɔːrf] *n* endomorph *fachspr;* MED *also* pyknisch *fachspr*

endorphin [en'dɔːfɪn, AM -'dɔːr-] *n* MED, BIOL Endorphin *nt*

endorse [ɪn'dɔːs, AM en'dɔːrs] *vt* ❶ FIN ■**to ~ sth** etw indossieren [*o* girieren] *fachspr;* **to ~ a cheque** einen Scheck auf der Rückeite unterschreiben [*o fachspr* indossieren] ❷ *usu passive* BRIT (*record driving offence*) ■**to be ~d** eine Strafe auf dem Führerschein vermerkt bekommen ❸ (*declare approval for*) ■**to ~ sth** etw billigen [*o* gutheißen]; (*promote*) etw unterstützen ❹ LAW ■**to ~ sth** den Inhalt einer Urkunde auf der Vorderseite vermerken

endorsee [ˌendɔː'siː, AM -dɔːr'-] *n* FIN Indossat[ar] *m fachspr,* Girat[ar] *m fachspr*

endorsement [ɪn'dɔːsmənt, AM en'dɔːrs-] *n* ❶ (*support*) *of a plan* Billigung *f;* (*quotable recommendation*) Befürwortung *f,* Unterstützung *f;* ***the ~ of the running shoes by a famous athlete doubled the sales figures*** dadurch dass der berühmte Sportler die Turnschuhe gelobt hatte, verdoppelten sich die Verkaufszahlen ❷ FIN Indossament *nt fachspr;* (*act*) Indossierung *f fachspr* ❸ (*note on insurance policy*) Nachtrag *m,* Zusatz *m* ❹ BRIT LAW (*record of offence*) Strafvermerk *m* (*im Führerschein*)

endorser [ɪnˈdɔːsəʳ, AM enˈdɔːrsɚ] *n* FIN Indossant *m fachspr*, Girant *m fachspr*

endoscope [ˈendə(ʊ)skəʊp, AM -doʊskoʊp] *n* MED Endoskop *nt*

endoscopic [ˌendə(ʊ)ˈskɒpɪk, AM -doʊˈskɑːp-] *adj* endoskopisch; ~ **sympathectomy** endoskopische Sympathektomie [*o* Grenzstrangsektion] *fachspr*

endoscopy [enˈdɒskəpi, AM -ˈdɑː-] *n* MED Endoskopie *f*

endoskeleton [ˌendəʊˈskelɪtᵊn, AM -doʊ-] *n* BIOL, MED Endoskelett *nt fachspr*, Knochen- und Knorpelskelett *nt*

endosperm [ˈendəʊspɜːm, AM -doʊspɜːrm] *n* BOT Endosperm *nt fachspr*, Nährgewebe *nt*

endow [ɪnˈdaʊ, AM en-] *vt* ① (*give income to*) ■**to ~ sb/sth** jdn/etw über eine Stiftung finanzieren; **to ~ sb with money** jdn Geld stiften; **to ~ a prize** einen Preis stiften ② (*give feature*) ■**to be ~ed with sth** mit etw *dat* ausgestattet sein, etw besitzen; ***this is one of the best~ed universities in the world*** diese Universität gehört zu den finanziell am besten ausgestatteten der Welt; **to be ~ed with great beauty** mit großer Schönheit ausgestattet sein; **to be ~ed with brains** [*or* **intelligence**] intelligent sein; **to be well-~ed** (*hum*) viel Holz vor der Hütte haben *hum*

endowment [ɪnˈdaʊmənt, AM en-] *n* ① FIN (*permanent income*) finanzielle Ausstattung, Stiftung *f*; ■**~s** *pl* Stiftungsgelder *pl* ② (*asset possessed*) Ausstattung *f*; (*natural talent*) Begabung *f* ③ BIOL **genetic ~** genetisches Erbgut

endowment assurance *n*, AM **endowment insurance** *n* FIN Versicherung *f* auf Erlebensfall

endowment mortgage *n* BRIT FIN Hypothekendarlehen *nt* mit Lebensversicherung **endowment policy** *n* FIN Lebensversicherungspolice *f*

endpaper *n* TYPO Vorsatzblatt *nt*, Vorsatz *m* **endpoint** *n usu sing* ① (*finish*) Endpunkt *m* ② CHEM Umschlagspunkt *m* **end product** *n* Endprodukt *nt*; (*fig*) Resultat *nt*, Ergebnis *nt* **end result** *n* Endergebnis *nt* **end-run** [ˈendrʌn] *adj attr* AM taktisch **end run** *n* AM SPORTS *Lauf des ballführenden Spielers beim American Football* **end-stopped** *adj* LIT ~ **verse** *durch eine Sprechpause gekennzeichnetes Versende* **end table** *n* Beistelltisch *m*

endue [ɪnˈdjuː, AM enˈduː] *vt* (*liter*) ■**to ~ sth/sb with sth** etw/jdn mit etw *dat* versehen [*o liter* begaben]; ***he was ~d with profound knowledge*** er verfügte über ein profundes Wissen, er war mit einem profundem Wissen begabt *liter*

endurable [ɪnˈdjʊərəbl̩, AM enˈdʊrə-, -djʊr-] *adj* erträglich; ***the pain became no longer ~*** der Schmerz wurde unerträglich

endurance [ɪnˈdjʊərᵊn(t)s, AM enˈdʊrᵊn(t)s, -djʊr-] *n no pl* (*ability to withstand*) Ausdauer *f*; (*staying power*) Durchhaltevermögen *nt*; (*patience*) Geduld *f*; TECH Dauerleistung *f*

endurance test *n* (*long-lasting strain*) Belastungsprobe *f*, Belastungstest *m*; TECH (*fatigue test*) Ermüdungsversuch *m*, Verschleißprüfung *f*, Dauertest *f*

endure [ɪnˈdjʊəʳ, AM enˈdʊr, -djʊr] **I.** *vt* ■**to ~ sth/sb** (*tolerate*) etw/jdn ertragen; ***I can't ~ him*** ich kann ihn nicht ausstehen; (*suffer*) ■**to ~ sth** etw erleiden; ***I can't ~ that a moment longer*** ich halte das keinen Moment länger aus **II.** *vi* (*form*) fortdauern, bestehen, Bestand haben *geh*

enduring [ɪnˈdjʊərɪŋ, AM enˈdʊr-, -djʊr-] *adj* (*lasting*) dauerhaft, beständig; (*patient*) geduldig; ~ **memories** bleibende Erinnerungen

enduro [ɪnˈdjʊərəʊ, AM enˈdʊroʊ, -djʊr-] *n* Langstrecken-Motorradrennen *nt*, Enduro-Rennen *nt*

end user *n* ① ECON Endverbraucher(in) *m(f)*, Konsument(in) *m(f)* ② COMPUT Anwender(in) *m(f)*, Benutzer(in) *m(f)*; (*computer illiterate*) Endbenutzer(in) *m(f)*, Endkunde, -in *m, f* **end user certificate** *n* ECON (*to prevent breach of copy-right*) *Endverbrauchernachweis zur Verhinderung von Raubkopien*; (*by private arms dealers*) Endverbleibsbestätigung *f* **endways** *adv*, AM *also* **endwise** *adv inv* (*with end foremost*) längs; (*with end uppermost*) hochkant; (*with end facing viewer*) mit der Schmalseite [*o* dem Ende] nach vorn; (*end to end*) mit den Enden aneinander **end zone** *n* AM (*in American Football*) Endzone *f*

enema <*pl* -s *or* -ta> [ˈenɪmə, *pl* ɪˈnemətə] *n* MED Klistier *nt fachspr*, Einlauf *m*

enemy [ˈenəmi] **I.** *n* Feind(in) *m(f)*; **to be in the hands of the ~** in die Hände des Feindes geraten sein; **an ~ to reform** Reformgegner(in) *m(f)*; **~ of the state** Staatsfeind(in) *m(f)* **II.** *n modifier* MIL feindlich; **~ action** Feindeinwirkung *f*; **~ country** Feindesland *nt geh*; **~ desertion** Fahnenflucht des Feindes; **to be in ~ hands** in den Händen des Feindes sein

energetic [ˌenəˈdʒetɪk, AM -ɚˈdʒet̬-] *adj* ① (*full of energy*) voller Energie *präd*, energiegeladen, schwungvoll; (*resolute*) energisch ② (*euph: overactive*) anstrengend

energetically [ˌenəˈdʒetɪkᵊli, AM -ɚˈdʒet̬-] *adv* voller Energie, energiegeladen, schwungvoll; ***he ~ pursued his goals*** energisch verfolgte er seine Ziele

energetics [ˌenəˈdʒetɪks, AM -ɚˈdʒet̬-] *n + sing vb* PHYS Energetik *f*

energize [ˈenədʒaɪz, AM ˈenɚ-] *vt* ① ELEC ■**to ~ sth** etw unter Strom setzen ② (*fig*) ■**to ~ sb** jdm neue Energie [*o* neuen Schwung] geben; **to ~ the economy** die Wirtschaft ankurbeln

energy [ˈenədʒi, AM ˈenɚ-] *n* ① *no pl* (*vigour*) Energie *f*, Kraft *f*; ***I haven't got the ~ to go out tonight*** ich bin heute zu schlapp, um auszugehen; **to conserve one's ~** seine Kräfte schonen, mit seinen Kräften haushalten; **to be bursting** [*or* **brimming**] **with ~** vor Energie nur so sprühen; **to be full of ~** voller Energie stecken ② (*totality of individual's power*) Tatkraft *f*, Energie *f*; **to channel** [*or* **direct**] [**all**] **one's energies into sth** [all] seine Kräfte auf etw *akk* konzentrieren, seine Energie in etw *akk* reinstecken; **to concentrate one's energies on sth** all seine Energie für etw *akk* aufwenden ③ SCI Energie *f*; **~ crisis** Energiekrise *f*; **sources of ~** Energiequellen *pl*

energy bar *n* AM Energieriegel *m* **energy conservation** *n no pl* Energieeinsparung *f*, Energiesparen *nt*; TECH Energieerhaltung *f* **energy efficient** *adj* energiesparend *attr*, sparsam im Energieverbrauch *präd* **energy-efficient** *adj food, drink* Energie spendend *attr*; ■**to be ~** Energie spenden **energy-intensive** [ˌenədʒiɪnˈtensɪv, AM ˌenɚ] *adj* energieaufwendig **energy-saving** [ˌenədʒiˈseɪvɪŋ, AM ˌenɚ] *adj* energiesparend **energy shares** *npl* Aktien *pl* im Energiesektor

enervate [ˈenəveɪt, AM ˈenɚ-] *vt* (*liter*) ■**to ~ sb** (*physically*) jdn entkräften [*o* schwächen]; (*mentally*) jdn entnerven; ***the humidity ~s me*** die Feuchtigkeit macht mir zu schaffen

enervating [ˈenəveɪtɪŋ, AM ˈenɚ-] *adj* (*liter*) strapazierend

enfant terrible <*pl* enfants terribles> [ˌɑ̃ː(n)fɑ̃ː(n)terˈiːbl(ə), AM ˌɑːnfɑːnter-] *n* (*liter*) Enfant terrible *nt*

enfeeble [ɪnˈfiːbl̩, AM en-] *vt* (*form*) ■**to ~ sb** jdn schwächen; ■**to ~ sth** etw schwächen [*o* entkräften]

enfeebled [ɪnˈfiːbl̩d, AM en-] *adj* (*form*) geschwächt; *person also* entkräftet

enfold [ɪnˈfəʊld, AM enˈfoʊld] *vt* (*liter*) ■**to ~ sb** jdn umarmen; ■**to ~ sb in** [*or* **with**] **sth** jdn in etw *dat* einhüllen; ***the mists ~ed the mountaintop*** (*fig*) der Gipfel war in Wolken gehüllt; **to ~ sb in one's arms** jdn in seine Arme schließen

enforce [ɪnˈfɔːs, AM enˈfɔːrs] *vt* ■**to ~ sth** ① (*impose*) etw durchsetzen [*o* erzwingen]; ***it is difficult to ~ the speed limit*** es ist schwierig, die Geschwindigkeitsbegrenzung durchzusetzen; **to ~ the law** dem Gesetz Geltung verschaffen; **to ~ a regulation** eine Regelung durchsetzen; **to ~ one's rights** seine Rechte einklagen ② (*give force to*) etw *dat* Nachdruck verleihen ③ FIN **to ~ a debt** eine Schuld beitreiben

enforceable [ɪnˈfɔːsəbl̩, AM enˈfɔːr-] *adj* durchsetzbar; LAW vollziehbar, vollstreckbar; ***the law is not always ~*** das Gesetz kann man nicht immer erzwingen

enforcement [ɪnˈfɔːsmənt, AM enˈfɔːr-] *n no pl* Erzwingung *f*; *of a regulation* Durchsetzung *f*; *of a rule* Durchführung *f*; *of a law* Vollziehung *f*, Vollstreckung *f*

enforcement notice *n* BRIT LAW Vollstreckungsbescheid *m*

enfranchise [ɪnˈfræn(t)ʃaɪz, AM en-] *vt* (*form*) ■**to ~ sb** jdm das Wahlrecht verleihen; ■**to be ~ed** wahlberechtigt sein

enfranchisement [ɪnˈfræn(t)ʃɪzmənt, AM en-fræn(t)ʃaɪz-] *n no pl* (*form*) Verleihung *f* des Wahlrechts; **leasehold ~** Erwerbsrecht *nt* des Eigentums an einem Grundstück durch den Pächter; **to be given ~** das Wahlrecht erhalten [*o* verliehen bekommen]

engage [ɪnˈgeɪdʒ, AM en-] **I.** *vt* ① (*employ*) ■**to ~ sb** jdn anstellen [*o* einstellen]; **to ~ an actor** einen Schauspieler engagieren; **to ~ a lawyer** sich *dat* einen Anwalt nehmen; **to ~ the services of sb** jds Dienste in Anspruch nehmen ② BRIT (*form: hire*) ■**to ~ sb** jdn anstellen; *company* jdn beauftragen ③ (*form: hold interest*) ■**to ~ sb** jds Aufmerksamkeit *f* in Anspruch nehmen; (*fascinate*) jdn faszinieren [*o* begeistern]; ■**to ~ oneself in sth** sich *akk* mit etw *dat* beschäftigen ④ (*involve*) **to ~ sb in a conversation** jdn in ein Gespräch verwickeln; **to ~ sb in flirtation** einen Flirt mit jdm anfangen ⑤ (*busy oneself*) ■**to be ~d in sth** sich *akk* mit etw *dat* befassen; COMM ***the company is ~d in international trade*** das Unternehmen ist im Welthandel tätig ⑥ (*put into use*) **to ~ the clutch** einkuppeln; **to ~ a gear** einen Gang einlegen, in einen Gang schalten; **to ~ the automatic pilot** den Autopiloten einschalten ⑦ MIL ■**to ~ sb** jdn angreifen ⑧ TECH ■**to be ~d** ***the cogs ~d with one another*** die Zähne griffen ineinander ⑨ LAW (*commission*) ■**to ~ sb to do sth** *contract* jdn zu etw *dat* verpflichten ⑩ BRIT (*dated: reserve*) ■**to ~ sth** etw anmieten; *hotel room* etw reservieren **II.** *vi* ① (*involve self with*) ■**to ~ in sth** sich *akk* an etw *dat* beteiligen; **to ~ in combat with sb** in eine Kampfhandlung mit jdm treten; **to ~ in conservation** sich *akk* unterhalten; **to ~ in a dogfight** einen Luftkampf führen; **to ~ in espionage/propaganda/smuggling** Spionage/Propaganda/Schmuggel betreiben; **to ~ in politics** sich *akk* politisch engagieren [*o* betätigen]; **to be ~d in trade with sb** mit jdm Handel treiben ② MIL angreifen; **to ~ with the enemy/hostile forces** den Feind/die gegnerischen Streitkräfte angreifen ③ TECH eingreifen, einrasten; ■**to ~ with each other** *cogs* ineinander greifen ④ (*form: promise*) ■**to ~ to do sth** sich *akk* verpflichten, etw zu tun

engagé [ˌɑ̃ˈgæʒeɪ] *adj* (*form*) [gesellschaftlich] engagiert

engaged [ɪnˈgeɪdʒd, AM en-] *adj inv* ① *pred esp* BRIT (*busy*) beschäftigt; *toilet* besetzt; ***the line is ~*** es ist besetzt; **to be otherwise ~** anderweitig beschäftigt sein; (*have other appointments*) schon was anderes vorhaben ② (*to be married*) verlobt; **to get** [*or* **become**] **~** [**to sb**] sich *akk* [mit jdm] verloben; **the ~ couple** die Verlobten *pl*

engaged signal *n* AUS, **engaged tone** *n* BRIT Besetztzeichen *nt*

engagement [ɪnˈgeɪdʒmənt, AM en-] *n* ① (*appointment*) Verabredung *f*, Termin *m*; ***I have a previous*** [*or* ***prior***] ***~*** ich habe schon eine Verabredung; **social ~** gesellschaftliche Verpflichtung ② MIL Kampfhandlung *f*, Gefecht *nt* ③ (*formal agreement to marry*) Verlobung *f* (**to** mit +*dat*); **to announce the ~ of sb** jds Verlobung verkündigen ④ TECH Ineinandergreifen *nt kein pl* ⑤ ECON, FIN **to break an ~ to do sth** eine Verbindlichkeit nicht erfüllen

engagement book *n* BRIT, **engagement diary** *n* BRIT Terminkalender *m* **engagement ring** *n* Verlobungsring *m*

engaging [ɪnˈgeɪdʒɪŋ, AM en-] *adj* (*approv*) bezaubernd; **~ look** ansprechendes Äußeres; **~ manner** einnehmende Art; **~ person** sympathische Person; **~ smile** gewinnendes [*o* bezauberndes] Lächeln

E

engender [ɪnˈdʒendəʳ, AM enˈdʒendɚ] *vt* (*form*) ❶ (*give rise to*) ■**to ~ sth** etw erzeugen [*o* hervorrufen]; ***her latest book has ~ed a lot of controversy*** ihr letztes Buch ist sehr umstritten ❷ (*old: beget*) **to ~ a child** ein Kind zeugen

engine [ˈendʒɪn] *n* ❶ (*mechanical power source*) Maschine *f*, Motor *m; of aircraft* Triebwerk *nt;* **diesel/petrol ~** Diesel-/Benzinmotor *m;* **jet ~** Düsen[strahl]triebwerk *nt* ❷ RAIL Lok[omotive] *f*

-engined [ˈendʒɪnd] *in compounds* (*multi-, single-*) -motorig; **diesel-~** mit Dieselmotor *nach n;* **electric-~** elektrisch angetrieben, mit Elektromotor *nach n;* **jet-~** mit Düsenantrieb *nach n;* **petroleum-~** mit Verbrennungsmotor *nach n;* **twin-~** zweimotorig

engine driver *n esp* BRIT Lok[omotiv]führer(in) *m(f)*

engineer [ˌendʒɪˈnɪəʳ, AM -ˈnɪr] **I.** *n* ❶ (*qualified in engineering*) Ingenieur(in) *m(f);* (*in navy*) [Schiffs]ingenieur(in) *m(f);* (*on merchant ship*) Maschinist(in) *m(f);* (*maintains machines*) [Wartungs]ingenieur(in) *m(f);* (*controls engines*) Techniker(in) *m(f);* MIL Technischer Offizier; **civil/electrical/mechanical ~** Bau-/Elektro-/Maschinenbauingenieur(in) *m(f)* ❷ (*pej: contriver*) Arrangeur(in) *m(f)* (**of** von +*dat*) ❸ AM (*engine driver*) Lok[omotiv]führer(in) *m(f)* **II.** *vt* ■**to ~ sth** ❶ *usu passive* (*construct precisely*) etw konstruieren; **to ~ a bridge/street** eine Brücke/Straße bauen ❷ (*pej: skilfully contrive*) etw arrangieren; ***how did you manage to ~ that invitation to the party?*** wie bist du bloß an diese Einladung zu der Party gekommen?; **to ~ a coup** einen Coup vorbereiten; **to ~ a meeting** ein Treffen arrangieren; **to ~ a plan** [*or* **scheme**] einen Plan aushecken [*o* entwickeln]

engineering [ˌendʒɪˈnɪərɪŋ, AM -ˈnɪrɪŋ] *n no pl* ❶ (*science*) Technik *f;* **a masterpiece of ~** ein Meisterwerk *nt* der Technik ❷ UNIV (*subject*) Technik *f*, Ingenieurwissenschaft *f;* (*mechanical engineering*) Maschinenbau *m;* **to be in ~** Ingenieur/Ingenieurin sein ❸ *of a building* Konstruktion *f* ❹ (*organizing*) Organisation *f*, Arrangement *nt*

engineering works *npl* Maschinenfabrik *f*

engine room *n* NAUT Maschinenraum *m*

England [ˈɪŋglənd] *n* England *nt*

english [ˈɪŋglɪʃ] *n* AM SPORTS Effet *m o selten nt;* **to put some ~ on the ball** der Kugel einen leichten Effet geben

English [ˈɪŋglɪʃ] **I.** *n* ❶ *no pl* (*language*) Englisch *nt;* ***do you speak ~?*** sprechen Sie Englisch?; **the King's/Queen's ~** die englische Hochsprache ❷ (*people*) ■**the ~** *pl* die Engländer *pl* **II.** *adj* englisch; **~ department** UNIV Anglistisches Institut, Institut *nt* für Anglistik

English breakfast *n typisch englisches Frühstück mit Frühstückscerealien, Spiegeleiern, gebratenen Tomaten, Pilzen, Speck, Würstchen sowie Toast und Marmelade* **English horn** *n* MUS Englischhorn *nt* **Englishman** *n* Engländer *m* ► PHRASES: **an ~'s home is his castle** BRIT (*prov*) für den Engländer ist sein Haus wie eine Burg **English saddle** *n sehr flacher Reitsattel* **Englishwoman** *n* Engländerin *f*

engorge [ɪnˈgɔːdʒ, AM enˈgɔːrdʒ] *vt* ❶ (*consume greedily*) ■**to ~ sth** etw [gierig] verschlingen ❷ *usu passive* MED **to become ~d** [an]schwellen; ***when you blush your cheeks have become ~d with blood*** beim Erröten füllen sich die Wangen mit Blut

engorgement [ɪnˈgɔːdʒmənt, AM enˈgɔːrdʒ-] *n no pl* MED Schwellung *f; of blood* Blutfülle *f; of the lung* Anschoppung *f*

engrave [ɪnˈgreɪv, AM en'-] *vt* ■**to ~ sth** etw [ein]gravieren; (*on stone*) etw einmeißeln; (*on wood*) etw einschnitzen; (*fig*) sich *dat* etw einprägen; **to be ~d on** [*or* **in**] **one's memory** unauslöschlich in jds Gedächtnis eingebrannt sein

engraver [ɪnˈgreɪvəʳ, AM enˈgreɪvɚ] *n* (*cutter*) Graveur(in) *m(f)*, Steinschneider(in) *m(f);* (*for stone*) Steinhauer(in) *m(f);* (*for wood*) Holzschneider(in) *m(f);* **~ on copper** Kupferstecher(in) *m(f)*

engraving [ɪnˈgreɪvɪŋ, AM en'-] *n* ❶ (*from engraved surface*) Stich *m;* (*from wood*) Holzschnitt *m* ❷ (*design*) Gravierung *f*, Gravur *f* ❸ *no pl* (*act*) Gravieren *nt;* (*art*) Gravierkunst *f*

engross [ɪnˈgrəʊs, AM enˈgroʊs] *vt* ❶ (*absorb attention*) ■**to ~ sb** jdn fesseln [*o* in seinen Bann ziehen] ❷ LAW **to ~ a document** (*write*) eine Urkunde ausfertigen; (*make fair copy*) eine Reinschrift einer Urkunde anfertigen

engrossed [ɪnˈgrəʊst, AM enˈgroʊst] *adj* versunken, vertieft; ■**to be ~ in** [*or* **by**] **sth** in etw *akk* vertieft [*o* versunken] sein; **~ed Bill** gedruckte Gesetzesvorlage; **to be ~ in conversation** ins Gespräch vertieft sein; ■**to be ~ with sth** völlig versunken in etw *akk* sein

engrossing [ɪnˈgrəʊsɪŋ, AM enˈgroʊ-] *adj* fesselnd, spannend

engrossment *n* LAW Ausfertigung *f* [von Urkunden]; (*legal document*) Urkunde *f;* **~ paper** Urkundenpapier *nt*

engulf [ɪnˈgʌlf, AM en'-] *vt* ■**to ~ sb** jdn umringen; ■**to ~ sth** etw verschlingen; ***the house was ~ed in flames*** das Haus stand in Flammen

enhance [ɪnˈhɑːn(t)s, AM -ˈhæn(t)s] *vt* ■**to ~ sth** (*improve*) etw verbessern; (*intensify*) etw hervorheben; **to ~ one's chances** seine Chancen erhöhen [*o* verbessern]; **to ~ one's eyebrows/eyes** seine Augenbrauen/Augen betonen; **to ~ sb's memory** jds Erinnerungen *pl* [wieder] lebendig werden lassen; **to ~ the price of sth** etw verteuern

enhancement [ɪnˈhɑːn(t)smənt, AM -ˈhæn(t)s-] *n* (*improvement*) Verbesserung *f;* (*intensification*) Verstärkung *f;* (*increase*) Steigerung *f*, Erhöhung *f*

enhancer [ɪnˈhɑːn(t)səʳ, AM -ˈhæn(t)sɚ] *n* Verstärker *m;* ***music can be a good mood ~*** Musik kann die Stimmung enorm heben; **flavour ~** Geschmacksverstärker *m*

enharmonic [ˌenhɑːˈmɒnɪk, AM -hɑːrˈmɑːnɪk] *adj* MUS enharmonisch *fachspr*

enigma [ɪˈnɪgmə] *n* Rätsel *nt*

enigmatic(al) [ɪˈnɪgmætɪk(əl), AM -mæt̬-] *adj* rätselhaft, geheimnisvoll

enigmatically [ɪˈnɪgmætɪkəli, AM -mæt̬-] *adv* rätselhaft

enjamb(e)ment [ɪnˈdʒæm(b)mənt, AM en'-] *n* LIT Enjambement *nt*

enjoin [ɪnˈdʒɔɪn, AM en'-] *vt* (*form*) **to ~ caution/silence on sb** jdn eindringlich zur Vorsicht/Ruhe mahnen; ■**to ~ sb to do sth** jdn eindringlich zu etw *dat* ermahnen; ■**to ~ sb from doing sth** AM LAW jdm gerichtlich untersagen, etw zu tun; ***she was ~ed from driving for six months*** ihr wurde die Fahrerlaubnis für sechs Monate entzogen; ■**to ~ that ...** [mit Nachdruck] fordern, dass ...

enjoy [ɪnˈdʒɔɪ, AM en'-] *vt* ❶ (*get pleasure from*) ■**to ~ sth** etw genießen; ***did you ~ your holiday?*** hatten Sie einen schönen Urlaub?; ***he ~ed his meal*** ihm hat das Essen sehr gut geschmeckt; ***did you ~ the film?*** hat dir der Film gefallen?; **to ~ the company of sb** gern[e] mit jdm zusammen sein; ■**to ~ doing sth** etw gern[e] tun; ***I really ~ed talking to you*** es war wirklich nett, sich mit dir zu unterhalten ❷ (*have sth positive*) ■**to ~ sth** ***from childhood on she's always ~ed popularity*** von Kindheit an hat sie immer im Rampenlicht gestanden; **to ~ an advantage** einen Vorteil genießen; **to ~ sb's confidence** jds Vertrauen genießen; **to ~ good health** sich *akk* guter Gesundheit erfreuen; **to ~ the right to do sth** berechtigt sein, etw zu tun ❸ (*have fun*) ■**to ~ oneself** sich *akk* amüsieren; **~ *yourself!*** viel Spaß!; ***the waiter said "~ yourself!"*** der Kellner wünschte uns guten Appetit

enjoyable [ɪnˈdʒɔɪəbl, AM en'-] *adj* angenehm, nett; *evening also* amüsant; *film, book, play* unterhaltsam

enjoyably [ɪnˈdʒɔɪəbli, AM en'] *adv* erfreulich, Spaß machend

enjoyment [ɪnˈdʒɔɪmənt, AM en'-] *n no pl* Vergnügen *nt*, Spaß *m* (**of an** +*dat*); **quiet ~ of land** LAW ungestörter Grundbesitz; **to get real ~ out of doing sth** großen Spaß daran finden, etw zu tun; ***I got a lot of ~ from this book*** ich habe dieses Buch sehr genossen

enkephalin [enˈkef(ə)lɪn] *n* BIOL, CHEM, MED Enkephalin *nt fachspr*

enkindle [ɪnˈkɪndl, AM en'-] *vt* (*liter*) ■**to ~ sth** ❶ (*start*) etw entflammen; **to ~ a fire** ein Feuer entzünden [*o* entfachen] *geh* ❷ (*arouse*) **to ~ the flame of passion within sb** in jdm das Feuer der Leidenschaft entzünden *geh;* **to ~ a lust for adventure in sb** in jdm die Abenteuerlust wecken; **to ~ sb's passion** jds Leidenschaft entfachen

enlarge [ɪnˈlɑːdʒ, AM enˈlɑːrdʒ] **I.** *vt* ■**to ~ sth** ❶ (*make bigger*) etw vergrößern; (*expand*) etw erweitern [*o* ausdehnen]; **to ~ one's kitchen** seine Küche ausbauen; **to ~ one's vocabulary** seinen Wortschatz vergrößern [*o* erweitern] ❷ PHOT etw vergrößern; **to ~ a negative** eine Vergrößerung vom Negativ machen **II.** *vi* ❶ (*expatiate*) ■**to ~ [up]on sth** sich *akk* zu etw *dat* ausführlich äußern [*o* auslassen] ❷ (*get bigger*) sich vergrößern

enlarged [ɪnˈlɑːdʒd, AM enˈlɑːrdʒd] *n* erweitert; MED [an]geschwollen; **~ edition** erweiterte Ausgabe

enlargement [ɪnˈlɑːdʒmənt, AM enˈlɑːrdʒ-] *n* ❶ *no pl* (*act of making bigger*) Vergrößerung *f;* (*act of expanding*) Erweiterung *f*, Ausdehnung *f;* (*act of making higher*) Erhöhung *f* ❷ PHOT Vergrößerung *f*

enlarger [ɪnˈlɑːdʒəʳ, AM enˈlɑːrdʒɚ] *n* PHOT Vergrößerungsapparat *m*

enlighten [ɪnˈlaɪtən, AM en'-] *vt* ❶ (*give spiritual insight*) ■**to ~ sb** jdn erleuchten ❷ (*explain the true facts*) ■**to ~ sb [about** [*or* **on**] **sth]** jdn [über etw *akk*] aufklären; ***let me ~ you on this*** lass mich es dir erklären

enlightened [ɪnˈlaɪtənd, AM en'-] *adj* (*approv*) aufgeklärt; **~ self-interest** *gewisse Eigennützigkeit, von der jedoch alle Seiten profitieren*

enlightening [ɪnˈlaɪtənɪŋ, AM en'-] *adj* aufschlussreich

enlightenment [ɪnˈlaɪtənmənt, AM en'-] *n no pl* ❶ REL Erleuchtung *f* ❷ PHILOS ■**the E~** die Aufklärung ❸ (*information*) erhellende [*o* aufklärende] Information; **to give sb ~ on sth** jdn über etw *akk* aufklären

enlist [ɪnˈlɪst, AM en'-] **I.** *vi* MIL sich *akk* melden; **to ~ in the army** in die Armee eintreten **II.** *vt* ■**to ~ sb** *supporter* jdn anwerben; *soldier also* jdn einziehen; *recruit* jdn einstellen; ***he ~ed her help in making the posters*** er konnte sie dafür gewinnen, bei der Anfertigung der Poster zu helfen; **to ~ sb's support** jds Unterstützung *f* gewinnen

enlisted man *n* AM (*sailor*) Matrose *m;* (*soldier*) [gemeiner] Soldat **enlisted woman** *n* AM (*female sailor*) Matrosin *f;* (*female soldier*) [gemeine] Soldatin

enlistment [ɪnˈlɪstmənt, AM en'-] *n* MIL (*entering the army, navy*) Meldung *f;* (*being recruited by the state*) Einziehung *f; of recruits* Anwerbung *f*, Einstellung *f; of support* Gewinnung *f*

enliven [ɪnˈlaɪvən, AM en'-] *vt usu passive* ■**to ~ sth** etw beleben [*o* in Schwung bringen]; ■**to be ~ed** aufgelockert werden; **to ~ sb** jdm Auftrieb geben; **to ~ one's phantasy** jds Fantasie anregen; **to ~ a party** Stimmung in eine Party bringen

en masse [ɑ̃(m)ˈmæs, AM ɑːn'-] *adv inv* (*all together*) alle zusammen, gemeinsam; (*in a crowd*) in der Masse; **to resign ~** geschlossen zurücktreten; **to vote ~ for sth** einstimmig für etw *akk* stimmen

enmesh [ɪnˈmeʃ, AM en'-] *vt* ■**to be/become ~ed in sth** sich *akk* in etw *akk* verfangen haben/verfangen; ■**to ~ oneself in sth** (*fig*) sich *akk* in etw *akk* verstricken

enmity [ˈenməti, AM -t̬-] *n* Feindschaft *f*

ennoble [ɪˈnəʊbl, AM enˈoʊ-] *vt* ❶ (*liter*) ■**to ~ oneself** sich *akk* selbst erheben *geh* ❷ (*make member of nobility*) ■**to ~ sb** jdn adeln [*o* in den Adelsstand erheben]

ennobling [ɪˈnəʊblɪŋ, AM enˈoʊ-] *adj* erhebend

ennui [ˈɑ̃ːnwiː, AM ˌɑːnˈwiː] *n no pl* (*liter*) Ennui *m o nt geh*, Langeweile *f;* (*mental weariness*) [Lebens]überdruss *m*

enology *n* AM *see* **oenology**

enormity [ɪˈnɔːməti, AM -ˈnɔːrmət̬i] *n* ❶ *no pl* (*daunting magnitude*) *of a damage* ungeheures Ausmaß; *of a task* ungeheure Größe ② (*form: extreme evil*) Abscheulichkeit *f; of crime also* Ungeheuerlichkeit *f*

enormous [ɪ'nɔ:məs, AM -'nɔ:r-] *adj* enorm; *size* riesig; *mountain* gewaltig; ~ **crowd** riesige [Menschen]menge; ~ **difficulties** ungeheure Schwierigkeiten; ~ **luck** riesiges [*o* enormes] Glück

enormously [ɪ'nɔ:məsli, AM -'nɔ:r-] *adv* enorm, ungeheuer; ***I liked her*** ~ ich hatte sie wahnsinnig gern; ~ **grateful/hard** unglaublich dankbar/schwer; ~ **pleased** hocherfreut

enormousness [ɪ'nɔ:məsnəs, AM -'nɔ:r-] *n no pl* enorme Größe; *of a person* Riesenhaftigkeit *f*

enosis [ɪ'nəʊsɪs, AM -oʊ-] *n no pl* POL Enosis *f fachspr*

enough [ɪ'nʌf] **I.** *adj inv* ① *attr* (*sufficient*) genügend, ausreichend, genug; ***there are 25 textbooks per class — that should be*** ~ wir haben 25 Lehrbücher pro Klasse – das dürfte reichen; ***there's ~ room for everyone*** es ist genügend Platz für alle da; ***there was just ~ room for two cars*** es war gerade Platz genug für zwei Autos; ***Chris had cooked ~ food to feed an army*** Chris hat genug Essen gekocht, um eine ganze Armee zu verköstigen; ***too much work and not ~ people to do it*** zu viel Arbeit und nicht genug Leute, um sie zu erledigen; (*form*) ***there will be time ~ to tell you when we meet*** es ist genug Zeit, dir zu sagen, wann wir uns treffen ② *attr* (*more than is wanted*) genug, genügend; ***don't you have ~ problems already?*** hast du nicht schon genug Probleme?; ***you've had quite ~ time!*** du hattest doch wohl Zeit genug!; ***we've got ~ problems without that*** wir haben auch so schon genug Probleme; ***I've got problems ~ of one's own*** ich habe selbst genug Probleme ▸ PHRASES: **to give sb ~ rope to hang themselves** jdm zu viele Freiheiten lassen **II.** *adv inv* ① (*adequately*) genug, genügend, ausreichend; ***are you warm ~?*** ist es dir warm genug?; ***is the water hot ~ yet?*** ist das Wasser schon heiß genug?; (*form*) ***would you be good ~ to take my bag upstairs for me?*** wären Sie so freundlich, mir meine Tasche nach oben zu tragen?; ***I can't run fast ~ to keep up with you*** ich laufe nicht schnell genug, um mit dir Schritt halten zu können; **to be experienced ~ for a job** ausreichend Erfahrung für einen Job haben; **to be stupid ~ to believe sb** dumm genug sein, jdm zu glauben ② (*quite*) ziemlich; ***he seems nice*** ~ er scheint recht nett zu sein; ***he's bad ~, but his brother is far worse*** er ist schon schlimm genug, aber sein Bruder ist noch viel schlimmer; ***curiously ~, there is no mention of him*** seltsamerweise wird er überhaupt nicht erwähnt; **funnily** ~ komischerweise; **to be pretty** ~ recht hübsch sein; **strangely** [*or* **oddly**] ~ merkwürdigerweise **III.** *interj* ~**!** jetzt reicht es aber! *fam* **IV.** *part no pl* ① (*sufficient quantity*) genug, ausreichend; ***there's ~ for everybody*** es ist für alle genug da; ***we had almost ~ but one or two people didn't get any ice cream*** wir hatten fast genug, nur ein oder zwei Leute bekamen kein Eis; ***it had looked tight but in the end there was just ~ to go around*** es hatte eng ausgesehen, aber schlussendlich kamen wir gerade durch; ***sometimes there is not quite ~ for a second cup*** manchmal reicht es nicht ganz für eine zweite Tasse; ***you've had ~*** [***to eat***] du hast genug gehabt!; ***watching five minutes of the movie was ~ to see that it was going to be bad*** nach fünf Minuten war klar, dass der Film schlecht war; ***I know ~ about art to …*** ich weiß genug über Kunst, um …; ***she has ~ to do at work to keep her occupied for the next two years*** sie hat genügend Arbeit, um für die nächsten zwei Jahre beschäftigt zu sein; **more than** ~ mehr als genug; **to have ~ to eat and drink** genügend zu essen und zu trinken haben ② (*too much*) ***half an hour in his company is quite*** ~ eine halbe Stunde in seiner Gesellschaft ist; ***you've had quite ~ to eat already*** du hast wirklich schon genug gegessen; (*fig*) ***I've had ~ of your excuses/lies!*** ich habe die Nase voll von deinen Entschuldigungen/Lügen! *fam;* ***I've had ~ — I'm going home*** mir reicht's – ich gehe nach Hause; ~ ***is*** ~ genug ist genug!; ***that's ~!*** jetzt reicht es!; ***you've made ~ of a mess already*** du hast bereits genug Unheil angerichtet; ~ ***of this*** [AM ***already***]! genug davon! *fam;* **to have seen/heard** ~ genug gesehen/gehört haben; **more than** ~ mehr als genug; **to have ~ and to spare** mehr als genug haben *fam* ▸ PHRASES: ~ **is as good as a feast** (*prov*) irgendwann muss man [auch mal] zufrieden sein; **it's ~ to make a saint swear** es ist zum aus der Haut fahren *fam;* ~ **said** (*don't mention it further*) es ist alles gesagt; (*I understand*) ich verstehe schon

en passant [ˌɑ̃:(m)'pæsɑ̃:(ŋ), AM ˌɑ:npɑ:'sɑ̃:n] *adv inv* ① (*in passing*) en passant *geh*, [ganz] beiläufig, nebenbei; **to say sth** ~ etw beiläufig erwähnen ② CHESS en passant; **to take a pawn** ~ einen Bauern en passant schlagen

enplane *vt, vi see* **emplane**

enprint ['enprɪnt] *n* BRIT PHOT Fotografie *f* (*im Standardformat*)

enquire [ɪn'kwaɪəʳ, AM en'kwaɪɚ] *esp* BRIT **I.** *vi* ① (*ask for information*) sich *akk* erkundigen; ***'Saturday staff needed — ~ within'*** ‚Aushilfspersonal für samstags gesucht – Näheres im Geschäft'; ■**to ~ about sth** nach etw *akk* fragen, sich *akk* nach etw *dat* erkundigen; ■**to ~ after** [*or* **for**] **sb** sich *akk* nach jdm erkundigen, nach jdm fragen; **to ~ after sb's health** sich *akk* nach jds Gesundheit *f* erkundigen; ■**to ~ of sb whether …** (*form*) bei jdm nachfragen, ob …, sich *akk* bei jdm erkundigen, ob …; ■**to ~ whether/when/what/where …** fragen [*o* sich *akk* erkundigen], ob/wann/was/wo … ② (*investigate*) Nachforschungen anstellen; ■**to ~ into sth** etw untersuchen; **to ~ into a matter** eine Angelegenheit untersuchen **II.** *vt* (*form*) ■**to ~ sth** [**of sb**] sich *akk* [bei jdm] nach etw *dat* erkundigen, [jdn] nach etw *dat* fragen; ***he ~d the time from a passer-by*** er fragte einen Passanten nach der Uhrzeit

enquirer [ɪn'kwaɪəʳəʳ, AM en'kwaɪɚɚ] *n* (*asking person*) Fragesteller(in) *m(f)*, Fragende(r) *f(m);* BRIT (*policeman*) Untersuchungsbeamte, -in *m, f*

enquiring [ɪn'kwaɪəʳɪŋ, AM en'kwaɪɚ-] *adj* (*quizzical*) fragend; **to give sb an ~ look** jdm einen fragenden Blick zuwerfen; ~ **mind** forschender Geist

enquiringly [ɪn'kwaɪəʳɪŋli, AM en'kwaɪɚ-] *adv* fragend; **to look at sb** ~ jdn fragend ansehen

enquiry [ɪn'kwaɪəri, AM en'-] *n* ① (*question*) Anfrage *f*, Erkundigung *f;* **on** ~ auf Anfrage ② (*investigation of facts*) Untersuchung *f;* **to make an ~ into** [*or* **about**] **sth** Nachforschungen *fpl* über etw *akk* anstellen; (*ask*) sich *akk* nach etw *dat* erkundigen ③ LAW (*official investigation*) Untersuchung *f;* (*by the police*) Ermittlung *f*, Nachforschung *f;* **to hold an ~** eine Untersuchung durchführen; **to make enquiries** Nachforschungen anstellen ④ COMPUT Anfrage *f;* (*accessing data*) Abfrage *f*

enrage [ɪn'reɪdʒ, AM en'-] *vt* ■**to ~ sb** jdn wütend machen

enraged [ɪn'reɪdʒd, AM en'-] *adj* wütend, aufgebracht

enrapture [ɪn'ræptʃəʳ, AM en'ræptʃɚ] *vt* ■**to ~ sb** jdn entzücken; **to ~ sb with one's charm** jdn durch seinen Charme bezaubern

enraptured [ɪn'ræptʃəd, AM en'ræptʃɚd] *adj* (*liter*) entzückt, hingerissen; ■**to be ~ by** [*or* **with**] **sth** von etw *dat* entzückt sein

enrich [ɪn'rɪtʃ, AM en'-] *vt* ① (*improve quality*) ■**to ~ sth** etw bereichern ② (*add to the contents*) ■**to ~ sth** [**with sth**] *food* etw [mit etw *dat*] anreichern; **to ~ a collection** eine Sammlung bereichern ③ (*make richer*) ■**to ~ oneself** sich *akk* bereichern; ■**to ~ sb** jdn reich machen ④ PHYS ■**to ~ sth** [**with sth**] etw [mit etw *dat*] anreichern

enriched [ɪn'rɪtʃt, AM en'-] *adj* angereichert; ***we were greatly ~ by this trip*** diese Reise war für uns eine große Bereicherung; ~ **fuel** TECH angereicherter Brennstoff; ~ **with vitamins** mit Vitaminen angereichert

enrichment [ɪn'rɪtʃmənt, AM en'-] *n no pl* Bereicherung *f; of food, soil* Anreicherung *f*

enrol <-ll-> [ɪn'rəʊl], AM *usu* **enroll** [en'roʊl] **I.** *vi* sich *akk* einschreiben; (*at university*) sich *akk* einschreiben [*o* immatrikulieren]; MIL sich *akk* melden; **to ~ for** [*or* **in**] **a course** sich *akk* für einen Kurs anmelden; **to ~ at university/a college** sich *akk* an der Universität/einem College einschreiben [*o* immatrikulieren] **II.** *vt* ■**to ~ sb** (*at college, university*) jdn aufnehmen; *worker* jdn einstellen; *soldier* jdn anwerben

enrolled bill *n* AM LAW formgerecht erlassenes Gesetz

enrollment [en'roʊlmənt] AM, **enrolment** [ɪn'rəʊl-] *n* ① (*act of enrolling*) Einschreibung *f;* (*at university*) Immatrikulation *f;* (*for a course*) Anmeldung *f;* (*in the army*) Eintritt *m* ② AM (*number of students*) Studentzahl *f*

en route [ˌɑ̃:(n)'ru:t, AM ˌɑ:n'-] *adv inv* unterwegs, auf der Reise; ~ ***from London to Tokyo*** auf dem Weg von London nach Tokyo

en rule ['enru:l] *n* BRIT Bindestrich *m* (*in der Breite eines ‚n'*)

ensconce [ɪn'skɒn(t)s, AM en'skɑ:n(t)s] *vt* ■**to ~ oneself somewhere** es sich *dat* irgendwo bequem machen, sich *akk* irgendwo niederlassen *fam;* ***I ~d myself in a deep armchair*** ich machte es mir in einem großen Sessel gemütlich

ensemble [ɑ̃:(n)'sɑ̃:(m)bᵊl, AM ɑ:n'sɑ:m-] *n* ① MUS, THEAT Ensemble *nt* ② FASHION Ensemble *nt*

enshrine [ɪn'ʃraɪn, AM en'-] *vt* ■**to ~ sth** etw bewahren; *rights* etw wahren; **to ~ the memory of sth** das Andenken an etw *akk* wahren; ~**d in tradition** in der Tradition verankert

enshroud [ɪn'ʃraʊd, AM en'-] *vt* (*liter*) ■**to ~ sth** etw einhüllen [*o* verhüllen]; (*fig*) etw umgeben; ***a mist ~ed the land for three days*** das Land lag drei Tage in Nebel gehüllt; **to be ~ed in thick clouds** in dichten Wolken verborgen liegen; ~**ed in secrecy** in Geheimnisse gehüllt

ensign ['ensaɪn] *n* MIL ① (*flag*) Flagge *f*, Hoheitszeichen *nt*, Banner *nt;* (*naval flag*) Schiffsflagge *f*, Nationalflagge *f* ② (*standard-bearer*) Fähnrich *m*

enslave [ɪn'sleɪv, AM en'-] *vt* ■**to ~ sb** jdn zum Sklaven machen; ***he was ~d by her beautiful eyes*** (*fig*) ihre schönen Augen machten ihn total willenlos

enslavement [ɪn'sleɪvmənt, AM en'-] *n no pl* Versklavung *f*

ensnare [ɪn'sneəʳ, AM en'sner] *vt* (*liter*) ■**to ~ sb/an animal** jdn/ein Tier fangen; ■**to be ~d in sth** sich *akk* in etw *dat* verfangen haben *a. fig;* ■**to ~ sb** (*fig*) jdn umgarnen

ensue [ɪn'sju:, AM en'su:] *vi* folgen; ■**to ~ from sth** aus etw *dat* folgen, sich *akk* aus etw *dat* ergeben

ensuing [ɪn'sju:ɪŋ, AM en'su:-] *adj attr, inv* [darauf] folgend *attr,* nachfolgend *attr*

en suite [ˌɑ̃:(n)'swi:t, AM ˌɑ:n'-] **I.** *adv* **room with a bathroom** ~ Zimmer *nt* mit eigenem Bad **II.** *n* Zimmer *nt* mit Bad **en suite bathroom** *n* angeschlossenes Badezimmer

ensure [ɪn'ʃɔ:ʳ, AM en'ʃʊr] *vt* ■**to ~ sth** (*secure*) etw sicherstellen; (*guarantee*) etw garantieren; ***this victory ~d them a place in the World Cup final*** durch diesen Sieg sicherten sie sich die Teilnahme am Endspiel der WM; **to ~ security** die Sicherheit gewährleisten; ■**to ~ that …** sicherstellen [*o* gewährleisten], dass …

ENT [ˌi:en'ti:] *n no pl abbrev of* **ear, nose and throat** HNO *nt*

entablature [en'tæblətʃəʳ, AM -ɚ] *n* ARCHIT Gebälk *nt*

entablement [en'tæbləmənt] *n* ARCHIT horizontale Platform (*über dem Sockel einer Statue*)

entail [ɪn'teɪl, AM en'-] **I.** *vt* ① (*involve*) ■**to ~ sth** etw mit sich bringen [*o* nach sich ziehen]; **to ~ some risk** mit einem gewissen Risiko verbunden sein ② (*necessitate*) ■**to ~ doing sth** es erforderlich machen, etw zu tun; ***that would ~ …*** das würde bedeuten, … **II.** *n* ECON, FIN festgelegte Erbfolge für Grundbesitz, Fideikommiss *nt*

entangle [ɪn'tæŋgl, AM en'-] *vt usu passive* ① (*catch up*) ■**to ~ oneself** sich *akk* verfangen; **to get** [*or* **become**] ~**d in sth** sich *akk* in etw *dat* ver-

E

fangen; ***his legs got ~d in the ropes*** er verhedderte sich mit den Beinen in den Seilen ❷ (*involve*) ■**to ~ oneself in sth** sich *akk* in etw *akk* verstricken; **to get sb ~d in sth** jdn in etw *akk* hineinziehen [*o* verwickeln]; **to get oneself ~d in sth** sich *akk* in etw *akk* verwickeln ❸ (*confuse*) ■**to ~ sb** jdn verwirren [*o* durcheinander bringen]; ■**to become ~d** verwirrt werden; **to get sth ~d with sth** etw mit etw *dat* durcheinander bringen

entanglement [ɪn'tæŋg|mənt, AM en'-] *n* ❶ (*catching up*) Verfangen *nt*, Verheddern *nt* ❷ (*involvement*) Verwicklung *f*, Verstrickung *f* ❸ (*messy situation*) Durcheinander *nt kein pl*; **emotional ~s** gefühlsmäßige Verwicklungen

entasis <*pl* -ses> ['entəsɪs, *pl* -si:z] *n* ARCHIT Entase *f fachspr*, Entasis *f fachspr*

entente *n*, **entente cordiale** [ˌɑ̃:(n)'tɑ̃:(n)tkɔ:di'ɑ:l, AM ɑ:n'tɑ:ntkɔ:r-] *n* POL Bündnis *nt*, Entente *f*; **the ~ cordiale** HIST die Entente cordiale

enter ['entəʳ, AM -ɚ] **I.** *vt* ■**to ~ sth** ❶ (*go into*) in etw *akk* hineingehen; (*penetrate*) in etw *akk* eindringen; ***alcohol ~s the bloodstream through the stomach wall*** Alkohol gelangt durch die Magenwand in den Blutkreislauf; **to ~ a building/room** ein Gebäude/Zimmer betreten; **to ~ a phase** in eine Phase eintreten ❷ (*insert*) *data, numbers* etw eingeben; (*insert into a register*) etw eintragen; (*register for*) an etw *dat* teilnehmen, sich *akk* an etw *akk* beteiligen ❸ (*join*) etw *dat* beitreten, in etw *akk* eintreten; ■**to ~ sb for sth** jdn für etw *akk* anmelden; **to ~ the college** sein Studium [am College] beginnen; **to ~ the priesthood** Priester werden; **to ~ school** in die Schule kommen ❹ (*make known*) etw einreichen; **to ~ an action against sb** gegen jdn Klage erheben [*o* einreichen]; **to ~ appearance** die Verteidigungsbereitschaft dem Gericht schriftlich anzeigen; **to ~ a bid** ein Gebot abgeben; **to ~ a claim/counterclaim** einen Rechtsanspruch/Gegenanspruch geltend machen; **to ~ judgment for sb** in jds Namen ein Urteil erlassen [*o* eintragen]; **to ~ a protest** Protest einlegen ▶ PHRASES: **to ~ the <u>fray</u>** (*start fighting*) sich *akk* ins Getümmel stürzen; (*join a quarrel*) sich *akk* in einen Streit einmischen **II.** *vi* ❶ THEAT auftreten, die Bühne betreten ❷ (*register*) anmelden; ■**to ~ for sth** sich *akk* für etw *akk* [an]melden ❸ (*bind oneself to*) **to ~ into an alliance/marriage** ein Bündnis/die Ehe schließen; **to ~ into conversation with sb** mit jdm ein Gespräch anknüpfen [*o* anfangen]; **to ~ into discussion** sich *akk* an einer Diskussion beteiligen; **to ~ into negotations** in Verhandlungen eintreten, Verhandlungen aufnehmen; ***due to the new targets various other factors ~ into the plan*** aufgrund der neuen Zielvorgaben müssen verschiedene zusätzliche Faktoren berücksichtigt werden; ***the plaintiff ~ed judgment*** für den Kläger erging ein Versäumnisurteil ❹ (*begin*) ■**to ~ [up]on sth** etw beginnen; **to ~ upon a career as sth** eine Laufbahn als etw einschlagen; **to ~ on a new phase** in ein neues Stadium treten ▶ PHRASES: **to ~ into the <u>spirit</u> of things** innerlich bei etw *dat* dabei sein

enteric [en'terɪk] *adj inv* MED Darm-, Unterleibs-, enteral *fachspr*

entering ['entərɪŋ, AM -ɚ-] *n no pl* ECON, FIN Eintragung *f*

enteritis [ˌentə'raɪtɪs, AM -ţ-] *n no pl* MED Dünndarmentzündung *f*, Enteritis *f fachspr*

enter key *n* COMPUT Eingabetaste *f*

enterprise ['entəpraɪz, AM -ţɚ-] *n* ❶ (*bold undertaking*) Vorhaben *nt*, Unternehmen *nt*; ***the original ~ was to raise the money by giving a concert*** ursprünglich war geplant, das Geld durch ein Konzert einzuspielen ❷ *no pl* (*eagerness to risk something new*) Unternehmungsgeist *m*, Risikofreude *f*; **to show ~ in doing sth** die Initiative zu etw *dat* ergreifen ❸ (*business firm*) Unternehmen *nt*, Betrieb *m*, Firma *f*; **commercial ~** gewerbliches Unternehmen, Wirtschaftsunternehmen *nt*; **free ~** freies Unternehmertum; **private ~** Privatwirtschaft *f*; **to start an ~** ein Unternehmen gründen

Enterprise Allowance Scheme *n* BRIT ECON *Programm zur staatlichen Bezuschussung bei Unternehmensgründung* **enterprise culture** *n esp* BRIT Unternehmenskultur *f* **enterprise network** *n* COMPUT Unternehmensnetzwerk *nt* **enterprise zone** *n esp* BRIT wirtschaftliches Fördergebiet

enterprising ['entəpraɪzɪŋ, AM -ţɚ-] *adj* (*adventurous*) unternehmungslustig, risikofreudig; (*ingenious*) einfallsreich, erfindungsreich; **~ businessman** rühriger Geschäftsmann; **~ idea** kühne Idee

enterprisingly ['entəpraɪzɪŋli, AM 'enţɚ-] *adv* mit Unternehmungslust, mit Wagemut

entertain [ˌentə'teɪn, AM -ţɚ'-] **I.** *vt* ❶ (*amuse*) ■**to ~ sb** jdn unterhalten; ***I ~ed the child while his mom was speaking on the phone*** ich habe mich mit dem Kind beschäftigt, während seine Mutter telefonierte ❷ (*invite*) ■**to ~ sb** jdn zu sich *dat* einladen; (*give meal*) jdn bewirten ❸ (*have*) **to ~ doubts/a suspicion** Zweifel/einen Verdacht hegen; **to ~ the hope that ...** die Hoffnung haben, dass ...; **to ~ an offer** ein Angebot in Erwägung ziehen; **to ~ an opinion** eine Meinung haben; **to ~ a plan** einen Plan schmieden; **to ~ a thought** sich *akk* mit einem Gedanken tragen; ***I don't know how I ever ~ed the thought that he was interested in me*** ich weiß wirklich nicht, wie ich nur darauf kommen konnte, zu denken, dass er an mir interessiert sei **II.** *vi* ❶ (*amuse*) unterhalten ❷ (*give hospitality to guests*) Gäste haben

entertainer [ˌentə'teɪnəʳ, AM -ţɚ'teɪnɚ] *n* Entertainer(in) *m(f)*

entertaining [ˌentə'teɪnɪŋ, AM -ţɚ'-] **I.** *adj* unterhaltsam; **an ~ evening** ein reizender Abend; **an ~ speaker** ein gewitzter [*o* gewandter] Redner **II.** *n no pl* **to do a lot of ~** häufig jdn bewirten

entertainingly [ˌentə'teɪnɪŋli, AM -ţɚ'-] *adv* unterhaltsam; **an ~ silly film** eine unterhaltsame Komödie

entertainment [ˌentə'teɪnmənt, AM -ţɚ'-] *n* Unterhaltung *f*; **to get a lot of ~ from sth** etw sehr unterhaltsam finden; **to provide some ~** für ein wenig Unterhaltung sorgen

entertainment allowance *n* COMM Aufwandsentschädigung *f*, Bewirtungsentschädigung *f* **entertainment expenses** *npl* Bewirtungsspesen *pl*, Bewirtungskosten *pl*

enthalpy ['enθəlpi] *n* PHYS Enthalpie *f fachspr*

enthral <-ll-> [ɪn'θrɔ:l], AM *usu* **enthrall** [en'-] *vt* ■**to ~ sb** jdn packen [*o* fesseln]

enthralling [ɪn'θrɔ:lɪŋ, AM en'-] *adj* fesselnd, packend, spannend

enthrone [ɪn'θrəʊn, AM en'θroʊn] *vt* (*form*) ❶ (*install on throne*) ■**to ~ sb** jdn inthronisieren *geh*; **to ~ a bishop** einen Bischof feierlich einsetzen [*o geh* inthronisieren] ❷ (*fig*) **to sit ~d** thronen

enthronement [ɪn'θrəʊnmənt, AM en'θroʊn-] *n* Thronbesteigung *f*, Inthronisierung *f geh*, Inthronisation *f geh*

enthuse [ɪn'θju:z, AM en'θu:z] **I.** *vi* schwärmen; ■**to ~ about** [*or* **over**] **sth** von etw *dat* schwärmen [*o* begeistert sein] **II.** *vt* ■**to ~ sb [with sth]** jdn [für etw *akk*] begeistern

enthusiasm [ɪn'θju:ziæzᵊm, AM en'θu:-] *n* Enthusiasmus *m*, Begeisterung *f* (**for** für +*akk*); **to show ~ for sth** für etw *akk* Begeisterung zeigen, sich *akk* für etw *akk* begeistern; **to not work up any ~ for sth** sich *akk* für etw *akk* einfach nicht begeistern können

enthusiast [ɪn'θju:ziæst, AM en'θu:-] *n* Enthusiast(in) *m(f)*; **a bird ~** ein begeisterter Vogelkundler/eine begeisterte Vogelkundlerin; **a model-aircraft ~** ein Fan von Modellflugzeugen; **a train ~** ein Eisenbahnfreund *m*/eine Eisenbahnfreundin

enthusiastic [ɪn'θju:ziæstɪk, AM en'θu:-] *adj* enthusiastisch, begeistert; ■**to be ~ about sth** von etw *dat* begeistert sein; ***you don't seem very ~ about the party*** du scheinst nicht gerade Lust zu haben, auf die Party zu gehen; **to be less than ~ about sth** von etw *dat* nicht gerade begeistert sein; ■**to become ~ about sth** sich *akk* für etw *akk* begeistern

enthusiastically [ɪn'θju:ziæstɪkᵊli, AM en'θu:-] *adv* enthusiastisch, begeistert, mit Begeisterung

entice [ɪn'taɪs, AM en'-] *vt* ■**to ~ sb [away from sth]** jdn [von etw *dat* weg]locken; ***he was ~d away from his profession*** er wurde aus seiner Stellung abgeworben; ■**to ~ sb to do sth** jdn dazu verleiten [*o* verführen], etw zu tun

enticement [ɪn'taɪsmənt, AM en'-] *n* ❶ (*allurement*) Verlockung *f*, Verführung *f*; (*means, lure*) Lockmittel *nt* ❷ LAW Abwerbung *f*

enticing [ɪn'taɪsɪŋ, AM en'-] *adj* verlockend; **an ~ smile** ein verführerisches Lächeln

enticingly [ɪn'taɪsɪŋli, AM en'-] *adv* verlockend; *smile* verführerisch

entire [ɪn'taɪəʳ, AM en'taɪɚ] *adj attr, inv* (*whole*) gesamt, ganz; (*complete*) vollständig

entirely [ɪn'taɪəʳli, AM en'taɪɚli] *adv inv* ganz, total, völlig; ***this is ~ his fault*** das ist ausschließlich sein Fehler; **to do sth ~ for sb's benefit** etw nur jdm zuliebe tun; **to devote oneself/one's time ~ to sb/sth** sich/seine Zeit ausschließlich jdm/etw widmen; **to agree ~ with sb** mit jdm völlig übereinstimmen, jdm absolut zustimmen; **to disagree ~** eine völlig [*o* ganz] andere Meinung vertreten

entirety [ɪn'taɪ(ə)rəti, AM en'taɪrəţi] *n no pl* Gesamtheit *f*; ***I've never read this book in its ~*** ich habe diese Buch nie ganz gelesen

entitle [ɪn'taɪt|, AM en'taɪţ|] *vt usu passive* ■**to ~ sb to do sth** jdn dazu berechtigen, etw zu tun; ■**to be ~d to do sth** dazu berechtigt sein, etw zu tun; ***I feel ~d to a nap after working so hard*** ich glaube, nach der harten Arbeit habe ich mir ein Nickerchen verdient; ***he is ~d to a discount*** er hat Anspruch auf Rabatt; **~d to vote** stimmberechtigt, wahlberechtigt

entitlement [ɪn'taɪt|mənt, AM en'taɪţ|-] *n no pl* (*right*) Berechtigung *f* (**to** zu +*dat*); (*claim*) Anspruch *m* (**to** auf +*akk*); **holiday ~** Urlaubsanspruch *m*; **pension ~** Rentenanspruch *m*

entitlement issue *n* AUS FIN Bezugsrechtsemission *f*

entity ['entɪti, AM -ţəţi] *n* ❶ (*independently existing thing*) Einheit *f*; **single/separate ~** eigenständige Einheit ❷ LAW Einheit *f*, Rechtspersönlichkeit *f*; **legal ~** juristische Person ❸ PHILOS Wesen *nt*, Existenz *f*

entomb [ɪn'tu:m, AM en'-] *vt* (*form, liter*) ■**to ~ sb** jdn beisetzen [*o* bestatten]; ■**to be ~ed in sth** in etw *dat* eingeschlossen sein

entomologist [ˌentə'mɒlədʒɪst, AM -ţə'mɑ:lə-] *n* ZOOL Entomologe, -in *m, f fachspr*, Insektenkundler(in) *m(f)*

entomology [ˌentə'mɒlədʒi, AM -ţə'mɑ:lə-] *n no pl* ZOOL Entomologie *f fachspr*, Insektenkunde *f*

entomophilous [ˌentə'mɒfɪləs, AM -'mɑ:fə-] *adj* BIOL entomogam *fachspr*, entomophil *fachspr*, insektenblütig

entourage ['ɒntʊrɑ:ʒ, AM ˌɑ:ntʊ'rɑ:ʒ] *n* Gefolge *nt*

entrails ['entreɪlz] *npl* Eingeweide *pl*, Innereien *pl*; (*fig*) Inneres *nt*

entrain [ɪn'treɪn, AM en'-] **I.** *vt* ■**to ~ sth** ❶ (*carry along in flow*) etw mitführen; (*fig*) etw nach sich ziehen ❷ (*put in train*) etw in den Zug verladen **II.** *vi* [in den Zug] einsteigen

entrance¹ ['entrən(t)s] *n* ❶ (*door*) Eingang *m*; (*for vehicle*) Einfahrt *f*; **back/front/side ~** Hinter-/Vorder-/Seiteneingang *m* ❷ (*act of entering*) Eintritt *m*, Eintreten *nt kein pl*; THEAT Auftreten *nt kein pl*, Betreten *nt* der Bühne; ***she likes to make an ~*** sie setzt sich gerne in Szene; **to make one's ~** THEAT auftreten ❸ (*right to enter*) Eintritt *m*, Einlass *m*; (*right to admission*) Aufnahme *f*; **to gain ~ to a university** an einer Universität aufgenommen werden; **to grant/refuse ~ to sb** jdn den Zutritt gewähren/verweigern

entrance² [ɪn'trɑ:n(t)s, AM en'træn(t)s] *vt* (*delight*) ■**to ~ sb** jdn entzücken; ■**to be ~d by sth** von etw *dat* hingerissen sein; **~d with joy** außer sich *dat* vor Freude

entrance examination *n* Aufnahmeprüfung *f*

entrance fee *n* (*for admittance*) Eintritt *m*, Eintrittsgeld *nt*, ÖSTERR *a.* Entree *nt*; (*for competition entry*) Teilnahmegebühr *f*; (*for membership*) Aufnahmegebühr *f* **entrance form** *n* Antragsformular *nt*; (*for competition*) Teilnahmeformular *nt* **entrance hall** *n* Eingangshalle *f* **entrance requirement** *n* Aufnahmebedingung *f* **entrance ticket** *n* Eintrittskarte *f* **entrance visa** *n* Einreisevisum *nt*

entrancing [ɪn'trɑ:n(t)sɪŋ, AM en'træn(t)s-] *adj* bezaubernd, hinreißend

entrant ['entrənt] *n* (*in a room*) Eintretende(r) *f(m)*; (*in a contest*) Teilnehmer(in) *m(f)*; (*starting to work*) Berufsanfänger(in) *m(f)*; (*for exam*) Prüfling *m*; (*in organization*) neues Mitglied

entrap <-pp-> [ɪn'træp, AM en'-] *vt* ■**to ~ sb** ① (*trap*) jdn fangen ② (*fig*) jdm eine Falle stellen; ■**to ~ sb into doing sth** jdn dazu verleiten, etw zu tun

entrapment [ɪn'træpmənt, AM en'-] *n* LAW (*form*) Provozieren *nt* einer strafbaren Handlung

entreat [ɪn'tri:t, AM en'-] *vt* ■**to ~ sb to do sth** jdn anflehen [*o* inständig bitten], etw zu tun

entreaty [ɪn'tri:ti, AM en'tri:t̬i] *n* inständige [*o* flehentliche] Bitte, Flehen *nt*; **to make an ~ to sb** jdn inständig bitten; **to make an ~ to sb to do sth** jdn inständig darum bitten, dass er/sie etw macht

entrée ['ɑ̃:(n)treɪ, AM 'ɑ:n-] *n* ① BRIT (*before main meal*) Vorspeise *f*, Entree *nt geh* ② AM (*main course*) Hauptgericht *nt* ③ *no pl* (*right of admission*) Zutritt *m*; **to gain ~ [in]to sth** Zutritt zu etw *dat* erhalten; **to gain ~ into the higher social circles** in die höheren Gesellschaftskreise eintreten

entrench [ɪn'tren(t)ʃ, AM en'-] *vt usu passive* ■**to ~ itself** *prejudice, racism* sich *akk* festsetzen; ■**to ~ oneself** MIL sich *akk* verschanzen [*o* eingraben]

entrenched [ɪn'tren(t)ʃt, AM en'-] *adj* ① (*pej: ingrained*) verwurzelt; *idea, prejudice, racism* festgesetzt; *behaviour, word* eingebürgert; *attitudes* etabliert; **~ habit** alte Gewohnheit; **firmly ~** fest verankert; **to become ~** *attitudes, behaviour, word* sich *akk* einbürgern; *idea, prejudice, racism* sich *akk* festsetzen ② MIL verschanzt ③ LAW **~ clause** verfassungsrechtlichte Schutzklausel

entrenchment [ɪn'tren(t)ʃmənt, AM en'-] *n* ① MIL Schützengraben *m*, Verschanzung *f* ② *no pl* (*deep rootedness*) Verwurzelung *f*, Verankerung *f*

entre nous [ˌɑ̃:(n)trə'nu:, AM ˌɑ:n-] *adv inv* (*form or hum*) unter uns, im Vertrauen; **strictly ~** streng vertraulich; ***he told me — and this is strictly ~ — that …*** er sagte mir, – und das bleibt unter uns – dass …

entrepôt ['ɑ̃trəpəʊ, AM 'ɑ:ntrəpoʊ] *n* ECON Umschlagplatz *m*

entrepreneur [ˌɒntrəprə'nɜ:ʳ, AM ˌɑ:ntrəprə'nɜ:r] *n* Unternehmer(in) *m(f)*

entrepreneurial [ˌɒntrəprə'nɜ:riəl, AM ˌɑ:ntrəprə'nɜ:r-] *adj* unternehmerisch, Unternehmer-

entrepreneurship [ˌɒntrəprə'nɜ:rʃɪp, AM ˌɑ:ntrəprə'nɜ:r-] *n* Unternehmertum *nt*

entropy ['entrəpi] *n no pl* PHYS Entropie *f fachspr*

entrust [ɪn'trʌst, AM en'-] *vt* ■**to ~ sth to sb** [*or* **sb with sth**] jdm etw anvertrauen; **to ~ sth/sb into sb's care** etw/jdn in jds Obhut *f* geben; **to ~ a task to sb** jdn mit einer Aufgabe betrauen

entry ['entri] *n* ① (*act of entering*) Eintritt *m*; (*by car*) Einfahrt *f*; (*into a country*) Einreise *f*; (*into an organization or activity*) Aufnahme *f*, Beitritt *m*; THEAT Auftritt *m*; **"no ~"** „Zutritt verboten"; **forcible ~** gewaltsames Eindringen ② (*entrance*) Eingang *m*; (*to car park etc.*) Einfahrt *f* ③ (*right of membership*) Zugang *m*, Zutritt *m* (**into** zu +*dat*) ④ (*recorded item*) Eintrag *m*, Eintragung *f*; (*in dictionary*) Eintrag *m* ⑤ (*submitted item for competition*) Einsendung *f*; (*submitted solution*) Lösung *f*; (*number*) Teilnehmerzahl *f*; **the winning ~** der Beitrag/die Einsendung, die gewonnen hat ⑥ LAW **~ of land** Inbesitznahme *f*, Besitzergreifung *f* ⑦ (*in bookkeeping*) **credit ~** Gutschrift *f*, Habenbuchung *f*; **debit ~** Lastschrift *f*, Sollbuchung *f*; **contra ~** Gegenbuchung *f*; **to contra an ~** einen Eintrag zurückbuchen ⑧ LAW **~ of appearance** schriftliche Anzeige der Verteidigungsbereitschaft; **~ of judgment** Eintragung *f* des Urteils

entry charge *n*, **entry fee** *n* (*for admittance*) Eintritt *m*, Eintrittsgeld *nt*, ÖSTERR *a.* Entree *nt*; (*for competition entry*) Teilnahmegebühr *f*; (*for membership*) Aufnahmegebühr *f* **entry form** *n* Antragsformular *nt*; (*for competition*) Teilnahmeformular *nt*

entryism ['entriɪzᵊm] *n no pl* POL (*pej*) *Eintreten in eine Organisation zwecks bewusster Einflussnahme*

entry-level I. *n* Anfängerniveau *nt* II. *n modifier* ① (*suitable for beginner*) Anfänger-, Einsteiger-; **~ computer** Computer *m* für Einsteiger; **an ~ human being** ein ganz normaler Mensch ② AM (*most lowly employed*) am unteren Ende der Beschäftigungsskala *nach n* **entry permit** *n* (*permit to pass*) Passierschein *m*; (*into a country*) Einreiseerlaubnis *f*, Einreisegenehmigung *f* **entryphone** *n* BRIT [Tür]sprechanlage *f* **entry qualifications** *npl* Zulassungsanforderungen *fpl* **entry regulations** *n Bedingungen, die erfüllt sein müssen, um Eintritt zu erlangen* **entry test** *n* Zulassungstest *m* **entry visa** *n* Einreisevisum *nt*; **multiple ~ visa** Visum *nt* zur mehrmaligen Einreise **entryway** *n* AM (*passage*) Eingang *m*; (*for vehicles*) Einfahrt *f*

entwine [ɪn'twaɪn, AM *esp* en'-] *vt* ① (*weave, twist*) ■**to ~ sth** etw [miteinander] verflechten; **to ~ flowers in one's hair** sich *dat* Blumen ins Haar flechten; **~d initials/letters** [miteinander] verschlungene Initialen/Buchstaben ② (*surround*) ■**to ~ sb/sth** jdn/etw umschlingen; ■**to ~ around sth** *plant* sich *akk* um etw *akk* ranken ③ (*fig: connect*) ■**to be ~d [together]** miteinander verbunden [*o* verknüpft] sein

E number *n* BRIT EU E-Nummer *f*

enumerate [ɪ'nju:mᵊreɪt, AM ɪ'nu:mər-] *vt* ■**to ~ sth** etw aufzählen

enumerated type *n* COMPUT Nummerierungstyp *m*

enumeration [ɪˌnju:mᵊr'eɪʃᵊn, AM ɪˌnu:mə'reɪ-] *usu sing n* Aufzählung *f*

enunciate [ɪ'nʌn(t)sieɪt] I. *vi* sich *akk* artikulieren; **to ~ clearly** deutlich sprechen II. *vt* ■**to ~ sth** ① (*pronounce*) etw aussprechen [*o geh* artikulieren]; **to ~ a sound** einen Laut bilden ② (*formulate*) etw formulieren; **to ~ a theory** eine Theorie aufstellen

enunciation [ɪˌnʌn(t)si'eɪʃᵊn] *n usu sing* ① (*pronunciation*) Aussprache *f*, Artikulation *f geh*; **clear/poor ~** deutliche/schlechte Aussprache ② (*expression*) Formulierung *f*

envelop [ɪn'veləp, en'-, AM en'-, ɪn'-] *vt* ■**to ~ sth in sth** etw in etw *akk* einhüllen [*o* einwickeln]; ***after her death, he was ~ed by gloom*** (*fig*) nach ihrem Tod umgab ihn eine tiefe Trauer; **to ~ sb in one's arms** jdn in seine Arme schließen

envelope ['envələʊp, AM -loʊp] *n* Briefumschlag *m*, Kuvert *nt* ▶ PHRASES: **on the back of an ~** unter Zeitdruck, Hals über Kopf; **to push one's own ~** (*sl*) seine Grenzen erproben

enviable ['enviəbl̩] *adj* beneidenswert

enviably ['enviəbli] *adv* beneidenswert

envious ['enviəs] *adj* neidisch; ■**to be ~ of sb/sth** auf jdn/etw neidisch sein; **~ person** Neidhammel *m pej fam*

enviously ['enviəsli] *adv* neidisch, neiderfüllt *geh*; **to look ~ at sth** etw voller Neid betrachten

environment [ɪn'vaɪ(ə)rᵊnmənt, AM en'vaɪrᵊn-] *n* ① (*surroundings*) Umgebung *f* ② (*social surroundings*) Milieu *nt*, [soziales] Umfeld, [persönliche] Umgebung; **family ~** familiäre Verhältnisse, Familienverhältnisse *ntpl*; **heredity and ~** Vererbung *f* und Sozialisierung *f*; **home ~** häusliches Milieu, häusliche Verhältnisse; **professional ~** berufliches Umfeld; **working ~** Arbeitsumfeld *nt* ③ *no pl* (*natural surroundings*) ■**the ~** die Umwelt

environmental [ɪnˌvaɪ(ə)rᵊn'mentᵊl, AM enˌvaɪrən'ment̬ᵊl] *adj inv* Umwelt-; **~ damage** Umweltschäden *mpl*; **~ forecasting** [*or* **planning**] Umweltplanung *f*; **~ impact** Einfluss *m* auf die Umwelt; **negative ~ impact** Umweltbelastung *f*; **~ law/pollution** Umweltgesetz *nt*/-verschmutzung *f*; **~ studies** Umweltforschung *f*

environmental health *n* Umwelthygiene *f*, Milieuhygiene *f*

environmental health officer *n* ≈ Beamte(r) *m*/Beamte [*o* -in] *f* des Gewerbeaufsichtsamts

environmentalism [ɪnˌvaɪ(ə)rᵊn'mentᵊlɪzᵊm, AM enˌvaɪrən'ment̬ᵊl-] *n no pl* ① (*protection of environment*) Umweltschutz *m*; (*movement*) Umweltschutzbewegung *f* ② (*conscience*) Umweltbewusstsein *nt*

environmentalist [ɪnˌvaɪ(ə)rᵊn'mentᵊlɪst, AM enˌvaɪrən'ment̬ᵊl-] *n* Umweltschützer(in) *m(f)*

environmentally [ɪnˌvaɪ(ə)rᵊn'mentᵊli, AM enˌvaɪrən'ment̬ᵊli] *adv* **~ damaging** umweltschädlich, umweltbelastend, umweltzerstörend; **~ sound** umweltfreundlich, umweltschonend, umweltverträglich

environmental shares *npl* ECON, FIN Aktien *fpl* auf dem Umweltsektor **environmental stress** *n* Elektrosmog *m*

environment-friendly *adj* umweltfreundlich, umweltverträglich, umweltschonend

environs [ɪn'vaɪ(ə)rᵊnz, AM en'vaɪrᵊnz] *npl* (*form*) Umgebung *f kein pl*, Umland *nt kein pl*

envisage [ɪn'vɪzɪdʒ, en'-, AM en'-, ɪn'] *vt*, **envision** [ɪn'vɪʒᵊn, AM en'-] *vt esp* AM ■**to ~ sth** sich *dat* etw vorstellen; ***it's hard to ~ how it could have happened*** es ist schwer vorstellbar, wie das passieren konnte; ■**to ~ that …** hoffen, dass …; ■**to ~ doing sth** vorhaben [*o geh* gedenken], etw zu tun; ■**to ~ sb doing sth** sich *dat* vorstellen, dass jd etw tut

envoy ['envɔɪ, AM 'ɑ:n-] *n* (*diplomat*) Gesandte(r) *f(m)*; (*authorized representative*) Bevollmächtigte(r) *f(m)*; **government ~** Regierungsgesandte(r) *f(m)*; **special ~** Sonderbeauftragte(r) *f(m)*

envy ['envi] I. *n no pl* ① (*feeling*) Neid *m* (**of** auf +*akk*); **to feel ~ towards sb** auf jdn neidisch sein ② (*enviable person/thing*) ***he's the ~ of the school with his new car*** die ganze Schule beneidet ihn um sein neues Auto ▶ PHRASES: **to be green with ~** grün [*o* blass] vor Neid sein II. *vt* <-ie-> ■**to ~ sb sth** [*or* **sb for sth**] jdn um etw *akk* beneiden, jdm etw neiden *geh*

enzyme ['enzaɪm] *n* Enzym *nt*, Ferment *nt*

EOC [ˌi:əʊ'si:] *n no pl*, + *sing/pl vb abbrev of* **equal opportunities commission** *Behörde, die für die Gleichstellung* (*in Bezug auf Arbeit, Lohn etc.*) *der Frau Sorge trägt*

eon *n* AM *see* **aeon**

EP [ˌi:'pi:] *n* ① *abbrev of* **extended play** EP *f* ② POL *abbrev of* **European Parliament** EP *nt*

EPA [ˌi:pi:'eɪ] *n no pl* AM *abbrev of* **Environmental Protection Agency** *staatliche Organisation zur Bekämpfung von Umweltverschmutzung*

epaulet(te) [ˌepə'let] *n* Epaulette *f*, Schulterstück *nt*

epée ['epeɪ, AM eɪ'peɪ] *n* SPORTS [Fecht]degen *m*

ephemera [ɪ'femᵊrə, AM -ə·ə] *npl* ① (*objects of short-term interest*) vorübergehende Erscheinungen, Eintagsfliegen *fpl fig* ② ZOOL, BOT (*plants*) kurzlebige Pflanzen; (*insects*) Eintagsfliegen *fpl*, Ephemeriden *fpl fachspr*

ephemeral [ɪ'femᵊrᵊl, AM -ə·ᵊl] *adj* ① (*fig: short-lived*) kurzlebig *fig*, vorübergehend ② *inv* ZOOL, BOT kurzlebig, ephemer *fachspr*; **~ insects** Eintagsfliegen *fpl*, Ephemeriden *fpl fachspr*

epic ['epɪk] I. *n* (*poem*) Epos *nt*, Heldengedicht *nt*; (*novel*) Epos *nt*; FILM Filmepos *nt* II. *adj* ① *inv* episch *fachspr*, erzählend; **~ drama** episches Drama; **~ poem** erzählendes Gedicht, Epos *nt*; **~ poet** Epiker(in) *m(f)*; **~ poetry** Epik *f*, erzählende Dichtung ② (*fig: long, difficult and important*) schwierig und abenteuerlich; **~ achievement** Heldentat *f*; **~ journey** abenteuerliche Reise; **~ struggle** heroischer Kampf ③ (*fig: very large*) monumental; **~ proportions** unvorstellbare Ausmaße

epicene ['epɪsi:n] *adj* ① BIOL beiderlei Geschlechts; **~ feature** androgynes Merkmal ② (*fig: sexually indeterminate*) geschlechtslos *fig*

E

epicenter [ˈepɪsenṭɚ] AM, **epicentre** [-təʳ] *n* Epizentrum *nt*

epicure [ˈepɪkjʊəʳ, AM -kjʊr] *n (form, liter)* Gourmet *m geh*, Feinschmecker(in) *m(f)*

epicurean [ˌepɪkjʊəˈriːən, AM -kjʊrˈiː-] I. *adj (form, liter)* epikur[e]isch *geh; meal* superb *geh;* ~ **tastes** Gourmetgeschmack *m* II. *n (form, liter)* Epikureer *m geh*, Genussmensch *m*

epicycle [ˈepɪsaɪkəl, AM ˈepə-] *n* ① MATH Epizykel *m* ② ASTRON *(hist)* Planetenumlaufbahn *f*

epidemic [ˌepɪˈdemɪk, AM -əˈ-] I. *n* Epidemie *f*, Seuche *f;* ~ **of cholera/flu/typhoid** [*or* **cholera/flu/typhoid** ~] Cholera-/Grippe-/Typhusepidemie *f; (fig)* ~ **of unemployment** grassierende Arbeitslosigkeit II. *adj inv* epidemisch, seuchenartig; ~ **disease** Epidemie *f*, Seuche *f;* ~ **proportions** horrende [*o* erschreckende] Ausmaße; **to become** ~ sich *akk* seuchenartig ausbreiten, zu einer Epidemie werden

epidemiological [ˌepɪˌdiːmiəˈlɒdʒɪkəl, AM -əˌdiːmiəˈlɑːdʒ-] *adj inv study* epidemiologisch

epidemiologist [ˌepɪˌdiːmiˈɒlədʒɪst, AM əˌdiːmiˈɑːlə] *n* MED Epidemiologe, -in *m, f fachspr*

epidemiology [ˌepɪˌdiːmiˈɒlədʒi, AM -əˌdiːmiˈɑːl-] *n* Epidemiologie *f*

epidermis <*pl* -mes> [ˌepɪˈdɜːmɪs, AM -əˈdɜːr-, *pl* -miːz] *n (spec)* Oberhaut *f*, Epidermis *f fachspr*

epidural [ˌepɪˈdjʊərəl, AM -əˈdʊr-] *n* Epiduralanästhesie *f fachspr*

epiglottis [ˌepɪˈglɒtɪs, AM -əˈglɑːṭ-] *n* Kehldeckel *m*, Epiglottis *f fachspr*

epigram [ˈepɪgræm, AM -pə-] *n* Epigramm *nt*, Sinngedicht *nt*

epigrammatic [ˌepɪgrəˈmætɪk, AM -pəgrəˈmæṭ-] *adj* ① LIT epigrammatisch *geh* ② *(sharp-witted)* kurz und treffend, scharf pointiert, epigrammatisch *geh;* ~ **humour** scharfsinniger Humor

epigraph [ˈepɪgrɑːf, AM -əgræf] *n* LIT Epigraph *nt geh*, Inschrift *f*

epilepsy [ˈepɪlepsi] *n no pl* Epilepsie *f*

epileptic [ˌepɪˈleptɪk] I. *n* Epileptiker(in) *m(f)* II. *adj inv* ~ **fit** [*or* **seizure**] epileptischer Anfall

epilog [ˈepəlɑːg] AM, **epilogue** [-ɪlɒg] *n* ① LIT Epilog *m*, Nachwort *nt* ② THEAT Epilog *m*, Nachspiel *nt*

epinephrine [ˌepiˈnefriːn, AM ˌepəˈnefrɪn] *n no pl* Adrenalin *nt*, Epinephrin *nt*

epiphany [ɪˈpɪfəni, AM -fəni] *n* ① REL Erscheinung *f;* **to experience an** ~ eine Erscheinung haben ② LIT Auflösung *f*, Aufklärung *f*

Epiphany [ɪˈpɪfəni, AM -fəni] *n* Dreikönigsfest *nt*, Erscheinungsfest *nt*

episcopacy [ɪˈpɪskəpəsi] *n* ① *(Church government)* Episkopat *nt* ② *(bishops)* ■**the** ~ das Episkopat

episcopal [ɪˈpɪskəpəl] *adj inv* episkopal *fachspr*, bischöflich, Bischofs-

Episcopal [ɪˈpɪskəpəl] *adj inv* AM, SCOT **the** ~ **Church** die Episkopalkirche

Episcopalian [ɪˌpɪskəˈpeɪliən] I. *adj inv* AM, SCOT ■**to be** ~ der Episkopalkirche angehören; ~ **priest** Priester *m* der Episkopalkirche; ~ **service** Gottesdienst *m* [*o* Messe *f*] nach der Liturgie der Episkopalkirche II. *n* Mitglied *nt* der Episcopalkirche, Episkopale *m o f*

episcope [ˈepɪskəʊp, AM -əskoʊp] *n* COMPUT Epidiaskop *nt*

episode [ˈepɪsəʊd, AM -əsoʊd] *n* ① *(event)* Ereignis *nt*, Vorfall *m*, Vorkommnis *nt;* **unfortunate** ~ bedauerlicher Vorfall ② *(part of story)* Episode *f*, Folge *f*

episodic [ˌepɪˈsɒdɪk, AM -ˈsɑːd-] *adj* ① *(occasional)* flüchtig, vorübergehend; ~ **love affair** kurze [Liebes]affäre ② LIT, MEDIA *(consisting of episodes)* episodisch, episodenhaft

epistemic [ˌepɪˈstiːmɪk] *adj inv* PHILOS erkenntnisbezogen, epistemisch *fachspr*

epistemological [ɪˌpɪstɪməˈlɒdʒɪkəl, AM -ˈlɑːdʒ-] *adj* PHILOS *(form)* erkenntnistheoretisch, epistemologisch *fachspr*

epistemologically [ɪˌpɪstɪməˈlɒdʒɪkəli, AM -ˈlɑːdʒ-] *adv* PHILOS *(form)* erkenntnistheoretisch, epistemologisch *fachspr*

epistemology [ɪˌpɪstəˈmɒlədʒi, AM -ˈmɑːl-] *n no pl* PHILOS *(form)* Erkenntnistheorie *f*, Epistemologie *f fachspr*

epistle [ɪˈpɪsl] *n* ① *(hum, iron: letter)* Epistel *f hum* ② LIT Epistel *f fachspr*

Epistle [ɪˈpɪsl] *n* ① *(in Bible)* Epistel *f*, Apostelbrief *m;* **St Paul's** ~ **to the Romans** der Brief des Apostels Paulus an die Römer ② *(during sevice)* Epistel *f*, [gottesdienstliche] Lesung

epistolary [ɪˈpɪstəlᵊri, AM -leri] *adj inv* ① *(in letters)* ~ **correspondence** Briefwechsel *m* ② LIT Brief-; ~ **novel** Briefroman *m;* ~ **style** Briefstil *m*

epitaph [ˈepɪtɑːf, AM -ətæf] *n* ① *(inscription)* Grabinschrift *f*, Epitaph *nt geh* ② *(words)* Totengedicht *nt*

epitaxial layer [ˌepɪˈtæksiəl-] *n* COMPUT epitaxiale Schicht

epitaxy [ˈepɪtæksi] *n* COMPUT Epitaxie *f*

epithet [ˈepɪθet] *n* ① LING Epitheton *nt fachspr*, Beiwort *nt*, Attribut *nt* ② *(addition to name)* Beiname *m; (nickname)* Spitzname *m* ③ BIOL Epitheton *nt*

epitome [ɪˈpɪtəmi, AM -ṭ-] *n usu sing* Inbegriff *m*, Verkörperung *f;* **the** ~ **of elegance** die Eleganz selbst [*o* in Person]; **the** ~ **of extravagance** die personifizierte Extravaganz

epitomize [ɪˈpɪtəmaɪz, AM -ṭ-] *vt* ■**to** ~ **sth** *(typify)* etw verkörpern; *(contain)* etw repräsentieren, beispielhaft für etw *akk* stehen; ***he ~s the absent-minded professor*** er ist der typische zerstreute Professor

epoch [ˈiːpɒk, AM ˈepək] *n* Epoche, f; **glacial** ~ Eiszeit *f;* **historical** ~ geschichtlich bedeutsame Epoche; **to move into a new** ~ in ein neues Zeitalter eintreten; **to mark an** ~ ein Wendepunkt [*o* Meilenstein] [in der Geschichte] sein; **to usher in an** ~ eine Epoche einläuten

epochal [ˈiːpɒkəl, AM ˈepək-] *adj* ① *(having to do with an epoch)* Epochen-, der Epoche *nach n* ② *(very important)* epochemachend, epochal *geh;* ~ **event** bahnbrechendes Ereignis

epoch-making *adj discovery* epochal *geh*, epochemachend, revolutionär

eponym [ˈepənɪm] *n* LING Eponym *nt*

eponymous [ɪˈpɒnɪməs, AM ɪˈpɑːnə-] *adj attr, inv* namensgebend

EPOS [ˈiːpɒs, AM pɑːs] *n acr for* **electronic point of sale** *elektronische Kasse*

epoxy [ɪˈpɒksi, AM ɪˈpɑːk-] I. *n no pl* ① *(strong glue)* Kompaktkleber *m*, Epoxydharz *nt* ② CHEM Epoxydgruppe *f* II. *vt* <-ie-> AM ■**to** ~ **sth** etw mit Epoxydharz kleben

epoxy resin *n* ① *no pl (type of strong glue)* Epoxydharz *nt*, EP-Harz *nt* ② CHEM *(synthetic resin)* Kunstharz *nt*, Epoxydharz *nt*

eps, **EPS** *n* ECON, FIN *abbrev of* **earnings per share**

Epsom salts [ˈepsəm,-] *npl* Bittersalz *nt kein pl*

equable [ˈekwəbḷ] *adj temperament* gleichmäßig, ausgeglichen; *climate* gemäßigt; **to have an** ~ **disposition** ausgeglichen sein

equably [ˈekwəbli] *adv* ① *(calmly)* gelassen, gleichmütig ② *(uniformly)* gleichmäßig; **to enforce laws** ~ bei der Anwendung von Gesetzen keine Unterschiede machen

equal [ˈiːkwəl] I. *adj inv* ① *(the same)* gleich; ~ ***pay for*** ~ ***work*** gleiche Bezahlung bei gleicher Arbeit; ~ **in number** zahlenmäßig gleich; **of** ~ **size** gleich groß; **on** ~ **terms** unter gleichen Bedingungen; ~ **in volume** vom Umfang her gleich; ■**to be** ~ **to sth** etw *dat* gleich sein; ***one litre is*** ~ ***to 1.76 imperial pints*** ein Liter entspricht 1,76 ips. ② *(same in amount)* gleich viel; *(same in size)* gleich groß; ***Robert made an*** ~ ***division of the prize money among the winners*** Robert teilte das Preisgeld gleichmäßig unter den Gewinnern auf; **to have** ~ **reason to do sth** gleichermaßen Grund haben, etw zu tun ③ *(equal in status)* gleich[berechtigt]; ***all men are created*** ~ alle Menschen sind gleich; **on** ~ **footing** gleichgestellt; ~ **status for men and women** Gleichstellung *f* von Mann und Frau; ~ **treatment** Gleichbehandlung *f* ④ *pred (able to do)* ■**to be** ~ **to sth** für etw *akk* geeignet [*o* zu etw *dat* fähig] sein; **to be** ~ **to a task** einer Aufgabe gerecht werden [*o* gewachsen sein]; **to prove** ~ **to sth** sich *akk* etw *dat* gewachsen zeigen ▸ PHRASES: **all things being** ~ *(if other factors are the same)* unter ansonsten gleichen Bedingungen; *(if all goes well)* wenn nichts dazwischenkommt II. *n* Gleichgestellte(r) *f(m)*, Ebenbürtige(r) *f(m);* ***he does not consider his brother to be his intellectual*** ~ er glaubt, sein Bruder sei ihm geistig unterlegen; ***she was the*** ~ ***of any opera singer*** sie konnte sich mit jeder Opernsängerin messen; ***this author is without*** ~ dieser Autor sucht seinesgleichen *geh;* **to have no** ~ unübertroffen sein III. *vt* <BRIT -ll- *or* AM *usu* -l-> ① MATH ■**to** ~ **sth** etw ergeben [*o* sein]; ***three plus four*** ~***s seven*** drei plus vier ist gleich [*o fam* macht] sieben ② *(match)* ■**to** ~ **sth** an etw *akk* herankommen, etw *dat* gleichkommen; ***we raised $500 for charity last year and we're hoping to*** ~ ***that this year*** wir haben letztes Jahr 500 $ für wohltätige Zwecke gesammelt und hoffen, dass uns das in diesem Jahr wieder gelingt ③ SPORTS **to** ~ **a world record** einen Weltrekord erreichen

equality [ɪˈkwɒləti, AM -ɑːləṭi] *n no pl* ① *(same rights)* Gleichberechtigung *f;* ~ **between men and women/the sexes** Gleichberechtigung *f* von Mann und Frau/der Geschlechter; ~ **of opportunity** Chancengleichheit *f;* **racial** ~ Rassengleichheit *f* ② *(sameness)* Gleichheit *f*

equalization [ˌiːkwəlaɪˈzeɪʃən, AM -lɪˈ-] *n* Gleichmachung *f;* ~ **of voting rights** gleiches Wahlrecht [für alle]

equalize [ˈiːkwəlaɪz, AM -kwəl-] I. *vt* ■**to** ~ **sth** etw gleichmachen; **to** ~ **incomes/standards** Einkommen/Standards einander angleichen [*o* gleichstellen]; **to** ~ **the pressure/the temperature** den Druck/die Temperatur ausgleichen; ECON, FIN **to** ~ **dividends** Dividenden ausgleichen [*o* angleichen] II. *vi* BRIT, AUS SPORTS ausgleichen, den Ausgleich erzielen

equalizer [ˈiːkwəlaɪzəʳ] *n* BRIT, AUS Ausgleichstor *nt*, Ausgleichstreffer *m;* **to score an** ~ den Ausgleich[streffer] erzielen

equally [ˈiːkwəli] *adv* ebenso; ~ **good** gleich gut; **to contribute** ~ **to sth** gleichermaßen zu etw *dat* beitragen; **to divide** [*or* **share**] **sth** ~ etw gleichmäßig [*o* zu gleichen Teilen] aufteilen

equal opportunities *npl* BRIT, **equal opportunity** AM I. *n* Chancengleichheit *f* II. *n modifier* ~ **employer** *Arbeitgeber, der Chancengleichheit praktiziert* **Equal Opportunities Commission** *n* Kommission *f* für die Gleichberechtigung am Arbeitsplatz **equal opportunities programme** *n* Chancengleichheitsplan *m* **equal rights** *npl* gleiche Rechte, Gleichberechtigung *f;* ~ **before the law** Gleichheit *f* vor dem Gesetz; ~ **under the law** im Gesetz verankerte [*o* gesetzlich verbürgte] Gleichberechtigung **Equal Rights Amendment** *n* AM *US-Verfassungszusatzartikel zur Gleichberechtigung* **equal(s) sign** *n* MATH Gleichheitszeichen *nt*

equanimity [ˌekwəˈnɪməti, AM -ṭi] *n no pl* Gleichmut *m*, Gelassenheit *f;* **to disturb sb's** ~ jdn aus dem Gleichgewicht bringen; **to receive sth with** ~ etw gelassen aufnehmen; **to regain one's** ~ sein [inneres] Gleichgewicht wiedererlangen; **to view sth with** ~ etw *dat* mit Gelassenheit entgegensehen

equate [ɪˈkweɪt] I. *vt* ■**to** ~ **sth with sth** etw mit etw *dat* gleichsetzen II. *vi* ■**to** ~ **to sth** etw *dat* entsprechen

equation [ɪˈkweɪʒən] *n* ① MATH Gleichung *f* ② *(fig: connection, balance)* Ausgleich *m;* ***managing the economy is a complex*** ~ ***of controlling inflation and reducing unemployment*** Wirtschaftspolitik besteht in einem komplizierten Balanceakt zwischen Inflationsbekämpfung und Senkung der Arbeitslosigkeit ▸ PHRASES: **the other side of the** ~ die Kehrseite der Medaille

equator [ɪˈkweɪtəʳ, AM -ṭɚ] *n no pl* Äquator *m;* **to be** [*or* **lie**] **on the** ~ am Äquator liegen

equatorial [ˌekwe'tɔːriəl] *adj inv* äquatorial, Äquatorial-; ~ **Africa** Äquatorialafrika *nt;* ~ **climate** äquatoriales Klima

equerry ['ekwəri, AM -wər-] *n* ① *(royal aide)* Kammerherr *m,* persönlicher Diener; **to be appointed as an ~ to sb** zu jds persönlichem Diener ernannt werden ② *(in charge of horses)* königlicher Stallmeister

equestrian [ɪ'kwestriən] **I.** *adj inv* Reit[er]-; ~ **event[s]** Reitveranstaltung *f;* ~ **statue** Reiterstandbild *nt,* Reiterstatue *f* **II.** *n* Reiter(in) *m(f)*

equestrianism [ɪ'kwestriənɪzᵊm] *n no pl* SPORTS Reitkunst *f*

equidistant [ˌiːkwɪ'dɪstᵊnt] *adj inv* ■ ~ **from sth [and sth]** gleich weit von etw *dat* [und etw *dat*] entfernt; ■ **to be ~ between sth and sth** [in der Mitte] zwischen etw *dat* und etw *dat* liegen

equilateral [ˌiːkwɪ'lætᵊrᵊl, AM -'læţ-] *adj inv* MATH *triangle* gleichseitig

equilibrium [ˌiːkwɪ'lɪbriəm] *n no pl* Gleichgewicht *nt;* **inner** ~ inneres Gleichgewicht; **to lose/maintain one's** ~ *(physical balance)* sein Gleichgewicht verlieren/halten; *(equanimity)* die Ruhe verlieren/bewahren

equine ['ekwaɪn, 'iːk-, AM *esp* 'iːk-] *adj* ① *(having to do with horses)* Pferde-; ~ **disease** Pferdekrankheit *f* ② *(horse-like)* pferdeähnlich; ~ **face** Pferdegesicht *nt pej*

equinoctial [ˌiːkwɪ'nɒkʃᵊl, ˌek-, AM -'nɑːk-] *adj inv (spec)* äquinoktial *fachspr;* ~ **gales** Äquinoktialstürme *mpl fachspr;* ~ **line** Himmelsäquator *m*

equinox <*pl* -es> ['iːkwɪnɒks, 'ek-, AM -nɑːks] *n* Äquinoktium *nt fachspr,* Tagundnachtgleiche *f kein pl;* **autumn/spring** [*or* **vernal**] ~ Herbst-/Frühjahrs-Tagundnachtgleiche *f*

equip <-pp-> [ɪ'kwɪp] *vt* ① *(provide with)* ■ **to ~ sb/sth with sth** jdn/etw mit etw *dat* ausstatten; *with special equipment* jdn/etw mit etw *dat* ausrüsten; ■ **to ~ oneself with sth** sich *akk* mit etw *dat* ausrüsten ② *(fig: prepare)* ■ **to ~ sb for sth** jdn für etw *akk* rüsten, jdm das [geistige] Rüstzeug für etw *akk* geben; **to ~ sb with skills** jdm Fähigkeiten vermitteln

equipage ['ekwɪpɪdʒ] *n* ① *no pl (old: equipment)* Ausrüstung *f,* Equipierung *f veraltet* ② HIST *(carriage)* Equipage *f*

equipment [ɪ'kwɪpmənt] *n no pl* ① *(supplies)* Ausrüstung *f,* Ausstattung *f;* **camping** ~ Campingausrüstung *f;* **first-aid** ~ Erste-Hilfe-Ausrüstung *f;* **household** ~ Hausrat *m;* **office** ~ Büroausstattung *f* ② *(form: act of equipping)* Ausstattung *f,* Ausrüstung *f*

equipped [ɪ'kwɪpt] *adj* ① *(fitted out with equipment)* ausgestattet; *(with special equipment)* ausgerüstet; **to be ~ with sth** über etw *akk* verfügen; **well-/poorly-~** gut/schlecht ausgestattet [*o* ausgerüstet] ② *(fig: prepared)* ■ **to be ~ to do sth** auf etw *akk* vorbereitet sein, für etw *akk* gerüstet sein; **to be well-~** gut vorbereitet sein; ***she's well-~ for this job*** sie bringt gute Voraussetzungen für diesen Job mit

equitable ['ekwɪtəbl̩, AM -ţ-] *adj treatment* gerecht, fair; ~ **jurisdiction** Billigkeitsgerichtsbarkeit *f;* ~ **lien** Sicherungspfandrecht *nt;* ~ **mortgage** auf Equityrecht beruhende Hypothek, formlose Hypothek

equitably ['ekwɪtəbli, AM -ţ-] *adv* gerecht, fair

equity¹ ['ekwɪti, AM -ţ-] *n* STOCKEX ① FIN ■ **equities** *pl (stocks, shares)* Stammaktien *fpl,* Dividendenpapiere *ntpl;* **equities market** Aktienmarkt *m;* **equities trade** Aktienhandel *m;* ~ **of redemtion** Tilgungsrecht [*o* Auslösungsrecht] *nt* des Hypothekenschuldners ② *no pl (block of stock)* Anteilskapital *nt; (value of stock)* Eigenkapital *nt* ③ *(right to receive dividends)* Dividendenanspruch *m*

equity² ['ekwɪti, AM -ţ-] *n no pl (form)* ① *(fairness, justice)* Gerechtigkeit *f,* Fairness *f* ② LAW Billigkeitsrecht *nt,* billiges [*o* natürliches] Recht ③ *(neutrality)* Unparteilichkeit *f*

equity accounting *n* ECON Bilanzierung *f* von Beteiligungen nach der Equitymethode **equity capital** *n no pl* STOCKEX Eigenkapital *nt,* Beteiligungskapital *nt* **equity earnings** *n* ECON Beteiligungskapital *nt* **equity finance** *n* ECON Aktienfinanzierung *f* **equity fund** *n* ECON Beteiligungsfonds *m* **equity gearing** *n* ECON Verhältnis *nt* zwischen Fremd- und Eigenkapital, Verschuldungsgrad *m* **equity kicker** *n* AM ECON Attraktivermachen *nt* einer Wertpapieremission **equity share** *n* BRIT STOCKEX Stammaktie *f* **equity sweetener** *n* ECON Attraktivermachen *nt* einer Wertpapieremission

equivalence [ɪ'kwɪvᵊlən(t)s] *n no pl (correspondence)* Entsprechung *f; (equivalent meaning)* Äquivalenz *f,* Bedeutungsgleichheit *f;* ***there's a general ~ between the two concepts*** die beiden Konzepte stimmen im Großen und Ganzen überein

equivalent [ɪ'kwɪvᵊlənt] **I.** *adj inv* äquivalent *geh,* entsprechend; ■ **to be ~ to sth** etw *dat* entsprechen; ***is $50 ~ to about £30?*** sind 50 $ ungefähr soviel wie 30£?; ■ **to be ~ to doing sth** genauso sein, als ob man etw tun würde; ***this is ~ to writing ...*** genauso gut könnte man schreiben, ... **II.** *n* Äquivalent *nt geh* (**for/of** für +*akk*), Entsprechung *f;* ***there is no English ~ for 'bon appetit'*** im Englischen gibt es keinen entsprechenden Ausdruck für ‚bon appetit'

equivocal [ɪ'kwɪvəkᵊl] *adj* ① *(ambiguous)* zweideutig, doppeldeutig; ~ **meaning** unklare Bedeutung ② *(questionable)* fragwürdig, zweifelhaft; **to place sb in an ~ position** jdn in ein zweifelhaftes Licht rücken

equivocally [ɪ'kwɪvəkᵊli] *adv* in zweideutiger Weise, unklar

equivocate [ɪ'kwɪvəkeɪt] *vi (form)* doppeldeutige Aussagen machen, ausweichen

equivocation [ɪˌkwɪvə'keɪʃᵊn] *n no pl* Ausflucht *f,* doppeldeutige Aussage; ■ **without** ~ ohne Ausflüchte

ER [ˌiː'ɑːʳ, AM -'ɑːr] *n* ① *abbrev of* **Elizabeth Regina** ER ② *abbrev of* **emergency room**

er [ɜːʳ, AM ɜːr] *interj (fam)* äh[m] *fam*

era ['ɪərə, AM 'ɪrə, 'erə] *n* Ära *f,* Epoche *f;* **Communist ~** Ära *f* [*o* Zeitalter *nt*] des Kommunismus; **bygone ~** vergangene Zeit; **post-war ~** Nachkriegszeit *f;* **to usher in an ~** eine neue Zeit [*o* Ära] einläuten

ERA [ˌiːɑː'reɪ] *n* AM POL *abbrev of* **Equal Rights Amendment**

eradicate [ɪ'rædɪkeɪt] *vt* ■ **to ~ sth** etw ausrotten [*o* ausmerzen]; **to ~ a disease** eine Krankheit ausrotten; **to ~ a tree** einen Baum entwurzeln [*o* ausreißen]

eradication [ɪˌrædɪ'keɪʃᵊn] *n no pl* Ausrottung *f*

erase [ɪ'reɪz, AM -eɪs] *vt* ■ **to ~ sth** ① *(remove completely)* etw entfernen; **to ~ a deficit/gains/losses** ein Defizit/Gewinne/Verluste ausgleichen; **to ~ a file** eine Datei löschen; **to ~ sb's memories** jds Erinnerungen auslöschen ② *(rub out) letter, mark, word* etw ausradieren; **to ~ the blackboard** AM die Tafel wischen

erase character *n* COMPUT Nullzeichen *nt*

eraser [ɪ'reɪzəʳ, AM -sər] *n esp* AM *(rubber)* Radiergummi *m,* Radierer *m fam; (sponge)* [Tafel]schwamm *m;* ~ **tool** COMPUT Radierer; *see also* **rubber**

erasure [ɪ'reɪʒəʳ, AM -ʃər] *n esp* AM Löschung *f*

ERDF [ˌiːɑːdiː'ef, AM -ɑːr-] *n* ECON, FIN *abbrev of* **European Regional Development Fund** EFRE *m*

ere [eəʳ, AM er] **I.** *prep (old liter)* ehe, bevor; ~ **now** bisher; ~ **long** binnen kurzem **II.** *conj (old liter)* ehe, bevor

erect [ɪ'rekt] **I.** *adj* ① *(upright)* aufrecht, gerade; ~ **carriage** aufrechter Gang; **to stand ~** gerade stehen; MIL strammstehen ② ANAT erigiert *geh;* ~ **penis** erigierter Penis, steifes Glied **II.** *vt* ■ **to ~ sth** ① *(build, construct)* etw errichten [*o* erbauen] ② *(put up)* etw aufstellen [*o* aufrichten]

erectile [ɪ'rektaɪl, AM -təl] *adj* ANAT schwellfähig, erektil *fachspr;* ~ **tissue** Schwellkörper *m*

erection [ɪ'rekʃᵊn] *n* ① *no pl (construction)* Errichtung *f,* Bau *m* ② *(usu hum: building)* Bauwerk *nt; (other than building)* Konstruktion *f* ③ *(erect penis)* Erektion *f*

erg [ɜːg, AM ɜːrg] *n* PHYS Erg *nt*

ergo ['ɜːgəʊ, AM 'ergoʊ] *adv inv (form)* also, ergo *geh*

ergonomic [ˌɜːgə'nɒmɪk, AM ˌɜːrgə'nɑːm-] *adj* ergonomisch

ergonomically [ˌɜːgə'nɒmɪkli, AM ˌɜːrgə'nɑːm-] *adv* ergonomisch

ergonomics [ˌɜːgə'nɒmɪks, AM ˌɜːrgə'nɑːm-] *n no pl* ① + *sing vb (science)* Arbeitswissenschaft *f,* Ergonomie *f* ② *(design)* ergonomische Gestaltung, Ergonomie *f*

Erin ['erɪn] *n no pl (poet or old)* Irland *nt*

ERM [ˌiːɑːʳ'em, AM -ɑːr'-] *n no pl* EU *abbrev of* **Exchange Rate Mechanism**

ermine ['ɜːmɪn, AM 'ɜːr-] *n* ① *(type of stoat)* Hermelin *nt* ② *no pl (fur)* Hermelin *m*

erode [ɪ'rəʊd, AM ɪ'roʊd] **I.** *vt* ■ **to ~ sth** ① GEOL etw auswaschen [*o fachspr* erodieren] ② CHEM etw zerfressen ③ *(fig: undermine)* **to ~ sb's confidence** jds Vertrauen untergraben **II.** *vi* ① GEOL erodieren; *soil* abtragen ② *(fig: disappear) belief* abnehmen, [dahin]schwinden

◆**erode away** *vi* GEOL sich *akk* auflösen, zerfallen, verwittern

erogenous [ɪ'rɒdʒɪnəs, AM ɪ'rɑːdʒ-] *adj* erogen; ~ **zone** erogene Zone

erosion [ɪ'rəʊʒᵊn, AM ɪ'roʊ-] *n no pl* ① GEOL Erosion *f,* Abtragung *f;* **soil/wind ~** Boden-/Winderosion *f;* ~ **by water** Auswaschung *f* ② *(fig: dwindling)* [Dahin]schwinden *nt;* ~ **of confidence** Vertrauensverlust *m;* ~ **of the purchasing power** Schwinden *nt* [*o* Abnahme *f*] der Kaufkraft

erosive [ɪ'rəʊsɪv, AM 'roʊ] *adj* abtragend, erosiv; *(fig)* untergrabend, auflösend

erotic [ɪ'rɒtɪk, AM ɪ'rɑːţ-] *adj* erotisch; ~ **film** Erotikfilm *m*

erotica [ɪ'rɒtɪkə, AM ɪ'rɑːţ-] *n no pl (form)* Erotika *pl*

erotically [ɪ'rɒtɪkᵊli, AM ɪ'rɑːţ-] *adv* erotisch; ***she licked her lips ~*** sie leckte sich aufreizend die Lippen

eroticism [ɪ'rɒtɪsɪzᵊm, AM ɪ'rɑːţ-] *n no pl* Eroti[zi]smus *m*

eroticize [ɪ'rɒtɪsaɪz, AM ɪ'rɑːţə-] *vt* ■ **to ~ sth** etw erotisieren

err [ɜːʳ, AM ɜːr] *vi (form)* einen Fehler machen, sich *akk* irren; **to ~ on the side of sth** sich *akk* zugunsten einer S. *gen* irren; **to ~ on the side of caution** übervorsichtig sein; ***I decided to ~ on the side of caution and make twenty copies*** ich habe mir gedacht, lieber zu viel als zu wenig, und deshalb gleich zwanzig Kopien gemacht ▶ PHRASES: **to ~ is human** *(prov)* Irren ist menschlich *prov;* **to ~ is human to forgive divine** *(prov)* Irren ist menschlich, Vergeben göttlich

errand ['erənd] *n* ① *(short journey to perform a task)* Besorgung *f; (to deliver message)* Botengang *m;* **to go on an ~** etw erledigen; **to go on ~s** Besorgungen machen; **to have an ~ to run** *(for oneself)* etw erledigen müssen; *(for somebody else)* einen Auftrag ausführen [*o* einen Botengang machen] müssen; **to have some ~s to run** [*or* **do**] Besorgungen machen müssen; **to run** [*or* **do**] **an ~** etwas erledigen ② *(act of bringing help)* ~ **of mercy** Rettungsaktion *f;* **to go on an ~ of mercy for sb** jdm zu Hilfe kommen

errand boy *n (dated)* Laufbursche *m veraltend o pej,* Botenjunge *m*

errant ['erənt] *adj attr, inv (form)* ① *(travelling)* umherziehend; *see also* **knight-errant** ② *(stray)* irrend; *sheep* verirrt; *(fig)* sündig ③ *(hum, iron: unfaithful) husband, wife* treulos, auf Abwegen *nach n hum*

errata [er'ɑːtə, AM -ţ-] *n pl of* **erratum**

erratic [er'ætɪk, AM -ţ-] *adj* ① *(inconsistent, unsteady)* sprunghaft, launenhaft, unberechenbar ② *(wandering)* [umher]wandernd ③ *(irregular)* unregelmäßig, ungleichmäßig; MED unregelmäßig auftretend, erratisch *fachspr;* ~ **pulse** unregelmäßiger Puls ④ GEOL erratisch *fachspr*

erratically [er'ætɪkᵊli, AM -ţ-] *adv* ① *(inconsistent-*

ly) unberechenbar, launenhaft ❷ (*aimlessly*) **to drive** ~ ziellos herumfahren ❸ (*irregularly*) unregelmäßig, ungleichmäßig; ***the machine is working*** ~ die Maschine läuft ungleichmäßig; **to play** ~ unkonzentriert spielen
erratum <*pl* -ta> [erˈɑːtəm, ɪrˈ-, *pl* -tə, AM -t̬əm, *pl* -t̬ə] *n* (*spec form*) Druckfehler *m*
erratum slip *n* (*spec*) Druckfehlerverzeichnis *nt*
erring [ˈɜːrɪŋ] *adj attr, inv* irrend, fehlend *veraltet*
erroneous [ɪˈrəʊniəs, AM əˈroʊ-, ɪˈroʊ-] *adj* falsch, irrig; ~ **assumption** irrige Annahme; ~ **conclusion** Fehlschluss *m;* **to prove to be** ~ sich *akk* als falsch erweisen
erroneously [ɪˈrəʊniəsli, AM əˈroʊ-, ɪˈroʊ-] *adv* fälschlicherweise, irrtümlich, aus Versehen
error [ˈerəʳ, AM -ɚ] *n* ❶ (*mistake*) Fehler *m,* Irrtum *m;* ~ **of judgment** Fehleinschätzung *f,* Fehlurteil *nt;* **to do sth in** ~ etw aus Versehen [*o* versehentlich] tun ❷ (*failure*) **human** ~ menschliches Versagen ❸ AM SPORTS Fehlpass *m* ▸ PHRASES: **to see the** ~ **of one's ways** sich *dat* seine eigenen Fehler eingestehen, seine Fehler einsehen; **to show sb the** ~ **of his/her ways** jdn auf seine Fehler hinweisen
error message *n* COMPUT Fehlermeldung *f* **error-prone** *adj* fehleranfällig **error rate** *n* Fehlerquote *f,* Fehlerrate *f*
ersatz [ˈɜːsæts, AM ˈerzɑːts] *adj inv* (*pej*) Ersatz-; ~ **chocolate** Diätschokolade *f,* fettarme Schokolade; ~ **coffee** Kaffeeersatz *m,* Malzkaffee *m;* ~ **sugar** Süßstoff *m*
Erse [ɜːs, AM ɜːrs] *n no pl* Gälisch *nt*
erstwhile [ˈɜːst(h)waɪl, AM ˈɜːrs-] *adj attr, inv* (*dated form*) ehemalige(r,s), frühere(r,s)
erudite [ˈerʊdaɪt, AM *esp* -jə-] *adj* gebildet, gelehrt, belesen; *book* gelehrt
erudition [ˌerʊˈdɪʃᵊn, AM -juːˈ-] *n no pl* Bildung *f,* Gelehrsamkeit *f geh*
erupt [ɪˈrʌpt] *vi* ❶ (*burst out*) *volcano, quarrel* ausbrechen; *person* explodieren *fig;* **to** ~ **with anger** einen Wutanfall bekommen; **to** ~ **into violence** gewalttätig werden ❷ (*appear suddenly*) plötzlich auftauchen [*o* zum Vorschein kommen] ❸ (*spec*) MED *teeth* durchbrechen; *rash* ausbrechen; ***her back*** ~***ed in small red spots*** überall auf ihrem Rücken bildeten sich plötzlich kleine rote Flecken
eruption [ɪˈrʌpʃᵊn] *n* (*also fig*) Ausbruch *m a. fig,* Eruption *f;* MED [Haut]ausschlag *m;* **volcanic** ~ Vulkanausbruch *m*
erysipelas [ˌerɪˈsɪpᵊləs] *n no pl* MED [Wund]rose *f,* Erysipel *nt fachspr*
ESC [ˌiːesˈsiː] *n abbrev of* **Economic and Social Committee** WSA *m*
escalate [ˈeskəleɪt] **I.** *vi* eskalieren, sich *akk* ausweiten; *incidents* stark zunehmen, sich *akk* häufen; ***their disagreement has*** ~***d into a major feud*** ihre Meinungsverschiedenheit hat sich zu einem handfesten Streit ausgewachsen **II.** *vt* ■**to** ~ **sth** etw ausweiten
escalating [ˈeskəleɪtɪŋ, AM -t̬-] *adj attr prices* steigend, zunehmend
escalation [ˌeskəˈleɪʃᵊn] *n* Eskalation *f,* Steigerung *f;* ~ **of violent crime** Zunahme *f* der Gewaltverbrechen; ~ **of fighting** Ausweitung *f* der Kämpfe; ~ **of prices** Preisanstieg *m;* ~ **in tension** Verschärfung *f* der Spannung; ~ **of violent crime** Zunahme *f* der Gewaltverbrechen
escalator [ˈeskəleɪtəʳ, AM -t̬ɚ] *n* ❶ (*moving stairs*) Rolltreppe *f;* **the down/up** ~ die Rolltreppe nach unten/oben ❷ LAW ~ [**clause**] Gleitklausel *f;* **under the** ~ **clause** gemäß der Gleitklausel
escalope [ˈeskəlɒp, AM ˌeskəˈloʊp] *n* Schnitzel *nt*
escapade [ˌeskəˈpeɪd] *n* Eskapade *f*
escape [ɪˈskeɪp, esˈ-] **I.** *vi* ❶ (*get free, flee*) [ent]fliehen, entkommen; ■**to** ~ **from sb** jdm entkommen ❷ COMPUT **to** ~ **from a program** ein Programm verlassen ▸ PHRASES: **to** ~ **with one's life** mit dem Leben davonkommen **II.** *vt* ❶ (*avoid*) ■**to** ~ **sth** etw *dat* entkommen; ***we won't*** ~ ***paying the local rate*** wir werden nicht darum herumkommen, die Gemeindesteuer zu zahlen; ***there's no escaping death and taxes*** am Tod und an den Steuern kommt keiner vorbei; ***there's no escaping the fact that …*** eines ist sicher – … ❷ (*not be observed or remembered*) ■**to** ~ **sth** etw *dat* entgehen; ***I'm afraid your name*** ~***s me*** ich fürchte, ich habe Ihren Namen vergessen; **to** ~ **sb's attention** [*or* **notice**] jds Aufmerksamkeit entgehen ❸ (*be emitted*) ■**to** ~ **sb** jdm entfahren [*o* entschlüpfen]; ***a cry*** ~***d him*** ihm entfuhr ein Schrei **III.** *n* ❶ (*act of escaping*) Flucht *f;* ~ **from a prison** Ausbruch *m* aus einem Gefängnis; **to make [good] one's** ~ **from sth** aus etw *dat* [ent]fliehen [*o* ausbrechen] ❷ (*avoidance*) Entkommen *nt,* Entrinnen *nt;* **to have a narrow** ~ gerade noch einmal davongekommen sein; ***what a hair's-breadth*** ~***!*** das ist ja gerade noch mal gut gegangen! ❸ (*leakage*) Austreten *nt,* Entweichen *nt;* (*of gas, smoke*) Ausströmen *nt* ❹ LAW ~ **clause** Rücktrittsklausel *f* ❺ COMPUT ~ **character** ESC-Zeichen *nt,* Codeumschaltung *f;* ~ **codes** ESC-Codes *pl;* ~ **key** ESC-Taste *f,* Codeumschaltungstaste *f* ▸ PHRASES: **there's no** ~ daran führt kein Weg vorbei
escape artist *n* Entfesselungskünstler(in) *m(f)*
escapee [ɪˌskeɪˈpiː, eˌs-] *n* Flüchtling *m,* Entflohene(r) *f(m)*
escape hatch *n* NAUT Notluke *f,* Notausstieg *m* **escape key** *n* COMPUT Escape-Taste *f*
escapement [ɪˈskeɪpmənt] *n* COMPUT Schrittschaltung *f; of clock* Hemmung *f,* Hemmechanismus *m*
escape route *n* Fluchtweg *m* **escape velocity** *n no pl* AEROSP Fluchtgeschwindigkeit *f,* Entweichgeschwindigkeit *f*
escapism [ɪˈskeɪpɪzᵊm, esˈ-] *n no pl* (*pej*) Realitätsflucht *f pej,* Eskapismus *m geh o fachspr*
escapist [ɪˈskeɪpɪst, esˈ-] **I.** *n* (*pej*) Eskapist(in) *m(f) geh o fachspr* **II.** *adj* (*pej*) eskapistisch *geh o fachspr;* ~ **literature** *unrealistische, eine Fantasiewelt vorgaukelnde Literatur*
escapologist [ˌeskəˈpɒlədʒɪst, AM -ˈpɑːl-] *n* Entfesselungskünstler(in) *m(f)*
escapology [ˌeskəˈpɒlədʒi, AM -ˈpɑːl-] *n no pl* Entfesselungskunst *f*
escarpment [ɪˈskɑːpmənt, esˈ-, AM esˈkɑːrp-] *n* Steilhang *m,* Böschung *f*
eschatological [ˌeskətəˈlɒdʒɪkᵊl, AM -t̬əˈlɑːdʒ-] *adj* REL eschatologisch *fachspr;* ~ **questions** Endzeitfragen *fpl*
eschatologically [ˌeskətəˈlɒdʒɪkᵊli, AM -t̬əˈlɑːdʒ-] *adv* REL eschatologisch *fachspr*
eschatology [ˌeskəˈtɒlədʒi, AM -ˈtɑːl-] *n no pl* REL Eschatologie *f fachspr*
eschew [ɪsˈtʃuː, esˈ-, AM *esp* esˈ-] *vt* (*form*) ■**to** ~ **sth** ❶ (*renounce*) auf etw *akk* verzichten ❷ (*deliberately avoid*) etw [ver]meiden, sich *akk* von etw *dat* fernhalten
escort I. *vt* [ɪˈskɔːt, esˈ-, AM esˈkɔːrt, ɪsˈ-] ■**to** ~ **sb** jdn eskortieren [*o geh* geleiten]; MIL, NAUT jdm Geleitschutz geben; **to** ~ **sb to safety** jdn in Sicherheit bringen **II.** *n* [ˈeskɔːt, AM -kɔːrt] ❶ (*official companion*) [offizieller] Begleiter/[offizielle] Begleiterin, Begleitung *f* ❷ *no pl* (*guard*) Eskorte *f,* Begleitschutz *m;* **police** ~ Polizeieskorte *f;* **under police** ~ unter Polizeischutz; **under the** ~ **of sb** in Begleitung von, begleitet von; ***the ambassador attended the reception under the*** ~ ***of diplomats from the host country*** der Botschafter kam zum Empfang begleitet von Diplomaten des Gastgeberlandes ❸ (*companion for the evening*) Begleitung *f* ❹ (*paid social companion*) Begleiter(in) *m(f);* (*paid female companion*) Hostess *f*
escort agency *n,* **escort service** *n* Begleitservice *m,* Hostessenagentur *f* **escort duty** *n* Geleitdienst *m;* **to be on** ~ als Geleitschutz eingesetzt sein
escrow [ˈeskrəʊ, AM -roʊ] *n no pl* ❶ FIN ~ [**account**] Treuhandkonto *nt,* Anderkonto *nt fachspr;* ***the money was placed in*** ~ das Geld lag auf einem Treuhandkonto; ~ **agreement** Treuhandvertrag *m* ❷ (*deed*) treuhänderisch hinterlegte Vertragsurkunde
escrow account *n* FIN Anderkonto *nt* **escrow agreement** *n* ECON Treuhandvertrag *m*
escutcheon [ɪˈskʌtʃᵊn] *n* (*old*) Wappen *nt;* **family** ~ Familienwappen *nt* ▸ PHRASES: **to be a blot on sb's** ~ ein Fleck auf jds weißer Weste sein
ESDI *n* COMPUT *abbrev of* **enhanced small device interface** erweiterte Kleingerätschnittstelle
Eskimo <*pl* -s *or* -> [ˈeskɪməʊ, AM -kəmoʊ] *n* ❶ (*people*) Eskimo, Eskimofrau *m, f* ❷ *no pl* (*language*) Eskimosprache *f; see also* **Inuit**
ESL [ˌiːesˈel] *n no pl abbrev of* **English as a Second Language** Englisch als Zweitsprache
ESN [ˌiːesˈen] *adj* (*dated*) *abbrev of* **educationally subnormal** lernbehindert
ESOP [ˈiːsɒp, AM -sɑːp] *n* ECON, FIN *abbrev of* **employee share ownership plan** Belegschaftsaktienfonds *m*
esophagus *n* AM ANAT *see* **oesophagus**
esoteric [ˌesə(ʊ)ˈterɪk, AM ˌesəˈ-] *adj* esoterisch *geh;* ~ **taste** (*fig, hum*) exotischer Geschmack
ESP [ˌiːesˈpiː] *n no pl abbrev of* **extrasensory perception**
esp *adv abbrev of* **especially** bes.
espadrille [ˈespədrɪl] *n* Espadrille *f*
especial [ɪˈspeʃᵊl, esˈ-] *adj attr* (*form*) besondere(r,s); ~ **difficulties** spezielle Probleme
especially [ɪˈspeʃᵊli, esˈ-] *adv* ❶ (*particularly*) besonders; ***I chose this*** ~ ***for your new house*** ich habe das extra für Ihr neues Haus ausgesucht; ***I'm*** ~ ***pleased to meet you*** ich freue mich ganz besonders, Sie kennen zu lernen ❷ (*in particular*) vor allem, hauptsächlich
Esperanto [ˌespᵊrˈæntəʊ, AM -pəˈræntoʊ] *n no pl* Esperanto *nt*
espionage [ˈespiənɑːʒ] *n no pl* Spionage *f;* **industrial** ~ Industriespionage *f*
esplanade [ˌespləˈneɪd, -nɑːd, AM ˈesplənɑːd, -neɪd] *n* (*dated*) Strandpromenade *f,* Esplanade *f geh*
espousal [ɪˈspaʊzᵊl, esˈ-] *n no pl* (*form*) Parteinahme *f,* Eintreten *nt* (**of** für +*akk*)
espouse [ɪˈspaʊz, esˈ-] *vt* ❶ (*form: adopt*) ■**to** ~ **sth** für etw *akk* Partei ergreifen [*o* eintreten], sich *akk* für etw *akk* einsetzen ❷ (*dated: betroth*) ■**to** ~ **sb** jdn ehelichen; ■**to** ~ **sb to sb** jdn mit jdm vermählen *geh;* ■**to** ~ **oneself to sb** sich *akk* mit jdm verloben
espresso [esˈpresəʊ, AM -soʊ] *n* ❶ *no pl* (*strong coffee*) Espresso *m* ❷ (*cup of coffee*) Espresso *m kein pl* ❸ (*coffee machine*) Espressomaschine *f*
esprit de corps [esˌpriːdəˈkɔːʳ, AM -ˈkɔːr] *n no pl* Teamgeist *m;* MIL Korpsgeist *m*
espy <-ie-> [ɪˈspaɪ, esˈ-] *vt* (*dated form*) ■**to** ~ **sb/sth** jdn/etw erspähen [*o* entdecken]
Esq *n abbrev of* **Esquire**
Esquire [ɪˈskwaɪəʳ, esˈ-, AM esˈkwaɪɚ, ɪˈs-] *n* ❶ BRIT (*dated: title of courtesy*) **Richard Smith, Esq.** Herrn Richard Smith ❷ AM LAW (*dated: for lawyers*) ***address it to my lawyer, Steven A. Neil, Esq*** adressieren Sie ihn an meinen Anwalt, Herrn Rechtsanwalt Steven A. Neil
essay¹ [ˈeseɪ] *n* Essay *m o nt* (**on** über +*akk*)
essay² [esˈeɪ] *vt* (*dated*) ■**to** ~ **sth** etw versuchen [*o* ausprobieren]
essayist [ˈeseɪɪst] *n* Essayist(in) *m(f)*
essence¹ [ˈesᵊn(t)s] *n no pl* ❶ PHILOS Essenz *f geh,* Wesen *nt,* Substanz *f* ❷ (*gist*) Wesentliche(s) *nt,* Quintessenz *f geh;* **the** ~ **of the problem** der Kern des Problems; **to be of the** ~ ausschlaggebend [*o* von entscheidender Bedeutung] sein; ***time is of the*** ~ ***here*** die Zeit ist hier entscheidend; **in** ~ im Wesentlichen ❸ (*epitome*) **the [very]** ~ **of stupidity** der Inbegriff der Dummheit
essence² [ˈesᵊn(t)s] *n* ❶ (*fragrance*) Essenz *f,* Duftstoff *m;* (*concentrated*) Konzentrat *nt;* (*extract*) Auszug *m,* Extrakt *m;* ~ **of violets** Veilchenextrakt *m* ❷ (*in food*) Aroma *nt*
essential [ɪˈsen(t)ʃᵊl] **I.** *adj* ❶ (*indispensable*) unbedingt erforderlich, unentbehrlich, unverzichtbar; ***it is*** ~ ***to record the data accurately*** eine genaue Aufzeichnung der Daten ist unabdingbar; ~ **vitamins** lebensnotwendige [*o* lebenswichtige] [*o fachspr* essenzielle] Vitamine; ■**to be** ~ **to** [*or* **for**] **sb/sth** für jdn/etw von größter Wichtigkeit sein; ***it***

is ~ *[that] our prices remain competitive* unsere Preise müssen unbedingt wettbewerbsfähig bleiben ② *(fundamental)* essenziell; *element* wesentlich; *difference* grundlegend; ~ **component** Grundbestandteil *m;* ~ **subject** zentrales Thema **II.** *n usu pl* ■**the** ~**s** *pl* die Grundlagen, das Wesentliche *kein pl,* die wichtigsten Punkte; ***I regard my car as an*** ~ mein Auto ist für mich absolut unverzichtbar; **the** ~**s of Spanish** die Grundzüge des Spanischen; **the bare** ~**s** das [Aller]nötigste; **to be reduced to its** ~**s** auf das Wesentliche reduziert werden

essentialist [ɪˈsen(t)ʃəlɪst] *adj* essenziell, wesentlich; **an** ~ **movement** eine bahnbrechende Bewegung

essentially [ɪˈsen(t)ʃəli] *adv inv* ① *(basically)* im Grunde [genommen] [*o* Prinzip] [*o* Wesentlichen]; **to be** ~ **correct** im Großen und Ganzen richtig sein ② *(mainly)* hauptsächlich, in erster Linie; ~ ***I need to know ...*** ich muss vor allem wissen, ...

essential oil *n* Duftöl *nt,* ätherisches Öl **essential services** *npl* Grundversorgung *f kein pl (mit Wasser, Gas und Strom)*

est *adj abbrev of* **estimated**

Est *adj abbrev of* **established** gegr.

establish [ɪˈstæblɪʃ, esˈ-] **I.** *vt* ① *(found, set up)* ■**to** ~ **sth** etw gründen; **to** ~ **an account** ein Konto eröffnen; **to** ~ **a beachhead** einen Brückenkopf errichten; **to** ~ **a commission** eine Kommission bilden; **to** ~ **a dictatorship** eine Diktatur errichten; **to** ~ **a home/a household** ein Heim/einen Haushalt gründen; **to** ~ **a new home** sich *dat* ein neues Zuhause einrichten; **to** ~ **a hospital** ein Krankenhaus errichten; **to** ~ **a rule/theory** eine Regel/Theorie aufstellen; **to** ~ **oneself in business** sich *akk* geschäftlich durchsetzen [*o* etablieren] ② *(begin)* ■**to** ~ **sth** etw einführen; **to** ~ **contact with sb** mit jdm Kontakt [*o* Fühlung] aufnehmen; **to** ~ **relations** Verbindungen herstellen; **to** ~ **a relationship with sb** eine Beziehung zu jdm aufbauen; **to** ~ **the rule of law** Recht und Ordnung herstellen; **to** ~ **ties** Kontakte knüpfen ③ *(set)* ■**to** ~ **sth** etw schaffen [*o* herstellen]; ***we have*** ~***ed parity with wages in other companies*** wir haben im Lohnniveau mit anderen Firmen gleichgezogen; **to** ~ **a criterion** ein Kriterium festlegen; **to** ~ **a norm** eine Norm definieren; **to** ~ **a policy** eine politische Linie einschlagen; **to** ~ **a precedent** einen Präzedenzfall schaffen; **to** ~ **priorities** Prioritäten setzen; ~ **a quota** eine Quote festlegen; **to** ~ **a standard/terminology** einen Maßstab/eine Terminologie festlegen; **to** ~ **a world record** einen Weltrekord aufstellen ④ *(secure, make firm)* ■**to** ~ **sth** etw durchsetzen; **to** ~ **one's authority over sb** [*or* **supremacy**] sich *dat* Autorität gegenüber jdm verschaffen; **to** ~ **a monopoly** ein Monopol errichten; **to** ~ **order** für Ordnung sorgen; **to** ~ **one's reputation as a sth** sich *dat* einen Namen als etw machen; **to** ~ **one's rights** seine Rechte geltend machen ⑤ *(demonstrate)* ■**to** ~ **sth** etw zeigen [*o* demonstrieren]; **to** ~ **one's superiority to sb/sth** sich *akk* jdm/etw gegenüber als überlegen erweisen; ■**to** ~ **sb/oneself as sth** ***her latest book has*** ~***ed her as one of our leading novelists*** ihr jüngstes Buch zeigt, dass sie eine unserer führenden Romanautorinnen ist; ***he's*** ~***ed himself as a dependable source of information*** er hat sich als verlässliche Informationsquelle erwiesen ⑥ *(prove)* ■**to** ~ **sth** etw nachweisen; ***we've*** ~***ed that ...*** wir haben festgestellt, dass ...; **to** ~ **a claim** einen Anspruch nachweisen; **to** ~ **the constitutionality of a law** die Verfassungsmäßigkeit eines Gesetzes feststellen; **to** ~ **the facts** den Sachverhalt klären; **to** ~ **the truth** die Wahrheit herausfinden; **to** ~ **where/whether ...** feststellen, wo/ob ...; ■**to** ~ **that ...** herausfinden, dass ... ⑦ *(declare)* **to** ~ **one's residence** *(form)* sich *akk* niederlassen, seinen Wohnsitz begründen *form* **II.** *vi* gedeihen, aufblühen

established [ɪˈstæblɪʃt, esˈ-] *adj attr* ① *(standard)* bestehend; ***it is*** ~ ***practice ...*** es ist üblich, ...; ***there are*** ~ ***procedures for dealing with emergencies*** es gibt feste Verfahrensweisen, nach denen in Notfällen vorgegangen wird; ~ **institution** feste Einrichtung; ~ **law** geltendes Recht; ~**ed use** [behördlich anerkannte] lang bestehende Grundstücksnutzung ② *(proven)* nachgewiesen; ~ **fact** gesicherte [*o* feststehende] Tatsache ③ *(accepted)* anerkannt, akzeptiert; ~ **authority** anerkannte Autorität; ***Shakespeare is part of the*** ~ ***canon in English literature*** Shakespeare gehört zu den Standardwerken der englischen Literatur ④ *(founded)* gegründet; ~ **in 1990** 1990 gegründet

established church *n* Staatskirche *f* **established post** *n* feste Beamtenstelle, Planstelle *f* **established religion** *n* Staatsreligion *f*

establishment [ɪˈstæblɪʃmənt, esˈ-] *n* ① *(business)* Unternehmen *nt,* Firma *f;* **business** ~ Geschäftsbetrieb *m;* **family** ~ Familienunternehmen *nt* ② + *sing/pl vb* ECON, FIN *(staff)* Personalbestand *m;* ***office with an*** ~ ***of fifteen*** Büro *nt* mit fünfzehn Mitarbeitern; **to be on the** ~ zum Personal gehören, fest angestellt sein ③ *(organization)* Organisation *f,* Einrichtung *f,* Institut *nt;* **educational** ~ Bildungseinrichtung *f,* Schule *f;* **financial** ~ Finanzierungsgesellschaft *f;* **religious** ~ Religionsgemeinschaft *f* ④ *no pl (ruling group)* ■**the** ~ das Establishment; **the political** ~ das politische Establishment, die politisch einflussreichen Kreise; **to be/revolt against the** ~ gegen das Establishment sein/rebellieren ⑤ *(act of setting up)* Gründung *f,* Errichtung *f;* **the** ~ **of new areas of employment** die Schaffung neuer Arbeitsbereiche

establishment charges *n* ECON Verwaltungsgemeinkosten *pl*

estate [ɪˈsteɪt, esˈ-] *n* ① *(landed property)* Grundbesitz *m; (piece of land)* [großes] Grundstück, Anwesen *nt; (with buildings)* Gut *nt;* **country** ~ Landgut *nt* ② LAW *(personal property)* [Privat]vermögen *nt,* Vermögensmasse *f; (of deceased person)* Erbmasse *f,* Nachlass *m;* **personal** ~ bewegliches Vermögen, Mobiliarvermögen *nt;* **real** ~ Immobilien *fpl,* Grundbesitz *m;* **to leave one's entire** ~ **to sb** jdm sein gesamtes Vermögen hinterlassen [*o* vererben] ③ BRIT *(group of buildings)* Siedlung *f;* **council** ~ Wohnviertel *nt* mit Sozialwohnungen; **housing** ~ [Wohn]siedlung *f;* **industrial** ~ Industriegebiet *nt;* **trading** ~ Gewerbegebiet *nt,* Industriegebiet *nt* ④ *(political class)* Stand *m,* Klasse *f;* **the first** ~ der erste Stand [*o* Klerus]; **the fourth** ~ *(hum)* die Zunft der Journalisten [*o* Presse] ⑤ *(dated: state)* Stand *m;* **to reach man's** ~ in den Mannesstand treten *veraltet;* **the holy** ~ **of matrimony** der heilige Stand der Ehe *geh;* **of high/low** ~ *(old)* von hohem/niedrigem Stand ⑥ BRIT *(car)* Transporter *m,* [großer] Kombi ⑦ *(interest in land)* Besitzrecht *nt*

estate agency *n* BRIT Maklerbüro *nt,* Immobilienbüro *nt* **estate agent** *n* BRIT [Immobilien]makler(in) *m(f),* Grundstücksmakler(in) *m(f)* **estate car** *n* BRIT [großer] Kombi **estate duty** *n* BRIT, **estate tax** *n* Erbschaftssteuer *f*

esteem [ɪˈstiːm, esˈ-] **I.** *n no pl* Ansehen *nt,* Achtung *f;* **to be held in high/low** ~ hohes/geringes Ansehen genießen; **to hold sb in high/low** ~ jdn hoch/gering schätzen; **to fall/rise in sb's** ~ in jds Ansehen sinken/steigen **II.** *vt* ① *usu passive (respect)* ■**to** ~ **sth** etw [hoch] schätzen [*o* achten]; **highly** ~**ed** sehr geschätzt [*o geh* hoch] ② *(dated form: consider)* ■**to** ~ **sb sth** jdn für etw *akk* halten, jdn als etw *akk* ansehen [*o geh* erachten]; ***I would*** ~ ***it a favour if you would accompany me*** Sie würden mir einen großen Gefallen erweisen, wenn Sie mich begleiten würden; **to** ~ **it an honour to do sth** es als eine Ehre betrachten, etw zu tun

ester [ˈestəʳ, AM tɚ] *n* CHEM Ester *m fachspr*

esthete *n* AM *see* **aesthete**

esthetic *adj* AM *see* **aesthetic**

estimable [ˈestɪməbl̩] *adj (form)* bewundernswert, schätzenswert

estimate I. *vt* [ˈestɪmeɪt] ■**to** ~ **sth** etw [ein]schätzen; ***government sources*** ~ ***a long-term increase in rail fares*** Regierungskreise rechnen langfristig mit einem Anstieg der Bahnpreise; ***the journey is*** ~***d to have taken a week*** die Reise hat schätzungsweise eine Woche gedauert; ■**to** ~ **that ...** schätzen [*o* annehmen], dass ... **II.** *n* [ˈestɪmət, AM -mɪt] Schätzung *f,* Veranschlagung *f;* ECON Kostenvoranschlag *m;* ~ **of expenditure** Voranschlag *nt* der Ausgaben; **conservative** ~ vorsichtige Einschätzung; **rough** [*or* AM **ballpark**] ~ grobe Schätzung; **at a rough** ~ grob geschätzt

estimated [ˈestɪmeɪtɪd, AM -t̬-] *adj* geschätzt; ~ **costs** geschätzte [*o* voraussichtliche] Kosten; ~ **figure** Schätzung *f;* ~ **time of arrival, ETA** voraussichtliche Ankunftszeit; ~ **time of departure, ETD** *(train)* voraussichtliche Abfahrtszeit; *(plane)* voraussichtliche Abflugzeit

estimation [ˌestɪˈmeɪʃən] *n no pl* ① *(opinion)* Einschätzung *f,* Meinung *f;* **in my** ~ meiner Ansicht [*o* Meinung] nach ② *(esteem)* Achtung *f,* Ansehen *nt;* ***he went down/up in my*** ~ er ist in meiner Achtung gesunken/gestiegen

estimator [ˈestɪmeɪtəʳ, AM t̬ɚ] *n* MATH ① *(sb who estimates)* Schätzer(in) *m(f)* ② *(statistical relevance)* Berechnungsfaktor *m*

estoppel [ɪˈstɒpəl, AM esˈtɑː-] *n* LAW ~ **of** [*or* **by**] **record** Unzulassigkeit *f* einer Einrede aufgrund eines bereits existierenden Urteils; ~ **by deed** Unzulassigkeit *f* einer Einrede gegen Tatschen, die urkundlich belegt sind; ~ **by conduct** [*or* **in pais**] Unzulässigkeit *f* der Rechtsausübung aufgrund eines Widerspruches gegenüber eigenem Verhalten

estovers [ɪˈstəʊvəz, AM esˈtoʊvɚz] *npl* LAW Holzgerechtigkeit *f*

estrange [ɪˈstreɪndʒ, esˈ-] *vt* ■**to** ~ **sb from sb/sth** jdn jdm/etw entfremden

estranged [ɪˈstreɪndʒd, esˈ-] *adj inv* ① *(alienated)* entfremdet; ***they are*** ~ sie sind einander fremd geworden, sie haben sich auseinander gelebt ② *(living apart)* ■**to be** ~ getrennt leben; ~ **husband** getrennt lebender Ehemann; ~ **wife** getrennt lebende Ehefrau ③ *(unamicably separated)* ■**to be** ~ **from sb** mit jdm zerstritten sein

estrangement [ɪˈstreɪndʒmənt, esˈ-] *n* Entfremdung *f* (**from** von +*dat*)

estreat [ɪˈstriːt, AM esˈtr-] *vt* ■**to** ~ **sth** eine Abschrift aus einem Gerichtsprotokoll anfordern; ~**ed recognizance** verwirkte Kaution wegen Nichterscheinens vor Gericht

estrogen *n* AM *see* **oestrogen**

estrus [ˈɜstrəs] *n* AM *see* **oestrus**

estuarine [ˈestjʊəraɪn, AM -tʃuː-] *adj (spec)* Mündungs-, estuarin *fachspr;* ~ **species** *Tiere, die im Mündungsgebiet eines Flusses leben*

estuary [ˈestjʊəri, AM -tʃuːeri] *n* Flussmündung *f,* Mündungsgebiet *nt*

ET [ˌiːˈtiː] *n* ① *abbrev of* **extraterrestrial** ② *abbrev of* **Eastern Time** Ostküstenzeit *f*

ETA [ˌiːtiːˈeɪ] *n abbrev of* **Estimated Time of Arrival** voraussichtliche Ankunft

e-tailer [ˈiːteɪləʳ, AM -ɚ] *n* E-Tailer *m,* Internethändler *m,* Internetvertriebsunternehmen *nt*

e-tailing [ˈiːteɪlɪŋ] *adj attr* übers Internet vertreibend; ~ **company** Internethändler *m,* Internetvertriebsunternehmen *nt*

et al. [etˈæl, AM etˈɑːl] *adv abbrev of* **et alii** et al.

etc. *adv abbrev of* **et cetera** usw., etc.

et cetera [ɪtˈsetərə, AM -ˈset̬ɚə] *adv* und so weiter, et cetera

etch [etʃ] *vt* ■**to** ~ **sth** etw ätzen; *(in copper)* etw kupferstechen; *(in other metals)* etw radieren; **to be** ~**ed on sb's memory** [*or* **mind**] *(fig)* in jds Gedächtnis eingebrannt [*o* eingegraben] sein

etcher [ˈetʃəʳ, AM -ɚ] *n* Ätzer(in) *m(f); (in copper)* Kupferstecher(in) *m(f); (in other metals)* Radierer(in) *m(f)*

etching [ˈetʃɪŋ] *n* ① *(result of etching)* Ätzung *f; (artwork)* Radierung *f; (in copper)* Kupferstich *m* ② *no pl (process)* Ätzen *nt; (in copper)* Kupferstechen *nt; (in other metals)* Radieren *nt*

eternal [ɪˈtɜːnəl, AM ɪˈtɜːr-] *adj inv* ① *(lasting forever)* ewig, immer während; ~ **flame** ewiges Licht; ~ **life** ewiges Leben; ~ **student** *(fig)* ewiger Student/ewige Studentin *hum;* ~ **triangle** *(fig)* Dreiecksverhältnis *nt* ② *(pej, fig: incessant)* ewig *fam,* ständig,

E

unaufhörlich; ~ **complaints** endlose Klagen ▸ PHRASES: **hope springs ~** [**in the human breast**] (*saying*) der Mensch hofft, solange er lebt

eternally [ɪˈtɜːnəli, AM ɪˈtɜːr-] *adv inv* ① (*fig: forever*) ewig, immer; **to be ~ grateful** ewig dankbar sein ② (*pej, fig: incessantly*) unaufhörlich, ununterbrochen, ständig *fam*

eternity [ɪˈtɜːnəti, AM ɪˈtɜːrnət̬i] *n no pl* ① REL (*immortality*) Ewigkeit *f*; **for all ~** bis in alle Ewigkeit ② (*fig: very long time*) ■**an ~** eine Ewigkeit; **to seem like an ~** wie eine Ewigkeit erscheinen; **to wait an ~ for sb** endlos lange auf jdn warten

ethanol [ˈeθənɒl, AM -nɑːl] *n no pl* Äthanol *nt*, Äthylalkohol *m*

ether [ˈiːθəʳ, AM -ɚ] *n no pl* ① CHEM, MED Äther *m* ② MEDIA, RADIO (*fig old*) Äther *m*; **through the ~** durch den Äther

ethereal [ɪˈθɪəriəl, AM ɪˈθɪr-] *adj* ätherisch; ~ **being** ätherisches [*o* himmlisches] Wesen

ethereally [ɪˈθɪəriəli, AM ɪˈθɪr-] *adv* ätherisch; ~ **beautiful** überirdisch schön

ethic [ˈeθɪk] *n* ① *usu pl* (*morality*) Moral *f*, Ethos *nt*; **breach of ~s** Verstoß *m* gegen die Moral; **code of ~s** Moralkodex *m*; **professional ~s** Berufsethos *nt*, Standesehre *f* ② *sing* (*system of moral beliefs*) Ethik *f*, Moralphilosophie *f*, Sittenlehre *f*; **Protestant work ~** protestantische Arbeitsethik

ethical [ˈeθɪkəl] *adj* ethisch

ethically [ˈeθɪkəli] *adv* ethisch; ~ **questionable** moralisch fragwürdig

ethicist [ˈeθɪsɪst] *n* Ethiker(in) *m(f)*

ethics [ˈeθɪks] *n + sing vb* Ethik *f*; *see also* **ethic**

Ethiopia [ˌiːθiˈəʊpiə, AM -ˈoʊp-] *n no pl* Äthiopien *nt*

Ethiopian [ˌiːθiˈəʊpiən, AM -ˈoʊp-] **I.** *n* Äthiopier(in) *m(f)* **II.** *adj* äthiopisch

Ethiopic [ˌiːθiˈɒpɪk, AM -ˈɑːp-] **I.** *n no pl* Äthiopisch *nt* **II.** *adj inv* äthiopisch

ethnic [ˈeθnɪk] **I.** *adj* ① *inv* (*ethnological*) ethnisch, Volks-; ***the ~ Chinese*** die Volkschinesen; ~ **minority** ethnische Minderheit; ~ **slur** rassistische Äußerung ② (*national*) landesüblich, einheimisch; ~ **costumes** Landestrachten *fpl* ③ (*exotic*) exotisch; ~ **food** exotische Gerichte **II.** *n* AM, AUS Eingeborene(r) *f(m)*

ethnically [ˈeθnɪkəli] *adv* ethnisch; ~ **discreet** ethnisch abgeschottet

ethnic cleansing *n* (*euph*) ethnische Säuberung *euph*

ethnicity [eθˈnɪsəti, AM -t̬i] *n no pl* (*form*) Ethnie *f fachspr*

ethnocentric [ˌeθnə(ʊ)ˈsentrɪk, AM -noʊˈ-] *adj* (*pej*) ethnozentrisch

ethnographer [eθˈnɒgrəfəʳ, AM -ˈnɑːgrəfɚ] *n* Ethnograph(in) *m(f)*, Völkerkundler(in) *m(f)*

ethnographic(al) [ˌeθnə(ʊ)ˈgræfɪk(əl), AM -noʊˈ-] *adj inv* ethnographisch

ethnographically [ˌeθnə(ʊ)ˈgræfɪkəli, AM -noʊˈ-] *adv inv* ethnographisch

ethnography [eθˈnɒgrəfi, AM -ˈnɑːg-] *n* ① *no pl* (*study*) Ethnographie *f*, beschreibende Völkerkunde ② (*ethnographical book*) Ethnographie *f*

ethnologic(al) [ˌeθnə(ʊ)ˈlɒdʒɪk(əl), AM -noʊˈlɑːdʒ-] *adj inv* ethnologisch

ethnologically [ˌeθnə(ʊ)ˈlɒdʒɪkəli, AM -noʊˈlɑːdʒ-] *adv inv* ethnologisch

ethnologist [eθˈnɒlədʒɪst, AM -ˈnɑːl-] *n* Ethnologe, -in *m, f*

ethnology [eθˈnɒlədʒi, AM -ˈnɑːl-] *n no pl* Ethnologie *f*, vergleichende Völkerkunde

ethologist [ɪˈθɒlədʒɪst, AM ˈθɑːlə] *n* Verhaltensforscher(in) *m(f)*, Ethologe, -in *m, f*

ethology [ɪˈθɒlədʒi, AM ˈθɑːlə] *n no pl* Verhaltensforschung *f*, Ethologie *f*

ethos [ˈiːθɒs, AM -θɑːs] *n no pl* Gesinnung *f*, Ethos *nt geh*; **working-class ~** Ethos *nt* der Arbeiterklasse

ethyl alcohol *n* Äthylalkohol *m*

ethylene [ˈeθɪliːn, AM əliːn] *n no pl* CHEM Äthylen *nt fachspr*

etiolated [ˈiːtiə(ʊ)leɪtɪd, AM -əleɪt̬ɪd] *adj* BOT etioliert *fachspr*, vergeilt

etiology *n no pl* MED *see* **aetiology**

etiquette [ˈetɪket, AM ˈet̬ɪkɪt] *n no pl* Etikette *f*; **breach of ~** Verstoß *m* gegen die Etikette; **court ~** Hofetikette *f*, Hofzeremoniell *nt*; **legal ~** Berufsethos *nt* der Anwälte; **social ~** gesellschaftliche Umgangsformen

Eton collar *n steifer weißer Kragen, den die Eton Schüler über dem Mantelkragen tragen* **Eton crop** *n* Bubikopf *m* (*von Frauen in den zwanziger Jahren getragene Kurzhaarfrisur*) **Etonian** [iːˈtəʊniən, AM ˈtoʊ] **I.** *adj inv* Eton betreffend **II.** *n* Schüler *m* von Eton College

e-travel [ˈiːˌtrævəl] *n modifier* E-Travel-, Online-Reise-; ~ **agency** Online-Reisebüro *nt*

Etruscan [ɪˈtrʌskən] **I.** *adj* (*hist*) etruskisch **II.** *n* (*hist: person*) Etrusker(in) *m(f)*; (*language*) Etruskisch *nt*

et seq. LAW *abbrev of* **et sequenter** und folgende

etymological [ˌetɪməˈlɒdʒɪkəl, AM ˌet̬ɪməˈlɑːdʒ-] *adj inv* LING etymologisch

etymologically [ˌetɪməˈlɒdʒɪkəli, AM ˌet̬ɪməˈlɑːdʒ-] *adv inv* LING etymologisch

etymologist [ˌetɪˈmɒlədʒɪst, AM ˌet̬ɪˈmɑːl-] *n* LING Etymologe, -in *m, f*

etymology [ˌetɪˈmɒlədʒi, AM ˌet̬ɪˈmɑːl-] *n* LING ① *no pl* (*study*) Etymologie *f* ② (*of word*) Etymologie *f*

EU [ˌiːˈjuː] *n abbrev of* **European Union** EU *f*

eucalypti [ˌjuːkəlˈɪptiː] *n pl of* **eucalyptus**

eucalyptus <*pl* -es *or* -ti> [ˌjuːkəlˈɪptəs, *pl* -tiː] *n* Eukalyptus *m*; ~ **tree** Eukalyptusbaum *m*

eucalyptus oil *n no pl* Eukalyptusöl *nt*

Eucharist [ˈjuːkərɪst] *n no pl* REL ■**the ~** die Eucharistie, das [heilige] Abendmahl; **to celebrate/receive the ~** die Eucharistie feiern/empfangen

Eucharistic [ˌjuːkəˈrɪstɪk] *adj inv* REL eucharistisch

Euclid [ˈjuːklɪd] *n no pl* MATH, HIST Euklid *m* **Euclidean** [juːˈklɪdiən] *adj inv* MATH euklidisch

eugenic [juːˈdʒenɪk] *adj* MED eugenisch

eugenics [juːˈdʒenɪks] *n + sing vb* MED Eugenik *f kein pl*

eulogist [ˈjuːlədʒɪst] *n* Lobredner(in) *m(f)*

eulogistic [ˌjuːləˈdʒɪstɪk] *adj* lobend, rühmend, preisend

eulogize [ˈjuːlədʒaɪz] **I.** *vt* (*form*) ■**to ~ sb/sth** jdn/etw loben [*o* rühmen] [*o* preisen] *geh* **II.** *vi* (*form*) **to ~ over sb/sth** eine Lobrede auf jdn/etw halten

eulogy [ˈjuːlədʒi] *n* ① *esp* AM (*funeral oration*) Grabrede *f* ② (*speech of praise*) Lobrede *f*, Eloge *f geh*; **to deliver** [*or* **pronounce**] **a ~** eine Lobrede halten

EU member state *n* EU-Mitgliedsstaat *m*

eunuch [ˈjuːnək] *n* ① (*castrated man*) Eunuch *m*, Kastrat *m* ② (*fig, pej: ineffective person*) Versager(in) *m(f)*, Niete *f fam*; **intellectual ~** intellektueller Tiefflieger *sl*

euphemism [ˈjuːfəmɪzəm] *n* ① (*paraphrase*) Euphemismus *m geh* ② *no pl* (*use of paraphrase*) Beschönigung *f*, Euphemismus *m geh*

euphemistic [ˌjuːfəˈmɪstɪk] *adj* beschönigend, euphemistisch *geh*

euphemistically [ˌjuːfəˈmɪstɪkəli] *adv* beschönigend, euphemistisch *geh*

euphonious [juːˈfəʊniəs, AM -ˈfoʊ-] *adj* (*form*) wohlklingend *geh*, euphonisch *fachspr*

euphonium [juːˈfəʊniəm, AM -ˈfoʊ-] *n* MUS Baritonhorn *nt*, Euphonium *nt fachspr*

euphony [ˈjuːfəni] *n no pl* (*form*) Euphonie *f fachspr*, Wohlklang *m geh*

euphoria [juːˈfɔːriə] *n no pl* Hochstimmung *f*, Euphorie *f geh*

euphoric [juːˈfɔːrɪk] *adj* euphorisch *geh*

euphorically [juːˈfɔːrɪkəli] *adv* euphorisch *geh*

Euphrates [juːˈfreɪtiːz, AM t̬iːz] *n no pl* Euphrat *m*

Eurasia [jʊ(ə)ˈrieʒə, AM jʊˈreɪ-] *n no pl* Eurasien *nt*

Eurasian [jʊ(ə)ˈrieʒən, AM jʊˈreɪ-] **I.** *adj inv* eurasisch **II.** *n* Eurasier(in) *m(f)*

Euratom [jʊ(ə)ˈrætəm, AM jʊˈræt̬-] *n no pl, no art abbrev of* **European Atomic Energy Community** Euratom *f*

EU regulation *n* EU-Verordnung *f*

eureka [jʊ(ə)ˈriːkə, AM jʊˈ-] *interj* (*hum*) ■**~!** heureka! *geh*

eurhythmics, AM *esp* **eurythmics** [jʊ(ə)ˈrɪðmɪks, AM jʊˈ-] *n + sing vb* Eurhythmie *f*

euro *n* EU Euro *m*; **introduction of the ~** Einführung *f* des Euros; **transition** [*or* **changeover**] **to the ~** Übergang *m* zum Euro; **fixing** [**of**] **the conversion rate of the ~** Festsetzung *f* des Euro-Wertes; ~ **coins and notes** Euro-Münzen und -Banknoten; **phase of dual pricing in national currency and ~** Phase *f* der doppelten Preisauszeichnung in nationalen Währungseinheiten und in Euro; **law on the introduction of the ~** Euro-Einführungsgesetz *nt*

Euro- [ˈjʊərəʊ, AM ˈjʊroʊ] *in compounds* ECON, FIN Euro-; **~-MP** Europaabgeordnete(r) *f(m)*

Eurobond *n* ECON, FIN Eurobond *m*, Euroanleihe *f* **eurocent** *n* Eurocent *m* **Eurocentric** [ˌjʊərəʊˈsentrɪk, AM ˌjʊroʊˈ-] *adj* (*pej*) eurozentrisch *pej* **Eurocheque** *n* Euroscheck *m* **Eurocommercial paper** *n* ECON, FIN *erstklassiges, kurzfristiges, ausländisches Geldmarktpapier* **Eurocrat** [ˈjʊərə(ʊ)kræt, AM ˈjʊrə-] *n* (*usu pej*) Eurokrat(in) *m(f)* **eurocredit** *n* ECON, FIN Eurokredit *m* **Eurocurrency** *n* Euro-Währung *f* **eurodeposit** *n* ECON, FIN Eurodollareinlage *f* **Eurodollar** *n* Eurodollar *m* **euroequity** *n* ECON, FIN international gehandelte Aktie **Euroland** *n no pl* (*fam*) Eurozone *f* **Euromarket** *n no pl* ECON, FIN ■**the ~** der Euromarkt **Euro-MP** *n* Europaabgeordnete(r) *f(m)*, Mitglied *nt* des Europaparlaments **Euronet** [ˈjʊərə(ʊ)net, AM ˈjʊroʊnet -] *n* TELEC Euronet *nt* **euronote** *n* ECON, FIN kurzfristiger Eurowährungsinhaberschuldschein **euro-option** *n* ECON, FIN Eurooption *f*

Europe [ˈjʊərəp, AM ˈjʊrəp] *n no pl* Europa *nt*

European [ˌjʊərəˈpiən, AM ˌjʊrəˈ-] **I.** *adj* europäisch **II.** *n* Europäer(in) *m(f)*

European Bank for Reconstruction and Development *n* ECON, FIN Europäische Bank für Wiederaufbau und Entwicklung **European Central Bank** *n* Europäische Zentralbank; **Executive Board of the ~** Direktorium der Europäischen Zentralbank **European Commission** *n* Europäische Kommission **European Community** *n no pl* (*hist*) ■**the ~** die Europäische Gemeinschaft **European Council** *n* Europäischer Rat **European Court of Auditors** *n* Europäischer Rechnungshof **European Court of Human Rights** *n* Europäischer Gerichtshof für Menschenrechte **European Court of Justice** *n* Europäischer Gerichtshof **European currency unit** *n* Europäische Währungsunion **European Economic and Monetary Union** *n* Europäische Wirtschafts- und Währungsunion **European Economic Area** *n* ECON, FIN Europäisches Wirtschaftsgebiet **European Economic Community** *n no pl* (*hist*) ■**the ~** die Europäische Wirtschaftsgemeinschaft **European Free Trade Association** *n no pl, + sing/pl vb* ECON, FIN ■**the ~** die Europäische Freihandelsgemeinschaft **European Investment Bank** *n* Europäische Investitionsbank **European Monetary Institute** *n* Eurpäisches Wirtschaftsinstitut **European monetary system** *n no pl* ■**the ~** das Europäische Währungssystem **European Parliament** *n no pl* ■**the ~** das Europaparlament **European Police Office** *n* Europäisches Polizeiamt **European Regional Development Fund** *n* Europäischer Fonds für Regionale Entwicklung **European Single Market** *n* Europäischer Binnenmarkt **European System of Central Banks** *n* Europäisches System der Zentralbanken **European Union** *n no pl* ■**the ~** die Europäische Union

Euro-sceptic *n* Euroskeptiker(in) *m(f)*

Eurotrash [ˈjʊrətræʃ] *n* AM (*fam*) ***Jill thinks her new boyfriend is really cool, but he's just ~*** Jill findet ihren neuen Freund echt cool, aber er lässt immer den Europäer raushängen *sl*

Eurovision ['jʊərəʊvɪʒən, AM 'jʊrə] *n no pl, + sing/pl vb* Eurovision *f*

euroyen ['jʊərəʊjen, AM 'jʊroʊ-] *n* ECON, FIN Euroyen *m*

eurozone *n* Eurozone *f;* ~ **countries** Länder *ntpl* der Eurozone

Eustachian tube [juːˌsteɪʃən'-, AM -'steɪʃən,-] *n* ANAT Eustachische Röhre *fachspr,* Ohrtrompete *f*

euthanasia [ˌjuːθə'neɪziə, AM -ʒə] *n no pl* Euthanasie *f,* Sterbehilfe *f*

EU treaty *n* EU-Vertrag *m*

evacuate [ɪ'vækjueɪt] **I.** *vt* ❶ *(in an emergency)* ■**to ~ sb** jdn evakuieren; ■**to ~ sth** *building, house* etw räumen; **to ~ sb from a place** jdn aus einem Ort evakuieren; **to ~ sb to a place** jdn an einen sicheren Ort bringen ❷ *(euph or spec)* **to ~ one's bowels** seinen Darm entleeren, Stuhlgang haben **II.** *vi* sich *akk* in Sicherheit bringen; MIL sich *akk* zurückziehen

evacuation [ɪˌvækju'eɪʃən] *n* ❶ *(of people)* Evakuierung *f;* *(of area, building)* Räumung *f;* ~ **of victims** Bergung *f* von Opfern; MIL Verlegung *f,* Abtransport *m;* ~ **of the army** Abzug *m* der Armee ❷ *(euph or spec)* ~ **of the bowels** [Darm]entleerung *f,* Stuhlgang *m*

evacuee [ɪˌvækju'iː] *n* Evakuierte(r) *f(m)*

evade [ɪ'veɪd] *vt* ■**to ~ sth** etw *dat* ausweichen; **to ~ the draft** sich *akk* der Einberufung zum Militär entziehen; **to ~ responsibility** sich *akk* einer Verantwortung entziehen; ■**to ~ doing sth** etw umgehen; ■**to ~ sb** jdn meiden, jdm aus dem Weg gehen *fam;* **to ~ the police** der Polizei entgehen; **to ~ the tax authorities** das Finanzamt umgehen

evaluate [ɪ'væljueɪt] *vt* ■**to ~ sth** etw bewerten; *a value* etw berechnen; ***we need to ~ how the new material stands up to wear and tear*** wir müssen feststellen, wie das neue Material auf Verschleiß reagiert; **to ~ a loan** ein Darlehen festsetzen; **to ~ the results** die Ergebnisse auswerten; ■**to ~ sb** jdn beurteilen; ■**to ~ whether ...** beurteilen, ob ...

evaluation [ɪˌvælju'eɪʃən] *n* Schätzung *f; of damages* Festsetzung *f; of an experience* Einschätzung *f; of a treatment* Beurteilung *f; of a book* Bewertung *f;* **job ~** Arbeitsplatzbewertung *f*

evaluative [ɪ'væljuətɪv, AM -t̬ɪv] *adj (form)* bewertend; ~ **test** Einstufungstest *m*

evaluative abstract *n* COMPUT gewertete Kurzdarstellung

evanescence [ˌiːvə'nesən(t)s, AM ˌevə'-] *n no pl (form)* Vergänglichkeit *f*

evanescent [ˌiːvə'nesənt, AM ˌevə'-] *adj (form)* vergänglich; **an ~ boom** ein kurzzeitiger Boom

evangelical [ˌiːvæn'dʒelɪkəl] **I.** *n* Mitglied *nt* der evangelischen Kirche **II.** *adj* evangelisch; *(fig)* missionarisch

evangelicalism [ˌiːvæn'dʒelɪkəlɪzəm] *n no pl* evangelische Lehre

evangelism [ɪ'vændʒəlɪzəm] *n no pl* Verkündigung *f* des Evangeliums

evangelist [ɪ'vændʒəlɪst] *n* Wanderprediger(in) *m(f)*

Evangelist [ɪ'vændʒəlɪst] *n* Evangelist *m;* **the four ~s** die vier Evangelisten

evangelistic [ɪˌvændʒə'lɪstɪk] *adj* missionarisch

evangelize [ɪ'vændʒəlaɪz, AM -dʒə-] **I.** *vt* ■**to ~ sb** jdn zum Christentum bekehren **II.** *vi* das Evangelium predigen; *(fig)* eine Predigt halten; ■**to ~ about sth** über etw *akk* predigen

evaporate [ɪ'væpəreɪt, AM -pər-] **I.** *vt* ■**to ~ sth** etw verdampfen lassen, etw verdunsten **II.** *vi* verdunsten; *(fig)* schwinden, sich in Luft auflösen

evaporated milk *n no pl* Kondensmilch *f*

evaporation [ɪˌvæpə'reɪʃən] *n no pl* Verdampfung *f,* Verdunstung *f*

evasion [ɪ'veɪʒən] *n* ❶ *(prevarication)* Ausweichen *nt;* **excuses and ~s** Entschuldigungen und Ausflüchte ❷ *no pl (avoidance)* Umgehung *f;* ***for me that was just an ~ of responsibility*** meiner Meinung nach wollte er/sie keine Verantwortung übernehmen; **fare ~** Schwarzfahren *nt;* **tax ~** Steuerhinterziehung *f*

evasive [ɪ'veɪsɪv] *adj* **to take ~ action** ein Ausweichmanöver machen; **to be very good at ~ answers** um etw *akk* gut herumreden können; **an ~ statement** eine Ausrede; ■**to be ~** ausweichen

evasively [ɪˌveɪsɪvli] *adv* ausweichend; **to behave very ~** ständig ausweichen

evasiveness [ɪ'veɪsɪvnəs] *n no pl* ausweichendes Verhalten; ***he was well-known for his ~*** er war dafür bekannt, nie klar Stellung zu beziehen

eve [iːv] *n no pl* ❶ *(day before)* Vorabend *m;* **on the ~ of the election** am Vorabend der Wahl ❷ *(old: evening)* Abend *m*

Eve [iːv] *n no art* Eva *f;* *(fig)* Evastochter *f hum*

even ['iːvən] **I.** *adv* ❶ *(unexpectedly)* selbst; ~ ***Chris was there*** selbst Chris war da ❷ *(indeed)* sogar; ***it might ~ take a year*** es könnte unter Umständen ein Jahr dauern; ***I never cry, not ~ when I hurt myself really badly*** ich weine nie, noch nicht mal, wenn ich mir sehr wehtue; ***he declined ~ to consider the idea*** er lehnte es schon ab, die Idee überhaupt in Erwägung zu ziehen ❸ *(despite)* selbst; ~ ***now I can't believe it*** ich kann es noch immer nicht ganz glauben; ***... but ~ then he managed to make a mess of it*** ... und trotzdem hat er es geschafft, alles durcheinander zu bringen; **~ if ...** selbst wenn ...; **~ so ...** trotzdem ...; ***I had a terrible headache but ~ so I went to the concert*** ich hatte fürchterliche Kopfschmerzen, bin aber dennoch ins Konzert gegangen; **~ though ...** selbst wenn ...; ~ ***though he left school at 16, ...*** obwohl er mit sechzehn bereits von der Schule abging, ... ❹ *(as intensifier)* nahezu; ***I find his habits rather unpleasant, disgusting*** ~ ich finde seine Gewohnheiten ziemlich unangenehm, um nicht zu sagen abstoßend ❺ *+ comp (all the more)* noch; **~ colder/faster** noch kälter/schneller **II.** *adj* ❶ *(level)* eben; *two surfaces* auf gleicher Höhe; *(fig)* ausgeglichen; **to bring a boat onto an ~ keel** ein Boot in eine waagrechte Position bringen; **to put sth on an ~ keel** *(fig)* etw wieder auf die Beine bringen *fig;* **an ~ row** eine gerade Reihe; **an ~ surface** eine glatte Oberfläche ❷ *(equal)* gleich [groß]; *(size, amount)* gleich groß; ***the odds are quoted as ~ money*** die Gewinnquote steht fünfzig fünfzig; **there is an ~ chance of sth** die Chancen für etw *akk* stehen fünfzig zu fünfzig; ***there's an ~ chance of rain*** es sieht ganz nach Regen aus; **an ~ contest** ein ebenbürtiger Wettkampf; **an ~ distribution of wealth** eine gleichmäßige Verteilung des Reichtums; **an ~ game** ein ausgeglichenes Spiel; **to be on ~ terms** gleichgestellt sein; **to get ~ with sb** jdm etw heimzahlen ❸ *(regular)* gleichmäßig; **to walk at an ~ pace** in gleichmäßigem Tempo gehen; **to work at an ~ rate** im regelmäßigen Rhythmus arbeiten; **to walk with ~ steps** gleichmäßigen Schrittes gehen; **to have an ~ temper** ausgeglichen sein ❹ *(fair)* günstig; **an ~ bargain** ein Schnäppchen; **to distribute sth with an ~ hand** etw gleich verteilen; ■**to be ~ [with sb]** [mit jdm] quitt sein ❺ *inv* MATH gerade; **an ~ number** eine gerade Zahl; **an ~ page** eine Seite mit gerader Zahl **III.** *vt* ❶ *(level)* **to ~ a floor/surface** einen Fußboden ebnen/eine Oberfläche glätten ❷ *(equalize)* ■**to ~ sth** etw ausgleichen; **to ~ the score** das Gleichgewicht wiederherstellen; ■**to ~ out** ◌ **sth** etw ausgleichen ❸ *(balance out)* ■**to ~ up** ◌ **sth** etw ausgleichen; *(give parity to)* aufeinander abgestimmt werden; ***that should ~ things up a bit*** das sollte alles etwas ausgleichen **IV.** *vi* sich ausgleichen; *prices* sich einpendeln

even-handed *adj* gerecht; **to give ~ treatment to sb** jdn unvoreingenommen behandeln

even-handedly *adv inv* gleichermaßen, unterschiedslos; *(unbiased)* unparteiisch

evening ['iːvnɪŋ] **I.** *n* Abend *m;* ***have a nice ~*** schönen Abend! *fam;* ***I only get one ~ off a week*** ich habe nur einen Abend in der Woche frei; **all ~** den ganzen Abend; **on Friday ~** am Freitagabend; **on Friday ~s** freitagabends; **this/tomorrow ~** heute/morgen Abend; **in the ~** am Abend; **in the ~s** abends **II.** *n modifier (edition, meal, walk)* Abend-; **~ service** Abendgottesdienst *m*

evening class *n* Abendkurs *m* **evening dress** *n* ❶ *(dress)* Abendkleid *nt* ❷ *no pl (outfit)* **to wear ~** Abendkleidung tragen **evening gown** *n* Abendkleid *nt* **evening newspaper** *n,* **evening paper** *n* Abendzeitung *f* **evening primrose** *n* BOT Nachtkerze *f* **evening primrose oil** *n* Nachtkerzenöl *nt*

evenings ['iːvnɪŋz] *adv inv esp* AM abends

evening school *n* Abendschule *f* **evening star** *n* Abendstern *m*

evenly ['iːvənli] *adv* ❶ *(placidly)* gelassen; **to state sth ~** etw gelassen [*o* in einem ruhigen Ton] erklären ❷ *(equally)* gleichmäßig; ***their chances of victory are ~ balanced*** sie haben gleich große Chancen auf einen Sieg; **to divide sth ~** etw gleichmäßig aufteilen; **to be ~ matched** einander ebenbürtig sein

evenness ['iːvənnəs] *n no pl* Ebenheit *f*

evens ['iːvənz] BRIT **I.** *adj attr, inv (in betting)* **an ~ bet** eine eins zu eins Wette; *(fig: fifty-fifty)* ausgewogen; **the chances are ~** die Chancen stehen fünfzig zu fünzig **II.** *adv* **to bet ~ on the favourite** den doppelten Wetteinsatz für den Favoriten zurückbekommen **III.** *n* **to lay ~** den Einsatz verdoppeln; **to quote at ~** die Gewinnquote mit 1:1 ansetzen; **to win at ~** eins zu eins gewinnen

evensong *n no pl esp* BRIT Abendgottesdienst *m,* Abendandacht *f* **even-steven** [-'stiːvən] *adj pred, inv (fam)* ■**to be ~** quitt sein

event [ɪ'vent] *n* ❶ *(occurrence)* Ereignis *nt;* **series of ~s** Reihe *f* von Vorfällen; **social ~** gesellschaftliches Ereignis; **sporting ~** Sportveranstaltung *f;* **to be swept along by the tide** [*or* **course**] **of ~s** von der Wucht der Ereignisse mitgerissen werden ❷ *(case)* Fall *m;* **in that ~ *I'll phone you*** falls es so ist, rufe ich dich an; ***we had expected to arrive late but in the ~ we were actually early*** wir hatten uns darauf eingestellt, zu spät zu kommen, aber waren dann doch zu früh dran; **in the ~ that ...** falls ...; **in the ~ of sb's death/an explosion** im Falle jds Todes/einer Explosion; **in any** [*or* **either**] **~** [*or* BRIT *also* **at all ~s**] auf jeden Fall, in jedem Fall, auf alle Fälle; **to be wise after the ~** es im Nachhinein besser wissen ❸ SPORTS Wettkampf *m*

event-driven *adj* COMPUT anreizgesteuert

even-tempered *adj (approv)* ausgeglichen

eventer [ɪ'ventəʳ, AM t̬ɚ] *n* BRIT SPORTS Militaryreiter(in) *m(f)*

eventful [ɪ'ventfəl] *adj* ereignisreich

eventide ['iːvəntaɪd] *n (poet)* Abendzeit *f;* ~ ***rolled in*** der Abend brach an

eventing [ɪ'ventɪŋ, AM t̬ɪŋ] *n no pl* BRIT SPORTS *(horseriding discipline)* Military

event planner *n* Veranstaltungsplaner(in) *m(f),* Event-Manager(in) *m(f)*

eventual [ɪ'ventʃuəl] *adj attr, inv* ❶ *(final)* schließlich; **the ~ cost** die letztendlichen Kosten ❷ *(possible)* etwaig; ***we remain optimistic about an ~ agreement*** wir glauben, dass eine Übereinkunft doch noch möglich ist

eventuality [ɪˌventʃu'æləti, AM -əti] *n inv* Möglichkeit *f,* Eventualität *f;* **for all eventualities** für alle Eventualitäten; **for any ~** für alle Fälle; **in that ~** in diesem Fall

eventually [ɪ'ventʃuəli] *adv inv* ❶ *(finally)* schließlich; ***the bus ~ came*** der Bus kam endlich ❷ *(some day)* irgendwann; *(with time)* nach und nach; *(at one point in future)* eines Tages

ever ['evəʳ, AM -ɚ] *adv inv* ❶ *(at any time)* jemals; ***nothing ~ happens here in the evenings*** hier ist abends nie was los; ***have you ~ been to London?*** bist du schon einmal in London gewesen?; ***nobody has ~ heard of this book*** keiner hat je etwas von diesem Buch gehört; ***if ~ somebody was guilty, then that scumbag was*** dieser Mistkerl war todsicher schuldig; ***it was a brilliant performance if ~ there was one*** dies war eine wahrhaft ausgezeichnete Darbietung; ***if ~ you're in Dubai, ...*** solltest du je in Dubai sein, ...; ***he rarely, if ~ does any cleaning*** er putzt kaum, wenn überhaupt je; **hardly ~** kaum; **to hardly ~ do sth** etw so gut wie nie tun; **as good as ~** so gut wie eh und je; **worse/**

E

happier than ~ schlimmer/glücklicher als je zuvor; **never** ~ (*fam*) nie im Leben, niemals ② (*always*) ***they lived happily ~ after*** sie lebten glücklich bis ans Ende ihrer Tage; (*in fairy tales*) und wenn sie nicht gestorben sind, dann leben sie noch heute; ***Yours ~, Chris*** BRIT (*dated*) Viele Grüße, dein Chris; ~ **better** immer besser; **as** ~ wie gewöhnlich; ~ **since ...** seitdem ... ③ (*of all time*) ***the biggest trade fair ~*** die größte Handelsmesse, die es je gab; ***the first performance ~*** die allererste Darbietung ④ (*as intensifier*) ***how ~ could anyone ...?*** wie kann jemand nur ...?; ***what ~ have you done to him?*** was hast du ihm bloß angetan?; ***when ~ are we going to get this finished?*** wann haben wir das endlich fertig?; ***where ~ have I ...?*** wohin habe ich nur ...?; ***who ~ was that strange man?*** wer war nur dieser sonderbare Mann?; AM, AUS (*for emphasis*) ***am I ~!*** und wie!; ***was she ~ a fast runner!*** sie war wirklich eine schnelle Läuferin ⑤ *esp* BRIT (*fam: exceedingly*) ***Mark got ~ so drunk last night*** Mark war gestern Abend wahnsinnig betrunken; ***thank you ~ so much*** tausend Dank

everglade ['evəgleɪd, AM 'evə-] *n* Sumpfgebiet *nt;* ■**the E~s** *pl* die Everglades *pl* **evergreen I.** *n* (*plant, shrub*) immergrüne Pflanze; (*tree*) immergrüner Baum **II.** *adj* immergrün; ~ **forest** Nadelwald *m;* ~ **tree** Nadelbaum *m;* (*fig*) immer aktuell; **an ~ performer** ein bewährter Künstler; ~ **song** Evergreen *m* **ever-increasing** *adj inv* ständig zunehmend *attr;* ~ **demand for sth** ständig wachsende Nachfrage nach etw *dat* **everlasting** *adj inv* ① (*undying*) immerwährend; ***an ~ place in history*** ein fester Platz in der Geschichte; ~ **glory** unvergänglicher Ruhm; ~ **gratitude** ewige Dankbarkeit; **the key to ~ happiness** der Schlüssel zum dauerhaften Glück ② (*pej: unceasing*) endlos; ~ **lectures** stundenlange Vorträge **everlastingly** [ˌevə'lɑːstɪŋli, AM ə-'læstɪŋ] *adv* unaufhörlich, unablässig, endlos **evermore** *adv inv* (*liter*) immerfort; **for** ~ für alle Ewigkeit; **to live on for** ~ ewig fortleben **ever-present** *adj inv* allgegenwärtig; ~ **threat** ständige Bedrohung

every ['evri] *adj* ① (*each*) jede(r,s); ***he seemed to dog her ~ step*** er folgte ihr auf Schritt und Tritt; **to cater to sb's ~ wish** auf alle Wünsche einer Person *gen* eingehen ② (*as emphasis*) ganz und gar; ~ **bit** ganz genauso; ~ **bit as ... as ...** genauso ... wie ...; **to have ~ chance that ...** die besten Chancen haben, dass ...; **to be ~ inch a gentleman** von Kopf bis Fuß ein Gentleman sein; **to be ~ inch a liberal** durch und durch liberal sein; **to know ~ nook and cranny of an area** jeden Winkel eines Gebiets kennen; **to have ~ reason to do sth** allen Grund haben, etw zu tun; ~ **which way** *esp* AM (*sl*) in alle Richtungen; **to attend to sb's ~ whim and fancy** jdm jeden Wunsch von den Augen ablesen

everybody ['evriˌbɒdi, AM -ˌbɑːdi], **everyone I.** *part indef,* + *sing vb* (*all people*) jede(r); ***surely ~ agrees that ...*** sicher stimmt jeder zu, dass ...; ***if you don't have enough to share with ~, ...*** wenn du nicht genug hast, um mit allen zu teilen, ...; ***~ in favour of this proposal please raise their hand*** alle, die für diesen Vorschlag sind, heben die Hand; ***~ had expected her to ...*** jeder hatte erwartet, dass sie ...; ***goodbye, ~*** auf Wiedersehen alle miteinander; ***it's not ~'s cup of tea*** das liegt nicht jedem; ***I've received replies from ~ but Jane*** alle außer Jane haben mir geantwortet; ~ **else** alle anderen; ***I'm sorry, but you'll just have to wait your turn like ~ else*** es tut mir Leid, aber Sie müssen wie alle anderen warten, bis Sie dran sind **II.** *interj* ~ ich bitte um Ihre Aufmerksamkeit

everyday ['evrideɪ] *adj* alltäglich; ***death was an ~ occurrence back then*** damals war man täglich mit dem Tod konfrontiert; **to be an ~ event** gang und gäbe sein; ~ **language** Alltagssprache *f;* **to write sth in ~ language** etw verständlich formulieren; ~ **life** Alltagsleben *nt;* ~ **topic** Allerweltsthema *nt;* **to attend in ~ wear** (*Brit*) in Alltagsklamotten erscheinen *fam;* **a word in ~ use** ein umgangssprachlich verwendetes Wort

Everyman *n no pl* jedermann; ***the main character in the film is an ~*** die Hauptrolle des Films handelt von Otto Normalverbraucher

everyone ['evriwʌn] *part see* **everybody**

everyplace ['evripleɪs] AM **I.** *adv inv* (*everywhere*) überallhin **II.** *n no pl* (*everywhere*) überall

everything ['evriθɪŋ] *part indef* ① (*all things*) alles; ***he taught me ~ I know*** er brachte mir alles bei, was ich weiß; (*for sale*) ~ ***must go!*** alles muss raus!; ***we will do ~ in our power to prevent a war*** wir werden alles tun, das in unser Macht steht, um einen Krieg zu verhindern; ***the doctors did ~ possible to save her life*** die Ärzte versuchten alles Menschenmögliche, um ihr Leben zu retten; ***we did ~ we could*** wir taten alles, was in unserer Macht stand; ***why do you always have to reduce ~ to sex?*** warum läuft bei dir immer alles auf Sex raus?; ***he reduces ~, even tragic things, to a joke*** er zieht alles, sogar Tragisches, ins Komische; ~ ***from caviar to cut glass was on sale*** alles von Kaviar bis zu geschliffenem Glas stand zum Verkauf; ***you can see ~ from alligators to zebras at the zoo*** im Zoo sieht man alle Tiere von Alligatoren bis Zebras; **to blame ~ on sth/sb** [*or* **sb/sth for** ~] jdm/etw die ganze Schuld geben; **anything and ~** jede Kleinigkeit ② (*the most important thing*) ***time is ~ — don't waste it*** Zeit ist alles – vergeude sie nicht; ***money isn't ~*** Geld ist nicht alles; **to be ~** [**to sb**] [jdm] alles sein; ***getting rich is ~ to her*** sie möchte nur reich werden ③ (*current situation*) alles; ***have you been crying? is ~ all right?*** hast du geweint? ist alles in Ordnung?; ***how's ~?*** wie steht's?; **despite** [*or* **in spite of**] ~ trotz allem ▸ PHRASES: **we've reduced prices on ~ but** [*or* **exept**] **the kitchen sink** (*hum*) wir haben alles reduziert; ~ **comes to him who waits** (*prov*) mit Geduld kommt jeder ans Ziel; **to have ~** reich gesegnet sein; **the charity had nothing to do with helping the needy and ~ to do with making its administrators rich** die Fürsorge wollte nicht den Bedürftigen helfen, sondern nur ihr Angestellten reich machen; **and ~** (*fam*) und allem drum und dran *fam*

everywhere ['evri(h)weəʳ, AM -wer] **I.** *adv inv* überall; ***reasonable people ~ ...*** jeder vernünftige Mensch auf dieser Welt ...; ~ **in the world** auf der ganzen Welt; ~ **else** überall sonst; **to look ~ for sth** überall nach etw *dat* suchen; **to travel ~** überallhin reisen **II.** *n no pl* allernorts

evict [ɪ'vɪkt] *vt* **to ~ sb** (*from their home*) jdm kündigen; (*forcefully*) jdn zur Räumung seiner Wohnung zwingen; (*from a pub*) jdn rausschmeißen; ***tenants who fall behind in their rent risk being ~ed*** Mieter, die ihre Miete nicht zahlen, riskieren auf die Straße gesetzt zu werden

eviction [ɪ'vɪkʃᵊn] **I.** *n* Zwangsräumung *f;* ***a court order for the ~ of the squatters*** ein gerichtlich bestätigter Räumungsbefehl gegen die Squatter **II.** *adj attr, inv* ~ **notice/order** Räumungsbescheid *m*/-befehl *m*

evidence ['evɪdᵊn(t)s] **I.** *n no pl* ① (*proof*) Beweis[e] *m*[*pl*]; ***where is your ~?*** kannst du das beweisen?; ***is there any scientific ~ that ...?*** lässt es sich irgendwie wissenschaftlich beweisen, dass ...?; ***there is growing ~ that ...*** es gibt zunehmend Anhaltspunkte dafür, dass ...; **to believe the ~ of one's eyes** seinen eigenen Augen trauen; **all the ~** alle Anhaltspunkte; **documentary ~** dokumentarische Beweise; **to have documentary ~ of sth** stichfeste Belege für etw *akk* haben; **further ~** weitere Anhaltspunkte; ■**on the ~ of sth** BRIT aufgrund einer S. *gen;* **on the ~ of recent developments** BRIT in Anbetracht der jüngsten Entwicklungen; ***on the ~ of their past encounters*** im Hinblick auf ihre letzten Begegnungen ② LAW Beweisstück *nt;* **rule of ~** Beweisregeln *pl;* **circumstantial ~** Indizienbeweis *m;* **convincing ~** überzeugende Beweise; **direct ~** unmittelbarer Beweis; **documentary ~** urkundliche Beweise; **forensic ~** gerichtlicher Beweis; **fresh ~** neues Beweismaterial; **insufficient ~** unzureichende Beweise; **oral ~** mündliche Aussage; **Queen's/King's ~** Aussage *f* eines Kronzeugen; **to plant ~** Beweismaterial unterschieben; **to turn Queen's/King's ~** BRIT als Kronzeuge auftreten; **to give State's** [*or* **Queen's**] ~ **against sb** BRIT als Kronzeuge gegen jdn aussagen; **written ~** schriftliches Beweismaterial; **to find no ~ of sth** keinen Anhaltspunkt für etw *akk* haben; **to give ~** [**on sth**] [über etw *akk*] aussagen; **to give ~** [**against sb**] [gegen jdn] aussagen; **to give ~ in sb's favour** zugunsten von jdm aussagen; **to turn state's ~** als Kronzeuge [*o* Belastungszeuge] aussagen ③ (*be present*) Offenkundigkeit *f;* ***few police were in ~ outside the courtroom*** außerhalb des Gerichtssaals war nur ein geringes Polizeiaufgebot zu erkennen; ■**to be** [**much**] **in ~** [deutlich] sichtbar sein **II.** *vt* **to ~ interest in sth** Interesse an etw *dat* zeigen; ■**to be ~d by sth** *esp* AM (*show, prove*) sich *akk* in etw *dat* ausdrücken; **as ~d by sth** LAW wie durch etw *akk* nachgewiesen, wie etw zeigt

evident ['evɪdᵊnt] *adj* offensichtlich; ***from the smell it was ~ that ...*** der Geruch ließ darauf schließen, dass ...; ***it only became ~ the following morning*** es war erst am nächsten Morgen zu erkennen; ■**to be ~ in sth** in etw *dat* zu erkennen sein, sich *akk* in etw *dat* zeigen; ■**to be ~ to sb** für jdn deutlich sichtbar sein

evidently ['evɪdᵊntli] *adv* ① (*clearly*) offensichtlich ② (*form: so it seems*) ganz offensichtlich; ~ **not** offensichtlich nicht

evil ['iːvᵊl] **I.** *adj* böse; **the ~ day** [*or* **hour**] (*hum*) die Stunde der Wahrheit; **to put off the ~ hour** der Stunde der Wahrheit aus dem Wege gehen; **the ~ hour is upon sb** jdm droht die Stunde der Wahrheit; **to use one's ~ influence on sb** auf jdn einen schlechten Einfluss ausüben; **a thoroughly ~ man** ein ausgesprochen gehässiger man; ~ **odour** [*or* AM **odor**] übler Gestank; **to be of ~ repute** einen schlechten Ruf genießen; ~ **spirit**[**s**] böse Geister; **to have an ~ tongue** eine bösartige Zunge haben **II.** *n* Übel *nt;* LIT das Böse; **an aura of ~** eine Aura des Bösen; **to blame sb for all the ~s of the past** jdn für alles Schlechte der Vergangenheit verantwortlich machen; **good and ~** Gut und Böse; **the lesser ~** das geringere Übel; **the lesser of two ~s** das kleinere von zwei Übeln; **social ~** soziale Missstände

evildoer *n* Übeltäter(in) *m(f)* **evil eye** *n* (*fig*) ■**the ~** der böse Blick

evilly ['iːvᵊli] *adv* schlimm, übel, böse

evil-minded *adj* (*pej*) bösartig **evil-tempered** *adj* (*pej*) jähzornig

evince [ɪ'vɪn(t)s] *vt* ■**to ~ sth** etw bekunden; **to ~ a desire to do sth** den Wunsch äußern, etw zu tun; **to ~ interest** Interesse zeigen; **to ~ a willingness to do sth** die Bereitschaft zeigen, etw zu tun

eviscerate [ɪ'vɪsəreɪt] *vt* (*form*) ■**to ~ an animal/sb** ein Tier ausnehmen/jdm die inneren Organe entfernen; (*fig: remove beautiful/valuable part*) ■**to ~ sth** etw einer S. *gen* berauben *geh*

evisceration [ɪˌvɪsə'reɪʃᵊn] *n no pl* (*of animals*) Ausweidung *f;* (*of humans*) Entfernen *nt* der Eingeweide

evocation [ˌevə(ʊ)'keɪʃᵊn, AM ˌevə'-] *n* (*form*) Heraufbeschwören *nt*

evocative [ɪ'vɒkətɪv, AM ɪ'vɑːkəţɪv] *adj* evokativ; *melodie* sinnträchtig; **an ~ image** ein plastisches Bildnis; ■**to be ~ of sth** an etw *akk* erinnern; **to be ~ of a decade** Erinnerungen an ein [bestimmtes] Jahrzehnt wachrufen

evocatively [ɪ'vɒkətɪvli, AM ɪ'vɑːkəţ-] *adv* evokativ; **to read ~** etw anschaulich vortragen; **to write ~ of sth** etw in plastischer Weise beschreiben

evoke [ɪ'vəʊk, AM -'voʊk] *vt* ■**to ~ sth** etw hervorrufen; *an mental image* an etw *akk* erinnern; **to ~ a memory** eine Erinnerung wachrufen; **to ~ a smile** ein Lächeln bewirken; ***seeing the pictures of himself as a baby ~d a smile*** als er sich selbst als Baby auf den Bildern sah, musste er lächeln; **to ~ a suspicion** einen Verdacht erregen

evolution [ˌiːvə'luːʃᵊn, AM ˌevə'-] *n no pl* Evolution *f; of animals* Entwicklung *f* [von Tieren]; (*fig*) Entwicklung *f*

evolutionary [ˌiːvə'luːʃᵊnᵊri, AM ˌevə'luːʃᵊneri] *adj*

evolutionär; ***change should be ~ and not revolutionary*** (*fig*) die Änderungen sollten sich Schritt für Schritt und nicht drastisch vollziehen

evolve [ɪ'vɒlv, AM -'vɑ:lv] **I.** *vi* (*develop*) entwickeln; *animals* sich entwickeln; *a species, theory* sich herausbilden; ***how do we know that humans ~d from apes?*** woher wissen wir, dass der Mensch vom Affen abstammt? **II.** *vt* ■**to ~ sth** etw entwickeln; **to ~ new forms of life** neue Formen des Lebens herausbilden

ewe [ju:] *n* Mutterschaf *nt;* **~'s milk** Schafsmilch *f*

ewer ['ju:əʳ, AM -ɚ] *n* Wasserkrug *m*

ex¹ *prep* ❶ COMM (*out of, from*) ab; **price ~ warehouse/works** Preis ab Lager/Werk ❷ (*without*) ohne; STOCKEX **~ all** ausschließlich aller Rechte; **~ cap** ex [*o* ohne] Berichtigungsaktien, ex Gratisaktien; **share quoted ~ div[idend]** ex Dividende notierte Aktie; **~ rights** ex [*o* ohne] Bezugsrechte

ex² <*pl* -es> [eks] *n* (*fam: lover*) Ex-Freund(in) *m(f);* (*spouse*) Ex-Mann, Ex-Frau *m, f*

ex- [eks] *in compounds* ehemalig; **~prisoner** ehemaliger Häftling; **~husband** Ex-Mann *m;* **~communist** Ex-Kommunist(in) *m(f);* **~wife** Ex-Frau *f*

exacerbate [ɪg'zæsəbeɪt, AM -'zæsɚ-] *vt* ■**to ~ sth** etw verschlimmern; *drought, crisis* etw verschärfen; **to ~ relations** Beziehungen trüben; **to ~ tension** Spannungen vertiefen

exacerbation [ɪg,zæsə'beɪʃᵊn, AM -,zæsɚ-] *n no pl* Verschlimmerung *f; of crisis etc* Verschärfung *f;* **~ of a problem** Verschlechterung *f* eines Problems

exact [ɪg'zækt] **I.** *adj* ❶ (*precise*) genau; ***£7.30 to be ~*** 7 Pfund und dreißig Pence, um genau zu sein; **the ~ circumstances** die genauen Umstände; **the ~ description of a person** die exakte Beschreibung einer Person; **to be the ~ equivalent of sth** etw *dat* genau entsprechen; **to be ~ in one's evaluation** eine exakte Beurteilung abgeben; **to have the ~ fare ready** das Fahrgeld genau abgezählt bereithalten; **the ~ opposite** ganz im Gegenteil; **to be ~ in one's reporting** genauestens Bericht erstatten; **an ~ science** eine exakte Wissenschaft ❷ (*same*) **at the ~ same moment** genau in dem Moment; **the ~ one** genau der/die/das **II.** *vt* ■**to ~ sth** etw fordern; (*pej*) etw abverlangen; **to ~ tremendous concentration** ein erhebliches Maß an Konzentration erfordern; **to ~ obedience** Gehorsam fordern; **to ~ a high price from sb** einen hohen Preis von jdm fordern; **to ~ revenge on sb** an jdm Rache üben; ■**to ~ sth from sb** etw von jdm fordern; ■**to be ~ed by sth** durch etw *akk* verursacht werden

exacting [ɪg'zæktɪŋ] *adj* anstrengend; **sb is very ~** jd verlangt sehr viel; **to conform to ~ safety standards** genauen Sicherheitsnormen entsprechen

exact interest *n* AM ECON, FIN Zinsen *pl* auf der Basis von 365 Tagen

exaction [ɪg'zækʃᵊn] *n* (*form*) ❶ *no pl* (*action of demanding*) [An]forderung *f* ❷ (*act of extortion*) Eintreibung *f*, erpresste Abgabe

exactitude [ɪg'zæktɪtju:d, AM -tətu:d, -tju:d] *n no pl* (*form*) Genauigkeit *f*

exactly [ɪg'zæktli] *adv* ❶ (*precisely*) genau; ***we started going out with each other ~ four years ago today*** heute sind wir seit genau vier Jahren zusammen; ***this song sounds ~ like all his other songs*** dieses Lied unterscheidet sich nicht im Geringsten von seinen anderen Liedern; ***~!*** ganz genau!; **~ the same** genau dasselbe; ***if I had my life again, I'd do ~ the same things*** wenn ich nochmal zu leben hätte, würde ich alles nochmal ganz genauso machen; **to not ~ agree to sth** etw *dat* nicht gerade zustimmen; ***he didn't ~ agree with my proposal, but …*** er stimmte meinem Vorschlag nicht gerade zu, aber …; **to do ~ that** genau das tun; **how/what/when/where/who ~ …** [*or* **~ how/what/when/where/who …**] wie/was/wann/wo/wer genau …; ***what ~ do you want from life?*** was erwartest du eigentlich vom Leben? ❷ (*hardly*) ■**not ~** eigentlich nicht; ***he's not ~ good-looking but …*** eigentlich sieht er gar nicht gut aus, aber …; **to be not ~ the epitome of sth** (*iron*) etw *dat* nicht gerade entsprechen

exactness [ɪg'zæktnəs] *n* Genauigkeit *f*

exaggerate [ɪg'zædʒᵊreɪt, AM -dʒər-] **I.** *vt* ■**to ~ sth** etw übertreiben; **to ~ the effect of sth** die Wirkung auf etw *akk* verstärken; **to ~ a situation** eine Situation übertrieben darstellen; **to ~ sth grossly** [*or* **wildly**] etw stark übertreiben **II.** *vi* übertreiben; **let's not ~!** bloß nicht übertreiben!

exaggerated [ɪg'zædʒᵊreɪtɪd, AM -dʒəreɪt̬ɪd] *adj* übertrieben; ***he has an ~ idea of his own importance*** er nimmt sich selbst viel zu wichtig; **to pay ~ attention to sb** jdm übertriebene Aufmerksamkeit schenken; **wildly ~ claims** vollkommen überzogene Forderungen; **to attach ~ importance to sth** etw *dat* übertriebene Aufmerksamkeit schenken; **greatly ~** stark übertrieben

exaggeratedly [ɪg'zædʒᵊreɪtɪdli, AM -dʒəreɪt̬ɪd-] *adv* übertrieben

exaggeration [ɪg,zædʒᵊr'eɪʃᵊn] *n* Übertreibung *f;* ***it's not an ~ to say that …*** es ist nicht übertrieben, wenn man behauptet, dass …; ***it's a bit of an ~ to say that she's beautiful*** sie als schön zu bezeichnen wäre wohl ein bisschen übertrieben; **to have a tendency to ~** zu Übertreibungen neigen

exalt [ɪg'zɔ:lt] *vt* ❶ (*praise*) ■**to ~ sb** jdn preisen; ***the new book about JFK does not exactly ~ him*** das neue Buch über John F. Kennedy ist nicht gerade eine Lobeshymne; **to ~ sth as a virtue** etw als eine Tugend preisen ❷ (*promote*) jdn [in einen Stand] erheben

exaltation [,egzɔ:l'teɪʃᵊn] *n no pl* Begeisterung *f*

exalted [ɪg'zɔ:ltɪd] *adj* ❶ (*elevated*) hoch; **to rise to an ~ post** zu einem hohen Posten aufsteigen; **~ rank** hoher Rang ❷ (*overjoyed*) überschwenglich; ■**to be ~** überschwenglich reagieren; ***we were absolutely ~ when …*** wir waren vor Freude vollkommen aus dem Häuschen, als …

exam [ɪg'zæm] *n* Prüfung *f;* **to fail an ~** durch eine Prüfung fallen; **to take an ~** eine Prüfung machen

examination [ɪg,zæmɪ'neɪʃᵊn] **I.** *n* ❶ (*test*) Prüfung *f;* UNIV Examen *nt;* **to fail an ~** durch eine Prüfung fallen; **to pass/sit/take an ~** eine Prüfung bestehen/ablegen/machen ❷ (*investigation*) Untersuchung *f;* **customs ~** ECON Zollkontrolle *f;* **~ of the evidence** Überprüfung *f* der Beweismittel; **research ~** Forschungsuntersuchungen; **on closer ~** bei genauerer Überprüfung; **to be under ~** untersucht werden; ***the evidence is still under ~*** die Beweismittel werden immer noch geprüft ❸ MED Untersuchung *f;* **to undergo a medical ~** sich *akk* ärztlich untersuchen lassen; **post-mortem ~** Obduktion *f*, Autopsie *f;* **to have** [*or* **undergo**] **an ~** sich *akk* einer Untersuchung unterziehen ❹ (*questioning*) *suspect, prisoner* Vernehmung *f*, Verhör *nt; witness* Zeugenvernehmung *f;* **direct ~** AM erste Zeugenvernehmung (*durchgeführt von dem Anwalt der benennenden Partei*); **to conduct the ~ of a witness** die Zeugenvernehmung durchführen; **to undergo an ~** vernommen [*o* verhört] werden **II.** *n modifier* (*questions, results, certificate*) Prüfungs-; **~ paper** Prüfungsunterlagen *pl*

examination board *n* Prüfungsausschuss *m*

examine [ɪg'zæmɪn] *vt* ❶ (*test*) ■**to ~ sb** [**in sth**] jdn [in etw *dat*] prüfen; ■**to be ~d** geprüft werden ❷ (*scrutinize*) ■**to ~ sth** etw untersuchen [*o* prüfen]; ***the council is to ~ ways of reducing traffic*** der Stadtrat versucht Wege zur Reduzierung des Verkehrs zu finden; **to ~ credentials/methods** Referenzen/Methoden überprüfen; **to ~ the effects of sth** die Auswirkungen von etw *dat* untersuchen ❸ LAW ■**to ~ sb** jdn verhören [*o* vernehmen]; **to ~ the accused** den Angeklagten verhören; **to ~ experts** Experten anhören; ■**to ~ sb on sth** jdn zu etw *dat* befragen [*o* hinzuziehen] ❹ MED ■**to ~ sb/sth** jdn/etw untersuchen; **to ~ one's breasts** [**for lumps**] jds Brust [auf Knoten] abtasten

examinee [ɪg,zæmɪ'ni:] *n* Examenskandidat(in) *m(f)*

examiner [ɪg'zæmɪnəʳ, AM -ɚ] *n* ❶ SCH, UNIV Prüfer(in) *m(f)* ❷ MED **medical ~** Gerichtsmediziner(in) *m(f)* ❸ IRISH ECON, FIN (*corporate administrator*) [vom Gericht bestimmter] Verwalter/[vom Gericht bestimmte] Verwalterin

examining board *n* Prüfungsausschuss *m*

examining justice *n*, **examining magistrate** *n* LAW Untersuchungsrichter *m*

example [ɪg'zɑ:mpl, AM -'zæm-] *n* ❶ (*illustration*) Beispiel *nt;* ***this painting is a marvellous ~ of her work*** dieses Bild verdeutlicht ihre Arbeit auf wunderbare Art und Weise; ***that was a perfect ~ of …*** das war ein perfektes Beispiel für …; **to give** [*or* **quote**] [**sb**] **an ~** [**of sth**] [jdm] ein Beispiel [für etw *akk*] geben; **for ~** zum Beispiel ❷ (*model*) Beispiel *nt;* **to set a good ~ to sb** jdm als Vorbild dienen; **to be a shining ~ for sth** ein leuchtendes Beispiel für etw *akk* sein; **to follow sb's ~** in die Fußstapfen einer Person *gen* treten; **to make an ~ of sb** an jdm ein Exempel statuieren; ***the judge made an ~ of him and gave him the maximum sentence*** der Richter belegte ihn exemplarisch mit der Höchststrafe

exasperate [ɪg'zæspᵊreɪt, AM -pər-] *vt* ■**to ~ sb** (*infuriate*) jdn zur Verzweiflung bringen; (*irritate*) jdn verärgern [*o fam* auf die Palme bringen]; ■**to be ~d by** [*or* **at**] **sth** über etw *akk* verärgert sein

exasperated [ɪg'zæspᵊreɪtɪd, AM -pəreɪt̬ɪd] *adj* (*irritated*) verärgert; (*infuriated*) aufgebracht; **to show an ~ reaction to sth** sehr aufgebracht auf etw *akk* reagieren; **to say sth in an ~ voice** etw in einem ärgerlichen Tonfall sagen; **to look ~** einen ärgerlichen Gesichtsausdruck haben; ■**to be ~ at** [*or* **by**] **sth** über etw *akk* verärgert sein

exasperatedly [ɪg'zæspᵊreɪtɪdli, AM -pəreɪt̬ɪd-] *adv* verärgert; ***…, he spluttered ~*** …, zischte er aufgebracht; **to talk ~ of sth** aufgebracht über etw *akk* berichten

exasperating [ɪg'zæspᵊreɪtɪŋ, AM -pəreɪt̬ɪŋ] *adj* ärgerlich; **sth is really ~** etw bringt jdn auf die Palme

exasperatingly [ɪg'zæspᵊreɪtɪŋli, AM -pəreɪt̬ɪŋ-] *adv* zum Verzweifeln; ***they are ~ slow in processing any application*** es ist zum Verzweifeln, wie langsam sie Anträge bearbeiten; **to be ~ obstinate** zum Verzweifeln stur sein

exasperation [ɪg,zæspə'reɪʃᵊn] *n no pl* Verzweiflung *f* (**at** über +*akk*); **to feel deep ~** zutiefst verzweifelt sein; **to drive sb to ~** jdn vollkommen zur Verzweiflung bringen; **in ~** verärgert, verzweifelt; ***he stormed out of the meeting in ~*** er stürmte völlig frustriert aus der Konferenz

ex cathedra [,ekskə'θi:drə] **I.** *adj inv* ❶ (*form: unchallengeable*) maßgeblich; **~ pronouncement** unumstößliche Erklärung ❷ REL ex cathedra **II.** *adv inv* (*form*) autoritativ; ***when the pope says something he speaks ~*** alles was der Papst sagt, ist von maßgebender Bedeutung

excavate ['ekskəveɪt] **I.** *vt* ■**to ~ sth** ❶ ARCHEOL etw ausgraben; **to ~ a burial place** ein Grab ausheben; **to ~ a site** Ausgrabungen auf einem Gelände machen; **~d site** Ausgrabungsgelände *nt* ❷ (*dig*) etw ausheben; **to ~ a hole/tunnel** ein Loch/einen Tunnel graben ❸ *esp* BRIT (*fig: expose*) etw offen legen; **to ~ details of sb's private life** Einzelheiten aus jds Privatleben *nt* an die Öffentlichkeit bringen **II.** *vi* Ausgrabungen machen

excavation [,ekskə'veɪʃᵊn] *n* ARCHEOL Ausgrabung *f;* (*digging*) Ausheben; **~ of a tumulus** Aushebung *f* eines Hügelgrabs; **the ~ of a tunnel** das Graben eines Tunnels; **to carry out an ~** eine Ausgrabung durchführen; **to take part in an ~** an einer Ausgrabung teilnehmen *nt*

excavation site *n* Ausgrabungsstätte *f*

excavator ['ekskəveɪtəʳ, AM -t̬ɚ] *n* Bagger *m*

exceed [ɪk'si:d] *vt* ■**to ~ sth** etw übersteigen; (*outshine*) etw übertreffen; ***the total current must not ~ 13 amps*** es dürfen nicht mehr als 13 Ampere Strom fließen; ECON, FIN ***he has ~ed his credit limit*** er hat seinen Kredit überzogen; **to ~ the ceiling** (*fig*) die Höchstgrenze überschreiten; **to ~ sb's wildest dreams** jds kühnste Träume *mpl* übertreffen; **to ~ sb's wildest expectations** all jds Erwartungen *fpl* bei weitem übertreffen; **to ~ a quota** eine Quote übersteigen; **to ~ one's powers** LAW sei-

E

ne Befügnisse überschreiten; **to ~ the speed limit** die Geschwindigkeitsgrenze überschreiten

exceedingly [ɪk'siːdɪŋli] *adv* äußerst; **~ difficult** extrem schwierig; **~ good** überdurchschnittlich gut; **~ unpleasant** höchst unangenehm; **to disturb sb ~** (*old*) jdn aufs Äußerste beunruhigen

excel <-ll-> [ɪk'sel] **I.** *vi* sich *akk* auszeichnen; ■**to ~ at** [*or* **in**] **sth** sich *akk* bei etw *dat* hervortun; ***I've never ~led at diving*** ich war noch nie ein guter Taucher; ***she ~s in debates*** sie schlägt sich hervorragend bei Diskussionen; **to ~ at chess** im Schachspielen ein As sein *fam;* **to ~ at French** im Französischen eine Leuchte sein *fam* **II.** *vt* ■**to ~ oneself** sich *akk* selbst übertreffen

excellence ['eksələn(t)s] *n no pl* Vorzüglichkeit *f;* *of a performance* hervorragende Qualität; **academic ~** (*of a university*) ausgezeichnetes akademisches Niveau

Excellency ['eksələn(t)si] *n* Exzellenz *f;* **His/Her ~** Seine/Ihre Exzellenz; [**Your**] **~** [Eure] Exzellenz

excellent ['eksələnt] *adj* (*approv*) ausgezeichnet; ***the fall in interest rates is ~ news for borrowers*** der niedrigere Zinssatz kommt Kreditnehmern wie gerufen; **in ~ condition** in einem ausgezeichneten Zustand; **to have ~ facilities** über ausgezeichnete Einrichtungen verfügen; **to be in ~ form** in Topform sein *fam;* **to achieve an ~ grade** eine überdurchschnittlich gute Zensur bekommen; **to make an ~ impression on sb** einen sehr guten Eindruck bei jdm hinterlassen; **to have an ~ name** einen hervorragenden Ruf besitzen; **~ performance** hervorragende Leistung; **~ qualifications** sehr gute Qualifikationen; **to be of ~ quality** von hervorragender Qualität sein; **to have an ~ record** ausgezeichnete Leistungen vorweisen; **to have an ~ reputation for sth** in außergewöhnlichem Maße für etw bekannt sein; **to achieve ~ results** hervorragende Ergebnisse erzielen; **to have ~ taste** einen auserwählten Geschmack besitzen; **to be an ~ traveller** ein erfahrener Reisender sein; ■**~!** ausgezeichnet!, hervorragend!

excellently ['eksələntli] *adv* ausgezeichnet; **to work ~** hervorragende Arbeit leisten; *computers, machines* hervorragend funktionieren

except [ɪk'sept] **I.** *prep* ■**~** [**for**] außer +*dat;* ***the museum is open daily ~ Mondays*** das Museum ist täglich geöffnet, außer Montags; **~ for the fact that ...** außer [*o* abgesehen von] der Tatsache, dass ... **II.** *conj* ① (*only, however*) doch, nur; ***I would come to see you ~ I haven't any time*** ich würde dich ja gerne besuchen kommen, nur ich habe keine Zeit ② (*besides*) außer; ***we can do nothing ~ appeal to their conscience*** wir können nur an ihr Gewissen appellieren **III.** *vt* (*form*) ■**to ~ sb/sth from sth** jdn/etw von etw *dat* ausschließen; ***I ~ no one from this criticism*** keiner ist von dieser Kritik ausgeschlossen; **to be ~ed from a fine/tax** eine Geldstrafe/eine Steuer nicht bezahlen müssen; **to be ~ed from a law** von einem Gesetz ausgenommen sein

excepted [ɪk'septɪd] *adj after n* außer; ***Peter ~, ...*** außer Peter ...; **errors and omissions ~** ECON, FIN Irrtümer und Auslassungen vorbehalten; **present company ~** Anwesende ausgenommen; (*in insurance policy*) **~ persons** ausgenommene Personen

excepting [ɪk'septɪŋ] *prep* außer +*dat;* **not ~** nicht ausgenommen; **always ~** natürlich mit Ausnahme

exception [ɪk'sepʃən] *n* Ausnahme *f;* ***you must report here every Tuesday without ~*** du musst dich hier ausnahmslos jeden Dienstag melden; **to make/be an ~** eine Ausnahme machen/sein; **to take ~** [**to sth**] Anstoß *m* [an etw *dat*] nehmen; ***I take great ~ to your last comment*** deine letzte Bemerkung verbitte ich mir *geh;* **with the ~ of ...** mit Ausnahme von ... ► PHRASES: **the ~ proves the rule** (*prov*) die Ausnahme bestätigt die Regel *prov*

exceptionable [ɪk'sepʃənəbl̩] *adj* (*form*) anfechtbar; (*not appropriate*) unschicklich; ***many people find that sort of newspaper article highly ~*** viele Leute nehmen starken Anstoß an solch einem Zeitungsartikel; **an ~ programme** [*or* AM **program**] ein anstößiges Programm; **an ~ speech** eine ungebührliche Rede

exceptional [ɪk'sepʃənəl] *adj* (*approv*) außergewöhnlich; ***she has ~ qualities as a pianist*** sie ist eine ganz hervorragende Pianistin; ***her ~ pallor attracted me*** mir gefiel ihre auffallende Blässe; **an ~ case** ein ungewöhnlicher Fall; **~ circumstances** außergewöhnliche Umstände; **~ needs payment** außergewöhnliche Sozialleistungen

exceptional items *npl* ECON, FIN einmalige Aufwendungen

exceptionally [ɪk'sepʃənəli] *adv* (*approv*) außergewöhnlich; **to be ~ clever/cold** ungewöhnlich intelligent/kalt sein; **to be ~ talented** überdurchschnittliches Talent besitzen

excerpt **I.** *n* ['eksɜːpt, AM -sɜːrpt] Auszug *m,* Exzerpt *nt form* (**from** aus +*dat*) **II.** *vt* [ek'sɜːpt, AM -'sɜːrpt] *usu passive esp* AM ■**to be ~ed from sth** (*from a collection*) aus etw *dat* stammen; ***this passage of text has been ~ed from her latest novel*** diese Textpassage wurde ihrem letzten Roman entnommen

excess [ɪk'ses, ek-] **I.** *n* <*pl* -es> ① *no pl* (*overindulgance*) Übermaß *nt;* ***another night of ~ yesterday?*** hast mal wieder maßlos über die Stränge geschlagen gestern Abend?; **an ~ of alcohol** ein Übermaß an Alkohol; **~ of jurisdiction** LAW Kompetenzüberschreitung *f* eines Richters/einer Richterin ② (*surplus*) Überschuss *m;* ***an ~ of enthusiasm is not always a good thing*** allzuviel Enthusiasmus ist nicht immer gut; **to have an ~ of energy** überschüssige Energie besitzen; ■**to do sth to ~** bei etw *dat* übertreiben; **to make love to ~** sich exzessiv lieben; **to eat to ~** übermäßig viel essen; **in ~ of ...** mehr als ... ③ (*insurance*) Selbstbehalt *m* **II.** *adj attr* ① (*additional*) Überschuss *m;* **~ amount** Mehrbetrag *m;* **~ capacity** Überkapazität *f;* **~ charge** Zusatzgebühr *f;* **~ income** Mehreinkommen *nt;* **~ production** Überschussproduktion *f;* **~ supply** Überangebot *m* ② (*surplus*) überschüssig; **~ alcohol in the blood** zu hoher Blutalkoholgehalt; **~ allowance** Zusatzbewilligung *f;* **~ fare** Zuschlag *m;* **~ fat** überschüssiges Fett

excess baggage *n,* **excess luggage** *n no pl* Übergepäck *nt*

excesses [ɪk'sesɪz, ek-] *npl* ① (*outrageousness*) Exzesse *mpl;* **to commit ~** Exzesse begehen ② (*overabundance*) Unmenge *f;* ***as for shoes her ~ were well known*** es war bekannt, dass sie eine Unmenge von Schuhen besaß

excessive [ɪk'sesɪv, ek-] *adj* übermäßig; ***~ exercise can cause health problems*** zu viel Sport kann Gesundheitsschäden verursachen; **~ claim** übertriebene Forderung; **~ spending** überhohe Ausgaben; **~ taxation** Übersteuerung *f;* **~ violence** übermäßige Gewalt[anwendung]; **~ zeal** Übereifer *m*

excessively [ɪk'sesɪvli, ek-] *adv* übermäßig; ***he behaved ~ at the party*** er benahm sich auf der Party total daneben; **~ high salaries** überzogene Gehälter; **to not be ~ bright** nicht gerade eine Leuchte sein; **~ direct/rigorous** allzu direkt/streng; **~ persistent** übertrieben hartnäckig

excess liquidity *n no pl* ECON, FIN Überliquidität *f*

exchange [ɪks'tʃeɪndʒ, eks-] **I.** *vt* ① (*trade*) ■**to ~ sth** [**for sth**] etw [gegen etw *akk*] austauschen; *in a shop* etw [gegen etw *akk*] umtauschen; **to ~ apartments** einen Wohnungstausch vornehmen ② (*interchange*) ■**to ~ sth** etw austauschen; **to ~ addresses/greetings/opinions** Adressen/Grüße/Meinungen austauschen; **to ~ banter with sb** mit jdm herumalbern; **to ~ looks** Blicke wechseln; **to ~ words** einen Wortwechsel haben **II.** *n* ① (*trade*) Tausch *m;* ***he gave me some tomatoes in ~ for a lift into town*** er gab mir ein paar Tomaten und dafür nahm ich ihn mit in die Stadt; **~ of contracts** Vertragsabschluss *m;* **~ of letters** Briefwechsel *m;* **~ of proposals** Austausch *m* von Vorschlägen ② FIN, ECON Währung *f;* **foreign ~** Devisen *fpl;* (*money*) ausländische Zahlungsmittel; **rate of ~** Wechselkurs *m;* **rate of ~ of the dollar** Wechselkurs *m* des Dollars; **~ regulations** Devisenbestimmungen *fpl* ③ STOCKEX (*shares market*) Börse *f;* **commodity ~** Warenbörse *f;* **Stock E~** Börse *f;* **London International Financial Futures and Options E~** *Internationale Londoner Finanzterminbörse;* **Baltic International Freight and Futures E~** *Londoner Börse für Warentermingeschäfte;* **London Metal E~** *Londoner Metallbörse* ④ (*interchange*) Wortwechsel *m;* ***there was a brief ~ between the two leaders*** die beiden Führungskräfte tauschten sich kurz aus; **~ of blows** Schlagabtausch *m;* **~ of fire** Feuergefecht *nt,* Schusswechsel *m;* **~ of threats** gegenseitige Drohungen; **bitter ~** erbitterter Wortwechsel **III.** *adj attr, inv* **~ conditions** Wechselbedingungen *fpl;* **~ market** Devisenmarkt *m;* **~ teacher** Austauschlehrer(in) *m(f);* **~ value** Tauschwert *m*

exchangeable [ɪks'tʃeɪndʒəbl̩, eks-] *adj inv* austauschbar; *goods* umtauschbar; **~ currency** Tauschwährung *f;* **~ token** einlösbarer Gutschein

exchange broker *n* Devisenmakler(in) *m(f)* **exchange control** *n* FIN Devisenbewirtschaftung *f,* Devisenkontrolle *f;* ***the government has imposed ~s*** die Regierung hat Beschränkungen im freien Devisenverkehr eingeführt; **to lift ~s** Devisenbeschränkungen aufheben **exchange cross rates** *n* FIN Usancekurs *m* **exchange dealer** *n* ECON, FIN Devisenmakler(in) *m(f)* **Exchange Equalization Account** *n* FIN Währungsausgleichsfonds *m* **exchange rate** *n* Wechselkurs *m,* Devisenkurs *m;* **~ fluctuations** Wechselkursschwankungen *fpl;* **~ parity** Wechselkursparität *f;* **~ stability** Wechselkursstabilität *f;* **~ system** Wechselkurssystem *nt;* **~ swap** Wechselkurstauschgeschäft *nt* **Exchange Rate Mechanism** *n* Wechselkursmechanismus *m* **exchange restrictions** *npl* ECON, FIN Devisenbewirtschaftung *f,* Devisenkontrolle *f* **exchange risk** *n* Wechselkursrisiko *nt* **exchange student** *n* SCH Austausschüler(in) *m(f);* UNIV Austauschstudent(in) *m(f)* **exchange transaction** *n* Devisengeschäft *nt*

exchequer [ɪks'tʃekər, eks-, AM -ɚ] *n no pl* BRIT Finanzministerium *nt*

Exchequer [ɪks'tʃekər, eks-] *n no pl* BRIT ECON, FIN ■**the ~** ① (*government funds*) der Fiskus ② (*government account*) die Staatskasse ③ + *sing/pl vb* (*government department*) das Finanzministerium [*o* Schatzamt]; **Chancellor of the ~** Finanzminister(in) *m(f),* Schatzkanzler(in) *m(f);* **~ stocks** britische Staatstitel

excise[1] ['eksaɪz] **I.** *n no pl* FIN Verbrauchssteuer *f;* **~ on alcohol** Alkoholsteuer *f;* **local ~** örtliche Verbrauchssteuer; **to increase** [*or* **raise**]**/lower ~** die Verbrauchssteuer erhöhen [*o* anheben]/senken; **Customs and E~** Behörde *f* für Zölle und Verbrauchssteuern **II.** *adj attr* **~ duty** [**on sth**] Verbrauchssteuern [für etw *akk*]; **~ duty on beer** Biersteuer *f;* **~ law** Verbrauchssteuergesetz *nt;* **~ regulations** verbrauchssteuerrechtliche Bestimmungen

excise[2] [ek'saɪz] *vt* ■**to ~ sth** (*remove*) etw entfernen (**from** von +*dat*); *from list* etw streichen; FILM etw herausschneiden; **to ~ a chapter** ein Kapitel herausnehmen; **to ~ a tumour** [*or* AM **tumor**] einen Tumor entfernen

Excise Department *n* BRIT ECON Behörde *f* für Zölle und Verbrauchssteuern

exciseman <*pl* -men> *n* HIST Steuereinnehmer *m*

excision [ek'sɪʒən] *n* MED Entfernung *f*

excitable [ɪk'saɪtəbl̩, ek-, AM -t̬ə-] *adj* erregbar; **to have an ~ temper** reizbar sein

excite [ɪk'saɪt, ek-] *vt* ① (*stimulate*) ■**to ~ sb** jdn erregen; (*make enthusiastic*) jdn begeistern; **to ~ an audience** ein Publikum begeistern; **to be ~d about an idea** von einer Idee begeistert sein; **to be ~ about a prospect/discovery** eine Aussicht/eine Entdeckung aufregend finden ② (*awaken*) ■**to ~ sth** etw hervorrufen; **to ~ sb's curiosity** jds Neugierde *f* wecken; **to ~ feelings** Gefühle verursachen; **to ~ sb's imagination** jds Fantasie *f* anregen; **to ~ passion** Leidenschaft hervorrufen; **to ~ speculation** zu Spekulationen führen

excited [ɪk'saɪtɪd, ek-, AM -t̬ɪd] *adj* aufgeregt; (*en-*

thusiastic) begeistert; (*sexually*) erregt; **to be ~ about sth** (*in present*) von etw *dat* begeistert sein; (*in near future*) sich auf etw *akk* freuen; **nothing to get ~d about** nichts Weltbewegendes [*o* Besonderes]; ***the progress made is nothing to get ~ about*** es sind keine überwältigenden Fortschritte gemacht worden

excitedly [ɪk'saɪtɪdli, ek-, AM -t̬ɪd-] *adv* aufgeregt; **to talk ~** erregt sprechen

excitement [ɪk'saɪtmənt, ek-] *n* ❶ (*strong arousal*) Aufregung *f;* **~ of anticipation** angespannte Erwartungshaltung; **to be in a state of ~** in heller Aufregung sein; **what ~!** wie aufregend! ❷ *no pl* (*stimulation*) Erregung *f;* (*commotion*) Aufruhr *m;* (*agitation*) Aufregung *f;* ***if you want ~ you should try parachuting*** wenn du Aktion haben willst, solltest du Fallschirmspringen versuchen

exciting [ɪk'saɪtɪŋ, ek-, AM -t̬ɪŋ] *adj* (*approv*) *discovery, life* aufregend; *development, match, story* spannend; (*stimulating*) anregend; **to have an ~ life** ein aufregendes Leben führen

excitingly [ɪk'saɪtɪŋli, ek-, AM -t̬ɪŋli] *adv* (*approv*) aufregend; *describe, tell, write* spannend

excl. I. *adj abbrev of* **exclusive** exkl. II. *prep abbrev of* **excluding** exkl.

exclaim [ɪks'kleɪm, eks-] I. *vi* aufschreien; **to ~ in delight** vor Freude aufschreien II. *vt* ■**to ~ that ...** ausrufen, dass ...; ***he ~ed that his pocket had been picked*** er sei beraubt worden, schrie er

exclamation [ˌeksklə'meɪʃən] *n* Ausruf *m;* **~ of anger** Wutschrei *m;* **~s of happiness** Freudengeschrei *nt*

exclamation mark *n,* **exclamation point** *n* Ausrufezeichen *nt*

exclamatory [ɪks'klæmətəri, AM tɔːri] *adj* lautstark

exclude [ɪks'kluːd, eks-] *vt* ❶ (*keep out*) ■**to ~ sb/sth** [**from sth**] jdn/etw [von etw *dat*] ausschließen; **to ~ sb from a club** jdn für einen Verein nicht zulassen; **to be ~d from school** von der Schule ausgeschlossen sein ❷ (*leave out*) ***the price ~s local taxes*** im Preis sind die Kommunalsteuern nicht inbegriffen; **to ~ a possibility** eine Möglichkeit ausschließen

excluding [ɪks'kluːdɪŋ, eks-] *prep* ausgenommen +*gen*

exclusion [ɪks'kluːʒən, eks-] *n* Ausschluss *m* (**from** von +*dat*); ■**to the ~ of sb** unter Ausschluss einer Person *gen;* **~ order** Ausschließung *f* aus dem Familienheim

exclusionary [ɪks'kluːʒənəri, eks-, AM -neri] *adj* ausschließend; **~ area** Ausschlusszone *f;* **~ rule** AM LAW Ausschließungsregel *f;* **~ zone** abgegrenzte Zone

exclusion zone *n* Sperrgebiet *nt*

exclusive [ɪks'kluːsɪv, eks-] I. *adj* ❶ (*excluding*) ausschließlich; ***is the total ~ of service charge?*** ist das Bedienungsgeld nicht im Gesamtpreis enthalten?; **to be mutually ~** nicht zu vereinbaren sein, einander ausschließen ❷ (*limited to*) exklusiv; ***this room is for the ~ use of our guests*** dieser Raum ist nur für unsere Gäste bestimmt; **~ interview** Exklusivinterview *nt;* **~ license** Alleinlizenz *f;* **~ privilege** alleiniges Privileg; **~ right** Exklusivrecht *nt;* ■**to be ~ to sb** auf jdn beschränkt sein; ***these items are ~ to the outlets we own*** diese Waren sind jetzt an unseren Verkaufsstellen zu erhalten ❸ (*select*) vornehm; **~ clientele/membership** exklusive Kundschaft/Mitgliedschaft; **in ~ circles** in besseren Kreisen ❹ (*sole*) einzig; ***singing is not her ~ interest outside work*** außerhalb ihrer Arbeit interessiert sie sich nicht nur fürs Singen; **~ occupation** einzige Beschäftigung II. *n* MEDIA Exklusivbericht *m*

exclusively [ɪks'kluːsɪvli, eks-] *adv* ausschließlich, exklusiv; **to be ~ owned by sb** sich im alleinigen Besitz von jdm befinden

exclusiveness [ɪks'kluːsɪvnəs, eks-] *n no pl* ❶ (*being limited*) Ausschließlichkeit *f* ❷ (*luxuriousness*) Exklusivität *f*

exclusivity [ˌekskluː'sɪvəti, AM -əti] *n no pl* Exklusivität *f;* **sb's ~** jds exklusives Verhalten

excommunicate [ˌekskə'mjuːnɪkeɪt] *vt* ■**to ~ sb** jdn exkommunizieren, jdn aus der Kirchengemeinschaft ausschließen

excommunication [ˌekskəˌmjuːnɪ'keɪʃən] *n* Exkommunikation *f;* **to risk ~** den Ausschluss aus der Kirchengemeinschaft riskieren

excoriate [ek'skɔːrieɪt] *vt* (*form*) ■**to ~ sth** etw heftig angreifen; *idea* etw verurteilen; **to ~ a book** eine vernichtende Kritik über ein Buch schreiben

excrement ['ekskrəmənt] *n* (*form*) Kot *m,* Exkremente *ntpl*

excrescence [ɪk'skresən(t)s, ek-] *n* MED Wucherung *f;* (*fig pej*) Auswuchs *f*

excreta [ɪk'skriːtə, ek-, AM -t̬ə] *n no pl* (*form or spec*) Exkrete *ntpl fachspr,* Ausscheidungen *fpl*

excrete [ɪk'skriːt, ek-] I. *vt* ■**to ~ sth** etw ausscheiden; *secretion* etw absondern II. *vi* Exkremente ausscheiden

excretion [ɪk'skriːʃən, ek-] *n* (*form*) ❶ (*matter*) Exkret *nt fachspr* ❷ *no pl* (*act*) Ausscheidung *f,* Exkretion *f fachspr*

excruciating [ɪk'skruːʃieɪtɪŋ, ek-, AM -t̬ɪŋ] *adj* ❶ (*painful*) schmerzhaft; **to have an ~ attack of sth** von etw *dat* stark befallen sein; **to have an ~ pain** fürchterliche Schmerzen haben; **to suffer from** [**an**] **~ pain** unter fürchterlichen Schmerzen leiden; **~ suffering** entsetzliches Leiden ❷ (*fig*) qualvoll; **in ~ detail** in allen qualvollen Einzelheiten

excruciatingly [ɪk'skruːʃieɪtɪŋli, ek-, AM -t̬ɪŋ-] *adv* entsetzlich, furchtbar; *funny* wahnsinnig; **~ boring** todlangweilig; **~ difficult** extrem schwierig; **~ funny** urkomisch; **~ long** überlang; **~ painful** entsetzlich schmerzhaft

exculpate ['ekskʌlpeɪt] *vt* (*form*) ■**to ~ sb** [**from sth**] jdn [von etw *dat*] freisprechen

exculpatory [ek'skʌlpətəri, AM -tɔːri] *adj inv* (*form*) entlastend

excursion [ɪk'skɜːʃən, eks-, AM -'skɜːrʒ-] *n* Ausflug *m;* **annual ~** Jahresausflug *m;* **to go on** [*or* **make**] **an ~** einen Ausflug machen; (*fig*) Abstecher *m;* **to make an ~** einen Abstecher machen

excursionist [ɪk'skɜːʃənɪst, AM 'skɜːrʒən] *n* Ausflügler(in) *m(f)*

excursion ticket *n* verbilligte Fahrkarte **excursion train** *n* Sonderzug *m*

excusable [ɪk'skjuːzəbl̩, ek-] *adj* verzeihlich, entschuldbar

excuse I. *vt* [ɪk'skjuːz, ek-] ❶ (*forgive*) ■**to ~ sth** etw entschuldigen; (*make an exception*) über etw *akk* hinwegsehen; **~ *the mess in my room*** entschuldige bitte meine Unordnung; ***please ~ me for arriving late*** entschuldigen Sie bitte mein Zuspätkommen; **to ~ sb's behaviour** jds Verhalten *nt* rechtfertigen; **to ~ sb's lateness** über jds Unpünktlichkeit *f* hinwegsehen; ■**to ~ sb** [**for**] **sth** jdm etw entschuldigen; ***many of the war criminals were ~d their crimes*** vielen Kriegsverbrechern wurden ihre Verbrechen nicht angerechnet; ■**to ~ sb from sth** jdn von etw *dat* befreien; ***may I be ~d from cricket practice?*** dürfte ich dem Cricket-Training fernbleiben? ❷ (*attract attention*) **~ me!** entschuldigen Sie bitte!, Entschuldigung!; (*beg pardon*) [ich bitte vielmals um] Entschuldigung; ***my name is Dedijer — ~ me?*** mein Name ist Dedijer – wie bitte?; (*on leaving*) [***if you'll***] **~ *me*** wenn Sie mich jetzt entschuldigen würden; ***may I be ~d?*** dürfte ich mal auf die Toilette gehen? II. *n* [ɪk'skjuːs, ek-] ❶ (*reason*) Entschuldigung *f,* Grund *m;* ***please make my ~s at Thursday's meeting*** entschuldige mich bitte bei der Sitzung am Donnerstag ❷ (*pej: justification*) Ausrede *f;* (*cause, reason*) Anlass *m;* ***there is no ~ for their behaviour*** ihr Verhalten lässt sich nicht entschuldigen; **poor ~** schlechte Ausrede; **to look for an ~** nach einer Ausrede suchen; **to make an ~** sich *akk* entschuldigen; ***I make no ~s for my views*** ich entschuldige meine Ansichten nicht; **to be always making ~s** sich *akk* immer herausreden ❸ (*fam: poor example*) ■**an ~ for sth** eine armselige Ausführung von etw *dat;* ***it was a miserable ~ for a meal*** das war ein jämmerliches Essen

ex-directory [ˌeksdə'rektəri] BRIT, AUS I. *adj inv* **~ number** Geheimnummer *f;* ■**to be ~** nicht im Telefonbuch stehen II. *adv inv* **to go ~** eine Geheimnummer beantragen

exeat ['eksiæt] *n* BRIT UNIV, SCH (*or form*) Beurlaubung *f*

exec [ɪg'zek, eg-] *n* (*fam*) *short for* **executive** leitender Angestellter/leitende Angestellte, Geschäftsführer(in) *m(f);* ***he's a young ~ with a Porsche and five credit cards*** er ist ein Jungmanager mit einem Porsche und fünf Kreditkarten

execrable ['eksɪkrəbl̩] *adj* (*pej form*) scheußlich, grässlich, abscheulich; **an ~ meal** ein abscheuliches Essen; **an ~ show** eine miserable Show

execrably ['eksɪkrəbli] *adv* (*pej*) scheußlich, abscheulich; **to behave ~** sich *akk* widerlich benehmen; **to perform sth ~** etw miserabel aufführen; **to treat sb ~** jdn scheußlich behandeln

execrate ['eksɪkreɪt] *vt* (*form*) ■**to ~ sth** etw verabscheuen; **to ~ a symbol** ein Symbol verfluchen

execration [ˌeksɪ'kreɪʃən] *n* ❶ (*great loathing*) Abscheu *m* ❷ (*old: curse*) Fluch *m,* Verwünschung *f*

executable file *n* COMPUT ausführbare Datei **executable form** *n* COMPUT ausführbare Form

executant [ɪg'zekjətənt] *n* (*form*) Ausführende(r) *f(m); music* Vortragende(r) *f(m)*

execute ['eksɪkjuːt] *vt* ❶ (*form: carry out*) ■**to ~ sth** etw durchführen; **to ~ a manoeuvre** [*or* AM **maneuver**] ein Manöver ausführen; **to ~ an order** einen Befehl ausführen; **to ~ a plan** einen Plan ausführen [*o* durchführen]; **to ~ a play** ein Stück aufführen; **to ~ a somersault** einen Purzelbaum schlagen ❷ LAW **to ~ sb's will** das Testament von jdm vollstrecken ❸ (*kill*) ■**to ~ sb** jdn hinrichten

execution [ˌeksɪ'kjuːʃən] *n* ❶ *no pl* (*carrying out*) Durchführung *f;* **the ~ of an idea** die Verwirklichung einer Idee; **the ~ of a duty** die Wahrnehmung einer Pflicht; **to put** [*or* **carry**] **a plan into ~** einen Plan ausführen; **the ~ of a sonata** die Ausführung einer Sonate ❷ (*killing*) Hinrichtung *f,* Exekution *f form* ❸ LAW **stay of ~** Vollstreckungsaufschub *m*

executioner [ˌeksɪ'kjuːʃənəʳ, AM -ɚ] *n* Scharfrichter *m*

executive [ɪg'zekjətɪv, eg-, AM -t̬ɪv] I. *n* ❶ (*manager*) leitender Angestellter/leitende Angestellte; **advertising ~** Werbemanager(in) *m(f);* **bank ~** Bankmanager(in) *m(f);* **junior/senior ~** untere/höhere Führungskraft ❷ + *sing/pl vb* (*body*) Exekutive *f;* (*committee*) Vorstand *m;* **~ of the party** Parteivorstand *m;* **~ of the union** Gewerkschaftsvorstand *m;* **local ~** örtliche Exekutive; **national ~** Nationalexekutive *f* ❸ (*in law office*) **legal ~** [qualifizierter] Mitarbeiter in einem Anwaltsbüro ❹ (*section of government*) **the E~** die Exekutive, die vollziehende Gewalt; AM (*president*) der Präsident II. *adj attr* ❶ (*administrative*) Exekutiv-; **~ branch** Exekutivzweig *m;* **~ committee** [geschäftsführender] Vorstand *m;* **~ council** Ministerrat *m* ❷ (*managerial*) **~ car** Vorstandswagen *m;* **~ decisions** Führungsentscheidungen *fpl;* **~ editor** Chefredakteur(in) *m(f);* **~ powers** ausübende Gewalt, Exekutivgewalt *f;* **~ producer** leitender Produzent/leitende Produzentin; **~ secretary** Direktionssekretär(in) *m(f);* **~ skills** Führungsfähigkeiten *fpl;* **~ suite** Vorstandsetage *f; in a hotel* Chefsuite *f;* **~ share option scheme** *Optionen, die leitenden Angestellten auf Aktien ihrer Unternehmungen eingeräumt werden*

executive clemency *n* AM Begnadigung *f* durch den Präsidenten **executive director** *n* geschäftsführender Direktor/geschäftsführende Direktorin **executive document** *n* AM dem Senat vom Präsidenten zur Zustimmung vorlegter [Staats-]Vertrag **executive order** *n* Exekutivorder *m,* Vollzugsanordnung *f* **executive privilege** *n* AM Vorrecht *nt* des Präsidenten [, bestimmte Informationen nicht offen zu legen] **executive session** *n* AM Geheimsitzung *f* [des Senats]

executor [ɪg'zekjətəʳ, eg-, AM -t̬ɚ] *n* LAW Testamentsvollstrecker(in) *m(f);* **the ~ of the will** der Vollstrecker/die Vollstreckerin des Testaments; **literary ~** literarischer Testamentsvollstrecker

executory [ɪgˈzekjətəri, AM -tɔːri] *adj* LAW ~ **consideration** wechselseitiges Leistungsversprechen

executrix <*pl* -trices> [ɪgˈzekjətrɪks, *pl* -traɪsiːz] *n* LAW Testamentsvollstreckerin *f*

EXE file *n* COMPUT EXE-Datei *f*

exegesis <*pl* -geses> [ˌeksɪˈdʒiːsɪs, *pl* -siːz] *n* ① (*critical interpretation*) Auslegung *f*, Exegese *f* *fachspr* ② (*fig*) Einschätzung *f*

exegetical [ˌeksɪˈdʒetɪkᵊl, AM ˈdʒeṭ] *adj* auslegend, exegetisch *geh*

exemplar [ɪgˈzempləʳ, eg-, AM -ɚ] *n* (*approv*) Musterbeispiel *nt*

exemplary [ɪgˈzemplᵊri, eg-] *adj* (*approv*) vorbildlich; ***his tact was*** ~ er erwies einen beispielhaften Takt; ~ **damages** (*form*) über den verursachten Schaden hinausgehende Entschädigung; ~ **persistence** bewundernswerte Ausdauer; ~ **punishment** exemplarische Strafe; ~ **restraint** beachtliche Beherrschung

exemplification [ɪgˌzemplɪfɪˈkeɪʃᵊn, eg-, AM -plə-] *n* Erläuterung *f* durch Beispiele; ~ **of an adage** Verdeutlichung *f* eines Sprichworts; ~ **of an idea** Veranschaulichung *f* einer Idee

exemplify <-ie-> [ɪgˈzemplɪfaɪ, eg-] *vt* ■**to ~ sth** *person* etw erläutern; *thing* etw veranschaulichen; **to ~ a fashion** eine Mode darstellen; **to ~ a strategy** eine Strategie verdeutlichen

exempt [ɪgˈzempt, eg-] **I.** *vt* ■**to ~ sb/sth from sth** jdn/etw von etw *dat* befreien; **to ~ sb from military service** jdn vom Militärdienst freistellen **II.** *adj inv* befreit; ■**to be ~ from sth** von etw *dat* befreit sein; ***goods ~ from this tax*** von dieser Steuer ausgenommene Waren; ~ **from duty** gebührenfrei; ~ **from excise** von der Verbrauchssteuer ausgenommen

exemption [ɪgˈzempʃᵊn, eg-] *n* ① *no pl* (*exempting*) Befreiung *f* (**from** von +*dat*); ~ **clause** Freizeichnungsklausel *f*; **to be granted ~ from a payment** von einer Zahlung befreit werden; ~ **from military service** Freistellung *f* vom Militärdienst; ~ **from taxes** Steuerfreiheit *f* ② (*dispensation*) Erlass *m*; **tax** ~ Steuerbefreiung

exercise [ˈeksəsaɪz, AM -sɚ-] **I.** *vt* ① (*physically*) ■**to ~ sth** etw trainieren; **to ~ a dog** einen Hund spazieren führen; **to ~ a horse** ein Pferd bewegen; **to ~ one's muscles/memory** seine Muskeln/sein Gedächtnis trainieren ② (*form: mentally*) **to ~ sb's mind** jdn sehr beschäftigen ③ (*form: use*) ■**to ~ sth** etw üben; **to ~ one's authority** seine Autorität ausüben; **to ~ caution** Vorsicht walten lassen; **to ~ common sense** den gesunden Menschenverstand benutzen; **to ~ control over sth** Kontrolle über etw *akk* ausüben; **to ~ discretion in a matter** eine Angelegenheit mit Diskretion behandeln; **to ~ leadership** die Leitung innehaben; **to ~ an option** ein Optionsrecht ausüben; **to ~ one's power** seine Macht in Anspruch nehmen; **to ~ one's privilege** von seinem Privileg Gebrauch machen; **to ~ one's right** sein Recht geltend machen; **to ~ self-denial** sich *akk* selbst verleugnen; **to ~ self-discipline** Selbstdisziplin ausüben; **to ~ tact** mit Takt vorgehen; **to ~ one's veto** sein Vetorecht einlegen **II.** *vi* trainieren **III.** *n* ① (*physical exertion*) Bewegung *f*; (*training*) Übung *f*; **breathing ~** Atemübung *f*; **outdoor ~** Bewegung *f* im Freien; **physical ~** körperliche Bewegung; **to do ~s** Gymnastik machen; **to do leg ~s** Beinübungen machen; **to take ~** sich *akk* bewegen; ***you really should take more*** ~ du solltest dich wirklich mehr sportlich betätigen ② (*practice*) Übung *f*; SCH, UNIV Aufgabe *f*; **written ~s** schriftliche Übungen ③ MIL Übung *f*; **to take part in an ~** an einer Übung teilnehmen; **a military ~** eine militärische Übung; **a naval ~** eine Marineübung; **tactical ~s** taktische Übungen ④ *usu sing* (*act*) Aufgabe *f*; (*iron*) Meisterstück *nt iron fam*; **damage limitation ~** Versuch *m* der Schadensbegrenzung; ■**an ~ in sth** ein Paradebeispiel für etw *akk*; **an ~ in compromise** ein wahrhafter Kompromiss ⑤ *no pl* (*use*) Ausübung *f*; **the ~ of tolerance** die Gewährung von Toleranz ⑥ STOCKEX ~ **of an option** Ausübung *f* einer Option ⑦ ECON (*fiscal year*) Geschäftsjahr *nt* ⑧ *esp* AM ■~**s** *pl* Feierlichkeiten *fpl*; **graduation ~s** Abschlussfeierlichkeiten *fpl*; **inauguration ~s** Einweihungsfeierlichkeiten *fpl* **IV.** *n modifier* (*programme, session, studio*) Trainings-; ~ **class** Fitnessklasse *f*; ~ **video** Übungsvideo *nt*

exercise bicycle *n*, **exercise bike** *n* Heimfahrrad *nt* **exercise book** *n* Heft *nt* **exercise date** *n* STOCKEX Ausübungstag *m*, Erklärungstag *m*, Zeitpunkt *m* der Ausübung einer Option

exercise price *n* STOCKEX Basispreis *m*, Ausübungskurs *m*

exerciser [ˈeksəsaɪzəʳ, AM -sɚsaɪzɚ] *n* Trainingsgerät *nt*; COMPUT Testgerät *nt*

exercycle® [ˈeksəsaɪkl̩, AM -sɚ-] *n* Exercycle® *nt*, Hometrainer *m*

exert [ɪgˈzɜːt, eg-, AM -ˈzɜːrt] *vt* ① (*utilize*) ■**to ~ sth** etw ausüben; **to ~ control** Kontrolle ausüben; **to ~ [one's] influence** [seinen] Einfluss geltend machen ② (*labour*) ■**to ~ oneself** sich *akk* anstrengen

exertion [ɪgˈzɜːʃᵊn, eg-, AM -ˈzɜːr-] *n* ① *no pl* (*utilization*) Ausübung *f* ② (*strain*) Anstrengung *f*; **to be a major ~** eine größere Anstrengung sein; **physical ~** körperliche Anstrengung

exfoliant [eksˈfəʊliənt, AM -ˈfoʊ-] *n* ① (*cosmetic*) Rubbelcreme *f*, Peeling *nt* ② (*of skin, bark*) Exfoliant *nt*

exfoliate [eksˈfəʊlieɪt, AM -ˈfoʊ-] **I.** *vi skin, bark* sich *akk* abschälen; (*fig: changing*) sich *akk* entwickeln **II.** *vt* ■**to ~ sth** etw abrubbeln; **to ~ one's face** ein Peeling machen

exfoliating cream *n* Rubbelcreme *f*, Peeling *nt*

exfoliation [eksˌfəʊliˈeɪʃᵊn, AM -ˌfoʊ-] *n no pl* Haut[ab]schälung *f*

ex gratia [eksˌgreɪʃə] *adj inv* (*form*) freiwillig; ~ **payment** Kulanzzahlung *f*

exhalation [ˌeks(h)əˈleɪʃᵊn] *n* Ausatmen *nt*

exhale [eksˈheɪl] **I.** *vt* **to ~ a gas/scent** Gas ausstoßen/Duft verströmen; **to ~ smoke** Rauch ausatmen; (*fig: exude*) **to ~ charisma** Charisma verbreiten; **to ~ charm** Charme ausstrahlen **II.** *vi* ausatmen

exhaust [ɪgˈzɔːst, eg-, AM *esp* -ˈzɑːst] **I.** *vt* ① (*tire*) ■**to ~ sb** jdn ermüden; ■**to ~ oneself** sich *akk* strapazieren ② (*use up*) ■**to ~ sth** etw erschöpfen; **to ~ sb's patience** jds Geduld *f* erschöpfen; **to ~ a topic** ein Thema erschöpfend behandeln **II.** *n* ① *no pl* (*gas*) Abgase *ntpl* ② (*tailpipe*) Auspuff *m* **III.** *adj* ~ **fumes** Abgase *ntpl*

exhausted [ɪgˈzɔːstɪd, eg-, AM *esp* -ˈzɑːst-] *adj* (*very tired*) erschöpft; (*used up also*) aufgebraucht; ~ **reserves/supplies** aufgebrauchte Reserven/Vorräte; ~ **soil** ausgelaugter Boden

exhaustible [ɪgˈzɔːstəbl̩, eg-, AM *esp* -ˈzɑːst-] *adj* erschöpfbar

exhausting [ɪgˈzɔːstɪŋ, eg-, AM *esp* -ˈzɑːst-] *adj* anstrengend

exhaustion [ɪgˈzɔːstʃᵊn, eg-, AM *esp* -ˈzɑːst-] *n no pl* Erschöpfung *f*; **to suffer from ~** an einem Erschöpfungszustand leiden

exhaustive [ɪgˈzɔːstɪv, eg-, AM *esp* -ˈzɑːst-] *adj* erschöpfend; ~ **inquiry** eingehende Erkundigung; **an ~ list** eine vollständige Liste; ~ **probe** tief gehende Nachforschung; **an ~ report** ein ausgiebiger Bericht; ~ **research** tief greifende Forschung; **an ~ study** eine detaillierte Untersuchung; ~ **treatment of a subject** ausgiebige Behandlung eines Themas

exhaustively [ɪgˈzɔːstɪvli, eg-, AM *esp* -ˈzɑːst-] *adv* erschöpfend; **to document sth ~** etw eingehend dokumentieren; **to list sth ~** etw vollständig auflisten; **to treat a subject ~** ein Thema ausgiebig behandeln

exhaustive search *n* COMPUT erschöpfende Suche

exhaust pipe *n* Auspuffrohr *nt* **exhaust system** *n* Abgasanlage *f*; *of car* Auspuff *m*; *of train* Abgasleitung *f*

exhibit [ɪgˈzɪbɪt, eg-] **I.** *n* ① (*display*) Ausstellungsstück *nt* ② LAW (*evidence*) Beweisstück *nt* **II.** *vt* ① (*display*) ■**to ~ sth** etw ausstellen; **to ~ a parking ticket in the car window** einen Parkschein in der Winschutzscheibe auslegen; **to ~ one's works** seine Werke ausstellen ② (*manifest*) ■**to ~ sth** etw zeigen; ***your son ~s some talent for languages*** Ihr Sohn ist recht sprachbegabt; **to ~ belligerency** Streitlust an den Tag legen; **to ~ bias** voreingenommen sein; **to ~ bravery** Mut beweisen; **to ~ rudeness** unhöflich sein; **to ~ shame** sich *akk* schämen **III.** *vi* ausstellen

exhibition [ˌeksɪˈbɪʃᵊn] *n* (*display*) Ausstellung *f* (**about** über +*akk*); (*performance*) Vorführung *f*; ***an ~ of skill and strength*** eine Darstellung von Kunstfertigkeit und Stärke; ~ **of paintings** Gemäldeausstellung *f*; ■**to be on ~** ausgestellt werden ► PHRASES: **to make an ~ of oneself** (*pej*) sich *akk* zum Gespött machen

exhibitioner [ˌeksɪˈbɪʃᵊnəʳ, AM ɚ] *n* BRIT UNIV Stipendiat(in) *m(f)*

exhibitionism [ˌeksɪˈbɪʃᵊnɪzᵊm] *n no pl* Exhibitionismus *m a. fig*

exhibitionist [ˌeksɪˈbɪʃᵊnɪst] *n* ① PSYCH Exhibitionist(in) *m(f)* ② (*attention-seeker*) exhibitionistische Person

exhibition match *n* Schaukampf *m*

exhibitor [ɪgˈzɪbɪtəʳ, eg-, AM -ṭɚ] *n* Aussteller(in) *m(f)*

exhilarate [ɪgˈzɪləreɪt, egˈ-, AM -lər-] *vt* ■**to ~ sb** ① (*thrill*) jdn berauschen [*o geh* in ein Hochgefühl versetzen]; ***they were both ~d by the motorbike ride*** sie waren beide von der Motorradfahrt begeistert ② (*delight*) *news* jdn froh machen [*o geh* freudig erregen] ③ (*energize*) *brisk air* jdn beleben [*o* erfrischen]

exhilarated [ɪgˈzɪlᵊreɪtɪd, egˈ-, AM -ṭ-] *adj* ① (*thrilled*) begeistert; **to feel ~** ein Hochgefühl haben ② (*delighted*) fröhlich gestimmt, freudig erregt ③ (*energized*) belebt, erfrischt

exhilarating [ɪgˈzɪlᵊreɪtɪŋ, egˈ-, AM -ṭ-] *adj* ① (*thrilling*) berauschend; (*exciting*) aufregend; **the ~ sense of freedom** das berauschende Gefühl der Freiheit ② (*delighting*) hinreißend ③ (*energizing*) belebend, erfrischend

exhilaration [ɪgˌzɪlᵊrˈeɪʃᵊn, egˌ-] *n no pl* Hochstimmung *f*, Hochgefühl *nt*; (*excitement*) überschwängliche Freude; **the ~ of liberty/speed** der Freiheitsrausch/Geschwindigkeitsrausch; **the ~ of seeing sb again** die übergroße Wiedersehensfreude

exhort [ɪgˈzɔːt, egˈ-, AM -ˈzɔːrt] *vt* (*form*) ■**to ~ sb to do sth** jdn ermahnen, etw zu tun, jdn zu etw *dat* anhalten

exhortation [ˌegzɔːˈteɪʃᵊn, AM -zɔːrˈ-] *n* ① *no pl* (*exhorting*) Ermahnung *f* (**to** zu +*dat*) ② (*address*) [dringender] Appell (**to** zu +*dat*)

exhumation [ˌeks(h)juːˈmeɪʃᵊn] *n no pl* Exhumierung *f*, Exhumation *f selten*

exhume [eksˈ(h)juːm, AM egˈzuːm] *vt* ■**to ~ sb** jdn exhumieren

exigence [ˈeksɪdʒən(t)s] *n*, **exigency** [ˈeksɪdʒən(t)si] *n* (*form*) ① (*urgent needs*) ■**exigenc[i]es** *pl* Anforderungen *fpl*; *of situation* Erfordernisse *ntpl* ② *no pl* (*emergency*) Notlage *f*; POL kritische [*o* zugespitzte] Lage ③ *no pl* (*extreme urgency*) Dringlichkeit *f*

exigent [ˈeksɪdʒənt] *adj* (*form*) ① (*demanding*) anspruchsvoll; **an ~ father** ein fordernder Vater; **an ~ manager** ein Manager *m*/eine Managerin mit hohen Ansprüchen ② (*urgent*) dringend, dringlich; **an ~ issue** ein brennendes Problem; **an ~ necessity** eine zwingende Notwendigkeit

exiguous [egˈzɪgjuəs] *adj* gering, dürftig *pej*; ~ **reserves** knappe Vorräte

exile [ˈeksaɪl] **I.** *n* ① *no pl* (*banishment*) Exil *nt*, Verbannung *f* (**from** aus +*dat*); **to be in ~** im Exil leben; **to go into ~** ins Exil gehen ② (*person*) Verbannte(r) *f(m)*, Exilierte(r) *f(m) form*; ***he's been a political ~ from his homeland*** er musste aus politischen Gründen ins Exil gehen; **tax ~** Steuerflüchtling *m* ③ REL ■**the E~** die Babylonische Gefangenschaft **II.** *vt* ■**to ~ sb** jdn verbannen [*o* ins Exil schicken] [*o form* exilieren]; **the ~d author** der im Exil lebende Schriftsteller/die im Exil lebende Schriftstellerin, der Exilschriftsteller/die Exilschriftstellerin

exist [ɪgˈzɪst, egˈ-] *vi* ① (*be*) existieren, bestehen; ***I will find it, if such a thing ~s*** wenn es so etwas gibt, dann finde ich es; ***the realities of poverty ~***

for a great many people across the globe Armut ist weltweit für sehr viele Menschen Realität; ***there still ~s a shadow of doubt*** es bestehen immer noch kleine Zweifel ② (*live*) leben, existieren; (*survive*) überleben; ■**to ~ on sth** von etw *dat* leben; ***few people can ~ without water for long*** nur wenige Menschen können längere Zeit ohne Wasser auskommen ③ (*occur*) vorkommen; ***some species only ~ in this area of forest*** einige Tierarten finden sich nur in diesem Waldgebiet

existence [ɪg'zɪstən(t)s, eg'-] *n* ① *no pl* (*state*) Existenz *f*, Bestehen *nt*; ***this is the only one in ~*** das ist das einzige Exemplar, das es [davon] gibt; **the continued ~ of sth** der Fortbestand einer S. *gen*; **to be in ~** existieren, bestehen; ***there are three different versions of that manuscript in ~*** von diesem Manuskript gibt es drei verschiedene Fassungen; **to come into ~** entstehen; **to go out of ~** verschwinden, zu bestehen aufhören ② (*life*) Leben *nt*, Existenz *f*; **means of ~** Lebensgrundlage *f*, Existenzgrundlage *f*; **a miserable/pitiful ~** ein elendes/kümmerliches Dasein

existent [ɪg'zɪstənt, eg-] *adj inv* existent, bestehend *attr*, vorhanden; **the only ~ copy** die einzig vorhandene Kopie

existential [ˌegzɪ'sten(t)ʃəl] *adj* ① BIOL existentiell *fachspr* ② PHILOS existentialistisch *fachspr*; **the ~ philosopher** der Existentialphilosoph/die Existentialphilosophin

existentialism [ˌegzɪ'sten(t)ʃəlɪzəm] *n no pl* Existenzphilosophie *f*, Existentialismus *m fachspr*

existentialist [ˌegzɪ'sten(t)ʃəlɪst] **I.** *n* Existentialist(in) *m(f)* **II.** *adj* existentialistisch

existing [ɪg'zɪstɪŋ, eg-] *adj attr, inv* existierend, bestehend; **under the ~ conditions** unter den gegebenen Umständen; **the ~ laws** die geltenden Gesetze; **the ~ rules** die gegenwärtigen [*o* gültigen] Bestimmungen

exit ['eksɪt, 'egz-] **I.** *n* ① (*way out*) Ausgang *m*; **emergency ~** Notausgang *m*; **fire ~** Notausgang *m*, Feuertreppe *f* ② (*departure*) Weggehen *nt kein pl*, Abgang *m*; (*from room*) Hinausgehen *nt kein pl*; **to make an ~** weggehen, einen Abgang machen *fam*; *from room* hinausgehen; ***you made a dramatic ~*** dein Abgang war dramatisch ③ (*road off*) Ausfahrt *f*, Abfahrt *f*; **to take an ~** eine Ausfahrt nehmen ④ THEAT Abgang *m*; **to make one's ~ [from the stage]** [von der Bühne] abgehen **II.** *vt* ■**to ~ sth** *building, road* etw verlassen; COMPUT *program* etw verlassen **III.** *vi* ① (*leave*) hinausgehen, einen Abgang machen *fam*; ***he ~ed without a word*** er verließ wortlos den Raum ② (*leave road*) eine Ausfahrt [*o* Abfahrt] nehmen ③ (*leave the stage*) abgehen; ~ ***Ophelia*** Ophelia [tritt] ab

exit documents *npl*, **exit permit** *n* Ausreisegenehmigung *f*, Ausreiseerlaubnis *f* **exit poll** *n* Wählerbefragung *f* (*nach Verlassen des Wahllokals*) **exit visa** *n* Ausreisevisum *nt*

exodus ['eksədəs] *n* <*pl* -es> ① (*mass departure*) Auszug *m*, Exodus *m geh*; ***there is always an ~ to the coast at holiday times*** während der Ferienzeit setzt immer eine Völkerwanderung zur Küste ein; **mass ~** Massenabwanderung *f*, Massenflucht *f*; **general ~** allgemeiner Aufbruch ② REL ■**E~** Zweites Buch Mose, Exodus *m fachspr*

ex officio [ˌeksə'fɪʃiəʊ, AM -oʊ] *inv* **I.** *adv* ADMIN (*form*) von Amts wegen, ex officio *geh*; **to attend sth ~** an etw *dat* in amtlicher Funktion teilnehmen **II.** *adj* ADMIN (*form*) amtlich, von Amts wegen *nach n*; **to be an ~ member of a body** amtliches Mitglied eines Gremiums sein

exonerate [ɪg'zɒnəreɪt, eg-, AM -'zɑːnər-] *vt* ■**to ~ sb [from sth]** jdn [von etw *dat*] freisprechen; (*partially*) jdn [von etw *dat*] entlasten; **to ~ sb from a duty/task** jdn von einer Verpflichtung/Aufgabe entbinden

exoneration [ɪgˌzɒnə'reɪʃən, eg-, AM -ˌzɑːnə'-] *n no pl* Entlastung *f*; *from duty, task* Entbindung *f* (**from** von +*dat*)

exorbitance [ɪg'zɔːbɪtən(t)s, eg-, AM -'zɔːrbət̬-] *n no pl* Maßlosigkeit *f*, Unverhältnismäßigkeit *f*

exorbitant [ɪg'zɔːbɪtənt, eg-, AM -'zɔːrbət̬-] *adj* überhöht, exorbitant *geh*; ~ **demands** maßlose [*o* übertriebene] Forderungen; ~ **price** überhöhter [*o pej* unverschämter] Preis, Wucherpreis *m pej*

exorbitantly [ɪg'zɔːbɪtəntli, AM 'zɔːrbət̬ənt] *adv* exorbitant *geh*, außerordentlich

exorcism ['eksɔːsɪzəm, AM -sɔːr-] *n* ① *no pl* (*driving out*) Exorzismus *m fachspr*; *of evil spirits* Austreibung *f* böser Geister (*durch Beschwörung*), Geisterbeschwörung *f*; *of the devil* Teufelsaustreibung *f* ② (*particular case*) **to perform an ~** eine Geister-/Teufelsaustreibung durchführen

exorcist ['eksɔːsɪst, AM -sɔːr-] *n* Exorzist(in) *m(f) fachspr*; *of evil spirits* Geisterbeschwörer(in) *m(f)*; *of devil* Teufelsaustreiber(in) *m(f)*

exorcize ['eksɔːsaɪz, AM -sɔːr-] *vt* ① (*expel*) ■**to ~ sth** etw exorzieren *fachspr*; **to ~ the spirits** die Geister beschwören [*o geh* bannen] ② (*free*) ■**to ~ sb/sth** *evil spirits* jdm/etw die bösen Geister austreiben; *the devil* jdm/etw den Teufel austreiben ③ (*fig*) ■**to ~ sth** *experience* etw [aus dem Gedächtnis] streichen; **to ~ the memory of sth** die Erinnerung an etw *akk* löschen

exoskeleton [ˌeksəʊ'skelɪtən, AM -soʊ'skelə-] *n* ZOOL Ektoskelett *nt fachspr*, Außenskelett *nt*

exotic [ɪg'zɒtɪk, eg-, AM -'zɑːt̬-] **I.** *adj* exotisch; (*fig*) fremdländisch; ~ **fruit** exotische Früchte *fpl*; ~ **holidays** Urlaub *m* in exotischen Ländern **II.** *n* Exot(in) *m(f)*

exotica [ɪg'zɒtɪkə, eg-, AM -'zɑːt̬-] *npl* Exotika *pl fachspr*, fremdländische Kunstwerke

exotically [ɪg'zɒtɪkəli, eg-, AM -'zɑːt̬-] *adv* exotisch; ~ **named** mit exotischem [*o* ausgefallenem] Namen *nach n*

exotic dancer *n* Stripteasetänzer(in) *m(f)*, Stripper(in) *m(f) fam*

exoticism [ɪg'zɒtɪsɪzəm, eg-, AM -'zɑːt̬ə-] *n no pl* Exotik *f*; **the lure of ~** der Reiz des Exotischen

expand [ɪk'spænd, ek-] **I.** *vi* ① (*increase*) zunehmen, expandieren; *population, trade* wachsen; *horizon, knowledge* sich *akk* erweitern ② ECON expandieren; ***our company is ~ing into other markets*** unsere Firma dringt in weitere Märkte vor ③ PHYS (*swell*) *gas, liquids, metal* sich *akk* ausdehnen, expandieren ④ (*become sociable*) aus sich *dat* herausgehen, locker werden **II.** *vt* ■**to ~ sth** ① (*make larger*) *business, trade* etw erweitern [*o* ausweiten] [*o* ausdehnen]; **to ~ one's exports** den Export ausdehnen; **to ~ the programme** das Programm erweitern; **to ~ one's retail operations** den Einzelhandel ausweiten ② PHYS *gas, liquids, metal* etw ausdehnen ③ (*elaborate*) *reasoning, arguments* etw weiter ausführen; **to ~ a concept/idea** ein Konzept/eine Idee ausarbeiten

◆**expand on, expand upon** *vi* ■**to ~ [up]on sth** etw weiter ausführen [*o* erläutern]

expandable [ɪk'spændəbl̩, ek-] *adj material* dehnbar; *business, project* entwicklungsfähig; *installation, system* ausbaufähig; ~ **bag** elastische Tasche; ~ **documentation** erweiterungsfähige Dokumentation

expanded polystyrene *n no pl* CHEM schaumfähiges Polystyrol *fachspr*

expander [ɪk'spændəʳ, AM -ɚ] *n* Expander *m*

expanse [ɪk'spæn(t)s, ek-] *n* weite Fläche, Weite *f*; ***vast ~s of sand and pine*** ein riesiges Gebiet mit Sand und Pinien; ~ **of grass/lawn** ausgedehnte Grün-/Rasenfläche; **the ~ of the prairie/sea** die Weite der Prärie/des Meeres

expansion [ɪk'spæn(t)ʃən, ek-] *n* ① *no pl* (*increase*) *of knowledge* Erweiterung *f*; *of territory, rule* Expansion *f*; *of population, trade* Wachstum *nt*, Zunahme *f*; ~ ***into new areas of research might be possible*** ein Vorstoß in neue Forschungsgebiete könnte möglich sein ② *no pl* ECON Expansion *f fachspr*, Erweiterung *f*; **a company geared towards ~** ein wachstumsorientiertes Unternehmen ③ *no pl* PHYS *of gas, metal* Ausdehnung *f*, Expansion *f fachspr* ④ (*elaboration*) Erweiterung *f*, erweiterte Darstellung

expansionary [ɪk'spæn(t)ʃənəri, ek-, AM -neri] *adj* expansionistisch

expansion board *n*, **expansion card** *n* Erweiterungsplatine *f*

expansionism [ɪk'spæn(t)ʃənɪzəm, ek-] *n no pl* (*pej*) Expansionspolitik *f*, Expansionsbestrebungen *pl*; ~ **in business** Expansionsbestrebungen *pl* in der Wirtschaft; **policy of ~** Expansionspolitik *f*

expansionist [ɪk'spæn(t)ʃənɪst] **I.** *adj* expansionistisch, Expansions-; ~ **policy** Expansionspolitik *f* **II.** *n* Expansionspolitiker(in) *m(f)*

expansion joint *n* Dehnungsfuge *f fachspr*

expansive [ɪk'spæn(t)sɪv] *adj* ① (*approv: sociable*) umgänglich, mitteilsam; (*effusive*) überschwänglich; ~ **gratitude/speech** überschwängliche Dankbarkeit/Ausdrucksweise; ~ **nature/personality** offenes Wesen/aufgeschlossene Persönlichkeit ② (*broad*) weit; *area* ausgedehnt; **an ~ gesture** eine weit ausholende Geste; **an ~ view** ein weiter Blick ③ ECON expandierend *attr*; *business, trade* expansiv ④ (*elaborated*) ausführlich, detailliert; **an ~ critique** eine eingehende Kritik; **an ~ report** ein umfassender Bericht

expansively [ɪk'spæn(t)sɪvli] *adv* ① (*approv: effusively*) überschwänglich; **to throw open one's arms ~** die Arme freudig ausbreiten ② (*broadly*) weit; **to gesture/wave ~** mit weit ausholenden Bewegungen gestikulieren/winken ③ (*in detail*) ausführlich, detailliert; **to speak ~ about sth** in aller Ausführlichkeit über etw *akk* sprechen

expansiveness [ɪk'spæn(t)sɪvnəs] *n no pl* ① (*approv: effusiveness*) Überschwänglichkeit *f* ② (*detailed nature*) Ausführlichkeit *f*

ex parte [eks'pɑːteɪ, AM -'pɑːr-] LAW **an ~ application** Antrag *m* [nur] einer Partei

expat [ˌeks'pæt] *n* (*fam*) *short for* **expatriate** im Ausland Lebende(r) *f(m)*

expatiate [ek'speɪʃieɪt] *vi* (*pej form*) ■**to ~ [up]on sth** sich *akk* über etw *akk* verbreiten *pej form*, sich *akk* [lang und breit] über etw *akk* auslassen *pej fam*

expatiation [ekˌspeɪʃi'eɪʃən] *n* (*form*) [weitschweifige] Erörterung ([**up**]**on** +*gen*)

expatriate (*form*) **I.** *n* [ɪk'spætriət, ek'-, AM ek'speɪ-, ɪk'-] ① (*person living abroad*) [ständig] im Ausland Lebende(r) *f(m)* ② (*foreigner*) Ausländer(in) *m(f)*; **proportion of ~s** Ausländeranteil *m* ③ (*exile*) im Exil Lebende(r) *f(m) a. hum*, Exilant(in) *m(f) geh* **II.** *n* [ɪk'spætriət, AM ek'speɪ-] *modifier* ① (*of people abroad*) Exil-, Auslands-, im Ausland lebend *attr*; **German ~** im Ausland lebende(r) Deutsche(r), Auslandsdeutsche(r) *f(m) veraltend* ② (*of foreigners*) Ausländer-; ~ **community** Ausländergemeinde *f*; ~ **worker** ausländischer Arbeiter/ausländische Arbeiterin **III.** *vt* [ɪk'spætrieɪt, ek'-, AM ek'speɪ-, ɪk'-] ■**to ~ sb** jdn ausbürgern [*o fachspr* expatriieren] **IV.** *vi* [ɪk'spætrieɪt, ek'-, AM ek'speɪ-, ɪk'] (*move abroad*) seinen Wohnsitz ins Ausland verlegen, im Ausland ansässig werden

expatriation *n* LAW Ausbürgerung *f*

expect [ɪk'spekt, ek-] *vt* ① (*anticipate*) ■**to ~ sb/sth** jdn/etw erwarten, mit jdm/etw rechnen; ***as was to be ~ed, grandma was fine*** wie erwartet ging es Oma gut; ***that was to be ~ed*** das war zu erwarten, damit musste man rechnen; ***I ~ed as much*** damit habe ich gerechnet, ich habe nichts anderes erwartet; **to half ~ sth** fast mit etw *dat* rechnen, fast von etw *dat* ausgehen; ***we were half ~ing you to not come back*** wir haben Sie eigentlich schon nicht mehr zurückerwartet; **it is to be ~ed that ...** man kann davon ausgehen [*o* damit rechnen], dass ...; ■**to ~ to do sth** damit rechnen, etw zu tun ② (*demand*) ■**to ~ sth of [*or* from] sb** etw von jdm erwarten; ***I ~ed better of you than that*** von dir habe ich mir eigentlich mehr erhofft; ***what can you ~ at that price!*** für den Preis kann man das nicht erwarten!; ■**to ~ sb to do sth** erwarten, dass jd etw tut; ***borrowers are ~ed to return their books on time*** Entleiher müssen ihre Bücher rechtzeitig zurückgeben ③ (*fam: suppose*) ■**to ~ sth** etw glauben [*o* denken]; ***don't you think? — I ~ so/not*** glaubst du? – ich denke schon/nicht; ■**to ~ [that] ...** glauben [*o* annehmen], [dass] ...; ***I ~ that it is***

E

somewhere in your bedroom ich schätze, es ist irgendwo in deinem Schlafzimmer; ***I ~ you'd like a rest*** Sie möchten sich sicher ausruhen ④ (*wait for*) ■**to ~ sb/sth** jdn/etw erwarten; ***is someone ~ing you?*** werden Sie erwartet?; **to be ~ing a baby** ein Kind erwarten; ■**to ~ sb/sth to do sth** erwarten, dass jd/etw etw tut; ***we ~ed the letter to arrive yesterday*** wir haben den Brief für gestern erwartet; ***so, we may ~ to see you next Thursday*** wir dürfen Sie also am nächsten Donnerstag erwarten ► PHRASES: **I'll ~ you when I <u>see</u> you** (*fam*) wenn du kommst, bist du da *fam;* **~ me when you <u>see</u> me** (*fam*) wenn ich komme, bin ich da *fam*

expectancy [ɪk'spektᵊn(t)si, ek-] *n no pl* Erwartung *f;* **air of ~** erwartungsvolle Atmosphäre; ***there was an air of ~ in her eyes*** sie hatte einen erwartungsvollen Blick in den Augen; **life ~** Lebenserwartung *f;* **look of ~** erwartungsvoller Blick

expectant [ɪk'spektᵊnt, ek-] *adj* ① (*awaiting*) erwartungsvoll ② *attr* (*expecting a baby*) **~ mother** werdende Mutter, Schwangere *f;* **~ parents** werdende Eltern

expectantly [ɪk'spektᵊntli] *adv* erwartungsvoll; **to pause ~** eine erwartungsvolle Pause machen; **to wait ~** gespannt warten

expectation [,ekspek'teɪʃᵊn] *n* ① (*act of expecting*) Erwartung *f;* **to be in ~ of sth** in Erwartung einer S. *gen* sein *geh,* mit etw *dat* rechnen ② (*thing expected*) Erwartung *f;* **~ of life** Lebenserwartung *f;* **to have great ~s for sb/sth** große Erwartungen in jdn/etw setzen; **to be beyond [all] ~[s]** die [*o* alle] Erwartungen übertreffen; **to live** [*or* **come**] **up to sb's expectations** jds Erwartungen *fpl* erfüllen [*o* entsprechen]; **against** [*or* **contrary to**] **[all] ~[s]** entgegen den [*o* allen] Erwartungen, wider [alles] Erwarten *geh* ③ (*prospect*) Aussicht[en] *f[pl]* (**of** auf +*akk*); ■**~s** *pl* (*of inheriting money*) ausstehendes Erbe

expectorant [ɪk'spektᵊrᵊnt, ek-] *n* schleimlösendes Mittel, Expektorans *nt fachspr*

expectorate [ɪk'spektᵊreɪt, ek-] *vi* (*form*) *phlegm* [Schleim] abhusten, expektorieren *fachspr; blood* [Blut] husten [*o fam* spucken]

expedience [ɪk'spiːdiən(t)s, ek-] *n,* **expediency** [ɪk'spiːdiən(t)si, ek-] *n no pl* ① (*suitability*) Zweckmäßigkeit *f,* Zweckdienlichkeit *f;* (*advisability*) Ratsamkeit *f;* **~ *requires that we raise the fees*** aus Sachzwängen müssen wir die Gebühren anheben ② (*pej: personal advantage*) Eigennutz *m pej,* Berechnung *f;* **to act on the basis of ~** aus Eigeninteresse handeln

expedient [ɪk'spiːdiənt, ek-] **I.** *adj* ① (*useful*) zweckmäßig, zweckdienlich; (*advisable*) ratsam, angebracht; **to take ~ measures** geeignete Maßnahmen ergreifen [*o* treffen] ② (*pej: advantageous*) eigennützig *pej,* berechnend; **to take ~ action** eigennützig handeln **II.** *n* ① (*measure*) Maßnahme *f,* Vorgehen *nt;* ***before deciding, we took the ~ of asking friends for advice*** bevor wir uns entschieden, fragten wir Freunde um Rat ② (*resource*) [Hilfs]mittel *nt,* [Not]lösung *f;* **to do sth as an ~** sich *dat* mit etw *dat* behelfen; ***the company is having to cut jobs as an ~*** zur Not wird die Firma Stellen streichen müssen

expediently [ɪk'spiːdiəntli, ek-] *adv* zweckmäßig, sachgemäß; **to act ~** angemessen handeln

expedite ['ekspɪdaɪt] *vt* ■**to ~ sth** ① (*hasten*) etw beschleunigen [*o* vorantreiben] ② (*carry out*) etw schnell erledigen [*o* ausführen]; **to ~ one's duties** seine Aufgaben zügiger erledigen

expedition [,ekspɪ'dɪʃᵊn] *n* ① (*journey*) [Forschungs]reise *f,* Expedition *f fachspr;* MIL Feldzug *m;* **shopping ~** Einkaufstour *f;* **to be on an ~** sich *akk* auf einer Expedition befinden; **to go on an ~** eine Forschungsreise unternehmen ② *no pl* (*form: swiftness*) Schnelligkeit *f;* **with the greatest possible ~** schnellstmöglich

expeditionary [,ekspɪ'dɪʃᵊnᵊri, AM eri] *adj attr, inv* Expeditions- **expeditionary force** [,ekspɪ'dɪʃᵊnᵊri,-, AM -neri,-] *n* MIL Expeditionskorps *nt fachspr*

expeditious [,ekspɪ'dɪʃəs] *adj* (*form*) ① (*swift*) prompt, schnell; ■**to be ~ in doing sth** etw zügig erledigen ② (*swiftly done*) schnell durchführbar

expeditiously [,ekspɪ'dɪʃəsli] *adv* (*form*) prompt, schnell

expel <-ll-> [ɪk'spel, ek-] *vt* ① (*force to leave*) ■**to ~ sb [from sth]** *member* jdn [aus etw *dat*] ausschließen [*o geh* ausstoßen]; **to ~ sb [from a country]** jdn ausweisen [*o* des Landes verweisen]; **to ~ sb from school/university** jdn von der Schule/Universität verweisen [*o fachspr* relegieren] ② (*force out*) ■**to ~ sb [from sth]** jdn [aus etw *dat*] vertreiben [*o* verjagen]; ■**to ~ sth [from sth]** *odour, smell* etw [aus etw *dat*] vertreiben ③ (*eject*) ■**to ~ sth** *breath, gas* etw ausstoßen; *liquid* etw austreiben

expend [ɪk'spend, ek-] *vt* ① (*spend*) ■**to ~ sth [on sth]** *time, effort* etw [für etw *akk*] aufwenden; **to ~ money** Geld ausgeben [*o* verwenden] ② (*use up*) ■**to ~ sth** etw aufbrauchen; **to ~ resources** Rohstoffe verbrauchen

expendable [ɪk'spendəbḷ, ek-] *adj inv* ① (*dispensable*) entbehrlich; (*unnecessary*) überflüssig ② (*not reused*) zum Verbrauch *nach n;* **~ materials** Verbrauchsmaterial *nt;* **~ pack** Einwegpackung *f;* **~ supplies** Verbrauchsgüter *pl*

expenditure [ɪk'spendɪtʃəʳ, ek-, AM -ɚ] *n* ① *no pl* (*spending*) *of money* Ausgabe *f;* (*using*) *of energy, resources* Verbrauch *m* (**of** von +*dat*), Aufwand *m* (**of** an +*dat*); **~ in manpower** Personalaufwand *m;* **~ of strength** Kraftaufwand *m;* **~ of time** Zeitaufwand *m;* **capital ~** Investitionen *pl;* (*major costs*) Ausgaben der öffentlichen Hand ② (*sum spent*) Ausgaben *pl* (**on** für +*akk*), Aufwendungen *pl* (**on** für +*akk*)

expense [ɪk'spen(t)s, ek-] *n* ① (*payment*) [Geld]ausgabe *f,* [finanzielle] Aufwendungen ② *no pl* (*cost*) [Un]kosten *pl,* Ausgaben *pl;* **at great ~** mit großen Kosten, unter großem Kostenaufwand; **to go to great ~** sich *akk* in Unkosten stürzen; **at one's own ~** auf eigene Kosten; **to be worth the ~** die Kosten lohnen; **to put sb to ~** jdm Kosten verursachen; **to put sb to the ~ of sth** jdm die Kosten für etw *akk* zumuten; (*fig*) jdm etw zumuten; ***I don't want to put you to the ~ of coming to the airport to meet me*** es ist wirklich nicht nötig, dass Sie mich am Flughafen abholen ③ (*reimbursed money*) ■**~s** *pl* Spesen *pl;* ***please detail any ~s incurred*** bitte führen Sie alle entstandenen Auslagen auf; **to be on ~s** BRIT auf Spesen gehen; **to put sth on ~s** etw auf die Spesenrechnung setzen ④ (*fig*) **at sb's ~** [*or* **at the ~ of sb**] auf jds Kosten *pl;* **at the ~ of sth** auf Kosten einer S. *gen* ► PHRASES: **<u>all</u> ~[s] paid** ohne Unkosten; ***his company sent him to Boston, all ~s paid*** seine Firma schickte ihn auf Geschäftskosten nach Boston; **no ~[s] <u>spared</u>** [die] Kosten spielen keine Rolle

expense account **I.** *n* Spesenkonto *nt,* Spesen[ab]rechnung *f;* **to put sth on one's ~** etw auf seine Spesenrechnung setzen **II.** *n modifier* (*life, meal*) auf Spesen *nach n* **expense allowance** *n* Aufwandsentschädigung *f*

expensive [ɪk'spen(t)sɪv, ek-] *adj* teuer; **~ film production** aufwändige Filmproduktion; **~ hobby** kostspieliges Hobby; **to be an ~ mistake for sb** jdn teuer zu stehen kommen; **to have ~ tastes** einen teuren Geschmack haben

expensively [ɪk'spen(t)sɪvli, ek-] *adv* teuer; **~ staged play** aufwändig inszeniertes Stück; **to be ~ dressed** teure Kleidung tragen; **~ priced** teuer

experience [ɪk'spɪəriən(t)s, ek-, AM -'spɪr-] **I.** *n* ① *no pl* (*practical knowledge*) Erfahrung *f;* **~ of life** Lebenserfahrung *f;* **driving ~** Fahrpraxis *f;* **professional ~** Berufserfahrung *f;* **to learn by ~** durch Erfahrung lernen; ***the best way to learn is by ~*** aus Erfahrung wird man klug; **from my own ~** aus eigener Erfahrung; **to know sth from ~** etw aus Erfahrung wissen; ■**to have ~ in sth** *field* Erfahrung in etw *dat* haben; ■**to have ~ of sth** Erfahrung mit [*o* in] etw *dat* haben ② (*particular instance*) Erfahrung *f,* Erlebnis *nt;* ***enjoy the real coffee ~*** erleben Sie den wahren Kaffeegenuss!; ***that can be a painful ~*** das kann ganz schön wehtun; **~ of pain** Schmerzempfinden *nt;* **to have an ~** eine Erfahrung machen ► PHRASES: **to <u>put</u> sth down to ~** etw als Erfahrung abbuchen [*o* betrachten] **II.** *vt* ■**to ~ sth** ① (*undergo*) etw erleben; (*endure*) etw kennen lernen, etw erfahren; *hard times* etw durchmachen [*o fam* mitmachen]; **to ~ difficulties** auf Schwierigkeiten stoßen ② (*feel*) etw empfinden [*o* fühlen]; **to ~ a loss** einen Verlust erleiden

experienced [ɪk'spɪəriən(t)st, ek-, AM -'spɪr-] *adj* (*approv*) erfahren; **an ~ eye** ein geschultes Auge; **someone ~** *applicant* jemand mit mehr Erfahrung; ■**to be ~ at** [*or* **in**] **sth** Erfahrung in etw *dat* haben, in etw *dat* erfahren sein

experiential [ɪk,spɪəri'en(t)ʃᵊl, ek-, AM -,spɪr-] *adj* empirisch; **~ knowledge** praktische Erfahrung

experiment **I.** *n* [ɪk'sperɪmənt, ek-] Experiment *nt,* Versuch *m* (**on** an/mit +*dat*); **to do** [*or* **conduct**] **an ~** ein Experiment [*o* einen Versuch] machen; **by ~** mithilfe eines Versuchs; ***we can only find the best solution by ~*** die beste Lösung können wir nur durch Ausprobieren herausfinden **II.** *vi* [ɪk'sperɪment] experimentieren; ■**to ~ with sth** mit etw *dat* [herum]experimentieren, etw ausprobieren; ■**to ~ on sb/sth** an jdm/etw Versuche machen; **to ~ on animals** Tierversuche machen

experimental [ɪk,sperɪ'mentᵊl, ek-, AM *esp* ek,-] *adj* ① (*for experiment*) Versuchs-; **~ laboratory** Versuchslabor *nt;* **to be still at the ~ stage** sich *akk* noch im Versuchsstadium befinden ② (*using experiments*) experimentell, Experimentier-; **~ physics** Experimentalphysik *f fachspr;* **~ psychology** experimentelle Psychologie *fachspr;* **~ researcher** Experimentalforscher(in) *m(f);* **~ theatre** Experimentiertheater *nt fachspr;* **to be purely ~** rein experimentell sein ③ (*fig: provisional*) vorläufig; **on an ~ basis** versuchsweise

experimentalist [ɪk,sperɪ'mentᵊlɪst, ek-, AM ek,sperɪ'menṭ-, ɪk,-] *n* Experimentator(in) *m(f) fachspr*

experimentally [ɪk,sperɪ'mentᵊli, ek-, AM ek,sperɪ'menṭ-] *adv* ① (*by experiment*) experimentell; **to prove sth ~** etw experimentell nachweisen ② (*as experiment*) versuchsweise; **to be tried ~** versuchsweise eingesetzt werden

experimentation [ɪk,sperɪmen'teɪʃᵊn, ek-] *n no pl* ① (*doing experiments*) Experimentieren *nt* ② (*fig: trying out*) Ausprobieren *nt,* Experimentieren *nt;* **~ with drugs** Drogenexperimente *ntpl*

experimenter [ɪk'sperɪmentəʳ, ek-, AM -ṭɚ] *n* Neuerer, Neuerin *m, f,* Vordenker(in) *m(f)*

expert ['ekspɜːt, AM -spɜːrt] **I.** *n* Experte, -in *m, f,* Fachmann, Fachfrau *m, f;* LAW Sachverständige(r) *f(m);* **gardening ~** Fachmann, Fachfrau *m, f* für Gartenbau; **with the eye of an ~** mit fachmännischem Blick; **the help of an ~** fachkundige Hilfe; **the foremost ~** der führende Experte/die führende Expertin; **to call in an ~** einen Experten/eine Expertin hinzuziehen; **among ~s** in der Fachwelt, unter Fachleuten; ■**to be an ~ at doing sth** ein Experte *m*/eine Expertin in etw *dat* sein, sich *akk* in etw *dat* gute auskennen; ■**to be an ~ on** [*or* **in**] **sth** Experte/Expertin für etw *akk* sein, fachkundig in etw *dat* sein; ***he is an ~ on that subject*** er ist ein Fachmann auf diesem Gebiet **II.** *adj* ① (*specialist*) fachmännisch, eines Fachmanns/einer Fachfrau *nach n;* (*skilled*) erfahren; (*clever*) geschickt; ***he's an ~ orator*** er ist ein gewandter Redner; **~ analysis** fachkundige Analyse; **~ hands** erfahrene Hände; **~ swimmer** erfahrener Schwimmer/erfahrene Schwimmerin ② (*excellent*) ausgezeichnet; ***she is an ~ liar*** sie ist eine perfekte Lügnerin; ■**to be ~ at sth** sehr gut in etw *dat* sein; ■**to be ~ at** [*or* **in**] **doing sth** wissen, wie man etw macht

expert advice *n no pl* fachmännischer Rat; **to offer ~** fachmännischen Rat erteilen; **to seek ~** fachmännischen Rat einholen, einen Fachmann/eine Fachfrau zu Rate ziehen

expertise [,ekspɜː'tiːz, AM -spɜːr'-] *n no pl* (*knowledge*) Fachkenntnis *f,* Sachverstand *m* (**in** in +*dat*); (*skill*) Geschick *nt* (**in** bei +*dat*), Können *nt;*

I have no sewing ~ vom Nähen verstehe ich nichts

expert knowledge *n no pl* Fachkenntnis *f*, Fachwissen *nt*

expertly ['ekspɜːtli, AM -spɜːr-] *adv* (*with expert knowledge*) fachmännisch; (*skilfully*) geschickt, gekonnt; (*brilliantly*) meisterhaft; **to tune a machine** ~ eine Maschine ordnungsgemäß einstellen

expert opinion *n* Expertenmeinung *f*; LAW Sachverständigengutachten *nt* **expert system** *n* COMPUT Expertensystem *nt* **expert witness** *n* LAW Sachverständige(r) *f(m)*, Gutachter(in) *m(f)*

expiate ['ekspieɪt] *vt* (*form*) ▪**to** ~ **sth** etw sühnen *geh* [*o* büßen]

expiation [ˌekspi'eɪʃᵊn] *n* (*form*) Sühne *f geh*, Buße *f geh*; **to do sth in** ~ [**of** [*or* **for**] **sth**] etw als Sühne [*o* Buße] [für etw *akk*] tun

expiatory ['ekspiətᵊri, AM -tɔːri] *adj attr* Sühne-; ~ **sacrifice** Sühneopfer *nt*

expiration [ˌekspɪ'reɪʃᵊn, AM -ə'-] *n no pl* ① (*spec: exhalation*) Ausatmung *f*, Exspiration *f fachspr* ② (*running out*) Ablauf *m*; **the** ~ **of a subscription/visa** der Ablauf eines Abonnements/Visums

expiration date *n* Verfallsdatum *nt*; ***what's the*** ~ ***on these eggs?*** wann laufen diese Eier ab?

expire [ɪk'spaɪəʳ, AM -ɚ] **I.** *vi* ① (*become invalid*) *licence, period* ablaufen, enden; *contract* auslaufen, enden; *coupon, ticket* verfallen; *lease, passport* ablaufen, ungültig werden; *drugs, food* ablaufen, das Verfallsdatum überschreiten *geh* ② (*form: die*) verscheiden *geh*; (*fig fam*) den Geist aufgeben *fam* **II.** *vt* (*spec: exhale*) ▪**to** ~ **sth** etw ausatmen

expiry [ɪk'spaɪ(ə)ri, AM -'spaɪri] *n no pl* ① (*running out*) Ablauf *m*; **date of** ~ *of drugs, food* Verfallsdatum *nt*; *of credit card, passport* Ablaufdatum *nt*; ▪**before/on the** ~ **of sth** vor/nach Ablauf einer S. *gen* ② (*form: death*) Verscheiden *nt euph geh*

expiry date *n* Verfallsdatum *nt*; *see also* **expiration date**

explain [ɪk'spleɪn, ek'-] **I.** *vt* ① (*make understandable*) ▪**to** ~ **sth** [**to sb**] [jdm] etw erklären; *reason, motive* [jdm] etw erläutern; ***our guide*** ~***ed where the cathedral was*** unser Führer erklärte uns den Weg zur Kathedrale ② (*give reasons*) ▪**to** ~ **sth** etw erklären; *secret* etw aufklären; ***no one has been able to*** ~ ***the accident*** niemand hat bisher eine Erklärung für den Unfall; ***please could you*** ~ ***why you're so late?*** könntest du mir bitte erklären, warum du so spät kommst?; ▪**to** ~ **that …** erklären, dass… ③ (*make clear*) ▪**to** ~ **oneself** sich *akk* [deutlich] ausdrücken; ***please*** ~ ***yourself more clearly*** bitte drücken Sie sich etwas genauer aus ④ (*justify*) ▪**to** ~ **oneself** sich *akk* rechtfertigen; ***you'd better*** ~ ***yourself*** du solltest mir das erklären **II.** *vi* eine Erklärung geben; ***I just can't*** ~ ich kann es mir einfach nicht erklären; ***let me*** ~ lassen Sie es mich erklären

◆**explain away** *vt* ▪**to** ~ **away** ↔ **sth** ① (*dispel doubts*) eine [einleuchtende] Erklärung für etw *akk* haben, sich *dat* etw erklären ② (*pej: minimize*) etw bagatellisieren [*o fam* abtun]

explainable [ɪk'spleɪnəbl̩, ek'-] *adj* erklärlich; **to be** ~ sich *akk* erklären lassen

explanation [ˌeksplə'neɪʃᵊn, ek'-] *n* ① (*clarifying statement*) Erklärung *f*; *of reason, motive* Erläuterung *f*; **to give** [**sb**] **an** ~ **for** [*or* **of**] **sth** [jdm] etw erklären [*o* erläutern]; **to need an** ~ einer Erklärung *f* [*o* Erläuterung *f*] bedürfen ② (*reason*) Erklärung *f*; LAW Aussage *f*; **to give** [**sb**] **an** ~ **for** [*or* **of**] **sth** [jdm] eine Erklärung für etw *akk* geben, [jdm] etw erklären ③ *no pl* (*act of explaining*) Erklärung *f*; **in** ~ [**of sth**] [*or* **by way of** ~ [**for sth**]] als Erklärung [für etw *akk*]

explanatory [ɪk'splænətᵊri, ek'-, AM -tɔːri] *adj* erklärend *attr*; *footnotes, statement* erläuternd *attr*; ~ **diagram** Schaubild *nt* zur Erläuterung

expletive [ɪk'spliːtɪv, ek'-, AM 'eksplət̬-] **I.** *n* ① (*form: swear word*) Kraftausdruck *m*, Fluch *m*; **to let out a row** [*or* **string**] **of** ~**s** einen Schwall von Flüchen loslassen, laut drauflosfluchen; ~ **deleted** (*im Deutschen meist durch ‚…' gekennzeichnete Streichung eines vulgären Ausdrucks*) ② LING Füllwort *nt*, Expletivum *nt fachspr* **II.** *n modifier* (*word*) Füll-

explicable [ɪk'splɪkəbl̩, ek'-] *adj* erklärbar

explicably [ɪk'splɪkəbli, ek'-] *adv* erklärlicherweise, verständlicherweise

explicate ['eksplɪkeɪt] *vt* (*form*) ▪**to** ~ **sth** ① (*elaborate*) etw ausführen ② (*make clear*) etw [im Einzelnen] erläutern [*o* darlegen] [*o geh* explizieren]

explication [ˌeksplɪ'keɪʃᵊn] *n no pl* (*form*) ① (*elaboration*) Ausführung *f* ② (*clarification*) Erklärung *f*, Erläuterung *f*

explicit [ɪk'splɪsɪt, ek'-] *adj* ① (*precise*) klar, deutlich; *agreement, consent, order* ausdrücklich; ***could you please be more*** ~***?*** könnten Sie bitte etwas deutlicher werden?; ***she made no*** ~ ***mention of her plans*** sie erwähnte ihre Pläne nicht ausdrücklich; ~ **directions** klare Anweisungen; ▪**to be** ~ **about sth** etw offen [*o* unverhohlen] aussprechen ② (*detailed*) eindeutig; (*with sexual details*) eindeutig; *film, picture, sex* freizügig; *pornography* unverhüllt

explicit address *n* COMPUT absolute Adresse

explicitly [ɪk'splɪsɪtli, ek'-] *adv* ① (*precisely*) [klar und] deutlich; **to tell sb sth** ~ jdm etw ausdrücklich sagen ② (*outspokenly*) unverhohlen; (*sexually explicit*) freizügig, explizit *geh*

explicitness [ɪk'splɪsɪtnəs, ek'-] *n no pl* Klarheit *f*, Deutlichkeit *f*; **sexual** ~ sexuelle Freizügigkeit

explode [ɪk'spləʊd, ek'-, AM -oʊd] **I.** *vi* ① (*blow up*) explodieren; *bomb* explodieren, hochgehen *fam*; *tyre* platzen ② (*fig: give vent*) sich *akk* entladen, explodieren *fam*; (*lose temper*) in die Luft gehen *fam*; ***the peaceful protest*** ~***d into a riot*** die friedliche Protestkundgebung schlug in öffentlichen Aufruhr um; **to** ~ **in** [*or* **with**] **anger** [*or* **fury**] [*or* **rage**] vor Wut platzen [*o* in die Luft gehen] *fam*; **to** ~ **into giggles** plötzlich loskichern; **to** ~ **in laughter/tears** in Gelächter/Tränen ausbrechen; ▪**to** ~ **at sb** auf jdn losgehen ③ (*fig: grow rapidly*) *population* explodieren, explosionsartig zunehmen [*o* wachsen] **II.** *vt* ▪**to** ~ **sth** ① (*blow up*) etw zur Explosion bringen; *bomb* etw zünden; *container* etw sprengen, etw zum Bersten bringen; *ball* etw zum Platzen bringen [*o* platzen lassen] ② (*refute*) etw widerlegen; **to** ~ **a theory** eine Theorie ad absurdum führen *geh* [*o fam* über den Haufen werfen] ③ (*show details*) *diagram, drawing* etw [in Einzelteile] aufgelöst [perspektivisch] darstellen ▸ PHRASES: **to** ~ **a myth** einen Mythos zerstören, mit einem Mythos aufräumen *fam*

exploded view [ɪkˌspləʊdɪd'-, ek'-, AM -oʊd-] *n* Explosionsdarstellung *f*, [perspektivische] Darstellung der Einzelteile

exploding [ɪk'spləʊdɪŋ, ek'-, AM -oʊd-] *adj inv* (*also fig*) explodierend; ~ **population** explosionsartig wachsende [*o* zunehmende] Bevölkerung

exploit I. *n* ['eksplɔɪt] Heldentat *f a. hum*, Großtat *f* **II.** *vt* [ɪk'splɔɪt, ek'-] ① (*pej: take advantage*) ▪**to** ~ **sb** *worker* jdn ausbeuten; *person, friend* jdn ausnutzen; ▪**to** ~ **sth** *good-naturedness, situation, weakness* etw ausnutzen; **to** ~ **a colony** eine Kolonie ausbeuten ② (*utilize*) ▪**to** ~ **sth** etw nutzen, sich *dat* etw zunutze machen; *resources* etw ausbeuten

exploitable [ɪk'splɔɪtəbl̩, ek'-, AM -t̬ə-] *adj* ① (*pej: vulnerable*) ▪**to be** ~ *workforce* auszubeuten sein; *perosn, friend* auszunutzen sein ② (*profitable*) nutzbar, verwertbar; ***he has a very*** ~ ***talent*** aus seinem Talent lässt sich viel machen; **to be commercially** ~ kommerziell verwertbar sein

exploitation [ˌeksplɔɪ'teɪʃᵊn] *n no pl* ① (*pej: taking unfair advantage*) *of workforce* Ausbeutung *f*; *of person, situation, weakness* Ausnutzung *f*; **the** ~ **of employees** die Ausbeutung der Arbeitnehmerschaft ② (*profitable use*) Nutzung *f*, Verwertung *f*; *of resources* Ausbeutung *f*

exploitative [ɪk'splɔɪtətɪv, ek'-, AM -t̬ət̬ɪv] *adj* (*pej*) ausbeuterisch *pej*; ~ **tactics** Ausbeutungstaktik *f*

exploiter [ɪk'splɔɪtəʳ, ek'-, AM -t̬ɚ] *n* (*pej*) Ausbeuter(in) *m(f) pej*

exploration [ˌeksplə'reɪʃᵊn, AM -splɔː'reɪ-] *n* ① (*journey*) Erforschung *f*, Exploration *f fachspr*; *of enclosed space* Erkundung *f*; **voyage of** ~ Entdeckungsreise *f* ② (*examination*) Untersuchung *f* (**of** von +*dat*); **to carry out a full** ~ **of sth** etw eingehend untersuchen [*o geh* einer eingehenden Untersuchung unterziehen] ③ *no pl* (*searching*) Suche *f* (**for** nach +*dat*)

exploratory [ɪk'splɒrətᵊri, ek-, AM -'splɔːrətɔːri] *adj* Forschungs-, Erkundungs-; *drilling, well* Probe-, Versuchs-; ~ **expedition** Forschungsexpedition *f*; ~ **talks** Sondierungsgespräche *ntpl*; ~ **test** MED Voruntersuchung *f*; ~ **operation** MED explorativer Eingriff *fachspr*

explore [ɪk'splɔːʳ, ek'-, AM -'splɔːr] **I.** *vt* ▪**to** ~ **sth** ① (*investigate*) etw erforschen [*o* erkunden] [*o fachspr* explorieren] ② (*examine*) etw untersuchen; **to** ~ **one's feelings** in sich *akk* hineinfühlen; **to** ~ **sb's past** jds Vergangenheit *f* überprüfen **II.** *vi* ① (*investigate*) sich *akk* umschauen, etw in Erfahrung bringen; **to go exploring** auf Erkundung[stour] gehen ② (*look for*) **to** ~ **for gold/treasure** auf Gold-/Schatzsuche gehen

explorer [ɪk'splɔːrəʳ, ek'-, AM -'splɔːrɚ] *n* Forscher(in) *m(f)*, Forschungsreisende(r) *f(m)*

Explorer Scout *n* AM Pfadfinder *m*

explosion [ɪk'spləʊʒᵊn, ek'-, AM -'sploʊ-] *n* ① (*blowing up*) Explosion *f*; **bomb/gas** ~ Bomben-/Gasexplosion *f* ② (*noise*) Explosion *f*, Knall *m*; **an** ~ **of applause** (*fig*) tosender [*o* donnernder] Applaus ③ (*fig: outburst*) Ausbruch *m*; ***there is an*** ~ ***of public protest*** plötzlich entlädt sich öffentlicher Protest; ~ **of anger** Wutausbruch *m* ④ (*fig: rapid growth*) Explosion *f*; ***there has been an*** ~ ***in demand for computers in the last few years*** in den letzten Jahren ist die Nachfrage nach Computern explosionsartig angestiegen; **population** ~ Bevölkerungsexplosion *f* ⑤ (*refutal*) Widerlegung *f*; **an** ~ **of a theory** die Verwerfung einer Theorie

explosive [ɪk'spləʊsɪv, ek'-, AM -'sploʊ-] **I.** *adj* ① (*able to blow up*) explosiv; *of reaction* Explosions-; ~ **force** Sprengkraft *f*; ~ **mixture** explosives Gemisch; ~ **substance** Explosivstoff *m*; **highly** ~ hochexplosiv ② (*fig: very loud*) ohrenbetäubend; **an** ~ **clap of thunder** ein ohrenbetäubender Donnerschlag; **an** ~ **cough** ein bellender Husten ③ (*fig: volatile*) explosiv; *issue, situation* [hoch] brisant; *person* aufbrausend, jähzornig *pej*; **to have an** ~ **temper** cholerisch sein, zu Wutausbrüchen neigen **II.** *n* ① *usu pl* (*substance*) Sprengstoff *m* ② LING [Ex]plosivlaut *m fachspr*, Verschlusslaut *m fachspr*

explosive device *n* Sprengkörper *m*

explosively [ɪk'spləʊsɪvli, ek'-, AM -'sploʊ-] *adv* ① (*by blowing up*) explosiv; **to react** ~ *flame, gas* verpuffen ② (*fig: with sudden outburst*) heftig; **to bark** ~ **at sb** jdn anschnauzen; **to laugh** ~ schallend lachen; **to react** ~ explodieren, heftig reagieren ③ (*fig: rapidly*) explosionsartig; **to grow** ~ explosionsartig ansteigen [*o* wachsen]

explosiveness [ɪk'spləʊsɪvnəs, ek'-, AM -'sploʊ-] *n no pl* (*fig*) Explosivität *f*; *of an issue, situation* Brisanz *f*; *of a person* Jähzorn *m*; *of sb's temper* aufbrausende Art

Expo ['ekspəʊ, AM -spoʊ] *n short for* **exposition** Expo *f fam*

exponent [ɪk'spəʊnənt, ek'-, AM -'spoʊ-] *n* (*approv*) ① (*representative*) Vertreter(in) *m(f)*, Exponent(in) *m(f)*; (*advocate*) Verfechter(in) *m(f)*; (*performer*) Interpret(in) *m(f)*; ***she is a leading*** ~ ***of cello-playing*** sie ist eine führende Cellointerpretin; **an** ~ **of communism** ein Verfechter *m*/eine Verfechterin des Kommunismus ② MATH Exponent *m fachspr*, Hochzahl *f*

exponential [ˌekspə(ʊ)'nen(t)ʃᵊl, AM -spoʊ'-] *adj inv* ① MATH exponentiell, Exponential-; ~ **function** Exponentialfunktion *f* ② (*extremely fast*) exponentiell; **an** ~ **increase in world population** ein sprunghafter Anstieg der Weltbevölkerung

exponential curve *n* MATH Exponentialkurve *f fachspr* **exponential growth** *n* exponentielles Wachstum

exponentially [ˌekspə(ʊ)'nen(t)ʃᵊli, AM -spoʊ'-] *adv inv* ① MATH exponentiell ② (*extremely quickly*) exponentiell; **to rise** ~ steil [nach oben] ansteigen

E

export I. *vt* [ɪk'spɔːt, ek'-, AM -'spɔːrt] ■**to ~ sth** ❶ (*sell abroad*) etw exportieren [*o* ausführen]; ***some cultural values have been ~ed all over the world*** (*fig*) einige kulturelle Werte haben weltweite Verbreitung gefunden; **~ of capital** FIN Kapitalausfuhr *f* ❷ COMPUT etw exportieren **II.** *vi* [ɪk'spɔːt, AM -'spɔːrt] exportieren, ausführen **III.** *n* ['ekspɔːt, ek'-, AM -spɔːrt] ❶ *no pl* (*selling abroad*) Export *m,* Ausfuhr *f;* **for ~** für den Export ❷ (*product*) Exportartikel *m* **IV.** *n* ['ekspɔːt, AM -spɔːrt] *modifier* Export-

exportable [ɪk'spɔːtəbl̩, ek'-, AM -'spɔːrt̬-] *adj* exportfähig; **to be highly ~** für den Export sehr gut geeignet sein

exportation [ˌekspɔː'teɪʃən, AM -spɔːr'-] *n no pl* Export *m,* Ausfuhr *f;* **for ~** für den Export [bestimmt]

export ban *n* Exportverbot *nt,* Ausfuhrverbot *nt*

export business *n* ❶ (*company*) Exportgeschäft *nt* ❷ *no pl* (*branch*) Exportgeschäft *nt;* **to be in the ~** in der Exportbranche [*o* im Export] tätig sein **export duty** *n* Ausfuhrzoll *m,* Exportzoll *m*

exporter [ɪk'spɔːtəʳ, AM -'spɔːrt̬ɚ] *n* Exporteur *m;* (*person*) Exporthändler(in) *m(f);* (*company*) Exportgeschäft *nt;* (*country*) Exportland *nt,* Ausfuhrland *nt*

export goods *npl* Exportgüter *pl,* Exportartikel *mpl* **export licence** *n* Ausfuhrgenehmigung *f,* Exportlizenz *f* **export market** *n no pl* Exportmarkt *m* **export marketing** *n no pl* Exportmarketing *nt* **export permit** *n* Ausfuhrerlaubnis *f,* Exporterlaubnis *f* **export regulations** *npl* Ausfuhrbestimmungen *fpl* **export surplus** *n no pl* Exportüberschuss *m* **export trade** *n no pl* Exporthandel *m,* Außenhandel *m*

exposé [ek'spəʊzeɪ, ɪk-, AM ˌekspoʊ'zeɪ] *n* ❶ (*informative report*) Exposé *nt,* Darstellung *f* ❷ (*revealing report*) Enthüllung *f,* Aufdeckung *f;* **an ~ of corruption/scandal** die Aufdeckung einer Korruptionsaffäre/eines Skandals; **a shocking ~** eine schockierende Enthüllung

expose [ɪk'spəʊz, ek'-, AM -'spoʊz] *vt* ❶ (*lay bare*) ■**to ~ sth** *bone, foundations* etw freilegen; *nerves* etw bloßlegen ❷ (*leave vulnerable to*) ■**to ~ sb/sth to sth** jdn/etw etw *dat* aussetzen; **to ~ sth to cold/heat** etw der Kälte/Hitze aussetzen; **to ~ sb to danger** jdn einer Gefahr aussetzen; **to ~ sb to ridicule** (*fig*) jdn dem Spott [*o* der Lächerlichkeit] preisgeben ❸ (*reveal*) ■**to ~ sth** etw offenbaren; *scandal, treachery, plot* etw aufdecken [*o* enthüllen]; ■**to ~ sb** jdn entlarven ❹ (*put in contact*) ■**to ~ sb to sth** jdn mit etw *dat* vertraut machen; ■**to be ~d to sth** etw *dat* ausgesetzt sein, mit etw *dat* in Berührung kommen ❺ (*show genitals*) ■**to ~ oneself [to sb]** sich *akk* [vor jdm] entblößen ❻ PHOT ■**to ~ sth** etw belichten; **to over-/under~ sth** etw über-/unterbelichten ❼ LAW (*abandon*) ■**to ~ sb/an animal** jdn/ein Tier aussetzen

exposed [ɪk'spəʊzd, ek'-, AM -'spoʊzd] *adj* ❶ (*unprotected*) ungeschützt, exponiert *geh;* **~ position** exponierte Lage; ***the house is in a very ~ position*** das Haus steht völlig frei; **to be ~ to rain/wind** dem Regen/Wind ausgesetzt sein; **to feel ~** sich *akk* schutzlos [ausgeliefert] fühlen ❷ (*bare*) freigelegt; *part of body* unbedeckt, entblößt *geh* ❸ PHOT belichtet

exposition [ˌekspə(ʊ)'zɪʃən, AM -pə'-] *n* ❶ (*form: explanation*) Darlegung *f,* Ausführung[en] *f[pl]* (**of** zu +*dat*); (*commentary*) Kommentar *m* (**of** zu +*dat*) ❷ *no pl* (*clarification*) Erklärung *f,* Erläuterung *f* ❸ (*public show*) Ausstellung *f* ❹ LIT, MUS (*introduction*) Exposition *f fachspr*

expository [ɪk'spɒzɪtəri, ek'-, AM -'spɑːzətɔːri] *adj attr* erklärend

ex post facto [ˌekspəʊst'fæktəʊ, AM -poʊst'fæktoʊ] LAW rückwirkend, retrospektiv

expostulate [ɪk'spɒstʃəleɪt, ek'-, AM -'spɑːs-] *vi* (*form*) [heftig] protestieren; ■**to ~ on** [*or* **about**] **sth** sich *akk* vehement gegen etw *akk* aussprechen; (*stronger*) etw scharf verurteilen; ■**to ~ with sb about sth** (*protest*) eine [heftige] Auseinandersetzung mit jdm wegen etw *dat* haben; (*criticize*) jdm [ernste] Vorhaltungen wegen einer S. *gen* machen *geh*

expostulation [ɪkˌspɒstʃə'leɪʃən, ek'-, AM -ˌspɑːs-] *n* (*form: protest*) [heftiger] Protest; (*criticism*) [ernste] Vorhaltung[en]

exposure [ɪk'spəʊʒəʳ, ek'-, AM -'spoʊʒɚ] *n* ❶ (*being unprotected*) Aussetzung *f kein pl;* ***you should always limit your ~ to the sun*** man sollte sich den Sonnenstrahlen immer nur eine begrenzte Zeit aussetzen; **~ to radiation** MED Bestrahlung *f;* **indecent ~** LAW unsittliche Entblößung ❷ *no pl* (*contact with elements*) Ausgesetztsein *nt;* **to die of/suffer from ~** an Unterkühlung sterben/leiden ❸ *no pl* (*revelation*) *of a person* Entlarvung *f; of a plot, scheme* Aufdeckung *f; of an affair* Enthüllung *f* ❹ *no pl* (*media coverage*) Berichterstattung *f* [in den Medien], Publicity *f;* **to get lots of ~** ganz groß herauskommen, große Beachtung finden ❺ PHOT (*contact with light*) Belichtung *f;* (*duration*) Belichtungszeit *f* ❻ PHOT (*shot*) Bild *nt,* Aufnahme *f* ❼ (*position*) Lage *f;* ***the room has a northern ~*** das Zimmer geht nach Norden ❽ *no pl* (*contact*) Kontakt *m,* Berührung *f* (**to** mit +*dat*) ❾ ECON (*risk assessment*) Verlustrisiko *nt*

exposure meter *n* PHOT Belichtungsmesser *m*

expound [ɪk'spaʊnd, ek'-] **I.** *vt* (*form*) ❶ (*explain*) ■**to ~ sth** etw darlegen [*o* [näher] ausführen] ❷ (*interpret*) ■**to ~ sth** etw erläutern [*o* im Einzelnen erklären]; **to ~ the Bible** die Bibel auslegen **II.** *vi* ■**to ~ on sth** etw darlegen [*o* [näher] ausführen]

express [ɪk'spres, ek'-] **I.** *vt* ❶ (*communicate*) ■**to ~ sth** etw ausdrücken [*o geh* zum Ausdruck bringen]; (*say*) etw aussprechen; ***there are no words to ~ what that means to me*** was das für mich bedeutet, lässt sich nicht in Worte fassen; ***he is not able to ~ properly what he means*** er kann nie richtig sagen, was er meint; **to ~ one's thanks** seinen Dank zum Ausdruck bringen; ■**to ~ oneself** sich *akk* ausdrücken; ***children often ~ themselves in painting*** Kinder drücken ihre Gefühle oft in Bildern aus ❷ (*reveal*) ■**to ~ sth** etw ausdrücken [*o geh* offenbaren]; ***her eyes ~ed deep sadness*** aus ihren Augen sprach eine tiefe Traurigkeit; **to ~ one's feelings** seine Gefühle zeigen ❸ MATH (*symbolize*) ■**to ~ sth as sth** etw als etw *akk* darstellen ❹ (*squeeze out*) ■**to ~ sth** etw ausdrücken [*o* [aus]pressen] ❺ (*send quickly*) ■**to ~ sth to sb** [*or* **sb sth**] jdm etw per Express [*o* als Eilsendung] schicken **II.** *adj attr* ❶ *inv* (*rapid*) express, Eil-; **by ~ delivery** per Eilzustellung, als Eilsendung [*o* Eilsache] ❷ (*precise*) klar, bestimmt; (*explicit*) ausdrücklich; **~ command** ausdrücklicher Befehl; **~ instructions** klare Anweisungen; **~ intention** [*or* **purpose**] bestimmte Absicht; **for the ~ purpose** eigens zu dem Zweck; **~ warranty** COMM ausdrücklich erklärte Garantie **III.** *adv* **to send sth ~** etw per Express [*o* als Eilsache] schicken **IV.** *n* ❶ (*train*) Express[zug] *m,* Schnellzug *m,* D-Zug *m;* **the Orient E~** der Orient-Express ❷ *no pl* (*messenger*) Eilbote, -in *m, f;* **by ~** per Eilboten; (*delivery*) per Express ❸ AM (*company*) Spedition *f,* Transportunternehmen *nt*

express bus *n* Überlandbus *m* **express company** *n* AM Spedition *f,* Transportunternehmen *nt*

expressed [ɪk'sprest, ek'-] *adj attr, inv* ausdrücklich; **~ wish** ausdrücklicher Wunsch

express highway *n* AUS Schnell[verkehrs]straße *f;* (*in town*) Stadtautobahn *f*

expression [ɪk'spreʃən, ek'-] *n* ❶ *no pl* (*showing*) Ausdruck *m,* Äußerung *f;* **~ of individuality** Ausdruck *m* von Individualität; **to find ~ in sth** in etw *dat* seinen Ausdruck finden; **to give ~ to sth** etw zum Ausdruck bringen, etw *dat* Ausdruck verleihen *geh* ❷ (*demonstration*) Ausdruck *m kein pl,* Zeichen *nt;* ***as an ~ of his love*** zum Zeichen seiner Liebe; **an ~ of gratitude/sympathy** ein Ausdruck *m* [*o* Zeichen *nt*] der Dankbarkeit/Sympathie ❸ *no pl* (*oral communication*) Äußerung *f;* **freedom of ~** Freiheit *f* der Meinungsäußerung; **mode of ~** Ausdrucksweise *f* ❹ (*phrase*) Ausdruck *m,* Wendung *f* ❺ (*facial look*) [Gesichts]ausdruck *m,* Miene *f;* ***I could tell from her ~ that ...*** ich konnte es ihrem Gesicht ansehen, dass ...; **to have a glum ~** ein mürrisches Gesicht machen ❻ (*emotion*) Gefühlsausdruck *m,* [Gefühls]regung *f;* **without ~** ausdruckslos ❼ *no pl* MUS Ausdruck *m,* Gefühl *nt;* **with great ~** sehr ausdrucksvoll ❽ MATH Ausdruck *m*

Expressionism [ɪk'spreʃənɪzəm, ek'-] *n no pl* Expressionismus *m*

Expressionist [ɪk'spreʃənɪst, ek'-] **I.** *n* Expressionist(in) *m(f)* **II.** *adj* expressionistisch

expressionistic [ɪkˌspreʃə'nɪstɪk, ek'-] *adj* expressionistisch

expressionless [ɪk'spreʃənləs, ek'-] *adj* ❶ (*showing no emotion*) ausdruckslos; **an ~ face/voice** eine ausdruckslose Miene/Stimme ❷ MUS ausdruckslos, ohne Gefühl *nach n*

expressionlessly [ɪk'spreʃənləsli, ek'-] *adv* ausdruckslos, ohne eine Miene zu verziehen *fam*

expression line *n* Fältchen *nt* **expression mark** *n* MUS Vortragsbezeichnung *f fachspr*

expressive [ɪk'spresɪv, ek'-] *adj* ❶ (*showing feeling*) ausdrucksstark, ausdrucksvoll, expressiv *geh;* **an ~ face** ein ausdrucksvolles Gesicht; **an ~ shrug** ein viel sagendes Achselzucken; **an ~ voice** eine ausdrucksstarke Stimme ❷ (*indicative*) ■**to be ~ of sth** etw ausdrücken; **to be ~ of joy/sorrow** Freude/Trauer ausdrücken

expressively [ɪk'spresɪvli, ek'-] *adv* ausdrucksvoll, expressiv *geh*

expressiveness [ɪk'spresɪvnəs, ek'-] *n no pl* Ausdruckskraft *f; of emotions* Ausdrucksfähigkeit *f*

express lane *n* (*for overtaking*) Schnellspur *f,* Überholspur *f;* (*in supermarket*) Schnellkasse *f* **express letter** *n* Eilbrief *m*

expressly [ɪk'spresli, ek'-] *adv* ❶ (*explicitly*) ausdrücklich; **to prohibit sth ~** etw ausdrücklich untersagen ❷ (*particularly*) extra, eigens *geh;* ***I came ~ to see you*** ich bin eigens gekommen, um dich zu sehen

expresso *n see* **espresso**

express service *n* Expressdienst *m;* (*for mail*) Schnelltransport *m,* Eilzustellung *f* **express train** *n* Express[zug] *m,* Schnellzug *m,* D-Zug *m* **expressway** *n* AM, AUS Schnellstraße *f*

expropriate [ɪk'sprəʊprieɪt, ek'-, AM -'sproʊ-] *vt* ❶ (*dispossess*) ■**to ~ sth** etw enteignen; ■**to ~ sb** jdn enteignen; ■**to ~ sb from sth** jds etw enteignen ❷ (*appropriate*) ■**to ~ sth** sich *dat* etw [widerrechtlich] aneignen; **to ~ funds** Gelder veruntreuen; **to ~ ideas** fremde Ideen übernehmen *euph,* geistigen Diebstahl begehen

expropriation [ɪkˌsprəʊpri'eɪʃən, ek'-, AM -ˌsproʊ-] *n* ❶ (*dispossessing*) Enteignung *f,* Expropriation *f fachspr* ❷ (*appropriation*) [widerrechtliche] Aneignung; *of funds* Veruntreuung *f*

expropriator [ɪk'sprəʊprieɪtəʳ, ek'-, AM -'sproʊpieɪt̬ɚ] *n* Enteigner(in) *m(f),* Expropriateur(in) *m(f) fachspr*

expulsion [ɪk'spʌlʃən, ek'-] *n no pl from a club* Ausschluss *m* (**from** aus +*dat*); *from a country* Ausweisung *f* (**from** aus +*dat*); *from home* Vertreibung *f* (**from** aus +*dat*); **~ from school/university** Verweisung *f* [*o fachspr* Relegation *f*] von der Schule/Universität

expunge [ɪk'spʌn(d)ʒ, ek'-] *vt* (*form*) ■**to ~ sth** etw [aus]streichen [*o geh* tilgen]; (*fig*) etw löschen; **to ~ sb/sth from a list** jdn/etw von [*o* aus] einer Liste streichen; **to ~ a registration** eine Eintragung löschen; **to ~ sth from one's memory** etw aus seinem Gedächtnis streichen

expurgate ['ekspəgeɪt, AM -spɚ-] *vt* ■**to ~ sth** *text* etw [von anstößigen Stellen] reinigen [*o pej* zensieren]

expurgated ['ekspəgeɪtɪd, AM -spɚgeɪt̬-] *adj* [von anstößigen Stellen] gereinigt, zensiert *pej;* **~ version** bereinigte Fassung

expurgation [ˌekspə'geɪʃən, AM -spɚ'-] *n* ❶ (*censored version*) bereinigte [*o pej* zensierte] Fassung ❷ *no pl* (*censorship*) Zensur *f*

exquisite [ɪk'skwɪzɪt, ek'-] *adj* ❶ (*very fine*) erlesen, exquisit; **~ manners** ausgesuchtes Benehmen; **an ~ painting** ein ausnehmend schönes Gemälde; **an ~ piece of china** ein [aus]erlesenes Stück Porzellan; **to have ~ taste** einen exquisiten [*o* feinen] Geschmack haben; **showing ~ taste** von erlesenem Geschmack *nach n;* **an ~ view** ein bezaubernder Ausblick ② (*intense*) außerordentlich; **an ~ pain** ein bohrender Schmerz; **an ~ pleasure** ein köstliches [*o* königliches] Vergnügen ③ (*precise*) ausgeprägt; **~ timing** ausgeprägtes Zeitgefühl

exquisitely [ɪk'skwɪzɪtli, ek'-] *adv* ① (*beautifully*) vorzüglich; **an ~ behaved child** ein äußerst wohlerzogenes Kind; **an ~ crafted piece of furniture** ein kunstvoll angefertigtes Möbelstück; **an ~ furnished house** ein geschmackvoll [*o* ausnehmend schön] eingerichtetes Haus ② (*intensely*) außerordentlich; **an ~ painful sensation** ein außerordentlich starker [*o* heftiger] Schmerz; **~ sensitive** äußerst [*o* überaus] empfindlich

exquisiteness [ɪk'skwɪzɪtnəs, ek'-] *n no pl* ① (*fineness*) Erlesenheit *f,* Ausgesuchtheit *f;* (*perfection*) Vollendung *f* ② (*intensity*) Intensität *f;* **the ~ of the pain** die Heftigkeit des Schmerzes

ex-serviceman *n* ehemaliger Militärangehöriger, Veteran *m* **ex-servicewoman** *n* ehemalige Militärangehörige

ext. *n abbrev of* **extension** DW

extant [ek'stænt, AM 'ekstᵊnt] *adj inv* (*form*) [noch] vorhanden [*o* existent]; ***he is the most famous writer ~*** er ist der berühmteste noch lebende Schriftsteller

extemporaneous [ɪkˌstempə'reɪniəs, ek'-] *adj inv* improvisiert, unvorbereitet; **an ~ speech** eine Rede aus dem Stegreif; **an ~ translation** eine Stegreifübersetzung

extemporaneously [ɪkˌstempə'reɪniəsli, ek'-] *adv* unvorbereitet, aus dem Stegreif; ***they asked her to say a few words ~*** man bat sie um ein paar formlose Worte; **to speak ~** aus dem Stegreif sprechen

extemporarily [ɪk'stempᵊrərᵊli, ek'-, AM -pərer-] *adv see* **extemporaneously**

extemporary [ɪk'stempᵊrəri, ek'-, AM -pəreri] *adj see* **extemporaneous**

extempore [ɪk'stempᵊri, ek'-, AM -pəri] **I.** *adj inv* unvorbereitet, Stegreif-; **to give an ~ speech** eine Rede aus dem Stegreif halten, extemporieren *geh* **II.** *adv* unvorbereitet, aus dem Stegreif, ex tempore *geh;* **to perform ~** improvisieren

extemporize [ɪk'stempᵊraɪz, ek'-, AM -pər-] *vi* etw aus dem Stegreif tun, extemporieren *geh;* (*perform*) improvisieren

extend [ɪk'stend, ek'-] **I.** *vt* ① (*stretch out*) ■**to ~ sth** etw ausstrecken; **to ~ one's fingers** seine Finger ausstrecken; **to ~ one's hand to sb** jdm die Hand entgegenstrecken [*o geh* reichen]; **to ~ a line/rope** eine Leine/ein Seil spannen ② (*prolong*) ■**to ~ sth** *credit, visa* etw verlängern ③ (*pull out*) ■**to ~ sth** etw verlängern; *ladder, table* etw ausziehen; *landing gear* etw ausfahren; *sofa* etw ausklappen ④ (*expand*) ■**to ~ sth** etw erweitern [*o* vergrößern]; *influence, business* etw ausdehnen [*o* ausbauen] ⑤ (*increase*) ■**to ~ sth** etw vergrößern [*o* verstärken]; **to ~ public awareness of sth** die Öffentlichkeit für etw *akk* sensibilisieren; **to ~ one's commitment** seine Bemühungen *fpl* verstärken, sich *akk* stärker engagieren ⑥ (*build*) ■**to ~ sth [to sth]** etw [an etw *akk*] anbauen; **to ~ one's house** sein Haus ausbauen; **to ~ a road/track** eine Straße/Fahrspur ausbauen ⑦ (*offer*) ■**to ~ sth to sb** jdm etw erweisen [*o* zuteil werden lassen]; *credit, protection* jdm etw gewähren; **to ~ money to sb** FIN jdm Geld zur Verfügung stellen; **to ~ one's thanks to sb** jdm seinen Dank aussprechen; **to ~ a welcome to sb** jdn willkommen heißen ⑧ (*strain*) ■**to ~ sb** jdn [bis an seine Leistungsgrenze] fordern; ■**to ~ oneself** sich *akk* verausgaben **II.** *vi* ① (*stretch*) sich *akk* erstrecken, sich *akk* ausdehnen; *over period of time* sich *akk* hinziehen *pej,* dauern; ***the fields ~ into the distance*** die Felder dehnen sich bis in die Ferne aus; ***rain is expected to ~ to all parts of the country by this evening*** bis heute Abend soll der Regen alle Landesteile erreicht haben; ***the last party ~ed throughout the night*** die letzte Party dauerte die ganze Nacht; ■**to ~ beyond sth** über etw *akk* hinausgehen; **to ~ for miles** sich *akk* meilenweit hinziehen ② (*include*) sich erstrecken; ■**to ~ to sb/sth** *restrictions* für jdn/etw gelten; ***his concern doesn't ~ as far as actually doing something*** seine Besorgnis geht nicht so weit, dass er tatsächlich etwas unternimmt

extendable [ɪk'stendəbl̩, ek'-] *adj* ① (*prolongable*) *lease, passport, contract* verlängerbar; **~ deadline** verlängerbare Frist; **~ sentence** verlängerte Strage ② (*telescopic*) ausziehbar; **~ ladder** Ausziehleiter *f* ③ (*stretchable*) ausdehnbar ④ (*make longer*) ausziehbar

extended [ɪk'stendɪd, ek'-] *adj* ① (*prolonged*) verlängert; **an ~ holiday** ein ausgedehnter Urlaub ② (*comprehensive*) umfassend, erweitert; **~ coverage** erweiterter Versicherungsschutz; **an ~ news bulletin** ein umfassender [*o* ausführlicher] Bericht

extended credit *n no pl* ① (*long-term credit*) langfristiger Kredit ② AM (*from the Federal Reserve*) erweiterter Kredit **extended family** *n* Großfamilie *f*

extensible [ɪk'sten(t)səbl̩, ek'-] *adj see* **extendable**

extension [ɪk'sten(t)ʃᵊn, ek'-] **I.** *n* ① *no pl* (*stretching out*) *of extremities* Ausstrecken *nt; of muscles* Dehnung *f,* Streckung *f* ② (*lengthening*) Verlängerung *f;* **~ table** Ausziehtisch *m* ③ *no pl* (*expansion*) Erweiterung *f,* Vergrößerung *f; of influence, power* Ausdehnung *f,* Ausbau *m;* **~ of business** Geschäftserweiterung *f;* **the ~ of police powers** die Verstärkung [*o* der Ausbau] von Polizeikräften; **~ of time** LAW Fristverlängerung *f,* Nachfrist *f;* **by ~** des Weiteren, im weiteren Sinne ④ (*prolongation*) *of a credit, time, a visa* Verlängerung *f;* **~ of payment** Zahlungsaufschub *m* ⑤ COMPUT Verlängerung *f,* Erweiterung *f;* **~ cable** Verlängerungskabel *nt;* **~ memory** Nebenspeicher *m;* **filename ~** Extension *f* beim Dateinamen ⑥ (*added piece*) Anbau *m; of a building* Erweiterungsbau *m* (**to** an *+akk*); ***we're building an ~ to our house*** wir bauen gerade an ⑦ (*phone line*) Nebenanschluss *m,* Nebenstelle *f;* (*number*) [Haus]apparat *m* ⑧ *no pl* (*offering*) Bekundung *f* ⑨ (*scope*) Umfang *m* ⑩ (*logic*) Bedeutungsumfang *m,* Extension *f fachspr* **II.** *n modifier* AM, AUS UNIV (*extramural*) Fern-; **~ course** Fernlehrgang *m,* Fernstudienkurs *m*

extension cord *n* AM, AUS (*extension lead*) Verlängerungskabel *nt* **extension ladder** *n* Ausziehleiter *f* **extension lead** *n* BRIT Verlängerungskabel *nt*

extensive [ɪk'sten(t)sɪv, ek'-] *adj* ① (*large*) weit, ausgedehnt; **~ grounds** weitläufiges Gelände; **~ journey** ausgedehnte Reise; **~ property** ausgedehnte Ländereien; **~ tracts of land** weite Landstriche ② (*far-reaching*) weitreichend; **~ political influence** weitreichender politischer Einfluss ③ (*large-scale*) umfangreich, ausführlich; ***the royal wedding received ~ coverage in the newspapers*** über die königliche Hochzeit wurde in den Zeitungen ausführlich berichtet; **~ knowledge** breites [*o* umfassendes] Wissen; **~ repairs** umfangreiche Reparaturarbeiten; **to make ~ use of sth** von etw *dat* großen Gebrauch machen ④ (*severe*) schwer; **~ bombing** schweres [*o* großflächiges] Bombardement; **~ damage** beträchtlicher [*o* erheblicher] Schaden ⑤ AGR extensiv *fachspr*

extensively [ɪk'sten(t)sɪvli, ek'-] *adv* ① (*for the most part*) weitgehend; **to be ~ rebuilt** weitgehend wiederaufgebaut werden ② (*considerably*) beträchtlich, erheblich; **to be ~ damaged** erheblich beschädigt werden ③ (*thoroughly*) gründlich; (*in detail*) ausführlich; **to be ~ researched** genau untersucht werden; **to use sth ~** von etw *dat* ausgiebig Gebrauch machen

extent [ɪk'stent, ek'-] *n* ① *no pl* (*size*) *of an area, a city, a park* Größe *f,* Ausdehnung *f;* (*length*) *of a river* Länge *f* ② *no pl* (*range*) Umfang *m;* **the ~ of knowledge** der Wissensumfang ③ *no pl* (*amount*) Ausmaß *nt,* Umfang *m; of a sum* Höhe *f;* ***the company is in debt to the ~ of a million pounds*** die Firma ist mit einer Million Pfund verschuldet; **the ~ of a credit** die Höhe eines Kredits; **the ~ of destruction** das Ausmaß der Zerstörung ④ (*degree*) Grad *m kein pl,* Maß *nt kein pl;* **to a certain ~** in gewissem Maße; **to a great** [*or* **large**] **~** in hohem Maße, weitgehend; **to the same ~ as ...** in gleichem Maße wie ...; **to some ~** bis zu einem gewissen Grad; **to go to the ~ of doing sth** so weit gehen, etw zu tun; **to an ~** bis zu einem gewissen Grad, in gewissem Maße; **to such an ~ that ...** dermaßen [*o* derart], dass ...; ***the car was damaged to such an ~ that it could not be repaired*** der Wagen war so stark beschädigt, dass er nicht repariert werden konnte; **to that ~** in diesem Punkt, insofern; **to what ~** in welchem Maße, inwieweit

extenuate [ɪk'stenjueɪt, ek'-] *vt* (*form*) ■**to ~ sth** etw beschönigen [*o* verharmlosen]; **to ~ sb's behaviour** jds Verhalten *nt* entschuldigen [*o* rechtfertigen]; **to ~ sb's guilt** jds Schuld *f* mindern

extenuating [ɪk'stenjueɪtɪŋ, ek'-, AM -t̬-] *adj attr* (*form*) mildernd; **to allow ~ circumstances** mildernde Umstände zubilligen

extenuation [ɪkˌstenju'eɪʃᵊn, ek'-] *n no pl* (*form*) Beschönigung *f,* Verharmlosung *f;* **in ~ of sb/sth** als Entschuldigung [*o* mildernder Umstand] für jdn/etw

exterior [ɪk'stɪəriəʳ, ek'-, AM -'stɪriɚ] **I.** *n* ① (*outside surface*) *of a wall* Außenseite *f; of a building* Außenfront *f,* Außenwände *fpl;* **on the ~** (*fig*) äußerlich ② (*outward appearance*) das Äußere, äußere Erscheinung; ***she has a tough ~*** sie hat ein hartes Auftreten ③ FILM Außenaufnahme *f* **II.** *adj* Außen-; **~ paint** Farbe *f* für den Außenanstrich; **~ shots** Außenaufnahmen *fpl;* **~ walls** Außenwände *fpl;* ■**~ to sth** außerhalb einer S. *gen*

exterminate [ɪk'stɜːmɪneɪt, ek'-, AM -'stɜːr-] *vt* ■**to ~ sb/sth** *people, sect, species* jdn/etw ausrotten; *civilization, city, enemy* jdn/etw vernichten; *vermin, weeds* etw vertilgen [*o* vernichten]; (*fig*) *evil, superstition* etw ausrotten

extermination [ɪkˌstɜːmɪ'neɪʃᵊn, ek'-, AM -ˌstɜːr-] *n no pl* Ausrottung *f,* Vernichtung *f; of vermin, weeds* Vertilgung *f*

exterminator [ɪk'stɜːmɪneɪtəʳ, ek'-, AM -'stɜːrmɪneɪt̬ɚ] *n* ① (*person*) Kammerjäger(in) *m(f)* ② (*poison*) Insektenvertilgungsmittel *nt*

external [ɪk'stɜːnᵊl, ek'-, AM -'stɜːr-] *adj inv* ① (*exterior*) äußerlich; *angle, pressure, world* Außen-; ■**to be ~ to sth** außerhalb einer S. *gen* liegen; **~ appearance** Aussehen *nt;* **~ calm/similarity** äußerliche Ruhe/Ähnlichkeit ② COMM (*outside of company*) **~ growth** externes Wachstum ③ (*from the outside*) äußere(r,s), von außen *nach n,* extern *geh* ④ (*on body surface*) äußerlich; **~ injury** äußer[lich]e Verletzung; **for ~ use only** PHARM nur zur äußerlichen Anwendung ⑤ (*foreign*) ausländisch, auswärtig, Außen-; **~ affairs** auswärtige Angelegenheiten, Außenpolitik *f;* **~ exchange** ECON Devisenkurs *m;* **~ relations** auswärtige Beziehungen, Auslandsbeziehungen *fpl* ⑥ UNIV per Fernstudium *nach n;* **~ degree** Abschluss *m* eines Fernstudiums ⑦ ECON **~ auditing** außerbetriebliche Revision ⑧ COMPUT extern, außerhalb; **~ device** Hardwareteil *m;* (*device allowing communications*) Peripheriegerät *nt;* **~ disk drive** externes Plattenlaufwerk; **~ memory** Speicher *m;* **~ modem** externes Modem; **~ storage** [*or* **store**] Zubringerspeicher *m*

external account *n* FIN Ausländerkonto *nt* **external debt** *n* FIN Auslandsschulden *pl* **external examination** *n* externe Prüfung **external examiner** *n* externer Prüfer/externe Prüferin **external funds** *n* FIN **~ funds** Auslandsverschuldung *f*

externalization [ɪkˌstɜːnᵊlaɪ'zeɪʃᵊn, ek'-, AM -'stɜːrnᵊlɪ'-] *n* ① (*expression*) *of emotions* Äußerung *f,* Ausdruck *m* ② PSYCH *of a conflict, a difficulty* Verlagerung *f* nach außen, Externalisierung *f fachspr,* Projektion *f fachspr*

externalize [ɪk'stɜːnᵊlaɪz, ek'-, AM -'stɜːr-] *vt* ■**to ~ sth** ① (*express*) *emotions* etw äußern ② PSYCH *conflict, difficulty* etw nach außen verlagern [*o fachspr* externalisieren] [*o fachspr* projizieren]

external loan *n* FIN Auslandsanleihe *f*
externally [ɪk'stɜːnəli, ek'-, AM -'stɜːr-] *adv inv* äußerlich; (*to the outside*) nach außen; (*from the outside*) von außen; (*on the outside*) außen; ~ ***she appeared calm*** nach außen hin wirkte sie gelassen
externals [ɪk'stɜːnəlz, ek'-, AM -'stɜːr-] *npl* (*also pej*) Äußerlichkeiten *fpl a. pej,* Nebensächlichkeiten *fpl pej*
external student *n* Externe(r) *f(m)* **external world** *n no pl* Außenwelt *f; of phenomena* Welt *f* der Erscheinungen
exterritorial [ˌeksterɪ'tɔːriəl] *adj inv see* **extraterritorial**
extinct [ɪk'stɪŋkt, ek'-] *adj inv* ❶ (*died out*) *animal, plant, species* ausgestorben; *dynasty, empire, people* untergegangen; **an ~ language** eine tote Sprache; **to become ~** aussterben ❷ (*no longer active*) *fire, love, volcano* erloschen; **an ~ firm** COMM eine gelöschte Firma; **to become ~** erlöschen ❸ (*abolished*) *custom, practice* abgeschafft, verloren gegangen; **an ~ law** ein aufgehobenes Gesetz; **an ~ right** LAW ein erloschenes [*o* untergegangenes] Recht
extinction [ɪk'stɪŋkʃən, ek'-] *n no pl* ❶ (*dying out*) Aussterben *nt; of a dynasty, an empire, a people* Untergang *m;* (*deliberate act*) Ausrottung *f,* Auslöschung *f;* (*fig*) *of traces* Verschwinden *nt; of memories* Auslöschung *f;* **to be in danger of** [*or* **threatened with**] **~** vom Aussterben bedroht sein ❷ (*becoming inactive*) *of fire, passion, volcano* Erlöschen *nt; of a firm* Löschung *f* ❸ (*abolition*) Abschaffung *f; of a law* Aufhebung *f; of a right* Erlöschen *nt,* Untergang *nt;* **the ~ of a debt** COMM die Tilgung einer Schuld
extinguish [ɪk'stɪŋgwɪʃ, ek'-] *vt* ■**to ~ sth** ❶ (*put out*) *fire* etw [aus]löschen [*o fam* ausmachen]; **to ~ a candle/the light** eine Kerze/das Licht ausmachen [*o geh veraltend* löschen] ❷ (*destroy*) etw auslöschen; *firm* etw löschen; **to ~ sb's love/passion** jds Liebe/Leidenschaft *f* erlöschen lassen; **to ~ the memory of sth** die Erinnerung an etw *akk* auslöschen ❸ (*fig: abolish*) *custom, practice* etw abschaffen; LAW etw aufheben; **to ~ a debt** COMM eine Schuld tilgen
extinguisher [ɪk'stɪŋgwɪʃər, ek'-, AM -ɚ] *n* Feuerlöscher *m,* Löschgerät *nt*
extinguishment [ɪk'stɪŋgwɪʃmənt] *n* LAW Löschung *f,* Aufhebung *f*
extirpate ['ekstɜːpeɪt, AM -stɚ-] *vt* (*form*) ■**to ~ sb/sth** *people, sect, species* jdn/etw [mit Stumpf und Stiel] ausrotten; *evil, heresy, prejudice* etw ausmerzen *geh; hair, plant* etw [mit der Wurzel] ausreißen; MED *growth* etw entfernen [*o fachspr* exstirpieren]; **to ~ an enemy** einen Feind vernichten; **to ~ ignorance** (*fig*) [dem Zustand] der Unwissenheit ein Ende bereiten *geh*
extirpation [ˌekstɜː'peɪʃən, AM -stɚ'-] *n no pl* (*form*) *of a people, a sect, a species* Ausrottung *f; of heresy, prejudice* Ausmerzung *f geh;* MED *of a growth* Entfernung *f,* Exstirpation *f fachspr;* **the ~ of an enemy** die Vernichtung eines Feindes; **the ~ of ignorance** (*fig*) die Beseitigung der Unwissenheit
extol <-ll-> [ɪk'stəʊl, ek'-, AM -'stoʊl] *vt* (*form*) ■**to ~ sth** etw rühmen [*o geh* [lob]preisen]; ■**to ~ sb as sb/sth** jdn als jdn/etw feiern [*o geh* preisen]; **to ~ sb as a hero** jdn als Held feiern [*o* verehren]; **to ~ the virtues of sb/sth** die Vorzüge einer Person/einer S. *gen* preisen
extort [ɪk'stɔːt, ek'-, AM -'stɔːrt] *vt* ■**to ~ sth from sb** ❶ (*get with force*) etw von jdm erzwingen [*o* erpressen]; **to ~ a confession from sb** von jdm ein Geständnis erpressen [*o* erzwingen]; **to ~ money from sb** Geld von jdm erpressen [*o fam* aus jdm herausholen] ❷ (*get with effort*) jdm etw abringen [*o* abnötigen], jdn zu etw *dat* bewegen *fam;* **to ~ a promise from sb** jdm ein Versprechen abringen [*o* abnötigen]; **to ~ a secret from sb** jdm ein Geheimnis entlocken
extortion [ɪk'stɔːʃən, ek'-, AM -'stɔːr-] *n no pl* ❶ (*coercion*) Erzwingung *f; of money* Erpressung *f* ❷ (*demand*) *of money* überhöhte [*o* überzogene] Forderung, Wucher *m pej;* **~ racket** [Schutzgeld]erpressung *f,* verbrecherische Erpressung
extortionate [ɪk'stɔːʃənət, ek'-, AM -'stɔːr-] *adj* (*pej*) ❶ (*exorbitant*) maßlos, übermäßig; (*sum*) Wucher-, horrend; **~ credit bargain** Wucherkreditgeschäft *nt;* **to make ~ demands of** [*or* **on**] **sb** übersteigerte [*o* übertrieben hohe] Erwartungen an jdn stellen; **~ prices** horrende [*o fam* astronomische] Preise, Wucherpreise *mpl pej* ❷ (*using force*) erpresserisch; **~ methods** Erpressermethoden *fpl*
extortionately [ɪk'stɔːʃənətli, ek'-, AM -'stɔːr-] *adv* (*pej*) maßlos, übermäßig
extortioner [ɪk'stɔːʃənər, ek'-, AM -'stɔːrʃənɚ] *n* (*pej*) ❶ (*coercing person*) Erpresser(in) *m(f)* ❷ (*usurer*) Wucherer, Wucherin *m, f*
extortionist [ɪk'stɔːʃənɪst, ek'-, AM -'stɔːr-] **I.** *n see* **extortioner II.** *adj see* **extortionate**
extra ['ekstrə] **I.** *adj inv* zusätzlich; ***I'll take some ~ clothes*** ich nehme noch Ersatzkleidung mit; ***we have an ~ bed — you can stay overnight if you want to*** wir haben noch ein Bett frei – wenn du willst, kannst du hier übernachten; ***I'll need some ~ time/money for the job*** für die Arbeit brauche ich etwas mehr Zeit/Geld; **to take ~ care** besonders vorsichtig sein; **~ charge** Aufschlag *m,* Aufpreis *m;* **to make an ~ effort** sich *akk* besonders anstrengen; **to work ~ hours** [*or* **long days**] Überstunden machen; **~ income** zusätzliches Einkommen, Nebeneinkommen *nt;* ■**to be ~** extra gehen; ***packing is ~*** die Verpackung geht extra **II.** *adv inv* ❶ (*more*) mehr; **a** [**little**] **bit ~** ein [kleines] bisschen mehr; **to charge/pay ~** einen Aufpreis verlangen/bezahlen; **to cost ~** gesondert berechnet werden; **postage and packing ~** zuzüglich Porto und Versand ❷ (*especially*) besonders; ***I'll try ~ hard this time*** ich werde mich diesmal ganz besonders anstrengen; **~ large** besonders groß; (*too large*) übergroß **III.** *n* ❶ ECON (*perk*) Zusatzleistung *f,* Sonderleistung *f;* AUTO Extra *nt;* **lots of little ~s** eine Menge kleiner Extras ❷ (*charge*) Aufschlag *m,* Aufpreis *m* ❸ (*actor*) Statist(in) *m(f),* Komparse, -in *m, f* ❹ SPORTS (*additional run*) zusätzlicher Run
extra- ['ekstrə] *in compounds* ❶ (*outside*) außer- ❷ (*more than usual*) extra-, besonders
extra charge *n* Zuschlag *m,* Aufpreis *m*
extract I. *vt* [ɪk'strækt, ek'-] ❶ (*remove*) ■**to ~ sth** [**from sth**] *cork, splinter, stopper* etw [aus etw *dat*] [heraus]ziehen; **to ~ a bullet** eine Kugel entfernen; **to ~ papers from a folder** einem Ordner Unterlagen entnehmen; **to ~ a tooth** einen Zahn ziehen [*o fachspr* extrahieren] ❷ (*obtain*) ■**to ~ sth** [**from sth**] *resources* etw [aus etw *dat*] gewinnen [*o fachspr* extrahieren]; **to ~ iron ore** Eisenerz gewinnen; **to ~ oil** Erdöl fördern; ■**to ~ sth from sb** *secret* jdm etw entlocken; **to ~ a confession from sb** jdm ein Geständnis abringen; **to ~ information from sb** Informationen aus jdm herausquetschen *fam;* **to ~ money from sb** Geld aus jdm herausholen *fam* ❸ (*select*) **to ~ sth from a text** etw aus einem Text [heraus]ziehen, etw exzerpieren *geh* ❹ MATH **to ~ the root** [**from sth**] die Wurzel [aus etw *dat*] ziehen **II.** *n* ['ekstrækt] ❶ (*excerpt*) Auszug *m,* Exzerpt *nt geh* (**from** aus +*dat*) ❷ COMM (*from official register*) Auszug *m* ❸ (*derived substance*) Extrakt *m,* Auszug *m* ❹ *no pl* (*concentrate*) Extrakt *m,* Essenz *f;* **malt/vanilla ~** Malz-/Vanilleextrakt *m*
extraction [ɪk'strækʃən, ek'-] *n* ❶ *no pl* (*removal*) *of a cork, splinter, stopper* Herausziehen *nt; of bullet* Entfernen *nt* ❷ (*obtainment*) *of resources* Gewinnung *f,* Abbau *m; of oil* Förderung *f; of secret* Entlocken *nt; of confession* Abringen *nt* ❸ (*tooth removal*) [Zahn]ziehen *nt,* Extraktion *f fachspr* ❹ *no pl* (*family origin*) Herkunft *f,* Abstammung *f*
extractor [ɪk'stræktər, ek'-, AM -ɚ] *n* ❶ (*squeezer*) [Saft]presse *f,* Entsafter *m* ❷ (*centrifuge*) Trockenschleuder *f* ❸ MED Geburtszange *f;* (*in dentistry*) Zahn[wurzel]zange *f* ❹ (*fan*) Dunstabzug *m* ❺ (*gun part*) Auswerfer *m,* Auszieher *m*
extractor fan *n* Dunstabzug *m* **extractor hood** *n* Dunstabzugshaube *f*
extracurricular [ˌekstrəkə'rɪkjələr, AM -ɚ] *adj inv* ❶ SCH, UNIV außerhalb des Stundenplans [*o* Lehrplans] *nach n,* extracurricular *fachspr* ❷ (*fig*) außerplanmäßig; **~ course** Wahlkurs *m*
extracurricular activities *npl* ❶ SCH, UNIV Wahlveranstaltungen *fpl,* extracurriculare Veranstaltungen *fachspr;* (*in spare time*) Freizeitbeschäftigung[en] *f[pl]* ❷ (*hum: sexual activities*) Liebschaften *fpl,* amouröse Abenteuer *hum*
extraditable ['ekstrədaɪtəbl̩, AM -t̬-] *adj inv offence* zur Auslieferung führend *attr; offender* auszuliefernd *attr,* auszuliefern *präd;* **an ~ crime** ein mit Auslieferung belegtes Verbrechen; **an ~ offender** ein auszuliefernder Straftäter/eine auszuliefernde Straftäterin
extradite ['ekstrədaɪt] *vt* **to ~ sb** [**from Germany to Great Britain**] jdn [von Deutschland an Großbritannien] ausliefern; **to ~ an offender from one state to another state** AM einen Straftäter von einem Bundesstaat an einen anderen überstellen
extradition [ˌekstrə'dɪʃən] *n no pl* Auslieferung *f;* AM Überstellung *f*
extradition treaty *n* Auslieferungsvertrag *m*
extramarital [ˌekstrə'mærɪtəl, AM -'merət̬əl] *adj inv* außerehelich
extramarital affairs *npl* außereheliche Beziehungen
extramural [ˌekstrə'mjʊərəl, AM -'mjʊr-] *adj inv* ❶ *esp* BRIT (*outside university*) außeruniversitär, außerhalb der Universität *nach n* ❷ (*by correspondence*) Fernstudien-; (*part-time*) Teilzeit-; **~ courses** Fern[studien]kurse *mpl*
extraneous [ɪk'streɪniəs] *adj* ❶ (*external*) äußere(r,s), von außen *nach n;* MED körperfremd; CHEM Fremd-; **~ substance** Fremdstoff *m* ❷ (*form: unrelated*) nicht dazugehörig, sachfremd; **~ issues/matters** sachfremde Fragestellungen/Angelegenheiten; **an ~ remark** eine unpassende [*o geh* deplatzierte] Bemerkung ❸ (*irrelevant*) unwichtig, irrelevant, ohne Belang *form*
extraordinaire [ɪkˌstrɔːdɪ'neər, AM ˌstrɔːrdə'ner] *n after n* (*fam*) der Sonderklasse *nach n fam*
extraordinarily [ɪk'strɔːdənərəli, AM -'strɔːrdənerəli] *adv* (*remarkably*) außerordentlich; (*unusually*) ungewöhnlich; (*positive*) ungemein
extraordinary [ɪk'strɔːdənəri, AM -'strɔːrdəneri] *adj* ❶ (*remarkable*) außerordentlich, außergewöhnlich; (*unusual*) ungewöhnlich; **an ~ feat** eine herausragende Leistung; **an ~ success** ein erstaunlicher Erfolg ❷ (*strange*) merkwürdig, seltsam; (*approv*) erstaunlich; **an ~ coincidence** ein merkwürdiges Zusammentreffen ❸ (*additional*) außerordentlich; **~ resolution** außerordentlicher Beschluss
extraordinary ambassador *n* Sonderbotschafter(in) *m(f)* **extraordinary general meeting** *n* COMM außerordentliche Hauptversammlung **extraordinary items** *n* COMM (*on a balance sheet*) Sonderposten *pl* **extraordinary meeting** *n* Sondersitzung *f,* außerordentliche Versammlung
extra pay *n no pl* (*beyond regular pay*) Zulage *f;* (*from odd jobs*) Zusatzeinkommen *nt;* **to get ~** eine Zulage bekommen
extrapolate [ɪk'stræpəleɪt] **I.** *vt* ■**to ~ sth** etw erschließen [*o* ableiten]; MATH etw extrapolieren *fachspr;* **to ~ a trend from a survey** einen Trend aus einer Umfrage ableiten **II.** *vi* ■**to ~ from sth to sth** von etw *dat* auf etw *akk* schließen
extrapolation [ɪkˌstræpə'leɪʃən] *n no pl* Ableitung *f,* Folgerung *f;* MATH Extrapolation *f fachspr*
extrasensory [ˌekstrə'sen(t)səri] *adj inv* übersinnlich; **~ powers** übersinnliche Kräfte
extrasensory perception *n* übersinnliche Wahrnehmung
extra-special *adj* (*fam*) ganz speziell
extraterrestrial [ˌekstrətə'restriəl] **I.** *adj* außerirdisch, extraterrestrisch *geh;* **~ being** außerirdisches Wesen; **~ life forms** außerirdische Lebensformen **II.** *n* Außerirdische(r) *f(m),* außerirdisches [Lebe]wesen
extraterritorial [ˌekstrəterɪ'tɔːriəl] *adj inv* exterritorial; **to have ~ rights** LAW diplomatischen Status

genießen
extraterritoriality [ˌekstrəterɪtɔːri'æləti, AM -əṯi] *n* LAW Exterritorialität *f*
extra time *n no pl* BRIT, AUS SPORTS [Spiel]verlängerung *f;* ***they had to play*** ~ sie mussten nachspielen
extravagance [ɪk'strævəgən(t)s] *n* ① *no pl* (*unrestrained excess*) Verschwendungssucht *f;* (*lifestyle*) extravaganter Lebensstil ② *no pl* (*excessive expenditure*) Verschwendung *f* ③ (*unnecessary treat*) Luxus *m kein pl,* Extravaganz *f meist pl;* ***chocolate is my only*** ~ Schokolade ist das Einzige, was ich mir gönne ④ *no pl* (*exaggeration*) Übertriebenheit *f; of a claim, demand* Maßlosigkeit *f,* Überspanntheit *f*
extravagant [ɪk'strævəgənt] *adj* ① (*flamboyant*) *person, style* extravagant ② (*luxurious*) *meal, vegetation* üppig; **to lead an ~ life** ein Leben im Luxus führen; **~ lifestyle** aufwändiger Lebensstil; **to have ~ tastes** einen teuren Geschmack haben ③ (*wasteful*) verschwenderisch ④ (*excessively expensive*) extravagant; *hobbies* teuer, kostspielig ⑤ (*exaggerated*) übertrieben; *claims, demands* maßlos, überspannt
extravagantly [ɪk'strævəgəntli] *adv* ① (*luxuriously*) verschwenderisch; (*flamboyantly*) extravagant; ***the table was laid out*** ~ der Tisch war reich gedeckt; **to be dressed ~** extravagant gekleidet sein; **to be furnished ~** teuer eingerichtet sein; **to live ~** ein aufwendiges Leben führen ② (*wastefully*) verschwenderisch; ***he spends his money*** ~ er gibt sein Geld mit vollen Händen aus ③ (*lavishly*) aufwändig, mit großem Aufwand ④ (*exaggeratedly*) in übertriebener Weise, maßlos; *gesture* wild
extravaganza [ɪkˌstrævə'gænzə] *n* ① (*fanciful composition*) opulente Veranstaltung; LIT fantastische Dichtung; MUS fantastische Komposition; **film/musical ~** aufwendige Film-/Musicalproduktion ② THEAT Ausstattungsstück *nt*
extravert *n, adj see* **extrovert**
extreme [ɪk'striːm] **I.** *adj* ① (*utmost*) äußerste(r,s); **~ caution** äußerste [*o* größte] Vorsicht; **~ cold/heat** extreme Kälte/Hitze; **~ difficulties** extreme [*o* ungeheure] Schwierigkeiten; **to feel ~ discomfort** sich *akk* höchst [*o* äußerst] unbehaglich fühlen; **~ distress** größte Not; **to feel ~ pain** extreme Schmerzen haben; **with ~ pleasure** mit größtem Vergnügen; **~ relief** außerordentliche Erleichterung; **~ weather** extreme Wetterverhältnisse; **in his ~ youth** in seiner frühesten Jugend ② (*most remote*) äußerste(r,s); **in the ~ north** im äußersten Norden ③ (*radical*) radikal, extrem; **to be ~ in one's views** radikale [*o* extreme] Ansichten vertreten **II.** *n* ① (*furthest end*) *of a field* äußerstes Ende ② (*fig: furthest extent*) Extrem *nt;* **to go from one ~ to the other** von einem Extrem ins andere fallen; **to drive sb to ~s** jdn zum Äußersten treiben; **at the ~** im äußersten Fall, im Extremfall ③ (*utmost*) **in the ~** äußerst; **to be disappointed in the ~** zutiefst enttäuscht sein; **to be surprised in the ~** aufs Höchste überrascht sein
extremely [ɪk'striːmli] *adv* äußerst, höchst; ***I'm ~ sorry*** es tut mir außerordentlich Leid; **~ confusing/dull** äußerst [*o* höchst] verwirrend/langweilig; **to be ~ good-looking** äußerst gut aussehend sein
extreme sport I. *n* ① (*individual*) Extremsportart *f* ② (*collective*) ■**~s** *pl* Extremsport *m kein pl* **II.** *n modifier* Extremsport-; **~ event** Extremsportveranstaltung *f*
extremism [ɪk'striːmɪzᵊm] *n no pl* Extremismus *m;* **political ~** politischer Extremismus
extremist [ɪk'striːmɪst] **I.** *n* Extremist(in) *m(f)* **II.** *adj* radikal; **to have ~ tendencies** zum Extremismus neigen
extremity [ɪk'streməti, AM -əṯi] *n* ① (*furthest end*) äußerstes Ende; ***the southern ~ of the estate*** die südliche Grenze des Anwesens ② (*hands and feet*) ■**extremities** *pl* Gliedmaßen *fpl,* Extremitäten *fpl geh* ③ (*fig: near the limit*) Äußerste(s) *nt;* ***a decision of that type is at the ~ of a judge's powers*** eine solche Entscheidung bewegt sich gerade noch am Rande dessen, was ein Richter entscheiden kann
extricate ['ekstrɪkeɪt] *vt* (*form*) ■**to ~ sb/sth from sth** jdn/etw aus etw *dat* befreien; ■**to ~ oneself from sth** sich *akk* aus etw *dat* befreien; **to ~ oneself from a ticklish situation** sich *akk* aus einer heiklen Situation herauswinden
extrication [ˌekstrɪ'keɪʃᵊn] *n no pl* Befreiung *f;* (*fig*) *of a victim* Rettung *f*
extrinsic [ek'strɪnsɪk] *adj inv* extrinsisch
extrinsic evidence [eks'trɪn(t)sɪk-] *n* LAW Beweis *m,* der nicht aus einer Urkunde ableitbar ist
extroversion [ˌekstrə'vɜːʃᵊn, AM 'ekstrəvɜːʒᵊn] *n no pl* ① (*social confidence*) Weltoffenheit *f* ② PSYCH (*concern with external things*) Extrovertiertheit *f*
extrovert ['ekstrəvɜːt, AM -vɜrt] **I.** *n* extravertierter Mensch; **to be an ~** extravertiert sein **II.** *adj* extravertiert; **~ behaviour** Extravertiertheit *f,* extravertiertes Verhalten
extroverted ['ekstrəvɜːtɪd, AM -vɜrṯɪd] *adj* extravertiert
extrude [ɪk'struːd] *vt* ■**to ~ sth** *feeler, proboscis* etw ausstrecken; *glue, toothpaste* etw herauspressen [*o* herausdrücken]; *metal* etw strangpressen [*o fachspr* fließpressen]; *molten rock* etw ausstoßen [*o* auswerfen] [*o* herausschleudern]; *plastic* etw formpressen [*o fachspr* extrudieren]
extruded [ɪk'struːdɪd] *adj tube* ausgepresst, ausgedrückt; *metal* fließgepresst *fachspr,* stranggepresst *fachspr;* **~ dough** Spritzteig *m;* **~ snacks** *zu verschiedenen Formen gepresste Snacks aus Kartoffelteig oder Maisbrei*
extrusion [ɪk'struːʒᵊn] *n no pl* ① (*squeezing out*) Herauspressen *nt,* Herausdrücken *nt* ② (*shaping*) *of metal* Strangpressen *nt fachspr,* Fließpressen *nt fachspr; of plastic* Formpressen *nt fachspr,* Extrudieren *nt fachspr*
exuberance [ɪg'zjuːbᵊrᵊn(t)s, AM ɪg'zuː-] *n no pl of a person* Überschwänglichkeit *f,* Ausgelassenheit *f,* überschäumende Lebensfreude; *of feelings* Überschwang *m;* **to sing with real ~** mit wahrer Begeisterung singen
exuberant [ɪg'zjuːbᵊrᵊnt, AM ɪg'zuː-] *adj* ① (*lively*) *person* überschwänglich, ausgelassen; *painting* lebendig; *dancing* schwungvoll, temperamentvoll; *mood* überschäumend; **young and ~** jung und dynamisch ② (*fig: luxuriant*) üppig; **~ growth** üppiger Wuchs
exuberantly [ɪg'zjuːbᵊrᵊntli, AM 'zuː] *adv* ① (*with lively energy and excitement*) überschwänglich ② (*of an imaginative artistic style*) üppig
exude [ɪg'zjuːd, AM ɪg'zuːd] *vt* ■**to ~ sth** etw ausscheiden; *aroma, smells* etw verströmen; **to ~ confidence/vitality** (*fig*) Zuversicht/Vitalität ausstrahlen; **to ~ pus/sweat** Eiter/Schweiß absondern; **to ~ resin** Harz absondern, harzen
exult [ɪg'zʌlt] *vi* frohlocken *geh,* jubeln; ■**to ~ at** [*or* **in**] [*or* **over**] **sth** über etw *akk* jubeln [*o geh* frohlocken]; **to ~ over sb's defeat/misfortune** sich *akk* über jds Niederlage *f*/Missgeschick *nt* freuen; **to ~ over an enemy** über einen Feind triumphieren
exultant [ɪg'zʌltᵊnt] *adj attr* jubelnd; **~ crowd** jubelnde Menge; **~ cheer** Jubelruf *m;* **~laugh** triumphierendes Lachen; **~ mood** ausgelassene Stimmung
exultantly [ɪg'zʌltᵊntli] *adv* jubelnd; **to smile ~** triumphierend lächeln; **to throw up one's arms ~** jubelnd die Arme hochreißen
exultation [ɪgˌzʌl'teɪʃᵊn] *n no pl* Jubel *m,* Frohlocken *nt veraltend geh* (**at** über +*akk*)
eye [aɪ] **I.** *n* ① (*visual organ*) Auge *nt;* ***her ~s flashed with anger*** ihre Augen blitzten vor Zorn; ***he had tears in his ~s*** ihm standen Tränen in den Augen; **to blink one's ~s [in amazement/disbelief]** [erstaunt/ungläubig] [drein]schauen, [große] Augen machen; **to close one's ~s tightly** die Augen zu[sammen]kneifen; **to close one's ~s to sth** seine Augen vor etw *dat* verschließen; **to cross one's ~s** nach innen schielen; **to roll one's ~s** die Augen rollen [*o* verdrehen]; **to rub one's ~s [in amazement/disbelief]** sich *dat* [erstaunt/ungläubig] die Augen reiben ② (*needle hole*) Öhr *nt;* **the ~ of a needle** das Nadelöhr *nt* ③ (*storm centre*) Auge *nt;* **the ~ of a storm** das [windstille] Zentrum [*o* der Kern] eines Sturms; **the ~ of the hurricane** das Auge des Wirbelsturms ④ BOT (*bud site*) *potato* Auge *nt; flower* Knospenansatz *m* ▶ PHRASES: **to have an ~ for the main chance** BRIT, AUS (*fam*) [immer nur] auf den eigenen Vorteil bedacht sein; **to have ~s in the back of one's head** (*fam*) seine Augen überall haben, sich nichts entgehen lassen; **a sight for sore ~s** ein erfreulicher [*o* wohltuender] Anblick sein; **his ~s were too big for his stomach** (*hum*) seine Augen waren größer als sein Mund; **an ~ for an ~, a tooth for a tooth** (*prov*) Auge um Auge, Zahn um Zahn *prov;* **not to be able to take one's ~s off sb/sth** (*fam*) kein Auge von jdm/etw abwenden können, jdn/etw nicht mehr aus den Augen lassen können; **to be all ~s** ganz aufmerksam zusehen, etw/jdn mit den Augen verfolgen; **to give sb a black ~** jdm ein blaues Auge verpassen *fam;* **as far as the ~ can** [*or* **could**] **see** so weit das Auge reicht [*o* reichte]; **to have a good** [*or* **keen**] **~ for sth** ein Auge [*o* einen Blick] für etw *akk* haben; **to do sth with one's ~s open** (*fam*) etw mit offenen Augen [*o* vollem Bewusstsein] tun; **to keep one's ~s open** [*or* **peeled**] [*or* BRIT *fam* **skinned**] die Augen offen halten *fam;* **with one's ~s shut** (*fig fam*) mit geschlossenen Augen, blind; **to be able to do sth with one's ~s shut** (*fam*) etw mit geschlossenen Augen [*o fam* im Schlaf] tun können; **to go around with one's ~s shut** blind durch die Gegend laufen; [**right**] **before/under one's very ~s** [direkt] vor/unter jds Augen; **to not bat an ~** nicht mit der Wimper zucken; **to not believe one's ~s** seinen Augen nicht trauen; **to clap** [*or* **lay**] [*or* **set**] **~s on sb/sth** (*fam*) jdn/etw zu Gesicht bekommen *fam;* **to get/keep one's ~ in** BRIT *in ball games* Ballgefühl bekommen/haben; **to have one's ~ on sb/sth** (*fam: watch*) jdn/etw im Auge haben, auf jdn/etw ein wachsames Auge haben; (*desire*) ein Auge auf jdn/etw geworfen haben; **to keep an** [*or* **one's**] **~ on sb/sth** (*fam*) ein Auge auf jdn/etw haben; **to keep an ~ out for sb/sth** (*fam*) nach jdm/etw Ausschau halten; **to make ~s at sb** (*fam*) jdm [schöne] Augen machen; **there's more to her/it than meets the ~** in ihr/dahinter steckt mehr, als man zuerst denkt; **to see ~ to ~ with sb on sth** mit jdm einer Meinung über etw *akk* sein; **in sb's ~s** [*or* **in the ~s of sb**] in jds Augen, nach jds Ansicht *f;* **to be one in the ~ for sb** BRIT (*fam*) ein Schlag ins Kontor für jdn sein *fam;* **to sb's ~** in jds Augen, jds Ansicht nach; **I'm up to my ~s in work** (*fam*) ich stecke bis über beide Ohren [*o* zum Hals] in Arbeit *fam* **II.** *vt* <-d, -d, -ing *or* eying> ■**to ~ sb/sth** ① (*look at carefully*) jdn/etw genau betrachten [*o pej* beäugen]; ***she ~d him up and down*** sie musterte ihn von oben bis unten; **to ~ sb/sth curiously/suspiciously/thoughtfully** jdn/etw neugierig/argwöhnisch/nachdenklich betrachten ② (*look at desiringly*) jdn/etw mit begehrlichen Blicken betrachten *geh* [*o* begehren]; **to ~ sb/sth appreciatively** jdm/etw anerkennende Blicke zollen *geh*
◆**eye up** *vt* ① (*look at carefully*) ■**to ~ up** ↔ **sb/sth** jdn/etw prüfend ansehen [*o* in Augenschein nehmen] [*o pej* beäugen]; **to ~ sb/sth up curiously/thoughtfully/warily** jdn/etw neugierig/nachdenklich/argwöhnisch betrachten ② (*look at desiringly*) ■**to ~ up** ↔ **sb/sth** jdn/etw mit begehrlichen Blicken betrachten *geh* ③ (*look at covetously*) ■**to ~ up** ↔ **sb** jdn mit den Blicken verschlingen, jdn aufdringlich ansehen
eyeball I. *n* Augapfel *m* ▶ PHRASES: **to be drugged to the ~s** völlig zu sein *sl;* [**to be**] **~ to ~** [**with sb**] (*fam*) [jdm] Auge in Auge [gegenüberstehen]; **to be up to one's ~s in work** bis über beide Ohren in Arbeit stecken *fam* **II.** *vt* (*fam*) ① (*watch intently*) ■**to ~ sb** jdn mit einem durchdringenden Blick ansehen ② (*measure approximately*) ■**to ~ sth** etw nach Augenmaß einschätzen **eyebrow** *n* Augenbraue *f;* **bushy ~s** buschige [*o* dichte] Augenbrauen; **to pluck one's ~s** sich *dat* die Augenbrauen zupfen; **to raise one's ~s** die Augenbrauen hochziehen; (*fig*) die Stirn runzeln **eye-catcher** *n* Blickfang *m* **eye-catching** *adj* auffällig; ■**to be ~** auffallend

E

sein, ins Auge fallen [*o* springen] **eye contact** *n no pl* Blickkontakt *m;* **to avoid ~ [with sb]** Blickkontakt [mit jdm] vermeiden, jds Blick[en] *m[pl]* ausweichen; **to keep/make ~ [with sb]** Blickkontakt [mit jdm] halten/aufnehmen **eyeful** *n* **to get an ~ of dust/soapy water** Staub/Seifenlauge ins Auge bekommen ▸ PHRASES: **to be an ~** *(fam)* etw fürs Auge sein *fam;* ***she's quite an ~*** sie sieht toll aus *fam;* **to get an ~ of sth** *(fam)* einen [verstohlenen] Blick auf etw *akk* werfen; ***we should have got an ~ of the contract*** wir hätten uns den Vertrag einmal ansehen sollen **eyeglass** *n (dated)* Augenglas *nt veraltet* **eyeglasses** *npl* AM *(spectacles)* Brille *f* **eyelash** *n* Wimper *f;* **false ~es** falsche [*o* künstliche] Wimpern; **long ~es** lange Wimpern **eyelash curler** *n* Wimpernformer *m* **eyelet** [ˈaɪlət] *n* Öse *f* **eye-level** *n* **at ~** in Augenhöhe; **to place sth at ~** etw in Augenhöhe anbringen **eyelid** *n* Augenlid *nt* **eyeliner** *n no pl* Eyeliner *m* **eye-opener** *n (fig)* ■**to be an ~ for sb** *(enlightening)* jdm die Augen öffnen; *(startling)* alarmierend für jdn sein; ***seeing her son's friend smoking a joint was a real ~ for Mrs Drake*** Mrs. Drake fiel aus allen Wolken, als sie den Freund ihres Sohnes einen Joint rauchen sah **eye-opening** *adj experiment* aufschlussreich, erhellend **eyepatch** *n* Augenklappe *f* **eyepiece** *n* Okular *nt* **eye shadow** *n no pl* Lidschatten *m* **eyesight** *n no pl* Sehvermögen *nt,* Sehkraft *f,* Augenlicht *nt geh;* **bad/good/keen ~** schlechte/gute/scharfe Augen; **failing ~** nachlassende Sehkraft; **to have poor ~** schlecht sehen; **to lose one's ~** das Augenlicht verlieren *geh* **eye socket** *n* Augenhöhle *f* **eyesore** *n (fig)* Schandfleck *m;* ***the new building is an ~*** das neue Gebäude sieht einfach scheußlich aus **eyestrain** *n no pl* Überanstrengung *f* [*o* Ermüdung *f*] der Augen; MED Asthenopie *f fachspr*

Eyetie [ˈaɪtaɪ] *n (pej! sl)* Itaker(in) *m(f) pej,* Spaghettifresser(in) *m(f) pej*

eyetooth *n (tooth)* Augenzahn *m,* oberer Eckzahn; *(fig)* ***I'd give my eyeteeth for that*** ich würde alles darum geben ▸ PHRASES: **to cut one's eyeteeth** AM erwachsen werden; **to cut one's eyeteeth on a career** erste Erfahrungen in einem Beruf sammeln **eyewash** *n* ① *no pl* PHARM Augenwasser *nt* ② *no pl (fam: silly nonsense)* Blödsinn *m fam,* Quatsch *m fam; (empty statements)* leeres Gerede; *(pretentious nonsense)* Augenwischerei *f pej* **eyewitness** *n* Augenzeuge, -in *m, f* **eyewitness account** *n* Augenzeugenbericht *m*

eying [ˈaɪɪŋ] *vt present participle of* **eye**

eyrie [ˈɪəri, AM ˈeri] *n* ORN Horst *m*

F

F <*pl* -'s>, **f** <*pl* -'s *or* -s> [ef] *n* ① *(letter)* F *nt,* f *nt;* **~ for Frederick** [*or* AM **as in Fox**] F für Friedrich; *see also* **A 1.** ② MUS F *nt,* f *nt;* **~ flat** Fes *nt,* fes *nt;* **~ sharp** Fis *nt,* fis *nt; see also* **A 2.** ③ *(school mark)* ≈ Sechs *f,* ≈ ungenügend, F; *see also* **A 3.** ④ FIN **Schedule F~** *(zu versteuernde) Erträge von Dividenden und sonstigen Ausschüttungen*

F *adj after n abbrev of* **Fahrenheit**

fa [fɑː] *n* MUS Fa *nt*

FA [ˌefˈeɪ] *n no pl abbrev of* **Football Association:** ■**the ~** ≈ der DFB; **~ Cup** ≈ DFB-Pokal *m*

fab [fæb] *adj inv (esp hum fam) short for* **fabulous** toll *fam,* dufte *fam*

fable [ˈfeɪbl] *n* ① *(story)* Fabel *f* ② *(genre)* Sage *f* ③ *(plan of literary work)* Plot *m* ④ *(made-up story)* Märchen *nt*

fabled [ˈfeɪbl̩d] *adj attr, inv* ① *(approv: famous)* legendär ② *(mythical)* sagenumwoben; **~ creature** Fabelwesen *nt*

fabric [ˈfæbrɪk] *n* ① *no pl (textile)* Stoff *m;* **cotton ~** Baumwollstoff *m;* **fine/hard-wearing ~** feiner/strapazierfähiger Stoff; **high-quality ~** Qualitätsstoff *m;* **woollen ~** Wollstoff *m* ② *no pl (underlying structure)* Gefüge *nt,* Struktur *f;* **the ~ of society** die Gesellschaftsstruktur [*o* soziale Struktur] ③ *of building* Bausubstanz *f*

fabricate [ˈfæbrɪkeɪt] *vt* ① *(make)* ■**to ~ sth** *furniture, toys* etw herstellen [*o geh* fertigen] ② *(pej: make up)* ■**to ~ sth** etw erfinden; **to ~ an excuse** sich *dat* eine Ausrede ausdenken; **~d fact** LAW erfundene Tatsache ③ *(forge)* **to ~ banknotes/a document/a signature** Geldscheine/ein Dokument/eine Unterschrift fälschen

fabrication [ˌfæbrɪˈkeɪʃᵊn] *n* ① *no pl (act)* Herstellung *f,* Fertigung *f* ② *no pl (pej: result)* Erfindung *f pej; (untrue story)* Märchen *nt,* Lügengeschichte *f;* **complete ~** reine Erfindung ③ *(fake)* Fälschung *f*

fabulous [ˈfæbjələs] *adj* ① *(terrific)* fabelhaft, sagenhaft, fantastisch, toll *fam;* **~ prizes** sagenhafte Preise; **to look absolutely ~** einfach fabelhaft aussehen *fam* ② *inv (dated: mythical)* Fabel-; **~ beast** Fabeltier *nt;* **~ creature** Fabelwesen *nt*

fabulously [ˈfæbjələsli] *adv* fabelhaft, sagenhaft, toll *fam;* **~ rich** unvorstellbar reich; **~ wealthy** unglaublich wohlhabend

façade [fəˈsɑːd] *n* ① *(front)* Fassade *f,* Vorderseite *f,* Front *f* ② *(fig: false appearance)* Fassade *f;* ***he wears a ~ of happiness*** sein Glück ist nur gespielt; **to maintain an amiable ~** nach außen hin freundlich bleiben

face [feɪs] **I.** *n* ① *(countenance)* Gesicht *nt,* Antlitz *nt geh;* **to have a puzzled expression on one's ~** ein ratloses Gesicht machen; **a smile on sb's ~** ein Lächeln in jds Gesicht *nt;* **to keep a smile on one's ~** [immerzu] lächeln; **a fierce ~** eine grimmige Miene; **a happy ~** eine strahlende Miene, ein glückliches Gesicht; **a sad ~** eine traurige Miene, ein trauriges Gesicht; **a smiling ~** ein lächelndes Gesicht; **to tell sth to sb's ~** jdm etw ins Gesicht sagen ② *no pl (presence)* Angesicht *nt;* ***she left home in the ~ of strong opposition from her parents*** sie ist trotz starken Widerstands von Seiten ihrer Eltern ausgezogen; ***he maintained, in ~ of all the facts, that he had told the truth*** obwohl alle Tatsachen dagegen sprachen, behauptete er, die Wahrheit gesagt zu haben; **to show courage in the ~ of the enemy** Mut im Angesicht des Feindes [*o* vor dem Feind] zeigen; **in the ~ of danger** angesichts der Gefahr ③ *(of a building)* Fassade *f,* Vorderfront *f,* Stirnseite *f; (of a clock, watch)* Zifferblatt *nt;* **the west ~ of a building** die Westseite eines Gebäudes; **the north ~ of a mountain** die Nordflanke [*o* Nordseite] eines Berges ④ *(fig: aspect)* Seite *f,* Erscheinungsform *f* ⑤ *(surface)* Oberfläche *f* ⑥ *(good reputation)* Ansehen *nt,* Gesicht *nt;* **to lose/save ~** sein Gesicht verlieren/wahren ▸ PHRASES: **to have a ~ like the back [end] of a bus** *(fam)* potthässlich aussehen *fam;* **to disappear [*or* be wiped] off the ~ of the earth** [plötzlich] vom Erdboden verschwinden, wie vom Erdboden verschluckt sein; **a ~ like thunder** ein wütendes [*o* finsteres] Gesicht, eine finstere Miene *geh;* **sb's ~ falls [*or* drops]** jd ist sichtlich enttäuscht; ***her ~ fell when she opened the letter*** sie war sichtlich enttäuscht, als sie den Brief öffnete; **sb's ~ fits** BRIT *(fam)* jd ist allem Anschein nach der Richtige/die Richtige; **get out of my ~!** AM *(sl)* lass mich in Frieden [*o* Ruhe]!; **to be in sb's ~** AM *(sl: impede)* jdm in die Quere kommen *fam; (bother)* jdm auf den Geist gehen *fam;* **on the ~ of it** auf den ersten Blick, oberflächlich betrachtet **II.** *vt* ① *(point towards)* ■**to ~ sb/sth** sich *akk* jdm/etw zuwenden, den Blick auf jdn/etw richten *akk;* ***please ~ me when I'm talking to you*** schau mich bitte an, wenn ich mit dir rede; **to ~ the audience** sich dem Publikum zuwenden ② *(confront)* ■**to ~ sth** *death, a situation* etw *dat* ins Auge sehen; **to ~ a charge** angeklagt sein, sich *akk* vor Gericht zu verantworten haben; **to ~ criticism** sich einer Kritik stellen; **to ~ the facts** den Tatsachen ins Auge sehen [*o* blicken]; **to ~ one's fears/problems** zu seinen Ängsten/Problemen stehen; **to ~ a charge of theft** LAW sich wegen Diebstahls vor Gericht verantworten müssen ③ *(bear)* ■**to ~ [doing] sth** sich *akk* in der Lage sehen, etw zu tun; ***she can't ~ seeing him so soon after their breakup*** sie sieht sich außerstande, ihn so kurz nach ihrer Trennung wiederzusehen; ***he can't ~ work today*** er ist heute nicht imstande zu arbeiten ④ *(require attention)* ■**to ~ sb/sth** sich *akk* jdm/etw stellen; ***the main question facing us at present is …*** die größte Frage, die sich uns gegenwärtig stellt, ist …; ■**to be ~d by sth** vor etw *dat* stehen, sich *akk* etw *dat* gegenübersehen; ***we were ~d by a flooded cellar*** wir standen vor einem überfluteten Keller; ■**to ~ sb with sth** jdn mit etw *dat* konfrontieren; ■**to be ~d with sth** mit etw *dat* konfrontiert werden; ***they are ~d with financial penalties*** sie müssen mit Geldstrafen rechnen ⑤ ARCHIT ■**to ~ sth in [*or* with] sth** etw mit etw *dat* verkleiden; **to ~ sth in [*or* with] wood/bricks** etw mit Holz verkleiden [*o* verschalen]/mit Ziegelsteinen verblenden ▸ PHRASES: **to ~ the music** *(fam)* für etw *akk* geradestehen *fam,* sich *akk* etw *dat* stellen, die Konsequenzen von etw *dat* tragen [müssen]; ***you had better go in and ~ the music now*** geh lieber gleich rein und stell dich der Sache **III.** *vi* **to ~ towards [*or* on] the garden/sea** nach dem Garten/zum Meer [hin] [*o* Richtung Garten/Meer] liegen; ***his bedroom ~s south*** sein Schlafzimmer geht nach Süden

◆**face about** *vi* kehrtmachen

◆**face down** *vt* AM ■**to ~ down** ↻ **sb** ① *(pej: threaten)* jdn einschüchtern [*o* unsicher machen] ② *(confront)* jdm [energisch] entgegentreten, jdn in seine Schranken weisen

◆**face out** *vt* BRIT ■**to ~ out** ↻ **sth** etw durchstehen

◆**face up** *vi* ■**to ~ up to sth** etw *dat* ins Auge sehen; ***I've ~d up to the knowledge that I'll never be a great writer*** ich habe mich mit damit, dass ich nie eine große Schriftstellerin sein werde; ■**to not ~ up to sth** etw nicht wahrhaben wollen; **to ~ up to one's problems** sich *akk* seinen Problemen stellen

facecloth *n* Waschlappen *m* **face cream** *n no pl* Gesichtscreme *f*

faceless [ˈfeɪsləs] *adj inv (pej)* gesichtslos, anonym

facelift *n* [Face]lifting *nt,* Gesichtsstraffung *f; (fig)* Renovierung *f;* **to have a ~** sich *akk* liften lassen **face mask** *n* Gesichtsmaske *f* **face pack** *n* Gesichtspackung *f,* Gesichtsmaske *f;* **to apply a ~** eine Gesichtsmaske auftragen **face powder** *n no pl* Gesichtspuder *m;* **to apply ~** Gesichtspuder auftragen **face-saving** *adj* **a ~ compromise/gesture/tactic** ein Kompromiss/eine Geste/eine Taktik, um das Gesicht zu wahren

facet [ˈfæsɪt] *n* ① *(side of cut gem)* Facette *f,* Schleiffläche *f* ② *(fig: aspect)* Seite *f; of a problem* Aspekt *m; of a personality* Facette *f*

faceted [ˈfæsɪtɪd, AM ɪt̬ɪd] *adj inv* ① *(of sides)* facettiert; **~ eye** Facettenauge *nt* ② *(of aspects)* -schichtig

faceted code [ˈfæsɪtɪd-, AM -t̬ɪd-] *n* COMPUT Facettencode *m*

face time *n no pl* ① *(fam: for meeting)* Zeit *f* für ein persönliches Treffen ② *(for interview)* Zeit *f* für ein persönliches Gespräch

facetious [fəˈsiːʃəs] *adj (usu pej)* ① *(pretendedly witty) comments, remarks* [gewollt] witzig *pej;* ■**to be ~ about sth** über etw *akk* witzeln [*o* spötteln], sich *akk* über etw *akk* mokieren *geh* ② *(frivolous)* leichtfertig, oberflächlich, ohne den nötigen Ernst *präd;* ***he is a ~ kind of guy*** ihm fehlt es am nötigen Ernst

facetiously [fəˈsiːʃəsli] *adv* witzelnd; *(pej)* spöttisch *pej,* mokant *pej geh*

facetiousness [fəˈsiːʃəsnəs] *n no pl (usu pej)* ① *(pretended wittiness)* [ständiges] Gewitzel [*o* Witzeln] [*o* Geblödel] ② *(frivolousness)* Oberflächlichkeit *f,* Mangel *m* an Ernst

face-to-face *adv* persönlich; **to come ~ with sth** direkt mit etw *dat* konfrontiert werden, etw am eigenen Leib erfahren; **to come ~ with real pain** Schmerzen am eigenen Leib erfahren; **to speak [*or* talk] to sb ~** mit jdm persönlich sprechen **face**

value *n* ① FIN Nennwert *m,* Nominalwert *m* ② *(apparent value)* **to take sb at [his/her]** ~ jdm [erst einmal] glauben; **to take sth at [its]** ~ etw für bare Münze nehmen; ***I took the offer at*** ~ ich habe das Angebot unbesehen angenommen **face washer** *n* AUS Waschlappen *m*

facial ['feɪʃᵊl] **I.** *adj inv* Gesichts-; ~ **expression** Gesichtsausdruck *m;* ~ **hair** Barthaare *ntpl;* ~ **injury** Verletzung *f* im Gesicht; **to bear a strong** ~ **resemblance to sb** jdm wie aus dem Gesicht geschnitten sein **II.** *n* [kosmetische] Gesichtsbehandlung; **to get a** ~ sich *dat* einer Gesichtsbehandlung unterziehen

facially ['feɪʃᵊli] *adv inv* vom Gesicht her

facile <-r, -st *or* more ~, most ~> ['fæsaɪl, AM -sɪl] *adj* ① *(effortless)* mühelos; *method* einfach; *victory* leicht ② *person* oberflächlich ③ *(unrestrained) style* flüssig, gewandt; ~ **wit** reger Geist; **to have a** ~ **wit** sehr geistreich sein ④ *(pej: superficially easy)* [allzu] einfach; ***it would be easy, but ~, to ...*** man würde es sich einfach, ja zu einfach machen, ...

facilitate [fə'sɪlɪteɪt] *vt* ■ **to** ~ **sth** ① *(make easier) process, work* etw erleichtern; ***this would ~ matters a lot*** das würde die Sache doch sehr erleichtern ② *(enable)* etw ermöglichen; **to** ~ **an enterprise/a project** ein Unternehmen/Projekt fördern

facilitator [fə'sɪlɪteɪtəʳ, AM -t̬ɚ] *n* Vermittler(in) *m(f)*

facility [fə'sɪləti, AM -ət̬i] *n* ① *no pl (ease)* Leichtigkeit *f,* Mühelosigkeit *f;* ~ **of style** stilistische Gewandtheit; **to learn sth with great** ~ etw mit großer Leichtigkeit lernen ② *(natural ability)* Begabung *f* **(for** für *+akk*); ~ **for languages** Sprachbegabung *f;* **to have a** ~ **for memorizing numbers** ein gutes Zahlengedächtnis haben ③ *(extra feature)* Funktion *f,* Möglichkeit *f;* **memory** ~ TELEC Speicherfunktion *f* ④ FIN *(credit facility)* Fazilität *f;* ~ **[arrangement] fee** Provision *f* für eine Kreditgarantie oder andere Fazilitäten; **overdraft** ~ Überziehungskredit *m;* **a bank account with an overdraft** ~ ein Bankkonto *nt* mit Überziehungsmöglichkeit ⑤ *esp* AM *(building)* Einrichtung *f,* Anlage *f;* **holiday** ~ Ferienanlage *f;* **military** ~ militärische Anlage; **research** ~ Forschungszentrum *nt* ⑥ *(equipment and buildings)* ■ **facilities** *pl* Einrichtungen *fpl,* Anlagen *fpl;* **medical facilities** medizinische Einrichtungen; **sports facilities** Sportanlagen *fpl;* **toilet facilities** Toiletten *fpl* ⑦ ■ **facilities** *pl (services)* **catering facilities** gastronomisches Angebot; **medical facilities** medizinische Versorgung; **shopping facilities** Einkaufsmöglichkeiten *fpl*

facing ['feɪsɪŋ] *n* ① *(outer layer: in wood)* Verkleidung *f;* *(in bricks)* Verblendung *f* ② *no pl* FASHION *(reinforcement)* Versteifungsband *nt;* *(decoration)* Besatz *m;* *(on sleeve)* Aufschlag *m*

facsimile [fæksɪmᵊli] *n* ① *(copy)* Reproduktion *f,* Faksimile *nt fachspr* ② *no pl* TELEC *(method of transmission)* Bildübertragung *f,* Faksimileübertragung *f fachspr;* *(transmitted image)* Faksimile *nt fachspr,* Telefax *nt,* Fernkopie *f*

fact [fækt] *n* ① *no pl (truth)* Wirklichkeit *f,* Wahrheit *f,* Übereinstimmung *f* mit den Tatsachen [*o* Fakten] ② *(single truth)* Tatsache *f,* Faktum *nt geh;* **matters of** ~ Tatsachen *pl;* **the bare** [*or* **hard**] [*or* **plain**] **~s** die nackten Tatsachen; **the** ~ **[of the matter] is that ...** Tatsache ist [*o* es stimmt], dass ...

▶ PHRASES: **~s and figures** Fakten und Zahlen, genaue Daten; **to be a** ~ **of life** die harte Wahrheit sein; **to know the ~s of life** wissen, worauf es im Leben ankommt; **to tell sb the ~s of life** jdn über den Ernst des Lebens aufklären; **to tell a child the ~s of life** *(euph fam)* ein Kind sexuell aufklären; **in** ~ [*or* **as a matter of** ~] [*or* **in point of** ~] genau genommen

fact-finding *adj inv* Untersuchungs-; ~ **committee** Untersuchungsausschuss *m,* ~ *delegation,* Ermittlungskommission *f,* Untersuchungsausschuss *m;* ~ **mission** Erkundungsmission *f a. iron;* ~ **study** klärende Untersuchung; ~ **tour** Informationsreise *f*

faction ['fækʃᵊn] *n* POL ① *(esp pej: dissenting part)* [Splitter]gruppe *f;* **radical** ~ radikaler Flügel; *(group)* radikale Splittergruppe; **to split into ~s** in Splittergruppen zerfallen ② *(party within parliament)* Fraktion *f* ③ *no pl (disagreement)* interne Unstimmigkeiten

factional ['fækʃᵊnᵊl] *adj* POL Gruppen-; ~ **interests** Gruppeninteressen *ntpl;* ~ **leaders** Anführer von Splittergruppen

factionalism ['fækʃᵊnᵊlɪzᵊm] *n no pl* POL ① *(grouping)* [parteiinterne] Gruppenbildung; *(pej)* Parteigeist *m* ② *(disagreement)* innere Zerspaltenheit

factious ['fækʃəs] *adj* aufwieglerisch

factitious [fæk'tɪʃəs] *adj inv (form)* ① *(produced artificially)* künstlich herbeigeführt; ~ **demand/needs** künstlich hervorgerufene Nachfrage/Bedürfnisse; ~ **tastes and values** künstlich beeinflusste Geschmacks- und Wertvorstellungen ② *(false)* falsch, unecht, nachgemacht; *(affected)* unnatürlich *pej; laughter* gekünstelt *pej; enthusiasm* geheuchelt; **a wholly** ~ **story** eine völlig konstruierte Geschichte

factoid ['fæktɔɪd] *n* ① *(assumption)* allgemeine Annahme, weltläufige Meinung ② AM *(brief fact)* Nachrichtenfetzen *m;* *(trivial fact)* nebensächliches Detail, Kinkerlitzchen *pl fam*

factor ['fæktəʳ, AM -tɚ] *n* ① *(influence)* Faktor *m,* Umstand *m;* ***that was not a ~ in my decision*** das hat bei meiner Entscheidung keine Rolle gespielt; **contributory** ~ fördernder Umstand; **to be a contributing** ~ **in sth** zu etw *dat* beitragen; **to be a crucial** ~ **in sth** etw entscheidend beeinflussen; **decisive** [*or* **key**]/**unknown** ~ entscheidender/unbekannter Faktor; **to be a major** ~ **in sth** auf etw *akk* einen großen Einfluss haben ② MATH Faktor *m;* ***two is a ~ of six*** sechs ist durch zwei teilbar; **by a** ~ **of four** um das Vierfache ③ *(for suncream)* [Lichtschutz]faktor *m;* **a** ~ **four sunscreen** eine Sonnencreme mit Schutzfaktor vier ④ TRANSP **load** ~ *(in bus, plane or train)* Auslastung *f,* Kapazitätsfaktor *m*

factorize ['fæktᵊraɪz, AM -tə-] *vt* MATH ■ **to** ~ **sth** etw in Faktoren zerlegen [*o fachspr* faktorisieren]

factors of production *npl* COMM Produktionsfaktoren *pl*

factory ['fæktᵊri] *n* Fabrik *f;* *(plant)* Werk *nt;* **car** ~ Autofabrik *f;* ~ **inspector** Gewerbeaufsichtsbeamte(r) *m,* Gewerbeaufsichtsbeamte [*o* -in] *f;* ~ **manager** Betriebsleiter(in) *m(f);* **shoe/textile** ~ Schuh-/Textilfabrik *f;* ~ **worker** Fabrikarbeiter(in) *m(f);* **to work in** [*or* **at**] **a** ~ in einer Fabrik arbeiten

factory-farmed *adj inv* BRIT, AUS aus Massentierhaltung *nach n;* ~ **eggs** Eier *ntpl* aus Legebatterien **factory farming** *n no pl* BRIT, AUS [voll] automatisierte Viehhaltung [*o* Viehzucht] **factory floor** *n* *(place)* Fertigungsfläche *f* *(eines Fabrikationsbetriebes);* *(workers)* Belegschaft *f* **factory gate price** *n* BRIT Fabrikpreis *m* **factory ship** *n* Fabrikschiff *nt*

factotum [fæk'təʊtəm, AM -'toʊt̬əm] *n (form)* Faktotum *nt;* **to be a general** ~ *(hum)* Mädchen für alles sein *fam*

factsheet *n* Informationsblatt *nt* **(on** zu *+dat*)

factual ['fæktʃʊəl, AM -tʃuːəl] *adj inv* ① *(based on fact)* sachlich, auf Tatsachen beruhend; ~ **account** Tatsachenbericht *m;* ~ **information** Sachinformationen *fpl* ② *(actual)* tatsächlich

factually ['fæktʃʊəli, AM -tʃuːəli] *adv inv* sachlich; ~ **correct** sachlich korrekt

faculty ['fækᵊlti, AM -t̬i] *n* ① *(university department)* Fakultät *f,* Fachbereich *m;* **the F~ of Arts/Law/Science** die philosophische/juristische/naturwissenschaftliche Fakultät ② *no pl* AM SCH Lehrkörper *m,* Lehrerkollegium *nt;* UNIV [Lehrkörper *m* einer] Fakultät; *(all professors at university)* Professorenkollegium *nt;* **business/law** ~ Lehrpersonal *nt* im Fachbereich Betriebswirtschaftslehre/Rechtswissenschaften; **the lower/upper school** ~ die Lehrer *pl* der Sekundarstufe I/II ③ *(natural ability)* Fähigkeit *f,* Vermögen *nt kein pl;* **to be in command** [*or* **possession**] **of all one's mental faculties** im Vollbesitz seiner geistigen Kräfte sein; **to have [all] one's faculties** im [Voll]besitz seiner [geistigen] Kräfte sein ④ *(skill)* Talent *nt,* Begabung *f* **(for** für *+akk*) ⑤ LAW Dispens *m*

faculty lounge *n* AM Lehrerzimmer *nt* **faculty meeting** *n* AM SCH Lehrerkonferenz *f;* **to attend a** ~ an einer Lehrerkonferenz teilnehmen

Faculty of Advocates *n* LAW Anwaltskammer *f*

faculty parking *n no pl* AM SCH Lehrerparkplatz *m;* UNIV Parkplatz *m* für Universitätsangehörige

fad [fæd] *n (fam: fashion)* Modeerscheinung *f;* *(esp pej: craze)* Fimmel *m fam;* ***brown rice was the food ~ of the 70s*** Naturreis war das Modenahrungsmittel in den siebziger Jahren; ***there was a ~ for wearing ripped jeans a few years ago*** vor einigen Jahren war es in, zerschlissene Jeans zu tragen; **the latest** ~ der letzte Schrei

faddily ['fædɪli] *adv* BRIT *(esp pej fam)* dem neuesten Trend [*o* der neuesten Mode] folgend, trendig

faddish ['fædɪʃ] *adj (esp pej fam) see* **faddy**

faddishly ['fædɪʃli] *adv (esp pej fam) see* **faddily**

faddism ['fædɪzᵊm] *n no pl (esp pej fam)* Begeisterung *f* für jede neue Mode[welle]; **food** ~ modische Essgewohnheiten

faddist ['fædɪst] *n (esp pej fam)* ■ **to be a** ~ jede neue Modewelle mitmachen; ***she's a health-food*** ~ sie ist voll auf dem Reformkosttrip

faddy ['fædi] *adj (esp pej fam)* wählerisch; *person* exzentrisch *pej,* launenhaft *pej; interest* kurzfristig, vorübergehend; ■ **to be** ~ **about sth** bei etw *dat* wählerisch sein

fade [feɪd] **I.** *vi* ① *(lose colour)* ausbleichen, verblassen ② *(lose intensity)* nachlassen; *light* schwächer werden; *(at end of day)* dunkel werden; *sound* verklingen; *smile* vergehen, [ver]schwinden; *suntan* verbleichen ③ *(disappear)* ■ **to** ~ **from sth** von etw *dat* verschwinden; FILM, TV *picture* ausgeblendet werden; ***day slowly ~d into night*** der Tag ging langsam in die Nacht über; **to** ~ **from the picture** [*or* **scene**] von der Bildfläche verschwinden *fam;* **to** ~ **from sight** [*or* **view**] aus dem Blickfeld verschwinden ④ *(fig)* schwinden *geh; memories* verblassen; **to** ~ **fast** *(liter: weaken and die)* dahinwelken *euph liter,* dahinsiechen; *(fall asleep)* am Einschlafen sein ⑤ *(fam: to lose vitality)* abschlaffen *fam,* müde werden; ***we're fading, so we have coffee in the hotel café*** wir sind ziemlich fertig, wir trinken jetzt erst mal einen Kaffee im Hotelcafé **II.** *vt* ■ **to** ~ **sth** etw ausbleichen

◆**fade away** *vi* ① *(disappear gradually) courage, hope* schwinden *geh; memories* verblassen; *dreams, plans* zerrinnen *geh; beauty* verblühen ② *(liter: weaken and die)* dahinwelken *euph liter,* dahinsiechen

◆**fade in** FILM, TV **I.** *vi picture* eingeblendet werden **II.** *vt* ■ **to** ~ **in** ↔ **sth** etw einblenden

◆**fade out I.** *vi* ausgeblendet werden; **to** ~ **out of sb's life** aus jds Leben *nt* verschwinden **II.** *vt* ■ **to** ~ **out** ↔ **sb/sth** jdn/etw ausblenden

faded ['feɪdɪd] *adj carpet, wallpaper* ausgeblichen; *colour* verblichen; *flower, leaf* welk; *(fig) memory* verblasst; *beauty* verblüht

fade-out ['feɪdaʊt] *n* Ausblenden *nt kein pl*

faecal ['fiːkᵊl], AM **fecal** *adj inv (form)* Kot-, Fäkal- *geh;* ~ **contamination** Verunreinigung *f* durch Fäkalien; ~ **matter** Kot *m; of human beings* Stuhl *m;* ~ **sample** Kotprobe *f*

faeces ['fiːsiːz], AM **feces** *npl (form)* Fäkalien *fpl geh,* Exkremente *ntpl geh,* Kot *m kein pl*

Faeroe ['feərəʊ, AM 'feroʊ] *n see* **Faroe**

faff [fæf] *vi* BRIT *(pej fam)* ■ **to** ~ **about** [*or* **about**] herummachen *fam;* ***stop ~ing around*** komm endlich mal zu Potte *fam*

faffiness ['fæfɪnəs] *n no pl* BRIT [übertriebenes] Getue, Aufheben *nt*

fag [fæg] **I.** *n* ① BRIT, AUS *(fam: cigarette)* Kippe *f fam,* Glimmstängel *m fam* ② *no pl esp* BRIT, AUS *(fam: bother)* Schinderei *f* ③ *esp* AM *(pej sl: homosexual)* Schwule(r) *m sl,* Homo *m sl* ④ BRIT SCH *(dated)* Diener *m* *(Schüler einer Privatschule, der einem älteren Mitschüler bestimmte Dienste leisten muss)* **II.** *vt* <-gg-> *passive esp* BRIT, AUS *(fam)* ■ **sb can't be ~ged to do sth** jd lässt sich *akk* nicht zwingen, etw zu tun **III.** *vi* <-gg-> BRIT SCH *(dated)* [einem älteren Mitschüler] Dienste leisten

◆**fag out** *vt esp* BRIT, AUS *(fam)* ■**to ~ sb** ○ **out** jdn völlig fertig machen [*o* schaffen] *fam;* ■**to be ~ged out** fix und fertig [*o sl* ausgepowert] sein *fam*

fag end *n* ❶ BRIT, AUS *(fam: cigarette butt)* Kippe *f fam,* Stummel *m fam* ❷ *(fig: last portion)* letzter Rest (**of** von +*dat*)

fagged [fægd] *adj esp* BRIT, AUS *(fam)* geschafft *fam,* fertig *fam,* fix und alle *sl,* völlig k.o. *sl*

faggot [ˈfægət] *n* ❶ *esp* AM *(pej sl)* Schwule(r) *m fam,* Homo *m sl* ❷ *usu pl (dated: bundle of sticks)* Reisigbündel *nt* ❸ *usu pl* BRIT *(meatball)* Leberknödel *m*

fag hag *n esp* AM *(pej sl) mit Homosexuellen verkehrende Frau*

fagot *n* AM *see* **faggot**

Fahrenheit [ˈfærənhaɪt, AM *also* ˈfer-] *n* Fahrenheit *nt;* [*at*] *80 degrees* ~ [bei] 80 Grad Fahrenheit; **in ~** in Fahrenheit

fail [feɪl] **I.** *vi* ❶ *(not succeed) person* versagen, scheitern; *attempt, plan* scheitern, fehlschlagen, missglücken; ***I tried to persuade him to come, but I ~ed*** ich habe versucht, ihn zum Kommen zu überreden, aber ich habe es nicht geschafft; ***this method never ~s*** diese Methode funktioniert immer; ***we ~ed in our efforts to find a compromise*** wir haben uns vergeblich um einen Kompromiss bemüht; ***he ~ed to convince the jury*** es ist ihm nicht gelungen, die Jury zu überzeugen; **to ~ completely** [*or* **utterly**] [*or* **miserably**] kläglich scheitern; **to be doomed to ~** zum Scheitern verurteilt sein; **if all else ~s** zur Not, wenn alle Stricke reißen *fam* ❷ *(not do)* ■**to ~ to do sth** versäumen, etw zu tun; ***she ~ed to arrive on time*** sie kam nicht pünktlich; **to ~ in one's duty** [**to sb**] seiner Pflicht [jdm gegenüber] nicht nachkommen; **to ~ to attend a meeting** an einem Treffen nicht teilnehmen; **to ~ to appreciate sth** etw nicht zu schätzen wissen ❸ *(not be able to do)* nicht umhin können *geh;* ***you couldn't ~ to be impressed by their efficiency*** man war unweigerlich von ihrer Effizienz beeindruckt; ***they surely can't ~ to notice that …*** es kann ihnen nicht entgangen sein, dass …; ***this trick never ~s to amuse the children*** dieser Trick bringt die Kinder immer zum Lachen; **I ~ to see** [*or* **understand**] **what/why/how …** ich verstehe nicht, was/warum/wie … ❹ SCH, UNIV durchfallen; **to ~ on a subject** in einem Fach durchfallen; **to ~ dismally** mit Pauken und Trompeten durchfallen *fam* ❺ TECH, TRANSP *(stop working) brakes* versagen; *generator, pump* ausfallen ❻ *(become weaker, stop)* nachlassen; *health* schwächer werden; *heart, voice* versagen; ***my courage ~ed*** der Mut verließ mich; **to be ~ing fast** im Sterben liegen ❼ *(go bankrupt)* Bankrott gehen ❽ AGR *harvest, yield* ausfallen **II.** *vt* ❶ *(not pass)* **to ~ a course/subject** einen Kurs/ein Fach nicht bestehen; **to ~ an exam/a test** bei einer Prüfung/einem Test durchfallen; **to ~ an interview** bei einem Bewerbungsgespräch versagen; **to ~ one's driving test** bei der Fahrprüfung durchfallen ❷ *(give failing grade)* ■**to ~ sb** *candidate* jdn durchfallen lassen ❸ *(let down)* ■**to ~ sb** jdn im Stich [*o fam* hängen] lassen; ***my courage ~ed me*** mich verließ der Mut; ***words ~ me*** mir fehlen die Worte **III.** *n* negative Prüfungsarbeit; ***John got four ~s in his exams*** John ist bei seinen Prüfungen in vier Fächern durchgefallen; ***is this one a pass or a ~?*** hat dieser Kandidat bestanden oder ist er durchgefallen? ► PHRASES: **without ~** auf jeden Fall, ganz sicher

failed [feɪld] *adj attr, inv person, marriage* gescheitert; *writer also* erfolglos; **~ attempt** fehlgeschlagener [*o* missglückter] Versuch; **~ policy** gescheiterte Politik

failing [ˈfeɪlɪŋ] **I.** *adj attr, inv* angeschlagen, angegriffen; **~ eyesight** Sehschwäche *f;* **to be in ~ health** eine angeschlagene [*o* angegriffene] Gesundheit haben; **in the ~ light** in der Dämmerung *geh* **II.** *n* Schwachstelle *f;* ***his one big ~ is that …*** er hat einen großen Fehler: … **III.** *prep* mangels *geh* +*gen;* ***~ sufficient aid*** mangels ausreichender Hilfe; ***~ a more positive attitude …*** wenn wir nicht alle eine positivere Haltung einnehmen, …; ***~ prompt payment*** bei nicht termingerechter Zahlung; ***~ instructions to the contrary*** falls keine gegenteiligen Instruktionen erfolgen; ■**~ that** ansonsten, wenn das nicht geht; ***give her a book, or ~ that, buy her something to wear*** schenk ihr ein Buch, oder ansonsten, etwas zum Anziehen; **all else ~** wenn alle Stricke reißen

fail-safe *adj inv* abgesichert; **a ~ system** ein Sicherungssystem *nt;* **~ device** [*or* **mechanism**] Sicherheitsmechanismus *m*

failure [ˈfeɪljəʳ, AM -jɚ] *n* ❶ *no pl (lack of success)* Scheitern *nt,* Versagen *nt;* ***the thought of ~*** der Gedanke, versagen zu können; **~ rate** Durchfallquote *f;* **to be doomed to ~** zum Scheitern verurteilt sein; **to end in ~** scheitern ❷ COMM *(bankruptcy)* **commercial ~** kommerzieller Misserfolg, kommerzielle Pleite ❸ *(unsuccessful thing)* Misserfolg *m;* **to be an utter ~** ein totaler Reinfall [*o fam* Flop] sein *m; person* Versager(in) *m(f);* ***I'm a bit of a ~ at making cakes*** ich bin im Kuchenbacken nicht besonders geschickt ❹ *no pl (omission)* Unterlassung *f;* **~ to pay a bill** COMM Nichtbezahlen *nt* einer Rechnung; ***~ to report an accident is a criminal offence*** es ist ein Vergehen, einen Unfall nicht zu melden ❺ TECH, ELEC *(breakdown)* Versagen *nt kein pl;* **~ of brakes** Bremsversagen *nt;* **~ of the engine/system** Ausfall *m* des Motors/Systems; ANAT **heart/liver/kidney** [*or* **renal**] **~** Herz-/Leber-/Nierenversagen *nt;* **electrical ~** Kurzschluss *m* ❻ ECON *(bankruptcy)* **business** [*or* **company**]**/bank ~** Bankrott *m* einer Firma/Bank ❼ AGR **crop ~** Missernte *f*

fain [feɪn] *adv (old)* **I would ~ do sth** es verlangt mich danach, etw zu tun *liter,* ich möchte etw tun

faint [feɪnt] **I.** *adj* ❶ *(slight) light, colour, smile, voice* matt; *sound* leise; *scent* zart, dezent; *smell* schwach; ***there was only a ~ taste of vanilla in the pudding*** der Pudding schmeckte nur schwach nach Vanille; ***I had a ~ memory of him*** ich hatte eine schwache Erinnerung an ihn; ***I have a ~ suspicion that …*** ich habe den leisen Verdacht, dass …; ***I have a ~ idea*** [*or* ***notion***] ***that I've heard that name before*** ich meine, [mich daran erinnern zu können], den Namen schon einmal gehört zu haben; ***there's not the ~est hope*** es besteht nicht die leiseste Hoffnung; **to bear a ~ resemblance to sb** jdm ein wenig ähnlich sehen; **to not make the ~est attempt to do sth** nicht im Traum daran denken, etw zu tun; **a ~ chance** [*or* **possibility**] eine geringe Chance; **~ pattern** zartes Muster; **~ signs of a recovery in the economy** erste Anzeichen einer Erholung der Wirtschaft; **to not have the ~est** [**idea**] *(fam)* nicht die geringste Ahnung haben; **not in the ~est, not the ~est bit** nicht im Geringsten ❷ *(unclear) line* undeutlich; ***I could see the ~ outline of the headland through the haze*** ich konnte die Umrisse der Landspitze durch den Dunst schwach erkennen ❸ *pred (physically weak)* schwach; ***he was ~ with hunger*** er fiel fast um vor Hunger *fam* **II.** *vi* ohnmächtig werden; ***he ~s at the sight of blood*** beim Anblick von Blut wird er ohnmächtig; **to ~** [**dead**] **away** auf der Stelle umfallen, umkippen *fam* **III.** *n* **to fall** [**down**] **in a** [**dead**] **~** ohnmächtig umfallen

faint-hearted *adj* zaghaft; **to not be for the ~** nichts für schwache Nerven sein

fainting fit *n* Ohnmachtsanfall *m;* **to have a ~** ohnmächtig werden

faintly [ˈfeɪntli] *adv* ❶ *(weakly)* leicht, schwach; ***the room smelled ~ of disinfectant*** das Zimmer roch leicht nach Desinfektionsmittel ❷ *(not clearly)* schwach, sacht *geh;* **to talk ~** leise sprechen, wispern; **to be ~ visible** schwach zu sehen sein; **to see** [*or* **glimpse**] [*or* **make out**] **sth ~** etw erspähen; **to glimpse sth ~ in the distance** etw in der Ferne erspähen ❸ *(slightly)* leicht, etwas; ***she seemed ~ embarrassed to see us there*** es war ihr scheinbar etwas unangenehm, uns dort zu sehen; ***if the talk had been even ~ informative, …*** wenn das Gespräch auch nur annähernd informativ gewesen wäre, …; **not** [**even**] **~ funny** überhaupt nicht komisch; **to ~ resemble sth** entfernt an etw *akk* erinnern

faintness [ˈfeɪntnəs] *n no pl* ❶ *(indistinctness) of a handwriting* Unleserlichkeit *f; of a signal* Verzerrtheit *f; of a sound, outline, image* Unschärfe *f* ❷ *(dizziness)* Ohnmacht *f;* **feeling of ~** Ohnmachtsgefühl *nt*

fair¹ [feəʳ, AM fer] **I.** *adj* ❶ *(just and equal)* gerecht; **a ~ deal/trial** ein fairer Handel/Prozess; **~ dealing** FIN geordneter Effektenhandel; LAW *(legal quoting)* legales Zitat [eines kleinen Auszuges] aus einem urheberrechtlich geschützten Werk; *(fair trading)* lauterer Wettbewerb; **a ~ hearing** LAW eine faire Anhörung; **~ price** annehmbarer Preis; **to not get one's ~ share** zu kurz kommen; ***poor Fred's had more than his ~ share of trouble this week*** der arme Fred hat diese Woche mehr als genug Ärger gehabt; **~ wage** angemessener Lohn ❷ *(reasonable)* berechtigt; *(in accordance with rule)* fair; ***the point she's making is a ~ one*** ihr Einwand ist berechtigt; **~ enough** na schön, o.k. *fam; (after suggestion)* dagegen ist nichts einzuwenden; ***and that seems ~ enough to me*** und das halte ich nur für recht und billig; ***it's a ~ enough comment to make*** der Einwand ist durchaus berechtigt; ***it's only ~ that …*** es ist nur [zu] gerecht, dass …; ***to be ~, …*** zugegeben, …; **~ contest** fairer Wettbewerb; **~ question** berechtigte Frage; **~ use** LAW *legale Benutzung z.B. eines Zitates, ohne das Copyright einholen zu müssen;* ■**to be ~ with sb** sich *akk* jdm gegenüber fair verhalten; ■**to not be ~ on sb** jdm gegenüber nicht fair sein ❸ *attr, inv (quite large)* ziemlich; ***we've had a ~ amount of rain*** es hat ziemlich viel geregnet; ***there's still a ~ bit of work to do*** es gibt noch Einiges zu tun ❹ *(reasonably good)* ziemlich gut; ***she's got a ~ chance of winning this year*** ihre Chancen, dieses Jahr zu gewinnen, stehen ziemlich gut; ***there's a ~ prospect of …*** es sieht ganz so aus, als ob …; **to have a ~ idea of sth** sich *dat* etw vorstellen können ❺ *pred, inv (average)* mittelmäßig; **~ to middling** so lala *hum fam* ❻ *(light, blond)* **~ complexion** heller Teint; **~ hair** blondes Haar; **~ skin** helle Haut ❼ METEO *(pleasant and dry)* **~ weather** schönes [und trockenes] Wetter; BRIT *(fig)* ***everything seems set ~*** alles scheint gut zu laufen ❽ *(old: beautiful)* liebreizend *veraltet;* ***mirror, mirror on the wall, who is the ~est of them all?*** Spieglein, Spieglein an der Wand, wer ist die Schönste im ganzen Land?; **the ~**[**er**] **sex** *(dated or hum)* das schöne Geschlecht; *esp* BRIT **to do sth with one's own ~ hand** *(hum)* etw mit eigenen Händen tun; **to sign a letter with one's own ~ hand** einen Brief eigenhändig unterschreiben ► PHRASES: **it's a ~ cop** *esp* BRIT [oh je], jetzt hat's mich erwischt!; **to give sb a ~ crack of the whip** [*or* AM *also* **a ~ shake**] jdm eine faire Chance geben; **~ dinkum** AUS *(fam)* ernst gemeint; **~ go** AUS sei[d] fair; **by ~ means or foul** koste es, was es wolle; **he made a ~ old mess of it** *(dated fam)* er machte alles nur noch schlimmer; **that machine makes a ~ old noise** diese Maschine macht vielleicht einen Lärm; **~'s ~**, BRIT **~ do's** *(fam)* sei [doch] fair; ***~'s ~, it was you who suggested coming here in the first place*** du musst [schon] zugeben, dass du die Idee hattest, hierher zu kommen; ***~ do's, mate, we've all paid the same money*** gleiches Recht für alle, wir haben alle dieselbe Summe bezahlt **II.** *adv* **to play ~** fair sein; SPORTS fair spielen ► PHRASES: **~ and square** [ganz] klar; ***I told them ~ and square …*** ich sagte ihnen klar und deutlich, …; BRIT, AUS *(in emphasis)* ***he hit me ~ and square on the nose*** er schlug mir voll auf die Nase

fair² [feəʳ, AM fer] *n* ❶ *(funfair)* Jahrmarkt *m,* Rummelplatz *m,* Rummel *m* DIAL, BES NORDD ❷ *(trade, industry)* Messe *f; (agriculture)* [Vieh]markt *m;* **autumn ~** Herbstmesse *f;* **the Bristol Antiques F~** die Antiquitätenmesse von Bristol; **a county/state ~** AM *ein Markt in einem US-County/US-Bundesstaat;* **a local craft ~** ein Kunsthandwerkmarkt *m;* **the Frankfurt** [**Book**] **F~** die Frankfurter Buchmesse; **trade ~** Messe *f*

fair copy *n* Reinschrift *f;* **to make a ~ of a text** einen Text ins Reine schreiben **fair game** *n no pl* Freiwild *nt;* **to be ~ between August and December** zwischen August und Dezember zum Abschuss freigegeben sein; ■**to be ~ for sb** (*fig*) für jdn Freiwild sein **fairground** *n* ❶ (*for roller coaster etc*) Rummelplatz *m fam* ❷ (*for trade fair*) Messegelände *nt* **fair-haired** <fairer-, fairest- *or* more ~, most ~> *adj* blond

fairing ['feərɪŋ, AM 'fer-] *n* AVIAT, NAUT Verkleidung *f*

fairish ['feərɪʃ, AM 'fer-] *adj inv* ❶ (*considerable*) beträchtlich, ziemlich *fam;* ***there's a ~ wind blowing*** es bläst ein recht starker Wind ❷ (*blond, pale*) hell; **~ complexion** heller Teint; **~ hair** dunkelblondes Haar ❸ (*quite good*) gering; ***her chances are ~*** ihre Aussichten sind so lala *fam*

fairisle *adj,* **Fair Isle** ['feər,aɪl, AM 'fer,-] *adj inv im spezifischen Muster der Shetland Inseln gestrickt;* **~ sweater** Shetlandpullover *m*

fairly ['feəli, AM 'ferli] *adv* ❶ *inv* (*quite, rather*) ziemlich, recht; ***I saw her ~ recently*** ich habe sie vor kurzem [noch] gesehen; **to know sb ~ well** jdn recht gut kennen ❷ (*justly*) fair; **to allocate sth ~** etw gerecht verteilen ❸ *inv* (*liter: actually*) geradezu, förmlich *geh;* ***the dog ~ flew out of the door to greet him*** der Hund flog nahezu durch die Tür, um ihn zu begrüßen ▶ PHRASES: **~ and squarely** *esp* BRIT, AUS einzig und allein

fair market value *n* ECON, FIN Marktwert *m*

fair-minded <fairer-, fairest- *or* more ~, most ~> *adj* unvoreingenommen

fairness ['feənəs, AM 'fer-] *n no pl* ❶ (*justice*) Fairness *f,* Gerechtigkeit *f;* **the ~ of a decision** die Gerechtigkeit einer Entscheidung; **lack of ~** Mangel *m* an Gerechtigkeit; **sense of ~** Gerechtigkeitsempfinden *nt;* **in [all] ~** fairerweise, zugegeben[ermaßen]; ***in ~ to John, you must let him have his say*** seid John gegenüber fair und lasst ihm seine Meinung; (*accept in sb's favour*) ***in ~ to Diana, she has at least told you the truth*** man muss Diana zugute halten, dass sie dir wenigstens die Wahrheit gesagt hat ❷ *of hair, skin* Helligkeit *f* ❸ (*old: beauty*) Liebreiz *m geh*

fair play *n no pl* Fairplay *nt* (**between** zwischen +*dat*) **fair-sized** *adj inv* recht groß **fair-skinned** <fairer-, fairest- *or* more ~, most ~> *adj* hellhäutig **fair value** *n* ECON, FIN Marktwert *m* **fairway** *n* ❶ (*in golf*) Fairway *nt* ❷ (*for shipping*) Fahrrinne *f* **fair-weather fan** *n* Schönwetterfähnchen *nt fig* (*Fan, der sich nur in Erfolgszeiten für eine Mannschaft interessiert*) **fair-weather friend** *n Freund(in), der/die nur in guten Zeiten zu einem hält*

fairy ['feəri, AM 'feri] *n* ❶ (*imaginary creature*) Fee *f;* **the ~ king/queen** der König/die Königin der Feen; **a good/wicked ~** eine gute/böse Fee ❷ (*pej! sl: homosexual*) Tunte *f pej sl*

fairy bread *n* AUS *no pl Butterbrot mit bunten Zuckerstreuseln, typisch australische Leckerei für Kinder* **fairy cake** *n* BRIT *kleines Törtchen* **fairy godmother** *n* (*in stories*) Märchenfee *f;* (*fig: in real life*) gute Fee; **to play ~ to sb** für jdn der rettende Engel sein **fairy lamps** *npl* BRIT [*bunte*] *Lichterkette u. a. für den Weihnachtsbaum* **fairyland** *n* ❶ *no pl* (*home of fairies*) Feenreich *nt;* (*pej: realm of fantasy*) Märchenwelt *f,* Fantasiewelt *f;* ***his argument belongs to ~*** sein Argument ist utopisch ❷ (*place of beauty*) Paradies *nt;* (*from snow*) ***a white ~*** eine weiße Märchenlandschaft **fairy lights** *npl* BRIT, AUS [*bunte*] *Lichterkette u. a. für den Weihnachtsbaum* **fairy story** *n,* **fairy tale** *n* ❶ (*story for children*) Märchen *nt;* **book of ~s** Märchenbuch *nt* ❷ (*also fig: lie, deception*) Märchen *nt;* **to tell sb a ~** jdm ein Märchen erzählen *euph* **fairy-tale** *adj inv* (*from a fairy story*) Märchen-; **~ character** Märchenfigur *f;* **~ element/motif** märchenhaftes Element/Motiv; (*approv: special, magical*) Märchen-, Traum-; **~ atmosphere** magische Atmosphäre; **to create a ~ effect** einen magischen Effekt auslösen; **a ~ wedding** eine Märchenhochzeit; **a ~ romance** eine Bilderbuchromanze

fait accompli <*pl* faits accomplis> [,feɪtə'kɒmpli:, *pl* ,feɪz-, AM -əkɑ:m'pli:, *pl* ,feɪt-] *n* Fait accompli *nt geh,* vollendete Tatsachen; **to present sb with a ~** jdn vor vollendete Tatsachen stellen

faith [feɪθ] *n* ❶ *no pl* (*confidence, trust*) Vertrauen *nt;* **an act of ~** eine Vertrauenssache; **to have unshakeable ~ in sb** unerschütterliches Vertrauen in jdn haben; **to have ~** vertrauen, Vertrauen haben; ***you must have ~ that ...*** du musst darauf vertrauen, dass ...; **to have [complete] ~ in sb/sth** zu jdm/etw [volles] Vertrauen haben; **to lose ~ in sb/sth** das Vertrauen zu jdm/etw verlieren; **to put** [*or* **place**] **[one's] ~ in sb/sth** auf jdn/etw vertrauen; ***he placed complete ~ in his old friend's honesty*** er war völlig von der Ehrlichkeit seines alten Freundes überzeugt; **to restore [sb's] ~ in sb/sth** [jds] Vertrauen *nt* in jdn/etw wiederherstellen; **to shake sb's ~ in sth** jds Vertrauen *nt* in etw *akk* erschüttern ❷ REL (*in God*) Glaube *m* (**in** an +*akk*); (*religion*) Bekenntnis *nt,* Glaube *m;* ***have ~, hope and charity*** verwirkliche Glauben, Hoffnung und Großzügigkeit; **the Christian ~** der christliche Glaube; **the true ~** der wahre Glaube; **to keep the ~** am Glauben festhalten, sich *dat* den Glauben bewahren; (*fig*) den Mythos aufrechterhalten; **to lose one's ~** seinen Glauben verlieren; **to practise** [*or* AM **practice**] **a ~** eine Religion praktizieren; **to renounce one's ~** seinem Glauben abschwören ❸ *no pl* (*promise*) **to break ~ with sb** jdm gegenüber wortbrüchig werden; **to break ~ with one's principles** seine Prinzipien über Bord werfen; **to keep ~ with sb/sth** jdm/etw gegenüber Wort halten; (*continue to support*) jdn/etw weiterhin unterstützen ❹ (*sincerity*) **to act in good/bad ~** in gutem/bösem Glauben handeln

faith cure *n* Heilung *f* durch Gesundbeten

faithful ['feɪθfəl] **I.** *adj* ❶ (*form: loyal*) treu; **~ companion** (*dog*) treuster Freund, treuer Gefährte; **to be sb's ~ companion** (*fig: object*) jdm gute Dienste leisten; **~ customer** Stammkunde, -in *m, f;* ■**to be ~ to sb/sth** jdm/etw treu sein; **to be ~ to one's principles** seinen Prinzipien treu bleiben ❷ REL (*stalwart*) gläubig; **~ believer** [*or* **follower**] treuer Anhänger/treue Anhängerin (**of** von +*dat*); **~ Christian** gläubiger Christ/gläubige Christin ❸ (*accurate*) originalgetreu; **a ~ account** ein detaillierter Bericht; **~ sound reproduction** MUS originalgetreue Tonwiedergabe; ■**to be ~ to sth** einer S. *dat* gerecht werden **II.** *n* ■**the ~** *pl* (*religious believers*) die Gläubigen *pl;* (*supporters*) die Anhänger *pl;* **the party ~** die Parteifreunde *pl*

faithfully ['feɪθfəli] *adv* ❶ (*loyally*) treu; **to promise ~ to do sth** hoch und heilig versprechen, etw zu tun; **to serve sb ~** jdm treue Dienste leisten *geh;* **Yours F~** BRIT, AUS (*in business letters*) mit freundlichen Grüßen, hochachtungsvoll *veraltet* ❷ (*exactly*) genau; *reproduce* originalgetreu

faithfulness ['feɪθfəlnəs] *n no pl* ❶ (*loyalty*) Loyalität *f* (**to** gegenüber +*dat*), Treue *f;* **to put sb's ~ to the test** jds Treue *f* auf die Probe stellen; **~ in marriage** eheliche Treue ❷ (*accuracy*) Genauigkeit *f;* **the ~ of a translation** die Texttreue einer Übersetzung

faith healer *n* Gesundbeter(in) *m(f)* **faith healing** *n no pl* Gesundbeten *nt*

faithless ['feɪθləs] *adj* (*unfaithful*) untreu; (*disloyal*) treulos

faithlessly ['feɪθləsli] *adv* treulos; **to betray sb ~** jdn hintergehen

faithlessness ['feɪθləsnəs] *n no pl* Untreue *f*

faits accomplis [,feɪzə'kɒmpli:, AM ,feɪtəkɑ:m'pli:] *n pl of* **fait accompli**

fake [feɪk] **I.** *n* ❶ (*counterfeit object*) Fälschung *f;* (*of a gun*) Attrappe *f* ❷ (*impostor*) Hochstapler(in) *m(f);* (*feigning illness*) Simulant(in) *m(f)* **II.** *adj inv* ❶ (*imitated from nature*) *flowers, fur, leather* Kunst-; *flowers also* künstlich; **~ blood** blutrote Flüssigkeit; **~ jewel** imitiertes Juwel; **a ~ tan** Solariumsbräune *f* ❷ (*counterfeit*) **~ antique** falsche Antiquität; **a ~ passport** ein gefälschter Pass **III.** *vt* ❶ (*make a copy*) ■**to ~ sth** *antique, painting, document* etw fälschen ❷ (*pretend*) ■**to ~ sth** *a feeling* etw vortäuschen; *an illness* etw simulieren; ***they ~d astonishment*** sie taten so, als seien sie sehr erstaunt; **to ~ an orgasm** einen Orgasmus vortäuschen **IV.** *vi* (*pretend*) markieren *fam,* so tun als ob, nur so tun

faker ['feɪkəʳ, AM -ɚ] *n* (*profession*) Fälscher(in) *m(f);* (*of fake emotions*) Schauspieler(in) *m(f) pej*

fakir ['feɪkɪəʳ, AM fɑ:'kɪr] *n* Fakir *m*

falafel *n see* **felafel**

falcon ['fɔ:lkən, AM 'fæl-] *n* Falke *m*

falconer ['fɔ:lkənəʳ, AM 'fælkənɚ] *n* Falkner(in) *m(f)*

falconry ['fɔ:lkənri, AM 'fæl-] *n no pl* Falknerei *f*

Falkland Islands ['fɔ:klənd,-] *npl,* **Falklands** *npl* ■**the ~** die Falklandinseln *pl;* **the ~ War** der Falklandkrieg

fall [fɔ:l, AM *esp* fɑ:l]

I. NOUN	II. INTRANSITIVE VERB
III. TRANSITIVE VERB	

I. NOUN

❶ (*drop from a height*) Fall *m,* Sturz *m;* ***she broke her leg in the ~*** sie brach sich bei dem Sturz ihr Bein; **to break sb's ~** jds Sturz *m* abfangen; **to have a ~** stürzen, hinfallen; **to take a ~** stürzen; (*from a horse*) vom Pferd fallen ❷ METEO Niederschlag *m;* **[heavy] ~s of rain/snow** [heftige] Regen-/Schneefälle ❸ (*landslide*) **~ of earth/rock** Erd-/Felsrutsch *m* ❹ SPORTS (*in wrestling*) Schultersieg *m* ❺ (*downward movement*) *of a leaf* Herabfallen *nt kein pl geh;* (*drop*) *of a blade, axe, guillotine* Herunterfallen *nt kein pl; of the level of a liquid* Absinken *nt kein pl* ❻ (*downward slope*) Gefälle *nt;* THEAT ***the audience roared at the ~ of the curtain*** das Publikum brüllte, als der Vorhang fiel; **~ of ground water levels** Absinken *nt* des Grundwasserspiegels; **the rise and ~ of the tide** Flut und Ebbe; **at the ~ of the tide** bei Ebbe ❼ (*decrease*) Nachlassen *nt kein pl;* (*in numbers, support, rate, prices*) Sinken *nt;* **~ in pressure** METEO Fallen *nt* des Luftdrucks; **sharp ~ in temperature** deutlicher Temperaturrückgang ❽ (*defeat, overthrow*) *of a city* Einnahme *f;* **the ~ of Constantinople** die Eroberung Konstantinopels; **the ~ of the Roman Empire** der Untergang des Römischen Reiches; **~ of a government/regime/dictator** Sturz *m* einer Regierung/eines Regimes/eines Diktators; **the ~ of the Berlin Wall/Iron Curtain** der Fall der Berliner Mauer/des Eisernen Vorhangs; ***... after the president's ~ from power ...*** nach der Entmachtung des Präsidenten ❾ AM (*autumn*) Herbst *m* ❿ (*waterfall*) ■**~s** *pl* Wasserfall *m;* **[the] Niagara F~s** die Niagarafälle *pl* ⓫ *no pl* REL ■**the F~ [of Man]** der Sündenfall ▶ PHRASES: **as innocent as Adam before the F~** (*saying*) so unschuldig wie Adam vor dem Sündenfall; **to take a** [*or* **the**] **~ for sb/sth** AM für jdn/etw Schuld auf sich *akk* nehmen, einstehen

II. ADJECTIVE

attr, inv AM (*in autumn*) Herbst-, herbstlich; **~ plowing** Wintersaat *f;* **~ sun** Herbstsonne *f;* **~ weather** Herbstwetter *nt;* (*of autumn*) Herbst-; **~ clothing** Herbstkleidung *f;* **~ collection** Herbstkollektion *f*

III. INTRANSITIVE VERB

<fell, fallen> ❶ (*drop down from a height*) [herunter]fallen, [hinunter]fallen; *curtain* fallen; ***the snow had been ~ing all day*** es hat den ganzen Tag über geschneit; ***more rain had ~en overnight*** über Nacht hatte es noch mehr geregnet; ***the bridge collapsed and fell into the river*** die Brücke brach zusammen und stürzte ins Wasser; (*fig*) ***the task of telling her the bad news fell on me*** ich hatte die Aufgabe, ihr die schlechten Nachrichten zu übermitteln; ***it fell on Henry to take the final decision*** es war Henrys Aufgabe, eine endgültige Entscheidung zu treffen; **to ~ into sb's arms** jdm in die Arme fallen; ***they fell into each other's arms*** sie fielen sich in die Arme; **to ~ into bed** ins Bett fallen; **to ~ to**

one's death in den Tod stürzen; **to ~ out of one's dress** (*fig fam*) aus allen Wolken fallen *hum fam;* **to ~ to the ground/on the floor** auf den Boden fallen; **to ~ from a window** aus dem Fenster fallen; **to ~ downstairs** die Treppe hinunterfallen [*o* herunterfallen] ② (*from an upright position*) hinfallen; *tree, post, pillar* umfallen; ***he fell badly*** er stürzte schwer; **to ~ under a bus/train/truck** unter einen Bus/Zug/Lastwagen kommen; **to ~ at a fence** *horse* in einem Hindernis hängen bleiben; **to ~ to one's knees** auf die Knie fallen; **to ~ [down] dead** tot umfallen; **to ~ flat on one's face** [vornüber] aufs Gesicht fallen *fam* ③ (*fig: fail or get no response*) *joke, plan, suggestion* nicht ankommen; (*fig: be embarrassingly unsuccessful*) auf die Schnauze fallen *pej sl; thing, scheme* danebengehen *fam* ④ (*land*) herunterkommen; *light, bomb, shadow, gaze* fallen; (*fig*) ***we haven't decided yet where the cuts will ~*** wir haben noch nicht entschieden, was von den Kürzungen betroffen sein wird; ***we don't at this stage know where the blame will ~*** zum jetzigen Zeitpunkt wissen wir noch nicht, wer die Schuld trägt; ***the blows continued to ~ on him*** die Schläge prasselten weiter auf ihn nieder; ***the axe looks likely to ~ on 500 jobs*** 500 Stellen werden wahrscheinlich gestrichen werden; ***suspicion immediately fell on him*** der Verdacht fiel sofort auf ihn; ***silence fell on the group of men*** Schweigen überkam die Männern; LING ***the accent ~s on the second syllable*** der Akzent liegt auf der zweiten Silbe ⑤ (*become lower, decrease*) *demand, numbers, prices, standard* sinken; *prices* fallen; METEO *temperature, pressure* fallen, sinken; *barometer* fallen; ***the temperature could well ~ below zero this evening*** die Temperatur könnte heute Abend auf unter Null absinken; ***water supplies have fallen to danger levels*** der Wasservorrat ist auf einen gefährlich niedrigen Level abgesunken; ***the attendance fell well below the expected figure*** die Besucherzahlen blieben weit hinter den erwarteten Zahlen zurück; **to ~ to a whisper** in einen Flüsterton verfallen ⑥ (*move to a lower position*) in einer Tabelle/in den Charts fallen; **to ~ to the bottom of the league table** ganz unten auf der Tabelle stehen; **to ~ in sb's estimation** bei jdm im Ansehen sinken ⑦ (*be defeated or overthrown*) gestürzt werden, untergehen; (*be conquered*) *a city, town* eingenommen werden, fallen; *person* zerbrechen; **to ~ to pieces** *plan, relationship* in die Brüche gehen; *person* zerbrechen; **to ~ from power** seines Amtes enthoben werden; ■**to ~ to sb** jdm in die Hände fallen; ***Basildon finally fell to Labour at the last election*** Basildon fiel in der letzten Wahl Labour zu ⑧ (*liter: die in battle*) fallen ⑨ REL (*do wrong, sin*) von Gott abfallen ⑩ (*happen at a particular time*) ***Easter ~s early/ late this year*** Ostern ist dieses Jahr früh/spät; **to ~ on a Monday/Wednesday** auf einen Montag/Mittwoch fallen ⑪ (*happen*) ***darkness ~s early in the tropics*** in den Tropen wird es früh dunkel; ***night was already ~ing*** es begann bereits dunkel zu werden ⑫ (*belong*) ***this matter ~s outside the area for which we are responsible*** diese Sache fällt nicht in unseren Zuständigkeitsbereich; ***any offence committed in this state ~s within the jurisdiction of this court*** für jedes Vergehen, das in diesem Staat begangen wird, ist die Rechtsprechung dieses Gerichts zuständig; **to ~ into a category/class** in eine Kategorie/Klasse gehören; ***the text ~s into three categories*** der Text gliedert sich in drei Kategorien; **to ~ outside sth** zu etw *dat* nicht gehören; **to ~ within sth** zu etw *dat* gehören ⑬ (*hang down*) herabhängen *geh,* fallen; ***her hair fell to her waist*** ihr Haar reichte ihr bis zur Taille ⑭ (*slope, go downward*) *cliff* [steil] abfallen ⑮ + *n* **to ~ prey** [*or* **victim**] **to sb/sth** jdm/etw zum Opfer fallen ⑯ + *adj* (*become*) **to ~ asleep** einschlafen; **to ~ due** fällig sein; **to ~ foul of sb** mit jdm Streit bekommen; **to ~ foul of a law** [*or* **regulation**] ein Gesetz übertreten; **to ~ ill** [*or* **sick**] krank werden; **to ~ open** *a book, magazine* aufklappen; **to ~ silent** verstummen; **to ~ vacant** *a room* frei werden; *a position, post* vakant werden ⑰ (*enter a particular state*) ■**to ~ for sb** sich *akk* in jdn verknallen *sl;* ***they all fell into hysterics*** sie kringelten sich alle vor Lachen; ***he fell into a reflective mood*** er fing an zu grübeln; **to ~ into debt** sich *akk* verschulden; **to ~ into disrepute** in Misskredit geraten; **to ~ into disrepair** [*or* **decay**] verkommen; **to ~ into disuse** nicht mehr benutzt werden; **to ~ into error/sin** REL sich *akk* versündigen; **to ~ out of favour** [*or* AM **favor**] **[with sb]** [bei jdm] nicht mehr gefragt sein *fam;* **to ~ into the habit of doing sth** sich *dat* angewöhnen, etw zu tun; **to ~ under the influence of sb/sth** unter den Einfluss einer Person/einer S. *gen* geraten; **to ~ in love [with sb/sth]** sich *akk* [in jdn/etw] verlieben; **to ~ out of love [with sb/sth]** nicht mehr [in jdn/etw] verliebt sein; **to have fallen under the spell of sb/sth** von jdm/etw verzaubert sein; **to ~ into a/sb's trap** (*fig*) [jdm] in die Falle gehen; ***I was afraid that I might be ~ing into a trap*** ich hatte Angst, in eine Falle zu laufen; (*fig*) ***they fell into the trap of overestimating their own ability to deal with the situation*** sie haben ihre eigene Fähigkeit, mit der Situation umzugehen, völlig überschätzt ⑱ (*be deceived by*) ■**to ~ for sth** auf etw *akk* hereinfallen ⑲ (*old*) **to ~ among thieves** unter die Räuber fallen *veraltet* ⑳ (*attack*) ■**to ~ on sb** über jdn herfallen ㉑ (*form: be responsibility of*) ***the worst job fell to me*** die schlimmste Arbeit musste ich erledigen; ***clearing up fell to Timm and Stephen*** für das Aufräumen waren Timm und Stephen zuständig; ***it ~s to the committee to …*** es ist Aufgabe des Komitees, …; ■**to ~ under sth** zu etw *dat* gehören; ***that side of the business ~s under my department*** dieser Geschäftsteil fällt in meinen Zuständigkeitsbereich; (*be classified*) ***that ~s under the heading …*** das fällt unter die Rubrik … ㉒ (*liter: embrace*) ■**to ~ on sb** jdn in die Arme schließen *liter;* ***they fell on each other*** sie fielen sich in die Arme ► PHRASES: **to ~ on deaf ears** auf taube Ohren stoßen; **sb's face fell** jdm fiel das Gesicht herunter *fam,* jd macht ein langes Gesicht; **to ~ on stony ground** auf felsigen Grund fallen *liter;* **to ~ into the hands** [*or* **clutches**] **of sb** jdm in die Hände fallen; **to ~ in** [*or* **into**] **line [with sth]** sich *akk* [an etw *akk*] anpassen; **to ~ into place** sich von selbst ergeben; (*making sense*) Sinn machen; **to ~ on hard times** harte Zeiten durchleben; **to ~ short [of sth]** etw nicht erreichen; **to ~ short of sb's expectations** hinter jds Erwartungen zurückbleiben

◆**fall about** *vi* BRIT, AUS (*fam*) ■**to ~ about [laughing]** sich *akk* schütteln vor Lachen *fam*

◆**fall apart** *vi* ① (*disintegrate*) auseinander fallen, sich *akk* in seine Bestandteile auflösen *fam; clothing* ausfransen; *furniture* auseinander brechen ② (*fig: fail*) sich *akk* auflösen; *marriage* in die Brüche gehen; *deal* in die Hose gehen *fam* ③ (*fig fam: have emotional problems*) zusammenbrechen *fam;* ***he fell apart when his wife died*** als seine Frau starb, brach für ihn eine Welt zusammen

◆**fall away** *vi* ① (*become detached*) *plaster, rock* abbröckeln ② (*slope downward*) *land* abfallen ③ (*decrease*) nachlassen, abnehmen; *sound* verebben *geh; attendance* sinken ④ (*disappear*) *negative factor, feeling* [ver]schwinden; *supporter* abfallen

◆**fall back** *vi* ① (*move backwards*) zurückgehen, zurückweichen *geh* ② MIL (*retreat*) sich *akk* zurückziehen ③ SPORTS (*not stay in leading position*) zurückfallen ④ (*decrease*) sinken; **to ~ back by 15 %** um 15 % sinken ⑤ (*as back-up*) ■**to ~ back [up]on sth** auf etw *akk* zurückgreifen; ***if the worst comes to the worst I can ~ back on my parents*** wenn es hart auf hart kommt, kann ich mich immer an meine Eltern wenden

◆**fall behind** I. *vi* ① (*become slower*) zurückfallen ② (*achieve less*) zurückbleiben; (*at school*) hinterherhinken *sl* ③ (*fail to do sth on time*) hinterherhinken; ■**to ~ behind with sth** mit etw *dat* in Verzug geraten ④ SPORTS (*have lower score than opponent*) zurückfallen, in Rückstand geraten II. *vt* ① (*become slower*) ■**to ~ behind sb** hinter jdn zurückfallen; **to ~ behind schedule** nicht in der Zeit liegen ② (*achieve less*) ■**to ~ behind sb/sth** hinter jdm/etw zurückbleiben ③ SPORTS ■**to have fallen behind sb** hinter jdm liegen

◆**fall down** *vi* ① (*from upright position*) *person* hinfallen; *object* umfallen; **to ~ down a cliff/the steps** [*or* **the stairs**] die Klippen/die Treppe [*o* ÖSTERR Stiegen] hinunterfallen; **to ~ down a hole/shaft** in ein Loch/einen Schacht hineinfallen ② (*collapse*) einstürzen; *tent* zusammenfallen; ■**to be ~ing down** *building* abbruchreif sein ③ (*be unsatisfactory*) scheitern; ***their ideas are good, what they ~ down on is implementing them effectively*** ihre Ideen sind gut, aber es hapert an der effektiven Umsetzung

◆**fall in** *vi* ① (*drop in the water*) ins Wasser fallen, hineinfallen ② (*collapse*) einstürzen; ***the ceiling fell in on them*** die Decke stürzte über ihnen ein ③ MIL (*form a line*) [in Reih und Glied] antreten; ■**to ~ in alongside** [*or* **beside**] **sb** sich *akk* jdm anschließen; ■**to ~ in behind sb** hinter jdm herlaufen ④ (*agree to*) ■**to ~ in with sth** mit etw *dat* einverstanden sein; **to ~ in with an idea** einer Idee zustimmen ⑤ (*become friendly with*) ■**to ~ in with sb** sich *akk* jdm anschließen; (*become acquainted with*) jds Bekanntschaft machen

◆**fall off** I. *vi* ① (*decrease*) zurückgehen; *number* sinken ② (*decline*) abfallen, absteigen ③ (*become detached*) herunterfallen; *wallpaper* sich *akk* [los]lösen II. *vt* **to ~ off a horse/bicycle** vom Pferd/Fahrrad fallen; **to ~ off the table/roof** vom Tisch/Dach [hinunter]fallen; ***bits keep ~ing off my car*** von meinem Auto fallen ständig Teile ab

◆**fall out** *vi* ① (*drop out*) herausfallen; *teeth, hair* ausfallen; **to ~ out of a window/vehicle** aus dem Fenster/einem Fahrzeug fallen ② (*fam: quarrel*) ■**to ~ out [with sb]** sich *akk* [mit jdm] [zer]streiten ③ MIL (*move out of line*) wegtreten ④ (*happen, turn out*) sich *akk* ergeben; ***in the end, things fell out rather more favourably for us than we had anticipated*** am Ende sah es für uns besser aus, als wir angenommen hatten

◆**fall over** *vi* ① (*drop*) *person* hinfallen; *object* umfallen ② (*trip*) ■**to ~ over sth** über etw *akk* fallen; **to ~ over one's own feet** über seine eigenen Füße stolpern; **to ~ over a step** über eine Stufe stolpern ③ (*fam: be very eager*) ■**to ~** [AM **all**] **over oneself to do sth** sich *akk* darum reißen, etw zu tun *fam,* alles dafür tun, etw zu tun

◆**fall through** *vi* scheitern; *plan* ins Wasser fallen *fam*

◆**fall to** *vi* (*liter*) loslegen; (*start working*) sich *akk* an die Arbeit machen; (*start eating*) reinhauen *fam;* ■**to ~ to doing sth** beginnen [*o* anfangen], etw zu tun

fallacious [fəˈleɪʃəs] *adj* (*form*) abwegig *geh;* ***it is quite ~ to argue that …*** es ist eine ziemlich irrige Ansicht, dass …

fallaciously [fəˈleɪʃəsli] *adv* (*form*) fälschlicherweise; **to argue/reason ~ that …** fehl in der Annahme gehen, dass … *geh*

fallaciousness [fəˈleɪʃəsnəs] *n no pl* Abwegigkeit *f geh;* **~ of an argument/claim/assertion** Unhaltbarkeit *f* eines Arguments/einer Behauptung/einer Annahme

fallacy [ˈfæləsi] *n* ① (*false belief*) Trugschluss *m,* Irrtum *m;* **a common ~** ein weitverbreiteter Irrtum; **a complete ~** ein absoluter Blödsinn *fam;* **it is a ~ to suppose** [*or* **think**] **that …** es ist ein Irrtum anzunehmen, dass … ② *no pl* (*form: false reasoning*) Denkfehler *m,* Unlogik *f;* **~ of an argument** Fehlschluss *m*

fallback [ˈfɔːlbæk, AM *esp* ˈfɑːl-] I. *n* Ersatz *m; person* Vertretung *f* II. *adj attr, inv* Ersatz-; **~ plan** Ersatzplan *m;* **a ~ proposal** ein Kompromissvorschlag *m*

fallen [ˈfɔːlən, AM *esp* ˈfɑːl-] I. *adj inv* ① *attr* (*on the ground*) **~ apple** abgefallener Apfel; **~ arches** MED Senkfüße *mpl;* **~ leaf** heruntergefallenes Blatt; **~ leaves** Laub *nt;* **~ tree** umgestürzter Baum ② *attr* (*overthrown*) **a ~ politician/dictator** ein gestürzter Politiker/Diktator; (*disgraced*) **a ~ idol** ein einstiges Idol; **a ~ woman** (*old*) ein gefallenes Mädchen *veraltet* ❸ REL (*sinful*) sündig; **a ~ angel** ein gefallener Engel **II.** *n* (*liter*) ■**the ~** *pl* die Gefallenen *pl;* **a monument to the ~** ein Denkmal *nt* für die Gefallenen

faller ['fɔːləʳ, AM -ɚ] *n* ❶ BRIT *Pferd, das in einem Jagdrennen über ein Hindernis fällt* ❷ AM (*lumberjack*) Holzfäller *m*

fall guy *n* (*sl*) Prügelknabe *m fam*

fallibility [ˌfæləˈbɪləti, AM -ət̬i] *n no pl* Fehlbarkeit *f;* **human ~** die menschliche Fehlerhaftigkeit

fallible ['fæləbl] *adj* fehlbar; *method, object, system* fehleranfällig

falling ['fɔːlɪŋ, AM *esp* 'fɑːl-] *adj attr, inv* ❶ (*falling down*) *rocks* herabfallend; *trees* umstürzend; **~ masonry** bröckelndes Mauerwerk ❷ (*declining, decreasing*) sinkend; **~ *standards in schools*** das sinkende [Lern]niveau in den Schulen; **~ interest rates** fallende Zinsen; **~ membership** zurückgehende Mitgliederzahl; **~ population** sinkende Bevölkerungszahl; FIN **~ pound/dollar/yen** der fallende [*o* sinkende] Kurs des Pfundes/Dollars/Yen

falling-off <*pl* fallings-off> *n* Rückgang *m* (**in** bei +*dat*) **falling-out** <*pl* fallings-> *n* Streit *m;* **to have a ~ [with sb] [over sth]** sich *akk* [mit jdm] [über etw *akk*] streiten **falling sickness** *n no pl* MED (*old*) Fallsucht *f veraltet,* Epilepsie *f* **falling star** *n* ASTROL Sternschnuppe *f*

fall-off *n no pl* Rückgang *m,* Abfall *m* (**in** +*gen*); *of team* Abstieg *m*

fallopian tube [fəˌləʊpiən'-, AM -ˌloʊpiən'-] *n* ANAT, MED Eileiter *m*

fallout *n no pl* ❶ NUCL radioaktive Strahlung ❷ (*consequences*) ■**the ~** die Konsequenzen *fpl,* die Nachwirkungen *fpl* (**from** +*gen*) **fallout shelter** *n* Atombunker *m*

fallow ['fæləʊ, AM -loʊ] *adj inv* ❶ AGR (*not planted*) brachliegend *attr;* **a ~ field** ein Brachfeld *nt,* eine Brache; **to lie ~** brachliegen ❷ (*unproductive*) still, ruhig; **a ~ period** eine ruhige Zeit

fallow deer *n* Damwild *nt kein pl*

false [fɔːls, AM *esp* fɑːls] **I.** *adj* ❶ *inv* (*untrue, incorrect*) falsch; ***is that true or ~?*** stimmt das oder nicht?; ***her whole theory is based on a ~ premise*** ihre ganze Theorie geht von falschen Voraussetzungen aus; **a ~ alarm** ein falscher Alarm; **a ~ dawn [of hope]** eine trügerische Hoffnung; **~ friend** LING falscher Freund; **to raise ~ hopes** falsche Hoffnungen wecken; **to have a ~ idea of sth** falsche Vorstellungen von etw *dat* haben; **to give sb a ~ impression** jdm einen falschen Eindruck vermitteln; **~ imprisonment** LAW unrechtmäßige Verhaftung; **a ~ move** [*or* **step**] eine unbedachte Bewegung; ***one ~ move and I'll shoot!*** eine falsche Bewegung, und ich schieße!; **to make a ~ move, to take a ~ step** (*wrong action*) unbedacht [*o* unüberlegt] handeln; **~ pregnancy** MED, PSYCH Scheinschwangerschaft *f;* **a ~ rib** ANAT eine falsche Rippe; **a ~ start** SPORTS ein Fehlstart *m a. fig;* **to turn out** [*or* **prove**] **to be ~** sich *akk* als falsch erweisen ❷ *inv* (*artificial*) *beard, moustache, eyelashes, teeth* falsch; **a ~ bottom** ein doppelter Boden (*in einem Behälter*) ❸ *inv* (*fake*) *name, address, identity* falsch; ***thou shalt not bear ~ witness*** REL du sollst kein falsches Zeugnis geben; **~ accounting** LAW, FIN Unterschlagung *f;* **~ claim** [*or* **information**] falsche Angaben *fpl;* **under ~ colours** [*or* AM **colors**] (*liter*) unter falscher Flagge; **~ evidence** LAW Falschaussage *f;* **to give ~ evidence in court** vor Gericht falsch aussagen; **to give ~ information** falsche Angaben machen; **under ~ pretences** unter Vorspiegelung falscher Tatsachen ❹ (*insincere*) *person, smile, laugh, manner, modesty* falsch, unehrlich; **~ optimism** trügerischer Optimismus; (*intending to deceive*) **a ~ front** (*fig*) eine Fassade; **to put on** [*or* **up**] **a ~ front** sich *dat* einen gewissen Anschein geben; ***they put up a ~ front of friendly concern*** sie gaben vor, sehr besorgt zu sein; **to be in a ~ position** in der Bredouille sein *fam;* **to put sb in a ~ position** jdn in die Bredouille bringen *fam* ❺ (*esp liter: disloyal*) untreu; ***he turned out to be a ~ friend*** er war mir ein schöner Freund *hum, iron;* ■**to be ~ to sb/sth** jdm/etw untreu werden; ***you have been ~ to your principles*** du hast deine Prinzipien verraten **II.** *adv* (*old*) **to play sb ~** jdn betrügen

falsehood ['fɔːls(h)ʊd, AM 'fɑːlshʊd] *n* ❶ *no pl* (*not truth*) Unwahrheit *f; of a person* Falschheit *f* ❷ (*form: lie*) Unwahrheit *f euph geh;* **injurious** [*or* **malicious**] **~** LAW Rufschädigung *f;* **to tell a ~** die Unwahrheit sagen

falsely ['fɔːlsli, AM *esp* 'fɑːl-] *adv* ❶ (*wrongly*) fälschlicherweise; (*untruthfully*) zu Unrecht; **to be ~ accused of sth** zu Unrecht einer S. *dat* beschuldigt werden ❷ (*insincerely*) **~ cheerful/optimistic** gespielt munter/optimistisch; ***... he said, smiling ~*** ..., sagte er mit aufgesetztem Lächeln

false market *n* COMM verfälschter Markt

falseness ['fɔːlsnəs, AM *esp* 'fɑːl-] *n no pl* ❶ (*inaccuracy*) *of statement, report* Unkorrektheit *f;* (*untruthfulness*) *of claim, accusation* Unhaltbarkeit *f* ❷ (*insincerity*) Falschheit *f,* Verlogenheit *f*

falsetto [fɒl'setəʊ, AM fɔːl'set̬oʊ] MUS **I.** *n* ❶ (*voice*) Kopfstimme *f,* Falsett *nt fachspr;* **to speak in a high ~** im Falsett sprechen ❷ (*person*) Falsettist *m* **II.** *adj inv part, passage* Falsett-; **~ voice** Falsettstimme *f,* Kopfstimme *f* **III.** *adv inv* **to sing ~** Falsettstimme singen

falsies ['fɔːlsiːz, AM *esp* 'fɑːl-] *npl* (*fam*) BH-Einlage *f*

falsification [ˌfɔːlsɪfɪ'keɪʃᵊn, AM *esp* ˌfɑːl-] *n no pl* Fälschung *f,* Falsifikation *f geh;* **~ of accounts** Fälschung *f* von Konten oder Unterlagen; **~ of evidence** Fälschung *f* von Beweismaterial

falsify <-ie-> ['fɔːlsɪfaɪ, AM *esp* 'fɑːl-] *vt* ■**to ~ sth** etw fälschen

falsity ['fɔːlsəti, AM -ət̬i] *n no pl* ❶ (*incorrectness*) *of statement, report* Unkorrektheit *f; of claim, accusation* Unhaltbarkeit *f* ❷ (*insincerity*) Falschheit *f,* Verlogenheit *f*

falter ['fɔːltəʳ] **I.** *vi* ❶ *speaker, voice, conversation* stocken ❷ (*fig: lose strength*) nachlassen; ***their courage never ~ed for a second*** ihr Mut verließ sie nicht eine Sekunde lang; ***her friends never ~ed in their belief in her*** ihre Freunde verloren nie den Glauben an sie; (*hesitate*) zögern; **without ~ing** ohne zu zögern ❸ (*movement*) seinen Schritt verlangsamen; (*move unsteadily*) schwanken; *horse* straucheln **II.** *vt* **to ~ an apology** [*or* **an excuse**]/**a question [out]** eine Entschuldigung/eine Frage stammeln

faltering ['fɔːltᵊrɪŋ] *adj attr* ❶ (*hesitant*) *words* zögerlich; *step, voice* stockend; **in a ~ voice** mit stockender Stimme; **with ~ steps** mit stockendem Schritt ❷ *inv* (*lose strength*) zögerlich; **the ~ economy** die stagnierende Wirtschaft

falteringly ['fɔːltᵊrɪŋli] *adv* stockend; (*hesitantly*) zögerlich; **to say** [*or* **speak**] **~** stockend sprechen

fame [feɪm] *n no pl* ❶ (*being famous*) Ruhm *m;* **~ and fortune** Ruhm und Reichtum; **to be of Hollywood ~** ein Hollywoodstar sein; **worldwide ~** Weltruhm *m;* **to win** [*or* **achieve**] **~** berühmt werden, Ruhm erlangen *geh* ❷ (*reputation*) Ruf *m,* Ansehen *nt;* ***his main claim to ~ is that he was one of Beethoven's early teachers*** er erlangte vor allem als einer von Beethovens frühen Lehrern Berühmtheit

famed [feɪmd] *adj* berühmt; ***their ~ efficiency*** ihre sprichwörtliche Effizienz; ■**to be ~ for sth** (*be known*) für etw *akk* bekannt sein; (*be famous*) für etw *akk* berühmt sein

familial [fə'mɪliəl] *adj attr, inv* Familien-, familial *fachspr,* innerhalb einer Familie *nach n;* **~ relationship** [*or* **tie**]/**duties** familiäre Bindung/Verpflichtungen

familiar [fə'mɪliəʳ, AM -jɚ] **I.** *adj* ❶ (*well-known*) vertraut; ***this looks ~ to me*** das kommt mir irgendwie bekannt vor; **~ faces** bekannte Gesichter; ***his face has become ~*** man kennt sein Gesicht ❷ (*acquainted*) ■**to be ~ with sth/sb** etw/jdn kennen; ***yours is not a name I'm ~ with*** Ihr Name kommt mir nicht bekannt vor; **to become** [*or* **get**] [*or* **grow**] **~ with sth/sb** mit etw/jdm vertraut werden, sich *akk* an etw *akk* gewöhnen ❸ (*informal*) vertraulich; **~ name** [*or* **term**] gebräuchliche Bezeichnung; **to be on ~ terms [with sb]** (*be friends*) [mit jdm] befreundet sein; **the ~ form** LING die Du-Form; **~ form of address** vertrauliche Anrede ❹ (*too friendly*) allzu vertraulich; ■**to be/get ~ with sb** mit jdm vertraut sein/werden; **to get too ~ with sb** zu vertraulich mit jdm werden *fam* **II.** *n* ❶ (*witch's companion*) Schutzgeist *m* ❷ (*old: close friend*) enger Freund/enge Freundin

familiarity [fəˌmɪli'ærəti, AM -'erət̬i] *n no pl* ❶ (*well-known*) Vertrautheit *f; of home* Geborgenheit *f* ❷ (*knowledge*) Kenntnis *f;* **her ~ with pop music** ihr Wissen im Bereich Popmusik; **~ *with French law*** Kenntnisse *pl* in französischem Recht ❸ (*overfriendly*) Vertraulichkeit *f;* **excessive ~** allzu große Vertraulichkeit ▸ PHRASES: **~ breeds contempt** (*prov*) allzu große Vertrautheit erzeugt Verachtung

familiarization [fəˌmɪliᵊraɪ'zeɪʃᵊn, AM -jərɪ'-] *n no pl* Vertrautwerden *nt*

familiarize [fə'mɪliᵊraɪz, AM -jər-] *vt* ■**to ~ oneself/sb with sth** sich/jdn mit etw *dat* vertraut machen; **to ~ oneself with working methods** sich *akk* einarbeiten

familiarly [fə'mɪliəli, AM -jɚ-] *adv* **~ known as ...** besser bekannt als ...

familiar spirit *n* Schutzgeist *m*

family ['fæmᵊli] **I.** *n* ❶ + *sing/pl vb* (*relations*) Familie *f;* **a ~ of robins/squirrels** eine Rotkehlchen-/Eichhörnchenfamilie; **a ~ of four/six** eine vier-/sechsköpfige Familie; LING Sprachfamilie *f;* **the Indo-European ~** die indo-europäische Sprachfamilie ❷ *no pl,* + *sing/pl vb* (*family members*) Familie *f;* ***we've got ~ coming to visit*** wir bekommen Familienbesuch; **a friend of the ~, a ~ friend** ein Freund *m*/eine Freundin der Familie; **nontraditional ~** unkonventionelle Familie; **to keep sth in the ~** (*not sell*) etw in Familienbesitz behalten; **to keep a secret in the ~** ein Geheimnis für sich *akk* behalten; **to have [got] ~** eine Familie haben; ***she's got ~ in the States*** sie hat Verwandte in den Staaten; **to start a ~** eine Familie gründen; ■**to be ~** zur Familie gehören; **to be [like] one of the ~** [praktisch] zur Familie gehören ❸ + *sing/pl vb* (*lineage*) Familie *f,* Vorfahren *mpl;* ***they're one of the old county families*** sie gehören zu den alteingesessenen Familien dieses Bezirks; **to run in the family** *talent, character* in der Familie liegen ❹ BIOL Familie *f;* **the cat/rose ~** die Familie der Katzen/Rosen ❺ (*employees, staff*) Belegschaft *f,* Familie *f fig;* **the Acme ~** die Belegschaft [*o* Familie] von Acme ❻ (*sl: group of gangsters*) Clan *m* **II.** *adj attr, inv* ❶ (*involving family*) Familien-; **~ business** [*or* **firm**] Familienunternehmen *nt;* **~ celebration** [*or* **party**] Familienfeier *f;* **~ council** Familienrat *m;* **~ feud** [*or* **quarrel**] Familienfehde *f geh,* familiäre Streitigkeiten *fpl;* **to settle down to ~ life** eine Familie gründen; **~ likeness** Familienähnlichkeit *f;* **~ reunion** Familientreffen *nt* ❷ (*including children*) Familien-; **~ entertainment** Familienspaß *m;* (*film, programme*) Unterhaltung für die ganze Familie; **~ fare** Familienpreis *m;* **~ hotel** Familienhotel *nt;* **~ rate** Familienrabatt *m;* **~ show** Familiensendung *f;* **~ ticket** Familienkarte *f;* **~ viewing** Familienfernsehen *nt* ▸ PHRASES: **to be in the ~ way** (*dated fam*) in anderen Umständen sein *euph veraltend fam*

family allowance *n* BRIT (*dated*) ≈ Kindergeld *nt* **family Bible** *n* [Familien]stammbuch *nt* **family circle** *n no pl* Familienkreis *m* **family company** *n* Familienunternehmen *nt* **family credit** *n no pl* BRIT ≈ Kindergeld *nt* (*britische Einrichtung zur Unterstützung von finanzschwachen Familien*) **Family Division** *n* BRIT ■**the ~** das Familiengericht (*Abteilung des High Court of Justice in England und Wales*) **family doctor** *n* Hausarzt, Hausärztin *m, f* **family law** *n* Familienrecht *nt* **family man** *n* ❶ (*homeloving*) Familienmensch *m* ❷ (*with family*) Familienvater *m* **family name** *n* Nachname

F

m, Familienname *m* **family planning** *n no pl* Familienplanung *f;* **a ~ clinic** Familienberatungsstelle *f* **family saloon** *n* BRIT Kombi *m,* Familienkutsche *f fam* **family-sized** *adj inv* Familien-, Groß-; **~ jar** Familiendose *f;* **~ pack[et]** Familienpackung *f,* Großpackung *f* **family therapy** *n no pl* PSYCH Familientherapie *f* **family tree** *n* Familienstammbaum *m* **family values** *n* der Wertbegriff der Familie, die Werte Ehe und Familie

famine ['fæmɪn] *n* ① *(shortage of food)* Hungersnot *f;* **the Irish F~** *große Hungersnot in Irland im 19. Jahrhundert* ② *no pl (starvation)* Hungertod *m;* **to die of ~** verhungern

famished ['fæmɪʃt] *adj pred (fam)* ■**to be** [*or* **feel**] **~** ausgehungert sein, vor Hunger umfallen *fam*

famous ['feɪməs] *adj* berühmt; **to become ~** berühmt werden; ■**to be ~ for sth** für etw *akk* berühmt sein ► PHRASES: **~ last words** *(fam)* wer's glaubt wird selig!

famously ['feɪməsli] *adv* ① *(well-known)* bekanntermaßen, bekanntlich ② *(dated fam: very friendly)* **to get on ~** sich *akk* blendend verstehen

fan¹ [fæn] *n (enthusiast)* Fan *m; (admirer)* Bewunderer, Bewunderin *m, f;* ■**to be a ~ of sb/sth** ein Fan von jdm/etw sein; ***I'm a great ~ of your work*** ich schätze Ihre Arbeit sehr; **a Beatles ~** ein Fan *m* von den Beatles; **a football/tennis/baseball ~** ein Fußball-/Tennis-/Baseballfan *m;* **~ of a star/pop group** Fan *m* eines Stars/einer Popgruppe

fan² [fæn] **I.** *n* ① *(hand-held)* Fächer *m* ② *(electrical)* Ventilator *m;* **ceiling ~** Deckenventilator *m* **II.** *vt* <-nn-> ① *(cool)* ■**to ~ sb/oneself** jdm/sich Luft zufächeln ② *(burn better)* **to ~ fire/flames** ein Feuer/Flammen anfachen *geh;* **to ~ fears/passions/resentment** *(fig: heighten)* Ängste/Leidenschaften/Ablehnung entfachen *geh* [*o* schüren]
◆**fan out I.** *vi* ① *(spread out)* sich *akk* in alle Richtungen verteilen; *(search)* ausschwärmen ② *(fan-shaped)* auffächern; ***the streets ~ out from the main square*** die Straßen gehen vom Hauptplatz in alle Richtungen auseinander **II.** *vt* ■**to ~ sth** ⊂ **out** *cards, feathers* fächerförmig ausbreiten

fan-assisted oven *n* Umluftherd *m*

fanatic [fə'nætɪk, AM -ţ-] **I.** *n* ① *(pej: obsessed)* Fanatiker(in) *m(f);* **right-wing ~** Rechtsextreme(r) *f(m),* Rechtsextremist(in) *m(f)* ② *(enthusiast)* Begeisterte(r) *f(m),* Fan *m,* Freak *m sl;* **fellow ~** Mitbegeisterte(r) *f(m);* **a fitness/film/sports ~** ein Fitness-/Film-/Sportfan *m* **II.** *adj* fanatisch; *see also* **fanatical**

fanatical [fə'nætɪkᵊl, AM -ţ-] *adj* ■**to be ~ about sth** ① *(obsessed)* von etw *dat* besessen sein; **~ support** bedingungslose Unterstützung ② *(enthusiastic)* von etw *dat* total begeistert sein, auf etw *akk* total abfahren *sl;* ***she's a bit ~ about tidiness*** sie hat einen Reinlichkeitsfimmel *fam*

fanatically [fə'nætɪkᵊli, AM -ţ-] *adv* fanatisch, extrem; **to be ~ determined to do sth** wild entschlossen sein, etw zu tun *fam*

fanaticism [fə'nætɪsɪzᵊm, AM -ţ-] *n no pl (pej)* Fanatismus *m pej*

fan belt *n* AUTO Keilriemen *m*

fanciable ['fæn(t)siəbl] *adj* BRIT *(fam)* hübsch, gut aussehend, attraktiv, fesch ÖSTERR *fam*

fancied ['fæn(t)sid] *adj attr* ① *inv (imaginary)* eingebildet, vermeintlich ② SPORTS, POL *(tipped to win)* favorisiert

fancier ['fæn(t)siəʳ, AM -ɚ] *n* SPORTS Züchter(in) *m(f);* **pigeon ~** Taubenzüchter(in) *m(f)*

fanciful ['fæn(t)sifᵊl] *adj* ① *(unrealistic)* unrealistisch, aus der Luft gegriffen; **~ notion[s]** Fantasterei[en] *f[pl] pej;* ***someone's been filling his head with ~ notions*** jemand hat ihm einen Floh ins Ohr gesetzt *fam* ② *(elaborate) design, style* aufwendig ③ *person* überspannt *pej,* versponnen *pej fam;* ***am I just being ~?*** bilde ich mir das nur ein?

fancifully ['fæn(t)sifᵊli] *adv* ① *(unrealistically)* großartig *pej* ② *(elaborately)* **~ decorated/embroidered** aufwändig geschmückt/bestickt

fan club *n + sing/pl vb* Fanclub *m*

fancy ['fæn(t)si] **I.** *vt* <-ie-> ① *esp* BRIT *(want, like)* ■**to ~ sth** Lust auf etw *akk* haben; ***I'm not sure I ~ the idea of going there*** ich weiß nur, ob mir der Gedanke gefällt, dort hinzufahren; **to ~ the prospect of doing sth** davon begeistert sein, etw zu tun; ■**to ~ doing sth** etw gern tun ② *esp* BRIT *(be attracted)* ■**to ~ sb** eine Schwäche für jdn haben; ***I always liked her without ever really ~ing her*** ich mochte sie immer, ohne dass ich je was von ihr wollte; ■**to ~ oneself** BRIT *(pej)* sich *akk* toll vorkommen ③ *(imagine as winner)* ***who do you ~ to win the Cup this year?*** wer, glaubst du, wird dieses Jahr den Cup gewinnen?; ***I didn't ~ his chances of ever getting his novel published*** ich habe nicht daran geglaubt, dass er seinen Roman jemals veröffentlichen würde; **to ~ a horse/team/candidate** ein Pferd/ein Team/einen Kandidaten favorisieren ④ *esp* BRIT *(imagine)* ■**to ~ [that] ...** denken, dass ...; ***she fancies herself a rebel*** sie hält sich für eine Rebellin; ***I used to ~ myself captaining a great ocean liner*** ich habe mir früher immer vorgestellt, einen großen Ozeandampfer zu steuern; *(dated)* ***there's rather more to this than meets the eye, I ~*** ich denke, da steckt mehr dahinter; **~ [that]!** stell dir das [mal] vor!; **~ *seeing you again!*** schön, dich wiederzusehen!; **~ *seeing you here!*** das ist aber eine Überraschunbg, dich hier zu sehen!; **~ *you knowing old Ben!*** das ist ja nicht zu glauben, dass du den alten Ben auch kennst!; **~ *saying that to you of all people!*** [unglaublich,] dass man das ausgerechnet zu dir gesagt hat! **II.** *n* ① *no pl (liking)* Vorliebe *f;* ***ok, whatever tickles your ~*** ok, wenn's dich anmacht! *fam;* **sb has taken a ~ to sth/sb** etw hat es jdm angetan; ***Laura's taken a ~ to Japanese food*** Laura findet japanisches Essen gerade ganz toll; ***I've taken a ~ to that old car of yours*** mittlerweile gefällt mir dein altes Auto echt gut; **to have taken sb's ~** es jdm angetan haben ② *no pl (imagination)* Fantasie *f;* **flight of ~** Fantasterei *f pej* ③ *(whimsical idea)* **an idle** [*or* **a vain**] **~** Fantasterei *f pej;* ***these are just idle fancies of yours*** das existiert doch nur in deiner Fantasie; ***he only comes when the ~ takes him*** er kommt nur, wenn er Lust dazu hat; **to have a ~ that ...** das Gefühl haben, dass ... ④ BRIT ■**fancies** *pl kleine süße Kuchen, die gewöhnlich gefroren und verziert sind* **III.** *adj* ① *(elaborate) decoration, frills* aufwendig, pompös; *(fig) talk* ausschweifend; ***never mind the ~ phrases, just give us the facts*** reden Sie nicht lange drumherum, geben Sie uns die Fakten; **~ footwork** FBALL gute Beinarbeit; *(fig)* ***she did some ~ footwork to get out of a tight corner*** sie zog sich geschickt aus der Affäre ② *(whimsical) notions* versponnen *pej fam;* **~ ideas** Fantastereien *fpl pej;* ***don't you go filling his head with ~ ideas*** setz ihm keinen Floh ins Ohr *fam* ③ *(fam: expensive)* Nobel- *pej fam;* ***I keep away from the ~ shops*** ich meide die teuren Nobelgeschäfte; **~ car** Nobelkarosse *f fam,* Luxusschlitten *m sl;* **~ place** teures Pflaster *fam;* **~ prices** astronomische Preise

fancy dress *n no pl esp* BRIT, AUS Verkleidung *f,* Kostüm *nt;* **to go/come in ~** verkleidet sein; **to wear ~** sich *akk* verkleiden **fancy-dress** *adj attr, inv esp* BRIT Kostüm-; **~ ball** Kostümball *m;* **~ party** Kostümfest *nt* **fancy-free** *adj pred* sorglos; **to be [footloose and] ~** frei und ungebunden sein **fancy goods** *npl esp* BRIT Nippes *pl,* Nippsachen *pl* **fancy man** *n (dated or pej fam: lover)* Liebhaber *m* **fancy woman** *n (dated or pej fam: lover)* Geliebte *f* **fancywork** *n no pl (needlework)* Spitze *f; (round the edge)* Spitzenbesatz *m*

fandango [fæn'dæŋgəʊ, AM -goʊ] *n* Fandango *m*

fanfare ['fænfeəʳ, AM -fer] *n* Fanfare *f*

fanfold *n* COMPUT Zickzackfaltung *f*

fang [fæŋ] *n of a dog, wolf* Fang *m,* Fangzahn *m; of a snake* Giftzahn *m;* **~ of a vampire** Vampirzahn *m*

fan heater *n* Heizlüfter *m* **fanlight** *n* Oberlicht *nt;* **a semicircular ~** ein halbrundes Oberlicht **fan mail** *n no pl* Fanpost *f*

Fannie Mae [,fæni'meɪ] *n* AM ECON, FIN *(fam) short for* **Federal National Mortgage Association** Bundeshypothekenvereinigung *f*

fanny ['fæni] *n* ① BRIT, AUS *(vulg: female genitals)* Fotze *f vulg,* Möse *f derb* ② AM, AUS *(sl: backside)* Hintern *m fam*

fanny pack *n* AM *(bumbag)* Gürteltasche *f*

fan oven *n* Umluftherd *m* **fan-shaped** *adj* fächerförmig

fantabulous [fæn'tæbjələs] *adj (sl)* spitzenmäßig *sl*

fantail ['fænteɪl] *n* Pfautaube *f*

fantasia [fæn'teɪziə, AM -ʒə] *n* MUS Fantasie *f,* Fantasia *f fachspr*

fantasist ['fæntəsɪst] *n* Fantast(in) *m(f)*

fantasize ['fæntəsaɪz, AM -ţ-] **I.** *vi* fantasieren, sich *dat* etw vorstellen **II.** *vt* ■**to ~ that ...** davon träumen, dass ...

fantastic [fæn'tæstɪk] *adj* ① *(fam: wonderful)* fantastisch *fam;* ***we had an absolutely ~ time on holiday*** unsere Ferien waren total super *sl;* ***they've won a prize? ~!*** sie haben etwas gewonnen? toll!; ***I've just had a ~ idea!*** ich habe eine Superidee! *fam;* **a ~ opportunity** eine einzigartige Gelegenheit; **to look ~** *person* umwerfend aussehend ② *(fam: extremely large)* enorm; **a ~ *amount of money*** ein Haufen *m* Geld *fam;* **to take a ~ effort to do sth** unwahrscheinlich viel Mühe kosten, etw zu tun ③ *(not real, strange)* Fantasie-; **~ animal** Fabeltier *nt;* **~ figure/image** Fantasiegestalt *f*/Fantasiebild *nt* ④ *(unbelievable)* unwahrscheinlich; *(unreasonable)* unsinnig, abstrus; **by the most ~ coincidence** durch absoluten Zufall; **a ~ plan** ein absurder Plan

fantastical [fæn'tæstɪkᵊl] *adj (liter)* fantastisch *liter;* **~ account** [*or* **tale**] fantastische Erzählung

fantastically [fæn'tæstɪkᵊli] *adv* ① *(extremely)* unwahrscheinlich *fam,* unglaublich *pej;* **~ arrogant** unglaublich arrogant; **~ rich** unvorstellbar reich ② *(fam: wonderfully well)* ganz wunderbar; ***everything's going ~*** es läuft alles ausgesprochen gut; ***we were treated ~*** wir wurden hervorragend behandelt ③ *(strange shapes)* **~ carved/shaped** bizarr geschnitzt/geformt

fantasy ['fæntəsi, AM -ţ-] *n* ① *(pleasant fancy)* Vorstellung *f;* ***Steve's favourite ~ was that ...*** Steve träumte am liebsten davon, ...; **sexual ~** sexuelle Fantasie[n] *f[pl];* ■**to have fantasies about sth** [*or* **doing sth**] von etw *dat* träumen ② *(pej: unreal, imagined thing)* Hirngespinst *nt pej* ③ *no pl (unreal, imagined things)* Einbildung *f;* **a world of ~** eine Traumwelt ④ *no pl (literary genre)* Fantasy *f* ⑤ *(imagination)* Fantasie *f;* ***it's a product of your ~*** es ist ein Produkt Ihrer Fantasie ⑥ MUS Fantasie *f,* Fantasia *f fachspr*

fantasyland *n* Fabelwelt *f* **fantasy world** *n* Traumwelt *f*

fan vaulting *n no pl* ARCHIT Fächergewölbe *nt*

fanzine ['fænzi:n] *n* Fanmagazin *nt,* Fanzeitschrift *f*

far <farther *or* further, farthest *or* furthest> [fɑ:ʳ, AM fɑ:r] **I.** *adv* ① *(a long distance)* von weit her; ***have you come very ~?*** kommen Sie von weit her?; ***do you have ~ to travel to work?*** haben Sie es weit zu Ihrer Arbeitsstelle?; ***it's too ~ to walk*** es ist zu weit zu Fuß; ***I can take you as ~ as Bristol*** ich kann Sie bis Bristol mitnehmen; ***we've come so ~, we can't turn back now*** wir sind so weit gekommen, wir können jetzt nicht umkehren; **~ *be it from me to blame anyone, it was a total accident*** ich will unter keinen Umständen jemanden beschuldigen, es war ein Unfall; ***she doesn't live ~ from here*** sie wohnt nicht weit von hier; ***how ~ are we from the campsite now?*** wie weit ist es noch bis zum Campingplatz?; **~ *above, a hawk circled in the sunshine*** weit oben kreiste ein Habicht im Sonnenschein; ***you can see how ~ up the wall the water came during the flood*** man kann sehen, wie hoch das Wasser während der Flut an die Mauer kam; *(liter)* ***a traveller from some ~ distant land*** ein Reisender aus einem fernen Land; ***we're ~ from happy with the situation*** wir sind alles andere als zufrieden mit der Situation; **as ~ as the eye can see** soweit das Auge reicht; **~ from home** fern der Heimat; **to be fairly ~ down the list** ziemlich weit unten auf der Liste stehen; ~ away from here weit weg von hier; *how ~ away is it?* wie weit weg ist es?; ~ and wide weit und breit; to come from ~ and wide von überall her kommen; ~ from it weit gefehlt; *Jim selfish? ~ from it!* Jim egoistisch? alles nur das nicht! ❷ (*distant in time*) *some time ~ in the past/future* irgendwann in ferner Vergangenheit/Zukunft; *one day, perhaps ~ in the future, you'll regret what you've done* irgendwann einmal wirst du bereuen, was du getan hast; *your birthday's not ~ away* bis zu deinem Geburtstag ist es nicht mehr lang; *as ~ back as I can remember* so weit ich mich erinnern kann; *we warned you about this as ~ back as 1977* wir haben Sie bereits 1977 davor gewarnt; *it probably dates from as ~ back as the end of the last century* es geht wahrscheinlich sogar bis auf das Ende des letzten Jahrhunderts zurück; *so ~ everything's been going according to plan* so weit lief [bisher] alles nach Plan; *only one of the escaped prisoners has so ~ been recaptured* bisher wurde nur einer der entflohenen Gefangenen wieder gefasst; *any problems? — not so ~* Probleme? – bis jetzt nicht; *he's not ~ off seventy* er wird bald siebzig; *we're not ~ off finishing now* es dauert nicht mehr lange und wir sind fertig; to work ~ into the night bis spät in die Nacht hinein arbeiten; so ~ so good so weit, so gut ❸ (*in progress*) *how ~ have you got? — I'm on page 17* wie weit bist? – ich bin jetzt auf Seite 17; *how ~ have you got with your new play?* wie weit bist du mit deinem neuen Stück gekommen?; *if you can get as ~ as drafting the letter tonight …* wenn du vielleicht bis heute Abend noch einen groben Entwurf des Briefes aufsetzen kannst, …; to not get very ~ with sth [*or* doing sth] mit etw *dat* nicht besonders weit kommen; to not get very ~ with sb bei jdm nicht viel erreichen; *she tried to talk him round, but she didn't get very ~ with him* sie versuchte ihn zu überreden, kam aber nicht sonderlich weit ❹ *inv* (*much*) ~ better/nicer/warmer viel besser/netter/wärmer; ~ more difficult viel schwieriger; ~ too expensive viel zu teuer; by ~ bei weitem, mit Abstand; *it would be better by ~ to resist the temptation* es wäre viel besser, der Versuchung zu widerstehen; *your entry was ~ and away the best* dein Auftritt war einsame Spitze *fam;* BRIT *I'd ~ prefer to go with you* ich würde viel lieber mit dir gehen; *I'd ~ rather stay at home* ich würde viel lieber zu Hause bleiben; *she'd ~ sooner go on her own* sie würde viel lieber allein gehen ❺ (*connecting adverbial phrase*) *as ~ as I can, I try and avoid using my car* soweit es mir möglich ist, benutze ich mein Auto nicht; *I use public transport as ~ as possible* ich benutze so oft wie möglich öffentliche Verkehrsmittel; *as ~ as I can see …* so wie ich es beurteilen kann, …; *he isn't coming today as ~ as I know* soweit ich weiß, kommt er heute nicht,; *as ~ as I'm concerned …* wenn es nach mir geht …; *as ~ as Bob is concerned, he's one hell of a nice fellow* Bob? Bob ist ein wirklich netter Kerl!; *he's a good mechanic, but that's as ~ as it goes* er ist ein guter Mechaniker, aber das ist auch alles ► PHRASES: sb will go ~ jd wird es zu etwas bringen; sth won't go very ~ etw wird nicht lange vorhalten; *a hundred pounds won't go very ~ if you're going abroad for two weeks* mit hundert Pfund kommt man nicht weit, wenn man für zwei Wochen ins Ausland geht; to go too ~ zu weit gehen; to not trust sb as ~ as one could throw him/her jdm nicht über den Weg trauen **II.** *adj attr* ❶ (*further away*) *at the ~ end of the room* am anderen Ende des Raumes; the ~ bank of the river das jenseitige Ufer des Flusses ❷ (*extreme*) the ~ left/right [of a party] die extreme Linke/Rechte [einer Partei] ❸ (*distant*) a ~ country (*liter*) ein fernes Land *liter;* in the ~ distance in weiter Ferne ► PHRASES: to be a ~ cry from sth/sb mit etw/jdm nicht zu vergleichen sein

farad ['færəd, AM 'fer-] *n* ELEC Farad *nt*

Faraday cage ['færədeɪ-, AM 'fer-] *n* COMPUT Faradaykäfig *m*

faraway [ˌfɑːrə'weɪ] *adj attr, inv* ❶ (*distant*) *location* fern; *sound, voice* weit entfernt [*o fam* weg]; a ~ land [*or* country] ein fernes Land *liter* ❷ (*dreamy*) *look* verträumt, abwesend

farce [fɑːs, AM fɑːrs] *n* ❶ THEAT Farce *f;* a Feydeau ~ eine Farce von Feydeau ❷ (*situation*) Farce *f pej geh*

farcical ['fɑːsɪkəl, AM 'fɑːrs-] *adj* ❶ THEAT (*like a farce*) farcenhaft ❷ (*pej: ridiculous*) grotesk *geh,* absurd

farcically ['fɑːsɪkəli, AM 'fɑːrs-] *adv* (*pej: ridiculously*) grotesk *geh*

fare [feəʳ, AM fer] **I.** *n* ❶ (*money*) Fahrpreis *m; ~s, please!* die Fahrkarten bitte!; bus/train/taxi ~ Bus-/Bahn-/Taxifahrpreis *m;* single/return ~ Einzel-/Rückfahrkarte *f;* to pay the [*or* one's] ~ den Fahrpreis bezahlen ❷ (*traveller in a taxi*) Taxifahrgast *m* ❸ *no pl* (*food*) Kost *f;* boarding-school ~ Internatsessen *nt;* traditional British ~ traditionelle britische Küche **II.** *vi* (*form: get on*) [er]gehen; *how did you ~ in your exams?* wie ist es dir bei der Prüfung gegangen?; HORT gedeihen; to ~ badly/well schlecht/gut ergehen

Far East *n no pl* ■the ~ der Ferne Osten **Far Eastern** *adj inv* fernöstlich

fare stage *n* BRIT ❶ (*section of bus route*) Fahrzone *f* ❷ (*bus stop*) Zonengrenze *f*

farewell [ˌfeə'wel, AM ˌfer'-] **I.** *interj* (*form*) leb wohl *geh;* ~, *until we meet again* leb wohl, bis bald; to bid [*or* say] ~ to sb/sth sich *akk* von jdm/etw verabschieden **II.** *n* Lebwohlsagen *nt kein pl veraltet geh,* Verabschieden *nt kein pl;* to bid sb a fond ~ sich *akk* herzlich von jdm verabschieden; to bid sb a last ~ von jdm Abschied nehmen **III.** *n modifier* (*dinner, gift, kiss*) Abschied[s]-; ~ hug Umarmung *f* zum Abschied; a ~ party eine Abschiedsparty

fare zone *n* Tarifzone *f* (*für öffentliche Verkehrsmittel*)

far-fetched *adj* weit hergeholt **far-flung** *adj usu attr* (*liter*) ❶ (*widely spread*) weitläufig; *network* weitverzweigt ❷ (*remote*) abgelegen **far-gone** *adj usu pred* ❶ (*advanced stage*) tief; *the night was ~* es war tiefe Nacht; a ~ romance eine innige Liebesbeziehung ❷ (*drunk*) stark angetrunken, besoffen *sl*

farinaceous [ˌfærɪ'neɪʃəs, AM ˌfer-] *adj inv* (*spec*) mehlhaltig

farm [fɑːm, AM fɑːrm] **I.** *n* Bauernhof *m;* chicken ~ Hühnerfarm *f;* health ~ Schönheitsfarm *f;* trout ~ Forellenzucht *f* **II.** *vt* to ~ land/a number of acres Land/eine Anzahl Hektar bebauen **III.** *vi* Land bebauen; *the family still ~s in Somerset* die Familie hat immer noch Farmland in Somerset

◆**farm out** *vt* to ~ out ↻ work [to sb] Arbeit [an jdn] abgeben; to ~ out ↻ children [to sb] BRIT [jdm] Kinder anvertrauen

farm animal *n* Nutztier *nt*

farmer ['fɑːməʳ, AM 'fɑːrməʳ] *n* Bauer, Bäuerin *m, f,* Farmer(in) *m(f);* a Wiltshire ~ ein Bauer *m*/eine Bäuerin aus Wiltshire

farmhand *n* Landarbeiter(in) *m(f)* **farmhouse** **I.** *n* Bauernhaus *nt* **II.** *adj attr, inv* Bauern-; ~ cheese Bauernkäse *m;* ~ cheddar Cheddar *m* nach Bauernart

farming ['fɑːmɪŋ, AM 'fɑːr-] *n no pl* Ackerbau und Viehzucht

farmland *n no pl* Ackerland *nt* **farm produce** *n* *Obst und Gemüse vom Bauernhof* **farmstead** ['fɑːrmsted] *n* AM Farm *f,* Gehöft *nt* **farmworker** *n* Landarbeiter(in) *m(f)* **farmyard** *n* Hof *m*

faro ['feərəʊ, AM 'feroʊ] *n no pl* Phar[a]o *nt* (*Kartenspiel*)

Faroe ['feərəʊ, AM 'feroʊ] *n* GEOG ■the ~ Islands [*or* the ~s *pl*] die Färöer Inseln *fpl;* ■the ~s die Färöer *ntpl* **Faroese** ['feərəʊiːz, AM 'feroʊ] *adj inv* GEOG färöisch, Färöer-

far-off **I.** *adj* ❶ (*distant*) *place, country* fern *geh;* (*remote*) [weit] entfernt; *you're not ~ with this answer* (*fig*) du liegst mit dieser Antwort nicht schlecht; a ~ country ein weit entferntes Land ❷ (*time*) a ~ time eine lang vergangene Zeit; (*future*) eine ferne Zukunft; *lunch isn't ~* wir essen bald zu Mittag **II.** *adv* weit entfernt; *in the distance* in der Ferne **far-out** *adj* ❶ (*fam: strange*) abstrus; *music* abgedreht *sl* ❷ AM (*dated sl: wonderful*) toll *fam,* super *sl; you got the job? ~!* du hast die Stelle bekommen? toll!

farrago <*pl* -s *or* AM -es> [fə'rɑːgəʊ, AM -goʊ] *n* (*pej*) Quatsch *m fam*

far-reaching *adj* weitreichend, umfassend

farrier ['færiəʳ] *n* BRIT Hufschmied(in) *m(f)*

far-right *adj* POL rechtsextrem

farrow ['færəʊ, AM 'feroʊ] **I.** *n* Wurf *m* **II.** *vi* ferkeln **III.** *vt* to ~ piglets ferkeln

far-seeing *adj decision, move, policy* weitsichtig; *person* vorausschauend, umsichtig **far-sighted** *adj* ❶ (*shrewd*) *decision, move, policy* weitsichtig; *person* vorausschauend, umsichtig ❷ AM, AUS (*long-sighted*) weitsichtig

fart [fɑːt, AM fɑːrt] **I.** *n* ❶ (*fam!: gas*) Furz *m derb;* to do [*or* let off] a ~ furzen *derb* ❷ (*pej sl: unpleasant person*) Sack *m pej sl;* a boring/stupid old ~ ein langweiliger/dummer alter Sack *pej sl;* silly ~ blöder Idiot *pej fam* **II.** *vi* (*fam!*) furzen *derb*

◆**fart about** BRIT, **fart around** *vi* herumhängen *fam,* herumlungern *sl;* ■to ~ about with sth mit etw *dat* herumhantieren *fam;* (*meddle with*) an etw *dat* herumfummeln *sl*

farther ['fɑːðəʳ, AM 'fɑːrðɚ] **I.** *adv comp of* far weiter ❶ (*at, to a greater distance*) weiter entfernt; *how much ~ is it to the airport?* wie weit ist es noch zum Flughafen?; *it was ~ than expected to the shops* der Weg zu den Geschäften war weiter als erwartet; *could you stand ~ off?* könnten Sie etwas zur Seite gehen?; ~ away weiter weg; ~ down/up [sth] weiter unten/oben; ~ east/west/north/south weiter östlich/westlich/nördlich/südlich; ~ on along the road weiter die Straße entlang ❷ (*at, to a more advanced point*) ~ back weiter zurück ❸ (*additional*) weitere(r,s); *see also* further **II.** *adj comp of* far weiter; at the ~ end am anderen Ende; to the ~ side zum anderen Ufer

farthest ['fɑːðɪst, AM 'fɑːr-] **I.** *adv superl of* far am weitesten; the ~ east/west/north/south am weitesten östlich/westlich/nördlich/südlich **II.** *adj superl of* far am weitesten; the ~ place der am weitesten entfernte Ort

farthing ['fɑːðɪŋ, AM 'fɑːr-] *n* (*hist*) ❶ (*coin*) *alte britische Münze mit dem Wert eines Viertel-Penny* ❷ (*fig dated: small value*) Tand *m veraltet;* to not be worth a ~ keinen Pfifferling wert sein *fam;* to not care a ~ völlig gleichgültig sein

FAS [ˌefer'es] *npl* AM ECON, FIN *abbrev of* Federal Accounting Standards staatliche Grundsätze *mpl* des Rechnungswesens

fascia ['feɪʃə, AM 'fæʃiə] *n* ❶ BRIT (*dated: dashboard*) Armaturenbrett *nt* ❷ (*above shop*) Ladenschild *nt* ❸ ARCHIT Faszie *f*

fascia plate *n* COMPUT Frontplatte *f*

fascicle ['fæsɪkl̩] *n,* **fascicule** ['fæsɪkjuːl] *n* ❶ LIT [Teil]lieferung *f,* Einzelheft *nt* ❷ (*files*) Aktenbündel *nt*

fascinate ['fæsɪneɪt, AM -sən-] *vt* ■to ~ sb jdn faszinieren

fascinated ['fæsɪneɪtɪd, AM -səneɪt̬ɪd] *adj* fasziniert

fascinating ['fæsɪneɪtɪŋ, AM -səneɪt̬ɪŋ] *adj* faszinierend; *it's been ~ to talk to you* es war sehr anregend, sich mit Ihnen zu unterhalten; *she's a ~ person to watch* es ist faszinierend, sie zu beobachten

fascinatingly ['fæsɪneɪtɪŋli] *adv* in faszinierender Weise

fascination [ˌfæsɪ'neɪʃən, AM -sən'eɪ-] *n no pl* ❶ (*strong interest*) Faszination *f,* Begeisterung (with/for für +*akk*); to listen/watch in ~ fasziniert zuhören/zusehen ❷ (*attraction*) Anziehungskraft *f;* to hold [*or* have] a ~ for sb jdn faszinieren [*o* anziehen]; *Mahler's music has always held a particular ~ for me* Mahlers Musik hat mich immer ganz besonders angezogen

fascism *n no pl,* **Fascism** ['fæʃɪzəm] *n no pl* Faschismus *m*

fascist, **Fascist** ['fæʃɪst] **I.** *n* ① *(party member)* Faschist(in) *m(f)* ② *(pej: overbearing person)* Tyrann *m pej;* *(woman)* Dragoner *m pej sl* **II.** *adj* ① *(politics)* faschistisch ② *(pej: repressive)* tyrannisch *pej*

fascistic [fæʃɪstɪk] *adj* ① *(politics)* faschistisch ② *(pej: repressive)* tyrannisch *pej*

fashion ['fæʃᵊn] **I.** *n* ① *(popular style)* Mode *f;* ***there's a ~ for denim overalls*** Jeansoveralls sind im Moment in Mode; **to be the ~** schick [*o* Mode] sein *fam;* ***long curly hair is the ~ this summer*** diesen Sommer trägt man langes gelocktes Haar; **to be all the ~** der [absolute] Renner sein *fam;* **to be dressed in the latest ~** nach der neuesten Mode gekleidet sein; **to be in ~** in Mode [*o* modern] sein; **to be out of ~** aus der Mode [*o* unmodern] sein; ***old-world courtesy is out of ~ these days*** altväterliche Höflichkeit ist heutzutage nicht mehr gefragt; **to go out of ~** aus der Mode kommen, unmodern werden ② *(newly designed clothes)* ■**~s** *pl* Mode *f,* Kollektion *f;* **the latest Paris ~s** die neueste Pariser Mode; **the spring ~s** die Frühjahrsmode ③ *no pl (industry)* Modebranche *f;* **the world of ~** die Modewelt; **Italian ~** die italienische Mode[branche] ④ *(manner)* ■**to do sth in a certain ~** etw auf eine bestimmte Art und Weise tun; ***why is he scratching his nose in that peculiar ~?*** warum kratzt er sich so an der Nase?; ***she held the fork in her right hand, American ~*** sie hielt die Gabel in der rechten Hand, wie es für einen Amerikaner typisch ist; **after a ~** einigermaßen; ***the machine works, after a ~*** die Maschine funktioniert einigermaßen; ***I can cook, after a ~*** ich kann so halbwegs kochen **II.** *vt* ■**to ~ sth** etw fertigen *geh;* *(fig: create)* etw ausarbeiten

fashionable ['fæʃᵊnəbl] *adj* modisch; *person* extravagant; *(for stylish people)* schick[imicki] *sl,* Schickeria- *sl;* ■**to be/become ~** in Mode [*o fam* in] sein/werden, in Mode kommen; **a suit of a ~ cut** ein modisch geschnittener Anzug; **~ restaurant** Schickerialokal *nt sl;* **a ~ couple** ein Paar *nt* aus dem Jetset

fashionably ['fæʃᵊnəbli] *adv* modisch; **to be ~ dressed** modisch gekleidet sein

fashion-conscious *adj* modebewusst **fashion designer** *n* Modedesigner(in) *m(f),* Modeschöpfer(in) *m(f)* **fashion house** *n* Modehaus *nt,* Modesalon *m* **fashion industry** *n* ■**the ~** die Modeindustrie [*o* Modebranche]

fashionista [fæʃᵊn'iːstə] *n* *(follower, buyer)* Modefreak *m;* *(designer)* Modepapst, Modepäpstin *m, f;* *(journalist)* Trendjournalist(in) *m(f)*

fashion magazine *n* Modezeitschrift *f* **fashion model** *n* Model *nt* **fashion parade** *n* Modenschau *f* **fashion show** *n* Modenschau *f* **fashion victim** *n* *(pej)* Modepuppe *f pej fam;* ***she hasn't got her own style, she's just a ~*** sie hat keinen eigenen Stil, sie folgt immer nur der neuesten Mode

fast¹ [fɑːst, AM fæst] **I.** *adj* ① *(moving quickly)* schnell; **to be a ~ driver/runner** schnell fahren/laufen ② *(performing quickly)* schnell; **to be a ~ reader/typist/worker** schnell lesen/tippen/arbeiten ③ *(short)* schnell ④ *attr (permitting speed)* schnell; ***can you tell me the ~est way to get from here to Gloucester?*** können Sie mir sagen, wie man von hier am schnellsten nach Gloucester kommt?; **~ train** Schnellzug *m,* D-Zug *m* ⑤ PHOT **~ film** lichtempfindlicher Film; **~ shutter speed** kurze Belichtungszeit ⑥ *pred (ahead of time)* ■**to be ~** *clock, watch* vorgehen ⑦ *pred, inv (firm)* ■**to be ~** fest sein; **to make ~ [to sth]** NAUT [an etw *dat*] anlegen; **to make sth ~ [to sth]** etw [an etw *dat*] festmachen ⑧ *inv (permanent)* **~ colour** [*or* AM **color**] waschechte Farbe ⑨ *(pej dated: bad)* unmoralisch; **~ living** flottes Leben, lockerer Lebenswandel; **~ woman** leichtlebige Frau ▶ PHRASES: **to be a ~ <u>worker</u>** *(fam)* schnell arbeiten, ein Draufgänger/eine Draufgängerin sein *fam;* *see also* **pull II.** *adv* ① *(at speed)* schnell; ***it all happened so ~*** es ging alles so schnell; ***not so ~!*** nicht so schnell!; **as ~ as one's legs would carry one** so schnell seine Beine ihn trugen; **to be ~ approaching sth** rasch auf etw *akk* zugehen; ***the time is ~ appproaching when …*** der Zeitpunkt rückt schnell näher, an dem … ② *(soon)* schnell, bald ③ *inv (firmly)* fest; ***the glue had set and my hand was stuck ~*** der Leim war getrocknet und meine Hand klebte fest; **to cling on ~ to sth** sich *akk* an etw *dat* festhalten; **to stand ~** ausharren, standhalten ④ *inv* **to be/lie ~ asleep** tief schlafen ▶ PHRASES: **to <u>hold</u> ~ to an idea/a principle** an einer Idee/einem Prinzip festhalten; **to <u>play</u> ~ and loose with sb** *(dated)* mit jdm ein falsches Spiel treiben; **to <u>play</u> ~ and loose with sth** *(dated)* mit etw *dat* Schindluder treiben *fam*

fast² [fɑːst, AM fæst] **I.** *vi* fasten **II.** *n* Fastenzeit *f;* **to break one's ~** das Fasten brechen

fast-acting *adj pain-killer* schnell wirkend *attr;* ■**to be ~** schnell wirken **fast and furious I.** *adj final* rasant **II.** *adv* rasant **fastback** *n* AUTO ① *(car)* Auto *nt* mit Fließheck ② *(rear)* Fließheck *nt* **fastball** *n* AM *(in baseball)* Fastball *m* **fast breeder** *n,* **fast breeder reactor** *n* schneller Brüter

fasten ['fɑːsᵊn, AM 'fæs-] **I.** *vt* ① *(close)* ■**to ~ sth** etw schließen [*o fam* zumachen]; **to ~ a button/coat** einen Knopf/Mantel zumachen; **to ~ one's seat belt** sich *akk* anschnallen ② *(secure)* ■**to ~ sth** etw befestigen; ■**to ~ sth on/to sth** etw an etw *dat* befestigen; *(with glue)* etw an etw *dat* festkleben; *(with rope)* etw an etw *dat* festbinden ▶ PHRASES: **to ~ one's <u>eyes</u>** [*or* **<u>gaze</u>**] **on sb/sth** den Blick auf jdn/etw heften, jdn/etw [mit den Augen] fixieren **II.** *vi* ① *(close)* geschlossen werden, sich *akk* schließen lassen; ***the zip won't ~*** der Reißverschluss geht nicht mehr zu; ***the door ~s with a bolt*** die Tür wird mit einem Riegel verschlossen; ***this dress ~s at the back/with a zip*** dieses Kleid wird hinten/mit einem Reißverschluss zugemacht ② *(focus)* ■**to ~ [up]on sth** sich *akk* auf etw *akk* konzentrieren ③ *(follow)* ■**to ~ on to** [*or* **onto**] **sb** jdm folgen

◆**fasten down** *vt* ■**to ~ down ↔ sth** etw befestigen; ***they steal anything that's not actually ~ed down*** sie stehlen alles, was nicht niet- und nagelfest ist

◆**fasten on** *vt* ■**to ~ on ↔ sth** etw befestigen [*o fam* festmachen]; *see also* **fasten II 2, 3**

◆**fasten together** *vt* ■**to ~ together ↔ sth** etw miteinander verbinden; *sheets of paper* etw zusammenheften

◆**fasten up I.** *vt* ■**to ~ up ↔ sth** *dress, coat* etw zumachen *fam; buttons* etw zuknöpfen **II.** *vi dress, coat* zugemacht [*o* geschlossen] werden

fastener ['fɑːsᵊnəʳ, AM 'fæsᵊnɚ] *n* Verschluss *m; on door, window* Verriegelung *f;* **snap ~** Druckknopf *m;* **zip ~** Reißverschluss *m*

fastening ['fɑːsᵊnɪŋ, AM 'fæs-] *n* Verschluss *m*

fast food *n no pl* Fast Food *nt,* Fastfood *nt* **fast-food** *n modifier (chain, freak)* Fastfood-; **~ restaurant** Fastfood-Restaurant *nt,* Schnellgaststätte *f* **fast-forward I.** *vt* **to ~ a tape/video** eine Kassette/ein Video vorspulen **II.** *vi* vorspulen **III.** *n* Vorspultaste *f* **fast-growing** *adj business* schnell wachsend, sich schnell etablierend

fastidious [fæs'tɪdiəs] *adj* ① *(correct)* anspruchsvoll, wählerisch; **~ taste** anspruchsvoller Geschmack; **to be very ~ about sth** über etw *akk* eine sehr genaue Vorstellung haben; **to be very ~ about doing sth** sehr sorgsam darauf bedacht sein, etw zu tun ② *(cleanly)* pingelig

fastidiously [fæs'tɪdiəsli] *adv* mit peinlicher Genauigkeit, sorgfältig; **~ clean** peinlich sauber

fastidiousness [fæs'tɪdiəsnəs] *n no pl* Genauigkeit *f,* Pedanterie *f pej;* **the studied ~ of sb's clothes** jds sorgfältig ausgesuchte Kleidung; **the ~ of sb's taste** jds anspruchsvoller Geschmack

fasting ['fɑːstɪŋ, AM 'fæst-] *n no pl* Fasten *nt*

fast lane *n* Überholspur *f* ▶ PHRASES: **<u>life</u> in the ~** Leben *nt* auf der Überholspur, exzessive [*o* ausschweifende] Lebensweise **fast link** *n* Schnellverbindung *f* **fast-moving** *adj* ① *(exciting)* spannend ② *(selling)* schnell verkäuflich

fastness <*pl* -es> ['fɑːstnəs, AM 'fæst-] *n* ① *no pl (permanence)* Beständigkeit *f;* **colour** [*or* AM **color**] **~** Farbechtheit *f* ② *(liter: refuge)* Festung *f;* **mountain ~** Bergfeste *f*

fast-paced *adj novel* temporeich, tempogeladen **fast-talk** *vt esp* AM *(pej)* ■**to ~ sb into sth/doing sth** jdn beschwatzen, etw zu tun *fam;* **to ~ one's way into sth** sich *dat* etw erschwatzen; **to ~ one's way out of a situation** sich *akk* aus einer Situation herausreden **fast-talker** *n (pej)* Überredungskünstler(in) *m(f),* Schwätzer(in) *m(f) pej* **fast-talking** *adj attr, inv (pej)* beredsam **fast track** *n* Sprungbrett *nt fig;* **~ *to the top*** Sprungbrett *nt* nach oben **fast-track I.** *adj attr, inv* Sprungbrett-, Karriere fördernd **II.** *vt* ■**to ~ sth** etw beschleunigen

FAT *n* COMPUT *abbrev of* **file allocation table** FAT

fat [fæt] **I.** *adj* <-tt-> ① *(fleshy)* dick, fett *pej; animal* fett; **~ stock** Mastvieh *nt;* **to get** [*or* **grow**] **~** dick werden ② *(thick)* dick; **~ wallet** dicke Brieftasche ③ *attr (substantial)* fett; **~ profits** fette Gewinne ④ *attr, inv (fam: little)* **~ *chance we've got of being invited*** die Chancen stehen schlecht, dass wir eingeladen werden; ***a ~ lot he cares about what happens to us!*** er schert sich einen Dreck darum, was mit uns passiert! *sl;* ***a ~ lot of use you are!*** du bist mir eine schöne Hilfe! ▶ PHRASES: **the <u>opera</u> ain't over until the ~ lady sings** *(prov)* das ist noch nicht das Ende **II.** *n* ① *no pl (body tissue)* Fett *nt;* **layer of ~** Fettschicht *f* ② *no pl (food)* Fett *nt;* **animal/vegetable ~** tierisches/pflanzliches Fett ▶ PHRASES: **the ~ is in the <u>fire</u>** *(fam)* der Teufel ist los; **ye shall eat the ~ of the <u>land</u>** REL *(saying)* ihr sollt das Fett des Landes essen; **to live off the ~ of the <u>land</u>** in Saus und Braus leben

fatal ['feɪtᵊl, AM -t̬ᵊl] *adj inv* ① *(lethal)* tödlich; ***this illness is ~ in almost all cases*** diese Krankheit führt fast immer zum Tod; **~ accident/dose** tödlicher Unfall/tödliche Dosis; **~ blow** Todesstoß *m* ② *(disastrous)* fatal, verhängnisvoll; ■**to be ~ to sth** für etw *akk* fatal sein ③ *(liter: fateful)* schicksalhaft

fatal error *n* COMPUT unkorrigierbarer Abbruchfehler

fatalism ['feɪtᵊlɪzᵊm, AM -t̬ᵊl-] *n no pl* Fatalismus *m*

fatalist ['feɪtᵊlɪst, AM -t̬ᵊl-] *n* Fatalist(in) *m(f)*

fatalistic [ˌfeɪtᵊl'ɪstɪk, AM -t̬ᵊl-] *adj* fatalistisch

fatalistically [ˌfeɪtᵊl'ɪstɪkli, AM -t̬ᵊl-] *adv* mit Fatalismus; ***he shrugged ~*** schicksalsergeben zuckte er mit den Achseln

fatality [fə'tæləti, AM -əṯi] *n* Todesopfer *nt*

fatally ['feɪtᵊli, AM -t̬ᵊli] *adv inv* ① *(mortally)* tödlich; **~ ill** sterbenskrank ② *(disastrously)* hoffnungslos; ***his reputation was ~ damaged*** sein Ansehen war für immer geschädigt

fat ass *n* AM *(pej fam!)* Fettsack *m pej sl* **fat cat** *n esp* AM *(fam)* Bonze *m pej fam* **fat content** *n no pl* Fettgehalt *m*

fate [feɪt] *n* ① *usu sing (destiny)* Schicksal *nt,* Geschick *nt,* Los *nt;* **to decide sb's ~** über jds Schicksal entscheiden; **to decide one's own ~** sein Schicksal selbst bestimmen [*o* in die Hand nehmen]; **to leave sb to his/her ~** jdn seinem Schicksal überlassen; **to meet one's ~** den Tod finden; **to seal sb's ~** jds Schicksal besiegeln; **to share** [*or* **suffer**] **the same ~** dasselbe Schicksal erleiden ② *no pl (power)* Schicksal *nt;* **it must be ~** das muss Schicksal sein; **~ ordained** [*or* **decreed**] **that …** das Schicksal wollte es, dass …; *see also* **tempt 3, twist III 4** ▶ PHRASES: **a ~ worse than <u>death</u>** *(unpleasantness)* Unerfreulichkeit *f;* *(old: pregnancy) illegitime Schwangerschaft*

fated ['feɪtɪd, AM -t̬ɪd] *adj pred, inv* vom Schicksal bestimmt; ***you're obviously ~ to be the odd one out*** du scheinst offensichtlich zum Außenseiter verdammt zu sein; ***it seemed ~ that we should get married*** wir schienen füreinander bestimmt zu sein; ■**it was ~ that …** das Schicksal wollte es, dass …

fateful ['feɪtfᵊl] *adj* schicksalhaft; *decision* verhängnisvoll

Fates [feɪts] *npl* ■**the** ~ die Parzen *fpl*
fat farm *n esp* AM (*fam*) Erholungsfarm *f* für Fettleibige **fat-free** *adj yogurt, diet* fettfrei **fathead** *n* (*fam*) Schafskopf *m fam,* Blödmann *m fam* **fatheaded** *adj* (*fam*) idiotisch *fam,* blöd *fam*
father ['fɑːðəʳ, AM -ɚ] **I.** *n* ❶ (*parent*) Vater *m;* **on one's ~'s side** väterlicherseits; **like ~, like son** wie der Vater, so der Sohn; **from ~ to son** vom Vater auf den Sohn; **to be like a ~ to sb** zu jdm wie ein Vater sein; (*form: form of address*) Vater *m* ❷ (*founder*) Vater *m* ❸ (*senior*) [dienst]ältestes Mitglied; **the ~ of the House** BRIT das dienstälteste Mitglied des britischen Unterhauses ❹ *pl* (*liter: ancestors*) ■**~s** Ahnen *mpl* ▸ PHRASES: **how's your ~** BRIT (*euph fam*) was macht dein Sexualleben **II.** *vt* **to ~ a child** ein Kind zeugen
Father ['fɑːðəʳ, AM -ɚ] *n* ❶ (*priest*) Pater *m,* Pfarrer *m,* Pastor *m;* **~ O'Casey/Jack** Pater *m* O'Casey/Jack ❷ (*God*) Vater *m;* **God the ~** Gott Vater; **our ~ who** [*or* **which**] **art in heaven** Vater unser im Himmel ❸ (*early writer*) **the ~s of the Church** die Kirchenväter
Father Christmas *n esp* BRIT der Weihnachtsmann **father confessor** *n* Beichtvater *m* **father figure** *n* Vaterfigur *f* **father file** *n* COMPUT Vaterdatei *f*
fatherhood ['fɑːðəhʊd, AM -ɚ-] *n no pl* Vaterschaft *f*
fathering ['fɑːðərɪŋ] *n no pl* Vatersein *nt*
father-in-law <*pl* fathers-in-law *or* BRIT *also* -s> *n* Schwiegervater *m* **fatherland** *n* Vaterland *nt*
fatherless ['fɑːðələs, AM -ɚ-] *adj inv* vaterlos; **to have a ~ childhood** ohne Vater aufwachsen
fatherly ['fɑːðəli, AM -ɚli] *adj* väterlich, wie ein Vater
Father Time *n* ■[**Old**] ~ Kronos, Vater *m* des Zeus
fathom ['fæðəm] **I.** *n* Faden *m* (= *ca. 1,8 m*) **II.** *vt* ❶ (*understand*) ■**to ~ sb/sth** jdn/etw begreifen; ***we haven't yet ~ed why/how …*** wir sind noch nicht dahinter gekommen, warum/wie … ❷ NAUT (*sound*) ■**to ~ sth** etw ausloten
◆**fathom out** *vt* ■**to ~ out** ⊂ **sb/sth** jdn/etw verstehen; ***we're still trying to ~ out why/how …*** wir versuchen immer noch herauszukriegen, warum/wie …
fathomless ['fæðəmləs] *adj inv* (*esp liter*) ❶ (*deep*) *ocean, depths* unergründlich ❷ (*complex*) *mystery* unbegreiflich
fatigue [fə'tiːg] **I.** *n* ❶ *no pl* (*tiredness*) Ermüdung *f,* Erschöpfung *f;* **combat ~** Kampfesmüdigkeit *f;* **donor ~** (*hum*) Nachlassen *nt* der Spendenfreudigkeit; **to suffer from ~** unter Erschöpfung leiden ❷ (*form: effort*) Anstrengung *f,* Strapaze[n] *f*[*pl*] ❸ *no pl* TECH (*failure*) Ermüdung *f;* **metal ~** Metallermüdung *f* ❹ *usu pl* MIL (*chore*) Arbeitsdienst *m;* **cookhouse ~** Küchendienst *m;* **~ dress** Drillichanzug *m;* **~ duty** Arbeitsdienst *m* ❺ MIL ■**~s** *pl* (*uniform*) Arbeitskleidung *f kein pl* **II.** *vt* ❶ (*tire*) ■**to ~ sb** jdn ermüden ❷ TECH (*strain*) ■**to ~ sth** *metal* etw ermüden **III.** *vi* ermüden
fatless ['fætləs] *adj* fettfrei
fatness ['fætnəs] *n no pl* Beleibtheit *f,* Korpulenz *f geh;* **the ~ of sb's stomach/thighs** jds dicker Bauch/dicke Oberschenkel
fatso <*pl* -s *or* -es> ['fætsəʊ, AM -soʊ] *n* (*pej, hum fam*) Dickerchen *nt pej, hum fam,* Fettsack *m pej sl*
fatted ['fætɪd, AM -t̬ɪd] *adj* gemästet; *see also* **kill**
fatten ['fætᵊn] *vt* ❶ (*feed*) ■**to ~ an animal** ein Tier mästen; ■**to ~ sb** (*hum*) jdn herausfüttern ❷ (*increase*) **to ~ one's profits** seine Profite erhöhen
◆**fatten up** *vt* ■**to ~ up** ⊂ **an animal** ein Tier mästen; ■**to ~ up** ⊂ **sb** (*hum*) jdn herausfüttern
fattening ['fætᵊnɪŋ] *adj* **to be ~** dick machen
fatty ['fæti, AM -t̬i] **I.** *adj* ❶ (*containing fat*) *food* fetthaltig, fett ❷ (*consisting of fat*) Fett-; **~ tissue** Fettgewebe *nt* **II.** *n* (*pej, hum fam*) Dickerchen *nt hum fam*
fatty acid *n* Fettsäure *f* **fatty degeneration** *n no pl* Verfettung *f*
fatuity [fə'tjuːəti, AM -'tuːət̬i] *n no pl* (*form*) Albernheit *f,* Lächerlichkeit *f*
fatuous ['fætjuəs, AM -tʃu-] *adj* (*form*) albern, dumm, bescheuert *sl*
fatuously ['fætjuəsli, AM -tʃu-] *adv* (*form*) dümmlich
fatuousness ['fætjuəsnəs, AM -tʃu-] *n no pl* (*form*) Albernheit *f,* Lächerlichkeit *f*
fatwa ['fætwɑː] *n* Fetwa *nt,* Rechtsgutachten *nt* (*im Islam*)
faucet ['fɑːsɪt] *n* AM (*tap*) Wasserhahn *m;* **to turn a ~ on/off** einen Wasserhahn auf-/abdrehen
fault [fɔːlt, AM *also* fɑːlt] **I.** *n* ❶ *no pl* (*responsibility*) Schuld *f;* ***it's all your ~*** das ist ganz allein deine Schuld, nur du bist schuld daran; ***it's your own ~*** du bist selbst schuld daran; ***it's the ~ of the judicial system that cases take so long to come to trial*** es liegt am Rechtssystem, dass Fälle so spät zur Verhandlung kommen; **to find ~ with sb/sth** etw an jdm/etw auszusetzen haben; **the ~ lies in sth** es liegt an etw *dat,* etw ist schuld; **the ~ lies with sb/sth** die Schuld liegt bei jdm/etw; ***the ~ lay with the organizers*** Schuld hatten die Organisatoren; **to be at ~** die Schuld tragen, schuld sein; **through no ~ of sb's own** ohne jds eigenes Verschulden, unverschuldet ❷ (*weakness*) Fehler *m,* Schwäche *f;* ***we all have ~s*** wir haben alle unsere Fehler; ***our electoral system has its ~s*** unser Wahlsystem hat seine Schwächen; ***she was generous to a ~*** sie war zu großzügig; **a ~ in sb's character** jds Charakterfehler *m;* **his/her main ~** seine/ihre größte Schwäche ❸ (*mistake*) Fehler *m* ❹ (*defect*) Fehler *m,* Defekt *m;* ***there seems to be a ~ on the line*** es scheint eine Störung in der Leitung zu geben; **electrical/technical ~** elektrischer/technischer Defekt, elektrische/technische Störung ❺ GEOL (*rift*) Verwerfung *f* ❻ TENNIS Fehler *m;* **double ~** Doppelfehler *m;* **foot ~** Fußfehler *m;* **to call a ~** einen Fehler anzeigen; ~ ***called!*** Fehler! **II.** *vt* ■**to ~ sb/sth** [einen] Fehler an jdm/etw finden; ***you can't ~ her arguments*** gegen ihre Argumente ist nichts einzuwenden; ***you can't ~ him on his logic*** an seiner Logik ist nichts auszusetzen **III.** *vi* TENNIS ■**to ~** [**on sth**] [bei etw *dat*] einen Fehler machen
fault-finder *n* ❶ (*person*) Nörgler(in) *m(f) pej* ❷ ELEC Fehlersuchgerät *nt* **fault-finding I.** *n no pl* ❶ (*criticism*) Nörgelei *f pej* ❷ ELEC Fehlersuche *f* **II.** *adj attr, inv* nörglerisch *pej* **fault-indicator** *n* ELEC Störungsmelder *m*
faultless ['fɔːltləs] *adj* (*approv*) *French, Spanish* fehlerfrei; *performance also* fehlerlos, einwandfrei
faultlessly ['fɔːltləsli] *adv* fehlerlos, einwandfrei
fault line *n* ❶ GEOL Verwerfungslinie *f* ❷ (*division*) Streitgegenstand *m*
faulty ['fɔːlti] *adj* ❶ (*unsound*) fehlerhaft; **~ logic** falsche Logik ❷ (*defect*) defekt
faun [fɔːn, AM *esp* fɑːn] *n* Faun *m*
fauna ['fɔːnə, AM *esp* 'fɑː-] *n no pl, + sing/pl vb* Fauna *f*
faux-fur [ˌfəʊ'fɜːʳ, AM ˌfoʊ'fɝ] *n modifier* Webpelz-, aus Webpelz *nach n;* **~ coat** Webpelz[mantel] *m*
faux pas <*pl* -> [ˌfəʊ'pɑː, AM ˌfoʊ'-] *n* Fauxpas *m kein pl;* **to commit** [*or* **make**] **a ~** einen Fauxpas begehen
fave [feɪv] *esp* BRIT *short for* **favourite I.** *adj attr, inv* (*fam*) (*number*) Lieblings- **II.** *n* (*fam*) ❶ (*most-liked*) *person* Liebling *m* ❷ (*contestant*) Favorit(in) *m(f)* ❸ (*privileged person*) Liebling *m*
favor *n, vt* AM *see* **favour**
favorable *adj* AM *see* **favourable**
favorably *adv* AM *see* **favourably**
favored *adj* AM *see* **favoured**
favorite *adj, n* AM *see* **favourite**
favoritism *n no pl* AM *see* **favouritism**
favour ['feɪvəʳ], AM **favor** [-ɚ] **I.** *n* ❶ *no pl* (*approval*) Befürwortung *f;* **to come down** [*or* **out**] **in ~ of sth** sich *akk* für etw *akk* aussprechen; **to decide in ~ of sth** sich *akk* für etw *akk* entscheiden; **to speak in ~ of sth** für etw *akk* sprechen; **to vote in ~ of sth** für etw *akk* stimmen; ■**to be in ~** dafür sein; ***all those in ~, please raise your hands*** alle, die dafür sind, heben bitte die Hand; ■**to be in ~ of sth** für etw *akk* sein, etw befürworten ❷ *no pl* (*preference*) Bevorzugung *f;* **to gain** [*or* **win**] **sb's ~** [*or* **~ with sb**] jds Gunst erlangen, jdn für sich *akk* gewinnen; **to show ~ to sb** jdn bevorzugen ❸ *no pl* (*popularity*) Gunst *f;* **to find ~ with sb** bei jdm Gefallen finden; **to return to** [*or* **get back into**] **~** [**with sb**] wieder beliebt werden; ***his style has now returned to ~*** sein Stil ist jetzt wieder gefragt; ***he's trying to get back into ~*** er versucht, sich wieder beliebt zu machen; ■**to be in ~** [**with sb**] [bei jdm] hoch im Kurs stehen; **to be/fall** [*or* **go**] **out of ~** *person* in Ungnade sein/fallen; *object* aus der Mode sein/kommen ❹ *no pl* (*advantage*) **to decide in ~ of sth** sich *akk* für etw *akk* entscheiden; **to find in ~ of sb** für jdn entscheiden; **to have sth in one's ~** etw als Vorteil haben; **to reject** [*or* **turn down**] **sb/sth in ~ of sb/sth** jdm/etw gegenüber jdm/etw den Vorzug geben; **to rule in sb's ~** SPORTS für jdn entscheiden; ■**to be in sb's ~** zu jds Gunsten sein; ***you must stand a good chance, there are so many things in your ~*** du hast sicherlich eine gute Chance, so viele Dinge sprechen für dich; ***the wind was in our ~*** der Wind war günstig für uns; ***bank error in your ~*** Bankirrtum zu Ihren Gunsten ❺ (*kind act*) Gefallen *m kein pl;* ***I'm not asking for ~s*** ich bitte nicht um Gefälligkeiten; ***do it as a ~ to me*** tu es mir zuliebe; **to ask sb** [**for**] **a ~** [*or* **to ask a ~ of sb**] jdn um einen Gefallen bitten; **to dispense ~s to sb** jdm Gefälligkeiten erweisen; **to do sb a ~** [*or* **a ~ for sb**] jdm einen Gefallen tun; **to not do sb/oneself any ~s** jdm/sich *dat* keinen Gefallen tun; **to grant sb a ~** jdm einen Gefallen tun ❻ AM (*present*) kleines Geschenk; **party ~** kleines Geschenk (*das auf einer Party verteilt wird*) ❼ *pl* (*dated: sex*) ■**~s** Gunst *f veraltet o hum,* Liebesdienste *mpl;* **to be free with one's ~s** freizügig sein, nicht mit seinen Reizen geizen ▸ PHRASES: **do me a ~!** *esp* BRIT (*fam*) tu mir einen Gefallen! *fam* **II.** *vt* ❶ (*prefer*) ■**to ~ sth** etw vorziehen [*o* bevorzugen]; **to ~ an explanation/a theory** für eine Erklärung/eine Theorie sein, eine Erklärung/eine Theorie vertreten ❷ (*approve*) ■**to ~ sth** etw gutheißen; ■**to ~ doing sth** es gutheißen, etw zu tun ❸ (*benefit*) ■**to ~ sb/sth** jdn/etw begünstigen ❹ (*be partial*) ■**to ~ sb** jdn bevorzugen; SPORTS jdn favorisieren; **to ~ one person above the other** eine Person einer anderen vorziehen ❺ (*form: bestow*) ■**to ~ sb with sth** jdm etw huldvoll gewähren *geh;* ***he has not yet ~ed me with an explanation*** (*iron*) er war noch nicht so gnädig, mir eine Erklärung zu geben ❻ (*look like*) ■**to ~ sb** jdm ähneln; ***I ~ my grandmother*** ich schlage nach meiner Großmutter
favourable ['feɪvᵊrəbl̩], AM **favorable** *adj* ❶ (*approving*) *response* positiv, zustimmend; **to make a ~ impression** [**on sb**] einen sympathischen Eindruck [auf jdn] machen; **to view sth in a ~ light** etw mit Wohlwollen betrachten ❷ (*advantageous*) *circumstances, prognosis* günstig; ■**~ to sb/sth** für jdn/etw günstig, zum Vorteil einer Person/einer S. *gen;* **on ~ terms** COMM zu sehr günstigen Bedingungen
favourably ['feɪvᵊrəbli], AM **favorably** *adv* ❶ (*approvingly*) positiv, wohlwollend; **to be ~ disposed towards sb** jdm gewogen sein *geh;* **to be ~ inclined** nicht abgeneigt sein ❷ (*pleasingly*) **to compare ~ with sb/sth** im Vergleich zu jdm/etw gut abschneiden; **to impress sb ~** jdn positiv beeindrucken ❸ (*advantageously*) vorteilhaft, günstig; ***things didn't turn out ~ for us*** die Dinge entwickelten sich nicht in unserem Sinn
favoured ['feɪvəd], AM **favored** [-ɚd] *adj* ❶ (*preferred*) bevorzugt ❷ (*privileged*) begünstigt; **~ customer** Kunde, -in *m, f* mit besonderen Vergünstigungen
favourite, AM **favorite** ['feɪvᵊrɪt] **I.** *adj attr, inv colour, songs, books etc.* Lieblings-; **~ son** AM POL *amerikanischer Präsidentschaftskandidat, der beim Nationalkonvent von Delegierten seines Heimatstaates nominiert wird* **II.** *n* ❶ (*best-liked*) *person* Liebling *m;* ***Sinatra's been a ~ of mine ever since***

I was a teenager schon seit meiner Teenagerzeit ist Sinatra einer meiner Lieblingsstars; *thing;* ***which one's your ~ out of these three?*** welches von den Dreien magst du am liebsten?; ***I'd like to play you a particular ~ of mine*** ich möchte dir ein Stück vorspielen, das ich besonders gerne mag; ■**to be a ~ with sb** bei jdm sehr beliebt sein ② (*contestant*) Favorit(in) *m(f);* ***Brazil are ~s to win the World Cup*** die Brasilianer haben die größten Aussichten, die Weltmeisterschaft zu gewinnen ③ (*privileged person*) Liebling *m,* Günstling *m pej*

favouritism, AM **favoritism** [ˈfeɪvᵊrɪtɪzᵊm] *n no pl* (*pej*) Begünstigung *f,* Vetternwirtschaft *f*

fawn¹ [fɔːn, AM *esp* fɑːn] **I.** *n* ① (*deer*) Rehkitz *nt,* Hirschkalb *nt* ② (*brown*) Rehbraun *nt* **II.** *adj* rehbraun

fawn² [fɔːn, AM *esp* fɑːn] *vi* (*pej*) ■**to ~ [up]on sb** vor jdm katzbuckeln *pej; dog* jdn umschwänzeln; ■**to ~ over sb/sth** um jdn/etw ein Getue machen *pej fam,* jdn/etw hofieren *pej*

fawning [ˈfɔːnɪŋ, AM *esp* ˈfɑːn-] *adj inv* (*pej*) kriecherisch *pej;* ~ **review** schmeichelhafte Rezension

fax [fæks] **I.** *n* ① (*machine*) Fax[gerät] *nt;* ■**by ~** per Fax; **to send sth by ~** etw faxen [*o* per Fax senden] ② (*document*) Fax *nt* **II.** *vt* ■**to ~ [sb] sth [*or* sth to sb]** jdm etw faxen; ■**to ~ sth through [*or* over]** to **sb** jdm etw durchfaxen

fax machine *n* Fax[gerät] *nt* **fax modem** *n* COMPUT Faxmodem *nt*

faze [feɪz] *vt usu passive esp* AM, AUS (*fam*) ■**to ~ sb** jdn aus der Fassung bringen

FBI [ˌefbiːˈaɪ] *n no pl abbrev of* **Federal Bureau of Investigation:** ■**the ~** das FBI

FBI agent *n* FBI-Agent(in) *m(f)*

FC [ˌefˈsiː] *n* BRIT *abbrev of* **Football Club** FC *m*

FCB *n* COMPUT *abbrev of* **file control block** FCB

FCC *n* AM *abbrev of* **Federal Communications Commission** Medienkontrollbehörde *f*

FCL [ˌefsiːˈel] COMM *abbrev of* **full container load** Vollcontainerladung *f*

FD [ˌefˈdiː] *n* COMPUT *abbrev of* **floppy disk**

FDA [ˌefdiːˈeɪ] *n no pl* AM *abbrev of* **Food and Drug Administration:** ■**the ~** *Amt, das für die Zulassung von Lebensmittelzusätzen und Arzneimitteln zuständig ist*

FDD [ˌefdiːˈdiː] *n* COMPUT *abbrev of* **floppy disk drive** Diskettenlaufwerk *nt*

fealty [ˈfiːlti] *n no pl* HIST Lehnstreue *f;* **to swear [an oath of] ~ to sb** jdm Lehnstreue schwören

fear [fɪəʳ, AM fɪr] **I.** *n* ① *no pl* (*dread*) Angst *f,* Furcht *f* (**of** vor +*dat*); **to put the ~ of God into sb** jdm einen heiligen Schrecken einjagen; ~ **of heights** Höhenangst *f;* **in ~ of one's life** in Todesangst; **in ~ and trembling** zitternd vor Angst; **to go in ~ of sth** in ständiger Angst vor etw *dat* leben; **to have a ~ of sth** vor etw *dat* Angst haben; ■**for ~ of doing sth** aus Angst, etw zu tun; ■**for ~ that [*or liter* lest] ...** aus Angst, dass ...; ■**to be in ~ of sth** vor etw *dat* Angst haben; ***he was in ~ of his life*** er fürchtete um sein Leben; ■**to do sth out of ~** etw aus Angst tun; *see also* **strike** ② (*worry*) Sorge *f kein pl,* Befürchtung *f;* ■**there are ~s that ...** es gibt Befürchtungen, dass ...; **~s for sb's life/safety** Sorge *f* um jds Leben/Sicherheit; **sb's worst ~s** jds schlimmste Befürchtungen ③ *no pl* (*old: respect*) Ehrfurcht *f;* ~ **of God [*or* the Lord]** Gottesfurcht *f* ▶ PHRASES: **without ~ or favour** völlig unparteiisch; **no ~!** BRIT, AUS (*fam*) bestimmt nicht!; **there's no [*or* isn't any] ~ of that!** das ist nicht zu befürchten!; ***there isn't any ~ of your getting lost*** du brauchst keine Angst zu haben, dass du dich verirrst **II.** *vt* ① (*dread*) ■**to ~ sb/sth** jdn/etw fürchten; ***what do you ~ most?*** wovor hast du am meisten Angst?; **to have nothing to ~** nichts zu befürchten haben; ■**to ~ doing/to do sth** Angst davor haben [*o* sich *akk* davor fürchten], etw zu tun ② (*form: regret*) ■**to ~ [that] ...** befürchten, dass ... ③ (*old: respect*) **to ~ God** Gott fürchten **III.** *vi* ① (*form: worry*) ■**to ~ for sb/sth** sich *dat* um etw *akk* Sorgen machen; **to ~ for sb's life/sanity** um jds Leben/Verstand fürchten; **never ~, ~ not** (*dated*) keine Angst ② (*liter: be afraid*) sich *akk* fürchten

feared [fɪəd, AM fɪrd] *adj* gefürchtet

fearful [ˈfɪəfᵊl, AM ˈfɪr-] *adj* ① *pred* (*anxious*) ängstlich; ■**to be ~ of sb/sth** Angst vor jdm/etw haben; ***she was ~ of what he might say*** sie hatte Angst davor, was er sagen würde; ~ ***of causing a scene, he said nothing*** aus Angst, eine Szene auszulösen, sagte er nichts; ■**to be ~ that ...** Angst haben, dass ... ② *usu attr* (*terrible*) *consequences, accident* schrecklich ③ *attr* (*dated fam: great*) *argument* furchtbar *fam,* fürchterlich *fam*

fearfully [ˈfɪəfᵊli, AM ˈfɪr-] *adv* ① (*anxiously*) ängstlich, angsterfüllt ② (*dated: very*) furchtbar *fam;* ***I'm ~ sorry*** es tut mir schrecklich Leid

fearfulness [ˈfɪəfᵊlnəs, AM ˈfɪr-] *n no pl* ① (*anxiety*) Ängstlichkeit *f* ② (*frightfulness*) Furchtbarkeit *f,* Entsetzlichkeit *f*

fearless [ˈfɪələs, AM ˈfɪr-] *adj* furchtlos; ■**to be ~ of sth** ohne Angst vor etw *dat* sein

fearlessly [ˈfɪələsli, AM ˈfɪr-] *adv* furchtlos, unerschrocken

fearlessness [ˈfɪələsnəs, AM ˈfɪr-] *n no pl* Furchtlosigkeit *f*

fearsome [ˈfɪəsəm, AM ˈfɪr-] *adj* (*form or hum*) Furcht einflößend, Furcht erregend

fearsomely [ˈfɪəsəmli, AM ˈfɪr-] *adv* Furcht erregend

feasance [ˈfiːzən(t)s] *n* AM LAW Erfüllung *f*

feasibility [ˌfiːzəˈbɪləti, AM -əṭi] *n no pl* Machbarkeit *f; of plan, project* Durchführbarkeit *f;* ***I'm doubtful about the ~ of financing this project with private capital*** ich zweifle daran, dass es möglich sein wird, das Projekt mit Privatkapital zu finanzieren

feasibility study *n* Machbarkeitsstudie *f,* Durchführbarkeitsstudie *f,* Projektstudie *f*

feasible [ˈfiːzəbl̩] *adj* ① (*practicable*) durchführbar; ~ **objective** realisierbares Ziel; **financially/politically ~** finanziell/politisch möglich; **technically ~** technisch machbar ② (*possible*) möglich; ***it's quite ~ that ...*** es ist ziemlich wahrscheinlich, dass ... ③ (*fam: plausible*) glaubhaft

feasibly [ˈfiːzəbli] *adv* durchaus; ***he could quite ~ attack someone*** es ist sehr gut möglich, dass er jemanden angreift

feast [fiːst] **I.** *n* ① (*meal*) Festmahl *nt,* Festessen *nt* ② (*presentation*) [Hoch]genuss *m;* **a ~ for the ear** ein Ohrenschmaus *m fam;* **a ~ for the eye, a visual ~** eine Augenweide ③ *esp* REL (*holiday*) Feiertag *m;* **the ~ of the Passover** das Passahfest; **the F~ of St James** das Fest des hl. Jakobus; **movable ~** beweglicher Feiertag **II.** *vi* schlemmen; ■**to ~ on [*or* off] sth** sich *akk* an etw *dat* gütlich tun *geh* **III.** *vt* ■**to ~ sb** jdn festlich bewirten ▶ PHRASES: **to ~ one's eyes on sth** sich *akk* am Anblick einer S. *gen* weiden *geh*

feast day *n esp* REL Feiertag *m*

feasting [ˈfiːstɪŋ] *n no pl* Schlemmerei *f*

feat [fiːt] *n* ① (*brave deed*) Heldentat *f,* Großtat *f;* **heroic ~** Heldentat *f* ② (*skill*) [Meister]leistung *f;* ~ **of engineering** technische Großtat; ~ **of organization** organisatorische Meisterleistung; ~ **of skill** Kunststück *nt;* **to be no mean ~** keine schlechte Leistung sein

feather [ˈfeðəʳ, AM -ɚ] **I.** *n* Feder *f;* **an eagle['s]/a peacock['s] ~** eine Adler-/Pfauenfeder; **tail/wing ~** Schwanz-/Schwungfeder *f;* **to ruffle its ~s** seine Federn zersausen ▶ PHRASES: **a ~ in sb's cap** etwas, worauf jd stolz sein kann; **in fine ~** (*dated: in good spirits*) in blendender Laune; (*in top form*) in Hochform; **as light as a ~** federleicht; **you could have knocked me down with a ~** (*fam*) ich war total platt *fam* **II.** *n modifier* (*pillow*) Feder- **III.** *vt* **to ~ an oar** SPORTS ein Ruder flach drehen; **to ~ a propeller** AVIAT einen Propeller auf Segelstellung bringen ▶ PHRASES: **to ~ one's [own] nest** (*esp pej*) seine Schäfchen ins Trockene bringen *fam*

featherbed <-dd-> *vt* (*pej*) ■**to ~ sb** jdn protegieren; ■**to ~ sth** etw subventionieren **featherbedding** *n no pl* (*pej*) ① (*subsidization*) Subventionierung *f* ② (*overemployment*) Überbesetzung *f* mit Arbeitskräften **feather boa** *n* Federboa *f* **featherbrained** *adj* (*fam*) schwachköpfig, schwachsinnig **feather duster** *n* Staubwedel *m*

feathered [ˈfeðəd, AM -ɚd] *adj inv* gefiedert; **our ~ friends** (*hum: birds*) unsere gefiederten Freunde

feather edge *n* scharfe Kante, Falzung *f* **feather pillow** *n* Federkissen *nt* **feather quilt** *n* Federbett *nt* **feather stitch** *n* Hexenstich *m* **featherweight I.** *n* BOXING Federgewicht *nt* **II.** *n modifier* BOXING Federgewichts- **featherweight boxer** *n* Federgewichtler *m*

feathery [ˈfeðᵊri] *adj* (*covered with feathers*) gefiedert; (*like a feather*) fed[e]rig; *cake* locker; ~ **leaves** federförmige Blätter; ~ **snowflakes** dicke Schneeflocken

feature [ˈfiːtʃəʳ, AM -ɚ] **I.** *n* ① (*aspect*) Merkmal *nt,* Kennzeichen *nt,* Charakteristikum *nt;* **key ~** Hauptmerkmal *nt;* **the best ~ of sb/sth** das Beste an jdm/etw; **distinguishing ~** besonderes Merkmal, Unterscheidungsmerkmal *nt;* **redeeming ~** ausgleichendes Moment, Lichtblick *m;* **regular ~** fester Bestandteil; **the worst ~ of sb/sth** die negativste Eigenschaft einer Person/einer S. *gen;* **to make a ~ of sth** (*in room*) etw zu einem Blickfang machen; (*event*) etw zu einer Attraktion machen ② (*equipment*) Ausrüstung *f;* **special ~** Besonderheit *f;* (*in a car*) Extra *nt;* **standard ~** serienmäßiges Zubehörteil ③ *usu pl* (*land*) Besonderheit *f;* **landscape ~** landschaftliche Besonderheit ④ (*of face*) ■**~s** *pl* Gesichtszüge *mpl;* **to have regular/strong ~s** regelmäßige/ausgeprägte Gesichtszüge haben ⑤ (*report*) Sonderbeitrag *m* (**on** +*gen*) ⑥ (*film*) Spielfilm *m;* **double ~** zwei Spielfilme in einem; **main ~** Hauptfilm *m* **II.** *vt* ① (*show*) ■**to ~ sth** etw aufweisen; ***the new model ~s air-conditioning as standard*** das neue Modell ist serienmäßig mit einer Klimaanlage ausgestattet ② (*star*) ■**to ~ sb** jdn in der Hauptrolle zeigen ③ (*exhibit*) ■**to ~ sth** etw groß herausbringen; *in an exhibition* etw ausstellen [*o* zeigen] ④ (*report*) ■**to ~ sth** über etw *akk* groß berichten ⑤ (*advertise*) **to ~ a product** für ein Produkt besonders werben **III.** *vi* ① (*appear*) ■**to ~ somewhere** irgendwo erscheinen [*o* vorkommen]; ***a good salary ~s high on the list of things she wants from a job*** ein gutes Gehalt steht ganz oben auf der Liste der Dinge, die sie von einer Stelle erwartet; ■**to ~ in sth** *in one's plans* in etw *dat* vorkommen ② (*act*) **to ~ in a film** in einem Film [mit]spielen

feature article *n* Feature *nt,* Sonderbeitrag *m* **feature film** *n* Spielfilm *m* **feature-length** *adj inv* mit [*o* von] Spielfilmlänge *nach n*

featureless [ˈfiːtʃələs, AM -ɚ-] *adj* ① *land* ohne Besonderheiten *nach n* ② (*dull*) nichts sagend; **to be pretty ~** ziemlich nichts sagend sein

feature presentation *n* AM FILM Spielfilm *m* **feature writer** *n* Feuilletonist(in) *m(f)*

Feb *n abbrev of* **February** Febr.

febrile [ˈfiːbraɪl, AM ˈfebrɪl, fiːbrɪl] *adj* (*liter*) *intensity* fiebrig

February [ˈfebruᵊri, AM -ruːeri] **I.** *n* Februar *m,* Feber *m* ÖSTERR; **at the beginning of [*or* in early] ~** Anfang Februar; **at the end of [*or* in late] ~** Ende Februar; **in the middle of ~, in mid-~** Mitte Februar; **in the first/second [*or* latter] half of ~** in der ersten/zweiten Februarhälfte; **during the course of ~** im Laufe des Februars [*o* des Monats Februar]; **for the whole of ~** den ganzen Februar über; **every ~** jeden Februar; **last/next/this ~** vergangenen [*o* letzten]/kommenden [*o* nächsten]/diesen Februar; **to be ~** Februar sein [*o* haben]; ***it's ~ already*** wir haben [*o* es ist] schon Februar; **to be in/schedule for ~** in den Februar fallen/legen; **in/during [the month of] ~** im [Monat] Februar; **until [well] into ~** bis in den Februar hinein; **on ~ 14 [*or* BRIT *also* ~ 14th] [*or* BRIT *also* 14th ~]** am 14. Februar; ***on Friday, ~ 14*** am Freitag, dem [*o* den] 14 Februar; ***Dorothee's birthday is on ~ 12*** Dorothee hat am 12. Februar Geburtstag; ***Hamburg, ~ 14, 2000*** Hamburg, den 14. Februar 2000; **to fall on/to schedule for ~ 14** auf den 14. Februar fallen/legen **II.** *n modifier* **the ~ issue** *magazine* die Februarausgabe

fecal *adj inv* AM *see* **faecal**
feces *npl* AM *see* **faeces**
feckless ['fekləs] *adj* (*form*) ① (*idle*) nutzlos; *person* nichtsnutzig ② (*careless*) verantwortungslos
fecund ['fekənd, AM *esp* 'fi:-] *adj* (*form*) *earth, animal* fruchtbar; (*fig*) ~ **imagination** lebhafte Fantasie
fecundity [fɪ'kʌndəti, AM -əṭi] *n no pl* (*form*) Fruchtbarkeit *f*
fed[1] [fed] *pt, pp of* **feed**
fed[2] [fed] AM **I.** *adj inv* ECON, FIN (*fam*) *abbrev of* **federal**: ~ **funds rate** Tagesgeldsatz *m* **II.** *n no pl, + sing/pl vb* (*fam*) ECON, FIN *abbrev of* **Federal Reserve Board**
Fed [fed] *n* AM (*fam*) ① (*federal police*) FBI-Agent(in) *m(f)* ② (*bank*) ■**the** ~ der Zentralbankrat
fedayeen [,fedɑ:'ji:n] *npl* MIL Fedajin *m*
federal ['fedərəl, AM -əəl] *adj inv* ① (*of independent states*) föderativ; ~ **republic/state** Bundesrepublik *f*/-staat *m*; **the F~ Republic of Germany** die Bundesrepublik Deutschland; ~ **system** föderalistisches System ② (*of central government*) Bundes-, bundesstaatlich; **at ~ level** auf Bundesebene; **under ~ law** nach Bundesrecht
Federal Bureau of Investigation *n* LAW FBI, Bundeskriminalamt *nt* **federal court** *n* Bundesgericht *nt* **federal credit agencies** *npl* FIN Bundeskreditbehörden *pl* **federal funds** *npl* FIN *täglich fällige Forderungen gegenüber der Federal Reserve Bank* **Federal Home Loan Mortgage Corporation** *n no pl, + sing/pl vb* AM ECON, FIN ■**the** ~ *größtes Realkreditinstitut in den USA* **Federal Home Loans Banks** *npl* AM ECON, FIN Zentralbanksystem *nt* der Sparkassen in den USA
federalism ['fedərəlɪzəm, AM -əəl-] *n no pl* Föderalismus *m*
federalist ['fedərəlɪst, AM -əəl-] **I.** *n* Föderalist(in) *m(f)* **II.** *adj* föderalistisch
federalize ['fedərəlaɪz, AM -əəl-] *vt* ■**to ~ sth** ① (*unite*) *states* etw zu einer Föderation [*o* einem Staatenbund] zusammenschließen ② (*control*) *states* etw unter bundesstaatliche Kontrolle bringen
Federal Reserve *n no pl, + sing/pl vb* AM ECON, FIN ■**the** ~ die Bundesaufsicht der US-Banken **Federal Reserve Bank** *n* AM Bundeszentralbank *f* **Federal Reserve Board** *n* AM Zentralbankrat *m* **Federal Reserve System** *n* AM Zentralbankensystem *nt* **Federal Reserve Wire System** *n* AM ECON, FIN *elektronisches Kommunikationssystem im Zentralbanksystem der USA* **Federal Trade Commission** *n no pl, + sing/pl vb* AM ECON, FIN ■**the** ~ die Wettbewerbsaufsichtsbehörde, das Kartellamt
federate ['fedəreɪt, AM -əreɪt] **I.** *vt* ■**to ~ sth** *states* etw zu einer Föderation [*o* einem Staatenbund] zusammenschließen **II.** *vi* sich *akk* zu einem Staatenbund zusammenschließen
federation [,fedər'eɪʃən, AM -ə'reɪ-] *n* ① (*group*) Föderation *f*, Bundesstaat *m* ② ECON, FIN (*group of companies*) Verband *m*, Syndikat *nt* ③ *no pl* (*uniting*) Föderation *f*, politischer Zusammenschluss
Federation of European Stock Exchanges *n* STOCKEX Europäischer Börsenverband
FedEx® ['fedeks] *vt* ■**to ~ sth** etw per internationalem Zustelldienst verschicken
fedora [fɪ'dɔ:rə, AM fə'-] *n* Filzhut *m*
fed up *adj pred* (*fam*) ■**to be ~ up** ① (*angry*) sauer sein *fam*; ■**to be ~ up about sth** wegen einer S. *gen* sauer sein *fam*; ■**to be ~ up with sb/sth** von jdm/etw die Nase voll haben *fam*, jdn/etw satt haben *fam*; ***I'm ~ up with being treated as a child*** ich habe es satt, wie ein Kind behandelt zu werden ② (*disappointed*) enttäuscht sein ③ (*bored*) sich *akk* langweilen ▸ PHRASES: **to be ~ up to the [back] teeth with sb/sth** *esp* BRIT, AUS jdn/etw gründlich satt haben *fam*
fee [fi:] *n* ① (*charge*) Gebühr *f*; **contingent** ~ Erfolgshonorar *nt*; **director's ~s** Verwaltungsratsbezüge *pl*; **doctor's/lawyer's** ~ Arzt-/Rechtsanwaltshonorar *nt*; **member** ~ Mitgliedsbeitrag *m*; **school ~s** Schulgeld *nt*; **tuition ~s** Studiengebühren *fpl*; **legal/medical ~s** Rechts-/Arztkosten *pl*; **to charge/receive a ~ for sth** für etw *akk* eine Gebühr berechnen/einziehen ② *no pl* LAW Eigentumsrecht *nt*; **estate in ~ [simple]** unbeschränkt vererbbarer Grundbesitz; ~ **simple** freier Eigenbesitz; ~ **tail** Grundbesitz *m* mit Erbbeschränkungen
feeble <-r, -st> ['fi:bl] *adj* ① (*weak*) schwach; ~ **light** schwaches Licht; **old and ~** alt und gebrechlich ② (*bad*) *joke, excuse* lahm; ~ **attempt** müder Versuch; ~ **performance** schwache Vorstellung
feeble-minded *adj* ① (*retarded*) geistig zurückgeblieben ② (*stupid*) schwachsinnig *pej fam*
feebleness ['fi:blnəs] *n no pl* ① (*weakness*) Schwäche *f* ② (*badness*) Schwäche *f pej*, Kläglichkeit *f pej*; ***the ~ of her attempts*** ihre müden Versuche
feebly ['fi:bli] *adv* ① (*weakly*) schwach ② (*badly*) schwach *pej*
feed [fi:d] **I.** *n* ① *no pl* (*fodder*) Futter *nt*; **cattle** ~ Viehfutter *nt*; **to be off its ~** die Nahrungsaufnahme verweigern; *animal* nicht fressen wollen ② (*meal*) *for baby* Mahlzeit *f*; *for animals* Fütterung *f*; ***the baby had a ~ an hour ago*** das Baby ist vor einer Stunde gefüttert worden ③ TECH (*supply*) Zufuhr *f*; **paper/petrol** ~ Papier-/Benzinzufuhr *f* ④ COMPUT **continuous** ~ Endlospapiereinzug *m*; **sheet** ~ Einzelblatteinzug *m* **II.** *vt* <fed, fed> ① (*give food to*) ■**to ~ sb** jdm zu essen geben; ***the baby's old enough now to ~ herself*** das Baby ist jetzt alt genug, allein zu essen; **to ~ an animal** ein Tier füttern; **to ~ a baby** ein Baby füttern; (*breast-feed*) ein Baby stillen; (*with bottle*) einem Baby die Flasche geben; **to ~ a plant** eine Pflanze düngen; ■**to ~ sb sth** jdm etw zu essen geben; ■**to ~ an animal sth** einem Tier etw zu fressen geben; ■**to ~ an animal on sth** ein Tier mit etw *dat* füttern, einem Tier etw zu fressen geben; ■**to ~ sth to an animal** etw an ein Tier verfüttern; ■**to ~ an animal with sth** ein Tier mit etw *dat* füttern ② (*provide food for*) ■**to ~ sb** jdn satt machen; (*support*) *a family* jdn ernähren; ***this amount of pasta is not going to ~ ten people*** diese Menge Nudeln reicht nicht für zehn Personen; **to ~ hungry mouths** hungrige Mäuler stopfen ③ (*supply*) ***the river is fed by several smaller streams*** der Fluss wird von einigen kleineren Flüssen gespeist; ~ ***the vegetables into the machine*** füllen Sie das Gemüse in das Gerät ein; **to ~ data into a computer** Daten in einen Computer eingeben ④ (*thread*) ■**to ~ sth somewhere** etw irgendwohin führen; **to ~ a rope through sth** ein Seil durch etw *akk* fädeln ⑤ (*stoke*) **to ~ the fire/furnace** das Feuer/den Ofen schüren ⑥ (*fam: insert coins*) **to ~ a parking meter/slot machine** Münzen in eine Parkuhr/einen Spielautomaten einwerfen ⑦ (*give*) ■**to ~ sth to sb** [*or* **sb sth**] jdn mit etw *dat* versorgen; ***I think they've been ~ing us false information*** ich glaube, man hat uns falsche Informationen gegeben ⑧ THEAT **to ~ sb a line** jdm ein Stichwort geben ⑨ SPORTS ■**to ~ sb** jdm [den Ball] zuspielen ▸ PHRASES: **to ~ sb a line** (*fam*) jdm einen Bären aufbinden; **to be fed to the lions** den Löwen zum Fraß vorgeworfen werden **III.** *vi* <fed, fed> ① (*eat*) *animal* weiden; *baby* gefüttert werden ② (*enter*) ■**to ~ into sth** *a river* in etw *akk* führen
◆**feed off, feed on** *vi* ① (*eat*) ■**to ~ on** [*or* **off**] **sth** sich *akk* von etw *dat* ernähren ② (*fig: increase*) ■**to ~ on** [*or* **off**] **sth** von etw *dat* genährt werden
◆**feed up** *vt* ■**to ~ up ⊂ sb** jdn aufpäppeln *fam*; ■**to ~ up ⊂ an animal** ein Tier mästen
feedback *n no pl* ① (*opinion*) Feedback *nt* (**from** von +*dat*), Rückmeldung *f* (**from** von +*dat*); **positive/negative** ~ positives/negatives Feedback ② (*return*) Rückkopplung *f* (**from** an +*akk*) **feedbag** *n* AM (*nosebag*) Futtersack *m*
feeder ['fi:dər, AM -ə] *n* ① (*eater*) Esser(in) *m(f)*; **to be a fussy/messy/noisy** ~ beim Essen heikel sein/kleckern/schmatzen ② BRIT (*bib*) Babylätzchen *nt* ③ (*device*) Zuführapparat *m*; ELEC Versorgungsleitung *f*, Zuleitung *f*; COMPUT automatische Papierzuführung ④ (*river*) Zufluss *m*
feeder line *n* ① RAIL Zubringerstrecke *f* ② AVIAT Zubringerlinie *f* **feeder road** *n* Zubringerstraße *f* **feeder school** *n* BRIT *Grundschule, von der eine höhere Schule ihre Schüler bekommt*
feeding bottle *n* Fläschchen *nt* **feeding frenzy** *n* Futterstreit *m* **feeding ground** *n* Fressplatz *m* **feeding time** *n* Fütterungszeit *f* ▸ PHRASES: **to be like ~ at the zoo** so laut wie zur Fütterungszeit im Zoo sein
feel [fi:l] **I.** *vt* <felt, felt> ① (*experience*) ■**to ~ sth** etw fühlen; ***she felt a tingling sensation in her finger*** sie spürte ein Kribbeln im Finger; ***what do you ~ about the new arrangement?*** was hältst du von der neuen Regelung?; ***by midday we'd really begun to ~ the heat*** ab Mittag litten wir richtig unter der Hitze; ***she ~s the cold rather more than most people*** sie ist bedeutend kälteempfindlicher als die meisten Menschen; **to ~ anger/jealousy** wütend/eifersüchtig sein; **to ~ it in one's bones [that …]** es im Gefühl haben[, dass …]; **to ~ joy** sich *akk* freuen; **to ~ nothing for sb** für jdn nichts empfinden; ***do you still ~ anything for Robert?*** hast du noch etwas für Robert übrig? ② (*think, believe*) ■**to ~ sth** etw meinen [*o* glauben]; **to ~ that …** der Meinung sein, dass …; **to ~ it appropriate/necessary/right to do sth** es für angebracht/notwendig/richtig halten, etw zu tun ③ (*touch*) ■**to ~ sth** etw fühlen; ***I felt her forehead*** ich fühlte ihre Stirn; ***I had to ~ my way along the wall*** ich musste mich die Wand entlang tasten; (*fig*) ***they're ~ing their way towards a solution*** sie tasten sich an eine Lösung heran **II.** *vi* <felt, felt> ① + *adj/n* (*have a sensation or emotion*) ***perhaps you ~ more your old self again after a good holiday*** vielleicht bist du nach einem richtigen Urlaub wieder ganz der Alte; ***my mouth ~s very dry*** mein Mund fühlt sich ganz trocken an; ***my eyes ~ really sore with all this smoke*** meine Augen brennen richtig von all diesem Rauch; ~ ***free to help yourself to some more coffee*** schenken Sie sich ruhig noch Kaffee nach; ~ ***free to call again any time you like*** du kannst gern jederzeit wieder anrufen; ***it ~s awful to tell you this*** ich fühle mich ganz schrecklich dabei, dir das zu sagen; ***we shouldn't be doing this, it ~s all wrong somehow*** wir sollten das nicht tun, ich habe ein ganz schlechtes Gefühl dabei; ***how do you ~ about that decision?*** was sagst du zu dieser Entscheidung?; (*fam*) ***she felt as if she were young again*** sie hatte das Gefühl, wieder jung zu sein; ***how does it ~ to be world champion?*** wie fühlt man sich als Weltmeister?; ***I ~ like nothing on earth this morning*** ich fühle mich heute hundeelend; ***what does it ~ like?*** was für ein Gefühl ist das?; **to ~ one's age** sein Alter spüren; **to ~ angry/glad/sad** wütend/froh/traurig sein; **to ~ better/ill/well** sich *akk* besser/krank/wohl fühlen; **to ~ certain** [*or* **convinced**] [*or* **sure**] sich *dat* sicher sein; **to ~ foolish/an idiot** sich *dat* dumm/wie ein Idiot vorkommen; ***you made me ~ a real idiot*** du hast mir das Gefühl gegeben, ein richtiger Idiot zu sein; **to ~ good/bad** sich *akk* gut/schlecht fühlen; **sb ~s hot/cold** jdm ist heiß/kalt; **sb ~s hungry/thirsty** jd ist hungrig/durstig; **to ~ safe** sich *akk* sicher fühlen; ■**to ~ for sb** mit jdm fühlen ② + *adj* (*seem*) scheinen; ***the bag felt heavy*** die Tasche kam mir schwer vor; ***how do the shoes ~?*** was für ein Gefühl hast du in den Schuhen? ③ (*use hands to search*) tasten; **to ~ along sth** etw abtasten; ■**to ~ for sth** nach etw *dat* tasten ④ (*fam: want*) ■**to ~ like sth** zu etw *dat* Lust haben; ■**to ~ like doing sth** Lust haben, etw zu tun **III.** *n* ① *no pl* (*texture*) ***I can't stand the ~ of wool*** ich hasse das Gefühl von Wolle [auf der Haut]; ***you can recognize high-quality leather simply by the ~ of it*** hochwertiges Leder können Sie schon beim Anfassen erkennen; ***the material has a nice ~ to it*** das Material fühlt sich gut an ② *no pl* (*act of touching*) Berühren *nt*, Anfassen *nt*; ***she had a ~ around in the bottom of the trunk*** sie tastete den Boden der Truhe ab; (*fam*) ***she let me have a ~*** ich durfte sie berühren ③ *no pl* (*character, atmosphere*) Ambiente *nt*, Flair *nt*; **a ~ of mystery** eine geheimnisvolle Atmosphäre ④ *no pl* (*natural talent*) Gespür *nt*; **to have a ~ for**

sth ein Gespür für etw *akk* haben; **to get the ~ of sth** ein Gespür für etw *akk* bekommen

◆**feel out** *vt* (*fam*) ■**to ~ sb ⊃ out** jdn aushorchen

◆**feel up I.** *vt* (*fam*) ■**to ~ sb up** jdn begrapschen *pej fam* **II.** *vi* ■**to ~ up to sth** sich *akk* einer S. *dat* gewachsen fühlen; ■**to ~ up to doing sth** Lust haben, etw zu tun

feeler ['fi:ləʳ, AM -ɚ] *n usu pl* Fühler *m* ► PHRASES: **to put out ~s** seine Fühler ausstrecken

feeler gauge *n* TECH Fühlerlehre *f*

feelgood *adj attr, inv* ein Wohlgefühl erzeugend; **a ~ movie** ein Film *m*, der gute Laune macht **feel-good factor** *n* Faktor *m* des allgemeinen Wohlbefindens

feeling ['fi:lɪŋ] *n* ① (*emotion*) Gefühl *nt;* ■**sb's ~s for sb** jds Gefühle für jdn; ***I wanted to spare his ~s*** ich wollte ihn nicht kränken; ***no hard ~s!*** (*don't be angry*) nicht böse sein!; (*no offence meant*) nichts für ungut!; **mixed ~s** gemischte Gefühle; ***I have mixed ~s about letting her go on her own*** es ist mir nicht ganz wohl dabei, wenn ich sie allein gehen lasse; **to hurt sb's ~s** jds Gefühle verletzen ② (*sensation*) Gefühl *nt* (**of** +*gen*/von +*dat*); **dizzy ~** Schwindelgefühl *nt;* **to have a ~ of sth** etw verspüren; ***I had a ~ of sheer elation*** ich war einfach begeistert; ***when he died, I had this enormous ~ of loss*** als er starb, fehlte er mir so sehr ③ (*reaction*) Gefühl *nt;* **bad ~** [*or* AM **~s**] böses Blut; **to cause bad ~** [*or* AM **~s**] böses Blut verursachen ④ (*impression*) Gefühl *nt*, Eindruck *m;* ***it's just a ~*** es ist nur so ein Gefühl; ***I got the ~ that I wasn't welcome*** ich hatte den Eindruck, nicht willkommen zu sein; **to have the distinct/strong ~ that ...** das bestimmte/starke Gefühl haben, dass ... ⑤ (*opinion*) Meinung *f*, Ansicht *f* (**about/on** über +*akk*); ***what are your ~s about the present crisis?*** wie denken Sie über die derzeitige Krise?; **to have strong ~s about sth** strenge Ansichten über etw *akk* haben ⑥ *no pl* (*passion*) Gefühl *nt*, Emotion *f*; **with ~** gefühlvoll; ***one more, please, with ~*** bitte noch einmal, mit Gefühl ⑦ *no pl* (*touch*) Gefühl *nt;* **to lose the ~ in one's arm/leg** das Gefühl in seinem Arm/Bein verlieren ⑧ *no pl* (*atmosphere*) Stimmung *f;* **~ of tension** angespannte Stimmung; **welcoming ~** einladende Atmosphäre ⑨ *no pl* (*talent*) ■**to get/have a ~ for sth** für etw *akk* ein Gespür bekommen/haben; **~ for language** Sprachgefühl *nt* ⑩ *no pl* (*character*) Ambiente *nt*, Flair *nt*

feelingly ['fi:lɪŋli] *adv* mitfühlend

fee-paying *adj inv* BRIT, AUS gebührenpflichtig; **~ school** Privatschule *f*

feet [fi:t] *n pl of* **foot**

feign [feɪn] *vt* ■**to ~ sth** etw vortäuschen; ■**to ~ that ...** vortäuschen, dass ...

feigned [feɪnd] *adj inv* vorgetäuscht; **~ indifference** gespielte Gleichgültigkeit

feint [feɪnt] SPORTS **I.** *vi* täuschen, fintieren *fachspr;* ***Callas ~ed to pass the ball*** Callas täuschte an, den Ball zuzuspielen; **to ~ left/right** links/rechts antäuschen **II.** *vt* ■**to ~ sth** etw antäuschen **III.** *n* Finte *f*, Täuschungsmanöver *nt;* **to make a ~** ein Täuschungsmanöver machen

feisty ['faɪsti] *adj* ① (*active*) *person* resolut, entschlossen ② (*aggressive*) lebhaft

felafel [fə'lɑ:fᵊl] *n* FOOD Falafel *f*

feldspar ['feldspɑ:ʳ, AM -spɑ:r] *n no pl* Feldspat *m*

felicitations [fɪ,lɪsɪ'teɪʃᵊnz] *npl* (*hum*) Glückwünsche *mpl* (**on** zu +*dat*)

felicitous [fɪ'lɪsɪtəs, AM -t̬əs] *adj* (*liter, form*) ① (*pleasing*) glücklich; **~ choice** glückliche Wahl ② (*suited*) *description, phrase* treffend

felicitously [fɪ'lɪsɪtəsli, AM -t̬əs-] *adv* (*liter, form*) treffend

felicity [fɪ'lɪsəti, AM -əţi] *n* (*liter, form*) ① *no pl* (*fortune*) Glückseligkeit *f;* **dubious ~** zweifelhaftes Glück ② (*phrase*) sprachlicher Glücksgriff, treffender Ausdruck ③ *no pl* (*suitability*) Trefflichkeit *f* ④ *no pl* (*ability*) Fähigkeit *f* sich treffend auszudrücken; **linguistic ~** Sprachgewandtheit *f*

feline ['fi:laɪn] **I.** *adj* ① (*of cat family*) *species* Katzen-; **our ~ friends** (*hum*) unsere Freunde, die Katzen ② (*approv: catlike*) katzenartig; **~ eyes** Katzenaugen *ntpl* **II.** *n* ZOOL (*form*) Katze *f*

fell¹ [fel] *pt of* **fall**

fell² [fel] **I.** *vt* ① (*cut down*) ■**to ~ sth** etw fällen ② (*knock down*) ■**to ~ sb** jdn niederstrecken **II.** *n* ① NBRIT, SCOT (*land*) Hochmoor *nt* (*in Nordengland und Schottland*) ② (*old: skin*) Fell *nt* **III.** *adj* (*old: evil*) fürchterlich ► PHRASES: **at** [*or* **in**] [*or* **with**] **one ~ swoop** auf einen Streich

fella ['felə] *n* (*fam*) Typ *m sl; see also* **fellow I 1, 2**

fellah <*pl* fellahin> ['felə] *n* Fellache, -in *m, f*

fellate [fel'eɪt] *vt* ■**to ~ sb** jdn fellationieren *geh*

fellatio [fə'leɪʃiəʊ, AM -oʊ] *n no pl* Fellatio *f*

feller ['feləʳ, AM -ɚ] *n* (*fam*) Typ *m sl; see also* **fellow I 1, 2**

fellow ['feləʊ, AM -oʊ] **I.** *n* ① (*fam: man*) Kerl *m fam;* ***he's not the sort of ~ who makes friends easily*** er ist nicht der Typ, der sich leicht mit jdm anfreundet; **old ~** *esp* BRIT (*dated*) alter Knabe *fam* ② (*fam: boyfriend*) Freund *m*, Typ *m* ③ BRIT (*scholar*) Fellow *m*, Mitglied *nt* eines College ④ (*award-holder*) Fellow *m;* **research ~** Forschungsstipendiat(in) *m(f)* ⑤ (*expert*) Fellow *m*, Mitglied *nt* ⑥ *usu pl* (*colleague*) Kollege, -in *m, f* ⑦ *usu pl* (*contemporary*) Zeitgenosse, -in *m, f*, Mitmensch *m* **II.** *adj attr, inv* **~ being/citizen** Mitmensch *m*/Mitbürger(in) *m(f);* **~ countryman** Landsmann *m*, Landsmännin *f;* **~ countrymen** Landsleute *pl;* **~ student** Kommilitone, -in *m, f;* **~ sufferer** Leidensgenosse, -in *m, f;* **~ worker** Arbeitskollege, -in *m, f*

fellow feeling *n* Zusammengehörigkeitsgefühl *nt*, Gefühl *nt* der Verbundenheit **fellow men** *npl* Mitmenschen *mpl*

fellowship ['felə(ʊ)ʃɪp, AM -oʊ-] *n* ① (*group*) Gesellschaft *f* ② *no pl* (*dated: comradeship*) Kameradschaft *f* ③ (*studentship*) Fellowship *f* ④ (*award*) Stipendium *nt;* **research ~** Forschungsstipendium *nt* ⑤ (*membership*) Mitgliedschaft *f*

fellow traveller, AM *usu* **fellow traveler** *n* ① (*traveller*) Mitreisende(r) *f(m)* ② (*supporter*) Mitläufer(in) *m(f) pej*, Sympathisant(in) *m(f)*

fellow-traveller *n* ① (*traveller*) Mitreisende(r) *f(m)*, Reisegefährte, -in *m, f* ② (*sympathizer*) Sympathisant(in) *m(f)*

felon ['felən] *n* LAW [Schwer]verbrecher(in) *m(f)*

felonious [fə'ləʊniəs, AM -'loʊ-] *adj* (*old*) verbrecherisch

felony ['feləni] *n esp* AM [Schwer]verbrechen *nt*, schweres Verbrechen; **~ charge** Anklage *f* wegen eines Schwerverbrechens

felspar ['felspɑ:ʳ, AM -spɑ:r] *n no pl* Feldspat *m*

felt¹ [felt] *pt, pp of* **feel**

felt² [felt] **I.** *n no pl* Filz *m* **II.** *n modifier* (*hat*) Filz-

felt-tip *n*, **felt-tip pen** *n* Filzstift *m*

felucca [fə'lʌkə] *n* NAUT Feluke *f*

fem [fem] *adj* ① (*sex*) *abbrev of* **female** weibl. ② LING *abbrev of* **feminine** fem.

female ['fi:meɪl] **I.** *adj inv* ① (*sex*) weiblich ② TECH Innen-; **~ connector** [Stecker]buchse *f;* **~ part** hohles Gegenstück **II.** *n* ① (*animal*) Weibchen *nt* ② (*woman*) Frau *f;* (*pej!*) Weibsstück *nt pej fam*

female genital mutilation *n* weibliche Beschneidung

femaleness ['fi:meɪlnəs] *n no pl* Weiblichkeit *f*

female suffrage *n no pl* Frauenstimmrecht *nt*

feme covert [,fi:m'kəʊvət, AM ,fem'kʌvɚt] LAW verheiratete Frau **feme sole** [,fi:m'səʊl, AM ,fem'soʊl] LAW unverheiratete Frau

femidom® ['femɪdɒm] *n* BRIT (*condom*) Femidom *nt*

feminazi *n* aggressive Feministin

feminine ['femɪnɪn] **I.** *adj* ① (*pretty*) feminin ② (*of women*) *company* weiblich; **~ hygiene** Damenhygiene *f* ③ *inv* LING feminin **II.** *n* Femininum *nt;* **in the ~** in der femininen Form

feminine rhyme *n* LIT weiblicher [*o* klingender] Reim

femininity [,femɪ'nɪnəti, AM -əţi] *n no pl* Weiblichkeit *f*

feminism ['femɪnɪzᵊm] *n no pl* Feminismus *m*

feminist ['femɪnɪst] **I.** *n* Feminist(in) *m(f)* **II.** *adj inv movement, literature, issues* feministisch

feminization [,femɪnaɪ'zeɪʃᵊn, AM -nɪ'-] *n no pl* Feminierung *f*

feminize ['femɪnaɪz] *vt* ■**to ~ sth** etw verweiblichen [*o* weiblich[er] machen]

femme fatale <*pl* femmes fatales> [,fæmfə'tɑ:l, AM ,femfə'tæl] *n* Femme fatale *f*

femora ['femᵊrə, fi:, AM 'fem-] *n* ANAT *pl of* **femur**

femur <*pl* -s *or* -mora> ['fi:məʳ, *pl* 'femᵊrə, 'fi:, AM -ɚ, *pl* -məɚ] *n* ANAT Oberschenkelknochen *m*, Femur *m fachspr*

fen [fen] *n* BRIT Sumpfland *nt;* **the F~s** *die Niederungen in East Anglia*

fence [fen(t)s] **I.** *n* ① (*barrier*) Zaun *m;* **to put up a ~** einen Zaun errichten ② (*in horse race*) Hindernis *nt* ③ (*dated sl: criminal*) Hehler(in) *m(f)* ► PHRASES: **to come off the ~** Partei ergreifen; **to mend** [**one's**] **~s** [**with sb**] seine Beziehungen [zu jdm] in Ordnung bringen; **to sit** [*or* **be**] **on the ~** neutral bleiben **II.** *vi* ① (*fight*) fechten; ■**to ~ with sb** mit jdm fechten ② (*form: evade*) ausweichen, Ausflüchte machen; ■**to ~ with sb** jdm ausweichend antworten **III.** *vt* ① (*put fence around*) ■**to ~ sth** etw einzäunen ② (*sell stolen goods*) ■**to ~ sth** mit etw *dat* hehlen

◆**fence in** *vt* ① (*enclose*) ■**to ~ in ⊃ sth** etw einzäunen ② (*pej: limit*) ■**to ~ sb ⊃ in** jdn einschränken

◆**fence off** *vt* ■**to ~ off ⊃ sth** etw absperren

fence post *n* Zaunpfahl *m*

fencer ['fen(t)səʳ, AM -ɚ] *n* Fechter(in) *m(f)*

fencing ['fen(t)sɪŋ] **I.** *n no pl* ① SPORTS Fechten *nt* ② (*barrier*) Einzäunung *f* ③ (*materials*) Einzäunungsmaterial *nt* **II.** *n modifier* (*foil, mask, tournament*) Fecht-

fend [fend] **I.** *vi* (*care*) ■**to ~ for oneself** für sich *akk* selbst sorgen **II.** *vt* ① (*defend*) ■**to ~ off sb/sth** jdn/etw wegstoßen; **to ~ off attackers/a blow** Angreifer/einen Schlag abwehren ② (*evade*) **to ~ off criticism** Kritik zurückweisen; **to ~ off a question** einer Frage ausweichen

fender ['fendəʳ, AM -ɚ] *n* ① (*frame*) Kamingitter *nt* ② AM (*wing*) Kotflügel *m* ③ NAUT Fender *m fachspr*

fender bender *n* AM (*fam*) Unfall *m* mit Blechschaden

fenestration [,fenɪ'streɪʃᵊn] *n no pl* ARCHIT Fenstergestaltung *f*, Fensterwerk *nt*

feng shui [,feŋ'ʃu:i, AM ,fʌŋ'ʃweɪ] **I.** *n* Feng-Shui *nt* (*chinesische Kunst der harmonischen Lebens- und Wohnraumgestaltung*) **II.** *n modifier* Feng-Shui-

fennel ['fenᵊl] *n no pl* Fenchel *m*

fenugreek ['fenjʊgri:k, AM -ju:-] *n no pl* Bockshornklee *m*

feoff [fi:f] *n* LAW *see* **fief**

feral ['ferᵊl] *adj inv animals* wild [geworden], ungezähmt

ferment I. *vt* [fə'ment, AM fɚ'-] ■**to ~ sth** ① (*change*) etw fermentieren ② (*form: rouse*) etw anzetteln; **to ~ rebellion** den Aufstand schüren **II.** *vi* [fə'ment, AM fɚ'-] ① (*change*) gären ② (*form: develop*) gären **III.** *n* ['fɜ:ment, AM 'fɜ:r-] *no pl* (*form*) Erregung *f*, Unruhe *f*

fermentation [,fɜ:men'teɪʃᵊn, AM ,fɜ:r-] *n no pl* Gärung *f*

fern [fɜ:n, AM fɜ:rn] *n* Farn *m*

ferocious [fə'rəʊʃəs, AM -'roʊ-] *adj dog, headache* wild; **~ argument** heftige Auseinandersetzung; **~ battle** [*or* **fighting**] heftiger Kampf; **~ competition** harter Wettbewerb; **~ criticism** scharfe Kritik; **~ heat** brütende Hitze; **~ temper** hitziges Temperament

ferociously [fə'rəʊʃəsli, AM -'roʊ-] *adv* ① (*fiercely*) wild; **to criticize sb/sth ~** jdn/etw heftig kritisieren; **to defend sb/sth ~** jdn/etw erbittert verteidigen; **to snarl ~** grimmig fauchen ② *esp* BRIT (*hum: fast*) wie wild *fam*

ferociousness [fə'rəʊʃəsnəs, AM -'roʊ-] *n*, **ferocity** [fə'rɒsəti, AM -'rɑ:səţi] *n no pl of animal, person* Wildheit *f*, Grausamkeit *f; of attack* Heftigkeit *f*, Wucht *f; of storm, wind* Heftigkeit *f*

ferret ['ferɪt] **I.** *n* Frettchen *nt* **II.** *vi* (*fam*) ① (*search*) wühlen; ■**to ~ [around [*or* about]] in sth [for sth]** in etw *dat* [nach etw *dat*] wühlen ❷ (*hunt with ferrets*) **to go ~ing** mit Frettchen auf die Jagd gehen

◆**ferret out** *vt* ■**to ~ out ⊂ sth** etw herausfinden; ■**to ~ out ⊂ sb** jdn aufstöbern

ferric ['ferɪk] *adj inv* Eisen-

ferric oxide ['ferɪk] *n*, **ferrite** ['feraɪt] *n* CHEM Eisenoxid *nt*

Ferris wheel ['ferɪs,-] *n esp* AM, AUS (*big wheel*) Riesenrad *nt*

ferrite core ['feraɪt] *n* ELEC Ferritkern *m*, Magnetkern *m*

ferroconcrete [ˌferə(ʊ)'kɒŋkriːt, AM -oʊ'kɑːŋ-] TECH **I.** *n no pl* Stahlbeton *m* **II.** *n modifier* (*tank, support, bridge, structure*) Stahlbeton-

ferrous ['ferəs] *adj inv* CHEM Eisen-

ferrule ['feruːl, AM -rəl] *n* Zwinge *f*

ferry ['feri] **I.** *n* Fähre *f*; **car/train ~** Auto-/Eisenbahnfähre *f*; **on the [*or* by [the]] ~** mit der Fähre **II.** *vt* <-ie-> ■**to ~ sb/sth somewhere** ❶ (*across water*) jdn/etw irgendwohin übersetzen; **to ~ sb across to the island/shore** jdn auf die Insel/ans andere Ufer übersetzen ❷ (*transport*) jdn/etw irgendwohin befördern; **to ~ sb about** jdn herumfahren [*o pej fam* herumkutschieren]

ferry boat *n* Fährschiff *nt* **ferry crossing** *n* Überfahrt *f* mit der Fähre **ferryman** *n* Fährmann *m* **ferry port** *n* Fährhafen *m* **ferry service** *n* Fährbetrieb *m*

fertile ['fɜːtaɪl, AM 'fɜːrt̬əl] *adj* ❶ (*of soil, life form*) fruchtbar ❷ (*esp liter: inventive*) schöpferisch, kreativ; **~ imagination** lebhafte Fantasie ▸ PHRASES: **to be ~ ground for sth** ein fruchtbarer Boden für etw *akk* sein

fertility [fə'tɪləti, AM fə'tɪlət̬i] *n no pl* ❶ *of soil* Fruchtbarkeit *f* ❷ *of life form* Fruchtbarkeit *f*, Fertilität *f fachspr* ❸ (*liter: inventiveness*) Fruchtbarkeit *f*, Kreativität *f*

fertility drug *n* Fruchtbarkeitspille *f* **fertility rate** *n* Fruchtbarkeitsrate *f* **fertility rite** *n* Fruchtbarkeitsritual *nt* **fertility symbol** *n* Fruchtbarkeitssymbol *nt* **fertility treatment** *n* Fruchtbarkeitsbehandlung *f*

fertilization [ˌfɜːtɪlaɪ'zeɪʃən, AM ˌfɜːrt̬əlɪ'-] *n no pl* Befruchtung *f*

fertilize ['fɜːtɪlaɪz, AM 'fɜːrt̬əl-] *vt* ❶ (*enrich*) ■**to ~ sth** etw düngen ❷ *life form* ■**to ~ sb/sth** jdn/etw befruchten

fertilizer ['fɜːtɪlaɪzəʳ, AM 'fɜːrt̬əlaɪzɚ] *n* Dünger *m*

fervency ['fɜːvən(t)si, AM 'fɜːr-] *n no pl* (*form*) *see* **fervour**

fervent ['fɜːvənt, AM 'fɜːr-] *adj* (*form*) ❶ (*intense*) *hope, prayer* inbrünstig *geh* ❷ (*devoted*) *supporter, admirer* glühend

fervently ['fɜːvəntli, AM 'fɜːr-] *adv* (*form*) inbrünstig *geh*

fervid ['fɜːvɪd, AM 'fɜːr-] *adj* (*form*) *see* **fervent**

fervour ['fɜːvəʳ], AM **fervor** ['fɜːrvɚ] *n no pl* (*form*) Leidenschaft *f*, Inbrunst *f geh*; ***he lacks any real ~ for the cause*** er begeistert sich nicht wirklich für die Sache

fest *n short for* **festival** Festival *nt*

fester ['festəʳ, AM -ɚ] *vi* ❶ (*suppurate*) eitern; **~ing sore** eitrige Wunde ❷ (*run down*) herunterkommen *fam*, verkommen, verwahrlosen ❸ (*embitter*) *anger* gären; **~ing conflict** schwelender Konflikt

festival ['festɪvəl] *n* ❶ (*holy day*) Fest *nt* ❷ (*event*) Festival *nt*; **the Salzburg F~** die Salzburger Festspiele; **folk/pop/rock ~** Folk-/Pop-/Rockfestival *nt*; **to hold a ~** ein Fest veranstalten

festive ['festɪv] *adj* festlich; **~ mood** Feststimmung *f*

festive season *n* ■**the ~** die Festzeit

festivity [fes'tɪvəti, AM -əti] *n* ❶ (*celebrations*) ■**festivities** *pl* Feierlichkeiten *fpl*, Fest *nt* ❷ *no pl* (*festiveness*) Feststimmung *f*, Festlaune *f* ❸ (*festival*) Fest *nt*

festoon [fes'tuːn] **I.** *n* Girlande *f* **II.** *vt* ■**to ~ sth** etw mit Girlanden schmücken; **to ~ sth with flowers/lights** etw mit Blumengirlanden/Lichterketten schmücken

feta ['fetə, AM 'fet̬ə] *n*, **feta cheese** *n no pl* FOOD Feta[-käse] *m*

fetal *adj inv esp* AM *see* **foetal**

fetch [fetʃ] **I.** *n* COMPUT Abruf *m* **II.** *vt* ❶ (*get*) ■**to ~ sth** etw holen; *dog* etw apportieren; ■**to ~ sb** jdn holen; **to ~ sb from the station** jdn vom Bahnhof abholen; ■**to ~ sb sth [*or* sth for sb]** jdm etw holen ❷ (*sell*) **to ~ a price** einen Preis erzielen ❸ (*dated fam: hit*) **to ~ sb a blow** jdm einen Schlag [*o* Hieb] versetzen **III.** *vi* **~!** (*to dog*) bring [es] her!; **to ~ and carry [for sb]** [jds] Handlanger sein

◆**fetch up** (*fam*) **I.** *vi esp* AM ■**to ~ up somewhere** irgendwo landen *fam* **II.** *vt* BRIT ■**to ~ up ⊂ sth** etw erbrechen

fetching ['fetʃɪŋ] *adj* (*hum dated*) *clothes* bezaubernd

fetchingly ['fetʃɪŋli] *adv* (*hum*) bezaubernd

fête [feɪt] **I.** *n* BRIT, AUS Fest *nt*; **church/school/village ~** Kirchen-/Schul-/Dorffest *nt*; **to hold a ~** ein Fest veranstalten **II.** *vt usu passive* ■**to ~ sb** jdn feiern

fetid ['fetɪd, AM -t̬ɪd] *adj air* übel riechend *attr*; *water* stinkend *attr*; **~ smell** übler Geruch

fetidness ['fetɪdnəs, 'fiːtɪd-, AM 'fet̬ɪd-, 'fiːt̬ɪd-] *n no pl* Gestank *m*

fetish ['fetɪʃ, AM -t̬-] *n* ❶ (*obsession*) Fetisch *m*; **to have a shoe ~ [*or* a ~ for shoes]** ein Schuhfetischist/eine Schuhfetischistin sein; **to make a ~ of sth** etw zum Fetisch erheben ❷ REL (*talisman*) Fetisch *m*

fetishism ['fetɪʃɪzəm, AM 'fet̬-] *n no pl* ❶ (*obsession*) Fetischismus *m* ❷ REL (*belief*) Fetischkult *m*, Fetischismus *m*

fetishist ['fetɪʃɪst, AM 'fet̬-] *n* Fetischist(in) *m(f)*

fetishistic [ˌfetɪ'ʃɪstɪk, AM ˌfet̬-] *adj* ❶ (*obsessed*) fetischistisch ❷ REL fetischistisch

fetishize ['fetɪʃaɪz, AM 'fet̬-] *vt* ■**to ~ sth/sb** etw/jdn fetischisieren [*o* zum Fetisch erheben] *geh*

fetlock ['fetlɒk, AM -lɑːk] *n* Fessel *f*, Fesselgelenk *nt*

fetter ['fetəʳ, AM -ɚ] *vt usu passive* ■**to ~ sb** ❶ (*chain*) jdn fesseln; **to ~ a horse** ein Pferd anbinden ❷ (*liter: restrict*) jdn einschränken; **to be ~ed by superstition** im Aberglauben befangen sein

fetters ['fetəz, AM -ɚz] *npl* ❶ (*chains*) Fußfesseln *fpl* ❷ (*esp liter: restrictions*) Fesseln *fpl*, Beschränkungen *fpl*; **the ~ of a mortgage** die Belastung durch eine Hypothek

fettle ['fetl, AM 'fet̬l] *n no pl* (*fam*) **to be in fine ~** in guter Verfassung sein; ***oh, she's in fine ~*** oh, ihr geht es bestens

fetus *n esp* AM *see* **foetus**

feu [fjuː] *n* SCOT LAW Dauerpacht *f*

feud [fjuːd] **I.** *n* Fehde *f* (**between** zwischen +*dat*, **over** wegen +*gen*, **with** mit +*dat*); **family ~** Familienfehde *f*; ■**to have a ~ with sb** mit jdm in Fehde liegen **II.** *vi* ■**to ~ [with sb] [over sth]** [mit jdm] [wegen einer S. *gen*] in Fehde liegen

feudal ['fjuːdəl] *adj inv monarchy* feudal, Feudal-; **the ~ system** das Feudalsystem

feudalism ['fjuːdəlɪzəm] *n no pl* Feudalismus *m*

feuding ['fjuːdɪŋ] *adj attr, inv* verfeindet

fever ['fiːvəʳ, AM -ɚ] *n* ❶ (*temperature*) Fieber *nt kein pl*; **to have [a] [*or* be running a] ~** Fieber haben ❷ (*disease*) Fieberkrankheit *f* ❸ (*excitement*) Aufregung *f*; **election/football ~** Wahl-/Fußballfieber *nt*; **a ~ of excitement** fieberhafte Erregung; ■**to be in a ~** [ganz] aufgeregt sein; **at a ~ pitch** fieberhaft

fevered ['fiːvəd, AM -ɚd] *adj* ❶ (*ill*) *eyes* fiebrig ❷ (*excited*) *brain* aufgeregt, fieberhaft; **~ imagination** übersteigerte Fantasie

feverish ['fiːvərɪʃ] *adj* ❶ (*ill*) fiebrig ❷ (*frantic*) fieberhaft

feverishly ['fiːvərɪʃli] *adv* fieberhaft, hektisch

fever pitch *n no pl* Siedepunkt *m*; ■**at ~** auf dem Siedepunkt [*o* Höhepunkt]; **to rise to ~** den Höhepunkt erreichen; **to work at ~** fieberhaft arbeiten

few [fjuː] **I.** *adj* ❶ *attr, inv* (*some*) einige; ***there are a ~ sandwiches left over from the party*** es sind noch ein paar Sandwiches von der Feier übrig; ***I've got to get a ~ things*** ich muss ein paar Dinge kaufen; ***may I ask a ~ questions?*** darf ich ein paar Fragen stellen?; ***I'll be ready in just a ~ minutes*** ich bin gleich fertig; ***can I have a ~ words with you?*** kann ich mal kurz mit dir sprechen?; **every ~ days/minutes/weeks** alle paar Tage/Minuten/Wochen ❷ (*emph: not many*) wenige; ***he is among the very ~ people I can trust*** er gehört zu den ganz wenigen Leuten, denen ich vertrauen kann; ***so ~ people attended the party that it was embarrassing*** auf der Party waren so wenige Leute, dass es peinlich war; ***there are only a ~ days left before we leave for France*** in ein paar Tagen fahren wir nach Frankreich; ***there are ~ things in this world that give me more pleasure than a long bath*** nur weniges auf der Welt bereitet mir mehr Vergnügen als ein langes Bad; ***~er people smoke these days than used to*** heute rauchen weniger Menschen als früher; ***the benefits of this scheme are ~*** dieser Plan hat nur wenige Vorteile; ***he's a man of ~ words*** er sagt nie viel; (*form*) ***I've warned him on no ~er than five occasions*** ich habe ihn schon mindestens fünf Mal gewarnt; ***his fiction has caused not a ~ readers to see red*** bei seinen Romanen sehen nicht wenige Leser rot; **as ~ as ... nur ...** ❸ *attr, inv* (*many*) viele; ***I know a ~ people who ...*** ich kenne einige Leute, die ...; BRIT ***she put on a good ~ pounds over Christmas*** sie hat über Weihnachten einige Pfunde zugelegt; **quite a ~ [people]** ziemlich viele ▸ PHRASES: **to be ~ and far between** dünn gesät sein; ***such opportunities are ~ and far between*** solche Gelegenheiten gibt es nicht oft; **precious ~ ...** (*fam*) reichlich wenig ... *fam* **II.** *part* ❶ (*small number*) **a ~ *of these apples*** ein paar von diesen Äpfeln; ***many believe it but only a ~ are prepared to say*** viele glauben es, aber nur wenige sagen es; **a ~ of us/you/them** einige von uns/euch/ihnen ❷ (*emph: not many*) wenige; ***~ can remember back that far*** nur wenige können sich so weit zurückerinnern; ***not many showed up and the ~ who did left early*** es kamen nicht viele, und die paar, die kamen, gingen bald; ***~ if any still believe that ...*** kaum einer glaubt heute noch, dass ...; ***only some ~ master more than ten languages*** nur ein paar wenige sprechen mehr als zehn Sprachen; ***~ of the houses in the village made it through the hurricane*** nur wenige Häuser in dem Ort überstanden den Hurrikan; ***~ of them actually got an interview*** nur wenige wurden zu einem Gespräch eingeladen; ***there were too ~ of us to charter the plane*** wir waren nicht genug, um das Flugzeug chartern zu können; **not a ~** nicht wenige; ***though she's young, her talents are not a ~*** obwohl sie jung ist, hat sie viele Talente ❸ (*many*) **a good ~** BRIT ziemlich viele; **quite a ~** eine ganze Menge ▸ PHRASES: **precious ~** herzlich wenig +*akk*; **to have had a ~** einen sitzen haben *fam*; **to have had a ~ too many** etwas zu viel getrunken haben **III.** *npl* ❶ (*elite*) ■**the ~** die Auserwählten; ***only the ~ can say they've dined with the Queen*** nur wenige Auserwählte können von sich sagen, dass sie mit der Queen gespeist haben ❷ (*minority*) ■**the ~** die Minderheit; ***I was one of the lucky ~ who ...*** ich gehörte zu den wenigen Glücklichen, die ...; **one of the fortunate [*or* happy] ~** eine(r) der wenigen Glücklichen ❸ BRIT HIST ■**the F~** *RAF-Piloten* (*Zitat aus einer Rede von Winston Churchill*)

fey [feɪ] *adj* (*liter*) ❶ (*strange*) schrullig, hellseherisch ❷ (*insincere*) übersinnlich

feyness ['feɪnəs] *n no pl* (*liter*) Schrulligkeit *f fam*

fez <*pl* -zzes> [fez] *n* Fes *m*

ff *n* ❶ *abbrev of* **[and] the following pages** ff. ❷ MUS *abbrev of* **fortissimo** ff

FHSA [ˌefeɪtʃes'eɪ] *n* + *sing/pl vb* BRIT *abbrev of* **Family Health Services Authority** ≈ Gesundheitsamt *nt*

fiancé [fi'ɑ̃ː(n)seɪ, AM ˌfiɑːn'seɪ] *n* Verlobte(r) *m*

fiancée [fi'ɑ̃ː(n)seɪ, AM ˌfiɑːn'seɪ] *n* Verlobte *f*

fiasco <*pl* -s *or esp* AM -es> [fi'æskəʊ, AM -oʊ] *n* Fiasko *nt*; **to be a complete [*or* total] ~** ein einziges Fiasko sein; **to end in a ~** in einem Fiasko enden

F

fiat ['faɪæt, AM 'fiət] *n* (*form*) [formelle] Genehmigung [*o* Erlaubnis]
fiat money *n no pl* ECON, FIN ungedecktes Geld
fib [fɪb] (*fam*) **I.** *vi* <-bb-> schwindeln; ■**to ~ to sb** jdn anschwindeln **II.** *n* Schwindelei *f;* **to tell a ~** schwindeln, flunkern
fibber ['fɪbəʳ, AM -ɚ] *n* (*fam*) Schwindler(in) *m(f),* Flunkerer *m fam*
fiber *n* AM *see* **fibre**
fiberglass *n no pl* AM *see* **fibreglass**
FIBOR *n* ECON, FIN *acr for* **Frankfurt Interbank Offered Rate** *Referenzsatz für internationale Banken, die in Frankfurt tätig sind*
fibre ['faɪbəʳ], AM **fiber** [-ɚ] *n* ① (*thread*) Faden *m;* (*for cloth*) Faser *f* ② (*cloth, material*) Faser *f;* **artificial** [*or* **man-made**] **~** Kunstfaser *f,* Chemiefaser *f;* **natural ~** Naturfaser *f* ③ ANAT Faser *f,* Fiber *f fachspr;* **muscle ~** Muskelfaser *f* ④ *no pl* (*fig: strength*) moral ~ Rückgrat *nt* ⑤ *no pl* FOOD Ballaststoffe *mpl* ▸ PHRASES: **with every ~ of one's being** mit jeder Faser [seines Herzens] *geh;* ***she wanted to win the race with every ~ of her being*** sie war fest entschlossen, alles zu tun, um das Rennen zu gewinnen
fibreboard ['faɪbəbɔːd, AM bɚbɔːrd] *n no pl* Holzfaserplatte *f* **fibreglass**, AM **fiberglass** *n no pl* ① (*plastic*) glasfaserverstärkter Kunststoff ② (*fabric*) Glasfaser *f* **fibre optic cable** *n* TELEC, MED faseroptisches Kabel *fachspr,* Glasfaserkabel *nt* **fibre optics I.** *n + sing vb* TELEC, COMPUT Glasfasertechnik *f,* Lichtwellenleitertechnik *f fachspr;* MED, PHYS, CHEM [Glas]faseroptik *f fachspr* **II.** *n modifier* TELEC, COMPUT (*cable, technology*) Glasfaser-; MED, PHYS, CHEM Faseroptik- *fachspr* **fibre-tip pen** *n* BRIT Filzstift *m*
fibro ['faɪbrəʊ] *n* AUS ① *no pl* (*material*) Asbestzement *m,* Eternit *m* ② (*house*) *mit Asbestzement erstelltes Haus*
fibroid ['faɪbrɔɪd] MED **I.** *adj* faserartig **II.** *n* Fibrom *nt fachspr*
fibrous ['faɪbrəs] *adj* fas[e]rig
fibula <*pl* -s *or* -lae> ['fɪbjələ, *pl* -liː] *n* ANAT Wadenbein *nt*
fibulae ['fɪbjəliː] *n pl of* **fibula**
fiche <*pl* -s *or* -> ['fiːʃ] *n* [Mikro]fiche *m o nt*
fickle ['fɪkl̩] *adj* (*pej*) ① (*vacillating*) wankelmütig *pej geh;* (*moody*) launisch *pej* ② METEO ~ **weather** unbeständiges [*o* wechselhaftes] Wetter ③ (*not loyal*) ~ **lover** untreuer Liebhaber
fickleness ['fɪkl̩nəs] *n no pl* ① (*moodiness*) Launenhaftigkeit *f* ② *of the weather* Unbeständigkeit *f pej geh* ③ (*lack of loyalty*) Untreue *f*
fiction ['fɪkʃᵊn] **I.** *n* ① *no pl* LIT Erzählliteratur *f,* Prosaliteratur *f;* **work of ~** (*long*) Roman *m;* (*short*) Erzählung *f;* **light ~** Unterhaltungsliteratur *f* ② (*fabrication*) Erfindung *f,* Fiktion *f geh,* Märchen *nt fam;* ***at work she managed to keep up the ~ that she had a university degree*** bei der Arbeit konnte sie das Märchen aufrecht erhalten, sie habe einen Universitätsabschluss *fam* ③ (*falsehood*) kleine Unaufrichtigkeit; ***he maintains the ~ that he is still cohabiting with his wife*** er tut so, als würde er noch mit seiner Ehefrau zusammenleben; **legal ~** Rechtsfiktion *f,* juristische Fiktion; **polite ~** Notlüge *f* **II.** *n modifier* Literatur-; **~ author** Romanautor(in) *m(f);* **~ book** Roman *m;* **~ writer** Prosaschriftsteller(in) *m(f)*
fictional ['fɪkʃᵊnᵊl] *adj* erfunden, fiktiv *geh;* **~ autobiography** fiktive Autobiographie
fictionalization [ˌfɪkʃᵊnᵊlaɪ'zeɪʃᵊn, AM -lɪ'-] *n* LIT Fiktionalisierung *f geh*
fictionalize ['fɪkʃᵊnᵊlaɪz] *vt* **to ~ a biography** eine Biographie als Fiktion darstellen
fiction of law *n* Gesetzesfiktion *f,* Rechtsfiktion *f*
fictitious [fɪk'tɪʃəs] *adj* ① (*false*) falsch ② (*imaginary*) [frei] erfunden, fiktiv *geh;* **~ character** fiktive [*o* erfundene] Person; ***some of the characters in the book are ~*** einige der Figuren im Buch sind frei erfunden
fictitious assets *npl* ECON, FIN Scheinaktiva *pl*
ficus ['fiːkəs] *n* BOT Ficus *m*
fiddle ['fɪdl̩] **I.** *n* ① MUS (*fam*) Geige *f,* Fi[e]del *f hum o pej;* **to play the ~** Geige spielen ② *esp* BRIT (*fam: fraud*) Betrug *m kein pl,* Schwindel *m kein pl;* ***this is some sort of ~*** hier ist was faul *fam;* **to be on the ~** faule Geschäfte machen *fam,* krumme Dinger drehen *fam* ③ BRIT (*fam: task*) kniff[e]lige Angelegenheit; ***it's a real ~ to assemble because of all the small parts*** all die kleinen Teile machen das Zusammensetzen ganz schön schwierig *fam* ▸ PHRASES: **sb's face is as long as a ~** *esp* BRIT (*fam*) jd macht ein Gesicht wie drei Tage Regenwetter *fam;* **to be** [**as**] **fit as a ~** kerngesund sein; **to play first/second ~** die erste/zweite Geige spielen *fam;* **to play second ~ to sb** in jds Schatten *m* stehen **II.** *interj* AM (*dated*) Unsinn *m fam,* Quatsch *m fam* **III.** *vt* (*fam*) ■**to ~ sth** ① (*falsify*) etw frisieren *fam;* (*manipulate*) etw manipulieren; **to ~ the accounts/books** die Rechnungen/Bücher frisieren *fam;* **to ~ it** [*or* **things**] **so that ...** es so hindrehen [*o* hinbiegen], dass ... *fam* ② (*obtain fraudulently*) [sich *dat*] etw ergaunern; **to ~ money out of a company** ein Unternehmen um Geld betrügen *fam* **IV.** *vi* ① (*finger*) herumfummeln *fam;* ■**to ~ with sth** an etw *dat* herumspielen [*o* herumfummeln] *fam;* (*play*) mit etw *dat* herumspielen *fam* ② (*tinker*) herumbasteln *fam;* ■**to ~ with sth** an etw *dat* herumhantieren [*o* herumfummeln] [*o* herumbasteln] *fam* ③ MUS (*fam*) geigen, fiedeln *hum o pej* ▸ PHRASES: **to ~ while Rome burns** den Kopf in den Sand stecken
◆**fiddle about, fiddle around** *vi* ① (*waste time*) herumtrödeln *fam* ② (*finger*) herumfummeln *fam;* ■**to ~ about** [*or* **around**] **with sth** an etw *dat* herumspielen [*o* herumfummeln] *fam;* (*play*) mit etw *dat* herumspielen *fam* ③ (*tinker*) herumbasteln *fam;* ■**to ~ about** [*or* **around**] **with sth** an etw *dat* herumhantieren [*o* herumfummeln] [*o* herumbasteln] *fam*
fiddle-faddle ['fɪdl̩ˌfædl̩] (*dated*) **I.** *n no pl* Unfug *m* **II.** *interj* Unsinn *m fam,* Quatsch *m fam* **III.** *vi* ■**to ~ about** dummes Zeug reden *pej fam*
fiddler ['fɪdləʳ, AM -ɚ] *n* (*fam*) ① MUS Geiger(in) *m(f)* ② BRIT (*swindler*) Betrüger(in) *m(f),* Gauner(in) *m(f) pej*
fiddlestick ['fɪdl̩stɪk] **I.** *n* MUS (*fam*) Geigenbogen *m* **II.** *interj* (*dated*) ■**~s** Unsinn *m fam,* Quatsch *m fam*
fiddling ['fɪdl̩ɪŋ] **I.** *adj* ① (*insignificant*) läppisch *pej,* belanglos; (*small*) geringfügig; (*narrow-minded*) kleinkariert *pej fam,* kleinlich *pej;* **~ restrictions** kleinliche Einschränkungen ② *attr* (*swindling*) betrügerisch **II.** *n no pl* Geigen *nt,* Geigespielen *nt*
fiddly <-ier, -iest *or* more ~, most ~> ['fɪdl̩i] *adj* BRIT (*fam*) kniff[e]lig; ***repairing something as small as a watch is a very ~ job*** die Reparatur einer Armbanduhr ist eine sehr diffizile Angelegenheit
fidelity [fɪ'deləti, AM -əṭi] *n no pl* (*form*) ① (*loyalty*) Treue *f* (**to** gegenüber *+dat*) ② (*sexual loyalty*) Treue *f;* **marital ~** eheliche Treue ③ (*exactness*) [Werk]treue *f,* Genauigkeit *f;* **~ to detail** Detailtreue *f;* **~ of translation** Worttreue *f*
fidget ['fɪdʒɪt] **I.** *n* ① (*person*) Zappelphilipp *m pej fam* ② (*condition*) ■**the ~s** *pl* nervöse Unruhe; ***she's got*** [***a bad case of***] ***the ~s today*** sie ist heute extrem unruhig [*o* nervös] [*o fam* zapp[e]lig] **II.** *vi* ① (*move*) zappeln, herumzappeln *fam;* ***stop ~ing!*** hör auf so rumzuzappeln! *fam* ② (*play*) ■**to ~ with sth** mit etw *dat* herumspielen *fam* ③ (*be eager, restless*) ■**to ~ to do sth** brennen, etw zu tun, darauf aus sein, etw zu tun **III.** *vt* ■**to ~ sb** jdn nervös machen
◆**fidget about, fidget around** *vi* herumzappeln *fam*
fidgety ['fɪdʒəti, AM -ṭi] *adj* unruhig, nervös, zapp[e]lig *fam*
fiduciary [fɪ'djuːʃiəri, AM -'duːʃieri] ECON, FIN **I.** *n* Treuhänder(in) *m(f)* **II.** *adj inv* ① (*involving trust*) treuhänderisch, Treuhand-; **~ deposits** treuhänderisch verwaltete Einlagen ② (*old: held or given in trust*) fiduziarisch
fie [faɪ] *interj* (*old or hum*) pfui! *hum*
fief [fiːf] *n* (*hist*) Lehen *nt hist;* (*fig*) Machtbereich *m*
field [fiːld] **I.** *n* ① (*meadow*) Wiese *f;* (*pasture*) Weide *f;* (*for crops*) Feld *nt,* Acker *m;* **to cut across the ~s** quer über die Felder gehen ② (*for sports*) Spielfeld *nt,* Platz *m;* **to take the ~** einlaufen ③ (*expanse*) [weite] Fläche; **ice/snow ~** Eis-/Schneefläche *f* ④ *of deposits* Feld *nt;* **coal ~** Kohleflöz *m;* **gas/oil ~** Gas-/Ölfeld ⑤ (*battlefield*) Schlachtfeld *nt;* (*scene*) **~ of battle** Kriegsschauplatz *m;* **to take the ~** ins Feld ziehen; **in the ~** an der Front ⑥ (*working area*) Arbeitsbereich *m,* Einsatzgebiet *nt* ⑦ (*area of knowledge*) Arbeitsfeld *nt,* Gebiet *nt,* Bereich *m;* **to be first in the ~** der/die Beste auf dem Gebiet sein; **to be outside sb's ~** außerhalb jds Kompetenzbereich *m* liegen, nicht mehr in jds Ressort *nt* fallen ⑧ COMPUT Datenfeld *nt fachspr* ⑨ + *sing/pl vb* (*contestants*) [Teilnehmer]feld *nt;* ***once again Jones finished ahead of the ~*** wieder einmal gewann Jones vor dem Rest des Feldes; ***we have a strong ~ this afternoon*** wir haben heute Nachmittag eine starke Besetzung ⑩ (*side in cricket*) Fängerpartei *f;* (*player*) Fänger(in) *m(f)* ⑪ PHYS Feld *nt;* **gravitational ~** Schwerefeld *nt fachspr,* Gravitationsfeld *nt fachspr;* **magnetic ~** Magnetfeld *nt* ⑫ MATH Feld *nt* ▸ PHRASES: **to leave the ~ clear for sb** jdm das Feld überlassen; ***John's transfer left the ~ clear for Judy to get the job*** weil John versetzt wurde, konnte sich Judy um seinen Job bewerben **II.** *n modifier* Feld-; **~ interview** Befragung *f;* **~ observations** Freilandbeobachtungen *fpl,* Feldbeobachtungen *fpl* **III.** *vi* als Fänger spielen *m* **IV.** *vt* ① (*stop*) **to ~ the ball** den Ball fangen ② (*have playing*) **to ~ a team** ein Team aufs Feld schicken; (*fig*) **to ~ a group of experts** eine Expertengruppe zusammenstellen ③ (*offer as candidate*) ■**to ~ sb** jdn aufstellen ④ (*display*) **to ~ an army** eine Armee aufmarschieren lassen ⑤ (*handle*) **to ~ questions** Fragen abblocken [*o* parieren]; **to ~ telephone calls** Telefonanrufe abweisen
field artillery *n no pl* MIL Feldartillerie *f fachspr*
field day *n* ① (*opportunity*) **to have a ~** seinen großen Tag haben ② MIL (*exercise*) Manöver *nt;* (*parade*) Truppenparade *f* ③ AM, AUS SCH, SPORTS [Schul]sportfest *nt*
fielder ['fiːldəʳ, AM -ɚ] *n* SPORTS (*stopping the ball*) Fänger(in) *m(f);* (*playing on the field*) Feldspieler(in) *m(f)*
field events *npl* SPORTS technische Disziplinen, Sprung- und Wurfdisziplinen *fpl* **field glasses** *npl* Feldstecher *m,* Fernglas *nt* **field goal** *n* AM (*American football*) Feldtor *nt;* (*basketball*) Feldkorb *m* **field hockey** *n no pl* AM [Feld]hockey *nt* **field hospital** *n* MIL Feldlazarett *nt* **field marshal** *n* BRIT MIL Feldmarschall *m* **field mouse** *n* Feldmaus *f* **field officer** *n* AM MIL Stabsoffizier(in) *m(f)* **field of vision** <*pl* fields of vision> *n* Gesichtsfeld *nt,* Blickfeld *nt;* (*fig*) Horizont *m* **fieldsman** *n* SPORTS (*stopping the ball*) Fänger *m;* (*playing on the field*) Feldspieler *m* **field sports** *npl* Sport *m* im Freien (*bes Jagen und Fischen*) **field test** *n* Feldversuch *m* **field-test** *vt* ■**to ~ sth** in einem Feldversuch [*o* in der Praxis] erproben [*o* testen] **field trial** *n* Feldversuch *m* **field trip** *n* Exkursion *f* **fieldwork** *n no pl* ① (*collecting data*) Feldarbeit *f,* Feldforschung *f* ② MIL Feldbefestigung *f* **fieldworker** *n* (*gathering data*) Feldforscher(in) *m(f);* (*interviewer*) Befrager(in) *m(f),* Interviewer(in) *m(f);* (*representative*) Außendienstmitarbeiter(in) *m(f)*
fiend [fiːnd] *n* ① (*demon*) Dämon *m* ② (*Satan*) ■**the ~** der Teufel [*o* Satan] ③ (*pej: evil person*) Scheusal *nt pej* ④ (*annoying person*) Nervensäge *f sl* ⑤ (*fig fam: enthusiast*) Fanatiker(in) *m(f);* ***she's a ~ for chocolate*** sie ist ganz verrückt auf Schokolade *fam;* **fresh-air ~** Frischluftfanatiker(in) *m(f)*
fiendish ['fiːndɪʃ] *adj* ① (*pej: cruel*) grausam, unmenschlich; (*sadistic*) teuflisch, gemein ② (*complex*) verzwickt *fam;* (*cunning*) gerissen *fam,* schlau ③ BRIT (*exceptional*) *difficulty, problem* höllisch *fam,* teuflisch *fam;* **~ costs** horrende Kosten; **to be in a ~ hurry** es tierisch eilig haben *fam*

fiendishly ['fi:ndɪʃli] *adv* ❶ (*diabolically*) teuflisch ❷ BRIT (*exceptionally*) höllisch *fam,* teuflisch *fam*
fiendishness ['fi:ndɪʃnəs] *n no pl* (*pej*) ❶ (*cruelty*) Grausamkeit *f* ❷ (*nasty trick*) teuflische Bosheit
fierce [fɪəs, AM fɪrs] *adj* ❶ (*hostile*) heftig, ungestüm *geh;* ~ **attack** scharfer Angriff; ~ **combat** [*or* **fighting**] erbitterter Kampf; ~ **competition** erbarmungslose [*o* scharfe] Konkurrenz; ~ **opposition** entschlossener Widerstand; ~ **struggle** heftiger Streit ❷ (*untamed*) *animal* wild ❸ (*intense*) stark, intensiv; ~ **debate/discussion** hitzige Debatte/Diskussion; ~ **hate** wilder [*o* blinder] Hass; ~ **jealousy** heftige [*o* blinde] Eifersucht; ~ **love** leidenschaftliche Liebe ❹ (*destructive*) heftig, stürmisch; ~ **weather** stürmisches Wetter; ~ **winds** tobende [*o* kräftige] Winde ❺ AM (*fam: difficult*) schwer, schwierig ▶ PHRASES: **something** ~ AM (*fam*) unbedingt; ***I need a cold drink something*** ~ ich muss unbedingt etwas Kaltes trinken
fiercely ['fɪəsli, AM 'fɪrs-] *adv* ❶ (*hostilely*) wild ❷ (*very*) extrem; (*intensely*) ausgesprochen, äußerst; **a ~ competitive school system** ein äußerst konkurrenzorientiertes Schulsystem ❸ (*destructively*) heftig
fierceness ['fɪəsnəs, AM 'fɪrs-] *n no pl* ❶ (*hostility*) Wildheit *f* ❷ (*intensity*) Intensität *f* ❸ (*destructiveness*) Heftigkeit *f*
fieri facias [ˌfaɪəraɪ'feɪʃiæs, AM -riː'feɪʃiəs] LAW **writ of** ~ Vollstreckungsbefehl *m*
fiery ['faɪ(ə)ri, AM -əˑi] *adj* ❶ (*consisting of fire*) glühend, brennend; ~ ***tongues were playing about the house*** rote Flammen züngelten an dem Haus empor ❷ (*spicy*) *food* scharf, feurig ❸ (*bright*) feuerrot, glutrot ❹ (*passionate*) leidenschaftlich, hitzig; ~ **lover** feuriger Liebhaber ❺ (*angry*) hitzig; ***he has a ~ temper*** er ist ein Hitzkopf
fiesta [fi'estə] *n* ❶ (*holiday*) Fiesta *f,* Feiertag *m* ❷ (*event*) Fiesta *f,* Fest *nt*
fi. fa. LAW *abbrev of* **fieri facias**
FIFA ['fi:fə] *n no pl, + sing/pl vb* FBALL *abbrev of* **Fédération internationale de football association** FIFA *f*
fife [faɪf] MUS **I.** *n* ❶ (*instrument*) Querpfeife *f* ❷ (*player*) [Quer]pfeifer(in) *m(f)* **II.** *vi* [auf der Querpfeife] pfeifen
FIFO ['faɪfəʊ, AM -foʊ] *adj, adv* COMPUT, ECON, FIN *acr for* **first in first out**
fifteen [fɪf'tiːn] **I.** *adj* ❶ (*number, age*) fünfzehn; ***there are ~ of us*** wir sind fünfzehn [*o* zu fünfzehnt]; *see also* **eight I 1, 2** ❷ (*time*) ~ **hundred hours** *spoken* fünfzehn Uhr; **1500 hours** *written* 15:00; **at ~ thirty** um fünfzehn Uhr dreißig [*o* 15:30] [*o* halb vier]; *see also* **eight I 3 II.** *n* ❶ (*number, symbol*) Fünfzehn *f* ❷ *+ sing/pl vb* BRIT (*in rugby union*) Rugbymannschaft *f* ❸ BRIT FILM ~ **certificate** [Alters]freigabe *f* ab 15 Jahren; **to be given a ~ certificate** ab 15 [Jahren] freigegeben sein
fifteenth [fɪf'tiːnθ] **I.** *adj inv* fünfzehnte(r,s) **II.** *n* ❶ (*in date, order*) ■**the** ~ der/die/das Fünfzehnte ❷ (*fraction*) Fünfzehntel *nt*
fifth [fɪfθ] **I.** *adj inv* fünfte(r,s); **every ~ person** jeder Fünfter; *see also* **eighth I II.** *n* ❶ (*order*) ■**the** ~ der/die/das Fünfte; *see also* **eighth II 1** ❷ (*date*) **the ~ [of the month]** der Fünfte [des Monats]; *see also* **eighth II 2** ❸ (*title*) ■**the F~** der/die Fünfte; *see also* **eighth II 3** ❹ (*fraction*) Fünftel *nt* ❺ (*gear*) fünfter Gang; **to change** [*or* AM **shift**] **to ~** in den fünften Gang schalten ❻ MUS Quinte *f fachspr* ❼ AM (*fam: measure*) **a ~ of a gallon** ein Dreiviertelliter *m;* (*bottle*) **a ~ of whisky** eine Dreiviertelliterflasche Whisky ❽ AM LAW (*fam*) **to plead** [*or* **take**] **the F~** die Aussage verweigern **III.** *adv inv* fünftens
fifth column *n + sing/pl vb* POL fünfte Kolonne **fifth columnist** *n* POL Mitglied *nt* der fünften Kolonne **fifth generation** *n* COMPUT ~ **computer** Computer *m* der fünften Generation
fiftieth ['fɪftiəθ] **I.** *adj inv* fünfzigste(r,s); *see also* **eighth I II.** *n* ❶ (*order*) ■**the** ~ der/die/das Fünfzigste; *see also* **eighth II 1** ❷ (*fraction*) Fünfzigstel *nt* **III.** *adv inv* fünzigstens
fifty ['fɪfti] **I.** *adj inv* fünfzig; *see also* **eight I 1, 2 II.** *n* ❶ (*number*) Fünfzig *f* ❷ (*age*) **to be in one's fifties** in den Fünfzigern sein; **to be in one's early/mid/late eighties** Anfang/Mitte/Ende Fünfzig sein ❸ (*decade*) ■**the fifties** *pl* die fünfziger [*o* 50er] Jahre, die Fünfziger ❹ (*temperature*) **to be in the fifties** um die fünfzig Grad [Fahrenheit] haben ❺ (*fam: speed*) fünfzig [Stundenkilometer]; **to do ~** (*fam*) fünfzig fahren ❻ (*banknote*) Fünfziger *m*
fifty-cent piece *n* Fünfzig-Cent-Münze *f,* Fünfzig-Cent-Stück *nt* **fifty-fifty** *inv* **I.** *adj* (*fam*) halbe-halbe *präd fam,* fifty-fifty *präd fam;* ***we should share the work on a ~ basis*** jeder von uns sollte die Hälfte der Arbeit machen *fam;* ***there's only a ~ chance*** die Chancen stehen nur fifty-fifty *fam* **II.** *adv* halbe-halbe *fam,* fifty-fifty *fam;* ***let's go ~!*** lass uns halbe-halbe [*o* fifty-fifty] machen! *fam*
fig¹ [fɪg] *n* ❶ FOOD Feige *f* ❷ (*tree*) Feigenbaum *m,* Feige *f* ▶ PHRASES: **to be not worth a ~** (*fam*) keine müde Mark [*o* keinen Pfifferling] wert sein *fam;* **to not care** [*or* **give**] **a ~ about** [*or* **for**] **sb/sth** (*dated fam*) sich *akk* keinen Deut um jdn/etw scheren; ***she doesn't care a ~ for him*** er ist ihr vollkommen gleichgültig; ***I don't care a ~ about that!*** das kümmert mich nicht die Bohne! *fam*
fig² [fɪg] (*fam*) **I.** *n no pl* ❶ (*dress*) Aufmachung *f,* Kleidung *f;* **in full ~** in vollem Staat ❷ (*condition*) Form *f,* Verfassung *f;* **to be in great ~** hervorragend in Form sein **II.** *vt* <-gg-> (*dated*) ■**to ~ sb out** jdn herausputzen
fig³ [fɪg] **I.** *n abbrev of* **figure** Abb. *f* **II.** *adj inv abbrev of* **figurative** fig.
figgy pudding *n* BRIT Rosinenpudding *m*
fight [faɪt] **I.** *n* ❶ (*violent combat*) Kampf *m* (**against/for** gegen/um *+akk*); (*brawl*) Rauferei *f;* (*involving fists*) Schlägerei *f;* **to give up without a ~** kampflos aufgeben ❷ BOXING Kampf *m,* Fight *m* ❸ MIL Gefecht *nt* (**against** gegen *+akk*) ❹ (*struggle, resistance*) Kampf *m* (**against/for** gegen/um *+akk*) ❺ (*quarrel*) Streit; **to have a ~ on one's hands** Ärger am Hals haben *fam* ❻ *no pl* (*inclination*) Kampfgeist *m;* **to knock** [*or* **take**] **the ~ out of sb** jdm seinen Kampfgeist nehmen; **to show some ~** (*defend oneself*) Widerstand leisten, sich *akk* zur Wehr setzen; (*show appetite for fighting*) Kampfgeist demonstrieren, sich *akk* kampflustig zeigen ▶ PHRASES: ~ **or flight!** friss oder stirb! *fam;* **to put up a** [**good**] ~ sich *akk* [tapfer] zur Wehr setzen; **to put up a ~ about sth** sich *akk* gegen etw *akk* wehren **II.** *vi* <fought, fought> ❶ (*combat violently*) kämpfen; ***the children were ~ing in the playground*** die Kinder rauften sich auf dem Spielplatz; **to ~ like cats and dogs** wie Hund und Katze sein; ■**to ~ against/for sth/sb** gegen/für etw/jdn kämpfen; ■**to ~ with each other** miteinander kämpfen ❷ (*wage war*) kämpfen; **to ~ to the death** auf Leben und Tod kämpfen; **to ~ to the bitter end** bis zum bitteren Ende kämpfen; **to ~ to the finish** bis zum Schluss [*o* letzten Augenblick] kämpfen; ■**to ~ on** weiterkämpfen, den Kampf fortsetzen; ■**to ~ against/for sb/sth** gegen/für jdn/etw kämpfen; **to ~ for the winning side** für die Sieger kämpfen; ■**to ~ with sb** (*battle against*) gegen jdn kämpfen; (*battle on same side*) an jds Seite *f* kämpfen ❸ (*quarrel*) sich *akk* streiten; ■**to ~ about sb/sth** sich *akk* über jdn/etw [*o* wegen einer Person/einer S. *gen*] streiten; ■**to ~ over sth/sb** sich *akk* um etw/jdn streiten ❹ (*struggle*) kämpfen; **to ~ at** [*or* **in**] **an election** bei einer Wahl kandidieren; **to ~ to clear one's name** um seinen guten Ruf kämpfen; ■**to ~ against sth** gegen etw *akk* [an]kämpfen, etw bekämpfen; ■**to ~ against sb** gegen jdn [an]kämpfen; ■**to ~ for sth** um etw *akk* kämpfen; **to ~ for breath** nach Luft ringen; **to ~ for a cause** für eine Sache kämpfen; **to ~ for life** um sein Leben kämpfen ❺ BOXING boxen; ■**to ~ against sb** gegen jdn boxen **III.** *vt* <fought, fought> ❶ (*wage war*) ■**to ~ sb/sth** gegen jdn/etw kämpfen; **to ~ a delaying action** den Feind im Kampf hinhalten; **to ~ a battle** eine Schlacht schlagen; **to ~ a duel** ein Duell austragen, sich *akk* duellieren ❷ (*dated: manoeuvre*) **to ~ ships/troops** Schiffe/Truppen kommandieren ❸ (*struggle to extinguish*) **to ~ a fire** ein Feuer bekämpfen, gegen ein Feuer ankämpfen ❹ (*strive to win*) **to ~ an action** einen Prozess durchkämpfen; **to ~ a case in** [*or* **through**] **the courts** einen Fall vor Gericht durchfechten; (*strive to beat*) ■**to ~ sb for sth** gegen jdn wegen einer S. *gen* einen Prozess führen ❺ (*struggle against, resist*) ■**to ~ sth** etw bekämpfen, gegen etw *akk* [an]kämpfen; **to ~ crime** das Verbrechen bekämpfen; **to ~ a disease** gegen eine Krankheit ankämpfen; ■**to ~ sb** gegen jdn [an]kämpfen ❻ (*in boxing*) ■**to ~ sb** gegen jdn boxen ❼ (*battle*) **to ~ one's way [out of sth]** sich *dat* den Weg [aus etw *dat*] freikämpfen; **to ~ one's way through the crowd** sich *dat* einen Weg durch die Menge bahnen; **to ~ one's way to the top** sich *akk* an die Spitze kämpfen ▶ PHRASES: **to ~ a losing battle** auf verlorenem Posten kämpfen; **to ~ one's corner** BRIT seinen Standpunkt verfechten; **to ~ fire with fire** mit den gleichen Waffen kämpfen; **to not be able to ~ one's way out of a brown paper bag** absolut bescheuert sein *fam;* **to ~ shy of sb/sth** jdm/etw aus dem Weg gehen
◆**fight back** **I.** *vi* zurückschlagen; (*defend oneself*) sich *akk* zur Wehr setzen; (*struggle, resist*) sich *akk* wehren **II.** *vt* ■**to ~ back** ↔ **sth** etw unterdrücken [*o* zurückhalten], gegen etw *akk* ankämpfen; **to ~ back the** [*or* **one's**] **tears** gegen die Tränen ankämpfen, die Tränen unterdrücken [*o* zurückhalten]
◆**fight down** *vt see* **fight back II**
◆**fight off** *vt* ❶ (*hit*) ■**to ~ off** ↔ **sb** jdn abwehren; **to ~ off a reporter** einen Reporter abwimmeln *pej* ❷ (*master*) ■**to ~ off** ↔ **sth** etw bekämpfen, gegen etw *akk* [an]kämpfen; **to ~ off a cold/depression** gegen eine Erkältung/Depression ankämpfen
◆**fight out** *vt* ■**to ~ it out** es ausfechten; (*compete also*) es austragen; ~ ***it out between you!*** (*fam*) macht das unter euch aus!
fightback *n* BRIT *esp* SPORTS (*also fig*) Gegenwehr *f,* Zurückschlagen *nt*
fighter ['faɪtəʳ, AM -t̬ɚ] *n* ❶ (*boxer*) Boxer(in) *m(f),* Fighter(in) *m(f)* ❷ (*plane*) Jäger *m,* Kampfflugzeug *nt* ❸ (*one who fights*) Kämpfer(in) *m(f)* ❹ (*one who resists*) Kämpfernatur *f*
fighter airplane *n* Kampfflugzeug *nt,* Jäger *m* **fighter-bomber** *n* Jagdbomber *m* **fighter pilot** *n* Jagdflieger(in) *m(f)*
fighting ['faɪtɪŋ, AM -t̬-] **I.** *n no pl* ❶ (*hostilities*) Kämpfe *mpl,* Gefechte *ntpl;* ***the ~ on the Eastern Front lasted for four years*** die Kämpfe an der Ostfront dauerten vier Jahre an ❷ (*fist fights*) Schlägereien *fpl,* Prügeleien *fpl* **II.** *adj attr, inv* kämpferisch, streitlustig; ***they were in a ~ mood*** sie waren kämpferisch gestimmt
fighting chance *n* reelle Chance; ***although the odds are against us we do have a ~ of getting a mortgage*** obwohl unsere Chancen schlecht stehen, besteht die Möglichkeit, dass wir ein Hypothekendarlehen bekommen; **there's a ~ that ...** es gibt eine reelle Chance, dass ... **fighting fit** *adj pred* topfit *fam* **fighting spirit** *n no pl* Kampfgeist *m* **fighting talk** *n no pl,* **fighting words** *npl* (*fam*) Kampfparolen *fpl*
fig leaf *n* Feigenblatt *nt;* (*fig*) Tarnung *f,* Feigenblatt *nt*
figment ['fɪgmənt] *n* Fantasieprodukt *nt,* Hirngespinst *nt pej;* **to be a ~ of sb's** [*or* **the**] **imagination** reine [*o* pure] Einbildung sein; ***this is a ~ of her imagination*** das bildet sie sich nur ein
figurative ['fɪgjʳətɪv, AM -jəˑt̬ɪv] *adj inv* ❶ (*metaphorical*) bildlich; LING figurativ *fachspr;* ~ **expression** bildlicher Ausdruck; ~ **meaning** übertragene Bedeutung; ~ **sense** übertragener [*o fachspr* figurativer] Sinn ❷ ART gegenständlich
figuratively ['fɪgjʳətɪvli, AM -jəˑt̬-] *adv inv* bildlich, figurativ *fachspr;* **to express sth ~** etw bildlich ausdrücken; **to be used ~** im übertragenen Sinn [*o fachspr* figurativ] gebraucht sein; ~ **speaking** bildlich gesprochen
figure ['fɪgəʳ] **I.** *n* ❶ (*silhouette of body*) Gestalt *f;*

F

(*personality*) Persönlichkeit *f;* (*in novel*) Gestalt *f;* **a ~ of fun** [*or* AM *usu* **ridicule**] eine Spottfigur [*o pej fam* Witzfigur]; **to be a mother ~ to sb** für jdn die Mutterrolle einnehmen; **to cut an elegant/a sorry ~** eine elegante/traurige Figur abgeben ❷ (*shape of body*) Figur *f;* **a fine ~ of a man** (*dated or hum*) ein Bild *nt* von einem Mann; **a fine ~ of a woman** eine stattliche Frau; **to be ~-conscious** figurbewusst sein; **to get one's ~ back** seine alte Figur wiederbekommen; **to keep one's ~** schlank bleiben ❸ MATH (*digit*) Ziffer *f;* (*numeral*) Zahl *f;* ***he is good at ~s*** er ist ein guter Rechner; **column of ~s** Zahlenreihen *pl;* **to have a head for ~s** sich *dat* Zahlen gut merken können; **double/single ~s** zweistellige/einstellige Zahlen; **to run into double ~s** im zweistelligen Bereich liegen; ***his income runs into five ~s*** [*or **he has a five~ income***] er hat ein fünfstelliges Einkommen; **to put a ~ on sth** etw in Zahlen ausdrücken; **in four/five ~s** vier-/fünfstellig; **in round ~s** rund [gerechnet]; **to work out the ~s** Kalkulationen vornehmen ❹ (*amount of money, cash*) Betrag *m;* **a high** [*or* **large**] **~** ein hoher Preis; *amount* eine hohe Summe; **sales ~s** Verkaufszahlen *pl,* Absatzzahlen *pl* ❺ (*bookkeeping, economic data*) ■**the ~s** *pl* ***Ms Smith, could you bring in the ~s for the Miller contract?*** Frau Schmitt, könnten Sie das Zahlenmaterial für den Miller-Vertrag bringen?; **unemployment ~s** Arbeitslosenzahlen *pl* ❻ (*illustration, representation*) Abbildung *f;* (*diagram*) Diagramm *nt* **II.** *vt* ❶ *esp* AM (*think, reckon*) ■**to ~ sth** (*anticipate, envisage*) etw voraussehen; (*predict*) etw voraussagen; (*estimate*) etw schätzen ❷ (*comprehend, work out*) ■**to ~ sth/sb** etw/jdn verstehen; ■**to ~ why/who/how ...** verstehen, warum/wer/wie ...; ***can you ~ how to open this box?*** hast du eine Ahnung, wie der Kasten aufgeht? **III.** *vi* ❶ (*feature*) eine Rolle spielen; (*appear*) erscheinen, auftauchen; (*he ~d prominently in my plans*) er spielte eine bedeutende Rolle in meinen Plänen; ***where does pity ~ in your scheme of things?*** welche Rolle spielt Mitleid in deiner Weltordnung? ❷ *esp* AM (*count on*) ■**to ~ on sth** mit etw *dat* rechnen ❸ (*make sense*) ***that*** [*or **it***] ***~s*** *esp* AM das hätte ich mir denken können; ***it doesn't ~*** das passt nicht zusammen ❹ (*fam: imagine*) **go ~** stell dir vor

◆**figure out** *vt* ❶ (*fam: comprehend*) ■**to ~ out ⊂ sth** etw herausfinden; ***I can't ~ out why he did it*** ich kann mir nicht erklären, warum er es tat; ***can you ~ out how to open this box?*** weißt du, wie man diese Schachtel aufmacht?; **to ~ out a problem** ein Problem lösen ❷ (*fam: calculate*) ■**to ~ out ⊂ sth** etw ausrechnen ❸ (*understand*) ■**to ~ out ⊂ sb** jdn verstehen [*o* begreifen]

◆**figure up** *vi* zusammenzählen; ***the holiday in Spain ~s up to $200*** die Urlaubskosten in Spanien belaufen sich auf 200 Dollar

-figure ['fɪgəʳ, AM -jɚ] *in compounds* -stellig; **a four/five/six~ salary** ein vier-/fünf-/sechsstelliges Gehalt

figure eight *n* AM SPORTS (*figure of eight*) Achter *m*

figurehead ['fɪgəhed, AM -jɚ-] *n* (*also fig*) Galionsfigur *f a. fig* **figure-hugging** *adj inv* hauteng **figure of eight** <*pl* figures of eight> *n* BRIT, AUS SPORTS Achter *m* **figure of speech** <*pl* figures-> *n* (*rhetorical device*) Redefigur *f,* Redensart *f;* (*simile*) Redewendung *f;* ***it's just a ~*** (*fam*) das habe ich nur so gesagt *fam* **figure-skater** *n* Eiskunstläufer(in) *m(f)* **figure-skating** *n no pl* Eiskunstlauf *m*

figurine ['fɪgjəri:n, AM ˌfɪgju:'ri:n] *n* ART Figurine *f fachspr,* Statuette *f*

Fijian [fi:'dʒi:ən] **I.** *adj inv* Fidschi-, der Fidschi-Inseln *nach n* **II.** *n* Fidschi-Insulaner(in) *m(f)*

filament ['fɪləmənt] *n* ❶ (*fibre*) Faden *m,* Faser *f* ❷ ELEC Glühfaden *m* ❸ BOT Filament *nt fachspr,* Staubfaden *m*

filbert ['fɪlbət, AM -bɚt] *n* ❶ (*tree*) Haselnussstrauch *m* ❷ (*nut*) Haselnuss *f*

filch [fɪltʃ] *vt* (*fam*) ■**to ~ sth** etw mitgehen lassen *fam,* etw mopsen *fam*

file¹ [faɪl] **I.** *n* ❶ (*folder*) [Akten]hefter *m;* (*hardback with a spine*) [Akten]ordner *m;* (*loose-leaf*) [Akten]mappe *f;* **box ~** kastenförmiger Aktenordner; ***you'll find it in the ~s under C*** das muss in den Akten unter C sein ❷ (*information, database*) Akte *f* (**on** über +*akk*); **the Reg Jones ~** die Akte Reg Jones; **to place sth on ~** etw zu den Akten nehmen; **to keep a ~ on sb/sth** eine Akte über jdn/etw führen; **to open** [*or* **start**] **a ~** eine Akte anlegen ❸ (*records*) ■**~s** *pl* Unterlagen *fpl,* Akten *fpl;* ***your report will be put into our ~s*** wir werden ihren Bericht zu unseren Akten nehmen; **to be in** [*or* **on**] **sb's ~** in jds Akten [*o* Unterlagen] *fpl* sein ❹ COMPUT Datei *f;* **to copy/delete/save a ~** eine Datei kopieren/löschen/speichern ► PHRASES: **to keep sth on ~** etw aufbewahren **II.** *n modifier* **~ copy** Aktenkopie *f* **III.** *vt* ❶ (*put in folder*) ■**to ~ sth** etw ablegen; (*not loose also*) etw abheften; ***we ~ these reports under country of origin*** wir ordnen diese Berichte unter dem Ursprungsland ein; ***these scripts are ~d according to the author's last name*** diese Texte werden nach dem Nachnamen des Autors archiviert ❷ (*submit*) **to ~ a bid** ein Angebot abgeben; **to ~ a claim for sth** einen Anspruch auf etw *akk* erheben; ***claims were ~d for enormous damages against tobacco companies*** die Zigarettenindustrie wurde mit enormen Schadenersatzforderungen konfrontiert; **to ~ a petition** einen Antrag stellen; **to ~ a petition in bankruptcy** (*one's own*) Konkurs anmelden; (*sb else's*) Konkurs beantragen; **to ~ a protest** Einspruch einlegen; **to ~ a suit against sb/sth** eine Klage gegen jdn/etw einreichen; **to ~ a tax return** eine Steuererklärung abgeben ❸ JOURN **to ~ a copy/report/story** ein Manuskript/einen Bericht/eine Geschichte einsenden **IV.** *vi* LAW ■**to ~ for sth** auf etw *akk* klagen; **to ~ for bankruptcy** einen Konkursantrag stellen, Konkurs anmelden; **to ~ for divorce** die Scheidung beantragen

◆**file away** *vt* ■**to ~ away ⊂ sth** etw zu den Akten legen; (*fig*) etw im Gedächtnis behalten

file² [faɪl] **I.** *n* ❶ (*line*) Reihe *f;* **a ~ of children** eine Reihe Kinder; **in ~** in Reih und Glied; **in single ~** im Gänsemarsch; **to stand in single ~** in Reihe stehen ❷ + *sing/pl vb* MIL Abteilung *f* ❸ CHESS Reihe *f* **II.** *vi* ■**to ~ into sth** nacheinander in etw *akk* [herein]kommen; ***hundreds of tourists ~d past the monument*** Hunderte von Touristen defilierten an dem Denkmal vorbei; ***the visitors ~d through the entrance to the ticket offices*** die Besucherschlange reichte durch den Eingang bis zum Kartenschalter

file³ [faɪl] **I.** *n* (*tool*) Feile *f* **II.** *vt* (*smooth*) ■**to ~ sth** etw feilen; **to ~ one's nails** sich *dat* die Nägel feilen; ■**to ~ sth down** etw abfeilen

◆**file away, file off** *vt* ■**to ~ away** [*or* **off**] **⊂ sth** etw abfeilen

◆**file through** *vi* ■**to ~ through sth** etw durchfeilen

file cabinet *n* AM Aktenschrank *m* **file extension** *n* COMPUT Datei[namen]erweiterung *f,* Dateikennung *f* **file manager** *n* COMPUT Dateimanager *m* **file name** *n* COMPUT Dateiname *m* **file server** *n* COMPUT File Server *m fachspr*

filet ['fɪleɪ, AM fɪ'leɪ] *n* ❶ FOOD *see* **fillet** ❷ *no pl* (*net*) Filetarbeit *f,* Netzstickerei *f*

filet mignon *n no pl* FOOD Filet mignon *nt*

filial ['fɪliəl] *adj attr, inv* (*form*) ❶ (*of a son, daughter*) Kindes-; **~ duty** Kindespflicht *f geh;* (*of a son also*) Sohnespflicht *f geh;* **~ obedience/respect** kindlicher Gehorsam/Respekt; **~ piety** kindliche Ergebenheit ❷ BIOL Filial- *fachspr;* **~ generation** Filialgeneration *f fachspr*

filibuster ['fɪlɪbʌstəʳ, AM -ɚ] **I.** *n esp* AM ❶ (*obstruction*) Verschleppung *f,* Obstruktion *f geh* ❷ (*obstructing person*) Dauerredner(in) *m(f)* **II.** *vi esp* AM Obstruktion betreiben *geh* **III.** *vt* **to ~ legislation/a measure** ein Gesetz/eine Maßnahme [durch Verschleppung] zu Fall bringen

filibustering ['fɪlɪbʌstərɪŋ] *n no pl esp* POL Filibustern *nt,* Obstruktionismus *nt,* Verschleppungstaktik *f* (*durch endloses Redenhalten*)

filigree ['fɪlɪgri:] **I.** *n no pl* Filigran *nt,* Filigranarbeit *f* **II.** *n modifier* Filigran-; **~ ornament** feingliedrige Verzierungen; **~ silverwork** sorgfältige Silberarbeit

filing ['faɪlɪŋ] *n* ❶ *no pl* (*archiving*) Ablage *f;* ***her job involves ~*** zu ihren Aufgaben gehört auch die Ablage ❷ (*registration*) Einreichung *f;* **bankruptcy ~** Konkursanmeldung *f* ❸ *no pl* COMPUT Archivierung *f*

filing cabinet *n* ❶ (*furniture*) Aktenschrank *m* ❷ (*container for file cards*) Karteikasten *m* **filing clerk** *n* Archivangestellte(r) *f(m),* Registrator(in) *m(f)*

filings ['faɪlɪŋz] *npl* (*particles*) [Feil]späne *mpl;* **iron ~** Eisenspäne *mpl*

filing system *n* ECON Ablagesystem *nt;* COMPUT Archivierungssystem *nt*

Filipino [ˌfɪlɪ'pi:nəʊ, AM noʊ] **I.** *adj inv* philippinisch **II.** *n* <*pl* -s> Philippino, Philippina *m, f,* Bewohner(in) *m(f)* der Philippinen

fill [fɪl] **I.** *n* ❶ (*bearable amount*) **to drink one's ~** seinen Durst stillen; **to eat one's ~** sich *akk* satt essen; **to have one's ~ of sth** von etw *dat* genug haben ❷ (*space full*) Füllung *f;* **~ of gasoline** [*or* **petrol**] Tankfüllung *f;* **a ~ of tobacco** eine Pfeife Tabak; **to have had one's ~ of sth** genug von etw *dat* haben ❸ *no pl* (*material*) Verfüllung *f,* Aufschüttung *f* **II.** *vt* ❶ (*make full*) ■**to ~ sth** etw füllen; **to ~ a bottle** eine Flasche [voll] füllen [*o* abfüllen]; **to ~ a pipe** eine Pfeife stopfen ❷ (*occupy to capacity*) ■**to ~ sth** etw füllen; **to ~ a stadium** ein Stadion füllen ❸ (*seal, block*) ■**to ~ sth** [**with sth**] etw [mit etw *dat*] füllen; **to ~ a cavity** [*or* **hole**] ein Loch füllen; **to ~ a crack** einen Spalt [*o* Riss] verspachteln; **to ~ a tooth** einen Zahn plombieren ❹ FOOD ■**to ~ sth** [**with sth**] etw [mit etw *dat*] füllen; ***~ the mushrooms with the prepared stuffing*** die Pilze mit der vorbereiteten Füllung füllen ❺ (*pervade*) ■**to ~ sth** etw erfüllen; ***happy sounds ~ed the room*** der Raum war mit [*o* von] fröhlichen Klängen erfüllt; ***a strong sweet smell ~ed the air*** ein starker, süßer Geruch lag in der Luft ❻ (*cause to feel*) ■**to ~ sb with sth** jdn mit etw *dat* erfüllen *geh;* **to ~ sb with fear** jdn mit Furcht erfüllen *geh* ❼ NAUT **to ~ a sail** ein Segel aufblähen ❽ (*appoint to hold*) **to ~ a vacancy/job/position** [**with sb**] eine freie Stelle/Position [mit jdm] besetzen ❾ (*carry out duties of*) **to ~ a role/position** eine Rolle/Position übernehmen ❿ (*utilize*) ■**to ~ the day/time** [**with sth**] den Tag/die Zeit [mit etw *dat*] ausfüllen [*o* verbringen]; **to ~ the day/time** [**by**] **watching television** den Tag/die Zeit mit Fernsehen verbringen; (*bridge*) **to ~ time** die Zeit überbrücken ⓫ (*satisfy*) **to ~ a need** einen Bedarf [ab]decken; **to ~ a gap** [*or* **need**] **in the market** in eine Marktlücke stoßen, eine Marktlücke schließen; **to ~ an order** einen Auftrag ausführen; **to ~ a prescription** AM eine Medizin zubereiten; **to ~ a vacuum** [*or* **void**] eine Lücke schließen ⓬ (*satiate*) ■**to ~ sb** jdn sättigen [*o* satt machen]; (*fig*) jdn zufrieden stellen **III.** *vi* ❶ (*make full*) sich *akk* füllen; ■**to ~ with sth** sich *akk* mit etw *dat* füllen; ***their eyes ~ed with tears*** sie hatten Tränen in den Augen, ihnen traten [die] Tränen in die Augen; ***the buckets were quickly ~ing with water*** die Eimer waren schnell voller Wasser ❷ AM ECON, FIN **~ or kill** [einen/den Börsenauftrag] unverzüglich ausführen oder stornieren, [eine/die Option] ausüben oder aufgeben

◆**fill in I.** *vt* ❶ (*inform*) ■**to ~ in ⊂ sb** [**on sth**] jdn [über etw *akk*] informieren [*o* unterrichten] ❷ BRIT (*fam: hit*) ■**to ~ in ⊂ sb** jdn zusammenschlagen [*o* krankenhausreif schlagen] *fam* ❸ (*seal*) ■**to ~ in ⊂ sth** etw [aus]füllen; **to ~ in a hole with putty/cracks in the plaster** ein Loch mit Kitt/Risse im Putz zuspachteln [*o* verspachteln] ❹ ART ■**to ~ in ⊂ sth** etw ausmalen ❺ (*complete*) ■**to ~ in ⊂ sth** etw ausfüllen; **to ~ in a form** ein Formular ausfüllen ❻ (*enter*) ■**to ~ in ⊂ sth** etw eintragen; ***please ~ in your name and address*** bitte Namen und Anschrift eintragen ❼ (*occupy*) ■**to ~ in the time** [**by**] **doing sth** die Zeit mit etw *dat* ausfüllen [*o* verbringen]; (*bridge*) **to ~ in the time** die Zeit überbrücken **II.** *vi* ■**to ~ in** [**for sb**] [für jdn] einspringen

◆**fill out I.** *vt* ■**to ~ out ⊂ sth** etw ausfüllen; **to ~**

out a form ein Formular ausfüllen **II.** *vi* (*expand*) sich *akk* ausdehnen; (*gain weight*) fülliger werden
◆fill up I. *vt* ① (*render full*) ▪**to ~ up** ⊂ **sth** etw voll füllen; **to ~ up a bucket with water** einen Eimer mit Wasser [voll] füllen ② (*occupy entire space*) ▪**to ~ up** ⊂ **sth** etw ausfüllen; ***the painting ~s up the entire wall*** das Bild füllt die gesamte Wand aus ③ Brit (*fill in*) ▪**to ~ up** ⊂ **sth** etw ausfüllen; **to ~ up a document** ein Dokument ausfüllen ④ Auto **to ~ up a car/the petrol** [*or* Am **gas**] **tank** ein Auto voll tanken/den Tank voll machen; ***I ~ed up the car with diesel fuel*** ich tankte das Auto mit Diesel voll; ~ ***it up with unleaded, please!*** einmal bleifrei voll tanken, bitte! ⑤ (*occupy*) ***after her death he ~ed up his timetable with as many appointments as possible to take his mind off the tragedy*** nach ihrem Tod traf er jeden Tag so viele Verabredungen wie möglich, um sich von der Tragödie abzulenken; **to ~ up the day with appointments** den Tag mit Terminen voll packen *fam;* **to ~ up one's time** sich *dat* viel vornehmen ⑥ Food ▪**to ~ up** ⊂ **sb** jdn satt bekommen; ▪**to ~ oneself up** sich *akk* voll stopfen *fam* **II.** *vi* ① (*become full*) sich *akk* füllen; ▪**to ~ up with sth** sich *akk* mit etw *dat* füllen; ***the hall ~ed up with visitors*** die Halle füllte sich mit Besuchern ② Auto [voll] tanken
filled gold *n no pl* Golddoublé *nt* **filled milk** *n no pl mit Pflanzenöl verstärkte Magermilch*
filler ['fɪləʳ, Am -ɚ] *n* ① (*sb that fills*) Abfüller(in) *m(f)* ② (*sth that fills*) Füllvorrichtung *f;* (*funnel*) Trichter *m* ③ *no pl* (*for cracks*) Spachtelmasse *f;* **wood ~** Porenfüller *m* ④ (*for adding bulk*) Füllmaterial *nt,* Füllmittel *nt;* **foam ~** Schaumfüllstoff *m* ⑤ Journ, TV, Radio Lückenfüller *m* ⑥ Ling Füllwort *nt* ⑦ *no pl* Am (*tobacco*) Tabak *m*
filler cap *n* Tankdeckel *m,* Tankverschluss *m*
fillet¹ ['fɪleɪ, 'fɪlɪt, Am fɪ'leɪ, 'fɪlɪt] *n* Food Filet *nt*
fillet² ['fɪlɪt] **I.** *n* ① (*headband*) Stirnband *nt* ② (*separating mouldings*) Leiste *f,* Rippe *f;* (*between flutes*) Kannelüre *f fachspr* ③ Typo, Publ Filet *nt fachspr,* [Buch]zierstreifen *m;* (*tool*) Filete *f fachspr* ④ (*on walls, furniture, windows*) Hohlkehle *f,* Deckleiste *f* **II.** *vt* ① (*remove bones*) **to ~ a fish** einen Fisch entgräten ② (*cut into pieces*) **to ~ fish/meat** Fisch/Fleisch filetieren
fillet steak *n* Filetsteak *nt*
filling ['fɪlɪŋ] **I.** *n* ① (*material*) Füllmasse *f,* Füllmaterial *nt* ② (*for dental cavities*) Füllung *f,* Plombe *f veraltend* ③ Food Füllung *f;* (*in a sandwich*) Belag *m* **II.** *adj* sättigend
filling station *n* Tankstelle *f*
fillip ['fɪlɪp] **I.** *n* ① *usu sing* (*stimulus*) Ansporn *m kein pl;* (*boost*) Auftrieb *m;* **to give sb a ~, to provide a ~ for** [*or* **to**] **sb** (*encourage*) jdn anspornen; (*give a boost*) jdm Auftrieb geben; **to give sth a ~, to provide a ~ for** [*or* **to**] **sth** (*stimulate*) etw beleben [*o fam* in Schwung bringen]; (*give a boost*) etw *dat* Auftrieb geben; ***the news gave the stock market a big ~*** die Meldungen führten zu einer deutlichen Belebung des Aktienmarkts ② (*dated: flick*) Schnipser *m,* Schnalzer *m* ③ (*strike*) Klaps *m* **II.** *vt* ① (*dated: flick*) ▪**to ~ sth** mit etw *dat* schnipsen [*o* schnalzen] ② (*strike*) ▪**to ~ sb/sth** jdm/etw einen Klaps geben ③ (*stimulate*) ▪**to ~ sth** etw beleben [*o fam* in Schwung bringen]; (*encourage*) ▪**to ~ sb** jdn anspornen; **to ~ sb's memory** jds Gedächtnis *nt* auf die Sprünge helfen *fam*
fill-up ['fɪlʌp] *n* ① (*making full*) Auftanken *nt,* Volltanken *nt* ② (*filler*) Füller *m,* Füllmaterial *nt pej*
filly ['fɪli] *n* ① Zool Stutenfohlen *nt,* junge Stute ② (*dated: girl*) Bienchen *nt hum veraltend*
film [fɪlm] **I.** *n* ① (*motion picture*) Film *m;* ***she's had a long career in ~s*** sie hat eine lange Filmkarriere hinter sich; **to get into the ~s** zum Film gehen; **to make** [*or* **shoot**] **a ~** einen Film drehen; **to see** [*or* **watch**] **a ~** sich *dat* einen Film ansehen ② *no pl* (*for cameras*) Film *m;* **a roll of ~** eine Rolle Film; **to develop a roll of ~** einen Film entwickeln; **to catch** [*or* **record**] **sth on ~** etw auf Film festhalten; **to run out of ~** keinen Film mehr haben ③ (*layer*) Schicht *f,* Film *m;* **~ of grease/oil** Schmier-/Ölfilm *m* ④ (*sheet*) Folie *f;* **plastic ~** Kunststofffolie *f,* Plastikfolie *f* **II.** *n modifier* (*actor, career, industry, producer*) Film-; ***Hollywood is the ~ capital of the world*** Hollywood ist die Filmhauptstadt der Welt; **~ buff** Filmfan *m;* **~ censorship** Filmzensur *f;* **~ scenario** Film Szenario *nt fachspr* **III.** *vt* ① (*photograph*) ▪**to ~ sb/sth** jdn/etw filmen; (*shoot*) **to ~ a scene** eine Szene drehen ② (*reproduce*) **to ~ a book** ein Buch verfilmen **IV.** *vi* ① (*make a movie*) filmen, drehen ② (*transfer to film*) **to ~ well/badly** *book, story* sich *akk* gut/schlecht verfilmen lassen; *person* fotogen/nicht fotogen sein; ***this story ~s well*** diese Geschichte eignet sich gut zum Verfilmen
◆film over *vi* (*become tearful*) ***suddenly, her eyes ~ed over*** [**with tears**] plötzlich traten Tränen in ihre Augen *akk;* (*haze*) anlaufen, beschlagen
film archives *npl* Filmarchiv *nt* **film camera** *n* Filmkamera *f* **film clip** *n* [Film]ausschnitt *m* **film credits** *npl* [Film]abspann *m* **film critic** *n* Filmkritiker(in) *m(f)* **film director** *n* Filmregisseur(in) *m(f)* **filmgoer** *n* Kinobesucher(in) *m(f);* (*regular*) Kinogänger(in) *m(f)* **filmgoing** *n no pl* Kinobesuch *m;* ~ ***is for her something of a luxury*** ins Kino zu gehen ist für sie fast schon Luxus
filmic ['fɪlmɪk] *adj* (*form*) filmisch *attr,* Film-
filminess ['fɪlmɪnəs] *n no pl* ① (*translucence*) Durchsichtigkeit *f* ② (*haziness*) Verschwommenheit *f;* ***there was a ~ in her eyes*** sie hatte ganz verschwommene Augen
filming ['fɪlmɪŋ] *n no pl* ① (*making of a film*) Dreharbeiten *fpl;* ~ ***is taking place in the Spanish countryside*** die Dreharbeiten finden in Spanien auf dem Land statt; ***after three weeks of ~ there is not a great deal more that a director can teach the actors*** nach drei Wochen Dreharbeiten kann der Regisseur den Schauspielern nicht viel mehr Neues vermitteln ② (*making into a film*) **the ~ of a book** die Verfilmung eines Buchs
film-maker *n* Filmemacher(in) *m(f)* **film-making** *n no pl* Filmproduktion *f* **film noir** *n* ① *no pl* (*genre*) Film noir *m* ② (*film*) düsterer Film
filmography [fɪlm'ɒgrəfi, Am -'ɑːgrə-] *n* Filmografie *f*
film producer *n* Filmproduzent(in) *m(f)* **film projector** *n* [Film]projektor *m* **film rental** *n* ① (*price*) [Film]leihgebühr *f* ② (*company*) Filmverleih *m* **film rights** *npl* Filmrechte *pl* **film script** *n* Drehbuch *nt,* Skript *nt* **film set** *n* ① (*model*) Filmkulisse *f,* Dekoration *f* ② (*location*) Drehort *m,* Filmset *nt* **film speed** *n* ① (*sensitivity*) Lichtempfindlichkeit *f,* Filmempfindlichkeit *f* ② (*pace*) Laufgeschwindigkeit *f,* Frequenz *f* **film star** *n* Filmstar *m* **film starlet** *n* (*dated*) Filmsternchen *nt,* [Film]starlet *nt hum, pej* **filmstrip** *n* Film, Tech Filmstreifen *m,* Bildstreifen *m; esp* Sch (*sequence*) Filmabschnitt *m;* (*scene*) Filmszene *f* **film studio** *n* Filmstudio *nt,* Filmatelier *nt*
filmy ['fɪlmi] *adj* ① (*translucent*) hauchdünn, durchscheinend; **~ textile** durchsichtiger Stoff ② (*hazy*) trüb; **~ gaze** verschleierter Blick; **~ mist/smoke** leichter Nebel/Rauch
filofax® *n* Brit, **Filofax®** ['faɪlə(ʊ)fæks] *n* Brit Filofax® *m,* Terminplaner *m*
filo pastry [ˌfaɪləʊ'-, Am ˌfiːloʊ'-] *n no pl,* **filo dough** *n no pl* griechischer Blätterteig *f*
filter ['fɪltəʳ, Am -ɚ] **I.** *n* ① (*porous device*) Filter *m;* **water ~** Wasserfilter *m;* (*for coffee*) Kaffeefilter *m,* Filtertüte *f* ② (*for light*) Filter *m o nt;* **light ~** Lichtfilter *m,* optischer Filter ③ (*for frequencies*) Frequenzfilter *m* ④ Brit [**traffic**] **~** (*lane*) Abbiegespur *f;* (*light*) grünes Licht für Abbieger ⑤ Comput, Inet Filter *m* **II.** *n modifier* Filter-; **~ program** Comput Filterprogramm *nt fachspr* **III.** *vt* ① (*process, purify*) ▪**to ~ sth** etw filtern [*o bes fachspr* filtrieren] ② (*extract*) ▪**to ~ sth from sth** etw aus etw *dat* herausfiltern ③ (*fig: select*) **to ~ calls/people** Anrufe/Leute selektieren [*o* auswählen] **IV.** *vi* ① Brit Auto **to ~ left/right** sich *akk* links/rechts einordnen ② (*get*) ▪**to ~ into/out of sth** *liquid* in etw *akk*/aus etw *dat* sickern; *light, sound* in etw *akk*/aus etw *dat* dringen
◆filter down I. *vi* durchsickern; ***news ~ed down to us during the day*** die Neuigkeiten sind im Lauf des Tages bis zu uns durchgesickert **II.** *vt* ▪**to ~ down** ⊂ **sth** [**to sb**] etw [zu jdm] durchsickern lassen
◆filter in *vi* ① (*become known*) durchsickern ② Brit Auto sich *akk* einfädeln
◆filter out I. *vi* ① (*leak*) durchsickern ② (*leave*) nacheinander herausgehen [*o* herauskommen] **II.** *vt* ▪**to ~ sth** ⊂ **out** [**from sth**] etw [aus etw *dat*] herausfiltern
◆filter through *vi light* durchscheinen, durchschimmern; *liquid* durchsickern; *sound* durchdringen; (*fig*) *news, reports* durchsickern
filter bed *n* ① (*sewage treatment plant*) Kläranlage *f,* Klärbecken *nt* ② (*filtering layer*) Filterschicht *f,* Filterbett *nt* **filter coffee** *n no pl,* **filtered coffee** *n no pl* Filterkaffee *m* **filter lane** *n* Brit Abbiegespur *f* **filter paper** *n esp* Brit Filterpapier *nt* **filter tip** *n* ① (*cigarette*) Filterzigarette *f* ② (*filter*) Filter *m* **filter-tipped cigarette** *n* Filterzigarette *f*
filth [fɪlθ] *n no pl* ① (*dirt*) Dreck *m,* Schmutz *m;* (*faeces*) Kot *m* ② (*pej: obscenity*) Schmutz *m pej,* Schund *m pej fam* ③ (*foul language*) Obszönitäten *fpl,* Ausdrücke *mpl geh,* Schweinereien *fpl pej fam* ④ + *sing/pl vb* Brit (*pej! sl: police*) ▪**the ~** die Bullen *pl pej sl*
filthily ['fɪlθɪli] *adv* ① (*disgustingly*) widerlich *pej,* ekelhaft *pej fam* ② (*very*) schrecklich *fam,* furchtbar *fam;* **~ rich** stinkreich *sl*
filthiness ['fɪlθɪnəs] *n no pl* Schmutzigkeit *f fam*
filthy ['fɪlθi] **I.** *adj* ① (*dirty*) schmutzig, dreckig *fam,* verdreckt *pej fam* ② (*bad-tempered*) furchtbar; ***he was in a ~ mood*** er hatte furchtbare Laune; ***he's got a ~ temper*** er hat ein aufbrausendes Temperament; **~ look** vernichtender Blick; Brit (*fam: unpleasant*) *night, afternoon* scheußlich, furchtbar; **~ weather** Schmuddelwetter *nt fam* ③ (*pej fam: obscene*) schmutzig *pej,* unanständig; **~ language** obszöne [*o geh* unflätige] Sprache; **~ mind** schmutzige Fantasie *pej;* **~ habit** (*pej*) widerliche Angewohnheit *pej* ▸ Phrases: **~ lucre** schnöder Mammon *iron geh* **II.** *adv* (*fam*) schrecklich *fam,* furchtbar *fam;* **~ rich** stinkreich *sl*
filtration [fɪl'treɪʃᵊn] *n no pl* Filterung *f,* Filtrierung *f,* Filtration *f fachspr*
filtration plant *n,* **filtration unit** *n* Filteranlage *f,* Filtrationsanlage *f fachspr*
FIMBRA ['fɪmbrə] *n* Econ, Fin *acr for* **Financial Intermediaries, Managers and Brokers Regulatory Association** *Aufsichtsvereinigung für Finanzmakler, Finanzverwalter und Makler*
fin [fɪn] **I.** *n* ① (*appendage*) Flosse *f* ② (*flipper*) [Schwimm]flosse *f* ③ Aviat Seitenflosse *f;* Auto Heckflosse *f;* Naut Kielflosse *f,* Ruderflosse *f* ④ Am (*dated sl: money*) Fünfdollarschein *m* **II.** *vi* <-nn-> schwimmen **III.** *vt* <-nn-> ▪**to ~ sth** etw mit Flossen versehen
finagle [fɪ'neɪgl] (*fam*) **I.** *vt* ① (*cheat*) ▪**to ~ sb out of sth** jdn um etw *akk* betrügen ② (*fam: obtain*) ▪**to ~ sth** [sich *dat*] etw ergaunern, etw für sich *akk* rausholen **II.** *vi* ▪**to ~ around** herumgaunern *fam;* ▪**to ~ over sth** sich *akk* mit etw *dat* herumschlagen
final ['faɪnᵊl] **I.** *adj inv* ① *attr* (*last*) letzte(r,s); ***in the ~ analysis the client has the freedom to refuse the offer*** letzten Endes hat der Kunde die Freiheit, das Angebot abzulehnen; **~ chapter** Schlusskapitel *nt;* **~ closing date** letzter Schlusstag; **~ date for payment** letzter Zahlungstermin; **~ instalment** [*or* Am **installment**] [*or* **part**] letzte Rate, Abschlusszahlung *f;* **~ phase** [*or* **stage**] Endphase *f;* **~ product** Endprodukt *nt;* **to be in the ~ stages** sich *akk* im Endstadium befinden; ***the game was in the ~ stages*** das Spiel befand sich in der Schlussphase; **to give sth the ~ touch, to put the ~ touches to sth** etw *dat* den letzten Schliff geben; **~ result** Endergebnis *nt* ② (*decisive*) entscheidend; **~ decision** endgültige Entscheidung; **~ judgment** rechtskräfti-

F

ges Urteil; **to have the ~ say [on sth]** [bei etw *dat*] das letzte Wort haben ③ *(indisputable)* endgültig, definitiv; **that's ~!** *(fam)* und damit basta! *fam*; ***you're not going on that holiday and that's ~!*** du machst diesen Urlaub nicht und damit basta! *fam* **II.** *n* ① *(concluding match)* Endspiel *nt*, Finale *nt*; **to get [*or* go] [through] to the ~** ins Finale kommen ② *(final stage)* ■**~s** *pl* Finale *nt* ③ BRIT *(series of exams)* ■**~s** *pl* [Schluss]examen *nt*; **to take one's ~s** Examen machen ④ AM *(exam)* Abschlussprüfung *f* ⑤ PUBL, JOURN, MEDIA Spätausgabe *f* ⑥ MUS Schlusssatz *m*

final demand *n* FIN letzte Mahnung [*o* Zahlungsaufforderung] **final discharge** *n* ECON, FIN Tilgungsrate *f* **final dividend** *n* FIN [Ab]schlussdividende *f*

finale [fɪ'nɑːli, AM -'næli] *n* Finale *nt*; **grand ~** großes Finale; *(fig)* [krönender] Abschluss; ***the ovations were a rousing ~ to the match*** der Applaus war ein fulminanter Abschluss für das Spiel

final exam *n* AM *(last test)* Abschlussprüfung *f*; *(written test)* Abschlussklausur *f*; ***when is your algebra ~?*** wann schreibst du deine Algebraprüfung?

finalist ['faɪnəlɪst] *n* ① UNIV Examenskandidat(in) *m(f)* ② SPORTS Finalteilnehmer(in) *m(f)*, Finalist(in) *m(f)*

finality [fɪ'næləti, AM faɪ'nælət̬i] *n* ① *no pl (irreversible conclusion)* Endgültigkeit *f* ② *no pl (determination)* Entschiedenheit *f*, Bestimmtheit *f* ③ *(final act)* abschließende Handlung

finalization [ˌfaɪnəlaɪ'zeɪʃən, AM -lɪ'-] *n no pl* ① *(conclusion)* endgültiger Abschluss ② *(agreement)* endgültige Festlegung

finalize ['faɪnəlaɪz] *vt* ■**to ~ sth** ① *(complete)* etw zum Abschluss [*o* unter Dach und Fach] bringen ② *(agree on)* etw endgültig festlegen; **to ~ plans** Pläne endgültig ausarbeiten

finally ['faɪnəli] *adv inv* ① *(at long last)* schließlich; *(expressing relief)* endlich ② *(lastly)* zum Schluss ③ *(in conclusion)* abschließend, zum Schluss ④ *(conclusively)* endgültig; *(decisively)* bestimmt, entschieden

final solution *n (hist)* ■**the ~** die Endlösung *euph hist*

finance ['faɪnæn(t)s] **I.** *n* ① *no pl (money management)* Finanzwirtschaft *f*, Finanzwesen *nt*, Geldwesen *nt*; **corporate ~** Unternehmensfinanzen *pl*, Betriebsfinanzen *pl*; **personal ~** private Finanzen *pl*; **public ~** Staatsfinanzen *pl* ② *no pl (money)* Geldmittel *pl*, Geld *nt*; **to raise ~** Geld aufbringen [*o* beschaffen] ③ FIN ■**~s** *pl (assets)* Finanzen *pl*; *(fam: personal cash flow situation)* Finanzlage *f kein pl*; ***my ~s are quite low at the moment*** ich habe zurzeit nicht gerade viel Geld; ***my ~s won't run to a new car this year*** BRIT, AUS *(fam)* ich kann mir in diesem Jahr keine neues Auto leisten **II.** *n modifier* ECON, FIN **~ charge** Finanzierungskosten *pl*; **~ house deposits** Einlagen *pl* von Banken bei Finanzierungsgesellschaften **III.** *vt* ■**to ~ sb/sth** jdn/etw finanzieren

finance bill *n* ECON, FIN ① BRIT *(listing chancellor's budget)* jährlicher Haushaltsgesetzentwurf ② *(short-term credit bill)* Finanzwechsel *m* **finance company** *n*, **finance house** *n* Finanzierungsgesellschaft *f*; BRIT Kundenkreditbank *f*

financial [faɪ'næn(t)ʃəl] *adj inv* finanziell, Finanz-; *(fiscal)* Fiskal-; *(monetary)* Geld-; ***we've hired an attorney to look after her ~ affairs*** wir haben einen Anwalt mit der Verwaltung ihres Vermögens beauftragt; **~ adviser** [*or esp* AM **advisor**] Finanzberater(in) *m(f)*; **~ difficulties** finanzielle Schwierigkeiten; **~ institution** Finanz[ierungs]institut *nt*; **~ intermediary** Finanzintermediär *m*, Kapitalsammelstelle *f*; **~ resources** Geldmittel *pl*; **~ success** finanzieller Erfolg; **~ supermarket** Finanzsupermarkt *m*

financial adviser *n* FIN Finanzberater(in) *m(f)* **financial assets** *npl* ECON, FIN finanzielle Aktiva [*o* Vermögenswerte] **financial compensation** *n* ECON, FIN Finanzausgleich *m* **financial futures** *npl* Finanztermingeschäfte *pl*

financial futures contract *n* STOCKEX Finanzterminkontrakt *m* **financial instrument** *n* ECON, FIN Finanzpapier *nt*, Finanztitel *m* **Financial Intermediaries, Managers and Brokers Regulatory Association** *n no pl, + sing/pl vb* ECON, FIN ■**the ~** *Selbstüberwachungsorganisation der Londoner City für Treuhänder, Finanz- und andere Makler*

financially [faɪ'næn(t)ʃəli] *adv inv* finanziell; **to be ~ dependent on sb/sth** von jdm/etw finanziell abhängig sein; **~ sound** finanziell gesund; **to be ~ viable** finanziell rentabel sein; **~ weak** kapitalschwach

financial markets *npl* Finanzmärkte *mpl*

financials *npl* ECON, FIN *see* **financial futures**

Financial Secretary to the Treasury *n* BRIT Staatssekretär(in) *m(f)* für Finanzen **Financial Services Act** *n* ECON, FIN Bestimmungen *fpl* des britischen Finanzsektors **Financial Statement** *n* BRIT ■**the ~** Stellungnahme *f* der Regierung zur Finanzpolitik **Financial Times** *n* ECON, FIN **~ Actuaries Share Indices** Aktienindex *m* der Financial Times; **~ All-Share Index** Aktienindex *m* der Financial Times; **~ Industrial Group Share Index** Industrieaktienindex *m* der Financial Times; **~-Stock Exchange 100 Share Index** Aktienindex *m* der Financial Times; **~ 500 Share Index** Aktienindex *m* der Financial Times **financial year** *n* BRIT *(business year)* Geschäftsjahr *nt*; *(fiscal year)* Finanzjahr *nt*, Rechnungsjahr *nt*

financier [faɪ'næn(t)sɪəʳ, AM fɪ'næn(t)sɪɚ] *n* ① *(expert)* Finanzexperte, -in *m, f* ② *(capitalist)* Geldgeber(in) *m(f)*, Finanzier *m*

finch <*pl* -es> [fɪn(t)ʃ] *n* Fink *m*

find [faɪnd] **I.** *n* ① *(approv: asset, bargain)* Fund *m*; *(approv: person previously undiscovered)* Entdeckung *f* ② *(discovery, location)* Fund *m* **II.** *vt* <found, found> ① *(chance upon, come across)* ■**to ~ oneself somewhere** ***when we woke up we found ourselves in Calais*** als wir aufwachten, befanden wir uns in Calais; **to ~ happiness with sb** mit jdm glücklich werden; **to ~ support** Unterstützung finden ② *(track down, search for)* ■**to ~ sth/sb** etw/jdn finden; ***the bullet found its mark*** die Kugel fand ihr Ziel; ***I wish I could ~ more time to do the reading*** ich wünschte, ich hätte mehr Zeit für die Lektüre; ***she found her boyfriend a job*** sie besorgte ihrem Freund eine Stelle; **to ~ excuses** Ausreden finden; **to ~ a place/town/village on a map** eine Stelle/eine Stadt/ein Dorf auf einer Karte finden; **to ~ no reason [*or* cause] why ...** keinen Grund sehen, warum ...; **to ~ a replacement for sb/sth** Ersatz für jdn/etw finden; **to ~ the strength [to do sth]** die Kraft finden[, etw zu tun]; **to ~ the truth** die Wahrheit finden; **to ~ a use for sth** für etw *akk* Verwendung finden; ■**to ~ oneself** zu sich *dat* selbst finden; ■**to ~ what/where/who ...** herausfinden, was/wo/wer ... ③ *(acquire, get)* ■**to ~ sth** etw aufbringen; *money* etw auftreiben *fam* ④ MATH **to ~ the cube root of eight** die Kubikwurzel aus acht finden ⑤ *(experience)* ■**to ~ sb/sth [to be sth]** jdn/etw [als etw *akk*] empfinden; *(observe)* ■**to ~ sb/sth** jdn/etw antreffen [*o* vorfinden]; *(perceive)* jdn/etw sehen; ***do you also ~ Clive to be a nuisance?*** findest du auch, dass Clive total lästig ist?; ***Linda found living in Buenos Aires a fascinating experience*** für Linda war es eine faszinierende Erfahrung, in Buenos Aires zu leben ⑥ + *adj (in certain state)* ■**to ~ sb/sth ...** jdn/etw ... [auf]finden; ***she was found unconscious*** sie wurde bewusstlos aufgefunden; ***one day I found myself homeless*** eines Tages war ich plötzlich obdachlos; **to ~ oneself alone** auf einmal alleine sein; **to ~ sb guilty/innocent** LAW jdn für schuldig/unschuldig erklären ⑦ *(ascertain, discover)* ■**to ~ that ...** feststellen, dass ...; *(come to realize)* sehen, dass ...; ***you will ~ that I am right*** Sie werden schon sehen, dass ich Recht habe; ***I eventually found her reading a newspaper in the library*** ich fand sie schließlich Zeitung lesend in der Bibliothek ⑧ *(exist)* ■**to ~ sth** etw [vor]finden; ***you won't ~ many people cycling to work in New York*** du wirst nicht viele Leute finden, die in New York mit dem Rad zur Arbeit fahren ▸ PHRASES: **to ~ fault with sb/sth** an jdm/etw etwas auszusetzen haben; **to ~ one's feet** Fuß fassen; **to ~ one's tongue** die Sprache wiederfinden; **to ~ it in oneself [*or* one's heart] to do sth** es fertig bringen, etw zu tun **III.** *vi* <found, found> ■**to ~ against sb/sth** gegen jdn/etw entscheiden; ■**to ~ for sb/sth** zu Gunsten einer Person/einer S. *gen* entscheiden ▸ PHRASES: **seek and you shall ~** *(prov)* wer such[e]t, der findet

◆**find out I.** *vt* ① *(detect)* ■**to ~ out** ↔ **sb** jdn erwischen [*o* ertappen]; **to ~ out a thief** einem Dieb auf die Schliche kommen ② *(discover)* ■**to ~ out** ↔ **sth** etw herausfinden [*o* herausbekommen]; ■**to ~ out when/where/who ...** herausfinden [*o* herausbekommen], wann/wo/wer ...; ■**to ~ out that ...** herausfinden [*o* herausbekommen], dass ... **II.** *vi* dahinterkommen; ■**to ~ out about sb/sth** *(get information)* sich *akk* über jdn/etw informieren [*o* erkundigen]; *(learn)* über jdn/etw etwas erfahren

finder ['faɪndəʳ, AM -ɚ] *n* ① *(person) of sth lost* Finder(in) *m(f)*; *of sth unknown* Entdecker(in) *m(f)* ② *(telescope)* Sucherteleskop *nt*, Sucherfernrohr *nt* ③ *(of a camera)* Sucher *m* ▸ PHRASES: **~s keepers[, losers weepers]** *(fam)* wer's findet, dem gehört's *fam*

finder's fee *n* ECON, FIN Vermittlungsprovision *f*, Finderlohn *m*

fin de siècle <fins de siècle> [ˌfɛ̃(n)də'sjekl, AM ˌfɛ̃ndəsi'eklə] *n* Ende *nt* eines Jahrhunderts, Jahrhundertende *nt*; *(end of the 19th century)* Fin de Siècle *nt kein pl*

fin-de-siècle [ˌfɛ̃(n)də'sjekl, AM ˌfɛ̃ndəsi'eklə] *adj attr, inv* ① ART, LIT Fin-de-Siècle-; **~ art** die Kunst des Fin de Siècle ② *(decadent)* [Welt]untergangs-, Endzeit-; **~ feel** Endzeitstimmung *f*

finding ['faɪndɪŋ] *n* ① *(discovery)* Entdeckung *f* ② *(result of inquiry)* [Urteils]spruch *m*, Entscheidung *f*; *usu pl (result of investigation)* Ergebnis *nt*; *(statement)* Feststellung *f*, Befund *m*; ***the ~ was that the evidence is inadmissible*** das Gericht hat entschieden, dass die Beweise nicht zulässig sind ③ AM *(tools)* ■**~s** *pl* Handwerkszeug *nt kein pl* ④ LAW ■**~s** *pl* **the ~ of a commission of enquiry** die Ergebnisse einer Untersuchungskommission

fine¹ [faɪn] **I.** *adj* ① *pred, inv (acceptable, satisfactory)* in Ordnung *fam*, gut; ***seven's ~ by me*** sieben [Uhr] passt mir gut; *(iron)* ***that's all fine, but ...*** das ist schön und gut, aber ... ② *(admirable, excellent)* glänzend, ausgezeichnet, hervorragend; *performance, player* großartig; ***the ~st English painting of its time*** das beste englische Gemälde seiner Zeit; ***the ~st wines in the world*** die erlesensten Weine der Welt; **a ~ example** ein gutes Beispiel; **~ food** ausgezeichnetes Essen ③ *(iron: unpleasantly intense, nasty)* schön *iron fam*, fein; *(iron)* ***I had a ~ time repairing your car*** ich hatte meine helle Freude daran, dein Auto zu reparieren; **~ words** schöne Worte *iron* ④ *(slender, cut small)* fein; *slice* dünn; **~ features** *(approv)* feine Gesichtszüge ⑤ *(cloudless, pleasant)* schön; **~ weather** schönes Wetter ⑥ *(distinguished, noble)* edel *geh*; *manners* fein; *house* vornehm; *(sophisticated)* verfeinert; ***he appealed to my ~r feelings*** er appellierte an meine edleren Gefühle; **~ character** edler Mensch ⑦ *(understated)* fein; *(ingenious)* scharfsinnig; *(fig)* ***there's a ~ line between genius and madness*** Genie und Wahnsinn liegen oft nah beieinander; **~ distinction** feiner Unterschied; **~ nuance** feine Nuance; **~r points** Feinheiten *pl*; ***not to put too ~ a point on it ...*** um ganz offen zu sein ... **II.** *adv* ① *inv (acceptably, all right)* fein, [sehr] gut, prima *fam*; **to feel ~** sich *akk* gut fühlen; **to suit sb ~** jdm [sehr] gut passen; **to work ~** gut funktionieren ② *(thinly)* fein; ***the garlic wasn't cut ~ enough*** der Knoblauch war nicht fein genug geschnitten ▸ PHRASES: **to cut sth ~** etw mit Mühe und Not erreichen

fine² [faɪn] **I.** *n (punishment)* Geldstrafe *f*; **heavy/small ~** hohe/niedrige Geldstrafe; *(for minor offen-*

ces) Geldbuße *f*, Bußgeld *nt* **II.** *vt* ■**to ~ sb [for sth]** jdn [wegen einer S. *gen*] zu einer Geldstrafe verurteilen; (*for minor offences*) gegen jdn [wegen einer S. *gen*] ein Bußgeld verhängen; ***FIFA ~d the club $50,000 for bribing the referee*** die FIFA verurteilte den Klub zu 50.000 Dollar Geldstrafe für die Bestechung des Schiedsrichters

fine art *n no pl*, **fine arts** *npl* schöne Künste; ***she's a great lover of ~*** sie ist eine große Liebhaberin der schönen Künste; **to get [*or* have] sth down [*or* off] to a ~** (*fig*) etw zu einer wahren Kunst entwickeln

fine-grained *adj* ❶ (*detailed*) eingehend, detailgenau ❷ (*consisting of small particles*) feinkörnig

finely ['faɪnli] *adv* ❶ (*elegantly*) elegant, fein ❷ (*delicately, subtly*) fein; **a ~ balanced decision** ein wohl bedachter [*o geh* wohl erwogener] Entschluss; **to have ~ chiselled [facial] features** ein fein geschnittenes Gesicht [*o* Profil] haben; **~ tuned** fein eingestellt ❸ (*small*) fein; **~ ground** fein gemahlen

fineness ['faɪnnəs] *n no pl* (*lightness*) Feinheit *f*; (*thinness, slenderness*) Zierlichkeit *f*, Dünnheit *f*; (*sharpness*) Schärfe *f*; (*approv: delicacy, ornateness*) Feinheit *f*; (*elegance*) Eleganz *f*; (*beauty*) Schönheit *f*; (*exactness*) Genauigkeit *f*; (*exclusiveness*) Vornehmheit *f*; (*purity*) Reinheit *f*

fine print *n no pl* ■**the ~** das Kleingedruckte

finery ['faɪnᵊri, AM -ɚi] *n no pl* (*clothing*) Staat *m veraltend fam*; (*appearance*) Pracht *f*; ***we watched the stars arriving for the awards ceremony dressed up in all their ~*** wir beobachteten, wie die Stars prachtvoll gekleidet [*o veraltend* in vollem Staat] zur Preisverleihung erschienen

fines herbs [ˌfi:n'eəb, AM -'zerb] *npl* Fines Herbes *pl*, fein gehackte Kräuter *pl* (*Petersilie, Schnittlauch, Estragon und Thymian*)

finesse [fɪ'nes] **I.** *n no pl* ❶ (*delicacy*) Feinheit *f*, Finesse *f geh* ❷ (*skill*) Geschick *nt*, Gewandtheit *f* ❸ (*manipulation*) Kunstgriff *m*, Kniff *m* ❹ CARDS Schneiden *nt* **II.** *vt* ❶ (*achieve with skill*) ■**to ~ sth** etw deichseln [*o* drehen] *fam* ❷ (*trick*) ■**to ~ sb/sth** jdn/etw austricksen ❸ CARDS **to ~ a card** eine Karte schneiden

fine-tooth comb *n*, **fine-toothed comb** *n* fein gezahnter Kamm ▶ PHRASES: **to examine [*or* go through] [*or* go over] sth with a ~** etw sorgfältig unter die Lupe nehmen *fam* **fine-tune** *vt* ■**to ~ sth** etw fein [*o* genau] abstimmen; (*fig*) **to ~ the economy** die Wirtschaftsfaktoren genau aufeinander abstimmen

f'ing ['efɪŋ] *adv* (*fam!*) verdammt *fam*, verflucht *fam*

finger ['fɪŋgəʳ, AM -ɚ] **I.** *n* ❶ ANAT Finger *m*; ***the attendance at the poetry reading was dismal — the audience could be counted on the ~s of one hand*** das Interesse an der Gedichtlesung war enttäuschend – die Besucher konnte man an einer Hand abzählen; ***if you ever lay a ~ on him, you're in trouble!*** wenn du ihm auch nur ein Haar krümmst, bekommst du Ärger! *fam*; **first [*or* index] ~** Zeigefinger *m*; **middle [*or* second] ~** Mittelfinger *m*; **ring ~ [*or* third]** Ringfinger *m*; **little ~** kleiner Finger ❷ (*glove part*) Fingerling *m* ❸ *of alcohol* Fingerbreit *m* ❹ (*object*) schmaler Streifen, längliches Stück; **a ~ of bread** ein Streifen *m* [*o* Stück *nt*] Brot ▶ PHRASES: **to have a ~ in every pie** überall die Finger drin [*o* im Spiel] haben *fam*; **to have [*or* put] a ~ in the pie** AM die Hand im Spiel haben, mitmischen; **the ~ of suspicion** die Verdachtsmomente *pl*; ***the ~ of suspicion is pointing right at him*** die Verdachtsmomente weisen direkt auf ihn; **to be all ~s and thumbs** BRIT, AUS (*fam*) zwei linke Hände haben; **to have one's ~s in the till** sich *akk* bedienen *euph*, in die Kasse greifen *euph fam*; **to catch sb with their ~s in the till** jdn beim Griff in die Kasse ertappen *euph fam*; **to twist sb around one's little ~** (*fam*) jdn um den [kleinen] Finger wickeln *fam*; **to keep one's ~s crossed [for sb]** [jdm] die Daumen drücken *fam*; **to get [*or* pull] one's ~ out** BRIT, AUS (*fam*) sich *akk* ranhalten *fam*, Dampf dahinter machen *fam*; **to give sb the ~** AM (*fam*) jdm den Stinkefinger zeigen *fam*; **to not lift [*or* raise] a ~** keinen Finger rühren [*o* krumm machen] *fam*; ***he never lifts a ~ when it comes to cooking or washing up*** er kümmert sich überhaupt nicht um Kochen und Abspülen; **to put one's ~ on sth** den Finger auf etw *akk* legen; (*fig*) etw genau ausmachen; ***something seemed to be wrong but I couldn't put my ~ on exactly what it was*** irgendwas schien falsch zu sein, aber ich konnte nicht genau sagen, was es war; **to put the ~ on sb** (*fam*) jdn verpfeifen *fam* **II.** *vt* ❶ (*touch*) ■**to ~ sth** etw anfassen [*o* berühren]; (*feel, play with*) etw befingern *sl*, an etw *dat* herumfingern *fam* ❷ (*vulg: fondle*) ■**to ~ sb** jdn befummeln *pej fam* ❸ (*play upon*) **to ~ an instrument** mit den Fingern spielen; **to ~ the strings** in die Saiten greifen ❹ (*fam: inform on*) ■**to ~ sb [to sb]** jdn [bei jdm] verpfeifen *pej fam*; ***his brother ~ed him for arson*** sein Bruder hat ihn wegen Brandstiftung verpfiffen ❺ AM (*choose*) ■**to ~ sb for sth** jdn für etw *akk* aussuchen ❻ (*play*) **to ~ a passage** eine Passage spielen ❼ (*mark*) **to ~ music** Musik mit einem Fingersatz versetzen

fingerboard *n of string instruments* Griffbrett *nt*; *of keyboard instruments* Klaviatur *f*; *of an organ* Manual[e] *nt* **finger bowl** *n* Fingerschale *f* **finger buffet** *n* kaltes Buffet

-fingered ['fɪŋgəd, AM -ɚd] *in compounds* **five~/two~** mit fünf/zwei Fingern *nach n*

finger food *n no pl* Fingerfood *nt*

fingering ['fɪŋgᵊrɪŋ, AM -ɚ-] *n* MUS ❶ *no pl* (*technique*) Fingertechnik *f* ❷ (*marking*) Fingersatz *m*

fingermark *n* Fingerabdruck *m* **fingernail** *n* Fingernagel *m* **finger painting** *n* Malen *nt* mit Fingern **finger-pointing** *n no pl* Schuldzuweisungen *fpl* **fingerprint** **I.** *n* ❶ (*mark*) Fingerabdruck *m*; **to take sb's ~s** von jdm die Fingerabdrücke nehmen, jdm die Fingerabdrücke abnehmen ❷ (*characteristic*) unverwechselbares Kennzeichen **II.** *vt* ■**to ~ sb** von jdm die Fingerabdrücke nehmen, jdm die Fingerabdrücke abnehmen **fingertip** *n* Fingerspitze *f* ▶ PHRASES: **to be sth to one's ~s** BRIT, AUS durch und durch etw sein; ***she is French to the very ~s*** sie ist durch und durch Französin; **to have sth at one's ~s** etw perfekt [*o fam* aus dem Effeff] beherrschen

finicky ['fɪnɪki] *adj* (*pej*) ❶ (*fussy*) wählerisch, heikel DIAL *fam* ❷ BRIT (*fiddly*) kniff[e]lig, verzwickt, vertrackt; **~ job** komplizierte [*o* kniff[e]lige] Angelegenheit

finish ['fɪnɪʃ] **I.** *n* ❶ (*conclusion of race*) Endspurt *m*, Finish *nt*; (*point at which race ends*) Ziel *nt*; **close ~** Kopf-an-Kopf-Rennen *nt*; **to be in at the ~** in der Endrunde sein ❷ (*final stage*) Ende *nt*; **from start to ~** von Anfang bis Ende ❸ STOCKEX Börsenschluss *m* ❹ (*result, outcome*) Ergebnis *nt*; **close ~** POL knappes Ergebnis ❺ (*surface*) Oberflächenbeschaffenheit *f* ❻ (*workmanship*) Verarbeitung *f* ❼ (*final treatment*) letzter Schliff; (*sealing, varnishing*) Finish *nt*; *of fabric* Appretur *f*; *of furniture* Politur; *of coatings* letzte Schicht, Überzug *m* ▶ PHRASES: **a fight to the ~** (*hard fought throughout*) ein Kampf *m* bis aufs Messer *fam*; (*decisive result*) ein Kampf *m* bis zur Entscheidung **II.** *vi* ❶ (*cease, conclude*) enden, aufhören; ***I'm going to ~ with a new song*** ich werde mit einem neuen Lied schließen ❷ (*stop talking*) zu Ende kommen; **to ~ on an optimistic note** mit einer optimistischen Anmerkung schließen; ***have you quite ~ed?*** (*iron*) bist du endlich fertig? *fam* ❸ (*to come to the end of sth*) fertig werden; **to ~ first/second** als Erster/Zweiter fertig sein; SPORTS Erster/Zweiter werden ❹ (*come to an end*) enden, zu Ende gehen ❺ (*stop using*) ■**to ~ with sth** etw nicht mehr brauchen; (*end involvement in*) mit etw *dat* fertig sein *fam*; ***I'm ~ed with politics*** ich bin mit der Politik fertig *fam* ❻ (*conclude dealings with*) ■**to ~ with sb** mit jdm fertig sein *fam*; (*conclude love relationship*) mit jdm Schluss machen **III.** *vt* ❶ (*bring to end*) ■**to ~ sth** etw beenden; **to ~ a sentence** einen Satz zu Ende sprechen; ■**to ~ doing sth** mit etw *dat* fertig sein; ***have you ~ed reading?*** hast du zu Ende gelesen?; **to ~ reading a book** ein Buch zu Ende lesen [*o* fertig lesen] [*o* auslesen]; ***they ~ed the concert with their first hit*** sie ließen das Konzert mit ihrem ersten Hit ausklingen ❷ (*complete education*) **to ~ college/school** das College/die Schule abschließen ❸ (*bring to completion*) etw fertigstellen; (*give final treatment*) etw *dat* den letzten Schliff geben ❹ (*stop*) ■**to ~ sth** mit etw *dat* aufhören; ***I ~ work at 5 p.m. every day*** ich mache jeden Tag um 5 Uhr Feierabend ❺ FOOD ■**to ~ sth** (*eat*) etw aufessen; (*drink*) etw austrinken

◆**finish off** **I.** *vt* ❶ (*get done*) ■**to ~ sth** ↻ **off** etw fertigstellen; ***I want to ~ off this essay soon*** ich möchte diesen Aufsatz bald fertig schreiben ❷ (*make nice*) ■**to ~ sth** ↻ **off** etw *dat* den letzten Schliff geben ❸ FOOD ■**to ~ sth** ↻ **off** (*eat*) etw aufessen; (*drink*) etw austrinken ❹ (*beat*) ■**to ~ sb off** jdn bezwingen; (*tire out*) jdn schaffen [*o* fertig machen] *fam*; AM (*sl: murder*) jdn erledigen *fam* [*o sl* alle machen] **II.** *vi* ❶ (*end*) abschließen; ***dinner was delicious — let's ~ off with a coffee*** das Abendessen war vorzüglich – trinken wir doch einen Kaffee zum Abschluss ❷ (*get work done*) zum Abschluss kommen; ***if we don't ~ off today, …*** wenn wir heute nicht fertig werden, …

◆**finish up** **I.** *vi* ❶ (*get work done*) fertig werden; ***I have to ~ up before I can leave*** ich kann erst gehen, wenn ich fertig bin; ***let's ~ up with the dishes so we can go to bed*** bringen wir den Abwasch hinter uns, damit wir zu Bett gehen können ❷ *esp* BRIT, AUS (*end up*) enden; **to ~ up bankrupt/drunk/ruined** am Ende bankrott/betrunken/ruiniert sein; ***if you drive like that, you'll ~ up dead*** wenn du so fährst, bist du irgendwann tot; ■**to ~ up doing sth** ***I ~ed up spending more than I had planned*** am Ende gab ich mehr aus, als ich geplant hatte; **to ~ up at home/in California/on a farm** sich *akk* zu Hause/in Kalifornien/auf einer Farm wieder finden; **to ~ up in debt/trouble** am Ende in Schulden/Schwierigkeiten stecken; **to ~ up in hell/hospital/jail** in der Hölle/im Krankenhaus/im Gefängnis landen *fam* **II.** *vt* ■**to ~ up** ↻ **sth** (*eat*) etw aufessen; (*drink*) etw austrinken

finished ['fɪnɪʃt] *adj inv* ❶ *pred* (*done*) fertig, beendet; ■**to be ~ with sth** mit etw *dat* fertig sein ❷ (*completed*) fertig; ***the ~ product*** das Endprodukt; **half-~** halbfertig ❸ (*of refined workmanship*) vollendet, vollkommen, makellos; **beautifully/masterfully ~** wunderbar/meisterhaft bearbeitet; **~ wooden surface** ebenmäßige Holzoberfläche; **~ metal surface** polierte Metalloberfläche ❹ (*used up*) verbraucht, aufgebraucht; ***the juice is ~ and so are the cookies*** der Saft ist leer und Plätzchen sind auch keine mehr da ❺ (*worn out*) erschöpft, erledigt *fam*; ***after that run yesterday, I was ~*** nach dem Lauf war ich gestern fix und fertig ❻ (*ruined*) erledigt *fam*; *career* zu Ende

finishing ['fɪnɪʃɪŋ] *adj attr* Schluss-, abschließend; ***the ~ stroke to the detective story was that …*** als krönender Abschluss des Krimis stellte sich heraus, dass …

finishing line *n*, **finishing post** *n* SPORTS Ziellinie *f* **finishing school** *n* Mädchenpensionat *nt* **finishing tape** *n* SPORTS Ziellinie *f* **finishing touch** *n* letzter Schliff; **to put the ~es to [*or* AM, AUS on] sth** einer Sache *dat* den letzten Schliff geben

finite ['faɪnaɪt] *adj* ❶ (*limited*) begrenzt; **a ~ number of possibilities** eine begrenzte Anzahl an Möglichkeiten; MATH endlich; **~ number** endliche Zahl ❷ *inv* LING finit; **~ form** Personalform *f*

finito [fɪ'ni:təʊ, AM -oʊ] *adj pred, inv* (*fam: completed, accomplished*) finito *fam*; (*over and done with*) aus und vorbei; ***if you don't finish this one on time you're ~*** wenn du dieses Mal nicht rechtzeitig fertig wirst, ist es ein für alle Mal vorbei

fink [fɪŋk] **I.** *n* AM, AUS (*pej fam!*) ❶ (*informer*) Spitzel *m pej*; (*tattletale*) Lästermaul *nt pej* ❷ (*spoiler of fun*) Spielverderber(in) *m(f) pej* ❸ (*strikebreaker*) Streikbrecher(in) *m(f)* **II.** *vi* AM (*sl*) ■**to ~ on sb** (*betray*) jdn verpfeifen *pej sl*; (*tattletale*) über jdn lästern *pej*

◆**fink out** *vi* AM (*sl*) einen Rückzieher machen, abspringen *fam,* aussteigen *sl*
Finland ['fɪnlənd] *n* Finnland *nt*
Finn [fɪn] *n* Finne, -in *m, f*
Finnish ['fɪnɪʃ] **I.** *n* Finnisch *nt* **II.** *adj* finnisch; ***the ~ people*** die Finnen
fiord [fjɔ:d, AM fjɔ:rd] *n* Fjord *m*
fir [fɜ:ʳ, AM fɜ:r] *n* (*tree*) Tanne *f;* (*wood*) Tannenholz *nt*
fir-cone *n* BRIT Tannenzapfen *m*
fire ['faɪəʳ, AM -ɚ] **I.** *n* ① *no pl* (*flame*) Feuer *nt,* Flamme *f;* ***don't play with ~!*** spiel nicht mit dem Feuer!; **open ~** Lagerfeuer *nt* ② (*on hearth*) [Herd]feuer *nt;* **open ~** Kaminfeuer *nt;* **to light a ~** Feuer *nt* machen ③ (*stove*) Ofen *m;* **to put** [*or* **switch**] [*or* **turn**] **the ~ on** den Ofen anmachen; BRIT (*heating appliance*) Heizgerät *nt;* **electric ~** Elektroofen *m;* **gas ~** Gasofen *m;* **open ~** offener Kamin ④ *no pl* (*destructive burning*) Brand *m;* **~!** Feuer!; ***the library was destroyed by ~*** die Bibliothek ist völlig abgebrannt; **to be on ~** brennen, in Flammen stehen; **to catch ~** Feuer fangen, in Brand geraten; **to set sb/sth on ~, to set ~ to sb/sth** jdn/etw anzünden [*o* in Brand stecken] ⑤ (*conflagration*) Feuersbrunst *f,* Großfeuer *nt,* Großbrand *m;* ***he lost his house in a ~ recently*** sein Haus ist vor kurzem bei einem Großfeuer heruntergebrannt; **forest ~** Waldbrand *m;* **to put out the ~** das Feuer löschen ⑥ *no pl* (*hail of bullets*) Feuer *nt,* Beschuss *m;* ■**to be under ~** beschossen werden; MIL unter Feuer stehen; **to come under ~ from sb** von jdm unter Beschuss genommen werden, von jdm beschossen werden; **to come under ~ for sth** (*fig*) wegen einer S. *gen* unter Beschuss geraten *a. fig fam;* (*shooting*) Schießen *nt;* **in the line of ~** in der Schusslinie; **covering ~** Feuerschutz *m;* **killed by enemy/friendly ~** von feindlichem/eigenem Feuer getötet; **to cease ~** das Feuer einstellen; **to open ~ on sb** das Feuer auf jdn eröffnen; **to return ~** das Feuer erwidern ⑦ *no pl* (*fervour*) Feuer *nt;* LIT Glut *f;* (*burning passion*) Leidenschaft *f;* (*enthusiasm*) Begeisterung *f;* ***he is filled with the ~ of youth and his convictions*** er ist voller jugendlicher Leidenschaft und Begeisterung für seine Überzeugungen; ■**to be on ~** begeistert sein; ***my heart is on ~ for her*** mein Herz sehnt sich nach ihr ► PHRASES: **to have ~ in one's** [*or* **the**] **belly** (*have ambition*) Ehrgeiz haben; (*have enthusiasm*) begeisterungsfähig sein; **~ and brimstone** REL Hölle und Verdammnis; (*fig*) Tod und Verderben; **to breathe ~ and brimstone** Gift und Galle spucken [*o* speien]; **to pull the chestnuts** [*or* **fat**] **out of the ~** BRIT die Kastanien aus dem Feuer holen *fig fam;* **to jump out of the frying pan and into the ~** (*prov*) vom Regen in die Traufe kommen; **to get on like a house on ~** hervorragend miteinander auskommen; **there's no smoke without a ~** (*prov*) wo Rauch ist, ist auch Feuer *prov;* **to go through ~ and water for sb** (*dated*) für jdn durchs Feuer gehen *fig;* **to set the world** [*or esp* BRIT **Thames**] **on ~** die Welt erschüttern; **to hang ~** auf sich warten lassen; **to play with ~** mit dem Feuer spielen *fig* **II.** *n modifier* Feuer-; **~ control** Brandschutz *m;* MIL Feuerleitung *f;* **~ damage** Brandschaden *m,* Feuerschaden *m;* **~ precautions** Brandschutz *m,* Brandschutzmaßnahmen *fpl;* **~ prevention** Brandschutz *m,* Brandprävention *f;* **~ regulations** Feuerschutzbestimmungen *pl;* **~ risk** Brandrisiko *nt,* Feuergefahr *f* **III.** *vt* ① (*bake in kiln*) ■**to ~ sth** etw brennen ② (*shoot*) ■**to ~ sth** etw abfeuern; **to ~ a broadside** eine Breitseite abgeben; **to ~ a bullet** [*or* **shot**] einen Schuss abgeben; ***he ~d a warning shot into the air*** er feuerte einen Warnschuss in die Luft ab; **to ~ a gun at sb/sth** auf jdn/etw schießen; (*fig*) **to ~ questions at sb** jdn mit Fragen bombardieren; **to ~ a round** [*or* **volley**] einen Schuss [*o* eine Salve] abgeben; **to ~ a salute** Salut schießen ③ (*launch*) ■**to ~ sth** etw abschießen [*o* abfeuern]; ***bazookas were ~d almost every day that month at Sarajevo*** in diesem Monat wurde Sarajevo fast jeden Tag mit Bazookas beschossen; **to ~ a rocket** eine Rakete zünden [*o* abfeuern] ④ (*dismiss*) ■**to ~ sb** jdn feuern [*o* rausschmeißen] *fam;* ***this company uses a hire and ~ strategy*** diese Firma stellt ein und entlässt schnell ⑤ (*excite, electrify*) ■**to ~ sb** jdn begeistern [*o* in Begeisterung versetzen]; (*inspire*) jdn anregen [*o geh* inspirieren]; ***it ~d me with enthusiasm for literature*** es weckte die Begeisterung für Literatur in mir; **to ~ sb's imagination** jds Fantasie beflügeln **IV.** *vi* ① (*shoot*) feuern, schießen; ***without warning he started to ~ into the crowd*** er schoss ohne Vorwarnung in die Menge; ■**to ~ at sb/sth** auf jdn/etw feuern [*o* schießen] ② (*start up*) zünden; (*be operating*) funktionieren; **to ~ on all four cylinders** auf allen vier Zylindern laufen; (*fig*) voll funktionstüchtig sein; ***coffee might help — I'm not firing on all four cylinders today*** vielleicht hilft ja ein Kaffee – ich bin heute nicht so ganz da *fam*
◆**fire away** *vi* (*fam*) losschießen *fam;* ***I have a few questions — ~ away!*** ich habe ein paar Fragen – fangen Sie an!
◆**fire off** *vt* ■**to ~ sth ↔ off** etw abfeuern [*o* abschießen]; **to ~ off a gun** eine Schusswaffe abfeuern; **to ~ off a bullet** [*or* **shot**] einen Schuss abgeben, abfeuern
◆**fire up** *vt* (*fam*) ① (*excite, inspire*) ■**to ~ sb ↔ up** jdn begeistern (**about** für +*akk*) ② (*start*) ■**to ~ sth ↔ up** etw zünden
fire alarm *n* ① (*instrument*) Feuermelder *m;* **to sound the ~** den Feuermelder auslösen; ***if the ~ goes off leave the building quickly and calmly*** wenn der Feuermelder Alarm gibt, verlassen Sie das Gebäude schnell und in Ruhe ② (*sound*) Feueralarm *m* **fire alarm system** *n* Feuermeldeanlage *f,* Brandmeldeanlage *f* **firearm** *n* Schusswaffe *f,* Feuerwaffe *f* **firearms certificate** *n* Waffenschein *m* **fireball** *n* ① (*ball of flame*) Feuerball *m* ② ASTRON Feuerkugel *f* ③ METEO Kugelblitz *m* **fire blanket** *n* ① (*covering*) Feuerlöschdecke *f* ② (*apparatus*) Feuerpatsche *f* **firebomb I.** *vt* ■**to ~ sth** eine Brandbombe auf etw *akk* werfen **II.** *n* Brandbombe *f* **firebombing** *n* Brandbombenanschlag *m;* ***their offices were destroyed by ~ing*** ihre Büros wurden durch einen Brandanschlag zerstört **firebrand** *n* Brandfackel *f;* (*fig*) Aufwiegler(in) *m(f),* Unruhestifter(in) *m(f)* **firebreak** *n* Feuerschneise *f,* Brandschneise *f* **firebrick** *n* Schamottestein *m,* feuerfester Stein **fire brigade** *n* BRIT Feuerwehr *f* **firebug** *n* Brandstifter(in) *m(f),* Feuerteufel *m fam* **fire certificate** *n* Brandschutzbescheinigung *f* **firecracker** *n* Kracher *m,* Knallkörper *m;* (*fig*) **a ~ of an idea** eine zündende Idee, eine umstrittene [*o* heftig diskutierte] Idee; **a ~ of a policy** eine kontroverse Politik; **a ~ of a politician** ein entflammter Politiker/eine entflammte Politikerin, ein aufrührerischer Politiker/eine aufrührerische Politikerin **fire damage** *n* Brandschaden *m* **firedamp** *n no pl* (*sl*) Grubengas *nt,* Schlagwetter *nt* **fire department** *n* AM (*fire brigade*) Feuerwehr *f* **fire detection system** *n* Brandmeldeanlage *f,* Feuermeldeanlage *f* **fire door** *n* Brandschutztür *f* **fire drill** *n* (*for firemen*) Feuerwehrübung *f;* (*for others*) Feueralarmübung *f* **fire-eater** *n* Feuerschlucker(in) *m(f)* **fire engine** *n* Feuerwehrauto *nt,* [Feuer]löschfahrzeug *nt* **fire escape** *n* (*staircase*) Feuertreppe *f,* Nottreppe *f;* (*ladder*) Feuerleiter *f,* Rettungsleiter *f* **fire exit** *n* Notausgang *m* **fire exit route** *n* Fluchtweg *m* **fire extinguisher** *n* Feuerlöscher *m* **firefight** *n* MIL Feuergefecht *nt* **firefighter** *n* Feuerwehrmann, Feuerwehrfrau *m, f* **firefighting I.** *n no pl* Brandbekämpfung *f* **II.** *adj attr, inv* Feuerwehr-, Lösch-; **~ equipment** [Feuer]löscheinrichtung *f* **firefly** *n* Leuchtkäfer *m,* Glühwürmchen *nt fam* **fireguard** *n* (*in front of fireplace*) Kamingitter *nt;* (*person*) Brandwache *f* **fire hazard** *n* Brandrisiko *nt,* Brandgefahr *f;* **to be a ~** ein Brandrisiko darstellen **fire hose** *n* Feuerwehrschlauch *m,* [Feuer]löschschlauch *m* **fire house** *n* AM Feuerwache *f* **fire hydrant** *n* Hydrant *m* **fire-insurance** *n* Feuerversicherung *f,* Brandversicherung *f* **fire-irons** *npl* Kaminbesteck *nt* **firelight** *n no pl* Schein *m* des Feuers; **lit by ~** im Feuerschein, vom Feuer erleuchtet **firelighter** *n* Feueranzünder *m* **fireman** *n* Feuerwehrmann *m* **fireplace** *n* Kamin *m* **fireplug** *n* Hydrant *m* **firepower** *n no pl* (*amount of ammunition*) Feuerkraft *f;* (*fig: aggressive potential*) Schlagkraft *f* **fireproof I.** *adj* feuerfest, brandsicher; ELEC feuersicher; MECH feuerfest, feuersicher; **~ building board** Feuerschutzplatte *f;* **~ coating** Brandschutzbeschichtung *f;* **~ material** feuerbeständiges Material, feuerfester Stoff; **~ pottery** feuerfeste Töpferwaren; **~ wall** Brandmauer *f* **II.** *vt* ■**to ~ sth** etw feuerfest machen **fire-raiser** *n* BRIT Brandstifter(in) *m(f)* **fire-raising** *n no pl* BRIT Brandstiftung *f* **fire sale** *n* ECON, FIN Verkauf *m* brandgeschädigter Waren **firescreen** *n* AM, AUS Kamingitter *nt,* Schutzgitter *nt* **fireside** *n* [offener] Kamin; ■**by the ~** am Kamin; (*fig dated*) häuslicher Herd **fireside chat** *n,* **fireside address** *n* Plauderei *f* am Kamin; POL, MEDIA Fernsehansprache *f* (*eines Staatsoberhaupts vor einem offenen Kamin*) **fire starter** *n esp* AM [Feuer]anzünder *m* **fire station** *n* Feuerwache *f* **firestorm** *n* Feuersturm *m* **firetrail** *n* AUS Feuerschneise *f* **firetrap** *n* ① (*inflammable area*) feuergefährdeter Bereich ② (*place in a fire*) Feuerfalle *f* **fire wall** *n* ① ARCHIT Brandmauer *f,* Feuermauer *f* ② COMPUT Firewall *f fachspr* **fire warden** *n* AM ① (*watchman*) Brandwache *f,* Feuerwache *f* ② (*professional firefighter*) Feuerwehrmann, Feuerwehrfrau *m, f;* (*voluntary firefighter*) Feuerwehrhelfer(in) *m(f);* ***he was a volunteer ~*** er war bei der freiwilligen Feuerwehr **firewater** *n no pl* (*hum fam*) Feuerwasser *nt fam* **firewoman** *n* Feuerwehrfrau *f* **firewood** *n no pl* Brennholz *nt* **firework** *n* ① (*explosive*) Feuerwerkskörper *m;* **to let** [*or* AM **set**] **off ~s** Feuerwerkskörper anzünden [*o* abbrennen] ② ■**~s** *pl* (*display*) Feuerwerk *nt;* (*fig*) [Riesen]krach *m kein pl fam;* ***there'll be ~s if I get home too late*** wenn ich zu spät heimkomme, fliegen die Fetzen
firing ['faɪərɪŋ, AM 'faɪɚ-] *n* ① *no pl* (*shooting*) *of a gun* Abfeuern *nt; of a rocket* Abschießen *nt; of a shot* Abgeben *nt,* Abfeuern *nt;* **~ practice** Schießübung *f* ② *no pl* (*in a kiln*) Brennen *nt* ③ (*dismissal from work*) Rauswurf *m fam,* Rausschmiss *m fam*
firing line *n* Feuerlinie *f;* (*fig also*) Schusslinie *f;* ■**in** [*or* AM **on**] **the ~** in der Schusslinie (**of** +*gen*) **firing range** *n* Schussweite *f,* Reichweite *f* **firing squad** *n* (*at execution*) Exekutionskommando *nt;* (*at funeral*) Ehrensalutkommando *nt*
firm¹ [fɜ:m, AM fɜ:rm] *n* Firma *f,* Unternehmen *nt;* **~ of lawyers** [Rechts]anwaltsbüro *nt,* [Rechts]anwaltskanzlei *f;* **small ~** kleine Firma; **state-owned ~** staatliches Unternehmen
firm² [fɜ:m, AM fɜ:rm] **I.** *adj* ① (*steady*) stabil, fest; ***keep a ~ hold of the railing*** halten Sie sich am Geländer fest ② (*secure*) sicher, robust; ***the pole is ~ in its base*** der Pfosten ist gut befestigt; COMM *currency, market, shares* stabil ③ (*strong*) fest, stark; **~ grip** fester Griff; **to have a ~ grip on sth** etw fest in der Hand haben; **with a ~ hand** mit starker Hand; **~ handshake** kräftiger [*o* fester] Händedruck ④ (*strict*) entschieden, streng; ■**to be ~ with sb** gegenüber jdm bestimmt auftreten; ***love and a ~ hand are keys to successful childrearing*** Liebe und Disziplin sind die Grundlagen jeder erfolgreichen Kindererziehung ⑤ (*thorough*) zuverlässig, sicher; **~ basis** sichere Grundlage; **~ understanding** feste Vereinbarung ⑥ (*sure*) fest, sicher; ***we're appealing to the government for a ~ commitment to help the refugees*** wir fordern die Regierung dazu auf, eine definitive Zusage zur Unterstützung der Flüchtlinge abzugeben; ***some still claim that there is no ~ evidence linking smoking with cancer*** manche Leute behaupten noch immer, es gebe keine eindeutige Verknüpfung zwischen Rauchen und Krebs; **~ offer** verbindliches Angebot; ECON, FIN, STOCKEX **~ order** (*irrevocable*) Festauftrag *m,* feste Bestellung; (*to broker*) *Kundenauftrag zum Kauf oder Verkauf von Wertpapieren zu einem bestimmten Termin;* **~ sale** Festkauf *m* ⑦ (*hard*) fest, hart; **~ ground** fester Boden ⑧ (*staunch*) standhaft,

beständig; ~ **ally** enger Verbündeter/enge Verbündete; ~ **friend** enger Freund/enge Freundin; (*resolute*) entschlossen; **to be a ~ believer in sth** fest an etw *akk* glauben; ***~ in the belief that they could never be caught they didn't bother to hide the clues*** fest davon überzeugt, niemals gefasst zu werden, kümmerten sie sich nicht darum, die Hinweise zu beseitigen **II.** *adv* fest; **to hold ~** standhaft bleiben, nicht nachgeben; **to stand ~** eine feste Haltung einnehmen; (*fig*) unnachgiebig sein; **to stand ~ in sth** unerschütterlich bei etw *dat* bleiben; **to stay ~ in sth** bei etw *dat* standhaft bleiben **III.** *vi* sich *akk* stabilisieren [*o* festigen]; FIN *bonds* fester tendieren, anziehen; ***eurobonds have been ~ing lately*** Euroanleihen tendieren seit einiger Zeit fester

◆**firm up I.** *vt* ECON, FIN ■**to ~ sth** ↻ **up** etw festmachen, etw abschließen; **to ~ up a deal** (*fig*) ein Geschäft unter Dach und Fach bringen *fig* **II.** *vi* endgültig festlegen; *negotiations* konkret werden; *date* fest vereinbaren

firmament ['fɜːməmənt, AM 'fɜːrm-] *n no pl* (*liter*) ■**the ~** das Firmament *poet*, der Himmel

firmly ['fɜːmli, AM 'fɜːrm-] *adv* ❶ (*securely*) fest, sicher; ***sometimes it takes more courage to admit you are wrong than to stand ~*** manchmal braucht man mehr Mut, um einen Fehler einzugestehen, als um auf etwas zu beharren; **to be attached/held ~** fest angebracht [*o* gut befestigt] sein ❷ (*strongly*) fest; **to grip/hold sth ~** etw fest halten; **to shake sb's hand ~** jdm kräftig die Hand schütteln; (*with decision*) **to insist sth ~** auf etw *dat* fest beharren; **to say sth ~** etw mit Entschiedenheit sagen ❸ (*strictly*) entschieden, bestimmt; **to deal ~ with sb/sth** jdm/etw gegenüber bestimmt auftreten; **to reprimand sb ~** jdn entschieden zurechtweisen [*o* scharf tadeln] ❹ (*resolutely*) fest, bestimmt; ***we are ~ committed to reducing unemployment*** wir sind fest entschlossen, die Arbeitslosigkeit zu verringern; **to believe ~ that ...** fest glauben, dass ...; (*unchangingly*) entschlossen, fest; ***his beliefs are ~ rooted in the Bible*** sein Glaube ist tief in der Bibel verwurzelt

firmness ['fɜːmnəs, AM 'fɜːrm-] *n no pl* ❶ (*hardness*) Härte *f*; (*solidity*) Festigkeit *f*, Stabilität *f* ❷ (*strictness*) Strenge *f*; (*strength of will*) Entschlossenheit *f*, Entschiedenheit *f* ❸ ECON, FIN Stabilität *f*, Festigkeit *f*, Beständigkeit *f*

firmware *n no pl* COMPUT Festprogramm[e] *nt*[*pl*], Firmware *f fachspr*

first [fɜːst, AM fɜːrst] **I.** *adj* erste(r,s); **at ~ appearance** auf den ersten Blick; **in the ~ flush of youth** in der ersten Jugendblüte *poet*; ***he's no longer in the ~ flush of youth*** er ist nicht mehr ganz taufrisch *hum*; ~ **half** ECON, FIN erstes Halbjahr; ~ **impressions** der erste Eindruck; ~ **option** [*or* **refusal**] Vorkaufsrecht *nt*; **F~ Reading** POL erste Lesung; **it won't be the ~ time that ...** es wäre nicht das erste Mal, dass ...; **for the ~ time** zum ersten Mal; ~ **thing** als Allererstes; ***I'll do that ~ thing tomorrow*** ich mache das morgen als Allererstes; ***it was the ~ thing that came into my head*** es war das Erstbeste, das mir einfiel; **the ~ ever** (*fam*) der/die/das Allererste; ***when was the ~ ever radio broadcast made?*** wann wurde die allererste Rundfunksendung gemacht? ▶ PHRASES: ~ **among equals** Primus inter pares *geh*; **in the ~ place** (*at beginning*) zunächst [einmal], an erster Stelle; (*from the beginning*) von vorneherein; (*most importantly*) in erster Linie; **to not know the ~ thing about sth** von etw *dat* keinen blassen Schimmer haben *fam*; ~ **things ~** eins nach dem anderen; **to take ~ things ~** Prioritäten setzen **II.** *adv* ❶ (*before doing something else*) zuerst, als Erstes; ■~ **of all** zu[aller]erst; ■~ **off** (*fam*) erst [einmal] ❷ (*before other things, people*) als Erste(r,s); **head ~** mit dem Kopf voraus, **to leave ~**, als Erster gehen ❸ (*rather*) lieber; ***I would die ~*** (*fam*) lieber [*o* eher] würde ich sterben ▶ PHRASES: ~ **come ~ served** (*prov*) wer zuerst kommt, mahlt zuerst *prov*; ~ **and foremost** vor allem; ~ **and last** in erster Linie **III.** *n* ❶ (*that before others*) ■**the ~** der/die/das Erste; ■**to be the ~ to do sth** etw als Erster/Erste tun; ***he was one of the ~ to climb this mountain*** er hat als einer der Ersten diesen Berg bestiegen ❷ (*of monarchs*) **William the F~** Wilhelm der Erste ❸ (*start*) ■**at ~** anfangs, zuerst; **from the [very] ~** von Anfang an ❹ (*top-quality product*) Spitzenerzeugnis *nt*; (*achievement*) Errungenschaft *f*; ***this new surgical technique is a ~ for Britain*** diese neue Operationstechnik sichert Großbritannien einen Spitzenplatz ❺ BRIT UNIV Eins *f*; ***she's got a ~ in English*** sie hat Englisch mit einer Eins [*o* [der Note] ‚sehr gut'] bestanden ❻ AUTO der erste Gang; **to put the car in ~** den ersten Gang einlegen

First *adj attr, inv* AM ~ **baby/cat** Baby *nt*/Katze *f* des Präsidenten; **the ~ couple** der Präsident und die First Lady; **the ~ marriage** die Ehe des Präsidenten

first aid I. *n* erste Hilfe; **to give** [*or* **render**] **sb ~** jdm erste Hilfe leisten; ***he had to be given ~ for his injuries*** er benötigte erste Hilfe für seine Verletzungen **II.** *n modifier* (*room, teacher, treatment*) Erste-Hilfe-; ~ **certificate** Erste-Hilfe-Schein *m* **first aid box** *n* Verbandskasten *m* **first-aider** *n jd, der erste Hilfe leistet/leisten kann* **first aid kit** *n* Erste-Hilfe-Ausrüstung *f* **first base** *n* AM (*in baseball*) erste Base; (*fig*) **to get to ~** etwas erreichen; (*phase one*) erste Stufe; ***his weak proposal won't even make it to ~ with the directors*** sein schwacher Vorschlag kommt bei den Direktoren nicht einmal in die Vorauswahl; (*kiss*) jdn küssen; ***he couldn't even get to ~ with his date*** (*fig*) er konnte bei ihr überhaupt nicht landen *fig* **first-born I.** *adj* erstgeboren **II.** *n* Erstgeborene(r) *f(m)* **first chair** *n* MUS Stimmführer(in) *m(f)*; ***she's ~ in the cellos*** sie ist die erste Cellistin

first-class *adj* ECON, FIN ~ **mail** BRIT (*fastest*) Briefpost *f* erster Klasse; AM (*for letters and postcards*) Briefpost *f* **first class** *n* erste Kategorie; TRANSP erste Klasse; ECON Klasse A **first-class I.** *adj* ❶ (*best quality*) Erste[r]-Klasse-; ~ **article** Spitzenerzeugnis *nt*, Spitzenprodukt *nt*; ~ **compartment** Erste[r]-Klasse-Abteil *nt*; ~ **mail** bevorzugt beförderte Post; BRIT [bevorzugt beförderte] Inlandspost; AM Briefpost *f*; ~ **restaurant** Restaurant *nt* der Spitzenklasse ❷ (*approv: wonderful*) erstklassig, erstrangig **II.** *adv* erster Klasse; **to travel ~** erster Klasse reisen **first class degree** *n* BRIT (*form*) Spitzenexamen *nt*, erstklassiges Examen **first cousin** *n* Cousin(e) *m(f)* ersten Grades **first-day cover** *n* Ersttagsbrief *m* **first-degree burn** *n* (*dated*) Verbrennung *f* ersten Grades **first-degree murder** *n* AM schwerer Mord **first edition** *n* Erstausgabe *f* **First Fleet** *n* AUS (*hist*) *Flotte, mit der die ersten europäischen Einwanderer nach Australien kamen* **first fleeter** *n* AUS (*hist*) *Abkömmling der ersten europäischen Einwanderer in Australien* **first floor** *n* BRIT (*floor above ground level*) erster Stock, erste Etage; AM (*floor at ground level*) Erdgeschoss *nt*, Parterre *nt* **first fruit** *n* (*fig*) erste Ergebnisse; ART Erstlingswerk *nt*; BIOL Erstlinge *mpl* **first gear** *n* AUTO erster Gang; **to put a car into ~** in einem Auto den ersten Gang einlegen, ein Auto in den ersten Gang schalten **first generation** *n* COMPUT ~ **computer** Computer *m* der ersten Gerneration; ~ **image** Quelldokument *nt*, Ursprungsdokument *nt* **first-hand I.** *adj attr* aus erster Hand *nach n* **II.** *adv* aus erster Hand **first in first out** *n* ECON, FIN (*redundancy policy*) Personalpolitik *f* nach der FIFO-Methode; (*accounting policy*) FIFO-Abschreibungsmethode *f*; COMPUT FIFO-Methode *f* **first lady** *n* AM ■**the ~** die First Lady **first language** *n* Muttersprache *f* **first-level address** *n* COMPUT Erstadresse *f* **first light** *n no pl* Tagesanbruch *m*, Morgengrauen *nt*; ***to wait until ~*** bis zum Tagesanbruch warten; **at ~** bei Tagesanbruch, im Morgengrauen

firstly ['fɜːs(t)li, AM 'fɜːr-] *adv inv* erstens

first mate *n* NAUT Erster Offizier/Erste Offizierin *m/f* **first name** *n* Vorname *m*, Rufname *m form*; **to call sb by their ~** jdn beim Vornamen nennen [*o* mit dem Vornamen anreden] **first-name basis** *n no pl* **to be on/get onto a ~ [with sb]** [jdn] mit dem Vornamen anreden; (*adress familiarly*) [mit jdm] per du sein; ***they are on a ~*** sie duzen sich **first-name terms** *npl* AM ***we are on ~ now*** wir reden uns jetzt mit dem Vornamen an; (*familiar form of adress*) wir duzen uns jetzt **first night** *n* THEAT Premiere *f*, Uraufführung *f* **first offender** *n* LAW Ersttäter(in) *m(f)*, nicht Vorbestrafte(r) *f(m)* **first officer** *n* NAUT Erster Offizier/Erste Offizierin **first-past-the-post** *adj* BRIT ❶ (*winner of race*) Erste(r) *f(m)*, Sieger(in) *m(f)*; ***my horse was ~*** mein Pferd wurde Erster ❷ POL (*not proportional*) Mehrheits-; ~ **electoral system** Mehrheitswahlrecht *nt* **first person** *n* LING **the ~ [singular/plural]** die erste Person [Singular/Plural]; **to write in the ~** in der ersten Person schreiben **first principles** *npl* Grundprinzipien *ntpl* **first-rate** *adj* (*approv*) erstklassig, hervorragend, ausgezeichnet **first refusal** *n* LAW Vorkaufsrecht *nt*; ***he has the ~*** er besitzt das Vorkaufsrecht; **right of ~** Vorkaufsrecht *nt*; **to offer** [*or* **give**] **sb the ~ on sth** jdm das Vorkaufsrecht auf etw *akk* einräumen **first school** *n* BRIT Grundschule *f* **first sergeant** *n* AM Hauptfeldwebel *m* **first strike** *n* MIL Erstschlag *m* **first-strike** *adj attr, inv* Erstschlags-; ~ **capability** Erstschlagsfähigkeit *f* **first-time buyer** *n jd, der zum ersten Mal ein eigenes Haus/eine eigene Wohnung kauft* **first violin** *n* (*first violinist*) erste Geige; (*leader of an orchestra*) Konzertmeister(in) *m(f)*; **to play ~ in an orchestra/a quartet** in einem Orchester/Quartett die erste Geige spielen **First World War** *n* Erster Weltkrieg **first year** *adj attr* UNIV im ersten Studienjahr *nach n*; **to be ~ student** im ersten Jahr seines Studiums sein; **to be ~ med/MBA student** AM Medizin/BWL im ersten Jahr studieren

firth [fɜːθ] *n* SCOT Förde *f*, Meeresarm *m*

fir tree *n* Tanne *f*

fiscal ['fɪskᵊl] *adj inv* ECON, FIN fiskalisch, steuerlich, Finanz-, Steuer-; ~ **agent** *Bank, die die technische Abwicklung einer Emission übernimmt*; ~ **drag** Progressionsbremse *f*; ~ **law** Steuerrecht *nt*; ~ **measures** finanzpolitische Maßnahmen; ~ **policy** Finanzpolitik *f*

fiscally ['fɪskᵊli] *adv* fiskalisch; ***raising the interests rates would be ~ unsound at this juncture*** eine Erhöhung der Zinssätze wäre zu diesem Zeitpunkt fiskalpolitisch unklug

fiscal year *n* (*for management*) Geschäftsjahr *nt*; (*for public finance*) Haushaltsjahr *nt*, Etatjahr *nt*; BRIT (*for taxation*) Steuerjahr *nt*

fish [fɪʃ] **I.** *n* <*pl* -es *or* -> ❶ (*animal*) Fisch *m* ❷ *no pl* (*as food*) Fisch *m* ❸ (*person*) **a cold ~** ein kalter Fisch *fam o pej*; **an odd** [*or* **queer**] **~** ein komischer Kauz ▶ PHRASES: **to be a small ~ in a big pond** nur einer von vielen sein; **there are [plenty] more ~ in the sea** (*a lot of other people*) es gibt noch andere auf der Welt; (*a lot of other opportunities*) es gibt noch andere Möglichkeiten auf der Welt; **like a ~ out of water** wie ein Fisch auf dem Trockenen; **to have bigger** [*or* **other**] **~ to fry** Wichtigeres [*o* Besseres] zu tun haben; **to drink like a ~** wie ein Loch saufen *fam* **II.** *vi* ❶ (*catch fish*) fischen; (*with rod*) angeln; **to ~ for bass/perch/trout** auf Barsche/Flussbarsche/Forellen angeln *fachspr* ❷ (*look for*) ■**to ~ in sth** in etw *dat* herumsuchen; ***she ~ed in her purse for the keys*** sie kramte in ihrer Handtasche nach den Schlüsseln; ■**to ~ for sth** (*fig*) nach etw *dat* suchen; ***he ~ed for information on her whereabouts*** er ist auf Informationen über ihren Aufenthaltsort aus; **to ~ for compliments** sich *dat* gerne Komplimente machen lassen ▶ PHRASES: **to ~ or cut bait** AM (*decide*) eine Entscheidung fällen; (*marry*) sich *akk* für jdn entscheiden; **to ~ in troubled waters** im Trüben fischen **III.** *vt* **to heavily ~ a lake/ocean/sea** einen See/Ozean/ein Meer intensiv befischen

◆**fish out** *vt* ❶ (*fish too much*) ■**to ~ out** ↻ **sth** *with fishing boat* etw leer fischen; *with rod* etw leer angeln ❷ (*remove*) ■**to ~ out** ↻ **sb/sth** jdn/etw herausfischen *fam*; ***the police ~ed another corpse out of the river today*** die Polizei zog heute eine weitere Leiche aus dem Fluss; (*extract/find* *with difficulty*) ■**to ~ sth out** etw hervorkramen *fam,* etw herausssuchen

fish and chips *n esp* Brit Fisch *m* mit Pommes frites **fish and chip shop** *n esp* Brit Fischimbiss *m* **fishbone** *n* [Fisch]gräte *f* **fishbowl** *n* Am [Gold]fischglas *nt* **fishcake** *n* Fischfrikadelle *f*

fisher ['fɪʃəʳ, Am ɚ] *n* (*liter*) Fischer *m;* ~ **of men** Menschenfischer *m* **fisherman** *n* (*professional*) Fischer *m;* (*for hobby*) Angler *m* **fisherwoman** *n* Fischerin *f*

fishery ['fɪʃᵊri] *n* (*industry*) Fischerei[wirtschaft] *f;* (*fishing*) Fischfang *m,* Fischerei *f;* (*fishing-grounds*) Fischereizone *f,* Fischfanggebiet *nt;* **offshore** ~ Küstenfischgründe *mpl*

fish-eye lens *n* phot Fischauge *nt* **fish farm** *n* Fischzuchtanlage *f* **fish finger** *n* Brit, Aus Fischstäbchen *nt* **fish-hook** *n* Angelhaken *m*

fishing ['fɪʃɪŋ] *n no pl* ① (*catching fish*) Fischerei *f,* Fischen *nt;* **salmon** ~ Lachsfischen *nt;* (*with rod*) Angeln *nt* ② (*looking for*) Suche *f;* ~ **for compliments** Suche *f* nach Komplimenten; ~ **for information** Informationssuche *f*

fishing boat *n* Fischerboot *nt,* Fischereifahrzeug *nt* **fishing expedition** *n* ① (*for industry*) Fangfahrt *f;* (*for sport*) Angelausflug *m* ② (*information search*) Recherche *f;* (*under false pretences*) Schnüffeltour *f fam o pej* **fishing gear** *n no pl* Angelausrüstung *f* **fishing grounds** *npl* Fischgründe *pl* **fishing lake** *n* Fischweiher *m* **fishing-line** *n* Angelleine *f,* Angelschnur *f* **fishing net** *n* Fisch[er]netz *nt* **fishing pole** *n* Am Angelrute *f* **fishing port** *n* Fischereihafen *m* **fishing-rod** *n* Angel[rute] *f* **fishing season** *n* (*for industry*) Fangsaison *f;* (*for sport*) Angelsaison *f* **fishing smack** *n* Fischkutter *m* **fishing-tackle** *n no pl* (*for industry*) Fischereigeräte *ntpl;* (*for sport*) Angelgeräte *ntpl* **fishing trip** *n* Angeltour *f,* Angelausflug *m* **fishing village** *n* Fischerdorf *nt*

fish kettle *n* Fischkessel *m* **fish knife** *n* Fischmesser *nt* **fish market** *n* Fischmarkt *m* **fishmonger** *n esp* Brit Fischhändler(in) *m(f);* ■**the ~'s** (*shop*) Fischgeschäft *nt,* Fischhandlung *f;* (*at market*) Fischstand *m* **fishnet** *n* ① (*net*) Fisch[er]netz *nt* ② *no pl* (*material resembling nets*) Netz *nt* **fishnet stockings** *n,* **fishnet tights** *npl* Netzstrümpfe *pl* **fishpond** *n* Fischteich *m* **fish slice** *n* (*for frying*) Wender *m; esp* Brit (*for serving*) Fischvorlegemesser *nt* **fish stick** *n* Am (*fish finger*) Fischstäbchen *nt* **fish story** *n* (*about the sea*) Seemannsgarn *nt;* (*tall tale*) Räuberpistole *f* **fish tank** *n* (*at home*) Aquarium *nt;* (*public aquarium*) Ozeanarium *nt;* (*for breeding*) Fischteich *m* **fishwife** *n* (*dated or pej*) Fischweib *nt veraltend,* Marktweib *nt meist pej sl;* **to shout/swear like a** ~ keifen/fluchen wie ein Marktweib *pej sl*

fishy ['fɪʃi] *adj* ① (*tasting of fish*) fischig; ~ **smell** Fischgeruch *m;* ***there is a ~ smell in here*** hier riecht es nach Fisch; (*like fish*) fischartig, fischähnlich ② (*pej fam: dubious*) verdächtig, zweifelhaft; ~ **excuse** faule Ausrede *fam;* ***there is something ~ about that*** daran ist irgendetwas faul *fam*

fissile ['fɪsaɪl, Am -sɪl] *adj inv* spaltbar; ~ **material** spaltbares Material, Spaltmaterial *nt*

fission ['fɪʃᵊn, Am *also* -ʒ-] **I.** *n no pl* ① phys [Kern]spaltung *f,* Fission *f fachspr;* ~ **product** Spaltprodukt *nt* ② biol [Zell]teilung *f,* Fission *f fachspr* ③ (*fig: splitting*) Spaltung *f,* Teilung *f* **II.** *vi* phys sich *akk* spalten; biol sich *akk* teilen

fissionable ['fɪʃᵊnəbl, Am *also* -ʒ-] *adj inv* spaltbar, spaltfähig

fission bomb *n* Atombombe *f*

fissure ['fɪʃəʳ, Am -ɚ] *n* ① (*cleavage*) Spalte *f,* Spalt *m;* (*fig: split*) Riss *m;* (*long split*) Furche *f* ② (*deep crack*) tiefer Spalt, tiefe Spalte; (*in glacier*) Gletscherspalte *f;* (*in earth*) Erdspalte *f* ③ (*tiny crack*) Riss *m,* Sprung *m;* ~ **in the rock** Felsspalte *f* ④ (*fig*) Spaltung *f;* pol **there is a ~ in the party** der Riss geht durch die Partei

fissured ['fɪʃəd, Am ɚd] *adj* gespalten, rissig

fist [fɪst] *n* Faust *f;* **to clench one's ~s** die Fäuste ballen; **to go for sb with one's ~** auf jdn mit geballter Faust losgehen; **to shake one's ~ at sb** jdm mit der Faust drohen

fist-fight *n* Schlägerei *f;* boxing Boxkampf *m* **fistful** *n* Handvoll *f;* (*fig*) Vielzahl *f*

fisticuffs ['fɪstɪkʌfs] *npl* (*old or hum*) Handgreiflichkeiten *pl;* **to resort to ~** handgreiflich werden; ***the quarrel ended in ~*** der Streit endete in einer Schlägerei; boxing Boxen *nt,* Faustkampf *m geh*

fit¹ [fɪt] *n* ① (*attack*) Anfall *m;* **epileptic ~** epileptischer Anfall ② (*brief spell of sickness*) Anfall *m;* **coughing ~** Hustenanfall *m* ③ (*fig fam: outburst of rage*) [Wut]anfall *m;* **to have** [*or* **throw**] **a ~** einen Anfall bekommen *fam,* Zustände kriegen *fam* ④ (*burst*) ~ **of laughter** Lachkrampf *m;* **to be in ~s of laughter** sich *akk* kaputtlachen *fam;* **to get the audience in ~s** das Publikum zum Lachen bringen ⑤ (*caprice, mood*) Anwandlung *f;* **in a ~ of generosity** in einer Anwandlung von Großzügigkeit ► Phrases: **by** [*or* **in**] **~s and starts** (*erratically*) sporadisch; (*in little groups*) stoßweise

fit² [fɪt] **I.** *adj* <-tt-> ① (*suitable*) geeignet; ***they served a meal ~ for a king*** sie trugen ein königliches Mahl auf; **to be ~ for human consumption** zum Verzehr geeignet sein; **to be ~ for human habitation** bewohnbar sein; **to be no ~ way to do sth** kein geeigneter [*o* tauglicher] Weg sein, etw zu tun; **to be ~ to eat** essbar [*o* genießbar] sein ② (*qualified*) geeignet; **that's all sb's ~ for** (*fam*) das ist alles, wozu jd taugt ③ (*up to*) fähig; ***she's not ~ for this responsibility*** sie ist dieser Verantwortung nicht gewachsen; **to be ~ for military service/the tropics** wehrdienst-/tropentauglich sein; ■**to be** [**not**] **~ to do sth** nicht fähig [*o* in der Lage] sein, etw zu tun; **to be ~ to travel** reisetauglich sein; **to be ~ to work** arbeitsfähig sein ④ (*appropriate*) angebracht; **to do what one sees** [*or* **thinks**] **~** tun, was man für richtig hält ⑤ (*worthy*) würdig; **to be not ~ to be seen** sich *akk* nicht sehen lassen können ⑥ (*ready, prepared*) bereit; ■**to be ~ to do sth** nahe daran sein, etw zu tun; **to be ~ to drop** zum Umfallen müde sein ⑦ (*healthy*) fit; **to keep ~** sich *akk* fit halten ⑧ Brit (*sl: physically alluring*) geil *sl* ► Phrases: **to be** [**as**] **~ as a fiddle** [*or* Brit *also* **flea**] (*fam: merry*) quietschvergnügt sein *fam;* (*healthy*) fit wie ein Turnschuh sein *fam;* **to laugh ~ to burst** (*fam*) vor Lachen beinahe platzen *fam;* **to be ~ to be tied** Am [vor Wut] kochen *fam* **II.** *n no pl* ① fashion Sitz *m,* Passform *f;* **bad/good/perfect ~** schlechter/guter/tadelloser Sitz; ***these shoes are a good ~*** diese Schuhe passen gut ② (*tech*) Passung *f* **III.** *vt* <Brit -tt- *or* Am *usu* -t-> ① (*be appropriate*) ■**to ~ sb/sth** sich *akk* für jdn/etw eignen; ***he should ~ the sales job perfectly*** er müsste die Verkäuferstelle perfekt ausfüllen ② (*correspond with*) ■**to ~ sth** etw *dat* entsprechen; ***the punishment should always ~ the crime*** die Strafe sollte immer dem Vergehen angemessen sein; ***the key ~s the lock*** der Schlüssel passt ins Schloss; ***the description ~ted the criminal*** die Beschreibung passte auf den Täter; **to ~ sb's plans** in jds Pläne passen ③ (*make correspond*) ■**to ~ sth to sth** etw etw *dat* anpassen; ***he had to ~ his plans to the circumstances*** er musste sich mit seinen Plänen nach den Gegebenheiten richten ④ fashion ■**to ~ sb** jdm passen; **to ~ a dress/a suit on sb** jdm ein Kleid/ein Kostüm anprobieren ⑤ (*mount*) ■**to ~ sth** etw montieren; **to ~ a bulb** eine Glühbirne einschrauben ⑥ (*shape as required*) ■**to ~ sth** etw anpassen ⑦ (*position as required*) ■**to ~ sth** etw einpassen ⑧ (*supply*) ■**to ~ sth with sth** etw mit etw *dat* versehen [*o* ausstatten] ► Phrases: **to ~ the bill** seinen Zweck erfüllen **IV.** *vi* <Brit -tt- *or* Am *usu* -t-> ① (*be correct size*) passen; fashion *also* sitzen; **to ~ like a glove** wie angegossen passen [*o* sitzen]; ■**to ~ into sth** in etw *akk* hineinpassen ② (*accord*) *facts* übereinstimmen, zusammenpassen ③ (*have required characteristics*) ■**to ~ into sth** zu etw *dat* passen; (*adapt*) sich *akk* in etw *akk* einfügen; ***how do you ~ into all this?*** was für eine Rolle spielen Sie in dem Ganzen? ► Phrases: **if the shoe** [*or* Brit *also* **cap**] **~s, wear it** wem der Schuh passt, der soll ihn sich anziehen *fig*

◆**fit in I.** *vi* ① (*get on well in group*) sich *akk* einfügen; **to ~ in with a team** sich *akk* in ein Team einfügen ② (*conform, correspond*) dazupassen; ■**to ~ in with sth** (*match*) zu etw *dat* passen; (*be compatible*) mit etw *dat* vereinbar sein; ***this doesn't ~ in with my plans*** das passt mir nicht in den Plan **II.** *vt* ① (*make time for*) ■**to ~ sb ○ in** jdn einschieben; (*for treatment, talks*) jdm einen Termin geben; ■**to ~ sth ○ in** etw einschieben; **to ~ sth in one's schedule** etw in seinem Terminkalender unterbringen ② (*put down as*) ■**to ~ sb in** [**somewhere**] jdn [irgendwo] einordnen

◆**fit out** *vt* ■**to ~ sb/sth ○ out** (*equip*) jdn/etw ausstatten; (*for a purpose, task*) jdn/etw ausrüsten; ***they will ~ her out with a suitable dress*** sie werden sie mit einem passenden Kleid ausstatten

◆**fit up** *vt* ① (*position furnishings somewhere*) ■**to ~ sth ○ up** *room* etw einrichten (**as** als) ② (*provide necessary equipment*) ■**to ~ sb ○ up** jdn ausstatten [*o* ausrüsten] ③ Brit (*sl: frame, rig accusations*) ■**to ~ sb up** jdn anschwärzen *pej fam*

fitful ['fɪtfᵊl] *adj* unbeständig; ~ **breath** unregelmäßige Atmung; ~ **gusts of wind** vereinzelte Windböen; ~ **progress** sprunghafter Fortschritt; ~ **sleep** unruhiger Schlaf; ~ **weather** unbeständiges [*o* launenhaftes] Wetter; ~ **working** stoßweises Arbeiten

fitfully ['fɪtfᵊli] *adv* unbeständig; ***the wind blew ~*** der Wind blies ab und zu; **to breath ~** unregelmäßig atmen; **to sleep ~** unruhig schlafen; **to work ~** stoßweise [*o* sporadisch] arbeiten

fitment ['fɪtmənt] *n* (*part of equipment*) Zubehörteil *nt; esp* Brit (*piece of furniture*) Einrichtungsgegenstand *m*

fitness ['fɪtnəs] *n no pl* ① (*competence*) Eignung *f,* Tauglichkeit *f* (**for** für +*akk*); ~ **for purpose** econ Zweckdienlichkeit *f,* Eignung *f* ② (*good health*) Gesundheit *f;* (*good condition*) Fitness *f;* **physical ~** [körperliche] Fitness ③ (*class*) Fitnesstraining *nt;* ~ **class/training** Fitnesstraining *nt*

fit-out *n* Ausrüstung *f*

fitted ['fɪtɪd, Am -t̬ɪd] *adj attr, inv* (*adapted, suitable*) passend, geeignet; (*tailor-made*) maßgeschneidert; ~ **carpet** [*or* **carpeting**] Brit Teppichboden *m*

fitted kitchen *n* Brit Einbauküche *f* **fitted sheet** *n* Spannbetttuch *nt*

fitter ['fɪtəʳ, Am -t̬ɚ] *n* ① (*tailor's aid*) Zuschneider(in) *m(f)* ② (*person maintaining machinery*) [Maschinen]schlosser(in) *m(f);* (*of engines*) Monteur(in) *m(f);* (*of pipes*) Installateur(in) *m(f)*

fitting ['fɪtɪŋ, Am -t̬-] **I.** *n* ① (*fixtures*) ■**~s** *pl* Ausstattung *f;* **bathroom ~s** Badezimmereinrichtung *f;* **electric light ~s** Beleuchtungskörper *mpl,* Leuchte *f;* Brit, Aus (*movable furnishing items*) Einrichtungsgegenstände *pl* ② (*of clothes*) Anprobe *f;* ***I'm having the final ~ of my wedding dress today*** ich probiere heute zum letzten Mal mein Hochzeitskleid an **II.** *adj* (*form*) passend, geeignet; ***it is ~ that we should remember those who died*** es schickt sich, dass wir die Toten in Erinnerung behalten; **a ~ comment** eine treffende Bemerkung; **a ~ end** ein passender [Ab]schluss; **a ~ occasion** eine günstige Gelegenheit

fittingly ['fɪtɪŋli, Am -t̬-] *adv* passend[erweise]; **to behave ~** sich *akk* schicklich benehmen; **to dress ~** sich *akk* passend anziehen; **to end ~** angemessen enden; **to remark ~ that...** treffend bemerken, dass...

five [faɪv] **I.** *adj* ① (*number*) fünf; ***they're sold in packets of ~*** das wird in einer Fünferpackung verkauft; ***after ringing the bell ~ times we ...*** nachdem wir fünfmal geklingelt hatten, ...; **the ~ senses** die fünf Sinne *pl;* **a family of ~** eine fünfköpfige Familie; **~ and a quarter/half** fünfeinviertel/fünfeinhalb; **~ times the amount of ...** fünfmal so viel ...; **one in ~** [**people**] jeder Fünfte; *see also* **eight 1** ② (*age*) fünf; ***a boy of ~*** ein fünfjähriger Junge; *see also* **eight 2** ③ (*time*) **to be ~** [**o'clock**] fünf [Uhr] sein; **half past ~** [*or* Brit *fam* **half ~**] halb sechs; **at ~ thirty** um halb sechs, um fünf Uhr dreißig; **at ~ forty-five** um Viertel vor sechs [*o* drei viertel sechs];

see also **eight 3 II.** *n* ❶ (*number, symbol*) Fünf *f;* ~ **o'clock shadow** nachmittäglicher Stoppelbart; ***he was a hot Italian with a slight ~ o'clock shadow*** er war ein echter Italiener und hatte nachmittags schon wieder leichte Bartstoppel ❷ BRIT (*shoe size*) [Schuhgröße] 38; AM (*shoe size*) [Schuhgröße] 36 ❸ CARDS Fünf *f;* ~ **of clubs/hearts** Kreuz-/Herz-Fünf *f* ❹ (*public transport*) **the** ~ die Fünf ❺ (*group of five*) Fünfergruppe *f* ❻ (*greeting*) ***gimme ~!*** *esp* AM (*fam*) *Aufforderung zur Begrüßung o nach einem Erfolg die Hand hochzuheben, so dass man mit der eigenen Hand dagegenschlagen kann* ❼ (*5 minutes*) **to give oneself** ~, **to have** [*or* **take**] ~ (*fam*) sich *dat* eine kurze Pause genehmigen *hum fam* ❽ BRIT (*currency note*) Fünfpfundnote *f;* AM (*currency note*) Fünfdollarschein *m*

five-and-dime *n* AM, **five-and-dime store** *n* AM Billigladen *m* **five-a-side** [ˌfaɪvəˈsaɪd] SPORTS **I.** *n no pl* Fußball *m* mit Fünfermannschaften **II.** *adj* mit fünf Spielern pro Mannschaft **fivefold I.** *adj* fünffach; ***there has been a ~ fall in the value of money*** das Geld ist nur noch ein Fünftel wert **II.** *adj* fünffach; **to increase** ~ um das Fünffache zunehmen, sich *akk* verfünffachen

fiver [ˈfaɪvəʳ, AM -ɚ] *n* (*fam*) ❶ BRIT (*£5 note*) Fünfpfundnote *f;* (*£5*) fünf Pfund ❷ AM (*$5 bill*) Fünfdollarschein *m;* (*$5*) fünf Dollar

fives [faɪvz] *n + sing vb* BRIT *ein dem Squash ähnliches Spiel*

fives court *n* BRIT *ein Raum, in dem ein dem Squash ähnliches Spiel gespielt wird*

five star *adj attr* (*approv*) Fünf-Sterne-; ~ **hotel** Fünf-Sterne-Hotel *nt*

fix [fɪks] **I.** *n* ❶ *usu sing* (*fam: dilemma*) Klemme *f fam,* Patsche *f fam;* **to be in a** ~ in der Klemme [*o* Patsche] sitzen *fam;* ***this was something of a ~*** es war schon ein Dilemma; ***he's in a real ~ — he's got two meetings booked for three o'clock*** er steckt in einer echten Zwangslage – er hat zwei Besprechungen für drei Uhr eingetragen ❷ (*sl: dosage of injectable narcotics*) **a** ~ **of amphetamine** eine Ladung Amphetamine *fam;* **a** ~ **of cocaine/heroin** ein Schuss *m* Kokain/Heroin *sl* ❸ NAUT, AVIAT (*position*) Position *f,* Standort *m;* (*determination of position*) Standortbestimmung *f,* Ortung *f;* ***do we still have a ~ on that plane?*** haben wir die Position dieses Flugzeuges noch?; **to take a** ~ **on a plane/ship** ein Flugzeug/Schiff orten **II.** *vt* ❶ (*fasten*) ■**to** ~ **sth** etw festmachen [*o* befestigen]; ■**to** ~ **sth to sth** etw an etw *dat* anbringen; **to** ~ **a picture to the wall** ein Bild an der Wand aufhängen; (*fig*) **to** ~ **sth in one's mind** sich *dat* etw einprägen; **to** ~ **the blame on sb** die Schuld auf jdn schieben ❷ (*decide*) ■**to** ~ **sth** etw festlegen [*o* festsetzen]; **to** ~ **a border** [*or* **boundary**]/**a price**/**a time** eine Grenze/einen Preis/eine Zeit festlegen; ***so can we ~ two o'clock tomorrow for the presentation?*** können wir dann die Präsentation für morgen zwei Uhr ansetzen?; ***the rent is ~ed at £750 a month*** die Miete wurde auf £750 pro Monat festgesetzt ❸ (*arrange*) ■**to** ~ **sth** etw arrangieren; **to** ~ **a trip** einen Ausflug organisieren ❹ (*repair*) ■**to** ~ **sth** etw reparieren; (*put to rights*) etw in Ordnung bringen; **to** ~ **a blowout** *esp* AM eine Reifenpanne beheben, einen Platten richten *bes* SÜDD, ÖSTERR, SCHWEIZ; **to** ~ **sb's flat** BRIT jds Wohnung sauber machen ❺ (*fam: improve appearance of*) ■**to** ~ **oneself** sich *akk* zurechtmachen; **to** ~ **one's hair** sich *akk* frisieren ❻ *esp* AM (*fam: make food ready*) ■**to** ~ **sth** etw zu essen machen; ***shall I ~ you sth?*** soll ich dir was zu essen machen? ❼ (*fam: manipulate crookedly*) **to** ~ **a ballot**/**a fight**/**a race** eine Wahl/einen Kampf/ein Rennen manipulieren; **to** ~ **the jury** die Geschworenen bestechen ❽ (*sl: take revenge on*) ■**to** ~ **sb** es jdm heimzahlen *fam* ❾ (*sl: inject narcotics*) ■**to** ~ **sth** [sich *dat*] etw spritzen *fam* ❿ ART, PHOT **to** ~ **the colour** die Farbe fixieren ⓫ BIOL, MED ■**to** ~ **sth** etw präparieren ⓬ (*concentrate*) **to** ~ **one's eyes/one's thoughts on sth** die Augen/seine Gedanken auf etw *akk* richten; ***she could not ~ her thoughts upon anything*** sie konnte keinen klaren Gedanken fassen; ***his eyes were ~ed on the distant yacht*** er hatte den Blick auf die Yacht in der Ferne gerichtet ⓭ (*stare at*) ■**to** ~ **sb/sth** jdn/etw fixieren [*o* anstarren]; ***he ~ed me with a stare of disapproval*** er durchbohrte mich mit missbilligenden Blicken ⓮ MIL **to** ~ **the bayonet** das Seitengewehr aufpflanzen ⓯ AM (*fam: sterilize*) **to** ~ **an animal** ein Tier sterilisieren **III.** *vi* ❶ (*sl*) *drugs* fixen *fam,* drücken *sl* ❷ (*fam: make definite*) ■**to** ~ **on** [*or* **upon**] **sth** sich *akk* auf etw *akk* festlegen

◆**fix up** *vt* ❶ (*supply*) ■**to** ~ **sb** ↔ **up** [**with sth**] jdn [mit etw *dat*] versorgen; ■**to** ~ **sb** ↔ **up with sb** [*or* **up sb with sb**] für jdn mit jdm eine Verabredung arrangieren; ***his roommate ~ed him up with a date*** sein Zimmergenosse hat ihm eine Verabredung arrangiert ❷ (*arrange*) ■**to** ~ **up sth** etw arrangieren; ***shall we ~ up a time for our next meeting?*** sollen wir eine Zeit für unser nächstes Treffen vereinbaren? ❸ (*construct out of necessity*) **to** ~ **up a tent** ein Zelt aufschlagen ❹ (*fam: mend, restore*) ■**to** ~ **sth** ↔ **up** etw in Ordnung bringen; **to** ~ **up a house** ein Haus renovieren

fixated [fɪkˈseɪtɪd, AM -t̬ɪd] *adj pred* fixiert; ■**to be** ~ **on** [*or* **with**] **sth** auf etw *akk* fixiert sein; ***the boss is ~ with automating the office*** der Chef ist ganz darauf versessen, das Büro zu automatisieren

fixation [fɪkˈseɪʃᵊn] *n* ❶ PSYCH Fixierung *f* (**with** auf + *akk*); **mother** ~ Mutterfixierung *f* ❷ ECON, FIN Fixing *nt*

fixative [ˈfɪksətɪv, AM -t̬ɪv] *n* Fixiermittel *nt;* **denture** ~ Haftcreme *f*

fixed [fɪkst] *adj* ❶ *inv* (*unmoving*) fest, unbeweglich; ~ **gaze** starrer Blick ❷ (*unchanging*) fest[gesetzt], unveränderlich; ~ **idea** fixe Idee; PSYCH Zwangsvorstellung *f;* ~ **opinion** vorgefasste Meinung ❸ (*permanent*) fest, beständig; **to be of** [*or* **have**] **no** ~ **abode** [*or* **address**] keinen festen Wohnsitz haben ❹ (*same amount*) fest; ~ **allowance** fester Zuschuss; ECON Fixum *nt;* ~ **costs** Fixkosten *pl;* ~ **deposit** Festgeld *nt;* ~ **exchange rate** fester Wechselkurs; ~ **income** festes Einkommen, feste Einkünfte; ~ **rate** Festsatz *m;* ~ **rate loan** Festzinskredit *m;* ~ **repayment terms** feste Rückzahlungskonditionen ❺ (*decided on*) fest; ~ **plans** feste Pläne; ~ **term** *of a contract* festgesetzte Dauer (*eines Vertrages*) ❻ *pred, inv esp* BRIT (*having an appointment*) verabredet; ***can you have dinner with us on Friday? — how are you ~?*** kannst du am Freitag zum Essen zu uns kommen? – wie sieht es da bei dir aus? *fam;* ***how are you ~ for Saturday evening?*** hast du am Samstagabend schon etwas vor? ❼ *pred, inv* (*having money*) gut versorgt; ***how are you ~ for cash?*** wie steht's bei dir mit Geld?

fixed assets *npl,* **fixed capital** *n no pl* FIN Anlagevermögen *nt;* (*unmovable assets*) feste Anlagen **fixed charge** *n* ECON, FIN ❶ ■~**s** Fixkosten *pl,* gleichbleibende Belastungen ❷ (*linked to assets*) dingliche Sicherung (*an Grundstücken, Gebäuden oder Maschinen*) **fixed-interest** *adj* ECON, FIN ~ **investments** festverzinsliche Kapitalanlagen; ~ **securities** festverzinsliche Werte, Wertpapiere *pl* mit festem Zinssatz

fixedly [ˈfɪksɪdli] *adv inv* starr, unbeweglich

fixed-price *n* ECON, FIN ~ **agreement** Festpreisvereinbarung *f;* ~ **offer for sale** Festpreiszeichnungsofferte *f* **fixed star** *n* ASTRON Fixstern *m* **fixed-term** *adj* ~ **deposits** Festgeldanlagen *fpl* **fixed-wing** *adj attr, inv* AVIAT mit starren Flügeln *nach n*

fixer [ˈfɪksəʳ, AM -ɚ] *n* ❶ (*fam: person organizing illegaly*) Schieber(in) *m(f);* (*person dealing illegally*) Dealer(in) *m(f)* ❷ CHEM Fixiermittel *nt,* Fixierer *m* ❸ ECON, FIN Fixer(in) *m(f)*

fixing [ˈfɪksɪŋ] *n no pl* ECON, FIN ❶ (*regular meeting*) [Preis]feststellung *f;* **gold** ~ Goldfixing *nt* ❷ (*illegal agreement*) **price** ~ Preisabsprache *f*

fixing bath *n* PHOT Fixierbad *nt*

fixity [ˈfɪksəti, AM -ət̬i] *n no pl* (*form*) Beständigkeit *f;* ~ **of purpose** Zielstrebigkeit *f*

fixture [ˈfɪkstʃəʳ, AM -ɚ] *n* ❶ (*immovable object*) Inventarstück *nt,* eingebautes Teil; **bath** ~**s** Badezimmerarmaturen *pl;* ~**s and fittings** bewegliches und unbewegliches Inventar *form;* **light** ~ Lampe *f fam;* TECH Beleuchtungskörper *m;* **to be a permanent** ~ (*fig, hum*) zum [lebenden] Inventar gehören *fig, hum* ❷ *esp* BRIT, AUS (*sporting contest*) [Sport]veranstaltung *f;* (*with players*) Spiel *nt;* ~ **list** Spielplan *m*

fizz [fɪz] **I.** *vi* ❶ (*bubble*) sprudeln ❷ (*make sound*) zischen **II.** *n no pl* ❶ (*bubbles*) Sprudeln *nt;* ***the tonic water has lost its ~*** in dem Tonic Water ist keine Kohlensäure mehr ❷ (*champagne*) Schampus *m fam;* (*effervescent drink*) Sprudel *m;* (*sweet bubbly lemonade*) Brause[limonade] *f veraltend fam,* Limonade *f* ❸ (*sibilant 's' sound*) Zischen *nt*

fizziness [ˈfɪzɪnəs] *n no pl* starkes Sprudeln

fizzle [ˈfɪzl] *vi* zischen

◆**fizzle out** *vi fireworks, enthusiasm* verpuffen; *attack, campaign, plan* im Sand verlaufen; *interest* stark nachlassen [*o* zurückgehen]; ***the concert began promisingly but then ~d out*** das Konzert begann viel versprechend, hat die Erwartungen aber nicht erfüllt

fizzy [ˈfɪzi] *adj* (*bubbly*) sprudelnd *attr;* **to be** ~ sprudeln; (*carbonated*) kohlensäurehaltig; ~ **drink** Getränk *nt* mit Kohlensäure; (*water*) Sprudel *m;* (*cola*) Cola *f;* (*lemonade*) Limonade *f*

fjord [fjɔːd, AM fjɔːrd] *n* Fjord *m*

flab [flæb] *n no pl* (*pej fam*) Speck *m hum fam,* Fett *nt*

flabbergast [ˈflæbəgɑːst, AM -ɚgæst] *vt usu passive* (*fam*) ■**to be** ~**ed** völlig platt sein *fam;* ***I was ~ed*** mir blieb die Spucke weg *fam*

flabbergasted [ˈflæbəgɑːstɪd, AM -ɚgæst-] *adj* (*fam*) total von den Socken *fam;* ***she gave me a ~ look*** sie warf mir einen verstörten Blick zu

flabbiness [ˈflæbɪnəs] *n no pl* (*pej fam*) ❶ (*lack of firmness*) Schlaffheit *f;* (*fam*) *of arms, thighs* Wabbeligkeit *f fam* ❷ (*fig: ineffectiveness*) *of a person* Schlappheit *f,* Schwäche *f; of a minister* Konturlosigkeit *f; of a debate* Schwammigkeit *f; of a department* Ineffizienz *f*

flabby [ˈflæbi] *adj* ❶ (*flaccid*) schwabbelig *fam;* ~ **thighs** wabbelige [Ober]schenkel *fam* ❷ (*pej: feeble*) schlapp *fam;* ~ **leadership** kraftlose Führung; (*weak*) schwach; ~ **argument** schwammiges Argument *pej*

flaccid [ˈflæksɪd, ˈflæsɪd] *adj* (*form*) ❶ (*not firm*) schlaff ❷ (*fig: lacking power*) schlapp *fam,* lasch *fam;* (*weak*) schwach; ~ **performance** schwache Leistung; ~ **rhetoric** schlechte Ausdrucksweise

flack¹ *n no pl* (*fam*) Publicitymanager(in) *m(f) sing,* Medienheini *m sing fam o pej*

flack² *n no pl see* **flak**

flag¹ [flæg] **I.** *n* (*flagstone*) [Stein]platte *f;* (*also for floor*) Fliese *f* **II.** *vt* ■**to** ~ **sth** (*pave*) etw mit Steinplatten belegen; (*also for floor*) etw fliesen [*o* mit Fliesen belegen]

flag² [flæg] *n* BOT Schwertlilie *f*

flag³ [flæg] **I.** *n* ❶ (*pennant, standard*) Fahne *f;* (*national, on ship*) Flagge *f;* ~ **of truce** Parlamentärflagge *f;* **to fly** [*or* **show**] **the** ~ (*fig*) Flagge zeigen *fig;* **to keep the** ~ **flying** (*fig*) die Fahne hochhalten *fig;* **to raise** [*or* **hoist**] **a** ~ (*raise a pennant*) eine Fahne hissen; (*raise a national flag*) eine Flagge hissen; **to wave a** ~ eine Fahne schwenken ❷ (*marker*) Markierung *f;* (*bookmark*) Lesezeichen *nt;* (*tab*) Karteireiter *m* ❸ ECON, FIN *Ausdruck der Chartisten für eine Periode der Konsolidierung* ▶ PHRASES: **to put out the** ~**s** [*or* **the** ~**s out**] BRIT drei Kreuze machen *fig fam;* ***we won — let's put out the ~s and party*** wir haben gewonnen – jetzt können wir aufatmen und feiern **II.** *vt* <-gg-> ❶ (*docket, mark*) ■**to** ~ **sth** etw markieren [*o* kennzeichnen]; *computer data* etw markieren; ***we'll ~ the records of interest in the database*** wir markieren die betreffenden Datensätze in der Datenbank ❷ (*signal to*) **to** ~ **a taxi** ein Taxi anhalten **III.** *vi* <-gg-> *enthusiasm* abflauen; *interest, strength* nachlassen, abnehmen; *child, person* ermüden; *vigour* erlahmen

◆**flag down** *vt* ■**to** ~ **down** ↔ **sb/sth** jdn/etw

anhalten; ***the police ~ged him down for speeding*** die Polizei hat ihn wegen zu hoher Geschwindigkeit angehalten

flag day *n* BRIT *Tag, an dem für wohltätige Zwecke gesammelt wird*

Flag Day *n* AM *Jahrestag der amerikanischen Nationalflagge*

flagellant ['flædʒəlønt] *n* (*form*) ① REL Flagellant(in) *m(f)*, Geißler(in) *m(f)* ② (*in sex*) Flagellant(in) *m(f)*

flagellate ['flædʒəleɪt] *vt* (*form*) ① REL ■ **to ~ sb/oneself** jdn/sich geißeln ② (*in sex*) ■ **to ~ sb** jdn züchtigen; (*with whip*) jdn [aus]peitschen

flagellation [ˌflædʒə'leɪʃən] *n no pl* (*form*) ① REL Geißelung *f;* PSYCH Flagellation *f fachspr* ② (*in sex*) Züchtigung *f;* (*with whip*) [Aus]peitschen *nt*

flagging ['flægɪŋ] *adj attr* AM nachlassend, erlahmend *geh;* ~ **sales** Absatzrückgang *m*

flag of convenience <*pl* flags of convenience> *n* Billigflagge *f*

flagon ['flægən] *n* (*old*) ① (*serving container*) Kanne *f;* ~ **of wine** Bocksbeutel *m* ② (*drinking container*) Krug *m*

flagpole *n* Fahnenstange *f*, Fahnenmast *m*, Flaggenmast *m*

flagrancy ['fleɪgrən(t)si] *n* ① (*barefaced audacity*) Schamlosigkeit *f;* ***the ~ of his disregard for authority shocked his parents*** seine schamlose Missachtung jeder Autorität schockierte seine Eltern; (*shameless openness*) Unverhohlenheit *f*, Unverfrorenheit *f* ② (*shocking horror*) Schändlichkeit *f;* **the ~ of the action/crime** die Ungeheuerlichkeit der Tat/des Verbrechens

flagrant ['fleɪgrənt] *adj* (*blatant*) offenkundig; (*unconcealed*) unverhohlen; (*scandalous*) ungeheuerlich; **a ~ breach of trust** ein eklatanter Vertrauensbruch; **a ~ misuse of privilege** ein offenkundiger Missbrauch von Privilegien; **a ~ waste of resources** eine skandalöse Verschwendung von Ressourcen

flagrantly ['fleɪgrəntli] *adv* (*blatantly*) offenkundig, eklatant; (*unconcealedly*) unverhohlen, unverfroren; (*scandalously*) ungeheuerlich, skandalös

flagship I. *n* ① (*thing of quality*) Flaggschiff *nt fig*, Aushängeschild *nt fig* ② (*vessel*) Flaggschiff *nt* II. *adj attr, inv* führend; ~ **company** Vorzeigeunternehmen *nt;* ~ **model** Topmodell *nt;* ~ **product** Spitzenprodukt *nt;* ~ **store** Hauptgeschäft *nt* **flagstaff** *n* Fahnenstange *f*, Fahnenmast *m*, Flaggenmast *m* **flagstone** *n* (*paving stone*) [Stein]platte *f;* (*also for floor*) Fliese *f* **flag-waving** I. *n* Hurrapatriotismus *m pej veraltend* II. *adj* naiv patriotisch

flail [fleɪl] I. *n* Dreschflegel *m* II. *vi* heftig um sich *akk* schlagen; ■ **to ~ about** herumfuchteln; **to ~ away at sb/sth** wild auf jdn/etw einschlagen III. *vt* ■ **to ~ sth** etw dreschen; **to ~ one's arms** wild mit den Armen fuchteln; **to ~ the air/water** [**with one's arms/legs**] [mit den Armen/Beinen] in der Luft/im Wasser herumschlagen

flair [fleəʳ, AM fler] *n no pl* (*approv*) ① (*natural talent*) Talent *nt*, Veranlagung *f;* **to have a ~ for sth** für etw *akk* Talent haben; **to have a ~ for music** musikalisch veranlagt sein; **to have a ~ for languages** sprachbegabt sein ② (*panache*) Eleganz *f;* **to dress with ~** sich *akk* elegant anziehen; **to have ~** Stil [*o* Geschmack] haben

flak [flæk] *n no pl* ① (*shooting*) Flakfeuer *nt;* (*guns*) Flak *f* ② (*criticism*) scharfe Kritik; **to receive** [*or* **get**] **~ about** [*or* **for**] **sth** wegen einer S. *gen* unter Beschuss geraten *fig;* **to take ~** [**from sb**] [von jdm] scharf kritisiert werden; (*significant opposition*) Gegenwehr *f*, Widerstand *m;* **to come** [*or* **run**] **into ~** auf Gegenwehr [*o* Widerstand] stoßen

flake [fleɪk] I. *n* ① *of bread* Brösel *m; of chocolate* Raspel *f; of metal* Span *m; of pastry* Krümel *m; of plaster* Klümpchen *nt; of wallpaper* Fetzen *m; of wood* Splitter *m;* **~s of skin** [Haut]schuppe *f;* **~ of snow** Schneeflocke *f;* **soap ~** Seifenflocke *f* ② *esp* AM (*pej fam: odd person*) Spinner(in) *m(f) pej fam;* (*forgetful person*) vergesslicher Mensch; ■ **to be a ~** vergesslich sein ③ *no pl* (*sl: cocaine*) Koks *m sl;* (*crack*) Crack *nt* II. *vi* ① *skin* sich *akk* schuppen [*o* schälen]; *paint* abblättern; *wood* absplittern; *plaster* abbröckeln ② AM (*fam: forget*) nicht dran denken *fam;* ***don't ~!*** denk dran!; (*be absentminded*) zerstreut sein; ***don't depend on her — she'll ~ on you every time!*** verlass dich nicht auf sie – die lässt dich doch sowieso immer im Stich! ③ (*fam: quit, back out*) aussteigen *fam*

◆**flake off** *vi paint* abblättern; *skin* sich *akk* schuppen [*o* schälen]

◆**flake out** *vi* (*fam*) ① BRIT (*lose consciousness*) umkippen *fam;* (*pass out*) aus den Latschen kippen *sl* ② BRIT (*fall asleep*) einpennen *sl;* (*be exhausted*) zusammenklappen; ■ **to be ~d out** fix und fertig sein *fam* ③ AM (*fam: forget*) nicht dran denken *fam;* ***don't ~ out!*** denk dran!; (*be absentminded*) zerstreut sein; ***if you promised to do it, don't ~ out on me and forget!*** wenn du es mir versprochen hast, dann vergiss es nicht und denk dran!

flak jacket *n* kugelsichere Weste

flaky ['fleɪki] *adj* ① (*with layers*) flockig; *pastry* blättrig; *paint* bröcklig; *skin* schuppig ② *esp* AM (*fam: odd*) verdreht *fam*, merkwürdig; (*eccentric*) exzentrisch, skurril; (*forgetful*) zerstreut, vergesslich ③ COMPUT unberechenbar, launisch

flaky pastry *n no pl* Blätterteig *m*

flambé ['flɑ̃(m)beɪ, AM flɑː'meɪ] I. *vt* ■ **to ~ sth** etw flambieren II. *adj after n* flambiert; **steak ~** flambiertes Steak

flamboyance [flæm'bɔɪən(t)s] *n no pl* ① (*extravagance*) Extravaganz *f* ② (*showiness*) Grellheit *f* ③ (*approv: excitement*) Aufregung *f*

flamboyant [flæm'bɔɪənt] *adj* ① (*ostentatious*) extravagant; **~ colours** [*or* AM **colors**] prächtige Farben; **~ gesture** großartige Geste; **~ lifestyle** aufwendiger Lebensstil ② (*conspicuously coloured*) grell; (*showy*) auffällig, auffallend

flamboyantly [flæm'bɔɪəntli] *adv* ① (*ostentatiously*) extravagant; ***the theater set live quite ~*** das Leben im Theatermilieu ist ziemlich hemmungslos ② (*with conspicuous colours*) grell; (*showily*) auffällig; ***she was ~ dressed*** sie war auffallend angezogen

flame [fleɪm] I. *n* ① (*fire*) Flamme *f;* **naked ~** offene Flamme; ■ **to be in ~s** in Flammen stehen; **to burst into ~** in Brand geraten; **to go up in ~s** in Flammen aufgehen ② (*fig*) *passion* Flamme *f fig geh*, Feuer *nt;* (*fig: ardour*) Glut *f geh*, Hitze *f;* **~ of freedom** Freiheitsliebe *f;* **~s of love/lust** Feuer *nt* der Liebe/Lust *fig geh;* **~s of passion** Glut *f* der Leidenschaft *geh* ③ INET beleidigende E-Mail ④ (*dated sl: sweetheart*) Flamme *f fam;* **his old high school ~** seine alte Flamme aus der Schulzeit ⑤ (*failure*) Misserfolg *m* II. *vi* ① (*blaze*) brennen, lodern; (*be brightly coloured*) leuchten ② (*fig: become red*) glühen; ***her cheeks ~d*** sie errötete; **to ~ red** rot leuchten ③ (*fig: burn with passion*) glühen *fig;* ***seeing the damage made the hatred ~ within her*** als sie den Schaden sah, flammte der Hass in ihr auf ④ AM (*pej fam: act gay*) sich *akk* tuntig aufführen *fam o pej* III. *vt* (*sl*) ■ **to ~ sb** COMPUT jdn per E-mail beleidigen

◆**flame up** *vi person* in Wut geraten, aufbrausen; *anger, hate* aufflammen *fig*, auflodern *fig*

flamenco [flə'meŋkəʊ, AM -oʊ] I. *n* Flamenco *m* II. *n modifier* (*cafe, dancer*) Flamenco-; **~ music** Flamenco *m*

flameout *n* AM Misserfolg *m* **flameproof** *adj* feuerfest, feuersicher; **~ textiles** flammensichere Textilien

flamer ['fleɪmɚ] *n* AM (*pej fam*) Tunte *f sl o pej*

flame retardant *n* Flammschutzmittel *nt* **flamethrower** *n* MIL Flammenwerfer *m*

flaming ['fleɪmɪŋ] I. *adj attr* ① (*fig: angry*) glühend; **to fly into a ~ rage** in helle Wut geraten ② (*fig: passionate*) heftig, leidenschaftlich ③ (*bright*) hell; **a ~ orange/red** ein flammendes Orange/Rot ④ *inv* BRIT (*fam!: intensifier*) verdammt *fam;* ***put that down, you ~ idiot*** lass das sein, du Vollidiot! *fam o pej;* ***this ~ pencil always breaks!*** dieser blöde Bleistift bricht dauernd ab! *fam* ⑤ (*pej fam: homosexual*) tuntig II. *n no pl* INET, COMPUT *heftiges Beleidigen beim Chatten im Internet*

flamingo <*pl* -s *or* -es> [flə'mɪŋgəʊ, AM -oʊ] *n* Flamingo *m*

flammable ['flæməbl] *adj* AM leicht entflammbar [*o* entzündlich]; **highly ~** feuergefährlich

flan [flæn] I. *n* ① (*with fruit*) Obsttorte *f;* (*salty*) *Pastete mit Käse oder Schinken* ② AM (*custard pie*) *Kuchen mit einer Füllung aus Vanillepudding;* (*in slapstick*) Sahnetorte *f* II. *vt* (*fam*) ■ **to ~ sb** jdn mit Sahnetorte bewerfen

flange [flændʒ] *n* ① (*connecting rim*) Flansch *m;* **~ of a pipe** Rohrflansch *m* ② (*around rail wheels*) Spurkranz *m*

flanged [flændʒd] *adj inv* [an]geflanscht; *wheel* mit Radkranz versehen

flank [flæŋk] I. *n* ① (*hip to rib area*) Seite *f;* (*of an animal*) Weiche *f*, Flanke *f* ② MIL Flanke *f*, Flügel *m* ③ (*side*) Seite *f* II. *vt* ■ **to ~ sb/sth** jdn/etw flankieren; ***bodyguards ~ed the president*** der Präsident wurde von Bodyguards flankiert

flank attack *n* MIL Flankenangriff *m*

flannel ['flænəl] I. *n* ① *no pl* (*felty woollen material*) Flanell *m* ② BRIT (*facecloth, washcloth*) Waschlappen *m* ③ *no pl* BRIT (*fam: verbose hedging*) Geschwafel *nt pej fam*, Gelaber *nt fam o pej* ④ ■ **~s** *pl* (*trousers*) Flanellhose *f;* AM (*underwear*) Flanellunterwäsche *f kein pl* II. *vt* <-ll-> BRIT, AUS (*fam*) ■ **to ~ sb** (*deceive*) jdn einwickeln *fam;* (*flatter*) jdm schmeicheln III. *vi* <-ll-> BRIT, AUS (*fam: deceive*) schummeln *fam*, mogeln *fam;* (*flatter*) Süßholz raspeln *fam*

flannelet(te) [ˌflænəl'et] *n no pl* Baumwollflanell *m*

flap [flæp] I. *vt* <-pp-> **to ~ one's wings** mit den Flügeln schlagen; (*in short intervals*) mit etw *dat* flattern II. *vi* <-pp-> ① (*fly*) flattern; ***the geese have ~ped slowly out of sight*** die Gänse sind langsam davongeflattert; *wings* schlagen; *door* klappern ② (*flutter*) flattern; ***the sails ~ped in the wind*** die Segel flatterten im Wind ③ *esp* BRIT (*pej fam: fuss*) sich *akk* aufregen, die Nerven verlieren; ***don't ~!*** reg dich nicht auf!; ■ **to ~ about** [*or* **around**] nervös auf und ab laufen III. *n* ① (*flutter*) Flattern *nt;* (*with wings*) Flügelschlag *m*, Flattern *nt* ② (*noise*) Flattern *nt* ③ (*overlapping part*) *of cloth* Futter *nt; of shoe* Lasche *f;* **~ of flesh** Fleischfetzen *m;* **pocket ~** Taschenklappe *f;* **~ of skin** Hautlappen *m* ④ AVIAT Landeklappe *f* ⑤ (*pej fam: commotion*) helle Aufregung; (*panic*) Panik *f;* ■ **to be in a ~** schrecklich aufgeregt sein *fam;* **to get in** [*or* **into**] **a ~** sich *akk* furchtbar aufregen *fam;* ***what was the big ~ about?*** warum waren denn alle so aus dem Häuschen? *fam* ▶ PHRASES: **to cause a ~** [einen Sturm der] Entrüstung auslösen

flapjack ['flæpdʒæk] *n* ① *esp* BRIT, AUS (*chewy cake*) Haferkeks *m* ② *esp* AM (*pancake*) Pfannkuchen *m*

flapper ['flæpəʳ, AM -ɚ] *n* (*fam or dated*) *emanzipierte Frau der 20er Jahre*

flare [fleəʳ, AM fler] I. *n* ① (*fire*) Aufflackern *nt kein pl*, Auflodern *nt kein pl;* (*light*) Lichtschein *m* ② (*light signal*) Lichtsignal *nt;* (*smoke and fire signal*) Leuchtfeuer *nt* ③ (*signaling device*) Leuchtrakete *f;* (*from pistol*) Leuchtkugel *f* ④ *usu sing* (*wide area*) ausgestellter Schnitt; (*of trousers*) Schlag *m* ⑤ ■ **~s** *pl* (*bell-bottoms*) Schlaghose *f* II. *vi* ① (*burn up*) aufflammen, auflodern; (*light up*) aufleuchten, aufblitzen ② (*broaden at end*) *trousers, skirt* aufweiten ③ (*open more*) sich *akk* blähen; ***the horse's nostrils ~d*** die Nüstern des Pferdes blähten sich III. *vt* ① (*widen at end*) **to ~ a skirt/sleeves/trouser legs** einen Rock/Ärmel/Hosenbeine ausstellen ② (*open*) **to ~ one's nostrils** die Nasenflügel aufblähen

◆**flare up** *vi* ① (*become alight*) aufflammen, auflodern ② (*fig: intensify*) aufflammen *fig*, auflodern *fig*, aufflackern *fig;* ***violence ~d up again*** Gewalt flammte wieder auf ③ (*fig: rise*) ausbrechen; ***once tempers have ~d up they seem to take hours to cool down*** wenn sich die Gemüter erst einmal erhitzt haben, dauert es Stunden, bis sie sich wieder beruhigen; (*burst with anger*) aus der Haut fahren *fam* ❹ (*fig: get mad*) aufbrausen ❺ (*fig: break out*) *disease, epidemic* [wieder] ausbrechen

flared [fleəd, AM flerd] *adj skirt, sleeve* ausgestellt; *trousers* mit Schlag

flare-up ['fleərʌp, AM 'fler-] *n* ❶ MIL Auflodern *nt fig,* Aufflammen *nt fig,* Aufflackern *nt fig;* **the ~ of protests/riots/violence** das Ausbrechen der Proteste/Unruhen/Gewalt; ***they hoped another ~ wouldn't disturb the peace process*** sie hofften, dass der Friedensprozess nicht durch weitere Unruhen gestört wird ❷ MED [erneuter] Ausbruch; ***he had a ~ of his old back injury*** sein altes Rückenleiden brach wieder aus

flash [flæʃ] **I.** *n* <*pl* -es> ❶ (*light*) [Licht]blitz *m,* Aufblitzen *nt kein pl,* Aufleuchten *nt kein pl; of jewellery, metal* [Auf]blitzen *nt kein pl,* [Auf]blinken *nt kein pl;* **~ of light** Lichtblitz *m;* **~ of lightning** Blitz *m;* **to give sb a ~** AUTO jdm Lichthupe machen *fam* ❷ (*flame*) *of an explosion* Stichflamme *f* ❸ (*fig: feeling*) Blitz *m;* **~ of anger/temper** Wut-/Temperamentsausbruch *m;* **~ of hope** Hoffnungsstrahl *m;* **~ of inspiration** [*or* **wit**] Geistesblitz *m;* **~ of intuition** plötzliche Eingebung; **~ of pity** Aufwallung *f* von Mitleid ❹ (*glimpse*) **to catch a ~ of sth** einen Blick von etw *dat* erhaschen; **to give sth a ~** einen Blick auf etw *akk* werfen ❺ (*moment*) Augenblick *m,* Moment *m;* **for a ~** einen Augenblick [*o* Moment] lang ❻ MEDIA (*bulletin*) Kurzmeldung *f* ❼ AM ELEC (*fam: lamp*) Taschenlampe *f* ❽ PHOT (*light*) Blitz *m,* Blitzlicht *nt;* **a built-in ~** ein eingebauter Blitz; **to use a ~** [**for sth**] [etw] blitzen [*o* mit Blitzlicht fotografieren] ❾ BRIT MIL (*insignia*) [Uniform]besatz *m,* [Uniform]abzeichen *nt meist pl,* [Kragen]spiegel *m meist pl,* [Schulter]streifen *m meist pl* ❿ FILM, TV (*insert*) [kurze] Einblendung *fachspr;* (*interference*) [kurzzeitige] Bildstörung *fachspr* ⓫ MECH, TECH (*excess material*) [starker] Grat, überfließendes Material *fachspr; in casting* Gussgrat *m fachspr; in forging* Schmiedegrat *m fachspr; in pressing* Pressgrat *m fachspr* ⓬ MED (*sl: effect*) *drug addict* Flash *m sl* ▸ PHRASES: **a ~ in the pan** (*pej: short-lived effect*) ein Strohfeuer *nt pej,* eine Eintagsfliege *pej;* (*miss*) ein Schuss *m* in den Ofen *pej fam;* (*sl: in sexual act*) unvollendeter Quickie *fam;* **like a ~** blitzartig, wie der Blitz; **quick as a ~** blitzschnell, wie ein geölter Blitz; **in a ~** in Sekundenschnelle, im Nu [*o* Handumdrehen]; **to be back in a ~** sofort [*o* gleich] wieder da sein **II.** *adj* (*esp pej fam*) ❶ (*showy*) *clothing* [sehr] auffällig, protzig *pej fam;* **a ~ car** ein protziges Auto *pej fam;* **~ outfit** protzige Aufmachung ❷ (*pretentious*) großspurig, großkotzig *pej fam;* **a ~ Harry** BRIT ein Protz [*o pej fam* feiner Pinkel] [*o pej sl* Großkotz] *m* **III.** *vt* ❶ (*signal*) **to ~ a light** ein Licht aufleuchten lassen; **to ~ a light at sb** (*in a car*) jdm Lichthupe machen *fam; with a torch* jdn anleuchten; **to ~ a message** eine Nachricht blinken; **to ~ a mirror** [**at sb**] [jdn] mit einem Spiegel blenden ❷ (*look*) **to ~ a glance/smile at sb** jdm einen Blick/ein Lächeln zuwerfen ❸ (*communicate*) ■**to ~ sth** *message, news* etw übermitteln [*o* durchgeben] ❹ (*fig pej fam: show*) ■**to ~ sth about** [*or* **around**] *one's car, success* mit etw *dat* protzen; **to ~ one's money around** mit dem Geld [nur so] um sich *akk* werfen, den reichen Mann markieren *pej fam;* **to ~ a credit card/money/a wallet** eine Kreditkarte/Geld/eine Brieftasche zücken *fam* **IV.** *vi* ❶ (*shine*) blitzen; AUTO Lichthupe machen; ***the lightning ~ed*** es blitzte; ***Jane's eyes ~ed with rage*** Janes Augen funkelten vor Zorn ❷ (*fig: appear*) kurz [*o* plötzlich] auftauchen; ***a smile ~ed across her face*** ein Lächeln huschte über ihr Gesicht; ***a thought ~ed through her mind*** ein Gedanke schoss ihr durch den Kopf; ***my whole life ~ed before me*** mein ganzes Leben lief im Zeitraffer vor mir ab ❸ (*move*) ■**to ~ by** [*or* **past**] vorbeirasen *fam,* vorbeiflitzen *fam;* ***the time is just ~ing past*** die Zeit rast nur so dahin ❹ (*fam: expose genitals*) ■**to ~** [**at sb**] *male* sich *akk* [jdm] exhibitionistisch zeigen

◆**flash back** *vi in memory* [plötzlich] wiederkommen; ■**to ~ back to sth** sich *akk* plötzlich [wieder] an etw *akk* erinnern

flashback *n* ❶ FILM, LIT Flashback *m fachspr,* Rückblende *f fachspr* ❷ CHEM (*flame*) [Flammen]rückschlag *m,* [Flammen]durchschlag *m fachspr;* ELEC *in rectifier* Rückzündung *f,* Durchzündung *f fachspr*

flashbulb *n* PHOT Blitz[licht]lampe *f,* Blitzlicht *nt*

flash card *n* SCH Zeigekarte *f* **flash cube** *n* PHOT Blitzwürfel *m*

flasher ['flæʃəʳ, AM -ə-] *n* ❶ AUTO (*device*) Lichthupe *f fachspr;* (*signal*) Lichthupensignal *nt* ❷ (*fam: exhibitionist*) *male* Exhibitionist *m,* Blitzer *m fam*

flash flood *n* flutartige Überschwemmung, Sintflut *f fig fam* **flash-fry** *vt* **to ~ a steak** ein Steak kurz [an]braten **flashgun** *n* PHOT Blitzlicht *nt,* [Elektronen]blitz[licht]gerät *nt fachspr*

flashily ['flæʃɪli] *adv* (*esp pej fam*) ❶ (*showily*) [sehr] auffällig, protzig *pej fam;* **~ dressed** auffällig gekleidet ❷ (*pretentiously*) großspurig *pej,* großkotzig *pej fam;* **to act** [*or* **behave**] **~** großspurig [*o* großkotzig] auftreten, sich *akk* protzig geben

flashiness ['flæʃɪnəs] *n no pl* (*esp pej fam*) ❶ (*showiness*) *of appearance, clothing* [übertriebene] Auffälligkeit, Protzigkeit *f pej fam* ❷ (*pretentiousness*) *of behaviour* Großspurigkeit *f pej,* Großkotzigkeit *f pej fam*

flashing ['flæʃɪŋ] **I.** *n* ARCHIT Dichtungsblech *nt fachspr* **II.** *adj inv* aufleuchtend, [auf]blinkend; *lightning* zuckend

flashlight *n* ❶ (*signal*) Blinklicht *nt; in lighthouse* Leuchtfeuer *nt* ❷ AUTO (*device*) Blinklicht *nt,* Lichthupe *f fachspr;* (*lamp*) Scheinwerfer *m,* Suchlicht *nt fachspr* ❸ PHOT (*artificial light*) Blitzlicht *nt fachspr* ❹ *esp* AM (*torch*) Taschenlampe *f* **flashpoint** *n* ❶ CHEM Flammpunkt *m fachspr* ❷ (*fig: stage*) Siedepunkt *m,* Höhepunkt *m* ❸ (*fig: situation*) kritische Lage ❹ (*fig: trouble spot*) Unruheherd *m,* Krisenherd *m,* Pulverfass *nt fam*

flashy ['flæʃi] *adj* (*esp pej fam*) ❶ (*showy*) [sehr] auffällig, protzig *pej fam;* **~ jewellery** protziger Schmuck ❷ (*pretentious*) großspurig *pej,* großkotzig *pej fam;* **~ people** Schickimickis *pl pej fam,* Schickeria *f kein pl pej fam*

flask [flɑːsk, AM flæsk] *n* ❶ (*bottle*) *for liquids* [bauchige] Flasche; *for wine* Ballonflasche *f; for spirits* Flachmann *m fam; for carrying* kleine Flasche, Taschenflasche *f; for travelling* Feldflasche *f,* Reiseflasche *f;* **thermos ~®** Thermosflasche® *f;* **a ~ of whisky** ein Fläschchen *nt* Whisky ❷ CHEM [Glas]kolben *m,* [Glas]ballon *m,* Destilliergefäß *nt fachspr;* **conical** [*or* **Erlenmeyer**] **~** Erlenmeyerkolben *m fachspr* ❸ (*container*) *for gunpowder* Pulverflasche *f,* Pulverhorn *nt; for nuclear fuel, radioactive waste* Transportbehälter *m,* Kastor *m fachspr;* **vacuum ~** Vakuumkolben *m fachspr* ❹ MECH, TECH (*frame*) *in casting* [Form]kasten *m fachspr*

flat¹ [flæt] **I.** *adj* <-tt-> ❶ (*not raised, horizontal*) *inclination* flach; (*even*) *floor, ground* flach; *ground, path, territory* eben; *face, nose* platt; ***people used to believe that the earth was ~*** früher glaubten die Menschen, die Erde sei eine Scheibe; **~ hand** flache [*o* offene] Hand; **~ heel/shoe** flacher Absatz/Schuh; **to be** [**as**] **~ as a pancake** *ground* topfeben sein; (*fam*) *woman* flach wie ein [Bügel]brett sein *fam;* **~ roof** flaches Dach, Flachdach *nt* ❷ (*shallow*) *cup, plate* flach ❸ (*smooth*) glatt; *surface* eben ❹ *attr, inv* (*fig: absolute*) entschieden, kategorisch, glatt *fam;* **to be met with ~ denial** [*or* **refusal**] auf entschiedene [*o fam* glatte] Ablehnung stoßen, rundweg abgelehnt werden *fam* ❺ (*also fig, pej: dull*) langweilig, lahm *pej fam,* öd[e] *pej fam; of conversation, writing* geistlos, flach *pej* ❻ (*monotone*) *voice* ohne Modulation *nach n,* ausdruckslos *pej;* LIT (*lacking delineation*) *character* eindimensional *fachspr,* einfach gestrickt *fam;* (*lacking depth, contrast*) *of a photo, picture* flach, kontrastarm ❼ (*not shiny*) *of colour, paint, varnish* matt, stumpf ❽ (*tasteless*) *cooking* fad[e]; *drinks* schal, abgestanden; **to go ~** schal werden ❾ BRIT, AUS (*exhausted*) *battery* leer ❿ (*deflated*) platt; **~ tyre** platter Reifen, Plattfuß *m fam* ⓫ COMM, ECON (*not active*) *business, market prices* flau, lustlos *fachspr;* **~ market** flauer [*o* ruhiger] Markt, lustlose Börse ⓬ *pred* AM (*fam: without funds*) pleite *fam* ⓭ MUS (*lower in pitch*) *note* [um einen Halbton] erniedrigt; *key* mit B-Vorzeichen *nach n;* (*below intended pitch*) *string, voice* zu tief [gestimmt]; **E ~ major** Es-Dur ⓮ *attr, inv* COMM (*fixed*) einheitlich, Einheits-, Pauschal-; **~ charge** Pauschale *f fachspr;* **~ fee** Pauschalgebühr *f,* Pauschalhonorar *nt fachspr;* **~ price/tariff** Einheitspreis/Einheitstarif *m fachspr;* **~ rate** Einheitssatz *m,* Pauschalsatz *m fachspr;* **~ yield** Umlaufrendite *f* ▸ PHRASES: **and that's ~** und dabei bleibt es [*o fam* damit basta] **II.** *adv* <-tt-> ❶ (*horizontally*) flach; **to fall ~ on one's face** der Länge nach hinfallen; **to lie ~ on one's back** flach [*o* lang hingestreckt] auf dem Rücken liegen ❷ (*levelly*) platt; **to fold sth ~** *napkin, sheet* etw zusammenfalten; *ironing, napkin, tablecloth* etw zusammenlegen; *deckchair* etw zusammenklappen; **to knock** [*or* **lay**] **sth ~** *building, wall* etw platt walzen [*o* einebnen] [*o a. fig* dem Erdboden gleichmachen] ❸ *inv* (*fam: absolutely*) rundheraus, glattweg; ***she told him ~ that she would not go to the show*** sie sagte ihm klipp und klar, dass sie nicht zu der Show gehen werde; **to be ~ against the rules** eindeutig gegen die Regeln verstoßen ❹ *inv* (*fam: completely*) völlig, total *fam;* **to be ~ broke** total [*o* völlig] pleite sein *fam;* **to be ~ out** völlig alle [*o* total erledigt] sein *fam* ❺ (*fam: exactly*) genau ❻ MUS (*below intended pitch*) *sing, play* zu tief ▸ PHRASES: **in no time ~** (*fam*) in Sekundenschnelle [*o fam* null Komma nichts]; **to fall ~** (*fail*) *attempt, effort* scheitern, danebengehen *fam; stage performance* durchfallen; *joke* nicht ankommen *fam* **III.** *n* ❶ (*level surface*) flache Seite; *of a knife, sword* Breitseite *f;* **~ of the hand** Handfläche *f;* ***he hit me with the ~ of his hand*** er schlug mich mit der flachen Hand ❷ (*level ground*) Fläche *f,* Ebene *f;* ***most of the path is on the ~*** der größte Teil des Weges ist eben ❸ GEOG (*land*) Flachland *nt,* Niederung *f fachspr;* ■**the ~s** *pl ground* die Ebenen *fpl fachspr; seafloor* die Untiefen *fpl,* die Sandbänke *fpl fachspr;* **the mud ~s** *pl* die Sumpfebene *fachspr;* **the salt ~s** *pl* die Salzwüste *fachspr* ❹ MUS (*sign*) Erniedrigungszeichen *nt fachspr,* b *nt;* (*tone*) [um einen halben Ton] erniedrigter Ton *fachspr* ❺ BRIT SPORTS (*horse race*) Flachrennen *nt fachspr;* (*season*) Saison *f* für Flachrennen ❻ THEAT (*scenery*) Schiebewand *f,* Kulisse *f fachspr* ❼ *esp* BRIT, AUS (*tyre*) Platte(r) *m,* Plattfuß *m fam*

flat² [flæt] *n* BRIT, AUS [Etagen]wohnung *f,* Mietwohnung *f;* **company ~** Firmenwohnung *f,* Dienstwohnung *f;* ■**~s** *pl* Wohnblock *m,* Mietblock *m*

flat-bottomed *adj attr, inv* NAUT *boat* flach, mit Flachkiel *nach n* **flatcar** *n* RAIL Flachwaggon *m* **flat-chested** *adj attr, inv woman* flachbrüstig, flachbusig **flat feet** *npl* MED, ANAT Plattfüße *mpl fachspr* **flatfish** *n* Plattfisch *m* **flat-footed** *adj* ❶ *attr, inv* ANAT, MED plattfüßig *fachspr;* **to be ~** Plattfüße haben ❷ *attr, inv* AM (*explicit*) entschieden, kategorisch; **a ~ denial** eine entschiedene Ablehnung ❸ (*unskilful*) linkisch, unbeholfen, plump *pej;* **~ style** schwerfälliger Stil ▸ PHRASES: **to catch sb ~** (*fam*) jdn [völlig] umhauen **flathead** *n* ❶ (*fish*) Platy *m* ❷ <*pl* – *or* -s> AM (*Indian tribe*) ■**the F~** die Flachkopf-Indianer *pl* ❸ AM (*sl: stupid person*) Flachkopf *m pej fam* **flat-hunting** *n no pl* BRIT Wohnungssuche *f* **flat iron** *n* (*hist*) Bügeleisen *nt*

flatlet ['flætlət] *n* BRIT Kleinwohnung *f,* kleine Mietwohnung

flatly ['flætli] *adv* ❶ (*dully*) ausdruckslos, lahm *pej fam* ❷ *inv* (*absolutely*) kategorisch, glatt[weg]; **to ~ deny sth** etw strikt leugnen

flatmate *n* BRIT Mitbewohner(in) *m(f)*

flatness ['flætnəs] *n no pl* ❶ (*horizontality*) *of an inclination, roof* Flachheit *f;* (*levelness*) *of a ground, territory, track* Ebenheit *f;* (*evenness*) *of a face, nose* Plattheit *f; of a heel, shoe* Flachheit *f;* (*smoothness*) *of a rug, surface* Glätte *f* ❷ (*absoluteness*) *of a denial, refusal* Entschiedenheit *f,* Deutlichkeit *f* ❸ (*also fig pej: dullness*) *of a conversation, performance* Langweiligkeit *f,* Geistlosigkeit *f,* Flachheit *f pej; of a*

F

joke, remark Geschmacklosigkeit *f,* Abgeschmacktheit *f; of a colour, paint, varnish* Mattheit *f,* Stumpfheit *f; of a photo, picture* Flachheit *f,* Kontrastmangel *m; of a voice* Klanglosigkeit *f,* Tonlosigkeit *f;* LIT *of a character* Eindimensionalität *f fachspr* ④ *(tastelessness) of food* Fadheit *f; of drinks* Schalheit *f,* Abgestandenheit *f* ⑤ ECON *(inactivity) of business, a market* Flauheit *f,* Lustlosigkeit *f fachspr*

flat out *adv (fam)* ① AM *(absolutely)* total, völlig, glattweg *fam;* **to be ~ mad** völlig ausgerastet sein *fam* ② *(vigorously)* voll, mit Volldampf *fam,* volle Pulle *sl;* **to tackle sth ~** voll an etw *akk* rangehen *fam;* **to work ~** mit Volldampf [*o* volle Pulle] arbeiten ③ *(fast)* mit Vollgas; **to drive ~** mit Vollgas fahren

flat-out [ˌflætˈaʊt] *adj* AM *(fam)* ① *(absolute)* total, völlig, glatt *fam;* **a ~ lie** eine glatte Lüge; **~ madness** totaler Wahnsinn ② *(vigorous)* mit voller Kraft [*o* vollem Einsatz] *nach n;* **a ~ commitment** volles Engagement; **to make a ~ effort** alles geben *fam* ③ *(fast)* mit Vollgas *nach n fam;* **to drive at ~ speed** mit Vollgas fahren **flat panel, flat screen** I. *n (monitor)* Flachbildschirm *m; (tv)* Fernsehgerät *nt* mit Flachbildschirm II. *n modifier (monitor, display)* Flachbildschirm-, mit Flachbildschirm *nach n;* **15-inch ~ monitor** 15-Zoll-Flachbildschirm *m*

flats *npl* flache Schuhe

flat screen *n* Flachbildschirm *m*

flatten [ˈflætᵊn] *vt* ① *(level)* ■**to ~ sth** *roof, slope* etw flach machen [*o* abflachen]; *ground, path, road* etw eben machen [*o* planieren]; *dent* etw ausbeulen; *board, cloth, surface* etw glätten; ***he folded the bag and ~ it*** er faltete die Tüte und strich sie glatt; ■**to ~ oneself against sth** sich *akk* platt gegen etw *akk* drücken ② *(knock down)* ■**to ~ sth** *building, wall* etw einebnen [*o fam* platt walzen] [*o a. fig* dem Erdboden gleichmachen]; **to ~ a tree** *storm* einen Baum umlegen [*o* umknicken]; ■**to ~ sb** *(fam) boxer, wrestler* jdn niederstrecken [*o* flachlegen]; *(fig: defeat)* jdn fertig machen *fam; (fig: depress)* jdn niederschmettern [*o* am Boden zerstören] ③ MUS **to ~ a note** eine Note [um einen Halbton] erniedrigen; **to ~ a string** eine Saite tiefer stimmen

◆**flatten out** I. *vi* ① *(become flatter) inclination* flach[er] werden; *ground, path* eben[er] werden ② AVIAT *(fly level) plane* sich *akk* fangen, ausschweben ③ *(stabilize) demand, inflation* sich *akk* abflachen; *prices, numbers* auf dem gleichen Stand [*o* unverändert] bleiben II. *vt* ① *(make flatter)* ■**to ~ out** ⊂ **sth** etw ebnen; *blanket, map, tablecloth* etw ausbreiten; *dent* etw ausbeulen; *paper, bag* etw glatt streichen ② *(make equal)* **to ~ out a difference/variation** eine Differenz/Abweichung ausgleichen

flatter¹ [ˈflætəʳ, AM -t̬ɚ] *vt* ① *(praise)* ■**to ~ sb** jdm schmeicheln; **to feel ~ed** sich *akk* geschmeichelt fühlen ② *(also euph: represent favourably)* ■**to ~ sb** jdm schmeicheln *euph,* jdn gut aussehen lassen; ***the photo ~s her*** das Foto schmeichelt ihr ③ *(show to advantage)* ■**to ~ sth** *lips, nose, skin* etw [gut] zur Geltung bringen; ***short skirts don't ~ me*** kurze Röcke stehen mir nicht ④ *(pej: imagine)* ***don't ~ yourself!*** bilde dir ja nichts ein!; ■**to ~ oneself [that] ...** sich *dat* etw [darauf] einbilden, [dass] ... *pej;* ***you're ~ing yourself if you think she'll go out with you*** du machst dir selbst etwas vor, wenn du denkst, dass sie mit dir ausgeht ▸ PHRASES: **to ~ to deceive** einen falschen Eindruck erwecken, ein falsches Bild geben

flatter² *adj comp of* **flat**

flattered [ˈflætəd, AM -t̬ɚd] *adj* geschmeichelt; **to be ~** sich *akk* geschmeichelt fühlen

flatterer [ˈflætᵊrəʳ, AM -t̬ɚɚ] *n* Schmeichler(in) *m(f)*

flattering [ˈflætᵊrɪŋ, AM -t̬ɚ-] *adj* ① *(complimentary)* schmeichelhaft, schmeichlerisch *pej;* **~ remarks/words** schmeichlerische [*o* schmeichelhafte] Bemerkungen/Worte; **in a ~ voice** in schmeichlerischem Ton ② *(also euph: enhancing)* schmeichelhaft *a. euph,* vorteilhaft; ***that suit is very ~*** dieser Anzug steht Ihnen gut

flatteringly [ˈflætᵊrɪŋli, AM ˈflæt̬] *adv* schmeichelhaft

flattery [ˈflætᵊri, AM -t̬əri] *n no pl* Schmeicheleien *pl* ▸ PHRASES: **~ will get you nowhere** *(prov)* mit Schmeicheleien erreicht man nichts

flat-top *n* ① AM *(fam: aircraft carrier)* Flugzeugträger *m* ② *(sl: man's hairstyle)* Rappo *m fam* **flat TV** *n* Fernsehgerät *nt* mit Flachbildschirm

flatulence [ˈflætjələn(t)s, AM ˈflætʃə-] *n no pl (form)* ① MED Blähung[en] *f[pl],* Flatulenz *f fachspr;* **to cause ~** Blähungen verursachen; **to suffer from ~** an Blähungen leiden, Blähungen haben ② *(fig pej: pretentiousness) of style* Schwülstigkeit *f pej; of rhetoric, speech* Aufgeblähtheit *f pej*

flatulent [ˈflætjələnt, AM ˈflætʃə-] *adj (form)* ① MED blähend *attr,* flatulent *fachspr;* **to become ~** an Blähungen leiden, Blähungen haben ② *(fig pej: pretentious) style* schwülstig *pej; rhetoric, speech* aufgebläht *pej*

flatware *n no pl* ① *(dishes)* [flaches] [Ess]geschirr ② AM *(cutlery)* Besteck *nt;* **silver ~** Silberbesteck *nt*

flatworm *n* Plattwurm *m*

flaunt [flɔːnt, AM flɑːnt] *vt (esp pej)* ■**to ~ sth** *money, wealth* etw zur Schau stellen *pej,* mit etw *dat* protzen *pej fam;* ***when you've got it, ~ it*** *(fam)* wer [es] hat, der hat [es] *fam;* ■**to ~ oneself** sich *akk* in Szene setzen *pej,* seine Show abziehen *fam*

flautist [ˈflɔːtɪst, AM ˈflɑːt̬-, ˈflaʊ-] *n* Flötist(in) *m(f) fachspr*

flavor *n* AM *see* **flavour**

flavorful *adj* AM *see* **flavourful**

flavoring *n* AM *see* **flavouring**

flavorless *adj* AM *see* **flavourless**

flavorsome *adj* AM *see* **flavoursome**

flavory *adj* AM *see* **flavoury**

flavour [ˈfleɪvəʳ], AM **flavor** [-ɚ] I. *n* ① *(taste)* [Wohl]geschmack *m,* Aroma *nt; (particular taste) of ice cream, lemonade* Geschmacksrichtung *f,* Sorte *f;* ***the soup lacked ~*** die Suppe schmeckte fade [*o fam* gerade heraus]; **to add ~ to sth** etw *dat* Geschmack verleihen ② *(fig: characteristic)* Einschlag *m,* eigene Note, Fluidum *nt geh* ③ *(fig: quality)* Anflug *m,* Anstrich *m pej,* Touch *m pej;* **a city with a cosmopolitan ~** eine Stadt mit weltmännischer Atmosphäre; **nostalgic ~** nostalgischer Touch, Anflug *m* von Nostalgie ④ *esp* AM *(substance)* Aroma *nt,* Geschmacksstoff *m* ⑤ *(fam)* **~ of the month** *(ice cream)* Eis *nt* des Monats; *(favourite person or thing)* die derzeitige Nummer eins *fam* II. *vt* ■**to ~ sth** *dish, soup* etw würzen [*o* abschmecken]

-flavoured [ˈfleɪvəd], AM **-flavored** [-ɚd] *in compounds* mit ...-geschmack *nach n;* **chocolate/fruit-~** mit Schokoladen-/Fruchtgeschmack *nach n;* **chocolate-~ ice cream** Schokoladeneis *nt*

flavourful [ˈfleɪvəfᵊl], AM **flavorful** [-vɚ-] *adj* ① *(odorous)* wohlriechend, aromatisch ② *(tasty)* wohlschmeckend, geschmackvoll, aromatisch

flavouring [ˈfleɪvᵊrɪŋ], AM **flavoring** [-vɚ-] *n* Aroma *nt,* Geschmacksstoff *m;* **artificial ~s** künstliche Aromen; **vanilla ~** Vanillearoma *nt*

flavourless [ˈfleɪvələs], AM **flavorless** [-vɚ-] *adj* ① *(without physical taste) liquid, medicine* geschmacklos, geschmacksneutral; *(not tasty)* ohne Geschmack *nach n;* ***these grapes are completely ~*** diese Weintrauben schmecken nach gar nichts ② *(fig pej: flat)* geschmacklos *pej; person* farblos *pej,* fad[e] *pej;* **~ platitudes** geschmacklose Platitüden

flavoursome [ˈfleɪvəsəm], AM **flavorsome** [-vɚ-] *adj see* **flavoury**

flavoury [ˈfleɪvᵊri], AM **flavory** [-ɚi] *adj* schmackhaft, aromatisch; **~ tea** aromatischer Tee

flaw [flɔː, AM flɑː] I. *n* ① *(fault)* Fehler *m,* Mangel *m;* MECH, TECH *of machine* Defekt *m,* [Fabrikations]fehler *m; in casting* Gussblase *f,* Lunker *m fachspr;* **beauty without ~** makellose Schönheit; **~ in material** Materialfehler *m;* **the ~s of** [*or* **in**] **a plan/an argument** die Schwachstellen *fpl* eines Plans/in einer Argumentation; **to have a ~ in one's character** einen Charakterfehler haben ② *(break) in china, glass* Sprung *m; in floor, wall* Riss *m,* Spalt *m; in pipe* Bruch *m* ③ LAW *of a contract, will* Formfehler *m* II. *vt* ■**to ~ sth** etw beeinträchtigen; *brick material* etw brüchig [*o* rissig] machen; *body, face* etw verunstalten [*o* entstellen]; ***our holiday was ~ed by heavy rains*** unser Urlaub wurde von schweren Regenfällen getrübt

flawed [flɔːd, AM flɑːd] *adj* ① *(faulty)* fehlerhaft mangelhaft; *machine* defekt; *diamond* unrein; ***his argument is deeply ~*** seine Argumentation hat große Schwachstellen; **~ reasoning** mangelnde Beweisführung ② *(broken) china, glass* gesprungen; *floor, wall* rissig, brüchig; *pipe* gebrochen

flawless [ˈflɔːləs, AM ˈflɑː-] *adj inv pronunciation, workmanship* fehlerlos, fehlerfrei; *beauty, style* makellos; *behaviour, character* einwandfrei, untadelig; **~ diamond** lupenreiner Diamant; **~ performance** vollendete Aufführung

flax [flæks] *n no pl* ① *(plant)* Flachs *m* ② *(thread)* Flachsgarn *nt*

flaxen [ˈflæksᵊn] *adj* ① *(of flax)* flächse[r]n, Flachs- ② *(fig liter: coloured like flax)* flachsfarben; **~ haired** flachsblond

flay [fleɪ] *vt* ① *(strip off)* ■**to ~ sth** *animal* ein Tier [ab]häuten, einem Tier die Haut [*o* das Fell] abziehen; *lumber, timber* etw abschälen [*o* abrinden]; **to ~ a rabbit** HUNT einen Hasen abbalgen, einem Hasen den Balg abziehen *fachspr* ② *(fig: punish)* ■**to ~ sb** jdn auspeitschen, jdm das Fell gerben *fam* ③ *(fig: criticize)* ■**to ~ sb/sth** jdn/etw heruntermachen *fam;* **to ~ a book/film/play** ein Buch/einen Film/ein Stück zerreißen ▸ PHRASES: **to ~ sb alive** *(criticize)* kein gutes Haar an jdm lassen; *(punish)* jdm eine gehörige Tracht Prügel verpassen

flea [fliː] *n* Floh *m* ▸ PHRASES: **to get a ~ in one's ear** *(be criticized)* eins übergebügelt [*o* einen eingeschenkt] bekommen *fam; (be rejected)* eine Abfuhr bekommen, abblitzen *fam; (be humiliated)* wie ein begossener Pudel dastehen *fam;* **to go away** [*or* **leave**] **with a ~ in one's ear** wie ein begossener Pudel abziehen *fam;* **to send sb away** [*or* **off**] **with a ~ in their ear** *(criticize)* jdm eins überbügeln [*o* einen einschenken] *fam; (reject)* jdm eine Abfuhr erteilen, jdn abblitzen lassen *fam; (humiliate)* jdn wie einen begossenen Pudel dastehen lassen *fam*

fleabag *n* ① *(pej sl: dirty person or animal)* verwahrloster Streuner, Flohfänger *m pej fam; (disliked person)* Ekel *nt pej,* Mistkerl *m pej fam; (disliked animal)* Mistvieh *nt pej fam* ② AM *(pej fam: cheap hotel)* Absteige *f pej fam; (run-down place)* Bruchbude *f pej fam* ③ AM *(pej fam: worthless horse)* Schindmähre *f pej,* Klepper *m pej* ④ AM *(pej fam: bed)* Flohkiste *f fam; (sleeping bag)* Flohsack *m fam*

fleabite *n* ① *(bite)* Flohstich *m* ② *(fig fam: wound)* [kleine] Schramme, geringfügige Verletzung ③ *(fig fam: small problem)* Kleinigkeit *f,* Klacks *m fam* **fleabitten** *adj* ① *(bitten)* voller Flohbisse *präd* ② *esp* BRIT *(fig pej fam: shabby)* verlottert *pej fam,* lausig *pej fam* **flea circus** *n* Flohzirkus *m* **flea collar** *n* Flohhalsband *nt* **flea market** *n* Flohmarkt *m,* Trödel[markt] *m* **fleapit** *n* BRIT *(dated fam)* Flohkino *nt fam*

fleck [flek] I. *n* ① *(speck)* Fleck[en] *m,* Tupfen *m; (blotch)* [Schmutz]fleck *m;* ***his hair was dark, with ~s of grey*** er hatte dunkles, stellenweise graues Haar; **~ of colour** Farbfleck *m,* Farbtupfen *m;* **~ of light** Lichtfleck *m* ② *(bit) of dust* Teilchen *nt,* Partikel *f geh; of mud, paint* Spritzer *m* ③ *(freckle)* Leberfleck *m;* ■**~s** *pl* Sommersprossen *fpl* II. *vt (liter)* ■**to ~ sth** etw sprenkeln; *textiles* etw [farblich] mustern; *hair, yarn* etw melieren; ■**to be ~ed** gesprenkelt [*o* gefleckt] sein; *textiles* gemustert sein; *hair, yarn* meliert sein; ***the bird's chest is ~ed with red*** die Brust des Vogels ist rot gesprenkelt

flecked [flekt] *adj* gesprenkelt, gefleckt; *textiles* farblich gemustert; *hair, yarn* meliert

flection *n* AM *see* **flexion**

fled [fled] *vt, vi pp, pt of* **flee**

fledged [fledʒd] *adj inv* ① *(able to fly) bird* flügge *präd,* flugfähig; *insect* geflügelt ② *(fig: mature) child* flügge *fam; person* ausgebildet, fertig; **to be fully ~** [völlig] selbständig sein; **newly ~ dancer** frisch gebackener Tänzer/frisch gebackene Tänzerin

fledg(e)ling ['fledʒlɪŋ] **I.** *n* ① (*bird*) Jungvogel *m*, [gerade] flügge gewordener Vogel ② (*fig, usu pej: inexperienced person*) Grünschnabel *m meist pej fam* **II.** *adj* unerfahren, neu, Jung-; ~ **business** neu gegründetes Unternehmen; ~ **democracy/republic** junge Demokratie/Republik; ~ **manager** Jungmanager(in) *m(f)*; ~ **player** Nachwuchsspieler(in) *m(f)*

flee <fled, fled> [fliː] **I.** *vi* ① (*run away*) fliehen; (*seek safety*) flüchten; ***she fled from the room in tears*** sie rannte weinend aus dem Zimmer; **to ~ to the country** sich *akk* aufs Land flüchten; **to ~ from justice** sich *akk* der Strafverfolgung entziehen ② (*fig: fade*) vergehen, schwinden; ***all our dreams have fled*** (*liter*) all unsere Träume sind dahin *liter* **II.** *vt* ① (*avoid*) ■**to ~ sb/sth** *adversary, danger* vor jdm/etw fliehen [*o* flüchten], jdm/etw entfliehen *geh* ② (*leave*) ■**to ~ sth** *country, home* aus etw *dat* fliehen, etw fluchtartig verlassen ③ (*liter: abandon*) ■**to ~ sth** *city, people, society* etw fliehen *liter*

fleece [fliːs] **I.** *n* ① (*coat*) *of sheep* Schaffell *nt*, Vlies *nt* ② (*quantity shorn*) Schur *f* ③ *no pl* (*fabric*) Flausch *m*, weicher Wollstoff; ~ **gloves** Handschuhe *mpl* aus weicher Wolle **II.** *vt* ① (*shear*) **to ~ a sheep** ein Schaf scheren ② (*fig pej fam: cheat*) ■**to ~ sb** jdn schröpfen *pej fam*; **to ~ sb of money** jdm Geld abknöpfen *pej*, jdn um sein Geld bringen

fleecy ['fliːsi] *adj* ① (*like fleece*) flauschig; ~ **clouds** Schäfchenwolken *fpl*; ~ **towel** flauschiges Handtuch ② (*of fleece*) [Schaf]fell-; ~ **lining** Fellfutter *nt*

fleet[1] [fliːt] *n + sing/pl vb* ① NAUT (*of ships*) Flotte *f*, Staffel *f*; **fishing/merchant ~** Fischerei-/Handelsflotte *f*; **a peace-keeping ~** eine Friedensflotte; **a ~ of warships** ein Geschwader *nt* von Kriegsschiffen, eine Kriegsflotte; ■**the F~** die Marine ② AVIAT (*group of planes*) Staffel *f*, Geschwader *nt* ③ (*group of vehicles*) Fuhrpark *m*, Flotte *f fig*; **a ~ of cars** ein Wagenpark *m*; *when moving* eine Autokolonne *f*; **a ~ of trucks** ein Lastwagen[fuhr]park *m*

fleet[2] [fliːt] *adj* (*liter*) flink, schnell; **to be ~ of foot** schnell zu Fuß sein

fleet admiral *n* ① AM (*naval officer*) Großadmiral *m* ② BRIT Oberbefehlshaber *m* [*o* Oberkommandierender *m*] der Flotte

fleeting ['fliːtɪŋ, AM -t̬-] *adj* flüchtig, vergänglich; ~ **beauty** vergängliche Schönheit; ~ **encounter/glance** flüchtige Begegnung/flüchtiger Blick; ~ **idea** [*or* **thought**] plötzlicher Einfall; **for a ~ moment** für einen kurzen Augenblick; ~ **opportunity** kurzfristige Gelegenheit; ~ **smile** flüchtiges Lächeln; ~ **time** schnell vergehende Zeit; ~ **visit** Kurzbesuch *m*, Stippvisite *f fam*

fleetingly ['fliːtɪŋli, AM -t̬-] *adv* (*briefly*) kurz; (*transiently*) flüchtig

fleetness ['fliːtnəs] *n no pl* (*liter*) ① (*quickness*) Flinkheit *f*, Schnelligkeit *f* ② (*transience*) Flüchtigkeit *f*

Fleet Street *n no pl* BRIT ① *+ sing/pl vb* (*media*) das [britische] Zeitungswesen, die [britische] Presse ② (*quarter*) die Fleet Street

Fleet Streeter *n* BRIT [Zeitungs]journalist(in) *m(f)*

Fleming ['flemɪŋ] *n* Flame, Flämin *m, f*

Flemish ['flemɪʃ] **I.** *adj* flämisch **II.** *n* ① *no pl* (*language*) Flämisch *nt* ② (*people*) ■**the ~** *pl* die Flamen *pl*

flesh [fleʃ] **I.** *n no pl* ① (*substance*) *of animals, humans* Fleisch *nt*; *of fruit* [Frucht]fleisch *nt*, Fruchtmark *nt*; (*old: meat*) Fleisch *nt* ② (*also fig: fat*) Fett *nt*; (*corpulence*) [Körper]fülle *f*, Korpulenz *f geh*; **to be in ~** fett sein *pej*, gut im Futter stehen *euph fam*; **to lose ~** abnehmen, abspecken *fam*; **to put on ~** zunehmen, [Fett] ansetzen *fam*; **to put ~ on sth** (*fig*) *argument, idea, plan* etw *dat* mehr Substanz [*o* Form] geben ③ (*fig: human body*) ■**the ~** der [menschliche] Körper [*o geh* Leib]; **all ~** die gesamte Menschheit; **one ~** (*fig*) ein Leib und eine Seele ④ REL (*fig, usu pej: human nature*) ■**the ~** das Fleisch *geh*; **desires of the ~** fleischliche [*o* sinnliche] Begierden *geh*; **pleasures of the ~** Freuden *fpl* des Fleisches *geh*, sinnliche Freuden; **sins of the ~** fleischliche Sünden *meist pej* ⑤ (*fig, also pej: skin*) [nacktes] Fleisch, [nackte] Haut; ***he stripped down to his bare ~*** er zog sich bis auf die Haut aus ► PHRASES: **to be [only] ~ and blood** auch [nur] ein Mensch sein; **more than ~ and blood can bear** [*or* **stand**] [einfach] nicht zu ertragen; **one's own ~ and blood** sein eigen[es] Fleisch und Blut; **to have/want one's pound of ~** seinen vollen Anteil bekommen/wollen; **the spirit is willing but the ~ is weak** (*saying*) der Geist ist willig, aber das Fleisch ist schwach *prov*; **to be a thorn in sb's ~** jdm ein Dorn im Auge sein; **to go the way of all ~** (*saying*) den Weg allen Fleisches gehen *prov*; **to make one's ~ crawl** [*or* **creep**] eine Gänsehaut bekommen; **to press the ~** AM POL (*fam*) [Wähler]hände schütteln; **in the ~** *in person* live, in Person; *alive* [quick]lebendig **II.** *vt* ① (*embody*) ■**to ~ sth** etw verkörpern ② HUNT **to ~ a hawk/hound** einen Falken/Jagdhund Wild schmecken lassen *fachspr*; **to ~ a hide** eine Tierhaut abschaben [*o* ausfleischen]

◆**flesh out** *vt* ■**to ~ out ○ sth** *draft, paper, study* etw ausarbeiten [*o* ausgestalten]; *assumption, thesis* etw untermauern [*o* zusätzlich belegen]; **to ~ out a character** eine Figur mit mehr Leben füllen [*o* lebendig gestalten]

flesh-colored AM, **flesh-coloured** *adj* fleischfarben **flesh-eating** *adj* Fleisch fressend

flesher ['fleʃəʳ] *n* SCOT (*butcher*) Metzger(in) *m(f)*, Fleischer(in) *m(f) bes* NORDD

fleshings ['fleʃɪŋz] *npl* [blickdichte fleischfarbene] Strumpfhose

fleshly ['fleʃli] *adv* (*liter*) ① *inv* (*physical*) körperlich, leiblich ② (*fig, usu pej: sensual*) *desires, pleasures, sins* fleischlich, sinnlich *a. pej* ③ (*fig: worldly*) irdisch, menschlich

fleshpot *n* ① (*vessel*) Fleischtopf *m* ② (*fig: good life*) ■**the ~s** *pl* das Wohlleben [*o* süße Leben] ③ (*fig, also pej: place*) ■**the ~s** *pl* das Vergnügungsviertel, die Lasterhöhlen *fpl pej* **flesh-tone** *adj* AM (*flesh-coloured*) fleischfarben **flesh wound** *n* Fleischwunde *f*

fleshy ['fleʃi] *adj* ① (*also fig, euph: plump*) *person* beleibt, füllig, korpulent *euph*, fett *pej*; *arm, hand* fleischig *oft pej* ② (*succulent*) *fruit* fleischig, saftig ③ (*colour*) *skin* fleischfarben

fleur-de-lis <*pl* fleurs-de-lis> *n*, **fleur-de-lys** <*pl* fleurs-de-lys> [ˌflɜːdəˈliː, AM ˌflɜːr-] *n* ① BOT (*flower*) Schwertlilie *f fachspr* ② (*hist: device*) [heraldische] Lilie *hist* ③ (*hist: arms of France*) bourbonische Lilie *hist*

flew [fluː] *vt, vi pp, pt of* **fly**

flex[1] [fleks] **I.** *vt* ■**to ~ sth** ① (*bend*) *arms, knees* etw beugen; *metal strap* etw biegen ② (*tighten*) *muscles* etw [an]spannen; **to ~ one's ankle** seinen Fuß strecken **II.** *vi* ① (*bend*) *arms, limbs, knees* sich *akk* beugen; *metal strap* sich *akk* biegen ② (*tighten*) *muscles* sich *akk* [an]spannen ► PHRASES: **to ~ one's muscles** seine Muskeln spielen lassen; (*fig*) Stärke demonstrieren

flex[2] <*pl* -es> [fleks] *n* [Anschluss]kabel *nt*; **a piece of ~** ein Kabel *nt*, eine Schnur

flexecutive [flek'zekjətɪv] *n jd, der hinsichtlich der Arbeitszeit und des Arbeitsortes flexibel ist*

flexibility [ˌfleksɪˈbɪləti, AM -əṱi] *n no pl* ① (*pliability*) Biegsamkeit *f*; *of body* Beweglichkeit *f*, Gelenkigkeit *f*; *of joints, limbs* Biegsamkeit *f*, Beweglichkeit *f*; *of material* Elastizität *f*; (*fig*) *of a person* Nachgiebigkeit *f a. pej* ② (*also fig: adaptability*) *of an arrangement, policy, schedule* Flexibilität *f*; *of a person* Flexibilität *f*, [geistige] Beweglichkeit, Anpassungsfähigkeit *f*

flexible ['fleksɪbl] *adj* ① (*pliable*) biegsam; *body* gelenkig; *joints, limbs* biegsam, beweglich; (*fig*) *person* nachgiebig *a. pej*; ~ **leather** geschmeidiges Leder; ~ **material** biegsames [*o* elastisches] Material ② (*also fig: adaptable*) *arrangement, policy, schedule* flexibel; *person* flexibel, beweglich, anpassungsfähig; ~ **car** wendiger Wagen; ~ **working hours** gleitende [*o* flexible] Arbeitszeit, Gleitzeit *f*

flexibly ['fleksɪbli] *adv material* elastisch; *person, arrangement* flexibel; **to organize a schedule ~** ein Programm flexibel gestalten; **to respond ~** flexibel reagieren

flexion ['flekʃᵊn], AM **flection** *n* ① (*curve*) Biegung *f* ② LING Beugung *f*, Flexion *f fachspr*

flexitime ['fleksitaɪm] *n no pl* Gleitzeit *f*, gleitende Arbeitszeit; **to work** [*or* **be on**] **~** gleitende Arbeitszeit haben

flexor ['fleksəʳ, AM -ɚ] *n*, **flexor muscle** *n* Beuger *m*

flibbertigibbet [ˌflɪbətiˈdʒɪbɪt, AM -bət̬i'-] *n* (*pej dated: talkative person*) Klatschmaul *nt pej fam*, Plaudertasche *f hum o pej fam*; (*flighty person*) Flattergeist *m pej fam*; (*light-headed person*) Luftikus *m pej fam*, Leichtfuß *m pej fam*

flick [flɪk] **I.** *n* ① (*blow*) [kurzer [*o* leichter]] Schlag, Klaps *m* ② *sing* (*sound*) *of fingers* Schnipsen *nt*, Schnalzen *nt*; *of tongue* Schnalzen *nt*; *of switch* Klicken *nt*; *of whip* Schnalzen *nt*, Knallen *nt* ③ (*movement*) kurze [*o* schnelle] Bewegung; ***at the ~ of a switch, the room was in darkness*** ein Knipser und schon war es dunkel im Zimmer; ***he gave the room a ~ with the duster*** er ging mal eben mit dem Staubtuch durch das Zimmer; **a ~ of the wrist** eine kurze [*o* schnelle] Drehung des Handgelenks ④ BRIT (*dated fam: movie*) Film *m*, Streifen *m fam*; ■**the ~s** *pl* (*cinema*) Kintopp *m o nt kein pl* DIAL *veraltet fam* ► PHRASES: **a ~ of a switch** ein Kinderspiel; **with a ~ of a switch** im Handumdrehen, in null Komma nichts *fam* **II.** *vt* ① (*strike*) ■**to ~ sb/sth** jdm/etw einen [leichten] Schlag versetzen; ***horses ~ their tails to make flies go away*** Pferde schlagen mit dem Schweif, um Fliegen zu verjagen ② (*move*) ■**to ~ sth** etw mit einer schnellen [*o* kurzen] Bewegung ausführen; ***you hit a squash ball by ~ing your wrist*** man schlägt einen Squashball mit einer schnellen Drehung des Handgelenks; **to ~ channels** (*fam*) durch die Kanäle zappen; **to ~ a knife [open]** ein Messer aufschnappen lassen; **to ~ the light switch [on/off]** das Licht an-/ausknipsen ③ (*remove*) ■**to ~ sth** etw wegwedeln [*o* wegfegen]; *with fingers* etw wegschnippen [*o* wegschnipsen] ④ (*produce sound*) **to ~ one's fingers** mit den Fingern schnipsen [*o* schnalzen]; **to ~ one's tongue** mit der Zunge schnalzen; **to ~ a whip** mit einer Peitsche schnalzen [*o* knallen] **III.** *vi* sich *akk* schnell [und ruckartig] bewegen; ELEC *arc* flattern *fachspr*; ***I saw her eyes ~ away towards the door*** ich sah, wie ihr Blick zur Tür schnellte

◆**flick off** *vt* ■**to ~ off ○ sth** etw wegwedeln [*o* wegfegen]; *with fingers* etw wegschnippen [*o* wegschnipsen]

◆**flick out** **I.** *vt* ■**to ~ out ○ sth** etw herausschnellen [*o* hervorschnellen]; *tongue* etw herausschnalzen; *claws* etw herausfahren **II.** *vi* hervorschießen; *claws* plötzlich hervorkommen; *tongue* hervorschnellen

◆**flick over** *vi* (*fam*) ■**to ~ over sth** *page, report* etw überfliegen, einen [flüchtigen] Blick auf etw *akk* werfen

◆**flick through** *vi* (*fam*) ■**to ~ through sth** *book, pages, report* etw [schnell] durchblättern

flicker ['flɪkəʳ, AM -ɚ] **I.** *vi* ① (*shine unsteadily*) *candle, fire, light* flackern; *TV* flimmern; (*move unsteadily*) *eyes* unruhig sein; *eyelids* zucken; *flag* flattern; *tongue* züngeln ② (*fig: appear*) aufkommen; *hope* aufflackern; ***a look of horror ~ed across her face*** ihr stand plötzlich das Entsetzen ins Gesicht geschrieben; ***the thought ~ed into my head that ...*** der Gedanke schoss mir durch den Kopf, dass ... **II.** *vt* **to ~ an eyelid** mit dem Augenlid zucken **III.** *n* ① (*movement*) *of a candle, fire, light* Flackern *nt kein pl*; *of TV pictures* Flimmern *nt kein pl*; *of eyelids* Zucken *nt kein pl*; *of flag* Flattern *nt kein pl* ② (*fig: appearance*) Anflug *m*; **a ~ of hope** ein Hoffnungsschimmer *m*

flickering ['flɪkᵊrɪŋ, AM -ɚ-] *adj* (*also fig*) *candle, fire, light* flackernd *attr*; **a ~ hope** (*fig*) eine aufflackernde Hoffnung; ~ **image** flimmerndes Bild; ~ **shape** zuckendes Etwas

flick knife *n* BRIT, AUS Klappmesser *nt*

flier ['flaɪəʳ, AM -ɚ] *n* ① (*bird*) Vogel *m*; (*insect*) Fluginsekt *nt*; **to be a good/bad ~** ein guter/schlechter Flieger sein ② (*pilot*) Flieger(in) *m(f)*, Pi-

F

lot(in) *m(f)*; (*traveller*) [Stamm]fluggast *m*; **frequent** ~ Vielflieger(in) *m(f) fam*; **to be a good/poor** ~ das Fliegen gut/schlecht vertragen ❸ (*trapeze artist*) Trapezkünstler(in) *m(f)*, Springer(in) *m(f)* ❹ (*fig: fast horse*) Renner *m fam*; AM (*fig fam: fast vehicle*) Flitzer *m fam*; (*coach*) Expressbus *m*; (*train*) Expresszug *m* ❺ (*leaflet*) Flugblatt *nt*; *in commerce* Handzettel *m*, Reklamezettel *m*; *of police* Steckbrief *m* ❻ AM STOCKEX (*fig fam: venture*) Spekulationsgeschäft *nt* ❼ AM (*fig fam: jump*) Riesensatz *m fam* ❽ ARCHIT (*step*) Absatz *m fachspr*; ■**~s** *pl* Außentreppe *f sing*, Freitreppe *f sing*

flies [flaɪz] *npl* BRIT Reißverschluss *m*

flight¹ [flaɪt] *n* ❶ *sing* (*action*) Fliegen *nt*; (*single instance*) *of a ball, bird, plane* Flug *m*; **to take** ~ auffliegen; **in** ~ im Flug ❷ (*extent*) Flug *m*; (*distance*) Flugstrecke *f*; **a** ~ ***of five hours*** ein fünfstündiger Flug ❸ (*journey*) Flug *m*; ***we were booked on the same*** ~ wir hatten den gleichen Flug gebucht; **long-distance** ~ Langstreckenflug *m*; **space** ~ Weltraumflug *m*; **to call a** ~ einen Flug aufrufen ❹ + *sing/pl vb* (*group*) *of birds* Schwarm *m*, Schar *f geh*; *of migrating birds* [Vogel]zug *m*; *of aircraft* [Flieger]staffel *f*; *of insects* Schwarm *m*; **a** ~ **of geese** eine Gänseschar; **a** ~ **of swallows** ein Schwalbenschwarm *m*; **to be in the first** [*or* **top**] ~ (*fig*) zur ersten Garnitur [*o* Spitze] gehören; ***she's in the top*** ~ ***of actresses*** sie gehört mit zu den Spitzenschauspielerinnen ❺ (*series*) **a** ~ [**of stairs**] eine [geradläufige] Treppe; ***we live three*** ~***s up*** wir wohnen drei Treppen hoch; **a** ~ **of hurdles** eine Hürdenreihe ❻ (*also hum: whim*) Höhenflug *m*; **a** ~ **of fancy** ein geistiger Höhenflug; (*imaginative idea*) ein kühner Gedanke, eine tolle Idee *fam*; (*crazy idea*) eine Schnapsidee *a. hum fam* ❼ SPORTS *in darts* Befiederung *f*

flight² [flaɪt] *n* Flucht *f*; ~ **of investment** ECON Kapitalflucht *f*; **to be in full** ~ mitten auf der Flucht sein; **to put sb to** ~ jdn in die Flucht schlagen; **to take** [**to**] ~ (*dated*) die Flucht ergreifen

flight attendant *n* Flugbegleiter(in) *m(f)*, Steward, Stewardess *m, f veraltend* **flight bag** *n* Schultertasche *f* **flight control** *n* (*external*) Flugsicherung *f*; (*internal*) [Flug]steuerung *f* **flight controller** *n* Fluglotse, -in *m, f* **flight deck** *n* ❶ (*on carrier*) Flugdeck *nt* ❷ (*compartment*) Cockpit *nt*, Kanzel *f* **flight engineer** *n* Flug[zeug]ingenieur(in) *m(f)* **flight feather** *n* Schwungfeder *f*

flightily [ˈflaɪtɪli, AM -t̬-] *adv* (*usu pej*) ❶ (*moodily*) launisch *pej*, flatterhaft *pej*, kapriziös *pej geh* ❷ (*light-headedly*) gedankenlos, fahrig *pej*, wirr *pej* ❸ (*carelessly*) leichtsinnig *pej*

flightiness [ˈflaɪtɪnəs, AM -t̬-] *n no pl* (*usu pej*) ❶ (*moodiness*) Launenhaftigkeit *f pej*, Flatterhaftigkeit *f pej* ❷ (*light-headedness*) *of words* Gedankenlosigkeit *f pej*; *of movements* Fahrigkeit *f pej*; *of promises* Leichtherzigkeit *f pej*; *of thoughts* Wirrheit *f pej* ❸ (*carelessness*) Leichtsinn *m pej*

flightless [ˈflaɪtləs] *adj inv* flugunfähig; ***the ostrich is a*** ~ ***bird*** Strauße können nicht fliegen

flight lieutenant *n* BRIT Hauptmann *m* der Luftwaffe **flight mechanic** *n* Bordmechaniker(in) *m(f)* **flight number** *n* Flugnummer *f* **flight of capital** *n* ECON, FIN Kapitalflucht *f* **flight path** *n of an aircraft* Flugroute *f*; *of an object, spacecraft* Flugbahn *f* **flight recorder** *n* Flugschreiber *m* **flight simulator** *n* Flugsimulator *m* **flight-test** *vt* ■**to** ~ **sth** *aircraft, spacecraft* etw im Flug testen **flight to quality** *n* ECON, FIN Flucht *f* in [Aktien]spitzenwerte

flighty [ˈflaɪti, AM -t̬-] *adj* (*usu pej*) ❶ (*moody*) launisch *pej*, flatterhaft *pej*, kapriziös *geh* ❷ (*light-headed*) *answer, words* gedankenlos *pej*; *promise* leichtherzig *pej*; *movements* fahrig *pej*; *thoughts* wirr *pej* ❸ (*careless*) leichtsinnig *pej*

flimflam [ˈflɪmflæm] *n no pl* (*fig pej fam*) ❶ (*nonsense*) Quatsch *m pej fam*, Blödsinn *m pej* ❷ (*talk*) Geschwätz *nt pej fam* ❸ (*deception*) Schwindel *m*, fauler Zauber *pej*

flimsily [ˈflɪmzɪli] *adv* notdürftig

flimsiness [ˈflɪmzɪnəs] *n no pl* ❶ (*inadequacy*) schlechte [*o* mindere] Qualität, Minderwertigkeit *f* ❷ (*fragility*) *of material* mangelnde Festigkeit; *of a structure* mangelnde Stabilität ❸ (*lightness*) *of a fabric, paper* Dünnheit *f*, Dünne *f* ❹ (*fig pej: weakness*) *of a performance* Dürftigkeit *f pej*; *of an excuse, pretext* Fadenscheinigkeit *f pej*

flimsy [ˈflɪmzi] **I.** *adj* ❶ (*inadequate*) schlecht, minderwertig ❷ (*fragile*) unsolide; ~ **construction** instabile Konstruktion; ~ **huts** windschiefe Hütten; ~ **structure** unsolider Bau ❸ (*light*) *dress, blouse* dünn, leicht ❹ (*fig pej: weak*) ~ **excuse** schwache [*o* fadenscheinige] Ausrede *pej* **II.** *n* BRIT (*paper*) Durchschlagpapier *nt*; (*document*) Durchschlag *m*; **credit card** ~ Kreditkartenkopie *f* auf Durchschlagpapier

flinch [flɪn(t)ʃ] *vi* ❶ (*wince*) [zusammen]zucken, zusammenfahren; ***she listened to the teacher's criticisms without*** ~***ing*** sie hörte sich die Kritik des Lehrers an, ohne eine Miene zu verziehen ❷ (*avoid*) ■**to** ~ [**away**] **from sth** vor etw *dat* zurückschrecken; *fire, syringe* vor etw *dat* zurückzucken; (*fig*) *responsibility, task* sich *akk* etw *dat* entziehen; ***we should not*** ~ ***from the facts*** wir sollten den Tatsachen ins Auge sehen; ■**to** ~ **from doing sth** *unpleasant jobs* davor zurückschrecken, etw zu tun

fling [flɪŋ] **I.** *n usu sing* ❶ (*also fig: throw*) [mit Schwung [*o* Wucht] ausgeführter] Wurf; **to give sth a** ~ (*throw*) etw werfen; (*fig: give up*) etw hinwerfen [*o fam* hinschmeißen] ❷ (*fig: try*) Versuch *m*; **to give sth a** ~ [*or* **to take a** ~ **at** [**doing**] **sth**] es mit etw *dat* versuchen; **to take a** ~ **at a novel/writing** sich *akk* an einem Roman/als Schriftsteller versuchen ❸ (*fig, usu euph fam: good time*) ausgelassene [*o* wilde] Zeit *oft euph*; **to have a** [*or* **one's**] ~ ausgelassen [*o* wild] feiern, einen draufmachen *fam* ❹ (*fig, usu euph fam: relationship*) **to have a** ~ **with sb** mit jdm etw haben *euph fam*; ***I had a few*** ~***s in my younger days*** als ich noch jünger war, hatte ich ein paar Geschichten ❺ SCOT (*dance*) **Highland F**~ Schottentanz *m* **II.** *vt* <flung, flung> ❶ (*throw*) ■**to** ~ **sb/sth** jdn/etw werfen [*o* schleudern]; ***could you*** ~ ***the paper over here?*** könntest du mal die Zeitung 'rüberwerfen?; **to** ~ **a door/window open** eine Tür/ein Fenster aufstoßen [*o* aufreißen]; **to** ~ **sb to the ground** jdn zu Boden werfen; **to** ~ **sb into prison** jdn ins Gefängnis werfen [*o fam* stecken] ❷ (*move part of body*) ■**to** ~ **sth** etw werfen; ***they flung their arms*** [***a***]***round each other*** sie sind sich [*o* einander] um den Hals gefallen; **to** ~ **one's arms round sb's neck** jdm die Arme um den Hals werfen; **to** ~ **one's head back** den Kopf in den Nacken werfen ❸ (*fam: move violently*) ■**to** ~ **oneself at sb/sth** sich *akk* auf jdn/etw stürzen; **to** ~ **oneself at sb's feet** sich *akk* vor jds Füße *mpl* werfen; ■**to** ~ **oneself into sth** sich *akk* in etw *akk* werfen [*o* fallen lassen]; ***she flung herself into bed*** sie ließ sich ins Bett fallen; **to** ~ **oneself in front of a train** sich *akk* vor einen Zug werfen ❹ (*fig pej: express*) ■**to** ~ **sth at sb** *accusations, insults* jdm etw entgegenschleudern [*o* an den Kopf werfen]; **to** ~ **sth in sb's teeth** jdm etw an den Kopf werfen [*o* ins Gesicht sagen] ❺ (*fig: get involved*) ■**to** ~ **oneself into sth** sich *akk* in [*o* auf] etw *akk* stürzen; ■**to** ~ **oneself at sb** sich *akk* jdm an den Hals werfen *pej fam*

◆**fling away** *vt* ■**to** ~ **away** ○ **sth** ❶ (*discard*) etw wegwerfen [*o fam* wegschmeißen] ❷ (*fig: waste*) *money* etw verschleudern; *time* etw vergeuden

◆**fling off I.** *vt* ❶ (*also fig: remove*) ■**to** ~ **off** ○ **sth** *coat, jacket* etw abwerfen; *blanket, sheet* etw wegstoßen; **to** ~ **off a burden/yoke** (*fig*) eine Last/ein Joch abwerfen; **to** ~ **off scruples** (*fig*) Bedenken über Bord werfen ❷ (*rid*) ■**to** ~ **off** ○ **sb** *attacker, pursuer* jdn abschütteln ❸ (*fig pej: write quickly*) ■**to** ~ **off** ○ **sth** *essay, letter* etw hinhauen *pej fam*; *poem* etw herunterrasseln *pej fam* ❹ (*say quickly*) ■**to** ~ **off** ○ **sth** *hint, insult, remark* etw fallen lassen **II.** *vi* davonstürzen, abzischen *fam*; ***he flung off in a temper*** er zischte wütend ab

◆**fling on** *vt* (*fam*) ■**to** ~ **on** ○ **sth** *clothes* sich *dat* etw überwerfen [*o* überziehen] *fam*

◆**fling out I.** *vt* (*fam*) ❶ (*throw away*) ■**to** ~ **out** ○ **sth** etw wegschmeißen [*o fam* ausrangieren] ❷ (*fam: expel*) ■**to** ~ **out** ○ **sb** jdn hinauswerfen [*o fam* rausschmeißen] ❸ (*fig: utter*) ■**to** ~ **out** ○ **sth** etw hervorstoßen **II.** *vi of a room, house* hinausstürzen

◆**fling up** *vt* **to** ~ **up one's arms** [**for joy**] [jubelnd] die Arme hochreißen; **to** ~ **up one's hands** [**in horror**] [entsetzt] die Hände über dem Kopf zusammenschlagen

flint [flɪnt] *n* ❶ (*stone*) Feuerstein *m*, Flint[stein] *m veraltet*; (*in cigarette lighter*) [mit Zereisen legierter] Feuerstein; (*in old gun*) [Feuer]stein *m*; ~ **tools** Werkzeuge *ntpl* aus Feuerstein ❷ (*substance*) harte Substanz, hartes Material ❸ (*pej*) **to have a <u>heart</u> like** ~ ein Herz aus Stein haben *pej*; **to <u>skin</u> a** ~ ein Pfennigfuchser sein *pej fam*; **to be as <u>hard</u> as** ~ hartherzig [*o fam* knallhart] sein *pej*

flint glass *n no pl* Flintglas *nt* **flintlock** [ˈflɪntlɒk, AM lɑːk] **I.** *n* Steinschloss[gewehr] *nt* **II.** *n modifier* Steinschloss-

flinty [ˈflɪnti, AM -t̬-] *adj* ❶ (*composed of flint*) aus Feuerstein *nach n* ❷ (*containing flint*) feuersteinhaltig ❸ (*fig pej: unyielding*) hart[herzig], gefühllos; (*impervious*) abweisend, unzugänglich *pej*; ***the headmaster has a rather*** ~ ***manner*** der Direktor ist ziemlich abweisend

flip¹ [flɪp] **I.** *vt* <-pp-> ❶ (*throw*) ■**to** ~ **sth** etw werfen; **to** ~ **a coin** eine Münze werfen ❷ (*remove*) ■**to** ~ **sth** etw [weg]schnippen [*o* [weg]schnipsen] ❸ (*strike*) ■**to** ~ **sb/sth** jdm/etw einen Klaps geben; **to** ~ **one's fingers** mit den Fingern schnipsen; **to** ~ **a switch** einen Knopf drücken [*o* Schalter anknipsen] ❹ (*turn over*) ■**to** ~ **sth** etw umdrehen; **to** ~ **a book open** ein Buch aufschlagen; **to** ~ **a pancake** einen Pfannkuchen wenden ❺ (*manipulate*) ■**to** ~ **sb to do sth** jdn so bearbeiten, dass er etw tut; ***will they be able to*** ~ ***them to testify against higher-ups?*** werden sie sie umdrehen können und dazu bringen, gegen die höheren Tiere auszusagen? ► PHRASES: **to** ~ **sb the <u>bird</u>** AM (*fam*) jdm einen Vogel zeigen *fam*; **to** ~ **one's <u>lid</u>** [*or* **<u>top</u>**] [*or* AM *also* **<u>stack</u>**] (*sl*) durchdrehen *fam*, ausrasten *sl*, ausflippen *fam* **II.** *vi* <-pp-> ❶ (*strike*) [leicht] schlagen ❷ (*move*) sich *akk* ruckartig bewegen; *seal* robben ❸ (*jump*) einen Salto machen ❹ (*turn over*) sich *akk* [schnell] [um]drehen, eine [schnelle] [Um]drehung machen; ***the car*** ~***ped and crashed into a wall*** der Wagen überschlug sich und krachte gegen eine Mauer; ***the pages of my book*** ~***ped over in the wind*** der Wind verblätterte die Seiten in meinem Buch ❺ (*sl: go mad*) durchdrehen *fam*, ausrasten *sl*, ausflippen *fam*; (*fig: be enthusiastic*) ganz [*o* völlig] aus dem Häuschen sein *fam* **III.** *n* ❶ (*throw*) Wurf *m*; ~ **of a coin** Werfen *nt* einer Münze ❷ (*also fig: movement*) Ruck *m*, schnelle [*o* kurze] Bewegung; **to have a** [**quick**] ~ **through sth** (*fig*) etw im Schnellverfahren tun; ***could you have a*** ~ ***through my files?*** könnten Sie mal kurz meine Akten durchgehen? ❸ (*fam: short flight*) kurzer [Rund]flug; (*trip by car*) Spritztour *f fam*; (*short walk*) kurze [*o* kleine] Runde; **to do** [*or* **go for**] **a** ~ eine kurze Runde drehen ❹ (*snap*) *of fingers* Schnipser *m*, Schnippen *nt kein pl* ❺ SPORTS Salto *m*, Überschlag *m*; **backward** ~ Salto *m* rückwärts

◆**flip out** *vi* ausflippen *fam*

◆**flip through** *vi* (*fig fam*) ■**to** ~ **through sth** *book, pages, file* etw [schnell] durchblättern

flip² [flɪp] *n* (*egg-nog*) Flip *m*

flip chart *n* Flipchart *m o nt* (*an einer Stelltafel aufklappbare Schaubilder*)

flip-flop *n* ❶ *usu pl* (*shoe*) [Gummi- [*o* Plastik-]]sandale *f*, Gummilatsche *f pej fam*; (*for beach, swimming pool*) Badesandale *f*, Badelatsche *f pej fam* ❷ AM SPORTS (*jump*) Flic[k]flac[k] *m fachspr* ❸ ELEC (*circuit*) [bistabile] Kippschaltung *fachspr*; (*switch*) Ein-Aus-Schalter *m*, Kippschalter *m fachspr* ❹ (*fig fam: change*) [plötzliche] Kehrtwende *f* (**on** hinsichtlich +*gen*); *in attitude, belief, policy* plötzlicher Gesinnungswandel

flippancy [ˈflɪpᵊn(t)si] *n no pl* ❶ *(frivolousness)* Leichtfertigkeit *f,* Oberflächlichkeit *f* ❷ *(disrespectfulness)* vorlaute [*o* kecke] Art, Schnodd[e]rigkeit *f fam,* Flapsigkeit *f fam*

flippant [ˈflɪpᵊnt] *adj* ❶ *(frivolous)* leichtfertig, oberflächlich ❷ *(disrespectful)* vorlaut, flapsig *fam,* schnodd[e]rig *pej fam*

flippantly [ˈflɪpᵊntli] *adv* ❶ *(frivolously)* leichtfertig, oberflächlich ❷ *(disrespectfully)* vorlaut, flapsig *fam,* schnodd[e]rig *pej fam*

flipper [ˈflɪpəʳ, AM -ɚ] *n* ❶ ZOOL *(limb)* [Schwimm]flosse *f fachspr* ❷ *(swimming aid)* Schwimmflosse *f* ❸ *(dated sl: hand)* Flosse *f fam*

flipping [ˈflɪpɪŋ] *(sl)* **I.** *adj* echt *fam,* verflixt *fam;* ***it's a ~ nuisance!*** das ist echt ärgerlich! **II.** *adv* echt *fam,* verflixt *fam;* ***she was ~ tired of his excuses*** sie hatte seine Ausreden bis oben satt; ***you'll do as you're ~ well told!*** du tust gefälligst das, was man dir sagt!; ***what a ~ awful film!*** ein echt schrecklicher Film! **III.** *n no pl (of opinions)* Umschwenken *nt fig* (**on** bei +*dat*)

flippy *n* COMPUT Flippy *m,* doppelseitig beschreibbare, umzudrehende Diskette

flip side *n* ❶ *(back) of a record* B-Seite *f* ❷ *(effect) of an activity, policy* Kehrseite *f*

flirt [flɜːt, AM flɜːrt] **I.** *vi* ❶ *(act playfully)* flirten; ■**to ~ with sb** mit jdm flirten ❷ *(fig: consider)* ■**to ~ with sth** mit etw *dat* spielen [*o* liebäugeln]; **to ~ with the idea of doing sth** mit dem Gedanken spielen, etw zu tun ❸ *(fig pej: risk)* ■**to ~ with sth** [leichtfertig] mit etw *dat* spielen; ***you know you're ~ing with disaster if you invite Aunt Fern to the wedding*** dir ist klar, dass du eine Katastrophe heraufbeschwörst, wenn du Tante Fern zur Hochzeit einlädst; **to ~ with danger/death** [leichtfertig] mit dem Feuer/Leben spielen ❹ *(move)* sich *akk* schnell [*o* ruckartig] fortbewegen; *butterfly* flattern **II.** *n* ❶ *(man)* [gern] flirtender Mann, Charmeur *m;* *(woman)* [gern] flirtende Frau, Kokette *f;* ***he's a dreadful ~*** er kann das Flirten nicht lassen ❷ *(motion)* kurze [*o* ruckartige] Bewegung; **with a ~ of one's hand** mit einer schnellen Handbewegung

flirtation [flɜːˈteɪʃᵊn, AM flɜːr'-] *n* ❶ *(behaviour)* Flirt *m;* ***a lot of ~ goes on in this office*** in diesem Büro wird viel geflirtet; **to have a ~ [with sb]** [mit jdm] flirten; *(affair)* [mit jdm] etwas haben *euph* ❷ *(consideration)* [spielerische] Überlegung; *(risk)* [gefährliches] Spiel; ***we had a brief ~ with the idea of starting our own business*** wir haben mal kurz mit dem Gedanken geliebäugelt, eine eigene Firma zu gründen

flirtatious [flɜːˈteɪʃəs, AM flɜːr'-] *adj* kokett; **to be ~ with sb** mit jdm [herum]flirten

flirtatiously [flɜːˈteɪʃəsli, AM flɜːr'-] *adv* kokett; ***she danced with him very ~*** beim Tanzen flirtete sie heftig mit ihm

flirtatiousness [flɜːˈteɪʃəsnəs, AM flɜːr'-] *n no pl* Koketterie *f,* Flirten *nt kein pl*

flirty <-ier, -iest> [ˈflɜːti, AM ˈflɜːrt̬i] *adj* ❶ *(coquet)* zum Flirten aufgelegt; *women* kokett; *men* schäkernd ❷ *(moving to and fro)* hin und herschnellend

flit <-tt-> [flɪt] **I.** *vi* ❶ *(also fig: move)* huschen, flitzen; *(fly) bats, birds, butterflies* flattern; *bees* fliegen; *beetles, insects* schwirren; ■**to ~ about** [*or* **around**] herumflitzen; *bats, birds, butterflies* herumflattern; *bees* herumfliegen; *beetles, insects* herumschwirren; *(fig)* verfliegen; **to ~ from one thing to another** *(fig pej)* sich *akk* von einer Sache in die andere stürzen *pej;* **to ~ across** [*or* **into**] [*or* **through**] **one's mind** *(fig)* einem durch den Kopf schießen ❷ BRIT *(fig, also pej fam: escape)* abhauen, die Kurve kratzen *a. pej sl* ❸ NBRIT, SCOT *(change home)* umziehen **II.** *n* BRIT **to do a moonlight ~** sich *akk* bei Nacht und Nebel davonmachen *fam*

flitch <*pl* -es> [flɪtʃ] *n of bacon* Speckseite *f*

float [fləʊt, AM floʊt] **I.** *n* ❶ *(boat)* Floß *nt;* *(buoy)* Boje *f;* *(platform)* schwimmende Landebrücke; *(buoyant material) on a fishing line* [Kork]schwimmer *m; on a net* Schwimmkörper *m* ❷ TECH *(device) in a carburettor, cistern, on a seaplane* Schwimmer *m fachspr* ❸ *(swimming aid)* Schwimmkork *m;* *(inflated bag)* Schwimmweste *f* ❹ ANAT *(organ)* Schwimmblase *f fachspr* ❺ *(vehicle) for goods* Lieferwagen *m; for festivities* Festzugswagen *m;* **carnival ~** Karnevalswagen *m;* **milk ~** Milch[auslieferIwagen *m* ❻ BRIT, AUS *(capital) as an advance* Spesenvorschuss *m,* Kostenvorschuss *m; as cheques, commercial papers* umlaufendes Geld; *as a loan* Startanleihe *f; in a till* Wechselgeldbetrag *m,* Wechselgeld *nt;* **cash ~** Wechselgeld *nt* ❼ *(in exchange rates)* flexible Wechselkurse; **clean ~** sauberes Floaten, völlig freigegebene Wechselkurse *pl;* **dirty** [*or* **managed**] **~** schmutziges [*o* kontrolliertes] Floaten, beschränkt freigegebene Wechselkurse *pl* ❽ ECON, STOCKEX *(starting a company)* Gesellschaftsgründung *f* durch Emission von Aktien an der Börse ❾ THEAT *(lights)* ■**~s** *pl* Rampenlicht *nt kein pl* ❿ COMPUT Speicherauszug *m* des gesamten Systems; **~ factor** Startadresse *f;* **~ relocate** Umsetzung *f* relativer in absolute Adressen **II.** *vi* ❶ *(be buoyant)* schwimmen, oben bleiben ❷ *(move in liquid or gas) objects* treiben; *people* sich *akk* treiben lassen; ***the boat ~ed downstream*** das Boot trieb flussabwärts; **to ~ to the surface** an die Oberfläche treiben ❸ *(fig: move graciously)* schweben *geh o iron* ❹ *(move in air) clouds* ziehen; *leaves* segeln; ***the sound of piano-playing ~ed from the open window*** aus dem offenen Fenster drang Klavierspiel nach draußen ❺ *(appear)* **to ~ across/into/through one's mind** jdm in den Sinn kommen ❻ ECON *(fluctuate) currency* frei konvertierbar sein; *exchange rate* schwanken, floaten *fachspr* ❼ *(also fig: move about)* herumziehen *fam; rumours* herumgehen; AM häufig den Wohnort wechseln; **to ~ from place to place** von Ort zu Ort ziehen **III.** *vt* ❶ FIN *(launch)* **to ~ a business/company** ein Unternehmen/eine Gesellschaft gründen; **to ~ a loan** eine Anleihe auflegen; **to ~ shares** Aktien ausgeben [*o* in Umlauf bringen] ❷ ECON *(fluctuate)* **to ~ a currency** eine Währung freigeben [*o fachspr* floaten lassen] ❸ *(cause to move)* ■**to ~ sth** etw treiben [*o* schwimmen] lassen; **to ~ logs** Baumstämme flößen; **to ~ a ship** ein Schiff zu Wasser lassen ❹ *(introduce)* **to ~ an idea/plan** eine Idee/einen Plan in den Raum [*o* zur Diskussion] stellen ❺ *(test)* **to ~ an opinion** eine Meinung testen

◆**float about, float around** *vi (fig fam) rumour* in Umlauf sein, die Runde machen *fam; objects* [he]rumfliegen *fam,* [he]rumliegen *fam;* ***have you heard the rumours ~ing about that ...*** hat es sich schon bis zu dir herumgesprochen, dass …; **to ~ around** [*or* **about**] **doing nothing** *person* sich *akk* in der Gegend herumtreiben *fam*

floatation *n see* **flotation**

floatel [flə(ʊ)ˈtel, AM floʊ'-] *n* schwimmendes Hotel

floater [ˈfləʊtəʳ, AM ˈfloʊt̬ɚ] *n* ❶ *(insurance policy)* Versicherung *f* für bewegliches Eigentum; **office ~** Versicherung *f* für Büroeinrichtung ❷ AM ECON, FIN zinsvariabler Schuldtitel

floating [ˈfləʊtɪŋ, AM ˈfloʊt̬-] **I.** *adj attr, inv* ❶ *(in water)* schwimmend, treibend; *garden, hotel, restaurant* schwimmend; *body, crane, dock* Schwimm-; *anchor, ice* Treib- ❷ *(fluctuating) population* fluktuierend *geh,* wandernd, mobil; **~ workforce** Arbeiterschaft, die häufig den Arbeitsplatz wechselt ❸ FIN *(unfunded)* **~ assets** flüssige Aktiva *fachspr;* **~ capital** Umlaufvermögen *nt fachspr;* **~ debt** [**of a business**] schwebende [*o* kurzfristige] Schuld [eines Unternehmens] *fachspr;* **~ interest rate** gleitender [*o* variabler] Zinssatz *fachspr;* **~ liability** laufende Verbindlichkeit *fachspr* ❹ ECON, FIN *(variable)* **~ charge** schwebende Belastung; **~ rate** *(on loan)* variabler Zinssatz; *(on currency)* variabler Wechselkurs ❺ COMPUT, MATH Gleit-; **~ point** bewegliches Komma, Gleitkomma *nt* ❻ MED *(displaced)* Wander-; **~ kidney** Wanderniere *f fachspr;* **~ rib** freie Rippe *fachspr* **II.** *n* ❶ *(founding)* **~ of a company** Gesellschaftsgründung *f* durch Aktienemission ❷ *(in exchange rates)* Floating *nt;* **~ assets** BRIT Umlaufvermögen *nt;* **the ~ of the pound** das Floaten [*o* die Wechselkursfreigabe] des Pfundes

floating bridge *n* ❶ *(bridge)* Pontonbrücke *f* ❷ *(ferry)* Kettenfähre *f* **floating dock** *n* Schwimmdock *nt* **floating light** *n* ❶ *(buoy)* Leuchtboje *f* ❷ *(ship)* Feuerschiff *nt* **floating voter** *n* Wechselwähler(in) *m(f)*

flock¹ [flɒk, AM flɑːk] **I.** *n + sing/pl vb* ❶ *(group of animals) goats, sheep* Herde *f; birds* Schar *f,* Schwarm *m* ❷ *(group of people)* Schar *f,* Horde *f pej;* REL Herde *f geh,* Gemeinde *f,* Schäfchen *ntpl fam;* **a ~ of sightseers/tourists** eine Besucherschar/Schar von Touristen **II.** *vi* sich *akk* scharen; ***crowds of people ~ed to see the Picasso exhibition*** es kamen Scharen von Menschen, um die Picassoausstellung zu sehen; ■**to ~ around sb/sth** sich *akk* um jdn/etw scharen, jdn/etw umringen; ■**to ~ in/out of somewhere** irgendwo [scharenweise] hinein-/hinausströmen; ■**to ~ to sth** zu etw *dat* in Scharen kommen [*o* strömen]

flock² [flɒk, AM flɑːk] *n* ❶ *(tuft) of cotton, wool* [Woll]flocke *f* ❷ *no pl (material)* Reißwolle *f;* *(for coating)* Wollpulver *nt,* Wollstaub *m;* *(as stuffing)* Flockwolle *f* ❸ *no pl (fibre)* Velours *m*

flock wallpaper *n* Velourstapete *f*

floe [fləʊ, AM floʊ] *n* Eisscholle *f,* Treibeis *nt kein pl*

flog <-gg-> [flɒg, AM flɑːg] *vt* ❶ *(punish)* ■**to ~ sb** jdn prügeln [*o* züchtigen]; *with a whip* jdn auspeitschen (**for** wegen +*gen*) ❷ BRIT *(fam: sell)* ■**to ~ sth** etw verscheuern *fam* [*o sl* verkloppen] ▶ PHRASES: **to ~ sth to death** *(fam)* etw zum hundertsten Mal durchkauen [*o* zu Tode reiten] *pej fam;* **to ~ oneself to death** sich *akk* zu Tode rackern *fam;* **to ~ oneself into the ground** sich *akk* völlig verausgaben; **to be ~ging a dead horse** *(fam)* seine Kraft und Zeit verschwenden, offene Türen einrennen

flogging [ˈflɒgɪŋ, AM ˈflɑːg-] *n* Prügeln *nt kein pl,* Züchtigen *nt kein pl; with a whip* Auspeitschen *nt kein pl*

flood [flʌd] **I.** *n* ❶ *(flowing)* Überschwemmung *f,* Hochwasser *nt kein pl;* ***we had a ~ in the cellar*** wir hatten den Keller unter Wasser; ***when the snow melts, this little stream becomes a ~*** wenn der Schnee schmilzt, wird dieser kleine Bach ein reißender Fluss; **to be in full ~** *(fig) activity, discussion* in vollem Gang sein; ■**the F~** REL die Sintflut ❷ *(outpouring)* Flut *f,* Schwall *m;* ***a ~ of cheap imports came into the shops*** ein ganzer Schwung Billigimporte kam in die Läden; **to let out a ~ of abuse** eine Schimpfkanonade loslassen; **~ of calls/letters** eine Flut von Anrufen/Briefen; **~ of complaints** ein Haufen *m* Beschwerden; **~ of tears** Strom *m* von Tränen; **~ of words** Redeschwall *m* ❸ *(tide)* **~ [tide]** Flut *f;* **on the ~** bei [*o* mit der] Flut ▶ PHRASES: **before the F~** *(hum)* vorsintflutlich *hum* **II.** *vt* ■**to ~ sth** ❶ *(overflow)* etw überschwemmen [*o* überfluten]; *(deluge) kitchen, bathroom* etw unter Wasser setzen; ***don't ~ the bathtub*** lass die Badewanne nicht überlaufen ❷ *(fig: overwhelm)* etw überschwemmen [*o* überfluten]; ***the calls for tickets ~ed the switchboard*** die Kartenanfragen führten zu einer völligen Überlastung der Telefonzentrale; **to be ~ed with joy** überglücklich sein; **to be ~ed with responses** mit Antworten überhäuft werden ❸ AUTO *(supply) carburettor, engine* etw absaufen lassen *fam* ❹ *(fill with water) a dam, submarine, valley* etw fluten *fachspr; a river* etw über die Ufer treten lassen **III.** *vi* ❶ *(overflow) place* überschwemmt werden, unter Wasser stehen; *river* über die Ufer treten; *container, bathtub* überlaufen ❷ *(fig: pour)* strömen, sich *akk* ergießen *geh;* ■**to ~ into sb/sth** jdn/etw überschwemmen [*o* überfluten]; ***donations are ~ing into the relief fund*** Spenden gehen zu Tausenden bei dem Hilfsfonds ein; ***colour ~ed into her cheeks*** sie wurde ganz rot im Gesicht; ***anger ~ed into him*** Wut stieg in ihm hoch

◆**flood back** *vi (fig) memories* wiederaufkommen, hochsteigen

◆**flood in** *vi (also fig)* hereinströmen; *sunlight* hereinfluten

◆**flood out** *vt usu passive* ■**to be ~ed out** von Hochwasser vertrieben werden, [wegen Hochwassers] obdachlos werden

flood control *n no pl* Hochwasserschutz *m* **flood damage** *n no pl* Hochwasserschaden *m* **flood disaster** *n* Überschwemmungskatastrophe *f*

flooded ['flʌdɪd] *adj* METEO (*submerged*) *fields, meadows, plains* überflutet, überschwemmt

floodgate *n* Schleusentor *nt,* Schleuse *f;* **to open the ~s to sth** (*fig pej*) etw *dat* Tür und Tor öffnen *pej,* die Schleusen öffnen *fig*

flooding ['flʌdɪŋ] *n no pl* Überflutung *f,* Überschwemmung *f*

floodlight I. *n* (*lamp*) Scheinwerfer *m;* (*light*) Scheinwerferlicht *nt,* Flutlicht *nt;* **under ~s** bei Flutlicht II. *vt* <-lit, -lit> ■**to ~ sth** *building* etw [mit Scheinwerfern] anstrahlen; *plaza, square* etw hell erleuchten [*o* beleuchten]; *stadium* etw mit Flutlicht ausleuchten **floodlighting** *n no pl* ❶ (*light*) Flutlichtanlage *f* ❷ (*illumination*) [helle] Beleuchtung **floodlit** *adj inv building* angestrahlt; *plaza, square* hell erleuchtet [*o* beleuchtet]; *stadium* in Flutlicht getaucht; **~ match** Spiel *nt* bei Flutlicht **flood plain** *n* GEOG Überschwemmungsgebiet *nt fachspr* **flood tide** *n* Flut *f a. fig;* **a ~ of calls/letters** eine Flut von Anrufen/Briefen

floor [flɔːʳ, AM flɔːr] I. *n* ❶ (*ground*) [Fuß]boden *m;* GEOG Boden *m,* Grund *m; of a mine, river, valley* Sohle *f fachspr;* **bathroom ~** Badezimmerboden *m;* **dance~** Tanzfläche *f,* Tanzparkett *nt;* **ocean** [*or* **sea**] **~** Meeresboden *m,* Meeresgrund *m;* **inlaid ~** Parkettboden *m,* Parkett *nt;* **tiled ~** gekachelter [*o* gefliester] Boden; **to take the ~** (*form: dance*) sich *akk* aufs Parkett begeben *geh o hum* ❷ (*storey*) Stock *m,* Stockwerk *nt,* Etage *f;* **ground ~** Erdgeschoss *nt,* Paterre *nt;* **first ~** BRIT erster Stock; AM Erdgeschoss *nt;* **on the third ~** im dritten Stock ❸ (*room*) Saal *m;* (*in parliament*) Sitzungssaal *m,* Plenarsaal *m;* (*in stock exchange*) Börsensaal *m,* Börsenparkett *nt;* (*people*) Auditorium *nt geh;* POL Plenum *nt geh;* **on the ~ of the House of Commons** im Sitzungssaal des Unterhauses; POL **to cross the ~** POL (*fig*) sich *akk* der Gegenpartei [*o* Opposition] anschließen ❹ (*area*) Bereich *m,* Sektor *m;* **to work on the factory/trading ~** im Industriebereich/auf dem Handelssektor arbeiten; (*production area*) **the factory ~** die Fabrikhalle; **on the shop ~** im Betrieb; (*of broking house*) **dealing** [*or* **trading**] **~** *Geschäftsstelle einer Brokerfirma zur Abwicklung des Effektenhandels mit elektronischer Datenverbindung zum Börsenplatz* ❺ (*minimum*) Mindestpreis *m; of prices, wages* Minimum *nt;* ECON, FIN [Zins]untergrenze *f;* **to go** [*or* **drop**] **through the ~** ins Bodenlose fallen, in den Keller gehen *fam;* **to establish a ~ at an auction** bei einer Auktion den Mindestpreis festsetzen; **~ price** Mindestpreis *m* ► PHRASES: **to give sb the ~** POL jdm das Wort geben; **to hold** [*or* **have**] **the ~** POL das Wort haben; **to take the ~** das Wort ergreifen II. *n modifier* ❶ (*leads, mat, space*) Boden-; **~ cover[ing]** [Fuß]bodenbelag *m;* **~ heating** Fußbodenheizung *f* ❷ AM STOCKEX **~ broker** Börsenmakler(in) *m(f);* **~ trader** Eigenmakler(in) *m(f)* III. *vt* ❶ (*cover*) **to ~ sth** *room, space* etw mit einem [Fuß]boden auslegen ❷ (*knock down*) ■**to ~ sb** jdn zu Boden schlagen [*o geh* niederstrecken] ❸ (*fig: confuse*) ■**to ~ sb** jdn umhauen *fig;* **to be completely ~ed** (*confused*) völlig platt [*o* geplättet] sein *fam;* (*sl: drunk*) stockbesoffen sein *sl*

floorboard *n* Diele *f,* Dielenbrett *nt* **floorcloth** *n* Putzlappen *m,* Wischlappen *m*

floored [flɔːd, AM flɔːrd] *adj inv* ■**to be ~ with sth** *carpeting* mit etw *dat* ausgelegt sein; *tiles* mit etw *dat* gefliest sein

flooring ['flɔːrɪŋ] *n no pl* ❶ (*space*) [Fuß]boden *m* ❷ (*material*) Boden[belag] *m;* **parquet ~** Parkettboden *m;* **stone ~** Steinboden *m;* **wooden ~** Holzboden *m*

floor lamp *n esp* AM (*standard lamp*) Stehlampe *f* **floor manager** *n of a store* Abteilungsleiter(in) *m(f);* TV Aufnahmeleiter(in) *m(f)* **floor plan** *n* Grundriss *m* (*eines Stockwerks*) **floor polish** *n no pl* Bohnerwachs *nt* **floor show** *n* Varieteevorstellung *f,* Varieteenummer *f* **floor space** *n* Bodenfläche *f;* (*for storing*) Stellfläche *f*

floorwalker *n* AM (*shopwalker*) Abteilungsleiter(in) *m(f)*

floosie ['fluːzi] *n,* **floozie** *n,* **floozy** *n* (*pej or hum fam*) Flittchen *nt pej fam*

flop [flɒp, AM flɑːp] I. *vi* <-pp-> ❶ (*move clumsily*) plumpsen *fam,* sich *akk* fallen lassen; ■**to ~ over** sich *akk* umwälzen; **to ~ into bed** sich *akk* ins Bett hauen *sl* ❷ (*drop*) fallen; ***the baby's head kept ~ping backwards*** der Kopf des Babys kippte immer wieder nach hinten ❸ (*fail*) ein Flop [*o* ein Reinfall] [*o* eine Pleite] sein; *performance, play* durchfallen II. *n* ❶ *no pl* (*movement, sound*) Plumps *m fam;* ***he fell with a ~ on the bed*** er ließ sich aufs Bett plumpsen ❷ *usu sing* (*fig pej fam: failure*) *business, enterprise* Flop *m fam,* Reinfall *m fam,* Pleite *f fam; person* Niete *f pej fam;* **to be a commercial ~** ein wirtschaftlicher Misserfolg sein

◆**flop down** *vi* (*fam*) sich *akk* plumpsen lassen *fam,* sich *akk* hinhauen *sl*

flophouse *n* AM (*fam*) Absteige *f fam,* Penne *f fam,* billige Pension

floppiness ['flɒpɪnəs, AM 'flɑːp-] *n no pl* ❶ (*flexibility*) Biegsamkeit *f,* Weichheit *f* ❷ (*limpness*) *of a body, limb, rope* Schlaffheit *f,* Schlappheit *f fam; of clothing, trousers* Schlott[e]rigkeit *f,* Flatt[e]rigkeit *f*

floppy ['flɒpi, AM 'flɑːpi] I. *adj* ❶ (*flexible*) biegsam, weich ❷ (*limp*) *body, limb, rope* schlaff, schlapp *fam; clothing, trousers* schlott[e]rig, flatt[e]rig; **~ ears** Schlappohren *ntpl;* **~ hair** [immer wieder] herabfallendes Haar; **~ hat** Schlapphut *m* II. *n* COMPUT (*fam*) Floppydisk *f fachspr,* Diskette *f fachspr*

floppy disk *n* COMPUT Floppydisk *f fachspr,* Diskette *f fachspr*

flora ['flɔːrə] *n no pl* ❶ BIOL (*plants*) Flora *f fachspr,* Pflanzenwelt *f;* **~ and fauna** Flora und Fauna ❷ BIOL (*treatise*) [systematische] Pflanzenabhandlung *fachspr; as a book* Pflanzenbestimmungsbuch (**of** über +*akk*) ❸ MED (*microorganisms*) Flora *f fachspr;* **intestinal ~** Darmflora *f*

floral ['flɔːrəl] *adj* ❶ *inv* (*of flowers*) Blumen-; **~ arrangement** Blumenarrangement *nt,* Blumengesteck *nt;* **~ display** Blumenschau *f;* **~ leaf** BOT Blütenblatt *nt fachspr;* **~ tribute** Blumengruß *m* ❷ *inv* (*patterned*) *curtain, dress* geblümt, mit Blumenmuster *nach n;* **~ wallpaper** Blumentapete *f* ❸ (*like flowers*) *scent* blumig

Florence ['flɒrən(t)s, AM 'flɔːr-] *n no pl* Florenz *nt*

Florentine ['flɒrəntaɪn, AM 'flɔːr-] I. *adj* florentinisch II. *n* ❶ (*inhabitant of Florence*) Florentiner(in) *m(f)* ❷ (*pastry*) Florentiner *m*

florescence [flɔː'resən(t)s] *n* Blütenstand *m,* Floreszenz *f fachspr*

floret ['flɒrɪt, AM 'flɔːr-] *n* ❶ BOT (*part*) *of a composite* Einzelblüte *f fachspr; of a broccoli, cauliflower* Röschen *nt fachspr* ❷ (*flower*) kleine Blume, Blümchen *nt*

florid ['flɒrɪd, AM 'flɔːr-] *adj* ❶ (*form: ruddy*) kräftig rot; **~ complexion** kräftig rote [*o* gesunde] Gesichtsfarbe ❷ (*fig, usu pej: decorated*) überladen; *style* blumig *pej; prose, rhetoric* schwülstig, überschwänglich; *of music* figuriert *fachspr;* ***why does he always have to use such ~ rhetoric?*** warum muss er sich immer so geschwollen ausdrücken?; **~ architectural style** überladener [*o* überreich verzierter] Baustil ❸ MED (*fig: developed*) *disease* voll ausgeprägt, florid *fachspr;* **a ~ flu** eine ausgewachsene Grippe *fam*

floridly ['flɒrɪdli, AM 'flɔːr-] *adv* (*fig pej*) blumig *pej,* schwülstig *pej;* **~ figurative prose** bildüberfrachtete Prosa

florin ['flɒrɪn, AM 'flɔːr] *n* ❶ BRIT HIST Zweischillingstück *nt* ❷ (*coin of precious metal*) Gulden *m* ❸ (*Aruban currency*) Florin *m*

florist ['flɒrɪst, AM 'flɔːr-] *n* Florist(in) *m(f),* Blumenhändler(in) *m(f);* ■**~'s** Blumengeschäft *nt*

floss [flɒs, AM flɑːs] I. *n no pl* ❶ (*fibre*) *of silkworm* Kokonseide *f fachspr; of silk-cotton tree* Seidenbaumwolle *f fachspr* ❷ FASHION (*filaments*) ungezwirnte Seidenfäden *mpl fachspr* ❸ FASHION (*waste*) Florettseide *f,* Flockseide *f fachspr; as yarn* Florettgarn *nt fachspr* ❹ MED (*thread*) Zahnseide *f* II. *vt* **to ~ one's teeth** seine Zähne mit Zahnseide reinigen

floss silk *n no pl* FASHION Florettseide *f fachspr*

flotation [fləʊ'teɪʃən, AM floʊ'-] *n* ❶ ECON, FIN (*launching*) *of a business* Gründung *f; of a loan, shares* Ausgabe *f;* **stock-market ~** Börsengang *m;* **to launch a stock-market ~** [mit einem Wertpapier] an die Börse gehen ❷ *no pl* CHEM, TECH (*separation*) *of minerals* Schwimmaufbereitung *f,* Flotation *f fachspr;* **~ chamber** Schwimmkammer *f* ❸ *no pl* (*being buoyant*) Schwimmen *nt;* (*buoyancy*) Schwimmfähigkeit *f;* PHYS Auftrieb *m fachspr*

flotel [flə(ʊ)'tel, AM floʊ'-] *n* schwimmendes Hotel

flotilla [flə(ʊ)'tɪlə, AM floʊ'-] *n* + *sing/pl vb* Flotille *f*

flotsam ['flɒtsəm, AM 'flɑːt-] *n,* **flotsam and jetsam** *n no pl* ❶ (*wreckage*) Treibgut *nt;* (*ashore*) Strandgut *nt* ❷ (*useless items*) Krimskrams *m fam,* Krempel *m fam* ❸ + *sing/pl vb* (*fig pej: vagrants*) [**human**] **~** [menschliches] Treibgut, gestrandete Existenzen *fpl pej*

flounce[1] [flaʊn(t)s] *vi* ❶ (*fling the body*) zappeln, zucken, sich *akk* ruckartig bewegen ❷ (*pej: move affectedly*) stolzieren, rauschen *pej;* ***mortally wounded, she ~d out of the room*** tief beleidigt rauschte sie aus dem Zimmer

flounce[2] [flaʊn(t)s] FASHION I. *n* Rüsche *f,* Volant *m,* Falbel *f fachspr* II. *vt* ■**to ~ sth** etw falbeln [*o* fälbeln] *fachspr; blouse* etw mit Rüschen verzieren; *skirt* etw mit Volants versehen

flounced [flaʊnst] *adj inv* FASHION mit Volants besetzt

flouncy[1] ['flaʊn(t)si] *adj* (*affected*) stolzierend *attr,* rauschend *attr;* ***her ~ departure amused everybody*** ihr rauschender Abgang diente der allgemeinen Belustigung

flouncy[2] ['flaʊn(t)si] *adj* FASHION (*adorned*) Rüschen-, Volant-; **~ blouse** Rüschenbluse *m;* **~ skirt** Volantrock *m*

flounder[1] <*pl* – *or* -s> ['flaʊndəʳ, AM -ɚ] *n* (*flatfish*) Flunder *f*

flounder[2] ['flaʊndəʳ, AM -ɚ] *vi* ❶ (*move with difficulty*) stolpern; *in mud, snow* waten; *in water* [herum]rudern [*o* strampeln] ❷ (*fig: be in difficulty*) sich *akk* abmühen [*o fam* abzappeln] [*o fam* abstrampeln]; (*be confused*) nicht weiterwissen; ***her answer surprised him and he ~ed at first*** ihre Antwort überraschte ihn und er wusste zuerst nicht, was er sagen sollte; ■**to be ~ing** *organization* auf der Kippe stehen, sich *akk* in einer Krise befinden; *person* ins Schwimmen kommen; ***the job was new, and at the moment he was ~ing a bit*** die Arbeit war neu und im Augenblick war er etwas ins Schwimmen geraten ❸ (*fig pej: proceed clumsily*) murksen *pej fam,* wursteln *pej fam;* ■**to ~ through sth** sich *akk* durch etw *akk* [durch]wursteln

◆**flounder about, flounder around** *vi* ❶ (*move with difficulty*) herumstolpern; *in mud, snow* herumwaten; *in water* herumrudern, herumstrampeln ❷ (*fig pej: act with difficulty*) sich *akk* herumquälen [*o* herumschlagen]

flour ['flaʊəʳ, AM -ɚ] I. *n no pl* ❶ (*ground grain*) Mehl *nt* ❷ (*ground matter*) [feines] Mehl, Pulver *nt* II. *vt* ■**to ~ sth** ❶ (*cover*) *plate, dough* etw bemehlen [*o* mit Mehl bestäuben]; *cake pan, tin* etw mit Mehl ausstreuen ❷ AM (*grind*) *grain, wood* etw [zu Mehl [*o* zu Pulver] [*o* fein]] mahlen

flourish ['flʌrɪʃ, AM 'flɜːr-] I. *vi* ❶ (*also fig: grow well*) *plants* blühen *a. fig,* gedeihen *a. fig geh;* (*fig*) *business, industry* blühen, florieren; ***the country's tourist industry is ~ing*** der Tourismus des Landes floriert ❷ (*fig: mature*) zu voller Blüte gelangen; ***rock 'n' roll ~ed in the 1950s*** der Rock'n'roll hatte seine Blütezeit in den fünfziger Jahren II. *vt* (*wave*) ■**to ~ sth** mit etw *dat* herumfuchteln; (*display*) etw [mit großer Geste] schwingen *pej;* ***he arrived ~ing a bunch of flowers*** er kam an, mit einem Blumenstrauß winkend; **to ~ a baton** einen Taktstock schwingen III. *n* ❶ (*also pej: movement*) schwungvolle Bewegung; (*gesture*) überschwängliche [*o* große] Geste *a. pej;* ***the team produced a late ~ scoring twice to clinch the match*** mit zwei entscheidenden Treffern brachte die Mannschaft gegen Ende noch einmal Bewegung ins Spiel ② (*decoration*) *in handwriting* Schnörkel *m* ③ (*expression*) blumiger Ausdruck *pej,* Ausschmückung *f* ④ MUS (*fanfare*) Fanfare *f;* (*passage*) Figuration *f fachspr,* Verzierung *f*

flourishing ['flʌrɪʃɪŋ, AM 'flɜ:r-] *adj* (*also fig*) *plants* prächtig, blühend; *business, market* blühend, florierend; **a ~ trade** ein blühender [*o* florierender] Handel; **~ tradition** blühende Tradition

flour mill *n* Getreidemühle *f,* Mahlmühle *f*

floury ['flaʊəri, AM -ɚi] *adj* ① (*covered with flour*) mehlig, voller Mehl *nach n* ② (*dry*) *potato* mehlig; *make-up* pulv[e]rig

flout [flaʊt] *vt* ■**to ~ sth** ① (*disregard*) etw [offen] missachten, sich *akk* [offen] über etw *akk* hinwegsetzen; **to ~ convention/tradition** sich *akk* Konventionen/Traditionen widersetzen; **to ~ a law/rule** ein Gesetz/eine Regel missachten ② (*disdain*) etw [öffentlich] verspotten, sich *akk* über etw *akk* lustig machen

flow [fləʊ, AM floʊ] **I.** *vi* ① (*also fig: stream*) fließen *a. fig; air, light, warmth* strömen *a. fig;* ***many rivers ~ into the Pacific Ocean*** viele Flüsse münden in den Pazifischen Ozean; ***the beer was ~ing*** das Bier floss in Strömen; ***the conversation began to ~*** die Unterhaltung kam in Gang; ***a wash of sympathy ~ed over him*** eine Welle des Mitgefühls stieg in ihm auf; ***her long red hair ~ed down over her shoulders*** ihr langes rotes Haar wallte über ihre Schultern; **to keep the money ~ing in** dafür sorgen, dass [weiterhin] Geld reinkommt *fam* ② (*fig: originate*) ■**to ~ from sth** von etw *dat* herrühren, sich *akk* aus etw *dat* ergeben; ***many benefits will ~ from our collaboration*** unsere Zusammenarbeit wird viel Gutes mit sich bringen ③ (*rise*) *tide* steigen, hereinkommen **II.** *n usu sing* ① (*also fig: movement*) Fluss *m a. fig,* Strom *m a. fig;* **~ of goods** [*or* **supplies**] Güterverkehr *m,* Warenverkehr *m;* **~ of ideas/information** Ideen-/Informationsfluss *m;* **~ of traffic** Verkehrsfluss *m;* **~ of words/conversation** Rede-/Gesprächsfluss *m;* **~ of visitors** Besucherstrom *m;* **cut off** [*or* **stop**] **the ~** die Zufuhr [*o* den Zufluss] stoppen *a. fig* ② (*volume of fluid*) Durchflussmenge *f* ③ (*also fig: outpouring*) Ausfluss *m;* ***she tried to stem the ~ of blood*** sie versuchte das Blut zu stillen; **~ of capital** [*or* **funds**] Kapital[ab]wanderung *f* ▶ PHRASES: **to be in full ~** (*speaking*) mitten im Redefluss sein; (*acting*) voll in Fahrt [*o* dabei] sein; **to go** [*or* **move**] **against/with the ~** gegen den/mit dem Strom schwimmen **III.** *adv* ■**in ~** fließend, im Fluss *nach n;* ***a mind in ~ can make an athlete seem invincible*** wenn Geist und Körper eine Einheit bilden, scheint ein Athlet unbesiegbar

flowchart *n,* **flow diagram** *n* Flussdiagramm *nt*

flower ['flaʊəʳ, AM -ɚ] **I.** *n* ① BOT (*plant*) Blume *f;* (*plant part*) Blüte *f;* ***no ~s by request*** wir bitten von Blumenspenden abzusehen; ***"say it with ~s"*** „lass Blumen sprechen"; **to be in ~** blühen, in Blüte stehen *geh;* **to come into ~** zu blühen beginnen ② (*fig liter: prime*) Blüte *f;* **in the ~ of** [**one's**] **youth** in der Blüte des [*o* seines] Lebens **II.** *vi* ① (*also fig: be productive*) *plant, arts, place* blühen; *business, industry* blühen, gedeihen ② (*fig: mature*) zur Entfaltung kommen; *talent* in voller Blüte stehen

flower arrangement *n* Blumengesteck *nt* **flower arranging** *n no pl* Blumenbinden *nt* **flowerbed** *n* Blumenbeet *nt* **flower children** *npl* Blumenkinder *ntpl,* Hippies *mpl*

flowered ['flaʊəd, AM -ɚd] *adj* geblümt, mit Blumenmuster *nach n;* **~ curtains** geblümte Vorhänge; **~ wallpaper** Blumentapete *f*

flower garden *n* Blumengarten *m* **flower girl** *n* ① (*vendor*) Blumen[straßen]händlerin *f,* Blumenmädchen *nt* ② (*at weddings*) Blumenmädchen *nt,* Blumen streuendes Mädchen **flower head** *n* BOT Blütenköpfchen *nt,* Blütenstand *m*

flowering ['flaʊəʳrɪŋ] *adj inv* blühend, Blüten-

flowering plant *n* Blütenpflanze *f,* Zierpflanze *f* **flowering season** *n* Blütezeit *f*

flower people *npl* Blumenkinder *pl* **flowerpot** *n* Blumentopf *m* **flower power** *n no pl* Flower-Power *f* **flower shop** *n* Blumengeschäft *m* **flower show** *n* Blumenschau *f*

flowery ['flaʊəri] *adj* ① (*patterned*) *clothes, material* geblümt, mit Blumenmuster *nach n* ② (*fig, also pej: ornate*) *language, speech, style* blumig *a. pej* ③ (*with flowers*) voller Blumen *nach n;* **a ~ meadow** eine Blumenwiese

flowing ['fləʊɪŋ, AM 'floʊ-] *adj* ① (*fluent*) *style, script* flüssig ② (*smooth*) flüssig; *line* fließend; **~ movement** fließende Bewegung ③ (*unconfined*) *beard, hair* wallend *attr; clothing* fließend *attr;* **a ~ beard** ein wallender Bart [*o fam* Rauschebart]; **a ~ robe** ein fließendes Gewand

flown [fləʊn, AM floʊn] *vt, vi pp of* **fly**

flu [flu:] *short for* **influenza I.** *n no pl* (*illness*) Grippe *f;* **a wave of ~** eine Grippewelle; **gastric ~** Magengrippe *f;* **to catch** [*or* **get**] [**the**] **~** sich *dat* die Grippe holen [*o* eine Grippe einfangen] *fam* **II.** *n modifier* (*epidemic, virus, symptoms*) Grippe-; **~ shot** [*or* **vaccination**] Grippeimpfung *f*

flub <-bb-> [flʌb] *vt* (*fam*) ■**to ~ sth** etw vermasseln *fam*

◆**flub around** *vi* (*fam*) ■**to ~ around with sth** mit etw *dat* herummachen *fam,* an etw *dat* herumpfuschen *fam*

fluctuate ['flʌktʃueɪt] *vi numbers, prices, feelings* schwanken; ECON *business cycle, market* sich *akk* ständig verändern, fluktuieren *fachspr*

fluctuating ['flʌktʃueɪtɪŋ, AM -t̬ɪŋ] *adj* ECON, FIN fluktuierend, schwankend

fluctuation [,flʌktʃu'eɪʃᵊn] *n of numbers, prices, feelings* Schwankung *f;* ECON *of business cycle, market* ständige Veränderung, Fluktuation *f fachspr;* **~ in the exchange rate** Wechselkursschwankung *f;* **~ in quality** Qualitätsschwankung *f;* **~ in temperature** Temperaturschwankung[en] *f[pl]*

flue [flu:] *n* ① (*chimney*) Rauchfang *m,* Rauchabzug *m;* TECH Feuerzug *m,* Heizkanal *m* ② (*passage*) Abzugsrohr *nt,* Zug *m;* (*for air*) Luftkanal *m;* (*for boiler*) Flammrohr *nt*

flue gas *n* Rauchgas *nt,* Verbrennungsgase *ntpl*

fluency ['flu:ən(t)si] *n no pl of a conversation, movements, speech* Fluss *m; of script, style* Flüssigkeit *f; of articulation, rhetoric* Gewandtheit *f,* Eleganz *f; of foreign language* Beherrschung *f*

fluent ['flu:ənt] *adj foreign language* fließend, geläufig *präd; style* flüssig, elegant; *orator, rhetoric* gewandt; *movements* flüssig; ***the football match was scrappy with little ~ passing*** das Fußballspiel war nichts und das Passspiel war nicht sehr flüssig; **to be ~ in a language** eine Sprache fließend beherrschen [*o* sprechen]

fluently ['flu:əntli] *adv speak* flüssig, gewandt; *speak a foreign language* fließend, geläufig; *move* flüssig; ***he passed the ball ~*** er spielte den Ball flüssig weiter; **to speak/write ~** flüssig sprechen/schreiben

flue pipe *n* (*organ pipe*) Labialpfeife *f fachspr*

fluff [flʌf] **I.** *n no pl* ① (*particle*) Fusseln *pl,* Flusen *pl;* (*dust*) Staubflocke[n] *f[pl]* ② ORN, ZOOL (*fur or feathers*) *on young animals* Flaum *m* ③ (*fig pej fam: mistake*) Patzer *m pej fam* ④ AM (*fig pej fam: nonsense*) Blödsinn *m fam,* dummes Zeug *pej fam* ⑤ (*fig, usu pej fam: girl*) Mieze *f pej fam;* **a bit of ~** ein Betthäschen *nt euph fam* **II.** *vt* (*pej fam*) ■**to ~ sth** etw verpatzen [*o* vermasseln] *pej fam;* **to ~ an exam/a test** ein Examen/eine Prüfung verhauen [*o* versieben] *sl;* **to ~ one's driving test** durch die Fahrprüfung fallen; **to ~ a joke** einen Witz vermasseln; **to ~ one's lines** seinen Text verpatzen

◆**fluff up** *vt* ■**to ~ up** ⊂ **sth** *feathers* etw aufplustern; *pillows* etw aufschütteln; (*fig*) etw auflockern

fluffiness ['flʌfɪnəs] *n no pl* ① (*softness*) *of feathers* Flaumigkeit *f; of towels* Flauschigkeit *f; of pillows* Weichheit *f* ② (*lightness*) *of food, hair* Lockerheit *f; of egg white* Schaumigkeit *f; of snow* Flockigkeit *f*

fluffy ['flʌfi] *adj* ① (*soft*) *feathers* flaumig; *pillows* flaumig weich; *towels* flauschig, kuschelweich; *animal* kuschelig [weich], flauschig; **~ toy** Stofftier *nt,* Kuscheltier *nt* ② (*light*) *clouds* aufgelockert; *food, hair* locker; *egg white* schaumig; *snow* flockig; **~ clothes** leichte Kleidung

fluid ['flu:ɪd] **I.** *n* Flüssigkeit *f;* CHEM (*gas, liquid*) Fluid *nt fachspr;* ***she's on ~s*** sie kann nur flüssige Nahrung zu sich nehmen; **loss of ~s** Flüssigkeitsverlust *m;* **bodily ~s** Körpersäfte *mpl* **II.** *adj* ① (*liquid*) flüssig; CHEM *gas, liquid* flüssig, fluid *fachspr* ② (*fig: free-flowing*) **~ movements** fließende [*o* flüssige] Bewegungen ③ (*fig: tending to change*) veränderlich, instabil; **~ plan** vages Vorhaben; **~ situation** ungewisse [*o* instabile] Lage

fluidity [flu'ɪdəti, AM -ət̬i] *n no pl* ① (*nature of movements*) Flüssigkeit *f,* Leichtigkeit *f* ② (*tendency to change*) Veränderlichkeit *f,* Instabilität *f;* **the ~ of a situation** die Ungewissheit einer Situation

fluid ounce *n* BRIT 28,41 cm³; AM 29,57 cm³

fluke¹ [flu:k] *n usu sing* (*fam: chance*) Dusel *m fam,* Schwein *fam;* ***it was just a ~*** das war einfach nur Dusel; **by some amazing ~** durch einen glücklichen Zufall

fluke² [flu:k] *n* ① <*pl* – *or* -s> ZOOL (*flatworm*) Plattwurm *m,* Trematode *f fachspr* ② <*pl* – *or* -s> ZOOL (*flatfish*) Flunder *f* ③ ANAT (*part of a whale's tail*) Fluke *f* ④ NAUT *of harpoon* Widerhaken *m*

fluk(e)y ['flu:ki] *adj* (*fam*) glücklich, zufällig; **a ~ result** ein glückliches Ergebnis; **~ shot** Zufallstreffer *m*

flume [flu:m] *n* ① (*channel*) [Ablauf]kanal *m,* Abflussrinne *f* ② (*slide*) Klamm *f*

flummox ['flʌməks] *vt* (*fam*) ■**to ~ sb** jdn verwirren [*o* aus dem Konzept bringen]

flummoxed ['flʌməkst] *adj* (*fam*) verwirrt, perplex

flung [flʌŋ] *pp, pt of* **fling**

flunk [flʌŋk] *vt* AM (*fam*) **to ~ an exam** in einer Prüfung durchfallen *fam,* durch eine Prüfung rasseln *fam*

◆**flunk out** *vi* AM **to ~ out** [**of college/school**] von der Uni/Schule fliegen *fam* (*wegen schlechter Noten*)

flunkey *n,* **flunky** ['flʌŋki] *n* Lakai *m oft pej*

fluorescence [flɔ:'resᵊn(t)s] *n no pl* Fluoreszenz *f*

fluorescent [flɔ:'resᵊnt] *adj* fluoreszierend; **~ light** Neonlicht *nt;* **~ tube** Leuchtstoffröhre *f*

fluoridate ['flɔ:rɪdeɪt, AM -rə-] *vt* ■**to ~ sth** etw fluoridieren [*o* fluorieren]; **to ~ water** Wasser mit Fluor anreichern

fluoridation [,flɔ:rɪ'deɪʃᵊn, AM -rə'-] *n no pl* Fluoridierung *f,* Anreicherung *f* mit Fluor

fluoride ['flɔ:raɪd] *n no pl* Fluorid *nt*

fluorine ['flɔ:ri:n] *n no pl* CHEM Fluor *nt*

fluorocarbon [,flɔ:rə(ʊ)'kɑ:bᵊn, AM -rə'kɑ:r-] *n* CHEM Fluorkohlenstoff *m*

flurried ['flʌrid, AM 'flɜ:rid] *adj* aufgeregt, nervös; **to become ~** sich *akk* aufregen

flurry ['flʌri, AM 'flɜ:ri] *n* ① (*swirl*) Schauer *m;* **~ of snow** Schneeschauer *m* ② (*excitement*) Unruhe *f;* **~ of excitement** große Aufregung; **to prompt a ~ of speculation** heftige Spekulationen auslösen

flush¹ [flʌʃ] *adj* ① (*flat*) eben, plan *geh;* **~ with sth** mit etw *dat* auf gleicher Ebene ② *pred* (*fam: rich*) reich; **to feel ~** sich *dat* reich vorkommen; **to be ~ with cash** gut bei Kasse sein *fam,* reichlich Bargeld zur Verfügung haben

flush² [flʌʃ] *n* (*in cards*) Flush *m*

flush³ [flʌʃ] **I.** *vi* ① (*blush*) erröten, rot werden; **to ~ with embarrassment/pleasure** vor Verlegenheit/Freude *dat* erröten ② (*empty*) spülen; ***the toilet won't ~*** die Spülung geht nicht **II.** *vt* ① **to ~ the toilet** [hinunter]spülen; **to ~ sth down the toilet** etw die Toilette hinunterspülen ② (*purge*) ■**to ~ sth out of sth** etw aus etw *dat* spülen; ***you're supposed to drink a lot to ~ the toxins out of your system*** du musst viel trinken, um die Giftstoffe aus deinem Körper zu spülen ③ (*drive out*) ■**to ~ sb/an animal from** [*or* **out of**] **sth** jdn/ein Tier aus etw *dat* hinaustreiben ▶ PHRASES: **to ~ sth down the toilet** etw das Klo hinunterspülen *fam* **III.** *n* ① *usu sing* (*blush*) Röte *f kein pl;* **~ of anger** Zornesröte *f* ② (*emptying*) Spülen *nt kein pl*

◆**flush out** *vt* ① (*cleanse*) ■**to ~ out** ↻ **sth** etw ausspülen [*o* auswaschen]; ***his wife ~ed out the catheter*** seine Frau wusch den Katheder aus ② (*drive out*) ■**to ~ out** ↻ **sb/an animal** jdn/ein Tier hinaustreiben; ***we used a dog to ~ out the rabbits*** wir benutzten einen Hund dazu, die Kaninchen aus dem Bau zu treiben ③ (*purge*) ■**to ~ out** ↻ **sth** etw entleeren

flushed [flʌʃt] *adj* rot im Gesicht, mit rotem Kopf; ~ **cheeks** gerötete Wangen; ~ **with anger** wutentbrannt; ~ **with joy** freudestrahlend; ~ **with success** triumphierend

fluster ['flʌstəʳ, AM -ɚ] **I.** *vt* ■**to ~ sb** jdn nervös machen **II.** *n no pl* ■**to be/get in a ~** nervös [*o* aufgeregt] sein/werden

flustered ['flʌstəd, AM -ɚd] *adj* nervös, aufgeregt; **to look ~** einen gehetzten Eindruck machen

flute [flu:t] *n* Flöte *f*

fluted ['flu:tɪd, AM -ṭ-] *adj* gerillt; *edges* bogenförmig; *column* kanneliert; *paper* gewellt

flutey <-ier, -iest> [flu:ti] *adj see* **fluty**

fluting ['flu:tɪŋ, AM -ṭ-] *n* Riffelung *f*

flutist ['flu:tɪst] *n* AM (*flautist*) Flötist(in) *m(f)*

flutter ['flʌtəʳ, AM -ṭɚ] **I.** *vi* ① (*quiver*) *heart, stomach* flattern ② (*flap*) *flags* flattern, wehen; *wings* flattern ③ (*fall*) ■**to ~ somewhere** irgendwohin flattern; *see also* **flutter down** ▶ PHRASES: **to make one's heart ~** das Herz höher schlagen lassen **II.** *vt* ■**to ~ sth** etw flattern lassen; ***the bird ~ed its wings*** der Vogel schlug mit den Flügeln; **to ~ one's eyelashes/eyelids** (*hum*) mit den Wimpern/Augendeckeln klimpern *fam* **III.** *n* ① *usu sing* BRIT, AUS (*fam: bet*) kleine Wette; **to have a ~** ein paar Mark riskieren ② (*flapping*) Flattern *nt kein pl* ③ (*nervousness*) Aufregung *f;* **to put sth in a ~** etw in Aufregung *akk* versetzen; **to be all of a ~** völlig aus dem Häuschen sein *fam*

◆**flutter about, flutter around** *vi* ① (*fly*) herumflattern ② (*dash*) nervös herumgehen

◆**flutter down** *vi leaves* herabschweben

fluty <-ier, -iest> [flu:ti] *adj* flötentonartig, flötend

fluvial ['flu:viəl] *adj inv* GEOL Fluss-, fluvial *fachspr*

flux [flʌks] *n no pl* ① (*change*) Fluss *m;* **to be in a state of ~** sich *akk* ständig verändern, im Fluss sein ② CHEM (*solder*) Flussmittel *nt*

fly [flaɪ] **I.** *vi* <flew, flown> ① (*through the air*) fliegen; ***we're ~ing at 9000 metres*** wir fliegen in 9000 Metern Höhe; ***he flew across the Atlantic*** er überflog den Atlantik; ***we flew from Heathrow*** wir flogen von Heathrow ab; ■**to ~ [out] from** [*or* AM *also* **out of**] **somewhere** von irgendwo wegfliegen; ■**to ~ in sth** *plane, helicopter* in etw *dat* fliegen ② (*in the air*) flattern, wehen; ***the flag was ~ing at half-mast*** die Fahne wehte auf Halbmast ③ (*speed*) ■**to ~ somewhere** irgendwohin sausen [*o* stürmen]; ***the door suddenly flew open*** die Tür flog plötzlich auf; ■**to ~ by** [*or* **past**] **sb** an jdm vorübersausen; *see also* **send** ④ (*fam: leave*) sich *akk* sputen; ***I must ~*** ich muss mich sputen ⑤ (*fam: be successful*) Erfolg haben, groß rauskommen; **to make sth ~ or flop** etw zu einem Renner oder einem Flop machen ▶ PHRASES: **to ~ in the <u>face</u> of logic/reason** gegen jede Logik/Vernunft verstoßen; **sb flies off the <u>handle</u>** jdm brennt die Sicherung durch *fam;* **<u>time</u> flies when you're having fun** (*prov*) wenn man Spaß hat, vergeht die Zeit wie im Flug; **to ~ <u>high</u>** AM im siebten Himmel sein; **to be ~ing <u>low</u>** (*dated or hum*) den Hosenschlitz offen haben **II.** *vt* <flew, flown> ① (*pilot*) ■**to ~ sth** *a plane* etw fliegen ② (*transport*) ■**to ~ sb/sth somewhere** jdn/etw irgendwohin fliegen ③ (*raise*) ■**to ~ sth** etw wehen lassen; **to ~ a flag** eine Fahne hissen; ***the ship was ~ing the Spanish flag*** das Schiff fuhr unter spanischer Flagge; **to ~ a kite** einen Drachen steigen lassen ④ (*travel*) ***I usually ~ Lufthansa*** für gewöhnlich fliege ich mit Lufthansa ▶ PHRASES: **to ~ the <u>coop</u>** (*fam*) sich aus dem Staub machen; **to ~ a <u>kite</u> [for sth]** einen Versuchsballon steigen lassen; **go ~ a <u>kite</u>!** *esp* AM (*fam*) verzieh dich! *fam;* **to ~ the <u>nest</u>** (*fam*) das Nest verlassen **III.** *n* ① (*insect*) Fliege *f* ② (*bait*) [künstliche] Fliege ③ (*zip*) Hosenschlitz *m* ④ AM (*flysheet*) Überdach *f,* Überzelt *nt* ▶ PHRASES: **the ~ in the <u>ointment</u>** (*fam*) das Haar in der Suppe; **to like** [*or* **love**] **to be a ~ on the <u>wall</u>** gerne Mäuschen sein [*o* spielen]; **to <u>drop</u> [off] like flies** (*fam: collapse*) sterben wie die Fliegen *fam;* (*stop*) massenweise aufhören; **sb wouldn't <u>harm</u>** [*or* <u>**hurt**</u>] **a ~** jd würde keiner Fliege etwas zuleide tun; **there are no flies <u>on</u> sb** jdn legt man nicht so leicht rein **IV.** *adj* <-er, -est> (*fam*) ① BRIT (*sly*) gerissen; **to be ~ enough** gerissen genug sein ② AM (*sl: modern*) *clothing* cool *sl,* hip *sl,* in *fam,* schick; ■**to be ~** ein [*o* der] Hit sein

◆**fly about, fly around** *vi* ① (*circulate*) im Umlauf sein; ***there is a rumour ~ing about that …*** es geht das Gerücht [um], dass … ② (*travel*) herumfliegen

◆**fly at** *vi* ■**to ~ at sb/sth** auf jdn/etw losgehen ▶ PHRASES: **to ~ at sb's <u>face</u>** jdm ins Gesicht springen

◆**fly by** *vi* ① (*rush*) vorbeisausen; *see also* **fly I 3** ② (*elapse*) *holiday, time* wie im Flug vergehen

◆**fly in I.** *vi* einfliegen; ***my wife's flying in from New York tonight*** meine Frau kommt heute Abend mit dem Flugzeug aus New York **II.** *vt* ■**to ~ in** ↻ **sth** etw einfliegen; ***the restaurant flies its fish in daily from Scotland*** das Restaurant lässt seinen Fisch täglich aus Schottland einfliegen

◆**fly into** *vi* **to ~ into a panic** in Panik geraten; **to ~ into a fury** [*or* **rage**] [*or* BRIT *also* **temper**] einen Wutanfall bekommen

◆**fly out I.** *vi* ausfliegen; ***he's ~ing out to Australia next week*** er fliegt nächste Woche nach Australien **II.** *vt* ■**to ~ out** ↻ **sb/sth** jdn/etw ausfliegen

flyaway *adj* ~ **hair** feines Haar **flyaway hair** *n* fliegendes Haar **flyback** *n* ELEC Rücklauf *m* **flyby** *n* ① (*approach*) Flyby *nt* ② AM (*flypast*) Vorbeiflug *m* **fly-by-night** *adj inv* (*pej fam*) *organization* zweifelhaft *pej;* ~ **company** dubiose Firma **fly-by-wire** *n modifier* mit elektronischer Flugsteuerung *nach n* **flycatcher** *n* Fliegenschnäpper *m* **fly-drive holiday** *n* BRIT, AM **fly-drive vacation** *n* Fly- & -Drive-Urlaub *m*

flyer *n see* **flier**

fly-fishing *n no pl* Fliegenfischen *nt;* **to go ~** Fliegenfischen gehen

fly half <*pl* halves> *n* SPORTS (*in rugby*) Mittelfeldspieler *m*

flying ['flaɪɪŋ] **I.** *n no pl* Fliegen *nt;* **to be scared of ~** Angst vorm Fliegen haben **II.** *adj attr, inv* ① (*winged*) *ant* Flug-, fliegend *attr* ② (*quick*) *glass* fliegend; **to take a ~ jump/leap** einen großen Satz machen

flying boat *n* Flugboot *nt* **flying buttress** *n* ARCHIT Strebebogen *m* **flying colours** *npl* ***she passed the test with ~ colours*** sie bestand die Prüfung mit Bravour

flying doctor *n* AUS fliegender Arzt

flying fish *n* fliegender Fisch **flying fox** *n* Flughund *m* **flying head** *n* COMPUT fliegender Lese-/Schreibkopf **flying picket** *n esp* BRIT mobiler Streikposten **flying saucer** *n* fliegende Untertasse **flying squad** *n* Überfallkommando *nt* (*der Polizei*) **flying start** *n* fliegender Start ▶ PHRASES: **to <u>get</u>** [*or* <u>**be**</u>] **off to a ~** einen glänzenden Einstand haben **flying time** *n* Flugzeit *f* **flying trapeze** *n see* **trapeze flying visit** *n* Stippvisite *f fam*

flyleaf *n* Vorsatzblatt *nt* **flyover** *n* ① BRIT (*bridge*) Überführung *f* ② AM (*flight*) Luftparade *f* **flypaper** *n* Fliegenpapier *nt* **flypast** *n* Luftparade *f* **flyposter** *n* BRIT ① (*bill*) nicht genehmigtes Plakat ② (*person*) illegaler Plakatierer, jd, der nicht genehmigte Plakate anbringt **flyposting** *n no pl* BRIT illegales Plakatieren **flyscreen** *n* AUS Fliegengitter *nt* **flysheet** *n* BRIT Überdach *nt,* Überzelt *nt* **flyspeck** *n* Fliegendreck *m kein pl* **fly spray** *n* Fliegenspray *m* **fly swat** *n,* **fly swatter** *n* Fliegenklatsche *f* **flytrap** *n* insektenfressende Pflanze; **Venus ~** Venusfliegenfalle *f* **flyweight** *n* BOXING Fliegengewicht *nt* **flywheel** *n* TECH Schwungrad *nt*

FM [ˌef'em] **I.** *n no pl abbrev of* **frequency modulation** FM; **on ~** auf FM **II.** *n modifier radio* [*station*] FM-

FNMA [ˌefenem'eɪ] *n* ECON, FIN *abbrev of* **Federal National Mortgage Association** Bundeshypothekenvereinigung *f*

FO [ˌef'əʊ] *n no pl, + sing/pl vb abbrev of* **Foreign Office** ADMIN, POL AA *nt*

foal [fəʊl, AM foʊl] **I.** *n* Fohlen *nt;* ■**to be in** [*or* **with**] ~ trächtig sein **II.** *vi* fohlen

foam [fəʊm, AM foʊm] **I.** *n no pl* ① (*bubbles*) Schaum *m;* **shaving ~** Rasierschaum *m* ② (*plastic*) Schaumstoff *m* **II.** *n modifier* ① (*containing foam*) (*cushion, mattress, pillow*) Schaumstoff- ② (*foamed*) (*plastic, rubber*) Schaum- **III.** *vi* schäumen ▶ PHRASES: **to be ~ing at the <u>mouth</u>** vor Wut schäumen [*o* fast platzen]

foam bath *n no pl* Schaumbad *nt* **foam plastic** *n no pl* Schaumstoff *m* **foam rubber** *n no pl* Schaumgummi *m*

foamy ['fəʊmi, AM 'foʊmi] *adj shampoo* schaumig

fob¹ [fɒb, AM fɑ:b] **I.** *n* ① (*chain*) Uhrband *nt,* Uhrkette *f* ② (*tab*) Schlüsselanhänger *m* **II.** *vt* <-bb-> ■**to ~ off** ↻ **sb with sth** jdn mit etw *dat* abspeisen *fam;* ■**to ~ off** ↻ **sth on sb** jdm etw andrehen *fam*

fob² [ˌefəʊ'bi:, AM -oʊ'-] ECON *abbrev of* **free on board** fob *fachspr*

focaccia [fə'kætʃə] *n* Focaccia *f* (*flaches Hefebrot mit Olivenöl und Kräutern*)

focal ['fəʊkᵊl, AM 'foʊ-] *adj* im Brennpunkt stehend *attr;* ~ **figure** zentrale Figur

focal length *n* PHYS Brennweite *f* **focal point** *n* ① (*centre*) Brennpunkt *m,* Mittelpunkt *m;* ~ **of a discussion/problem** Kernpunkt *m* einer Diskussion/eines Problems ② PHYS (*focus*) *of the lens* Brennpunkt *m*

foci ['fəʊsaɪ, AM 'foʊ-] *n* (*form*) *pl of* **focus**

focus ['fəʊkəs, AM 'foʊ-, *pl* -saɪ] **I.** *n* <*pl* -es *or form* -ci> ① (*centre*) Mittelpunkt *m* (**on** +*gen*), Brennpunkt *m* (**on** +*gen*); ***the main ~ of interest was …*** das Hauptinteresse galt *dat* …; **to be the ~ of attention** im Mittelpunkt stehen; ~ **of discontent** Quelle *f* der Unzufriedenheit; ~ **of a policy/programme** Schwerpunkt *m* einer Politik/eines Programms; **to bring sth in[to] ~** etw in den Brennpunkt rücken; **out of ~** unklar, unscharf ② PHYS Brennpunkt *m;* PHOT *of a lens* Fokus *m;* ■**to be in/out of ~** scharf/nicht scharf eingestellt sein **II.** *vi* <-s- *or* -ss-> ① (*concentrate*) sich konzentrieren; ■**to ~ [up]on sth** sich *akk* auf etw *akk* konzentrieren ② (*see*) klar sehen; ■**to ~ on sth** auf etw *akk* fokussieren ③ PHYS fokussieren **III.** *vt* <-s- *or* -ss-> ① (*concentrate*) **to ~ one's attention on sth** seine Aufmerksamkeit auf etw *akk* konzentrieren; **to ~ one's energies on sth** seine Energien auf etw *akk* konzentrieren ② (*direct*) **to ~ a camera/telescope [on sb/sth]** eine Kamera/ein Teleskop scharf [auf jdn/etw *akk*] einstellen; **to ~ one's eyes on sb/sth** den Blick auf jdn/etw *akk* richten; ***all eyes were ~ed on the actress*** alle Augen waren auf die Schauspielerin gerichtet

focus group *n* (*in marketing*) [ausgewählte] Testgruppe

focus(s)ed ['fəʊkəst, AM 'foʊ-] *adj image* fokussiert *fachspr*

fodder ['fɒdəʳ, AM 'fɑ:dɚ] *n no pl* ① (*food*) Futter *nt;* ~ **crop** Futterpflanze *f* ② (*fam: material*) Stoff *m* (**for** für +*akk*); ***politicians are good ~ for comedians*** Politiker sind ein gefundenes Fressen für Komiker; **literary ~** Lesestoff *m*

foe [fəʊ, AM foʊ] *n* (*liter*) Feind *m*

FoE [ˌefəʊ'i:, AM -oʊ'-] *n no pl abbrev of* **Friends of the Earth** FoE

foetal ['fi:tᵊl], AM **fetal** *adj inv* BRIT fötal, fetal, Fötus-, Fetus-

foetid ['fi:tɪd, AM 'feṭɪd] *adj see* **fetid**

foetus ['fi:təs], AM **fetus** *n* Fötus *m,* Fetus *m*

fog [fɒg, AM fɑ:g] **I.** *n* ① (*mist*) Nebel *m;* **thick ~** dichter Nebel ② *no pl* (*complexity*) *of details* Schleier *m;* **a ~ of conditions** verworrene Zustände; **to be wrapped in the ~ of history** in den Nebel der Geschichte gehüllt sein ▶ PHRASES: <u>**in**</u> **a ~** (*fam*) ratlos; ***I felt in a ~ about what to do next*** ich war ratlos, was ich als nächstes tun sollte **II.** *vt* <-gg-> ■ **to ~ sth** etw verschleiern; ***alcohol ~s his brain*** Alkohol benebelt sein Gehirn

◆**fog in** *vt usu passive* ■ **to ~ in** ⇄ **sth** etw einnebeln

◆**fog up I.** *vi* anlaufen, sich *akk* beschlagen **II.** *vt* ■ **to ~ up** ⇄ **sth** *mirror* etw beschlagen [*o* verschleiern]

fog bank *n* Nebelbank *f* **fogbound** *adj inv* wegen Nebels geschlossen

fogey ['fəʊgi, AM 'foʊgi] *n* (*fam*) Mensch *m* mit verstaubten Ansichten *pej*; **old ~** alter Kauz *pej*; **young ~** *junger Mensch, der sich bewusst altmodisch gibt*

fogeyish ['fəʊgiɪʃ, AM 'foʊgi-] *adj* verknöchert *pej*; **to have a ~ attitude towards sth** verstaubte Ansichten über etw *akk* haben

foggy ['fɒgi, AM 'fɑːgi] *adj* neblig ▸ PHRASES: **to not have the foggiest** [**idea** [*or* **notion**]] (*fam*) keine blasse [*o* nicht die leiseste] Ahnung haben

foghorn *n* Nebelhorn *nt*; **to have a voice like a ~** [*or* **a ~ voice**] (*hum*) eine dröhnende Stimme haben

foglamp *n*, **foglight** *n* Nebelscheinwerfer *m*

fogy *n see* **fogey**

foible ['fɔɪbl̩] *n usu pl* Eigenart *f kein pl*, [kleine] Schwäche, Macke *f fam*

foil¹ [fɔɪl] *n* ① (*sheet*) Folie *f* ② (*contrast*) Hintergrund *m*; ***the cynical character in the play is the perfect ~ for the innocent William*** die zynische Figur in dem Stück ist das perfekte Gegenstück zum unschuldigen William ③ (*sword*) Florett *nt*

foil² [fɔɪl] *vt* ■ **to ~ sth** etw verhindern; **to ~ a coup** einen Coup vereiteln; **to ~ a plan** einen Plan durchkreuzen; ■ **to ~ sb** jdn vereiteln; **~ed again!** (*hum*) wieder mal alles umsonst!

foist [fɔɪst] *vt* ■ **to ~ sth** [**up**]**on sb** jdm etw aufzwingen

fold [fəʊld, AM foʊld] **I.** *n* ① (*crease*) Falte *f* ② (*pen*) Pferch *m* ③ (*home*) Schoß *m*; **to go back** [*or* **return**] **to the ~** in den Schoß der Familie zurückkehren ④ GEOL Falte *f* **II.** *vt* ① (*bend*) ***we ~ed the car roof down*** wir schlugen das Verdeck zurück; **to ~ a letter** einen Brief zusammenfalten; **to ~ a piece of paper** ein Blatt Papier falten; **to ~ an umbrella** einen Schirm zusammenklappen ② (*wrap*) ***he ~ed his arms around her*** er schloss sie in die Arme; **to ~ one's arms** die Arme verschränken; **to ~ one's hands** seine Hände verschränken; **to ~ one's legs under one** seine Beine verschränken; ■ **to ~ sb/sth in sth** jdn/etw in etw *akk* einwickeln ③ (*make by folding*) ***she ~ed the newspaper into a hat*** sie faltete die Zeitung zu einem Hut ④ (*mix*) **~ *the eggs into the melted chocolate*** heben Sie die Eier der geschmolzenen Schokolade unter **III.** *vi* ① (*bend*) zusammenklappen; ***the chairs ~ flat*** die Stühle lassen sich flach zusammenklappen ② (*fail*) eingehen *fam* ③ (*admit defeat*) ■ **to ~** sich *akk* beugen, nachgeben

◆**fold in** *vt* ■ **to ~ in** ⇄ **sth** ① (*crease*) etw falten ② (*mix*) etw untermischen

◆**fold up I.** *vt* ■ **to ~ up** ⇄ **sth** *clothes* etw zusammenfalten **II.** *vi* zusammenfalten

-fold [fəʊld, AM foʊld] *in compounds* -fach; ***the problems are two~*** es gibt zweierlei Probleme

foldaway ['fəʊldəweɪ, AM 'foʊld-] *adj inv bed, table* Klapp-

folder ['fəʊldəʳ, AM 'foʊldɚ] *n* ① (*holder*) Mappe *f*, Schnellhefter *m* ② COMPUT Ordner *m*

folding ['fəʊldɪŋ, AM 'foʊld-] *adj inv* Klapp-; **~ bed** Klappbett *nt*; **~ door** Falttür *f*

fold-out *adj inv* Ausklapp-; **a ~ map** eine Faltkarte

foliage ['fəʊliɪʤ, AM 'foʊ-] *n no pl* Laub *nt*

folic acid [ˌfɒlɪk'-, AM ˌfoʊ-] *n* Folsäure *f*

folio <*pl* -s> ['fəʊliəʊ, AM 'foʊlioʊ] **I.** *n* Foliant *m*, Folio *nt* **II.** *vt* ■ **to ~ sth** etw paginieren [*o* mit Seitenzahlen versehen]

folk [fəʊk, AM foʊk] **I.** *n* ① *pl* (*people*) Leute *pl*; **farming ~** Landvolk *nt*; **old/ordinary ~** alte/normale Leute ② *no pl* (*music*) Folk *m* **II.** *n modifier* ① (*art*) [*art, club, singer*] Folk- ② (*traditional*) [*customs, culture, religion*] Volks-

folk dance *n* Volkstanz *m* **folk hero** *n* Volksheld *m* **folklore** *n no pl* Folklore *f*, Brauchtum *nt*; **Irish ~** irische Volkskunde **folk medicine** *n no pl* überlieferte Heilkunde **folk memory** *n* Erinnerung *f* des Volkes **folk music** *n no pl* Folk *m* **folk rock** *n no pl* Mischung *f* aus traditioneller und moderner Musik

folks [fəʊks, AM foʊks] *npl* ① AM *see* **folk I 1** ② (*fam: form of address*) Leute *pl fam* ③ *esp* AM (*parents*) ■ **the/one's ~** die/seine Eltern *fpl*, seine Leute *fam*

folk song *n* Volkslied *nt*

folksy ['fəʊksi, AM 'foʊ-] *adj* ① (*simple*) gesellig ② (*traditional*) folkloristisch

folk tale *n* Volkssage *f* **folk wisdom** *n no pl* Volksweisheit *f*

follicle ['fɒlɪkl̩, AM 'fɑː-] *n* Follikel *nt*

follow ['fɒləʊ, AM 'fɑːloʊ] **I.** *vt* ① (*take same route as*) ■ **to ~ sb** jdm folgen; ***he was being ~ed*** er wurde verfolgt; ***Sophie always ~s what her sister does*** Sophie macht ihrer Schwester alles nach ② (*come/happen next*) ■ **to ~ sth** auf etw *akk* folgen ③ (*obey*) ■ **to ~ sth** etw befolgen; ***he ~s the teachings of the Koran*** er hält sich an die Lehren des Koran; **to ~ ancient traditions** nach alten Bräuchen leben ④ (*understand*) ■ **to ~ sb/sth** jdm/etw folgen; ***his lecture was difficult to ~*** man konnte seinem Vortrag nur schwer folgen ⑤ (*have an interest in*) ■ **to ~ sth** etw verfolgen *fig* ▸ PHRASES: **~ your nose** (*fam: trust your instincts*) vertrau deinem Instinkt; (*go straight ahead*) immer der Nase nach; **to ~ suit** nachziehen *fam*, dasselbe machen **II.** *vi* ① (*take same route as*) folgen ② (*come/happen next*) folgen ③ (*likely to result*) folgen, sich *akk* ergeben; ■ **to ~ from sth** aus etw *dat* folgen [*o* resultieren]; ***just because I agreed last time, it doesn't necessarily ~ that …*** nur weil ich das letzte Mal zugestimmt habe, heißt das noch lange nicht, dass …

◆**follow out** *vt* **to ~ out instructions/teachings** Anweisungen/Lehren befolgen

◆**follow through I.** *vt* ① (*study*) ■ **to ~ sth through** sich *akk* bis ins Letzte mit etw *dat* auseinandersetzen ② (*see through to the end*) **to ~ sth through** etw durchziehen *fam*; ***the journalist ~ed the story through*** der Journalist verfolgte die Story bis zum Ende **II.** *vi* SPORTS *movement* durchschwingen

◆**follow up** *vt* ① (*investigate*) ■ **to ~ up** ⇄ **sth** etw weiterverfolgen ② (*do next*) ■ **to ~ up** ⇄ **sth by** [*or* **with**] **sth** etw *dat* etw folgen lassen

follower ['fɒləʊəʳ, AM 'fɑːloʊɚ] *n* ① (*fan*) Anhänger(in) *m(f)* ② (*attendant*) Mitläufer(in) *m(f) pej*

following ['fɒləʊɪŋ, AM 'fɑːloʊ-] **I.** *adj attr, inv* folgende(r,s); ***we didn't arrive until the ~ day*** wir kamen erst am nächsten Tag an **II.** *n* ① + *pl vb* (*listed*) ■ **the ~** *persons* folgende Personen, die Folgenden; *objects* Folgendes, das Folgende; **in the ~** im Folgenden ② *usu sing*, + *sing/pl vb* (*fans*) Anhänger *mpl*, Gefolgschaft *f*; *of shop* treue Kundschaft; **a** [**large**] **~ among sb/sth** [viele] Anhänger unter jdm/etw **III.** *prep* nach +*dat*; **~ *the dinner*** nach dem Essen

following wind *n* Rückenwind *m*

follow-my-leader *n* BRIT, AUS, AM **follow-the-leader** *n Kinderspiel, bei dem die Teilnehmer alles nachmachen müssen, was der Anführer vormacht*

follow-up I. *n* Fortsetzung *f* (**to** von +*dat*); **to do a ~ on sth** eine Fortsetzung von etw *akk* schreiben **II.** *n modifier* [*visit, interviews*] Folge-; **~ treatment** Nachbehandlung *f*

folly ['fɒli, AM 'fɑːli] *n* ① *no pl* (*stupidity*) Dummheit *f*, Torheit *f*; ■ **to be ~** töricht sein; ■ **it is ~** [**for sb**] **to do sth** es ist töricht [von jdm], etw zu tun ② (*something stupid*) Dummheit *f*, Torheit *f* ③ *esp* BRIT (*building*) [verschwenderischer] Prachtbau

foment [fəʊ'ment, AM foʊ'-] *vt* (*form*) ■ **to ~ sth** zu etw *dat* aufhetzen, etw schüren *geh*

fond [fɒnd, AM fɑːnd] *adj attr* ① (*affectionate*) *smile* liebevoll; ■ **to be ~ of sb/sth** jdn/etw gerne mögen; ■ **to be ~ of doing sth** etw gerne machen ② (*tender*) zärtlich, liebevoll; **~ memories** teure Erinnerungen ③ (*naive*) töricht, übertrieben; **~ hope** kühne Hoffnung

fondant ['fɒndənt, AM 'fɑː-] *n* Fondant *m o nt*

fondle ['fɒndl̩, AM 'fɑː-] *vt* ① (*lovingly*) ■ **to ~ sb/sth** jdn/etw streicheln ② (*erotically*) ■ **to ~ sb** jdn begrapschen *fam*

fondly ['fɒndli, AM 'fɑː-] *adv* ① (*lovingly*) liebevoll ② (*foolishly*) törichterweise

fondness ['fɒndnəs, AM 'fɑː-] *n no pl* Vorliebe *f* (**for** für +*akk*)

fondue ['fɒndjuː, AM fɑːn'duː] *n* Fondue *nt*; **cheese ~** Käsefondue *nt*; **meat ~** Fleischfondue *nt*

fondue set *n* Fonduegeschirr *nt*, Fondueset *nt*

font [fɒnt, AM fɑːnt] *n* ① (*basin*) Taufbecken *nt* ② (*type*) Schriftart *f*

fontanel [ˌfɒntə'nel] *n* AM, **fontanelle** [ˌfɑːntən'el] *n* BRIT ANAT Fontanelle *f*

food [fuːd] *n* ① *no pl* (*nutrition*) Essen *nt*, Nahrung *f*; ***there was lots of ~ and drink at the party*** auf der Party gab es viel zu essen und zu trinken; **baby ~** Babynahrung *f*; **cat ~** Katzenfutter *nt*; **to be off one's ~** keinen Appetit haben ② (*foodstuff*) Nahrungsmittel *pl* ▸ PHRASES: **~ for thought** Stoff *m* zum Nachdenken

food additive *n* Nahrungsmittelzusatz[stoff] *m*

food chain *n* Nahrungskette *f*

foodie *n* ['fuːdi] (*fam*) Feinschmecker(in) *m(f)*, Gourmet *m*

food poisoning *n no pl* Lebensmittelvergiftung *f*

food processor *n* Küchenmaschine *f* **food stamp** *n* AM Lebensmittelmarke *f* **foodstuff** *n* Nahrungsmittel *pl* **food supplies** *npl* Lebensmittellieferung *f*

fool [fuːl] **I.** *n* ① (*idiot*) Dummkopf *m*; ***you ~!*** du Idiot!; ***any ~ can do that*** jeder Idiot kann das machen *pej fam*; **to act** [*or* **play**] **the ~** sich *akk* dumm stellen; **to make a ~ of sb/oneself** jdn/sich lächerlich machen; **to be ~ enough to do sth** dumm genug sein, etw zu tun; **to be no** [*or* **no one's**] [*or* **nobody's**] **~** nicht blöd sein *fam*; ***he's no ~*** er ist nicht blöd *fam*; ***he's a ~ to think she still loves him*** er ist ein Idiot, wenn er glaubt, dass sie ihn noch immer liebt ② (*jester*) [Hof]narr *m* ③ (*dessert*) *cremiges Fruchtdessert* ▸ PHRASES: **~s rush in where angels fear to tread** (*prov*) blinder Eifer schadet nur; **a ~ and his money are soon parted** (*prov*) Dummheit und Geld lassen sich nicht vereinen; **there's no ~ like an old ~** (*prov*) Alter schützt vor Torheit nicht *prov*; **more ~ you** *esp* BRIT selber schuld **II.** *adj attr, inv esp* AM (*fam*) blöd *fam*; ***you've done some ~ things in your time*** du hast zu deiner Zeit so manchen Blödsinn getrieben **III.** *vt* ■ **to ~ sb** jdn täuschen [*o* zum Narren halten]; ***we weren't ~ed by his promises*** wir sind auf seine Versprechungen nicht hereingefallen; ■ **to ~ oneself in doing sth** sich in etw *akk* täuschen; ■ **to ~ sb into doing sth** jdn in etw *akk* täuschen ▸ PHRASES: **you could have ~ed me** (*fam*) das kannst du mir nicht weismachen **IV.** *vi* einen Scherz machen

◆**fool about, fool around** *vi* ① (*carelessly*) ■ **to ~ around** [*or* **about**] **with sth** mit etw *dat* herumspielen; ■ **to ~ around** [*or* **about**] **doing sth** seine Spielchen mit etw *dat* treiben ② (*amusingly*) herumblödeln *fam* ③ (*idly*) seine Zeit verschwenden ④ *esp* AM (*sexually*) ■ **to ~ around with sb** es mit jdm treiben *sl*

foolery ['fuːləri, AM -əri] *n* Dummheit *m*, Torheit *f*

foolhardiness ['fuːlˌhɑːdɪnəs, AM ˌhɑːr] *n no pl* Tollkühnheit *f*, Verwegenheit *f*

foolhardy ['fuːlˌhɑːdi, AM -ˌhɑːrdi] *adj* verwegen; **~ attempt** tollkühner Versuch; **to be ~ enough to do sth** verwegen genug sein, etw zu tun; ■ **it is ~** [**of sb**] **to do sth** es ist tollkühn [von jdm], etw zu tun

foolish ['fuːlɪʃ] *adj* töricht; ***she was afraid that she would look ~*** sie hatte Angst, sich zu blamieren; ■ **to be ~ to do sth** töricht sein, etw zu tun; ■ **it is ~** [**of sb**] **to do sth** es ist töricht [von jdm], etw zu tun

foolishly ['fuːlɪʃli] *adv* töricht; (*at start of a sentence*) törichterweise

foolishness ['fuːlɪʃnəs] *n no pl* Dummheit *f*; ■ **it is**

F

~ **to do sth** es ist dumm, etw zu tun
foolproof *adj* idiotensicher *hum fam*
foolscap ['fu:lzkæp] **I.** *n no pl* britisches Papierformat (*330 x 200 mm*) **II.** *adj inv* in britischem Papierformat (330 x 200 mm)
fool's errand *n* ▶ PHRASES: **to be a** ~ vergebliche Liebesmühe sein **fool's gold** *n no pl* ① (*mineral*) Katzengold *nt* ② (*failure*) Reinfall *m*, Rohrkrepierer *m fam* **fool's paradise** *n* Traumwelt *f*
foot [fʊt] **I.** *n* <*pl* feet> [*pl* fi:t] ① (*limb*) Fuß *m*; ***what size are your feet?*** welche Schuhgröße haben Sie?; **to be [back] on one's feet** [wieder] auf den Beinen sein; **sb can barely [*or* hardly] put one ~ in front of the other** jd hat Schwierigkeiten beim Laufen; **to be fast [*or* quick] on one's feet** schnell auf seinen Beinen sein; **to drag one's feet** schlurfen; **to get [*or* rise]/jump [*or* leap] to one's feet** aufspringen; **to put one's feet up** die Füße hochlegen; **to set ~ in sth** einen Fuß in etw *akk* setzen; **at sb's feet** zu jds Füßen; **on ~** zu Fuß; *see also* **sweep** ② <*pl* foot *or* feet> (*length*) Fuß *m* (= *0.348 Meter*) ③ <*pl* feet> (*base*) Fuß *m*; **at the ~ of one's bed** am Fußende des Betts; **at the ~ of the page** am Seitenende ④ <*pl* feet> LIT (*poetry*) Versfuß *m* ▶ PHRASES: **the boot [*or* shoe] is on the other ~** die Situation ist umgekehrt; ***see, the boot is on the other ~ now*** siehst du, das Blatt hat sich gewendet; **to have a ~ in both camps** auf beiden Seiten beteiligt sein; **to have feet of clay** auch nur ein Mensch sein, seine Schwächen haben; **to get a ~ in the door** einen Fuß in die Tür kriegen *fam*, [mit einem Fuß] hineinkommen; **to put one's ~ to the floor** AM Gas geben; **to have one ~ in the grave** mit einem Bein im Grab stehen; **to have both feet on the ground** mit beiden Beinen fest auf der Erde stehen; **to get one's feet under the table** BRIT sich etablieren; **to have the world at one's feet** die Welt in seiner Macht haben; **to put one's best ~ forward** sich anstrengen; **to get off on the right/wrong foot** einen guten/schlechten Start haben; **to get one's feet wet** nasse Füße bekommen; **to never/not put [*or* set] a ~ wrong** bei ihm/ihr stimmt jeder Schritt, er/sie macht nie einen Fehler; **to drag one's feet** herumtrödeln; **to fall [*or* land] on one's feet** Glück haben; **to put one's ~ down** (*insist*) ein Machtwort sprechen; *esp* BRIT (*accelerate*) Gas geben; **to put one's ~ in it [*or esp* AM one's mouth]** ins Fettnäpfchen treten; **to run [*or* rush] sb off his/her feet** jdn beschäftigen; **to think on one's feet** eine schnelle Entscheidung treffen; **to be under sb's feet** zwischen jds Füßen herumlaufen; **my ~** (*dated*) so ein Quatsch! *fam* **II.** *vt* ① (*fam: pay*) ■ **to ~ sth** etw bezahlen; **to ~ the bill** die Rechnung begleichen [*o* bezahlen] ② AM ECON (*add up*) **to ~ up an account** die Spalten eines Kontos addieren
footage ['fʊtɪdʒ, AM -t̬-] *n no pl* Filmmaterial *nt*
foot-and-mouth disease *n* Maul- und Klauenseuche *f*
football ['fʊtbɔ:l] **I.** *n* ① *no pl esp* BRIT (*soccer*) Fußball *m* ② *no pl* AM (*American football*) Football *m* ③ (*ball*) Fußball/Football *m* **II.** *n modifier* BRIT (*celebrity, commentator, field, pitch, season, stadium*) Fußball-; AM Football-
football boots *npl* BRIT Fußballschuhe *mpl* **football cleats** *npl* AM Stollen *mpl* **football club** *n* BRIT Fußballverein *m* **footballer** *n* BRIT Fußballspieler(in) *m(f)*; AM Footballspieler(in) *m(f)* **football fan** *n* BRIT Fußballfan *m*; AM Footballfan *m* **football game** *n*, **football match** *n* BRIT Fußballspiel *nt*; AM Footballspiel *nt* **footballing** *adj attr* Fußball spielend, Fußball- **football player** *n see* **footballer** **football pools** *npl* BRIT *see* **pools** Fußballtoto *nt o m* **football supporter** *n see* **football fan** **football team** *n* BRIT Fußballmannschaft *f*; AM Footballteam *nt*
footboard *n* Trittbrett *nt* **foot brake** *n* Fußbremse *f* **footbridge** *n* Fußgängerbrücke *f* **footcare** *n no pl* Fußpflege *f* **foot-dragging** *n no pl* (*fam*) Verzögerung *f* (**on** +*gen*)
-footed ['fʊtɪd, AM -t̬-] *in compounds* -füßig
footer ['fʊtəʳ, AM 'fʊt̬ɚ] *n* ① (*measured object*) ***he was a tall, sturdy six ~*** er war ein großer, kräftiger Mann von über ein Meter achtzig ② (*kick of a football*) Balltritt *m*; **a left-~** ein Schuss *m* mit dem linken Fuß ③ BRIT (*fam*) *see* **footy** Fußballspielen *nt* ④ TYPO Fußzeile *f*
-footer ['fʊtəʳ, AM -t̬-] *in compounds* **to be a 40-~** 40 Fuß lang sein
footfall *n* (*liter*) Tritt *m*, Schritt *m*; ***I heard echoing ~s in the corridor*** ich hörte Schritte im Korridor hallen **foot fault** *n* TENNIS Fußfehler *m* **foothills** *npl* Vorgebirge *nt* **foothold** *n* Halt *m* [für die Füße] ▶ PHRASES: **to gain [*or* get] [*or* secure] a ~ [in sth]** Fuß [in etw *dat*] fassen
footie ['fʊti] *n no pl* (*fam*) ① BRIT (*soccer*) *see* **football I 1** ② AUS (*rugby*) Rugby *nt*
footing ['fʊtɪŋ, AM -t̬-] *n no pl* ① (*foothold*) Halt *m*; **to lose one's ~** seinen Halt verlieren ② (*basis*) **on a commercial/an equal/a friendly ~** auf kommerzieller/gleicher/freundlicher Basis; **on a war ~** im Kriegszustand
footlights *npl* Rampenlicht *nt* **footling** ['fu:tlɪŋ] *adj task, complaint* albern, läppisch *fam* **footloose** *adj* ungebunden; ~ **and fancy-free** frei und ungebunden
footloose funds *npl* vagabundierende Gelder *pl*
footman *n* Lakai *m* **footmark** ['fʊtma:k, AM ma:rk] *n see* **footprint** Fußabdruck *m*, Fußspur *f*
footnote *n* ① (*reference*) Fußnote *f* (**to** zu +*dat*) ② (*addition*) Anmerkung *f* ③ (*triviality*) Nebensächlichkeit *f* (**to** +*gen*); **a ~ to history** eine Nebensächlichkeit der Geschichte **footpath** *n* Fußweg *m* **foot pedal** *n* Fußpedal *nt* **footplate** *n* RAIL Führerstand *m* (*in Lokomotive*) **footprint** *n* Fußabdruck *m*; **to leave ~s in sth** Fußabdrücke in etw *dat* hinterlassen **footrest** *n* Fußstütze *f*
footsie ['fʊtsi] *n no pl* (*fam*) *see* **play**
Footsie ['fʊtsi] *n no pl* (*fam: FTSE 100*) Footsie[-Index]
footslog <-gg-> ['fʊtslɒg, AM -sla:g] *vi* (*fam*) ■ **to ~ somewhere** irgendwohin marschieren [*o fam* latschen]; **to ~ around shops** Geschäfte abklappern **footslogging** *n no pl* (*fam*) Marschieren *nt*; ***we had to do a lot of ~*** wir mussten weite Strecken zu Fuß zurücklegen **foot soldier** *n* Infanterist(in) *m(f)* **footsore** *adj* (*liter*) fußwund *geh*; ■ **to be ~** wunde Füße haben **footstep** *n* ① (*footfall*) Schritt *m* ② (*progress*) Schritt *m*; **the first ~ on the road to sth** der erste Schritt auf dem Weg zu etw *dat* ▶ PHRASES: **to dog sb's ~** jdm auf den Fersen sein; [**to follow [*or* tread]] in sb's ~** in jds Fußstapfen [treten] **footstool** *n* Fußbank *f*, Schemel *m* SÜDD, ÖSTERR **footway** *n* ① (*footpath*) Fußweg *m* ② BRIT (*form: pavement*) Bürgersteig *m* **footwear** *n no pl* Schuhe *mpl*, Schuhwerk *nt* **footwell** *n* AUTO Fußraum *m* **footwork** *n no pl* Beinarbeit *f* ▶ PHRASES: **fancy ~** (*fam*) Geschick *nt*
footy *n no pl* BRIT (*fam*) *see* **footie**
fop [fɒp, AM fa:p] *n* Geck *m pej veraltet*
foppish ['fɒpɪʃ, AM 'fa:p-] *adj* (*old or pej or hum*) *man* geckenhaft *veraltend*; *clothes* stutzerhaft
for [fɔ:ʳ, fəʳ, AM fɔ:r, fɚ] **I.** *conj* (*liter or dated*) denn **II.** *prep* ① *after vb, n* (*to give to*) für +*akk*; ***I bought a new collar ~ my dog*** ich kaufte ein neues Halsband für meinen Hund; *after adj*; ***there are government subsidies available ~ farmers*** für Bauern gibt es Zuschüsse vom Staat; ***this is a birthday present ~ you*** hier ist ein Geburtstagsgeschenk für Dich; **to be [up] ~ grabs** noch zu haben sein; ***the last piece of cake is up ~ grabs — who wants it?*** ein Stück Kuchen ist noch da – wer möchte es? ② *after vb, n* (*in support of*) für +*akk*; ***I voted ~ the Greens at the last election*** bei der letzten Wahl habe ich für die Grünen gestimmt; ***they voted ~ independence in a referendum*** sie haben sich in dem Referendum für die Unabhängigkeit ausgesprochen; ***please donate — it's ~ a good cause*** spenden Sie bitte – es ist für eine gute Sache; ***I'm all ~ sexual equality, but I still don't want my wife to work*** ich bin zwar für die Gleichberechtigung, aber ich möchte nicht, dass meine Frau arbeiten geht; **applause ~ for sb** Applaus für jdn; **to be ~ sb/sth** für jdn/etw sein; ***his followers are still for him*** seine Anhänger unterstützen ihn noch immer; **to be ~ doing sth** dafür sein, dass etw getan wird; ***are you ~ banning smoking in public places?*** sind Sie dafür, das Rauchen in der Öffentlichkeit zu verbieten?; **to be all ~ sth** ganz für etw *akk* sein ③ (*concerning*) für +*akk*; ***she felt sorry ~ the homeless people*** die Obdachlosen taten ihr Leid; ***they are responsible ~ marketing the product*** sie tragen die Verantwortung für den Vertrieb des Produkts; ***that jacket looks a bit big ~ you*** diese Jacke ist wohl etwas zu groß für dich; ***I can't run with you — you're far too fast ~ me!*** ich kann mit dir nicht laufen – du bist zu schnell für mich!; ***I'm happy ~ you that it finally worked out*** ich freue mich für dich, dass es endlich geklappt hat; ***you're not making it easy ~ me to tell you the news*** du machst es mir nicht gerade einfach, dir die Neuigkeiten zu erzählen; ***the coffee was too strong ~ me*** der Kaffee war mir zu stark; ***luckily ~ me, I already had another job*** zu meinem Glück hatte ich bereits eine andere Stelle; ***the admiration she felt ~ him soon died*** ihre Bewunderung für ihn war schnell verflogen; ***he felt nothing but contempt ~ her*** er fühlte nur noch Verachtung für sie; ***is this seat high enough ~ you?*** ist Ihnen dieser Sitz hoch genug?; ***she is preparing ~ her presentation*** sie bereitet sich auf ihre Präsentation vor; ***how are you doing for money?*** wie sieht es bei dir mit dem Geld aus?; ***Jackie's already left and, as ~ me, I'm going at the end of the month*** Jackie ist schon weg, und was mich angeht, ich gehe Ende des Monats; **to feel ~ sb** mit jdm fühlen; ***I feel ~ you but I can't do anything*** ich fühle mit dir, aber ich kann nichts tun ④ *after vb, adj, n* (*to get*) ***she asked ~ a skateboard for her birthday*** sie wünschte sich ein Skateboard zum Geburtstag; **to hope for good news** auf gute Nachrichten hoffen; ***I've applied ~ a job*** ich habe mich um eine Stelle beworben; ***quick, send ~ a doctor!*** holen Sie schnell einen Arzt!; ***the litte girl ran ~ her mother*** das kleine Mädchen lief zu ihrer Mutter; ***I had to run ~ the bus*** ich musste zum Bus laufen; ***she's looking ~ a way to finance the purchase*** sie sucht nach einer Möglichkeit, den Kauf zu finanzieren; ***I had to wait ~ him for 20 minutes*** ich musste 20 Minuten auf ihn warten; ***he did it ~ the fame*** er tat es, um berühmt zu werden; ***even though he's in this ~ the money, we still need him*** auch wenn er es wegen des Geldes tut, brauchen wir ihn; ***she's eager ~ a chance to show that she's a capable worker*** sie möchte gerne beweisen, dass sie eine fähige Mitarbeiterin ist; ***drug addicts have a need ~ more and more of their drug of choice*** Drogensüchtige brauchen immer mehr von ihrer Droge; ***oh ~ something to drink!*** hätte ich doch bloß etwas zu trinken!; ***oh ~ a strong black coffee!*** und jetzt einen starken schwarzen Kaffee!; **the demand ~ money** der Bedarf an Geld; **to fish ~ compliments** sich *dat* gerne Komplimente machen lassen; **to make a play ~ sb/sth** sich *akk* um jdn bemühen ⑤ *after n, vb* (*on behalf, for the benefit of*) für +*akk*; ***he's an agent ~ models and actors*** er ist Agent für Models und Schauspieler; ■ **to do sth ~ sb** etw für jdn tun; ***these parents aren't speaking ~ everyone*** diese Eltern sprechen nicht für alle; ***she works ~ a charity*** sie arbeitet für eine soziale Einrichtung; ***next time you see them, say hi ~ me*** sag ihnen Grüße von mir, wenn du sie wieder siehst; ***the messenger was there ~ his boss*** der Bote war dort, um seinen Chef zu vertreten; **a course ~ beginners in Russian** ein Russischkurs für Anfänger; ■ **to do sth ~ oneself** etw selbst tun ⑥ (*as ordered by*) ■ **to do sth ~ sb/sth** etw für jdn/etw tun; ***the workers had to do extra work ~ their boss*** die Arbeiter mussten für ihren Chef noch mehr arbeiten; ***I have some things to do ~ school*** ich muss noch etwas für die Schule machen ⑦ *after n, vb* (*employed by*) bei +*dat*; ***she is a tutor ~ the Open University*** sie ist Tutorin bei der Offenen Universität; **to work ~ sb/sth** bei jdm/etw arbeiten ⑧ *after vb, n,*

adj (for purpose of) für +akk; what's that ~? wofür ist das?; what did you do that ~? wozu hast du das getan?; what do you use these enormous scissors ~? was machst du mit dieser riesigen Schere?; I need some money ~ tonight ich brauche ein wenig Geld für heute abend; that's useful ~ removing rust damit kann man gut Rost lösen; the books are not ~ sale die Bücher sind nicht verkäuflich; they've invited us round ~ dinner on Saturday sie haben uns für Samstag zum Essen eingeladen; he is taking medication ~ his heart condition er nimmt Medikamente für sein Herz; if you can't sleep, you can take some pills ~ that wenn du nicht schlafen kannst, dann nimm doch ein paar Schlaftabletten; she needed to move closer ~ me to hear her sie musste näher zu mir rücken, damit ich sie verstehen konnte; take that out of your mouth — that's not ~ eating nimmt das aus dem Mund – das ist nicht zum Essen; ~ your information zu Ihrer Information; ~ the record der Ordnung halber; the spokesman told the press ~ the record that the president was in good health der Sprecher sagte der Presse für das Protokoll, dass der Präsident bei guter Gesundheit sei; bikes ~ rent Räder zu vermieten ❾ after vb, adj, n (because of) wegen +gen, aus +dat; she did fifteen years in prison ~ murder sie war wegen Mordes fünfzehn Jahre im Gefängnis; I don't eat meat ~ various reasons ich esse aus verschiedenen Gründen kein Fleisch; I could dance and sing ~ joy! ich könnte vor Freude tanzen und singen!; he apologized ~ being late er entschuldigte sich wegen seiner Verspätung; she loved him just ~ being himself sie liebte ihn, weil er einfach er selbst war; Bob was looking all the better ~ his three weeks in Spain wegen seiner drei Wochen in Spanien sah Bob viel besser aus; (form) if it hadn't been ~ him, we wouldn't be here right now ohne ihn wären wir jetzt nicht hier; how are you? — fine, and all the better ~ seeing you! wie geht's? — gut, und wo ich dich sehe, gleich noch besser!; I could not see ~ the tears in my eyes ich konnte vor Tränen in den Augen gar nicht sehen; ~ fear of sth aus Angst vor etw dat; ~ lack of sth aus Mangel an etw dat; for that [or this] reason aus diesem Grund; the reason ~ his behaviour der Grund für sein Verhalten; be famous ~ sth für etw akk berühmt sein ❿ after vb, n (as destination) nach +dat; this train is ~ Birmingham dieser Zug fährt nach Birmingham; he made ~ home in a hurry er rannte schnell nach Hause; the man went ~ him with his fists der Mann ging mit den Fäusten auf ihn los; just follow signs ~ the town centre folgen Sie einfach den Schildern in die Innenstadt ⓫ (meaning) to be ~ sth für etw akk stehen; A is ~ 'airlines' A steht für ‚Airlines'; to stand ~ sth etw bedeuten, für etw akk stehen; what does the M.J. stand ~? María José? was bedeutet M.J.? María José?; what's the Spanish word ~ 'vegetarian'? was heißt ‚vegetarian' auf Spanisch? ⓬ (in return for) für +akk; she paid a high price ~ loyalty to her boss sie hat einen hohen Preis für die Loyalität zu ihrem Chef gezahlt; I'll trade you this baseball card ~ that rubber ball ich gebe dir diese Baseball-Karte für diesen Gummiball; since we're friends, I'll do it ~ nothing da wir Freunde sind, mache ich es umsonst; that's ~ cheating on me! das ist dafür, dass du mich betrogen hast!; how much did you pay ~ your glasses? wie viel hast du für deine Brille gezahlt? ⓭ after vb (charged as) für +akk; she sold the house ~ quite a lot of money sie verkaufte das Haus für ziemlich viel Geld; you can buy a bestseller ~ about $6 Sie bekommen einen Bestseller schon für 6 Dollar; they sent a cheque ~ $100 sie schickten einen Scheck über 100 Dollar; not ~ a million dollars [or ~ all the world] um nichts in der Welt; I wouldn't go out with him ~ a million dollars ich würde für kein Geld der Welt mit ihm ausgehen ⓮ after adj, n (compared with expected) für +akk; the summer has been quite hot ~ England für England war das ein ziemlich heißer Sommer; she's very mature ~ her age sie ist für ihr Alter schon sehr weit entwickelt; warm weather ~ the time of year für diese Jahreszeit ein mildes Wetter; he's quite thoughtful ~ a man! für einen Mann ist er sehr zuvorkommend! ⓯ after vb (amount of time) I'm just going to sleep ~ half an hour ich lege mich mal eine halbe Stunde schlafen; my father has been smoking ~ 10 years mein Vater raucht seit 10 Jahren; he was jailed ~ twelve years er musste für zwölf Jahre ins Gefängnis; ~ the moment it's okay im Augenblick ist alles o.k.; ~ the next two days in den beiden nächsten Tagen; ~ a time eine Zeitlang; ~ a long time seit längerer Zeit; ~ such a long time that ... schon so lange, dass ...; ~ some time seit längerem; ~ the time being vorübergehend; ~ a while eine Zeitlang; play here ~ a while! spiele hier mal ein wenig!; ~ ever/eternity bis in alle Ewigkeit; this pact is ~ ever dieser Pakt gilt für immer und ewig ⓰ after vb (distance of) he always jogs ~ 5 kilometres before breakfast er joggt immer 5 Kilometer vor dem Frühstück; she wanted to drive ~ at least 100 kilometres sie wollte mindestens 100 Kilometer fahren ⓱ after vb (on the occasion of) he booked a table at the restaurant ~ nine o'clock er reservierte in dem Restaurant einen Tisch für neun Uhr; they set their wedding date ~ September 15 sie legten ihre Hochzeit auf den 15. September; we'll plan the party ~ next Friday wir planen die Party für nächsten Freitag; she finished the report ~ next Monday sie machte den Bericht bis zum nächsten Montag fertig; what did you buy him ~ Christmas? was hast du ihm zu Weihnachten gekauft?; ~ the first time zum ersten Mal; ~ the [very] last time zum [aller]letzten Mal; ~ the first/second time running im ersten/zweiten Durchlauf; at ... ~ ... um ... zu ...; to arrive at 8.00 ~ dinner at 8.30 um 8.00 Uhr zum Abendessen um 8.30 eintreffen ⓲ (despite) trotz +gen, ungeachtet +gen; ~ all that trotz alledem; ~ all his effort, the experiment was a failure trotz all seiner Anstrengungen war das Experiment ein Fehlschlag; ~ all I know/care soviel ich weiß; ~ all I know, Dubai could be in Africa soweit ich weiß, liegt Dubai in Afrika ⓳ (per) there is one teacher ~ every 25 students in our school auf 25 Schüler kommt in der Schule ein Lehrer; ~ every cigarette you smoke, you take off one day of your life für jede Zigarette, die du rauchst, wird dein Leben um einen Tag kürzer; she told me word ~ word what he said sie erzählte mir Wort für Wort, was sie gesagt hatte ⓴ (duty of) ▪to [not] be ~ sb to do sth [nicht] jds Sache f sein, etw zu tun; it's not ~ me to tell her what to do es ist nicht meine Aufgabe, ihr vorzuschreiben, was sie zu tun hat; the decision is not ~ him to make er hat diese Entscheidung nicht zu treffen ㉑ after vb (as) she thought it ~ a lie but didn't say anything sie glaubte, das sei eine Lüge, sagte aber nichts; I ~ one am sick of this bickering ich für meinen Teil habe genug von diesem Gezänk ▸ PHRASES: ~ Africa SA (fam) Unmengen; I've got homework ~ Africa ich habe zu Hause noch jede Menge Arbeit; an eye ~ an eye Auge für Auge; a penny ~ your thoughts ich gäbe was dafür, wenn ich wüßte, woran Sie gerade denken; ~ crying out loud um Himmels willen; to be [in] ~ it Schwierigkeiten bekommen; that's/there's sth ~ you (pej) das sieht etwas ähnlich; there's gratitude ~ you! und so was nennt sich Dankbarkeit!

forage ['fɒrɪdʒ, AM 'fɔːr-] I. vi ▪to ~ [about [or around]] for food person nach etwas Essbarem suchen; animal nach Futter suchen II. n no pl Viehfutter nt

foray ['fɒreɪ, AM 'fɔːr-] n ❶ (raid) Beutezug m; to make a ~ auf Beutezug gehen; the soldiers made the first of several ~s into enemy-occupied territory die Soldaten unternahmen den ersten von mehreren Überfällen auf feindlich besetztes Gebiet ❷ (attempt) Ausflug m (into in +akk); she made a brief ~ into acting before starting a career as a teacher sie wandte sich kurz der Schauspielerei zu, bevor sie eine Lehrerlaufbahn antrat ❸ (fam: visit) Abstecher m (into in +akk)

forbad, forbade [fə'bæd, AM fɚ'-] pt of forbid

forbear[1] <forbore, forborne> [fɔː'beəʳ, AM fɔːr'ber] I. vi (form or dated) ▪to ~ from doing [or to do] sth darauf verzichten, etw zu tun; even his critics could scarcely ~ from congratulating him selbst seine Kritiker konnten kaum umhin, ihm zu gratulieren; the doctor said she was optimistic but forbore to make any promises die Ärztin sagte, sie sei optimistisch, nahm aber davon Abstand, irgendwelche Versprechungen zu machen geh II. vt (form or dated) ▪to ~ sth a smile etw verkneifen

forbear[2] n usu pl see forebears

forbearance [fɔː'beərən(t)s, AM fɔːr'ber-] n no pl (dated form) Nachsicht f, Geduld f

forbearing [fɔː'beərɪŋ, AM fɔːr'ber-] adj (dated form) nachsichtig

Forbes 500 [fɔːbz-, AM fɔrbz-] n ECON, FIN Liste der 500 größten amerikanischen Unternehmen, ernannt von 'Forbes' Magazine

forbid <-dd-, forbade or old forbad, forbidden> [fə'bɪd, AM fɚ'-] vt ❶ (legally) ▪to ~ sth etw verbieten ❷ (refuse) ▪to ~ sth (form) etw verbieten; ▪to ~ sb sth [or sth to sb] (form) jdm etw verbieten; ▪to ~ sb from doing sth, ▪to ~ sb to do sth jdm verbieten, etw zu tun ▸ PHRASES: God [or heaven] ~ [that ...] Gott behüte [o bewahre] mich [davor, dass ..]

forbidden [fə'bɪdᵊn, AM fɚ'-] I. adj verboten ▸ PHRASES: ~ fruit (liter) verbotene Früchte II. pp of forbid

forbidding [fə'bɪdɪŋ, AM fɚ'-] adj abschreckend

forbiddingly [fə'bɪdɪŋli, AM fɚ'-] adv abschreckend; ~ cold ungemütlich kalt

forbore [fɔː'bɔːʳ, AM fɔːr'bɔːr] pt of forbear

forborne [fɔː'bɔːn, AM fɔːr'bɔːrn] pp of forbear

force [fɔːs, AM fɔːrs] I. n ❶ (power) Gewalt f, Stärke f; she slapped his face with unexpected ~ sie versetzte ihm eine unerwartet wuchtige Ohrfeige; by sheer ~ of numbers aufgrund zahlenmäßiger Überlegenheit; to use ~ Gewalt anwenden ❷ PHYS (influence effecting motion) Kraft f; ~ of gravity Erdanziehungskraft f ❸ (large numbers) ▪in ~ in großer Zahl ❹ (influence) Macht f; he was a powerful ~ in politics er war einflussreicher Politiker; the ~s of evil die Mächte des Bösen; the ~ of habit die Macht der Gewohnheit; from ~ of habit aus reiner Gewohnheit; the ~s of nature (liter) die Naturgewalten ❺ (validity) Gültigkeit f; to have the ~ of law rechtsverbindlich sein; to be in/come into ~ in Kraft sein/treten; to put in ~ in Kraft setzen ❻ (group) Truppe f; police ~ Polizei f; Air F~ Luftwaffe f; armed ~s Streitkräfte fpl ▸ PHRASES: to combine [or join] ~s zusammenhelfen; with combined ~s mit vereinten Kräften; a ~ to be reckoned with ein nicht zu unterschätzender Faktor II. vt ❶ (compel) ▪to ~ sb/oneself [to do sth] jdn/sich zwingen[, etw zu tun]; ▪to ~ sth etw erzwingen; to ~ a smile gezwungen lächeln, sich akk zu einem Lächeln zwingen; to ~ words out of sb jdm die Worte aus der Nase ziehen; ▪to ~ sb into sth jdn zu etw dat zwingen; ▪to ~ sb into doing sth jdn dazu zwingen, etw zu tun; ▪to ~ sth on sb jdm etw aufzwingen ❷ (use power) ▪to ~ sth etw mit Gewalt tun; to ~ one's way sich dat seinen Weg bahnen; the burglar ~d an entry der Einbrecher verschaffte sich mit Gewalt Zutritt ❸ (break open) ▪to ~ sth door, lock etw aufbrechen ❹ (artificially grow faster) ▪to ~ sth fruit, vegetable etw [zum Wachstum] treiben ▸ PHRASES: to ~ sb's hand jdn zum Handeln zwingen; to ~ an issue eine Entscheidung erzwingen

◆**force back** vt ▪to ~ back ↻ sth tears etw unterdrücken

forced [fɔːst, AM fɔːrst] adj inv ❶ (imposed) erzwungen; ~ labour Zwangsarbeit f; ~ march Gewaltmarsch m ❷ (emergency) erzwungen; ~ landing Notlandung f ❸ (unnatural) laughter, smile gezwungen ❹ ~ fruit/vegetables getriebenes Obst/

F

Gemüse **force-feed** *vt* ① *(with food)* ■ **to ~ sb [sth]** jdn [mit etw *dat*] zwangsernähren ② *(fig)* ***the whole nation was force-fed government propaganda about how well the country was doing*** die ganze Nation bekam ständig nur die Propaganda der Regierung zu hören, wie gut es dem Land ginge **force field** *n (in sci fi)* Kraftfeld *nt*

forceful ['fɔːsfᵊl, AM 'fɔːrs-] *adj attack* kraftvoll; ~ **personality** starke Persönlichkeit

forcefully ['fɔːsfᵊli, AM 'fɔːrs-] *adv* kraftvoll; **to argue** ~ überzeugend argumentieren

forcefulness ['fɔːsfᵊlnəs, AM 'fɔːrs-] *n no pl* Stärke *f; of argument* Eindringlichkeit *f*

force majeure [ˌfɔːsmæ'ʒɜːʳ, AM ˌfɔːrsmæ'ʒɜːr] *n no pl (form)* ① *(unforeseeable circumstances)* höhere Gewalt ② *(superior strength)* überirdische Kraft

forceps ['fɔːseps, AM 'fɔːr-] *npl* Zange *f;* **a pair of** ~ eine Zange; **obstetric** ~ gynäkologische Zange

forceps delivery *n* Zangengeburt *f*

forcible ['fɔːsəbl̩, AM 'fɔːr-] *adj* ① *(violent) entry* gewaltsam; ~ **entry** gewaltsames Eindringen; ~ **feeding** Zwangsernährung *f* ② *(effective) appeal* eindrucksvoll, eindringlich

forcibly ['fɔːsəbli, AM 'fɔːr-] *adv* gewaltsam, mit Gewalt

ford [fɔːd, AM fɔːrd] **I.** *n* Furt *f* **II.** *vt* ■ **to ~ sth** *(with vehicle)* etw durchqueren; *(on foot)* etw durchwaten

fordable [fɔːdəbl̩, AM fɔːr-] *adj (with vehicle)* durchquerbar; *(on foot)* durchwatbar

fore [fɔːʳ, AM fɔːr] **I.** *adj inv* vordere(r,s) **II.** *n no pl* Vordergrund *m; of ship* Bug *m;* **to bring sb/sth to the** ~ *(also fig)* jdn/etw in den Vordergrund rücken *a. fig;* **to come to the** ~ *(also fig)* in den Vordergrund treten *a. fig;* ■ **to be to the** ~ *(also fig)* im Vordergrund stehen *a. fig* **III.** *interj (golfer's warning)* Achtung!

fore- ['fɔːʳ, AM 'fɔːr] *in compounds* Vorder-; **~wings** Vorderflügel *mpl*

fore and aft *adv inv* ① NAUT, AVIAT *(at bow and stern)* vorn und achtern ② NAUT *(along ship)* längsschiffs *fachspr*

forearm¹ ['fɔːrɑːm, AM 'fɔːrɑːrm] *n* Unterarm *m*

forearm² [fɔːʳ'ɑːm, AM fɔːr'ɑːrm] *vt (liter)* ■ **to ~ oneself [against sth]** sich *akk* [gegen etw *akk*] wappnen *geh*

forebears ['fɔːʳbeəʳs, AM 'fɔːrbers] *npl (form)* Vorfahren *mpl,* Ahnen *mpl* **forebode** [fɔːʳ'bəʊd, AM fɔːr'boʊd] *vt (liter)* ■ **to ~ sth** etw prophezeien; ***there were several incidents during the voyage that seemed to ~ disaster*** es gab verschiedene Vorfälle während der Reise, die eine Katastrophe ankündeten; **to ~ evil** Unheil verkünden **foreboding** [fɔːʳ'bəʊdɪŋ, AM fɔːr'boʊd-] **I.** *n (liter)* ① *no pl (anticipation)* [düstere] Vorahnung; ***there was a sense of ~ in the capital as if fighting might at any minute break out*** es hing eine düstere Vorahnung über der Hauptstadt, so als könnte der Kampf jede Minute losbrechen ② *(presentiment)* [düstere] Prophezeiung; **to have a ~ [that] ...** das [ungute] Gefühl haben, [dass] ... **II.** *adj* unheilverkündend **forebrain** ['fɔːbreɪn, AM 'fɔːr] *n* ANAT Vorderhirn *nt* **forecast** ['fɔːʳkɑːst, AM 'fɔːrkæst] **I.** *n* ① *(prediction)* Prognose *f* **(for** für +*akk*) ② *of weather* [Wetter]vorhersage *f* **(for** für +*akk*) **II.** *vt* <-cast *or* -casted, -cast *or* -casted> ■ **to ~ sth** METEO etw vorhersagen; ECON etw prognostizieren; ■ **to ~ that/what/who ...** prophezeien, dass/was/wer ...; ■ **to be ~ to do sth** laut Vorhersage etw tun; ***she was ~ to win by three newspapers*** drei Zeitungen prophezeiten, dass sie gewinnen würde; ***environmentalists ~ that we humans will destroy the planet*** Umweltschützer sagen voraus, dass wir Menschen unseren Planeten zerstören werden **forecast dividend** *n* FIN zu erwartende Dividende **forecaster** ['fɔːʳkɑːstəʳ, AM 'fɔːrkæstɚ] *n* ECON Prognostiker(in) *m(f);* STOCKEX Analyst(in) *m(f);* **economic** ~ Konjunkturprognostiker(in) *m(f);* **a [weather]** ~ ein Meteorologe *m*/eine Meteorologin **forecastle** ['fəʊksᵊl, AM 'foʊ-] *n* NAUT *(hist)* Vorderdeck *nt*

foreclose [fɔː'kləʊz, AM fɔːr'kloʊz] **I.** *vt* ① FIN *(take possession)* ■ **to ~ sth** etw geltend machen; **to ~ a mortgage** eine Hypothekenforderung geltend machen ② *(form: rule out)* ■ **to ~ sth** etw ausschließen; **to ~ a chance** eine Chance zunichte machen; **to ~ a possibility** eine Möglichkeit ausschließen **II.** *vi* FIN aufkündigen; **to ~ on a loan/mortgage** einen Kredit/eine Hypothek [gerichtlich] für verfallen erklären; ■ **to ~ on sb** jdm eine Hypothek kündigen **foreclosure** [fɔː'kləʊʒəʳ, AM fɔːr'kloʊʒɚ] *n no pl* Zwangsvollstreckung *f;* ~ **order nisi** LAW vorläufige Verfallserklärung; ~ **order absolute** LAW endgültige Verfallserklärung **forecourt** *n* ① *(of building)* Vorhof *m;* **station** ~ Bahnhofsplatz *m* ② *(in tennis)* Halfcourt *m fachspr* **foredeck** ['fɔːdek, AM 'fɔːr-] *n* NAUT Vorderdeck *nt* **foredoomed** *adj (liter)* zum Scheitern verurteilt **forefathers** *npl (liter)* Ahnen *mpl,* Vorfahren *mpl* **forefinger** *n* Zeigefinger *m* **forefoot** *n* Vorderfuß *m* **forefront** *n no pl* vorderste Front; ***his team are at the ~ of scientific research into vaccines*** sein Team steht an der Spitze der wissenschaftlichen Erforschung von Impfstoffen

foregather *vi see* **forgather**

forego¹ <-went, -gone> *vt see* **forgo**

forego² <-went, -gone> [fɔː'gəʊ, AM fɔːr'goʊ] *vi (old: precede)* vorausgehen, vorangehen

foregoing [fɔː'gəʊɪŋ, AM fɔːr'goʊ-] *(form)* **I.** *adj attr, inv* vorhergehend **II.** *n no pl* ■ **the** ~ das Vorangehende [*o* Vorhergehende]; ***I can testify to the ~ since I was actually present*** ich kann bezeugen, was gerade gesagt wurde, da ich tatsächlich dabei war; ***as must be clear from the ~, the situation is already grave*** wie sich aus dem gerade Gesagten ergibt, ist die Situation schon jetzt [sehr] ernst

foregone [fɔː'gɒn, AM fɔːr'gɑːn] *pp of* **forego**

foregone conclusion *n* ausgemachte Sache; ***the results of the coming election seem like a ~*** die kommenden Wahlergebnisse scheinen von vorn[e]herein festzustehen

foreground **I.** *n no pl* ① *(of painting)* Vordergrund *m;* **in the** ~ im Vordergrund ② *(prominent position)* Mittelpunkt *m;* **to put oneself in the** ~ sich *akk* in den Vordergrund drängen; ■ **to be in the** ~ im Vordergrund stehen **II.** *vt* ■ **to ~ sth** etw hervorheben **forehand** **I.** *n* ① *(tennis shot)* Vorhand *f* ② *no pl (player's side)* Vorhandseite *f;* **to take a ball on the** ~ einen Ball mit der Vorhand nehmen **II.** *adj attr, inv* SPORTS Vorhand-; ~ **shot** Vorhandschlag *m* **forehead** ['fɒrɪd, AM 'fɔːrhed] *n* Stirn *f*

foreign ['fɒrɪn, AM 'fɔːrɪn] *adj* ① *inv (from another country)* ausländisch, fremd; ~ **banks** Auslandsbanken *pl;* ~ **countries** Ausland *nt kein pl;* ~ **currency** Fremdwährung *f,* Devisen *pl;* ~ **national** Ausländer(in) *m(f);* ~ **notes and coins** Sorten; *pl;* ~ **parts** *(hum)* Ausland *nt;* ~ **soil** *(form)* fremder Boden; **to rest in ~ soil** in fremder Erde begraben sein [*o geh* ruhen] ② *(of other countries)* Außen-; ~ **policy** Außenpolitik *f;* ~ **relations** Auslandsbeziehungen *fpl;* ~ **trade** Außenhandel *m;* ~ **travel** Auslandsreise *f* ③ *pred (not known)* unbekannt; ■ **to be ~ to sb** jdm nicht bekannt sein; ***deception was ~ to her nature*** Täuschung war ihrem Wesen fremd ④ *inv (not belonging)* fremd; **a ~ body** ein Fremdkörper *m*

foreign affairs *npl* Außenpolitik *f kein pl;* **Minister of F~** Außenminister(in) *m(f)* **foreign aid** *n no pl* Auslandshilfe *f* **Foreign and Commonwealth Office** *n no pl* BRIT ■ **the** ~ das Außenministerium **foreign bond** *n* FIN Fremdwährungsanleihe *f,* Auslandsanleihe *f* **foreign correspondent** *n* JOURN Auslandskorrespondent(in) *m(f)* **foreign currency** *n* ~ **department** *(in bank)* Sortenabteilung *f;* ~ **loan** Fremdwährungsanleihe *f*

foreigner ['fɒrɪnəʳ, AM 'fɔːrɪnɚ] *n* ① *(from another country)* Ausländer(in) *m(f)* ② *(from another district)* Auswärtige(r) *f(m)* **foreign exchange** *n no pl* ① *(system)* Devisenkurs *m;* *(business)* Devisenhandel *m* ② *(currency)* Devisen *pl;* ~ **swap** Devisen-Swapgeschäft *nt* **foreign-exchange** *adj attr, inv* Devisen-; ~ **dealings** Devisenhandel *m;* ~ **market** Devisenmarkt *m* **foreign exchange dealer** *n* FIN Devisenhändler(in) *m(f),* Devisenmakler(in) *m(f)* **foreign exchange dealing** *n* FIN Devisenhandel *m* **foreign language** *n* Fremdsprache *f a. fig;* ***legal documents are written in a ~ as far as most people are concerned*** Rechtsdokumente sind nach Meinung der meisten Menschen in einer absolut unverständlichen Sprache geschrieben **Foreign Legion** *n* ■ **the** ~ die Fremdenlegion **foreign minister** *n* Außenminister(in) *m(f)*

foreignness ['fɒrɪnəs, AM ˌfɔːrɪn-] *n no pl* ① *(from another country)* Fremdartigkeit *f* ② *(unfamiliarity)* Fremdheit *f;* ***the ~ of this concept to their culture is demonstrated by the fact that they have no word for it*** dass diese Vorstellung ihrer Kultur fremd ist, zeigt sich in der Tatsache, dass sie keine Bezeichnung dafür haben

Foreign Office *n no pl* BRIT ■ **the** ~ das Außenministerium; *see also* **Foreign and Commonwealth Office** **Foreign Secretary** *n* BRIT Außenminister(in) *m(f)* **foreign service** *n* BRIT *see* **diplomatic service**

foreknowledge [fɔː'nɒlɪdʒ, AM fɔːr'nɑːl-] *n no pl (form)* vorherige Kenntnis; ***she denied any ~ of the appointment*** sie leugnete, von der Verabredung gewusst zu haben; **to have ~ of sth** von etw *dat* im Voraus wissen; ***he always claimed to have had no ~ of the impending crisis*** er behauptete stets, keine Anzeichen von der bevorstehenden Krise wahrgenommen zu haben

foreland ['fɔːlənd, AM 'fɔːr-] *n (cape)* Kap *nt;* *(peninsula)* Landzunge *f*

foreleg *n* Vorderbein *nt* **forelock** *n* Stirnlocke *f; of horse* Mähne *f;* **to touch** [*or* **tug**] **one's ~** *(also fig)* jdm seine Referenz erweisen, einen Diener machen ▸ PHRASES: **to take time by the ~** *(liter)* die Gelegenheit beim Schopf packen **foreman** *n* ① *(workman)* Vorarbeiter *m* ② LAW Vorsitzender *m,* Obmann *m (der Geschworenen)* **foremast** *n* NAUT Fockmast *m fachspr*

foremost ['fɔːməʊst, AM 'fɔːrmoʊst] *inv* **I.** *adj* ① *(important)* führend; ***they were ~ among those seeking to bring about reforms*** sie waren federführend unter denjenigen, die versuchten, Reformen einzuleiten ② *(at the front)* vorderste(r,s) **II.** *adv* ① *(position)* an vorderster Stelle *dat;* **first and ~** zuallererst; **to come** [*or* **rank**] **~ among sth** an der Spitze einer S. *gen* stehen ② *(at the front)* zuerst; **feet/head ~** mit den Füßen/dem Kopf voraus [*o* voran]; **to be carried out feet ~** mit den Füßen zuerst hinausgetragen werden *fam*

forename *n (form)* Vorname *m*

forenoon ['fɔːnuːn, AM 'fɔːr] *n usu sing* AM NAUT Vormittag *m*

forensic [fər'en(t)sɪk] *adj inv* gerichtsmedizinisch, forensisch *fachspr;* ~ **evidence** Indizienbeweis *m*

forensic medicine *n no pl* Gerichtsmedizin *f*

forensics [fər'en(t)sɪks] *n + sing vb* ① *(subject)* Kriminalistik *f* ② *(department)* gerichtsmedizinische Abteilung

forensic science *n* Kriminalistik *f*

foreordain [ˌfɔːrɔː'deɪn, AM ˌfɔːrɔːr'-] *vt* ■ **to ~ sth** etw vorherbestimmen

forepaw *n* Vorderpfote *f* **foreperson** *n* Vorarbeiter(in) *m(f)* **foreplay** *n no pl* Vorspiel *nt* **forequarters** *npl* Vorderteil *nt* **forerunner** *n* ① *(version)* Vorläufer(in) *m(f)* **(of** +*gen*) ② *(sign)* Vorzeichen *nt,* Anzeichen *nt;* ■ **~ of sth** Vorzeichen einer S. *gen* ③ *(hist: messenger)* [Vor]bote, -in *m, f* **foresail** *n* NAUT Focksegel *nt fachspr*

foresaw [fɔː'sɔː, AM fɔːr'sɑ] *pt of* **foresee**

foresee <-saw, -seen> [fɔː'siː, AM fɔːr'-] *vt* ■ **to ~ sth** etw vorhersehen [*o* voraussehen]; ***I don't ~ any difficulties*** ich sehe keine Schwierigkeiten; ■ **to ~ that/how/what ...** vorhersehen, dass/wie/was ...

foreseeable [fɔː'siːəbl̩, AM fɔːr'-] *adj* absehbar; **in the ~ future** in absehbarer Zeit; **for the ~ future** in der nächsten Zeit

foreseen [fɔː'siːn, AM fɔːr'-] *pp of* **foresee**

foreshadow *vt usu passive* ■ **to be ~ed [by sth]** [durch etw *akk*] angedeutet werden **foreshore** *n* no pl ❶ (undeveloped land) Uferland nt ❷ (beach) Strand m **foreshorten** vt ■to ~ sth ❶ ART etw perspektivisch verkürzen ❷ (fig: make shorter) etw verkürzen **foreshortened** adj ❶ ART perspektivisch verkürzt ❷ (fig: reduced) verkürzt **foreshortening** n no pl perspektivische Verkürzung

foresight n ❶ no pl (prediction) Weitblick m; ■to have the ~ to do sth so vorausschauend sein, etw zu tun ❷ (on a gun) Korn nt **foreskin** n Vorhaut f

forest ['fɒrɪst, AM 'fɔːrɪst] I. n ❶ (area) Wald m; the Black F~ der Schwarzwald ❷ no pl (woods) Wald m, Holz nt fachspr; deciduous ~ Laubwald m ❸ usu sing (cluster) Wald m fig; when the teacher asked a question, a ~ of hands went up als die Lehrerin eine Frage stellte, gingen jede Menge Hände hoch; a ~ of television aerials BRIT ein Antennenwald m II. n modifier (animal, plant, region) Wald-

forestall [fɔː'stɔːl, AM fɔːr'-] vt ■to ~ sth etw dat zuvorkommen; to ~ an attempt einen Versuch abschmettern fam; to ~ criticism Kritik vorwegnehmen

forestay ['fɔːsteɪ, AM 'fɔːr-] n NAUT Fockstag nt fachspr

forester ['fɒrɪstəʳ, AM 'fɔːrɪstɚ] n Förster(in) m(f)

forest fire n Waldbrand m **forest fly** n Pferdelausfliege f **forest management** n no pl Forstwirtschaft f **forest ranger** n esp AM Förster(in) m(f)

forestry ['fɒrɪstri, AM 'fɔːr-] n no pl Forstwirtschaft f

Forestry Commission n BRIT Forstbehörde f

foretaste ['fɔːteɪst, AM 'fɔːr-] n usu sing Vorgeschmack m; we wanted to get a ~ of what it would be like to live without a car wir wollten schon mal einen Vorgeschmack davon bekommen, wie ein Leben ohne Auto aussehen würde; she read a poem as a ~ of her new collection sie las ein Gedicht vor, um auf ihren neuen Sammelband einzustimmen

foretell <-told, -told> [fɔː'tel, AM fɔːr'-] vt ■to ~ sth etw vorhersagen; ■to ~ how/what ... vorhersagen, wie/was ...

forethought ['fɔːθɔːt, AM 'fɔːrθɑːt] n no pl Weitblick m; ■to have the ~ to do sth den Weitblick haben, etw zu tun

forever [fə'revəʳ, AM fɔːr'evɚ] adv inv ❶ (for all time) ewig ❷ (fam: long time) to last [or take] ~ ewig dauern fam ❸ (fam: continually) ständig; ■to be ~ doing sth etw ständig machen ▶ PHRASES: speak now or ~ hold your peace (saying) sprich jetzt oder schweige für immer; a thing of beauty is a joy ~ BRIT (saying) etwas Schönes gewährt Freude ohne Unterlass geh

for evermore adv, **forever more** adv, AM **forevermore** adv auf immer [o alle Zeiten]

forewarn [fɔː'wɔːn, AM fɔːr'wɔːrn] vt ■to ~ sb jdn vorwarnen; there was no-one left in the village — they'd obviously been ~ed about the raid es war niemand mehr im Dorf – offensichtlich waren sie vor dem Angriff gewarnt worden; ■to ~ sb [that] ... jdn vorwarnen, dass ... ▶ PHRASES: ~ed is forearmed (prov) bist du gewarnt, bist du gewappnet

forewent [fɔː'went, AM fɔːr'-] pt of **forego**

forewing n ZOOL Vorderflügel m **forewoman** n ❶ (worker) Vorarbeiterin f ❷ esp AM LAW Vorsitzende f, Obfrau f (der Geschworenen) **foreword** n Vorwort nt

forex ['fɔːreks] n short for **foreign exchange** Devisen pl

forfaiting ['fɔːfɪtɪŋ, AM 'fɔːr-] n no pl ECON, FIN Forfaitierung f

forfeit ['fɔːfɪt, AM 'fɔːr-] I. vt ■to ~ sth etw einbüßen; I ~ed my lunchbreak in order to finish this report ich habe meine Mittagspause geopfert, um diesen Bericht zu beenden; to ~ a bail/a deposit/money eine Kaution/eine Anzahlung/Geld verlieren; to ~ a chance eine Chance verspielen; to ~ a right ein Recht verwirken geh II. n ❶ (penalty) Pfand nt; to pay a ~ ein Pfand nt hinterlegen ❷ (game) ■~s pl Pfänderspiel nt; to play ~s Pfänderspiele machen ❸ LAW (form: penalty) Strafe f III. adj pred, inv (form) verfallen; ■to be ~ [to sb] [an jdn] übergehen; the bail was ~ die Kaution verfiel; a traitor's lands were ~ to the Crown die Ländereien eines Betrügers gingen an die Krone über

forfeiture ['fɔːfɪtʃəʳ, AM 'fɔːrfɚ-] n LAW ❶ no pl (loss) of property, money Verlust m; (of claim, right) Verwirkung f ❷ (penalty) Beschlagnahme f

forgather [fɔː'gæðəʳ, AM fɔːr'gæðɚ] vi (form) zusammenkommen; the small crowd ~ed in the church die kleine Gruppe versammelte sich in der Kirche

forgave [fə'geɪv, AM fɚ'-] n pt of **forgive**

forge [fɔːdʒ, AM fɔːrdʒ] I. n ❶ (furnace) Glühofen m ❷ (smithy) Schmiede f II. vt ■to ~ sth ❶ (copy) etw fälschen ❷ (heat and shape) etw schmieden; to ~ iron/metal Eisen/Metall schmieden ❸ (fig: form with effort) etw mühsam schaffen; a new Britain ~d in the white heat of the technological revolution ein neues Großbritannien, das in der Glut der technologischen Revolution entstand; to ~ a bond/link eine Verbindung schaffen; to ~ a career eine Karriere schmieden III. vi ■to ~ somewhere irgendwohin rasen; to ~ into the lead die Führung übernehmen

◆**forge ahead** vi ❶ (progress) [rasch] Fortschritte machen; ■to ~ ahead with sth mit etw dat vorankommen ❷ (take lead) die Führung übernehmen; he ~d ahead of the Finn to cross the line first er setzte sich vor den Finnen an die Spitze und überquerte als erster die Ziellinie

forged [fɔːdʒd, AM fɔːr-] adj gefälscht

forger ['fɔːdʒəʳ, AM 'fɔːrdʒɚ] n Fälscher(in) m(f)

forgery ['fɔːdʒəri, AM 'fɔːr-] n ❶ (copy) Fälschung f ❷ no pl (crime) Fälschen nt

forget <-got, -gotten or AM also -got> [fə'get, AM fɚ'-] I. vt ❶ (not remember) ■to ~ sb/sth jdn/etw vergessen, sich akk nicht an jdn/etw erinnern ❷ (omit to keep) ■to ~ sth etw vergessen; she clean forgot our date sie hat unsere Verabredung glatt vergessen fam; my uncle forgot my birthday last year mein Onkel hat letztes Jahr meinen Geburtstag vergessen; I'd like to thank all my family, not ~ting my cousin Jerome ich möchte meiner ganzen Familie danken, nicht zu vergessen meinem Cousin Jerome; to ~ an appointment einen Termin vergessen [o fam verschwitzen]; ■to ~ to do sth vergessen, etw zu tun; ■to ~ [that]/how/what/who ... vergessen, dass/wie/was/wer ... ❸ (leave behind) ■to ~ sth etw vergessen [o liegen lassen] ❹ (stop thinking about) ■to ~ sth/sb etw/jdn vergessen, an etw/jdn nicht mehr denken; to ~ the past die Vergangenheit ruhen lassen; to ~ one's quarrels die Streitereien begraben; forgive and ~ vergeben und vergessen ❺ (fam: give up) ■to ~ sth etw aufgeben; you can ~ any ideas you may have of taking the day off Sie können es sich aus dem Kopf schlagen, dass Sie den Tag frei bekommen fam; ~ it! vergiss es! ❻ (pej: disregard) ■to ~ sth etw vergessen; have you forgotten your manners? wo sind deine Manieren?; to ~ one's dignity seine Würde fallen lassen; and don't you ~ it! lass dir das gesagt sein! ❼ (form: behave badly) ■to ~ oneself sich akk vergessen II. vi ❶ (not remember) vergessen; ■to ~ about sth/sb jdn/etw vergessen; ■to ~ about doing sth vergessen, etw zu tun ❷ (stop thinking about) ■to ~ about sth/sb etw/jdn vergessen, an etw/jdn nicht mehr denken; to ~ about a plan einen Plan fallen lassen; I suggest we ~ all about it ich schlage vor, wir vergessen das alles; ■to ~ about doing sth sich dat etw aus dem Kopf schlagen fam

forgetful [fə'getfəl, AM fɚ'-] adj ❶ (unable to remember) vergesslich ❷ pred (form: oblivious) ■to be ~ of sth etw vergessen; ~ of the time, he hadn't even begun to get ready da er vergessen hatte, wie spät es war, hatte er noch nicht einmal begonnen, sich fertig zu machen

forgetfully [fə'getfəli, AM fɚ'-] adv [ganz] in Gedanken

forgetfulness [fə'getfəlnəs, AM fɚ'-] n no pl Vergesslichkeit f

forget-me-not n BOT Vergissmeinnicht nt

forgettable [fə'getəbl, AM fɚ'geṭ-] adj unbedeutend; he scored a brilliant goal in an otherwise ~ match er schoss ein großartiges Tor in einem Spiel, das man ansonsten vergessen konnte

forging ['fɔːdʒɪŋ, AM 'fɔːr-] n Schmiedearbeit f

forgivable [fə'gɪvəbl, AM fɚ'-] adj verzeihlich

forgivably [fə'gɪvəbli, AM fɚ'-] adv verständlicherweise

forgive <-gave, -given> [fə'gɪv, AM fɚ'-] I. vt ❶ (cease to blame) ■to ~ sb jdm vergeben [o verzeihen]; ■to ~ sb [for] sth jdm etw verzeihen; they've never ~n me for leaving them in the lurch that time sie haben mir nie verziehen, dass ich sie damals im Stich gelassen habe; to ~ an insult/a sin eine Beleidigung verzeihen/eine Sünde vergeben ❷ (form: pardon) please ~ me for asking verzeihen Sie bitte, dass ich frage; you could be ~n for thinking they were lovers, they behave as though they were es ist verständlich, dass du sie für ein Liebespaar hieltest, sie benehmen sich genau so; may God ~ me möge Gott mir vergeben; ~ my ignorance/language verzeihen Sie meine Unwissenheit/Ausdrucksweise; ~ me [for] mentioning it [or my mentioning it] tut mir Leid, dass ich es erwähne; ~ me, but ... Entschuldigung, aber ... ❸ (not ask for payment) to ~ sb a debt [or payment] jdm eine Schuld erlassen ▶ PHRASES: to understand all is to ~ all alles verstehen, heißt alles verzeihen II. vi verzeihen, vergeben; to ~ and forget vergeben und vergessen

forgiven [fə'gɪvən, AM fɚ'-] pp of **forgive**

forgiveness [fə'gɪvnəs, AM fɚ'-] n no pl ❶ (pardon) Vergebung f (for für +akk); ~ of one's sins Vergebung f seiner Sünden geh; to ask/beg [for] ~ um Vergebung bitten geh ❷ (forgiving quality) Versöhnlichkeit f; to show ~ Versöhnungsbereitschaft zeigen

forgiving [fə'gɪvɪŋ, AM fɚ'-] adj nachsichtig; ~ nature/person versöhnlicher Charakter/Mensch

forgo <-went, -gone> [fɔː'gəʊ, AM fɔːr'goʊ] vt ■to ~ sth auf etw akk verzichten; to ~ the chance die Chance verpassen

forgone [fɔː'gɒn, AM fɔːr'gɑːn] pp of **forgo**

forgot [fə'gɒt, AM fɚ'gɑːt] pt of **forget**

forgotten [fə'gɒtən, AM fɚ'gɑːt-] I. pt of forget II. adj vergessen; some things are best ~ in the interests of a quiet life manche Dinge vergisst man besser im Interesse eines ruhigen Lebens

fork [fɔːk, AM fɔːrk] I. n ❶ (cutlery) Gabel f ❷ (tool) garden Gabel f; farm Heugabel f, Mistgabel f ❸ (division) Gabelung f; branch Astgabel f; take the left/right ~ nehmen Sie die linke/rechte Abzweigung; a ~ in the road/river eine Straßen-/Flussgabelung ❹ of bicycle ■~s pl [Rad]gabel f II. vt ❶ (with tool) he ~ed the fertilizer round the shrubs er verteilte den Dünger mit einer Gabel um die Büsche; the labourers were ~ing hay into the cart die Arbeiter luden mit einer Gabel Heu auf den Wagen ❷ (with cutlery) he was busy ~ing peas into his mouth er war damit beschäftigt, sich Erbsen mit der Gabel in den Mund zu schaufeln; she ~ed a slice of ham onto her plate sie holte sich mit der Gabel eine Scheibe Schinken auf den Teller; ~ the meringue into peaks häufen Sie die Baisermasse mit der Gabel auf; she ~ed a pattern on the top of the cake sie zeichnete mit der Gabel Muster auf den Kuchen III. vi ❶ (also liter: divide) sich akk gabeln ❷ (go) to ~ left/right nach links/rechts abzweigen

◆**fork out** (fam) I. vi ■to ~ out [for sth] [für etw akk] zahlen [o fam blechen] II. vt to ~ money out ↻ [for [or on] sth] [für etw akk] Geld herausrücken [o lockermachen] fam; can you persuade him to ~ out the money for my trip to Alaska? kannst du ihn überreden, das Geld für meinen Alaska-Urlaub herauszurücken? fam

◆**fork over** I. vi AM, AUS (fam) ■to ~ over [for sth] [für etw akk] zahlen [o fam blechen] II. vt ❶ (turn) ■to ~ over ↻ sth etw mit einer Gabel wenden; bed mit einer Gabel umgraben; soil mit einer Gabel lockern ❷ (fam) to ~ over money [for

F

sth] [für etw *akk*] Geld herausrücken [*o* lockermachen] *fam; see also* **fork out II**

◆**fork up I.** *vi* (*fam*) ■**to ~ up [for sth]** [für etw [*o fam* blechen]] zahlen **II.** *vt* ❶ (*put on fork*) ■**to ~ up** ↻ **sth** etw auf eine Gabel laden; ***she ~ed up the meringue into peaks*** sie häufte die Baisermasse mit der Gabel auf ❷ (*fig fam*) **to ~ up money [for sth]** [für etw *akk*] zahlen [*o fam* blechen]

forked [fɔ:kt, AM fɔ:rkt] *adj inv* gegabelt; ~ **lightning** Linienblitz *m;* ~ **tongue** gespaltene Zunge ▶ PHRASES: **to speak with a ~ tongue** mit gespaltener Zunge sprechen [*o* reden]

forkful ['fɔ:kfʊl, AM 'fɔ:r-] *n* ■**a ~** eine Gabel voll

fork-lift *n,* **fork-lift truck** *n* Gabelstapler *m*

forlorn [fə'lɔ:n, AM fɔ:r'lɔ:rn] *adj* ❶ (*alone*) einsam ❷ (*desolate*) verlassen; ~ **place** trostlose Gegend ❸ *inv* (*despairing*) verzweifelt; **a ~ hope** verlorene Liebesmühe; **in the ~ hope** in der schwachen Hoffnung

forlornly [fə'lɔ:nli, AM fɔ:r'lɔ:rn-] *adv* ❶ (*sadly*) unglücklich ❷ (*unsuccessfully*) vergeblich

form [fɔ:m, AM fɔ:rm] **I.** *n* ❶ (*type*) Form *f;* ***the medication is given in the ~ of an injection*** die Behandlung erfolgt in Form einer Spritze; ***we agreed on a ~ of words to …*** wir einigten uns auf eine Formulierung, die …; **a ~ of blackmail/disease/violence** eine Erpressungsart/Krankheitsform/Art von Gewalt; **~ of exercise** Sportart *f;* **~ of government** Regierungsform *f;* **a ~ of language** eine Sprachvariante; **~ of persuasion** Überredungskunst *f;* **in any [shape or] ~** in jeglicher Form; **~ of transport** Transportmittel *nt;* **a ~ of worship** eine Art der [Gottes]verehrung; **to take the ~ of sth** aus etw *dat* bestehen ❷ (*outward shape*) Gestalt *f; of an object* Umriss *m;* ***the lawn was laid out in the ~ of a figure eight*** der Rasen war in Form einer Acht angelegt; **to take ~** Form annehmen ❸ CHEM Form *f;* **in liquid/solid ~** in flüssiger/fester Form ❹ *no pl* ART, LIT, MUS Form *f* ❺ LING Form *f;* **the plural/singular/short ~ of a word** die Plural-/Singular-/Kurzform eines Wortes ❻ (*document*) Formular *nt;* **an application/entry ~** ein Bewerbungs-/Anmeldeformular *nt;* **to complete [*or* fill in] a ~** ein Formular ausfüllen ❼ *no pl* SPORTS (*of performance*) Form *f;* **to be in [*or* BRIT *also* on] [good/excellent/top] ~** in [guter/ausgezeichneter/Höchst-] Form sein; **on present ~** BRIT bei der derzeitigen Lage; ■**to be out of ~** nicht in Form sein ❽ *no pl* (*procedure*) Form *f;* **a matter of ~** eine Formsache; **for ~['s sake]** aus Formgründen; **to be bad ~** (*dated*) sich nicht gehören; **in due [*or* proper] ~** formgerecht; **to run true to ~** wie zu erwarten [ver]laufen; **to know the ~** BRIT den Brauch kennen; **what's the ~?** BRIT wie ist das übliche Verfahren? ❾ BRIT (*class*) Klasse *f;* (*secondary year group*) Schulstufe *f;* ***he's in the second ~ at the local comprehensive*** er geht in die Sekundarstufe I der örtlichen Gesamtschule ❿ *no pl* BRIT (*sl: criminal record*) Vorstrafenregister *nt;* **to have ~** vorbestraft sein ⓫ BRIT (*dated: schoolbench*) [Schul]bank *f* ⓬ (*mould*) Gussform *f* ⓭ BRIT (*spec: hare's lair*) Lager *nt fachspr,* Sasse *f fachspr* ▶ PHRASES: **attack is the best ~ of defence** (*saying*) Angriff ist die beste Verteidigung **II.** *vt* ❶ (*make shape*) ■**to ~ sth** etw bilden [*o* formen]; **to ~ a queue** eine Schlange bilden; ***they ~ed themselves into three lines*** sie stellten sich in drei Reihen auf; ***the clouds ~ed themselves into fantastic shapes*** die Wolken bildeten wunderbare Formen ❷ (*make*) ■**to ~ sth** etw formen; ***these islands were ~ed as a result of a series of underwater volcanic eruptions*** diese Inseln entstanden durch eine Reihe von Vulkanausbrüchen auf dem Meeresgrund ❸ (*set up*) **to ~ an alliance with sb** sich *akk* mit jdm verbünden; **to ~ a committee/government** ein Komitee/eine Regierung bilden; **to ~ a relationship** eine Verbindung eingehen; ***they ~ed themselves into a pressure group*** sie gründeten eine Pressuregroup ❹ LING **to ~ a sentence** einen Satz bilden ❺ (*form: influence*) ■**to ~ sth** etw prägen; **to ~ sb/[sb's] character** jdn/jds Charakter formen ❻ (*constitute*) ■**to ~ sth** etw bilden; **to ~ the basis of sth** die Grundlage einer S. *gen* bilden; **to ~ the core [*or* nucleus] of sth** den Kern einer S. *gen* bilden; **to ~ part of sth** Teil einer S. *gen* sein **III.** *vi* sich *akk* bilden; *idea* Gestalt annehmen

◆**form up** *vi* MIL sich *akk* formieren; ■**to ~ up in sth** sich *akk* zu etw *dat* formieren

formal ['fɔ:mᵊl, AM 'fɔ:r-] *adj* ❶ (*ceremonious*) formell; **~ dress** Gesellschaftskleidung *f* ❷ (*serious*) förmlich; **~ person** förmliche Person; (*pej*) steife Person ❸ (*official*) offiziell; **~ education** ordentliche [Schul]bildung; **~ procedures** offizielles Verfahren ❹ (*laid out*) sorgfältig angelegt; **~ flower arrangement** symmetrisch angeordnetes Blumengesteck; **~ garden** architektonischer Garten ❺ (*nominal*) formal; **~ interest** höfliches Interesse ❻ (*form: of artistic form*) formal

formaldehyde [fɔ:'mældɪhaɪd, AM fɔ:r'-] *n no pl* Formaldehyd *m*

formal documents *npl* ECON, FIN **~ documents** *förmlicher Schriftsatz, der alle Einzelheiten eines Übernahmeangebots aufführt*

formalin ['fɔ:mᵊlɪn, AM 'fɔ:rmə-] *n no pl* CHEM Formalin *nt*

formalism ['fɔ:mᵊlɪzᵊm, AM 'fɔ:r] *n* ❶ *no pl* (*exaggeration of formal aspects*) Formalismus *m,* [leeres] Formenwesen ❷ ART, LIT [ästhetischer] Formalismus

formalistic ['fɔ:mᵊlɪstɪk, AM 'fɔ:r] *adj* formalistisch

formality [fɔ:'mæləti, AM fɔ:r'mæləṭi] *n* ❶ *no pl* (*ceremoniousness*) Förmlichkeit *f* ❷ *no pl* (*for form's sake*) Formalität *f;* **to be [just/merely] a ~** [eine] [reine] Formsache sein ❸ (*necessary activities*) ■**the formalities** *pl* die Formalitäten *fpl;* ECON, FIN **customs formalities** Zollformalitäten *pl*

formalize ['fɔ:mᵊlaɪz, AM 'fɔ:rmə-] *vt* ❶ (*make official*) **to ~ an agreement/a procedure** eine Abmachung/ein Verfahren formell bekräftigen; ***they began as informal gatherings, but have become increasingly ~d in recent years*** sie fingen mit informellen Treffen an, aber in den letzten Jahren haben sie sich zunehmend regelmäßig getroffen ❷ (*give shape to*) **to ~ one's thoughts** seine Gedanken ordnen

formally ['fɔ:mᵊli, AM 'fɔ:r-] *adv* ❶ (*ceremoniously*) formell ❷ (*officially*) offiziell ❸ (*for form's sake*) formal

format ['fɔ:mæt, AM 'fɔ:r-] **I.** *n* ❶ (*of production*) Format *nt;* **two-colour ~** Zweifarbendruck *m* ❷ (*of organization*) Ablauf *m* ❸ COMPUT Format *nt* **II.** *vt* <-tt-> COMPUT **to ~ a disk/a text** eine Diskette/einen Text formatieren

formation [fɔ:'meɪʃᵊn, AM fɔ:r'-] *n* ❶ *no pl* (*creation*) Bildung *f;* **process of ~** Entstehungsprozess *m* ❷ (*shape*) Formation *f;* **a cloud/rock ~** eine Wolkenbildung/Gesteinsformation ❸ *usu sing* MIL Formation *f;* **in battle ~** in Gefechtsformation; **in [close] ~** in [enger [*o* geschlossener]] Formation

formation dancing *n no pl* Formationstanz *m*

formation flying *n no pl* Formationsflug *m*

formative ['fɔ:mətɪv, AM 'fɔ:rməṭɪv] *adj* prägend; **the ~ years** die prägenden [*o* entscheidenden] Jahre

formatter ['fɔ:mætəʳ, AM 'fɔ:rmæṭɚ] *n* COMPUT Formatierungsprogramm *nt*

forme [fɔ:m, AM fɔ:r] *n* TYPO [Druck]form *f*

former ['fɔ:məʳ, AM 'fɔ:rmɚ] **I.** *adj attr, inv* ❶ (*previous*) ehemalige(r,s), frühere(r,s); **to restore sth to its ~ glory** etw wieder in seinem alten Glanz erstrahlen lassen; **in a ~ life** in einem früheren Leben ❷ (*first of two*) erstere(r,s) **II.** *n* ■**the ~** der/die/das Erstere

-former ['fɔ:məʳ] *in compounds* BRIT SCH -klässler(in) *m(f);* **third/fourth ~** Dritt-/Viertklässler(in) *m(f)*

formerly ['fɔ:məʳli, AM 'fɔ:rmɚ-] *adv inv* früher

form feed *n* COMPUT Papiereinzug *m*

Formica® [fɔ:'maɪkə, AM fɔ:r'-] *n no pl* Resopal® *nt*

formic acid [ˌfɔ:mɪk'-, AM ˌfɔ:r'-] *n no pl* Ameisensäure *f,* Methansäure *f fachspr*

formidable ['fɔ:mɪdəbḷ, AM 'fɔ:rmə-] *adj* ❶ (*difficult*) schwierig; (*enormous*) riesig; (*tremendous*) kolossal *fam;* **~ adversary** schwieriger Gegner/schwierige Gegnerin; **~ obstacle** ernstliches Hindernis; **~ opposition** erbitterter Widerstand; **~ person** furchterregende Person; **~ task** schwierige Aufgabe ❷ (*powerful*) eindrucksvoll

formidably ['fɔ:mɪdəbli, AM 'fɔ:rmə-] *adv* ungeheuer; ***how will he succeed with these forces so ~ ranged against him?*** wie kann er Erfolg haben, wenn sich alles gegen ihn verschworen hat?

forming ['fɔ:mɪŋ, AM 'fɔ:r-] *n no pl* ECON, FIN Gründung *f*

formless ['fɔ:mləs, AM 'fɔ:r-] *adj* formlos

formlessness ['fɔ:mləsnəs, AM 'fɔ:r-] *n no pl* Formlosigkeit *f,* Gestaltlosigkeit *f*

form letter *n* Briefvorlage *f,* Standardbrief *m* **form room** *n* BRIT Klassenzimmer *nt* **form teacher** *n* BRIT Klassenlehrer(in) *m(f),* Klassenvorstand *m* ÖSTERR

formula <*pl* -s *or* -e> ['fɔ:mjələ, AM 'fɔ:rmjʊ-, *pl* -li:] *n* ❶ (*rule*) Formel *f* (**for** für +*akk*); **a chemical/mathematical ~** eine chemische/mathematische Formel ❷ ECON (*recipe for product*) Formel *f* ❸ (*plan*) Rezept *nt fig;* **~ for success** Erfolgsrezept *nt* ❹ (*for book*) Schema *nt* ❺ (*of words*) Formel *f;* (*formulation*) Formulierung *f* ❻ *no pl* (*baby food*) Babymilchpulver *nt*

formulaic [ˌfɔ:mjə'leɪɪk, AM ˌfɔ:rmjʊ-] *adj* (*pej*) formelhaft

formula investing *n no pl* ECON, FIN Anlage *f* nach festen Kriterien

Formula One *n* Formel 1 *f*

formulate ['fɔ:mjəleɪt, AM 'fɔ:rmjʊ-] *vt* ■**to ~ sth** ❶ (*draw up*) etw ausarbeiten; **to ~ a law** ein Gesetz formulieren; **to ~ a theory** eine Theorie entwickeln ❷ (*articulate*) etw formulieren [*o* in Worte fassen]

formulation [ˌfɔ:mjə'leɪʃᵊn, AM ˌfɔ:rmjʊ'-] *n* ❶ *no pl* (*drawing up*) *of plan, strategy, theory* Entwicklung *f; of law* Fassung *f* ❷ (*articulation*) Formulierung *f* ❸ (*mixture*) Rezeptur *f*

formwork ['fɔ:mwɜ:k, AM 'fɔ:rmwɜ:rk] *n no pl* ARCHIT Verschalung *f*

fornicate ['fɔ:nɪkeɪt, AM 'fɔ:r-] *vi* (*old or hum*) ■**to ~ [with sb]** [mit jdm] Unzucht treiben *veraltend*

fornication [ˌfɔ:nɪ'keɪʃᵊn, AM ˌfɔ:r-] *n no pl* (*old or hum*) Unzucht *f veraltend*

fornicator ['fɔ:nɪkeɪtəʳ, AM 'fɔ:rnɪkeɪṭɚ] *n* (*old*) Hurenbock *m pej fam*

for-profit [fə'prɒfɪt, AM fɚ'prɑ:-] *adj attr* Gewinnerwirtschaftungs-

forsake <forsook, -n> [fə'seɪk, AM fɔ:r'-] *vt* (*liter*) ❶ (*old: abandon*) ■**to ~ sb** jdn verlassen; ***his nerve forsook him*** er verlor die Nerven ❷ (*give up*) ■**to ~ sth** etw aufgeben ❸ (*old liter: leave*) ■**to ~ sth** etw verlassen; **like rats forsaking a sinking ship** wie Ratten das sinkende Schiff verlassen *prov*

forsaken [fə'seɪkᵊn, AM fɔ:r'-] **I.** *pp of* **forsake** **II.** *adj* (*neglected*) verwahrlost

forseeability [fɔ:ˌsi:ə'bɪləti, AM fɔ:rˌsi:əbɪləṭi] *n* LAW **~ test** Prüfung *f,* ob Fahrlässigkeit vorliegt

forsook [fə'sʊk, AM fɔ:r'-] *pt of* **forsake**

forswear <-swore, -sworn> [fɔ:'sweəʳ, AM fɔ:r'swer] *vt* (*old: give up*) ■**to ~ sth** etw *dat* abschwören *geh;* ***during the boycott many citizens forswore the buying of goods from this country*** während des Boykotts lehnten es viele Bürger und Bürgerinnen strikt ab, Waren aus diesem Land zu kaufen

forswore [fɔ:'swɔ:ʳ, AM fɔ:r'swɔ:r] *pt of* **forswear**

forsworn [fɔ:'swɔ:n, AM fɔ:r'swɔ:rn] *pp of* **forswear**

forsythia [fɔ:'saɪθiə, AM fɔ:r'sɪθ-] *n* BOT Forsythie *f*

fort [fɔ:t, AM fɔ:rt] *n* Fort *nt,* Festung *f* ▶ PHRASES: **to hold the ~** die Stellung halten

forte ['fɔ:teɪ, AM 'fɔ:r-] **I.** *n usu sing* Stärke *f;* ■**to not be sb's ~** nicht jds Stärke sein **II.** *adv* MUS forte

forth [fɔ:θ, AM fɔ:rθ] *adv inv* ❶ (*form*) **to put ~ roots/shoots** Wurzeln treiben/Triebe hervorbringen; **back and ~** vor und zurück; **to go/set ~** hinausgehen/ausziehen; **to pace back and ~** auf und ab gehen ❷ (*form: forward*) nach vorne ❸ (*form: in time*) weiter; **from that day ~** von jenem Tag an ❹ **[and so on] and so ~** und so weiter [und so fort]

forthcoming [ˌfɔːθ'kʌmɪŋ, AM ˌfɔːr-] *adj* ❶ *attr, inv* (*planned*) bevorstehend ❷ (*coming out soon*) in Kürze erscheinend; ~ **film** in Kürze anlaufender Film ❸ *pred, inv* (*available*) verfügbar; ■**to be ~ [from sb]** [von jdm] zur Verfügung gestellt werden; ***no explanation for his absence was*** ~ für seine Abwesenheit gab es keine Erklärung; ***the promised answer to this question has not yet been*** ~ die versprochene Antwort auf diese Frage ist noch nicht erfolgt ❹ *pred* ■**to be ~** (*informative*) mitteilsam sein; (*helpful*) hilfsbereit sein; (*courteous*) zuvorkommend sein; ■**to be ~ about sth** über etw *akk* offen sprechen

forthright ['fɔːθraɪt, AM 'fɔːr-] *adj* direkt; ■**to be ~ about sth** unumwunden über etw *akk* sprechen

forthrightly ['fɔːθraɪtli, AM 'fɔːr-] *adv* offen, freimütig

forthrightness ['fɔːθraɪtnəs, AM 'fɔːr-] *n no pl* Freimütigkeit *f;* ***she's never forgiven Martin for his ~ about the quality of her work*** sie hat Martin nie seine offen geäußerte Meinung über die Qualität ihrer Arbeit verziehen

forthwith [ˌfɔːθ'wɪθ, AM ˌfɔːr-] *adv inv* (*form*) unverzüglich

forties ['fɔːtiz, AM 'fɔːrt̬iz] *npl* ❶ (*numbers*) ■**the ~** die Vierziger; ***the temperature seldom rises above the*** ~ die Temperatur steigt selten über vierzig Grad [an]; ■**in the ~** in den Vierzigern ❷ (*age*) ■**one's ~** die Vierziger; ***she must be in her*** ~ sie muss in den Vierzigern sein; **[in] one's early/late ~** Anfang/Ende vierzig ❸ (*of century*) ■**the ~** die vierziger Jahre; **~' fashions/music** die Mode/Musik der vierziger Jahre ❹ GEOG ■**the F~** *Gebiet der Nordsee zwischen Schottland und Norwegen;* **the Roaring F~** *stürmisches Meergebiet zwischen dem 40. und 50. südlichen Breitengrad*

fortieth ['fɔːtiəθ, AM 'fɔːrt̬i-] **I.** *adj inv* vierzigste(r,s); *see also* **eighth I II.** *n* ❶ (*order*) ■**the ~** der/die/das Vierzigste; *see also* **eighth II 1** ❷ (*fraction*) Vierzigstel *nt* **III.** *adv inv* vierzigstens

fortification [ˌfɔːtɪfɪ'keɪʃᵊn, AM ˌfɔːrt̬ə-] *n* ❶ *no pl* (*reinforcing*) Befestigung *f* ❷ (*reinforcement*) ■**~s** *pl* Befestigungsanlagen *fpl*

fortified ['fɔːtɪfaɪd, AM 'fɔːrt̬ə-] *adj place* befestigt; *person* bestärkt; *food* angereichert

fortified wine *n* Südwein *m*

fortify <-ie-> ['fɔːtɪfaɪ, AM 'fɔːrt̬ə-] *vt* ❶ MIL ■**to ~ sth [with sth]** etw [mit etw *dat*] befestigen ❷ (*strengthen*) ■**to ~ oneself [with sth]** sich *akk* [mit etw *dat*] stärken; **to ~ [sb's] confidence/resolve** (*form*) jds Selbstvertrauen/Entschlusskraft stärken ❸ *usu passive* (*enrich*) ■**to be fortified [with sth]** [mit etw *dat*] angereichert sein; ***the fruit drink is fortified with vitamin C*** der Fruchtsaft ist mit Vitamin C angereichert

fortissimo [fɔː'tɪsɪməʊ, AM fɔːr'tɪsəmoʊ] *adv* MUS fortissimo

fortitude ['fɔːtɪtjuːd, AM 'fɔːrt̬ətuːd, -tjuːd] *n no pl* (*form*) [innere] Stärke

Fort Knox [ˌfɔːt'nɒks, AM ˌfɔːrt'nɑːks] *n no pl* Fort Knox *nt;* ***their house is like*** ~ (*hum*) ihr Haus wird bewacht wie Fort Knox

fortnight ['fɔːtnaɪt, AM 'fɔːrt-] *n usu sing esp* BRIT, AUS zwei Wochen, vierzehn Tage; **a ~'s holiday/stay** ein zweiwöchiger [*o* vierzehntägiger] Urlaub/Aufenthalt; **a ~ on Monday** [*or* BRIT *fam* **on Monday ~**] Montag in zwei Wochen [*o* vierzehn Tagen]; **in a ~['s time]** in zwei Wochen [*o* vierzehn Tagen]; **once a ~** [einmal] alle zwei Wochen [*o* vierzehn Tage]

fortnightly ['fɔːtnaɪtli, AM 'fɔːrt-] *inv* **I.** *adj* vierzehntägig **II.** *adv* alle zwei Wochen [*o* vierzehn Tage]

fortress <*pl* -es> ['fɔːtrəs, AM 'fɔːr-] *n* Festung *f*

fortuitous [fɔː'tjuːɪtəs, AM fɔːr'tuːət̬əs] *adj* (*form*) zufällig

fortuitously [fɔː'tjuːɪtəsli, AM fɔːr'tuːət̬-] *adv* (*form*) zufällig

fortuitousness [fɔː'tjuːɪtəsnəs, AM fɔːr'tuːət̬-] *n no pl* (*form*) Zufälligkeit *f*

fortunate ['fɔːtʃᵊnət, AM 'fɔːr-] *adj* ❶ (*lucky*) glücklich; ***I feel I'm a very ~ person having so many choices*** ich schätze mich sehr glücklich, so viele Wahlmöglichkeiten zu haben; ■**to be ~** Glück haben; ***you're very ~ to have found such a pleasant house*** Sie können von Glück sagen, dass Sie so ein schönes Haus gefunden haben; ***we were particularly ~ in the weather*** wir hatten besonderes Glück mit dem Wetter; ■**it is ~ [for sb] that …** es ist [jds] Glück, dass …; **to count oneself ~** sich *akk* glücklich schätzen ❷ (*well-off*) vom Glück begünstigt

fortunately ['fɔːtʃᵊnətli, AM 'fɔːr-] *adv inv* zum Glück; ~ ***for him, the referee was looking the other way*** zu seinem Glück sah der Schiedsrichter gerade in die andere Richtung

fortune ['fɔːtʃuːn, AM 'fɔːrtʃən] *n* ❶ (*money*) Vermögen *nt;* **fame and ~** Ruhm und Reichtum; **a small ~** (*fam*) ein kleines Vermögen; **to be worth a ~** (*fam*) ein Vermögen wert sein; **to cost a ~** (*fam*) ein Vermögen kosten; **to make a/one's ~** zu Reichtum kommen, ein Vermögen machen ❷ *no pl* (*form: luck*) Schicksal *nt;* **a stroke of good ~** ein Glücksfall *m;* **good/ill ~** Glück/Pech *nt;* **to have the good ~ to do sth** das Glück haben, etw zu tun; **to read/tell sb's ~** jds Schicksal vorhersagen; **to seek one's ~** sein Glück suchen ❸ *no pl* (*liter: luck personified*) Glück *nt,* Fortuna *f geh;* ~ ***always seem to be smiling on him*** Fortuna scheint ihm immer gewogen zu sein *geh* ❹ (*sb's fate*) ■**~s** *pl* Geschick *nt;* **the ~s of war** die Wechselfälle [*o* das Auf und Ab] des Krieges ▶ PHRASES: **the slings and arrows of [outrageous] ~** BRIT die Stricke und Fallen des [entfesselten] Schicksals; **~ favours the brave** (*prov*) das Glück ist mit den Tüchtigen

fortune cookie *n* Glückskeks *m* ÖSTERR *a. nt*

Fortune 500 ['fɔːtʃuːn-, AM 'fɔːrtʃən-] *n* ECON, FIN *Liste der 500 größten amerikanischen Unternehmen, ernannt von 'Fortune' Magazine* **fortune hunter** *n* (*pej*) Mitgiftjäger *m pej veraltend* **fortune teller** *n* Wahrsager(in) *m(f)*

forty ['fɔːti, AM 'fɔːrt̬i] **I.** *adj* ❶ (*number*) vierzig; *see also* **eight I 1** ❷ (*age*) vierzig; ***he must be pushing*** ~ (*fam*) er geht stark auf die Vierzig zu; **to be fair, fat and ~** BRIT den Zenith überschritten haben *geh; see also* **eight I 2** ▶ PHRASES: **to have** [*or* AM **take**] **~ winks** (*fam*) ein Nickerchen machen *fam* **II.** *n* ❶ (*number*) Vierzig *f* ❷ (*age*) **to be in one's forties** in den Vierzigern sein; **to be in one's early/mid/late forties** Anfang/Mitte/Ende vierzig sein ❸ (*decade*) ■**the forties** *pl* die vierziger [*o* 40er] Jahre, die Vierziger ❹ (*temperature*) **to be in the forties** um die 40 Grad Fahrenheit kalt sein ❺ (*fam: speed*) vierzig; **to be doing** [*or* **driving**] **~** vierzig fahren

fortyish ['fɔːtiɪʃ, AM 'fɔːrt̬-] *adj pred* ■**to be ~** um die Vierzig sein

forty-niner *n* Goldgräber *m* (*während des Goldrausch 1849 in Kalifornien*)

forty-track disk *n* COMPUT Diskette *f* mit 40 Spuren

forum ['fɔːrəm] *n* ❶ <*pl* -s> (*for discussion*) Forum *nt;* **a ~ for debate** ein Diskussionsforum *nt* ❷ <*pl* fora> HIST (*in ancient Rome*) Forum *nt,* [Markt]platz *m* ❸ LAW Gerichtsstand *m*

forward ['fɔːwəd, AM 'fɔːrwɚd] **I.** *adv* ❶ (*towards front*) nach vorn[e]; ***the traffic moved ~ slowly*** der Verkehr bewegte sich langsam vorwärts; ***there was a general movement*** ~ es gab eine allgemeine Vorwärtsbewegung; **to lean ~** sich *akk* vorlehnen; **to be backwards in coming ~** (*fig*) sich *akk* nur zögerlich melden ❷ (*fig: progress*) weiter; **a leap/step ~** ein Sprung/Schritt nach vorn[e]; **to be [no] further ~** [nicht] weiter sein ❸ (*close to front*) vorn[e]; ■**to be ~ of sth** vor etw *dat* liegen [*o* gelegen sein]; ***all the main cargo holds are ~ of the bridge*** alle Hauptfrachträume liegen vor der Brücke ❹ (*earlier in time*) ***we brought the starting time ~ an hour*** wir verlegten die Startzeit eine Stunde vor; **to put the clock/one's watch ~** die Uhr/seine Armbanduhr vorstellen ❺ (*form: onwards in time*) **from that day/time ~** von jenem Tag/jener Zeit an **II.** *adj* ❶ *attr, inv* (*towards front*) Vorwärts-; **~ movement** Vorwärtsbewegung *f;* **~ gear** AUTO Vorwärtsgang *m;* **a ~ pass** SPORTS Vorpass *m* ❷ (*near front*) vordere(r,s) ❸ MIL (*close to enemy*) vordere(r,s) ❹ *attr, inv* (*of future*) voraus-; **~ look** Vorschau *f;* **~ planning** Vorausplanung *f* ❺ (*for future delivery*) Termin-; **~ buying** Terminkauf *m* ❻ (*also pej: bold*) vorlaut ❼ (*fig: judicious*) **~ step** Schritt *m* nach vorn ❽ HORT (*early*) frühe(r,s); (*nearing maturity*) frühreif **III.** *n* SPORTS Stürmer(in) *m(f);* **centre ~** Mittelstürmer(in) *m(f)* **IV.** *vt* ❶ (*pass on*) ■**to ~ sth [to sb]** etw [an jdn] weiterleiten; **"please ~"** „bitte nachsenden" ❷ (*form: send*) ■**to ~ sb sth** [*or* **sth to sb**] jdm etw senden ❸ (*form: help to progress*) ■**to ~ sth** etw vorantreiben; **to ~ sb's interests** jds Interessen vertreten

forwardation [ˌfɔːwə'deɪʃᵊn, AM ˌfɔːrwɚ'-] *n* ECON, FIN *Situation, in der der Kassapreis niedriger als der Preis für die Terminware ist*

forward buyer *n* STOCKEX Terminkäufer(in) *m(f)* **forward buying** *n no pl* STOCKEX Terminkauf *m* **forward coffee exchange** *n no pl* STOCKEX Kaffeeterminbörse *f* **forward commodity** *n* STOCKEX Terminware *f* **forward cotton exchange** *n no pl* STOCKEX Baumwollbörse *f* **forward cover** *n* STOCKEX Terminsicherung *f* **forward deal** *n,* **forward dealings** *n* STOCKEX Termingeschäft *nt* **forward delivery** *n* STOCKEX Terminlieferung *f* **forward exchange** *n* STOCKEX Devisenterminmarkt *m,* Devisenterminbörse *f;* **~ dealing** Devisenhandel *m*

forwarding address *n* Nachsendeadresse *f* **forwarding agent** *n* BRIT Spediteur(in) *m(f)*

forward-looking *adj* vorausschauend, zukunftsorientiert **forward margin** *n* FIN Spanne *f* zwischen Kassapreis und Terminpreis **forward market** *n* STOCKEX Terminmarkt *m*

forwardness ['fɔːwədnəs, AM 'fɔːrwɚd-] *n no pl* (*pej*) Dreistigkeit *f*

forward option *n* STOCKEX Terminoption *f* **forward purchase** *n* STOCKEX Terminkauf *m* **forward quotation** *n* STOCKEX Terminnotierung *f* **forward rate** *n* STOCKEX Terminkurs *m*

forwards ['fɔːwədz, AM 'fɔːrwɚ-] *adv see* **forward**

forward sale *n* STOCKEX Terminverkauf *m* **forward securities** *npl* STOCKEX Terminpapiere *ntpl* **forward trading** *n no pl* STOCKEX Börsenterminhandel *m*

forwent [fɔː'went, AM fɔːr'-] *pt of* **forgo**

Fosbury flop ['fɒzbᵊri,-, AM 'fɑːzbᵊri,-] *n* (*high-jump style*) Fosburyflop *m*

fossick ['fɒsɪk] *vi* AUS, NZ (*fam*) ■**to ~ about in** [*or* **through**] **sth** in etw *dat* herumsuchen *fam*

fossil ['fɒsᵊl, AM 'fɑː-] **I.** *n* ❶ GEOL Fossil *nt* ❷ (*pej fam: person*) Fossil *nt;* **an old ~** ein altes Fossil **II.** *adj attr, inv* versteinert

fossil fuel *n* fossiler Brennstoff

fossilization [ˌfɒsᵊlaɪ'zeɪʃᵊn, AM ˌfɑːsᵊlɪ'-] *n no pl* Versteinerung *f,* Fossilisation *f geh*

fossilize ['fɒsᵊlaɪz, AM 'fɑːsə-] **I.** *vi* versteinern, fossilisieren *geh* **II.** *vt usu passive* ■**to be ~d** versteinert sein/werden

fossilized ['fɒsᵊlaɪzd, AM 'fɑːsə-] *adj* ❶ *inv* (*turned into rock*) versteinert, fossilisiert *geh* ❷ (*pej fam: outdated*) verknöchert

foster ['fɒstəʳ, AM 'fɑːstɚ] **I.** *vt* ❶ (*as family*) ■**to ~ sb** jdn aufziehen ❷ (*encourage development*) ■**to ~ sth [in sb]** etw [bei jdm] fördern; ***what is the best way to ~ democracy in former communist countries?*** wie kann man am besten die Demokratie in den ehemaligen kommunistischen Staaten begünstigen? **II.** *vi* ein Kind in Pflege nehmen **III.** *n modifier* (*brother, child, family, home, mother, parents*) Pflege-

fought [fɔːt, AM *esp* fɑːt] *pt, pp of* **fight**

foul [faʊl] **I.** *adj* ❶ (*dirty*) verpestet; **~ air** stinkende Luft; **~ smell/stench** fauler Geruch/Gestank; **~ taste** schlechter Geschmack; **~ water** schmutziges Wasser ❷ (*unpleasant*) grauenhaft, schrecklich; **~ mood** [*or* **temper**] fürchterliche Stimmung [*o* Lau-

F

ne]; ■**to be ~ to sb** abscheulich zu jdm sein ③ (*morally objectionable*) schmutzig, unanständig; **by fair means or ~** auf faire oder unfaire Weise ④ (*of words*) **~ word** Schimpfwort *nt*; ***she called him a lot of ~ names*** sie beschimpfte ihn heftig; **to have a ~ mouth** ein loses Maul haben *fam* ⑤ (*old: wicked*) schändlich ⑥ **to fall ~ of sb** mit jdm in Konflikt geraten **II.** *n* SPORTS Foul *nt* (**on** an +*dat*) **III.** *vt* ① (*pollute*) ■**to ~ sth** etw verschmutzen ② *esp* BRIT (*defecate on*) ■**to ~ sth** etw beschmutzen [*o geh* verunreinigen] ③ SPORTS ■**to ~ sb** jdn foulen ④ NAUT (*collide with*) ■**to ~ sth** etw rammen ▶ PHRASES: **to ~ one's own nest** das eigene Nest beschmutzen

◆**foul up I.** *vt* ■**to ~ up ⊂ sth** ① *esp* BRIT (*block*) etw blockieren [*o* verklemmen]; (*entangle*) sich *akk* in etw *akk* verwickeln; ***something's got stuck inside and is ~ing up the mechanism*** irgendwas ist innen drin stecken geblieben und blockiert jetzt den Mechanismus; ***the seaweed ~ed up the propeller*** der Seetang verhedderte sich in der Schraube ② (*fam: spoil*) etw verpatzen [*o fam* vermasseln] **II.** *vi* ① (*stop working*) sich *akk* aufhängen *fam* ② (*fam: spoil things*) Mist bauen *pej fam*

foulard ['fu:lɑ:(d), AM fu:'lɑ:rd] *n* Halstuch *nt* aus Foulard [*o* Kunstseide], Foulard *nt* SCHWEIZ

foul ball *n* (*in baseball*) Aus-Schlag *m* **foul line** *n* (*in baseball*) *Linie vom Ziel über das 1. und 3. Mal bis zur Spielfeldgrenze*

foully ['faʊlli] *adv* ① (*badly*) übel, schlimm ② (*indecently*) anstößig, gemein, unfair ③ (*feloniously*) verbrecherisch, ruchlos *geh*

foul-mouthed *adj* unflätig

foulness ['faʊlnəs] *n no pl* ① (*dirtiness*) Schmutzigkeit *f*; **~ of a smell** schlechter Geruch; (*stronger*) Gestank *m* ② (*unpleasantness*) Schlechtigkeit *f* ③ (*coarseness*) Verdorbenheit *f*

foul play *n no pl* ① (*criminal activity*) Verbrechen *nt*; **~ is not suspected** ein Verbrechen wird ausgeschlossen ② SPORTS Foulspiel *nt*, unfaires Spiel **foul-up** *n* Fehler *m*

found[1] [faʊnd] *pt, pp of* **find**

found[2] [faʊnd] *vt* ① (*establish*) ■**to ~ sth** etw gründen ② (*base*) ■**to ~ sth on sth** etw auf etw *dat* gründen; ***her lawyer accused the prosecution of ~ing its case on insufficient evidence*** ihre Anwältin beschuldigte die Anklage, den Fall auf ungenügenden Beweisen aufzubauen ③ *usu passive* (*build*) ■**to be ~ed on sth** auf etw *dat* errichtet sein

found[3] [faʊnd] *vt* ■**to ~ sth** etw gießen; (*melt*) etw [ein]schmelzen

foundation [ˌfaʊn'deɪʃᵊn] *n* ① *usu pl* (*of building*) Fundament *nt*; **to lay the ~[s] [of [*or* for] sth]** das Fundament [zu etw *dat*] legen; **to shake sth to its ~s** etw in seinem Fundament erschüttern ② *usu pl* (*fig: basis*) Basis *f*; **to lay the ~[s] [of [*or* for] sth]** den Grundstein [zu etw *dat*] legen; **to shake sth to its ~s** etw in seinen Grundfesten erschüttern ③ *no pl* (*evidence*) Grundlage *f*; **to have no [*or* be without] ~** der [*o* jeglicher] Grundlage entbehren *geh* ④ *no pl* (*establishing*) Gründung *f* ⑤ (*organization*) Stiftung *f* ⑥ *no pl* (*of make-up*) Grundierung *f*

foundation course *n* BRIT SCH Grundkurs *m*; UNIV Einführungskurs *m* **foundation cream** *n no pl* Grundierung *f* **foundation garment** *n* Mieder *nt* **foundation stone** *n* Grundstein *m*; **to lay the ~** den Grundstein legen **foundation subject** *n* BRIT Pflichtfach *nt*, Pflichtgegenstand *m* ÖSTERR

founder ['faʊndəʳ, AM -ɚ] **I.** *n* ① (*person who founds sth*) Gründer(in) *m(f)*; ECON, FIN **~'s shares** Gründeraktien *pl* ② (*maker of metal objects*) Gießer(in) *m(f)*; **iron ~** Eisengießer(in) *m(f)* **II.** *vi* ① (*sink*) sinken ② (*fig: fail*) scheitern; ***they acted too late to prevent the project from ~ing*** man handelte zu spät, um das Projekt noch vor dem Scheitern zu bewahren

founder member *n* Gründungsmitglied *nt*

founding ['faʊndɪŋ] *n no pl* Gründung *f*

founding father *n* Begründer *m* **Founding Fathers** *npl* ■**the ~** AM die Gründerväter **founding member** *n* Gründungsmitglied *nt* **founding mother** *n* Begründerin *f*

foundling ['faʊndlɪŋ] *n* (*dated*) Findelkind *nt*, Findling *m*

foundry ['faʊndri] *n* Gießerei *f*

fount [faʊnt] *n* ① (*source*) Quelle *f*; **to be the ~ of all knowledge/wisdom** (*hum*) die Quelle allen Wissens/aller Weisheit sein ② (*old liter*) Brunnen *m*, Born *m poet*

fountain ['faʊntɪn, AM -tᵊn] **I.** *n* ① (*ornamental jet*) Brunnen *m*; **drinking ~** Trinkbrunnen *m*; **the Trevi F~** der Trevibrunnen ② (*fig: spray*) Schwall *m*; **~ of water** Wasserstrahl *m* ③ (*liter: source*) Quelle *f* **II.** *vi* spritzen

fountainhead ['faʊntɪnhed, AM tᵊn] *n* (*also fig*) Quelle *f*, Ursprung *m* **fountain pen** *n* Füllfederhalter *m*, Füllfeder *f bes* ÖSTERR, SÜDD, SCHWEIZ

four [fɔ:ʳ, AM fɔ:r] **I.** *adj* ① (*number*) vier; ***they're sold in packets of ~*** das wird in einer Viererpackung verkauft; ***after ringing the bell ~ times we ...*** nachdem wir viermal geklingelt hatten, ...; **a family of ~** eine vierköpfige Familie; **~ and a quarter/half** viereinviertel/viereinhalb; **~ times the amount of ...** viermal so viel ...; **one in ~ [people]** jeder Vierte; *see also* **eight 1** ② (*age*) vier; ***a boy of ~*** ein vierjähriger Junge; *see also* **eight 2** ③ (*time*) **to be ~ [o'clock]** vier [Uhr] sein; **half past ~ [*or* BRIT *fam* half ~]** halb fünf; **at ~ thirty** um halb fünf, um vier Uhr dreißig; **at ~ forty-five** um Viertel vor fünf [*o* drei viertel fünf]; *see also* **eight 3 II.** *n* ① (*number, symbol*) Vier *f* ② (*in rowing*) Vierer *m*; (*four runs: cricket*) vier Punkte; **to hit a ~** vier Punkte erzielen ③ BRIT (*clothing size*) [Kleidergröße] 30; AM (*clothing size*) [Leidergröße] 34; BRIT (*shoe size*) [Schuhgröße] 37; AM (*shoe size*) [Schuhgröße] 35 ④ CARDS Vier *f*; **~ of clubs/hearts** Kreuz-/Herz-Vier *f* ⑤ (*public transport*) **the ~** die Vier ⑥ (*group of four*) Vierergruppe *f*; ***get into ~s, please children!*** stellt euch bitte in Viererpaaren auf, Kinder! ⑦ (*on hands and knees*) **to be on all ~s** auf allen Vieren sein; ***he was on all ~s and the children were riding on his back*** er war auf allen Vieren und die Kinder ritten auf seinem Rücken; ***we got down on all ~s to crawl through the gap in the hedge*** wir sind auf allen Vieren durch das Loch in der Hecke gekrochen

four-by-four *n* AM AUTO allrad-/vierradangetriebenes Auto **four-dimensional** *adj inv* vierdimensional **four-door** *adj* viertürig **four-eyes** *n* + *sing vb* (*hum, pej! sl*) Brillenschlange *f hum, pej fam* **fourfold I.** *adj* vierfach **II.** *adv* vierfach; **to increase ~** um das Vierfache steigen **four-footed** *adj inv* vierfüßig **four-handed** *adj inv* ① (*for four people*) für vier Personen *nach n*; ***bridge is a ~ game*** Bridge ist ein Spiel für vier Personen ② (*for two pianists*) vierhändig **four-leaf clover** *n*, **four-leaved clover** *n* vierblättriges Kleeblatt **four-legged** *adj inv* vierbeinig; **a ~ friend** (*euph*) ein vierbeiniger Freund **four-letter word** *n* ① (*swearword*) Schimpfwort *nt*; (*dirty word*) unanständiges Wort ② (*hum: taboo word*) Tabuwort *nt*

404 [ˌfɔ:rəʊ'fɔ:ʳ, AM -oʊ'fɔ:r] *adj pred* (*fam*) ratlos; ■**to be ~** keine Ahnung haben

four-pack *n* Viererpack *m* **four-ply I.** *n* vierfädige [Strick]wolle **II.** *adj of paper* vierlagig; *of wool* vierfädig **four-poster** *n*, **four-poster bed** *n* Himmelbett *nt* **fourscore** *adj* (*liter or old*) achtzig **four-seater** *n* Viersitzer *m* **foursome** *n* ① (*of people*) Vierergruppe *f*, Quartett *nt oft iron*; **to make up a ~** eine Vierergruppe bilden ② (*of golf players*) Vierer *m* **four-speed** *adj inv* mit Viergangschaltung *nach n*; **~ gearbox** Vierganggetriebe *nt* **four-square** *adj* ① (*solid*) *building* klotzig *pej*; *person, physique* robust ② (*resolute*) standhaft, unerschütterlich; **to be/stand ~ behind sb/sth** fest hinter jdm/etw stehen **four-star** *adj inv* Viersterne- **four-star petrol** *n no pl* BRIT Super[benzin] *nt* **four-stroke** *adj* Viertakt-; **~ engine** Viertaktmotor *m*

fourteen [ˌfɔ:'ti:n, AM ˌfɔ:r'-] **I.** *adj* ① (*number, age*) vierzehn; ***there are ~ of us*** wir sind vierzehn [*o* zu vierzehnt]; *see also* **eight I 1, 2** ② (*time*) **~ hundred hours** *spoken* vierzehn Uhr; **1400 hours** *written* 14:00; **at ~ thirty** um vierzehn Uhr dreißig [*o* 18:30] [*o* halb fünf]; *see also* **eight I 3 II.** *n* Vierzehn *f*

fourteenth [ˌfɔ:'ti:nθ, AM ˌfɔ:r'-] **I.** *adj* vierzehnte(r,s) **II.** *n* ① (*fraction*) Vierzehntel *nt* ② (*day of month*) ■**the ~** der Vierzehnte

fourth [fɔ:θ, AM fɔ:rθ] **I.** *adj* vierte(r,s) **II.** *n* ① (*order*) **the ~** der/die/das Vierte *f(m)*; *see also* **eighth II 1** ② (*date*) **the ~ [of the month]** *spoken* der Vierte [des Monats]; **the 4th [of the month]** *written* der 4. [des Monats]; **on the ~ of February** am vierten Februar; **the F~ of July** der Vierte Juli ③ (*in titles*) **George the F~** George der Vierte; *see also* **eighth II 3** ④ (*fraction*) Viertel *nt* ⑤ AUTO (*fourth gear*) vierter Gang; ***you should be in ~ at this speed*** Sie sollten bei dieser Geschwindigkeit im vierten Gang fahren ⑥ (*musical interval*) Quart[e] *f* **III.** *adv* viertens; ***third, the product is too expensive and ~, it is out-of-date*** drittens ist das Produkt zu teuer und viertens ist es veraltet

fourth dimension *n no pl* ■**the ~** die vierte Dimension **Fourth Estate** *n no pl* ■**the ~** die Presse **fourth generation** *n* COMPUT **~ computer** Computer *m* der vierten Generation; **~ language** Programmiersprache *f* der vierten Generation

fourthly ['fɔ:θli, AM 'fɔ:r-] *adv* viertens

fourth market *n* AM ECON, FIN vierter Markt

four-way stop *n* AM *mit Stopptafeln geregelte Kreuzung*

4WD *n abbrev of* **four-wheel drive**

four-wheel drive I. *n* Allrad-/Vierradantrieb *m* **II.** *adj inv* mit Allrad-/Vierradantrieb *nach n*

fowl <*pl* – *or* -s> [faʊl] *n* Geflügel *nt kein pl*

fowlpest ['faʊlpest] *n no pl* Hühnerpest *f*

fox [fɒks, AM fɑ:ks] **I.** *n* ① (*animal*) Fuchs *m*; **a red/silver ~** ein Rot-/Silberfuchs *m* ② *no pl* (*fur*) Fuchspelz *m* ③ (*fam: cunning person*) **an old ~** ein gerissener Kerl [*o* alter Fuchs] *fam* ④ AM (*fam: sexy woman*) scharfe Braut *pej sl* ▶ PHRASES: **as cunning as a ~** schlau wie ein Fuchs **II.** *vt* ① (*mystify*) ■**to ~ sb** jdn verblüffen ② (*trick*) ■**to ~ sb [into doing sth]** jdn täuschen[, damit er/sie etw macht] ③ *usu passive* (*discolour*) ■**to be ~ed** fleckig sein/werden

FOX [fɒks, AM fɑ:ks] *n* ECON, FIN *acr for* **Futures & Options Exchange**

fox cub *n* Fuchswelpe *m* **foxglove** *n* BOT Fingerhut *m* **foxhole** *n* MIL Schützenloch *nt* **foxhound** *n* Foxhound *m* **foxhunt** *n* Fuchsjagd *f* **foxhunting** *n no pl* Fuchsjagd *f*; **to go ~** auf die Fuchsjagd gehen **foxtail** *n* HORT Fuchsschwanz *m* **fox terrier** *n* Foxterrier *m* **foxtrot I.** *n* Foxtrott *m* **II.** *vi* <-tt-> Foxtrott tanzen

foxy ['fɒksi, AM 'fɑ:ksi] *adj* ① (*like fox*) fuchsig ② (*crafty*) gerissen *fam* ③ AM (*fam: sexy*) sexy *fam* ④ (*of paper*) fleckig

foyer ['fɔɪeɪ, AM 'fɔɪɚ] *n* ① (*of public building*) Foyer *nt* ② AM (*of house*) Vorraum *m*, Diele *f*

Fr *n* ① REL *abbrev of* **Father** P. ② FIN *abbrev of* **franc** fr

fracas <*pl* – *or* AM -es> ['frækɑ:, *pl* -kɑz, AM 'freɪkəs, *pl* -ɪz] *n* ① (*fight*) Tumult *m* ② (*dispute*) hitzige Debatte

fractal ['fræktᵊl] **I.** *n* MATH Kurve *f* **II.** *adj* Kurven-; **~ geometry** Kurvengeometrie *f*

fraction ['frækʃᵊn] *n* ① (*number*) Bruchzahl *f*, Bruch *m* ② *usu sing* (*proportion*) Bruchteil *m*; **a ~ of an inch** eine Spur; **a ~ of a second** ein Bruchteil *m* einer Sekunde; **by a ~** um Haaresbreite ③ (*a bit*) ***I suggest we shorten the sleeves a ~*** ich schlage vor, wir kürzen die Ärmel ein bisschen

fractional ['frækʃᵊnᵊl] *adj inv* minimal

fractional certificate *n* ECON, FIN **~ certificate** Bruchteilsaktie *f*

fractionally ['frækʃᵊnᵊli] *adv inv* minimal; ***the patient's chances are ~ better*** die Chancen der Patientin sind [nur] geringfügig besser

fractious ['frækʃəs] *adj* reizbar, grantig SÜDD, ÖSTERR *fam*; **~ child** quengeliges Kind *fam*

fractiousness ['frækʃəsnəs] *n no pl* Reizbarkeit *f*, Grant *m* SÜDD, ÖSTERR *fam*

fracture ['fræk(t)ʃəʳ, AM -ɚ] **I.** *vt* ❶ MED ■**to ~ sth** sich *dat* etw brechen; **to ~ one's leg** sich *dat* das Bein brechen ❷ (*hard material*) ■**to ~ sth** etw brechen ❸ (*fig: destroy*) **to ~ sth** etw auflösen; **to ~ an accord** ein Abkommen brechen **II.** *vi* brechen **III.** *n* ❶ MED Bruch *m*, Fraktur *f fachspr;* **hairline ~** Haarriss *m;* **a ~ of the skull** ein Schädelbruch *m* ❷ (*crack*) Riss *m*

fractured ['fræk(t)ʃəd, AM -tʃɚd] *adj* ❶ *inv* MED gebrochen; **~ skull** Schädelbruch *m* ❷ (*incorrect*) gebrochen; (*jerky*) holprig; **to speak ~ English** gebrochen Englisch sprechen

fragile ['frædʒaɪl, AM -əl] *adj* ❶ (*breakable*) zerbrechlich; (*on packages*) **"~"** „zerbrechlich" ❷ (*unstable*) brüchig; *agreement, peace, relationship* unsicher; ***happiness is a ~ thing*** das Glück ist eine unsichere Angelegenheit ❸ (*in health*) schwach; **to feel ~** sich *akk* schwach fühlen; (*fam: after overindulgence*) sich *akk* schlecht fühlen

fragility [frə'dʒɪləti, AM -əṭi] *n no pl* ❶ (*breakableness*) Zerbrechlichkeit *f* ❷ (*weakness*) Brüchigkeit *f;* (*of agreement*) Unsicherheit *f* ❸ (*delicacy*) Zartheit *f*, Fragilität *f geh*

fragment I. *n* ['frægmənt] ❶ (*broken piece*) Splitter *m;* **to burst** [*or* **fly**] [*or* **shatter**] **into ~s** zerspringen, zersplittern; **to shatter** [*or* **smash**] **sth** [**in**]**to ~s** etw in Stücke schlagen ❷ (*incomplete piece*) Brocken *m* ❸ LIT, MUS (*uncompleted work*) Fragment *nt* **II.** *vi* [fræg'ment, AM 'frægmənt] ❶ (*break into pieces*) [zer]brechen; (*burst*) zerbersten ❷ (*fig: break up*) *relationship* zerbrechen; ***the party ~ed while in opposition*** die Partei zersplitterte, während sie in der Opposition war **III.** *vt* [fræg'ment, AM 'frægmənt] ■**to ~ sth** ❶ (*break into pieces*) etw in Stücke brechen ❷ (*fig: break up*) etw aufsplittern; ***various trends in modern society have combined to ~ the traditional family unit*** verschiedene Tendenzen der modernen Gesellschaft haben zur Auflösung der traditionellen Familieneinheit geführt

fragmentary ['frægməntəri, AM -teri] *adj* bruchstückhaft, fragmentarisch; ***I have only a ~ knowledge of Swedish*** ich habe nur sehr rudimentäre Schwedischkenntisse

fragmentation [ˌfrægmən'teɪʃən] *n no pl* (*fig*) *of group* Zersplitterung *f;* COMPUT Fragmentierung *f*

fragmentation bomb *n* MIL Splitterbombe *f*

fragmented [fræg'mentɪd, AM 'fræg-] *adj* zersplittert

fragrance ['freɪgrən(t)s] *n* ❶ (*smell*) Duft *m* ❷ (*perfume*) Parfüm *nt;* (*aftershave*) Rasierwasser *nt*

fragranced ['freɪgrən(t)st] *adj* parfümiert

fragrance-free *adj inv* parfümfrei

fragrant ['freɪgrənt] *adj* duftend

'fraid [freɪd] (*fam*) = **I'm afraid** *see* **afraid**

frail [freɪl] *adj* ❶ (*of old person*) gebrechlich; (*of voice*) schwach ❷ (*of construction*) schwach ❸ (*fig: not strongly based*) *of system* zerbrechlich; ***the evidence against him is too ~ for a successful prosecution*** die Beweislage gegen ihn ist zu dürftig für eine erfolgreiche Anklage; **~ hope** schwache Hoffnung ❹ (*liter: morally weak*) schwach

frailty ['freɪlti, AM -ṭi] *n* ❶ *no pl* (*of old person*) Gebrechlichkeit *f* ❷ *no pl of object, structure* Zerbrechlichkeit *f* ❸ *no pl* (*moral weakness*) Schwachheit *f* ❹ (*moral flaw*) Schwäche *f*

frame [freɪm] **I.** *n* ❶ (*of picture*) Bilderrahmen *m;* ■**to be in the ~** (*fig: be centre of attention*) im Mittelpunkt stehen; (*be under suspicion*) unter Verdacht stehen ❷ (*of door, window*) Rahmen *m* ❸ (*of spectacles*) ■**~s** *pl* Brillengestell *nt* ❹ (*fig also: support*) Rahmen *m a. fig;* **a ~ of metal poles** ein Metallgestänge *nt;* **climbing ~** Klettergerüst *nt;* **walking** [*or* **zimmer**] **~** BRIT Laufgestell *nt*, Gehhilfe *f* ❺ (*body*) Körper *m*, Gestalt *f;* **sb's burly/large/slender ~** jds stämmiger/großer/schlanker Körper ❻ (*of film strip*) Bild *nt* ❼ (*for plants*) Frühbeet *nt;* **cold ~** Frühbeetkasten *m* ❽ (*for snooker balls*) [dreieckiger] Rahmen ❾ (*of snooker match*) Spiel *nt* ❿ (*liter or dated: nature of person*) Verfassung *f*, Zustand *m* **II.** *vt* ❶ (*put in surround*) ■**to ~ sth** etw einrahmen ❷ (*act as surround*) ■**to ~ sth** etw umrahmen ❸ (*put into words*) ■**to ~ sth** etw formulieren ❹ (*fam: falsely incriminate*) ■**to ~ sb** jdm etwas anhängen

framed [freɪmd] *adj inv* ❶ (*in surround*) gerahmt ❷ (*fam: falsely incriminated*) verleumdet

frame house *n esp* AM Holzhaus *nt* **frame of mind** <*pl* frames of mind> *n* Stimmung *f*, Verfassung *f;* ***I'm not in the right ~ at the moment*** ich bin im Moment nicht in der richtigen Stimmung **frame of reference** <*pl* frames of reference> *n* Bezugsrahmen *m*, Bezugssystem *nt*

framer ['freɪməʳ, AM -ɚ] *n* ❶ (*of pictures*) Rahmer(in) *m(f)* ❷ (*writer*) Verfasser(in) *m(f)*

frame saw *n* Spannsäge *f* **frame-up** *n* (*fam*) abgekartetes Spiel **framework** *n* ❶ (*support*) Gerüst *nt*, Gestell *nt* ❷ (*fig: principle*) Rahmen *m*

franc [fræŋk] *n* Franc *m;* **Swiss ~** Schweizerfranken *m*

France [frɑːn(t)s, AM fræn(t)s] *n no pl* ❶ (*country*) Frankreich *nt* ❷ + *sing/pl vb* (*French team*) Frankreich; ***~ were leading 1–0 at half time*** Frankreich führte zur Halbzeit 1–0

franchise ['fræn(t)ʃaɪz] **I.** *n* ❶ ECON Franchise *nt* (**for** für +*akk*) ❷ POL (*right*) **universal ~** allgemeines Wahlrecht **II.** *vt* ■**to ~ sth** etw auf Franchisebasis vergeben

franchisee [ˌfræn(t)ʃaɪ'ziː] *n*, **franchise holder** *n* Franchisenehmer(in) *m(f)*

franchiser ['fræn(t)ʃaɪzəʳ, AM -ɚ] *n* Franchisegeber(in) *m(f)*

franchising ['fræn(t)ʃaɪzɪŋ] *n no pl* Franchising *nt*

Franciscan [fræn'sɪskən] REL **I.** *n* Franziskaner(in) *m(f)* **II.** *adj inv* Franziskaner-; **~ friar** Franziskanermönch *m*

Franco- ['fræŋkəʊ, AM -koʊ] *in compounds* französisch-; **~-German** deutsch-französisch

francophile ['fræŋkə(ʊ)faɪl, AM -koʊ-] **I.** *adj* frankophil *geh* **II.** *n* Frankophile(r) *f(m) geh*

francophobe ['fræŋkə(ʊ)fəʊb, AM -koʊfoʊb] **I.** *adj* franzosenfeindlich, frankophob *geh* **II.** *n* Frankophobe(r) *f(m) geh*

francophone ['fræŋkəʊfəʊn, AM -koʊfoʊn] **I.** *adj* französischsprachig, frankophon *geh* **II.** *n esp* CAN *Person, deren Muttersprache Französisch ist*

frangipani <*pl* -s> [ˌfrændʒɪ'pɑːni] *n* ❶ (*plant*) Frangipanibaum *m* ❷ *no pl* (*perfume from this plant*) Frangipaniduftstoff *m*

franglais ['frɑ̃ːŋgleɪ, AM frɑ̃ːn'gleɪ] *n no pl* LING Franglais *nt*

frank[1] [fræŋk] *adj* ❶ (*open*) aufrichtig; ■**to be ~** [**with sb**] [**about sth**] ehrlich [zu jdm] [über etw *akk*] sein; **to be ~** [**with you**] ehrlich gesagt ❷ MED (*obvious*) eindeutig

frank[2] [fræŋk] *vt* ■**to ~ sth** ❶ (*cancel stamp*) etw freistempeln ❷ (*mark for postage*) etw frankieren

frank[3] [fræŋk] *n* AM (*fam*) *short for* **frankfurter** Frankfurter *f*

Frankenfood ['fræŋkənfuːd] *n* gentechnisch manipulierte Nahrungsmittel *pl*

Frankenstein ['fræŋkənstaɪn] *n*, **Frankenstein's monster** *n* Frankenstein *m*

Frankfurt ['fræŋkfɜːt, AM -fɜːrt] *n* ECON, FIN **~ Interbank Offered Rate** Interbankenangebotssatz *m* am Finanzplatz Frankfurt

frankfurter ['fræŋkfɜːtəʳ, AM -fɜːrṭɚ] *n* Frankfurter *f*

frankincense ['fræŋkɪnsen(t)s] *n no pl* Weihrauch *m*

franking ['fræŋkɪŋ] *n* ❶ *no pl* (*act of applying*) *to letter, parcel* Frankieren *nt;* **~ machine** Frankiermaschine *f* ❷ (*official mark*) Frankierung *f*

Frankish ['fræŋkɪʃ] *adj inv* fränkisch, Franken-

frankly ['fræŋkli] *adv* ❶ (*candidly*) offen ❷ *inv* **~** [**speaking**] (*be frank*) ehrlich [*o* offen] gesagt ❸ *inv* (*in fact*) tatsächlich

frankness ['fræŋknəs] *n no pl* Offenheit *f*

frantic ['fræntɪk, AM -ṭ-] *adj* ❶ (*distracted*) verzweifelt; **to be ~ with rage/worry** verrückt vor Zorn/Sorge sein *fam;* **to drive sb ~** jdn verrückt machen *fam* ❷ (*hurried*) hektisch; ***rescuers were engaged in a ~, all-night effort to reach the survivors*** die Retter waren die ganz Nacht verzweifelt damit beschäftigt, zu den Überlebenden vorzudringen

frantically ['fræntɪkəli, AM -ṭ-] *adv* ❶ (*wildly*) wie wild *fam* ❷ (*desperately*) verzweifelt; **to be ~ busy** im Stress sein; **to work ~** hektisch arbeiten

frappé ['fræpeɪ, AM fræ'peɪ] *n* (*iced drink*) Frappee *nt*

frat [fræt] *n* AM (*fam*) *short for* **fraternity 3** Verbindung *f*

fraternal [frə'tɜːnəl, AM -'tɜːr-] *adj* ❶ (*brotherly*) brüderlich ❷ (*fig: friendly*) freundschaftlich

fraternally [frə'tɜːnəli, AM -'tɜːr-] *adv* brüderlich

fraternity [frə'tɜːnəti, AM -'tɜːrnəṭi] *n* ❶ *no pl* (*feeling*) Brüderlichkeit *f;* ***liberty, equality, ~*** Freiheit, Gleichheit, Brüderlichkeit ❷ + *sing/pl vb* (*group of people*) Vereinigung *f*, Zunft *f hum fam;* **the criminal/legal/medical ~** die Kriminellen *pl*/Juristen *pl*/Ärzteschaft *f* ❸ + *sing/pl vb* AM UNIV (*of male students*) Burschenschaft *f*

fraternization [ˌfrætənaɪ'zeɪʃən, AM -ənɪ'-] *n no pl* (*pej*) Verbrüderung *f*

fraternize ['frætənaɪz, AM -ṭɚ-] *vi* ■**to ~ with sb** sich *akk* mit jdm verbrüdern; ***he accused the England team of fraternizing too much with the opposition*** er beschuldigte die englische Mannschaft, zu freundschaftlich mit dem Gegner zu sein; **to ~ with the enemy** sich *akk* mit dem Feind verbünden

fratricidal [ˌfrætrɪ'saɪdəl, AM -trə-] *adj inv* sich *akk* gegenseitig vernichtend; ***the civil war is just the latest outbreak of ~ strife in that area*** der Bürgerkrieg ist nur der jüngste Ausbruch der inneren Zerrissenheit in diesem Gebiet; ***in-party debate was reduced to ~ sniping*** die innerparteiliche Debatte reduzierte sich zum Schluss auf Angriffe untereinander

fratricide ['frætrɪsaɪd, AM -trə-] *n* ❶ *no pl* (*crime*) Geschwistermord *m;* (*by brothers*) Brudermord *m;* (*by sisters*) Schwestermord *m* ❷ (*criminal*) Geschwistermörder(in) *m(f);* (*killing one's brother*) Brudermörder(in) *m(f);* (*killing one's sister*) Schwestermörder(in) *m(f)* ❸ MIL *unabsichtliches Vernichten einer eigenen Einheit*

fraud [frɔːd, AM frɑːd] *n* ❶ *no pl* (*deceit*) Betrug *m* ❷ LAW [arglistige] Täuschung; ■**~s** *pl* Betrügereien *fpl* ❸ (*thing intended to deceive*) Schwindel *m pej fam* ❹ (*deceiver*) Betrüger(in) *m(f)*

Fraud Squad *n* + *sing/pl vb* BRIT Betrugsdezernat *nt*

fraudster ['frɔːdstəʳ, AM 'frɑːdstɚ] *n* (*fam*) Betrüger(in) *m(f)*

fraudulence ['frɔːdjələn(t)s, AM 'frɑːdʒə-] *n no pl* ❶ (*deception*) Betrügerei *f* ❷ (*form: false nature*) Falschheit *f*

fraudulent ['frɔːdjələnt, AM 'frɑːdʒə-] *adj* ❶ (*involving fraud*) betrügerisch; **~ conveyance** Vermögensveräußerung *f* (*zur Vollstreckungsvereitelung*); **~ preference** Gläubigerbegünstigung *f;* **~ trading** betrügerisches Geschäftsgebaren ❷ (*false*) falsch; ***the fall in unemployment is based on a ~ manipulation of statistics*** der Rückgang der Arbeitslosenzahlen basiert auf einer arglistigen Manipulation der Statistik

fraudulently ['frɔːdjələntli, AM 'frɑːdʒə-] *adv* ❶ (*by fraud*) auf betrügerische [*o* in betrügerischer] Weise ❷ (*intentionally deceptive*) falsch; ***he had obtained entrance to the premises ~*** er hatte sich den Zugang zum Gebäude erschlichen

fraught [frɔːt, AM frɑːt] *adj* ❶ *pred* (*full*) **to be ~ with difficulties/problems** voller Schwierigkeiten/Probleme stecken ❷ (*tense*) [an]gespannt; *atmosphere, situation* stressig *fam; person* gestresst *fam*

fray [freɪ] **I.** *vi* ❶ (*come apart*) ausfransen; **to ~ at the edges** sich *akk* abnutzen [*o bes* SÜDD, ÖSTERR abnützen] *a. fig* ❷ (*become strained*) anspannen; ***tempers ~ed in the long traffic jam*** die Stimmung wurde in dem langen Verkehrsstau gereizt **II.** *n* ■**the ~** die Auseinandersetzung; **to be ready for the ~** (*fig*) kampfbereit sein; **to enter** [*or* **join**]

F

the ~ sich *akk* einmischen

frayed [freɪd] *adj* ① *edges* ausgefranst ② *nerves* angespannt; *temper* gereizt

frazzle ['fræzl̩] *n no pl* (*fam*) ① (*worn-out condition*) [völlige] Erschöpfung; **a ~ of tangled nerves** ein Nervenbündel *nt fam;* **to wear oneself/sb to a ~** sich/jdn fix und fertig machen *fam* ② (*burned thing*) **to burn sth to a ~** etw völlig verkohlen

frazzled ['fræzl̩d] *adj* (*fam*) ① (*exhausted*) erschöpft, ausgebrannt ② (*burned*) verkohlt; ***her back was totally ~ after she fell asleep in the sun*** ihr Rücken war völlig verbrannt, nachdem sie in der Sonne eingeschlafen war

freak [fri:k] **I.** *n* ① (*abnormal thing*) etwas Außergewöhnliches; **a ~ of nature** eine Laune der Natur ② (*abnormal person*) Missgeburt *f,* Monstrosität *f fachspr;* (*fig, hum*) Monster *nt hum* ③ (*fanatic*) Fanatiker(in) *m(f),* Irre(r) *f(m) fam;* **cleanliness ~** Sauberkeitsfreak *m sl,* Sauberkeitsfanatiker(in) *m(f)* **II.** *n modifier* (*result, storm*) Ausnahme-; **~ accident** außergewöhnliches Missgeschick **III.** *vi* (*fam*) ausflippen *fam* **IV.** *vt* (*fam: scare, alarm*) ■**to ~ sb** jdn durchdrehen [*o* ausflippen] lassen *fam;* ***it really ~s me to think that …*** ich könnte ausflippen bei dem Gedanken, dass … *fam*

◆**freak out** (*fam*) **I.** *vi* ausflippen *fam* **II.** *vt* ■**to ~ out** ◌ **sb** jdn ausflippen lassen *fam*

freaked [fri:kt] *adj* (*fam*) total erschroken *fam*

freaking ['fri:kɪŋ] *adj attr* AM (*euph fam*) Mist- *fam*

freakish ['fri:kɪʃ] *adj* sonderbar; **~ weather conditions** verrücktes Wetter *fam*

freakishly ['fri:kɪʃli] *adv* außergewöhnlich

freakishness ['fri:kɪʃnəs] *n no pl* Absonderlichkeit *f*

freak show *n* Monstrositätenschau *f,* Monstrositätenkabinett *nt*

freaky ['fri:ki:] *adj* (*fam*) irre *fam*

freckle ['frekl̩] *n usu pl* Sommersprosse *f*

freckled ['frekl̩d] *adj* sommersprossig

freckle-faced *adj* sommersprossig

freckly ['frekl̩i] *adj* sommersprossig

Freddie Mac [ˌfredi:'mæk] *n* AM ECON, FIN (*fam*) *abbrev of* **Federal Home Loan Mortgage Corporation**

free [fri:] **I.** *adj* ① (*not physically impeded*) frei; ***she left the court a ~ woman*** sie verließ das Gericht als freie Frau; **to break ~ [of** [*or* **from**] **sth]** (*also fig*) sich *akk* [aus etw *dat*] befreien; **to break** [*or* **cut**] **~ [of** [*or* **from**] **sb]** (*also fig*) sich *akk* [von jdm] losreißen *a. fig;* **to go** [*or* **walk**] **~** straffrei ausgehen; **to roam/run ~** frei herumlaufen; **to set sb/an animal ~** (*also fig*) jdn/ein Tier freilassen ② (*not restricted*) frei; ***am I ~ to leave now?*** kann ich jetzt gehen?; ***did you do this of your own ~ will?*** haben Sie du das aus freiem Willen getan?; ***can I get myself a drink? — feel ~*** kann ich mir etwas zu trinken nehmen? – bedienen Sie sich; **~ choice** freie Wahl; **~ play** MECH Spielraum *m;* **to allow** [*or* **give**] **one's emotions ~ play** [*or* **~ play to one's emotions**] seinen Gefühlen freien Lauf lassen; ECON (*without restriction*) **~ capital** freies Kapital; **~ reserves** freie Rücklagen; **~ movement of capital** freier Kapitalverkehr; **~ movement of labour** Freizügigkeit *f* für Arbeitnehmer und Selbständige ③ POL frei; ***it's a ~ country!*** das ist ein freies Land!; **~ elections** freie Wahlen; **~ press** freie Presse; **~ speech** Redefreiheit *f* ④ *pred* (*unaffected*) frei (**of/from** von +*dat*); **to be ~ of** [*or* **from**] **a disease** eine Krankheit losgeworden sein *fam;* ■**to be ~ of sb** jdn los sein *fam* ⑤ *inv* (*not attached or entangled*) lose; ***when the tide rose, the boat floated ~ of the sandbank*** als die Flut einsetzte, kam das Boot von der Sandbank los; **to get/pull sth ~** etw freibekommen/losreißen; **to work [itself/sth] ~** [sich/etw *akk*] lösen ⑥ *pred* (*not busy*) *person* **to leave sb ~ to do sth** es jdm ermöglichen, etw zu tun; ■**to be ~ [to do sth]** Zeit haben[, etw zu tun] ⑦ *inv* (*not busy*) *of time* frei; ***I've got a ~ evening next Monday*** ich habe nächsten Montag einen freien Abend ⑧ *inv* (*not occupied*) *of object* frei, unbesetzt; ***excuse me, is this seat ~?*** Entschuldigung, ist dieser Platz frei?; **to leave sth ~** etw frei lassen ⑨ PHYS (*independent*) frei, nicht gebunden ⑩ *inv* (*costing nothing*) gratis; ***admission is ~*** der Eintritt ist frei; ***entrance is ~ for pensioners*** Rentner haben freien Eintritt; **~ of charge** kostenlos; **to be ~ of** [*or* **from**] **customs/tax** zoll-/steuerfrei sein; **~ issue** STOCKEX Emission *f* von Gratisaktien; **~ ticket** Freikarte *f* ⑪ (*generous*) freigebig; ■**to be ~ with sth** mit etw *dat* großzügig sein; **to make ~ with sth** mit etw *dat* großzügig umgehen; (*help oneself*) sich *akk* großzügig einer S. *gen* bedienen ⑫ (*inexact*) frei, nicht wörtlich; **~ translation/version** freie Übersetzung ⑬ (*frank*) offen ▸ PHRASES: **to be as ~ as the air** [*or* **a bird**] frei wie ein Vogel sein; **the best things in life are ~** (*saying*) Das Beste im Leben ist umsonst; **there's no such thing as a ~ lunch** nichts ist umsonst; **~ and easy** entspannt, locker **II.** *adv inv* frei, gratis; **~ *of charge*** kostenlos; **~, *gratis, and for nothing*** (*hum*) gratis und umsonst; ***for ~*** (*fam*) gratis, umsonst **III.** *vt* ① (*release*) ■**to ~ sb** *hostage* jdn freilassen; ■**to ~ sb [from sth]** *trapped person* jdn [von [*o* aus] etw *dat*] befreien; ■**to ~ sth [from sth]** *part of the body* etw [von etw *dat*] frei machen; ***he tried vainly to ~ his hands from the rope*** er versuchte vergebens, seine Hände aus dem Seil zu befreien ② (*relieve*) ■**to ~ sb/sth/oneself from** [*or* **of**] **sth** jdn/etw/sich von etw *dat* befreien [*o* frei machen]; **to ~ sb from a contract** jdn aus einem Vertrag entlassen ③ (*make available*) **to ~ funds/a space** Gelder flüssig machen/Platz schaffen; ■**to ~ sb to do sth** jdm Freiraum geben, etw zu tun ④ (*give free movement to*) ■**to ~ sth** *rusty bolt, cog, tap* etw lösen; ***we managed to ~ the propeller from the rope*** wir konnten den Propeller vom Seil losmachen

◆**free up** *vt* ■**to ~ up** ◌ **sth** *time* etw freimachen *akk*

-free [fri:] *in compounds* ① (*without*) -frei; **hassle-~** problemlos; **lead-~** bleifrei; **meat-~** fleischlos ② (*with no extra charge*) -frei; **interest-~** zinsfrei; **post-~** portofrei; **rent-~** mietfrei

free agent *n* (*fig*) eigener Herr; **to be a ~** sein eigener Herr sein **free-and-easy** *adj inv* zwanglos, ungeniert *geh* **free association** *n no pl* PSYCH freie Assoziation **freebase** *vi* (*sl*) Koks rauchen *sl* **freebasing** *n no pl* (*sl*) Rauchen *nt* von Koks *sl*

freebie ['fri:bi] (*fam*) **I.** *n* Werbegeschenk *nt* **II.** *adj attr, inv* Gratis-

freeboard ['fri:bɔ:d, AM bɔ:rd] *n* NAUT Freibord *nt* **freebooter** *n* Freibeuter(in) *m(f)* **freeborn** *adj inv* freigeboren **Free Church** *n* BRIT Freikirche *f* **free collective bargaining** *n no pl* Tarifautonomie *f*

freedman <*pl* -men> ['fri:dmæn] *n* HIST Freigelasse(r) *f(m)*

freedom ['fri:dəm] *n* ① *no pl* (*at liberty*) Freiheit *f* ② *no pl* (*unrestricted*) Freiheit *f,* Unabhängigkeit *f;* ***if parents do not allow their children any ~, they will never learn to be independent*** wenn Eltern Kindern keine Freiheiten lassen, werden diese nie selbständig werden; **~ of action/movement** Handlungs-/Bewegungsfreiheit *f;* **~ of assembly** [*or* **meeting**] Versammlungsfreiheit *f;* **~ of association** Vereinsfreiheit *f,* Koaltionsfreiheit *f;* **~ of choice** Wahlfreiheit *f;* **~ of information** freier Informationszugang; **~ of the press** Pressefreiheit *f;* **~ of speech/thought** Rede-/Gedankenfreiheit *f;* **testamentary ~** Testierfreiheit *f;* ■**[to have] the ~ to do sth** die Freiheit [haben], etw zu tun; (*opportunity*) die Möglichkeit [haben], etw zu tun ③ *no pl* (*unaffected*) **~ from persecution** Schutz *m* vor [politischer] Verfolgung *dat* ④ (*right*) Grundrecht *nt* ⑤ (*room for movement*) Bewegungsfreiheit *f* ⑥ (*unrestricted use*) freie Verfügung; **to give sb the ~ of the city** jdm die Ehrenbürgerschaft verleihen; **to have the ~ of sb's garden/house** freien Zutritt zu jds Garten/Haus *dat* haben

freedom fighter *n* Freiheitskämpfer(in) *m(f)*

free enterprise *n no pl* freies Unternehmertum **free fall** *n no pl* freier Fall; **to go into ~** FIN (*fig*) ins Bodenlose fallen; ***the company's shares have gone into ~*** die Aktien des Unternehmens sind abgestürzt **freefalling** *adj inv* rapide verfallend **free fight** *n esp* BRIT (*also fig*) allgemeine Schlägerei **free flight** *n no pl* AEROSP Gleitflug *m* **free-floating** *adj* ungebunden; **~ anxiety** PSYCH unbegründete Angst; **~ voter** Wechselwähler(in) *m(f)* **Freefone®** ['fri:fəʊn] *n* BRIT gebührenfreie Telefonnummer **free-for-all** *n* ① (*quarrel*) allgemeines Gerangel *fam* ② (*uncontrolled situation*) Anarchie *f* **free-form** *adj* ART in freier Form *nach n;* **~ skating** Kür *f* **free hand** *n no pl* freie Hand; **to give sb/have a ~ [to do sth]** jdm freie Hand lassen/freie Hand haben[, etw zu tun] **freehand I.** *adj* Freihand- **II.** *adv* freihändig **free-handed** *adj* freigebig, großzügig **freehold I.** *n* Eigentumsrecht *nt* (*an Grundbesitz*) **II.** *adj inv* Eigentums-; **~ flat** BRIT Eigentumswohnung *f;* **~ property** unbeschränkter Grundbesitz **III.** *adv inv* unter Eigentumsrecht **freeholder** *n* Eigentümer(in) *m(f)* **free house** *n* BRIT *Pub, das an keine Brauerei gebunden ist* **free jazz** *n no pl* Free Jazz *m* **free kick** *n* SPORTS Freistoß *m* **free labour** *n no pl* BRIT nicht gewerkschaftlich organisierte Arbeitnehmer *fpl* **freelance** ['fri:lɑ:n(t)s, AM -læn(t)s] **I.** *n* Freiberufler(in) *m(f)* **II.** *adj inv* freiberuflich; **to work ~** frei[beruflich] arbeiten **III.** *adv inv* freiberuflich **IV.** *vi* frei[beruflich] arbeiten **freelancer** ['fri:lɑ:n(t)səʳ, AM -læn(t)sɚ] *n* Freiberufler(in) *m(f)* **freeload** *vi* (*pej*) schnorren *fam;* ■**to ~ off sb** bei jdm schnorren *fam* **freeloader** *vi* (*pej*) Schnorrer(in) *m(f) fam* **freeloading** *n no pl* (*pej*) Schnorren *nt fam* **free love** *n* (*dated*) freie Liebe

freely ['fri:li] *adv* ① (*unrestrictedly*) frei; **~ available** frei zugänglich ② (*without obstruction*) ungehindert ③ (*frankly*) offen ④ (*generously*) großzügig ⑤ (*willingly*) freiwillig

freeman *n* ① (*hist: not enslaved*) freier Mann ② (*honorary citizen*) Ehrenbürger *m* **free market** *n usu sing* ECON freier Markt **free-market economy** *n* ECON freie Marktwirtschaft **Freemason** *n* Freimaurer *m* **freemasonry** *n no pl* Zusammengehörigkeitsgefühl *nt* **Freemasonry** *n no pl* Freimaurerei *f* **free pardon** *n* BRIT Begnadigung *f;* **to grant a ~ to sb** jdn begnadigen **free pass** *n* ① (*official document*) Sonderausweis *m* ② (*for admission*) Freikarte *f;* (*for travel*) Freifahrkarte *f* **free period** *n* Freistunde *f* **Freephone** BRIT **I.** *n no pl* gebührenfreie Telefonnummer **II.** *adj attr, inv* gebührenfrei **free port** *n* Freihafen *m* **Freepost®** *n no pl* BRIT gebührenfreie Postsendung **free press** *n no pl* freie Presse **free radical** *n* CHEM freies Radikal **free-range** *adj inv* Freiland-; **~ chicken** Freilandhuhn *nt;* **~ eggs** Eier *ntpl* von freilaufenden Hühnern **free sample** *n* Probepackung *f,* Gratisprobe *f* **freesheet** *n* BRIT Gratiszeitung *f,* kostenlose Zeitung

freesia ['fri:ziə, AM -ʒiə] *n* BOT Freesie *f*

free skating *n no pl* Kürlaufen *nt* **free speech** *n no pl* Redefreiheit *f;* **right to ~** Recht *nt* auf freie Meinungsäußerung **free spirit** *n* Freigeist *m* **free-spoken** *adj* (*dated*) offen; ■**to be ~** offen und ehrlich seine Meinung sagen **free-standing** *adj inv* ① (*not fixed*) freistehend; **~ bookcase/wardrobe** freistehender Bücherschrank/freistehende Garderobe ② (*independent*) frei, unabhängig; **a ~ organization** eine unabhängige Organisation **freestyle I.** *n no pl* ① (*swimming style*) Freistil *m,* Freistilschwimmen *nt* ② (*swimming race*) Freistilwettschwimmen *nt* ③ (*style of wrestling*) Freistil *m,* Freistilringen *nt* **II.** *adj attr, inv* Freistil-; **~ race** Freistilwettkampf *m* **freethinker** *n* Freidenker(in) *m(f)* **freethinking** *adj* freidenkerisch **free throw** *n* SPORTS Freiwurf *m* **free trade** *n no pl* ECON Freihandel *m* **free-trade** *adj attr, inv* Freihandels-; **~ agreement/area** Freihandelsabkommen *nt*/-zone *f* **free verse** *n no pl* freier Vers **free vote** *n* BRIT POL freie Abstimmung (*ohne Fraktionszwang*) **freeware** *n no pl* Gratissoftware *f,* Freeware *f* **freeway** *n* AM, AUS (*motorway*) Autobahn *f* **free wheel** *n* Freilaufrad *nt* **freewheel** *vi* **to ~ [downhill]** im Freilauf [den Hügel hinunter]fahren

freewheeling *adj* (*fam*) unbekümmert, sorglos
free will I. *n no pl* freier Wille; ■**to do sth of one's own** ~ etw aus freien Stücken tun II. *adj* freiwillig **freewoman** *n* ❶ (*hist: non-slave*) freie Frau ❷ (*citizen*) ~ **of a city** Ehrenbürgerin *f* einer Stadt
free world *n no pl* ■**the** ~ die freie Welt
freeze [fri:z] I. *n* ❶ (*fam: cold weather*) Frost *m*; **big** ~ harter Frost ❷ (*stoppage*) Einfrieren *nt fam*; **a pay** [*or* **wage**]/**price** ~, **a** ~ **on pay** [*or* **wages**]/**prices** ein Einfrieren *nt* der Preise/der Löhne *fam*; ~ **on wages and prices** Lohn- und Preisstopp *m* ❸ (*still picture*) Standbild *nt*; (*device on video player*) Standbildfunktion *f* II. *vi* <froze, frozen> ❶ (*become solid*) *water* gefrieren; *pipes* einfrieren; *lake* zufrieren; **to** ~ **solid** *water* festfrieren ❷ (*also fig: get very cold*) [sehr] frieren; **to** ~ **to death** erfrieren ❸ *impers* (*be below freezing point*) ■**it's freezing** es friert; ***it froze three nights in a row*** es gab drei Nächte hintereinander Frost ❹ (*store in freezer*) einfrieren ❺ (*be still*) erstarren; ~, ***or I'll shoot!*** keine Bewegung oder ich schieße! ❻ (*be jammed*) *screw, nail* klemmen III. *vt* <froze, frozen> ❶ (*turn to ice*) ■**to** ~ **sth** etw gefrieren lassen ❷ (*preserve*) ■**to** ~ **sth** etw einfrieren ❸ (*make sb stop*) ■**to** ~ **sb** jdn erstarren lassen; **to** ~ **sb with a look/stare** jdn mit einem Blick zum Erstarren bringen ❹ (*on a film*) **to** ~ **an action/image** ein Geschehnis/Bild festhalten; **to** ~ **a film** einen Film anhalten ❺ (*fix at particular level*) **to** ~ **a salary/programme** ein Gehalt/Programm einfrieren *fam* ❻ (*prevent from being used*) **to** ~ **an account** ein Konto einfrieren *fam*; ***his assets have been frozen by the court*** seine Vermögenswerte wurden vom Gericht blockiert ❼ (*anaesthetize*) ■**to** ~ **sth** etw vereisen ► PHRASES: **to** [**be cold enough to**] ~ **the balls off a brass monkey** (*fam!*) so kalt sein, dass es einem die Eier abfriert *derb*; **to make sb's blood** ~ [*or* ~ **sb's blood**] jdm das Blut in den Adern gefrieren lassen *geh*
◆**freeze out** *vt* ■**to** ~ **out** ⊂ **sb** [**of sth**] jdn [von etw *dat*] ausschließen
◆**freeze over** *vi* zufrieren; *water* frieren; *window* vereisen
◆**freeze up** *vi* ❶ (*block with ice*) *pipes* einfrieren ❷ (*jam*) klemmen
freeze-dried *adj inv* gefriergetrocknet **freeze-dry** *vt* ■**to** ~ **sth** etw gefriertrocknen **freeze-frame** *n* ❶ (*still picture*) Standbild *nt* ❷ (*device on video player*) Standbildfunktion *f* **freeze-out** *n* Ausschluss *m*
freezer ['fri:zəʳ, AM -ɚ] *n* Gefrierschrank *m*; **a chest/upright** ~ eine Gefriertruhe/ein Gefrierschrank *m*
freezer bag *n* ❶ (*for use in freezer*) Gefrierbeutel *m* ❷ BRIT (*cold bag*) Kühltasche *f* **freezer compartment** *n* Gefrierfach *nt* **freezer pack** *n* Kühlbeutel *m*
freeze-up *n* starker Frost
freezing ['fri:zɪŋ] I. *adj inv* (*very cold*) frostig; ■**it's** ~ es ist eiskalt; ***I'm*** ~ mir ist eiskalt II. *n no pl* ❶ (*0°C*) Gefrierpunkt *m*; **above** ~ über dem Gefrierpunkt ❷ (*preserving*) Einfrieren *nt*
freezing cold *adj* eiskalt **freezing compartment** *n* Gefrierfach *nt* **freezing instructions** *npl* Gefrieranleitung *f* **freezing point** *n* Gefrierpunkt *m* **freezing rain** *n no pl* gefrorener Regen *m* **freezing works** *n + sing vb* AUS, NZ Kühlhaus *nt*
freight [freɪt] I. *n no pl* ❶ (*goods*) Frachtgut *nt* ❷ (*transportation*) Fracht *f*; **air/rail** ~ Luft-/Bahnfracht *f*; **to send sth by** ~ etw als Fracht senden ❸ (*charge*) Frachtgebühr *f* ❹ AM TRANSP (*freight train*) Güterzug *m* II. *n modifier* (*for freight*) Fracht- III. *adv inv* als Fracht; **to send sth** ~ etw als Fracht[gut] senden IV. *vt usu passive* ❶ (*transport*) ■**to** ~ **sth** etw als Frachtgut befördern ❷ (*fig liter*) ■**to be** ~**ed with sth** mit etw *dat* beladen sein
freightage ['freɪtɪdʒ] *n* ❶ *no pl* (*transporting of goods*) Frachtbeförderung *f* ❷ (*goods*) Fracht *f*
freight car *n* AM Güterwagen *m*
freighter ['freɪtəʳ, AM -t̬ɚ] *n* ❶ (*ship*) Frachter *m* ❷ (*plane*) Frachtflugzeug *nt*
freight exchange, freight market *n* STOCKEX Frachtenbörse *f*
Freightliner® *n* BRIT RAIL Containergüterzug *m*
freight train *n* AM Güterzug *m* **freight yard** *n* AM Güterbahnhof *m*
French [fren(t)ʃ] I. *adj* ❶ (*of France*) französisch; ~ **people** Franzosen *pl* ❷ (*of language*) Französisch-, französisch; ~ **class** Französischstunde *f*; ~ **grammar/verbs** französische Grammatik/Verben II. *n* ❶ *no pl* (*language*) Französisch *nt*; ***excuse my*** ~! (*hum*) entschuldige meine Ausdrucksweise! ❷ (*people*) ■**the** ~ *pl* die Franzosen
French bean *n* BRIT Buschbohne *f*, Gartenbohne *f* **French bread** *n no pl* Baguette *nt*, französisches [Stangen]weißbrot **French-bread pizza** *n* überbackenes Baguette **French Canadian** I. *n* Frankokanadier(in) *m(f)* II. *adj* frankokanadisch **French chalk** *n no pl* Schneiderkreide *f* **French cuff** *n* FASHION doppelte Manschette **French doors** *npl esp* AM Verandatür *f* **French dressing** *n no pl* ❶ (*salad dressing*) Vinaigrette *f* ❷ AM (*American salad dressing*) American Dressing *nt* **French Foreign Legion** *n no pl* ■**the** ~ die Fremdenlegion **French fried potatoes** *npl*, **French fries** *npl* Pommes frites *pl* **French Guiana** *n no pl* Französisch Guayana *nt* **French horn** *n* MUS Waldhorn *nt* **French kiss** *n* Zungenkuss *m* **French knickers** *npl* Culotte *f*, French Knickers *pl* **French leave** *n no pl* (*dated*) **to take** ~ sich *akk* aus dem Staub machen *fam* **French letter** *n* BRIT, AUS (*old fam*) Pariser *m sl* **French loaf** *n* Baguette *nt* **Frenchman** *n* Franzose *m* **French manicure** *n* French Manicure *f* **French mustard** *n* BRIT französischer Senf **French plait** *n* französischer Zopf **French pleat** *n Frauenfrisur, bei der die Haare zurückgekämmt und in einer länglichen Rolle aufgesteckt werden* **French polish** BRIT, AUS I. *n no pl* Schellackpolitur *f* II. *vt* ■**to** ~ **sth** etw mit Schellackpolitur behandeln **French polisher** *n* BRIT, AUS Schellackpolierer(in) *m(f)* **French roll** *n see* **French pleat** **French seam** *n* Rechts-Links-Naht *f* **French-speaking** *adj inv* französischsprachig **French stick** *n* Baguette *nt* **French toast** *n no pl* armer Ritter **French window** *n usu pl* Verandatür *f* **Frenchwoman** *n* Französin *f*
Frenchy ['fren(t)ʃi] (*usu pej!*) I. *adj* (*fam*) [betont] französisch II. *n* ❶ (*fam: sb from France*) Franzmann *m veraltend fam*, Franzose, Französin *m, f* ❷ (*French-Canadian*) Frankokanadier(in) *m(f)* ❸ BRIT (*dated fam: condom*) Pariser *m sl*
frenetic [frə'netɪk, AM -t̬-] *adj* hektisch; ~ **activity** fieberhafte Aktivität
frenetically [frə'netɪkəli, AM -t̬-] *adv* [wie] wild; **to work** ~ fieberhaft arbeiten
frenulum <*pl* -la> ['frenjələm] *n* Frenulum *nt fachspr*
frenzied ['frenzɪd] *adj* ❶ (*frantic*) fieberhaft ❷ (*emotionally wild*) ungestüm; ~ **attack** wilder Angriff; ~ **barking** wildes Gebell; **the** ~ **crowd** die aufgebrachte Menge; ~ **yell** durchdringender Schrei
frenziedly ['frenzɪdli] *adv* rasend, wie wild
frenzy ['frenzi] *n no pl* Raserei *f*; ***they whipped up the crowd into a*** ~ ***of excitement*** sie brachten die Menge zum Rasen; ***in a*** ~ ***of frustration, ...*** in einem wahren Anfall von Frustration ...; **a** ~ **of activity** eine fieberhafte Aktivität; **a media** ~ ein Medienspektakel *nt*; **jealous** ~ Eifersuchtswahn *m*; **to work oneself up into a** ~ sich *akk* in eine Raserei [hinein]steigern
frequency ['fri:kwən(t)si] *n* ❶ *no pl* (*rate*) Häufigkeit *f*; **with increasing** ~ immer öfter ❷ *no pl* (*number of occurrences*) häufiges Vorkommen; ***the*** ~ ***of terrorist attacks seems to have fallen recently*** in letzter Zeit scheint es nicht mehr so viele Angriffe von Terroristen gegeben zu haben ❸ RADIO Frequenz *f*; **high/low** ~ Hoch-/Niederfrequenz *f*
frequency band *n* RADIO Frequenzband *nt* **frequency modulation** *n* RADIO Frequenzmodulation *f*
frequent I. *adj* ['fri:kwənt] ❶ (*happening often*) häufig ❷ (*regular*) regelmäßig; ***I'm not a very*** ~ ***attender at club meetings*** ich besuche Clubsitzungen nicht sehr regelmäßig; ~ **flyer** Vielflieger(in) *m(f)* II. *vt* [frɪ'kwent, AM 'fri:kwent] **to** ~ **a place** einen Ort häufig besuchen, an eine Ort häufig verkehren *geh*
frequenter [frɪ'kwentəʳ, AM 'fri:kwent̬ɚ] *n* häufiger Besucher/häufige Besucherin
frequent flyer *n modifier* Vielflieger-; **unlimited** ~ **miles** unbegrenzte Flugmeilen für Vielflieger
frequently ['fri:kwəntli] *adv* häufig
frequent-user *n modifier* für Vielnutzer *nach n*
frequent user *n* (*of drugs*) großer Konsument/große Konsumentin; *of train, tunnel, facility* häufiger Benutzer/häufige Benutzerin
fresco <*pl* -s *or* -es> ['freskəʊ, AM -oʊ] *n* ❶ (*painting*) Fresko *nt* ❷ *no pl* (*technique*) Freskomalerei *f*
fresh [freʃ] *adj* ❶ *attr* (*new*) neu; ***there has been*** ~ ***fighting between police and demonstrators*** es kam zu erneuten Auseinandersetzungen zwischen Polizei und Demonstranten; ***we need to get some*** ~ ***blood into our department*** wir brauchen frisches Blut in unserer Abteilung; **to make a** ~ **start** einen Neuanfang machen ❷ (*unused*) ungebraucht, neu ❸ (*recent*) frisch; ***the paint's still*** ~ die Farbe ist noch feucht; ***the shopkeeper said she was*** ~ ***out of soap*** die Ladenbesitzerin sagte, Seife sei gerade ausgegangen; ~ **snow** Neuschnee *m*; ~ **from the factory/oven** fabrik-/ofenfrisch; **to be** ~ **in sb's mind** jdm noch frisch im Gedächtnis sein; **to be** ~ **from New York** gerade von New York kommen; ~ **off the presses** druckfrisch; ~ **from the suppliers** frisch vom Lieferanten; **to be** ~ **from university** frisch von der Universität kommen ❹ (*not stale*) frisch; ~ **bread/fruit** frisches Brot/Obst ❺ *attr* (*not processed*) frisch; ~ **fish** frischer Fisch ❻ (*clean and pleasant*) frisch; **to be like a breath of** ~ **air** (*fig*) erfrischend [anders] sein; **to get a breath of** ~ **air** frische Luft schnappen; ~ **breath/smell** frischer Atem/Duft; ~ **taste** erfrischender Geschmack ❼ *usu pred* (*cool, windy*) frisch, kühl; ***it will be rather*** ~ ***tomorrow morning*** es wird morgen früh ziemlich frisch werden ❽ (*strong*) kräftig; ~ **breeze** frische Brise ❾ *pred* (*not tired*) ausgeruht; **as** ~ **as a daisy** putzmunter *fam* ❿ (*healthy-looking*) gesund; *skin* frisch ⓫ (*exciting*) frisch, neu ⓬ (*not salty*) ~ **water** Süßwasser *nt* ⓭ *usu pred* (*fam*) **to get** ~ **with sb** (*be disrespectful*) jdm frech kommen; (*make sexual advances*) jdm gegenüber zudringlich sein ⓮ AM (*sl: Black English*) megacool *sl* ► PHRASES: **to be neither fish, flesh nor good** ~ **meat** BRIT weder Fisch noch Fleisch sein
fresh- [freʃ] *in compounds* frisch-
freshen ['freʃən] I. *vt* ❶ (*make more pleasant*) **to** ~ **a room** einen Raum durchlüften; **to** ~ **one's lipstick/make-up** den Lippenstift/das Make-up auffrischen [*o* erneuern] ❷ *esp* AM **to** ~ **sb's drink/glass** jds Getränk/Glas auffüllen II. *vi* frischer werden; *wind* auffrischen
◆**freshen up** I. *vt* ■**to** ~ **up** ⊂ **sth** ❶ (*make cleaner*) etw frisch machen; ■**to** ~ **oneself up** sich *akk* frisch machen ❷ (*make pleasanter*) etw aufpeppen *fam* ❸ (*fig: make more interesting*) etw beleben II. *vi* sich *akk* frisch machen
fresher ['freʃəʳ] *n* BRIT, AUS (*fam*) Studienanfänger(in) *m(f)*; ~**'s week** BRIT *erste Woche des neuen Studienjahres, in der die Studienanfänger in das Studentenleben eingeführt werden*
fresh-faced *adj* jugendfrisch
freshly ['freʃli] *adv* ❶ *inv* (*newly*) frisch; ~ **baked bread** frisch gebackenes Brot ❷ METEO (*strongly*) kräftig
freshman ['freʃmən] AM I. *n* ❶ (*fresher*) Studienanfänger *m* ❷ (*first-year high school student*) Gymnasiast *m* im ersten Jahr ❸ (*beginner*) Neuling *m* II. *n modifier* frisch gebacken *hum fam*
freshman year *n* AM *erstes Jahr an der Universität*
freshness ['freʃnəs] *n no pl* ❶ (*pleasant quality*) Frische *f* ❷ (*newness*) Neuheit *f*
freshwater *adj attr, inv* Süßwasser-

fret[1] [fret] **I.** *vi* <-tt-> sich *dat* Sorgen machen; ■**to ~ about** [*or* **over**] **sth** sich *dat* über etw *akk* Gedanken machen **II.** *vt* <-tt-> ❶ (*distress*) ■**to ~ sb** jdn beunruhigen; ***don't ~ yourself about it*** mach dir keine Sorgen darüber; ■**to ~ [that] …** (*worry*) sich *akk* sorgen, dass … ❷ (*wear*) ■**to ~ sth** etw abnutzen; *sea, water* an etw *dat* nagen **III.** *n esp* BRIT ■**to be in a ~** (*worry*) in Sorge sein, sich *dat* Sorgen machen; (*be upset*) aufgebracht sein; **to get into a ~** sich *akk* aufregen

fret[2] [fret] *n* MUS Bund *m*

fret[3] [fret] *n* ARCHIT, ART gitterartige Verzierung

fretboard ['fretbɔːd, AM -bɔːrd] *n* MUS Griffbrett *nt*

fretful ['fretfᵊl] *adj* ❶ (*irritable*) quengelig *fam* ❷ (*anxious*) unruhig; **~ voice** besorgte Stimme

fretfully ['fretfᵊli] *adv* unruhig; **to complain ~** sich *akk* besorgt beklagen

fretfulness ['fretfᵊlnəs] *n no pl* Verdrießlichkeit *f*, mürrische Art

fretsaw ['fretsɔː, AM -sɑː] *n* Laubsäge *f*

fretted ['fretɪd, AM -t̬-] *adj inv* ❶ (*of instrument*) mit Bünden versehen; **~ instrument** Zupfinstrument *nt* ❷ (*of notes*) gezupft ❸ ARCHIT, ART gitterartig verziert

fretwork ['fretwɜːk, AM -wɜːrk] *n no pl* (*in wood*) Laubsägearbeit *f*

Freudian ['frɔɪdiən] *adj* freudianisch

Freudian slip *n* Freudscher Versprecher *fam*

FRG [ˌefɑːʳ'dʒiː, AM -ɑːr'-] *n* (*hist*) *abbrev of* **Federal Republic of Germany**: ■**the ~** die BRD

Fri *n abbrev of* **Friday** Fr.

friable ['fraɪəbl] *adj* (*form*) bröckelig

friar ['fraɪəʳ, AM -ɚ] *n* Mönch *m*

friar's balsam *n*, **friars' balsam** *n no pl benzoinhaltiges Mittel zum Inhalieren bei Erkältungen*

friary ['fraɪəri] *n* Mönchskloster *nt*

fricassee [ˌfrɪkə'siː] *n* Frikassee *nt*; **chicken/veal ~** Hühner-/Kalbsfrikassee *nt*

fricative ['frɪkətɪv, AM -t̬-] LING **I.** *adj* Reibe-, frikativ *fachspr* **II.** *n* Reibelaut *m*, Frikativ *m fachspr*

friction ['frɪkʃᵊn] *n no pl* ❶ (*force*) Reibung *f* ❷ (*disagreement*) Reiberei[en] *f[pl]*

frictional ['frɪkʃᵊnᵊl] *adj* Reibungs-; **~ electricity** Reibungselektrizität *f*

friction tape *n* AM Isolierband *nt*

Friday ['fraɪdeɪ] *n* Freitag *m*; *see also* **Tuesday**

fridge [frɪdʒ] *n* (*fam*) Kühlschrank *m*

fridge-freezer *n* (*esp Brit*) kombinierter Kühl- und Gefrierschrank

fried [fraɪd] *adj* ❶ *inv* (*of food*) gebraten; **~ chicken** Brathähnchen *nt*; **~ potatoes** Bratkartoffeln *fpl* ❷ *pred esp* AM (*fam: exhausted*) ■**to be ~** gerädert [*o* fertig] sein *fam*

fried egg *n* Spiegelei *nt*

friend [frend] *n* ❶ (*companion*) Freund(in) *m(f)*; **bosom ~** Busenfreund(in) *m(f)*; **childhood ~** Freund(in) *m(f)* aus der Kindheit; **a ~ of the family** [*or* **family ~**] ein Freund *m*/eine Freundin der Familie; **sb's best ~** jds bester Freund/beste Freundin; **close ~** enger Freund/enge Freundin; **our feathered/four-footed ~s** unsere gefiederten/vierbeinigen Freunde; **to be just good ~s** nur gute Freunde sein; **to be a [good] ~ to sb** jdm ein [guter] Freund/eine [gute] Freundin sein; **sb's old ~** (*hum*) jds alter Freund/alte Freundin *fam*; **to make ~s [with sb]** sich *akk* [mit jdm] anfreunden, Freund gewinnen *geh*; **a ~ of mine/his/hers/yours** ein Freund *m*/eine Freundin von mir/ihm/ihr/dir; ■**to be ~s [with sb]** [mit jdm] befreundet sein ❷ (*form of address*) mein Freund/meine Freundin; **my honourable ~** BRIT POL mein Herr Vorredner/meine Frau Vorrednerin; **my right honourable ~** BRIT POL mein sehr verehrter Herr Kollege Abgeordneter/meine sehr verehrte Frau Kollegin Abgeordnete; **my learned ~** BRIT LAW mein verehrter Herr Kollege/meine verehrte Frau Kollegin; **my noble ~** BRIT POL mein verehrter Freund/meine verehrte Freundin ❸ (*sympathizer*) Freund(in) *m(f)*, Befürworter(in) *m(f)*; ***she's no ~ of the Socialists*** sie ist keine Anhängerin der Sozialisten; **to be a ~ of a society** unterstützendes Mitglied einer Gesellschaft sein ► PHRASES: **to have a ~ at court** [*or* **to have ~s in high places**] einen einflussreichen Freund [*o* einflussreiche Freunde] haben; **with ~s like these, who needs enemies?** wer braucht Feinde, wenn er Freunde wie diese hat?; **a ~ in need is a ~ indeed** (*prov*) ein Freund in der Not ist ein wahrer Freund; **how to win ~s and influence people** (*esp iron*) wie man sich *dat* Freunde und Einfluss verschafft; **what are ~s for?** wofür hat man Freunde?; **that's what ~s are for** dafür hat man Freunde

Friend [frend] *n* Quäker(in) *m(f)*; **the Society of ~s** die Gemeinschaft der Quäker [*o* Gesellschaft der Freunde]

friendless ['frendləs] *adj inv* ohne Freund[e]

friendliness ['frendlɪnəs] *n no pl* Freundlichkeit *f*; **to show ~ towards** [*or* **to**] **sb** jdm freundlich gesinnt sein *geh*

friendly ['frendli] **I.** *adj* ❶ (*showing friendship*) freundlich; **to be on ~ terms with sb** mit jdm auf freundschaftlichem Fuß stehen; ■**to be ~ towards** [*or* **to**] **sb** zu jdm freundlich sein; ■**to be ~ with sb** mit jdm befreundet sein ❷ (*of place, atmosphere*) angenehm ❸ (*not competitive*) freundschaftlich; **~ match** Freundschaftsspiel *nt* ❹ (*allied*) freundlich gesinnt; **~ country** befreundetes Land **II.** *n* BRIT SPORTS Freundschaftsspiel *nt*

friendly fire *n no pl* MIL Beschuss *m* durch die eigene Seite **friendly society** *n* BRIT Versicherungskasse *f*

friendship ['fren(d)ʃɪp] *n* ❶ (*relationship*) Freundschaft *f* (**with** mit +*dat*); **close/deep ~** enge/tiefe Freundschaft; **to strike up a ~ [with sb]** [mit jdm] Freundschaft schließen, sich *akk* [mit jdm] anfreunden ❷ *no pl* (*feeling*) Freundschaftlichkeit *f*; **to hold out the hand of ~ to sb** jdm die Freundschaft anbieten; **the ties of ~** die freundschaftlichen Bande *geh*

Friends of the Earth *npl* Friends of the Earth (*britische Umweltvereinigung*)

frier *n see* **fryer**

fries [fraɪz] *npl* AM Pommes frites *pl*

Friesian ['friːziən] *n* BRIT, AUS, **Friesland** ['friːzlənd] *n* SA [holstein-]friesisches Rind

frieze [friːz] *n* ARCHIT Fries *m*

frig[1] [frɪdʒ] *n* BRIT (*old*) *see* **fridge**

frig[2] [frɪg] (*vulg sl*) **I.** *n* (*exclamation*) ■**~!** Wichser! *pej derb* **II.** *vi* <-gg-> ❶ (*have sex*) vögeln *vulg*, ficken *derb* ❷ (*masturbate*) *man* sich *dat* einen runterholen *vulg*, wichsen *derb* **III.** *vt* <-gg-> ■**to ~ sb** jdn vögeln *vulg* [*o derb* ficken]

◆**frig about**, **frig around** *vi* (*fam!*) herumblödeln *fam*

frigate ['frɪgət] *n* MIL, NAUT Fregatte *f*

frigging ['frɪgɪŋ] *adj attr, inv* (*fam!*) verdammte(r,s) *fam*; ***don't drop the ~ thing*** lass das verdammte Ding nicht fallen *fam*

fright [fraɪt] *n* ❶ *no pl* (*feeling*) Angst *f*; **to take ~ [at sth]** [vor etw *dat*] Angst bekommen ❷ *usu sing* (*experience*) Schrecken *m*; **to get a ~** erschrecken; **to give sb a ~** jdn erschrecken, jdm einen Schrecken einjagen; **to have the ~ of one's life** zu Tode erschrecken, den Schock seines Lebens bekommen *fam* ❸ (*dated fam: of appearance*) Vogelscheuche *f*; **to look a ~** scheußlich [*o* wie eine Vogelscheuche] aussehen *fam*

frighten ['fraɪtᵊn] **I.** *vt* ■**to ~ sb** jdn erschrecken, jdm Angst machen; **to ~ sb to death** jdn zu Tode erschrecken; **to ~ the life** [*or* **the [living] daylights**] **out of sb** jdn furchtbar erschrecken; **to ~ sb into silence/submission** jdn zum Schweigen/Aufgeben bringen; ■**to ~ sb out of doing sth** jdn von etw *dat* abschrecken **II.** *vi* erschrecken; **to [not] ~ easily** [nicht] leicht Angst bekommen

◆**frighten away** *vt* ❶ (*scare off*) ■**to ~ away** ⊂ **sb/an animal** jdn/ein Tier verscheuchen ❷ (*deter*) ■**to ~ away** ⊂ **sb** jdn abschrecken

◆**frighten off** *vt* ■**to ~ sb** ⊂ **off [sth]** jdn [von etw *dat*] abschrecken

frightened ['fraɪtᵊnd] *adj* verängstigt; ■**to be ~ of sth/sb** sich *akk* vor etw/jdm fürchten; ■**to be ~ of doing** [*or* **to do**] **sth** Angst [davor] haben, etw zu tun; ■**to be ~ [that] …** Angst haben, [dass] …; **to be ~ to death** zu Tode erschrocken sein

frighteners ['fraɪtᵊnəz] *npl* BRIT (*fam*) **to put the ~ on sb** jdm Angst einjagen

frightening ['fraɪtᵊnɪŋ] *adj* Furcht erregend, beängstigend

frighteningly ['fraɪtᵊnɪŋli] *adv* erschreckend

frightful ['fraɪtfᵊl] *adj* ❶ (*bad*) entsetzlich *a. fam* ❷ (*extreme*) schrecklich *a. fam*, furchtbar *a. fam*; **to get inot ~ trouble** furchtbaren Ärger bekommen

frightfully ['fraɪtfᵊli] *adv* (*fam*) schrecklich *fam*; ***that's ~ decent of you*** das ist furchtbar nett von Ihnen *fam*

frigid ['frɪdʒɪd] *adj* ❶ (*of temperature*) eisig, saukalt *fam* ❷ (*sexually*) frigid[e] ❸ (*of manner*) frostig

frigidity [frɪ'dʒɪdəti, AM -t̬-] *n no pl* ❶ (*of sexuality*) Frigidität *f* ❷ (*of temperature*) Kälte *f* ❸ (*fig: of manner*) Kälte *f*, Frostigkeit *f*

frigidly ['frɪdʒɪdli] *adv* frostig

Frigid Zone *n* Polarzone *f*

frill [frɪl] *n* ❶ (*cloth*) Rüsche *f* ❷ (*paper*) [Papier]manschette *f* ❸ ZOOL Kragen *m* ❹ (*fig fam: extras*) ■**~s** *pl* Schnickschnack *m fam*; **no ~s** ohne Schnickschnack *fam*

frilled [frɪld] *adj* gekräuselt; **~ skirt** Rüschenrock *m*

frilly ['frɪli] *adj* Rüschen-

fringe [frɪndʒ] **I.** *n* ❶ (*edging*) Franse *f*; **~ of bushes/reeds** Busch-/Schilfgürtel *m* ❷ BRIT, AUS (*hair*) Pony *m* ❸ (*of area*) Rand *m*; **on the ~ of the wood** am Waldrand ❹ + *sing/pl vb* (*fig: of group, activity*) ***the radical ~ of the party*** der radikale Flügel der Partei; **on the ~s of society** am Rand der Gesellschaft; **the lunatic ~** die Extremisten *mpl* ❺ BRIT ART ■**the ~** die Alternativszene; ***the Bath Festival F~*** das Alternativfestival von Bath **II.** *vt usu passive* ■**to ~ sth** *area, water* etw umgeben; *cloth* etw umsäumen **III.** *adj inv* ❶ (*not mainstream*) Rand-; **~ character** FILM, THEAT Nebenrolle *f*; **~ medicine** BRIT Alternativmedizin *f* ❷ BRIT (*of art*) Alternativ-

fringe benefit *n* ECON Zusatzleistung *f*

fringed [frɪndʒd] *adj inv* umgrenzt; ***handkerchiefs ~ with lace*** spitzenumrandete Taschentücher; **to be ~ with flowers/hedges** (*fig*) von Blumen/Hecken umgeben sein

fringe dweller *n* AUS Bewohner(in) *m(f)* eines Armutsviertels (*am Rande einer Stadt*) **fringe theatre** *n no pl* BRIT Alternativtheater *nt*

frippery ['frɪpᵊri] *n* (*pej*) ❶ *no pl* (*decoration*) Tand *m veraltend*; (*knicknacks*) Kinkerlitzchen *pl fam* ❷ (*objects*) ■**fripperies** *pl* Firlefanz *m pej fam*

frisbee® ['frɪzbi] *n* ❶ (*toy*) Frisbee® *nt* ❷ *no pl* (*game*) Frisbeespiel *nt*; **to play ~** Frisbee spielen

frisée ['friːzeɪ, AM friː'zeɪ] *n no pl* Frisee *m*

Frisian ['frɪziən, AM 'frɪʒən] **I.** *adj inv* friesisch, Friesen- **II.** *n* Friese, -in *m, f*

frisk [frɪsk] **I.** *vi* ■**to ~ [about]** herumtollen **II.** *vt* ❶ (*search*) ■**to ~ sb** jdn abtasten; ■**to ~ sb for sth** jdn nach etw *dat* durchsuchen ❷ (*move back and forth*) ■**to ~ sth [about]** etw hin- und herbewegen; ***the cat ~ed her tail about*** die Katze wedelte mit ihrem Schwanz herum; ***the pony ~ed its ears*** das Pony stellte seine Ohren vor und zurück **III.** *n* ❶ (*body search*) Durchsuchen *nt*, Filzen *nt fam* ❷ (*skip*) [Freuden]sprung *m*

friskily ['frɪskɪli] *adv* ausgelassen

friskiness ['frɪskɪnəs] *n no pl* Ausgelassenheit *f*; *of young animals* Verspieltheit *f*

frisky ['frɪski] *adj* ❶ (*energetic*) ausgelassen; **~ horse** lebhaftes Pferd ❷ (*fam: sexually playful*) verspielt

frisson ['friːsɔ̃ː(ŋ), AM friː'soʊn] *n* Schauer *m*

frittata [frɪ'tɑːtə, AM -ɑːt̬ə] *n* FOOD Frittate *f*

fritter ['frɪtəʳ, AM -t̬ɚ] **I.** *n* Fettgebackenes *nt* (*mit Obst-/Gemüsefüllung*); **apple/corn ~s** ausgebackene Apfelscheiben/überbackener Mais **II.** *vt* ■**to ~ away** ⊂ **sth** etw vergeuden; *money* etw verschleudern; **to ~ away the day/time** den Tag/die Zeit vertrödeln *fam*

fritz [frɪts] *n no pl* **to go on the ~** AM (*sl*) den Geist aufgeben *fam*

frivolity [frɪ'vɒləti, AM -'vɑːlɪt̬i] *n* ❶ *no pl* (*lack of seriousness*) Frivolität *f* ❷ (*activities*) ■**frivolities**

pl Banalitäten *fpl*

frivolous ['frɪvᵊləs] *adj* ① (*pej: silly*) leichtfertig; ~ **complaint** LAW leichtfertig erhobene Beschwerde; ~ **action** LAW leichtfertig erhobene Klage ② (*pej: unimportant*) belanglos ③ (*not serious*) frivol; ***I want to spend this money on completely ~ things*** ich möchte das Geld für völlig verrückte Dinge ausgeben *fam*

frivolously ['frɪvᵊləsli] *adv* leichtfertig

frivolousness ['frɪvᵊləsnəs] *n no pl* ① (*silliness*) Leichtfertigkeit *f* ② (*irrelevance*) Bedeutungslosigkeit *f*

frizz [frɪz] **I.** *vt* **to ~ one's/sb's hair** das/jds Haar kräuseln **II.** *vi hair* sich *akk* kräuseln **III.** *n no pl* ① (*usu pej: curly state*) Krause *f* ② (*curly hairstyle*) Kraushaar *nt*, gekraustes Haar

frizzle ['frɪzl̩] **I.** *vt* ■**to ~ sth** etw brutzeln [*o* braten] **II.** *n no pl* Brutzeln *nt*

frizzled ['frɪzl̩d] *adj* verbraten

frizzy ['frɪzi] *adj* gekräuselt

FRN [ˌefɑːr'en] *n* ECON, FIN *abbrev of* **floating rate note** *Schuldverschreibung mit variabler Verzinsung*

fro [frəʊ, AM froʊ] *adv* **to and ~** hin und her

frock [frɒk, AM frɑːk] *n* (*dated*) Kleid *nt*; **a posh ~** BRIT (*hum*) ein Ausgehkleid *nt*

frock coat *n* Gehrock *m*

frog¹ [frɒg, AM frɑːg] *n* (*animal*) Frosch *m* ▶ PHRASES: **~s and snails and puppy dogs' tails** (*saying*) lauter unangenehme Dinge; **to have a ~ in one's throat** einen Frosch im Hals haben *fam*

frog² [frɒg, AM frɑːg] *n* (*fastening*) Posamentenverschluss *m*

Frog [frɒg, AM frɑːg] (*pej!*) **I.** *n* (*fam*) Franzmann *m veraltend fam*, Scheißfranzose, Scheißfranzösin *m, f pej derb* **II.** *adj* (*fam*) französisch

frogging ['frɒgɪŋ, AM 'frɑːg-] *n no pl* Posament *nt*

Froggy <*pl* -ies> ['frɒgi, AM 'frɑːgi] *n* BRIT (*pej fam*) Franzmann *m veraltet fam*, Franzose, Französin *m, f*

frogman *n* Froschmann *m* **frogmarch** *vt* ■**to ~ sb somewhere** jdn irgendwohin [fort]schleppen; ***soldiers ~ed several protesters away from the square*** Soldaten führten mehrere Demonstranten gewaltsam vom Platz ab **frogspawn** *n no pl* Froschlaich *m*

frolic ['frɒlɪk, AM 'frɑː-] **I.** *vi* <-ck-> ① (*play*) herumtollen ② (*be flirtatious*) [herum]flirten *fam* **II.** *n usu pl* ① (*play*) Herumgetolle *nt*; (*fun*) Spaß *m kein pl*; **fun and ~s** Spaß und Vergnügen ② (*flirt*) Flirt *m* ③ LAW **~ of his own** zum eigenen Vergnügen

frolicsome ['frɒlɪksəm, AM 'frɑː-] *adj* (*dated*) ausgelassen

from [frɒm, frəm, AM frɑːm, frəm] *prep* ① (*off*) von +*dat*; ***please get me that letter ~ the table*** gib mir bitte den Brief von dem Tisch; (*out of*) aus +*dat*; ***he took a handkerchief ~ his pocket*** er nahm ein Taschentuch aus seiner Hosentasche; *after vb*; ***I'm so happy that the baby eats ~ the table already*** ich bin so froh, dass das Baby jetzt schon am Tisch isst ② (*as seen from*) von *dat* ... [aus]; ***you can see the island ~ here*** von hier aus kann man die Insel sehen; (*fig*) ***she was talking ~ her own experience of the problem*** sie sprach aus eigener Erfahrung mit dem Problem; **~ sb's point of view** aus jds Sicht ③ *after vb* (*as starting location*) von +*dat*; ***the wind comes ~ the north*** der Wind kommt von Norden; **a flight leaving ~ the nearest airport** ein Flug vom nächstgelegenen Flughafen; *after n*; **the flight ~ Amsterdam** der Flug von Amsterdam; ***the water bubbled out ~ the spring*** das Wasser sprudelte aus der Quelle; ■**~ sth to sth** (*between places*) von etw *dat* nach etw *dat*; ***my dad goes often ~ Washington to Florida*** mein Vater reist oft von Washington nach Florida; (*indicating desultoriness*) von etw *dat* in etw *dat*; ***the woman walked ~ room to room*** die Frau lief vom einen Raum in den anderen ④ (*as starting time*) von +*dat*, ab +*dat*; ***the price will rise by 3p a litre ~ tomorrow*** der Preis seigt ab morgen um 3 Pence pro Liter; **~ the thirteenth century** aus dem dreizehnten Jahrhundert; ■**~ sth to sth** von etw *dat* bis etw *dat*; ***the show will run ~ 10 a.m. to 2 p.m.*** die Show dauert von 10.00 Uhr bis 14.00 Uhr; **~ start to finish** vom Anfang bis zum Ende; **~ day to day** von Tag zu Tag, täglich; ***her strength improved steadily ~ day to day*** sie wurden jeden Tag ein bißchen stärker; **~ hour to hour** von Stunde zu Stunde, stündlich; **~ time to time** von Zeit zu Zeit, ab und zu; **~ that day** [*or* **time**] **on**[**wards**] von diesem Tag [an], seitdem; ***they were friends ~ that day on*** seit diesem Tag sind Sie Freunde; **~ now/then on** von da an, seither; **as ~ ...** *esp* BRIT ab ... +*dat*; ***as ~ 1 January, a free market will be created*** ab dem 1. Januar haben wir einen freien Markt ⑤ (*as starting condition*) bei +*dat*; ***prices start ~ £2.99*** die Preise beginnen bei 2,99 Pfund; ■**~ sth to sth** von etw *dat* auf etw *dat*; ***the number has risen ~ 25 to 200 in three years*** die Anzahl ist in drei Jahren von 25 auf 200 gestiegen; ***she translated into German ~ the Latin text*** sie übersetzte aus dem Lateinischen ins Deutsche; ***things went ~ bad to worse*** die Situation wurde noch schlimmer; **~ strength to strength** immer besser; ***she has gone ~ strength to strength*** sie eilte von Erfolg zu Erfolg; ***tickets will cost ~ $10 to $45*** die Karten kosten zwischen $10 und $45; **~ soup to nuts** alles zusammen; ***the whole dinner, ~ soup to nuts, costs $55*** das ganze Essen mit allem drum und dran kostet $55; ***anything ~ geography to history*** alles von A bis Z ⑥ *after n* (*at distance to*) von +*dat*; ***we're about a mile ~ home*** wir sind ca. eine Meile von zu Hause entfernt; **a day's walk ~ her camping spot** eine Tageswanderung von ihrem Zeltplatz; ■**~ sth to sth** von etw *dat* zu etw *dat*; ***it's about two kilometres ~ the airport to your hotel*** der Flughafen ist rund zwei Kilomenter vom Hotel entfernt ⑦ (*originating in*) ■**~ sth** aus +*dat*; ***though ~ working-class parents, he made it to the Fortune 500 list*** obwohl er als Arbeiterkind aufwuchs, ist er heute unter den 500 Reichsten der Welt; ***my mother is ~ France*** meine Mutter stammt aus Frankreich; ***I'm ~ New York*** ich komme aus New York; ***daylight comes ~ the sun*** das Tageslicht kommt von der Sonne ⑧ *after vb* (*in temporary location*) von +*dat*, aus +*dat*; ***he hasn't returned ~ work yet*** er ist noch nicht von der Arbeit zurück; ***she called him ~ the hotel*** sie rief mich aus dem Hotal an; *after adj*; ***they're here fresh ~ the States*** sie sind gerade aus den USA angekommen; *after n*; ***his return ~ the army was celebrated*** seine Rückkehr aus der Armee wurde gefeiert; ■**sb ~ sth** von +*dat*; ***they sent someone ~ the local newspaper*** sie schickten jemanden von der örtlichen Zeitung ⑨ *after vb* (*as source*) von +*dat*; ***can I borrow $10 ~ you?*** kann ich mir 10 Dollar von dir leihen?; ***the vegetables come ~ an organic farm*** das Gemüse kommt von einem Biobauernhof; *after n*; ■**sth ~ sb** [**to sb/sth**] etw von jdm (für jdn/etw); ***I wonder who this card is ~*** ich frage mich, von wem wohl diese Karte ist; ***this is a present ~ me to you*** das ist ein Geschenk von mir für dich ⑩ (*made of*) ■**~ sth** aus etw *dat*; ***the seats are made ~ leather*** die Sitze sind aus Leder; *after n*; ***in America, most people buy toys ~ plastic*** in Amerika kaufen die meisten Leute Spielzeug aus Plastik ⑪ *after vb* (*removed from*) aus +*dat*; **to extract usable fuel ~ crude oil** verwertbaren Brennstoff aus Rohöhl gewinnen; ***they took the child ~ its parents*** sie nahmen das Kind von seinen Eltern weg; *after adj*; ***he knows right ~ wrong*** er kann gut und böse unterscheiden; **sth** [**subtracted**] **~ sth** MATH etw minus etw *dat*; ***three ~ sixteen is thirteen*** sechzehn minus drei ist dreizehn ⑫ (*considering*) aufgrund +*gen*, wegen +*gen*; **to conclude ~ the evidence that** aufgrund des Beweismaterials zu dem Schluss kommen, dass; **to make a conclusion from sth** wegen etw *gen* zu einem Schluss kommen; **information obtained ~ papers and books** Informationen aus Zeitungen und Büchern; ***~ looking at the clouds, I would say it's going to rain later*** wenn ich mir die Wolken so ansehe, würde ich sagen, es wird bald Regen geben ⑬ *after vb* (*caused by*) an +*dat*; ***he died ~ his injuries*** er starb an seinen Verletzungen; ***she suffers ~ arthritis*** sie leidet unter Arthritis; ■**to do sth ~ sth** etw aus etw *dat* tun; ***he did it ~ jealousy*** er hat es aus Eifersucht getan; ■**to do sth ~ doing sth** etw durch etw *akk* tun; ***she made her fortune ~ investing in property*** sie hat ihr Vermögen durch Investitionen in Grundstücke gemacht; *after adj*; **to get sick ~ salmonella** sich *akk* mit Salmonellen infizieren; *after n*; **to reduce the risk ~ radiation** das Risiko einer Verstrahlung reduzieren; ***they got a lot of happiness ~ hearing the news*** sie haben sich über die Neuigkeiten unheimlich gefreut ⑭ *after vb* (*indicating protection*) vor +*dat*; **to guard sb ~ sth** jdn vor etw *dat* schützen; ***they insulated their house ~ the cold*** sie dämmten ihr Haus gegen die Kälte; *after n*; ***they found shelter ~ the storm*** sie fanden Schutz vor dem Sturm ⑮ *after vb* (*indicating prevention*) vor +*dat*; ***the truth was kept ~ the public*** die Wahrheit wurde vor der Öffentlichkeit geheim gehalten; ***the bank loan saved her company ~ bankruptcy*** das Bankdarlehen rettete die Firma vor der Pleite; ***he saved him ~ death*** er rettete ihm das Leben; ***he has been banned ~ driving for six months*** er darf sechs Monate lang nicht Auto fahren; ■**~ doing sth** von etw *dat*; ***he boss tried to discourage her ~ looking for a new job*** ihr Chef versuchte, sie davon abzubringen, nach einem neuen Job zu suchen ⑯ *after vb* (*indicating distinction*) von +*dat*; ***conditions vary ~ one employer to another*** die Bedinungen sind von Arbeitgeber zu Arbeitgeber unterschiedlich; ***he knows his friends ~ his enemies*** er kann seine Freunde von seinen Feinden unterscheiden; *after adj*; ***his opinion could hardly be more different ~ mine*** unsere Meinungen können kaum noch unterschiedlicher sein ▶ PHRASES: **~ the bottom of one's heart** aus tiefstem Herzen

fromage frais [ˌfrɒmɑːʒ'freɪ, AM frəˌmɑːʒ'-] *n no pl* Frischkäse *m*

frond [frɒnd, AM frɑːnd] *n* Wedel *m*; **palm ~** Palmwedel *m*

front [frʌnt] **I.** *n* ① *usu sing* (*forward-facing part*) Vorderseite *f*; ***shall I lie on my ~ or my back?*** soll ich mich auf den Bauch oder auf den Rücken legen?; ***please turn round and face the ~*** bitte drehen Sie sich um und schauen Sie nach vorn; **~ of a building** Front *f* eines Gebäudes; **~ of a pullover** Vorderteil *m* eines Pullovers; **to put sth on back to ~** etw verkehrt herum anziehen; ■**from the ~** von vorne; **to lead from the ~** die Spitze anführen ② (*front area*) ■**the ~** der vordere Bereich; ***we want seats as near the ~ as possible*** wir wollen möglichst weit vorne sitzen; **the ~ of a crowd** die Spitze einer Menge; ■**at the ~** vorn[e]; ***she got us seats right at the ~*** sie hat uns Sitze in der vordersten Reihe besorgt ③ (*ahead of*) ■**in ~** vorn[e]; ***the lady in the row in ~*** die Dame in der Reihe vor uns; ■**to be in ~** SPORTS in Führung liegen; ■**in ~ of sth/sb** vor etw/jdm; **in ~ of other people/the children/witnesses** vor anderen Menschen/den Kindern/Zeugen ④ (*book cover*) [vorderer] Buchdeckel; (*first pages*) Anfang *m* ⑤ THEAT (*in the auditorium*) ■**out ~** im Publikum; **to go out ~** vor den Vorhang treten ⑥ (*fam: in advance*) ■**up ~** im Voraus ⑦ (*fig: deception*) Fassade *f oft pej*; ***the restaurant is a ~ for a drug-smuggling gang*** das Restaurant dient nur als Deckadresse für eine Drogenschmugglerbande; **to put on a bold** [*or* **brave**] **~** kühn [*o* mutig] auftreten ⑧ MIL, METEO, POL Front *f*; ***the ~ for the Liberation of Palestine*** die palästinensische Befreiungsarmee; ■**the ~** MIL die Front; **a cold/warm ~** METEO eine Kalt-/Warmfront; **a united ~** POL eine geschlossene Front ⑨ (*area of activity*) Front *f*; **on the domestic/work ~** an der Heim-/Arbeitsfront; **on the employment ~** im Beschäftigungsbereich ⑩ *usu sing* (*beside sea*) [Strand]promenade *f*; **the lake/river ~** die Uferpromenade ⑪ *no pl* (*fam: impudence*) Unverschämtheit *f*, Frechheit *f* **II.** *adj inv* ① (*at the front*) vorderste(r,s); ***I like sitting in the ~ seats at the cinema*** ich sitze gerne auf den vorderen Plätzen im Kino; **~ leg** Vorderbein *nt*; **~ teeth**

Schneidezähne *mpl;* ~ **wheel** Vorderrad *nt* ❷ (*concealing*) Deck-; ~ **operation** Deckfirma *f* **III.** *vt* ❶ (*face onto*) ■ **to** ~ **sth** einer S. *dat* gegenüberliegen; ***all the apartments*** ~ ***the sea*** alle Wohnungen gehen zum Meer hinaus ❷ *usu passive* ARCHIT (*put a facade on*) ■ **to be** ~**ed** verkleidet sein; **to be** ~**ed with timber** mit Holz verkleidet sein ❸ (*be head of*) ■ **to** ~ **sth** einer S. *dat* vorstehen; **to** ~ **a department** eine Abteilung leiten ❹ TV (*be presenter*) ■ **to** ~ **sth** etw moderieren **IV.** *vi* ❶ (*face*) ***the house*** ~***s north*** das Haus geht nach Norden [hinaus]; ***our cottage*** ~***s onto the village green*** unser Häuschen liegt zur Dorfwiese hin ❷ (*be front man*) ■ **to** ~ **for sth** für etw *akk* den Strohmann spielen

frontage [ˈfrʌntɪdʒ, AM -t̬-] *n* ❶ (*side of building*) [Vorder]front *f* ❷ (*direction*) Ausrichtung *f;* ***these apartments have a delightful dockside*** ~ diese Wohnungen liegen wunderbar am Hafen ❸ (*land*) Grundstück *nt;* ***the accommodation is set in a garden with canal*** ~ die Unterkunft befindet sich in einem Garten, der zum Kanal hin liegt

frontage road *n* AM (*service road*) Nebenfahrbahn *f*

frontal [ˈfrʌntᵊl, AM -t̬-] **I.** *adj attr, inv* Frontal-; ~ **assault** [*or* **attack**] Frontalangriff *m;* ~ **impact** Frontalzusammenstoß *m;* ~ **nudity** völlige Nacktheit; ~ **view** Vorderansicht *f* **II.** *n* REL Antependium *nt fachspr,* Frontale *nt*

frontal lobe *n* ANAT Stirnlappen *m* **frontal lobotomy** *n* MED Frontotomie *f* **frontal system** *n* METEO Frontensystem *nt*

front bench *n* BRIT POL vordere Sitzreihe (*für führende Regierungs- und Oppositionspolitiker*)

front-bench *adj attr, inv* BRIT POL der führenden Fraktionsmitglieder *nach n;* ~ **team** politische Führungsmannschaft **frontbencher** *n* BRIT POL führender Politiker, führende Politikerin *m, f* **front cover** *n* Titelseite *f* **front door** *n* Vordertür *f; of a house* Haustür *f* **front-end I.** *adj attr* ❶ AUTO Vorder- ❷ COMPUT Frontend- ❸ (*fam: of money*) Voraus-; ECON, FIN am Anfang der Laufzeit liegend; ~ **fee** Gebühren *pl,* die zu Beginn der Laufzeit fällig sind; ~ **loaded** Fälligkeit *f* anfallender Gebühren am Anfang der Laufzeit **II.** *n* COMPUT Front End *nt fachspr,* Emulator *m fachspr* **front garden** *n* Vorgarten *m*

frontier [frʌnˈtɪəʳ, AM -ˈtɪr] *n* ❶ (*boundry*) Grenze *f;* **internal** ~ Binnengrenze *f* ❷ *esp* AM (*outlying areas*) ■ **the** ~ das Grenzland ❸ (*of knowledge*) Neuland *nt kein pl*

frontiersman *n* Grenzer *m* **frontierswoman** *n* Grenzerin *f*

frontispiece [ˈfrʌntɪspiːs, AM -t̬-] *n* Frontispiz *nt fachspr,* Titelbild *nt*

front line *n* ❶ MIL (*combat zone*) Frontlinie *f* ❷ (*fig: position*) vorderste Front; ***our undercover agents are in the*** ~ ***of the fight against drugs*** unsere verdeckten Ermittler kämpfen an an vorderster Front gegen Drogen **front-line** *adj attr, inv* MIL Front- **front-line states** *npl Länder, die an Kriegsgebiete grenzen* **front loader** *n* Frontlader *m* **front man** *n* ❶ (*for illegal organization*) Strohmann *m* ❷ (*presenter*) Moderator *m* ❸ (*of pop group*) Leadsänger *m* **front money** *n no pl* ECON, FIN Vorauszahlung *f* **front-of-house I.** *n no pl* THEAT Organisation *f* **II.** *adj attr, inv* Organisations- **front page** *n* Titelseite *f;* **to make the** ~ auf die Titelseite kommen **front-page** *adj attr, inv* auf der Titelseite [*o* ersten Seite] *nach n;* ~ **story** Titelgeschichte *f* **front room** *n esp* BRIT Wohnzimmer *nt* **front-row forward** *n* (*in rugby*) Stürmer(in) *m(f)* **front-runner** *n* (*also fig*) Spitzenreiter(in) *m(f)* **front seat** *n* ❶ AUTO Vordersitz *m* ❷ (*theatre, cinema seat*) Platz *m* in den ersten Reihen; **to have a** ~ [**for sth**] (*fig*) [bei etw *dat*] einen Logenplatz haben *fig* **front-wheel drive I.** *n* Vorderradantrieb *m* **II.** *adj inv* mit Vorderradantrieb *nach n* **front woman** *n* ❶ (*for illegal organization*) Strohmann *m* (**for** für +*akk*) ❷ (*presenter*) Moderatorin *f* ❸ (*of pop group*) Leadsängerin *f*

frosh [frɑːʃ] *n* AM (*fam: fresher*) Erstsemester *nt fam*

frost [frɒst, AM frɑːst] **I.** *n* ❶ (*cold period*) Frost *m;* **early/late** ~ früher/später Frost ❷ *no pl* (*sub-zero temperature*) Frost *m;* **12/15 degrees of** ~ 12/15 Grad minus [*o* unter Null]; **ground** ~ Bodenfrost *m* ❸ (*hoarfrost*) Raureif *m* ❹ (*of manner*) Frostigkeit *f* **II.** *vt* ❶ (*cover with frost*) ■ **to** ~ **sth** *tree, leaves, bush* etw mit Raureif überziehen ❷ AM (*cover with icing*) ■ **to** ~ **sth** etw glasieren ❸ AM (*of streaks*) **to have one's hair** ~**ed** sich *dat* blonde Strähnchen machen lassen ❹ *usu passive* (*damage or kill by frost*) ■ **to be** ~**ed** erfroren sein ❺ (*make opaque*) **to** ~ **glass** Glas mattieren; ~**ed glass** Milchglas *nt*
◆**frost over, frost up** *vi* Raureif bilden; ***the lawn had*** ~***ed over during the night*** auf dem Rasen hatte sich über Nacht Raureif gebildet

frostbite *n no pl* Erfrierung *f;* (*chilblain*) Frostbeule *f* **frostbitten** *adj person, toes, fingers* erfroren **frostbound** *adj* [hart] gefroren

frosted [ˈfrɒstɪd, AM ˈfrɑːs-] *adj inv* ❶ (*covered with frost*) mit Raureif bedeckt ❷ AM (*covered with icing*) glasiert ❸ (*opaque*) matt[iert]; ~ **glass** Milchglas *nt*

frostily [ˈfrɒstɪli, AM ˈfrɑːst-] *adv* frostig, eisig

frostiness [ˈfrɒstɪnəs, AM ˈfrɑːst-] *n no pl* ❶ (*of weather*) Eiseskälte *f* ❷ (*unfriendliness*) Frostigkeit *f;* (*of atmosphere*) kühle Atmosphäre

frosting [ˈfrɒstɪŋ, AM ˈfrɑːst-] *n no pl* ❶ (*of surface*) Mattierung *f* ❷ AM (*icing*) Glasur *f*

frost line *n* AM Frostgrenze *f*

frosty [ˈfrɒsti, AM ˈfrɑːsti] *adj* ❶ (*very cold*) frostig ❷ (*covered with frost*) vereist ❸ (*unfriendly*) frostig; *atmosphere* kühl

froth [frɒθ, AM frɑːθ] **I.** *n no pl* ❶ (*small bubbles*) Schaum *m* ❷ (*soft mass*) Stoffgebilde *nt* ❸ (*esp pej: light entertainment*) seichte Unterhaltung ▸ PHRASES: **to get into a** ~ durchdrehen, ausflippen *fam* **II.** *vi* schäumen; **to** ~ **at the mouth** (*form bubbles*) Schaum vor dem Mund haben; (*fig: be very angry*) vor Wut schäumen **III.** *vt* ■ **to** ~ **sth** [**up**] etw aufschäumen; ***shake the drink before you serve it to*** ~ ***it up*** das Getränk vor dem Servieren durch Schütteln aufschäumen

frothy [ˈfrɒθi, AM ˈfrɑː-] *adj* ❶ (*of substance*) schaumig ❷ (*of entertainment*) seicht

frou-frou [ˈfruːfruː] *n* ❶ (*exaggerated clothing*) Flitter *m pej* ❷ *no pl* (*noise*) Rascheln *nt,* Rauschen *nt;* (*of wood, fire*) Knistern *nt*

frown [fraʊn] **I.** *vi* ❶ (*showing displeasure*) die Stirn runzeln; ■ **to** ~ **at sb/sth** jdn/etw missbilligend ansehen; ■ **to** ~ **on** [*or* **upon**] **sth** etw missbilligen; ***that sort of behaviour is definitely*** ~***ed upon in polite society*** dieses Benehmen ist in der feinen Gesellschaft absolut verpönt ❷ (*in thought*) nachdenklich die Stirn runzeln; ■ **to** ~ **at sth** etw nachdenklich betrachten **II.** *n* Stirnrunzeln *nt kein pl;* ***she threw him a warning*** ~ ***as he prepared to scold the child*** sie warf ihm einen warnenden Blick zu, als er das Kind ausschimpfen wollte

frowsty [ˈfraʊsti] *adj* BRIT (*fam*) stickig, miefig *pej fam;* (*smelly*) muffig *fam*

frowsy *adj,* **frowzy** [ˈfraʊzi] *adj* BRIT ❶ (*unkempt*) ungepflegt ❷ (*stuffy*) stickig, miefig *pej fam;* (*smelly*) muffig *fam*

fro-yo [ˈfroʊjoʊ] *n short for* **frozen yogurt** Joghurteis *nt*

froze [frəʊz, AM froʊz] *pt of* **freeze**

frozen [frəʊzᵊn, AM froʊz-] **I.** *pp of* **freeze II.** *adj inv* ❶ (*of water*) gefroren ❷ (*of food*) [tief]gefroren ❸ (*fig: of person*) erfroren; ***you must be*** ~ ***— come inside*** dir muss [doch] eiskalt sein – komm rein ❹ ECON, FIN (*blocked by bank*) eingefroren *fam;* ~ **account** gesperrtes Konto; ~ **assets** eingefrorene Vermögenswerte [*o* Guthaben]; ~ **credits** eingefrorene Kredite

frozen shoulder *n no pl* steife Schulter

fructify <-ie-> [ˈfrʌktɪfaɪ, AM -tə-] (*form*) **I.** *vi* Früchte tragen **II.** *vt* ■ **to** ~ **sth** etw befruchten

fructose [ˈfrʌktəʊs, AM -oʊs] *n no pl* Fruchtzucker *m,* Fructose *f fachspr*

frugal [ˈfruːgᵊl] *adj* ❶ (*economical*) sparsam; *lifestyle* genügsam; ■ **to be** ~ (*live modestly*) beschei[den leben]; (*be economical*) sparsam sein (**with** m[it] +*dat*) ❷ (*of quantity*) karg, frugal; **a** ~ **portion** ein[e] knapp bemessene Portion

frugality [fruːˈgæləti, AM -ət̬i] *n no pl* Genügsam[keit] *f*

frugally [ˈfruːgᵊli] *adv* sparsam; **to live** ~ genügsa[m] leben

fruit [fruːt] **I.** *n* ❶ *no pl* (*edible seedcase*) Frucht *f;* (*collectively*) Obst *nt;* **to bear** ~ Früchte tragen; ■ **t[o] be in** ~ reife Früchte tragen; ***the cherry tree i[n] our garden is in*** ~ an dem Kirschbaum in unseren Garten sind die Früchte reif ❷ (*type of fruit*) Fruch[t] *f;* **the** ~**s of the earth** (*liter*) die Früchte des Felde[s] *geh* ❸ BOT (*seed-bearing part*) Frucht *f* ❹ (*fig: re[sults]*) Ergebnis *nt,* Frucht *f;* **to enjoy the** ~**s o[f] one's labour** die Früchte seiner Arbeit genießen; **t[o] bear** ~ *work* Früchte tragen ❺ (*liter*) **the** ~ **of the/his loins** die Frucht seiner Lenden *geh;* **the** ~ **o[f] the/her womb** die Frucht ihres Leibes *geh* ❻ AM AUS (*pej! sl: homosexual*) Warmer *m pej fam* ❼ (*dated fam: form of address*) **old** ~ alter Knabe *o[f] hum fam* ▸ PHRASES: **forbidden** ~ [**is sweetest**] (*say[ing]*) verbotene Früchte [schmecken am besten] **II.** *v[i]* [Früchte] tragen; ***over the last few years, our apple trees have been*** ~***ing much earlier than usual*** in den letzten paar Jahren haben unsere Apfelbäume viel früher als sonst getragen

fruit bat *n* Flughund *m* **fruitcake** *n* ❶ *no p[l]* Früchtebrot *nt* ❷ (*fam!: eccentric*) Spinner(in) *m(f) pej fam* **fruit cocktail** *n* Früchtecocktail *m* **fruit cup** *n* ❶ BRIT (*drink*) [frisch gepresster] Fruchtsaft ❷ AM (*fruit salad*) Früchtebecher *m*

fruiterer [ˈfruːtᵊrəʳ, AM -t̬ᵊrɚ] *n esp* BRIT Obsthändler(in) *m(f)*

fruit fly *n* Fruchtfliege *f*

fruitful [ˈfruːtfᵊl] *adj* ❶ (*productive*) ertragreich; ~ **discussion** fruchtbare Diskussion ❷ (*liter: fertile*) fruchtbar; ***be*** ~ ***and multiply*** seid fruchtbar und mehret euch

fruitfully [ˈfruːtfᵊli] *adv* nützlich

fruitfulness [ˈfruːtfᵊlnəs] *n no pl* ❶ (*productivity*) Ergiebigkeit *f* ❷ (*liter: bearing fruit*) Fruchtbarkeit *f*

fruitiness [ˈfruːtiːnəs, AM -t̬iːnəs] *n no pl* Fruchtigkeit *f; of voice* Timbre *nt*

fruition [fruˈɪʃᵊn] *n no pl* Verwirklichung *f;* **to come to** [*or* **reach**] ~ verwirklicht werden

fruit knife *n* Obstmesser *nt*

fruitless [ˈfruːtləs] *adj* fruchtlos

fruitlessly [ˈfruːtləsli] *adv* erfolglos

fruitlessness [ˈfruːtləsnəs] *n no pl* Fruchtlosigkeit *f;* (*fig*) Erfolglosigkeit *f*

fruit machine *n* BRIT Spielautomat *m*

fruit salad *n no pl* Obstsalat *m* **fruit sugar** *n no pl* ❶ (*fructose*) Fruchtzucker *m* ❷ CAN (*fine sugar*) feiner Zucker **fruit tree** *n* Obstbaum *m*

fruity [ˈfruːti, AM -t̬i] *adj* ❶ (*of taste*) fruchtig ❷ (*of sound, voice*) klangvoll, sonor ❸ (*fam: risqué*) anzüglich; ~ **remarks** schlüpfrige Bemerkungen

frump [frʌmp] *n* (*pej*) Vogelscheuche *f;* ***this dress makes me look a total*** ~ in diesem Kleid sehe ich absolut unmöglich aus

frumpish [ˈfrʌmpɪʃ] *adj,* **frumpy** [ˈfrʌmpi] *adj* altmodisch; *woman* unattraktiv

frustrate [frʌsˈtreɪt, AM ˈfrʌstreɪt] *vt* ■ **to** ~ **sb** ❶ (*annoy*) jdn frustrieren ❷ (*prevent*) jdn hindern; ***in his attempt to speed up operations he was*** ~***d by the lack of computing facilities*** sein Versuch, die Operationen zu beschleunigen, war wegen der fehlenden Computerausstattung vergebens; ■ **to** ~ **sth** etw zunichte machen

frustrated [frʌsˈtreɪtɪd, AM ˈfrʌstreɪt̬ɪd] *adj* ❶ (*annoyed*) frustriert ❷ *attr* (*prevented*) gescheitert ❸ *attr* (*sexually neglected*) unbefriedigt

frustrating [frʌsˈtreɪtɪŋ, AM ˈfrʌstreɪt̬ɪŋ] *adj* frustrierend

frustratingly [frʌsˈtreɪtɪŋli, AM t̬ɪŋli] *adv* frustrierend[erweise]

frustration [frʌsˈtreɪʃᵊn] *n* ❶ *no pl* (*annoyance*) Frustration *f* ❷ (*feeling*) Frustriertheit *f,* Niedergeschlagenheit *f kein pl;* ***she understood the*** ~***s he***

was feeling sie verstand seine Enttäuschung ③ *no pl* (*prevention*) Vereitelung *f;* **the ~ of desires** die Nichterfüllung von Sehnsüchten

fry [fraɪ] **I.** *npl* junger Fisch ▶ PHRASES: **small** ~ kleine Fische *fam;* (*person*) kleiner Fisch *fam* **II.** *vt* <-ie-> ① (*cook*) ■**to ~ sth** etw braten ② AM (*fam: execute*) ■**to ~ sb** jdn auf dem elektrischen Stuhl hinrichten **III.** *vi* <-ie-> ① (*cook*) braten ② (*fig fam: get sunburnt*) schmoren *fig fam* ③ AM (*fam: be executed*) auf dem elektrischen Stuhl hingerichtet werden

◆**fry up** *vt* ■**to ~ up** ⊂ **sth** etw [auf]braten [*o* in der Pfanne aufwärmen]

fryer ['fraɪəʳ, AM -ɚ] *n* ① (*utensil*) Bratpfanne *f;* **deep-fat ~** Friteuse *f* ② AM (*chicken*) Brathuhn *nt*

frying pan *n* Bratpfanne *f* ▶ PHRASES: **out of the ~ into the fire** vom Regen in die Traufe *fam* **fry-up** *n* BRIT (*fam*) Pfannengericht *nt;* ***shall we have a ~ of yesterday's leftovers for supper?*** sollen wir die Reste von gestern zum Abendessen aufbraten?

FT [,ef'tiː] *n abbrev of* **Financial Times** Financial Times *f* (*Wirtschaftszeitung*)

ft *n* ① *abbrev of* **foot** ft ② *pl abbrev of* **feet** ft

FT Actuaries Share Indices *npl* ECON, FIN Aktienindizes *mpl* der Financial Times

f2f-sex *n* (*sl*) *short for* **face-to-face sex** bezeichnet die physische Begegnung zweier Menschen, im Gegensatz zu Cybersex

FTP *n* COMPUT *abbrev of* **file transfer protocol** FTP

fuchsia ['fjuːʃə] **I.** *n* ① (*plant*) Fuchsie *f* ② *no pl* (*colour*) Fuchsia *nt* **II.** *adj inv* fuchsiafarben

fuck [fʌk] (*vulg sl*) **I.** *n* ① (*act, sexual partner*) Fick *m vulg* ② *no pl* (*used as expletive*) ***they screamed like ~ until someone heard them*** sie schrien wie wild, bis jemand sie hörte; ***who gives a ~ what they think?*** wen interessiert es schon, was sie denken?; ***shut the ~ up!*** halt verdammt noch mal das Maul! *derb, fam;* ***for ~'s sake!*** zum Teufel! *sl;* ■**what/who/why/where the ~ …** was/wer/warum/wo zum Teufel … *fam* **II.** *interj* Scheiße! *derb* **III.** *vt* ① (*have sex with*) ■**to ~ sb** jdn vögeln *vulg;* ***go ~ yourself!*** verpiss dich! *sl,* schleich dich! *bes* SÜDD, ÖSTERR ② (*damn*) ■**to ~ sb/sth** jdn/etw verfluchen; ~ ***what she says*** scheiß doch auf das, was sie sagt; ~ ***that idea*** scheiß auf diese Idee; ~ ***the boss, this is between us*** zum Teufel mit dem Chef, das geht nur uns beide was an; [***oh***] ~ ***it!*** verdammte Scheiße! *derb;* ~ ***me!*** ich glaub, ich spinne! *sl;* ~ ***you!*** leck mich am Arsch! *derb* **IV.** *vi* ① (*have sex*) ficken *vulg* ② (*play mind-games*) ■**to ~ with sb** jdn verscheißern [*o* verarschen] *derb*

◆**fuck about, fuck around** (*vulg sl*) **I.** *vi* herumgammeln *fam* **II.** *vt* ■**to ~ sb** ⊂ **about** [*or* **around**] jdn verarschen *derb*

◆**fuck off** (*vulg sl*) **I.** *vi* sich *akk* verpissen *sl* **II.** *vt* ■**to ~ sb off** jdn ankotzen *derb;* ***it really ~s me off when he says things like that*** es kotzt mich echt an, wenn er solche Sachen sagt

◆**fuck over** *vt* AM (*vulg sl*) ■**to ~ sb over** jdn ausnutzen

◆**fuck up** (*vulg sl*) **I.** *vt* ① (*make a mess of*) ■**to ~ up** ⊂ **sth** etw versauen *fam* ② (*psychologically disturb*) ■**to ~ up** ⊂ **sb** jdn fertig machen *fam;* ***she's been really ~ed up since her parent's divorce*** seit der Scheidung ihrer Eltern ist sie wirklich total fertig **II.** *vi* Scheiß machen *pej derb;* ***please don't ~ up this time*** bau dieses Mal bitte keinen Scheiß *pej derb*

fuck all BRIT **I.** *n no pl* (*vulg sl*) ein Dreck *m fam;* ***I know sweet ~ about this subject*** ich weiß einen Scheißdreck von dieser ganzen Sache **II.** *adj attr, inv* (*vulg sl*) ***it makes ~ difference who tells her*** es ist vollkommen scheißegal, wer es ihr sagt; ***they've got ~ idea what to do*** die haben keinen blassen, was sie tun sollen *fam*

fucked [fʌkt] *adj pred, inv* (*vulg sl*) ① *esp* BRIT (*kaput*) im Arsch *derb;* ***the TV's ~*** der Fernseher ist im Arsch ② (*stymied*) aufgeschmissen *fam;* ***well, if the last bus has gone, we're ~!*** wenn der letzte Bus wirklich schon weg ist, dann sind wir ganz schön beschissen dran ③ (*exhausted*) am Ende *fam;* ***we walked fifteen miles and got home totally ~*** wir sind fünfzehn Meilen gelaufen und kamen total erledigt an

fucker ['fʌkəʳ, AM -ɚ] *n* (*vulg sl*) ① (*stupid person*) Arsch *m derb* ② (*problematic thing*) Dreck *m,* Scheiß *m derb;* ***you hold the ~ and I'll hit it*** du hältst den Scheiß, und ich schlage drauf *pej sl*

fuckhead *n* (*vulg sl*) Arsch *m derb*

fucking ['fʌkɪŋ] (*vulg sl*) **I.** *adj* verdammt *fam;* ~ ***hell!*** verdammte Scheiße! *derb* **II.** *adv* verdammt *fam;* ***he ran ~ fast*** er rannte verdammt schnell **III.** *n no pl* Ficken *nt vulg* **fuck-up** *n no pl* (*vulg sl*) ① (*mess*) Scheiße *f pej derb* ② (*person*) Tollpatsch *m* **fuckwit** *n esp* BRIT (*vulg sl*) Scheißkerl *m derb*

fuddle ['fʌdl] **I.** *vt* ■**to ~ sb** jdn verwirren **II.** *n no pl* ① (*fam: confusion*) Verwirrung *f;* **be/get in a ~** durcheinander sein/kommen ② (*intoxication*) *of alcohol* Rausch *m,* Schwips *m*

fuddled ['fʌdld] *adj* ① (*confused*) verwirrt ② (*intoxicated*) benebelt, beschwipst

fuddy-duddy ['fʌdi,dʌdi] (*fam*) **I.** *n* Grufti *m sl* **II.** *adj* altmodisch

fudge [fʌdʒ] **I.** *n* ① *no pl* (*sweet*) Fondant *m o nt* ② *usu sing* (*pej: compromise*) [fauler] Kompromiss; (*evasion*) Ausweichmanöver *nt* **II.** *vt* (*pej*) ■**to ~ sth** ① (*deal with evasively*) einer S. *dat* ausweichen; **to ~ an issue** einem Thema ausweichen ② (*falsify*) etw frisieren *fam* **III.** *vi* (*pej*) ausweichen, sich *akk* drücken *pej*

fuel ['fjuːəl, AM *also* fjuːl] **I.** *n* ① *no pl* (*power source*) Brennstoff *m;* **nuclear ~ reprocessing plant** atomare Wiederaufbereitungsanlage ② (*petrol*) Benzin *nt;* **leaded/unleaded ~** verbleites/bleifreies Benzin ③ (*type of fuel*) Kraftstoff *m,* Treibstoff *m* ④ *no pl* (*fig: material*) Nahrung *f;* **to add ~ to the fire** [*or* **flames**] Öl ins Feuer gießen **II.** *vt* <BRIT -ll- *or* AM *usu* -l-> ① *usu passive* (*provide with fuel*) ■**to be ~led** [**by sth**] [mit etw *dat*] betrieben werden; ***our central heating system is ~led by gas*** unsere Zentralheizung läuft mit Gas ② (*fig: increase*) ■**to ~ sth** etw nähren *geh;* **to ~ sb's hatred/resentment** jds Hass/Unmut schüren *geh;* **to ~ speculation** Spekulationen anheizen

fuel bill *n* Heizkosten *pl* **fuel capacity** *n no pl* Fassungsvermögen *nt* des Tanks **fuel consumption** *n no pl* Brennstoffverbrauch *m;* TRANSP Treibstoffverbrauch *m* **fuel element** *n* NUCL Brennelement *nt* **fuel gage** *n* AM, **fuel gauge** *n* Tankanzeige *f* **fuel-injected** *adj inv* mit Treibstoffeinspritzung *nach n,* Einspritz- **fuel injection** *n no pl* Treibstoffeinspritzung *f* **fuel-injection engine** *n* Einspritzmotor *m* **fuel oil** *n no pl* Heizöl *nt* **fuel pump** *n* Kraftstoffpumpe *f* **fuel rod** *n* NUCL Brennstab *m* **fuel tank** *n* Treibstofftank *m*

fug [fʌg] *n no pl* BRIT (*pej*) stickige Luft, Mief *m pej sl*

fuggy ['fʌgi] *adj* BRIT stickig

fugitive ['fjuːdʒətɪv, AM -t̬-] **I.** *n* Flüchtige(r) *f(m);* **a ~ from justice** ein flüchtiger Rechtsbrecher/eine flüchtige Rechtsbrecherin; **a ~ from war** ein Kriegsflüchtling *m* **II.** *adj* ① *attr, inv* (*escaping*) flüchtig; **~ offender** flüchtiger Straftäter ② (*liter: fleeting*) vergänglich; **~ impressions** flüchtige Eindrücke

fugue [fjuːg] *n* MUS Fuge *f*

fulcrum <*pl* -s *or* -ra> ['fʊlkrəm, *pl* -krə] *n* ① (*of balance*) Drehpunkt *m* ② (*fig: central point*) Angelpunkt *m*

fulfil <-ll-> [fʊl'fɪl], AM, AUS **fulfill** *vt* ① (*satisfy*) ■**to ~ sth** etw erfüllen; **to ~ an ambition** ein Ziel erreichen; **to ~ one's potential** sein Potenzial ausschöpfen ② (*carry out*) ■**to ~ sth** einer S. *dat* nachkommen; **to ~ a contract/promise** einen Vertrag/ein Versprechen erfüllen; **to ~ a function/role** eine Funktion/Rolle einnehmen ③ (*make satisfied*) ■**sth ~s sb** etw erfüllt jdn; ■**to ~ oneself** sich *akk* verwirklichen ④ (*make come true*) **to ~ a prophecy** eine Prophezeiung erfüllen

fulfilled [fʊl'fɪld] *adj* ① (*of conditions*) erfüllt ② (*happy*) ausgefüllt; **~ life** erfülltes Leben *geh*

fulfilling [fʊl'fɪlɪŋ] *adj* erfüllend; **a ~ sex life** ein befriedigendes Sexualleben

fulfillment [fʊl'fɪlmənt] AM, AUS, **fulfilment** *n no pl* Erfüllung *f*

full [fʊl] **I.** *adj* ① *usu pred* (*no space*) voll; *cinema, theatre* ausverkauft; ***her eyes were ~ of tears*** ihre Augen waren voller Tränen; **to be ~ to the brim** [**with sth**] bis zum Rand [mit etw *dat*] gefüllt sein; **to talk with one's mouth ~** mit vollem Mund sprechen; **to do sth on a ~ stomach** etw mit vollem Magen tun; **to be ~ to bursting** [**with sth**] [mit etw *dat*] zum Brechen [*o* brechend] voll sein; ***they kept packing people in until the hall was ~ to bursting*** man hat so lange immer wieder Leute reingelassen, bis die Halle zum Brechen voll war ② *pred* (*having a lot*) ***I couldn't speak, my heart was too ~*** ich konnte nicht sprechen, denn mir ging das Herz über; ***she was ~ of praise for your work*** sie war voll des Lobes über deine Arbeit; ***he shot her a look ~ of hatred*** er warf ihr einen hasserfüllten Blick zu; **to be ~ of surprises** voller Überraschungen sein; **to be ~ of oneself** [*or* **one's own importance**] (*pej fam*) eingebildet sein ③ *pred* (*after eating*) ■**to be ~** satt sein; **to be ~ to the brim** [*or* **to bursting**] platzen *fam* ④ (*omitting nothing*) voll, vollständig; **~ employment** Vollbeschäftigung *f;* **~ explanation** vollständige Erklärung; **the ~ form of a word** die Vollform eines Wortes; **to write one's ~ name and address** den Vor- und Zunamen und die volle Adresse angeben; **to give/write a ~ report** einen vollständigen Bericht geben/schreiben ⑤ (*entire*) voll, vollständig; ***he was suspended on ~ pay*** er wurde bei vollen Bezügen freigestellt; ***they had a furious row outside their house in ~ view of their neighbours*** sie hatten eine wilde Auseinandersetzung vor dem Haus, direkt vor den Augen der Nachbarn; **~ fare** voller Fahrpreis; **to be in ~ flow** in voller Fahrt sein; **~ member** Vollmitglied *nt;* **~-price ticket** Fahrkarte *f* zum vollen Preis; **to be under ~ sail** NAUT mit vollen Segeln fahren; **to be in ~ swing** voll im Gang sein ⑥ (*maximum*) voll; ***his headlights were on ~*** seine Scheinwerfer waren voll aufgeblendet; [**at**] **~ blast** [*or* **volume**] mit voller Lautstärke; **to be in ~ cry** [**after sb/sth**] [jdn/etw] begeistert verfolgen; [**at**] **~ speed** [*or* **tilt**] [*or* BRIT **pelt**] mit voller Geschwindigkeit; **~ steam ahead** NAUT Volldampf voraus; **at ~ stretch** völlig durchgestreckt; (*fig*) mit vollen Kräften ⑦ (*busy and active*) ausgefüllt ⑧ *pred* (*preoccupied*) ■**to be ~ of sth** von etw *dat* völlig in Anspruch genommen sein; (*enthusiastic*) von etw *dat* ganz begeistert sein; ***did the kids enjoy their day at the beach? — oh yes, they're still ~ of it*** haben die Kinder den Tag am Strand genossen? – oh ja, sie sind noch immer ganz begeistert davon ⑨ (*rounded*) voll; **for the ~er figure** für die vollschlanke Figur ⑩ (*wide*) weit geschnitten; **~ skirt** weiter Rock ⑪ (*rich and deep*) voll; **~ voice** sonore Stimme; **~ wine** vollmundiger Wein ▶ PHRASES: **to be ~ of beans** wie ein Sack [voller] Flöhe sein; **the wheel has** [*or* **things have**] **come ~ circle** der Kreis hat sich geschlossen; **to have one's hands ~** alle Hände voll zu tun haben; **to be ~ of the joys of spring** prächtig aufgelegt sein; **to be ~ of the milk of human kindness** vor Freundlichkeit [geradezu] überströmen **II.** *adv inv* ① (*completely*) voll; **to be ~ on/off** *tap* voll auf-/abgedreht sein ② (*directly*) direkt ③ (*very*) sehr; **to know ~ well** [**that …**] sehr gut [*o* wohl] wissen, [dass …] **III.** *n* **in ~** zur Gänze; **to the ~** bis zum Äußersten

fullback *n* SPORTS ① (*defending player*) Außenverteidiger(in) *m(f)* ② (*near end of the field*) Schlussspieler(in) *m(f)* **full-blooded** *adj* ① (*vigorous*) kraftvoll ② (*wholehearted*) rückhaltlos ③ *attr* (*of descent*) reinrassig **full-blown** *adj* ① (*developed*) ausgereift; **~ disease** voll ausgebrochene Krankheit ② (*in bloom*) *flower* voll aufgeblüht **full board** BRIT **I.** *n no pl* Vollpension *f* **II.** *adj inv* mit Vollpension *nach n* **full-bodied** *adj* (*of food*) mächtig; (*of sound*) voll; **~ wine** vollmundiger [*o fachspr* körperreicher] Wein **full bore** *adv esp* AM mit voller Geschwindigkeit **full-cream milk** *n no pl* Vollmilch *f* **full dress** *n no pl* MIL Galauniform *f* **full-dress**

F

adj ① MIL Gala-; ~ **parade** Galaparade *f* ② *attr* (*fig: formal*) formell

fuller's earth [ˌfʊləz'-, AM -əz'-] *n no pl* Fullererde *f*, Bleicherde *f*

full face PHOT I. *adj attr* En-face- *fachspr* II. *adv* en face *fachspr*; ***she looked at the camera*** ~ sie sah direkt in die Kamera **full-faced** *adj* vollgesichtig **full-fashioned** *adj* AM mit Passform *nach n*; ~ **stockings** Strümpfe *mpl* mit Passform **full-fledged** *adj* AM ① (*with feathers*) flügge ② (*developed*) ausgereift ③ (*trained*) ausgebildet **full-frontal** I. *adj inv* ① *nudity, picture* völlig nackt ② (*extreme*) Frontal-; **a ~ attack against sth** ein Frontalangriff gegen etw *akk* II. *n* Nacktfoto *nt* **full-grown** *adj* ausgewachsen **full house** *n* ① THEAT volles [*o* ausverkauftes] Haus ② (*in poker*) Fullhouse *nt* **full-length** I. *adj inv* ① (*reaching floor*) ~ **gown** bodenlanges Abendkleid; ~ **mirror** großer Spiegel ② (*not short*) *film, play* abendfüllend; ~ **novel** längerer Roman II. *adv* **to lie/throw oneself ~ on the floor** sich *akk* der Länge nach auf den Boden legen/werfen **full listing** *n* ECON, FIN ~ **listing** Notierung *f* am Hauptaktienmarkt **full marks** *npl* ① (*in exam*) volle Punktzahl; **to get ~ [for sth]** [für etw *akk*] die volle Punktzahl bekommen ② (*fig: praise*) Anerkennung *f*, Lob *nt*; ~ ***to her for all her selfless work*** alle Achtung für ihren selbstlosen Einsatz **full monty** *n* BRIT (*sl*) ■**the** ~ das volle Programm *fig* **full moon** *n* Vollmond *m* **full nelson** [-'nelsᵊn] *n* (*in wrestling*) Doppelnelson *m fachspr*

fullness ['fʊlnəs] *n no pl* ① (*being full*) Völle *f*; **feeling of** ~ Völlegefühl *nt*; **to speak out of the ~ of one's heart** aus dem Herzen sprechen ② (*completeness*) Vollständigkeit *f*; **in the ~ of time** zu gegebener Zeit ③ (*roundedness*) Fülle *f* ④ (*looseness*) Weite *f*; *of hair* Volumen *nt*; ~ **of a dress** weiter Schnitt eines Kleides ⑤ (*richness*) Vollmundigkeit *f*

full-on *adj inv account, details* schonungslos **full on** I. *adj pred* **to have the heater/radio ~** den Ofen/das Radio voll aufgedreht haben II. *adv* **to hit sth ~** etw voll treffen **full-page** *adj* ganzseitig; ~ **advertisement** ganzseitige Anzeige **full-rigged** *adj* NAUT vollgetakelt **full-scale** *adj inv* ① (*same size as original*) in Originalgröße *nach n* ② (*all-out*) umfassend; **a ~ war** ein ausgewachsener Krieg **full-service bank** *n* AM ECON, FIN Bank *f* mit vollem Service **full-service banking** *n* AM ECON, FIN umfassender Bankservice **full-size(d)** *adj inv* ① (*life-sized*) lebensgroß ② (*of normal size*) normal [groß] **full stop** *n* ① BRIT, AUS (*punctuation mark*) Punkt *m* ② (*complete halt*) Stillstand *m*; **to come to a ~** zum Stillstand kommen ③ BRIT (*no more to be said*) Schluss *m fam*; ***I'm not going to the party*** ~ ich gehe nicht auf die Party und damit Schluss **full-term** *adj inv* ① MED voll ausgetragen ② UNIV die Vorlesungszeit betreffend **full-text search** *n* COMPUT Volltextrecherche *f fachspr* **full-throated** *adj* lauthals **full time** *n* SPORTS Spielende *nt* **full-time** *inv* I. *adj* ① (*not part-time*) Ganztags-, Vollzeit-; ~ **job** Vollzeitbeschäftigung *f* ② SPORTS End-; ~ **score** Endstand *m* II. *adv* ganztags **full title** *n* POL *of an Act of Parliament* Haupttitel *m* **full trial** *n* LAW Hauptverfahren *nt*

fully ['fʊli] *adv* ① (*completely*) völlig; ***I left, ~ intending to return within the month*** ich ging mit der vollen Absicht, während des Monats zurückzukommen; **to be ~ booked** ausgebucht sein ② (*in detail*) detailliert ③ (*of time, amount*) voll; ~ ***two-thirds of the students were dissatisfied with their courses*** ganze zwei Drittel der Studierenden waren mit ihren Seminaren nicht zufrieden; ~ **ten hours** volle zehn [*o* zehn volle] Stunden

fully-fashioned *adj* mit Passform *nach n* **fully-fledged** *adj* BRIT, AUS ① (*with feathers*) flügge ② (*developed*) ausgereift ③ (*trained*) ausgebildet **fully-grown** *adj esp* BRIT ausgewachsen

fulminate ['fʊlmɪneɪt] *vi* ■**to ~ against** [*or* **about**] **sth** über etw *akk* schimpfen, gegen etw *akk* wettern *fam*

fulmination [ˌfʊlmɪ'neɪʃᵊn] *n* Wettern *nt* (**against/about** gegen +*akk*), Schimpfen *nt* (**against/about** über +*akk*)

fulsome ['fʊlsəm] *adj* (*pej*) *praise* überschwänglich; *compliments, flattery* übertrieben; **to receive ~ praise** über den grünen Klee gelobt werden *fam*

fulsomely ['fʊlsəmli] *adv* (*pej*) überschwänglich; **to flatter sb ~** jdm übertrieben schmeicheln; **to thank sb ~** sich *akk* überschwänglich bei jdm bedanken

fulsomeness ['fʊlsəmnəs] *n no pl* (*pej form*) Überschwänglichkeit *f*

fumble ['fʌmbl] I. *vi* ① (*manipulate*) ■**to ~ [around** [*or* **about**]] **with sth** an etw *dat* [herum]fingern, [ungeschickt] mit etw *dat* [herum]hantieren ② (*caress*) ■**to ~ [around** [*or* **about**]] [herum]fummeln *fam* ③ (*feel for*) ■**to ~ around** [*or* **about**] [herum]tasten; ■**to ~ for** [*or* **about**] **sth** nach etw *dat* tasten; ~ **around** [*or* **about**] **in the dark** im Dunkeln [umher]tappen; **to ~ in one's pockets** in seinen Taschen kramen ④ (*in speech*) **to ~ for the right phrase/word** [krampfhaft] nach dem passenden Ausdruck/Wort suchen ⑤ (*in American football*) den Ball fallen lassen, patzen *fam* II. *vt* ① (*say wrong*) **to ~ one's lines/a speech** seinen Text/eine Rede stammeln ② SPORTS **to ~ the ball** [*or* **catch**] (*in American football*) den Ball verlieren; **to ~ a play** ein Spiel vermasseln *fam* III. *n* SPORTS [Ballannahme]fehler *m*

fumble fingers <*pl* -> *n* AM (*hum fam*) Tollpatsch *m*

fumbler ['fʌmblər, AM -ə] *n* (*pej*) Tölpel *m pej*, Tollpatsch *m*, Stümper(in) *m(f) pej*; ■**to be a ~** zwei linke Hände haben

fume [fju:m] *vi* ① (*fig: rage*) vor Wut schäumen [*o fam* kochen], auf hundertachtzig sein *sl*; **to fuss** [*or* **fret**] **and ~** sich *akk* unnötig aufregen ② (*emit fumes*) Abgase produzieren

fume hood *n* CHEM Abzug *m*

fumes [fju:mz] *npl* ① (*unpleasant gas*) Dämpfe *mpl*; [**car**] **exhaust ~** [Auto]abgase *pl*; **petrol** [*or* AM **gasoline**] ~ Benzindämpfe *pl*; **to breathe poisonous ~** giftige Dämpfe einatmen; **to give off ~** Dämpfe abgeben ② (*smoke*) Rauch *m*; **cigar ~** Zigarrenrauch *m*

fumigate ['fju:mɪgeɪt] *vt* **to ~ a building/room** ein Gebäude/Zimmer ausräuchern

fumigation [ˌfju:mɪ'geɪʃᵊn] *n* ① *no pl* (*method*) Ausräuchern *nt* ② (*instance*) Ausräucherung *f*

fumigator ['fju:mɪgeɪtər, AM -ţə] *n* Kammerjäger(in) *m(f)*

fun [fʌn] I. *n no pl* Spaß *m*; ***it was good*** ~ es hat viel Spaß gemacht; (*funny*) es war sehr lustig [*o* witzig]; ***it's no ~ having to work on Saturdays*** es ist nicht lustig, samstags arbeiten zu müssen; ***that sounds like*** ~ das klingt gut; **to be full of ~** (*be active*) immer unternehmungslustig sein; (*be mischievous*) nur Dummheiten im Kopf haben; **to do sth for ~** [*or* **the ~ of it**] [*or* **the ~ of the thing**] etw nur [so] zum Spaß [*o* spaßeshalber] [*o fam* aus Jux und Tollerei] machen; **to do sth in ~** etw im [*o* zum] Spaß tun; ***I didn't mean what I said; it was only in*** ~ ich hab's nicht so gemeint; das war doch nur Spaß; **to get a lot of ~ out of** [*or* **from**] **sth** viel Spaß an etw *dat* haben; ***children get a lot of ~ out of playing with water*** Kindern macht es großen Spaß, mit Wasser zu spielen; **to have [a lot of] ~** [viel] Spaß haben, sich *akk* [gut [*o* köstlich]] amüsieren; ***have ~!*** viel Spaß!; ***have ~ on your vacation!*** schöne Ferien!; **to have ~ at sb's expense** sich *akk* auf jds Kosten amüsieren; **to make ~ of** [*or* **poke ~ at**] **sb** sich *akk* über jdn lustig machen; **to put the ~ back into sth** etw [doch noch] retten; **to spoil sb's/the ~ [of sth]** jdm den/den Spaß [an etw *dat*] verderben; **to take the ~ out of sth** etw verderben; ***Rolf broke his leg when we went skiing and that took all the ~ out of it*** als wir im Skiurlaub waren, hat sich Rolf das Bein gebrochen, das hat uns den ganzen Spaß verdorben; ***like ~!*** (*fam*) Pustekuchen! *fam*; ***what ~!*** super! *fam* ► PHRASES: ~ **and games** das reine Vergnügen; **it's not all ~ and games being/doing sth** (*not easy*) es ist nicht immer einfach, etw zu sein/zu tun; (*not fun*) es ist nicht immer lustig, etw zu sein/zu tun; (*iron*) ~ **is ~ and work is work** (*prov*) erst die Arbeit, dann das Vergnügen II. *adj attr* (*fam*) ① (*enjoyable*) *activity* lustig; **sth is a ~ thing to do** etw macht Spaß; ***going camping would be a real ~ thing to do*** ich hätte schrecklich Lust, campen zu gehen *fam* ② (*entertaining*) *person* lustig, witzig; ***she's a real ~ person*** (*fam*) sie ist echt witzig *fam*

function ['fʌŋ(k)ʃᵊn] I. *n* ① (*task*) *of a person* Aufgabe *f*, Pflicht *f*; *of the heart, a tool* Funktion *f*; ***in my ~ as mayor*** [in meiner Eigenschaft] als Bürgermeister; **to fulfil** [*or* **perform**] **the ~ of sth** zu etw *dat* dienen ② *usu sing* (*result*) ■**to be a ~ of sth** das Resultat einer S. *gen* sein, aus etw *dat* resultieren ③ MATH Funktion *f* ④ (*ceremony*) Feier *f*; (*social event*) Veranstaltung *f*; ***he has a lot of official ~s to attend*** er hat viele soziale Verpflichtungen; **social ~** Benefizveranstaltung *f*, Wohltätigkeitsveranstaltung *f* II. *vi* funktionieren; ***the lungs ~ to supply the body with oxygen*** die Lungen versorgen den Körper mit Sauerstoff; ***I'm so tired today, I can barely*** ~ ich bin heute so müde, dass ich zu nichts zu gebrauchen bin; ■**to ~ as sth** *thing* als etw dienen; *person* als etw fungieren; ***while the president has been ill, the vice president has been ~ing as the country's leader*** als der Präsident krank war, hat der Vizepräsident die Rolle des Staatsführers übernommen

functional ['fʌŋ(k)ʃᵊnᵊl] *adj* ① (*with purpose*) funktional; ■**to be ~** einen Zweck erfüllen; ~ **shift** LING Funktionswechsel *m* ② (*operational*) funktionstüchtig; ■**to be ~** funktionieren ③ MED Funktions-, funktionell; ~ **disorder** Funktionsstörung *f*

functional illiteracy *n no pl* funktionaler Analphabetismus **functional illiterate** *n* funktionaler Analphabet, funktionale Analphabetin *m, f*

functionalism ['fʌŋ(k)ʃᵊnᵊlɪzᵊm] *n no pl* Funktionalismus *m*

functionalist ['fʌŋ(k)ʃᵊnᵊlɪst] I. *n* Funktionalist(in) *m(f)* II. *adj* funktionalistisch

functionally ['fʌŋ(k)ʃᵊnᵊli] *adv* funktional; **to be ~ equivalent to sth** dieselbe Funktion wie etw haben

functionary ['fʌŋ(k)ʃᵊnᵊri, AM -neri] *n* Funktionär(in) *m(f)*; **government/party ~** Regierungs-/Parteifunktionär(in) *m(f)*

function key *n* COMPUT Funktionstaste *f* **function word** *n* LING Funktionswort *nt*

functus officio <*pl* functi officio> LAW seines Amtes entbunden

fund [fʌnd] I. *n* ① (*stock of money*) Fonds *m*; **contingency ~** Fonds *m* für außerordentliche Rückstellungen; **disaster ~** Notfonds *m*, Fonds *m* für Notfälle; **investment/trust ~** Investment-/Treuhandfonds *m*; **pension ~** Pensionsfonds *m*, Pensionskasse *f*; **sinking ~** Tilgungsfonds *m*, Amortisationsfonds *m* ② (*money invested*) Investmentfonds *m*; **managed ~** [*or* **~ of ~s**] Investitionsfonds *m* mit auswechselbarem Portefeuille ③ (*money*) ■**~s** *pl* [finanzielle] Mittel, Geldmittel *pl*; (*available to spend*) verfügbares Kapital; **public ~s** öffentliche Mittel; **conversion of ~s** Veruntreuung *f* von Geldmitteln, Umleitung *f* von Geldmitteln für eigene Zwecke; **shareholders' ~s** Eigenkapital *nt*; **to allocate ~s to sb/sth** jdm/etw Gelder bewilligen; **to be in ~s** *person* gut bei Kasse sein *fam*; *institution* reichlich [Geld]mittel zur Verfügung haben; **to be short of** [*or* **low on**] **~s** über wenig Geld verfügen; ***I'm a bit low on ~s*** bei mir herrscht Ebbe in der Kasse *fam*; **to convert ~s to another purpose** Gelder veruntreuen; **to convert ~s to one's own use** Gelder veruntreuen [*o* umleiten]; **to disburse ~s to sb/sth** jdm/etw Gelder zuteilen, an jdn/etw Gelder verteilen; **to raise ~s [for sth]** [für etw *akk*] Geld [*o* Spenden] sammeln; **sb runs out of ~s** das Geld geht jdm aus ④ (*fig: source*) Vorrat *m* (**of an** +*dat*); **a ~ of information/knowledge** eine Fülle von Informationen/Kenntnissen II. *vt* ■**to ~ sth** (*finance*) etw finanzieren; (*invest*) etw investieren; **to ~ a company** ein Unternehmen finanzieren; **to ~ a debt** einen Kredit konsolidieren; **to ~ debts** FIN Schulden fundieren [*o* in langfristige Schulden umwandeln]; **privately ~ed** frei finanziert

fundamental [ˌfʌndəˈmentᵊl, AM -t̬ᵊl] *adj* grundlegend; ■**to be ~ to doing sth** für etw *akk* unabdingbar sein; ~ **difference** wesentlicher Unterschied; **to be of ~ importance to sth** für etw *akk* von zentraler Bedeutung sein; ~ **issues** Hintergrunddaten *pl;* ~ **need/principle/right** Grundbedürfnis *nt*/-prinzip *nt*/-recht *nt;* ~ **problem** grundsätzliches [*o* grundlegendes] Problem; ~ **question** entscheidende Frage; ~ **research** [*or* **analysis**] Grundlagenforschung *f;* ~ **tenet** zentraler Lehrsatz

fundamental frequency *n* COMPUT Grundfrequenz *f*

fundamentalism [ˌfʌndəˈmentᵊlɪzᵊm, AM -t̬ᵊl-] *n no pl* Fundamentalismus *m*

fundamentalist [ˌfʌndəˈmentᵊlɪst, AM -t̬ᵊl-] **I.** *n* Fundamentalist(in) *m(f)* **II.** *adj* fundamentalistisch

fundamentally [ˌfʌndəˈmentᵊli, AM -t̬ᵊli] *adv* ① (*basically*) im Grunde [*o* Prinzip]; ***I believe that people are ~ good*** ich glaube, dass die Menschen im Grunde gut sind ② (*in all important aspects*) grundsätzlich, prinzipiell; ***I disagree ~ with what you're saying*** ich stimme dem, was du sagst, grundsätzlich nicht zu

fundamentals [ˌfʌndəˈmentᵊlz, AM -t̬ᵊlz] *npl* Grundlagen *fpl;* ***let's get down to ~*** lasst uns zum Wesentlichen [*o* Eigentlichen] kommen

funded [ˈfʌndɪd] *adj inv* ECON, FIN fundiert; ~ **debt** BRIT (*long-term debt*) fundierte Schulden *pl;* (*of British National Debt*) langfristige Verpflichtungen *pl*

fundholding [ˈfʌndhəʊldɪŋ] *n no pl* BRIT ≈ staatliches Krankenkassensystem

funding [ˈfʌndɪŋ] *n no pl* ECON, FIN (*financing*) Finanzierung *f;* **government** ~ staatliche Finanzierung; **private** ~ Privatfinanzierung *f;* (*loan conversion*) Fundieren *nt,* Konsolidieren *nt*

fund management *n* FIN Vermögensverwaltung *f*

fund-raiser *n* ① (*person*) Spendenbeschaffer(in) *m(f),* Spendensammler(in) *m(f)* ② (*event*) Wohltätigkeitsveranstaltung *f,* Benefizveranstaltung *f*

fund-raising **I.** *adj attr, inv* Wohltätigkeits-, Benefiz-; ~ **campaign** Spendenaktion *f;* ~ **event** Wohltätigkeitsveranstaltung *f* **II.** *n no pl* Geldbeschaffung *f*

Funds *npl* BRIT (*government stocks*) ■**the** ~ Staatspapiere *pl*

funeral [ˈfjuːnᵊrəl] **I.** *n* (*burial*) Begräbnis *nt,* Beerdigung *f;* **to attend a** ~ auf eine Beerdigung gehen ▸ PHRASES: **that's sb's** ~ (*fam*) [das ist] jds Pech [*o fam* Problem] **II.** *n modifier* (*guests*) Trauer-; ~ **preparations** Beerdigungsvorbereitungen *mpl;* ~ **service** Trauergottesdienst *m*

funeral director *n* Bestattungsunternehmer(in) *m(f)* **funeral home** *n* AM (*funeral parlour*) Bestattungsunternehmen *nt* **funeral march** *n* MUS Trauermarsch *m* **funeral oration** *n* Trauerrede *f* **funeral parlor** *n* AM, **funeral parlour** *n* Bestattungsunternehmen *nt* **funeral procession** *n* Trauerzug *m* **funeral pyre** *n* Scheiterhaufen *m*

funereal [fjuːˈnɪəriəl, AM -ˈnɪr-] *adj* ① *inv* (*of a funeral*) Beerdigungs-, Begräbnis- ② (*fig: slow and sad*) gedrückt; *music* getragen; **at a ~ pace** im Schneckentempo

funereally [fjuːˈnɪəriəli, AM -ˈnɪr-] *adv* ***don't play this song so ~!*** spiel das Lied doch nicht so, als ob du auf einer Beerdigung wärst! *fam*

funfair *n* BRIT (*amusement park*) Vergnügungspark *m;* (*fair*) Jahrmarkt *m,* Kirmes *f* NORDD, MITTELD, Kir[ch]tag *m* ÖSTERR **fun-filled** *adj* ① (*enjoyable*) sehr schön ② (*funny*) sehr lustig [*o* unterhaltsam]

fungal [ˈfʌŋgᵊl] *adj inv* Pilz-; ~ **disease** Pilzerkrankung *f,* Pilzkrankheit *f*

fungi [ˈfʌŋgaɪ] *n pl of* **fungus**

fungibility [ˌfʌndʒɪˈbɪləti, AM -əţi] *n no pl* ECON, FIN Fungibilität *f*

fungible [ˈfʌndʒɪbl] *adj inv* ECON, FIN fungibel, vertretbar

fungible goods *npl,* **fungibles** *npl* LAW vertretbare Sachen

fungicide [ˈfʌŋgɪsaɪd, AM ˈfʌndʒ-] *n* Fungizid *nt*

fungoid [ˈfʌŋgɔɪd] *adj inv* pilzähnlich, pilzartig

fungus <*pl* -es *or* -gi> [ˈfʌŋgəs, *pl* -gaɪ] *n* Pilz *m;* BOT, MED Fungus *m fachspr*

fun house *n* AM ≈ Geisterbahn *f,* ≈ Gruselkabinett *nt*

funicular [fjuːˈnɪkjələʳ, AM -juːlɚ] *n,* **funicular railway** *n* Seilbahn *f*

funk [fʌŋk] **I.** *n no pl* ① AM, AUS (*fam: depression*) Tief *nt fam;* **to be in a [blue]** ~ deprimiert [*o fam* down] sein ② BRIT (*fam: panic*) Schiss *m fam;* **to be in blue** ~ von blanker Panik ergriffen sein, riesigen Schiss haben *fam* ③ (*music style*) Funk *m* ④ AM (*pej: bad smell*) Gestank *m* **II.** *vt esp* BRIT **to** ~ **it** kneifen *fam*

◆**funk up** *vt* ■**to** ~ **up** ↻ **sth** *music* etw in Schwung bringen; *clothes* etw aufpeppen *sl*

funky [ˈfʌŋki] *adj* (*sl*) ① (*hip*) flippig *sl;* ~ **clothes** abgefahrene [*o* flippige] Klamotten *sl* ② (*bluesy*) funkig *sl* ③ (*pej: odd*) merkwürdig, komisch ④ AM (*pej: stinking*) ~ **smell** muffiger Geruch; **to smell** ~ streng riechen ⑤ BRIT (*cowardly*) ■**to be** ~ Bammel haben *sl*

fun-loving *adj* lebenslustig

funnel [ˈfʌnᵊl] **I.** *n* ① (*tool*) Trichter *m* ② (*on train, ship*) Schornstein *m* **II.** *vt* <BRIT -ll- *or* AM *usu* -l-> ① (*pour*) **to ~ sth into sth** etw [mit einem Trichter] in etw *akk* einfüllen ② (*fig: direct*) ■**to ~ sth to sb** jdm etw zuleiten; **to ~ information/money/weapons to sb** jdn mit Informationen/Geld/Waffen versorgen; ■**to ~ sth on sth** etw auf etw *akk* richten; **to ~ one's attention on sth** sich *akk* [voll und ganz] auf etw *akk* konzentrieren **III.** *vi people* drängen; *liquids* fließen; *gases* strömen; ***the wind ~s down these narrow streets*** der Wind pfeift durch diese engen Gassen

funnel-web spider *n* Röhrenspinne *f*

funnies [ˈfʌniz] *npl* AM ■**the** ~ der Witzteil (*einer Zeitung*)

funnily [ˈfʌnɪli] *adv* komisch, merkwürdig, seltsam; ~ **enough** merkwürdigerweise, komischerweise

funny [ˈfʌni] **I.** *adj* ① (*amusing*) lustig, witzig, komisch; ***breaking your leg isn't ~*** es ist nicht lustig, sich das Bein zu brechen; ***there seems to be a ~ side to everything*** alles scheint auch seine komischen Seiten zu haben; ~ **face** (*hum, approv*) Kleine(r) *f(m) hum fam;* **a ~ joke** ein guter Witz; ■**to be** ~ Spaß machen; ***are you trying to be ~ with me?*** willst du mich auf den Arm nehmen?; ***did you mean what you said or were you just being ~?*** war das, was du gesagt hast, ernst gemeint oder hast du nur Spaß gemacht?; ***very ~!*** (*iron*) wirklich komisch! ② (*strange*) komisch, merkwürdig, seltsam; ***a ~ thing happened to me*** mir ist etwas Komisches [*o* Merkwürdiges] passiert; ***the television's gone ~*** mit dem Fernseher stimmt etwas nicht; ***it must be ~ to be famous and have everyone looking at you*** es muss ein komisches Gefühl sein, wenn man berühmt ist und einen jeder anstarrt; **to have a ~ feeling that ...** so eine Ahnung haben, dass ...; **to have got ~ ideas** merkwürdige [*o* komische] Ideen haben; **to look** ~ komisch aussehen ③ (*dishonest*) verdächtig; ***there's something ~ going on here*** hier ist doch was faul *fam;* ~ **business** krumme Sachen *sl;* ~ **tricks** faule Tricks *sl* ④ (*ill*) **sb feels/goes** ~ jdm ist/wird schlecht [*o* übel]; **to be a bit ~ in the head** ein bisschen verrückt [*o* nicht ganz richtig im Kopf] *fam* sein; **to go ~ in the head** verrückt werden ⑤ (*fam: unfriendly*) komisch; (*disrespectful*) ***don't you try to be ~ with me!*** komm mir nicht auf diese Tour! *fam* ▸ PHRASES: ~ **ha-ha or ~ peculiar?** lustig oder merkwürdig?; ***she's a very ~ woman — ~ ha-ha or ~ peculiar?*** sie ist eine sehr komische Frau – meinst du mit komisch lustig oder merkwürdig? **II.** *adv* (*fam*) komisch, merkwürdig

funny bone *n* (*fam*) Musikantenknochen *m* **funny farm** *n* (*hum fam*) Klapsmühle *f sl,* Irrenhaus *nt fam* **funny man** <*pl* -men> *n* Komiker *m* **funny money** *n no pl* Falschgeld *nt;* FIN krumme Wertpapiere *ntpl*

funny papers *npl* AM ■**the** ~ die Witzseiten

fun run *n* Wohltätigkeitslauf *m*

fur [fɜːʳ, AM fɜːr] **I.** *n* ① *no pl* (*on animal*) Fell *nt;* ~ **and feather** Haar- und Federwild *nt* ② FASHION Pelz *m;* **fake/real~** künstlicher/echter Pelz; **fun** ~ Kunstpelz *m* ③ HUNT ■**~s** Pelztiere *ntpl;* FASHION Pelze *mpl,* Rauchwaren *fpl* ④ *no pl* (*in pipes, pots*) Kesselstein *m; on tongue* Belag *m* auf der Zunge; **to have ~ on one's tongue** eine belegte Zunge haben ▸ PHRASES: **the** ~ **flies** die Fetzen fliegen *fam;* ***the only reason Mark said that was to make the ~ fly*** Mark sagte das nur, um einen Riesenkrach zu provozieren *fam* **II.** *n modifier* (*gloves, hat*) Pelz-; ~ **lining** Pelzbesatz *m* **III.** *vi* <-rr-> ■**to ~ up** *kettle, pipes* verkalken

furbish [ˈfɜːbɪʃ, AM ˈfɜːr-] *vt* (*dated*) ■**to ~ sth** ① (*polish*) etw polieren [*o* abreiben] ② (*renovate*) etw renovieren; *see also* **refurbish**

fur coat *n* Pelzmantel *m* **fur farm** *n* Pelztierfarm *f*

furious [ˈfjʊəriəs, AM ˈfjʊr-] *adj* ① (*angry*) [sehr] wütend; ■**to be ~** toben; ■**to be ~ with** [*or* **at**] **sb** wütend auf jdn sein; ■**to be ~ about** [*or* **at**] **sth** über etw *akk* erzürnt sein *geh,* sich *akk* über etw *akk* aufregen *fam;* **to have a ~ argument** [*or* **quarrel**] [*or* **row**] einen heftigen Streit haben, sich *akk* heftig streiten; ~ **outburst** heftiger Gefühlsausbruch; **to be in a ~ temper** sehr gereizt sein [*o* schlechte Laune haben] ② (*intense*) *debate, storm* heftig; *wind* stürmisch; **in a ~ effort** mit einer gewaltigen Anstrengung; **at a ~ pace** [*or* **speed**] in rasender Geschwindigkeit; **fast and ~** rasant; ***the questions came fast and ~ from the reporters*** die Fragen der Reporter kamen Schlag auf Schlag

furiously [ˈfjʊəriəsli, AM ˈfjʊr-] *adv* ① (*angrily*) wütend; **to quarrel** ~ sich *akk* heftig streiten ② (*intensely*) heftig, wie wild *fam*

furiousness [ˈfjʊəriəsnəs, AM ˈfjʊr-] *n no pl* ① (*fury*) Wut *f,* Raserei *f fam* ② (*intenseness*) *of a storm* Heftigkeit *f*

furl [fɜːl, AM fɜːrl] *vt* **to ~ fabric/a flag/an umbrella** Stoff/eine Flagge/einen Regenschirm einrollen [*o* zusammenrollen]; **to ~ the sails** die Segel einholen

fur-lined jacket *n* Jacke *f* mit Pelzbesatz

furlong [ˈfɜːlɒŋ, AM ˈfɜːrlɑːŋ] *n* Achtelmeile *f*

furlough [ˈfɜːləʊ, AM ˈfɜːrloʊ] MIL **I.** *n* Urlaub *m;* **to be on ~** auf [*o* in] Urlaub sein; **to go on ~** in Urlaub gehen; **to grant sb a ~** jdm Urlaub bewilligen **II.** *vt* AM ■**to ~ sb** jdn beurlauben

furnace [ˈfɜːnɪs, AM ˈfɜːr-] *n* ① (*in smelting*) Hochofen *m,* Schmelzofen *m* ② (*in homes*) [Haupt]heizung *f;* **gas/oil** ~ Gas-/Ölheizung *f* ③ (*fig: hot place*) Backofen *m fig fam*

furnish [ˈfɜːnɪʃ, AM ˈfɜːr-] *vt* ① (*provide furniture*) ■**to ~ sth** etw einrichten ② (*supply*) ■**to ~ sth** etw liefern; ■**to ~ sb with sth** jdn mit etw *dat* versorgen, jdm etw liefern; ■**to be ~ed with sth** mit etw *dat* ausgestattet sein

furnished [ˈfɜːnɪʃt, AM ˈfɜːr-] *adj house* eingerichtet; *apartment, flat, room* möbliert; **partly** ~ teilmöbliert

furnishing [ˈfɜːnɪʃɪŋ, AM ˈfɜːr] **I.** *n no pl* Einrichtung *f* **II.** *n modifier* Einrichtungs-

furnishings [ˈfɜːnɪʃɪŋz, AM ˈfɜːr-] *npl* Einrichtung *f*

furniture [ˈfɜːnɪtʃəʳ, AM ˈfɜːrnɪtʃɚ] **I.** *n no pl* ① (*in a home*) Möbel *ntpl;* **piece** [*or* **item**] **of ~** Möbelstück *nt;* **to be part of the ~** (*fig*) zum Inventar gehören *fig fam;* **to treat sb as part of the ~** jdn behandeln, als gehöre er zur Einrichtung ② (*fig: knowledge*) **mental** ~ geistiges Rüstzeug **II.** *n modifier* (*store, salesman*) Möbel-

furniture polish *n no pl* Möbelpolitur *f* **furniture remover** *n* BRIT (*company*) Möbelspedition *f,* Umzugsunternehmen *nt;* (*person*) Möbelpacker(in) *m(f)* **furniture van** *n* Möbelwagen *m*

furor [ˈfjʊrɔːr] *n* AM, **furore** [fjʊ(ə)ˈrɔːri] *n no pl* ① (*excitement*) Wirbel *m* (**over** um +*akk*), Aufregung *f* (**over** über +*akk*); **to cause a ~** für Wirbel [*o* Aufregung] sorgen ② (*uproar*) Aufruhr *m*

furphy [ˈfɜːfi] *n* AUS (*sl*) Gerücht *nt*

furred [fɜːd, AM fɜːrd] *adj* MED *tongue* belegt

furrier [ˈfʌriəʳ, AM ˈfɜːriɚ] *n* ① (*fur dealer*) Pelzhändler(in) *m(f)* ② (*fur dresser*) Kürschner(in) *m(f)*

furrow [ˈfʌrəʊ, AM ˈfɜːroʊ] **I.** *n* ① (*groove*) Furche *f*

❷ (*wrinkle*) Falte *f;* with ~s in one's brow mit gerunzelter Stirn ▸ PHRASES: to have a hard ~ to plough es schwer haben; to plough a lonely ~ allein auf weiter Flur stehen II. *vt* ■to ~ sth etw pflügen; to ~ one's brow die Stirn runzeln [*o* in Falten legen]

furrowed ['fʌrəʊd, AM 'fɜːroʊd] *adj* ~ brow [*or* forehead] gerunzelte Stirn

furry ['fɜːri] *adj* ❶ (*short fur*) pelzig; (*long fur*) wollig; ~ tongue belegte [*o* pelzige] Zunge ❷ (*fuzzy*) Plüsch-; ~ toy Kuscheltier *nt;* to be soft and ~ kuschelig weich sein

further ['fɜːðəʳ, AM 'fɜːrðɚ] I. *adj comp of* far ❶ (*more distant*) weiter [entfernt], ferner; at the ~ end of the room am anderen Ende des Raums ❷ (*additional*) weiter; ~ problems noch mehr Probleme; ~ use weitere Verwendung; *I've no ~ use for it* ich kann es nicht mehr gebrauchen; until ~ notice bis auf weiteres II. *adv comp of* far ❶ (*more distant*) weiter; *we didn't get much ~* wir sind nicht viel weiter gekommen; *nothing could be ~ from my mind* nichts liegt mir ferner; ~ back (*in place*) weiter zurück; (*in time*) früher; ~ on weiter; a bit ~ on [noch] etwas weiter ❷ (*to a greater degree*) weiter, außerdem; *he's a nice person, but I wouldn't go any ~ than that* er ist sehr nett, aber mehr möchte ich nicht sagen [*o* weiter möchte ich nicht gehen]; *this mustn't go any ~* sag es nicht weiter; ~ and ~ [immer] weiter, mehr und mehr; to go ~ with sth mit etw *dat* weitermachen; to take sth ~ mit etw *dat* weitermachen; (*pursue*) *matter* etw vertiefen [*o* weiterverfolgen] ❸ (*more*) [noch] weiter; *I have nothing ~ to say in this matter* ich habe zu dieser Sache nichts mehr zu sagen [*o* hinzuzufügen]; ~ to your letter, ... BRIT, AUS (*form*) bezugnehmend auf Ihren Brief, ...; to not go any ~ nicht weitergehen; *we kissed, but we didn't go any ~* wir haben uns geküsst, aber dabei blieb es auch; to make sth go ~ *food* etw strecken III. *vt* (*promote*) ■to ~ sth etw fördern; to ~ a cause eine Sache voranbringen; to ~ sb's interests jds Interessen förderlich sein

furtherance ['fɜːðərən(t)s, AM 'fɜːrðɚ-] *n no pl* (*form*) Förderung *f*

further education *n no pl* BRIT, AUS (*personal*) Weiterbildung *f;* (*professional*) Fortbildung *f;* college of ~ ≈ Kolleg *nt* (*zur beruflichen Weiterbildung*)

furthermore [,fɜːðə'mɔːʳ, AM 'fɜːrðɚmɔːr] *adv inv* außerdem, ferner

furthermost ['fɜːðəməʊst, AM 'fɜːrðɚmoʊst] *adj attr, inv* fernste(r,s), äußerste(r,s)

furthest ['fɜːðɪst, AM 'fɜːr-] I. *adj superl of* far ❶ (*most distant*) am weitesten entfernte(r,s) ❷ *attr* (*fig: most extreme*) extremste(r,s) II. *adv superl of* far ❶ (*greatest distance*) am weitesten; *prices have fallen ~ in the South* im Süden sind die Preise am stärksten gefallen; ■the ~ *that's the ~ I can see* weiter [entfernt] erkenne ich nichts mehr; *I wanted to be an actress but the ~ I ever got was selling ice-creams in a theatre* eigentlich wollte ich Schauspielerin werden, aber ich habe es nur bis zur Eisverkäuferin am Theater gebracht ❷ (*to greatest extent*) am weitesten; ■the ~ *that's the ~ I'll go* (*when haggling*) das ist mein letztes Angebot

furtive ['fɜːtɪv, AM 'fɜːrt̬-] *adj glance, look* verstohlen; *action* heimlich; *manner* verschlagen; to have a ~ air heimlichtuerisch wirken

furtively ['fɜːtɪvli, AM 'fɜːrt̬-] *adv* (*secretly*) heimlich; (*slyly*) verschlagen *pej;* to glance [*or* look] ~ verstohlen blicken

furtiveness ['fɜːtɪvnəs, AM 'fɜːrt̬-] *n no pl* Verstohlenheit *f;* (*secretiveness*) Heimlichkeit *f,* Heimlichtuerei *f pej*

fur trade *n no pl* Pelzhandel *m,* Fellhandel *m* **fur trader** *n* Pelzhändler(in) *m(f),* Fellhändler(in) *m(f)* **fur trapper** *n* Fallensteller(in) *m(f);* (*in North America*) Trapper(in) *m(f)*

fury ['fjʊəri, AM 'fjʊri] *n no pl* ❶ (*rage*) Wut *f,* Rage *f fam;* fit of ~ Wutanfall *m;* in a ~ wütend, zornig; in a cold ~ mit kalter Wut; to fly into a ~ in Rage kommen *fam;* like ~ wie verrückt *fam* ❷ (*intensity*) Ungestüm *nt; of a storm* Heftigkeit *f; of passion* Wildheit *f;* to do sth in a ~ etw ungestüm tun

furze [fɜːz, AM fɜːrz] *n no pl* Stechginster *m; see also* gorse

fuse [fjuːz] I. *n* ❶ (*in a house*) Sicherung *f; the ~ has blown* [*or* BRIT, AUS gone] die Sicherung ist durchgebrannt ❷ (*device*) *of a bomb* Zündvorrichtung *f;* (*string*) Zündschnur *f* ▸ PHRASES: sb has a short ~ jd wird schnell wütend, [bei] jdm brennen schnell die Sicherungen durch *fam;* to blow one's ~ ausflippen *sl,* [vor Wut] explodieren *fam;* to light the ~ das Fass zum Überlaufen bringen *fig* II. *vi* ❶ *esp* BRIT (*blow a fuse*) a hairdryer/toaster ~s bei einem Fön/Toaster brennt die Sicherung durch; (*fig: stop working*) *brain* überlastet sein ❷ (*join together*) sich *akk* vereinigen; *metals, sperm with egg* verschmelzen; to ~ together miteinander verschmelzen ❸ ECON *companies* sich *akk* zusammenschließen, fusionieren III. *vt* ■to ~ sth ❶ *esp* BRIT ELEC die Sicherung einer S. *gen* zum Durchbrennen bringen; *the kids ~d the lights* die Sicherungen der Lampen sind durchgebrannt ❷ (*join together*) etw verbinden; (*with heat*) etw verschmelzen; ■to ~ sth together etw [miteinander] verschmelzen ❸ (*install a fuse*) to ~ a bomb eine Bombe mit einer Zündvorrichtung versehen

fuse box *n* Sicherungskasten *m*

fused [fjuːzd] *adj inv* ■to be ~ eine Sicherung haben

fuselage ['fjuːzəlɑːʒ, AM -səl-] *n* [Flugzeug]rumpf *m*

fusilier [,fjuːzəl'ɪəʳ] *n* BRIT (*hist*) Füsilier *m veraltet,* Infanterist(in) *m(f)*

fusillade [,fjuːzə'leɪd, AM -sə'lɑːd] *n* Salve *f a. fig,* Bombardement *nt a. fig;* ~ of bullets Kugelhagel *m kein pl*

fusion ['fjuːʒən] *n* ❶ (*of metals*) Verschmelzung *f kein pl,* Verschmelzen *nt kein pl* ❷ (*fig: combination*) Verbindung *f,* Verschmelzung *f kein pl* (of von +*dat*) ❸ ECON *of companies* Zusammenschluss *m,* Fusion *f* ❹ *no pl* PHYS Verschmelzung *f,* Fusion *f;* nuclear ~ Kernverschmelzung *f,* Kernfusion *f* ❺ MUS Stilmix *m;* (*jazz and rock*) Jazzrock *m*

fusion bomb *n* Atombombe *f* **fusion reactor** *n* Fusionsreaktor *m*

fuss [fʌs] I. *n* ❶ (*excitement*) [übertriebene] Aufregung; ■to be in a ~ in heller Aufregung sein ❷ (*attention*) [übertriebener] Aufwand, Getue *nt pej fam; it's a lot of ~ about nothing* das ist viel Lärm um nichts; to make [*or* kick up] [such] a ~ einen Aufstand machen *fam,* sich *akk* anstellen *fam;* to make a ~ of [*or* AM over] sb für jdn einen großen Aufwand betreiben; to make a ~ about sth um etw *akk* viel Aufhebens machen; *I don't see what the ~ is about* ich verstehe nicht, was der ganze Zirkus soll *fam* II. *vi* (*be nervously active*) [sehr] aufgeregt sein; *please, stop ~ing* hör bitte auf, so einen Wirbel zu machen; ■to ~ at sb jdm keine Ruhe lassen; ■to ~ over sb/sth (*treat with excessive attention*) für jdn/etw einen großen Aufwand betreiben; (*overly worry*) sich *dat* übertriebene Sorgen um jdn/etw machen; ■to ~ with sth [hektisch] an etw *dat* herumhantieren; ■to be ~ed (*be nervous*) hektisch sein; (*complain*) *baby* unruhig sein; *child* quängeln; *adult* sich *akk* aufregen III. *vt* ■to ~ sb jdn nicht in Ruhe lassen, jdm auf die Nerven gehen *pej fam*

fussbudget *n esp* AM (*fam*) Nörgler(in) *m(f) pej;* to be a ~ pedantisch [*o fam* pingelig] sein

fussed [fʌst] *adj pred* BRIT (*fam*) verärgert **fussfree** *adj* (*fam*) problemlos, unkompliziert

fussily ['fʌsɪli] *adv* (*pej*) ❶ (*in picky way*) pingelig *pej fam;* (*with criticism*) nörgelig *pej,* mäkelig *pej* ❷ (*with much care*) penibel; *decorate* überladen

fussiness ['fʌsɪnəs] *n no pl* ❶ (*pickiness*) Pingeligkeit *f pej fam* ❷ (*decoration*) Überladenheit *f pej* ❸ (*detail*) Übergenauigkeit *f*

fusspot *n* (*fam*) Nörgler(in) *m(f) pej;* to be a ~ penibel [*o fam* pingelig] sein

fussy ['fʌsi] *adj* ❶ *usu pred* (*pej: about clothes, neatness*) pingelig *pej fam;* (*about people*) [zu] wählerisch; (*about food*) mäkelig *pej,* heikel DIAL, schnäkig DIAL; ■to be ~ about sth etw sehr genau nehmen; he's/we're/they're not ~ [about sth] (*not demanding*) er ist/wir sind/sie sind [bei etw] nicht wählerisch; BRIT (*indifferent*) ihm/uns/ihnen ist es egal [was/wie ...] ❷ (*pej: overly-decorated*) *curtains, clothing* [zu] verspielt, überladen *pej* ❸ (*overly-detailed*) *writing* ausgeklügelt ❹ (*needing much care*) fisselig DIAL; ~ job Fisselarbeit *f* DIAL

fustian ['fʌstiən, AM -tʃən] I. *n* (*cloth*) Barchent *m* II. *adj* ❶ (*of fustian cloth*) Barchent- ❷ (*fig, pej: pompous*) pompös *pej,* bombastisch *pej; phrases* groß *pej*

fusty ['fʌsti] *adj* (*pej*) ❶ (*musty*) *smell, room* muffig *fam* ❷ (*fig: old-fashioned*) verstaubt *fig, oft pej; people* altmodisch

futile ['fjuːtaɪl, AM -t̬əl] *adj* ❶ (*in vain*) sinnlos; (*pointless*) nutzlos, zwecklos; ~ attempt vergeblicher Versuch; ~ effort vergebliches Bemühen; to prove ~ vergebens sein ❷ (*unimportant*) unsinnig, überflüssig; *idea, remark* unwichtig

futility [,fjuː'tɪləti, AM -əṭi] *n no pl* Sinnlosigkeit *f;* an exercise in ~ vergebliche Liebesmüh

futon ['fuːtɒn, AM -tɑːn] *n* Futon *m*

future ['fjuːtʃəʳ, AM -ɚ] I. *n usu sing* ❶ (*in time*) Zukunft *f; nobody knows what the ~ holds* niemand weiß, was die Zukunft bringt; to have plans for the ~ Zukunftspläne haben [*o geh* hegen]; at some point in the ~ irgendwann einmal; to plan for the ~ Pläne für die Zukunft machen, Zukunftspläne schmieden; ■in [AM *usu* the] ~ in Zukunft; in the [not too] distant/near ~ in [nicht allzu] ferner/naher Zukunft ❷ LING ~ tense Futur *nt;* to be in the ~ tense im Futur stehen ❸ (*prospects*) Zukunft *f,* Zukunftsaussichten *fpl; she has a great ~ ahead of her* sie hat eine große Zukunft vor sich; *there's no ~ for this company* diese Firma hat keine Zukunft; *there's no ~ for me in this company* in dieser Firma habe ich keine Aussichten; to not have much of a ~ keine [guten] Zukunftsaussichten haben; to face an uncertain ~ einer ungewissen Zukunft entgegengehen II. *adj attr, inv* zukünftig, kommend, später; ~ delivery ECON Terminlieferung *f;* for ~ delivery für [*o* auf] zukünftige Lieferung; ~ generations kommende Generationen; ~ husband zukünftiger Ehemann; in a ~ life in einem Leben nach dem Tod; for ~ reference zur späteren Verwendung

future perfect *n no pl* vollendetes Futur, Futur *nt* II **future-proof** *adj* zukunftssicher

futures ['fjuːtʃəz, AM -ɚz] I. *npl* ❶ (*goods*) Terminwaren *fpl* ❷ STOCKEX [Waren]termingeschäfte, ntpl, Terminkontrakte *mpl;* financial ~ Finanztermingeschäfte *ntpl;* to work in ~ Warentermingeschäfte machen, mit Terminwaren handeln II. *n modifier* ~ commodity Terminware *f;* [commodity] ~ market Terminbörse *f,* Terminmarkt *m*

Futures & Options Exchange *n Londoner Warenbörse* **futures contract** *n* Terminkontrakt *m* **futures deal** *n* Termingeschäft *nt* **futures exchange** *n* Terminbörse *f* **futures market** *n* Terminbörse *f,* Terminmarkt *m;* financial ~ Finanzterminbörse *f* **futures trader** *n* Warenterminhändler(in) *m(f)*

future tense *n no pl* Futur *nt;* to be in the ~ im Futur stehen

futurism ['fjuːtʃərɪzəm] *n no pl* Futurismus *m*

futurist ['fjuːtʃərɪst] I. *n* Futurist(in) *m(f)* II. *adj* futuristisch

futuristic [,fjuːtʃə'rɪstɪk] *adj* ❶ (*ultra-modern*) futuristisch ❷ (*fantasy*) Science-fiction-

futurity <*pl* -ties> [fjuː'tjʊərəti, AM 'tʊrəṭi] *n* ❶ *no pl* (*future time*) Zukunft *f* ❷ (*future event*) zukünftiges Ereignis

fuze *n, vt* AM *see* fuse

fuzz [fʌz] *n no pl* ❶ (*fluff*) Fussel[n] *mpl* ❷ (*fluffy hair*) Flaum *m,* feine Härchen; adolescent ~ [Bart]flaum *m,* erster Bartwuchs; peach ~ Pfirsichhaut *f* ❸ (*frizzy hair*) Wuschelhaare *ntpl;* (*beard*) Stoppeln *fpl* ❹ (*distorted sound*) Unschärfen *fpl* ❺ BRIT, AM (*dated sl: police*) ■the ~ die Bullen *pl pej sl,* die Polypen *pl pej sl*

fuzzball *n* Staubwolke *f*
fuzzily ['fʌzɪli] *adv* undeutlich, unklar, verschwommen
fuzziness ['fʌzɪnəs] *n no pl* ❶ (*fluffiness*) Flauschigkeit *f* ❷ (*distortion*) *of an image* Unklarheit *f*, Undeutlichkeit *f*, Verschwommenheit *f*; *of a photograph* Unschärfe *f*; (*fig*) *of thinking* Wirrheit *f*
fuzzy ['fʌzi] **I.** *adj* ❶ (*fluffy*) flaumig; *skin* samtig ❷ (*frizzy*) wuschelig; *beard* stoppelig; (*curly*) lockig; ***my hair went ~ in the rain*** meine Haare lockten sich im Regen ❸ (*distorted*) *image* unklar, verschwommen; *photograph* unscharf; *sound, reception* schlecht; ***my head is so ~*** ich bin ganz benommen; **~ memory** verschwommene Erinnerung **II.** *n* ■**the fuzzies** *pl* **to give sb the warm fuzzies** (*fam*) jdm das Gefühl von Wärme und Geborgenheit vermitteln
fuzzy-headed *adj usu pred* (*thinking unclearly*) nicht [ganz] klar [*o* wirr] im Kopf; (*from alcohol*) benebelt; **to feel a bit ~** sich *akk* etw angeheitert fühlen **fuzzy logic** *n no pl* MATH, PHILOS Fuzzylogik *f* **fuzzy math** *n no pl* (*fam*) Rechenfehler *m*, faule Zahlen *pl fam*
F-word *n* (*euph fam*) ■**the ~** *euphemistische Abkürzung von 'fuck', ‚Scheiße', um eine vulgäre Ausdrucksweise zu vermeiden*
FX [ˌef'eks] *npl* FILM (*sl*) Special Effects *pl*

G

G <*pl* -'s>, **g** <*pl* -'s *or* -s> [dʒiː] *n* ❶ (*letter*) G *nt*, g *nt*; **~ for** [*or* AM *also* **as in**] **George** G für Gustav; *see also* **A 1.** ❷ MUS G *nt*, g *nt*; **~ flat** Ges *nt*, ges *nt*; **~ sharp** Gis *nt*, gis *nt*; **key of ~** G-Schlüssel *m*, Violinschlüssel *m*; *see also* **A 2.**
g [dʒiː] *n* ❶ <*pl* -> *abbrev of* **gram** g ❷ <*pl* -'s> PHYS *abbrev of* **gravitational acceleration** g
G [dʒiː] **I.** *n* <*pl* -'s> AM, AUS (*fam: $1000*) ≈ Tausender *m fam* **II.** *adj inv* AM FILM *abbrev of* **General-Audience** Familien-, jugendfrei; **~ movie** jugendfreier Film; **rated ~** ohne Altersbeschränkung
gab [gæb] **I.** *vi* <-bb-> (*pej fam*) quatschen *pej fam*, schwätzen *pej fam* **II.** *n* (*pej*) Gequassel *nt fam*; **to have the gift of the ~** (*without interruption*) wie ein Wasserfall reden können; (*persuasive*) überzeugend reden können
gabardine [ˌgæbə'diːn, AM 'gæbədiːn] *n* ❶ *no pl* (*cloth*) Gabardine *m o f* ❷ (*coat*) Gabardinemantel *m*
gabble ['gæbl̩] **I.** *vi* (*slurr*) nuscheln *fam*, undeutlich sprechen; (*talk quickly*) quasseln *pej fam*; *goose* schnattern; **to ~ away** (*pej*) [drauflos] quasseln *pej fam*; **to ~ away at sb** auf jdn einreden, jdn vollquasseln *fam* **II.** *vt* ■**to ~ sth** (*quickly*) etw herunterrasseln; (*indistinctly*) etw nuscheln *fam*; **to ~ one's words** die Wörter verschlucken **III.** *n no pl* (*slurred*) Gebrabbel *nt fam*; (*rapid*) Gequassel *nt fam*; *of geese* Geschnatter *nt*
gabby ['gæbi] *adj* (*fam*) geschwätzig *pej*, schwatzhaft *pej*
gaberdine *n see* **gabardine**
gable ['geɪbl̩] *n* Giebel *m*
gabled ['geɪbl̩d] *adj* gegiebelt, Giebel-
gab session *n* (*fam*) Plauderstündchen *nt*
gad [gæd] (*dated*) **I.** *vi* <-dd-> (*fam*) ■**to ~ about** [*or* **around**] sich *akk* herumtreiben **II.** *interj* (*fam or old*) ■**by ~!** bei Gott!
gadabout ['gædəbaʊt] *n* (*dated*) Herumtreiber(in) *m(f) fam*
gadfly ['gædflaɪ] *n* ❶ (*insect*) Stechfliege *f*, Bremse *f* ❷ (*fig: person*) Nervensäge *f pej fam*
gadget ['gædʒɪt] *n* [praktisches] Gerät; ■**~s** *pl* [praktische] Gerätschaften
gadgeteer [ˌgædʒɪ'tɪəʳ, AM -tɪr] *n* Technikfreak *m sl*, jd, der technische Spielereien liebt
gadgetry ['gædʒɪtri] *n no pl* Gerätschaften *fpl*
Gaelic ['geɪlɪk, 'gæl-] **I.** *n* Gälisch *nt*, das Gälische **II.** *adj* gälisch
gaff [gæf] *n* NAUT Gaffel *f*; (*in fishing*) Landungshaken *m* ► PHRASES: **to __blow__ the ~** BRIT (*sl*) nicht dichthalten *fam*, die Klappe nicht halten können *sl*; **to __blow__ the ~ on sth** etw ausplaudern *fam*; **to __blow__ the ~ on sb** jdn verpfeifen *fam*
gaffe [gæf] *n* Fauxpas *m*; **to make a ~** einen Fauxpas begehen
gaffer ['gæfəʳ, AM -ɚ] *n* ❶ BRIT (*fam: foreman*) Vorarbeiter *m*; (*fig*) Boss *m fam*, Chef *m fam* ❷ FILM, TV ≈ Filmtechniker *m* ❸ BRIT (*fam: old man*) Opa *m pej o hum sl*
gag [gæg] **I.** *n* ❶ (*cloth*) Knebel *m* ❷ (*joke*) Gag *m*, Witz *m*; **opening ~s** Gags *mpl*, um das Publikum aufzuwärmen; **to do** [*or* **pull**] **a ~** einen Witz reißen; **to do sth for** [*or* AM, AUS **as**] **a ~** etw [nur] zum Spaß [*o fam* aus Jux] machen **II.** *vt* <-gg-> *usu passive* ■**to ~ sb** jdn knebeln; (*fig*) jdm einen Maulkorb verpassen *fig*, jdn mundtot machen **III.** *vi* <-gg-> ■**to ~** [**on sth**] [an etw *dat* herum]würgen
gaga ['gɑːgɑː] *adj pred* ❶ (*fam: senile*) senil, vertrottelt *fam*; **to go ~** senil werden ❷ (*fam: infatuated*) ■**to be ~ about** [*or* **over**] **sb/sth** verrückt nach jdm/etw sein; (*enthusiastic*) von jdm/etw hin und weg sein
gage *n*, *vt* AM *see* **gauge**
gagging order *n* (*fam*) Nachrichtensperre *f*
gaggle ['gægl̩] *n* (*geese*) **~ of geese** Gänseherde *f*; (*pej: people*) Horde *f pej*, Schar *f*
gag order *n*, **gag rule** *n* AM Maulkorberlass *m fam*; **to issue a ~** einen Maulkorberlass herausgeben *fam*
gaiety ['geɪəti, AM -əṭi] *n* ❶ *no pl* Fröhlichkeit *f*, Frohsinn *m veraltend*; **forced ~** gezwungene [*o* gekünstelte] Fröhlichkeit ❷ *usu pl* (*dated: festivity*) Festlichkeiten *fpl*, Fest *nt*; **to take part in the gaieties** am Fest teilnehmen
gaily ['geɪli] *adv* ❶ (*happily*) fröhlich ❷ (*brightly*) freundlich, hell; **~ coloured** farbenfroh
gain [geɪn] **I.** *n* ❶ (*increase*) Anstieg *m kein pl*; *in speed* Erhöhung *f kein pl*; *in gen* Zunahme *f kein pl*; **weight ~** Gewichtszunahme *f*; **a ~ in numbers** ein zahlenmäßiger Zuwachs; **a ~ in height** eine Zunahme an Höhe; **a ~ in profits/business/productivity** eine Gewinn-/Geschäfts-/Produktivitätssteigerung ❷ ECON, FIN (*profit*) Gewinn *m*; **net ~** Nettogewinn *m*, Reingewinn *m*; **pre-tax ~** Vorsteuergewinn *m* ❸ (*achievement*) Gewinn *m kein pl*; (*advantage*) Vorteil *m*; **personal/political ~** persönlicher/politischer Vorteil; **to do sth for ~** etw zu seinem eigenen Vorteil tun; (*for money*) etw für Geld tun ❹ COMPUT Verstärkungsgrad *m* **II.** *vt* ❶ (*obtain*) ■**to ~ sth** etw bekommen [*o* erlangen]; **to ~ access to a person/building** sich *dat* Zugang zu einer Person/einem Gebäude verschaffen; **to ~ acceptance/popularity** akzepiert/populär werden; **to ~ confidence** [*or* **self-confidence**] Selbstvertrauen entwickeln; **to ~ sb's confidence** jds Vertrauen erhalten; **to ~ control of sth** etw unter seine Kontrolle bekommen; **to ~ entrance/entry** [**to sth**] sich *dat* den Zutritt [zu etw *dat*] verschaffen; **to ~ entree into social circles** Zutritt zu gesellschaftlichen Kreisen erhalten; **to ~ experience** Erfahrungen sammeln; **to ~ freedom/independence** die Freiheit/Unabhängigkeit erlangen; **to ~ ground** (*progress*) *work* [an] Boden gewinnen; *disease* um sich *akk* greifen; *rumours* sich *akk* verbreiten; **to ~ ground** [**on sb**] (*catch up*) [im Vergleich zu jdm] aufholen; **to ~ an impression** einen Eindruck bekommen; **to ~ insight** [**into sth**] einen Einblick [in etw *akk*] bekommen, [etw] verstehen; **to ~ knowledge** sein Wissen erweitern, Wissen sammeln; **to ~ prestige** an Prestige gewinnen; **to ~ recognition** [*or* **respectability**] Anerkennung finden, anerkannt werden; **to ~ a reputation for being sth** sich *dat* einen Namen als etw machen; **to ~ success** Erfolg haben; **to ~ time** Zeit gewinnen; **to ~ a victory** einen Sieg erringen; ***you've got nothing to lose and everything to ~*** du hast nichts zu verlieren, aber alles zu gewinnen; ***what do you hope to ~ from the course?*** was versprechen Sie sich von diesem Kurs?; ***her performance ~ed her international fame*** durch ihre Leistung erlangte sie internationalen Ruhm; ***the party have ~ed a lot of support*** die Partei ist in der Sympathie der Wähler stark gestiegen ❷ (*increase*) **to ~ altitude** [an] Höhe gewinnen; **to ~ confidence/experience/competence** an Sicherheit/Erfahrung/Kompetenz zunehmen; **to ~ impetus** [*or* **momentum**] an Schwung [*o* Kraft] gewinnen; **to ~ strength** kräftiger werden, an Kraft zunehmen; **to ~ velocity** [*or* **speed**] schneller werden; **to ~ weight** zunehmen; ***my watch has ~ed about ten minutes over the last twenty-four hours*** meine Uhr geht jetzt innerhalb der letzten 24 Stunden 10 Minuten vor; ***the share index ~ed ten points*** der Aktienindex stieg um 10 Punkte an ❸ (*reach*) erreichen; **to ~ one's destination** sein Ziel erreichen ► PHRASES: **to ~ a __foothold__** Fuß fassen; **to ~ the upper __hand__** die Oberhand gewinnen; **__nothing__ ventured, nothing ~ed** (*prov*) wer wagt, gewinnt **III.** *vi* ❶ (*increase*) zunehmen; *prices, numbers* [an]steigen; *clock, watch* vorgehen; ***once she went off the diet she started ~ing again*** sobald sie mit der Diät aufhörte, nahm sie gleich wieder zu; ***the share index ~ed by ten points*** der Aktienindex stieg um 10 Punkte an; **to ~ in numbers** zahlenmäßig ansteigen; **to ~ in height** an Höhe gewinnen; **to ~ in weight** zunehmen; **to ~ in profits/business/productivity** Gewinn/Geschäft/Produktivität steigern ❷ (*profit*) profitieren; ■**to ~ from sth** von etw *dat* profitieren; ■**to ~ by doing sth** durch etw *akk* profitieren ❸ (*catch up*) ■**to ~ on sb** jdn mehr und mehr einholen; ***they're ~ing on us*** sie kommen immer näher *fam*
gainer ['geɪnəʳ, AM -ɚ] *n* Gewinner(in) *m(f)*
gainful ['geɪnfᵊl] *adj inv* gewinnbringend; **~ employment** Erwerbstätigkeit *f*
gainfully ['geɪnfᵊli] *adv inv* gewinnbringend; **~ employed** erwerbstätig; **to keep sb ~ employed** jdn [gegen Bezahlung] beschäftigen
gainsay <-said, -said> [ˌgeɪn'seɪ] *vt* (*form*) ■**to ~ sth** etw abstreiten [*o* leugnen]; ***there's no ~ing her brilliance as an actress*** ihre brillante schauspielerische Leistung lässt sich nicht leugnen
gait [geɪt] *n* Gang *m kein pl*; *of a horse* Gangart *f*; **to walk with a clumsy/slow ~** einen schwerfälligen/langsamen Gang haben
gaiter ['geɪtəʳ, AM -ɚ] *n usu pl* Gamasche *f*
gal¹ [gæl] *n* AM (*hum fam: girl*) Mädchen *nt*
gal² <*pl* – *or* -s> *n abbrev of* **gallon**
gala ['gɑːlə, AM 'geɪlə, 'gælə] **I.** *n* ❶ (*social event*) Gala *f* ❷ BRIT (*competition*) Sportfest *nt* **II.** *adj attr, inv* (*festive*) Gala-, [sehr] festlich; **~ affair/occasion** festliche Angelegenheit/Gelegenheit; **~ night** Galaabend *m*; **~ performance** Galavorstellung *f*
galactic [gə'læktɪk] *adj inv* galaktisch; **inter-~** intergalaktisch
galah [gə'lɑː] *n* ❶ ORN Rosenkakadu *m* ❷ AUS (*sl: idiot*) Blödmann *m pej sl*, Dummkopf *m pej fam*
galaxy ['gæləksi] *n* ❶ (*star system*) Galaxie *f* ❷ (*the Milky Way*) ■**the ~** die Milchstraße ❸ (*fig: group*) erlesene Gesellschaft; ***the whole ~ of actors and musicians*** die ganze Schar prominenter Schauspieler und Musiker
gale [geɪl] *n* Sturm *m*; **~-force wind** Wind *m* mit Sturmstärke; **~s of laughter** stürmisches Gelächter
gale warning *n* Sturmwarnung *f*
Galicia [gə'lɪsiə, AM 'lɪʃə] *n no pl* Galizien *nt*
Galician [gə'lɪsiən, AM 'lɪʃən] *adj inv* galizisch
Galilean [ˌgælɪ'liːən, AM ə'liː] **I.** *n* Galiläer(in) *m(f)* **II.** *adj inv* galiläisch
Galilee ['gælɪliː, AM əliː] *n no pl* Galiläa *nt*
gall¹ [gɔːl] **I.** *n* ❶ (*bile*) Galle *f*, Gallenflüssigkeit *f* ❷ (*something bitter*) Bitternis *f geh*, Bitterkeit *f*; **to be ~ and wormwood for sb** (*liter*) für jdn ausgesprochen bitter sein ❸ (*annoyance*) Ärger *m* ► PHRASES: **to __have__ the ~ to do sth** die Frechheit besitzen etw zu tun **II.** *vt* ■**sth ~s sb** etw ist bitter für jdn; ***it ~s him to*** [***have to***] ***take orders from a younger colleague*** es wurmt ihn, Anweisungen von einem jüngeren Kollegen entgegennehmen zu

G

müssen *fam*

gall² *n* BRIT *abbrev of* **gallon**

gallant ['gælənt] **I.** *adj* ❶ (*chivalrous*) charmant, zuvorkommend, galant *veraltend geh* ❷ (*brave*) tapfer; **to make a ~ effort** sich *akk* tapfer [*o* wacker] schlagen *fam* ❸ (*fine*) prächtig; *horse* edel **II.** *n* (*dated liter*) Stutzer *m pej veraltet*

gallantly ['gæləntli] *adv* ❶ (*with charm*) galant *veraltend geh* ❷ (*bravely*) tapfer ❸ (*politely*) höflich, zuvorkommend ❹ (*finely*) prächtig, stattlich

gallantry ['gæləntri] *n* ❶ *no pl* (*chivalry*) Zuvorkommenheit *f*, galantes Benehmen ❷ *no pl* (*courage*) Tapferkeit *f* ❸ (*polite deed*) charmante Geste

gall bladder *n* Gallenblase *f*, Galle *f*

galleon ['gæliən] *n* NAUT (*hist*) Galeone *f*

gallery ['gæl^əri] *n* ❶ (*for art*) Galerie *f*; (*for paintings*) Gemäldegalerie *f* ❷ (*balcony*) Balkon *m*, Galerie *f*; (*in church*) Empore *f* ▶ PHRASES: **to play to the ~** sich *akk* in Szene setzen

galley ['gæli] *n* ❶ (*kitchen*) *of a ship* Kombüse *f*; *of an airplane* Bordküche *f* ❷ (*hist: ship*) Galeere *f* ❸ *usu pl* TYPO **final ~** [Druck]fahne *f*

galley proof *n* TYPO (*dated*) [Druck]fahne *f* **galley slave** *n* Galeerensklave *m*

Gallic ['gælɪk] *adj* (*hist*) ❶ (*of Gaul*) gallisch; **the ~ Wars** die Gallischen Kriege ❷ (*typically French*) [sehr] französisch

galling ['gɔːlɪŋ] *adj* kränkend, bitter; ***the defeat was ~ to his pride*** sein Stolz war durch die Niederlage zutiefst verletzt

gallivant ['gælɪvænt, AM -ləv-] *vi* (*fam*) ■**to ~ about** [*or* **around**] sich *akk* herumtreiben *pej*

gallivanting ['gælɪvæntɪŋ, AM -ləv-] *n no pl* Herumtreiberei *f pej*

gallon ['gælən] *n* Gallone *f*; **imperial/US ~** britische/amerikanische Gallone; ■**~s** (*fig*) Unmengen *fpl fam*; ***I drink ~s of milk*** ich trinke literweise Milch

gallop ['gæləp] **I.** *vi* ❶ (*run fast*) *horse* galoppieren; *rider* galoppieren, im Galopp reiten ❷ (*fig: hurry*) [schnell] laufen, eilen; ■**to ~ into sth** sich *akk* [Hals über Kopf] in etw *akk* stürzen **II.** *vt* (*cause to gallop*) **to ~ a horse** ein Pferd galoppieren lassen **III.** *n usu sing* Galopp *m*; **to break into a ~** in Galopp verfallen; **at a ~** (*fig*) sehr schnell, in einem Wahnsinnstempo *fam*

galloping ['gæləpɪŋ] *adj attr, inv* galoppierend; **~ inflation/tuberculosis** galoppierende Inflation/Schwindsucht

gallows ['gæləʊz, AM -loʊz] *n* Galgen *m*; **to send sb to the ~** jdn an den Galgen bringen

gallows bird *n* Galgenvogel *m fam* **gallows humour** *n no pl* Galgenhumor *m* **gallows tree** *n* (*dated*) Galgenbaum *m*

gallstone *n* Gallenstein *m*

Gallup poll® ['gæləp,-] *n* Meinungsumfrage *f*

galoot [gə'luːt] *n* (*sl*) Muskelpaket *nt*, Zyklop *m*, Goliath *m*

galore [gə'lɔːʳ, AM -'lɔːr] *adj inv, after n* im Überfluss

galoshes [gə'lɒʃɪz, AM -'lɑː-] *npl* (*dated*) Galoschen *fpl*

galumph [gə'lʌm(p)f] *vi* (*fam*) [herum]trampeln *fam*

galumphing [gə'lʌm(p)fɪŋ] *adj attr, inv* (*fam*) ungeschickt, trottelig *fam*

galvanic [gæl'vænɪk] *adj* ❶ *inv* galvanisch ❷ (*sudden and dramatic*) unvermittelt

galvanize ['gælvənaɪz] *vt* ❶ (*coat with zinc*) ■**to ~ sth** etw galvanisieren ❷ (*fig: spur into action*) ■**to ~ sb** jdn elektrisieren; ■**to ~ sb into doing sth** jdn dazu veranlassen, etw schnell zu tun; **to ~ sb into action** jdn plötzlich aktiv werden lassen, jdm Beine machen *fam*

galvanized ['gælvənaɪzd] *adj inv* galvanisiert

galvanometer [,gælvə'nɒmɪtəʳ, AM 'nɑːmət̬ə] *n* Galvanometer *nt*

gamba ['gæmbə, AM 'gɑːmbə] *n see* **viola da gamba**

Gambia ['gæmbiə] *n* Gambia *nt*

Gambian ['gæmbiən] **I.** *adj inv* gambisch **II.** *n* Gambier(in) *m(f)*

gambit ['gæmbɪt] *n* ❶ (*in chess*) Gambit *nt* ❷ (*fig: tactic*) Schachzug *m*, Manöver *nt*; **clever ~** geschickter Schachzug; **opening ~** Eröffnungsmanöver *nt* ❸ (*remark*) **conversational** [*or* **opening**] **~** *Satz, mit dem man ein Gespräch anfängt*

gamble ['gæmbl̩] **I.** *n usu sing* Risiko *nt*, Wagnis *nt*; **business ~** Geschäftsrisiko *nt*; **to take a ~** etw riskieren [*o* wagen], ein Risiko eingehen **II.** *vi* ❶ (*bet*) [um Geld] spielen, zocken *sl*; **to ~ at cards** um Geld Karten spielen; **to ~ on dogs/horses** auf Hunde/Pferde wetten; **to ~ on the stock market** [*or* **exchange**] an der Börse spekulieren ❷ (*take a risk*) ■**to ~ that ...** sich *akk* darauf verlassen, dass ...; ***I'm gambling that he'll forget my promise from last year*** ich spekuliere darauf, dass er mein Versprechen vom Vorjahr vergessen wird; ■**to ~ on sth** auf etw *akk* setzen; ***we're ~ing on the weather being good for our picnic*** wir verlassen uns darauf, dass das Wetter für unser Picknick gut sein wird; ■**to ~ with sth** etw aufs Spiel setzen **III.** *vt* ■**to ~ sth** etw aufs Spiel setzen; **to ~ one's fortune/future/money** sein Vermögen/seine Zukunft/sein Geld aufs Spiel setzen; **to ~ everything on sb/sth** für jdn/etw alles aufs Spiel setzen

◆**gamble away** *vt* ■**to ~ away** ↻ **sth** etw verspielen

gambler ['gæmbləʳ, AM -ɚ] *n* Spieler(in) *m(f)*; **compulsive ~** Spielsüchtige(r) *f(m)*, Spieler(in) *m(f)*

gambling ['gæmblɪŋ] *n no pl* Glücksspiel *nt*

gambling casino *n* Spielkasino *nt* **gambling czar** *n* AM (*pej*) Spielkasinobesitzer(in) *m(f)* **gambling debt** *n* Spielschulden *fpl* **gambling den** *n* (*pej*) Spielhölle *f pej* **gambling house** *n* Spielkasino *nt* **gambling joint** *n* (*pej*) Spielhölle *f pej*

gambol <BRIT -ll- *or* AM *usu* -l-> ['gæmb^əl] *vi* (*liter*) *animals, children* herumspringen; ■**to ~ about** [*or* **around**] herumtollen; **to ~ through the meadow** über die Wiese springen

game¹ [geɪm] **I.** *n* ❶ (*match*) Spiel *nt*; ***let's play a ~ of football/ tennis*** lass uns Fußball/Tennis spielen; **board ~** Brettspiel *nt*; **a ~ of chance** ein Glücksspiel *nt*; **a ~ of chess** eine Partie Schach; **computer ~** Computerspiel *nt*; **party ~** Gesellschaftsspiel *nt*; **a ~ of skill** (*tactics*) Taktikspiel *nt*; (*nimbleness*) Geschicklichkeitsspiel *nt*; **to win/lose a ~** ein Spiel gewinnen/verlieren; **waiting ~** Hinhaltetaktik *f*; **to play a waiting ~** erst mal abwarten ❷ (*general play*) *children* Spiel, nt; ***the children were playing a ~ of cops and robbers*** die Kinder spielten Räuber und Gendarm ❸ SPORTS (*skill level*) **to play a good** [*or* **mean**] **~** ein gutes [*o* beachtliches] Spiel spielen; **to be off one's ~** nicht zu seinem Spiel finden, schlecht spielen; **to be on one's ~** gut in Form sein; ***my ~ is a bit off today*** ich bin heute nicht in Form ❹ (*amusement*) Spiel *nt*; ***that's enough fun and ~s!*** Schluss jetzt mit den Scherzen!; **to be just a ~ to sb** für jdn nur ein Spiel sein ❺ (*dishonest plan*) Spiel *nt*; ***what's your ~?*** was soll das?; ***he found out her little ~*** er kam ihr auf die Schliche; **to be up to one's old ~s** es mit der alten Masche versuchen; **to play ~s with sb** mit jdm spielen; **to play sb's ~** jds Spiel *nt* mitspielen; **to see through sb's ~** jds Spiel *nt* durchschauen ❻ ■**~s** *pl* (*organized*) Spiele *ntpl*; BRIT (*at school*) [Schul]sport *m*; **the Olympic ~s** die Olympischen Spiele ▶ PHRASES: **the ~ is not worth the candle** die Mühe lohnt sich nicht; **that's the name of the ~** darum geht es *fam*; ***power is the name of the ~ in the business world*** in der Geschäftswelt geht es nur um Macht; **two can play at that game** was du kannst, kann ich schon lange; **the ~ is up** das Spiel ist aus; **to beat sb at his own ~** jdn mit seinen eigenen Waffen schlagen; **to give the ~ away** alles verraten; **to make** [**a**] **~ of sb** BRIT sich *akk* über jdn lustig machen; **to play the ~** BRIT (*dated*) sich *akk* an die Spielregeln halten; **to be on the ~** BRIT (*be a prostitute*) auf den Strich gehen; AM (*be a criminal*) seine Finger in unsauberen Geschäften haben **II.** *adj* ❶ *usu pred* (*fam: willing*) ■**to be ~** [**to do sth**] bereit sein[, etw zu tun]; **to be ~ for anything** zu allem bereit sein; ***I'm going for a drink — are you ~?*** ich gehe was trinken – bist du dabei?; AM (*sl*) ***she's a real ~ kid*** sie ist zu allem bereit ❷ (*fam: lame*) lahm, angeknackst *fam* **III.** *vi* (*dated: gamble*) spielen

game² [geɪm] *n no pl* ❶ (*animal*) Wild *nt*; **big ~** Großwild *nt*; **small ~** kleine Wildtiere ❷ (*meat*) Wild *nt*, Wildbret, nt *geh* ▶ PHRASES: **fair ~** Freiwild *nt*

game bird *n* ■**~s** *pl* Federwild *nt kein pl* **Gameboy®** *n* Gameboy® *m* **game-cock** *n* Kampfhahn *m* **gamekeeper** *n* Wildhüter(in) *m(f)*, Wildheger(in) *m(f)* **game laws** *npl* Jagdgesetz *nt* **game licence** *n* Jagdschein *m*

gamely ['geɪmli] *adv* tapfer

game paddle *n* COMPUT Spielkonsole *f*, Steuerknüppel *m* **game park** *n* Wildpark *m* **game plan** *n* SPORTS [Spiel]taktik *f*, [Spiel]strategie *f*; ECON Taktik *f*, Strategie *f* **gameplay** *n no pl* Spielablauf *m* **game point** *n* (*in tennis*) Satzball *m*; (*in handball*) [entscheidender] Punkt **game reserve** *n* Wildschutzgebiet *nt*, Wildreservat *nt* **game room** *n* Spielzimmer *nt* **game show** *n* Spielshow *f*; (*quiz show*) Quizsendung *f*, Quizshow *f*; **TV ~** Spielshow *f* [im Fernsehen]; (*quiz show*) Quizsendung *f*

game show host *n* TV Moderator(in) *m(f)* einer Spielshow; (*in quiz show*) Moderator(in) *m(f)* einer Quizshow

gamesmanship ['geɪmzmənʃɪp] *n no pl Kunst, mit fraglichen Mitteln zu gewinnen, ohne tatsächlich gegen die Regeln zu verstoßen*

games port *n* Spieleport *m o nt* **games teacher** *n* BRIT Sportlehrer(in) *m(f)*

gamete ['gæmiːt] *n* Geschlechtszelle *f*, Gamet *m fachspr*

game theory *n no pl* MATH Spieltheorie *f fachspr*

game warden *n* Jagdaufseher(in) *m(f)*

gamey ['geɪmi] *adj see* **gamy**

gamine [gæ'miːn] (*approv*) **I.** *n* knabenhafte Frau **II.** *adj* jungenhaft, knabenhaft, androgyn

gaming ['geɪmɪŋ] *n no pl* Spielen *nt* [um Geld]

gaming house *n* Spielkasino *nt* **gaming machine** *n* Spielautomat *m* **gaming table** *n* Spieltisch *m*

gamma ['gæmə] *n* ❶ (*in Greek alphabet*) Gamma *nt* ❷ BRIT SCH (*rare: school mark*) ≈ ‚befriedigend', ≈ Drei *f*

gamma globulin *n no pl* MED Gammaglobulin *nt fachspr* **gamma radiation** *n no pl*, **gamma rays** *npl* Gammastrahlen *mpl*

gammon ['gæmən] **I.** *n no pl esp* BRIT ❶ (*bacon*) leicht geräucherter Schinken; (*ham*) [gekochter] Schinken ❷ (*dated fam: nonsense*) Quatsch *m pej fam*, Blödsinn *m pej fam* **II.** *interj* BRIT (*dated fam*) **~!** [so'n] Quatsch! *pej fam*, [so'n] Blödsinn! *pej fam*

gammy ['gæmi] *adj* BRIT (*fam*) lahm

gamut ['gæmət] *n* Spektrum *nt*; **the whole ~ of emotions** das ganze Spektrum der Gefühle; **to run the ~ of sth** (*experience the entire range*) die ganze Skala einer S. *gen* durchmachen; *all tasks* alle Stationen einer S. *gen* durchlaufen; *all aspects* alle Facetten einer S. *gen* kennen lernen

gamy ['geɪmi] *adj* **~ taste** Wildgeschmack *m*; ***there was a ~ smell*** es roch nach Wild

gander ['gændəʳ, AM -dɚ] *n* ❶ (*goose*) Gänserich *m*, Ganter *m* NORDD *fam*, Ganser[t] *m* SÜDD *fam* ❷ (*fam: look*) **to have** [*or* **take**] **a ~ at sth** einen kurzen Blick auf etw *akk* werfen ▶ PHRASES: **what's sauce** [*or* AM **good**] **for the goose is sauce** [*or* AM **good**] **for the ~** (*prov*) was dem einen recht ist, ist dem anderen billig

G & T [,dʒiːən(d)'tiː] *n abbrev of* **gin and tonic** Gin-Tonic *m*

gang [gæŋ] **I.** *n* (*group*) *of people* Gruppe *f*; *of criminals* Bande *f*; *of youths* Gang *f*; (*fam*) *of friends* Clique *f*, Haufen *m fam*; *of workers, prisoners* Kolonne *f*, Trupp *m*; ***the ~'s waiting for us, hurry up*** beeil dich, die Jungs warten auf uns *fam*; **chain ~** aneinander gekettete Sträflingskolonne **II.** *vi* ■**to ~ up** sich *akk* zusammentun [*o* zusammenschließen] *fam*; ■**to ~ up against** [*or* **on**] **sb** sich *akk* gegen jdn verbünden

gang-bang [ˈgæŋˌbæŋ] **I.** *n* (*fam: voluntarily*) *Gruppensex mit einer Frau und mehreren Männern;* (*rape*) Gruppenvergewaltigung *f* **II.** *vt* ■**to ~ sb** jdn zum Opfer einer Gruppenvergewaltigung machen; (*sl*) ■**to be ~ed** *woman* von mehreren Männern überfallen und vergewaltigt werden

ganger [ˈgæŋəʳ] *n* Brit Vorarbeiter *m,* Vormann *m*

gangland [ˈgæŋlænd] **I.** *n usu sing* Unterwelt *f kein pl,* Gangstermilieu *nt* **II.** *adj attr, inv* unterweltlich, Unterwelt-; **~ feud** Bandenfehde *f;* **~ killing** Mord *m* im Gangstermilieu; **~ warfare** Bandenkrieg *m*

gangling [ˈgæŋglɪŋ] *adj* schlaksig

ganglion <*pl* -s *or* -lia> [ˈgæŋgliən, *pl* -liə] *n* MED ❶ (*nerve cells*) Nervenknoten *m,* Ganglion *nt fachspr* ❷ (*cyst*) Überbein *nt* ❸ (*fig: center of activity*) Zentrum *nt*

gangplank *n* Landungssteg *m* **gang rape** *n* Gruppenvergewaltigung *f*

gangrene [ˈgæŋgriːn] *n no pl* ❶ MED Brand *m,* Gangrän *f fachspr;* **gas ~** Gasbrand *m,* Gasödem *nt,* Gasgangrän *f fachspr* ❷ (*fig: moral corruption*) Krebsgeschwür *nt fig*

gangrenous [ˈgæŋgrɪnəs] *adj* ❶ (*with gangrene*) von Brand befallen, brandig [entzündet] ❷ *attr* (*fig: corrupt*) [alles] zersetzend

gangsta *n* (*sl*) ❶ (*nonconformist person*) Rebell(in) *m(f)* gegen die Normen der [weißen] Gesellschaft ❷ (*African-American rap star*) Gangsta *f o m*

gangsta *n,* **gangsta rap** *n* Gangsta-Rap *m*

gangsta rap [ˈgæŋ(k)stə,-, AM -stɚ-] *n no pl* Gangsta Rap *m sl*

gangster [ˈgæŋ(k)stəʳ, AM -ɚ] *n* Gangster(in) *m(f),* Verbrecher(in) *m(f)*

gangster film *n* Gangsterfilm *m*

gangsterism [ˈgæŋstərɪzᵊm] *n no pl* Gangstertum *nt*

gang war *n* Bandenkrieg *m* **gang warfare** *n no pl* Bandenkrieg *m* **gangway** **I.** *n* ❶ NAUT, AEROSP Gangway *f* ❷ (*gangplank*) Landungsbrücke *f;* (*ladder*) Fallreep *nt* ❸ Brit (*aisle*) [Durch]gang *m* **II.** *interj* (*fam*) **~!** Platz da! *fam,* Bahn frei! *fam*

ganja [ˈgændʒə, AM ˈgɑːn-] *n no pl* (*sl*) Marihuana *nt,* Gras *nt fam*

gannet [ˈgænɪt] *n* ❶ (*bird*) Tölpel *m* ❷ Brit (*fam: person*) Raffzahn *m pej fam,* Gierhals *m pej fam*

gantry [ˈgæntri] *n* (*support*) Gerüst *nt,* Montageturm *m;* (*for a crane*) Krangerüst *nt,* Portal *nt; for a rocket* Abschussrampe *f,* Startrampe *f;* RAIL **signal ~** Signalbrücke *f*

gaol [dʒeɪl] *n* Brit (*dated*) *see* **jail**

gaolbird *n* Brit (*dated*) *see* **jailbird** **gaolbreak** *n* Brit (*dated*) *see* **jailbreak**

gaoler *n* Brit (*dated*) *see* **jailer**

gap [gæp] *n* ❶ (*empty space*) Lücke *f;* **to leave some ~s** etwas Platz [frei]lassen ❷ (*fig: something missing*) Lücke *f fig;* (*inconsistency*) Ungereimtheit *f;* **credibility ~** mangelnde Glaubwürdigkeit; **~ in knowledge** Wissenslücke *f;* **market ~** Marktlücke *f;* **to fill a ~** eine Lücke schließen [*o* füllen] *fig* ❸ (*in time*) Pause *f,* Unterbrechung *f* ❹ (*difference*) Unterschied *m;* (*in attitude*) Kluft *f;* **age ~** Altersunterschied *m;* **generation ~** Generationsunterschied *m;* **to bridge/close the ~** die Kluft überbrücken/überwinden; ***he must close the ~ between his income and his expenditures*** er muss die Lücke zwischen seinem Einkommen und seinen Ausgaben schließen ❺ COMPUT (*space between recorded data*) Spalt *m,* Zwischenraum *m* ❻ COMPUT (*method*) Funkübertragungssystem *nt*

gape [geɪp] **I.** *vi* ❶ (*stare*) starren, glotzen *pej fam;* ■**to ~ at sb/sth** jdn/etw [mit offenem Mund] anstarren; ***what are you gaping at, idiot?*** was glotzt du denn so, du Idiot? *pej fam* ❷ (*hang open*) offen sein; *door, gate* offen stehen; ***Peter's jacket ~d at the seams*** die Nähte von Peters Jacke waren aufgeplatzt **II.** *n* Starren *nt*

gaping [ˈgeɪpɪŋ] *adj* weit geöffnet; *wound* klaffend; *hole, chasm* gähnend

gap-toothed *adj* (*with missing teeth*) mit Zahnlücken *nach n;* (*with irregular teeth*) mit schiefen Zähnen *nach n;* (*with spaces between teeth*) mit Lücken zwischen den Zähnen *nach n;* ■**to be ~** (*with missing teeth*) Zahnlücken haben; (*with irregular teeth*) schiefe Zähne haben; (*with spaces between teeth*) Lücken zwischen den Zähnen haben; **~ grin** schiefes Lächeln

garage [ˈgærɑːʒ, AM gəˈrɑːʒ] **I.** *n* ❶ (*for cars*) Garage *f;* **one-car ~** einfache Garage; **two-car ~** Doppelgarage *f* ❷ Brit, Aus (*petrol station*) Tankstelle *f* ❸ (*repair shop*) [Kfz-]Werkstatt *f* ❹ Brit (*dealer*) Autohändler(in) *m(f)* ❺ STOCKEX (*Teil der New Yorker Börse*) Garage *f* **II.** *vt* **to ~ a car** ein Auto in die Garage stellen **III.** *vi* FIN Vermögenswerte transferieren [aus steuerlichen Gründen]

garage sale *n privater Flohmarkt in der Garage*

garb [gɑːb] (*liter*) **I.** *n no pl* Kleidung *f,* Gewand *nt geh;* **to be dressed in cook's/nun's ~** als Koch/Nonne gekleidet sein **II.** *vt* ■**to ~ oneself** sich *akk* kleiden; ■**to be ~ed in sth** in etw *akk* gekleidet sein

garbage [ˈgɑːbɪdʒ, AM ˈgɑːr-] *n no pl* ❶ AM, Aus, Can (*rubbish*) Müll *m,* Abfall *m;* COMPUT **~ in, ~ out** Garbage in, Garbage out *sl;* ***there's nothing wrong with the software — it's a clear case of ~ in, ~ out*** mit der Software ist alles in Ordnung – wenn der Input Müll ist, taugt auch der Output nichts *fam;* **to take the ~ out** den Müll rausbringen *fam* ❷ (*pej: nonsense*) Blödsinn *m pej fam,* Quatsch *m pej fam,* Müll *m fig, pej fam;* (*useless data*) Müll *m,* Schrott *m;* **to talk ~** Blödsinn reden *pej fam,* [nur] Müll erzählen *pej fam* ❸ AM (*sl: stuff*) Zeug[s] *nt pej fam;* (*junk*) Mist *m pej fam,* Müll *m fig, pej fam;* (*bad literature*) Schund *m pej fam* ❹ (*radio interference*) Rauschen *nt*

garbage bag *n* AM, Aus, Can (*dustbin bag*) Müllbeutel *m* **garbage can** *n* AM, Can (*dustbin*) Mülleimer *m,* Abfalleimer *m* **garbage chute** *n esp* AM, Can (*rubbish chute*) Müllschlucker *m* **garbage collection** *n no pl* AM (*waste collection*) Müllabfuhr *f* **garbage collector** *n* AM, Can (*dustman*) Müllmann *m fam,* Müllwerker *m form* **garbage disposal** *n,* AM, Can *also* **garbage disposer** *n* (*rubbish disposer*) Müllschlucker *m* **garbage dump** *n* AM, Can (*rubbish dump*) Mülldeponie *f,* Müllabladeplatz *m* **garbageman** *n* AM, Aus, Can (*dustman*) Müllmann *m fam,* Müllwerker *m form* **garbage truck** *n* AM, Aus, Can (*dustbin lorry*) Müllwagen *m,* Müllauto *nt*

garbagy [ˈgɑːrbɪdʒi] *adj* AM, Can (*pej: bad*) schlecht, niveaulos; (*messy*) unordentlich; (*dirty*) versifft *sl*

garbanzo [gɑːˈbænzəʊ, AM gɑːrˈbɑːnzoʊ] *n,* **garbanzo bean** *n* Kichererbse *f*

garble [ˈgɑːbl̩, AM ˈgɑːr-] *vt* ■**to ~ sth** ❶ (*mix up*) etw durcheinander bringen; *words, message* etw verdrehen; (*distort*) etw verzerren; ***the fax seems to have been ~d in transmission*** das Fax ist anscheinend nicht richtig übertragen worden ❷ (*misrepresent*) etw verzerrt darstellen [*o pej fam* verdrehen]; **to ~ the facts** die Fakten verdrehen *pej fam*

garbled [ˈgɑːbl̩d, AM ˈgɑːr-] *adj account, message* verworren; *data* fehlerhaft; *fax* unleserlich

garçon [ˈgɑːsɒn, AM gɑːrˈsɔn] *n* Garçon *m veraltet;* **~!** Herr Ober! *veraltend*

Garda <*pl* Gardai> [ˈgɑːdə, AM ˈgɑːr] *n* ❶ *no pl,* + *sing/pl vb* (*Irish police force*) ■**the ~** die [irische] Polizei ❷ (*policeman*) [irischer] Polizist, [irische] Polizistin

garden [ˈgɑːdᵊn, AM ˈgɑːr-] **I.** *n* ❶ Brit (*of house*) Garten *m;* **back ~** Garten *m* hinter dem Haus; **front ~** Vorgarten *m* ❷ (*planted area*) Garten *m;* **flower/vegetable ~** Blumen-/Gemüsegarten *m;* **herb** [*or* **kitchen**] **~** Kräutergarten *m;* **to plant a ~** einen Garten anlegen ❸ (*ornamental grounds*) ■**~s** *pl* Gartenanlage *f,* Park *m,* Gärten *mpl;* **Botanical ~s** botanischer Garten; **public ~s** öffentliche Gartenanlage, öffentlicher Park ► Phrases: **to lead sb up the ~ path** jdn an der Nase herumführen *fam,* jdn einen Bären aufbinden *fam* **II.** *n modifier* (*furniture, hose, vegetable*) Garten-; **~ gnome** Gartenzwerg *m;* **~ plot** Gartenbeet *nt;* **~ produce** Gartenerzeugnisse *ntpl* **III.** *vi* im Garten arbeiten, gärtnern

garden apartment *n* AM (*garden flat*) Souterrainwohnung *f* **garden centre** *n* Brit, Can Gartencenter *nt,* Gärtnereimarkt *m* **garden city** *n* Brit Gartenstadt *f*

gardener [ˈgɑːdᵊnəʳ, AM ˈgɑːrdᵊnɚ] *n* (*professional*) Gärtner(in) *m(f),* Gartenarbeiter(in) *m(f);* (*for pleasure*) Gärtner(in) *m(f)*

garden flat *n* Brit Souterrainwohnung *f*

gardenia [gɑːˈdiːniə, AM gɑːrˈ-] *n* Gardenie *f*

gardening [ˈgɑːdᵊnɪŋ, AM ˈgɑːr-] **I.** *n no pl* Gartenarbeit *f,* Gärtnern *nt;* **a book on ~** ein Buch *nt* über Gartenpflege; **to do ~** Gartenarbeit machen **II.** *n modifier* Garten-; **~ tools** Gartengeräte *ntpl*

gardening leave *n no pl* Brit *Beurlaubung bei voller Bezahlung um keinen Überlauf zum Konkurrenten zu gewährleisten*

Garden of Eden *n* ■**the ~** der Garten Eden; (*fig*) das Paradies **garden party** *n* [großes] Gartenfest, [große] Gartenparty **garden-variety** *adj attr, inv* AM alltäglich, banal, gewöhnlich

gargantuan [gɑːˈgæntjuən, AM gɑːrˈgæntʃu-] *adj* riesig, gewaltig; **~ debts** enormer Schuldenberg

gargle [ˈgɑːgl̩, AM ˈgɑːr-] **I.** *vi* gurgeln; **to ~ with mouthwash/salt water** mit Mund-/Salzwasser gurgeln **II.** *n no pl* ❶ (*act*) Gurgeln *nt* ❷ (*liquid*) Gurgelwasser *nt* ❸ Brit (*sl: drink*) **to have a ~** sich *dat* einen [Kleinen] genehmigen *fam*

gargoyle [ˈgɑːgɔɪl, AM ˈgɑːr-] *n* Wasserspeier *m*

garish [ˈgeərɪʃ, AM ˈger-] *adj* (*pej*) knallig *fam,* knallbunt *fam;* ***her makeup looks downright ~*** sie sieht aus, als wäre sie in einen Farbtopf gefallen *fam;* **~ colours** schreiende [*o* grelle] Farben

garishly [ˈgeərɪʃli, AM ˈger] *adv* grell

garishness [ˈgeərɪʃnəs, AM ˈger-] *n no pl* (*pej*) Grellheit *f*

garland [ˈgɑːlənd, AM ˈgɑːr-] **I.** *n* Kranz *m; for a Christmas tree* Girlande *f;* **~ of roses** Rosenkranz *m* ► Phrases: **to win the ~** (*liter*) einen Preis bekommen, die Palme erringen *geh* **II.** *vt* ■**to ~ sb** jdn bekränzen; *with flowers* jdm Blumenkränze umhängen

garlic [ˈgɑːlɪk, AM ˈgɑːr-] **I.** *n no pl* Knoblauch *m;* **bulb of ~** Knoblauchknolle *f;* **clove of ~** Knoblauchzehe *f* **II.** *n modifier* (*smell, sauce*) Knoblauch-; **to have ~ breath** nach Knoblauch riechen

garlic bread *n no pl* Knoblauchbrot *nt*

garlicky [ˈgɑːlɪki, AM ˈgɑːr-] *adj* ■**to be ~** (*taste*) nach Knoblauch riechen; (*smell*) nach Knoblauch schmecken; ***he refuses to eat ~ food*** er isst nichts mit Knoblauch; **~ sauce/salad dressing** Soße *f*/Salatdressing *nt* mit Knoblauch

garlic press *n* Knoblauchpresse *f* **garlic salt** *n* Knoblauchsalz *nt*

garment [ˈgɑːmənt, AM ˈgɑːr-] **I.** *n* Kleidungsstück *nt* **II.** *n modifier* Textil-; **~ designer** Textildesigner(in) *m(f);* **~ industry** Bekleidungsindustrie *f*

garment bag *n* AM, Can (*suit bag*) Reisetasche *f*

garner [ˈgɑːnəʳ, AM ˈgɑːrnɚ] *vt* (*liter*) ■**to ~ sth** etw sammeln; **to ~ knowledge** Wissen erwerben

garnet [ˈgɑːnɪt, AM ˈgɑːr-] **I.** *n* Granat *m* **II.** *n modifier* (*bracelet, earrings, ring*) Granat-; **~ stone** Granat *m*

garnish [ˈgɑːnɪʃ, AM ˈgɑːr-] **I.** *vt* ❶ FOOD ■**to ~ sth** etw garnieren; (*fig*) etw ausschmücken ❷ LAW ■**to ~ sb** einem Drittschuldner einen Pfändungsbeschluss zukommen lassen; **to ~ sb's earnings/wages** Einkünfte/Löhne von jdm pfänden **II.** *n* <*pl* -es> Garnierung *f*

garotte *n, vt see* **garrotte**

garret [ˈgærət, AM ˈger-] *n* ARCHIT (*attic*) Dachboden *m;* (*attic room*) Dachkammer *f,* Mansarde *f*

garrison [ˈgærɪsᵊn, AM ˈgerə-] **I.** *n* Garnison *f* **II.** *n modifier* ❶ (*at the garrison*) **~ duty** Dienst *m* in der Garnison ❷ (*with a garrison*) **~ town** Garnisonsstadt *f* **III.** *vt* ■**to be ~ed** in Garnison liegen; **to ~ a place** einen Ort mit einer Garnison belegen

garrote [gəˈrɑːt] AM, **garrotte** [-ˈrɒt] **I.** *n* Gar[r]otte *f,* Halseisen *nt,* Würgschraube *f* **II.** *vt* ■**to ~ sb** jdn erdrosseln; (*with a garrote*) jdn gar[r]ottieren [*o* durch die Gar[r]otte hinrichten]

G

garrulity [gæ'ru:ləti, AM ge'ru:ləṭi] *n no pl* (*talkativeness*) Schwatzhaftigkeit *f pej,* Redseligkeit *f;* (*wordiness*) Langatmigkeit *f*
garrulous ['gærᵊləs, AM 'ger-] *adj* (*talkative*) schwatzhaft *pej,* redselig; ■**to be ~** ein Schwätzer/eine Schwätzerin sein *pej;* (*wordy*) langatmig
garrulously ['gærᵊləsli, AM 'ger-] *adv* (*talkatively*) schwatzhaft *pej,* redselig; (*wordily*) langatmig
garrulousness ['gærᵊləsnəs, AM 'ger-] *n no pl* (*talkativeness*) Schwatzhaftigkeit *f pej,* Redseligkeit *f;* (*wordiness*) Langatmigkeit *f*
garter ['gɑ:təʳ, AM 'gɑ:rṭɚ] **I.** *n* ① (*band*) Strumpfband *nt;* AM (*suspenders*) Strumpfhalter *m,* Strapse *mpl* ② BRIT **the Order of the G~** der Hosenbandorden **II.** *vt* ■**to be ~ed** (*wear a band*) ein Strumpfband tragen; AM (*wear suspenders*) Strapse tragen
garter belt *n* AM, CAN Hüftgürtel *m,* Strapse *mpl*
garter snake *n* AM (*grass snake*) Ringelnatter *f*
garter stitch *n* [kraus] rechts gestricktes Muster
gas [gæs] **I.** *n* <*pl* -es *or* -sses> ① (*vapour*) Gas *nt* ② *no pl* (*fuel*) Gas *nt;* **natural ~** Erdgas *nt;* **to cut off the ~** das Gas abdrehen ③ *no pl* MED (*fam: anaesthetic*) Lachgas *nt* ④ *no pl* (*weapon*) [Gift]gas *nt;* **poison ~** Giftgas *nt;* **poison ~ attack** Giftgasangriff *m;* **to use ~** Giftgas einsetzen ⑤ *no pl* AM, CAN (*fam: petrol*) Benzin *nt;* **high-octane ~** Super[benzin] *nt;* **leaded/unleaded ~** verbleites/bleifreies Benzin; **to get ~** tanken; **to step on the ~** aufs Gas treten *fam,* Gas geben; (*fig: hurry*) Gas geben *fam* ⑥ *no pl* AM MED (*euph fam: flatulence*) Blähungen *fpl* ⑦ *esp* AM (*fam: laugh*) **to be a ~** zum Brüllen [*o fam* Schreien] sein *fam* **II.** *n modifier* (*grill, heater, stove*) Gas-, gasbetrieben **III.** *vt* <-ss-> ■**to ~ sb** ① (*kill*) jdn vergasen ② MED (*sl: make unconscious*) jdn [mit Lachgas] betäuben **IV.** *vi* <-ss-> (*dated fam*) quatschen *fam*
◆**gas up I.** *vt* AM, CAN **to ~ up ↔ a car** ein Auto auftanken **II.** *vi* AM, CAN voll tanken
gasbag *n* (*pej sl*) Quasselstrippe *f pej fam* **gas chamber** *n* Gaskammer *f* **gas cooker** *n* BRIT Gasherd *m;* (*small device*) Gaskocher *m*
gaseous ['gæsiəs] *adj* gasförmig
gas field *n* [Erd]gasfeld *nt* **gas fire** *n* BRIT Gasofen *m* **gas-fired** *adj inv* gasbetrieben **gas fitter** *n* BRIT Gasinstallateur(in) *m(f)* **gas fittings** *npl* BRIT Gasleitungen *fpl* **gas furnace** *n* Gasofen *m* **gas gauge** *n* AM, CAN (*petrol gauge*) Benzinuhr *f* **gas guzzler** *n* AM, CAN (*fam*) Benzinfresser *m fam,* Benzinschlucker *m fam*
gash [gæʃ] **I.** *n* <*pl* -es> *on the body* tiefe Schnittwunde; *in cloth* Schnitt *m,* Schlitz *m; in upholstery* tiefer Schlitz; *in a tree* [klaffende] Spalte; *in the ground* tiefe Kerbe **II.** *vt* ■**to ~ sth** etw aufschlitzen; ■**to ~ sth open** *leg, arm* sich *dat* etw aufreißen; *head, knee, elbow* sich *dat* etw aufschlagen
gas heat *n* AM, **gas heating** *n no pl* [zentrale] Gasheizung **gas heater** *n* AM (*gas fire*) Gasofen *m* **gasholder** *n* Gascontainer *m,* Gasometer *m veraltend* **gas jet** *n* Gasdüse *f*
gasket ['gæskɪt] *n* Dichtung *f;* **to blow a ~** eine Dichtung platzen lassen; (*fig*) **sb blows a ~** bei jdm brennen die Sicherungen durch *fig fam,* jd wird [sehr] wütend
gas lamp *n* Gaslampe *f* **gaslight** *n* ① *no pl* (*system*) Gasbeleuchtung *f,* Gaslicht *nt* ② (*lamp*) Gaslampe *f*
gas lighter *n* (*for igniting*) Gasanzünder *m; for cigarettes* Gasfeuerzeug *nt*
gaslit ['gæslɪt] *adj inv* mit Gaslicht beleuchtet
gas main *n* Gas[haupt]leitung *f* **gasman** *n* BRIT (*fam*) Gasableser(in) *m(f),* Gasmann *m fam* **gas mark** *n* BRIT Stufe *f* (*beim Gasherd*) **gas mask** *n* Gasmaske *f* **gas meter** *n* Gaszähler *m,* Gasuhr *f;* **to read the ~** den Gaszähler ablesen
gasoline ['gæsᵊli:n] **I.** *n* AM, CAN (*petrol*) Benzin *nt;* **leaded/lead-free ~** verbleites/bleifreies Benzin **II.** *n modifier* (*tank*) Benzin-; **~ tax** Kraftstoffsteuer *f*
gasometer [gæs'ɒmɪtəʳ, AM -'ɑ:məṭɚ] *n* Gasometer *m veraltend,* [großer] Gasbehälter
gas oven *n* Gasherd *m;* **to put one's head in a ~ oven** den Gashahn aufdrehen *euph fam,* sich *akk* mit Gas vergiften
gasp [gɑ:sp, AM gæsp] **I.** *vi* ① (*pant*) keuchen; (*catch one's breath*) tief einatmen, hörbar die Luft einziehen; (*be surprised, shocked, in pain*) ■**sb ~s** jdm stockt der Atem, jdm bleibt die Luft weg *fam;* **to ~ for air** [*or* **breath**] [*or* **oxygen**] nach Luft schnappen; **sb ~s in amazement** [*or* **surprise**] jdm stockt vor Überraschung der Atem; **sb ~s in shock** jdm bleibt vor Schreck die Luft weg *fam* ② (*speak breathlessly*) nach Luft ringen ③ BRIT (*fam: be thirsty*) ■**to be ~ing** durstig sein; (*very*) [fast] verdursten **II.** *vt* ■**to ~ out ↔ sth** etw [atemlos] hervorstoßen **III.** *n* hörbares Lufteinziehen, plötzliches Luftholen; ***he gave a ~ of amazement*** ihm blieb vor Überraschung die Luft weg ▶ PHRASES: **to be at one's last ~** in den letzten Zügen liegen; **to do sth to the last ~** etw bis zum letzten Atemzug tun
gas pedal *n* AM, CAN (*accelerator*) Gaspedal *nt;* **to have a heavy foot on the ~** einen Bleifuß haben *fig fam*
gasper ['gɑ:spəʳ] *n* BRIT (*dated fam*) Klimmstängel *m fam*
gas pipe *n* Gasleitung *f* **gas pump** *n* AM, CAN (*petrol pump*) Zapfsäule *f;* **full-service ~** Zapfsäule *f* mit Bedienung; **self-service ~** Selbstbedienungszapfsäule *f* **gas ring** *n* BRIT Gaskocher *m* **gas station** *n* AM, CAN (*petrol station*) Tankstelle *f* **gas station operator** *n* AM, CAN (*petrol station operator*) Tankwart(in) *m(f)* **gas stove** *n* Gasherd *m;* (*small device*) Gaskocher *m*
gassy ['gæsi] *adj* ① (*full of gas*) kohlensäurehaltig ② (*dated fam: wordy*) langatmig; (*talkative*) *person* redselig, geschwätzig *pej; language* wortreich, langatmig *pej*
gas tank *n* AM, CAN (*petrol tank*) Benzintank *m*
gastric ['gæstrɪk] *adj inv* MED Magen-, gastrisch *fachspr;* **~ juices** Magensäfte *mpl;* **~ ulcer** Magengeschwür *nt;* **~ upset** Magenprobleme *ntpl*
gastric flu *n* Darmgrippe *f*
gastritis [gæs'traɪtɪs, AM -ṭəs] *n no pl* MED Magenschleimhautentzündung *f,* Gastritis *f fachspr*
gastroenteritis [ˌgæstrəʊˌentəˈraɪtɪs, AM -troʊˌenṭəˈraɪṭəs] *n no pl* MED Magen-Darm-Entzündung *f,* Magen-Darm-Katarrh *m fachspr,* Gastroenteritis *f fachspr*
gastroenterologist [ˌgæstrəʊˌentəˈrɒlədʒɪst, AM -troʊˌenṭəˈrɑ:-] *n* MED Gastroentereologe, -in *m, f*
gastroenterology [ˌgæstrəʊˌentəˈrɒlədʒi, AM -troʊˌenṭəˈrɑ:-] *n no pl* MED Gastroenterologie *f fachspr*
gastrointestinal [ˌgæstrəʊˌɪntesˈtaɪnᵊl, AM -troʊˌɪnˈtestᵊnᵊl] *adj inv* ANAT, MED Magen-Darm-, gastrointestinal *fachspr;* **to have ~ problems** Magen-Darm-Probleme [*o* Durchfall] haben *euph;* **the ~ tract** der Magen-Darm-Trakt
gastronome ['gæstrənəʊm, AM -noʊm] *n* Feinschmecker(in) *m(f),* Gourmet *m*
gastronomic [ˌgæstrəˈnɒmɪk, AM -ˈnɑ:-] *adj* kulinarisch
gastronomically [ˌgæstrəˈnɒmɪkli, AM -ˈnɑ:-] *adv* kulinarisch
gastronomy [gæs'trɒnəmi, AM -'trɑ:-] *n no pl* Gastronomie *f*
gastroscope ['gæstrəskəʊp, AM -skoʊp] *n* MED Gastroskop *nt fachspr*
gastroscopy [gæs'trɒskəpi, AM 'trɑ:s-] *n* MED ① (*examination*) Gastroskopie *f fachspr;* **to do a ~** eine Gastroskopie machen ② *no pl* (*technique*) Gastroskopieren *nt fachspr*
gas turbine *n* Gasturbine *f* **gasworks** *n + sing vb* Gaswerk *nt*
gat [gæt] *vi, vt* (*old*) *pt of* **get**
gate [geɪt] **I.** *n* ① (*at an entrance*) Tor *nt; at a level-crossing* Schranke *f; at a canal lock* Schleusentor *nt; at an airport* Flugsteig *m,* Gate *nt;* (*of an animal pen*) Gatter *nt;* (*to a garden, courtyard*) Pforte *f;* **safety ~** Sicherheitstür *f* ② SPORTS (*for horses*) **starting ~** Startmaschine *f* ③ (*spectators*) Zuschauerzahl *f* ④ *no pl* (*money*) Einnahmen *fpl* ⑤ COMPUT (*of FET device*) Torschaltung *f* ⑥ (*in camera/projector*) Justiervorrichtung *f* **II.** *vt usu passive* BRIT ■**to be ~d** (*be confined*) Arrest bekommen; (*hist: at university*) in den Karzer geworfen werden *hist;* (*be under curfew*) Ausgehverbot *nt* bekommen
-gate *in compounds* AM -skandal, -affäre; **file~** Aktenskandal *m;* **the Iran~** die Iranaffäre
gateau <*pl* -x> ['gætəʊ] *n esp* BRIT Torte *f*
gatecrash (*fam*) **I.** *vt* (*attend uninvited*) **to ~ a meeting/a party** in eine Versammlung/Party reinplatzen *fam;* (*without paying*) ■**to ~ sth** sich *dat* ohne zu bezahlen Eintritt zu etw *dat* verschaffen **II.** *vi* (*attend uninvited*) uneingeladen kommen; (*without paying*) sich *dat* ohne zu bezahlen Eintritt verschaffen **gatecrasher** *n* (*fam*) un[ein]geladener Gast
gated community *n Gemeinde mit Schranken am Eingang versehen*
gatehouse *n* Pförtnerhaus *nt* **gatekeeper** *n* Pförtner(in) *m(f); at a level-crossing* Schrankenwärter(in) *m(f)* **gate-legged table** *n,* **gate-leg table** *n* Klapptisch *m* (*mit hochklappbaren Seitenteilen*) **gate money** *n no pl* BRIT, AUS Einnahmen *fpl* (*aus Eintrittskartenverkäufen*) **gatepost** *n* Torpfosten *m* ▶ PHRASES: **between you and me and the ~** unter uns [gesagt] **gateway** *n* ① (*entrance*) Eingangstor *nt,* Toreinfahrt *f;* (*archway*) Torbogen *m* ② (*fig: means of access*) Tor *nt;* **the ~ to the North/West** das Tor zum Norden/Westen ③ COMPUT Gateway *nt* **gateway drug** *n* Einstiegsdroge *f*
gather ['gæðəʳ, AM -ɚ] **I.** *vt* ① (*collect*) ■**to ~ sth** etw sammeln; ***we ~ed our things together*** wir suchten unsere Sachen zusammen; **to ~ berries/herbs/honey** Beeren/Kräuter/Honig sammeln; **to ~ the crops** die Ernte einbringen; **to ~ flowers** Blumen pflücken; **to ~ information** Informationen sammeln; (*by asking*) Informationen einholen; **to ~ intelligence** sich *dat* [geheime] Informationen beschaffen; **to ~ one's thoughts** seine Gedanken sammeln, nachdenken; (*accumulate*) **to ~ dirt** ein Schmutzfänger sein; **to ~ dust** (*also fig*) verstauben *a. fig* ② (*pull nearer*) **to ~ sb in one's arms** jdn in die Arme nehmen; ***she ~ed the blanket around her*** sie wickelte sich enger in die Decke ③ FASHION ■**to ~ sth** etw kräuseln [*o* raffen] ④ (*increase*) **to ~ courage** seinen Mut zusammennehmen; **to ~ momentum** in Fahrt kommen *fam;* **to ~ speed** schneller werden; **to ~ one's strength** seine Kräfte sammeln ⑤ (*understand*) ■**to ~ sth** etw verstehen ⑥ (*believe*) ■**to ~ that …** glauben, dass …; ***Harry's not happy, I ~*** (*think*) wie ich die Sache sehe, ist Harry nicht glücklich; (*hear*) wie ich höre, ist Harry nicht glücklich ⑦ (*infer*) ■**to ~ from sth that …** aus etw *dat* schließen, dass …; (*read*) ■**to ~ sth from sth** etw etw *dat* entnehmen, etw aus etw *dat* ersehen; ***I didn't ~ much from his speech*** ich konnte seiner Rede nicht viel entnehmen ⑧ (*hear*) ■**to ~ that …** gehört haben, dass …; (*find out*) ■**to ~ from sb that …** von jdm erfahren haben, dass … ▶ PHRASES: **to be ~ed to one's fathers** (*euph liter*) aus diesem Leben abberufen werden *geh* **II.** *vi* ① (*come together*) sich *akk* sammeln; *people* sich *akk* versammeln; (*accumulate*) sich *akk* ansammeln; *clouds* sich *akk* zusammenziehen; *a storm* heraufziehen, sich *akk* zusammenbrauen; ***we are ~ed here today to …*** wir haben uns heute hier versammelt, um …; ***the clouds of war had been ~ing for several years*** schon seit einigen Jahren hatte der Krieg seine dunklen Schatten vorausgeworfen ② FASHION **to ~ at the middle/sides** in der Mitte/an den Seiten gerafft sein
◆**gather around** *vi* (*fam*) zusammenkommen, sich *akk* versammeln; ■**to ~ around sb/sth** sich *akk* um jdn/etw [ver]sammeln
◆**gather in** *vt* (*bring to safety*) ■**to ~ in ↔ sb/sth** jdn/etw in Sicherheit bringen; (*harvest*) ■**to ~ sth ↔ in** etw ernten; **to ~ the crops/the harvest in** das Getreide/die Ernte einbringen
◆**gather round** *esp* BRIT **I.** *vt* ■**to ~ sb round sth** jdn um etw *akk* versammeln **II.** *vi* (*fam*) zusammenkommen, sich *akk* versammeln; ■**to ~ round sth/sb** sich *akk* um jdn/etw versammeln
◆**gather up** *vt* ■**to ~ up ↔ sth** etw aufsammeln

[*o* zusammensammeln]; **to ~ oneself up to one's full height** sich *akk* zu seiner vollen Größe aufrichten; **to ~ up one's skirt** seinen Rock [hoch]raffen

gathered ['gæðəd, AM -ɚd] *adj clothing* gekräuselt, gerafft

gatherer ['gæðərəʳ, AM ɚɚ] *n* Sammler(in) *m(f)*; **tax ~** Steuereintreiber *m*

gathering ['gæðᵊrɪŋ] **I.** *n* Treffen *nt*, Zusammenkunft *f*, Versammlung *f*; **a family ~** ein Familientreffen *nt*; **a social ~** ein gemütliches Beisammensein **II.** *adj attr, inv clouds* heraufziehend; *storm* sich *akk* zusammenbrauend, heraufziehend; *darkness* zunehmend

gathers ['gæðəz, AM -ɚz] *npl* Kräuseln *fpl*, Kräusel *mpl*, Kräuselfalten *fpl*

gator ['geɪṭɚ] *n* AM (*sl*) *short for* **alligator** Alligator *m*

GATT [gæt] *n no pl acr for* **General Agreement on Tariffs and Trade** GATT *nt*

gauche [gəʊʃ, AM goʊʃ] *adj* unbeholfen, linkisch

gaucheness ['gəʊʃnəs, AM 'goʊʃ] *n no pl* linkische Art

gaucherie ['gəʊʃᵊri, AM 'goʊʃeri] *n no pl* linkische Art

gaucho ['gaʊtʃəʊ, AM -tʃoʊ] *n* Gaucho *m*

gaudily ['gɔːdɪli, AM gɑː] *adv* grell

gaudiness ['gɔːdinəs, AM 'gɑː-] *n no pl* (*garishness*) Auffälligkeit *f*; (*tastelessness*) Kitschigkeit *f*

gaudy¹ ['gɔːdi, AM 'gɑː-] *adj* (*tasteless*) kitschig; (*too bright*) knallig *fam*, knallbunt *fam*; **~ colours** grelle [*o* schreiende] Farben

gaudy² ['gɔːdi, AM 'gɑː-] *n* BRIT *alljährliches offizielles Essen für ehemalige Mitglieder eines College*

gauge [geɪdʒ] **I.** *n* ❶ (*device*) Messgerät *nt*; (*for tools*) [Mess]lehre *f fachspr*; (*for water level*) Pegel *m*; (*for rings*) Ringmaß *nt*; **fuel ~** Benzinuhr *f*, Benzinanzeige *f*; **heat ~** Temperaturanzeige *f*; **pressure ~** Druckmesser *m*; **rain ~** Niederschlagsmesser *m*; **tyre ~** Reifendruckmesser *m* ❷ (*thickness*) *of metal, plastic* Stärke *f*; *of a wire, tube* Dicke *f*; (*diameter*) *of a gun, bullet* Durchmesser *m*, Kaliber *nt* ❸ RAIL Spurweite *f*; **standard ~** Normalspur *f* [*o* Regelspur *f*]; **narrow ~** Schmalspur *f* ❹ (*fig: measure*) Maßstab *m* (**of** für +*akk*) **II.** *vt* ■**to ~ sth** ❶ (*measure*) etw messen ❷ (*judge, assess*) etw beurteilen [*o* einschätzen]; (*estimate, guess*) etw [ab]schätzen

Gaul [gɔːl] *n no pl* GEOG ❶ (*ancient region of Europe*) Gallien *nt* ❷ (*native of Gaul*) Gallier(in) *m(f)*

Gaullism ['gɔːlɪzᵊm] *n no pl* Gaullismus *m*

Gaullist ['gɔːlɪst] **I.** *adj inv* gaullistisch **II.** *n* Gaullist(in) *m(f)*

gaunt [gɔːnt, AM gɑːnt] *adj* ❶ (*thin*) hager, dünn; (*too thin*) abgemagert, dürr; (*from illness*) ausgemergelt; **a ~ face** ein hageres Gesicht ❷ (*desolate*) öde, karg

gauntlet ['gɔːntlət, AM 'gɑːnt-] *n* Handschuh *m*; TECH Industriehandschuh *m*; MED Schutzhandschuh *m*; *for armour* Panzerhandschuh *m* ▶ PHRASES: **to run the ~** Spießruten laufen; **to take up/throw down the ~** den Fehdehandschuh aufnehmen/hinwerfen *geh*

gauntness ['gɔːntnəs, AM 'gɑːnt-] *n no pl* (*thinness*) Hagerkeit *f*; (*extreme*) Abgemagertheit *f*; *from illness* Ausgemergeltsein *nt*

gauze [gɔːz, AM gɑːz] **I.** *n no pl* ❶ *also* MED (*fabric*) Gaze *f*; **cotton/silk ~** Gaze *f* aus Baumwolle/Seide ❷ CHEM (*wire ~*) Gewebedraht *m* ❸ (*fig: haze*) [leichter] Dunst **II.** *n modifier* ❶ (*fabric*) Gaze-; **~ pad** Gazetupfer *m*; **~ scarf** Gazeschal *m* ❷ (*wire*) **~ screen** [*or* **sieve**] Gazesieb *nt fachspr* **gauze bandage** *n* Gazeverband *m*, Mullverband *m*

gauzy ['gɔːzi, AM 'gɑːzi] *adj* (*thin*) hauchdünn; (*transluscent*) durchscheinend

gave [geɪv] *pt of* **give**

gavel ['gævᵊl] **I.** *n* Hammer *m* **II.** *vt* ■**to ~ down** ⊂ **sb** jdn zur Ordnung rufen

gavotte [gə'vɒt, AM -'vɑːt] *n* Gavotte *f*

Gawd [gɔːd, AM *also* gɑːd] *interj* (*euph fam*) Gott *m*; ***oh my ~!*** oh Gott! *fam*

gawk [gɔːk, AM gɑːk] *vi* (*fam*) glotzen *a. pej fam*; ***don't stand there ~ing!*** glotz nicht so blöd! *fam*; ■**to ~ at sb/sth** jdn/etw anstarren [*o fam* anglotzen]

gawky ['gɔːki, AM 'gɑːki] *adj* (*lanky*) schlaksig; (*awkward*) linkisch; (*clumsy*) unbeholfen

gawp [gɔːp] *vi* BRIT *see* **gawk**

gay [geɪ] **I.** *adj* ❶ (*homosexual*) homosexuell, schwul *fam*, gay *sl*; **~ activist** Mitglied *nt* der Schwulenbewegung, Schwulenrechtler(in) *m(f) sl*; **~ bar** Schwulenlokal *nt*; **~ community** Schwulengemeinschaft *f*; **~ scene** Schwulenszene *f* ❷ (*cheerful*) fröhlich, heiter **II.** *n* Homosexuelle(r) *m*, Schwule(r) *m fam*

gaydar ['geɪdɑːʳ, AM -dɑːr] *n Fähigkeit von Homosexuellen, sich gegenseitig zu erkennen*

gay liberation *n no pl* (*dated*) Schwulenbewegung *f* **gay marriage** *n* ❶ *no pl* (*institution*) Ehe *f* zwischen Schwulen ❷ (*instance*) Schwulenhochzeit *f* **gay movement** *n no pl* Schwulenbewegung *f*

gayness ['geɪnəs] *n no pl* (*fam*) Homosexualität *f*

gay pride *n no pl* Stolz *m*, schwul zu sein **gay rights** *npl* Schwulenrechte *ntpl* **gay rights activist** *n* Mitglied *nt* der Schwulenbewegung, Schwulenrechtler(in) *m(f) sl*

Gaza Strip [,gɑːzə'strɪp] *n no pl* ■**the ~** der Gazastreifen

gaze [geɪz] **I.** *vi* starren; **to ~ into the distance/out of the window** ins Leere/aus dem Fenster starren; ■**to ~ around oneself** um sich *akk* schauen; ■**to ~ at** [*or dated* **on**] **sb/sth** jdn/etw anstarren; *admiringly* jdn/etw anhimmeln **II.** *n* Blick *m*; **reproachful/steady ~** vorwurfsvoller/unverwandter Blick; **to avert one's ~ [from sth/sb]** seinen Blick [von etw/jdm] abwenden; (*fig*) **to be exposed to the public ~** im Licht der Öffentlichkeit stehen

gazebo [gə'ziːbəʊ, AM -boʊ] *n* Gartenlaube *f*

gazelle [gə'zel] *n* Gazelle *f*

gazette [gə'zet] *n* Blatt *nt*, Anzeiger *m*; **the Evening G~** das Abendblatt, der Abendanzeiger; (*hist*) Gazette *f veraltet o pej*

gazetteer [,gæzə'tɪəʳ, AM -'tɪr] *n* ❶ (*dictionary*) alphabetisches Ortsverzeichnis (*mit geographischen Angaben*) ❷ (*hist: publisher*) Zeitungsverleger(in) *m(f)*, Zeitungsherausgeber(in) *m(f)*

gazillion [gə'zɪljən] *n* (*fam*) Abertausend *kein art geh*; ***we've heard this opera a ~ times*** wir haben diese Oper schon x-mal [*o* etliche Male] gehört

gazpacho [gæs'pætʃəʊ, AM gə'spɑːtʃoʊ] *n no pl* Gazpacho *m*

gazump [gə'zʌmp] *vt* BRIT, AUS (*fam*) ■**to ~ sb** *ein Haus, das jd kaufen will, entgegen mündlicher Zusage an einen Höherbietenden verkaufen*

gazumping [gə'zʌmpɪŋ] *n no pl* LAW (*of a buyer*) das akzeptierte Angebot eines Käufers für ein Haus überbieten; (*of a seller*) vom Verkauf eines Hauses zugunsten eines höheren Angebotes zurücktreten

gazunder [gə'zʌndəʳ] *vt* BRIT (*fam*) **to ~ the seller** *beim Hauskauf betrügerisch den vereinbarten Preis drücken, indem man kurz vor Vertragsunterzeichnung dem Verkäufer einen niedrigeres Kaufangebot macht*

gazundering [gə'zʌndᵊrɪŋ] *n no pl* BRIT (*fam*) *betrügerische Praxis beim Hauskauf*

GB *n* <*pl* ->, **Gb** *n abbrev of* **Gigabyte** GByte *nt*

GB [,dʒiː'biː] *n abbrev of* **Great Britain** GB

GBH [,dʒiːbiː'eɪtʃ] *n no pl* BRIT LAW *abbrev of* **grievous bodily harm**

GCE [,dʒiːsiː'iː] *n* BRIT SCH (*dated*) *abbrev of* **General Certificate of Education** ≈ Mittlere Reife

G clef *n no pl* G-Schlüssel *m*, Violinschlüssel *m*

GCSE [,dʒiːsiːes'iː] *n* BRIT *abbrev of* **General Certificate of Secondary Education** *Abschluss der Sekundarstufe*

g'day [gə'deɪ] *interj* AUS (*fam*) Tag *fam*, hi *fam*, hallo *fam*

GDP [,dʒiːdiː'piː] *n abbrev of* **gross domestic product** BIP *nt*

GDR [,dʒiːdiː'ɑːʳ, AM -'ɑːr] *n* (*hist*) *abbrev of* **German Democratic Republic** DDR *f hist*

gear [gɪəʳ, AM gɪr] **I.** *n* ❶ (*toothed wheel*) Zahnrad *nt* ❷ (*transmission*) ■**~s** *pl in a car* Übersetzung *f*, Getriebe *nt*; *on a bicycle* Gangschaltung *f* ❸ (*setting*) Gang *m*; **first/second/third ~** erster/zweiter/dritter Gang; **high/low ~** hoher/niedriger Gang; **to be in neutral ~** im Leerlauf sein, ausgekuppelt sein; **to change** [*or* AM **shift**] **~s** [von einem Gang in den anderen] schalten; **to shift into high** [*or* **top**] **~** in den höchsten Gang schalten ❹ *no pl* (*fig: perfomance*) **to shift into high ~** auf volle Touren kommen *fam*; **to be in low ~** nicht in die Gänge kommen *fam*; **to operate in top ~** optimal funktionieren; **to move** [*or* **step**] **up a ~** einen Gang zulegen *fam* ❺ *no pl* (*equipment*) Ausrüstung *f*, Sachen *fpl fam*; (*clothes*) Kleidung *f*, Sachen *fpl fam*; (*trendy clothes*) Klamotten *fpl fam*; **riot ~** Schutz[be]kleidung *f* ❻ (*sl: heroin*) Zeug *nt*; **to do ~** (*sl*) auf Heroin sein *fam*, Heroin nehmen ▶ PHRASES: **to get one's arse** [*or* AM **ass**] **in ~** (*fam!*) in die Gänge kommen *fam*, seinen Arsch hochkriegen [*o* bewegen] *derb*; **to be in/out of ~** im/aus dem Lot sein *fig*; **to change** [*or* AM **shift**] **~s** (*change the subject*) das Thema wechseln; (*change tactics*) seine Taktik ändern **II.** *vi* ■**to ~ down** runterschalten *fam*; (*fig*) es langsamer angehen lassen *fam* **III.** *vt* **a highly-~ed company** ECON ein Unternehmen mit hohem Anteil an Fremdkapital

◆**gear to** *vi* ■**to ~ sth to sth** etw auf etw *akk* abstellen, etw auf etw *akk* ausrichten, etw an etw *akk* anpassen; **salary ~ed to the cost of living** Gehalt, das den Lebenshaltungskosten angepasst ist

◆**gear to, gear toward** AM, **gear towards** *vt* ❶ *usu passive* (*design to suit*) ■**to be ~ed to** [*or* **toward**] [*or* **towards**] **sb/sth** auf jdn/etw ausgerichtet sein; ***the workshops are ~ed towards helping people to become more employable*** die Workshops sind darauf zugeschnitten, die Chancen der Teilnehmer auf dem Arbeitsmarkt zu verbessern ❷ (*prepare*) ■**to ~ oneself to** [*or* **toward**] [*or* **towards**] **sth** sich *akk* auf etw *akk* einstellen

◆**gear up I.** *vi* ■**to ~ up for sth** sich *akk* für etw *akk* bereit machen, sich *akk* auf etw *akk* vorbereiten **II.** *vt* ■**to ~ oneself up for sth** sich *akk* auf etw *akk* einstellen [*o* vorbereiten]; **to be all ~ed up to do sth** (*fam*) sich *akk* total darauf freuen, etw zu tun *fam*

gearbox *n* Getriebe *nt*

gearing ['gɪərɪŋ, AM 'gɪr-] *n no pl* ❶ TECH (*transmission*) Getriebeabstufung *f*, Übersetzung[sstufe] *f*, Antrieb *m*; (*system*) *of gears* Getriebe *nt*; *of toothed wheels* Verzahnung *f*, Eingriff *m* ❷ BRIT FIN, ECON [**equity**] **~** Verhältnis *nt* zwischen Eigen- und Fremdkapital, Verschuldungsgrad *m*; **income ~** Verhältnis *nt* von Finanzaufwendungen zum Gewinn nach Steuern, Zinsbelastung *f* der Gewinne; **high/low ~** hoher/niedriger Verschuldungsgrad ❸ FIN (*borrowing money*) [festverzinsliche] Fremdkapitalaufnahme *f*

gear lever *n* BRIT, AUS, **gearshift** *n* AM, **gear stick** *n* Schalthebel *m*, Schaltknüppel *m*

gearwheel *n* Zahnrad *nt*

gecko <*pl* -es *or* -s> ['gekəʊ, AM -koʊ] *n* Gecko *m*

geddit ['gedɪt] *interj* BRIT (*fam*) **~?** [na,] kapiert? *fam*, hat's geklingelt? *fam*

gee [dʒiː] *interj* AM, CAN (*fam*) Wahnsinn *fam*, Mannomann *fam*, wow *fam*

gee-gee ['dʒiːdʒiː] *n* BRIT (*childspeak*) Hottehü *nt Kindersprache*

geek [giːk] *n esp* AM (*pej fam*) Außenseiter(in) *m(f)*

geese [giːs] *n pl of* **goose**

gee up I. *interj* (*fam*) hü[ah] **II.** *vt* BRIT (*fam*) ■**to ~ up** ⊂ **sb** jdn auf Trab bringen *fam*

gee-whiz [,dʒiː'wɪz] **I.** *interj* AM, AUS, CAN (*dated*) Mensch Meier *fam* **II.** *adj* AM, AUS (*pej fam*) unkritisch, naiv

geezer ['giːzəʳ, AM -ɚ] *n* (*dated fam*) [**old**] **~** Alte(r) *m fam*, Opa *m oft pej o hum fam*; **funny old ~** schrulliger Alter

Geiger counter ['gaɪgə,-, AM -ɚ,-] *n* Geigerzähler *m*

G8 I. *n abbrev of* **Group of 8**: ■**the ~** die G8 **II.** *n*

modifier G8-; ~ **countries** G8-Staaten; ~ **decision** Entscheidung *f* der G8; ~ **meeting** G8-Konferenz *f*

geisha ['geɪʃə] *n*, **geisha girl** *n* Geisha *f*

gel [dʒel] **I.** *n* Gel *nt* **II.** *vi* <-ll-> ① (*form a gel*) gelieren, festwerden ② (*fig: take form*) Form [*o* Gestalt] annehmen

gelatin ['dʒelətɪn] *esp* AM, AUS *also*, **gelatine** ['dʒeləti:n] *n no pl* Gelatine *f*

gelatinous [dʒə'lætɪnəs, AM -'lætᵊnəs] *adj* gelatinös, gallertartig

geld [geld] *vt* ■**to** ~ **an animal** ein Tier kastrieren

gelding ['geldɪŋ] *n* ① (*animal*) kastriertes Tier; (*horse*) Wallach *m hist* ② (*man*) Kastrat *m veraltet*

gelignite ['dʒelɪgnaɪt] *n no pl* Plastiksprengstoff *m*

gem [dʒem] *n* ① (*jewel*) Edelstein *m*, Juwel *nt o m* ② (*person*) Schatz *m fam*, Engel *m fam*; ***you've been an absolute*** ~ du bist ein Schatz [*o* Engel] *fam*; ■**to be a** ~ **of a ...** ein Juwel von einem/einer ... sein; ***our Mary is a real ~ of a cleaning woman*** unsere Putzfrau Mary ist eine wahre Perle ③ (*very good thing*) Juwel *nt*; *painting, antique, book* Meisterwerk *nt*; (*clever remark*) **a** ~ [**of a remark**] eine schlaue Bemerkung; (*iron*) ein schlauer Spruch *pej, iron fam*; ***that joke was a*** ~ der Witz war Spitzenklasse *fam*; **a** ~ **of a car/house** ein klasse Auto/prunkvolles Haus

Gemini ['dʒemɪnaɪ, -ni:] *n* ① *no art* (*sign of the zodiac*) Zwillinge *pl*; **to be born under** ~ im [Stern]zeichen [der] Zwillinge geboren sein ② (*person*) Zwilling *m*; **to be a** ~ [ein] Zwilling sein

gemstone *n* Edelstein *m*

gen [dʒen] **I.** *n no pl* BRIT (*dated sl*) Informationen *fpl*; **to give sb the** ~ **about** [*or* **on**] **sth** jdn über etw *akk* informieren **II.** *vi* <-nn-> BRIT (*dated sl*) ■**to** ~ **up on sth** sich *akk* über etw *akk* informieren

Gen. *n abbrev of* **General** Gen.

gender ['dʒendəʳ, AM -dəʳ] **I.** *n* ① (*male, female*) Geschlecht *nt* ② LING Genus *nt fachspr*, Geschlecht *nt* **II.** *n modifier* Geschlechter-; ~ **balance** AM ausgewogenes Verhältnis der Geschlechter; ~ **question** Geschlechterfrage *f*; ~ **role** Geschlechterrolle *f*

gender bender *n* (*sl*) Transvestit *m* **gender gap** *n no pl* Geschlechtsunterschied *m* **gender-specific** *adj inv therapy, treatment* geschlechtsspezifisch

gene [dʒi:n] **I.** *n* Gen *nt*; **defective** ~ beschädigtes [*o* krankhaft verändertes] Gen **II.** *n modifier* Gen-; ~ **test** Gentest *m*

genealogical [,dʒi:niə'lɒdʒɪkᵊl, AM -'lɑ:-] *adj* genealogisch; ~ **chart** [*or* **table**] Ahnentafel *f*; ~ **tree** Stammbaum *m*

genealogically [,dʒi:niə'lɒdʒɪkᵊli, AM -'lɑ:-] *adv* genealogisch

genealogist [,dʒi:ni'ælədʒɪst] *n* Genealoge, -in *m*, *f*, Ahnenforscher(in) *m(f)*

genealogy [,dʒi:ni'ælədʒi] *n* ① *no pl* (*subject*) Genealogie *f*, Ahnenforschung *f*, Geschlechterforschung *f* ② (*chart*) Ahnentafel *f*

gene bank *n* Genbank *f* **gene pool** *n* BIOL Genpool *m fachspr*

genera ['dʒenᵊrə] *n pl of* **genus**

general ['dʒenᵊrᵊl] **I.** *adj* ① (*widespread*) allgemein; *rain* verbreitet; ***the confusion was*** ~ es herrschte allgemeine Verwirrung; **the** ~ **feeling** das vorherrschende Gefühl; **a** ~ **idea** eine verbreitete Vorstellung; ~ **impression** Gesamteindruck *m*; **to be of** ~ **interest** von allgemeinem Interesse sein; **it is** ~ **practice to do sth** es ist allgemein üblich, etw zu tun; **the** ~ **reader** der Durchschnittsleser/die Durchschnittsleserin; **as a** ~ **rule** in der Regel, im Allgemeinen, normalerweise; **to be in** ~ **use** allgemein benutzt [*o* gebraucht] werden ② (*for everybody*) allgemein, generell; ***most of the soldiers lived in ~ quarters*** die meisten Soldaten lebten in der Kaserne; ***most of the books in this library are available for ~ circulation*** die meisten Bücher dieser Bücherei können von jedem ausgeliehen werden; ~ **amnesty** Generalamnestie *f*; ~ **meeting** Vollversammlung *f*; ~ **mobilization** Generalmobilmachung *f*; **for** ~ **use** für den allgemeinen [*o* normalen] Gebrauch; **to serve the** ~ **welfare** im öffentlichen Interesse sein ③ (*unspecific*) allgemein; ~ **American** AM LING die amerikanische Standardsprache; ~ **cargo** Stückgut *nt*, Partiefracht *f fachspr*; ~ **costs** allgemeine Kosten; ~ **semantics** LING allgemeine Semantik ④ (*wide*) allgemein; ***the school gives the children a ~ background*** die Schule vermittelt den Kindern einen allgemeinen Hintergrund; ~ **education** Ausbildung *f* in den Standardfächern ⑤ (*not detailed*) allgemein; ~ **idea** ungefähre Vorstellung; **to talk in** ~ **terms** [nur] allgemeingültige Aussagen machen, nichts Spezifisches sagen ⑥ *attr* (*main*) General-; ~ **comptroller** Hauptrechnungsprüfer(in) *m(f)*; ~ **consulate** Generalkonsulat *nt*; ~ **contractor** Hauptunternehmer(in) *m(f)* ⑦ *after n* (*in titles*) **Attorney G**~ Generalstaatsanwalt, Generalstaatsanwältin *m, f*; **Consul** ~ Generalkonsul(in) *m(f)*; **Surgeon G**~ AM Gesundheitsminister(in) *m(f)* ⑧ **in** ~ im Allgemeinen, generell **II.** *n* MIL General(in) *m(f)*; ~ **in the Salvation Army** General(in) *m(f)* der Heilsarmee *f*; **four-star** ~ Viersternegeneral(in) *m(f)*

general agency *n* Generalagentur *f*, Generalvertretung *f* **general agent** *n* BRIT Generalagent(in) *m(f)*, Generalvertreter(in) *m(f)*, Handlungsbevollmächtigte(r) *f(m)* **General Agreement on Tariffs and Trade** allgemeines Zoll- und Handelsabkommen **general anaesthetic** *n no pl* Vollnarkose *f*; **under** ~ unter [Voll]narkose **General Assembly** *n no pl* UNO-Vollversammlung *f*, Generalversammlung *f* der UNO **general delivery** *n no pl* AM (*poste restante*) postlagernd **general director** *n* Generaldirektor(in) *m(f)* **general editor** *n* Hauptherausgeber(in) *m(f)* **general election** *n* Parlamentswahlen *fpl* **general endorsement** *n* FIN Blankogiro *nt fachspr*, Blankoindossament *nt fachspr* **general headquarters** *n + sing/pl vb* Generalhauptquartier *nt* **general hospital** *n* allgemeines Krankenhaus **general interest** *n no pl* **to be in the** ~ im öffentlichen Interesse sein

generalissimo [,dʒenᵊrə'lɪsɪməʊ, AM -əmoʊ] *n* MIL Generalissimus *m fachspr*, oberster Befehlshaber/oberste Befehlshaberin

generalist ['dʒenᵊrᵊlɪst] **I.** *n* Generalist(in) *m(f)*, vielseitiger Mensch **II.** *adj* universalistisch, generalistisch

generality [,dʒenᵊ'ræləti, AM -əṭi] *n* ① (*general statement*) Allgemeinheiten *fpl*, allgemeine Aussagen; **to talk in generalities** verallgemeinern; **to talk of generalities** sich *akk* über Allgemeines unterhalten ② *no pl* (*vagueness*) Allgemeingültigkeit *f*, Unbestimmtheit *f*, Schwammigkeit *f pej fam* ③ *no pl* (*form: majority*) ■**the** ~ die Mehrheit

generalization [,dʒenᵊrᵊlaɪ'zeɪʃᵊn, AM -lɪ'-] *n* ① (*instance*) Verallgemeinerung *f*; **to make a sweeping** ~ (*esp pej*) voreilige Schlüsse ziehen ② *no pl* (*technique*) Abstraktion *f*, Generalisierung *f*

generalize ['dʒenᵊrᵊlaɪz, AM -əlaɪz] **I.** *vi* verallgemeinern; ■**to** ~ **about sth** etw verallgemeinern; ■**to** ~ **from sth** (*make conclusions*) aus etw *dat* allgemeine Schlussfolgerungen ziehen [*o* ableiten]; (*deduce a rule*) von etw *dat* eine Regel ableiten **II.** *vt usu passive* ① (*make a general statement*) ■**to** ~ **sth** etw verallgemeinern [*o geh* generalisieren] ② (*make widespread*) ■**to** ~ **sth** [**to sb**] [jdm] etw allgemein zugänglich machen

generalized ['dʒenᵊrᵊlaɪzd, AM -əlaɪzd] *adj* ① (*widespread*) allgemein, [weit]verbreitet ② (*widely applicable*) allgemein, universalistisch; (*in education*) allgemein bildend ③ MED (*in the whole body*) ganzkörperlich; ~ **myalgia** Muskelschmerzen *mpl* am ganzen Körper

general knowledge *n no pl* Allgemeinbildung *f*, Allgemeinwissen *nt*

generally ['dʒenᵊrᵊli] *adv* ① (*usually*) normalerweise, im Allgemeinen ② (*mostly*) im Allgemeinen, im Großen und Ganzen; ***the proposal has received a ~ favourable reaction*** der Vorschlag stieß im Großen und Ganzen auf positive Resonanz ③ (*in a general sense*) allgemein, generell; ~ **speaking** im Allgemeinen ④ (*widely, extensively*) allgemein; **to be** ~ **available** der Allgemeinheit zugänglich sein; **it is** ~ **believed that ...** es wird allgemein angenommen, dass ...; **to be** ~ **known/understood** allgemein bekannt sein; **to be** ~ **reputed to be sth** allgemein als etw bekannt sein ⑤ (*not in detail*) allgemein

general management *n no pl* ① (*managers*) Gesamtgeschäftsführung *f*, Gesamtvorstand *m* ② (*managing*) allgemeine Verwaltung, Gesamtgeschäftsführung *f* **general manager** *n* geschäftsführender Direktor **general partnership** *n* offene Handelsgesellschaft **General Post Office** *n* Hauptpost *f*, Hauptpostamt *nt* **general practice** *n no pl esp* BRIT, AUS Allgemeinmedizin *f*; **to be in** ~ Arzt , Ärztin *m, f* für Allgemeinmedizin sein **general practitioner** *n* Arzt/Ärztin *m/f* für Allgemeinmedizin **general public** *n no pl* ■**the** ~ die Allgemeinheit, die Öffentlichkeit **general-purpose** *adj attr, inv* Allgemein-, Universal-; ~ **cleaner** Allzweckreiniger *m*; ~ **dictionary** allgemeinsprachliches Wörterbuch; ~ **hall** Mehrzweckhalle *f*; ~ **spot remover** Universalfleckentferner *m*

generalship ['dʒenᵊrᵊlʃɪp] *n no pl* Führung *f*

general staff *n + sing/pl vb* MIL Generalstab *m* **general store** *n* AM, CAN Gemischtwarenladen *m* **general strike** *n* Generalstreik *m* **general view** *n no pl* ■**the** ~ die öffentliche [*o* allgemein verbreitete] Meinung; ***I do not subscribe to the ~ that ...*** ich schließe mich nicht der allgemein verbreiteten Meinung an, dass ...

generate ['dʒenᵊreɪt, AM -əreɪt] *vt* ■**to** ~ **sth** ① (*bring about*) etw hervorrufen; **to** ~ **controversy/tension** Kontroversen/Spannungen hervorrufen, zu Kontroversen/Spannungen führen; **to** ~ **excitement/enthusiasm/interest** Aufregung/Begeisterung/Interesse hervorrufen; ***I'm afraid I can't ~ much enthusiasm for the idea*** ich fürchte, ich kann für diese Idee nicht sonderlich viel Begeisterung aufbringen ② (*create*) etw erzeugen; **to** ~ **electricity/energy** [**from sth**] [aus etw *dat*] Strom/Energie erzeugen; **to** ~ **fumes** Dämpfe entwickeln; **to** ~ **income** Gewinne erzielen; **to** ~ **jobs** Arbeitsplätze schaffen ③ MATH, LING (*form*) etw generieren *fachspr*

generating station *n* Elektrizitätswerk *nt*, Kraftwerk *nt*

generation [,dʒenə'reɪʃᵊn] **I.** *n* ① (*set of people*) Generation *f*; ~ **X** Generation *f* X; **future ~s** kommende Generationen; **the next/older/younger** ~ die nächste/ältere/jüngere Generation; **from one** ~ **to the next, down the ~s** von einer Generation zur anderen; **for ~s** seit Generationen ② (*developmental stage*) Generation *f*; **the next** ~ **of computers** die nächste Computergeneration ③ *no pl* (*production*) Erzeugung *f*; **electricity/energy** [*or* **power**] ~ Strom-/Energieerzeugung *f* ④ COMPUT (*production*) *of images* Generierung *f* ⑤ COMPUT (*version*) **first** ~ **backup** Backup *nt o m* der ersten Generation **II.** *in compounds* **first-/second-/third-**~ der ersten/zweiten/dritten Generation *nach n*; **first- and second-~ immigrants** Einwanderer *pl* [*o* Immigranten *pl*] der ersten und zweiten Generation

generational [,dʒenə'reɪʃᵊnᵊl] *adj inv* Generations-

generation gap *n no pl* ■**the** ~ der Generationskonflikt, der Generationsunterschied; **to bridge** [*or* **cross**] **the** ~ die Kluft zwischen den Generationen überbrücken **generation-X** [,dʒenəreɪʃᵊn'eks] *n no pl* Generation X *f* (*Altersgruppe der etwa zwischen 1965 und 1975 Geborenen, denen Orientierungslosigkeit und Desinteresse unterstellt werden*)

generation-Xer [-'eksəʳ, AM -əʳ] *n* der Generation X Zugehörige(r)

generative ['dʒenᵊrətɪv, AM -ṭ-] *adj* ① BIOL (*form*) generativ *fachspr*, Fortpflanzungs- ② LING generativ *fachspr*; ~ **grammar** generative Grammatik *fachspr*; ~ **linguistics** generative Sprachwissenschaft *fachspr*

generator ['dʒenᵊreɪtəʳ, AM -ṭəʳ] *n* ① (*dynamo*) Generator *m* ② (*form: producer*) Erzeuger(in) *m(f)*; ~ **of new ideas** Ideenlieferant(in) *m(f)*; ~ **of income** Einkommensquelle *f*

generic [dʒə'nerɪk] **I.** *adj* ❶ (*general*) artmäßig, gattungsmäßig; ***this is only a ~ picture of a bird*** dieses Bild ist nur exemplarisch für einen Vogel; ***the new types of engine all had a ~ problem*** die neuen Motorenmodelle hatten alle die für diese Bauart typischen Probleme; ~ **term** Oberbegriff *m;* BIOL Gattungsbegriff *m* ❷ *inv* (*ordinary*) unspezifisch; ***the band played fairly ~ heavy rock*** die Band spielte recht typischen Heavy Rock ❸ *inv esp* AM, AUS (*not name-brand*) markenlos, No-Name- ❹ COMPUT auswählbar **II.** *n* ❶ *esp* AUS (*no-name product*) No-Name-Produkt *nt* ❷ PHARM Generikum *nt*

generically [dʒə'nerɪkəli] *adv* allgemein

generic brand *n,* **generic label** *n* ❶ (*no-name product*) No-Name-Produkt *nt* ❷ PHARM Generikum *nt*

generosity [ˌdʒenəˈrɒsəti, AM -ət̬i] *n no pl* ❶ (*being giving*) Großzügigkeit *f,* Freigebigkeit *f* ❷ (*kindness*) Großzügigkeit *f*

generous ['dʒenərəs] *adj* ❶ (*giving*) großzügig, freigebig; ***he is ~ in defeat/victory*** er ist ein guter [*o* fairer] Verlierer/fairer Gewinner; ~ **contribution** großzügige Spende; **to be ~ with money/talents/time** großzügig [*o* freigebig] mit Geld/Talent/Zeit umgehen; **to have a ~ nature** großzügig sein ❷ (*kind*) wohlwollend, wohlmeinend ❸ (*ample*) großzügig; **a ~ helping** [*or* **portion**] eine große Portion; **a ~ tip** ein großzügiges Trinkgeld

generously ['dʒenərəsli] *adv* ❶ (*kindly*) großzügig[erweise] ❷ (*amply*) großzügig; **to be ~ cut** groß[zügig] geschnitten sein; **to ~ reimburse sb** jdn großzügig entschädigen; **to tip ~** reichlich Trinkgeld geben

genesis <*pl* -ses> ['dʒenəsɪs, *pl* -si:z] *n usu sing* (*form: origin*) Ursprung *m;* (*development*) Entstehung *f,* Genese *f fachspr;* (*history*) Entstehungsgeschichte *f*

Genesis ['dʒenəsɪs] *n* [**the Book of**] ~ die Genesis [*o* Schöpfungsgeschichte]

gene therapy *n usu sing* MED Gentherapie *f fachspr*

genetic [dʒə'netɪk, AM -t̬-] *adj* genetisch, Erb-; ~ **counselling** genetische Beratung; ~ **defect** genetischer [*o* erblich bedingter] Defekt; ~ **disease** Erbkrankheit *f;* ~ **inheritance** genetisches Erbe; ~ **susceptibility** genetisch [*o* erblich] bedingte Anfälligkeit

genetically [dʒə'netɪkəli, AM -t̬ɪk-] *adv* genetisch; ~ **altered** genetisch verändert; ~ **engineered** gentechnisch verändert

genetically modified *adj inv crop, food, vegetable* genmanipuliert

genetic blueprint *n* genetischer Fingerabdruck **genetic code** *n* genetischer Code **genetic drift** *n no pl* BIOL genetische Abweichung **genetic elite** *n no pl* genetische Elite (*Menschen ohne genetische Defekte oder Erbkrankheiten*) **genetic engineering** *n no pl* Gentechnik *f,* Gentechnologie *f* **genetic fingerprint** *n* genetischer Fingerabdruck **genetic fingerprinting** *n no pl Identifizierung durch die Untersuchung von genetischen Fingerabdrücken* **genetic information** *n no pl* genetische Information, Erbinformation *f*

geneticist [dʒə'netɪsɪst, AM -'net̬ə-] *n* Genetiker(in) *m(f)*

genetics [dʒə'netɪks, AM -'net̬ɪks] *n no pl* Genetik *f,* Vererbungslehre *f*

genetic test *n no pl* Gentest *m* **genetic testing** *n no pl* Durchführung *f* von Gentests **genetic trait** *n* erbliches Merkmal; ***eye colour is a ~*** die Augenfarbe ist erblich bedingt **genetic underclass** *n no pl* genetische Unterschicht (*Menschen mit genetischen Defekten*)

Geneva Convention ['dʒəni:və-] *n,* **Geneva Conventions** *n* ■**the** ~ die Genfer Konvention

genial ['dʒi:niəl] *adj* freundlich; *climate* angenehm

geniality [ˌdʒi:ni'æləti, AM -ət̬i] *n no pl* Freundlichkeit *f*

genially ['dʒi:niəli] *adv* freundlich

genie <*pl* -nii *or* -s> ['dʒi:ni, *pl* -niaɪ] *n* Geist *m* (*aus einer Flasche oder Lampe*) ► PHRASES: **to let the ~ out of the bottle** etw bewirken [*o* auslösen]

genital ['dʒenɪtəl, AM -t̬əl] *adj attr, inv* Genital-; ~ **area** Genitalbereich *m;* ~ **herpes** Herpes *m* [im Genitalbereich]; ~ **hygiene** Intimhygiene *f;* ~ **organs** Geschlechtsorgane *ntpl;* ~ **sex** Geschlechtsverkehr *m;* ~ **warts** Feigwarzen *fpl*

genitalia [ˌdʒenɪ'teɪliə] *npl* (*form*), **genitals** ['dʒenɪtəlz, AM -t̬əlz] *npl* Geschlechtsorgane *ntpl,* Genitalien *fpl*

genitive ['dʒenɪtɪv, AM -t̬ɪv] **I.** *adj inv* ~ **case** Genitiv *m* **II.** *n* Genitiv *m;* **to be in the ~** im Genitiv stehen

genito-urinary [ˌdʒenɪtəʊ'-, AM -t̬oʊ'-] *adj inv* ANAT, MED urogenital *fachspr;* ~ **system** Urogenitalsystem *nt fachspr;* ~ **tract** Urogenitaltrakt *m fachspr*

genius <*pl* -es *or* -nii> ['dʒi:niəs, *pl* niaɪ] *n* ❶ (*person*) Genie *nt;* **to be a ~ with colour/money** ein Genie im Umgang mit Farben/Geld sein, genial mit Farben/Geld umgehen können *fam;* **to be a ~ with words** sich *akk* genial ausdrücken können; **a budding ~** ein zukünftiges Genie ❷ *no pl* (*intelligence, talent*) Genialität *f;* **a stroke of ~** eine geniale Idee, ein Geniestreich *m;* **to have a ~ for sth** eine [besondere] Gabe für etw *akk* haben; ***she has a ~ for raising money*** was das Geldsammeln anbetrifft, ist sie ein echtes Genie; **to show ~** von Genialität zeugen

Genoa ['dʒenəʊə, AM 'dʒenəwə] *n no pl* Genua *nt*

genocidal [ˌdʒenə'saɪdəl] *adj* völkermordähnlich; ■**to be ~** einem Völkermord gleichen

genocide ['dʒenəsaɪd] *n no pl* Völkermord *m,* Genozid *m geh;* **to commit ~** [**against sb**] Völkermord [an jdm] begehen

Genoese [ˌdʒenəʊ'i:z, AM oʊ'i:z] **I.** *adj inv* genuesisch **II.** *n* <*pl* -> Genueser(in) *m(f)*

genome ['dʒi:nəʊm, AM -noʊm] *n* (*spec*) BIOL Genom *nt fachspr*

genomic [dʒi:'nɒmɪk, AM -'nɑ:mɪk] *adj* genomisch *fachspr,* des Genoms *nach n fachspr,* Erb-; **the ~ information** die Informationen *pl* des Genoms *fachspr,* die Erbinformationen *fpl*

genomics [dʒɪ'nɒmɪks, AM -'nɑ:m-] *n + sing vb* Genforschung *f*

genotype ['dʒenə(ʊ)taɪp, AM -noʊ-] *n* BIOL Genotyp *m fachspr*

genre ['ʒɑ̃:(n)rə, AM 'ʒɑ:(n)rə] **I.** *n* Genre *nt,* Gattung *f* **II.** *adj attr, inv* LIT Genre-

genre painting *n* ❶ *no pl* Genremalerei *f* ❷ (*picture*) Genrebild *nt*

gent [dʒent] *n* (*hum fam*) *short for* **gentleman** Gentleman *m;* **city ~** BRIT Geschäftsmann *m*

genteel [dʒen'ti:l] *adj* vornehm, elegant; ~ **elegance** vornehme Eleganz; ~ **poverty** stolze [*o* vornehme] Armut; ~ **table manners** feine [*o* vornehme] Tischsitten

genteelly [dʒenti:li] *adv* ❶ (*refined*) fein ❷ (*well-bred*) vornehm

genteely [dʒen'ti:li] *adv* vornehm, elegant

gentian ['dʒentiən] **I.** *n* ❶ (*plant*) Enzian *m* ❷ (*liqueur*) Enzian *m* **II.** *n modifier* ~ **bitter** Enzian *m;* ~ **violet** Enzianviolett *nt,* Gentianaviolett *nt*

gentile ['dʒentaɪl] **I.** *n* Nichtjude, Nichtjüdin *m, f* **II.** *adj inv* nichtjüdisch

gentility [dʒen'tɪləti, AM -ət̬i] *n no pl* (*high social class*) hohe gesellschaftliche Stellung; (*superiority*) Vornehmheit *f;* (*politeness*) [erlesene] Höflichkeit

gentle ['dʒentl̩, AM -t̬-] *adj* ❶ (*tender*) sanft; (*considerate*) behutsam; **to be as ~ as a lamb** sanft wie ein Lamm sein, keiner Fliege was zuleide tun können; ~ **touch** zärtliche [*o* sanfte] Berührung; ~ **words** liebenswürdige Worte; ■**to be ~ with sb** behutsam mit jdm umgehen ❷ (*subtle*) sanft; ~ **hint** zarter Wink; ~ **humour** freundlicher Humor; ~ **persuasion** sanfte Überredung; ~ **reminder** vorsichtige [*o* sanfte] Ermahnung ❸ (*moderate*) sanft; **a ~ breeze** eine sanfte [*o* leichte] Brise; ~ **exercise** nicht allzu anstrengende [*o* leichte] sportliche Betätigung; ~ **motion** sanfte Bewegung; **a ~ slope** ein leichtes Gefälle ❹ (*old: high-born*) adelig, vornehm; **to be of ~ birth** von edler [*o* vornehmer] Herkunft sein; (*liter or hum*) ~ **reader** verehrter Leser/verehrte Leserin

gentlefolk *npl* (*dated*) feine [*o* vornehme] Leute

gentleman I. *n* ❶ (*polite man*) Gentleman *m;* **a ~ of the old school** ein Kavalier *m* der alten Schule; **a perfect** [*or* **real**] ~ ein wahrer Gentleman, ein echter Kavalier; **to behave like a ~** sich *akk* wie ein Kavalier benehmen ❷ (*man*) Herr *m;* ~**'s club** Herrenklub *m* ❸ (*to audience*) ■**gentlemen** *pl* meine Herren; ~ **of the jury** meine Herren Geschworenen; **ladies and ~** meine Damen und Herren ❹ (*dated: of the upper class*) vornehmer Herr **II.** *n modifier* ~ **friend** (*dated*) Bekannte(r) *m fam*

gentleman farmer <*pl* gentlemen farmers> *n* Gutsbesitzer *m*

gentlemanly ['dʒentl̩mənli, AM 'dʒent̬l̩-] *adj* gentlemanlike, ritterlich

gentleman's agreement *n* Gentleman's Agreement *nt,* Vereinbarung *f* auf Treu und Glauben **gentleman's gentleman** *n* [Kammer]diener *m* **gentlemen's agreement** *n* AM *see* **gentleman's agreement**

gentleness ['dʒentl̩nəs] *n no pl* Sanftheit *f;* (*consideration*) Behutsamkeit *f*

gentlewoman *n* (*dated*) vornehme Frau

gently ['dʒentli] *adv* ❶ (*kindly*) sanft; (*considerately*) behutsam; **to break the news ~ to sb** jdm etw schonend [*o* behutsam] beibringen ❷ (*moderately*) sanft; ~ **rolling hills** sanfte Hügel ❸ (*carefully*) vorsichtig; ~ ***does it!*** BRIT sachte sachte! *fam;* ***take it ~!*** BRIT sei vorsichtig!

gentrification [ˌdʒentrɪfɪ'keɪʃən] *n no pl* Sanierung *f;* **to undergo ~** saniert werden

gentrify <-ie-> ['dʒentrɪfaɪ] *vt* **to ~ a** [**residential**] **area** eine Wohngegend sanieren

gentry ['dʒentri] *n no pl* BRIT (*dated*) ■**the ~** die Gentry, der niedere Adel; **landed ~** niederer Landadel

gents [dʒents] *n* BRIT, AUS (*hum fam: lavatory*) Herrentoilette *f;* ***'Gents'*** ‚Herren'

genuflect ['dʒenjʊflekt] *vi* niederknien, einen Kniefall machen; (*fig*) in die Knie gehen *fig*

genuflection [ˌdʒenjʊ'flekʃən] *n* ❶ (*instance*) Kniefall *m;* (*fig: sign of respect*) Verbeugung *f fig* (**to** vor *+dat*) ❷ *no pl* (*activity*) Niederknien *nt;* ***she bent her knees in ~*** sie kniete nieder

genuine ['dʒenjuɪn] *adj* ❶ (*not fake*) echt; **the ~ article** (*fam*) das Original ❷ (*sincere*) ehrlich; ~ **laughter** natürliches Lachen; ~ **pleasure/repentance** echte Freude/Reue; **in ~ surprise** ehrlich überrascht

genuinely ['dʒenjuɪnli] *adv* ❶ (*truly*) wirklich ❷ (*sincerely*) aufrichtig; **to ~ believe that ...** ernsthaft glauben, dass ...

genuineness ['dʒenjuɪnnəs] *n no pl* ❶ (*authenticity*) Echtheit *f* ❷ (*sincerity*) Aufrichtigkeit *f,* Ernsthaftigkeit *f*

genus <*pl* -nera> ['dʒenəs, *pl* -ərə] *n* BIOL Gattung *f*

Gen X [ˌdʒen'eks] **I.** *n short for* **Generation X** Generation X *f* **II.** *n modifier short for* **Generation X** [aus] der Generation X *nach n* **Gen Y** *n short for* **Generation Y** Generation Y *f,* ≈ die heutige Jugend (*Altersgruppe der etwa zwischen 1975 und 1985 Geborenen*)

geocentric [ˌdʒi:ə(ʊ)'sentrɪk, AM -oʊ'-] *adj* geozentrisch

geochemist [ˌdʒi:ə(ʊ)'kemɪst, AM -oʊ'-] *n* Geochemiker(in) *m(f)*

geochemistry [ˌdʒi:ə(ʊ)'kemɪstri, AM -oʊ'-] *n no pl* Geochemie *f*

geodesic [ˌdʒi:ə(ʊ)'desɪk, AM ˌdʒi:ə'-] *adj* GEOG geodätisch

geodesic dome *n* geodätische Kuppel; (*air hall*) Traglufthalle *f*

geodesy [dʒi:'ɒdɪsi, AM -'ɑ:də-] *n no pl* Vermessungswesen *nt,* Geodäsie *f fachspr*

geographer [dʒi:'ɒgrəfər, AM -'ɑ:grəfɚ] *n* Geograph(in) *m(f)*

geographic(al) [ˌdʒi:ə(ʊ)'græfɪk(əl), AM ˌdʒi:ə'-] *adj* geographisch

geographically [ˌdʒi:ə(ʊ)'græfɪkəli, AM ˌdʒi:ə'-] *adv* geographisch

G

geography [dʒiːˈɒɡrəfi, ˈdʒɒɡ-, AM dʒiːˈɑːɡ-] *n no pl* ❶ (*study*) Erdkunde *f,* Geographie *f;* **human ~** Humangeographie *f;* **physical/political ~** Geophysik/-politik *f* ❷ (*layout*) Geographie *f,* geographische Beschaffenheit; **~ of a building** geographische Ausrichtung eines Gebäudes

geography book *n* Geographiebuch *nt* **geography lesson** *n* Geographiestunde *f* **geography teacher** *n* Geographielehrer(in) *m(f)*

geological [ˌdʒiːə(ʊ)ˈlɒdʒɪkəl, AM -əˈlɑːdʒ-] *adj* geologisch

geologically [ˌdʒiːə(ʊ)ˈlɒdʒɪkəli, AM -əˈlɑːdʒ-] *adv* geologisch

geologist [dʒiːˈɒlədʒɪst, AM -ˈɑːlə-] *n* Geologe, -in *m, f*

geology [dʒiːˈɒlədʒi, AM -ˈɑːlə-] *n no pl* ❶ (*study*) Geologie *f;* **historical/physical ~** Geogeschichte/-physik *f* ❷ (*features*) geologische Beschaffenheit

geology teacher *n* Geologielehrer(in) *m(f)*

geomancy [ˈdʒiːəʊmænsi, AM əmænsi] *n no pl* Geomantie *f,* Geomantik *f*

geometric(al) [ˌdʒiːə(ʊ)ˈmetrɪk(əl), AM ˌdʒiːəˈ-] *adj* geometrisch

geometrically [ˌdʒiːə(ʊ)ˈmetrɪkəli, AM ˌdʒiːəˈ-] *adv* geometrisch; **to arrange sth ~** etw regelmäßig anordnen

geometrician [ˌdʒiːə(ʊ)məˈtrɪʃən, AM ˌdʒiːəməˈ-] *n* Spezialist(in) *m(f)* für Geometrie, Geometer *m veraltet*

geometric progression *n* MATH geometrische Progression [*o* Folge] **geometric series** *n* MATH geometrische Reihe

geometry [dʒiːˈɒmɪtri, AM dʒiːˈɑːm-] *n no pl* ❶ (*field of mathematics*) Geometrie *f;* **the laws of ~** Gesetze *ntpl* der Geometrie; **Euclidean ~** euklidische Geometrie ❷ (*layout*) Aufbau *m;* **~ of a DNA molecule** Aufbau *m* eines DNA-Moleküls

geomorphologic(al) [ˌdʒiːə(ʊ)ˌmɔːfəˈlɒdʒɪk(əl), AM -oʊˌmɔːrfəˈlɑːdʒ-] *adj* geomorphologisch

geomorphologist [ˌdʒiːə(ʊ)mɔːˈfɒlədʒɪst, AM -oʊmɔːrˈfɑːl-] *n* Geomorphologe, -in *m, f*

geomorphology [ˌdʒiːə(ʊ)mɔːˈfɒlədʒi, AM -oʊˌmɔːrˈfɑːl-] *n no pl* Geomorphologie *f*

geophysical [ˌdʒiːə(ʊ)ˈfɪzɪkəl, AM -oʊˈ-] *adj* geophysikalisch

geophysicist [ˌdʒiːə(ʊ)ˈfɪzɪsɪst, AM -oʊˈ-] *n* Geophysiker(in) *m(f)*

geophysics [ˌdʒiːə(ʊ)ˈfɪzɪks, AM -oʊˈ-] *n no pl* Geophysik *f*

geopolitical [ˌdʒiːə(ʊ)pəˈlɪtɪkəl, AM -oʊpəˈ-] *adj* geopolitisch

geopolitics [ˌdʒiːə(ʊ)ˈpɒlətɪks, AM -oʊˈpɑːl-] *n* ❶ + *sing vb* (*politics*) Geopolitik *f* ❷ + *sing/pl vb* (*political activity*) Geopolitik *f*

Geordie [ˈdʒɔːdi] BRIT **I.** *n* ❶ (*person*) *Person aus Tyneside, Nordengland* ❷ *no pl* (*dialect*) *Dialekt in Tyneside um Newcastle* **II.** *adj* Tyneside-; **~ accent** Tyneside-Akzent *m*

georgette [dʒɔːˈdʒet, AM dʒɔːr'] *n no pl* FASHION Georgette *m,* dünner Seidenkrepp

Georgia [ˈdʒɔːdʒə, AM ˈdʒɔːr-] *n* ❶ (*European country*) Georgien *nt* ❷ (*US state*) Georgia *nt*

Georgian [ˈdʒɔːdʒən, AM ˈdʒɔːr-] **I.** *adj* ❶ (*style*) georgianisch ❷ (*of Republic*) georgisch ❸ (*of US state*) in/aus/von Georgia **II.** *n* ❶ (*native*) Georgier(in) *m(f);* (*language*) georgische Sprache ❷ (*native of US state*) Einwohner aus Georgia

geostationary [ˌdʒiːə(ʊ)ˈsteɪʃənəri, AM -oʊˈsteɪʃəneri] *adj,* **geosynchronous** [ˌdʒiːə(ʊ)ˈsɪŋkrənəs, AM -oʊˈ-] *adj* geostationär

geothermal [ˌdʒiːə(ʊ)ˈθɜːməl, AM -oʊˈθɜːr-] *adj* GEOL *fluids* geothermisch

geothermal power *n no pl* geothermische Energie **geothermal power station** *n* geothermisches Kraftwerk

geranium [dʒəˈreɪniəm] *n* Geranie *f,* Pelargonie *f*

gerbil [ˈdʒɜːbəl, AM ˈdʒɜːr-] *n* Wüstenspringmaus *f*

gerenuk [ˈɡerənʊk] *n* Giraffengazelle *f*

geriatric [ˌdʒeriˈætrɪk] **I.** *adj* ❶ (*for old people*) geriatrisch; **~ hospital** geriatrische Klinik; **~ nursing** Altenpflege *f;* **~ nurse** Altenpfleger(in) *m(f)* ❷ (*pej: decrepit*) altersschwach **II.** *n* alter Mensch

geriatrician [ˌdʒeriəˈtrɪʃən] *n* Facharzt, Fachärztin *m, f* für Geriatrie

geriatrics [ˌdʒeriˈætrɪks] *n* + *sing vb* Altersheilkunde *f,* Geriatrie *f fachspr*

germ [dʒɜːm, AM dʒɜːrm] *n* ❶ *usu pl* (*microbe*) Keim *m;* **to spread ~s** Keime verbreiten ❷ BIOL (*gamete*) *see* **germ cell** ❸ (*tiny amount*) Körnchen *nt;* **a ~ of truth** ein Funken *m* Wahrheit ❹ (*rudiment*) **the ~ of an idea** der Ansatz einer Idee; ***he found the ~ of an idea in an old newspaper*** er fand diese Anregung in einer alten Zeitung

German [ˈdʒɜːmən, AM ˈdʒɜːr-] **I.** *n* ❶ (*person*) Deutsche(r) *f(m)* ❷ *no pl* (*language*) Deutsch *nt* **II.** *adj* deutsch

germane [dʒəˈmeɪn, AM dʒɚˈ-] *adj* (*form*) relevant *geh* (**to** für +*akk*)

Germanic [dʒəˈmænɪk, AM dʒɚˈ-] *adj* [indo]germanisch

Germanic language *n* indogermanische Sprache

germanium [dʒəˈmeɪniəm, AM dʒɚˈ-] *n no pl* CHEM Germanium *nt*

Germanize [ˈdʒɜːmənaɪz, AM ˈdʒɜːr] **I.** *vt* ■**to ~ sb/sth** jdn/etw eindeutschen, jdn/etw germanisieren **II.** *vi* deutsch werden

German measles *n* + *sing vb* Röteln *pl;* **to catch** [*or* **come down with**] **~** Röteln bekommen; **to be vaccinated against ~** gegen Röteln geimpft sein

German shepherd *n esp* AM (*Alsatian*) Schäferhund *m*

Germany [ˈdʒɜːməni, AM ˈdʒɜːr-] *n* Deutschland

germ cell *n* BIOL ❶ (*embryonic cell*) Keimzelle *f* ❷ (*gamete*) Geschlechtszelle *f,* Gamet *m fachspr*

germ-free *adj* keimfrei, steril; **~ environment** sterile Umgebung

germicidal [ˌdʒɜːmɪˈsaɪdəl, AM ˌdʒɜːrmə-] *adj* keimtötend

germicide [ˌdʒɜːmɪˈsaɪd, AM ˌdʒɜːrmə-] *n* keimtötendes Mittel, Antiseptikum *nt fachspr*

germinal [ˈdʒɜːmɪnəl, AM ˈdʒɜːrmə-] *adj* ❶ (*of germs*) Keim-; **~ properties** bakterielle Eigenschaften ❷ (*rudimentary*) *ideas* rudimentär *geh* ❸ (*creative*) produktiv

germinate [ˈdʒɜːmɪneɪt, AM ˈdʒɜːrmə-] **I.** *vi* ❶ BIOL (*start to grow*) keimen ❷ (*start to develop*) *idea* keimen, aufkeimen **II.** *vt* BIOL ■**to ~ sth** etw zum Keimen bringen

germination [ˌdʒɜːmɪˈneɪʃən, AM ˌdʒɜːrməˈ-] *n no pl* Keimen *nt*

germline engineering [ˈdʒɜːmlaɪn-, AM ˈdʒɜːrm-] *n no pl* (*as science*) Keimbahnmanipulation *f;* (*as therapy*) Keimbahntherapie *f*

germ warfare *n* bakteriologische Kriegsführung, Bakterienkrieg *m*

gerontological [ˌdʒerɒntəˈlɒdʒikəl, AM ˌdʒerəntəˈlɑːdʒ-] *adj* gerontologisch; **~ nursing** Altenpflege *f*

gerontologist [ˌdʒerɒnˈtɒlədʒist, AM ˌdʒerənˈtɑːl-] *n* Gerontologe, -in *m, f*

gerontology [ˌdʒerɒnˈtɒlədʒi, AM ˌdʒerənˈtɑːl-] *n no pl* Altersforschung *f,* Gerontologie *f fachspr*

gerrymander [ˈdʒeriˌmændəʳ, AM -ɚ] **I.** *vi* POL die Wahlbezirksgrenzen manipulieren **II.** *vt* ■**to ~ sth** ❶ POL (*manipulate electoral boundaries*) **to ~ election/voting districts** Wahlkreisverschiebungen vornehmen ❷ (*turn to one's advantage*) etw zu seinem Vorteil manipulieren

gerrymandering [ˈdʒeriˌmændərɪŋ, AM -ɚɪŋ] *n no pl* Manipulation *f* von Wahlbezirksgrenzen, Wahlkreisschiebungen *fpl*

gerund [ˈdʒerənd] *n* LING Gerundium *nt;* **to put a verb in the ~** ein Verb ins Gerundium setzen

gesso <*pl* -es> [ˈdʒesəʊ, AM -oʊ] *n* ART Gips *m*

gestalt [ɡəˈʃtælt, AM -ˈʃtɑːlt] *n usu sing* PSYCH Gestalt *f*

gestalt psychology *n no pl* Gestaltpsychologie *f*

gestalt psychotherapy *n no pl* Gestalttherapie *f*

Gestapo [ɡesˈtɑːpəʊ, AM ɡəˈstɑːpoʊ] *n no pl,* + *sing/pl vb* ■**the ~** die Gestapo

gestate [dʒesˈteɪt, AM ˈdʒesteɪt] **I.** *vi* ❶ (*be pregnant*) *animal* trächtig sein, tragen; *human being* schwanger sein ❷ (*develop*) sich *akk* entwickeln **II.** *vt* ■**to ~ sth** ❶ (*carry in womb*) **to ~ a baby** ein Kind austragen ❷ (*develop*) *plan* in sich *dat* reifen lassen

gestation [dʒesˈteɪʃən] *n no pl* ❶ (*pregnancy*) *of humans* Schwangerschaft *f; of animals* Trächtigkeit *f* ❷ (*development*) Reifwerden *nt*

gestation period *n* ❶ (*period of gestation*) *of humans* Schwangerschaftsperiode *f; of animals* Tragezeit *f* ❷ (*development*) Reifeprozess *m*

gesticulate [dʒesˈtɪkjəleɪt] *vi* (*form*) gestikulieren; **to ~ frantically** [*or* **wildly**] wild gestikulieren

gesticulation [dʒesˌtɪkjəˈleɪʃən] *n* (*form*) Gestik *f*

gesture [ˈdʒestʃəʳ, AM -tʃɚ] **I.** *n* ❶ (*body movement*) Handbewegung *f,* Geste *f;* **a ~ of defiance** eine trotzige Geste; **to make a ~** eine Handbewegung machen ❷ (*act*) Geste *f;* **a ~ of goodwill** eine Geste des guten Willens; **welcoming ~** einladende Geste; **to make a ~ towards sth** einen Beitrag zu etw *dat* leisten **II.** *vi* deuten; ***asked where the children were, she ~d vaguely in the direction of the beach*** auf die Frage, wo die Kinder seien, deutete sie vage zum Strand hin; ***he was gesturing that he needed help*** er gab zu verstehen, dass er Hilfe brauchte **III.** *vt* ❶ (*beckon*) ■**to ~ sb somewhere** jdm irgendwohin winken ❷ (*instruct*) ■**to ~ sb to do sth** jdm deuten, etw zu tun ❸ (*show*) ■**to ~ sth** etw gestikulierend zum Ausdruck bringen

gesundheit [ɡəˈzʊndhaɪt] *interj esp* AM (*fam*) Gesundheit!

get <got, got *or* AM, CAN *usu* gotten> [ɡet]

I. TRANSITIVE VERB	**II.** INTRANSITIVE VERB
III. NOUN	

I. TRANSITIVE VERB

❶ (*obtain*) ■**to ~ sth** etw erhalten; ***we stopped off on the motorway to ~ some breakfast*** wir hielten auf der Autobahn an, um zu frühstücken; **to ~ food** Lebensmittel besorgen; **to ~ a glimpse of sb/sth** einen Blick auf jdn/etw erhaschen; **to ~ a moment** einen Augenblick Zeit haben; **to ~ a radio station** einen Sender reinbekommen *fam;* **to ~ time off** frei bekommen; ■**to ~ sth from sb** etw von jdm *dat* bekommen; ***where did you ~ your radio from?*** woher hast du dein Radio? ❷ (*receive*) ■**to ~ sth** *news* etw bekommen; ■**to ~ sth from sb** *letter* etw von jdm bekommen; ***what mark did he ~ in his exam?*** welche Note hast du in der Prüfung bekommen?; **to ~ sth for one's birthday** etw zum Geburtstag bekommen; **to ~ a [telephone] call from sb** von jdm angerufen werden; **to ~ a lot of hassle from sb** mit jdm viel Ärger kriegen *fam* ❸ (*experience*) ■**to ~ sth** etw erleben; ***we don't ~ much snow in this country*** in diesem Land schneit es nicht sehr viel; ***I got quite a shock*** ich habe einen ganz schönen Schock bekommen! *fam;* ***I got quite a surprise*** ich war ganz schön überrascht; **to ~ the impression that …** den Eindruck gewinnen, dass … ❹ (*deliver*) ■**to ~ sth to sb** *letter* etw jdm bringen ❺ (*fam: contract*) ■**to ~ sth** sich *dat* etw holen *fam;* ***if you've already had measles, you can't ~ it again*** wenn du schon mal Masern hattest, kannst du sie nicht noch mal bekommen; **to ~ the flu** sich *dat* die Grippe einfangen; **to ~ food poisoning** sich *dat* eine Lebensmittelvergiftung zuziehen ❻ (*fetch*) ■**to ~ [sb] sth** [*or* **sth for sb**] jdm etw besorgen [*o fam* holen]; ***can I ~ you a drink?*** möchtest du was trinken?; (*formal*) kann ich Ihnen was zu trinken anbieten?; ***could you ~ a newspaper for me, please?*** könntest du mir bitte eine Zeitung mitbringen? ❼ (*come across*) ■**to ~ sth somewhere** irgendwo auf etw *akk* treffen ❽ (*travel with*) **to ~ a taxi** ein Taxi nehmen; (*catch*) **to ~ one's plane/train** sein Flugzeug/seinen Zug erwischen *fam* ❾ (*earn*) ■**to ~ sth** ***she ~s about forty thousand pounds a year*** sie verdient ungefähr 40.000 Pfund im Jahr

⑩ (*from selling*) ■**to ~ sth for sth** etw für etw *akk* bekommen; **to ~ money for sth** Geld für etw *akk* bekommen ⑪ (*buy*) ■**to ~ sth** etw kaufen ⑫ (*derive*) **sb ~s a lot of pleasure out of** [*or* **from**] **sth** etw bereitet jdm viel Freude ⑬ (*capture*) ■**to ~ sb/sth** jdn/etw fangen ⑭ (*fam: punish*) ■**to ~ sb** [**for sth**] jdn [für etw *akk*] kriegen; ***I'll ~ you for this/that!*** ich kriege dich dafür! ⑮ (*fam: suffer*) **to ~ it** es bekommen, bestraft werden ⑯ (*buttonhole*) ■**to ~ sb to oneself** jdn für sich *akk* haben ⑰ (*fam: answer*) **to ~ the door** die Tür aufmachen; **to ~ the telephone** das Telefon abnehmen, ans Telefon gehen ⑱ AM (*fam: pay for*) ■**to ~ sth** etw bezahlen; **to ~ a meal/drinks** das Essen/die Getränke bezahlen ⑲ + *pp* (*cause to be*) **to ~ sth confused** *names* etw verwechseln; **to ~ sth delivered** sich *dat* etw liefern lassen; **to ~ sth finished** etw fertig machen; **to ~ sth typed** etw tippen lassen; ***he got his bag caught in the train doors*** seine Tasche verfing sich in der Zugtür; ***she got the kids ready for school*** sie machte die Kinder für die Schule fertig ⑳ (*induce*) ■**to ~ sb/sth doing sth** jdn/etw zu etw *dat* bringen; ***haven't you got the photocopier working yet?*** hast du den Kopierer noch nicht ans Laufen gekriegt?; ■**to ~ sb/sth to do sth** jdn/etw dazu bringen, etw zu tun; **to ~ one's computer to work** seinen Computer ans Laufen kriegen ㉑ (*transfer*) ■**to ~ sb/sth somewhere** jdn/etw irgendwohin bringen; ***the bed is too wide — we'll never ~ it through the door*** das Bett ist zu breit – wir werden es niemals durch die Tür bekommen ㉒ (*hear*) ■**to ~ sth** etw verstehen ㉓ (*understand*) ■**to ~ sth** etw verstehen; **to ~ the meaning** die Bedeutung verstehen; **to ~ the message** es kapieren *fam*, die Botschaft entschlüsseln; **to ~ the picture** (*fam*) kapieren; ~ ***the picture?*** kapiert?, kapische? *fam;* **to ~ sb/sth wrong** jdn/etw falsch verstehen ㉔ (*prepare*) **to ~ a meal** das Essen zubereiten ㉕ (*fam: baffle*) ■**to ~ sb** jdn drankriegen *fam* ㉖ (*amuse*) ■**to ~ sb** jdn amüsieren; **to ~ sb greatly** jdn sehr amüsieren ㉗ (*fam: irk*) ■**to ~ sb** jdm auf die Nerven gehen ㉘ (*fam: sadden*) ■**to ~ sb** jdm unter die Haut gehen ㉙ (*hit*) ■**to ~ sb** [**in sth**] jdn [bei etw *dat*] erwischen ㉚ *usu imper* (*fam: look at*) ~ ***him/her!*** sieh dir mal den/die an! ▸ PHRASES: **to ~ it on** (*fam: succeed*) es schaffen; (*fam: fight*) es sich *dat* geben; (*fam!: have sex with*) es machen *euph*

II. INTRANSITIVE VERB

① + *n, adj* (*become*) werden; ***I'm glad to hear you are ~ting better*** freut mich zu hören, dass es dir besser geht; **to ~ angry/tired/worried** böse/müde/traurig werden; **to ~ real** (*sl*) am Boden bleiben *fam;* **to ~ upset** wütend werden; **to ~ used to sth** sich *akk* an etw *akk* gewöhnen ② + *vb* (*become*) **to ~ to be sth** etw werden; ***how did you ~ to be a belly dancer?*** wie bist du zu einer Bauchtänzerin geworden?; **to ~ to like sth** etw langsam mögen ③ + *pp* (*be*) werden; ***the dog got drowned*** der Hund ist ertrunken; ***this window seems to have got broken*** jemand scheint dieses Fenster zerbrochen zu haben; **to ~ married** heiraten ④ (*reach*) ■**to ~ somewhere** irgendwohin kommen; **to ~ home** [**from somewhere**] [von irgendwo] nach Hause kommen ⑤ (*progress*) **to get nowhere/somewhere** [**with sth**] es nicht weit/weit [mit etw *dat*] bringen; ***we're not ~ting very far with this conversation, are we?*** wir kommen nicht weit mit unserer Unterhaltung, nicht wahr? ⑥ (*have opportunity*) ■**to ~ to do sth** die Möglichkeit haben, etw zu tun; **to ~ to see sb** jdn zu Gesicht bekommen ⑦ (*succeed*) ■**to ~ to do sth** etw schaffen, etw zu tun ⑧ (*must*) ■**to have got to do sth** etw machen müssen ⑨ (*fam: start*) ■**to ~ doing sth** anfangen, etw zu tun; **to ~ going** [*or* **moving**] gehen; ***we'd better ~ going or we'll be late*** wir sollten besser gehen oder wir verspäten uns ⑩ (*understand*) ■**to ~ with it** sich *akk* informieren; ~ **with it, Lara!** setz dich damit auseinander, Lara! ⑪ (*go*) [**go on,**] **~!** geh [schon] weg!

III. NOUN

① BRIT (*pej sl*) *see* **git** ② COMPUT Holanweisung *f* ③ LAW Get[t]-Ritun *m*, Scheidung *f* [nach jüdischem Ritus]

◆**get about** *vi* herumkommen *fam*

◆**get above** *vi* ■**to ~ above oneself** arrogant werden

◆**get across** *vt* ■**to ~ sth** ○ **across** etw verständlich machen; **to ~ across a message** eine Botschaft rüberbringen *fam*

◆**get after** *vi* ■**to ~ after sb** jdn verfolgen, sich *dat* jdn vorknöpfen *fam*

◆**get ahead** *vi* vorwärts kommen; ■**to ~ ahead in sth** mit etw *dat* Erfolg haben; **to ~ ahead in one's business** mit seinem Geschäft Erfolg haben; ■**to ~ ahead of sb** zu jdm einen Vorsprung gewinnen

◆**get along** *vi* ① *see* **get on II 1, 2** ② (*dated: hurry*) weitermachen; ~ ***along, children — we don't want to be late!*** weiter so, Kinder – wir wollen nicht zu spät kommen ③ BRIT (*dated fam*) ~ **along with you!** jetzt hör aber auf!

◆**get around** *vi* ① *see* **get round I, II 1** ② *see* **get about**

◆**get at** *vi* ① (*fam: suggest*) ■**to ~ at sth** auf etw *akk* hinauswollen *fam* ② BRIT, AUS (*fam: criticize*) ■**to ~ at sb** jdn kritisieren ③ (*assault*) ■**to ~ at sb** jdn angreifen ④ (*fam: bribe*) ■**to ~ at sb** jdn bestechen [*o fam* schmieren] ⑤ (*reach*) ■**to ~ at sth** an etw *akk* rankommen *fam;* ***I'll put the cake on a high shelf where he can't ~ at it*** ich stelle den Kuchen auf ein hohes Brett, wo er nicht drankommen kann ⑥ (*access*) ■**to ~ at sth** Zugriff auf etw *akk* haben ⑦ (*discover*) ■**to ~ at sth** etw aufdecken; **to ~ at the truth/the real reason** die Wahrheit/den wahren Grund aufdecken

◆**get away** *vi* ① (*leave*) fortkommen; ***I'll ~ away from work as soon as I can*** ich werde versuchen, so schnell wie möglich von der Arbeit wegzukommen ② (*escape*) ■**to ~ away** [**from sb**] [vor jdm] flüchten; ***she got away from her pursuers*** sie konnte ihren Verfolgern entrinnen; ■**to ~ away with sth** mit etw *dat* ungestraft davonkommen; **to ~ away with one's life** mit seinem Leben davonkommen ③ (*dated fam*) ~ ***away*** [***with you***]! ach, hör auf! ④ (*evade punishment*) ■**to ~ away with sth** mit etw *dat* davonkommen *fam* ⑤ (*succeed*) ■**to ~ away with sth** mit etw *dat* durchkommen; ***it is a close-fitting dress but you're slim enough to ~ away with it*** das ist ein enges Kleid, aber du bist so schlank, dass du es tragen kannst ▸ PHRASES: **to ~ away with murder** (*fam*) sich *dat* alles erlauben können

◆**get back I.** *vt* ■**to ~ sth** ○ **back** etw zurückbekommen **II.** *vi* ① (*return*) zurückkommen ② (*fam: have revenge*) ■**to ~ back at sb** [**for sth**] sich *akk* [für etw *akk*] an jdm rächen ③ (*reassume*) ■**to ~ back into sth** wieder mit etw *dat* beginnen; ***after three years off to raise my kids, I'm planning to ~ back into acting*** nachdem ich nun drei Jahre damit verbracht habe, meine Kinder groß zu ziehen, möchte ich wieder anfangen, zu schauspielern; ■**to ~ back to** [**doing**] **sth** zu etw *dat* wieder zurückgehen; **to ~ back to sleep** wieder einschlafen; **to ~ back to work** sich *akk* wieder der Arbeit widmen ④ (*contact*) ■**to ~ back to sb** sich *akk* wieder bei jdm melden ⑤ (*fam!: be told*) zu hören kriegen *fam*, vorgehalten bekommen; ***I keep ~ting back ...*** ich kriege immer wieder zu hören ...

◆**get behind** *vi* ① (*support*) ■**to ~ behind sb/sth** jdn/etw unterstützen ② (*be late*) ■**to ~ behind with sth** mit etw *dat* in Rückstand geraten

◆**get beyond** *vi* ■**to ~ beyond sth** etw überwinden

◆**get by** *vi* ■**to ~ by** [**on/with sth**] *money* mit etw *dat* auskommen

◆**get down I.** *vt* ① (*remove*) ■**to ~ sth down from/off sth** etw von etw *dat* runternehmen ② (*disturb*) ■**to ~ sb down** jdn fertig machen *fam;* ***don't let it ~ you down*** lass es nicht zu nah an dich heran ③ (*note*) ■**to ~ down** ○ **sth** etw niederschreiben ④ (*swallow*) ■**to ~ sth down** etw runterschlucken *fam;* ***your dinner is on the table and you've got ten minutes to ~ it down*** [***you***] (*hum fam*) dein Abendessen steht auf dem Tisch und du hast zehn Minuten Zeit, es runterzuwürgen *fam* **II.** *vi* ① (*descend*) ■**to ~ down** [**from/off sth**] *horse* von etw *dat* herunterkommen; **to ~ down from the table** vom Tisch aufstehen *dat* ② (*bend down*) sich runterbeugen; (*kneel down*) niederknien ③ (*start*) ■**to ~ down to** [**doing**] **sth** sich *akk* an etw *akk* machen, mit etw *dat* beginnen; **to ~ down to work** sich *akk* an die Arbeit machen ④ (*fam: dance*) tanzen gehen; **let's ~ down!** lass uns tanzen gehen!

◆**get in I.** *vt* ① (*fam: find time for*) ■**to ~ in** ○ **sb/sth** jdn/etw reinschieben; (*at the doctor's*) jdn/etw dazwischenschieben ② (*say*) ■**to ~ in** ○ **sth** *suggestion, word* etw einwerfen ③ (*bring inside*) ■**to ~ in** ○ **sth** *the washing* etw hereinholen ④ (*purchase*) ■**to ~ in** ○ **sth** *food* etw beschaffen; ***whose turn is it to ~ in the drinks?*** BRIT (*fam*) wer ist mit den Getränken an der Reihe? ⑤ (*ask to come*) ■**to ~ in** ○ **sb** jdn kommen lassen; **to ~ in a specialist** einen Spezialisten hinzuziehen ⑥ (*submit*) ■**to ~ in** ○ **sth** etw absenden; ***when do you have to ~ your application in by?*** bis wann musst du deine Bewerbung eingereicht haben? **II.** *vi* ① (*become elected*) an die Macht kommen ② (*enter*) hineingehen ③ (*arrive*) ankommen ④ (*return*) ■**to ~ in** [**from sth**] von etw *dat* zurückkehren; **to ~ in from work** von der Arbeit heimkommen ⑤ (*join*) ■**to ~ in on sth** sich *akk* an etw *dat* beteiligen ⑥ (*usu pej: be friendly*) ■**to ~ in with sb** mit jdm auskommen ⑦ (*fam: take action*) ~ **in there!** mach mit!

◆**get into** *vi* ① (*enter*) ■**to ~ into sth** *car* in etw *akk* [ein]steigen ② (*have interest for*) ■**to ~ into sth** sich *akk* für etw *akk* interessieren ③ (*affect*) ■**to ~ into sb** in jdn fahren; ***what's got into you?*** was ist in dich gefahren? ④ (*become involved*) **to ~ into an argument/a fight** in eine Auseinandersetzung/einen Kampf verwickelt werden

◆**get off I.** *vi* ① (*fall asleep*) **to ~ off** [**to sleep**] einschlafen ② (*evade punishment*) davonkommen *fam* ③ *esp* AM (*have orgasm*) den Höhepunkt erreichen ④ (*exit*) aussteigen ⑤ (*depart*) losfahren ⑥ (*stop work*) Schluss machen; ***how early can you ~ off this afternoon?*** wann kannst du dich diesen Nachmittag frühstens freimachen? ⑦ (*fam: yell at*) ■**to ~ off on sth** bei etw *dat* ausflippen *fam* ⑧ (*fam!: masturbate*) sich *dat* einen runterholen *sl* **II.** *vt* ① (*send to sleep*) **to ~ a baby off** [**to sleep**] ein Baby in den Schlaf wiegen ② (*help evade punishment*) ■**to ~ sb off** [**sth**] jdn freibekommen, jdm aus etw *dat* raushelfen; ***if you've got the money to pay for top lawyers, they can ~ you off almost anything*** wenn du das Geld für sehr gute Anwälte hast, dann können sie dir aus fast jeder Sache raushelfen ③ *esp* AM (*cause orgasm*) ■**to ~ sb off** jdn zum sexuellen Höhepunkt bringen ④ (*alight*) **to ~ off the bus/train** aus dem Bus/Zug steigen ⑤ (*send*) ■**to ~ off** ○ **sth** *letter* etw versenden ⑥ (*remove*) ■**to ~ sth off sth** etw von etw *dat* nehmen; ~ ***your feet off the settee — they're dirty!*** nimm deine Füße von der Couch – sie sind dreckig!; **to ~ one's hands off sth** seine Hände von etw *dat* nehmen; ~ ***your hands off me!*** nimm deine Hände von mir!

◆**get off with** *vi* ① (*evade punishment*) ■**to ~ off with sth** mit etw *dat* davonkommen; ***she got off with a small fine*** sie ist mit einer kleinen Geldstrafe davongekommen ② (*escape injury*) ■**to ~ off with sth** mit etw *dat* davonkommen ③ BRIT (*sl: seduce*) ■**to ~ off with sb** sich *akk* mit jdm einlassen *fam*

◆**get on I.** *vt* **to ~ it on** [**with sb**] (*sl*) [mit jdm] schlafen, etwas mit jdm haben *euph fam* **II.** *vi* ① (*fare*) sich *akk* verstehen; **to ~ on badly/well** sich schlecht/gut verstehen; ■**to ~ on with sb** sich *akk* mit jdm verstehen ② *esp* BRIT (*manage, progress*)

G

Fortschritte machen; ■**to ~ on [with sth]** [mit etw *dat*] vorankommen; ***how are you ~ting on in your new flat?*** wie kommst du in deiner neuen Wohnung voran? ③ (*start*) ■**to ~ on sth** *project* etw angehen, sich *akk* an etw *akk* heranmachen *fam* ④ (*continue*) weitermachen; ■**to ~ on with sth** mit etw *dat* weitermachen ⑤ BRIT (*succeed*) erfolgreich sein ⑥ (*age*) alt werden; **to be ~ting on in years** an Jahren zunehmen ⑦ *time* spät werden; ***it's ~ting on — we'd better go soon*** es wird langsam spät – wir sollten besser bald gehen ⑧ (*be nearly*) ***there were probably ~ting on for a hundred people there*** sie waren wohl schon um die hundert Leute ⑨ (*criticize*) ■**to ~ on at sb** auf jdm herumhacken *fam* ⑩ (*discuss*) ■**to ~ on to [or onto] sth** auf etw *akk* kommen; ***how did we ~ onto this subject?*** wie sind wir auf dieses Thema gekommen? ⑪ (*contact*) ■**to ~ on to [or onto] sb [about sth]** sich *akk* mit jdm [wegen einer S. *gen*] in Verbindung setzen ⑫ (*find out*) ■**to ~ on to [or onto] sb** jdm auf die Schliche kommen *fam;* ■**to ~ on to [or onto] sth** hinter etw *akk* kommen; **to ~ on to sb's plan** hinter jds Plan *m* kommen

◆**get out** I. *vi* ① (*become known*) *news* herauskommen ② AM (*in disbelief*) **~ out [of here]**, ***you're lying!*** ach komm, du lügst! ③ (*sell an investment*) aussteigen II. *vt* ① (*leave*) ■**to ~ out sth** *house* aus etw *dat* herauskommen ② (*fam: issue*) ■**to ~ out ↔ sth** etw herausbringen

◆**get out of** *vi* ① (*leave*) ■**to ~ out of sth** aus etw *dat* hinauskommen; ***if you don't ~ out of here now I'm going to call the police*** wenn du nicht sofort von hier verschwindest, rufe ich die Polizei ② (*escape*) ■**to ~ out of sth** aus etw *dat* herauskommen ③ (*avoid*) ■**to ~ out of [doing] sth** sich *akk* [vor etw *dat*] drücken *fam;* ***I suspect that her backache was just a way of ~ting out of the housework*** ich glaube, dass ihre Rückenschmerzen nur dazu dienen, sich vor der Hausarbeit zu drücken ④ (*stop*) ■**to ~ out of sth** sich *dat* etw abgewöhnen ⑤ AM **~ out of here!** verschwinde von hier!; *see also* **get out I 2**

◆**get over** I. *vi* ① (*recover from*) ■**to ~ over sth** über etw *akk* hinwegkommen; **to ~ over an illness/a shock** sich *akk* von einer Krankheit/einem Schock erholen ② (*overcome*) **to ~ over a difficulty/one's fear** über eine Schwierigkeit/seine Angst hinwegkommen ③ (*forget*) ■**to ~ over sb/sth** über jdn/etw hinwegkommen ④ (*be shocked*) ■**sb can't ~ over sth** jd kommt über etw *akk* nicht hinweg; ***I can't ~ over the way he behaved at your party*** ich komme nicht darüber hinweg, wie er sich auf deiner Party verhalten hat! ⑤ (*complete*) ■**to ~ sth over [with]** etw hinter sich *akk* bringen; ***I'll be glad to ~ these exams over with*** ich freue mich, wenn ich diese Prüfungen hinter mich gebracht habe II. *vt* ■**to ~ sth ↔ over** *idea, theory* etw rüberbringen

◆**get round** I. *vi* ① (*spread*) *news* sich *akk* verbreiten ② (*do*) ■**to ~ round to [doing] sth** es schaffen, etw zu tun II. *vt* ① (*evade*) ■**to ~ round sth** *the law* etw umgehen ② (*deal with*) ■**to ~ round sth** *a problem* etw angehen ③ BRIT (*persuade*) ■**to ~ round sb to do sth** jdn dazu bringen, etw zu tun

◆**get through** I. *vi* ① (*make oneself understood*) ■**to ~ through to sb** zu jdm durchdringen; ■**to ~ through to sb that/how ...** jdm klar machen, dass/wie ... ② (*contact*) ■**to ~ through to sb** *on the phone* zu jdm durchkommen; ***I got through to the wrong department*** ich bin mit der falschen Abteilung verbunden worden II. *vt* ① (*use up*) ■**to ~ through sth** *coffee, biscuits* etw aufbrauchen ② (*finish*) ■**to ~ through sth** *work* etw erledigen; ***I can ~ through a lot more work when I'm on my own*** wenn ich alleine bin, schaffe ich mehr Arbeit ③ (*survive*) ■**to ~ through sth** *bad times* etw überstehen ④ (*pass*) **to ~ through a test/an exam** einen Test/eine Prüfung bestehen; ***she got through her exams without too much trouble*** sie bewältigte ihre Prüfungen ohne viel Aufhebens ⑤ (*convey*) ■**to ~ sth through to sb** *message* jdm etw überbringen; ■**to ~ it through to sb that ...** jdm klar machen, dass ...; ***I can't seem to ~ it through to you that I love you and I'm not going to leave you!*** ich kann dir scheinbar nicht klar machen, dass ich dich liebe und nicht beabsichtige, dich zu verlassen! ⑥ (*help to pass*) **to ~ sb through a test** jdn durch einen Test bringen

◆**get to** I. *vi* ① (*be*) ***I wonder where my glasses have got to*** ich frage mich, wo meine Brille [geblieben] ist ② (*fam: affect*) ■**to ~ to sb** jdn in Mitleidenschaft ziehen; ***the heat was beginning to ~ to me so I went indoors*** die Hitze begann mich in Mitleidenschaft zu ziehen, so dass ich reingehen musste ③ (*reach*) ■**to ~ to sth** etw erreichen; ***it had got to Thursday and she still hadn't received any news*** es war bereits Donnerstag und sie hatte noch immer keine Nachricht erhalten; **to ~ to a place** einen Ort erreichen; **to ~ to a top position** eine Spitzenstellung erlangen II. *vt* (*fam*) **to ~ oneself to a place** es zu einem Ort schaffen *fam;* ***if you can ~ yourself to the station I'll come and pick you up from there*** wenn du es bis zum Bahnhof schaffst, dann komme ich und nehme dich ab da mit

◆**get together** I. *vi* ① (*meet*) sich *akk* treffen ② (*agree*) ■**to ~ together on sth** sich auf etw *akk* einigen; **to ~ together on a compromise** sich auf einen Kompromiss einigen II. *vt* **to ~ it together** sich *akk* mausern *fam,* es bringen; ***Tom has really got it together since I last saw him*** Tom hat es wirklich zu etwas gebracht, seit ich ihn das letzte Mal gesehen habe

◆**get up** I. *vt* ① (*climb*) ■**to ~ up sth** *a ladder* etw hinaufsteigen ② (*organize*) ■**to ~ up ↔ sth** etw zusammenstellen; ***he's ~ting up a small group to go carol-singing for charity*** er hat eine kleine Gruppe zusammengestellt zum Weihnachtssingen für einen guten Zweck ③ (*cause*) **to ~ up ↔ the courage to do sth** den Mut aufbringen, etw zu tun ④ (*fam: dress*) ■**to ~ up sb [or to ~ sb/oneself up] [as sth]** jdn/sich [als etw *akk*] verkleiden; **to ~ oneself up like a Christmas tree** *esp* BRIT sich *akk* wie ein Christbaum zurechtmachen *fam;* ***she appeared at her niece's wedding got up like a Christmas tree*** sie erschien auf der Hochzeit ihres Neffen geschmückt wie ein Weihnachtsbaum ⑤ (*fam: wake*) ■**to ~ up ↔ sb** jdn wecken ⑥ (*sl: have erection*) ■**to ~ it up** einen hoch kriegen *sl* II. *vi* ① BRIT *breeze* auffrischen; ***the wind is ~ting up*** der Wind frischt auf ② (*get out of bed*) aufstehen ③ (*stand up*) sich *akk* erheben; **to ~ up from one's seat** sich von seinem Platz erheben ④ *tricks, pranks* ■**to ~ up to sth** etw aushecken *fam*

get-at-able *adj* (*fam*) zugänglich **getaway** ['getəweɪ, AM 'geṭ-] *n* (*fam*) ① (*escape*) Flucht *f;* **to make a [or one's] ~** entwischen *fam* ② (*holiday*) Trip *m;* **a family ~** ein Familienausflug **getaway car** *n* Fluchtauto *nt* **get-rich-quick scheme** *n* (*fam*) *Programm, das schnellen Reichtum verspricht* **get-together** *n* (*fam*) Treffen *nt;* **to have a family ~** ein Familientreffen haben [*o geh* veranstalten] **get-up** *n* (*fam: outfit*) Kluft *f fam;* ***he was in a sort of Mafia ~ with a pin-striped suit and wide tie*** er trug eine Art Mafia-Verschnitt mit Nadelstreifenanzug und breiter Krawatte **get-up-and-go** *n no pl* (*fam*) Elan *m;* ***we need someone with a bit of ~*** wir benötigen jemanden, der Schwung in die Sache bringt **get-well card** *n* Genesungskarte *f*

geyser ['gaɪzəʳ, AM -ɚ] *n* ① GEOL (*hole*) Geysir *m* ② BRIT (*heater*) Durchlauferhitzer *m*

G force ['dʒi:fɔ:s, AM fɔ:rs] *n* AEROSP Fliehkraft *f*

Ghana ['gɑ:nə] *n* Ghana *nt*

Ghanaian [gɑ:'neɪən, AM 'ni:] I. *adj inv* ghanaisch II. *n* Ghanaer(in) *m(f),* Ghanese, -in *m, f*

ghastliness ['gɑ:stlɪnəs, AM 'gæst-] *n no pl* (*fam*) ① (*grisliness*) *of a crime* Grässlichkeit *f* ② (*unpleasantness*) Unfreundlichkeit *f;* ***I'm so put off by the ~ of this month's weather*** dieses grässliche Wetter diesen Monat geht mir auf die Nerven *fam* ③ (*ugliness*) Hässlichkeit *f*

ghastly ['gɑ:stli, AM 'gæst-] *adj* ① (*fam: frightful*) *report* schrecklich; **a ~ experience** eine fürchterliche Erfahrung ② (*fam: unpleasant*) *weather, mistake* grässlich ③ (*fam: ugly*) scheußlich ④ (*fam: unwell*) unwohl; **to feel ~** sich *akk* grässlich [*o* scheußlich] fühlen ⑤ (*liter: pallid*) **~ white/pale** totenbleich

ghee [gi:] *n no pl* Ghee *m o nt* (*reines Butterfett*)

gherkin ['gɜ:kɪn, AM 'gɜ:r-] *n* Essiggurke *f*

ghetto ['getəʊ, AM -ṭoʊ] I. *n* <*pl* -s *or* -es> G[h]etto *nt;* **an inner-city/urban ~** ein G[h]etto *nt* in der (Innen-)Stadt II. *n modifier* **~ area** G[h]ettobezirk *m*

ghetto blaster *n* (*sl*) Ghettoblaster *m*

ghettoize ['getəʊaɪz, AM -ṭoʊ-] *vt* ■**to ~ sb** jdn g[h]ettoisieren *geh,* jdn isolieren

ghillie ['gɪli] *n see* **gillie**

ghost [gəʊst, AM goʊst] I. *n* ① (*spirit*) Geist *m;* ***the gardens are said to be haunted by the ~ of a dead child*** in den Gärten soll der Geist eines toten Kindes spuken; **to believe in ~s** an Geister glauben; **to exorcize a ~** einen Geist austreiben ② (*memory*) quälende Erinnerung; **the ~ of the past** das Gespenst der Vergangenheit ③ TV, COMPUT Geisterbild *nt* ▶ PHRASES: **not to have [or stand] a [or the] ~ of a chance** (*fam*) nicht die geringste Chance haben; **to give up the ~** den Geist aufgeben *hum fam;* **to look as though [or if] one's [just] seen a ~** so blass aussehen, als ob man einen Geist gesehen hätte II. *vt* ***his autobiography was ~ed*** seine Autobiografie wurde von einem Ghostwriter geschrieben III. *vi* ■**to ~ for sb** für jdn als Ghostwriter tätig sein

ghostliness ['gəʊstlɪnəs, AM 'goʊst-] *n no pl of a voice* Geisterhaftigkeit *f*

ghostly ['gəʊstli, AM 'goʊst-] *adj* ① (*ghost-like*) geisterhaft; **a ~ figure** eine umheimliche Figur ② (*eerie*) *voice* gespenstisch

ghost ship *n* Geisterschiff *nt* **ghost story** *n* Gespenstergeschichte *f* **ghost town** *n* Geisterstadt *f* **ghost train** *n* Geisterbahn *f;* **to go on [or ride] a ~** Geisterbahn fahren **ghost-write** *vt* **to ~ a book** ein Buch als Ghostwriter schreiben **ghost-writer** *n* Ghostwriter *m;* **to hire a ~** einen Ghostwriter beschäftigen

ghoul [gu:l] *n* ① (*spirit*) Ghul *m* ② (*pej: morbid person*) Mensch *m* mit schaurigen Gelüsten

ghoulish ['gu:lɪʃ] *adj* ① (*scary*) *face, smile* schaurig ② (*pej: macabre*) *delight, humour* makaber *geh*

ghoulishly ['gu:lɪʃli] *adv* ① (*scarily*) schaurig; **to smile ~** ein schauriges Lächeln haben ② (*pej: macabre*) makaber

GHQ [ˌdʒi:eɪtʃ'kju:] *n* MIL *abbrev of* **General Headquarters** Hauptquartier *nt;* **to report to ~** im Hauptquartier melden

GI [ˌdʒi:'aɪ] *n* (*fam*) GI *m*

giant ['dʒaɪənt] I. *n* ① (*monster*) Riese *m;* **sleeping ~** (*fig*) schlafender Riese ② (*big person*) Riese *m,* Hüne *m* ③ (*leader*) Gigant *m;* **industrial ~s** Industriegiganten ④ (*celebrity*) Superstar *m* II. *adj inv machine* riesig; ***she took a ~ bite of my pizza*** sie nahm einen riesigen Biss von meiner Pizza; **to walk with ~ steps** mit riesigen Schritten gehen; **to make ~ strides** große Fortschritte machen

giantess ['dʒaɪəntes, AM -ṭəs] *n* Riesin *f*

giant-killer ['dʒaɪənt,kɪləʳ, AM ɚ] *n* (*fig*) Goliathbezwinger(in) *m(f)* **giant panda** *n* Riesenpanda *m* **giant redwood** *n,* **giant sequoia** *n* Riesenmammutbaum *m*

gibber ['dʒɪbəʳ, AM -ɚ] *vi* (*esp pej*) stammeln; **to ~ with fear** mit vor Angst zitternder Stimme sprechen

gibbering ['dʒɪbərɪŋ, AM -bɚɪŋ] *adj* (*esp pej*) stammelnd; **~ idiot** Volltrottel *m pej fam*

gibberish ['dʒɪbərɪʃ, AM -ɚɪʃ] *n no pl* (*pej*) ① (*spoken*) Gestammel *nt;* ***stop talking ~!*** hör auf rumzustammeln! ② (*written*) Quatsch *m fam* ③ COMPUT Datensalat *m*

gibbet ['dʒɪbɪt] *n* ① (*frame*) Galgen *m* ② (*execution*) ■**the ~** Tod *m* durch Erhängen

gibbon ['gɪbən] *n* ZOOL Gibbon *m*

gibe *n, vi see* **jibe**

giblets ['dʒɪbləts] *npl* Innereien *pl*

GI bride *n* Soldatenbraut *f*

giddily ['gɪdɪli] *adv* ① *(dizzily)* benommen, Schwindel erregend, taumelhaft ② *(frivolously)* leichtfertig, unbesonnen
giddiness ['gɪdɪnəs] *n no pl* Schwindelgefühl *nt*, Schwindel *m*
giddy ['gɪdi] *adj* ① *(dizzy)* schwind(e)lig; ***I feel ~*** mir ist schwindelig; ***that makes me feel ~*** davon wird mir schwindelig ② *(causing dizziness)* heights Schwindel erregend ③ *(excited)* ausgelassen; ***she was feeling ~ with pleasure*** sie war ganz außer sich vor Freude
gift [gɪft] *n* ① *(present)* Geschenk *nt*; **a birthday ~** ein Geburtstagsgeschenk *nt*; **to bear ~s** Geschenke mitbringen ② *(donation)* Spende *f* ③ *(giving)* Schenkung *f* ④ *(fam: bargain)* Geschenk *nt*; **it's/that's a ~!** das ist geschenkt! ⑤ *(fam: easy task)* Geschenk *nt*; ***that goal was a ~!*** das Tor war ja geschenkt! ⑥ *(talent)* Talent *nt*, Gabe *f* (**for** für +*akk*); **to have the ~ of gab** AM [*or* BRIT, AUS **the gab**] *(fam)* ein großes Mundwerk haben *fam*; **to have a ~ for languages** sprachbegabt sein ▸ PHRASES: **to be a ~ from the Gods** ein Geschenk *nt* Gottes sein
gift box *n* Geschenkschachtel *f* **gift certificate** *n* Geschenkgutschein *m*
gifted ['gɪftɪd] *adj* ① *(talented)* talentiert; **~ dancer** begnadeter Tänzer/begnadete Tänzerin ② *(versatile)* vielseitig talentiert ③ *(clever)* begabt; **~ child** hoch begabtes Kind
gift horse *n* ▸ PHRASES: **never look a ~ in the mouth** *(prov)* einem geschenkten Gaul guckt man nicht ins Maul *prov* **gift shop** *n* Geschenkartikelladen *m* **gift token** *n*, **gift voucher** *n* Geschenkgutschein *m* **giftwrap** *n* Geschenkpapier *nt* **gift-wrap** *vt* ■**to ~ sth** etw als Geschenk verpacken **gift-wrapped** *adj* als Geschenk verpackt
gig¹ [gɪg] **I.** *n* *(fam)* Auftritt *m*, Gig *m sl*; **to be** [*or* **get**] **paid per ~** pro Auftritt bezahlt werden; **to do a ~** irgendwo auftreten *fam*; **to have a ~** einen Auftritt haben **II.** *vi* <-gg-> auftreten
gig² [gɪg] *n* *(hist)* Gig *nt veraltend*, Einspänner *m*
gigabyte ['gɪgəbaɪt] *n* COMPUT Gigabyte *nt*
gigaelectronvolt [ˌgɪgəɪ'lektrɒnvəʊlt, AM -trɑːnvoʊlt] *n* PHYS Gigaelektronenvolt *nt*
gigahertz ['giːgəhɜːts, AM -hɜːrts] *n* ELEC Gigahertz *nt*
gigajoule ['giːgədʒuːl] *n* PHYS Gigajoule *nt*
gigantic [dʒaɪ'gæntɪk, AM -t̬ɪk] *adj* gigantisch, riesig; **~ bite** Riesenbissen *m*
gigantically [dʒaɪ'gæntɪkᵊli, AM -t̬ɪk-] *adv* gigantisch
gigawatt ['giːgəwɒt, AM -wɑːt] *n* ELEC Gigawatt *nt*
giggle ['gɪgl] **I.** *vi* kichern; ■**to ~ at sth** über etw *akk* kichern **II.** *n* ① *(laugh)* Gekicher *nt kein pl*; **to have a ~ over sth** sich *akk* über etw *akk* amüsieren ② *no pl* BRIT, AUS *(fam: joke)* Spaß *m*; **it was just a ~** das war bloß Spaß; **to do sth for a ~** etw zum Spaß machen ③ *pl* *(fam: laughing fit)* **to get/have** [**a fit of**] **the ~s** einen Lachanfall bekommen
giggler ['gɪgləʳ, AM -ɚ] *n* Kichermonster *nt hum fam*
giggly ['gɪgli] *adj* *(esp pej)* albern, kicherig *fam*; **to be in a ~ mood** in aufgekratzter Stimmung sein *fam*; **to get** [*or* **go**] **all ~** haltlos zu kichern beginnen
gigolo ['dʒɪgələʊ, AM -loʊ] *n* *(dated)* Gigolo *m veraltend geh*
gigot ['dʒɪgət] *n* FOOD Lammkeule *f*
Gila monster ['hiːlə] *n* ZOOL Gilakrustenechse *f*
gild [gɪld] *vt* ■**to ~ sth** ① *(coat)* etw vergolden ② *(light up)* etw zum Leuchten bringen; ***sunlight ~ed the children's faces*** das Sonnenlicht brachte die Gesichter der Kinder zum Strahlen ▸ PHRASES: **to ~ the lily** *(pej)* des Guten zu viel tun
gilded ['gɪldɪd] *adj inv* ① *(coated)* vergoldet ② *(rich)* begütert; **~ youth** Jeunesse dorée *f veraltend geh*
gilder ['gɪldəʳ, AM dɚ] *n* Vergolder(in) *m(f)*
gilding ['gɪldɪŋ] *n no pl* *(also fig)* Vergoldung *f*
gill¹ [gɪl] *n usu pl* Kieme *f* ▸ PHRASES: **to be** [*or* **look**] **green** [*or* **pale**] **about the ~s** *(hum)* grün im Gesicht sein *fam*; **to be packed** [*or* **full**] **to the ~s** *(fam)* zum Bersten voll sein; ***the restaurant was packed to the ~s*** das Restaurant war proppenvoll *fam*; **to be stuffed** [*or* **full**] **to the ~s** *(fam)* bis oben hin voll sein *fam*; **to the ~s** *(fam)* bis oben hin
gill² [dʒɪl] *n* *(measure)* Gill *nt* *(0,148 l)*
gillie ['gɪli] *n* SCOT ① HIST *(a Highland chief's attendant)* Diener *m*, Knecht *m* ② HUNT Jagdgehilfe *m*
gilt [gɪlt] **I.** *adj inv picture* vergoldet **II.** *n* Vergoldung *f* ▸ PHRASES: **to take the ~ off the gingerbread** BRIT *(fam)* einer Sache den Reiz nehmen
gilt-edged *adj* ① *(having gilded edges)* mit Goldschnitt versehen ② BRIT FIN erstklassig, solide **gilt-edged securities** *n*, **gilt-edged stocks** *n*, **gilts** *npl* BRIT FIN mündelsichere Staatspapiere; **short-dated ~** kurzfristige Staatsanleihen
gimcrack ['dʒɪmkræk] *(pej)* **I.** *adj* minderwertig; **~ furniture** Schrott-/Billigmöbel *pl*; **~ architecture** baufällige Architektur **II.** *n* nette Kleinigkeit
gimlet ['gɪmlət] *n* ① *(tool)* Schneckenbohrer *m* ② AM *(drink)* *Cocktail aus Gin, Wodka und Limettensaft*
gimlet-eyed *adj* mit durchdringendem Blick *nach n*; **to give sb a ~ stare** jdn durchdringend anblicken; ■**to be ~** einen durchdringenden Blick haben
gimlet eyes *npl* durchdringender Blick
gimme ['gɪmi] *(fam)* = **give me** *see* **give**
gimmick ['gɪmɪk] *n* *(esp pej)* ① *(trick)* Trick *m*; **sales ~** Verkaufstrick *m*; **advertising/promotional ~** Werbetrick *m* ② *(attraction)* Attraktion *f*
gimmickry ['gɪmɪkri] *n no pl* *(esp pej)* Effekthascherei *f*
gimmicky ['gɪmɪki] *adj* *(esp pej)* marktschreierisch
gimp [gɪmp] **I.** *n* AM *(fam)* Krüppel *m pej* **II.** *adj esp* AM *(pej sl: contemptible)* *nomination, role, part, performance* schwach, verkrüppelt *fig*
gin¹ [dʒɪn] *n* ① *(drink)* Gin *m* ② *(game)* Rommee *nt* mit Zehn
gin² [dʒɪn] *n* ① *(trap)* Falle *f* ② AGR Entkörnungsmaschine *f*
◆**gin up** *vt* ■**to ~ up** ◌ **sth** *(fam)* etw entwickeln [*o* zu Stande bringen]; ***they couldn't ~ up any objections*** sie hatten keine Einwände auf Lager
gin and tonic *n* Gin Tonic *nt*
ginger ['dʒɪndʒəʳ, AM -ɚ] **I.** *n no pl* ① *(spice)* Ingwer *m* ② *(colour)* gelbliches Braun ③ *(spirit)* Geist *m*; ***he puts some ~ in the book*** er möbelt das Buch ein wenig auf ④ BRIT *(drink)* Gingerale *nt* **II.** *n modifier biscuits, tea, soup* Ingwer- **III.** *adj* gelblich braun **IV.** *vt* *(fam)* ■**to ~ up** ◌ **sth** etw aufpeppen *sl*; **to ~ up a party** eine Party in Schwung bringen
ginger ale *n* Gingerale *nt* **ginger beer** *n* Ingwerbier *nt* **ginger biscuit** *n* BRIT, AUS Ingwerkeks *m o* ÖSTERR *a. nt* **gingerbread** *n no pl* Lebkuchen *m* **gingerbread man** *n* Lebkuchenfigur *f* **ginger group** *n* BRIT, AUS POL Aktionsgruppe *f* **ginger-haired** *adj* dunkelblond
gingerly ['dʒɪndʒᵊli, AM -dʒɚli] *adv* behutsam, vorsichtig
ginger nut *n* BRIT, AUS, *esp* AM **ginger snap** *n* Ingwerkeks *m o* ÖSTERR *a. nt* **ginger wine** *n* Ingwerwein *m*
gingery ['dʒɪndʒəri] *adj* ① *(flavoured)* Ingwer-; **~ taste** Geschmack *m* nach Ingwer ② *(coloured)* gelblich braun
gingham ['gɪŋəm] **I.** *n no pl* Gingan *m*, Gingham *m* **II.** *n modifier* Gingham-; **~ dress** Ginghamkleid *nt*
gingivitis [ˌdʒɪndʒɪ'vaɪtɪs, AM -dʒə'vaɪt̬əs] *n no pl* Zahnfleischentzündung *f*, Gingivitis *f fachspr*
gink [gɪŋk] *n* AM *(pej fam)* Alter *m pej sl*
ginned up [ˌdʒɪnd'ʌp] *adj* *(fam)* ■**to get ~** sich *akk* aufregen (**about** über +*akk*)
ginormous [dʒaɪ'nɔːməs] *adj* BRIT, AUS *(hum fam)* enorm
gin rummy *n* Rommee *nt* mit Zehn
ginseng ['dʒɪnseŋ] *n no pl* Ginseng *m*
gippy tummy [ˌdʒɪpi'-] *n* BRIT *(fam)* **to have** [**a**] **~** Dünnpfiff haben *sl*
gipsy *n esp* BRIT *see* **gypsy**
giraffe <*pl* -s *or* -> [dʒɪ'rɑːf, AM dʒə'ræf] *n* Giraffe *f*
gird <girded *or* girt, girded *or* girt> [gɜːd, AM gɜːrd] *vt* *(old)* ■**to ~ oneself for sth** sich *akk* für etw *akk* rüsten *geh*; ***we ~ed ourselves for the fray*** *(hum)* wir rüsteten uns zum Kampf ▸ PHRASES: **to ~** [**up**] **one's loins** *(hum)* sich *akk* wappnen *geh*
girder ['gɜːdəʳ, AM 'gɜːrdɚ] *n* Träger *m*
girdle ['gɜːdl, AM 'gɜːrdl] *(dated)* **I.** *n* ① *(belt)* Gürtel *m* ② *(corset)* Korsett *nt* ③ *(liter: surround)* Umrahmung *f* **II.** *vt* *(liter or dated)* ■**to ~ sth** etw umgeben; ***the garden was beautifully ~d by apple trees*** der Garten war wunderschön mit Apfelbäumen umsäumt *liter*
girl [gɜːl, AM gɜːrl] *n* ① *(young woman)* Mädchen *nt* ② *(daughter)* Mädchen *nt*, Tochter *f* ③ *(girlfriend)* **my ~** meine Freundin ④ *pl* *(group of women)* ***mum says she's going out with the ~s tonight*** Mamma möchte heute Abend mit ihren Freundinnen ausgehen
girl Friday *n* *(dated)* Allroundsekretärin *f* **girlfriend** *n* ① *(partner)* Freundin *f*; *(woman's female friend)* [Busen-]freundin *f*; *(man's female friend)* Freundin *f*; **to have a steady ~** eine feste Freundin haben ② *(sl: Black English: term of address to any female)* Mädchen *nt*, Schwester *f sl*; *(general term of address: used for either men or women, usually in black or gay communities)* Mensch, Mann **Girl Guide** *n* BRIT *(dated)* Pfadfinderin *f*
girlhood ['gɜːlhʊd, AM 'gɜːrl-] *n no pl* *(dated)* Mädchenjahre *pl*
girlie, girly ['gɜːli, AM 'gɜːrli] *adj* mädchenhaft
girlie magazine *n* Zeitschrift *f* mit nackten Mädchen **girlie picture** *n* Foto *nt* eines nackten Mädchens
girlish ['gɜːlɪʃ, AM 'gɜːrl-] *adj* mädchenhaft
girlishly ['gɜːlɪʃli, AM 'gɜːrl-] *adv* mädchenhaft; **to dress ~** sich *akk* wie ein Mädchen kleiden
girlishness ['gɜːlɪʃnəs, AM 'gɜːrl-] *n no pl* Mädchenhaftigkeit *f*
girl's blouse *n* BRIT *(hum fam)* Feigling *m pej*, Waschlappen *m fam o pej*
Girl Scout *n* AM Pfadfinderin *f* **girl talk** *n no pl* *(fam)* Gespräch *nt* unter Frauen, Frauengespräch *nt*
girly *adj see* **girlie**
giro ['dʒaɪ(ə)rəʊ, AM 'dʒaɪroʊ] *n* ① *no pl* BRIT *(system)* Postscheckdienst *m*, Giro *nt*, Gironetz *nt*; **National G~** Postgirodienst *m*; **to transfer sth by ~** etw per Scheck überweisen ② <*pl* -s> BRIT *(cheque)* Giroscheck *m*
giro account *n* Girokonto *nt* **giro check** AM, **giro cheque** *n* Giroscheck *m* **giro system** *n* Postscheckdienst *m*, Giro *nt*; *see also* **giro 1 giro transfer** *n* Giroüberweisung *f*
girt [gɜːt, AM gɜːrt] *pp of* **gird**
girth [gɜːθ, AM gɜːrθ] *n* ① *(circumference)* Umfang *m*; **in ~** an Umfang ② *(hum: fatness)* Körperumfang *m* ③ *(saddle strap)* Sattelgurt *m*; **to loosen the ~** den Gurt lösen
gismo *n see* **gizmo**
gist [dʒɪst] *n* ■**the ~** ① *(essence)* das Wesentliche; **to give sb the ~** [**of sth**] jdm eine Zusammenfassung [von etw *dat*] geben; **to read for ~** quer lesen ② *(main points)* Hauptpunkte *mpl*; **to get the ~ of sth** den Sinn von etw *dat* verstehen; **to give sb the ~** jdm die Hauptpunkte nennen
git [gɪt] *n* BRIT *(pej sl)* Widerling *m pej*; **stupid ~!** ekelhafter Kerl!
gite [ʒiːt] *n* BRIT französisches Ferienhaus; **to take a ~** ein Ferienhaus in Frankreich mieten
gite holiday *n* Urlaub *m* in einem Ferienhaus

give [gɪv]

I. TRANSITIVE VERB	II. INTRANSITIVE VERB
III. NOUN	

I. TRANSITIVE VERB

<gave, given> ① *(in collocations)* *see* **birth 1, blood I 1, evidence I 2** etc. ② *(hand over)* ■**to ~ sb sth** [*or* **sth to sb**] jdm etw geben; **to ~ sb a cold** jdn mit seiner Erkältung anstecken; **to ~ a woman in marriage to sb** eine Frau an jdn verheiraten; ***she gave him two sons*** sie schenkte ihm zwei Söhne

❸ [*administer*] ■ **to ~ sb sth** *medicine* jdm etw geben; **to ~ sb a sedative** jdm ein Beruhigungsmittel geben ❹ [*as present*] ■ **to ~ sb sth** [*or* **sth to sb**] jdn etw schenken; (*donate*) jdm etw spenden; ***this book was given to me by my best friend*** dieses Buch hat mir meine beste Freundin geschenkt; ***please ~ generously*** wie bitten um großzügige Spenden; **to ~ sb a present** jdm etwas schenken; **to ~ sb sth as a present** jdm etw schenken ❺ [*offer*] ■ **to ~ sb sth** jdn etw geben; **to ~ sb an excuse for sth/for doing** [*or* **to do**] **sth** jdm als Entschuldigung für etw *akk* dienen; **to ~ sb food** jdn zu essen geben; **to ~ sb one's seat** jdm seinen Platz anbieten; **to ~ sb something to eat/drink** jdm etwas zu essen/trinken anbieten; ***they gave us pork for dinner*** zum Abendessen servierten sie Schweinefleisch; ***~n the choice*** wenn ich die Wahl hätte; *see also* **example 1, strength 12, support II 2** ❻ [*entrust*] **to ~ one's baby/sth into sb's care** jdm sein Baby/etw anvertrauen; **to ~ sb the power to do sth** jdn dazu bevollmächtigen, etw zu tun ❼ [*sacrifice*] ***I'd ~ anything*** [*or* ***the world***] [*or* ***my right arm***] ***to be ...*** ich würde alles dafür geben [*o* tun], ... zu sein ❽ [*sell, pay*] **to ~ sb sth for £20** jdn etw für 20 Pfund verkaufen; **to ~ sb £20 for sth** jdn für etw *akk* 20 Pfund zahlen; ***how much did you ~ for that?*** wie viel hast du dafür gezahlt?; ***I'll ~ you the camera for £100*** für 100 Pfund gehört die Kamera dir! ❾ [*cause*] ■ **to ~ sb sth** etw bei jdm hervorrufen; **sth ~s sb a headache** jd bekommt von etw *dat* Kopfschmerzen; (*fig*) etw bereitet jdm Kopfschmerzen; **to ~ sb/sth a bad name** jdn/etw in Verruf bringen; **to ~ sb to understand that ...** jdm zu verstehen geben, dass ...; ***the fresh air has ~n us an appetite*** die frische Luft hat uns Appetit gemacht; ***that will ~ you something to think about!*** darüber kannst du ja mal nachdenken!; ***what gave you that idea?*** wie kommst du denn auf die Idee?; *see also* **joy 1, pleasure 1, pain I 1, trouble I 4** ❿ [*grant*] ■ **to ~ sb sth** jdm etw geben; **to ~ sb his/her due** jdm Ehre erweisen; ***~ the devil his due*** Ehre, wem Ehre gebührt; **to ~ sb encouragement** jdn ermutigen; **to ~ sb permission** [**to do sth**] jdm die Erlaubnis erteilen[, etw zu tun] ⓫ [*carry out*] *see* **call I 1, kiss² I 1, look I 1, smile I** ⓬ [*impart*] **to ~ one's age/name** sein Alter/seinen Namen angeben; **to ~ a decision** *court* ein Urteil fällen; **to ~ sb the news of sth** jdm etw mitteilen; ***can you ~ me any details?*** können Sie mir irgendwelche Einzelheiten nennen?; ***she wouldn't ~ me her opinion*** sie wollte mir nicht sagen, was sie denkt; ***he couldn't ~ me a reason why ...*** er konnte mir auch nicht sagen, warum ...; ***~ him my thanks*** richten Sie ihm meinen Dank aus; ***~ her my regards*** [*or* ***my best wishes***] grüß' sie schön von mir!; *see also* **advice 1, answer I 1, information I 1, notice III 4, warning 2 etc.** ⓭ [*assign*] **to be given full sentence/life imprisonment** die Höchststrafe/lebenslang bekommen; ***the teacher gave us no exercises today*** der Lehrer hat uns heute nichts aufgegeben ⓮ *usu imperative* [*connect with*] ***~ me the police/sales department/Mr Smith*** verbinden Sie mich bitte mit der Polizei/der Verkaufsabteilung/Mr Smith ⓯ [*allow*] ■ **to ~ sb sth** *time* jdm etw geben; ***just ~ me two more days*** geben Sie mir noch zwei Tage extra; ***I'll ~ you a day to think it over*** ich lasse dir einen Tag Bedenkzeit; ***~ yourself time to get over it*** lass' dir Zeit, um darüber hinwegzukommen; **~ or take** mehr oder weniger; ***he came at six o'clock, ~ or take a few minutes*** er kam so gegen sechs ⓰ [*predict*] **to ~ sb/sth three months/five years** *marriage, relationship* jdm/etw drei Monate/fünf Jahre geben ⓱ [*present*] **to ~ a concert** ein Konzert geben; **to ~ a speech/lecture** eine Rede/einen Vortrag halten; ***~ us a song, John*** sing uns was vor John! ⓲ [*host*] **to ~ a party/reception** eine Party/einen Empfang geben ⓳ [*utter, emit*] **to ~ a bark** bellen; **to ~ a cry/groan** aufschreien/-stöhnen; **to ~ a noise** ein Geräusch von sich *dat* geben; *see also* **laugh I 1, sigh I etc.** ⓴ [*like best*] ***~ me PONS every time*** [*or* ***any day***] es geht doch nichts über PONS! ㉑ [*value*] **to not ~ much** [*or* **anything**] **for sth** nicht viel auf etw *akk* geben *fam* ㉒ [*devote*] **to ~ one's life to sth** etw *dat* sein Leben widmen ㉓ [*fam: punish*] ***I'll ~ you what for, young lady, coming home at 2 o'clock in the morning!*** ich geb' dir gleich was, junge Dame – um zwei Uhr morgens nach Hause zu kommen! ㉔ [*produce*] ■ **to ~ sth** *result, number* etw ergeben; **to ~ milk/light** Milch/Licht geben; **to ~ warmth** Wärme spenden ㉕ [*do*] **to ~ sb's hand a squeeze** jdm die Hand drücken; **to ~ sb a** [**dirty/friendly**] **look** jdm einen vernichtenden/freundlichen Blick zuwerfen; **to ~ a shrug** mit den Schultern [*o* Achseln] zucken ㉖ [*admit/grant*] ***she's quite brave, I'll ~ you that*** das gestehe ich dir zu – Mut hat sie; ***I'll ~ you that*** das muss man dir lassen ㉗ [*form: prone to*] ■ **to be ~n to sth** zu etw *dat* neigen ㉘ [*toast*] **to ~ a toast to sb** auf jdn einen Tost ausbringen; ***I ~ you the president*** auf den Präsidenten!; (*as speaker*) das Wort hat der Präsident ► PHRASES: **~ me a break!** jetzt mach aber mal halblang! *fam;* (*stop*) jetzt hör' aber auf! *fam;* (*don't believe*) das glaubst du doch selbst nicht! *fam;* **I don't ~ a damn** *fam* [*or fam!* **a shit**] [*or vulg* **a fuck**] das ist mir scheißegal! *derb;* **to ~ a dog a bad name** BRIT (*saying*) alte Geschichten [wieder] aufwärmen; **you just have to ~ it a go** du musst es einfach versuchen! *fam;* **don't ~ me that!** komm mir doch nicht damit! *fam*

II. INTRANSITIVE VERB

<gave, -n> ❶ [*donate*] ■ **to ~ to sth** *charity* für etw *akk* spenden; **to ~ of one's best** sein Bestes geben; **to ~ of one's money/time** sein Geld/seine Zeit opfern; **to ~ generously** großzügig spenden; **to ~ and take** [gegenseitige] Kompromisse machen ❷ [*bend, yield*] *rope* reißen; *bed* federn; *knees* weich werden; ■ **to ~** [**under** [*or* **with**] **sth**] *weight* [unter etw *dat*] nachgeben ❸ [*collapse*] *bridge* einstürzen; *seam* platzen; ***you can't work so hard all the time, something's bound to ~*** du kannst nicht die ganze Zeit so hart arbeiten, sonst wird das irgendwann mal ganz böse ausgehen! *sl* ❹ [*be at an end*] ■ **sth ~s** *patience* mit etw *dat* ist es vorbei; *nerves, voice* etw versagt ❺ [*fam: what's happening*] ***what ~s?*** was gibt's Neues?; ***what ~s here?*** was ist hier so los? *fam* ❻ [*tell*] ***~!*** erzähl' schon! *fam* ► PHRASES: **it is better** [*or* **more blessed**] **to ~ than to receive** (*prov*) Geben ist seliger denn Nehmen *prov;* **to ~ as good as one gets** Gleiches mit Gleichem vergelten

III. NOUN

no pl Nachgiebigkeit *f;* (*elasticity*) Elastizität *f;* *of bed* Federung *f;* **to** [**not**] **have much ~** [nicht] sehr nachgeben; (*elastic*) [nicht] sehr elastisch sein

◆**give away** *vt* ❶ (*offer for free*) ■ **to ~ away** ⊂ **sth** etw verschenken; **to ~ away samples** Gratisproben verteilen ❷ (*at wedding*) ■ **to ~ away** ⊂ **sb** *father of the bride* jdn zum Altar führen ❸ (*fig: lose*) ■ **to ~ away** ⊂ **sth** *victory, penalty* etw verschenken ❹ (*reveal, expose*) ■ **to ~ away** ⊂ **sth** *secret, details* etw verraten; **to ~ the game** [*or* **show**] **away** alles verraten; ■ **to ~ away** ⊂ **sb** jdn verraten; ■ **to ~ oneself away** sich *akk* verraten

◆**give back** *vt* ■ **to ~ back** ⊂ **sth to sb,** ■ **to ~ sb back** ⊂ **sth** jdm etw zurückgeben [*o* wiedergeben]

◆**give in I.** *vi* ❶ (*cave to pressure*) nachgeben; ■ **to ~ in to sth** etw *dat* nachgeben, sich *akk* etw *dat* beugen; **to ~ in to blackmail** auf Erpressung eingehen; **to ~ in to majority** sich *akk* der Mehrheit beugen; **to ~ in to temptation** der Versuchung erliegen ❷ (*surrender*) aufgeben **II.** *vt* ❶ (*hand in*) ■ **to ~ in** ⊂ **sth** *one's homework, keys* etw abgeben; **to ~ in a document** ein Dokument einreichen ❷ BRIT SPORTS (*rule inside*) **to ~ the ball in** den Ball gut geben

◆**give off** *vt* ■ **to ~ off sth** etw abgeben; *smell, smoke* etw ausströmen; **to ~ off heat** Wärme abgeben

◆**give on to, give onto** *vi* ■ **to ~ on to** [*or* **onto**] **sth** *doors, steps* auf etw *akk* hinausführen; *window* auf etw *akk* hinausgehen

◆**give out I.** *vi* ❶ (*run out*) *food, supplies* ausgehen; *energy* zu Ende gehen; ***then her patience gave out*** dann war es mit ihrer Geduld vorbei ❷ (*stop working*) *machines* versagen; ***my voice gave out*** mir versagte die Stimme; ***my clutch has ~n out*** meine Kupplung funktioniert nicht mehr **II.** *vt* ❶ (*distribute*) ■ **to ~ out** ⊂ **sth to sb** *food, leaflats* etw an jdn verteilen; *pencils, books* etw an jdn austeilen ❷ (*announce*) ■ **to ~ out** ⊂ **sth** etw verkünden [*o* bekannt geben] ❸ (*pretend*) ■ **to ~ oneself out as sth** [*or* **to be sth**] sich *akk* als etw *akk* ausgeben ❹ (*emit*) ■ **to ~ out sth** *noise* etw von sich *dat* geben ❺ BRIT SPORTS (*rule out*) **to ~ the ball out** Aus geben

◆**give over I.** *vt* ❶ (*set aside*) ■ **to be given over to sth** für etw *akk* beansprucht werden; (*devoted*) etw *dat* gewidmet sein/werden; ■ **to ~ oneself over to sth** sich *akk* etw ganz hingeben ❷ (*hand over*) ■ **to ~ over** ⊂ **sth to sb** jdm etw übergeben ❸ (*abandon*) ■ **to ~ over** ⊂ **sth to sb** jdm etw überlassen; ■ **to ~ over** ⊂ **sb to sb** jdn jdm ausliefern **II.** *vi* BRIT ❶ (*fam: stop*) aufhören; [*do*] ***~ over!*** jetzt hör' doch auf! *fam;* ■ **to ~ over doing sth** aufhören, etw zu tun ❷ (*fam: disbelief*) ***they've doubled your salary? ~ over!*** sie haben wirklich dein Gehalt verdoppelt?!

◆**give up I.** *vi* aufgeben, resignieren *geh* **II.** *vt* ❶ (*quit*) ■ **to ~ up** ⊂ **sth** etw aufgeben; ■ **to ~ up doing sth** *smoking, drinking* mit etw *dat* aufhören; **to ~ up a habit** eine Gewohnheit ablegen; ***his girlfriend has given him up*** seine Freundin hat ihn fallen gelassen; ***he would have ~n up everything for her*** für sie hätte er alles aufgegeben ❷ (*surrender*) ■ **to ~ up** ⊂ **sth to sb** *place, seat* jdm etw überlassen; *territory* etw an jdn abtreten; **to ~ oneself up** [**to the police**] sich *akk* [der Polizei] stellen ❸ (*devote*) ■ **to ~ oneself up to sth** sich *akk* etw *dat* hingeben; ***after her death he gave himself up to grief*** nach ihrem Tod verfiel er dem Schmerz; **to ~ up** ⊂ **one's life to sth/doing sth** sein Leben etw *dat* verschreiben *geh* ❹ (*consider lost*) ■ **to ~ sb up** jdn aufgeben *fam;* **to ~ up sb/sth as a bad job** jdn/etw abschreiben *fam;* **to ~ sb up for dead** jdn für tot halten; **to ~ sb/sth up as lost** jdn/etw verloren glauben

give-and-take *n no pl* ❶ (*compromise*) Geben und Nehmen *nt* ❷ AM (*debate*) Meinungsaustausch *m;* **to enter into a ~** eine Diskussion beginnen

giveaway I. *n* ❶ *no pl* (*fam: telltale*) **to be a dead ~** alles verraten ❷ (*freebie*) Werbegeschenk *nt;* **to get a ~** ein Geschenk bekommen **II.** *adj* ❶ (*low*) **~ price** Schleuderpreis *m* ❷ (*free*) kostenlos; **~ newspaper** Gratiszeitung *f*

given ['gɪvᵊn] **I.** *n* gegebene Tatsache; ***in his novels, reality and morality are not ~s*** in seinen Romanen sind Wirklichkeit und Moralität nicht selbstverständlich; **to take sth as a ~** etw als gegeben annehmen **II.** *adj inv* ❶ (*certain*) gegeben ❷ (*specified*) festgelegt; ***the bomb could go off at any ~ time and in any ~ place*** die Bombe konnte jederzeit und überall hochgehen ❸ (*tend*) ■ **to be ~ to doing sth** gewöhnt sein, etw zu tun; ***she was ~ to staying in bed till lunchtime*** sie war daran gewöhnt, bis zur Mittagspause im Bett zu bleiben; ■ **to be ~ to sth** zu etw *akk* neigen; **to be ~ to anger** sich leicht ärgern **III.** *pp of* **give IV.** *prep* (*considering*) ■ **~ sth** angesichts einer S. *gen;* ***given his age, he's a remarkably fast runner*** für sein Alter läuft er ausgesprochen schnell; ■ **~ that ...** (*assuming*) angenommen, daß ...; **~ the fact that ...** angesichts der Tatsache, daß ...

given name *n* Vorname *m*

giver ['gɪvəʳ, AM -ə] *n* Spender(in) *m(f);* **~ of blood/organs** Blut-/Organspender(in) *m(f)*

gizmo ['gɪzməʊ, AM -moʊ] *n* (*fam*) Ding *nt fam;* ***do you understand how these electronic ~s function?*** verstehst du, wie diese elektronischen Dinger funktionieren?

gizzard ['gɪzəd, AM ə·d] *n* ① *(a bird's stomach)* Muskelmagen *m* ② *(fam: sb's stomach or throat)* oberer Speisetrakt; **to stick in sb's ~** *(fig)* jdm [schwer] im Magen liegen *fig*

glacé ['glæseɪ, AM glæs'eɪ], AM *also* **glacéed** [glæs'eɪd] *adj attr, inv* **~ fruit** kandierte Früchte

glacial ['gleɪsiəl, AM 'gleɪʃəl] *adj inv* ① *(left by glacier)* **~ deposits** glaziale Ablagerungen; **~ lake** Gletschersee *m* ② *(freezing)* eisig; **~ wind** eiskalter Wind ③ *(hostile)* feindlich; ***she gave me a ~ stare*** sie warf mir einen eisigen Blick zu

glacial epoch *n,* **glacial period** *n* Eiszeit *f*

glaciated ['gleɪsieɪtɪd, AM 'gleɪʃieɪṭɪd] *adj* GEOL ① *(covered with glaciers)* *peak* vergletschert ② *(shaped by glaciers)* *valley* durch Gletscher entstanden

glacier ['glæsiə^r, AM 'gleɪʃə·] *n* Gletscher *m*

glad <-dd-> [glæd] *adj* ① *(happy)* glücklich; ***we were ~ about her success*** wir freuten uns über ihren Erfolg; ***I'd be [only too] ~ to help you*** es freut mich, dass ich dir helfen kann; ■**to be ~ for sb** sich *akk* für jdn freuen; ■**to be ~ of sth** über etw *akk* glücklich sein; ■**to be ~ [that] …** froh sein, dass … ② *(grateful)* dankbar; **~ and relieved** froh und erleichtert

gladden ['glædᵊn] *vt (form)* ■**to ~ sb** jdn erfreuen; ***the news ~ed his heart*** die Nachricht stimmte sein Herz froh

glade [gleɪd] *n (esp liter)* Lichtung *f*

glad eye *n (dated sl)* ▸ PHRASES: **to give sb the ~** jdm schöne Augen machen **glad hand** *(fam)* **I.** *n* ■**the ~** Einschmeicheln *nt kein pl;* ***the politician gave everyone the ~*** der Politiker begrüßte jeden äußerst überschwänglich **II.** *vi* sich *akk* einschmeicheln **glad-handing** *n no pl (fam)* Einschmeicheln *nt*

gladiator ['glædieɪtə^r, AM -ṭə·] *n* Gladiator *m*

gladiatorial [ˌglædiə'tɔːriəl] *adj inv* Gladiatoren-; **~ combat** Gladiatorenkampf *m*

gladiola ['glædioʊlə] *n esp* AM *(gladiolus)* Gladiole *f*

gladioli [ˌglædi'əʊlaɪ] *n pl of* **gladiolus**

gladiolus <*pl* -es *or* -li> [ˌglædi'əʊləs, AM -'oʊləs] *n* Gladiole *f*

gladly ['glædli] *adv* gerne

gladness ['glædnəs] *n no pl* Freude *f;* **to do sth with ~** etw gerne machen

glad rags *npl (hum)* Sonntagsstaat *m hum;* **to put on one's ~** sich *akk* in Schale werfen *fam* **glad tidings** *n no pl (old or hum)* **to give sb ~/the ~** jdm gute Nachrichten/die guten Nachrichten überbringen

glam [glæm] *esp* BRIT **I.** *adj (fam) short for* **glamorous** bezaubernd, betörend; **to look ~** bezaubernd aussehen **II.** *n no pl (fam) short for* **glamour** Glamour *m* **III.** *vt* ■**to ~ oneself up** sich *akk* zurechtmachen **IV.** *vi* ■**to ~ up** sich *akk* zurechtmachen

glamor *n no pl* AM *see* **glamour**

glamorize ['glæmᵊraɪz, AM -əraɪz] *vt* ■**to ~ sth** etw verherrlichen

glamorous ['glæmᵊrəs] *adj outfit, clothes* glamourös

glamorously ['glæmᵊrəsli] *adv* glamourös

glamorousness ['glæmᵊrəsnəs] *n no pl* Glanz *m*

glamour ['glæmə^r], AM **glamor** [-ə·] *n no pl* Zauber *m;* ***the ~ of a theatre première*** der Glamour einer Theaterpremiere

glamour boy *n* Schönling *m,* Beau *m geh* **glamour girl** *n* Glamourgirl *nt fam* **glamourpuss** ['glæməpʊs, AM -mə·-] *n (dated)* Glamourgirl *nt fam*

glamour stocks *n* STOCKEX *stark gefragte Aktien mit spekulativem Charakter*

glam rock *n no pl* Glamrock *m*

glance [glɑːn(t)s, AM glæn(t)s] **I.** *n* Blick *m;* **to take [*or* cast] a ~ at one's watch** auf die Uhr schauen; **at first ~** auf den ersten Blick; **a meaningful/knowing ~** ein bedeutender/wissender Blick; **to exchange ~s** Blicke austauschen; **to give sth a ~ [*or* to have a ~ at sth]** etw flüchtig anblicken; **to see at a ~** mit einem Blick erfassen **II.** *vi* ① *(look)* **to ~ over [*or* through] a letter** einen Brief überfliegen; ■**to ~ at sth** *watch* auf etw *akk* schauen; ■**to ~ around [*or* round] sth** einen Blick in etw *akk* werfen; **to ~ around a room** sich *akk* in einem Zimmer umschauen; ■**to ~ up [from sth]** [von etw *dat*] aufblicken ② *(shine)* ***the sunshine ~d off her sunglasses and into my eyes*** das Sonnenlicht wurde von ihrer Sonnenbrille reflektiert und blendete mich

◆**glance off** *vi* abprallen; ***the bullets ~d off the car*** die Kugeln prallten vom Auto ab

glancing ['glɑːn(t)sɪŋ, AM 'glæn(t)s-] *adj attr, inv* streifend; ***he received a ~ blow on his head*** der Schlag streifte ihn am Kopf

gland¹ [glænd] *n* Drüse *f*

gland² [glænd] *n* TECH Stopfbüchse *f,* Stopfbuchse *f*

glandular ['glændjʊlə^r, AM -dʒələ·] *adj* Drüsen-; **~ problems** Drüsenprobleme

glandular fever *n no pl* Drüsenfieber *nt* **glandular secretion** *n* Drüsenabsonderung *f*

glare [gleə^r, AM gler] **I.** *n* ① *(stare)* wütender Blick; **to give sb a ~** jdn wütend anfunkeln ② *no pl (light)* grelles Licht; ***I was dazzled by the ~ of the oncoming headlights*** ich wurde durch die entgegenkommenden Scheinwerfer geblendet; **~ of the sun** grelles Sonnenlicht; **to give off ~** Strahlung abgeben ③ *no pl (public view)* **to be in the [full]/in a ~ of publicity** im [vollen] Scheinwerferlicht der Öffentlichkeit stehen **II.** *vi* ① *(stare)* ■**to ~ [at sb]** [jdn an]starren ② *(shine)* blenden; ***the sun is glaring in my eyes*** die Sonne blendet mich in den Augen; ***the car lights ~d out*** die Autoscheinwerfer blendeten **III.** *vt* **to ~ defiance [at sb/sth]** jdn/etw trotzig anstarren

glaring ['gleəʳrɪŋ, AM 'gler-] *adj* ① *(staring)* **~ eyes** stechender Blick ② *(blinding)* *sun* blendend; *light* grell ③ *(obvious)* *mistake, error* eklatant; **~ weakness** krasse Schwäche; **~ injustice** himmelschreiende Ungerechtigkeit

glaringly ['gleəʳrɪŋli, AM 'gler-] *adv* offensichtlich; ***that's ~ obvious*** das liegt ganz klar auf der Hand

glasnost ['glæznɒst, AM nɑːst] *n no pl* POL Glasnost *f*

glass [glɑːs, AM glæs] **I.** *n* ① *no pl (material)* Glas *nt;* **pane of ~** Glasscheibe *f;* **broken ~** Glasscherben *fpl;* **coloured ~** Buntglas *nt;* **under ~** im Gewächshaus ② *(glassware)* Glas *nt,* Glaswaren *pl* ③ *(receptacle)* Trinkglas *nt;* **straight ~** Glas *nt* ohne Henkel; **to raise one's ~** sein Glas zum Toast erheben ④ *(drink)* Glas *nt;* **a ~ of water/wine** ein Glas *nt* Wasser/Wein ⑤ *pl (spectacles)* **[pair of] ~es** Brille *f* ⑥ *(binoculars)* ■**~es** *pl* Fernglas *nt* ⑦ *(dated: mirror)* Spiegel *m* ⑧ *(dated: barometer)* ■**the ~** das Barometer; **the falling/rising ~** das fallende/steigende Barometer **II.** *n modifier* Glas-; **~ vase** Glasvase *f* ▸ PHRASES: **people who live in ~ houses shouldn't throw stones** *(prov)* wer im Glashaus sitzt, sollte nicht mit Steinen werfen *prov* **III.** *vt* BRIT *(fam)* ■**to ~ sb** jdn mit Glas schlagen

◆**glass in** *vt* ■**to ~ in** ⊂ **sth** etw verglasen

◆**glass over** *vt* ■**to ~ over** ⊂ **sth** etw einglasen

glass-blower *n* Glasbläser(in) *m(f)* **glass ceiling** *n* ▸ PHRASES: **to hit a ~** an die Grenzen stoßen **glass-cutter** *n* Glasschneider *m* **glass eye** *n* Glasauge *nt* **glass fibre** *n* ① *no pl (fibreglass)* Glasfasern *fpl* ② *(filament)* Glasfaser *f* **glassful** *n* Glas *nt* voll; **a ~ of orange juice** ein Glas *nt* voll Orangensaft **glasshouse** *n* Gewächshaus *nt* **glassware** *n no pl* Glaswaren *pl* **glassworks** *n + sing/pl vb* Glasfabrik *f*

glassy ['glɑːsi, AM 'glæsi] *adj* ① *(liter: smooth)* *surface* spiegelglatt ② *(fixed)* **~ eyes** glasige Augen

Glaswegian [glæz'wiːdʒᵊn, AM glæs'-] **I.** *n* ① *(person)* Glasgower(in) *m(f)* ② *no pl (accent)* Glasgower *m* Dialekt **II.** *adj inv* aus Glasgow *nach n;* ■**to be ~** aus Glasgow kommen

glaucoma [glɔː'kəʊmə, AM glɑː'koʊ-] *n no pl* grüner Star, Glaukom *nt fachspr;* **to have ~** an grünem Star leiden

glaucous ['glɔːkəs, AM 'glɑː-] *adj* ① *(greenish-blue)* blaugrün ② BOT mit weißlichem Film überzogen

glaze [gleɪz] **I.** *n of a cake* Glasur *f* **II.** *vt* ① *(make shiny)* **to ~ a cake** einen Kuchen glasieren; **to ~ paper** Papier satinieren ② *(fit with glass)* **to ~ windows** Fenster verglasen

◆**glaze in** *vt* **to ~ in** ⊂ **windows** Fenster verglasen

◆**glaze over** *vi eyes* glasig werden

glazed [gleɪzd] *adj* ① *(shiny)* glänzend; **~ finish** Glanzappretur *f* ② *(fitted with glass)* *doors* verglast ③ *(dull)* *expression, look* glasig ④ FOOD *(coated in glazed sugar)* glasiert

glazer ['gleɪzə^r, AM -ə·] *n* Glasierer(in) *m(f)*

glazier ['gleɪziə^r, AM gleɪʒə·] *n* Glaser(in) *m(f)*

glazing ['gleɪzɪŋ] *n no pl* Verglasung *f*

GLC [ˌdʒiːel'siː] *n no pl, + sing/pl vb* BRIT *(hist) abbrev of* **Greater London Council** *ehemaliger Verwaltungsbezirk von London und Umgebung*

gleam [gliːm] **I.** *n* ① *(light)* Schimmer *m* ② *(sign)* Schimmer *m;* **~ of hope** Hoffnungsschimmer *m;* **~ of interest/pride** Zeichen *nt* von Interesse/Stolz **II.** *vi light* schimmern; **to ~ with pleasure** vor Freude strahlen

gleaming ['gliːmɪŋ] *adj* glänzend, funkelnd

glean [gliːn] *vt* ■**to ~ sth [from sb]** etw [von jdm] in Erfahrung bringen; ***from what I was able to ~, the news isn't good*** ausgehend von dem, was ich in Erfahrung bringen konnte, sind die Neuigkeiten nicht gut

gleaner ['gliːnə^r, AM ə·] *n* Ährenleser(in) *m(f); (also fig)* Nachleser(in) *m(f) a. fig*

gleaning ['gliːnɪŋ] *n no pl* HIST Ährenlesen *nt; (also fig)* Nachlesen *nt a. fig*

gleanings ['gliːnɪŋz] *npl (information)* Nachrichten *fpl; (fig)* Ausbeute *f*

glebe [gliːb] *n* HIST Pfarrland *nt*

glee [gliː] *n no pl* Entzücken *nt;* **shouts of ~** Schreie des Entzückens; **to do sth with [*or* in] ~** etw mit Freude machen

glee club *n* Gesangsverein *m*

gleeful ['gliːfᵊl] *adj* ausgelassen; **~ smile** fröhliches Lächeln

gleefully ['gliːfᵊli] *adv* ausgelassen; **to smile ~** ausgelassen lächeln

glen [glen] *n* Schlucht *f*

glib <-bb-> [glɪb] *adj* ① *(hypocritical)* *person* heuchlerisch *pej,* aalglatt; **a ~ answer** eine unbedachte Antwort; ■**to be ~** ein Heuchler *m*/eine Heuchlerin sein ② *(facile)* *person* zungenfertig; ■**it's ~ to do sth** es ist einfach, etw zu tun; ***it's just too ~ to blame crime on unemployment*** es ist zu einfach, die Verbrechensrate auf die Arbeitslosigkeit zurückzuführen

glibly ['glɪbli] *adv* heuchlerisch *pej; assume, talk* leichtfertig; **to reply ~** vorschnell antworten

glibness ['glɪbnəs] *n no pl* Heuchelei *f*

glide [glaɪd] **I.** *vi* ① *(move smoothly)* ■**to ~ somewhere** irgendwo hingleiten; ***she ~d [gracefully] into the ballroom*** sie schwebte [graziös] in den Tanzsaal ② *(fly)* gleiten, im Gleitflug fliegen; **to take sb gliding** mit jdm Segelfliegen gehen ③ *(experience)* **to ~ through life** durch das Leben schreiten **II.** *n* Gleiten *nt kein pl;* **with a ~** mit einer Gleitbewegung

glider ['glaɪdə^r, AM -ə·] *n* ① *(plane)* Segelflugzeug *nt* ② AM *(chair)* Hollywoodschaukel *f*

glider pilot *n* Segelflieger(in) *m(f)*

gliding ['glaɪdɪŋ] *n no pl* Segelfliegen *nt*

gliding club *n* Segelflugverein *m*

glimmer ['glɪmə^r, AM -ə·] **I.** *vi* ① *(shine)* *light* schimmern ② *(show)* schimmern; ■**to ~ through** durchschimmern **II.** *n* ① *(light)* Schimmer *m kein pl;* **~ of light** Lichtschimmer *m* ② *(sign)* Schimmer *m kein pl;* **~ of hope** Hoffnungsschimmer *m;* **~ of interest** Funken *m* des Interesses; **~ of light** Lichtschimmer *m*

glimmering ['glɪmᵊrɪŋ, AM -ə·ɪŋ] *n see* **glimmer II**

glimpse [glɪm(p)s] **I.** *vt* ■**to ~ sb/sth** jdn/etw flüchtig sehen; ***signs that the economy is improving are beginning to be ~d*** Anzeichen für eine Verbesserung der Wirtschaftslage beginnen sich

G

abzuzeichnen **II.** *n* [kurzer/flüchtiger] Blick; **to catch a ~ of sb** von jdm einen flüchtigen Blick erhaschen; **to catch a ~ of sb's life** einen kurzen Einblick in jds Leben *nt* bekommen

glint [glɪnt] **I.** *vi* ① *(shine) diamond, stream* glitzern ② *(sparkle) eyes* glitzern; ***his eyes ~ed with excitement*** seine Augen funkelten vor Begeisterung **II.** *n* ① *(light) of gold* Glitzern *nt* ② *(sparkle) of eyes* Glitzern *nt*

glissade [glɪ'sɑːd] *n* ① *(in ballet)* Schleifschritt *m*, Glissade *f fachspr* ② *(in climbing)* Abfahrt *f*, Rutschpartie *f*

glissando [glɪ'sændəʊ, AM -'sɑːndoʊ] *n* MUS Glissando *nt fachspr*

glisten ['glɪsᵊn] *vi* glitzern, glänzen; ***fry the onions in the olive oil until they ~*** die Zwiebeln in Olivenöl glasig anbraten; ***his eyes ~ed*** seine Augen wurden feucht

glitch [glɪtʃ] *n* ① *(fam: fault)* Fehler *m;* **computer ~** Computerstörung *f* ② *(setback)* Verzögerung *f* ③ ELEC *(surge)* Spannungsspitze *f*

glitter ['glɪtəʳ, AM -t̬ɚ] **I.** *vi* ① *(shine) diamond* glitzern, strahlen ② *(sparkle) eyes* funkeln; ***his dark eyes ~ed [with anger]*** seine dunklen Augen sprühten vor Zorn ▶ PHRASES: **all that ~s is not gold** *(prov)* es ist nicht alles Gold, was glänzt *prov* **II.** *n no pl* ① *(sparkling) of sea, fireworks* Glitzern *nt; of eyes* Funkeln *nt*, Strahlen *nt* ② *(appeal)* Prunk *m* ③ *(decoration)* Glitter *m*

glitterati [ˌglɪtə'rɑːtiː, AM -t̬ɚ'ɑːt̬i] *npl* ■**the ~** die Reichen und Berühmten

glittering ['glɪtᵊrɪŋ, AM -t̬ɚ-] *adj* ① *(sparkling) skyline* glitzernd ② *(impressive)* **a ~ career** eine glanzvolle Karriere ③ *(appealing)* prächtig

glittery ['glɪtᵊri, AM -t̬ɚri] *adj* glitzernd

glitz [glɪts] *n no pl* Glanz *m*

glitzy ['glɪtsi] *adj party* glanzvoll; **~ car** protziges Auto *fam*

gloaming ['gləʊmɪŋ] *n no pl* SCOT *(liter)* ■**the ~** die Abenddämmerung

gloat [gləʊt, AM gloʊt] **I.** *vi* ① *(boast)* angeben, protzen *fam;* ■**to ~ over [or about] sth** mit etw *dat* angeben; ■**to ~ that ...** sich *akk* damit brüsten, dass ... ② *(dwell on)* sich hämisch freuen; ■**to ~ over sth** sich *akk* an etw *dat* weiden; **to ~ over sb's misfortune** sich an jds Unglück *nt* weiden *akk* **II.** *n* Schadenfreude *f*

gloatingly ['gləʊtɪŋli, AM 'gloʊt-] *adv* schadenfroh

glob [glɒb, AM glɑːb] *n (fam)* Klumpen *m*, Patzen *m* ÖSTERR, SÜDD; **a ~ *of chewing gum*** ein Klumpen *m* Kaugummi; **a ~ of honey/cream** ein Klecks *m* Honig/Sahne *fam*

global ['gləʊbᵊl, AM 'gloʊ-] *adj* ① *(worldwide)* global; **~ catastrophe** weltweite Katastrophe ② *(complete)* umfassend; **to give a ~ picture of sth** ein umfassendes Bild von etw *dat* abgeben

global capitalism *n no pl* globale Marktwirtschaft

globalism ['gləʊbᵊlɪzᵊm, AM 'gloʊ-] *n no pl* Globalismus *m*

globalist ['gləʊbᵊlɪst, AM 'gloʊ-] **I.** *n* Globalist(in) *m(f)* **II.** *adj* globalistisch

globalization [ˌgləʊbᵊlaɪ'zeɪʃᵊn, AM ˌgloʊbᵊlɪ'-] *n no pl* Globalisierung *f*

globalize ['gləʊbᵊlaɪz, AM 'gloʊbəl-] **I.** *vt* ■**to ~ sth** etw globalisieren; ***satellite broadcasting is helping to ~ television*** die Satellitenübertragung ermöglicht eine Globalisierung des Fernsehens **II.** *vi* weltweit ausgerichtet sein

globally ['gləʊbᵊli, AM 'gloʊ-] *adv* ① *(worldwide)* global ② *(generally)* allgemein

global search *n* COMPUT allgemeine Suche; **to do a ~** im gesamten Dokument suchen **global village** *n* ■**the ~** das Weltdorf **global warming** *n no pl* Erwärmung *f* der Erdatmosphäre; **to limit ~** die Erwärmung der Erdatmosphäre eindämmen

globe [gləʊb, AM gloʊb] *n* ① *(Earth)* ■**the ~** die Erde; **to circle the ~** die Welt umreisen ② *(map)* Globus *m;* **to spin the ~** den Globus drehen ③ *(sphere)* Kugel *f;* **glass ~** Glaskugel *f* ④ AUS *(bulb)* Glühbirne *f*

globe artichoke *n* Artischocke *f* **globetrotter** *n* Globetrotter(in) *m(f)* **globetrotting I.** *n no pl* Globetrotten *nt* **II.** *adj attr, inv* weltreisend; **~ business people** Geschäftsreisende *pl*

globular ['glɒbjələʳ, AM 'glɑːbjəlɚ] *adj shape* kugelförmig

globular cluster *n* ASTRON Kugel[stern]haufen *m*

globule ['glɒbjuːl, AM 'glɑːb-] *n* Kügelchen *nt*

glockenspiel ['glɒkᵊnʃpiːl, AM 'glɑkᵊnspiːl] *n* MUS Glockenspiel *nt*

gloom [gluːm] **I.** *n no pl* ① *(depression)* Hoffnungslosigkeit *f;* **~ and despondency** Resignation *f geh;* **to express one's ~ about sth** seine Niedergeschlagenheit über etw *akk* zum Ausdruck bringen ② *(darkness)* Düsterheit *f;* ***a figure emerged from the ~ of the corridor*** aus dem Dunkel des Flures tauchte eine Figur auf **II.** *vi* ■**to ~ about sth** über etw *akk* resigniert sein

gloomily ['gluːmɪli] *adv* düster

gloominess ['gluːmɪnəs] *n no pl* ① *(depression)* Hoffnungslosigkeit *f* ② *(darkness)* Düsterheit *f;* ***the ~ of the weather is driving me nuts*** dieses düstere Wetter treibt mich zum Wahnsinn *fam*

gloomy ['gluːmi] *adj* ① *(dismal)* trostlos; **~ thoughts** trübe Gedanken; ■**to be ~ about [or over] sth** für etw *akk* schwarz sehen *fam* ② *(dark) weather, room* düster; **to turn ~** trüb werden

glop [glɑːp] *n no pl esp* AM *(pej fam)* [zähe] Masse

glorification [ˌglɔːrɪfɪ'keɪʃᵊn, AM -rəfə'-] *n no pl* ① *(honouring)* Lobpreisung *f poet* ② *(make more splendid)* Glorifizierung *f*, Verherrlichung *f*

glorified ['glɔːrɪfaɪd, AM -rə-] *adj attr, inv (usu pej)* ***that bistro is actually just a ~ bar*** dieses Bistro ist eigentlich nur eine bessere Bar; ***my computer is a kind of ~ typewriter*** mein Computer ist nur eine bessere Schreibmaschine

glorify <-ie-> ['glɔːrɪfaɪ, AM -rə-] *vt* ① *(make seem better)* ■**to ~ sth** *the past, war* etw verherrlichen [*o* glorifizieren] ② *(honour)* ■**to ~ sb** jdn ehren; ***a statue was erected to ~ the country's national heroes*** zu Ehren der Nationalhelden wurde eine Statue errichtet; **to ~ Allah/God** REL Allah/Gott [lob]preisen

glorious ['glɔːriəs] *adj* ① *(honourable, illustrious) victory* glorreich; *person* ruhmvoll ② *(splendid)* prachtvoll, prächtig; *day, weather* herrlich; *(iron: dreadful)* schön *iron*

gloriously ['glɔːriəsli] *adv* ① *(honourably)* ruhmvoll, ehrenvoll ② *(splendidly)* herrlich, wunderbar

Glorious Revolution *n no pl* BRIT HIST ■**the ~** die Glorreiche Revolution

glory ['glɔːri] **I.** *n* ① *no pl (honour)* Ruhm *m;* ***in the days of its ~, this city was the world's cultural centre*** in ihrer Blütezeit war diese Stadt das kulturelle Zentrum der Welt; ***he didn't exactly cover himself in [or with] ~*** er hat sich nicht gerade mit Ruhm bekleckert *iron fam;* **in a blaze of ~** ruhmvoll, glanzvoll; **to bask [or bathe] in reflected ~** sich *akk* in unverdientem Ruhm sonnen *geh;* **to deserve/get all the ~ for sth** die ganzen Lorbeeren für etw *akk* verdienen/ernten ② *(splendour)* Herrlichkeit *f*, Pracht *f;* ***the museum houses many of the artistic glories of the ancient world*** das Museum beherbergt viele der Kunstschätze des Altertums; ***how long will it take to restore the castle to its former ~?*** wie lange wird es dauern, der Burg wieder zu ihrer alten Pracht zu verhelfen? ③ *(attracting honour)* ruhmreiche Tat; *(achievement)* Glanzleistung *f;* ***this pupil is the school's ~*** dieser Schüler ist der Stolz der Schule; **past glories** vergangene Ruhmestaten; *of soldiers* vergangene Heldentaten ④ *no pl* REL *(praise)* Ehre *f;* **~ *to God in the highest*** Ehre sei Gott in der Höhe ⑤ *no pl (heaven)* Himmel *m*, Himmelreich *nt;* ■**to be in ~** im Himmel sein; **to go to ~** *(euph)* sterben, ins ewige Reich eingehen *euph* ▶ PHRASES: **~ be!** Gott [*o* dem Himmel] sei Dank! **II.** *vi* <-ie-> ■**to ~ in [doing] sth** etw genießen; ***she's always gloried in the fact that she's better qualified than her sister*** sie hat sich immer gerühmt, eine bessere Ausbildung zu haben als ihre Schwester; ***my sister glories in pointing out my failings*** meine Schwester kostet es richtig aus, meine Fehler hervorzuheben; **to ~ in one's success** sich *akk* in seinem Erfolg sonnen [*o* bader

glory box *n* AUS, NZ Aussteuertruhe *f* **glory day** *npl* ruhmreiche Tage **glory hole** *n (fam)* Rumpelkammer *f fam*

gloss¹ [glɒs, AM glɑːs] **I.** *n no pl* ① *(shine)* Glan *m;* ***her hair has a beautiful ~ to it*** ihr Haar glänz wunderschön; **high ~** Hochglanz *m;* **in ~ or mat** *photos* glänzend oder matt; *(fig)* **to put a ~ on st** etw [besonders] hervorheben; **to take the ~ off st** einer S. *dat* den Glanz nehmen *geh* ② *(paint* Glanzlack *m* ③ *(cosmetic)* **lip ~** Lipgloss *nt* **II.** *modifier* Glanz-; **a ~ finish** ein Glanzanstrich *m;* **~ paint** Glanzlack *m;* **~ photos** Glanzfotos *ntpl*

◆**gloss over** *vt* ■**to ~ over** ↔ **sth** ① *(deal wit quickly)* etw flüchtig abhandeln ② *(conceal)* etw überdecken [*o fam* unter den Teppich kehren]

gloss² [glɒs, AM glɑːs] **I.** *n* <*pl* -es> Anmerkung *f* [erklärender] Kommentar; LING Glosse *f fachspr* **II.** *v* ■**to ~ sth** etw kommentieren

glossary ['glɒsᵊri, AM 'glɑːs-] *n* Glossar *nt*

glossily ['glɒsɪli, AM 'glɑːs-] *adv* glänzend

glossiness ['glɒsɪnəs, AM 'glɑːs-] *n no pl* Glanz *m*

glossy ['glɒsi, AM 'glɑːsi] **I.** *adj* ① *(shiny)* glänzend; **~ brochure** TYPO [Hoch]glanzbroschüre *f;* **~ magazine** BRIT TYPO Hochglanzmagazin *nt;* **~ paper** [Hoch]glanzpapier *nt* ② *(also pej: superficially attractive)* glänzend **II.** *n* ① AM, AUS *(picture)* [Hoch]glanzabzug *m* ② *(magazine)* Hochglanzmagazin *nt*

glottal ['glɒtᵊl, AM 'glɑːt̬əl] *adj inv* glottal, Stimmritzen-

glottal stop ['glɒtᵊl,, AM ˌglɑːtᵊl'-] *n* LING Knacklaut *m*, Glottisverschlusslaut *m fachspr*

glottis <*pl* -es> ['glɒtɪs, AM 'glɑːt̬ɪs] *n* ANAT Glottis *f*

glove [glʌv] **I.** *n usu pl* Handschuh *m;* **leather/rubber/woollen ~s** Leder-/Gummi-/Wollhandschuhe *mpl;* **a pair of ~s** ein Paar *nt* Handschuhe; **to fit like a ~** wie angegossen passen; **to do sth with the ~s off** *(fig)* etw schonungslos tun; ***we need to deal with vandals with the ~s off*** wir müssen gegen die Rowdies mit härteren Bandagen vorgehen ▶ PHRASES: **to work hand in ~ with sb** mit jdm Hand in Hand arbeiten **II.** *n modifier (department, manufacturer)* Handschuh- **III.** *vt* ① AM *(dress in gloves)* **to ~ one's hands** sich *dat* Handschuhe anziehen ② SPORTS *(in baseball)* **to ~ the ball** *(catch)* den Ball fangen; *(in cricket)* den Ball abfälschen

glove box *n* ① AUTO Handschuhfach *nt* ② TECH Handschuhkasten *m* **glove compartment** *n* Handschuhfach *nt*

gloved [glʌvd] *adj attr, inv hands* behandschuht; *person* mit Handschuhen *nach n*

glove puppet *n* Handpuppe *f*

glover ['glʌvəʳ, AM -ɚ] *n* Handschuhmacher(in) *m(f)*

glow [gləʊ, AM gloʊ] **I.** *n no pl* ① *(radiance)* Leuchten *nt; of a lamp, the sun* Scheinen *nt; of a cigarette, the sunset* Glühen *nt; (gleam) of fire* Schein *m; (hot mass)* Glut *f; (light)* Licht *nt;* ***her cheeks had a healthy ~ after the walk*** ihre Wangen hatten eine gesunde Farbe nach dem Spaziergang ② *(fig: good feeling)* ***there was a ~ about her that radiated happiness*** sie strahlte Fröhlichkeit aus; **~ of happiness** Glücksgefühl *nt;* **~ of pride** glühender Stolz *geh;* **~ of satisfaction** tiefe Befriedigung; **to have a healthy ~** ein gesundes Aussehen haben **II.** *vi* ① *(illuminate)* leuchten; *fire, light* scheinen ② *(be red and hot)* glühen; ***the embers ~ed dimly in the grate*** die Glut glimmte im Kamin; ***her cheeks ~ed with excitement*** ihre Wangen glühten vor Aufregung ③ *(fig: look radiant)* strahlen; **to ~ with health** vor Gesundheit strotzen; **to ~ with pride** vor Stolz schwellen

glower ['glaʊəʳ, AM 'glaʊɚ] **I.** *vi* verärgert aussehen; ■**to ~ at sb** jdn zornig anstarren; ***large black rain clouds ~ed in the sky*** *(fig liter)* große schwarze Regenwolken hingen bedrohlich am Himmel **II.** *n* finsterer Blick; *(angry look)* ärgerlicher Blick

glowering ['glaʊəʳɪŋ, AM 'glaʊɚ-] **I.** *n no pl* finsterer Blick; (*angry look*) ärgerlicher Blick **II.** *adj attr* finster, düster; (*angry*) verärgert; **to give sb a ~ look** jdm einen düsteren Blick zuwerfen; **the ~ sky** (*fig liter*) der bedrohlich aussehende Himmel

glowing ['gləʊɪŋ, AM 'gloʊ-] *adj attr* ① (*radiating light*) *candle* leuchtend; *sun* scheinend; *cigarette* glühend ② (*red and hot*) *embers, cheeks* glühend ③ (*radiant*) leuchtend; **to be in ~ health** bei bester Gesundheit sein ④ (*very positive*) begeistert; ***his latest book has received ~ reviews*** sein jüngstes Buch hat überschwängliche Kritiken bekommen; **to paint sth in ~ colours** (*fig*) etw in leuchtenden Farben beschreiben; **a ~ letter of recommendation** ein glänzendes Empfehlungsschreiben; **to describe sth in ~ terms** etw in begeisterten Worten beschreiben *geh*

glowingly ['gləʊɪŋli, AM 'gloʊ-] *adv* begeistert

glow-lamp *n*, **glowlight** *n* Leuchtstofflampe *f*, Leuchtstoffröhre *f* **glow-worm** *n* Glühwürmchen *nt*

glucose ['glu:kəʊs, AM -koʊs] **I.** *n no pl* Traubenzucker *m*, Glukose *f fachspr* **II.** *n modifier* (*solution, syrup*) Glukose-

glue [glu:] **I.** *n no pl* ① (*adhesive*) Klebstoff *m*; **to fix sth with ~** etw kleben; **to mend sth with ~** etw mit Klebstoff reparieren [*o* [wieder zusammen]kleben]; **to sniff ~** Klebstoff schnüffeln *fam*; **to stick to sb like ~** an jdm kleben *fam*; (*more negative*) an jdm wie eine Klette hängen *pej* ② (*fig: connecting link*) Bindeglied *nt* **II.** *vt* ① (*stick*) ■**to ~ sth** etw kleben; ■**to ~ sth on** etw ankleben; ■**to ~ sth together** etw zusammenkleben ② (*fig: close to*) ■**to be ~d to sth** an etw *dat* kleben *fam*; ***we were ~d to the television watching the election results come in*** wir klebten am Fernseher und verfolgten die eingehenden Wahlergebnisse; **to keep one's eyes ~d to sb/sth** seine Augen auf jdn/etw geheftet haben *geh*; **to be ~d to the spot** wie angewurzelt dastehen

glue ear *n no pl* MED seröse Mittelohrentzündung, Otitis media *f fachspr* **glue-sniffer** *n* Schnüffler(in) *m(f) fam* **glue-sniffing** *n no pl* Schnüffeln *nt fam* **glue stick** *n* Klebestift *m*

gluey ['glu:i] *adj* ① (*full of glue*) klebrig, verklebt ② (*fig, usu pej*) *food* klebrig, zähflüssig

glum <-mm-> [glʌm] *adj* ① *person* niedergeschlagen; *look* bedrückt; *expression* mürrisch; *face* bedrückt; **~ thoughts** schwarze Gedanken; **to feel ~ [about sth]** sich *akk* [wegen einer S. *gen*] niedergeschlagen fühlen; ■**to be ~ [about sth]** [wegen einer S. *gen*] niedergeschlagen sein ② *place* trist *geh*, trostlos

glumly ['glʌmli] *adv* (*in a morose manner*) mürrisch; (*in a depressed manner*) niedergeschlagen; (*in a sad manner*) bedrückt

glumness ['glʌmnəs] *n no pl* ① (*depression*) Niedergeschlagenheit *f*; (*atmosphere*) gedrückte Stimmung ② (*drabness*) Trostlosigkeit *f*

glut [glʌt] **I.** *n* Überangebot *nt*; **~ of graduates** Akademikerschwemme *f fam*; **a ~ on the market** eine Marktschwemme; **an oil ~** eine Ölschwemme **II.** *vt* <-tt-> ① (*overstock*) ■**to ~ sth [with sth]** etw [mit etw *dat*] überschwemmen ② (*overeat*) ■**to ~ oneself on sth** sich *akk* an etw *dat* satt essen; (*gorge*) sich *akk* mit etw *dat* voll stopfen

gluten ['glu:tᵊn] *n no pl* Gluten *nt*

gluten-free *adj* glutenfrei; **to have a ~ diet** sich *akk* glutenfrei ernähren

glutinous ['glu:tɪnəs, AM -tᵊn-] *adj* klebrig

glutton ['glʌtᵊn] *n* ① (*pej: overeater*) Vielfraß *m fam*, Fresssack *m pej fam* ② (*fig: enthusiast*) Unersättliche(r) *f(m)*; **a ~ for books** ein Bücherwurm *m hum*; **a ~ for punishment** ein Masochist *m*/eine Masochistin; **a ~ for work** ein Arbeitswütiger *m*/eine Arbeitswütige *hum*

gluttonous ['glʌtᵊnəs] *adj* ① (*eating excessively*) gefräßig, verfressen *sl* ② (*fig: greedy*) gierig; *consumption* unersättlich

gluttonously ['glʌtᵊnəsli] *adv* ① (*excessively*) gefräßig ② (*fig: greedily*) gierig

gluttony ['glʌtᵊni] *n no pl* Gefräßigkeit *f fam*, Verfressenheit *f sl*; (*deadly sin*) Völlerei *f*

glycerin ['glɪsᵊrɪn] AM, **glycerine** [-ri:n], **glycerol** ['glɪsᵊrɒl, AM -rɑ:l] *n no pl* Glyzerin *nt*

glycol ['glaɪkɒl, AM -kɑ:l] *n no pl* CHEM Glykol *nt*

gm *n abbrev of* **gram** g.

GM [,dʒi:'em] **I.** *n* ① ECON *abbrev of* **General Manager** Hauptgeschäftsführer(in) *m(f)* ② *no pl* AM *abbrev of* **General Motors** GM ③ BRIT MIL *abbrev of* **George Medal** *Tapferkeitsmedaille* ④ CHESS *abbrev of* **grandmaster** Großmeister(in) *m(f)* **II.** *adj inv* BRIT SCH *abbrev of* **grant-maintained**

G-man *n* AM (*fam*) FBI-Mann *m*

GM-school *n* BRIT SCH *see* **grant-maintained school**

GMT [,dʒi:em'ti:] *n no pl abbrev of* **Greenwich Mean Time** WEZ

gnarled [nɑ:ld, AM nɑ:rld] *adj tree, piece of wood* knorrig; *finger, hand* knotig; (*fig*) *person* bucklig

gnash [næʃ] *vt* **to ~ one's teeth** mit den Zähnen knirschen; **to ~ one's teeth about sth** (*fig*) wegen einer S. *gen* murren

gnashing ['næʃɪŋ] *n no pl* Knirschen *nt*; **~ of teeth about sth** (*fig*) Zähneknirschen *nt* wegen etw *gen*

gnat [næt] *n* [Stech]mücke *f* ▶ PHRASES: **to strain at a** [*or* **every**] **~** sich *dat* ständig über alles den Kopf zerbrechen

gnaw [nɔ:, AM nɑ:] **I.** *vi* ① (*chew*) ■**to ~ on/at sth** an etw *dat* nagen; *person* auf/an etw *dat* kauen ② (*fig: deplete*) ■**to ~ away at sth** an etw *akk* zehren [*o fig* nagen]; *corrosion, rust* etw zerfressen ③ (*fig: bother*) ■**sth ~s at sb** *feeling* etw nagt an jdm, etw quält jdn **II.** *vt* ① (*chew*) ■**to ~ sth** an etw *dat* kauen; *animal* an etw *dat* fressen [*o* nagen]; ***rats had ~ed their way into a sack of corn*** Ratten hatten sich in einen Getreidesack hineingefressen; **to ~ one's fingernails** an seinen Fingernägeln kauen; **to ~ the flesh off the bone** das Fleisch vom Knochen abnagen ② *usu passive* (*fig: pursue*) **to be ~ed by doubt/fear/guilt** von Zweifel/Angst/Schuld geplagt sein

gnawing ['nɔ:ɪŋ, AM 'nɑ:-] **I.** *adj attr* nagend; ***she had the ~ feeling that she had forgotten something*** sie wurde das Gefühl nicht los, etwas vergessen zu haben; **~ doubts** nagende Zweifel; **~ pain** bohrender Schmerz **II.** *n no pl* Nagen *nt*; *person* Kauen *nt*

gneiss [naɪs] *n no pl* GEOL Gneis *m*

gnocchi ['njɒki, AM 'njɑ:ki] *npl* FOOD Gnocchi *pl*

gnome [nəʊm, AM noʊm] *n* ① (*dwarf*) Gnom *m*, Zwerg *m*; **[garden] ~** Gartenzwerg *m* ② FIN **the ~s of Zurich** die Zürcher Gnome [*o* Bankiers] *pl* ③ AM (*fam: boffin*) [technischer] Bastler/[technische] Bastlerin *fam* ④ LIT Sinnspruch *m*, Gnome *f fachspr*

gnomic ['nəʊmɪk, AM 'noʊm-] *adj* LIT gnomisch; **~ utterances** kluge Sprüche *pej fam*

GNP [,dʒi:en'pi] *n no pl abbrev of* **Gross National Product** BSP *nt*

gnu <*pl* – *or* -s> [nu:] *n* Gnu *nt*

go [gəʊ, AM goʊ]

I. INTRANSITIVE VERB	**II.** AUXILIARY VERB
III. TRANSITIVE VERB	**IV.** NOUN
V. ADJECTIVE	

I. INTRANSITIVE VERB

<goes, went, gone> ① (*proceed*) gehen; *vehicle, train* fahren; *plane* fliegen; ***don't ~ any closer — that animal is dangerous*** geh' nicht näher ran – das Tier ist gefährlich; ***the bus ~es from Vaihingen to Sillenbuch*** der Bus verkehrt zwischen Vaihingen nach Sillenbuch; ***a shiver went down my spine*** mir fuhr ein Schauer über den Rücken; ***you ~ first!*** geh du zuerst!; ***you ~ next*** du bist als Nächste(r) dran!; ***hey, I ~ now*** he, jetzt bin ich dran! *fam*; ***the doll ~es everywhere with him*** die Puppe nimmt er überallhin mit; ***drive to the end of the road, ~ left, and …*** fahren Sie die Straße bis zum Ende entlang, biegen Sie dann links ab und …; ***~ south till you get to the coast*** halte dich südlich, bis du zur Küste kommst; ***we have a long way to ~*** wir haben noch einen weiten Weg vor uns; ***we've completed all of our goals — where do we ~ from here?*** wir haben all unsere Ziele erreicht – wie geht es jetzt weiter?; ***the train hooted as it went into the tunnel*** der Zug pfiff, als er in den Tunnel einfuhr; ***who ~es there?*** wer da?; (*to dog*) ***~ fetch it!*** hol'!; ■**to ~ towards sb/sth** auf jdn/etw zugehen; **to ~ home** nach Hause gehen; **to ~ to hospital/a party/prison/the toilet** ins Krankenhaus/auf eine Party/ins Gefängnis/auf die Toilette gehen; **to ~ across to the pub** rüber in die Kneipe gehen *fam*; **to ~ to sea** zur See gehen *fam*; **to ~ across the street** über die Straße gehen; **to ~ aboard/ashore** an Bord/Land gehen; **to ~ below** nach unten gehen; **to ~ below deck** unter Deck gehen; **to ~ downhill** (*also fig*) bergab gehen; **to have it far to ~** es weit haben; **to ~ offstage** [von der Bühne] abgehen; **to ~ round** sich *akk* drehen ② (*in order to [get]*) ***could you ~ into the kitchen and get me something to drink, please?*** könntest du bitte in die Küche gehen und mir was zu Trinken holen?; ***would you ~ and get me some things from the supermarket?*** würdest du mir ein paar Sachen vom Supermarkt mitbringen?; ***I just want to ~ and have a look at that antique shop over there*** ich möchte nur schnell einen Blick in das Antiquitätengeschäft da drüben werfen; ***would you wait for me while I ~ and fetch my coat?*** wartest du kurz auf mich, während ich meinen Mantel hole?; ***I'll just ~ and put my shoes on*** ich ziehe mir nur schnell die Schuhe on; ***~ and wash your hands*** geh und wasch deine Hände; ***she's gone to meet Brian at the station*** sie ist Brian vom Bahnhof abholen gegangen; **to ~ and get some fresh air** frische Luft schnappen gehen; **to ~ to see sb** jdn aufsuchen ③ (*travel*) reisen; ***have you ever gone to Africa before?*** warst du schon einmal in Afrika?; **to ~ by bike/car/coach/train** mit dem Fahrrad/Auto/Bus/Zug fahren; **to ~ on a cruise** eine Kreuzfahrt machen; **to ~ on [a] holiday** in Urlaub gehen; **to ~ to Italy** nach Italien fahren; ***last year I went to Spain*** letztes Jahr war ich in Spanien; **to ~ on a journey** verreisen, eine Reise machen; **to ~ by plane** fliegen; **to ~ on a trip** eine Reise machen; **to ~ abroad** ins Ausland gehen ④ (*disappear*) *stain, keys* verschwinden; ***where have my keys gone?*** wo sind meine Schlüssel hin?; ***ah, my tummy ache is gone!*** ah, meine Bauchschmerzen sind weg!; ***I really don't know where all my money ~es*** ich weiß auch nicht, wo mein ganzes Geld hinverschwindet!; ***half of my salary ~es on rent*** die Häfte meines Gehaltes geht für die Miete drauf; ***gone are the days when …*** vorbei sind die Zeiten, wo …; ***here ~es my free weekend …*** das war's dann mit meinem freien Wochenende …; ***all his money ~es on his car*** er steckt sein ganzes Geld in sein Auto; ***there ~es another one!*** und wieder eine/einer weniger!; ***hundreds of jobs will ~*** das wird Hunderte von Arbeitsplätzen kosten; ***the president will have to ~*** der Präsident wird seinen Hut nehmen müssen; ***that cat will have to ~*** die Katze muss verschwinden!; ***all hope has gone*** jegliche Hoffnung ist geschwunden; **to ~ adrift** NAUT abtreiben, wegtreiben; (*fig*) gestohlen werden; ***one of my books has gone adrift from my desk*** eines meiner Bücher ist von meinem Schreibtisch verschwunden; **to ~ missing** BRIT, AUS verschwinden ⑤ (*leave*) gehen; ***we have to ~ now*** [*or* ***it's time to ~***] wir müssen jetzt gehen; ***I must be ~ing*** ich muss jetzt allmählich gehen; ***has she gone yet?*** ist sie noch da?; ***the bus has gone*** der Bus ist schon weg; (*old*) ***be gone!*** hinweg mit dir *veraltet*; **to let sth/sb ~, to let ~ of sth/sb** etw/jdn loslassen ⑥ (*do*) **to ~ biking/jogging/shopping/swimming etc.** Rad fahren/joggen/einkaufen/schwimmen etc. gehen; **to ~ looking for sb/sth** jdn/etw suchen gehen; ***if you ~ telling all my secrets, …*** wenn du hergehst und alle meine Geheimnisse ausplauderst, …; ***don't you dare ~ crying to your mum about this*** untersteh dich, deswegen heulend zu deiner Mama zu laufen

G

7 [attend] **to ~ to church/a concert** in die Kirche/ins Konzert gehen; **to ~ to the cinema** [*or* Am **a movie**] [*or* Brit *fam* **the pictures**] ins Kino gehen; **to ~ to the doctor** zum Arzt gehen; **to ~ to kindergarten/school/university** in den Kindergarten/in die Schule/auf die Universität gehen; **to ~ on a pilgrimage** auf Pilgerfahrt gehen 8 [answer] ***I'll ~*** (*phone*) ich geh' ran; (*door*) ich mach' auf 9 [dress [up]] ■ **to ~ as sth** *witch, pirate* als etw gehen; ***what shall I ~ in?*** was soll ich anziehen? 10 + *adj* [become] werden; ***the line has gone dead*** die Leitung ist tot; ***the milk's gone sour*** die Milch ist sauer; ***the tyre has gone flat*** der Reifen ist platt; ***my mind suddenly went blank*** ich hatte plötzlich wie ein Brett vorm Kopf *sl;* ***I always ~ red when I'm embarrassed*** ich werde immer rot, wenn mir etwas peinlich ist; ***he described the new regulations as bureaucracy gone mad*** er bezeichnete die neuen Bestimmungen als Ausgeburt einer wild gewordenen Bürokratie; ***I went cold*** mir wurde kalt; ***she's gone Communist*** sie ist jetzt Kommunistin; ***he's gone all environmental*** er macht jetzt voll auf Öko *fam;* **to ~ bad** *food* schlecht werden; **to ~ bald/grey** kahl/grau werden; **to ~ bankrupt** bankrott gehen; **to ~ haywire** (*out of control*) außer Kontrolle geraten; (*malfunction*) verrückt spielen *fam;* **to ~ public** an die Öffentlichkeit treten; Stockex an die Börse gehen; **to ~ to sleep** einschlafen 11 + *adj* [be] sein; **to ~ hungry** hungern; **to ~ thirsty** dursten; **to ~ unmentioned/unnoticed/unsolved** unerwähnt/unbemerkt/ungelöst bleiben 12 [turn out] gehen; ***how did your party ~?*** und, wie war deine Party?; ***how's your thesis ~ing?*** was macht deine Doktorarbeit?; ***how are things ~ing?*** und, wie läuft's? *fam;* ***if everything ~es well …*** wenn alles gut geht …; ***things have gone well*** es ist gut gelaufen; ***the way things ~*** wie das halt so geht; ***the way things are ~ing at the moment …*** so wie es im Moment aussieht …; **to ~ like a bomb** ein Bombenerfolg sein *fam;* **to ~ according to plan** nach Plan laufen; **to ~ from bad to worse** vom Regen in die Traufe kommen; **to ~ against/for sb** *election* zu jds Ungunsten *pl*/Gunsten *pl* ausgehen; **to ~ wrong** schief gehen [*o* laufen] *fam* 13 [pass] vergehen, verstreichen; ***time seems to ~ faster as you get older*** die Zeit scheint schneller zu vergehen, wenn man älter wird; ***only two days to ~ …*** nur noch zwei Tage …; ***one week to ~ till Christmas*** noch eine Woche bis Weihnachten; ***in days gone by*** in längst vergangenen Zeiten; ***two exams down, one to ~*** zwei Prüfungen sind schon geschafft, jetzt noch eine, dann ist es geschafft!; ***I've three years to ~ before I can retire*** mir fehlen noch drei Jahre bis zur Rente! 14 [begin] anfangen; ***ready to ~?*** bist du bereit?; ***one, two, three, ~!*** eins, zwei, drei, los!; ***we really must get ~ing with these proposals*** wir müssen uns jetzt echt an diese Vorschläge setzen; ***let's ~!*** los!; ***here ~es!*** jetzt geht's los! 15 [fail] kaputtgehen; *hearing, health, memory* nachlassen; *rope* reißen; ***our computer is ~ing*** unser Computer gibt seinen Geist auf *hum fam;* ***my jeans is gone at the knees*** meine Jeans ist an den Knien durchgescheuert; ***her mind is ~ing*** sie baut geistig ganz schön ab! *fam* 16 [die] sterben; ***she went peacefully in her sleep*** sie starb friedlich im Schlaf 17 [belong] hingehören; ***I'll put it away if you tell me where it ~es*** ich räum's weg, wenn du mir sagst, wo es hingehört; ***the silverware ~es in the drawer over there*** das Silber kommt in die Schublade da drüben; ***those tools ~ in the garage*** diese Werkzeuge gehören in die Garage; ***that is to ~ into my account*** das kommt auf mein Konto; ***where do you want that to ~?*** wo soll das hin?; ***that ~es under a different chapter*** das gehört in ein anderes Kapitel 18 [be awarded] ■ **to ~ to sb** *prize, house* an jdn gehen; *property* auf jdn übergehen *geh;* ***Manchester went to Labour*** Manchester ging an Labour 19 [lead] *road* führen; ***where does this trail ~?*** wohin führt dieser Pfad? 20 [extend] gehen; ***the meadow ~es all the way down to the road*** die Weide erstreckt sich bis hinunter zur Straße; ***your idea is good enough, as far as it ~es …*** deine Idee ist so weit ganz gut, …; ***the numbers on the paper ~ from 1 to 10*** die Nummern auf dem Blatt gehen von 1 bis 10 21 [in auction] gehen; ***I'll ~ as high as £200*** ich gehe bis zu 200 Pfund 22 [function] *watch* gehen; *machine* laufen; ***our business has been ~ing for twenty years*** unser Geschäft läuft seit zwanzig Jahren; ***I'm not saying anything as long as the tape recorder is ~ing*** ich sage gar nichts, solange das Tonbandgerät läuft; **to ~ slow** Econ einen Bummelstreik machen; *watch* nachgehen; **to get sth ~ing** [*or* **to ~**] [*or* **to make sth ~**] etw in Gang bringen; **to get a party ~ing** eine Party in Fahrt bringen; **to get** [*or* **set**] **sb ~ing** jdn in Fahrt bringen; **to keep ~ing** *person* weitermachen; *car* weiterfahren; ***come on! keep ~ing!*** ja, weiter! *fam;* **to keep sth ~ing** etw in Gang halten; *factory* in Betrieb halten; **to keep a conversation ~ing** eine Unterhaltung am Laufen halten; **to keep a fire ~ing** ein Feuer am Brennen halten; ***that thought kept me ~ing*** dieser Gedanke ließ mich durchhalten; ***here's some food to keep you ~ing*** hier hast du erst mal was zu Essen 23 [have recourse] gehen; **to ~ to court over sth** wegen einer S. *gen* vor Gericht gehen; **to ~ to the police** zur Polizei gehen; **to ~ to war** in den Krieg ziehen 24 [match, be in accordance] ■ **to ~** [**with sth**] [zu etw *dat*] passen; ***these two colours don't ~*** diese beiden Farben beißen sich; **to ~ against logic** unlogisch sein; **to ~ against one's principles** gegen jds Prinzipien *pl* verstoßen 25 [fit] ***five ~es into ten two times*** [*or* ***five into ten ~es twice***] fünf geht zweimal in zehn; ***do you think all these things will ~ into our little suitcase?*** glaubst du, das ganze Zeug wird in unseren kleinen Koffer passen? *fam* 26 [be sold] weggehen *fam;* ***~ing, ~ing, gone!*** zum Ersten, zum Zweiten, [und] zum Dritten!; ***pocketbooks are ~ing for $10 for the next two days*** in den nächsten zwei Tagen sind die Taschenbücher für 10 Dollar zu haben; ■ **to ~ to sb** an jdn gehen; **to ~ like hot cakes** weggehen wie warme Semmeln *fam;* **to be ~ing cheap** billig zu haben sein 27 [serve, contribute] ■ **to ~** [**to sth**] [zu etw *dat*] beitragen; ***the money will ~ to the victims of the earthquake*** das Geld ist für die Erdbebenopfer bestimmt; ***this will ~ towards your holiday*** das [Geld] ist für deinen Urlaub bestimmt; ***your daughter's attitude only ~es to prove how much …*** die Einstellung deiner Tochter zeigt einmal mehr, wie sehr… 28 [move] machen; ***when I ~ like this, my hand hurts*** wenn ich so mache, tut meine Hand weh; ***~ like this with your hand to show that …*** mach so mit deiner Hand, um zu zeigen, dass … 29 [sound] machen; ***I think I heard the doorbell ~ just now*** ich glaube, es hat gerade geklingelt; ***there ~es the bell*** es klingelt; ***ducks ~ 'quack'*** Enten machen ‚quack'; **with sirens ~ing** *ambulance* mit heulender Sirene 30 [accepted] ***anything ~es*** alles ist erlaubt; ***that ~es for all of you*** das gilt für euch alle! 31 [be told, sung] gehen; *title, theory* lauten; ***I can never remember how that song ~es*** ich weiß nie, wie dieses Lied geht; ***the story ~es that …*** es heißt, dass …; ***the rumour ~es that …*** es geht das Gerücht, dass … 32 [compared to] **as hospitals/things ~** verglichen mit anderen Krankenhäusern/Dingen; ***as things ~ today it wasn't that expensive*** für heutige Verhältnisse war es gar nicht so teuer 33 [fam: use the toilet] ***I really have to ~*** ich muss ganz dringend mal! *fam* 34 [fam: expressing annoyance] ***I've gone and lost my earring*** ich habe meinen Ohrring verloren; ***you've really gone and done it now!*** jetzt hast du aber was Schönes angerichtet! *iron;* (*pej!*) ***~ to hell!*** geh [*o* scher dich] zum Teufel! *fam* 35 Am [in restaurant] ***do you want that pizza here or to ~?*** möchten Sie die Pizza hier essen oder mitnehmen?; Am ***I'd like a cheeseburger to ~, please*** ich hätte gerne einen Cheeseburger zum Mitnehmen 36 [available] ***is there any beer ~ing?*** gibt es Bier?; ***I'll have whatever is ~ing*** ich nehme das, was gerade da ist 37 [fam: treat] **to ~ easy on sb** jdn schonend behandeln, jdn glimpflich davonkommen lassen ▸ Phrases: **to ~ halves on sth** sich *dat* etw je zur Hälfte teilen; **~ [and] take a running jump!** mach bloß, dass du abhaust! *fam;* **to ~ all out to do sth** alles daransetzen, etw zu tun; **to ~ Dutch** getrennt zahlen; **easy come, easy ~** (*prov*) wie gewonnen, so zerronnen *prov;* **~ [and] get stuffed!** (*fam*) du kannst mich mal! *fam;* **here we ~ again** (*fam*) jetzt geht das wieder los! *fam;* **there you ~** bitte schön!; (*told you so*) sag ich's doch! *fam;* **there he ~es again** (*fam*) jetzt fängt er schon wieder damit an! *fam;* **don't ~ there** (*fam*) lass dich nicht darauf ein; **that ~es without saying** das versteht sich von selbst

II. auxiliary verb

future tense ■ **to be ~ing to do sth** etw tun werden; ***we are ~ing to have a party tomorrow*** wir geben morgen eine Party; ***he was ~ing to phone me this morning*** er wollte mich heute Morgen anrufen; ***isn't she ~ing to accept the job after all?*** nimmt sie den Job nun doch nicht an?

III. transitive verb

<goes, went, gone> 1 *esp* Am [travel] ■ **to ~ sth** *a route, a highway* etw nehmen 2 [fam: say] ■ **to ~ sth** ***she ~es to me: I never want to see you again!*** sie sagt zu mir: ich will dich nie wieder sehen! 3 Cards ■ **to ~ sth** etw reizen; **to ~ nap** die höchste Zahl von Stichen ansagen 4 Brit [like] **to not ~ much on sth** sich *dat* nicht viel aus etw *dat* machen 5 [become] ■ **to ~ sth** ***my mind went a complete blank*** ich hatte voll ein Brett vorm Kopf! *fam* ▸ Phrases: **to ~ nap** alles auf eine Karte setzen; **to ~ a long way** lange [vor]halten; **sb will ~ a long way** jd wird es weit bringen; **to ~ it alone** etw im Alleingang tun; **to ~ it some** es laufen lassen *fam;* **to ~ it** (*fam*) es toll treiben *fam;* (*move quickly*) ein tolles Tempo drauf haben; (*work hard*) sich *akk* reinknien

IV. noun

<*pl* -es> 1 [turn] ***I'll have a ~ at driving if you're tired*** ich kann dich mit dem Fahren ablösen, wenn du müde bist *fam;* ***you've had your ~ already!*** du warst schon dran!; ***hey, it's Ken's ~ now*** he, jetzt ist Ken dran; ***can I have a ~?*** darf ich mal?; **to miss one ~** einmal aussetzen; (*not voluntarily*) einmal übersprungen werden 2 [attempt] Versuch *m;* ***have a ~!*** versuch' es doch einfach mal! *fam;* **at one ~** auf einen Schlag; (*drink*) in einem Zug *fam;* **all in one ~** alle[s] auf einmal; **at the first ~** auf Anhieb; **to give sth a ~** etw versuchen; **to have a ~ at sb** (*criticize*) jdn runtermachen *fam;* (*attack*) über jdn herfallen; ***his boss had a ~ at him about his appearance*** sein Chef hat sich ihn wegen seines Äußeren vorgeknöpft *fam;* ***members of the public are strongly advised not to have a ~ at this man*** die Öffentlichkeit wird eindringlich davor gewarnt, etwas gegen diesen Mann zu unternehmen; **to have a ~ at doing sth** versuchen, etw zu tun; **to have several ~es at sth** für etw *akk* mehrere Anläufe nehmen 3 *no pl* [energy] Antrieb *m*, Elan *m;* **to be full of ~** voller Elan sein 4 *esp* Brit [fam: dose] Anfall *m;* ***she had such a bad ~ of the flu that she took a week off from work*** sie hatte so eine schlimme Grippe, dass sie sich eine Woche freinahm 5 [fam: lots of activity] ***it's all ~ here*** hier ist immer was los *fam;* ***it's all ~ and no relaxing on those bus tours*** auf diesen Busfahrten wird nur gehetzt und man kommt nie zum Ausruhen *fam;* ***I've got two projects on the ~ at the moment*** ich habe momentan zwei Projekte gleichzeitig laufen; **to be on the ~** [ständig] auf Trab sein; ***I've been on the ~ all day long*** ich war den ganzen Tag auf Achse *fam;* **to keep sb on the ~** jdn auf Trab halten *fam* ▸ Phrases: **from the word ~** von Anfang an; **to be all the ~** Brit (*dated fam*) der letzte Schrei sein; **that was a near ~** das war knapp; **to make a ~ of sth** mit etw *dat* Erfolg haben; ***she's making a ~ of her new antique shop*** ihr neues Antiquitätengeschäft ist ein voller Erfolg *fam;* **to be**

touch and ~ auf der Kippe stehen *fam;* **it's no** ~ da ist nichts zu machen

V. ADJECTIVE

pred [start]klar, in Ordnung; ***all systems [are] ~*** alles klar; ***all systems ~, take-off in t minus 10*** alle Systeme zeigen grün, Start in t minus 10

◆go about I. *vi* ❶ (*walk around*) herumlaufen *fam,* herumgehen; (*with car*) herumfahren; **to ~ about in leather gear** in Lederklamotten herumlaufen *fam;* **to ~ about in groups** in Gruppen herumziehen ❷ NAUT wenden ❸ (*be in circulation*) *see* **go around 6** ❹ (*do repeatedly*) *see* **go around 9 II.** *vt* ❶ (*proceed with*) ■**to ~ about sth** *problem, task* etw angehen; ***how does one ~ about it?*** wie geht man das am besten an? ❷ (*occupied with*) ■**to ~ about sth** etw *dat* nachgehen; **to ~ about one's business** seinen Geschäften nachgehen ❸ (*spend time together*) *see* **go around 8**

◆go after *vi* ❶ (*follow*) ■**to ~ after sb** nach jdm gehen ❷ (*chase*) ■**to ~ after sb** sich *akk* an jds Fersen *pl* heften, jdn verfolgen ❸ (*fig: try to get*) ■**to ~ after sth** sich *akk* um etw *akk* bemühen; (*have one's eye on*) es auf etw *akk* abgesehen haben *fam; goal* etw verfolgen; ■**to ~ after sb** (*for a date*) sich *akk* um jdn bemühen; (*more forcefully*) jdm nachstellen

◆go against *vi* ❶ (*be negative for*) ■**to ~ against sb/sth** *vote, election* zu jds Ungunsten *pl* ausgehen; ***the jury's decision went against the defendant*** die Entscheidung der Jury fiel gegen den Angeklagten aus ❷ (*not agree*) ■**to ~ against sth** ***public opinion is ~ing against the government on this issue*** die Öffentlichkeit ist in dieser Angelegenheit nicht der gleichen Meinung wie die Regierung ❸ (*contradict*) ■**to ~ against sth** zu etw *dat* im Widerspruch stehen; ***what you're asking me to do ~es against everything I believe in*** was du da von mir verlangst, geht gegen all das, woran ich glaube ❹ (*disobey*) ■**to ~ against sb** sich *akk* jdm widersetzen, jdm zuwiderhandeln *geh;* ***he's always ~ing against his father's advice*** er handelt immer entgegen den Ratschlägen seines Vaters ▸ PHRASES: **to ~ against the grain for sb to do sth** jdm gegen den Strich gehen, etw zu tun

◆go ahead *vi* ❶ (*go before*) vorgehen; (*in vehicle*) vorausfahren; (*in sports*) sich *akk* an die Spitze setzen; ***you ~ ahead, I'll catch you up later*** geh schon mal vor, ich komm dann später nach *fam;* ***even though I was here first, she went ahead of me and got served first*** obwohl ich zuerst hier war, hat sie sich vorgedrängt und ist zuerst drangekommen *fam* ❷ (*proceed*) vorangehen; *event* stattfinden; ***the music festival is now ~ing ahead as planned*** das Musikfestival geht nun wie geplant vonstatten; ***the building went ahead as soon as the building permit was issued*** sobald die Baugenehmigung vorlag, wurde mit dem Bau begonnen; ***— of course, ~ ahead!*** – natürlich, schieß' los! *fam;* ***~ ahead, try it*** komm, versuch's doch einfach! *fam;* ***in the end I just went ahead and did it myself*** am Ende habe ich es einfach selbst gemacht!; ■**to ~ ahead with sth** etw durchführen

◆go along *vi* ❶ (*move onward*) weitergehen; *vehicle* weiterfahren ❷ (*walk along*) entlanggehen; (*in vehicle*) entlangfahren; ***we were ~ing along the coast road when ...*** wir fuhren die Küstenstraße entlang, als ... ❸ (*at same time*) ***she's been marking papers all afternoon, and ticking off the students' names as she ~es along*** sie hat den ganzen Nachmittag Arbeiten korrigiert und gleichzeitig die Namen der Schüler abgehakt; ***I compiled the guest list as I went along*** nebenbei habe ich auch noch gleich die Gästeliste erstellt; ***a flexible approach allows us to make changes as we ~ along*** ein flexibler Ansatz ermöglicht es uns, Änderungen direkt während des Vorgangs vorzunehmen ❹ (*accompany*) ■**to ~ along with sb** mit jdm mitgehen [*o* mitkommen] ❺ (*belong*) ■**to ~ along with sth** zu etw *dat* gehören ❻ (*agree*) ■**to ~ along with sth/sb** etw/jdm zustimmen; (*join in*) sich *akk* etw/jdm anschließen; ***I'll ~ along with your joke as long as ...*** ich mach bei deinem Streich mit, solange ... ▸ PHRASES: **~ along with you!** (*fam*) jetzt hör' aber auf! *fam*

◆go around *vi* ❶ (*move around*) ■**to ~ around sth** ***they went around the room*** sie liefen im Zimmer herum; ***they went around Europe for two months*** sie reisten zwei Monate lang durch Europa ❷ (*move in a curve*) ■**to ~ around sth** um etw *akk* herumgehen; *vehicle* um etw *akk* herumfahren; (*circumnavigate*) etw umrunden; **to ~ around the bend** um die Kurve fahren; **to ~ around the block** um den Block laufen; **to ~ around the world** eine Weltreise machen ❸ (*visit*) ■**to ~ around to sb's** zu jdm [hin]gehen; ***I'm just ~ing around to Mario's for half an hour*** ich gehe nur mal schnell für eine halbe Stunde zu Mario; **to ~ around and see sb** bei jdm vorbeischauen *fam* ❹ (*visit successively*) ***we've been ~ing around the local schools today trying to find out ...*** wir haben heute die örtlichen Schulen abgeklappert, um herauszufinden, ... *fam;* ***we haven't got enough time to ~ around all the exhibits*** wir haben nicht genügend Zeit, uns alle Ausstellungsstücke [genau] anzusehen ❺ (*rotate*) sich *akk* drehen; ***my head's ~ing round and round*** mir dreht sich alles ❻ (*be in circulation*) *rumour, illness* [he]rumgehen ❼ (*be enough*) ***there won't be enough soup to ~ around*** die Suppe wird nicht für alle reichen ❽ (*spend time together*) Zeit miteinander verbringen; ***I don't want you ~ing around with people like that*** ich möchte nicht, dass du dich mit solchen Leuten herumtreibst; ***she's ~ing around with Harry*** sie treibst sich mit Harry rum *fam;* ***we don't ~ around together much these days*** wir sehen uns nur noch selten ❾ (*do repeatedly*) ■**to ~ around doing sth** etw ständig tun; ***I've got a song ~ing around in my head*** mir geht schon die ganze Zeit ein Lied im Kopf herum ▸ PHRASES: **what ~es around, comes around** (*saying*) alles rächt sich früher oder später

◆go at *vi* ❶ (*attack*) ■**to ~ at sb [with sth]** [mit etw *dat*] auf jdn losgehen *fam;* (*fig: eat ravenously*) ■**to ~ at sth** über etw *akk* herfallen ❷ (*work hard*) ■**to ~ at sth** sich *akk* an etw *akk* machen *fam,* sich *akk* hinter etw *akk* klemmen; **to ~ at it** loslegen; **to ~ at sth with determination** etw mit Entschlossenheit angehen

◆go away *vi* ❶ (*travel*) weggehen; (*for holiday*) wegfahren; ***we're ~ing away to France this summer*** wir fahren diesen Sommer nach Frankreich ❷ (*leave*) [weg]gehen; ***~ away!*** geh' weg! ❸ (*disappear*) verschwinden; ***your problems won't just ~ away*** deine Probleme werden sich nicht einfach so in Luft auflösen

◆go back *vi* ❶ (*return*) *also goods* zurückgehen; *school* wieder anfangen; ***I have to ~ back for my gloves*** ich muss nochmal zurück und meine Handschuhe holen; ***when are these books due to ~ back?*** wann muss ich die Bücher wieder abgeben?; ■**to ~ back somewhere** irgendwohin zurückkehren; ***we want to ~ back to Greece someday*** wir wollen eines Tages wieder nach Griechenland zurückkehren; ***I want to ~ back there one day*** da will ich irgendwann noch mal hin *fam;* ***there's no ~ing back now*** [*or* ***you can't ~ back now***] jetzt gibt es kein Zurück mehr; ■**to ~ back to sb** zu jdm zurückkehren; ■**to ~ back to sth** *former plan* auf etw *akk* zurückgreifen; **to ~ back to the beginning** noch mal von vorne anfangen; **to ~ back to a subject** auf ein Thema zurückkommen; **to ~ back to one's old ways** wieder in seine alten Gewohnheiten fallen; **to ~ back to normal** sich wieder normalisieren; *person* wieder normal werden; ■**to ~ back to doing sth** wieder mit etw *dat* anfangen ❷ (*move backwards*) zurückgehen; (*from platform*) zurücktreten ❸ (*date back*) **to ~ back [to the 18th century]** [bis ins 18. Jahrhundert] zurückgehen [*o* zurückreichen]; **to ~ back 300 years** 300 Jahre zurückreichen; ***our friendship ~es back a long way*** wir sind schon lange befreundet; ***our relationship ~es back to when we were at university together*** wir sind befreundet, seit wir zusammen auf der Uni waren ❹ (*be set earlier*) ***don't forget that the clocks ~ back tonight*** vergiss nicht, dass die Uhren heute Nacht zurückgestellt werden ❺ (*not fulfil*) **to ~ back on a deal** ein Geschäft rückgängig machen; **to ~ back on a decision** von einer Entscheidung zurücktreten; **to ~ back on one's promise/word** sein Versprechen/Wort nicht halten ❻ (*look at again*) ■**to ~ back over sth** etw noch einmal durchgehen

◆go before *vi* ❶ (*precede*) ■**to ~ before sb** ***you can ~ before me in the queue*** ich lasse Sie vor; ■**to ~ before sth** vor etw *dat* kommen; ***A ~es before B in the alphabet*** A kommt im Alphabet vor B ❷ (*appear in presence of*) **to ~ before the court/a judge** vor Gericht/einem Richter erscheinen ❸ (*live before*) in füheren Zeiten leben; (*happen before*) früher geschehen

◆go beyond *vi* ■**to ~ beyond sth** ❶ (*proceed past*) an etw *dat* vorübergehen; ***you have to ~ beyond that row of houses*** Sie müssen bis jenseits dieser Häuserreihe fahren ❷ (*exceed*) über etw *akk* hinausgehen; **to ~ beyond the call of duty** über die [normale] Pflichterfüllung hinausgehen; **to ~ beyond sb's capabilities** jds Fähigkeiten *pl* übersteigen; **to ~ beyond sb's wildest dreams** jds kühnste [*o* wildeste] Träume übersteigen

◆go by *vi* ❶ (*move past*) vorbeigehen; *vehicle* vorbeifahren ❷ (*of time*) vergehen; **in days gone by** (*form*) in früheren Tagen; ***the house was a railway station in days gone by*** das Haus war früher einmal eine Bahnstation ❸ AM (*visit*) ■**to ~ by sb** bei jdm vorbeischauen *fam* ❹ (*be guided by [when deciding]*) ■**to ~ by sth** nach etw *dat* gehen; ***~ing by what they said ...*** nach dem, was sie gesagt haben, ...; ***that's not much to ~ by*** das hilft mir nicht wirklich weiter; ***if this is anything to ~ by ...*** wenn man danach gehen kann, ...; **to ~ by the book** sich *akk* an die Vorschriften halten; **to ~ by the rules** sich *akk* an die Regeln halten ❺ (*be known by*) **to ~ by the name of MacCopproc** MacCopproc heißen; ***when she writes, she ~es by the name of JoAnn Gouvney*** als Autorin kennt man sie unter dem Namen JoAnn Gouvney ❻ (*not challenge*) **to let sth ~ by** etw über sich *akk* ergehen lassen ❼ (*not take advantage of*) **to let sth ~ by** *chance, opportunity* sich *dat* etw *akk* entgehen lassen

◆go down *vi* ❶ (*move downward*) hinuntergehen; *sun, moon* untergehen; *ship also* sinken; *plane* abstürzen; *boxer* zu Boden gehen; *curtain* fallen; ***he went down on his knees and begged for forgiveness*** er bat auf Knien um Verzeihung; ***the striker went down in the penalty area*** der Stürmer kam im Strafraum zu Fall; **to ~ down on all fours** sich *akk* auf alle viere begeben; ■**to ~ down sth** etw hinuntergehen; (*climb down*) etw hinuntersteigen; **to ~ down the pit** MIN Bergmann werden; **to ~ down with a/the ship** mit einem/dem Schiff untergehen ❷ (*decrease*) *swelling* zurückgehen; *attendance, wind* nachlassen; *crime rate, fever, water level* zurückgehen; *prices, taxes, temperature* sinken; *currency* fallen; ***one of the tyres on my car has gone down*** einer meiner Autoreifen hat Luft verloren ❸ (*decrease in quality*) nachlassen; ***this restaurant has really gone down in the last few years*** dieses Restaurant hat in den letzten Jahren echt nachgelassen *fam;* **to ~ down in sb's opinion** in jds Ansehen *nt* sinken ❹ (*break down*) *computer* ausfallen ❺ (*be defeated*) verlieren; SPORTS *also* unterliegen; **to ~ down fighting/without a fight** kämpfend/kampflos untergehen; ■**to ~ down to sb** gegen jdn verlieren ❻ (*get ill*) **to ~ down with a cold/the flu** eine Erkältung/die Grippe bekommen ❼ (*move along*) entlanggehen; *vehicle* entlangfahren; ***she was ~ing down the road on her bike*** sie fuhr auf ihrem Fahrrad die Straße entlang; **to ~ down to the beach** runter zum Strand gehen; **to ~ down a list** eine Liste [von oben nach unten] durchgehen ❽ (*visit quickly*) vorbeigehen; ***they went down to the pub for a quick drink*** sie gingen noch schnell einen trinken *fam* ⑨ (*travel southward*) ***are you ~ing down to Florida this year?*** fahrt ihr dieses Jahr runter nach Florida? *fam* ⑩ (*extend*) hinunterreichen; ***the tree's roots ~ down three metres*** die Wurzeln des Baumes reichen drei Meter in die Tiefe ⑪ (*be received*) **to ~ down badly/well [with sb]** [bei jdm] schlecht/gut ankommen ⑫ (*be recorded*) schriftlich vermerkt werden; **to ~ down in history/the record books [as sth]** [als etw] in die Geschichte/Geschichtsbücher eingehen; **to ~ down in writing** schriftlich festgehalten werden ⑬ (*fam*) *food, drink* runtergehen *fam;* ***the wine went down easily*** der Wein war wirklich lecker! *fam;* ***a cup of coffee would ~ down nicely now*** eine Tasse Kaffee wäre jetzt genau das Richtige; ***a bit of sugar will help the medicine ~ down*** mit etwas Zucker kriegst du die Medizin besser runter *fam* ⑭ (*sl: happen*) passieren; ***the police had been informed about what was ~ing down, so were ready and waiting*** die Polizei war darüber informiert worden, was vorging, daher war sie bereits in Wartestellung ⑮ BRIT (*dated: leave university*) abgehen; (*for vacation*) in die Semesterferien gehen ⑯ (*fam: have oral sex*) ■**to ~ down on sb** es jdm mit dem Mund machen *sl* ⑰ CARDS (*bridge*) den Kontrakt nicht erfüllen

◆**go for** *vi* ① (*fetch*) ■**to ~ for sth** etw holen; (*get*) *food etc.* etw besorgen ② (*try to achieve*) ■**to ~ for sth** auf etw *akk* aus sein *fam;* (*try to get hold of*) es auf etw *akk* abgesehen haben; ***~ for it!*** nichts wie ran! *fam;* ***he was shown the red card for ~ing for the man*** er bekam die rote Karte, weil er gegen den Mann ging; ***if I were you I'd ~ for it*** ich an deiner Stelle würde ich zugreifen; **to ~ for broke** aufs Ganze gehen *fam* ③ (*choose*) ■**to ~ for sth** sich *akk* für etw *akk* entscheiden; ***that's the sofa I'd ~ for*** ich würde *dieses* Sofa nehmen ④ (*attack*) ■**to ~ for sb [with sth]** [mit etw *dat*] auf jdn losgehen *fam* ⑤ (*be true for*) ***what Mary just said ~es for me too*** was Mary gerade gesagt hat, gilt auch für mich; ***all my pious resolutions went for nothing*** aus all meinen frommen Vorsätzen wurde nichts ⑥ (*fam: like*) ■**to ~ for sth/sb** auf etw/jdn stehen *fam* ⑦ (*believe*) ■**to ~ for sth** etw glauben; ***they told me that ... but I don't ~ for that*** sie sagten, dass ..., aber das kaufe ich ihnen nicht ab *fam* ⑧ (*have as advantage*) **to have sth ~ing for one** etw für einen sprechen haben; ***he's got real talent and creative ideas ~ing for him, but ...*** für ihn spricht sein großes Talent und seine kreativen Ideen, aber ...; ***this film has absolutely nothing ~ing for it*** an diesem Film gibt es absolut nichts Positives ⑨ (*do*) **to ~ for a drive** [ein bisschen] rausfahren *fam;* **to ~ for a newspaper** eine Zeitung holen gehen; **to ~ for a ride** (*on a horse*) reiten gehen; (*in a vehicle*) rumfahren *fam;* **to ~ for a sail/swim/walk** segeln/schwimmen/spazieren gehen; **to ~ for a spin** (*fam*) eine Spritztour machen *fam*

◆**go forth** *vi* ① (*form, liter: move onward*) weitergehen; **to ~ forth into battle** in die Schlacht ziehen ② (*hum: become widespread*) ***the word has gone forth that ...*** es geht das Gerücht [um], dass ...

◆**go forward** *vi* ① (*move toward front*) *traffic etc.* sich *akk* vorwärts bewegen ② (*progress*) vorangehen; ***as soon as the loan comes in, construction can ~ forward*** sobald der Kredit da ist, können die Bauarbeiten beginnen; ***it looks as if we can ~ forward with our project*** es sieht so aus, als ob wir mit unserem Projekt weitermachen können ③ (*be set earlier*) *clocks* vorgestellt werden ④ (*be proposed*) vorgeschlagen werden; ***his name went forward as the new minister of education*** er wurde als neuer Bildungsminister vorgeschlagen

◆**go in** *vi* ① (*enter*) hineingehen; ***it's really cold, why don't we ~ in?*** es ist echt kalt, warum gehen wir nicht rein? *fam* ② (*fit*) hineinpassen; ***it won't ~ in, it's too big*** es geht nicht rein, es ist zu groß *fam* ③ (*go to work*) arbeiten gehen ④ TECH (*be installed*) installiert [*o* eingebaut] werden ⑤ (*go behind cloud*) ***when the sun ~es in, it gets pretty chilly*** sobald es sich bewölkt, wird's echt frisch ⑥ (*fam: be understood*) in den Kopf gehen *fam;* ***no matter how many times you tell him something, it just won't ~ in*** egal, wie oft du ihm was sagst, es geht einfach nicht in seinen Kopf rein *fam* ⑦ (*work together*) ■**to ~ in with sb** sich *akk* mit jdm zusammentun *fam* ⑧ (*fam: participate in*) ■**to ~ in for sth** an etw *dat* teilnehmen; ***have you ever considered ~ing in for medicine?*** hast du jemals daran gedacht, in die Medizin zu gehen?; ***I wanted to ~ in for cooking*** ich wollte Koch werden; **to ~ in for an exam** eine Prüfung machen ⑨ (*fam: enjoy*) ■**to ~ in for sth** etw mögen; ***I've never really gone in for classical music*** auf klassische Musik stand ich noch nie sonderlich *fam;* ***she really ~es in for travelling*** sie reist total gerne *fam* ⑩ (*fam: indulge in*) ■**to ~ in for sth** auf etw *akk* abfahren *fam*

◆**go into** *vi* ① (*start*) ■**to ~ into sth** ***he went into the election with good chances of beating the incumbent*** er ging mit guten Chancen, den Amtsinhaber zu schlagen, in den Wahlkampf; ***they went into gales of laughter at his sight*** bei seinem Anblick brachen sie in schallendes Gelächter aus; ***they were ~ing into this project with very little experience*** sie gingen mit nur sehr wenig Erfahrung in dieses Projekt; ***the restaurant is ~ing into its second year of business*** das Restaurant geht jetzt in sein zweites Geschäftsjahr; ***the new trains went into service last month*** die neuen Züge wurden letzten Monat in Dienst gestellt; **to ~ into action** in Aktion treten; **to ~ into a coma** ins Koma fallen; **to ~ into effect** in Kraft treten; **to ~ into hiding** sich *akk* verstecken, untertauchen *fam;* **to ~ into hysterics** hysterisch werden; **to ~ into labour** [*or* AM **labor**] [die] Wehen bekommen; **to ~ into mourning** trauern; **to ~ into reverse** in den Rückwärtsgang schalten; **to ~ into a trance** in Trance [ver]fallen ② (*begin career in*) **to ~ into journalism** Journalist/Journalistin werden; **to ~ into medicine/politics** in die Medizin/die Politik gehen; **to ~ into service** BRIT (*dated*) [als Dienstbote/Dienstbotin] in Stellung gehen ③ (*begin producing*) ■**to ~ into sth** ***after working for us for five years, he went into business for himself*** nachdem er fünf Jahre lang für uns gearbeitet hatte, machte er sich selbständig; **to ~ into production** in Produktion gehen ④ (*examine*) ■**to ~ into sth** etw untersuchen; (*discuss*) etw erörtern; ***I don't want to ~ into that right now*** ich möchte jetzt im Moment nicht darauf eingehen; **to ~ into detail** ins Detail gehen ⑤ (*be invested in*) ■**to ~ into sth** ***a considerable amount of money has gone into this exhibition*** in dieser Ausstellung steckt eine beträchtliche Menge [an] Geld ⑥ (*be used in*) ■**to ~ into sth** ***butter is supposed to ~ into the cake but you can also use margarine*** eigentlich kommt Butter in den Kuchen, aber man kann auch Margarine nehmen ⑦ (*join*) ■**to ~ into sth** etw *dat* beitreten; **to ~ into the army** zur Armee gehen; **to ~ into a club/an organization** einem Club/einer Organisation beitreten; **to ~ into hospital/a nursing home** ins Krankenhaus/in ein Pflegeheim gehen ⑧ (*crash into*) ■**to ~ into sth** in etw *akk* hineinfahren; *tree, wall* gegen etw *akk* fahren ⑨ MATH ■**to ~ into sth** ***seven won't ~ into three*** sieben geht nicht in drei

◆**go off** *vi* ① (*leave*) weggehen; THEAT abgehen; ***don't ~ off the path*** verlassen Sie den Weg nicht; ***they went off on their own through the city*** sie erkundeten die Stadt auf eigene Faust; ***he went off into the blue*** er verschwand spurlos ② (*stop working*) *light* ausgehen; *electricity* ausfallen; ***the TV station usually ~es off at 3 a.m.*** der Sender stellt normalerweise um 3 Uhr morgens den Betrieb ein; **to ~ off the air** den Sendebetrieb einstellen ③ (*ring*) *alarm* losgehen; *alarm clock* klingeln; *bomb* hochgehen; ***didn't you hear your alarm clock ~ off this morning?*** hast du heute Morgen deinen Wecker nicht gehört?; ***his gun went off accidentally*** aus seiner Waffe löste sich versehentlich ein Schuss ④ BRIT, AUS (*decrease in quality*) nachlassen; *food* schlecht werden; *milk* sauer werden; *butter* ranzig werden; *pain* nachlassen ⑤ (*happen*) vonstatten gehen, verlaufen; **to ~ off badly/smoothly/well** schlecht/reibungslos/gut [ver]laufen ⑥ (*fall asleep*) einschlafen; (*into trance*) in Trance [ver]fallen ⑦ (*diverge*) abgehen; ***pass the road that ~es off to Silver Springs*** fahren Sie an der Straße vorbei, die nach Silver Springs abzweigt; **to ~ off the subject** vom Thema abschweifen; **to ~ off at** [*or* **on**] **a tangent** plötzlich [völlig] vom Thema abkommen ⑧ (*stop liking*) ■**to ~ off sth/sb** etw/jdn nicht mehr mögen; ***I went off him after ...*** ich konnte ihn nicht mehr leiden, nachdem ...; ***she went off skiing after she broke her leg*** sie ist vom Skifahren abgekommen, nachdem sie sich ihr Bein gebrochen hatte ► PHRASES: **to ~ off the deep end** (*fam*) völlig außer sich geraten *fam*

◆**go off with** *vt* ① (*leave partner for another*) ■**to ~ off with sb** mit jdm durchbrennen *fam* ② (*take away, steal*) ■**to ~ off with sth** sich *akk* mit etw *dat* davonmachen *fam;* ***who's gone off with my keys again?*** wer hat schon wieder meine Schlüssel mitgenommen?; ***someone has gone off with my purse*** jemand hat sich mit meinem Geldbeutel davongemacht *fam*

◆**go on** *vi* ① (*go further*) weitergehen; *vehicle* weiterfahren; **to ~ on ahead** vorausgehen; *vehicle* vorausfahren ② (*extend*) sich *akk* erstrecken; *time* voranschreiten; ***the forests seemed to ~ on for ever*** die Wälder schienen sich bis in die Unendlichkeit zu erstrecken; ***it'll get warmer as the day ~es on*** im Laufe des Tages wird es wärmer; ***as time went on, their friendship blossomed*** im Laufe der Zeit wurde ihre Freundschaft immer tiefer ③ (*continue*) weitermachen; *fights* anhalten; *negotiations* andauern *fam;* ***I can't ~ on*** ich kann nicht mehr; ***you can't ~ on like that indefinitely*** du kannst du nicht ewig so weitermachen; ***we can't ~ on arguing like this*** wir können nicht immerzu so weiter streiten; ***how can you ~ on as if nothing has happened?*** wie kannst du nur einfach so weitermachen, als sei nichts passiert?; **to ~ on trying** es weiter versuchen; **to ~ on working** weiterarbeiten; **to ~ on and on** kein Ende nehmen [wollen] ④ (*continue speaking*) weiterreden; (*speak incessantly*) unaufhörlich reden; ***sorry, please ~ on*** Entschuldigung, bitte fahren Sie fort; ***he just ~es on and on*** er redet echt wie ein Wasserfall *fam;* ***she went on to talk about her time in Africa*** sie erzählte weiter von ihrer Zeit in Afrika; ***he went on to ~ that ...*** dann sagte er, dass ...; ***" ... and then," he went on ...*** „ ... und dann", fuhr er fort ...; ■**to ~ on about sb/sth** stundenlang über jdn/etw reden; **to always ~ on [about sth]** andauernd [über etw *akk*] reden ⑤ (*criticize*) ■**to ~ on about sb/sth** dauernd über jdn/etw klagen; ■**to ~ on at sb** an jdm herumnörgeln [*o* herummäkeln] *fam* ⑥ (*happen*) passieren; ***this has been ~ing on for months now*** das geht jetzt schon Monate so!; ***what on earth's been ~ing on here?*** was um alles in der Welt ist denn hier passiert?; ***what's ~ing on here?*** was geht denn hier vor? ⑦ (*move on, proceed*) ***I always knew that he would ~ on to a successful career*** ich wusste schon immer, dass er es mal zu etwas bringen würde; ***she went on to do a Phd*** sie strebte einen Doktortitel an; ***he went on to become a teacher*** später wurde er Lehrer; ***what proportion of people who are HIV-positive ~ on to develop AIDS?*** wie viel Prozent der HIV-Infizierten entwickeln tatsächlich AIDS? ⑧ (*start, embark on*) anfangen; ***this is the second fishing trip he's gone on this summer*** das ist dieses Jahr schon sein zweiter Angelurlaub; **to ~ on** [*or* **onto**] **the attack** den Angriff starten; **to ~ on a diet** auf Diät gehen; **to ~ on the dole** Sozialhilfe bekommen; **to ~ on an expedition** auf eine Expedition gehen; **to ~ on a half-day week** halbtags arbeiten; **to ~ on [a] holiday** in Urlaub gehen; **to ~ on honeymoon** auf Hochzeitsreise gehen; **to ~ on a journey** eine Reise machen; **to ~ on the pill** MED die Pille nehmen; **to ~ on strike** in den Streik treten; **to ~ on tour** auf Tournee gehen ⑨ TECH *lights* angehen ⑩ THEAT auftreten; ***I don't ~ on until the second act*** ich komme erst im zweiten Akt dran ⓫ SPORTS an der Reihe sein ⓬ (*base conclusions on*) ■**to ~ on sth** *evidence* sich *akk* auf etw *akk* stützen; ***we haven't got any anything to ~ on yet*** wir haben noch keine Anhaltspunkte ⓭ (*fit*) ■**to ~ on [sth]** ***these boots won't ~ on over my thick socks*** diese Stiefel passen nicht über meine dicken Socken; ***this shoe just won't ~ on*** ich kriege diesen Schuh einfach nicht an *fam* ⓮ (*belong on*) ■**to ~ on sth** auf etw *akk* gehören; ***that vice ~es on the workbench*** diese Schraubzwinge gehört auf die Werkbank ⓯ FIN (*be allocated to*) ■**to ~ on sth** *expenses* auf etw *akk* gehen; ***all travel expenses ~ on the company account*** die Firma übernimmt alle Reisekosten ⓰ (*as encouragement*) ***~ on, have another drink*** na komm, trink noch einen; ***~ on and ask directions*** komm, frag nach dem Weg; ***~ on!*** los, mach schon!; ***~ on, tell me!*** jetzt sag' schon! *fam* ⓱ (*expressing disbelief*) ***what, they eloped? ~ on, you must be kidding!*** was, sie sind abgehauen? das ist nicht dein Ernst! *fam* ⓲ (*ride on*) ■**to ~ on the swings** auf die Schaukel gehen ⓳ (*approach*) ***my granny is ~ing on [for] ninety*** meine Oma geht auf die Neunzig zu; ***it's ~ing on [for] nine o'clock*** es geht auf neun zu; ***I'm ~ing on [for] ten!*** ich bin [schon] fast zehn!

◆**go on with** *vi* ❶ (*continue*) ■**to ~ on with sth** etw fortsetzen, mit etw *dat* fortfahren; ***please ~ on with your work and don't let us interrupt you*** bitte arbeiten Sie einfach weiter und lassen Sie sich durch uns nicht stören ❷ (*fam: have for the present*) ***I have enough work to be ~ing on with*** ich habe fürs Erste genug zu tun; ***here's a cup of coffee to ~ on with*** hier hast du erst einmal einen Kaffee *fam* ▶ PHRASES: **~ on** [BRIT **with** you]! ach was, erzähl mir doch nichts! *fam*

◆**go out** *vi* ❶ (*leave*) [hinaus]gehen; ***he went out to pick up some copies*** er holt gerade ein paar Kopien ab; ***the company sent representatives to colleges to ~ out and recruit graduates*** die Firma schickte Vertreter an die Hochschulen, um dort Absolventen zu werben; **to ~ out for a breath of fresh air** frische Luft schnappen gehen; **to ~ out to work** arbeiten gehen; **to ~ out jogging/shopping** joggen/einkaufen gehen; **to ~ out riding** ausreiten ❷ (*depart*) ***they went out to Australia*** sie gingen nach Australien; (*emigrate*) auswandern ❸ (*enjoy social life*) ausgehen; **to ~ out for a meal** essen gehen ❹ (*date*) ■**to ~ out with sb** mit jdm gehen *fam* ❺ (*be extinguished*) *fire* ausgehen; *light also* ausfallen; ***the fire's gone out*** das Feuer ist erloschen; **to ~ out like a light** (*fig*) sofort einschlafen ❻ (*be sent out*) verschickt werden; MEDIA ausgestrahlt werden; (*be issued*) verteilt werden; ***the letters went out on Thursday*** die Briefe sind am Donnerstag verschickt worden; ***word has gone out that ...*** es wurde bekannt, dass ... ❼ (*sympathize*) ***our thoughts ~ out to all the people who ...*** unsere Gedanken sind bei all denen, die ...; ***my heart ~es out to him*** ich fühle mit ihm ❽ (*recede*) *water* zurückgehen; ***when the tide ~es out ...*** bei Ebbe ... ❾ *esp* AM (*be spent*) ausgegeben werden; ***our money ~es out before we've even got it*** unser Geld ist schon weg, bevor wir es überhaupt zu Gesicht bekommen *fam* ❿ (*become unfashionable*) unmodern werden, aus der Mode kommen; *custom* aussterben ⓫ (*strike*) streiken; **to ~ out an strike** in den Ausstand treten ⓬ BRIT SPORTS (*be eliminated*) ■**to ~ out [to sb]** [gegen jdn] ausscheiden ⓭ (*in golf*) ***he went out in 36*** für die Hinrunde benötigte er 36 Schläge ⓮ CARDS ablegen ⓯ (*end*) *month, year* zu Ende gehen ⓰ POL *government* abgelöst werden ⓱ (*lose consciousness*) das Bewusstsein verlieren ▶ PHRASES: **to ~ all out** sich *akk* ins Zeug legen *fam*

◆**go out of** *vi* ❶ (*leave*) [hinaus]gehen; ***I have to ~ out of town on business*** ich muss die Stadt geschäftlich verlassen; ■**to ~ out of sb/sth** (*fig*) jdn/etw verlassen; ***all energy has gone out of her since she lost her job*** seit sie ihren Job verloren hat, fehlt ihr jeglicher Antrieb; ***the magic has gone out of their relationship*** der Zauber ihrer Beziehung ist verflogen ❷ (*close shop*) **to ~ out of business** zumachen *fam* ❸ (*become unfashionable*) **to ~ out of fashion** [*or* **style**] aus der Mode kommen ❹ (*stop being printed*) **to ~ out of print** nicht mehr aufgelegt werden ▶ PHRASES: **to ~ out of one's way to do sth** sich *akk* für etw *akk* ins Zeug legen *fam*

◆**go over** *vi* ❶ (*cross*) hinübergehen; (*in vehicle*) hinüberfahren; **to ~ over a border/river/street** eine Grenze/einen Fluss/eine Straße überqueren; **to ~ over the edge of a cliff** über eine Klippe stürzen ❷ (*visit*) ■**to ~ over to sb** zu jdm rübergehen *fam;* ***I'm just ~ing over to the chemist's*** ich gehe nur mal schnell in die Apotheke rüber *fam* ❸ (*fig: change*) ■**to ~ over to sth** *different party* zu etw *dat* überwechseln; *faith* zu etw *dat* übertreten; *habit* zu etw *dat* übergehen; ***most motorists have gone over from leaded to unleaded fuel*** die meisten Autofahrer sind von verbleitem auf bleifreies Benzin umgestiegen; **to ~ over to the enemy** zum Feind überlaufen ❹ (*be received*) **to ~ over [badly/well]** [schlecht/gut] ankommen; ***his speech went over like a ton of bricks*** seine Rede war ein Flop ❺ (*examine*) ■**to ~ over sth** *report, lines* etw durchgehen; *flat, car* etw durchsuchen; *problem* sich *dat* etw durch den Kopf gehen lassen; ***don't sign anything until you have gone over it thoroughly*** unterschreib nichts, bevor du es nicht genauestens durchgesehen hast; ■**to ~ over sb** jdn untersuchen; **to ~ over sth in one's mind** etw durchgehen ❻ TV, RADIO ■**to ~ over to sb** zu jdm umschalten; **to ~ over to Glasgow** nach Glasgow umschalten ❼ (*sl: attack brutally*) ■**to ~ over sb with sth** jdn mit etw *dat* zusammenschlagen ❽ (*exceed*) **to ~ over a budget/limit** ein Budget/eine Grenze überschreiten; **to ~ over a time limit** überziehen ❾ (*wash*) **to ~ over a room** mal schnell ein Zimmer durchputzen ❿ (*redraw*) ■**to ~ over sth** etw nachzeichnen; **to ~ over a line** eine Linie nachziehen

◆**go overboard** *vi* ❶ NAUT über Bord gehen ❷ (*fig: be excessive*) es übertreiben; ***I like red, but this is ~ing overboard*** ich mag zwar rot, aber das ist dann doch zu viel

◆**go round** *vi* BRIT *see* **go around**

◆**go short** *vi* STOCKEX Wertpapiere leerverkaufen

◆**go through** *vi* ❶ (*pass in and out of*) durchgehen; *vehicle* durchfahren; ■**to ~ through sth** durch etw *akk* durchlaufen; (*in vehicle*) durch etw *akk* durchfahren; ***he went right through the garden*** er lief mitten durch den Garten durch; **to ~ through customs/the door** durch den Zoll/die Tür gehen ❷ (*experience*) ■**to ~ through sth** etw durchmachen; ***your daughter won't always be so difficult — she's just ~ing through a stage*** Ihre Tochter wird nicht immer so schwierig sein – das ist nur so eine Phase; **to ~ through an operation** MED operiert werden; **to ~ through a bad patch** eine schwere Zeit durchmachen ❸ (*review, discuss*) ■**to ~ through sth** *act, issue, checklist* etw durchgehen ❹ (*be approved*) *plan* durchgehen; *bill* durchkommen; *business deal* [erfolgreich] abgeschlossen werden; ***now that the new legislation/the divorce has gone through, ...*** jetzt, da das neue Gesetz/die Scheidung durch ist, ... ❺ (*use up*) ■**to ~ through sth** etw aufbrauchen; ***I went through two hundred quid on my last trip to London*** auf meiner letzten Londonreise habe ich zweihundert Pfund ausgegeben; **to ~ through a pair of shoes** ein Paar Schuhe durchlaufen ❻ (*wear through*) ■**to ~ through** sich *akk* durchscheuern; ***my jeans always ~ through at the knees first*** meine Jeans wetzt sich immer zuerst an den Knien ab ❼ (*look through*) ■**to ~ through sth** *essay, piece of work* etw durchsehen ❽ (*be felt by*) ***shock went through him as he heard the news*** ihm fuhr der Schock durch alle Glieder, als er die Neuigkeiten erfuhr ❾ (*carry out*) ■**to ~ through with sth** *programme, threat* etw durchziehen *fam;* ■**to ~ through sth** etw erledigen; **to ~ through a course** einen Kurs absolvieren; **to ~ through the marriage ceremony** sich *akk* trauen lassen; ***after the two foreign ministers had gone through the formalities ...*** nachdem die beiden Außenminister die Förmlichkeiten hinter sich gebracht hatten, ...; ***he had to ~ through with it now*** jetzt gab es kein Zurück mehr für ihn ❿ PUBL **to have gone through several editions** schon durch mehrere Auflagen gegangen sein ⓫ (*be routed through*) ***you must ~ through the central operator before you can be connected with the person you are calling*** Sie müssen über die zentrale Vermittlung gehen, bevor Sie zu ihrem Gesprächspartner durchgestellt werden können ▶ PHRASES: **to ~ through the mill** viel mitmachen *fam;* **to ~ through the roof** an die Decke gehen *fam*

◆**go together** *vi* ❶ (*harmonize*) zusammenpassen; ***do you think that a red wine sauce ~es together with fish?*** findest du, dass Rotweinsauce zu Fisch passt?; ***coffee and cake ~ together like bees and honey*** Kaffee und Kuchen passen zueinander wie die Faust aufs Auge ❷ (*date*) miteinander gehen *fam* ❸ (*coincide*) *events* zusammen auftreten

◆**go under** *vi* ❶ (*sink*) untergehen ❷ (*fail*) *person* scheitern; *business* eingehen ❸ (*be known by*) ***she went under the name of Cora Whiplash*** sie war unter dem Namen Cora Whiplash bekannt; ***the campaign ~es under the slogan '...'*** die Kampagne läuft unter dem Motto „...“ ❹ (*move below*) ■**to ~ under sth** unter etw *akk* druntergehen *fam;* ***we went under an awning until the rain had abated a little*** wir suchten unter einem Vordach Unterschlupf, bis der Regen ein wenig nachgelassen hatte; ***they went under the English Channel*** sie fuhren unter dem Ärmelkanal durch; ***the old road ~es under the railway bridge*** die alte Straße führt unter der Eisenbahnbrücke durch ▶ PHRASES: **to ~ under the hammer** unter den Hammer kommen

◆**go up** *vi* ❶ (*move higher*) hinaufgehen; (*onto a ladder*) hinaufsteigen; *curtain* hochgehen; *balloon* aufsteigen; ***I was ~ing up the stairs when ...*** ich ging gerade die Treppe hinauf, als ... ❷ (*increase*) *prices, interest rates, temperature* steigen; ***I can ~ up as far as that, but that's my limit*** bis dahin kann ich gehen, aber das ist mein letztes Gebot; ***everything is ~ing up*** alles wird teurer!; **to ~ up 2%** um 2 % steigen ❸ (*approach*) ■**to ~ up to sb/sth** auf jdn/etw zugehen ❹ (*move along*) ■**to ~ up to sth** [bis] zu etw *dat* hingehen; (*in vehicle*) [bis] zu etw *dat* hinfahren; ***~ up to the next street light and ...*** fahren Sie bis zur nächsten Straßenlaterne und ...; ***let's ~ up to the pub and have a drink*** lass uns in die Kneipe gehen und was trinken *fam;* ***~ing up the river is harder because ...*** den Fluss hinaufzufahren ist schwerer, da ... ❺ (*travel northwards*) **to ~ up to Maine/Edinburgh** hoch nach Maine/Edinburgh fahren ❻ (*extend to*) hochreichen, hinaufreichen; (*of time*) bis zu einer bestimmten Zeit gehen; ***their property ~es up to the top of that hill*** ihr Grundstück reicht bis zu dem Gipfel des Hügels dort hinauf; ***the sale ~es up to Sunday*** der Ausverkauf geht noch bis zum Sonntag ❼ (*be built*) entstehen; ***a new factory is ~ing up on the old airport*** beim alten Flughafen entsteht eine neue Fabrik ❽ (*burn up*) hochgehen *fam,* in die Luft gehen; **to ~ up in flames/smoke** in Flammen/Rauch aufgehen; **to ~ up in smoke** (*fig*) sich *akk* in Rauch auflösen ❾ (*be heard*) ertönen; ***a shout went up from the crowd as ...*** ein Schrei stieg von der Menge auf, als ... ❿ BRIT UNIV (*begin university*) zu studieren anfangen; (*return to university*) nach den Semesterferien wieder weiterstudieren; ***he is ~ing up to Oxford this year*** er nimmt dieses Jahr sein Studium in Oxford auf ▶ PHRASES: **to ~ up against sb** sich *akk* jdm widersetzen; (*in a fight*) auf jdn losgehen *fam*

◆**go with** *vt* ❶ (*accompany*) ■**to ~ with sb** mit jdm mitgehen, jdn begleiten; ***I have to go to town — do you want to ~ with me?*** ich muss in die Stadt – möchtest du mitkommen?; ■**to ~ with sth** zu etw *dat* gehören ❷ (*be associated with*) ■**to ~ with sth** mit etw *dat* einhergehen; **to ~ hand in** hand with sth (*fig*) mit etw *dat* Hand in Hand gehen ③ (*harmonize*) ■ **to ~ with sth** zu etw *dat* passen ④ (*agree with*) ■ **to ~ with sth** mit etw *dat* einverstanden sein; ***your first proposal was fine, but I can't ~ with you on this one*** dein erster Vorschlag war o.k., aber diesem hier kann ich nicht zustimmen ⑤ (*follow*) **to ~ with the beat** mit dem Rhythmus mitgehen; **to ~ with the flow** [*or* **tide**] (*fig*) mit dem Strom schwimmen; **to ~ with the majority** sich *akk* der Mehrheit anschließen ⑥ (*date*) ■ **to ~ with sb** mit jdm gehen *fam;* (*have sex with*) mit jdm schlafen

◆**go without** *vi* ■ **to ~ without sth** ohne etw *akk* auskommen; ***I'd rather ~ without food than work for him*** ich würde lieber auf Essen verzichten als für ihn arbeiten; **to ~ without breakfast** nicht frühstücken; **to have gone without sleep** nicht geschlafen haben; **to have to ~ without sth** ohne etw *akk* auskommen müssen; ■ **to ~ without doing sth** darauf verzichten, etw zu tun

goad [gəʊd, AM goʊd] **I.** *n* Stachelstock *m;* (*fig: motivating factor*) Ansporn *m* **II.** *vt* ① (*spur*) ■ **to ~ sb** [**to sth**] jdn [zu etw *dat*] antreiben [*o* anspornen]; **to ~ sb's curiosity** jds Neugier wecken ② (*tease*) ■ **to ~ sb** jdn ärgern; *child* jdn hänseln; ***he refused to be ~ed by their insults*** er ließ sich von ihren Beleidigungen nicht aus der Ruhe bringen ③ (*provoke*) ■ **to ~ sb into** [**doing**] **sth** jdn dazu anstacheln [*o* anspornen], etw zu tun

◆**goad on** *vi usu passive* ■ **to ~ sb on** (*urge forward*) jdn antreiben; (*motivate*) jdn anspornen

go-ahead [ˈgəʊəhed, AM ˈgoʊ-] **I.** *n no pl* ① (*permission*) Erlaubnis *f,* Zustimmung *f* (**for** zu +*dat*); **to give/get** [*or* **receive**] **the ~** grünes Licht geben/erhalten ② COMPUT Startsignal *nt* **II.** *adj* BRIT, AUS fortschrittlich

goal [gəʊl, AM goʊl] *n* ① (*aim*) Ziel *nt;* **to achieve/pursue a ~** ein Ziel erreichen/verfolgen; **to set oneself a ~** sich *dat* ein Ziel setzen ② SPORTS (*scoring area*) Tor *nt;* **~ area** Torraum *m;* **to keep ~** das Tor hüten; **to play in ~** BRIT im Tor stehen ③ SPORTS (*point*) Tor *nt;* **~ difference** Tordifferenz *f;* **penalty ~** Elfmeter *m;* **to score a ~** ein Tor schießen

goalie [ˈgəʊli, AM ˈgoʊ-] *n* (*fam*), **goalkeeper** *n* Tormann/Torfrau *m/f*

goalkeeping [ˈgəʊlki:pɪŋ, AM ˈgoʊl] *n no pl* Torhüten *nt*

goal kick *n* FBALL Abstoß *m* [vom Tor]

goalless [ˈgəʊlləs, AM ˈgoʊ-] *adj inv* torlos; ***the match ended in a ~ draw*** das Spiel endete null zu null

goal line *n* Torlinie *f* **goalmouth I.** *n* Torraum *m* **II.** *n modifier* unmittelbarer Torbereich; **~ action** Handlung *f* im unmittelbaren Torbereich **goal-oriented** *adj* zielorientiert, ergebnisorientiert **goalpost** *n* Torpfosten *m* **goalscorer** *n esp* BRIT Torschütze, -in *m, f;* **leading** [*or* **top**] **~** Torschützenkönig(in) *m(f)* **goalscoring** *esp* BRIT **I.** *n no pl* Torschießen *nt* **II.** *n modifier* Tor-; **~ opportunity** Torchance *f* **goaltender** *n* AM (*in soccer*) Torwart(in) *m(f);* (*in hockey*) Torhüter(in) *m(f)*

goanna [gəʊˈænə, AM goʊ-] *n* ZOOL Waran *m*

goat [gəʊt, AM goʊt] *n* ① (*animal*) Ziege *f;* **billy ~** Ziegenbock *m;* **mountain ~** Bergziege *f;* **~'s milk** Ziegenmilch *f* ② (*pej dated fam: lecher*) [alter] Bock *m pej fam* ③ ASTROL ■ **the G~** der Steinbock ▸ PHRASES: **to separate the sheep from the ~s** die Spreu vom Weizen trennen; **to act** [*or* **play**] **the ~** BRIT (*fam*) herumalbern *fam;* **to get sb's ~** jdn auf die Palme bringen *fam*

goatee [gəʊˈti:, AM goʊ-] *n* Spitzbart *m,* Ziegenbart *m*

goatherd *n* Ziegenhirte, -in *m, f*

goat('s) cheese *n no pl* Ziegenkäse *m*

goatskin I. *n* Ziegenleder *nt* **II.** *n modifier* (*bag, boots, jacket*) Ziegenleder-

gob [gɒb, AM gɑ:b] **I.** *n* ① BRIT, AUS (*sl: mouth*) Maul *nt sl;* ***shut your ~!*** halt's Maul! *sl;* **to keep one's ~ shut** die Klappe halten *sl* ② AM (*fam: lump*) Klumpen *m,* Batzen *m fam* ③ BRIT, AUS (*lump of spit*) Schleimklumpen *m fam;* (*snot*) Rotz *m fam* ④ ■ **~s** *pl* AM (*sl: many*) Haufen *m fam,* jede Menge *fam;* ■ **in ~s** in rauhen Mengen *fam* **II.** *vi* <-bb-> BRIT, AUS (*fam*) spucken; ■ **to ~ at sb** jdn anspucken

gobbet [ˈgɒbɪt, AM ˈgɑ:b-] *n* ① (*fam: lump*) Brocken *m;* **~ of flesh** Fleischbrocken *m* ② (*piece of text*) [Text]passage *f*

gobble [ˈgɒbl, AM ˈgɑ:bl] **I.** *n* Kollerlaut *m* **II.** *vi* ① (*fam: eat quickly*) schlingen ② *turkey* kollern **III.** *vt* ① (*fam: eat quickly*) ■ **to ~ sth** etw [hinunter]schlingen ② AM (*vulg sl: perform oral sex*) ■ **to ~ sb** jdm einen blasen *vulg*

◆**gobble down** *vt* (*fam*) ■ **to ~ down** ↔ **sth** etw hinunterschlingen

◆**gobble up** *vt* ■ **to ~ up** ↔ **sth** ① (*eat quickly*) etw verschlingen ② ECON (*fig: take over*) etw schlucken *fam;* (*use up*) etw aufbrauchen [*o fam* schlucken]

gobbledegook *n,* **gobbledygook** [ˈgɒbldi,gu:k, AM ˈgɑ:bl-] *n no pl* (*pej fam*) Kauderwelsch *nt*

go-between [ˈgəʊbɪ,twi:n, AM ˈgoʊbə-] *n* Vermittler(in) *m(f);* (*between lovers*) Liebesbote, -in *m, f;* **to act** [*or* **serve**] **as a ~ for sb** als Vermittler(in) *m(f)* für jdn fungieren

Gobi [ˈgəʊbi, AM ˈgoʊbi] *n* **the ~** [**Desert**] die Wüste Gobi

goblet [ˈgɒblət, AM ˈgɑ:b-] *n* Kelch *m*

goblin [ˈgɒblɪn, AM ˈgɑ:b-] *n* Kobold *m*

gobo <*pl* -s *or* -es> [ˈgəʊbəʊ, AM ˈgoʊboʊ] *n* ① (*round a microphone*) Schalltilgungsmittel *nt* ② (*round a lens*) Blendenschirm *m*

gobs *npl* AM (*fam*) ■ **~ of sth** ein Haufen einer S. *fam gen;* **~ of money** ein Haufen [*o* haufenweise] Geld *fam*

gobshite [ˈgɒbʃaɪt] *n* IRISH (*vulg sl*) Idiot(in) *m(f) pej fam*

gobsmacked [ˈgɒbsmækt] *adj* BRIT (*fam*) baff *fam,* platt *fam;* ■ **to be ~** völlig baff sein

gobstopper *n esp* BRIT Dauerlutscher *m* (*mit verschiedenen Farbschichten*)

goby <*pl* – *or* -bies> [ˈgəʊbi, AM ˈgoʊ] *n* Meergrundel *f*

GOC [,dʒi:əʊˈsi:] *n abbrev of* **General Officer Commanding** Oberbefehlshaber(in) *m(f)*

go-cart *n* AM *see* **go-kart**

god [gɒd, AM gɑ:d] *n* ① (*male deity, idol*) Gott *m;* **Greek/Roman ~s** griechische/römische Götter; **~ of war** Kriegsgott *m* ② (*fig: sb idolized*) Gott *m,* Idol *nt;* (*sth idolized*) Heiligtum *nt;* ***keeping fit is a good idea, but there's no need to make a ~ of it*** sich fit halten ist eine gute Sache, aber man muss ja keine Religion daraus machen; **to be sb's ~** jds großes Vorbild sein

God [gɒd, AM gɑ:d] **I.** *n no pl, no art* Gott *kein art;* ***do you believe in ~?*** glaubst du an Gott?; ***~ be with you!*** Gott sei mit dir!; ***~ bless this house!*** Gott segne dieses Haus!; **an act of ~** höhere Gewalt; **~ Almighty** [*or* **Lord ~**] Gott, der Allmächtige; **~ the Father, ~ the Son and ~ the Holy Ghost** Gott Vater, Sohn und Heiliger Geist; **~'s will** Gottes Wille; **to be with ~** (*euph form*) beim Herrn [*o* Herrgott] sein *euph;* **to be ~'s gift to sb/sth** (*iron, pej*) ein Geschenk Gottes [*o* des Himmels] für jdn/etw sein; ***he thinks he's ~'s gift to women*** er hält sich für das Beste, was den Frauen passieren konnte; **to play ~** (*pej*) Gott spielen *pej;* **to swear before ~** vor Gott schwören ▸ PHRASES: **~ helps those who help themselves** (*prov*) hilf dir selbst, so hilft dir Gott *prov* **II.** *interj* (*fam!*) [**oh**] [**my**] **~!, ~ Almighty!** oh [mein] Gott!, großer Gott!, Allmächtiger!; ***~ damn them!*** Gott verfluche sie! *pej sl;* ***~ damn it!*** Gott verdammt! *sl;* ***~ forbid!*** Gott bewahre!; ***~ help us!*** Gott stehe uns bei!; ***where's Bob? — ~ knows!*** wo ist Bob? – weiß der Himmel! *fam;* ***I did my best, ~ knows!*** Gott weiß, dass ich mein Bestes gegeben habe!; **by ~** bei Gott; ***dear*** [*or* ***good***] ***~!*** du liebe Güte!; **please ~** gebe Gott; **thank ~**[**!**] Gott [*o* dem Himmel] sei Dank[!]; **~ willing** so Gott will; **in ~'s name** in Gottes Namen; **for ~'s sake** um Himmels [*o* Gottes] willen; **~'s truth** [*or* **as ~ is my witness**] Gott ist mein Zeuge; **honest to ~** ich schwöre [es] bei Gott; **to hope/swear/wish to ~** [**that**] … bei Gott hoffen/schwören/wünschen, dass …; ***I swear to ~ it wasn't me*** ich schwöre bei Gott, ich war es nicht

god-awful *adj* (*fam*) beschissen *sl* **godchild** *n* Patenkind *nt* **goddamn,** *esp* AM **goddam** (*fam!*) **I.** *adj attr* ① *inv* (*pej!: emphasizing annoyance*) gottverdammt *pej sl* ② AM (*emphasizing peculiarity*) seltsam; ***that is the ~est dog I've ever seen*** das ist der merkwürdigste Hund, den ich jemals gesehen habe **II.** *adv* verdammt *fam;* ***don't drive so ~ fast!*** fahr nicht so verdammt schnell! **III.** *interj* verdammt *fam;* ***~, how much longer will it take?*** verdammt [nochmal], wie lange dauert das denn noch? **goddamned I.** *adj attr* ① *inv* (*pej!: emphasizing annoyance*) gottverdammt *pej fam* ② (*emphasizing peculiarity*) seltsam; *see also* **goddam I 2** **II.** *adv* verdammt *fam;* ***don't drive so ~ fast!*** fahr nicht so verdammt schnell! **goddaughter** *n* Patentochter *f*

goddess <*pl* -es> [ˈgɒdes, AM ˈgɑ:dɪs] *n* ① (*female deity*) Göttin *f* ② (*idolized woman*) Göttin *f,* Gottheit *f;* **screen ~** [Film]diva *f veraltend*

godfather *n* ① (*male godparent*) Patenonkel *m,* Pate *m* ② (*Mafia leader*) Pate *m* **god-fearing** *adj* (*approv*) gottesfürchtig **god-forsaken** *adj attr* (*pej*) *place, land* gottverlassen *pej fam* **god-given** *adj,* **God-given** *adj inv* gottgegeben; ***she has a ~ talent as a painter*** sie ist eine begnadete Malerin **godhead** *n,* **Godhead** *n no pl* REL ① (*state of deity*) Gottheit *f;* (*divinity*) Göttlichkeit *f,* göttliche Natur ② (*God*) die heilige Dreifaltigkeit

godless [ˈgɒdləs, AM ˈgɑ:d-] *adj* gottlos

godlessly [ˈgɒdləsli, AM ˈgɑ:d-] *adv* gottlos

godlessness [ˈgɒdləsnəs, AM ˈgɑ:d-] *n no pl* Gottlosigkeit *f*

godlike [ˈgɒdlaɪk, AM ˈgɑ:d-] *adj* ① (*similar to God*) *person* gottähnlich; *powers* göttlich ② (*beautiful*) göttlich

godliness [ˈgɒdlɪnəs, AM ˈgɑ:d-] *n no pl* Frömmigkeit *f,* Gottesfurcht *f* ▸ PHRASES: **cleanliness is next to ~** (*prov*) Reinlichkeit kommt gleich nach Frömmigkeit

godly [ˈgɒdli, AM ˈgɑ:d-] *adj* fromm; **to lead** [*or* **live**] **a ~ life** ein frommes [*o* gottesfürchtiges] Leben führen

godmother *n* Patentante *f,* Patin *f;* **fairy ~** gute Fee *fig*

godown [ˈgəʊdaʊn] *n* IND Lagerhaus *nt*

godparent *n* Pate, -in *m, f*

gods [gɒdz] *npl* BRIT, AUS THEAT (*fam*) ■ **the ~** die billigen Plätze *fam*

godsend *n* (*fam*) Gottesgeschenk *nt;* ■ **to be a ~ to sb** ein Geschenk Gottes für jdn sein **godslot** *n* BRIT MEDIA (*fam*) religiösen Programmen vorbehaltene Sendezeit **godson** *n* Patensohn *m* **godsquad** *n* (*usu pej fam*) Armee *f* Gottes **godwit** [ˈgɒdwɪt, AM ˈgɑ:d-] *n* ORN Uferschnepfe *f*

goer [ˈgəʊəʳ, AM ˈgoʊɚ] *n* ① (*fam: person or thing that goes*) Geher *m;* ***that horse is a good ~*** das Pferd läuft gut; ***my car's not much of a ~*** mein Auto ist nicht besonders schnell ② (*fam: worker*) **to be a slow ~** langsam arbeiten ③ BRIT (*fam: party person*) Partylöwe *m;* (*promiscuous person*) Feger *m sl* ④ (*viable proposition*) Erfolg *m*

-goer [ˈgəʊəʳ, AM ˈgoʊɚ] *in compounds* -besucher(in) *m(f),* -gänger(in) *m(f);* **church**[**-**]**~** Kirchgänger(in) *m(f);* **film~** [*or esp* AM **movie-~**] Kinogänger(in) *m(f);* **restaurant-~** Restaurantbesucher(in) *m(f);* **theatre**[**-**]**~** Theaterbesucher(in) *m(f)*

goes [gəʊz, AM goʊz] *3rd pers sing of* **go**

gofer [ˈgəʊfəʳ, AM ˈgoʊfɚ] *n* AM, AUS (*fam*) Botengänger(in) *m(f),* Laufbursche *m fam*

go-getter *n* tatkräftige Person, Tatmensch *m*

go-getting *adj* tatkräftig, einsatzfreudig

goggle [ˈgɒgl, AM ˈgɑ:gl] **I.** *vi* (*fam*) *person* staunen, starren, glotzen *fam; eyes* weit aufgerissen sein; ■ **to ~ at sb/sth** jdn/etw anstarren [*o fam* anglotzen] **II.** *n* ① (*wide-eyed stare*) stierer Blick ② (*close-fitting glasses*) ■ **~s** *pl* [Schutz]brille *f;* **a pair of ~s** eine [Schutz]brille; **safety ~s** Schutzbrille

f; **ski/swim[ming] ~s** Ski-/Schwimmbrille *f*
goggle-box *n* Brit *(dated fam)* Glotze *f sl* **goggle-eyed** *adj inv (fam)* mit Kulleraugen; ***he stared in ~ amazement*** vor Erstaunen fielen ihm fast die Augen aus dem Kopf
go-go [ˈgəʊgəʊ, AM ˈgoʊgoʊ] *adj attr, inv* ① *(type of dancing)* Go-go-; **~ dancing** Go-go *nt;* **~ girl** [*or* **dancer**] Go-go-Tänzerin *f,* Go-go-Girl *nt* ② AM COMM *(fam)* Boom-, der Hochkonjunktur *nach n;* **the ~ years/days** die Boomjahre, die Jahre/Zeit der Hochkonjunktur; **the ~ 80s** die vom Boom geprägten 80er
go-go dancer *n (dated)* Go-Go-Tänzer(in) *m(f)*
go-go dancing *n no pl* Go-Go *m*
going [ˈgəʊɪŋ, AM ˈgoʊ-] **I.** *n* ① *(act of leaving)* Gehen *nt* ② *(departure)* Weggang *m; from job* Ausscheiden *nt* ③ *(conditions)* Bedingungen *fpl;* **easy/rough ~** günstige/ungünstige Bedingungen; **to leave** [*or* **go**] **while the ~ is good** sich *akk* rechtzeitig absetzen *fam;* ***while the ~ is good*** solange es gut läuft ④ *(of a racetrack)* Bahn *f* ⑤ *(progress)* Fortgang *m,* Vorankommen *nt;* ***the ~ of the project has been slower than anticipated*** das Projekt geht langsamer voran als erwartet; **to be heavy** [*or* **rough**] **~** mühsam sein ► PHRASES: **when the ~ gets tough, the tough get ~** was uns nicht umbringt, macht uns nur noch härter **II.** *adj inv* ① *pred (available)* vorhanden; ***do you know if there are any jobs ~ around here?*** weißt du, ob es hier in der Gegend Arbeit gibt?; ***he's the biggest crook ~*** er ist der größte Gauner, den es gibt ② *pred (in action)* am Laufen, in Gang; **to get/keep sth ~** etw in Gang bringen/halten ③ *(current)* aktuell, gegenwärtig; ***what's the ~ rate for babysitters nowadays?*** wie viel zahlt man heutzutage üblicherweise für einen Babysitter? ④ ECON *(profitable)* **~ concern** gutgehendes Unternehmen
-going [ˈgəʊɪŋ, AM ˈgoʊ-] *in compounds* ① *(attending)* -besuch; ***movie-~ is enjoying a revival*** die Leute gehen wieder häufiger ins Kino; **church-~** Kirchgang *m;* **the church-~ members of the community** die Gemeinde-Mitglieder, die regelmäßig in die Kirche gehen ② *(travelling)* **ocean-~ yacht** hochseetaugliche Yacht
going-away *adj attr* **~ clothes/dress** Reisekleidung *f*/-kleid *nt;* **~ party** Abschiedsparty *f*
going on *adv,* BRIT *also* **going on for** *adv inv* fast, beinahe; ***it was ~ midnight when we left the party*** es war fast Mitternacht, als wir die Party verließen; ***she is 16 ~ 17*** sie geht auf die 17 zu
going-over <*pl* goings-> *n usu sing* ① *(beating)* Tracht *f* Prügel; **to get a ~** eine Tracht Prügel [verpasst] bekommen ② *(fig: defeat)* Abreibung *f fam* ③ *(criticism)* Rüffel *m fam;* **to give sb a good ~** jdm einen ordentlichen Rüffel verpassen ④ *(examination)* Untersuchung *f;* **to give sth a thorough ~** *flat, house* etw gründlich durchsuchen ⑤ *(cleaning)* Reinigung *f*
goings-on *npl* ① *(unusual events)* Vorfälle *mpl;* ***there've been a lot of strange ~ in that house recently*** in diesem Haus passieren in letzter Zeit viele seltsame Dinge ② *(activities)* Verhalten *nt kein pl,* Handlungsweise *f*
goiter [ˈgɔɪt̬ɚ] AM, **goitre** [-təʳ] *n no pl* MED Kropf *m*
go-kart, AM **go-cart** *n* Gokart *m*
go-karting, AM **go-carting** *n no pl* Gokartfahren *nt*
gold [gəʊld, AM goʊld] **I.** *n* ① *no pl (precious metal)* Gold *nt;* **to pan for ~** nach Gold schürfen; **to strike ~** auf Gold stoßen ② *no pl (golden objects)* Gold *nt;* **to be dripping with ~** *(pej fam)* mit Gold behängt sein *pej fam* ③ *(medal)* Goldmedaille *f,* Gold *nt fig* ④ *(colour)* Gold *nt* ► PHRASES: **to have a heart of ~** ein Herz aus Gold haben; **to be worth one's weight in ~** sein Gewicht in Gold wert sein; **to be [as] good as ~** mustergültig sein; **all that glitters is not ~** *(prov)* es ist nicht alles Gold was glänzt *prov;* **to go ~** *album, record* vergoldet werden **II.** *n modifier (made of ~) (chain, coin, locket, necklace, nugget, ring, wristwatch)* Gold-; *(fig)* **~ medal** Goldmedaille *f;* **~ record** goldene Schallplatte **III.** *adj* golden, Gold-; **~ braid** Goldtresse *f;* **~ ink** goldene Tinte; **~ paint** Goldfarbe *f*
gold brick AM **I.** *n (pej fam)* ① *(sham)* Mogelpackung *f* ② *(lazy person)* Faulenzer(in) *m(f) pej* **II.** *vt* **■to ~ sb** jdn betrügen [*o* hintergehen] **III.** *vi* faulenzen **gold card** *n* goldene [Kredit]karte, Goldkarte *f* **gold content** *n no pl* Goldgehalt *m*
goldcrest <*pl* – *or* -s> [ˈgəʊlkrest, AM ˈgoʊl] *n* Goldhähnchen *nt* **gold currency** *n* Goldwährung *f* **gold digger** *n* Goldgräber *m;* ***she's a classic ~*** *(fig)* sie ist nur auf Geld aus **gold digging** *n no pl* Goldgraben *nt* **gold disc** *n,* AM **gold disk** *n* goldene [Schall]platte **gold dust** *n no pl* Goldstaub *m;* ***tickets for the concert are*** [***like***] **~** *(fig)* Eintrittskarten für das Konzert sind sehr schwer zu bekommen
golden [ˈgəʊldᵊn, AM ˈgoʊl-] *adj inv* ① *(made of gold)* aus Gold, golden, Gold- ② *(concerning gold)* golden; **~ anniversary** goldene Hochzeit; **the G~ state** der Goldstaat ③ *(colour) hair* golden; **~ brown** goldbraun ④ *(fig: very good)* ausgezeichnet; *memories, opportunity* golden; **sb's ~ years** *(euph)* jds beste [*o* goldene] Jahre ⑤ ECON *(fam)* **~ handcuffs** *langfristige Vergünstigungen für einen leitenden Angestellten(, um ihn zum Bleiben zu bewegen);* **~ handshake** großzügige Entlassungsabfindung; **~ parachute** großzügige Entlassungsabfindung im Falle einer Übernahme ► PHRASES: **silence is ~** *(prov)* Schweigen ist Gold
golden age *n* goldenes Zeitalter **golden boy** *n* Goldjunge *m fam* **golden calf** *n* REL **■the ~** das Goldene Kalb **golden eagle** *n* Steinadler *m* **goldeneye** *n* ORN Schellente *f* **Golden Fleece** *n* LIT **■the ~** das Goldene Vlies **golden girl** *n* Goldmädchen *nt fam* **golden goose** *n* Goldgrube *f fam* **golden handcuffs** *npl (fig) Vergünstigungen für leitende Angestellte, um diese längerfristig an ein Unternehmen zu binden* **golden handshake** *n (fig fam)* großzügige Abfindung **golden jubilee** *n esp* BRIT goldenes Jubiläum **golden mean** *n no pl* goldene Mitte **golden oldie** *n (fam)* ① MUS, FILM [Golden] Oldie *m fam* ② *(usu hum: person)* alter Fuchs *fam* **golden oriole** *n* ORN Pirol *m* **golden parachute** *n (fam: payment)* großzügige Abfindung; *(clause)* Abfindungsklausel *f* **golden pheasant** *n* Goldfasan *m* **golden plover** *n* ORN Goldregenpfeifer *m* **golden retriever** *n* Golden Retriever *m* **golden rice** *n no pl* Golden Rice *m (mit Vitamin A angereicherter Reis)* **goldenrod** *n* BOT Goldrute *f* **golden rule** *n* goldene Regel **golden syrup** *n no pl* BRIT, AUS Sirup *m (helle Melasse)* **golden triangle** *n no pl* **■the ~** das goldene Dreieck **golden wedding** *n* goldene Hochzeit **goldfield** *n* Goldfeld *nt* **goldfinch** *n* Stieglitz *m,* Distelfink *m* **goldfish** *n* Goldfisch *m* **goldfish bowl** *n* Goldfischglas *nt* **gold foil** *n no pl* Goldfolie *f*
goldilocks [ˈgəʊldɪlɒks, AM ˈgoʊldilɑːks] *n (fam)* Goldlöckchen *nt fam*
goldish [ˈgəʊldɪʃ, AM ˈgoʊl-] *adj* gold-; **~-brown** goldbraun
gold leaf *n no pl* Blattgold *nt* **gold medal** *n* Goldmedaille *f* **goldmine** *n* Goldmine *f;* *(fig)* Goldgrube *f fam* **gold plate I.** *n* ① *(layer of gold)* Vergoldung *f,* Goldauflage *f* ② *(objects)* Goldgeschirr *nt* **II.** *vt* **■to gold-plate sth** etw vergolden **gold-plated** *adj inv* vergoldet **gold plating** *n no pl* ① *(layer of gold)* Vergoldung *f,* Goldauflage *f* ② *(process)* Vergoldung *f* **gold points** *npl* ECON Goldpunkte *mpl* **gold reserve** *n* Goldreserve *f,* Goldbestand *m* **gold rush** *n* Goldrausch *m* **goldsmith** *n* Goldschmied(in) *m(f)* **gold standard** *n* ECON Goldwährung *f,* Goldstandard *m;* ***the pound came off the ~*** das Pfund wurde von der Goldwährung gelöst
golf [gɒlf, AM gɑːlf] **I.** *n no pl* Golf *nt;* **a round of ~** eine Runde Golf; **mini[ature] ~** Minigolf *nt* **II.** *n modifier (bag, instructor, professional, shoes)* Golf-; **~ cart** Golfwagen *m* **III.** *vi* golfen, Golf spielen
golf bag *n* Golftasche *f* **golf ball** *n* Golfball *m* **golf-ball typewriter** *n* Kugelkopfschreibmaschine *f* **golf club** *n* ① *(implement)* Golfschläger *m* ② *(association, building)* Golfclub *m* **golf course** *n* Golfplatz *m*
golfer [ˈgɒlfəʳ, AM ˈgɑːlfɚ] *n* Golfer(in) *m(f),* Golfspieler(in) *m(f)*
golfing [ˈgɒlfɪŋ, AM ˈgɑːlf-] **I.** *n no pl* Golfspielen *nt,* Golfen *nt;* **to go ~** Golfspielen gehen **II.** *adj attr, inv* Golf-; **~ holiday** Golfurlaub *m*
golf links *npl* AM Golfplatz *m;* BRIT Golfplatz *m* an der Küste **golf tournament** *n* Golfturnier *nt*
Goliath [gə(ʊ)ˈlaɪəθ, AM gəˈ-] *n* REL *(also fig)* Goliath *m a. fig;* **a David and ~ battle** [*or* **contest**] ein Kampf *m* David gegen Goliath
golliwog *n,* **gollywog** [ˈgɒlɪwɒg] *n* BRIT, AUS *(dated)* Negerpuppe *f*
golly [ˈgɒli, AM ˈgɑːli] *interj (dated fam)* Donnerwetter *fam,* Menschenskind *fam;* **by ~!** zum Donnerwetter!
goloshes [gəˈlɒʃɪz, AM -ˈlɑːʃ-] *npl* Galoschen *fpl;* **rubber ~** Gummigaloschen *fpl*
gonad [ˈgəʊnæd, AM ˈgoʊ-] *n* ANAT Gonade *f*
gondola [ˈgɒndᵊlə, AM ˈgɑːn-] *n* ① AVIAT, NAUT, TRANSP Gondel *f* ② AM NAUT flacher Lastkahn ③ AM RAIL offener Güterwagen
gondolier [ˌgɒndəˈlɪəʳ, AM ˌgɑːndəˈlɪr] *n* Gondoliere *m*
gone [gɒn, AM gɑːn] **I.** *pp of* **go II.** *prep* BRIT ***it's just gone ten o'clock*** es ist kurz nach zehn Uhr **III.** *adj pred, inv* ① *(no longer there)* weg *fam;* *(used up)* verbraucht; ***one minute they were here, the next they were ~*** kaum waren sie da, waren sie auch schon wieder weg ② *(dead)* tot; **to be dead and ~** tot und unter der Erde sein *fam;* **to be pretty far ~** beinahe tot sein; **to be too far ~** dem Tode zu nah sein ③ *(fam: pregnant)* schwanger; ***how far ~ is she?*** im wievielten Monat ist sie? ④ *(fam: drunk)* betrunken, zu *sl* ⑤ *(fam: infatuated)* **■to be ~ on sb** auf jdn abfahren *sl*
goner [ˈgɒnəʳ, AM ˈgɑːnɚ] *n (fam)* ① *(be bound to die)* **to be a ~** es nicht mehr lange machen *fam* ② *(be in trouble)* **to be a ~** geliefert [*o* dran] sein *sl* ③ *(be irreparable)* hoffnungslos kaputt sein *fam;* ***your bike's a ~, I'm afraid*** ich fürchte dein Rad ist endgültig hinüber
gonfalon [ˈgɒnfᵊlən, AM ˈgɑːn-] *n* Banner *nt*
gong [gɒŋ, AM gɑːŋ] *n* ① *(instrument)* Gong *m* ② BRIT, AUS *(fam: award)* Auszeichnung *f;* **to pick up** [*or* **win**] **a ~** [**for sth**] eine Auszeichnung [für etw *akk*] erhalten ► PHRASES: **to be all ~ and no dinner** *(hum)* viel versprechen, aber nichts halten
goniometer [ˌgəʊniˈɒmɪtəʳ, AM ˌgoʊniˈɑːmət̬ɚ] *n* MATH Goniometer *m*
gonna [ˈgᵊnə, AM ˈgɑːnə] *esp* AM *(sl) see* **going to:** ***what you ~ do about it?*** was willst du dagegen machen?
gonorrhea [ˌgɑːnəˈriːə] AM, **gonorrhoea** [ˌgɒnəˈ-] *n no pl* Tripper *m,* Gonorrhöe *f fachspr;* **to get/have ~** den Tripper bekommen/haben
gonzo [ˈgɒnzəʊ, AM ˈgɑːnzoʊ] *adj* AM, AUS ① JOURN *(sl)* stark übertrieben ② *(fam) person* exzentrisch, übertreibend
goo [guː] *n no pl (fam)* ① *(sticky substance)* Schmiere *f,* klebrige Masse, Papp *m* ② *(sentimentality)* Schmalz *m pej fam*

good [gʊd]

I. ADJECTIVE	II. ADVERB
III. NOUN	

I. ADJECTIVE

<better, best> ① *(of high quality)* gut; ***there's nothing like a ~ book*** es geht nichts über ein gutes Buch; ***she speaks ~ Spanish*** sie spricht gut Spanisch; ***dogs have a ~ sense of smell*** Hunde haben einen guten Geruchssinn; ***he's got ~ intuition about such matters*** er hat in in diesen Dingen ein gutes Gespür; ***your reasons make ~ sense but …*** deine Gründe sind durchaus einleuchtend, aber …; **~ *show*** [*or* ***job***]**!** gut gemacht!; ***I need a ~ meal***

G

now jetzt brauche ich was Ordentliches zu essen!; ***the child had the ~ sense to ...*** das Kind besaß die Geistesgegenwart ...; ***he only has one ~ leg*** er hat nur ein gesundes Bein; ***that's a ~ one*** (*iron*) haha, der war gut! *iron;* ~ **appetite** gesunder Appetit; **to be a ~ catch** eine gute Partie sein; **a ~ choice/decision** eine gute Wahl/Entscheidung; ~ **ears/eyes** gute Ohren/Augen; **to do a ~ job** gute Arbeit leisten; **to be in ~ shape** in guter [körperlicher] Verfassung sein; ~ **thinking** gute Idee; ~ **timing** gutes Timing; **to be/not be ~ enough** gut/nicht gut genug sein; ***that's just not ~ enough!*** so geht das nicht!; ***if she says so that's ~ enough for me*** wenn sie es sagt, reicht mir das; **to be ~ for nothing** zu nichts taugen; **to feel ~** sich *akk* gut fühlen; ***I don't feel too ~ today*** heute geht's mir nicht besonders *fam* **2** (*skilled*) gut, begabt; ■**to be ~ at sth** gut in etw *dat* sein; ***he's a ~ runner*** [*or* ***he's ~ at running***] er ist ein guter Läufer; ***she's very ~ at learning foreign languages*** sie ist sehr sprachbegabt; ***he's not very ~ at maths*** [*or* AM ***in math***] er ist nicht besonders gut in Mathe; ***this book is ~ on international export law*** dieses Buch ist sehr gut, wenn man etwas über internationale Exportbestimmungen erfahren möchte; ***he is particularly ~ on American history*** besonders gut kennt er sich in amerikanischer Geschichte aus; ■**to be ~ with sth** *with children* mit etw *dat* gut umgehen können; **to be ~ with one's hands** geschickt mit seinen Händen sein; **to be ~ in bed** gut im Bett sein *fam;* **to be ~ with people** gut mit Leuten umgehen können **3** (*pleasant*) schön; ***that was a really ~ story, Mummy*** das war echt eine tolle Geschichte, Mama *fam;* ***that was the best party in a long time*** das war die beste Party seit langem; ***it's ~ to see*** [*or* ***seeing***] ***you after all these years*** schön, dich nach all den Jahren wieder zu sehen!; ~ ***morning/evening*** guten Morgen/Abend; ~ ***day*** *esp* BRIT, AUS guten Tag; (*dated: said at departure*) guten Tag; **to have a ~ day/evening** einen schönen Tag/Abend haben; ***have a ~ day*** schönen Tag noch!; ~ **news** gute Neuigkeiten; **to have a ~ time** [viel] Spaß haben; ~ **weather** schönes Wetter; **to have a ~ one** (*fam*) einen schönen Tag haben **4** (*appealing to senses*) gut, schön; ***after a two-week vacation, they came back with ~ tans*** nach zwei Wochen Urlaub kamen sie gut gebräunt zurück; ***most dancers have ~ legs*** die meisten Tänzer haben schöne Beine; **to look/smell/sound/taste ~** gut aussehen/riechen/klingen/schmecken; **sb looks ~ in sth** *clothes* etw steht jdm; **to have ~ looks, to be ~-looking** gut aussehen **5** (*favourable*) gut; ***he made a very ~ impression at the interview*** er hat beim Vorstellungsgespräch einen sehr guten Eindruck gemacht; ***there's a ~ chance*** [***that***] ... die Chancen stehen gut, dass ...; ***we got a ~ deal on our new fridge*** wir haben unseren neuen Kühlschrank günstig erstanden; ***the play got ~ reviews*** [*or* ***a ~ press***] das Stück hat gute Kritiken bekommen; ***it's a ~ job we didn't go camping last weekend — the weather was awful*** zum Glück sind wir letztes Wochenende nicht campen gegangen – das Wetter war schrecklich; **the ~ life** das süße Leben; ~ **luck** [**on sth**] viel Glück [bei etw *dat*]; ***best of luck on your exams today!*** alles Gute für deine Prüfung heute!; **a ~ omen** ein gutes Omen; **to be too much of a ~ thing** zu viel des Guten sein; ***you can have too much of a ~ thing*** man kann es auch übertreiben; ~ **times** gute Zeiten; **to be too ~ to be true** zu schön, um wahr zu sein; **to have** [**got**] **it ~** (*fam*) es gut haben **6** (*beneficial*) vorteilhaft; ■**to be ~ for sb** gut für jdn sein; ***milk is ~ for you*** Milch ist gesund; **to be ~ for business/for headaches** gut fürs Geschäft/gegen Kopfschmerzen sein **7** (*useful*) nützlich, sinnvoll; ***we had a ~ discussion on the subject*** wir hatten eine klärende Diskussion über die Sache; ***it's ~ that you checked the door*** gut, dass du die Tür nochmal überprüft hast **8** (*on time*) **in ~ time** rechtzeitig; ***be patient, you'll hear the result all in ~ time*** seien Sie geduldig, Sie erfahren das Ergebnis noch früh genug; **in one's own ~ time** in seinem eigenen Rhythmus **9** (*appropriate*) **to be a ~ time to do sth** ein guter Zeitpunkt sein, [um] etw zu tun **10** *inv* (*kind*) freundlich, lieb; ***the college has been very ~ about her health problem*** die Hochschule zeigte sehr viel Verständnis für ihr gesundheitliches Problem; ***it was very ~ of you to help us*** es war sehr lieb von dir, uns zu helfen; ***he's got a ~ heart*** er hat ein gutes Herz; ***be so ~ as to ...*** sei doch bitte so nett und ...; ***would you be ~ enough to ...*** wären Sie so nett und ...; ~ **deeds/works** gute Taten; **to do a ~ deed** eine gute Tat tun **11** (*moral*) gut; **the G~ Book** die [heilige] Bibel; **for a ~ cause** für einen guten Zweck; **to set a ~ example to sb** jdm ein gutes Vorbild sein; **sb's ~ name/reputation** jds guter Name/guter Ruf; **to be** [**as**] **~ as one's word** vertrauenswürdig sein **12** (*well-behaved*) gut; ~ ***dog!*** braver Hund!; ***be a ~ girl and ...*** sei ein liebes Mädchen [*o* sei so lieb] und ...; ***OK, I'll be a ~ sport*** o.k., ich will mal kein Spielverderber sein; ***she's been as ~ as gold all evening*** sie hat sich den ganzen Abend über ausgezeichnet benommen; **to be on ~/one's best behaviour** sich *akk* gut benehmen/von seiner besten Seite zeigen; ~ **loser** guter Verlierer/gute Verliererin **13** *attr, inv* (*thorough*) gut, gründlich; ***the house needs a ~ clean***[***ing***] das Haus sollte mal gründlich geputzt werden; ***have a ~ think about it*** lass es dir noch einmal gut durch den Kopf gehen; ***now, now — have a ~ cry*** schon gut – wein dich mal so richtig aus; ***they have built a ~ case against the suspect*** sie haben einen hieb- und stichfesten Fall gegen den Verdächtigen aufgebaut; ***we had some ~ fun at the amusement park*** wir hatten so richtig viel Spaß im Vergnügungspark; **a ~ beating** eine gründliche Tracht Prügel; **to have a ~ laugh** ordentlich lachen; **to have a ~ look at sth** sich *dat* etw genau ansehen; **a ~ talking to** eine Standpauke **14** *pred, inv* (*valid*) gültig; (*not forged*) *banknote* echt; (*usable*) gut; ***this car should be ~ for another year or so*** dieses Auto hält wohl schon noch ein Jahr oder so; ***he gave us a gift certificate ~ for $100*** er hat uns einen Geschenkgutschein über 100 Dollar überreicht; ***this ticket is only ~ on weekends*** dieses Ticket gilt nur an Wochenenden; ***my credit card is only ~ for another month*** meine Kreditkarte ist nur noch einen Monat gültig **15** *attr, inv* (*substantial*) beträchtlich; ***we walked a ~ distance today*** wir sind heute ein ordentliches Stück gelaufen; ***she makes ~ money at her new job*** sie verdient in ihrem neuen Job gutes Geld; ***it's a ~ half hour's walk to the station from here*** von hier bis zum Bahnhof ist es zu Fuß eine gute halbe Stunde; **a ~ deal** jede Menge; ***you're looking a ~ deal better now*** du siehst jetzt ein gutes Stück besser aus; **to make a ~ profit** einen beträchtlichen Profit machen; **a ~ few/many** eine ganze Menge **16** *pred, inv* FOOD (*not rotten*) gut **17** *pred, inv* (*able to provide*) gut; ***he is always ~ for a laugh*** er ist immer gut für einen Witz; ***thanks for the loan and don't worry, I'm ~ for it*** danke für den Kredit und keine Sorge, ich zahle ihn zurück; ***her credit is ~*** sie ist kreditwürdig **18** (*almost, virtually*) ■**as ~ as ...** so gut wie ...; ***our firewood is as ~ as gone*** unser Feuerholz ist nahezu aufgebraucht; **to be as ~ as dead/new** so gut wie tot/neu sein; ***they as ~ as called me a liar*** sie nannten mich praktisch eine Lügnerin! **19** *attr, inv* (*to emphasize*) schön; ***I need a ~ long holiday*** ich brauche mal wieder so einen richtig schönen langen Urlaub!; ***what you need is a ~ hot cup of coffee*** was du brauchst, ist eine gute Tasse heißen Kaffee; ■**~ and ...** ***she's really ~ and mad*** sie ist so richtig sauer; ***I'll do it when I'm ~ and ready, and not one minute before*** ich mache es, sobald ich fertig bin und keine Minute früher! **20** BRIT (*said to accept order*) ***very ~*** sehr wohl! *veraltet* **21** (*in exclamations*) ~ ***Lord*** [*or* ***heavens***]***!*** gütiger Himmel! *geh;* ~ ***gracious!*** ach du liebe Zeit!; ~ ***grief!*** du meine Güte!; ~ ***egg!*** BRIT (*dated*) ausgezeichnet!; (*iron*) ***oh, — ~ for you!*** oh, schön für dich! *iron* **22** *attr, inv* (*said to express affection*) ~ ***old James!*** der gute alte James!; **the ~ old days** die gute alte Zeit ► PHRASES: **to have a ~ innings** BRIT ein schönes Leben haben; **for ~ measure** als Dreingabe, obendrein; ~ **riddance** Gott sei Dank!; **to make ~ time** gut in der Zeit liegen; **if you can't be ~, be careful** (*prov*) wenn man schon was anstellt, sollte man sich wenigstens nicht [dabei] erwischen lassen; **it's as ~ as it gets** besser wird's nicht mehr; **to give as ~ as one gets** es [jdm] mit gleicher Münze heimzahlen; **to make ~** zu Geld kommen; **to make sth ~** (*repair*) etw reparieren; *mistake* etw wieder gutmachen; (*pay for*) etw wettmachen *fam;* (*do successfully*) etw schaffen; **she's ~ for another few years!** mit ihr muss man noch ein paar Jahre rechnen!

II. ADVERB

1 *esp* AM, DIAL (*fam: well*) gut; ***boy, she can sure sing ~, can't she?*** Junge, die kann aber gut singen, oder? **2** (*fam: thoroughly*) gründlich; **to do sth ~ and proper** etw richtig gründlich tun; ***well, you've broken the table ~ and proper*** na, den Tisch hast du aber so richtig ruiniert!

III. NOUN

no pl **1** (*moral force*) Gute *nt;* ~ **and evil** Gut und Böse; **to be up to no ~** nichts Gutes im Schilde führen; **to do ~** Gutes tun; ■**the ~** *pl* die Guten *pl* **2** (*benefit*) Wohl *nt;* ***this medicine will do you a*** [*or* ***the***] ***world of ~*** diese Medizin wird Ihnen unglaublich gut tun; **to do more harm than ~** mehr schaden als nützen; **for the ~ of his health** zum Wohle seiner Gesundheit, seiner Gesundheit zuliebe; **for the ~ of the nation** zum Wohle der Nation; **for one's own ~** zu seinem eigenen Besten **3** (*purpose*) Nutzen *m;* **to be no** [*or* **not to be any**]/**not much ~** nichts/wenig nützen; ***that young man is no ~*** dieser junge Mann ist ein Taugenichts; **to not do much/any ~** nicht viel/nichts nützen; ***even a small donation can do a lot of ~*** auch eine kleine Spende kann eine Menge helfen; ***that won't do much ~*** das wird auch nicht viel nützen; ***it's no ~ complaining all day*** den ganzen Tag rumzujammern bringt auch nichts! *fam;* ***what ~ is sitting alone in your room?*** was bringt es, hier alleine in deinem Zimmer zu sitzen?; (*iron*) ***a lot of ~ that'll do*** [***you***]! das wird [dir] ja viel nützen! *iron* **4** (*profit*) ***we were £7,000 to the ~ when we sold our house*** als wir unser Haus verkauften, haben wir einen Gewinn von 7.000 Pfund eingestrichen; (*fig*) ***he was two gold medals to the ~ by the end of the day*** am Ende des Tages war er um zwei Goldmedaillen reicher **5** (*ability*) ■**to be no ~ at sth** etw nicht gut können, bei etw *dat* nicht [sonderlich] gut sein ► PHRASES: **for ~** [**and all**] für immer [und ewig]

good book *n,* **Good Book** *n no pl* ■**the ~** die Bibel

goodbye, AM *also* **goodby I.** *interj* [gʊ(d)ˈbaɪ] **1** (*bid adieu*) auf Wiedersehen; ***see you tomorrow, ~!*** auf Wiedersehen, bis morgen!; **to kiss sb ~** jdm einen Abschiedskuss geben; **to say ~** [**to sb**] [jdm] auf Wiedersehen sagen, sich *akk* [von jdm] verabschieden; **to wave ~** zum Abschied winken **2** (*fam: said to indicate loss*) [**to say**] **~ to sth** sich *akk* von etw *dat* verabschieden; ***it's cloudy and rainy — I guess we can say ~ to the day at the beach*** es ist bewölkt und regnerisch – ich glaube wir können unseren Tag am Strand abschreiben; **to kiss sth ~** etw abschreiben *fam* **II.** *n* [gʊdˈbaɪ] Abschied *m,* Lebewohl *nt;* ***they said a tearful ~*** sie verabschiedeten sich unter Tränen

good faith *n no pl* guter Glaube, Gutgläubigkeit *f;* **to do sth in ~** etw in gutem Glauben [*o* gutgläubig] tun; **contrary to ~** LAW entgegen den Geboten von Treu und Glauben **goodfella** [ˈgʊdfelə] *n* AM (*sl*) Mafioso *m fam* **good-for-nothing I.** *n* (*pej*) Taugenichts *m pej veraltend,* Nichtsnutz *m pej veraltend* **II.** *adj attr, inv* (*pej*) nichtsnutzig *pej veraltend,* zu nichts zu gebrauchen; ~ **layabout** nichtsnutziger Faulenzer **Good Friday** *n no art* Karfreitag *m*

good-hearted *adj* gutherzig **good-humored** AM, **good-humoured** *adj* fröhlich; **to have a ~ way about one** eine fröhliche Art an sich *dat* haben

goodish ['gʊdɪʃ] *adj inv* (*fam*) ❶ (*somewhat good*) einigermaßen [*o* recht] gut ❷ (*fairly large*) ziemlich; ***it's a ~ distance from here*** es ist ein ganz schönes Stück von hier

good looker *n* (*dated*) **to be a real ~** wirklich gut aussehen *fam* **good-looking** I. *adj* <more ~, most ~ *or* better-looking, best-looking> gut aussehend II. *n* Hübsche(r) *f(m)* **good looks** *npl* gutes Aussehen

goodly ['gʊdli] *adj attr, inv* (*old*) ansehnlich, stattlich *geh*; **a ~ amount of food** eine ordentliche Menge zu essen

good-natured *adj* ❶ (*having pleasant character*) gutmütig ❷ (*not malicious*) *fun, joke* harmlos

good-naturedly [,gʊd'neɪtʃədli, AM tʃɚdli] *adv* gutmütig

goodness ['gʊdnəs] I. *n no pl* ❶ (*moral virtue*) Tugendhaftigkeit *f* ❷ (*kindness*) Freundlichkeit *f*, Güte *f*; ***would you have the ~ to phone me as soon as they arrive*** (*form*) wären Sie bitte so nett, mich anzurufen, sobald sie angekommen sind? ❸ FOOD Wertvolle(s) *nt*, wertvolle Stoffe *pl* ❹ (*said for emphasis*) **for ~' sake** du liebe Güte; **honest to ~** ehrlich *fam*; **to hope/wish to ~ that …** bei Gott hoffen/wünschen, dass …; **~ knows** weiß der Himmel *fam*; **thank ~** Gott sei Dank II. *interj* [**my**] **~** [**me**] ach du meine [*o* liebe] Güte, du liebe Zeit; [**my**] **~ gracious** [**me**] [du] liebe Güte

goodnight [,gʊd'naɪt] I. *n* gute Nacht; **to say ~** [**to sb**] [jdm] gute Nacht sagen [*o* wünschen] II. *n modifier* (*kiss*) Gutenacht-

goodo(h) [,gʊd'əʊ] *interj esp* AUS, NZ o.k. *fam*, prima

good offices *npl* (*form*) Unterstützung *f kein pl*

goods [gʊdz] I. *npl* ❶ (*freight*) Fracht *f*, Frachtgut *nt* ❷ (*wares*) Waren *fpl*, Güter *ntpl*; **consumer ~** Verbrauchsgüter *ntpl*, Konsumgüter *ntpl*; **consumer ~ industry** Konsumgüterindustrie *f*; **household/leather ~** Haushalts-/Lederwaren *pl*; **luxury ~** Luxusgüter *ntpl*; **sports ~** Sportartikel *mpl*; **dry ~** Textilwaren *pl*; **finished ~** Fertigwaren *pl*; **manufactured ~** Fertigprodukte *ntpl*; **stolen ~** Diebesgut *nt*; **~ and services** Waren und Dienstleistungen ❸ (*personal belongings*) persönliche Habe; **~ and chattels** (*form*) Hab und Gut *nt* ▶ PHRASES: **sb/sth comes up with** [*or* **delivers**] [*or* **produces**] **the ~** jd/etw hält, was er/es verspricht; **to get/have the ~ on sb** (*fam*) gegen jdn etw in die Hand bekommen/in der Hand haben II. *n modifier* BRIT (*delivery, depot, lorry, train, wagon, station*) Güter-; **~ traffic** Frachtverkehr *m*; **~ vehicle** Nutzfahrzeug *nt*

good Samaritan [-sə'mærɪtᵊn, AM -'merə-] *n* ❶ *no pl* REL ■**the ~** der barmherzige Samariter ❷ (*fig: helpful person*) barmherziger Samariter

good-sized *adj inv* [recht] groß **good-tempered** *adj inv* ❶ (*having an equable nature*) gutmütig ❷ (*reflecting an equable nature*) freundlich; *smile* gutmütig; *discussion* freundschaftlich **good-time girl** *n* (*fam*) ❶ (*party girl*) Partymaus *f fam* ❷ (*pej: promiscuous woman*) leichtes Mädchen *pej* ❸ (*pej: prostitute*) Prostituierte *f*, Nutte *f pej sl*

good turn *n* Gefallen *m*, guter Dienst; **to do sb a ~** jdm einen Gefallen erweisen ▶ PHRASES: **one ~ deserves another** (*prov*) eine Hand wäscht die andere *prov* **goodwill** I. *n no pl* ❶ (*friendly feeling*) guter Wille (**towards** gegenüber +*dat*); **feeling of ~** Atmosphäre *f* des guten Willens; **to retain sb's ~** sich *dat* jds Wohlwollen erhalten ❷ AM (*charity organization*) ■**the G~** der Goodwill ❸ (*willingness to cooperate*) Verständigungsbereitschaft *f*; **a gesture of ~** eine Geste des guten Willens ❹ (*established reputation*) [guter] Ruf *m*; ECON Goodwill *m* II. *n modifier* **a ~ gesture** eine Geste des guten Willens; **~ mission/tour** Goodwillreise *f*/-tour *f* **good word** *n* gutes Wort; **to put in a ~ for sb** für jdn ein gutes Wort einlegen

goody ['gʊdi] I. *n* ❶ (*desirable object*) tolle Sache *fam*; ***there's more to life than acquiring goodies*** es gibt Wichtigeres im Leben als Vermögenswerte anzuhäufen ❷ FOOD Leckerbissen *m*; *sweets* Süßigkeit *f* ❸ (*good person*) Gute(r) *f(m)*; **a ~-two-shoes** (*pej dated*) ein Tugendbold *m iron* II. *interj* (*usu childspeak*) klasse *fam*, spitze *fam*; **~ gumdrops** (*dated*) juhu

goody-goody I. *adj attr, inv* (*pej*) tugendhaft *iron* II. *n* (*pej*) Tugendbold *m iron*

gooey ['gu:i] *adj* (*fam*) ❶ (*sticky*) klebrig; FOOD *pudding* pampig; *toffees* weich und klebrig; *cake* üppig ❷ (*fig: overly sentimental*) schmalzig *pej fam*

goof [gu:f] *esp* AM I. *n* (*fam*) ❶ (*mistake*) Patzer *m* ❷ (*silly person*) Idiot *m pej fam*, Trottel *m pej fam* II. *vi* (*fam*) sich *dat* einen Schnitzer leisten, Mist bauen *fam* III. *vt* (*fam*) ■**to ~ on sb** jdn veräppeln *fam*

◆**goof about, goof around** *vi* AM (*fam*) ❶ (*clown around*) herumblödeln *fam* ❷ (*do nothing productive*) herumhängen *sl*

◆**goof off** *vi esp* AM (*fam*) ❶ (*do nothing*) herumlungern *sl*, herumhängen *sl* ❷ (*in school*) schwänzen *fam*; (*at work*) **to ~ off on the job** blaumachen *fam*

◆**goof up** *vt* AM (*fam*) ■**to ~ up ⊂ sth** etw vermasseln *sl*

goofball *n esp* AM (*fam*) Doofmann *m fam*, Blödmann *m fam* **goof-off** *n* AM (*pej fam*) Faulenzer(in) *m(f) pej fam*

goofy ['gu:fi] *adj esp* AM (*fam*) doof, blöd; **~ charm** naiver Charme

googly ['gu:gli] *n* (*in cricket*) Googly *m*

gook [gu:k, AM *also* gʊk] *n esp* AM (*pej sl*) Schlitzauge *nt pej*

gooky ['gu:ki, 'gʊki] *adj* AM (*slimey*) schleimig; (*sticky*) klebrig

goolies ['gu:liz] *npl* BRIT (*fam*) Eier *ntpl derb*

goon [gu:n] *n* (*fam*) ❶ (*pej: silly person*) Blödmann *m pej fam*, Blödel *m pej fam* ❷ *esp* AM (*thug*) Schläger *m*

goop [gu:p] *n* AM Schmiere *f*; **silicon ~** klebrige Silikonmasse

goosander [gu:'sændəʳ, AM -ɚ] *n* ORN Gänsesäger *m*

goose [gu:s] I. *n* ❶ <*pl* geese> ORN, FOOD Gans *f*; **Canadian ~** kanadische Gans ❷ <*pl* -es> (*dated fam: silly person*) [**silly**] **~** [dumme] Gans *pej fam* ▶ PHRASES: [**to send sb on**] **a wild ~ chase** jdn auf eine sinnlose Suche schicken; **to kill the ~ that lays the golden eggs** den Ast absägen, auf dem man sitzt; **what's sauce for the ~ is sauce for the gander, what's good for the ~ is good for the gander** BRIT, **what's good for the gander is good for the ~** AM (*prov*) was für den einen gut ist, kann für den anderen nicht schlecht sein; **to cook sb's ~** jdm die Suppe versalzen *fam*; **sb's ~ is cooked** jd ist fällig [*o* dran] *fam*; **to cook one's** [**own**] **~** sich *akk* selbst in Schwierigkeiten bringen II. *vt* (*fam*) ❶ (*poke in the bottom*) ■**to ~ sb** jdn kneifen; **to ~ sb in the butt** [*or* **rear end**] AM jdn in den Hintern kneifen *fam* ❷ AM (*motivate*) ■**to ~ sb** jdn antreiben ❸ AM (*increase*) **to ~ up profits** Gewinne steigern III. *n modifier* (*egg, farm, feathers, meat*) Gänse-; **a ~ egg** AM (*fig fam*) überhaupt nichts

goose barnacle *n* Entenmuschel *f*

gooseberry ['gʊzbᵊri, AM 'gu:s,beri] I. *n* Stachelbeere *f* ▶ PHRASES: **to play ~** BRIT (*fig fam*) das fünfte Rad am Wagen sein *fam* II. *n modifier* (*jam*) Stachelbeer-

goose bumps *npl esp* AM, **goose-flesh** *n no pl* Gänsehaut *f* **goosefoot** <*pl* -s> *n* BOT Gänsefuß *m*

goosegog ['gʊzgɒg] *n* BRIT (*fam*) Stachelbeere *f*

goosegrass *n* BOT klebriges Laubkraut **gooseneck** *n* NAUT Lümmel *m*; TECH Schwanenhals *m* **goose-pimples** *npl* Gänsehaut *f kein pl* **goose-pimply** *adj pred, inv* (*fam*) **to get** [*or* **go**] [**all**] **~** eine Gänsehaut kriegen *fam* **goosestep** I. *vi* <-pp-> im Stechschritt marschieren II. *n no pl* Stechschritt *m*; **to do the ~** im Stechschritt marschieren

goos(e)y ['gu:si] *adj* AUS **to get** [*or* **go**] [**all**] **~** eine Gänsehaut kriegen *fam*

GOP [,dʒi:oʊ'pi:] *n no pl* AM *abbrev of* **Grand Old Party**

gopher ['gəʊfəʳ, AM 'goʊfɚ] *n* ZOOL ❶ (*rodent*) **pocket ~** Taschenratte *f* ❷ AM (*fam: ground squirrel*) Ziesel *m* ÖSTERR *meist nt*

gordian knot *n*, **Gordian knot** [,gɔ:diən'-, AM ,gɔ:r-] *n* (*fig*) gordischer Knoten; **to cut the ~** den gordischen Knoten durchhauen

Gordon Bennett [,gɔ:dᵊm'benɪt] *interj* BRIT (*dated sl*) du meine Güte *fam*

gore¹ [gɔ:ʳ, AM gɔ:r] I. *n no pl* Blut *nt*; **to lie in one's own ~** (*liter*) in seinem eigenen Blut liegen II. *vt* ■**to ~ sb** jdn aufspießen; ***a bullfighter was almost ~d to death*** ein Stierkämpfer wurde von einem Stier aufgespießt und fast getötet

gore² [gɔ:ʳ, AM gɔ:r] FASHION I. *n* Zwickel *m*, [eingenähter] Keil II. *vt* ■**to ~ sth** einen Keil [*o* Zwickel] einnähen; **~d skirt** Bahnenrock *m*

gorge [gɔ:dʒ, AM gɔ:rdʒ] I. *n* ❶ (*wide ravine*) Schlucht *f* ❷ (*throat*) Schlund *m*; **sb's ~ rises** jdm wird schlecht [*o* übel]; (*fig*) jdm dreht es den Magen um *fig fam*; ***my ~ rose at the reports of how the prisoners had been beaten*** es drehte mir den Magen um, als ich las, wie die Gefangenen misshandelt worden waren II. *vi* schlemmen, sich *akk* vollessen; ■**to ~ on sth** etw verschlingen [*o fam* mampfen] III. *vt* ■**to ~ oneself on** [*or* **with**] **sth** sich *akk* mit etw *dat* vollstopfen *fam*

gorgeous ['gɔ:dʒəs, AM 'gɔ:r-] *adj* ❶ (*very beautiful*) herrlich, großartig; ***the bride looked ~*** die Braut sah zauberhaft aus; ***hello, G~!*** hallo, du Schöne!; **~ autumnal colours** prächtige Herbstfarben ❷ (*fig: very pleasurable*) ausgezeichnet, fabelhaft; ***that was an absolutely ~ meal*** das Essen war einfach hervorragend

gorgeously ['gɔ:dʒəsli, AM 'gɔ:r-] *adv* herrlich, großartig; (*beautifully*) hinreißend, prunkvoll; (*colourfully*) [farben]prächtig

gorgeousness ['gɔ:dʒəsnəs, AM 'gɔ:r-] *n no pl* Großartigkeit *f*, Pracht *f*; (*beauty*) hinreißende Schönheit; (*colourfulness*) [Farben]pracht *f*

gorgon ['gɔ:gᵊn, AM 'gɔ:r-] *n* ❶ LIT ■**the G~s** *pl* die Gorgonen ❷ (*fig: frightening woman*) Drachen *m pej sl*

gorilla [gə'rɪlə] *n* (*also fig*) Gorilla *m a. fig*

gormless ['gɔ:mləs] *adj* BRIT (*fam*) dämlich *pej fam*

gorse [gɔ:s, AM gɔ:rs] *n no pl* [Stech]ginster *m*

gory ['gɔ:ri] *adj* ❶ (*bloody*) blutig ❷ (*fig: cruel*) *film* blutrünstig ❸ (*fig, hum: explicit, juicy*) peinlich; ***come on, I want to know all the ~ details about your date*** los, erzähl schon, ich will all die intimen Details deines Rendezvous erfahren

gosh [gɒʃ, AM gɑ:ʃ] *interj* (*fam*) Mensch *fam*, Mann *fam*

goshawk ['gɒshɔ:k, AM 'gɑ:shɑ:k] *n* ORN [Hühner]habicht *m*

gosling ['gɒzlɪŋ, AM 'gɑ:z-] *n* ORN Gänseküken *nt*

go-slow *n* BRIT Bummelstreik *m*

gospel ['gɒspᵊl, AM 'gɑ:s-] *n* ❶ (*New Testament*) ■**the G~** das Evangelium; **the G~ according to Saint Mark** [*or* **St Mark's Gospel**] das Evangelium nach Markus [*o* Markusevangelium]; **to preach/spread the ~** das Evangelium predigen/verbreiten ❷ (*fig: principle*) Grundsätze *mpl*, Prinzipien *ntpl*; *of religion* Lehre *f*; **to spread the feminist ~** sich *akk* für den Feminismus einsetzen ❸ *no pl* (*absolute truth*) absolute [*o* reine] Wahrheit; **to take sth as ~** etw für bare Münze nehmen ❹ *no pl* (*music*) Gospel *nt*

gospel music *n no pl* Gospel *m o nt* **gospel singer** *n* Gospelsänger(in) *m(f)* **gospel song** *n* Gospelsong *m* **gospel story** *n* Geschichte *f* vom Leben und Wirken Jesu **gospel truth** *n no pl* absolute [*o* reine] Wahrheit; **to take sth as ~** etw für bare Münze nehmen

gossamer ['gɒsəməʳ, AM 'gɑ:səmɚ] I. *n no pl* Spinnfäden *mpl* II. *adj attr, inv veil* hauchdünn, hauchzart

gossip ['gɒsɪp, AM 'gɑ:səp] I. *n* (*usu pej*) ❶ *no pl*

G

(*rumour*) Klatsch *m fam*, Tratsch *m fam*, Gerede *nt;* **idle** ~ (*pej*) leeres Geschwätz *pej fam;* **the latest** ~ der neueste Tratsch *fam;* **to have a** ~ **about sb** über jdn tratschen [*o* klatschen] *fam* ② (*pej: person*) Tratschbase *f pej fam*, Klatschmaul *nt pej sl* ③ (*conversation*) Schwatz *m fam* **II.** *n modifier* Klatsch-; ***let's have a good ~ session!*** AM lass uns mal richtig ausgiebig tratschen *fam* **III.** *vi* ① (*chatter*) schwatzen *fam*, plauschen *fam* ② (*spread rumours*) tratschen *pej fam*, klatschen *pej fam;* ■**to** ~ **about sb** über jdn tratschen [*o* klatschen]

gossip column *n* Klatschspalte *f pej fam* **gossip columnist** *n* Klatschkolumnist(in) *m(f) pej fam* **gossipmonger** *n* (*pej*) Klatschmaul *nt pej fam*

gossipy ['gɒsɪpi, AM 'gɑːsəpi] *adj* ① (*rumour-spreading*) schwatzhaft *fam;* ~ **person** Klatschmaul *nt fam* ② (*containing gossip*) Klatsch-; ***she always writes long ~ letters*** sie schreibt immer höchst ausführliche Briefe; ~ **style** Plauderton *m*

got [gɒt, AM gɑːt] *pt, pp of* **get**

gotcha ['gɒtʃə, AM 'gɑː-] *interj* (*fam*) *abbrev of* **I have got you** ① (*when seizing sb*) hab dich *fam* ② (*said to express understanding*) alles klar *fam*

Goth [gɒθ, AM gɑːθ] *n* ① HIST Gote, -in *m, f* ② *no pl* MUS (*style of rock music*) ■**g**~ Gothic *nt* ③ (*pej: person*) ■**g**~ Grufti *m*

Gothic ['gɒθɪk, AM 'gɑː-] **I.** *adj* ① ARCHIT gotisch ② LIT Schauer-; ~ **tale** Schauergeschichte *f* ③ HIST (*of Goths*) gotisch ④ *inv* TYPO gotisch; ~ **script** die gotische [*o* altdeutsche] Schrift **II.** *n no pl* ① LING Gotisch *nt*, das Gotische ② TYPO Gotisch *nt*, die gotische [*o* altdeutsche] Schrift

gothic novel *n* Schauerroman *m*

gotta ['gɒtə, AM 'gɑːt̬ə] (*fam*) ① = [**have**] **got to** müssen; ■**to** ~ **do sth** etw tun müssen; ***I ~ go now*** ich muss jetzt los *fam;* ***I ~ go*** (*euph*) ich muss mal *fam;* ***he's ~ be kidding*** das kann er nicht ernst meinen ② = **have you got a** haste mal *sl;* ~ ***minute?*** haste [mal] 'ne Minute Zeit? *fam* ► PHRASES: **a man's ~ do what a man's ~ do** ein Mann muss tun, was ein Mann tun muss

gotten ['gɒtᵊn, AM 'gɑː-] AM, AUS *pp of* **got**

gouache [gu'ɑːʃ] *n* ART Guasch *f*, Gouache *f*

gouge [gaʊdʒ] **I.** *n* ① (*chisel*) Meißel *m* ② (*indentation*) Rille *f* **II.** *vt* ① (*force into*) ■**to** ~ **sth in[to] sth** etw in etw *akk* hineintreiben; ***the meteor had ~d a great crater*** der Meteor hatte einen riesigen Krater gerissen; **to** ~ **a hole into sth** (*pierce*) ein Loch in etw *akk* hineinstechen; (*drill*) ein Loch in etw *akk* hineinbohren ② AM (*fam: overcharge*) ■**to** ~ **sb** jdn betrügen [*o fam* über den Tisch ziehen]

◆**gouge out** *vt* ■**to** ~ **out** ○ **sth** etw aushöhlen; **to** ~ **out sb's eyes** jdm die Augen ausstechen

goulash ['guːlæʃ, AM -lɑːʃ] *n no pl* Gulasch *nt*

gourd [gʊəd, AM gɔːrd] *n* ① BOT Kürbis *m* ② (*hollow shell*) Kürbisflasche *f* ③ AM (*fig sl: mind*) **to be off** [*or* **out of**] **one's** ~ den Verstand verloren haben; ***are you off your ~?*** bist du noch zu retten? *fam*

gourmand ['gʊəmənd, AM 'gʊrmɑːnd] *n* Schlemmer(in) *m(f)*, Gourmand *m*

gourmet ['gʊəmeɪ, AM 'gʊr-] **I.** *n* Feinschmecker(in) *m(f)*, Gourmet *m* **II.** *n modifier* (*food counter, meal, recipe, restaurant*) Feinschmecker-, Gourmet-

gout [gaʊt] *n no pl* Gicht *f*

gouty ['gaʊti, AM -t̬-] *adj inv* gichtig

Gov *n* ① *abbrev of* **government** ② AM *abbrev of* **governor**

govern ['gʌvᵊn, AM -ən] **I.** *vt* ① POL **to** ~ **sb/a country** jdn/ein Land regieren ② (*be in charge of*) **to** ~ **an organization** eine Organisation leiten ③ LAW (*regulate*) ■**to** ~ **sth** etw regeln; ■**to** ~ **how/when/what ...** regeln, wie/wann/was ... ④ *usu passive* (*be determined by*) ■**to be ~ed by sth** durch etw *akk* beeinflusst [*o* bestimmt] werden; ***the movement of the tides is ~ed mainly by the moon*** der Gezeitenwechsel ist hauptsächlich vom Mond abhängig ⑤ LING ■**to** ~ **sth** *case* etw regieren **II.** *vi* regieren; **to be fit/unfit to** ~ regierungsfähig/-unfähig sein

governable ['gʌvᵊnəbl̩, AM -vən-] *adj* regierbar

governess <*pl* -es> ['gʌvᵊnəs, AM -ənəs] *n* Gouvernante *f veraltet*, Hauslehrerin *f*

governing ['gʌvᵊnɪŋ, AM -vən-] *adj attr, inv government* regierend; *management* leitend; ~ **body** Vorstand *m;* **self-**~ autonom, mit Selbstregierung *nach n*

government ['gʌvᵊnmənt, AM -vɚ(n)-] **I.** *n* ① (*body*) Regierung *f;* **federal/state** ~ Bundes-/Staatsregierung *f;* **local** ~ Komunalverwaltung *f;* **military/provisional** ~ Militär-/Übergangsregierung *f;* **His/Her Majesty's G**~ die Regierung seiner/ihrer königlichen Majestät; **to be in** ~ BRIT, AUS an der Regierung sein; **to form a** ~ eine Regierung bilden ② (*system*) Regierung *f;* **communist/democratic** ~ kommunistische/demokratische Regierung ③ *no pl* (*act*) Regieren *nt;* ***the party has no experience of ~*** die Partei hat keinerlei Regierungserfahrung **II.** *n modifier* (*buildings, funding, offices, officials, sources, spokesperson*) Regierungs-; ~ **agency** Behörde *f;* ~ **aid** [*or* **support**] staatliche Unterstützung; ~ **bonds** [*or* **loan**]/**paper** Staatsanleihe *f*/-papier *nt;* ~ **department** Regierungsstelle *f;* ~ **grant** staatlicher Zuschuss, staatliche Beihilfe; **G~ House** BRIT Regierungsgebäude *nt;* ~ **intervention** Eingreifen *nt* der Regierung; ~ **issue equipment** MIL vom Staat bereitgestellte Ausrüstung; ~ **organization** Regierungsorganisation *f;* ~ **policy** Regierungspolitik *f;* ~ **property** Staatseigentum *nt*, Staatsbesitz *m*, fiskalisches Eigentum; ~ **revenue/spending** Staatseinnahmen *fpl*/-ausgaben *fpl;* ~ **security** Staatspapier *nt*, staatliches Wertpapier; ~ **subsidy** Subvention *f*

governmental [ˌgʌvᵊn'mentᵊl, AM -vɚ(n)'ment̬ᵊl] *adj inv* ① (*by the government*) Regierungs-; ~ **decision** Entscheidung *f* auf Regierungsebene; ~ **publication** Veröffentlichung *f* der Regierung ② (*state*) staatlich

government bonds *npl* Staatsanleihen *fpl*

governor ['gʌvᵊnəʳ, AM -ənɚ] *n* ① POL Gouverneur *m* ② BRIT ADMIN Vorstand *m*, Direktor(in) *m(f);* **the G~ of the Bank of England** der Präsident der Bank von England; **the ~s of the school** [*or* **the school ~s**] der Schulbeirat; **board of ~s** Vorstand *m; of a bank* Direktorium *nt; of a school* Schulbeirat *m; of a prison* Direktor *m* ③ BRIT (*fam: one's boss*) Chef(in) *m(f)* ④ AM FIN Direktionsmitglied *nt* der Federal Reserve Bank; *of NCB* Präsident(in) *m(f)* ⑤ AUTO, MECH Regler *m*

governor-general <*pl* governors- *or* -s> *n* Generalgouverneur *m*

governorship ['gʌvᵊnəʃɪp, AM -vənɚ-] *n no pl* ① (*office*) Gouverneursamt *nt* ② (*period of office*) Amtszeit *f*

govt *n abbrev of* **government**

gown [gaʊn] *n* ① FASHION Kleid *nt;* **ball/evening** ~ Ball-/Abendkleid *nt* ② MED Kittel *m;* **hospital/surgical** ~ Krankenhaus-/Operationskittel *m* ③ UNIV Robe *f*, Talar *m*

gowned [gaʊnd] *adj inv* MED ***the doctors and nurses are ~ up ready for the operation*** die Ärzte und Schwestern sind operationsbereit eingekleidet

goy [gɔɪ] *n* (*pej*) Goi *m*, Gojim *f* (*Nichtjude/-jüdin*)

goyish ['gɔɪɪʃ] *adj esp* AM (*pej sl*) ① (*non-Jewish*) nicht jüdisch ② (*fig: not okay*) nicht koscher *fig*, nicht geheuer

GP [ˌdʒiː'piː] *n* MED *abbrev of* **general practitioner**

GPO [ˌdʒiːpiː'əʊ, AM -'oʊ] *n* ① BRIT *abbrev of* **General Post Office** ② AM PUBL *abbrev of* **Government Printing Office** Staatsdruckerei *f*

GPS [ˌdʒiːpiː'es] *n abbrev of* **Global Positioning System** GPS *nt*

grab [græb] **I.** *n* ① (*snatch*) Griff *m;* **to make a ~ at** [*or* **for**] **sth** nach etw *dat* greifen [*o fam* grabschen] ② MECH Greifer *m* ► PHRASES: **to be up for ~s** zu haben sein **II.** *vt* <-bb-> ① (*snatch*) ■**to** ~ **sth** sich *dat* etw schnappen; **to** ~ **sth out of sb's hands** jdm etw aus den Händen reißen; ■**to** ~ **sth** [**away**] **from sb** jdm etw entreißen ② (*take hold of*) ■**to** ~ **sth** [sich *dat*] etw schnappen *fam;* ■**to** ~ **sb** jdn packen; (*arrest*) jdn festnehmen; (*sl: kidnap*) sich *dat* jdn schnappen *fam;* ■**to** ~ **hold of sb/sth** jdn/etw festhalten; ***he ~bed hold of his child's arm to stop her from running into the road*** er packte seine Tochter am Arm, damit sie nicht auf die Straße lief ③ (*fam: get, acquire*) ■**to** ~ **sth** sich *dat* etw schnappen *fam;* ■**to** ~ **sb** sich *dat* jdn greifen *fam;* ***can I just ~ you for a minute?*** kann ich dich mal für 'ne Minute haben?; (*fam*) **to** ~ **sb's attention** jds Aufmerksamkeit erregen; **to** ~ **a bite** [**to eat**] schnell einen Happen essen; **to** ~ **a chance/an opportunity** eine Chance/eine Gelegenheit wahrnehmen [*o fam* beim Schopf[e] packen]; **to** ~ **some sleep** [ein wenig] schlafen ④ (*fam: touch up*) ■**to** ~ **sb/sth** jdn/etw begrapschen *pej fam* ⑤ (*sl: impress*) ■**to** ~ **sb** jdn beeindrucken; ***how does that*** [***idea***] ***~ you?*** wie findest du das?, was hältst du davon? **III.** *vi* <-bb-> ① (*snatch*) grapschen; ■**to** ~ **at sb** jdn begrapschen *pej fam;* ■**to** ~ **at sth** nach etw *dat* greifen ② MECH *brake* [ruckartig] greifen ③ (*take advantage of*) **to** ~ **at a chance/an opportunity** eine Chance/eine Gelegenheit wahrnehmen

grab bag *n* ① AM, CAN, AUS (*anonymous gift exchange*) Grabbelsack *m* DIAL; **to do a** ~ einen Grabbelsack machen DIAL ② AM, CAN, AUS (*lucky dip*) Glücksbeutel *m* (*auf einem Jahrmarkt*) ③ AUS (*wide variety*) Sammelsurium *nt hum*

grabby ['græbi] *adj esp* AM (*pej fam*) ① (*grasping*) gierig ② (*constantly touching*) ■**to be** ~ immer alles anfassen müssen; ***don't be so ~*** fass nicht immer alles an

graben ['grɑːbᵊn] *n* GEOL Graben *m*

grab handle *n* Haltegriff *m* **grab rail** *n* Haltestange *f* **grab strap** *n* Halteriemen *m*

grace [greɪs] **I.** *n* ① *no pl* (*of movement*) Grazie *f* ② *no pl* (*of appearance*) Anmut *f* ③ (*of behaviour*) Anstand *m kein pl;* **to do sth with** [**a**] **good/bad** ~ etw anstandslos/widerwillig tun; **to have the** [**good**] ~ **to do sth** den Anstand besitzen, etw zu tun; **social** ~**s** gesellschaftliche Umgangsformen ④ *no pl* (*mercy*) Gnade *f;* **to be in a state of** ~ REL im Zustand der Gnade Gottes sein; **divine** ~ göttliche Gnade; **in the year of** ~ **1558** (*form*) im Jahre des Herrn 1558; **by the** ~ **of God** durch die Gnade Gottes; **there, but for the** ~ **of God go I/we** (*saying*) das hätte auch mich/uns erwischen können ⑤ (*favour*) Gnade *f;* ~ **and favour** BRIT (*house, apartment*) *kostenlose Unterbringung, die die Königliche Familie z.B. pensionierten Beamten gewährt;* **to be in sb's good ~s** bei jdm gut angeschrieben sein; **to get into sb's good ~s** jds Gunst erlangen; **to fall from** [**sb's**] ~ [bei jdm] in Ungnade fallen ⑥ (*prayer*) Tischgebet *nt;* **to say** ~ ein Tischgebet sprechen ⑦ *no pl* (*leeway*) Aufschub *m;* ***we're supposed to pay the bill this month, but we've been given a month's ~*** wir müssten die Rechnung diesen Monat bezahlen, aber sie geben uns noch einen Monat Aufschub ⑧ (*Highness*) **Your/His/Her G**~ Euer/Seine/Ihre Gnaden *veraltet;* **Your** ~ (*duke, duchess*) Eure Hoheit; (*archbishop*) Eure Exzellenz ⑨ LIT (*goddesses*) ■**the G~s** die Grazien ⑩ FIN ~ **period** [*or* **period of** ~] Nachfrist *f*, Zahlungsfrist *f* **II.** *vt* (*form*) ① (*honour*) **to** ~ **sb/sth** [**with one's presence**] jdn/etw [mit seiner Anwesenheit] beehren *geh o hum* ② (*adorn*) ■**to** ~ **sth** etw schmücken [*o geh* zieren]

graceful ['greɪsfᵊl] *adj* ① (*in movement*) graziös, anmutig ② (*in appearance*) elegant ③ (*in behaviour*) würdevoll

gracefully ['greɪsfᵊli] *adv* ① (*move*) graziös, anmutig ② (*behave*) würdevoll; ***they are trying to handle their divorce as ~ as possible*** sie versuchen, ihre Scheidung mit soviel Anstand wie möglich hinter sich zu bringen

gracefulness ['greɪsfᵊlnəs] *n no pl* ① (*of movement*) Grazie *f*, Anmut *f* ② (*of behaviour*) Anstand *m*

graceless ['greɪsləs] *adj* ① (*inelegant*) *clothes* ohne jede Eleganz *nach n; gait* plump, schwerfällig ② (*impolite*) unhöflich, taktlos

gracelessly ['greɪsləsli] *adv* ① (*not elegantly*) plump; **to move** ~ sich *akk* schwerfällig bewegen

❷ (*impolitely*) unhöflich, taktlos
gracelessness ['greɪsləsnəs] *n no pl* ❶ (*clumsiness*) Plumpheit *f; of movement* Schwerfälligkeit *f* ❷ (*rudeness*) Unhöflichkeit *f*
grace note *n* MUS Manier *f fachspr* **grace period** *n* Gnadenfrist *f;* ECON Nachfrist *f;* **to allow a ~** eine rückzahlungsfreie Zeit gewähren [*o* einräumen]
gracious ['greɪʃəs] **I.** *adj* ❶ (*kind*) liebenswürdig, freundlich; ***Caroline was very ~ to all her guests*** Caroline war zu all ihren Gästen sehr zuvorkommend ❷ (*dignified*) würdevoll; ***the losing team were ~ in their defeat*** die geschlagene Mannschaft nahm ihre Niederlage mit Würde hin ❸ (*elegant*) kultiviert; **~ living** gehobener Lebensstil ❹ (*merciful*) gnädig, gütig **II.** *interj* (*dated*) [**good** [*or* **goodness**]] **~** [**me**] [du] meine Güte [*o* lieber Himmel]
graciously ['greɪʃəsli] *adv* ❶ (*kindly*) liebenswürdig, freundlich ❷ (*mercifully*) gütig, gnädig
graciousness ['greɪʃəsnəs] *n no pl* ❶ (*kindness*) Liebenswürdigkeit *f,* Freundlichkeit *f* ❷ (*mercy*) Güte *f*
grad [græd] *n* (*fam*) *abbrev of* **graduate**
gradable ['greɪdəbl] *adj inv* LING steigerbar
gradation [grə'deɪʃən, AM greɪ'-] *n* ❶ (*stage, step*) Abstufung *f* ❷ (*marking*) Skalierung *f* ❸ ART, MUS (*change*) Übergang *m;* **the ~ in** [*or* **of**] **tempo/colour** der Tempo-/Farbübergang *m*
grade [greɪd] **I.** *n* ❶ (*rank*) Rang *m;* ***the higher ~s of staff*** die höheren [*o* leitenden] Angestellten ❷ (*of salary*) Gehaltsstufe *f* ❸ SCH (*mark*) Note *f* ❹ AM SCH (*class*) Klasse *m;* ***she is in sixth ~*** sie ist in der sechsten Klasse; **to skip a ~** eine Klasse überspringen ❺ (*of quality*) Qualität *f;* **high/low ~** hohe/niedrige Qualität ❻ AM (*gradient*) Neigung *f;* [**gentle/steep**] **~** (*upwards*) [geringe/starke] Steigung; (*downwards*) [schwaches/starkes] Gefälle ❼ AGR (*mix-bred animal*) Kreuzung *f* ► PHRASES: **to be on the down/up ~** AM schlechter/besser werden; ***things seem to be on the up ~*** es scheint aufwärts zu gehen; **to make the ~** den Anforderungen gerecht werden **II.** *n modifier* **a dozen ~ A eggs** ein Dutzend Eier Klasse A **III.** *vt* ❶ SCH, UNIV (*evaluate*) ■**to ~ sb/sth** jdn/etw benoten [*o* bewerten]; ■**to ~ sth up/down** etw besser/schlechter benoten ❷ (*categorize*) ■**to ~ sth** etw einteilen [*o* klassifizieren] ❸ AM TRANSP (*level*) ■**to ~ sth** etw einebnen
-grade [greɪd] *in compounds* -gradig; **industrial-~ flooring** industriegenormter Boden; **low-~ fever** niedriges Fieber; **low-~ infection** leichte Infektion; **weapons-~ plutonium** waffentaugliches Plutonium
grade crossing *n* AM [schienengleicher] Bahnübergang
graded ['greɪdɪd] *adj* ❶ *inv* (*calibrated*) genormt ❷ TRANSP geebnet
grade point average *n* AM, AUS SCH Notendurchschnitt *m;* **a 2.0 ~** ein Notendurchschnitt *m* von 2,0
grader ['greɪdəʳ, AM -ɚ] *n* Straßenhobel *m*
-grader ['greɪdɚ] *in compounds* AM SCH **third-~** Drittklässler(in) *m(f)*
grade school *n* AM (*elementary school*) Grundschule *f*
gradient ['greɪdiənt] *n* Neigung *f;* [**gentle/steep**] **~** (*upwards*) [leichte/starke] Steigung; (*downwards*) [schwaches/starkes] Gefälle; ***the ~ of the road is 1 in 10*** die Straße hat ein Gefälle von 10 %
gradual ['grædʒuəl] *adj* ❶ (*not sudden*) *decrease, increase* allmählich ❷ (*not steep*) *incline* sanft
gradualism ['grædʒuəlɪzəm] *n no pl* langsame Herangehensweise; (*policy*) Stufenreformpolitik *f*
gradually ['grædʒuəli] *adv* ❶ (*not suddenly*) allmählich ❷ (*not steeply*) sanft
graduate **I.** *n* ['grædʒuət] ❶ UNIV Absolvent(in) *m(f);* ***he is a ~ in physics*** [*or* ***a physics ~***] er hat einen [Universitäts]abschluss in Physik; **university ~** Hochschulabsolvent(in) *m(f)* ❷ AM SCH Schulabgänger(in) *m(f)* **II.** *adj* ['grædʒuət] *attr, inv* ❶ (*relating to people with college degrees*) Graduierten-; **~ unemployment** Akademikerarbeitslosigkeit *f* ❷ (*postgraduate*) weiterführend; **~ course** Kurs *m* im höheren Fachsemester; **~ student** Student(in) *m(f)* mit Universitätsabschluss **III.** *vi* ['grædʒueɪt] ❶ UNIV einen akademischen Grad [*o* Universitätsabschluss] erwerben; ***she ~d from the University of London*** sie hat an der Universität von London ihren Abschluss gemacht; **to ~ with honours** seinen Abschluss mit Auszeichnung machen; **to ~** [**magna/summa**] **cum laude** AM [magna/summa] cum laude abschließen ❷ AM SCH die Abschlussprüfung bestehen; **to ~ from high school** das Abitur machen ❸ (*move up*) aufsteigen; ***she ~d from being a secretary to running her own department*** sie ist von einer Sekretärin zur Leiterin ihrer eigenen Abteilung aufgestiegen; ■**to ~ on to sth** AM zu etw *dat* übergehen **IV.** *vt* ['grædʒueɪt] ❶ (*calibrate*) ■**to ~ sth** *thermometer* etw einteilen [*o* in Grade unterteilen] ❷ AM (*award degree*) ■**to ~ sb** jdn graduieren; ***the college ~s hundreds of students each year*** an dieser Hochschule machen jedes Jahr Hunderte ihren Abschluss
graduated ['grædʒueɪtɪd, AM -t̬-] *adj inv* ❶ FIN gestaffelt; **~ price** Staffelpreis *m* ❷ COMPUT mit Maßenteilung versehen
graduate school *n* AM höhere Fachsemester
graduation [ˌgrædʒu'eɪʃən] **I.** *n* ❶ *no pl* SCH, UNIV (*completion of studies*) [Studien]abschluss *m* ❷ (*ceremony*) Abschlussfeier *f* ❸ (*promotion*) Beförderung *f* (**to** zu +*dat*) ❹ (*mark of calibration*) Skala *f,* [Grad]einteilung *f* **II.** *n modifier* SCH, UNIV (*ceremony, day, present, programme, speaker*) Abschluss-
Graeco-Roman [ˌgriːkəʊ'rəʊmən, AM ˌgriːkoʊ'roʊmən] *adj inv* griechisch-römisch
graffiti [grə'fiːti, AM -t̬i] **I.** *n no pl* Graffiti *nt* **II.** *n modifier* (*artist, damage, work*) Graffiti-
graft [grɑːft, AM græft] **I.** *n* ❶ HORT Setzling *m* ❷ MED Transplantat *nt;* **bone/skin ~** Knochen-/Hauttransplantat *nt* ❸ *no pl* (*corruption*) Schiebung *f fam,* Mauschelei *f fam* ❹ BRIT (*sl: work*) [**hard**] **~** Schufterei *f fam,* Plackerei *f fam,* Schinderei *f fam* **II.** *vt* ■**to ~ sth on** [*or* **onto**] **sth** ❶ HORT etw auf etw *akk* aufpfropfen; ■**to ~ sth together** etw miteinander kombinieren ❷ MED etw auf etw *akk* übertragen, verpflanzen ❸ (*fig: add on*) etw zu etw *dat* hinzufügen **III.** *vi* ❶ (*act corruptly*) Amtsmissbrauch treiben ❷ BRIT (*sl: work hard*) schuften *fam;* ■**to ~ away** sich *akk* abrackern *fam*
grafter ['grɑːftəʳ, AM 'græftɚ] *n* ❶ HORT *jd, der auf das Veredeln von Pflanzen spezialisiert ist* ❷ BRIT (*sl: hard worker*) Arbeitstier *nt oft pej fam*
Grail [greɪl] *n* REL, HIST ■**the ~** der Gral; *see also* **Holy Grail**
grain [greɪn] **I.** *n* ❶ (*particle*) Korn *nt,* Körnchen *nt;* **~ of salt/sand** Salz-/Sandkorn *nt* ❷ BOT (*kernel*) Korn *nt;* **~ of barley/corn/rice/wheat** Gersten-/Mais-/Reis-/Weizenkorn *nt* ❸ *no pl* (*cereal*) Getreide *nt* ❹ *no pl* (*texture*) *of wood, marble* Maserung *f; of meat* Faser *f;* **wood ~** Holzmaserung *f* ❺ (*dated: 0.0648 grams*) Gran *nt;* **a ~ of gold/silver** ein Gran Gold/Silber ❻ (*fig: small amount*) **a ~ of comfort** ein kleiner Trost; **a ~ of common sense** eine Spur gesunden Menschenverstands; **a ~ of hope** ein Fünkchen Hoffnung; **a ~ of truth** ein Körnchen Wahrheit ❼ *no pl* PHOT, FILM Korn *nt fachspr* ► PHRASES: **to take something with a ~ of salt** etw nicht so wörtlich nehmen; **to go against the ~ for sb** jdm gegen den Strich gehen *fam* **II.** *n modifier* (*exports, harvest, prices, production, storage*) Getreide-; **~ alcohol** Äthylalkohol *m* **III.** *vt* ■**to ~ sth** ❶ (*granulate*) etw mahlen ❷ (*paint a grain pattern*) etw masern ❸ (*texturize*) etw aufrauhen [*o fachspr* grainieren] ❹ (*remove hair from*) *hide* etw narben
grain elevator *n* Getreideheber *m* **grain sorter** *n* Getreidesortierer *m*
grainy ['greɪni] *adj* ❶ FOOD *sauce* klumpig; *meat* sehnig ❷ PHOT, FILM [grob]körnig ❸ *wood* gemasert
gram [græm], BRIT *also* **gramme** *n* Gramm *nt*
grammar ['græməʳ, AM -ɚ] LING **I.** *n* ❶ *no pl* (*rules*) Grammatik *f;* **to be good/bad ~** grammatikalisch richtig/falsch sein ❷ (*book*) Grammatik *f* **II.** *n modifier* (*lesson, mistake, rule*) Grammatik-
grammar book *n* Grammatik *f* **grammar checker** *n* COMPUT Grammatikprüfung *f,* Grammatikprüfprogramm *nt*
grammarian [grə'meəriən, AM -'meri-] *n* Grammatiker(in) *m(f)*
grammar school *n* ❶ AM (*elementary school*) Grundschule *f* ❷ BRIT (*upper level school*) ≈ Gymnasium *nt*
grammatical [grə'mætɪkəl, AM -'mæt̬-] *adj* ❶ *inv* (*concerning grammar*) grammati[kali]sch ❷ (*following language rules*) grammati[kali]sch; ***she speaks good ~ French*** sie spricht grammatikalisch gutes Französisch
grammaticality [grəˌmætɪ'kæləti, AM -ˌmæt̬ə'kælət̬i] *n no pl* LING Grammatikalität *f*
grammatically [grə'mætɪkəli, AM -'mæt̬-] *adv* ❶ *inv* (*concerning language rules*) grammat[ikal]isch ❷ (*reflecting correct usage*) grammat[ikal]isch korrekt; **to speak more ~** grammatikalisch richtiger sprechen
Grammy <*pl* -s *or* -mies> ['græmi] *n,* **Grammy award** *n* MUS Grammy *m;* **to win a ~** einen Grammy gewinnen [*o* bekommen]
gramophone ['græməfəʊn, AM -foʊn] *n* (*hist*) Grammophon *nt hist*
gramps [græmps] *n* AM (*fam: grandfather*) Opa *m fam,* Opi *m fam;* (*fig*) Opa *m hum fam*
grampus <*pl* -es> ['græmpəs] *n* ZOOL ❶ (*round-nosed dolphin*) Rundkopfdelphin *m,* Rissosdelphin *m,* Grampus *m fachspr* ❷ (*killer whale*) Killerwal *m* ❸ (*fig fam*) **to puff like a ~** wie eine Lokomotive schnaufen *fam*
gran [græn] *n* (*fam*) *short for* **grandmother** Oma *f fam,* Omi *f fam*
granary ['grænəri, AM -ɚi] **I.** *n* ❶ (*silo*) [Getreide]silo *m o nt* ❷ (*grain region*) Kornkammer *f* **II.** *n modifier* Getreide-; **~ states** Getreideländer *ntpl*
granary bread *n no pl* BRIT, **granary loaf** *n* BRIT Vollkornbrot *nt*
grand [grænd] **I.** *adj* ❶ (*splendid*) prächtig, großartig; **to make a ~ entrance** einen großen Auftritt haben; **to make ~ gestures** ausladende Gesten machen; **G~ Hotel** Grandhotel *nt;* **in ~ style** in großem Stil ❷ (*fam: excellent*) großartig; ***you've done a ~ job*** das hast du großartig gemacht; ***we had a ~ time*** wir haben uns glänzend amüsiert ❸ (*of age*) **~ old age** hohes Alter; ***he lived to the ~ old age of 97*** er erreichte das gesegnete Alter von 97 Jahren ❹ (*important*) groß, bedeutend; ***they think they're very ~*** sie halten sich für etwas Besseres; ***she's always acting the ~ lady*** (*pej*) sie spielt immer die große Dame ❺ (*large, far-reaching*) **~ ambitions/ideas** große [*o* hochfliegende] Pläne/Ideen; **on a ~ scale** in großem Rahmen ❻ (*overall*) **~ total** Gesamtsumme *f,* Endbetrag *m* **II.** *n* ❶ <*pl* -> (*fam: one thousand dollars/pounds*) Mille *f fam,* Riese *m fam;* ***he earns over 90 ~ a year*** er verdient über 90 Mille [*o* Riesen] im Jahr *fam* ❷ <*pl* -s> (*grand piano*) Flügel *m;* **baby/concert ~** Stutz-/Konzertflügel *m*
grandad *n* ❶ (*grandfather*) Opa *m fam,* Opi *m fam* ❷ (*pej or hum: old man*) Opa *m pej o hum fam,* Alter *m pej fam* **grandaddy** *n* AM *see* **grandad 1**
Grand Canyon *n* ■**the ~** der Grand Canyon
grandchild *n* Enkelkind *nt* **granddad** *n* (*fam*) *see* **grandad** **grand(d)addy** *n* AM (*fam*) ❶ (*grandfather*) Opa *m fam,* Opi *m fam* ❷ (*progenitor*) [geistiger] Vater *m* ❸ (*fam: very big*) Riesen-; ***that's a ~ of a bump on your forehead*** das ist ja eine Riesenbeule auf deiner Stirn **granddaughter** *n* Enkeltochter *f* **grand duchess** *n* Großherzogin *f* **grand duke** *n* Großherzog *m*
grandee [græn'diː] *n* ❶ (*nobleman*) Grande *m* ❷ (*fig*) Größe *f;* ***the ~s of film and television*** die Größen von Film und des Fernsehen
grandeur ['grændjəʳ, AM -dʒɚ] *n no pl* ❶ (*splendour*) Größe *f; of scenery, music* Erhabenheit *f;* **faded ~** verblasster Glanz ❷ (*nobility*) Vornehmheit *f;* **delusions of ~** Größenwahn *m pej*
grandfather *n* Großvater *m* **grandfather clause** *n* AM LAW *eine Vertragsklausel, die sich nur*

auf zukünftige Gegebenheiten, nicht jedoch auf bereits bestehende bezieht **grandfather clock** *n* Standuhr *f*

grand final *n* SPORTS Endspiel *nt* **grand finale** *n* THEAT großes Finale

grandiloquence [græn'dɪləkwən(t)s] *n* (*esp pej form*) Großsprecherei *f pej*

grandiloquent [græn'dɪləkwənt] *adj* (*usu pej form*) großsprecherisch *pej,* hochtrabend *pej;* ~ **language** schwülstige Sprache

grandiloquently [græn'dɪləkwəntli] *adv* (*usu pej form*) hochtrabend, geschwollen *pej fam*

grandiose ['grændiəʊs, AM -oʊs] *adj* ① (*extremely grand*) *plan* grandios, großartig; *palace* prunkvoll ② (*pej: excessively splendid*) bombastisch *fam*

grand jury *n* AM Anklagejury *f* **grand larceny** *n no pl* schwerer Diebstahl

grandly ['grændli] *adv* ① (*splendidly*) prachtvoll ② (*pej: over-importantly*) prahlerisch *pej,* angeberisch *pej fam* ③ (*in a dignified way*) würdevoll

grandma *n* (*fam*) Oma *f fam,* Omi *f fam* **grandmaster I.** *n* ① (*chess pro*) Großmeister(in) *m(f)* ② (*head of Free Masons*) Großmeister *m* **II.** *n modifier* [Groß]meister-; ~ **norm** Großmeistervorgabe *f*

grandmother *n* Großmutter *f* ► PHRASES: **don't teach your ~ to suck eggs** da will das Ei wieder klüger sein als die Henne **grandmotherly** ['grænmʌðəli, AM ərli] *adj* großmütterlich **grandmother's footsteps** *n* (*game*) eins, zwei, drei – Ochs am Berg

grandness ['grændnəs] *n no pl* ① (*splendour*) Pracht *f,* Großartigkeit *f* ② (*importance*) Bedeutung *f* ③ (*pej: self-importance*) Überheblichkeit *f pej* ④ (*nobility*) Würde *f*

grand old man *n* großer alter Mann; ■ [**to be**] **the ~ of sth** der Vater einer S. *gen* sein **Grand Old Party** *n no pl* AM ■ **the ~** die Republikanische Partei **grand opera** *n* große Oper **grandpa** *n* (*fam*) Opa *m fam,* Opi *f fam* **grandparent** *n* Großelternteil *m geh,* Großmutter *f,* Großvater *m;* ■ **~s** *pl* Großeltern *pl;* **one's ~s on one's father's/mother's side** seine Großeltern väterlicher-/mütterlicherseits **grand piano** *n* [Konzert]flügel *m* **grand prix** <*pl* grands prix> [,grɑ̃(n)'priː, AM ,grɑːn'-] *n* SPORTS Grand Prix *m,* großer Preis; **the British G~ P~** der Große Preis von England **grand slam** *n* ① TENNIS Grand Slam *m;* **to win a ~** einen Grand Slam gewinnen; **to win** [*or* **do**] [*or* **complete**] **the ~** alle Wettbewerbe gewinnen ② (*in European rugby*) ■ **to do the ~** die Meisterschaft gewinnen ③ (*in baseball*) *Homerun mit 3 besetzten Bases* ④ CARDS Großschlemm *m;* **to make a ~** einen Großschlemm spielen **grandson** *n* Enkel[sohn] *m* **grandstand I.** *n* [Haupt]tribüne *f* **II.** *n modifier* (*seat, ticket*) Tribünen-; ~ **finish** Entscheidung *f* auf den letzten Metern; ~ **view** direkter Blick **grandstanding** *n no pl* AM (*usu pej fam*) Selbstdarstellung *f pej;* ***you can stop ~ now*** du kannst aufhören eine Schau abzuziehen *fam* **grand sum** *n,* **grand total** *n* Gesamtsumme *f,* Endbetrag *m* **grand tour** *n* ① TOURIST, HIST Bildungsreise *f,* Kavaliersreise *f hist* ② (*fig, hum: full tour*) komplette Führung; **a ~ of the house** eine Führung durch das ganze Haus

grange [greɪndʒ] *n* Gutshof *m*

granite ['grænɪt] **I.** *n no pl* Granit *m;* **a will of ~** (*fig*) ein unbeugsamer Willen **II.** *n modifier* (*quarry, slab, wall*) Granit-; (*fig*) ~ **determination** starke Entschlossenheit; ~ **jaw** Kiefer *m* hart wie Granit

grannie, granny ['græni] **I.** *n* (*fam*) ① (*grandmother*) Oma *f fam,* Omi *f fam* ② *see* **granny knot II.** *n modifier* (*shoes*) Oma-; ~ **glasses** Omabrille *f*

granny bond *n* BRIT FIN (*fam*) indexgebundenes Sparzertifikat **granny flat** *n* Einliegerwohnung *f* **granny knot** *n* [Alt]weiberknoten *m*

granola [grə'noʊlə] *n* AM Knuspermüsli *nt;* ~ **bar** Müsliriegel *m*

grant [grɑːnt, AM grænt] **I.** *n* ① UNIV Stipendium *nt;* [**government**] ~ ≈ Bafög *nt* (*das nicht zurückgezahlt wird*); **research ~** Forschungsstipendium *nt;* **student ~** Stipendium *nt;* **to be** [*or* **live**] **on a ~** ein Stipendium erhalten; (*government grant*) ≈ Bafög erhalten; **to give** [*or* **award**] **sb a ~** jdm ein Stipendium gewähren; (*government grant*) ≈ jdm Bafög bewilligen ② (*from authority*) Zuschuss *m oft pl,* Fördermittel *pl;* (*subsidy*) Subvention *f;* **local authority ~** kommunaler Zuschuss; **federal ~** Bundeszuschuss *m,* Bundesbeihilfe *f;* **maternity ~** BRIT Mutterschaftsgeld *nt;* **overseas ~** Entwicklungshilfe *f;* **to apply for** [*or* **claim**] **a ~** einen Zuschuss [*o* Fördermittel] beantragen ③ LAW (*form*) [urkundliche] Übertragung [*o* Übereignung] **II.** *vt* ① (*allow*) ■ **to ~ sb sth** [*or* **sth to sb**] jdm etw gewähren; *money* jdm etw bewilligen; **to ~ sb asylum/access to a lawyer** jdm Asyl/das Recht auf einen Anwalt gewähren; **to ~ sb a pension** jdm eine Pension bewilligen; **to ~ sb permission/a visa** [*or* **to ~ permission/a visa to sb**] jdm eine Erlaubnis/ein Visum erteilen; **to ~ diplomatic recognition to a state** einem Staat diplomatische Anerkennung gewähren ② (*transfer legally*) ■ **to ~ sb sth** [*or* **sth to sb**] jdm etw [formell] übertragen; **to ~ sb a pardon** jdn begnadigen, jdm Straferlass gewähren ③ (*form: consent to fulfil*) ■ **to ~ sb sth** [*or* **sth to sb**] jdm etw zusichern; **to ~ sb a favour** [*or* AM **favor**] jdm eine Gefälligkeit erweisen; **to ~ sb a request** jds Anliegen *nt* stattgeben; **to ~ sb a wish** jdm einen Wunsch gewähren ④ (*admit to*) ■ **to ~ sth** etw zugeben; ***~ed, this task isn't easy*** zugegeben, diese Aufgabe ist nicht leicht; ***I ~ you, it's a difficult situation*** du hast ganz recht, die Situation ist schwierig; ***I ~ that it must have been upsetting but …*** die Sache war sicher nicht einfach für Sie, aber… ► PHRASES: **~ed** [es sei dir] gewährt *hum;* **to <u>take</u> sth for ~ed** etw für selbstverständlich halten [*o* [einfach] annehmen]; (*not appreciate*) etw als [allzu] selbstverständlich betrachten; ***I just took it for ~ed that they were married*** ich habe einfach angenommen, dass sie verheiratet sind; ***she just took all the work he did for the company for ~ed*** sie nahm die ganze Arbeit, die er für den Betrieb leistete, als selbstverständlich hin

grant-aided *adj* BRIT finanziell gefördert; (*subsidized*) subventioniert

granted ['grɑːntɪd, AM 'græn̬t̬-] *conj* ■ **~** [**that**] … angenommen, [dass] …; ***~ that the story is true, what are you going to do about it?*** nehmen wir einmal an, die Geschichte ist wahr, was werden Sie dann tun?

grant-in-aid <*pl* grants-> *n* AM Zuschuss *m,* Beihilfe *f;* **to receive a ~** einen Zuschuss [*o* eine Beihilfe] erhalten **grant-maintained** [,grɑːntmeɪn'teɪnd] *adj inv* BRIT SCH öffentlich bezuschusst, mit staatlichen Mitteln gefördert **grant-maintained school** *n* BRIT staatlich finanzierte Schule

granular ['grænjələʳ, AM -ɚ] **I.** *adj* körnig, gekörnt, granulös *fachspr* **II.** *adv* (*sl*) **to get ~** in Einzelheiten gehen; **to get ~ on sth** sich *dat* etw genau ansehen, etw genau unter die Lupe nehmen

granulate ['grænjəleɪt] *vt* ■ **to ~ sth** etw granulieren; **to ~ salt/sugar** Salz/Zucker auskristallisieren

granulated ['grænjəleɪtɪd, AM -t̬ɪd] *adj inv* ① (*in grains*) granuliert, gekörnt; ~ **sugar** Kristallzucker *m,* [Zucker]raffinade *f* ② (*raised*) *surface of gold* granuliert (*mit aufgelöteten Goldkörnchen verziert*)

granulation [,grænjə'leɪʃᵊn] *n no pl* MED Granulation *f fachspr*

granule ['grænjuːl] *n* Körnchen *nt;* **a ~ of sugar** ein Zuckerkörnchen *nt;* ■ **~s** *pl* Granulat *nt;* **instant coffee ~s** Kaffeegranulat *nt*

grape [greɪp] **I.** *n* ① (*fruit*) [Wein]traube *f,* Weinbeere *f;* **seedless ~s** kernlose Weintrauben; **a bunch of ~s** eine [ganze] Traube ② (*hum: wine*) ■ **the ~** der Rebensaft *hum,* der Wein **II.** *n modifier* (*jelly, juice*) Trauben-

grapefruit <*pl* – *or* -s> ['greɪpfruːt] **I.** *n* Grapefruit *f,* Pampelmuse *f fam;* (*tree*) Grapefruitbaum *m* **II.** *n modifier* (*juice*) Grapefruit-

grape-picking *n no pl* Traubenlese *f,* Weinlese *f* **grapeshot** *n no pl* MIL, HIST Kartätsche *f* **grapevine** *n* ① (*plant*) Weinstock *m* ② (*in aerobics*) Grapevine *m* ► PHRASES: **sb <u>hears</u> sth on** [*or* **through**] **the ~** etw kommt jdm zu Ohren; ***I heard on the ~ that …*** ich habe munkeln hören, dass …

graph¹ [grɑːf, AM græf] **I.** *n* MATH Diagramm *nt,* Graph *m;* (*curve*) Kurve *f;* **bar** [*or* **block**] ~ Säulendiagramm *nt;* **temperature ~** Temperaturkurve *f* **II.** *vt* ■ **to ~ sth** etw grafisch darstellen

graph² [grɑːf, AM græf] *n* LING Graph *nt fachspr*

grapheme ['græfiːm] *n* LING Graphem *nt fachspr*

graphic ['græfɪk] *adj* ① *inv* (*diagrammatic*) grafisch; **a ~ representation** eine grafische Darstellung ② (*vividly descriptive*) anschaulich, plastisch; **to describe sth in ~ detail** etw haarklein [*o* bis ins kleinste Detail] beschreiben ③ *attr* (*of drawing and printing*) Grafik-; ~ **works** [**of an artist**] [Künstler]grafiken *fpl*

graphical ['græfɪkᵊl] *adj inv* grafisch

graphically ['græfɪkᵊli] *adv inv* ① (*using a graph*) grafisch ② (*vividly*) anschaulich, plastisch

graphic artist *n* Grafiker(in) *m(f)* **graphic arts** *npl* Grafik *f kein pl*

graphic design *n* Grafikdesign *nt,* Gebrauchsgrafik *f* **graphic designer** *n* Grafikdesigner(in) *m(f),* [Gebrauchs]grafiker(in) *m(f)* **graphic novel** *n* Bildergeschichte *f*

graphics ['græfɪks] *npl* ① (*drawings*) Grafik[en] *f*[*pl*], grafische Darstellung[en]; **computer ~** Computergrafik[en] *f*[*pl*] ② + *sing vb* (*presentation*) Grafik *f kein pl,* grafische Gestaltung *kein pl;* **computer ~** Computergrafik *f*

graphics card *n* Grafikkarte *f* **graphics screen** *n* Grafikbildschirm *m*

graphite ['græfaɪt] *n no pl* Graphit *m*

graphologist [græf'ɒlədʒɪst, AM -'ɑːl-] *n* Graphologe, -in *m, f*

graphology [græf'ɒlədʒi, AM -'ɑːl-] *n no pl* Graphologie *f*

graph paper *n* Millimeterpapier *nt*

grapnel ['græpnᵊl] *n* NAUT ① (*multiple hook*) Enterhaken *m fachspr* ② (*small anchor*) Draggen *m fachspr,* Dregge *f fachspr*

grappa ['græpə, AM -ɑːpə] *n* Grappa *m o f*

grapple ['græpl] **I.** *vi* ■ **to ~ with sb** mit jdm ringen [*o* kämpfen]; ■ **to ~ for sth** um etw *akk* kämpfen; **to ~ with a problem** mit einem Problem zu kämpfen haben **II.** *vt* ■ **to ~ sb** jdn fassen

grappling iron *n,* **grappling hook** *n* NAUT Enterhaken *m fachspr*

grasp [grɑːsp, AM græsp] **I.** *n no pl* ① (*grip*) Griff *m;* ***he shook my hand with a firm ~*** mit festem Händedruck schüttelte er mir die Hand; ***I lost my ~ on the suitcase*** der Koffer rutschte mir aus der Hand ② (*fig: attainability*) Reichweite *f;* **to slip from sb's ~** jdm entgleiten [*o* aus den Händen gleiten]; **to be beyond sb's ~** für jdn unerreichbar sein; **to be within sb's ~** sich *akk* in jds Reichweite *f* befinden, zum Greifen nahe sein; ***the presidency at last looked within her ~*** die Präsidentschaft schien für sie endlich in greifbare Nähe gerückt ③ (*fig: understanding*) Verständnis *nt,* Begriffsvermögen *nt;* **to have a good ~ of a subject** ein Fach gut beherrschen; **to lose one's ~ on sth** etw nicht mehr im Griff haben; **to lose one's ~ on reality** den Bezug zur Wirklichkeit verlieren **II.** *vt* ① (*take firm hold*) ■ **to ~ sth** etw [fest] [er]greifen [*o* fassen] [*o* packen]; **to ~ sb by the arm/hand** jdn am Arm/an der Hand fassen; **to ~ any opportunity to do sth** jede Gelegenheit nutzen, um etw zu tun ② (*fig: understand*) ■ **to ~ sth** etw begreifen [*o* erfassen]; ***the government has failed to ~ the scale of the problem*** die Regierung hat das Ausmaß des Problems nicht erkannt ► PHRASES: **to ~ the <u>nettle</u>** BRIT, AUS (*become active*) den Stier bei den Hörnern packen *fam;* (*do sth unpleasant*) in den sauren Apfel beißen *fam* **III.** *vi* ① (*try to hold*) ■ **to ~ at sth** nach etw *dat* greifen ② (*fig*) **to ~ at the chance** [*or* **opportunity**] die Chance nutzen, die Gelegenheit beim Schopfe packen ► PHRASES: **to ~ at a <u>straw</u>** [*or* **<u>straws</u>**] sich *akk* [wie ein Ertrinkender] an einen Strohhalm klammern

grasping ['grɑːspɪŋ, AM 'græsp-] *adj* (*fig, pej*) habgierig, habsüchtig

grass <*pl* -es> [grɑːs, AM græs] **I.** *n* ① (*genus of plant*) Gras *nt;* ***a vase of dried flowers and ~es*** eine Vase mit Trockenblumen und Gräsern ② *no pl* (*plant*) Gras *nt;* ***we put most of the garden down to ~*** wir haben den größten Teil des Gartens mit Rasen bepflanzt; **a blade/tuft of ~** ein Grashalm *m*/Grasbüschel *nt* ③ *no pl* (*area of grass*) Wiese *f;* (*lawn*) Rasen *m;* **to cut the ~** den Rasen mähen ④ *no pl* TENNIS Rasen *m;* **to play on ~** auf Rasen spielen ⑤ *no pl* (*pasture*) Weideland *nt,* Grasland *nt,* Weide *f;* **to be at ~** *cattle* auf der Weide sein; **to put cattle out to ~** [das] Vieh auf die Weide treiben; **to put an animal out to ~** (*fig*) einem Tier das Gnadenbrot geben; **to put sb out to ~** (*fig*) jdn in Rente schicken [*o* in den Ruhestand versetzen]; ***he felt much too young to be put out to ~*** er fühlte sich noch viel zu jung, um schon aufs Abstellgleis geschoben zu werden ⑥ *no pl* (*sl: marijuana*) Gras *nt sl* ⑦ BRIT (*sl: informer*) Spitzel(in) *m(f)* ▸ PHRASES: **to [not] let the ~ grow under one's feet** etw [nicht] auf die lange Bank schieben; **the ~ is [always] greener on the other side [of the fence]** (*prov*) die Kirschen in Nachbars Garten schmecken immer süßer *prov* **II.** *n modifier* (*path, roof*) Gras-; **~ matting** Grasmatten *fpl;* **~ player** TENNIS Rasenspieler(in) *m(f);* **~ skirt** Bastrock *m;* **~ verges** BRIT Grünstreifen *mpl* **III.** *vt* ■ **to ~ sth** etw mit Gras [*o* Rasen] bepflanzen **IV.** *vi* BRIT, AUS (*sl*) singen *sl;* ■ **to ~ on sb** jdn verpfeifen *fam*

◆**grass over** *vt* ■ **to ~ over** ↔ **sth** etw mit Gras bepflanzen; **to be/become ~ed over** von Gras überwuchert sein/werden

grasshopper *n* Heuschrecke *f,* Grashüpfer *m fam* ▸ PHRASES: **to be knee-high to a ~** ein Dreikäsehoch sein *hum fam* **grassland** *n* Grasland *nt,* Weideland *nt* **grass pollen** *n no pl* Gräserpollen *m* **grassroots I.** *npl* (*ordinary people*) Volk *nt kein pl; of a party, organization* Basis *f kein pl* **II.** *adj* Basis-; **~ activity** Arbeit *f* an der Basis; **~ opinion** Volksmeinung *f;* **~ politics** volksnahe Politik **grass-snake** *n* AM Grasnatter *f;* BRIT Ringelnatter *f* **grasstree** *n* Grasbaum *m* **grass widow** *n* Strohwitwe *f* **grass widower** *n* Strohwitwer *m*

grassy ['grɑːsi, AM 'græsi] *adj* grasbewachsen, mit Gras bewachsen, grasig

grate¹ [greɪt] *n* ① (*fireplace*) Kamin *m* ② (*grid*) Rost *m*

grate² [greɪt] **I.** *vi* ① (*annoy*) *noise* in den Ohren wehtun; **to ~ on sb['s nerves]** jdm auf die Nerven gehen [*o* fallen]; ***it's the way he's always talking about himself— it just ~s on me!*** die Art, wie er immer nur über sich spricht – ich kann es nicht mehr hören! ② (*rasp*) kratzen; ***the noise of the chair grating on the stone floor*** das Geräusch, wenn der Stuhl über den Steinboden schrammt; ***the hinges of the old wooden door ~d*** die alte Holztür quietschte in den Angeln; ■ **to ~ against one another** gegeneinander reiben **II.** *vt* ① (*grind*) **to ~ one's teeth** mit den Zähnen knirschen ② (*shred*) ■ **to ~ sth** *cheese, nutmeg* etw reiben; *vegetables* etw raspeln; **to finely/coarsely ~ sth** etw fein/grob reiben

grated ['greɪtɪd, AM -t̬ɪd] *adj* (*finely*) gerieben; (*coarsely*) geraspelt

grateful ['greɪtfᵊl] *adj* dankbar; ***I would be most ~ if you could send us the forms as soon as possible*** ich wäre Ihnen sehr verbunden, wenn Sie uns die Formulare so schnell wie möglich zusenden könnten; ***in the end we were ~ to be alive*** am Ende waren wir froh, mit dem Leben davongekommen zu sein; ***I'm just ~ that I'm not still working for him*** ich bin bloß froh, dass ich nicht mehr für ihn arbeiten muss; ***he was very ~ to her for all her support*** er war ihr für ihre Unterstützung sehr dankbar; ■ **to be ~ for sth** für etw *akk* dankbar sein; (*be glad*) über etw *akk* froh sein

gratefully ['greɪtfᵊli] *adv* dankbar

gratefulness ['greɪtfᵊlnəs] *n no pl* Dankbarkeit *f;* **to show one's ~** seine Dankbarkeit zeigen

grater ['greɪtəʳ, AM -t̬ɚ] *n* Reibe *f,* Raspel *f*

gratification [ˌgrætɪfɪ'keɪʃᵊn, AM -t̬əfɪ'-] *n* Genugtung *f; of a wish* Erfüllung *f;* **sexual ~** sexuelle Befriedigung; **with [some] ~** mit [einer gewissen] Genugtuung

gratify <-ie-> ['grætɪfaɪ, AM -t̬ə-] *vt* ① *usu passive* (*please*) ■ **to be gratified at [***or* **by] sth** über etw *akk* [hoch] erfreut sein; ***I was gratified to hear that I had been right*** mit Genugtuung habe ich gehört, dass ich Recht gehabt hatte; ***he was ~ to see how well his students had done*** er war mit den guten Ergebnissen seiner Studenten sehr zufrieden ② (*satisfy*) ■ **to ~ sth** *curiosity, desire, wish* etw befriedigen

gratifying ['grætɪfaɪɪŋ, AM -t̬ə-] *adj* erfreulich; ***it must be ~ to see all your children happy*** es muss sehr schön für dich sein, dass alle deine Kinder glücklich sind

gratifyingly ['grætɪfaɪɪŋli, AM -t̬ə-] *adv* erfreulich

gratin ['grætɛ̃(ŋ), AM 'grɑːtᵊn] *n* Gratin *nt;* ***aubergine and tomato au ~*** überbackene [*o* gratinierte] Auberginen und Tomaten

gratin dish *n* Auflaufform *f*

grating ['greɪtɪŋ, AM -t̬ɪŋ] **I.** *n* Gitter *nt* **II.** *adj* ① (*grinding*) knirschend; (*rasping*) kratzend; (*squeaking*) quietschend; ***the iron gate dragged on the flagstones, making a ~ noise*** das Eisentor schleifte knirschend über die Steinplatten; **a ~ voice** eine raue Stimme [*o* eine Stimme wie ein Reibeisen] *fam* ② (*annoying*) nervtötend *fam*

gratis ['grɑːtɪs, AM 'græt̬əs] **I.** *adj pred, inv* gratis **II.** *adv* gratis

gratitude ['grætɪtjuːd, AM -t̬ətuːd, -tjuːd] *n no pl* Dankbarkeit *f* (**for** für +*akk*); **as a token of my/our ~** als [ein] Zeichen meiner/unserer Dankbarkeit; **to show/express deep/sincere/everlasting ~** tiefe/aufrichtige/ewige Dankbarkeit zeigen/zum Ausdruck bringen

gratuitous [grə'tjuːɪtəs, AM -'tuːət̬əs, -'tjuː-] *adj* ① (*pej: uncalled-for*) grundlos, unberechtigt; (*unnecessary*) überflüssig; **~ bad language** unnötige Kraftausdrücke ② (*free of charge*) unentgeltlich, kostenlos

gratuitously [grə'tjuːɪtəsli, AM -'tuːət̬əs-, -'tjuː-] *adv* unnötig, grundlos

gratuitousness [grə'tjuːɪtəsnəs, AM -'tuːət̬əs-, -'tjuː-] *n no pl* Entbehrlichkeit *f;* (*exaggerated use*) unnötige [*o* übertriebene] Verwendung

gratuity [grə'tjuːəti, AM -'tuːət̬i, -'tjuː-] *n* ① (*tip*) Trinkgeld *nt* ② BRIT (*payment*) Sonderzuwendung *f,* Gratifikation *f geh* ③ AM (*bribe*) **illegal ~** Bestechungsgeld *nt* ④ LAW Geldgeschenk *nt*

grave¹ [greɪv] *n* Grab *nt;* **mass ~** Massengrab *nt;* **unmarked ~** anonymes Grab; **to go to one's ~** (*liter*) dahinscheiden *geh,* heimgehen *euph geh* ▸ PHRASES: **from the cradle to the ~** ein Leben lang, von der Wiege bis zur Bahre *meist hum;* **to have one foot in the ~** mit einem Bein im Grab stehen; **to take one's secret to the ~** sein Geheimnis mit ins Grab nehmen; **as silent as the ~** mucksmäuschenstill *fam;* (*gloomy*) totenstill; **to dig one's own ~** sich *dat* sein eigenes Grab schaufeln; **to turn in one's ~** sich *akk* im Grabe [her]umdrehen; ***that version of Beethoven's Fifth is ghastly, I can hear the poor man turning in his ~*** diese Version von Beethovens Fünfter ist entsetzlich, der arme Mann würde sich im Grabe umdrehen; **beyond the ~** (*liter*) über den Tod hinaus; ***do you believe there is life beyond the ~?*** glaubst du an ein Leben nach dem Tode?; **from beyond the ~** (*liter*) aus dem Jenseits

grave² [greɪv] *adj face, music* ernst; (*seriously bad*) *news* schlimm; (*worrying*) *conditions, symptoms* bedenklich, ernst zu nehmend; **a ~ crisis** eine schwere Krise; **a ~ decision** ein schwerwiegender Entschluss; **a ~ mistake** ein gravierender Fehler; **a ~ risk** ein hohes [*o* großes] Risiko; **a ~ situation** eine ernste Lage

grave accent *n* LING Gravis *m,* Accent grave *m*

grave-digger *n* Totengräber(in) *m(f)*

gravel ['grævᵊl] **I.** *n no pl* ① (*small stones*) Kies *m;* GEOL Schotter *m;* **coarse ~** Grobkies *m;* **fine ~** Feinkies *m* ② MED Harngrieß *m,* Nierengrieß *m* **II.** *n modifier* (*path*) Kies-; **~ drive[way]** mit Kies aufgeschüttete Auffahrt; **~ road** Schotterstraße *f* **III.** *vt* <BRIT -ll- *or* AM *usu* -l-> ① (*cover with gravel*) ■ **to ~ sth** etw mit Kies [*o* Schotter] bedecken; *path, road* etw schottern ② AM (*fam: make angry*) ■ **to ~ sb** jdn ärgern; ■ **it ~ed him that …** es fuchste [*o* wurmte] ihn, dass … *fam*

gravelled ['grævᵊld], AM **graveled** *adj inv* Kies-, mit Kies bedeckt; **~ path** gekiester Weg

gravelly ['grævᵊli] *adj* kiesig; (*stony*) steinig; **~ soil** steiniger Boden; **a ~ voice** (*fig*) eine raue Stimme

gravel-pit *n* Kiesgrube *f*

gravely ['greɪvli] *adv* ernst; **~ ill** ernstlich [*o* schwer] krank

grave mound *n* Grabhügel *m*

graven ['greɪvᵊn] *adj* (*liter*) eingehauen (**on/in** in +*akk*); **sth is [***or* **remains] ~ in [***or* **on] sb's memory** (*fig*) etw gräbt sich *akk* in jds Gedächtnis *nt* ein

graven image *n* Götzenbild *nt*

grave robber *n* Grabräuber(in) *m(f)* **graveside** *n* **~ speech** Grabrede *f;* **at the ~** am Grab[e] **gravestone** *n* Grabstein *m* **graveyard** *n* ① (*burial ground*) Friedhof *m* ② ECON Flaute *f* **graveyard shift** *n* (*fam*) Nachtschicht *f*

gravitas ['grævɪtæs] *n no pl* (*form*) Würde *f*

gravitate ['grævɪteɪt] *vi* ■ **to ~ to[wards] sth/sb** von etw/jdm angezogen werden, sich *akk* zu etw/jdm hingezogen fühlen, zu etw/jdm tendieren; ***in their search for work, people are gravitating to the cities*** auf der Suche nach Arbeit zieht es die Menschen in die großen Städte

gravitation [ˌgrævɪ'teɪʃᵊn] *n no pl* ① (*movement*) ■ **~ to[wards] sth** Bewegung *f* zu etw *dat* hin; (*fig: tendency*) Hinwendung *f* [*o* Tendenz *f*] zu etw *dat;* ***the ~ of country people to the cities began in the 1920s*** die Abwanderung der Landbevölkerung in die Städte begann in den 20er Jahren; ***the last few years has seen a ~ of this age group towards more active sports*** in den letzten Jahren hat sich diese Altersgruppe den aktiveren Sportarten zugewendet ② (*attracting force*) Schwerkraft *f,* Gravitation *f*

gravitational [ˌgrævɪ'teɪʃᵊnᵊl] *adj inv* Gravitations-

gravitational field *n* Gravitationsfeld *nt,* Schwerefeld *nt* **gravitational force** *n* Gravitationskraft *f,* Schwerkraft *f* **gravitational pull** *n no pl* Anziehungskraft *f*

gravity ['grævəti, AM -ət̬i] *n no pl* ① PHYS Schwerkraft *f,* Gravitation *f;* **the force of ~** die Schwerkraft; **the law of ~** das Gesetz der Schwerkraft ② (*seriousness*) Ernst *m; of speech* Ernsthaftigkeit *f*

gravlax ['grævlæks, AM 'grɑːvlɑːks] *n no pl* Gravad Lachs *m,* marinierter Räucherlachs

gravure [grə'vjʊəʳ, AM -'vjʊr] *n* ① (*etching*) Tiefdruck *m kein pl,* Tiefdruckätzung *f kein pl* ② (*picture*) Tiefdruck *m,* Ätzung *f*

gravy ['greɪvi] *n no pl* ① (*meat juices*) Bratensaft *m;* (*meat sauce*) [Braten]soße *f* ② *esp* AM (*fig sl: easy money*) schnell [*o* leicht] verdientes Geld; **to make some ~** 'ne schnelle Mark verdienen *fam*

gravy boat *n* Sauciere *f,* Soßenschüssel *f* **gravy train** *n* (*sl*) ▸ PHRASES: **to be on the ~** schnelles Geld machen *fam;* **to get on the ~** sich *dat* ein Stück vom Kuchen abschneiden *fam*

gray *adj* AM *see* **grey**

graze¹ [greɪz] **I.** *n* Abschürfung *f,* Schürfwunde *f* **II.** *vt* ■ **to ~ sth** etw streifen; ***the bullet just ~d his leg*** die Kugel hat sein Bein nur gestreift; **to ~ one's knee/elbow** sich *dat* das Knie/den Ellbogen aufschürfen

graze² [greɪz] **I.** *vi* (*eat grass*) *cattle, sheep* grasen, weiden; (*fam: eat*) sich *akk* [so] durchfressen *fam;* **to ~ on sweets** sich *akk* nur von Süßigkeiten ernähren **II.** *vt* **to ~ animals** Tiere weiden [*o* grasen] lassen; ***the shepherds ~d their sheep*** die Schäfer weideten ihre Schafe; **to ~ a meadow** Weideland abgrasen

grazier ['greɪzɪəʳ, AM ʒɚ] *n* Viehzüchter(in) *m(f)*

grazing ['greɪzɪŋ] *n no pl* Weideland *nt*

grazing land ['greɪzɪŋ-] *n* Weideland *nt kein pl,* Grasland *nt kein pl,* Weide *f*

grease [gri:s] **I.** *n* ① (*fat*) Fett *nt;* **goose ~** Gänsefett *nt* ② (*lubricating oil*) Schmierfett *nt,* Schmiere *f* **II.** *n modifier* **~ mark** [*or* **spot**] Fettfleck *m* **III.** *vt* ■**to ~ sth** etw [ein]fetten [*o* einschmieren]; MECH, TECH etw schmieren ▶ PHRASES: **like ~d lightning** wie ein geölter Blitz *fam;* **to ~ sb's palm** jdn schmieren *fam*

grease gun *n* Fettspritze *f,* Fettpresse *f* **grease monkey** *n esp* AM (*dated sl*) [ölverschmierter] Mechaniker[lehrling] **greasepaint** *n* THEAT Fettschminke *f* **greaseproof paper** *n* Pergamentpapier *nt,* Butterbrotpapier *nt*

greaser ['gri:səʳ, AM -ɚ] *n* ① (*motor mechanic*) Kfz-Mechaniker(in) *m(f);* (*on ship*) ungelernter Mechaniker/ungelernte Mechanikerin ② (*dated sl: motorcycle fanatic*) Rocker(in) *m(f) fam* ③ AM (*pej! sl: Hispanic American*) *abwertende Bezeichnung für Südamerikaner, besonders Mexikaner*

greasiness ['gri:sɪnəs] *n no pl* Fettigkeit *f,* Schmierigkeit *f*

greasy ['gri:si] *adj* ① (*covered with grease*) *hair, skin* fettig; *fingers, objects also* schmierig; (*full of grease*) *food* fett; (*slippery*) *floor* glitschig ② (*fig, pej: effusively polite*) *person, manner* schmierig *pej*

greasy spoon *n* (*pej fam*) [billige] Fressbude *pej fam*

great [greɪt] **I.** *adj* ① (*very big*) groß, riesig; ***it gives us ~ pleasure to announce the engagement of our daughter*** es ist uns eine große Freude, die Verlobung unserer Tochter bekannt zu geben; ***it is with ~ sorrow that I inform you of the death of our director*** zu meinem tiefsten Bedauern muss ich Ihnen mitteilen, dass unser Direktor verstorben ist; ***I feel ~ sympathy for you*** ich fühle von ganzem Herzen mit dir; **a ~ amount** [*or* **quantity**] eine große Menge, sehr viel; **a ~ deal of time/money** eine Menge [*o* sehr viel] Zeit/Geld; **to a ~ extent** im Großen und Ganzen; **a ~ joy** eine große Freude; **the ~ majority of people** die überwiegende Mehrheit der Leute; **a ~ many** [*or* **number of**] **people** sehr viele Menschen; **a ~ sadness** eine tiefe Traurigkeit ② (*famous*) groß; (*important*) bedeutend; (*outstanding*) überragend; **the ~est boxer/show** der größte Boxer/die größte Show; **a ~ personality** eine überragende Persönlichkeit ③ (*wonderful*) großartig, wunderbar; ***we had a ~ time at the party*** wir haben uns auf der Party großartig amüsiert; ***it's ~ to be back home again*** es ist richtig schön, wieder zu Hause zu sein; ***it was ~ driving over the mountains*** es war wunderschön, durch die Berge zu fahren; **~!** (*iron fam*) na prima! *iron fam,* klasse! *iron fam;* **the ~ thing about sth/sb is** [**that**] ... das Tolle an etw/jdm ist[, dass] ... *fam;* ***the ~ thing about my job is the flexitime*** was mir an meiner Arbeit besonders gefällt, ist die Gleitzeit; **to be a ~ one for sth** genau der/die Richtige für etw *akk* sein; ***he's a ~ one for getting other people to do his work*** er hat den Bogen raus, wie er andere Leute dazu kriegt, seine Arbeit zu machen *fam;* ■**to be ~ at doing sth** (*fam*) etw sehr gut können; ***my sister's ~ at playing football*** meine Schwester spielt klasse Fußball ④ *inv* (*for emphasis*) ausgesprochen; **~ fool** Volltrottel *m fam;* **~ friend** guter Freund/gute Freundin; ***as children they were ~ friends*** als Kinder waren sie dicke Freunde *fam* ⑤ (*very good*) hervorragend, toll *fam;* ***she is a ~ organizer*** sie kann herrvorragend organisieren; ***he is a ~ storyteller*** er ist ein fantastischer Geschichtenerzähler; **to feel ~** sich *akk* großartig fühlen; **to feel not all that ~** sich *akk* gar nicht gut fühlen ⑥ (*enthusiastic*) begeistert; ***our kids are ~ party-goers*** unsere Kinder sind begeisterte Partygänger ▶ PHRASES: **to be going ~ guns** (*dated fam*) richtig [toll] in Schwung [*o* in Fahrt] sein *fam;* **~ minds think alike**[**, fools seldom differ**] (*prov, hum*) große Geister denken gleich *prov, hum,* zwei Dumme, ein Gedanke *prov, hum;* **to be no ~ shakes** nicht besonders gut sein; ***I'm no ~ shakes as a cook/at cooking*** als Koch/im Kochen bin ich nicht gerade ein Meister; **to be the ~est thing since sliced bread** (*prov fam*) genial [*o* großartig] sein; **to not be the ~est thing since sliced bread** (*prov fam*) nicht gerade das Gelbe vom Ei sein *fam* **II.** *adv inv* (*extremely*) sehr; **~ big** riesengroß; **a ~ big spider** eine dicke, fette Spinne; **a ~ long queue** [*or* AM **line**] eine riesenlange Schlange *fam* **III.** *n* (*person*) Größe *f;* (*in titles*) ***Alexander/Catherine the ~*** Alexander der Große/Katharina die Große; **the ~ and the good** die Prominenz; **an all-time ~** ein unvergesslicher Star; **to be an all-time ~** unerreicht sein; **one of the ~s** einer/eine der ganz Großen

great-aunt *n* Großtante *f* **Great Bear** *n* ASTRON Großer Bär

Great Britain *n* Großbritannien *nt*

greatcoat *n esp* BRIT Überzieher *m,* Paletot *m;* **army ~** Militärmantel *m* **Great Dane** *n* [Deutsche] Dogge **Great Depression** *n* HIST *Weltwirtschaftskrise* (*1929*)

Greater ['greɪtəʳ, AM -t̬ɚ] (*in cities*) **~ London** Groß-London *nt;* **~ Manchester** Großraum *m* Manchester; (*county*) [Grafschaft *f*] Greater Manchester *nt;* **~ New York** Großraum *m* New York **great-grandchild** *n* Urenkel(in) *m(f)* **great-granddaughter** *n* Urenkelin *f* **great-grandfather** *n* Urgroßvater *m* **great-grandmother** *n* Urgroßmutter *f* **great-grandson** *n* Urenkel *m* **great-great grandfather** *n* Ururgroßvater *m* **great-great-grandmother** *n* Ururgroßmutter *f* **Great Lakes** *npl* GEOG ■**the ~** die Großen Seen

greatly ['greɪtli] *adv* sehr; **to be ~ impressed** tief beeindruckt sein; **to improve ~** große Fortschritte machen; **to ~ regret sth** etw zutiefst bedauern

great-nephew [,greɪt'nefju:] *n* Großneffe *m*

greatness ['greɪtnəs] *n no pl* Bedeutsamkeit *f,* [große] Bedeutung

great-niece [,greɪt'ni:s] *n* Großnichte *f* **great-uncle** *n* Großonkel *m* **Great Wall of China** *n* ■**the ~** die Chinesische Mauer **Great War** *n* HIST ■**the ~** der Erste Weltkrieg

grebe [gri:b] *n* ORN Seetaucher *m*

Grecian ['gri:ʃᵊn] *adj inv* ① (*Greek*) griechisch; *see also* **Greek** ② (*of Ancient Greece*) *column, temple* griechisch; (*like Greek statues*) klassisch [griechisch]; **~ features** klassische Gesichtszüge; **a ~ nose/profile** eine klassische Nase/ein klassisches Profil

Greco-Roman [,gri:kəʊ'rəʊmᵊn, AM ,gri:koʊ'roʊmᵊn] *adj inv esp* AM griechisch-römisch

Greece [gri:s] *n* Griechenland *nt*

greed [gri:d] *n no pl* Gier *f* (**for** nach +*dat*); **~ for food** Essgier *f,* Gefräßigkeit *f;* **~ for money** Geldgier *f;* **~ for power** Machtgier *f,* Machthunger *m*

greedily ['gri:dɪli] *adv* gierig

greediness ['gri:dɪnəs] *n no pl* Gier *f*

greedy ['gri:di] *adj* gierig; (*for money, things*) habgierig *pej,* raffsüchtig *pej;* (*fig*) ■**to be ~ for sth** gierig nach etw *dat* sein, nach etw *dat* gieren; **~** [**guzzle-**]**guts** BRIT, AUS (*esp childspeak fam*) [kleiner] Vielfraß *fam;* **~ pig** (*fam*) Vielfraß *m pej fam;* **~ for power** machthungrig; **~ for success/victory** erfolgs-/siegeshungrig

Greek [gri:k] **I.** *n* ① (*person*) Grieche, -in *m, f* ② *no pl* (*language*) Griechisch *nt;* **ancient ~** Altgriechisch *nt;* **modern ~** Neugriechisch *nt;* **in ~** auf Griechisch **II.** *adj inv* griechisch; **~ cuisine** griechische Küche ▶ PHRASES: **beware** [*or* **fear**] **the ~s bearing gifts** (*prov*) Vorsicht vor falschen Freunden *prov,* trau, schau, wem *prov;* **it's all ~ to me** das sind alles böhmische Dörfer für mich

Greek cross *n* griechisches Kreuz

green [gri:n] **I.** *n* ① *no pl* (*colour*) Grün *nt;* ***it's not easy being ~*** es ist nicht einfach, grün zu sein; **pale/bottle/lime ~** Blassgrün/Flaschengrün/Lindgrün *nt* ② (*shade of green*) Grünton *m,* Grün *nt;* **to paint sth in ~s and blues** etw in Grün- und Blautönen streichen ③ FOOD ■**~s** *pl* Blattgemüse *nt kein pl,* Grünzeug *nt kein pl fam;* **dandelion/salad ~s** Löwenzahn-/Salatblätter *ntpl* ④ (*member of Green Party*) ■**G~** Grüne(r) *f(m)* ⑤ *no pl* (*area of grass*) Grün *nt,* Grünfläche *f;* SPORTS Rasen *m,* Rasenplatz *m;* (*part of name*) ***Sheep's G~*** Sheep's Green; **bowling ~** *Rasenfläche zum Bowlen;* **cricket ~** Kricketplatz *m;* **golf** [*or* **putting**] **~** Grün *nt;* **village ~** Dorfwiese *f,* Dorfanger *m* **II.** *adj* ① (*green coloured*) grün; **~ salad** grüner Salat; **to turn** [*or* **go**] **~** BOT grün werden; (*of traffic lights*) grün werden, auf Grün umspringen; (*feel ill*) grün [*o* blass] werden ② (*environmentally conscious*) grün, umweltfreundlich, ökologisch; **~ campaigners** Umweltschutzaktivisten, -innen *mpl, fpl;* **~ issues** Umweltschutzfragen *fpl;* **~ policies** umweltfreundliche [politische] Maßnahmen; **~ politics** Umwelt[schutz]politik *f* ③ (*unripe*) grün; **~ bananas/tomatoes** grüne Bananen/Tomaten; **~ wood** grünes Holz ④ (*inexperienced*) unerfahren, grün hinter den Ohren *präd;* (*naive*) naiv ⑤ (*covered with plants*) grün, mit Pflanzen bewachsen ⑥ (*fig: jealous*) **~** [**with envy**] grün [*o* gelb] vor Neid

greenback ['gri:nbæk] *n* (*fam*) ① AM (*dollar*) Dollar[schein] *m,* Dollar[bank]note *f* ② (*animal*) Laubfrosch *m* **green ban** *n* AUS [gewerkschaftliche] Baubeschränkung, [gewerkschaftliches] Bauverbot (*aus Naturschutzgründen*) **green beans** *npl* grüne Bohnen **green belt** *n* Grüngürtel *m* **green card** *n* ① BRIT (*car insurance document*) [internationale] Grüne [Versicherungs]karte ② AM (*residence and work permit*) Aufenthaltserlaubnis *f* mit Arbeitsgenehmigung, Greencard *f* **green consumerism** *n no pl* Konsum *m* von umweltfreundlichen Produkten, umweltbewußtes Konsumverhalten

greenery ['gri:nᵊri] *n no pl* Grün *nt,* grüne Zweige

green-eyed *adj* ① (*with green eyes*) grünäugig; **to be ~** grüne Augen haben ② (*fig: jealous*) ■**to be ~** neidisch [*o* missgünstig] sein; **the ~ monster** der blasse Neid **green famine** *n no pl* Hungersnot *f* trotz grüner Felder (*bei durch Regenmangel oder Krieg bedingtem Ernteausfall*) **greenfield** *adj attr, inv* BRIT ① (*not built on*) **~ land** unerschlossenes Land; **~ site** unerschlossenes Baugrundstück [*o* Bauland] ② (*on newly developed land*) **~ factory** Fabrik *f* auf der grünen Wiese **greenfinch** *n* Grünfink *m* **green finger** *n* BRIT ▶ PHRASES: **to have ~s** einen grünen Daumen haben **greenfly** <*pl* – *or* -flies> *n esp* BRIT Blattlaus *f;* **to have ~** *plant* von Blattläusen befallen sein **greengage** *n* Reineclaude *f,* Reneklode *f;* **~ tree** Reneklode *f* **greengrocer** *n esp* BRIT Obst- und Gemüsehändler(in) *m(f);* (*shop*) Obst- und Gemüseladen *m;* **at the ~'s** im Obst- und Gemüseladen, beim Obst- und Gemüsehändler **greengrocery** <*pl* -ries> [gri:n'grəʊsᵊri] *n* ① *no pl* (*trade*) Obst- und Gemüsehandel *m* ② (*shop*) Obst- und Gemüsegeschäft *nt* [*o* -handlung *f*] ③ *usu pl* (*goods*) Obst- und Gemüsewaren *fpl,* Grünzeug *nt fam* **greenhorn** *n* Greenhorn *nt,* Grünschnabel *m;* ***as a ~ journalist, I made a lot of mistakes*** als ich noch ganz neu im Journalismus war, habe ich eine Menge Fehler gemacht **greenhouse** *n* Gewächshaus *nt,* Treibhaus *nt* **greenhouse effect** *n no pl* ■**the ~** der Treibhauseffekt **greenhouse gas** *n* Treibhausgas *nt*

greenie ['gri:ni] *n* (*pej*) Öko *m oft pej fam*

greening ['gri:nɪŋ] *n no pl* ① (*environmental awareness*) Steigerung *f* des Umweltbewusstseins ② (*introducing plants*) Begrünung *f*

greenish ['gri:nɪʃ] *adj* grünlich

greenkeeper ['gri:nki:pəʳ, AM ɚ] *n* Platzwart(in) *m(f)*

Greenland ['gri:nlənd] *n* Grönland *nt*

Greenlander ['gri:nləndəʳ, AM -ɚ] *n* Grönländer(in) *m(f)*

green light *n* (*fig fam*) grünes Licht (**to** für +*akk*); **to give sb the ~** jdm grünes Licht [*o fam* das Okay] geben **green-light** <-lighted, -lighted> *vt* (*fam*) ■**to ~ sth** grünes Licht für etw *akk* geben

greenness ['gri:nnəs] *n no pl* Grün[e] *nt*

Green Paper *n* BRIT POL *von der Regierung veröffentlichtes Diskussionspapier über Gesetzesänderungen* **Green Party** *n + sing/pl vb* die Grünen *pl*

Greenpeace ['gri:npi:s] *n no pl, + sing/pl vb* Greenpeace *nt* **green pepper** *n* grüne Paprikaschote; **stuffed ~** gefüllte [grüne] Paprikaschote

Green Revolution *n* Grüne Revolution, Agrarrevolution *f* **green salad** *n* grüner Salat **greens-**

keeper ['gri:nzki:pəʳ, AM ɚ] *n* AM Platzwart(in) *m(f)* **greenstick fracture** *n* MED Grünholzfraktur *f fachspr* **greensward** [-swɔ:d, AM -swɔ:rd] *n* (*liter*) Au[e] *f liter,* Wiese *f* **green tea** *n* grüner Tee
green thumb *n* AM ▶ PHRASES: **to have a** ~ einen grünen Daumen haben
Greenwich ['grenɪdʒ] *n* Greenwich *nt* (*Stadtteil Groß-Londons*)
Greenwich Mean Time *n* Greenwicher [*o* westeuropäische] Zeit
Greenwich Village *n* Greenwich Village *nt* (*Stadtteil New Yorks*)
greenwood ['gri:nwʊd] *n* (*old*) grün belaubter Wald
greet [gri:t] *vt* ① (*welcome*) ■**to** ~ **sb** jdn [be]grüßen; (*receive*) jdn empfangen; ***the porter always*** ~***s me*** der Portier grüßt mich immer; ***we were*** ~***ed by a wonderful smell of coffee*** (*fig*) wir wurden von einem wunderbaren Kaffeeduft empfangen; **to** ~ **each other** [**by shaking hands**] sich *akk* [mit Handschlag] begrüßen ② (*react*) ■**to** ~ **sth with sth** auf etw *akk* mit etw *dat* reagieren; ***the unions have*** ~***ed his decision with delight/anger*** die Gewerkschaften haben seine Entscheidung sehr begrüßt/mit Zorn aufgenommen; ***his speech was*** ~***ed with applause by the audience*** er erntete mit seiner Rede einen Applaus vom Publikum ③ (*fig: be noticeable*) *sight, view* sich *akk* jdm bieten; ***a scene of chaos*** ~***ed us*** ein chaotischer Anblick bot sich uns dar
greeting ['gri:tɪŋ, AM -t̬ɪŋ] *n* Begrüßung *f;* ***she smiled at me in*** ~ sie begrüßte mich mit einem Lächeln; ■~**s** *pl* Grüße *mpl;* ***warm*** ~***s to you all*** herzliche Grüße an euch alle; ~***s to you, my friends and colleagues*** seid gegrüßt, meine Freunde und Kollegen *form o hum;* **birthday** ~**s** Geburtstagsglückwünsche *mpl;* **to exchange** ~**s** sich *akk* [gegenseitig] begrüßen
greeting card *n* AM, AUS, **greetings card** *n* BRIT Grußkarte *f*
gregarious [grɪ'geəriəs, AM -geri-] *adj* ① (*liking company*) gesellig ② ZOOL (*living in groups*) Herden-; ~ **animal** Herdentier *nt;* ***sheep and cattle are*** ~ Schafe und Rinder sind Herdentiere
gregariously [grɪ'geəriəsli, AM -geri-] *adv* gesellig
gregariousness [grɪ'geəriəsnəs, AM -geri-] *n no pl* ① (*love of company*) Geselligkeit *f* ② ZOOL (*tendency to group*) Herdentrieb *m*
Gregorian calendar [grɪ,gɔ:riən'-] *n no pl* gregorianischer Kalender **Gregorian chant** *n* gregorianischer Gesang
gremlin ['gremlɪn] *n* ① (*goblin*) Kobold *m,* kleines Monster; (*fig*) ***we must have a*** ~ ***in the engine*** in der Maschine steckt irgendwo der Wurm drin; ***our biggest*** ~ ***was rust*** gegen den Rost hatten wir am meisten zu kämpfen ② COMPUT (*fam*) Maschinenteufelchen *nt*
grenade [grə'neɪd] *n* Granate *f;* ~ **attack** Granatenangriff *m;* **hand** ~ Handgranate *f*
grenadier [,grenə'dɪəʳ, AM -'dɪr] *n* HIST Grenadier *m;* ■**the** ~**s** [*or* **the G~ Guards**] *pl* BRIT die Grenadiergarde
grenadine ['grenədi:n] *n no pl* Grenadine *f,* Granatapfelsirup *m*
grew [gru:] *pt of* **grow**
grey [greɪ], AM **gray I.** *n* ① *no pl* (*colour*) Grau *nt* ② (*shade of grey*) Grauton *m;* **to paint sth in** ~**s and blues** etw in Grau- und Blautönen streichen ③ BRIT (*regiment*) ■**the** [**Royal Scots**] **G~s** *pl Schottisches Reiterregiment* ④ (*white horse*) Grauschimmel *m* **II.** *adj* (*coloured grey*) grau; *face* [asch]grau, fahl; *horse* [weiß]grau; *person* grauhaarig; (*fig*) grau, öde, trostlos; **a** ~ **day** ein trüber [*o* grauer] Tag; ~ **weather** trübes Wetter; **to go** [*or* **turn**] ~ *person* grau werden, ergrauen, graue Haare bekommen
grey area *n* Grauzone *f* **greybeard** *n* Graubart *m*
grey eminence *n* graue Eminenz **greyhound** *n* Windhund *m* **greyhound race** *n* Windhundrennen *nt* **greyhound racing** *n no pl* Windhundrennen *nt*
greying ['greɪɪŋ], AM **graying** *adj* ergrauend; ■**to be** ~ ergrauen, grau werden; ~ **hair** leicht ergrautes [*o* angegrautes] Haar
greyish ['greɪɪʃ], AM **grayish** *adj* gräulich
greylag <*pl* – *or* -s> ['greɪlæg] *n,* **greylag goose** ['greɪlæg] *n* ORN Graugans *f*
grey matter *n* (*fam*) **the** [**old**] ~ die grauen Zellen
greyness ['greɪnəs], AM **grayness** *n no pl* Grau *nt;* (*fig*) Trübheit *f,* Trostlosigkeit *f*
grid [grɪd] *n* ① (*grating*) Gitter *nt* ② (*pattern*) Gitternetz *nt,* Raster *nt* ③ (*in motor races*) Start[platz] *m* ④ ELEC Netz *nt*
griddle ['grɪdl] **I.** *n runde Gusseisenplatte, die zum Backen oder Garen erhitzt wird* **II.** *vt* **to** ~ **food** *Speisen auf einer runden, heißen Gusseisenplatte zubereiten*
griddle cake *n* ≈ Pfannkuchen *m*
gridiron ['grɪdaɪən, AM -aɪɚn] *n* ① (*metal grid*) [Grill]rost *m* ② AM (*American football field*) Footballfeld *nt* ③ NAUT (*framework*) Balkenrostwerk *nt fachspr,* Kielbank *f fachspr* ④ THEAT Schnürboden *m fachspr*
gridlock ['grɪdlɒk, AM -lɑ:k] *n no pl* ① (*traffic jam*) Stau *m;* (*breakdown*) Verkehrskollaps *m,* Zusammenbruch *m* des Verkehrs; **to cause** ~ den [gesamten] Verkehr lahm legen ② (*fig: work blockage*) Arbeitshemmnis *nt,* Blockade *f* **gridlocked** *adj* überlastet; (*at a standstill*) lahm gelegt; (*blocked*) blockiert **grid reference** *n* Planquadratangabe *f*
grid system *n* Raster *nt;* ***the streets in this city are laid out in a*** ~ die Straßen dieser Stadt sind rasterförmig angelegt
grief [gri:f] *n no pl* ① (*sadness*) tiefe Trauer, Kummer *m,* Leid *nt;* (*pain*) Schmerz *m;* **to cause sb** ~ jdm Kummer bereiten ② (*trouble*) **good** ~**!** du liebe Zeit!; **to cause** ~ (*fam*) für Ärger sorgen *fam;* **to cause sb** ~ (*fam*) jdm Ärger bereiten; **to come to** ~ (*fail*) fehlschlagen, scheitern; (*have an accident*) sich *akk* verletzen, zu Schaden kommen; ***I came to*** ~ ***on an icy patch*** ich stürzte unglücklich auf einer vereisten Stelle; **to give sb** [**a lot of**] ~ (*fam*) jdm gegenüber keinen Hehl aus seiner/ihrer Verärgerung machen; ***my parents gave me a lot of*** ~ ***about my bad marks*** meine Eltern haben mir wegen meiner schlechten Noten ganz schön die Leviten gelesen *fam*
grief-stricken *adj* untröstlich, voller Trauer *präd;* **a** ~ **look** ein kummervoller [*o* [tief]trauriger] Blick
grievance ['gri:vᵊn(t)s] *n* ① (*complaint*) Beschwerde *f,* Klage *f* ② (*sense of injustice*) Groll *m kein pl;* **to harbour** [*or* AM **harbor**] [*or* **nurse**] **a** ~ **against sb** einen Groll gegen jdn hegen
grieve [gri:v] **I.** *vi* (*be sad*) bekümmert sein; (*mourn*) ■**to** ~ **for sb** um jdn trauern; ■**to** ~ **over sth** über etw *akk* betrübt sein, sich *akk* über etw *akk* grämen *geh* **II.** *vt* ■**to** ~ **sb** (*distress*) jdm Kummer bereiten; (*make sad*) jdn traurig machen [*o* stimmen], jdn betrüben; (*annoy*) jdn ärgern [*o* verdrießen]; ***it*** ~ ***me to see all that money go down the drain*** es ärgert mich, zu sehen, wie das ganze Geld zum Fenster hinausgeworfen wird
grievous ['gri:vəs] *adj crime* schwer; *injury also* ernst; *error also* schwerwiegend; *news* schlimm, schmerzlich; ~ **danger** große Gefahr
grievous bodily harm *n* LAW schwere Körperverletzung
grievously ['gri:vəsli] *adj* ernsthaft, schwer; ***we have been*** ~ ***hurt by your accusations*** Ihre Anschuldigungen haben uns schwer getroffen; **to be** ~ **mistaken** sich *akk* gewaltig im Irrtum befinden, einem großen Irrtum [unt]erliegen
griffin ['grɪfᵊn] *n,* **griffon** *n* Greif *m*
grifter ['grɪftɚ] *n* AM (*sl*) kleiner Gauner/kleine Gaunerin, Ganove, -in *m, f pej fam*
grill [grɪl] **I.** *n* (*in cooker*) Grill *m;* (*over charcoal*) [Grill]rost *m; esp* AM (*restaurant*) Grillrestaurant *nt,* Grillroom *m* **II.** *vt* ① (*cook*) ■**to** ~ **sth** etw grillen ② (*fig fam: interrogate*) ■**to** ~ **sb about sth** jdn über etw *akk* ausquetschen *fam;* ■**to be** ~**ed by sb** von jdm in die Mangel genommen werden *fam*
grille [grɪl] *n* Gitter *nt;* (*of windows*) Fenstergitter *nt;* (*of doors*) Türgitter *nt;* (*speak through*) Sprechgitter *nt*
grilling ['grɪlɪŋ] *n* (*fig fam*) strenges Verhör; **to give sb a** [**good**] ~ jdn hart ins Verhör [*o fam* [ordentlich] in die Mangel] nehmen
grill pan *n* Grillpfanne *f*
grim [grɪm] *adj* ① (*forbidding*) *expression, face* grimmig, verbissen; ***he was*** ~***-faced as he stared into the camera*** mit finsterem Blick starrte er in die Kamera; ~ **determination** eiserne Entschlossenheit; ~ **humour** [*or* AM **humor**] Galgenhumor *m* ② (*very unpleasant*) *situation* schlimm; (*horrible*) *news* entsetzlich, grauenhaft; (*inhospitable*) *landscape* unwirtlich; ***they lived in a*** ~ ***flat in a high-rise building*** sie wohnten in einer trostlosen Wohnung in einem Hochhaus; ***we were running out of money and things were looking*** ~ unser Geld wurde knapp und die Lage sah highlightlangsam düster aus; **a** ~ **outlook** düstere Aussichten; **a** ~ **picture** ein trostloses Bild; **a** ~ **reminder** eine bittere [*o* schmerzliche] Erinnerung; **to feel** ~ (*fig fam*) sich *akk* miserabel [*o* elend] fühlen ▶ PHRASES: **to hang** [*or* **hold**] **on like** ~ **death** *dog* sich *akk* festbeißen; *person* verbissen an etw *dat* festhalten
grimace [grɪ'meɪs, AM *esp* 'grɪməs] **I.** *n* ① (*facial expression*) [verzerrter] Gesichtsausdruck; **to make a** ~ **of disgust/hatred/pain** ein angewidertes/hasserfülltes/schmerzverzerrtes Gesicht machen ② (*exaggerated expression*) Grimasse *f,* Fratze *f;* **to make a** ~ eine Grimasse schneiden **II.** *vi* das Gesicht verziehen; **to** ~ **with pain** das Gesicht vor Schmerz verziehen
grime [graɪm] **I.** *n no pl* (*ingrained dirt*) Schmutz *m;* (*soot*) Ruß *m;* **to be covered with** ~ von einer Schmutzschicht überzogen sein **II.** *vt usu passive* **to be** ~**d with dust** von einer [dicken] Staubschicht überzogen sein; **to be** ~**d with soot** rußverschmiert sein
grimly ['grɪmli] *adv* verbissen, hart; (*threateningly*) grimmig
grimness ['grɪmnəs] *n no pl* Verbissenheit *f,* Grimmigkeit *f;* (*unpleasantness*) Trostlosigkeit *f,* Düsterkeit *f;* ***the*** ~ ***of his voice told me there was something wrong*** der grimmige Ton in seiner Stimme sagte mir, dass etwas nicht stimmte
Grim Reaper *n* ■**the** ~ der Sensenmann
grimy ['graɪmi] *adj* schmutzig; (*sooty*) rußig, verrußt
grin [grɪn] **I.** *n* Grinsen *nt kein pl* **II.** *vi* grinsen; (*beam*) strahlen; **to** ~ **impishly at sb** jdn verschmitzt anlachen ▶ PHRASES: **to** ~ **and bear it** (*accept without complaining*) gute Miene zum bösen Spiel machen; (*suffer pain*) die Zähne zusammenbeißen
grind [graɪnd] **I.** *n* ① *no pl* (*crushing sound*) Knirschen *nt;* ***the slow*** ~ ***of the legal system*** (*fig*) die langsamen Mühlen der Justiz ② *no pl* (*fam: of work*) Plackerei *f fam;* **the daily** ~ der tägliche Trott; **to be a real** ~ sehr mühsam sein ③ (*fam*) Arbeitstier *nt fig fam* ④ *esp* BRIT (*vulg: have sexual intercourse*) ■**to have a** [**good**] ~ [ordentlich] vögeln *vulg* **II.** *vt* <ground, ground> ① (*crush*) ■**to** ~ **sth** *coffee, pepper* etw mahlen; **freshly ground coffee** frisch gemahlener Kaffee; **to** ~ **sth** [**in**]**to flour/a powder** etw fein zermahlen; **to** ~ **meat** AM, AUS Fleisch fein hacken; **to** ~ **one's teeth** mit den Zähnen knirschen ② (*press firmly*) ■**to** ~ **sth** *cigarette* etw ausdrücken; (*with foot*) etw austreten; ***Sara ground her cigarette into the ashtray*** Sara drückte ihre Zigarette im Aschenbecher aus ③ (*sharpen*) ■**to** ~ **sth** etw schleifen [*o* schärfen] [*o* wetzen] ▶ PHRASES: **to** ~ **the faces of the poor** BRIT (*fig liter*) die Armen [schändlich] ausbeuten **III.** *vi* <ground, ground> **to** ~ **to a halt** *car, machine* [quietschend] zum Stehen kommen; *production* stocken; *negotiations* sich *akk* festfahren ▶ PHRASES: **the mills of God** ~ **slowly** [**but they** ~ **exceeding small**] (*prov*) Gottes Mühlen mahlen langsam [aber trefflich fein] *prov*
◆**grind away** *vi* (*fam*) sich *akk* schinden [*o fam* abschuften]; ***there are many who*** ~ ***away at bor-***

ing factory jobs es gibt viele, die sich mit eintöniger Fabrikarbeit herumplagen müssen

◆**grind down** *vt* ① (*file*) ■**to ~ down** ⊂ **sth** etw abschleifen [*o* abwetzen]; *mill* etw zerkleinern; **to ~ down cereal** Getreide schroten; **to ~ sth down to flour** etw zermahlen ② (*wear*) ■**to ~ down** ⊂ **sth** etw abtragen ③ (*mentally wear out*) ■**to ~ down** ⊂ **sb** jdn zermürben; (*oppress*) jdn unterdrücken; (*treat cruelly*) jdn schinden [*o* quälen]; ***she was ground down by years of abuse*** die jahrelangen Misshandlungen hatten sie zermürbt

◆**grind on** *vi* [ewig so] weitergehen, sich *akk* [weiter] hinziehen; **to ~ on and on** genau so weitermachen wie bisher

◆**grind out** *vt* ① (*produce continuously*) ■**to ~ out** ⊂ **sth** ununterbrochen etw produzieren; ***as a museum guide you ~ out the same boring old information every day*** als Museumsführer muss man jeden Tag das gleiche Programm abspulen ② (*extinguish*) **to ~ out** ⊂ **a cigarette** eine Zigarette ausdrücken; (*with foot*) eine Zigarette austreten

◆**grind through** *vi* ■**to ~ through sth** sich *akk* durch etw *akk* [hindurch]arbeiten [*o fam* [hindurch]ackern]

◆**grind up** *vt* ■**to ~ up** ⊂ **sth** etw fein zerkleinern

grinder ['graɪndəʳ, AM -ɚ] *n* ① (*mill*) Mühle *f;* **coffee ~** Kaffeemühle *f;* **a hand/electric ~** eine handbetriebene/elektrische Mühle; **spice ~** Gewürzmühle *f* ② (*sharpener*) Schleifmaschine *f;* **knife ~** Messerschärfer *m;* **scissor ~** Scherenschleifgerät *nt* ③ (*dated: man who sharpens things*) Schleifer *m;* **knife/scissor ~** Messerschleifer/Scherenschleifer *m* ④ AM (*sandwich*) Jumbosandwich *nt*

grinder attachment *n* Mahlvorrichtung *f,* Mahlaufsatz *m*

grinding ['graɪndɪŋ] *adj inv noise* knirschend; *hardship* zermürbend ► PHRASES: **to come to a ~ halt** [*or* **standstill**] *car, machine* [quietschend] zum Stehen kommen; (*fig*) [endlich] aufhören

grindingly ['graɪndɪŋli] *adv* ① (*harshly, gratingly*) in [stark] angreifender Weise, mit erosiver Wirkung ② (*oppressively, endlessly*) [nerven]aufreibend, quälerisch, zermürbend

grindstone ['graɪnstəʊn, AM -stoʊn] *n* Schleifstein *m* ► PHRASES: **to keep one's nose to the ~** sich *akk* [bei der Arbeit] ranhalten *fam;* **to get back to the ~** sich *akk* wieder an die Arbeit machen

gringo ['grɪŋgəʊ, AM -goʊ] *n* (*pej*) Gringo *m pej*

grip [grɪp] **I.** *n* ① (*hold*) Griff *m kein pl;* **to keep a** [**firm**] **~ on sth** etw festhalten; ***he kept a firm ~ on the briefcase*** er hielt die Aktentasche fest in der Hand ② (*fig: control*) Gewalt *f kein pl;* ***rebels have tightened their ~ on the city*** die Rebellen haben die Stadt zunehmend in ihrer Gewalt; **to be in the ~ of sth** von etw *dat* betroffen sein; ***the whole country was in the ~ of a flu epidemic*** das ganze Land wurde von einer Grippeepidemie heimgesucht; **to come to ~s with sth** etw in den Griff bekommen; **to get to ~s with sth** etw [geistig] erfassen können; **to keep a ~ on oneself** sich *akk* im Griff haben; ***"get a ~ on yourself!" she said angrily*** „jetzt reiß dich aber zusammen!" sagte sie ärgerlich ③ (*dated: bag*) Reisetasche *f* ④ TV, FILM Bühnenarbeiter *m* **II.** *vt* <-pp-> ① (*hold firmly*) ■**to ~ sth** etw packen [*o* ergreifen] ② (*overwhelm*) ■**to ~ sb** jdn packen; (*interest deeply*) *book, film* jdn fesseln; ***he was ~ped by fear*** ihn packte die Angst; **to be ~ped by emotion** von Gefühlen ergriffen werden **III.** *vi* <-pp-> greifen; ***worn tyres don't ~ very well*** abgefahrene Reifen greifen schlecht

gripe [graɪp] (*fam*) **I.** *n* Nörgelei *f pej,* Meckerei *f pej fam;* ***if you've got any ~s, don't come to me, go to the boss*** wenn du etwas zu meckern hast, komm nicht zu mir, sondern geh gleich zum Chef *fam* **II.** *vi* nörgeln *pej,* meckern *pej fam,* mosern DIAL *pej fam*

gripe water *n no pl* BRIT *Mittel gegen* [*Drei-Monats-*]*Koliken*

gripping ['grɪpɪŋ] *adj* packend, fesselnd

grippingly ['grɪpɪŋli] *adv* spannend, packend, fesselnd

grisly ['grɪzli] *adj* grässlich, grausig, scheußlich

grist [grɪst] *n* ► PHRASES: **it's all ~ to the mill** das kann nur nützlich sein [*o* Vorteile bringen]; ***I can't pay you very much — never mind, it's all ~ to the mill*** ich kann Ihnen nicht viel zahlen – das macht nichts, Kleinvieh macht auch Mist *fam*

gristle ['grɪsl] *n no pl* Knorpel *m*

gristly ['grɪsli] *adj* knorpelig

grit [grɪt] **I.** *n no pl* ① (*small stones*) Splitt *m,* Streusand *m* ② (*fig: courage*) Schneid *m,* Mumm *m fam;* ***he showed true ~*** er hat echten Mut bewiesen **II.** *vt* <-tt-> ① (*scatter*) ■**to ~ sth** etw streuen ② (*press together*) **to ~ one's teeth** die Zähne zusammenbeißen *a. fig*

grits [grɪts] *npl* AM Maisschrot *m kein pl;* (*dish*) Maisgrütze *f kein pl*

gritter ['grɪtəʳ] *n* BRIT Streuwagen *m*

gritty ['grɪti, AM -ṱi] *adj* ① (*like grit*) grob[körnig] ② (*full of grit*) sandig ③ (*brave*) mutig, tapfer; ***she showed ~ courage when it came to fighting her illness*** sie kämpfte mit verbissenem Mut gegen ihre Krankheit an; **to show ~ determination** fest [*o* wild] entschlossen sein ④ (*frank*) *article, documentary, report* schonungslos offen

grizzle ['grɪzl] *vi esp* BRIT (*pej fam*) ① (*cry*) *baby, small child* quengeln *fam* ② (*complain*) sich *akk* beklagen, meckern *pej fam*

grizzled ['grɪzl̩d] *adj* (*liter: greying*) angegraut; (*grey*) ergraut; *person* grauhaarig

grizzly ['grɪzli] **I.** *adj esp* BRIT quengelig *fam* **II.** *n* Grislibär *m,* Grizzlybär *m*

grizzly bear *n* Grislibär *m,* Grizzlybär *m*

groan [grəʊn, AM groʊn] **I.** *n* Stöhnen *nt kein pl; of floorboards* Ächsen *nt kein pl* **II.** *vi* ① (*in pain, despair*) [auf]stöhnen, ächzen; ***"not again!" he ~ed*** „nicht schon wieder!" stöhnte er; **to ~ in pain** vor Schmerzen [auf]stöhnen; **to ~ inwardly** in sich *akk* hineinseufzen, einen inneren Seufzer ausstoßen ② (*make a creaking sound*) *hinges* ächzen; *floorboards also* knarren, knarzen; ***the table ~ed under the vast assortment of foods*** (*fig*) der Tisch bog sich unter der Last des reichhaltigen Büfetts ③ (*fam: complain*) stöhnen, klagen; ■**to ~ about sth** sich *akk* über etw *akk* beklagen [*o* beschweren]; ***what are you moaning and ~ing about now?*** was hast du denn jetzt schon wieder zu jammern?; ■**to ~ beneath** [*or* **under**] **sth** unter etw *akk* zu leiden haben

groat [grəʊt, AM groʊt] *n* HIST *alte englische Silbermünze im Wert von 4 alten Pence*

groats [grəʊts, AM groʊts] *n pl* Getreideschrot *m kein pl;* (*oats*) Haferschrot *m kein pl;* (*cooked as a cereal*) [Hafer]grütze *f kein pl*

grocer ['grəʊsəʳ, AM 'groʊsɚ] *n* Lebensmittelhändler(in) *m(f);* (*of a general store*) Gemischtwarenhändler(in) *m(f) veraltend;* ***the little ~ on the corner went out of business when the supermarket opened*** der kleine Laden an der Ecke musste zumachen, als der Supermarkt eröffnet wurde

groceries ['grəʊsəriz, AM 'groʊ-] *npl* Lebensmittel *pl*

grocer's <*pl* grocers *or* grocers'> ['grəʊsəz, AM 'groʊsɚz] *n* (*food shop*) Lebensmittelgeschäft *nt;* (*general store*) Gemischtwarenhandlung *m veraltend;* **at the ~'s** beim Lebensmittelhändler

grocery ['grəʊsəri, AM 'groʊ-] **I.** *n* Lebensmittelgeschäft *nt* **II.** *n modifier* Lebensmittel-; **the ~ business** [*or* **trade**] das Geschäft mit Lebensmitteln, der Lebensmittelhandel; **~ sales** Umsatz *m* bei Lebensmitteln

grog [grɒg, AM grɑːg] *n* Grog *m*

groggily ['grɒgɪli, AM 'grɑː-] *adv* angeschlagen, halb betäubt, schlapp [und matt] *fam*

groggy ['grɒgi, AM 'grɑːgi] *adj* angeschlagen, groggy *präd fam,* wackelig auf den Beinen *präd*

groin¹ [grɔɪn] *n* ① ANAT Leiste *f,* Leistengegend *f;* **a ~ injury** eine Leistenverletzung; **to kick sb in the ~** jdm in die Eier treten *derb* ② ARCHIT [Kreuz]grat *m*

groin² [grɔɪn] *n* AM (*groyne*) Buhne *f*

grok *n* ■**to ~ sth** etw schnallen

grommet ['grɒmɪt, AM 'grɑː-] *n* ① (*eyelet placed in a hole*) eingebettete Halterungsöse ② MED (*eardrum implant*) Trommelfellkatheter *m*

groom [gruːm] **I.** *n* ① (*caring for horses*) Pferdepfleger(in) *m(f);* (*young man also*) Stallbursche *m* ② (*bridegroom*) Bräutigam *m;* **the bride and ~** Braut und Bräutigam **II.** *vt* ① (*clean fur*) ■**to ~ an animal** das Fell eines Tieres pflegen; ***he ~s his dog every day*** er bürstet seinen Hund jeden Tag; ***the apes ~ each other*** die Affen lausen sich; ***that cat's been washing and ~ing itself for over an hour*** die Katze wäscht sich und putzt sich seit über einer Stunde!; **to ~ a horse** ein Pferd striegeln ② (*prepare*) ■**to ~ sb** *politician, singer* jdn aufbauen; ■**to ~ sb for sth** jdn auf etw *akk* vorbereiten; ■**to ~ sb to do sth** jdn darauf vorbereiten, etw zu tun

groomed [gruːmd] *adj inv* ① (*well-dressed*) zurechtgemacht, gepflegt; **impeccably/carefully ~** tadellos/sorgfältig zurechtgemacht; **well-~** ordentlich, gepflegt ② (*cleaned*) gepflegt; *horse* gestriegelt; *dog* gebürstet

grooming ['gruːmɪŋ] *n no pl of people* gepflegtes Äußeres; *of animals* Pflege *f;* **~ salon** [*or* **parlour**] [*or* AM **parlor**] Hundesalon *m*

groove [gruːv] **I.** *n* Rille *f;* TECH Nut *f fachspr;* (*in gramophone record*) Rille *f* ► PHRASES: **to be** [*or* **get stuck**] **in a ~** sich *akk* in eingefahrenen Bahnen bewegen, im [gleichen] alten Trott stecken; **to get back into the ~** (*fam*) wieder in Form kommen; **get into the ~!** (*fam*) komm, mach mit!; **things are going well, we're in the ~ now!** (*dated*) alles läuft gut, wir haben freie Bahn! **II.** *vt* ■**to ~ sth** etw furchen; ***deep lines ~d her face*** tiefe Linien hatten sich in ihr Gesicht eingegraben **III.** *vi* (*dated fam*) Spaß haben, ausgelassen sein; **let's ~** lass uns was losmachen *fam*

grooved [gruːvd] *adj inv* mit Rillen versehen; *column* geriffelt, genutet *fachspr;* **a ~ pattern** ein eingekerbtes Muster

groover ['gruːvəʳ, AM -ɚ] *n* (*dated fam*) Musikfreak *m fam;* **movers and ~s** flippige Typen *fam*

groovy ['gruːvi] *adj* (*dated sl*) doll *veraltend fam,* klasse *fam*

grope [grəʊp, AM groʊp] **I.** *n* ① (*touch with hands*) Griff *nt,* Tasten *nt kein pl* ② (*usu fam: clumsy touch*) Fummeln *nt kein pl fam,* Fummelei *f fam;* (*sexual touch*) Betatschen *nt kein pl,* Befummeln *nt kein pl fam,* Begrapschen *nt kein pl fam;* ***she accused him of trying to have a ~*** sie warf ihm vor, er habe versucht, sie zu betatschen *fam* **II.** *vi* tasten; ■**to ~ for sth** nach etw *dat* tasten; (*fig*) nach etw *dat* suchen; **to ~ for the right words** nach den richtigen Worten suchen **III.** *vt* ① (*search*) **to ~ one's way** sich *dat* tastend seinen Weg suchen ② (*fam: touch sexually*) ■**to ~ sb** jdn befummeln [*o* betatschen] *fam;* **to ~ each other** sich *akk* gegenseitig befummeln *fam*

groper ['grəʊpəʳ, AM 'groʊpɚ] *n* (*pej fam*) Fummler(in) *m(f) pej fam,* Grapscher(in) *m(f) pej fam*

gropingly ['grəʊpɪŋli, AM 'groʊp-] *adv* tastend

gross¹ <*pl* – *or* -es> [grəʊs, AM groʊs] *n* (*dated: a group of 144*) Gros *nt;* **by the ~** en gros

gross² [grəʊs, AM groʊs] **I.** *adj* ① *also* LAW (*form*) grob; ***this child has suffered ~ neglect*** dieses Kind ist grob vernachlässigt worden; ***I am the victim of ~ injustice*** ich bin das Opfer einer großen Ungerechtigkeit; **~ error** grober Fehler; **~ negligence** grobe Fahrlässigkeit ② (*very fat*) fett; (*big and ugly*) abstoßend, unansehnlich ③ *esp* AM (*offensive*) derb, grob; (*revolting*) ekelhaft **II.** *n modifier* (*income, pay, profit*) Brutto-; **~ amount** Bruttobetrag *m;* **~ receipts** Bruttoeinnahmen *fpl;* **~ weight** Bruttogewicht *nt,* Gesamtgewicht *nt,* Rohgewicht *nt* **III.** *vt* FIN ■**to ~ sth** etw brutto einnehmen [*o* verdienen]; ***last year I ~ed $52,000*** letztes Jahr habe ich $52.000 brutto verdient

◆**gross out I.** *vt esp* AM (*fam*) ■**to ~ out** ⊂ **sb** jdn anwidern [*o* abstoßen] **II.** *vi esp* AM (*fam*) angewidert sein, sich *akk* ekeln

gross borrowings *npl* FIN Bruttokredit *m*

gross cash flow *n* Bruttocashflow *m kein pl,* Bruttoliquidität *f kein pl*

gross dividend *n* Bruttodividende *f;* ~ **per share** Bruttodividende *f* pro Aktie **gross domestic product** *n* Bruttoinlandsprodukt *nt* **gross income** *n* ECON ① *(profit)* Bruttoerlös *m,* Bruttoeinnahmen *pl;* ~ **yield** Bruttoeinkommensrendite *f* ② *(earnings)* Bruttoeinkommen *nt*

grossly ['grəʊsli, AM 'groʊs-] *adv* extrem; **to ~ mistreat an animal** ein Tier brutal [*o* grob] misshandeln; **to be ~ unfair** extrem [*o* äußerst] ungerecht sein

gross margin *n* ① *(difference between cost and sales price)* Handelsspanne *f,* Bruttospanne *f* ② FIN Bruttogewinnspanne *f* **gross national product** *n* Bruttosozialprodukt *nt*

grossness ['grəʊsnəs, AM 'groʊs] *n no pl* ① *(blatantness)* Gröblichkeit *f,* Ungeheuerlichkeit *f* ② *(unpleasantness, repulsiveness)* Unansehnlichkeit *f; body* Plumpheit *f* ③ *(vulgarity)* Rohheit *f,* Rüpelhaftigkeit *f,* Unmanierlichkeit *f; language* Unflätigkeit *f* ④ *(bloatedness)* [Auf]gedunsenheit *f,* Klobigkeit *f*

gross profit *n* FIN Bruttogewinn *m* **gross receipts** *npl* ECON Bruttoeinnahmen *fpl* **gross ton** *n* Bruttoregistertonne *f* **gross turnover** *n* BRIT ECON Bruttoumsatz *m* **gross yield** *n* BRIT FIN Bruttoertrag *m*

grot [grɒt] *n no pl* BRIT *(sl)* ① *(junk)* Gerümpel *nt,* Plunder *m* ② *(filth)* Schmutz *m,* Dreck *m*

grotesque [grə(ʊ)'tesk, AM groʊ'-] **I.** *n* ART, LIT Groteske *f* **II.** *adj* grotesk, absurd

grotesquely [grə(ʊ)'teskli, AM groʊ'-] *adv* auf groteske Weise; ~ **fat** entsetzlich fett

grotto <*pl* -es *or* -s> ['grɒtəʊ, AM 'grɑːt̬oʊ] *n* Grotte *f,* Höhle *f*

grotty ['grɒti] *adj* BRIT *(fam)* ① *(bad quality) hotel, room* schäbig, heruntergekommen; ~ **souvenirs** billige Souvenirs ② *(in a bad state) clothing* gammelig; ~ **jeans** abgewetzte Jeans; **to feel ~** sich *akk* mies fühlen ③ *(filthy)* dreckig *fam,* versifft *sl*

grouch [graʊtʃ] **I.** *n* <*pl* -es> ① *(grudge)* Groll *m kein pl;* *(complaint)* Beschwerde *f* ② *(person)* Nörgler(in) *m(f) pej,* Miesepeter *m pej fam,* Grantler *m* ÖSTERR *pej* **II.** *vi* [herum]nörgeln; ■ **to ~ about sth/sb** über etw/jdn schimpfen [*o fam* meckern]

grouchiness ['graʊtʃɪnəs] *n no pl* schlechte Laune, miese Stimmung *fam*

grouchy ['graʊtʃi] *adj* miesepet[e]rig, griesgrämig, mürrisch

ground[1] [graʊnd] **I.** *n no pl* ① *(Earth's surface)* [Erd]boden *m,* Erde *f;* **sth is thick on the ~** *(fig)* etw gibt es wie Sand am Meer; **to break new ~** *(fig)* einen Durchbruch schaffen; ***the airline's latest idea is certainly breaking new ~ in the world of air transport*** die neueste Idee der Luftfahrtgesellschaft wird die Welt der Luftfahrt revolutionieren [*o* grundlegend verändern]; **to get sth off the ~** *(fig) plan, programme* etw realisieren [*o* in die Tat umsetzen]; **burnt** [*or* AM **burned**] **to the ~** vollständig [*o* bis auf die Grundmauern] niedergebrannt; **to go to ~** *animal* in Deckung gehen; *fox, rabbit* im Bau verschwinden; *person* verschwinden, untertauchen; ***he went to ~ in the Hebrides for several months*** er tauchte für ein paar Monate auf den Hebriden unter; **razed to the ~** dem Erdboden gleichgemacht; **to run sb/sth to ~** jdn/etw aufstöbern; **to work** [*or* **drive**] [*or* **run**] **oneself into the ~** *(fig)* seine Gesundheit ruinieren, sich *akk* kaputtmachen *fam;* **to work** [*or* **think**] **out from the ~ up** *(fam)* etw komplett [*o* von Grund auf] überarbeiten; **above ~** über der Erde; MIN über Tage; **above ~ lines/pipes** oberirdische Leitungen/Rohre; **below ~** unter der Erde; MIN unter Tage; **on the ~** *(fig)* in der breiten Öffentlichkeit; ***their political ideas have a lot of support on the ~*** ihre politischen Ziele finden breite Unterstützung ② *(soil)* Boden *m,* Erde *f,* Erdreich *nt* ③ *(area of land)* Gelände *nt,* [ein Stück] Land *nt;* **sb's stamping ~** *(fig)* jds Revier *nt;* ***this part of town used to be my old stamping ~*** diesen Teil der Stadt habe ich früher unsicher gemacht *hum;* **waste ~** brachliegendes Land; **to gain ~** MIL Boden gewinnen; *(fig) idea, politician* stärker werden, [an] Boden gewinnen; **to lose ~** MIL Boden verlieren; *(fig) idea, politician* schwächer werden, [an] Boden verlieren; **to make up ~** SPORTS den Abstand verringern, [etwas] aufholen *a. fig;* **to stand one's ~** nicht von der Stelle weichen; MIL die Stellung behaupten; *(fig)* festbleiben, sich *akk* durchsetzen; **to be on one's own ~** *(fig)* sich *akk* auskennen ④ *(facilities for outdoor sports)* Platz *m,* [Spiel]feld *nt;* **cricket ~** Cricketfeld *nt;* **football ~** Fußballplatz *m* ⑤ *(for animals)* **breeding ~** Brutplatz *m,* Brutstätte *f a. fig;* **fishing ~s** Fischgründe *pl,* Fischfanggebiet *nt;* **spawning ~** Laichplatz *m* ⑥ *ship* **to touch ~** auf Grund laufen ⑦ AM ELEC *(earth)* Erde *f,* Masse *f;* ~ **wire** Erdungsdraht *m,* Masseleitung *f* ⑧ *(fig: area of discussion)* Gebiet *nt,* Feld *nt;* **to be on common ~** eine gemeinsame Basis haben; ***we had soon found some common ~*** wir hatten schnell einige Gemeinsamkeiten entdeckt; **to be on dangerous ~** in ein gefährliches Fahrwasser geraten, sich *akk* auf gefährliches Terrain begeben; **to be on familiar** [*or* **on one's own**] **~** sich *akk* auf vertrautem Boden bewegen, sich *akk* in etw *dat* auskennen, in etw *dat* Bescheid wissen; **to be on** [*or* **stick to**] **safe ~** sich *akk* auf sicherem Boden bewegen, auf Nummer Sicher gehen *fam;* **to go over the same ~** sich *akk* wiederholen ⑨ *usu pl* *(reason)* Grund *m,* Ursache *f;* ***your fears have no ~ at all*** deine Ängste sind absolut unbegründet; ***you have no ~s for your accusations*** deine Anschuldigungen sind haltlos; **to have ~s to do sth** einen Grund [*o* Anlass] haben, etw zu tun; **to have ~s to believe that ...** Grund zu der Annahme haben, dass ...; **on the ~s that ...** mit der Begründung, dass ...; ***an EU national cannot be deported solely on the ~s of his conviction*** ein EU-Bürger kann nicht aufgrund einer Verurteilung ausgewiesen werden ▶ PHRASES: **to cut the ~ from under sb's feet** jdm den Boden unter den Füßen wegziehen; **to have both one's feet** [**flat**] **on the ~** mit beiden Beinen [fest] auf der Erde stehen, auf dem Boden der Tatsachen bleiben; **to wish the ~ would open up and swallow one** [**whole**] am liebsten im Boden versinken wollen **II.** *vt* ① *usu passive* AVIAT ■ **to be ~ed** *(unable to fly)* nicht starten können; *(forbid to fly)* Startverbot [erteilt] bekommen; *people* nicht fliegen dürfen, Flugverbot haben ② *(unable to move)* ■ **to be ~ed** *ship* auf Grund laufen ③ *esp* AM, AUS *(fig fam)* ■ **to ~ sb** jdm Ausgehverbot [*o* Hausarrest] erteilen ④ *usu passive* ■ **to be ~ed in sth** von etw *dat* herrühren, seinen Grund in etw *dat* haben

ground[2] [graʊnd] **I.** *vt pt of* **grind** **II.** *adj* gemahlen **III.** *n* ■ **~s** *pl* [Boden]satz *m kein pl;* **coffee ~s** Kaffeesatz *m*

groundbait ['graʊndbeɪt] *n no pl* BRIT Grundköder *m* **ground ball** *n* AM SPORTS Bodenball *m* **ground beef** *n no pl* AM *(mince)* Rinderhackfleisch *nt* **ground-breaking** *adj inv* bahnbrechend, wegweisend **ground cloth** *n* AM *(groundsheet)* Bodenplane *f* [im Zelt] **ground control** *n* AVIAT Bodenkontrolle *f* **ground cover** *n no pl* HORT Bodenvegetation *f,* Bodenwuchs *m;* ***this is a good ~ plant*** diese Pflanze ist gut geeignet für die Bodenbepflanzung **ground crew** *n* AVIAT Bodenpersonal *nt kein pl,* Bodenbedienstete *pl*

grounder ['graʊndəʳ] *n* AM SPORTS *(fam)* Bodenball *m*

ground floor **I.** *n* Erdgeschoss *nt,* Parterre *nt;* **to live on the ~** Parterre [*o* im Erdgeschoss] wohnen ▶ PHRASES: **to go** [*or* **get**] **in on the ~** [**of sth**] von Anfang [*o* Beginn] an [bei etw *dat*] dabei sein **II.** *n modifier (apartment)* Erdgeschoss-, Parterre-; ~ **entrance** Parterreeingang *m;* ~ **level** [im] Erdgeschoss *nt*

ground fog *n no pl* Bodennebel *m* **ground frost** *n* Bodenfrost *m* **groundhog** *n* AM Waldmurmeltier *nt* **Groundhog Day** *n* AM Murmeltiertag *m* *(nach der Legende kommt am 2. Februar das Murmeltier aus seiner Winterschlafhöhle. Wenn an diesem Tag die Sonne scheint und es sieht seinen Schatten, soll winterliches Wetter in den nächsten 6 Wochen anhalten.)*

grounding ['graʊndɪŋ] *n no pl* Grundlagen *fpl,* Basiswissen *nt;* **to give sb a good ~ in sth** jdm die wesentlichen Grundlagen in etw *dat* vermitteln

groundless ['graʊndləs] *adj worries, fears* unbegründet, grundlos

ground level *n* Boden *m kein pl,* Bodenhöhe *f kein pl;* **above ~** über der Erde [*o* dem Boden]; **at ~** am Boden, auf Bodenhöhe **groundnut** *n* Erdnuss[pflanze] *f;* ~ **oil** *esp* BRIT Erdnussöl *nt* **groundout** ['graʊndaʊt] *n* [*für den Schläger verlorener*] *Schlag beim Baseball* **ground plan** *n* ① *(plan of building)* Grundriss *m* ② *esp* AM *(basic plan)* [Grund]konzept *nt* **ground rent** *n* BRIT *erbbauzinsähnliches Nutzungsentgelt* **ground rules** *npl* Grundregeln *fpl*

groundsel ['graʊn(d)sᵊl] *n* Kreuzkraut *nt*

groundsheet *n esp* BRIT Bodenplane *f* **groundskeeper** *n* AM, **groundsman** *n* BRIT, AUS Platzwart *m* **ground speed** *n* AVIAT Geschwindigkeit *f* über Grund **ground staff** *n no pl, + sing/pl vb* ① SPORTS Wartungspersonal *nt* *(für Platzanlagen)* ② AVIAT Bodenpersonal *nt,* Bodenbedienstete *pl* **ground-station** *n* RADIO, TV Bodenstation *f* **ground stroke** *n* TENNIS Grundschlag *m* **groundswell** *n no pl* ① NAUT *(heavy sea)* [Grund]dünung *f fachspr* ② *(increase)* Anschwellen *nt,* Anwachsen *nt;* ***there is a ~ of opinion against the new rules*** es werden immer mehr Stimmen gegen die neuen Richtlinien laut **ground-to-air missile** *n* MIL Boden-Luft-Rakete *f* **ground troops** *npl* MIL Bodentruppen *fpl* **groundwater** *n no pl* Grundwasser *nt* **groundwork** *n no pl* Vorarbeit *f;* *(for further study)* Grundlagenarbeit *f;* **to lay** [*or* **do**] **the ~ for sth** die Vorarbeit für etw *akk* leisten, die Grundlagen [*o* das Fundament] für etw *akk* schaffen

group [gruːp] **I.** *n* ① *+ sing/pl vb* *(several together)* Gruppe *f;* *(specially assembled also)* [Personen]kreis *m;* ***I'm meeting a ~ of friends for dinner*** ich treffe mich mit ein paar Freunden zum Essen; ***we'll split the class into ~s of four or five*** wir werden die Klasse in Vierer- oder Fünfergruppen aufteilen; ~ **of trees** Baumgruppe *f;* **to get into ~s** sich *akk* in Gruppen zusammentun; **in ~s** in Gruppen, gruppenweise ② CHEM *(category)* Gruppe *f* ③ ECON *(association)* Konzern *m,* Konzernverbund *m,* Unternehmensgruppe *f* ④ *(musicians)* [Musik]gruppe *f* ⑤ COMPUT *(six-character word)* Gruppe *f* ⑥ COMPUT *(in a GUI)* Programmgruppe *f* ⑦ COMPUT *(in a network)* Benutzergruppe *f* **II.** *n modifier* Gruppen-, gemeinsam; ~ **photo** Gruppenfoto *nt,* Gruppenaufnahme *f;* ~ **sex** Gruppensex *m;* ~ **work** Gruppenarbeit *f,* Teamarbeit *f* **III.** *vt* ■ **to ~ sth** etw gruppieren; ***the magazines were ~ed according to subject matter*** die Zeitschriften waren nach Themenbereichen geordnet; ***the books were ~ed by size*** die Bücher waren nach der Größe sortiert; ■ **to ~ sb** ***I ~ed the children according to age*** ich habe die Kinder dem Alter nach in Gruppen eingeteilt **IV.** *vi* sich *akk* gruppieren; **to ~ together** sich *akk* zusammentun; **to ~ together around sb** sich *akk* um jdn herumstellen [*o* [herum]gruppieren]

group captain *n* BRIT AVIAT, MIL Oberst *m* *(der Royal Air Force)* **group dynamics** *npl* Gruppendynamik *f kein pl*

groupie ['gruːpi] *n (fam)* Groupie *nt sl*

grouping ['gruːpɪŋ] *n* Gruppierung *f,* Anordnung *f*

Group of Seven *n* ① POL *(organization)* ■ **the ~** die Siebenergruppe [*o* G7] ② CAN ART *1920 gegründete Gruppe kanadischer Landschaftsmaler* **group practice** *n* Gemeinschaftspraxis *f* **group therapy** *n no pl* Gruppentherapie *f* **group ticket** *n* TRANSP Sammelfahrschein *m;* TOURIST Gruppenticket *nt,* Gruppenkarte *f*

grouse[1] [graʊs] **I.** *n* <*pl* -> Raufußhuhn *nt;* **black ~** Birkhuhn *nt;* **red ~** [Schottisches] Moorschneehuhn **II.** *n modifier* ~ **season** Jagdzeit *f* für Moorhühner; ~ **shooting** Moorhuhnjagd *f*

grouse[2] [graʊs] *(fam)* **I.** *n* Nörgelei *f pej,* Klage *f;* ***his biggest ~ is about ...*** er meckert oft und gerne über *+akk* ... *fam* **II.** *vi* nörgeln, meckern *fam,* mosern DIAL *fam; **everyone is grousing about the new boss*** über den neuen Chef wird nur gemeckert; ■**to ~ at sb** jdn anmeckern *pej fam;* ■**to ~ to sb** sich *akk* bei jdm beklagen; ■**to ~ to sb about sth/sb** sich *akk* bei jdm über etw/jdn auslassen

grouser ['graʊsəʳ, AM -ɚ] *n* (*fam*) Meckerer *m pej fam,* Nörgler(in) *m(f) pej*

grout [graʊt] **I.** *n* Mörtel *m* **II.** *vt* ■**to ~ sth** etw verfugen [*o* mit Mörtel ausfüllen]

grouting ['graʊtɪŋ, AM -t̬ɪŋ] *n no pl* ❶ (*material*) Mörtel *m* ❷ (*act*) Verfugen *nt*

grove [grəʊv, AM groʊv] *n* Wäldchen *nt;* (*orchard*) Hain *m;* (*as street name*) ***Ladbroke G~ in London*** Ladbroke Grove in London; **olive ~** Olivenhain *m* ► PHRASES: **the ~s of Academe** BRIT (*hum liter*) die akademische Welt

grovel <BRIT -ll- *or* AM *usu* -l-> ['grɒvəl, AM 'grɑːv-] *vi* ❶ (*behave obsequiously*) ■**to ~ [before sb]** [vor jdm] zu Kreuze kriechen, katzbuckeln; ***they wrote a ~ling letter of apology*** sie schrieben einen unterwürfigen Entschuldigungsbrief; ***the dog ~led before his master*** der Hund winselte vor seinem Herrn ❷ (*crawl*) kriechen; ***I ~led under the sofa*** ich kroch unters Sofa; **to ~ about in the dirt** im Schmutz [herum]wühlen; **to ~ on one's knees** [*or* **on all fours**] auf [den] Knien rutschen, auf allen Vieren kriechen

grovelling ['grɒvəlɪŋ, AM 'grɑː] *adj* unterwürfig, kriecherisch *pej*

grow <grew, grown> [grəʊ, AM groʊ] **I.** *vi* ❶ (*increase in size*) wachsen; ***haven't you ~n!*** bist du aber gewachsen [*o* groß geworden]!; ***roses grew up against the wall*** Rosen rankten sich an der Wand hoch; **to ~ taller** größer werden, wachsen ❷ (*flourish*) *plants* gedeihen ❸ (*increase*) wachsen, zunehmen, steigen; ***football's popularity continues to ~*** Fußball wird immer populärer; **to ~ by 2%** um 2% wachsen [*o* zunehmen] ❹ (*develop*) sich *akk* [weiter]entwickeln ❺ (*become*) werden; ***he is finding it hard to cope with ~ing old*** er tut sich mit dem Älterwerden schwer; ***she has ~n to hate him*** mit der Zeit lernte sie, ihn zu hassen; **to ~ wiser** weiser werden; **to ~ to like sth** langsam beginnen, etw zu mögen ► PHRASES: **to let the grass ~ under one's feet** etw [ewig] aufschieben [*o* vor sich *dat* her schieben]; **money doesn't ~ on trees** (*prov*) Geld fällt nicht vom Himmel [*o* wächst nicht auf Bäumen] *prov;* **tall oaks from little acorns ~** (*prov*) große Dinge beginnen im Kleinen **II.** *vt* ■**to ~ sth** ❶ (*cultivate*) etw anbauen; **to ~ coffee/maize/tomatoes** Kaffee/Mais/Tomaten anbauen; **to ~ flowers** Blumen züchten; **to ~ one's own fruit/vegetables** selbst Obst/Gemüse anbauen; **to ~ sth from seed** etw aus Samen ziehen ❷ (*let grow*) etw wachsen lassen; **to ~ a beard/moustache** sich *dat* einen Bart/Schnurrbart wachsen [*o* stehen] lassen; **to ~ one's hair** [sich *dat*] die Haare wachsen lassen ❸ (*develop*) etw entwickeln; ***the male deer ~s large antlers*** dem Hirsch wächst ein mächtiges Geweih; ***furry animals ~ a thicker coat in winter*** Pelztiere bekommen im Winter ein dichteres Fell

◆**grow apart** *vi people* sich *akk* auseinander leben

◆**grow away** *vi* **to ~ away from sb** sich *akk* jdm [allmählich] entfremden

◆**grow into** *vi* ■**to ~ into sth** in etw *akk* hineinwachsen; (*fig*) sich *akk* in etw *akk* eingewöhnen; ***it may take you a few weeks to ~ into the work*** es wird einige Wochen dauern, bis Sie sich eingearbeitet haben

◆**grow on** *vi* ■**sth ~s on sb** jd findet [mit der Zeit] Gefallen [*o* Geschmack] an etw *dat;* ***the more I visit France, the more it ~s on me*** je häufiger ich nach Frankreich fahre, um so besser gefällt es mir

◆**grow out** *vi* ■**to ~ out of sth** aus etw *dat* herauswachsen; (*become too adult*) für etw *akk* [schon] zu alt sein; (*change with increasing age*) mit der Zeit seine Einstellung [*o* Haltung] [gegenüber etw *dat*] ändern; ***the kids need new shoes, they've ~n out of the old ones*** die Kinder brauchen neue Schuhe, sie sind aus den alten herausgewachsen; ***our daughter's ~n out of dolls*** unsere Tochter ist aus dem Puppenalter heraus; ***he wants to join the army when he leaves school, but I hope he'll ~ out of it*** er will nach der Schule zum Militär, aber ich hoffe, er hat bis dahin seine Einstellung wieder geändert; **to ~ out of a habit** eine Angewohnheit ablegen; ***you should have ~n out of that habit by now*** das solltest du dir inzwischen abgewöhnt haben

◆**grow up** *vi* ❶ (*become adult*) erwachsen werden; ***when I ~ up I'm going to …*** wenn ich erwachsen bin, werde ich …; ***for goodness' sake ~ up!*** Menschenskind, wann wirst du endlich erwachsen? *fam;* ***my husband's sulking again — I wish he'd ~ up*** mein Mann schmollt schon wieder – wenn er sich doch einmal wie ein Erwachsener benehmen könnte!; ■**to ~ up on sth** mit etw *dat* aufwachsen; ***of course I've had porridge — I practically grew up on it*** natürlich habe ich Porridge gegessen – ich wurde sozusagen damit aufgezogen; ***people of my generation grew up on Enid Blyton books*** meine Generation ist mit den Büchern von Enid Blyton groß geworden ❷ (*arise*) entstehen, sich *akk* bilden

grower ['grəʊəʳ, AM 'groʊɚ] *n* ❶ (*plant*) ***the new varieties of wheat are good ~s even in poor soil*** die neuen Weizensorten gedeihen sogar auf minderwertigem Boden gut; **a fast/slow ~** eine schnell/langsam wachsende Pflanze ❷ (*market gardener*) Erzeuger *m,* [An]bauer *m;* **coffee/tobacco ~** Kaffee-/Tabakpflanzer(in) *m(f);* **flower ~** Blumenzüchter(in) *m(f);* **fruit/vegetable ~** Obst-/Gemüsebauer, -bäuerin *m, f*

growing ['grəʊɪŋ, AM 'groʊ-] **I.** *n no pl* Anbau *m;* **bulb-~** Blumenzwiebelanbau *m;* **cotton-~** Baumwollanbau *m* **II.** *adj attr, inv* ❶ (*developing*) *boy, girl* heranwachsend *attr,* im Wachstumsalter *präd;* ***you don't want to go on a diet — you're a ~ girl*** du willst doch wohl keine Diät machen – du bist noch im Wachstum! ❷ (*increasing*) zunehmend, steigend; ***there is a ~ awareness of the seriousness of this disease*** man wird sich zunehmend der Tragweite dieser Krankheit bewusst ❸ ECON (*expanding*) *business, industry* wachsend, auf Wachstumskurs *präd*

growing pains *npl* MED Wachstumsschmerzen *mpl;* (*problems pf adolescence*) Pubertätsprobleme *ntpl;* (*initial difficulties*) Anfangsschwierigkeiten *fpl,* Startschwierigkeiten *fpl*

growl [graʊl] **I.** *n of animal* Knurren *nt kein pl; of machine* Brummen *nt kein pl* **II.** *vi* knurren; ■**to ~ at sb** jdn anknurren; ■**to ~ out sth** etw in einem knurrigen Ton sagen

grown [grəʊn, AM groʊn] **I.** *adj* ausgewachsen; (*adult*) erwachsen **II.** *pp of* **grow**

grown-up ['grəʊnʌp, AM 'groʊ-] (*fam*) **I.** *n* Erwachsene(r) *f(m)* **II.** *adj* erwachsen

growth [grəʊθ, AM groʊθ] *n* ❶ *no pl* (*in size*) Wachstum *nt;* **plant ~** Pflanzenwuchs *m,* Pflanzenwachstum *nt;* **to reach full ~** ausgewachsen sein ❷ *no pl* (*increase*) Wachstum *nt,* Zunahme *f,* Anstieg *m;* **rate of ~** Wachstumsrate *f,* Zuwachsrate *f;* **~ industry** Wachstumsindustrie *f* ❸ *no pl* (*development*) Entwicklung *f; of sb's character, intellect* Entfaltung *f;* (*in importance*) Wachstum *nt;* **~ area** Entwicklungsgebiet *nt* ❹ (*of plant*) Trieb *m,* Schößling *m;* ***there is new ~ sprouting in spring*** im Frühling sprießen neue Triebe ❺ *no pl* (*whiskers*) [wenige Tage alter] Bartwuchs; **to have a three days' ~ on one's chin** einen Drei-Tage-Bart haben ❻ MED Geschwulst *f,* Wucherung *f;* (*cancerous*) Tumor *m*

growth hormone *n* Wachstumshormon *nt*

growth ring *n* HORT Jahresring *m*

growth stock *n* ECON Wachstumsaktie *f*

groyne [grɔɪn] *n* Buhne *f fachspr*

grub [grʌb] **I.** *n* ❶ (*larva*) Larve *f,* Made *f* ❷ *no pl* (*fam: food*) Fressalien *pl fam,* Futterage *f fam;* **~['s] up!** Essen fassen! *hum fam,* ran an die Futterkrippe! *hum fam;* **pub ~** Kneipenessen *nt fam* **II.** *vi* <-bb-> [herum]stöbern; **to ~ about** [*or* **around**] [**for sth**] [nach etw *dat*] wühlen **III.** *vt* <-bb-> ❶ ■**to ~ up** [*or* **out**] **sth,** ■**to ~ sth up** [*or* **out**] etw ausgrabe[n]; **to ~ up roots/tree stumps** Wurzeln/Baumstüm[p]fe ausroden ❷ AM (*fam: cadge*) ■**to ~ sth off** [**from**] **sb** etw bei jdm schnorren *fam,* jdn um et[w] *akk* anhauen *fam*

grubber ['grʌbəʳ, AM -ɚ] *n* ❶ Rodewerkzeug *nt,* R[o]dehacke *f* ❷ AM (*fam: cadger*) Schnorrer(in) *m(*

grubby ['grʌbi] *adj* (*fam*) *clothing* schmudd[e]li[g]; *hands* schmutzig; (*not honourable*) schäbi[g], schmutzig

grudge [grʌdʒ] **I.** *n* Groll *m kein pl;* **to have** [*or* **hold**] [*or* **bear**] **a ~ against sb** einen Groll gegen jd[n] hegen [*o* auf jdn haben] **II.** *vt* ■**to ~ sth** (*regret*) et[w] bereuen [*o* bedauern]; ***she ~d every hour*** ihr tat e[s] um jede Stunde Leid; ■**to ~ sb sth** (*be resentfu[l]*) jdm etw missgönnen [*o* neiden]; ***I don't ~ you you[r] holiday*** ich neide dir deinen Urlaub nicht

grudging ['grʌdʒɪŋ] *adj* widerwillig, unwillig

grudgingly ['grʌdʒɪŋli] *adv* widerwillig, widerstre[]bend

gruel [grʊəl, AM 'gruːəl] *n no pl* Haferschleim *m*[,] Grütze *f*

grueling *adj* AM *see* **gruelling**

gruelingly *adv* AM *see* **gruellingly**

gruelling ['grʊəlɪŋ], AM **grueling** ['gruːəl-] *a[dj]* *day, week* aufreibend, zermürbend, mörderisch *fam*[;] *journey* strapaziös

gruellingly ['grʊəlɪŋli], AM **gruelingly** ['gruːəl-] *adv* mörderisch *fam;* ***it was a ~ long journey*** di[e] lange Reise war aüßerst strapaziös

gruesome ['gruːsəm] *adj* grausig, schaurig, schauerlich

gruesomely ['gruːsəmli] *adv* grausig, grauenhaft[,] schauerlich; ***he died very ~*** er starb auf grausame[] Weise

gruff [grʌf] *adj voice* schroff, barsch; ***"I'm sorry," he said in a ~ voice*** „tut mir Leid", sagte er schroff; ■**to be ~ with sb** zu jdm grob sein

gruffly ['grʌfli] *adv* barsch, schroff; (*awkwardly*) unbeholfen

gruffness ['grʌfnəs] *n no pl* Schroffheit *f,* Barschheit *f*

grumble ['grʌmbl̩] **I.** *n* Gemurre *nt kein pl,* Gemecker *nt kein pl fam* **II.** *vi* murren, meckern *fam;* *stomach* knurren; ***mustn't ~*** ich kann nicht klagen; ***my stomach's been grumbling all morning*** mir knurrt schon den ganzen Morgen der Magen; **a grumbling appendix** eine Blinddarmreizung; ■**to ~ about sth/sb** über etw/jdn schimpfen; ***I can't ~ about the service*** ich kann mich über den Service nicht beklagen

grumbler ['grʌmbl̩əʳ, AM -ɚ] *n* Meckerer *m pej fam,* Nörgler(in) *m(f) pej*

grump [grʌmp] **I.** *n* (*fam*) Griesgram *m pej,* Murrkopf *m veraltet o pej fam* **II.** *vi* (*fam*) ■**to ~ about sth** über etw *akk* meckern, grantig über etw *akk* sein

grumpily ['grʌmpɪli] *adv* (*fam*) grantig, mürrisch, übellaunig

grumpiness ['grʌmpɪnəs] *n no pl* Grantigkeit *f,* Gereiztheit *f*

grumpy ['grʌmpi] *adj* (*fam: bad-tempered*) mürrisch, brummig *fam;* (*temporarily annoyed*) schlecht gelaunt, grantig *fam;* ***what are you so ~ about?*** was ist denn der Grund für deine schlechte Laune?

grunge [grʌndʒ] *n* ❶ *no pl esp* AM (*dirt*) Dreck *m* ❷ AM (*fam: dirty person*) Drecksak *m fam* ❸ *no pl* MUS, FASHION Grunge *m*

grungy ['grʌndʒi] *adj* AM (*sl*) schmuddelig, im Grunge[-Look] *nach n* (*lässig, bewusst unansehnlich gekleidet*)

grunt [grʌnt] **I.** *n* (*snorting sound*) Grunzen *nt kein pl;* (*groan*) Ächzen *nt kein pl;* **to give a ~** grunzen **II.** *vi* grunzen; (*groan*) ächzen; **to ~ with pain** vor Schmerz aufseufzen

gruntled ['grʌntəld] *adj* (*hum fam*) froh, vergnügt

Gruyère ['gruːjeəʳ, AM gru'jer] *n* Gruyère[käse] *m;* (*from Switzerland also*) Greyerzer *m*

gryphon *n* MYTH *see* **griffin**

G7 **I.** *n* (*hist*) *abbrev of* **Group of 7:** ■**the ~** die G7 **II.** *n modifier* G7-; *see also* **G8**

gsm [ˌdʒiːesˈem] *n abbrev of* **grams per square metre** g/m²

G-spot [ˈdʒiːspɒt, AM -spɑːt] *n* G-Punkt *m*

GST [dʒiːesˈtiː] *n* CAN *abbrev of* **Goods and Services Tax** Mehrwertsteuer auf Bundesebene *f*

G-string [ˈdʒiːstrɪŋ] *n* ① (*string on an instrument*) G-Saite *f* ② (*clothing*) String-Tanga *m*

GTI [ˌdʒiːtiːˈaɪ] *n* AUTO *abbrev of* **Gran Turismo injection** GTi

guac [gwɑːk] *n no pl* AM *short for* **guacamole** Guacamole *nt o f*

guacamole [ˌgwɑːkəˈməʊli, AM -ˈmoʊli] *n no pl* Guacamole *nt o f* (*mexikanisches Avocado-Püree*)

guano [ˈgwɑːnəʊ, AM -noʊ] *n no pl* Guano *m*

guarantee [ˌgærənˈtiː, AM *esp* ˌger-] **I.** *n* ① (*promise*) Garantie *f*, Zusicherung *f*; **to demand a ~ that ...** eine Garantie [*o* Zusicherung] verlangen, dass ...; **to give sb one's ~** jdm etw garantieren ② COMM (*of repair, replacement*) Garantie *f*; **a money-back ~** eine Rückerstattungsgarantie [*o* Rückvergütungsgarantie]; **a two-year ~** eine Garantie auf 2 Jahre; **to come with** [*or* **have**] **a ~** Garantie haben; **to be** [**still**] **under ~** *appliances, gadgets* [noch] Garantie haben; ***the radio doesn't work — is it still under ~?*** das Radio funktioniert nicht – ist noch Garantie drauf? ③ (*document*) Garantieschein *m* ④ (*certainty*) Garantie *f*; (*person, institution*) Garant(in) *m(f)*; ***his name is a ~ of success*** seine Name bürgt für Erfolg; **it's** [*or* **there's**] **no ~ that ...** es gibt keine Garantie dafür, dass ..., es ist nicht sicher, dass ... ⑤ (*item given as security*) Garantie *f*, Sicherheit *f* ⑥ LAW *see* **guaranty** ⑦ FIN (*bank guarantee*) Aval *m* ⑧ BRIT (*surety*) Bürgschaft *f* **II.** *vt* ■**to ~ sth** ① (*promise*) etw garantieren, für etw *akk* bürgen; ***we ~ this product to be free from artificial flavourings*** wir garantieren, dass dieses Produkt keine künstlichen Aromastoffe enthält; **~d pure wool** garantiert reine Wolle; **~d free from** [*or* **free of**] **sth** garantiert frei von etw *dat*; **~d suitable for sth** garantiert geeignet für etw *akk*; ■**to ~ sb sth** [*or* **sth for sb**] jdm etw garantieren [*o* zusichern]; ■**to ~ that ...** (*make certain*) gewährleisten [*o* sicherstellen], dass ...; ***the £50 deposit ~s that people return the boats after the hour has finished*** mit dem Pfand von £50 soll sichergestellt werden, dass die Boote nach einer Stunde auch wieder zurückgebracht werden ② COMM (*promise to correct faults*) eine Garantie für [*o* auf] etw *akk* geben; **to be ~d for three years** drei Jahre Garantie haben ③ LAW (*underwrite debt*) für etw *akk* bürgen

guaranteed [ˌgærənˈtiːd, AM ˌger] *adj inv* garantiert, zugesichert

guarantor [ˌgærənˈtɔːʳ, AM ˌgerənˈtɔːr] *n* Garant(in) *m(f)*; LAW Bürge, -in *m, f*

guaranty [ˈgærənti, AM ˈgerənti] *n* LAW ① (*underwriting of debt*) Bürgschaft *f* ② (*as security*) Garantie *f*, Sicherheit *f*

guard [gɑːd, AM gɑːrd] **I.** *n* ① (*person*) Wache *f*; (*sentry*) Wach[t]posten *m*; **border ~** Grenzsoldat(in) *m(f)*, Grenzposten *m*; **gate ~** Wach[t]posten *m*; **prison ~** AM Gefängniswärter(in) *m(f)*, Gefängnisaufseher(in) *m(f)*; **security ~** Sicherheitsbeamte(r) *f(m)*, -beamtin *f*; (*man also*) Wachmann *m*; **to be on** [*or* **keep**] [*or* **stand**] **~** Wache halten [*o* stehen]; **to be under ~** unter Bewachung stehen, bewacht werden; **to keep ~ over sth/sb** etw/jdn bewachen; **to post ~s** Wachen aufstellen ② (*defensive stance*) Deckung *f*; **to be on one's ~** [**against sth/sb**] (*fig*) [vor etw/jdm] auf der Hut sein, sich *akk* [vor etw/jdm] in Acht nehmen; **to be caught off one's ~** SPORTS [von einem Schlag] unvorbereitet getroffen werden; (*fig*) auf etw *akk* nicht vorbereitet [*o* gefasst] sein; **to drop** [*or* **lower**] **one's ~** SPORTS seine Deckung vernachlässigen; (*fig*) nicht [mehr] wachsam [*o* vorsichtig] [genug] sein; **to get in under sb's ~** SPORTS jds Deckung *f* durchbrechen; (*fig*) jds Verteidigung *f* außer Gefecht setzen; (*get through to sb*) jds Panzer *m* durchdringen; **to let one's ~ slip** SPORTS seine Deckung fallen lassen; (*fig*) alle Vorsicht außer Acht lassen ③ (*proctective device*) Schutz *m*, Schutzvorrichtung *f*; **face~** Gesichtsschutz *m*; **fire~** Kamingitter *nt*, Schutzgitter *nt* ④ BRIT (*railway official*) Zugbegleiter(in) *m(f)*; **chief ~** Zugführer(in) *m(f)* ⑤ BRIT MIL (*army regiment*) ■**the G~s** *pl* das Garderegiment, die Garde; **the Grenadier G~s** die Grenadiergarde **II.** *vt* ① (*keep watch*) ■**to ~ sth/sb** etw/jdn bewachen; **heavily ~ed** scharf bewacht; (*protect*) ■**to ~ sth/sb against sth/sb** etw/jdn vor etw/jdm [be]schützen ② (*keep secret*) ■**to ~ sth** etw für sich *akk* behalten, etw nicht preisgeben; **a jealously** [*or* **closely**] **~ed secret** ein sorgsam gehütetes Geheimnis **III.** *vi* ■**to ~ against sth** sich *akk* vor etw *dat* schützen; ***the best way to ~ against financial problems is to avoid getting into debt*** man schützt sich am besten vor finanziellen Problemen, indem man Schulden vermeidet

guard dog *n* Wachhund *m* **guard duty** *n* Wachdienst *m*; **to be on** [*or* **do**] **~ duty** Wachdienst [*o* Wache] haben, auf Wache sein

guarded [ˈgɑːdɪd, AM ˈgɑːrd-] *adj* (*reserved*) zurückhaltend; (*cautious*) vorsichtig

guardedly [ˈgɑːdɪdli, AM ˈgɑːrd-] *adv* (*reservedly*) zurückhaltend; (*cautiously*) vorsichtig; **to be ~ optimistic** verhaltenen Optimismus zeigen

guardhouse *n* Wache *f*, Wachlokal *nt*

guardian [ˈgɑːdiən, AM ˈgɑːrd-] *n* ① (*responsible person*) Vormund *m*, Erziehungsberechtigte(r) *f(m)* ② (*form: protector*) Hüter(in) *m(f)*, Wächter(in) *m(f)*; **to be ~ of sth** Hüter(in) einer S. *gen* sein

guardian angel *n* (*also fig*) Schutzengel *m a. fig*

guardianship [ˈgɑːdiənʃɪp, AM ˈgɑːrd-] *n no pl* ① (*being a guardian*) Vormundschaft *f* ② (*form: care*) Obhut *f*, Schutz *m*; **to be in sb's ~** unter jds Obhut *f* [*o* Schutz *m*] stehen

guard of honor *n* AM, **guard of honour** *n* + *sing/pl vb* Ehrenwache *f*, Ehrengarde *f* **guard post** *n* Wachhäuschen *nt* **guard rail** *n* [Schutz]geländer *nt* **guardroom** *n* Wachstube *f*, Wachlokal *nt* **guardsman** *n* Wach[t]posten *m*; BRIT (*in the Guards*) Gardesoldat *m* **guard's van** *n* BRIT RAIL Schaffnerabteil *nt*

Guatemalan [ˌgwɑːtəˈmɑːlən, AM t̬ə'] *adj inv* guatemaltekisch

guava [ˈgwɑːvə] *n* ① (*tree*) Guave *f*, Guajavabaum *m* ② (*fruit*) Gua[ja]ve *f*

gubbins [ˈgʌbɪnz] *n* + *sing vb* BRIT (*fam*) ① (*stuff*) Krempel *m kein pl fam*, Zeug *nt kein pl fam*; (*rubbish*) Schund *m kein pl fam*, Ramsch *m kein pl fam* ② (*gadget*) Ding *nt*

gubernatorial [ˌguːbənəˈtɔːriəl] *adj inv* AM Gouverneurs-

gudgeon <*pl* – *or* -s> [ˈgʌdʒən] *n* ZOOL Gründling *m*

guer(r)illa [gəˈrɪlə] **I.** *n* Guerilla *m*, Guerillakämpfer(in) *m(f)* **II.** *n modifier* (*tactics*) Guerilla-; **~ sniper** Guerillakämpfer(in) *m(f)*; **~ warfare** Guerillakrieg *m*

guess [ges] **I.** *n* <*pl* -es> Vermutung *f*, Annahme *f*; (*act of guessing*) Raten *nt kein pl*; ***you've got three ~es*** dreimal darfst du raten; **a lucky ~** ein Glückstreffer [*o* Zufallstreffer] *m*; **to have** [*or* **hazard**] [*or* **make**] [*or esp* AM **take**] **a ~** raten, schätzen; **to make a wild ~** einfach [wild] drauflosraten [*o* [ins Blaue hinein] tippen] *fam*; **at a ~** grob geschätzt, schätzungsweise; ■**sb's ~ is that ...** jd vermutet [*o* nimmt an], dass ...; ***your ~ is as good as mine*** da kann ich auch nur raten ▸ PHRASES: **it's anybody's** [*or* **anyone's**] **~** weiß der Himmel *fam* **II.** *vi* ① (*conjecture*) [er]raten; ***how did you ~?*** wie bist du darauf gekommen?; **to ~ right/wrong** richtig/falsch raten; **to keep sb ~ing** jdn auf die Folter spannen; ■**to ~ at sth** etw raten; (*estimate*) etw schätzen; (*suspect*) über etw *akk* Vermutungen anstellen ② *esp* AM (*suppose*) denken, meinen; (*suspect*) annehmen, vermuten; ***I ~ you're right*** du wirst wohl recht haben; ***I ~ I'd better go now*** ich werde jetzt wohl besser gehen **III.** *vt* ■**to ~ sth** etw raten; ***he ~ed her age to be 48*** er schätzte sie auf 48; ***~ what?*** stell dir vor!, rate mal!; **to keep sb ~ing** jdn im Ungewissen [*o* Unklaren] lassen; ■**to ~ that ...** vermuten, dass ...; ***I bet you can't ~ how old she is*** ich wette, du kommst nicht darauf, wie alt sie ist; ***~ where I'm calling from*** rate mal, woher ich anrufe

guessing game *n* (*also fig*) Ratespiel *nt a. fig*

guesstimate *n*, **guestimate** [ˈgestɪmət] *n* (*fam*) grobe Schätzung

guesswork [ˈgeswɜːk, AM -wɜːrk] *n no pl* Spekulation *f oft pl*; ***it's a matter of ~*** darüber kann man nur spekulieren [*o* Vermutungen anstellen]; ***this is pure ~*** da kann man nur raten, das ist reine Spekulation

guest [gest] **I.** *n* ① (*invited person*) Gast *m*; **paying ~** zahlender Gast; (*lodger*) Untermieter(in) *m(f)*; ***he's been our paying ~ for a long time*** er logiert schon lange bei uns; **special ~** besonderer Gast, Stargast *m* ② TOURIST Gast *m*; (*in guesthouse*) [Pensions]gast *m*, Pensionär *m* SCHWEIZ; (*hotel customer*) [Hotel]gast *m* ▸ PHRASES: **be my ~** nur zu! *fam* **II.** *vi esp* TV als Gaststar auftreten; **to ~ on an album** als Gaststar an einem Album mitwirken

guest appearance *n* Gastauftritt *m*; **to make a ~** als Gaststar auftreten, einen Gastauftritt haben **guest beer** *n* BRIT *nicht in der Hausbrauerei gebraute Biersorte zu besonderen Anlässen* **guest book** *n* Gästebuch *nt* **guest conductor** *n* Gastdirigent(in) *m(f)* **guesthouse** [ˈgesthaʊs] *n* Gästehaus *nt*, Pension *f*

guest list *n* Gästeliste *f* **guest of honor** AM, **guest of honour** *n* Ehrengast *m* **guestroom** *n* Gästezimmer *nt* **guest speaker** *n* Gastredner(in) *m(f)* **guest star** *n* Stargast *m* **guest vocals** *npl* [musikalischer] Gastauftritt **guest worker** *n* Gastarbeiter(in) *m(f)*

guff [gʌf] *n* (*fam*) Quatsch *m fam*, Mumpitz *m fam*; **a load** [*or* **lot**] **of ~** jede Menge [*o* ein Haufen *m*] Unsinn

guffaw [gʌfˈɔː, AM *esp* -ˈɑː] **I.** *n* schallendes Gelächter; ***his story was greeted with ~s*** seine Geschichte wurde mit schallendem Gelächter beantwortet; **to let out a loud ~** in schallendes Gelächter ausbrechen **II.** *vi* laut[hals] [*o* schallend] lachen

guidance [ˈgaɪdən(t)s] *n no pl* ① (*advice*) Beratung *f*; (*direction*) [An]leitung *f*, Führung *f* ② (*steering system*) Steuerung *f*; **~ system** (*of rocket*) Lenksystem *nt*, Leitsystem *nt*; (*of missile*) Leitstrahlsystem *nt*

guide [gaɪd] **I.** *n* ① (*person*) Führer(in) *m(f)*; TOURIST *also* Fremdenführer(in) *m(f)*; **mountain ~** Bergführer(in) *m(f)*; **tour ~** Reiseführer(in) *m(f)*, Reiseleiter(in) *m(f)* ② (*book*) Reiseführer *m*; ***a ~ to the British Isles*** ein Reiseführer über die Britischen Inseln; **tourist ~** Reiseführer(in) *m(f)* ③ (*help*) Leitfaden *m*, Richtschnur *f*; **rough ~** grobe Richtschnur ④ (*indication*) Anhaltspunkt *m* ⑤ *esp* BRIT (*girls' association*) ■**the G~s** *pl* die Pfadfinderinnen *fpl* **II.** *vt* ① (*show*) ■**to ~ sb** jdn führen; (*show the way*) jdm den Weg zeigen [*o* weisen]; ***the shop assistant ~d me to the shelf*** die Verkäuferin führte mich zum Regal; ■**to ~ sb through** [*or* BRIT **round**] **sth** jdn durch etw *akk* führen; ***the old man ~d us through the maze of alleyways*** der alte Mann führte uns durch das Gewirr der Gassen; ***the manual will ~ you through the programme*** das Handbuch wird Sie durch das Programm führen ② (*instruct*) ■**to ~ sb** jdn anleiten [*o* unterweisen]; ***the computer has a learning programme that will ~ you through it*** der Computer hat ein Lernprogramm, das Sie in den Anwendungen unterweisen wird ③ (*steer*) ■**to ~ sth** *vehicle* etw führen [*o* lenken] [*o* steuern]; ***the plane was ~d in to land*** das Flugzeug wurde zur Landung eingewiesen ④ (*influence*) ■**to ~ sb** jdn leiten [*o* beeinflussen]; ■**to ~ sth** etw bestimmen [*o* leiten]; ***she had ~d company policy for twenty years*** sie hatte zwanzig Jahre lang die Firmenpolitik geprägt; ■**to be ~d by sth/sb** sich *akk* von etw/jdm leiten lassen; **to be ~d by one's emotions** sich *akk* von seinen Gefühlen leiten lassen

guidebook *n* Reiseführer *m* **guide company** *n* BRIT Pfadfinderinnengruppe *f*

guided [ˈgaɪdɪd] *adj inv* ① (*led by a guide*) geführt; **~ tour** Führung *f* ② (*automatically steered*)

[fern]gelenkt, [fern]gesteuert; ~ **missile** Lenkflugkörper *m,* [Fern]lenkwaffe *f*
guide dog *n* Blindenhund *m* **guideline** *n usu pl* Richtlinie *f;* **government ~s** staatliche Richtlinien
guide-post *n* Wegweiser *m*
Guider ['gaɪdəʳ, AM ɚ] *n* BRIT Aufsichtsperson *f* bei den Pfadfinderinnen
guiding hand [ˌgaɪdɪŋ'-] *n* (*fig*) ■ **a ~** eine leitende Hand; ***I believe in giving children a ~ from the start*** ich denke, Kinder brauchen eine feste Hand, die sie führt; ***at school you always had help, at university there will be no ~*** in der Schule wurde dir immer geholfen, aber auf der Universität wirst du ganz auf dich gestellt sein **guiding light** *n* (*fig*) lenkende [*o* inspirierende] Kraft **guiding principle** *n* Leitmotiv *nt,* [oberste] Maxime **guiding spirit** *n* (*fig*) lenkende [*o* inspirierende] Kraft; ***John was my ~ during the last two years of school*** John hat mir in den letzten zwei Schuljahren mit Rat und Tat zur Seite gestanden
guild [gɪld] *n of merchants* Gilde *f; of craftsmen* Zunft *f;* **Writers' ~** Schriftsteller-Verband *m*
guilder ['gɪldəʳ, AM -ɚ] *n* Gulden *m*
guildhall *n* BRIT Rathaus *nt,* Stadthalle *f;* HIST *of merchants* Gildehaus *nt; of craftsmen* Zunfthaus *nt*
guile [gaɪl] *n no pl* Tücke *f,* Arglist *f*
guileful ['gaɪlfᵊl] *adj* (*form*) arglistig, hinterhältig, tückisch
guileless ['gaɪlləs] *adj* unschuldsvoll, arglos, unschuldig
guillemot ['gɪlɪmɒt, AM -əmɑːt] *n* ORN Lumme *f;* **black ~** Gryllteiste *f*
guillotine ['gɪlətiːn] *n* ① HIST Guillotine *f,* Fallbeil *nt;* **to go to the ~** unter der Guillotine sterben ② BRIT, AUS (*paper cutter*) Papierschneidemaschine *f* ③ BRIT POL Begrenzung *f* der Beratungszeit (*beim Gesetzgebungsverfahren im britischen Unterhaus*)
guilt [gɪlt] *n no pl* Schuld *f;* (*shame for wrongdoing*) Schuldgefühl *nt;* **feelings of ~** Schuldgefühle *ntpl;* **collective ~** Kollektivschuld *f;* **to admit one's ~** seine Schuld zugeben; **to establish sb's ~** jds Schuld *f* beweisen [*o* nachweisen]; **to feel** [*or* **be overcome by**] **~** sich *akk* schuldig fühlen; ***~ overcame him and he confessed*** er fühlte sich schuldig und gestand
◆**guilt out** *vt* ■ **to get ~ed out** sich sehr schuldig fühlen
guilt complex *n* Schuldkomplex *m*
guiltily ['gɪltɪli] *adv* schuldbewusst
guiltless ['gɪltləs] *adj* schuldlos, unschuldig
guilt-ridden *adj inv* von Schuldgefühlen geplagt
guilt trip *n* (*fam*) Schuldgefühle *ntpl;* **to lay a** [**heavy**] **~ on sb** jdm [starke] Schuldgefühle einreden **guilt-trip** *vt* ■ **to ~ sb** jdm Schuldgefühle [*o* ein schlechtes Gewissen] einreden
guilty ['gɪlti] *adj* ① (*with guilt*) schuldig; ***she felt ~ at having deceived him*** sie fühlte sich schuldig, weil sie ihn betrogen hatte; **to have a ~ conscience** ein schlechtes Gewissen [*o* Gewissensbisse] haben; **to feel ~ about sth** ein schlechtes Gewissen [*o* Gewissensbisse] wegen einer S. *gen* haben; **to look ~** schuldbewusst aussehen ② LAW (*responsible*) schuldig; ***he is ~ of theft*** er hat sich des Diebstahls schuldig gemacht; **to plead ~/not ~** sich *akk* schuldig/nicht schuldig bekennen; ***he pleaded ~ to the charge of attempted murder*** er bekannte sich des versuchten Mordes schuldig; **to prove sb ~** jds Schuld *f* beweisen [*o* nachweisen], jdn [als schuldig] überführen; **until proven ~** bis die Schuld erwiesen ist
guilty party *n* Schuldige(r) *f(m),* schuldige Partei
guinea ['gɪni] *n* BRIT HIST Guinea *f,* Guinee *f* (*21 Shillings*)
Guinea ['gɪni] *n* Guinea *nt*
guinea fowl *n* Perlhuhn *nt* **guinea pig** *n* Meerschweinchen *nt;* (*fig*) Versuchskaninchen *nt hum o pej*
guise [gaɪz] *n no pl* ① (*appearance*) Gestalt *f;* ***the spy went in the ~ of a monk*** der Spion ging als Mönch verkleidet; ***it was an old idea in new ~*** (*fig*) es war eine alte Idee in neuem Gewand ② (*pretence*) Vorwand *m;* **under the ~ of friendship** unter dem Deckmantel der Freundschaft; **under the ~ of doing sth** unter dem Vorwand, etw zu tun
guitar [gɪ'tɑːʳ, AM -ɑːr] *n* Gitarre *f;* ***he sat on the grass, strumming his ~*** er saß auf der Wiese und klimperte auf seiner Gitarre; **acoustic/electric ~** akustische/elektrische Gitarre; **to play air ~** Luftgitarre spielen; **to strum/pluck the ~** die Gitarre schlagen/zupfen
guitarist [gɪ'tɑːrɪst] *n* Gitarrist(in) *m(f)*
gulag ['guːlæg, AM -lɑːg] *n no pl* (*Russian jail*) Gulag *m*
gulch [gʌl(t)ʃ] *n* AM (*gully*) Schlucht *f*
gulf [gʌlf] *n* ① (*area of sea*) Golf *m,* Meerbusen *m;* **the G~ of Mexico** der Golf von Mexiko ② (*Persian Gulf*) ■ **the G~** der [Persische] Golf; **the G~ states** die Golfstaaten *mpl* ③ (*abyss*) [tiefer] Abgrund; (*chasm*) [tiefe] Kluft *a. fig;* **to bridge a ~** (*fig*) eine Kluft überbrücken [*o* schließen]
Gulf Stream *n* Golfstrom *m* **Gulf War** *n* ① (*between Iran-Iraq 1980–88*) [1.] Golfkrieg *m* ② (*after invasion of Kuwait 1990*) [2.] Golfkrieg *m* **Gulf War syndrome** *n* Golfkriegssyndrom *nt* (*in der Folge des 2. Golfkrieges bei amerikanischen Soldaten aufgetretenes Krankheitsbild*)
gull[1] [gʌl] *n* Möwe *f; see also* **seagull**
gull[2] [gʌl] *vt usu passive* (*fam*) ■ **to ~ sb** jdn übertölpeln; ***they were ~ed into believing that it was a bargain buy*** man hatte ihnen eingeredet, dass sie ein Schnäppchen machen würden
gullet ['gʌlɪt] *n* ANAT Speiseröhre *f* ► PHRASES: **sth sticks in sb's ~** etw geht jdm gegen den Strich
gulley *n see* **gully**
gullibility [ˌgʌlɪ'bɪləti, AM lə'bɪləṭi] *n no pl* Leichtgläubigkeit *f,* Einfältigkeit *f*
gullible ['gʌlɪbl] *adj* leichtgläubig
gully ['gʌli] *n* ① (*narrow gorge*) [enge] Schlucht *f* (*mit tief eingeschnittenem Wasserlauf*); ***heavy rainfall had cut deep gullies into the side of the hill*** starke Regenfälle hatten tiefe Furchen in den Hang gegraben ② (*gutter*) Gully *m,* Senkloch *nt*
gulp [gʌlp] I. *n* ① (*act of swallowing*) [großer] Schluck; **to get a ~ of air** Luft holen; **to take a ~ of milk/tea** einen [großen] Schluck Milch/Tee nehmen; **to give a ~** aufstoßen; **in one** [*or* **at a**] **~** in einem Zug ② COMPUT Zwei-Byte-Wortgruppe *f* II. *vt* ■ **to ~ sth** etw [hinunter]schlucken; *liquid* etw hinunterstürzen [*o fam* hinunterkippen]; *food* etw verschlingen III. *vi* ① (*with emotion*) schlucken; ***I ~ed with surprise*** vor lauter Überraschung musste ich erst einmal schlucken ② (*breathe*) tief Luft holen [*o* einatmen]; **to ~ for air** nach Luft schnappen
◆**gulp back** *vt* ■ **to ~ back** ○ **sth** *emotion* etw hinunterschlucken; **to ~ back a sob** einen Schluchzer unterdrücken; **to ~ back the tears** die Tränen hinunterschlucken
◆**gulp down** *vt* ■ **to ~ down** ○ **sth** *drink* etw [hastig] hinunterstürzen; *food* etw hinunterschlingen
gum[1] [gʌm] *n* ANAT ■ **~s** *pl* Zahnfleisch *nt kein pl;* **~ shield** BOXING, MED Mundschutz *m*
gum[2] [gʌm] *n* NBRIT (*dated fam*) ***by ~!*** Teufel noch mal!
gum[3] [gʌm] I. *n* ① *no pl* (*sticky substance*) Gummi *nt;* BOT Gummi[harz] *nt;* (*on stamps etc.*) Gummierung *f;* (*glue*) Klebstoff *m* ② (*sweet*) **bubble ~** Kaugummi *m o nt* (*mit dem man gut Blasen machen kann*); **chewing ~** Kaugummi *m o nt;* **wine/fruit ~** BRIT Fruchtgummi/Weingummi *m o nt* ③ (*gum tree*) Gummibaum *m* II. *vt* <-mm-> ■ **to ~ sth** etw kleben; ■ **to ~ sth down** etw zukleben III. *vi* <-mm-> BOT Harz absondern
◆**gum up** *vt* ■ **to ~ up** ○ **sth** etw verkleben ► PHRASES: **to ~ up the works** (*stop operation*) [den Ablauf] blockieren; (*interfere*) alles vermasseln
gum arabic *n no pl* Gummiarabikum *nt*
gumbo ['gʌmbəʊ, AM -boʊ] *n* ① *no pl* (*soup*) *eingedickte Suppe mit Okraschoten, Spezialität aus der Cajun-Küche* ② AM (*okra*) Okraschote *f*
gumboil *n* MED Zahnfleischabszess *m* **gumboot** *n* BRIT, AUS (*dated*) Gummistiefel *m* **gumdrop** *n* Weingummi *m o nt*
gummed [gʌmd] *adj inv* gummiert
Gummi Bear® ['gʌmiber] *n pl* Gummibärchen *nt*
gummy ['gʌmi] *adj* ① (*sticky*) klebrig; (*with glue on*) gummiert ② (*without teeth*) zahnlos; **a ~ grin** ein zahnloses Grinsen
gumption ['gʌm(p)ʃᵊn] *n no pl* (*fam*) ① (*intelligence*) Grips *m* ② (*courage*) Schneid *m,* Mumm *m*
gumshoe I. *n* ① (*dated*) [wasserdichter] Überschuh ② AM (*sl: detective*) Schnüffler(in) *m(f) pej fam* II. *vi* AM (*sl*) herumschnüffeln *pej fam* **gum tree** *n* BOT [Australischer] Gummibaum ► PHRASES: **to be up a ~** BRIT (*dated fam*) in großen Schwierigkeiten stecken, in der Patsche sitzen *fam*
gun [gʌn] I. *n* ① (*weapon*) [Schuss]waffe *f,* [Feuer]waffe *f;* (*cannon*) Geschütz *nt,* Kanone *f;* (*pistol*) Pistole *f;* (*revolver*) Revolver *m;* (*rifle*) Gewehr *nt;* **like a bullet out of** [*or* **from**] **a ~** blitzschnell; *answer* wie aus der Pistole geschossen; **big ~** Kanone *f;* (*fig*) hohes Tier; ***we've got the big ~s coming from head office this afternoon*** heute Nachmittag kriegen wir hohen Besuch aus der Geschäftsleitung; **to do sth with ~s blazing** (*fig*) etw mit wilder Entschlossenheit angehen; **to use/carry** [*or* **wear**] **a ~** eine [Schuss]waffe benutzen/tragen ② SPORTS Startpistole *f;* **to jump the ~** einen Frühstart verursachen; (*fig*) voreilig handeln; **to wait for the starting ~** auf den Startschuss warten; **at the ~** mit dem Startschuss, beim Start ③ (*device*) Pistole *f;* **spray ~** Spritzpistole *f* ④ *esp* AM (*person*) Bewaffnete(r) *f(m);* **hired ~** bezahlter Killer/bezahlte Killerin, Auftragskiller(in) *m(f)* ► PHRASES: **to stick to one's ~s** auf seinem Standpunkt beharren, sich *akk* nicht beirren lassen II. *vt* <-nn-> AM (*fam*) **to ~ the engine** den Motor hochjagen *fam,* mit dem Bleifuß fahren *fam;* ***he ~ned the engine to get there on time*** er drückte ganz schön auf die Tube, um noch pünktlich da zu sein III. *vi* <-nn-> *vehicle* schießen, jagen
◆**gun down** *vt* ■ **to ~ down** ○ **sb** jdn niederschießen; (*fig*) ■ **to ~ down** ○ **sth** etw niedermachen
◆**gun for** *vi* ① (*look for*) ■ **to be ~ning for sb** jdn suchen; (*be on sb's trail*) jdn verfolgen; (*cause trouble*) es auf jdn abgesehen haben, jdn auf dem Kieker haben *fam* ② SPORTS (*fam: support*) ■ **to be ~ning for sth/sb** etw/jdn unterstützen ③ *esp* SPORTS (*try for*) ■ **to be ~ning for sth** etw zu erlangen versuchen, sich *akk* um etw *akk* bemühen, etw anstreben
gun barrel *n of a rifle* Gewehrlauf *m; of a pistol* Pistolenlauf *m* **gunboat** *n* Kanonenboot *nt;* **~ diplomacy** Kanonenbootdiplomatie *f* **gun carriage** *n* MIL [Geschütz]lafette *f* **gun dog** *n* Jagdhund *m* **gunfight** *n* Schießerei *f,* Schusswechsel *m* **gunfighter** *n* Revolverheld(in) *m(f)* **gunfire** *n* (*gunfight*) Schießerei *f;* (*shots*) Schüsse *pl;* MIL (*cannonfire*) Geschützfeuer *nt,* Artilleriefeuer *nt*
gunge [gʌndʒ] *n no pl* BRIT (*fam*) schmieriges [*o* klebriges] Zeug *fam,* Schmiere *f*
gung-ho [ˌgʌŋ'həʊ, AM -'hoʊ] *adj* (*enthusiastic*) fanatisch, übereifrig; (*adventurous*) draufgängerisch
gunk [gʌŋk] *n no pl* (*fam*) Schmutz *m a. fig,* Dreck *m a. fig*
gunky ['gʌŋki] *adj* (*pej*) pappig, schmierig *pej*
gun-licence, AM **gun-license** *n* Waffenschein *m* **gunman** *n* Bewaffnete(r) *m* **gunmetal grey** *adj inv* dunkelblaugrau
gunnel ['gʌnᵊl] *n see* **gunwale**
gunner ['gʌnəʳ, AM -ɚ] *n* Artillerist *m,* Kanonier *m*
gunnery ['gʌnᵊri, AM -əri] *n no pl* ① (*firing of guns*) Schießkunst *f* ② (*guns collectively*) [Schuss]waffen *fpl,* [Feuer]waffen *fpl*
gunpoint *n no pl* **at ~** mit vorgehaltener Waffe; **to be held at ~** mit vorgehaltener Waffe bedroht werden **gunpowder** *n no pl* Schießpulver *nt* **Gunpowder plot** *n* ■ **the ~** BRIT HIST die Pulververschwörung (*Verschwörung von katholischen Edelleuten, u. a. Guy Fawkes, um Jakob I. und das Parlament am 5.11.1605 in die Luft zu sprengen*) **gunroom** ['gʌnruːm] *n* Waffenkammer *f* **gun-runner** *n* Waffenschmuggler(in) *m(f),* Waffenschie-

ber(in) *m(f)* **gun-running** *n no pl* Waffenschmuggel *m*, illegaler Waffenhandel **gunship** ['gʌnʃɪp] *n* MIL Kampfhubschrauber *m* **gunshot** *n* ❶ (*shot*) Schuss *m*; (*of rifle*) Gewehrschuss *m*; (*of pistol*) Pistolenschuss *m*; (*of revolver*) Revolverschuss *m*; ~ **wound** Schusswunde *f*, Schussverletzung *f* ❷ *no pl* (*firing*) [Gewehr]schüsse *mpl* ❸ (*range*) Schussweite *f*; ***we came within*** ~ wir kamen in Schussweite

gunslinger ['gʌnˌslɪŋəʳ, AM -ɚ] *n* (*hist*) Pistolenheld(in) *m(f)*; BRIT (*fig*) Kraftprotz *m fam* **gunsmith** *n* Büchsenmacher *m* **gun-toting** *adj inv* bewaffnet

gunwale ['gʌnᵊl] *n* NAUT Dollbord *nt fachspr* ► PHRASES: **full** [**up**] **to the** ~**s** bis oben hin voll *fam*, voll bis zum [*o* an den] Rand

guppy <*pl* – *or* -pies> ['gʌpi] *n* ZOOL Guppy *m*

gurgle ['gɜːgl, AM 'gɜːr-] **I.** *n no pl* Glucksen *nt*; *of water* Gurgeln *nt*, Gluckern *nt*; *of stream* Plätschern *nt* **II.** *vi* ❶ (*make noise*) *baby* glucksen; **to** ~ **with pleasure/with delight** vor Vergnügen/Freude glucksen ❷ (*babble*) *stream* plätschern; *water* gluckern

gurgler ['gɜːgləʳ] *n* AUS (*fam*) (*drain*) Abfluss *m*, Abflussloch *nt* ► PHRASES: **sth has gone down the** ~ etw ist futsch *fam*, etw ist wie vom Erdboden verschluckt *fig fam*

Gurkha ['gɜːkə, AM 'gɜːr] *n* Gurkha *m*, Angehörige(r) *f(m)* des Gurkha-Stammes

gurney <*pl* -s> ['gɜːrni] *n* AM Rollbahre *f*

guru ['gʊruː, AM 'guːruː] *n* Guru *m a. fig*

gush [gʌʃ] **I.** *n no pl* Schwall *m*, [kräftiger] Strahl; (*fig*) Erguss *m*; *of words* Schwall *m*; ***she was quite unprepared for the*** ~ ***of praise she received*** sie war völlig unvorbereitet für das Lob, das sich über sie ergoss; **a** ~ **of water** ein Wasserschwall *m* **II.** *vi* ❶ (*flow out*) *liquid* [hervor]strömen, [hervor]sprudeln; (*at high speed*) [hervor]schießen ❷ (*praise*) [übertrieben] schwärmen, lobhudeln *pej fam*; **to** ~ **to sb about sth** jdm von etw *dat* vorschwärmen; ■**to** ~ **over sth** über etw *akk* ins Schwärmen geraten **III.** *vt* ■**to** ~ **sth** (*let out strongly*) etw ausstoßen; ***her injured arm*** ~***ed blood*** aus ihrem verletzten Arm schoss Blut; (*fig*) ***"It was a fairy-tale wedding!" she*** ~***ed*** „es war eine Traumhochzeit!" sagte sie schwärmerisch; **to** ~ **compliments about sth/sb** von etw/jdm [übertrieben] schwärmen

gusher ['gʌʃəʳ, AM -ɚ] *n* [natürlich sprudelnde] Ölquelle

gushily ['gʌʃɪli] *adv* schöntuerisch *pej fam*; (*enthusiastically*) überschwänglich, schwärmerisch

gushing ['gʌʃɪŋ] *adj* schöntuerisch *pej fam*; (*enthusiastic*) überschwänglich, schwärmerisch

gushingly ['gʌʃɪŋli] *adv* schöntuerisch *pej fam*; (*enthusiastically*) überschwänglich, schwärmerisch

gushy ['gʌʃi] *adj* schöntuerisch *pej fam*; (*enthusiastic*) überschwänglich, schwärmerisch

gusset ['gʌsɪt] *n* Einsatz *m*, Keil *m*, Zwickel *m*

gust [gʌst] **I.** *n of wind* [Wind]stoß *m*, Bö[e] *f*; (*fig liter*) Anfall *m*, Ausbruch *m*; **a** ~ **of laughter** ein Lachanfall **II.** *vi wind* böig wehen, stark blasen

gustatory ['gʌstətᵊri, AM -tɔːri] *adj inv* (*form*) Geschmacks-

gustily ['gʌstɪli] *adv* stoßweise, vernehmlich

gusto ['gʌstəʊ, AM -toʊ] *n no pl* ■**with** ~ mit Begeisterung [*o* Genuss]

gusty ['gʌsti] *adj* böig, windig, stürmisch

gut [gʌt] **I.** *n* ❶ (*intestine*) Darm[kanal] *m* ❷ (*for instruments, rackets*) Darmsaite *f*; (*for fishing*) Angelsehne *f*; MED Katgut *nt kein pl* ❸ (*sl: abdomen*) Bauch *m*; ***my*** ~***s hurt*** mein Bauch tut weh; **beer** ~ Bierbauch *m* ❹ (*fam: bowels*) ■~**s** *pl* Eingeweide *ntpl*, Gedärme *ntpl* ❺ (*fam: courage*) ■~**s** *pl* Mumm *m kein pl fam*, Courage *f kein pl*; ***it takes*** ~***s to admit to so many people that you've made a mistake*** man braucht Mut, um vor so vielen Leuten zuzugeben, dass man einen Fehler gemacht hat ► PHRASES: **to have sb's** ~**s for garters** BRIT (*hum fam*) Hackfleisch aus jdm machen *hum fam*; **to bust a** ~ [*or* **to work one's** ~**s out**] (*sl*) sich *akk* abrackern *fam*, sich *dat* den Arsch aufreißen *derb* **II.** *vt* <-tt-> ❶ (*remove the innards*) **to** ~ **an animal** ein Tier ausnehmen ❷ *usu passive* (*destroy by fire*) ■**to be** ~**ed** [völlig] ausbrennen; ***the whole building was*** ~***ted in the fire*** das ganze Gebäude brannte bei dem Feuer aus **III.** *adj attr, inv* (*fam*) gefühlsmäßig, aus dem Bauch heraus *nach n*; **a** ~ **feeling** ein [instinktives] Gefühl; ~ **issue** zentrales Thema, Kernpunkt *m*; **a** ~ **reaction** eine gefühlsmäßige Reaktion; (*spontaneous*) eine spontane Reaktion

gutless ['gʌtləs] *adj* (*fam: lacking courage*) feige; (*lacking enthusiasm*) lahm *pej*, schlaff *pej*

gutsy ['gʌtsi] *adj* ❶ (*brave*) mutig; (*adventurous*) draufgängerisch ❷ (*strong*) *food, drink* kräftig, aromatisch; (*powerful*) *voice* kraftvoll; (*vivid*) lebenssprühend, temperamentvoll

gutted ['gʌtɪd] *adj pred* BRIT (*sl*) *person* am Boden zerstört, völlig fertig *fam*, total down *sl*

gutter ['gʌtəʳ, AM -t̬ɚ] **I.** *n of road* Rinnstein *m*, Gosse *f*; (*of roof*) Dachrinne *f*, Regenrinne *f*; (*fig*) Gosse *f pej* **II.** *vi candle, flame* flackern; ■**to** ~ [**out**] [langsam] ausbrennen [*o* verlöschen]

guttering ['gʌtᵊrɪŋ] **I.** *n no pl* Abflussrinnen *fpl*, Regenrinnen *fpl* **II.** *adj* flackernd

gutter journalism *n no pl* Sensationsjournalismus *m pej* **gutter press** *n no pl esp* BRIT Sensationspresse *f pej*, Boulevardpresse *f meist pej*, Skandalpresse *f pej* **guttersnipe** *n* (*pej dated*) Straßenkind *nt*

guttural ['gʌtᵊrᵊl, AM -t̬-] **I.** *adj* (*throaty*) kehlig; LING guttural *fachspr*, Kehl-, Guttural- *fachspr*; ~ **sound** Kehllaut *m*, Gutturallaut *m fachspr* **II.** *n* LING Kehllaut *m*, Gutturallaut *m fachspr*

gut-wrenching *adj* herzzerreißend

guv [gʌv] *n* BRIT (*dated sl*) *short for* **guv'nor** Meister *m veraltend fam*, Chef *m fam*

guv'nor ['gʌvnəʳ] *n* BRIT (*dated sl*) Meister *m veraltend fam*, Chef *m fam*; (*father*) Alte(r) *m sl*

guy[1] [gaɪ] *n* (*fam*) ❶ (*man*) Kerl *m*, Typ *m*, Bursche *m*; **fall** ~ (*fam: scapegoat*) Sündenbock *m*, Prügelknabe *m*; (*stooge*) Hanswurst *m*, dummer August; ***I'm sick of playing the fall*** ~ ***for other people*** ich bin's leid, für andere meinen Buckel hinzuhalten [*o* den Prügelknaben zu spielen] ❷ *pl esp* AM, AUS (*people*) **hi** ~**s!** hallo Leute! *fam*; ***are you*** ~***s coming to lunch?*** kommt ihr [mit] zum Essen? ❸ BRIT (*dated: sb with a strange appearance*) Schießbudenfigur *f*; ***he looks a proper*** ~ ***in that outfit*** in dieser Aufmachung sieht er aus wie eine Schießbudenfigur ❹ BRIT (*effigy of Guy Fawkes*) *Guy Fawkes verkörpernde Puppe, die in der Guy Fawkes Night auf einem Scheiterhaufen verbrannt wird*

guy[2] [gaɪ] *n*, **guy rope** *n*, **guyline** ['gaɪlaɪn] *n* AM Spannseil *nt*, Halteseil *nt*; (*for tent*) Zeltschnur *f*

Guyanese [ˌgaɪə'niːz, AM ˌgiːə'] *adj inv* guyanesisch

Guy Fawkes Night *n in der ‚Guy Fawkes Night' am 5. Nov. wird mit Feuerwerk und der feierlichen Verbrennung einer Guy Fawkes-Puppe der missglückten Pulververschwörung aus dem Jahr 1605 gedacht*

guzzle ['gʌzl] **I.** *vt* ■**to** ~ **sth** (*fam: drink*) etw in sich *akk* hineinkippen *fam*; BRIT (*eat*) etw futtern [*o* in sich *akk* hineinstopfen] *fam* **II.** *vi* schlingen *fam*, stopfen *fam*

guzzler ['gʌzləʳ, AM -ɚ] *n* (*fam: drinker*) Schluckspecht *m meist hum fam*, Säufer(in) *m(f) fam*; **gas** ~ *esp* AM Spritfresser *m fam*; BRIT (*eater*) gieriger Esser/gierige Esserin, Fresssack *m pej fam*

gym [dʒɪm] *n* ❶ *short for* **gymnastics** Turnen *nt kein pl* ❷ *short for* **gymnasium** Turnhalle *f* ❸ AM (*physical education*) *short for* **gymnastics** [Schul]sport *m kein pl*

gymkhana [dʒɪm'kɑːnə] *n* SPORTS Gymkhana *nt*

gymnasium <*pl* -s *or* -sia> [dʒɪm'neɪziəm, *pl* -ziə] *n* Turnhalle *f*, Sporthalle *f*

gymnast ['dʒɪmnæst] *n* Turner(in) *m(f)*

gymnastic [dʒɪm'næstɪk] *adj attr* turnerisch, Turn-, gymnastisch

gymnastics [dʒɪm'næstɪks] *npl* Turnen *nt kein pl*; (*fig*) **mental** ~ Gehirnakrobatik *f hum*

gym shoes *npl* Turnschuhe *mpl* **gym shorts** *npl* Turnhose *f*

gymslip ['dʒɪmslɪp] *n* BRIT (*dated*) Trägerrock *m* (*als Schulkleidung*)

gynaecological [ˌgaɪnəkə'lɒdʒɪkᵊl], AM, AUS **gynecological** [-'lɑːdʒ-] *adj* gynäkologisch

gynaecologist [ˌgaɪnə'kɒlədʒɪst], AM, AUS **gynecologist** [-'kɑːl-] *n* Gynäkologe, -in *m, f*, Frauenarzt, Frauenärztin *m, f*

gynaecology [ˌgaɪnə'kɒlədʒi], AM, AUS **gynecology** [-'kɑːl-] *n no pl* Gynäkologie *f*

gynecological *adj* AM, AUS *see* **gynaecological**

gynecologist *n* AM, AUS *see* **gynaecologist**

gyp[1] [dʒɪp] *n no pl* BRIT, AUS (*fam*) **to give sb** ~ jdm [arg] zu schaffen machen *fam*, jdn plagen

gyp[2] [dʒɪp] (*fam*) **I.** *n* Schwindel *m kein pl fam*, Betrug *m kein pl*; ***that was a real*** ~***!*** das war der reinste Nepp! *fam* **II.** *vt* <-pp-> ■**to** ~ **sb** jdn austricksen *fam*, jdn anschmieren *fam*; ***he*** ~***ped people into buying stuff they didn't like*** er quatschte den Leuten Zeug an, das ihnen gar nicht gefiel *fam*

gyppo <*pl* -s> [dʒɪpəʊ, AM poʊ] *n* (*pej fam*) Zigeuner(in) *m(f)*

gyppy tummy *n* BRIT *see* **gippy tummy**

gypsum ['dʒɪpsəm] *n no pl* Gips *m*

gypsy ['dʒɪpsi] **I.** *n* Zigeuner(in) *m(f)* **II.** *n modifier* Zigeuner-; ~ **caravan** Zigeunerwagen *m*; ~ **encampment** Zigeunerlager *nt*

gyrate [dʒaɪ(ə)'reɪt, AM 'dʒaɪreɪt] *vi* sich *akk* drehen, kreisen; (*fig: dance*) [aufreizend] tanzen, die Hüften kreisen lassen

gyration [dʒaɪ(ə)'reɪʃᵊn, AM dʒaɪ'-] *n* Drehung *f*, Drehbewegung *f*, Kreiselbewegung *f*; ~**s on the stock exchange** (*fig*) der Schlingerkurs der Börse

gyro[1] ['dʒaɪroʊ] *n* AM Gyros *nt*

gyro[2] ['dʒaɪərəʊ] *n* ❶ *short for* **gyrocompass** Kreiselkompass *m* ❷ *short for* **gyroscope** Gyroskop *nt*

gyrocompass <*pl* -es> ['dʒaɪ(ə)rəʊˌkʌmpəs, AM 'dʒaɪroʊ,-] *n* Kreiselkompass *m*

gyroscope ['dʒaɪ(ə)rəskəʊp, AM 'dʒaɪrəskoʊp] *n* NAUT, AVIAT Gyroskop *nt*

H

H <*pl* -'s>, **h** <*pl* 's *or* -s> [eɪtʃ] *n* H *nt*, h *nt*; ~ **for Harry** [*or* AM **as in How**] H für Heinrich; *see also* **A 1.**

h *n* ❶ *abbrev of* **hour**[**s**] h; ***at 0900 h*** um 9h ❷ *abbrev of* **hand**[**s**] *Stockmaß für Pferde*

H [eɪtʃ] **I.** *adj inv abbrev of* **hard** H **II.** *n no pl abbrev of* **hydrogen** H *nt*

ha [hɑː] *interj* (*esp hum*) ah

habeas corpus [ˌheɪbiəs'kɔːpəs, AM -'kɔːr-] *n no pl* LAW **H**~ **Act** Habeaskorpusakte *f*; **a writ of** ~ gerichtliche Anordnung eines Haftprüfungstermins; **to seek a writ of** ~ Haftbeschwerde einlegen

haberdasher ['hæbədæʃəʳ, AM -ɚdæʃɚ] *n* ❶ BRIT (*seller of dress-making goods*) Kurzwarenhändler(in) *m(f)* ❷ AM (*dealer in men's fashions*) Herrenausstatter *m*

haberdashery ['hæbədæʃᵊri, AM -ɚdæʃɚi] *n* ❶ BRIT (*sewing wares*) Kurzwaren *pl*; (*shop*) Kurzwarenladen *m*, Kurzwarenhandlung *f* ❷ AM (*male clothing*) Herrenmode *f*, Herrenbekleidung *f*; (*shop*) Herrenausstatter *m*, Geschäft *nt* für Herrenmoden

habit ['hæbɪt] **I.** *n* ❶ (*repeated action*) Gewohnheit *f*; ■**to be in the** ~ **of doing sth** die Angewohnheit haben, etw zu tun; ***I'm really not in the*** ~ ***of looking at other people's clothes*** für gewöhnlich achte ich nicht auf die Kleidung anderer Leute; ***on holidays I'm in the*** ~ ***of rising late*** im Urlaub pflege ich erst spät aufzustehen; ■**to do sth out of** [*or* **from**] ~ etw aus Gewohnheit tun; ■**to have a** [*or* **the**] ~ **of doing sth** die Angewohnheit haben, etw zu tun; **from force of** ~ aus [reiner] Gewohnheit; **to do sth by sheer force of** ~ etw aus reiner Gewohnheit tun; ~ **of mind** Denkweise *f*; **a bad/good** ~ eine schlechte/gute [An]gewohnheit; **to break a** ~

sich *dat* etw abgewöhnen; **to get into/out of the ~ of sth** sich *dat* etw angewöhnen/abgewöhnen, eine Gewohnheit annehmen/ablegen; **to make a ~ of sth** etw zur Gewohnheit werden lassen, sich *dat* etw zur Gewohnheit machen; ***don't make a ~ of smoking!*** fangen Sie bloß nicht das Rauchen an!; **to pick up a ~** eine Gewohnheit annehmen *f* ② (*fam: drug addiction*) Sucht *f*, Abhängigkeit *f*; **to have a heroin ~** heroinsüchtig sein ③ (*special clothing*) REL Habit *m o nt*, Ornat *m;* SPORTS **riding ~** Reitkleidung *f* ④ PSYCH Habit *nt o m* ▸ PHRASES: **old ~s die hard** (*prov*) der Mensch ist ein Gewohnheitstier *prov* **II.** *vt* (*form*) ■**to ~ sb** jdn kleiden

habitable ['hæbɪtəbl, AM -t̬ə-] *adj* bewohnbar

habitant [æbi:'tɔ̃] *n* CAN (*hist*) *kanadischer Siedler französischer Herkunft*

habitat ['hæbɪtæt] *n* Lebensraum *m;* BIOL Habitat *nt fachspr; of plants* Standort *m*

habitation [ˌhæbɪ'teɪʃ^ə^n] *n* ① *no pl* (*living in a place*) [Be]wohnen *nt; **there were no signs of ~ at this place*** der Ort sah unbewohnt aus; **fit/unfit for human ~** menschenwürdig/menschenunwürdig ② (*form: home*) Wohnstätte *f geh*, Behausung *f pej;* (*shelter*) Unterschlupf *m*

habit-forming *adj* ■**to be ~** *activity* zur Gewohnheit werden; *drug* süchtig [*o* abhängig] machen; ***cocaine is a ~ drug*** Kokain ist eine Suchtdroge

habitual [hə'bɪtʃuəl] *adj inv* ① (*constant*) ständig ② (*usual*) gewohnt; ***he'll wear his ~ jeans*** er wird wie üblich seine Jeans anhaben; **to become ~** zur Gewohnheit werden ③ (*due to habit*) gewohnheitsmäßig; *of bad habit* notorisch; **~ drinker** notorischer Trinker/notorische Trinkerin *pej;* **~ smoker** Gewohnheitsraucher(in) *m(f) pej*

habitually [hə'bɪtʃuli] *adv* ① (*constantly*) ständig ② (*regularly*) regelmäßig ③ (*due to habit*) gewohnheitsmäßig

habituate [hə'bɪtʃueɪt] *vt* ■**to ~ sb/sth [to sb/sth]** jdn/etw [an jdn/etw] gewöhnen

habituated [hə'bɪtʃueɪtɪd, AM -t̬ɪd] *adj pred* (*form*) ■**to be ~ to sth** etw gewohnt sein; ■**to be ~ to doing sth** [daran] gewohnt sein, etw zu tun; **to become ~ [to sth]** sich *akk* [an etw *akk*] gewöhnen

habitué [hə'bɪtjueɪ, AM -ˌbɪtʃu'eɪ] *n* (*form*) regelmäßiger Besucher/regelmäßige Besucherin, Habitué *m* ÖSTERR *geh; of pub* Stammgast *m* (**of** +*gen*)

hack[1] [hæk] **I.** *vt* ① (*chop roughly*) ■**to ~ sth** etw hacken; **to ~ sb to death** jdn [mit einem Beil] erschlagen; **to ~ sb/sth to pieces** [*or* **bits**] jdn/etw zerstückeln; **to ~ an article to pieces** [*or* **bits**] (*fig*) einen Artikel verreißen ② SPORTS (*kick*) ■**to ~ sb** BRIT jdn [vors [*o* gegen das] Schienbein] treten; **to ~ the ball** dem Ball einen Tritt versetzen ③ (*clear a way*) **to ~ one's way through** [*or* **out of**] **sth** sich *dat* einen Weg durch etw *akk* [frei]schlagen ④ COMPUT ■**to ~ sth** in etw *akk* [illegal] eindringen ⑤ *usu neg* AM, AUS (*sl: cope with*) ■**to ~ sth** etw aushalten; ***he just can't ~ it to sit in traffic jams every morning*** er kann die ewigen Staus am Morgen einfach nicht ausstehen; **to ~ it** es bringen; ***he can't ~ it*** er bringt's einfach nicht **II.** *vi* ① (*chop roughly*) ■**to ~ [away] at sth** auf etw *akk* einhacken; ***he ~ed away at the tree trunk with his axe*** er hackte mit der Axt auf dem Baumstamm herum; ■**to ~ through sth** *trees* sich *akk* durch etw *akk* schlagen ② COMPUT ■**to ~ into sth** in etw *akk* [illegal] eindringen **III.** *n* ① (*kick*) Tritt *m* ② BRIT (*wound*) [Ein]schnitt *m*, Wunde *f* ③ (*cough*) trockener Husten; **smoker's ~** Raucherhusten *m*

hack[2] [hæk] **I.** *n* ① (*horse*) Reitpferd *nt;* (*hired horse*) Mietpferd *nt;* (*worn-out horse*) Klepper *m pej;* (*horse-ride*) Ausritt *m* ② (*pej or hum fam: writer*) Schreiberling *m pej*, Schmierfink *m pej;* **newspaper ~** Zeitungsschreiber(in) *m(f)* ③ (*unskilled worker*) Gelegenheitsarbeiter(in) *m(f)* ④ AM (*fam: taxi*) Taxi *nt;* (*taxi driver*) Taxifahrer(in) *m(f)* ⑤ (*pej fam: non-committed person*) Mitläufer(in) *m(f) pej* **II.** *adj attr* (*pej: routine*) mittelmäßig; **~ politician/writer** Mitläufer(in) *m(f)*/Schreiberling *m pej;* **~ work** stumpfsinnige Arbeit *pej* **III.** *vi* BRIT ausreiten

◆**hack about** *vt* (*fig*) ■**to ~ sth ↔ about** *wording* etw zerstückeln; **to ~ about a text** einen Text auseinander nehmen [*o fam* zerpflücken]

◆**hack down** *vt* ■**to ~ sth ↔ down** etw zerhacken; ***he went berserk and started to ~ down people*** er drehte durch und fing an Leute niederzumetzeln; **to ~ down a tree** einen Baum fällen

◆**hack into** *vi* COMPUT **to ~ into a system** in ein Computersystem eindringen, den Code eines Computersystems knacken

◆**hack off** *vt* ① (*cut off*) ■**to ~ sth ↔ off** etw abhacken [*o* abschlagen] ② *esp* BRIT (*fam: annoy*) ■**to ~ sb ↔ off** jdn nerven, jdm auf die Nerven [*o fam* den Keks] gehen

◆**hack out** *vt* ■**to ~ out ↔ sth** etw herausschlagen [*o* heraushauen]; ***she ~ed her way out of the dense jungle*** sie schlug sich den Weg aus dem Dschungel frei

hacked off *adj pred esp* BRIT (*fam*) ① (*annoyed*) genervt *fam;* **to be ~ off with** [*or* **about**] **sth/sb** von jdm/etw genervt sein *fam; **she's really ~ed off with her son for not tidying up his room*** sie ist echt sauer auf ihren Sohn, weil er sein Zimmer nicht aufgeräumt hat ② (*dejected*) niedergeschlagen; **to be ~ off with** [*or* **about**] **sth** von etw *dat* mitgenommen [*o fam* gestresst] sein

hacker ['hækə^r^, AM -ɚ] *n* COMPUT Hacker(in) *m(f); esp* AM Computerfreak *m*

hackie ['hæki] *n* AM (*fam: taxi driver*) Taxifahrer(in) *m(f)*

hacking ['hækɪŋ] *n* ① (*breaking into computers*) Hacken *nt* ② BRIT (*horse-riding*) **to go ~** ausreiten, einen Ausritt machen

hacking cough *n* trockener Husten **hacking jacket** *n esp* BRIT Reitjacke *f*

hackles ['hæk|z] *npl* (*animals' hairs*) [aufstellbare] Nackenhaare; ***the dog's ~ were up*** dem Hund sträubte sich das Fell; (*feathers*) [aufstellbare] Nackenfedern, Nackengefieder *nt;* **to get sb's ~ up, to make sb's ~ rise** jdn wütend machen, jdn in Wut [*o* Rage] bringen, jdn auf die Palme bringen *fam*

hackney ['hækni] *n* ① (*horse*) Pferd *nt*, Gaul *m fam* ② (*horse-pulled carriage*) [Pferde]droschke *f* ③ *esp* BRIT (*taxi*) Taxi *nt*

hackney carriage *n* ① (*horse-pulled carriage*) [Pferde]droschke *f* ② *esp* BRIT (*form: taxi*) Taxi *nt*

hackneyed ['hæknid] *adj* (*pej*) abgedroschen *pej*, abgenutzt; **~ phrase** stereotype Redensart

hacksaw *n* Bügelsäge *f* **hackwork** *n no pl* (*pej*) ① (*banal writing*) Geschmiere *nt pej* ② (*uninteresting work*) Routinearbeit *f*, Nullachtfünfzehn-Arbeit *f fam*

had [hæd, həd] **I.** *vt* ① *pt, pp of* **have** ② (*fam*) **to have ~ it** (*want to stop*) genug haben; (*to be broken*) kaputt [*o fam* hinüber] sein; ***I've ~ it for today — I'll do the rest tomorrow*** mir reicht's für heute – den Rest erledige ich morgen; ***this kettle's ~ it*** der Kessel ist hin *fam;* **to have ~ it [up to here] with sb/sth** von jdm/etw die Nase [gestrichen] voll haben *fam* **II.** *adj pred, inv* (*fam*) ■**to be ~** [he]reingelegt werden; ***this is a fake: you've been ~!*** die haben dich reingelegt: das hier ist eine Fälschung!

haddock <*pl* -> ['hædək] *n* Schellfisch *m*

Hades ['heɪdi:z] *n no pl, no art* ① (*Greek mythology*) Hades *m*, Unterwelt *f* ② (*fam: hell*) Hölle *f*

hadj <*pl* -es> *n see* **hajj**

hadn't ['hæd^ə^nt] = **had not** *see* **have**

had up *adj pred, inv* BRIT (*fam*) ■**to be ~ up for sth** wegen einer S. *gen* dran sein *fam; **she's been ~ up for speeding*** sie wurde wegen überhöhter Geschwindigkeit drangekriegt; **to be ~ up in court** vor den Kadi gebracht werden *fam*

haematite ['hi:mətaɪt, 'hem-], AM **hematite** *n* GEOL Hämatit *m fachspr*

haematologist [ˌhi:mə'tɒlədʒɪst], AM **hematologist** [-'tɑ:l-] *n* MED Hämatologe, -in *m, f*

haematology [ˌhi:mə'tɒlədʒi], AM **hematology** [-'tɑ:l-] *n no pl* MED Hämatologie *f*

haematoma <*pl* -s *or* -mata> [ˌhi:mə'təʊmə, *pl* -mətə], AM **hematoma** [-'toʊ-] *n* MED Bluterguss *m*, Hämatom *nt fachspr*

haemoglobin [ˌhi:mə(ʊ)'gləʊbɪn], AM **hemoglobin** [-oʊ'gloʊ-] *n no pl* MED Hämoglobin *nt*

haemophilia [ˌhi:mə'fɪliə], AM **hemophilia** [-moʊ'-] *n no pl* MED Bluterkrankheit *f*, Hämophilie *f fachspr*

haemophiliac [ˌhi:mə'fɪliæk], AM **hemophiliac** [-moʊ'-] *n* MED Bluter(in) *m(f)*

haemorrhage ['hem^ə^rɪdʒ], AM **hemorrhage** [-ɚɪdʒ] **I.** *n* ① MED [starke] Blutung, Hämorrhagie *f fachspr;* **brain ~** Hirnblutung *f* ② (*fig: damaging loss*) Ausbluten *nt; **in 1992 Britain's economy suffered a ~*** 1992 blutete Großbritannien wirtschaftlich aus; **~ of investment** drastischer Investitionsrückgang; **~ of talent** Abwanderung *f* von Talenten **II.** *vi* ① MED [stark] bluten ② (*fig: diminish*) einen großen Verlust erleiden; ***the share price began to ~*** der Aktienkurs begann stark nachzugeben

haemorrhoids ['hem^ə^rɔɪdz], AM **hemorrhoids** [-ɚ-] *npl* MED Hämorrhoiden *pl fachspr*

haft [hɑ:ft, AM hæft] *n* (*handle*) *of axe* Griff *m; of sword, knife* Heft *nt*

hag [hæg] *n* (*pej: witch*) Hexe *f;* (*old woman*) hässliches altes Weib

haggard ['hægəd, AM -ɚd] *adj* (*tired*) abgespannt; (*exhausted*) ausgezehrt; (*worried*) verhärmt; ***she had a ~ look on her face*** sie sah erschöpft aus

haggis ['hægɪs] *n no pl* SCOT FOOD *schottisches Gericht aus in einem Schafsmagen gekochten Schafsinnereien und Haferschrot*

haggle ['hægl] **I.** *vi* ① (*bargain*) ■**to ~ [over** [*or* **about**] **sth]** [um etw *akk*] feilschen [*o pej* schachern] ② (*argue*) ■**to ~ over sth** [sich *akk*] über etw *akk* streiten, [sich *akk*] um etw *akk* rangeln **II.** *n* ① (*bargaining*) Gefeilsche *nt pej* ② (*wrangle*) Gerangel *nt*

haggling ['hæglɪŋ] *n no pl* Feilschen *nt*, Gefeilsche *nt pej*

hagiographer [ˌhægi'ɒgrəfə^r^, AM 'ɑ:grəfɚ] *n* REL Hagiograph(in) *m(f) a. fig*

hagiographic(al) [ˌhægiə(ʊ)'græfɪk(^ə^l), AM -iə'-] *adj* ① REL heiligengeschichtlich, hagiographisch *fachspr* ② (*fig, pej form: over-flattering*) schmeichelhaft

hagiography [ˌhægi'ɒgrəfi, AM -'ɑ:g-] *n* ① *no pl* (*biographies of saints*) Heiligengeschichte *f*, Hagiographie *f fachspr* ② LIT (*pej form: over-flattering biography*) zu schmeichelhafte Biographie; **to degenerate** [*or* **turn**] **into ~** in [einen] Personenkult ausarten

hag-ridden *adj* verhärmt; ■**to be ~ by sth** von etw *dat* gepeinigt werden

Hague [heɪg] *n* ■**The ~** Den Haag *kein art;* **The ~ Conventions** die Haager Konventionen; **The ~ Tribunal** der Internationale Gerichtshof

hah [hɑ:] *interj* (*fam*) *see* **ha** ah

ha-ha ['hɑ:hɑ:] *n* [eingelassener] Begrenzungszaun

ha ha [hɑ:'hɑ:] *interj* (*iron*) haha[ha]

haiku <*pl* -> ['haɪku:] *n* LIT Haiku *nt*

hail[1] [heɪl] **I.** *vt* ① (*greet*) ■**to ~ sb** jdn [be]grüßen ② (*form: call*) ■**to ~ sb** jdn rufen; ■**to ~ sth** etw anrufen; ***I tried to ~ her from the car window*** ich versuchte, sie durch Zurufen aus dem Autofenster auf mich aufmerksam zu machen; **to ~ a taxi** [*or* **cab**] ein Taxi rufen [*o* herbeiwinken] ③ (*acclaim*) ■**to ~ sb/sth** jdm/etw zujubeln; ■**to ~ sb/sth as sth** jdn/etw als etw bejubeln; ***the film was ~ed as a masterpiece in its day*** der Film wurde als ein Meisterwerk seiner Zeit gepriesen **II.** *vi* (*form or hum*) ■**to ~ from sth** von etw *dat* stammen, in etw *dat* beheimatet sein; ***this yacht ~s from Brighton*** der Heimathafen dieser Yacht ist Brighton; ***where do you ~ from?*** woher kommen Sie?, wo stammen Sie her? *geh* **III.** *n* ① (*greeting*) Gruß *m* ② (*earshot*) Rufweite *f;* **out of/within ~** außer/in Rufweite **IV.** *interj* (*poet or old*) sei/seid gegrüßt *veraltet o hum;* **~ *thee Caesar!*** heil dir Cäsar!

hail[2] [heɪl] **I.** *n no pl* Hagel *m;* **a ~ of bullets/stones** ein Kugel-/Steinhagel *m;* **a ~ of insults** ein Schwall *m* von Beschimpfungen **II.** *vi* ■**it's ~ing** *impers* es hagelt

◆**hail down** *vi* ■**to ~ on sb/sth** auf jdn/etw niederprasseln [*o a. fig* niederhageln]

hail-fellow *adj,* **hail-fellow-well-met** *adj pred* (*dated or hum*) plump-vertraulich; ***Arnold was very sociable in a ~ sort of way*** Arnold war einer von diesen geselligen Typen, die sich gerne anbiedern
hailing ['heɪlɪŋ] *adj inv* **out of/within ~ distance** (*dated*) außer/in Rufweite; (*fig*) [sehr] nah; ***he was born within ~ distance of here*** er wurde nur einen Steinwurf weit von hier geboren
Hail Mary *n* Ave Maria *nt* **hailstone** *n* Hagelkorn *nt* **hailstorm** *n* Hagelschauer *m*
hair [heəʳ, AM her] *n* ① (*single strand*) Haar *nt;* **to lose/win by a ~** (*fig*) ganz knapp verlieren/gewinnen ② *no pl* (*on head*) Haar *nt,* Haare *ntpl;* (*on body*) Behaarung *f;* ***he had lost his ~ by the time he was twenty-five*** mit fünfundzwanzig hatte er schon keine Haare mehr; **to have a good** [*or* **fine**] **head of ~** schönes, volles Haar haben; **to have** [*or* **get**] **one's ~ cut** sich *dat* die Haare schneiden lassen; **to let one's ~ down** seine Haare aufmachen; **to wash one's ~** sich *dat* die Haare waschen ③ (*hairstyle*) Frisur *f;* ***I like your ~*** deine Frisur gefällt mir; **to do sb's/one's ~** jdn/sich *akk* frisieren ④ (*on plant*) Haar *nt,* Härchen *nt;* (*on animal*) Haar *nt* ▶ PHRASES: **that'll put ~s on your chest** (*hum fam: before drinking*) das zieht dir die Schuhe aus; (*before eating*) das wird dich satt machen; **the ~ of the dog** [ein Schluck] Alkohol, um einen Kater zu vertreiben; **to not see hide nor ~ of sb** jdn nicht zu Gesicht bekommen; **that'll make your ~ curl** davon wirst du groß und stark; **to get in sb's ~** jdm auf den Geist gehen *fam;* ***get out of my ~!*** lass mich [endlich] in Ruhe!; **to not harm** [*or* **touch**] **a ~ on sb's head** jdm kein Haar krümmen; **keep your ~ on!** BRIT, AUS (*usu hum fam*) immer mit der Ruhe!, ruhig Blut!; **to let one's ~ down** (*fam*) sich *akk* gehen lassen; **to make sb's ~ stand on end** (*fam*) jdm die Haare zu Berge stehen lassen; **to not turn a ~** nicht mit der Wimper zucken
hairband *n* Haarband *nt* **hairbreadth** *n see* **hair's breadth hairbrush** *n* Haarbürste *f* **hair-conditioner** *n* Pflegespülung *f* **haircurler** *n* Lockenwickler *m* **haircut** *n* ① (*hairstyle*) Haarschnitt *m,* Frisur *f;* (*cutting*) Haareschneiden *nt;* ***I need a ~*** ich muss mal wieder zum Friseur; **to get** [*or* **have**] **a ~** sich *dat* die Haare schneiden lassen ② AM ECON, FIN Differenz *f* zwischen Beleihungswert und Beleihungsgrenze **hairdo** *n* (*esp hum fam*) [kunstvolle] Frisur **hairdresser** *n* Friseur, Friseuse *m, f;* ■**the ~'s** der Friseur[salon]; **to go to the ~'s** zum Friseur gehen **hairdressing** *n no pl* ① (*profession*) Friseurberuf *m;* ***have you ever thought of ~ as a career?*** hast du jemals daran gedacht, Friseur zu werden? ② (*action*) Frisieren *nt* ③ (*lotion*) Haarwasser *nt* **hairdressing salon** *n* Friseursalon *m* **hair-drier** *n,* **hair-dryer** *n* Föhn *m;* (*with hood*) Trockenhaube *f*
-haired ['heəd, AM 'herd] *in compounds with adj* -haarig; ***did you see this curly-~ blonde?*** hast du die Blonde da mit den Locken gesehen?; **long-/red-~** lang-/rothaarig
hair follicle *n* Haarbalg *m* **hair gel** *n* Haargel *nt* **hairgrip** *n* BRIT Haarklammer *f*
hairiness ['heərɪnəs, AM 'her-] *n no pl* Behaarung *f*
hairless ['heələs, AM 'her-] *adj* unbehaart; *person* glatzköpfig; *plant* haarlos
hairline *n* ① (*edge of hair*) Haaransatz *m;* **receding ~** zurückweichender Haaransatz, Geheimratsecke[n] *f*[*pl*] ② (*thin line*) [dünne] Linie ③ TYPO Haarstrich *m* **hairline crack** *n in glass, porcelain* Haarriss *m* **hairline fracture** *n* MED [Knochen]fissur *f* **hair loss** *n* Haarausfall *m;* **to suffer ~** unter Haarausfall leiden, Haarausfall haben **hair lotion** *n* Haarwasser *nt* **hair mousse** *n* Haarfestiger *m* **hairnet** *n* Haarnetz *nt* **hairpiece** *n* Haarteil *nt* **hairpin** *n* Haarnadel *f* **hairpin bend** *n* BRIT, AUS, **hairpin curve** *n,* **hairpin turn** *n* AM Haarnadelkurve *f* **hair-raising** *adj* (*fam*) haarsträubend; *experience* furchterregend **hair remover** *n* Enthaarungsmittel *nt* **hair restorer** *n* Haarwuchsmittel *nt* **hair salon** *n* Friseursalon *m* **hair's breadth** I. *n* Haaresbreite *f;* ■**by a ~** um Haaresbreite; ***she came within a ~ of losing her life*** um ein Haar hätte sie ihr Leben verloren; **to be within a ~ of disaster/ruin** einer Katastrophe/dem Ruin nahe sein, am Rande einer Katastrophe/des Ruins stehen II. *adj attr* haarbreit; **to have a ~ escape** mit knapper Not entkommen [*o* davonkommen]; **~ finish** [äußerst] knapper Endspurt; **~ victory** hauchdünner Sieg **hair shirt** *n* REL härenes Gewand *geh;* (*fig*) Büßerhemd *nt* **hairslide** *n* BRIT, AUS Haarspange *f* **hair space** *n* TYPO Haarspatium *nt fachspr* **hair-splitter** *n* (*pej*) Haarspalter(in) *m(f),* Pedant(in) *m(f) geh* **hair-splitting** (*pej*) I. *n* Haarspalterei *f pej* II. *adj* haarspalterisch, pedantisch *geh* **hairspray** *n* Haarspray *nt* **hairstyle** *n* Frisur *f* **hairstylist** *n* Friseur, Friseuse *m, f* **hair tonic** *n* Haarwasser *nt* **hair-trigger** I. *n* (*on firearm*) Stecher *m* II. *adj* (*fam*) *person* launisch, reizbar; *situation* labil; **to have a ~ temper** reizbar sein
hairy ['heəri, AM 'heri] *adj* ① (*having much hair*) haarig, stark behaart ② (*made of hair*) aus Haar *nach n,* hären *geh* ③ (*fig fam: dangerous*) haarig *fig; driving* riskant; (*pleasantly risky*) aufregend; **a ~ situation** eine brenzlige Situation
Haiti ['heɪti, AM 'heɪţi] *n* Haiti *nt*
Haitian ['heɪʃᵊn] I. *n* ① (*person*) Haitianer(in) *m(f);* **to be a ~** Haitianer(in) *m(f)* sein ② (*language*) Haitianisch *nt* II. *adj* haitisch, haitianisch
hajj <*pl* -es> [hædʒ] *n* REL Hadsch *m*
hajji <*pl* -s> ['hædʒi] *n* REL Hadschi *m*
hake <*pl* – *or* -s> [heɪk] *n* Seehecht *m,* Hechtdorsch *m*
halal [hæl'æl] I. *vt* ■**to ~ sth** etw nach islamischem Ritus schlachten II. *n* ~ [**meat**] Halalfleisch *nt* (*nach islamischem Ritus geschlachtetes Fleisch*)
halberd ['hælbəd, AM bəʳd] *n* HIST Hellebarde *f*
halberdier [ˌhælbə'dɪəʳ, AM bəʳ'dɪr] *n* HIST Hellebardier *m,* Hellebardist *m*
halcyon days [ˌhælsiən'-] *npl* (*approv liter*) glückliche Tage, [h]alkyonische Tage *liter*
hale [heɪl] *adj inv* (*liter or dated*) gesund, wohlauf *geh; old person* rüstig; **~ and hearty** gesund und munter
halelujah *interj see* **hallelujah**
half [hɑːf, AM hæf] I. *n* <*pl* halves> ① (*equal part, fifty per cent*) Hälfte *f;* ***the northern ~ of the island is subtropical*** der Norden der Insel ist subtropisch; ■**in ~** [*or* **into halves**] in zwei Hälften; **a kilo/pound and a ~** eineinhalb [*o* DIAL anderthalb] Kilo/Pfund; **to cut sth into halves** etw halbieren; **to cut in ~** in der Mitte durchschneiden, halbieren; **to divide sth by ~** etw durch zwei teilen; **to fold in ~** zur Mitte falten; **to reduce sth by ~** etw um die Hälfte reduzieren ② BRIT (*fam: half pint of beer*) kleines Bier (*entspricht ca. 1/4 Liter*); **a ~ pint of lager** ein kleines Helles ③ BRIT (*child's ticket*) ***two adults and three halves please!*** zwei Erwachsene und drei Kinder, bitte! ④ FBALL (*midfield player*) Läufer(in) *m(f);* **first/second ~** erste/zweite Spielhälfte [*o* Halbzeit] ⑤ (*very soon*) ***I'll be with you in ~ a second*** [*or* BRIT ***tick***] ich bin sofort bei dir ⑥ (*share cost*) **to go halves** [**on sth**] (*fam*) sich *dat* die Kosten [für etw *akk*] teilen; **to go halves with sb** mit jdm teilen [*o fam* halbe-halbe machen] ⑦ (*treat wholly*) **to not do things by halves** keine halben Sachen machen *fam* ⑧ (*fam: the whole*) ***you haven't heard the ~ of it yet!*** das dicke Ende kommt ja noch!; ***that's ~ the fun*** [***of it***] das ist doch gerade der Spaß daran ▶ PHRASES: **a game/meal and a ~** ein Bombenspiel *nt*/ein Bombenessen *nt fam;* **to be too clever by ~** ein Schlaumeier sein; **my other** [*or* **better**] **~** meine zweite [*o* bessere] Hälfte; **how the other ~ lives** (*prov*) wie andere Leute leben II. *adj* halbe(r,s) *attr;* ***roughly ~ of the class are Spanish*** die Klasse besteht ungefähr zur Hälfte aus Spaniern; **~ an apple** ein halber Apfel; **~** [**a**] **per cent** ein halbes Prozent; **~ a dozen** [*or* **a ~-dozen**] ein halbes Dutzend; **~-price sale** Ausverkauf *m* zum halben Preis; **to sell goods off at ~ price** Ware zum halben Preis verkaufen III. *adv* ① (*almost*) halb, fast, nahezu, beinahe; ***they had been frightened ~ out of their minds*** sie wären fast verrückt geworden vor Angst ② (*partially, to some extent*) halb, zum Teil; ***she was ~ afraid she'd have to make a speech*** sie hatte schon fast befürchtet, eine Rede halten zu müssen; ***it wasn't ~ as good*** das war bei weitem nicht so gut; **~ asleep** halb wach; **to be ~ right** *person* zum Teil Recht haben; *thing* zur Hälfte richtig sein ③ (*time*) [**at**] **~ past nine** [um] halb zehn; (*fam*) ***meet me at home at ~ past on the dot, okay?*** du bist dann um Punkt halb bei mir, ok? *fam* ④ (*by fifty percent*) ■**~ as ... as ...** halb so ... wie ...; ***my little brother is ~ as tall as me*** mein kleiner Bruder ist halb so groß wie ich; ***he is ~ my weight*** er wiegt halb so viel wie ich ⑤ (*intensifies negative statement*) **not ~** BRIT (*fam*) unheimlich *fam,* wahnsinnig *fam,* irre *sl;* ***he wasn't ~ handsome*** er sah unverschämt gut aus *fam;* ***she didn't ~ shout at him*** sie hat ihn vielleicht angebrüllt; (*affirms positive opinion*) ***did you enjoy the film? — not ~!*** hat dir der Film gefallen? – und wie! ⑥ (*partially, to some extent*) halb; ***I was ~ inclined to call you last night but...*** ich hätte dich gestern Abend fast angerufen, aber...; **~ cooked** halb gar; **~ empty/full** halb leer/voll; **~ naked** halb nackt ⑦ (*fam: most*) der/die/das meiste; ***~ of them didn't turn up*** die meisten von ihnen sind gar nicht erschienen; ***our boss has lost ~ his authority*** unser Chef hat seine Autorität zum größten Teil eingebüßt; ***if you are ~ the man I think you are, you'll succeed*** wenn du auch nur im entferntesten der Mann bist, für den ich dich halte, dann schaffst du das; **~** [**of**] **the time** die meiste Zeit ▶ PHRASES: **to be ~ the battle** [schon] die halbe Miete sein *fam;* **given ~ a chance** wenn ich/er/sie/etc die Möglichkeit hätte
half a crown [ˌhɑːfə'kraʊn] *n no pl* BRIT HIST *see* **half-crown** Halbkronenstück *nt* **half a dozen** [ˌhɑːfə'dʌzᵊn, AM ˌhæf] *n no pl see* **half-dozen** ein halbes Dutzend **half-arsed,** AM **half-assed** *adj* (*pej sl*) idiotisch *fam,* bescheuert *sl* **halfback** *n* FBALL Läufer(in) *m(f);* (*in rugby*) Halbspieler(in) *m(f)* **half-baked** *adj* (*fig fam*) ① (*not well planned*) *idea, plan* unausgereift, unausgegoren ② (*not committed*) *person* fade **half-binding** *n* (*of book*) Halb[leder]band *m* **half-blood** *n see* **half-breed half-board** *n esp* BRIT Halbpension *f* **half-boot** *n* Halbstiefel *m* **half-bottle** ['hɑːfbɒtl, AM 'hæfbɑːţl] *n of wine* kleine Flasche, Stifterl *nt* ÖSTERR **half-breed** I. *n* ① (*pej!: person*) Mischling *m pej,* Halbblut *nt pej* ② (*animal*) [Rassen]kreuzung *f;* (*horse*) Halbblut *nt* II. *adj* ① (*pej!: of mixed parentage*) Mischlings- *pej;* **~ child** Mischlingskind *nt pej* ② *animal* **~ dog** Promenadenmischung *f hum;* **~ horse** Halbblut *nt* **half-brother** *n* Halbbruder *m* **half-caste** (*pej!*) I. *n* Mischling *m pej,* Halbblut *nt pej;* AM Mestize, -in *m, f* II. *adj* Mischlings- *pej;* AM wie ein Mestize/eine Mestizin *nach n;* ***he looks ~*** er sieht aus wie ein Mestize **half-cock** *n* ① (*on pistol*) Vorderladerstellung *f* ② *esp* AM (*go wrong*) **to go off at ~** *plan* danebengehen; *party* ein Reinfall sein *fam* **half-cocked** *adj* ① (*pistol*) in Vorderladerstellung ② *esp* AM **to go off ~** (*fail*) *plan* danebengehen; *party* ein Reinfall sein *fam;* (*act prematurely*) *person* voreilig handeln **half-crown** *n* (*hist*) Halbkronenstück *nt,* Zweieinhalbschillingsstück *nt* **half-cut** *adj* BRIT (*pej sl*) besoffen *sl,* blau *fam* **half-day** I. *n* halber [Arbeits]tag II. *adj attr* halbtägig **half-dead** *adj* (*fam*) halb tot *hum* (**with** vor +*dat*) **half-decent** *adj* (*fam*) anständig *fam;* ***any ~ sprinter can run 100m in 11 seconds*** jeder einigermaßen anständige Läufer kann 100m in 11 Sekunden laufen **half-dozen** *n,* **half a dozen** *n* (*fam*) ein halbes Dutzend **half-empty** *adj* halb leer *attr,* halb leer *präd;* ***the event was ~*** die Veranstaltung war schlecht besucht **half-fare** I. *n* ① (*price*) halber Fahrpreis ② (*ticket*) Fahrkarte *f* zum halben Preis II. *adj* zum halben Preis *nach n* **half-full** *adj* halb voll **half-hardy** *adj* BOT *plants* nicht winterhart **half-hearted** *adj attempt* halbherzig; *manner* lustlos **half-heartedly** *adv* halbherzig, halben Herzens; ■**to do sth ~** etw lustlos tun **half-heartedness** *n* Halbherzigkeit *f; of*

H

manner Lustlosigkeit *f* **half-holiday** *n* halber Urlaubstag **half holiday** *n* halber Feiertag **half-hour** I. *n* halbe Stunde; **in a ~** in einer halben Stunde; **on the ~** jede halbe Stunde, alle dreißig Minuten II. *adj attr* dreißigminütig **half-hourly** I. *adj* halbstündlich; **~ intervals** halbstündliche Pausen II. *adv* jede [*o* alle] halbe Stunde; ***the buses to the centre of town are ~*** die Busse ins Stadtzentrum fahren jede halbe Stunde **half-inch** I. *n* halber Zoll II. *vt* Brit (*rhyming sl: pinch*) ■**to ~ sth** etw klauen *fam* **half-joking** *adj* halb im Ernst, halb im Spaß; ***she was only ~ when she said that …*** mit einem ernsten Unterton sagte sie, dass … **half-jokingly** *adv* halb im Ernst, halb im Spaß **half-landing** *n* Treppenabsatz *m* **half landing** *n* Brit Treppenabsatz *m* **half-length** ['hɑ:fleŋθ, AM 'hæf] *adj inv* 1 (*half the normal length*) halblang 2 ART *portrait* Brust- **half-life** *n* 1 PHYS Halbwertszeit *f* 2 ECON, FIN Zeitraum *m* vor Rückzahlung der Hälfte einer Anleihe **half-light** *n* Halbdunkel *nt*, Dämmerlicht *nt* **half-marathon** *n* Halbmarathonlauf *m* **half-mast** *n* 1 (*of flag*) halbmast; ■**at ~** auf halbmast; **to fly a flag at ~** eine Fahne auf halbmast setzen; **to lower to ~** auf halbmast setzen 2 (*hum: too short*) **trousers at ~** Hochwasserhosen *pl hum* **half-measure** *n* halbe Sache **half moon** *n* 1 ASTRON (*also fig*) Halbmond *m*; (*in shape*) halbmondförmig 2 ANAT [Nagel]möndchen *nt* **half-moon** *adj* halbmond-; **~ shaped** halbmondförmig **half-moon glasses** *npl*, **half moons** *npl* Halbbrille *f* **half note** *n esp* AM MUS halbe Note **half-pay** *n* halber Lohn; *of employees* halbes Gehalt; ***he has been suspended on ~*** er wurde suspendiert und auf halben Lohn gesetzt

halfpence ['heɪpᵊn(t)s] *n*, **halfpenny** ['heɪpeni] *n* (*hist*) halber Penny

halfpennyworth ['heɪpniwəθ] *n* Brit, **ha'p'orth** ['heɪpəθ] *n* Brit 1 (*hist: worth a halfpenny*) **a ~ of sth** etw für einen halben Penny; ***he bought a ~ of chocolate*** er kaufte sich für einen halben Penny Schokolade 2 (*fam or dated: small amount*) ein kleines bisschen; **[not] a ~ of difference** Brit (*fam or dated*) nicht der geringste Unterschied

half-price I. *adj* ■**at ~** zum halben Preis *nach n*; ***these books were ~ in the sale*** diese Bücher waren im Schlussverkauf um die Hälfte reduziert II. *adv* zum halben Preis **half-seas-over** *adj* Brit (*sl: drunk*) beduselt *fam* **half-sister** *n* Halbschwester *f* **half-size** I. *n* Zwischengröße *f*, halbe Größe II. *adj* halb so groß **half-staff** *n* AM (*half-mast*) halbmast **half step** *n* AM MUS (*semitone*) Halbton *m* **half-term** *n Ferien nach ca. der Hälfte eines Trimesters;* ■**at ~** in den Trimesterferien **half-timbered** *adj* Fachwerk-, aus Fachwerk *präd*; **a ~ house** ein Fachwerkhaus *nt* **half-time** I. *n* 1 SPORTS Halbzeit *f*; (*break*) Halbzeitpause *f*; **at ~** zur [*o* bei] Halbzeit 2 (*work*) Kurzarbeit *f*; **to be put on ~** kurzarbeiten müssen II. *n modifier* (*results, score*) Halbzeit- III. *adv* halbtags; **to work ~** halbtags arbeiten **half-title** *n* PUBL Schmutztitel *m*, Kurztitel *m* **half-tone** *n* 1 (*printing method*) Halbtonverfahren *nt*; (*picture*) Halbtonbild *nt*; **in ~** nach dem Halbtonverfahren erzeugt 2 AM MUS (*semitone*) Halbton *m* **half-track** *n* 1 (*propulsion system*) Halbkettenantrieb *m* 2 (*vehicle*) Halbkettenfahrzeug *nt* **half-tracked** *adj* Halbketten-; **~ vehicle** Halbkettenfahrzeug *nt* **half-truth** *n* Halbwahrheit[en] *f*[*pl*] **half-volley** *n* TENNIS Halfvolley *m*, Halbflugball *m*

halfway I. *adj attr, inv* Mittel-, halb; ***at ~ point of the race*** nach der Hälfte des Rennens; ***by the ~ stage of the final round his lead had fallen to three*** in der Mitte der letzten Runde war seine Führung auf drei Punkte zurückgegangen; **~ state** Zwischenstadium *nt* II. *adv inv* in der Mitte; ***York is ~ between Edinburgh and London*** York liegt auf halber Strecke zwischen Edinburgh und London; ***she started feeling sick ~ through dinner*** mitten beim Abendessen wurde ihr übel; **~ decent** (*fig fam*) halbwegs anständig *fam*; ***he's incapable of producing anything even ~ decent*** er bekommt nicht einmal etwas halbwegs Anständiges zustande; **to go ~ towards** (*fig*) den halben Weg entgegengehen; ***the management's proposals don't even go ~ towards meeting our demands*** die Vorschläge der Geschäftsleitung erfüllen unsere Forderungen nicht einmal halbwegs; **to meet sb ~** (*fig*) jdm [auf halbem Weg] entgegenkommen; **~ down** in der Mitte *+gen*; ***the diagram is ~ down page 27*** das Diagramm befindet sich auf Seite 27 Mitte; **~ through the year** nach der ersten Jahreshälfte; **~ up** auf halber Höhe; ***~ up the mountain she began to feel tired*** als sie den Berg zur Hälfte bestiegen hatte, wurde sie langsam müde

halfway house *n* 1 (*inn*) Rasthaus *nt* [auf halbem Weg] 2 (*compromise*) Kompromiss *m*; *of thing* Mittelding *nt* 3 (*rehabilitation centre*) Rehabilitationszentrum *nt*; (*for prisoners*) offene Anstalt **halfway line** *n* SPORTS Mittellinie *f* **half-wit** *n* (*pej*) Dummkopf *m pej*, Schwachkopf *m pej* **half-witted** *adj* (*pej*) dumm, schwachsinnig *pej* **half-year** *n* Halbjahr *nt* **half-yearly** I. *adj* halbjährlich; **~ report** Halbjahresbericht *m* II. *adv* halbjährlich, jedes [*o fam* alle] halbe Jahr

halibut <*pl* – *or* -s> ['hælɪbət] *n* Heilbutt *m*

Haligonian [hælɪ'goʊniən] *n* CAN Bewohner (in) von Halifax, Nova Scotia *m*

halitosis [ˌhælɪ'təʊsɪs, AM -'toʊ-] *n no pl* (*spec*) Mundgeruch *m*, Halitosis *f fachspr*

hall [hɔ:l] *n* 1 (*room by front door*) Korridor *m*, Diele *f*, Flur *m* 2 (*large public building*) Halle *f*; (*public room*) Saal *m*; **bingo ~** Bingosalon *m*, Spielsalon *m*; **church [*or* village] ~** Gemeindesaal *m*, Gemeindehaus *nt*; **concert ~** Konzerthalle *f*; **music ~s** Varietee *nt*; **school ~** Aula *f*; **town [*or* AM city] ~** Rathaus *nt* 3 (*large country house*) Herrenhaus *nt*, Herrensitz *m*; ***Bramhall H~ is an old mansion*** Haus Bramhall ist ein altes Herrenhaus 4 (*student residence*) [Studenten]wohnheim *nt*; **~ of residence** [Studenten]wohnheim *nt*; **to live in ~[s]** im Wohnheim wohnen 5 BRIT SCH (*dining room*) Speisesaal *m*, Mensa *f*; (*meal*) [Mensa]essen *nt*

hallelujah [ˌhælɪ'lu:jə] I. *interj* halleluja; (*hum fam*) Gott sei Dank! *fam* II. *n* Halleluja *nt*; (*fig*) Jubel *m*

hallmark ['hɔ:lmɑ:k, AM -mɑ:rk] I. *n* 1 Brit (*on precious metals*) Feingehaltsstempel *m*, Repunze *f fachspr* 2 (*distinctive feature*) Kennzeichen *nt*; *of excellence* Gütesiegel *nt*; ***the blast bore all the ~s of a terrorist attack*** die Explosion hatte alle Anzeichen eines terroristischen Anschlags; ***her ~ in business is her personal involvement with all her clients*** beruflich zeichnet sie sich dadurch aus, dass sie sich jedem ihrer Klienten persönlich annimmt II. *vt* ■**to ~ sth** etw stempeln; **to ~ gold** Gold repunzieren *fachspr*

hallo[1] *interj esp* Brit *see* **hello**

hallo[2] *n* ECON, FIN **golden ~** *Einstandszahlung an einen abgeworbenen leitenden Angestellten*

hall of fame *n esp* AM Ruhmeshalle *f*; (*fig*) Reihe *f* der Berühmtheiten; ***to guarantee your presence in the H~ of Fame of sports you need to win more than once*** um zu den Berühmtheiten des Sports zu gehören, musst du mehr als einmal gewinnen

halloo [hə'lu:] I. *interj* 1 *esp* BRIT HUNT horrido 2 (*call*) hallo II. *n esp* BRIT HUNT Horrido *nt* III. *vi* hallo rufen IV. *vt esp* Brit ■**to ~ an animal** *dog* ein Tier [auf etw *akk*] hetzen

hallow ['hæləʊ, AM -loʊ] *vt* (*form*) ■**to ~ sb/sth** 1 (*consecrate*) jdn/etw heiligen [*o* weihen] 2 (*revere*) jdn/etw verehren

hallowed ['hæləʊd, AM -loʊd] *adj* 1 (*approv: venerated*) [als heilig] verehrt; ***~ be Thy name*** geheiligt werde Dein Name; **~ ground** geweihter Boden 2 (*fig: respected*) verehrt, gefeiert; **~ names** [alt]ehrwürdige Namen; **~ traditions** geheiligte Traditionen

Halloween [ˌhæləʊ'wi:n, AM -loʊ'-] *n* Halloween *nt* (*31. Oktober, Tag vor Allerheiligen, an dem man maskiert und in Verkleidung Partys feiert oder andere Streiche spielt*)

hall porter *n* Brit Portier *m* **hall-stand** *n* Flurgarderobe *f*

hallucinate [hə'lu:sɪneɪt] *vi* halluzinieren; (*fig*) Wahnvorstellungen haben

hallucination [həˌlu:sɪ'neɪʃᵊn] *n no pl* 1 (*act of perceiving*) Halluzinieren *nt* 2 (*illusion*) Halluzination *f*; (*fig*) Wahnvorstellung *f*

hallucinatory [hə'lu:sɪnətᵊri, AM -tɔ:ri] *adj* 1 MED (*inducing hallucinations*) halluzinatorisch, halluzinogen *fachspr*; ***LSD is ~*** LSD löst Halluzinationen aus; **~ drug** Droge, die Halluzinationen auslöst 2 (*illusory*) halluzinatorisch; **a ~ fantasy** ein Hirngespinst *nt* 3 (*resembling a hallucination*) *effect, image* halluzinatorisch

hallucinogen [ˌhælu:'sɪnədʒᵊn, AM hə'lu:sɪn-] *n* MED Halluzinogen *nt fachspr*

hallucinogenic [həˌlu:sɪnə(ʊ)'dʒenɪk, AM -noʊ'-] *adj* MED halluzinogen *fachspr*

hallway ['hɔ:lweɪ] *n* Korridor *m*, Diele *f*, Flur *m*

halo <*pl* -s *or* -es> ['heɪləʊ, AM -loʊ] I. *n* 1 (*light around head*) Heiligenschein *m a. hum* 2 (*glory*) Nimbus *m kein pl* 3 ASTRON (*light circle*) Hof *m*, Halo *m fachspr* 4 (*circle*) Ring *m*; **~ of light** Lichtkranz *m* 5 COMPUT Lichthof *m* II. *vt* (*also fig*) ■**to ~ sb/sth** jdn/etw mit einem Heiligenschein umgeben

halogen ['hælədʒen, AM -loʊ-] *n* Halogen *nt* **halogen bulb** *n* Halogenglühbirne *f* **halogen hob** *n* Brit Halogenkochfeld *nt* **halogen lamp** *n* Halogenlampe *f*

halt[1] [hɒlt, AM hɔ:lt] I. *n no pl* 1 (*stoppage*) Stillstand *m*, Stopp *m*; **to bring sth to a ~** etw zum Stillstand bringen; **to call a ~ [to sth]** [einer S. *dat*] ein Ende machen; ***the government has called a ~ to the fighting*** die Regierung hat zur Beendigung der Kämpfe aufgerufen; **to come to a ~** zum Stehen kommen; **to grind [*or* screech] to a ~** quietschend zum Stehen kommen; **to grind to a ~** (*fig*) zum Erliegen kommen *geh*, lahm gelegt werden; ***if traffic increases, the city will grind to a ~*** wenn der Verkehr zunimmt, kommt die Stadt zum Erliegen 2 (*interruption*) Unterbrechung *f*; (*break*) Pause *f*, Rast *f*; MIL Halt *m*; **to have a ~** eine Pause einlegen 3 BRIT RAIL (*small station*) Haltestelle *f* 4 COMPUT Halt *m* II. *vt* ■**to ~ sb/sth** jdn/etw zum Stillstand bringen; ■**to ~ sth** COMPUT etw anhalten; ***the trial was ~ed when a member of the jury died*** durch den Tod eines Jurymitglieds geriet der Prozess ins Stocken; **to ~ a fight** einen Kampf benden III. *vi* 1 (*stop*) zum Stillstand kommen, anhalten; ***production has ~ed at all the company's factories*** die Produktion ist in allen Fabriken der Firma zum Erliegen gekommen 2 (*break*) eine Pause machen, innehalten *geh*; MIL Halt machen IV. *interj* halt

halt[2] [hɒlt, AM hɔ:lt] I. *vi* 1 (*speak hesitatingly*) stocken, holpern 2 (*hesitate*) zögern; ***the politician ~ed between two views*** der Politiker schwankte zwischen zwei Ansichten 3 (*old: limp*) hinken II. *adj* (*old*) lahm III. *n* (*old*) ■**the ~** die Lahmen

halt condition *n* COMPUT Haltbedingung *f*

halter ['hɒltəʳ, AM 'hɔ:ltɚ] I. *n* 1 (*for horse*) Halfter *nt*; (*for cattle*) Strick *m* 2 AM FASHION Nackenband *nt*; (*shirt*) rückenfreies Oberteil (*mit Nackenverschluss*) 3 (*for hanging*) Strick *m* II. *vt* **to ~ a horse** ein Pferd halftern

halterneck I. *n* Brit rückenfreies Oberteil (*mit Nackenverschluss*) II. *adj* rückenfrei; **a ~ dress** ein rückenfreies Kleid (*mit Nackenverschluss*) **halter top** *n* AM (*halterneck*) rückenfreies Oberteil (*mit Nackenverschluss*)

halting ['hɒltɪŋ, AM 'hɔ:lt-] *adj* (*hesitant*) zögernd; *of language* holp[e]rig; **~ gait** unsicherer Gang; **~ speech** stockende Redeweise

haltingly ['hɒltɪŋli, AM 'hɔ:lt-] *adv* zögernd; **to speak ~** stockend sprechen; **to walk ~** unsicher gehen

halt instruction *n* COMPUT Haltbefehl *m*

halve [hɑ:v, AM hæv] I. *vt* ■**to ~ sth** 1 (*cut in two*) etw halbieren 2 (*lessen by 50 per cent*) um die Hälfte reduzieren; ***her jail sentence was ~d after appeal*** nach der Berufung wurde ihre Gefängnisstrafe auf die Hälfte verkürzt II. *vi* sich *akk* halbieren; ***profits nearly ~d to £5m*** die Gewinne haben sich um fast die Hälfte auf 5 Millionen Pfund halbiert

halves [hɑːvz, AM hævz] *n pl of* **half**

halyard ['hæljəd, AM -jɚd] *n* NAUT Fall *nt,* Flaggleine *f*

ham [hæm] **I.** *n* ① *no pl (cured pork meat)* Schinken *m;* **a slice of ~** eine Scheibe Schinken ② ANAT *of animal* [Hinter]keule *f; (fam) of person* [hinterer] Oberschenkel ③ THEAT *(pej sl: bad actor)* Schmierenkomödiant(in) *m(f); (bad acting)* Schmierentheater *nt* ④ *(fam: non-professional radio operator)* Amateurfunker(in) *m(f);* **radio ~** Amateurfunker(in) *m(f)* **II.** *n modifier* ① *(made with ham)* Schinken-; **~ sandwich** Schinkenbrot *nt* ② *(incompetently acting)* Schmieren-; **~ actor** Schmierenkomödiant(in) *m(f)* **III.** *vt* THEAT, FILM **to ~ it up** übertrieben darstellen, zu dick auftragen *fam*

hamburger ['hæm,bɜːgəʳ, AM -,bɜːrgɚ] *n* FOOD ① *(cooked)* Hamburger *m* ② *no pl* AM *(raw)* Hackfleisch *nt (für Hamburger)* **hamburger stand** *n* Hamburgerstand *m*

ham-fisted *adj esp* BRIT, AUS *(pej),* **ham-handed** *adj* AM *(pej)* ungeschickt; *action* plump *pej;* ***you are far too ~ to become a surgeon!*** mit deinen zwei linken Händen kannst du doch kein Chirurg werden!

hamlet ['hæmlət] *n* Weiler *m*

hammer ['hæməʳ, AM -ɚ] **I.** *n* ① *(tool)* Hammer *m;* **~ and sickle** Hammer und Sichel; **to come** [*or* **go**] **under the ~** versteigert werden, unter den Hammer kommen *fam* ② *(part of gun)* [Abzugs]hahn *m* ③ SPORTS [Wurf]hammer *m;* [**throwing**] **the ~** das Hammerwerfen ▶ PHRASES: **to go at sth ~ and tongs** *(work hard)* sich *akk* [mächtig] ins Zeug legen *fam; (argue)* sich *akk* streiten, dass die Fetzen fliegen *fam* **II.** *vt* ① *(hit)* ■**to ~ sth** *nail* etw einschlagen; *(hit hard)* etw schlagen; *(with hammer)* etw hämmern; ***the batsman ~ed the ball into the outfield*** der Schlagmann schlug den Ball mit Wucht ins Außenfeld; **to ~ a nail** [**into sth**] einen Nagel [in etw *akk*] einschlagen; **to ~ sth into sb** [*or* **into sb's head**] *(fig)* jdm etw einhämmern [*o* einbläuen] *fam* ② *(fam: defeat)* ■**to ~ sb** jdm eine Schlappe beibringen *fam,* jdm haushoch überlegen sein; MIL jdn vernichtend schlagen; ***France ~ed Italy 6–1*** Frankreich war Italien mit 6:1 haushoch überlegen ③ BRIT STOCKEX *(sl)* ■**to ~ sb** jdn für zahlungsunfähig erklären ④ ECON ■**to ~ sth** *price* etw drücken; *business* etw schaden; ***share prices have been ~ed by the latest economic statistics*** die Aktienpreise wurden durch die jüngsten Wirtschaftsstatistiken nach unten gedrückt; ***business has been ~ed by recession*** die Rezession schadet dem Geschäft ⑤ *(criticize)* ■**to ~ sth** [**for sth**] etw [wegen einer S. *gen*] verreißen; **to be ~ed by sb** [**for sth**] von jdm [wegen einer S. *gen*] zur Schnecke [*o* SÜDD *sl* Sau] gemacht werden ⑥ *(become very drunk)* **to be/get ~ed** [**on sth**] *(fam)* [von etw *dat*] besoffen sein/werden *sl* ▶ PHRASES: **to ~ sth home** einer S. *dat* Nachdruck verleihen, etw mit Nachdruck zu verstehen geben; ***the advertising campaign tries to ~ home that smoking is a health risk*** die Werbekampagne versucht den Leuten einzubläuen, dass Rauchen gesundheitsgefährdend ist **III.** *vi* hämmern *a. fig;* ■**to ~ at** [*or* **on**] **sth** gegen etw *akk* hämmern

◆**hammer away** *vi* ■**to ~ away at sth** *(work hard)* sich *akk* mit etw *dat* plagen; *(think hard)* sich *dat* über eine S. *akk* den Kopf zerbrechen; ***Mark's been ~ing away at his homework all weekend*** Mark ist das ganze Wochenende über seinen Hausaufgaben gesessen

◆**hammer down** *vt* ■**to ~ down** ◌ **sth** etw festhämmern; **to ~ down a nail** einen Nagel einschlagen

◆**hammer in** *vt* ■**to ~ sth** ◌ **in** ① *(hit)* etw einschlagen [*o* einhämmern]; ***he ~ed in the ball*** *(fig)* er hämmerte den Ball ins Tor *fam;* **to ~ in a nail** einen Nagel einschlagen ② *(fig: urge)* [jdm] etw einhämmern [*o* einbläuen] *fam*

◆**hammer out** *vt* ■**to ~ sth** ◌ **out** ① *(shape metal)* etw [glatt] hämmern; **to ~ out a dent** eine Delle ausbeulen ② *(find solution)* etw aushandeln; *difficulties* etw bereinigen; ***the employers are threatening to abandon procedures that have been ~ed out over the years*** die Arbeitgeber drohen damit, von Verfahren Abstand zu nehmen, die über Jahre hinweg mühsam erarbeitet wurden; **to ~ out a plan** einen Plan ausarbeiten; **to ~ out a settlement** einen Vergleich aushandeln ③ *(fig: play loudly on piano) tune* etw hämmern

hammer beam *n* Stichbalken *m* **hammer drill** *n* Schlagbohrmaschine *f* **hammerhead** *n* Hammerhai *m*

hammering ['hæmᵊrɪŋ, AM -ɚ-] *n* ① *(using hammer)* Hämmern *nt* ② SPORTS, ECON *(fam: decisive defeat)* Schlappe *f fam;* ***you should have seen the ~ I gave her in the second game*** du hättest sehen müssen, wie ich sie im zweiten Spiel fertig gemacht habe; **to take a ~** eine Schlappe einstecken [müssen] ③ *(heavy losses)* schwere Verluste *fpl;* **to suffer/take a ~** schwere Verluste erleiden/hinnehmen müssen ④ *(criticism)* Beschuss *m fam;* **to take a ~** Federn lassen [müssen] *fam* ⑤ STOCKEX *(on London Stock Exchange)* Insolvenzfeststellung *f* ⑥ AM STOCKEX *(selling of stock)* massive Verkäufe *pl* an der Börse

hammer throwing *n no pl* SPORTS Hammerwerfen *nt* **hammer toe** *n* Hammerzehe *f,* Hammerzeh *m*

hammock ['hæmək] *n* Hängematte *f*

hammy ['hæmi] *adj* ① *(of ham)* schinkenartig, Schinken-; **~ taste** Schinkengeschmack *m* ② *(pej) acting* übertrieben theatralisch, zu dick aufgetragen *fam*

hamper¹ ['hæmpəʳ, AM -ɚ] *n* ① *(large basket)* [Deckel]korb *m;* [**picnic**] **~** Picknickkorb *m* ② BRIT, AUS *(basket for presents)* Geschenkkorb *m; (for food)* Präsentkorb *m* ③ AM *(basket for dirty linen)* Wäschekorb *m*

hamper² ['hæmpəʳ, AM -ɚ] *vt* ① *(restrict)* ■**to ~ sth** etw verhindern; ■**to ~ sb** jdn hindern ② *(limit extent of activity)* ■**to ~ sb** jdn behindern, jdm Schwierigkeiten bereiten; ■**to ~ sth** etw behindern [*o* erschweren] ③ *(disturb)* ■**to ~ sb** jdn stören

hamster ['hæm(p)stəʳ, AM -ɚ] *n* Hamster *m;* **idea ~** *(fig)* Ideenbündel *nt fam*

hamstring ['hæmstrɪŋ] **I.** *n* ANAT Kniesehne *f; of animal* Achillessehne *f;* **strained ~** gezerrte Kniesehne; **to pull a ~** sich *dat* eine Kniesehnenzerrung zuziehen **II.** *vt* <-strung, -strung> *usu passive* ① *(cut the tendon)* ■**to ~ sb/an animal** jdm/einem Tier die Knie-/Achillessehne durchschneiden ② *(fig: prevent)* ■**to ~ sth** etw lähmen [*o* lahm legen]; *attempt, plan* etw vereiteln; **to be hamstrung** lahm liegen, lahm gelegt sein; ***a lack of funds has hamstrung restoration work on the church*** wegen mangelnder Gelder sind die Restaurationsarbeiten an der Kirche lahm gelegt

hamstring injury *n* Kniesehnenverletzung *f*

hand [hænd]

I. NOUN

① ANAT Hand *f;* ***all these toys are made by ~*** das ganze Spielzeug hier ist handgemacht; ***get*** [*or* ***keep***] ***your ~s off!*** Hände [*o fam* Pfoten] weg!; ***~s up!*** Hände hoch!; ***~s up who wants to come!*** hand hoch, wer kommen will; ***he had his ~s in his pockets*** er hatte die Hände in den Hosentaschen; ***they were just holding ~s*** sie hielten doch nur Händchen; ***the letter was delivered by ~*** der Brief wurde durch einen Boten überbracht; ***the student put up her ~*** die Schülerin meldete sich; **to crawl on ~s and knees** auf allen vieren kriechen; **to get down on one's ~s and knees** auf die Knie gehen; **pen in ~** mit gezücktem Stift; **to have one's ~s full** die Hände voll haben; **to be good with one's ~s** geschickte Hände haben, manuell geschickt sein; **in one's** [**left/right**] **~** in der [linken/rechten] Hand; **to get one's ~s dirty** *(also fig)* sich *dat* die Hände schmutzig machen; **to change ~s** *(fig)* in andere Hände übergehen; **to do sth by ~** *(not by machine) work* etw von Hand machen; *product* etw von Hand fertigen; **to hold sb's ~** jdm die Hand halten; **to keep one's ~s off sth** die Finger von etw *dat* lassen; ■**to keep one's ~s off sb** die Hände von jdm lassen; **to put sth into sb's ~s** jdm etw in die Hand geben; **to shake ~s with sb, to shake sb's ~** jdm die Hand schütteln; *(done when introducing)* sich *dat* die Hand geben; **to take sth out of sb's hands** jdm etw aus der Hand nehmen; **to take sb by the ~** jdn an die [*o* bei der] Hand nehmen; **to lead sb by the ~** jdn an der Hand führen; **~ in ~** Hand in Hand; *(give assistance)* jdn bei der Hand nehmen

② *(needing attention)* ■**at ~** vorliegend; **the job at ~** die Arbeit, die zu tun ist; **the problem in ~** das anstehende Problem; **the matter in ~** die vorliegende Angelegenheit ③ *(at one's disposal)* ■**in ~** bei der Hand, verfügbar; ***he had alot of money in ~*** er hatte viel Geld zur Verfügung ④ *(close, within reach)* **at** [*or* **to**] **~** nah, in Reichweite; **to ~** COMM zur Hand; **to keep sth close at ~** etw in Reichweite haben; **to keep sth ready at ~** etw bereithalten; **to be at ~** zur Verfügung stehen, verfügbar sein; ***we want to ensure that help is at ~ for all*** wir wollen sicherstellen, dass allen geholfen werden kann; **to have sth to ~** etw zur Verfügung haben; ***he uses whatever materials come to ~*** er verwendet einfach alle Materialien, die ihm in die Hände kommen; **to have sth on one's ~s** etw an der Hand haben, über etw *akk* verfügen; ***she's got a lot of work on her ~s*** sie hat wahnsinnig viel zu tun; ***he's got a lot of time on his ~s*** er hat viel Zeit zur Verfügung; ***we've got a problem on our ~s*** wir haben ein Problem am Hals ⑤ *(at one's service)* ■**on ~** *(available)* bereit, zur Verfügung; ***my bank always has an advisor on ~*** in meiner Bank steht den Kunden immer ein Berater zur Verfügung ⑥ *(responsibility, involvement)* Hand *f;* ***it's the ~ of fate*** das ist die Hand des Schicksals; ■**at** [*or* **by**] **the ~s of sb/sth** durch jdn/etw; ***my life is in your ~s*** mein leben liegt in Ihren Händen; ***your life is in your own ~s*** Sie haben Ihr Leben selbst in der Hand; **to be in good** [*or* **excellent**] **~s** in guten Händen sein; **to be in safe ~s** in sicheren Händen sein; **to get sb/sth off one's ~s** jdn/etw los sein; ***we can relax now that we've got the kids off our ~s*** jetzt wo man uns die Kinder abgenommen hat, können wir etwas ausspannen; **to have a ~ in sth** bei etw *dat* seine Hand [*o* die Finger] [mit] im Spiel haben, bei etw *dat* mitmischen; ***it is thought that terrorists had a ~ in this explosion*** man geht davon aus, dass der Bombenanschlag auf das Konto von Terroristen geht; **to leave sth/sb in sb's ~s** jdm etw überlassen/jdn in jds Obhut lassen; **to put sth into the ~s of sb/sth** jdm/etw etw übergeben [*o* überlassen]; ***there's no more we can do except leave it in the solicitor's ~s*** jetzt können wir nichts weiter tun als alles dem Anwalt zu überlassen; ***my ~s are tied*** mir sind die Hände gebunden ⑦ *(control, power)* ■**sth is in ~** *(receiving attention, being arranged)* für etw *akk* ist gesorgt; **to be well in ~** gut laufen *fam;* **to have sth well in ~** etw gut im Griff haben; **a firm ~** eine [ge]strenge Hand; **to fall into the wrong ~s** in die falschen Hände geraten [*o* gelangen]; **to be in/out of sb's ~s** unter/außerhalb jds Kontrolle sein; ***it's in your ~s now, you deal with it*** das liegt jetzt in deiner Hand, du bearbeitest das; **to have everything in ~** alles unter Kontrolle haben; **to get out of ~** *situtation, matter* außer Kontrolle geraten; *children* nicht mehr zu bändigen sein; ***the horse got out of ~*** ich/er, usw. verlor die Kontrolle über das Pferd; ***the party got out of hand*** die Party ist ausgeartet; **to have sth in ~** etw unter Kontrolle haben; **to take sb/sth in ~** sich *dat* jdn/etw vornehmen ⑧ *(assistance)* Hilfe *f;* ***would you like a ~ with that bag?*** soll ich Ihnen helfen, die Tasche zu tragen?; ***would you like a ~ carrying those bags?*** soll ich Ihnen beim Tragen der Taschen helfen?; **to give** [*or* **lend**] **sb a ~** [**with sth**] jdm [bei etw *dat*] helfen [*o* behilflich sein]; **to** [**be able to**] **use a ~ with sth** *esp* AM bei etw *dat* Hilfe gebrauchen [können] ⑨ *(manual worker)* Arbeiter(in) *m(f),* Kraft *f,* Mann *m;* ***how many extra ~s will we need?*** wie viele Leute brauchen wir extra?; *(sailor)* Matrose *m;* **factory ~** ungelernter Fabrikarbeiter/ungelernte Fa-

H

brikarbeiterin ⑩ (*skillful person*) Könner(in) *m(f)*; [to be] a **dab** ~ **at sth** ein Könner/eine Könnerin auf seinem/ihrem Gebiet [sein], ein Geschick *nt* für etw *akk* haben; ***he's quite a ~ at wallpapering*** er ist ziemlich gut beim Tapezieren; ***he's a real Russia ~*** er ist ein echter Russlandkenner; ***I'm an old ~ at …*** ich bin ein alter Hase im/in der …; **to be good with one's ~s** handfertig sein; **to keep one's ~ in** (*stay in practise*) in Übung bleiben; **to turn one's ~ to sth** sich *akk* an etw *akk* machen; ***Jane can turn her ~ to just about anything*** Jane gelingt einfach alles, was sie anpackt ⑪ (*on clock, watch*) Zeiger *m*; **minute** ~ Minutenzeiger *m*; **the big/little** ~ der große/kleine Zeiger ⑫ CARDS Blatt *nt*; **to deal a** ~ ein Blatt *nt* austeilen; **to show one's** ~ seine Karten [*o* sein Blatt] zeigen; **a ~ of poker** eine Runde Poker ⑬ (*horse measurement*) Handbreit *f* ⑭ (*handwriting*) Handschrift *f*; **in sb's** ~ in jds Handschrift; ***the note was written in someone else's ~*** jemand anders hatte die Nachricht geschrieben ⑮ (*applause*) **to give sb a big** ~ jdm einen großen Applaus spenden, jdn mit großem Beifall begrüßen ⑯ (*without consideration*) ■**out of** ~ kurzerhand, mir nichts dir nichts *fam*; ***they rejected any negotiations out of ~*** sie schlugen jedwelche Verhandlungen kurzerhand aus ⑰ COMM (*unsold*) **goods left on** ~ unverkaufte Ware ⑱ FIN **note of** ~ Schuldschein *m* ⑲ COMPUT **~s off** automatisches System; **~s on** operatorbedientes System ► PHRASES: **a bird in the ~ [is worth two in the bush]** (*prov*) ein Spatz in der Hand ist besser als die Taube auf dem Dach *prov*; **to be ~ in glove [with sb]** [*or* AM ~ **and** ~] [mit jdm] unter einer Decke stecken *pej*; **to lose/make money ~ over fist** Geld schnell verlieren/scheffeln; **to live from ~ to mouth** von der Hand in den Mund leben, sich *akk* gerade so durchschlagen *fam*, gerade so über die Runden kommen *fam*; **to only have one pair of ~s** auch nur zwei Hände haben; **to put** [*or* **dip**] **one's ~ in the till** in die Kasse greifen, einen Griff in die Kasse tun; **many ~s make light work** (*prov*) viele Hände machen der Arbeit bald ein Ende *prov*; **to keep a firm ~ on sth** etw fest im Griff behalten; **at first/second ~** aus erster/zweiter Hand; **to have one's ~s full** jede Menge zu tun haben; **on the one ~ … on the other** [~] … einerseits … andererseits; **with one ~ tied** ***I could beat you with one ~ tied*** ich könnte dich mit links schlagen; **to have one's ~s tied** nichts tun können; **my ~s have been tied** mir sind die Hände gebunden; **to ask for sb's ~ in marriage** (*form*) jdn um ihre/seine Hand bitten, jdm einen Heiratsantrag machen; **to eat out of sb's ~s** jdm aus der Hand fressen; **to get one's ~s on sb** jdn zu fassen kriegen *fam*, jdn schnappen *fam*; **to go ~ in ~ [with sth]** Hand in Hand gehen [mit etw *dat*]; **to have got [sb] on one's ~s** [mit jdm] zu tun haben; **to lay** [*or* **get**] [*or* **put**] **one's ~s on sth** etw erwerben [*o* erstehen] [*o fam* kriegen]; **to put in** ~ *esp* BRIT ausführen; ***all hospitals now have disaster plans to put in ~*** allen Krankenhäusern stehen jetzt Katastrophenvorkehrungen zur Verfügung; **to wait on sb ~ and foot** jdn von vorne bis hinten bedienen; **to win ~s down** spielend [*o* mit links] gewinnen

II. TRANSITIVE VERB

■**to ~ sb sth** [*or* **to ~ sth to sb**] jdm etw [über]geben [*o* [über]reichen] ► PHRASES: **to ~ sb a line** [*or* **a line to sb**] (*fam*) jdn anlügen; (*less seriously*) jdn anschwindeln; **you've got to ~ it to sb** man muss es jdm lassen

◆**hand back** *vt* ① (*give back*) ■**to ~ sth** ◌ **back** etw zurückgeben; ■**to ~ sb sth** ◌ **back** [*or* **sth back to sb**] jdm etw zurückgeben [*o* wiedergeben] ② TV (*return broadcasting to studio*) ■**to ~ sb back [to sth]** jdn [an etw *akk*] zurückgeben

◆**hand down** *vt* ■**to ~ sth** ◌ **down** ① *usu passive* (*pass on*) *skills, heirlooms* etw weitergeben [*o* vererben]; *tradition* etw überliefern; ■**to ~ sth down** [*or* **down sth**] **to sb** jdm etw vererben; **to ~ sth down from one generation to another** etw von Generation zu Generation [*o* einer Generation zur anderen] weitergeben ② *esp* AM LAW (*make decision public*) etw verkünden; **to ~ down judgement on sb** das Urteil über jdn verkünden; **to ~ down a sentence to sb** eine Strafe über jdn verhängen

◆**hand in** *vt* ■**to ~ sth** ◌ **in** ① (*deliver completed task*) etw einreichen; **to ~ in one's homework/a report** seine Hausaufgaben/einen Bericht abgeben ② (*resign*) **to ~ in one's notice/resignation** seine Kündigung/seinen Rücktritt einreichen ③ (*return*) etw einreichen [*o* vorlegen]; (*give to authority*) etw aushändigen; ***they ~ed in their weapons to the police*** sie händigten ihre Waffen der Polizei aus; **to ~ in books** Bücher abgeben

◆**hand on** *vt* ■**to ~ sth** ◌ **on [to sb]** ① (*pass through family*) [jdm] etw vererben ② (*pass on*) etw [an jdn] weitergeben [*o* weiterreichen]

◆**hand out** *vt* ■**to ~ sth** ◌ **out [to sb]** ① (*distribute*) etw [an jdn] austeilen [*o* verteilen]; ***would you ~ the cake out?*** würdest du den Kuchen austeilen? ② (*give*) [jdm] etw geben; ***the teacher ~ed out our next homework*** der Lehrer gab uns unsere nächste Hausaufgabe; **to ~ out advice [to sb]** [jdm] Rat geben ③ (*set legal punishment*) etw [über jdn] verhängen; **to ~ out a punishment/sentence** eine Strafe/ein Urteil verhängen

◆**hand over** *vt* ① (*pass*) ■**to ~ over** ◌ **sth [to sb]** [jdm] etw herüber-/hinüberreichen; (*present*) [jdm] etw übergeben [*o geh* überreichen]; **to ~ over a cheque** [*or* AM **check**] einen Scheck überreichen ② TV, RADIO ■**to ~ sb over to sb/sth** (*transfer conversation*) jdn an jdn/etw weitergeben [*o* übergeben]; (*refer to competent person*) jdn an jdn/etw verweisen; (*on the telephone*) jdn mit jdm/etw verbinden; ***with that I'll ~ you over to Frank in London*** damit schalte ich zurück an Frank in London ③ (*transfer authority, control*) ■**to ~ sth over to sb** jdm etw übergeben, etw an jdn abtreten *geh*; ■**to ~ sb over [to sb]** jdn [an jdn] ausliefern; *person* jdn [jdm] übergeben; ***his father ~ed him over to the police*** sein Vater übergab ihn der Polizei; **to ~ oneself over to the police** sich *akk* der Polizei stellen

◆**hand round** *vt* BRIT ■**to ~ round** ◌ **sth** etw herumreichen; **to ~ round papers** Prüfungsbögen austeilen

◆**hand up** *vt* ■**to ~ up** ◌ **sth [to sb]** [jdm] etw hinaufreichen

handbag *n* Handtasche *f* **hand baggage** *n no pl* Handgepäck *nt* **handball** *n* ① (*kind of sport*) Handball *m* ② FBALL Handspiel *nt* **hand-barrow** *n* BRIT Schubkarren *m* **handbasin** ['hænbeɪsᵊn] *n* BRIT Waschbecken *nt* **handbell** *n* [Hand]glocke *f*, [Hand]schelle *f* **handbill** *n* Handzettel *m*, Flugblatt *nt* **handbook** *n* Handbuch *nt*; (*for tourists*) Führer *m*; **student ~** Vorlesungsverzeichnis *nt* **handbrake** *n* Handbremse *f*; **to put on/release the ~** die Handbremse ziehen/lösen

h. & c. *abbrev of* **hot and cold [water]** k.u.w.

handcart *n* Handkarren *m* **handclap** *n* Händeklatschen *nt*; ***a brief round of ~s*** ein kurzer Applaus **handclasp** *n* AM Händedruck *m* **handcraft I.** *n* AM (*handicraft*) [Kunst]handwerk *nt kein pl* **II.** *vt* ■**to ~ sth** etw kunsthandwerklich herstellen **handcrafts** *npl* AUS Kunsthandwerk *nt kein pl* **hand cream** *n* Handcreme *f*

handcuff ['hæn(d)kʌf] **I.** *vt* ■**to ~ sb** jdm Handschellen anlegen; ■**to ~ sb to sb/sth** jdn mit Handschellen an jdn/etw fesseln; (*fig*) jdn [in seiner Freiheit] beschränken; **to be ~ed by a contract** durch einen Vertrag gebunden sein **II.** *n* ■**~s** *pl* Handschellen *fpl*; **in ~s** in Handschellen

hand-eye coordination *n* Sicht-Körper-Koordination *f*

handful ['hæn(d)fʊl] *n* ① (*quantity holdable in hand*) Handvoll *f*; ***he threw ~s of snow on her*** er bewarf sie mit händeweise Schnee; **a ~ of hair** ein Büschel *nt* Haare ② (*small number*) Handvoll *f*; ***only a ~ of people turned up for the party*** nur wenige Leute kamen zu der Party ③ *no pl* (*person hard to manage*) Nervensäge *f*, Plage *f*; ***she's a bit of a ~*** sie ist eine ziemliche Nervensäge ④ (*iron: a lot*) **quite** [*or* **rather**] **a ~** eine ganze Menge

hand grenade *n* Handgranate *f* **handgrip** ['hæŋgrɪp] *n* ① (*handle*) Griff *m* ② (*handclasp*) Händedruck *m* ③ (*soft bag with handles*) Reisetasche *f* **handgun** *n* Handfeuerwaffe *f* **hand-held I.** *adj* tragbar; **a ~ camera** eine Handkamera; **~ computer** Taschencomputer *m* **II.** *n* tragbares Gerät **handhold** *n* SPORTS (*support*) Halt *m kein pl*; (*grip*) Haltegriff *m*

handicap ['hændɪkæp] **I.** *n* ① SPORTS (*help for weaker player*) Handicap *nt*, Handikap *nt*, [Ausgleichs]vorgabe *f*; (*race*) Vorgaberennen *nt* ② (*in golf*) Handicap *nt* ③ (*disadvantage*) Handikap *nt*, Handicap *nt*, Nachteil *m*; (*restriction*) Einschränkung *f* ④ (*disability*) Behinderung *f*; **mental/physical ~** geistige/körperliche Behinderung **II.** *vt* <-pp-> (*restrict*) ■**to ~ sb/sth** jdn/etw beeinträchtigen; ■**to ~ sth** etw behindern [*o* erschweren]; ■**to ~ sb/oneself** jdn/sich *akk* behindern; (*disadvantage*) ■**to ~ sb** jdn benachteiligen

handicapped ['hændɪkæpt] **I.** *adj* behindert; **~ people** Behinderte *pl*; **mentally/physically ~** geistig/körperlich behindert **II.** *n* ■**the ~** die Behinderten; **the mentally/physically ~** die geistig/körperlich Behinderten

handicraft ['hændɪkrɑːft, AM -kræft] **I.** *n esp* AM (*handicrafts*) [Kunst]handwerk *nt kein pl*; (*needlework, knitting*) Handarbeit *f* **II.** *n modifier* handwerklich, Handwerks-; **~ class** Bastelkurs *m*; **~ skills** handwerkliche Fähigkeiten, Handfertigkeit *f*

handicrafts ['hændɪkrɑːfts, AM -kræfts] *npl* (*industry*) Kunsthandwerk *nt kein pl*; ***at the Craft Market you can buy a wide range of ~*** auf dem Kunstgewerbemarkt kann man eine Vielzahl kunsthandwerklicher Gegenstände kaufen

handily ['hændɪli] *adv* ① (*conveniently*) praktisch, günstig; ***the switch for the radio is ~ located next to the steering wheel*** der Schalter für das Radio befindet sich leicht erreichbar neben dem Lenkrad ② AM (*without difficulty*) mühelos, mit Leichtigkeit

handiness ['hændɪnəs] *n* ① (*skill*) Geschicklichkeit *f*, Geschick *nt* ② (*nearness*) günstige Lage

handiwork ['hændɪwɜːk, AM -wɜːrk] *n no pl* ① (*working*) handwerkliches Arbeiten; SCH (*subject*) *for girls* Handarbeiten *nt*; *for boys* Werken *nt*; **to do ~** handwerklich arbeiten; SCH handarbeiten/werken ② (*piece of manual work*) [Hand]arbeit *f*; (*work by a single person*) Werk *nt*; (*approv*) Meisterwerk *nt* ③ (*fig, iron*) [Mach]werk *nt iron*; ***the broken window was John's ~*** das kaputte Fenster war Johns Werk

hand job *n* (*vulg*) **to do a ~** sich/jdm einen runterholen *vulg*

handkerchief ['hæŋkətʃiːf, AM -kɚtʃɪf] *n* Taschentuch *nt*

handle ['hændl] **I.** *n* ① (*handgrip to move objects*) Griff *m*; *of pot* Henkel *m*; *of door* Klinke *f*; *of handbag* Bügel *m*; **to turn a ~** eine [Tür]klinke hinunterdrücken ② (*sl: name with highborn connotations*) [Adels]titel *m* ③ AM (*on CB radio*) Deckname *m* ④ COMPUT (*in programming*) Dateinummer *f*, Handle *m* ⑤ COMPUT (*in a GUI*) Anfasser *m* ► PHRASES: **to get a ~ on sth** (*get under control*) etw unter Kontrolle bringen; (*gain understanding of*) einen Zugang zu etw *dat* finden **II.** *vt* ■**to ~ sth** ① (*feel, grasp an object*) etw anfassen; **~ with care, glass!** Vorsicht, Glas! ② (*move, transport sth*) etw befördern [*o* transportieren] ③ (*deal with, direct*) sich *akk* mit etw *dat* befassen; ***can you ~ it alone?*** schaffst du das alleine? *fam*; ***who ~s the marketing in your company?*** wer ist in Ihrer Firma für das Marketing zuständig?; **to ~ people** mit Menschen umgehen ④ (*discuss, write about*) etw behandeln, sich *akk* mit etw *dat* befassen; ***this writer ~s the subject of pornography very sensitively*** dieser Autor geht sehr behutsam mit dem Thema Pornographie um ⑤ *gun, knife* etw handhaben [*o* bedienen]; ***have you ever ~d a gun before?*** hattest du jemals eine Pistole in der Hand?; **to be able to ~ sth** mit etw *dat* umgehen können ⑥ *esp* BRIT (*buy and sell*) mit etw *dat* handeln; ***we only ~ cosmetics which have not been tested on animals*** wir führen nur Kosmetikartikel, die nicht an Tieren getestet wurden **III.** *vi + adv* sich *akk* handhaben lassen; ***this car ~s really well*** dieser Wagen lässt sich echt gut fahren

handlebar *n*, **handlebar moustache** *n* Schnäuzer *m*, gezwirbelter Schnauzbart **handlebars** *npl* Lenkstange *f*, Lenker *m*

handler ['hændləʳ, AM -ɚ] *n* ① (*dog trainer*) Hundeführer(in) *m(f)*, Dresseur(in) *m(f)* ② *esp* AM (*counsellor*) Berater(in) *m(f)* ③ COMPUT (*section of operating system*) Treiber *m* ④ COMPUT (*software routine*) Handler *m*, Unterprogramm *nt*

handling ['hændlɪŋ] *n no pl* ① (*act of touching*) Berühren *nt* ② (*treatment*) Handhabung *f* (**of** +*gen*); *of person* Behandlung *f* (**of** +*gen*), Umgang *m* (**of** mit +*dat*); *of a theme* [literarische] Abhandlung; ***he made his reputation through his ~ of the Cuban missile crisis*** er erwarb sich seinen Ruf durch die erfolgreiche Bewältigung der Kubakrise ③ (*settlement*) Erledigung *f* (**of** +*gen*) ④ (*using a machine*) Umgang *m* (**of** mit +*dat*), Handhabung *f* (**of** +*gen*); *of vehicle* Fahrverhalten *nt;* ***power steering improves a car's ~*** eine Servolenkung erleichtert die Lenkung eines Autos ⑤ (*processing of material*) Verarbeitung *f* (**of** +*gen*); (*treating of material*) Bearbeitung *f* (**of** mit +*dat*)

handling charge *n*, **handling fee** *n* Bearbeitungsgebühr *f*, Umschlagspesen *pl;* FIN Kontoführungsgebühr *f*

handlist ['hændlɪst] *n* Leseliste *f*, Aufstellung *f* von Büchern

hand luggage *n no pl* Handgepäck *nt*

handmade *adj inv* handgefertigt, handgearbeitet; ***this pullover is ~*** dieser Pullover ist Handarbeit; **~ paper** handgeschöpftes Papier **handmaid** *n*, **handmaiden** *n* ① (*liter or hist: servant*) Zofe *f hist*, Magd *f veraltet*, Dienerin *f* ② (*fig form: helper*) Handlanger(in) *m(f)* **hand-me-down I.** *n* abgelegtes Kleidungsstück; ***this suit is a ~ from my father*** diesen Anzug habe ich von meinem Vater geerbt **II.** *adj attr clothes* abgelegt, geerbt *hum* **hand-operated** *adj* handbetrieben, von Hand bedient [*o* betätigt] **handout** *n* ① (*usu pej: money for needy*) Almosen *nt;* (*goods*) Zuwendung[en] *f[pl]*; **cash ~** finanzielle Zuwendung, Geldzuwendung *f;* **government ~** staatliche Unterstützung; (*social benefit payments*) Sozialhilfe *f* ② (*leaflet*) Flugblatt *nt;* (*brochure*) Broschüre *f; for reporters* Informationsmaterial *nt; for students* Arbeitsblatt *nt*, Handout *nt;* **press ~** Presseerklärung *f* **handover** *n no pl* Übergabe *f;* **~ of power** Machtübergabe *f* **hand-picked** *adj fruit* handverlesen, von Hand geerntet; (*fig*) *people* sorgfältig ausgewählt, handverlesen *hum;* **~ candidate** eigener Kandidat/eigene Kandidatin **handrail** *n on stairs* Geländer *nt; on ship* Reling *f* **hand saw** *n* Handsäge *f*, Fuchsschwanz *m*

hands down *adv* ① (*very easily*) mühelos, mit links *fam;* **to beat sb ~** jdn mit links schlagen; **to win sth ~** etw mit links gewinnen ② *esp* AM (*without doubt*) zweifellos, ganz klar *fam*, zweifelsohne *geh*

handset *n* TELEC Hörer *m* **handshake** *n* ① (*handclasp*) Händeschütteln *nt*, Händedruck *m* ② (*compensation*) **golden ~** großzügige Abfindung ③ COMPUT Quittungsbetrieb *m* **handshaking** ['hænʃeɪkɪŋ] *n no pl* Händeschütteln *nt* **hands-off** *adj* ECON interventionsfrei; **a ~ approach to sth** *Befürwortung eines Führungsstils, der unteren Führungskräften große Freiheit lässt;* ***as a manager he has a ~ approach*** als Geschäftsführer lässt er die Zügel etwas lockerer; **~ management style** passiver Führungsstil

handsome ['hæn(d)səm] *adj* ① (*attractive*) *man* gut aussehend; *woman* attraktiv; **~ face** hübsches Gesicht; **the most ~ man** der bestaussehende Mann ② (*impressive*) *object, furniture* schön; *building* imposant ③ (*approv: larger than expected*) *number* beachtlich, beträchtlich; **a ~ sum** eine stolze [*o* stattliche] Summe ④ (*approv: generous*) großzügig, nobel *fam;* **a ~ apology** eine mehr als ausreichende Entschuldigung; **a ~ praise** ein dickes Lob; **a ~ present** ein großzügiges Geschenk ▶ PHRASES: **~ is as ~ does** (*prov*) gut ist, wer Gutes tut *prov*, man soll jdn nicht nach seinem Äußeren beurteilen

handsomely ['hæn(d)səmli] *adv* ① (*attractively*) schön ② (*generously*) großzügig, reichlich; **to praise sb/sth ~** jdm/etw ein dickes Lob spenden; **to tip ~** ein großzügiges Trinkgeld geben; **to win ~** deutlich gewinnen ③ (*with good intentions*) nobel *fam;* **to act** [*or* **behave**] **~** sich *akk* anständig verhalten

handsomeness ['hænsəmnəs] *n no pl* gutes Aussehen

hands-on *adj* ① ECON (*non-delegating*) interventionistisch, aktiv; ***she's very much a ~ manager*** sie ist eine Geschäftführerin, die die Zügel gern fest in der Hand hält ② (*practical*) *experience* praktisch

handspring *n* Handstandüberschlag *m;* **backward/forward ~** Handstandüberschlag rückwärts/vorwärts **handstand** *n* Handstand *m kein pl;* **to do ~s** einen Handstand machen **hand-to-hand I.** *adj* MIL Mann gegen Mann; **~ combat** [*or* **fighting**] Nahkampf *m* **II.** *adv* Mann gegen Mann **hand-to-mouth I.** *adj* kümmerlich, ärmlich; **to lead a ~ existence** von der Hand in den Mund leben; **a ~ lifestyle** ein Leben in Armut **II.** *adv* kümmerlich, ärmlich; **to live** [**from**] **~** von der Hand in den Mund leben **hand towel** *n* Handtuch *nt* (*für die Hände*) **hand truck** *n* AM Sackkarren *m*

handwork *n no pl* Handarbeit *f* **hand-wringing** *n no pl* Händeringen *nt fig;* ***this task prompts plenty of earnest ~ among teachers*** die Lehrer stehen händeringend vor dieser Aufgabe **handwriting** *n* ① *no pl of person* Handschrift *f* ② COMPUT Handschrift *f fachspr* **handwriting analysis** *n no pl* Handschriftendeutung *f*, Graphologie *f fachspr* **handwriting expert** *n* Schriftsachverständige(r) *f(m)*, Graphologe, -in *m, f fachspr* **handwritten** *adj inv* handgeschrieben, handschriftlich

handy ['hændi] *adj* ① (*user-friendly*) praktisch, nützlich, geschickt SÜDD; (*easy to handle*) handlich; **a ~ size** eine handliche Größe ② (*convenient*) nützlich; **a ~ excuse** eine passende Ausrede; **a ~ hint** ein nützlicher [*o* brauchbarer] Hinweis; **to come in ~** [**for sb/sth**] [jdm/etw] gelegen [*o* gerade recht] kommen ③ (*conveniently close*) *thing* griffbereit, greifbar; *place* in der Nähe *präd*, leicht erreichbar; ■ **to be ~** *thing* griffbereit sein; *place* günstig liegen; **to keep sth ~** etw bereithalten ④ *pred* (*skilful*) geschickt; ■ **to be ~ with sth** mit etw *dat* gut umgehen können; **to be ~ about the house** im Haus vieles selbst erledigen können

handyman *n* Mädchen *nt* für alles, Faktotum *nt geh;* (*DIY*) Bastler(in) *m(f)*, Heimwerker(in) *m(f)*

hang [hæŋ] **I.** *n no pl* ① (*fall*) *of drapery* Fall *m; of clothes* Sitz *m* ② (*position*) *of pictures, exhibits* Platzierung *f; of sb's head* [Kopf]haltung *f* ③ (*fig fam*) (*master a skill*) **to get the ~ of sth** etw *dat* den [richtigen] Dreh [*o* Bogen] herausbekommen *fam;* (*understand*) auf den [richtigen] Trichter kommen *fam;* ***he managed to get the ~ of philosophy*** er kriegte einen Draht zur Philosphie *fam* **II.** *vt* <hung, hung> ① (*put on hook, hanger*) ■ **to ~ sth** etw aufhängen; ■ **to ~ sth** [**up**]**on sth** *clothing on hanger* etw an etw *dat* aufhängen, etw an etw *akk* hängen; **to ~ sth from a hook** etw an einem Haken aufhängen ② (*put on wall*) ■ **to ~ sth** *painting, etc* etw aufhängen; ***the Tate Gallery hung her works*** die Tate Gallery stellte ihre Werke aus; **to ~ a door** eine Tür einhängen; **to ~ sth from a nail** etw an einem Nagel aufhängen, etw an einen Nagel hängen; **to ~ wallpaper** [**on a wall**] [eine Wand] tapezieren ③ (*decorate*) ■ **to ~ sth with sth** etw mit etw *dat* behängen ④ <hung *or* -ed, hung *or* -ed> (*execute*) ■ **to ~ sb** jdn [auf]hängen; ■ **to ~ oneself** sich *akk* aufhängen [*o* erhängen]; **to ~ sb in effigy** jdn symbolisch aufhängen; **to be hung** [*or* **~ed**], **drawn and quartered** (*hist*) gehängt, gestreckt und gevierteilt werden; **the ~ 'em and flog 'em** BRIT (*pej*) die Befürworter der Todesstrafe ⑤ (*let droop*) **to ~ one's head** den Kopf hängen lassen; **to ~ one's head in shame** beschämt den Kopf senken ⑥ (*fig: postpone*) **to ~ fire** [es] abwarten [können] ⑦ FOOD *meat* etw abhängen [lassen] ▶ PHRASES: **~ the cost** [*or* **expense**]! ganz egal, was es kostet!; **you might as well be ~ed** [*or* **hung**] **for a sheep as for a lamb** *esp* BRIT, AUS (*prov*) wenn schon, denn schon; **I'll be** [*or* **I'm**] **~ed!** da will ich verdammt sein! *fam;* **I'll be ~ed if …** der Teufel soll mich holen, wenn … *fam;* **I'm** [*or* **I'll be**] **~ed if I know** das juckt mich nicht die Bohne! *fam;* **~ it** [**all**]! zum Henker [*o* Kuckuck] damit! *fam*, verdammt! *fam* **III.** *vi* ① <hung, hung> (*be suspended*) hängen; (*fall*) *clothes* fallen, herunterhängen *pej;* ***the curtains ~ in thick folds*** die Vorhänge werfen breite Falten; ***a heavy gold necklace hung around her neck*** eine schwere Goldkette lag um ihren Hals; **to ~ from a hook** an einem Haken hängen; ■ **to ~ down** herunterhängen, herabhängen *geh* ② <hung, hung> (*bend*) behangen sein; ***the branches hung heavy with snow*** die Äste hingen voll Schnee ③ <hanged, hanged> (*die by execution*) hängen; **let sb/sth go ~** (*hum*) jdn/etw abschreiben *fam* ④ <hung, hung> (*remain in air*) *mist, smoke, smell* hängen, schweben *geh;* **to ~ in the balance** (*fig*) in der Schwebe sein; ■ **to ~ above** [*or* **over**] **sb/sth** über jdm/etw hängen [*o geh* schweben] ⑤ <hung, hung> (*rely on*) ■ **to ~** [**up**]**on sb/sth** von jdm/etw abhängen ⑥ <hung, hung> (*listen carefully*) ■ **to ~ upon sth** etw *dat* folgen; **to ~ on sb's** [**every**] **word** an jds Lippen *fpl* hängen ⑦ <hung, hung> (*keep*) ■ **to ~ onto sth** etw behalten ⑧ <hung, hung> AM (*fam: expression of negative emotion*) **sb can go ~!** zum Henker [*o* Kuckuck] mit jdm!, jd kann mir [mal] gestohlen bleiben! ⑨ <hung, hung> AM (*fam: loll about*) **to ~ at a place** an einem Ort rumhängen [*o* herumlümmeln] *fam*, sich *akk* an einem Ort herumtreiben [*o fam* herumdrücken] ⑩ COMPUT sich aufhängen ▶ PHRASES: **to ~ by a hair** [*or* **thread**] an einem [dünnen [*o* seidenen]] Faden hängen; **to ~ in** [BRIT **on**] **there** (*fam*) am Ball [*o* bei der Stange] bleiben *fam*

◆**hang about** *vi* ① (*fam: waste time*) herumtrödeln *fam* ② (*wait*) warten; BRIT (*stop for a moment*) ***~ about, let's just check we've got everything*** Moment mal, sehen wir noch mal nach, ob wir alles haben; **to keep sb ~ing about** jdn warten lassen ③ *esp* BRIT (*fam: pass time*) ■ **to ~ about with sb** [ständig] mit jdm zusammenstecken *fam*, sich *akk* mit jdm herumtreiben *pej fam*

◆**hang around** *vi* ① (*fam: waste time*) herumtrödeln *fam;* (*loiter*) herumlungern, rumhängen *fam*, rumgammeln *fam* ② (*fam: wait*) warten ③ (*fam: pass time*) ■ **to ~ around sb** bei jdm rumhängen *fam;* ■ **to ~ around with sb** [ständig] mit jdm zusammenstecken *fam*, sich *akk* mit jdm herumtreiben *fam* ④ (*fam: get on sb's nerve*) **to ~ around sb's neck** jdn am Hals haben *pej fam*

◆**hang back** *vi* ① (*be slow*) sich *akk* zurückhalten; (*hesitate*) zögern; ***don't ~ back!*** stell dich nicht so an! ② (*stay behind*) zurückbleiben, Abstand halten

◆**hang on** *vi* ① (*fam: persevere*) durchhalten; **to ~ on by the skin of one's teeth** (*fig*) auf dem Zahnfleisch kriechen *fam* ② (*grasp*) ■ **to ~ on to sth** sich *akk* an etw *dat* festhalten; (*stronger*) sich *akk* an etw *akk* klammern; **to ~ on tight** sich *akk* gut festhalten; **to ~ on in there** (*fam*) am Ball bleiben *fam*, nicht locker lassen *fam* ③ (*fam*) ■ **to ~ on to sth** (*keep*) etw behalten; (*retain*) etw aufheben ④ (*wait briefly*) warten; (*on the telephone*) am Apparat bleiben, dranbleiben *fam;* **~ on** [**a minute**] wart mal, einen Augenblick; **~ on!** (*fam*) sofort!, Moment[chen]! *fam* ⑤ (*fam: stop for a moment*) anhalten, stehen bleiben

◆**hang out I.** *vt* ■ **to ~ sth** ⊂ **out** etw heraushängen; **to ~ out a white flag** die weiße Fahne [*o* Flagge] zeigen; **to ~ out the washing** die Wäsche [draußen] aufhängen **II.** *vi* ① (*project*) heraushängen ② (*sl: loiter*) rumhängen *fam;* (*live*) hausen *pej;*

where does he ~ out these days? wo treibt er sich zur Zeit herum? ► PHRASES: **to let it all ~ out** (*sl*) die Sau rauslassen *sl*

◆**hang over** *vt* ***there is a big question mark ~ing over the future of the peace negociations*** der weitere Verlauf der Friedensverhandlungen ist in Frage gestellt

◆**hang round** *vi* BRIT *see* **hang around**

◆**hang together** *vi* ❶ (*be logical*) *argument* schlüssig sein; *alibi, statements* keine Widersprüche *pl* aufweisen; *story* zusammenhängend sein ❷ (*remain associated*) zusammenbleiben, beieinander bleiben

◆**hang up** I. *vi* ❶ (*dangle*) hängen ❷ (*finish phone call*) auflegen, einhängen II. *vt* ❶ (*suspend*) ■**to ~ up** ↻ **sth** etw aufhängen; **to ~ up curtains** Vorhänge aufhängen [*o fam* aufmachen]; **to ~ up a notice** einen Anschlag machen; **to ~ up the receiver** den Hörer auflegen ❷ (*delay*) ■**to ~ up** ↻ **sth** etw aufhalten [*o* verzögern] ❸ (*fig fam: retire*) **to ~ sth** ↻ **up** etw aufgeben [*o* sein lassen]; *job, hobby* etw an den Nagel hängen *fam;* **to ~ up one's football boots/boxing gloves/golf clubs** die Fußballschuhe/Boxhandschuhe/Golfschläger an den Nagel hängen

◆**hang with** *vi* ■**to ~ with sb** (*fam*) bei jdm bleiben *fig*

hangar [ˈhæŋgəʳ, AM -ɚ] *n* AVIAT Hangar *m,* Flugzeughalle *f*

hangdog [ˈhæŋdɒg, AM -dɑːg] *adj attr* (*dejected*) niedergeschlagen; (*feeling guilty*) zerknirscht; **to have a ~ expression** [*or* **look**] **on one's face** ein Gesicht wie vierzehn Tage Regenwetter machen *fam*

hanger [ˈhæŋəʳ, AM -ɚ] *n* (*for clothes*) [Kleider]bügel *m;* (*loop*) Aufhänger *m*

hanger-on <*pl* hangers-> *n* (*pej: follower*) Trabant(in) *m(f) pej;* (*groupie*) Groupie *nt;* ■**the hangers-on** *pl* das Gefolge, der Anhang *kein pl*

hang-glide *vi* Drachen fliegen **hang-glider** *n* (*person*) Drachenflieger(in) *m(f);* (*device*) Drachen *m* **hang-gliding** *n no pl* Drachenfliegen *nt*

hanging [ˈhæŋɪŋ] I. *n* ❶ (*decorative fabric*) Behang *m;* (*curtain*) Vorhang *m;* [**wall**] **~s** Wandbehänge *mpl,* Wandteppiche *mpl* ❷ (*act of execution*) Hinrichtung *f* durch den Strang, Erhängen *nt* ❸ *no pl* (*system of execution*) [Er]hängen *nt,* Tod *m* [*o* Hinrichtung *f*] durch den Strang II. *adj* hängend; **the H~ Gardens of Babylon** die Hängenden Gärten von Babylon; **~ judge** (*hist*) *Richter, der häufig Todesurteile fällt;* **~ matter** (*hist*) *Vergehen, das mit Erhängen bestraft wird;* ■**to be ~** aufgehängt sein, hängen

hanging basket *n* Blumenampel *f* **hanging bridge** *n* Hängebrücke *f*

hangings [ˈhæŋɪŋz] *npl see* **hanging** Wandbehänge *mpl,* Wandteppiche *mpl*

hanging valley *n* GEOG Hängetal *nt*

hangman *n* ❶ (*executioner*) Henker *m* ❷ (*game*) Galgen *m,* Galgenmännchen *nt* **hangnail** *n* MED Niednagel *m* **hangout** *n* ❶ (*fam: favourite place*) Stammlokal *nt;* ***the cafe is a favourite ~ for artists*** das Café ist ein beliebter Künstlertreff ❷ (*fam: dwelling*) Bude *f fam* **hangover** *n* ❶ (*from drinking*) Kater *m* ❷ (*relic*) Überbleibsel *nt,* Relikt *nt geh;* **to be a ~ from one's schooldays/childhood** in jds Schulzeit/Kindheit begründet sein [*o* liegen] ❸ COMPUT (*image effect*) Auftreten *nt* von Fahnen ❹ (*tone change*) Farbtonänderung *f* **hang-up** *n* ❶ (*fam: complex*) Komplex *m* (**about** wegen +*gen*); (*quirk*) Tick *m fam;* ***he has a terrible ~ about being bald*** er hat einen großen Komplex wegen seiner Glatze ❷ COMPUT Abbruch *m*

hank [hæŋk] *n* Strang *m; of wool* [Woll]faden *m; of hair* Büschel *nt*

hanker [ˈhæŋkəʳ, AM -ɚ] *vi* ■**to ~ after** [*or* **for**] **sb/sth** sich *akk* nach jdm/etw sehnen, sich *dat* etw sehnlichst wünschen; **to ~ after the past** der Vergangenheit nachtrauern

hankering [ˈhæŋkᵊrɪŋ, AM -ɚɪŋ] *n* Sehnsucht *f kein pl,* Verlangen *nt kein pl;* **to have a ~ for sb/sth** sich *akk* nach jdm/etw sehnen, nach jdm/etw Sehnsucht [*o* Verlangen] haben

hankie [ˈhæŋki] *n,* **hanky** *n* (*fam*) *short for* **handkerchief** Taschentuch *nt*

hanky-panky [ˌhæŋkiˈpæŋki] *n no pl* (*fam*) ❶ (*love affair*) Techtelmechtel *nt fam* ❷ (*kissing*) Geknutsche *nt kein pl fam;* (*groping*) Gefummel *nt kein pl fam* ❸ (*fiddle*) Mauschelei *f pej,* krumme Geschäfte; ***there was some ~ going on in the government*** in der Regierung wurde ganz schön gemauschelt

Hanover [ˈhænə(ʊ)vəʳ, AM -noʊvɚ] *n* Hannover *kein art;* **the House of ~** (*hist*) das Haus Hannover

Hanoverian [ˌhænəʊˈvɪəriən, AM -ɚˈvɪriən] I. *adj inv* hannoverisch II. *n* ❶ (*British sovereigns*) ■**the ~s** *pl* das Haus Hannover *kein pl* ❷ (*medium-built horse*) Hannoveraner *m*

Hansard [ˈhæn(t)sɑːd] *n no pl, no def art* BRIT, AUS Hansard *m* (*britische, kanadische bzw. australische Parlamentsberichte*)

Hanseatic [ˌhæn(t)siˈætɪk, AM -ˈæt̬ɪk] *adj* hanseatisch; **~ town** Hansestadt *f*

Hanseatic League *n* + *sing/pl vb* (*hist*) ■**the ~** die Hanse

hansom [ˈhæn(t)səm] *n,* **hansom cab** *n* (*hist*) Einspänner *m,* Hansom *m*

Hants [hænts] *n abbrev of* **Hampshire**

Hanukkah [ˈhɑːnəkə] *n* REL Hanukkah *nt*

hap [hæp] *n* (*old*) Zufall *m*

haphazard [ˌhæpˈhæzəd, AM -ɚd] I. *adj* ❶ (*pej: disorganized*) planlos, unüberlegt; **to do sth in a ~ manner** etw völlig unüberlegt anpacken ❷ (*arbitrary*) zufällig, willkürlich II. *adv* zufällig, willkürlich

haphazardly [ˌhæpˈhæzədli, AM -ɚd-] *adv* ❶ (*unmethodically*) planlos, wahllos ❷ (*arbitrarily*) willkürlich, auf gut Glück

hapless [ˈhæpləs] *adj attr* (*liter*) unglückselig, glücklos; **a ~ person** ein Pechvogel *m;* **~ victims** die Leidtragenden

haplessly [ˈhæpləsli] *adv* unglücklich, unglückselig; ***he behaved ~ as ever*** es ging ihm, wie immer, alles daneben

ha'porth [ˈheɪpəθ] *n no pl* BRIT (*dated fam*) *abbrev of* **halfpennyworth**: [**not**] **a ~ of difference** nicht der geringste Unterschied

happen [ˈhæpᵊn] I. *adv inv* NBRIT vielleicht, möglicherweise; **~ *it'll rain later*** es könnte später regnen II. *vi* ❶ (*occur*) geschehen, passieren *fam; event* stattfinden, sich *akk* ereignen *geh; process* vor sich *dat* gehen, ablaufen *fam;* ***don't let that ~ again!*** dass das nicht nochmal vorkommt!; ***if anything ~s to me …*** falls mir etwas zustoßen sollte, …; ***I can't see this ~ing*** ich kann mir das nicht vorstellen; ***these things ~*** das kann vorkommen; ***what's ~ing?*** was geht? *fam,* was ist los?; ***nothing ever ~s here*** hier ist tote Hose *fam;* ***it ~ed like this: …*** das war so: …; **whatever ~s** was auch immer geschieht, wie es auch kommen mag; **it's all ~ing** (*fam*) es ist ganz schön [*o fam* schwer] was los ❷ (*by chance*) ■**to ~ to do sth** zufällig etw tun; ***we ~ to know each other*** zufällig kennen wir uns; ■**it ~ed [that …]** der Zufall wollte es[, dass …]; ***it just so ~s that …*** wie's der Zufall will, …; ***how does it ~ that you know her?*** wie kommt es, dass du sie kennst?; **as it [*or* it so] ~ed …** wie es sich so traf, …, zufälligerweise … ❸ (*liter or dated: come across*) ■**to ~ [up]on sb/sth** jdm/etw zufällig begegnen ❹ (*indicating contradiction*) ■**to ~ to do sth** etw trotzdem tun; ***I ~ to think he's right whatever you say*** sag was du willst, ich glaube trotzdem, dass er Recht hat ❺ (*actually*) **as it ~s** tatsächlich

◆**happen along, happen by** *vi* AM (*fam: by chance*) zufällig vorbeikommen; (*unexpectedly*) unerwartet vorbeikommen; ***we ~ed by your house*** wir kamen zufällig an eurem Haus vorbei

◆**happen on,** *liter* **happen upon** *vi* ■**to ~ [up]on sb/sth** zufällig auf jdn/etw stoßen [*o* treffen]

◆**happen past** *vi* AM (*fam*) *see* **happen along**

happening [ˈhæpᵊnɪŋ] I. *n usu pl* ❶ (*occurrence*) Ereignis *nt;* (*unplanned occurrence*) Vorfall *m;* (*process*) Vorgang *m;* **strange ~s** sonderbare Dinge ❷ ART (*improvised performance*) Happening *nt* II. *adj* (*sl*) angesagt *fam;* ***hey, this party's really ~!*** hey, hier auf der Fete ist echt was los! *fam*

happenstance [ˈhæpᵊnstæn(t)s] *n esp* AM [glücklicher] Zufall; **by ~** durch Zufall

happily [ˈhæpɪli] *adv* ❶ (*contentedly*) glücklich, zufrieden; (*cheerfully*) fröhlich, vergnügt; **~ married** glücklich verheiratet; **and they all lived ~ ever after** und sie lebten glücklich und zufrieden bis an ihr Lebensende; (*fairytale ending*) und wenn sie nicht gestorben sind, dann leben sie noch heute ❷ (*willingly*) gern, mit Freuden; ***I'll ~ take you to the station*** ich fahr dich gern zum Bahnhof ❸ (*luckily*) glücklicherweise, zum Glück; **~ *for the success of the festival, there was a favourable review in the papers*** zum Erfolg des Festivals trug bei, dass in der Zeitung ein positiver Bericht darüber stand ❹ (*suitably*) glücklich, treffend; ***his words were ~ chosen*** seine Worte waren gut gewählt

happiness [ˈhæpɪnəs] *n no pl* Glück *nt;* (*contentment*) Zufriedenheit *f;* (*cheerfulness*) Fröhlichkeit *f;* **to wish sb every ~** (*form*) jdm alles Gute wünschen

happy [ˈhæpi] *adj* ❶ (*pleased*) glücklich; (*contented*) zufrieden; (*cheerful*) fröhlich; ***I'm perfectly ~ in my work*** ich bin mit meiner Arbeit[sstelle] absolut zufrieden; **a ~ childhood** eine glückliche Kindheit; **the happiest day/days of one's life** der schönste Tag/die beste Zeit in jds Leben *nt;* **to have a ~ expression on one's face** glücklich aussehen; **a ~ lot** ein glückliches Schicksal; **~ marriage** glückliche Ehe; **~ mood** gute Laune; **~ occasion** gelungenes Fest; **in happier times** in glücklicheren Zeiten; ■**to be ~ about sb/sth** *person, arrangement, situation* mit jdm/etw zufrieden sein; ■**to be ~ with sb/sth** *quality, standard* mit jdm/etw zufrieden sein; ■**to be ~ to do sth** sich *akk* freuen, etw zu tun; ***you'll be ~ to know that …*** es wird dich freuen, zu hören, dass …; ■**to be ~ that …** froh [darüber] sein, dass … ❷ (*willing*) ■**to be ~ to do sth** etw gerne tun; (*form*) etw tun können; ***the manager will be ~ to see you this afternoon*** der Geschäftsführer hat heute Nachmittag Zeit, Sie zu empfangen; ***excuse me, can you help me? — I'd be ~ to!*** Entschuldigung, können Sie mir helfen? – aber gern!; **to be perfectly ~ to do sth** etw mit größtem Vergnügen tun ❸ (*fortunate*) glücklich; **~ accident** glücklicher Zufall ❹ (*liter: suitable*) gut gewählt, passend; **a ~ choice of language** eine glückliche Wortwahl; **a ~ phrase** ein treffender Satz; **a ~ thought** eine geniale Idee ❺ (*fam: drunk*) angeheitert ❻ *attr, inv* (*in greetings*) **~ birthday** alles Gute zum Geburtstag; **~ Easter** frohe Ostern; **merry Christmas and a ~ New Year** frohe Weihnachten und ein glückliches [*o* gutes] neues Jahr; **many ~ returns [of the day]** herzlichen Glückwunsch zum Geburtstag ► PHRASES: [**as**] **~ as a sandboy** [*or* **a lark**] [*or* BRIT **Larry**] [*or* AM **a clam**] quietschfidel, quietschvergnügt

happy-clappy *adj* BRIT (*pej fam*) fröhlich und ausgelassen (*in religiösem Zusammenhang*) **happy day** *n* (*hum: day of wedding*) großer Tag (*Hochzeitstag*) **happy ending** *n* Happyend *nt,* Happy End *nt* **happy event** *n* (*hum: birth of a child*) freudiges [*o* frohes] Ereignis **happy families** *n* + *sing vb* CARDS Quartett *nt* **happy-go-lucky** *adj* sorglos, unbekümmert; ***you need to be a bit ~ in this business*** für dieses Geschäft brauchst du ein bisschen Gelassenheit; **to be a ~ fellow** [*or* **chap**] ein Leichtfuß sein **happy hour** *n* (*Zeit, gewöhnlich am frühen Abend, in der Getränke in Lokalitäten billiger sind*) **happy hunting ground** *n* ■**the ~s** *pl* die ewigen Jagdgründe; (*fig: place for finding success*) Paradies *nt* **happy medium** *n* (*approv*) goldene Mitte; **to strike a ~** die goldene Mitte finden **happy release** *n* (*euph: death*) Erlösung *f euph*

hara-kiri [ˌhærəˈkɪri, AM ˌhɑːr-] *n no pl* Harakiri *nt;* **to commit ~** Harakiri [*o* Selbstmord] begehen

harangue [həˈræŋ] I. *n* Strafpredigt *f,* Tirade *f pej geh* II. *vt* ■**to ~ sb** ❶ (*lecture forcefully*) jdm eine Strafpredigt halten, jdm Vorhaltungen machen; ***a drunk in the station was haranguing passers-by***

ein Betrunkerer im Bahnhof beschimpfte Passanten; ■**to ~ sb into sth** (*forcefully persuade*) jdn zu etw *dat* überreden ② (*nag*) jdm in den Ohren liegen *fam*

harass ['hærəs, AM *esp* hə'ræs] *vt* ■**to ~ sb** ① (*intimidate*) jdn schikanieren; (*pester*) jdn ständig belästigen [*o* bedrängen]; ***she was sexually ~ed by her neighbour*** sie wurde von ihrem Nachbarn sexuell belästigt; ***they ~ed him into signing the contract*** sie setzten ihm so lange zu, bis er den Vertrag unterschrieb; **to ~ sb with questions** jdn mit Fragen quälen ② (*attack continually*) jdn ständig angreifen

harassed ['hærəst, AM *esp* hə'ræst] *adj* (*strained by demands*) abgespannt, gestresst *fam;* (*worried*) geplagt, gequält

harassment ['hærəsmənt, AM *esp* hə'ræs-] *n no pl* ① (*pestering*) Belästigung *f;* (*intimidation*) Schikane *f;* **police ~** Polizeischikane *f;* **sexual ~** sexuelle Belästigung ② MIL (*attack*) [ständiger] Beschuss

harbinger ['hɑːbɪndʒəʳ, AM 'hɑːrbɪndʒɚ] *n* (*liter: person*) [Vor]bote, -in *m, f,* Herold *m liter;* (*signal*) Vorzeichen *nt,* [Vor]bote *m;* **the ~[s] of doom** schlechte Vorzeichen *ntpl;* **to be the ~ of spring/winter** der Vorbote des Frühlings/Winters sein, den Frühling/Winter ankündigen

harbor ['hɑːrbɚ] AM, **harbour** ['hɑːbəʳ] **I.** *n* ① (*for ships*) Hafen *m;* **to arrive at** [*or* **in**] **~** im Hafen einlaufen ② (*shelter*) Unterschlupf *m* **II.** *vt* ① (*keep in hiding*) ■**to ~ sb/an animal** jdm/einem Tier Unterschlupf gewähren ② (*cling to ideas*) ■**to ~ sth** etw hegen *geh,* etw haben; **to ~ doubts about sb/sth** Zweifel an jdm/etw hegen; **to ~ feelings of hatred for sb** Hassgefühle gegen jdn hegen; **to ~ a grudge** [**against sb**] einen Groll [gegen jdn] hegen; **to ~ an illusion** sich *akk* einer Illusion hingeben; **to ~ thoughts of sth** sich *akk* mit dem Gedanken an etw *akk* tragen **III.** *vi* [in einem Hafen] anlegen

harbour-master *n* Hafenmeister(in) *m(f)*

hard [hɑːd, AM hɑːrd] **I.** *adj* ① (*rigid, solid*) hart; **~ cash** Bargeld *nt;* **~ cheese** Hartkäse *m;* **~ currency** harte Währung; [**as**] **~ as iron** [*or* **a rock**] [*or* **stone**] steinhart; **a ~ and fast rule** eine verbindliche Regel; **the ~ left/right** *esp* BRIT POL die harte Linke/Rechte; **to take a ~ line** eine harte Linie verfolgen ② (*difficult, complex*) schwierig; ***she had a ~ time*** [***of it***] es war eine schwere Zeit für sie; ***it's ~ being a widow*** es ist nicht einfach, Witwe zu sein; ***if she won't listen, she'll have to learn the ~ way*** wer nicht hören will, muss fühlen; **to be ~ to come by** schwierig aufzutreiben sein; **to do sth the ~ way** sich *dat* etw schwer machen; **to find sth ~ to believe** [*or* **swallow**] etw kaum glauben können; **to get ~** [*or* **~er**] schwer [*o* schwerer] werden; **it's ~ to say** es ist schwer zu sagen ③ (*requiring much effort*) anstrengend, mühevoll; ***the mountain there is a ~ climb*** der Berg dort ist schwer zu besteigen; **a ~ fight** ein harter Kampf *a. fig;* **to give sth a ~ push** etw kräftig anschieben; **to be ~ work** harte Arbeit sein; **to be a ~ worker** fleißig sein ④ (*severe, unpleasant*) hart, unnachgiebig; *tone of voice* schroff, barsch; ***she's finding the bad news ~ to take*** es fällt ihr schwer, die schlechte Nachricht zu verkraften; **a ~ blow** ein harter Schlag; **a ~ heart** ein hartes Herz; **~ luck** [*or esp* BRIT **lines**] [*or* BRIT *dated fam* **cheese**]**!** [so ein] Pech!; **that's your ~ luck!** das ist dein Pech!; **to be** [**as**] **~ as nails** knallhart [*o* ein knallharter Typ] sein *fam;* **a ~ taskmaster** ein strenger Arbeitgeber; **to give sb a ~ time** jdm das Leben schwer machen; ■**to be ~ on sb/sth** mit jdm/etw hart ins Gericht gehen ⑤ (*causing harm*) ■**to be ~ on sth** etw stark strapazieren; ***I'm very ~ on shoes*** ich habe einen extrem hohen Schuhverschleiß ⑥ (*problematic, unfortunate*) hart; ■**to be ~ on sb** hart für jdn sein ⑦ (*extremely cold*) **~ frost/winter** strenger Frost/Winter ⑧ (*demonstrable, solid*) sicher, fest; **~ facts** (*verified*) gesicherte Fakten; (*brutally honest*) nackte Tatsachen; **~ and fast information** [*or* **facts**] zuverlässige Informationen *fpl* ⑨ (*strong*) stark; **~ drinks/drugs** harte Getränke/Drogen; **a ~ drinker** ein starker Trinker/eine starke Trinkerin; **~ drinking** starker Alkoholkonsum; **to be into ~ drugs** harte Drogen nehmen ⑩ (*containing much lime*) **~ water** hartes Wasser ⑪ (*scrutinizing*) **to take a** [**good**] **~ look at sth** sich *dat* etw genau ansehen, etw gründlich betrachten ⑫ TYPO **~ copy** (*printout*) Ausdruck *m;* (*duplicate*) Kopie *f;* (*printed copy*) Abzug *m* ▸ PHRASES: **to drive a ~ bargain** knallhart verhandeln [*o* feilschen]; **to be ~ on sb's heels** jdm dicht auf den Fersen sein **II.** *adv* ① (*solid, rigid*) hart; **boiled ~** hart gekocht; **frozen ~** hart gefroren; (*sth moving*) steif gefroren ② (*vigorously*) fest[e], kräftig; ***think ~!*** denk mal genau nach!; **to exercise ~** hart trainieren; **to fight ~** [**for sth**] (*fig*) [um etw *akk*] hart kämpfen; **to play ~** ausgiebig spielen; **to press/pull ~** kräftig drücken/ziehen; **to study ~** fleißig lernen; **to try ~ to do sth** sich *akk* sehr bemühen [*o fam* ranhalten], etw zu tun; **to work ~** hart arbeiten; ■**to not do sth very ~** etw nicht sehr gründlich tun; ■**to be ~ at it** ganz bei der Sache sein ③ (*painfully, severely*) schwer; ***his parents took the news of his death ~*** seine Eltern traf die Nachricht von seinem Tod schwer; **to be ~ pressed** [*or* **pushed**] **to do sth** große [*o* die größte] Mühe haben, etw zu tun ④ (*closely*) knapp; **to follow ~** [**up**]**on** [*or* **after**] [*or* **behind**] **sb/sth** jdm/etw knapp folgen, jdm/etw dicht auf den Fersen sein ⑤ (*heavy, driving*) ***it was raining ~*** es regnete stark ⑥ (*fig: survive usefulness*) **to die ~** [nur] langsam sterben; ***the old idea of state ownership of all firms dies ~*** die alte Vorstellung von einer Verstaatlichung aller Firmen stirbt einfach nicht aus ▸ PHRASES: **old habits die ~** (*saying*) der Mensch ist ein Gewohnheitstier

hard and fast *adj attr, inv* fest[stehend]; **~ rules** verbindliche [*o* bindende] Regeln **hardback I.** *adj* PUBL gebunden; **~ edition** gebundene Ausgabe **II.** *n* gebundenes Buch, gebundene Ausgabe; ■**in ~** gebunden **hardbacked** *adj see* **hardback hardball** AM **I.** *n* ① (*baseball*) Baseball *m* ② (*sl: tough methods*) Kampf *m* mit harten Bandagen, rücksichtsloses [*o* gnadenloses] Vorgehen; **to play ~** mit harten Bandagen kämpfen **II.** *vt* (*sl*) ■**to ~ sb** jdn erpressen **hard-bitten** *adj* abgebrüht *pej fam,* hart gesotten *pej; boss* knallhart *pej* **hardboard** *n no pl* Hartfaserplatte *f* **hard-boiled** *adj* ① *egg* hart gekocht ② (*fig fam: emotionless*) abgebrüht *pej fam,* hart gesotten *pej; boss* knallhart *pej* ③ (*fig fam: clever*) ausgekocht *pej,* durchtrieben *pej* ④ (*fig fam: realistic*) sachlich, nüchtern; ***he had a ~ approach to the matter*** er ging nüchtern an die Sache heran **hard by** *prep* (*liter*) [sehr] nahe bei +*dat* **hard case** *n* ① (*criminal person*) schwerer [*o fam* schlimmer] Fall ② AUS, NZ (*fam: unreformed person*) hoffnungsloser Fall; (*difficult person*) schwieriger Mensch; **a ~ nonconformist** ein hoffnungsloser Nonkonformist ③ (*social hardship*) Härtefall *m* **hard cash** *n no pl* Bargeld *nt,* Bares *nt fam;* **to pay in ~** bar bezahlen **hard coal** *n* Anthrazit *m* **hard copy** *n* COMPUT Ausdruck *m,* Hartkopie *f;* ■**in ~** als Ausdruck **hard core** *n* ① (*central part*) Kern *m;* (*fig*) *of group* harter Kern ② *esp* BRIT (*for road construction*) Schotter *m* **hardcore I.** *adj attr* ① (*dedicated*) eingefleischt; **~ fans** der harte Kern der Fans [*o* Fangemeinde] ② (*die-hard*) stur, unbelehrbar, unverbesserlich; **a ~ drug user** ein Abhängiger/eine Abhängige von harten Drogen; ***she is a ~ drug user*** sie nimmt harte Drogen ③ (*sexually explicit*) hart; **~ pornography** harter Porno **II.** *n* MUS Hardcore *m* **hard court** *n* TENNIS Hartplatz *m* **hardcover** AM, AUS **I.** *adj* PUBL gebunden, Hardcover-; **~ edition** gebundene Ausgabe **II.** *n* gebundenes Buch, Hardcover *nt;* **in ~** gebunden **hard currency** *f* harte Währung **hard disk** *n* COMPUT Festplatte *f* **hard-done-by** *adj* BRIT, AUS benachteiligt; **to feel ~** sich *akk* benachteiligt fühlen **hard-drinking** [ˌhɑːd'drɪŋkɪŋ, AM ˌhɑːrd-] *adj inv* trinkfest **hard drug** *n* harte Droge **hard-earned** *adj reward, praise* ehrlich [*o* redlich] verdient; *wages, pay* sauer verdient; **~ retirement/holiday** wohlverdienter Ruhestand/Urlaub **hard-edged** *adj* (*fig*) hart; *style* nüchtern; *painting* klar

harden ['hɑːdən, AM 'hɑːrd-] **I.** *vt* ■**to ~ sth** ① (*make harder*) etw härten; *arteries* etw verhärten ② (*make tougher*) *attitude* etw verhärten; **to ~ one's heart** sein Herz verhärten; ***if she could ~ her heart ...*** wenn sie weniger sensibel wäre ...; ■**to ~ sb** [**to sth**] jdn [gegen etw *akk*] abstumpfen *pej,* jdn [gegen etw *akk*] unempfindlich machen; ***the terrorists were ~ed to killing*** den Terroristen machte das Töten nichts mehr aus ③ (*make stronger*) *muscles* etw kräftigen; **to ~ one's body** seinen Körper stählen; ■**to ~ sb** [**to sth**] jdn [gegen etw *akk*] abhärten **II.** *vi* ① (*become hard*) sich *akk* verfestigen, hart werden ② (*become tough*) sich *akk* verhärten; *attitude* unnachgiebig werden; *face* sich versteinern; ***the government has ~ed to the view that ...*** die Regierung ist zu der festen Ansicht gelangt, dass ... ③ ECON *prices* anziehen

◆**harden off** *vt* ■**to ~ off** ⟲ **sth** *plant* etw widerstandsfähig machen

hardened ['hɑːdənd, AM 'hɑːrd-] *adj* ① (*pej: unreformable*) starrsinnig; *attitude* verhärtet; **~ criminal** Gewohnheitsverbrecher(in) *m(f)* ② (*tough*) abgehärtet, abgestumpft *pej,* abgebrüht *pej;* **to become ~ to sth** sich an etw *akk* gewöhnen; ***she was ~ to his compliments*** sie war für seine Komplimente unempfänglich ③ (*experienced*) erfahren, versiert *geh*

hardening ['hɑːdənɪŋ, AM 'hɑːrd-] *n no pl* ① (*process of making hard*) Härten *nt* ② (*fig: process*) Verhärten *nt;* (*result*) Verhärtung *f* ③ MED **~ of the arteries** Arterienverkalkung *f* ④ ECON, FIN *of market* Anziehen *nt*

hard-featured *adj inv* mit harten Gesichtszügen *nach n,* hart **hard feelings** *npl* Ressentiments *ntpl geh;* ***let's not have any ~*** lasst uns einander vertragen; ***no ~?*** alles klar?; **to bear sb** [**no**] **~** [keine] Vorbehalte [*o* [keinen] Groll] gegen jdn hegen **hard-fought** *adj* ① (*relentless*) hart; **a ~ battle** ein erbitterter [*o* harter] Kampf ② (*achieved*) hart erkämpft **hard graft** *n* BRIT (*sl*) [ewige] Schufterei *f* **hard hat** *n* ① (*helmet*) [Schutz]helm *m* ② (*fam: worker*) Bauarbeiter(in) *m(f)* **hard-headed** *adj* nüchtern, realistisch **hard-hearted** *adj* (*pej*) hartherzig, unbarmherzig; **to be ~ towards sb/sth** jdm/etw gegenüber kalt sein **hard-hit** *adj* (*fig*) schwer getroffen; ■**to be ~ by sth** von etw *dat* schwer mitgenommen sein, unter etw *dat* sehr zu leiden haben **hard-hitting** *adj article, documentary, report* sehr [*o* äußerst] kritisch, schonungslos

hardihood ['hɑːdihʊd, AM 'hɑːrd-] *n* (*courage*) Mut *m,* Kühnheit *f pej;* (*impudence*) Unverfrorenheit *f pej*

hardiness ['hɑːdɪnəs, AM 'hɑːrd-] *n no pl* ① (*robustness*) Zähigkeit *f,* Ausdauer *f; of plants* Widerstandsfähigkeit *f* ② (*boldness*) Kühnheit *f*

hard knocks *npl* (*fig*) harte Schläge; **to take ~** harte Schläge einstecken **hard labor** AM, **hard labour** *n no pl* Zwangsarbeit *f* **hard landing** *n* AVIAT harte Landung **hard line** *n* POL harte Linie; **to take a hard line on sth** einen harten Kurs gegen etw fahren **hard-line** *adj attr, inv* POL *belief, plan* kompromisslos; *person* extrem **hardliner** *n* POL Hardliner *m,* Anhänger(in) *m(f)* eines harten Kurses **hard lines** *interj* BRIT (*fam*) Pech gehabt! **hard luck** *n* (*fam*) Pech; ***that's just your ~!*** da hast du eben Pech gehabt! **hard-luck story** *n* (*fam*) Mitleid erregende [*o pej* rührselige] Geschichte, Leidensgeschichte *f*

hardly ['hɑːdli, AM 'hɑːrd-] *adv inv* ① (*scarcely*) kaum; ***I can ~ hear you*** ich kann dich fast nicht verstehen; ***we ~ knew our neighbours*** wir kannten unsere Nachbarn nur wenig; ***he ~ speaks a word*** er sagt so gut wie nichts; **~ anything** kaum etwas, fast nichts; **~ ever** fast nie, so gut wie nie ② (*certainly not*) wohl kaum, schwerlich; (*as a reply*) sicher [*o* bestimmt] nicht; ***it's ~ my fault!*** ich kann ja wohl kaum was dafür!

hard margin *n* IRISH befestigter Seitenstreifen, Bankett *nt*

hardness ['hɑːdnəs, AM 'hɑːrd-] *n no pl* ① (*solidity*) Härte *f* ② (*lack of emotion*) Härte *f,* Strenge *f* ③ (*harshness*) Härte *f,* Heftigkeit *f; of weather*

H

Strenge *f* ④ (*lime content*) Härte *f*; **the ~ of the water** die Wasserhärte ⑤ ECON, FIN **~ of the market** Festigung *f* des Marktes

hard-nosed *adj* (*realistic*) nüchtern, realistisch; *person* abgebrüht *pej*; (*unwavering*) unnachgiebig, kompromisslos **hard nut** *n esp* BRIT (*sl*) Grobian *m*

hard of hearing *adj pred* schwerhörig **hard on** *prep* nahe auf +*dat*; **~ sb's heels** dicht auf jds Fersen **hard-on** *n* (*vulg*) Ständer *m vulg, sl* **hard palate** *n* ANAT harter Gaumen, Palatum *nt fachspr*

hard porn I. *n no pl* harter Porno II. *n modifier* (*magazine, film*) Hartporno- **hard-pressed** *adj* ① (*in difficulty*) bedrängt, in Schwierigkeiten *präd*; ■**to be ~ to do sth** Mühe [*o* Probleme] haben, etw zu tun ② (*overtaxed*) **with work** stark beansprucht **hard rock** *n no pl* MUS Hardrock *m*, Hard Rock *m* **hard science** *n* exakte Wissenschaft **hard-scrabble** ['hɑ:rd,skræbl] *adj attr* beinhart *fig* **hard sell** I. *n* aggressive Verkaufsmethoden; **to come on with the ~** aggressive Verkaufsmethoden anwenden II. *adj attr, inv* aggressiv

hardship ['hɑ:dʃɪp, AM 'hɑ:rd-] *n* ① *no pl* (*privation*) Not *f*, Elend *nt*, Entbehrung[en] *f*[*pl*]; ***I'd love to if it's not too much of a ~ for you*** gerne, wenn es dir nicht zu viele Unannehmlichkeiten bereitet; **economic ~** wirtschaftliche Notlage; **to live in ~** Not leiden ② (*condition*) Härte *f*, Belastung *f*

hardship fund *n* BRIT, **hardship grant** *n* BRIT Notfonds *m* (*für bedürftige Studenten*)

hard shoulder *n* BRIT befestigter Seitenstreifen, Bankett *nt* **hardstanding** *n no pl* BRIT asphaltierter Abstellplatz (*für Fahrzeuge*) **hard stuff** *n* (*fam*) hartes Zeug *fam*, hochprozentiger Alkohol; **a drop of the ~** einen Tropfen vom Hochprozentigen **hard tack** *n* [Schiffs]zwieback *m* **hardtop** *n* AUTO Hardtop *nt o m* **hard up** *adj* (*fam*) ① (*broke*) knapp bei Kasse *präd fam*, in finanziellen Schwierigkeiten *präd* ② (*lacking*) ■**to be ~ for sth** etw entbehren; **to be ~ for suggestions** um Vorschläge verlegen sein **hardware** *n no pl* ① (*tools*) Eisenwaren *pl*; (*household items*) Haushaltswaren *pl* ② (*material*) Material *nt*, Ausrüstung *f*; MIL *machinery* Rüstungsmaterial *nt* ③ COMPUT Hardware *f*; **computer ~** Computerhardware *f* ④ (*fam: a gun*) Kanone *f fam* **hardware dealer** *n* AM Baustoffhändler(in) *m(f)*; (*in household goods*) Haushaltswarenhändler(in) *m(f)* **hardware store** *n* AM, AUS Baumarkt *m*; (*for household goods*) Haushaltswarenladen *m* **hard-wearing** *adj* widerstandsfähig; *fabric, shoes* strapazierfähig **hard wheat** *n no pl* Hartweizen *m* **hard-wire** *vt* ■**to be ~d into sth/sb** mit etw/jdm fest verdrahtet sein *fig*; ■**to be ~d for sth** *person* für etw *akk* gemacht [*o* wie geschaffen] sein; *machine* für etw *akk* konstruiert sein **hard-wired** *adj* COMPUT fest verdrahtet **hard-won** *adj* hart [*o* schwer] erkämpft; *money* hart [*o* schwer] erarbeitet; **~ victory** schwer erkämpfter Sieg **hardwood** *n* Hartholz *nt* **hard-working** *adj* fleißig; ■**to be ~** hart arbeiten

hardy ['hɑ:di, AM 'hɑ:rdi] *adj* ① (*tough*) zäh, robust; (*toughened*) abgehärtet; **~ breed** zäher Menschenschlag ② BOT winterhart; **~ annual/perennial** einjährige/mehrjährige [winterharte] Pflanze ③ (*courageous*) kühn

hare [heəʳ, AM her] I. *n* ① <*pl* -s *or* -> [Feld]hase *m* ② BRIT (*topic in conversation*) **to start a ~** ein Thema anschneiden ▶ PHRASES: **to run with the ~ and hunt with the <u>hounds</u>** es sich mit niemandem verderben wollen; POL, MIL ein Doppelagent/eine Doppelagentin sein, ein doppeltes Spiel treiben II. *vi esp* BRIT (*fam*) wie ein geölter Blitz laufen *fam*; ■**to ~ off** davonsausen *fam*

hare and hounds *n* (*game*) Schnitzeljagd *f* **harebell** *n* BOT Glockenblume *f* **harebrained** *adj person* verrückt, bekloppt *fam*; *plan* unrealistisch; **~ scheme** verrückter Plan **hare coursing** *n no pl esp* BRIT Hasenjagd *f*

Hare Krishna [,hæri'krɪʃnə, AM ,hɑ:ri'-] *n* ① (*Hindu sect*) Hare-Krishna-Sekte *f* ② (*fam: member of sect*) Hare-Krishna-Jünger(in) *m(f)*

harelip *n* MED Hasenscharte *f*

harem ['hɑ:ri:m, 'herəm, AM 'herəm] *n* (*also fig, hum*) Harem *m*

haricot ['hærɪkəʊ, AM 'herɪkoʊ] *n*, **haricot bean** *n* Gartenbohne *f*

hark [hɑ:k, AM hɑ:rk] *vi* (*liter*) horchen *liter*; ***~ at him!*** hör dir den an!; ■**~!** horch!/horcht!; ■**to ~ to sb/sth** jdm/etw lauschen *liter*

◆**hark back** *vi* ■**to ~ back to sth** ① (*evoke*) an etw *akk* erinnern, an etw *akk* anklingen; ***his latest film ~s back to the early years of cinema*** sein jüngster Film spielt in den frühen Jahren des Kinos ② (*originate in*) *tradition* auf etw *akk* zurückgehen ③ (*return to previous topic*) auf etw *akk* zurückkommen, etw wieder aufgreifen

harlequin ['hɑ:lɪkwɪn, AM 'hɑ:r-] *adj* bunt

Harlequin ['hɑ:lɪkwɪn, AM 'hɑ:r-] *n* (*esp hist*) Harlekin *m veraltet*; (*also fig*) Hanswurst *m*, Kasper *m*

harlot ['hɑ:lət, AM 'hɑ:r-] *n* (*old*) Metze *f veraltet*, Dirne *m veraltend*, Hure *f*

harm [hɑ:m, AM hɑ:rm] I. *n no pl* (*damage*) Schaden *m*; (*injury*) Verletzung *f*; ***there's no ~ in asking*** Fragen kostet nichts; ***there's no ~ in trying*** ein Versuch kann nichts schaden; ***... never did anyone any ~*** es hat noch niemandem geschadet, ...; **to mean no harm** es nicht böse meinen; ***that will do more ~ than good*** das wird mehr schaden als nützen; ***I can see no ~ in going out for a drink on my own*** ich kann nichts dabei finden, alleine etwas trinken zu gehen; ***what's the ~ in drinking beer every night?*** was macht das schon, jeden Abend Bier zu trinken?; **out of ~'s way** in Sicherheit, außer Gefahr; **to stay** [*or* **keep**] **out of ~'s way** der Gefahr *dat* aus dem Weg gehen; [**grievous**] **bodily ~** [schwere] Körperverletzung; **to come to** [**no**] **~** [nicht] zu Schaden kommen; **to do ~ to sb** jdm Schaden zufügen [*o* schaden]; (*hurt*) jdm eine Verletzung zufügen, jdn verletzen; ***this mistake will do his credibility no ~*** dieser Fehler wird seiner Glaubwürdigkeit keinen Abbruch tun; **to do ~ to sth** etw *dat* Schaden zufügen [*o* schaden] II. *vt* ■**to ~ sth** etw *dat* Schaden zufügen [*o* schaden]; ■**to ~ sb** jdm schaden; (*hurt*) jdn verletzen, jdm etwas antun; ***it wouldn't ~ you to see a doctor*** (*iron*) es könnte dir nichts schaden, zum Arzt zu gehen; ■**to be ~ed** Schaden erleiden

harmful ['hɑ:mfᵊl, AM 'hɑ:rm-] *adj* schädlich; *words* verletzend; ***smoking is ~ to your health*** Rauchen ist gesundheitsgefährdend; **~ effects** schädliche Nebenwirkungen

harmfulness ['hɑ:mfᵊlnəs, AM 'hɑ:rm-] *n no pl* Schädlichkeit *f*

harmless ['hɑ:mləs, AM 'hɑ:rm-] *adj* ① (*not dangerous*) harmlos, ungefährlich; **to render sth ~** etw unschädlich machen; *bomb* etw entschärfen ② (*innocuous*) harmlos; **~ fun** ein harmloser Scherz

harmlessly ['hɑ:mləsli, AM 'hɑ:rm-] *adv* ① (*not detrimentally*) harmlos ② (*innocuously*) harmlos; **to live ~** friedlich leben, niemandem schaden [*o* wehtun]

harmlessness ['hɑ:mləsnəs, AM 'hɑ:rm-] *n no pl* Unschädlichkeit *f*; *of a person* Harmlosigkeit *f*

harmonic [hɑ:'mɒnɪk, AM hɑ:r'mɑ:n-] I. *adj* MUS, PHYS harmonisch; **~ progression** MATH harmonische Sequenz II. *n* ① MUS Oberton *m* ② PHYS [harmonische] Oberwelle, harmonische Oberschwingung

harmonica [hɑ:'mɒnɪkə, AM hɑ:r'mɑ:n-] *n* Mundharmonika *f*

harmonics [hɑ:'mɒnɪks, AM hɑ:r'mɑ:n-] *n + sing vb* MUS Harmonik *f fachspr*

harmonious [hɑ:'məʊniəs, AM hɑ:r'moʊn-] *adj* ① (*tuneful*) harmonisch, wohlklingend ② (*fig: pleasing*) *colours* harmonisch; **a ~ blend** eine gelungene Mischung ③ (*fig: friendly*) harmonisch; *relations* ungetrübt; *agreement* glücklich

harmoniously [hɑ:'məʊniəsli, AM hɑ:r'moʊn-] *adv* harmonisch, in Harmonie; **to get on ~** gut miteinander auskommen

harmonium [hɑ:'məʊniəm, AM hɑ:r'moʊ-] *n* Harmonium *nt*

harmonization [,hɑ:mənaɪ'zeɪʃᵊn, AM ,hɑ:rmənɪ'-] *n no pl* ① MUS Harmonisierung *f fachspr* ② (*act of harmonizing*) Herstellen *nt* von Harmonie ③ POL (*standardization*) *of a system* Vereinheitlichung *f*, Harmonisierung *f*

harmonize ['hɑ:mənaɪz, AM 'hɑ:r-] I. *vt* ■**to ~ sth** ① MUS etw harmonisieren ② (*bring together*) etw in Einklang bringen, etw aufeinander abstimmen; (*make similar*) etw vereinheitlichen II. *vi* ① MUS harmonieren ② (*fig*) ■**to ~ [with sb/sth]** (*match*) [mit jdm/etw] harmonieren; (*be consistent*) *approach, facts* [mit jdm/etw] übereinstimmen

harmony ['hɑ:məni, AM 'hɑ:r-] *n* ① MUS Harmonie *f*; (*science*) Harmonielehre *f*; ■**in ~** mehrstimmig ② *no pl* (*rapport*) Harmonie *f*; (*concord*) Eintracht *f*; **peace and ~** Friede[n] und Eintracht; **racial ~** harmonisches Verhältnis zwischen den Rassen; **to live in ~** in Eintracht [miteinander] leben; ■**to be in ~ with sb/sth** mit jdm/etw harmonieren [*o* in Einklang stehen]; **in ~ with nature** im Einklang mit der Natur; **in perfect ~** in vollkommener Harmonie ③ *no pl* (*symmetry*) Ebenmäßigkeit *f*, Symmetrie *f*

harness ['hɑ:nɪs, AM 'hɑ:r-] I. *n* <*pl* -es> ① *for animal* Geschirr *nt*; *for person* Gurtzeug *nt*; **baby ~** Laufgeschirr *nt*; **parachute ~** Gurtwerk *nt*; **safety ~** Sicherheitsgürtel *m*; **in ~** angeschirrt, aufgezäumt ② (*fig: cooperation*) ■**in ~** gemeinsam; **to work in ~ with sb** mit jdm gut zusammenarbeiten [*o* ein gutes Team abgeben] ③ (*fig: everyday life*) tägliche Routine; **back in ~** wieder im Alltagstrott II. *vt* ① (*attach*) ■**to ~ an animal** ein Tier anschirren [*o* anspannen]; (*secure*) ■**to ~ sb/sth into sth** jdn/etw in etw *dat* anschnallen; ***she ~ed her child into the babyseat*** sie schnallte ihr Kind in den Kindersitz ② (*fig: exploit*) ■**to ~ sth** etw nutzen; **to ~ [the forces of] nature** [sich *dat*] die [Kräfte der] Natur nutzbar machen

harp [hɑ:p, AM hɑ:rp] I. *n* Harfe *f* II. *vi* (*esp pej fam*) ■**to ~ on** immer dieselbe Leier vorbringen [*o* anbringen] *fam*; ■**to ~ on about sth** auf etw *dat* herumreiten *fam*, die ganze Zeit von etw *dat* reden; ***don't keep ~ing on about it!*** hör endlich auf damit!

harpist ['hɑ:pɪst, AM 'hɑ:rp-] *n* Harfenist(in) *m(f)*, Harfenspieler(in) *m(f)*

harpoon [,hɑ:'pu:n, AM ,hɑ:r'-] I. *n* Harpune *f* II. *vt* **to ~ a whale** einen Wal harpunieren

harpoon gun *n* Harpunenkanone *f*

harpsichord ['hɑ:psɪkɔ:d, AM 'hɑ:rpsɪkɔ:rd] *n* Cembalo *nt*

harpy ['hɑ:pi, AM 'hɑ:rpi] *n* ① (*Greek mythology*) Harpyie *f* ② (*pej: strident woman*) Hyäne *f pej*, Xanthippe *f fig geh*, Keifzange *m pej fam*

harpy eagle *n* ORN Harpyie *f*

harridan ['hærɪdᵊn, AM 'her-] *n* (*pej*) Drache *m pej*

harried ['hærid, AM 'herid] *adj* geplagt; **to look ~** [*fam* schwer] mitgenommen aussehen

harrier ['hæriəʳ, AM 'heriɚ] *n* ① (*hound*) [Jagd]hund *m* (*für Hasenjagd*) ② SPORTS Querfeldeinläufer(in) *m(f)* ③ ORN Weihe *f*

harrow ['hærəʊ, AM 'heroʊ] I. *n* Egge *f* II. *vt* ① (*plough*) **to ~ sth** etw eggen ② *usu passive* (*fig*) ■**to ~ sb** (*agonize*) jdn quälen [*o* plagen]; (*frighten*) jdn ängstigen

harrowed ['hærəʊd, AM 'heroʊd] *adj* (*in agony*) gequält; (*frightened*) verängstigt; [**with a**] **~ expression** [mit] sorgenvolle[r] Miene

harrowing ['hærəʊɪŋ, AM 'heroʊ-] *adj* entsetzlich, grauenvoll; **a ~ experience** ein qualvolles Erlebnis; **a ~ story** eine schreckliche Geschichte

harrumph [hə'rʌm(p)f] I. *vi* (*esp hum fam: clear throat*) sich *akk* räuspern II. *vt* ■**to ~ sth** etw schnauben [*o* schnaubend sprechen]

harry <-ie-> ['hæri, AM heri] *vt* (*form*) ① (*plunder*) ■**to ~ sb/sth** jdn/etw ausplündern ② (*harass*) ■**to ~ sb** jdm zusetzen, jdn bedrängen

harsh [hɑ:ʃ, AM hɑ:rʃ] *adj* ① (*rough*) rau; **~ terrain** unwirtliches Gelände; **~ winter** strenger [*o* harter] Winter ② (*disagreeable*) *colours, light* grell; *fabric* kratzig; *sound* schrill; *scream* gellend; **~ voice** raue Stimme ③ (*rigorous*) hart, streng; (*critical*) scharf; **~ condemnation** scharfe Missbilligung; **~ criticism/words** harte Kritik/Worte; **~ education** strenge Erziehung; **the** ~ **reality** die harte Realität; ~ **reprisal** gnadenlose Vergeltungsmaßnahme; ~ **sentence** harte Strafe; ■**to be** ~ **on sb** jdn hart anfassen, streng mit jdm sein ④ (*sharp*) scharf; ~ **contrast** scharfer Kontrast ⑤ (*brusque*) *tone of voice* barsch, schroff

harshly ['hɑːʃli, AM 'hɑːrʃ-] *adv* ① (*rigorously*) hart, streng; **to criticize sb/sth** ~ jdn/etw scharf kritisieren; **to judge/punish sb** ~ jdn hart verurteilen/bestrafen; **to treat sb** ~ streng mit jdm sein [*o* ins Gericht gehen] ② (*brusquely*) schroff, barsch; ***she spoke*** ~ ***to her children*** sie redete in einem schroffen Ton mit ihren Kindern

harshness ['hɑːʃnəs, AM 'hɑːrʃ-] *n no pl* ① (*roughness*) Rauheit *f; of weather* Härte *f,* Strenge *f; of terrain* Unwirtlichkeit *f* ② (*disagreeableness*) *of colours, light* Grelle *f; of fabric* Rauheit *f; of voice* Heiserkeit *f* ③ (*rigour*) Härte *f,* Strenge *f;* (*criticism*) Schärfe *f* ④ (*brusqueness*) Schroffheit *f*

hart [hɑːt, AM hɑːrt] *n* Hirsch *m*

harum-scarum [ˌheərəm'skeərəm, AM ˌherəm'skerəm] I. *adj pred* unbesonnen, unbedacht II. *n* unbedachter Mensch

harvest ['hɑːvɪst, AM 'hɑːr-] I. *n* ① (*yield*) Ernte *f; of grapes* Lese *f;* (*process*) Ernten *nt;* (*season*) Erntezeit *f;* **apple** ~ Apfelernte *f;* **a bumper** ~ eine Rekordernte; **to reap the** ~ die Ernte einbringen ② (*fig: result*) Ernte *f,* Ertrag *m;* **a rich** ~ **of information** eine Fülle von Informationen; **to reap the** ~ **of sth** (*benefit*) die Ernte einer S. *gen* einfahren; (*suffer*) den Misserfolg einer S. *gen* ernten II. *vt* ■**to** ~ **sth** ① (*gather*) etw ernten; **to** ~ **fish** Fische fangen; **to** ~ **grapes** Trauben lesen; **to** ~ **timber** Holz schlagen ② (*fig: receive*) etw erhalten [*o* ernten] III. *vi* die Ernte einbringen

harvester ['hɑːvɪstəʳ, AM 'hɑːrvɪstɚ] *n* ① (*dated: reaper*) Erntearbeiter(in) *m(f)* ② (*machine*) Erntemaschine *f;* (*for crops*) Mähmaschine *f;* **combined** ~ Mähdrescher *m*

harvest festival *n* BRIT Erntedankfest *nt* **harvest home** *n* (*end of harvest*) Ende *nt* der Ernte; BRIT (*festival*) Erntefest *nt* **harvestman** *n* BRIT Weberknecht *m* **harvest moon** *n* Herbstmond *m,* Vollmond *m* (*zur Tagundnachtgleiche im September*)

has [hæz, həz] *3rd pers. sing of* **have**

has-been ['hæzbiːn, AM -bɪn] *n* (*pej fam*) ehemalige Größe; ***it's every actor's greatest fear to become a*** ~ jeder Schauspieler hat große Angst davor, in Vergessenheit zu geraten; **to be an old** ~ seine Glanzzeit hinter sich *dat* haben

hash¹ [hæʃ] *n* (*fam*) *short for* **hashish** Hasch *nt fam*

hash² [hæʃ] I. *n* ① FOOD Haschee *nt;* **corned beef** ~ Cornedbeefeintopf *m* ② *no pl* (*fam: shambles*) Kuddelmuddel *nt fam,* Durcheinander *nt;* **to make a** ~ **of sth** etw vermasseln [*o pej* verpfuschen] *fam* ③ COMPUT (*hashmark*) Hashzeichen *nt; see also* **hashmark** II. *vt* ① FOOD ■**to** ~ **sth** etw hacken; *meat* etw haschieren ② (*fam: mess up*) ■**to** ~ **sth up** [*or* **to** ~ **up sth**] etw vermasseln [*o pej* verpfuschen] *fam* ③ COMPUT ■**to** ~ **sth** etw mit Hilfe der Streuspeichertechnik abbilden

◆**hash over** *vt* AM (*fam*) ■**to** ~ **over** ↻ **sth** etw breittreten *fam*

hash browns *npl esp* AM ≈ Rösti *mpl* SÜDD, SCHWEIZ (*Bratkartoffeln aus klein gewürfelten Kartoffeln*)

hash code *n* COMPUT Hashcode *m*

hashish ['hæʃɪʃ] *n no pl* Haschisch *nt*

hashmark ['hæʃmɑːk, AM -mɑːrk] *n* COMPUT Hashzeichen *nt*

Hasid <*pl* -im> ['hæsɪd] *n* Hasid *m* (*Mitglied einer im 18. Jhd. gegründeten jüdischen Sekte*)

Hasidic [hæs'ɪdɪk] *adj* chassidisch; ~ **jews** Chassidim *pl*

hasn't ['hæzᵊnt] = **has not** *see* **have**

hasp [hæsp] *n* ① (*on a trunk or suitcase*) Spange *f* ② (*on a door or lid*) Klappe *f*

hassle ['hæsl̩] I. *n* (*fam*) ① (*bother*) Mühe *f kein pl,* Theater *nt kein pl fam;* ***parking in town is such a*** ~ in der Stadt zu parken ist vielleicht ein Aufstand; ***it's one of the few bars that women can go in and not get any*** ~ das ist eine der wenigen Bars, in die Frauen gehen können, ohne belästigt zu werden; ***what's all the*** ~ ***about?*** was soll der ganze Aufstand?; ***it is just too much*** ~ es ist einfach zu umständlich; **to give sb** ~ (*pester*) jdn schikanieren; (*harass*) jdm Schwierigkeiten machen ② (*argument*) Streit *m,* Krach *m fam;* **heavy** ~**s** heftige [*o* DIAL arge] Auseinandersetzungen II. *vt* (*fam*) ■**to** ~ **sb** (*pester*) jdn schikanieren [*o* drängen]; (*harass*) jdn bedrängen [*o* unter Druck setzen]; ***just don't*** ~ ***me*** lass mich einfach in Ruhe III. *vi* streiten

hassock ['hæsək] *n* ① (*cushion*) [Knie]kissen *nt* ② (*tuft of grass*) Grasbüschel *nt*

hast [hæst] *vt, vi* (*old*) *2nd pers sing present of* **have**

haste [heɪst] *n no pl* (*hurry*) Eile *f;* (*rush*) Hast *f pej;* **to make** ~ sich *akk* beeilen; ■**in** ~ hastig; ***in her*** ~ ***to leave the house she forgot her keys*** vor lauter Eile, aus dem Haus zu kommen, ließ sie ihre Schlüssel liegen; **to do sth in** ~ etw in [aller] Eile tun ▶ PHRASES: **more** ~ **less speed** (*prov*) eile mit Weile *prov*

hasten ['heɪsᵊn] I. *vt* ■**to** ~ **sb** jdn drängen; ■**to** ~ **sth** etw beschleunigen; **to** ~ **sb's demise** jds Fall *m* beschleunigen II. *vi* ① (*do fast*) ■**to** ~ **to do sth** sich *akk* beeilen, etw zu tun; **to** ~ **to add/say** sich *akk* beeilen hinzuzufügen/zu sagen ② (*hurry*) eilen, hasten *pej*

hastily ['heɪstɪli] *adv* ① (*hurriedly*) eilig, hastig *pej* ② (*too quickly*) übereilt, überstürzt; (*without thinking*) vorschnell, voreilig; **to** ~ **add** schnell hinzufügen

hastiness ['heɪstɪnəs] *n no pl* ① (*hurry*) Eile *f;* (*rush*) Hastigkeit *f* ② (*overhaste*) Übereile *f,* Überstürzung *f;* (*without thought*) Voreiligkeit *f*

hasty ['heɪsti] *adj* ① (*hurried*) eilig, hastig *pej;* (*very quick*) flüchtig; ~ **kiss** ein flüchtiger Kuss; **to beat a** ~ **retreat** (*fam*) sich *akk* schnell aus dem Staub machen, Fersengeld geben ② (*rashly*) übereilt, überstürzt; (*badly thought out*) vorschnell, voreilig; **to leap to** ~ **conclusions** voreilige Schlüsse ziehen; **to make** ~ **decisions** vorschnelle Entscheidungen treffen

hat [hæt] *n* ① (*headgear*) Hut *m;* **fur** ~ Pelzmütze *f;* **knitted** ~ Strickmütze *f;* **straw** ~ Strohhut *m;* **woolly** ~ [Woll]mütze *f;* **to put on/take off/wear a** ~ einen Hut aufsetzen/abnehmen/tragen ② (*fig: particular role*) Rolle *f;* **to wear a** ~ eine Rolle spielen ▶ PHRASES: **at the drop of a** ~ auf der Stelle; **to throw** [*or* **toss**] **one's** ~ **into the ring** die Karten auf den Tisch legen; *esp* AM (*become candidate*) kandidieren; ~**s off to sb/sth** Hut ab vor jdm/etw; **to be old** ~ ein alter Hut sein; **to draw** [*or* **pick**] **sb out of the** ~ jdn zufällig auswählen; **to eat one's** ~ **if ...** (*fam*) einen Besen fressen, wenn ...; **to keep sth under one's** ~ etw für sich *akk* behalten; **to pass the** ~ [a]round den Hut herumgehen lassen, Geld sammeln; **to take one's** ~ **off to sb** vor jdm den Hut ziehen; **to talk through one's** ~ dummes Zeug reden, Blödsinn verzapfen *fam*

hatband *n* Hutband *nt* **hatbox** *n* Hutschachtel *f*

hatch¹ <*pl* -es> [hætʃ] *n* ① (*opening*) Durchreiche *f* ② NAUT Luke *f;* **cargo** ~ Ladeluke *f* ▶ PHRASES: **down the** ~! runter damit!

hatch² [hætʃ] *vt* ART ■**to** ~ **sth** etw schraffieren

hatch³ [hætʃ] I. *vi* schlüpfen; ***the eggs have started to*** ~ die Küken haben begonnen zu schlüpfen II. *vt* ① (*incubate*) **to** ~ **an egg** ein Ei ausbrüten ② (*fig: devise*) ■**to** ~ **sth** etw ausbrüten; *plan, plot* etw aushecken

◆**hatch out** *vi* [aus]schlüpfen; ***the eggs*** ~***ed out into grubs*** aus den Eiern schlüpften Larven

hatchback ['hætʃbæk] *n* ① (*door*) Hecktür *f,* Heckklappe *f* ② (*vehicle*) Wagen *m* mit Hecktür [*o* Heckklappe]

hatchery ['hætʃᵊri] *n for poultry* Brutplatz *m,* Brutstätte *f; for fish* Laichplatz *m*

hatchet ['hætʃɪt] *n* Beil *nt* ▶ PHRASES: **to bury the** ~ das Kriegsbeil begraben *hum;* **to bury the** ~ **over sth** einen Streit [*o* Zwist] um etw *akk* begraben

hatchet-face *n* (*fam*) scharfgeschnittene Gesichtszüge **hatchet-faced** *adj inv* (*pej fam*) ■**to be** ~ scharfe Gesichtszüge haben [*o geh* aufweisen]

hatchet job *n* (*pej fam: written*) verleumderischer Angriff; (*spoken*) [unfaire] Verbalattacke; **to do a** ~ **on sb/sth** jdn/etw fertig machen *fam* [*o sl* niedermachen] **hatchet man** *n* (*fam: ruthless person*) *for sabotage, redundancy* Hintermann *m fam;* ECON, FIN Sparkommissar *m fam, sl,* Krisenmanager *m* (*mit rigorosem Sanierungsprogramm*); (*fam: hit man*) professioneller [*o* gedungener] Killer; (*critic*) Verfasser *m* hetzerischer Artikel; (*slanderer*) Verfasser *m* verleumderischer Artikel

hatching ['hætʃɪŋ] *n no pl* ① (*emerge*) *of eggs* Ausbrüten *nt; of young* Schlüpfen *nt;* (*fig*) *of plan, plot* Aushecken *nt,* Ausknobeln *nt fam* ② (*parallel marks*) Schraffierung *f,* Schraffur *f*

hatchling ['hætʃlɪŋ] *n* Junge *nt*

hatchway ['hætʃweɪ] *n* (*aperture*) *through wall* Luke *f; through floor* Bodenluke *f; to the rooftop* Dachluke *f;* (*on ship*) *for cargo* [Lade]luke *f*

hate [heɪt] I. *n* ① *no pl* (*emotion*) Hass *m* (**for/of** auf +*akk*); **feelings of** ~ Hassgefühle *ntpl;* **love and** ~ Liebe *f* und Hass *m;* **pure** ~ blanker Hass; **to feel** [*or* **harbour**] ~ **for sb** jdn hassen, jdm gegenüber Hass empfinden; **to give sb a look of** ~ jdn hasserfüllt ansehen ② *no pl* (*aversion*) Abscheu *m* ③ (*object of hatred*) **pet** ~ Gräuel *nt;* ***pot noodles are her pet*** ~ Instantnudeln sind ihr ein Gräuel; ***toads are my pet*** ~ Kröten kann ich auf den Tod nicht ausstehen II. *n modifier* Hass-; ~ **crime** Verbrechen *nt* aus Hass; ~ **mail** hasserfüllte Briefe *pl;* ~ **stuff on the internet** von Hass getriebene Veröffentlichung im Internet III. *vt* ① (*dislike*) ■**to** ~ **sb/sth** jdn/etw hassen; (*feel aversion to*) jdn/etw verabscheuen; **to** ~ **the sight/sound/smell of sth** etw nicht hören/sehen/riechen können; ■**to** ~ **doing sth** [*or* **to do sth**] etw äußerst ungern tun; (*stronger*) es hassen, etw zu tun; **I** ~ **to admit/say it, but ...** es fällt mir äußerst schwer, das zuzugeben/sagen zu müssen, aber ...; ■**to** ~ **sb doing sth** es nicht ausstehen können, wenn jd etw tut; ***I*** ~ ***him telling me what to do all the time*** ich hasse es, wenn er mir immer vorschreibt, was ich tun soll; ■**to** ~ **sb for doing sth** etw jdm nicht verzeihen können [*o fam* schwer] übel nehmen] ② (*politely regret*) ■**to** ~ **to do sth** etw [nur] äußerst ungern tun; ***I*** ~ ***to interrupt, but it's time we left*** ich störe nur ungern, aber es ist Zeit, aufzubrechen; ***I'd*** ~ ***you to think that I was being critical*** ich möchte auf keinen Fall, dass Sie denken, ich hätte Sie kritisiert ▶ PHRASES: **to** ~ **sb's guts** (*fam*) jdn wie die Pest hassen [*o* auf den Tod nicht ausstehen können] *fam;* **sb would** ~ **to be in sb's shoes** jd möchte nicht in jds Haut *f* stecken IV. *vi* hassen, Hass empfinden

hate campaign *n* Hasskampagne *f* **hate crime** *n* LAW *Verbrechen, das aus* [*Rassen*]*hass oder Vorurteilen begangen wird*

hated ['heɪtɪd, AM -t̬-] *adj* verhasst

hateful ['heɪtfᵊl] *adj* (*dated*) ① (*filled with hate*) *person* hasserfüllt; (*detesting, spiteful*) gemein, fies *fam* ② (*unpleasant*) *action, clothes, comment* abscheulich; *person* unausstehlich; ~ **remarks** hässliche [*o* abscheuliche] Bemerkungen

hatefully ['heɪtfᵊli] *adv* auf gehässige Weise

hatefulness ['heɪtfᵊlnəs] *n no pl* ① (*emotional nature*) *person* Hasserfülltheit *f* (**towards** gegenüber +*dat*) ② (*dated: unpleasantness*) Abscheulichkeit *f* (**towards** gegenüber +*dat*)

hate group *n* von Hass getriebene Gruppierung **hate mail** *n no pl* hasserfüllte Briefe **hatemonger** ['heɪtˌmʌŋgəʳ, AM -ˌmɑːŋgɚ] *n* POL Hetzer(in) *m(f),* Aufwiegler(in) *m(f)*

-hater ['heɪtəʳ, AM -t̬ɚ] *in compounds* -hasser(in) *m(f);* **to be a man-/woman~** männer-/frauenfeindlich [eingestellt] [*o* ein Männer-/Frauenfeind] sein

hath [hæθ] *vi, vt* (*old*) *3rd pers sing present of* **have**

hatless ['hætləs] *adj inv* ohne Hut *nach n,* barhäuptig *liter*

hatpin *n* Hutnadel *f*

hatred ['heɪtrɪd] *n no pl* ❶ *(emotion)* Hass *m* (**of/for** auf +*akk*); **to nurse an irrational ~ of sb/sth** einen unbegründeten Hass gegen jdn/etw hegen; **racial/self-~** Rassen-/Selbsthass *m* ❷ *(aversion)* Abscheu *m* (**of** vor +*dat*)

hatstand *n* Garderobenständer *m*

hatter ['hætəʳ, AM -t̬ə-] *n* *(hat-maker)* Hutmacher(in) *m(f)* ▶ PHRASES: **to be as mad as a ~** total verrückt sein, einen Dachschaden haben *fam*

hat-trick *n* Hattrick *m;* **to make** [*or* **score**] **a ~** einen Hattrick erzielen; ***after two election victories the government has hopes of a ~*** nach zwei Wahlsiegen rechnet die Regierung jetzt wohl damit, dass aller guter Dinge drei sind

haughtily ['hɔːtɪli, AM 'hɑːt̬-] *adv* *(pej)* *of attitude, manner, personality* überheblich *pej,* arrogant *pej; of person* hochmütig *pej,* hochnäsig *pej; of look, remark* geringschätzig *pej*

haughtiness ['hɔːtɪnəs, AM 'hɑːt̬-] *n no pl* *(pej)* *of attitude, manner, personality* Überheblichkeit *f pej,* Arroganz *f pej; of person* Hochmut *m pej,* Überheblichkeit *f pej; of look, remark* Geringschätzigkeit *f pej*

haughty ['hɔːti, AM 'hɑːt̬i] *adj* *(pej)* *attitude, manner, personality* überheblich *pej,* arrogant *pej; person* hochmütig *pej,* hochnäsig *pej,* eingebildet *pej; look, remark* geringschätzig *pej*

haul [hɔːl, AM *esp* hɑːl] **I.** *n* ❶ *usu sing* *(drag, pull)* **to give a ~** [kräftig] ziehen; **to give sb a ~ up onto a/the wall** jdn eine/die Mauer hochziehen [*o* hochwuchten] ❷ *(quantity caught)* Ausbeute *f; of fish* Fang *m* (**of** an +*dat*), Ausbeute *f* (**of** von/an +*dat*); **poor ~** ein magerer Fang; *of stolen goods* magere Beute ❸ *(distance covered)* Strecke *f;* TRANSP Transport[weg] *m;* **long ~** Güterfernverkehr *m;* **short ~** Nahtransport *m;* **long-/short-~ flight** Kurzstrecken-/Langstreckenflug *m;* ***it was a long ~, but we are finished at last*** *(fig)* es hat sich zwar lange hingezogen, aber jetzt sind wir endlich fertig **II.** *vt* ❶ *(pull with effort)* ■**to ~ sb/sth** jdn/etw ziehen; *sb, sth heavy* jdn/etw schleppen; *vehicle* etw [ab]schleppen; **to ~ oneself out of bed** sich *akk* aus dem Bett hieven *fam;* **to ~ a boat out of the water** ein Boot aus dem Wasser ziehen; *(fig fam: bring before authority)* **to ~ sb before the court/a magistrate** jdn vors Gericht/vor einen Richter [*o sl* den Kadi] schleppen ❷ *(transport goods)* ■**to ~ sth** etw befördern [*o* transportieren] ❸ *(make tell)* ■**to ~ sth out of sb** etw aus jdm herausbekommen [*o fam* herausquetschen] ▶ PHRASES: **to ~ ass** AM *(fam!)* die Hufe schwingen *sl,* die Beine in die Hände nehmen *sl* **III.** *vi* zerren, fest[e] [*o* kräftig] ziehen; **to ~ on a rope/the reins** an einem Seil/den Zügeln zerren

◆**haul away** **I.** *vt* ■**to ~ away** ◌ **sth** *vehicle, big animal* etw wegziehen; *(with more effort)* etw mit aller Kraft ziehen; *(more brutally)* etw wegzerren **II.** *vi* ■**to ~ away on sth** kräftig [*o* mit aller Kraft] an etw *dat* ziehen; *(more brutally)* an etw *dat* zerren

◆**haul in** *vt* *(fam)* ■**to ~ in** ◌ **sb** *suspect* jdn einkassieren *sl,* sich *dat* jdn schnappen *fam*

◆**haul off** **I.** *vt* ■**to ~ off** ◌ **sb/sth** *sb, sth heavy* jdn/etw wegziehen; *(more brutally)* jdn/etw wegzerren; **to ~ sb off to jail** jdn ins Gefängnis werfen [*o fam, sl* verfrachten] **II.** *vi* AM *(fam)* [zum Schlag] ausholen

◆**haul up** *vt* *(fig fam)* ■**to ~ up** ◌ **sb/sth** jdn/etw hochziehen [*o* hinaufziehen]; *(with more effort)* jdn/etw hochschleppen [*o* hinaufschleppen]; **to ~ sb up before a court** jdn vor Gericht stellen; **to ~ sb up in front of a magistrate** jdn vor den Kadi bringen *sl*

haulage ['hɔːlɪdʒ, AM *esp* 'hɑːl-] *n no pl* ❶ *(transportation)* Transport *m,* Beförderung *f;* **road ~** Straßentransport *m* ❷ *(transportation costs)* Transportkosten *pl,* Speditionsgebühren *fpl*

haulage business *n,* **haulage company** *n* Transportunternehmen *nt,* Spedition[sfirma] *f,* Fuhrunternehmen *nt* **haulage contractor** *n* Transportunternehmer(in) *m(f),* Spediteur(in) *m(f),* Fuhrunternehmer(in) *m(f)* **haulage firm** *n* Transportunternehmen *nt,* Spedition[sfirma] *f,* Fuhrunternehmen *nt*

hauler ['hɑːlə-] AM, **haulier** ['hɔːliəʳ] *n* BRIT, AUS ❶ *(firm)* Frachtführer *m,* Spediteur *m,* Fuhrunternehmer *m* ❷ *(driver)* Fahrer(in) *m(f)*

haunch <*pl* -es> [hɔːn(t)ʃ, AM *esp* hɑːn(t)ʃ] *n* ❶ *(upper leg and buttock)* Hüfte *f;* **to sit** [*or* **squat**] **on one's ~es** in der Hocke sitzen *fam* ❷ *(cut of meat)* Keule *f;* **~ of venison** Rehkeule *f*

haunt [hɔːnt, AM *esp* hɑːnt] **I.** *vt* ❶ *(visit)* ■**to ~ sb** *fear, ghost* jdn verfolgen [*o* heimsuchen]; ***a lady in white ~s the stairway*** im Treppenaufgang spukt eine Frau in Weiß; ■**to be ~ed by sb/sth** von jdm/etw heimgesucht werden; ***that house is ~ed*** in diesem Haus spukt es ❷ *(trouble repeatedly)* ■**to ~ sb** *memories, experiences* jdn plagen [*o* quälen] [*o* verfolgen]; *anxiety, memories, nightmares* jdn heimsuchen; **to ~ sb's dreams** in jds Träumen *mpl* herumgeistern ❸ *(frequent)* ■**to ~ sth** *place, pub* etw häufig besuchen [*o* frequentieren], in etw *dat* häufig verkehren *geh;* ***I knew he wouldn't ~ such pubs*** ich wusste, dass er in solchen Kneipen nicht verkehrt **II.** *n* *(frequented place)* Treffpunkt *m;* *(pub)* Stammlokal *nt,* Stammkneipe *f fam;* ***the village is a favourite tourist ~*** das Dorf ist ein beliebtes Ausflugsziel für Touristen; **the ~s of one's childhood** die Stätten seiner Kindheit

haunted ['hɔːntɪd, AM 'hɑːnt̬ɪd] *adj* ❶ *(with ghosts)* Spuk-; ***I wouldn't go there, it's ~!*** ich würde nicht dorthin gehen, dort spukt es!; **~ castle** Spukschloss *nt;* **~ house** Gespensterhaus *nt,* Haus *nt,* in dem es spukt ❷ *(troubled)* **~ look** gehetzter Blick; *(suffering)* **to have ~ eyes** einen gequälten Ausdruck in den Augen haben

haunting ['hɔːntɪŋ, AM 'hɑːnt̬-] **I.** *n no pl* Spuken *nt,* Spukerei *f fam* **II.** *adj* ❶ *(persistantly disturbing)* **a ~ doubt** ein nagender Zweifel; **a ~ fear/memory** eine quälende Angst/Erinnerung ❷ *(stirring) melody, sound* sehnsuchtsvoll, schwermütig; **to have a ~ beauty** von unvergleichlicher Schönheit sein

hauntingly ['hɔːntɪŋli, AM 'hɑːnt] *adv* unwiderstehlich, ergreifend

haute couture [ˌəʊtkʊ'tjʊəʳ, AM ˌoʊtkuː'tʊr] *n no pl* Haute Couture *f*

haute cuisine [ˌəʊtkwɪ'ziːn, AM ˌoʊt-] *n no pl* Haute Cuisine *f*

hauteur [əʊ'tɜːʳ, AM hoʊ'tɜːr] *n no pl* *(pej form, liter)* Hochmut *m pej*

Havana [hə'vænə] *n* ❶ *(cigar)* Havanna[-zigarre] *f* ❷ *no pl* GEOG *(city)* Havanna *nt*

have [hæv, həv]

I. AUXILIARY VERB **II.** TRANSITIVE VERB **III.** NOUN

I. AUXILIARY VERB

<has, had, had> ❶ *(indicates perfect tense)* haben; ***he has never been to Scotland before*** er war noch nie zuvor in Schottland gewesen; ***we had been swimming*** wir waren schwimmen gewesen; ***I've heard that story before*** ich hab diese Geschichte schon einmal gehört; ***I wish I'd bought it*** ich wünschte, ich hätte es gekauft; ***~ we been invited? — yes we ~*** sind wir eingeladen worden? – ja, sind wir; ***I've passed my test — ~ you? congratulations!*** ich habe den Test bestanden – oh, wirklich? herzlichen Glückwunsch!; ***they still hadn't had any news*** sie hatten immer noch keine Neuigkeiten ❷ *(experience, suffer)* ■**to ~ sth done** etw erleiden [*o* erfahren]; ***she had her car stolen last week*** man hat ihr letzte Woche das Auto gestohlen; ***she had a window smashed*** es wurde ihr eine Scheibe eingeschlagen; *(cause to be done)* etw machen [*o fam* tun] lassen; ***we ~ the house painted every three years*** wir lassen alle drei Jahre das Haus streichen; **to ~ one's hair cut/done/dyed** sich *dat* die Haare schneiden/machen/färben lassen ❸ *(form)* **had sb known** [**sth**], ... hätte jd [das] gewusst, ...; ***had I known you were coming, I'd ~ made dinner*** wenn ich gewusst hätte, dass ihr kommt, dann hätte ich Abendbrot gemacht

II. TRANSITIVE VERB

<has, had, had> ❶ *(own, possess)* ■**to ~** [*or esp* BRIT, AUS **~ got**] **sth** etw haben; ***she's got two brothers*** sie hat zwei Brüder; **to ~ a car/dog** ein Auto/einen Hund haben; **to ~ a degree/qualification** einen Abschluss/eine Qualifikation haben; **to ~** [**a little**] **French/German** *(dated)* Grundkenntnisse *pl* in Französisch/Deutsch haben; **to ~ a job** einen Arbeitsplatz haben; **to ~ a** [**current**] **driving licence** einen gültigen Führerschein haben ❷ *(suffer) illness, symptom* etw haben; **to ~ cancer/polio** Krebs/Polio haben, an Krebs/Polio erkrankt sein *geh;* **to ~ a cold** erkältet sein, eine Erkältung haben; **to ~ a headache/toothache** Kopfschmerzen *pl* [*o fam* Kopfweh *nt*]/Zahnschmerzen *pl* [*o* [*o* fam] Zahnweh *nt*] haben ❸ *(display)* etw haben [*o form* aufweisen]; ***I haven't any sympathy for this troublemaker*** ich empfinde keinerlei Mitleid mit diesem Unruhestifter; ***at least she had the good sense to turn the gas off*** zumindest war sie so schlau, das Gas abzudrehen; ***he had the gall to tell me that I was fat!*** hat er doch die Frechheit besessen, mir zu sagen, ich sei dick!; **to ~ the decency to do sth** die Anständigkeit besitzen, etw zu tun; **to ~ blue eyes/a big nose** blaue Augen/eine große Nase haben; **to ~ the honesty to do sth** so ehrlich sein, etw zu tun; **to ~ patience/sympathy** Geduld/Mitgefühl haben; *idea, plan, reason, suggestion* etw haben; *(form)* ***~ you reason to think he'll refuse?*** haben Sie Grund zur Annahme, dass er ablehnen wird?; *(quality of food, wine)* etw haben [*o form* aufweisen]; ***this wine has a soft, fruity flavour*** dieser Wein schmeckt weich und fruchtig; *(obligation)* ■**to ~ sth to do** etw tun [*o* erledigen] müssen; ***I've got several texts to edit before Wednesday*** ich muss vor Mittwoch noch einige Texte redigieren ❹ *(engage in activity)* **to ~ a bath** [*or* **wash**]**/shower** *(fam)* ein Bad/eine Dusche nehmen *geh,* baden/duschen; **to ~ a nap** [*or* **snooze**] ein Schläfchen [*o* Nickerchen] machen; **to ~ a party** eine Fete veranstalten; **to ~ a swim** schwimmen; **to ~ a talk with sb** mit jdm sprechen; *(argue)* sich *akk* mit jdm aussprechen; **to ~ a try** es versuchen; ***I'd like to ~ a try*** ich würde es gern einmal probieren; **to ~ a walk** spazieren gehen, einen Spaziergang machen ❺ *(eat, drink)* ■**to ~ sth** etw zu sich *dat* nehmen; ***I'll ~ the trout, please*** ich hätte gern die Forelle; ***I haven't had shrimps in ages!*** ich habe schon ewig keine Shrimps mehr gegessen!; ***~ some more coffee*** nimm doch noch etwas Kaffee; ***we've got sausages for lunch today*** zum Mittagessen gibt es heute Würstchen; **to ~ lunch/dinner** zu Mittag/Abend essen ❻ *(give birth to)* **to ~ a child** ein Kind bekommen; ***my mother had three boys before she had me*** meine Mutter hat drei Jungen bekommen, bevor ich geboren wurde; **to be having a baby** *(be pregnant)* ein Baby bekommen, schwanger sein ❼ *(receive)* ***I've just had a letter from John*** ich habe gerade erst einen Brief von John erhalten; **to ~ news of sb** Neuigkeiten von jdm erfahren; *(entertain)* ***my mother's having the children to stay next week*** die Kinder bleiben nächste Woche bei meiner Mutter; ***we had his hamster for weeks*** wir haben wochenlang für seinen Hamster gesorgt; ***they've got Ian's father staying with them*** Ians Vater ist bei ihnen zu Besuch; **to ~ visitors** Besuch haben; **to ~ sb to visit** jdn zu [*o* auf] Besuch haben; **to ~ sb back** *(resume relationship)* jdn wieder [bei sich *dat*] aufnehmen; ***they solved their problems, and she had him back*** sie haben ihre Probleme gelöst und sie ist wieder mit ihm zusammen; **to let sb ~ sth back** jdm etw zurückgeben ❽ *(prepare)* **to ~ sth ready** etw fertig haben; **to ~ dinner/lunch ready** das Abendessen/Mittagessen fertig haben ❾ *(cause to occur)* ■**to ~ sb/sth do sth** jdn/etw [dazu] veranlassen, etw zu tun; ■**to ~ sb do sth** jd darum bitten, etw zu tun; ***I'll ~ the secretary run you off a copy for you*** ich werde von der Sekretärin eine Kopie für Sie

anfertigen lassen; ***I'll ~ Bob give you a ride home*** ich werde Bob bitten, dich nach Hause zu fahren; ■**to ~ sb doing sth** jdn dazu bringen, etw zu tun; ***the film soon had us crying*** der Film brachte uns schnell zum Weinen; ***Guy'll ~ it working in no time*** Guy wird es im Handumdrehen zum Laufen bringen ⑩ (*undergo experience*) ***we're having a wonderful time in Venice*** wir verbringen eine wundervolle Zeit in Venedig; ***we didn't ~ any difficulty finding the house*** wir hatten keinerlei Schwierigkeiten, das Haus zu finden; ***she had her car stolen last week*** man hat ihre letzte Woche das Auto gestohlen; **~ a nice day/evening!** viel Spaß!; (*said to departing customers*) einen schönen Tag noch!; **to ~ fun/luck** Spaß/Glück haben ⑪ (*obligation*) ■**to ~** [*or* **~ got**] **to do sth** etw tun müssen; ***what time ~ we got to be there?*** wann müssen wir dort sein?; ***do we ~ to finish this today?*** müssen wir das heute fertig bekommen?; ***I'm not going back there unless I absolutely ~ to*** ich gehe nicht dorthin zurück, wenn ich nicht unbedingt muss; ***come on now, put your toys away — oh, Dad, do I ~ to?*** komm jetzt, leg deine Spielsachen weg – oh, Papa, muss ich wirklich? ⑫ (*fam!: have sex with*) ■**to ~ sb** mit jdm Sex haben; ***he asked me how many men I'd had*** er fragte mich, wie viele Männer ich gehabt habe ⑬ (*fam: trick*) ■**to ~ sb** jdn auf den Arm nehmen [*o fam* verkohlen] [*o fam* veräppeln] ▸ PHRASES: **to ~ nothing on sb** (*fam: not be as talented*) gegen jdn nicht ankommen, mit jdm nicht mithalten können; ***he's a good player, but he's got nothing on his brother*** er spielt gut, aber seinem Bruder kann er noch lange nicht das Wasser reichen; (*lack evidence*) nichts gegen jdn in der Hand haben, keine Handhabe gegen jdn haben; **to ~ the time** (*know what the time is*) die Uhrzeit haben, wissen, wie spät [*o* wie viel Uhr] es ist; ***~ you got the time?*** kannst du mir die Uhrzeit sagen?; (*have enough time*) Zeit haben; ***will you ~ time to finish the report today?*** reicht es Ihnen, den Bericht heute noch zu Ende zu schreiben?; **to not ~ any** [**of it**] (*fam*) nichts von etw *dat* wissen wollen *fam;* ***the girls tried to explain everything but Mrs Jones wasn't having any of it*** die Mädchen wollten alles erklären, aber Mrs. Jones wollte nichts davon hören; **to not ~ sth** (*not allow*) etw nicht zulassen; **I won't ~ it!** kommt nicht in Frage [*o fam* in die Tüte]!; (*not believe*) etw nicht glauben wollen, [jdm] etw nicht abnehmen wollen; ***I kept telling him you were French, but he wouldn't ~ it*** ich habe ihm die ganze Zeit gesagt, dass du Franzose bist, aber er hat es nicht glauben wollen; **to not ~ sth/sb doing sth** nicht erlauben [*o geh* zulassen], dass etw/jd etw tut; ***I can't ~ you doing the hoovering in my house, you're my guest!*** ich kann doch nicht zulassen, dass du bei mir staubsaugst, du bist schließlich mein Gast!; **to ~ done with sth** mit etw *dat* fertig sein; **to ~ it in for sb** (*fam*) es auf jdn abgesehen haben *fam,* jdn auf dem Kieker haben *sl, fam;* **to ~ it in one** das Zeug[s] zu etw *dat* haben; ***her speech was really funny, I didn't think she had it in her!*** ihre Rede war echt witzig, ich hätte nicht gedacht, dass sie das Zeug dazu hat!; **to ~ had it** (*fam: be broken*) hinüber sein *fam,* ausgedient haben; ***the old vacuum cleaner has had it*** der alte Staubsauger hat den Geist aufgegeben; (*be in serious trouble*) geliefert [*o sl* dran] sein *fam;* ***if she finds out about what you've done, you've ~ it!*** wenn sie herausfindet, was du getan hast, ist der Ofen aus! *fam;* **to ~ had it with sb/sth** (*fam*) von jdm/etw die Nase [gestrichen] voll haben *fam,* jdn/etw satt haben; ***I've had it with his childish behaviour!*** sein kindisches Benehmen steht mir bis hier oben!; **there's none to be had of sth** etw ist nicht zu bekommen [*o fam* aufzutreiben]; ***there's no real Italian cheese to be had round here*** man bekommt hier nirgendwo echten italienischen Käse

III. NOUN

(*fam*) ■**the ~s** *pl* die gut Betuchten, die Reichen; **the ~s and the ~-nots** die Besitzenden und die Besitzlosen

◆**have against** *vt* **to ~ something against sb/sth** etwas gegen jdn/etw [*geh* einzuwenden] haben; ■**to not ~ anything** [*or* **to ~ nothing**] **against sb/sth** nichts gegen jdn/etw [*geh* einzuwenden] haben

◆**have away** *vt* BRIT (*sl*) *see* **have off**

◆**have in** *vt* ■**to ~ sb in** [**to do sth**] jdn kommen lassen[, um etw zu tun]; ***they had some experts in to check the equipment*** sie hatten einige Experten kommen lassen, um die Ausrüstung überprüfen zu lassen

◆**have off** *vt* ① BRIT, AUS (*vulg sl: have sexual intercourse*) ■**to ~ it off** [**with sb**] es [mit jdm] treiben *vulg* ② (*remove*) ■**to ~ sth off** *clothes* etw ausziehen; ***let's ~ your jumper off!*** runter mit deinem Pulli!

◆**have on** *vt* ① (*wear*) ■**to ~ on** ⊂ **sth** *clothes* etw anhaben [*o geh* tragen]; ***I've got my new dress on*** ich hab mein neues Kleid an; ***he had nothing on when the doorbell rang*** er hatte nichts an, als es an der Tür klingelte ② (*carry*) ■**to ~ sth on one** etw bei sich *dat* haben, etw mit sich *dat* führen; ***~ you got any money on you?*** hast du etwas Geld dabei? ③ (*possess information*) ■**to ~ sth on sb/sth** *evidence, facts* etw über jdn/etw [in der Hand] haben; ***~ we got anything on this organization?*** haben wir irgendwelche Informationen über diese Organisation? ④ BRIT (*fam: trick*) ■**to ~ sb on** jdn auf den Arm nehmen [*o fam* verkohlen] [*o fam* veräppeln]; ***we had him on that he had won a free holiday*** wir haben ihm weisgemacht, er hätte einen Urlaub gewonnen ⑤ (*have made arrangements*) ■**to ~ sth on** etw vorhaben; ***~ you got anything on this week?*** liegt bei dir diese Woche etwas an?

◆**have out** *vt* ① (*fam: have removed*) ***he had his wisdom teeth out yesterday*** ihm sind gestern die Weisheitszähne gezogen worden; **to ~ one's appendix/tonsils out** sich *dat* den Blinddarm/die Mandeln herausnehmen lassen ② (*fam: argue*) ■**to ~ it out** [**with sb**] etw [mit jdm] ausdiskutieren; **to ~ it out with sb once and for all** etw [ein für alle Mal] mit jdm klären; **to ~ the whole thing out** die ganze Sache [vollständig] klären, reinen Tisch machen *fam* ③ (*take out*) ■**to ~ sth out** *bicycle, boat, car* etw herausholen

◆**have up** *vt* BRIT (*fam*) ■**to be had up for sth** jdn wegen einer S. *dat* drankriegen *fam;* ***he was had up for burglary*** sie haben ihn wegen Einbruchs drangekriegt

haven ['heɪvᵊn] *n* Zufluchtsort *m,* Zufluchtsstätte *f geh;* **a peaceful ~** ein Hafen *m* der Ruhe; **a safe ~** ein sicherer Hafen [*o* Zufluchtsort]

have-not *n usu pl* Besitzlose(r) *f(m),* Habenichts *m pej*

haven't ['hævᵊnt] = **have not** *see* **have**

haversack ['hævəsæk, AM -vɚ-] *n* (*dated*) Brotbeutel *m hist*

havoc ['hævək] *n no pl* ① (*destruction*) Verwüstung *f,* verheerender Schaden; **the ~ of a fire/storm** die Verwüstungen *fpl* durch ein Feuer/einen Sturm; **to wreak ~** [**on sth**] sich *akk* verheerend [auf etw *akk*] auswirken, schlimme Schäden bei etw *dat* anrichten; ***the storm wreaked ~ on our garden*** der Sturm hat unseren Garten total verwüstet ② (*disorder*) [schlimmes] Durcheinander, Chaos *nt;* **to play ~ with sth, to wreak ~** [**on sth**] etw völlig durcheinander bringen; (*stronger*) sich *akk* verheerend auf etw *akk* auswirken; ***the pupils wreaked ~ in the classroom*** die Schüler haben das Klassenzimmer total auf den Kopf gestellt

haw [hɔː, AM *esp* hɑː] **I.** *interj* (*also iron*) haha *a. iron* **II.** *vi* ▸ PHRASES: **to hum** [*or* AM **hem**] **and ~** herumdrucksen *fam*

Hawaii [hə'waɪiː, AM -'wɑːiː] *n no pl* Hawaii *nt*

Hawaiian [hə'waɪən, AM -'wɑːjən] **I.** *n* ① (*person*) Hawaiianer(in) *m(f)* ② *no pl* (*language*) Hawai[an]isch *nt* **II.** *adj inv* hawai[an]isch

hawk¹ [hɔːk, AM *esp* hɑːk] *n* ① (*bird*) Habicht *m;* (*falcon*) Falke *m;* (*fig*) **to have eyes like a ~** Adleraugen *ntpl* haben; **to watch sb like a ~** jdn nicht aus den Augen lassen ② POL (*also fig: supporter of aggression*) Falke *m*

hawk² [hɔːk, AM *esp* hɑːk] *vt* ■**to ~ sth** etw auf der Straße verkaufen; (*door to door*) mit etw *dat* hausieren gehen

◆**hawk about, hawk around** *vt* (*also fig*) ■**to ~ sth around** [*or* **about**] (*in public*) *gossip, news* mit etw *dat* hausieren gehen

hawk³ [hɔːk, AM *esp* hɑːk] *vi* sich *akk* räuspern

◆**hawk up** *vt* (*sl*) ■**to ~ up** ⊂ **sth** etw aushusten; **to ~ up phlegm** Schleim aushusten

hawker ['hɔːkəʳ, AM 'hɑːkɚ] *n* Hausierer(in) *m(f);* (*in the street*) fliegender Händler, Straßenhändler(in) *m(f)*

hawk-eyed *adj* scharfsichtig *geh;* ■**to be ~** Adleraugen haben

hawkish ['hɔːkɪʃ, AM *esp* 'hɑːk-] *adj* POL militant; ■**to be ~** einen harten [außen]politischen Kurs vertreten

hawkishness ['hɔːkɪʃnəs, AM *esp* 'hɑːk-] *n no pl* POL militante Befürwortung eines harten [außen]politischen Kurses

hawk moth *n* ZOOL Schwärmer *m*

hawser ['hɔːzəʳ, AM 'hɑːzɚ] *n* NAUT Trosse *f*

hawthorn ['hɔːθɔːn, AM 'hɑːθɔːrn] *n no pl* Weißdorn *m;* **pink ~** Rotdorn *m*

Hawthorne effect *n* PSYCH Hawthorne-Effekt *m fachspr*

hay [heɪ] *n no pl* Heu *nt;* **to have a roll** [*or* **tumble**] **in the ~** [**with sb**] (*fam*) [mit jdm] ins Heu gehen *fam;* **to make ~** Heu machen, heuen; (*fig*) einen Reibach machen *fam* ▸ PHRASES: **to make ~ while the sun shines** das Eisen schmieden, solange es heiß ist *prov;* **to hit the ~** (*fam*) sich *akk* in die Falle [*o* aufs Ohr] hauen *fam*

haycock *n* Heuhaufen *m* **hay fever** *n no pl* Heuschnupfen *m;* **to suffer from ~** Heuschnupfen haben **hayloft** ['heɪlɒft, AM -lɑːft] *n* Heuboden *m* **haymaker** ['heɪmeɪkəʳ, AM -ɚ] *n* ① (*person*) Heumacher(in) *m(f)* ② (*fam: forceful blow*) heftiger Boxhieb, Schwinger *m* **haymaking** ['heɪmeɪkɪŋ] *n no pl* Heumachen *nt* **hayrick** *n,* **haystack** *n* Heuhaufen *m* ▸ PHRASES: **to be like looking for a needle in a ~** so sein, als suche man eine Nadel im Heuhaufen **hayseed** *n* AM (*sl*) Bauer *m a. fig, pej,* Hinterwäldler(in) *m(f) pej,* Landei *nt pej* **haywire** *adj pred* (*fam*) **to go/be ~** verrückt spielen *fam; person* durchdrehen *fam*

hazard ['hæzəd, AM -ɚd] **I.** *n* ① (*danger*) Gefahr *f;* (*risk*) Risiko *nt;* **fire ~** Brandrisiko *nt;* **health ~** Gefährdung *f* der Gesundheit; ***smoking is a severe health ~*** Rauchen ist extrem gesundheitsgefährdend; ■**to be a ~ to sb/sth** eine Gefahr für jdn/etw darstellen ② *no pl* (*liter: chance*) Zufall *m* ③ COMPUT Störeffekt *m* **II.** *vt* ■**to ~ sth** ① (*risk, venture*) etw wagen [*o* riskieren]; **to ~ a guess** sich *dat* eine Vermutung erlauben, eine Vermutung wagen; **to ~ a suggestion** es wagen, einen Vorschlag zu machen [*o fam* bringen]; **to ~ a try** einen Versuch wagen; ■**to ~ that …** (*form*) vermuten, dass … ② (*endanger*) etw gefährden [*o* aufs Spiel setzen]

hazard lights *npl* AUTO Warnblinkleuchte *f,* Warnblinkanlage *f*

hazardous ['hæzədəs, AM -ɚd-] *adj* gefährlich; (*risky*) riskant, gewagt, risikoreich; **to be ~ to one's health** gesundheitsgefährdend sein; **~ journey/occupation** riskante Fahrt/Arbeit; **~ sport** Risikosport *m*

hazardously ['hæzədəsli, AM -ɚd-] *adv* gefährlich; (*riskily*) riskant, gewagt, risikoreich

hazard warning lights *npl* AUTO Warnblinkleuchte *f,* Warnblinkanlage *f* **hazard zone** *n* Gefahrenzone *f*

haze [heɪz] **I.** *n* ① (*mist*) *of water, fumes* Dunst[schleier] *m,* Nebel *m;* **~ of dust** Staubwolke *f;* **heat ~** Hitzeflimmern *nt* ② *usu sing* (*fig: mental vagueness*) Benommenheit *f,* Tran *m fam;* **in an alcoholic ~** vom Alkohol benebelt **II.** *vt* AM ■**to ~ sb** *recruits* jdn schikanieren

◆**haze over** *vi* diesig werden, sich *akk* zuziehen *fam*

H

hazel ['heɪzᵊl] **I.** *adj* haselnussbraun; ~ **eyes** haselnussbraune Augen **II.** *n* Hasel[nuss]strauch *m,* Haselbusch *m*

hazelnut I. *n* Haselnuss *f* **II.** *n modifier (liqueur, tree)* Haselnuss-

hazily ['heɪzɪli] *adv* ① *(with haze)* diesig, neblig, dunstig; ***the sun shone*** ~ die Sonne schien durch einen Dunstschleier ② *(indistinctly)* verschwommen; *(vaguely)* vage

haziness ['heɪzɪnəs] *n no pl* ① *(quality of atmosphere)* Diesigkeit *f* ② *(vagueness)* Unklarheit *f; (confusion)* Benommenheit *f*

hazy ['heɪzi] *adj* ① *(with haze)* dunstig, diesig, leicht nebelig ② *(confused, unclear)* unklar; *(indistinct)* verschwommen; ■**to be** ~ **about sth** sich *akk* nur vage an etw *akk* erinnern [können]; ~ **memories** vage Erinnerungen

HB [ˌeɪtʃ'bi:] **I.** *adj inv abbrev of* **hard black** HB-; ~ **pencil** HB-Bleistift *m* **II.** *n abbrev of* **hard black** HB

H-bomb ['eɪtʃbɒm, AM -bɑ:m] *n abbrev of* **hydrogen bomb** H-Bombe *f*

HDTV [ˌeɪtʃdi:ti:'vi:] *n* TV *abbrev of* **high-definition television** HDTV *nt*

he [hi:, hi] **I.** *part pers* ① *(male person)* er; ***don't ask Andrew,*** ~ ***won't know*** Andrew brauchst du nicht zu fragen, er weiß es nicht; ~ ***married a rich woman*** er heiratete eine reiche Frau; ~***'s a distinguished-looking man, isn't*** ~***?*** er sieht sehr distinguiert aus, nicht wahr? *geh; (form)* ***hello, is Mr Rodgers there? — yes, this is*** ~ hallo, ist Mr. Rodgers da? – ja, am Apparat; ***who did that? — it was*** ~***!*** wer war das? – er [war's]! ② *(male animal)* er; ***there's your dog Rover — do you think*** ~***'s hungry?*** da ist Rover – glaubst du, er hat Hunger? ③ *(unspecified person)* er/sie/es; ***as soon as a baby is born,*** ~ ***often begins to take an interest in the world around him*** ein Baby hat oft gleich nach der Geburt Interesse an seiner Umwelt; ***every child needs to know that*** ~ ***is loved*** jedes Kind muss wissen, dass es geliebt wird; *(form, liter)* ~ ***who is silent consents*** wer schweigt, stimmt zu ④ REL *(God)* ■**H**~ Er; ***I prayed to God and H~ answered my prayer*** ich betete zu Gott, und Er antwortete auf mein Gebet ▸ PHRASES: ~ **who laughs last, laughs best** [*or* **loudest**] [*or* **longest**] *(prov)* wer zuletzt lacht, lacht am besten **II.** *n usu sing* Er *m;* ***is that a*** ~ ***or a she?*** ist das ein Er oder eine Sie? **III.** *n modifier (male) animal* Männchen *nt*

head [hed]

I. NOUN	**II.** ADJECTIVE
III. TRANSITIVE VERB	**IV.** INTRANSITIVE VERB

I. NOUN

① ANAT Kopf *m,* Haupt *nt geh;* **from** ~ **to foot** [*or* **toe**] von Kopf bis Fuß; **to bow one's** ~ den Kopf senken; **to nod one's** ~ mit dem Kopf nicken; **to shake one's** ~ den Kopf schütteln ② *no pl (mental capacity)* Kopf *m,* Verstand *m;* **to put ideas into sb's** ~ jdm Flausen in den Kopf setzen; ***what put that idea into your*** ~***?*** wie kommst du denn darauf?; **to need a clear** ~ **to do sth** einen klaren Kopf brauchen, um etw zu tun; **to have a good** ~ **for sth** für etw *akk* begabt sein; ***she's got a good*** ~ ***for figures*** sie kann gut mit Zahlen umgehen; **to clear one's** ~ einen klaren Kopf bekommen; **to get sb/sth out of one's** ~ sich *dat* jdn/etw aus dem Kopf schlagen; ***I can't get that man out of my*** ~ dieser Mann geht mir einfach nicht mehr aus dem Kopf; **to use one's** ~ seinen Verstand benutzen ③ *no pl (person unit)* **a** [*or* **per**] ~ pro Kopf [*o fam* Nase]; ***dinner cost £20 a head*** das Abendessen kommt auf 20 Pfund pro Nase *fam; (animal unit)* Stück *nt;* **a hundred** ~ **of cattle** einhundert Stück Vieh; *(vegetable unit)* Kopf *m; of celery* Staude *f;* **a** ~ **of broccoli/cauliflower** ein Brokkoli/Blumenkohl; **a** ~ **of cabbage** ein Kohlkopf *m;* **a** ~ **of lettuce** ein Salat ④ *no pl (measure of length)* Kopf *m;* **to be a** ~ **taller than sb** [um] einen Kopf größer sein als jd; **to win by a** ~ mit einer Kopflänge Vorsprung gewinnen ⑤ *no pl (top, front part)* **the** ~ **of the bed** das Kopfende des Bettes; **at the** ~ **of the queue** [*or* AM **line**] [ganz] am Anfang der Schlange; **at the** ~ **of the table** am Kopf[ende] des Tisches ⑥ *(blunt end) of a nail, pin, screw* Kopf *m; (end of tool) of a hammer* Haupt *nt,* Kopf *m; of a screwdriver* Griff *m; of tape, photographic film* Anfang *m;* **the** ~ **of a match** der Streichholzkopf ⑦ *(leader)* Chef(in) *m(f); of a project, department* Leiter(in) *m(f); of Church* Oberhaupt *nt;* **the** ~ **of the family** das Familienoberhaupt; ~ **of section** ECON, FIN Fachbereichsleiter(in) *m(f);* **a** ~ **of state** ein Staatsoberhaupt *nt* ⑧ *esp* BRIT *(head teacher)* Schulleiter(in) *m(f),* Rektor(in) *m(f)* ⑨ *no pl (letterhead)* [Brief]kopf *m; (edge of book/page)* Kopf *m* ⑩ *usu pl (coin face)* Kopf *m;* ~**s or tails?** Kopf oder Zahl? ⑪ *(beer foam)* Blume *f;* ***you have to pour the beer slowly so there isn't too big a*** ~ ***on it*** man muss das Bier langsam einschenken, damit es nicht zu viel Schaum gibt ⑫ *(water source)* Quelle *f;* **the** ~ **of a river/stream** ein Fluss-/Bachoberlauf *m* ⑬ *(accumulated amount)* ~ **of steam** Dampfdruck *m;* **to build up a** ~ **of steam** *(fig)* Dampf machen *fam* ⑭ *(of spot on skin)* Pfropf *m;* **the** ~ **of a boil/a pimple** der Eiterpfropf einer Beule/eines Pickels ⑮ TECH *of a tape recorder, video recorder* Tonkopf *m* ⑯ COMPUT *(data indicating start address)* Kopf *m* ▸ PHRASES: **to have one's** ~ **buried** [*or* **stuck**] **in a book** in ein Buch versunken sein; **to have one's** ~ **in the clouds** in höheren Regionen schweben *hum;* **a good** [*or* **thick**] ~ **of hair** schönes volles Haar; **to be** ~ **over heels in love** bis über beide Ohren verliebt sein *fam;* **to fall** ~ **over heels in love with sb** sich *akk* bis über beide Ohren in jdn verlieben; **to have a/no** ~ **for heights** BRIT schwindelfrei/nicht schwindelfrei sein; **to put** [*or* **stick**] **one's** ~ **above the parapet** BRIT sich *akk* weit aus dem Fenster lehnen *fig;* **to bury one's** ~ **in the sand, to have one's** ~ **buried in the sand** den Kopf in den Sand stecken; **to have a good** ~ **on one's shoulders** ein helles [*o* kluges] Köpfchen sein *fam;* **to have an old** [*or* **wise**] ~ **on young shoulders** für sein Alter ziemlich erwachsen [*o* reif] sein; **to be** ~ **and shoulders above sb/sth** jdm/etw haushoch überlegen sein; **to not be able to make** ~ [**n**]**or tail of sth** aus etw *dat* nicht schlau [*o* klug] werden, sich *dat* auf etw *akk* keinen Reim machen können; ~**s I win, tails you lose** *(saying)* ich gewinne auf jeden Fall; **to beat** [*or* **bang**] [*or* **knock**] **one's** ~ **against a brick wall** mit dem Kopf durch die Wand wollen; **to keep one's** ~ **above water** sich *akk* über Wasser halten *fig;* **to keep a cool** ~ einen kühlen Kopf bewahren; **to bang** [*or* **knock**] **sb's** ~**s together** jdm den Kopf zurechtrücken; **to bite** [*or* **snap**] **sb's** ~ **off** jdm den Kopf abreißen *fig fam,* jdn beschimpfen; **to bring sth to a** ~ *(carry sth too far)* etw auf die Spitze treiben; *(force a decision)* etw forcieren [*o* zur Entscheidung bringen]; **to come to a** ~ sich *akk* zuspitzen; **to do sth over sb's** ~ etw über jds Kopf hinweg tun; **to get** [*or* **put**] **one's** ~ **down** BRIT *(concentrate)* sich *akk* [ganz auf eine Sache] konzentrieren; *(sleep)* sich *akk* aufs Ohr hauen *fam;* **to get sth into one's** ~ etw begreifen; ***when will you get it into your thick*** ~ ***that ...?*** wann geht es endlich in deinen sturen Kopf [*o* kapierst du endlich], dass ...? *fam;* **to give sb** ~ *(vulg sl)* jdm einen blasen *vulg,* jdn lecken *vulg;* **to give sb their** ~ jdn gewähren lassen, jdm seinen Willen lassen; **to go over sb's** ~ über jds Kopf hinweg handeln; **to go to sb's** ~ *praise, success* jdm zu Kopf steigen *pej; alcohol, wine* jdm in den [*o* zu] Kopf steigen; **to keep one's** ~ einen klaren Kopf bewahren; **to keep one's** ~ **down** den Kopf einziehen, auf Tauchstation gehen *hum;* **to laugh one's** ~ **off** sich *akk* halb totlachen *fam;* **to put one's** ~**s together** die Köpfe zusammenstecken; ~**s will roll** Köpfe werden rollen; **to scream** [*or* **shout**] **one's** ~ **off** sich *dat* die Lunge aus dem Leib schreien; ***the dog started barking its*** ~ ***off*** der Hund begann, wie verrückt zu bellen; **to have one's** ~ **screwed on** [**right** [*or* **the right way**]] ein patenter Mensch sein; **to have taken sth into one's** ~ sich *dat* etw in den Kopf gesetzt haben; **to not be able to get one's** ~ [**a**]**round sth** *(fam)* etw nicht kapieren *fam;* **to be in over one's** ~ *(fam)* tief im Schlamassel stecken *fam;* **to be off one's** ~ *(fam: be crazy, silly)* übergeschnappt [*o* von allen guten Geistern verlassen] sein *fam; (stoned)* total zu[gedröhnt] [*o* zugekifft] sein *sl;* ***Ben must be off his*** ~ ***when he thinks Dad'll give him the money*** Ben kann nicht ganz bei Trost sein, wenn er glaubt, Dad würde ihm das Geld geben; **to be** [*or* **go**] **over sb's** ~ über jds Horizont *m* gehen

II. ADJECTIVE

attr leitende(r,s); ~ **cook** Küchenchef(in) *m(f);* ~ **office** Zentrale *f;* ~ **waiter/waitress** Oberkellner *m*/Oberkellnerin *f*

III. TRANSITIVE VERB

① *(be at the front of)* ■**to** ~ **sth** etw anführen; ***the procession was*** ~***ed by the Queen*** die Queen ging der Prozession voran ② *(be in charge of)* **to** ~ **a firm/organization** eine Firma/Organisation leiten [*o* führen] ③ PUBL *(have at the top)* ■**to** ~ **sth** etw überschreiben [*o* mit einer Überschrift versehen]; ***the article wasn't*** ~***ed*** der Artikel hatte keine Überschrift ④ FBALL **to** ~ **the ball** den Ball köpfen ⑤ HORT **to** ~ **a tree** einen Baum kappen

IV. INTRANSITIVE VERB

① + *adv (proceed in a certain direction)* **to** ~ **home** sich *akk* auf den Heimweg machen; **to** ~ **along a path** einen Weg entlanglaufen ② HORT *salad* einen Kopf ansetzen ③ *(go toward)* ■**to** ~ **for sth** auf dem Weg zu etw *dat* sein; ***he*** ~***ed straight for the fridge*** er steuerte direkt auf den Kühlschrank zu; **to** ~ **for the exit** sich *akk* zum Ausgang begeben *geh,* zum Ausgang gehen; **to** ~ **for disaster** auf eine Katastrophe zusteuern; ■**to** ~ **into sth** auf etw *akk* zusteuern; **to be** ~**ing into** [**some**] **rough times** schweren Zeiten entgegengehen

◆**head back** *vi* zurückgehen; *with transport* zurückfahren; **to** ~ **back to the camp** sich *akk* zum Lager zurückbegeben; **to** ~ **back home** sich *akk* auf den Heimweg machen

◆**head for** *vi* ■**to** ~ **for sth** auf etw *akk* zusteuern

◆**head off I.** *vt* ① *(intercept)* ■**to** ~ **off** ⊂ **sb** sich *akk* jdm in den Weg stellen; *(turn sb aside)* jdn abdrängen ② *(fig: avoid)* ■**to** ~ **off** ⊂ **sth** etw abwenden [*o* verhindern] **II.** *vi* ■**to** ~ **off to**[**wards**] **sth** sich *akk* zu etw *dat* begeben; ***the newlyweds*** ~***ed off to bed*** das frisch verheiratete Paar steuerte direkt das Bett an *hum*

◆**head towards** *vi* ■**to** ~ **towards sth** ① *(move)* auf dem Weg zu etw *dat* sein; ***she was*** ~***ing towards home*** sie war auf dem Heimweg ② *(fig: approach) crisis, disaster* auf etw *akk* zusteuern; ***the country is*** ~***ing towards a period of economic growth*** das Land sieht einer Phase wirtschaftlichen Wachstums entgegen; **to be** ~**ing towards a crisis** sich *akk* einer Krise nähern, auf eine Krise zusteuern

◆**head up** *vt* ■**to** ~ **up** ⊂ **sth** etw leiten

-head [hed] *in compounds* **coke**~ Kokser(in) *m(f);* **pot**-~ Kiffer(in) *m(f)*

headache ['hedeɪk] *n* Kopfschmerzen *mpl,* Kopfweh *nt kein pl; (fig)* Problem *nt;* ***that noise is giving me a*** ~ von diesem Krach bekomme ich Kopfschmerzen; **a slight/splitting** ~ leichte/rasende Kopfschmerzen

headachy ['hedeɪki] *adj pred* **to feel** ~ leichte Kopfschmerzen verspüren

headband *n* Stirnband *nt* **headbanger** *n (sl)* Headbanger *m* **headbanging** *n no pl* Headbanging *nt* **headboard** *n* Kopfteil *nt* **head boy** *n esp* BRIT Schulsprecher *m* **headbutt I.** *n* Kopfstoß *m;* **to give sb a** ~ jdm einen Stoß mit dem Kopf versetzen **II.** *vt* ■**to** ~ **sb** jdm einen Kopfstoß versetzen [*o fam* verpassen] **headcase** *n (fam)* Spinner(in) *m(f) fam,* Bekloppte(r) *f(m) pej fam*

headcheese *n no pl* AM *(brawn)* Schweinskopfsülze *f* **head cold** *n* Kopfgrippe *f* **head count** *n* (sl) ❶ (number of employees) Kopfzahl f, Belegschaft f, Zahl f der Beschäftigten ❷ (act of counting) Abzählen nt; **to do a [quick] ~** of number of people, items etw [schnell] abzählen; of calculation etw [schnell] überschlagen **headdress** <pl -es> n Kopfschmuck m

eaded ['hedɪd] adj pred, inv ***which way are you ~?*** wohin gehst du?; **to be ~ in the wrong direction** auf dem falschen Weg sein; **to be ~ for disaster** (fig) auf eine Katastrophe zusteuern; **to be ~ for trouble** (fig) sich akk in Schwierigkeiten bringen [o geh begeben]

eaded notepaper n Briefpapier nt mit [Brief]kopf

eader ['hedəʳ, AM -ɚ] n ❶ (head bounce) Kopfball m ❷ (head-first jump) Kopfsprung m, Köpfer m fam, Köpper m DIAL; **to take a ~ [into the water]** einen Kopfsprung [o fam Köpfer] [ins Wasser] machen ❸ COMPUT (packet of data) Vorsatz m ❹ COMPUT (of a list of data) Kopfzeile f, Anfangskennsatz m ❺ (of a page) Kopfzeile f, Spitzmarke f

ead first I. adv inv kopfüber; **to fall ~ into sth** kopfüber in etw akk [hinein]fallen; (fig) **to rush [or go] ~ into [doing] sth** sich akk Hals über Kopf in etw akk [hinein]stürzen fam [o geh begeben], sich akk unbesonnen auf etw akk einlassen II. adj inv ~ **dive/jump** Kopfsprung m **headgear** n no pl Kopfbedeckung f; (as protection) Kopfschutz m; (of horses) Zaum m kein pl, Zaumzeug nt kein pl **head girl** n esp BRIT Schulsprecherin f **headhunt** I. vt (fam) ■**to ~ sb** jdn abwerben II. vi ECON, FIN nach Führungskräften suchen **headhunter** n ❶ (warrior) Kopfjäger m ❷ (fam: personnel specialist) Abwerber(in) m(f), Talentsucher(in) m(f), Headhunter(in) m(f)

heading ['hedɪŋ] n ❶ (title) Überschrift f, Titel m ❷ (header) Kopfzeile f, Spitzmarke f; **letter ~, ~ on notepaper** Briefkopf m ❸ (division of subject) Kapitel nt; (keyword) Stichwort nt

headlamp n Scheinwerfer m **headland** n Landspitze f

headless ['hedləs] adj inv kopflos, ohne Kopf nach n ► PHRASES: **to run around like a ~ chicken** (hum) wie ein aufgeregtes [o aufgescheuchtes] Huhn hin und her laufen hum

head lice npl Läuse fpl **headlight** n Scheinwerfer m; **to dip [or AM dim] one's ~s** die Scheinwerfer abblenden; **to have one's ~s on** seine [o die] Scheinwerfer anhaben ► PHRASES: **to look like a deer caught in the ~s** völlig perplex aussehen **headline** I. n (newspapers, radio, tv) Schlagzeile f; ■**the ~s** pl die wichtigsten Schlagzeilen; **the eight o'clock ~s** das Neueste in den Acht-Uhr-Nachrichten; **to grab [or hit] [or make] the ~s** Schlagzeilen machen, in die Schlagzeilen kommen II. vt ■**to ~ sth** ❶ (provide with headline) etw mit einer Schlagzeile versehen; ■**to be ~e** story [mit der Schlagzeile] überschrieben sein ❷ (appear as star performer) etw anführen [o geh küren] **headline news** npl + sing vb ■**the ~** die Kurznachrichten fpl, die wichtigsten Nachrichten in Kürze; **to be ~** Schlagzeilen fpl machen **headliner** ['hedlaɪnəʳ, AM ɚ] n ❶ (journalist) Schlagzeilenverfasser(in) m(f) ❷ (protagonist) Hauptdarsteller(in) m(f) **headlock** ['hedlɒk, AM lɑːk] n Schwitzkasten m **headlong** AM, AUS I. adv inv ❶ (with head first) kopfüber; **to run ~ into sb** geradewegs in jdn hineinlaufen ❷ (hurriedly, recklessly) überstürzt; **to rush ~ into sth** sich akk Hals über Kopf in etw akk stürzen fam II. adj attr, inv ❶ (with head first) mit dem Kopf voran nach n; ~ **dive/jump** Kopfsprung m ❷ (hurried, reckless) überstürzt; **to make a ~ rush for sth** sich akk Hals über Kopf [o blindlings] in etw akk stürzen **head louse** n Kopflaus f **headman** n [Stammes]führer m, Stammesoberhaupt nt **headmaster** n Schulleiter m, Rektor m **headmistress** n Schulleiterin f, Rektorin f **head of department** <pl heads of department> n SCH Fachbereichsleiter(in) m(f), Referatsleiter(in) m(f); ECON Abteilungsleiter(in) m(f) **head office** n Zentrale f, Hauptverwaltung f **head of state** <pl heads> n Staatsoberhaupt nt **head-on** I. adj attr, inv Frontal-; ~ **collision** Frontalzusammenstoß m II. adv inv frontal; (fig) direkt **headphones** npl Kopfhörer m; **set of ~** Kopfhörer m **headquarters** npl + sing/pl vb MIL Hauptquartier nt; (of firms, companies) Hauptsitz m, Hauptgeschäftsstelle f, Zentrale f; (of the police) Polizeidirektion f **headrest** n Kopfstütze f **head restraint** n Kopfstütze f **headroom** n no pl lichte Höhe; (for ceiling, roof) Kopfhöhe f; (in cars) Kopffreiheit f **headscarf** n Kopftuch nt **headset** n Kopfhörer m

headship ['hedʃɪp] n ❶ ADMIN (position of authority) oberste Leitung; (period of post) Amtszeit f als leitende Kraft ❷ esp BRIT (position of headteacher) Schulleiterposten m, [Di]rektorenposten m; (period of post) Amtszeit f als Schulleiter/Schulleiterin [o [Di]rektor/[Di]rektorin]

headshrinker n ❶ (tribesman) Kopfjäger m ❷ (pej fam: psychiatrist) Seelenklempner(in) m(f) pej sl **head start** n Vorsprung m; **to give sb a ~** jdm einen Vorsprung lassen **Head Start** n AM *Regierungsprogramm der USA zur Förderung unterprivilegierter Kinder* **headstone** n Grabstein m

headstrong adj eigensinnig, eigenwillig **head teacher** n esp BRIT Schulleiter(in) m(f), Rektor(in) m(f) **head-to-head** n, **head-to-head contest** n Kopf-an-Kopf-Rennen nt **head-up display** n AVIAT, AUTO Blickfeldanzeige f, Headupdisplay nt fachspr **head waiter** n Oberkellner m, Zahlkellner m **headwater** n GEOG Quellgebiet nt; ■**~s** pl Quellgewässer ntpl **headway** n no pl **to make ~** [gut] vorankommen, Fortschritte machen; **to make ~ in/with sth** bei/mit etw dat [gut] vorankommen [o Fortschritte machen] **headwind** n Gegenwind m; **stiff [or strong] ~** kräftiger Gegenwind **headword** n Stichwort nt

heady ['hedi] adj (intoxicating) berauschend; (exciting) aufregend; ***in the ~ days of their youth*** in den unbeschwerten Tage ihrer Jugend

heal [hiːl] I. vt ■**to ~ sb/sth** jdn/etw heilen; **to ~ differences** Differenzen beilegen; **to ~ problems** Probleme lösen II. vi (also fig) heilen; wound, injury [ver]heilen; ***his broken heart will take a long time to ~*** (fig) sein gebrochenes Herz wird lange brauchen, bis es wieder ganz ist

◆**heal over, heal up** vi external wounds zuheilen, verheilen

healer ['hiːləʳ, AM -ɚ] n Heiler(in) m(f)

healing ['hiːlɪŋ] I. adj attr experience, process heilsam, heilend; ~ **properties** Heilwirkung f; (stronger) Heilkräfte fpl II. n no pl Heilung f; (of wounds) Verheilen nt; **gift of ~** Gabe f der Heilung; ~ **process** Heilungsprozess m

health [helθ] n no pl ❶ (bodily wellness) Gesundheit f; ***how's your ~ these days?*** wie steht's mit deiner Gesundheit?; ***your ~!*** Prosit!; **for ~ reasons** aus gesundheitlichen Gründen; **for reasons of ill-~** krankheitshalber, krankheitsbedingt; ~ **warning** *Warnhinweis auf einer Zigarettenpackung*; **to be in bad [or poor] ~** gesundheitlich in keiner guten Verfassung sein; (less severe) kränklich sein, kränkeln; **to suffer from failing ~** gesundheitlich immer weiter abbauen; **to be in good ~** bei guter Gesundheit sein; **to enjoy good ~** sich akk bester Gesundheit erfreuen; **to drink to sb's ~** auf jds Gesundheit f [o Wohl nt] trinken; **to look after one's ~** auf seine Gesundheit achten; **to regain one's ~** wieder [ganz] gesund werden; **to restore sb to ~** jdn gesundheitlich wiederherstellen ❷ (fig: prosperity) Gesundheit f, Wohlergehen nt; **to give a company a clean bill of ~** bescheinigen, dass eine Firma mit Profit arbeitet **health authority** n BRIT Gesundheitsbehörde f **healthcare** I. n no pl Gesundheitsfürsorge f, Gesundheitsversorgung f II. n modifier (company, costs, plan, policy) Gesundheits-; ~ **worker** in der Gesundheitsfürsorge Beschäftigte(r) f(m) **healthcare provider** n Anbieter m von Leistungen der Gesundheitsfürsorge **health center** AM, **health centre** n Ärztehaus nt, Ärztezentrum nt **health certificate** n Gesundheitszeugnis nt **health club** n Fitnessclub m; ~ **facilities** Einrichtungen fpl eines Fitnesscenters, Fitnesscenter nt **health farm** n Gesundheitsfarm f **health food** n Reformkost f **health food shop** n, esp AM **health food store** n Naturkostladen m; (more formal) Reformhaus nt, Bioladen m fam

healthful ['helθfᵊl] adj AM gesund

health hazard n Gesundheitsrisiko nt; ***smoking is a ~*** Rauchen gefährdet die Gesundheit

healthily ['helθɪli] adv gesund; **to eat ~** sich akk gesund ernähren

healthiness ['helθɪnəs] n no pl ❶ (good health) Gesundheit f ❷ (usefulness) Zuträglichkeit f, Heilsamkeit f

health insurance n no pl Krankenversicherung f; ~ **company** Krankenkasse f **health maintenance organization** n AM *eine in der Regel vom Arbeitgeber getragene, preisgünstige Krankenversicherung mit begrenzter Ärzteauswahl* **health resort** n AM [Bade]kurort m, Erholungsort f **Health Service** n BRIT [staatlicher] Gesundheitsdienst, [staatliches] Gesundheitswesen **health spa** n AM (health farm) [Bade]kurort nt **health visitor** n BRIT Krankenpfleger/Krankenpflegerin [o Krankenschwester] der Sozialstation

healthy ['helθi] adj ❶ (in good health) gesund; **a ~ child** ein gesundes Kind; ~ **teeth** gesunde Zähne; **fit and ~** fit und gesund; (promoting good health) gesundheitsfördernd; ~ **appetite/diet/food** gesunder Appetit/gesunde Ernährung/gesundes Essen ❷ FIN (strong, satisfactory) gesund; **to make ~ profits** ordentliche [o beachtliche] Gewinne machen ❸ (well-balanced) gesund, vernünftig; (beneficial) gesund; ***she has a ~ disrespect for authority*** sie hat der Obrigkeit gegenüber eine vernünftige gesunde Distanz; ~ **attitude towards life/balance sheet** gesunde Lebenseinstellung/Bilanz; **[not] a ~ idea** [k]eine vernünftige Idee

heap [hiːp] I. n ❶ (untidy pile) Haufen m; ~ **of clothes** Kleiderhaufen m; **to collapse in a ~** (fig) person, animal zu Boden sacken ❷ (fam: large amount) ■**a ~ [or pl ~s] of sth** ein Haufen m einer S. gen; **a [whole] ~ of trouble** ein Riesenärger m fam; **a [whole] ~ of work** jede Menge [o fam ein Haufen m] Arbeit; see also **heaps** ❸ COMPUT (data storage area) Freispeicher m ❹ COMPUT (binary tree) binärer Baum ► PHRASES: **to be at the bottom of the ~** zu den Verlierern zählen; **to be stuck at the bottom of the ~** nicht aus seinen ärmlichen Verhältnissen herauskommen; **to be at the top of the ~** zu den Gewinnern zählen, es [im Leben] geschafft haben II. vt ■**to ~ sth** etw aufhäufen [o zu einem Haufen zusammentragen]; ***she ~ed coals in the grate*** sie schaufelte Kohle auf den Rost; ■**to ~ sth on sth** etw auf etw akk häufen; ***they ~ed the plates with food*** sie häuften bergeweise Essen auf die Teller; ■**to ~ sth on sb** gifts jdn mit etw dat überhäufen; (fig form) **to ~ criticism on sb** massive Kritik an jdm üben; **to ~ insults on sb** jdm Beleidigungen an den Kopf werfen; **to ~ praise on sb** jdn überschwänglich loben, über jdn voll des Lobes sein geh

◆**heap up** vt ■**to ~ up ↔ sth** etw aufhäufen [o zu einem Haufen stapeln]

heaped [hiːpt] adj BRIT, AM **heaping** ['hiːpɪŋ] adj gehäuft; ***a ~ teaspoonful of sugar*** ein gehäufter Teelöffel Zucker

heaps [hiːps] (fam) I. npl eine [o jede] Menge, ein Haufen m fam; ***have some more cake — there's ~*** nimm noch etwas Kuchen – es ist jede Menge da; ■**~s of sth** jede Menge einer S. gen; ***there's ~s of food in the fridge*** es gibt massig Essen im Kühlschrank; ~ **of fun** jede Menge Spaß fam; ~ **of money** Unmengen fpl von Geld II. adv viel; ~ **bigger/better** viel größer/besser

hear <heard, heard> [hɪəʳ, AM hɪr] I. vt ❶ (perceive with ears) ■**to ~ sth/sb** etw/jdn hören; ***speak up, I can't ~ you*** sprich lauter, ich kann dich nicht hören; ***Jane ~d him go out*** Jane hörte, wie er hinausging ❷ (be told) ■**to ~ sth** etw hören [o erfahren]; ***have you ~d the news that she's preg-***

H

nant? weißt du schon das Neueste? sie ist schwanger!; ***we haven't heard anything of Jan for months*** wir haben seit Monaten nichts von Jan gehört; ■**to ~ that/what …** hören, dass/was …; ***have you ~d what's happened?*** hast du schon gehört, was passiert ist? ❸ (*listen*) ■**to ~ sth** sich *dat* etw anhören; (*be there and listen*) etw hören; ***I ~d the orchestra play at Carnegie Hall*** ich habe das Orchester in der Carnegie Hall spielen hören ❹ (*form: receive*) ■**to ~ sth** etw anhören; LAW *case* etw verhandeln; ***the case will be ~d by the High Court*** der Fall wird vor dem Obersten Gericht verhandelt; ***Lord, ~ us/our prayers*** Herr, erhöre uns/unsere Gebete ▶ PHRASES: **to never ~ the end of sth** sich *dat* etw noch bis zum Sankt-Nimmerleins-Tag anhören müssen *hum;* **to be ~ing things** (*fam*) sich *dat* etwas einbilden; ***he's offered to wash the dishes — I must be ~ing things!*** er hat mir angeboten, abzuwaschen – was, ich hör wohl nicht richtig!; **to ~ wedding bells** (*fam*) schon die Hochzeitsglocken läuten hören *iron;* **to be barely** [*or* **hardly**] **able to ~ oneself think** sich *akk* nur schwer konzentrieren können; **to ~ what sb is saying, to ~ sb** *esp* AM (*fam*) verstehen, was jd sagt; ***yeah, I ~ what you're saying*** ja, ich weiß [schon], was du meinst **II.** *vi* ❶ (*perceive with ears*) hören; ***it's a terrible line, I can't ~*** die Verbindung ist fürchterlich, ich kann nichts hören; **to ~ very well** sehr gut hören können ❷ (*be told about*) etw hören [*o* erfahren]; ***if you haven't ~d by Friday, assume I'm coming*** wenn du bis Freitag nichts gehört hast, kannst du davon ausgehen, dass ich komme; ***have you ~d about Jane getting married?*** hast du schon gehört, dass Jane heiratet?; **to ~ tell** [*or* **say**] **of sth** von etw *dat* erfahren [*o* hören]; ■**to ~ from sb** von jdm hören; ***we haven't ~d from her in ages*** wir haben seit Ewigkeiten nichts von ihr gehört; ***you'll be ~ing from my solicitor!*** sie werden noch von meinem Anwalt hören! ❸ (*know of*) **to have ~d of sb/sth** von jdm/etw gehört haben; ***do you know Derrida? — I've ~d of him*** kennen Sie Derrida? – ich habe mal von ihm gehört; **to have never ~d of sb/sth** nie von jdm/etw gehört haben ▶ PHRASES: **sb won't ~ of sth** jd will von etw *dat* nichts hören; **do you ~?** verstehst du/verstehen Sie?, kapiert? *sl;* **~, ~!** ja, genau!, richtig [so]!

◆**hear out** *vt* ■**to ~ out** ⊂ **sb** jdn ausreden lassen; *narration* jdn zu Ende erzählen lassen

hearer ['hɪərəʳ, AM 'hɪrɚ] *n* Hörer(in) *m(f)*

hearing ['hɪərɪŋ, AM 'hɪr-] *n* ❶ *no pl* (*ability to hear*) Gehör *nt;* **to have excellent ~** ein sehr gutes Gehör haben; **to be hard of ~** schwerhörig sein ❷ *no pl* (*range of ability*) [**with**]**in** [**sb's**] **~** in [jds] Hörweite *f* ❸ (*official examination*) Anhörung *f,* [Gerichts]verhandlung *f,* [Gerichts]sitzung *f;* **disciplinary ~** Disziplinarverfahren *nt,* Prozess *m;* **to give sb a fair ~** jdn richtig anhören; LAW jdm einen fairen Prozess machen

hearing aid *n* Hörgerät *nt*

hearken ['hɑːkᵊn, AM 'hɑːr-] *vi* (*old liter*) lauschen, horchen; ■**to ~ to sth** etw *dat* lauschen

hearsay ['hɪəseɪ, AM 'hɪr-] **I.** *n no pl* Gerüchte *ntpl;* ***that's just ~*** das sind doch alles nur Gerüchte **II.** *adj inv* **~ evidence** Beweise *mpl*/Zeugenaussagen *fpl,* die auf Hörensagen beruhen

hearse [hɜːs, AM hɜːrs] *n* Leichenwagen *m*

heart [hɑːt, AM hɑːrt] **I.** *n* ❶ (*bodily organ*) Herz *nt;* **to have a bad** [*or* **weak**] **~** ein schwaches Herz haben ❷ (*emotional centre*) Herz *nt;* ***his election campaign won the ~s of the nation*** mit seiner Wahlkampagne hat er die Herzen der ganzen Nation erobert; **to be close** [*or* **dear**] [*or* **near**] **to sb's ~** jdm sehr am Herzen liegen; **to have a cold/hard ~** ein kaltes/hartes Herz haben; **to have a good/kind/soft ~** ein gutes/gütiges/weiches Herz haben; **to break sb's ~** jdm das Herz brechen; ***losing her broke his ~*** sie zu verlieren brach ihm das Herz; ***it breaks my ~ to see him so unhappy*** es bricht mir das Herz, ihn so unglücklich zu sehen; **sb's ~ leaps** [**with joy**] jds Herz *nt* macht einen Freudensprung, jdm hüpft das Herz im Leib[e] *geh;* **sb's ~ sinks** (*with disappointment, sadness*) jdm wird das Herz schwer; (*with despondency*) jdm rutscht das Herz in die Hose *fam* ❸ *no pl* (*centre*) ***she lives right in the ~ of the city*** sie wohnt direkt im Herzen der Stadt; **to be at the ~ of sth** der Kernpunkt einer S. *gen* sein; **to get to the ~ of the matter** zum Kern der Sache kommen ❹ FOOD (*firm middle*) *of salad, artichoke* Herz *nt* ❺ (*symbol*) Herz *nt* ❻ (*suit of cards*) ■**~s** *pl* Herz *nt kein pl;* **the queen/king/jack of ~s** die Herzdame/der Herzkönig/der Herzbube ▶ PHRASES: **sb's ~ misses** [*or* **skips**] **a beat** jdm stockt das Herz; **sb's ~ is in their boots** BRIT (*fam*) jdm rutscht das Herz in die Hose *fam;* **from the bottom of the/one's ~** aus tiefstem Herzen[sgrund]; **to have a change of ~** sich *akk* anders besinnen; (*to change for the better*) sich *akk* eines Besseren besinnen; **to eat/drink/dance to one's ~'s content** nach Herzenslust essen/trinken/tanzen; **to give sb their ~'s desire** (*liter*) jdm erfüllen, was das Herz begehrt; **to have a ~ of gold** ein herzensguter Mensch sein; **to do one's ~ good** (*dated*) sein Herz erfreuen; **sb's ~ is in their mouth** jdm schlägt das Herz bis zum Hals [hinauf]; **to have one's ~ in the right place** das Herz auf dem rechten Fleck haben; **to wear one's ~ on one's sleeve** aus seinem Herzen keine Mördergrube machen; **to love sb ~ and soul** (*liter*) jdn von ganzem Herzen lieben [*o* lieb haben]; **to put one's ~ and soul into sth** sich *dat* mit Leib und Seele etw *dat* widmen; **to have a ~ of stone** ein Herz aus Stein haben; **you think he deserves that? you're all ~!** (*hum, iron*) du findest, dass er das verdient hat? na, du bist mir ja einer! *fam;* **with all one's ~** von ganzem Herzen; **to die of a broken ~** an gebrochenem Herzen sterben; **to be after sb's own ~** genau nach jds Geschmack *m* sein; **my ~ bleeds for him!** (*hum, iron*) der Ärmste, ich fang gleich an zu weinen! *hum, iron;* **come on, have a ~!** komm, gib deinem Herz einen Ruck!; **to not have the ~ to do sth** es nicht übers Herz bringen, etw zu tun; **to lose ~** den Mut verlieren; **to set one's ~ on sth** sein [ganzes] Herz an etw *akk* hängen; **to take ~** [**from sth**] [aus etw *dat*] neuen Mut schöpfen; **to recite/play sth by ~** etw auswendig aufsagen/spielen; **sb's ~ is not in it** jd ist mit dem Herzen nicht dabei; **in my ~ of ~s** im Grunde meines Herzens **II.** *n modifier* ❶ (*heart-shaped*) **a ~ amulet/necklace** ein herzförmiger Anhänger/ein herzförmiges Halsband ❷ (*of the organ*) Herz-; **to have a ~ condition** herzkrank sein; **~ disease** Herzkrankheit *f;* **~ transplant** Herztransplantation *f*

heartache *n no pl* Kummer *m,* Leid *nt* **heart attack** *n* Herzinfarkt *m;* (*not fatal*) Herzanfall *m,* Herzattacke *f;* (*fatal*) Herzschlag *m;* ***I nearly had a ~*** (*fig fam: shock*) ich habe fast einen Herzschlag gekriegt *fam;* (*surprise also*) da hat mich fast der Schlag getroffen *fam* **heartbeat** *n* Herzschlag *m,* Pulsschlag *m* **heartbreak** *n* ❶ *no pl* (*suffering*) Leid *nt,* großer Kummer, Herzeleid *nt geh;* ***the ~ he felt when his wife left him was crippling*** es brach ihm das Herz, als seine Frau ihn verließ ❷ (*terrible blow*) harter Schlag, [seelische] Katastrophe **heartbreaker** *n* ❶ (*sad story*) Tragödie *f,* Trauerspiel *nt* ❷ (*handsome man*) Herzensbrecher *m,* Charmeur *m* **heartbreaking** *adj* herzzerreißend; ***it is ~ for him that he cannot see his children*** es bricht ihm das Herz, dass er seine Kinder nicht sehen kann **heartbroken** *adj* todunglücklich, untröstlich; ***if she ever left him he would be ~*** es bräche ihm das Herz, wenn sie ihn verlassen würde **heartburn** *n no pl* Sodbrennen *nt* **heart disease** *n* Herzkrankheit *f*

hearten ['hɑːtᵊn, AM 'hɑːr-] *vt usu passive* ■**to ~ sb** jdn ermutigen; ■**to be ~ed** [**by sth**] [von etw *dat*] ermutigt sein

heartening ['hɑːtᵊnɪŋ, AM 'hɑːr-] *adj* ermutigend; **~ news** erfreuliche Nachrichten

heart failure *n no pl* Herzversagen *nt,* Herzinsuffizienz *f fachspr* **heartfelt** *adj* (*strongly felt*) tief empfunden; (*sincere*) aufrichtig; ***please accept my ~ thanks!*** vielen herzlichen Dank!; **~ condolences** [*or* **sympathy**] herzliches [*o* aufrichtiges] Beileid; **~ relief** tiefe Erleichterung

hearth [hɑːθ, AM hɑːrθ] *n* ❶ (*fireplace*) Feuerstelle *f;* (*whole fireplace*) Kamin *m;* (*for cooking*) Herd *m* ❷ (*fig: home*) [heimischer] Herd, Heim *nt;* **to leave ~ and home** Heim und Herd verlassen

hearthrug *n* Kaminvorleger *m*

heartily ['hɑːtɪli, AM 'hɑːrt̬-] *adv* ❶ (*enthusiastically*) herzlich; **to applaud ~** begeistert applaudieren; **to eat ~** herzhaft zugreifen ❷ (*extremely*) von Herzen, äußerst; ***I'm ~ sick of his complaints*** ich habe seine Beschwerden echt satt; **to dislike sb/sth ~** jdn/etw von ganzem Herzen verabscheuen

heartland ['hɑːtlænd, AM 'hɑːrt-] *n of region* Kerngebiet *nt,* Herz *nt; of support, belief* Hochburg *f,* Zentrum *nt*

heartless ['hɑːtləs, AM 'hɑːrt-] *adj* herzlos, unbarmherzig

heartlessly ['hɑːtləsli, AM 'hɑːrt] *adv* herzlos, kalt *fig*

heartlessness ['hɑːtləsnəs, AM 'hɑːrt-] *n no pl* Herzlosigkeit *f,* Unbarmherzigkeit *f*

heart-lung machine *n* Herz-Lungen-Maschine *f* **heart murmur** *n* Herzgeräusch[e] *nt*[*pl*] **heartrending** *adj* herzzerreißend **heart-searching** **I.** *n no pl* Gewissenserforschung *f,* Selbstprüfung *f* **II.** *adj* nachdenklich; ***it was a very ~ time in his life*** er dachte in dieser Zeit viel über sich nach **heartsease** *n,* **heart's-ease** *n* Stiefmütterchen *nt* **heart-shaped** *adj* herzförmig **heartsick** *adj* tief betrübt *geh,* todunglücklich **heart-stopping** *adj* spannend, packend **heartstrings** *npl* innerste Gefühle; **to pull** [*or* **tug**] [*or* **tear**] **at sb's ~** jdm ans Herz [*o* zu Herzen] gehen, bei jdm auf die Tränendrüse drücken *pej fam* **heart surgery** *n no pl* Herzchirurgie *f* **heart-throb** *n* (*fam*) Schwarm *m fam* **heart-to-heart** **I.** *adj* [ganz] offen; **a ~ talk** ein offenes [*o* ehrliches] Gespräch **II.** *n* [offene] Aussprache; **to have a ~** sich *akk* aussprechen **heart transplant** *n* (*surgery*) Herztransplantation *f fachspr,* Herzverpflanzung *f;* (*organ*) Herztransplantat *nt fachspr;* **to have a ~** sich *akk* einer Herztransplantation unterziehen **heart trouble** *n* Herzbeschwerden *pl* **heart valve** *n* Herzklappe *f* **heart-warming** *adj* herzerfreuend; *play, story* herzerwärmend *geh; friendliness, reception* herzlich; ***it's ~ to hear of your success*** es freut mich sehr für Sie/dich von Ihrem/deinem Erfolg zu hören; **~ news** frohe Nachricht; **to give sb a ~ welcome** jdn herzlich begrüßen, jdm einen herzlicher Empfang bereiten **heartwood** *n* Kernholz *nt*

hearty ['hɑːti, AM 'hɑːrt̬i] **I.** *adj* ❶ (*warm*) herzlich; ***she has a warm and ~ laugh*** sie hat ein warmes und herzliches Lachen; **~ congratulations** herzliche Glückwünsche; **a ~ welcome** ein herzlicher Empfang ❷ (*large*) herzhaft, kräftig; **~ appetite** gesunder Appetit; **~ breakfast** kräftiges [*o* deftiges] Frühstück ❸ (*strong*) kräftig, herzhaft; ***he gave me a ~ slap on my back*** er schlug mir beherzt auf den Rücken; **hale and ~** gesund und munter ❹ (*unreserved*) uneingeschränkt; **to have a ~ dislike for sb/sth** gegen jdn/etw eine tiefe Abneigung empfinden; **~ support** ungeteilte Unterstützung **II.** *n* (*fam*) Freund(in) *m(f);* ***my hearties!*** NAUT Jungs!

heat [hiːt] **I.** *n* ❶ *no pl* (*warmth*) Wärme *f;* (*high temperature*) Hitze *f;* (*fig*) *of spices* Schärfe *f;* **the ~ of the day** die heißeste Zeit des Tages; **to cook sth on a high/low ~** etw bei starker/schwacher Hitze kochen ❷ *no pl* (*appliance*) Heizung *f;* **to turn down/up the ~** die Heizung zurückdrehen/aufdrehen ❸ *no pl* PHYS [Körper]wärme *f* ❹ *no pl* (*fig: strong emotion*) Hitze *f,* Erregung *f;* ***this topic generated a lot of ~*** dieses Thema erhitzte die Gemüter; **in the ~ of the moment** in der Hitze [*o* im Eifer] des Gefechts; **in the ~ of passion** LAW im Affekt; **to take the ~ out of a situation** eine Situation entschärfen; **with ~** erregt; **without ~** gelassen ❺ *no pl* (*fig: peak*) Höhepunkt *m,* Gipfel *m;* **in the ~ of the argument/battle/campaign** auf dem Höhepunkt des Streits/der Schlacht/der Kampagne ❻ *no pl* (*fig: pressure*) Druck *m;* ***the ~ is on*** es weht ein scharfer Wind; ***the ~ is off*** die Sache hat sich gelegt; **to put the ~ on** Druck machen *fam;* **to put the ~ on sb** jdn unter Druck setzen; **to take the ~ off sb** jdn entlasten ❼ (*sports race*) Vorlauf *m;* **qualifying ~** Qualifikationsrunde *f* ❽ *no pl* (*readiness to breed*) Brunst *f; of deer* Brunft *f; of dogs, cats* Läufigkeit *f; of horses* Rossen *nt;* ■**on** [*or* AM **in**] ~ brünstig; *deer* brünftig; *cat* rollig; *dog* läufig; *horse* rossig; (*fig vulg*) *woman* scharf *fam,* geil *vulg* ▶ PHRASES: **if you can't stand the ~, get out of the kitchen** (*prov*) wenn es dir zu viel wird, dann lass es lieber sein **II.** *vt* ■**to ~ sth** etw erhitzen [*o* heiß machen]; *food* etw aufwärmen; **to ~ a flat/an apartment** eine Wohnung [be]heizen; **to ~ a house/room** ein Haus/einen Raum heizen; **to ~ a pool** ein Schwimmbecken beheizen **III.** *vi* warm werden, sich *akk* erwärmen; *emotionally* sich *akk* erregen [*o* erhitzen]

◆**heat up I.** *vt* ■**to ~ up ↔ sth** etw heiß machen [*o* erhitzen]; *food* etw aufwärmen; (*fig*) *argument, discussion* etw anheizen; **to ~ up a car** AM ein Auto heiß laufen lassen; **to ~ up a room/house** einen Raum/ein Haus [auf]heizen **II.** *vi room* sich *akk* aufwärmen, warm werden; *engine* warm laufen; *fire, oven* heiß werden; (*fig*) *person* in Fahrt kommen; (*fig*) *argument, discussion* sich *akk* erhitzen; (*fig*) *situation* sich *akk* zuspitzen

heat capacity *n* Wärmekapazität *f* **heat death** *n* Wärmetod *m*

heated ['hiːtɪd, AM -t̬-] *adj* ❶ (*emotional*) hitzig, erregt; *argument, discussion* heftig; **to get ~ about sth** sich *akk* über etw *akk* aufregen [*o geh* erregen] ❷ *inv* (*warm*) erhitzt; *room* geheizt; **~ pool** beheiztes Schwimmbad; **~ seats** beheizte Sitze

heatedly ['hiːtɪdli, AM -t̬-] *adv* hitzig, erregt; *argue, discuss* heftig; **to deny sth ~** etw vehement abstreiten

heater ['hiːtəʳ, AM -t̬ɚ] *n* ❶ (*appliance*) [Heiz]ofen *m;* (*radiator*) Heizgerät *nt,* Heizkörper *m;* (*for entire house*) [Zentral]heizung *f;* (*in car*) Heizung *f,* Heizgebläse *nt;* **gas ~** Gasofen *m;* **water ~** Boiler *m;* **electric ~** Heizgerät *nt;* **to turn the ~ on/off** die Heizung anstellen/abstellen ❷ (*sl: gun*) Knarre *f sl,* Kanone *f sl*

heat exchanger *n* Wärmetauscher *m* **heat exhaustion** *n no pl* Hitzschlag *m,* Hitzekollaps *m* **heat flash** *n* Hitzeblitz *m*

heath [hiːθ] *n* ❶ (*land*) Heide *f,* Heideland *nt* ❷ BOT (*erica*) Glockenheide *f,* Erika *f;* (*caluna*) Heidekraut *nt*

heat haze *n no pl* Hitzeflimmern *nt*

heathen ['hiːðᵊn] **I.** *n* ❶ (*old: non-believer*) Heide, -in *m, f;* ■**the ~** *pl* die Heiden *pl* ❷ (*uncivilized person*) unzivilisierter Mensch, Barbar(in) *m(f) pej* **II.** *adj* ❶ (*old: unbelieving*) heidnisch, gottlos *pej* ❷ (*uncivilized*) unzivilisiert, barbarisch *pej*

heathenish ['hiːdᵊnɪʃ] *adj* heidnisch

heathenism ['hiːdᵊnɪzᵊm] *n no pl* ❶ REL (*esp pej*) heidnische Zustände *mpl; in theory* heidnische Anschauungen *fpl* ❷ (*paganism*) Heidentum *nt* ❸ (*fam: unenlightenment*) barbarisches Wesen, Primitivität *f*

heather ['heðəʳ, AM -ɚ] *n no pl* BOT (*erica*) Erika *f;* (*caluna*) Heidekraut *nt*

heathland ['hiːθlənd] *n* Heideland *nt,* Heide *f*

Heath Robinson [-'rɒbɪnsᵊn] *adj inv* BRIT (*hum*) wunderlich, fantastisch *iron;* **a ~ contraption** eine fantastische Maschine

heating ['hiːtɪŋ, AM -t̬-] *n no pl* ❶ (*action*) Heizen *nt; of room, house* [Be]heizen *nt; of substances* Erwärmen *nt,* Erhitzen *nt;* PHYS Erwärmung *f* ❷ (*appliance*) Heizung *f;* **central ~** Zentralheizung *f*

heating element *n* Heizelement *nt,* Heizeinsatz *m* **heating engineer** *n* Heizungsmonteur(in) *m(f),* Heizungsinstallateur(in) *m(f)* **heating pad** *n* Heizkissen *nt* **heating system** *n* (*apparatus*) Heiz[ungs]anlage *f;* (*system*) Heizungssystem *nt*

heat lamp *n* Heizlampe *f,* Bestrahlungslampe *f* **heat lightning** *n no pl* Wetterleuchten *nt* **heat loss** *n* Wärmeverlust *m* **heatproof I.** *adj* hitzebeständig **II.** *vt* ■**to ~ sth** etw hitzebeständig machen

heat prostration *n no pl* AM (*heat exhaustion*) Hitzschlag *m,* Hitzekollaps *m* **heat pump** *n* Wärmepumpe *f* **heat rash** *n* Hitzeausschlag *m,* Hitzebläschen *ntpl* **heat-resistant** *adj,* **heat-resisting** *adj* hitzebeständig; *ovenware* feuerfest; TECH thermoresistent *fachspr;* **~ glove** feuerfester Handschuh **heat-seeking** *adj inv* MIL wärmesuchend *attr;* **~ missile** wärmesuchende Rakete **heat shield** *n* (*protection*) Hitzeschild *m,* Wärmeschild *m;* (*insulation*) Wärmeschutz *m* **heat stroke** *n* Hitzschlag *m kein pl* **heat-treated** *adj inv* wärmebehandelt; **~ milk** pasteurisierte Milch; **~ steel** vergüteter Stahl **heat treatment** *n* Wärmebehandlung *f;* **~ of milk** Pasteurisierung *f* von Milch; **~ of steel** Vergütung *f* von Stahl **heatwave** *n* Hitzewelle *f*

heave [hiːv] **I.** *n* ❶ (*push or pull*) Ruck *m* ❷ (*up and down movement*) Auf und Ab *nt; of sea, chest* Wogen *nt geh; of stomach* Würgen *nt;* TECH Hub *m;* **~ of the sea** Seegang *m;* **the dry ~s** das trockene Würgen ❸ GEOL Verwerfung *f fachspr* ❹ (*fig: great effort*) Anstrengung *f* **II.** *vt* ❶ (*move*) ■**to ~ sth** etw [hoch]hieven [*o* [hoch]heben] [*o fam* wuchten]; ***he ~d himself out of his armchair*** er hievte sich aus seinem Stuhl; **to ~ sth open** etw aufstemmen ❷ (*utter*) **to ~ a sigh [of relief]** einen Seufzer [der Erleichterung] ausstoßen ❸ (*fam: throw*) ■**to ~ sth at sb** etw [*o* mit etw *dat*] nach jdm werfen [*o fam* schmeißen] ❹ <hove, hove> NAUT ■**to ~ sth** (*cast*) etw werfen; (*haul*) etw hieven; **to ~ anchor** den Anker lichten **III.** *vi* ❶ (*pull, push*) hieven, ziehen ❷ (*move*) sich *akk* heben und senken; *ship* schwanken, stampfen *fachspr; sea, chest* wogen *geh;* ***after the race she was covered in sweat, her chest heaving*** nach dem Rennen war sie schweißgebadet und sie keuchte heftig ❸ (*vomit*) würgen; *stomach* sich *akk* umdrehen [*o geh* heben] ❹ <hove, hove> NAUT **to ~ in sight** in Sicht kommen

◆**heave to** NAUT **I.** *vi* beidrehen **II.** *vt* ■**to ~ to ↔ sth** etw stoppen; **to ~ a boat/ship to** ein Boot/Schiff stoppen

◆**heave up I.** *vi* brechen **II.** *vt* ■**to ~ up ↔ sth** etw [heraus]brechen [*o geh* erbrechen]

heave ho I. *interj* NAUT (*dated*) hau ruck! **II.** *n* (*hum fam*) **to give sb the [old] ~** (*dismissal*) jdn hinauswerfen [*o fam* an die Luft setzen]; (*reject a friend*) jdm den Laufpass geben *fam,* mit jdm Schluss machen *fam*

heaven ['hevᵊn] *n* ❶ *no pl* (*not hell*) Himmel *m;* (*fig*) Himmel *m,* Paradies *nt;* ***it's ~!*** (*fam*) es ist himmlisch! *fam;* ***this ice cream is ~*** dieses Eis ist ein Gedicht; **to be ~ on earth** (*fig*) der Himmel auf Erden sein; **to be in [seventh] ~** (*fig*) im [siebten] Himmel sein; **to go to ~** in den Himmel kommen; **to be sent from ~** (*fig, hum*) vom Himmel geschickt sein ❷ (*poet: sky*) ■**the ~s** *pl* das Firmament *poet,* der Himmel; ***the ~s opened*** der Himmel öffnete seine Schleusen; **in the ~s** am Firmament [*o* Himmel] ▶ PHRASES: **to move ~ and earth to do sth** Himmel und Hölle in Bewegung setzen, um etw zu tun; **what/where/when/who/why in ~'s name ...?** was/wo/wann/wer/warum in Gottes Namen ...?; **for ~s sake!** um Himmels [*o* Gottes] Willen!; **good ~s!** großer Gott!, du lieber Himmel!; **to stink to high ~** zum Himmel stinken; **~ forbid!** Gott bewahre!, bloß nicht!; **~ help us!** der Himmel steh uns bei!; **thank ~s!, ~ be thanked!** Gott [*o* dem Himmel] sei Dank!; **~s above!** du lieber Himmel!; **~ only knows** weiß der Himmel *fam;* **~s no!** um Gottes Willen!, bloß nicht!

heaven-and-hell bond *n* FIN (*fam*) Aktienindexanleihe *f*

heavenly ['hevᵊnli] *adj* ❶ *inv* (*divine*) himmlisch, göttlich; **~ peace** himmlischer Frieden ❷ *inv* (*of the sky*) himmlisch, Himmels- ❸ (*fam: pleasure-giving*) himmlisch, paradiesisch, traumhaft

heavenly body *n* Himmelskörper *m* **Heavenly Father** *n* Vater *m* im Himmel **heavenly host** *n no pl,* + *sing/pl vb* himmlische Heerscharen

heaven-sent *adj inv* vom Himmel gesandt, wie gerufen *präd;* ***you're ~!*** dich schickt der Himmel!

heavenward(s) ['hevᵊnwəd(z), AM -wɚd(z)] *adv inv* himmelwärts, zum [*o veraltend* gen] Himmel; **to lift [*or* raise] one's eyes ~** die Augen zum Himmel erheben

heavily ['hevɪli] *adv* ❶ (*to great degree*) stark; ***she's ~ involved in the project*** sie ist sehr engagiert in dem Projekt; ***they rely ~ on his advice*** sie verlasen sich total auf seinem Rat *fam;* ***he is ~ in debt*** er ist stark verschuldet; ***they are ~ into property*** sie haben viel Grundbesitz; **~ armed/guarded** schwer bewaffnet/bewacht; **~ insured** hoch versichert; **~ populated** dicht besiedelt; **to be ~ into sth** (*fam*) auf etw *akk* voll abfahren *fam;* **to be ~ in debt** stark verschuldet sein; **to drink ~** ein starker Trinker/eine starke Trinkerin sein; **to gamble ~** leidenschaftlich spielen; **to invest ~** groß investieren; **to sleep ~** tief schlafen; **to tax sth ~** hohe Steuern auf etw *akk* erheben ❷ (*with weight*) schwer; *move* schwerfällig; **~ built** kräftig gebaut; **to weigh ~ on sb** (*fig*) schwer auf jdm lasten, jdm sehr zu schaffen machen ❸ (*severely*) schwer; **to rain/snow ~** stark regnen/schneien ❹ (*with difficulty*) schwer; **to breathe ~** schwer atmen; **to speak ~** schleppend sprechen

heaviness ['hevɪnəs] *n no pl* ❶ (*weight*) Gewicht *nt,* Schwere *f; of movement* Schwerfälligkeit *f* ❷ (*degree*) Schwere *f; of a problem* Ausmaß *nt; of an amount* Höhe *f* ❸ (*seriousness*) *of mood* Bedrücktheit *f,* Niedergeschlagenheit *f; of punishment* Härte *f* ❹ (*liter: sadness*) Niedergeschlagenheit *f;* **~ of heart** schweres Herz

heaving ['hiːvɪŋ] *adj* schwankend *attr*

heavy ['hevi] **I.** *adj* ❶ (*weighty*) schwer *a. fig;* ***her eyes were ~ with tiredness*** vor Müdigkeit fielen ihr fast die Augen zu; **to be ~ with child** (*liter*) schwanger sein, ein Kind unter dem Herzen tragen *liter;* **~ fall** schwerer Sturz; **~ food** schweres [*o* schwer verdauliches] Essen; **to do ~ lifting/carrying** schwere Sachen heben/tragen; **~ machinery** schwere Maschinen; **~ step** schwerer Schritt; **to lie ~ on sb's stomach** jdm schwer im Magen liegen; **~ work** Schwerarbeit *f* ❷ (*intense*) stark; **~ accent** starker Akzent; **~ bleeding** starke Blutung; **to be under ~ fire** MIL unter schwerem Beschuss stehen; **~ frost/gale/snow** starker Frost/Sturm/Schneefall; **~ rain** heftiger [*o* starker] Regen; **~ sea** hohe [*o* stürmische] See ❸ (*excessive*) stark, übermäßig; ***the engine is rather ~ on fuel*** der Motor verbraucht ziemlich viel Benzin; **~ drinker** starker Trinker/starke Trinkerin; **~ sleep** tiefer Schlaf; **~ smoker** starker Raucher/starke Raucherin ❹ (*severe*) schwer[wiegend]; ***the odds were ~ but they decided to go for it anyway*** sie entschieden sich, trotz der vielen Widrigkeiten weiterzumachen; **a ~ blow** ein schwerer Schlag *a. fig;* **~ offence** schweres Vergehen; **~ jail sentence** hohe Gefängnisstrafe ❺ (*abundant*) viel, reichlich; *sum* hoch; ***the trees were ~ with fruit*** die Bäume trugen viele Früchte; **~ casualties** unzählige Opfer; MIL schwere [*o* hohe] Verluste; **~ crop** reiche Ernte; **~ fine** hohe Geldstrafe; **~ investment** hohe Investitionen *fpl* ❻ (*fig: oppressive*) drückend, lastend; *weather* schwül; ***the atmosphere was ~ with menace*** es lag Gefahr in der Luft; **~ responsibility** große Verantwortung; **~ silence** lähmende Stille ❼ (*difficult*) schwierig, schwer; **~ breathing** schwerer Atem; **~ going** Schinderei *f,* Plackerei *f fam;* ***the book is rather ~ going*** das Buch ist schwer zu lesen; ***the going was ~*** wir kamen nur schwer voran ❽ (*dense*) dicht; (*thick*) dick; **~ beard** dichter Bart; **~ coat** dicker Mantel; **~ clouds** schwere Wolken; **~ schedule** voller [*o* dicht gedrängter] Terminkalender; **~ shoes** feste Schuhe; **~ sky** bedeckter Himmel; **~ traffic** starker [*o* dichter] Verkehr; **~ undergrowth** dichtes Unterholz ❾ (*not delicate*) grob; **~ features** grobe Züge ❿ (*clumsy*) schwerfällig ⓫ (*strict*) streng; ■**to be ~ on sb** streng mit jdm sein; **to play the ~ mother** die gestrenge Mutter spielen ▶ PHRASES: **to do sth with a ~ hand** etw mit eiserner Strenge machen; **with a ~ heart** schweren Herzens; **to make ~ weather of sth** etw unnötig komplizieren **II.** *n*

H

① (*sl: thug*) Schläger[typ] *m sl* ② THEAT (*character*) Schurke, -in *m, f;* **to be** [*or* **play**] **the ~ in sth** (*fig fam*) bei etw *dat* die Hauptrolle spielen ③ BRIT (*fam: newspapers*) ■**the heavies** *pl* die seriösen Zeitungen ④ *esp* SCOT (*beer*) Starkbier *nt*

heavy cream *n no pl* AM Schlagsahne *f* (*mit hohem Fettgehalt*) **heavy-duty** *adj* ① *inv* (*strong*) robust; *clothes* strapazierfähig; ~ **machine** Hochleistungsmaschine *f;* ~ **vehicle** Schwerlastfahrzeug *nt* ② (*fam: intense*) intensiv, heftig; (*abundant*) reichlich, sehr viel; ***there was a lot of ~ flirting going on there*** die Leute haben dort wie wild miteinander geflirtet; **a real ~ meeting** ein wirklich bedeutsames Treffen; **a ~ problem** ein kniffliges Problem **heavy-footed** *adj* schwerfällig **heavy goods vehicle** *n* Lastkraftwagen *m* **heavy-handed** *adj* (*clumsy*) ungeschickt, unbeholfen, schwerfällig; (*without subtlety*) plump **heavy-handedly** *adv* (*clumsily*) ungeschickt, unbeholfen, schwerfällig; (*without subtlety*) plump **heavy-hearted** *adj* bedrückt, niedergeschlagen; ~ **sigh** trauriger Seufzer **heavy hydrogen** *n no pl* schwerer Wasserstoff **heavy industry** *n no pl* Schwerindustrie *f* **heavy-laden** *adj* (*with weight*) schwer beladen *a. fig;* (*with troubles*) bedrückt, sehr niedergeschlagen **heavy-lidded** *adj inv* schläfrig **heavy metal** I. *n* ① (*metal*) Schwermetall *nt* ② (*music*) Heavymetal *m* II. *n modifier* (*music, band*) Heavymetal-, Metal- *fam* **heavy petting** *n no pl* heftiges [*o* wildes] Petting **heavy-set** *adj* mollig, korpulent *geh* **heavy type** *n* fette Schrift **heavy water** *n no pl* PHYS schweres Wasser; TECH Schwerwasser *nt*

heavyweight I. *n* ① SPORTS Schwergewicht *nt;* (*person*) Schwergewicht *nt,* Schwergewichtler(in) *m(f)* ② (*fig*) Schwergewicht *nt,* Autorität *f,* Größe *f;* **a political/literary ~** ein politisches/literarisches Schwergewicht II. *n modifier* SPORTS Schwergewichts-, im Schwergewicht *nach n;* ~ **boxer** Schwergewichtler(in) *m(f);* ~ **champion** Meister(in) *m(f)* im Schwergewicht III. *adj* ① *inv* (*weighty*) schwer; ~ **cloth/paper** schwerer Stoff/schweres Papier ② (*fig: important*) *person* prominent, bedeutend; *problem* gewichtig; **a ~ report** ein ernst zu nehmender Bericht

Hebraic [hiːˈbreɪɪk] *adj inv* hebräisch

Hebrew [ˈhiːbruː] I. *n* ① (*person*) Hebräer(in) *m(f)* ② *no pl* (*language*) Hebräisch *nt* II. *adj inv* hebräisch

Hebrides [ˈhebrɪdiːz] *npl* ■**the ~** die Hebriden *pl;* **the Inner/Outer ~** die Inneren/Äußeren Hebriden

heck [hek] *interj* (*euph sl*) Mist! *sl;* ***where the ~ have you been?*** wo, zum Teufel, bist du gewesen?; ***it's a ~ of a walk from here*** es ist ein verdammt langer Weg von hier aus; ***oh ~!*** zum Kuckuck!; ***what the ~!*** wen kümmert's!, [scheiß]egal! *sl*

heckle [ˈhekl] I. *vi* dazwischenrufen, Zwischenrufe machen II. *vt* ■**to ~ sb** jdn durch Zwischenrufe stören [*o* aus dem Konzept bringen]

heckler [ˈheklə^r, AM -ɚ] *n* Zwischenrufer(in) *m(f)*

heckling [ˈheklɪŋ] *n* (*act*) Zwischenrufen *nt;* (*instance*) Zwischenruf *m*

hectare [ˈhekteə^r, -tɑː^r, AM -ter] *n* Hektar *m o nt*

hectic [ˈhektɪk] I. *adj* ① (*very fast*) hektisch; ~ **pace** hektische Gangart; (*fig*) rasantes Tempo ② MED (*hist*) hektisch; ~ **fever** hektisches Fieber, Febris hectica *f fachspr;* ~ **flush** hektische Röte II. *n* (*hist: fever*) hektisches Fieber; (*person*) Schwindsüchtige(r) *f(m)*

hectoliter [ˈhektoʊˌliːt̬ɚ] AM, **hectolitre** [-tə(ʊ),liːtə^r] *n* Hektoliter *m*

hector [ˈhektə^r, AM -ɚ] I. *vt* ■**to ~ sb** jdn tyrannisieren [*o fam* schikanieren] II. *n* Tyrann(in) *m(f)*

hectoring [ˈhektərɪŋ, AM -ɚɪŋ] *adj attr* tyrannisch

he'd [hiːd] = **he had/he would** *see* **have/will¹**

hedge [hedʒ] I. *n* ① (*fence*) *of bushes* Hecke *f* ② (*fig: barrier*) Schutzwall *m;* (*protection*) Schutz *m* (**against** vor +*dat*), Absicherung *f* (**against** gegen +*akk*) II. *vt* ① (*surround*) ■**to ~ sth** *garden, property* etw [mit einer Hecke] umgeben; ■**to ~ sb/sth** (*fig*) jdn/etw einengen, einschränken ② ECON (*protect*) ■**to ~ sth** etw absichern ▶ PHRASES: **to ~ one's bets** nicht alles auf eine Karte setzen, auf Nummer sicher gehen *fam* III. *vi* ① (*avoid action*) ausweichen, kneifen *pej fam;* (*avoid commitment*) sich *akk* nicht festlegen wollen; ***stop ~ and give me a straight answer*** weich mir nicht dauernd aus und gib mir eine klare Antwort ② ECON ■**to ~ against sth** sich *akk* gegen etw *akk* absichern, sich *akk* vor etw *dat* schützen; **to ~ against inflation** sich *akk* gegen Inflationsverluste absichern

◆**hedge about, hedge around** *vt* ■**to ~ about/around ◌ sth** etw behindern [*o* erschweren]; (*restrict*) etw einschränken

◆**hedge in** *vt* ① (*with bushes*) ■**to ~ in ◌ sth** *garden, property* etw [mit einer Hecke] einfassen [*o* umgeben] ② ECON **to ~ in an investment** eine Investition absichern ③ (*fig: restrict*) ■**to ~ in ◌ sb** jdn behindern [*o* beschränken] [*o* einengen]; ■**to ~ in ◌ sth** etw behindern [*o* erschweren]

◆**hedge off** *vt* ■**to ~ off ◌ sth** *garden, property, house* etw [mit einer Hecke] abgrenzen [*o* abtrennen]

◆**hedge round** *vt* BRIT *see* **hedge about**

hedge clippers *npl* Heckenschere *f;* **set of ~** Heckenschere *f* **hedgehog** *n* Igel *m* **hedge-hop** *vi* tief fliegen **hedgerow** *n* Hecke *f,* Knick *m* NORDD **hedge sparrow** *n* Heckenbraunelle *f*

hedge transaction *n* FIN Sicherungsgeschäft *nt*

hedge-trimmer *n* [**a set of**] **~s** Heckenschneidemaschine *f,* elektrische Heckenschere

hedging [ˈhedʒɪŋ] *n no pl* ECON, FIN Kurssicherungsgeschäft *nt,* Hedging *nt fachspr*

hedonism [ˈhiːdənɪzəm] *n no pl* Hedonismus *m*

hedonist [ˈhiːdənɪst] *n* Hedonist(in) *m(f)*

hedonistic [ˌhiːdənˈɪstɪk] *adj* hedonistisch

heebie-jeebies [ˌhiːbiˈdʒiːbiz] *npl* ■**the ~** Beklemmung *f,* Zustände *mpl fam;* **to get the ~** Zustände kriegen *fam;* **to give sb the ~** jdm eine Gänsehaut machen

heed [hiːd] (*form*) I. *vt* ■**to ~ sth** etw beachten, etw *dat* Beachtung schenken *geh;* **to ~ advice** einen Rat befolgen [*o geh* beherzigen]; **to ~ a warning** eine Warnung ernst nehmen II. *n no pl* Beachtung *f;* **to pay ~ to sth, to take ~ of sth** etw beherzigen, auf etw *akk* achten

heedful [ˈhiːdfəl] *adj* (*form*) achtsam; ■**to be ~ of sb/sth** jdn/etw beachten; **to be ~ of sb's advice** jds Rat *m* befolgen [*o geh* beherzigen]

heedless [ˈhiːdləs] *adj* (*form*) achtlos, unachtsam; ■**to be ~ of sth** etw nicht beachten, nicht auf etw *akk* achten; ■**~ of sth** ungeachtet einer S. *gen;* **~ of dangers** ungeachtet der Gefahren

heedlessly [ˈhiːdləsli] *adv* achtlos, unachtsam

hee-haw [ˈhiːˌhɔː, AM *esp* -ˌhɑː] I. *interj* iah II. *n* ① (*noise*) Iah *nt;* (*childspeak: donkey*) Esel *m* ② (*laugh*) wieherndes Gelächter, Gewieher *nt fam* III. *vi* ① (*make noise*) iahen ② (*laugh*) wiehernd lachen, [vor Lachen] wiehern *fam*

heel¹ [hiːl] I. *n* ① (*body part*) Ferse *f; of animal* Hinterfuß *m,* Hinterlauf *m; of horse* hinterer Teil des Hufs; **the ~ of the hand** der Handballen; ■**to be at sb's ~s** (*follow*) jdm [dicht] folgen; (*fig: chase*) jdm auf den Fersen sein ② (*of shoe*) Absatz *m;* (*of sock*) Ferse *f;* ■**~s** *pl* hochhackige Schuhe, Stöckelschuhe *mpl;* **to turn on one's ~** auf dem Absatz kehrtmachen ③ (*end part*) Anschnitt *m,* Endstück *nt; of bread* [Brot]kanten *m bes* NORDD, Scherz *m* SÜDD, ÖSTERR, Knust *m* DIAL; *of violin bow* Frosch *m; of golf club* Ferse *f* ④ (*pej dated fam: man*) Scheißkerl *m pej sl;* (*woman*) Miststück *nt pej sl* ▶ PHRASES: **to show [sb] a clean pair of ~s** (*run away*) jdm die Fersen zeigen, Fersengeld geben; (*leave behind*) jdn abhängen; **to follow close** [*or* **hard**] **on the ~s of sth** unmittelbar auf etw *akk* folgen; **to be hard** [*or* **close**] [*or* **hot**] **on sb's ~s** jdm dicht auf den Fersen sein; **to be down at** [**the**] **~** *person* heruntergekommen sein; *shoe* abgetreten sein; **to bring sb/an animal to ~** jdn/ein Tier gefügig machen; **to bring sth to ~** etw unter Kontrolle bringen; **to come to ~** *person* sich *akk* fügen, spuren *fam; dog* bei Fuß gehen; **to dig one's ~s in** sich *akk* auf die Hinterbeine stellen; **to kick** [*or* **cool**] **one's ~s** (*wait*) sich *dat* die Beine in den Bauch stehen; (*do nothing*) Däumchen drehen *fam,* rumhängen *fam;* **to kick up one's ~s** auf den Putz hauen *fam;* **to take to one's ~s** die Beine in die Hand nehmen *fam,* Fersengeld geben; **under the ~ of sb/sth** unter der Herrschaft einer Person/einer S. *gen* II. *interj* ■**~!** bei Fuß! III. *vt* ① (*in shoe-making*) **to ~ a shoe** einen neuen Absatz auf einen Schuh machen ② (*in golf*) **to ~ a ball** den Ball mit der Ferse schlagen ▶ PHRASES: **to be well ~ed** (*fam*) gut betucht sein IV. *vi* FBALL mit dem Absatz kicken; (*in rugby*) einen Ball hakeln [*o* mit dem Absatz spielen]

heel² [hiːl] NAUT I. *vi* ■**to ~ over** sich *akk* auf die Seite legen, krängen *fachspr;* **to ~ hard over** sich *akk* stark auf die Seite legen, stark krängen II. *vt* **to ~ a boat/ship** ein Boot/Schiff zum Krängen bringen [*o fachspr* krängen lassen] III. *n* (*instance*) Seitenneigung *f,* Krängung *f fachspr;* (*angle*) Neigungswinkel *m*

heel bar *n* Schuh[sofort]reparaturservice *m,* Absatzschnelldienst *m*

heeler [ˈhiːlə^r] *n* AUS Schäferhund *m*

heft [heft] I. *vt* ■**to ~ sth** etw hochheben (*bes. um das Gewicht festzustellen*) II. *n* AM (*weight*) Gewicht *nt*

hefty [ˈhefti] *adj* ① (*strong*) *person* kräftig [gebaut], stämmig; **~ push** kräftiger Stoß ② (*large*) mächtig; **a ~ book** ein Wälzer *m;* **~ workload** hohe Arbeitsbelastung ③ (*considerable*) deutlich, saftig *fam;* **~ bonus** beträchtlicher Bonus; **~ commission** stattliche Provision; **~ price rise** deutliche Preiserhöhung

Hegelian [hɪˈɡeɪliən] I. *adj inv* ① (*by Hegel*) Hegelsch ② (*following Hegel*) Hegelianisch II. *n* Hegelianer(in) *m(f)*

hegemonic [ˌheɡɪˈmɒnɪk, AM ˌhedʒɪˈmɑːn-] *adj inv* hegemonisch, hegemonial

hegemony [hɪˈɡeməni, AM -ˈdʒem-] *n no pl* Hegemonie *f*

hegira [ˈhedʒɪrə] *n* (*hist*) Hedschra *f hist;* (*fig liter*) Exodus *m geh*

heifer [ˈhefə^r, AM -ɚ] *n* Färse *f*

heigh-ho [ˌheɪˈhəʊ, AM -ˈhoʊ] *interj* nun ja!, ach ja!

height [haɪt] *n* ① (*top to bottom*) Höhe *f; of a person* [Körper]größe *f;* ***his ~ is about 1.75 metres*** er ist ungefähr 1,75 Meter groß; **at chest/eye ~** in Brust-/Augenhöhe; **to adjust the ~ of sth** etw höher/niedriger stellen; **to gain/lose ~** an Höhe gewinnen/verlieren; **to be 6 metres in ~** 6 Meter hoch sein ② (*high places*) ■**~s** *pl* Höhen *fpl;* **fear of ~s** Höhenangst *f;* **to be afraid of ~s** nicht schwindelfrei sein ③ (*rare: hill*) ■**~s** *pl* Hügel *mpl,* Anhöhen *fpl* ④ (*fig: peak*) Höhepunkt *m;* ***this is the ~ of pleasure for me*** das ist für mich das Höchste der Gefühle; **to be at the ~ of one's career** auf dem Höhepunkt seiner Karriere sein; **to be dressed in the ~ of fashion** nach der neuesten Mode gekleidet sein; **to be at the ~ of one's power** auf dem Gipfel seiner Macht sein; **at the ~ of summer** im Hochsommer; **to rise to giddy** [*or* **dizzy**] **~s** (*fam*) in Schwindel erregende Höhen aufsteigen; **to attain great ~s, to scale ~s** den Höhepunkt erreichen; *shares, prices* Spitzenwerte erreichen ⑤ (*of characteristic*) Höchstmaß *nt,* Maximum *nt;* **the ~ of bad-manners** [*or* **ill-manners**] der Gipfel der Unverschämtheit; **the ~ of folly/stupidity** der Gipfel der Torheit/Dummheit; **the ~ of kindness/patience** das Äußerste an Güte/Geduld

heighten [ˈhaɪtən] I. *vt* ■**to ~ sth** ① (*raise*) etw höher machen [*o* stellen]; **to ~ a mirror/picture** einen Spiegel/ein Bild höher hängen ② (*increase*) etw steigern [*o* erhöhen]; *feeling, effect* etw verstärken; **to ~ one's awareness** seine Aufmerksamkeit erhöhen; **to ~ pleasure/tension** ein Vergnügen/eine Spannung steigern; **to ~ sb's suffering** jds Leiden *nt* verschlimmern; **to ~ the value of a house/painting** den Wert eines Hauses/Gemäldes erhöhen [*o* steigern] ③ (*emphasize*) etw betonen [*o* hervorheben]; **to ~ one's cheekbones/eyes** seine Backenknochen/Augen betonen [*o* hervorheben] II. *vi* *anger, panic, pleasure* ansteigen, wachsen, zunehmen

Heimlich maneuver ['haɪmlɪk-] AM, **Heimlich manoeuvre, Heimlich procedure** *n* Heimlich-Handgriff *m*
heinie ['haɪni:] *n* AM (*fam! sl*) Arsch *m vulg*
heinous ['heɪnəs, 'hi:-] *adj* (*form*) abscheulich, grässlich, verabscheuungswürdig *form*
heinously ['heɪnəsli, 'hi:-] *adv* auf abscheuliche Weise
heinousness ['heɪnəsnəs] *n no pl* Schändlichkeit *f*, Abscheulichkeit *f*
heir [eəʳ, AM er] *n* Erbe, -in *m, f;* ~ **to the throne** Thronfolger(in) *m(f)*, Thronerbe, -in *m, f;* **to be [the]** ~ **to sb's estate/a fortune** jds Nachlass *m*/ein Vermögen erben; **to be [the]** ~ **to problems/a tradition** (*fig*) Probleme/eine Tradition übernehmen
heir apparent <*pl* heirs apparent> *n* gesetzlicher [*o* rechtmäßiger] Erbe/gesetzliche [*o* rechtmäßige] Erbin; ~ **to the throne** rechtmäßiger Thronfolger/rechtmäßige Thronfolgerin *a. fig*
heiress <*pl* -es> ['eəres, AM 'erɪs] *n* Erbin *f; see also* **heir**
heirloom ['eəlu:m, AM 'er-] *n* Erbstück *nt;* **family** ~ Familienerbstück *nt*
heist [haɪst] **I.** *n esp* AM (*fam*) bewaffneter Raub[überfall]; **jewelry** ~ Juwelenraub *m* **II.** *vt esp* AM (*fam*) ■**to** ~ **sth** (*steal*) etw rauben; (*rob*) etw ausrauben; **to** ~ **a car** ein Auto ausrauben; **to** ~ **jewels** Juwelen rauben
held [held] *vt, vi pt, pp of* **hold**
Helen ['helən] *n* Helena *f;* ~ **of Troy** die schöne Helena
helical ['helɪkᵊl] *adj inv* spiralförmig; TECH schneckenförmig, schraubenförmig; ~ **gear** Schrägstirnrad *nt;* ~ **stair** Wendeltreppe *f*
helical scan *n* COMPUT Schrägspurverfahren *nt*
helices ['hi:lɪsi:z] *n pl of* **helix**
helicopter ['helɪkɒptəʳ, AM -kɑ:ptɚ] **I.** *n* Hubschrauber *m*, Helikopter *m geh* **II.** *n modifier* (*pad, pilot, radio*) Hubschrauber- **III.** *vt* ■**to** ~ **sb/sth** jdn/etw mit dem Hubschrauber transportieren
helicopter gunship *n* Kampfhubschrauber *m*
Heligoland ['helɪgə(ʊ)lænd, AM -goʊ-] *n no pl* Helgoland *nt*
heliocentric [ˌhi:liə(ʊ)'sentrɪk, AM -oʊ'-] *adj inv* heliozentrisch
heliograph [ˌhi:liə(ʊ)'grɑ:f, AM -oʊ'græf] **I.** *n* Heliograph *m* **II.** *vt* ■**to** ~ **sth** *message* etw per Heliograph übermitteln
heliotrope ['hi:liətrəʊp, AM -troʊp] **I.** *n* ❶ BOT Heliotrop *nt* ❷ (*colour*) Blauviolett *nt* **II.** *adj* ❶ *inv* BOT heliotrop ❷ *colour* blauviolett
heliotropic [ˌhi:liə(ʊ)'trɒpɪk, AM -oʊ'trɑ:p-] *adj inv* phototropisch, heliotropisch *veraltend*
helipad ['helɪ-] *n* Hubschrauberlandeplatz *m* **heliport** *n* Heliport *m*, Hubschrauberlandeplatz *m* **heli-skiing** *n* Heli-Skiing *nt fachspr* (*Skisportart, bei der der Skifahrer mit einem Hubschrauber auf den Berg geflogen wird*)
helium ['hi:liəm] *n no pl* Helium *nt*
helix <*pl* -lices> ['hi:lɪks, *pl* -lɪsi:z] *n* ❶ (*spiral*) Spirale *f* ❷ ARCHIT Volute *f fachspr* ❸ BIOL, CHEM Helix *f fachspr*
hell [hel] **I.** *n no pl* ❶ (*not heaven*) Hölle *f;* **to go to** ~ in die Hölle kommen, zur Hölle fahren *geh o fig* ❷ (*fig fam*) Hölle *f fam;* ***to*** ~ ***with it!*** ich hab's satt!; ***to*** ~ ***with you!*** du kannst mich mal!; **to not have a chance/hope in** ~ nicht die geringste Chance/leiseste Hoffnung haben; ~ **on earth** die Hölle auf Erden; **to annoy the** ~ **out of sb** (*fam*) jdn schrecklich nerven, jdm fürchterlich auf den Keks gehen *fam;* **to be** ~ die Hölle sein *fam;* **to be** ~ **on sb/sth** für jdn/etw die Hölle sein; **to beat [***or* **knock] the** ~ **out of sb** jdn windelweich prügeln *fam*, jdn grün und blau schlagen *fam;* ■**sth/sb from** ~ etw/jd ist die reinste Hölle; **a job/winter from** ~ eine höllische Arbeit/ein höllischer Winter; **to frighten [***or* **scare] the** ~ **out of sb** jdn zu Tode erschrecken; **to go through** ~ durch die Hölle gehen; **to have been to** ~ **and back** durch die Hölle gegangen sein; **to make sb's life** ~ jdm das Leben zur Hölle machen; **to raise** ~ (*complain*) Krach schlagen *fam;* (*be loud and roudy*) einen Höllenlärm machen ❸ (*fam: for emphasis*) ***he's one*** ~ ***of a guy!*** er ist echt total in Ordnung!; ***they had a*** ~ ***of a time*** (*negative*) es war die Hölle für sie; (*positive*) sie hatten einen Heidenspaß; **a** ~ **of a decision** eine verflixt schwere Entscheidung *fam;* **a** ~ **of a lot** verdammt viel; **a** ~ **of a performance** eine Superleistung *fam;* **as cold as** ~ saukalt *sl;* **as hard as** ~ verflucht hart *sl;* **as hot as** ~ verdammt heiß *sl;* **to do sth as quickly as** ~ etw in einem Höllentempo machen *fam;* **to hope/wish to** ~ (*fam*) etw inständig hoffen/wünschen ▸ PHRASES: **to go to** ~ **in a handbasket** AM (*fam*) den Bach runtergehen *fam;* **to run** ~ **for leather** (*dated fam*) wie der Teufel rennen *fam;* **the road to** ~ **is paved with good intentions** (*prov*) es gibt nichts Gutes, außer man tut es *prov;* **come** ~ **or high water** (*fam*) komme, was wolle; **all** ~ **breaks loose** die Hölle [*o* der Teufel] ist los; **until** ~ **freezes over** (*dated fam*) bis in alle Ewigkeit; ***she'll be waiting until*** ~ ***freezes over*** da kann sie warten, bis sie schwarz wird; **to give sb** ~ (*scold*) jdm die Hölle heiß machen *fam;* (*make life unbearable*) jdm das Leben zur Hölle machen; **go to** ~**!** (*sl: leave me alone*) scher dich zum Teufel! *sl;* **to have** ~ **to pay** (*fam*) jede Menge Ärger haben *fam;* **to play** ~ **with sth** mit etw *dat* Schindluder treiben *fam;* **to do sth for the** ~ **of it** etw aus reinem Vergnügen [*o* zum Spaß] machen; **from** ~ entsetzlich, schrecklich; ***we had a weekend from*** ~ unser Wochenende war eine Katastrophe; **like** ~ wie verrückt *fam* **II.** *interj* ***what the*** ~ ***are you doing?*** was zum Teufel machst du da?; ***get the*** ~ ***out of here, will you?*** mach, dass du rauskommst! *fam*, scher dich zum Teufel! *sl;* ***oh*** ~**!** Scheiße! *sl*, Mist! *fam;* ~ ***no!*** bloß nicht! ▸ PHRASES: ~**'s bells [***or* **teeth]!** verdammt nochmal! *sl;* **like** ~**!** (*sl*) nie im Leben! *sl;* **the** ~ **you do!** AM (*fam*) einen Dreck tust du! *sl;* **what the** ~**!** (*sl*) was soll's! *fam*
he'll [hi:l] = **he will/he shall** *see* **will¹/shall**
hellbender *n* AM Schlammteufel *m* **hell-bent** *adj pred* fest [*o* wild] entschlossen; **to be** ~ **on sth** etw um jeden Preis wollen **hellcat** *n* (*pej*) Teufelsweib *nt pej*
hellebore <*pl* – *or* -s> ['helɪbɔ:ʳ, AM bɔ:r] *n* BOT Nieswurz *f*
Hellenic [hel'i:nɪk, AM hə'len-] **I.** *n no pl* Hellenisch *nt*, Griechisch *nt* **II.** *adj inv* hellenisch, griechisch
Hellenist ['helɪnɪst] *n* Hellenist(in) *m(f)*
Hellenistic [ˌhelɪ'nɪstɪk] *adj inv* hellenistisch
hellfire **I.** *n no pl* (*fire in hell*) Höllenfeuer *nt;* (*purgatory*) Fegefeuer *nt* **II.** *n modifier* orthodox, gottesfürchtig; ~ **preacher/puritanism** strenggläubiger [*o* orthodoxer] Prediger/Puritanismus **hellhole** *n* (*pej fam*) finsteres [*o* scheußliches] Loch **hellhound** *n* (*pej*) Höllenhund *m pej*, Teufel *m pej*
hellion ['heljən] *n* AM (*pej*) Satansbraten *m pej*
hellish ['helɪʃ] **I.** *adj* ❶ *inv* (*of hell*) höllisch, teuflisch ❷ (*fig fam: dreadful*) höllisch *fam*, scheußlich *fam;* ~ **cold/heat** mörderische Kälte/Hitze; **a** ~ **day** ein grässlicher Tag; **a** ~ **experience** ein schreckliches Erlebnis; **a** ~ **noise** ein Höllenlärm *m* **II.** *adv* BRIT (*fam*) verdammt *fam*, höllisch *fam*
hellishly ['helɪʃli] *adv* (*fam*) ❶ (*dreadfully*) höllisch *fam*, scheußlich *fam* ❷ (*extremely*) verdammt *fam*, höllisch *fam;* ~ **cold/hot** verdammt kalt/heiß
hello [hel'əʊ, AM -'oʊ] **I.** *n* Hallo *nt;* ***a big*** ~ ***to all who've come*** ein herzliches Willkommen an alle, die gekommen sind; **to give sb a** ~ jdn begrüßen; **to say** ~ **to sb** jdn [be]grüßen; ***say*** ~ ***to your family [from me]*** grüß deine Familie [von mir] **II.** *interj* ❶ (*in greeting*) hallo!; (*on phone*) hallo!; (*attracting attention*) hallo! ❷ BRIT (*in surprise*) nanu!, holla! ❸ (*fam: get with it*) Moment mal! *fam*
hellraiser *n* Unruhestifter(in) *m(f)*, Randalierer(in) *m(f)*
Hell's Angels *npl* Hell's Angels *pl*
helluva ['heləvə] (*fam*) = **hell of a** *see* **hell I 3**
helm¹ [helm] *n* Ruder *nt*, Steuer *nt;* **to be at the** ~ am Ruder sein; (*fig*) an der Macht [*o* am Ruder] sein; **to take the** ~ das Steuer übernehmen; (*fig*) die Führung [*o* das Ruder] übernehmen
helm² [helm] *n* (*old: helmet*) Helm *m*
helmet ['helmət] *n* Helm *m;* **bicycle** ~ Fahrradhelm *m;* **crash** ~ Sturzhelm *m;* **fencing** ~ Fechtmaske *f*
helmeted ['helmətɪd, AM -t̬-] *adj inv* behelmt, mit Helm *nach n*
helmsman *n* Steuermann, Steuerfrau *m, f*
help [help] **I.** *n no pl* ❶ (*assistance*) Hilfe *f;* (*financial*) Unterstützung *f;* ***do you need any*** ~ ***with those boxes?*** soll ich dir mit diesen Kisten helfen?; ***can I be of*** ~ ***to you?*** kann ich Ihnen irgendwie helfen?; ***the victims were beyond*** ~ den Opfern war nicht mehr zu helfen; ***this guy is beyond*** ~**!** dem Typ ist nicht mehr zu helfen!; ***if she is caught stealing again, there'll be no*** ~ ***for it, I'll have to call the police*** wenn man sie noch einmal beim Stehlen erwischt, wird man wohl die Polizei rufen müssen; **to be a big** ~ **with sth** bei etw *dat* eine große Hilfe sein; **to cry [***or* **go crying] for** ~ nach Hilfe schreien; **to give [***or* **provide]** ~ Hilfe leisten; **to give** ~ **to sb** jdm helfen; **to run [***or* **go running] for** ~ Hilfe suchen; ■**to be of** ~ **to sth** für etw *akk* hilfreich sein; ■**to be of** ~ **to sb** für jdn eine Stütze [*o* Hilfe] sein ❷ (*employee*) Aushilfe *f*, Hilfskraft *f;* ■**the** ~ + *sing/pl vb* das Personal; **home** ~ [Haushalts]hilfe *f*, Zugehfrau *f bes* SÜDD; **to have [**AM **hired]** ~ **come in** eine Haushaltshilfe haben; **to be short of** ~ wenig Personal haben ❸ COMPUT Hilfe-Funktion *f* **II.** *interj* ■~**!** Hilfe! **III.** *vi* ❶ (*assist*) helfen; ***is there any way that I can*** ~**?** kann ich irgendwie behilflich sein? ❷ (*improve situation*) helfen; *medicine also* Abhilfe schaffen **IV.** *vt* ❶ (*assist*) ■**to** ~ **sb** jdm helfen [*o* beistehen]; ~ ***me!*** Hilfe!; ***God*** [*or* ***Heaven***] ~ ***us!*** der Himmel stehe uns bei!; ***her knowledge of Swahili*** ~***ed her*** ihre Suahelikenntnisse haben ihr genützt; [***how***] ***can I*** ~ ***you?*** was kann ich für Sie tun?; (*in a shop*) kann ich Ihnen behilflich sein?; ***nothing can*** ~ ***her now*** ihr ist nicht mehr zu helfen; ***I wonder if you could*** ~ ***me …*** vielleicht könnten Sie mir weiterhelfen …; ***so*** ~ ***me God*** so wahr mir Gott helfe; ***could you*** ~ ***me with my coat, please?*** würden Sie mir bitte in den Mantel helfen?; **to** ~ **sb down the stairs/into a taxi** jdm die Treppen hinunterhelfen/in ein Taxi helfen; **to** ~ **sb through their depression/a difficult time** jdm über eine Depression/eine schwierige Zeit hinweghelfen; **to** ~ **sb with their homework** jdm bei den Hausaufgaben helfen; ■**to** ~ **sb/sth to do sth** jdm/etw dabei helfen, etw zu tun ❷ (*improve*) ■**to** ~ **sth** etw verbessern; ***a little make-up would*** ~ ***your appearance a lot*** mit ein bisschen Make-up würdest du viel besser aussehen; ***these drops will*** ~ ***your cough*** diese Tropfen werden deinen Husten lindern ❸ (*contribute*) ■**to** ~ **sth** zu etw *dat* beitragen; ***the drought has*** ~***ed to make this a disastrous year for Somalia*** die Dürre war auch ein Grund dafür, dass dies ein katastrophales Jahr für Somalia wurde ❹ (*prevent*) ***I can't*** ~ ***it*** [*or* ***myself***] ich kann nicht anders; ***stop giggling! — I can't*** ~ ***it!*** hör auf zu kichern! - ich kann nichts dagegen machen!; ***he can't*** ~ ***his looks*** er kann nichts für sein Aussehen; ***I can't*** ~ ***thinking that she'd be better off without him*** ich denke einfach, dass es ihr ohne ihn besser gehen würde; ***she couldn't*** ~ ***wondering whether the rumour was true*** sie konnte nicht umhin, sich zu fragen, ob an dem Gerücht etwas Wahres dran war; ***I couldn't*** ~ ***staring at the strange man*** ich musste den seltsamen Mann einfach anstarren; ***will the companies merge? — not if I can*** ~ ***it*** werden die Unternehmen fusionieren? – nicht wenn ich es verhindern kann; ■**sth can't be** ~**ed** etw ist nicht zu ändern, etw ist halt so *fam* ❺ (*take*) ■**to** ~ **oneself** sich *akk* bedienen; ***please*** ~ ***yourself*** bitte bedienen Sie sich; ***he*** ~***ed himself from the sweets tray*** er nahm sich etwas aus der Bonbonschale; ■**to** ~ **oneself to sth** sich *dat* etw nehmen; *thief* sich *akk* an etw *dat* bedienen *fam* ❻ (*give*) ■**to** ~ **sb to sth** jdm etw reichen; ***shall I*** ~ ***you to more wine?*** darf ich Ihnen noch etwas Wein nachschenken? ▸ PHRASES: **God** ~**s**

H

those who ~ themselves (*prov*) hilf dir selbst, dann hilft dir Gott

◆**help along** *vt* ■**to ~ sb along** jdm helfen, jdm auf die Sprünge helfen; ■**to ~ sth along** etw vorantreiben

◆**help off** *vt* ■**to ~ sb off with sth** jdm helfen, etw auszuziehen; ***let me ~ you off with your coat!*** warten Sie, ich helfe Ihnen aus dem Mantel!

◆**help on** *vt* ■**to ~ sb on with sth** jdm helfen, etw anzuziehen; ***can I ~ you on with your coat?*** darf ich Ihnen in den Mantel helfen?

◆**help out** I. *vt* ■**to ~ out** ↻ **sb** jdm [aus]helfen, jdn unterstützen II. *vi* aushelfen; ■**to ~ out with sth** bei etw *dat* helfen

◆**help up** *vt* ■**to ~ sb up** jdm aufhelfen

help desk *n* Information *f;* COMPUT Helpdesk *nt fachspr,* Störungsstelle *f*

helper [ˈhelpəʳ, AM -ɚ] *n* (*person*) Helfer(in) *m(f);* (*assistant*) Gehilfe, -in *m, f;* (*tool*) Hilfsmittel *nt;* **kitchen ~** (*person*) Küchenhilfe *f;* (*tool*) Küchengerät *nt*

helpful [ˈhelpfᵊl] *adj person* hilfsbereit; *tool, suggestion* hilfreich, nützlich; **to be ~ [to sb]** [jdm] helfen; ***I'm sorry, I was only trying to be ~*** es tut mir Leid, ich wollte nur helfen

helpfully [ˈhelpfᵊli] *adv* (*ready to help*) hilfsbereit; (*useful*) hilfreich; ***the man ~ took her bags*** der Mann war so nett und trug ihre Taschen

helpfulness [ˈhelpfᵊlnəs] *n no pl of person* Hilfsbereitschaft *f;* (*usefulness*) *of tool, comment* Nützlichkeit *f*

helping [ˈhelpɪŋ] I. *n of food* Portion *f;* **to take a second** [*or* **another**] **~** sich *dat* noch einmal nehmen [*o fam* auftun] II. *adj attr, inv* hilfreich; **to give** [*or* **lend**] **sb a ~ hand** jdm helfen [*o geh* behilflich sein]; **to need a ~ hand** Hilfe gebrauchen

helpless [ˈhelpləs] *adj* (*lacking help*) hilflos; (*weak*) machtlos; **to be ~ with laughter** sich *akk* vor Lachen kaum noch halten können

helplessly [ˈhelpləsli] *adv* (*lacking help*) hilflos; (*weakly*) machtlos; ***she laughed ~*** sie hat sich halb totgelacht; ***they were ~ drunk*** sie waren völlig betrunken

helplessness [ˈhelpləsnəs] *n no pl* (*lack of help*) Hilflosigkeit *f;* (*weakness*) Machtlosigkeit *f*

helpline *n* (*for emergencies*) Notruf *m;* (*for information*) telefonischer Beratungsdienst **helpmate** *n* (*spouse*) Gefährte, -in *m, f geh o veraltet;* (*helper*) Gehilfe, -in *m, f veraltend* **help screen** *n* COMPUT Hilfebildschirm *m*

helter-skelter [ˌheltəˈskeltəʳ, AM -ɚˈskeltɚ] I. *adj inv* (*hurried*) hektisch; (*messy*) chaotisch II. *adv inv* (*hurriedly*) hastig, Hals über Kopf; (*messily*) chaotisch, durcheinander III. *n* ❶ BRIT (*at funfair*) *spiralförmige Rutsche* ❷ (*mess*) Durcheinander *nt,* Chaos *nt*

helve [helv] *n* (*handle*) *of a weapon* Heft *nt; of a tool* Griff *m*

hem¹ [hem] I. *interj* hm! II. *n* Räuspern *nt* III. *vi* <-mm-> sich *akk* räuspern; **to ~ and haw** (*fam*) herumdrucksen *fam*

hem² [hem] I. *n* Saum *m;* **to let the ~ down** den Saum herauslassen; **to take the ~ up** den Saum aufnehmen II. *vt* <-mm-> **to ~ trousers/a skirt/a dress** eine Hose/einen Rock/ein Kleid säumen

◆**hem about** *vt* ■**to ~ about** ↻ **sb/sth** jdn/etw umgeben [*o* einschließen]

◆**hem in** *vt* ❶ (*surround*) ■**to ~ in** ↻ **sb/sth** jdn/etw umgeben [*o* einschließen] ❷ (*fig: constrain*) ■**to ~ in** ↻ **sb** jdn einengen; **to feel ~med in** sich *akk* eingeengt fühlen

he-man *n* (*fam*) Heman *m fam;* **a real ~** ein richtiger Mann

hematite *n* AM *see* **haematite**

hematologist *n* AM *see* **haematologist**

hematology *n* AM *see* **haematology**

hemiplegia [ˌhemiˈpliːdʒiə] *n no pl* halbseitige Lähmung, Hemiplegie *f fachspr*

hemiplegic [ˌhemiˈpliːdʒɪk] *adj inv* halbseitig gelähmt

hemisphere [ˈhemɪsfɪəʳ, AM -sfɪr] *n* ❶ GEOG, ASTRON *of earth* [Erd]halbkugel *f,* Hemisphäre *f geh;* **northern ~** nördliche Halbkugel [*o geh* Hemisphäre], Nordhalbkugel *f selten;* **southern ~** südliche Halbkugel [*o geh* Hemisphäre], Südhalbkugel *f selten* ❷ MED *of brain* Gehirnhälfte *f,* Hemisphäre *f fachspr;* **cerebral ~** Gehirnhälfte *f,* Gehirnhemisphäre *f fachspr*

hemispheric [ˌhemɪˈsferɪk, AM -ˈsfɪr-] *adj inv* ❶ GEOG hemisphärisch, der Halbkugel [*o geh* Hemisphäre] *nach n;* **the Southern ~ season** die Jahreszeit auf der südlichen Halbkugel ❷ MED hemisphärisch *fachspr*

hemline [ˈhemlaɪn] *n* [Kleider]saum *m;* ***~s are up/down*** die Röcke sind kurz/lang

hemline theory *n* STOCKEX Rocksaumtheorie *f*

hemlock [ˈhemlɒk, AM -lɑːk] *n* ❶ *no pl* (*plant*) Schierling *m;* (*poison*) Schierlingssaft *m;* **cup of ~** Schierlingsbecher *m* ❷ (*pine tree*) Schierlingstanne *f,* Hemlocktanne *f*

hemoglobin *n no pl esp* AM *see* **haemoglobin**

hemophilia *n no pl esp* AM *see* **haemophilia**

hemorrhage *vi esp* AM, AUS *see* **haemorrhage**

hemorrhoids *npl esp* AM *see* **haemorrhoids**

hemp [hemp] I. *n no pl* ❶ (*plant*) Hanf *m* ❷ (*fibre*) Hanf *m,* Hanffaser *f* ❸ (*drug*) Haschisch *nt,* Cannabis *m sl* II. *n modifier* (*cloth, paper, rope*) Hanf-; **~ fibre** Hanffaser *f*

hemstitch [ˈhemstɪtʃ] I. *n* Hohlsaum *m* II. *vt* ■**to ~ sth** etw mit Hohlsaum versehen

hen [hen] *n* ❶ (*chicken*) Henne *f,* Huhn *nt* ❷ (*female lobster, crab*) Weibchen *nt* ❸ (*fam: mother*) Glucke *f pej fam* ❹ SCOT (*to a woman*) Hasi *nt fam,* Mausi *nt fam*

henbane [ˈhenbeɪn] *n* Bilsenkraut *nt*

hence [hen(t)s] *adv inv* ❶ *after n* (*from now*) von jetzt an; (*from then*) von da an; **four weeks ~** in vier Wochen ❷ (*therefore*) daher, folglich, also ❸ (*old: from here*) von hinnen *veraltet o hum;* ***go ~!*** hinweg [mit dir]! *veraltet o hum*

henceforth [ˌhen(t)sˈfɔːθ, AM -ˈfɔːrθ] *adv,* **henceforward** [ˌhen(t)sˈfɔːwəd, AM -ˈfɔːrwɚd] *adv inv* (*form: from this time on*) fortlan *geh,* künftig, von nun an; (*from that time on*) seither, von da an

henchman [ˈhen(t)ʃmən] *n* (*criminal*) Spießgeselle *m,* Kumpan *m,* Handlanger *m pej;* (*supporter*) Anhänger(in) *m(f)*

hencoop *n,* **henhouse** *n* Hühnerstall *m*

henna [ˈhenə] I. *n* ❶ *no pl* (*shrub*) Hennastrauch *m* ❷ (*dye*) Henna *f o nt* II. *vt* **to ~ one's hair** seine Haare mit Henna färben

hen night *n* BRIT (*fam*) *Party am Abend vor der Hochzeit für die Braut und ihre Freundinnen*

hen party *n* BRIT (*fam*) ❶ (*pej*) Damenkränzchen *nt fam,* Weiberrunde *f pej fam* ❷ *see* **hen night**

henpeck I. *vt* ■**to ~ sb** jdn unter dem Pantoffel haben *fam* II. *vi* den Pantoffel schwingen *fam* **henpecked** *adj* **~ husband** Pantoffelheld *m fam;* ■**to be ~** unter dem Pantoffel stehen *fam* **hen-run** *n* Hühnerhof *m,* Auslauf *m* [für Hühner]

Henry <*pl* -ries *or* -s> [ˈhenri] *n* Heinrich *m*

hen weekend *n* BRIT *eine das ganze Wochenende dauernde Party, die die Braut vor der Hochzeit für ihre Freundinnen gibt*

hepatic [hɪˈpætɪk, AM -t̬-] *adj inv* Leber-, hepatisch *fachspr;* **~ artery** Leberarterie *f*

hepatitis [ˌhepəˈtaɪtɪs, AM -t̬-] *n no pl* Leberentzündung *f,* Hepatitis *f fachspr;* **~ A/B** Hepatitis *f* A/B

heptagon [ˈheptəgᵊn, AM -gɑːn] *n* Siebeneck *nt,* Heptagon *nt fachspr*

heptagonal [hepˈtægᵊnᵊl] *adj inv* siebeneckig, heptagonal *fachspr*

heptathlete [hepˈtæθliːt] *n* Siebenkämpferin *f*

heptathlon [hepˈtæθlɒn, AM -lɑːn] *n* Siebenkampf *m*

her [hɜːʳ, həʳ, AM hɜːr, hɚ] I. *part pers* (*person, animal, ship, country*) sie *in akk,* ihr *in dat;* ***why don't you bring ~ to the party?*** warum bringst du sie nicht mit zur Party?; ***could you give ~ this package?*** könntest du ihr dieses Paket geben?; ***did you give the letter to ~?*** hast du ihr den Brief gegeben?; ***she doesn't like it when people look at ~*** sie mag es nicht, wenn sie die Leute ansehen; ***Jane's on the telephone — oh no, not ~ again!*** Jane ist am Telefon — oh nein, nicht die schon wieder!; ***it must be ~*** das wird sie sein; ***he's just as good as ~ at his job*** er ist so gut wie sie in seinem Job; ***you have more than ~*** du hast mehr als sie II. *adj poss* ❶ (*person*) ihr(e,n); (*ship, country, boat, car*) sein(e,n); ***she has ~ very own pony*** sie hat ein eigenes Pony; ***what's ~ name?*** wie heißt sie?; ***Patricia loves ~ job*** Patricia liebt ihren Job; ***the boat sank with all ~ crew*** das Boot sank mit seiner ganzen Mannschaft ❷ AM (*old: herself*) ***peevishly she flung ~ on her face*** mürrisch warf sie sich aufs Gesicht III. *n* (*fam*) Sie *f fam;* ***is it a him or a ~?*** ist es ein Er oder eine Sie? ▸ PHRASES: **~ indoors** BRIT (*hum fam: one's wife*) bessere Hälfte *hum fam;* ***I don't think ~ indoors will agree*** ich glaube nicht, dass ihre bessere Hälfte zustimmt

Heraclitus [ˌherəˈklaɪtəs, AM t̬əs] *n no pl* PHILOS Heraklit *m*

herald [ˈherəld] I. *n* ❶ (*messenger*) Bote, -in *m, f,* Herold *m geh;* (*newspaper*) Bote *m;* **the Times H~** der Times Herald ❷ (*sign*) Vorbote[n] *m[pl]* ❸ (*hist*) Herold *m hist,* fürstlicher Bote und Ausrufer *hist* II. *vt* (*form*) ■**to ~ sth** etw ankündigen; **to ~ a new era** eine neue Ära einläuten; **much ~ed** viel gepriesen

heraldic [hɪˈrældɪk, AM həˈ-] *adj inv* Wappen-, heraldisch *geh;* **~ shield** Wappenschild *m o nt*

heraldist [ˈherəldɪst] *n* Heraldiker(in) *m(f)*

heraldry [ˈherᵊldri] *n no pl* ❶ (*science*) Wappenkunde *f,* Heraldik *f geh* ❷ (*blazon*) Wappen *nt*

herb¹ [hɜːb, AM ɜːrb] I. *n* (*for cooking*) [Gewürz]kraut *nt meist pl;* (*for medicine*) [Heil]kraut *nt meist pl;* **dried/fresh ~s** getrocknete/frische Kräuter II. *n modifier* (*tea, butter, ointment*) Kräuter-; **~ garden** Kräutergarten *m*

herb² *n* AM (*sl*) Idiot(in) *m(f),* Spastiker(in) *m(f) fig, pej sl*

herbaceous [hɜːˈbeɪʃᵊs, AM həˈ-] *adj inv* krautartig, krautig

herbaceous border *n* [Stauden]rabatte *f*

herbage [ˈhɜːbɪdʒ, AM ˈɜːr-] *n* ❶ (*land for pasture*) Weide *f,* Weideland *nt* ❷ (*pasture*) Grünpflanzen *fpl;* (*for animals*) Grünfutter *nt*

herbal [ˈhɜːbᵊl, AM ˈhɜːr-, ˈɜːr-] I. *adj inv* Kräuter-, Pflanzen-; **~ remedy** Kräuterheilmittel *nt,* Naturheilmittel *nt;* **~ tea** Kräutertee *m* II. *n* Kräuterbuch *nt,* Herbarium *nt geh*

herbalism [ˈhɜːbᵊlɪzᵊm, AM ˈhɜːr-, ˈɜːr-] *n no pl* Kräuterheilkunde *f*

herbalist [ˈhɜːbᵊlɪst, AM ˈhɜːr-, ˈɜːr-] *n* ❶ MED (*healer*) Kräuterheilkundige(r) *f(m),* Herbalist(in) *m(f) fachspr* ❷ (*dealer*) Kräutersammler(in) *m(f),* Kräuterhändler(in) *m(f)* ❸ (*hist: botanist*) Kräuterkenner(in) *m(f),* Pflanzenkenner(in) *m(f)*

herbarium <*pl* -ia> [hɜːˈbeəriəm, AM hɜːrˈberi-, ˈɜːr-] *n* Herbarium *nt*

herbicide [ˈhɜːbɪsaɪd, AM ˈhɜːr-, ˈɜːr-] *n* Unkrautvertilgungsmittel *nt,* Herbizid *nt fachspr*

herbivore [ˈhɜːbɪvɔːʳ, AM ˈhɜːrbɪvɔːr, ˈɜːr-] *n* Pflanzenfresser *m,* Herbivore *m fachspr*

herbivorous [hɜːˈbɪvᵊrəs, AM hɜːrˈbɪvɚ-, ˈɜːr-] *adj inv* Pflanzen fressend *attr,* herbivor *attr fachspr*

herby [ˈhɜːbi, AM ˈɜːrbi] *adj* (*fam*) **to taste ~** nach Kräutern schmecken

herculean [ˌhɜːkjəˈliːən, AM ˌhɜːrkjuːˈ-] *adj* übermenschlich, herkulisch *geh;* **~ effort** übermenschliche Anstrengung; **~ man** bärenstarker Mann, Herkules *m;* **~ strength** ungeheure Kraft, Riesenkraft *f;* **~ task** Herkulesarbeit *f;* (*fig*) unlösbare Aufgabe

Hercules [ˈhɜːkjəliːz, AM ˈhɜːr-] *n* Herkules *m a. fig*

herd [hɜːd, AM hɜːrd] I. *n + sing/pl vb* ❶ (*group of animals*) Herde *f; of wild animals* Rudel *nt;* **a ~ of cattle** eine Viehherde ❷ (*pej: group of people*) Herde *f pej,* Masse *f;* **the common ~** die breite Masse; **to follow the ~** der Herde folgen, mit der Herde laufen II. *vt* **to ~ animals** (*tend*) Tiere hüten; (*drive*) Tiere treiben III. *vi* sich *akk* [zusammen]drängen

◆**herd together** I. *vt* **to ~ together** ↻ **animals**

Tiere zusammentreiben; to ~ together ○ people (*fig*) Menschen zusammenpferchen **II.** *vi* sich *akk* zusammendrängen
◆**herd up** *vt* ■to ~ up ○ animals Tiere [wieder] zusammentreiben
herd instinct *n* Herdentrieb *m a. pej* **herdsman** *n* Hirt[e] *m* **herdswoman** *n* Hirtin *f*
here [hɪəʳ, AM hɪr] **I.** *adv inv* ❶ (*this place*) hier; (*with movement*) hierher, hierhin; ***come ~!*** komm [hier]her!; ***Smith? — ~!*** Smith? – hier!; ***Miller ~*** (*on telephone*) [hier ist] Miller; ***give it ~!*** (*fam*) gib mal her! *fam;* ***how long are you over ~?*** wie lange wirst du hier sein?; ***bring it over ~ please*** bring es bitte hier herüber; ***please sign ~*** bitte hier unterschreiben; ***John is ~ to answer your questions*** John ist da, um ihre Fragen zu beantworten; ***~ you are*** [*or* ***go***]! (*presenting*) hier, bitte!, bitte schön!; (*finding*) ach, hier [*o* da] bist du; **around ~** ungefähr hier, hier so *fam;* **right ~** genau hier; **~ and there** hier und da, da und dort; **~, there and everywhere** überall; **up/down to ~** bis hierher [*o* hierhin] ❷ (*for introduction*) hier; ***~ is Linda*** das hier ist Linda ❸ (*show arrival*) da; ***~ I am!*** hier bin ich!; ***~ they are!*** da sind sie!; ***look, Grandma is ~!*** schau, die Oma ist da!; ***Christmas is finally ~*** endlich ist es Weihnachten; ***~ comes the train*** da kommt der Zug ❹ (*now*) jetzt; ***~ goes!*** (*fam*) los geht's!, dann mal los!; ***~ we go!*** jetzt geht's los!; ***~ we go again!*** jetzt geht das schon wieder los!; ***~'s to the future!*** (*toast*) auf die Zukunft!; ***~'s to you!*** auf Ihr/dein Wohl!; **~ and now** [jetzt] sofort; **from ~ on in** *esp* AM ab heute, von jetzt an ► PHRASES: **to have had it up to ~** etw bis hier [*o* bis zum Hals] stehen haben; **to be neither ~ nor there** Nebensache sein, keine Rolle spielen; **~ today and gone tomorrow** (*travelling every day*) heute hier, morgen dort; (*getting and losing money*) wie gewonnen, so zerronnen **II.** *interj* ■**~!** he!; ***~, don't cry/worry!*** na komm, weine nicht/mach dir keine Sorgen!; ***~, let me take a look at it!*** komm, lass mich das mal anschauen! **III.** *n* (*form, liter*) **the ~ and now** das Hier und Jetzt [*o* Heute] *geh;* PHILOS, REL das Diesseits
hereabout [ˌhɪrəˈbaʊt] AM, **hereabouts** [ˌhɪəʳəˈbaʊts] *adv inv* hier, in dieser Gegend **hereafter** (*form*) **I.** *adv inv* (*in text*) nachstehend, im Folgenden; (*in future*) in Zukunft, künftig; **life ~** Leben *nt* im Jenseits **II.** *n* Jenseits *nt;* **in the ~** im Jenseits **hereby** *adv inv* (*form*) hiermit *form*
hereditable [hɪˈredɪtəbl̩, AM həˈredɪt̬-] *adj inv* vererbbar; BIOL [ver]erblich
hereditary [hɪˈredɪtəri, AM həˈredɪteri] *adj inv* ❶ (*genetic*) angeboren, erblich, Erb-; **~ characteristics** vererbte Eigenschaften; **~ disease** angeborene Krankheit, Erbkrankheit *f* ❷ (*inherited*) [ver]erblich; **~ monarchy** Erbmonarchie *f;* **~ succession** gesetzliche Erbfolge; **~ title** vererbbarer Titel ❸ (*from ancestors*) althergebracht; **~ enemy** Erbfeind(in) *m(f)*
hereditary peer *n* Erbadlige(r) *f(m)* **hereditary peerage** *n + sing/pl vb* Erbadel *m*
heredity [hɪˈredəti, AM həˈredɪ-] *n no pl* (*transmission of characteristics*) Vererbung *f;* (*genetic make-up*) Erbgut *nt,* Erbmasse *f;* (*hereditability*) Erblichkeit *f,* Vererbbarkeit *f;* (*origin*) Herkunft *f*
herein *adv inv* (*form*) hierin *geh* **hereinafter** *adv inv* (*form*) in der Folge *form,* im [Nach]folgenden *form,* nachstehend *form* **hereof** *adv inv* (*form*) hiervon *form,* davon
heresy [ˈherəsi] *n* ❶ *no pl* REL Ketzerei *f,* Häresie *f fachspr* ❷ REL (*false doctrine*) Irrlehre *f;* (*unorthodox opinion*) Irrglaube *m*
heretic [ˈherətɪk] *n* Ketzer(in) *m(f),* Häretiker(in) *m(f) fachspr*
heretical [həˈretɪkəl, AM -t̬-] *adj* ketzerisch, häretisch *fachspr*
hereto *adv inv* (*form*) hierzu *form;* **the parties ~** die beteiligten Parteien; **his reply ~** seine Antwort hierauf [*o* darauf]; **attached ~** beigefügt; ***you will find attached ~ the text of the treaty*** in der Anlage erhalten Sie den Vertragstext **heretofore** *adv inv* (*form*) bisher, bis jetzt **hereupon** *adv inv* (*form*) hierauf *form,* darauf[hin] **herewith** *adv inv* (*form*) anbei *form,* hiermit *form;* **enclosed ~** beiliegend; ***I enclose three documents ~*** als Anlage sende ich drei Dokumente
heritable [ˈherɪtəbl̩, AM -ɪt̬ə-] *adj inv* ❶ BIOL erblich, Erb- ❷ LAW vererblich, vererbbar
heritage [ˈherɪtɪdʒ, AM -t̬-] *n no pl* Erbe *nt;* MED Erbgut *nt,* Erbanlagen *fpl;* LAW Erbschaft *f,* Erbe *nt;* **cultural ~** Kulturerbe *nt*
hermaphrodite [hɜːˈmæfrədaɪt, AM həˈmæfroʊ-] BIOL **I.** *n* Hermaphrodit *m fachspr,* Zwitter *m;* (*fig*) Zwitterwesen *nt,* Zwitter *m* **II.** *adj inv* hermaphroditisch *fachspr,* zweigeschlechtig; *plant* zwittrig
hermaphroditic [hɜːˌmæfrəˈdɪtɪk, AM həˌmæfroʊˈdɪt̬] *adj inv* ❶ (*having organs of both sexes*) hermaphroditisch, Zwitter-; (*fig*) *mentality* zweigeschlechtlich ❷ (*combining opposite qualities*) mit gegensätzlichen Eigenschaften *nach n*
hermeneutics [ˌhɜːmɪˈnjuːtɪks, AM ˌhɜːrməˈnuːt̬-] *n + sing vb* Hermeneutik *f*
hermetic [hɜːˈmetɪk, AM həˈmet̬-] *adj inv* ❶ (*airtight*) hermetisch, luftdicht; (*fig*) hermetisch *geh;* **~ existence** abgeschiedenes Leben; **~ seal** luftdichte Versiegelung ❷ (*old: magical*) magisch
hermetically [hɜːˈmetɪkəli, AM həˈmet̬-] *adv inv* hermetisch; **~ sealed** luftdicht verschlossen; (*fig*) hermetisch abgeriegelt
hermit [ˈhɜːmɪt, AM ˈhɜːr-] *n* REL (*also fig*) Eremit(in) *m(f),* Einsiedler(in) *m(f)*
hermitage [ˈhɜːmɪtɪdʒ, AM ˈhɜːrmɪt̬-] *n* Einsiedelei *f,* Klause *f*
hermit crab *n* Einsiedlerkrebs *m*
hernia <*pl* -s *or* -niae> [ˈhɜːniə, AM ˈhɜːr-, *pl* -niiː] *n* MED Bruch *m,* Hernie *f fachspr*
hero <*pl* -es> [ˈhɪərəʊ, AM ˈhɪroʊ] *n* ❶ (*courageous person*) Held *m a. hum;* (*admired person*) Idol *nt;* **to die a ~'s death** den Heldentot sterben; **the ~ of the hour** der Held des Tages ❷ LIT (*protagonist*) Held(in) *m(f),* Hauptperson *f* ❸ (*mythology*) Heros *m geh* ❹ AM (*sandwich*) *mit Fleisch, Käse und Salat gefülltes Sandwich*
Herod [ˈherəd] *n* Herodes *m*
heroic [hɪˈrəʊɪk, AM -ˈroʊ-] **I.** *adj* ❶ (*brave*) heldenhaft, heldenmütig, heroisch *geh;* **~ attempt** kühner Versuch; **~ deed** Heldentat *f* ❷ *inv* LIT (*epic*) heroisch, Helden-; **~ age** Heldenzeitalter *nt;* **~ couplet** Herioc Couplet *nt fachspr;* **~ epic** Heldenepos *nt;* **~ verse** heroischer Vers *fachspr* ❸ (*fig: impressive*) erhaben **II.** *n* ■**~s** *pl* ❶ (*language*) hochtrabende Worte ❷ (*pej: action*) Heldentaten *fpl pej*
heroically [hɪˈrəʊɪkəli, AM -ˈroʊ-] *adv* heldenhaft, heldenmütig, heroisch *geh o a. fig;* **to die/fight ~** heldenhaft sterben/kämpfen
heroin [ˈherəʊɪn, AM -roʊ-] **I.** *n no pl* Heroin *nt* **II.** *n modifier* (*consumption, dealer, export, use*) Heroin-; **~ fix** Heroinspritze *f;* **~ overdose** Überdosis *f* [an] Heroin
heroin addict *n* Heroinsüchtige(r) *f(m)*
heroine [ˈherəʊɪn, AM -roʊ-] *n* ❶ (*courageous person*) Heldin *f,* Heroin *f geh* ❷ (*protagonist*) Hauptdarstellerin *f,* Heldin *f,* Heroin[e] *f fachspr*
heroism [ˈherəʊɪzəm, AM -roʊ-] *n no pl* (*heroic qualities*) Heldentum *nt,* Heroismus *m geh;* (*courage*) Heldenmut *m;* **act of ~** heldenhafte Tat
heron <*pl* -s *or* -> [ˈherən] *n* Reiher *m*
hero worship *n no pl of heros* Heldenverehrung *f* (**of** +*gen*); *of idols* Schwärmerei *f* (**of** für +*akk*)
hero-worship *vt* ■**to ~ sb** *brave person* jdn [als Helden] verehren [*o* vergöttern]; *idol* für jdn schwärmen, jdn anbeten
herpes [ˈhɜːpiːz, AM ˈhɜːr-] *n no pl* Herpes *m;* **genital ~** Genitalherpes *m;* **~ labialis** Lippenherpes *m*
herring <*pl* -s *or* -> [ˈherɪŋ] *n* ❶ (*fish*) Hering *m* ❷ *no pl* (*food*) Hering *kein art*
herringbone I. *n no pl* ❶ (*pattern*) Fischgratmuster *nt,* Fischgrätenmuster *nt* ❷ SKI Grätenschritt *m* **II.** *n modifier* (*design, pattern*) Fischgräten-; **~ jacket** Jackett *nt* mit Fischgrätenmuster; **~ stitch** [Fisch]grätenstich *m;* **~ teeth** Pfeilverzahnung *f*
herring gull *n* Silbermöwe *f* **herring pond** *n no pl* (*hum fam*) großer Teich *hum fam,* Atlantik *m*
hers [hɜːz, AM hɜːrz] *part pers* (*of person's/animal's*) ihre(r,s); ***I'm looking for Sylvia's bag — is that black one ~?*** ich suche Sylvias Tasche – ist die schwarze ihre?; ***we both own BMWs — mine is red and ~ is black*** wir haben beide einen BMW – meiner ist rot und ihrer ist schwarz; ***that's Martha's ball — go get yours and give her ~*** das ist Marthas Ball – hol' dir deinen und gib ihr ihren; ***the choice was ~*** sie hatte die Wahl; ***Monopoly® is a favourite game of ~*** Monopol® ***ist eines ihrer Lieblingsspiele; Patty is a good friend of ~*** Patty ist eine gute Freundin von ihr
herself [həˈself, AM hɚ-] *part reflexive* ❶ *after vb* sich *in dat o akk;* ***she prides ~ on her people skills*** sie rühmt sich, wie gut sie mit Menschen umgehen kann; ***she decided to apply ~ to her studies*** sie beschloss, sich auf ihre Studien zu konzentrieren; ***she enjoyed ~ at the party a lot*** sie hatte großen Spaß auf der Party; ***she found ~ utterly lost*** sie bemerkte, dass sie sich hoffnungslos verirrt hatte; ***I wish she would calm ~ down*** ich wünsche, sie würde sich beruhigen; ***I told her not to blame ~*** ich sagte ihr, dass sie sich keine Vorwürfe machen solle; ***she had to defend ~*** sie musste sich verteidigen ❷ *after prep* ***she talks to ~*** sie spricht mit sich; ***she voted for ~ in the election*** sie stimmte bei der Wahl für sich selbst; ***the little girl kept staring at ~ in the mirror*** das kleine Mädchen starrte sich im Spiegel an ❸ (*form: her*) sie selbst; ***like ~, she said, many people had to make a beginning at the bottom*** sie sagte, dass viele Menschen, wie sie selbst, von unten beginnen müssten ❹ (*emph: personally*) selbst; ***she decorated the cake ~*** sie dekorierte die Torte selbst; ***she told me ~*** sie hat es mir selbst erzählt; ***she ~ admitted that it was wrong*** sie gab selbst zu, dass sie Unrecht hatte; ***the president of the college ~ came to the graduation ceremony*** die Präsidentin des College persönlich kam zu der Abschlussfeier; **to see/taste/feel/try sth for ~** etw selbst sehen/kosten/fühlen/versuchen ❺ (*alone*) ***Sally wanted to keep the candy for ~*** Sally wollte die Bonbons für sich behalten; ***she's got the whole house to ~ now*** sie hat jetzt das ganze Haus für sich allein; ***Marcie behaved ~ very well at Mrs Smith's*** Marcie war bei Mrs. Smith sehr brav; **to get ~ dressed/undress ~** sich *akk* selbst anziehen/ausziehen; **[all] by ~** ganz alleine ❻ (*normal*) **to be ~** sie selbst sein; ***I told her to act naturally and to be ~*** ich sagte ihr, dass sie natürlich bleiben und ganz sie selbst sein sollte; ***Jane hasn't been ~ recently*** Jane ist in letzter Zeit nicht sie selbst; ***she didn't look ~ in her new dressy clothes*** sie sah in ihren neuen eleganten Kleidern ganz fremd aus
hertz <*pl* -> [hɜːts, AM hɜːrts] *n* Hertz *nt*
Herzegovina [ˌhɜːtsəgə(ʊ)ˈviːnə, AM ˌhɜːrtsəgoʊˈ-] *n no pl* Herzegowina *f*
Herzegovinian [ˌhɜːtsəgə(ʊ)ˈviːnɪən, AM ˌhɜːrtsəgoʊˈ-] *adj inv* herzegowinisch
he's [hiːz] = **he is**/**he has** *see* **be/have I, II**
hesitancy [ˈhezɪtən(t)si] *n no pl* ❶ (*instance*) Zögern *nt,* Zaudern *nt* ❷ (*reluctance*) Hemmungen *fpl;* (*indecision*) Unschlüssigkeit *f*
hesitant [ˈhezɪtənt] *adj person* unschlüssig, unentschlossen; *reaction, answer, smile* zögernd, zögerlich; ■**to be ~ to do** [*or* **about doing**] **sth** zögern, etw zu tun; **~ speech** stockende Rede
hesitantly [ˈhezɪtəntli] *adv act* unentschlossen, zögerlich; *smile* zögernd; *speak* stockend
hesitate [ˈhezɪteɪt] *vi* ❶ (*wait*) zögern, zaudern; (*with doubts*) Bedenken haben; ***don't ~ over such trivial matters!*** zögere nicht wegen solcher Kleinigkeiten!; ***that child ~s at nothing*** dieses Kind schreckt vor nichts zurück; ***I ~d to ask you*** ich hatte Bedenken, dich zu fragen; ***don't ~ to call me*** ruf mich einfach an ❷ (*falter*) stocken ► PHRASES: **he who ~s is lost** (*prov*) man muss das Glück beim Schopfe packen
hesitation [ˌhezɪˈteɪʃən] *n no pl* (*indecision*) Zögern *nt,* Unentschlossenheit *f,* Unschlüssigkeit *f;* (*reluctance*) Bedenken *ntpl,* Hemmungen *fpl;* ***I have***

H

no ~ in recommending Ms Shapur for the job ich kann Frau Shapur ohne weiteres für die Stelle empfehlen; **without** ~ (*indecision*) ohne zu zögern, sofort; (*reluctance*) bedenkenlos; **without the least** [*or* **slightest**] ~ (*indecision*) ohne einen Augenblick zu zögern; (*reluctance*) ohne den geringsten Zweifel

Hesse [ˈhesə] *n no pl* Hessen *nt*

hessian [ˈhesiən, AM -ʃən] *esp* BRIT **I.** *n no pl* Sackleinen *nt*, Sackleinwand *f* **II.** *adj inv* sackleinen, aus Sackleinen [*o* Sackleinwand] *nach n*

Hessian [ˈhesiən, AM ˈheʃən] **I.** *adj inv* hessisch **II.** *n* Hesse, -in *m, f*

Hessian fly *n* Hessenfliege *f*

hetero [ˈhetərəʊ, AM ˈheţəroʊ] (*fam*) *short for* **heterosexual I.** *adj inv* hetero *sl*, heterosexuell **II.** *n* Hetero *m sl*, Heterosexuelle(r) *f(m)*

heterodox [ˈhetərə(ʊ)dɒks, AM ˈheţəədɑːks] *adj inv* ① (*differing*) abweichend; REL andersgläubig, heterodox *fachspr* ② (*fam*) unkonventionell, unüblich; ~ **opinion** abweichende Meinung

heterodoxy [ˈhetərə(ʊ)dɒksi, AM ˈheţəədɑːksi] *n* ① REL *of opinion, doctrine* Andersgläubigkeit *f*, Heterodoxie *f fachspr*; Irrlehre *f pej* ② *no pl* (*quality*) unkonventioneller Charakter

heterogeneity [ˌhetərə(ʊ)dʒəˈniːəti, AM ˌheţəroʊdʒəˈniːəţi] *n no pl* Verschiedenartigkeit *f*, Heterogenität *f geh*

heterogeneous [ˌhetərə(ʊ)ˈdʒiːniəs, AM ˌheţəroʊˈ-] *adj* uneinheitlich, verschiedenartig, heterogen *geh*

heterogeneous network *n* COMPUT heterogenes Netz

heterophobia [ˌhetərə(ʊ)ˈfəʊbiə, AM ˈheţəroʊˈfoʊ-] *n* (*fam*) Heterophobie *f fachspr* (*krankhafte Angst vor einer Begegnung mit einem Angehörigen des anderen Geschlechts*)

heterosexism [ˌhetərə(ʊ)ˈseksɪzəm, AM ˌheţəroʊˈ-] *n no pl* Heterosexismus *m*

heterosexist [ˌhetərə(ʊ)ˈseksɪst, AM ˌheţəroʊˈ-] **I.** *adj* heterosexistisch **II.** *n* Heterosexist(in) *m(f)*

heterosexual [ˌhetərə(ʊ)ˈsekʃuəl, AM ˌheţəroʊˈ-] **I.** *adj inv* heterosexuell **II.** *n* Heterosexuelle(r) *f(m)*

heterosexuality [ˌhetərə(ʊ)ˌsekʃuˈæləti, AM ˌheţəroʊˌsekʃuˈæləţi] *n no pl* Heterosexualität *f*

heterosexually [ˌhetərə(ʊ)ˈsekʃuəli, AM ˌheţəroʊˈ-] *adv inv* heterosexuell

het up [ˌhetˈʌp, AM ˌheţˈ-] *adj pred* (*fam*) wütend; ■**to get** ~ **about sth** sich *akk* über etw *akk* [*o* wegen einer S. *gen*] aufregen

heuristic [hjʊ(ə)ˈrɪstɪk, AM hjuːˈ-] **I.** *adj inv* heuristisch **II.** *n* ① (*field of study*) ■~s *pl*, + *sing vb* Heuristik *f kein pl* ② (*method*) heuristische Methode

hew <hewed *or* hewn, hewed *or* hewn> [hjuː] **I.** *vt* ■**to** ~ **sth** ① (*cut*) *wood* etw hacken; *stone* etw hauen [*o* schlagen]; **to** ~ **sth to pieces** etw in Stücke hauen; **to be** ~ **in stone** in Stein gemeißelt sein; **to** ~ **a tree** einen Baum fällen ② (*shape*) *wood* etw schnitzen; *stone* etw behauen **II.** *vi esp* AM ■**to** ~ **to sth** *party line, rules* sich *akk* an etw *akk* halten

◆**hew down** *vt* **to** ~ **down a tree** einen Baum fällen [*o* umhauen]

◆**hew off** *vt* ■**to** ~ **off** ⊂ **sth** etw abhauen [*o* abhacken]

◆**hew out** *vt* ■**to** ~ **out sth** [*or* **sth out** [**of sth**]] etw [aus etw *dat*] heraushauen; (*fig: achieve*) sich *dat* etw erarbeiten; **to** ~ **out a statue/memorial/monument** eine Statue/ein Denkmal/ein Grabmal heraushauen

hewer [ˈhjuːəʳ, AM ə] *n* ① (*cutter*) Hauer(in) *m(f)* ② (*coal miner*) Häuer *m*

hewn [hjuːn] *vt pp of* **hew**

hex¹ [heks] *n* COMPUT *short for* **hexidecimal notation** Hexadezimalschreibweise *f*

hex² [heks] AM, AUS **I.** *n* <*pl* -es> ① (*spell*) Fluch *m*; **to put a** ~ **on sb/sth** jdn/etw verhexen [*o geh* mit einem Fluch belegen] ② (*witch*) Hexe *f* **II.** *vt* ■**to** ~ **sb/sth** jdn/etw verhexen [*o geh* mit einem Flug belegen] **III.** *vi* hexen

hexagon [ˈheksəgən, AM -gɑːn] *n* Sechseck *nt*, Hexagon *nt geh o fachspr*

hexagonal [hekˈsægənəl] *adv inv* sechseckig, hexagonal *geh o fachspr*

hexameter [hekˈsæmɪtəʳ, AM -əţə] *n* Hexameter *m fachspr*; **dactylic** ~ daktylischer Hexameter

hey [heɪ] *interj* (*fam*) ① (*to attract attention*) he! *fam*, hallo! ② (*in surprise*) [h]ei! *fam* ③ AM (*euph: hell*) **but** ~ aber gut, nun gut; **what the** ~! (*why not*) was soll's!; (*emphasis*) zum Teufel!

heyday [ˈheɪdeɪ] *n usu sing* Glanzzeit *f*, Blütezeit *f*; ■**in sb's** ~ zu jds besten Zeiten; **in the** ~ **of one's career** auf dem Höhepunkt seiner Karriere; **to have had one's** ~ seinen Höhepunkt überschritten haben

hey presto *interj* BRIT, AUS (*fam*) simsalabim! *fam*, hokuspokus! *fam*

Hezbollah [ˌhɪzbɒlˈɑː, AM ˌhezbəˈlɑː] *n see* **Hizbullah**

HGH [ˌeɪtʃdʒiːˈeɪtʃ] *n abbrev of* **human growth hormone** menschliches Wachstumshormon

HGV [ˌeɪtʃdʒiːˈviː] *n* BRIT *abbrev of* **heavy goods vehicle** LKW *m*

hi [haɪ] *interj* hallo!, hi!

hiatal hernia [haɪˌeɪtəlˈ-, AM -ţəlˈ-] *n* Zwerchfellbruch *m*, Hiatushernie *f fachspr*

hiatus <*pl* -es> [haɪˈeɪtəs, AM -ţəs] *n* ① (*gap*) Lücke *f*; (*interruption*) Unterbrechung *f* ② LING Hiat[us] *m fachspr* ③ MED Spalt *m*, Hiatus *m fachspr*

hiatus hernia *n* MED *see* **hiatal hernia**

hibernate [ˈhaɪbəneɪt, AM -bɚ-] *vi* Winterschlaf halten [*o* machen], überwintern

hibernation [ˌhaɪbəˈneɪʃən, AM -bɚˈ-] *n no pl* Winterschlaf *m*; **to go into** ~ in den Winterschlaf verfallen

Hibernian [haɪˈbɜːniən, AM -ˈbɜːr-] **I.** *adj inv* hibernisch, irisch **II.** *n* Hibernier(in) *m(f)*, Ire, -in *m, f*

hibiscus <*pl* – *or* -es> [haɪˈbɪskəs] *n no pl* Hibiskus *m*

hic [hɪk] *interj* hick!

hiccough [ˈhɪkʌp], **hiccup I.** *n* ① (*sound*) Schluckauf *f*; **to give a** ~ schlucksen *fam*, hicksen DIAL ② (*attack*) ■**the** ~**s** *pl* Schluckauf[anfall] *m kein pl*; **to get/have** [**an attack of**] **the** ~**s** Schluckauf bekommen/haben ③ (*fam: setback*) Schwierigkeit *f meist pl*; **without any** ~ ohne Störungen **II.** *vi* Schluckauf haben, schlucksen *fam*, hicksen DIAL; ***I can't stop ~ing*** mein Schluckauf hört nicht auf

hick [hɪk] *n* AM, AUS (*pej fam*) Provinzler(in) *m(f) pej fam*, Hinterwäldler(in) *m(f) pej*; (*man*) Bauerntrampel *m pej fam*; (*woman*) Landpomeranze *f pej fam*

hickey [ˈhɪki] *n* AM (*fam*) ① (*gadget*) Spielzeug *nt fam* ② AM (*fam!: love bite*) Knutschfleck *m fam*

hickory [ˈhɪkəri, AM -əi] **I.** *n* ① (*tree*) Hickory[baum] *m* ② *no pl* (*wood*) Hickory[holz] *nt* **II.** *n modifier* (*nut, smoke, tree, wood*) Hickory-; ~ **chips** Hickoryfasern *fpl*

hicksville [ˈhɪksvɪl] *n no pl* AM (*pej fam*) [Provinz]nest *nt pej fam*, Kaff *nt pej fam*; **to live out in** ~ in der tiefsten Provinz [*o fam* in einem Kaff] [*o sl* am Arsch der Welt] leben

hick town *n* AM, AUS (*pej fam*) [Bauern]kaff *nt pej fam*, [Provinz]nest *nt pej fam*

hid [hɪd] *vt pt of* **hide**

hidden [ˈhɪdən] **I.** *vt pp of* **hide II.** *adj inv* versteckt, verborgen; ~ **agenda** heimliches Motiv; ***she has a ~ agenda*** sie führt etwas im Schilde; ~ **assets** stille Reserven; ~ **hand** heimlicher Strippenzieher/heimliche Strippenzieherin; ~ **meaning** versteckte Bedeutung; ~ **reserves** stille Rücklagen, heimliche Reserven; ~ **subsidy** versteckte Subvention; ~ **talent** verborgenes Talent; ~ **tax** indirekte Steuer; ~ **threat** versteckte Drohung

hide¹ [haɪd] *n* (*skin*) *of animal* Haut *f*; (*with fur*) Fell *nt*; (*leather*) Leder *nt*; (*fig, hum*) *of person* Haut *f fam*, Fell *nt hum fam*; **calf** ~ Kalbsleder *nt*; **to save one's** [**own**] ~ die eigene Haut retten ► PHRASES: **neither** ~ **nor hair** [rein gar] nichts; ***I've seen neither ~ nor hair of Katey today*** ich habe Katey heute noch gar nicht gesehen; **to have a thick** ~ ein dickes Fell haben; **to skin** [*or* **tan**] [*or* **whip**] **sb's** ~ jdm das Fell gerben

hide² [haɪd] **I.** *n* BRIT, AUS Versteck *nt*; HUNT Ansitz *m fachspr* **II.** *vt* <hid, hidden> ① (*keep out of sight*) ■**to** ~ **sb/sth** [**from sb/sth**] jdn/etw [vor jdm/etw] verstecken; ■**to** ~ **sb/sth** *curtain, cloth* jdn/etw verhüllen ② (*keep secret*) ■**to** ~ **sth** [**from sb**] *emotions, qualities* etw [vor jdm] verbergen; *facts, reasons* etw [vor jdm] verheimlichen; ***she's hiding something in her past from me*** sie verheimlicht mir etwas aus ihrer Vergangenheit; **to** ~ **the truth** die Wahrheit verheimlichen; **to have nothing to** ~ nichts zu verbergen haben ③ (*block*) ■**to** ~ **sth** etw verdecken; **to be hidden from view** nicht zu sehen sein ► PHRASES: **to** ~ **one's head** von der Bildfläche verschwinden *fam*; **don't** ~ **your light under a bushel** (*prov*) stell dein Licht nicht unter den Scheffel! *prov* **III.** *vi* <hid, hidden> ■**to** ~ [**from sb/sth**] sich *akk* [vor jdm/etw] verstecken [*o* verbergen]; ***you can't ~ from the truth*** du musst der Wahrheit ins Auge sehen; ***don't try to ~ behind that old excuse!*** (*fam*) komm mir nicht wieder mit dieser alten Ausrede! *fam*

◆**hide away I.** *vt* ■**to** ~ **away** ⊂ **sb/sth** jdn/etw verstecken **II.** *vi* sich *akk* verstecken [*o* verbergen]

◆**hide out, hide up** *vi* sich *akk* verstecken [*o* verbergen], sich *akk* versteckt [*o* verborgen] halten; ■**to** ~ **out from sb/sth** jdm/etw aus dem Weg gehen; **to** ~ **out** [*or* **up**] **in the woods/in an abandoned house** sich *akk* im Wald/in einem verlassenen Haus verstecken

hide-and-seek *n no pl* Versteckspiel *nt*; **to play** ~ Verstecken spielen

hideaway *n* (*fam: hiding place*) Versteck *nt a. fig*; (*for partisans, criminals*) Unterschlupf *m*; (*refuge*) Zufluchtsort *m a. fig*, Zuflucht *f a. fig*; (*retreat*) Refugium *nt*

hidebound *adj* borniert *pej*, engstirnig *pej*

hideous [ˈhɪdiəs] *adj* ① (*ugly*) grässlich, scheußlich; ~ **monster** grauenhaftes Ungeheuer; ~ **scar** hässliche Narbe ② (*terrible*) schrecklich, furchtbar; ***that was an absolutely ~ thing to say*** das war schlimm, so etwas zu sagen; ~ **behaviour** furchtbares Verhalten; ~ **crime** abscheuliches Verbrechen

hideously [ˈhɪdiəsli] *adv* ① (*in ugly manner*) grässlich, scheußlich ② (*unpleasantly*) furchtbar, schrecklich; ***it's not even ~ expensive*** es ist nicht einmal furchtbar teuer; **to act** [*or* **behave**] ~ sich *akk* schrecklich benehmen

hideousness [ˈhɪdiəsnəs] *n no pl* Scheußlichkeit *f*, Schrecklichkeit *f*

hideout *n* Versteck *nt*; **secret** ~ Geheimversteck *nt*

hidey-hole *n*, **hidy-hole** [ˈhaɪdihəʊl] *n* BRIT (*fam*) Versteck *nt*

hiding¹ [ˈhaɪdɪŋ] *n usu sing* ① (*hum fam: beating*) Tracht *f* Prügel *fam*; **to give sb a good** ~ jdm eine ordentliche [*o* gehörige] Tracht Prügel verpassen *fam* ② (*fam: defeat*) Schlappe *f fam*; **to get a real** ~ eine schwere Schlappe einstecken *fam* ► PHRASES: **to be on a** ~ **to nothing** BRIT (*fam*) kaum Aussicht auf Erfolg haben *iron*; **to be on a** ~ **to nothing trying to do sth** es wird jdm wohl kaum gelingen, etw zu tun

hiding² [ˈhaɪdɪŋ] *n no pl* (*concealment*) **to be in** ~ sich *akk* versteckt halten; **to come out of** ~ aus seinem Versteck hervorkommen *fam*; **to go into** ~ sich *akk* verstecken, untertauchen

hiding place *n* Versteck *nt*

hie <-y-, hied, hied> [haɪ] *vt* (*old liter or hum*) ■**to** ~ **oneself somewhere** ***I must ~ me to the sales before all the bargains are gone*** (*hum*) ich muss schnell noch zum Schlussverkauf, bevor alle Schnäppchen weg sind; ~ ***thee hither to the stables*** (*hum*) eile hinweg zu den Ställen *hum*

hierarchical [ˌhaɪ(ə)ˈrɑːkɪkəl, AM ˌhaɪˈrɑːr-] *adj* hierarchisch; **to set sth in** ~ **order** etw hierarchisch ordnen

hierarchically [ˌhaɪ(ə)ˈrɑːkɪkəli, AM ˌhaɪˈrɑːr-] *adv* hierarchisch

hierarchy [ˈhaɪ(ə)rɑːki, AM ˈhaɪrɑːr-] *n* ① (*system*) Hierarchie *f*, Rangordnung *f*; **rigid** ~ strenge Hierarchie ② (*heads of organization*) Führung[sspitze] *f*; **the leaders in the party** ~ die Parteispitze

hieratic [ˌhaɪəˈrætɪk, AM ˌhaɪˈræţ] *adj inv* REL hieratisch

hieroglyph [ˈhaɪ(ə)rə(ʊ)glɪf, AM ˈhaɪroʊ-] *n* Hieroglyphe *f*

hieroglyphic [ˌhaɪ(ə)rə(ʊ)ˈglɪfɪk, AM ˌhaɪroʊ'-] *n* ① *usu pl* (*symbol*) Hieroglyphe[n] *f[pl]* ② ■ ~s *pl* (*fig, hum*) Hieroglyphen *pl hum*

hifalutin [ˌhaɪfəˈluːtɪn] *adj* (*fam*) *person* aufgeblasen *pej fam,* hochnäsig *fam; language* geschwollen *pej; theory* hochtrabend

hi-fi [ˈhaɪfaɪ] **I.** *n short for* **high fidelity** Hi-Fi-Anlage *f* **II.** *n modifier short for* **high-fidelity** *record, sound* Hi-Fi-; ~ **equipment** Hi-Fi-Anlage *f*

higgledy-piggledy [ˌhɪgl̩diˈpɪgl̩di] (*fam*) **I.** *adj pred* ■ **to be** ~ wie Kraut und Rüben durcheinander sein *fam* **II.** *adv* wie Kraut und Rüben *fam;* ***the books were standing ~ in the shelf*** die Bücher standen kreuz und quer im Regal

high [haɪ] **I.** *adj* ① (*altitude*) hoch *präd,* hohe(r,s) *attr;* ***he lives on the ~est floor*** er wohnt im obersten Stockwerk; ***I knew him when he was only so ~*** ich kannte ihn schon als kleines Kind; **to fly at a ~ altitude** in großer Höhe fliegen; **to have a ~ ceiling** hohe Räume haben; **thirty centimetres/one metre/two metres ~** dreißig Zentimeter/ein Meter/zwei Meter hoch; ~ **cheekbones** hohe Wangenknochen; **to do a ~ dive** einen Kopfsprung aus großer Höhe machen; **the ~ diving board** das oberste Sprungbrett; **to have a ~ forehead** eine hohe Stirn haben; ~ **waves** hohe Wellen; ~ **wind** starker Wind; **ankle-~** *water* knöcheltief; *grass* knöchelhoch; **knee-~** *water* knietief; *grass* kniehoch; **shoulder/waist-~** schulter-/hüfthoch ② (*above average*) hohe(r,s) *attr,* hoch *präd;* ***she got very ~ marks*** sie bekam sehr gute Noten; ***the casualty toll from the explosion was ~*** die Explosion forderte viele Opfer; ~ **calibre** [*or* AM **caliber**] **gun** großkalibrige Waffe; **of the ~est calibre** [*or* AM **caliber**] (*fig*) hervorragend; ~ **level of concentration** hohe Konzentration; **to have ~ hopes** sich *dat* große Hoffnungen machen; **to have ~ hopes for sb** für jdn große Pläne haben; **to have a ~ IQ** einen hohen IQ haben; **a ~-scoring match** ein Match *nt* mit vielen Treffern; **to have a ~ opinion of sb** von jdm eine hohe Meinung haben; **to be full of ~ praise [for sb/sth]** [für jdn/etw] voll des Lobes sein; **to pay a ~ price for sth** (*also fig*) für etw *akk* einen hohen Preis bezahlen *a. fig;* **to have ~ principles** strenge Prinzipien haben; **to drive at ~ speed** mit hoher Geschwindigkeit fahren; **to demand ~ standards from sb/sth** hohe Ansprüche [*o* Anforderungen] an jdn/etw stellen ③ MED **to suffer from ~ blood-pressure** an hohem Blutdruck leiden; ~ **in calories/cholesterol** kalorien-/cholesterinreich; ~ **fever** hohes Fieber ④ (*important*) ***safety is ~ on my list of priorities*** Sicherheit zählt zu meinen höchsten Prioritäten; **to have sth on the ~est authority** (*esp hum*) etw aus zuverlässiger Quelle wissen; **to hold/resign from ~ office** ein hohes Amt innehaben/niederlegen; **to have friends in ~ places** wichtige Freunde haben; **of ~ rank** hochrangig; **to be ~ and mighty** (*pej*) herablassend sein ⑤ (*intoxicated, euphoric*) high *a. fig fam;* **to be ~ on drugs** mit Drogen vollgepumpt sein; **to be [as] ~ as a kite** (*fam*) total high sein *sl* ⑥ (*shrill*) **to sing in a ~ key** in einer hohen Tonlage singen; **a ~ note** ein hoher Ton; **a ~ voice** eine schrille Stimme ⑦ FASHION ***she wore a dress with a ~ neckline*** sie trug ein hochgeschlossenes Kleid; ~ **heels** Stöckelschuhe *mpl* ⑧ *pred* (*gone off*) ■ **to be ~** *food* riechen; *game* Hautgout haben ► PHRASES: ~ **drama** hochdramatisch; **with one's head held ~** hoch erhobenen Hauptes; **to stink to ~ heaven** (*smell awful*) wie die Pest stinken *sl;* (*be very suspicious*) zum Himmel stinken *fig sl;* **come hell or ~ water** um jeden Preis; ***come hell or ~ water, I'm going to get this finished by midnight*** und wenn die Welt untergeht, bis Mitternacht habe ich das fertig; **sb's stock is ~** jds Aktien stehen gut *fig,* jd steht hoch im Kurs; ~ **time** höchste Zeit; **to leave sb ~ and dry** jdn auf dem Trockenen sitzen lassen **II.** *adv* ① (*position*) hoch; ***you'll have to throw the ball ~*** du musst den Ball in die Höhe werfen; ***he said he would go as ~ as $500*** er meinte, er würde maximal 500 Dollar ausgeben; **to look** [*or* **search**] **for sth ~ and low** das Unterste nach oben kehren *fig;* ■ ~ **up** hoch oben ② (*intensity*) ***the sea was running ~*** das Meer tobte; (*fig*) ***feelings were running ~*** die Gemüter erhitzten sich; ECON, FIN ***the prices are running ~*** die Preise liegen hoch ► PHRASES: **to hold one's head ~** stolz sein; **to live ~ on** [*or* **off**] **the hog** fürstlich leben **III.** *n* ① (*high[est] point*) Höchststand *m;* **to reach an all-time** [*or* **a record**] ~ einen historischen Höchststand erreichen ② METEO Hoch *nt* ③ (*exhilaration*) **~s and lows** Höhen und Tiefen *fig;* **to be on a ~** high sein *sl* ④ (*heaven*) **on ~** im Himmel, in der Höhe *poet;* ***God looked down from on ~*** Gott blickte vom Himmel herab; (*hum, fig fam*) ***the orders came from on ~*** die Befehle kamen von höchster Stelle

high altar *n* Hochaltar *m* **highball** *esp* AM **I.** *n* Highball *m* **II.** *vi* (*fam*) ■ **to ~ somewhere** irgendwohin rasen *fam* **high beams** *npl* AM AUTO (*main beam*) Fernlicht *nt* **highborn** *adj pred* ■ **to be ~** von edler Herkunft sein *geh* **highboy** *n* AM (*chest of drawers*) hohe Kommode **highbrow I.** *adj* (*esp pej*) hochgeistig; ~ **assumption** arrogante Ansicht **II.** *n* (*esp pej*) Intellektuelle(r) *f(m)* **high chair** *n* Hochstuhl *m* **High Church I.** *n* High Church *f* (*Richtung der anglikanischen Kirche*) **II.** *adj* High Church-; ■ **to be ~** der High Church angehören **high-class** *adj* erstklassig; *product* hochwertig; ~ **restaurant** hervorragendes Restaurant **high command** *n* MIL (*staff*) Oberkommando *nt;* (*commander-in-chief*) Oberbefehlshaber *m* **high commission** *n* POL Hochkommissariat *nt* **High Commission** *n* POL Hochkommission *f* **high commissioner** *n* POL Hochkommissar(in) *m(f)* **high court** *n* ① (*in England and Wales*) oberstes Gericht; ■ **the H~** das Oberste Gericht ② AM (*Supreme Court*) ■ **the ~** der Oberste Gerichtshof **High Court of Australia** *n* AUS ■ **the ~** der Oberste Gerichtshof von Australien **high day** *n* BRIT [kirchlicher] Festtag **high definition television** *n no pl* HDTV *nt,* hochauflösendes Fernsehen **high density** *adj attr, inv* ① COMPUT mit hoher Dichte *nach n;* ~ **disk** HD-Diskette *f;* ~ **storage** hohe Speicherkapazität, Speicher *m* mit hoher Dichte ② (*closely packed*) kompakt; ~ **housing** dicht bebautes Wohngebiet **high diving board** *n* SPORTS höchstes Sprungbrett **high-end** *adj* nobel, luxuriös; ~ **hotel** Luxushotel *nt;* ~ **restaurant** Nobelrestaurant *nt*

higher [ˈhaɪəʳ, AM -ɚ] **I.** *adj* ① *comp of* **high** höher; **to have ~ marks** bessere Noten haben; **to be destined for ~ things** zu Höherem berufen sein ② *attr, inv* ZOOL höhere(r,s); ~ **animals** höher entwickelte Tiere ③ *attr, inv* SCH **H~ National Certificate** BRIT *Zertifikat von einer technischen Fachhochschule;* **H~ National Diploma** BRIT *Lehrgangsabschluss an einer technischen Fachhochschule* **II.** *n* SCOT ■ **H~** *schottische Hochschulreife;* **to take one's H~s** ≈ sein Abitur machen **III.** *adv* ① (*altitude*) ***he lives ~ up the hill*** er wohnt weiter oben am Berg; ***she climbed ~ up the ladder*** sie kletterte weiter die Leiter hoch ② (*level*) ***he now has a position ~ up in administration*** er hat jetzt eine höhere Position in der Verwaltung; ***this season our team is ~ up in the league*** diese Saison steht unsere Mannschaft weiter oben in der Tabelle ► PHRASES: **the ~ you climb, the harder you fall** (*prov*) Hochmut kommt vor dem Fall *prov*

higher degree *n* UNIV *auf den ersten akademischen Grad folgender Universitätsabschluss* **higher education** *n no pl* (*training*) Hochschulbildung *f;* (*system*) Hochschulwesen *nt;* **students in ~** Studenten/Studentinnen *pl;* **to work in ~** im Hochschulwesen [*o* Hochschulbereich] arbeiten **higher-up** *n* (*fam*) hohes Tier *fam* **high explosive I.** *n* hochexplosiver Sprengstoff **II.** *adj attr* hochexplosiv; ~ **bomb** Sprengbombe *f;* ~ **device** Sprengvorrichtung *f* **highfalutin** *adj see* **hifalutin** **high-fibre** [ˌhaɪˈfaɪbəʳ, AM bɚ] *adj inv* ballaststoffreich **high fidelity** *n no pl* Highfidelity *f* **high finance** *n no pl* Hochfinanz *f* **high-five** *n* Abklatschen *nt kein pl* **highflier** *n* ① *person* Überflieger *m* ② STOCKEX schnell steigende Aktie **high-flown** *adj* hochtrabend *pej,* geschwollen *pej;* ~ **ideas** abgehobene Ideen; ~ **phrases** hochgestochene Phrasen *pej fam* **high-flyer** *n see* **highflier** **high-flying** *adj* ① (*in high altitude*) **a ~ plane** ein hoch fliegendes Flugzeug ② (*fig: ambitous*) aufstrebend; *person* zielstrebig; (*successful*) erfolgreich **high frequency I.** *n* PHYS, COMPUT Hochfrequenz *f fachspr* **II.** *adj attr, inv* Hochfrequenz- *fachspr* **high gear** *n* **to be** [*or* **run**] **in ~** auf Hochtouren laufen *fig;* **to move into ~** voll durchstarten *fig fam* **High German** *n no pl* Hochdeutsch *nt* **high-gloss** *adj* hochglänzend *attr,* Hochglanz-; ~ **paper** Hochglanzpapier *nt;* ~ **varnish** Hochglanzlack *m* **high-grade** *adj* hochwertig; ~ **oil** qualitativ hochwertiges Öl; ~ **steel** Qualitätsstahl *m* **high-grade bond** *n* ECON, FIN erstklassige Anleihe **high ground** *n* hoch liegendes Gebiet; ***there will be snow in ~*** in höheren Lagen schneit es; **to claim** [*or* **take**] **the intellectual/moral ~** (*fig*) sich *dat* intellektuell/moralisch überlegen vorkommen **high-handed** *adj* (*not consulting others*) selbstherrlich; (*arrogant*) überheblich; (*thoughtless*) rücksichtslos; (*overbearing*) herrisch; ~ **action** rücksichtsloses Vorgehen; ~ **attitude/behaviour** [*or* AM **behavior**] selbstherrliche Einstellung/selbstherrliches Verhalten; ~ **treatment** herablassende Behandlung **high-handedness** *n no pl* (*not considering others*) Selbstherrlichkeit *f;* (*arrogance*) Arroganz *f pej,* Überheblichkeit *f;* (*thoughtlessness*) Rücksichtslosigkeit *f;* (*being overbearing*) herrisches Wesen **high hat** *n* ① (*hat*) Zylinder *m* ② AM (*fam: person*) hochnäsige Person *pej* ③ (*cymbals*) Becken *nt* **high-heeled** *adj* hochhackig **high heels** *npl* ① (*shoes*) hochhackige Schuhe ② (*part of a shoe*) hohe Absätze **high horse** *n* ► PHRASES: **to be on one's ~** auf dem hohen Ross sitzen *fam;* **to get on one's ~** sich *akk* aufs hohe Ross setzen *fam;* ***she's always*** [*or* ***she always gets***] ***on her ~ about how the office should be organized*** sie predigt ständig, wie das Büro besser zu organisieren wäre *fam* **high-impact** *adj* hochwirksam; ~ **aerobics** High-Impact-Aerobic *nt* **highjack** *vt see* **hijack** **high jinks** *npl* Ausgelassenheit *f kein pl,* Halligalli *nt fam* **high jump** *n no pl* Hochsprung *m* ► PHRASES: **to be for the ~** BRIT in Teufels Küche kommen *fam* **high jumper** *n* Hochspringer(in) *m(f)* **high kick** *n* Hochwerfen *nt* der Beine

highland [ˈhaɪlənd] *adj attr, inv* Hochland-, hochländisch **Highland clearances** *npl* BRIT *Vertreibung der schottischen Pächter von ihren Ländereien im Hochland*

Highlander [ˈhaɪləndəʳ, AM -ɚ] *n* Highlander *m, jd aus den schottischen Highlands*

Highland fling *n* SCOT *schottischer Volkstanz* **Highland Games** *npl* SCOT Hochlandspiele *ntpl*

highlands [ˈhaɪləndz] *npl* Hochland *nt kein pl;* ■ **the [Scottish] H~s** die Highlands *pl,* das [schottische] Hochland

high-level *adj usu attr* ① (*important*) auf höchster Ebene *nach n;* ~ **negotiations** Verhandlungen *fpl* auf höchster Ebene ② (*intense*) ~ **crop production** Pflanzung *f* von Hochertragsgetreide ③ (*high above ground*) hoch gelegen **high-level language** *n,* **high-level programming language** *n* COMPUT [benutzerfreundliche] Computersprache **high-level waste** *n no pl* radioaktiver Müll **high life** *n* exklusives Leben; **to live the ~** in Saus und Braus leben **highlight I.** *n* ① (*most interesting part*) Höhepunkt *m,* Highlight *nt geh* ② (*in hair*) ■ **~s** *pl* Strähnchen *ntpl,* Highlights *ntpl* **II.** *vt* ① (*draw attention to*) ■ **to ~ sth** etw hervorheben [*o* unterstreichen]; **to ~ a problem** ein Problem [besonders] herausstreichen ② (*make visually prominent*) ■ **to ~ sth** etw hervorheben; (*with a highlighter*) etw anstreichen; **to ~ a text** einen Text markieren ③ (*dye*) **to have one's hair ~ed** sich *dat* Strähnchen machen lassen **highlighter** *n* ① (*pen*) Textmarker *m* ② (*cosmetics*) Highlighter *m*

highly [ˈhaɪli] *adv* hoch-; ***this was a ~-publicized case*** um diesen Fall wurde ein großer Medienrummel veranstaltet *fam;* ~ **amusing** ausgesprochen amüsant; ~ **contagious** stark ansteckend; ~-**educated** hoch gebildet; ~ **questionable** äußerst fragwürdig; ~ **paid** hoch bezahlt; ~ **placed official** hoch gestellt Beamter/hoch gestellte Beamtin; ~ **priced** teuer; ~-**skilled** hoch qualifiziert; **to speak ~ of someone** von jdm in den höchsten Tönen sprechen; **to think ~ of someone** eine hohe Meinung von jdm haben

highly-colored AM, **highly-coloured** *adj* ① *(colourful)* bunt ② *(fig: one-sided)* einseitig **highly-paid** *adj* hoch bezahlt; **a ~ job** ein hoch dotierter Job **highly-placed** *adj* ***she's very ~ in the organization*** sie steht mit an der Spitze der Organisation; **according to a ~ source** wie aus hohen Kreisen verlautet **highly-priced** *adj* teuer **highly regarded** *adj pred* ■ **to be ~** hoch angesehen sein *geh* **highly-seasoned** *adj* stark gewürzt; *(hot)* scharf **highly-strung** *adj esp* BRIT, AUS nervös; **to be too ~** zu schwache Nerven haben

high-maintenance *adj* viel Aufmerksamkeit erfordernd *attr* **High Mass** *n* Hochamt *nt* **high-minded** *adj* ① *(moralizing)* moralisierend *attr pej* ② *(intellectual)* intellektuell **high-necked** *adj inv* hochgeschlossen

highness ['haɪnəs] *n* Höhe *f*

Highness ['haɪnəs] *n (form)* Hoheit *f;* **Royal H~** Königliche Hoheit; **Your/Her/His H~** Eure/Ihre/Seine Hoheit

high noon *n* ① *(twelve noon)* zwölf Uhr mittags ② *(most important stage)* Höhepunkt *m; (fig)* Zeitpunkt *m* der Abrechnung; ■ **it's ~** es ist höchste Zeit *fig* **high note** *n* Höhepunkt *m;* ***he wants to end his career on a ~*** er möchte dann aufhören, wenn seine Karriere auf dem Höhepunkt ist **high-octane** *adj* ① AUTO *petrol* mit hoher Oktanzahl *nach n;* ■ **to be ~** eine hohe Oktanzahl haben ② *(fig) politics* [hoch]explosiv *fig,* hyper-dynamisch **high-performance** *adj attr* Hochleistungs- **high-performance equipment** *n* COMPUT Hochleistungsausrüstung *f* **high-pitched** *adj* ① *(steep)* steil ② *(shrill)* schrill; *(high)* hoch ③ *(intense)* ~ **battle** heftiger Kampf **high point** *n (best part)* Höhepunkt *m; (most enjoyable part)* schönster Augenblick **high-powered** *adj* ① *machine* Hochleistungs-; ~ **car/motorbike** starkes Auto/Motorrad; ~ **computer system** leistungsstarkes Computersystem ② *(influential)* einflussreich; ~ **delegation** hochrangige Delegation ③ *(advanced)* anspruchsvoll **high-pressure** I. *n no pl* METEO Hochdruck *m fachspr;* **a ridge of ~** ein Hochdruckkeil *m fachspr* II. *n modifier* ① TECH *(pump, steam)* Hochdruck- ② ECON ~ **sales techniques** aggressive Verkaufstechniken III. *vt esp* AM ■ **to ~ sb** jdn unter Druck setzen; ***stop trying to ~ me into doing something*** hör auf, mich mit aller Macht zu etwas überreden zu wollen **high priest** *n* REL Hohe Priester *m; (fig)* Doyen *m fig* **high priestess** *n* REL Hohe Priesterin *f; (fig)* Doyenne *f fig* **high profile** I. *n* **to have a ~** gerne im Rampenlicht stehen II. *adj* ***she's a ~ politician*** sie ist eine Politikerin, die im Rampenlicht steht; ***a vicar has a ~ job*** ein Pfarrer steht durch seinen Job viel in der Öffentlichkeit **high-ranking** *adj attr* hochrangig **high-resolution** *n* COMPUT hohe Auflösung **high-resolution monitor** *n* Monitor *m* mit hoher Auflösung **high-rise** *n* Hochhaus *nt; (very high)* Wolkenkratzer *m* **high-rise building** *n,* **high-rise flats** *npl* BRIT Hochhaus *nt* **high-risk** *adj* hochriskant; **to be in a ~ category/group** einer Risikokategorie/-gruppe angehören **high road** *n* BRIT Hauptstraße *f;* AM *(fig)* **to take the ~** den rechten Weg beschreiten *geh* **high roller** *n* AM *(fam)* ① *(spendthrift)* verschwenderischer Mensch; ***she's something of a ~*** sie wirft das Geld mit beiden Händen zum Fenster raus *fam* ② *(gambler)* Glücksspieler(in) *m(f)*

high school *n* BRIT, AUS *Gymnasium oder Oberstufenschule (14–18 Jahre);* AM Highschool *f;* **junior ~** Junior Highschool *f*

high seas *npl* hohe See; **on the ~** auf hoher See **high season** *n* Hochsaison *f;* **at** [*or* **during**] [*or* **in**] ~ während [*o* in] der Hochsaison **high-security** *adj attr* Hochsicherheits-; ~ **jail** [*or* **prison**] Hochsicherheitsgefängnis *nt;* ~ **wing** Hochsicherheitstrakt *m* **high society** *n* Highsociety *f* **high-sounding** *adj language* hochtrabend *pej; ideas* abgehoben; *see also* **high-flown high-speed** *adj usu attr* Hochgeschwindigkeits-; ~ **drill** Schnellstahlbohrer *m;* ~ **engine** Hochleistungsmotor *m;* ~ **film** hoch empfindlicher Film; ~ **printer** Schnelldrucker *m* **high-speed train** *n* Hochgeschwindigkeitszug *m* **high-spirited** *adj* ausgelassen; ~ **horse** temperamentvolles Pferd **high spirits** *npl* Hochstimmung *f kein pl;* **to be in ~** in Hochstimmung sein, gut drauf sein *fam* **high spot** *n* Höhepunkt *m;* **to hit the ~s** BRIT *(fam)* die Szenetreffs aufsuchen **high street** *n* BRIT Hauptstraße *f; (shopping road)* ■ **the ~** die Haupteinkaufsstraße **high-street** *adj* BRIT ***there was a modest rise in ~ spending last month*** im letzten Monat ist der Umsatz in den Geschäften der Innenstadt leicht angestiegen; ~ **banks** Geschäftsbanken *fpl;* ~ **fashion** konventionelle Mode **high-strung** *adj* AM *(highly-strung)* nervös **high summer** *n no pl* Hochsommer *m* **high table** *n* BRIT *dem Lehrpersonal vorbehaltener Esstisch an Schulen und Universitäten* **hightail** *esp* AM I. *vi (fam)* abhauen *fam,* [schnell] verduften *sl;* ***we'd better ~ out of here*** wir sollten besser von hier verduften *sl* II. *vt (fam)* **to ~ it** abhauen *sl,* sich *akk* aus dem Staub machen *fam;* **to ~ it out of town** aus der Stadt verschwinden *fam* **high tea** *n* BRIT *frühes Abendessen bestehend aus einem gekochten Essen, Brot und Tee* **high-tech** I. *adj* Hightech-; ~ **product** Hightech-Produkt *nt; see also* **high technology** II. *n no pl see* **high technology** Hightech *nt* **high-tech companies** *npl* ECON Hightechunternehmen *ntpl* **high technology** *n no pl* Hightech *nt,* Hochtechnologie *f* **high-tension** *adj usu attr* Hochspannungs- **high-test** *adj attr* ① *(meeting high standards)* Qualitäts-; ~ **results** Ergebnisse *ntpl* aus der Qualitätskontrolle ② *(low boiling point)* ~ **petrol** [*or* AM **gas**] Benzin *nt* mit niedrigem Siedepunkt **high tide** *n no pl* Flut *f;* **at ~** bei Flut; *(fig: most successful point)* Höhepunkt *m* **high treason** *n no pl* Hochverrat *m* **high up** *adj pred* ■ **to be ~** ein hohes Tier sein *fam,* hoch oben in der Hierarchie stehen **high voltage** *n* Hochspannung *f* **high water** *n no pl* Flut *f* **high-water mark** *n* Hochwassermarke *f; (fig)* Höhepunkt *m,* höchster Stand **highway** I. *n* ① BRIT *(form)* Bundesstraße *f;* AM, AUS Highway *m;* **every ~ and byway** jeder Weg und Steg; **coastal ~** Küstenstraße *f;* **interstate ~** AM Interstate Highway *m (mindestens zwei Staaten verbindende Autobahn);* **to obstruct the ~** *(form)* die Straße blockieren ② COMPUT Vielfachleitung *f* II. *n modifier (accident, billboard, user)* Straßen-; ~ **fatalities** Verkehrstote *pl;* ~ **restaurant** Autobahnrestaurant *nt* **Highway Code** *n* BRIT Straßenverkehrsordnung *f* **highwayman** *n (hist)* Straßenräuber *m* **highway robbery** *n* ① *(hist)* Straßenraub *m* ② *no pl (over-pricing)* **to be ~** Schröpferei [*o* der reinste Nepp] sein *fam* **high wire** *n* Hochseil *nt* **high-wire** *adj attr, inv* Hochseil-; ~ **balancing act** *(also fig)* Drahtseilakt *m a. fig*

hijack ['haɪdʒæk] I. *vt* **to ~ a plane** ein Flugzeug entführen; *(fig)* **to ~ sb's ideas/plans** jds Ideen/Pläne klauen *fam* II. *n* Entführung *f*

hijacker ['haɪdʒækəʳ, AM -ɚ] *n* Entführer(in) *m(f)*

hijacking ['haɪdʒækɪŋ] *n no pl* Entführung *f*

hike [haɪk] I. *n* ① *(long walk)* Wanderung *f; (fam)* ***that was quite a ~*** das war ein ganz schöner Marsch [*o* ÖSTERR Hatscher] *fam;* **to go on a ~** wandern gehen; **to take a ~** AM *(fam)* abhauen *sl* ② AM *(fam: increase)* Erhöhung *f;* ~ **in prices** Preiserhöhung *f* II. *vi* wandern III. *vt* AM *(fam)* ■ **to ~ sth** etw erhöhen; **to ~ interest rates** die Zinsen [*o* Zinssätze] anheben

◆**hike up** *vt* ① *(increase)* ■ **to ~ up** ↻ **sth** etw erhöhen; **to ~ up interest rates** die Zinssätze [*o* Zinsen] anheben ② *esp* AM *(lift)* ■ **to ~ sth** ↻ **up** etw hochheben; *piece of clothes* etw hochziehen; ***do you think we'll be able to ~ up the piano over that step?*** glaubst du wir schaffen es, das Klavier über diese Schwelle zu hieven?; ***his shirt was ~d up on one side*** sein Hemd war auf einer Seite hochgerutscht *fam*

hiker ['haɪkəʳ, AM -ɚ] *n* Wanderer, -in *m, f*

hiking ['haɪkɪŋ] *n no pl* Wandern *nt;* **to go ~** wandern gehen

hiking boots *npl* Wanderschuhe *mpl*

hilarious [hɪ'leəriəs, AM -'ler-] *adj* ① *(very amusing)* urkomisch, zum Brüllen *präd fam* ② *(boisterous)* ausgelassen; ~ **party** stürmisches Fest

hilariously [hɪ'leəriəsli, AM -'ler-] *adv* urkomisch; ***her new book's ~ funny*** ihr neues Buch ist zum Schreien *fam*

hilarity [hɪ'lærəti, AM -'lerət̬i] *n no pl* Ausgelassenheit *f;* ***his announcement was greeted with ~*** seine Ankündigung sorgte für große Belustigung; **to cause ~** Heiterkeit erregen

hill [hɪl] *n* ① *(small mountain)* Hügel *m; (higher)* Berg *m;* **range of ~s** Hügelkette *f;* **on the top of a ~** [oben] auf einem Hügel; **rolling ~s** sanfte Hügel; ■ **the ~s** *pl (higher areas of land)* das Hügelland *kein pl* ② *(steep slope)* Steigung *f;* **a steep ~** eine starke Steigung ▸ PHRASES: **sth ain't worth** [*or* **doesn't amount to**] **a ~ of beans** AM *(fam)* etw ist keinen Pfifferling wert *fam;* **to be up ~ and down dale for sb** BRIT *(dated)* überall nach jdm suchen; **as old as the ~s** steinalt; ***the jokes she tells are as old as the ~s*** ihre Witze haben so einen Bart *fam;* **to be over the ~** *(fam)* mit einem Fuß im Grab stehen

hillbilly ['hɪl,bɪli] *n* AM *(dated or usu pej)* Hinterwäldler(in) *m(f) pej; (woman also)* Landpommeranze *f pej; (from the Southern US states)* Hillbilly *m pej* **hillbilly music** *n no pl* Hillbillymusik *f* **hill fort** *n* ARCHEOL befestigte Hügelanlage *(aus der Eisenzeit)* **hillock** ['hɪlək] *n* kleiner Hügel **hillside** *n* Hang *m* **hill start** *n* Anfahren *nt* am Berg; **to do a ~** am Berg anfahren **hill station** *n Erholungsort im* [*kühlen*] *indischen Bergland* **hilltop** I. *n* Hügelkuppe *f* II. *n modifier (farm)* auf einem Hügel gelegen *attr* **hillwalker** ['hɪlwɔːkəʳ, AM wɑːkɚ] *n* Wanderer(in) *m(f)* **hill-walking** *n no pl esp* BRIT Bergwandern *nt*

hilly ['hɪli] *adj* hügelig; ~ **areas** Hügelland *nt*

hilt [hɪlt] *n* ① *(handle)* Griff *m; of a dagger, sword* Heft *nt* ② *(fig: limit)* ***the government is already borrowing up to the ~*** die Regierung ist bereits hoch verschuldet; **to be up to the ~ in debt** bis über beide Ohren in Schulden stecken *fam;* **to support sb to the ~** hundertprozentig hinter jdm stehen

him [hɪm, ɪm] *part* ① *(person)* ihm *in dat,* ihn *in akk;* ***why don't you give ~ his present?*** warum gibst du ihm nicht sein Geschenk?; ***don't shout at ~*** schrei ihn nicht an; ***toiletries for ~ and her*** Toilettenartikeln für Ihn und Sie; ***Bob, give Paul's toy back to ~ now!*** Bob, gib Paul sofort sein Spielzeug zurück!; ***who? ~? he's horrible!*** wer? der? der ist schrecklich!; ***he took the children with ~*** er nahm die Kinder mit; ***I could never be as good as ~*** ich könnte nie so gut sein wie er; ***you have more than ~*** du hast mehr als er; *(fam)* ***is this ~, perhaps?*** ist er das vielleicht?; ***that's ~ all right*** das ist er in der Tat; *(form)* ***to ~ who is patient come all good things in their own time*** dem, der Geduld hat, wird sich alles Gute erfüllen ② *(animal)* ihm *in dat,* ihn *in akk;* ***we've just got a new cat, but we haven't thought of a name for ~ yet*** wir haben einen neuen Kater, aber wir haben noch keinen Namen für ihn ③ *(unspecified sex)* ihm *in dat,* ihn *in akk;* ***man's ability to talk makes ~ unlike any other animal*** der Mensch unterscheidet sich von den anderen Tieren durch seine Fähigkeit zu sprechen; ***if someone is causing us problems, we should get rid of ~*** wenn uns jemand Probleme macht, sollten wir ihn loswerden ④ REL *(God)* ■ **H~** Ihm *in dat,* Ihn *in akk;* ***I pray to H~ daily*** ich bete jeden Tag zu Ihm ⑤ AM *(old: himself)* ***in the depths of ~, he too didn't want to go*** im tiefsten Inneren wollte er auch nicht gehen ▸ PHRASES: **everything comes to ~ who waits** *(prov)* mit der

Zeit werden sich alle Wünsche erfüllen

himself [hɪm'self] *part reflexive* ① *after vb* sich *in dat o akk; **he can really excel ~ when he ...*** er kann wirklich über sich hinauswachsen, wenn er; ***Norman was so upset that he cried ~ to sleep last night*** Norman war so bestürzt, dass er sich letzte Nacht in den Schlaf geweint hat; ***he's writing ~ letters*** er schrieb sich selbst Briefe; ***the steward introduced ~ as Pete*** der Steward stellte sich als Pete vor; ***he ought to be ashamed of ~*** er sollte sich schämen ② *after prep **Jack talks to ~ when he works*** Jack spricht bei der Arbeit mit sich [selbst]; ***the little boy kept looking at ~ in the mirror*** der kleine Junge betrachtete sich die ganze Zeit im Spiegel ③ (*form: him*) ***the whole group, including ~*** die ganze Gruppe, er eingeschlossen ④ (*emph: personally*) selbst; ***did you want to talk to the chairman ~?*** möchten Sie mit dem Vorsitzenden persönlich sprechen?; ***Fred has nobody but ~ to blame*** Fred ist ganz alleine Schuld; ***the president ~ promised to attend the ceremony*** der Präsident versprach, persönlich an der Zeremonie teilzunehmen; ***Thomas ~ laid down what we should do*** Thomas erklärte uns persönlich, was wir tun sollten; **to see/taste/feel/try sth for ~** etw selbst sehen/kosten/fühlen/versuchen ⑤ (*alone*) ***he wanted to keep the candy for ~*** er wollte die Bonbons für sich behalten; ***Tim wants a desk all to ~*** Tim möchte einen Schreibtisch ganz für sich; ■**[all] by ~** ganz alleine ⑥ (*normal*) ***I told him to act naturally and be ~*** ich sagte ihm, dass er natürlich bleiben und ganz er selbst sein sollte; ***Hugh hasn't been ~ since the accident*** seit dem Unfall ist Hugh nicht er selbst; ***he finally looked ~ again after seeming so sick for so long*** nach der langen Krankheit sah er endlich wieder wie er selbst aus ⑦ IRISH (*master of the house*) der Herr *geh; **I'll mention it to ~*** ich werde es dem Hausherrn sagen

hind [haɪnd] I. *adj attr, inv* hintere(r,s); **~ leg** Hinterbein *nt; of game* Hinterlauf *m* II. *n* <*pl* – *or* -s> Hirschkuh *f*

hinder ['hɪndəʳ, AM -ɚ] *vt* ■**to ~ sb/sth** jdn/etw behindern; **to ~ progress** den Fortschritt hemmen; ■**to ~ sb from doing sth** jdn davon abhalten [*o* daran hindern], etw zu tun

Hindi ['hɪndi:] *n no pl* Hindi *nt*

hind legs *npl* Hinterbeine *ntpl*; **to get** [*or* **stand**] **up on one's ~** (*also fig, hum*) sich *akk* auf die Hinterbeine stellen *fig, hum fam* ▶ PHRASES: **[to be able] to talk the ~ off a <u>donkey</u>** (*fam*) ohne Punkt und Komma reden [können] *fam* **hindmost** *adj attr esp* BRIT letzte(r,s); ***although she was ~ of the walkers, ...*** obwohl sie hinter allen anderen Wanderern zurücklag, ... ▶ PHRASES: **[let the] <u>devil</u> take the ~** den Letzten beißen die Hunde *prov* **hindquarters** *npl* ZOOL Hinterteil *nt;* (*of a horse*) Hinterhand *f;* (*of a carcass*) Hinterviertel *nt*

hindrance ['hɪndrən(t)s] *n* ① (*obstruction*) Behinderung *f,* Hindernis *nt; **I've never considered my disability a ~*** ich habe meine Behinderung nie als Einschränkung empfunden; **sb is more of a ~ than a help** jd stört mehr, als dass er/sie hilft; **to allow sb to enter without ~** jdm ungehinderten Zutritt gewähren; ■**to be a ~ to sth** etw behindern ② LAW (*or form*) **without let or ~** ungehindert

hindsight *n no pl* **but with** [**the benefit of**] ***~ I see how naive I was ...*** *jetzt* weiß ich natürlich, wie naiv ich war; **in ~** im Nachhinein

Hindu [ˌhɪn'du:, AM 'hɪndu:] I. *n* Hindu *m o f* II. *adj inv* hinduistisch, Hindu-

Hinduism ['hɪndu:ɪzᵊm] *n no pl* Hinduismus *m*

Hindustan [ˌhɪndʊ'stɑ:n] *n no pl* (*hist*) *see* **India** Hindustan *nt*

hinge [hɪndʒ] I. *n* Angel *f; of a chest, gate* Scharnier *nt;* **to take the door off its ~s** die Tür aus den Angeln heben II. *n modifier* Scharnier-; **~ joint** Scharniergelenk *nt* III. *vi* ① (*depend*) ■**to ~ [up]on sb/sth** von jdm/etw abhängen; ***the prosecution's case ~d on the evidence of this witness*** die Anklage steht und fällt mit der Aussage dieser Zeugin; ***the plot of the film ~s on a case of mistaken identity*** Aufhänger des Films ist eine Verwechslung ② *jaw* ■**to ~ down** nach unten klappen

hinged [hɪndʒd] *adj inv* mit einem Scharnier *nach n;* ■**to be ~** ein Scharnier haben

hint [hɪnt] I. *n* ① *usu sing* (*trace*) Spur *f; **white with a ~ of blue*** weiß mit einem Hauch von blau; ***at the slightest ~ of trouble*** beim leisesten Anzeichen von Ärger; ***he gave me no ~ that ...*** er gab mir nicht den leisesten Wink, ob ... ② (*allusion*) Andeutung *f; **you just can't take a ~, can you?*** du kapierst es einfach nicht, oder? *fam; **ok, I can take a ~*** ok, ich verstehe schon; ***it's my birthday next week, ~, ~!*** ich habe nächste Woche Geburtstag – so ein dezenter Hinweis ... *fam;* **to drop a ~** eine Andeutung machen ③ (*advice*) Hinweis *m,* Tipp *m;* **to give sb a ~** jdm einen Hinweis [*o* Tipp] geben; **a handy ~** ein wertvoller Tipp II. *vt* ■**to ~ that ...** andeuten, dass ... III. *vi* andeuten, durchblicken lassen; ■**to ~ at sth** (*allude to*) auf etw *akk* anspielen; (*indicate*) etw andeuten, auf etw *akk* hindeuten; ■**to ~ to sb that ...** jdm andeuten, dass ...

hinterland ['hɪntəlænd, AM -tɚ-] *n no pl* (*behind coast or river*) Hinterland *nt;* (*undeveloped land*) Entwicklungsland *nt;* (*fig: unknown*) Zwischenreich *nt*

hinterlands *npl* AM Hinterland *nt kein pl*

hip¹ [hɪp] I. *n* ANAT Hüfte *f; **trousers to fit ~s up to 38 inches*** Hosen *fpl* mit einer Hüftweite bis 96 cm; ***Helen stood with her hands on her ~s*** Helen hatte ihre Arme in die Hüften gestemmt; **to dislocate a ~** sich *dat* die Hüfte ausrenken ▶ PHRASES: **to <u>shoot</u> from the ~** (*fam*) aus der Hüfte schießen *fig* II. *n modifier* Hüft-; **~ replacement** künstliche Hüfte

hip² [hɪp] *n* (*rose hip*) Hagebutte *f*

hip³ <-pp-> [hɪp] *adj* (*fam: fashionable*) hip *präd sl,* cool *sl,* total in *präd fam;* ■**to get ~ to sth** etw mitkriegen *fam*

hip⁴ [hɪp] *interj* hipp(, hipp); **~ ~ *hooray*** [*or **hurray***]*!* hipp, hipp, hurra!

hipbath *n* Sitzbad *nt* **hipbone** *n* ANAT Hüftknochen *m* **hip flask** *n* Flachmann *m* **hip-hop** *n no pl* Hip-Hop *m* **hiphuggers** *npl* AM Hüfthose[n] *f[pl]* **hip-hugging** *adj* eng anliegend (*an den Hüften*)

hipped [hɪpt] *adj inv* ① ANAT -hüftig ② ARCHIT (*having a sharp edge*) **~ roof** Walmdach *nt*

hippie ['hɪpi] *n* Hippie *m*

hippo ['hɪpəʊ, AM -oʊ] *n* (*fam*) *short for* **hippopotamus** Nilpferd *nt*

hip pocket *n* Gesäßtasche *f*

Hippocratic oath [ˌhɪpə(ʊ)krætɪk'-, AM -pəkræţɪk'-] *n* MED hippokratischer Eid, Eid *m* des Hippokrates

hippopotamus <*pl* -es *or* -mi> [ˌhɪpə'pɒtəməs, AM -'pɑ:ţə-] *n* Nilpferd *nt;* **pygmy ~** Zwergnilpferd *nt*

hippy ['hɪpi] *n* Hippie *m*

hippyish ['hɪpiɪʃ] *adj* (*fam*) hippiemäßig; **~ atmosphere** lockere Atmosphäre

hipster ['hɪpstəʳ, AM -ɚ] *n* ① (*fam: person*) cooler Typ *sl* ② (*trousers*) ■**~s** *pl* Hüfthose[n] *f[pl]*

hire [haɪəʳ, AM haɪr] I. *n no pl esp* BRIT Mieten *nt; **we've got the ~ of the church hall for the whole evening*** wir haben den Gemeindesaal für den ganzen Abend gemietet; ***her wedding dress is on ~*** ihr Hochzeitskleid ist geliehen; ***'for ~'*** ‚zu vermieten'; ***this shop has tents for ~ at £10 a week*** in diesem Laden kann man für 10 Pfund die Woche Zelte leihen; ***there are bikes for ~ at the station*** am Bahnhof kann man Fahrräder mieten; **car ~** [*or* **~ car**] **business** BRIT Autoverleih *m,* Autovermietung *f* II. *vt* ① *esp* BRIT (*rent*) ■**to ~ sth** etw mieten; **to ~ a cab** ein Taxi rufen; **to ~ a car** einen Wagen mieten; **to ~ a dress** ein Kleid ausleihen; **to ~ sth by the hour/day/week** etw stunden-/tage-/wochenweise mieten ② *esp* AM (*employ*) ■**to ~ sb** jdn einstellen; **to ~ an attorney** AM einen Rechtsanwalt/eine Rechtsanwältin beauftragen; **to ~ a gunman** einen Killer anheuern; **to ~ more staff** mehr Personal einstellen

◆**hire out** *vt esp* BRIT ■**to ~ sth** ⊂ **out** etw vermieten; *bicycle, clothes* etw verleihen; ***how much do you charge for hiring out a bicycle for a week?*** wie viel kostet es, ein Fahrrad für eine Woche zu leihen?; ***I've decided to go freelance and ~ myself out as a computer programmer*** ich habe beschlossen, freiberuflich zu arbeiten und meine Dienste als Computerprogrammierer anzubieten; **to ~ out sth** [*or* **sth out**] **by the hour/day/week** etw stunden-/tage-/wochenweise vermieten

hire and fire *n Beschäftigen und Kündigen von Personal nach Bedarf* **hire car** *n* BRIT Mietwagen *m,* Leihwagen *m*

hired [haɪəd, AM haɪrd] *adj inv* ① (*lent*) geliehen; *esp* BRIT (*rented*) gemietet; **~ bicycle** Leihfahrrad *nt;* **~ carnival costumes** geliehene Karnevalskostüme [*o* SÜDD, ÖSTERR Faschingskostüme] ② *esp* AM (*employed*) **~ assassin** Auftragskiller(in) *m(f);* **~ hand** Lohnarbeiter(in) *m(f);* **~ help** Haushaltshilfe *f;* **~ man** Helfer *m* für Haus und Garten

hired gun *n* Profikiller(in) *m(f)*

hireling ['haɪəlɪŋ, AM 'haɪr-] *n* (*pej*) Mietling *m pej;* (*accomplice*) Helfershelfer *m pej*

hire purchase *n* BRIT Ratenkauf *m,* Teilzahlungskauf *m;* **to buy sth on ~** etw auf Raten kaufen; **to sign a ~ agreement** einen Teilzahlungsvertrag unterschreiben **hire purchase agreement** *n* BRIT Teilzahlungsvertrag *m*

hi-res monitor *n* Monitor *m* mit hoher Auflösung; *see also* **high-resolution monitor**

hiring ['haɪərɪŋ, AM 'haɪr-] *n no pl* ① (*employing*) Einstellen *nt* ② *esp* BRIT (*renting*) Mieten *nt;* ***~ a car is easy these days*** ein Auto zu mieten, ist heutzutage einfach

hirsute ['hɜ:sju:t, AM 'hɜ:rsu:t] *adj* (*liter or hum*) stark behaart

his [hɪz, ɪz] I. *part pers* (*of person, animal, unspecified sex*) seine(r,s); ***Mark has left his coat behind — do you know if this is ~?*** Mark hat seinen Mantel vergessen – weißt du, ob das seiner ist?; ***he took my hand in ~*** er nahm meine Hand; ***I don't know many John Lennon songs — 'Imagine' was one of ~, wasn't it?*** ich kenne nicht viele Lieder von John Lennon – ‚Imagine' ist von ihm, oder?; ***shortsheeting the bed is a favourite trick of ~*** die Bettlaken kürzen zählt zu seinen Lieblingsstreichen; ***some friends of ~*** einige seiner Freunde; ***that dog of ~ is so annoying*** sein doofer Hund nervt total!; ***each recruit receiving clothes should pick ~ up at the laundry department*** jeder Rekrut soll seine Kleider in der Wäscherei abholen II. *adj poss* (*of person*) sein(e,er,es); ***what's ~ name?*** wie heißt er?; ***James sold ~ business*** James verkaufte seine Firma; ***he got ~ very own computer for Christmas*** er hat zu Weihnachten einen Computer ganz für sich alleine bekommen; ***~ and hers towels*** Handtücher für sie und ihn

Hispanic [hɪ'spænɪk] I. *adj inv* hispanisch II. *n* Hispano-Amerikaner(in) *m(f)*

Hispanicist [hɪ'spænɪsɪst] *n,* **Hispanist** [hɪ'spænɪst] *n* LING Hispanist(in) *m(f) fachspr*

hiss [hɪs] I. *vi* zischen; (*whisper angrily*) fauchen; ■**to ~ at sb** jdn anfauchen II. *vt* ① (*utter*) ■**to ~ sth** etw fauchen [*o* zischen] ② (*disapprove of*) ■**to ~ sb/sth** etw/jdn auszischen III. *n* <*pl* -es> ① (*sound*) Zischen *nt kein pl;* (*on tapes*) Rauschen *nt kein pl* ② COMPUT Nebengeräusch *nt*

hisself [hɪz'self] *part* DIAL (*fam*) *see* **himself**

histamine ['hɪstəmi:n] *n* MED Histamin *nt fachspr*

histogram ['hɪstəgræm, AM -stoʊ-] *n* COMPUT Histogramm *nt*

histology [hɪ'stɒlədʒi, AM -'tɑ:l-] *n no pl* MED Histologie *f fachspr*

historian [hɪ'stɔ:riən] *n* Historiker(in) *m(f);* **local ~** ortsansässiger Historiker/ortsansässige Historikerin

historic [hɪ'stɒrɪk, AM -'stɔ:r-] *adj* historisch; **a ~ moment in history/time** ein historischer Augenblick

historical [hɪ'stɒrɪkᵊl, AM -'stɔ:r-] *adj* geschichtlich, historisch; **~ accuracy** Geschichtstreue *f;* ~

documents historische Dokumente; **famous ~ figures** berühmte historische Figuren; **~ novel** historischer Roman
historically [hɪˈstɒrɪkᵊli, AM -ˈstɔːr-] *adv* geschichtlich, historisch; ***the film doesn't try to be ~ accurate*** der Film versucht nicht, geschichtstreu zu sein; **~ [speaking ...]** historisch betrachtet ...
historicism [hɪˈstɒrɪsɪzᵊm, AM ˈstɑːrə] *n no pl* Historizismus *m*
historicity [ˌhɪstɒrˈɪsəti, AM təˈrɪsət̬i] *n no pl* Historizität *f geh*
historic present *n* LING historisches Präsens *fachspr* **historic site** *n* historische Stätte
historiography [hɪˌstɒriˈɒgrəfi, AM ˈstɑːriˈɑːgrə-] *n no pl* Geschichtsschreibung *f*, Historiographie *f geh*
history [ˈhɪstᵊri, AM *also* -əri] **I.** *n* ❶ *no pl* (*past events*) Geschichte *f*; (*study also*) Geschichtswissenschaft *f*; ***our house has a colourful ~*** unser Haus hat eine schillernde Vergangenheit; ***the rest is ~*** der Rest ist Geschichte [*o* bekannt]; **sb's life ~** jds Lebensgeschichte; **to go down in ~ as sth** als etw in die Geschichte eingehen; **to make ~** Geschichte schreiben ❷ (*fig*) ***that's all ~*** das gehört alles der Vergangenheit an; ***Tina and Charles went out together for five years, but they're ~ now*** Tina und Charles waren fünf Jahre ein Paar, aber jetzt sind sie nicht mehr zusammen; (*fam*) ***if that bullet had found its mark you'd be ~ by now*** wenn diese Kugel ihr Ziel nicht verfehlt hätte, wärst du jetzt mausetot *fam*; **ancient ~** (*fig*) kalter Kaffee *fam* ❸ *usu sing* (*background*) Vorgeschichte *f*; ***her family has a ~ of heart problems*** Herzprobleme liegen bei ihr in der Familie; ***there's a long ~ of industrial disputes at that factory*** betriebliche Auseinandersetzungen haben in dieser Fabrik eine lange Tradition **II.** *n modifier* (*book, class*) Geschichts-; **~ question** geschichtliche Frage
histrionic [ˌhɪstriˈɒnɪk, AM -ˈɑːn-] *adj* theatralisch
histrionically [ˌhɪstriˈɒnɪkᵊli, AM -ˈɑːn-] *adv* theatralisch
histrionics [ˌhɪstriˈɒnɪks, AM -ˈɑːn-] *npl* theatralisches Getue *pej fam*; ***his speech was full of ~ about patriotism*** seine Rede war voll von patriotischem Geschwafel *pej fam*
hit [hɪt] **I.** *n* ❶ (*blow*) Schlag *m*; (*verbal blow*) Seitenhieb *m fig*; ***few animals survive a ~ from a speeding car*** nur wenige Tiere überleben es, wenn sie von einem Auto angefahren werden; **to give sb a ~ [on the head]** jdm einen Schlag [auf den Kopf] versetzen ❷ *esp* AM (*fam: attack [and kill]*) **to score a ~** jdn umlegen *fam* ❸ (*be bombed*) **to suffer [*or* take] a direct ~** direkt getroffen werden; ***the hurricane scored a direct ~ on Miami*** der Orkan traf Miami mit voller Wucht ❹ (*success*) Hit *m*; **smash ~** Smash-Hit *m*; **his/her greatest ~s** seine/ihre größten Hits; **to be [*or* make] a [big] ~ with sb** bei jdm gut ankommen; ***she's trying to make a ~ with my brother*** sie versucht, bei meinem Bruder zu landen *fam* ❺ (*in baseball*) Hit *m*; **to score a ~** einen Punkt machen ❻ (*drugs*) Schuss *m sl* ❼ INET (*visit to a web page*) Besuch *m* einer Webseite ❽ COMPUT (*in database*) Treffer *m* ▶ PHRASES: **to get a ~ from doing sth** (*sl*) von etw *dat* einen Kick kriegen *fam*; **to take a [big] ~** einen [großen] Verlust hinnehmen [müssen] **II.** *n modifier* (*CD, musical*) Hit-; **~ song** Hit *m*; ***his musical was a ~ show*** sein Musical war ein Riesenerfolg; ***she had a one-~ wonder five years ago*** sie hatte vor fünf Jahren einen einzigen Hit **III.** *vt* <-tt-, hit, hit> ❶ (*strike*) ■**to ~ sb/an animal** jdn/ein Tier schlagen; **to ~ sb below the belt** (*fig*) jdm einen Schlag unter der Gürtellinie versetzen *fig fam*; **to ~ sb on [*or* over] the head** jdn niederschlagen; **to ~ sb in the stomach** jdm einen Schlag in den Magen versetzen; **to ~ sb hard** jdn mit aller Kraft schlagen; **to ~ sb where it hurts** (*fig*) jdn an einer empfindlichen Stelle treffen *fig*; ■**to have been ~** (*by bombs*) getroffen worden sein; ***the house was ~ by lightning*** in das Haus schlug der Blitz ein ❷ (*touch, press*) **to ~ a button** einen Knopf drücken; **to ~ a key** auf eine Taste drücken ❸ (*crash into*) ■**to ~ sth** in etw *akk* hineinkrachen *fam*; ***their car ~ a tree*** ihr Auto krachte gegen einen Baum *fam*; ***she ~ her head on the edge of the table*** sie schlug sich den Kopf an der Tischkante an; ***the glass ~ the floor*** das Glas fiel zu Boden; **to ~ an iceberg** mit einem Eisberg kollidieren; **to ~ a patch of ice** auf Glatteis geraten; **to ~ a reef/a sandbank** auf ein Riff/eine Sandbank auflaufen ❹ (*be shot*) ■**to be ~** getroffen werden; ***I've been ~!*** mich hat's erwischt! *fam*; ***John was ~ in the leg*** John wurde am Bein getroffen ❺ SPORTS **to ~ a ball [with a bat]** einen Ball [mit einem Schläger] treffen; **to ~ sb below the belt** jdn unter der Gürtellinie treffen; **to ~ a century** hundert Punkte erzielen; **to ~ a home run** einen Homerun erzielen ❻ (*affect negatively*) ■**to ~ sb** jdn treffen; **to be badly ~ by sth** von etw *dat* hart getroffen werden; ***San Francisco was ~ by an earthquake last night*** San Francisco wurde letzte Nacht von einem Erdbeben erschüttert ❼ (*fam: arrive at*) ■**to ~ sth** ***we should ~ the main road after five miles or so*** wir müssten in ungefähr fünf Meilen auf die Hauptstraße stoßen; (*go to*) ***we ~ the snack bar for something to eat*** wir gingen in die Snackbar und kauften und was zu essen; ***let's ~ the dance floor*** lass uns tanzen!; (*fig*) ***my sister ~ forty last week*** meine Schwester wurde letzte Woche 40; ***news of the explosion ~ the papers in time for the early editions*** die Nachricht von der Explosion kam rechtzeitig für die Frühausgabe der Zeitung in die Redaktionen; **to ~ 200 kph** 200 Sachen erreichen *fam*; **to ~ rock bottom [*or* an all-time low]** einen historischen Tiefstand erreichen ❽ (*encounter*) **to ~ oil** auf Öl stoßen; **to ~ a bad [*or* sticky] patch** in eine Krise geraten; **to ~ a lot of resistance** auf heftigen Widerstand stoßen; **to ~ the rush hour/a traffic jam** in die Stoßzeit/einen Stau geraten; **to ~ trouble** in Schwierigkeiten geraten ❾ ECON **to ~ the market** auf den Markt kommen ❿ (*occur to sb*) ■**it ~s sb that ...** jdm fällt auf [*o* jd merkt], dass ...; ***has it ever ~ you ...?*** ist dir schon mal aufgefallen, ... ⓫ (*music*) **to ~ a [wrong] note** einen [falschen] Ton treffen; (*fig*) **to ~ the right note** *speech* den richtigen Ton treffen *fig* ⓬ (*fam: take seriously*) ***I've got to ~ the books*** ich muss büffeln *fam* ⓭ INET, COMPUT **to ~ an internet page/a web site** eine Webseite besuchen ▶ PHRASES: **to ~ the bottle** zur Flasche greifen *fig*; **to ~ the ceiling [*or* roof]** an die Decke gehen *fig fam*; **to ~ the deck [*or* dirt]** sich *akk* zu Boden werfen; ***~ the deck! someone's coming!*** alle Mann 'runter! da kommt jemand!; **to be ~ between the eyes** zwischen den Augen getroffen werden; **to ~ the ground running** etw voller Begeisterung angehen *fam*; **to ~ the hay [*or* sack]** in die Falle gehen *fig fam*; **to ~ the headlines** in die Schlagzeilen kommen; **to ~ home** aufgehen; ***the full horror of the war only ~ home when we ...*** der volle Wahnsinn des Krieges ging uns erst auf, als ...; ***his insults really ~ home!*** seine Beleidigungen saßen! *fam*; **to ~ the jackpot** das große Los ziehen; **to ~ the nail on the head** den Nagel auf den Kopf treffen *fig*; **to ~ the road** sich *akk* auf den Weg machen; **to ~ sb for six** BRIT jdn hart treffen; **sth really ~s the spot** etw ist genau das Richtige; **to ~ one's stride** seinen Rhythmus finden; **to not know what has ~ one** aus allen Wolken fallen *fam* **IV.** *vi* ❶ (*strike*) ■**to ~ [at sb/sth]** [nach jdm/etw] schlagen; **to ~ hard** kräftig zuschlagen ❷ (*collide*) ***two cars ~ on the sharp bend*** zwei Autos stießen in der scharfen Kurve zusammen ❸ (*attack*) ■**to ~ at sb** jdn attackieren *fig* ❹ (*take effect*) wirken; ***we sat waiting for the alcohol to ~*** wir warteten, bis der Alkohol wirkte
◆**hit back** *vi* zurückschlagen; ■**to ~ back at sb** jdm Kontra geben; **to ~ back with missiles** mit Waffengewalt zurückschlagen
◆**hit off** *vt* ■**to ~ it off [with sb]** sich *akk* prächtig [mit jdm] verstehen
◆**hit on** *vi* ❶ (*think of*) **to ~ [up]on a solution** auf eine Lösung kommen; ***when we first ~ [up]on the idea, ...*** als uns die Idee zum ersten Mal in den Sinn kam,... ❷ AM (*make sexual advances*) ■**to ~ on sb** jdn anmachen *fam* ❸ AM (*attempt to extract [money]*) ■**to ~ on sb** jdn anpumpen *fam*
◆**hit out** *vi* ■**to ~ out [at sb]** [auf jdn] einschlagen; ***he was ~ting out in all directions*** er schlug nach allen Seiten um sich
◆**hit up** *vt* AM (*fam*) **to ~ sb up [for money] [*or* to ~ up sb [for money]]** jdn [um Geld] anhauen *fam*
◆**hit upon** *vi* **sb ~s upon an idea** jdm kommt eine Idee; *see also* **hit on 1**
hit-and-miss *adj* zufällig; ***getting to work on time is very much a ~ affair these days*** heutzutage pünktlich zur Arbeit zu kommen, ist es mehr oder weniger Glückssache; ***the exam was all very ~*** die Prüfung war ein ziemliches Ratespiel **hit-and-run I.** *n no pl* AUTO Fahrerflucht *f*; MIL Überraschungsüberfall *m* **II.** *adj* **~ accident** Unfall *m* mit Fahrerflucht; **~ attack** MIL Blitzangriff *m*; **~ driver** unfallflüchtiger Fahrer/unfallflüchtige Fahrerin; **~ play** SPORTS *Spieltaktik beim Baseball*
hitch [hɪtʃ] **I.** *n* <*pl* -es> ❶ (*difficulty*) Haken *m*, Schwierigkeit *f*; ***but there is a ~*** abe die Sache hat einen Haken; **a technical ~** ein technisches Problem; **to go off without a ~** reibungslos ablaufen ❷ (*short pull*) Ruck *m*; ***she gave her stockings a quick ~*** sie zog schnell ihre Strümpfe hoch ❸ (*knot*) Knoten *m*; NAUT Stek *m fachspr* **II.** *vt* ❶ (*fasten*) ■**to ~ sth to sth** etw an etw *dat* festmachen; ■**to ~ an animal to sth** ein Tier an etw *dat* festbinden; **to ~ a horse to a cart** ein Pferd vor einen Wagen spannen; **to ~ a trailer to a car** einen Anhänger an einem Auto anhängen ❷ (*fam: hitchhike*) **to ~ a lift [*or* ride]** trampen, per Anhalter fahren **III.** *vi* (*fam*) trampen *fam*
◆**hitch up I.** *vt* ❶ (*fasten*) ■**to ~ sth ⊂ up [to sth]** etw [an etw *dat*] festmachen; **to ~ up an animal to a wagon** ein Tier vor einen Wagen spannen; **to ~ a trailer up to a car** einen Anhänger an ein Auto anhängen ❷ (*pull up*) ■**to ~ sth ⊂ up** etw hochziehen; ***he ~ed up his trouser leg*** er schob das Hosenbein hoch **II.** *vi esp* BRIT (*fam*) rüberrutschen *fam*; ***go on, ~ up a bit!*** los, rutscht mal zusammen! *fam*
hitched [hɪtʃt] *adj* (*fam*) **to get ~** in den Hafen der Ehe einlaufen *hum*
hitcher [ˈhɪtʃəʳ, AM -ɚ] *n* Anhalter(in) *m(f)*, Tramper(in) *m(f)*
hitch-hike *vi* per Anhalter fahren, trampen *fam*
hitch-hiker *n* Anhalter(in) *m(f)*, Tramper(in) *m(f) fam*
hitch-hiking *n no pl* Trampen *nt*
hi-tech *n, adj see* **high-tech**
hither [ˈhɪðəʳ, AM -ɚ] *adv inv* (*dated form*) hierher; **come-~-look** auffordernder Blick; **~ and thither** hierhin und dorthin
hitherto [ˌhɪðəˈtuː, AM -ɚˈ-] *adv inv* (*form*) bisher; **~ unpublished** bisher unveröffentlicht
hitlist *n* (*also fig*) Abschussliste *f a. fig* **hit man** *n* Killer *m* **hit-or-miss** *adj see* **hit-and-miss hit parade** *n* (*dated*) Hitparade *f veraltend*; **to be at the top of the ~** die Hitparade anführen
hitter [ˈhɪt̬ɚ] *n* AM SPORTS Schlagmann, Schlagfrau *m, f*; **leadoff ~** Aufschlagspieler(in) *m(f) fachspr*; **pinch ~** Ersatzspieler(in) *m(f)*
HIV [ˌeɪtʃaɪˈviː] **I.** *n no pl abbrev of* **human immunodeficiency virus** HIV *nt* **II.** *n modifier* (*clinic, test*) Aids-
hive [haɪv] **I.** *n* ❶ (*beehive*) Bienenstock *m*; (*bees*) ■**the ~ + sing/pl vb** die Bienen *pl* ❷ (*busy place*) Ameisenhaufen *m fig*; ***the whole house was a ~ of activity*** das ganze Haus glich einem Ameisenhaufen **II.** *vt* **to ~ bees** Bienen in den Stock bringen **III.** *vi* in den Stock einfliegen
◆**hive off** *vt esp* BRIT, AUS ❶ (*separate*) ■**to ~ sth ⊂ off** etw ausgliedern; **to ~ work off** Arbeit auslagern ❷ (*denationalize*) **to ~ off a company** einen Betrieb entstaatlichen [*o* privatisieren] ❸ ECON, FIN ■**to ~ off ⊂ sth** *company* etw abspalten [*o* ausgliedern]
hives [haɪvz] *n + sing vb* MED Nesselsucht *f kein pl*
HIV-positive *adj* HIV-positiv

ya ['haɪjə] *interj (fam)* hi *fam*

izbullah [ˌhɪzbɒl'ɑ:, AM ˌhezbə'lɑ:] *n* REL, MIL Hisɔollah *f*, Hisb Allah *f*

M [ˌeɪtʃem] BRIT *abbrev of* **His Majesty('s), Her Majesty('s)** S.M.; *(Queen)* I.M

MG [ˌeɪtʃem'dʒi:] *n + sing/pl vb* BRIT *abbrev of* **Her Majesty's Government, His Majesty's Government** ≈ britische Regierung

MI [ˌeɪtʃem'aɪ] *n* BRIT HIST *(in schools) abbrev of* **Her Majesty's Inspector, His Majesty's Inspector** Schulrat, Schulrätin *m, f*

mm *interj*, **h'm** [həm] *interj* hm

IMO [ˌeɪtʃem'əʊ, AM -'oʊ] *n* AM *abbrev of* **health maintenance organization**

IMS [ˌeɪtʃem'es] *n* BRIT *abbrev of* **Her/His Majesty's Ship** H.M.S.; ***HMS Ark Royal will be sailing at dawn*** die H.M.S. Ark Royal läuft im Morgengrauen aus

IMSO [ˌeɪtʃemes'əʊ] *n no pl* BRIT *abbrev of* **Her/His Majesty's Stationery Office** *britischer Staatsverlag*

INC [ˌeɪtʃen'si:] *n* BRIT SCH *abbrev of* **Higher National Certificate** *(diploma)* Fachhochschulkzertifikat (**in** in *+dat*); *(course)* **to do an ~ course** einen Fachhochschulkurs besuchen

HND [ˌeɪtʃen'di:] *n* BRIT SCH *abbrev of* **Higher National Diploma** *(diploma)* Fachhochschuldiplom *nt* (**in** in *+dat*); *(course)* **to do an ~ course** einen Diplomlehrgang an einer Fachhochschule besuchen

ho [həʊ, AM hoʊ] *interj (fam: scorn, surprise)* ha; *(attract attention)* he *fam*; *(expressing delight)* **what-~** *(hist)* hoho; NAUT *(hist)* ***land ~!*** Land in Sicht!; *(hist)* ***heave-~!*** hau ruck!; **to give sb the old heave-~** *(sl)* mit jdm Schluss machen

hoagie ['hoʊgi] *n* AM *amerikanisches Riesensandwich*

hoar [hɔ:ʳ, AM hɔ:r] *(liter)* **I.** *adj (dated)* **~-headed** grauhaarig **II.** *n no pl* Reif *m*

hoard [hɔ:d, AM hɔ:rd] **I.** *n (of money, food)* Vorrat *m* (**of** an *+dat*); *(treasure)* Schatz *m*; **~** [**of weapons**] Waffenlager *nt* **II.** *vt* ■**to ~ sth** etw horten; *food also* etw hamstern **III.** *vi* Vorräte anlegen

◆**hoard away** *vt* ■**to ~ sth** ⊂ **away** etw horten; *food also* etw hamstern; *(hide)* etw verstecken

◆**hoard up** *vt* ■**to ~ sth** ⊂ **up** etw horten; *food also* etw hamstern

hoarder ['hɔ:dəʳ, AM 'hɔ:rdɚ] *n* Sammler(in) *m(f)*, Hamsterer *fam*; ***Meggie is a terrible ~*** Meggie hortet alles

hoarding ['hɔ:dɪŋ] *n* BRIT, AUS ① *(poster)* [**advertising**] ~ Plakatwand *f* ② *(fence)* Bauzaun *m* ③ *no pl (accumulating)* Horten *nt*

hoar frost *n no pl* [Rau]reif *m*

hoarse [hɔ:s, AM hɔ:rs] *adj* heiser; ***you'll make yourself ~ if you keep shouting like that*** du wirst noch ganz heiser werden, wenn du so weiterschreist; **to shout/talk oneself ~** sich *akk* heiser schreien/reden

hoarsely ['hɔ:sli, AM 'hɔ:r-] *adv* heiser

hoarseness ['hɔ:snəs, AM 'hɔ:r-] *n no pl* Heiserkeit *f*; ***I detected a little ~ in her voice*** ihre Stimme klang etwas heiser

hoary ['hɔ:ri] *adj (liter)* ① *(white-haired)* ergraut; *(old)* altehrwürdig *geh* ② *(fig: old)* uralt; *(trite)* abgedroschen; **~ old excuse** lahme Ausrede; **~ old joke** uralter Witz

hoax [həʊks, AM hoʊks] **I.** *n (deception)* Täuschung *f*; *(trick)* Trick *m*; *(joke)* Streich *m*; *(false alarm)* falscher [*o* blinder] Alarm; **bomb ~** vorgetäuschte Bombendrohung **II.** *adj* vorgetäuscht; **~ caller** *jd, der telefonisch falschen Alarm auslöst* **III.** *vt* ■**to ~ sb** jdn [he]reinlegen *fam*, jdm einen Bären aufbinden *fam*; ***she ~ed him into financing the project*** durch falsche Informationen brachte sie ihn dazu, das Projekt zu finanzieren; ***the police were ~ed into evacuating the area but there was no bomb*** die Polizei wurde in die Irre geführt und evakuierte die Gegend, aber es wurde keine Bombe gefunden; **to ~ sb into believing** [*or* **thinking**] **sth** jdm etw weismachen

hoaxer ['həʊksəʳ, AM 'hoʊksɚ] *n jd, der falschen Alarm auslöst*

hob [hɒb] *n* BRIT Kochfeld *nt*; **ceramic ~** Ceranfeld *nt*

hobbit ['hɒbɪt, AM 'hɑ:b-] *n* LIT Hobbit *m*

hobble ['hɒbl̩, AM 'hɑ:bl̩] **I.** *vi* hinken, humpeln; **to ~ around on crutches** mit Krücken herumlaufen **II.** *vt* ① *(liter: hinder)* ■**to ~ sth** etw behindern ② *(tie legs together)* **to ~ an animal** einem Tier die Beine zusammenbinden **III.** *n* ① *(for a horse)* Fußfessel *f* ② *(awkward walk)* Hinken *nt kein pl*, Humpeln *nt kein pl*; ***by the end of the football match he was reduced to a hobble*** am Ende des Spiels hinkte er nur noch

hobby ['hɒbi, AM 'hɑ:bi] *n* Hobby *nt*

hobby-horse *n* ① *(dated: toy)* Steckenpferd *nt* ② *(favourite topic)* Steckenpferd *nt*

hobbyist ['hɒbiɪst, AM 'hɑ:b-] *n esp* AM Amateur(in) *m(f)*; **computer ~** Computerfreak *m*; **professionals and ~s** Profis und Amateure

hobgoblin [ˌhɒb'gɒblɪn, AM 'hɑ:bˌgɑ:b-] *n* LIT Kobold *m*

hobnail *n* Schuhnagel *m*

hobnailed boot *n* Nagelschuh *m*, genagelter Schuh

hobnob <-bb-> ['hɒbnɒb, AM 'hɑ:bnɑ:b] *vi (pej fam)* ■**to ~ with sb** mit jdm verkehren; **to ~ with the rich and famous** sich *akk* unter die Reichen und Berühmten mischen

hobo <*pl* -s *or* -es> ['həʊbəʊ, AM 'hoʊboʊ] *n* AM, AUS *(tramp)* Penner(in) *m(f)*, Sandler(in) *m(f)* ÖSTERR; *(itinerant worker)* Wanderarbeiter(in) *m(f)*

Hobson's choice [ˌhɒbsᵊnz'-, AM 'hɑ:b-] *n* ***but it was a case of ~*** ich hatte einfach keine andere Wahl *hum*

hock[1] [hɒk, AM hɑ:k] *n esp* BRIT *(wine)* *weißer Rheinwein*

hock[2] [hɒk, AM hɑ:k] *n (animal joint)* Sprunggelenk *nt*; *(of a horse)* Fesselgelenk *nt*; AM *(meat)* Hachse *f*, Haxe *f* SÜDD, ÖSTERR

hock[3] [hɒk, AM hɑ:k] **I.** *n* ① *(in debt)* **to be in ~** *(fam)* Schulden haben; **to be in ~ to sb** bei jdm in der Kreide stehen [*o* Schulden haben] *fam* ② *(pawned)* **to be in ~** *(fam)* verpfändet sein **II.** *vt (fam)* ■**to ~ sth** etw verpfänden

hocked [hɒkt, AM hɑ:kt] *adj* **to be ~ up to the neck** *(fam)* bis zum Hals in Schulden stecken *fam*

hockey ['hɒki, AM 'hɑ:ki] *n no pl* Hockey *nt*

hockey stick *n* Hockeyschläger *m*

hocus-pocus [ˌhəʊkəs'pəʊkəs, AM ˌhoʊkəs'poʊ-] *n no pl* Hokuspokus *m*; *(evil tricks)* fauler Zauber *fam*

hod [hɒd, AM hɑ:d] *n (for bricks, mortar)* Tragmulde *f*; *(for coal)* Kohleneimer *m*

hodgepodge *n* AM *see* **hotchpotch**

hoe [həʊ, AM hoʊ] **I.** *n* Hacke *f* **II.** *vt* ■**to ~ sth** etw hacken **III.** *vi* hacken

hoedown ['hoʊdaʊn] *n* AM ① *(dance) amerikanischer Volkstanz*; *(party) amerikanisches Volkstanzfest* ② *(sl: noisy fight)* Keilerei *f*, Rauferei *f*; *(noisy argument)* Krach *m fam*; **to have a ~** sich in die Haare kriegen

hog [hɒg, AM hɑ:g] **I.** *n* ① AM *(pig)* Schwein *nt*; BRIT *(reared for meat)* Mastschwein *nt* ② *(pej fam: greedy person)* Gierschlund *m pej fam* ▶ PHRASES: **to go the whole ~** ganze Sache machen **II.** *vt* <-gg-> *(fam)* ■**to ~ sb/sth** [**all to oneself**] jdn/etw [ganz für sich *akk*] in Beschlag nehmen; **to ~ the bathroom** das Badezimmer mit Beschlag belegen; **to ~ the limelight** *(fig)* im Rampenlicht stehen; **to ~ the road** *(fam)* die ganze Straße [für sich *akk*] beanspruchen

hoggish ['hɒgɪʃ, AM 'hɑ:g-] *adj (pej)* [raff]gierig

Hogmanay ['hɒgməneɪ] *n* SCOT *traditionelles schottisches Neujahrsfest*

hogshead *n (barrel)* großes Fass; *(measurement) Maßeinheit, entspricht ca. 225 Litern*

hog-tying *n* AM Fesseln *nt* am ganzen Körper

hogwash *n no pl (pej fam)* Quatsch *m pej fam*; ***the film was a load of ~*** der Film war völliger Schwachsinn *pej fam*

ho-ho(-ho) [ˌhəʊ'həʊ(həʊ), AM ˌhoʊ'hoʊ(hoʊ)] *interj* ha, ha

ho-hum [ˌhəʊ'hʌm, AM ˌhoʊ'-] **I.** *interj (boredom or indifference)* tja; *(inability to prevent sth)* na ja **II.** *adj attr, inv (fam)* unspektakulär

hoick [hɔɪk] *vt* BRIT *(fam)* **to ~ one's trousers up** sich *dat* die Hose hochziehen

hoi polloi [ˌhɔɪpə'lɔɪ] *npl (pej, hum fam)* ■**the ~** das gemeine Volk

hoist [hɔɪst] **I.** *vt (raise, lift)* ■**to ~ sth** etw hochheben; ***he ~ed her onto his shoulders*** er hievte sie auf seine Schultern *fam*; **to ~ a flag** eine Flagge hissen; **to ~ the** [*or* **one's**] **flag** *(fig)* Flagge zeigen; NAUT, MIL das Kommando übernehmen; **to be ~ed to safety** mit dem Hubschrauber in Sicherheit gebracht werden; **to ~ the sail[s]** die Segel hissen ▶ PHRASES: **we certainly ~ed a few last night** AM wir haben gestern ganz schön gebechert *fam*; **to be ~[ed] with** [*or* **by**] **one's own petard** mit den eigenen Waffen geschlagen werden **II.** *n* Winde *f*

hoity-toity [ˌhɔɪti'tɔɪti, AM -t̬i'tɔɪt̬i] *adj (dated or pej fam)* eingebildet *pej*; ***she's gone all ~*** sie trägt die Nase ganz schön hoch *fam*

hokey ['hoʊki] *adj* AM *film, story* rührselig; *excuse* abgedroschen; *song, picture* kitschig; ***that's ~*** das ist Quatsch *pej fam*

hokey-cokey [ˌhəʊki'kəʊki] *n*, AM **hokey-pokey** [ˌhoʊki'poʊki] *n* ■**the ~** Hokey-Pokey *m (Gruppentanz im Kreis)*

hokum ['həʊkəm, AM 'hoʊ-] *n no pl* Quatsch *m pej fam*

hold [həʊld, AM hoʊld]

I. NOUN

① *(grasp, grip)* Halt *m kein pl*; **to catch** [*or* **grab**] [*or* **get** [**a**]] [*or* **take** [**a**]] **~ of sb/sth** jdn/etw ergreifen; ***grab ~ of my hand and I'll pull you up*** nimm meine Hand und ich ziehe dich hoch; ***I just managed to grab ~ of Lucy before she fell in the pool*** ich konnte Lucy gerade noch schnappen, bevor sie in den Pool fiel *fam*; **to keep ~ of sth** etw festhalten; **sb loses ~ of sth** jdm entgleitet etw; **sb loses ~ of the reins** jdm gleiten die Zügel aus der Hand ② *(fig)* **to take ~ of sth** *custom, fashion* auf etw *akk* überschwappen *fam*; *fire, epidemic, disease* auf etw *akk* übergreifen ③ *(esp climbing)* Halt *m kein pl*; ***it's a difficult mountain to climb as there aren't many ~s*** der Berg ist schwierig zu erklettern, weil in der Wand nicht viele Griffe sind; **to lose one's ~** den Halt verlieren ④ *(wrestling, martial arts)* Griff *m*; **no ~s barred contest** *Wettbewerb, bei dem alle Griffe erlaubt sind*; **to break free from sb's ~** sich *akk* aus jds Griff befreien; **to loosen one's ~ on sb/sth** den Griff an jdm/etw lockern; **to release one's ~ on sb/sth** jdn/etw loslassen ⑤ TELEC **to be on ~** in der Warteschleife sein; **to put sb on ~** jdn in die Warteschleife schalten; ***his phone is engaged, can I put you on ~?*** bei ihm ist besetzt, wollen Sie warten? ⑥ *(delay)* **to be on ~** auf Eis liegen *fig*; **to put sth on ~** etw auf Eis legen *fig*; ***can we put this discussion on ~ until tomorrow?*** können wir diese Diskussion auf morgen verschieben? ⑦ *(control, influence)* Kontrolle *f*; ***the allies maintained their ~ on the port throughout the war*** die Alliierten hielten den Hafen während des gesamten Krieges besetzt; ***get ~ of yourself!*** reiß dich zusammen! *fam*; **to lose one's ~ on life** mit dem Leben nicht mehr fertig werden; **to lose one's ~ on reality** den Sinn für die Realität verlieren; **to have a** [**strong**] **~ on** [*or* **over**] **sb** [starken] Einfluss auf jdn haben; ***he hasn't got any ~ over*** [*or* ***on***] ***me*** er kann mir nichts anhaben ⑧ *(fig: everything allowed)* **no ~s barred** ohne jegliches Tabu; ***when he argues with his girlfriend there are no ~s barred*** wenn er mit seiner Freundin streitet, kennt er kein Pardon ⑨ *(fig: find)* **to get ~ of sb/sth** jdn/etw auftreiben *fam*; ***I'll get ~ of some crockery for the picnic*** ich besorge Geschirr für das Picknick; ***I'll get ~ of John if you phone the others*** wenn du die anderen anrufst, versuche ich, John zu erreichen; **to get ~ of infor-**

H

mation Informationen sammeln ⑩ *(understand)* **to get ~ of sth** etw verstehen; **to get ~ of the wrong idea** etw falsch verstehen; ***don't get ~ of the wrong idea*** versteh mich nicht falsch; ***the student already has a good ~ of the subject*** der Student weiß bereits recht gut über das Thema Bescheid ⑪ FASHION *of hairspray, mousse* Halt *m kein pl;* **normal/strong/extra strong ~** normaler/starker/extrastarker Halt ⑫ NAUT, AVIAT Frachtraum *m* ⑬ COMPUT Halteimpuls *m*

II. TRANSITIVE VERB

<held, held> ① *(grasp, grip)* ■**to ~ sb/sth [tight** [*or* **tightly**]] jdn/etw [fest]halten; **to ~ sb in one's arms** jdn in den Armen halten; **to ~ the door open for sb** jdm die Tür aufhalten; **to ~ a gun** eine Waffe [in der Hand] halten; **to ~ hands** Händchen halten *fam;* **to ~ sb's hand** jds Hand halten; **to ~ sth in one's hand** etw in der Hand halten; **to ~ one's nose** sich *dat* die Nase zuhalten; **to ~ sth in place** etw halten; AUTO **to ~ the road** eine gute Straßenlage haben; ***the latest model ~s the road well when cornering*** das neueste Modell weist in den Kurven gutes Fahrverhalten auf; **to ~ one's sides with laughter** sich *dat* die Seiten vor Lachen halten, sich *akk* vor Lachen krümmen ② *(carry)* ■**to ~ sb/sth** jdn/etw [aus]halten [*o* tragen]; ***will the rope ~ my weight?*** wird das Seil mein Gewicht aushalten? ③ *(maintain)* **to ~ one's head high** *(fig)* erhobenen Hauptes dastehen; **to ~ one's peace** *(fig)* den Mund halten *fam;* **to ~ oneself badly** sich *akk* gehen lassen *fam;* **to ~ oneself in readiness** sich *akk* bereithalten; **to ~ oneself upright** sich *akk* gerade halten; **to ~ oneself well** sich *akk* gut halten ④ *(retain, restrain)* **to ~ sb's attention** [*or* **interest**] jdn fesseln; **to ~ sb [in custody]/hostage/prisoner** jdn in Haft/als Geisel/gefangen halten; **to be able to ~ one's drink** [*or* AM *also* **liquor**] Alkohol vertragen; **to ~ [on to] the lead** in Führung bleiben; **to ~ sb to ransom** jdn bis zur Zahlung eines Lösegelds gefangen halten ⑤ *(keep)* **to ~ one's course** seinen Kurs [beibe]halten *a. fig;* **to ~ course for sth** NAUT, AVIAT auf etw *akk* Kurs nehmen; **to ~ a note** einen Ton halten; **to ~ the prices at an acceptable level** die Preise auf einem vernünftigen Niveau halten; **to ~ one's serve** SPORTS den Aufschlag halten; **sth is ~ing its value** *pictures, antiques* etw behält seinen Wert; **to ~ sb to his/her word** jdn beim Wort nehmen ⑥ *(delay, stop)* ■**to ~ sth** etw zurückhalten; ***we'll ~ lunch until you get here*** wir warten mit dem Essen, bis du hier bist; ***will you ~ my calls for the next half hour, please?*** können Sie bitte die nächste halbe Stunde niemanden durchstellen?; ***she's on the phone at the moment, will you ~ the line?*** sie spricht gerade, möchten Sie warten [*o fam* dran bleiben]?; ***we'll ~ the front page until we have all the details*** wir halten die erste Seite frei, bis wir alle Einzelheiten haben; ***~ everything!*** *(when sth occurs to sb)* stop!, wartet!; *(when sceptical)* moment mal *fam;* ***~ it [right there]!*** stopp!; ***ok, ~ it!*** PHOT gut, bleib so!; **to ~ sth in abeyance** etw ruhen lassen; **to ~ one's breath** die Luft anhalten; ***he said he'd finish the report by tomorrow but I'm not ~ing my breath*** *(fig)* er sagte, er würde den Bericht bis morgen fertig machen, aber ich verlasse mich lieber nicht darauf; **to ~ one's fire** MIL das Feuer einstellen, nicht gleich sein ganzes Pulver verschießen *fig fam;* ***~ your fire!*** nicht schießen!; *(fig)* ***stop shouting at me and ~ your fire!*** hör auf mich anzubrüllen und reg dich ab! *fam;* **to ~ confiscated goods/a parcel** konfiszierte Waren/ein Paket einbehalten ⑦ *(have room for)* ■**to ~ sth** *bottle, glass, box* etw fassen; COMPUT etw speichern; ***one bag won't ~ all of the shopping*** der Einkauf passt nicht in eine Tüte; ***this room ~s 40 people*** dieser Raum bietet 40 Personen Platz; ***the CD rack ~s 100 CDs*** in den CD-Ständer passen 100 CDs; ***my brain can't ~ so much information at one time*** ich kann mir nicht so viel auf einmal merken; ***this hard disk ~s 13 gigabytes*** diese Festplatte hat ein Speichervolumen von 13 Gigabyte ⑧ *(involve)* ■**to ~ sth for sth** für jdn mit etw *dat* verbunden sein; ***fire seems to ~ a fascination for most people*** Feuer scheint auf die meisten Menschen eine Faszination auszuüben; ***death ~s no fear for her*** der Tod macht ihr keine Angst; **sth ~s many disappointments/surprises** etw hält viele Enttäuschungen/Überraschungen bereit ⑨ *(possess)* **to ~ land** Land besitzen ⑩ *(believe)* ■**to ~ that …** der Meinung sein, dass …

◆**hold out I.** *vi* ■**to ~ out for sth** auf etw *dat* bestehen **II.** *vt* ■**to ~ out oneself out as sth** sich *akk* als etw *akk* ausgeben

◆**hold over** *vt* ■**to ~ sth** ⊂ **over** ① *(postpone)* etw vertagen ② *(allow to occupy property)* ■**to ~ sb** ⊂ **over** die Pachtsache [*o* Mietsache] von jdm nicht zurückverlangen

◆**hold to** *vi* LAW ■**to ~ to sth** an etw *akk* festhalten [*o* einhalten]

◆**hold up I.** *vi level* hoch bleiben **II.** *vt* ■**to be held up** sich verzögern

holder ['həʊldəʳ, AM 'hoʊldɚ] *n* ① *(device)* Halter *m;* **cigarette ~** Zigarettenspitze *f;* **napkin ~** Serviettenhalter *m;* **on a ~** auf einem Halter ② *(person)* Besitzer(in) *m(f);* ***to be able to fish here you must be a permit~*** um hier angeln zu dürfen, brauchen Sie einen Angelschein; **account ~** Kontoinhaber(in) *m(f);* **office-~** Amtsleiter(in) *m(f);* **passport ~** Passinhaber(in) *m(f);* **record ~** Rekordhalter(in) *m(f);* **~ of shares** Aktionär(in) *m(f)*

holding ['həʊldɪŋ, AM 'hoʊld-] *n* ① *(tenure)* Pachtbesitz *m* ② *usu pl (stocks)* ■**~s** *pl* Anteile *mpl;* ***they've got a 30% ~ in our company*** sie sind mit 30% an unserer Firma beteiligt

holding company *n* Dachgesellschaft *f,* Holding *f* **holding ground** *n* NAUT Ankergrund *m* **holding operation** *n* Stabilisierungsstrategie *f* **holding pattern** *n* AVIAT Warteschleife *f*

holdout *n esp* AM Verweigerer *m* **holdover** *n* ① AM *(relic)* Überbleibsel *nt* (**from** von +*dat*) ② *(temporary) jd, der über das Ende seiner Amtsperiode hinaus im Amt bleibt* ③ AM LAW Inbesitzhalten *nt* [einer Pachtsache/Mietsache nach Vertragsablauf] **hold-up** *n* ① *(crime)* Raubüberfall *m* ② *(delay)* Verzögerung *f* ③ COMPUT Aufrechterhaltung *f* der Spannung durch eine USV

hole [həʊl, AM hoʊl] **I.** *n* ① *(hollow)* Loch *nt;* **to dig a ~** ein Loch graben ② *(gap)* Loch *nt;* **to need sth like one needs a ~ in the head** etw ist für jemanden so überflüssig wie ein Kropf *fam;* **to cut ~s in sth** Löcher in etw *akk* schneiden; **to make a ~ through a wall** ein Loch in eine Wand brechen ③ *(in golf)* Loch *nt;* **an 18-~ course** ein Golfplatz *m* mit 18 Löchern; **~-in-one** Hole in One *nt* ④ *(den) of mouse* Loch *nt; of fox, rabbit* Bau *m* ⑤ *(fam: place)* Loch *nt fam;* ***what a ~ that place was!*** war das vielleicht ein übles Loch! ⑥ *(fault)* Schwachstelle *f;* ***the new proposal has several ~s in it*** der neue Vorschlag weist einige Mängel auf; **to pick ~s [in sth]** [etw] kritisieren; ***be careful, some people will try to pick ~s in everything you say*** pass' auf, einige Leute werden versuchen, alles, was du sagst, auseinander zu nehmen; ***stop picking ~s all the time*** hör auf, ständig das Haar in der Suppe zu suchen ⑦ *(fam: difficulty)* **to be in a [bit of a] ~** [ganz schön] in Schwierigkeiten stecken; **to get sb out of a ~** jdm aus der Patsche [*o* Klemme] helfen ⑧ *no pl (sl: jail)* **to be in the ~** eingelocht sein *fam;* ***he was in the ~ for six weeks*** er war sechs Wochen im Bau ⑨ COMPUT *(old: gap)* Loch *nt* ⑩ COMPUT *(method)* Defektelektron *nt* ▶ PHRASES: **the black ~ of Calcutta** die reinste Hölle; **to have a ~** [*or* AM *also* **~s**] **in one's head** total bescheuert sein *fam;* **money burns ~s** [*or* **a ~**] **in sb's pocket** jd wirft das Geld mit beiden Händen zum Fenster raus; **to be a round peg in a square ~** wie die Faust aufs Auge passen; **to make a ~ in sb's savings** ein Loch in jds Ersparnisse *pl* reißen; **to be [half a million dollars] in the ~** AM *(fam)* [mit einer halben Million Dollar] in den Miesen sein *fam;* **to blow a ~ in sth** etw über den Haufen werfen **II.** *vt* ① MIL *(damage)* ■**to ~ sth** Löcher in etw *akk* reißen ② *(in golf)* **to ~ a ball** einen Ball einlochen **III.** *vi (in golf)* **to ~ in one** einlochen

◆**hole out** *vi (in golf)* einlochen

◆**hole up** *vi (fam)* ■**to ~ up somewhere** sich *akk* irgendwo verkriechen *fam*

hole-in-the-wall *n* ① AM *(place)* fertiger Laden *fam* ② BRIT *(fam: machine)* Geldautomat *m* **hole punch** *n,* **hole puncher** *n* Locher *m*

holey ['həʊli, AM 'hoʊli] *adj* löchrig

holiday ['hɒlədeɪ, AM 'hɑːl-] **I.** *n* ① BRIT, AUS *(vacation)* Urlaub *m,* Ferien *pl;* **to go on an adventure/a sailing/a skiing ~** Abenteuer-/Segel-/Skiurlaub machen; **to be entitled to a certain amount of ~** einen gewissen Urlaubsanspruch haben; **to take three weeks' ~** drei Wochen Urlaub nehmen; **to be [away] on ~** Urlaub haben, in Urlaub sein; **to go for a ~** in Urlaub fahren ② *(work-free day)* Feiertag *m;* **high days and ~s** BRIT Festtage und Feiertage; **a public ~** ein Feiertag *m* ▶ PHRASES: **to have a busman's ~** BRIT im Urlaub weiterarbeiten **II.** *vi* BRIT, AUS Urlaub machen; **to ~ in Spain** Urlaub in Spanien machen

holiday address *n* BRIT, AUS ① *(temporary)* Urlaubsadresse *f* ② *(for information)* Urlaubsinformationsadresse *f* **holiday camp** *n* BRIT, AUS Ferienlager *nt* **holiday course** *n* BRIT, AUS Ferienkurs *m;* **~ in Englisch** Englisch-Ferienkurs *m* **holiday destination** *n* BRIT, AUS Reiseziel *nt,* Ferienziel *nt;* **to arrive at** [*or* **reach**] **one's ~** sein Ferienziel erreichen **holiday entitlement** *n* BRIT, AUS Urlaubsanspruch *m;* **to have a ~ of thirty working days a year** einen Urlaubsanspruch von dreißig Werktagen im Jahr haben **holiday flat** *n* BRIT, AUS Ferienwohnung *f;* **to take** [*or* **rent**] **a ~** eine Ferienwohnung mieten **holiday house** *n* BRIT, AUS Ferienhaus *nt;* **to take** [*or* **rent**] **a ~** ein Ferienhaus mieten **holidaymaker** *n* BRIT, AUS Urlauber(in) *m(f)* **holiday mood** *n* ① BRIT Urlaubsstimmung *f;* **to be in [a] ~** in Urlaubsstimmung sein ② AM Weihnachtsstimmung *f* **holiday package** *n* BRIT, AUS Pauschalpaket *nt;* **to book a ~** eine Pauschalreise buchen **holiday resort** *n* BRIT, AUS Urlaubsort *m*

holidays ['hɒlədeɪz, AM 'hɑːl-] *npl* ① BRIT, AUS Ferien *pl,* Urlaub *m;* **school ~** Schulferien *pl;* **to be on one's ~** im Urlaub sein ② AM Weihnachtszeit *f kein pl*

holiday season *n* ① BRIT, AUS *(in August)* Urlaubszeit *f;* **during the ~** während der Urlaubszeit ② AM *(Christmas-time)* Weihnachtszeit *f* **holiday snaps** *npl* BRIT, AUS Urlaubsfotos *ntpl*

holier-than-thou [ˌhəʊliəðənˈðaʊ, AM ˌhoʊliɚ-] *adj (pej) attitude* selbstgerecht *pej; person* selbstgefällig

holiness ['həʊlɪnəs, AM 'hoʊl-] *n no pl* ① *(sanctity)* Heiligkeit *f* ② *(piety)* Frömmigkeit *f;* **to lead a life of ~** ein frommes Leben führen ③ *(title)* **His/Your H~** Seine/Eure Heiligkeit

holism ['həʊlɪzᵊm, AM 'hoʊl-] *n no pl* PHILOS Holismus *m*

holistic [hə(ʊ)'lɪstɪk, AM hoʊl'ɪs-] *adj inv* holistisch; **to be ~** ganzheitlich ausgerichtet sein; **~ approach** ganzheitlicher Ansatz

holistically [hə(ʊ)'lɪstɪkᵊli, AM hoʊl'ɪs-] *adv inv* holistisch

holistic medicine *n no pl* ganzheitliche Medizin **holistic therapy** *n* ganzheitliche Therapie

Holland ['hɒlənd, AM 'hɑːl-] *n no pl* ① *(fam: Netherlands)* Holland *nt* ② *(Dutch province)* Holland *nt*

holler[1] ['hɒləʳ, AM 'hɑːlɚ] **I.** *vi esp* AM *(fam)* ① *(scream)* schreien ② *(call)* brüllen; ***Ma's been ~ing for you!*** Mama hat nach dir gerufen! **II.** *vt esp* AM *(fam)* ■**to ~ sth** etw brüllen **III.** *n esp* AM *(fam)* Schrei *m;* **to let out a ~** einen Schrei ausstoßen

holler[2] ['hɑːlɚ] *n* AM Tal *nt*

hollow ['hɒləʊ, AM 'hɑːloʊ] **I.** *adj* ① *(empty)* hohl ② *(sunken)* hohl; **~ cheeks** eingefallene Wangen ③ *(sound)* hohl, dumpf ④ *(pej: false)* wertlos; ***there's a rather ~ ring to her profession of complete contentment*** ihre Behauptung, sie sei vollkommen zufrieden, kommt nicht sehr überzeugend rüber *fam;* ~ **laughter** ungläubiges Gelächter; ~ **promise** leeres Versprechen ❺ (*pej: insignificant*) unbedeutend; ~ **victory** schaler Sieg ▸ PHRASES: **to have** ~ **legs** BRIT (*hum*) wie ein Scheunendrescher fressen *sl;* **to beat sb** ~ jdn haushoch schlagen **II.** *n* ❶ (*hole*) Senke *f* ❷ AM (*valley*) Tal *nt* ▸ PHRASES: **to have sb in the** ~ **of one's hand** jdn [fest] in der Hand haben **III.** *adv* ❶ (*empty*) hohl; **to feel** ~ [**inside**] sich [*o* hohl] leer *akk* fühlen ❷ (*hungry*) **to feel** ~ **inside** ein Loch im Bauch haben *fam* ❸ (*sound*) **to sound** ~ hohl klingen **IV.** *vt* ▪**to** ~ **sth** etw aushöhlen

◆**hollow out** *vt* ▪**to** ~ **out** ◌ **sth** etw aushöhlen

hollow-cheeked *adj* hohlwangig **hollow-eyed** *adj* hohläugig

hollowly ['hɒləʊli, AM 'hɑːloʊ-] *adv* ❶ (*dully*) dumpf ❷ (*falsely*) falsch; **to laugh** ~ gekünstelt lachen

hollowness ['hɒləʊnəs, AM 'hɑːloʊ-] *n no pl* ❶ (*emptiness*) Hohlheit *f; **the** ~ **of the tree affords a home to a number of small animals and insects*** der ausgehöhlte Baum bietet einer Reihe kleiner Tiere und Insekten eine Heimat ❷ (*falseness*) Falschheit *f; **the** ~ **of his promises convinces nobody anymore*** seine leeren Versprechungen überzeugen niemanden mehr ❸ (*insignificance*) Bedeutungslosigkeit *f*

holly ['hɒli, AM 'hɑːli] *n* Stechpalme *f,* Ilex *f o m*

hollyhock ['hɒlihɒk, AM 'hɑːlihɑːk] *n* BOT Malve *f*

holmium ['həʊlmiəm, AM 'hoʊl-] *n no pl* CHEM Holmium *nt*

holm oak ['həʊm,-, AM 'hoʊ(l)m,-] *n* Steineiche *f*

holocaust ['hɒləkɔːst, AM 'hɑːləkɑːst] *n* ❶ (*destruction*) Inferno *nt;* **nuclear** ~ nuklearer Holocaust ❷ (*genocide*) Massenvernichtung *f;* ▪**the H**~ der Holocaust; **H**~ **survivor/victim** Überlebende(r) *f(m)*/Opfer *nt* des Holocaust[s]

hologram ['hɒləgræm, AM 'hɑːl-] *n* Hologramm *nt*

holograph ['hɒləgrɑːf, AM 'hɑːləgræf] *n* Holographie *f*

holographic [,hɒlə'græfɪk, AM ,hɑːl-] *adj inv* holographisch; ~ **picture** holographisches Bild

holographic image *n* COMPUT Hologramm *nt* **holographic will** *n* AM LAW eigenhändiges [*o* holographisches] Testament

holography [hɒl'ɒgrəfi, AM hoʊ'lɑːg-] *n no pl* Holographie *f*

hols [hɒlz] *n pl* BRIT (*fam*) *short for* **holidays** Ferien *pl,* Urlaub *m*

Holstein ['hoʊlstaɪn] *n* AM (*Friesian*) Holsteiner *m*

holster ['həʊlstəʳ, AM 'hoʊlstɚ] *n* [Pistolen]halfter *nt o f;* **shoulder** ~ Schulterhalfter *nt*

holy ['həʊli, AM 'hoʊli] *adj* ❶ (*sacred*) heilig; ~ **scriptures** heilige Schriften ❷ (*devout*) gottesfürchtig ❸ (*fig fam: great*) **to have a** ~ **fear of sth** furchtbare Angst vor etw *dat* haben; **to be a** ~ **terror** ein furchtbarer Plagegeist sein ▸ PHRASES: ~ **cow** [*or* **mackerel**] [*or* **smoke**] [*or fam!* **shit**]! du heilige Scheiße! *derb;* **to swear by all that is** ~ **that ...** bei allem schwören, was einem heilig ist, dass ...

Holy Bible *n* ▪**the** ~ die Bibel **Holy Communion** *n* ❶ (*service*) Heilige Kommunion ❷ (*bread and wine*) Heiliges Abendmahl **Holy Ghost** *n* ▪**the** ~ der Heilige Geist **Holy Grail** *n* ❶ (*bowl*) ▪**the** ~ der Heilige Gral ❷ (*aim*) ▪**the** ~ **of sb/sth** das ehrgeizigste Ziel einer Person/S. *gen* **holy of holies** *n* ❶ (*sanctum*) ▪**the** ~ das Allerheiligste ❷ (*hum: special place*) Heiligtum *nt* **holy orders** *npl* ❶ (*rites*) *of Catholic church* Priesterweihe *f; of Protestant church* Amtseinsetzung *f;* **to take** ~ (*in Protestant church*) ins geistliche Amt eingesetzt werden; (*in Catholic church*) zum Priester geweiht werden ❷ (*ranks*) ▪**the** ~ der geistliche Stand; **to be in** ~ dem geistlichen Stand angehören **holy roller** *n* AM (*pej fam*) fanatische(r) Gläubige(r) *f(m) pej* **Holy Scripture** *n* ▪**the** ~ die Heilige Schrift **Holy See** *n* ▪**the** ~ der Heilige Stuhl **Holy Spirit** *n* ▪**the** ~ der Heilige Geist **Holy Trinity** *n* ▪**the** ~ die Dreieinigkeit **holy war** *n* heiliger Krieg **holy water** *n* Weihwasser *nt* **Holy Week** *n* Karwoche *f,* Passionswoche *f* **Holy Writ** *n* ▪**the** ~ die Heilige Schrift

homage ['hɒmɪdʒ, AM 'hɑːm-] *n no pl* Huldigung *f* (**to** für +*akk*); ***many people came in*** ~ ***to the place where ...*** viele Menschen kamen voller Ehrerbietung an den Ort, wo ...; **to pay** ~ [**to sb**] [jdm] seine Ehrerbietung erweisen *veraltet; **on this occasion we pay** ~ **to him for his achievements*** bei dieser Gelegenheit ehren wir ihn für seine Verdienste

homburg ['hɒmbɜːg, AM 'hɑːmbɜːrg] *n* Homburg *m*

home [həʊm, AM hoʊm] **I.** *n* ❶ (*abode*) Zuhause *nt; **haven't you got a** ~ **to go to?*** (*iron*) hast du kein Zuhause?; **to be not at** ~ **to sb** für jdn nicht zu sprechen sein; **to come straight from** ~ direkt von zu Hause kommen; **to give sb/an animal a** ~ jdm/einem Tier ein Zuhause geben; **to leave** ~ ausziehen; **to make sth one's** ~ *a country* etw zu seinem Zuhause machen; **to make oneself at** ~ es sich *dat* gemütlich machen; **to set up** ~ sich *dat* eine Wohnung einrichten; **at** ~ zu Hause; **a** ~ **from** [*or* AM, AUS **away from**] ~ ein zweites Zuhause; **in the** ~ zu Hause ❷ (*house*) Heim *nt;* **luxury** ~ Luxusheim *nt;* **starter** ~ erstes eigenes Heim ❸ (*family*) Zuhause *nt;* **to come from a broken** ~ aus einem kaputten Zuhause kommen; **happy** ~ glückliches Zuhause ❹ (*institute*) Heim *nt;* **old people's** ~ Altersheim *nt* ❺ (*origin*) Zuhause *nt; of species, commodity* Heimat *f; **I've lived in England for so long that it feels like** ~ **now*** ich lebe schon so lange in England, dass es mir so vorkommt, als sei ich hier schon immer zuhause; **at** ~ **and abroad** im In- und Ausland ❻ COMPUT (*starting point on screen*) Ausgangsstellung *f* ▸ PHRASES: **charity begins at** ~ (*prov*) man muss zuerst an seine eigene Familie denken; **an Englishman's** [*or* AM **man's**] ~ **is his castle** (*prov*) daheim ist der Engländer König (*in England gilt: Trautes Heim, Glück allein*); ~ **is where the heart is** (*prov*) zu Hause ist man dort, wo das Herz schlägt; **to eat sb out of house and** ~ jdm die Haare vom Kopf fressen *fam;* **there's no place like** ~ (*prov*) daheim ist's doch am schönsten; ~ **sweet** ~ (*saying*) trautes Heim; **to feel** [*or* **be**] **at** ~ **with sb/sth** sich *akk* bei jdm/etw wohlfühlen **II.** *n modifier* Heim-; ~ **game** Heimspiel *nt;* ~ **ground** eigener Platz; **the** ~ **team** die Heimmannschaft **III.** *adv inv* ❶ (*to abode*) zuhause; ***hello! I'm*** ~**!** hallo! ich bin wieder da!; ***on my way*** ~ auf dem Nachhauseweg; **to come/go** ~ nach Hause kommen/gehen ❷ (*to origin*) Heimat *f;* **to go** ~ in seine Heimat zurückgehen; **to send sb** ~ jdn zurück in die Heimat schicken ❸ (*understood*) ***the danger really came*** ~ ***to me when I ...*** die Gefahr wurde mir erst richtig bewusst, als ich...; **to bring sth** ~ **to sb** jdm etw klar machen; **to drive** [*or* **hammer**] [*or* **ram**] **sth** ~ etw unmissverständlich klar machen; **sth hit** [*or* **went**] ~ *remarks* etw hat gesessen; **to push** [*or* **press**] ~ **sth** etw *dat* [besonderen] Nachdruck verleihen ❹ (*to advantage*) ***she pressed*** ~ ***her attack on his bishop by taking his castle*** sie verstärkte den Angriff auf seinen Läufer, indem sie ihm den Turm nahm; **to push** ~ **an advantage** einen Vorteil ausnutzen ❺ (*to final position*) ***be sure to screw the shelf*** ~ ***properly*** pass auf, dass du das Regal gut festschraubst; **to press sth** ~ etw gut festdrücken; ***he pushed the bolt*** ~ er legte den Türriegel vor ▸ PHRASES: **to bring** ~ **the bacon** die Brötchen verdienen; **until** [*or* **till**] **the cows come** ~ bis in alle Ewigkeit; ***I could drink this wine till the cows come*** ~ diesen Wein könnte ich endlos weitertrinken *fam;* **to be** ~ **and dry** [*or* AUS **hosed**], **to be** ~ **free** AM seine Schäfchen ins Trockene gebracht haben; **sth is nothing to write** ~ **about** etw ist nicht gerade umwerfend [*o* haut einem nicht gerade vom Hocker] *fam;* **who's he/she when he's/she's at** ~**?** (*hum*) ist er/sie vielleicht was Besonderes?; ***who's Fiona Fortescue-Smith when she's at*** ~**?** na und wenn schon, wer ist denn diese Fiona Fortescue-Smith? **IV.** *vi* (*fam*) ▪**to** ~ **in on sth** ❶ (*aim for*) sich *akk* auf etw *akk* richten; ***the missile*** ~***d in on the ship*** die Rakete flog genau auf das Schiff zu ❷ (*focus*) sich *dat* etw herausgreifen

home address *n* Heimatadresse *f; **I need your*** ~ ***and your office address*** ich brauche Ihre Privatanschrift und Ihre Geschäftsanschrift **home affairs** *n pl* BRIT POL innere Angelegenheiten; ~ **correspondent** Korrespondent(in) *m(f)* für Innenpolitik **home-baked** *adj inv* selbst gebacken **home banking** *n no pl* Homebanking *nt* **home bird** *n* BRIT (*fam*) häuslicher Mensch; (*pej*) Stubenhocker(in) *m(f) pej* **home birth** *n* Hausgeburt *f* **homebody** *n esp* AM häuslicher Mensch; (*pej*) Stubenhocker(in) *m(f) pej;* (*man*) Hausmann *m oft pej;* (*woman*) Heimchen *nt* am Herd *meist pej* **homeboy** *n esp* AM ❶ (*local male*) Junge *m* aus dem Viertel ❷ (*sl: gang member*) Gangmitglied *nt* **home brew** *n* selbst gebrautes Bier **home-brewed** *adj inv* selbst gebraut **home buyer** *n* Hauskäufer(in) *m(f)* **homecoming** *n* ❶ (*return*) Heimkehr *f kein pl* ❷ AM (*reunion*) Ehemaligentreffen *nt;* ~ **queen** *Schönheitskönigin beim Ehemaligentreffen*

home computer *n* (*dated*) Heimcomputer *m veraltend* **home cooking** *n no pl* Hausmannskost *f* **Home Counties** *npl* BRIT *an London angrenzende Grafschaften in Südostengland* **home economics** *n + sing vb* Hauswirtschaft[slehre] *f* **home exercise machine** *n* Heimtrainer *m* **home free** *adj pred, inv* AM (*fam*) **to be** ~ es geschafft haben **home front** *n* ▪**the** ~ ❶ (*civilians*) ***soldiers at the front are always pleased to get news from the*** ~ Soldaten an der Front freuen sich immer über Neuigkeiten von Zuhause ❷ (*hum: at home*) ***how are things on the*** ~**?** na, wie läuft's denn so Zuhause? **home girl** *n* (*sl: Black English*) Gleichgesinnte *f,* gute Freundin (*mit der man auf einer Linie ist*) **home-grown** *adj inv* aus dem eigenen Garten; ~ **vegetables** Gemüse *nt* aus eigenem Anbau **home help** *n* BRIT Haushaltshilfe *f* **homeland** *n* ❶ (*origin*) Heimat *f,* Heimatland *nt* ❷ (*hist: in South Africa*) Homeland *nt*

homeless ['həʊmləs, AM 'hoʊm-] **I.** *adj inv* heimatlos; ▪**to be** ~ obdachlos sein **II.** *n* **the** ~ *pl* die Obdachlosen *pl*

homelessness ['həʊmləsnəs, AM 'hoʊm-] *n no pl* Obdachlosigkeit *f*

homelike ['həʊmlaɪk, AM 'hoʊm-] *adj* heimelig

homeliness ['həʊmlɪnəs, AM 'hoʊm-] *n no pl* ❶ *esp* BRIT, AUS (*plainness, familiarity*) Vertrautheit *f* ❷ AM, AUS (*pej: ugliness*) Unansehnlichkeit *f*

home loan *n* Hypothek *f*

homely ['həʊmli, AM 'hoʊm-] *adj* ❶ *esp* BRIT, AUS (*plain*) schlicht, aber gemütlich ❷ AM, AUS (*pej: ugly*) unansehnlich, hässlich

home-made *adj inv* hausgemacht; ~ **cake** selbst gebackener Kuchen; ~ **jam** selbst gemachte Marmelade **homemaker** *n* Hausmann, Hausfrau *m, f;* **to be the** ~ den Haushalt führen **home market** *n* Binnenmarkt *m; **the book sold better in the*** ~ das Buch verkaufte sich besser auf dem inländischen Markt **home movie** *n* Amateurfilm *m* **home number** *n* Privatnummer *f* **Home Office** *n + sing/pl vb* BRIT ▪**the** ~ das Innenministerium

homeopath ['həʊmiə(ʊ)pæθ, AM 'hoʊmioʊ-] *n* Homöopath(in) *m(f)*

homeopathic ['həʊmiə(ʊ)pæθɪk, AM 'hoʊmioʊ-] *adj inv* homöopathisch

homeopathy [,həʊmi'ɒpəθi, AM ,hoʊmi'ɑːp-] *n no pl* Homöopathie *f*

homeostasis [,həʊmiə(ʊ)'steɪsɪs, AM ,hoʊmioʊ'-] *n no pl* physiologisches Gleichgewicht

homeostatic [,həʊmiə(ʊ)'stætɪk, AM ,hoʊmioʊ'stæt̬ɪk] *adj inv* physiologisch; **to disrupt** ~ **balance** das physiologische Gleichgewicht stören

homeowner *n* Hausbesitzer(in) *m(f)* **home page** *n* COMPUT Homepage *f* **home phone number** *n* Privatnummer *f* **home plate** *n* AM (*in baseball*) Schlagmal *nt* **home port** *n* Heimathafen *m* **home position** *n* AM SPORTS *im Baseball letztes Laufmal vor dem Ziel*

homer ['hoʊmɚ] *n* AM (*in baseball*) *punktbringen-*

der Lauf um alle vier Male beim Baseball

Homeric [həʊ'merɪk, AM hoʊ'] *adj* ❶ *inv* (*of or in the style of Homer*) homerisch ❷ (*epic and large-scale*) episch

home rule *n no pl* [politische] Selbstverwaltung

home run *n* AM *punktbringender Lauf um alle vier Male beim Baseball* **homeschool** *vt esp* AM ■**to ~ sb** jdm Hausunterricht erteilen, jdn zu Hause unterrichten **homeschooling** *esp* AM **I.** *n no pl* Unterricht *m* zu Hause **II.** *n modifier* **~ parents** Eltern, die ihre Kinder zu Hause unterrichten [*o* unterrichten lassen] **Home Secretary** *n* BRIT ■**the ~** der Innenminister/die Innenministerin **homesick** *adj* **to be** [*or* **feel**] **~** [**for sth**] [nach etw *dat*] Heimweh haben; **to be very ~** schlimmes Heimweh haben **homesickness** *n no pl* Heimweh *nt;* **to suffer terrible ~** schreckliches Heimweh haben **homespun** *adj* hausbacken *pej;* **~ philosophy** eigene Lebensphilosophie; **~ wisdom** Lebensweisheit *f* **homestead** ['həʊmsted, AM 'hoʊm-] *n* ❶ AUS, NZ *Wohnhaus auf einer Schaf- oder Rinderfarm* ❷ AM (*old*) *Stück Land, das den Siedler zugewiesen wurde* ❸ AM LAW Familienheim *nt* **home straight** *n,* **home stretch** *n* Zielgerade *f a. fig;* **to be on the ~** auf der Zielgerade sein *a. fig* **hometown** *esp* AM **I.** *n* Heimatstadt *f* **II.** *n modifier* heimische(r,s); **~ football team** Fußballmannschaft *f* der Heimatstadt; **~ newspaper** Lokalzeitung *f* **home truth** *n* bittere Wahrheit; **to tell sb a few ~s** jdm die Augen öffnen **home tutor** *n* Privatlehrer(in) *m(f),* Hauslehrer(in) *m(f) veraltend* **home visit** *n* Hausbesuch *m;* **to make** [*or* **go on**] **a ~** einen Hausbesuch machen

homeward ['həʊmwəd, AM 'hoʊmwɚd] *inv* **I.** *adv* heimwärts, nach Hause; **~ bound journey** Heimreise *f* **II.** *adj* heimwärts; **~ journey** Heimreise *f,* Rückreise *f*

homewards ['həʊmwədz, AM 'hoʊmwɚdz] *adv inv* heimwärts; *see also* **homeward I**

homework *n no pl* ❶ (*schoolwork, research*) Hausaufgaben *fpl a. fig;* ***have you done your ~?*** hast du deine Hausaufgaben gemacht? ❷ (*paid work*) Heimarbeit *f;* **to do ~** Heimarbeit machen **homeworker** *n* Heimarbeiter(in) *m(f)* **home-working** *n no pl* Heimarbeit *f*

homey ['həʊmi, AM 'hoʊmi] *adj* AM, AUS heimelig

homicidal [,hɒmɪ'saɪdᵊl, AM ,hɑːmə'-] *adj* AM, AUS gemeingefährlich; **~ maniac** gemeingefährlicher Irrer/gemeingefährliche Irre; **to have ~ tendencies** einen Drang zum Töten haben

homicide ['hɒmɪsaɪd, AM 'hɑːmə-] AM, AUS **I.** *n* LAW ❶ *no pl* (*murdering*) Tötung *f,* Mord *m;* **to be found** [**not**] **guilty of ~** des Mordes für [nicht] schuldig befunden werden; **to be convicted of ~** wegen Mordes verurteilt werden ❷ (*death*) Mordfall *m* **II.** *n modifier* LAW **~ case** Mordfall *m;* **~ rate** Mordrate *f;* **~ squad** Mordkommission *f;* **~ victim** Mordopfer *nt*

homily ['hɒmɪli, AM 'hɑːmə-] *n* (*pej*) Moralpredigt *f* (**on** über +*akk*); **to deliver a ~** eine Moralpredigt halten

homing ['həʊmɪŋ, AM 'hoʊm-] **I.** *adj attr, inv* **~ instinct** Heimfindevermögen *nt;* **~ device** Peilsender *m* **II.** *n* COMPUT Quellenfindung *f*

homing pigeon *n* Brieftaube *f*

hominy ['hɑːmɪni] *n no pl* AM grobes Maismehl

homo ['həʊməʊ, AM 'hoʊmoʊ] **I.** *n* (*pej fam*) Homo *m pej fam* **II.** *adj* (*esp pej fam: of homosexuals*) homo *sl*

homoeopath *n see* **homeopath**

homoeopathic *adj inv see* **homeopathic**

homoeopathy *n no pl see* **homeopathy**

homoerotic [,həʊməʊɪ'rɒtɪk, AM ,hoʊmoʊɪ'rɑːt̬ɪk] *adj* homoerotisch

homogeneity [,həʊmə(ʊ)dʒə'niːəti, AM ,hoʊmoʊdʒə'niːət̬i] *n no pl* Homogenität *f;* **cultural ~** kulturelle Ähnlichkeit

homogeneous [,hɒmə'dʒiːniəs, AM ,hoʊmoʊ'-] *adj* homogen; **~ computer network** homogenes Computernetz

homogenize [hə'mɒdʒənaɪz, AM -mɑːdʒ-] *vt* ❶ CHEM **to ~ milk** Milch homogenisieren ❷ (*unify*) ■**to ~ sth** etw homogenisieren; ***somehow we have to ~ this bunch of individuals*** irgendwie müssen wir diesen Haufen von Einzelkämpfern zusammenbringen

homogenized [hə'mɒdʒənaɪzd, AM 'mɑːdʒ-] *adj inv* CHEM homogenisiert; **~ milk** homogenisierte Milch

homogenous [hə'mɒdʒənəs, AM 'mɑːdʒ-] *adj* homogen

homograph ['hɒməgrɑːf, AM 'hɑːməgræf] *n* LING Homograph *nt fachspr*

homologous [hə'mɒləgəs, AM hoʊ'mɑːlə] *adj inv* BIOL, MATH, CHEM homolog

homo milk *n no pl* CAN [homogenisierte] Vollmilch *f*

homonym ['hɒmənɪm, AM 'hɑːm-] *n* LING Homonym *nt*

homophobe ['hɒməfəʊb, AM 'hoʊməfoʊb] *n* homophober Mensch *geh*

homophobia [,hɒmə'fəʊbiə, AM ,hoʊmə'foʊ-] *n no pl* Homophobie *f*

homophobic [,hɒmə'fəʊbɪk, AM ,hoʊmə'foʊ-] *adj* homophob

homophone ['hɒməfəʊn, AM 'hɑːməfoʊn] *n* LING Homophon *nt fachspr*

Homo sapiens [,həʊməʊ'sæpienz, AM ,hoʊmoʊ'seɪp-] *n no pl* Homo sapiens *m*

homosexual [,həʊmə(ʊ)'sekʃuəl, AM ,hoʊmoʊ'-] **I.** *adj inv affair, desire* homosexuell **II.** *n* Homosexuelle(r) *f(m)*

homosexuality [,həʊmə(ʊ),sekʃu'æləti, AM ,hoʊmoʊ,sekʃu'ælət̬i] *n no pl* Homosexualität *f*

homuncule [hə'mʌŋkjuːl, AM hoʊ'-], **homunculus** <*pl* homunculi *or* homuncules> [hə'mʌŋkjələs, AM hoʊ'] *n* Homunkulus *m*

hon¹ [hʌn] *n esp* AM (*fam*) *short for* **honey** Liebling *m,* Baby *nt sl*

hon² *adj attr, inv esp* BRIT *abbrev of* **honorary 1** Ehren-

Hon *adj attr, inv abbrev of* **Honourable** geehrt, ehrenhaft

honcho ['hɒn(t)ʃəʊ, AM 'hɑːntʃoʊ] *n* (*usu hum fam*) [**head**] **~** Leiter(in) *m(f)*

Honduran [hɒn'djʊərən, AM hɑːn'dʊrən] **I.** *n* Honduraner(in) *m(f)* **II.** *adj inv* honduranisch

hone [həʊn, AM hoʊn] **I.** *n* Schleifstein *m,* Wetzstein *m* **II.** *vt* ❶ (*sharpen*) ■**to ~ sth** etw schleifen ❷ (*refine*) ■**to ~ sth** etw verfeinern; ***her debating skills were ~d in the students' union*** ihre Redekünste bekamen ihren letzten Schliff in der Studentenvereinigung ❸ (*reduce*) ■**to ~ sth to sth** etw zu etw *dat* zusammenschrumpfen lassen

◆**hone down** *vt* ■**to ~ down** ↻ **sth** etw reduzieren; **to ~ sth down to the bare bones** [*or* **essentials**] etw auf ein Minimum reduzieren

honest ['ɒnɪst, AM 'ɑːn-] *adj* ❶ (*truthful*) ehrlich; ***what's your ~ opinion of her work?*** jetzt mal ehrlich – was halten Sie von ihrer Arbeit?; ■**to be ~ with oneself** sich *dat* selbst gegenüber ehrlich sein, ehrlich mit sich *dat* selbst sein ❷ (*trusty*) redlich; ***he had an ~ face*** er hatte ein ehrliches Gesicht ❸ *attr* (*correct*) ehrlich, ordentlich; **to make an ~ living** ein geregeltes Einkommen haben ❹ (*blameless*) *mistake* schuldlos ► PHRASES: **to play the ~ broker** die Rolle des Vermittlers spielen; **to be as ~ as the day** [**is long**] eine ehrliche Haut sein; **~** [**to God**]! ehrlich!; ***I didn't take the money, ~ I didn't!*** ich habe das Geld nicht genommen, ich schwör's!; **to earn** [*or* **turn**] **an ~ penny** [*or* AM **dollar**] ehrliches Geld verdienen; **to make an ~ woman of sb** (*dated or hum*) eine Frau ehelichen *veraltend;* **to be ~** [**with you**], ... um [dir] die Wahrheit zu sagen, ...

honest broker *n esp* BRIT Vermittler(in) *m(f)*

honest injun [-'ɪndʒᵊn] *interj* AM (*usu childspeak fam*) **~!** [ganz] ehrlich!; ***I didn't do it, ~!*** ich habe nichts gemacht, ich schwör's!

honestly ['ɒnɪstli, AM 'ɑːn-] **I.** *adv* ❶ (*truthfully*) ehrlich; ***I ~ didn't know*** ich hatte wirklich keine Ahnung! ❷ (*really*) wirklich; ***he couldn't quite ~ tell me whether ...*** er konnte mir nicht mit absoluter Sicherheit sagen, ob ... **II.** *interj* ❶ (*promising*) [ganz] ehrlich!; ***I'll do it tomorrow, ~ I will*** ich mach's morgen, ich versprech's! ❷ (*disapproving*) also ehrlich!

honest-to-God *adj attr, inv* ehrlich **honest-to-goodness** *adj attr, inv* ehrlich; ***he likes ~ home cooking*** er mag bodenständige Hausmannskost; **an ~ account** ein wahrheitsgetreuer Bericht

honesty ['ɒnɪsti, AM 'ɑːn-] *n no pl* Ehrlichkeit *f;* **in all ~** ganz ehrlich; ■**to have the ~ to do sth** so ehrlich sein, etw zu tun ► PHRASES: **~ is the best policy** (*prov*) ehrlich währt am längsten *prov*

honey ['hʌni] *n* ❶ *no pl* (*fluid*) Honig *m;* **clover ~** Kleehonig *m;* **heather ~** Heidehonig *m;* **runny/set ~** flüssiger/fester Honig ❷ *esp* AM (*sweet person*) Schatz *m;* (*sl: attractive young woman*) Süße *f,* Baby *nt sl* ❸ *esp* AM (*fam: good thing*) ***that's a ~ of a dress*** das ist ja ein tolles Kleid ❹ (*darling*) Schatz *m;* (*to little child*) Schätzchen *nt* ► PHRASES: **a land flowing with milk and ~** ein Land, darin Milch und Honig fließen

honeybee *n* [Honig]biene *f* **honey bun** *n* AM, **honey bunch** *n* AM Schatz *m,* Schätzchen *nt* **honeycomb** **I.** *n* ❶ (*wax*) Bienenwabe *f* ❷ (*food*) Honigwabe *f* ❸ (*complex*) Labyrinth *nt* **II.** *n modifier* wabenförmig; **~ pattern** Wabenmuster *nt* **honeycombed** *adj pred* ■**to be ~ with sth** von etw *dat* durchzogen sein **honeydew** *n* ❶ *no pl* (*on leaf*) Honigtau *m* ❷ (*melon*) Honigmelone *f* **honeydew melon** *n* Honigmelone *f* **honey-eater** *n* Honigfresser *m*

honeyed ['hʌnid] *adj speech, voice* honigsüß

honeymoon **I.** *n* ❶ (*after marriage*) Flitterwochen *pl;* ***where are you going on*** [***your***] ***~?*** wohin geht eure Hochzeitsreise?; **~ couple** Flitterwöchner *pl* ❷ *usu sing* (*period*) Schonfrist *f* **II.** *vi* ***they are ~ing in the Bahamas*** sie verbringen ihre Flitterwochen auf den Bahamas **honeymooners** *npl* Flitterwöchner *pl* **honeymoon period** *n usu sing* Schonfrist *f*

honey-pot *n* Honigtopf *m;* **like bees round a ~** wie Motten ums Licht **honeysuckle** *n* Geißblatt *nt* **honey trap** *n* BRIT ❶ (*attraction*) Attraktion *f* ❷ (*lure*) ≈ Sexfalle *f*

Hong Kong [,hɒŋ'kɒŋ, AM ,hɑːŋ'kɑːŋ] *n no pl* Hongkong *nt*

honk [hɒŋk, AM hɑːŋk] **I.** *n* ❶ (*by goose*) Schrei *m* ❷ (*beep*) Hupen *nt* **II.** *vi* ❶ (*cry*) *goose* schreien ❷ (*beep*) hupen; ***the sound of the lorry ~ woke me up*** der hupende Lastwagen weckte mich auf ❸ BRIT (*sl: vomit*) kotzen *sl* **III.** *vt* ❶ (*cry*) ■**to ~ sth** ***the geese ~ed a warning as we walked past*** die Gänse stießen Warnschreie aus, als wir vorbeigingen ❷ (*beep*) **to ~ one's horn** auf die Hupe drücken

◆**honk up** BRIT **I.** *vi* (*sl*) kotzen *sl, derb* **II.** *vt* (*sl*) ■**to ~ up** ↻ **sth** etw rauskotzen *sl, derb*

honking ['hɒŋkɪŋ, AM 'hɑːŋk-] *n* ❶ (*crying*) Schreien *nt;* **the ~ of geese** der Schrei der Gänse ❷ (*beeping*) Hupen *nt*

honky ['hɑːŋki] *n* AM (*pej sl*) Weiße(r) *f(m)*

honky-tonk ['hɑːŋkitɑːŋk] AM **I.** *n modifier* ❶ (*squalid*) schräg ❷ (*ragtime*) **~ piano** klimperndes Klavier **II.** *n* Schuppen *m fam*

honor *n* AM *see* **honour**

honorable *adj* AM *see* **honourable**

honorable discharge *n* AM MIL ehrenvoller Abschied

honorably *adv* AM *see* **honourably**

honorarium <*pl* -s *or* -ria> [,ɒnə'reəriəm, AM ,ɑːnə'rer-, *pl* -riə] *n* (*form*) [freiwillig gezahltes] Honorar; **to pay/receive a ~** ein Honorar bezahlen/erhalten

honorary ['ɒnᵊrəri, AM 'ɑːnəreri] *adj attr, inv* ❶ (*unpaid*) ehrenamtlich; **~ member/president** Ehrenmitglied *nt*/-präsident(in) *m(f)* ❷ UNIV **to award sb an ~ degree** [*or* **doctorate**] jdm die Ehrendoktorwürde verleihen

honorific [,ɒnᵊ'rɪfɪk, AM ,ɑːnə'rɪf-] *adj attr* ehrfürchtig; **~ form of address** respektvolle Anrede; **~ title** Ehrentitel *m*

honoris causa [ɒ,nɔːrɪs'kaʊzə, AM hɑː,nɔːrɪs-

'kɔːzə] *adv inv* **to be awarded a degree** ~ eine Ehrenauszeichnung bekommen

honor roll *n* Am Ehrenrolle *f*

honors course *n* Am univ *Vorlesung für Hochbegabte* **honors degree** *n* Am univ Examen *nt* mit Auszeichnung **honors program** *n* Am univ *Studium für Hochbegabte*

honour ['ɒnəʳ], Am **honor** ['ɑːnɚ] **I.** *n* ① *no pl* (*honesty*) Ehre *f*; ***I want to win so that ~ is satisfied*** ich will gewinnen, damit meine Ehre wiederhergestellt ist *hum*; ***the children were on their ~ to go to bed at ten o'clock*** die Kinder hatten versprochen, um zehn Uhr ins Bett zu gehen; **one's word of** ~ sein Ehrenwort *nt*; **to be/feel** [**in**] ~ **bound to do sth** es als seine Pflicht ansehen, etw zu tun ② *no pl* (*esteem*) **as a mark of** ~ als Zeichen der Ehre; **in the place of** ~ am Ehrenplatz; ■**in** ~ **of sb/sth** zu Ehren einer Person/S. *gen* ③ *usu sing* (*credit*) **to be** [*or* **bring**] [*or* **do**] **an** ~ **to sb/sth** jdm/etw Ehre machen; ***these women were an ~ to their country*** diese Frauen haben ihrem Land alle Ehre gemacht ④ (*privilege*) Ehre *f*; ■**to do sb the ~ of doing sth** (*form or hum*) jdm die Ehre erweisen, etw zu tun *geh*; ***she did me the ~ of allowing me to help her with the washing-up*** sie war so gnädig, mir zu gestatten, ihr beim Abwasch zu helfen *iron*; ■**to have the ~ of doing sth** die Ehre haben, etw zu tun *a. iron* ⑤ (*reputation*) guter Ruf; **to stake one's ~ on sth** sein Ehrenwort für etw *akk* geben ⑥ (*award*) Auszeichnung *f* ⑦ *no pl* (*competence*) **to acquit oneself with** ~ sich *akk* durch gute Leistungen auszeichnen ⑧ (*title*) **Her H~** die vorsitzende Richterin; **His H~** der vorsitzende Richter; **Your H~** Euer Ehren ⑨ (*in golf*) *Recht, den Golfball vom ersten Abschlag zu spielen* ⑩ *no pl* (*dated: chastity*) **to defend one's ~** (*dated*) seine Ehre verteidigen ▶ Phrases: **there's ~ among thieves** (*prov*) es gibt auch so etwas wie Ganovenehre; ~ **bright** Brit (*dated*) ehrlich; **on** [*or* **upon**] **my** ~ bei meiner Ehre **II.** *vt* ① (*form: respect*) ■**to ~ sb/sth** jdn/etw in Ehren halten; **to be** [*or* **feel**] **~ed** sich *akk* geehrt fühlen ② (*praise*) ■**to ~ sb/sth** [**with sth**] jdn/etw [mit etw *dat*] ehren ③ (*fulfil*) ■**to ~ sth** *order* etw erfüllen ④ (*grace*) **to ~ sth with one's presence** etw mit seiner Gegenwart beehren ⑤ fin (*accept*) ■**to ~ sth** etw anerkennen und bezahlen; *bill* etw begleichen

honourable ['ɒnᵊrəbl], Am **honorable** ['ɑːnɚ-] *adj* ① (*worthy*) ehrenhaft; **an ~ agreement** ein ehrenvolles Abkommen; **to have ~ intentions** (*dated or hum*) ehrliche Absichten haben; ~ **person** ehrenwerter Mensch; ■**it is ~ to do sth** es ist ehrenhaft, etw zu tun ② *attr, inv* Brit (*MP*) ***the ~ member for Bristol West will now address us*** der Herr Abgeordnete für West-Bristol wird nun zu uns sprechen

honourable mention *n* besondere Ehrung; **to get an** ~ lobend erwähnt werden

honourably ['ɒnᵊrəbli], Am **honorably** ['ɑːnɚ-] *adv* ehrenhaft

honours ['ɒnəz], Am **honors** ['ɑːnɚz] *npl* ① (*respect*) Ehrerbietung *f geh*; ***he was buried with full military ~*** er wurde mit allen militärischen Ehren beigesetzt; **to do the ~** (*hum*) den Gastgeber/die Gastgeberin spielen; **to receive sb with full ~** jdn mit allen Ehren empfangen ② univ (*form*) Examen *nt* mit Auszeichnung ▶ Phrases: **~s are even** Brit es herrscht Gleichstand

honours degree *n* Brit univ Examen *nt* mit Auszeichnung **honours list** *n* Brit *Liste von Leuten, die öffentlich durch die Monarchin/den Monarchen geehrt werden und einen Titel* (*z.B. MBE, OBE*) *erhalten*

hooch [huːtʃ] *n no pl* Am (*sl*) Fusel *m fam*

hood¹ [hʊd] *n* ① (*cap*) Kapuze *f*; **sweatshirt with a** ~ Kapuzensweatshirt *nt* ② (*mask*) Maske *f* ③ (*shield*) Haube *f*; **cooker** ~ Abzugshaube *f*; **pram** [*or* Am **stroller**] ~ Kinderwagenschutzdach *nt* ④ Am auto (*bonnet*) [Motor]haube *f* ⑤ Brit auto (*folding top*) Verdeck *nt*

hood² [hʊd] *n esp* Am ① (*gangster*) Kriminelle(r) *f(m)*, Ganove *m veraltend* ② (*thug*) Rowdy *m*

hood³ [hʊd] *n* Am (*sl*) Nachbarschaft *f*; ***… although he wasn't from the ~ …***, obwohl er nicht aus unserem Viertel kam

hooded ['hʊdɪd] *adj inv* ① *clothing* Kapuzen-; ~ **anorak** Anorak *m* mit Kapuze ② (*masked*) maskiert ③ (*eyes*) **to have ~ eyes** Schlupflider haben

hoodlum ['huːdləm, Am *usu* 'hʊd-] *n* ① (*gangster*) Kriminelle(r) *f(m)*, Ganove *m veraltend* ② (*thug*) Rowdy *m*

hoodoo ['huːduː] *n* ① *no pl* (*witchcraft, voodoo*) Hoodoo *m* ② (*run of bad luck*) Pechsträhne *f*

hoodwink ['hʊdwɪŋk] *vt* ■**to ~ sb** jdn hereinlegen; ■**to ~ sb into doing sth** jdn dazu verleiten, etw zu tun; ■**to ~ sb out of sth** jdn um etw *akk* betrügen

hooey ['huːi] *n no pl* (*fam*) dummes Zeug *fam*, Quatsch *m fam*

hoof [huːf, Am *esp* hʊf] **I.** *n* <*pl* **hooves** *or* -s> Huf *m*; ***beef was bought on the ~ at the market*** das Fleisch wurde auf dem Markt als lebende Ware gekauft ▶ Phrases: **to do sth on the ~** Brit etw schlampig machen **II.** *vt* (*fam*) **to ~ it** laufen, zu Fuß gehen

hoo-ha ['huːhɑː] *n no pl* (*fam*) Wirbel *m*, Trubel *m*; ***what a lot of ~ about nothing!*** was für ein Tamtam wegen nichts!; **to cause a lot of ~** viel Wirbel verursachen

hook [hʊk] **I.** *n* ① (*bent device*) Haken *m*; **coat ~** Kleiderhaken *m*; **crochet ~** Häkelnadel *f*; **~ and eye** Haken und Öse; **fish ~** Angelhaken *m* ② (*in boxing*) Haken *m* ③ (*in cricket*) *Schlag beim Cricket* ④ (*telephone cradle*) [Telefon]gabel *f*; **to leave the phone off the ~** den Telefonhörer nicht auflegen ⑤ comput Hook *m* ▶ Phrases: **by ~ or by crook** auf Biegen und Brechen *fam*; **to fall for** [*or* **swallow**] **sth ~, line and sinker** voll auf etw *akk* hereinfallen *fam*; **to be off the ~** aus dem Schneider sein; **to get the ~** Am (*fam*) entlassen werden; **to get one's ~s into** [*or* **on**] **sb** jdn unter Kontrolle haben; ***this product has really got its ~s into the American market*** dieses Produkt hat auf dem amerikanischen Markt wirklich eingeschlagen; **to get** [*or* **let**] **sb off the ~** jdn herauspauken *fam*; **to give sb the ~** [**for sth**] Am (*fam*) jdn [für etw *akk*] entlassen; **to sling one's ~** Brit (*fam*) die Hufe schwingen *fam* **II.** *vt* ① (*fish*) **to ~ a fish** einen Fisch an die Angel bekommen ② (*fasten*) ■**to ~ sth somewhere** etw irgendwo befestigen; ■**to ~ sth to sth** etw an etw *dat* festhaken; ***he ~ed the trailer to his car*** er hängte den Anhänger an seinem Auto an ③ (*fetch with hook*) ■**to ~ sth out of sth** ***she ~ed the shoe out of the water*** sie angelte den Schuh aus dem Wasser; ***the lifeguard ~ed the troublemaker out of the swimming pool*** der Rettungsschwimmer fischte den Störenfried aus dem Schwimmbecken ④ *esp* Brit (*dated fam: run away*) **to ~ it** wegrennen **III.** *vi* Am (*fam*) auf den Strich gehen

◆**hook up I.** *vt* ① (*hang*) ■**to ~ up ↔ sth** etw aufhängen ② (*connect*) ■**to ~ up ↔ sb/sth** [**to sth**] jdn/etw [an etw *dat*] anschließen ③ (*fasten*) ■**to ~ up ↔ sb/sth** etw zumachen; ***I can't reach at the back of my dress, can you ~ me up?*** ich komme nicht hinten an mein Kleid dran, kannst du mir mal die Haken zumachen? ④ Am (*fam: supply*) ■**to ~ sb up with sth** jdm etw besorgen **II.** *vi* ■**to ~ up** [**to sth**] sich *akk* [an etw *akk*] anschließen

hookah ['hʊkə] *n* Huka *f* (*indische Wasserpfeife*)

hooked [hʊkt] *adj* ① (*curved*) hakenförmig; ~ **nose** Hakennase *f* ② *pred* (*addicted*) abhängig; **to be ~ on drugs** drogenabhängig sein ③ *pred* (*interested*) ■**to be ~** total begeistert sein *fam*; ***he's ~ on the idea of going on a round-the-world trip*** er ist völlig besessen von dem Einfall, auf Weltreise zu gehen; ■**to be ~ on sb** total verrückt nach jdm sein *fam*

hooker ['hʊkəʳ, Am -ɚ] *n* ① *esp* Am, Aus (*fam*) Nutte *f fam* ② sports Hakler(in) *m(f)*

hook-nosed *adj* hakennasig; ■**to be ~** eine Hakennase haben **hook-up** ['hʊkʌp] *n* ① (*link*) Verbindung *f*; **satellite ~** Satellitenverbindung *f* ② (*supply*) Anschluss *m* (**to** an +*dat*) ③ (*meeting*) Treffen *nt* (**with** mit +*dat*)

hookworm <*pl* – *or* -s> ['hʊkwɜːm, Am -wɜːrm] *n* ① (*parasite*) Hakenwurm *m* ② (*disease*) Hakenwürmer *fpl*

hooky ['hʊki] *n no pl* Am, Aus (*fam*) **to play ~** die Schule schwänzen

hooligan ['huːlɪgᵊn] *n* Hooligan *m*; **football ~** Fußball-Hooligan *m*

hooliganism ['huːlɪgᵊnɪzᵊm] *n no pl* Rowdytum *nt*; **football** [*or* **soccer**] ~ Ausschreitungen *fpl* von Fußballfans

hoop [huːp] *n* ① (*ring*) Reifen *m* ② (*earring*) ringförmiger Ohrring ③ (*semicircle*) Tor *nt* ▶ Phrases: **to go through the ~s** sich *dat* ein Bein ausreißen; **to put sb through ~s** [*or* **the ~**[**s**]] jdn durch die Mangel drehen *fam*

hoop earring *n* Kreole *f*

hoopla ['huːplɑː] *n* ① Brit, Aus (*game*) Ringewerfen *nt* ② Am (*fuss*) Rummel *m*; **media ~** Medienrummel *m* ③ Am (*nonsense*) Quatsch *m*

hoopoe ['huːpuː] *n* Wiedehopf *m*

hoops [hʊps] *n modifier* (*fam*) Basketball-; ~ **game** Basketballspiel *nt*

hoop star *n* (*sl*) Basketballstar *m*

hoopster ['huːpstɚ] *n* (*sl*) Basketballer(in) *m(f)*

hooray [hʊ'reɪ, hə-] *interj, n see* **hurray**

Hooray Henry *n* Brit (*pej*) *lautstark auftretender junger Angehöriger der Oberschicht*

hooroo [hʊ'ruː] **I.** *interj* Aus (*fam*) tschüss! *fam* **II.** *n* Aus (*fam*) **to say one's ~** sich *akk* verabschieden

hoosegow ['huːsgaʊ] *n esp* Am (*sl*) Knast *m fam*

hoot [huːt] **I.** *n* ① (*beep*) Hupen *nt kein pl*; ***she gave three short ~s*** sie drückte dreimal kurz auf die Hupe ② (*owl call*) Schrei *m* ③ (*outburst*) **to give a ~ of laughter** losprusten *fam*; **~ of temper** Wutanfall *m* ▶ Phrases: **to be a** [**real**] **~** zum Brüllen sein *fam*; **to not give** [*or* **care**] **a ~** [*or* **two ~s**] [**about sth**] sich *akk* keinen Deut um etw *akk* kümmern **II.** *vi* ① *car* hupen ② *owl* schreien ③ (*utter*) **to ~ with laughter** in johlendes Gelächter ausbrechen **III.** *vt* **to ~ one's horn** auf die Hupe drücken; **to ~ one's horn at sb** jdn anhupen

◆**hoot down** *vt usu passive* ■**to ~ down ↔ sb/sth** jdn/etw niederbrüllen; ■**to ~ sb down** (*boo*) jdn ausbuhen

◆**hoot off** *vt* ■**to ~ off ↔ sb** jdn ausbuhen; **to be ~ off the stage** die Bühne verlassen müssen, weil man ausgebuht wird

hooter ['huːtəʳ, Am -t̬ɚ] *n* ① (*siren*) Sirene *f* ② *esp* Brit, Aus (*dated: nose*) Zinken *m* ③ Am (*fam!: breasts*) ■**~s** *pl* Titten *fpl sl*

Hoover® ['huːvəʳ] Brit, Aus **I.** *n* Staubsauger *m* **II.** *vt* ■**to ~ sth** etw staubsaugen; **to ~ the carpet** den Teppich saugen **III.** *vi* staubsaugen

hooves [huːvz, Am *esp* hʊvz] *n pl of* **hoof**

hop [hɒp, Am hɑːp] **I.** *vi* <-pp-> ① (*jump*) hüpfen; *hare* hoppeln; **to ~ on one leg** auf einem Bein hüpfen ② sports (*triple jump*) springen **II.** *vt* <-pp-> ① (*jump*) **to ~ the fence** über den Zaun springen ② Am (*fam: board*) ■**to ~ sth** ***they ~ped a plane for Chicago*** sie stiegen in ein Flugzeug nach Chicago ③ Brit (*fam: run*) **to ~ it** abhauen *fam*, verschwinden *fam* **III.** *n* ① (*jump*) Hüpfer *m*, Hopser *m* ② (*fam: dance*) Tanz *m*; **local ~** Dorftanz *m* ③ (*fam: trip*) [**short**] ~ [Katzen]sprung *m* ④ (*fam: flight stage*) Flugabschnitt *m* ⑤ (*vine*) Hopfen *m*; ■**~s** *pl* [Hopfen]dolden *fpl*; *see also* **hops** ⑥ Aus, NZ (*fam: beer*) ■**~s** *pl* Bier *nt* ⑦ *no pl* Am (*sl: drugs*) Droge *f*; **to be hooked on ~** drogenabhängig sein ⑧ comput Funkfeld *nt* ▶ Phrases: **to be on the ~** Brit (*fam*) auf dem Sprung sein; **to catch sb on the ~** Brit (*fam*) jdn überrumpeln; **to be kept on the ~** Brit (*fam*) auf Trab gehalten werden *fam*

◆**hop across** *vi* (*fam*) ① (*travel*) ■**to ~ across to a place** ***we ~ped across to London for the weekend*** wir waren am Wochenende kurz auf einen Sprung in London ② (*visit*) ■**to ~ across to sb** jdn kurz besuchen ③ (*jump*) ■**to ~ across sth** über etw *akk* springen

◆**hop in** *vi* (*fam*) einsteigen; ~ ***in, where shall I***

H

take you? spring rein, wohin kann ich dich mitnehmen?

◆**hop into** *vi* ❶ *(fam: board)* ■**to ~ into sth** *car, boat, taxi* in etw *akk* einsteigen ❷ *(jump)* **to ~ into bed** ins Bett hüpfen

◆**hop off** *vi (fam)* schnell aussteigen; ***he ~ped off the bus at the traffic lights*** er sprang an der Ampel aus dem Bus; **to ~ off a bike** vom Fahrrad springen

◆**hop on** *vi (fam)* schnell einsteigen; ***she ~ped on the train just as the guard blew the whistle*** sie sprang just in dem Moment auf den Zug auf, als der Schaffner pfiff

◆**hop out** *vi* ❶ *(fam: leave)* ■**to ~ out** [**of sth**] *a car* schnell aus etw *dat* aussteigen ❷ *(jump out)* **to ~ out of a chair** aus einem Stuhl [auf]springen

◆**hop over** *vi see* **hop across**

hope [həʊp, AM hoʊp] **I.** *n* Hoffnung *f;* ***is there any ~ that …?*** besteht da irgendeine Hoffnung, dass …?; ***I don't hold out much ~ of getting a ticket*** ich habe nicht sehr viel Hoffnung, dass ich noch eine Karte bekomme; ***there is little ~ that …*** es besteht wenig Hoffnung, dass …; ***there is still ~*** [***that …***] es besteht immer noch Hoffnung [dass …]; ***in the ~ that …*** in der Hoffnung, dass …; ***it is my ~ that …*** ich hoffe, dass …; **glimmer** [*or* **ray**] **of ~** Hoffnungsschimmer *m;* **sb's best/last/only ~** jds größte/letzte/einzige Hoffnung; **to have great** [*or* **high**] **~s** große Hoffnungen haben; **to have no ~** keine Hoffnung haben; **to abandon** [*or* **give up**] **~** die Hoffnung aufgeben; **to be beyond** [*or* **past**] [**all**] **~** [völlig] hoffnungslos sein; **to dash sb's ~s** jds Hoffnungen zerstören; **to give ~** Hoffnung geben; **to live in ~** hoffen; **to pin** [*or* **put**] [**all**] **one's ~s on sb/sth** seine ganze Hoffnung auf jdn/etw setzen; **to raise sb's ~s** jdm Hoffnung machen; **to see ~ for sb/sth** für jdn/etw Hoffnung sehen; ■**in the ~ of doing sth** in der Hoffnung, etw zu tun ▶ PHRASES: **to not have a ~ in <u>hell</u>** nicht die geringste Chance haben; **~ springs <u>eternal</u>** *(prov)* und die Hoffnung währet ewiglich *prov;* **<u>some</u> ~, <u>not</u> a ~** schön wär's **II.** *vi* hoffen; ***it's good news, I ~*** hoffentlich gute Nachrichten; **to ~ for the best** das Beste hoffen; **to ~ against hope** [[**that**] …] wider alle Vernunft hoffen[, dass …]; ***she was hoping against hope*** [***that***] … sie hoffte wider aller Vernunft, dass …; **to ~ and pray** [**that**] … hoffen und beten, [dass] …; ■**to ~ for sth** auf etw *akk* hoffen; ■**to ~** [**that**] … hoffen, dass …

hope chest *n* AM *(trousseau)* Aussteuertruhe *f*

hoped-for *adj attr* erhofft

hopeful [ˈhəʊpfᵊl, AM ˈhoʊp-] **I.** *adj* zuversichtlich; ■**to be ~ of sth** auf etw *akk* hoffen **II.** *n usu pl* viel versprechende Personen; **young ~s** viel versprechende junge Talente

hopefully [ˈhəʊpfᵊli, AM ˈhoʊp-] *adv* ❶ *(in hope)* hoffnungsvoll ❷ *inv (it is hoped)* hoffentlich

hopeless [ˈhəʊpləs, AM ˈhoʊp-] *adj* hoffnungslos; **~ effort** verzweifelter Versuch; **to be in a ~ quandry** vollkommen entscheidungsunfähig sein; **~ situation** aussichtslose Situation; **a ~ task** ein sinnloses Unterfangen; ■**to be ~** *(fam)* ein hoffnungsloser Fall sein; ***I'm ~ at cooking*** wenn es um's Kochen geht, bin ich eine absolute Null; ■**it is ~ to do sth** es ist hoffnungslos, etw zu tun

hopelessly [ˈhəʊpləsli, AM ˈhoʊp-] *adv* hoffnungslos; ***he's ~ in love with her*** er hat sich bis über beide Ohren in sie verliebt; **~ lost** hoffnungslos verirrt

hopelessness [ˈhəʊpləsnəs, AM ˈhoʊp-] *n no pl* Hoffnungslosigkeit *f*

hoplite [ˈhɒplaɪt, AM ˈhɑːp] *n (hist)* Hoplit *m*

hopped up *adj (fam)* ■**to be ~ on sth** *drugs* von etw *dat* high sein *fam,* mit etw *dat* voll gedröhnt sein *pej sl*

hopper [ˈhɒpəʳ, AM ˈhɑːpɚ] *n* ❶ TECH Einfülltrichter *m* ❷ COMPUT Kartenmagazin *nt* ▶ PHRASES: **to <u>toss</u> sth into the ~** etw in Betracht ziehen

hop-picker *n* Hopfenpflücker(in) *m(f)*

hopping [ˈhɒpɪŋ, AM ˈhɑːp-] *adj inv (fam)* **to be ~** [**mad**] auf hundertachtzig sein; **to be ~ mad with sb** stinksauer auf jdn sein *fam*

hopple [ˈhɒpl̩, AM ˈhɑːpl̩] **I.** *vt* ■**to ~ a donkey/horse** einem Esel/Pferd eine Fußfessel anlegen **II.** *n* Fußfessel *f*

hoppy [ˈhɒpi, AM ˈhɑːpi] **I.** *n* AM *(sl)* Opiumabhängige(r) *f(m);* **to be a ~** opiumsüchtig sein **II.** *adj* Hopfen-

hops [hɒps, AM hɑːps] *npl* ❶ *(vine)* Hopfen *m* ❷ *(flower)* [Hopfen]dolden *fpl*

hopscotch [ˈhɒpskɒtʃ, AM ˈhɑːpskɑːtʃ] *n no pl* Himmel und Hölle *nt;* **to play ~** Himmel und Hölle spielen

Horatian [həˈreɪʃᵊn, AM hɔː'] *adj inv* horazisch

horde [hɔːd, AM hɔːrd] *n* Horde *f;* ***there were ~s of fans waiting outside*** draußen wartete eine riesige Fangemeinde; **to come** [*or* **arrive**]**/leave in** [BRIT **their**] **~s** in Massen kommen/gehen

horizon [həˈraɪzᵊn] *n* ■**the ~** der Horizont; **to broaden** [*or* **expand**] [*or* **widen**] **one's ~s** *(fig)* seinen Horizont erweitern; **on the ~** am Horizont; ***with a long holiday abroad on the ~, she felt great*** mit der Aussicht auf einen langen Urlaub fühlte sie sich großartig

horizontal [ˌhɒrɪˈzɒntᵊl, AM ˌhɔːrɪˈzɑːn-] **I.** *adj inv* horizontal, waag[e]recht; **~ lines** waag[e]rechte Linien **II.** *n no pl* MATH ■**the ~** die Horizontale [*o* Waag[e]rechte]

horizontally [ˌhɒrɪˈzɒntᵊli, AM ˌhɔːrɪˈzɑːn-] *adv inv* horizontal, waag[e]recht

hormonal [hɔːˈməʊnᵊl, AM hɔːrˈmoʊ-] *adj inv* hormonal, hormonell

hormonal imbalance *n* hormonelle Schwankung, Hormonschwankung *f*

hormone [ˈhɔːməʊn, AM ˈhɔːrmoʊn] *n* Hormon *nt;* **female/male ~s** weibliche/männliche Hormone; **growth ~s** Wachstumshormone *ntpl*

hormone replacement therapy *n* Hormonbehandlung *f; see also* **HRT**

horn [hɔːn, AM hɔːrn] **I.** *n* ❶ *(growth)* Horn *nt* ❷ *no pl (substance)* Horn *nt* ❸ *(music)* Horn *nt* ❹ *(siren)* Hupe *f;* **to sound** [*or* **blow**] [*or fam* **honk**] **one's ~** auf die Hupe drücken *fam;* **to sound one's ~ at sb** jdn anhupen ❺ COMPUT Hornstrahler *m* ▶ PHRASES: **to take the <u>bull</u> by the ~s** den Stier bei den Hörnern packen; **to be on the ~s of a <u>dilemma</u>** in einer Zwickmühle stecken; **to <u>draw</u>** [*or* **<u>pull</u>**] **in one's ~s** kürzer treten; **<u>on</u> the ~** AM *(fam)* am Telefon **II.** *vi* AM ■**to ~ in** sich *akk* einmischen; ■**to ~ in on sth** bei etw *dat* mitmischen

hornbeam [ˈhɔːnbiːm, AM ˈhɔːrn] *n* Hainbuche *f*

hornbill [ˈhɔːnbɪl, AM ˈhɔːrn] *n* Hornvogel *m*

horned [hɔːnd, AM hɔːrnd] *adj inv* gehörnt, mit Hörnern *nach n;* **~ cattle** Hornvieh *nt;* **~ lizard** [*or* **toad**] Krötenechse *f;* **~ owl** Ohreule *f*

hornet [ˈhɔːnɪt, AM ˈhɔːrn-] *n* Hornisse *f*

hornet's nest *n* Hornissennest *nt* ▶ PHRASES: **to <u>stir</u> up a** [**real**] **~** in ein Wespennest stechen

horniness [ˈhɔːnɪnəs, AM ˈhɔːrn-] *n no pl (fam)* Geilheit *f*

hornist [ˈhɔːnɪst, AM ˈhɔːrn-] *n* MUS Hornist(in) *m(f)*

hornless [ˈhɔːnləs, AM ˈhɔːrn-] *adj inv* hornlos, ohne Hörner *nach n*

hornpipe *n* Hornpipe *f (traditioneller englischer Seemannstanz)* **horn-player** *n* Hornist(in) *m(f)*

horn-rimmed *adj inv* **~ glasses** Hornbrille *f*

horny [ˈhɔːni, AM ˈhɔːrni] *adj* ❶ *(hard)* hornartig; *(of horn)* aus Horn *nach n* ❷ *(fam: randy)* geil *sl;* ***he's a ~ little so-and-so*** er ist ein geiler Bock *sl;* **to feel ~** spitz sein *sl*

horoscope [ˈhɒrəskəʊp, AM ˈhɔːrəskoʊp] *n* Horoskop *nt;* **to read one's/sb's ~** sein/jds Horoskop lesen

horrendous [hɒrˈendəs, AM hɔːˈren-] *adj* ❶ *(bad) suffering* schrecklich; **~ conditions** entsetzliche Bedingungen; **a ~ crime** ein grausames Verbrechen; **a ~ tragedy** eine furchtbare Tragödie ❷ *(extreme)* übermäßig; *prices, losses* horrend

horrendously [hɒrˈendəsli, AM hɔːˈren-] *adv* schrecklich; **~ expensive** entsetzlich teuer

horrendousness [hɒrˈendəsnəs, AM hɔːˈren-] *n no pl* Abscheulichkeit *f;* ***we were appalled by the ~ of the conditions in the refugee camp*** wir waren von den entsetzlichen Bedingungen im Flüchtlingslager geschockt

horrible [ˈhɒrəbl̩, AM ˈhɔːr-] *adj* ❶ *(shocking)* schrecklich ❷ *(unpleasant)* unerfreulich; ***isn't the weather ~ today?*** ist das Wetter heute nicht grauenhaft?; **a ~ suspicion** ein schrecklicher Verdacht; ■**it is ~ doing/to do sth** es ist schrecklich, etw zu tun; ■**to be ~ that …** schrecklich sein, dass … ❸ *(unkind)* gemein; ***don't be so ~*** sei nicht so gemein; ■**to be ~ to sb** gemein zu jdm sein

horribly [ˈhɒrəbli, AM ˈhɔːr-] *adv* ❶ *(shockingly)* schrecklich; **to go ~ wrong** entsetzlich schief gehen ❷ *(unkindly)* gemein; **to behave ~** sich *akk* fürchterlich benehmen

horrid [ˈhɒrɪd, AM ˈhɔːr-] *adj (fam)* ❶ *(shocking) nightmare* entsetzlich; **a ~ crime** ein abscheuliches Verbrechen; **a ~ sight** ein fürchterlicher Anblick ❷ *(unpleasant)* grauenhaft; **to be a ~ sight** grauenvoll aussehen ❸ *(unkind) child* gemein; ■**to be ~** [**to sb**] gemein [zu jdm] sein; ■**it is ~ of sb to do sth** es ist gemein von jdm, etw zu tun

horridly [ˈhɒrɪdli, AM ˈhɔːr-] *adv (fam)* schrecklich; ***he always speaks ~ to her*** er ist immer so hässlich zu ihr; ***stop behaving so ~!*** sei nicht immer so ekelhaft!

horridness [ˈhɒrɪdnəs, AM ˈhɔːr-] *n no pl* Abscheulichkeit *f*

horrific [hɒrˈɪfɪk, AM hɔːˈrɪf-] *adj* ❶ *(shocking)* entsetzlich; **a ~ accident/attack/murder** ein schrecklicher Unfall/Angriff/Mord ❷ *(extreme) losses, prices* horrend

horrifically [hɒrˈɪfɪkli, AM hɔːˈrɪf-] *adv* ❶ *(shockingly)* entsetzlich; ***he was ~ injured*** er hatte schreckliche Verletzungen erlitten ❷ *(extremely)* horrend; **~ expensive** unglaublich überteuert

horrified [ˈhɒrɪfaɪd, AM ˈhɔːr-] *adj* entsetzt; ***I was ~ to hear of his death*** ich war von der Nachricht seines Todes völlig geschockt; **to give sb a ~ look** jdm einen entsetzten Blick zuwerfen; **to be ~ at** [*or* **by**] **sth** von etw *dat* völlig schockiert sein *fam*

horrify <-ie-> [ˈhɒrɪfaɪ, AM ˈhɔːr-] *vt* ■**to ~ sb** jdn entsetzen [*o* schockieren]

horrifying [ˈhɒrɪfaɪɪŋ, AM ˈhɔːr-] *adj* ❶ *(shocking) injuries, incidents* schrecklich; **~ conditions** entsetzliche Bedingungen; ■**it is ~ to do sth** es ist entsetzlich, etw zu tun ❷ *(unpleasant)* grauenhaft

horrifyingly [ˈhɒrɪfaɪɪŋli, AM ˈhɔːr-] *adv* entsetzlich

horror [ˈhɒrəʳ, AM ˈhɔːrɚ] *n* ❶ *(feeling)* Entsetzen *nt,* Grauen *nt* (**at** über +*akk*); **to be filled with ~** von Schrecken [*o* Grauen] erfüllt sein; **to be paralysed with ~** vor Entsetzen wie gelähmt sein; **to express one's ~ at a crime** sein Entsetzen über ein Verbrechen zum Ausdruck bringen; **to have a ~ of sth** panische Angst vor etw *dat* haben; **to have a ~ of doing sth** einen Horror davor haben, etw zu tun; **in ~** entsetzt; **to sb's ~** zu jds Entsetzen *nt* ❷ *(fam: brat)* ***that child is a little ~!*** dieses Kind ist der reinste Horror! ▶ PHRASES: [**~ <u>of</u>**] **~s!** ach, du liebes bisschen!

horror film *n,* **horror movie** *n* AM Horrorfilm *m*

horrors [ˈhɒrəz, AM ˈhɔːrɚz] *npl* ❶ *(horrifying thing)* Schrecken *mpl;* **the ~ of war** die Schrecken des Krieges ❷ *(fear)* Horror *m kein pl;* **to give sb the ~** jdn zu Toder erschrecken *fam*

horror story *n* Horrorgeschichte *f* **horror-stricken** *adj,* **horror-struck** *adj* von Entsetzen gepackt; ***I was ~ to hear the dreadful news*** mich packte das kalte Grausen, als ich die schreckliche Nachricht hörte; **to listen/stand/watch ~** voller Entsetzen zuhören/da[bei]stehen/zusehen; ■**to be ~ at sth** über etw *akk* entsetzt sein

hors d'oeuvre <*pl* – *or* -s> [ˌɔːˈdɜːv, AM ˌɔːrˈdɜːrv] *n* ❶ BRIT, AUS *(starter)* Hors d'oeuvre *nt* ❷ AM *(canapés)* Appetithäppchen *nt*

horse [hɔːs, AM hɔːrs] **I.** *n* ❶ *(animal)* Pferd *nt;* **~ and carriage** Pferdekutsche *f;* **~ and cart** Pferdefuhrwerk *nt;* **coach and ~s** Postkutsche *f;* **to eat like a ~** fressen wie ein Scheunendrescher *fam;* **to ride a ~** reiten; **to work like a ~** wie ein Pferd arbeiten ❷ *pl* ■**the ~s** *pl* das Pferderennen; **to play the ~s** beim Pferderennen wetten ❸ SPORTS Pferd *nt;*

wooden vaulting ~ hölzernes Pferd ④ *(helper)* **willing** ~ fleißiger Helfer/fleißige Helferin ⑤ *no pl* *(sl: heroin)* H *nt* ▶ PHRASES: **to put the cart before the** ~ das Pferd am Schwanz aufzäumen; **to drive a coach and ~s through sth** BRIT *(violate)* sich *akk* den Teufel um etw *akk* scheren *fam;* *(disprove)* ***she drove a coach and ~s through his arguments*** sie wischte seine Argumente einfach vom Tisch; **it's a case** [*or* **question**] **of ~s for courses** BRIT, AUS dafür gibt es kein Patentrezept; **one has locked the stable door after the** ~ **has bolted** der Zug ist abgefahren; **never look a gift** ~ **in the mouth** *(prov)* einem geschenkten Gaul schaut man nicht ins Maul *prov;* **to hear** [*or* **get**] **sth** [**straight**] **from the ~'s mouth** etw aus erster Hand haben; **you can take** [*or* **lead**] **a** ~ **to water, but you can't make him drink** *(prov)* man kann jdn nicht zu seinem Glück zwingen; **to be a dark** ~ BRIT sein Licht unter den Scheffel stellen; **to flog a dead** ~ sich *dat* die Mühe sparen können; ***you're flogging a dead*** ~ ***there*** das ist echt vergebliche Liebesmüh' *fam;* **to be on one's high** ~ auf dem hohen Ross sitzen; **to get on one's high** ~ *(fam)* sich *akk* aufs hohe Ross setzen; **to back the wrong** ~ aufs falsche Pferd setzen; **to change** [*or* **swap**] **~s** [**in**] **midstream** einen anderen Kurs einschlagen; **to hold one's ~s** *(fam)* die Luft anhalten; ***hey! hold your ~s! not so fast!*** he, nun mal langsam, nicht so schnell! **II.** *vi* ■**to** ~ **about** [*or* **around**] Blödsinn machen, herumblödeln

horseback I. *n* **on** ~ zu Pferd, hoch zu Ross *poet;* **police on** ~ berittene Polizei **II.** *adj attr, inv* ~ **riding** Reiten *nt;* ~ **rider** Reiter(in) *m(f)* **horsebox** *n* BRIT, **horsecar** *n* AM Pferdetransporter *m* **horse chestnut** *n* Rosskastanie *f* **horse-drawn** *adj inv* von Pferden gezogen; ~ **carriage** Pferdekutsche *f;* ~ **cart** Pferdefuhrwerk *nt;* ~ **vehicle** Pferdegespann *nt* **horseflesh** [ˈhɔːsfleʃ, AM ˈhɔːrs] *n no pl* Pferdefleisch *nt* **horse float** *n* AUS Pferdetransporter *m* **horsefly** *n* [Pferde]bremse *f* **horsehair I.** *n no pl* Rosshaar *nt* **II.** *n modifier* ~ **brush** Rosshaarbürste *f* **horse laugh** *n* wieherndes Gelächter; ***she's got an awful*** ~ sie wiehert echt wie ein Pferd! *fam* **horseless** [ˈhɔːsləs, AM ˈhɔːrs] *adj inv* ohne Pferd(e) **horseman** *n* Reiter *m* **horsemanship** *n no pl* Reitkunst *f* **horse manure** *n no pl* ① *(droppings)* Pferdemist *m,* Pferdeäpfel *mpl* ② *esp* AM *(rubbish)* Bockmist *m* **horseplay** *n no pl* wilde Ausgelassenheit; ***I loathe these drunken parties where there's a lot of*** ~ ich hasse diese Saufgelage, bei denen die Leute total über die Stränge schlagen **horsepower** *n* <*pl* -> Pferdestärke *f;* ***a 10-~ engine*** ein Motor *m* mit 10 PS **horse race** *n* Pferderennen *nt* **horse racing** *n* Pferderennsport *m;* **to go** ~ zum Pferderennen gehen **horseradish** *n no pl* Meerrettich *m* **horse riding** *n no pl* Reiten *nt* **horse's ass** *n* AM *(sl)* Arschloch *nt* *derb;* **to be a real** ~ ein richtiges Arschloch sein *derb* **horse sense** *n no pl (fam)* gesunder Menschenverstand; ***has he got enough*** ~ ***to inform the police?*** hat er genug Grips im Hirn, um die Polizei zu rufen? **horseshit** *esp* AM **I.** *n no pl (fam!)* ① *(droppings)* Pferdescheiße *f derb* ② *(rubbish)* Scheiße *f derb* **II.** *n modifier (fam!)* *excuse* Scheiß- *derb* **horseshoe** *n* Hufeisen *nt* **horseshoe bend** *n,* **horseshoe curve** *n* Haarnadelkurve *f* **horseshoes** *n* + *sing vb* AM Hufeisenwerfen *nt* **horsetrade** *vi* ■**to** ~ **with sb** mit jdm einen Kuhhandel machen **horsetrading** *n no pl (fig)* Kuhhandel *m* **horse trailer** *n* Pferdetransporter *m* **horsewhip I.** *n* Pferdepeitsche *f* **II.** *vt* <-pp-> ■**to** ~ **sb** jdn [mit der Pferdepeitsche] auspeitschen **horsewoman** *n* Reiterin *f*

hors(e)y [ˈhɔːsi, AM ˈhɔːrsi] *adj (fam)* ① *(devoted)* pferdenärrisch ② *(pej: ugly)* pferdeähnlich; ■**to be** ~ ein Pferdegesicht haben *fam*

horticultural [ˌhɔːtɪˈkʌltʃərəl, AM ˌhɔːrt̬ɪˈkʌltʃɚ-] *adj inv* Gartenbau-; ~ **show** Gartenbauausstellung *f;* ~ **society** Gartenbauverein *m*

horticulturalist [ˌhɔːtɪˈkʌltʃərəlɪst, AM ˌhɔːrt̬ɪˈkʌltʃɚ-] *n* Gartenbauingenieur(in) *m(f)*

horticulture [ˈhɔːtɪkʌltʃər, AM ˈhɔːrt̬ɪkʌltʃɚ] *n no pl* Gartenbau *m*

horticulturist [ˌhɔːtɪˈkʌltʃərɪst, AM ˌhɔːrt̬ə-] *n* Gartenbauexperte, -in *m, f*

hosanna(h) [hə(ʊ)ˈzænə, AM hoʊ-] *interj* Hos[i]anna!

hose [həʊz, AM hoʊz] **I.** *n* ① *(tube)* Schlauch *m;* **garden** ~ Gartenschlauch *m* ② *no pl* FASHION *(hosiery)* Strumpfwaren *pl* **II.** *vt (fam)* ■**to** ~ **sb** jdn vernichtend schlagen [*o fam* in die Tasche stecken]

◆**hose down** *vt* ■**to** ~ **down** ↻ **sb/sth** jdn/etw [mit einem Schlauch] abspritzen

◆**hose out** *vt* ■**to** ~ **out** ↻ **sth** etw mit einem Schlauch säubern

hosepipe *n* BRIT Schlauch *m;* ~ **ban** Spritzverbot *nt* *(durch Wasserknappheit bedingtes Verbot, Wasser zu verschwenden)*

hosier [ˈhəʊziər, AM ˈhoʊʒɚ] *n* Strumpfwarenhändler(in) *m(f) veraltet*

hosiery [ˈhəʊziəri, AM ˈhoʊʒɚi] *n no pl* Strumpfwaren *pl*

hospice [ˈhɒspɪs, AM ˈhɑːs-] *n* Hospiz *nt*

hospitable [hɒsˈpɪtəbl̩, AM ˈhɑːspɪt̬-] *adj* ① *(friendly)* gastfreundlich; ■**to be** ~ **to**[**wards**] **sb** jdn gastfreundlich aufnehmen ② *(pleasant)* *conditions* günstig; ~ **climate** angenehmes Klima; ~ **land** guter Boden

hospitably [hɒsˈpɪtəbli, AM ˈhɑːspɪt̬-] *adv* gastfreundlich

hospital [ˈhɒspɪtəl, AM ˈhɑːspɪt̬əl] *n* ① *(institute)* Krankenhaus *nt,* Spital *nt* SCHWEIZ; ***he went to the*** ~ ***to see his mother*** er ging seine Mutter im Krankenhaus besuchen; **children's** ~ Kinderkrankenhaus *nt;* **maternity** ~ Geburtsklinik *f;* **general** ~ Krankenhaus *nt* ② *no pl* *(treatment)* **to be** [*or* **spend time**] **in** [AM **the**] ~ im Krankenhaus sein [*o* liegen]; **to be admitted to** ~ ins Krankenhaus eingewiesen werden; **to be discharged from** ~ aus dem Krankenhaus entlassen werden; **to go** [**in**]**to** [*or* AM **to the**] ~ ins Krankenhaus gehen; **to have to go to** ~ ins Krankenhaus müssen

hospital bill *n* Krankenhausrechnung *f* **hospital gown** *n* Krankenhausnachthemd *nt*

hospitalism [ˈhɒspɪtəlɪzəm, AM ˈhɑːspɪt̬-] *n no pl* MED Hospitalismus *m*

hospitality [ˌhɒspɪˈtæləti, AM ˌhɑːspɪˈtælət̬i] **I.** *n no pl* ① *(welcome)* Gastfreundschaft *f* ② *(food)* Bewirtung *f* **II.** *n modifier* ~ **coach** kostenloser Zubringerbus; ~ **suite** Gästelounge *f;* ~ **tent** Partyzelt *nt*

hospitalization [ˌhɒspɪtəlaɪˈzeɪʃən, AM ˌhɑːspɪt̬əlɪ-] *n no pl* ① *(admittance)* Krankenhauseinweisung *f* ② *(treatment)* Krankenhausaufenthalt *m*

hospitalization insurance *n no pl* Krankenhauszusatzversicherung *f*

hospitalize [ˈhɒspɪtəlaɪz, AM ˈhɑːspɪt̬əl-] *vt* ① *usu passive (admit)* ■**to be ~d** ins Krankenhaus eingewiesen werden ② *(beat)* ■**to** ~ **sb** jdn krankenhausreif schlagen

hospital patients *npl* Krankenhauspatienten *pl* **hospital ship** *n* MIL Lazarettschiff *nt* **hospital staff** *n* + *sing/pl vb* Krankenhauspersonal *nt* **hospital train** *n* MIL Lazarettzug *m*

host¹ [həʊst, AM hoʊst] **I.** *n* ① *(party-giver)* Gastgeber(in) *m(f);* **mine** ~ BRIT *(dated or hum)* der Herr Wirt *veraltet* ② *(event-stager)* Veranstalter(in) *m(f);* **to play** ~ **to sth** *conference etc* etw ausrichten ③ *(compere)* Showmaster(in) *m(f);* ***he is the*** ~ ***of a quiz show on the radio*** er moderiert eine Quizsendung im Radio ④ BIOL Wirt *m* ⑤ COMPUT Hauptrechner *m* **II.** *n modifier* ~ **family** Gastfamilie *f* **III.** *vt* ■**to** ~ **sth** ① *(stage)* *event* etw ausrichten ② *(be compere for)* etw präsentieren; ***he ~ed a programme on the radio last night*** er hat letzte Nacht eine Radiosendung moderiert

host² [həʊst, AM hoʊst] *n usu sing* ■**a** [**whole**] ~ **of ...** jede Menge ... +*dat;* ***there's a whole*** ~ ***of reasons ...*** er gibt eine Vielzahl an Gründen ...

host³ [həʊst, AM hoʊst] *n no pl* REL ■**the** ~ [*or* **H~**] die Hostie

hostage [ˈhɒstɪdʒ, AM ˈhɑː-] *n* Geisel *f;* **to hold/take sb** [**as a**] ~ jdn als Geisel festhalten/nehmen; **to seize a** ~ eine Geisel nehmen ▶ PHRASES: **to create** [*or* **give**] **a** ~ **to fortune** ein Risiko eingehen

host country *n* Gastland *nt;* **the** ~ **to the Olympics** das Gastgeberland der Olympiade

hostel [ˈhɒstəl, AM ˈhɑː-] *n* ① TOURIST Herberge *f* *veraltend,* [billiges] Hotel; [**youth**] ~ Jugendherberge *f* ② SOCIOL Wohnheim *nt;* BRIT Obdachlosenheim *nt,* Obdachlosenasyl *nt;* **student** ~ Studentenwohnheim *nt*

hosteller [ˈhɒstələr, AM ˈhɑːstələ] *n* Heimbewohner(in) *m(f);* *(in youth hostel)* Herbergsgast *m*

hostelry [ˈhɒstəlri, AM ˈhɑː-] *n* *(dated or hum)* Wirtshaus *nt*

hostess [həʊstɪs, AM hoʊ-] **I.** *n* <*pl* -es> ① *(at home)* Gastgeberin *f* ② *(on TV)* Gastgeberin *f;* *(at restaurant)* Wirtin *f;* *(at hotel)* Empfangsdame *f;* *(in nightclub)* Animierdame *f;* *(at exhibition)* Hostess *f;* *(on airplane)* Stewardess *f* ③ *(euph: prostitute)* Hostess *f euph* **II.** *vt* **to** ~ **an event** Gastgeberin *f* einer Veranstaltung sein; **to** ~ **a party** eine Party geben

host family *n* Gastfamilie *f*

hostile [ˈhɒstaɪl, AM ˈhɑːstəl] *adj* ① *(unfriendly)* *mood, look, person* feindselig; ***why is John so*** ~ ***to me?*** warum verhält sich John mir gegenüber so feindselig? ② *(opposed)* ■**to be** ~ **to sth** etw *dat* abgeneigt sein [*o* ablehnend gegenüberstehen]; ***I'm not*** ~ ***to the idea of moving house*** ich hätte nichts dagegen umzuziehen; **to be** ~ **to technology** technikfeindlich sein ③ *(difficult)* hart, widrig; ~ **climate** raues Klima; ~ **work environment** ungünstige Arbeitsbedingungen ④ ECON, MIL feindlich; ~ **bid** feindliches Übernahmeangebot

hostile takeover *n* ECON feindliche Übernahme **hostile witness** *n* LAW feindlicher Zeuge/feindliche Zeugin

hostility [hɒsˈtɪləti, AM hɑːsˈtɪlət̬i] *n* ① *no pl* *(unfriendliness)* Feindseligkeit *f;* **to show** ~ **to**[**wards**] **sb** sich *akk* jdm gegenüber feindselig verhalten ② *(aversion)* ablehnende Haltung; ~ **to foreigners/technology** Ausländer-/Technikfeindlichkeit *f;* **to show** ~ **to sth** etwas gegen etw *akk* haben ③ MIL ■**hostilities** *pl* Feindseligkeiten *fpl;* *(fighting)* Kampfhandlungen *fpl;* **to suspend hostilities** die Kampfhandlungen einstellen

hostler [ˈɒslər, AM ˈɑːslɚ] *n* *(hist)* *see* **ostler**

hot [hɒt, AM hɑːt] **I.** *adj* <-tt-> ① *(temperature)* heiß; ***she was*** ~ ihr war heiß; **steaming** [*or* **piping**] ~ kochend heiß ② *(spicy)* *food* scharf ③ *(angry)* *argument, words* hitzig; *person* erregt; **to be** ~ **with rage** vor Wut kochen; **to have a** ~ **temper** leicht erregbar sein ④ *(close)* ***the gang drove off with the police in*** ~ ***pursuit*** die Bande fuhr davon mit der Polizei dicht auf den Fersen; ***you're getting*** ~ *(in guessing game)* wärmer; **to be** ~ **on sb's heels** [*or* **tracks**] [*or* **trail**] jdm dicht auf den Fersen [*o* der Spur] sein ⑤ *(fam: good)* ***my Spanish is not all that*** ~ mein Spanisch ist nicht gerade umwerfend *fam;* ***he's Hollywood's ~test actor*** er ist Hollywoods begehrtester Schauspieler; ***I don't feel so*** ~ mir geht es nicht so besonders *fam;* **to be** ~ **stuff** absolute Spitze sein *fam;* **to be** ~ **stuff at doing sth** in etw *dat* ganz groß sein *fam;* ~ **tip** heißer Tip *fam;* ■**to be** ~ **at sth** in etw *dat* ganz groß sein *fam* ⑥ *pred (fam: enthusiastic)* ■**to be** ~ **for** [*or* **on**] **sth** scharf auf etw *akk* sein *fam;* **to be** ~ **for fashion** einen Modefimmel haben *fam;* **to be** ~ **on punctuality** übertrieben großen Wert auf Pünktlichkeit legen; **to be** ~ **for travel/skiing** leidenschaftlich gern reisen/Ski fahren ⑦ *(dangerous)* *situation* gefährlich, brenzlig *fam;* *issue, stolen items* heiß *fam;* *criminal* gesucht; ***the mafia were making it too*** ~ ***for them*** die Mafia machte ihnen die Hölle heiß *fam;* **to be too** ~ **to handle** *issue* ein heißes Eisen sein ⑧ *(sl: sexy)* heiß *fam;* ~ **romance** leidenschaftliche Liebesaffäre; **to be too** ~ **to handle** *person* heiß sein *fam* ⑨ *(new and exciting)* *music, news, party* heiß *fam;* ***the party became*** ~ ***and heavy*** auf der Party ging es heiß her *fam;* ~ **gossip** das Allerneueste ⑩ NUCL radioaktiv, heiß *fam;* ELEC stark ▶ PHRASES: **to be so much** ~ **air** nur heiße Luft sein

H

fam; **to get** [**all**] ~ **under the collar** vor Wut kochen *fam;* ~ **off the presses** druckfrisch; **to be in** ~ **water** ganz schön in der Tinte sitzen *fam;* **to get into** ~ **water** in Teufels Küche kommen *fam;* **to be all** ~ **and bothered** (*angry*) fuchsteufelswild sein; (*worried*) ganz aufgeregt sein; **sb goes** ~ **and cold** jdn überläuft es heiß und kalt **II.** *vt* <-tt-> **to** ~ **up a car's engine** hochschalten; **to** ~ **up a party** eine Party in Schwung bringen; **to** ~ **up the speed** das Tempo steigern **III.** *vi* <-tt-> ■**to** ~ **up** *pace* sich *akk* steigern; *situation* sich *akk* verschärfen **IV.** *n* ► PHRASES: **to have the ~s for sb** scharf auf jdn sein *sl*

hot-air balloon *n* Heißluftballon *m* **hot-air gun** *n* Heißluftpistole *f* **hotbed** *n* ❶ HORT Mistbeet *nt,* Frühbeet *nt* ❷ (*fig: centre*) **to be a** ~ **of crime/intrigue/radicalism** eine Brutstätte für Kriminalität/Intrigen/ Radikalismus sein **hot-blooded** *adj* (*easy to anger*) hitzköpfig; (*reckless*) hitzig, draufgängerisch; (*passionate*) heißblütig **hot-button** *adj attr, inv* AM (*sl*) *issue* heiß umstritten **hot cake** *n* AM Pfannkuchen *m* ► PHRASES: **to sell like ~s** wie warme Semmeln weggehen *fam* **hot chocolate** *n no pl* [heiße] Schokolade, Kakao *m*

hotchpotch ['hɒtʃpɒtʃ, AM 'hɑ:tʃpɑ:tʃ] *n no pl* Mischmasch *m fam* (**of** aus +*dat*)

hot cross bun *n* BRIT *Rosinenbrötchen mit Teigkreuz als Verzierung, das in der Karwoche gegessen wird*

hot dog I. *n* ❶ (*sausage*) Wiener Würstchen *nt;* (*in a roll*) Hotdog *m* ❷ *esp* AM, AUS (*fig fam: show-off*) Angeber(in) *m(f) fam;* ***he was quite the*** ~ ***in skiing*** er zog beim Skifahren eine ganz schöne Schau ab *fam* ❸ AM, AUS (*fam: dachshund*) Dackel *m* **II.** *interj* AM (*fam*) super *sl,* toll *fam*

hotdog *vi* <-gg-> AM ❶ *surfers, skiers* Kunststücke machen ❷ (*boast*) angeben

hotdogging *adj attr* (*sl*) angeberisch

hot dogging *n no pl* SKI (*sl*) Freistil *m*

hot dog stand *n* Hotdogstand *m,* Würstchenbude *f,* Würstelbude *f bes* ÖSTERR

hotel [hə(ʊ)'tel, AM hoʊ'-] **I.** *n* Hotel *nt* **II.** *n modifier* (*food, room*) Hotel-

hotel accommodation *n* ❶ (*room*) Hotelzimmer *nt* ❷ AM ■~s *pl* Hotelunterkunft *f kein pl,* Hotelunterbringung *f kein pl* **hotel chain** *n* Hotelkette *f*

hotelier [hə(ʊ)'teliеɪ, AM hoʊ'təljeɪ] *n* (*owner*) Hotelbesitzer(in) *m(f),* Hotelier *m;* (*manager*) Hoteldirektor(in) *m(f),* Hotelmanager(in) *m(f)*

hotel industry *n no pl* Hotelgewerbe *nt,* Hotellerie *f* **hotelkeeper** *n* Hoteldirektor(in) *m(f)* **hotel porter** *n* Hotelportier *m,* Hoteldiener(in) *m(f)* **hotel register** *n* Gästebuch *nt,* Fremdenbuch *nt* **hotel staff** *n* + *sing/pl vb* Hotelpersonal *nt* **hotel suite** *n* [Hotel]suite *f*

hot favourite, AM **hot favorite** *n* heißer Favorit/heiße Favoritin *fam* **hot flash** *n* AM, **hot flush** *n* BRIT Hitzewallung *f;* **to suffer from ~es** Hitzewallungen haben, unter fliegender Hitze leiden **hot foot** *n usu sing* AM **to give sb a** ~ jdm die Schuhe ansengen **hotfoot I.** *adv inv* eilig; **to run/rush** ~ schleunigst rennen/eilen **II.** *vt* (*fam*) **to** ~ **it home/down the street** schnell nach Hause/die Straße hinunterrennen; **to** ~ **it to the shops** schnell einkaufen gehen **III.** *vi* eilen; ***you'd better*** ~ ***home before it gets dark*** du machst besser, dass du nach Hause kommst, bevor es dunkel wird *fam* **hotgospeller** [-'gɒspələr, AM -'gɑ:spələ] *n* (*esp pej fam*) Erweckungsprediger(in) *m(f)* **hothead** *n* Hitzkopf *m* **hotheaded** *adj* hitzköpfig, unbeherrscht **hotheadedly** *adv* unbeherrscht **hotheadedness** *n no pl* hitziges Temperament **hothouse I.** *n* ❶ (*for plants*) Treibhaus *nt* ❷ (*fig: for development*) fruchtbarer Boden **II.** *n modifier* ❶ HORT (*tomatoes, cucumbers*) Treibhaus- ❷ (*fig: promoting development*) (*atmosphere*) förderlich **hothouse children** *npl* AM überbehütete Kinder **hot key I.** *n* Hot Key *m fachspr* (*vorprogrammierte Tastenkombination*) **II.** *n modifier* Hot-Key-; ~**-combination** Tastenkombination *f* **hotline** *n* Hotline *f;* POL heißer Draht; **to set up a** ~ eine Hotline einrichten

hotly ['hɒtli, AM 'hɑ:t-] *adv* ~ **contested** heiß umkämpft; **to** ~ **deny sth** etw heftig bestreiten; ~ **disputed** heftig umstritten

hot metal *n no pl* TYPO Bleisatz *m;* ~ **composition** gegossener Hartbleisatz **hot money** *n* FIN heißes Geld, vagabundierende Gelder **hot pants** *npl* heiße Höschen, Hotpants *pl* **hotplate** *n* (*on stove*) Kochplatte *f,* Heizplatte *f;* (*plate-warmer*) Warmhalteplatte *f,* Wärmplatte *f* **hotpot** *n* BRIT *Fleischeintopf mit Kartoffeln und Gemüse* **hot potato** *n* POL (*fig*) heißes Eisen **hotrod** *n* (*fam*) hochfrisiertes Auto *fam* **hot seat** *n* ❶ (*fig: difficult position*) Schleudersitz *m;* **to be in the** ~ (*be under pressure*) unter Druck stehen; (*be in diffulties*) in der Bredouille [*o* in Bedrängnis] sein *fam;* (*be in the spotlight*) im Rampenlicht stehen ❷ LAW elektrischer Stuhl **hot shit** *n no pl* AM (*sl*) ■**to be** ~ ein Ass *nt* sein *fam;* ***he thinks he's*** ~ er hält sich für einen tollen Hecht *fam* **hotshot** *n esp* AM, AUS (*fam*) Kanone *f fam,* Ass *nt fam* **hot spot** *n* ❶ (*fam: popular place*) heißer Schuppen *fam* ❷ (*area of conflict*) Krisenherd *m* ❸ COMPUT, PHOT intensiver Lichtfleck, Hotspot *m fachspr* **hot spring** *n* heiße Quelle, Thermalquelle *f* **hot stuff** *n no pl* ❶ (*fam: skilful*) ■**to be** ~ ein Ass sein *fam* ❷ (*sl: sexy woman*) heiße Braut *sl;* (*sexy man*) heißer Typ *fam* **hot-tempered** *adj* heißblütig **hot ticket** *n* (*sl*) der letzte Schrei *fam* **hot to trot** *adj pred, inv* (*fam*) scharf *fam* **hot tub** *n* Warmwasserbecken *nt* **hot-water bottle** *n* Wärmflasche *f* **hot water cylinder** *n* BRIT Boiler *m,* Warmwasserbehälter *m* **hot water tank** *n* AM Boiler *m,* Heißwasserspeicher *m,* Warmwasserspeicher *m* **hot-wire** *vt* **to** ~ **a car** ein Auto kurzschließen

houmous ['hu:mʊs, AM 'hʌməs] *n no pl* FOOD *Paste aus Kichererbsen, Sesammus, Knoblauch, Öl und Zitronensaft, die als Vorspeise mit Brot gegessen wird*

hound [haʊnd] **I.** *n* ❶ (*dog*) Hund *m;* (*hunting dog*) Jagdhund *m* ❷ (*fig: person*) **to be an attention** ~ immer im Mittelpunkt stehen wollen; **to be a publicity** ~ publicitysüchtig sein **II.** *vt* ■**to** ~ **sb** jdn jagen [*o* hetzen]; (*in sports*) jdm hinterherjagen

◆**hound out** *vt* ■**to** ~ **out** ⊂ **sb** jdn vertreiben [*o* verjagen]

houndstooth <*pl* -s> ['haʊndztu:θ] *n* FASHION Hahnentritt *m*

hour [aʊər, AM aʊr] *n* ❶ (*60 minutes*) Stunde *f;* ***weather conditions here change from*** ~ ***to*** ~ das Wetter ändert sich hier stündlich; ***I'll be there within an*** ~ ich bin in einer Stunde da; ***the gas station is open 24*** ~***s a day*** die Tankstelle hat 24 Stunden am Tag geöffnet; ***we work an eight-~-day*** wir haben einen Achtstundentag; ~ **after** [*or* **upon**] ~ Stunde um Stunde; **in an** ~[**'s time**] in einer Stunde; **50/90 kilometres an** [*or* **per**] ~ 50/90 Kilometer pro Stunde; **$15/£10 an** ~ 15 Dollar/10 Pfund die Stunde; **to be paid by the** ~ pro Stunde bezahlt werden, Stundenlohn bekommen; **to do sth for ~s** etw stundenlang tun ❷ (*on clock*) [volle] Stunde; ***the clock struck the*** ~ die Uhr schlug die volle Stunde; ***the train is scheduled to arrive on the*** ~ der Zug kommt planmäßig zur vollen Stunde an; **ten minutes past/to the** ~ zehn Minuten nach/vor [der vollen Stunde]; **every** ~ **on the** ~ jede volle Stunde ❸ (*more general*) Stunde *f geh,* Zeit *f;* ***granny spent long ~s talking about her childhood*** Oma sprach oft Stunden über ihre Kindheit; ***he stays up drinking till all ~s*** er trinkt bis früh in den Morgen; **in one's** ~ **of need** in der Stunde der Not *geh;* **at the agreed** ~ zur vereinbarten Zeit; **to keep late ~s** lange aufbleiben; **to keep regular ~s** geregelte Zeiten einhalten; **to work long ~s** lange arbeiten; **at all ~s** zu jeder Tages- und Nachtzeit; **at any** ~ jederzeit; **at this** ~ in dieser Stunde; **after** [*or* BRIT *also* **out of**] **~s** nach [*o* außerhalb] der Polizeistunde ❹ (*present time*) **the man of the** ~ der Mann der Stunde; **the problem of the** ~ das aktuelle Problem ❺ (*for an activity*) ***what are the ~s in this office?*** wie sind die Arbeitszeiten in diesem Büro?; ***the shares rose in after-~ trading*** die Aktien stiegen an der Nachtbörse; **banking ~s** Schalterstunden *pl* (*einer Bank*)**; business ~s** Geschäftsstunden *pl,* Geschäftszeit *f;* **doctor's ~s** Sprechstunden *fpl;* **lunch** ~ Mittagspause *f;* **office ~s** Bürozeit[en] *f;* **opening ~s** Öffnungszeiten *fpl;* **outside ~s** außerhalb der Bürozeit[en] ❻ (*distance*) [Weg]stunde *f;* ***it's about 3 ~'s walk from here*** von hier sind es etwa 3 Stunden zu Fuß; **an** ~ **away** eine [Weg]stunde entfernt ❼ AM (*at university*) [**credit**] ~ Stunde *f* ► PHRASES: **the eleventh** ~ in letzter Minute, fünf vor Zwölf; **the witching** ~ die Geisterstunde; **sb's** ~ **has come** jds [letzte] Stunde ist gekommen [*o* hat geschlagen] *veraltend o hum*

hourglass *n* Sanduhr *f,* Stundenglas *nt veraltet* **hourglass figure** *n* kurvenreiche Figur *hum fam* **hour hand** *n* Stundenzeiger *m*

hourly ['aʊəli, AM 'aʊrli] *inv* **I.** *adv* stündlich; (*fig*) ständig **II.** *adj* stündlich; ***there's an*** ~ ***bus service into town*** jede Stunde fährt ein Bus in die Stadt; ~ **rate/wage** Stundensatz/-lohn *m*

hourly-paid *adj* stundenweise bezahlt; ~ **employee/job** Angestellte(r) *f(m)*/Job *m* auf Stundenlohnbasis

house I. *n* [haʊs] ❶ (*residence*) Haus *nt;* ***let's go to John's*** ~ lass uns zu John gehen; ***Sam's playing at Mary's*** ~ Sam spielt bei Mary; ~ **and home** Haus und Hof; **to eat sb out of** ~ **and home** jdm die Haare vom Kopf fressen *fam;* **to be a mad** ~ (*fig*) ein Irrenhaus sein; **to buy/own/rent a** ~ ein Haus kaufen/besitzen/mieten; **to keep** ~ den Haushalt führen; **to keep to the** ~ zu Hause bleiben; **to set up** ~ einen eigenen Hausstand gründen ❷ (*residents*) ***you woke the whole*** ~***!*** du hast das ganze Haus geweckt! ❸ (*building*) Haus *nt;* **a** ~ **of prayer/worship** ein Haus *m* des Gebets/der Andacht ❹ (*business*) Haus *nt;* ***the pastries are made in*** ~ das Gebäck wird hier im Hause hergestellt; ***in a gambling casino, the odds always favour the*** ~ in einem Spielkasino hat immer die Bank die größten Gewinnchancen; **the rules of the** ~ die Hausordnung; **publishing** ~ Verlag *m;* **on the** ~ auf Kosten des Hauses ❺ THEAT Haus *nt;* **to dress the** ~ mit Freikarten das Haus füllen; **to play to a full** ~ vor vollem Haus spielen; **to set the** ~ **on fire** das Publikum begeistern ❻ BRIT, AUS (*at boarding school*) Gruppenhaus *nt;* (*at day school*) [Schüler]mannschaft *f* ❼ (*royal family*) **the H**~ **of Hapsburg/Windsor** das Haus Habsburg/Windsor ❽ + *sing/pl vb* (*legislative body*) Parlament *nt;* (*members collectively*) ■**the H**~ das Parlament, die Abgeordneten *pl;* **upper/lower** ~ Ober-/Unterhaus *nt* ❾ (*for animal*) **bird** ~ Vogelhaus *nt,* Voliere *f;* **dog** ~ Hundehütte *f;* (*at zoo*) **insect/monkey/reptile** ~ Insekten-/Affen-/Reptilienhaus *nt* ❿ *no pl* (*house music*) House-Musik *f* ⓫ ASTROL Haus *nt* ► PHRASES: ~ **of cards** Kartenhaus *nt;* **to collapse like a** ~ **of cards** wie ein Kartenhaus in sich *akk* zusammenfallen; **to get on like a** ~ **on fire** ausgezeichnet miteinander auskommen; **to set one's** ~ **in order** seine Angelegenheiten in Ordnung bringen; **like the side of a** ~ fett wie eine Tonne *pej;* **a** ~ **divided cannot stand** (*prov*) man muss zusammenhalten; **it's time this company clean** ~ **and get some fresh blood into the management** AM es ist an der Zeit, dass diese Firma Ordnung bei sich schafft und frisches Blut in das Management bringt; **to go all around the ~s** umständlich vorgehen **II.** *adj* [haʊs] *attr, inv* ❶ (*kept inside*) ~ **cat/dog/pet** Hauskatze *f*/-hund *m*/-tier *nt* ❷ (*of establishment*) Haus-; ~ **rules** Hausordnung *f;* ~ **red/white wine** Rot-/Weißwein *m* der Hausmarke **III.** *vt* [haʊz] ❶ (*accommodate*) ■**to** ~ **sb** jdn unterbringen [*o* beherbergen]; *criminal, terrorist* jdn Unterschlupf gewähren; ***the jail ~s 300 prisoners*** in dem Gefängnis können 300 Gefangene eingesperrt werden ❷ (*contain*) ■**to** ~ **sth** ***the museum ~s a famous collection*** das Museum beherbergt eine berühmte Sammlung; ■**to be ~d somewhere** irgendwo untergebracht sein ❸ (*encase*) ■**to** ~ **sth** etw verkleiden

house account *n* Hauskonto *nt* **house arrest** *n no pl* Hausarrest *m;* **to place sb under ~** jdn unter Hausarrest stellen **houseboat** *n* Hausboot *nt* **housebound** *adj inv person* ans Haus gefesselt **housebreak** <-broke, -broken> *vt* AM (*house-train*) ■**to ~ an animal** ein Tier stubenrein machen **housebreaker** *n* Einbrecher(in) *m(f)* **housebreaking** *n no pl* Einbruch *m* **housebroken** *adj inv* AM (*house-trained*) *animal* stubenrein **housebuyer** *n* Hauskäufer(in) *m(f)* **house call** *n* Hausbesuch *m* **housecoat** *n* Hausmantel *m,* Morgenmantel *m,* Morgenrock *m* **house detective** *n* AM Hausdetektiv(in) *m(f)* **house dress** *n* Hauskleid *nt* **housefly** *n* Stubenfliege *f* **houseful** *n* **a ~ of antiques/guests** ein [ganzes] Haus voller Antiquitäten/Gäste **houseguest** *n esp* AM, AUS Gast *m* **household I.** *n* Haushalt *m* **II.** *n modifier* (*appliance, member*) Haushalts-; (*expense, task, waste*) häuslich; **~ chores** Hausarbeit *f;* **~ items** [*or* **goods**] Hausrat *m* **householder** *n* ❶ (*owner*) Hauseigentümer(in) *m(f)* ❷ (*head of household*) Hausherr(in) *m(f)* **household god** *n* Hausgott *m* **household goods** *npl* BRIT Haushaltswaren *pl* **household name** *n* **to be a ~** ein Begriff sein; **to become a ~** zu einem Begriff werden **household troops** *npl* Gardetruppen *fpl* **household word** *n* geläufiger Begriff **house-hunt** *vi* nach einem Haus suchen **house-hunting** *n no pl* Haussuche *f,* Suche *f* nach einem Haus **house husband** *n* Hausmann *m* **house journal** *n* BRIT, AUS Firmenzeitung *f* **housekeep** <-kept, -kept> *vi* AM den Haushalt führen **housekeeper** *n* ❶ (*in a home*) Haushälter(in) *m(f),* Wirtschafter(in) *m(f);* (*at hotel, hospital*) Reinigungskraft *f* ❷ (*housewife*) Hausfrau *f* **housekeeping** *n* ❶ *no pl* (*act*) Haushalten *nt* ❷ *no pl* (*housekeeping money*) Haushaltsgeld *nt* ❸ (*in hotel, hospital*) Reinigungspersonal *nt* **housekeeping money** *n no pl* Haushaltsgeld *nt* **house lights** *npl* THEAT Lichter *ntpl* im Zuschauerraum **house magazine** *n* Firmenzeitung *f* **housemaid** *n* (*dated*) Hausmädchen *nt* **housemaid's knee** *n* [Knie]schleimbeutelentzündung *f* **houseman** *n* BRIT Assistenzarzt *m* **house martin** *n* Mehlschwalbe *f* **housemaster** *n* Erzieher *m;* (*on teaching staff*) Lehrer *m* (*für ein Gruppenhaus zuständiger Lehrer im Internat*) **housemate** *n* Mitbewohner(in) *m(f),* Hausgenosse, -in *m, f* **housemistress** *n* Erzieherin *f;* (*on teaching staff*) Lehrerin *f* (*für ein Gruppenhaus zuständige Lehrerin im Internat*) **house music** *n no pl* House *m* **House of Commons** *n no pl, + sing/pl vb* BRIT ■**the ~** das [britische] Unterhaus **house of correction** <*pl* houses of correction> *n* AM Besserungsanstalt *f veraltend* **house of detention** <*pl* houses-> *n* Untersuchungsgefängnis *nt* **house of God** <*pl* houses-> *n* (*esp liter, form*) Haus *nt* Gottes *liter, geh,* Gotteshaus *nt oft geh* **House of Lords** *n no pl, + sing/pl vb* BRIT ■**the ~** das [britische] Oberhaus **House of Representatives** *n no pl, + sing/pl vb* AM, AUS, NZ ■**the ~** das Repräsentantenhaus **house organ** *n* AM (*house journal*) Firmenzeitung *f* **house party** *n* mehrtägige Einladung **house phone** *n* Haustelefon *nt* **house physician** *n* Krankenhausarzt, Krankenhausärztin *m, f* **houseplant** *n* Zimmerpflanze *f* **houseproud** *adj esp* BRIT, AUS ■**to be ~** *sich sehr um sein Zuhause kümmern, weil man sehr großen Wert auf Heimeligkeit etc legt* **houseroom** *n* **to not give ~ to sth** etw nicht einmal geschenkt nehmen **house-sit** <-tt-, -sat, -sat> *vi* auf ein Haus aufpassen (*so lange der Besitzer abwesend ist*) **house-sitter** *n* ***the last ~ we had ...*** der Letzte, der auf unser Haus aufgepasst hat, ... **Houses of Parliament** *npl* BRIT ■**the ~** das Parlament (*von Großbritannien*) **house sparrow** *n* Haussperling *m* **house style** *n* PUBL hauseigener Stil **house surgeon** *n* BRIT Klinikchirurg(in) *m(f),* Anstaltschirurg(in) *m(f)* **house-to-house I.** *adj usu attr, inv survey* von Haus zu Haus *nach n* **II.** *adv inv* von Haus zu Haus **house-to-house seach** *n* Durchsuchung *f* von Häusern **house-to-house selling** *n* Direktverkauf *m* **housetop** *n* [Haus]dach *nt* **house-train** *vt* ■**to ~ an animal** ein Tier stubenrein machen **house-trained** *adj esp* BRIT, AUS stubenrein **housewares** *npl* AM (*household goods*) Haushaltswaren *pl* **house-warming** *n,* **house-warming party** *n* Einweihungsparty *f* **housewife** *n* Hausfrau *f* **housewifely** *adj attr duties, concerns* hausfraulich, Hausfrauen- **housework** *n no pl* Hausarbeit *f*

housing ['haʊzɪŋ] **I.** *n* ❶ *no pl* (*living quarters*) Wohnungen *fpl;* ***volunteers have provided ~ for the flood victims*** Freiwillige haben Unterkünfte für die Flutopfer bereitgestellt ❷ (*casing*) Gehäuse *nt* ❸ (*in wood*) Rahmen *m* **II.** *adj attr, inv* Wohnungs-; **~ market** Wohnungsmarkt *m*

housing association *n* Wohnungsbaugesellschaft *f,* Gesellschaft *f* für sozialen Wohnungsbau **housing benefit** *n* BRIT Wohngeld *nt kein pl* **housing development** *n* AM, **housing estate** *n* BRIT Wohnsiedlung *f* **housing project** *n* Sozialwohnungen *fpl* **housing shortage** *n* Wohnungsmangel *m kein pl,* Wohnungsnot *f kein pl* **housing subdivision** *n* AM, AUS (*housing estate*) Wohnsiedlung *f*

hove [həʊv, AM hoʊv] *vi* NAUT *pt, pp of* **heave**

hovel ['hɒvᵊl, AM 'hʌv-] *n* armselige Hütte, Bruchbude *f pej fam*

hover ['hɒvəʳ, AM 'hʌvɚ] *vi* ❶ (*stay in air*) schweben; *hawk also* stehen ❷ (*fig: be near*) ***her expression ~ed between joy and disbelief*** ihr Gesichtsausdruck schwankte zwischen Freude und Ungläubigkeit; ***the patient was ~ing between life and death*** der Patient schwebte zwischen Leben und Tod; ***inflation is ~ing at 3 percent*** die Inflation bewegt sich um 3 Prozent; **to ~ in the background/near a door** sich *akk* im Hintergrund/in der Nähe einer Tür herumdrücken; **to ~ on the brink of disaster** am Rande des Ruins stehen; **to ~ on the brink of accepting sth** kurz davorstehen, etw zu akzeptieren; ■**to ~ over sb** jdm nicht von der Seite weichen; ***stop ~ing over me!*** geh endlich weg!; ***the waiter ~ed over our table*** der Kellner hing ständig an unserem Tisch herum

◆**hover about, hover around** *vi person* herumlungern *fam,* herumhängen *fam;* (*moving*) herumstreichen *fam; helicopter, bird, mosquito* kreisen; ■**to ~ about** [*or* **around**] **sb/sth** um jdn/etw herumschleichen, sich *akk* um jdn/etw herumdrücken *fam*

hovercraft <*pl* – *or* -s> *n* Luftkissenboot *nt,* Hovercraft *nt* **hover mower** *n* Luftkissenrasenmäher *m* **hoverport** *n* Anlegestelle *f* für Luftkissenboote [*o* Hovercrafts] **hovertrain** *n* Schwebezug *m;* (*magnetic*) Magnetschwebebahn *f*

how [haʊ] **I.** *adv* ❶ (*in what manner, way*) wie; **~ *is it that you're here?*** wieso [*o* warum] bist du da?; **~ *do you know the answer?*** woher weißt du die Antwort?; **~ *do you mean? that I should go now?*** wie meinen Sie das, ich sollte jetzt gehen?; **~ *do you mean he crashed the car?*** wie er hat das Auto kaputtgefahren? *fam;* ***just do it any old ~*** mach's wie du willst *fam;* **~ *come?*** wie das?; **to know ~ to cook/fix cars/swim** kochen/Autos reparieren/schwimmen können ❷ (*for quantities*) wie; **~ far/long/many** wie weit/lange/viele; **~ much** wie viel; **~ *much do you miss your family?*** wie sehr vermisst du deine Familie?; **~ *much*** [*or* ***often***] ***do you visit Mary?*** wie oft besuchst du Mary?; **~ *much is it?*** wie viel [*o* was] kostet es? ❸ (*for emphasis*) **~ *I laughed at that movie!*** was ich über diesen Film gelacht habe! *fam;* **~ *I wish you wouldn't say things like that!*** ich wünschte wirklich, du würdest nicht solche Dinge sagen!; ***and ~!*** und ob [*o* wie]!; **~ *about that!*** was sagt man dazu!; **~*'s that for a classy car*** wenn das kein nobles Auto ist!; **~*'s that for an excuse*** ist das nicht eine klasse Ausrede! *fam;* **~ pretty/strange/terrible!** wie schön/seltsam/schrecklich!; **~ *nice of you to stop by!*** wie nett von Ihnen vorbeizuschauen! ❹ (*about health, comfort*) **~ *are you?*** wie geht es Ihnen?; **~ *are things?*** wie geht's [denn so]? *fam;* **~*'s life been treating you?*** und wie ist es dir so ergangen?; **~ *is your mother doing after her surgery?*** wie geht's deiner Mutter nach ihrer Operation?; **~ *was your flight?*** wie war Ihr Flug?; **~*'s work?*** was macht die Arbeit?; **~*'s that?*** (*comfortable?*) wie ist das?; (*do you agree?*) passt das?; **~ *do you do?*** (*meeting sb*) Guten Tag [*o* Abend]! ❺ (*inviting*) **~ *about a movie?*** wie wäre es mit Kino?; **~ *would you like to go have a drink?*** möchtest du vielleicht etwas trinken gehen?; **~** [*or fam* **~*'s***] ***about coming over tonight?*** wie wär's, willst du heute Abend zu mir kommen?; (*suggesting*) **~ *about trying to expand our European market?*** sollten wir nicht versuchen, unseren europäischen Markt zu erweitern?; ***if your car's broken, ~ about taking the tram*** wenn dein Auto kaputt ist, könntest du doch die Straßenbahn nehmen; ***John suggested breaking for lunch — ~ about it?*** John hat vorgeschlagen, eine Mittagspause zu machen – was meinst du? ❻ (*that*) dass; ***she explained ~ they had got stuck in traffic*** sie erklärte, dass sie im Verkehr stecken geblieben waren **II.** *n usu pl* **the ~s and whys** das Wie und Warum; ***the child's ~s and whys seemed endless*** die Fragen des Kindes schienen kein Ende nehmen zu wollen; **the ~s and whys of business/cooking/yoga** alles über das Geschäft/das Kochen/Yoga

howdah ['haʊdə] *n* überdachter Elefantensattel

how-do-you-do [ˌhaʊdjʊ'duː, AM 'haʊdəjuːduː] *n* ***that was a fine ~!*** das war ja eine schöne Bescherung! *iron fam*

howdy ['haʊdiː] *interj* AM DIAL (*fam*) Tag *fam*

however [haʊ'evəʳ, AM -ɚ] **I.** *adv inv* ❶ + *adj* (*to whatever degree*) egal wie *fam;* **~ *hungry I am, ...*** ich kann so hungrig sein, wie ich will, ...; **~ angry/inexpensive/small** egal wie böse/billig/klein ❷ (*showing contradiction*) jedoch; ***I love ice cream — ~, I am trying to lose weight, so ...*** ich liebe Eis – ich versuche jedoch gerade abzunehmen, daher ... ❸ (*by what means*) wie um alles ... *fam;* **~ *did you manage to get so dirty?*** wie hast du es bloß geschafft, so schmutzig zu werden? **II.** *conj* ❶ (*in any way*) wie auch immer; ***you can do it ~ you like*** du kannst es machen, wie du willst; **~ *you do it, ...*** wie auch immer du es machst, ... ❷ (*nevertheless*) aber, jedoch; ***there may, ~, be other reasons*** es mag jedoch auch andere Gründe geben

howitzer ['haʊɪtsəʳ, AM -sɚ] *n* Haubitze *f*

howl [haʊl] **I.** *n of person, child* Geschrei *nt kein pl,* Gebrüll *nt kein pl; of dog, wolf, wind* Heulen *nt kein pl;* **to give** [*or* **let out**] **a ~ of pain** einen Schmerzensschrei ausstoßen; **~s of protest** Protestgeschrei *nt* **II.** *vi* ❶ (*make long sound*) *wolf, dog, wind* heulen; *child* schreien, heulen *fam,* brüllen *fam;* **to ~ in** [*or* **with**] **pain** vor Schmerzen heulen ❷ (*fam: laugh*) brüllen *fam*

◆**howl down** *vt* ■**to ~ down** ⊂ **sb/sth** jdn/etw niederschreien [*o* niederbrüllen]

howler ['haʊləʳ, AM -lɚ] *n* ❶ (*mistake*) Schnitzer *m fam,* Hammer *m fam;* **to make a ~** einen Schnitzer machen *fam,* sich *dat* einen Schnitzer leisten *fam* ❷ (*person*) Schreihals *m fam;* (*dog, wolf*) Heuler *m* ❸ (*buzzer*) Summer *m*

howling ['haʊlɪŋ] **I.** *adj attr* ❶ (*great*) riesig *fam;* **a ~ success** ein Riesenerfolg *m* ❷ *inv* (*crying*) *baby* schreiend, brüllend *fam; dog, wolf, wind* heulend **II.** *n no pl of a person* Gebrüll *nt,* Geschrei *nt; of a dog* Heulen *nt,* Geheul *nt; of wind* Heulen *nt*

howsoever [ˌhaʊsəʊ'evəʳ, AM -soʊ'evɚ] *adv inv* (*liter, form*) wie auch immer; ***each of us, ~ rich or poor, has something to contribute*** jeder von uns, egal wie reich oder arm, hat etwas beizutragen

how-to ['haʊtuː] **I.** *n* Ratgeber *m* **II.** *adj attr, inv* **~ book** Ratgeber *m,* Anleitung *f;* **~ shows** Ratgebersendungen *fpl*

hoy [hɔɪ] *interj* ❶ (*hey!*) he[da]! ❷ NAUT ahoi!

hoyden ['hɔɪdᵊn] *n* (*dated*) wilde Range, Wildfang *m*

hp *n abbrev of* **horsepower** PS; ***this car has a 4 ~ engine*** dieses Auto hat einen Motor mit 4 PS

HP [ˌeɪtʃ'piː] *n* BRIT (*fam*) *abbrev of* **hire purchase**

HQ [ˌeɪtʃ'kjuː] *n abbrev of* **headquarters**
hr *n abbrev of* **hour** Std.
HRH [ˌeɪtʃɑːʳ'eɪtʃ] *n abbrev of* **His/Her Royal Highness** S.M./I.M.
HRT [ˌeɪtʃɑːʳ'tiː, AM -ɑːr'-] *n abbrev of* **hormone replacement therapy**
HST [ˌeɪtʃes'tiː] *n* BRIT *abbrev of* **high-speed train**
ht *n abbrev of* **height**
HT *n* COMPUT *abbrev of* **handy talkies** Sprechfunkgeräte *pl*
HTML *n no pl* COMPUT *abbrev of* **Hypertext Markup Language** HTML *nt*
HTTP *n* COMPUT *abbrev of* **Hypertext Transfer Protocol** HTTP *nt*
hub [hʌb] *n* ① TECH Nabe *f;* (*in floppy disk also*) Hub *m* ② (*of airline*) Basis *f* ③ (*fig: centre*) Zentrum *nt,* Mittelpunkt *m,* Angelpunkt *m* ④ COMPUT (*in star-topology network*) Netzknoten *m*
Hubbard squash <*pl* -> [ˌhʌbəd'-, AM -ərd'-] *n* Squash-Kürbis *m*
hubbub ['hʌbʌb] *n no pl* (*noise*) Lärm *m;* (*commotion*) Tumult *m*
hubby ['hʌbi] *n* (*hum fam*) [Ehe]mann *m*
hubcap ['hʌbkæp] *n* Radkappe *f*
hubris ['hjuːbrɪs] *n no pl* (*form*) Hybris *f geh,* Hochmut *m pej,* Überheblichkeit *f*
huckleberry ['hʌk|beri] *n* AM (*berry*) amerikanische Heidelbeere; (*bush*) amerikanischer Heidelbeerstrauch
huckster ['hʌkstəʳ, AM -stə] *n* ① (*salesman*) penetranter Verkaufsfritze *pej fam* ② AM (*fam: advertisement writer*) Reklamefritze *m pej fam*
huddle ['hʌdḷ] I. *n* ① (*close group*) [wirrer] Haufen *fam;* (*of people* Gruppe *f;* **to go into a** ~ sich *akk* zur Beratung zurückziehen, Kriegsrat halten *hum;* **to stand/talk in a** ~ dicht zusammengedrängt stehen/sprechen ② AM (*in football*) **to make** [*or* **form**] **a** ~ die Köpfe zusammenstecken *fam;* ***the players discussed strategy in*** ~ die Spieler steckten die Köpfe zusammen, um eine Strategie auszumachen II. *vi* sich *akk* [zusammen]drängen; ***several small children were*** **~*d in a corner*** mehrere Kleinkinder kauerten aneinander gedrängt in einer Ecke; **to** ~ **[a]round a fire** sich *akk* um ein Feuer [zusammen]drängen
◆**huddle down** *vi* sich *akk* niederkauern
◆**huddle together** *vi* sich *akk* zusammenkauern [*o* aneinander kauern]; **to** ~ **together for warmth** sich *akk* wärmesuchend aneinander schmiegen
◆**huddle up** *vi* sich *akk* zusammenkauern; ■**to** ~ **up against sb/sth** sich *akk* an jdn/etw schmiegen
hue [hjuː] *n* (*colour*) Farbe *f;* (*shade*) Schattierung *f;* (*complexion*) Gesichtsfarbe *f;* (*fig*) ***all ~s of political opinion were represented at the meeting*** auf der Versammlung waren Vertreter jeder politischen Couleur anwesend *geh* ▸ PHRASES: ~ **and** <u>**cry**</u> (*pej*) Geschrei *nt pej fam,* Gezeter *nt pej*
huff [hʌf] I. *vi* ① (*breathe*) schnaufen *fam;* **to** ~ **and puff** schnaufen und keuchen ② (*fam: complain*) murren; **to** ~ **and puff** murren und klagen II. *vt* ■**to** ~ **sth** etw schnauben III. *n* (*fam*) **to be in a** ~ eingeschnappt sein *fam;* **to get** [*or* **go**] **into a** ~ einschnappen *fam;* **to go off** [*or* **leave**] **in a** ~ beleidigt abziehen *fam*
huffily ['hʌfɪli] *adv* beleidigt
huffy ['hʌfi] *adj* ① (*easily offended*) empfindlich ② (*in a huff*) beleidigt; **to be in a** ~ **mood** übel gelaunt sein; **to get** ~ **about sth** etw übel nehmen
hug [hʌg] I. *vt* <-gg-> ① (*with arms*) ■**to** ~ **sb** jdn umarmen; **to** ~ **a belief/an idea** an einem Glauben/einer Idee festhalten; **to** ~ **one's handbag** seine Handtasche an sich *akk* drücken [*o* pressen]; **to** ~ **one's knees** seine Knie umklammern; **to** ~ **oneself for warmth** die Arme verschränken, damit einem warm wird; **to** ~ **a secret** ein Geheimnis für sich *akk* behalten; (*fig*) ***the dress ~ged her body*** das Kleid lag eng an ihrem Körper an ② (*stay close to*) ■**to** ~ **sth** ***the tables and chairs ~ged the walls in the tiny room*** die Tische und Stühle füllten den winzigen Raum aus; **to** ~ **the road/shore** sich *akk* dicht an der Straße/Küste halten ③ (*congratulate*) ■**to** ~ **oneself** sich *akk* beglückwünschen II. *vi* <-gg-> sich *akk* umarmen III. *n* Umarmung *f;* **to give sb a** ~ jdn umarmen
huge [hjuːdʒ] *adj* ① (*big*) riesig, riesengroß; ~ **responsibility** sehr große Verantwortung; ~ **success** Riesenerfolg *m* ② (*impressive*) gewaltig, ungeheuer; *costs* immens
hugely ['hjuːdʒli] *adv* ungeheuer
hugeness ['hjuːdʒnəs] *n no pl* (*in size*) Größe *f;* (*in quantity*) [gewaltiges [*o* riesiges]] Ausmaß; *of a sum of money* Höhe *f*
huggable ['hʌgəbḷ] *adj* (*fam*) *stuffed toy, child* knuddelig
Huguenot ['hjuːgənəʊ, AM -nɑːt] *n* Hugenotte, -in *m, f*
huh [hʌ] *interj* (*fam!: for sth not heard, in puzzlement*) hä? *sl;* (*in anger*) ~***! we'll see about that!*** hah! das werden wir schon sehen!; (*in disbelief*) ***I've given up smoking — ~! I'll believe it when I see it*** ich habe das Rauchen aufgehört – haha! das glaube ich erst, wenn ich es sehe; (*confirming question*) ***good movie, ~?*** guter Film, was?
hula ['huːlə] *n,* **hula-hula** [ˌhuːlə'huːlə] *n* Hula[-Hula] *m*
hula hoop ['huːləhuːp] *n* Hula-Hoop *m o nt,* Hula-[Hoop-]Reifen *m*
hulk [hʌlk] *n* ① (*ship*) [Schiffs]rumpf *m;* (*car*) Wrack *nt;* (*building*) Ruine *f* ② (*bulky person*) Brocken *m fam;* ***Henry's a real*** ~ Henry ist vielleicht ein Hüne! *fam*
hulking ['hʌlkɪŋ] *adj attr, inv* (*bulky*) massig, bullig *fam;* (*clumsy*) ungeschlacht *pej,* plump; ~ **great** BRIT monströs
hull [hʌl] I. *n* ① NAUT [Schiffs]rumpf *m,* Schiffskörper *m* ② BOT (*covering of seed*) Schale *f,* Hülle *f,* Hülse *f;* *of peas* Schote *f;* *of barley, wheat* Hülse *f,* Spelze *f fachspr;* (*calyx of strawberry*) Stielansatz *m* [mit Blättchen] II. *vt* **to** ~ **beans/peas** Bohnen/Erbsen enthülsen; **to** ~ **strawberries** Erdbeeren entstielen
hullabaloo ['hʌləbəluː] *n usu sing* (*dated*) ① (*noise*) Lärm *m;* **to make a** ~ einen Riesenlärm veranstalten *fam* ② (*commotion*) Trara *nt fam* (**about/over** um +*akk*)
hullo [hə'ləʊ] *interj* BRIT *see* **hello**
hum [hʌm] I. *vi* <-mm-> ① (*make sound*) *traffic* brausen; *engine* brummen; *small machine, camera* surren; *bee* summen; *crowd, audience* murmeln ② (*fig: be active*) voller Leben sein; ***the pub was ~ming with activity*** in der Kneipe ging es hoch her; **to make things** ~ die Sache in Schwung [*o fam* zum Laufen] bringen ③ (*sing*) summen; **to** ~ **under one's breath** vor sich *akk* hinsummen ④ BRIT (*smell bad*) stinken *fam* ▸ PHRASES: **to** ~ **and** <u>**haw**</u> BRIT, AUS herumdrucksen *fam* II. *vt* <-mm-> ■**to** ~ **sth** etw summen III. *n* Summen *nt kein pl;* *of machinery* Brummen *nt kein pl;* *of insects* Summen *nt kein pl;* *of a conversation* Gemurmel *nt kein pl;* *of a small machine* Surren *nt kein pl;* **the** ~ **of traffic** das Brausen des Verkehrs
human ['hjuːmən] I. *n* Mensch *m* II. *adj behaviour, skeleton* menschlich; **to form a** ~ **chain** eine Menschenkette bilden; **to be beyond** ~ **power** nicht in der Macht des Menschen liegen; ~ **relationships/sexuality** die Beziehungen/die Sexualität des Menschen
human being *n* Mensch *m* **human condition** *n no pl* ■**the** ~ das Menschliche; ***this is part of the*** ~ da ist ein ganz allgemeines menschliches Problem
humane [hjuː'meɪn] *adj* human *geh,* menschlich
humanely [hjuː'meɪnli] *adv* human *geh*
human error *n no pl* menschliches Versagen
humane society *n* Gesellschaft *f* zur Verhinderung von Grausamkeiten an Tieren
human genome project *n* Projekt *nt* zur Erforschung der menschlichen Gene **human interest story** *n* ergreifende Geschichte
humanism ['hjuːmənɪzᵊm] *n* Humanismus *m geh*
humanist ['hjuːmənɪst] *n* Humanist(in) *m(f)*
humanistic [ˌhjuːmə'nɪstɪk] *adj* humanistisch
humanitarian [hjuːˌmænɪ'teəriən, AM -ə'teriən] I. *n* Menschenfreund(in) *m(f)* II. *adj inv* humanitär
humanitarianism [hjuːˌmænɪ'teəriənɪzᵊm, AM -ə'teriən-] *n* Humanitarismus *m;* (*personal*) humanitäre Gesinnung
humanities [hjuː'mænətiːz, AM -ṭ-] *npl* ■**the** ~ die Geisteswissenschaften *pl*
humanity [hjuː'mænəti, AM -ṭ-] *n no pl* ① (*people*) die Menschheit; **crimes against** ~ Verbrechen *ntpl* gegen die Menschheit ② (*quality of being human*) Menschlichkeit *f,* Humanität *f geh;* **to treat sb with** ~ jdn human behandeln
humanization [ˌhjuːmənaɪ'zeɪʃᵊn, AM -nɪ'-] *n* ① *of a prison, politics* Humanisierung *f* ② *of a car, an animal* Vermenschlichung *f*
humanize ['hjuːmənaɪz] *vt* ① (*make acceptable*) ■**to** ~ **sth** etw humanisieren ② (*give human character*) **to** ~ **an animal/a car** ein Tier/ein Auto vermenschlichen
humankind *n no pl* die Menschheit, die Menschen *pl*
humanly ['hjuːmənli] *adv* menschlich; **to do/try everything** ~ **possible** alles Menschenmögliche tun/versuchen
human nature *n no pl* die menschliche Natur
humanoid ['hjuːmənɔɪd] I. *adj* menschenartig II. *n* Menschenart *f;* ■**~s** (*in science fiction*) Menschenartige *pl*
human race *n no pl* ■**the** ~ die menschliche Rasse, die Menschheit **human relations** *npl* menschliche Beziehungen **human resources** *npl* ① + *sing vb* (*personnel department*) Personalabteilung *f* ② (*staff*) Arbeitskräfte *fpl* **human rights** *npl* Menschenrechte *ntpl* **human services** *npl* + *sing vb* Sozialamt *nt* **human shield** *n* menschliches Schutzschild **human touch** *n no pl* menschliche Wärme; **to have/lack the** ~ menschliche Wärme besitzen/vermissen lassen
humble ['hʌmbḷ] I. *adj* <-r, -st> ① (*simple*) einfach; (*modest*) bescheiden; (*hum, iron*) ***welcome to my*** ~ ***abode*** willkommen in meinem bescheidenen Heim *hum;* ~ **beginnings** bescheidene Anfänge; **of** ~ **birth** von niedriger Geburt; **in my** ~ **opinion** meiner bescheidenen Meinung nach ② (*respectful*) demütig, ergeben *geh;* ***please accept our*** ~ ***apologies for the error*** wir bitten ergebenst um Verzeihung für diesen Fehler *geh;* **your** ~ **servant** (*old*) Ihr ergebenster [*o* untertänigster] Diener *veraltet* II. *vt usu passive* ■**to** ~ **oneself** sich *akk* demütigen [*o* erniedrigen]; ■**to be ~d by sth** durch etw *akk* gedemütigt [*o* erniedrigt] werden; ■**to be ~d by sb** SPORTS von jdm vernichtend geschlagen werden ▸ PHRASES: **to** ~ **one's** <u>**heart**</u> seinem Herzen einen Stoß geben
humbleness ['hʌmbḷnəs] *n no pl* (*modesty*) Bescheidenheit *f;* (*simplicity*) Einfachheit *f;* (*meekness*) Demut *f*
humble pie *n* ▸ PHRASES: **to** <u>**eat**</u> ~ zu Kreuze kriechen *fam,* klein beigeben
humbling ['hʌmblɪŋ] *adj* demütigend
humbly ['hʌmbli] *adv* ① (*not proudly*) bescheiden; **to dress** ~ sich *akk* einfach kleiden ② (*submissively*) demütig; ***he*** ~ ***said that he was sorry*** zerknirscht sagte er, dass es ihm Leid täte ③ (*of low status*) **to be** ~ **born** von niedriger Geburt sein
humbug ['hʌmbʌg] *n* ① *no pl* (*nonsense*) Humbug *m pej fam,* Unsinn *m;* (*fraud*) Schwindel *m;* ~**!** Humbug!; ***there is no*** ~ ***about him — he says what he thinks*** er macht einem nichts vor – er sagt, was er denkt ② (*fam: person*) Gauner(in) *m(f),* Halunke *m* ③ (*sweet*) Pfefferminzbonbon *nt o m*
humdinger [hʌm'dɪŋəʳ, AM -ə] *n* (*hum dated: man*) toller Bursche *fam;* (*woman*) Klassefrau *f fam;* (*thing*) Wucht *f fam;* **to be a** [**real**] ~ [absolute] Spitze [*o* große Klasse] sein *fam;* ***that was a real*** ~ ***of a party*** das war echt eine Spitzenparty! *fam*
humdrum ['hʌmdrʌm] I. *adj* (*dull*) langweilig, fade *fam,* fad *bes* SÜDD, ÖSTERR *fam;* (*monotonous*) eintönig II. *n no pl* Stumpfsinnigkeit *f*
humectant [hjuː'mektᵊnt] *n* Befeuchter *m,* Feuchthaltemittel *nt*
humerus <*pl* -ri> ['hjuːmᵊrəs] *n* Oberarmknochen *m*

humid ['hju:mɪd] *adj* feucht, humid *fachspr;* ***New York is very hot and ~ in the summer*** im Sommer ist es in New York sehr schwül

humidex ['hju:mɪdeks] *n no pl* CAN *Skala, die die Temperatur unter Berücksichtigung der Luftfeuchtigkeit angibt*

humidifier [hju:'mɪdɪfaɪəʳ, AM -ɚ] *n* Luftbefeuchter *m*

humidify <-ie-> [hju:'mɪdɪfaɪ] *vt* **to ~ the air/a room** die Luft/ein Zimmer befeuchten

humidity [hju:'mɪdəti, AM -əṭi] *n no pl* [Luft]feuchtigkeit *f;* **relative ~** relativer Feuchtigkeitsgehalt

humidor ['hju:mɪdɔ:ʳ, AM dɔ:r] *n* ❶ (*cigar case*) Humidor *m* ❷ ARCHIT Feuchthaus *nt*

humiliate [hju:'mɪlieɪt] *vt* ❶ (*humble*) ■**to ~ sb** jdn demütigen [*o* erniedrigen] ❷ (*embarrass*) ■**to ~ sb/oneself** jdn/sich blamieren; ***don't ~ me in front of all my friends!*** stelle mich nicht vor all meinen Freunden bloß! ❸ SPORTS (*defeat*) ■**to ~ sb** jdn vernichtend schlagen

humiliated [hju:'mɪlieɪtɪd, AM -ṭ-] *adj* ❶ (*ashamed*) gedemütigt; ***I was so ~ at the way you got drunk at the party*** ich habe mich so geschämt dafür, wie du dich auf der Party betrunken hast; **to feel totally ~** sich *akk* völlig gedemütigt fühlen ❷ (*embarrassed*) blamiert

humiliating [hju:'mɪlieɪtɪŋ, AM -ṭ-] *adj* (*humbling*) *treatment* erniedrigend; *defeat, experience* demütigend; (*embarrassing*) beschämend

humiliatingly [hju:'mɪlieɪtɪŋli] *adv* auf demütigende [*o* erniedrigende] Art

humiliation [hju:,mɪli'eɪʃᵊn] *n* Demütigung *f,* Erniedrigung *f;* (*embarrassment*) Beschämung *f;* ***he couldn't hide his ~ in this matter*** er konnte nicht verbergen, dass er sich in dieser Sache zurückgesetzt fühlte; ***much to my ~ I must admit my mistake*** sehr zu meiner Schande muss ich meinen Fehler eingestehen

humility [hju:'mɪləti, AM -əṭi] *n no pl* (*submissiveness*) Demut *f;* (*modesty*) Bescheidenheit *f;* ***he doesn't have the ~ to admit when he's wrong*** er ist zu stolz, zuzugeben, wenn er Unrecht hat

hummingbird ['hʌmɪŋbɜ:d, AM -bɜrd] *n* Kolibri *m*

hummock ['hʌmək] *n* Hügel *m*

hummus ['hʊmʊs, AM 'hʊməs] *n no pl* FOOD *see* **houmous**

humongous [hju:'mʌŋgəs] *adj attr* (*fam*) riesig, wahnsinnig groß *fam,* Riesen- *fam*

humor *n* AM *see* **humour**

humorist ['hjumᵊrɪst] *n* Humorist(in) *m(f)*

humorless *adj* AM *see* **humourless**

humorous ['hjumᵊrəs] *adj person* humorvoll; *book, situation* lustig, komisch; *speech* launig; *idea, thought* witzig; *smile, programme* lustig, heiter; ***a rather ~ thing happened to me yesterday*** gestern ist mir was Komisches passiert; ***there is a ~ side to this issue*** diese Sache hat auch ihre komische Seite

humorously ['hjumᵊrəsli] *adv* humorvoll, witzig; **to smile/wink ~** verschmitzt lächeln/zwinkern

humour ['hjuməʳ], AM **humor** [-ɚ] **I.** *n* ❶ *no pl* (*capacity for amusement*) Humor *m;* ***his speech was full of ~*** seine Rede war voller Witz; ***where's the ~ in that?*** was ist daran so komisch?; **to have a/no sense of ~** einen/keinen Sinn für Humor haben ❷ (*mood*) Laune *f,* Stimmung *f;* **to be in [a] good/bad ~** gute/schlechte Laune haben, gut/schlecht gelaunt sein; **to be out of ~** schlechte Laune haben, schlecht gelaunt sein ❸ (*body fluid*) Körpersaft *m* **II.** *vt* ■**to ~ sb** jdm seinen Willen lassen; **to ~ sb's demands** jds Forderungen *pl* nachgeben; **to ~ sb's wishes** sich *akk* jds Wünschen *pl* fügen

humourless ['hjuməl əs], AM **humorless** [-mɚlɪs] *adj* humorlos

humourlessly ['hju:mələsli, AM ɚləs] *adv* freudlos, missgestimmt

hump [hʌmp] **I.** *n* ❶ (*hill*) kleiner Hügel, Buckel *m fam;* (*in street*) Buckel *m fam;* (*at train yard*) Ablaufberg *m* ❷ (*on camel*) Höcker *m;* (*on a person*) Buckel *m* ▶ PHRASES: **sb has got the ~** jd ist sauer *fam;* **to be over the ~** über den Berg sein *fam* **II.** *vt* ❶ (*make round*) **to ~ one's back** einen Buckel machen ❷ (*fam: carry*) ■**to ~ sth** etw schleppen [*o* tragen]; ***he ~ed those heavy boxes out of the truck*** er hievte diese schweren Boxen aus dem LKW *fam* ❸ (*vulg sl: have sex with*) ■**to ~ sb** jdn bumsen *vulg* **III.** *vi* ❶ (*arch*) den Rücken krumm machen ❷ AM (*fam!: move quickly*) sich *akk* beeilen; **to ~ home** nach Hause eilen

humpback *n* ❶ (*person*) Buck[e]lige(r) *f(m)* ❷ (*back*) Buckel *m* ❸ (*whale*) Buckelwal *m*

humpback bridge *n* gewölbte Brücke

humpbacked *adj* bucklig

humpbacked bridge *n* gewölbte Brücke

humph ['hʌmf] *interj* hm

humpy <-ier, -iest> ['hʌmpi] *adj* ❶ (*showing protuberances*) buck[e]lig, höckerig ❷ (*rough*) holp[e]rig, uneben

humus¹ ['hju:məs] *n no pl* HORT Humus *m*

humus² ['hʊməs] *n* AM *see* **hummus**

Hun [hʌn] *n* ❶ HIST Hunne, -in *m, f* ❷ (*pej!: German*) Deutsche(r) *f(m),* Boche *m pej fam;* ■**the H~s** die Deutschen

hunch [hʌntʃ] **I.** *n* <*pl* -es> ❶ (*protuberance*) Buckel *m* ❷ (*feeling*) Ahnung *f,* Gefühl *nt;* ***his ~es are never wrong*** sein Gefühl lässt ihn nie im Stich; **to act [*or* play] on a ~** nach Gefühl handeln; **to follow a ~** einem Gefühl folgen; **to have a ~ that ...** den [leisen] Verdacht [*o* das [leise] Gefühl] haben, dass ...; ***I had a ~ that you'd be here*** ich hatte schon so eine Ahnung, dass du da sein würdest **II.** *vi* sich *akk* krümmen; **to ~ around the fire** sich *akk* um das Feuer zusammenkauern **III.** *vt* **to ~ one's back** einen Buckel machen; **to ~ one's shoulders** die Schultern hochziehen

hunchback *n* ❶ (*rounded back*) Buckel *m* ❷ (*person*) Bucklige(r) *f(m)*

hunchbacked *adj* buck[e]lig

hunched ['hʌntʃt] *adj* gekrümmt

hundred ['hʌndrəd] **I.** *n* ❶ <*pl* -> (*number*) Hundert *f;* ***the chances are one in a ~ that he'll live*** die Chancen stehen eins zu hundert, dass er überlebt; ***sixty out of a ~ agree with the president*** sechzig von hundert stimmen dem Präsidenten zu; ***I'll bet you a ~ to one my team will win*** ich wette hundert zu eins, dass meine Mannschaft gewinnt; **two/three/eight ~** zwei-/drei-/achthundert; ***this new car is selling by the ~s*** dieses Auto wird zu Hunderten verkauft; **~s and ~s** Hunderte und aber Hunderte; **~s of cars/people/pounds** Hunderte von Autos/Leuten/Pfund ❷ <*pl* -> (*miles, kilometres per hour*) **to drive a ~** hundert [*o fam* mit hundert Sachen] fahren ❸ <*pl* -> (*years old*) **to be/turn a ~** hundert Jahre alt sein/werden; **to live to be a ~** hundert Jahre alt werden ❹ (*with centuries*) **the eighteen/fifteen/twelve ~s** das achtzehnte/fünfzehnte/zwölfte Jahrhundert **II.** *adj attr, inv* hundert; ***we've driven a ~ miles in the last hour*** wir sind in der letzten Stunde [ein]hundert Meilen gefahren; **a ~ and one/five/nine** [ein]hundert[und]eins/-fünf/-neun; **~ and first/second/fifth** hundert[und]erste(r,s)/-zweite(r,s)/-fünfte(r,s); **to feel a ~ per cent fit** sich *akk* hundertprozentig fit fühlen; **to work a ~ per cent** hundertprozentig arbeiten; **never in a ~ years** nie im Leben

Hundred Days *n* HIST ■**the ~** die Hundert Tage

hundredfold *adv* hundertfach; ***sales have increased a ~*** der Verkauf ist um das Hundertfache gestiegen

hundreds and thousands *npl* BRIT Liebesperlen *fpl*

hundredth ['hʌndrədθ] **I.** *n* ❶ (*in line*) Hundertste(r) *f(m);* ***he is now one ~ in world tennis*** er steht jetzt an hundertster Stelle auf der Tennisweltrangliste ❷ (*fraction*) Hundertstel *nt* **II.** *adj attr, inv* ❶ (*in series*) hundertste(r,s); ***this is the ~ time*** dies ist das hundertste Mal; **for the ~ time** zum hundertsten Mal ❷ (*in fraction*) hundertstel

hundredweight <*pl* – *or* -s> *n* ≈ Zentner *m*

Hundred Years War *n no pl* ■**the ~** der Hundertjährige Krieg

hung [hʌŋ] **I.** *pt, pp of* **hang II.** *adj* ❶ *attr* ohne klare Mehrheitsverhältnisse *nach n;* **~ jury** *Jury, die zu keinem Mehrheitsurteil kommt;* **~ parliament** Parlament *nt* ohne klare Mehrheitsverhältnisse ❷ *pred* (*fam!: penis size*) ***he's really ~*** er ist wirklich gut ausgestattet *fam*

Hungarian [hʌŋ'geəriən, AM -'geriən] **I.** *n* ❶ (*person*) Ungar(in) *m(f)* ❷ *no pl* (*language*) Ungarisch *nt* **II.** *adj inv* ungarisch

Hungary ['hʌŋgᵊri] *n no pl* Ungarn *nt*

hunger ['hʌŋgəʳ, AM -gɚ] **I.** *n no pl* ❶ (*from no food*) Hunger *m;* ***my stomach is rumbling with ~*** mir knurrt vor lauter Hunger schon der Magen; **to die of ~** verhungern; **to never have known ~** nie erfahren haben, was Hunger bedeutet ❷ (*fig: desire*) Hunger *m,* Verlangen *nt;* ***Kate has no ~ for adventure*** Kate ist nicht abenteuerlustig; **~ for knowledge** Wissensdurst *m* **II.** *vi* ■**to ~ after [*or* for] sth** nach etw *dat* hungern *geh*

hunger march *n* Hungermarsch *m* **hunger pangs** *npl* [quälender] Hunger **hunger strike** *n* Hungerstreik *m;* **to go on a ~** in [einen] Hungerstreik treten **hunger striker** *n* Hungerstreikende(r) *f(m)*

hung-over *adj* ■**to be ~** verkatert sein *fam*

hungrily ['hʌŋgrɪli] *adv* ❶ (*with hunger*) hungrig ❷ (*fig: with desire*) hungrig *geh,* gierig

hungry ['hʌŋgri] *adj* ❶ (*for food*) hungrig; **~ times** magere Zeiten; **to go ~** hungern; ■**to be ~** Hunger haben ❷ (*fig: wanting badly*) ■**to be ~ for sth** gierig [*o* hungrig] nach etw *dat* sein; **~ for adventure/love/power** abenteuer-/liebes-/machthungrig; **to be ~ for companionship/fame** sich *akk* nach Gesellschaft/Ruhm sehnen; **~ for knowledge** wissensdurstig; **to be ~ for news** sehnsüchtig auf Nachricht warten

hung up *adj pred* (*sl*) ❶ (*addicted*) ■**to be ~ about [*or* on] sb** noch immer verliebt [*o fam* total verknallt] in jdn sein; **to be ~ on alcohol/drugs** nicht von Alkohol/Drogen loskommen ❷ (*have complex*) **to be ~ about one's age/looks** wegen seines Alters/Aussehens Komplexe haben ❸ (*neurotic*) **to be ~ on cleanliness** einen Sauberkeitsfimmel haben *fam;* **to be ~ on perfection** perfektionistisch sein; **to be ~ about privacy** eigenbrötlerisch sein; **to be ~ about washing one's hands** sich *dat* ständig die Hände waschen müssen

hunk [hʌŋk] *n* ❶ (*piece*) Stück *nt;* **~ of bread/cheese/meat** Stück *nt* Brot/Käse/Fleisch ❷ (*approv fam: man*) **a ~ of a man** ein Bild *nt* von einem Mann *fam*

hunker down [,hʌŋkəʳ, AM -kɚ'-] *vi* sich *akk* hocken; (*fig*) sich *akk* auf den Hosenboden setzen *fam*

hunky ['hʌŋki] *adj* (*approv fam*) *man* sexy *fam,* scharf *fam*

hunky dory [-'dɔ:ri] *adj pred, inv* (*fam*) bestens *fam,* prima *fam;* ***everything is ~*** es ist alles in bester Ordnung

hunt [hʌnt] **I.** *n* ❶ (*chase*) Jagd *f;* ***the ~ is on*** die Jagd hat begonnen; **to go on a ~** auf die Jagd gehen ❷ (*search*) Suche *f;* ***the ~ is on for a successor to Sir James Gordon*** man sieht sich bereits nach einem geeigneten Nachfolger für Sir James Gordon um; **to be on the ~ for sb** auf der Suche nach jdm sein; **to be on the ~ for a murderer** nach einem Mörder fahnden; **to have a ~ for sth/sb** hinter etw/jdm her sein ❸ (*group of hunters*) Jagdgesellschaft *f* ❹ (*hunting ground*) Jagdrevier *nt* **II.** *vt* ❶ (*chase to kill*) ■**to ~ sth** etw jagen; **to ~ a horse/hounds** mit einem Pferd/mit Hunden auf die Jagd gehen ❷ (*search for*) ■**to ~ sb/sth** Jagd auf jdn/etw machen *fam;* ***the police are ~ing the terrorists*** die Polizei fahndet nach den Terroristen; **~ the thimble** *Suchspiel der Kinder, bei dem ein im Raum verstecktes Objekt über ‚heiß' und ‚kalt' gefunden werden muss* **III.** *vi* ❶ (*chase to kill*) jagen ❷ (*search*) suchen; **to ~ [high and low] for sth** [überall/fieberhaft] nach etw *dat* suchen; ■**to ~ through sth** etw durchsuchen

◆**hunt about, hunt around** *vt* ■**to ~ about** ◯ **sb/sth** überall nach jdm/etw suchen

◆**hunt down** *vt* ■**to ~ down** ◯ **sb** jdn zur Strecke bringen; **to ~ down an animal** ein Tier erlegen;

H

to ~ **down a killer** einen Mörder zur Strecke bringen

◆**hunt out** *vt* ■**to ~ out ⊂ sth** etw heraussuchen; *facts* etw herausfinden

◆**hunt up** *vt* ■**to ~ up ⊂ sb** jdn ausfindig machen [*o* aufspüren]; ■**to ~ up ⊂ sth** *facts* etw ausfindig machen; ***he spends ages in the library, ~ing up references*** er verbringt ewige Zeiten in der Bibliothek, um an passende Informationen zu kommen

hunted ['hʌntɪd, AM -t̬-] *adj* ① (*chased*) gejagt ② (*fig: frightened*) gehetzt; **to have a ~ look** gehetzt aussehen

hunter ['hʌntəʳ, AM -t̬ɚ] *n* ① (*person*) Jäger(in) *m(f)* ② (*horse*) Jagdpferd *nt* ③ (*dog*) Jagdhund *m* ④ ASTRON ■**the H~** Orion *m*

hunter-gatherer [ˌhʌntəˈgæðᵊrəʳ, AM -t̬ɚˈgæðɚɚ] *n* Jäger und Sammler *m*

hunting ['hʌntɪŋ, AM -t̬-] *n no pl* ① (*sport*) Jagen *nt*, Jagd *f*; **to go ~** auf die Jagd gehen ② (*search*) Suche *f*, Suchaktion *f*; (*act of hunting*) Suchen *nt*; ***after a lot of ~ I finally found my glasses*** nach endlosem Herumsuchen habe ich meine Brille schließlich gefunden ③ (*bell ringing*) Wechselläuten *nt* (*Reihenfolge, in der verschiedene Glocken angeschlagen werden*)

hunting dog *n* Jagdhund *m* **hunting expedition** *n* Jagdausflug *m* **hunting ground** *n* ① (*place to hunt*) Jagdgebiet *nt*, Jagdrevier *nt* ② (*fig: place to look*) Jagdrevier *nt*; ***this market is a wonderful ~ for bargain hunters*** dieser Markt ist die reinste Fundgrube für Schnäppchenjäger **hunting licence** *n* Jagdschein *m* **hunting lodge** *n* Jagdhütte *f* **hunting rifle** *n* Jagdgewehr *nt*, Büchse *f* **hunting season** *n* Jagdzeit *f*

Huntington's chorea [ˌhʌntɪŋtənskɒrˈiə, AM kəˈriə] *n no pl* MED Huntingtonsche Chorea, Chorea *f* chronica progressiva hereditaria *fachspr*

huntress ['hʌntrɪs] *n* Jägerin *f*

hunt saboteur *n* [militanter] Jagdgegner/[militante] Jagdgegnerin **huntsman** *n* ① (*hunter*) Jäger *m* (*meist beritten*) ② (*keeper of dogs*) Rüdemann *m* (*Hundebetreuer bei der Jagd*) **huntswoman** *n* Jägerin *f* (*meist beritten*)

hurdle ['hɜːdl, AM 'hɜːrdl] **I.** *n* ① SPORTS ■**~s** *pl* (*for people*) Hürdenlauf *m*; (*horseracing*) Hürdenrennen *nt*, Hindernisrennen *nt*; ***the American won the 400 metres ~s*** der Amerikaner siegte über 400 Meter Hürden ② (*fig: obstacle*) Hürde *f*, Hindernis *nt*; **to fall at the first ~** [bereits] an der ersten Hürde scheitern; **to overcome a ~** eine Hürde nehmen *fig* ③ (*fence*) Hürde *f*; **to clear/take a ~** eine Hürde überspringen/nehmen **II.** *vi* Hürdenlauf machen **III.** *vt* ■**to ~ sth** etw überspringen, über etw *akk* springen

hurdler ['hɜːdləʳ, AM 'hɜːrdlɚ] *n* Hürdenläufer(in) *m(f)*

hurdle race *n of people* Hürdenlauf *m*; *of horses* Hürdenrennen *nt*

hurdy gurdy ['hɜːdiˌgɜːdi, AM 'hɜːrdiˌgɜːrdi] *n* Drehorgel *f*, Leierkasten *m fam*

hurl [hɜːl, AM hɜːrl] *vt* ① (*throw*) ■**to ~ sth** etw schleudern; ***he ~ed the book across the room*** er pfefferte das Buch quer durchs Zimmer *fam*; ***the dog ~ed itself at the attackers*** der Hund stürzte sich auf die Angreifer; ■**to ~ sth about** [*or* **around**] etw umherwerfen [*o* [herum]schleudern] ② (*fig*) ■**to ~ oneself at sb** sich *akk* jdm an den Hals werfen; **to ~ oneself into one's work** sich *akk* in die Arbeit stürzen; ***she ~ed herself from the roof*** sie stürzte sich *akk* vom Dach; **to ~ abuse/insults at sb** jdm Beschimpfungen/Beleidigungen an den Kopf werfen

hurling ['hɜːlɪŋ, AM 'hɜːrl-] *n* SPORTS *dem Hockey ähnliches irisches Nationalspiel*

hurly-burly ['hɜːliˌbɜːli, AM 'hɜːrliˌbɜːrli] *n* Rummel *m*, Trubel *m*; **the ~ of city life** der Großstadtrummel

hurrah [həˈrɑː], **hurray** [həˈreɪ] **I.** *interj* hurra; ***~ for the Queen/King!*** ein Hoch der Königin/dem König! **II.** *n* **last ~** Schwanengesang *m geh*, letztes Werk

hurricane ['hʌrɪkən, AM 'hɜːrɪkeɪn] *n* Orkan *m*; (*tropical*) Hurrikan *m*; **~ force wind** orkanartiger Wind; **to be hit by a ~** von einem Orkan heimgesucht werden

hurricane insurance *n* Versicherung *f* gegen Sturmschäden **hurricane lamp** *n* Sturmlaterne *f* **hurricane season** *n Jahreszeit mit hoher Hurrikan-/ Wirbelsturmwahrscheinlichkeit* **hurricane warning** *n* Orkanwarnung *f*

hurried ['hʌrid, AM 'hɜːr-] *adj meal, goodbye* hastig; *departure* überstürzt; *essay* hastig geschrieben; *wedding* übereilt

hurriedly ['hʌridli, AM 'hɜːr-] *adv* eilig, hastig, schleunig; **a ~ arranged press conference** eine flugs anberaumte [*o* hastig einberufene] Pressekonferenz; **a ~ arranged wedding** eine in sehr kurzer Zeit eilig arrangierte Hochzeit

hurry ['hʌri, AM 'hɜːri] **I.** *n no pl* Eile *f*, Hast *f*; ***what's* [*all*] *the ~?*** wozu die Eile?; ***I'm in no ~ to leave home*** ich habe vorläufig noch nicht vor, auszuziehen; ***I need that money in a ~*** ich brauche das Geld sofort; ***he won't do that again in a ~*** das wird er so schnell nicht mehr machen; ***there's no* [*great*] *~*** es hat keine Eile [*o* eilt nicht]; ***in my ~ to leave on time I left my keys behind*** in der Hektik des Aufbruchs habe ich meine Schlüssel liegen gelassen; **to not forget sth in a ~** etw so bald [*o* schnell] nicht vergessen; **to leave in a ~** hastig [*o* überstürzt] aufbrechen **II.** *vi* <-ie-> sich *akk* beeilen; ***there's no need to ~*** lassen Sie sich ruhig Zeit **III.** *vt* <-ie-> ■**to ~ sb** jdn hetzen [*o fam* scheuchen]; ***I hate to ~ you, but …*** ich will ja nicht drängen, aber …; ***I won't be hurried into making a snap decision*** ich lass mich nicht dazu drängen, etwas zu entscheiden, ohne dass ich vorher darüber nachgedacht habe; ***he was hurried to hospital*** er wurde eilig ins Krankenhaus geschafft

◆**hurry on I.** *vi* weitereilen **II.** *vt* ■**to ~ on ⊂ sb** jdn antreiben; ■**to ~ on ⊂ sth** etw vorantreiben

◆**hurry up I.** *vi* sich *akk* beeilen; ***~ up!*** beeil dich! **II.** *vt* ■**to ~ up ⊂ sb** jdn zur Eile antreiben; ■**to ~ up ⊂ sth** *sale* etw beschleunigen [*o* vorantreiben]

hurt [hɜːt, AM hɜːrt] **I.** *vi* <hurt, hurt> ① (*painful*) wehtun, schmerzen; ***tell me where it ~s*** sag' mir, wo es wehtut; ***that ~s!*** (*also fig*) aua! *fam* ② (*do harm*) schaden; ***one more drink won't ~*** ein Gläschen mehr macht den Kohl auch nicht mehr fett *fam*; (*fig*) ***it never ~s to check the flight departure time before you go to the airport*** es kann nie schaden, die Abflugszeit nochmals zu überprüfen, bevor man zum Flughafen fährt **II.** *vt* <hurt, hurt> ① (*also fig: cause pain*) ■**to ~ sb** jdm wehtun, jdn verletzen; ***she was ~ by his refusal to apologize*** dass er sich absolut nicht entschuldigen wollte, hat sie gekränkt; ■**to ~ sth** sich *dat* etw wehtun; ■**sth ~s sb** *ear, head* etw tut jdm weh, etw schmerzt jdn; ***her ear ~s* [*or* is ~*ing*] *her*** ihr Ohr tut ihr weh; ■**to ~ oneself** sich *akk* verletzen ② (*harm*) ■**to ~ sb/sth** jdm/etw schaden; ***it wouldn't ~ you to do the ironing for once*** es würde dir nichts schaden, wenn du auch mal bügeln würdest; ***many businesses are being ~ by the high interest rates*** die hohen Zinssätze schaden vielen Branchen; **to ~ sb's feelings/pride** jds Gefühle *pl*/Stolz *m* verletzen **III.** *adj* (*in pain*) verletzt, verwundet; (*distressed*) verletzt, gekränkt **IV.** *n* (*pain*) Schmerz *m*; (*injury*) Verletzung *f*; (*offence*) Kränkung *f*

hurtful ['hɜːtfᵊl, AM 'hɜːrt-] *adj* verletzend; (*physically*) schädlich; ***that was a very ~ remark!*** diese Bemerkung tat sehr weh!

hurtfully ['hɜːtfᵊli, AM 'hɜːrt-] *adv* verletzend

hurtfulness ['hɜːtfᵊlnəs, AM 'hɜːrt-] *n no pl* verletzende Wirkung

hurtle ['hɜːtl, AM 'hɜːrt̬l] **I.** *vi* rasen, sausen, schießen; ***the boy came hurtling round the corner*** der Junge kam um die Ecke geschossen *fam* **II.** *vt* ■**to ~ sb/sth against sth** jdn/etw gegen etw *akk* schleudern

husband ['hʌzbən(d)] **I.** *n* Ehemann *m*, Gatte *m geh*; ***that's my ~*** das ist mein Mann; **~ and wife** Mann und Frau **II.** *vt* ■**to ~ sth** mit etw *dat* haushalten; **to ~ one's strength** seine Kräfte gezielt einsetzen

husbandry ['hʌzbəndri] *n no pl* ① (*management*) Wirtschaften *nt*; **bad ~** schlechtes Wirtschaften; **good ~** sparsames Haushalten ② AGR Landwirtschaft *f*, [Boden]bewirtschaftung *f*; **animal ~** Viehhaltung *f*

hush [hʌʃ] **I.** *n no pl* Stille *f*, Schweigen *nt*; ***a ~ descended* [*or fell*] *over the crowd*** die Menge verstummte plötzlich; **deathly ~** Totenstille *f*; **expectant ~** erwartungsvolle Stille; **to drop one's voice to a ~** seine Stimme immer mehr senken **II.** *interj* ■**~!** pst! **III.** *vi* still sein; (*become quiet*) verstummen; *wind* sich legen **IV.** *vt* ■**to ~ sb** jdn zum Schweigen bringen; (*soothe*) jdn beruhigen; ***~ your tongue!*** sei still!

◆**hush up** *vt* (*pej*) ■**to ~ sth ⊂ up** etw vertuschen

hushed [hʌʃt] *adj people* schweigend; *voices* gedämpft; **to speak in ~ tones** mit gedämpfter Stimme sprechen

hush-hush *adj* (*fam*) [streng] geheim **hush money** *n* (*fam*) Schweigegeld *nt*

husk [hʌsk] **I.** *n* ① (*outer covering*) Schale *f*, Hülse *f*; AM *of maize* Hüllblatt *nt*, Lieschen *pl fachspr* ② (*fig: person*) Mumie *f* **II.** *vt* ■**to ~ sth** *corn, rice, wheat* etw schälen

huskily ['hʌskɪli] *adv* heiser, mit rauer [*o* heiserer] Simme

huskiness ['hʌskɪnəs] *n no pl* Heiserkeit *f*

husky¹ ['hʌski] *adj* ① (*low*) rau; **a ~ voice** eine raue [*o* rauchige] Stimme; ***his voice became ~ with anger*** seine Stimme klang vor Wut ganz heiser ② (*strong*) kräftig [gebaut], stämmig

husky² ['hʌski] *n* (*dog*) Husky *m*, Schlittenhund *m*

hussar [hʊˈzɑːʳ, AM ˈzɑːr] *n* HIST, MIL Husar *m*

hussy ['hʌsi] *n* (*pej*) ① (*sexually immoral woman*) leichtes Mädchen *pej fam* ② (*girl*) Göre *f bes* NORDD; **a wanton little ~** ein rotzfreches Flittchen *pej fam*

hustings ['hʌstɪŋz] *npl* Wahlkampf *m*; **to do well at the ~** sich *akk* im Wahlkampf gut schlagen

hustle ['hʌsl̩] **I.** *vt* ① (*jostle*) ■**to ~ sb somewhere** jdn schnell irgendwohin bringen; ***the other boys ~d him along the street*** die anderen Jungen trieben ihn die Straße hinunter ② (*coerce*) ■**to ~ sb into doing sth** jdn [be]drängen, etw zu tun; ■**to ~ sth** *esp* AM (*fam*) etw [hartnäckig] erkämpfen; **to ~ money** auf krummen Wegen Geld beschaffen **II.** *vi* ① (*push through*) sich *akk* durchdrängen, vorstoßen; ***the centre forward ~d into the penalty area*** die Sturmspitze drang in den Strafraum vor; **to ~ through a crowd** sich *dat* seinen Weg durch eine Menschenmenge bahnen ② (*fam: work quickly*) sich *akk* ins Zeug legen *fam*, unter Hochdruck arbeiten; **to ~ for business** sich *akk* fürs Geschäft abstrampeln *fam* ③ AM (*fam: be prostitute*) auf den Strich [*o sl* anschaffen] gehen *fam* **III.** *n* Gedränge *nt*; **~ and bustle** geschäftiges Treiben

◆**hustle up** *vt* (*fam*) ■**to ~ up ⊂ sb** jdn auftreiben

hustler ['hʌsləʳ, AM -lɚ] *n* ① *esp* AM (*dishonest*) Betrüger(in) *m(f)*, Schwindler(in) *m(f)* ② AM (*male prostitute*) Strichjunge *m*, Stricher *m*; (*female*) Strichmädchen *f*

hut [hʌt] *n* Hütte *f*

hutch [hʌtʃ] *n* ① (*cage*) Käfig *m*; (*for rabbits*) Stall *m* ② (*pej: hut*) Hütte *f pej*, Kaluppe *f* DIAL, Chaluppe *f* ÖSTERR ③ (*cabinet*) kleiner [Geschirr]schrank

hyacinth ['haɪəsɪn(t)θ] *n* Hyazinthe *f*

hyaena [haɪˈiːnə] *n* Hyäne *f*

hybrid ['haɪbrɪd] *n* ① BOT Kreuzung *f*, Hybride *m o f fachspr* ② LING hybride Bildung ③ (*fig: something mixed*) Mischform *f* ④ (*pej: person*) Mischling *m*

hybrid circuit *n* COMPUT Hybridschaltung *f*

hybridization [ˌhaɪbrɪdaɪˈzeɪʃᵊn, AM dɪ'] *n no pl* BIOL Kreuzung *f*, Hybridisierung *f fachspr*

hybridize ['haɪbrɪdaɪz] *vt* ■**to ~ sth** ① BOT etw kreuzen ② LING etw hybridisieren *fachspr* ③ (*fig*) etw mischen

hydra ['haɪdrə] *n* ① (*in mythology*) ■**H~** Hydra *f* ② ASTRON ■**H~** Hydra *f* ③ (*fig: recurring problem*) ■**to be a ~** wie der Kopf einer Hydra sein

hydrangea [haɪˈdreɪndʒə] *n* BOT Hortensie *f,* Hydrangea *f fachspr*
hydrant [ˈhaɪdrᵊnt] *n* Hydrant *m*
hydrate [ˈhaɪdreɪt] *n* CHEM Hydrat *nt*
hydraulic [haɪˈdrɔːlɪk, AM -ˈdrɑː-] *adj inv* hydraulisch
hydraulic brake *n* hydraulische Bremse **hydraulic engineering** *n* Wasserbau *m* **hydraulic press** *n* hydraulische Presse
hydraulics [haɪˈdrɔːlɪks, AM -ˈdrɑː-] *n + sing vb* Hydraulik *f*
hydro [ˈhaɪdroʊ] *n* CAN *(electricity)* Strom *m;* *(service)* Stromanbieter; ~ **bill** Stromrechnung *f;* BRIT Wasserkuranstalt *f*
hydrocarbon [ˌhaɪdrə(ʊ)ˈkɑːbən, AM -droʊˈkɑr-] **I.** *n* Kohlenwasserstoff *m* **II.** *n modifier (gas, compound)* Kohlenwasserstoff-
hydrocephalus [ˌhaɪdrəʊˈsefələs, AM droʊ] *n no pl* MED Wasserkopf *m,* Hydrocephalus *m fachspr*
hydrochloric acid [ˌhaɪdrə(ʊ)klɒrɪkˈæsɪd, AM -droʊklɔːr-] *n no pl* Salzsäure *f*
hydrocortisone [ˌhaɪdrə(ʊ)ˈkɔːtɪzəʊn, AM -droʊˈkɔːrt̬əzoʊn] *n no pl* Hydrokortison *nt*
hydroelectric [ˌhaɪdrəʊɪˈlektrɪk, AM -droʊ-] *adj* hydroelektrisch; ~ **power station** Wasserkraftwerk *nt*
hydroelectricity [ˌhaɪdrəʊɪlekˈtrɪsɪti, AM -droʊɪlekˈtrɪsɪt̬i] *n* Hydroelektrizität *f*
hydrofoil [ˈhaɪdrə(ʊ)fɔɪl, AM -droʊ-] *n* Tragflächenboot *nt,* Tragflügelboot *nt*
hydrogen [ˈhaɪdrədʒən] *n no pl* Wasserstoff *m,* Hydrogenium *nt fachspr*
hydrogen bomb *n* Wasserstoffbombe *f* **hydrogen peroxide** *n* Wasserstoffperoxid *nt* **hydrogen sulphide** *n* Schwefelwasserstoff *m*
hydrology [haɪˈdrɒlədʒi, AM ˈdrɑː] *n no pl* SCI Gewässerkunde *f,* Hydrologie *f fachspr*
hydrolysis [haɪˈdrɒləsɪs, AM -ˈdrɑːlɪ-] *n* CHEM Hydrolyse *f*
hydrophobia [haɪdrə(ʊ)ˈfəʊbiə, AM -droʊˈfoʊ-] *n* ① *no pl (fear of water)* krankhafte Wasserscheu, Hydrophobie *f fachspr* ② *(dated: rabies)* Tollwut *f*
hydroplane [ˈhaɪdrə(ʊ)pleɪn, AM -droʊ-] *n* ① AM *(motorboat)* Gleitboot *nt* ② *(seaplane)* Wasserflugzeug *nt* ③ *(of a submarine)* Tiefenruder *nt*
hydroponics [ˌhaɪdrə(ʊ)ˈpɒnɪks, AM -droʊˈpɑː-] *npl* BOT Hydrokultur *f,* Hydroponik *f fachspr*
hydropower [ˈhaɪdrə(ʊ)paʊəʳ, AM -droʊpaʊɚ] *n no pl* Wasserkraft *f*
hydrotherapy [ˌhaɪdrə(ʊ)ˈθerəpi, AM -droʊˈ-] **I.** *n no pl* Wasserbehandlung *f,* Hydrotherapie *f fachspr* **II.** *adj* hydrotherapeutisch
hydroxide [haɪˈdrɒksaɪd, AM -ˈdrɑː-] *n* CHEM Hydroxid *nt fachspr*
hyena [haɪˈiːnə] *n* Hyäne *f*
hygiene [ˈhaɪdʒiːn] *n no pl* Hygiene *f;* **feminine** ~ Monatshygiene *f;* **personal** ~ Körperpflege *f*
hygienic [haɪˈdʒiːnɪk, AM ˌhaɪdʒiˈenɪk] *adj* hygienisch
hygienically [haɪˈdʒiːnɪkᵊli, AM haɪdʒiˈenɪk] *adv* hygienisch, säuberlich *a. fig*
hygienist [haɪˈdʒiːnɪst] *n* Hygieniker(in) *m(f)*
hygrometer [haɪˈgrɒmɪtəʳ, AM -ˈgrɑːmət̬ɚ] *n* METEO Feuchtigkeitsmesser *m,* Hygrometer *nt fachspr*
hygroscope [ˈhaɪgrə(ʊ)skəʊp, AM -groʊskoʊp] *n* METEO Feuchtigkeitsanzeiger *m,* Hygroskop *nt fachspr*
hying [ˈhaɪɪŋ] *pp of* **hie**
hymen [ˈhaɪmən] *n* Jungfernhäutchen *nt,* Hymen *nt o m fachspr*
hymn [hɪm] *n* ① REL Kirchenlied *nt* ② *(praise)* Hymne *f,* Loblied *nt;* **to sing a ~ to sth** eine Hymne auf etw *akk* singen
hymnal [ˈhɪmnᵊl] *n,* **hymnbook** [ˈhɪmbʌk] *n* Gesangbuch *nt*
hype [haɪp] **I.** *n no pl* Publicity *f;* *(deception)* Werbemasche *f,* Reklameaufwand *m;* **media** ~ Medienrummel *m* **II.** *vt* ■**to ~ sth** etw [in den Medien] hochjubeln, viel Wirbel um etw *akk* machen *fam*
◆**hype up** *vt* **to ~ up a product** ein Produkt marktschreierisch anpreisen; ***they ~d up the film simply because Saul Pullmann was starring in it*** um den Film wurde viel Rummel gemacht, bloß weil Saul Pullmann darin mitspielt
hyped up [ˌhaɪptˈ-] *adj (fam)* überdreht, aufgedreht, aufgeputscht *fam;* ■**to get ~ about sth** sich *akk* über etw *akk* aufregen; *(excited)* wegen einer S. *gen* aus dem Häuschen geraten; ■**to be ~ for sth** [ganz] heiß auf etw *akk* sein *fam*
hyper [ˈhaɪpəʳ, AM -ɚ] *adj (fam)* aufgedreht, hyper *sl;* **to go** ~ ausrasten *fam,* durchdrehen *fam*
hyper- *in compounds (energetic, aware, expensive)* über-/Über-, hyper-/Hyper- *fachspr;* **to be ~-ambitious** übertrieben ehrgeizig sein
hyperactive [ˌhaɪpəʳˈæktɪv, AM -pɚ-] *adj* hyperaktiv
hyperbola [haɪˈpɜːbᵊlə, AM -ˈpɜːr-] *n* MATH Hyperbel *f*
hyperbole [haɪˈpɜːbᵊli, AM -ˈpɜːr-] *n no pl* LIT Hyperbel *f*
hyperbolic [haɪpəˈbɒlɪk, AM -pɚˈbɑː-] *adj inv* LIT hyperbolisch; ~ **phrase** überzogene Formulierung
hypercritical *adj* übertrieben kritisch, hyperkritisch *geh* **hyperinflation** *n no pl* ECON Hyperinflation *f fachspr*
hyperkinetic [ˌhaɪpəkɪˈnetɪk, AM -pɚkɪˈnet̬ɪk] *adj inv* hyperkinetisch *fachspr,* hyperaktiv; *(fig: overly active)* überaktiv
hypermarket *n* Verbrauchermarkt *m,* Großmarkt *m* **hyper-reality** *n* Hyperrealität *f geh,* Überwirklichkeit *f* **hypersensitive** *adj inv* überempfindlich; ***he's ~ about his height*** wenn es um seine Größe geht, versteht er echt keinen Spaß *fam;* ■**to be ~ to sth** auf etw *akk* überempfindlich reagieren **hypersensitize** *vt* ■**to ~ sb to sth** jdn gegen etw *akk* [hyper]sensibilisieren **hypertension** *n no pl* MED erhöhter Blutdruck, Hypertonie *f fachspr* **hypertext** *n no pl* COMPUT Hypertext *m fachspr* **hyperventilate** *vi* ① MED hyperventilieren ② *(fig sl)* ■**to ~ about** [*or* **over**] **sth** *(get upset)* sich *akk* wahnsinnig über etw *akk* aufregen *fam,* auf etw *akk* total überreagieren *fam* **hyperventilation** *n no pl* MED Hyperventilation *f*
hyphen [ˈhaɪfᵊn] *n (between words)* Bindestrich *m;* *(at end of line)* Trennstrich *m*
hyphenate [ˈhaɪfᵊneɪt, AM -fən-] *vt* ■**to ~ sth** etw mit Bindestrich schreiben
hyphenated [ˈhaɪfᵊneɪtɪd, AM -fəneɪt̬ɪd] *adj* ■**sth is** ~ etw schreibt man mit Bindestrich
hyphenation [ˌhaɪfᵊˈneɪʃᵊn] *n* [Silben]trennung *f;* *(between words)* Schreibung *f* mit Bindestrich
hypnosis [hɪpˈnəʊsɪs, AM -ˈnoʊ-] *n no pl* Hypnose *f;* ■**to be under** ~ sich *akk* in Hypnose befinden, unter Hypnose stehen
hypnotherapist [ˌhɪpnə(ʊ)ˈθerəpɪst, AM -noʊˈ-] *n* Hypnotherapeut(in) *m(f) fachspr*
hypnotherapy [ˌhɪpnə(ʊ)ˈθerəpi, AM -ˈnoʊ-] *n no pl* MED Hypnotherapie *f*
hypnotic [hɪpˈnɒtɪk, AM -ˈnɑːt̬ɪk] **I.** *adj* ① *(causing hypnosis)* hypnotisierend; *(referring to hypnosis)* hypnotisch; ~ **state** Zustand *m* der Hypnose; **to have a ~ effect on sb** *(fig)* auf jdn einschläfernd wirken ② *(fascinating) eyes, voice, music* betörend, hypnotisierend **II.** *n* ① *(drug)* Schlafmittel *nt,* Hypnotikum *nt fachspr* ② *(person)* [potentielles] Hypnoseopfer
hypnotism [ˈhɪpnətɪzᵊm] *n* Hypnotik *f,* Hypnotismus *m*
hypnotist [ˈhɪpnətɪst] *n* Hypnotiseur *m,* Hypnotiseurin *f*
hypnotize [ˈhɪpnətaɪz] *vt* ■**to ~ sb** jdn in Hypnose versetzen [*o a. fig* hypnotisieren]
hypo-allergenic [ˌhaɪpə(ʊ)ˌæləˈdʒenɪk, AM -poʊˌælɚ-] *adj* hypoallergen *fachspr*
hypochondria [ˌhaɪpə(ʊ)ˈkɒndriə, AM -poʊˈkɑːn-] *n no pl* Hypochondrie *f*
hypochondriac [ˌhaɪpə(ʊ)ˈkɒndriæk, AM -poʊˈkɑːn-] **I.** *n* Hypochonder(in) *m(f)* **II.** *adj* hypochondrisch
hypochondriacal [ˌhaɪpə(ʊ)kɒnˈdraɪəkᵊl, AM -poʊkɑːnˈ-] *adj* hypochondrisch
hypocrisy [hɪˈpɒkrəsi, AM -pɑː-] *n no pl* Heuchelei *f,* Scheinheiligkeit *f*
hypocrite [ˈhɪpəkrɪt] *n* Heuchler(in) *m(f),* Scheinheilige(r) *f(m),* Pharisäer *m*
hypocritical [ˌhɪpəʊˈkrɪtɪkᵊl, AM -əkrɪt̬-] *adj* geheuchelt, heuchlerisch, scheinheilig
hypocritically [ˌhɪpəˈkrɪtɪkᵊli, AM pɚˈkrɪt̬] *adv* scheinheilig, heuchlerisch
hypodermic [ˌhaɪpə(ʊ)ˈdɜːmɪk, AM -poʊˈdɜːr-] *adj inv* subkutan *fachspr*
hypodermic needle *n* Subkutannadel *f*
hypoglycaemia [ˌhaɪpə(ʊ)glaɪˈsiːmiə], AM **hypoglycemia** [-poʊ-] *n no pl* MED Unterzuckerung *f,* Hypoglykämie *f fachspr*
hypoglycaemic [ˌhaɪpə(ʊ)glaɪˈsiːmɪk], AM **hypoglycemic** [-poʊ-] *adj inv* MED mit niedrigem Blutzuckerspiegel *nach n,* hypoglykämisch *fachspr*
hypoglycemia *n* AM *see* **hypoglycaemia**
hypoglycemic *n* AM *see* **hypoglycaemic**
hypotenuse [haɪˈpɒtᵊnjuːz, AM -ˈpɑːtᵊnuːs] *n* MATH Hypotenuse *f*
hypothalamus <*pl* -mi> [ˌhaɪpəʊˈθæləməs, AM poʊ] *n* ANAT Hypothalamus *m fachspr*
hypothermia [ˌhaɪpə(ʊ)ˈθɜːmiə, AM -poʊˈθɜːr-] *n no pl* Unterkühlung *f,* Hypothermie *f fachspr*
hypothesis <*pl* -ses> [haɪˈpɒθəsɪs, AM -ˈpɑːθə-] *n* Hypothese *f,* Annahme *f*
hypothesize [haɪˈpɒθəsaɪz, AM -ˈpɑːθə-] **I.** *vt* ■**to ~ sth** eine Hypothese/Hypothesen *pl* über etw *akk* aufstellen *geh,* etw annehmen **II.** *vi* ■**to ~ about sth** über etw *akk* mutmaßen [*o* spekulieren]
hypothetical [ˌhaɪpə(ʊ)ˈθetɪkᵊl, AM -poʊˈθet̬-] *adj* hypothetisch, spekulativ
hypothetically [ˌhaɪpəʊˈθetɪkᵊli, AM poʊˈθet̬] *adv* [rein] hypothetisch, angenommenerweise
hysterectomy [ˌhɪstəˈrektəmi] *n* MED Hysterektomie *f fachspr,* Totaloperation *f*
hysteria [hɪˈstɪəriə, AM -steri-] *n no pl* ① PSYCH Hysterie *f* ② *(excitement)* Hysterie *f;* ***she was close to ~*** sie stand kurz vor einem hysterischen Anfall
hysteric [hɪˈsterɪk] **I.** *adj* hysterisch **II.** *n* Hysteriker(in) *m(f)*
hysterical [hɪˈsterɪkᵊl] *adj* ① *(emotional)* hysterisch ② *(fam: hilarious)* ausgelassen heiter
hysterically [hɪˈsterɪkᵊli] *adv* ① *(emotionally)* hysterisch ② *(fam: hilariously)* **to be ~ funny** zum Schießen sein *fam*
hysterics [hɪˈsterɪks] *npl* hysterischer Anfall; **to be in ~** *(be excited)* hysterisch sein, einen hysterischen Anfall haben; *(fam: laugh uncontrollably)* sich *akk* totlachen *fam;* **to have/go into ~** einen hysterischen Anfall haben/bekommen
Hz *n abbrev of* **hertz** Hz

I

I <*pl* 's>, **i** <*pl* 's *or* -s> [aɪ] *n* ① *(letter)* I *nt,* i *nt;* ~ **for Isaac** [*or* AM **as in Item**] I für Ida; *see also* **A 1.** ② *(Roman numeral)* I *nt,* i *nt* ► PHRASES: **to dot the ~s and cross the t's** peinlich genau sein
I [aɪ] **I.** *part pers (first person)* ich; ***am ~ to blame if he's late?*** bin ich vielleicht schuld, dass er zu spät kommt?; ***look at me when ~'m talking to you*** schau mich an, wenn ich mit dir spreche; ***accept me for what ~ am*** nimm mich so, wie ich bin; ***hello, is Mr Rodgers there? — yes, this is ~*** hallo, ist Mr. Rodgers da? – ja, am Apparat; ***did you do that? — yes, it was ~!*** hast du das gemacht? – ja, das war ich; ~ **for one …** ich meinerseits …; ~ ***for one think …*** ich für meine Person finde … **II.** *n* PHILOS *(the ego)* ■**the ~** das Ich
IA *n abbrev of* **Iowa**
iambic [aɪˈæmbɪk] LIT **I.** *adj inv* jambisch *fachspr* **II.** *n* <*pl* -bi *or pl* -buses> Jambus *m fachspr* **iambic pentameter** *n* fünffüßiger Jambus
iambus <*pl* -es *or* -bi> [aɪˈæmbəs, *pl* -biː] *n* LIT Jambus *m*

IATA [aɪ'ɑːtə, AM aɪ,eɪ,tiː'eɪ] *n no pl, + sing/pl vb acr for* **International Air Transport Association**: ■**the** ~ die IATA

iatrogenic [aɪ,ætrəʊ'dʒenɪk, AM roʊ'] *adj inv esp* MED durch ärztlichen Eingriff bewirkt, iatrogen *fachspr*

IBA [,aibiː'eɪ] *n no pl, + sing/pl vb* BRIT *abbrev of* **Independent Broadcasting Authority** *Gremium, das den Sendeinhalt des privaten Rundfunks und Privatfernsehens überwacht*

Iberian [aɪ'bɪəriən, AM -'bɪri-] **I.** *n* ❶ *(person)* Iberer(in) *m(f)* ❷ *(language)* Iberisch *nt* **II.** *adj inv* iberisch

Iberian Peninsula *n* ■**the** ~ die iberische Halbinsel

ibex <*pl* -es> ['aɪbeks] *n* Steinbock *m*

ibid ['ɪbɪd] *adv,* **ibidem** ['ɪbɪdem] *adv inv* LIT ib., ibd.

ibis <*pl* – *or* -es> ['aɪbɪs] *n* ORN Ibis *m*

ibuprofen [,aɪbjuː'prəʊfen, AM -'proʊfən] *n no pl* Ibuprofen *nt fachspr*

IC *n abbrev of* **integrated circuit**

ICBM [,aɪsiːbiː'em] *n abbrev of* **intercontinental ballistic missile** Interkontinentalrakete *f*

ice [aɪs] **I.** *n no pl* ❶ *(frozen water)* Eis *nt; (ice cubes)* Eis *nt,* Eiswürfel *m;* ***my hands are like*** ~ meine Hände sind eiskalt ❷ BRIT *(ice cream)* Eis *nt,* Eiscreme *f* ❸ AM *(fam)* Diamant[en] *m[pl]* ► PHRASES: **to be treading** [*or* **skating**] **on thin** ~ sich *akk* auf dünnem Eis bewegen; **to break the** ~ das Eis zum Schmelzen bringen; **sth cuts no** ~ **with sb** etw lässt jdn ziemlich kalt; **to put sth on** ~ etw auf Eis legen **II.** *vt* ❶ FOOD ■**to** ~ **sth** etw glasieren [*o* mit einer Glasur überziehen] ❷ SPORTS **to** ~ **the puck** den Puck glatt ans andere Ende schlagen

◆**ice over** *vi* ■**to be ~d over** *road* vereist sein; *lake* zugefroren sein

◆**ice up** *vi pipes* einfrieren; *windscreen* zufrieren

Ice Age *n* Eiszeit *f* **ice-axe** *n* Eispickel *m* **iceberg** *n* Eisberg *m* **iceberg lettuce** *n* Eisbergsalat *m* **ice block** *n* AUS, NZ Eis *nt* am Stiel **ice-blue** *adj* eisblau **icebound** *adj ship* eingefroren; *harbour* zugefroren **ice-box** *n* ❶ BRIT *(freezer)* Eisfach *nt* ❷ AM *(fridge)* Eisschrank *m,* Kühlschrank *m* **ice-breaker** *n* ❶ *(ship)* Eisbrecher *m* ❷ *(to break tension) Spiele zur Auflockerung der Atmosphäre* **ice cap** *n* Eiskappe *f (an den Polen)* **ice-cold** *n* eiskalt **ice cream** *n* Eiscreme *f,* Eis *nt* **ice cream cone** *n* Hörnchen *nt,* Eistüte *f* **ice-cream maker** *n* Eismaschine *f* **ice-cream parlour** *n* Eisdiele *f* **ice-cream soda** *n Eisbecher mit verschiedenen Zutaten (Eiscreme, Sirup, Soda)* **ice-cream van** *n* Eiswagen *m* **ice cube** *n* Eiswürfel *m*

iced [aɪst] *adj inv* ❶ *(frozen)* eisgekühlt ❷ *(covered with icing)* glasiert, mit einer Glasur überzogen

iced coffee *n* Eiskaffee *m* **iced tea** *n* Eistee *m* **ice floe** *n* Eisscholle *f* **ice hockey** *n* Eishockey *nt* **ice house** *n* Eishaus *nt; basement* Eiskeller *m*

Iceland ['aɪslənd] *n* Island *nt*

Icelander ['aɪsləndəʳ, AM -ɚ] *n* Isländer(in) *m(f)*

Icelandic [aɪs'lændɪk] **I.** *n* Isländisch *nt* **II.** *adj* isländisch

ice lolly *n* BRIT Eis *nt* am Stiel **ice-maiden** *n* Eisklotz *m fig,* frigide Frau **icemaker** *n* Eisspender *m (Gefriervorrichtung am Kühlschrank, die Eiswürfel bereitet)* **iceman** <*pl* -men> ['aɪsmæn] *n* AM Eisverkäufer *m* **ice pack** *n* ❶ *(for swelling)* Eisbeutel *m* ❷ *(sea ice)* Packeis *nt* **ice pick** *n* Eispickel *m* **ice rink** *n* Schlittschuhbahn *f,* Eisbahn *f* **ice sheet** *n* Eisschicht *f* **ice skate** *n* Schlittschuh *m* **ice-skate** *vi* Schlittschuh laufen, Eis laufen **ice-skating** *n no pl* Schlittschuhlaufen *nt,* Eislaufen *nt* **ice water** *n* Eiswasser *nt*

ichthyology [,ɪkθi'ɒlədʒi, AM 'ɑːlə-] *n* ZOOL Fischkunde *f,* Ichthyologie *f fachspr*

icicle ['aɪsɪk]] *n* Eiszapfen *m*

icily ['aɪsɪli] *adv* ❶ *blow* eisig, frostig ❷ *(fig)* eiskalt, eisig; ***she looked*** ~ ***at him*** sie warf ihm einen eisigen Blick zu

iciness ['aɪsɪnəs] *n no pl* ❶ *(ice covering)* Vereisung *f* ❷ *(low temperature)* klirrende Kälte; *(also fig)* Eiseskälte *f a. fig*

icing ['aɪsɪŋ] *n* ❶ FOOD Zuckerguss *m* ❷ AVIAT Vereisung *f* ► PHRASES: **to be the** ~ **on the cake** *(pej: unnecessary)* [bloß] schmückendes Beiwerk sein; *(approv: unexpected extra)* das Sahnehäubchen sein *fam*

icing sugar *n* Puderzucker *m*

ick [ɪk] AM **I.** *interj* igittt!, ih! **II.** *n* Schlonz *m* DIAL *sl*

icky ['ɪki] *adj (fam)* ❶ *(unpleasant)* eklig *fam;* **to feel** ~ sich *akk* beschissen fühlen *sl* ❷ *(sweet, sticky)* schlonzig DIAL *sl* ❸ *(sentimental)* kitschig; ***the plot of the film was decidedly*** ~ die Handlung des Films war der reine Kitsch

icon ['aɪkɒn, AM -kɑːn] *n* ❶ *(painting)* Ikone *f* ❷ *(star)* Idol *nt,* Ikone *f;* ***the skyscraper is an American*** ~ der Wolkenkratzer ist ein Sinnbild Amerikas ❸ COMPUT Ikon *nt*

iconic [aɪ'kɒnɪk, AM -'kɑːnɪk] *adj* ikonenhaft

iconoclasm [aɪ'kɒnə(ʊ)klæzəm, AM -kɑːnə-] *n no pl* Ikonoklasmus *m fachspr,* Bildersturm *m a. fig*

iconoclast [aɪ'kɒnə(ʊ)klæst, AM -kɑːnə-] *n* ❶ *(form: critic of beliefs)* Bilderstürmer *m fig* ❷ REL *(hist)* Ikonoklast *m fachspr,* Bilderstürmer(in) *m(f)*

iconoclastic [aɪ,kɒnə(ʊ)'klæstɪk, AM -,kɑːnə'-] *adj* ikonoklastisch *geh,* bilderstürmerisch *fig*

iconographic [,aɪkɒnəʊ'græfɪk, AM noʊ'] *adj inv* ART bildliche Darstellung[en] betreffend

iconography [aɪkə'nɒgrəfi, AM -'nɑːgrə-] *n no pl* REL Ikonographie *f*

icy ['aɪsi] *adj* ❶ *(full of ice) road* vereist; *(very cold)* eisig [kalt]; ~ **conditions** *(on road)* Glatteis *nt;* ~ **patches** stellenweise Glätte ❷ *(unfriendly)* frostig, eisig

id [ɪd] *n* PSYCH Es *nt*

I'd [aɪd] = **I would, I had** *see* **would, have I, II**

I.D. [,aɪ'diː] *n no pl abbrev of* **identification**: ***sorry, I don't have an*** ~ ***on me*** ich habe leider keinen Ausweis dabei

ID bracelet *n (jewelry)* Namenskettchen *nt; (for baby)* Namensband *nt* **I.D. card** *n* [Personal]ausweis *m* **I.D. code** *n* COMPUT Identifizierungscode *m*

idea [aɪ'dɪə, -'diːə, AM -'diːə] *n* ❶ *(notion)* Vorstellung *f;* ***what an*** ~***!*** *(iron)* du hast Vorstellungen!; ***the*** [***very***] ~ ***of it!*** *(dated)* allein die Vorstellung!; ***that gives me an*** ~***, we could ...*** da kommt mir [gerade] ein Gedanke – wir könnten...; ***whatever gave you that*** ~***?*** wie kommst du denn [bloß] darauf?; ***whose bright*** ~ ***was that?*** *(iron)* wessen Geistesblitz war das denn? *iron;* ***the*** ~ ***never entered my head*** der Gedanke ist mir nie in den Sinn gekommen; ***he's got the*** ~ ***into his head that he's getting a bike for his birthday*** er bildet sich doch glatt ein, dass er zum Geburtstag ein Fahrrad bekommt; ***don't you start*** [*or* ***go***] ***getting any*** ~***s about a new carpet!*** den Gedanken an einen neuen Teppich kannst du gleich vergessen!; **to put an** ~ **into sb's head** jdm Flausen in den Kopf setzen, jdn auf dumme Gedanken bringen ❷ *(purpose)* Absicht *f,* Zweck *m;* ***what's the big*** ~***?*** *(fam)* wozu soll das gut sein?; ***the*** ~ ***behind all this ...*** das Ganze soll dazu dienen, ...; ***you're getting the*** ~ ***now*** allmählich kommst du dahinter; ***the*** ~ ***was to meet at the pub*** eigentlich wollten wir uns in der Kneipe treffen; ***what's the*** ~ ***of keeping us all waiting?*** was denken Sie sich eigentlich dabei, uns alle warten zu lassen? ❸ *(suggestion, plan)* Idee *f,* Einfall *m;* ***what a great*** ~***!*** was für eine glänzende Idee!; ***I don't think it's a good*** ~ ***to ...*** ich halte es für keine gute Idee, ...; **to bubble with good** ~**s** vor guten Einfällen nur so übersprudeln; **to give sb the** ~ **of doing sth** jdn auf die Idee [*o* den Gedanken] bringen, etw zu tun; **to toy with the** ~ **of doing sth** mit der Idee spielen, etw zu tun ❹ *(knowledge)* Begriff *m;* **to not have the slightest** [*or* **faintest**] ~ nicht die leiseste Ahnung [*o fam* den blassesten Schimmer] haben; **to give sb an** ~ **of sth** jdm eine [ungefähre] Vorstellung von etw *dat* geben; **to have an** ~ **of sth** eine Vorstellung von etw *dat* haben; ***I've got a pretty good*** ~ ***why they left early*** ich kann mir denken, warum sie so früh gegangen sind; ***have you any*** ~ ***of what you're asking me to do?*** weißt du eigentlich, um was du mich da bittest?; **to have no** ~ keine Ahnung haben; **to have no** ~ **that ...** keine Ahnung [davon] haben, dass ... ❺ *(conception)* Ansicht *f,* Auffassung *f;* ***his*** ~ ***of a good evening is loads of booze*** unter einem gelungenen Abend versteht er jede Menge Alkohol; ■**to not be sb's** ~ **of sth** nicht jds Vorstellung *f* von etw *dat* entsprechen; ***this is not my*** ~ ***of fun*** das verstehe nicht unter Spaß!

ideal [aɪ'dɪəl, -'diːəl, AM -'diːəl] **I.** *adj inv* ideal; ***he is the*** ~ ***man for the job*** er ist genau der Richtige für diesen Job; ~ **weight** Idealgewicht *nt;* **in an** ~ **world** in einer Idealwelt; *(fig)* im Idealfall **II.** *n no pl* ❶ *(model of perfection)* Idealvorstellung *f,* Ideal *nt* ❷ *(principle)* Ideal *nt;* **to share the same** ~**s** die gleichen Ideale vertreten

idealism [aɪ'dɪəlɪzəm, AM -'diːəl-] *n no pl also* PHILOS Idealismus *m*

idealist [aɪ'dɪəlɪst, AM -'diːəl-] *n* Idealist(in) *m(f)*

idealistic [,aɪdɪə'lɪstɪk, AM -diːə'-] *adj* idealistisch

idealistically [,aɪdɪə'lɪstɪkli, AM -diːə'-] *adv* idealistisch

idealization [aɪ,dɪəlaɪ'zeɪʃən, AM -,diːələ-] *n* Idealisierung *f,* idealisierte Darstellung

idealize [aɪ'dɪəlaɪz, AM -'diːə-] *vt* ■**to** ~ **sb/sth** jdn/etw idealisieren

idealized [aɪ'dɪəlaɪzd, AM -'diːə-] *adj* idealisiert

ideally [aɪ'dɪəli, AM -'diːə-] *adv inv* ❶ *(best scenario)* idealerweise; ~, ***I'd like to live in the country*** am liebsten würde ich auf dem Land wohnen ❷ *(perfectly)* genau richtig; ***our guest house is*** ~ ***located for ...*** unser Gästehaus ist idealer Ausgangspunkt für ...; ***as a couple, they're*** ~ ***matched*** die beiden sind echt geschaffen für einander

idée fixe <*pl* idées fixes> [,iːdeɪ'fiːks] *n* fixe Idee

identical [aɪ'dentɪkəl, AM -t̬ə-] *adj* identisch; ■**to be** ~ **to sth** mit etw *dat* identisch sein [*o* völlig übereinstimmen]

identically [aɪ'dentɪkəli, AM -t̬ə-] *adv inv* identisch

identical twins *n* eineiige Zwillinge

identifiable [aɪ,dentɪ'faɪəbl, AM -t̬ə'-] *adj* erkennbar; *substance* nachweisbar

identification [aɪ,dentɪfɪ'keɪʃən, AM -t̬ə-] *n no pl* ❶ *(determination of identity) of a dead person, criminal* Identifizierung *f; of a problem, aims* Identifikation *f; (of a virus, plant)* Bestimmung *f* ❷ *(papers)* Ausweispapiere *pl;* ***she had no*** ~ ***on her*** sie konnte sich nicht ausweisen ❸ *(sympathy)* Identifikation *f* (**with** mit +*dat*) ❹ *(association)* Parteinahme *f;* ***the politician's*** ~ ***with communism will not endear him to the voters*** mit seinem Eintreten für den Kommunismus wird der Politiker bei den Wählern auf wenig Gegenliebe stoßen ❺ COMPUT Identifikation *f*

identification papers *npl* Ausweispapiere *pl*

identifier [aɪ'dentɪfaɪəʳ, AM -t̬əfaɪɚ] *n* ❶ *(means of identification)* Identifikator *m* ❷ *(mark)* Kennzeichen *nt;* COMPUT *also* Identifier *m*

identify <-ie-> [aɪ'dentɪfaɪ, AM -t̬ə-] **I.** *vt* ❶ *(recognize)* ■**to** ~ **sb/sth** jdn/etw identifizieren ❷ *(establish identity)* ■**to** ~ **sb** jds Identität *f* feststellen; ***the judge ordered that the child in this case should not be identified*** der Richter entschied, den Namen des Kindes in diesem Fall nicht bekannt zu geben ❸ *(associate)* ■**to** ~ **sb with sb/sth** jdn mit jdm/etw assoziieren [*o* in Verbindung bringen]; ■**to** ~ **oneself with sth** sich *akk* mit etw *dat* identifizieren ❹ COMPUT ■**to** ~ **oneself** sich *akk* identifizieren **II.** *vi* ■**to** ~ **with sb** sich *akk* mit jdm identifizieren; ■**to be identified with sth** mit etw *dat* in Verbindung gebracht werden

identikit® [aɪ'dentɪkɪt] **I.** *n* BRIT, AUS Phantombild *nt* **II.** *adj* ❶ *(made with identikit)* Phantom-; ~ **picture** Phantombild *nt* ❷ *(pej: copied)* abgekupfert, nachgemacht, unoriginell

identity [aɪ'dentɪti, AM -t̬əti] *n* ❶ *(who sb is)* Identität *f;* ***you can use your driving licence as proof of*** ~ Sie können sich über Ihren Führerschein ausweisen; ***but obviously it was a case of mistaken*** ~ doch offensichtlich handelte es sich [nur] um eine

Verwechslung; **loss of** ~ Identitätsverlust *m;* **to give sb a sense of** ~ jdm das Gefühl einer eigenen Identität vermitteln ❷ (*identicalness*) Übereinstimmung *f;* ~ **of interest** Interessengleichheit *f* ❸ COMPUT Identität *f*

identity card *n* [Personal]ausweis *m* **identity crisis** *n* Identitätskrise *f* **identity parade** *n* BRIT Gegenüberstellung *f* (*bei der Polizei*)

ideogram [ˈɪdiə(ʊ)græm, AM -oʊ-] *n,* **ideograph** [ˈɪdiə(ʊ)grɑːf, AM -oʊgræf] *n* LING Ideogramm *nt fachspr*

ideological [ˌaɪdiə(ʊ)ˈlɒdʒɪkᵊl, AM -lɑːdʒɪ-] *adj* ideologisch

ideologically [ˌaɪdiə(ʊ)ˈlɒdʒɪkᵊli, AM -lɑːdʒɪ-] *adv* ideologisch

ideologist [ˌaɪdiˈɒlədʒɪst, AM -ˈɑːlə-] *n* Ideologe, -in *m, f*

ideologue [ˈaɪdiə(ʊ)lɒg, AM -əlɑːg] *n* Ideologe, -in *m, f*

ideology [ˌaɪdiˈɒlədʒi, AM -ˈɑːlə-] *n* Ideologie *f,* Weltanschauung *f*

ides [aɪdz] *npl* Iden *fpl*

idiocy [ˈɪdiəsi] *n* (*foolishness*) Idiotie *f,* Schwachsinn *m;* (*act*) Dummheit *f*

idiolect [ˈɪdiəʊlekt, AM oʊ] *n* LING Idiolekt *m fachspr*

idiom [ˈɪdiəm] *n* LING ❶ (*phrase*) [idiomatische] Redewendung ❷ (*language*) Idiom *nt,* Sprache *f;* (*dialect*) Dialekt *m,* Mundart *f*

idiomatic [ˌɪdiə(ʊ)ˈmætɪk, AM -əˈmæt̬-] *adj* idiomatisch

idiosyncrasy [ˌɪdiə(ʊ)ˈsɪŋkrəsi, AM -oʊˈsɪn-] *n* ❶ (*peculiarity*) Eigenart *f,* Eigenheit *f* ❷ LING Idiosynkrasie *f*

idiosyncratic [ˌɪdiə(ʊ)sɪŋˈkrætɪk, AM -oʊsɪnˈkræt̬-] *adj* ❶ (*typical*) charakteristisch, typisch ❷ LING idiosynkratisch

idiot [ˈɪdiət] *n* ❶ (*pej*) Idiot *m pej;* ***you stupid ~!*** du blöder Idiot!; ***that ~ sister of mine*** meine dämliche Schwester; ***I feel like a real ~*** ich komme mir wie ein völliger Idiot vor ❷ (*old*) Idiot(in) *m(f),* Schwachsinnige(r) *f(m)*

idiot box *n* AM (*sl*) Glotze *f fam*

idiotic [ˌɪdiˈɒtɪk, AM -ˈɑːt̬ɪk] *adj* idiotisch; ***how ~ of him to forget the map!*** wie dumm von ihm, den Stadtplan zu vergessen!; **an ~ idea** eine hirnverbrannte Idee

idiotically [ˌɪdiˈɒtɪkᵊli, AM -ˈɑːt̬ɪk-] *adv* idiotischerweise, blödsinnigerweise

idiot savant <*pl* idiots savants *or* idiot savants> [ˌiːdiəʊsævˈɑ̃ː, AM ˌiːdiːoʊsævɑːn(t)] *n* Idiot Savant *m fachspr* (*geistig Zurückgebliebener, der auf einem bestimmten Gebiet außerordentliche Fähigkeiten hat*)

idle [ˈaɪdl] **I.** *adj* ❶ (*lazy*) faul, träge ❷ (*redundant*) *people* ohne Beschäftigung *präd, nach n,* erwerbslos ❸ (*not working*) *person* untätig; *machines* außer Betrieb *präd;* ***his bike lay ~ most of the time*** sein Fahrrad stand die meiste Zeit unbenutzt herum; **the ~ rich** die reichen Müßiggänger; **to lie ~** *factory* stillstehen, stillliegen ❹ *moment* müßig; ***in my ~ moments I dream of sun-kissed beaches*** in Zeiten der Muße träume ich von sonnenverwöhnten Stränden ❺ (*pointless, unfounded*) ~ **boast** bloße Angeberei; ~ **chatter** hohles Geschwätz; ~ **fear** unbegründete Angst; ~ **rumours** reine Gerüchte; ~ **speculation** reine Spekulation; ~ **threat** leere Drohung ❻ FIN unproduktiv; ~ **capital** totes Kapital; **money lying ~** nicht angelegtes [*o* nicht arbeitendes] Geld; **to sit ~** brachliegen ❼ *machine, telephone line* bereit **II.** *vi* ❶ (*do nothing*) faulenzen, auf der faulen Haut liegen *fam;* ■**to ~ about** [*or* **around**] herumtrödeln *fam,* faulenzen ❷ (*engine*) leer laufen, im Leerlauf laufen

◆**idle away** *vi* **to ~ away** [**the**] **time** die Zeit vertrödeln *fam*

idleness [ˈaɪdlnəs] *n no pl* Müßiggang *m;* (*not doing anything*) Untätigkeit *f*

idler [ˈaɪdləʳ, AM -ɚ] *n* ❶ (*person*) Faulenzer *m,* Müßiggänger(in) *m(f)* ❷ TECH (*wheel*) leer laufendes Getriebeteil; (*pulley*) Laufrad *nt* (*am Flaschenzug*)

idling speed [ˈaɪdlɪŋ,-] *n* Leerlaufdrehzahl *f*

idly [ˈaɪdli] *adv* ❶ (*not doing anything*) untätig; **to stand ~ by** untätig dabeistehen ❷ (*lazily*) faul, träge

idol [ˈaɪdᵊl] *n* ❶ (*model*) Idol *nt;* ■**to be sb's ~** jds Idol *nt* [*o* großes Vorbild] sein ❷ REL Götzenidol *nt,* Götzenbild *nt*

idolatrous [aɪˈdɒlətrəs, AM -ˈdɑːlə-] *adj* REL götzendienerisch, Götzen-

idolatry [aɪˈdɒlətri, AM -ˈdɑːlə-] *n no pl* Götzenanbetung *f,* Götzenverehrung *f;* (*fig*) Vergötterung *f*

idolize [ˈaɪdᵊlaɪz] *vt* ■**to ~ sb/sth** jdn/etw vergöttern [*o* abgöttisch verehren]

idyll [ˈɪdᵊl, AM ˈaɪdᵊl] *n* ❶ (*blissful time*) Idyll *nt* ❷ LIT Idylle *f*

idyllic [ɪˈdɪlɪk, AM aɪ-] *adj* idyllisch

idyllically [ɪˈdɪlɪkli, AM aɪ-] *adv* idyllisch

i.e. [ˌaɪˈiː] *n abbrev of* **id est** d.h.

if *n,* **IF** *n abbrev of* **intermediate frequency** Zwischenfrequenz *f*

if [ɪf] **I.** *conj* ❶ (*in case*) wenn, falls; **even ~ ...** selbst [dann], wenn ...; ***I'll buy the rights to that Beatles song even ~ it costs me a fortune*** ich kaufe die Rechte an diesem Beatlessong und wenn es mich ein Vermögen kosten sollte; ■**~ ..., then ...** wenn ..., dann ...; ~ ***A equals B and B equals C, then A equals C*** wenn A gleich B und B gleich C, dann ist A gleich C; ***please don't talk to me as ~ I were an idiot*** rede bitte nicht mit mir, als ob ich ein Idiot wäre ❷ (*in exclamation*) ~ ***I had only known!*** hätte ich es nur gewusst! ❸ (*whether*) ob ❹ (*although*) wenn auch; ***that's a comfortable ~ old-fashioned sofa*** das Sofa ist [zwar] altmodisch, dafür aber bequem ▸ PHRASES: ~ <u>anyone</u>/<u>anything</u>/<u>anywhere</u> wenn überhaupt; ***turn the music down? it needs to be louder ~ anything!*** die Musik leiser stellen? wenn schon gehört sie lauter gestellt!; <u>**barely**</u>/<u>**hardly**</u>/<u>**rarely**</u> **...** ~ **at all** kaum ..., wenn überhaupt; ~ <u>**ever**</u> wenn [überhaupt] je[mals]; ~ ***we ever got along, it was during our courtship*** falls wir je miteinander ausgekommen sind, dann in der Verlobungszeit; <u>**little**</u>/<u>**few**</u> ~ **any** wenn [überhaupt], dann wenig/wenige, wenig/wenige ..., wenn überhaupt; ***the desert gets little ~ any rain*** über der Wüste regnet es allenfalls wenig; **... ~** <u>**not**</u> **...** ..., wenn nicht [sogar] ...; ~ <u>**only**</u> **to do sth** ***you should get a job, ~ only to stop you from being bored at home*** du solltest dir eine Arbeit suchen, und sei es auch nur als Mittel gegen die Langeweile zu Hause; ~ <u>**only**</u> **for ...** ***let's take a break, ~ only for a minute*** machen wir eine Pause, und sei's auch nur für eine Minute **II.** *n* Wenn *nt;* ***there's a big ~ hanging over the project*** über diesem Projekt steht noch ein großes Fragezeichen ▸ PHRASES: **no ~s and** [*or* **or**] <u>**buts**</u> kein Wenn und Aber *fam*

iffy [ˈɪfi] *adj* (*fam*) ungewiss, unsicher, fraglich

igloo [ˈɪgluː] *n* Iglu *m o nt*

igneous [ˈɪgniəs] *adj inv* vulkanisch, Eruptiv- *fachspr*

ignite [ɪgˈnaɪt] **I.** *vi* sich entzünden, Feuer fangen; ELEC zünden **II.** *vt* (*form*) ■**to ~ sth** etw anzünden [*o* anstecken]; (*fig: set in motion*) etw entfachen; ***that murder was the spark which ~d the explosion of rioting*** dieser Mord war der Funke ins Pulverfass, der die Krawalle erst richtig anfachte

ignition [ɪgˈnɪʃᵊn] *n* ❶ AUTO Zündung *f;* ***he put the key in the ~*** er steckte den Schlüssel ins Zündschloss; AEROSP ***we have ~*** wir haben gezündet; **to switch** [*or* **turn**] **the ~ on** die Zündung betätigen ❷ *no pl* (*form: igniting*) Entzünden *nt*

ignition coil *n* MECH Zündspule *f* **ignition key** *n* MECH Zündschlüssel *m*

ignoble [ɪgˈnəʊbl, AM -ˈnoʊ-] *adj* (*liter*) schändlich, unehrenhaft

ignobly [ɪgˈnəʊbli, AM -ˈnoʊ-] *adv* (*liter*) unehrenhaft, schändlich

ignominious [ˌɪgnə(ʊ)ˈmɪniəs, AM -ˈnə'-] *adj* (*liter*) schmachvoll, schändlich; (*humiliating*) entwürdigend; ~ **behaviour** schändliches Verhalten; ~ **defeat** schmähliche Niederlage

ignominiously [ˌɪgnə(ʊ)ˈmɪniəsli, AM -nə'-] *adv* (*liter*) schmachvoll, schändlich; (*humiliatingly*) entwürdigend

ignominy [ˈɪgnəmɪni] *n no pl* Schmach *f,* Schande *f*

ignoramus [ˌɪgnəˈreɪməs] *n* (*form or hum*) Ignorant(in) *m(f),* Nichtskönner(in) *m(f)*

ignorance [ˈɪgnᵊrᵊn(t)s] *n no pl* (*unawareness*) Ignoranz *f,* Unwissenheit *f* (**about** über +*akk*); **to be left** [*or* **kept**] **in ~ of sth** über etw *akk* im Unklaren gelassen werden ▸ PHRASES: ~ **is** <u>**bliss**</u> selig sind die Unwissenden; ***we could tell Mary, but ~ is bliss*** wir könnten es Mary erzählen, aber was sie nicht weiß, macht sie nicht heiß *fam*

ignorant [ˈɪgnᵊrᵊnt] *adj* unwissend, ungebildet; ■**to be ~ about sth** sich *akk* in etw *dat* nicht auskennen; ■**to be ~ of sth** von etw *dat* keine Ahnung haben *fam*

ignorantly [ˈɪgnᵊrᵊntli] *adv* unwissentlich

ignore [ɪgˈnɔːʳ, AM ˈnɔːr] *vt* ■**to ~ sb/sth** jdn/etw ignorieren [*o* nicht beachten]; ***I can't ~ the fact that he lied to me*** ich kann nicht einfach so darüber hinwegsehen, dass er mich belogen hat; ■**to ~ sb** (*on purpose*) jdn übergehen; **to ~ a remark** eine Bemerkung überhören

iguana [ɪˈgwɑːnə] *n* Leguan *m*

ikon *n see* **icon**

ilex <*pl* – *or* -es> [ˈaɪleks] *n* BOT Ilex *m/f,* Stechpalme *f*

Iliad [ˈɪliæd, AM əd] *n no pl* LIT ■**the ~** die Ilias

ilk [ɪlk] *n no pl* (*pej liter*) **people of that ~** solche Leute; ***I can't stand game show hosts and others of their ~*** ich kann TV-Moderatoren und solche Typen einfach nicht ausstehen

I'll [aɪl] = **I will** *see* **will**

ill [ɪl] **I.** *adj inv* ❶ (*sick*) krank; ***I feel ~*** mir ist gar nicht gut; ***she's making herself ~ with worry*** sie macht sich vor lauter Sorgen noch ganz krank; **to be critically ~** in Lebensgefahr schweben; **to fall** [*or* **be taken**] **~** krank werden, erkranken; ■**to be ~ with sth** an etw *dat* erkrankt sein; ***my sister is ~ with a cold*** meine Schwester hat eine Erkältung ❷ (*bad*) schlecht, übel; (*harmful*) schädlich; (*unfavourable*) unerfreulich, schlecht; ***he doesn't bear you any ~ will*** er trägt dir nichts nach; ***no ~ feeling?*** du bist mir doch nicht böse?; ***no ~ feeling!*** Schwamm drüber!; **to suffer no ~ effects** keine negativen Auswirkungen verspüren; ~ **fortune** Pech *nt,* unglückliche Fügung; ~ **health** angegriffene [*o* schlechte] Gesundheit; **an ~ omen** ein schlechtes [*o* böses] Omen ❸ AM (*sl*) megacool *sl,* spitzenmäßig *fam;* ■**to be ~** Spitze sein *fam* ▸ PHRASES: **it's an ~** <u>**wind**</u> **that blows nobody any good** (*prov*) es gibt nichts, das nicht zu irgendetwas gut wäre **II.** *adv inv* (*form or dated: badly*) schlecht, nachteilig; ***they lost a lot of money at a time when they could ~ afford it*** ausgerechnet als sie es sich kaum leisten konnten, verloren sie eine Menge Geld; (*form or hum*) ***it ~ behoves you to criticize me*** es steht dir wirklich nicht zu, mich zu kritisieren; **to bode** [*or* **augur**] **~** nichts Gutes verheißen, ein schlechtes Zeichen sein; **to speak ~ of sb** schlecht über jdn [*o* von jdm] sprechen; ***don't speak ~ of the dead!*** die Toten soll man ruhen lassen! **III.** *n* ❶ (*problems*) ■**~s** *pl* Missstände *mpl,* Übel *nt* ❷ (*people*) ■**the ~** *pl* Kranke *pl;* **a day centre for the mentally ~** ein Tageszentrum für psychisch Kranke

ill-advised *adj* unklug; ■**to be ~ to do sth** schlecht beraten sein, etw zu tun **ill-assorted** *adj esp* BRIT, AUS [kunter]bunt zusammengewürfelt (*ohne dass es besonders gut zusammenpasst*) **ill at ease** *adj* unbehaglich; **to feel ~ with sb** sich *akk* in jds Gegenwart *f* unbehaglich fühlen **ill-bred** *adj* schlecht erzogen, ungezogen **ill-breeding** *n* schlechte Erziehung **ill-conceived** *adj* schlecht durchdacht **ill-considered** [ˌɪlkənˈsɪdəd, AM dɚd] *adj* unbedacht, unbesonnen **ill-disposed** *adj* übel gesinnt; ■**to be ~ towards sb/sth** jdm/etw ablehnend gegenüberstehen [*o* nicht wohlgesonnen sein]

illegal [ɪˈliːgᵊl] **I.** *adj* ungesetzlich, rechtswidrig, illegal **II.** *n esp* AM (*fam*) Illegale(r) *f(m)*

illegal immigrant *n* illegaler Einwanderer/illegale Einwanderin

illegality [ˌɪli:ˈgæləti, AM -ţi] *n* Illegalität *f,* Ungesetzlichkeit *f,* Gesetzwidrigkeit *f;* SPORTS Regelwidrigkeit *f*

illegally [ɪˈli:gəli] *adv* ungesetzlich, illegal; ***he was convicted of ~ importing cigarettes*** er wurde wegen illegaler Einfuhr von Zigaretten verurteilt; **to park ~** widerrechtlich [*o fam* falsch] parken

illegible [ɪˈledʒəbl] *adj* unleserlich

illegibly [ɪˈledʒəbli] *adv* unleserlich

illegitimacy [ˌɪlɪˈdʒɪtəməsi, AM -ˈdʒɪţ-] *n no pl* ❶ (*having unmarried parents*) Unehelichkeit *f* ❷ (*against the law*) Unrechtmäßigkeit *f,* Unzulässigkeit *f; of a government* Ungesetzlichkeit *f*

illegitimate [ˌɪlɪˈdʒɪtəmət, AM -ˈdʒɪţ-] *adj inv* ❶ (*child*) unehelich, nichtehelich *fachspr* ❷ (*unauthorized*) unrechtmäßig, unzulässig

illegitimately [ˌɪlɪˈdʒɪtəmətli, AM ˈdʒɪţ] *adv* ❶ (*unauthorized by the law*) unrechtmäßig[erweise], rechtswidrig[erweise] ❷ (*against accepted rules*) unrichtigerweise, fälschlich[erweise] ❸ (*born of parents unmarried*) unehelich

ill-equipped *adj* schlecht ausgestattet; ■**to be ~ to do sth** (*lack of equipment*) für etw *akk* nicht die nötigen Mittel haben; (*lack of ability*) nicht über die notwendigen Kenntnisse verfügen, um etw tun zu können **ill-fated** *adj person* vom Unglück [*o* Pech] verfolgt; ***the ~ expedition left at dawn*** die unselige Expedition brach in der Abenddämmerung auf **ill-favoured**, AM **ill-favored** *adj* unerfreulich, unschön **ill-fitting** *adj clothes, shoes, dentures* schlecht sitzend *attr* **ill-founded** [ˌɪlˈfaʊndɪd] *adj* der Grundlage entbehrend, nicht stichhaltig **ill-gotten** *adj attr* unrechtmäßig erworben ▸ PHRASES: **~ gains never prosper** (*prov*) unrecht Gut gedeiht nicht

illiberal [ɪˈlɪbərəl] *adj* (*form*) ❶ (*repressive*) illiberal *geh,* unterdrückerisch ❷ (*narrow-minded*) engstirnig, intolerant

illicit [ɪˈlɪsɪt] *adj* [gesetzlich] verboten; **~ sale of liquor** Schwarzverkauf *m* von Alkohol; **~ trade** Schwarzhandel *m*

illicitly [ɪˈlɪsɪtli] *adv* verbotenerweise, illegalerweise

illimitable [ɪˈlɪmɪtəbl, AM -ţə-] *adj* grenzenlos, unbegrenzt; *sky* endlos; *ocean* unendlich

ill-informed *adj* ❶ (*wrongly informed*) falsch informiert [*o* unterrichtet] ❷ (*ignorant*) schlecht [*o* unzureichend] informiert; **~ criticism** *Kritik, die jedlicher Sachkenntnis entbehrt;* **an ~ speech** *eine Rede, die von Unkenntnis geprägt ist*

illiteracy [ɪˈlɪtərəsi, AM -lɪţ-] *n no pl* Analphabetentum *nt,* Analphabetismus *m*

illiteracy rate *n* Zahl *f* der Analphabeten

illiterate [ɪˈlɪtərət, AM -lɪţ-] **I.** *n* Analphabet(in) *m(f)* **II.** *adj* des Lesens und Schreibens nicht kundig *präd,* analphabetisch; (*fig, pej*) ungebildet, unkultiviert; ***many people are computer-~*** viele Leute können nicht mit einem Computer umgehen

ill-judged [ˌɪlˈdʒʌdʒd] *adj* unüberlegt, verfehlt **ill-mannered** *adj* mit schlechtem Benehmen *nach n,* unhöflich; **an ~ child** ein ungezogenes Kind **ill-natured** *adj* boshaft, bösartig

illness [ˈɪlnəs] *n* Krankheit *f,* Erkrankung *f*

illogical [ɪˈlɒdʒɪkəl, AM -ˈlɑ:-] *adj* unlogisch

illogicality [ɪˌlɒdʒɪˈkæləti, AM -ˌlɑ:dʒɪˈkæləţi] *n no pl* Unlogik *f,* Mangel *m* an Logik

illogically [ɪˈlɒdʒɪkəli, AM -ˈlɑ:dʒ-] *adv* unlogisch, ohne [jede] Logik *präd*

ill-omened *adj* unheilvoll; ***everything about their engagement was ~*** ihre Verlobung stand unter einem Unglücksstern **ill-starred** *adj* unglücklich, vom Pech verfolgt; ***the tourist party had been ~ from the beginning*** die Reisegesellschaft stand von Anfang an unter keinem guten Stern **ill-tempered** *adj* (*at times*) schlecht gelaunt; (*by nature*) mürrisch, übellaunig **ill-timed** *adj* [zeitlich] ungünstig, ungelegen **ill-treat** *vt* ■**to ~ sb** jdn misshandeln **ill-treatment** *n* Misshandlung *f,* schlechte Behandlung

illuminate [ɪˈlu:mɪneɪt] *vt* ■**to ~ sth** etw erhellen; (*spotlight*) etw beleuchten [*o* anstrahlen]; (*fig*) etw erläutern [*o* [genauer] beleuchten]; **~d letters** kolorierte Buchstaben (*etwa die prachtvoll ausgemalten Initialen alter Codices*)

illuminating [ɪˈlu:mɪneɪtɪŋ, AM -ţ-] *adj* (*form*) aufschlussreich

illumination [ɪˌlu:mɪˈneɪʃən] *n* ❶ *no pl* (*form: light*) Beleuchtung *f,* Lichtquelle *f* ❷ *no pl* (*in books*) Buchmalerei *f,* Illumination *f fachspr* ❸ BRIT (*decorative lights*) ■**~s** *pl* Festbeleuchtung *f*

illuminator [ɪˈlu:mɪneɪtəʳ, AM neɪţə] *n* ❶ (*painter*) Kolorierer(in) *m(f),* Illuminator(in) *m(f) fachspr; book* Buchmaler(in) *m(f)* ❷ (*clarifier*) Erheller(in) *m(f)* ❸ (*enlightener*) Aufklärer(in) *m(f)*

illumine [ɪˈlu:mɪn] *vt* (*liter*) ❶ (*light up*) ■**to ~ sth** (*also fig*) etw beleuchten, etw aufhellen *a. fig* ❷ (*clarify*) ■**to ~ sb** jdm Klarheit verschaffen; ■**to ~ sth** ein Licht auf etw *akk* werfen *fig* ❸ (*enlighten*) ■**to ~ sb** jdn aufklären, jdn erleuchten *meist iron*

ill-use [ˌɪlˈju:z] *vt* ■**to be ~d [by sb]** von jdm misshandelt werden

illusion [ɪˈlu:ʒən] *n* (*misleading appearance*) Trugbild *nt,* Illusion *f;* (*false impression*) Täuschung *f,* Illusion *f;* **to create the ~ of sth** die Illusion [*o* den [trügerischen] Eindruck] erwecken, dass …; **to have [*or* be under] no ~s [about sth]** sich *dat* keine Illusionen [über etw *akk*] machen; **to labour under the ~ that …** sich *akk* der Illusion hingeben, dass …, sich *dat* einbilden, dass …

illusionist [ɪˈlu:ʒənɪst] *n* Illusionist(in) *m(f),* Zauberkünstler(in) *m(f)*

illusive [ɪˈlu:sɪv] *adj,* **illusory** [ɪˈlu:səri] *adj* ❶ (*deceptive*) illusorisch, trügerisch ❷ (*imaginary*) imaginär

illustrate [ˈɪləstreɪt] *vt* ■**to ~ sth** ❶ (*add pictures to*) etw illustrieren [*o* bebildern]; ***he ~d his talk with a selection of slides*** er veranschaulichte seinen Vortrag durch diverse Dias ❷ (*fig: show more clearly*) etw aufzeigen

illustrated [ˈɪləstreɪtɪd, AM -ţ-] *adj* illustriert, bebildert

illustration [ˌɪləˈstreɪʃən] *n* ❶ (*drawing*) Illustration *f,* Abbildung *f* ❷ (*fig: example*) Beispiel *nt;* **by way of ~** zur Veranschaulichung

illustrative [ˈɪləstrətɪv, AM ɪˈlʌstrəţɪv] *adj* (*form*) erläuternd, verdeutlichend, beispielhaft; ■**to be ~ of sth** beispielhaft [*o* bezeichnend] für etw *akk* sein

illustrator [ˈɪləstreɪtəʳ, AM -ţɚ] *n* Illustrator(in) *m(f)*

illustrious [ɪˈlʌstriːəs] *adj* (*form*) *person* berühmt, illustere(r,s) *attr geh;* **~ deed** glanzvolle Tat

ill-will *n* böswillige Gesinnung, Feindseligkeit *f;* **to bear sb ~, to feel ~ for sb** einen Groll auf jdn haben [*o* gegen jdn hegen]

ILO [ˌaɪelˈəʊ, AM ˈoʊ] *n no pl, + sing/pl vb abbrev of* **International Labour Organization:** ■**the ~** die ILO

I'm [aɪm] = **I am** *see* **be**

image [ˈɪmɪdʒ] **I.** *n* ❶ (*likeness*) Ebenbild *nt,* Abbild *nt;* **to be the living [*or fam* spitting] ~ of sb** jdm wie aus dem Gesicht geschnitten sein ❷ (*picture*) Bild *nt,* Bildnis *nt;* (*sculpture*) Skulptur *f* ❸ (*mental picture*) Vorstellung *f,* Bild *nt* ❹ (*reputation*) Image *nt,* Ruf *m* ❺ LIT Metapher *f,* Bild *nt* ❻ COMPUT Abbildung *f* **II.** *vt* ■**to ~ sth** sich *dat* etw vorstellen, etw imaginieren *geh*

imagemaker *n* Imagemacher(in) *m(f)*

imagery [ˈɪmɪdʒəri] *n no pl* LIT Metaphorik *f,* Bildersprache *f*

imaginable [ɪˈmædʒɪnəbl] *adj* vorstellbar, erdenklich, denkbar; **in all ~ subjects** in allen erdenklichen Fächern

imaginary [ɪˈmædʒɪnəri, AM -dʒəneri] *adj* imaginär, eingebildet

imaginary number *n* MATH imaginäre Zahl

imagination [ɪˌmædʒɪˈneɪʃən] *n* Fantasie *f,* Vorstellungskraft *f;* ***this is all [in] your ~!*** das bildest du dir alles nur ein!; ***use your ~!*** lassen Sie doch mal Ihre Fantasie spielen!; **lack of ~** Fantasielosigkeit *f;* **not by any stretch of the ~** beim besten Willen [*o* bei aller Liebe] nicht; **to catch sb's ~** jdn fesseln [*o* in seinen Bann ziehen]; **to leave nothing to the ~** für die Fantasie keinen Platz [mehr] lassen

imaginative [ɪˈmædʒɪnətɪv, AM -ţ-] *adj* fantasievoll, einfallsreich

imaginatively [ɪˈmædʒɪnətɪvli, AM -ţ-] *adv* fantasievoll, einfallsreich

imagine [ɪˈmædʒɪn] *vt* ❶ (*form mental image*) ■**to ~ sb/sth** sich *dat* jdn/etw vorstellen; ***you can just ~ how I felt*** Sie können sich bestimmt ausmalen, wie ich mich gefühlt habe; ■**to ~ oneself doing sth** sich *dat* vorstellen, etw zu tun ❷ (*suppose*) ■**to ~ sth** sich *dat* etw denken; ***I ~ her father couldn't come*** ich gehe davon aus, dass ihr Vater nicht kommen konnte; ***I cannot ~ what you mean*** ich weiß wirklich nicht, was du meinst; ***I can't ~ how this could happen*** ich kann mir nicht erklären, wie das passieren konnte ❸ (*be under the illusion*) ■**to ~ sth** etw glauben; ***don't ~ that you'll get a car for your birthday*** glaub ja nicht, dass du zum Geburtstag ein Auto bekommst! ▸ PHRASES: **to be imagining things** sich *dat* [ständig] etwas einbilden; **~ that!** stell dir das mal vor!

imagineering [ɪˌmædʒɪˈnɪərɪŋ, AM -ˈnɪrɪŋ] **I.** *n* Ausdenken und Durchführen *nt* **II.** *adj attr group, research* planend und durchführend; **~ team** für die Planung und Umsetzung verantwortliches Team

imam [ɪˈmɑ:m] *n* ❶ (*Islamic leader*) Imam *m,* Gelehrter *m* des Islams ❷ (*prayer leader*) Imam *m,* Vorbeter *m* in der Moschee

IMAX® [ˈaɪmæks] *n* IMAX® *nt*

imbalance [ɪmˈbælən(t)s] *n* Ungleichgewicht *nt,* Missverhältnis *nt;* **trade ~** ECON [Außen]handelsungleichgewicht *nt,* [Außen]handelsdefizit *nt*

imbecile [ˈɪmbəsi:l, AM -sɪl] **I.** *n* ❶ (*stupid person*) Dummkopf *m pej,* Schwachkopf *m pej,* Idiot *m pej fam;* **to behave like an ~** sich *akk* wie ein Vollidiot benehmen *pej fam* ❷ MED [mittelgradig] Schwachsinnige(r) *f(m)* **II.** *adj* ❶ (*stupid*) schwachsinnig *pej fam,* idiotisch *pej fam,* blöd ❷ MED imbezil *fachspr,* mittelgradig schwachsinnig

imbecilic [ˌɪmbəˈsɪlɪk] *adj see* **imbecile II 1**

imbecility <*pl* -ties> [ɪmbəˈsɪləti, AM -əţi] *n* Geistesschwäche *f,* Schwachsinn *m a. pej*

imbed <-dd-> *vt* AM *see* **embed**

imbibe [ɪmˈbaɪb] **I.** *vt* ❶ (*form: drink*) ■**to ~ sth** etw einsaugen, etw [in sich *akk* hin]einschlürfen; **to ~ beer/wine** (*hum*) sich *akk* an Bier/Wein gütlich tun ❷ (*fig: absorb*) ■**to ~ sth** etw übernehmen [*o* sich *dat* zu Eigen machen]; **to ~ propaganda/a philosophy** Propaganda/eine Weltanschauung [in sich *akk*] aufsaugen **II.** *vi* (*form or hum*) sich *dat* einen genehmigen *fam o hum;* ***he tends to ~ too freely*** er neigt dazu, zu tief ins Glas zu schauen

imbroglio [ɪmˈbrəʊliəʊ, AM -ˈbroʊlioʊ] *n* (*liter*) Hexenkessel *m*

imbue [ɪmˈbju:] *vt usu passive* ❶ (*inspire*) ■**to ~ sb with sth** jdn mit etw *dat* erfüllen, jdm etw einflößen *fig* ❷ (*form: soak*) ■**to ~ sth** etw benetzen [*o* durchtränken]; (*dye*) etw [ein]färben

IMF [ˌaɪemˈef] *n no pl* FIN *abbrev of* **International Monetary Fund:** ■**the ~** der IWF

imitate [ˈɪmɪteɪt] *vt* ■**to ~ sth/sb** etw/jdn imitieren [*o* nachahmen]; **to ~ a style** einen Stil kopieren

imitation [ˌɪmɪˈteɪʃən] **I.** *n* ❶ *no pl* (*mimicry*) Nachahmung *f,* Imitation *f* ❷ (*act of imitating*) Nachahmen *nt,* Imitieren *nt;* **to do an ~ of sb/sth** jdn/etw nachmachen [*o* imitieren] ❸ (*copy*) Kopie *f;* **to be a cheap/pale ~** eine billige/schlechte Kopie sein **II.** *n modifier* (*leather, silk*) Kunst-; (*pearl, gold, silver*) unecht, künstlich; **~ diamonds** unechte Diamanten *mpl;* **~ fur** Pelzimitation *f*

imitative [ˈɪmɪtətɪv, AM -teɪţɪv] *adj* ❶ (*esp pej: copying*) imitierend *meist pej;* ***he's an ~ artist*** er ist ein Künstler, der andere kopiert; **an ~ call** Lockruf *m* (*der Jäger*) ❷ (*onomatopoeic*) lautmalerisch

imitator [ˈɪmɪteɪtəʳ, AM -teɪţɚ] *n* Nachahmer(in) *m(f); of voices* Imitator(in) *m(f)*

immaculate [ɪˈmækjələt] *adj* (*approv: neat*) makellos; (*flawless*) perfekt, makellos; *garden* säuberlich gepflegt; **an ~ performance** eine Bilderbuchvorstellung

Immaculate Conception *n no pl* REL ■**the ~** die Unbefleckte Empfängnis

immaculately [ɪ'mækjələtli] *adv* (*neatly*) sehr ordentlich, säuberlich; (*flawlessly*) perfekt, makellos

immanence ['ɪmənən(t)s] *n no pl* PHILOS Immanenz *f fachspr*

immanent ['ɪmənənt] *adj* innewohnend, innerlich vorhanden; PHILOS immanent *fachspr;* ■**to be ~ in sth** etw *dat* zu Eigen [*o fachspr* inhärent] sein *geh*

immaterial [,ɪmə'tɪəriəl, AM -'tɪriəl] *adj inv* ① (*not important*) unwesentlich, unwichtig; ***that's ~*** das spielt keine Rolle ② (*not physical*) immateriell

immature [,ɪmə'tjʊəʳ,, AM -'tʃʊr-, 'tʊr] *adj* ① (*pej: not mature*) unreif; (*childish*) kindisch *meist pej* ② (*not developed*) unreif; (*sexually*) nicht geschlechtsreif; **an ~ fruit** eine unreife Frucht; **an ~ plan** ein unausgereifter Plan; **an ~ wine** ein junger Wein

immaturity [,ɪmə'tjʊərəti, AM -'tʃʊrəţi, -'tʊrəţi] *n no pl* Unreife *f*

immeasurable [ɪ'meʒᵊrəbl̩] *adj inv* (*limitless*) grenzenlos, unermesslich; (*great*) *influence* riesig; **an ~ advantage** ein Riesenvorteil *m;* **to have an ~ effect** einen gewaltigen Einfluss haben

immeasurably [ɪ'meʒᵊrəbli] *adv inv* unendlich, unermesslich, enorm; **to be ~ better/greater/simpler** unvergleichlich [viel] besser/größer/einfacher sein

immediacy [ɪ'mi:diəsi] *n no pl* Unmittelbarkeit *f; of a problem* Aktualität *f;* (*relevance*) Relevanz *f,* Bedeutung *f;* (*nearness*) Nähe *f;* ***the article gave a real sense of ~ to the civil war*** der Artikel ließ den Bürgerkrieg hautnah erscheinen

immediate [ɪ'mi:diət] *adj* ① (*without delay*) umgehend, sofortig *attr;* prompt; **to take ~ action/effect** augenblicklich handeln/wirken; **~ consequences** unmittelbare Konsequenzen ② *attr* (*close*) unmittelbar; **in the ~ area/vicinity** in der unmittelbaren Umgebung/Nachbarschaft; **sb's ~ boss/superior** jds unmittelbarer [*o* direkter] Chef/Vorgesetzter; **sb's ~ family** jds nächste Angehörige; **sb's ~ friends** jds engste Freunde; **in ~ future** in nächster Zukunft ③ (*direct*) direkt; **~ cause** unmittelbarer Grund; **an ~ result** ein sofortiges Ergebnis ④ (*current*) augenblicklich, unmittelbar; **~ concerns/problems/needs** dringende Anliegen/Probleme/Bedürfnisse

immediately [ɪ'mi:diətli] **I.** *adv* ① (*at once*) sofort, gleich; **~ *after she'd gone, the boys started to mess about*** sie war kaum gegangen, als die Jungen auch schon anfingen, alles in Unordnung zu bringen ② (*closely*) direkt, unmittelbar; ***he stood ~ behind me*** er stand direkt hinter mir; ***was the president ~ involved in the scandal?*** war der Präsident unmittelbar in den Skandal verwickelt? **II.** *conj* BRIT sobald

immediateness [ɪ'mi:diətnəs] *n no pl see* **immediacy**

immemorial [,ɪmɪ'mɔ:riəl] *adj inv* (*liter*) uralt; **from** [*or* **since**] **time ~** seit Urzeiten, von alters her *geh*

immense [ɪ'men(t)s] *adj inv* riesig, enorm; **an ~ amount of money** eine riesige [*o* enorme] Menge Geld; **an ~ amount of time** eine Ewigkeit; **to be of ~ importance** immens [*o* überaus] wichtig sein

immensely [ɪ'men(t)sli] *adv inv* extrem, ungeheuer

immensity [ɪ'men(t)səti, AM -səţi] *n* ① *no pl* (*largeness*) Größe *f* ② *usu pl* (*boundlessness*) Endlosigkeit *f kein pl;* **the immensities of space** die Weiten *fpl* des Weltraums

immerse [ɪ'mɜ:s, AM ɪ'mɜ:rs] *vt* ① (*dunk*) ■**to ~ sth** etw eintauchen; **~ *the shells in boiling water for two minutes*** geben Sie die Muscheln für zwei Minuten in kochendes Wasser ② (*become absorbed in*) ■**to ~ oneself in sth** sich *akk* in etw *akk* vertiefen; **to be ~d in a book/one's thoughts/one's work** in ein Buch/in Gedanken/in seine Arbeit vertieft sein ③ (*baptize*) ■**to ~ sb** jdn untertauchen (*als Taufhandlung*)

immersion [ɪ'mɜ:ʃᵊn, -ʒᵊn, AM ɪ'mɜ:r-] *n* ① (*dunking*) Eintauchen *nt,* Untertauchen *nt;* (*baptizing*) Ganztaufe *f* ② *no pl* (*absorption*) Vertiefung *f fig* ③ *no pl esp* AM (*teaching method*) *Unterrichtsmethode, bei der ausschließlich die zu erlernende Sprache verwendet wird*

immersion course *n Sprachkurs, in dem ausschließlich die zu erlernende Sprache verwendet wird* **immersion heater** *n* Tauchsieder *m*

immigrant ['ɪmɪgrənt] **I.** *n* Einwanderer(in) *m(f),* Immigrant(in) *m(f)* **II.** *n modifier* (*numbers, vote, neighborhood, worker*) Immigranten-, Einwanderer-; **~ family** Einwandererfamilie *f,* Immigrantenfamilie *f;* **the ~ population** die Einwanderer *pl*

immigrate ['ɪmɪgreɪt] *vi* einwandern, immigrieren; ***the whole family ~d to America*** die ganze Familie wanderte nach Amerika aus

immigration [,ɪmɪ'greɪʃᵊn] *n no pl* ① (*action*) Einwanderung *f,* Immigration *f* ② (*immigration control*) Grenzkontrolle *f* ③ AM (*immigration control*) ■**~s** *pl* ≈ Grenzschutz *m* (*an Flughäfen*); **~s and customs** Bereich *m* der Personen- und Zollkontrolle (*auf Flughäfen*)

immigration control *n* Grenzkontrolle *f* (*zur Vermeidung illegaler Einwanderung*) **immigration country** *n* Einwanderungsland *nt* **immigration laws** *npl* Einwanderungsgesetze *ntpl* **immigration officer** *n* Beamte(r) *f(m)* , Beamtin der Einwanderungsbehörde; (*at the border*) Grenzbeamte(r) *f(m)*

imminence ['ɪmɪnən(t)s] *n no pl* Bevorstehen *nt;* ***each of them reacted to the ~ of death in a different way*** jeder von ihnen reagierte anders auf den bevorstehenden Tod; **the ~ of an attack** der drohende Angriff

imminent ['ɪmɪnənt] *adj* bevorstehend *attr;* **~ danger** drohende Gefahr

immobile [ɪ'məʊbaɪl, AM ɪ'moʊbᵊl] *adj* ① (*motionless*) *stand* unbeweglich, bewegungslos; *sit* regungslos; (*unable to move*) unbeweglich ② *pred* (*fig fam: not have transportation*) **to be ~** nicht motorisiert sein; **to be rendered ~** zum Stillstand gebracht werden; ***without public transport, the whole city would be rendered ~*** ohne öffentliche Verkehrsmittel wäre die ganze Stadt lahm gelegt

immobility [,ɪməʊ'bɪləti, AM ,ɪmoʊ'bɪləţi] *n no pl* (*motionlessness*) Bewegungslosigkeit *f,* Unbeweglichkeit *f;* (*of building, object*) Unbeweglichkeit *f;* (*because of damage*) Bewegungsunfähigkeit *f*

immobilization [ɪ,məʊbᵊlaɪ'zeɪʃᵊn, AM -,moʊbəlɪ'-] *n no pl* Unbeweglichmachen *nt,* Stilllegung *f*

immobilize [ɪ'məʊbᵊlaɪz, AM -'moʊ-] *vt* ① (*prevent from functioning*) ■**to ~ sth** etw lahm legen; **to ~ an army** eine Armee außer Gefecht setzen; **to ~ a car/machine** einen Wagen/eine Maschine betriebsuntauglich machen; (*render motionless*) ■**to ~ sb** jdn bewegungsunfähig machen; ***his indecision/fear ~d him*** seine Unentschlossenheit/Angst lähmte ihn ② (*set in cast*) ***my leg was ~d in a plaster cast*** mein Bein wurde mit einem Gipsverband ruhig gestellt

immobilizer [ɪ'məʊbᵊlaɪzəʳ, AM -'moʊbᵊlaɪzɚ] *n* AUTO Wegfahrsperre *f*

immoderate [ɪ'mɒdᵊrət, AM -'mɑ:dɚ-] *adj* maßlos; **~ demands** übertriebene Forderungen; **~ drinking** übermäßiger Alkoholkonsum

immoderately [ɪ'mɒdᵊrətli, AM -'mɑ:dɚ-] *adv* maßlos; **to drink ~** exzessiv trinken; **to laugh ~** übertrieben [*o* aufdringlich] lachen

immodest [ɪ'mɒdɪst, AM ɪ'mɑ:d-] *adj* (*pej*) ① (*conceited*) eingebildet *pej,* überheblich ② (*indecent*) *clothing* unanständig

immodestly [ɪ'mɒdɪstli, AM ɪ'mɑ:d-] *adv* (*pej*) ① (*conceitedly*) eingebildet *pej,* überheblich, unbescheiden ② (*indecently*) unanständig; *dress* freizügig

immodesty [ɪ'mɒdəsti, AM ɪ'mɑ:də-] *n no pl* (*pej*) ① (*conceit*) Überheblichkeit *f* ② (*indecency*) Ungehörigkeit *f,* Unschicklichkeit *f*

immolate ['ɪməʊleɪt, AM 'ɪməleɪt] *vt* REL (*form: sacrifice*) ■**to ~ an animal** ein Tier [rituell] opfern [*o* schlachten]; (*fig*) ■**to ~ sth to sb** jdm etw *akk* [auf]opfern

immolation [,ɪmə(ʊ)'leɪʃᵊn, AM ,ɪmə'-] *n no pl* REL (*form*) [rituelles] Opfer

immoral [ɪ'mɒrᵊl, AM ɪ'mɔ:r-] *adj* unmoralisch

immoral earnings *npl* LAW Einnahmen *pl* aus der Prostitution

immorality [,ɪmə'ræləti, AM -mɔ:'ræləţi] *n* ① *no pl* (*characteristic*) Unmoral *f,* Sittenlosigkeit *f* ② (*act*) Sittenverstoß *m;* **to commit immoralities** unanständige Dinge tun

immorally [ɪ'mɒrᵊli, AM -'mɔ:r-] *adv* unmoralisch, unanständig

immortal [ɪ'mɔ:tᵊl, AM ɪ'mɔ:rţᵊl] **I.** *adj inv* ① (*undying*) *person, soul* unsterblich; **~ life** ewiges Leben ② (*unforgettable*) *of literature* unvergesslich **II.** *n* ① (*in myths*) Unsterbliche(r) *f(m);* ■**the ~s** *pl* die Unsterblichen ② (*famous person*) unvergessene Persönlichkeit

immortality [,ɪmɔ:'tæləti, AM -mɔ:r'ţæləţi] *n no pl* ① REL Unsterblichkeit *f* ② (*undying fame*) Unsterblichkeit *f,* ewiger Ruhm

immortalize [ɪ'mɔ:tᵊlaɪz, AM ɪ'mɔ:rţᵊl-] *vt* ■**to ~ sb** (*in a film/book*) jdn verewigen; **to be ~d in history for sth** wegen einer S. *gen* in die Geschichte eingehen

immovable [ɪ'mu:vəbl̩] **I.** *adj inv* ① (*stationary*) unbeweglich ② (*unchanging*) fest, unerschütterlich; **~ belief/opinion** fester Glaube/feste Überzeugung; **~ opposition** starre Ablehnung **II.** *n* LAW ■**~s** Immobilien *fpl,* Liegenschaften *fpl*

immune [ɪ'mju:n] *adj pred* ① MED immun (**to** gegen +*akk*) ② (*fig: not vulnerable*) immun; ***the press had criticised her so often that she became ~*** die Presse hatte sie so oft kritisiert, dass alles an ihr abprallte; **to be ~ to charm/criticism/flattery** für Reize/Kritik/Schmeichelei unempfänglich sein ③ POL, LAW (*exempt*) immun; **to be ~** Immunität genießen; **to be ~ from the law** außerhalb des Gesetzes stehen ④ (*fig: safe from*) sicher (**from** vor +*dat*)

immune response *n* MED Immunreaktion *f* **immune system** *n* Immunsystem *nt*

immunity [ɪ'mju:nəti, AM -nəţi] *n no pl* ① MED Immunität *f;* ***the vaccination gives you ~ for up to six months*** der Impfschutz hält bis zu sechs Monaten an; **~ against** [*or* **to**] **a disease** Immunität *f* gegen eine Krankheit ② (*fig: lack of vulnerability*) Unempfindlichkeit *f;* **~ to criticism/flattery** Unzugänglichkeit *f* für Kritik/Schmeichelei ③ LAW Immunität *f;* **~ from prosecution** Straffreiheit *f;* **diplomatic ~** diplomatische Immunität; **to have ~** Immunität genießen ④ RADIO, TV *see* **interference 2**

immunization [,ɪmjənaɪ'zeɪʃᵊn, AM -jənɪ'-] *n* MED Immunisierung *f*

immunize ['ɪmjənaɪz] *vt* MED ■**to ~ sb** jdn immunisieren

immuno- [,ɪmjənə(ʊ)', AM -noʊ'] *in compounds* MED Immun-

immunodeficiency [,ɪmjənə(ʊ)dɪ'fɪʃᵊn(t)si, AM -noʊ-] *n* MED Immunschwäche *f*

immunological [,ɪmjənə(ʊ)'lɒdʒɪkᵊl, AM ,ɪmjənoʊ'lɑ:dʒɪ-] *adj* MED immunologisch *fachspr*

immunologist [,ɪmjə'nɒlədʒɪst, AM -'nɑ:lə-] *n* MED Immunologe, -in *m, f fachspr*

immunology [,ɪmjə'nɒlədʒi, AM -'nɑ:lə-] *n no pl* MED Immunologie *f fachspr,* Immunitätsforschung *f*

immunosuppression [,ɪmjənə(ʊ)sə'preʃᵊn, AM -noʊse'] *n no pl* MED Immun[o]suppression *f fachspr*

immunotherapy [,ɪmjənə(ʊ)'θerəpi, AM -noʊ'-] *n no pl* Immuntherapie *f fachspr*

immure [ɪ'mjʊəʳ, AM ɪ'mjʊr] *vt* (*liter, form*) ■**to ~ sb** jdn einkerkern *geh*

immured [ɪ'mjʊəʳd, AM ɪ'mjʊrd] *adj inv* (*liter, form*) eingekerkert *geh*

immutability [ɪ,mju:tə'bɪləti, AM ɪ,mju:ţə'bɪləţi] *n no pl* (*unchangeable nature*) Unveränderlichkeit *f,* Unwandelbarkeit *f geh;* (*eternal nature*) Unvergänglichkeit *f*

immutable [ɪ'mju:təbl̩, AM -ţəbl̩] *adj inv* (*unchangeable*) unveränderlich, unwandelbar *geh;*

I

(*ever-lasting*) unvergänglich

imp [ɪmp] *n* ❶ (*sprite*) Kobold *m* ❷ (*child*) Racker *m fam*, Göre *f* NORDD *oft pej*

impact I. *n* [ˈɪmpækt] *no pl* ❶ (*contact*) Aufprall *m*; **on ~** beim Aufprall; (*force*) Wucht *f*; **the ~ of a crash** die Wucht eines Zusammenstoßes; (*of a bullet/meteor*) Einschlag *m*; **on ~** beim Einschlag ❷ (*fig: effect*) Auswirkung[en] *f[pl]*, Einfluss *m*; **to have** [*or* **make**] **an ~ on sth** Auswirkungen *fpl* auf etw *akk* haben; **to have an ~ on sb** einen Effekt bei jdm bewirken, Eindruck *m* bei jdm machen **II.** *vt* [ɪmˈpækt] *esp* AM, AUS ■**to ~ sb/sth** jdn/etw beeinflussen, Auswirkungen auf jdn/etw haben **III.** *vi* [ɪmˈpækt] ❶ (*hit ground*) aufschlagen ❷ *esp* AM, AUS (*have effect*) ■**to ~ on sb/sth** jdn/etw beeinflussen, Auswirkungen auf jdn/etw haben

impacted [ɪmˈpæktɪd] *adj* ❶ *inv* MED *tooth, bone* impaktiert *fachspr*, eingeklemmt ❷ *esp* AM, AUS (*affected*) betroffen

impair [ɪmˈpeəʳ, AM -ˈper] *vt* ■**to ~ sth** (*disrupt*) etw behindern; **to ~ sb's ability to concentrate/walk/work** jds Konzentrations-/Geh-/Arbeitsfähigkeit beeinträchtigen; (*damage*) etw *dat* schaden, etw schädigen; **to ~ sb's health** jds Gesundheit schaden; **to ~ sb's hearing** jds Gehör schädigen

impaired [ɪmˈpeəʳd, AM -ˈperd] *adj* geschädigt; **~ hearing/vision** Hör-/Sehbehinderung *f*

impairment [ɪmˈpeəmənt, AM -ˈper-] *n* ❶ *no pl* (*damage*) Schädigung *f* ❷ (*disability*) Behinderung *f*; **hearing ~** Hörschaden *m*

impala <*pl* -> [ɪmˈpɑːlə] *n* Impala *f*

impale [ɪmˈpeɪl] *vt usu passive* ■**to ~ sb/sth** jdn/etw aufspießen (**on** auf +*dat*); ■**to ~ sb** (*hist*) jdn pfählen

impalpable [ɪmˈpælpəbl̩] *adj* (*liter*) undeutlich, ungreifbar; **an ~ change** eine kaum merkliche Veränderung

impanel *vt see* **empanel**

impart [ɪmˈpɑːt, AM -ˈpɑːrt] *vt* ■**to ~ sth** [**to sb/sth**] ❶ (*communicate*) *information, knowledge, wisdom* [jdm/etw] etw vermitteln ❷ (*bestow*) [jdm/etw] etw verleihen [*o* [mit]geben]

impartial [ɪmˈpɑːʃəl, AM -ˈpɑːr-] *adj* unparteiisch, unvoreingenommen

impartiality [ɪmˌpɑːʃiˈæləti, AM -ˌpɑːr-] *n no pl* Objektivität *f*, Unvoreingenommenheit *f*, Unparteilichkeit *f*

impartially [ɪmˈpɑːʃəli, AM pɑːr] *adv* unvoreingenommen, unparteiisch

impassable [ɪmˈpɑːsəbl̩, AM -ˈpæsə-] *adj inv* (*blocking vehicles*) unpassierbar; (*fig: blocking negotiations*) unüberwindlich

impasse [ˈɪmpɑːs, AM ˈɪmpæs] *n* ❶ (*closed path*) Sackgasse *f* ❷ (*fig: deadlock*) Sackgasse *f fig*; **to reach an ~** in eine Sackgasse geraten *fig*, sich *akk* festfahren *fig*

impassioned [ɪmˈpæʃənd] *adj* leidenschaftlich; **an ~ plea** ein sehr emotionaler Appell; **~ rhetoric** flammende Rhetorik

impassive [ɪmˈpæsɪv] *adj* (*not showing emotion*) ausdruckslos; (*not sympathizing*) unbeteiligt, gleichgültig

impassively [ɪmˈpæsɪvli] *adv* (*without showing emotion*) ausdruckslos; (*without sympathy*) unbeeindruckt, gleichgültig

impassivity [ɪmpæsˈɪvəti, AM -ət̬i] *n no pl* (*expressionlessness*) Ausdruckslosigkeit *f*; (*lack of sympathy*) Gleichgültigkeit *f*; **with ~** ohne Gefühlsregung

impatience [ɪmˈpeɪʃən(t)s] *n no pl* ❶ (*eagerness for change*) Ungeduld *f* ❷ (*intolerance*) Unduldsamkeit *f*; ***his ~ with customers had cost him business*** seine mangelnde Bereitschaft auf Kunden einzugehen, hatte ihn sein Geschäft gekostet

impatient [ɪmˈpeɪʃənt] *adj* ungeduldig (**with** gegenüber +*dat*); ***I'm ~ for the weekend!*** ich wünschte, wir hätten schon Wochenende!; **to be ~ to do sth** etw kaum erwarten können; (*intolerant*) intolerant (**of** gegenüber +*dat*)

impatiently [ɪmˈpeɪʃəntli] *adv* (*eagerly*) ungeduldig; (*intolerantly*) ungehalten, unwillig

impeach [ɪmˈpiːtʃ] *vt* ❶ POL, LAW (*charge*) ■**to ~ sb for sth** jdn wegen einer S. *gen* anklagen; **to ~ an official/the president** einen Amtsträger/den Präsidenten wegen eines Amtsvergehens anklagen ❷ (*call into question*) ■**to ~ sth** etw anzweifeln [*o* in Frage stellen]

impeachable [ɪmˈpiːtʃəbl̩] *adj inv* POL, LAW ■**to be ~** eine Anklage rechtfertigen; **an ~ offence** ein strafwürdiges Vergehen (*eines öffentlichen Amtsträgers*)

impeachment [ɪmˈpiːtʃmənt] *n* POL, LAW Amtsenthebungsverfahren *nt*

impeachment proceedings *npl* POL, LAW Verfahren *nt* zur Amtsenthebung

impeccable [ɪmˈpekəbl̩] *adj inv* makellos, einwandfrei; **to have ~ manners** tadellose Manieren haben; **~ performance** perfekte Vorstellung; **an ~ reputation** ein untadeliger Ruf; **to have ~ taste** einen sicheren [*o* ausgesuchten] Geschmack haben

impeccably [ɪmˈpekəbli] *adv inv* makellos, perfekt

impecunious [ˌɪmpɪˈkjuːniəs] *adj* (*form*) mittellos

impede [ɪmˈpiːd] *vt* ■**to ~ sb** jdn behindern; ■**to ~ sth** *movement, progess* etw behindern [*o* erschweren]; ***lack of government funding will ~ progress in cancer research*** das Ausbleiben öffentlicher Gelder wird die Krebsforschung zurückwerfen

impediment [ɪmˈpedɪmənt] *n* ❶ (*hindrance*) Hindernis *nt*; ■**an ~ to sth** ein Hindernis *nt* für etw *akk*; **an ~ to progress/success** ein Stolperstein *m* auf dem Weg zum Fortschritt/Erfolg ❷ MED Behinderung *f*; **to have a speech ~** einen Sprachfehler haben

impedimenta [ɪmˌpedɪˈmentə] *npl* (*cumbersome articles*) [überflüssiges] Gepäck, Ballast *m*; (*equipment*) Ausrüstung *f*

impel <-ll-> [ɪmˈpel] *vt* ■**to ~ sb** (*drive*) jdn [an]treiben; (*force*) jdn nötigen; ***I wonder what ~s him to exercise so much*** was bringt ihn bloß dazu, so viel zu trainieren?

impelled [ɪmˈpeld] *adj pred, inv* **to feel ~ to do sth** sich *akk* genötigt sehen [*o* verpflichtet fühlen], etw zu tun

impending [ɪmˈpendɪŋ] *adj attr, inv* (*imminent*) bevorstehend; (*menacing*) drohend; **~ disaster** drohende Katastrophe

impenetrability [ɪmˌpenɪtrəˈbɪləti, AM -ət̬i] *n no pl* ❶ (*inaccessibility*) Unzugänglichkeit *f*; *of a fortress* Uneinnehmbarkeit *f*; *of a group* Exklusivität *f* ❷ (*incomprehensibility*) Unverständlichkeit *f*, Rätselhaftigkeit *f*

impenetrable [ɪmˈpenɪtrəbl̩] *adj* ❶ (*blocking entrance*) unüberwindlich; (*dense*) undurchdringlich; (*exclusive*) exklusiv; **~ barrier/enemy line/wall** unüberwindliche Grenze/Feindeslinie/Mauer; **~ fog** dichter Nebel; **an ~ forest** ein undurchdringlicher Wald ❷ (*fig: incomprehensible*) unverständlich, rätselhaft

impenetrably [ɪmˈpenɪtrəbli] *adv* ❶ (*densely*) undurchdringlich; (*impassably*) unüberwindlich; **~ thick fog** undurchdringlich dichter Nebel ❷ (*fig: incomprehensibly*) unverständlich, rätselhaft

impenitent [ɪmˈpenɪtənt] *adj* (*form*) uneinsichtig; ■**to be ~** keine Reue zeigen

imperative [ɪmˈperətɪv, AM -t̬ɪv] **I.** *adj* ❶ (*essential*) unbedingt [*o* dringend] erforderlich; ***it is ~ that …*** es ist zwingend erforderlich, dass …; ***it's ~ to act now*** es muss unverzüglich gehandelt werden ❷ (*commanding*) gebieterisch, herrisch; ***his ~ manner often turns people off*** sein Befehlston schreckt die Leute oftmals ab ❸ *inv* LING imperativisch *fachspr*; **the ~ form** der Imperativ **II.** *n* ❶ (*necessity*) [Sach]zwang *m*; (*obligation*) Verpflichtung *f*; PHILOS Imperativ *m*; (*factor*) Erfordernis *f*; ***strict loyalty is an ~ if you want to work for this company*** absolute Loyalität ist Voraussetzung, wenn Sie für diese Firma arbeiten wollen; **financial ~s** finanzielle Zwänge; **a moral ~** eine moralische Verpflichtung ❷ *no pl* LING ■**the ~** der Imperativ, die Befehlsform; **to be in the ~** im Imperativ stehen

imperceptible [ˌɪmpəˈseptəbl̩, AM ˌɪmpəʳ-] *adj* unmerklich

imperceptibly [ˌɪmpəˈseptəbli, AM ˌɪmpəʳ-] *adv* unmerklich

imperfect [ɪmˈpɜːfɪkt, AM -ˈpɜːr-] **I.** *adj* (*flawed*) fehlerhaft; (*incomplete*) unvollkommen; (*not sufficient*) unzureichend; ***though my understanding of the situation was ~, …*** trotz meines mangelnden Verständnisses der Lage …; **an ~ world** eine unvollkommene Welt **II.** *n no pl* LING ■**the ~** das Imperfekt, die einfache Vergangenheit; **to be in the ~** im Imperfekt stehen

imperfection [ˌɪmpəˈfekʃən, AM -pɜːr-] *n* ❶ (*flaw*) Fehler *m*, Mangel *m*, Unzulänglichkeit[en] *f[pl]* ❷ *no pl* (*faultiness*) Unvollkommenheit *f*, Fehlerhaftigkeit *f*

imperfectly [ɪmˈpɜːfɪktli, AM -ˈpɜːr-] *adv* (*in a flawed way*) fehlerhaft; (*not finished*) unvollkommen; (*not sufficiently*) unzureichend; **to understand sth ~** etw [nur] unzureichend verstehen

imperfect tense *n no pl* LING ■**the ~** das Imperfekt, die einfache Vergangenheit; **to be in the ~** im Imperfekt stehen

imperial [ɪmˈpɪəriəl, AM -ˈpɪr-] *adj inv* ❶ (*of an empire*) Reichs-, imperial *geh*; (*of an emperor*) kaiserlich, Kaiser-; (*imperialistic*) imperialistisch *oft pej*; **~ ambitions** Großmachtstreben *nt*; **I~ China/Rome** China/Rom *nt* der Kaiserzeit ❷ (*grand*) prächtig, üppig ❸ (*of British empire*) Empire-, des Empires *nach n* ❹ (*measure*) britisch; **~ gallon** britische Gallone (*4,55 Liter*); **the ~ system** das britische System der Maße und Gewichte

imperialism [ɪmˈpɪəriəlɪzəm, AM -ˈpɪr-] *n no pl* Imperialismus *m meist pej*; **economic ~** Wirtschaftsimperialismus *m*

imperialist [ɪmˈpɪəriəlɪst, AM -ˈpɪri-] **I.** *n* (*usu pej*) Imperialist(in) *m(f) meist pej* **II.** *adj* imperialistisch

imperialistic [ɪmˈpɪəriəlɪstɪk, AM -ˈpɪri-] *adj* (*usu pej*) imperialistisch *meist pej*

imperil <BRIT, AUS -ll- *or* AM *usu* -l-> [ɪmˈperəl] *vt* ■**to ~ sth** etw gefährden

imperious [ɪmˈpɪəriəs, AM -ˈpɪri-] *adj* herrisch

imperiously [ɪmˈpɪəriəsli, AM -ˈpɪri-] *adv* herrisch

imperiousness [ɪmˈpɪəriəsnəs, AM -ˈpɪri-] *n no pl* herrische Art

imperishable [ɪmˈperɪʃəbl̩] **I.** *adj beauty* unvergänglich; *food* unverderblich, haltbar **II.** *n* ■**~s** *pl* haltbare Lebensmittel *ntpl*, Dauerwaren *fpl*

impermanence [ɪmˈpɜːmənən(t)s, AM -ˈpɜːr-] *n no pl* Unbeständigkeit *f*

impermanent [ɪmˈpɜːmənənt, AM -ˈpɜːr-] *adj* (*transitory*) unbeständig; (*temporary*) zeitlich begrenzt

impermeability [ɪmˌpɜːmiəˈbɪləti, AM -ˌpɜːrmiəbɪlət̬i] *n no pl* Undurchlässigkeit *f*, Impermeabilität *f fachspr*

impermeable [ɪmˈpɜːmiəbl̩, AM -ˈpɜːr-] *adj inv* undurchlässig, impermeabel *fachspr*; **~ membrane** impermeable Membran *fachspr*; **~ *to water*** wasserundurchlässig

impermissible [ˌɪmpəˈmɪsəbl̩, AM -pəʳ-] *adj inv* (*forbidden*) *by law* unzulässig; *by society* ungehörig

impersonal [ɪmˈpɜːsənəl, AM -ˈpɜːr-] *adj* ❶ (*without warmth*) unpersönlich; (*anonymous*) anonym ❷ LING unpersönlich; **~ pronoun/verb** unpersönliches Pronomen/Verb

impersonality [ˌɪmpɜːsənˈæləti, AM -pɜːrsənˈælət̬i] *n no pl* Unpersönlichkeit *f*

impersonally [ɪmˈpɜːsənəli, AM -ˈpɜːr] *adv* unpersönlich

impersonate [ɪmˈpɜːsəneɪt, AM -ˈpɜːr-] *vt* ■**to ~ sb** (*take off*) jdn imitieren; (*pretend to be*) vorgeben, jd zu sein, sich *akk* als jdn ausgeben

impersonation [ɪmˌpɜːsənˈeɪʃən, AM -ˌpɜːr-] *n* ❶ (*instance*) Imitation *f*; **to do an ~ of sb** (*take off*) jdn imitieren; (*pretend to be*) sich *akk* als jdn ausgeben ❷ *no pl* (*activity*) Imitieren *nt*, Nachahmen *nt*

impersonator [ɪmˈpɜːsəneɪtəʳ, AM -ˈpɜːrsəneɪt̬əʳ] *n* Imitator(in) *m(f)*

impertinence [ɪmˈpɜːtɪnən(t)s, AM -ˈpɜːrt̬ən-] *n* ❶ *no pl* (*disrespect*) Unverschämtheit *f*, Frechheit *f*; ***what ~!*** was für eine Unverschämtheit! ❷ (*remark*) Unverschämtheit *f*, Frechheit *f*

impertinent [ɪmˈpɜːtɪnənt, AM -ˈpɜːrt̬ən-] *adj*

❶ (*disrespectful*) unverschämt ❷ (*irrelevant*) nebensächlich, unerheblich; ■ **to be ~ to sth** nichts zu etw *dat* beitragen

impertinently [ɪmˈpɜːtɪnəntli, AM -ˈpɜːrtᵊn-] *adv* unverschämt, frech

imperturbability [ˌɪmpəˌtɜːbəˈbɪləti, AM -pɚˌtɜːrbəˈbɪləti] *n no pl* Unerschütterlichkeit *f,* Gleichmut *m;* ***nothing can ruffle her ~*** nichts kann sie aus der Ruhe bringen

imperturbable [ˌɪmpəˈtɜːbəbl̩, AM -pɚˈtɜːr-] *adj* (*form*) unerschütterlich, gelassen; ***she is quite ~*** sie hat die Ruhe weg

imperturbably [ˌɪmpəˈtɜːbəbli, AM -pɚˈtɜːr-] *adv* (*form*) ruhig, gelassen

impervious [ɪmˈpɜːviəs, AM -ˈpɜːr-] *adj* ❶ *inv* (*resistant*) undurchlässig; **~ to fire/heat** feuer-/hitzebeständig; **~ to water** wasserdicht ❷ (*fig: not affected*) gleichgültig, unempfindlich, immun (to gegenüber +*dat*)

impetigo [ˌɪmpɪˈtaɪgəʊ, AM -pəˈtiːgoʊ] *n no pl* MED Eiterflechte *f,* Impetigo *f fachspr*

impetuosity [ɪmˌpetjuˈɒsəti, AM -ˌpetʃuˈɑːsəti] *n no pl* (*form*) Impulsivität *f,* Unbesonnenheit *f*

impetuous [ɪmˈpetjuəs] *adj person* impulsiv; *nature* hitzig; *decision, remark* unüberlegt

impetuously [ɪmˈpetjuəsli] *adv* unvermittelt, ohne zu überlegen; **to buy sth ~** etw spontan kaufen

impetuousness [ɪmˈpetjuəsnəs] *n no pl* Impulsivität *f;* ***what ~!*** wie unüberlegt!

impetus [ˈɪmpɪtəs, AM -təs] *n no pl* ❶ (*push*) Anstoß *m;* (*driving force*) Antrieb *m;* **to give a fresh ~ to a struggling business** ein schleppendes Geschäft wieder ankurbeln; **commercial ~** wirtschaftlicher Anreiz ❷ (*momentum*) Schwung *m*

impiety [ɪmˈpaɪəti, AM -əti] *n* ❶ *no pl* (*irreverence*) Gottlosigkeit *f,* Pietätlosigkeit *f;* (*blasphemy*) Gotteslästerung *f* ❷ (*act*) gottlose Handlung, Frevel *m*

impinge [ɪmˈpɪndʒ] *vi* (*form*) ■ **to ~ on** [*or* **upon**] **sb/sth** (*affect*) sich *akk* [negativ] auf jdn/etw auswirken, [negative] Auswirkungen auf jdn/etw haben; (*restrict*) jdn/etw einschränken

impingement [ɪmˈpɪndʒmənt] *n* ❶ (*effect, impact*) Auswirkung *f* ❷ (*encroachment*) Eingriff *m*

impious [ˈɪmpiːəs, ɪmˈpaɪəs] *adj* (*irreverent*) pietätlos; (*blasphemous*) gotteslästerlich

impiously [ˈɪmpiːəsli, ɪmˈpaɪəs-] *adv* (*irreverently*) pietätlos; (*blasphemously*) gotteslästerlich

impiousness [ˈɪmpiːəsnəs, ɪmˈpaɪəs-] *n no pl see* **impiety**

impish [ˈɪmpɪʃ] *adj* (*mischievous*) *child* lausbubenhaft; *look, grin* verschmitzt; *remark* frech; **~ trick** frecher Streich

impishly [ˈɪmpɪʃli] *adv* (*mischievously*) lausbubenhaft; *smile, look* verschmitzt; (*cheekily*) frech

impishness [ˈɪmpɪʃnəs] *n no pl* (*mischievousness*) Lausbubenhaftigkeit *f;* (*boisterousness*) [kindlicher] Übermut; (*cheekiness*) Ungezogenheit *f,* Unartigkeit *f*

implacable [ɪmˈplækəbl̩] *adj* (*irreconcilable*) unversöhnlich; (*relentless*) unnachlässig; **~ enemy/opponent** unerbittlicher Feind/Gegner; **~ thirst for adventure** unersättliche Lust auf Abenteuer; **~ thirst for justice** rastloser Gerechtigkeitsdrang; **~ thirst for knowledge** unstillbarer Wissensdurst

implacably [ɪmˈplækəbli] *adv* (*without compromise*) unnachgiebig, unerbittlich; (*relentlessly*) unermüdlich

implant I. *n* [ˈɪmplɑːnt, AM -plænt] Implantat *nt;* **a breast ~** ein Brustimplantat *nt* II. *vt* [ɪmˈplɑːnt, AM -ˈplænt] ❶ (*add surgically*) ■ **to ~ sth** etw einpflanzen [*o fachspr* implantieren] ❷ (*fig: put in mind*) **to ~ ideas/worries in sb** [*or* **sb with ideas/worries**] jdm Ideen/Ängste einreden ❸ (*bond chemically*) ■ **to ~ sth** etw implantieren

implantation [ˌɪmplɑːnˈteɪʃᵊn, AM plænˈ] *n no pl* ❶ (*implanting*) Übertragung *f* ❷ MED, ZOOL Implantation *f fachspr*

implausibility [ɪmˌplɔːzəˈbɪləti, AM -ˌplɑːzəˈbɪləti] *n no pl* Unglaubwürdigkeit *f;* *excuse* Fadenscheinigkeit *f*

implausible [ɪmˈplɔːzəbl̩, AM -ˈplɑː-] *adj* unglaubwürdig; **an ~ lie** eine wenig glaubhafte Lüge

implausibly [ɪmˈplɔːzəbli, AM -ˈplɑː-] *adv* unglaubwürdig; **to be ~ stupid** unglaublich dumm sein

implement I. *n* [ˈɪmplɪmənt] (*utensil*) Gerät *nt;* (*tool*) Werkzeug *nt,* [Gebrauchs]gegenstand *m* II. *vt* [ˈɪmplɪment] ❶ (*put into effect*) ■ **to ~ sth** etw einführen [*o* umsetzen]; (*put into effect*) etw ausführen [*o* durchführen]; **to ~ a plan** ein Vorhaben in die Tat umsetzen; **to ~ a reform** eine Reform einführen ❷ COMPUT ■ **to ~ sth** etw implementieren [*o* realisieren]

implementation [ˌɪmplɪmenˈteɪʃᵊn] *n* ❶ *no pl of measures, policies* Einführung *f;* (*putting into action*) Ausführung *f,* Durchführung *f* ❷ COMPUT Realisierung *f,* Implementierung *f*

implicate [ˈɪmplɪkeɪt] *vt* ❶ (*involve[d]*) ■ **to ~ sb in sth** jdn mit etw *dat* in Verbindung bringen; **to be ~d in a crime/scandal** in ein Verbrechen/einen Skandal verwickelt sein ❷ (*imply*) ■ **to ~ sth** etw andeuten; ***she waved her hand and ~d that he should come over to her*** sie winkte mit der Hand und gab ihm zu verstehen, dass er zu ihr kommen sollte ❸ (*affect*) ■ **to ~ sth** etw zur Folge haben

implication [ˌɪmplɪˈkeɪʃᵊn] *n* ❶ (*involvement*) Verwicklung *f* ❷ *no pl* (*hinting at*) Implikation *f geh;* ***the ~ is that …*** daraus kann man schließen, dass …, das impliziert, dass …; **by ~** indirekt, implizit ❸ *usu pl* (*effect*) Auswirkung[en] *f[pl],* Folge[n] *f[pl]*; ■ **the ~s for sb/sth** die Auswirkungen *fpl* für jdn/etw; ***I'm not sure what the ~s are for us*** ich bin mir nicht sicher, was das für uns bedeutet; ***what are the ~s of the new law*** wie wird sich das neue Gesetz auswirken? ❹ MATH Implikation *f*

implicit [ɪmˈplɪsɪt] *adj* ❶ (*suggested*) implizit, indirekt; **~ criticism** indirekte Kritik ❷ *pred* (*connected*) ■ **to be ~ in sth** mit etw *dat* verbunden sein ❸ *attr, inv* (*total*) unbedingt, bedingungslos, anstandslos; **~ confidence** unbedingtes Vertrauen; **~ faith/obedience** vorbehaltloser [*o* bedingungsloser] Glaube/Gehorsam

implicitly [ɪmˈplɪsɪtli] *adv* ❶ (*indirectly*) implizit, indirekt ❷ (*completely*) völlig, bedingungslos

implied [ɪmˈplaɪd] *adj inv* indirekt, implizit; **~ agreement** stillschweigende Abmachung; **~ criticism** indirekte Kritik

implode [ɪmˈpləʊd, AM -ˈploʊd] *vi* (*cave in*) implodieren; (*fig*) zusammenbrechen

implore [ɪmˈplɔːʳ, AM -ˈplɔːr] *vt* ■ **to ~ sb** jdn anflehen [*o* beschwören]

imploring [ɪmˈplɔːrɪŋ, AM -ˈplɔːr-] *adj* flehend, beschwörend; **~ look** [*or* **glance**] flehender Blick; **in an ~ tone of voice** mit flehender Stimme

imploringly [ɪmˈplɔːrɪŋli, AM -ˈplɔːr-] *adv* flehentlich; **to beg sb ~** jdn inständig bitten [*o* beschwören] [*o* anflehen]; **to glance at sb ~** jdn flehentlich ansehen

implosion [ɪmˈpləʊʒᵊn, AM -ˈploʊ-] *n no pl* Implosion *f fachspr;* (*fig*) Zusammenbruch *m,* Auseinanderbrechen *nt*

imply <-ie-> [ɪmˈplaɪ] *vt* ■ **to ~ sth** (*suggest*) etw andeuten; (*as consequence*) etw erfordern [*o* voraussetzen]; ***are you ~ing that …?*** wollen Sie damit andeuten, dass …?; ***what [exactly] are you ~ing?!*** was willst du eigentlich damit sagen?!; ***getting married implies a commitment for life*** mit der Heirat geht man eine lebenslange Verpflichtung ein

impolite [ˌɪmpᵊlˈaɪt, AM -pəˈ-] *adj* (*without manners*) unhöflich; (*obnoxious*) frech, unverschämt

impolitely [ˌɪmpᵊˈlaɪtli, AM -pəˈ-] *adv* (*without manners*) unhöflich; (*obnoxiously*) frech, unverschämt

impoliteness [ˌɪmpᵊˈlaɪtnəs, AM -pəˈ-] *n no pl* (*lack of manners*) Unhöflichkeit *f;* (*obnoxiousness*) Unverschämtheit *f;* ***such ~!*** wie unhöflich!, was für eine Unverschämtheit!

impolitic [ɪmˈpɒlətɪk, AM -ˈpɑːlə-] *adj* undiplomatisch, ungeschickt

imponderable [ɪmˈpɒndᵊrəbl̩, AM -ˈpɑːn-] I. *adj inv question, theory* unergründbar; *impact, effect* nicht einschätzbar, unwägbar II. *n usu pl* Unwägbarkeit[en] *f[pl]*; ■ **~s** *pl* Imponderabilien *fpl geh*

import I. *vt* [ɪmˈpɔːt, AM -ˈpɔːrt] ❶ (*bring in*) ■ **to ~ sth [from sth]** *products* etw [aus etw *dat*] importieren [*o* einführen]; *ideas, customs* etw [von etw *dat*] übernehmen ❷ COMPUT ■ **to ~ sth** etw importieren ❸ (*form: signify*) ■ **to ~ sth** etw bedeuten [*o* besagen] II. *vi* [ɪmˈpɔːt, AM -ˈpɔːrt] importieren, Importhandel treiben (**from** aus +*dat*) III. *n* [ˈɪmpɔːt, AM -pɔːrt] ❶ (*good*) Importware *f,* Import *m;* **~ of capital** Kapitaleinfuhr *f;* **~ duty** Einfuhrzoll *m;* **luxury ~** Luxusimport *m;* **~s** Importe *mpl,* Einfuhren *fpl;* **foreign ~s** Auslandsimporte *mpl* ❷ *no pl* (*activity*) Import *m,* Importieren *nt* ❸ *no pl* (*form: significance*) Bedeutung *f*

importance [ɪmˈpɔːtᵊn(t)s, AM -ˈpɔːr-] *n no pl* Bedeutung *f,* Wichtigkeit *f;* **a matter of considerable ~** eine Sache von großer Wichtigkeit; **to be full of one's own ~** sich *akk* selbst für sehr wichtig halten; **to be of little ~** von geringer Bedeutung sein, kaum Rolle spielen; **to attach ~ to sth/doing sth** etw *dat* Bedeutung beimessen, auf etw *akk* Wert legen

important [ɪmˈpɔːtᵊnt, AM -ˈpɔːr-] *adj* ❶ (*significant*) wichtig, wesentlich; ***her career is more ~ to her than I am*** ihre Karriere bedeutet ihr mehr als ich; ***it's pretty, but, most ~, it costs less*** es ist hübsch und ist vor allen Dingen billiger; **the ~ thing is …** das Wichtigste [*o* die Hauptsache] ist … ❷ (*influential*) bedeutend, einflussreich; ***stop trying to look/act ~*** tu doch nicht so wichtig; **to be an ~ figure in art/history/politics** eine bedeutende Größe in der Kunstszene/Geschichte/Politik sein

importantly [ɪmˈpɔːtᵊntli, AM -ˈpɔːr-] *adv* wichtig, wesentlich; (*pej: self-importantly*) wichtigtuerisch

importation [ˌɪmpɔːˈteɪʃᵊn, AM -pɔːrˈ-] *n no pl* ❶ ECON Import *m,* Einfuhr *f,* Importieren *nt* ❷ COMPUT Importieren *nt*

import duty *n* [Import]zoll *m,* Einfuhrzoll *m*

importer [ˈɪmpɔːtəʳ, AM -pɔːrtɚ] *n* (*company*) Importeur *m;* (*person*) Importeur(in) *m(f);* (*country*) Importnation *f*

import licence *n* BRIT, **import license** *n* AM Einfuhrgenehmigung *f* **import surcharge** *n* Importabgabe *f* **import tariff** *n* [Import]zoll *m; see also* **import duty**

importunate [ɪmˈpɔːtjʊnət, AM -ˈpɔːrtʃənɪt] *adj* (*form*) hartnäckig; (*annoyingly*) aufdringlich *pej*

importune [ˌɪmpəˈtjuːn, AM -pɔːrˈtuːn, -ˈtjuːn] *vt* (*form*) ■ **to ~ sb** ❶ (*request insistently*) jdn bedrängen [*o* behelligen] ❷ (*proposition*) jdm Sex für Geld bieten

importunity <*pl* -ties> [ˌɪmpɔːˈtjuːnəti, AM -pɔːrˈtuːnəti] *n* Aufdringlichkeit *f kein pl*

impose [ɪmˈpəʊz, AM -ˈpoʊz] I. *vt* (*implement*) ■ **to ~ sth** etw durchsetzen; (*order*) etw verhängen [*o* erlassen]; **to ~ a fine/military rule** eine Geldstrafe/das Kriegsrecht verhängen; **to ~ a law** ein Gesetz verfügen; **to ~ taxes on** [*or* **upon**] **sb** jdm Steuern auferlegen; **to ~ taxes on sth** Steuern auf etw *akk* erheben, etw mit Steuern belegen II. *vi* ■ **to ~ on** [*or* **upon**] **sb** sich *akk* jdm aufdrängen; ***I don't want to ~ on you*** ich möchte euch nicht zur Last fallen

imposing [ɪmˈpəʊzɪŋ, AM -ˈpoʊz-] *adj* beeindruckend, imposant; *person* stattlich

imposition [ˌɪmpəˈzɪʃᵊn] *n* ❶ *no pl* (*implementation*) Einführen *nt,* Einführung *f;* *of penalties/sanctions* Verhängen *nt,* Verhängung *f* ❷ (*inconvenience*) Belastung *f;* (*annoyance*) Aufdringlichkeit *f;* ***would it be an ~ if I spent the night here?*** würde ich dir sehr zur Last fallne, wenn ich über Nacht da bliebe?

impossibility [ɪmˌpɒsəˈbɪləti, AM -ˌpɑːsəˈbɪləti] *n* ❶ (*thing*) Ding *nt* der Unmöglichkeit; ***it's an ~*** das ist unmöglich [*o* ein Ding der Unmöglichkeit] ❷ *no pl* (*quality*) Unmöglichkeit *f*

impossible [ɪmˈpɒsəbl̩, AM -ˈpɑːsə-] I. *adj inv* ❶ (*not possible*) unmöglich; ***that's ~!*** das ist unmöglich!; ***he made it ~ for me to say no*** er machte es mir unmöglich, nein zu sagen; ■ **it is ~ that …** es ist unmöglich, dass …; **it is/seems ~ to do sth** es ist/scheint unmöglich, etw zu tun; ***it seems ~***

that I could have walked by and not noticed her es kann doch wohl nicht sein, dass ich vorbeiging, ohne sie zu bemerken ❷ (*not resolvable*) ausweglos; ~ **situation** ausweglose Situation ❸ (*difficult*) *person* unerträglich, unmöglich *pej fam* **II.** *n* ■**the** ~ *no pl* das Unmögliche; **to ask the** ~ Unmögliches verlangen; **to do the** ~ das Unmögliche möglich machen

impossibly [ɪm'pɒsəbli, AM -'pɑːsə-] *adv inv* unglaublich, unvorstellbar

imposter *n*, **impostor** [ɪm'pɒstəʳ, AM -'pɑːstɚ] *n* Hochstapler(in) *m(f)*

imposture [ɪm'pɒstʃəʳ, AM -'pɑːstʃɚ] *n* ❶ *no pl* (*activity*) Hochstapelei *f* ❷ (*instance*) Betrug *m*

impotence ['ɪmpətən(t)s, AM -t̬ən(t)s] *n no pl* ❶ (*powerlessness*) Hilflosigkeit *f*, Machtlosigkeit *f*, Ohnmacht *f* ❷ (*sexual*) Impotenz *f*

impotent ['ɪmpətənt, AM -t̬ənt] *adj* ❶ (*powerless*) hilflos, machtlos, ohnmächtig ❷ *inv* (*sexually*) impotent

impound [ɪm'paʊnd] *vt* **to** ~ **a car/documents/goods** einen Wagen/Dokumente/Waren beschlagnahmen; **to** ~ **a cat/dog** eine Katze/einen Hund [von Amts wegen] einsperren

impoverish [ɪm'pɒvᵊrɪʃ, AM -'pɑːvɚ-] *vt* ❶ (*make poor*) ■**to** ~ **sb** jdn arm machen ❷ (*fig: deplete*) **to** ~ **the soil** den Boden auslaugen

impoverished [ɪm'pɒvᵊrɪʃt, AM -'pɑːvɚ-] *adj* ❶ (*poor*) arm, verarmt ❷ (*fig: depleted*) **an** ~ **culture/language** eine verarmte Kultur/Sprache

impoverishment [ɪm'pɒvᵊrɪʃmənt, AM -'pɑːvɚ-] *n no pl* ❶ (*becoming poor*) Verarmung *f*; ***it was sad to see the*** ~ ***of a once prosperous area*** es war traurig zu sehen, wie eine ehemals wohlhabende Gegend heruntergekommen ist ❷ (*fig: depletion*) Verarmung *f fig*; **the** ~ **of the mind/spirit** die geistige Verarmung

impracticability [ɪmˌpræktɪkə'bɪləti, AM ət̬i] *n no pl* Undurchführbarkeit *f*

impracticable [ɪm'præktɪkəbl̩] *adj* (*unfeasible*) undurchführbar, nicht praktikabel; (*inaccessible*) ungangbar, unbefahrbar

impractical [ɪm'præktɪkᵊl] *adj* (*not practical*) unpraktisch; (*unfit*) untauglich; (*unrealistic*) theoretisch, unausführbar, nicht anwendbar

impracticality [ɪmˌpræktɪ'kæləti, AM -ət̬i] *n no pl* (*unsuitableness*) Untauglichkeit *f*; (*unfeasibility*) Unmöglichkeit *f*; (*lack of practical talents*) unpraktische Art; ***his*** ~ ***drives me mad!*** mit seinen zwei linken Händen macht er mich noch wahnsinnig!

impractically [ɪm'præktɪkᵊli] *adv* (*unsuitably*) unpraktisch; (*theoretically*) theoretisch, realitätsfern

imprecate ['ɪmprɪkeɪt] *vt* (*form*) ■**to** ~ **sth upon sb** jdm etw [Schlimmes] wünschen

imprecation [ˌɪmprɪ'keɪʃᵊn] *n* (*form*) Fluch *m*, Verwünschung *f*; **to mutter** ~**s at sb** Verwünschungen gegen jdn ausstoßen, jdn verfluchen

imprecise [ˌɪmprɪ'saɪs] *adj* unpräzise, ungenau

imprecisely [ˌɪmprɪ'saɪsli] *adv* ungenau

imprecision [ˌɪmprɪ'sɪʒᵊn] *n no pl* Ungenauigkeit *f*; *of language* Nachlässigkeit *f*

impregnable [ɪm'pregnəbl̩] *adj* ❶ (*not invadable*) uneinnehmbar ❷ BRIT, AUS (*fig: undefeatable*) unschlagbar; **an** ~ **argument** ein unschlagbares Argument

impregnate ['ɪmpregneɪt, AM ɪm'pregneɪt] *vt* ❶ *usu passive* (*saturate*) ■**to** ~ **sth** etw imprägnieren ❷ *usu passive* (*make pregnant, fertilize*) **to** ~ **an animal** ein Tier befruchten; **to** ~ **an egg** ein Ei befruchten ❸ (*fig: inspire*) **to** ~ **sb with courage/fear** jdn mit Mut/Angst erfüllen

impregnation [ˌɪmpreg'neɪʃᵊn] *n no pl* ❶ (*saturation, soaking*) Imprägnierung *f* ❷ (*fertilization*) Befruchtung *f* ❸ (*fig*) Indoktrinierung *f*

impresario [ˌɪmprɪ'sɑːriəʊ, AM -prə'sɑːrioʊ] *n* Impresario *m*; *for artists* Agent(in) *m(f)*

impress [ɪm'pres] **I.** *vt* ❶ (*evoke admiration*) ■**to** ~ **sb** jdn beeindrucken, jdm imponieren; ■**to be** ~**ed** [**by sb/sth**] [von jdm/etw] beeindruckt sein; ■**to be** ~**ed with sb/sth** von jdm/etw beeindruckt sein; ***it never fails to*** ~ ***me how elegant the people look in Paris*** ich bin immer aufs Neue von der Eleganz der Bewohner von Paris angetan ❷ (*make realize*) ■**to** ~ **sth on** [*or* **upon**] **sb** jdn von etw *dat* überzeugen, jdm etw einprägen; **to** ~ **sth on** [*or* **upon**] **one's memory** [*or* **mind**] sich *dat* etw einprägen ❸ (*stamp*) ■**to** ~ **sth** etw [auf]drucken **II.** *vi* Eindruck machen, imponieren; **to fail to** ~ keinen [guten] Eindruck machen

impression [ɪm'preʃᵊn] *n* ❶ (*general opinion*) Eindruck *m*; **to be under** [*or* **of**] **the** ~ **that ...** den Eindruck haben, dass ...; ***I was under the mistaken*** ~ ***that they were married*** ich habe irrtümlich angenommen, dass sie verheiratet seien; **to have/get the** ~ **that ...** den Eindruck haben/bekommen, dass ... ❷ (*feeling*) Eindruck *m*; **to create** [*or* **give**] **an** ~ **of elegance/power/tranquility** einen Eindruck von Eleganz/Macht/Ruhe und Frieden vermitteln [*o* hervorrufen]; **to create** [*or* **give**] [*or* **make**] **a bad/good** ~ einen schlechten/guten Eindruck machen; **to make an** ~ **on sb** auf jdn Eindruck machen, jdn beeindrucken ❸ (*imitation*) Imitation *f*; **to do an** ~ **of sb/sth** jdn/etw imitieren [*o* nachahmen]; (*drawing*) Zeichnung *f* ❹ (*imprint*) Abdruck *m*; (*on skin*) Druckstelle *f* ❺ *usu sing* (*in publishing*) unveränderte Neuauflage

impressionable [ɪm'preʃᵊnəbl̩] *adj* [leicht] beeinflussbar, manipulierbar *pej*; **to be at an** ~ **age** in einem Alter sein, in dem man leicht zu beeinflussen ist

impression cylinder *n* TYPO Druckzylinder *m*

impressionism [ɪm'preʃᵊnɪzᵊm] *n no pl* Impressionismus *m*

impressionist [ɪm'preʃᵊnɪst] **I.** *n* ❶ LIT, MUS, ART Impressionist(in) *m(f)* ❷ (*imitator*) Imitator(in) *m(f)* **II.** *adj inv* impressionistisch

impressionistic [ɪm'preʃᵊnɪstɪk] *adj* impressionistisch

impressive [ɪm'presɪv] *adj* beeindruckend

impressively [ɪm'presɪvli] *adv* beeindruckend

imprimatur [ˌɪmprɪ'meɪtəʳ, AM -prɪm'ɑːt̬ɚ] *n* (*form: official approval*) Genehmigung *f*; REL (*licence to print*) Imprimatur *nt o* ÖSTERR *a. f fachspr*

imprint **I.** *vt* [ɪm'prɪnt] *usu passive* ❶ (*mark by pressing*) **to** ~ **coins/leather** Münzen/Leder prägen; **to** ~ **a seal on wax** ein Siegel auf Wachs drücken ❷ (*print*) **to** ~ **sth on cloth/paper** etw auf Stoff/Papier drucken; **to** ~ **sth on sb's mind** [*or* **memory**] (*fig*) jdm etw einprägen; ***that look of pure grief would be*** ~***ed on her mind forever*** dieser Anblick tiefster Trauer sollte ihr für immer im Gedächtnis haften ❸ ZOOL (*bond to*) ■**to** ~ **an animal on/to sb** ein Tier auf jdn prägen **II.** *n* ['ɪmprɪnt] ❶ (*mark*) Abdruck *m*; *coin, leather* Prägung *f*; *paper, cloth* [Auf]druck *m*; (*fig*) Spuren *fpl*; ***war has left its*** ~ ***on the faces of the people*** der Krieg hat die Gesichter der Menschen gezeichnet ❷ (*in publishing*) Impressum *nt*

imprinting [ɪm'prɪntɪŋ] *n no pl* ZOOL Prägung *f*

imprison [ɪm'prɪzᵊn] *vt usu passive* ■**to** ~ **sb** (*put in prison*) jdn inhaftieren; (*sentence to prison*) jdn zu einer Gefängnisstrafe verurteilen; ***she felt*** ~***ed in her own house*** (*fig*) sie fühlte sich in ihrem eigenen Haus als Gefangene; **to** ~ **sb for life** jdn zu einer lebenslangen Haft verurteilen

imprisonment [ɪm'prɪzᵊnmənt] *n no pl* Gefängnisstrafe *f*, Haft *f*; *esp in war* Gefangenschaft *f*; **a term** [*or* **sentence**] **of** ~ Haft *f*; **false** ~ Freiheitsberaubung *f*; (*wrongly imprisoning sb*) ungesetzliche Festnahme

improbability [ɪmˌprɒbə'bɪləti, AM -ˌprɑːbə'bɪlət̬i] *n no pl* Unwahrscheinlichkeit *f*

improbable [ɪm'prɒbəbl̩, AM -'prɑːb-] *adj* unwahrscheinlich; **it is highly** ~ **that ...** es ist höchst [*o* äußerst] unwahrscheinlich, dass ...; **an** ~ **excuse/story** eine unglaubhafte Entschuldigung/Geschichte; **an** ~ **name** ein kurioser Name

improbably [ɪm'prɒbəbli, AM -'prɑːb-] *adv* unwahrscheinlich, unglaublich

impromptu [ɪm'prɒm(p)tjuː, AM -'prɑːm(p)tuː] *adj inv* spontan

improper [ɪm'prɒpəʳ, AM -'prɑːpɚ] *adj* ❶ (*not correct*) unrichtig, falsch; (*showing bad judgement*) fälschlich ❷ (*inappropriate*) *clothing, actions* unpassend, nicht korrekt; (*indecent*) unanständig; ~ **conduct** unschickliches Benehmen [*o* Verhalten]; **to make** ~ **suggestions to sb** (*also iron*) jdm einen unsittlichen Antrag machen ❸ (*dishonest*) ~ **use** Veruntreuung *f*, Zweckentfremdung *f* (**of** von +*dat*)

improper fraction *n* MATH unechter Bruch

improperly [ɪm'prɒpəʳli, AM -'prɑːpɚ-] *adv* ❶ (*incorrectly*) nicht richtig; **to apply sth** ~ etw unsachgemäß anwenden ❷ (*inappropriately*) unangemessen; **to be dressed** ~ unpassend angezogen sein; (*indecently*) unanständig ❸ (*dishonestly*) auf unlautere [*o* unehrliche] Weise

impropriety [ˌɪmprə'praɪəti, AM -ət̬i] *n* ❶ *usu pl* (*improper doings*) Betrügerei[en] *f[pl]*, Betrug *m kein pl*; **alleged improprieties** angeblicher Betrug ❷ *no pl* (*indecency*) Unanständigkeit *f*; (*wrong use*) Unrichtigkeit *f*, falscher Gebrauch; (*unsuitableness*) Ungeeignetheit *f*, Untauglichkeit *f*

improve [ɪm'pruːv] **I.** *vt* ■**to** ~ **sth** etw verbessern; ■**to** ~ **oneself** an sich *dat* arbeiten, sich *akk* verbessern **II.** *vi* besser werden, sich *akk* verbessern; ***I hope the weather*** ~***s*** ich hoffe, es gibt besseres Wetter; ■**to** ~ **on** [*or* **upon**] **sth** etw [noch] verbessern; ***you can't*** ~ ***on that!*** da ist keine Steigerung mehr möglich!; **to** ~ **with age** mit dem Alter immer besser werden; **to** ~ **in French/mathematics** sich *akk* in Französisch/in Mathematik verbessern; **to** ~ **with practice** mit der Übung immer besser werden; **to** ~ **dramatically** sich *akk* entscheidend [*o* erheblich] verbessern

◆**improve on** *vi fig* ■**to** ~ **on sth** *a price* etw übertreffen [*o* überbieten]

improved [ɪm'pruːvd] *adj* verbessert

improvement [ɪm'pruːvmənt] *n* ❶ (*instance*) Verbesserung *f*; ***the last year has seen a slight*** ~ ***in the economy*** im letzten Jahr hat sich die Wirtschaftslage leicht verbessert; **to be an** ~ **on the former design/the old house/the previous manager** im Vergleich zum früheren Entwurf/zum alten Haus/zum vorigen Geschäftsführer eine Verbesserung darstellen ❷ *no pl* (*activity*) Verbesserung *f*; *of illness* Besserung *f*; **room for** ~ Steigerungsmöglichkeiten *fpl* ❸ (*repair or addition*) Verbesserungsmaßnahme *f*; [**home**] ~**s** Renovierungsarbeiten *fpl* (*Ausbau- und Modernisierungsarbeiten an/in Wohnung/Haus*)

improvidence [ɪm'prɒvɪdᵊn(t)s, AM -'prɑːvə-] *n no pl* (*form*) mangelnde Voraussicht, Unbedachtsamkeit *f*

improvident [ɪm'prɒvɪdᵊnt, AM -'prɑːvə-] *adj* (*form: without foresight*) unbedacht, unbesonnen; (*careless*) unvorsichtig

improvisation [ˌɪmprəvaɪ'zeɪʃᵊn, AM ɪmˌprɑːvɪ'-] *n* Improvisation *f*

improvise ['ɪmprəvaɪz] **I.** *vt* ■**to** ~ **sth** etw improvisieren; **to** ~ **a speech** aus dem Stegreif eine Rede halten **II.** *vi* improvisieren

improvised ['ɪmprəvaɪzd] *adj inv* improvisiert

imprudence [ɪm'pruːdᵊn(t)s] *n no pl* Unüberlegtheit *f*, Unbesonnenheit *f*, Leichtsinn *m*

imprudent [ɪm'pruːdᵊnt] *adj* unbesonnen, leichtsinnig

imprudently [ɪm'pruːdᵊntli] *adv* unverschämt

impudence ['ɪmpjədᵊn(t)s] *n no pl* Unverschämtheit *f*, Dreistigkeit *f*; **to have the** ~ **to do sth** die Frechheit haben [*o* besitzen], etw zu tun

impudent ['ɪmpjədᵊnt] *adj* unverschämt

impugn [ɪm'pjuːn] *vt* (*form*) ■**to** ~ **sth** etw bestreiten, etw anfechten; *testimony, motives* etw bezweifeln [*o* in Zweifel ziehen]; ***his reputation had been*** ~***ed*** sein guter Ruf war ruiniert

impulse ['ɪmpʌls] *n* ❶ (*urge*) Impuls *m*; **to do sth on** [**an**] ~ etw aus einem Impuls heraus tun; **to have a** [**sudden**] ~ **to do sth** plötzlich den Drang verspüren, etw zu tun; ***he couldn't resist the*** ~ ***to buy the computer game*** er konnte dem Drang nicht widerstehen, das Computerspiel zu kaufen ❷ ELEC (*of energy*) Impuls *m*; **an infra-red** ~ ein Infrarotimpuls *m*; **a nerve** ~ ein Nervenimpuls *m* ❸ (*motive*) Antrieb *m*, treibende Kraft

impulse buy *n* kurz entschlossener Kauf, Spontankauf *m* **impulse buying** *n no pl* Spontankaufen *nt;* **to encourage ~** zu Spontankäufen verleiten **impulse purchase** *n* Spontankauf *m*

impulsion [ɪmˈpʌlʃən] *n* ❶ (*urge*) Impuls *m;* (*compulsion*) Drang *m; see also* **impulse** ❷ (*motive*) Antrieb *m,* treibende Kraft; *see also* **impulse**

impulsive [ɪmˈpʌlsɪv] *adj* impulsiv; (*spontaneous*) spontan

impulsively [ɪmˈpʌlsɪvli] *adv* impulsiv; (*spontaneously*) spontan; **to act ~** impulsiv [*o* spontan] handeln

impulsiveness [ɪmˈpʌlsɪvnəs] *n no pl* Impulsivität *f*

impunity [ɪmˈpjuːnəti, AM -ət̬i] *n no pl* Straflosigkeit *f;* LAW Straffreiheit *f;* **to do sth with ~** etw ungestraft tun

impure [ɪmˈpjʊəʳ, AM -ˈpjʊr] *adj* ❶ (*unclean*) unrein, unsauber; (*contaminated*) *drinking water* verunreinigt; *drugs* gestreckt; *medication* nicht rein ❷ (*liter: not chaste*) unrein *veraltet,* unkeusch *veraltet;* **~ thoughts** unreine Gedanken

impurity [ɪmˈpjʊərəti, AM -ˈpjʊrət̬i] *n* ❶ *no pl* (*quality*) Verunreinigung *f,* Verschmutzung *f* ❷ (*element*) Verunreinigung *f,* Verschmutzung *f* ❸ *no pl* (*liter: of thought*) Unreinheit *f veraltet*

imputable [ɪmˈpjuːtəbl] *adj* (*form*) ■**to be ~ to sth** etw *dat* zugeschrieben werden können; ***that could be ~ to her lack of knowledge of the subject matter*** das könnte an ihrem mangelnden Fachwissen auf diesem Gebiet liegen

imputation [ɪmpjʊˈteɪʃən] *n* (*form*) Behauptung *f,* Unterstellung *f pej;* LAW Beschuldigung *f*

impute [ɪmˈpjuːt] *vt* ■**to ~ sth to sb** jdm etw unterstellen; **to ~ a crime to sb** jdn eines Verbrechens bezichtigen; **to ~ a motive to sb** jdm ein Motive zuschreiben

in [ɪn]

I. PREPOSITION	II. ADVERB
III. ADJECTIVE	IV. NOUN

I. PREPOSITION

❶ (*enclosed in*) in +*dat;* ***the butter is ~ the fridge*** die Butter ist im Kühlschrank; ***they live ~ a cottage*** sie wohnen in einer Hütte; **to be ~ bed** im Bett sein; **to ride ~ a car** [im] Auto fahren; ***he likes swimming ~ lakes*** er schwimmt gerne in Seen; ***it was covered ~ dirt*** es war mit Schmutz überzogen; **to lie ~ the sun** in der Sonne baden [*o* liegen]; **to find information ~ the internet** Informationen im Internet finden; ***she has over $100,000 ~ a savings account*** sie hat über $100.000 auf einem Sparkonto; ***I've got a pain ~ my back*** ich habe Schmerzen im Rücken; **~ sb's head** in jds Kopf; ***I never know what's going on ~ her head*** ich weiß nie, was in ihrem Kopf vorgeht; **to be in hospital** im Krankenhaus sein; **to be ~ and out of sth** immer wieder in etw *dat* sein; ***she's been ~ and out of hospitals ever since the accident*** sie war seit dem Unfall immer wieder im Krankenhaus ❷ (*surrounded by*) in +*dat;* ***there are several gangs ~ my neighbourhood*** in meiner Umgebung gab es mehrere Gangs; **down below ~ the valley** unten im Tal; ***I got stuck ~ a traffic jam*** ich bin in einen Stau gekommen; **to stand ~ the road** auf der Straße sehen; ***the ducks swam ~ the pond*** die Enten schwammen im Teich; ***I live ~ New York*** ich lebe in New York; **to look at oneself ~ the mirror** sich *akk* im Spiegel betrachten; **~ the middle of sth** in der Mitte von etw *dat* ❸ (*visible through*) in +*dat;* **~ the window** im Fenster; ***the lady stood ~ the doorway*** die Frau stand im Eingang ❹ *after vb* (*into*) in +*dat;* **to get ~ the car** ins Auto steigen; ***I just put too much milk ~ my coffee*** ich habe zu viel Milch in meinen Kaffee getan; ***the decided to invest their savings ~ stocks*** sie entschieden sich dazu, ihre Ersparnisse in Aktien anzulegen; **to invest ~ the future** in die Zukunft investieren ❺ AM (*at*) auf +*dat;* ***is Erika still ~ school?*** ist Erika noch auf der Schule?; ***Boris is ~ college*** Boris ist auf dem College ❻ (*as part of*) in +*dat;* ***who's the woman ~ that painting?*** wer ist die Frau auf diesem Bild?; ***he was singer ~ a band*** er war Sänger in einer Band; ***over 20 horses were ~ the race*** an dem Rennen nahmen 20 Pferde teil; ***he looked for her face ~ the crowd*** er suchte ihre Gesicht in der Menge; ***these themes can often be found ~ Schiller*** diese Themen kommen bei Schiller oft vor; ***what do you look for ~ a relationship?*** was erwartest du in einer Beziehung?; ***you're with us ~ our thoughts*** wir denken an dich ❼ (*involved with*) ■**~ sth** in etw *dat;* ***she works ~ publishing*** sie arbeitet bei einem Verlag; ***they enlisted ~ the army for two years*** sie verpflichteten sich für zwei Jahre als Soldaten; **a degree ~ sth** ein Abschluss in etw *dat;* **~ search of sb/sth** auf der Suche nach jdn/etw ❽ (*dressed*) in +*dat;* **the man [dressed] ~ the grey suit** der Mann in dem grauen Anzug; ***you look nice ~ green*** grün steht dir; **~ the nude** nackt; **to sunbathe ~ the nude** nackt sonnenbaden ❾ (*expressed as*) *oil paint, watercolour* mit +*dat;* ***cheques should be written ~ ink*** Schecks sollten mit Tinte ausgefüllt werden; *French, English* auf +*dat;* ***they spoke ~ Russian the whole time*** sie sprachen die ganze Zeit auf Russsisch; ***can you give me that offer ~ writing?*** können Sie mir dieses Angebot schriftlich geben?; **~ a small voice** mit leiser Stimme; **~ *all honesty*** in aller Aufrichtigkeit; **to tell sb sth ~ all seriousness** jdm etw in vollem Ernst sagen; **to pay ~ dollars** mit [*o* in] Dollar zahlen; **to write ~ short simple sentences** in kurzen einfachen Sätzen schreiben; **to swear ~ an oath** einen Eid schwören; ***she told me ~ a promise that she would wait for me*** sie hat mir versprochen, auf mich zu warten; **to say sth ~ a nutshell** etw in aller Kürze sagen; **~ conclusion** schließlich, zum Schluss; ***he always talks ~ a whisper*** er spricht immer sehr leise; **to speak to sb ~ a normal tone of voice** sich *akk* mit jdm normal unterhalten; **to listen to music ~ stereo** Musik stereo hören; ***Mozart's Piano Concerto ~ E flat*** Mozarts Klavierkonzert in E-Moll; **~ fact** tatsächlich, in Wirklichkeit; **~ the form of sth** in Form von *dat;* **~ the form of a request** in Form einer Anfrage ❿ (*during*) am +*dat,* in +*dat;* **~ the morning/evening** am Morgen/Abend; ***did you hear the thunder ~ the night?*** hast du heute nacht den Donner gehört?; **~ the autumn/spring** im Herbst/Frühling; ***we're going to Italy ~ April*** wir fahren im April nach Italien; **~ the late 60s** in den späten Sechzigern; ***they met ~ 1885*** sie trafen sich 1885; ***she hasn't heard from him ~ six months*** sie hat seit sechs Monaten nichts mehr von ihm gehört; ***I haven't done that ~ a long time*** ich habe das lange Zeit nicht mehr gemacht; **to be with the Lord ~ eternity** bei Gott im Himmel sein; **~ the aftermath of the earthquake** in der Zeit nach dem Erdbeben ⓫ (*at later time*) in +*dat;* ***dinner will be ready ~ ten minutes*** das Essen ist in zehn Minuten fertig; **~ the end** am Ende, schließlich ⓬ (*no later than*) in +*dat;* ***we need that contract signed ~ two days*** der Vertrag muss in zwei Tagen unterzeichnet sein; ***they completed the journey ~ record time*** sie haben die Reise in einer Rekordzeit beendet ⓭ (*at distance of*) nach +*dat;* ***the house should be coming up ~ about one mile*** das Haus müsste nach einer Meile auftauchen ⓮ (*expressing state, condition*) in +*dat;* **~ anger** im Zorn; **~ horror** voller Entsetzen; ***to live ~ luxury*** im Luxus leben; **~ the secret** im geheimen, heimlich; **~ private** vertraulich; ***she was ~ stress at the moment*** sie war gerade im Stress; ***he left ~ a hurry*** sie ging in aller Eile davon; **to be ~ doubt** zweifeln; **to get ~ trouble** Schwierigkeiten bekommen; ***he cried out ~ pain*** er schrie vor Schmerzen; ***she was ~ a good mood that day*** ihre Stimmung an diesem Tag war gut; ***he always drinks ~ excess*** er trinkt immer zu viel; **to be ~ no doubt** nicht an etw *dat* zweifeln; **to fall ~ love [with sb]** sich *akk* [in jdn] verlieben; **to come ~ question** in Frage gestellt werden; **~ a state of sth** in einem Zustand von etw *dat;* **~ a state of panic** in Panik; ***everything is ~ a state of chaos*** alles ist in einem chaotischen Zustand; **~ his excitement** in seiner Begeisterung ⓯ (*as result of*) **~ exchange** als Ersatz, dafür; **~ response to** als Antwort auf +*akk;* **~ reply** [*or* **answer**] **to** als Reaktion [*o* Antwort] auf +*akk;* ***~ refusing to work abroad, she missed a good job*** weil sie sich weigerte, im Ausland zu arbeiten, entging ihr ein guter Job; **~ doing so** dabei, damit; **~ that ...** (*form*) insofern als; ***I was fortunate ~ that I had friends*** ich hatte Glück, weil ich Freunde hatte ⓰ (*arranged as*) in +*dat;* ***then we sat down ~ a circle*** wir setzten uns in einem Kreis hin; ***get together ~ groups of four!*** bildet Vierergruppen!; ***sometimes customers buy books ~ twos*** manchmal kaufen Kunden Bücher doppelt; ***slice the potatoes ~ two beforehand!*** schneiden Sie die Kartoffel vorher einmal durch!; **to die ~ their thousands** zu Tausenden sterben; ***he ripped up the note ~ pieces*** er zerriss den Notizzettel in kleine Fetzen; **~ total** insgesamt ⓱ (*comparing amounts*) pro +*dat;* **six pence ~ the pound** sechs Pennys pro Pfund; **one ~ ten people** jeder zehnte; ***she has a one ~ three chance*** ihre Chancen stehen eins zu drei; **there's nothing** [*or* **not much**] [*or* **very little**] **~ it** da ist kein großer Unterschied ⓲ (*characteristic*) ***he is deaf ~ his left ear*** er hört auf dem linken Ohr nichts; **to be equal ~ weight** gleich viel wiegen; ***he's about six foot ~ height*** er ist ca. zwei Meter groß; **dark ~ colour** dunkelfarbig; **difference ~ quality** Qualitätsunterschied *m;* ***it's not ~ his nature*** es liegt nicht in seiner Natur; **~ every respect** in jeder Hinsicht; ■**~ sb** mit jdm; ***~ Kim, he's got a very good friend as well as a lover*** mit Kim hat er eine sehr gute Freundin und Liebhaberin; **it isn't ~ sb to do sth** jd ist nicht zu etw *dat* in der Lage; ***it's not ~ me to lie*** ich kann nicht lügen; **to not have it ~ one to do sth** nicht in der Lage sein, etw zu tun ⓳ (*approximately*) in +*dat;* **to be ~ one's forties** in den Vierzigern sein; ***temperatures tomorrow will be ~ the mid-twenties*** die Temperaturen bewegen sich um 25 Grad ⓴ *after vb* (*concerning*) **to assist a doctor ~ an operation** einem Artz bei einer Operation assistieren; ***the whole family shared ~ his success*** die ganze Familie nahm Anteil an seinem Erfolg; ***don't interfere ~ my business unasked!*** mische dich nicht ungefragt in meine Angelegenheiten ein!; ***she's interested ~ photography*** sie interessiert sich für Fotografie; *after n;* ***we have confidence ~ you*** wir vertrauen dir; ***she had no say ~ the decision*** sie hatte keinen Einfluss auf die Entscheidung; **a change ~ sth** eine Änderung in etw *dat;* ***she underwent a change ~ style*** sie hat ihren Stil geändert ㉑ (*substitution of*) ■**~ sth** anstatt etw +*dat;* ***he came to the party ~ his friend's place*** er kam anstatt seinem Freund auf die Party; **~ God's/heaven's name** um Gottes/Himmels willen; **~ lieu of sth** anstelle von, anstatt ► PHRASES: **to put one's foot ~ one's mouth** [*or* **it**] ins Fettnäpfchen treten; **to follow ~ sb's footsteps** in jds Fußstapfen treten; **~ hell** (*fam*) überhaupt; **~ line** übereinstimmend; ***they tried to keep their children ~ line*** sie versuchten, die Kinder bei der Stange zu halten; **to put sb ~ their place** jdn in seine Schranken weisen; **to leave sth ~ one's wake** etw zur Folge haben; **~ stereo** gleichzeitig; **~ all** insgesamt; ***there were 10 of us ~ all*** wir waren zu zehnt; **all ~ all** alles in allem; ***all ~ all it's been a good year*** insgesamt gesehen war es ein gutes Jahr

II. ADVERB

❶ (*into sth and [t]hither*) herein; ***come ~!*** herein!; ***the sea was freezing, but ~ she went*** das Meer war eiskalt, doch sie kannte nichts und ging hinein ❷ (*there*) da; (*at home*) zu Hause; ***is David ~?*** ist David da?; **to have a quiet evening ~** einen ruhigen Abend zu Hause verbringen ❸ (*at arrival point*) **to be due ~** fällig sein; ***the train is due ~ any moment now*** der Zug müsste jetzt jeden Moment [an]kommen; (*towards land*) landeinwärts; ***the tide comes ~ very quickly here*** die Flut kommt hier sehr rasch herein; ***we stood on the harbour for a while watching the ship come*** ~ wir standen eine Zeitlang am Hafen und beobachteten das einlaufende Schiff ④ *(inside)* nach innen; ***could you bring the clothes ~?*** könntest du die Wäsche 'reinholen?; ***I didn't hear you come*** ~ ich habe dich nicht [ins Haus] kommen hören; ***the farmer brought the harvest*** ~ der Bauer brachte die Ernte ein; ***the roof of their house caved*** ~ das Dach ihres Hauses fiel in sich zusammen ⑤ *(submitted)* **to get** [*or* **hand**] **sth** ~ etw abgeben [*o* einreichen]; ***when does your essay have to be ~?*** wann musst du deinen Essay abgeben? ⑥ SPORTS *(within bounds)* ***the ball was definitely ~!*** der Ball war keineswegs im Aus!; **to be** ~ *player* am Ball sein ⑦ *(take part)* **to go ~ for sth** an etw *dat* teilnehmen; ***I never went ~ for collecting stamps*** mit Briefmarken sammeln habe ich mich nie abgegeben ▸ PHRASES: **day ~, day out** tagein, tagaus; ~ **between** dazwischen; **to be ~ for sth** sich *akk* auf etw *akk* gefasst machen müssen; **to be ~ for it** sich *akk* auf etw *akk* gefasst machen können; **to be ~ on sth** über etw *akk* Bescheid wissen; **to be ~ with sb** mit jdm zusammen sein; **to get ~ with sb** sich *akk* bei jdm lieb Kind machen *fam;* **to let sb ~ on sth** jdm etw verraten

III. ADJECTIVE

① *(leading in)* einwärts; ***the door ~ opens inwards*** die Tür hinein geht nach innen auf; **~ basket** Behälter *m* für eingehende Postsendungen ② *(in fashion)* in; ■**to be ~** in [*o fam* hipp] sein; **to be the ~ place to dance/dine** als Tanzlokal/Restaurant in sein *fam* ③ *pred (with favourable status)* ***he's ~ with the boss at the moment*** zurzeit ist er beim Chef gut angeschrieben; ***she just says those things to get ~ with the teacher*** die sagt so was doch bloß, um sich beim Lehrer lieb Kind zu machen ④ *pred (in season)* reif; ***pumpkins are ~!*** Kürbisse jetzt frisch!

IV. NOUN

(connection) Kontakt[e] *m[pl]*; ***he wants to get involved with that group but doesn't have an ~*** er würde gern mit dieser Gruppe in Kontakt kommen, aber bis jetzt fehlt ihm die Eintrittskarte ▸ PHRASES: **the ~s and outs of sth** jedes kleine Detail einer S. *gen;* **to understand the ~s and outs of sth** etw hundertprozentig verstehen

inability [ˌɪnəˈbɪləti, AM -ət̬i] *n no pl* Unfähigkeit *f,* Unvermögen *nt;* ~ **to pay** Zahlungsunfähigkeit *f*

in absentia [ˌɪnæbˈsentiə, AM -ˈsen(t)ʃə] *adv inv* in Abwesenheit; LAW in absentia *fachspr*

inaccessibility [ˌɪnəksesəˈbɪləti, AM -əti] *n no pl physical* Unzugänglichkeit *f; mental* Unverständlichkeit *f*

inaccessible [ˌɪnəkˈsesəbl̩] *adj* ① *(hard to enter)* unzugänglich; *(hard to understand)* unverständlich ② *pred (hard to relate to)* distanziert, unnahbar; ***they found him cold and ~*** sie fanden ihn kalt und abweisend; ■**to be ~ to sb** sich *akk* jdm schwer erschließen; ***why is opera so ~ to so many people?*** warum tun sich so viele Leute so schwer mit der Oper?

inaccuracy [ɪnˈækjərəsi, AM -jɚə-] *n* ① *(fact)* Ungenauigkeit *f;* ***inaccuracies in bookkeeping*** Fehler *m* in der Buchführung ② *no pl (quality)* Ungenauigkeit *f*

inaccurate [ɪnˈækjərət, AM -jɚət] *adj (inexact)* ungenau; *(wrong)* falsch, fehlerhaft; **to be highly** [*or* **wildly**] ~ in höchstem Maße ungenau sein; ***this is a highly ~ presentation of the facts*** die Fakten werden hier völlig verdreht

inaccurately [ɪnˈækjərətli, AM -jɚət-] *adv inv (inexactly)* ungenau; *(incorrectly)* falsch

inaction [ɪnˈækʃən] *n no pl* Untätigkeit *f,* Passivität *f*

inactive [ɪnˈæktɪv] *adj* untätig, passiv; *also* COMPUT inaktiv; ECON, FIN flau; ***the explosive remains ~ until set off by heat*** der Sprengstoff wird erst durch Hitze gezündet; **an ~ volcano** ein inaktiver Vulkan

inactivity [ˌɪnækˈtɪvəti, AM -əti] *n no pl* Untätigkeit *f,* Inaktivität *f*

inadequacy [ɪnˈædɪkwəsi] *n* ① *(trait)* Unzulänglichkeit[en] *f[pl]* ② *no pl (quality)* Unzulänglichkeit *f;* **feelings of ~** Minderwertigkeitsgefühle *pl*

inadequate [ɪnˈædɪkwət] *adj* unangemessen, unzureichend; ***he is wholly ~ to the demands of the job*** er wird den beruflichen Anforderungen in keinster Weise; **woefully ~** völlig unzulänglich; **to feel ~** Minderwertigkeitsgefühle haben

inadequately [ɪnˈædɪkwətli] *adv* unzureichend, nicht ausreichend

inadmissibility [ˌɪnədˌmɪsəˈbɪləti, AM -əti] *n no pl* Unzulässigkeit *f*

inadmissible [ˌɪnədˈmɪsəbl̩] *adj inv* unzulässig; **~ evidence** unzulässiger Beweis

inadvertence [ˌɪnədˈvɜːtən(t)s, AM -ˈvɜːr-] *n no pl (carelessness)* Unachtsamkeit *f; (error)* Versehen *nt;* ***it was a case of ~*** es war schlicht ein Versehen

inadvertent [ˌɪnədˈvɜːtənt, AM -ˈvɜːr-] *adj (careless)* unachtsam; *(erroneous)* versehentlich; ***I'm sure it was ~*** ich bin sicher, dass das ein Versehen war

inadvertently [ˌɪnədˈvɜːtəntli, AM -ˈvɜːr-] *adv (carelessly)* unachtsam; *(erroneously)* versehentlich

inadvisable [ˌɪnədˈvaɪzəbl̩] *adj* nicht empfehlenswert [*o* ratsam]

inalienable [ɪˈneɪliənəbl̩] *adj inv (form)* unveräußerlich *geh;* ~ **rights** nicht übertragbare [*o geh* unveräußerliche] Rechte

inamorata [ɪˌnæməˈrɑːtə, AM -t̬ə] *n (liter)* Liebste *f veraltet; (hum also)* Angebetete *f meist hum,* Liebste *f iron*

inamorato [ɪˌnæməˈrɑːtəʊ, AM -t̬oʊ] *n (liter)* Liebster *m veraltet; (hum also)* Angebeteter *f meist hum,* Romeo *m iron*

inane [ɪˈneɪn] *adj (pej) story, TV show* belanglos, geistlos; *question, comment, remark* dämlich *pej*

inanely [ɪˈneɪnli] *adv (pej)* geistlos, albern *pej*

inanimate [ɪˈnænɪmət] *adj inv (not living)* leblos, unbelebt, unbeseelt *geh;* **an ~ object** ein [toter] Gegenstand; *(not moving)* bewegungslos

inanition [ˌɪnəˈnɪʃən] *n no pl* MED Entkräftung *f,* Auszehrung *f*

inanity [ɪˈnænəti, AM -t̬i] *n (pej)* ① *(lack of substance)* Belanglosigkeit *f,* Trivialität *f pej* ② *no pl (silliness)* Albernheit *f*

inapplicable [ˌɪnəˈplɪkəbl̩, AM ɪˈnæp-] *adj inv* unanwendbar; *answer, question* unzutreffend, nicht zutreffend

inapposite [ɪnˈæpəzɪt] *n* unangemessen

inappropriate [ˌɪnəˈprəʊpriət, AM -ˈproʊ-] *adj (not of use)* ungeeignet; **~ measures** ungeeignete Maßnahmen; *(inconvenient)* ungelegen; *time* unpassend; *(out of place)* unangebracht, unangemessen

inappropriately [ˌɪnəˈprəʊpriətli, AM -ˈproʊ-] *adv* unpassend, unangemessen

inappropriateness [ˌɪnəˈprəʊpriətnəs, AM -ˈproʊ-] *n no pl (uselessness)* Untauglichkeit *f; (inconvenience)* Ungelegenheit *f; (impropriety)* Unangebrachtheit *f*

inapt [ɪˈnæpt] *adj (form)* ① *(not suitable)* ungeeignet ② *(not skilful)* ungeschickt

inaptitude [ɪˈnæptɪtjuːd, AM -tətuːd, -tjuːd] *n no pl (form)* Unvermögen *f*

inarticulacy [ˌɪnɑːˈtɪkjələsi, AM -ɑːr'-] *n no pl (handicap)* mangelnde Wortgewandtheit; *(performance)* Gestammel *nt pej; (inability to speak)* Sprachlosigkeit *f*

inarticulate [ˌɪnɑːˈtɪkjələt, AM -ɑːr'-] *adj* ① *(unable to express oneself)* ■**to be ~** unfähig sein, sich *akk* auszudrücken; ***she was ~ with rage/shame*** die Wut/Scham verschlug ihr die Sprache ② *inv (not expressed)* **an ~ fear/worry** eine unausgesprochene Angst/Sorge ③ *(unclear)* undeutlich, unverständlich; *speech* zusammenhangslos

inarticulately [ˌɪnɑːˈtɪkjələtli, AM -ɑːr'-] *adv* undeutlich, unklar

inarticulateness [ˌɪnɑːˈtɪkjələtnəs, AM -ɑːr'-] *n no pl see* **inarticulacy**

inartistic [ˌɪnɑːˈtɪstɪk, AM -ɑːr'-] *adj* unkünstlerisch, amusisch

inasmuch as *conj (form)* ① *(to the extent that)* insofern [als]; ~ ***you are their commanding officer, …*** im Rahmen Ihrer Befehlsgewalt als Offizier … ② *(because)* da [ja], weil; ~ ***Wednesday is a national holiday, banks and most businesses will be closed*** wegen des staatlichen Feiertags bleiben am Mittwoch die Banken und die meisten Geschäfte geschlossen

inattention [ˌɪnəˈten(t)ʃən] *n no pl (distractedness)* Unaufmerksamkeit *f; (negligence)* Achtlosigkeit *f,* Gleichgültigkeit *f*

inattentive [ˌɪnəˈtentɪv, AM -t̬ɪv] *adj (distracted)* unaufmerksam; *(careless)* achtlos, gleichgültig

inattentively [ˌɪnəˈtentɪvli, AM -t̬ɪv-] *adv* unkonzentriert; **to do sth ~** *work, lessons* bei etw *dat* nicht bei der Sache sein

inaudibility [ɪˌnɔːdəˈbɪləti, AM -ɑːdɪˈbɪlət̬i] *n no pl* Unhörbarkeit *f*

inaudible [ɪˈnɔːdəbl̩, AM *esp* ɪˈnɑː-] *adj* unhörbar

inaudibly [ɪˈnɔːdəbli, AM *esp* ɪˈnɑː-] *adv* unhörbar

inaugural [ɪˈnɔːgjərəl, AM ɪˈnɑːgjʊrəl] *adj attr, inv* ① *(consecration)* Einweihungs-; *(opening)* Eröffnungs- ② *esp* AM POL *(at start of term)* Antritts-; ~ **address** Antrittsrede *f*

inaugurate [ɪˈnɔːgjəreɪt, AM ɪˈnɑːgjʊ-] *vt* ① *(start)* **to ~ an era** eine neue Ära einläuten [*o* einleiten]; **to ~ a policy** eine Politik [neu] einführen; *(open up)* ■**to ~ sth** *new building* etw [neu] eröffnen ② *(induct into office)* ■**to ~ sb** jdn in sein Amt einführen; **to ~ the president** *esp* AM den Präsidenten [feierlich] in sein Amt einführen

inauguration [ɪˌnɔːgjəˈreɪʃən, AM ɪˌnɑːgjʊˈ-] *n* ① *no pl (starting) of museum, library* Eröffnung *f; of monument, stadium* Einweihung *f; of era, policy* Einführung *f,* Beginn *m* ② *(induction)* Amtseinführung *f*

inauguration ceremony *n* Amtseinführungszeremonie *f* **Inauguration Day** *n* POL *Tag der Amtseinführung des Präsidenten der Vereinigten Staaten, am 20. Januar nach den Präsidentschaftswahlen*

inauspicious [ˌɪnɔːˈspɪʃəs, AM *esp* ˌɪnɑː'-] *adj (form)* ungünstig, glücklos; ***her cinematic debut was ~*** ihr Kinodebüt stand unter einem schlechten Stern

inauspiciously [ˌɪnɔːˈspɪʃəsli, AM *esp* ˌɪnɑː'-] *adv (form)* ungünstig; ***he began rather ~*** er hatte einen unglücklichen Start

in between *prep* ① *(in middle of)* zwischen +*dat* ② *(at intervals in)* zwischen +*dat*

in-between I. *adj attr, inv* Zwischen-, Übergangs-; ~ **phase** [*or* **stage**] Übergangsphase *f* **II.** *n (often hum)* Zwischending *nt*

inboard [ˌɪnˈbɔːd, AM -ˈbɔːrd] **I.** *adj (towards inside)* einwärts, nach innen; *(inside)* innen, auf der Innenseite *nach n; (inside vehicle)* im Innenraum *nach n;* NAUT innenbords; ~ **engine** Innenbordmotor *m* **II.** *adv* einwärts, [nach] innen; ***an aerial was mounted ~*** eine Antenne wurde innenseitig angebracht

inborn [ˌɪnˈbɔːn, AM -ˈbɔːrn] *adj inv personality trait* angeboren; *physical trait* vererbt

inbound [ˈɪnˌbaʊnd] *adj inv* hereinkommend *attr; airplanes* ankommend; *ships* einfahrend; **the city's ~ traffic** der Verkehr in Richtung Innenstadt

inbounds [ˌɪnˈbaʊndz] *adj inv* SPORTS auf dem Spielfeld; ***the ball was still ~*** der Ball war noch nicht im Aus

inbred [ˌɪnˈbred, AM ˈɪnbred] *adj inv* ① *(from inbreeding)* durch Inzucht erzeugt [*o* hervorgerufen] ② *(inherent)* angeboren; *charm, talent* naturgegeben

inbreeding [ˌɪnˈbriːdɪŋ, AM ˈɪnbriːd-] *n no pl* Inzucht *f*

inbuilt [ˌɪnˈbɪlt] *adj inv* BRIT eingebaut; *in people, animals* angeboren

Inc. *adj after n, inv* ECON *abbrev of* **incorporated**

Inca [ˈɪŋkə] *n* Inka *pl*

incalculable [ɪnˈkælkjələbl̩] *adj* ① *inv (very high)* unabsehbar, unkalkulierbar; *costs* unüberschaubar ② *(inestimable)* nicht zu ermessen *präd,* unvorstellbar; **of ~ value** von unschätzbarem Wert ③ (*unpredictable*) *person* unberechenbar

incalculably [ɪnˈkælkjələbli] *adv* (*beyond imagination*) unvorstellbar; (*unpredictably*) unberechenbar

in camera *adv inv* LAW unter Ausschluss der Öffentlichkeit; **to hold a trial ~** ein Verfahren unter Ausschluss der Öffentlichkeit abhalten

in camera process *n* COMPUT Sofortbildentwicklung *f*

incandescence [ˌɪnkænˈdesᵊn(t)s] *n no pl* (*from heat*) Glühen *nt*, Weißglut *f*; (*fig*) Strahlen *nt fig*

incandescent [ˌɪnkænˈdesᵊnt] *adj* ① *inv* (*lit up*) [weiß]glühend *attr*, leuchend hell; **~ light bulb** Glühbirne *f* ② (*fig: aglow*) strahlend; ***her beauty had an ~ quality to it*** sie war von strahlender Schönheit; **to be ~ at sth** wegen einer S. *gen* vor Wut platzen *fam* ③ (*brilliant*) glanzvoll; **an ~ performance** eine glänzende Vorstellung

incant [ɪnˈkænt] *vt* **to ~ psalms/words** Psalmen/Worte rezitieren [*o pej* herunterleiern]; **to ~ spells** Beschwörungen murmeln

incantation [ˌɪnkænˈteɪʃᵊn] *n* ① *no pl* (*activity*) Beschwörung *f*, [magischer] Sprechgesang ② (*spell*) Zauberspruch *m*, magische Formel

incapability [ɪnˌkeɪpəˈbɪləti, AM -t̬i] *n no pl* Unfähigkeit *f*, Unvermögen *nt*

incapable [ɪnˈkeɪpəbl] *adj* (*incompetent*) unfähig, ungeeignet; (*unable*) ■**to be ~ of doing sth** unfähig sein, etw zu tun; ***he is ~ of such dishonesty*** er ist zu einer solchen Unehrlichkeit gar nicht fähig

incapacitate [ˌɪnkəˈpæsɪteɪt] *vt* ■**to ~ sb** jdn außer Gefecht setzen [*o* handlungsunfähig machen]

incapacitating [ˌɪnkəˈpæsɪteɪtɪŋ, AM -t̬ɪŋ] *adj attr, inv* hinderlich, lähmend

incapacity [ˌɪnkəˈpæsəti, AM -əti] *n no pl* Unfähigkeit *f*; **~ for love** Liebesunfähigkeit *f*; **~ of work** Arbeitsunfähigkeit *f*

in-car [ˈɪnkɑːʳ, AM kɑːr] *adj attr, inv* [in das Auto] eingebaut

incarcerate [ɪnˈkɑːsᵊreɪt, AM -ˈkɑːrsə-] *vt* ■**to ~ sb** jdn einkerkern *liter*; ■**to be ~d in sth** in etw *dat* eingesperrt [*o* gefangen] sein

incarceration [ɪnˌkɑːsᵊrˈeɪʃᵊn, AM -ˌkɑːrsərˈ-] *n no pl* Einkerkerung *f liter*

incarnate I. *adj* [ɪnˈkɑːnət, AM -ˈkɑːr-] *after n, inv* personifiziert; **the devil ~** der personifizierte Teufel; **evil ~** das personifizierte Böse; **God ~** der menschgewordene Gott II. *vt* [ˈɪnkɑːneɪt, AM ɪnˈkɑːr-] (*form*) ① (*embody*) ■**to ~ sth** etw verkörpern, die Verkörperung einer S. *gen* sein ② (*make concrete*) ■**to ~ sth** etw wiedergeben, etw beinhalten ③ REL (*become human*) ***God ~d Himself in the person of Jesus*** Gott selber nahm in der Person Jesu Menschengestalt an

incarnation [ˌɪnkɑːˈneɪʃᵊn, AM -kɑːrˈ-] *n* ① *no pl* (*human form*) Inkarnation *f geh*, Verkörperung *f*; **to be the ~ of beauty/grace** die Schönheit/Anmut selbst sein; **to be the ~ of evil** die Inkarnation [*o* leibhaftige Verkörperung] des Bösen darstellen ② (*lifetime*) Inkarnation *f*; **another/a previous ~** ein anderes/früheres Leben ③ (*realization*) Bearbeitung *f* ④ REL **the I~** die Inkarnation

incautious [ɪnˈkɔːʃəs, AM *esp* -ˈkɑː-] *adj* unvorsichtig, unüberlegt

incautiously [ɪnˈkɔːʃəsli, AM *esp* -ˈkɑː-] *adv* unvorsichtig, unüberlegt

incendiary [ɪnˈsendiᵊri, AM -dieri] I. *adj* ① *attr, inv* (*causing fire*) Brand-; **~ bomb** Brandbombe *f*; **~ device** Brandsatz *m* ② (*fig: causing argument*) aufstachelnd *attr*, aufrührerisch; **an ~ remark** eine anstachelnde Bemerkung; **~ speech** Brandrede *f* ③ AM (*spicy*) sehr [*o* extra] scharf II. *n* ① (*bomb*) Brandbombe *f*; (*device*) Brandmittel *nt* ② (*form: arsonist*) Brandstifter(in) *m(f)*, Feuerteufel *m fig* ③ (*old: rabblerouser*) Aufwiegler(in) *m(f)*

incense¹ [ˈɪnsen(t)s] *n no pl* ① (*substance*) Räuchermittel *nt*; (*in church*) Weihrauch *m*; **stick of ~** Räucherstäbchen *nt* ② (*smoke*) wohlriechender Rauch; (*in church*) Weihrauch *m*

incense² [ɪnˈsen(t)s] *vt* ■**to ~ sb** jdn empören [*o* aufbringen]; **to be ~d by** [*or* **at**] **sb/sth** über jdn/etw erbost [*o* aufgebracht] sein; ■**to ~ sth** etw aufstacheln; ***the judgement ~d public opinion*** das Urteil empörte die Öffentlichkeit

incensed [ɪnˈsen(t)st] *adj pred* empört, wütend

incentive [ɪnˈsentɪv, AM -t̬ɪv] I. *n* (*motivation*) Anreiz *m*, Ansporn *m*; **tax ~s** steuerliche Anreize; **financial ~s** finanzielle Anreize; **to provide an ~ to do sth** einen Anreiz schaffen, etw zu tun II. *adj attr, inv* Vorteile bringend; **~ bonus** Bonus *m*, Prämie *f*; **~ discount** Treuerabatt *m*; **~ offer** Gratisangebot *nt*, Werbegeschenk *nt*; **~ price** Kennenlernpreis *m*, Schnupperpreis *m*

incentive scheme *n* System *nt* von Kauf- und Leistungsanreizen, Prämiensystem *nt*

inception [ɪnˈsepʃᵊn] *n no pl* Anfang *m*, Beginn *m*; (*of a company*) Gründung *f*

incertitude [ɪnˈsɜːtɪtjuːd, AM -ˈsɜːrtɪtuːd] *n* Unsicherheit *f*, Ungewissheit *f*

incessant [ɪnˈsesᵊnt] *adj inv* ununterbrochen, pausenlos; **~ chatter** unentwegtes Geplapper

incessantly [ɪnˈsesᵊntli] *adv inv* ununterbrochen, pausenlos, stetsfort SCHWEIZ; **to talk ~** ununterbrochen reden

incest [ˈɪnsest] *n no pl* Inzest *m*, Blutschande *f*

incestuous [ɪnˈsestjuəs, AM -tʃu-] *adj* inzestuös; **an ~ relationship** eine inzestuöse Beziehung

incestuously [ɪnˈsestjuəsli, AM -tʃu-] *adv* inzestuös; **to be ~ involved** Inzest treiben

incestuousness [ɪnˈsestjuəsnəs, AM -tʃu-] *n no pl* inzestuöser Charakter

inch [ɪn(t)ʃ] I. *n* <*pl* -es> ① (*measurement*) Zoll *m* (*2,54 cm*) ② (*person's measurment*) ■**~es** *pl* Körpergröße *f*, Statur *f* ③ (*small distance*) Zollbreit *m*, Zentimeter *m fig*; **just an ~/just ~es** ganz knapp; **to avoid** [*or* **miss**] **sb/sth by ~es** jdn/etw [nur] um Haaresbreite verfehlen; ***we won the game by an ~*** wir haben das Spiel gerade mal eben gewonnen ④ (*all*) **every ~** jeder Zentimeter; ***Caroline knows every ~ of London*** Caroline kennt London wie ihre Westentasche; ***she's every ~ a lady*** sie ist eine Dame vom Scheitel bis zur Sohle ▶ PHRASES: **within an ~ of one's life** um Haaresbreite am Tod vorbei; **if you give someone an ~ and they'll take a mile** (*prov*) wenn man jemandem den kleinen Finger reicht, will er gleich die ganze Hand *prov*; **not to budge** [*or* **give**] [*or* **move**] **an ~** stur bleiben, nicht nachgeben; **to do sth by ~es** etw ganz allmählich tun; **to search sth ~ by ~** etw zentimetergenau absuchen II. *vi* sich *akk* [ganz] langsam bewegen; ***we were ~ing along in a traffic jam*** wir steckten im Stau und kamen nur im Schritttempo voran III. *vt* **to ~ sth across the room/towards the wall** etw [ganz] vorsichtig durch das Zimmer/gegen die Wand bewegen

inchoate [ɪnˈkəʊeɪt, AM -ˈkoʊ-] *adj* (*form, liter*) [noch] im Anfangsstadium befindlich, unausgereift

incidence [ˈɪn(t)sɪdᵊn(t)s] *n* Auftreten *nt*, Vorkommen *nt*; ***there is a higher ~ of ...*** es gibt mehr ...; **an increased ~ of cancer** ein Anstieg der Krebsrate

incident [ˈɪn(t)sɪdᵊnt] I. *n* ① (*occurrence*) [Vor]fall *m*, Zwischenfall *m*, Ereignis *nt*; **an isolated ~** ein Einzelfall *m*; **a minor ~** eine Bagatelle; **a shooting ~** eine Schießerei ② (*story*) Begebenheit *f*, Geschehen *nt* II. *adj* **~ to sth** mit etw *dat* verbunden

incidental [ˌɪn(t)sɪˈdentᵊl, AM -t̬ᵊl] *adj* ① (*related*) begleitend *attr*, verbunden; ■**to be ~ to sth** mit etw *dat* einhergehen; **expenses ~ to travel** bei Reisen anfallende Kosten; (*secondary*) nebensächlich, zweitrangig; ***these points are true but ~ to the main problem*** diese Punkte sind zwar zutreffend aber für das eigentliche Problem ohne Belang; **~ expenses** Nebenkosten *pl* ② (*by chance*) zufällig; (*in passing*) beiläufig; **~ question/remark** beiläufige Frage/Bemerkung

incidentally [ˌɪn(t)sɪˈdentᵊli] *adv inv* ① (*by the way*) übrigens, apropos ② (*in passing*) nebenbei, beiläufig; (*accidentally*) zufällig, durch Zufall

incidental music *n* Begleitmusik *f* (*in einem Film, Theaterstück*)

incidentals [ˌɪn(t)sɪˈdentᵊlz, AM -t̬ᵊls] *npl* Nebenkosten *pl*

incident room *n* Einsatzzentrale *f*

incinerate [ɪnˈsɪnᵊreɪt, AM -əreɪt] *vt* ■**to ~ sth** etw verbrennen [*o* einäschern]; **to ~ rubbish** [*or* AM **garbage**]**/waste** Müll/Abfall verbrennen

incineration [ɪnˌsɪnᵊrˈeɪʃᵊn, AM -əˈreɪ-] *n no pl* Verbrennung *f*, Einäscherung *f*

incinerator [ɪnˈsɪnᵊreɪtəʳ, AM -əreɪt̬ɚ] *n* Verbrennungsanlage *f*; *for waste* Müllverbrennungsanlage *f*; *for bodies* [Verbrennungs]ofen *m*

incipient [ɪnˈsɪpiənt] *adj* (*form*) beginnend *attr*, im Entstehen begriffen *präd*; **at an ~ stage** im Anfangsstadium

incise [ɪnˈsaɪz] *vt* (*form*) ■**to ~ sth** etw einritzen; *into wood* etw einschnitzen; *into metal, stone* etw eingravieren; **to ~ a wound** eine Wunde aufschneiden

incision [ɪnˈsɪʒᵊn] *n* MED [Ein]schnitt *m*

incisive [ɪnˈsaɪsɪv] *adj* (*clear*) *description* klar, prägnant; (*penetrating*) *remark* analysierend *attr*, schlüssig; (*clear-thinking*) *person* scharfsinnig; **~ mind** [messer]scharfer Verstand

incisively [ɪnˈsaɪsɪvli] *adv* (*clearly*) klar, prägnant; (*penetratingly*) scharfsinnig

incisiveness [ɪnˈsaɪsɪvnəs] *n no pl* (*clarity*) Klarheit *f*, Deutlichkeit *f*; (*penetrating quality*) Scharfsinnigkeit *f*

incisor [ɪnˈsaɪzəʳ, AM -ɚ] *n* ANAT Schneidezahn *m*

incite [ɪnˈsaɪt] *vt* (*pej*) ■**to ~ sb** jdn aufstacheln [*o* aufhetzen]; ■**to ~ sb to sth** jdn zu etw *dat* anstiften; **to ~ mutiny/a revolt/a riot** eine Meuterei/einen Aufstand/einen Krawall anzetteln

incitement [ɪnˈsaɪtmənt] *n no pl* Anstiftung *f*, Aufstachelung *f*; **~ of racial hatred** Aufwiegelung *f* zum Rassenhass

incivility [ˌɪnsɪˈvɪləti, AM -t̬i] *n* ① *no pl* (*form: impoliteness*) Unhöflichkeit *f* ② (*disregard*) Respektlosigkeit *f*

incl I. *adj inv abbrev of* **inclusive** inkl. II. *prep abbrev of* **inclusive** inkl.

inclemency [ɪnˈklemən(t)si] *n* (*harshness*) *of weather* Rauheit *f kein pl*; *of punishment* Härte *f*

inclement [ɪnˈklemənt] *adj* (*form*) *weather* rau; *judge* unnachsichtig, gnadenlos

inclination [ˌɪnklɪˈneɪʃᵊn] *n* ① (*tendency*) Neigung *f*, Hang *m kein pl*; **to have an ~ to do sth** dazu neigen, etw zu tun; ***his first ~ was to accept the invitation but later he reconsidered*** er war zunächst geneigt, die Einladung anzunehmen, aber später besann er sich anders; (*desire*) Lust *f*; ***I've no ~ to follow my mother into accountancy*** ich habe keine Lust, wie meine Mutter Buchhalterin zu werden ② *no pl* (*preference*) [besondere] Neigung ③ (*slope*) Neigung *f*, Schräge *f*; **a light** [*or* **gentle**]**/steep** [*or* **sharp**] **~** ein sanfter/steiler Abhang; *of head* Neigen *nt*

incline I. *vi* [ɪnˈklaɪn] ① (*tend*) ■**to ~ towards sth** zu etw *dat* tendieren [*o* neigen] ② (*lean*) sich *akk* neigen II. *vt* [ɪnˈklaɪn] ① (*form: make tend*) ■**to ~ sb to do sth** dazu neigen, etw zu tun; ***this ~s me to feel pessimistic about an early solution*** das lässt mich einer frühen Lösung eher pessimistisch entgegensehen ② (*bend*) **to ~ one's head** seinen Kopf neigen III. *n* [ˈɪnklaɪn] (*slope*) Schräge *f*, Neigung *f*; *of a hill/mountain* [Ab]hang *m*

inclined [ɪnˈklaɪnd] *adj* ① *pred* (*with tendency*) geneigt, bereit; ■**to be ~ to do sth** dazu bereit sein, etw zu tun; ***she's more ~ than most people to help out*** sie ist hilfsbereiter als die meisten Leute; **to be ~ to agree/disagree** eher zustimmen/nicht zustimmen; **to be mathematically/politically ~** eine Anlage für Mathematik/Politik haben ② PHYS (*not even*) **~ plane** schiefe Ebene

inclose *vt see* **enclose**

include [ɪnˈkluːd] *vt* (*contain*) ■**to ~ sth** etw beinhalten [*o* einschließen]; (*add*) etw beifügen; ***the bill ~s service*** die Rechnung ist inklusive Bedienung; ***your responsibilities will ~ making appointments*** zu Ihren Pflichten wird auch gehören, Termine zu vereinbaren; **to ~ sth with letter** etw [in einem Brief] beilegen; ■**to be ~d in sth** in etw *akk*

I

eingeschlossen sein; ***do you think I'm ~d in the invitation?*** glaubst du, die Einladung schließt mich mit ein?; **to be ~d in a bill** in einer Rechnung enthalten sein; ■**to ~ sb/sth in sth** jdn/etw in etw *akk* einbeziehen

◆**include out** *vt* (*hum sl*) ■**to ~ sb out** mit jdm nicht rechnen *fam;* ***you can ~ me out!*** mit mir braucht ihr nicht zu rechnen!

included [ɪn'klu:dɪd] *adj after n, inv* inklusive *nach n,* mitgerechnet *nach n*

including [ɪn'klu:dɪŋ] *prep* einschließlich *+gen;* ***there'll be ten of us ~ you and me*** wir werden zu zehnt sein, einschließlich dir und mir; **up to and ~** bis einschließlich

inclusion [ɪn'klu:ʒᵊn] *n no pl* ❶ (*being included*) Einbeziehung *f,* Aufnahme *f* ❷ MATH Inklusion *f*

inclusive [ɪn'klu:sɪv] *adj inv* ❶ (*containing*) einschließlich, inklusive; ***all our prices are ~ of VAT*** alle unsere Preise sind inklusive Mehrwertsteuer; **all-~** alles inklusive *nach n;* **all-~ rate** Pauschale *f* ❷ *after n* (*including limits*) [bis] einschließlich; ***from the 20th to the 31st of May ~*** vom 20. bis zum 31. Mai einschließlich ❸ (*involving all*) [all]umfassend

inclusively [ɪn'klu:sɪvli] *adv* einschließlich

incognito [,ɪnkɒg'ni:təʊ, AM -kɑ:g'ni:t̬oʊ] **I.** *n* Inkognito *nt* **II.** *adv inv* inkognito

incoherence [,ɪnkə(ʊ)'hɪərᵊn(t)s, AM -koʊ'hɪr-] *n no pl* (*inconsistency*) Zusammenhanglosigkeit *f; of policy* Ungereimtheit *f;* ***I think his ~ was due to his being drunk*** ich glaube, er redete so zusammenhanglos [daher], weil er betrunken war

incoherent [,ɪnkə(ʊ)'hɪərᵊnt, AM -koʊ'hɪr-] *adj* zusammenhanglos, unzusammenhängend, inkohärent *fachspr;* **sb is ~** jd redet wirr

incoherently [,ɪnkə(ʊ)'hɪərᵊntli, AM -koʊ'hɪr-] *adv* zusammenhanglos, unzusammenhängend

income ['ɪŋkʌm, AM *esp* 'ɪn-] *n* Einkommen *nt; of a company* Einnahmen *fpl;* **government ~** Regierungseinnahmen *fpl;* **people on low ~s** Menschen mit niedrigem Einkommen

income bond *n* Gewinnschuldverschreibung *f* **income bracket** *n* Einkommensstufe *f* **income group** *n* Einkommensklasse *f*

incomer ['ɪnkʌməʳ, AM ɚ] *n* BRIT Zugezogene(r) *f(m)*

income support *n no pl* BRIT ≈ Sozialhilfe *f;* **to be on ~** ≈ Sozialhilfe bekommen **income tax** *n* Einkommensteuer *f;* **flat ~** Einkommensteuer *f* ohne Progression; **graduated ~** gestaffelte Einkommensteuer, Einkommensteuer *f* mit Progression; **to do one's ~** seine Einkommensteuererklärung machen; **to lower/raise ~** die Einkommensteuer senken/erhöhen **income tax bracket** *n* Einkommensteuergruppe *f* **income tax return** *n* Einkommensteuererklärung *f* **income units** *npl* Fondsanteile *pl,* auf die Erträge ausgeschüttet werden

incoming [,ɪŋ'kʌmɪŋ, AM *esp* ,ɪn'-] *adj attr, inv* (*in arrival*) ankommend; **~ call** [eingehender] Anruf; **~ flight** ankommendes Flugzeug; **~ freshman** AM *Studienanfänger an einer amerikanischen Hochschule;* **~ message** COMPUT eingehende Nachricht; **~ missile** anfliegende Rakete; **~ tide** [ansteigende] Flut; (*immigrating*) ins Land kommend, zuwandernd; (*recently elected*) neu [gewählt]

incomings [,ɪŋ'kʌmɪŋz, AM *esp* ,ɪn'-] *npl* Einkommen *nt; of a company* Einnahmen *fpl*

incommensurable ['mensɚ] *adj* inkommensurabel *geh,* nicht vergleichbar

incommensurate [,ɪnkə'men(t)ʃᵊrət, AM -'men(t)sɚ-] *adj pred* ❶ (*out of proportion*) unangemessen; ■**to be ~ to** [*or* **with**] **sth** zu einer S. *dat* in keinem Verhältnis stehen ❷ (*not compatible*) unvergleichbar; ***A and B are ~*** A und B haben nichts miteinander gemeinsam ❸ MATH inkommensurabel *fachspr*

incommode [,ɪnkə'məʊd, AM 'moʊd] *vt* (*form*) ■**to ~ sb** jdm Mühe bereiten; ■**to ~ oneself** sich *akk* abmühen

incommodious [,ɪnkə'məʊdiəs, AM -'moʊ-] *adj* (*form*) unbequem

incommunicado [,ɪnkə,mju:nɪ'kɑ:dəʊ, AM -doʊ] **I.** *adj pred, inv* (*form*) nicht erreichbar **II.** *adv inv* isoliert; **to be held ~** in Isolationshaft sein

incomparable [ɪn'kɒmpᵊrəbl̩, AM -'kɑ:m-] *adj inv* (*different*) unvergleichbar; (*superior*) unvergleichlich, unnachahmlich

incomparably [ɪn'kɒmpᵊrəbli, AM -'kɑ:m-] *adv* (*relatively*) *healthier* ungleich; *better* unvergleichlich; (*superlatively*) einmalig

incompatibility [,ɪnkəm,pætə'bɪləti, AM -,pæt̬ə'bɪlət̬i] *n no pl* Unvereinbarkeit *f; of computers* Inkompatibilität *f fachspr;* **~ of blood** Unverträglichkeit *f* der Blutgruppen, Blutgruppeninkompatibilität *f fachspr;* **to divorce on grounds of ~** sich *akk* wegen Unvereinbarkeit der Charaktere scheiden lassen

incompatible [,ɪnkəm'pætəbl̩, AM -'pæt̬-] *adj* unvereinbar; ■**to be ~** *persons* nicht zusammenpassen; ■**to be ~ with sth** mit etw *dat* unvereinbar sein; *machinery, computer systems* inkompatibel; *blood type* unverträglich; *colours* nicht kombinierbar

incompetence [ɪn'kɒmpɪtᵊn(t)s, AM -'kɑ:mpət̬-], **incompetency** [ɪn'kɒmpɪtᵊn(t)si, AM -'kɑ:mpət̬-] *n no pl* Inkompetenz *f*

incompetent [ɪn'kɒmpɪtᵊnt, AM -'kɑ:mpət̬ənt] **I.** *adj* ❶ (*incapable*) inkompetent; ■**to be ~ for sth** für etw *akk* ungeeignet [*o* nicht geeignet] sein ❷ LAW unzuständig; **mentally ~** unzurechnungsfähig **II.** *n* (*pej*) Dilettant(in) *m(f) pej;* **a bunch of ~s** ein Haufen Dilettanten [*o* Nichtskönner] *pej fam;* **a bumbling ~** ein unorganisierter Dilettant/eine unorganisierte Dilettantin *pej*

incompetently [ɪn'kɒmpɪtᵊntli, AM -'kɑ:mpət̬ənt-] *adv* (*pej*) inkompetent, stümperhaft *pej*

incomplete [,ɪnkəm'pli:t] **I.** *adj inv form, application, collection* unvollständig; *construction, project* unfertig **II.** *n* AM SCH, UNIV **'incomplete'** *Zeugnisvermerk, der besagt, dass ein Kurs noch nachträglich zu absolvieren ist*

incompletely [,ɪnkəm'pli:tli] *adv* unvollständig

incompleteness [,ɪnkəm'pli:tnəs] *n no pl* Unvollständigkeit *f*

incomprehensibility [ɪn,kɒmprɪ,hen(t)sə'bɪləti, AM -,kɑ:mprɪ,hen(t)sə'bɪlət̬i] *n no pl* Unverständlichkeit *f*

incomprehensible [ɪn,kɒmprɪ'hen(t)səbl̩, AM -,kɑ:m-] *adj* unverständlich; *act, event* unbegreiflich, unfassbar; ***it's ~ to me why …*** es ist mir unbegreiflich, warum …; **utterly ~** völlig unverständlich

incomprehensibly [ɪn,kɒmprɪ'hen(t)səbli, AM -,kɑ:m-] *adv* unverständlicherweise, unbegreiflicherweise

incomprehension [ɪn,kɒmprɪ'hen(t)ʃᵊn, AM -,kɑ:m-] *n no pl* Unverständnis *nt,* Verständnislosigkeit *f;* **total** [*or* **utter**] **~** völliges Unverständnis

inconceivable [,ɪnkən'si:vəbl̩] *adj inv* unvorstellbar, undenkbar; **to be almost** [*or* **virtually**] **~** undenkbar [*o* kaum vorstellbar] sein; ■**it is ~ that …** es ist unvorstellbar, dass …; ■**it is not ~ that …** es ist denkbar, dass …

inconceivably [,ɪnkən'si:vəbli] *adv* unvorstellbar, undenkbar

inconclusive [,ɪnkən'klu:sɪv] *adj argument* nicht [*o* wenig] überzeugend; *results, test* ergebnislos; **~ evidence** unzureichende Beweismittel

inconclusively [,ɪnkən'klu:sɪvli] *adv argue* nicht [*o* wenig] überzeugend; *test, result* ergebnislos

incongruity [,ɪnkɒŋ'gru:əti, AM -kən'gru:ət̬i] *n* ❶ *no pl* (*form: quality*) Missverhältnis *nt* ❷ (*instance*) Widerspruch *m,* Ungereimtheit *f*

incongruous [ɪn'kɒŋgruəs, AM -'kɑ:ŋ-] *adj* (*not appropriate*) unpassend; ***I think it ~ that …*** ich finde es unpassend, dass …; (*not consistent*) widersprüchlich, unvereinbar

incongruously [ɪn'kɒŋgru:əsli, AM 'kɑ:ŋ-] *adv* unpassend

inconsequence [ɪn'kɒn(t)sɪkwən(t)s, AM -'kɑ:n-] *n no pl* (*in logic*) Inkonsequenz *f;* (*in relevance*) Irrelevanz *f*

inconsequent [ɪn'kɒn(t)sɪkwənt, AM -'kɑ:n-] *adj* (*illogical*) unlogisch; (*irrelevant*) unwesentlich

inconsequential [ɪn,kɒn(t)sɪ'kwen(t)ʃᵊl, AM -,kɑ:n-] *adj* (*illogical*) unlogisch; (*unimportant*) unbedeutend; (*irrelevant*) unwesentlich

inconsequentially [ɪn,kɒn(t)sɪ'kwen(t)ʃᵊli, AM -,kɑ:n-] *adv* (*trivially*) unbedeutend, unwichtig; (*illogically*) unlogisch

inconsiderable [,ɪnkən'sɪdᵊrəbl̩] *adj* unerheblich, unbeträchtlich; **a not ~ amount** [*or* **sum**] eine nicht unbeträchtliche Summe

inconsiderate [,ɪnkən'sɪdᵊrət] *adj* (*disregarding*) rücksichtslos; ■**to be ~ to** [*or* **towards**] **sb** jdm gegenüber rücksichtslos sein; (*insensitive*) gedankenlos, unsensibel; **an ~ remark** eine taktlose Bemerkung

inconsiderately [,ɪnkən'sɪdᵊrətli] *adv* rücksichtslos

inconsiderateness [,ɪnkən'sɪdᵊrətnəs], **inconsideration** [,ɪnkən,sɪdə'reɪʃᵊn] *n no pl* Rücksichtslosigkeit *f;* ■**~ towards sb** Rücksichtslosigkeit gegenüber jdm

inconsistency [,ɪnkən'sɪstᵊn(t)si] *n* ❶ (*contradiction*) Unvereinbarkeit *f,* Widerspruch *m;* (*in a text*) Unstimmigkeit *f* ❷ *no pl* (*inconstancy*) Unbeständigkeit *f,* Veränderlichkeit *f*

inconsistent [,ɪnkən'sɪstənt] *adj* ❶ (*lacking agreement*) widersprüchlich, inkonsequent; ***her argument is very ~*** ihre Argumentation ist völlig widersprüchlich; ■**to be ~ with sth** im Widerspruch zu etw *dat* stehen ❷ (*unsteady*) unbeständig, unstet

inconsistently [,ɪnkən'sɪstəntli] *adv* ❶ (*contradictorily*) widersprüchlich ❷ (*not steadily*) unbeständig, unregelmäßig

inconsolable [,ɪnkən'səʊləbl̩, AM -'soʊl-] *adj inv* untröstlich

inconsolably [,ɪnkən'səʊləbli, AM -'soʊl-] *adv inv* untröstlich; ***the child was crying ~*** das Kind weinte und ließ sich gar nicht beruhigen

inconspicuous [,ɪnkən'spɪkjuəs] *adj* unauffällig; **highly ~** sehr unauffällig; **to try to look ~** versuchen, nicht aufzufallen

inconspicuously [,ɪnkən'spɪkjuəsli] *adv* unauffällig

inconstancy [ɪn'kɒn(t)stᵊn(t)si, AM -'kɑ:n-] *n no pl* (*esp liter, form*) ❶ (*tendency to change*) Unbeständigkeit *f,* Veränderlichkeit *f;* (*unpredictably*) Unberechenbarkeit *f* ❷ (*unfaithfulness*) Treulosigkeit *f*

inconstant [ɪn'kɒn(t)stənt, AM -'kɑ:n-] *adj* ❶ (*changing*) unbeständig, wechselhaft; (*unpredictably*) unberechenbar ❷ (*unfaithful*) treulos

incontestable [,ɪnkən'testəbl̩] *adj inv* unbestreitbar; **~ evidence** unwiderlegbare Beweise; **~ fact** unumstößliche Tatsache

incontestably [,ɪnkən'testəbli] *adv inv* (*form*) unbestreitbar, zweifellos

incontinence [ɪn'kɒntɪnən(t)s, AM -'kɑ:ntᵊnᵊn(t)s] *n no pl* MED Inkontinenz *f*

incontinence pad *n* MED [Windel]einlage *f* (*bei Inkontinenz*)

incontinent [ɪn'kɒntɪnənt, AM -'kɑ:ntᵊnᵊnt] *adj* ❶ MED inkontinent; **doubly ~** urin- und stuhlinkontinent ❷ (*fig form: uncontrollable*) unbeherrscht, haltlos; **~ temper** Unbeherrschtheit *f*

incontrovertible [,ɪn,kɒntrə'vɜ:təbl̩, AM -,kɑ:ntrə'vɜ:rt̬-] *adj inv* (*form*) unwiderlegbar, unbestreitbar; ***it is ~ that …*** es steht zweifelsfrei fest, dass …; **~ proof** [*or* **evidence**] unwiderlegbarer Beweis; **an ~ fact** eine unstreitige Tatsache

incontrovertibly [,ɪn,kɒntrə'vɜ:təbli, AM -,kɑ:ntrə'vɜ:rt̬-] *adv inv* (*form*) zweifellos, fraglos

inconvenience [,ɪnkən'vi:niən(t)s] **I.** *n* ❶ *no pl* (*trouble*) Unannehmlichkeit[en] *f[pl];* ***we apologize for any ~ caused by the late arrival of the train*** für eventuelle Unannehmlichkeiten durch die Zugverspätung bitten wir um Entschuldigung; **to go to a great deal of ~ for sb** für jdn viel auf sich *akk* nehmen; ***he went to a great deal of ~ to help*** er hat keine Mühen gescheut zu helfen; **to cause sb ~** jdm Unannehmlichkeiten bereiten ❷ (*troublesome thing*) Unannehmlichkeit *f,* lästige Sache **II.** *vt* ■**to ~ sb** jdm Unannehmlichkeiten bereiten; ***would it ~***

you to pick something up for me? würde es dir etwas ausmachen, für mich etwas abzuholen?; ■**to ~ oneself** sich *akk* [um andere] bemühen; ***don't ~ yourselves for us — we'll be fine*** machen Sie sich keine Umstände – wir kommen zurecht

inconvenient [ˌɪnkən'viːniənt, AM *also* -njənt] *adj time* ungelegen; *things, doings* beschwerlich, lästig; *place* ungünstig [gelegen]

inconveniently [ˌɪnkən'viːniəntli] *adv* unpassenderweise; **to be ~ located** [*or* **placed**] [*or* **situated**] ungünstig liegen [*o* gelegen sein]

incorporate [ɪn'kɔːpᵊreɪt, AM -'kɔːrpər-] *vt* ❶ (*integrate*) ■**to ~ sth** etw einfügen [*o* einbeziehen]; *company, region* etw eingliedern [*o* angliedern]; *food* etw [hin]zugeben [*o* unterheben]; ***try to ~ these ideas into your work*** versuche, diese Gedanken in deiner Arbeit aufzunehmen; ***suggestions from the survey have been ~d into the final design*** Vorschläge aus dem Gutachten sind in die Schlussfassung mit eingegangen; **to ~ a city into a county** eine Stadt in einen Verwaltungsbezirk eingemeinden ❷ (*contain*) ■**to ~ sth** etw enthalten [*o* beinhalten] ❸ LAW, ECON (*form corporation*) **to ~ a company** eine Firma [als Kapitalgesellschaft] eintragen

incorporated [ɪn'kɔːpᵊreɪtɪd, AM -'kɔːrpər-] *adj inv* ❶ (*integrated*) **an ~ city/town** *eine als Gebietskörperschaft anerkannte rechtlich selbständige Stadt/Gemeinde* ❷ LAW, ECON [als Kapitalgesellschaft] eingetragen

incorporation [ɪnˌkɔːpᵊr'eɪʃᵊn, AM -ˌkɔːrpə'reɪ-] *n no pl* ❶ (*integration*) Einfügung *f*, Eingliederung *f*, Einbeziehung *f*; *region* Eingemeindung *f*; *food* Zugabe *f*, Beigabe *f* ❷ LAW, ECON Eintragung *f* [als Kapitalgesellschaft], Gründung *f*; **the ~ of a company** die Umwandlung einer Firma in eine Kapitalgesellschaft

incorporeal [ˌɪnkɔː'pɔːriəl, AM -kɔːr'-] *adj inv* ❶ (*no material existence*) körperlos, wesenlos *geh*; **an ~ being** [*or* **presence**] ein übernatürliches Wesen ❷ LAW immateriell, nicht körperlich; **~ chattels** immaterielle vermögenswerte; **~ hereditaments** immaterielle vererbbare Vermögenswerte

incorrect [ˌɪn'kᵊrekt, AM -kə'rekt] *adj* ❶ (*not true*) falsch, unrichtig; **an ~ answer** eine falsche Antwort; **an ~ calculation** eine fehlerhafte Berechnung; **an ~ diagnosis** eine unkorrekte Diagnose; **to prove** [**to be**] **~** sich *akk* als falsch herausstellen ❷ (*improper*) unkorrekt; *behaviour* unangebracht

incorrectly [ˌɪn'kᵊrektli, AM -kə'rekt-] *adv* (*wrongly*) falsch, fälschlicherweise; **to assume** [*or* **think**] **sth ~** etw fälschlicherweise annehmen; (*inappropriately*) unpassend; *behave* ungehörig; **to tip ~** nicht das richtige Trinkgeld geben

incorrigible [ɪn'kɒrɪdʒəbl̩, AM -'kɔːrədʒ-] *adj inv* (*esp hum*) unverbesserlich

incorrigibly [ɪn'kɒrɪdʒəbli, AM -'kɔːrədʒ-] *adv inv* unverbesserlich

incorruptibility [ˌɪnkəˌrʌptə'bɪləti, AM -t̬i] *n no pl* (*lack of corruption*) Unbestechlichkeit *f*; (*virtuousness*) Integrität *f*

incorruptible [ˌɪnkə'rʌptəbl̩] *adj inv* ❶ (*not corrupt*) unbestechlich; (*virtuous*) integer ❷ (*not breaking down*) dauerhaft, haltbar

incorruptibly [ˌɪnkə'rʌptəbli] *adv inv* (*not corrupt*) unbestechlich; (*virtuous*) geradlinig, pflichtgetreu

incorruption [ˌɪnkə'rʌpʃᵊn] *n no pl* (*integrity*) Unbestechlichkeit *f*; (*virtue*) Unverdorbenheit *f*

increase **I.** *vi* [ɪn'kriːs] *prices, taxes, interest rates* [an]steigen; *pain, troubles, worries* stärker werden, zunehmen; **to ~ dramatically** [*or* **drastically**] dramatisch [*o* drastisch] [an]steigen; *population, wealth* anwachsen; **to ~ tenfold/threefold** sich *akk* verzehnfachen/verdreifachen **II.** *vt* [ɪn'kriːs] ■**to ~ sth** (*make more*) etw erhöhen; (*make stronger*) etw verstärken; (*make larger*) etw vergrößern; ***gently ~ the heat*** die Hitze langsam erhöhen **III.** *n* ['ɪnkriːs] Anstieg *m*, Zunahme *f*; **the ~ in the number of unemployed** der Anstieg der Arbeitslosenzahlen; **an ~ in production** eine Steigerung der Produktion; **the ~ in violence** die zunehmende Gewalt; **the ~ in pollution** die zunehmende Umweltverschmutzung; **price ~** Preisanstieg *m*; **tax ~** Steuererhöhung *f*; **to be on the ~** ansteigen; *in numbers* [mehr und] [*o* [immer]] mehr werden; *in size* [immer] größer werden

increased [ɪn'kriːst] *adj attr, inv* erhöht, [an]gestiegen; **~ homelessness/unemployment** gestiegene Obdach-/Arbeitslosigkeit; **~ salary** gestiegener Lohn; **~ security** erhöhte Sicherheit[svorkehrungen]; **~ taxes** erhöhte Steuern; **~ traffic** gestiegenes Verkehrsaufkommen

increasing [ɪn'kriːsɪŋ] *adj inv* steigend, zunehmend; **~ efforts** verstärkte Anstrengungen; **~ prices** steigende Preise

increasingly [ɪn'kriːsɪŋli] *adv inv* zunehmend; ***she became ~ dismayed*** sie wurde immer verzweifelter; ***their argument became ~ bitter*** ihr Streit wurde immer erbitterter

incredible [ɪn'kredɪbl̩] *adj* ❶ (*unbelievable*) unglaublich; ■**it is ~ that ...** es ist unglaublich [*o* kaum zu glauben], dass ... ❷ (*fam: very good*) fantastisch *fam*

incredibly [ɪn'kredɪbli] *adv* ❶ (*strangely*) erstaunlicherweise; (*surprisingly*) überraschenderweise ❷ + *adj* (*very*) unglaublich

incredulity [ˌɪnkrə'djuːləti, AM -'duːlət̬i, -djuː] *n no pl* (*disbelief*) [ungläubiges] Staunen; (*bewilderment*) Fassungslosigkeit *f*; **to give sb a look of ~** jdn fassungslos ansehen; **to feel a sense of ~** erstaunt sein; (*be bewildered*) fassungslos sein; **to greet sth with ~** etw mit Verwunderung aufnehmen

incredulous [ɪn'kredjələs, AM -'kredʒʊ-] *adj* (*disbelieving*) ungläubig; (*bewildered*) fassungslos; **an ~ look** ein erstaunter Blick; **an ~ smile** ein skeptisches Lächeln; ***they were ~ when they heard the news*** sie konnten die Neuigkeiten nicht glauben

incredulously [ɪn'kredjələsli, AM -'kredʒʊ-] *adv* (*disbelievingly*) ungläubig; (*aghast*) fassungslos

increment ['ɪnkrəmənt] **I.** *n* ❶ (*increase*) Anwachsen *nt*, Erhöhung *f*, Zuwachs *m*; *of earnings* Mehreinnahme[n] *f*[*pl*]; **salary ~** Gehaltserhöhung *f* ❷ (*division*) Stufe *f*; **by ~s** stufenweise; *on a scale* [Grad]einteilung *f* ❸ (*value*) Inkrement *nt* **II.** *vt* ■**to ~ sth** ❶ (*add*) etw hochzählen ❷ (*move forward*) *document, card* etw inkrementieren

incremental [ˌɪnkrə'mentᵊl, AM -t̬ᵊl] *adj inv* stufenweise, schrittweise; **~ backup** COMPUT Differenzialsicherung *f*; **~ computer** COMPUT Inkrementalrechner *m*

incrementally [ˌɪnkrə'mentᵊli, AM -t̬ᵊli] *adv inv* stufenweise, schrittweise

incriminate [ɪn'krɪmɪneɪt] *vt* ■**to ~ sb** jdn beschuldigen [*o* belasten]; ■**to ~ oneself** sich *akk* selbst belasten; **to ~ a company/organization** [schwere] Vorwürfe gegen eine Firma/Organisation erheben

incriminating [ɪn'krɪmɪneɪtɪŋ, AM -t̬ɪŋ] *adj* belastend; **~ evidence** belastendes Beweismaterial

incrimination [ɪnˌkrɪmɪ'neɪʃᵊn] *n no pl* Beschuldigung *f*; **self-~** Selbstbezichtigung *f*

incrust [ɪn'krʌst] *vt see* **encrust**

incrustation [ˌɪnkrʌs'teɪʃᵊn] *n* Verkrustung *f*, Krustenbildung *f*; GEOL Inkrustation *f fachspr*

incubate ['ɪŋkjʊbeɪt] **I.** *vt* ❶ (*brood*) **to ~ an egg** (*keep warm*) ein Ei [be]brüten; (*hatch*) [ein Ei] ausbrüten; **to ~ bacteria/cells** Bakterien/Zellen heranzüchten ❷ (*fig: think up*) **to ~ an idea/a plan** eine Idee/einen Plan ausbrüten ❸ (*fall ill*) **to ~ a disease** eine Krankheit entwickeln [*o fam* ausbrüten] **II.** *vi* (*develop*) *egg* bebrütet werden; *idea, plan* reifen

incubation [ˌɪŋkjʊ'beɪʃᵊn] *n no pl* ❶ ZOOL (*egg keeping*) [Be]brüten *nt*; *for hatching* Ausbrüten *nt* ❷ (*time period*) *for eggs* Brut[zeit] *f*; *for diseases* Inkubation[szeit] *f*

incubation period *n* (*in egg*) Brut[zeit] *f*; (*for plan*) Planungsphase *f*, Vorbereitungszeit *f*; (*for disease*) Inkubationszeit *f*

incubator ['ɪŋkjubeɪtəʳ, AM -t̬ɚ] *n* (*for eggs*) Brutapparat *m*; (*for babies*) Brutkasten *m*, Inkubator *m fachspr*

incubus <*pl* -es *or* -bi> ['ɪŋkjʊbəs, *pl* -baɪ] *n* ❶ (*demon*) Alp *m* ❷ (*fig: oppressive thing*) Alptraum *m*

inculcate ['ɪnkʌlkeɪt] *vt* ■**to ~ sth on** [*or* **in**] **sb** jdm etw einschärfen; ■**to ~ sb with sth** jdm etw beibringen

inculcation [ˌɪnkʌl'keɪʃᵊn] *n no pl* Einimpfen *nt fig*

incumbency [ɪn'kʌmbən(t)si] *n* Amtszeit *f*

incumbent [ɪn'kʌmbənt] **I.** *adj* ❶ *attr, inv* (*in office*) amtierend ❷ *pred, inv* (*form: obligatory*) erforderlich, notwendig; ■**it is ~ on** [*or* **upon**] **sb to do sth** es obliegt jdm, etw zu tun *geh* **II.** *n* Amtsinhaber(in) *m(f)*

incur <-rr-> [ɪn'kɜːʳ, AM -'kɜːr] *vt* ■**to ~ sth** ❶ FIN, ECON etw hinnehmen müssen [*o* erleiden]; **to ~ costs** sich *dat* Unkosten aufladen; **to ~ debt** Schulden machen; **expenses ~red** entstandene Kosten; **to ~ losses** Verluste erleiden ❷ (*bring upon oneself*) etw hervorrufen; **to ~ the anger** [*or* **wrath**] **of sb** jds Zorn auf sich *akk* ziehen, jdn verärgern; **to ~ the blame for sth** den Tadel für etw *akk* einstecken ❸ (*make oneself liable to*) **to ~ the risk of a penalty** das Riskio einer Geldstrafe eingehen

incurable [ɪn'kjʊərəbl̩, AM -'kjʊr-] *adj inv* unheilbar; **an ~ habit** eine nicht ablegbare Angewohnheit; **an ~ illness** eine unheilbare Krankheit; (*fig*) unverbesserlich

incurably [ɪn'kjʊərəbli, AM -'kjʊr-] *adv inv* unheilbar; **to be ~ ill** unheilbar krank sein; (*fig*) unverbesserlich

incurious [ɪn'kjʊəriəs, AM -'kjʊr-] *adj* gleichgültig, desinteressiert; ■**to be ~ about sth** einer S. *dat* gegenüber gleichgültig sein

incuriously [ɪn'kjʊəriəsli, AM 'kjʊri] *adv* ohne Neugier

incursion [ɪn'kɜːʃᵊn, AM -'kɜːrʒ-, -rʃ-] *n* [feindlicher] Einfall, Eindringen *nt kein pl*; **to make an ~ into an area/a country** in ein Gebiet/Land eindringen

indebted [ɪn'detɪd, AM -t̬ɪd] *adj pred* ❶ (*obliged*) [zu Dank] verpflichtet; ■**to be ~ to sb for sth** jdm für etw *akk* dankbar sein ❷ (*having debt*) verschuldet; **to be deeply** [*or* **heavily**] **~** hoch verschuldet sein, [tief] in den roten Zahlen stehen *fam*

indebtedness [ɪn'detɪdnəs, AM -t̬ɪd-] *n no pl* ❶ (*personal*) Verpflichtung *f*, Dankesschuld *f* ❷ (*financial*) Verschuldung *f*, Schulden *pl*

indecency [ɪn'diːsᵊn(t)si] *n no pl* ❶ (*impropriety*) Ungehörigkeit *f*, Unschicklichkeit *f* ❷ (*lewdness*) Anstößigkeit *f*, Unanständigkeit *f* ❸ (*sexual assault*) sexueller Übergriff; ■**~ against sb** sexueller Übergriff auf jdn

indecent [ɪn'diːsᵊnt] *adj* ❶ (*improper*) ungehörig; (*unseemly*) unschicklich; (*inappropriate*) unangemessen; **with ~ haste** mit ungebührlicher Eile ❷ (*lewd*) unanständig, unmoralisch; **an ~ proposal** [*or* **suggestion**] ein unsittlicher Antrag

indecent assault *n* LAW sexueller Übergriff, unzüchtige Handlung (*unter Androhung von Gewalt*)

indecent exposure *n no pl* LAW Erregung *f* öffentlichen Ärgernisses (*durch exhibitionistische Handlungen*)

indecently [ɪn'diːsᵊntli] *adv* ❶ (*improper*) ungehörig; (*inappropriate*) unangemessen ❷ (*lewdly*) unanständig

indecipherable [ˌɪndɪ'saɪfᵊrəbl̩] *adj inv* (*impossible to read*) unlesbar; (*of handwriting*) kaum zu entziffern; (*impossible to understand*) unverständlich

indecision [ˌɪndɪ'sɪʒᵊn] *n no pl* Unschlüssigkeit *f*, Unentschlossenheit *f*

indecisive [ˌɪndɪ'saɪsɪv] *adj* ❶ (*wishy-washy*) unentschlossen; *person* nicht entscheidungsfreudig ❷ (*not conclusive*) unschlüssig, mehrdeutig; **~ results** keine eindeutigen Ergebnisse ❸ (*not decisive*) nicht entscheidend [*o* ausschlaggebend]

indecisively [ˌɪndɪ'saɪsɪvli] *adv* unentschlossen

indecisiveness [ˌɪndɪ'saɪsɪvnəs] *n no pl* Unschlüssigkeit *f*, Unentschlossenheit *f*; *see also* **indecision**

indeclinable [ˌɪndɪ'kleɪnəbl̩] *adj* LING undeklinierbar, indeklinabel *fachspr*

I

indecorous [ɪnˈdekᵊrəs] *adj* (*form: improper*) unangemessen; (*undignified*) unwürdig, schamlos

indecorously [ɪnˈdekᵊrəsli] *adv* (*form: improperly*) unangemessen; (*undignified*) unwürdig, schamlos

indeed [ɪnˈdiːd] **I.** *adv inv* ① (*for emphasis*) in der Tat, wirklich; ***this is bad news ~!*** das sind allerdings schlechte Nachrichten!; (*actually*) tatsächlich; ***the limited evidence suggests that errors may ~ be occurring*** das eingeschränkte Beweismaterial lässt darauf schließen, dass tatsächlich Fehler auftreten; ***many people are very poor ~*** viele Menschen sind wirklich sehr arm; ***thank you very much ~!*** vielen herzlichen Dank!; **very disappointed/happy ~** *esp* BRIT wirklich enttäuscht/glücklich ② (*affirmation*) allerdings; ***is this your dog? — it is ~*** ist das Ihr Hund? – allerdings; ***yes, I did ~ say that*** ja, das habe ich allerdings gesagt ③ (*for strengthening*) ja; ***he was too proud, too arrogant ~*** er war zu stolz, ja, zu arrogant **II.** *interj* [ja,] wirklich, ach, wirklich *oft iron;* ***I saw you in the newspaper — ~?*** ich habe Sie in der Zeitung gesehen – sagen Sie bloß!; ***when will we get a pay rise? — when ~?*** wann bekommen wir eine Gehaltserhöhung? – ja, wann wohl?

indefatigable [ˌɪndɪˈfætɪgəbl̩, AM -fæt̬-] *adj inv* unermüdlich

indefatigably [ˌɪndɪˈfætɪgəbli, AM -fæt̬-] *adv inv* unermüdlich

indefensible [ˌɪndɪˈfen(t)səbl̩] *adj* ① (*not justifiable*) *actions* unentschuldbar; (*not convincing*) *opinions, arguments* unhaltbar; (*not acceptable*) untragbar, inakzeptabel; **~ behaviour** unmögliches Benehmen; **morally ~** moralisch inakzeptabel [*o* nicht vertretbar] ② MIL nicht zu halten *präd*

indefensibly [ˌɪndɪˈfen(t)səbli] *adv* (*unjustifiably*) unentschuldbar; (*unconvincingly*) unhaltbar; (*inacceptably*) inakzeptabel

indefinable [ˌɪndɪˈfaɪnəbl̩] *adj* undefinierbar, unbestimmt

indefinably [ˌɪndɪˈfaɪnəbli] *adv* undefinierbar, unbestimmt

indefinite [ɪnˈdefɪnət, AM -ənət] *adj* ① *inv* (*unknown*) unbestimmt; **an ~ number of chairs/guests/people** eine unbestimmte Zahl von Stühlen/Gästen/Leuten; **for an ~ period** für eine [*o* auf] unbestimmte Zeit ② (*vague*) unklar; *answer* nicht eindeutig; *date, time* [noch] nicht festgelegt, offen; *plans, ideas* vage

indefinite article *n* unbestimmter Artikel

indefinitely [ɪnˈdefɪnətli, AM -ənət-] *adv* ① *inv* (*for unknown time*) auf unbestimmte Zeit; **to suspend** [*or* **postpone**] **sth** [*or* **to put sth off**] **~** etw auf unbestimmte Zeit verschieben ② (*vaguely*) vage

indelible [ɪnˈdeləbl̩] *adj inv* ① (*staining*) unlöschbar; *colours, stains* unlöslich; **~ ink** unlöschbare Tinte; **~ mark** unlöslicher Fleck ② (*fig: permanent*) unauslöschlich; **to make an ~ mark** etw *dat* seinen Stempel aufdrücken; **an ~ memory** eine unvergessliche Erinnerung

indelibly [ɪnˈdeləbli] *adv inv* unlöschbar; (*fig*) unauslöschlich *geh*, bleibend; **to be printed** [*or* **logged**] **~ in sb's memory** jdm unauslöschlich im Gedächtnis eingeprägt sein

indelicacy [ɪnˈdelɪkəsi] *n no pl* (*lack of sensitivity*) Unsensibilität *f*, mangelnde Feinfühligkeit; (*lack of politeness*) Unhöflichkeit *f;* (*lack of tact*) Taktlosigkeit *f*

indelicate [ɪnˈdelɪkət] *adj* (*not sensitive*) unsensibel, nicht feinfühlig *präd;* (*not polite*) unhöflich; (*tactless*) taktlos; **an ~ sense of humour** ein derber Sinn für Humor

indemnify <-ie-> [ɪnˈdemnɪfaɪ] *vt* ① (*insure*) ■**to ~ sth/sb** etw/jdn versichern; (*secure*) ■**to ~ sb** jdn [gegen Ansprüche] sichern ② (*compensate*) ■**to ~ sb** jdn entschädigen [*o fachspr* schadlos halten], jdm Schadenersatz leisten

indemnity [ɪnˈdemnəti, AM -ət̬i] *n* (*form*) ① *no pl* (*insurance*) Versicherung *f;* (*protection*) Versicherungsschutz *m* ② (*compensation in case of responsibility*) Schaden[s]ersatz *m;* (*compensation without sb responsible*) Entschädigung *f;* **to pay ~** Schadensersatz leisten, eine Entschädigung bezahlen; *after war* Kriegsentschädigung *f* ③ LAW Versprechen *nt* der Schadloshaltung

indent I. *vi* [ɪnˈdent] ① TYPO (*make a space*) einrücken, einziehen ② BRIT, AUS ECON (*request goods*) anfordern, ordern **II.** *vt* [ɪnˈdent] ① TYPO **to ~ a line/paragraph** eine Zeile/einen Absatz einrücken ② (*make depression*) ■**to ~ sth** etw eindrücken; *metal* etw einbeulen **III.** *n* [ˈɪndent] ① TYPO Einzug *m* ② BRIT, AUS ECON (*request*) Auftrag *m*, Order *f* (*aus Übersee*), Indentgeschäft *nt fachspr;* **to make an ~ for sth** für etw *akk* eine Order erteilen

indentation [ˌɪndenˈteɪʃᵊn] *n* ① TYPO Einzug *m* ② (*depression*) Vertiefung *f; in cheek, head* Kerbe *f; in car, metal* Beule *f; in rock, coastline* Einbuchtung *f;* (*cut*) [Ein]schnitt *m*

indenture [ɪnˈdentʃəʳ, AM -ɚ] **I.** *vt* ■**to ~ sb** ① (*train*) jdn [als Lehrling] ausbilden, jdn in die Lehre nehmen ② (*hire*) jdn einstellen **II.** *n* ① (*trainee's contract*) [**articles of**] **~** Lehrvertrag *m*, Ausbildungsvertrag *m* ② (*copied contract*) in mehrfacher Ausführung angefertigter Vertrag ③ (*hist: colonial contract*) *Vertrag über eine zeitlich begrenzte Leibeigenschaft eines besitzlosen Auswanderers, dem dafür sein Grundherr in der neuen Welt die Schiffspassage bezahlte* ④ AM FIN Anleihevertrag *m*

indentured [ɪnˈdentʃəʳd, AM -ɚd] *adj pred, inv* **to be ~ to sb** (*for training*) bei jdm [als Lehrling] angestellt sein [*o* in der Lehre sein]; **an ~ servant** (*hist*) *besitzloser Auswanderer, der einem Grundherrn in der neuen Welt vertraglich zu jahrelangem Dienst verpflichtet war, da dieser ihm die Passage bezahlt hatte*

independence [ˌɪndɪˈpendən(t)s] *n no pl* ① (*autonomy*) Unabhängigkeit *f;* **to achieve ~ from sth** POL seine Unabhängigkeit von etw *dat* erlangen; **to win** [*or* **gain**] **~ from sth** die Unabhängigkeit von etw *dat* erreichen ② (*without influence*) Unabhängigkeit *f;* (*impartiality*) Unparteilichkeit *f* ③ (*self-reliance*) Selbständigkeit *f*

Independence Day *n* AM *amerikanischer Unabhängigkeitstag*

independent [ˌɪndɪˈpendənt] **I.** *adj* ① *inv* (*autonomous, self-governing*) unabhängig; **to become ~ from sth** von etw *dat* unabhängig werden, seine Unabhängigkeit von etw *dat* erlangen ② (*uninfluenced*) unabhängig (**of** von +*dat*); (*impartial*) unparteiisch; **~ financial adviser** unabhängiger Finanzberater/unabhängige Finanzberaterin; **~ enquiry** [*or* AM *usu* **inquiry**] unabhängige Untersuchung ③ (*unassisted*) selbständig; **to have ~ means** private Mittel [*o* ein Privateinkommen] haben; **~ traveller** [*or* AM *usu* **traveler**] Individualreisende(r) *f(m);* **to be financially ~** finanziell unabhängig sein ④ (*separate, unconnected*) unabhängig; ***... quite ~ of each other ...*** ganz unabhängig voneinander; **~ statements** voneinander unabhängige Aussagen; **~ witnesses** Zeugen, die nichts miteinander zu tun haben ⑤ AUTO [**fully**] **~ suspension** Einzelradaufhängung *f* ⑥ LING **~ clause** Hauptsatz *m*, übergeordneter Satz **II.** *n* ① POL Unabhängige(r) *f(m)*, Parteilose(r) *f(m)* ② COMM ■**the ~s** *pl* die unabhängigen Unternehmen

independently [ˌɪndɪˈpendəntli] *adv* ① (*separately*) unabhängig; ■**to do sth ~ of sb/sth** etw unabhängig von jdm/etw tun; (*not prompted by others*) etw von sich *dat* aus tun ② (*self-reliantly*) selbständig, ohne fremde Hilfe; **to think ~** selbständig denken ③ (*regardless*) ■**~ of sth** unabhängig von etw *dat;* **~ *of that concern, I believe that ...*** aber ganz unabhängig davon meine ich, dass ...

independent means *npl* privates [*o* eigenes] Einkommen, Privateinkommen *nt;* **to have ~** über ein eigenes Einkommen verfügen **independent-minded** *adj* selbständig, unabhängig; ***a guide book for the ~ traveller*** ein Reiseführer für den Individualreisenden; ■**to be ~** eine eigene Meinung haben

independent school *n* BRIT Schule *f* in nichtstaatlicher Trägerschaft

Independent Television *n no art, no pl* BRIT ① (*commercial television*) *englisches Privatfernsehen* ② (*independent broadcaster*) private Fernsehanstalt

in-depth [ˌɪnˈdepθ] *adj attr* gründlich; **~ investigation** eingehende Untersuchung; **~ report** detaillierter Bericht

indescribable [ˌɪndɪˈskraɪbəbl̩] *adj* ① (*good*) unbeschreiblich; ***the food was ~*** das Essen war traumhaft ② (*bad*) unbeschreiblich, fürchterlich; **to live in ~ squalor** in entsetzlichen Verhältnissen leben

indescribably [ˌɪndɪˈskraɪbəbli] *adv* ① (*good*) unbeschreiblich; **~ beautiful** sagenhaft schön ② (*bad*) unbeschreiblich, entsetzlich *fam*

indestructibility [ˌɪndɪˌstrʌktəˈbɪləti, AM -ət̬i] *n no pl* Unzerstörbarkeit *f; of product, toy* Unverwüstlichkeit *f*

indestructible [ˌɪndɪˈstrʌktəbl̩] *adj* unzerstörbar; **~ toy** unverwüstliches Spielzeug; **~ waste products** nichtabbaubare Abfallprodukte

indeterminable [ˌɪndɪˈtɜːmɪnəbl̩, AM -ˈtɜːr-] *adj* ① (*unidentifiable, unascertainable*) unbestimmbar, undefinierbar, nicht zu bestimmen [*o* definieren] *präd* ② (*irresolvable*) *dispute, issue* nicht zu klärend *attr*, nicht zu klären *präd*

indeterminacy [ˌɪndɪˈtɜːmɪnəsi, AM -ˈtɜːr-] *n no pl* Unbestimmtheit *f; of definition* Vagheit *f*

indeterminate [ˌɪndɪˈtɜːmɪnət, AM -ˈtɜːr-] *adj* ① (*uncounted, immeasurable*) unbestimmt; **~ system** COMPUT unbestimmtes System ② (*vague*) unklar, vage; **~ colour** [*or* AM **color**] (*not distinct*) unbestimmbare Farbe; **to take an ~ stance** keinen klaren Standpunkt beziehen; **~ noise** undefinierbares Geräusch; **~ period of time** ungewisse Zeitspanne

index [ˈɪndeks, *pl* -dɪsiːz] **I.** *n* ① <*pl* -es> (*alphabetical list: in book*) Index *m; of sources* Quellenverzeichnis *nt;* (*in library*) Katalog *m;* (*register, list*) Register *nt*, Verzeichnis *nt;* (*in a computer memory*) Index *m;* ***look it up in the ~*** schlag's doch im Verzeichnis nach; **~ by author/keyword/subject-matter/title** [*or* **of authors/keywords/subject-matters/titles**] Autoren-/Stichwort-/Themen-/Titelverzeichnis *nt;* **card ~** Kartei *f;* **computer ~** [elektronisches] Datenverzeichnis; ***catalogued on a computer ~*** elektronisch erfasst; **~ number** Indexzahl *f;* (*percentage rise of sth over a period*) Indexziffer *f* ② <*pl* -dices *or* -es> ECON Index *m fachspr*, Indexzahl *f fachspr;* STOCKEX Aktienindex *m*, Börsenindex *m;* **the cost-of-living ~** der Lebenshaltungskostenindex; **the Dow Jones I~** der Dow-Jones-Index *fachspr;* **FTSE 100 I~** [britischer] Aktienindex, FTSE 100 Index *m fachspr;* **price/wage ~** Preis-/Lohnkostenindex *m* ③ <*pl* -dices *or* -es> (*indicator, measure*) Hinweis *m* (**of** auf +*akk*), Anzeichen *nt* (**of** für +*akk*); **to be a reliable ~ of sth** ein verlässliches Anzeichen für etw *akk* sein, zuverlässig Aufschluss über etw *akk* geben ④ *no pl* REL (*hist*) ■**the I~** *of prohibited books* der Index ⑤ <*pl* -dices> MATH Index *m fachspr* ⑥ COMPUT (*address to used*) Index *m* ⑦ (*on film strip*) Index *m* **II.** *vt* ① (*create index*) ■**to ~ sth** *in book* etw mit einem Verzeichnis [*o* Register] versehen; *in library* etw katalogisieren; *on computer* ein elektronisches Datenverzeichnis erstellen, etw elektronisch erfassen ② (*record in index*) ■**to ~ sth** *in book* etw in ein Verzeichnis [*o* Register] aufnehmen; *in library* etw in einen Katalog aufnehmen; *on computer* etw in ein elektronisches Datenverzeichnis aufnehmen; **to ~ sth by author/keyword/ subject-matter/title** etw mit einem Autoren-/Stichwort-/Themen-/Titelverzeichnis versehen ③ *usu passive* ECON (*link to*) **to be ~ed to** [*or* **in line with**] **sth** an etw *akk* gekoppelt [*o fachspr* indexiert] sein; ***wages have been ~ed to inflation*** die Lohntarife sind an die Inflation gekoppelt; **~ed pension** dynamische Rente; ■**to ~ sth** etw indexieren ④ MATH ■**to ~ sth** etw indizieren

indexation [ˌɪndekˈseɪʃᵊn] *n no pl* ECON Indexierung *f fachspr*, Indexbindung *f fachspr*

index card *n* Karteikarte *f*

indexed [ˈɪndekst] *adj* AM, AUS ECON indexiert

fachspr, indexgebunden *fachspr;* ■**to be ~ to sth** an etw *akk* gekoppelt [*o fachspr* indexiert] sein
index finger *n* Zeigefinger *m* **index-linked** *adj* BRIT ECON indexgebunden *fachspr,* indexiert *fachspr,* der Inflationsrate angeglichen; ~ **pension** dynamische Rente **index number** *n* Indexzahl *f,* Katalognummer *f;* (*percentage rise over a period*) Indexziffer *f* **Index of Leading Economic Indicators** *n* AM ECON ■**the** ~ der Index der führenden Wirtschaftsindikatoren **index print** *n* Fotoindex *m*
India ['ɪndiə] *n no pl* Indien *nt*
India ink *n* AM, AUS, CAN Tusche *f*
Indian ['ɪndiən] **I.** *adj* ❶ (*of Indian sub-continent*) indisch ❷ (*often pej: of native Americans*) indianisch, Indianer- **II.** *n* ❶ (*of Indian descent*) Inder(in) *m(f)* ❷ (*often pej: native American*) Indianer(in) *m(f);* **American/Canadian ~s** amerikanische/kanadische Indianer; **to play cowboys and ~s** [Cowboy und] Indianer spielen
Indian club *n* Keule *f* **Indian corn** *n no pl* AM Mais *m* **Indian file** *n esp* AM (*single file*) **in** ~ im Gänsemarsch **Indian ink** *n* Tusche *f* **Indian Ocean** *n* ■**the** ~ der Indische Ozean **Indian summer** *n* ❶ (*in autumn*) Altweibersommer *m,* [warme] Nachsommertage ❷ (*fig: in one's life*) zweiter Frühling *fig*
India paper *n no pl* Dünndruckpapier *nt* **India rubber** *n* (*dated: rubber*) [Radier]gummi *m,* Kautschuk *m*
indicate ['ɪndɪkeɪt] **I.** *vt* ❶ (*show*) ■**to ~ sth** etw zeigen; *apparatus, device, gauge* etw anzeigen; **~d in red/bold** rot/fett eingezeichnet [*o* gekennzeichnet] ❷ (*strongly imply*) auf etw *akk* hindeuten [*o* schließen lassen], etw erkennen lassen; ***initial results ~ that ...*** die ersten Hochrechnungen deuten darauf hin, dass ...; **to ~ one's displeasure at sth** sein Missfallen über etw *akk* zum Ausdruck bringen [*o* geben] ❸ (*point to*) ■**to ~ sb/sth** auf jdn/etw hindeuten [*o* hinweisen]; ***he ~d his girlfriend with a nod of his head*** nickend zeigte er auf seine Freundin ❹ *usu passive* MED (*suggest as suitable*) ■**to be ~d** indiziert sein *fachspr;* (*fig, hum fam*) angebracht [*o sl* angezeigt] [*o sl* angesagt] sein *hum;* ***I think a cool drink is ~d!*** ich glaube, jetzt ist erst einmal ein kühles Getränk angesagt! ❺ (*state briefly*) ■**to ~ [to sb] that ...** [jdm] zu verstehen geben, dass ...; ■**to ~ sth** (*in writing, on form*) etw angeben; **to ~ ingredients** Inhaltsstoffe aufführen **II.** *vi* BRIT blinken, den Blinker setzen; **to ~ left/right** links/rechts blinken
indication [,ɪndɪ'keɪʃᵊn] *n* ❶ (*evidence, sign*) [An]zeichen *nt* (**of** für +*akk*), Hinweis *m* (**of** auf +*akk*); ***the ~ from the trade figures is to reduce stock by at least 30%*** die Außenhandelsdaten legen nahe, die Bestände um mindestens 30% zu reduzieren; **an ~ of willingness to do sth** ein Zeichen *nt* der Bereitschaft, etw zu tun; **to give a clear/no ~ of sth** etw klar/nicht erkennen lassen; ***he hasn't given any ~ of his plans*** er hat nichts von seinen Plänen verlauten lassen; ***he gave no ~ of having seen his daughter*** nichts wies darauf hin, dass er seine Tochter gesehen hatte; **early ~s** erste Anzeichen; **there is every/no ~ that ...** alles/nichts weist [*o* deutet] darauf hin, dass ...; ***there was little ~ that the protesters would leave peacefully*** es schien höchst unwahrscheinlich, dass die Demonstranten friedlich abziehen würden ❷ (*reading*) *on gauge, meter* Anzeige *f* ❸ MED Indikation *f fachspr;* ***heavy bleeding is an ~ of hysterectomy*** bei starken Blutungen ist eine Hysterektomie indiziert
indicative [ɪn'dɪkətɪv, AM -t̬ɪv] **I.** *adj* ❶ (*suggestive*) hinweisend *attr;* ***there are ~ signs that the economy may be improving*** es weist einiges auf einen Konjunkturaufschwung hin; ■**to be ~ of sth** etw erkennen lassen, auf etw *akk* schließen lassen ❷ LING (*not subjunctive*) indikativisch *fachspr;* **~ sentence** Indikativsatz *m fachspr* **II.** *n* LING Indikativ *m fachspr*
indicator ['ɪndɪkeɪtəʳ, AM -t̬ɚ] **I.** *n* ❶ (*evidence*) Indikator *m fachspr; of fact, trend* deutlicher Hinweis; **an ~ of an inflation/economic upswing** ein Indikator *m* für eine Inflation/einen Konjunkturaufschwung ❷ BRIT (*turning light*) Blinker *m,* [Fahrt]richtungsanzeiger *m bes* SCHWEIZ ❸ MECH (*gauge, meter*) Anzeige *f,* Anzeiger *m;* (*needle*) Zeiger *m;* **speed ~** Geschwindigkeitsmesser *m* ❹ BRIT (*information board*) *at airport, station* Anzeigetafel *f* ❺ COMPUT Anzeiger *m,* Melder *m* **II.** *n modifier* **~ light** BRIT Kontrollicht *nt*
indices ['ɪndɪsi:z] *n pl of* **index I 2,3,5**
indict [ɪn'daɪt] *vt* ■**to ~ sb** jdn anklagen [*o* beschuldigen], gegen jdn Anklage erheben; **to ~ sb on drug charges/for kidnapping** gegen jdn Anklage wegen Drogendelikte/auf Entführung erheben; **to ~ sb for murder** jdn unter Mordanklage stellen
indictable [ɪn'daɪtəbḷ, AM -t̬-] *adj inv* ❶ (*liable to prosection*) strafbar ❷ (*chargeable*) *person* strafrechtlich verfolgbar
indictable offence, AM **indictable offense** *n* LAW schweres Vergehen
indictment [ɪn'daɪtmənt] *n* ❶ LAW (*statement of accusation*) Anklage[erhebung] *f;* (*bill*) Anklageschrift *f;* **an ~ for conspiracy/on charges of attempted murder** eine Anklage wegen Verschwörung/wegen versuchten Mordes; **to quash an ~** eine Anklage verwerfen ❷ (*fig: reason for blame*) Anzeichen *nt* (**of** für +*akk*), Hinweis *m* (**of** auf +*akk*); **to be a damning ~ of sth** ein Armutszeugnis für etw *akk* sein; ***a damning ~ of education policy*** eine vernichtende Anklage gegen die Bildungspolitik
indie ['ɪndi] *adj inv short for* **independent** *film, industry, music* Indie-
indifference [ɪn'dɪfᵊrən(t)s] *n no pl* Gleichgültigkeit *f,* Indifferenz *f geh* (**to[wards]** gegenüber +*dat*)
indifferent [ɪn'dɪfᵊrənt] *adj* ❶ (*not interested*) gleichgültig; ■**to be ~ to sth/sb** etw/jdm gegenüber gleichgültig sein, kein[erlei] Interesse an jdm/etw haben; ***she seems completely ~ to him*** er scheint ihr völlig gleichgültig zu sein; (*unmoved*) ungerührt (**to** von +*dat*) ❷ (*of poor quality*) [mittel]mäßig; **to play an ~ game** [nur] ein [mittel]mäßiges Spiel abliefern
indifferently [ɪn'dɪfᵊrəntli] *adv* ❶ (*without interest*) gleichgültig, indifferent *geh;* **to behave ~ towards sb** sich *akk* jdm gegenüber gleichgültig verhalten; (*unmoved*) ungerührt ❷ (*not well*) [mittel]mäßig
indigence ['ɪndɪdʒən(t)s] *n no pl* (*form*) Armut *f,* Bedürftigkeit *f*
indigenous [ɪn'dɪdʒɪnəs] *adj inv* [ein]heimisch; **the ~ flora and fauna** die heimische Tier- und Pflanzenwelt; **~ people** Einheimische *pl;* **to be ~ to Europe** *plants, animals, etc* in Europa heimisch [*o* beheimatet] sein
indigent ['ɪndɪdʒənt] *adj* (*form*) arm, bedürftig
indigestibility [,ɪndɪ,dʒestə'bɪləti, AM -ət̬i] *n no pl* ❶ (*physically*) Unverdaulichkeit *f;* (*bad quality*) Ungenießbarkeit *f* ❷ (*fig: mentally*) Schwerverdaulichkeit *f fig; of report, statistics* Unverständlichkeit *f*
indigestible [,ɪndɪ'dʒestəbḷ] *adj* ❶ (*food*) schwer verdaulich; (*bad, off*) ungenießbar ❷ (*fig: information etc*) schwer verdaulich [*o* verständlich]
indigestion [,ɪndɪ'dʒestʃᵊn] *n no pl* ❶ (*after meal*) Magenverstimmung *f;* **to get** [*or* **give oneself**] ~ eine Magenverstimmung bekommen; **to suffer from ~** eine Magenverstimmung haben, an einer Magenverstimmung leiden *geh* ❷ (*chronic disorder*) Verdauungsstörung[en] *f[pl],* Indigestion *f fachspr*
indignant [ɪn'dɪgnənt] *adj* empört, entrüstet, aufgebracht, ungehalten *geh* (**at/about** über +*akk*); **to become ~** sich *akk* entrüsten [*o* aufregen] [*o* empören], ungehalten werden *geh;* ■**to be/feel ~** empört [*o* entrüstet] [*o geh* ungehalten] sein
indignantly [ɪn'dɪgnəntli] *adv* empört, entrüstet, aufgebracht, ungehalten *geh*
indignation [,ɪndɪg'neɪʃᵊn] *n no pl* Entrüstung *f,* Empörung *f,* Ärger *m,* Unwille *m geh* (**at/about** über +*akk*); **righteous ~** gerechtfertigte Empörung
indignity [ɪn'dɪgnəti, AM -ət̬i] *n* Demütigung *f;* (*sth humiliating also*) Erniedrigung *f;* ***they were subjected to various indignities thoughout the voyage*** auf ihrer Reise wurden sie äußerst demütigend behandelt
indigo ['ɪndɪgəʊ, AM -oʊ] **I.** *n* ❶ *no pl* (*blue dye*) Indigo *m o nt* ❷ (*blue*) Indigo[blau] *nt* **II.** *adj inv* ~ [**blue**] indigoblau
indirect [,ɪndɪ'rekt] *adj* ❶ (*not straight*) indirekt; ***better take an ~ route through the suburbs*** fahr lieber einen [kleinen] Umweg über die Vororte; **~ flight** Flug *m* mit Zwischenstopp ❷ (*not intended*) *benefits, consequences* mittelbar; **~ evidence** indirekter Beweis ❸ (*not done directly*) **by ~ means** auf Umwegen *fig* ❹ (*avoiding direct mention*) indirekt; **~ attack/remark** Anspielung *f*
indirect costs *npl* FIN indirekte Kosten **indirect discourse** *n no pl* AM LING indirekte Rede; **to use ~** die indirekte Rede benutzen **indirect lighting** *n no pl* indirekte Beleuchtung
indirectly [,ɪndɪ'rektli] *adv* indirekt, auf Umwegen; ***he was acting ~ on my behalf*** er handelte gemäß meiner indirekten Vollmacht
indirectness [,ɪndɪ'rektnəs] *n no pl* indirekte Art [und Weise]; *route* Umweg *m; expression* Anspielung *f*
indirect object *n* LING indirektes Objekt, Dativobjekt *nt*
indirect parity *n* BRIT FIN Kreuzparität *f* **indirect speech** *n no pl* LING indirekte Rede; **to use ~** die indirekte Rede benutzen **indirect tax** *n* FIN (*money*) indirekte Steuer; (*system of taxation*) indirekte Besteuerung **indirect taxation** *n no pl* FIN indirekte Besteuerung
indiscernible [,ɪndɪ'sɜ:nəbḷ, AM -'sɜ:r-] *adj* (*impossible to detect*) nicht wahrnehmbar; **an ~ change** eine unmerkliche Veränderung; **an almost ~ difference** ein kaum wahrnehmbarer Unterschied; (*not visible*) nicht erkennbar
indiscipline [ɪn'dɪsəplɪn] *n no pl* (*form*) Disziplinlosigkeit *f,* Undiszipliniertheit *f*
indiscreet [,ɪndɪ'skri:t] *adj* (*careless*) indiskret; (*tactless*) taktlos (**about** in Bezug auf +*akk*)
indiscreetly [,ɪndɪ'skri:tli] *adv* (*carelessly*) indiskret; (*tactlessly*) taktlos
indiscretion [,ɪndɪ'skreʃᵊn] *n* ❶ *no pl* (*carelessness*) Indiskretion *f;* (*tactlessness*) Taktlosigkeit *f* ❷ (*indiscreet act*) Indiskretion *f;* (*thoughtless act*) unüberlegte Handlung; [**sexual**] **~[s]** (*of sexual nature*) Affäre[n] *f[pl],* Techtelmechtel *nt[pl] fam;* **youthful ~s** [kleine] Jugendsünden
indiscriminate [,ɪndɪ'skrɪmɪnət] *adj* ❶ (*unthinking*) unüberlegt, unbedacht; (*uncritical*) unkritisch; ***the ~ use of fertilizers will cause major damages to the environment*** der willkürliche Einsatz von Düngemitteln wird große Umweltschäden anrichten ❷ (*random*) wahllos, willkürlich; ***the terrorists have made ~ attacks on civilians*** die Terroristen verübten blinde Attacken auf Zivilisten; ■**to be ~ in sth** bei etw *dat* keine Unterschiede machen
indiscriminately [,ɪndɪ'skrɪmɪnətli] *adv* ❶ (*without careful thought*) unüberlegt; (*uncritically*) unkritisch ❷ (*at random*) wahllos, willkürlich; (*not discriminating*) unterschiedslos, ohne [irgendwelche] Unterschiede zu machen
indispensability [,ɪndɪ,spen(t)sə'bɪləti, AM -ət̬i] *n no pl* Unentbehrlichkeit *f* (**to** für +*akk*)
indispensable [,ɪndɪ'spen(t)səbḷ] *adj* unentbehrlich; ■**to be ~** [**for** [*or* **to**] **sb/sth**] [für jdn/etw] unentbehrlich sein; **to make oneself ~ to sb** sich *akk* [bei jdm [*o* für jdn]] unentbehrlich machen
indisposed [,ɪndɪ'spəʊzd, AM -'spoʊzd] *adj pred, inv* (*form*) ❶ (*slightly ill*) unpässlich; *artist, singer* indisponiert *geh;* (*euph: slightly unwell*) ***I'm afraid my wife won't be attending this evening, she is ~*** leider kann meine Frau am heutigen Abend nicht erscheinen, sie ist leicht indisponiert *hum, euph* ❷ (*unwilling*) ■**to be/feel ~ to do sth** nicht gewillt [*o geh a. hum* geneigt] sein, etw zu tun
indisposition [,ɪndɪspə'zɪʃᵊn] *n* (*form*) ❶ *usu sing* (*also euph: illness*) Unpässlichkeit *f,* Indisponiertheit *f kein pl geh* ❷ *no pl* (*disinclination*) Abge-

I

neigtheit *f* (to gegenüber *+dat*), Widerwille *m* (to gegenüber *+dat*); ***their ~ to cooperate has made things very difficult*** ihre mangelnde Bereitschaft zur Kooperation hat uns das Leben recht schwer gemacht

indisputable [ˌɪndɪˈspjuːtəbl̩, AM -t̬-] *adj inv* unbestreitbar; **to present ~ evidence** einen unanfechtbaren Beweis erbringen; **~ skill/talent** unbestrittene Fähigkeit/unbestrittenes Talent; ■**it is ~ that ...** es ist unbestritten [*o* unstreitig], dass ...

indisputably [ˌɪndɪˈspjuːtəbli, AM -t̬-] *adv inv* unbestreitbar, unbestritten

indissolubility [ˌɪndɪˌsɒljəˈbɪləti, AM -ˌsɑːljəˈbɪlət̬i] *n no pl* ① (*unseverable*) Unauflöslichkeit *f; of friendship* Unzerbrechlichkeit *f* ② (*not dissolving*) *of a substance* Unlöslichkeit *f*, Unauflösbarkeit *f*

indissoluble [ˌɪndɪˈsɒljəbl̩, AM -ˈsɑːl-] *adj inv* ① CHEM *substances* unlöslich, unauflösbar ② (*fig*) unauflöslich, unauflösbar; *friendship* unzerbrechlich

indissolubly [ˌɪndɪˈsɒljəbli, AM -ˈsɑːl-] *adv inv* CHEM unlöslich; (*fig*) unauflöslich

indistinct [ˌɪndɪˈstɪŋ(k)t] *adj* ① (*poorly defined*) undeutlich, nicht genau bestimmbar; (*blurred*) verschwommen ② (*not clear*) unklar; *memory, recollection* verschwommen, dunkel; **~ smell** undefinierbarer Geruch

indistinctly [ˌɪndɪˈstɪŋ(k)tli] *adv* (*with poor definition*) undeutlich; (*out of focus*) verschwommen; (*unclearly*) unklar; **to speak ~** undeutlich sprechen

indistinguishable [ˌɪndɪˈstɪŋgwɪʃəbl̩] *adj inv* (*impossible to differentiate*) ununterscheidbar, nicht unterscheidbar; (*not perceptible*) nicht wahrnehmbar [*o* erkennbar]; ***the difference here is almost ~*** der Unterschied ist hier kaum feststellbar; ■**to be ~ from sth** von etw *dat* nicht zu unterscheiden sein

individual [ˌɪndɪˈvɪdʒuəl] **I.** *n* ① (*single person*) Einzelperson *f*, Einzelne(r) *f(m)*, Individuum *nt geh* ② (*approv: distinctive person*) [selbständige] Persönlichkeit **II.** *adj* ① *attr, inv* (*separate*) einzeln; **to receive ~ attention** individuell betreut werden; **~ case** Einzelfall *m* ② (*particular*) individuell; **~ needs** individuelle Bedürfnisse, Bedürfnisse *ntpl* des/der Einzelnen ③ (*distinctive, original*) eigen, eigentümlich; ***she has an ~ style*** sie hat ihren ganz eigenen Stil

individualism [ˌɪndɪˈvɪdʒuəlɪzᵊm] *n no pl* Individualismus *m*

individualist [ˌɪndɪˈvɪdʒuəlɪst] *n* Individualist(in) *m(f)*

individualistic [ˌɪndɪˌvɪdʒuəlˈɪstɪk] *adj* individualistisch *geh*

individualistically [ˌɪndɪˌvɪdʒuəlˈɪstɪkli] *adv* individualistisch *geh*

individuality [ˌɪndɪˌvɪdʒuˈæləti, AM -ət̬i] *n* ① *no pl* (*distinctiveness, originality*) Individualität *f* ② *no pl* (*separate existence*) individuelle Existenz ③ (*characteristics, tastes*) ■**individualities** *pl* Eigenarten *fpl;* (*distinct tastes*) Geschmäcker *mpl;* **for all sorts of individualities** für jeden Geschmack

individualize [ˌɪndɪˈvɪdʒuəlaɪz] *vt* ■**to ~ sth** ① (*adapt*) etw nach individuellen Bedürfnissen ausrichten [*o* gestalten]; ***we have to ~ our service*** wir müssen unseren Service stärker an individuellen Kundenbedürfnissen orientieren ② (*make distinctive*) etw individuell[er] gestalten, etw *dat* eine individuelle[re] [*o* persönliche[re]] [*o* eigene] Note verleihen [*o* geben]

individualized [ˌɪndɪˈvɪdʒuəlaɪzd] *adj attr* ① (*for the individual*) individuell; **~ attention/treatment** Einzelbetreuung *f*/-behandlung *f;* **~ medical care** persönliche ärztliche Betreuung; **~ holidays** Individualreisen *fpl* ② (*of product*) individuell gestaltet

individually [ˌɪndɪˈvɪdʒuəli] *adv* ① *inv* (*as single entities*) einzeln; **to be working ~ on sth** für sich *akk* an etw *dat* arbeiten ② (*in distinctive way*) individuell; (*distinctly*) eigen[tümlich]; ***she always thinks very ~*** sie hat ihre ganz eigene Denkweise

Individual Retirement Accounty *n* ECON, FIN *steuerbegünstigte Sparanlage zur privaten Altersvorsorge*

indivisibility [ˌɪndɪˌvɪzəˈbɪləti, AM -ət̬i] *n no pl* Unteilbarkeit *f*

indivisible [ˌɪndɪˈvɪzəbl̩] *adj inv* unteilbar

indivisibly [ˌɪndɪˈvɪzəbli] *adv inv* unteilbar; **~ attached to one another/sth** untrennbar miteinander/mit etw *dat* verbunden

Indochina [ˌɪndəʊˈtʃaɪnə, AM -doʊˈ-] *n* (*dated*) Indochina *nt*

indoctrinate [ɪnˈdɒktrɪneɪt, AM -ˈdɑːk-] *vt* ■**to ~ sb** jdn indoktrinieren *geh o pej* (**in/with** mit *+dat*)

indoctrination [ɪnˌdɒktrɪˈneɪʃᵊn, AM -ˌdɑːk-] *n no pl* (*instruction*) Indoktrination *f geh o pej;* (*process*) Indoktrinierung *f geh o pej*

Indo-European [ˌɪndə(ʊ),-, AM -doʊˌ-] LING **I.** *adj inv* indoeuropäisch, indogermanisch **II.** *n* ① (*proto-language*) Indoeuropäisch *nt*, Indogermanisch *nt* ② (*person*) Indoeuropäer(in) *m(f)*, Indogermane, -in *m, f*

indolence [ˈɪndᵊlən(t)s] *n no pl* (*laziness*) Trägheit *f;* (*desinterestedness*) Gleichgültigkeit *f*, Indolenz *f geh*

indolent [ˈɪndᵊlənt] *adj* (*pej: lazy*) träge; (*without interest*) gleichgültig, indolent *geh*

indolently [ˈɪndᵊləntli] *adv* (*lazily*) träge; (*without interest*) gleichgültig, indolent *geh*

indomitable [ɪnˈdɒmɪtəbl̩, AM -ˈdɑːmət̬ə-] *adj* (*approv*) unbezähmbar; ***she is ~ in her fight for justice*** sie setzt sich unerschütterlich für Gerechtigkeit ein; **~ courage** unerschütterlicher Mut; **~ spirit** unbeugsamer Geist; **~ strength of character** unbezwingbare Charakterstärke; **~ will** eiserner [*o* unbändiger] Wille

indomitably [ɪnˈdɒmɪtəbli, AM -ˈdɑːmət̬ə-] *adv* (*approv*) unbezähmbar; (*undefatigably*) unerschütterlich

Indonesia [ˌɪndə(ʊ)ˈniːʒə, AM -dəˈ-] *n* Indonesien *nt*

Indonesian [ˌɪndə(ʊ)ˈniːʒən, AM -dəˈ-] **I.** *adj* indonesisch; **~ batik** indonesische(r) Batik **II.** *n* ① (*person*) Indonesier(in) *m(f)* ② (*language*) Indonesisch *nt*

indoor [ˌɪnˈdɔːʳ, AM -ˈdɔːr] *adj attr, inv* ① (*situated inside*) Innen-; **~ plant** Zimmerpflanze *f;* ***we'll have to do ~ activities with the children today*** wir müssen mit den Kindern im Haus spielen; SPORTS Hallen-; ***he's the international ~ champion*** er ist der internationale Hallenmeister; **~ racetrack** Hallenrennbahn *f* ② (*for use inside*) Haus-, für zu Hause *nach n;* **~ plumbing** Wasseranschluss *m* im Haus; **~ shoes** Hausschuhe *mpl;* SPORTS Hallen-, für die Halle *nach n;* **~ trainers** Hallenturnschuhe *mpl*

indoor pool *n* Hallen[schwimm]bad *nt*

indoors [ˌɪnˈdɔːz, AM -ˈdɔːrz] *adv inv* (*into a building*) hinein, herein, nach drinnen; (*within building, house*) drinnen; (*within house*) im Haus; ***come ~, it's cold outside*** komm herein, es ist kalt draußen

indoor sport *n* Hallensport *m kein pl;* (*individually*) Hallensportart *f*

indubitable [ɪnˈdjuːbɪtəbl̩, AM -ˈduːbɪt̬ə-, -ˈdjuː-] *adj inv* (*form*) unzweifelhaft; **~ evidence** ein zweifelsfreier Beweis

indubitably [ɪnˈdjuːbɪtəbli, AM -ˈduːbɪt̬ə-, -ˈdjuː-] *adv inv* (*form*) zweifellos, zweifelsohne

induce [ɪnˈdjuːs, AM *esp* -ˈduːs] *vt* ① (*persuade*) ■**to ~ sb to do sth** jdn dazu bringen [*o geh* bewegen], etw zu tun; ***nothing could ~ me to do a bungee-jump!*** nicht um alles in der Welt würde ich Bungee springen! ② (*cause*) ■**to ~ sth** etw hervorrufen [*o* bewirken]; ***these pills ~ drowsiness*** diese Tabletten machen schläfrig ③ (*cause birth*) ■**to ~ sth** *abortion, birth, labour* etw einleiten; ***twins are often ~d*** Zwillingsgeburten werden häufig künstlich eingeleitet; **to ~ a pregnant woman [to give birth]** bei einer Schwangeren die Geburt künstlich einleiten ④ ELEC, PHYS ■**to ~ sth** etw induzieren *fachspr;* **to ~ a[n] [electrical] current** Strom induzieren ⑤ MATH, PHILOS ■**to ~ sth** etw induzieren *fachspr*

inducement [ɪnˈdjuːsmənt, AM *esp* -ˈduːs-] *n* (*also euph*) Anreiz *m*, Ansporn *m*, Antrieb *m;* (*verbal*) Überredung *f;* **financial ~s** finanzielle Anreize

induct [ɪnˈdʌkt] *vt usu passive* (*form*) ① (*install in office*) **to be ~ed into office** in ein Amt eingesetzt werden ② (*initiate*) ■**to be ~ed into sth** in etw *akk* eingeführt werden; **to ~ sb into an approach/a belief** jdn an einen Ansatz/Glauben heranführen; ***he was ~ed into certain rituals*** er wurde in bestimmte Rituale eingeweiht ③ AM MIL (*conscript*) **to be ~ed [into the army]** eingezogen werden

induction [ɪnˈdʌkʃᵊn] **I.** *n* ① (*into office, post*) [Amts]einführung *f*, [Amts]einsetzung *f;* (*into organisation*) ■**~ into sth** Aufnahme *f* in etw *akk;* **~ into the military** AM MIL Einberufung *f* [zum Wehrdienst [*o* Militärdienst]] ② (*initiation*) Einführung *f;* **an ~ to a method/system** eine Einführung in eine Methode/ein System ③ *no pl* PHILOS Induktion *f fachspr;* **process of ~** Induktionsprozess *m* ④ MED (*act of causing*) *of abortion, birth, labour* Einleitung *f; of sleep* Herbeiführen *nt* ⑤ *no pl* ELEC, PHYS, TECH Induktion *f fachspr;* TECH *also* Ansaugung *f* **II.** *n modifier* ① (*of initiation*) (*ceremony*) Einführungs- ② ELEC (*heating, loop*) Induktions- *fachspr*

induction coil *n* ELEC Induktionsspule *f fachspr*

induction course *n* Einführungskurs *m*

inductive [ɪnˈdʌktɪv] *adj inv* ELEC, MATH, PHILOS induktiv *fachspr;* **~ current** Induktionsstrom *m;* **~ reasoning** induktive Argumentation

inductively [ɪnˈdʌktɪvli, AM -t̬ɪv-] *adv inv* ELEC, MATH, PHILOS induktiv *fachspr*

indue [ɪnˈdjuː] *vt see* **endue**

indulge [ɪnˈdʌldʒ] **I.** *vt* ① (*allow pleasure*) ■**to ~ sth** etw *dat* nachgeben; **to ~ one's passion [for sth]** leidenschaftlich gern etw tun, seiner Leidenschaft *dat* [für etw *akk*] frönen *a. hum;* **to ~ sb's every wish** jdm jeden Wunsch erfüllen; ***he ~d her every whim*** er gab jeder ihrer Launen nach ② (*spoil*) ■**to ~ sb [with sth]** jdn [mit etw *dat*] verwöhnen; **to ~ a child** ein Kind verhätscheln; ■**to ~ oneself with sth** *champagne, food, pleasurable activity* sich *akk* an etw *dat* gütlich tun *geh o a. hum,* etw [in verschwenderischer Fülle] genießen ③ (*form: permit speech*) ■**to ~ sb** jdn gewähren lassen; **if you would ~ me for a moment, ...** wenn Sie mir noch für einen Moment Ihre Aufmerksamkeit schenken, ... **II.** *vi* ① (*euph: drink alcohol*) trinken, sich *dat* einen genehmigen *fam o euph;* (*too much*) einen über den Durst trinken *fam o euph;* ***he used to ~ heavily*** [***in drink***] er war früher dem Alkohol schwer zugetan ② (*in undesirable activity*) ■**to ~ in sth** in etw *dat* schwelgen, etw *dat* frönen; **to ~ in fantasies** sich *akk* Fantasien hingeben *geh;* **to ~ in gossip** sich *akk* dem Tratsch [*o* Klatsch] hingeben; **to ~ in nostalgia** in nostalgischen Erinnerungen schwelgen

indulgence [ɪnˈdʌldʒən(t)s] *n* ① (*treat, pleasure*) Luxus *m; food, drink, activity* Genuss *m* ② *no pl* (*leniency*) Nachsichtigkeit *f* (**of** gegenüber *+dat*); (*softness*) Nachgiebigkeit *f* (**of** gegenüber *+dat*); ***she treats her son's laziness with ~*** sie kommt der Faulheit ihres Sohnes mit Nachsicht entgegen ③ *no pl* (*in food, drink, pleasure*) Frönen *nt;* ***his ~ in casual affairs is unfortunate*** leider frönt er allzu gerne seinen Affären; **~ in drink/food/etc** übermäßiges [*o* unmäßiges] Essen/Trinken/etc; **gross ~, over-~** übermäßiger Genuss; *in rich food* Völlerei *f; in alcohol* übermäßiger Alkoholgenuss *f;* **self-~** [ausschweifendes [*o* übermäßiges]] Genießen ④ REL (*hist: Catholic doctrine*) Ablass *m;* **to sell ~s** Ablasshandel treiben *hist*

indulgent [ɪnˈdʌldʒənt] *adj* ① (*lenient*) nachgiebig, nachsichtig; ■**to be ~ [towards** [*or* **to**] **sb/sth]** [jdm/etw gegenüber] [sehr] nachgiebig [*o* nachsichtig] sein; **~ parents** [zu] nachgiebige [*o* nachsichtige] Eltern ② (*tolerant*) nachsichtig, milde; **sb's ~ attitude toward sth** jds tolerante Einstellung gegenüber etw *dat*

indulgently [ɪnˈdʌldʒəntli] *adv* nachsichtig

industrial [ɪnˈdʌstriəl] **I.** *adj* ① (*of production of goods*) industriell; **~ expansion** industrielle Expansion; **~ output** Industrieproduktion *f;* (*of training, development*) betrieblich ② (*for use in manufac-*

turing) Industrie-; ~ **equipment/tools** Industriewerkzeug[e] *nt[pl]*; **for ~ use** für die industrielle [*o* gewerbliche] Nutzung ❸ *(having industry)* Industrie-; ~ **area/region** Industriegebiet *nt* **II.** *n* STOCKEX ■ **~s** *pl* Industriewerte *pl*

industrial action *n no pl* BRIT *(working to rule)* Arbeitskampfmaßnahmen *fpl*, gewerkschaftliche Kampfmaßnahme; *(strike)* Streik *m;* **to take ~** in den Ausstand treten **industrial archaeology** *n no pl* Industriearchäologie *f* **industrial background** *n* Berufserfahrung *f* im Industriebereich; **to have an ~** in der Industrie tätig gewesen sein **industrial city** *n* Industriestadt *f* **industrial country** *n* Industrieland *nt* **industrial disease** *n* Berufskrankheit *f* **industrial dispute** *n* Arbeitskampf *m*, [tarifpolitische] Auseinandersetzungen *fpl* zwischen Arbeitgebern und Arbeitnehmern; *(strike)* Streik *m* **industrial espionage** *n no pl* Industriespionage *f*, Werksspionage *f*, Wirtschaftsspionage *f* **industrial estate** *n* BRIT Industriegebiet *nt*

industrialism [ɪnˈdʌstriəlɪzᵊm] *n no pl* Industrialismus *m*

industrialist [ɪnˈdʌstriəlɪst] *n* Industrielle(r) *f(m)*

industrialization [ɪnˌdʌstriəlaɪˈzeɪʃᵊn, AM -lɪˈ-] *n no pl* Industrialisierung *f*

industrialize [ɪnˈdʌstriəlaɪz] **I.** *vi country, state* zum Industriestaat [*o* Industrieland] werden; *area* Industrie ansiedeln; *business* industrielle Produktionsmethoden einführen **II.** *vt* ■ **to ~ sth** etw industrialisieren; *area* Industrie ansiedeln; *business* industrielle Produktionsmethoden einführen

industrialized [ɪnˈdʌstriəlaɪzd] *adj area, country, nation* industrialisiert

industrial landscape *n* Industrielandschaft *f*

industrially [ɪnˈdʌstriəli] *adv* industriell; **an ~ advanced nation** eine hoch entwickelte Industrienation; **to develop ~** eine eigene Industrie aufbauen

industrial medicine *n* Arbeitsmedizin *f* **industrial nation** *n* Industrienation *f* **industrial park** *n* AM, AUS *(industrial estate)* Industriegebiet *nt* **industrial relations** *npl* Arbeitgeber-Arbeitnehmer-Beziehungen *fpl*, Industrial Relations *pl* *fachspr* **Industrial Revolution** *n* HIST ■ **the ~** die Industrielle Revolution **industrial tribunal** *n* BRIT Arbeitsgericht *nt*

industrious [ɪnˈdʌstriəs] *adj (hard-working)* fleißig, arbeitsam *veraltend;* *(busy)* eifrig, emsig

industriously [ɪnˈdʌstriəsli] *adv (hard-working)* fleißig; *(busily)* eifrig, emsig; **to work ~** fleißig arbeiten

industriousness [ɪnˈdʌstriəsnəs] *n no pl (diligence)* Fleiß *m;* *(being busy)* Eifrigkeit *f*, Emsigkeit *f*

industry [ˈɪndəstri] *n* ❶ *no pl (manufacturing)* Industrie *f;* **captain of ~** Industriekapitän *m fam;* **capital-intensive ~** kapitalintensiver Industriezweig; **labour-intensive ~** arbeitsintensiver Industriezweig; **people from local business and ~** örtliche Geschäftsleute und Industrievertreter; [**leaders of**] **trade and ~** [führende Vertreter/führende Vertreterinnen aus] Industrie und Handel; **heavy/light ~** Schwer-/Leichtindustrie *f* ❷ *(type of trade)* Branche *f*, Produktionszweig *m;* **the banking ~** das Bankgewerbe; **the communications ~** die Kommunikationsbranche; **the computer/electricity ~** die Computer-/Elektrizitätsindustrie; **the tourist ~** die Touristik[branche] ❸ *no pl (form: diligence)* Fleiß *m;* *(quality of being busy)* Emsigkeit *f;* ***sometimes the office is a hive of ~*** manchmal herrscht im Büro ein emsiges Treiben wie in einem Bienenstock

industry leader *n* Industrieführer *m* **industry-wide** **I.** *adj inv* branchenweit; **an ~ practice** eine branchenübliche Praxis **II.** *adv inv* branchenweit; **to develop ~** branchenweit entwickeln

inebriate **I.** *vt* [ɪˈniːbrieɪt] *(form)* ■ **to ~ sb** jdn betrunken machen **II.** *n* [ɪˈniːbriət] *(dated form)* Trinker(in) *m(f)*

inebriated [ɪˈniːbrieɪtɪd, AM -t̬ɪd] *adj (form)* betrunken; **to be in an ~ condition** unter [starkem] Alkoholeinfluss stehen *form;* **in an ~ state** im betrunkenen [*o* in betrunkenem] Zustand

inebriation [ɪˌniːbriˈeɪʃᵊn] *n no pl (form)* Trunkenheit *f form;* **to be in a state of total ~** sich *akk* im Zustand völliger Trunkenheit befinden *form*

inedibility [ɪˌnedɪˈbɪləti, AM -ət̬i] *n no pl* Ungenießbarkeit *f*

inedible [ɪˈnedɪbl̩, AM *esp* ɪnˈed-] *adj* ❶ *(unsuitable as food)* nicht essbar, nicht zum Verzehr geeignet ❷ *(pej: extremely unpalatable)* ungenießbar *pej*

ineducable [ɪˈnedjəkəbl̩, AM ɪnˈedʒʊ-] *adj* schwer erziehbar; *(due to a mental handicap)* lernbehindert

ineffable [ɪˈnefəbl̩, AM *esp* ɪnˈef-] *adj (form)* unsagbar, unaussprechlich, unsäglich *geh*

ineffective [ˌɪnɪˈfektɪv] *adj measure* unwirksam; *person* untauglich, ineffektiv *geh;* ***as a teacher he was fairly ~*** als Lehrer war er eher ungeeignet; **~ attempt** erfolgloser Versuch; **~ method/system** ineffiziente Methode/ineffizientes System

ineffectively [ˌɪnɪˈfektɪvli] *adv of measure* unwirksam; *of person* ineffektiv *geh;* **to attempt ~ to do sth** erfolglos versuchen, etw zu tun

ineffectiveness [ˌɪndɪˈfektɪvnəs] *n no pl* Wirkungslosigkeit *f*, Ineffektivität *f geh*

ineffectual [ˌɪnɪˈfektʃuᵊl] *adj* ineffektiv *geh;* ***he's been totally ~ at restoring order to the country*** er hat es nicht geschafft, dem Land zu Ordnung zu verhelfen; **~ efforts** fruchtlose Bemühungen; **an ~ leader** eine unfähige Führungskraft; **to be ~ as sth** in etw *dat* versagen

ineffectually [ˌɪndɪˈfektʃuᵊli] *adv* wirkungslos, ohne etw *akk* zu erreichen

inefficacy [ˌɪnˈefɪkəsi] *n no pl* Unwirksamkeit *f*

inefficiency [ˌɪnɪˈfɪʃᵊn(t)si] *n no pl of system, method* Ineffizienz *f geh; of person* Unfähigkeit *f*, Inkompetenz *f; of measure* Unwirksamkeit *f; of attempt* Erfolglosigkeit *f*

inefficient [ˌɪnɪˈfɪʃᵊnt] *adj* ❶ *(dissatisfactory) organization, person* unfähig, inkompetent; *system* ineffizient; *(not productive)* unwirtschaftlich; **grossly ~** extrem ineffizient; ■ **to be ~ at doing sth** etw nicht beherrschen [*o* schaffen] ❷ *(wasteful)* unrationell; **~ machine/methods of production** leistungsschwache Maschine/Produktionsmethoden

inefficiently [ˌɪnɪˈfɪʃᵊntli] *adv (not productively)* ineffizient *geh;* *(wastefully)* unrationell

inelastic [ˌɪnɪˈlæstɪk, AM -niːˈ-] *adj* ❶ *material, substance* unelastisch ❷ *(fig: unchanging)* inflexibel, nicht flexibel; *(not permitting change)* starr

inelegance [ɪˈnelɪgən(t)s, AM *esp* ˌɪnˈel-] *n no pl of appearance* Mangel *m* an Eleganz, mangelnde Eleganz; *of speech, style* Ungeschliffenheit *f pej; of reply, gesture* Plumpheit *f*

inelegant [ɪˈnelɪgənt, AM *esp* ˌɪnˈel-] *adj* ❶ *(unattractive)* unelegant, wenig elegant; *surroundings, appearance* ohne [jeden] Schick *nach n; speech* holprig; ***his new flat is totally ~*** seine neue Wohnung hat absolut keinen Schick ❷ *(unrefined)* ungeschliffen; *gesture, movement* plump

inelegantly [ˌɪnˈelɪgᵊntli] *adv* unelegant, ungewandt, stillos *pej*

ineligibility [ɪˌnelɪdʒəˈbɪləti, AM -ət̬i] *n no pl* ❶ *(for funds, benefits)* Nichtberechtigtsein *nt; (for election)* Nichtwählbarkeit *f;* **~ for jury service** Nichtwählbarkeit *f* als Jurymitglied ❷ *(unsuitability)* Untauglichkeit *f*, mangelnde Eignung; **~ for the army** Militäruntauglichkeit *f*

ineligible [ɪˈnelɪdʒəbl̩, AM *esp* ˌɪnˈel-] *adj inv* ❶ *(for funds, benefits)* nicht berechtigt (**for** zu +*dat*); *(for office)* nicht wählbar (**for** in +*akk*); ***they have become ~ to receive state aid*** sie haben ihre Berechtigung auf Sozialhilfe verloren ❷ *(not fit)* ■ **to be ~ for sth** *in character* für etw *akk* nicht geeignet sein; *physically* für etw *akk* untauglich sein; **to be ~ for the team** nicht teamtauglich sein; **to be ~ for military service** wehruntauglich sein

ineluctable [ˌɪnɪˈlʌktəbl̩] *adj (merciless)* unbarmherzig; *(relentless)* unausweichlich

inept [ɪˈnept, AM *esp* ˌɪnˈept] *adj (clumsy)* unbeholfen; *(unskilled)* ungeschickt; ***his ~ handling of the crisis*** sein unfähiges Krisenmanagement; ■ **to be ~ at sth** *(clumsy)* in etw *dat* unbeholfen sein; *(unskilled)* in etw *dat* ungeschickt sein; ***he's totally ~ at standing up for himself*** er ist nicht fähig, sich zu behaupten; **~ comment** unangebrachter Kommentar; **~ leadership** unfähige Führung; **~ performance** stümperhafte Leistung; **~ remark** unpassende Bemerkung; **to be socially ~** nicht [gut] mit anderen [Menschen] umgehen können

ineptitude [ɪˈneptɪtjuːd, AM ˌɪnˈeptɪtuːd, ɪˈn-, -tjuːd] *n (inability)* Unfähigkeit *f;* *(clumsiness)* Ungeschicktheit *f; of leadership* Unfähigkeit *f; of performance* Stümperhaftigkeit *f; of remark, reply* Unangebrachtheit *f*, Unangemessenheit *f;* **political ~** politische Unfähigkeit; **social ~** mangelnde Umgangsfähigkeit mit anderen [Menschen]; **sb's ~ in doing sth** jds Unvermögen etw zu tun

inequality [ˌɪnɪˈkwɒləti, AM -ˈkwɑːlət̬i] *n* ❶ *no pl (quality)* Ungleichheit *f;* **political/social ~** politisch/sozial bedingte Ungleichheit; **racial ~** rassenbedingte [*o* rassenspezifische] Ungleichheit; **sexual ~** Ungleichheit *f* der Geschlechter, geschlechtsspezifische Ungleichheit ❷ *(instance)* Unterschied *m*, Ungleichheit *f;* ***there remain major inequalities of opportunity in the workplace*** es herrscht immer noch enorme Chancenungleichheit am Arbeitsplatz

inequitable [ɪˈnekwɪtəbl̩, AM ˌɪnˈekwət̬ə-] *adj (form)* ungerecht

inequity [ɪˈnekwəti, AM ˌɪnˈekwət̬i] *n (form)* Ungerechtigkeit *f*

ineradicable [ˌɪnɪˈrædɪkəbl̩] *adj inv (form)* **~ disease/prejudice** unausrottbare Krankheit/unausrottbares Vorurteil; **~ hatred** ohnmächtiger Hass; **~ impression** unauslöschlicher Eindruck; **~ mistake** unabänderlicher [*o* unwiderruflicher] Fehler; **~ state** unabänderlicher Zustand

inert [ɪnˈɜːt, AM ˌɪnˈɜːrt] *adj* ❶ *(not moving)* unbeweglich, reglos ❷ *(fig, pej: sluggish, slow)* träge; *(lacking vigour)* kraftlos, schlaff *fam;* **an ~ political system** ein politisches System, dem es an Dynamik fehlt ❸ CHEM inert *fachspr*, inaktiv; **~ gas** Edelgas *nt*

inertia [ɪˈnɜːʃə, AM ˌɪnˈɜːr-] *n no pl* ❶ *(inactivity)* Unbeweglichkeit *f*, Reglosigkeit *f* ❷ *(lack of will, vigour)* Trägheit *f;* ***the company is stifled by bureaucratic ~*** die Bürokratie ist ein Hemmschuh für die Firma ❸ PHYS Trägheit *f*

inertia reel seat belt *n* AUTO Automatikgurt *m* **inertia selling** *n no pl* BRIT ECON Trägheitsverkauf *m*, unaufgeforderter Versandkauf

inescapable [ˌɪnɪˈskeɪpəbl̩] *adj inv (unavoidable) fact, etc* unausweichlich, unvermeidlich; **~ conclusion** zwangsläufige Schlussfolgerung; **~ disaster** unabwendbares Unglück; **~ fate** unentrinnbares Schicksal; *(undeniable)* unleugbar, unbestreitbar; **~ fact** unleugbare Tatsache; **~ truth** unbestreitbare Wahrheit

inescapably [ˌɪnɪˈskeɪpəbli] *adv inv (unavoidably)* unausweichlich, unvermeidlich, unabwendbar; *(undeniably)* unbestreitbar

inessential [ˌɪnɪˈsen(t)ʃᵊl] **I.** *adj inv* nebensächlich, unwesentlich, unwichtig **II.** *n usu pl* Nebensächlichkeit *f;* ***I regard telephones and televisions as ~s*** für mich sind Telefon und Fernseher etwas Unwesentliches

inestimable [ɪˈnestɪməbl̩, AM *esp* ˌɪnˈes-] *adj* unschätzbar; **to be of ~ value** von unschätzbarem Wert sein

inestimably [ɪˈnestɪməbli, AM *esp* ˌɪnˈes-] *adv* unschätzbar

inevitability [ɪˌnevɪtəˈbɪləti, AM ˌɪnˌevɪt̬əˈbɪlət̬i] *n no pl* Unvermeidlichkeit *f*

inevitable [ɪˈnevɪtəbl̩, AM ˌɪnˈevɪt̬ə-] **I.** *adj inv* ❶ *(certain to happen)* unvermeidlich; ***it seems almost ~ that they'll discover the error*** es kann gar nicht ausbleiben, dass ihnen der Fehler auffallen wird; **an ~ conclusion/result** eine zwangsläufige Schlussfolgerung/ein zwangsläufiges Ergebnis; **an ~ consequence/defeat/situation** eine unabwendbare Folge/Niederlage/Lage ❷ *(pej: boringly predictable)* unvermeidlich *pej* **II.** *n no pl* ■ **the ~** das Unvermeidbare [*o* Unabänderliche] *a. iron;* ***of course, the ~ happened!*** wie konnte es anders sein, das Unvermeidbare geschah auch wirklich!; **to**

accept the ~ sich *akk* in das Unabänderliche [*o* sein Schicksal] fügen

inevitably [ɪ'nevɪtəbli, AM ˌɪn'evɪṭə-] *adv inv* unweigerlich, zwangsläufig

inexact [ˌɪnɪg'zækt] *adj* ❶ (*uncertain*) ungenau, inexakt *geh;* **an ~ science** eine nicht genau beweisbare Wissenschaft ❷ (*euph: inaccurate*) ungenau; ***I'm afraid your calculations are a little ~*** leider stimmen Ihre Berechnungen nicht ganz

inexcusable [ˌɪnɪk'skju:zəbl̩] *adj* unverzeihlich, unentschuldbar; ***it is ~ that such young children were left alone*** es ist unverzeihlich, solch kleine Kinder unbeaufsichtigt gelassen zu haben; **to be** [**morally**] ~ [moralisch] nicht zu entschuldigen sein

inexcusably [ˌɪnɪk'skju:zəbli] *adv* unverzeihlich, unentschuldbar

inexhaustible [ˌɪnɪg'zɔ:stəbl̩, AM *esp* -'zɑ:st-] *adj* unerschöpflich; ***her energy seemed ~*** sie schien eine unendliche Energie zu besitzen; **an ~ supply of sth** ein unerschöpflicher Vorrat an etw *dat*

inexorability [ɪˌneksᵊrə'bɪləti, AM ˌɪnˌeksəᵊ'bɪləṭi] *n no pl* (*form*) Unerbittlichkeit *f,* Erbarmungslosigkeit *f*

inexorable [ɪ'neksᵊrəbl̩, AM ˌɪn'ek-] *adj inv* (*form*) ❶ (*cannot be stopped*) unaufhaltsam; ***the progress of the disease was ~*** das Fortschreiten der Krankheit war nicht aufzuhalten ❷ (*relentless*) *person* unerbittlich, erbarmungslos; ***Rebecca was ~ in her demands*** Rebecca beharrte unerbittlich auf ihren Forderungen; **to be ~ in one's criticism** [**of sb/sth**] unerbittlich [an jdm/etw] Kritik üben

inexorably [ɪ'neksᵊrəbli, AM ˌɪn'ek-] *adv inv* (*form*) ❶ (*unstoppably*) unaufhaltsam; **to lead ~ to** [*or* **towards**] **sth** unausweichlich zu etw *dat* führen ❷ (*relentlessly*) unerbittlich, erbarmungslos

inexpediency [ˌɪnɪk'spi:diən(t)si] *n no pl* (*form: unsuitability*) Ungeeignetheit *f,* Unzweckmäßigkeit *f;* (*inadvisability*) Unklugheit *f,* Unratsamkeit *f*

inexpedient [ˌɪnɪk'spi:diənt] *adj* (*form: not practical, suitable*) ungeeignet, unzweckmäßig; (*not advisable*) nicht ratsam, unratsam, unklug; ***it would be ~ to approve of the decision*** es wäre unklug, die Entscheidung zu befürworten

inexpensive [ˌɪnɪk'spen(t)sɪv] *adj* ❶ (*reasonably priced*) preisgünstig; **to be relatively ~** nicht allzu teuer sein ❷ (*euph: cheap*) billig

inexpensively [ˌɪnɪk'spensɪvli] *adv* preiswert, kostengünstig, zu erschwinglichem Preis

inexperience [ˌɪnɪk'spɪəriən(t)s, AM -'spɪr-] *n no pl* Unerfahrenheit *f,* Mangel *m* an Erfahrung; **~ in sth** mangelnde Erfahrung auf einem Gebiet

inexperienced [ˌɪnɪk'spɪəriən(t)st, AM -'spɪr-] *adj* unerfahren; ■**to be ~ in sth** keine Erfahrung mit etw *dat* haben, mit etw *dat* nicht vertraut sein; *in skill* in etw *dat* nicht versiert sein; ***she's ~ in marketing*** sie hat keine Erfahrung im Bereich Marketing; ■**to be ~ with sth** sich *akk* mit etw *dat* nicht auskennen, keine Erfahrung mit etw *dat* haben; **to be ~ with fire arms/young children** keine Erfahrung haben [*o* ungeübt sein] im Umgang mit Schusswaffen/kleinen Kindern

inexpert [ɪ'nekspɜ:t, AM ˌɪn'ekspɜ:rt] *adj* (*unskilled*) laienhaft, ungeübt; **~ attempt** stümperhafter Versuch; **to the ~ eye** für das ungeschulte Auge; **~ handling** unsachgemäße Handhabung; **~ treatment** unfachmännische Behandlung; ■**to be ~ in** [*or* **at**] **sth** bei etw *dat* unbedarft sein; *attempt* etw stümperhaft angehen *fam; situation* etw unsachgemäß handhaben; *treatment* etw unfachmännisch handhaben; ■**to be ~ at doing sth** keine Übung darin haben, etw zu tun

inexpertly [ɪ'nekspɜ:tli, AM ˌɪn'ekspɜ:r-] *adv* (*without skill*) laienhaft, unsachgemäß; (*unprofessionally*) unfachmännisch

inexplicable [ˌɪnɪk'splɪkəbl̩, AM ˌɪn'ekspl-] **I.** *adj inv* unerklärlich **II.** *n no pl* ■**the ~** das Unerklärliche

inexplicably [ˌɪnɪk'splɪkəbli, AM ˌɪn'ekspl-] *adv* unerklärlich; (*sentence adverb*) unerklärlicherweise; ***the computer started ~ deleting data*** der Computer fing an, Daten ohne ersehbaren Grund zu löschen

inexplicit [ˌɪnɪk'splɪsɪt] *adj* unbestimmt, unausgesprochen

inexpressible [ˌɪnɪk'spresəbl̩] *adj inv* unbeschreiblich; **sth is ~ in words** etw ist nicht in Worte zu fassen, etw lässt sich nicht mit Worten beschreiben

inexpressibly [ˌɪnɪk'spresəbli] *adv inv* unbeschreiblich

inexpressive [ˌɪnɪk'spresɪv] *adj face* ausdruckslos; *reply, response, words* nichts sagend; *style* fad[e], ohne Ausdruckskraft *nach n*

inextinguishable [ˌɪnɪk'stɪŋgwɪʃəbl̩] *adj inv* ❶ (*unstoppable burning*) *candle, flame, fire* unlöschbar ❷ (*fig: ineradicable*) beständig; **~ courage** unbezwingbarer Mut; **~ faith/hope/love** unerschütterlicher Glaube/unerschütterliche Hoffnung/Liebe; **~ memory** unauslöschliche Erinnerung

in extremis [ˌɪnɪk'stri:mɪs] *adv inv* (*form*) ❶ (*in emergency*) im äußersten Notfall ❷ MED (*about to die*) in extremis *nach n fachspr;* **to be ~** im Sterben liegen

inextricable [ˌɪnɪk'strɪkəbl̩] *adj* ❶ (*impossible to disentangle*) unentwirrbar, verwickelt; (*inseparable*) unlösbar ❷ (*inescapable*) *difficulty, situation* unentrinnbar

inextricably [ˌɪnɪk'strɪkəbli] *adv* ❶ (*inseparably*) untrennbar; **~ linked with sth** untrennbar mit etw *dat* verbunden sein ❷ (*inescapably*) unentrinnbar

infallibility [ɪnˌfælə'bɪləti, AM -əṭi] *n no pl* Unfehlbarkeit *f;* **papal ~** REL die Unfehlbarkeit [*o fachspr* Infallibilität] des Papstes

infallible [ɪn'fæləbl̩] *adj inv* ❶ (*reliable*) unfehlbar; REL *also* infallibel *fachspr;* **~ memory for detail/facts** lückenloses Gedächtnis für Einzelheiten/Fakten ❷ (*always effective*) unfehlbar, todsicher *sl;* **an ~ remedy** [*or* **cure**] ein zuverlässig [*o* [*sl* tod]sicher] wirkendes Mittel

infallibly [ɪn'fæləbli] *adv inv* ❶ (*without failing*) fehlerfrei, einwandfrei ❷ (*always*) immer

infamous ['ɪnfəməs] *adj* ❶ (*notorious*) *criminal etc* berüchtigt; **to have an ~ reputation** [äußerst] verrufen sein; ■**to be ~ for doing sth** berüchtigt dafür sein, etw zu tun ❷ (*abominable*) *lie etc* infam *pej; person* niederträchtig *pej; act etc* schändlich *pej geh*

infamy ['ɪnfəmi] *n* ❶ *no pl* (*notoriety*) Verrufenheit *f;* **to earn one's ~** (*form*) [zu Recht] in Verruf geraten ❷ (*shocking act*) Niederträchtigkeit *f pej,* Gemeinheit *f pej,* Infamie *f pej geh*

infancy ['ɪnfən(t)si] *n* ❶ (*early childhood*) frühe[ste] Kindheit; **in ~** im Kleinkindalter, in der frühe[ste]n Kindheit ❷ (*fig: early stage of development*) Anfangsphase *f;* **to be in its ~** in den Kinderschuhen stecken *fig,* noch ganz am Anfang stehen

infant ['ɪnfənt] **I.** *n* ❶ (*baby*) Säugling *m;* **newborn ~** Neugeborenes *nt* ❷ BRIT, AUS (*child between 4 and 7*) Kleinkind *nt,* Kind *nt* im Kindergartenalter ❸ BRIT, AUS SCH ■**the I~s** *pl* die erste und zweite Grundschulklasse ❹ LAW (*or old*) Minderjährige(r) *f(m)* **II.** *n modifier* **~ daughter** kleines Töchterchen; **~ prodigy** Wunderkind *nt;* BRIT, AUS **~ class** SCH erste Grundschulklasse; **~ school** die erste und zweite Grundschulklasse; **~ teacher** Grundschullehrer(in) *m(f)*

infanta [ɪn'fæntə, AM -ṭə] *n* HIST Infantin *f*

infante [ɪn'fænti, AM -teɪ] *n* HIST Infant *m*

infant formula *n usu no pl* AM, AUS Säuglingsnahrung *f*

infanticide [ɪn'fæntɪsaɪd, AM -ṭə-] *n no pl* Kindestötung *f fachspr,* Kindesmord *m*

infantile ['ɪnfəntaɪl] *adj* (*pej*) infantil *geh o pej,* kindisch *meist pej*

infantilize [ɪn'fæntɪlaɪz, AM 'fənṭə] *vt* ■**to ~ sb** jdn wie ein Kind behandeln, jdn nicht für voll nehmen *fam*

infant mortality *n no pl* Säuglingssterblichkeit *f*

infantry ['ɪnfəntri] **I.** *n no pl* ■**the ~** + *sing/pl vb* die Infanterie; **heavy/light ~** schwere/leichte Infanterie; **to be in the ~** bei der Infanterie sein **II.** *n modifier* (*brigade, corps, regiment, unit*) Infanterie-

infantryman *n* Infanterist *m*

infarct ['ɪnfɑ:kt, AM fɑ:rkt] *n* MED Infarkt *m fachspr*

infarction [ɪn'fɑ:kʃᵊn, AM fɑ:rk] *n no pl* MED Behinderung *f* der Blutzufuhr, Blutgefäßverstopfung *f*

infatuated [ɪn'fætjueɪtɪd, AM -tʃueɪṭɪd] *adj with sb* vernarrt, verknallt *fam,* verschossen *fam* (**with** in +*akk*); ***she's become ~ with her brother's friend*** sie hat sich in den Freund ihres Bruders verknallt; ■**to be ~ with sth** in etw *akk* vernarrt sein

infatuation [ɪnˌfætju'eɪʃᵊn, AM -ˌfætʃu'-] *n* ❶ *no pl* (*quality*) *with person, thing* Vernarrtheit *f; with person* Verliebtheit *f* (**with** in +*akk*) ❷ (*instance*) [große] Schwäche; ***it's just an ~, he'll get over it*** er hat sich da in etwas verrannt, er wird schon drüber wegkommen

infeasible [ɪn'fi:zəbl̩] *adj inv* nicht realisierbar [*o* durchführbar] [*o fam* machbar]

infect [ɪn'fekt] *vt* ■**to ~ sb/sth** [**with sth**] ❶ (*contaminate*) *with disease, virus, etc* jdn/etw [mit etw *dat*] infizieren [*o* anstecken]; ■**to ~ sth with sth** COMPUT *with computer virus* etw mit etw *dat* infizieren ❷ (*fig, pej: pass on sth undesirable*) jdn/etw [mit etw *dat*] infizieren *fig;* ***hysteria about AIDS ~ed the media*** die Aidshysterie griff auf die Medien über ❸ (*fig, approv: pass on sth desirable*) jdn/etw [mit etw *dat*] anstecken; ***she ~ed everyone with her cheerfulness*** ihr Frohsinn war ansteckend *fig*

infected [ɪn'fektɪd] *adj inv* infiziert; *cut, wound esp* entzündet; ***the wound became ~*** die Wunde hat sich infiziert; **~ computer** COMPUT infizierter [*o* befallener] Computer; ■**to be ~ with sth** mit etw *dat* infiziert sein

infection [ɪn'fekʃᵊn] *n* ❶ *no pl, no art* (*contamination*) Infektion *f,* Ansteckung *f;* **risk of ~** Infektionsgefahr *f,* Ansteckungsgefahr *f* ❷ (*instance*) Infektion *f;* **source of** [**an**] **~** Infektionsherd *m;* **throat/ear ~, ~ of the throat/ear** Hals-/Mittelohrentzündung *f*

infectious [ɪn'fekʃəs] *adj* ❶ *inv* (*transmissable*) ansteckend, infektiös *fachspr;* **~ disease** Infektionskrankheit *f,* ansteckende Krankheit ❷ (*fig: likely to influence*) ansteckend *fig;* **~ laugh** ansteckendes Lachen

infectiousness [ɪn'fekʃəsnəs] *n no pl* Ansteckungsgefahr *f,* Infektionsgefahr *f;* **the ~ of sb's enthusiasm/laughter** (*fig*) jds ansteckender [*o* mitreißender] Enthusiasmus/ansteckendes Lachen

infective [ɪn'fektɪv] *adj* ansteckend

infelicitous [ˌɪnfə'lɪsɪtəs, AM -ṭəs] *adj* (*pej form: inappropriate*) unangebracht, unpassend; (*hum: unfortunate*) unglücklich, ungeschickt

infelicity [ˌɪnfə'lɪsəti, AM -əṭi] *n* (*form*) ❶ (*also hum: inappropriateness*) Ungeschicktheit *f; of reply, remark* Unpassendheit *f;* **verbal infelicities** ungeschickte Formulierungen ❷ *no pl* (*unhappiness, misfortune*) Unglückseligkeit *f,* Misslichkeit *f*

infer <-rr-> [ɪn'fɜ:ʳ, AM -'fɜ:r] *vt* ■**to ~ sth** (*come to conclusion*) etw schließen [*o* [schluss]folgern]; ■**to ~ sth from sth** etw aus etw *dat* schließen [*o* [schluss]folgern]; (*imply*) etw andeuten

inference ['ɪnfᵊrᵊn(t)s] *n* (*form*) ❶ *usu sing* (*conclusion*) Schlussfolgerung *f,* Schluss *m;* **to draw the ~ that ...** die Schlussfolgerung [*o* den Schluss] ziehen, dass ...; ***she said she'd think about it, the ~ being that ...*** sie meinte, sie würde es sich überlegen. Daraus war zu schließen, dass ... ❷ *no pl* (*process of inferring*) [Schluss]folgern *nt,* logisches Schließen, Inferenz *f fachspr;* **by ~** folglich ❸ (*method of deducing*) Inferenz *f*

inferential [ˌɪnfə'renʃᵊl] *adj inv* herleitbar, sich [als Schlussfolgerung] ergebend, Schluss[folgerungs]-

inferior [ɪn'fɪəriəʳ, AM -'fɪriə] **I.** *adj* ❶ (*of lesser quality*) *system, thing* minderwertig; *mind* unterlegen; ■**to be ~ to sth** *in quality* von minderer Qualität als etw sein; **intellectually/morally ~** geistig/moralisch unterlegen ❷ (*lower*) *in rank* [rang]niedriger, untergeordnet; *in status* untergeordnet; **socially ~** sozial niedrig gestellt; ■**to be ~ to sb/sth** jdm/etw untergeordnet sein; **to feel ~ to sb** sich *akk* jdm [gegenüber] unterlegen fühlen; **~ court** LAW untergeordnetes Gericht ❸ TYPO **~ letters/numbers** tief stehende Buchstaben/tief stehenden Ziffern [*o* Indizes *pl fachspr*] **II.** *n* ■**~s** *pl in rank* Untergebene *pl;* **intellectual/social ~s** sozial/geistig niedriger gestellte Personen

inferiority [ɪnˌfɪəriˈɒrəti, AM -ˌfɪriˈɔːrət̬i] *n no pl* (1) (*lower quality*) Minderwertigkeit *f; of workmanship* schlechte Qualität; ***his latest novel's ~ to his earlier work*** die mindere Qualität des letzten Romans gegenüber seinen früheren Werken; **a strong sense of ~** ein starkes Minderwertigkeitsgefühl (2) (*lower status, rank*) Unterlegenheit *f*

inferiority complex *n* Minderwertigkeitskomplex *m*

infernal [ɪnˈfɜːnᵊl, AM -ˈfɜːr-] *adj* (1) *inv* REL (*liter: of hell*) höllisch, Höllen-; **the ~ regions/world** die Unterwelt/Hölle (2) (*dreadful*) höllisch, teuflisch, infernalisch *geh* (3) *attr* (*dated fam: annoying, detestable*) grässlich *fam*, abscheulich *fam;* ***what an ~ noise!*** was für ein höllischer Lärm!; **~ weather** hundserbärmliches Wetter *fam*

inferno [ɪnˈfɜːnəʊ, AM -ˈfɜːrnoʊ] *n* (1) (*fire*) flammendes Inferno, Flammenmeer *nt* (2) (*liter: place like hell*) Inferno *nt geh;* **the ~ of war** das Inferno des Krieges; **Dante's I~** das dantesche Inferno

infertile [ɪnˈfɜːtaɪl, AM -ˈfɜːrt̬ᵊl] **I.** *adj inv* (1) *person, animal* unfruchtbar, infertil *fachspr* (2) *land* unfruchtbar **II.** *npl* ■**the ~** + *pl vb* zeugungsunfähige Personen

infertility [ˌɪnfəˈtɪləti, AM -fəˈtɪlət̬i] *n no pl* (1) *of person, animal* Unfruchtbarkeit *f*, Infertilität *f fachspr;* **male ~** Zeugungsunfähigkeit *f* des Mannes (2) *of land* Unfruchtbarkeit *f*

infertility clinic *n Klinik oder Abteilung einer Klinik zur Behandlung zeugungsunfähiger Paare*

infest [ɪnˈfest] *vt* ■**to ~ sth** etw befallen; **~*ed with rats/cockroaches*** von Ratten/Kakerlacken befallen; (*fig: haunt*) etw heimsuchen; ***the town is currently ~ed with world cup fever*** die Stadt befindet sich derzeit im Weltmeisterschaftstaumel

infestation [ˌɪnfesˈteɪʃᵊn] *n* (1) *no pl* (*state*) Verseuchung *f*, Plage *f fam o pej;* **~ with cockroaches/parasites** Verseuchung *f* durch Kakerlaken/Parasiten; ***cases of human ~ with this parasite*** der Befall des Menschen durch diesen Parasiten (2) (*instance*) Befall *m*, Plage *f fam o pej;* **~ of cockroaches/lice** Befall *m* durch Kakerlaken/Läuse; **~ of pests** Schädlingsbefall *m;* **~ of rats** Rattenplage *f*

infidel [ˈɪnfɪdᵊl, AM -fədel] *n no pl* (*hist or pej*) Ungläubige(r) *f(m);* ■**the ~** *pl* die Ungläubigen

infidelity [ˌɪnfɪˈdeləti, AM -fəˈdelət̬i] *n* (1) *no pl* (*unfaithfulness*) Verrat *m* (**to** gegenüber/an +*dat*); (*sexual*) Untreue *f* (**to** an +*dat*); **~ to the cause** Verrat *m* an der Sache (2) (*sexual peccadillos*) ■**infidelities** *pl* Seitensprünge *mpl*

infield [ˈɪnfiːld] *n* (*in baseball, cricket*) Innenfeld *nt;* (*players*) [Spieler *mpl* im] Innenfeld *nt*

infielder [ˈɪnfiːldəʳ, AM -ɚ] *n* SPORTS Spieler *m* im Innenfeld

infighting [ˈɪnfaɪtɪŋ] *n no pl* interner Machtkämpfe; **~ among [the] party leaders** Machtkämpfe *mpl* zwischen [den] Parteibossen; **political ~** parteiinterner Machtkampf

infill [ˈɪnfɪl] **I.** *n no pl* (1) (*filling material*) Füllstoff *m*, Füllung *f* (2) (*building*) Zwischenbau *m* **II.** *vt usu passive* ■**to ~ sth** etw auffüllen; *hole* etw schließen

infiltrate [ˈɪnfɪltreɪt, AM *esp* ɪnˈfɪl-] **I.** *vt* ■**to ~ sth** (1) (*secretly penetrate*) *military units, organization* etw unterwandern [*o fachspr* infiltrieren]; *building, enemy lines* in etw *akk* eindringen; ■**to ~ sb into sth** *agent, spy* jdn in etw *akk* einschleusen (2) (*influence thinking*) *of idea, theory* etw durchdringen; ***these new ideas have begun to ~ government*** diese neuartigen Ideen haben sich unbemerkt bis auf Regierungsebene ausgebreitet (3) CHEM, PHYS (*permeate*) etw durchdringen; *of liquid* in etw *akk* durchsickern **II.** *vi* CHEM, PHYS ■**to ~ into sth** *gas, liquid* in etw *akk* eindringen; *liquid also* in etw *akk* einsickern; ■**to ~ through sth** etw durchdringen; *liquid* durch etw *akk* sickern

infiltration [ˌɪnfɪlˈtreɪʃᵊn] *n no pl* (1) (*penetration by stealth*) Unterwanderung *f;* MIL Infiltration *f fachspr* (2) (*influence on thinking*) starke Einflussnahme (3) CHEM, PHYS (*penetration*) Infiltration *f fachspr; of gas, liquid* Eindringen *nt; of liquid also* Einsickern *nt*

infiltrator [ˈɪnfɪltreɪtəʳ, AM -t̬ɚ] *n also* MIL Eindringling *m*

infinite [ˈɪnfɪnət] **I.** *adj inv* (1) (*unlimited*) unendlich; ***God, in His ~ mercy, ...*** Gott, in seiner unendlichen [*o* unermesslichen] Güte, ...; **~ loop** COMPUT Endlosschleife *f;* **~ space** unbegrenzter Raum (2) (*very great*) grenzenlos, gewaltig; ***the authorities, in their ~ wisdom, decided to ...*** (*iron*) in ihrer grenzenlosen Weisheit entschied die Behörde ... *iron;* **to take ~ care** ungeheuer vorsichtig sein; **~ choice** unendlich große Auswahl; **~ pains/variety** ungeheure Schmerzen/Vielfalt; **with ~ patience** mit unendlicher Geduld (3) MATH (*unending*) unendlich **II.** *n* (1) REL der Unendliche; ■**the I~** Gott *m* (2) (*space or quality*) ■**the ~** die Unendlichkeit, der unendliche Raum

infinitely [ˈɪnfɪnətli] *adv inv* (1) (*extremely*) unendlich; **~ small** winzig klein (2) (*very much*) unendlich viel; **~ better/worse** unendlich viel besser/schlechter

infinitesimal [ˌɪnfɪnɪˈtesɪmᵊl, AM *also* -ˈtez-] *adj* (*form*) winzig, unendlich klein; MATH infinitesimal *fachspr*

infinitesimal calculus *n* MATH Infinitesimalrechnung *f fachspr*

infinitesimally [ˌɪnfɪnɪˈtesɪmᵊli, AM *also* -ˈtez-] *adv* (*form*) **~ better/bigger/smaller/worse** [nur ganz] geringfügig [*o fam* minimal] besser/größer/kleiner/schlechter; **~ small** winzig [*o* verschwindend] klein

infinitive [ɪnˈfɪnɪtɪv, AM -t̬ɪv] **I.** *n* LING Infinitiv *m;* **to be in the ~** im Infinitiv stehen **II.** *adj attr, inv* Infinitiv-; **~ form** Grundform *f*, Infinitiv *m*

infinitude [ɪnˈfɪnɪtjuːd] *n no pl* Unermesslichkeit *f*, Unbegrenztheit *f*, Unendlichkeit *f*

infinity [ɪnˈfɪnəti, AM -ət̬i] *n* (1) *no pl* MATH ■**~** (*unreachable point*) das Unendliche; ■**to ~** [bis] ins Unendliche (2) *no pl* (*state, sth immeasurable*) Unendlichkeit *f;* **into ~** [bis] in die Unendlichkeit; ***the mountain range stretched away into ~*** der Bergzug erstreckte sich unendlich weit (3) (*huge amount*) gewaltige Menge (**of** an +*dat*); **an ~ of combinations/problems** unendlich viele Kombinationsmöglichkeiten/Probleme (4) PHOT Unendlicheinstellung *f*

infirm [ɪnˈfɜːm, AM -ˈfɜːrm] **I.** *adj* (1) (*ill*) schwach, gebrechlich; **old and ~** alt und gebrechlich (2) (*form: weak*) schwach; **to be of ~ mind** geistig nicht im Vollbesitz seiner Kräfte sein **II.** *npl* ■**the ~** die Kranken und Pflegebedürftigen; **the mentally ~** die Geistesschwachen

infirmary [ɪnˈfɜːmᵊri, AM -ˈfɜːrm-] *n* (1) (*dated: hospital*) Krankenhaus *nt* (2) AM (*sick room*) Krankenzimmer *nt;* (*in prison*) Krankenstation *f*

infirmity [ɪnˈfɜːməti, AM -ˈfɜːrm-] *n* (*form*) (1) *no pl* (*state*) Schwäche *f*, Gebrechlichkeit *f* (2) (*illness*) Gebrechen *nt geh*, Krankheit *f;* **infirmities of old age** Altersgebrechen *ntpl* ▶ PHRASES: **~ of purpose** Willensschwäche *f*

in flagrante delicto [ɪnfləˌgrænteɪdɪˈlɪktəʊ, AM -ˌgrɑːnteɪdɪˈlɪktoʊ] *adv* in flagranti, auf frischer Tat; **to catch sb ~** jdn in flagranti [*o* auf frischer Tat] ertappen

inflame [ɪnˈfleɪm] *vt* (1) (*stir up*) ■**to ~ sth** etw entfachen [*o* entflammen]; **to ~ emotions** [*or* **feelings**] Gefühle entfachen (2) (*make angry*) ■**to ~ sb** jdn aufbringen; (*stronger*) jdn erzürnen; **to ~ sb with anger** [*or* **fury**] jdn in Wut versetzen [*o* in Rage bringen]; **to ~ sb with desire/passion** jdn mit Verlangen/Leidenschaft erfüllen

inflamed [ɪnˈfleɪmd] *adj* (1) (*red and swollen*) *body part* entzündet; **to become ~** sich *akk* entzünden (2) *pred* (*provoked*) **~ with anger** wutentbrannt, wutentflammt *geh;* **~ with desire/passion** von Verlangen/Leidenschaft entflammt

inflammable [ɪnˈflæməbl̩] *adj* (1) (*burning easily*) feuergefährlich, [leicht] entzündbar [*o* entflammbar] (2) (*fig: volatile*) *temperament* explosiv; **a highly ~ situation/topic** eine höchst brisante Situation/ein höchst brisantes Thema

inflammation [ˌɪnfləˈmeɪʃᵊn] *n* Entzündung *f;* **~ of the ear/eye** Ohren-/Augenentzündung *f;* **~ of the toe** entzündlicher [*o* entzündeter] Zeh

inflammatory [ɪnˈflæmətᵊri, AM -tɔːri] *adj* (1) MED entzündlich, Entzündungs- (2) (*provoking*) hetzerisch; POL aufrührerisch; **to use ~ language** hetzerisch reden; **to make ~ remarks** hetzerische Kommentare abgeben *fam*

inflatable [ɪnˈfleɪtəbl̩, AM -t̬-] **I.** *adj inv* aufblasbar; **~ boat** Schlauchboot *nt;* **~ doll/pillow** [aufblasbare] Gummipuppe/aufblasbares Kissen *fam;* **~ mattress** Luftmatratze *f* **II.** *n esp* BRIT Schlauchboot *nt*

inflate [ɪnˈfleɪt] **I.** *vt* ■**to ~ sth** (1) (*fill with air*) etw aufblasen; (*with pump*) etw aufpumpen (2) (*exaggerate*) etw aufblähen *fig, pej;* ***they rather ~d their part in the rescue*** sie stellten ihre Rolle bei der Rettungsaktion ziemlich übertrieben dar (3) ECON (*make bigger*) *value, prices etc* etw in die Höhe treiben; **to ~ the currency** die Währung inflationieren *fachspr;* **to ~ the economy** die Wirtschaft anziehen **II.** *vi hot air balloon, etc* sich *akk* mit Luft füllen

inflated [ɪnˈfleɪtɪd, AM -t̬ɪd] *adj inv* (1) (*filled with air*) aufgeblasen (2) (*pej: exaggerated*) aufgebläht *fig, pej*, übertrieben, überzogen *fam;* **to have an ~ opinion of oneself** ein übersteigertes Selbstwertgefühl haben; **to have an ~ idea of sth** eine übertriebene Vorstellung von etw *dat* besitzen (3) ECON (*higher*) überhöht; **~ currency/prices** inflationäre Währung/Preise; **~ income/salary** überhöhtes Einkommen/Gehalt (4) (*pej form: bombastic*) schwülstig *pej*, geschwollen *pej*

inflation [ɪnˈfleɪʃᵊn] *n no pl* (1) ECON Inflation *f;* **~-proof** ECON, FIN inflationssicher (2) (*with air*) Aufblasen *nt;* (*with pump*) Aufpumpen *nt*

inflationary [ɪnˈfleɪʃᵊnᵊri, AM -eri] *adj* FIN inflationär, Inflations-, inflationsbedingt; **~ policies** Inflationspolitik *f*

inflationary spiral *n* FIN Inflationsspirale *f fachspr*, Lohn-Preis-Spirale *f*

inflation-proof *adj* FIN inflationssicher

inflect [ɪnˈflekt] *vt* (1) LING ■**to ~ sth** etw beugen [*o fachspr* flektieren] (2) (*modulate*) **to ~ one's voice** seine Stimme modulieren

inflected [ɪnˈflektɪd, AM -tɪd] *adj* LING flektiert *fachspr;* **~ language** flektierende Sprache *fachspr*

inflection [ɪnˈflekʃᵊn] *n* (1) LING (*change in form*) Flexion *f fachspr*, Beugung *f* (2) (*affixes*) Flexionsform *f fachspr* (3) (*modulation of tone*) Modulation *f fachspr*, Veränderung *f* des Tonfalls

inflexibility [ɪnˌfleksəˈbɪləti, AM -ət̬i] *n no pl* (1) (*rigidity*) Starrheit *f*, Inflexibilität *f geh;* ***the ~ of his moral code*** die Unbeugsamkeit seines Moralbegriffs (2) (*usu pej: stubbornness*) Sturheit *f* (3) (*stiffness*) Steifheit *f*

inflexible [ɪnˈfleksəbl̩] *adj* (*usu pej*) (1) (*fixed, unchanging*) starr, inflexibel *geh;* ***the law is ~ on this point*** das Gesetz ist in diesem Punkt nicht beugbar; **to adopt an ~ position** auf seinem [festen] Standpunkt beharren; **~ rules** starre Regeln (2) (*not adaptable*) unbeugsam, stur *pej;* **to be ~ in one's opinion** nicht von seiner Meinung abgehen; **~ worker** inflexible Arbeitskraft (3) (*stiff*) *limb* steif

inflexibly [ɪnˈfleksəbli] *adv* starr, inflexibel *geh*

inflexion *n esp* BRIT LING *see* **inflection**

inflict [ɪnˈflɪkt] *vt* (1) (*impose*) ■**to ~ sth on sb** *pain, suffering torture, violence* jdm etw zufügen; **to ~ a fine/punishment on sb** jdm eine Bußstrafe/Bestrafung [*o* Strafe] auferlegen; **to ~ one's opinion/views on sb** jdm seine Meinung/Ansichten aufzwingen [*o fam* aufdrücken]; ■**to ~ sth on oneself** (*hum*) sich *dat* selbst etw zufügen (2) (*usu hum*) **to ~ oneself/one's company on sb** sich *akk* jdm aufdrängen; ***would you mind if I ~ed myself on you for a moment?*** dürfte ich Sie wohl für einen Moment belästigen? *hum, iron*

infliction [ɪnˈflɪkʃᵊn] *n no pl of suffering* Zufügen *nt; of torture also* Quälen *nt; of punishment, sentence* Verhängen *nt; of fine* Auferlegen *nt*

in-flight *adj attr, inv* Bord-, während des Fluges *nach n;* **~ [customer] catering/service** Bordverpflegung *f*/-service *m;* **~ refuelling** Auftanken *nt* während des Flugs

inflow ['ɪnfləʊ, AM -floʊ] **I.** *n no pl* ❶ (*arrival*) Zustrom *m;* ~ **of capital** Kapitalzufluss *m;* ~ **of foreign exchange** Deviseneingänge *mpl;* ~ **of goods** Wareneingänge *mpl;* ~ **of immigrants** Einwandererzustrom *m* ❷ (*supply*) ~ **of air/fuel** Luft-/Benzinzufuhr *f* **II.** *adj attr, inv* AUTO ~ **pipe** Ansaugrohr *nt*

influence ['ɪnfluən(t)s] **I.** *n* ❶ (*sth that affects*) Einfluss *m;* **to be an ~ on sb/sth** [einen] Einfluss auf jdn/etw ausüben, jdn/etw beeinflussen; ***Helen's a good ~ on him*** Helen hat einen guten Einfluss auf ihn; **to fall under the ~ of sb** (*usu pej*) unter jds Einfluss geraten *meist pej;* (*stronger*) in jds Bann geraten *meist pej;* **to have an ~ on sb/sth** [einen] Einfluss auf jdn/etw haben; *of weather* Auswirkungen *fpl* auf jdn/etw haben ❷ *no pl* (*power to affect*) Einfluss *m* (**on** auf +*akk*); **to be/fall under sb's ~** (*usu pej*) unter jds Einfluss stehen/geraten *meist pej;* **to enjoy ~** einflussreich sein; **to exert** [*or* **use**] **one's ~** seinen [ganzen] Einfluss geltend machen ► PHRASES: **to be under the ~** (*form or hum*) betrunken sein; ***she was charged with driving under the ~*** sie wurde wegen Trunkenheit am Steuer belangt **II.** *vt* ■**to ~ sb/sth** jdn/etw beeinflussen; ***what ~d you to choose a career in nursing?*** was hat dich dazu veranlasst, Krankenschwester zu werden?; **to be easily ~d** leicht zu beeinflussen [*o* beeinflussbar] sein

influential [ˌɪnflu'en(t)ʃəl] *adj* einflussreich; ***she was ~ in setting up the self-help group*** sie hat die Gründung der Selbsthilfegruppe [mit]beeinflusst

influenza [ˌɪnflu'enzə] (*form*) **I.** *n no pl* Grippe *f,* Influenza *f geh o veraltend* **II.** *n modifier* (*epidemic, patient, virus*) Grippe-

influx ['ɪnflʌks] *n no pl of tourists, etc* Zustrom *m* (**of** an +*dat*); ~ **of refugees** Flüchtlingsstrom *m; of capital, etc* Zufuhr *f* (**of** an +*dat*)

info ['ɪnfəʊ, AM -oʊ] *n* (*fam*) *short for* **information** Information *f,* Info *f fam*

infomercial [ˌɪnfə(ʊ)'mɜːʃəl, AM -foʊ'mɜːr-] *n* TV, MEDIA Infomercial *nt fachspr* (*als Informationssendung getarntes Werbevideo*)

inform [ɪn'fɔːm, AM -'fɔːrm] **I.** *vt* ❶ (*give information*) ■**to ~ sb** jdn informieren; **to ~ the police** die Polizei benachrichtigen [*o* verständigen]; ■**to ~ sb about** [*or* **of**] **sth** jdn über etw *akk* informieren [*o* in Kenntnis setzen] [*o* unterrichten]; ***why wasn't I ~ed about this earlier?*** warum hat man mir das nicht früher mitgeteilt?; ***we regret to have to ~ you that ...*** wir bedauern, Ihnen mitteilen zu müssen, dass ... ❷ *usu passive* (*guide*) ■**to be ~ed by sth** geprägt sein von etw *dat;* ***the debate on censorship is ~ed by the right to freedom of speech*** die Debatte zur Zensur steht im Zeichen des Rechts auf freie Meinungsäußerung **II.** *vi* ■**to ~ against** [*or* **on**] **sb** jdn anzeigen [*o geh, form* denunzieren]

informal [ɪn'fɔːməl, AM -'fɔːrm-] *adj* ❶ (*not formal, casual*) informell; ***'hi' is a rather ~ way of greeting people*** ‚hi' ist eine recht lockere Weise, jdn zu begrüßen; **to take an ~ approach to sth** etw zwanglos angehen; ~ **atmosphere/party** zwanglose [*o* ungezwungene] Atmosphäre/Party; ~ **clothing/manner** legere Kleidung/Art ❷ (*not official*) *meeting* inoffiziell ❸ (*approachable, not stiff*) *person* ungezwungen

informality [ˌɪnfɔː'mæləti, AM -fɔːr'mæləṭi] *n no pl* ❶ (*casual quality*) Ungezwungenheit *f,* Zwanglosigkeit *f* ❷ (*unofficial character*) inoffizieller Charakter ❸ (*approachability*) *of person* Ungezwungenheit *f*

informally [ɪn'fɔːməli, AM -'fɔːrm-] *adv* ❶ (*not formally*) informell; (*casually*) zwanglos, ungezwungen; **to dine ~** gemütlich essen; **to dress ~** sich *akk* leger kleiden ❷ (*not officially*) inoffiziell

informant [ɪn'fɔːmənt, AM -'fɔːr-] *n* Informant(in) *m(f);* **a reliable ~** ein zuverlässiger Informant; **to be told sth by a reliable ~** etw aus zuverlässiger Quelle erfahren

informatics [ˌɪnfə'mætɪks, AM -fɚ'mæṭ-] *n + sing vb* Informatik *f kein pl*

information [ˌɪnfə'meɪʃən, AM -fɚ'-] **I.** *n* ❶ *no pl* (*data*) Information *f;* ***do you have any ~ about train times?*** können Sie mir Auskunft über die Abfahrtszeiten geben?; ***for further ~, please contact your local library*** für weitere Informationen setzen Sie sich bitte mit Ihrer Bibliothek in Verbindung; **a bit** [*or* **piece**] **of ~** eine Information; **a vital piece of ~** eine sehr wichtige Information; **to be a mine of ~** viel wissen; **a lot of/a little ~** viele/wenige Informationen; **to give sb ~ about sb/sth** jdn über jdn/etw Informationen geben; **to have ~ that ...** Informationen haben, dass ...; **to move ~** Informationen übertragen; (*from the internet*) Informationen aus dem Internet übertragen; **for your ~** als Information; (*annoyed*) dammit Sie es wissen ❷ (*enquiry desk*) Information *f;* ***you can buy a museum guide at ~*** Sie können einen Museumsführer an der Information kaufen ❸ AM (*telephone operator*) Auskunft *f* ❹ LAW (*form: official charge*) Anklage *f;* **to lay an ~ against sb** jdn anklagen **II.** *n modifier* (*pack, service, sheet*) Informations-; COMPUT Daten-; ~ **content** Informationsgehalt *nt;* ~ **exchange** Informationsaustausch *m;* ~ **management** Datenmanagement *nt;* ~ **system** Informationssystem *nt*

information age *n* Informationszeitalter *nt;* ■**the I~** *no pl* COMPUT das Informationszeitalter

informational [ˌɪnfə'meɪʃənəl, AM -fɚ'-] *adj* Informations-, informationell *geh;* ~ **content** Informationsgehalt *m*

information-based *adj attr, inv* informationsgestützt, informationsorientiert **information bureau** *n* Auskunftsbüro *nt* **information class** *n soziale Schicht, die das Internet als Informationsquelle nutzt* **information content** *n no pl* COMPUT Informationsgehalt *m,* Informationsinhalt *m* **information desk** *n* die Information **information gathering** *n no pl* Datenerhebung *f* **information overload** *n no pl* Informationsüberfluss *m* **information retrieval I.** *n no pl* COMPUT Wiederauffinden *nt* von Informationen; COMPUT Informationsabruf *m,* Informationswiedergewinnung *f* **II.** *n modifier* ~ **system** Informationsaufrufsystem *nt,* Zentrale *f* für Informationsanbieter und Benutzer **information science** *n usu pl* Informatik *f kein pl* **information storage** *n no pl* COMPUT Datenspeicherung *f;* ~ **and retrieval** Informationsspeicherung *f* und -wiederauffindung **information superhighway** *n* COMPUT ■**the ~** die Datenautobahn, das Internet **information technology** *n no pl* Informationstechnologie *f*

informative [ɪn'fɔːmətɪv, AM -'fɔːrməṭ-] *adj* (*approv*) informativ

informed [ɪn'fɔːmd, AM -'fɔːr-] *adj* [gut] informiert; **to make an ~ guess** etw [aufgrund von Informationen] vermuten; **an ~ opinion** eine fundierte Meinung; **to be well-~** gut informiert sein; **to keep sb ~** jdn auf dem Laufenden halten

informer [ɪn'fɔːməʳ, AM -'fɔːrmɚ] *n* Informant(in) *m(f),* Denunziant(in) *m(f);* **to turn ~** die Mittäter verraten

infotainment [ˌɪnfə(ʊ)'teɪnmənt, AM 'ɪnfoʊteɪ-] *n no pl* (*esp pej*) Infotainment *nt*

infraction [ɪn'frækʃən] *n* LAW (*form*) Verstoß *m* (**of** gegen +*akk*); ~ **of a law** Gesetzesübertretung *f,* Gesetzesverstoß *m;* ***this is an ~ of the law*** das verstößt gegen das Gesetz; ~ **of a rule** Regelverletzung *f; esp* SPORTS Regelverstoß *m*

infra dig [ˌɪnfrə'dɪg] *adj pred* (*dated or hum*) ■**to be ~** [**for sb**] unter jds Würde sein; ***they think it's a bit ~ to do your own housework*** sie sind sich für Hausarbeit zu fein dafür

infrared [ˌɪnfrə'red] *adj inv* infrarot; ~ **radiation** Infrarotstrahlung *f*

infrastructure ['ɪnfrəˌstrʌktʃəʳ, AM -ɚ] *n* Infrastruktur *f*

infrequency [ɪn'friːkwən(t)si] *n no pl* Seltenheit *f*

infrequent [ɪn'friːkwənt] *adj* selten

infrequently [ɪn'friːkwəntli] *adv* selten

infringe [ɪn'frɪndʒ] **I.** *vt* ■**to ~ sth** etw verletzen, gegen etw *akk* verstoßen; **to ~ a law** gegen ein Gesetz verstoßen, ein Gesetz übertreten; **to ~ sb's rights** jds Rechte verletzen [*o* missachten] **II.** *vi* ■**to ~ on** [*or* **upon**] **sth** *privacy, rights* etw verletzen; *area* in etw *akk* eindringen; *territory* auf etw *akk* übergreifen

infringement [ɪn'frɪndʒmənt] *n* ❶ (*action*) Verstoß *m;* (*breach*) *of law* Gesetzesübertretung *f,* Gesetzesverstoß *m; of rules* Regelverletzung *f; esp* SPORTS Regelverstoß *m;* **an ~ of copyright** ein Verstoß gegen das Urheberrecht ❷ *no pl* (*violation*) Übertretung *f*

infuriate [ɪn'fjʊərieɪt, AM -'fjʊr-] *vt* ■**to ~ sb** jdn wütend machen [*o* ärgern]

infuriating [ɪn'fjʊərieɪtɪŋ, AM -'fjʊrieɪṭ-] *adj* ärgerlich; **an ~ person** eine Person, die einen zur Raserei bringen kann; ***he's never more ~ than when ...*** er geht mir am meisten auf den Geist, wenn ...

infuriatingly [ɪn'fjʊərieɪtɪŋli, AM -'fjʊrieɪṭ-] *adv* ärgerlich[erweise]; ***she was so ~ casual about the whole thing*** sie ging so aufreizend gelassen über die ganze Sache hinweg

infuse [ɪn'fjuːz] **I.** *vt* ❶ (*fill*) ■**to ~ sb/sth with sth** jdn/etw mit etw *dat* erfüllen; **to ~ sb with courage** jdm Mut machen; **to ~ sb with energy** jdm Energie geben; ■**to ~ sth into sb/sth** jdm/etw etw einflößen; ***the arrival of a group of friends ~d life into the weekend*** die Ankunft einer Gruppe von Freunden brachte Leben in das Wochenende ❷ (*form: steep in liquid*) ■**to ~ sth** *tea, herbs* etw aufgießen **II.** *vi* ziehen

infusion [ɪn'fjuːʒən] *n* ❶ (*input*) Einbringen *nt;* ECON Infusion *f fachspr,* Input *m fachspr;* ***we need an ~ of new ideas in this company*** wir brauchen neue Ideen in dieser Firma; **an ~ of money** eine Geldspritze *f fam* ❷ (*brew*) Aufguss *m;* ~ **of herbs, herbal ~** Kräutertee *m;* ~ **of tea** Tee *m* ❸ *no pl* (*brewing*) Aufgießen *nt,* Aufguss *m* ❹ MED Infusion *f*

ingenious [ɪn'dʒiːniəs, AM -njəs] *adj person* ideenreich, kreativ; *idea, method, plan* ausgeklügelt, raffiniert, genial; *device, machine* raffiniert

ingeniously [ɪn'dʒiːniəsli, AM -njəs] *adv* ausgeklügelt, genial, raffiniert

ingénue ['ɛ̃(n)ʒeɪnjuː, AM 'ænʒənuː] *n* gutgläubiges junges Mädchen; THEAT jugendliche Naive

ingenuity [ˌɪndʒɪ'njuːəti, AM -əṭi] *n no pl of a person* Ideenreichtum *m,* Einfallsreichtum *m; of an idea/a plan/a solution* Genialität *f; of machine/device* Raffiniertheit *f;* **to use one's ~** seinen Einfallsreichtum nutzen

ingenuous [ɪn'dʒenjuəs] *adj* (*form*) ❶ (*naive*) naiv ❷ (*openly honest*) offen, ehrlich

ingenuously [ɪn'dʒenjuəsli] *adv* (*form*) ❶ (*naively*) naiv ❷ (*openly*) offen, ehrlich

ingest [ɪn'dʒest] *vt* (*form*) ■**to ~ sth** ❶ MED etw einnehmen ❷ (*fig*) *facts, information* etw verschlingen *fig*

ingestion [ɪn'dʒestʃən] *n no pl* MED (*form*) Aufnahme *f,* Ingestion *f fachspr*

inglenook ['ɪŋglnʊk] *n esp* BRIT ARCHIT Kaminecke *f;* ~ **fireplace** Kamin *m* mit Sitzecke

inglorious [ɪn'glɔːriəs] *adj* unrühmlich; *defeat* schmählich

ingloriously [ɪn'glɔːriəsli] *adv* schmählich

ingoing ['ɪnˌgəʊɪŋ, AM -goʊ-] *adj attr, inv* eingehend; *occupant, office holder* neu

ingot ['ɪŋgət] *n* Ingot *m fachspr; of gold, silver* Barren *m*

ingrained [ɪn'greɪnd] *adj* ❶ (*embedded*) fest sitzend *attr;* **to be ~ with dirt** stark verschmutzt sein ❷ (*fig: deep-seated*) tief sitzend *attr,* fest verankert; ***some habits are very deeply ~*** einige Angewohnheiten sitzen sehr tief

ingrate ['ɪngreɪt] *n* (*pej liter*) **to be an ~** undankbar sein

ingratiate [ɪn'greɪʃieɪt] *vt no passive* (*usu pej*) ■**to ~ oneself** [**with sb**] sich *akk* [bei jdm] einschmeicheln

ingratiating [ɪn'greɪʃieɪtɪŋ, AM -ṭ-] *adj* (*usu pej*) schmeichlerisch

ingratiatingly [ɪn'greɪʃieɪtɪŋli] *adv* gewinnend, einnehmend

ingratitude [ɪn'grætɪtjuːd, AM -ṭətuːd] *n no pl* Undankbarkeit *f*

ingredient [ɪn'gri:diənt] *n* ① (*in recipe*) Zutat *f* ② (*component*) Bestandteil *m;* ***trust is an essential ~ in a successful marriage*** Vertrauen ist eine wichtige Voraussetzung für eine erfolgreiche Ehe; ***this has all the ~s of a really successful novel*** dieser Roman hat alles, um ein großer Erfolg zu werden

ingress <*pl* -es> ['ɪngres] *n* (*form*) ① *no pl* (*entering*) Eintritt *m;* **right of ~** Zutritt *m* ② (*entrance*) Eingang *m*

in-group ['ɪngru:p] *n* (*usu pej fam*) angesagte Clique; **to be in with the ~** in der angesagten Clique sein

ingrowing [ɪn'grəʊɪŋ, AM 'ɪngroʊ-] *adj,* **ingrown** [ɪn'grəʊn, AM 'ɪngroʊn] *adj usu attr, inv* eingewachsen; **an ~ toenail** ein eingewachsener Fußnagel

inguinal *adj* inguinal *fachspr,* Leisten-

inhabit [ɪn'hæbɪt] *vt* ■**to ~ sth** etw bewohnen

inhabitable [ɪn'hæbɪtəbl, AM -t̬-] *adj* bewohnbar

inhabitant [ɪn'hæbɪtᵊnt] *n of region* Einwohner(in) *m(f); of building* Bewohner(in) *m(f)*

inhalant [ɪn'heɪlənt] *n* MED Inhalat *nt*

inhalation [ˌɪn(h)ə'leɪʃᵊn] *n* ① *no pl* (*breathing in*) Einatmen *nt;* (*by smoker*) Inhalieren *nt;* (*of poison*) Rauchvergiftung *f* ② (*intake of breath*) Atemzug *m; of smoke* Zug *m; of vapours* Einatmen *nt kein pl*

inhalator [ˌɪn(h)ə'leɪtəʳ, AM -t̬ə-] *n* Inhalationsapparat *m,* Inhalator *m*

inhale [ɪn'heɪl] **I.** *vt* ■**to ~ sth** etw einatmen; *smoker* etw inhalieren **II.** *vi* einatmen; *smoker* inhalieren

inhaler [ɪn'heɪləʳ, AM -ə-] *n* Inhalationsapparat *m,* Inhalator *m*

inharmonious [ˌɪnhɑ:'məʊniəs, AM -hɑ:r'moʊ-] *adj* ① (*not friendly*) gespannt, problematisch ② MUS unharmonisch ③ (*form: not blending well*) unharmonisch

inhere [ɪn'hɪəʳ, AM -'hɪr] *vi* (*liter*) ■**to ~ in sb/sth** jdm/etw innewohnen *geh*

inherent [ɪn'herᵊnt, AM *esp* -'hɪr-] *adj* innewohnend *attr;* PHILOS inhärent *geh;* ***he has an ~ distrust of emotional commitment*** er hat ein tiefsitzendes Misstrauen gegenüber gefühlsmäßigen Bindungen; ■**to be ~ in sth** etw *dat* eigen sein; ***there are dangers ~ in almost every sport*** fast jeder Sport bringt Gefahren mit sich

inherently [ɪn'herᵊntli, AM *esp* -'hɪr-] *adv* von Natur aus

inherit [ɪn'herɪt] **I.** *vt* ■**to ~ sth** [**from sb**] etw [von jdm] erben; (*fig*) etw [von jdm] übernehmen; ■**to ~ sth** COMPUT etw übernehmen **II.** *vi* erben

inheritable [ɪn'herɪtəbl, AM -t̬-] *adj inv* ① (*transmissible*) vererbbar; **~ characteristics** vererbbare Merkmale ② LAW (*able to inherit*) erbfähig

inheritance [ɪn'herɪtᵊn(t)s] *n* ① (*legacy*) Erbe *nt kein pl* (**from** von +*dat*); **to come into one's ~** (*form*) sein Erbe antreten, etw erben; **a cultural/literary ~** (*fig*) ein kulturelles/literarisches Erbe ② *no pl* (*inheriting*) *of money, property* Erben *nt; of characteristics* Vererben *nt;* ***my collection was formed partly by ~*** meine Sammlung besteht zum Teil aus Erbstücken ③ *no pl* COMPUT Übernahme *f*

inheritance tax *n* Erbschaft[s]steuer *f*

inherited [ɪn'herɪtɪd, AM -t̬-] *adj attr* **an ~ disease** eine Erbkrankheit

inheritor [ɪn'herɪtəʳ, AM -t̬ə-] *n* (*also fig*) Erbe, -in *m, f*

inhibit [ɪn'hɪbɪt] *vt* ① (*restrict*) ■**to ~ sth** etw hindern [*o* stören] ② (*deter*) ■**to ~ sb** jdn hemmen; ***fear of failure is an ~ing factor for many people*** Versagensangst verursacht vielen Menschen Hemmungen; ■**to ~ sb from doing sth** jdn daran hindern, etw zu tun ③ COMPUT ■**to ~ sth** etw sperren

inhibited [ɪn'hɪbɪtɪd, AM -t̬-] *adj* ① (*self-conscious*) gehemmt; **to be/feel ~** Hemmungen haben ② (*repressed*) ■**to be ~** verklemmt sein *fam*

inhibition [ˌɪn(h)ɪ'bɪʃᵊn] *n* ① *usu pl* (*self-consciousness*) Hemmung *f;* **to have ~s** [**about doing sth**] Hemmungen haben[, etw zu tun]; **to lose one's ~s** alle Hemmungen verlieren ② *no pl* (*inhibiting*) Einschränken *nt;* (*prevention*) Verhindern *nt*

inhibitory [ɪn'hɪbɪtᵊri, AM ɪtɔ:ri] *adj inv esp* MED hemmend, Hemmungs-, inhibitorisch *fachspr*

inhospitable [ˌɪnhɒs'pɪtəbl, AM ɪn'hɑ:spɪt̬-] *adj* ① (*unwelcoming*) ungastlich ② (*unpleasant*) unwirtlich

in-house [ˌɪn'haʊs] **I.** *adj attr, inv* hauseigen, innerbetrieblich **II.** *adv inv* intern, im Hause, innerbetrieblich

inhuman [ɪn'hju:mən] *adj* ① (*pej: cruel*) unmenschlich ② (*non-human*) unmenschlich; (*superhuman*) übermenschlich

inhumane [ˌɪnhju:'meɪn] *adj* inhuman; (*barbaric*) barbarisch

inhumanity [ˌɪnhju:'mænəti, AM -əţi] *n no pl* Grausamkeit *f;* (*barbaric cruelty*) Barbarei *f;* **man's ~ to man** die menschliche Grausamkeit

inimical [ɪ'nɪmɪkᵊl] *adj* (*form*) ① (*harmful*) nachteilig; ■**to be ~ to sth** etw *dat* abträglich sein *geh;* ***that is ~ to free speech*** das ist ein Angriff auf die Redefreiheit ② (*hostile*) feindselig, feindlich; ■**to be ~ to sth/sb** etw/jdm feindlich gesonnen sein

inimitable [ɪ'nɪmɪtəbl, AM -t̬-] *adj* unnachahmlich

iniquitous [ɪ'nɪkwɪtəs, AM -t̬-] *adj* (*form*) ungeheuerlich, skandalös

iniquity [ɪ'nɪkwɪti, AM -t̬-] *n* ① *no pl* (*wickedness*) Bosheit *f;* (*unfairness*) Ungerechtigkeit *f;* (*sinfulness*) Verderbtheit *f geh;* **a den of ~** (*pej dated*) ein Sündenpfuhl *m veraltend o oft hum* ② (*wicked act*) Untat *f,* Missetat *f veraltend geh;* (*act of unfairness*) Ungerechtigkeit *f;* (*sin*) Sünde *f*

initial [ɪ'nɪʃᵊl] **I.** *adj attr, inv* anfänglich, erste(r,s); ***my ~ surprise was soon replaced by delight*** meine anfängliche Überraschung wandelte sich schnell in Freude; ~ ***reports say that ...*** ersten Meldungen zufolge ...; **an ~ letter** ein erster Brief; **in the ~ phases** [*or* **stages**] in der Anfangsphase **II.** *n* Initiale *f;* ***what does the ~, X, in your name stand for?*** wofür steht das X in deinem Namen?; ■**~s** *pl* Initialien *fpl,* Anfangsbuchstaben *mpl;* **to mark** [*or* **sign**] **a page with one's ~s** seine Initialien unter eine Seite setzen **III.** *vt* <BRIT -ll- *or* AM *usu* -l-> ■**to ~ sth** etw abzeichnen [*o* paraphieren]

initialize [ɪ'nɪʃᵊlaɪz] *vt* COMPUT ■**to ~ sth** etw initialisieren

initially [ɪ'nɪʃᵊli] *adv inv* anfangs, zu Anfang, zunächst

initiate I. *vt* [ɪ'nɪʃieɪt] ① (*start*) ■**to ~ sth** etw initiieren [*o* in die Wege leiten]; **to ~ proceedings against sb** LAW rechtliche Schritte gegen jdn einleiten ② (*teach*) ■**to ~ sb into sth** jdn in etw *akk* einweihen ③ (*admit to group*) ■**to ~ sb** [**into sth**] jdn [in etw *akk*] einführen; (*make official member*) jdn [in etw *akk*] [feierlich] aufnehmen **II.** *n* [ɪ'nɪʃiət] (*in a club, organization*) neues Mitglied; (*in a spiritual community*) Eingeweihte(r) *f(m)*

initiation [ɪˌnɪʃi'eɪʃᵊn] *n* ① *no pl* (*start*) Einleitung *f;* **the ~ of talks** die Eröffnung der Gespräche ② (*introduction*) Einführung *f* (**into** in +*akk*); (*as a member*) Aufnahme *f* (**into** in +*akk*); (*in tribal societies*) Initiation *f* (**into** in +*akk*)

initiation ceremony *n* [feierliche] Aufnahmezeremonie; (*rite*) Initiationsritus *m*

initiative [ɪ'nɪʃətɪv, AM -t̬-] *n* ① *no pl* (*approv: enterprise*) [Eigen]initiative *f;* **to show ~** Eigeninitiative zeigen; **to use one's ~** eigenständig handeln; **to take the ~** [**in sth**] [in etw *dat*] die Initiative ergreifen ② *no pl* (*power to act*) Initiative *f;* **to have the ~ in sth** in etw *dat* die Oberhand haben; **to lose the ~** die Handlungsfähigkeit einbüßen ③ (*action*) Initiative *f*

initiator [ɪ'nɪʃieɪtəʳ, AM eɪt̬ə-] *n* Urheber(in) *m(f),* Initiator(in) *m(f)*

inject [ɪn'dʒekt] *vt* ① MED ■**to ~ sth** [**into sth**] etw [in etw *akk*] spritzen [*o geh* injizieren]; ■**to ~ sb/oneself** jdn/sich spritzen; ■**to ~ sb/oneself with sth** jdm/sich etw spritzen; ■**to ~ sb against sth** BRIT, AUS jdn gegen etw *akk* impfen ② (*fig: introduce*) ■**to ~ sth into sth** etw in etw *akk* [hinein]bringen; **to ~ cash** [*or* **money**]/**capital into a project** Geld/Kapital in ein Projekt pumpen *fam* ③ TECH ■**to ~ sth** etw einspritzen; **to ~ gas** Gas einblasen *fachspr* ④ AEROSP **to ~ a spacecraft into an orbit** ein Raumfahrzeug in eine Umlaufbahn schießen

injection [ɪn'dʒekʃᵊn] *n* ① MED Injektion *f,* Spritze *f;* **an insulin/a pain-killing ~** eine Insulin-/Schmerzspritze; **a flu/tetanus ~** BRIT, AUS eine Grippe-/Tetanusspritze; **to give sb an ~** [BRIT, AUS **against sth**] jdm eine Spritze [gegen etw *akk*] geben; **to give sth by ~** etw spritzen ② (*addition*) **an ~ of cash** [*or* **funds**] [*or* **money**] eine Geldspritze *fam;* **a capital ~ of £100,000** [*or* **an ~ of £100,000 capital**] eine Kapitalzuführung von 100.000 Pfund; **an ~ of enthusiasm/new life/optimism** ein Schuss Enthusiasmus/neues Leben/Optimismus ③ TECH Einspritzung *f; of gas* Einblasen *nt*

injection molding *n* AM, **injection moulding** *n no pl* Spritzguss *m*

injector [ɪn'dʒektəʳ, AM ə-] *n* (*fuel ~*) Einspritzer *m,* Dampfstrahlpumpe *f*

in-joke ['ɪnˌdʒəʊk, AM -ˌdʒoʊk] *n* (*fam*) Insiderwitz *m fam*

injudicious [ˌɪndʒu:'dɪʃəs] *adj* (*form*) unklug; (*ill-considered*) unüberlegt

injunction [ɪn'dʒʌŋ(k)ʃᵊn] *n* ① LAW Anordnung *f,* [gerichtliche [*o* richterliche]] Verfügung; **temporary ~** einstweilige Verfügung; **to issue an ~** eine Verfügung erlassen; **to seek an ~** versuchen, eine Verfügung zu erwirken ② (*instruction*) Ermahnung *f*

injure ['ɪndʒəʳ, AM -ə-] *vt* ① (*wound*) ■**to ~ sb/oneself** jdn/sich verletzen; **to ~ one's back/leg** sich *dat* den Rücken/das Bein verletzen ② (*damage*) ■**to ~ sth** etw *dat* schaden; **to ~ one's health** seiner Gesundheit schaden

injured ['ɪndʒəd, AM -əd] **I.** *adj* ① (*wounded*) verletzt; **badly** [*or* **seriously**]/**slightly ~** schwer/leicht verletzt ② (*offended*) verletzt, gekränkt; **~ pride** verletzter Stolz ③ LAW (*wronged*) **the ~ party** der/die Geschädigte **II.** *n* ■**the ~** *pl* die Verletzten *pl*

injurious [ɪn'dʒʊəriəs, AM -'dʒʊr-] *adj* ① (*form: harmful*) schädlich; **to be ~ to one's health** gesundheitsschädlich sein ② (*form: insulting*) verletzend *attr,* beleidigend *attr*

injury ['ɪndʒᵊri] *n* ① (*wound*) Verletzung *f;* **a back/knee ~** eine Rücken-/Knieverletzung; **an ~ to the foot/head** eine Fuß-/Kopfverletzung; **to do oneself an ~** BRIT, AUS (*hum*) sich *akk* verletzen [*o fam* weh tun]; **to receive** [*or* **sustain**] **an ~** verletzt werden ② *no pl* (*wounding*) Verletzung *f*

injury time *n no pl* BRIT, AUS Nachspielzeit *f*

injustice [ɪn'dʒʌstɪs] *n* Ungerechtigkeit *f;* **to do sb an ~** jdm unrecht tun

ink [ɪŋk] **I.** *n* ① *no pl* (*for writing*) Tinte *f;* ART Tusche *f;* (*for stamp-pad*) Farbe *f;* TYPO Druckfarbe *f;* (*for newspapers*) Druckerschwärze *f;* ***the ~ was barely dry on the peace agreement when ...*** der Friedensvertrag war gerade erst unterzeichnet worden, als ...; **bottle of ~** Tintenfass *nt;* **to write in ~** mit Tinte schreiben; **to be as black as ~** pechschwarz sein ② BIOL (*from octopus*) Tinte *f* **II.** *vt* ■**to ~ sth** ① TYPO etw einfärben ② ECON etw unterschreiben [*o* unterzeichnen] ③ (*using pen*) ■**to ~ sth** etw mit Tinte zeichnen [*o* schreiben]

◆**ink in** *vt* ■**to ~ in ↔ sth** etw mit Tusche [*o* Tinte] ausmalen

◆**ink out** *vt* ■**to ~ sth ↔ out** etw mit Tinte übermalen

ink-blot test *n* PSYCH Rorschachtest *m* **ink bottle** *n* Tintenfass *nt* **ink cartridge** *n* Tintenpatrone *f* **ink jet** *n* Tintenstrahl *m,* Farbstrahl *m* **ink-jet printer** *n* Tintenstrahldrucker *m*

inkling ['ɪŋklɪŋ] *n* ① (*suspicion*) Ahnung *f;* **sb has an ~ of sth** jd ahnt etw; ***she didn't have even the slightest ~ of the truth*** sie ahnte noch nicht mal das kleinste bisschen; ***he must have had some ~ of what was happening*** er muss doch irgendwas davon geahnt haben; **to have an ~ that ...** ahnen, dass ... ② (*hint*) Hinweis *m;* **to give sb an ~** jdm einen Hinweis geben

ink-pad *n* Stempelkissen *nt* **inkstain** *n* Tintenfleck *m;* (*on paper*) Tintenkleks *m* **inkstand** *n* Schreibtischgarnitur *f* **inkwell** *n* [in das Pult eingelassenes] Tintenfass

inky ['ɪŋki] *adj* ❶ (*covered with ink*) tintenbefleckt ❷ (*very dark*) pechschwarz; ~ **blackness** tiefste Schwärze

inlaid [ɪn'leɪd, AM 'ɪnleɪd] **I.** *adj inv* mit Intarsien *nach n;* ~ **work** Einlegearbeit *f,* Intarsienarbeit *f;* ~ **gold/ivory/wood** Einlegearbeiten aus Gold/Elfenbein/Holz **II.** *vt pt, pp of* **inlay**

inland I. *adj* ['ɪnlənd] *usu attr, inv* ❶ (*not coastal*) *sea, shipping* Binnen-; *town, village* im Landesinneren *nach n* ❷ *esp* BRIT ADMIN, ECON (*domestic*) inländisch, Inland[s]-; ~ **flight** Inlandsflug *m;* ~ **haulage/trade** Binnentransport *m*/-handel *m;* ~ **postage rates** Inlandsporto *nt* **II.** *adv* ['ɪnlænd] (*direction*) ins Landesinnere; (*place*) im Landesinneren

Inland Revenue *n* BRIT, NZ ■**the** ~ ≈ das Finanzamt

in-laws ['ɪnlɔːz, AM *esp* -lɑːz] *npl* Schwiegereltern *pl*

inlay I. *n* ['ɪnleɪ] ❶ *no pl* (*embedded pattern*) Intarsie[n] *f[pl] fachspr,* Einlegearbeit[en] *f[pl]* ❷ MED (*for tooth*) Inlay *nt* **II.** *vt* <-laid, -laid> [ɪn'leɪ] *usu passive* ■**to** ~ **sth** [**with sth**] etw [mit etw *dat*] einlegen

inlet ['ɪnlet] *n* ❶ GEOG [schmale] Bucht; (*of sea*) Meeresarm *m* ❷ TECH (*part of machine*) Einlass[kanal] *m;* (*pipe*) Zuleitungsrohr *nt,* Zuleitung *f*

in-lines ['ɪnlaɪnz] *npl,* **in-line skates** *npl* Inline-Skates *pl,* Inliner *pl*

in-line skating *n no pl* Inline-Skaten *nt,* Inlineskating *nt*

in loco parentis [ɪn,ləʊkəʊpə'rentɪs, AM -,loʊkoʊpə'renṭ-] **I.** *adj pred, inv* (*form*) an Elternstatt *nach n,* an Stelle eines Elternteils; ■**to be** ~ die Aufsichtspflicht haben **II.** *adv inv* (*form*) an Elternstatt, in Vertretung der Eltern; ***teachers work*** ~ Lehrer haben eine Aufsichtspflicht

inmate ['ɪnmeɪt] *n* ❶ (*of institution*) Insasse, -in *m, f;* **prison** ~ Gefängnisinsasse, -in *m, f* ❷ (*old form: resident*) Bewohner(in) *m(f)*

inmost ['ɪnmə(ʊ)st, AM -moʊst] *adj* (*liter*) ❶ (*furthest in*) innerste(r,s) ❷ (*most secret*) geheimste(r,s), intimste(r,s); *see also* **innermost**

inn [ɪn] *n* ❶ (*public house*) Gasthaus *nt* ❷ BRIT LAW **the I~s of Court** Berufsorganisation *f* der Barrister

innards ['ɪnədz, AM -ədz] *npl* (*fam*) ❶ ANAT (*entrails*) Eingeweide *pl;* FOOD Innereien *pl* ❷ (*of machine*) Innere *nt kein pl*

innate [ɪ'neɪt] *adj* natürlich, angeboren

innately [ɪ'neɪtli] *adv* von Natur aus

inner ['ɪnəʳ, AM -ə] *adj inv, usu attr* ❶ (*interior*) Innen-, innere(r,s) *attr;* **in the** ~ **London area** in der Londoner Innenstadt; ~ **ear** Innenohr *nt* ❷ (*emotional*) innere(r,s) *attr,* tief; ***he struggled to hide his*** ~ ***turmoil*** er versuchte, den Aufruhr in seinem Inneren zu verbergen; ~ **feelings** tiefste Gefühle; ~ **life** Innenleben *nt;* ~ **strength** innere Kraft

inner circle *n* engster Kreis **inner city** *n* Innenstadt *f,* [Stadt]zentrum *nt,* City *f fam* **inner-city** *adj* Innenstadt-, in der Innenstadt *nach n;* ~ **area** Innenstadtgebiet *nt;* ~ **school** Schule *f* im Innenstadtgebiet **inner man** *n* ❶ (*soul*) ■**the** ~ das Innere (*eines Menschen*) ❷ (*hum: stomach*) Magen *m*

innermost ['ɪnəmə(ʊ)st, AM -əmoʊst] *adj attr, inv* ❶ (*furthest in*) innerste(r,s); ***the*** ~ ***circle of presidential advisers*** der engste Kreis der Berater des Präsidenten ❷ (*most secret*) geheimste(r,s), intimste(r,s); ***in his*** ~ ***being …*** im tiefsten Inneren seines Herzens …; **sb's** ~ **feelings/thoughts** jds geheimste [*o* intimste] Gefühle/Gedanken

inner sanctum *n* (*dated or hum*) Heiligtum *nt hum,* heilige Hallen *pl hum* **inner sole** *n* Einlegesohle *f;* (*in-built part*) Innensohle *f* **inner tube** *n* Schlauch *m* **inner woman** *n* ❶ (*soul*) ■**the** ~ das Innere (*einer Frau*) ❷ (*hum: stomach*) Magen *m*

inning ['ɪnɪŋ] *n* SPORTS ❶ AM (*in baseball*) Inning *nt;* **the top/bottom of an** ~ die erste/zweite Halbzeit eines Inning ❷ BRIT ■**~s** + *sing vb* (*in cricket*) Durchgang *m,* Innings *nt fachspr* ► PHRASES: **to have a good ~s** BRIT lange leben

innings <*pl* – *or fam* -es> ['ɪnɪŋz] *n* SPORTS (*also fig*) Dransein *nt,* Am-Spiel[*o* -Ball]-Sein *nt;* **to have os** ~ am Spiel sein, an der Reihe sein; *power* am Ruder sein

innit ['ɪnɪt] *esp* BRIT (*sl*) = **isn't it** *see* **be**

innkeeper *n* (*old*) Gastwirt(in) *m(f)*

innocence ['ɪnəsᵊn(t)s] *n no pl* ❶ (*of crime*) Unschuld *f;* **to plead** [*or* **protest**] **one's** ~ seine Unschuld beteuern ❷ (*naivety*) Unschuld *f,* Arglosigkeit *f;* **in all** ~ ganz unschuldig; **to lose one's** ~ seine Naivität verlieren ❸ (*dated form: virginity*) Unschuld *f*

innocent ['ɪnəsᵊnt] **I.** *adj* ❶ (*not guilty*) unschuldig; ■**to be** ~ **of sth** an etw *dat* unschuldig sein; ***she is*** ~ ***of the crime*** sie hat die Tat nicht begangen, sie ist unschuldig ❷ (*approv: artless*) unschuldig, arglos ❸ (*uninvolved*) unschuldig, unbeteiligt; **an** ~ **bystander** ein unbeteiligter Passant/eine unbeteiligte Passantin; **an** ~ **victim** ein unschuldiges Opfer ❹ (*intending no harm*) unschuldig; **an** ~ **mistake** ein unbeabsichtigter Fehler ❺ (*harmless*) harmlos; **an** ~ **substance** ein harmloser Stoff **II.** *n* **to be an** ~ naiv [*o* unbedarft] sein; **to come** [*or* AM **play**] **the** ~ **with sb** (*fam*) jdm den Unschuldigen/die Unschuldige spielen *fam*

innocently ['ɪnəsᵊntli] *adv* ❶ (*not maliciously*) arglos ❷ (*not criminally*) ohne böse Absicht; ***he had obtained the stolen television*** ~ er hatte den gestohlenen Fernseher in gutem Glauben gekauft

innocuous [ɪ'nɒkjuəs, AM ɪ'nɑːk-] *adj* harmlos

innocuously [ɪ'nɒkjuəsli, AM ɪ'nɑːk-] *adv* [ganz] harmlos

innocuousness [ɪ'nɒkjuəsnəs, AM ɪ'nɑːk-] *n no pl* (*form*) Harmlosigkeit *f*

innovate ['ɪnə(ʊ)veɪt, AM -nəv-] *vi* ❶ (*introduce sth new*) Neuerungen einführen, innovieren *fachspr;* (*be creative*) kreativ sein ❷ (*make changes*) sich *akk* erneuern [*o* ändern]

innovation [,ɪnə(ʊ)'veɪʃᵊn, AM -nə'-] *n* ❶ (*new thing*) Neuerung *f,* Reform *f;* (*new product*) Innovation *f* ❷ *no pl* (*creating new things*) [Ver]änderung *f*

innovative ['ɪnə(ʊ)veɪtɪv, AM -nəv-] *adj* ❶ (*original*) innovativ ❷ (*having new ideas*) kreativ

innovator ['ɪnə(ʊ)veɪtəʳ, AM -nəveɪṭə] *n* Erneuerer, Erneuerin *m, f*

innovatory ['ɪnə(ʊ)veɪtᵊri, AM 'ɪnəvətɔːri] *adj* ❶ (*original*) innovativ ❷ (*having new ideas*) kreativ

Inns of Court *npl* BRIT LAW ❶ (*legal societies*) *die vier in London ansässigen britischen Anwaltsverbände* ❷ (*buildings*) *die Gebäude der Anwaltsverbände*

innuendo <*pl* -s *or* -es> [,ɪnju'endəʊ, AM -doʊ] *n* ❶ (*insinuation*) Anspielung *f* (**about** auf +*akk*), Andeutung *f* (**about** über +*akk*); **to make an** ~ [**about sth**] auf etw *akk* anspielen ❷ (*suggestive remark*) Zweideutigkeit *f;* **sexual ~s** sexuelle Anspielungen [*o* Zweideutigkeiten] ❸ *no pl* (*suggestive quality*) Andeutungen *fpl*

innumerable [ɪ'njuːmᵊrəbl̩, AM *esp* ɪ'nuː-] *adj inv* unzählig, zahllos

innumeracy [ɪ'njuːmᵊrəsi, AM *esp* -'nuː-] *n no pl esp* BRIT Unfähigkeit *f* im Rechnen

innumerate [ɪ'njuːmᵊrət, AM *esp* -'nuː-] *adj esp* BRIT ■**to be** ~ nicht rechnen können; ~ **school leavers** Schulabgänger, die nicht rechnen können

inoculate [ɪ'nɒkjəleɪt, AM -'nɑːk-] *vt* ■**to** ~ **sb** [**against sth**] jdn [gegen etw *akk*] impfen

inoculation [ɪ,nɒkjə'leɪʃᵊn, AM -,nɑːk-] *n* Impfung *f*

inoffensive [ɪnə'fen(t)sɪv] *adj* ❶ (*not causing offence*) *behaviour, person, remark* unauffällig, harmlos ❷ (*not unpleasant*) *pattern, design* unaufdringlich

inoperable [ɪ'nɒpᵊrəbl̩, AM ,ɪn'ɑːpə-] *adj* ❶ *inv* MED (*not treatable*) inoperabel; ~ **cancer/tumour** [*or* AM **tumor**] nicht operierbarer Krebs/Tumor ❷ (*unable to function*) nicht funktionsfähig; (*not practicable*) undurchführbar; ■**to be** ~ nicht funktionieren [können]; *proposal, suggestion* nicht praktikabel [*o* durchführbar] sein

inoperative [ɪ'nɒpᵊrətɪv, AM ,ɪn'ɑːpəəṭ-] *adj inv* (*form*) ❶ (*not in effect*) ungültig; **to be/become** ~ *rule, regulation* außer Kraft sein/treten ❷ (*not working*) nicht funktionsfähig; ■**to be** ~ nicht funktionieren

inopportune [ɪ'nɒpətjuːn, AM ɪn,ɑːpə'tuːn, -tjuːn] *adj* ❶ (*inconvenient*) ungünstig; ***their visit was somewhat*** ~ ihr Besuch kam irgendwie ungelegen; **an** ~ **moment** ein ungünstiger Zeitpunkt ❷ (*unsuitable*) *remark* unpassend

inopportunely [ɪ'nɒpətjuːnli, AM ɪn,ɑːpə'tuː-, -tjuː-] *adv* ❶ (*inconveniently*) ungünstig; **to arrive** ~ ungelegen kommen ❷ (*unsuitably*) unpassend

inordinate [ɪ'nɔːdɪnət, AM ,ɪn'ɔːrdᵊnɪt] *adj* (*pej form*) ungeheuere(r,s) *attr,* ungeheuerlich; ***we've spent an*** ~ ***amount of time/ energy on this project*** wir haben ungeheuer viel Zeit/Energie auf dieses Projekt verwendet

inordinately [ɪ'nɔːdɪnətli, AM ,ɪn'ɔːrdᵊnɪt-] *adv* (*pej form*) ungeheuer, unmäßig; **to be** ~ **fond of sth** in etw *akk* vernarrt sein

inorganic [,ɪnɔː'gænɪk, AM -ɔːr'-] *adj inv* CHEM anorganisch

inorganic chemistry *n no pl* anorganische Chemie

in-patient *n* stationärer Patient/stationäre Patientin

input ['ɪnpʊt] **I.** *n* ❶ *no pl* (*resource put in*) Beitrag *m;* **power** ~ Energiezufuhr *f;* (*of work*) [Arbeits]aufwand *m;* (*of ideas, suggestions*) Beitrag *m;* ***I didn't have much*** ~ ***into the project*** ich habe nicht viel zu dem Projekt beigetragen ❷ COMPUT, ELEC (*component*) Anschluss *m,* Eingang *m* ❸ *no pl* COMPUT (*ingoing information*) Input *m;* (*the typing in*) Eingabe *f* ❹ COMM, FIN **~s** *Einkäufe von Gütern, für die Mehrwertsteuer bezahlt wurde* **II.** *n modifier* COMPUT (*buffer, file, port*) Eingabe-; ~ **device** COMPUT Eingabegerät *nt;* (*scanner also*) Einlesegerät *nt* **III.** *vt* <-tt-, put, put> COMPUT ■**to** ~ **sth** (*store in computer*) etw eingeben; (*with a scanner*) etw einscannen

inquest ['ɪŋkwest, AM 'ɪn-] *n* LAW gerichtliche Untersuchung [der Todesursache]; **to hold an** ~ [**into sth**] [etw] gerichtlich untersuchen

inquire *vt, vi esp* AM *see* **enquire**

inquiry *n esp* AM *see* **enquiry**

inquisition [,ɪŋkwɪ'zɪʃᵊn, AM ,ɪn-] *n* ❶ (*pej: unfriendly questioning*) Verhör *nt;* **to subject sb to an** ~ jdn einem Verhör unterziehen, jdn verhören ❷ HIST ■**the I~** die Inquisition; **the Spanish I~** die spanische Inquisition

inquisitive [ɪn'kwɪzətɪv, AM -ṭ-] *adj* ❶ (*eager to know*) wissbegierig; (*curious*) neugierig; *look, face* fragend *attr; child* fragelustig; ■**to be** ~ **about sth/sb** viel über etw/jdn wissen wollen ❷ (*pej: prying*) *person* neugierig

inquisitively [ɪn'kwɪzətɪvli, AM -ṭ-] *adv* ❶ (*enquiringly*) wissbegierig; (*curiously*) neugierig ❷ (*pej: intrusively*) neugierig; ***she peered*** ~ ***into the drawers*** sie schnüffelte in den Schubladen herum

inquisitiveness [ɪn'kwɪzətɪvnəs, AM -ṭ-] *n no pl* ❶ (*thirst for knowledge*) Wissbegier[de] *f,* Wissensdurst *m;* (*curiosity*) Neugier *f* ❷ (*pej: nosiness*) Neugier[de] *f*

inquisitor [ɪn'kwɪzɪtəʳ, AM -ṭə] *n* ❶ (*pej: insistent questioner*) unbestechlicher Fragensteller/unbestechliche Fragenstellerin ❷ HIST ■**I~** Inquisitor *m*

inquisitorial [ɪn,kwɪzɪ'tɔːriəl] *adj* ❶ (*pej: unpleasantly prying*) aufdringlich, inquisitorisch *geh* ❷ LAW (*form*) ~ **legal system** *Rechtssystem, in dem die Richter aktiv in die Untersuchung eingreifen*

inquisitorial procedure *n* LAW Inquisitionsverfahren *nt*

inquorate [,ɪn'kwɔːreɪt] *adj inv* BRIT nicht beschlussfähig

inroad ['ɪnrəʊd, AM -roʊd] *n usu pl* ❶ (*reduce noticeably*) **to make ~s into** [*or* **on**] **sth** *money, savings* tiefe Löcher in etw *akk* reißen; *object, pile* sich *akk* an etw *dat* vergreifen *fam;* ***someone has been making ~s into the chocolate cake*** jemand hat sich am Schokoladenkuchen vergriffen; ***the Green Party failed to make significant ~s on the Labour vote*** die Grünen konnten der Labour-Partei keine wesentlichen Stimmenverluste zufügen ❷ (*make progress*) **to make ~s** [**into sth**] [bei [*o* mit] etw *dat*] weiterkommen [*o* Fortschritte machen] ③ (*raid*) **to make ~s [into sth]** [in etw *akk*] vorstoßen; **to make ~s on sth** in etw *akk* einfallen

inrush ['ɪnrʌʃ] *n usu sing of water* Einbruch *m; of people* Zustrom *m*

ins *abbrev of* inches *see* **inch**

Ins *n* COMPUT *abbrev of* **insert key** Einfügetaste *f*

insalubrious [ˌɪnsə'lu:briəs] *adj* (*form: unwholesome*) schädlich; (*unhealthy*) ungesund, der Gesundheit abträglich *geh;* (*dirty*) verschmutzt; **an ~ climate** ein ungesundes Klima

ins and outs *n* ■ **the ~ of sth** die Details einer S. *gen;* **to know the ~ of sth** etw in- und auswendig kennen; **to understand the ~ of sth** etw bis ins Kleinste verstehen

insane [ɪn'seɪn] **I.** *adj* ① PSYCH geistesgestört, geisteskrank, wahnsinnig; **clinically ~** geistesgestört; **to be/go ~** wahnsinnig sein/werden; **a fit of ~ jealousy** ein Anfall krankhafter Eifersucht ② (*fam: crazy*) verrückt, wahnsinnig **II.** *npl* (*dated*) ■ **the ~** die Geisteskranken *pl*

insanely [ɪn'seɪnli] *adv* wahnsinnig; **~ jealous** krankhaft eifersüchtig

insanitary [ɪn'sænɪtᵊri, AM -teri] *adj* unhygienisch

insanity [ɪn'sænəti, AM -ət̬i] *n no pl* ① PSYCH Wahnsinn *m*, Geisteskrankheit *f;* **by reason of ~** LAW wegen Unzurechnungsfähigkeit; **to plead [temporary] ~** auf [vorübergehende] Unzurechnungsfähigkeit plädieren ② (*fam: stupidity*) Wahnsinn *m*, Irrsinn *m*

insatiable [ɪn'seɪʃəbl̩] *adj appetite, demand, thirst* unstillbar; *person* unersättlich; ***Bob is simply ~!*** Bob ist einfach nicht satt zu bekommen!

inscribe [ɪn'skraɪb] *vt* ① (*form: write*) ■ **to ~ sth [in/on sth]** etw [in/auf etw *akk*] schreiben; (*cut into metal*) etw [in/auf etw *akk*] eingravieren; (*cut into stone*) etw [in/auf etw *akk*] einmeißeln; ***the wall was ~d with the names of the dead*** auf der Mauer standen die Namen der Toten ② (*dedicate*) ■ **to ~ sth to sb** jdm etw widmen

inscription [ɪn'skrɪpʃᵊn] *n* ① (*inscribed words*) Inschrift *f* ② (*in book*) Widmung *f*

inscrutability [ɪnˌskru:tə'bɪləti, AM -t̬ə'bɪlət̬i] *n no pl of an expression, a look, a smile* Undurchdringlichkeit *f; of a person* Undurchschaubarkeit *f*

inscrutable [ɪn'skru:təbl̩, AM -t̬ə-] *adj expression, look, smile* undurchdringlich; *person* undurchschaubar

inscrutably [ɪn'skru:təbli, AM -t̬ə-] *adv* undurchdringlich; **to smile ~** unergründlich lächeln

inseam ['ɪnsi:m] *n* AM (*inside leg*) Schrittlänge *f*

insect ['ɪnsekt] **I.** *n* Insekt *nt* **II.** *n modifier* Insekten-; **~ bite** Insektenstich *m;* **~ pest** AGR Insektenbefall *m*

insect-eater *n* Insektenfresser *m*

insecticide [ɪn'sektɪsaɪd] *n* Insektenvernichtungsmittel *nt*, Insektizid *nt form;* **to spray sth with ~** etw mit Insektenvernichtungsmittel besprühen

insectivore [ɪn'sektɪvɔ:ʳ, AM -vɔ:r] *n* (*animal*) Insektenfresser *m;* (*plant*) fleischfressende Pflanze

insectivorous [ˌɪnsek'tɪvᵊrəs] *adj* insektenfressend *attr;* **to be ~** ein Insektenfresser sein

insect repellent *n* Insektenschutzmittel *nt*

insecure [ˌɪnsɪ'kjʊəʳ, AM -'kjʊr] *adj* ① (*lacking confidence*) unsicher; **to feel ~ about sth** sich *akk* in etw *dat* nicht sicher fühlen; (*stronger*) an etw *dat* zweifeln ② (*precarious*) instabil, unsicher; **an ~ future** eine unsichere Zukunft ③ (*not fixed securely*) nicht fest, nicht sicher; (*unsafe*) unstabil

insecurely [ˌɪnsɪ'kjʊəli, AM -'kjʊr-] *adv* ① (*not confidently*) unsicher ② (*precariously*) ungesichert ③ (*not tightly*) nicht sicher; ***the boxes were ~ fastened*** die Kisten waren nicht ausreichend befestigt

insecurity [ˌɪnsɪ'kjʊərəti, AM -'kjʊrət̬i] *n no pl* ① (*lack of confidence*) Unsicherheit *f;* **a sense of ~** eine innere Unsicherheit ② (*precariousness*) Instabilität *f*, Unsicherheit *f*

inseminate [ɪn'semɪneɪt] *vt* ■ **to ~ an animal** ein Tier besamen [*o* befruchten] [*o fachspr* inseminieren]; **to ~ a woman** (*form*) eine Frau [künstlich] befruchten [*o fachspr* inseminieren]

insemination [ɪnˌsemɪ'neɪʃᵊn] *n no pl* Befruchtung *f*, Insemination *f fachspr; of animals* Besamung *f;* **artificial ~** künstliche Befruchtung

insensibility [ɪnˌsen(t)sə'bɪləti, AM -ət̬i] *n no pl* (*form*) ① (*unconsciousness*) Bewusstlosigkeit *f;* **to be in a state of drunken/drugged ~** bis zur Bewusstlosigkeit betrunken/mit Drogen vollgepumpt sein ② (*pej: lack of feeling*) Gefühllosigkeit *f* ③ (*lack of appreciation*) Unempfänglichkeit *f* (**to** für *+akk*)

insensible [ɪn'sen(t)səbl̩] *adj* (*form*) ① *inv* (*unconscious*) bewusstlos ② (*physically*) gefühllos; (*not feeling pain*) [schmerz]unempfindlich ③ *pred* (*indifferent*) unempfänglich (**to** für *+akk*); (*unfeeling*) gefühllos ④ *pred* (*unaware*) ■ **to be ~ of sth** sich *dat* einer S. *gen* nicht bewusst sein ⑤ (*imperceptible*) unmerklich

insensitive [ɪn'sen(t)sətɪv, AM -t̬-] *adj* ① (*pej: uncaring*) *person* gefühllos; *remark* taktlos, unsensibel; ***it was a bit ~ of Fiona*** es war schon ein bisschen taktlos von Fiona ② (*pej: unappreciative*) gleichgültig; ■ **to be ~ to sth** etw *dat* gegenüber gleichgültig sein ③ *usu pred* (*physically*) unempfindlich; ■ **to be ~ to sth** etw *dat* gegenüber unempfindlich sein

insensitivity [ɪnˌsen(t)sə'tɪvəti, AM -ət̬i] *n no pl* ① (*pej: lack of sympathy*) Gefühllosigkeit *f* (**to/towards** gegenüber *+dat*) ② (*lack of reaction*) Unempfindlichkeit *f* (**to** gegenüber *+dat*)

inseparability [ɪnˌsepᵊrə'bɪləti, AM ət̬i] *n no pl* Untrennbarkeit *f; people* Unzertrennlichkeit *f*

inseparable [ɪn'sepᵊrəbl̩] *adj* ① (*emotionally*) unzertrennlich ② (*physically*) untrennbar [miteinander verbunden] ③ LING untrennbar

inseparably [ɪn'sepᵊrəbli] *adv* untrennbar

insert **I.** *vt* [ɪn'sɜ:t, AM -'sɜ:rt] ■ **to ~ sth [into** [*or* **in**] **sth]** ① (*put into*) etw [in etw *akk*] [hinein]stecken; *coins* etw [in etw *akk*] einwerfen; **~ *the key into the lock*** stecken Sie den Schlüssel ins Schloss ② (*into text*) etw [in etw *dat*] ergänzen, etw [in etw *akk*] einfügen; (*on form*) etw [in etw *dat*] eintragen **II.** *n* ['ɪnsɜ:t, AM -sɜ:rt] ① (*extra pages*) Werbebeilage[n] *f*[*pl*] ② (*in shoe*) Einlage *f;* (*in clothing*) Einsatz *m*

insertion [ɪn'sɜ:ʃᵊn, AM -'sɜ:r-] *n* ① *no pl* (*act of inserting*) Einlegen *nt*, Einbringen *nt form*, Einsetzen *nt;* (*into a slot*) Einführen *nt; of coins* Einwurf *m;* (*into text*) Ergänzung *f* ② (*sth inserted*) Einfügung *f*, Zusatz *m* ③ (*in newspaper*) Erscheinen *nt;* ***this advertisement will cost you $50 for each ~*** diese Anzeige kostet für jedes Mal, das sie geschaltet wird, $50

insert key *n* COMPUT Einfügetaste *f*

in-service *adj attr* **~ course** [*or* **training**] [innerbetriebliche] Fortbildung; **~ seminar** Fortbildungsseminar *nt* **in-service day** *n esp* BRIT Fortbildungstag *m*

inset **I.** *n* ['ɪnset] ① (*inserted thing*) Einsatz *m* ② (*in map*) Nebenkarte *f;* (*in picture*) Nebenbild *nt* ③ TYPO (*added page*) Einlage *f*, Beilage *f* **II.** *vt* <-set *or* -setted, -set *or* -setted> [ˌɪn'set, AM ɪn'-] ■ **to ~ sth [into** [*or* **in**] **sth]** ① (*insert*) etw [in etw *akk*] einsetzen; **a gold necklace ~ with rubies** eine Goldkette mit eingelassenen Rubinen ② TYPO etw [in etw *akk*] einfügen

inshore [ˌɪn'ʃɔ:ʳ, AM -'ʃɔ:r] **I.** *adj* Küsten-, in Küstennähe *nach n;* **~ waters** Küstengewässer *pl* **II.** *adv* auf die Küste zu, in Richtung Küste

inside [ˌɪn'saɪd] **I.** *n* ① *no pl* (*interior*) Innere *nt;* ***shall I clean the ~ of the car?*** soll ich das Auto innen putzen?; **from the ~** von innen ② (*inner surface*) *of hand, door etc* Innenseite *f;* (*inner lane*) Innenspur *f;* SPORTS Innenbahn *f;* ***he overtook me on the ~*** er hat mich auf der Innenspur überholt ③ (*within an organization*) Innere *nt;* **someone on the ~** ein Insider ④ (*internal organs*) ■ **~s** *pl* (*fam*) Innereien *pl* ⑤ (*mind*) ■ **on the ~** innerlich; ***who knows what she was feeling on the ~*** wer weiß wie es in ihr aussah ⑥ (*inside information*) **to have the ~ on sth** vertrauliche Information[en] *akk* über etw [*o* Insiderinformation[en]] haben **II.** *adv inv* ① (*in the interior*) innen ② (*indoors*) innen; (*direction*) hinein; (*into the house*) ins Haus ③ (*fig: within oneself*) im Inneren; **deep ~** tief im Inneren ④ (*sl: in prison*) hinter Gittern *fam;* ***her husband's ~ for armed robbery*** ihr Mann sitzt wegen bewaffnetem Raubüberfall *fam* **III.** *adj attr, inv* ① (*inner*) Innen-, innere(r,s); **the ~ front/back cover** die vordere/hintere Innenseite des Umschlags ② (*indoor*) Innen-; **~ toilets** Innentoiletten *fpl* **IV.** *prep* ■ **~ sth** (*direction*) in etw *akk* [hinein]; (*location*) in etw *dat;* ***he finished it ~ of two hours*** er war in weniger als zwei Stunden damit fertig; **to be ~ the record** unter der Rekordzeit liegen

inside information *n no pl* vertrauliche Information[en], Insiderinformation[en] *f*[*pl*] **inside job** *n* ***the police think it's an ~*** die Polizei glaubt, dass einer der Angestellten für das Verbrechen verantwortlich ist **inside lane** *n* (*on road*) Innenspur *f;* (*on racetrack*) Innenbahn *f* **inside leg** *n* BRIT Schrittlänge *f* **inside out** **I.** *adj* verkehrt herum; ***your pullover's ~*** du hast deinen Pullover verkehrt rum an *fam* **II.** *adv* verkehrt herum; **to have/put sth on ~** etw verkehrt herum anhaben/anziehen ► PHRASES: **to know sth ~** etw bis ins kleinste Detail kennen; **to turn sth ~** etw auf den Kopf stellen *fam;* ***the police turned the house ~ but didn't find anything*** die Polizei hat das ganze Haus auf den Kopf gestellt, konnte aber nichts finden **inside pocket** *n* Innentasche *f*

insider [ɪn'saɪdəʳ, AM -ɚ] *n* Insider(in) *m(f)*

insider dealing *n*, **insider trading** *n* Insiderhandel *m kein pl*, Insidergeschäft *nt*

inside story *n* Insidestory *f* **inside track** *n* **to be on** [*or* **to have**] **the ~** im Vorteil sein

insidious [ɪn'sɪdiəs] *adj* heimtückisch, schleichend *attr;* **~ disease/problem** heimtückische Krankheit/kniffliges Problem

insidiously [ɪn'sɪdiəsli] *adv* heimtückisch, schleichend *attr*

insight ['ɪnsaɪt] *n* ① (*perception*) Einsicht *f*, Einblick *m* (**into** in *+akk*); **to gain an ~ into sth/sb** jdn/etw verstehen lernen; **to give sb** [*or* **provide sb with**] **an ~ into sth** jdm einen Einblick in etw geben [*o* vermitteln] ② *no pl* (*perceptiveness*) Verständnis *nt;* ***the actor brought psychological ~ to his roles*** der Schauspieler gestaltete seine Rollen mit großem Einfühlungsvermögen; **to have ~ into sth** etw verstehen; (*sympathetically*) sich *akk* in etw *akk* einfühlen können; **to gain ~ into sth** etw verstehen lernen; (*sympathetically*) sich *akk* in etw *akk* einfühlen

insightful ['ɪnsaɪtfᵊl, AM 'ɪnˌsaɪt-] *adj* (*approv*) einfühlsam, verständnisvoll; (*intelligent*) scharfsinnig

insignia <*pl* – *or* -s> [ɪn'sɪgniə] *n* Insigne *nt*

insignificance [ˌɪnsɪg'nɪfɪkᵊn(t)s] *n no pl* Unwichtigkeit *f*, Belanglosigkeit *f;* **to fade** [*or* **pale**] **into ~** verblassen *geh*, bedeutungslos werden

insignificant [ˌɪnsɪg'nɪfɪkᵊnt] *adj* ① (*trifling*) unbedeutend; **an ~ amount** ein unbedeutender Betrag ② (*trivial*) belanglos, unwichtig, trivial ③ (*undistinguished*) unbedeutend; **an ~ functionary** ein kleiner Angestellter

insincere [ˌɪnsɪn'sɪəʳ, AM -'sɪr] *adj* unaufrichtig, unehrlich; *person* falsch; *smile, praise* unecht; *flattery* heuchlerisch

insincerely [ˌɪnsɪn'sɪəli, AM -'sɪr-] *adv* unaufrichtig; (*smile, praise*) unecht; (*flatter*) heuchlerisch

insincerity [ˌɪnsɪn'serəti, AM -ət̬i] *n no pl* Unaufrichtigkeit *f*, Unehrlichkeit *f;* (*artificiality*) Falschheit *f*

insinuate [ɪn'sɪnjueɪt] *vt* ① (*imply*) ■ **to ~ sth** etw andeuten; ***are you insinuating that I'm losing my nerve?*** willst du damit sagen, dass ich die Nerven verliere? ② (*form, liter: slide*) ■ **to ~ sth into sth** etw vorsichtig in etw *akk* schieben; ***he ~d his fingers into the narrow opening*** er schob seine Finger vorsichtig in die schmale Öffnung ③ (*pej form: worm one's way*) ■ **to ~ oneself into sth** sich *akk* in etw *akk* [ein]schleichen

insinuating [ɪn'sɪnjueɪtɪŋ, AM -t̬-] *adj* (*implying sth unpleasant*) boshaft, provozierend; (*implying sth salacious*) zweideutig

insinuation [ɪnˌsɪnju'eɪʃᵊn] *n* Unterstellung *f*, Andeutung *f*

I

insipid [ɪnˈsɪpɪd] *adj* (*pej*) ❶ (*dull*) stumpfsinnig, langweilig ❷ (*bland*) fade, ohne Geschmack *nach n*
insipidity [ˌɪnsɪˈpɪdəti, AM -ət̬i] *n no pl* ❶ (*dullness*) Stumpfsinnigkeit *f*, Langweiligkeit *f* ❷ (*blandness*) Fadheit *f*
insipidly [ɪnˈsɪpɪdli] *adv* (*pej*) ❶ (*dully*) stumpfsinnig, langweilig ❷ (*blandly*) fade, ohne Geschmack
insipidness [ɪnˈsɪpɪdnəs] *n see* **insipidity**
insist [ɪnˈsɪst] **I.** *vi* ❶ (*demand*) bestehen (**on/upon** auf +*dat*); ***please go first, I ~!*** geh bitte vor, ich bestehe darauf!; ***all right, if you ~*** also gut, wenn du darauf bestehst; ***she ~ed on seeing her lawyer*** sie bestand darauf, ihren Anwalt zu sprechen ❷ (*continue annoyingly*) ■**to ~ on** [*or* **upon**] **doing sth** sich *akk* nicht von etw *dat* abbringen lassen; ***she will ~ on parking right in front of our garage door*** sie parkt einfach immer stur vor unserer Garagentür ❸ (*maintain forcefully*) ■**to ~ on** [*or* **upon**] **sth** auf etw *dat* beharren **II.** *vt* ❶ (*state forcefully*) ■**to ~ that ...** fest behaupten, dass ...; ***Greg still ~s he did nothing wrong*** Greg behauptet immer noch fest, dass er nichts Falsches getan hat; ***"but I've already paid what I owe", she ~ed*** „aber ich habe doch schon gezahlt", sagte sie bestimmt ❷ (*demand forcefully*) ■**to ~ that ...** darauf bestehen, dass ...
insistence [ɪnˈsɪstᵊn(t)s] *n no pl* Bestehen *nt*, Beharren *nt* (**on** auf +*akk*); ***at her father's ~, ...*** auf das Bestehen ihres Vaters hin ...
insistent [ɪnˈsɪstᵊnt] *adj* ❶ *usu pred* (*determined*) beharrlich, hartnäckig; ■**to be ~** [**that ...**] darauf bestehen, [dass ...] ❷ (*forceful*) *appeals, demands* nachdrücklich ❸ (*repeated*) wiederholt, ständig
insistently [ɪnˈsɪstᵊntli] *adv* ❶ (*forcefully*) nachdrücklich, eindringlich ❷ (*repeatedly*) wiederholt
in situ [ˌɪnˈsɪtjuː, AM ˈsaɪtuː] *adj inv* vor Ort *nach n*
insofar as [ˌɪnsə(ʊ)ˈfɑːræz, AM -səˈ-] *adv inv* (*form*) soweit
insole [ˈɪnsəʊl, AM -soʊl] *n* Einlegesohle *f*; (*part of shoe*) Innensohle *f*
insolence [ˈɪn(t)sᵊlən(t)s] *n no pl* Unverschämtheit *f*, Frechheit *f*
insolent [ˈɪn(t)sᵊlənt] *adj* unverschämt, frech
insolently [ˈɪn(t)sᵊləntli] *adv* unverschämt, frech
insolubility [ɪnˌsɒljəˈbɪləti, AM -ˌsɑːljəˈbɪlət̬i] *n no pl* ❶ *of a problem, dilemma* Unlösbarkeit *f* ❷ *of a substance* Unlöslichkeit *f*
insoluble [ɪnˈsɒljəbl̩, AM -ˈsɑːl-] *adj inv* ❶ *puzzle, problem* unlösbar, ausweglos ❷ *minerals, substances* nicht löslich; ~ ***in water*** nicht in Wasser löslich
insolvable [ɪnˈsɒlvəbl̩, AM -ˈsɑːl-] *adj* AM, AUS unlösbar, ausweglos
insolvency [ɪnˈsɒlvᵊn(t)si, AM -ˈsɑːl-] *n no pl* ECON, FIN Zahlungsunfähigkeit *f*, Insolvenz *f fachspr*
insolvent [ɪnˈsɒlvᵊnt, AM -ˈsɑːl-] **I.** *adj inv* zahlungsunfähig, insolvent *fachspr* **II.** *n* **to be an ~** zahlungsunfähig [*o fachspr* insolvent] sein
insomnia [ɪnˈsɒmniə, AM -ˈsɑːm-] *n no pl* Schlaflosigkeit *f*
insomniac [ɪnˈsɒmniæk, AM -ˈsɑːm-] *n* **to be an ~** an Schlaflosigkeit leiden
insomuch [ˌɪnsə(ʊ)ˈmʌtʃ, AM -soʊˈ-] *adv* insofern
insouciance [ɪnˈsuːsiən(t)s, AM *esp* -ʃən(t)s] *n no pl* (*liter*) Unbekümmertheit *f*, Sorglosigkeit *f*
insouciant [ɪnˈsuːsiənt, AM *esp* -ʃənt] *adj* (*liter*) unbekümmert, sorglos
inspect [ɪnˈspekt] *vt* ❶ (*examine carefully*) ■**to ~ sth** etw untersuchen; **to ~ sth for damage** etw auf Schäden hin untersuchen ❷ (*examine officially*) ■**to ~ sth** etw kontrollieren; **to ~ the books** die Bücher prüfen ❸ MIL **to ~ the troops** die Truppen inspizieren
inspection [ɪnˈspekʃᵊn] *n* ❶ (*examination*) [Über]prüfung *f*; *of documents* Urkundeneinsicht *f*; **on closer ~** bei genauerer [Über]prüfung; **to carry out** [*or* **make**] **an ~** etw [über]prüfen; **to carry out an ~ of sth** etw einer Überprüfung unterziehen ❷ (*by officials*) Kontrolle *f* ❸ (*of troops*) Inspektion *f*
inspector [ɪnˈspektəʳ, AM -ɚ] *n* ❶ (*person who inspects*) Inspektor(in) *m(f)*; **government ~** Aufsichtsbeamte(r) *m*, Aufsichtsbeamte [*o* -in] *f*; **school ~, ~ of schools** BRIT Schulrat, Schulrätin *m, f*; **tax ~** Steuerprüfer(in) *m(f)*; **ticket ~** [Fahrkarten]kontrolleur(in) *m(f)* ❷ (*police rank*) Inspektor(in) *m(f)*
inspectorate [ɪnˈspektᵊrət] *n* Aufsichtsbehörde *f*, Kontrollgremium *nt*
inspiration [ˌɪn(t)spᵊrˈeɪʃᵊn, AM -spəˈreɪ-] *n* ❶ *no pl* (*creative stimulation*) Inspiration *f*; **to provide the ~ for sth** als Inspiration für etw *akk* dienen; **to lack ~** fantasielos sein; **divine ~** REL göttliche Eingebung ❷ (*sth inspiring*) Inspiration *f*; ***her work is an ~ to us all*** ihre Arbeit ist uns allen ein Beispiel ❸ (*good idea*) Einfall *m*, Idee *f*; ***I've had an ~!*** ich hab' eine super Idee! *fam* ❹ MED (*form: inhalation*) Einatmen *nt kein pl*, Inspiration *f kein pl fachspr*
inspirational [ˌɪn(t)spᵊrˈeɪʃᵊnəl, AM -spəˈreɪ-] *adj* inspirierend, begeisternd *attr*
inspire [ɪnˈspaɪəʳ, AM -ˈspaɪr] *vt* ❶ (*stimulate creatively*) ■**to ~ sb/sth** jdn/etw inspirieren; ***what ~d you to write this poem?*** was hat dich dazu inspiriert, dieses Gedicht zu schreiben? ❷ (*arouse*) ■**to ~ sth** [**in sb**] *fear, hope, optimism* etw [bei [*o* in] jdm] hervorrufen [*o* wecken], [jdn] mit etw *dat* erfüllen; ■**to ~ sb with sth** ***they don't ~ me with confidence*** sie wirken nicht Vertrauen erweckend auf mich; ***their example ~d us to set up our own software company*** ihr Beispiel hat uns dazu ermutigt, unsere eigene Softwarefirma zu gründen ❸ (*lead to*) ■**to ~ sth** zu etw *dat* führen ❹ MED (*form: inhale*) ■**to ~ sth** etw einatmen
inspired [ɪnˈspaɪəd, AM -ɚd] *adj* ❶ (*stimulated*) *poet, athlete* inspiriert ❷ (*approv: excellent*) großartig, ausgezeichnet, genial ❸ (*motivated*) ***a politically ~ strike*** ein politisch motivierter Streik; ***a Communist ~ coup*** ein Coup nach kommunistischem Vorbild
inspiring [ɪnˈspaɪərɪŋ, AM -ˈspaɪr-] *adj* inspirierend, [sehr] anregend
inst. **I.** *n abbrev of* **institute, institution** Inst. *nt* **II.** *adv inv* (*dated*) *abbrev of* **instant**
instability [ˌɪnstəˈbɪləti, AM -ət̬i] *n no pl* ❶ *of building, structure* Instabilität *f*; (*political, economic*) Instabilität *f*, Unsicherheit *f* ❷ PSYCH *of person* Labilität *f*
instal <-ll-> [ɪnˈstɔːl], AM *usu* **install** *vt* ❶ TECH (*put in position*) ■**to ~ sth** *machinery* etw aufstellen; *heating, plumbing* etw installieren; *bathroom, kitchen* etw einbauen; *electrical wiring, pipes* etw verlegen; *telephone, washing machine* etw anschließen; **to ~ a carpet** [*or* **carpeting**] AM, AUS einen Teppich verlegen ❷ COMPUT ■**to ~ sth** *program, software* etw installieren ❸ (*ceremonially*) ■**to ~ sb** jdn einsetzen; **to ~ sb as archbishop/mayor** jdn als Erzbischof/Bürgermeister in sein Amt einführen ❹ (*position*) **to ~ sb/oneself at a desk** jdm einen Schreibtisch zuweisen/sich einen Schreibtisch aussuchen; ***he seems to have ~ed himself in your spare room for good*** er bleibt jetzt anscheinend für immer in deinem Gästezimmer wohnen
installation [ˌɪnstəˈleɪʃᵊn] *n* ❶ *no pl* TECH *of machinery* Aufstellen *nt*; *of an appliance, heating, plumbing* Installation *f*; *of kitchen, bathroom* Einbau *m*; *of electrical wiring, pipes* Verlegung *f*; *of telephone, washing machine* Anschluss *m*; AM, AUS *of carpet* Verlegen *nt*; (*setting up system*) Montage *f* ❷ (*facility*) Anlage *f*; (*computer and equipment*) [Computer]anlage *f*; **military ~** miltärische Anlage ❸ (*in office*) Amtseinsetzung *f kein pl*, Amtseinführung *f* ❹ ART (*sculpture*) Installation *f*
installment plan *n* AM ECON (*hire purchase*) Ratenzahlung *f*, Teilzahlung *f*
instalment [ɪnˈstɔːlmənt], AM *usu* **installment** *n* ❶ (*part*) Folge *f* ❷ ECON, FIN Rate *f*; **payable in monthly ~s** in Monatsraten zahlbar; **to pay for sth by ~s** etw in Raten [ab]bezahlen
instalment credit *n* ECON, FIN Teilzahlungskredit *m*
instance [ˈɪn(t)stən(t)s] **I.** *n* ❶ (*particular case*) Fall *m*; ***there have been several ~s of planes taking off without adequate safety checks*** es ist schon öfters vorgekommen, dass Flugzeuge ohne die entsprechenden Sicherheitschecks gestartet sind; **in this** [*or* **the present**] **~** in diesem Fall ❷ (*example*) **for ~** zum Beispiel ❸ (*form: in argumentation*) **in the first ~** (*at first*) zunächst, zuerst; (*in the first place*) von vorne herein; **in the second ~** (*in the second place*) zum zweiten ❹ (*form: urging*) Drängen *nt kein pl*; (*request*) Ersuchen *nt kein pl*; (*order*) Befehl *m* ❺ COMPUT Exemplar *nt* **II.** *vt* (*form*) ■**to ~ sth** etw anführen
instant [ˈɪn(t)stənt] **I.** *n* ❶ (*moment*) Moment *m*, Augenblick *m*; ***in an ~, the whole situation had changed*** von einem Augenblick zum anderen hatte sich die ganze Lage geändert; **the next ~** im nächsten Moment [*o* Augenblick]; **at the same ~** im selben Augenblick [*o* Moment]; **for an ~** für einen Moment [*o* Augenblick]; ***she didn't believe him for an ~*** sie glaubte ihm keine Sekunde lang; **this ~** sofort; ***stop that noise this ~!*** hör' sofort mit dem Lärm auf! *fam* ❷ (*as soon as*) ■**the ~** sobald; ***I tried phoning her the ~ I got home*** sobald ich nach Hause kam, versuchte ich sie anzurufen ❸ *no pl* (*fam: instant coffee*) Pulverkaffee *m* **II.** *adj inv* ❶ (*immediate*) sofortige(r,s) *attr*; ***the effect was ~*** der Effekt stellte sich sofort ein; ***the film was an ~ success*** der Film war sofort ein Erfolg; **~ access to sth** sofortiger Zugriff auf etw *akk*; ***this sort of account offers you ~ access to your money*** mit diesem Konto haben Sie jederzeit Zugang zu ihrem Geld; **to take ~ effect** sofort wirken ❷ FOOD (*in bags*) Tüten-; (*in tins*) Dosen-; **~ coffee** Pulverkaffee *m*; **~ soup** (*in bags*) Tütensuppe *f*; (*in tins*) Dosensuppe *f* ❸ *attr* (*liter: urgent*) dringend; ***their ~ needs are food and water*** sie brauchen jetzt als erstes etwas zu essen und Wasser
instantaneous [ˌɪn(t)stənˈteɪniəs] *adj inv effect, reaction* unmittelbar; ***death was ~*** der Tod trat sofort ein
instantaneously [ˌɪn(t)stənˈteɪniəsli] *adv inv* sofort, unmittelbar
instantly [ˈɪn(t)stəntli] *adv inv* sofort
Instant Message *n* Onlinenachricht *f* (*Instant Message Service eines Internetproviders, der Online-Chatten ermöglicht*) **instant replay** *n* TV Wiederholung *f*
instead [ɪnˈsted] **I.** *adv inv* stattdessen; ***I couldn't go, so my sister went ~*** ich konnte nicht gehen, also ist stattdessen meine Schwester gegangen **II.** *prep* ■**~ of sth/sb** [an]statt einer S./einer Person *gen*, an jds Stelle/an Stelle einer S. *gen*; ***Sue volunteered to go ~ of Jean*** Sue bot sich an, an Jean's Stelle zu gehen; ■**~ of doing sth** [an]statt etw zu tun; ***~ of sitting here, why don't you go out and play!*** warum gehst du nicht draußen spielen, [an]statt hier zu sitzen
instep [ˈɪnstep] *n* ❶ (*of foot*) Spann *m* ❷ (*of shoe*) Blatt *nt*; *of stocking Strumpfteil über dem Spann*
instigate [ˈɪn(t)stɪgeɪt] *vt* ■**to ~ sth** ❶ (*initiate*) etw einleiten [*o geh* initiieren]; ***she is threatening to ~ criminal proceedings*** sie droht damit, ein Strafverfahren anzustrengen; **to ~ new laws** eine Gesetzesinitiative starten ❷ (*pej: incite*) *revolt, strike* etw anzetteln
instigation [ˌɪn(t)stɪˈgeɪʃᵊn] *n no pl* (*form*) Anregung *f* (**of** zu +*dat*); (*incitement*) Anstiftung *f* (**of** zu +*dat*); **to do sth at the ~ of sb** [*or* **at sb's ~**] etw auf jds Initiative [*o* Betreiben] hin tun
instigator [ˈɪn(t)stɪgeɪtəʳ, AM -t̬ɚ] *n* Initiator(in) *m(f)*; (*inciter*) Anstifter(in) *m(f)*
instil <-ll-> [ɪnˈstɪl], AM *usu* **instill** *vt* ■**to ~ sth into sb** *a feeling* jdm etw einflößen; *knowledge* jdm etw beibringen
instinct [ˈɪn(t)stɪŋ(k)t] *n* ❶ (*natural reponse*) Instinkt *m*; ***her first ~ was to shout*** ihr erster Impuls war zu schreien; ***her business ~s usually warn her when trouble is brewing*** ihr Geschäftssinn warnt sie normalerweise vor sich zusammenbrauenden Schwierigkeiten; **to have an ~ for sth** einen Riecher für etw *akk* haben *fam*; ***Bob seems to have an ~ for knowing which products will sell*** Bob scheint instinktiv zu wissen, welche Produkte sich verkaufen werden; **the ~ for self-preservation** der

Selbsterhaltungstrieb ❷ *no pl* (*innate behaviour*) Instinkt *m;* **to do sth by** [*or* **on**] ~ etw instinktiv tun

instinctive [ɪnˈstɪŋ(k)tɪv] *adj* instinktiv; (*innate*) natürlich, angeboren; ***I have an ~ distrust of authority*** ich habe ein tiefsitzendes Misstrauen gegenüber Autoritäten

instinctively [ɪnˈstɪŋ(k)tɪvli] *adv* instinktiv

institute [ˈɪn(t)stɪtjuːt, AM *esp* -tuːt] **I.** *n* Institut *nt;* (*of higher education*) Hochschule *f* **II.** *vt* ■**to ~ sth** ❶ (*establish*) *system, reform* etw einführen ❷ (*initiate*) *steps, measures* etw einleiten; *legal action* etw anstrengen

institution [ˌɪn(t)stɪˈtjuːʃᵊn, AM *esp* -ˈtuː-] *n* ❶ *no pl* (*establishment*) Einführung *f* ❷ (*esp pej: building*) Heim *nt,* Anstalt *f;* **correctional ~** Erziehungsanstalt *f,* Besserungsanstalt *f veraltend* ❸ (*practice*) Institution *f;* **the ~ of marriage** die Institution der Ehe; (*fig fam*) ***Mrs Daly's an ~, she's been here 40 years*** Mrs Daly ist eine Institution, sie ist schon seit 40 Jahren hier ❹ (*organization*) Einrichtung *f,* Institution *f*

institutional [ˌɪn(t)stɪˈtjuːʃᵊnᵊl, AM *esp* -ˈtuː-] *adj* ❶ (*pej: institutionell*) Anstalts-, Heim-; **~ care** Anstaltsfürsorge *f;* **~ food** Anstalts-/Heimessen *nt* ❷ (*organizational*) institutionell; (*established*) institutionalisiert, etabliert ❸ ECON (*relating to an organization*) **~ advertising** Prestigewerbung *f,* institutionelle Werbung *fachspr;* **~ buyer** institutioneller Anleger, Kapitalsammelstelle *f fachspr;* **~ buying** Effektenverkauf *m* in Kapitalsammelstelle *fachspr*

institutionalize [ˌɪn(t)stɪˈtjuːʃᵊnəlaɪz, AM *esp* -ˈtuː-] *vt* ❶ (*place in care*) ■**to ~ sb** jdn in ein Heim einweisen ❷ (*make into custom*) ■**to ~ sth** etw institutionalisieren *geh*

institutionalized [ˌɪn(t)stɪˈtjuːʃᵊnəlaɪzd, AM *esp* -ˈtuː-] *adj* ❶ *pred* (*dependent*) unselbständig; **to become ~** durch Heimaufenthalt/Strafvollzug unselbstständig werden; MED Hospitalismus bekommen *geh* ❷ (*established*) institutionalisiert *geh*

in-store [ˈɪnstɔːʳ, AM stɔːr] **I.** *adj* im Geschäft *nach n* **II.** *adv* im Geschäft

instruct [ɪnˈstrʌkt] *vt* ❶ (*teach*) ■**to ~ sb in sth** jdm etw beibringen; **to ~ the jury** LAW die Geschworenen belehren (**on** über +*akk*) ❷ (*order*) ■**to ~ sb** [**to do sth**] jdn anweisen[, etw zu tun] ❸ BRIT, AUS LAW **to ~ a solicitor/counsel** einen Anwalt beauftragen

instruction [ɪnˈstrʌkʃᵊn] *n* ❶ *usu pl* (*order*) Anweisung *f,* Instruktion *f;* ***I was acting on the ~s of a superior officer*** ich habe auf Anweisung eines ranghöheren Offiziers gehandelt; **to have ~s** [*or* **sb's ~s are**] **to do sth** jd ist angewiesen worden, etw zu tun; **to carry out sb's ~s** jds Anweisungen [be]folgen; **to give sb ~s** jdm Anweisungen geben ❷ *no pl* (*teaching*) Unterweisung *f;* **to give sb ~ in sth** jdm etw beibringen [*o* vermitteln]; ***the course gives you basic ~ in car repairs*** der Kurs vermittelt Grundkenntnisse darüber, wie man ein Auto repariert ❸ (*directions*) ■**~s** *pl* Anweisung *f,* Instruktionen *fpl;* **~s for use** Gebrauchsanweisung *f*

instruction book *n of a computer* Handbuch *nt; of a machine/device* Gebrauchsanweisung *f*

instruction leaflet *n* Informationsblatt *nt;* (*for use*) Gebrauchsanweisung *f*

instruction manual *n of a computer* Handbuch *nt; of a machine/device* Gebrauchsanweisung *f*

instructive [ɪnˈstrʌktɪv] *adj* (*approv*) instruktiv, lehrreich, aufschlussreich

instructor [ɪnˈstrʌktəʳ, AM -ɚ] *n* ❶ (*teacher*) Lehrer(in) *m(f);* **driving/ski ~** Fahr-/Skilehrer(in) *m(f)* ❷ AM (*at university*) Dozent(in) *m(f)*

instructress <*pl* -es> [ɪnˈstrʌktrəs] *n* (*dated*) Lehrerin *f*

instrumental [ˌɪn(t)strəˈmentᵊl, AM -t̬-] **I.** *adj* ❶ *inv* MUS instrumental ❷ (*influential*) dienlich, förderlich; ***he was ~ in bringing about much needed reforms*** er war maßgeblich daran beteiligt, längst überfällige Reformen in Gang zu setzen **II.** *n* Instrumentalstück *nt,* Instrumental *nt*

instrumentalist [ˌɪn(t)strəˈmentᵊlɪst, AM -t̬-] *n* Instrumentalist(in) *m(f)*

instrumentality <*pl* -ties> [ˌɪnstrəmenˈtæləti, AM -ət̬i] *n* ❶ *no pl* (*quality*) Wirksamkeit *f* ❷ *no pl* (*action*) Instrumentalisierung *f* ❸ (*instrument*) Werkzeug *nt,* Mittel *nt*

instrumentation [ˌɪn(t)strəmenˈteɪʃᵊn] *n* ❶ *no pl* MUS (*arrangement*) Instrumentation *f fachspr,* Arrangement *nt* ❷ MUS (*instruments*) Instrumentation *f fachspr,* Instrumentierung *f fachspr* ❸ *no pl* TECH (*instruments collectively*) Instrumente *ntpl;* COMPUT Instrumentierung *f*

instrument board *n,* **instrument panel** *n* AUTO Armaturenbrett *nt;* AVIAT, NAUT Instrumententafel *f*

insubordinate [ˌɪnsəˈbɔːdᵊnət, AM -ˈbɔːrdᵊnɪt] *adj* ungehorsam, aufsässig; **~ behaviour** [*or* AM **behavior**] Widersetzlichkeit *f;* MIL Ungehorsam *m*

insubordination [ˌɪnsəˌbɔːdɪˈneɪʃᵊn, AM -ˈbɔːr-] *n no pl* Widersetzlichkeit *f;* MIL Ungehorsam *m*

insubstantial [ˌɪnsəbˈstæn(t)ʃᵊl] *adj* ❶ (*unconvincing*) *argument, evidence* wenig überzeugend, fadenscheinig; **an ~ plot/meal** eine dürftige Handlung/Mahlzeit ❷ (*small*) *meal* [sehr] klein, winzig ❸ (*form: not real*) unbegründet, gegenstandslos

insufferable [ɪnˈsʌfᵊrəbl] *adj* (*pej*) unerträglich; ■**to be ~** nicht auszuhalten [*o* zu ertragen] sein; *person* unausstehlich

insufferably [ɪnˈsʌfᵊrəbli] *adv* (*pej*) unerträglich

insufficiency [ˌɪnsəˈfɪʃᵊn(t)si] *n no pl* ❶ (*inadequacy*) Knappheit *f,* Mangel *m* (**of** an +*dat*) ❷ MED Insuffizienz *f fachspr*

insufficient [ˌɪnsəˈfɪʃᵊnt] *adj inv* ungenügend, zu wenig *präd,* unzureichend; ***the means available are ~*** die zur Verfügung stehenden Mittel sind unzureichend; **to release sb because of ~ evidence** jdn aus Mangel an Beweisen freilassen

insufficiently [ˌɪnsəˈfɪʃᵊntli] *adv inv* ungenügend, unzureichend, unzulänglich

insular [ˈɪn(t)sjələʳ, AM -sələ˞, -sjə-] *adj* ❶ (*pej: parochial*) provinziell ❷ GEOG Insel-, insular *attr geh*

insularity [ˌɪn(t)sjəˈlærəti, AM -səˈlerət̬i, -sjə-] *n no pl* (*pej*) Provinzialität *f*

insulate [ˈɪn(t)sjəleɪt, AM -(t)sə-] *vt* ❶ (*protect*) ■**to ~ sth** ELEC, COMPUT etw isolieren; *roof, room* etw isolieren; ***you can ~ a house against heat loss*** man kann ein Haus wärmeisolieren ❷ (*fig: shield*) ■**to ~ sb/sth** [**from sth**] jdn/etw [vor etw *dat*] [be]schützen [*o* abschirmen]

insulating [ˈɪn(t)sjəleɪtɪŋ, AM -səleɪt̬-] *adj layer, material* Isolier-

insulating tape *n* Isolierband *nt*

insulation [ˌɪn(t)sjəˈleɪʃᵊn, AM -səˈ-] *n no pl* ❶ (*material, action*) Isolierung *f* ❷ (*fig: protection*) Schutz *m*

insulator [ˈɪn(t)sjəleɪtəʳ, AM -səleɪt̬ɚ] *n* Isolator *m;* (*material*) Isoliermaterial *nt*

insulin [ˈɪn(t)sjəlɪn, AM -sə-] **I.** *n no pl* Insulin *nt;* **to be ~-dependent** auf Insulin angewiesen sein **II.** *n modifier* (*injection, level*) Insulin-

insult **I.** *vt* [ɪnˈsʌlt] ■**to ~ sb** jdn beleidigen; **to feel/be ~ed** beleidigt [*o* gekränkt] sein; **to ~ sb's intelligence/taste** jds Intelligenz/Geschmack beleidigen **II.** *n* [ˈɪnsʌlt] ❶ (*offensive remark*) Beleidigung *f;* **to hurl ~s at sb** jdn mit Beleidigungen überschütten ❷ (*affront*) **to be an ~ to sb/sth** für jdn/etw eine Beleidigung sein; **an ~ to sb's intelligence** jds Intelligenz beleidigen ▸ PHRASES: **to add ~ to injury** um dem Ganzen die Krone aufzusetzen

insulting [ɪnˈsʌltɪŋ] *adj* beleidigend

insultingly [ɪnˈsʌltɪŋli] *adv* beleidigend; ***the questions were ~ easy*** die Fragen waren lächerlich einfach

insuperable [ɪnˈsuːpᵊrəbl] *adj* (*form*) unüberwindlich

insuperably [ɪnˈsuːpᵊrəbli] *adv* (*form*) unüberwindlich; ***the work proved to be ~ difficult*** es stellte sich heraus, dass die Arbeit nicht zu schaffen war

insupportable [ˌɪnsəˈpɔːtəbl, AM -ˈpɔːrt̬-] *adj* unerträglich

insurable [ɪnˈʃʊərəbl, AM ˈʃʊr] *adj inv* ❶ (*capable*) versicherbar, versicherungsfähig ❷ (*obligatory*) versicherungspflichtig

insurance [ɪnˈʃʊərᵊn(t)s, AM -ˈʃʊr-] **I.** *n* ❶ *no pl* (*financial protection*) Versicherung *f;* ***our ~ doesn't cover household items*** unsere Versicherung deckt Hausrat nicht ab; **health/liability/life ~** Kranken-/Haftpflicht-/Lebensversicherung *f;* **household goods ~** Hausratsversicherung *f;* **to have ~ [against sth]** [gegen etw *akk*] versichert sein; **to take out ~ [against sth]** sich *akk* [gegen etw *akk*] versichern, eine Versicherung [gegen etw *akk*] abschließen ❷ *no pl* (*payout*) Versicherungssumme *f* ❸ *no pl* (*premium*) [Versicherungs]prämie *f,* Versicherungsbeitrag *m* ❹ *no pl* (*profession*) Versicherungswesen *nt;* ***she works in ~*** sie arbeitet bei einer Versicherung ❺ (*protective measure*) Absicherung *f* **II.** *n modifier* (*payment, salesman, scheme*) Versicherungs-; **~ adjustor** Schadenssachverständiger *m;* **~ business** Versicherungsgeschäft *nt*

insurance broker *n* Versicherungsmakler(in) *m(f),* Versicherungsagent(in) *m(f)* **insurance claim** *n* Schadensanspruch *m* **insurance company** *n* Versicherung[sgesellschaft] *f* **insurance policy** *n* ❶ (*contract*) Versicherungspolice *f* ❷ (*fig: alternative*) **as an ~** sicherheitshalber, zur Sicherheit **insurance premium** *n* [Versicherungs]prämie *f,* Versicherungsbeitrag *m*

insure [ɪnˈʃʊəʳ, AM -ˈʃʊr] **I.** *vt* ■**to ~ sth/sb/oneself [against sth]** etw/jdn/sich selbst [gegen etw *akk*] versichern; ***she has ~d her face for £5 million*** sie hat ihr Gesicht für 5 Millionen Pfund versichern lassen **II.** *vi* ❶ (*protect oneself*) ■**to ~ against sth** sich *akk* gegen etw *akk* absichern, sich *akk* vor etw *dat* schützen ❷ (*take insurance*) sich *akk* versichern (**with** bei +*dat*); **to ~ against fire/an illness/a risk** eine Feuer-/Kranken-/Risikoversicherung abschließen

insured [ɪnˈʃʊəd, AM -ˈʃʊrd] **I.** *adj* ■**to be ~** *object, person* versichert sein; ***I'm not ~ to drive his car*** ich bin nicht in seine Kfz-Versicherung mit eingeschlossen; **~ value** Versicherungswert *m,* versicherter Wert **II.** *n* LAW ■**the ~** der/die Versicherte, der Versicherungsnehmer/die Versicherungsnehmerin

insurer [ɪnˈʃʊərəʳ, AM -ˈʃʊrɚ] *n* ❶ (*agent*) Versicherungsvertreter(in) *m(f)* ❷ *esp in pl* (*company*) Versicherung[sgesellschaft] *f,* Versicherer *m,* Versicherungsgeber *m fachspr*

insurgency [ɪnˈsɜːdʒᵊn(t)si, AM -ˈsɜːr-] *n no pl* Unruhen *fpl,* Aufstand *m meist pl*

insurgent [ɪnˈsɜːdʒᵊnt, AM -ˈsɜːr-] **I.** *n* ❶ (*rebel*) Aufständische(r) *f(m),* Aufrührer(in) *m(f)* ❷ AM POL *Parteimitglied, das sich der Parteidisziplin nicht beugt* **II.** *adj attr, inv* aufständisch

insurmountable [ˌɪnsəˈmaʊntəbl, AM -sɚˈmaʊnt̬-] *adj inv* unüberwindlich; **an ~ obstacle** ein unüberwindliches Hindernis

insurrection [ˌɪnsᵊrˈekʃᵊn, AM -səˈrek-] *n* Aufstand *m;* **to crush an ~** einen Aufstand niederschlagen

insurrectionary [ˌɪnsəˈrekʃᵊnᵊri, AM eri] *adj* aufrührerisch, aufständisch, Rebellen-

insurrectionist [ˌɪnsəˈrekʃᵊnɪst] **I.** *n* Aufrührer(in) *m(f),* Aufständische(r) *f(m),* Rebell(in) *m(f)* **II.** *adj see* **insurrectionary**

intact [ɪnˈtækt] *adj usu pred* ❶ (*physically*) intakt, unversehrt ❷ (*fig: morally*) unversehrt; ***it's difficult to emerge from such a scandal with your reputation still ~*** nach einem solchen Skandal ist es schwer, sich einen guten Ruf zu bewahren

intake [ˈɪnteɪk] **I.** *n* ❶ (*act*) *of drink, food, vitamins* Aufnahme *f;* **~ of breath** Luftholen *nt,* Atmen *nt;* ***I heard a sharp ~ of breath behind me*** ich hörte, wie hinter mir jemand erschreckt laut Luft holte; **~ of food** Nahrungsaufnahme *f* ❷ (*amount*) Aufnahme *f,* aufgenommene Menge; **alcohol ~** Alkoholkonsum *m;* **~ of calories** Kalorienzufuhr *f;* **daily ~** *of vitamins, minerals* Tageszufuhr *f,* aufgenommene Kalorienmenge; **to reduce one's meat ~** weniger Fleisch essen ❸ (*number of people*) Aufnahmequote *f;* MIL Rekrutierung *f;* ***the first ~ of girls by the grammar school was in 1950*** im Jahr 1950 wurden an dem Gymnasium zum ersten Mal Mädchen zugelassen; **~ of immigrants** Immigrantenaufnahme *f;* ~ **of students** Zulassung[szahl] *f* von Studenten/Studentinnen ④ MECH, TECH Einlassöffnung *f,* Einlass *m;* **air** ~ Luftzufuhr *f* **II.** *adj inv* Ansaug-, Saug-

intake class *n* Anfängerklasse *f*

intangible [ɪnˈtændʒəbl̩] **I.** *adj* nicht greifbar; *fear, feeling, longings* unbestimmbar; ECON, FIN immateriell **II.** *n* das Unbestimmte [*o* Undefinierbare]; (*personal quality*) Eigenschaft *f*

intangible asset *n* FIN immaterielles Vermögen, immaterielle Anlagewerte

intangibly [ɪnˈtændʒəbli] *adv* vage, unbestimmt

integer [ˈɪntɪdʒəʳ, AM -dʒɚ] *n* MATH ganze Zahl

integral [ˈɪntɪgrəl, AM -t̬ə-] **I.** *adj* ① (*central, essential*) wesentlich; ***schools are ~ to the local community*** Schulen sind für die Gemeinde von grundlegender Bedeutung; ~ **part** wesentlicher Bestandteil; ***he's an ~ part of the team*** er ist ein für unser Team unverzichtbares Mitglied ② (*whole*) vollständig ③ (*built-in*) eingebaut; ***the prison has no ~ sanitation*** in dem Gefängnis gibt es keine Klos in den Zellen ④ MATH Integral-; ~ **calculus** Integralrechnung *f;* ~ **equation** Integralgleichung *f* **II.** *n* MATH Integral *nt*

integrate [ˈɪntɪgreɪt, AM -t̬ə-] **I.** *vt* ① () ■**to ~ sb/sth/oneself into sth** jdn/etw/sich in etw *akk* integrieren; ■**to ~ sth with sth** etw [auf etw *akk*] abstimmen; ***the town's modern architecture is very well ~d with the old*** der moderne Baustil fügt sich gut in das alte Stadtbild ein ② (*link together*) ■**to ~ sth** etw zusammenfassen **II.** *vi* sich *akk* integrieren [*o* einfügen]; AM SCH *hist Schulen für Schwarze zugänglich machen*

integrated [ˈɪntɪgreɪtɪd, AM -t̬əgreɪt̬ɪd] *adj plan, piece of work* einheitlich; COMPUT intergriert; ■**to be ~ into sth** *ethnic community, person* in etw *akk* integriert sein; ~ **school** Schule *f* ohne Rassentrennung; ~ **transport system** vernetzte Verkehrsbetriebe

integrated circuit *n* ELEC integrierter Schaltkreis **integrated services digital network** *n* TELEC Dienste integrierendes digitales [Nachrichten]netz, ISDN *nt*

integration [ˌɪntɪˈgreɪʃᵊn, AM -əˈ-] *n no pl* ① (*cultural assimilation*) Integration *f,* Integrierung *f;* ~ **of disabled people** Eingliederung *f* von Behinderten; **racial** ~ Rassenintegration *f* ② (*unification, fusion*) Zusammenschluss *m,* Zusammenschließen *nt;* (*combination*) Kombination *f* ③ PHYS, PSYCH, COMPUT Integration *f fachspr*

integrationist [ˌintɪˈgreɪʃᵊnɪst, AM t̬ə'] *n* integrierend

integrity [ɪnˈtegrəti, AM -t̬i] *n no pl* ① (*moral uprightness*) Integrität *f;* ***he was keen to preserve his ~ as an actor*** er wollte seiner Linie als Schauspieler treu bleiben; **man/woman of** ~ unbescholtener Mann/unbescholtene Frau ② (*form: unity, wholeness*) Einheit[lichkeit] *f;* **structural ~ of a novel** Geschlossenheit *f* eines Romans; **to uphold territorial** ~ die territoriale Integrität schützen ③ COMPUT *of data* Integrität *f,* Vollständigkeit *f*

integument [ɪnˈtegjəmənt] *n* Hülle *f*

intellect [ˈɪntᵊlekt, AM -t̬əlekt] *n* ① *no pl* (*faculty*) Verstand *m,* Intellekt *m;* **a man/woman of keen** ~ ein Mann/eine Frau mit scharfem Verstand; **sb's powers of** ~ jds intellektuelle Fähigkeiten ② (*person*) großer Denker/große Denkerin

intellectual [ˌɪntᵊlˈektjuəl, AM -t̬ᵊlˈektʃu-] **I.** *n* Intellektuelle(r) *f(m)* **II.** *adj activity, climate, interests* intellektuell, geistig; ***that doesn't provide much ~ stimulation*** dabei ist man geistig nicht gerade gefordert; ~ **capacity** intellektuelle Fähigkeiten; ~ **curiosity** Wissensdurst *m;* ~ **pursuits** geistige Beschäftigung, Kopfarbeit *f;* ~ **snob** intellektueller Snob; **to read something** ~ etwas Anspruchsvolles lesen

intellectualism [ˌɪntᵊlˈektjuəlɪzᵊm, AM -t̬ᵊlˈektʃu-] *n no pl* (*usu pej*) Intellektualismus *m*

intellectualize [ˌɪntᵊlˈektjuəlaɪz, AM -t̬ᵊlˈektʃuəl-] *vi* intellektualisieren *geh;* ***he ~d everything I said*** er ging immer alles, was ich sagte, völlig intellektuell an

intellectually [ˌɪntᵊlˈektjuəli, AM -t̬ᵊlˈektʃu-] *adv* intellektuell, geistig; ~ **demanding** geistig anspruchsvoll

intellectual property *n no pl* LAW geistiges Eigentum

intelligence [ɪnˈtelɪdʒᵊn(t)s] **I.** *n no pl* ① (*brain power*) Intelligenz *f;* ***if he hasn't got the ~ to put on a coat, ...*** wenn er so dumm ist, keinen Mantel anzuziehen, dann...; **the ~ of sb's writing** jds intelligenter Schreibstil ② + *sing/pl vb* (*department*) Nachrichtendienst *m,* Geheimdienst *m;* **economic** ~ Wirtschaftsspionage *f;* **military** ~ militärischer Geheimdienst ③ + *sing/pl vb* (*inside information*) [nachrichtendienstliche] Informationen; ***they received ~ that ...*** sie erhielten vom Geheimdienst die Nachricht, dass...; **according to our latest** ~ unseren letzten Meldungen zufolge **II.** *n modifier* (*department, service*) Nachrichten-; **the ~ community** die Geheimdienste *mpl;* ~ **report/source** Geheimdienstbericht *m*/-quelle *f*

intelligence agency *n* Nachrichtendienst *m,* Geheimdienst *m* **intelligence agent** *n* Geheimagent(in) *m(f),* Spion(in) *m(f)* **intelligence department** *n* Nachrichtendienst *m,* Geheimdienst *m* **intelligence officer** *n* Nachrichtenoffizier *m* **intelligence quotient** *n* Intelligenzquotient *m* **intelligence service** *n* Nachrichtendienst *m,* Geheimdienst *m* **intelligence test** *n* Intelligenztest *m*

intelligent [ɪnˈtelɪdʒᵊnt] *adj* klug, intelligent; (*hum, iron*) ***that was ~ of you*** das war ja sehr intelligent von dir *iron, hum;* ~ **beings** intelligente Lebewesen; ~ **guess** kluge Schätzung

intelligent agent *n* intelligentes Programm

intelligently [ɪnˈtelɪdʒᵊntli] *adv* intelligent, klug

intelligentsia [ɪnˌtelɪˈdʒentsiə] *n* + *sing/pl vb* ■**the** ~ die Intelligenzija *form,* die Intelligenz, die Intellektuellen *pl*

intelligibility [ɪnˌtelɪdʒəˈbɪləti, AM -əti] *n no pl* Verständlichkeit *f*

intelligible [ɪnˈtelɪdʒəbl̩] *adj* verständlich; ***he was so drunk that he was hardly ~*** er war so betrunken, dass man ihn kaum mit verstehen konnte; ~ **handwriting** leserliche Handschrift; **hardly** ~ schwer verständlich

intelligibly [ɪnˈtelɪdʒəbli] *adv speak, write* deutlich, verständlich

intemperance [ɪnˈtempᵊrᵊn(t)s] *n no pl* Maßlosigkeit *f,* Unmäßigkeit *f;* (*addiction to alcohol*) Trunksucht *f*

intemperate [ɪnˈtempᵊrət, AM -prɪt] *adj* (*pej*) maßlos, unmäßig; *behaviour* zügellos; *action* unangemessen; ~ **climate** extremes Klima; ~ **haste** übertriebene Eile; ~ **language** extremistische Ausdrucksweise; ~ **rage** unbändige Wut; (*addicted to alcohol*) trunksüchtig

intemperately [ɪnˈtempᵊrətli, AM -prɪtli] *adv* maßlos, unmäßig; **to act** ~ unbeherrscht handeln; **to behave** ~ zügellos sein

intend [ɪnˈtend] *vt* ① (*plan*) ■**to ~ sth** etw beabsichtigen [*o* planen]; ***that wasn't what I had ~ed at all*** das hatte ich nun wirklich nicht beabsichtigt; **to ~ no harm** nichts Böses wollen; ■**to ~ doing** [*or* **to do**] **sth** beabsichtigen [*o* planen], etw zu tun, etw vorhaben; ***I had ~ed leaving the party before midnight*** eigentlich hatte ich die Party vor Mitternacht verlassen wollen; ***what do you ~ to do about it?*** was willst du in der Sache unternehmen?; ***I fully ~ to see this project through*** ich bin fest entschlossen dieses Projekt zu Ende zu bringen; ■**to ~ sb to do sth** wollen, dass jd etw tut; ***I don't think she ~ed me to hear the remark*** ich glaube nicht, dass ich die Bemerkung hören sollte ② (*express, intimate*) ■**to be ~ed** beabsichtigt sein; ***I don't think there was any ~ed insult in the remark*** ich denke nicht, dass man Sie beleidigen wollte; ***it was ~ed as a compliment, honestly!*** es sollte ein Kompliment sein, ehrlich!; ***no disrespect ~ed*** [das] war nicht böse gemeint ③ *usu passive* (*earmark, destine*) ■**to be ~ed for sth** für etw *akk* gedacht [*o* vorgesehen] sein; ***the party is really ~ed for new students*** die Party findet in erster Li[nie] für die neuen Studenten statt; ***the bicycle path are ~ed to make cycling safer*** die Radwege solle[n] das Radfahren sicherer machen

intended [ɪnˈtendɪd] **I.** *adj* vorgesehen, beabsich[tigt]; ~ **effect** beabsichtigte Wirkung; ~ **murder** vor[]sätzlicher Mord; ~ **target** anvisiertes Ziel; ~ **victim** LAW geplantes Opfer **II.** *n usu sing* (*dated or hum*) Zukünftige(r) *f(m) veraltet o hum*

intense [ɪnˈten(t)s] *adj* ① (*concentrated, forceful*) intensiv, stark; ~ **ardour** stechender Geruch; ~ **cold** bittere Kälte; ~ **desire** glühendes [*o* brennendes] Verlangen; ~ **disappointment** herbe Enttäuschung; ~ **excitement** große Aufregung; ~ **feeling** tiefes [*o* starkes] Gefühl; ~ **friendship** tiefe Freundschaft; ~ **hatred** rasender Hass; ~ **heat** glühende Hitze; ~ **love** leidenschaftliche [*o* glühende] Liebe; ~ **pain** heftiger Schmerz; **to be under ~ pressure** unter immensem Druck stehen; **to come under ~ pressure** unter immensen Druck geraten; ~ **wind** starker Wind ② (*demanding, serious*) ernst; ***he can get very ~ about the question of Northern Ireland*** wenn es um die Nord-Irland-Frage geht, kann er ganz schön anstrengend werden

intensely [ɪnˈten(t)sli] *adv* ① (*extremely*) äußerst, ausgesprochen; **to be ~ dull** unglaublich langweilig sein; ~ **hot** extrem heiß; **to hate sb** ~ jdn zutiefst hassen; **to love sb** ~ jdn abgöttisch lieben ② (*strong emotion*) intensiv; ***he spoke so ~ that ...*** er sprach mit solchem Nachdruck, dass ...

intensification [ɪnˌten(t)sɪfɪˈkeɪʃᵊn] *n no pl* Verstärkung *f,* Intensivierung *f;* ~ **of the fighting** Eskalierung *f* der Kämpfe

intensifier [ɪnˈten(t)sɪfaɪəʳ, AM -faɪɚ] *n* LING Verstärkungswort *nt;* (*verb*) Intensivum *nt fachspr*

intensify <-ie-> [ɪnˈten(t)sɪfaɪ] **I.** *vt* ■**to ~ sth** etw intensivieren; **to ~ a conflict** einen Konflikt verschärfen; **to ~ sb's fears** jds Ängste verstärken; **to ~ the pressure** den Druck erhöhen **II.** *vi heat* stärker werden; *fears, competition, pain also* zunehmen

intensity [ɪnˈten(t)səti, AM -səti] *n no pl* Stärke *f;* *of feelings* Intensität *f;* *of explosion, anger* Heftigkeit *f;* *of loudness* Lautstärke *f;* ~ **of light** Lichtstärke *f*

intensive [ɪnˈten(t)sɪv] *adj* intensiv, stark; ~ **analysis** gründliche Analyse; ~ **bombardment** heftiger Beschuss; ~ **course** Intensivkurs *m;* **to come under ~ fire** unter heftigen Beschuss geraten; ~ **study** gründliche [*o* intensive] Studie

intensive care *n no pl* MED Intensivpflege *f;* **to be in** ~ auf der Intensivstation sein [*o* liegen] **intensive-care unit** *n* MED Intensivstation *f* **intensive farming** *n no pl* Intensivanbau *m,* intensive Landwirtschaft **intensive livestock farming** *n no pl* Intensivtierhaltung *f*

intensively [ɪnˈtensɪvli] *adv* intensiv

intent [ɪnˈtent] **I.** *n* Absicht *f,* Vorsatz *m;* ***the ~ of that law is to enable people to get divorced with less difficulty*** mit dem Gesetz sollen Ehescheidungen erleichtert werden; LAW (*form*) ***he was picked up by the police for loitering with ~*** die Polizei griff ihn wegen auffälligen Verhaltens auf; **to** [*or* **for**] **all ~s and purposes** im Grunde; ■**with ~ to do sth** mit dem Vorsatz, etw zu tun; **with good** ~ in guter Absicht **II.** *adj* ① *pred* (*absorbed*) aufmerksam, konzentriert; ~ **look** forschender Blick; ■**to be ~ on sth** sich *akk* auf etw *akk* konzentrieren; ***John was ~ on his maths homework*** John war völlig in seine Mathematikaufgaben versenkt ② *pred* (*determined*) ■**to be ~ on sth** auf etw *akk* versessen sein; ■**to be ~ on doing sth** fest entschlossen sein, etw zu tun; ***he seems ~ on riling everyone in the room*** er scheint es darauf anzulegen, jeden im Zimmer auf die Palme zu bringen

intention [ɪnˈten(t)ʃᵊn] *n* ① (*purpose*) Absicht *f,* Vorhaben *nt;* ***I still don't know what his ~s are*** ich weiß noch immer nicht, was er genau vorhat; ***it wasn't my ~ to exclude you*** ich wollte Sie nicht ausschließen; **to be full of good ~s** voller guter Vorsätze sein; **to have every ~ of doing sth** die feste Absicht haben, etw zu tun; **to have no ~ of doing sth** nicht die Absicht haben, etw zu tun ② (*fam:*

marriage plans) ■~**s** *pl* Heiratsabsichten *fpl* ③ LAW Vorsatz *m*

intentional [ɪn'ten(t)ʃənəl] *adj* absichtlich, vorsätzlich; ***sorry, it wasn't*** ~ tut mir Leid, das war keine Absicht

intentionally [ɪn'ten(t)ʃənəli] *adv* absichtlich, mit Absicht

intently [ɪn'tentli] *adv* aufmerksam, gespannt, konzentriert; ***he observed the teacher*** ~ er beobachtete den Lehrer genau

inter <-rr-> [ɪn'tɜːr, AM -'tɜːr] *vt* (*form*) ■**to** ~ **sb** jdn bestatten [*o* beisetzen]

inter- [ɪntər, AM ɪnṱɚ] *in compounds* inter-, Inter-, zwischen-, Zwischen-; ~**war period** Zwischenkriegszeit *f*

interact [ˌɪntər'ækt, AM -ṱɚ'-] *vi* aufeinander einwirken, sich *akk* gegenseitig beeinflussen; PSYCH interagieren; ***buildings which will*** ~ ***with the user*** Gebäude, die auf die Bewohner abgestimmt sind

interaction [ˌɪntər'ækʃən, AM -ṱɚ-] *n* Wechselwirkung *f; of groups, people* Interaktion *f;* **human-computer** ~ Interaktion *f* zwischen Mensch und Computer; ~ **between two languages** Wechselwirkung *f* zwischen zwei Sprachen; **non-verbal** ~ nonverbale Interaktion [*o* Kommunikation]

interactive [ˌɪntər'æktɪv, AM -ṱɚ'-] *adj also* COMPUT interaktiv

interactively [ˌɪntər'æktɪvli, AM -ṱɚ-] *adv* interaktiv

interagency [ˌɪntər'eɪdʒən(t)si, AM -ṱɚ'-] *adj inv* ~ **cooperation** Kooperation *f* zwischen verschiedenen Agenturen

inter alia [ˌɪntər'eɪliə, AM -ṱɚ'ɑːliə] *adv inv* (*form*) unter anderem

interbank deposits *npl* FIN Interbanken-Einlagen *fpl*

interbank rate *n* FIN Interbankrate *f*

interbreed <-bred, -bred> [ˌɪntə'briːd, AM -ṱɚ'-] **I.** *vt* ■**to** ~ **an animal with another animal** *cattle, sheep* ein Tier mit einem anderen Tier kreuzen **II.** *vi* sich *akk* kreuzen

interbreeding [ˌɪntə'briːdɪŋ, AM -ṱɚ'-] *n no pl* Kreuzung *f,* Kreuzen *nt*

intercede [ˌɪntə'siːd, AM -ṱɚ'-] *vi* ■**to** ~ [**with sb on behalf of sb**] sich *akk* [bei jdm für jdn] einsetzen; **to** ~ **in an argument** in einem Streit vermitteln

intercellular [ˌɪntə'seljələr, AM ˌɪnṱɚ'seljələr] *adj inv* BIOL interzellular, interzellulär

intercept [ˌɪntə'sept, AM -ṱɚ'-] *vt* ■**to** ~ **sb/sth** *person, message, illegal goods* jdn/etw abfangen; ~ **a call** eine Fangschaltung legen; **to** ~ **a pass** SPORTS einen Pass abfangen

interception [ˌɪntə'sepʃən, AM -ṱɚ'-] *n* Abfangen *nt;* ***cannabis*** ~***s account for 90% of drug seizures at customs*** von den am Zoll beschlagnahmten Drogen entfallen 90% auf Cannabis; ~ **of calls** Abhören *nt* von Anrufen

interceptor [ˌɪntə'septər, AM -ṱɚ'septɚ] *n* MIL Abfangjäger *m*

intercession [ˌɪntə'seʃən, AM -ṱɚ'-] *n* Fürsprache *f,* Vermittlung *f;* **prayer of** ~ Fürbitte *f*

interchange I. *n* ['ɪntətʃeɪndʒ, AM -ṱɚ-] ① (*form*) Austausch *m;* ~ **of ideas** Gedankenaustausch *m* ② (*road*) [Autobahn]kreuz *nt* ③ (*station*) Umsteigebahnhof *m* **II.** *vt* [ˌɪntə'tʃeɪndʒ, AM -ṱɚ'-] ■**to** ~ **sth** *ideas, information* etw austauschen **III.** *vi* [ˌɪntə'tʃeɪndʒ, AM -ṱɚ'tʃeɪndʒ] [aus]wechseln

interchangeable [ˌɪntə'tʃeɪndʒəbl̩, AM -ṱɚ'-] *adj* austauschbar, auswechselbar; *word* synonym; ~ **word** Synonym *nt*

interchangeably [ˌɪntə'tʃeɪndʒəbli, AM -ṱɚ'-] *adv* austauschbar, auswechselbar

intercity [ˌɪntə'sɪti, AM -ṱɚ'sɪṱi] **I.** *n* Intercity *m* **II.** *adj attr, inv service, train* Intercity- *m*

intercollegiate [ˌɪntəkə'liːdʒət, AM -ṱɚkə'liːdʒɪt] *adj* zwischen Colleges *nach n;* ~ **championships** Meisterschaften *fpl* der Colleges

intercom ['ɪntəkɒm, AM -ṱɚkɑːm] *n* [Gegen]sprechanlage *f;* **to speak over** [*or* **through**] **the** ~ über die Sprechanlage reden

intercommunicate [ˌɪntəkə'mjuːnɪkeɪt, AM -ṱɚ-] *vi* miteinander in Verbindung stehen, zueinander Kontakt haben; *rooms* miteinander verbunden sein

interconnect [ˌɪntəkə'nekt, AM -ṱɚ-] **I.** *vt* ■**to** ~ **sb/sth with sb/sth** jdn/etw mit jdm/etw verbinden; ***this system*** ~***s all the computers in the building*** durch dieses System sind alle Computer in dem Gebäude vernetzt; **to** ~ **loudspeakers** Lautsprecher zusammenschalten; ~**ed terminals** COMPUT vernetzte Terminals **II.** *vi* miteinander in Zusammenhang stehen; ***poverty and homelessness are*** ~***ed*** Armut und Obdachlosigkeit sind miteinander verknüpft

interconnection [ˌɪntəkə'nekʃən, AM -ṱɚ-] *n* Verbindung *f; of loudspeakers* Zusammenschaltung *f; of computers* Vernetzung *f;* ~ **of cultures** Kulturaustausch *m*

intercontinental [ˌɪntəˌkɒntɪ'nentəl, AM -ṱɚˌkɑːntə'-] *adj inv* interkontinental; ~ **ballistic missile** Interkontinentalrakete *f;* ~ **flight** Interkontinentalflug *m*

intercourse ['ɪntəkɔːs, AM -ṱɚkɔːrs] *n no pl* ① (*sex*) [Geschlechts]verkehr *m;* **sexual** ~ Geschlechtsverkehr *m* ② (*form: communication*) Umgang *m,* Verkehr *m;* **social** ~ gesellschaftlicher Umgang

intercut [ˌɪntə'kʌt, AM -ṱɚ'-] **I.** *vi* **to** ~ **between two or more scenes** zwei oder mehrere Szenen zusammenschneiden **II.** *vt* ■**to** ~ **sth** etw unterbrechen

interdenominational [ˌɪntədɪˌnɒmɪ'neɪʃənəl, AM -ṱɚdɪˌnɑːmə'-] *adj* interkonfessionell

interdepartmental [ˌɪntəˌdiːpɑːt'mentəl, AM -ṱɚˌdiːpɑːrt'menṱəl] *adj* zwischen den Abteilungen *nach n;* **an** ~ **committee** ein aus Angehörigen verschiedener Fachbereiche zusammengesetzter Ausschuss

interdependence [ˌɪntədɪpendən(t)s, AM -ṱɚdiː'-] *n no pl* gegenseitige Abhängigkeit, Interdependenz *f geh;* **economic** ~ wirtschaftliche Interdependenz

interdependent [ˌɪntədɪpendənt, AM -ṱɚdiː'-] *adj* voneinander abhängig, interdependent *geh*

interdict (*form*) **I.** *vt* [ˌɪntə'dɪkt, -daɪt, AM -ṱɚ-] ① LAW ■**to** ~ **sth** jdm etw untersagen [*o* verbieten]; ***he has been*** ~***ed from consuming alcohol*** Alkoholgenuss wurde ihm untersagt ② *esp* AM MIL **to** ~ **a pass/supplies** einen Weg/die Versorgung abschneiden; **to** ~ **a route** eine Route unterbrechen; ***the armed forces tried to*** ~ ***the movement of narcotics*** die Streitkräfte versuchten den Drogenhandel zum Stillstand zu bringen **II.** *n* ['ɪntədɪkt, daɪt, AM -ṱɚdɪkt] ① REL **papal** ~ päpstliches Verbot, Interdikt *nt* ② LAW Verbot *nt;* SCOT einstweilige Verfügung

interdiction [ˌɪntə'dɪkʃən, AM -ṱɚ'-] *n* Verbot *nt;* MIL Unterbrechung *f*

interdictory [ˌɪnṱɚ'dɪktəri] *adj* AM ~ **fire** Sperrfeuer *nt*

interdisciplinary [ˌɪntə'dɪsɪplɪnəri, AM -ṱɚ'dɪsəplɪneri] *adj inv* fachübergreifend, interdisziplinär

interest ['ɪntrəst, AM -trɪst] **I.** *n* ① (*concern, curiosity*) Interesse *nt;* (*hobby*) Hobby *nt;* ***she looked about her with*** ~ sie sah sich interessiert um; **just out of** ~ (*fam*) nur interessehalber; **vested** ~ eigennütziges Interesse, Eigennutz *m;* **to have** [*or* **take**] **an** ~ **in sth** an etw *dat* Interesse haben, sich *akk* für etw *akk* interessieren; **to lose** ~ **in sb/sth** das Interesse an jdm/etw verlieren; **to pursue one's own** ~**s** seinen eigenen Interessen nachgehen, seine eigenen Interessen verfolgen; **to show an** ~ **in sth** an etw *dat* Interesse zeigen; **to take no further** ~ **in sth** das Interesse an etw *dat* verloren haben, kein Interesse mehr für etw *akk* zeigen; ■**sth is in sb's** ~ etw liegt in jds Interesse ② (*profit, advantage*) ■~**s** *pl* Interessen *pl,* Belange *pl;* ***in the*** ~***s of safety, please do not smoke*** aus Sicherheitsgründen Rauchen verboten; ***I'm only acting in your best*** ~***s*** ich tue das nur zu deinem Besten; ***Jane is acting in the*** ~***s of her daughter*** Jane vertritt die Interessen ihrer Tochter; **in the** ~**s of humanity** zum Wohle der Menschheit; **to look after the** ~**s of sb** jds Interessen wahrnehmen ③ *no pl* (*importance*) Interesse *nt,* Reiz *m;* **buildings of historical** ~ historisch interessante Gebäude; **to be of** ~ **to sb** für jdn von Interesse sein; **to hold** ~ **for sb** jdn interessieren ④ *no pl* FIN Zinsen *mpl;* (*paid on investments also*) Kapitalertrag *m;* ***at 5%*** ~ zu 5% Zinsen; ***what is the*** ~ ***on a loan these days?*** wie viel Zinsen zahlt man heutzutage für einen Kredit?; **rate of** ~ [*or* ~ **rate**] Zinssatz *m;* **to earn/pay** ~ Zinsen einbringen/zahlen; ***he earns*** ~ ***on his money*** sein Geld bringt ihm Zinsen [ein]; **to return sb's kindness with** ~ (*fig*) jds Freundlichkeit um ein Vielfaches erwidern; **to pay sb back with** ~ (*fig*) es jdm doppelt [*o* gründlich] heimzahlen ⑤ (*involvement*) Beteiligung *f;* ***the*** ~***s of the company include steel and chemicals*** das Unternehmen ist auch in den Bereichen Stahl und Chemie aktiv; ***a legal*** ~ ***in a company*** ein gesetzlicher Anteil an einer Firma; **powerful business** ~**s** einflussreiche Kreise aus der Geschäftswelt; **foreign** ~ ausländische Interessengruppen; **the landed** ~[**s**] die Großgrundbesitzer *mpl* **II.** *vt* ■**to** ~ **sb** [**in sth**] jdn [für etw *akk*] interessieren, bei jdm Interesse [für etw *akk*] wecken; ***may I*** ~ ***you in this encyclopaedia?*** darf ich Ihnen diese Enzyklopädie vorstellen?; ***don't suppose I can*** ~ ***you in a quick drink before lunch, can I?*** kann ich dich vor dem Mittagessen vielleicht noch zu einem kurzen Drink überreden?; ■**to** ~ **oneself in sth/sb** sich *akk* für etw/jdn interessieren

interest-bearing ['ɪntrəstˌbeərɪŋ, AM 'ɪntrɪstˌberɪŋ] *adj inv* verzinst **interest charges** *npl* FIN Zinsbelastung *f,* Sollzinsen *mpl* **interest coupon** *n* FIN Zinsschein *m*

interested ['ɪntrəstɪd, AM -trɪst-] *adj* ① (*concerned*) interessiert; ***I'm going for a drink, are you*** ~***?*** ich geh noch was trinken – hättest du auch Lust?; ***I'm selling my stereo, are you*** ~***?*** ich möchte meine Anlage verkaufen, hätten Sie Interesse?; ***I'd be*** ~ ***to know more about it*** ich würde gerne mehr darüber erfahren; ***are you*** ~ ***in a game of tennis?*** hast du Lust, mit mir Tennis zu spielen?; ***sorry, I'm not*** ~ tut mir Leid, kein Interesse; **to be** ~ **in sth/sb** sich *akk* für etw/jdn interessieren; **to be** ~ **in doing sth** daran interessiert sein, etw zu tun; **to get sb** ~ **in sth** jdn für etw *akk* interessieren ② (*involved*) beteiligt; ***she was an*** ~ ***party in the matter*** sie war in der Sache befangen; ~ **witness** befangener Zeuge/befangene Zeugin

interest-free *adj* FIN zinslos, unverzinslich; ~ **credit** unverzinsliches Darlehen **interest group** *n* Interessengruppe *f*

interesting ['ɪntrəstɪŋ, AM -trɪst-] *adj* interessant; ***the*** ~ ***thing about it is …*** das Interessante daran ist, …; ***that's an*** ~***-looking hat*** der Hut sieht ja interessant aus *iron, euph;* **to be in an** ~ **condition** (*euph old*) in anderen Umständen sein *euph;* **to have** ~ **things to say** etwas zu sagen haben

interestingly ['ɪntrəstɪŋli, AM 'ɪntrɪst-] *adv* interessant, interessanterweise; ~ **enough …** interessanterweise …

interest load *n* FIN Zinsbelastung *f* **interest margin** *n* FIN Zinsspanne *f* **interest payment** *n* FIN Verzinsung *f* **interest rate** *n* FIN Zinssatz *m;* **to raise/lower the** ~ den Zinssatz anheben/senken **interest spread** *n* FIN Zinsspanne *f*

interface I. *n* ['ɪntəfeɪs, AM -ṱɚ-] Schnittstelle *f;* COMPUT, TECH *also* Interface *nt;* ***his job is to be an*** ~ ***between the departments*** er soll die Kontakte zwischen den Abteilungen koordinieren; **network** ~ COMPUT Netzwerkschnittstelle *f;* **user** ~ COMPUT Benutzerschnittstelle *f* **II.** *vi* [ˌɪntə'feɪs, AM 'ɪnṱɚfeɪs] ■**to** ~ **with sth** mit jdm in Verbindung treten, sich *akk* mit jdm kurzschließen **III.** *vt* ['ɪntəfeɪs, AM -ṱɚ-] COMPUT, TECH ■**to** ~ **sth** etw koppeln

interfere [ˌɪntə'fɪər, AM -ṱɚ'fɪr] *vi* ① (*meddle*) ■**to** ~ [**in sth**] sich *akk* [in etw *akk*] einmischen; ***she tried not to*** ~ ***in her children's lives*** sie versuchte, sich aus den Angelegenheiten ihrer Kinder herauszuhalten; **to** ~ **in sb's affairs** sich *akk* in jds Angelegenheiten einmischen ② (*disturb*) ■**to** ~ **with**

sb/sth jdn/etw stören; ***even a low level of noise ~s with my concentration*** ich kann mich schon bei der geringsten Geräuschkulisse nicht mehr konzentrieren; ***somebody has been interfering with my papers again*** jemand hat sich wieder an meinen Papieren zu schaffen gemacht ③ RADIO, TECH, COMPUT (*hamper signals*) ■**to ~ with sth** etw überlagern [*o* stören] ④ BRIT (*euph: molest sexually*) ■**to ~ with sb** jdn sexuell missbrauchen; ***he was sent to prison for interfering with little boys*** er kam ins Gefängnis, weil er sich an kleinen Jungen vergangen hatte; ***the body has been ~d with*** die Leiche zeigt Spuren eines Sittlichkeitsverbrechens ⑤ (*strike against*) ■**to ~ with one another** aneinander stoßen ⑥ LAW **to ~ with witnesses** Zeugen beeinflussen

interference [ˌɪntəˈfɪərᵊn(t)s, AM -t̬ɚˈfɪr-] *n no pl* ① (*meddling*) Einmischung *f;* ***the government's ~ in the strike has been widely criticized*** dass die Regierung sich in den Streik eingemischt hat, wurde von vielen kritisiert; **free from ~** ohne Beeinträchtigung ② RADIO, TECH Störung *f,* Überlagerung *f,* Interferenz *f;* ***there was some ~ on the television*** der Bildschirm wurde gestört

interfering [ˌɪntəˈfɪərɪŋ, AM -t̬ɚˈfɪr-] *adj attr* (*pej*) sich *akk* einmischend *attr;* ***her ~ neighbours*** ihre Nachbarn, die sich in alles einmischen

interferon [ˌɪntəˈfɪərɒn, AM -t̬ɚˈfɪrɑːn] *n* BIOL Interferon *nt*

intergalactic [ˌɪntəgəˈlæktɪk, AM -t̬ɚ-] *adj attr, inv* intergalaktisch

interim [ˈɪntᵊrɪm, AM -t̬ɚ-] **I.** *n* ① *no pl* (*meantime*) Zwischenzeit *f;* **~ phase** Übergangsphase *f;* **in the ~** in der Zwischenzeit ② STOCKEX ■**~s** *pl* Abschlagsdividende *f* **II.** *adj attr, inv* einstweilig, vorläufig, Übergangs-; **~ government** Übergangsregierung *f,* Interimsregierung *f;* **~ measure** Übergangsmaßnahme *f;* **~ report** Zwischenbericht *m*

interim dividend *n* FIN Abschlagsdividende *f,* Zwischendividende *f* **interim report** *n* Zwischenbericht *m*

interior [ɪnˈtɪəriəʳ, AM -ˈtɪriɚ] **I.** *adj attr, inv* ① (*inside*) *of door, wall* Innen-; **~ light/space** Innenbeleuchtung *f*/-raum *m* ② (*country*) Inlands-, Binnen-; ***the ~ regions of the country*** die Gebiete im Landesinneren **II.** *n* ① (*inside*) Innere *nt;* ***the ~ of the house has to be ripped out*** im Innenbereich des Hauses muss alles herausgerissen werden; **the ~ of the country** das Landesinnere ② POL ■**the I~** das Innere; **~ minister** Innenminister(in) *m(f);* **the ministry** [*or* AM **department**] **of the ~** das Innenministerium; **the U.S. I~ Department** das Amerikanische Innenministerium

interior decoration *n* Innenausstattung *f* **interior decorator** *n* Innenausstatter(in) *m(f)* **interior design** *n* Innenarchitektur *f* **interior designer** *n* Innenarchitekt(in) *m(f)* **interior monologue** *n* LIT innerer Monolog

interject [ˌɪntəˈdʒekt, AM -t̬ɚ-] **I.** *vt* ■**to ~ sth** *comments, remarks, words* etw einwerfen **II.** *vi* dazwischenreden, unterbrechen

interjection [ˌɪntəˈdʒekʃᵊn, AM -t̬ɚ-] *n* ① (*interruption*) Einwurf *m,* Zwischenbemerkung *f;* **~s from the audience** Zwischenrufe *mpl* aus dem Publikum ② LING Interjektion *f*

interlace [ˌɪntəˈleɪs, AM -t̬ɚ-] **I.** *vt* ■**to ~ sth** etw kombinieren; ***in her book she ~s historical events with her own childhood memories*** in ihrem Buch vermischen sich historische Ereignisse mit ihren eigenen Kindheitserinnerungen **II.** *vi also* COMPUT sich *akk* ineinander verflechten

interleave [ˌɪntəˈliːv, AM -t̬ɚ-] *vt* TYPO ■**to ~ sth** etw mit Zwischenseiten versehen, etw durchschießen *fachspr*

inter-library loan *n* Fernleihe *f;* **to get a book on ~** ein Buch über Fernleihe bekommen

interline [ˌɪntəˈlaɪn, AM -t̬ɚ-] *vt* ■**to ~ sth** etw mit Zwischenlinien versehen

interlink [ˌɪntəˈlɪŋk, AM -t̬ɚ-] **I.** *vt* ■**to ~ sth** etw miteinander verbinden [*o* verknüpfen] **II.** *vi* miteinander verbunden [*o* verknüpft] sein

interlinked [ˌɪntəˈlɪŋkt, AM -t̬ɚ-] *adj* [miteinander] verknüpft [*o* verbunden]; ■**to be ~ with sth** mit etw *dat* verbunden sein, mit etw *dat* zusammenhängen

interlinking [ˌɪntəˈlɪŋkɪŋ, AM -t̬ɚ-] *adj inv* Zwischen-, Verbindungs-

interlock [ˌɪntəˈlɒk, AM -t̬ɚˈlɑːk] **I.** *vt* ■**to ~ sth** ① (*fit together*) etw zusammenstecken; *two subjects, themes* etw verknüpfen; **to ~ one's fingers** die Hände verschränken ② (*interdependent*) etw miteinander verflechten; ■**to be ~ed with sth** *economies* mit etw *dat* eng verzahnt sein ③ COMPUT ■**to ~ sth** etw verriegeln **II.** *vi tooth, cog* ineinander greifen

interlocking [ˌɪntəˈlɒkɪŋ, AM -t̬ɚˈlɑːkɪŋ] *adj inv* [ineinander] verflochten, [miteinander] verwoben; *teeth, fingers* ineinander greifend; **~ directorate** Überkreuzverflechtung *f;* **~ interests** Interessenverflechtung *f*

interlocutor [ˌɪntəˈlɒkjətəʳ, AM -t̬ɚˈlɑːkjət̬ɚ] *n* (*form*) Gesprächspartner(in) *m(f);* (*on behalf of sb else*) Sprecher(in) *m(f)*

interloper [ˈɪntəˌləʊpəʳ, AM ˈɪnt̬ɚˌloʊpɚ] *n* (*pej*) Eindringling *m*

interlude [ˈɪntəluːd, AM -t̬ɚluːd] *n* ① (*interval*) Periode *f,* Abschnitt *m;* (*between acts of play*) Pause *f;* **lunch-time ~** Mittagspause *f* ② (*entertainment*) Zwischenspiel *nt,* Intermezzo *nt,* Interludium *nt fachspr;* **musical ~** musikalisches Zwischenspiel ③ COMPUT Vorprogramm *nt*

intermarriage [ˌɪntəˈmærɪdʒ, AM -t̬ɚˈmer-] *n no pl* (*between groups*) Mischehe *f;* (*between relatives*) Verwandtenehe *f*

intermarry <-ie-> [ˌɪntəˈmæri, AM ˈɪnt̬ɚˈmeri] *vi* eine Mischehe schließen; ***the immigrants have intermarried with the natives*** die Immigranten haben sich durch Mischehen mit den Eingeborenen vermischt; ***brothers and sisters are not allowed to ~*** eine Heirat zwischen Geschwistern ist verboten

intermediary [ˌɪntəˈmiːdiəri, AM -t̬ɚˈmiːdieri] **I.** *n* Vermittler(in) *m(f);* ■**through an ~** über einen Mittelsmann [*o* Vermittler] **II.** *adj inv* vermittelnd; **~ role** Vermittlerrolle *f;* **~ stage** Zwischenstadium *nt*

intermediate [ˌɪntəˈmiːdiət, AM -t̬ɚ-] **I.** *adj inv* ① (*level*) mittel; (*between two things*) Zwischen-; **~ stage** Zwischenstadium *nt;* **~ stopover** Zwischenstopp *m;* **~ target** mittelfristiges Ziel; ■**to be ~ between sth** sich *akk* zwischen etw *dat* befinden ② (*level of skill*) Mittel-; **~ course** Kurs *m* für fortgeschrittene Anfänger/Anfängerinnen; **~ students** fortgeschrittene Anfänger/Anfängerinnen **II.** *n* fortgeschrittener Anfänger/fortgeschrittene Anfängerin **III.** *vi* vermitteln

intermediate frequency *n* TECH Zwischenfrequenz *f* **intermediate-range** *adj* Mittelstrecken-; **~ weaponry** Mittelstreckenwaffen *fpl;* **~ missile** [*or* **rocket**] Mittelstreckenrakete *f* **intermediate school** *n* AM *die unteren Klassen der High-School*

interment [ɪnˈtɜːmənt, AM -ˈtɜːr-] *n* Beerdigung *f,* Bestattung *f*

intermezzi [ˌɪntəˈmetsi, AM -t̬ɚ-] *n pl of* **intermezzo**

intermezzo <*pl* -s *or* -zi> [ˌɪntəˈmetsəʊ, AM -t̬ɚˈmetsoʊ, *pl* -tsi] *n* Intermezzo *nt,* Zwischenspiel *nt*

interminable [ɪnˈtɜːmɪnəbl̩, AM -ˈtɜːr-] *adj* (*pej*) endlos, nicht enden wollend *attr pej*

interminably [ɪnˈtɜːmɪnəbli, AM -ˈtɜːr-] *adv* (*pej*) endlos, ewig; **~ long** endlos lang

intermingle [ˌɪntəˈmɪŋgl̩, AM -t̬ɚ-] **I.** *vi* ■**to ~** [**with sth**] sich *akk* [mit etw *dat*] vermischen **II.** *vt usu passive* ■**to be ~d** vermischt sein; *ethnic groups* sich vermischen; ***fact and fiction are ~d throughout the book*** Phantasie und Wirklichkeit gehen in dem Buch ständig durcheinander

intermission [ˌɪntəˈmɪʃᵊn, AM -t̬ɚ-] *n* Pause *f,* Unterbrechung *f;* FILM, THEAT Pause *f;* **after/during ~** nach/während der Pause; **without ~** pausenlos

intermittent [ˌɪntəˈmɪtᵊnt, AM -t̬ɚ-] *adj* periodisch, intermittierend *geh;* ***there will be ~ rain in the south*** im Süden wird es mit kurzen Unterbrechungen regnen; ***she made ~ movie appearances*** sie hatte ab und zu eine Rolle in einem Kinofilm; **~ light** Blinklicht *nt;* **~ volcano** zeitweise aktiver Vulkan

intermittently [ˌɪntəˈmɪtᵊntli, AM -t̬ɚ-] *adv* periodisch, intermittierend *geh;* ***hot water was only available ~*** es gab nur zeitweise heißes Wasser

intermix [ˌɪntəˈmɪks, AM -t̬ɚ-] **I.** *vt* ■**to ~ sth** [**with sth**] etw [mit etw *dat*] vermischen **II.** *vi* ■**to ~ with sth** sich *akk* in etw *akk* einfügen

intern I. *vt* [ɪnˈtɜːn, AM -ˈtɜːrn] POL, MIL ■**to ~ sb** jdn internieren [*o* gefangen nehmen] **II.** *vi* [ɪnˈtɜːn, AM -ˈtɜːrn] *esp* AM ein Praktikum absolvieren **III.** *n* [ˈɪntɜːn, AM -tɜːrn] *esp* AM Praktikant(in) *m(f);* **hospital ~** Assistenzarzt, Assistenzärztin *m, f;* **summer ~** Ferienpraktikant(in) *m(f)*

internal [ɪnˈtɜːnᵊl, AM -ˈtɜːr-] *adj inv* innere(r,s); (*within a company*) innerbetrieblich; (*within a country*) Binnen-; **~ affairs/bleeding** innere Angelegenheiten/Blutungen; **~ borders** Binnengrenzen *fpl;* **~ investigation/memo** interne Nachforschungen/Mitteilung; **~ trade** Binnenhandel *m;* **for ~ use only** vertraulich

internal combustion engine *n* Verbrennungsmotor *m*

internalization [ɪnˌtɜːnᵊlɪˈzeɪʃᵊn, AM -ˌtɜːr-] *n no pl* PSYCH Verinnerlichung *f,* Internalisierung *f fachspr*

internalize [ɪnˈtɜːnᵊlaɪz, AM -ˈtɜːr-] *vt* ■**to ~ sth** etw verinnerlichen [*o fachspr* internalisieren]

internally [ɪnˈtɜːnᵊli, AM -ˈtɜːr-] *adv inv* innerlich; ***not to be taken ~*** nur zur äußeren Anwendung; **to develop sth ~** (*within company*) etw betriebsintern entwickeln

internal medicine *n* AM Innere Medizin **Internal Revenue Service** *n* AM Finanzamt *nt*

international [ˌɪntəˈnæʃᵊnᵊl, AM -t̬ɚ-] **I.** *adj* international; **~ banking** internationales Bankwesen; **~ call** Auslandsgespräch *nt;* **~ flight** Auslandsflug *m;* **on the/an ~ level** auf internationaler Ebene; **~ financial system** internationales Finanzsystem; **~ trade** Welthandel *m;* **~ waters** internationale Gewässer **II.** *n* ① BRIT SPORTS (*player*) Nationalspieler(in) *m(f);* (*match*) Länderspiel *nt* ② (*communist organisation*) ■**I~** Internationale *f;* **the First/Second etc. I~** die Erste/Zweite etc. Internationale

international affairs *npl* internationale Angelegenheiten **international community** *n* Völkergemeinschaft *f* **International Court of Justice** *n* Internationaler Gerichtshof **International Date Line** *n* Datumsgrenze *f*

Internationale [ˌɪntəˌnæʃəˈnɑːl, AM -t̬ɚˌnæʃəˈnæl] *n* Internationale *f*

internationalism [ˌɪntəˈnæʃᵊnᵊlɪzᵊm, AM -t̬ɚ-] *n no pl* Internationalismus *m fachspr*

internationalist [ˌɪntəˈnæʃᵊnᵊlɪst, AM -t̬ɚ-] *n* Internationalist(in) *m(f) fachspr;* (*law specialist*) Völkerrechtler(in) *m(f)*

internationalization [ˌɪntəˌnæʃᵊnᵊlaɪˈzeɪʃᵊn, AM -t̬ɚˌnæʃᵊnᵊlɪ-] *n no pl* Internationalisierung *f*

internationalize [ˌɪntəˈnæʃᵊnᵊlaɪz, AM -t̬ɚ-] *vt* ■**to ~ sth** etw internationalisieren; ***we need to ~ the response to the problem*** wir müssen das Problem auf internationaler Ebene anpacken

international law *n* Völkerrecht *nt*

internationally [ˌɪntəˈnæʃᵊnᵊli, AM -t̬ɚ-] *adv inv* international, weltweit

International Monetary Fund *n* Internationaler Währungsfonds **international monetary system** *n* internationales Währungssystem **International Olympic Committee** *n* Internationales Olympisches Komitee **International Phonetic Alphabet** *n* Internationales Phonetisches Alphabet **International Standards Organization** *n* Internationaler Normenausschuss

internaut [ˈɪntənɔːt, AM -t̬ɚ-] *n* Internetsurfer(in) *m(f)*

internecine [ˌɪntəˈniːsaɪn, AM -t̬ɚˈniːsɪn] *adj inv* (*form*) [für beide Seiten] vernichtend *attr;* ***torn by ~ strife*** von vernichtenden internen Kämpfen zerrissen; **~ feuds** interne Fehden; **~ struggle** mörderischer Kampf; ~ **war** [*or* **warfare**] gegenseitiger Vernichtungskrieg

internee [ˌɪntɜːˈni, AM -tɜːr-] *n* Internierte(r) *f(m)*

Internet [ˈɪntənet, AM -t̬ɚ-] **I.** *n* Internet *nt;* **to browse** [*or* **cruise**] **the** ~ im [*o* durchs] Internet surfen; **on the** ~ im Internet **II.** *n modifier* (*advertising, company, access*) Internet-; ~ **cafe** Internet-Cafe *nt;* **the** ~ **community** die Internetgemeinde; ~ **pioneer** Pionier(in) *m(f)* des Internets; ~ **provider** Internet-Anbieter *m,* Internet-Provider *m;* ~ **surfing** Surfen *nt* im Internet; ~ **surfer** Internet-Surfer(in) *m(f)*

Internet directory *n* Webverzeichnis *nt* **Internet-enabled** [-ˈeɪbl̩d] *adj* internetfähig **Internet Hotel** *n* BRIT Colocation Provider *m fachspr,* Serverhousing *nt fachspr* (*Rechenzentrum, das unter strengen Sicherheitsvorkehrungen gegen Miete Server beheimatet*) **Internet retailer** *n* Internethändler *m,* Internetvertriebsunternehmen *nt*

internist [ˈintɜrnɪst] *n* AM Internist(in) *m(f),* Facharzt, Fachärztin *m, f* für innere Medizin

internment [ɪnˈtɜːnmənt, AM -ˈtɜːrn-] *n no pl* Internierung *f;* ~ **without trial** Inhaftierung *f* ohne Prozess

internment camp *n* Internierungslager *nt*

internship [ˈɪntɜːrnʃɪp] *n* AM Praktikum *nt;* MED Medizinalpraktikum *nt;* **summer** ~ Ferienpraktikum *nt*

inter-office [ˌɪnt̬ɚˈɑːfɪs] *adj attr, inv* AM innerbetrieblich; ~ **memo** innerbetriebliche Mitteilung

interoperation *n* Interoperabilität *f;* ~ **of electronic payment systems** Interoperabilität *f* der Systeme zur elektronischen Zahlung

interpellation [ɪnˌtɜːpəˈleɪʃən, AM ˌɪnt̬ɚpə-] *n* POL Interpellation *f fachspr*

interpenetrate [ˌɪntəˈpenɪtreɪt, AM -t̬ɚˈ-] **I.** *vi* sich *akk* durchdringen **II.** *vt* ■**to** ~ **sth** etw durchdringen

interpersonal [ˌɪntəˈpɜːsənəl, AM -t̬ɚˈpɜːr-] *adj inv* zwischenmenschlich; ~ **relationships** zwischenmenschliche Beziehungen; ~ **skills** soziale Kompetenz; ~ **training** Praxis *f* im Umgang mit Menschen

interplanetary [ˌɪntəˈplænɪtəri, AM -t̬ɚˈplænəteri] *adj attr, inv* interplanetarisch

interplay [ˈɪntəpleɪ, AM -t̬ɚ-] *n no pl of forces, factors* Zusammenspiel *nt* (**of** von +*dat*), Wechselwirkung *f* (**between** zwischen +*dat*)

Interpol [ˈɪntəpɒl, AM -t̬ɚpɑːl] *n no art* Interpol *f*

interpolate [ɪnˈtɜːpəleɪt, AM -ˈtɜːr-] *vt* (*form*) ■**to** ~ **sth** etw einfügen; (*allow to influence*) *opinion etc* etw einfließen lassen; ■**to** ~ [**that**] … einwerfen, dass …; **to** ~ **a remark** etw einwerfen

interpolation [ɪnˌtɜːpəˈleɪʃən, AM -ˌtɜːr-] *n* (*form*) ❶ (*remark*) Einwurf *m;* (*adding words*) Einwerfen *nt;* (*in text*) Einfügung *f,* Interpolation *f fachspr* ❷ *no pl* (*insertion*) Eindringen *nt;* (*influence*) Einflussnahme *f* ❸ COMPUT Interpolation *f*

interpose [ˌɪntəˈpəʊz, AM -t̬ɚˈpoʊz] **I.** *vt* (*form*) ❶ (*insert*) ■**to** ~ **sth** etw dazwischenbringen; ■**to** ~ **oneself between sb** sich *akk* zwischen jdn stellen ❷ (*esp liter: interrupt*) ■**to** ~ **sth** etw einwerfen; ■**to** ~ **that …** einwerfen, dass …; ***…, he ~d*** …, warf er ein **II.** *vi* eingreifen, sich *akk* einschalten

interposition [ˌɪntəpəˈzɪʃən, AM -t̬ɚ-] *n* (*form: active intervention*) Eingreifen *nt;* (*order to intervene*) Einschalten *nt*

interpret [ɪnˈtɜːprɪt, AM -ˈtɜːrprət] **I.** *vt* ■**to** ~ **sth** ❶ (*explain*) etw deuten [*o* interpretieren]; (*understand, take as meaning*) etw auslegen; ***the X-ray was ~ed as showing no breakages*** auf dem Röntgenbild waren keine Brüche zu erkennen; **to** ~ **a dream/the facts** einen Traum/die Fakten deuten; **to** ~ **a law** ein Gesetz auslegen; ~ **a poem** ein Gedicht vortragen; **to** ~ **a text** einen Text interpretieren ❷ (*perform*) etw wiedergeben; ***the plays need to be ~d in a modern style*** die Stücke müssen zeitgemäß inszeniert werden; **to** ~ **a role** eine Rolle auslegen ❸ (*translate*) etw dolmetschen **II.** *vi* dolmetschen

interpretation [ɪnˌtɜːprɪˈteɪʃən, AM -ˌtɜːrprə-] *n* ❶ (*explanation*) Interpretation *f; of rules etc* Auslegung *f; of dream* Deutung *f;* **literal** ~ wörtliche Auslegung; **to be open to** ~ Interpretationssache sein; **to put an** ~ **on sth** etw deuten; ***he put quite a different ~ on their motives*** er hatte eine ganz andere Sicht ihrer Beweggründe ❷ THEAT, LIT Interpretation *f*

interpretative [ɪnˈtɜːprɪtətɪv, AM -ˈtɜːrprəteɪt̬ɪv] *adj* (*form*) erklärend, interpretierend; ~ **attempt** Erklärungsversuch *m*

interpretative code *n* COMPUT Interpretiercode *m*

interpretative program *n* COMPUT Interpretierprogramm *nt*

interpreter [ɪnˈtɜːprɪtəʳ, AM -ˈtɜːrprət̬ɚ] *n* ❶ LIT, THEAT Interpret(in) *m(f)* ❷ (*oral translator*) Dolmetscher(in) *m(f);* **to speak through an** ~ sich *akk* über einen Dolmetscher verständigen ❸ COMPUT Interpretierer *m fachspr,* Interpreter *m fachspr*

interpreting [ɪnˈtɜːprɪtɪŋ, AM -ˈtɜːrprət̬-] *n no pl* Dolmetschen *nt*

interpretive [ɪnˈtɜːprɪtɪv, AM -ˈtɜːrprət̬ɪv] *adj* erklärend, interpretierend; *see also* **interpretative**

interracial [ˌɪntəˈreɪʃəl, AM -t̬ɚˈ-] *adj inv* zwischen verschiedenen Rassen *nach n;* ~ **hatred and violence** Hass *m* und Gewalt zwischen den Rassen; ~ **marriage** gemischtrassige Ehe[schließung]

Inter-Rail® [ˌɪntəˈreɪl, AM -t̬ɚˈ-] **I.** *n* Interrail *nt;* **to travel Europe by** ~ per Interrail durch Europa reisen **II.** *vi* Interrail machen; **to go ~ing** Interrail machen

interregna [ˌɪntəˈregnə, AM -t̬ɚˈ-] *n pl of* **interregnum**

interregnum <*pl* -s *or* -na> [ˌɪntəˈregnəm, AM -t̬ɚˈ-, *pl* -nə] *n* POL (*form*) Interregnum *nt fachspr;* ***after a brief ~, a new president was installed*** nach einer kurzen Übergangszeit wurde ein neuer Präsident gewählt

interrelate [ˌɪntərɪˈleɪt, AM -t̬ɚriˈ-] **I.** *vi* zueinander in Beziehung stehen, miteinander zusammenhängen **II.** *vt* ■**to** ~ **sth** etw verbinden

interrelated [ˌɪntərɪˈleɪtɪd, AM -t̬ɚriˈ-] *adj inv* in einer Wechselbeziehung stehend *attr,* zusammenhängend *attr;* ~ **problems** miteinander zusammenhängende Probleme; ■**to be** ~ **with sth** mit etw *dat* zusammenhängen

interrelation [ˌɪntərɪˈleɪʃən, AM -t̬ɚriˈ-] *n,* **interrelationship** [ˌɪntərɪˈleɪʃənʃɪp, AM -t̬ɚriˈ-] *n* Wechselbeziehung *f,* Zusammenhang *m*

interrogate [ɪnˈterəgeɪt] *vt* ❶ (*cross-question*) ■**to** ~ **sb** jdn verhören [*o* vernehmen] ❷ (*obtain data*) **to** ~ **a computer database** Daten abfragen

interrogation [ɪnˌterəˈgeɪʃən] *n* ❶ (*being asked questions*) Verhör *nt,* Vernehmung *f;* **to take sb for** ~ jdn verhören [*o* vernehmen] ❷ COMPUT [Ab]frage *f*

interrogation mark *n,* **interrogation point** *n* Fragezeichen *nt*

interrogative [ˌɪntəˈrɒgətɪv, AM -t̬ɚˈrɑːgət̬ɪv] **I.** *n* LING Interrogativ *nt fachspr;* ■**the** ~ das Interrogativum *fachspr* **II.** *adj* ❶ (*liter: questioning*) fragend *attr;* ***the ~ expression on her face*** ihr fragender Gesichtsausdruck ❷ (*word type*) interrogativ *fachspr,* Frage-; ~ **pronoun** Interrogativpronomen *nt fachspr,* Frage[für]wort *nt*

interrogatively [ˌɪntəˈrɒgətɪvli, AM t̬ɚˈrɑːgət̬ɪv-] *adv* fragend

interrogator [ɪnˈterəgeɪtəʳ, AM -ˈterəgeɪt̬ɚ] *n* Vernehmungsbeamte(r) *m,* Vernehmungsbeamte [*o* -in] *f;* **his/their** ~ die Person, die ihn/sie verhörte

interrogatories [ˌɪntəˈrɒgətəriz, AM -t̬ɚˈrɑːgət̬ɔːriz] *n pl* LAW schriftliche Beweisfragen (*die unter Eid zu beantworten sind*)

interrogatory [ˌɪntəˈrɒgətəri, AM -t̬ɚˈrɑːgət̬ɔːri] *adj inv* fragend *attr*

interrupt [ˌɪntəˈrʌpt, AM -t̬ɚˈ-] **I.** *vt* ■**to** ~ **sb/sth** jdn/etw unterbrechen; (*rudely*) jdm ins Wort fallen; ***will you stop ~ing me!*** unterbrich mich nicht dauernd!; ***the doorbell ~ed his thoughts*** das Klingeln an der Tür riss ihn aus seinen Gedanken **II.** *vi* unterbrechen, stören; SPORTS ***~ed by rain*** wegen der Regenfälle unterbrochen **III.** *n* ❶ COMPUT (*stopping of transmission*) Unterbrechung *f* ❷ COMPUT (*signal*) Programmunterbrechung *f*

interrupter [ˌɪntəˈrʌptəʳ, AM -t̬ɚˈrʌpt̬ɚ] *n also* ELEC Unterbrecher *m*

interruption [ˌɪntəˈrʌpʃən, AM -t̬ɚˈ-] *n* Unterbrechung *f;* ***there was almost no ~ to his rise to the top*** bei seinem Aufstieg an die Spitze hatte er kaum Hindernisse zu überwinden; ***blocked arteries cause ~s in the blood supply*** durch verstopfte Arterien wird die Blutversorgung gestört; **without** ~ ohne Unterbrechung

interscholastic [ˌɪnt̬ɚˌskəˈlæstɪk] *adj attr, inv* AM zwischen mehreren Schulen *nach n,* Schulen übergreifend

intersect [ˌɪntəˈsekt, AM -t̬ɚˈ-] **I.** *vt* ❶ (*divide*) ■**to** ~ **sth** etw durchziehen; **to** ~ **a line** MATH eine Linie schneiden ❷ TRANSP ■**to be ~ed by sth** *roads* etw kreuzen **II.** *vi* sich *akk* schneiden; ***the bus routes ~ with the railway network*** die Buslinien sind an das Schienennetz angebunden; **~ing roads** [Straßen]kreuzungen *fpl*

intersection [ˌɪntəˈsekʃən, AM ˈɪnt̬ɚˌsekʃən] *n* ❶ (*crossing of lines*) Schnittpunkt *m* ❷ AM, AUS (*junction*) [Straßen]kreuzung *f* ❸ COMPUT UND-Funktion *f,* Schnittmenge *f*

intersperse [ˌɪntəˈspɜːs, AM -t̬ɚˈspɜːrs] *vt* ■**to** ~ **sth with sth** etw in etw *akk* einstreuen; ***periods of bright sunshine ~d with showers*** sonnige Abschnitte mit vereinzelten Regenschauern; **to be ~d throughout the text** über den ganzen Text verteilt sein

interstate [ˌɪnt̬ɚˈsteɪt] AM **I.** *adj attr, inv* zwischenstaatlich, zwischen einzelnen Staaten bestehend *attr;* ~ **banking** *Betreiben von Bankfilialen in mehreren Bundesstaaten der USA;* ~ **commerce** *Wirtschaftsverkehr zwischen den Einzelstaaten der USA;* ~ **highway** Bundesautobahn *f;* ~ **trade** zwischenstaatlicher Wirtschaftsverkehr [*o* Handel] **II.** *n* [Bundes]autobahn *f*

interstate highway *n* AM [Bundes]autobahn *f*

interstellar [ˌɪntəˈsteləʳ, AM -t̬ɚˈstelɚ] *adj attr, inv* ASTRON interstellar *fachspr*

interstice [ɪnˈtɜːstɪs, AM -ˈtɜːr-] *n usu pl* (*form*) Zwischenraum *m,* Spalt *m;* (*between bricks*) Fuge *f;* (*in wall*) Riss *m*

intertextuality [ˌɪntəˈtekstjuːˌælɪti, AM -t̬ɚˈtekstʃuː,-] *n* LIT Intertextualität *f fachspr*

intertribal [ˌɪntəˈtraɪbəl, AM -ˌɪnt̬ɚ-] *adj inv* zwischen den Stämmen *nach n*

intertwine [ˌɪntəˈtwaɪn, AM -t̬ɚˈ] **I.** *vt usu passive* ■**to be ~d with sth** [miteinander] verflochten [*o* verschlungen] sein; *story lines, plots, destinies* miteinander verknüpft sein **II.** *vi branches* sich [ineinander] verschlingen

interurban [ˌɪnt̬ɚˈɜːrbən] AM **I.** *adj* (*inter-city*) zwischen [den] Städten *nach n,* Städte verbindend; ~ **connection** Städteverbindung *f;* ~ **railroad** Intercity[zug]verkehr *m;* ~ **travel** Überlandverkehr *m* **II.** *n* Überlandbahn *f*

interval [ˈɪntəvəl, AM -t̬ɚ-] *n* ❶ (*in space, time*) Abstand *m,* Zwischenraum *m,* Intervall *nt geh;* **to do sth at 15-second/five-minute ~s** etw alle 15 Sekunden/fünf Minuten tun; **at regular ~s** in regelmäßigen Abständen ❷ METEO Abschnitt *m;* **with sunny ~s** mit sonnigen Abschnitten ❸ THEAT, MUS Pause *f;* MUS Intervall *nt* ❹ PHYS Interval *nt*

intervene [ˌɪntəˈviːn, AM -t̬ɚˈ-] *vi* ❶ (*get involved*) einschreiten, intervenieren *geh;* ■**to** ~ **in sth** in etw *akk* eingreifen; **to** ~ **on sb's behalf** sich *akk* für jdn einsetzen; **to** ~ **in a dispute** bei einem Streit einschreiten; **to** ~ **militarily** militärisch intervenieren ❷ (*interrupt verbally*) sich *akk* einmischen; ***"but it's true", he ~d*** „es stimmt aber", unterbrach er ❸ (*come to pass*) dazwischenkommen; ***winter ~ and …*** dann kam der Winter und … ❹ LAW (*become party to action*) einem Prozess beitreten

intervening [ˌɪntəˈviːnɪŋ, AM -t̬ɚˈ-] *adj attr, inv* dazwischenliegend *attr;* **in the** ~ **period** in der Zwischenzeit

intervention [ˌɪntəˈven(t)ʃən, AM -t̬ɚˈ-] *n* Eingreifen *nt,* Intervention *f geh;* COMPUT Eingriff *m;* **military** ~ militärische Intervention; ~ **in the internal affairs of a country** Einmischung *f* in die inneren Angelegenheiten eines Landes

interventionism [ˌɪntəˈven(t)ʃᵊnɪzᵊm, AM -t̬ɚˈ-] *n no pl* POL Interventionismus *m fachspr*

interventionist [ˌɪntəˈventʃᵊnɪst, AM -t̬ɚˈ-] POL **I.** *adj inv* interventionistisch *fachspr* **II.** *n* Interventionist(in) *m(f) fachspr*

interview [ˈɪntəvjuː, AM -t̬ɚ-] **I.** *n* ❶ *(for job)* Vorstellungsgespräch *nt;* **to have a job ~** [*or* **an ~ for a job**] ein Vorstellungsgespräch haben ❷ *(with the media)* Interview *nt* (**with** mit +*dat*); **radio/television ~** Radio-/Fernsehinterview *nt;* **to give an ~** ein Interview geben ❸ *(formal talk)* Unterredung *f,* Gespräch *nt;* *(with police)* Aussage *f;* **telephone ~** Telefonbefragung *f* **II.** *vt* ■**to ~ sb** *(for job)* mit jdm ein Vorstellungsgespräch führen; **to be ~ed for a job** ein Vorstellungsgespräch haben; *(by reporter)* jdn interviewen; **to ~ sb on TV** ein Fernsehinterview mit jdm führen; *esp* BRIT *(by police)* jdn befragen; **to ~ a suspect** einen Verdächtigen vernehmen **III.** *vi* *(for job)* ein Vorstellungsgespräch führen; *celebrity* ein Interview geben; **to ~ well/badly** bei einem Vorstellungsgespräch gut/schlecht abschneiden

interviewee [ˌɪntəvjuˈiː, AM -t̬ɚ-] *n* Interviewte(r) *f(m);* *(by police)* Befragte(r) *f(m);* **job ~** Kandidat(in) *m(f)*

interviewer [ˈɪntəvjuːəʳ, AM -t̬ɚ-] *n* *(reporter)* Interviewer(in) *m(f);* *(in job interview)* Leiter(in) *m(f)* des Vorstellungsgesprächs; **market research ~** Marktforscher(in) *m(f)*

interwar [ˌɪntəˈwɔːʳ, AM -t̬ɚˈwɔːr] *adj attr, inv* Zwischenkriegs-

interweave <-wove, -woven> [ˌɪntəˈwiːv, AM -t̬ɚˈ-] **I.** *vt* ■**to ~ sth** etw [miteinander] verweben; *(fig)* etw [miteinander] vermischen [*o* vermengen]; ■**to ~ sth with sth** *threads* etw mit etw *dat* verweben; *(fig)* etw mit etw *dat* vermischen **II.** *vi branches* sich *akk* verschlingen

intestate [ɪnˈtesteɪt] *adj usu pred, inv* LAW ■**to be ~** kein Testament besitzen; **to die ~** ohne Hinterlassung eines Testaments sterben

intestinal [ɪnˈtestɪnᵊl] *adj inv* MED Darm-, intestinal *fachspr;* **~ flora** Darmflora *f*

intestinal fortitude *n* AM *(approv)* innere Stärke

intestine [ɪnˈtestɪn] *n usu pl* MED Darm *m,* Gedärme *ntpl,* Eingeweide *nt*[*pl*]

intifadeh [ˌɪntɪˈfɑːdə] *n* Intifada *f* *(palästinensischer Widerstand in den von Israel besetzten Gebieten)*

intimacy [ˈɪntɪməsi, AM -t̬ə-] *n* ❶ *no pl (closeness, familiarity)* Intimität *f,* Vertrautheit *f;* *(euph: sexual)* Intimitäten *fpl;* **~ *between teachers and pupils*** eine [zu] enge Beziehung zwischen Lehrern und Schülern ❷ *(remarks)* ■**intimacies** *pl* Intimitäten *fpl,* Vertraulichkeiten *fpl* ❸ *(knowledge)* Vertrautheit *f*

intimate¹ [ˈɪntɪmət, AM -t̬əmət] **I.** *adj* ❶ *(close)* eng, vertraut; **~ atmosphere** gemütliche Atmosphäre; **sb's ~ circle of friends** jds engster Freundeskreis; **~ friend** enger Freund/enge Freundin; **~ searches** [*or* **body search**] Leibesvisitation *f;* **to be on ~ terms with sb** zu jdm ein enges Verhältnis haben; *(euph: sexual)* intim; ***he got a bit too ~ with my wife*** seine Vertraulichkeiten mit meiner Frau gingen etwas zu weit; **~ relationship** intime Beziehung; ■**to be ~ with sb** mit jdm intim sein ❷ *(very detailed)* gründlich, genau; ***she has an ~ knowledge of Tuscany*** sie kennt die Toskana wie ihre Westentasche; **to have an ~ understanding of sth** ein umfassendes Wissen über etw *akk* haben ❸ *(private, personal)* **sb's ~ involvement in sth** jds starkes persönliches Engagement für etw *akk;* **~ details** intime Einzelheiten **II.** *n* ❶ *(person)* Vertraute(r) *f(m),* enger Freund/enge Freundin ❷ COMPUT hardwaregeeichte Software

intimate² [ˈɪntɪmeɪt, AM -t̬ə-] *vt* ■**to ~ sth** etw andeuten [*o* zu verstehen geben]; **to ~ one's feelings** seine Gefühle verraten; ■**to ~ [that] ...** andeuten [*o* zu verstehen geben, dass ...], dass ...

intimately [ˈɪntɪmətli, AM -t̬ə-] *adv* *(confidentially)* vertraulich; *(thoroughly)* gründlich, genau; **to be ~ acquainted with sb** mit jdm gut bekannt sein; **to be ~ connected to sth** mit etw *dat* eng verknüpft sein; **to be ~ involved in sth** maßgeblich an etw *dat* beteiligt sein; **to speak ~** in einem vertraulichen Ton sprechen

intimation [ˌɪntɪˈmeɪʃᵊn, AM -t̬əˈ-] *n* Anzeichen *nt,* Andeutung *f;* ***the pains were for him ~s of mortality*** durch die Schmerzen wurde ihm klar, dass auch er einmal sterben würde; ■**to be an ~ of sth** ein Anzeichen für etw *akk* sein

intimidate [ɪnˈtɪmɪdeɪt] *vt* ■**to ~ sb** jdn einschüchtern; ***I felt somewhat ~d by the amount of work*** bei diesem Arbeitspensum wurde mir doch etwas bange; ■**to ~ sb into doing sth** jdn unter Druck setzen etw zu tun

intimidating [ɪnˈtɪmɪdeɪtɪŋ, AM -deɪt̬ɪŋ] *adj* beängstigend, bedrohlich; **~ array of weapons** beeindruckendes Waffenarsenal; **~ manner** einschüchternde Art

intimidation [ɪnˌtɪmɪˈdeɪʃᵊn] *n no pl* Einschüchterung *f;* ***there, the ~ of witnesses is a fact of life*** dort gehört es zum Alltag, dass Zeugen eingeschüchtert werden

intimidatory [ˌɪntɪmɪˈdeɪtᵊri, AM -tɔːri] *adj* einschüchternd

into [ˈɪntə, -tu] *prep* ❶ *(movement to inside)* in +*akk;* ***let's go ~ town*** laß' uns in die Stadt gehen; ***put the jar back ~ the cupboard*** stell' das Glas zurück in den Schrank; **to retreat ~ one's self** sich *akk* in sich *akk* selbst zurückziehen; **to put sth ~ place** etw auf/an seinen Platz stellen/legen ❷ *(movement toward)* in +*akk;* **to run** [*or* **bump**] **~ sb/sth** ***guess who I bumped ~ the other day*** rate mal, wem ich kürzlich über den Weg gelaufen bin; ***I ran ~ one today by chance so I bought it*** ich habe heute zufällig eines gesehen und da habe ich es gekauft; ***she looked ~ the mirror*** sie sah in den Spiegel ❸ *(through time of)* in +*akk;* ***sometimes we work late ~ the evening*** manchmal arbeiten wir bis spät in den Abend; ***production should continue ~ 1999*** die Produktion sollte bis ins Jahr 1999 andauern ❹ *(fam: interested in)* **to be ~ sth/sb** an etw/jdm interessiert sein; ***I'm ~ photography*** ich interessiere mich für Fotografie; ***she's really ~ her new job*** sie geht völlig in ihrer neuen Arbeit auf; ***what sort of music are you ~?*** auf welche Art von Musik stehst du? ❺ *(involved in)* in +*akk;* ***I'll look ~ the matter as soon as possible*** ich kümmere mich sobald als möglich um die Angelegenheit; ***don't delve ~ other people's problems unasked*** misch' dich nicht ungebeten in anderer Leute Probleme ein; ***he got ~ some trouble*** er bekam einige Schwierigkeiten; ***I've gotten ~ a difficult situation*** ich bin in eine schwierige Situation geraten; ***they decided to go ~ teaching*** sie beschlossen in den Lehrberuf zu gehen ❻ *(forced change to)* zu +*dat;* ***they tried to talk their father ~ buying them bikes*** sie versuchten ihren Vater dazu zu überreden, ihnen Fahrräder zu kaufen; ***the dog frightened her ~ running away*** der Hund machte ihr solche Angst, dass sie wegrannte ❼ *(transition to)* in +*akk;* ***her novels have been translated ~ nineteen languages*** ihre Romane sind in neunzehn Sprachen übersetzt worden; ***caterpillars metamorphose ~ butterflies*** Raupen verwandeln sich in Schmetterlinge ❽ *(fam: yell at)* **to lay** [*or* **tear**] **~ sb for sth** jdn wegen etw *dat* anschreien ❾ *(begin)* ***the crowd burst ~ screams*** die Menge brach in Geschrei aus; ***she burst ~ tears*** sie brach in Tränen aus ❿ FASHION *(wear)* **to get ~ sth** ***I can't get ~ these trousers anymore*** ich komme nicht mehr in diese Hose rein ⓫ FOOD, MATH *(make smaller)* ***chop it ~ small cubes*** schneide es in kleine Würfel; ***two goes ~ five two and a half times*** die Zwei geht zweieinhalb mal in die Fünf

intolerable [ɪnˈtɒlᵊrəbl̩, AM -ˈtɑːlɚ-] *adj* unerträglich; **an ~ place to live in** ein Ort, an dem das Leben unerträglich ist

intolerably [ɪnˈtɒlᵊrəbli, AM -ˈtɑːlɚ-] *adv* unerträglich

intolerance [ɪnˈtɒlᵊrᵊn(t)s, AM -ˈtɑːlɚ-] *n no pl* ❶ *(narrow-mindedness)* Intoleranz *f* (**of** gegenüber +*dat*) ❷ *(non-compatability)* Überempfindlichkeit *f;* MED Intoleranz *f* (**of** gegenüber +*dat*); **~ of alcohol** Alkoholunverträglichkeit *f*

intolerant [ɪnˈtɒlᵊrᵊnt, AM -ˈtɑːlɚ-] *adj* ❶ *(narrow-minded)* intolerant; **to be ~ of different opinions** abweichenden Meinungen gegenüber intolerant sein ❷ MED überempfindlich (**of** gegenüber +*dat*); **to be ~ of alcohol** keinen Alkohol vertragen

intolerantly [ɪnˈtɒlᵊrᵊntli, AM -ˈtɑːlɚ-] *adv* intolerant

intonation [ˌɪntə(ʊ)ˈneɪʃᵊn, AM -toʊˈ-] **I.** *n usu sing* ❶ LING Intonation *f fachspr,* Satzmelodie *f;* **to speak with a French ~** mit französischem Tonfall sprechen ❷ MUS Intonation *f* **II.** *adj attr, inv* Intonations-; **~ pattern** Intonationsmuster *f*

intone [ɪnˈtəʊn, AM -ˈtoʊn] *vt* ■**to ~ sth** etw intonieren *fachspr;* **to ~ the liturgy** die Liturgie psalmodieren

in toto [ɪnˈtəʊtəʊ, AM -ˈtoʊtoʊ] *adv inv* *(form)* im Ganzen, in Toto *geh*

intoxicant [ɪnˈtɒksɪkᵊnt, AM -ˈtɑːk-] *n* Rauschmittel *nt*

intoxicate [ɪnˈtɒksɪkeɪt, AM -ˈtɑːk-] **I.** *vi* eine berauschende Wirkung haben, berauschen *a. fig* **II.** *vt* ■**to ~ sb** ❶ *(cause drunkenness)* jdn betrunken machen; *(fig)* ***the idea ~d him*** die Idee begeisterte ihn ❷ *(poison)* jdn vergiften

intoxicated [ɪnˈtɒksɪkeɪtɪd, AM -ˈtɑːk-] *adj* ❶ *(by alcohol)* betrunken, alkoholisiert; ***she was charged with driving while ~*** sie wurde wegen Alkohols am Steuer angeklagt; ■**to be ~ by sth** von etw *dat* betrunken sein *a. fig* ❷ *(fig: elated)* berauscht, begeistert

intoxicating [ɪnˈtɒksɪkeɪtɪŋ, AM -ˈtɑːksɪkeɪt̬-] *adj* berauschend *a. fig;* **~ drink** berauschendes Getränk

intoxicatingly [ɪnˈtɒksɪkeɪtɪŋli, AM -ˈtɑːksɪkeɪt̬-] *adv* ansteckend, berauschend

intoxication [ɪnˌtɒksɪˈkeɪʃᵊn, AM -ˌtɑːk-] *n no pl* ❶ *(from alcohol, excitement)* Rausch *m;* **in a state of ~** im Rausch, in betrunkenem Zustand; **~ of success** Euphorie *f* des Erfolgs ❷ MED Vergiftung *f,* Intoxikation *f fachspr*

intra- [ˌɪntrə] *in compounds* intra-

intractability [ɪnˌtræktəˈbɪləti, AM -əti] *n no pl* Hartnäckigkeit *f,* Unnachgiebigkeit *f; of a conflict* Ausweglosigkeit *f; of a person* Sturheit *f*

intractable [ɪnˈtræktəbl] *adj* unbeugsam; *problem, partygoer* hartnäckig; *pupil* widerspenstig; *situation* verfahren

intractably [ɪnˈtræktəbli] *adv* ausweglos, unlösbar

intracutaneous [ˌɪntrəkjuːˈteɪniəs] *adj* MED in der Haut [gelegen], intrakutan *fachspr;* **~ injection** intrakutane Injektion, Injektion *f* in die Haut

intramural [ˌɪntrəˈmjʊərᵊl, AM -ˈmjʊr-] *adj inv* innerhalb der Universität *nach n,* universitätsintern; **~ contest** inneruniversitärer Wettstreit

intramuscular [ˌɪntrəˈmʌskjələʳ, AM -lɚ] *adj* MED intramuskulär; **~ injection** Injektion *f* in den Muskel

Intranet [ˌɪntrəˈnet] *n* COMPUT Intranet *nt*

intransigence [ɪnˈtræn(t)sɪdʒᵊn(t)s, AM -ˈtræn(t)sə-] *n no pl* *(form)* Unnachgiebigkeit *f*

intransigent [ɪnˈtræn(t)sɪdʒᵊnt, AM -sə-] *adj* *(form)* *attitude* unnachgiebig; **~ position** unversöhnliche Position

intransigently [ɪnˈtræn(t)sɪdʒᵊntli, AM -sə-] *adv* *(form)* unnachgiebig

intransitive [ɪnˈtræn(t)sətɪv, AM -t̬ɪv] LING **I.** *adj inv* intranisitiv; **~ verb** intransitives Verb **II.** *n* Intransitivum *nt fachspr,* intransitives Verb

intransitively [ɪnˈtræn(t)sətɪvli, AM -t̬ɪvli] *adv inv* LING intransitiv

intra-uterine [ˌɪntrəˈjuːtᵊraɪn, AM -t̬ɚɪn] *adj inv* MED intrauterin

intra-uterine device *n* MED Intrauterinpessar *nt*

intravenous [ˌɪntrəˈviːnəs] *adj inv* MED intravenös; **~ feeding** intravenöse Ernährung

intravenously [ˌɪntrəˈviːnəsli] *adv inv* intravenös

in-tray [ˈɪntreɪ] *n* Ablage *f* für Eingänge

intrepid [ɪnˈtrepɪd] *adj* unerschrocken, furchtlos

intrepidity [ˌɪntrəˈpɪdəti, AM -t̬i] *n no pl* Unerschrockenheit *f*

intrepidly [ɪnˈtrepɪdli] *adv* unerschrocken, kühn

intricacy [ˈɪntrɪkəsi] *n* ❶ *no pl* (*complexity*) Kompliziertheit *f;* **to increase the ~ of sth** etw noch komplizierter machen ❷ (*elaborateness*) ■**intricacies** *pl* Feinheiten *fpl*

intricate [ˈɪntrɪkət] *adj* kompliziert, komplex; **~ plot** verschlungene Handlung; **~ question** verzwickte Frage

intricately [ˈɪntrɪkətli] *adv* kompliziert

intrigue I. *vt* [ɪnˈtriːg] ■**to ~ sb** (*fascinate*) jdn faszinieren; (*arouse curiosity*) jdn neugierig machen; ***it always ~s me how …*** es gibt mir immer wieder Rätsel auf, wie …; ■**to be ~d by sth** von etw *dat* fasziniert sein II. *vi* [ɪnˈtriːg] intrigieren III. *n* [ˈɪntriːg] Intrige *f* (**against** gegen *+akk*); **political ~s** politische Machenschaften [*o* Intrigen]

intriguer [ɪnˈtriːgəʳ, AM ɚ] *n* Intrigant(in) *m(f) geh*

intriguing [ɪnˈtriːgɪŋ] *adj* faszinierend, interessant

intriguingly [ɪnˈtriːgɪŋli] *adv* faszinierend, interessant; **~, …** interessanterweise …

intrinsic [ɪnˈtrɪn(t)sɪk] *adj* innewohnend, immanent *geh;* **~ part** wesentlicher [*o* essenzieller] Bestandteil; **~ value** innerer Wert

intrinsically [ɪnˈtrɪn(t)sɪkli] *adv* an sich; ***there's nothing ~ wrong with your idea*** an sich ist deine Idee nicht schlecht

intrinsic conductor *n* Eigenleiter *m*

intro [ɪntrə(ʊ), AM ɪntroʊ] *n short for* **introduction** ❶ MUS (*fam*) Intro *nt fachspr* ❷ (*present guests*) Vorstellung *f;* **to do the ~s** Leute einander vorstellen

introduce [ˌɪntrəˈdjuːs, AM -ˈduːs] *vt* ❶ (*acquaint*) ■**to ~ sb [to sb]** jdn [jdm] vorstellen; ***I'd like to ~ my son Mark*** ich möchte meinen Sohn Mark vorstellen; ***have you two been ~d?*** hat man euch beide schon bekannt gemacht?; ***I don't think we've been ~d yet*** ich glaube, wir kennen uns noch nicht; ***let*** [*or* ***allow***] ***me ~ myself*** darf ich mich vorstellen?; (*arouse interest*) ***when were you first ~d to sailing?*** wann hast du mit dem Segeln angefangen? ❷ (*bring in*) ■**to ~ sth** *fashion, reform, subject* etw einführen; ***you should try introducing a few jokes into your next speech*** du solltest in deine nächste Rede ein paar Witze einbauen; ***errors were introduced into the text at keyboarding*** bei der Eingabe des Textes schlichen sich Fehler ein; ***the tube is ~d into the abdomen*** MED die Röhre wird in den Unterleib eingeführt; **to ~ a bill** ein Gesetz einbringen; **to ~ controls on prizes/wages** Preis-/Lohnkontrollen einführen; **to ~ an era** eine Ära einleiten ❸ (*announce*) ■**to ~ sth** etw vorstellen; MUS etw einleiten; **to ~ a programme** ein Programm ankündigen

introduction [ˌɪntrəˈdʌkʃᵊn] *n* ❶ (*first contact*) Vorstellung *f,* Bekanntmachen *nt;* ***my next guest needs no ~*** meinen nächsten Gast brauche ich nicht vorstellen; ***his textbook would serve as an ~ to this subject*** sein Lehrbuch soll in diese Materie einführen; **sb's ~ to smoking/Alcohol** jds erste Bekanntschaft mit dem Rauchen/Alkohol; **to do** [*or* **make**] **the ~s** Leute einander vorstellen; ***she performed the ~s*** sie machte alle miteinander bekannt ❷ (*establishment*) Einführung *f;* **~ into the market** Markteinführung *f* ❸ STOCKEX [Börsen]einführung *f* ❹ MED (*insertion*) Einführen *nt* ❺ (*preface*) Einleitung *f,* Vorwort *nt;* MUS Einleitung *f*

introduction price *n* COMM Einführungskurs *m*

introductory [ˌɪntrəˈdʌktᵊri] *adj inv* ❶ (*preliminary*) vorbereitend, einleitend; **~ chapter** Einleitung *f;* **~ remarks** einleitende Worte ❷ (*inaugural/starting*) einführend; **~ fee/price** Einführungsgebühr *f*/-preis *m*

introductory course *n* Einführungskurs *m*

introductory offer *n* Einführungsangebot *nt*

introspection [ˌɪntrə(ʊ)ˈspekʃᵊn, AM -troʊˈ-] *n no pl* Selbstbeobachtung *f,* Introspektion *f geh*

introspective [ˌɪntrə(ʊ)ˈspektɪv, AM -troʊˈ-] *adj* verinnerlicht, nach innen gerichtet, introspektiv *geh;* **to be in an ~ mood** gerade mit sich selbst beschäftigt sein

introspectively [ˌɪntrə(ʊ)ˈspektɪvli, AM -troʊˈ-] *adv* introspektiv *geh,* nach innen gerichtet

introversion [ˌɪntrə(ʊ)ˈvɜːʃᵊn, AM -troʊˈvɜːr-] *n no pl* Introvertiertheit *f,* Introversion *f fachspr*

introvert [ˌɪntrə(ʊ)ˈvɜːt, AM -troʊˈvɜːrt] *n* introvertierter Mensch

introverted [ˌɪntrə(ʊ)ˈvɜːtɪd, AM -troʊˈvɜːrt̬ɪd] *adj* introvertiert

intrude [ɪnˈtruːd] I. *vi* ❶ (*meddle*) stören; ■**to ~ into sth** sich *akk* in etw *akk* einmischen; ***politics soon ~ed into the discussion*** bald kam das Gespräch doch wieder auf die Politik ❷ (*unwelcome presence*) ***am I ~?*** störe ich gerade?; ■**to ~ into sth** in etw *akk* eindringen; ***inefficiency has ~d into every area*** in allen Bereichen breitete sich Ineffizienz aus; **to ~ on sb's grief** jdn in seiner Trauer stören; ■**to ~ on sb's privacy** in jds Privatsphäre eindringen; **to ~ on sb's thoughts** jdn bei seinen Gedanken stören II. *vt* ■**to ~ sth** etw einbringen; ■**to ~ oneself upon sb** sich *akk* jdm aufdrängen

intruder [ɪnˈtruːdəʳ, AM -ɚ] *n* ❶ (*unwelcome visitor*) Eindringling *m;* (*thief*) Einbrecher(in) *m(f)* ❷ COMPUT Eindringling *m*

intrusion [ɪnˈtruːʒᵊn] *n* (*interruption*) Störung *f;* (*encroachment*) Verletzung *f;* GEOL Intrusion *f fachspr;* MIL Einmarsch *m;* **~ into sb's personal affairs** Eingriff *m* in jds Privatleben; **increased state ~** zunehmende Einmischung durch den Staat; **to be a welcome ~** eine willkommene Unterbrechung darstellen

intrusive [ɪnˈtruːsɪv] *adj* (*pej*) *person, question* aufdringlich *pej;* GEOL intrusiv *fachspr*

intuit [ɪnˈtjuːɪt, AM -ˈtuː-] *vt* ■**to ~ sth** etw intuitiv erfassen; ■**to ~ that …** intuitiv wissen, dass …

intuition [ˌɪntjuˈɪʃᵊn, AM -tu-] *n* Intuition *f;* ***my own ~ is that …*** aus dem Bauch heraus würde ich sagen, dass …; ***I just had an ~ that …*** ich hatte einfach die Eingebung, dass …; **to base one's judgement on ~** intuitiv entscheiden; ■**~s** *pl* [Vor]ahnungen *fpl*

intuitive [ɪnˈtjuːɪtɪv, AM -ˈtuːɪt̬-] *adj* intuitiv; **~ approach** gefühlsmäßiger [*o* intuitiver] Ansatz; **~ grasp** instinktives Verständnis

intuitively [ɪnˈtjuːɪtɪvli, AM -ˈtuːɪt̬ɪvli] *adv* intuitiv, gefühlsmäßig

Inuit <*pl* -s *or* -> [ˈɪnuɪt] *n* Inuit *pl*

inundate [ˈɪnʌndeɪt, AM -ən-] *vt* ■**to ~ sth** etw überschwemmen [*o* überfluten]; (*fig*) ■**to be ~d with sth** mit etw *dat* überschwemmt werden; ***we're ~d with work at the moment*** zur Zeit ersticken wir fast in Arbeit

inundation [ˌɪnʌnˈdeɪʃᵊn, AM -ənˈ-] *n no pl* (*form*) Überschwemmung *f,* Überflutung *f;* (*with work*) Überhäufung *f*

inure [ɪˈnjʊəʳ, AM -ˈnjʊr] (*form*) I. *vi* LAW in Kraft treten II. *vt* ■**to ~ sb to sth** jdn an etw *akk* gewöhnen; ■**to ~ sb to** [*or* **against**] **sth** jdn gegen etw *akk* abhärten; ■**to be ~d to sth** gegen etw *akk* abgehärtet sein; ***they became ~d to the hardships*** sie gewöhnten sich an die Entbehrungen

in utero [ɪnˈjuːtᵊrəʊ, AM -t̬ᵊoʊ] *adv inv* intrauterin *fachspr*

invade [ɪnˈveɪd] I. *vt* ❶ (*occupy*) **to ~ a country** in ein Land einmarschieren; ***the squatters ~d the house*** die Hausbesetzer drangen in das Gebäude ein; **invading bacteria** MED eindringende Bakterien ❷ (*fig: violate*) **to ~ the peace** den Frieden verletzen; **to ~ sb's privacy** jds Privatsphäre verletzen II. *vi* einfallen, einmarschieren

invader [ɪnˈveɪdəʳ, AM -ɚ] *n* MIL Angreifer(in) *m(f),* Invasor *m fachspr;* (*fig: unwelcome presence*) Eindringling *m*

invalid¹ [ˈɪnvəlɪd] I. *n* (*requiring long-term care*) Invalide(r) *m(f);* **to treat sb like an ~** jdn wie einen Schwerbehinderten behandeln II. *adj* invalide, körperbehindert; **~ chair** Rollstuhl *m;* ***sb's ~ mother*** jds gebrechliche Mutter III. *vt* ❶ (*injure*) ■**to ~ sb** jdn zum Invaliden machen ❷ *usu passive* BRIT **to be ~ed out of the army** wegen Dienstuntauglichkeit aus dem Militärdienst entlassen werden

invalid² [ɪnˈvælɪd] *adj inv* (*not legally binding*) ungültig, unwirksam; COMPUT ungültig; **legally ~** rechtsunwirksam; (*unsound*) nicht stichhaltig [*o* triftig]; *theory* nicht begründet; **technically ~** technisch nicht zulässig

invalidate [ɪnˈvælɪdeɪt] *vt* ■**to ~ sth** etw unwirksam machen; LAW etw für nichtig erklären; **to ~ an argument** ein Argument widerlegen; **to ~ a ballot** eine Wahl für ungültig erklären; **to ~ criticisms** Kritik entkräften; **to ~ a decision** eine Entscheidung außer Kraft setzen; **to ~ a judgement** ein Urteil aufheben; **to ~ results** Ergebnisse annullieren; **to ~ a theory** eine Theorie entkräftigen

invalidation [ɪnˌvælɪˈdeɪʃᵊn] *n no pl* (*nullification*) Ungültigkeitserklärung *f;* (*not legally binding*) Nichtigkeitsurteil *f;* **~ of a decision** Aufhebung *f* einer Entscheidung; **~ of a verdict** Außerkraftsetzung *f* [*o* Aufhebung *f*] eines Urteils; **~ of results** Annullierung *f* von Ergebnissen

invalidism [ˈɪnvəlɪdɪzᵊm] *n no pl* AM MED Invalidität *f*

invalidity [ˌɪnvəˈlɪdəti, AM -ət̬i] *n* ❶ (*bedridden/convalescent*) Invalidität *f* ❷ (*unsound argument*) [Rechts]ungültigkeit *f* ❸ (*not legally binding*) **~ of a contract** Nichtigkeit *f* eines Vertrags; **~ of a piece of evidence** Unzulässigkeit *f* eines Beweismittels; **~ of a theory** mangelnde Schlüssigkeit einer Theorie

invalidity allowance *n* BRIT Pflegegeld *nt*

invalidity benefit *n* BRIT Leistung *f* bei Invalidität

invalidity pension *n* BRIT Frührente *f* [wegen Arbeitsunfähigkeit], Invalidenrente *f* SCHWEIZ *veraltet*

invalidly [ɪnˈvælɪdli] *adv inv* fälschlich; LAW nicht ordnungsgemäß

invaluable [ɪnˈvæljuəbl̩] *adj inv advice, help* unbezahlbar; **~ source of information** unverzichtbare Informationsquelle; **to prove ~ to sb** sich *akk* für jdn als außerordentlich wertvoll erweisen; ■**to be ~ to sb** für jdn von unschätzbarem Wert sein

invariable [ɪnˈveəriəbl̩, AM -ˈveri-] I. *adj inv* unveränderlich, gleichbleibend; ***the menu is ~*** die Speisekarte ändert sich nie; **~ bad luck** ständiges Pech II. *n* ❶ LING *Substantiv, bei dem Singular und Plural gleich sind* ❷ MATH Konstante *f*

invariably [ɪnˈveəriəbli, AM -ˈveri-] *adv inv* ausnahmslos, immer

invariant [ɪnˈveəriənt, AM ˈveri] *adj inv* invariabel, unveränderlich

invasion [ɪnˈveɪʒᵊn] *n* ❶ MIL Invasion *f,* Eindringen *nt;* **~ by enemy forces** Einmarsch *m* von feindlichen Truppen; **~ of a territory** Einfall *m* in ein Gebiet ❷ (*interference*) Eindringen *nt kein pl;* ECON (*expansion*) Ausbreitung *f;* **~ of privacy** Eingriff *m* in die Intimsphäre

invasive [ɪnˈveɪsɪv, AM -zɪv] *adj* MIL Invasions-; (*intrusive*) aufdringlich *pej;* BOT wuchernd; MED invasiv, Invasiv-

invective [ɪnˈvektɪv] *n no pl* (*form*) Beschimpfungen *fpl,* Schmähungen *fpl geh;* **a stream** [*or* **torrent**] **of ~** ein Schwall von Beschimpfungen

inveigh [ɪnˈveɪ] *vt* (*form*) ■**to ~ against sb/sth** sich *akk* über jdn/etw empören; **to ~ against immigrants** gegen Immigranten hetzen; **to ~ against the press** über die Presse herziehen

inveigle [ɪnˈveɪgl̩] *vt* (*form*) ■**to ~ sb** jdn verlocken [*o geh* verleiten] (**into** zu *+dat*); ■**to ~ sb into doing sth** jdn verlocken [*o geh* verleiten], etw zu tun

invent [ɪnˈvent] *vt* ■**to ~ sth** ❶ (*create*) etw erfinden ❷ (*usu pej: fabricate*) etw erdichten, sich *dat* etw ausdenken; **to ~ an excuse** sich *dat* eine Ausrede ausdenken

invention [ɪnˈven(t)ʃᵊn] *n* ❶ (*creation*) Erfindung *f* ❷ *no pl* (*creativity*) [schöpferische] Fantasie, Einfallsreichtum *m;* **power[s] of ~** Erfindungsgabe *f* ❸ (*usu pej: fabrication*) Erfindung *f,* Märchen *nt;* **pure ~** reine Erfindung

inventive [ɪnˈventɪv] *adj* (*approv*) *novel, design* erfinderisch, einfallsreich; *powers, skills* schöpferisch; **~ design** originelles Design; **~ illustration** fantasievolle Illustration; **~ mind** erfinderischer [*o* schöpferischer] Geist, findiger Kopf *fam;* **~ person** einfallsreicher Mensch; **~ radio play** geistreiches Hörspiel

inventively [ɪnˈventɪvli] *adv* (*approv*) kreativ *geh,* fantasievoll; ~ **written article** geistreich geschriebener Artikel; ~ **designed pavilion** fantasievoll gestalteter Pavillon; ~ **analysed problem** kreativ analysiertes Problem

inventiveness [ɪn'ventɪvnəs] *n no pl* Erfindungsgabe *f*, Einfallsreichtum *m*

inventor [ɪn'ventəʳ, AM -ɚ] *n* Erfinder(in) *m(f)*

inventory ['ɪnvᵊntri, AM -tɔːri] **I.** *n* ❶ ECON (*catalogue*) Inventar *nt*, Bestandsliste *f*, Lagerverzeichnis *nt fachspr;* **to draw up** [*or* **take**] **an** ~ eine Bestandsliste aufstellen, Bestand [*o* Inventar] aufnehmen ❷ AM ECON (*stock*) [Lager]bestand *m*, [Waren]bestand *m*, Bestände *mpl fachspr;* ***our ~ of used cars is the best*** wir haben das beste Angebot an Gebrauchtwagen ❸ ECON (*stock counting*) Inventur *f*, Bestandsaufnahme *f fachspr;* **to take** ~ Inventur machen **II.** *n modifier* Bestands-; ~ **audit** Bestandsprüfung *f;* ~ **card** Bestandskarte *f*, Lagerkarte *f;* ~ **item/number** Inventarposten *m*/-nummer *f;* ~ **level** Lagerbestand *m;* ~ **liquidation** Lagerabbau *m;* ~ **period** Inventarfrist *f;* ~ **register** Inventurbuch *nt;* ~ **shrinkage** Bestandsverlust *m;* ~ **turnover** Lagerumschlag *m;* ~ **valuation** Inventurbewertung *f;* ~ **variation** Inventurabweichung *f* **III.** *vt* ECON ■**to** ~ **sth** inventarisieren

inventory control *n* AM (*stock control*) Lagersteuerung *f*

inverse [ɪn'vɜːs, AM -'vɜːrs] **I.** *adj attr, inv* umgekehrt, entgegengesetzt; ~ **function** MATH Umkehrfunktion *f*, inverse Funktion *fachspr;* ~ **order** umgekehrte Reihenfolge; **to be in ~ proportion** [*or* **relation**] **to sth** im umgekehrten Verhältnis zu etw *dat* stehen, umgekehrt proportional zu etw *dat* sein; ~ **ratio** umgekehrtes Verhältnis **II.** *n no pl* Umkehrung *f*, Gegenteil *nt*

inversely [ɪn'vɜːsli, AM -'vɜːr-] *adv* umgekehrt; **to be ~ proportional** [*or* **related**] **to sth** umgekehrt proportional zu etw *dat* sein

inversion [ɪn'vɜːʃən, AM -'vɜːrʒən] *n no pl* (*form*) Umkehrung *f;* LING, MATH, MUS, COMPUT Inversion *f fachspr;* ~ **of the facts** Verdrehung *f* der Tatsachen

invert [ɪn'vɜːt, AM -'vɜːrt] *vt* (*form*) ■**to** ~ **sth** etw umkehren [*o* umdrehen]; **to** ~ **the order** die Reihenfolge umkehren

invertebrate [ɪn'vɜːtɪbreɪt, AM -'vɜːrt̬əbrɪt] **I.** *n* ❶ ZOOL (*animal*) wirbelloses Tier, Invertebrat *m fachspr* ❷ (*fig: person*) charakterloser Mensch, ein Mensch *m* ohne Rückgrat **II.** *adj* ❶ ZOOL (*with no backbone*) wirbellos ❷ (*fig, pej: weak*) charakterlos, rückgratlos

inverted comma *n* BRIT Anführungszeichen *nt;* **single/double ~s** einfache/doppelte Anführungszeichen; **in ~s** in Anführungszeichen **inverted snob** *n esp* BRIT Snob *m* im Proletariergewand **inverted snobbery** *n esp* BRIT Snobismus *m* im Proletariergewand *pej*

invest [ɪn'vest] **I.** *vt* ❶ FIN (*put to use*) ■**to** ~ **sth** [**in sth**] etw [in etw *akk*] investieren; **to** ~ **money** Geld anlegen; **to** ~ **time and effort in sth** Zeit und Mühe in etw *akk* investieren ❷ (*form: install*) ■**to** ~ **sb** jdn [in Amt und Würden] einsetzen *form* ❸ (*form: furnish*) **to** ~ **sb with an order** jdm einen Orden verleihen *form;* **to** ~ **sb with** [**full**] **authority** [*or* **powers**] jdn bevollmächtigen [*o* mit Vollmacht ausstatten] *form;* **to** ~ **sth with importance** etw *dat* Bedeutung verleihen; **to** ~ **sb with rights** jdm Rechte übertragen *form* **II.** *vi* ■**to** ~ **in sth** [sein Geld] in etw *akk* investieren [*o* anlegen]; **to** ~ **in a new washing machine** sich *dat* eine neue Waschmaschine zulegen

investigate [ɪn'vestɪgeɪt] *vt* ■**to** ~ **sth** etw untersuchen [*o* [über]prüfen]; *evidence, clues* etw *dat* nachgehen; ***police are investigating allegations of corruption*** die Polizei geht Korruptionsvorwürfen nach; **to** ~ **a case** LAW einen Fall untersuchen, in einem Fall ermitteln; **to** ~ **connections/methods** Zusammenhänge/Methoden erforschen; **to** ~ **a crime** ein Verbrechen untersuchen; **to** ~ **a subject** ein Thema untersuchen [*o geh* recherchieren]

investigation [ɪn,vestɪ'geɪʃᵊn] *n* Untersuchung *f; of an affair* [Über]prüfung *f;* (*by police*) Ermittlung *f;* (*looking for sth*) Nachforschung *f;* ***the ~ concluded that ...*** die Nachforschungen ergaben, dass ...; ***currently the two drivers are under ~*** gegen die beiden Fahrer wird derzeit ermittelt; **to be subject to** [*or* **under**] ~ untersucht [*o* überprüft] [*o geh* recherchiert] werden; **full** [*or* **thorough**] ~ umfassende Nachforschungen, gründliche Recherchen *geh;* **to carry out** [*or* **conduct**] **~s** Untersuchungen durchführen; **to make an** ~ eine Prüfung vornehmen

investigative [ɪn'vestɪgətɪv, AM -geɪt̬ɪv] *adj* Forschungs-, Untersuchungs-, Ermittlungs-; **to take an ~ approach** durch Entdeckungen lernen; ~ **authority** Untersuchungsbehörde *f*, Ermittlungsbehörde *f;* ~ **committee** Untersuchungsausschuss *m*, Ermittlungsausschuss *m;* ~ **magistrate** Untersuchungsrichter(in) *m(f)*, Ermittlungsrichter(in) *m(f);* ~ **powers** Untersuchungsvollmachten *fpl;* ~ **report** Untersuchungsbericht *m;* ~ **results** Untersuchungsergebnisse *ntpl*, Forschungsergebnisse *ntpl*, Ermittlungsergebnisse *ntpl;* ~ **scientist** Forschungswissenschaftler(in) *m(f);* ~ **surgery** MED explorativer Eingriff *fachspr*

investigative journalism *n no pl* Enthüllungsjournalismus *m* **investigative journalist** *n* Enthüllungsjournalist(in) *m(f)*

investigator [ɪn'vestɪgeɪtəʳ, AM -t̬ɚ] *n* (*form*) Ermittler(in) *m(f) form;* (*in pending proceedings*) Untersuchungsführer(in) *m(f)*, Untersuchungsbeamte(r) *m*, Untersuchungsbeamte [*o* -in] *f*, Ermittlungsbeamte(r) *m*, Ermittlungsbeamte [*o* -in] *f form;* (*in patent law*) Prüfer(in) *m(f) form*

investigatory [ɪn'vestɪgətᵊri, AM -tɔːri] *adj* (*form*) Ermittlungs-, Untersuchungs-

investiture [ɪn'vestɪtʃəʳ] *n* BRIT (*form*) [feierliche] Amtseinführung [*o* Einsetzung] *form;* ***his ~ as Prince of Wales*** seine Einsetzung in das Amt des Prince of Wales

investment [ɪn'ves(t)mənt] **I.** *n* ❶ (*act of investing*) Investierung *f* ❷ FIN (*instance of investing*) Investition *f*, [Kapital]anlage *f*, [Vermögens]anlage *f fachspr;* ***the company has made sizeable ~s in recent years*** das Unternehmen hat in den letzten Jahren erhebliche Investitionen getätigt; ■**~s** *pl* Wertpapiere *ntpl fachspr;* **future** ~ Zukunftsinvestition *f;* **to be a good** ~ eine gute Kapitalanlage sein; **long-term ~s** langfristige Anlagen ❸ FIN (*share*) Einlage *f*, Beteiligung *f fachspr* **II.** *n modifier* Anlage-, Investitions-, Investment-; ~ **account** Anlagekonto *nt;* ~ **adviser** Anlageberater(in) *m(f);* ~ **capital** Investitionskapital *nt;* ~ **certificate** Investmentzertifikat *nt;* ~ **company** Investmentgesellschaft *f*, Kapitalanlagegesellschaft *f;* ~ **financing** Investitionsfinanzierung *f;* ~ **income** Kapitalerträge *mpl;* ~ **policy/project** Investitionspolitik *f*/-vorhaben *nt;* ~ **portfolio** Wertpapierbestand *m;* ~ **rating/value** Anlagebewertung *f*/-wert *m;* ~ **securities** Anlagepapiere *ntpl*

investment analyst *n* FIN Anlageberater(in) *m(f)*, Vermögensberater(in) *m(f)* **investment bank** *n* AM FIN Investmentbank *f;* BRIT Emissionsbank *f* **investment banker** *n* FIN Bankier *m* im Investmentgeschäft *fachspr* **investment banking** *n no pl* FIN Investment-Banking *nt*, Bankgeschäft *nt* in Anlagewerten, Emissionsgeschäft *nt fachspr* **investment company** *n* Investmentgesellschaft *f* **investment consultant** *n see* **investment analyst** **investment fund** *n* FIN Investmentfonds *m*, Anlagefonds *m fachspr* **investment trust** *n* FIN Investmentgesellschaft *f*, Kapitalanlagegesellschaft *f fachspr*

investor [ɪn'vestəʳ, AM -ɚ] *n* FIN [Kapital]anleger(in) *m(f)*, Investor(in) *m(f) fachspr;* **institutional** ~ institutioneller Anleger; **private** ~ Privatanleger(in) *m(f);* **small ~s** Kleinanleger(innen) *mpl(fpl)*

inveterate [ɪn'vetᵊrət, AM -t̬ɚət] *adj attr* (*usu pej*) *custom, prejudice* tief verankert; ~ **bachelor** eingefleischter Junggeselle; ~ **drinker** Gewohnheitstrinker(in) *m(f);* ~ **hatred** tief verwurzelter Hass; ~ **optimist** unverbesserlicher Optimist/unverbesserliche Optimistin; *disease, prejudice* hartnäckig; **an ~ evil** ein hartnäckiges Übel

invidious [ɪn'vɪdiəs] *adj* ❶ (*unpleasant*) unerfreulich, unersprießlich *veraltend;* ***he considered his promotion to be an ~ honour*** er betrachtete seine Beförderung als zweifelhafte Ehre; ~ **incident** unangenehmer [*o* unerfreulicher] Vorfall; ~ **negotiations** unerfreuliche Verhandlungen; **to be in an ~ position** in einer unangenehmen [*o* unerfreulichen] Lage sein; ~ **task** undankbare Aufgabe ❷ (*discriminatory*) ungerecht, unfair; ~ **comparison** unpassender Vergleich ❸ (*offensive*) gehässig, boshaft; ~ **remark** gehässige [*o* boshafte] Bemerkung

invidiously [ɪn'vɪdiəsli] *adv* ❶ (*unpleasantly*) unerfreulich ❷ (*discriminatorily*) unpassend; ***his comparisons were drawn ~*** er wählte sehr unpassende Vergleiche ❸ (*offensively*) gehässig, boshaft; ~ **worded** boshaft formuliert

invidiousness [ɪn'vɪdiəsnəs] *n no pl* ❶ (*unpleasantness*) Unerfreulichkeit *f;* **the ~ of a situation** das Unerfreuliche [*o* Unangenehme] an einer Situation ❷ (*unfairness*) Ungerechtigkeit *f*, Unangemessenheit *f* ❸ (*offensiveness*) Gehässigkeit *f*, Boshaftigkeit *f*

invigilate [ɪn'vɪdʒəleɪt] *vt* BRIT, AUS SCH, UNIV **to ~ an examination** die Aufsicht bei einer Prüfung führen

invigilator [ɪn'vɪdʒəleɪtəʳ] *n* BRIT, AUS SCH, UNIV Aufsicht *f*, Aufsichtsführende(r) *f(m)*

invigorate [ɪn'vɪgᵊreɪt, AM -gər-] *vt* ■**to** ~ **sb/sth** ❶ (*make stronger*) jdn/etw stärken [*o* kräftigen]; **to** ~ **the body** den Körper stärken; **to** ~ **the muscles/heart** die Muskeln/das Herz kräftigen ❷ (*fig: stimulate*) jdn/etw beleben [*o* erfrischen] *fig;* ***a cup of coffee will ~ you*** eine Tasse Kaffee wird Sie beleben; ***she managed to ~ the sleepy class*** es gelang ihr, die müde Klasse aufzumuntern; **to** ~ **the economy** die Wirtschaft beleben [*o* ankurbeln]; **to** ~ **sb's imagination** jds Fantasie anregen

invigorating [ɪn'vɪgᵊreɪtɪŋ, AM -gəreɪt̬-] *adj* (*approv*) ❶ (*strengthening*) *medicine, sleep* stärkend; *climate, drink, food* kräftigend ❷ (*fig: stimulating*) belebend, erfrischend, anregend; ~ **conversation** anregende Unterhaltung; ~ **drink** belebendes Getränk; ~ **walk** erfrischender Spaziergang

invincibility [ɪn,vɪn(t)sə'bɪləti, AM -əţi] *n no pl* ❶ (*imperviousness to defeat*) *of an army, team* Unbesiegbarkeit *f*, Unbezwingbarkeit *f*, Unüberwindlichkeit *f*, Unschlagbarkeit *f* ❷ (*insuperability*) *of difficulties, obstacles* Unüberwindlichkeit *f* ❸ (*absoluteness*) *of beliefs, will* Unerschütterlichkeit *f* ❹ (*unavoidability*) Unabänderlichkeit *f*

invincible [ɪn'vɪn(t)səbl] *adj* ❶ (*impossible to defeat*) *army, team* unbesiegbar, unbezwingbar, unschlagbar; **to look** [*or* **seem**] ~ unbesiegbar [*o* unschlagbar] erscheinen ❷ (*impossible to overcome*) unüberwindlich; ~ **aversion/difficulties** unüberwindliche Abneigung/Schwierigkeiten ❸ (*absolute*) unerschütterlich; ~ **belief** unerschütterlicher Glaube; ~ **will** unerschütterlicher [*o* eiserner] Wille ❹ (*unavoidable*) unabänderlich; ~ **ignorance** unabänderliche Unwissenheit

invincibly [ɪn'vɪn(t)səbli] *adv* ❶ (*extremely*) unschlagbar ❷ (*insuperably*) unüberwindlich ❸ (*firmly*) unerschütterlich

inviolability [ɪn,vaɪələ'bɪləti, AM -əţi] *n no pl* (*form*) ❶ (*unassailableness*) *of frontiers, rights* Unverletzlichkeit *f form; of principles, rights* Unantastbarkeit *f form* ❷ (*incorruptibility*) *of loyalty, secrecy* Unverbrüchlichkeit *f form; of conscience* Unbestechlichkeit *f*

inviolable [ɪn'vaɪələbl] *adj* (*form*) ❶ (*unassailable*) unverletzlich, unantastbar *form;* ~ **border** unverletzliche Grenze; ~ **rights** unverletzliche [*o* unantastbare] Rechte ❷ (*incorruptible*) *loyalty, secrecy* unverbrüchlich *form; conscience* unbestechlich

inviolate [ɪn'vaɪələt] *adj pred, inv* (*fig form*) ❶ (*intact*) *culture, landscape* unversehrt; ***the tomb lay ~ for centuries*** das Grab blieb jahrhundertelang unangetastet ❷ (*unbroken*) *agreement, treaty* ungebrochen *form;* **to keep an oath** ~ einen Eid nicht brechen ❸ (*undisturbed*) *peace, quietude* ungestört

invisibility [ɪnˌvɪzəˈbɪləti, AM -əṭi] *n no pl* ① (*to the eye*) Unsichtbarkeit *f* ② (*hiddenness*) Verborgenheit *f*; **the ~ of white-collar crime** die Anonymität der Wirtschaftskriminalität ③ (*inconspicuousness*) Undeutlichkeit *f*, Unauffälligkeit *f*; ***the letters were small to the point of ~*** die Buchstaben waren nahezu unleserlich klein; ***the social ~ of middle-aged women*** die unauffällige gesellschaftliche Rolle der Frau mittleren Alters ④ ECON, FIN (*intangibility*) *of a transaction* Unsichtbarkeit *f fachspr*

invisible [ɪnˈvɪzəbl̩] *adj inv* ① (*to the eye*) unsichtbar; **~ to the naked eye** mit bloßem Auge nicht zu erkennen ② *usu attr* (*hidden*) verborgen, nicht sichtbar; **~ mending** Kunststopfen *nt* ③ (*inconspicuous*) *contour, shape* undeutlich; *appearance* unauffällig, unscheinbar ④ ECON, FIN (*intangible*) *transactions* unsichtbar *fachspr*; **~ assets** unsichtbare Vermögenswerte

invisible exports *npl* ECON unsichtbare Ausfuhren [*o* Exporte] *fachspr* **invisible ink** *n no pl* Geheimtinte *f*; **in ~** mit Geheimtinte geschrieben

invisibles *npl esp* BRIT ECON unsichtbare Ein- und Ausfuhren *fachspr*

invisibly [ɪnˈvɪzəbli] *adv inv* ① (*indiscernibly*) unsichtbar; ***the repairs had been done almost ~*** von den Ausbesserungen war fast nichts zu sehen ② (*concealedly*) im Verborgenen; ***the animals were observing us ~ from the jungle*** die Tiere beobachteten uns im Verborgenen vom Dschungel aus

invitation [ˌɪnvɪˈteɪʃᵊn] *n* ① (*request to attend*) Einladung *f* (**to** zu +*dat*); **~ to tea** Einladung *f* zum Tee; **to have an open** [*or* **a standing**] **~** jederzeit willkommen sein; ***you have an open ~ to visit us*** unser Haus steht Ihnen jederzeit offen; **to accept/decline** [*or* **turn down**] **an ~** eine Einladung annehmen/ablehnen; **to receive an ~** eine Einladung erhalten; **by ~** [**only**] [nur] für geladene Gäste ② (*incitement*) Aufforderung *f* (**to** zu +*dat*); ***leaving your house unlocked is an open ~ to burglars*** ein unverschlossenes Haus ist eine Aufforderung an jeden Einbrecher ③ (*opportunity*) Gelegenheit *f* ④ ECON (*offer*) Ausschreibung *f fachspr* ⑤ COMPUT Aufruf *m*

invitational [ˌɪnvɪˈteɪʃᵊnᵊl] AM **I.** *adj* ① (*provided on request*) **~ article** auf Anfrage geschriebener Artikel; **~ exhibit** auf Anfrage überlassenes Exponat ② (*exclusive*) Gast-, für geladene Gäste *nach n*; **~ art opening** Vernissage *f* für geladene Gäste; **~ basketball tournament** Basketball-Gastturnier *nt*; **~ track meet** Leichtathletik-Gastveranstaltung *f* **II.** *n* Gastspiel *nt*

invite I. *n* [ˈɪnvaɪt] (*fam*) Einladung *f* (**to** zu +*dat*) **II.** *vt* [ɪnˈvaɪt] ① (*ask to attend*) ■**to ~ sb** jdn einladen; ***I've ~d company for tonight*** ich habe für heute Abend Gäste eingeladen; **before an ~d audience** vor geladenen Gästen; **to ~ sb to dinner** jdn zum Essen einladen; **to ~ sb for talks** jdn zu Gesprächen einladen; ■**to ~ oneself** sich *akk* selbst einladen ② (*also form: request*) ■**to ~ sb to do sth** jdn auffordern [*o* bitten] [*o geh* ersuchen], etw zu tun; **to ~ donations** um Spenden ersuchen *geh* ③ ECON (*solicit offer*) **to ~ applications** Stellen ausschreiben; **to ~ a bid** ein Angebot ausschreiben; **to ~ offers** zu Angeboten auffordern ④ (*fig: provide opportunity*) ■**to ~ sth** etw herausfordern, [leicht] zu etw *dat* führen; **to ~ accidents** zu Unfällen führen; **to ~ criticism/protest** Kritik/Protest herausfordern; **to ~ a danger** eine Gefahr herausfordern [*o liter* heraufbeschwören]; **to ~ trouble** Unannehmlichkeiten hervorrufen ⑤ (*fig: attract*) ■**to ~ sb to do sth** jdn verleiten [*o* [ver]locken], etw zu tun

◆**invite in** *vt* ■**to ~ in ↔ sb** jdn hereinbitten; ***he ~d me in for a nightcap*** er bat mich auf einen Schlummertrunk herein

◆**invite out** *vt* ■**to ~ sb ↔ out** [**for sth**] jdn [zu etw *dat*] einladen

◆**invite over**, BRIT *also* **invite round** *vt* **to ~ sb over** [*or* **round**] **to tea** jdn zum Tee einladen

inviting [ɪnˈvaɪtɪŋ, AM -ṭ-] *adj* ① (*attractive*) *sight, weather* einladend; *appearance, fashion* ansprechend ② (*tempting*) *idea, prospect* verlockend; *gesture, smile* einladend; **~ look** einladender Blick; **an ~ offer** ein verlockendes Angebot

invitingly [ɪnˈvaɪtɪŋli, AM -ṭ-] *adv* einladend, verlockend; **an ~ good offer** ein verlockend gutes Angebot; **an ~ blue sky** ein einladend blauer Himmel

in vitro [ɪnˈviːtrəʊ, AM -oʊ] *inv* **I.** *adj* BIOL, SCI, ZOOL künstlich, In-vitro- *fachspr*; **~ experiments** Laborversuche *mpl* **II.** *adv* künstlich, in vitro *fachspr*

in vitro fertilization *n no pl* MED künstliche Befruchtung, In-vitro-Fertilisation *f fachspr*

invocation [ˌɪnvə(ʊ)ˈkeɪʃᵊn, AM -vəˈ-] *n* ① (*form: supplication*) Anrufung *f*; **~ of** [*or* **to**] **the gods/Muses** Anrufung *f* der Götter/Musen ② REL (*prayer*) Bittgebet *nt fachspr* ③ (*calling forth*) Beschwörung *f*; **the ~ of memories** die Beschwörung von Erinnerungen; **~ of spirits** Geisterbeschwörung *f* ④ (*petition*) Erflehung *f*, flehentliche Bitte; **~ of help** flehentliche Bitte um Hilfe ⑤ (*appeal*) Appell *m*; **~ of moral support** Appell *m* um moralische Unterstützung ⑥ *no pl* (*reference*) Berufung *f*; **~ of** ***obscure rules*** eine Berufung auf unklare Bestimmungen

invoice [ˈɪnvɔɪs] **I.** *vt* ECON ■**to ~ sb** jdm eine Rechnung ausstellen; ***all the parts need to be ~d*** alle Teile müssen berechnet werden; ■**to ~ sb for sth** [*or* **sth to sb**] jdm etw in Rechnung stellen; ■**to ~ sth** etw fakturieren **II.** *n* ECON [Waren]rechnung *f*, Faktura *f fachspr* (**for** für +*akk*); **within thirty days of ~** innerhalb von dreißig Tagen nach Rechnungserhalt; **payable against ~** zahlbar bei Rechnungserhalt; **to make out an ~ of sth** eine Rechnung über etw *akk* ausstellen; **to submit an ~** eine Rechnung vorlegen [*o* einreichen]; **as per ~** laut Rechnung [*o fachspr* Faktura]

invoke [ɪnˈvəʊk, AM -ˈvoʊk] *vt* (*form*) ① (*call on*) **to ~ God's name** Gottes Namen anrufen ② (*call forth*) **to ~ memories** Erinnerungen [herauf]beschwören ③ (*petition*) **to ~ God's blessing** Gottes Segen erflehen ④ (*appeal to*) ■**to ~ sth** an etw *akk* appellieren; (*refer to*) sich *akk* auf etw *akk* berufen; **to ~ allegiance/morality** an die Treuepflicht/Moral appellieren ⑤ COMPUT ■**to ~ sth** etw aufrufen

involuntarily [ɪnˈvɒləntᵊrᵊli, AM -ˈvɑːlənter-] *adv inv* ① (*not by own choice*) unfreiwillig, gezwungenermaßen ② (*unintentionally*) unbeabsichtigt, unabsichtlich; ***he ~ glanced again at his watch*** wieder schaute er ungewollt auf die Uhr; **to cry/laugh ~** unwillkürlich [*o* ungewollt] weinen/lachen ③ MED (*automatically*) unwillkürlich; **to blink ~** unwillkürlich blinzeln

involuntary [ɪnˈvɒləntᵊri, AM -ˈvɑːlənteri] *adj inv* ① (*not by own choice*) unfreiwillig, gezwungen, erzwungen; **~ kindness** gezwungene Freundlichkeit; **~ loyalty** erzwungene Loyalität; **~ measure** unfreiwillige Maßnahme; **~ servitude** unfreiwillige Knechtschaft ② (*unintentional*) unabsichtlich, unbeabsichtigt; **~ criticism** unbeabsichtigte Kritik; **~ manslaughter** LAW fahrlässige Tötung *fachspr*; **~ movement** ungewollte Bewegung ③ MED (*automatic*) unwillkürlich; **~ muscle contraction** unwillkürliche Muskelkontraktion *fachspr*

involve [ɪnˈvɒlv, AM -ˈvɑːlv] *vt* ① (*concern, affect*) ■**to ~ sth/sb** etw/jdn betreffen; ***criminal law ~s acts which are considered harmful to society as a whole*** das Strafrecht beschäftigt sich mit Handlungen, die die ganze Gesellschaft beeinträchtigen; ***the accident ~d two cars*** an dem Unfall waren zwei Personenwagen beteiligt; ***the crime ~d two underage schoolgirls*** in das Verbrechen waren zwei minderjährige Schulmädchen verwickelt; ■**to ~ sb with sth** sich *akk* für etw *akk* engagieren ② (*include, incorporate*) ■**to ~ sb/sth in sth** jdn/etw in etw *akk* verwickeln [*o* hineinziehen]; **to ~ sb in negotiations** jdn an Verhandlungen beteiligen; ■**to ~ sb in doing sth** jdn an etw *dat* beteiligen; ***the four men were all ~d in carrying out the murders*** alle vier Männer waren an der Ausführung des Mordes beteiligt ③ (*entail, necessitate*) ■**to ~ sth** etw mit sich *dat* bringen, etw zur Folge haben; ***the operation ~s putting a small tube into your heart*** während der Operation wird ein kleines Röhrchen in das Herz eingeführt ④ *usu passive* ■**to be ~d in sth** (*be engrossed, pre-occupied*) von etw *dat* gefesselt sein; (*working in field*) mit etw *dat* zu tun haben; ***he's become very ~d in a local church*** er engagiert sich sehr in der örtlichen Gemeinde

involved [ɪnˈvɒlvd, AM -ˈvɑːl-] *adj* ① (*intricate*) kompliziert; *story* verwickelt, verworren; *style* komplex; **an ~ affair** eine verwickelte [*o* verworrene] Angelegenheit; **an ~ issue** ein komplexer Sachverhalt; **an ~ poem** ein schwer verständliches Gedicht; **an ~ sentence structure** ein komplizierter Satzbau ② *after n* (*implicated*) beteiligt; **the modifications ~** die einbegriffenen Abänderungen; **the persons ~** die Beteiligten; (*affected*) betroffen; **the company ~** das betroffene Unternehmen ③ (*committed*) engagiert, interessiert; ***the peace demonstration attracted many ~ citizens*** die Friedensdemonstration rief viele engagierte Bürger auf den Plan

involvement [ɪnˈvɒlvmənt, AM -ˈvɑːl-] *n* ① (*intricacy*) Verworrenheit *f*, Kompliziertheit *f*; (*complexity*) Komplexität *f* ② (*participation*) Beteiligung *f* (**in** an +*dat*), Verwicklung *f* (**in** in +*akk*), Verstrickung *f* (**in** in +*akk*) ③ (*affection*) Betroffensein *nt* ④ (*relationship*) Verhältnis *nt*, Affäre *f*; **to have an ~ with sb** mit jdm ein Verhältnis haben ⑤ (*commitment*) Engagement *nt*, Interessiertsein *nt*

invulnerability [ɪnˌvʌlnᵊrəˈbɪləti, AM -nəˈbɪləṭi] *n no pl* ① (*also fig: immunity to damage*) Unverwundbarkeit *f*, Unverletzbarkeit *f a. fig* ② (*fig: unassailability*) *of a position* Unangreifbarkeit *f*; *of a right* Unverletzlichkeit *f*, Unantastbarkeit *f* ③ (*fig: strength*) *of an argument* Unwiderlegbarkeit *f*; *of a fortification* Uneinnehmbarkeit *f*; *of a position, theory* Unanfechtbarkeit *f*

invulnerable [ɪnˈvʌlnᵊrəbl̩, AM -nə-] *adj inv* ① (*also fig: immune to damage*) unverwundbar, unverletzbar *fig*; ■**to be ~ to sth** gegen etw *akk* gefeit sein ② (*fig: unassailable*) *position* unangreifbar; *right* unverletzlich, unantastbar ③ (*fig: strong*) *argument* unwiderlegbar; *fortification* uneinnehmbar; *position, theory* unanfechtbar

inward [ˈɪnwəd, AM -wəd] **I.** *adj inv* ① (*in-going*) nach innen gehend [*o* gerichtet]; **~ spot** nach innen gehender [*o* gerichteter] Strahler ② (*incoming*) Eingangs-, eingehend; **~ calls/enquiries** [*or* AM **inquiries**] eingehende Anrufe/Anfragen; *mail* eintreffend ③ NAUT (*inbound*) Heim-; **~ passage** Heimfahrt *f*, Heimreise *f* ④ ECON (*import*) Eingangs-, Einfuhr- *fachspr*; **~ customs clearance** Eingangszollabfertigung *f*; **~ duty** Eingangszoll *m*, Einfuhrzoll *m*; **~ trade** Einfuhrhandel *m* ⑤ (*usu fig: internal*) innere(r,s), innerlich; **~ laughter** innerliches Lachen; **~ life** Innenleben *nt*, Seelenleben *nt*; **~ parts** ANAT innere Organe *fachspr*; **~ peace** innerer Frieden; **~ room** innen gelegener Raum ⑥ (*fig: intimate*) vertraut; **to be ~ with art** mit Kunst vertraut sein **II.** *adv* einwärts, nach innen; **~ bound road** stadteinwärts führende Straße; **to be directed ~** einwärts [*o* nach innen] gerichtet sein; **to slope ~** (*crater, hole*) nach innen abfallen; **to turn ~** (*fig*) in sich *akk* gehen; **to turn one's thoughts ~** (*fig*) seine Gedanken auf sein Inneres richten

inward-looking *adj* introvertiert, in sich *akk* gekehrt

inwardly [ˈɪnwədli, AM -wəd-] *adv* ① (*fig: towards the inside*) nach innen; **to look** [*or* **see**] **~** in sein Inneres schauen ② (*usu fig: internally*) innerlich, im Innern; **to be ~ calm** innerlich ruhig sein; **to bleed ~** innere Blutungen haben ③ (*fig: privately*) im Stillen, insgeheim; **~, *he disliked her lifestyle*** insgeheim mochte er ihren Lebensstil nicht ④ (*fig: softly*) leise; **to say sth ~** sich *akk* leise äußern

inwardness [ˈɪnwədnəs, AM -wəd-] *n no pl* ① *of a body's organ* Lage *f* ② (*fig: depth*) Innerlichkeit *f*; *of emotions* Innigkeit *f*; *of a thought* gedankliche [*o* geistige] Tiefe ③ (*fig: essence*) innerste Natur; (*significance*) wahre Bedeutung; (*intimacy*) Vertrautheit *f*

inwards [ˈɪnwədz, AM -wədz] *adv inv* ① (*towards*

the inside) einwärts, nach innen ❷ (*spiritually*) im Innern

in-word ['ɪn,wɜːd, AM -,wɜːrd] *n* Modewort *nt*

in-yer-face *adj* (*sl*), **in-your-face** [,ɪnjə'feɪs, AM -jɚ-] *adj* (*fam*) ❶ (*defiant*) frech; ~ **lie** rotzfreche Lüge *sl* ❷ (*irritating*) *look, smile* herausfordernd, provozierend ❸ (*confrontational*) auf offene Konfrontation angelegt *nach n;* ~ **allegation** äußerst provozierende Behauptung

in-your-face *adj attr* (*fam*) aggressiv, provokativ

IOC [,aɪəʊ'siː, AM -oʊ'-] *n abbrev of* **International Olympic Committee** IOC *nt*

iodine ['aɪədiːn, AM -daɪn] *n no pl* CHEM, MED Jod *nt;* **tincture of** ~ MED Jodtinktur *f*

iodized ['aɪədaɪzd] *adj* CHEM jodiert *fachspr,* mit Jod versetzt [*o* behandelt]; ~ **food** jodierte Lebensmittel

iodized salt *n* Jodsalz *nt*

ion ['aɪən] *n* PHYS Ion *nt*

Ionian [aɪ'əʊniən, AM 'oʊ] **I.** *n* Ionier(in) *m(f)* **II.** *adj inv* ionisch

Ionic [aɪ'ɒnɪk, AM -'ɑːn-] *adj* ARCHIT ionisch

ionization [,aɪənaɪ'zeɪʃᵊn, AM -nɪ'-] *n* PHYS Ionisation *f,* Ionisierung *f*

ionize ['aɪənaɪz] *vt* PHYS ▪**to** ~ **sth** etw ionisieren

ionized ['aɪənaɪzd] *adj* PHYS ionisiert; ~ **atom** ionisiertes Atom

ionizer ['aɪənaɪzəʳ, AM -ɚ] *n* PHYS Ionisator *m*

ionosphere [aɪ'ɒnəsfɪəʳ, AM -'ɑːnəsfɪr] *n no pl* AEROSP, ASTRON Ionosphäre *f*

ionospheric [aɪ,ɒnə'sferɪk, AM -,ɑːnə'sfɪr-] *adj inv* AEROSP, ASTRON ionosphärisch; ~ **region** ionosphärische Schicht

iota [aɪ'əʊtə, AM -'oʊt̬ə] *n no pl, usu neg* Jota *nt;* **not an** [*or* **one**] ~ nicht ein Jota, kein bisschen; ***we won't change our policies one*** ~ wir werden keinen Millimeter von unserem politischen Kurs abweichen; ***there is not an*** ~ ***of truth in that*** daran ist kein Jota wahr; **not to be able to produce an** ~ **of proof** nicht den kleinsten Beweis vorbringen können

IOU [,aɪəʊ'juː, AM -oʊ'-] *n* ECON (*fam*) *abbrev of* **I owe you** Schuldschein *m*

IPA [,aɪpiː'eɪ] *n abbrev of* **International Phonetic Alphabet** internationales phonetisches Alphabet

IPO [,aɪpiː'əʊ, AM -'oʊ] **I.** *n* ❶ FIN *abbrev of* **initial public offering** erste öffentliche Zeichnungsaufforderung ❷ STOCKEX *abbrev of* **initial public offering** Erstemission *f* **II.** *n modifier* Erstemissions-

ipso facto [,ɪpsəʊ'fæktəʊ, AM -soʊ'fæktoʊ] *adv inv* LAW durch die Tat selbst, eo ipso

IQ [,aɪ'kjuː] *n abbrev of* **intelligence quotient** Intelligenzquotient *m;* ~**-test** IQ-Test *m*

IRA [,aɪɑː'reɪ, AM -ɑːr'eɪ] *n* ❶ *no pl abbrev of* **Irish Republican Army** IRA *f* ❷ AM FIN *abbrev of* **Individual Retirement Account** [steuerbegünstigte] Altersvorsorge

Iran [ɪ'rɑːn, AM ɪ'ræn] *n* Iran *m*

Irangate [ɪ'rɑːn,geɪt, AM ɪ'ræn,-] *n* POL Irangate *nt,* Irangate-Affäre *f* (*auf das Jahr 1986 zurückgehender US-amerikanischer Waffenlieferungsskandal*)

Iranian [ɪ'reɪniən] **I.** *n* Iraner(in) *m(f)* **II.** *adj* iranisch

Iraq [ɪ'rɑːk] *n* Irak *m*

Iraqi [ɪ'rɑːki] **I.** *n* Iraker(in) *m(f)* **II.** *adj* irakisch

irascibility [ɪ,ræsə'bɪləti, AM -ət̬i] *n no pl* (*form*) Reizbarkeit *f,* Jähzorn *m*

irascible [ɪ'ræsəbl̩] *adj* (*form*) aufbrausend *geh,* reizbar, jähzornig

irascibly [ɪ'ræsəbli] *adv* (*form*) aufbrausend *geh,* jähzornig, heftig; **to react** ~ heftig reagieren

irate [aɪ'reɪt] *adj* (*form*) wütend, zornig; ~ ***phone calls from customers*** erzürnte Telefonanrufe von Kunden

ire [aɪəʳ, AM aɪr] *n no pl* (*liter*) Zorn *m,* Wut *f;* **to raise** [*or* **arouse**] **sb's** ~ jds Zorn erregen

Ireland ['aɪələnd, AM 'aɪr-] *n* Irland *nt*

iridescence [,ɪrɪ'desᵊn(t)s] *n no pl* Schillern *nt* [in allen Regenbogenfarben], Regenbogenfarbenspiel *nt,* Irisieren *nt*

iridescent [,ɪrɪ'desᵊnt] *adj* schillernd [in allen Regenbogenfarben], regenbogenfarben, irisierend

iridium [ɪ'rɪdiəm] *n no pl* CHEM Iridium *nt*

iris <*pl* -es> ['aɪ(ə)rɪs, AM 'aɪrɪs] *n* ❶ BOT (*flower*) Schwertlilie *f,* Iris *f* ❷ ANAT (*diaphragm*) Regenbogenhaut *f,* Iris *f*

Irish ['aɪ(ə)rɪʃ, AM 'aɪrɪʃ] **I.** *adj* irisch **II.** *n pl* ▪**the** ~ die Iren *pl*

Irish American *n* irischstämmiger Amerikaner/irischstämmige Amerikanerin **Irish coffee** *n no pl* Irishcoffee *m* (*Kaffee mit Schlagsahne und einem Schuss Whiskey*) **Irishman** *n* Ire *m*

Irish stew *n no pl* Irishstew *nt* (*gekochtes Hammelfleisch mit Weißkraut und Kartoffeln*) **Irishwoman** *n* Irin *f*

irk [ɜːk, AM ɜːrk] *vt* ▪**to** ~ **sb** jdn ärgern [*o liter* verdrießen]; ***it*** ~***ed her to wait in line*** ihr war das Schlangestehen lästig

irksome ['ɜːksəm, AM 'ɜːrk-] *adj* (*form*) ärgerlich, lästig; ~ **incident** ärgerlicher Vorfall; ~ **task** lästige Aufgabe

iron ['aɪən, AM -ɚn] **I.** *n* ❶ *no pl* CHEM (*element*) Eisen *nt;* **rich in** ~ reich an Eisen; (*as medical preparation*) Eisen[präparat] *nt;* (*metal*) Eisen *nt* ❷ (*fig*) **the I~ Lady** (*M. Thatcher*) die eiserne Lady; **will of** ~ eiserne Wille ❸ (*appliance*) [Bügel]eisen *nt;* **steam** ~ Dampfbügeleisen *nt* ❹ (*branding instrument*) Brandeisen *nt* ❺ SPORTS (*club*) Golfschläger *m* ❻ (*shoe*) [Huf]eisen *nt* ❼ (*ring*) Steigbügel *m* ❽ (*weapon*) Eisen *nt,* Schwert *nt;* **to fall to the** ~ durch das Eisen fallen; **to put to the** ~ mit dem Eisen erschlagen ► PHRASES: **to have** [*or* **keep**] [**too**] **many/other** ~**s in the fire** [zu] viele/andere Eisen im Feuer haben; **to have an** ~ **fist** [*or* **hand**] **in a velvet glove** freundlich im Ton, aber hart in der Sache sein; **to rule with a rod of** ~ mit eiserner Faust regieren; **strike while the** ~ **is hot** (*prov*) das Eisen schmieden, solange es heiß ist *prov* **II.** *n modifier* (*bar, mine, railing*) Eisen- **III.** *adj* ❶ (*fig: strict*) eisern; ~ **determination** [*or* **will**] eiserner [*o* stählerner] Wille; ~ **discipline** eiserne Disziplin; **to keep a country in an** ~ **grip** ein Land eisern im Griff halten; **to rule with an** ~ **hand** [*or* **fist**] mit eiserner Faust regieren; ~ **negotiator** eisenharter Unterhändler/eisenharte Unterhändlerin ❷ (*fig: strong*) ~ **constitution** eiserne Gesundheit **IV.** *vt* ▪**to** ~ **sth** etw bügeln; **to** ~ **the laundry** die Wäsche bügeln **V.** *vi* bügeln; ***cotton and silk*** ~ ***well*** Baumwolle und Seide lassen sich gut bügeln

◆**iron out** *vt* ▪**to** ~ **sth** ○ **out** ❶ (*press*) **to** ~ **out a creased banknote** einen zerknitterten Geldschein glätten; **to** ~ **out the collar of a shirt** einen Hemdkragen ausbügeln; **to** ~ **out a crease** eine Falte glatt bügeln [*o* ausbügeln] ❷ (*also fig: remove*) **to** ~ **out difficulties** Schwierigkeiten aus der Welt schaffen; **to** ~ **out conflicting interests** Interessengegensätze ausgleichen; **to** ~ **out an awkward matter** eine unangenehme Sache ausbügeln [*o* bereinigen]; **to** ~ **out misunderstandings** Missverständnisse beseitigen; **to** ~ **out wrinkles** Falten glätten

Iron Age I. *n* Eisenzeit *f* **II.** *n modifier* eisenzeitlich; ~ **settlement** Siedlung *f* aus der Eisenzeit **ironbark** *n* AUS Eukalyptusbaum *m* **iron-clad** *adj* ❶ NAUT (*armoured*) gepanzert; ~ **cruiser** Panzerkreuzer *m;* ~ **naval vessel** gepanzertes Kriegsschiff; (*fig: unbreakable*) hieb- und stichfest; ~ **argument** hieb- und stichfestes Argument ❷ (*fig: rigorous*) streng; ~ **controls/provisions** strenge Kontrollen/Bestimmungen; ~ **oath** heiliger Eid [*o* Schwur] ❸ (*fig: rigid*) starr; ~ **rules** starre Regeln ❹ (*fig: resolute*) unbeugsam, eisern; ~ **defence** Verteidigung *f* bis zum Letzten; ~ **patriot** unbeugsamer Patriot/unbeugsame Patriotin; ~ **proponent** eiserner Verfechter/eiserne Verfechterin **Iron Cross** *n* MIL (*hist*) Eisernes Kreuz *hist* **iron curtain I.** *n* ❶ POL (*hist: boundary*) ▪**I~** Eiserner Vorhang *m hist* ❷ (*fig: barrier*) Abschottung *f,* Schranke *f* **II.** *n modifier* ~ **countries** Länder *ntpl* hinter dem Eisernen Vorhang; ~ **mentality** Abschottungsmentalität *f*

ironic [aɪ(ə)'rɒnɪk, AM aɪ'rɑːn-] *adj* ❶ (*sarcastic*) *remark, smile* ironisch, [leicht] spöttisch; *commentator, critic* ironisch, [leicht] spottend ❷ (*unexpected*) ironisch; ***it was*** ~ ***that he should meet her there*** es hatte etwas Ironisches, dass er sie dort treffen sollte

ironically [aɪ(ə)'rɒnɪkᵊli, AM aɪ'rɑːn-] *adv* ironisch; ~**, ...** ironischerweise ...; **to answer/remark/smile** ~ ironisch antworten/bemerken/lächeln

ironing ['aɪənɪŋ, AM -ɚn-] *n no pl* ❶ (*pressing*) Bügeln *nt* ❷ (*laundry*) Bügelwäsche *f;* **to put the** ~ **in a basket** die Bügelwäsche in einen Korb legen; **to do the** ~ Wäsche bügeln

ironing board *n* Bügelbrett *nt*

ironist ['aɪrᵊnɪst] *n* Ironiker(in) *m(f)*

iron lung *n* MED eiserne Lunge **iron man** *n* ❶ (*athlete*) eisenharter [Ausdauer]athlet; (*worker*) unermüdlicher Arbeiter, Arbeitstier *nt fam o hum;* (*in a mine*) Eisenhüttenarbeiter *m;* (*in tracklaying*) Schienenarbeiter *m,* Schienenleger *m* ❷ (*machine*) [Stahl]roboter *m* ❸ AM (*sl: money*) Silberdollar *m*

Ironman *n* ❶ SPORTS (*athlete*) Ironman *m,* Ironman-Triathlet *m* ❷ SPORTS (*competition*) Ironman *m,* Ironman-Triathlon *nt o m* **ironmonger** ['aɪən,mʌŋgəʳ] *n* BRIT ❶ (*person*) Eisenwarenhändler(in) *m(f),* Haushaltswarenhändler(in) *m(f)* ❷ (*shop*) ▪~**'s** Eisen- und Haushaltswarenhandlung *f* **ironmongery** ['aɪən,mʌŋgᵊri] *n no pl* BRIT ❶ (*goods*) Eisenwaren *pl,* Haushaltswaren *pl* ❷ (*premises*) Eisenwarenhandlung *f,* Haushaltswarenhandlung *f* **iron ore** *n* Eisenerz *nt* **iron ration** *n* (*dated*) eiserne Ration

irons ['aɪənz, AM -ɚnz] *npl* Hand- und Fußschellen *fpl;* **to be clapped** [*or* **put**] **in** ~ in Ketten [*o liter* Eisen] gelegt werden

Ironwoman *n* ❶ SPORTS (*athlete*) Ironwoman *f,* Ironwoman-Triathletin *f* ❷ SPORTS (*competition*) Ironwoman *m,* Ironwoman-Triathlon *nt o m* **ironwork** *n no pl* ❶ (*dressed iron*) Eisenwerk *nt,* schmiedeeiserne Verzierung ❷ (*part*) Eisenkonstruktion *f* ❸ (*goods*) Eisenzeug *nt,* Eisenbeschläge *mpl* **ironworks** *n + sing/pl vb* Eisenhütte *f,* Eisenhüttenwerk *nt*

irony ['aɪ(ə)rᵊni, AM 'aɪrᵊni] *n no pl* Ironie *f;* ***the*** ~ ***was that ...*** das Ironische war, dass ...; **the** ~ **of a remark** die in einer Bemerkung liegende Ironie; ~ **of fate** Ironie *f* des Schicksals; **one of life's little ironies** eine kleine Ironie des Schicksals; **heavy with** ~ voller Ironie; **tragic** ~ tragische Ironie

irradiate [ɪ'reɪdieɪt, AM ɪr'eɪ-] *vt* ▪**to** ~ **sth** ❶ (*illuminate*) *sunlight* etw bestrahlen [*o* bescheinen]; *moonlight* etw erleuchten; *candle, lightning* etw erhellen; *spotlight, streetlight* etw beleuchten; ***the castle was dimly*** ~***d*** das Schloss war schwach erleuchtet; **a romantically** ~**d lake** ein romantisch erleuchteter See; **to** ~ **an affair** (*fig*) Licht in eine Sache bringen ❷ MED, PHYS (*treat*) etw bestrahlen

irradiated [ɪ'reɪdieɪtɪd, AM ɪr'eɪdieɪt̬-] *adj* bestrahlt, strahlungsbehandelt; ~ **food** bestrahlte Lebensmittel

irradiation [ɪ,reɪdi'eɪʃᵊn] *n no pl* ❶ MED, PHYS (*treatment*) Bestrahlung *f;* ~ **of food** Lebensmittelbestrahlung *f* ❷ MED (*spread*) *of pain* Ausstrahlung *f*

irrational [ɪ'ræʃᵊnᵊl] *adj* ❶ (*unreasonable*) *action, behaviour* irrational; (*not sensible*) unvernünftig, vernunftwidrig; ~ **decision/measure** unvernünftige Entscheidung/Maßnahme; ~ **suggestion** unsinniger Vorschlag ❷ (*illogical*) *arguments, reasons* irrational, absurd ❸ ZOOL (*of lower animals*) vernunftlos, nicht vernunftbegabt

irrationalism [ɪ'ræʃᵊnᵊlɪzᵊm] *n* ❶ PHILOS (*reliance on faith*) Irrationalismus *m* ❷ (*lack of logic*) Irrationalität *f*

irrationality [ɪ,ræʃᵊn'æləti, AM -ət̬i] *n no pl* ❶ (*absence of reason*) Vernunftlosigkeit *f* ❷ (*lack of reason*) Irrationalität *f;* (*lack of good sense*) Vernunftwidrigkeit *f,* Unvernünftigkeit *f; of fear, belief* Unsinnigkeit *f* ❸ (*lack of logic*) *of arguments, reasons* Irrationalität *f,* Absurdität *f*

irrationally [ɪ'ræʃᵊnᵊli] *adv* ❶ (*without reason*) irrational; (*not sensible*) unvernünftig, vernunftwidrig; **to act** ~ irrational handeln; **to behave** ~ sich *akk* unvernünftig [*o* irrational] verhalten ❷ (*without *logic*) irrational; **to argue** ~ irrational argumentieren

irrational number *n* MATH irrationale Zahl

irreconcilable [ˌrekən'saɪləbl̩] *adj inv* ① (*diametrically opposed*) *ideas, views* unvereinbar; ~ **accounts/facts** sich *akk* völlig widersprechende Berichte/Tatsachen; ~ **differences of opinion** unüberbrückbare Meinungsgegensätze; ▪ **to be** ~ **with sth** mit etw *dat* nicht vereinbar sein ② (*implacably opposed*) *enemies, factions* unversöhnlich; ***their positions are*** ~ sie sind unversöhnliche Meinungsgegner

irreconcilably [ˌrekən'saɪləbli] *adv inv* unvereinbar; ~ **opposed camps** sich *dat* unversöhnlich gegenüberstehende Lager; ~ **different views** unvereinbar weit auseinander liegende Auffassungen

irrecoverable [ˌɪrɪ'kʌvərəbl̩, AM -vɚ-] *adj inv* ① (*irreparable*) *damage, loss* unersetzbar, unersetzlich, nicht wieder gutzumachend; ~ **health** nicht wiederherstellbare Gesundheit; ~ **injury** nicht ausheilbare Verletzung ② (*irretrievable*) *crew, ship* unrettbar [verloren]; *treasure, paradise* unwiederbringlich [verloren]; ~ **loss** unwiederbringlicher Verlust; ~ **debts** ECON nicht eintreibbare [*o* beitreibbare] Forderungen *fachspr*

irrecoverably [ˌɪrɪ'kʌvərəbli, AM -vɚ-] *adv inv* ① (*irreparably*) **to be** ~ **damaged** nicht behebbare Schäden aufweisen; **to be** ~ **injured** nicht ausheilbare Verletzungen haben ② (*irretrievably*) **to be** ~ **lost** unwiederbringlich [*o* endgültig] verloren sein

irredeemable [ˌɪrɪ'di:məbl̩] *adj inv* (*form*) ① (*irretrievable*) *crew, ship* unrettbar [verloren]; *treasure* unwiederbringlich [verloren] ② (*irremediable*) ~ **case** hoffnungsloser Fall; ~ **drinker** unverbesserlicher Trinker/unverbesserliche Trinkerin ③ (*absolute*) *despair, gloom* völlig, absolut; ~ **stupidity** reine Dummheit ④ ECON, FIN (*not terminable*) ~ **annuity** nicht ablösbare Rente *fachspr;* ~ **debt** nicht tilgbare Schuld *fachspr;* ~ **bond** untilgbare [*o* unkündbare] Schuldverschreibung *fachspr;* ~ **paper money** nicht einlösbares Papiergeld *fachspr*

irredeemably [ˌɪrɪ'di:məbli] *adv inv* (*form*) ① (*irretrievably*) unwiederbringlich, unrettbar; ~ **lost** unwiederbringlich verloren ② (*irremediably*) unverbesserlich, hoffnungslos, rettungslos ③ (*absolutely*) völlig, absolut; ***he was*** ~ ***incompetent*** er war absolut inkompetent

irredentism [ˌɪrɪ'dentɪzəm] *n* HIST, POL Irredentismus *m fachspr*

irredentist [ˌɪrɪ'dentɪst] *n* HIST, POL Irredentist(in) *m(f) fachspr*

irreducible [ˌɪrɪ'dju:səbl̩, AM *esp* -'du:-] *adj inv* (*form*) ① (*undiminishable*) nicht [weiter] reduzierbar, äußerst klein [*o* gering]; ~ **minimum** absolute Mindestmenge ② (*impossible to simplify*) nicht [weiter] zu vereinfachend; ~ **formula** nicht weiter zu vereinfachende [*o* zerlegbare] Formel; ~ **cultural idiosyncrasy** nicht weiter auszudifferenzierende kulturelle Eigenart ③ PHILOS, MATH (*underivable*) irreduzibel, unableitbar ④ MED (*irreplaceable*) irreponibel *fachspr*

irreducibly [ˌɪrɪ'dju:səbli, AM *esp* -'du:-] *adv inv* (*form*) äußerst klein [*o* gering], absolut minimal; ***the centre was*** ~ ***staffed*** die Zentrale war äußerst minimal besetzt; ~ **small quantities** äußerst kleine Mengen

irrefutable [ˌɪrɪ'fju:təbl̩, AM *esp* ɪ'refjət̬ə-] *adj inv* (*form*) ① (*undisprovable*) *argument, proof* unwiderlegbar; ~ **evidence** unwiderlegbarer Beweis ② (*uncontestable*) unbestreitbar; ~ **fact/logic** unbestreitbare Tatsache/Logik

irrefutably [ˌɪrɪ'fju:təbli, AM *esp* ɪ'refjət̬ə-] *adv inv* (*form*) ① (*undisprovably*) unwiderlegbar; ~ **proven** unwiderlegbar [*o* eindeutig] bewiesen ② (*uncontestably*) unbestreitbar, unzweifelhaft; ***it's become*** ~ ***clear that ...*** es ist unzweifelhaft deutlich geworden, dass ...; ~ **factual report** unbestreitbar den Tatsachen entsprechender Bericht

irregular [ɪ'regjələr, AM -ɚ] **I.** *adj* ① (*unsymmetrical*) *arrangement, pattern* unregelmäßig, ungleichmäßig, uneinheitlich; ~ **shape** ungleichförmige Gestalt; ~ **surface/terrain** unebene Oberfläche/unebenes Gelände; ~ **teeth** unregelmäßige Zähne; ~ **verbs** unregelmäßige Verben ② (*intermittent*) unregelmäßig, ungleichmäßig; **at** ~ **intervals** in unregelmäßigen Abständen; ~ **meals/payments** unregelmäßige Mahlzeiten/Zahlungen; ~ **pulse** [*or* **heartbeat**] unregelmäßiger [*o* ungleichmäßiger] Herzschlag; ▪ **to be** ~ AM, AUS MED (*fam*) unregelmäßigen Stuhlgang haben ③ (*form: failing to accord*) *behaviour, conduct* regelwidrig, ordnungswidrig, vorschriftswidrig *form; document* nicht ordnungsmäßig *form;* ~ **action** ungesetzliche Aktion; ~ **banknote** ungültige Banknote; ~ **economy** amtlich nicht erfasste Wirtschaft, Schattenwirtschaft *f fig;* ~ **habits** ungeregelte Lebensweise; ~ **method** unsystematische Methodik; ~ **proceedings** an Formfehlern leidendes Verfahren; ~ **shirt** Hemd *nt* mit Fabrikationsfehlern; (*peculiar*) *customs, practices* sonderbar, eigenartig, absonderlich; **most** ~ höchst sonderbar; (*improper*) ungehörig, ungebührlich; ~ **behaviour** [*or* AM **behavior**] ungebührliches Benehmen; ~ **dealings** zwielichtige Geschäfte; ~ **private life** ausschweifendes Privatleben ④ MIL (*unofficial*) irregulär; ~ **soldiers** Partisanen, -innen *mpl, fpl,* Freischärler(innen) *mpl(fpl);* ~ **troops** irreguläre Truppen **II.** *n* MIL Partisan(in) *m(f),* Freischärler(in) *m(f)*

irregularity [ɪˌregjə'lærəti, AM -'lerət̬i] *n* ① (*form: lack of symmetry*) *of an arrangement* Unregelmäßigkeit *f,* Ungleichmäßigkeit *f; of prices* Uneinheitlichkeit *f; of a surface, terrain* Unebenheit *f;* **the** ~ **of the coastline** der unregelmäßige Verlauf der Küstenlinie ② (*intermittence*) *of intervals* Unregelmäßigkeit *f,* Ungleichmäßigkeit *f* ③ (*form: lack of accordance*) *of behaviour, conduct* Regelwidrigkeit *f,* Ordnungswidrigkeit *f; of an action* Ungesetzlichkeit *f form;* **currency** ~ Devisenvergehen *nt,* Verstoß *m* gegen die Devisenbestimmungen *form;* ~ **in the procedure** Verfahrensfehler *m;* **to commit irregularities** sich *dat* Unregelmäßigkeiten zuschulden kommen lassen; **to uncover irregularities** Unregelmäßigkeiten aufdecken ④ (*peculiarity*) *of customs, practices* Eigenartigkeit *f,* Absonderlichkeit *f;* (*impropriety*) *of behaviour* Ungehörigkeit *f,* Ungebührlichkeit *f;* ~ **of dealings** Zwielichtigkeit *f* von Geschäften

irregularly [ɪ'regjələli, AM -ɚli] *adv* ① (*unsymmetrically*) unregelmäßig; (*shaped*) ungleichmäßig, uneinheitlich; ***the chairs were*** ~ ***spaced around the room*** die Stühle waren ungleichmäßig im ganzen Raum verteilt; ***the garden was laid out*** ~ der Garten war uneben angelegt; **prices marked** ~ uneinheitlich ausgezeichnete Preise; **teeth shaped** ~ unregelmäßig geformte Zähne ② (*intermittently*) ungleichmäßig, unregelmäßig; ***payments were made*** ~ Zahlungen wurden unregelmäßig geleistet; **to meet** ~ sich *akk* ab und an treffen

irrelevance [ɪ'reləvən(t)s, AM ɪr'el-] *n,* **irrelevancy** [ɪ'reləvən(t)si, AM ɪr'el-] *n* (*form*) Unerheblichkeit *f,* Unwesentlichkeit *f; of details* Bedeutungslosigkeit *f,* Irrelevanz *f form;* **to be an** ~ unwesentlich [*o* ohne Belang] sein; ***sympathy is an*** ~ — ***we need practical help*** Anteilnahme ist nicht das Wesentliche – was wir brauchen, ist praktische Unterstützung; **to fade into** ~ immer bedeutungsloser werden

irrelevant [ɪ'reləvənt, AM ɪr'el-] *adj* belanglos, unerheblich, irrelevant; ***making a large profit is*** ~ ***to us*** es kommt uns nicht darauf an, einen hohen Gewinn zu erzielen; ***don't be*** ~ schweifen Sie nicht vom Thema ab; **an** ~ **question** eine nicht zur Sache gehörende Frage; **to be largely** ~ **to sth** für etw *akk* weitgehend unerheblich [*o* ohne Bedeutung] sein

irrelevantly [ɪ'reləvəntli, AM ɪr'el-] *adv* **to ramble on** ~ sich *akk* in Nebensächlichkeiten verlieren; **to speak** ~ belangloses Zeug reden

irreligious [ˌɪrɪ'lɪdʒəs] *adj* ① (*not practicing*) religionslos; (*unbelieving*) ungläubig; (*indifferent to religion*) areligiös ② (*impious*) gottlos; ~ **heathen** gottloser Heide/gottlose Heidin ③ (*anti-religious*) religionsfeindlich; ~ **statements** religionsfeindliche Äußerungen

irremediable [ˌɪrɪ'mi:diəbl̩] *adj inv* (*form*) nicht behebbar [*o* wieder gutzumachend]; ~ **damage** nicht zu behebender [*o* wieder gutzumachender] Schaden; ~ **defects of character** nicht zu beseitigende Charakterfehler; ~ **error** nicht ungeschehen zu machender Irrtum; ~ **flaw** nicht behebbarer Mangel [*o* Fehler]; ~ **loss** nicht wettzumachender [*o* wieder gutzumachender] Verlust *fam*

irremovable [ˌɪrɪ'mu:vəbl̩] *adj inv* ① (*not displaceable*) nicht wegzubewegend; ~ **boulder** nicht von der Stelle zu bewegender Felsen; ~ **boundary stone** nicht verrückbarer Grenzstein; ~ **obstacle** nicht wegzuräumendes [*o* zu beseitigendes] Hindernis ② (*also fig: inflexible*) unbeweglich ③ (*permanent*) *judge* unabsetzbar; *officer* unkündbar, auf Lebenszeit ernannt

irreparable [ɪ'repərəbl̩] *adj inv* irreparabel, nicht wieder gutzumachend; ~ **damage** nicht wieder gutzumachender Schaden; ~ **loss** unersetzlicher Verlust

irreparably [ɪ'repərəbli] *adv inv* irreparabel; ***the ship has been*** ~ ***damaged*** der an dem Schiff entstandene Schaden ist nicht behebbar; ***his reputation was*** ~ ***damaged*** sein Ruf war irreparabel geschädigt

irreplaceable [ˌɪrɪ'pleɪsəbl̩] *adj inv* unersetzlich, unersetzbar; ~ **resources** nicht erneuerbare Ressourcen; ~ **vase** unersetzliche Vase

irrepressible [ˌɪrɪ'presəbl̩] *adj* ① (*usu approv: unrestrainable*) *curiosity, desire* unbezähmbar; *anger, joy* unbändig; ***she's been*** ~ ***all morning*** sie ist schon den ganzen Morgen nicht zu bändigen; ~ **conflict** (*uncontrollable*) nicht zu verdrängender Konflikt; ~ **exuberance** helle Begeisterung; ~ **spirits** ausgelassene Stimmung; ~ **urge** unbezähmbarer Drang ② (*impossible to discourage*) unverwüstlich, unerschütterlich; ***she's an*** ~ ***chatterbox*** sie plappert unentwegt; ~ **optimist** unerschütterlicher Optimist/unerschütterliche Optimistin; ~ **pacifist** nicht unterzukriegender Pazifist/unterzukriegende Pazifistin; ~ **sense of humour** [*or* AM **humor**] unverwüstlicher Sinn für Humor

irrepressibly [ˌɪrɪ'presəbli] *adv* ① (*usu approv: without restraint*) unbändig; **to be** ~ **happy** sich *akk* unbändig freuen ② (*without being discouraged*) unerschütterlich, unentwegt; ~ **optimistic** unerschütterlich optimistisch

irreproachable [ˌɪrɪ'prəʊtʃəbl̩, AM -'proʊ-] *adj inv* (*form*) *behaviour, character* untadelig, tadellos *form;* ~ **quality** tadellose Qualität; *behaviour, quality* einwandfrei; ~ **conduct** LAW einwandfreie Führung; ~ **past** makellose Vergangenheit

irreproachably [ˌɪrɪ'prəʊtʃəbli, AM -'proʊ-] *adv inv* (*form*) untadelig *form,* einwandfrei; **to behave** ~ sich *akk* einwandfrei benehmen [*o form* untadelig führen]

irresistible [ˌɪrɪ'zɪstəbl̩] *adj* ① (*powerful*) unwiderstehlich; ~ **argument** schlagendes [*o* überzeugendes] Argument; ~ **impulse/urge** unwiderstehlicher Impuls/Drang ② (*lovable*) *appearance* äußerst [*o* ungemein] anziehend; *personality* überaus einnehmend [*o* gewinnend] ③ (*enticing*) äußerst [*o* ungemein] verführerisch; ~ **necklace** äußerst verlockendes Halsband

irresistibly [ˌɪrɪ'zɪstəbli] *adv* unwiderstehlich; **to be attracted** ~ unwiderstehlich angezogen werden; **to argue** ~ schlagende [*o* überzeugende] Argumente vorbringen; **to refute sth** ~ etw überzeugend widerlegen

irresolute [ɪ'rezəlu:t] *adj* (*pej form*) ① (*doubtful*) unentschlossen, unschlüssig *geh;* **to be** ~ unentschlossen sein, schwanken; **to adopt an** ~ **attitude** eine unschlüssige [*o* schwankende] Haltung einnehmen; ~ **reply** unklare Antwort ② (*lacking determination*) entschlusslos, entscheidungsschwach

irresolutely [ɪ'rezəlu:tli] *adv* (*pej form*) unentschlossen, unschlüssig *geh;* **to reply** ~ unklar antworten

irresolution [ɪˌrezəl'u:ʃən] *n no pl* (*pej form*) ① (*doubtfulness*) Unentschlossenheit *f,* Unschlüssigkeit *f geh* ② (*lack of determination*) Entschlusslo-

sigkeit *f*, Entscheidungsschwäche *f*
irrespective [ˌɪrɪˈspektɪv] *adv inv (form)* ■ **~ of sth** ohne Rücksicht auf etw *akk*, ungeachtet einer S. *gen; **candidates are assessed on merit, ~ of colour*** Bewerber werden nach Leistung beurteilt, ungeachtet ihrer Hautfarbe; **~ of age/the cost** altersunabhängig/kostenunabhängig; **~ of the consequences** ungeachtet der Folgen; **~ of what ...** unabhängig davon, was ...; **~ of whether ...** ohne Rücksicht darauf, ob ...
irresponsibility [ˌɪrɪˌspɒn(t)səˈbɪləti, AM -ˌspɑːn(t)səˈbɪləṱi] *n no pl* ❶ *(pej: lack of consideration) of actions* Unverantwortlichkeit *f; of persons* Verantwortungslosigkeit *f; **an act of gross ~*** eine grob unverantwortliche Handlung ❷ LAW *(inadequacy)* Unzurechnungsfähigkeit *f*; **criminal ~** Strafunmündigkeit *f*
irresponsible [ˌɪrɪˈspɒn(t)səbl̩, AM -ˈspɑː-] *adj* ❶ *(pej: lacking consideration) action* unverantwortlich; *person* verantwortungslos ❷ *(form: uncountable) body, state* nicht verantwortlich ❸ LAW *(inadequate)* unzurechnungsfähig; **financially ~** finanziell nicht verantwortlich zu machend
irresponsibly [ˌɪrɪˈspɒn(t)səbli, AM -ˈspɑː-] *adv (pej)* verantwortungslos, unverantwortlich; **to act ~** unverantwortlich handeln; **to behave ~** sich *akk* verantwortungslos verhalten
irretrievable [ˌɪrɪˈtriːvəbl̩] *adj inv* ❶ *(irreparable) loss* unersetzlich, unersetzbar ❷ *(irremediable)* irreparabel; **~ mistake** nicht mehr zu behebender [*o* korrigierender] Fehler; **~ situation** nicht mehr zu ändernde Situation; LAW unheilbare Zerrüttung der Ehe ❸ *(irrecoverable) crew, ship* unrettbar [verloren]; *treasure* unwiederbringlich [verloren]; **~ loss** unwiederbringlicher [*o* endgültiger] Verlust ❹ COMPUT **sth is ~** *information, file* etw kann nicht mehr abgerufen werden
irretrievably [ˌɪrɪˈtriːvəbli] *adv inv* unwiederbringlich, endgültig; ***their marriage had broken down ~*** ihre Ehe war unheilbar zerrüttet; ***the local ecosystem will be ~ damaged*** das lokale Ökosystem wird bleibend geschädigt; **~ lost** unwiederbringlich [*o* endgültig] verloren
irreverence [ɪˈrevᵊrᵊn(t)s] *n no pl* Respektlosigkeit *f*; *(in religious matters)* Pietätlosigkeit *f geh*; **an act of ~** eine Respektlosigkeit; *(in religious matters)* eine Pietätlosigkeit
irreverent [ɪˈrevᵊrᵊnt] *adj* unehrerbietig, respektlos; *(in religious matters)* pietätlos *geh; **the programme takes an ~ look at the medical profession*** die Sendung nimmt die Ärzteschaft respektlos ins Visier; **~ comment** respektloser Kommentar; **~ humour** [*or* AM **humor**] pietätloser Humor
irreverently [ɪˈrevᵊrᵊntli] *adv* unehrerbietig, respektlos; *(in religious matters)* pietätlos; **to behave ~** sich *akk* unehrerbietig benehmen *geh*
irreversible [ˌɪrɪˈvɜːsəbl̩, AM -ˈvɜːr-] *adj inv* ❶ *(impossible to change back) development, process* nicht umkehrbar, irreversibel; **~ damage** irreversibler Schaden; **~ decision** unwiderrufliche Entscheidung; **~ facial injury** MED irreversible Gesichtsverletzung ❷ CHEM, TECH *engine* in einer Richtung laufend; *chemical synthesis* in einer Richtung verlaufend ❸ *(impossible to turn) cover, cushion* nicht doppelseitig wendbar
irreversibly [ˌɪrɪˈvɜːsəbli, AM -ˈvɜːr-] *adv inv* unwiderruflich, irreversibel; ***the computer has impacted ~ on our society*** der Computer hat unwiderruflich Einzug in unsere Gesellschaft gehalten; **~ damaged** für immer geschädigt
irrevocable [ɪˈrevəkəbl̩] *adj inv* unwiderruflich, endgültig, unumstößlich; **~ decision** unwiderrufliche [*o* endgültige] Entscheidung; **~ decree** endgültiger Erlass; **~ promise** festes Versprechen
irrevocably [ɪˈrevəkəbli] *adv inv* unwiderruflich, endgültig, unumstößlich; **~ determined** fest entschlossen
irrigate [ˈɪrɪgeɪt] *vt* ■ **to ~ sth** ❶ *(supply water)* etw bewässern; **to ~ land** Land bewässern ❷ MED *(wash)* **to ~ a wound** eine Wunde ausspülen
irrigation [ˌɪrɪˈgeɪʃᵊn] **I.** *n no pl* ❶ *(water supply) of land* Bewässerung *f; of crops* Berieselung *f*; **overhead ~** Beregnung *f* ❷ MED *(washing)* Spülung *f*; **colonic ~** Dickdarmspülung *f*; **gastric ~** Magenspülung *f* **II.** *n modifier (plan, scheme, works)* Bewässerungs-
irritability [ˌɪrɪtəˈbɪləti, AM -ṱəˈbɪləṱi] *n no pl (pej)* Reizbarkeit *f*, Gereiztheit *f*; MED *of an organ, tissue* Reizbarkeit *f*, [Über]empfindlichkeit *f*, Irritabilität *f fachspr*
irritable [ˈɪrɪtəbl̩, AM -ṱ-] *adj (pej)* reizbar, gereizt; MED *organ, tissue* reizbar, [über]empfindlich, irritabel *fachspr*; **~ heart** überempfindliches Herz; **~ to the touch** [sehr] berührungsempfindlich
irritable bowel *n*, **irritable bowel syndrome** *n* MED Darmreizung *f*, Reizkolon *m*
irritably [ˈɪrɪtəbli, AM -ṱ-] *adv* gereizt, erregt, empfindlich; **to react ~** gereizt [*o* empfindlich] reagieren
irritant [ˈɪrɪtᵊnt, AM -ṱənt] *n* ❶ CHEM, MED *(substance)* Reizstoff *m*, Reizmittel *nt*; MIL Reizkampfstoff *m* ❷ *(annoyance)* Ärgernis *nt; **the noise of traffic is an ~ to us*** uns geht der Verkehrslärm auf die Nerven
irritate [ˈɪrɪteɪt] *vt* ❶ *(pej: provoke)* ■ **to ~ sb** jdn [ver]ärgern [*o* reizen]; **to be intensely ~d** äußerst ungehalten [*o* verärgert] sein; **to feel ~d at sth** sich *akk* über etw *akk* ärgern ❷ MED *(pej: inflame)* **to ~ skin** Hautreizungen hervorrufen
irritating [ˈɪrɪteɪtɪŋ, AM -ṱ-] *adj (pej)* ärgerlich, lästig; **~ affair/incident** ärgerliche Sache/ärgerlicher Vorfall; **~ behaviour** [*or* AM **behavior**] irritierendes Verhalten; **~ conflicts** unangenehme Konflikte; **~ indifference** aufreizende Gleichgültigkeit; **~ problems/questions** lästige Probleme/Fragen
irritatingly [ˈɪrɪteɪtɪŋli, AM -ṱ-] *adv (pej)* ärgerlicherweise; **~ blasé** [*or* **smug**] aufreizend blasiert; **~ slow** unerträglich langsam
irritation [ˌɪrɪˈteɪʃᵊn] *n* ❶ *(annoyance)* Ärger *m*, Verärgerung *f*; ■ **to be an ~ to sb** jdn [ver]ärgern [*o geh* irritieren]; **to cause ~** Ärger erregen, Verärgerung hervorrufen ❷ *(nuisance)* Ärgernis *nt*; **minor ~** kleineres Ärgernis ❸ MED *(inflammation)* Reizung *f*; **~ of the eye** Augenreizung *f*; **skin ~** Hautreizung *f*; **to cause ~** eine Reizung hervorrufen
irrupt [ɪˈrʌpt] *vi* ❶ *(enter forcibly or suddenly)* eindringen ❷ *(migrate in large numbers)* einfallen
irruption [ɪˈrʌpʃᵊn] *n* ❶ *(forcible entry)* Eindringen *nt kein pl* ❷ *(migration in large numbers)* Einfall *m kein pl*
IRS [ˌaɪɑːrˈes] *n* AM *abbrev of* **Internal Revenue Service** Finanzamt *nt*
is [ɪz, z] *aux vb 3rd pers sing of* **be**
ISBN [ˌaɪesbiːˈen] *n* PUBL *abbrev of* **International Standard Book Number** ISBN-Nummer *f*
ISDN [ˌaɪesdiːˈen] *n* TELEC *abbrev of* **integrated services digital network** ISDN
-ish [ɪʃ] *in compounds* -lich, -haft; **blueish** bläulich; **boyish** jungenhaft; ***he'll be here about ten o'clock-ish*** er ist so gegen zehn Uhr hier; ***she's 34-ish*** sie ist um die 34 Jahre alt
Islam [ˈɪzlɑːm] *n no art, no pl* Islam *m*
Islamic [ɪzˈlɑːmɪk] *adj inv* REL *(hist)* islamisch; **~ calendar** islamischer Kalender; **~ law** islamisches Recht
Islamist [ˈɪzləmɪst] **I.** *n* Islamist(in) *m(f)* **II.** *n modifier* islamistisch
island [ˈaɪlənd] *n* ❶ *(also fig: in the sea)* Insel *f*; **~ of calm** *(fig)* Insel *f* der Ruhe ❷ *(on street)* Verkehrsinsel *f* ► PHRASES: **no man is an ~** *(prov)* niemand ist alleine auf der Welt
islander [ˈaɪləndəʳ, AM -ɚ] *n* Inselbewohner(in) *m(f)*, Insulaner(in) *m(f)*; **the Falkland ~s** die Bewohner(innen) *mpl(fpl)* der Falklandinseln
island-hopping *n* TOURIST Inselhüpfen *nt (dabei werden nacheinander mehrere Inseln eines Archipels besucht)*
isle *n*, **Isle** [aɪl] *n (esp form, poet)* [kleine] Insel, Eiland *nt poet*; **I~ of Man** die Insel Man; **the British I~s** die Britischen Inseln
islet [ˈaɪlət, AM -lɪt] *n (liter)* Inselchen *nt*, winziges Eiland *liter*
ism [ɪzᵊm] *n (esp pej fam)* Ismus *m pej*, bloße [*o* reine] Theorie; ***we'll talk peace with anybody whatever their ~s are*** wir diskutieren mit jedem über Frieden, welche Ismen er auch vertreten mag
isn't [ɪzᵊnt] = **is not** *see* **be**
ISO [ˌaɪesˈəʊ, AM -ˈoʊ] *n abbrev of* **International Standards Organisation** ISO *f*
isobar [ˈaɪsə(ʊ)bɑːʳ, AM -soʊbɑːr] *n* METEO Isobare *f*
isolate [ˈaɪsəleɪt] *vt* ❶ *(set apart)* ■ **to ~ sb/sth [from sb/sth]** jdn/etw [von jdm/etw] trennen [*o* isolieren]; ***it is impossible to ~ political responsibility from moral responsibility*** politische Verantwortung lässt sich nicht von moralischer Verantwortung trennen; ■ **to ~ oneself [from sb/sth]** sich *akk* [von jdm/etw] absondern [*o fam* abkapseln] ❷ CHEM, ELEC *(separate)* **to ~ sth from the electric circuit** etw vom Stromkreis trennen; **to ~ a substance** eine Substanz isolieren ❸ *(identify)* **to ~ a problem** ein Problem gesondert betrachten
isolated [ˈaɪsəleɪtɪd, AM -ṱ-] *adj* ❶ *(outlying)* abgelegen, abseits gelegen; *(detached) building, house* allein [*o* frei] stehend; **~ hotel** abgelegenes Hotel ❷ *(solitary)* einsam [gelegen], abgeschieden *geh*; **~ pawn** einsamer Bauer; **~ village** abgeschiedenes Dorf ❸ *(excluded) country* isoliert; **diplomatically/politically ~** diplomatisch/politisch isoliert ❹ *(lonely)* einsam, vereinsamt; **to feel ~** sich *akk* einsam fühlen ❺ *(single)* vereinzelt, einzeln; ***there have been a few ~ instances of racial problems*** es traten einige vereinzelte Rassenprobleme auf; **in ~ cases** in Einzelfällen; **~ phenomenon** Einzelphänomen *nt*
isolation [ˌaɪsᵊlˈeɪʃᵊn] **I.** *n no pl* ❶ *(separation)* Isolation *f*, Isolierung *f*, Absonderung *f*, Trennung *f*; **~ from moisture/noise** Isolierung *f* gegen Feuchtigkeit/Schall; **to keep a patient in complete ~** einen Patienten/eine Patientin vollständig isolieren; **to keep a prisoner in ~** eine(n) Strafgefangene(n) in Einzelhaft verwahren ❷ *(remoteness) of a hotel, lake* Abgelegenheit *f* ❸ *(solitariness) of a village* Einsamkeit *f*, einsame Lage, Abgeschiedenheit *f geh* ❹ *(exclusion) of a country* Isolation *f* ❺ *(loneliness)* Isolation *f*, Vereinsamung *f*, Vereinzelung *f* **II.** *n modifier (block, cell)* Isolations-; *(resistor, switch)* Trenn-
isolation hospital *n* Infektionskrankenhaus *nt*
isolationism [ˌaɪsᵊlˈeɪʃᵊnɪzᵊm] *n no pl* POL, HIST Isolationismus *m*
isolationist [ˌaɪsᵊlˈeɪʃᵊnɪst] POL, HIST **I.** *adj* isolationistisch **II.** *n* Isolationist(in) *m(f)*
isolation ward *n* Isolierstation *f*
isomer [ˈaɪsəməʳ, AM -soʊmɚ] *n* CHEM, NUCL Isomer(e) *nt*
isometric [ˌaɪsə(ʊ)ˈmetrɪk, AM -soʊ-] *adj* ❶ CHEM *(equiangular) crystals, rocks* isometrisch ❷ TECH *(to scale) drawing, map* längentreu, isometrisch ❸ MED *(with equal refraction) eyes* gleichsichtig, isometrisch, isometrop *fachspr* ❹ ANAT, MED *(strengthening muscles)* isometrisch *fachspr*; **~ exercises/relaxation** isometrische Übungen/Entspannung ❺ LIT *(with equal lines) stanza, strophe* gleich lang, isometrisch *fachspr*
isomorphic [ˌaɪsəʊˈmɔːfɪk, AM soʊˈmɔːrfɪk] *adj inv* isomorph
isosceles triangle [aɪˌsɒsᵊliːzˈ-, AM -ˌsɑːs-] *n* MATH gleichschenkliges Dreieck
isotherm [ˈaɪsə(ʊ)θɜːm, AM -soʊθɜːrm] *n* METEO, PHYS Isotherme *f*
isotonic [ˌaɪsəˈtɒnɪk, AM -ˈtɑːn-] *adj* PHYS isotonisch
isotope [ˈaɪsətəʊp, AM -toʊp] *n* CHEM Isotop *nt*
Israel [ˈɪzreɪ(ə)l, AM -riəl] *n* Israel *nt*
Israeli [ɪzˈreɪli] **I.** *n* Israeli *m o f* **II.** *adj* israelisch
Israelite [ˈɪzriəlaɪt] *n* Israelit(in) *m(f)*
issuance [ˈɪʃuᵊn(t)s] *n (form)* [Her]ausgabe *f*, Ausstellung *f form*; **~ of a document** Ausstellung *f* einer Urkunde; **~ of a law** Erlass *m* eines Gesetzes; **~ of a licence** [*or* AM **license**] Erteilung *f* einer Lizenz; **~ of material** Materialausgabe *f*; **~ of an order** Erteilung *f* eines Befehls; **~ of securities** STOCKEX Ausgabe *f* von Wertpapieren, Effektenemission *f fachspr*; **~ of shares** [*or* **stocks**] Aktienausgabe *f*
issue [ˈɪʃuː] **I.** *n* ❶ *(topic)* [Streit]frage *f*, Angelegen-

heit *f,* Thema *nt,* Problem *nt;* ***she has changed her mind on many ~s*** sie hat ihre Einstellung in vielen Punkten geändert; **familiy ~s** Familienangelegenheiten *fpl;* **the point at ~** der strittige Punkt; **side ~** Nebensache *f;* **the ~ at stake** der springende Punkt; **a burning ~** eine brennende Frage; **environmental ~** Umweltproblem *nt;* **ethical ~** ethische Frage; **the real ~s** die Kernprobleme *ntpl;* **to address an ~** ein Thema ansprechen; **to avoid an ~** einem Thema ausweichen; **to confuse an ~** um etw *akk* herumreden; **to make an ~ of sth** etw aufbauschen; **to take ~ with sb [over sth]** (*form*) sich *akk* mit jdm auf eine Diskussion [über etw *akk*] einlassen; **at ~** strittig ② (*making available*) *of publication* Ausgabe *f,* Nummer *f;* **latest ~** aktuelle Ausgabe ③ FIN, STOCKEX *of banknotes, shares, stamps* Ausgabe *f; of shares also* Emission *f; of loan* Auflegung *f; of cheque* Ausstellung *f;* **~ at par** FIN Pari-Emission *f;* **~ of securities** Wertpapieremission *f;* **new ~** Neuemission *f* ④ (*old: offspring*) Nachkommenschaft *f,* Nachkommen *mpl,* Abkömmlinge *mpl* **II.** *vt* ■**to ~ sth** (*put out*) etw ausstellen; (*make public*) etw veröffentlichen; **to ~ an arrest warrant** AM einen Haftbefehl erlassen; **to ~ banknotes** Banknoten *fpl* in Umlauf bringen; **to ~ a blast against sth** etw angreifen; **to ~ bonds** FIN Obligationen ausgeben; **to ~ a call for sth** zu etw *dat* aufrufen; **to ~ a communique** ein Kommuniqué herausgeben; **to ~ an invitation** eine Einladung aussprechen; **to ~ a newsletter** ein Rundschreiben veröffentlichen; **to ~ a passport** einen Pass ausstellen; **to ~ a patent** ein Patent erteilen; **to ~ a statement** eine Stellungnahme abgeben; **to ~ an ultimatum** ein Ultimatum stellen; ■**to ~ sb with sth** jdn mit etw *dat* ausstatten; (*distribute*) etw an jdn austeilen **III.** *vi* (*form*) ■**to ~ from sth** (*be born out of*) aus etw *dat* entspringen, von etw *dat* abstammen; (*come out of*) aus etw *dat* herauskommen; ***water was issuing*** Wasser strömte heraus; ***smoke was issuing*** Rauch quoll hervor

issue(d) price *n* Ausgabekurs *m,* Emissionskurs *m*

issuer *n* Emittent *m*

isthmus [ˈɪsməs] *n* ① GEOG (*strip*) Landenge *f,* Isthmus *m fachspr* ② ANAT, ZOOL (*passage*) Verengung *f,* Isthmus *m fachspr*

IT [ˌaɪˈtiː] *n no pl* COMPUT *abbrev of* **Information Technology** IT *f,* Informationstechnologie *f*

it [ɪt] *part* ① (*thing*) es; ***see my car over there? — ~'s brand new*** siehst du mein Auto da drüben? – es ist brandneu; ***fear grows — ~ obsesses you — you can't ignore ~*** die Angst wächst – sie umfängt dich – du kannst sie nicht ignorieren; ***the computer hasn't broken down, has ~?*** der Computer ist nicht kaputt, oder?; ***a room with two beds in ~*** ein Raum mit zwei Betten darin; (*of unspecified sex*) er, sie, es; ***she was holding the baby, cradling ~ and smiling into its face*** sie hielt das Baby, wiegte es und lächelte es an ② (*activity*) es; ***have you gone windsurfing before? ~'s a lot of fun*** warst du schon früher Windsurfen? es macht großen Spaß; ***stop ~ — you're hurting me*** hör auf [damit] – du tust mir weh; **to be at ~** an etw *dat* sein; ***that prank caller is at ~ again*** ich habe heute mehrere seltsame Anrufe bekommen – ich glaube, dieser Juxanrufer hat wieder angefangen; ***we heard some terrible music coming from the Smith's — I guess Mr Smith is at ~ again with the drums*** wir hörten grauenhafte Musik von den Smiths kommen – ich glaube, Mr. Smith ist wieder an den Trommeln ③ (*in time phrases: time, past dates*) es; (*day, date*) heute; ***~'s three o'clock*** es ist drei Uhr; ***what time is ~?*** wie spät ist es?; ***~ was Wednesday before I remembered that my birthday had been that Monday*** es war Mittwoch, bevor ich daran dachte, dass am Montag mein Geburtstag gewesen war; ***~'s the fifth of March*** heute ist der fünfte März; ***what day/date is ~?*** welcher Tag/welches Datum ist heute? ④ (*in weather phrases*) es; ***~ rained all day*** es regnete den ganzen Tag; ***~'s cold — take a jacket*** es ist kalt – nimm eine Jacke mit; ***~ gets dark so early these days*** es wird jetzt so früh finster ⑤ (*in distance phrases*) es; ***how far is ~ to New Orleans?*** wie weit ist es bis New Orleans?; ***~'s 10 miles until we're home*** bis nach Hause sind es 10 Meilen; ***~'s just 15 minutes before we'll be there*** wir sind in nur 15 Minuten da; ***~'s a day's walk to get to the town from the farm*** die Stadt liegt einen Tagesmarsch von dem Bauernhaus entfernt ⑥ *as subject* (*referring to later part of sentence*) es; ■**~ is ... to do sth** ***~ isn't easy to find a cheap flat*** es ist nicht leicht, eine billige Wohnung zu finden; ***~'s common to have that problem*** dieses Problem ist weit verbreitet; ■**~ is ... doing sth** ***~'s no use knocking, she can't hear you*** Klopfen hat keinen Sinn, sie hört dich nicht; ***~'s pointless trying to talk to them when they're in that mood*** es ist sinnlos, mit ihnen zu sprechen zu versuchen, wenn sie in dieser Stimmung sind; ***~'s nice having breakfast out on the balcony*** es ist angenehm, am Balkon zu frühstücken; ■**~ is ... [that] ...** ***~'s unlikely that she will arrive on time*** es ist unwahrscheinlich, dass sie rechtzeitig kommt; ***~'s true I don't like Sarah*** es stimmt, ich mag Sarah nicht; ***~'s important that you should see a doctor*** du solltest unbedingt zu einem Arzt gehen; ***~'s a shame I can't come*** es ist schade, dass ich nicht kommen kann; ■**~ is ... + wh- word** ***~'s interesting how often she talks to him*** es ist interessant, wie oft sie mit ihm spricht; *as object;* **to find ~ ... doing/to do sth** es ... finden, etw zu tun; ***I find ~ difficult having two jobs*** ich finde es schwierig, zwei Jobs zu haben; ***I found ~ impossible to get to sleep last night*** ich konnte letzte Nacht einfach nicht einschlafen; **to like ~ ... when ...** es mögen ... wenn ...; ***I like ~ in the autumn when the weather is crisp and bright*** ich mag den Herbst, wenn das Wetter frisch und klar ist; **to think ~ ... that ...** es ... finden, dass ...; ***he thought ~ strange that she refused to talk to him*** er fand es seltsam, dass sie sich weigerte, mit ihm zu sprechen ⑦ (*form: in passive sentences with verbs of opinion, attitude*) man; ■**~ is ... that ...** ***~ is thought that he tried to contact his family on Friday*** man nimmt an, dass er am Freitag versuchte, seine Familie zu kontaktieren; ***~ is said that she has left the country*** es heißt, dass sie das Land verlassen hat ⑧ (*emph*) ■**~ is ... who/that ...[, not ...]** ***~ was Paul who came here in September, not Bob*** Paul kam im September, nicht Bob; ***~ was in Paris where we met, not in Marseilles*** wir trafen uns in Paris, nicht in Marseilles ⑨ (*situation*) es; ***~ appears that we have lost*** mir scheint, wir haben verloren; ***~ looks unlikely that we shall get the order*** es ist unwahrscheinlich, dass wir den Auftrag bekommen; ***~ sounds an absolutely awful situation*** das klingt nach einer schrecklichen Situation; ***~ takes [me] an hour to get dressed in the morning*** ich brauche morgens eine Stunde, um mich anzuziehen; ***if you wait ~ out, ...*** wenn du nur lange genug wartest, ...; ***if ~'s convenient*** wenn es Ihnen/dir passt; ***they made a mess of ~*** sie versauten es *sl;* ***we had a hard time of ~ during the drought*** während der Dürre hatten wir es schwer ⑩ (*right thing*) es; ***that's absolutely ~ — what a great find!*** das ist genau das – ein toller Fund!; ***that is ~ — you've got to buy it!*** das ist es – ich muss es kaufen!; **that's ~!** das ist es!; **to think one is ~** sich *akk* für den Größten/die Größte halten ⑪ (*trouble*) **to be in for ~** Probleme haben; **to get ~** Probleme kriegen; **that's not ~** das ist es nicht; ***do you think there was a short circut? — no, that's not ~*** glaubst du, es war ein Kurzschluss? – nein, das ist es nicht ⑫ (*the end*) **that's [*or* this is] ~** das war's; ***this is ~, I'm going*** das war's, ich gehe ⑬ (*player*) **to be ~** dran sein; ***so, John's ~ first*** John ist als erster dran ⑭ (*fam: sex*) es; **to do ~** es treiben ▶ PHRASES: **go for ~!** Hoppauf!; (*encouragement*) ***go for ~, girl!*** du schaffst es, Mädchen!; **to have ~ in for sb** es auf jdn abgesehen haben; **this is ~** jetzt geht's los; **to run for ~** davonlaufen; **use ~ or lose ~** (*prov*) wer rastet, der rostet; **that's [*or* this is] ~** das ist der Punkt

ITA [ˌaɪtiːˈeɪ] *n no pl, + sing/pl vb* BRIT *abbrev of* **Independent Television Authority:** ■**the ~** die ITA

Italian [ɪˈtæliən, AM -jən] **I.** *n* ① (*native*) Italiener(in) *m(f)* ② (*language*) Italienisch *nt* **II.** *adj* italienisch

Italianate [ɪˈtæliəneɪt, AM jənɪt] *adj inv* italianisiert

italic [ɪˈtælɪk] **I.** *adj* TYPO kursiv; **~ type** Kursivschrift *f* **II.** *n* TYPO Kursive *f*

italicize [ɪˈtælɪsaɪz] *vt* TYPO **to ~ a passage** eine Passage kursiv drucken

italics [ɪˈtælɪks] *npl* TYPO Kursivschrift *f,* Kursivdruck *m;* **printed in ~** kursiv gedruckt

Italo-American [ɪˌtæləʊəˈmerɪkən, AM -loʊə'-] *n* Italo-Amerikaner(in) *m(f)*

Italophile [ɪˈtæləʊfaɪl, AM -loʊ-] *n* Italienbewunderer, Italienbewunderin *m, f*

Italy [ˈɪtᵊli, AM -t̬ə-] *n* Italien *nt*

ITC [ˌaɪtiːˈsiː] *n no pl, + sing/pl vb abbrev of* **Independent Television Commission:** ■**the ~** die ITC

itch [ɪtʃ] **I.** *n* <*pl* -es> ① (*irritation*) Jucken *nt,* Juckreiz *m;* **to have got an ~** einen Juckreiz haben; ***I've got an ~ on my back*** es juckt mich am Rücken ② MED (*irritation*) Hautjucken *nt,* Pruritus *m fachspr;* ■**the ~** die Krätze [*o fachspr* Skabies] ③ (*fig fam: desire*) **to have an ~ for sth** wild [*o* scharf] auf etw *akk* sein *sl* **II.** *vi* ① (*prickle*) jucken; ***my nose is ~ing*** mir [*o* mich] juckt die Nase; ***he was ~ing all over*** es juckte ihn überall ② (*fig fam: desire*) ■**to be ~ing [*or* to ~] to do sth** ganz wild [*o fam* scharf] darauf sein, etw zu tun *fam;* ***he was ~ing to hear the results*** er war ganz wild auf die Ergebnisse; ***she was ~ing to clip him round the ear*** es juckte ihr in den Fingern, ihm eine runterzuhauen *fig fam;* ■**to ~ for sth** ganz wild [*o fam* scharf] auf etw *akk* sein *fam;* **to be ~ing for trouble/a fight** auf Ärger/Streit aus sein

itching [ˈɪtʃɪŋ] *n no pl* Jucken *nt,* Juckreiz *m*

itching palm *n see* **itchy palm**

itchy [ˈɪtʃi] *adj* ① (*rough*) *sweater etc* kratzend, kratzig; **~ wool** kratzende Wolle ② (*causing sensation*) juckend; ***I've got an ~ scalp*** meine Kopfhaut juckt; ***the dust made me feel ~ all over*** der Staub löste bei mir einen Juckreiz am ganzen Körper aus; **to have ~ fingers** (*fig*) lange Finger machen *fig;* **~ rash** juckender Ausschlag

itchy feet *npl* (*fig fam*) **to have ~** es irgendwo nicht mehr aushalten; (*want to travel*) den Reisetrieb haben; (*want new job*) sich *akk* nach einer anderen Stelle sehnen **itchy palm** *n* (*fig, pej dated*) **to have an ~** gern die Hand aufhalten *fam*

it'd [ˈɪtəd, AM -t̬-] = **it would/had** *see* **would, have I, II**

item [ˈaɪtəm, AM -t̬-] *n* ① (*single thing*) Punkt *m;* (*in catalogue*) Artikel *m;* (*in account book*) Posten *m;* **~ on the agenda** Tagesordnungspunkt *m;* **~ of the budget** ECON [Haushalts]titel *m;* **~ of clothing** Kleidungsstück *nt;* **~ in a contract** Ziffer *f* [*o* [Unter]absatz *m*] in einem Vertrag; **~ of furniture** Einrichtungsgegenstand *m,* Möbelstück *nt;* **~ in a list** Posten *m* auf einer Liste; **luxury ~** Luxusartikel *m;* **~ of mail** Postsendung *f;* **~ of news, news ~** Pressenotiz *f,* Zeitungsnotiz *f;* **fast-selling ~** gut gehender Artikel; **down to the last ~** bis ins letzte Detail; **to buy miscellaneous ~s** verschiedene Dinge [*o* Sachen] kaufen; **to give relevant ~s** wichtige Details [*o* Einzelheiten] nennen; **~ by ~** Punkt *m* für Punkt; ***bread, milk, and other food ~s*** Brot, Milch und andere Lebensmittel; ***the restaurant has a menu of about fifty ~s*** die Speisekarte des Restaurants umfasst rund fünfzig Gerichte; ***we'll check various ~s in the tender*** wir prüfen verschiedene Einzelheiten der Ausschreibung ② (*object of interest*) Frage *f,* Anliegen *nt,* Gegenstand *m;* **an ~ of great importance** ein wichtiges Anliegen; **an ~ of political interest** ein Gegenstand *m* des politischen Interesses ③ (*topic*) Thema *m;* (*on agenda*) Punkt *m;* ***the index lists all ~s covered*** in dem Verzeichnis sind alle behandelten Themen aufgeführt ④ (*fig fam: couple*) Zweierkiste *f,* Beziehungskiste *f fam;* ***are you two an ~, or just friends?*** habt ihr beiden etwas miteinander, oder

seid ihr nur Freunde?
itemize ['aɪtəmaɪz, AM -t̬-] *vt* (*form*) ■**to ~ sth** etw näher angeben [*o* spezifizieren] [*o form* einzeln aufführen]; **to ~ an account** [*or* **a bill**] eine Rechnung spezifizieren; ***I asked Deutsche Telekom to ~ my phone bill*** ich bat die Deutsche Telekom, mir eine detaillierte Telefonrechnung auszustellen; **to ~ costs** Kosten aufgliedern; **to ~ the stock** den Bestand auflisten
itemized bill *n* Einzelrechnung *f,* spezifizierte Rechnung **itemized list** *n* Einzelaufstellung *f*
iterate ['ɪtᵊreɪt, AM 'ɪt̬ər-] *vt* (*form*) ■**to ~ sth** etw wiederholen; **to ~ a complaint** eine Beschwerde erneut vorbringen *form*
iteration [ˌɪtᵊ'reɪʃᵊn, AM ˌɪt̬ə] *n* ❶ (*repetition*) Wiederholung *f* ❷ COMPUT, MATH Iteration *f* ❸ (*software or hardware version*) Iteration *f*
It girl *n* BRIT Glamourgirl *nt,* Sternchen *nt fig,* Debütantin *f*
itinerant [aɪ'tɪnᵊrᵊnt, AM -nə-] **I.** *n* ❶ (*unsettled person*) Vagabund(in) *m(f)* ❷ (*migrant worker*) Wanderarbeiter(in) *m(f),* Saisonarbeiter(in) *m(f);* (*traveller*) beruflich Reisender/beruflich Reisende, ambulanter Händler/ambulante Händlerin, Wandergewerbetreibende(r) *f(m);* (*as a minstrel*) Fahrende(r) *f(m) hist* **II.** *adj* ❶ (*vagabond*) umherwandernd, umherziehend, fahrend *hist* ❷ (*migrant*) Wander-, Saison-; **~ labourer** [*or* AM *usu* **worker**] Wanderarbeiter(in) *m(f)* ❸ (*travelling*) reisend, Wander-, fahrend *hist;* **~ judge** LAW, HIST fahrender Richter *hist;* **~ merchant** reisender Händler/reisende Händlerin, Wandergewerbetreibende(r) *f(m)*
itinerary [aɪ'tɪnᵊrᵊri, AM -nəreri] *n* ❶ (*course*) Reiseroute *f,* Reiseweg *m* ❷ (*outline*) Reiseplan *m* ❸ (*account*) Reisebericht *m* ❹ (*book*) [Reise]führer *m*
it'll ['ɪtᵊl, AM 'ɪt̬-] = **it will/it shall** *see* **will¹, shall**
ITN [ˌaɪti:'en] *n no pl* BRIT *abbrev of* **Independent Televison News** *britischer Fernsehsender*
its [ɪts] *part poss* sein, seine, ihr, ihre
it's [ɪts] = **it is/it has** *see* **be/have I, II**
itself [ɪt'self] *part reflexive* ❶ *after vb* sich [selbst] *+dat o akk;* ***the cat is hiding ~*** die Katze versteckt sich; ***this rocket destroys ~*** diese Rakete zerstört sich selbst; ***his horse hurt ~*** sein Pferd hat sich verletzt ❷ *after prep* sich [selbst] *+dat o akk;* ***the animal has to fend for ~ — it doesn't get fed at home*** das Tier muss für sich selbst sorgen – es wird zu Hause nicht gefüttert ❸ (*specifically*) ■**sth ~** etw selbst; ***the shop ~ started 15 years ago*** der Geschäft selbst öffnete vor 15 Jahren; **to be sth ~** etw in Person sein; ***Mrs Vincent was punctuality ~*** Mrs. Vincent war die Pünktlichkeit in Person ❹ (*alone*) **to keep sth to ~** etw geheim halten; [**all**] **by ~** [ganz] allein ► PHRASES: **in ~** selbst; ***the plan wasn't illegal in ~*** der Plan selbst war nicht illegal; ***creativity in ~ is not enough to make a successful company*** Kreativität alleine genügt nicht, um eine erfolgreiche Firma aufzubauen
itsy-bitsy [ˌɪtsi'bɪtsi] *adj* (*hum*), *esp* AM, AUS **itty-bitty** [ˌɪti'bɪti, AM ˌɪt̬i'bɪt̬i] *adj* (*also childspeak hum fam*) klitzeklein *hum fam*
ITV [ˌaɪti:'vi:] *n no pl, no art* BRIT *abbrev of* **Independent Television**
IUD [ˌaɪju:'di:] *n* MED *abbrev of* **intra-uterine device** Intrauterinpessar *nt*
IV [ˌaɪ'vi:] *adj* MED *abbrev of* **intravenous** intravenös; **~ drug users** sich *akk* intravenös spritzende Drogensüchtige; **~ injection** intravenöse Injektion
I've [aɪv] = **I have** *see* **have I, II**
IVF [ˌaɪvi:'ef] *n* MED *abbrev of* **in vitro fertilisation** IVF *f*
ivied ['aɪvid] *adj* (*liter*) efeuumrankt *liter,* mit Efeu bewachsen
ivory ['aɪvᵊri] **I.** *n* ❶ *no pl* (*substance*) Elfenbein *nt* ❷ (*tusk*) Stoßzahn *m* ❸ (*article*) Elfenbeinarbeit *f,* Elfenbeinschnitzerei *f* ❹ *pl* (*hum fam: piano*) ■**the ivories** die Tasten *fpl,* der Klimperkasten *hum fam;* **to tickle** [*or* **tingle**] **the ivories** ein bisschen auf dem Klavier herumklimpern ► PHRASES: **to show one's ivories** (*dated sl*) die Zähne zeigen *fam* **II.** *n modifier* elfenbeinern, Elfenbein-; **~ carving** Elfenbeinschnitzerei *f;* **~ trade** Elfenbeinhandel *m* **III.** *adj* elfenbeinfarben
Ivory Coast *n* Elfenbeinküste *f* **ivory tower I.** *n* (*fig, pej form*) ❶ (*remote place*) weltabgeschiedener [*o* weltabgewandter] Ort, Elfenbeinturm *m* ❷ (*aloofness*) Weltabgeschiedenheit *f,* Weltabgewandtheit *f,* Weltfremdheit *f;* **to live in an ~** im Elfenbeinturm leben [*o* sitzen] **II.** *adj* weltfremd, weltabgewandt, weltabgeschieden
ivy ['aɪvi] *n* Efeu *m;* **variegated ivies** bunter Efeu
Ivy League I. *n* Eliteuniversitäten *fpl* der Ivy League (im Nordosten der USA) **II.** *n modifier* der Ivy League angehörende Eliteuniversitäten

J

J <*pl* -'s>, **j** <*pl* 's *or* -s> [dʒeɪ] *n* J *nt,* j *nt;* **~ for Jack** [*or* AM **as in Jig**] J für Julius
J *n* LAW *abbrev of* **Justice** Richter *m*
jab [dʒæb] **I.** *n* ❶ (*poke*) Stoß *m,* Schubs *m fam;* **to give sb a** [**sharp**] **~** jdm einen [kräftigen] Stoß [*o fam* Schubs] versetzen ❷ BOXING Jab *m fachspr,* Gerade *f;* **a left/right ~** eine linke/rechte Gerade ❸ BRIT, AUS (*fam: injection*) Spritze *f;* ***what ~s do I need for Egypt?*** welche Impfungen brauche ich für Ägypten? ❹ (*also fig: sharp sensation*) Stich *m a. fig* **II.** *vt* <-bb-> ❶ (*poke or prick*) ■**to ~ sb** [**with sth**] jdn [mit etw *dat*] stechen [*o fam* pik[s]en]; ■**to ~ sth at sb/sth** etw gegen jdn/etw stoßen; **to ~ a finger at sb/sth** auf jdn/etw mit dem Finger tippen; ■**to ~ sth in**[**to**] **sth** etw in etw *akk* hineinstechen; ***the doctor ~bed the needle in***[***to***] ***my arm*** der Arzt verpasste mir eine Spritze in den Arm *fam* ❷ (*kick*) schießen; ***he ~bed the ball wide of the goal*** er schlug den Ball weit vom Tor ab **III.** *vi* <-bb-> ❶ (*poke*) schlagen; BOXING eine [kurze] Gerade schlagen; ■**to ~ at sb** auf jdn einschlagen; BOXING jdm eine [kurze] Gerade verpassen *fam* ❷ (*thrust at*) ■**to ~ at sb/sth** [**with sth**] [mit etw *dat*] auf jdn/etw einstechen; ***he ~bed at the paragraph with his pencil*** er tippte mit dem Bleistift auf den Paragraphen
jabber ['dʒæbəʳ, AM -ə] (*pej*) **I.** *n no pl* ❶ (*talk*) Geplapper *nt pej fam,* Geschnatter *nt pej fam* ❷ COMPUT Störsignal *nt,* Jabber-Signal *nt* **II.** *vi* plappern, quasseln; ■**to ~ about sth** über etw *akk* quasseln *fam* **III.** *vt* (*blurt out*) ■**to ~ out ○ sth** etw daherplappern *fam;* ***he ~ed out something about an accident*** er quasselte etwas von einem Unfall daher *fam*
◆**jabber away** *vi* (*pej*) [drauflos]quasseln *pej fam*
jabberer ['dʒæbᵊrəʳ, AM -ər] *n* (*pej*) Dummschwätzer *m pej fam*
jabbering ['dʒæbᵊrɪŋ, AM -ərɪŋ] *n see* **jabber I**
jacaranda <*pl* – *or* -s> [ˌdʒækə'rændə] *n* BOT Jakaranda[baum] *m*
jack [dʒæk] *n* ❶ (*tool*) Hebevorrichtung *f;* AUTO Wagenheber *m* ❷ CARDS Bube *m;* **the ~ of clubs/hearts** der Kreuz-/Herzbube ❸ SPORTS (*bowls or boules*) Zielkugel *f* ❹ (*money*) **to not receive** [*or* **get**] **~** (*sl*) keinen Pfennig sehen *fig fam* ❺ COMPUT Stecker *m,* Buchse *f*
◆**jack around** *vt* (*fam*) ■**to ~ sb around** jdn an der Nase herumführen *fam*
◆**jack in** *vt* BRIT (*fam*) ■**to ~ in ○ sth** *job* etw hinschmeißen *fam* [*o sl* stecken]; ***I'm going to ~ it in — I'm really tired*** ich geb's auf – ich habe es echt satt
◆**jack off** *vi esp* AM (*vulg*) es sich *dat* besorgen *vulg,* sich *dat* einen runterholen *vulg*
◆**jack up I.** *vt* ■**to ~ up ○ sth** ❶ (*raise a heavy object*) etw hoch heben; **to ~ up a car** ein Auto aufbocken ❷ (*fig fam: raise*) etw erhöhen; **to ~ up the prices/the rent** die Preise/die Miete in die Höhe treiben **II.** *vi* (*sl*) fixen *fam,* drücken *fam*
Jack [dʒæk] *n* ► PHRASES: **~ the Lad** BRIT (*fam*) Prahlhans *m fam;* **every man ~** (*fam*) jedermann; **hit the road, ~** (*fam*) zieh Leine! *fam,* hau ab! *fam;* **before you can** [*or* **could**] **say ~ Robinson** im Handumdrehen *fam,* in Null Komma nichts *fam;* **you don't know ~** [**shit**] (*fam!*) du hast doch keinen blassen Dunst! *fam;* **I'm all right ~** AM (*fam*) das kann mich überhaupt nicht jucken [*o* lässt mich völlig kalt] *fam*
jackal ['dʒækɔ:l, AM -kᵊl] *n* ❶ (*animal*) Schakal *m* ❷ (*fig, pej: self-seeking person*) Handlanger(in) *m(f) pej,* Helfershelfer(in) *m(f) pej*
jackaroo [ˌdʒækᵊr'u:] *n* AUS (*fam*) Neuling *m,* Lehrling *m* (*auf einer Schaf- oder Rinderfarm*)
jackass ['dʒækæs] *n* ❶ (*donkey*) Esel *m* ❷ (*fam: idiot*) Esel *m pej fam,* Trottel *m pej fam,* Depp *m* SÜDD, ÖSTERR, SCHWEIZ *pej fam* ❸ AUS ORN (*dated: kookaburra*) Rieseneisvogel *m,* Lachender Hans
jackboot ['dʒækbu:t] *n* Schaftstiefel *m* ► PHRASES: **to live under the ~** unter einem harten Regime leben
jackbooted ['dʒækbu:tɪd] *adj* ■**to be ~** Schaftstiefel tragen
jackdaw ['dʒækdɔ:, AM -dɑ:] *n* Dohle *f*
jacket ['dʒækɪt] *n* ❶ FASHION Jacke *f* ❷ (*of a book*) [**dust**] **~** Schutzumschlag *m* ❸ AM, AUS MUS [Schall]plattenhülle *f* **jacket potato** *n* Folienkartoffel *f,* Ofenkartoffel *f*
Jack Frost *n* (*childspeak*) Väterchen *nt* Frost *hum*
jackhammer *n* AM, AUS Presslufthammer *m*
jack-in-the-box *n* Schachtelmännchen *nt;* (*fig*) Hampelmann *m* **jackknife I.** *n* ❶ (*knife*) Klappmesser *nt,* [großes] Taschenmesser ❷ SPORTS Hechtsprung *m,* gehechteter Kopfsprung **II.** *vi* ❶ (*fold together*) [wie ein Taschenmesser] zusammenklappen; ***the truck ~d on the icy road*** der Lastwagen stellte sich auf der vereisten Straße quer ❷ SPORTS hechten, einen Hechtsprung [*o* gehechteten Kopfsprung] machen **jackknife dive** *n* Hechtbeuge *f,* Hechtsprung *m* **jack-of-all-trades** <*pl* jacks-> *n* ❶ (*handyman*) Mädchen *nt* für alles *hum;* ■**to be a ~** alle anfallenden Arbeiten erledigen ❷ (*able to do many jobs*) Alleskönner(in) *m(f)* ► PHRASES: **a ~, master of none** ein Hansdampf *m* in allen Gassen
jack-o'-lantern *n* AM Kürbislaterne *f* **jack plug** *n* BRIT ELEC Bananenstecker *m* **jackpot** *n* Jackpot *m,* Hauptgewinn *m;* **to hit** [*or* **win**] **the ~** den Jackpot knacken *fam,* den Hauptgewinn ziehen ► PHRASES: **to hit the ~** (*fig fam: have luck*) das große Los ziehen; (*have success*) einen Bombenerfolg haben *fam* **jackrabbit** *n* ZOOL Eselhase *m* **Jack Russell** ['dʒækˌrʌsᵊl] *n* Jack-Russell-Terrier *m*
jacks [dʒæks] *n + sing vb esp* AM *Kinderspiel, bei dem man einen Ball in die Luft werfen und vor dem Auffangen mit derselben Hand so viele Gegenstände wie möglich aufheben muss*
Jacobean [ˌdʒækə(ʊ)'bi:ən, AM -kə'-] *adj inv* aus der Zeit Jakobs I. *nach n;* **~ furniture** Möbel *pl* im Stil der Zeit Jakobs I.
Jacobite ['dʒækəʊbaɪt, AM kəbaɪt] *n* HIST Jakobit(in) *m(f)*
jacuzzi® *n,* **Jacuzzi®** [dʒə'ku:zi] *n* Whirlpool *m*
jade [dʒeɪd] **I.** *n* ❶ *no pl* (*precious green stone*) Jade *m o f* ❷ (*colour*) Jadegrün *nt* ❸ *modifier* (*made of jade*) (*brooch, earrings*) Jade-, aus Jade *nach n* **II.** *adj* jadegrün
jaded ['dʒeɪdɪd] *adj* ❶ (*exhausted*) erschöpft ❷ (*dulled*) übersättigt; ***perhaps some caviar can tempt your ~ palate*** vielleicht kann etwas Kaviar deinen verwöhnten Gaumen kitzeln; ■**to be ~ with sth** einer S. *gen* müde [*o* überdrüssig] sein
jag [dʒæg] **I.** *n* Zacke *f,* Spitze *f* **II.** *vt* ■**to ~ sth** etw auszacken
Jag [dʒæg] *n* AUTO (*fam*) *short for* **Jaguar®** Jag *m*
jagged ['dʒægɪd] *adj* gezackt; *coastline, rocks* zerklüftet; *cut, tear* ausgefranst; **~ nerves** (*fig*) angeschlagene Nerven
jaggedly ['dʒægɪdli] *adv* gezackt
jaggery ['dʒægᵊri] *n no pl* Jagre[s]zucker *m*
jaggies ['dʒægiz] *npl* COMPUT gezackte Ränder
jaggy ['dʒægi] *adj* gezackt, zackig
jaguar ['dʒægjuəʳ, AM -wɑ:r] *n* Jaguar *m*

jail [dʒeɪl] I. *n* Gefängnis *nt;* **to break out of** ~ aus dem Gefängnis ausbrechen; **to go to** ~ ins Gefängnis kommen, eingesperrt werden; ***"go directly to ~"*** (*Monopoly*) „gehen Sie direkt in das Gefängnis"; **to put sb in** [*or* **send sb to**] ~ jdn ins Gefängnis bringen; **to be released from** ~ aus dem Gefängnis entlassen werden; **to be in** ~ [**for sth**] [wegen einer S. *gen*] im Gefängnis sitzen II. *vt* ▪**to** ~ **sb** jdn einsperren [*o* inhaftieren]; **to** ~ **sb for three months** jdn für drei Monate einsperren; ***she was ~ed for life*** sie wurde zu lebenslänglicher Haft verurteilt

jailbird *n* (*fam*) Knastbruder *m fam* **jailbreak** *n* Gefängnisausbruch *m;* **to attempt a** ~ einen Ausbruchsversuch unternehmen; **to do a** ~ (*fam*) aus dem Gefängnis ausbrechen **jail-breaker** *n* Ausbrecher(in) *m(f)*

jailer ['dʒeɪləʳ, AM -ɚ] *n* Gefängnisaufseher(in) *m(f)*, Gefängniswärter(in) *m(f)*

jailhouse *n esp* AM Gefängnis *nt*

jailor *n see* **jailer**

jail sentence *n,* **jail term** *n* Gefängnisstrafe *f;* **to receive a** ~ zu einer Gefängnisstrafe verurteilt werden; **to serve a** ~ eine Gefängnisstrafe absitzen *fam*

jalopy [dʒə'lɒpi, AM -'lɑːpi] *n* (*hum fam*) [Klapper]kiste *f hum fam*

jam¹ [dʒæm] *n* Marmelade *f* ▶ PHRASES: ~ **today** BRIT die sofortige Erfüllung eines Wunsches; ~ **tomorrow** BRIT leere Versprechungen; ***as children we were always being promised ~ tomorrow*** als Kinder hat man uns immer leere Versprechungen gemacht; **you want ~ on it, too, do you?** BRIT (*hum*) du kriegst wohl nie den Hals voll? *fam*

jam² [dʒæm] I. *n* ① (*fam: awkward situation*) Patsche *f fam,* Klemme *f fam,* missliche Lage; **to be in** [**a bit of**] **a** ~ [ziemlich] in der Klemme sitzen *fam;* **to get into** [**a bit of**] **a** ~ in eine [ziemlich] dumme Situation geraten ② *no pl* (*obstruction*) *of people* Gedränge *nt,* Andrang *m;* **paper** ~ COMPUT Papierstau *m;* [**traffic**] ~ Stau *m* ③ MUS Jamsession *f;* ***let's have a*** ~ lasst uns improvisieren II. *vt* <-mm-> ① (*block*) ▪**to** ~ **sth** etw verklemmen [*o* blockieren]; *switchboard* etw überlasten; ***listeners ~med the radio station's switchboard with calls*** sämtliche Leitungen der Sendezentrale waren durch Höreranrufe blockiert; **to** ~ **sth open** etw aufdrücken [*o* aufstemmen] ② (*cram inside*) ▪**to** ~ **sth into sth** etw in etw *akk* [hinein]zwängen [*o fam* [hinein]quetschen]; ***he ~med the bags into the boot of the car*** er stopfte die Tüten in den Kofferraum; ***my tape is ~med in the recorder*** ich habe Bandsalat *fam* ③ RADIO (*make unintelligible*) **to** ~ **a broadcast** eine Übertragung stören III. *vi* <-mm-> ① (*become stuck*) sich *akk* verklemmen; *brakes* blockieren; ***the rifle ~med*** das Gewehr hatte eine Ladehemmung; ***the key ~med in the lock*** der Schlüssel steckte im Schlüsselloch fest; ***the door ~med behind me and I was locked out*** die Tür fiel hinter mir ins Schloss und ich war ausgesperrt ② (*play music*) [frei] improvisieren, jammen

◆**jam on** *vt* ① (*put on firmly*) ▪**to** ~ **sth** ↔ **on** etw fest aufsetzen; ***she ~med her hat back on her head*** sie setzte sich den Hut wieder fest auf den Kopf ② (*apply suddenly*) **to** ~ **on the brakes** voll auf die Bremse steigen [*o* treten], eine Vollbremsung machen

◆**jam up** *vt* ① (*fix in position*) ▪**to** ~ **sth up** [**against sth**] etw dicht gegen etw *akk* rücken [*o* an etw *akk* heranrücken]; ***she ~med the ladder up against the windowsill*** sie stellte die Leiter von unten gegen das Fenstersims ② (*block up*) ▪**to** ~ **up** ↔ **sth** etw blockieren; **to** ~ **up a pipe** ein Rohr verstopfen; ***the bicycle gears had been ~med up with dirt*** Dreck hatte die Fahrradgänge völlig blockiert

Jamaica [dʒə'meɪkə] *n* Jamaika *nt*

Jamaican [dʒə'meɪkən] I. *n* ① (*person*) Jamaikaner(in) *m(f)* ② (*language*) Jamaikanisch *nt* II. *adj* jamaikanisch; ~ **rum** Jamaikarum *m*

jamb(e) [dʒæm(b)] *n* ARCHIT [Tür]pfosten *m,* [Fenster]pfosten *m*

jamboree [ˌdʒæmbəʳ'iː, AM -bə'riː] *n* ① (*large social gathering*) großes Fest, tolle Party *fam* ② (*Scouts' or Guides' rally*) Pfadfindertreffen *nt* ③ (*pej: political gathering*) Politparty *f fam*

jam jar *n* ① (*container*) Marmeladenglas *nt* ② BRIT (*rhyming sl: car*) Blechkiste *f fam*

jammed [dʒæmd] *adj* verklemmt; ***the drawer is ~*** die Schublade hat sich verklemmt; ▪**to be** ~ **up** *motorway* verstopft sein; *gun* eine Ladehemmung haben; *switchboard* überlastet sein; ***the traffic was ~ up for miles*** der Verkehr staute sich kilometerlang

jammy ['dʒæmi] *adj* ① (*covered with jam*) marmelade[n]verschmiert, marmelade[n]verklebt; ~ **fingermarks** Marmeladenabdrücke *mpl* ② BRIT (*fam: unfairly lucky*) Glücks-; ~ **bastard** [*or* **beggar**] [*or* **devil**] (*fam!*) [gott]verdammter Glückspilz *sl;* ***what a ~ shot!*** was für ein Glückstreffer! ③ BRIT (*fam: very easy*) kinderleicht *fam*

jam-packed *adj* (*fam*) *bus, shop* proppenvoll *fam,* gerammelt [*o* brechend] voll *fam; bag, box* randvoll; *suitcase* voll gestopft; ***the streets were ~ with tourists*** in den Straßen wimmelte es von Touristen

jam roll *n* AUS Biskuitrolle *f* **jam sandwich** *n* BRIT ① (*bread and jam*) zusammengelegtes Marmeladenbrot ② (*cake*) *mit Marmelade gefüllte Biskuittorte* **jam session** *n* (*fam*) Jamsession *f,* Jazzimprovisation *f;* **to have a** ~ eine Jamsession abhalten, frei improvisieren

Jan. *n abbrev of* **January** Jan.

Jane Doe [ˌdʒeɪn'doʊ] *n no art, no pl* AM Frau Mustermann; AM LAW Frau X *f*

jangle ['dʒæŋgl] I. *vt* ① (*rattle*) ▪**to** ~ **sth** [mit etw *dat*] klirren; **to** ~ **bells** Glocken bimmeln lassen; **to** ~ **coins** mit Münzen klimpern; **to** ~ **keys** mit Schlüsseln rasseln ② (*fig: upset*) **to** ~ **sb's nerves** jdm auf die Nerven gehen [*o fam* den Nerv töten], jds Nervenkostüm *nt* strapazieren *fam* II. *vi* klirren; *bells* bimmeln III. *n see* **jangling**

jangled ['dʒæŋgḷd] *adj* ~ **nerves** angegriffene [*o* überreizte] Nerven; ***he got ~ nerves from the baby's incessant crying*** das ständige Schreien des Babys ging ihm an die Nerven

jangling ['dʒæŋglɪŋ] *n no pl of bells* Bimmeln *nt; of keys* Klirren *nt,* Rasseln *nt; of a telephone* Klingeln *nt*

janitor ['dʒænɪtəʳ, AM -ət̬ɚ] *n esp* AM, SCOT Hausmeister(in) *m(f)*, Hauswart *m* DIAL **janitorial service** [ˌdʒænɪˌtɔːriəl'-] *n* AM (*caretaking service*) Hausmeisterdienst *m*

January ['dʒænjuəri, AM -jueri] *n* Januar *m,* Jänner *m* ÖSTERR, SÜDD, SCHWEIZ; *see also* **February**

Jap [dʒæp] (*pej!*) I. *n* (*sl*) *short for* **Japanese** Japs *m pej sl* II. *adj* (*sl*) *short for* **Japanese** Japsen- *pej sl*

japan [dʒə'pæn] I. *n no pl* Japanlack *m* II. *vt* <-nn-> ▪**to** ~ **sth** etw mit Japanlack überziehen; ~**ned shoes** Lackschuhe *mpl*

Japan [dʒə'pæn] *n* Japan *nt*

Japanese [ˌdʒæpəⁿ'iːz] I. *n* <*pl* -> ① (*person*) Japaner(in) *m(f)* ② (*language*) Japanisch *nt* II. *adj* japanisch

jape [dʒeɪp] (*dated*) I. *n* Streich *m;* **jolly ~s** Dummejungenstreiche *mpl* II. *vi* scherzen

japonica <*pl* – *or* -s> [dʒə'pɒnɪkə, AM 'pɑːnɪ] *n* BOT Japanische Rose

jar¹ [dʒɑːʳ, AM dʒɑːr] *n* ① (*of glass*) Glas[gefäß] *nt;* (*of clay, without handle*) Krug *m;* (*of clay, with handle*) Krug *m;* (*of metal*) Topf *m* ② BRIT (*fam: glass of beer*) Bierchen *nt fam;* **to have a** ~ ein Bierchen trinken *fam;* **to have a fair few ~s** so einiges wegkippen *fam*

jar² [dʒɑːʳ, AM dʒɑːr] I. *vt* <-rr-> ① (*strike*) ▪**to** ~ **sb/sth against** [*or* **on**] **sth** jdn/etw gegen etw *akk* schleudern; ***the train stopped suddenly, ~ring me against the door*** der Zug hielt plötzlich an, dabei wurde ich gegen die Tür geschleudert ② (*influence unpleasantly*) ▪**to** ~ **sth** etw verletzen; ***a screech of brakes ~red the silence*** das Kreischen von Bremsen zerriss die Stille; **to** ~ **the eye** dem Auge wehtun; ***the harsh colours ~red the eye*** die grellen Farben taten den Augen weh ③ (*send a shock through*) ▪**to** ~ **sth** etw erschüttern [*o* durchrütteln] II. *vi* <-rr-> ① (*cause unpleasant feelings*) ▪**to** ~ **on sb** jdm auf den Nerv [*o* die Nerven] gehen *fam* ② (*make an unpleasant sound*) kreischen, quietschen; **to** ~ **on the ears** in den Ohren wehtun, die Ohren beleidigen III. *n* ① (*sudden unpleasant shake*) Ruck *m* ② (*shock*) Erschütterung *f,* Schock *m;* **to give sb a** ~ jdm einen Schock versetzen

jarful ['dʒɑːfʊl, AM 'dʒɑːr-] *n* Topf *m,* Glas *nt;* **a whole** ~ **of jam** ein ganzes Glas Marmelade; **two ~s of jam** zwei Gläser Marmelade

jargon ['dʒɑːgən, AM 'dʒɑːr-] *n no pl* [Fach]jargon *m,* Kauderwelsch *nt pej*

jarring ['dʒɑːʳɪŋ, AM 'dʒɑːr-] *adj* ① (*unpleasant*) *colours* grell; *scream* schrill; *sounds* misstönend; ~ **experience** bittere [*o* unangenehme] Erfahrung ② (*unharmonious*) nicht miteinander im Einklang *präd;* ***red and purple are ~ colours*** Rot und Lila beißen sich; ~ **points of view** auseinandergehende [*o geh* divergierende] Meinungen

jasmine ['dʒæzmɪn] *n no pl* Jasmin *m*

jasper ['dʒæspəʳ, AM -ɚ] *n no pl* MIN Jaspis *m*

jaundice ['dʒɔːndɪs, AM *esp* 'dʒɑːn-] *n no pl* Gelbsucht *f*

jaundiced ['dʒɔːndɪst, AM *esp* 'dʒɑːn-] *adj* ① (*affected with jaundice*) gelbsüchtig ② (*form: bitter*) verbittert; *view* zynisch; **to look on sth with a** ~ **eye** etw *dat* gegenüber misstrauisch sein

jaunt [dʒɔːnt, AM *esp* dʒɑːnt] I. *n* Ausflug *m,* Trip *m fam;* **to go on** [*or* **for**] **a** ~ einen Ausflug [*o fam* eine Spritztour] machen II. *vi* einen Ausflug machen

jauntily ['dʒɔːntɪli, AM 'dʒɑːnt-] *adv* munter, unbeschwert

jauntiness ['dʒɔːndtɪnəs, AM 'dʒɑːnt-] *n no pl of spirit* Unbeschwertheit *f; of manner* Munterkeit *f,* Fröhlichkeit *f;* ***the ~ of his step was something to watch*** sein schwungvoller [*o* beschwingter] Gang war sehenswert

jaunty ['dʒɔːnti, AM 'dʒɑːnti] *adj* flott; *grin* fröhlich; *step* schwungvoll, beschwingt; ***his hat was at a ~ angle*** er hatte seinen Hut keck aufgesetzt; ***the TV adaptation has nothing of the ~ freshness of the original play*** die Fernsehbearbeitung hat nichts von der Spritzigkeit des Originalstücks

Java ['dʒɑːvə] *n no pl* GEOG Java *nt*

Javanese [ˌdʒɑːvəⁿ'iːz] I. *n* <*pl* -> ① (*person*) Javaner(in) *m(f)* ② *no pl* (*language*) Javanisch *nt* II. *adj inv* javanisch

javelin ['dʒævəˡɪn] *n* ① (*light spear*) Speer *m;* **throwing the** ~ Speerwerfen *nt* ② (*athletic event*) Speerwerfen *nt,* Speerwurf *m;* **in the** ~ im [*o* beim] Speerwerfen

jaw [dʒɔː, AM *esp* dʒɑː] I. *n* ① (*body part*) Kiefer *m;* **lower/upper** ~ Unter-/Oberkiefer *m;* **sb's** ~ **drops in amazement** (*fig*) jdm fällt [vor Staunen] der Unterkiefer herunter *fam* ② (*large mouth and teeth*) ▪~**s** *pl* Maul *nt,* Schlund *m a. fig,* Rachen *m a. fig;* **to be snatched from the ~s of death** den Klauen des Todes [*o* dem sicheren Tod] entrissen werden; **to be snatched from the ~s of defeat** der sicheren Niederlage entgehen ③ (*chat*) Schwatz *m fam;* **to have a** [**good**] ~ sich *akk* [gut] unterhalten, ein [ausgiebiges] Schwätzchen halten *fam* ④ TECH [Klemm]backe *f* II. *vi* (*pej fam*) quasseln *oft pej fam,* quatschen *fam;* ▪**to** ~ **away** [**to sb**] [mit jdm] quatschen [*o* quasseln] *fam;* ▪**to** ~ **with sb** mit jdm quatschen *fam*

jaw bone *n* Kieferknochen *m* **jawboning** *n no pl* AM (*sl*) Stimmungsmache *f;* ***she accused the committee of excessive ~ over the issue of trade talks with Europe*** sie beschuldigte das Komitee, in der Frage der Handelsgespräche mit Europa, massiv Stimmungsmache zu betreiben **jawbreaker** *n* ① *esp* AM, AUS FOOD großes, rundes, steinhartes Bonbon ② (*fam: tongue-twister*) Zungenbrecher *m fam*

jawing match ['dʒɔːɪŋ-, AM 'dʒɑː-] *n* (*hum*) Schlammschlacht *f fig, pej,* Schlagabtausch *m,* Wortgefecht *nt*

jawline *n usu sing* Kieferpartie *f*

jay [dʒeɪ] *n* Eichelhäher *m*

jaywalk *vi* eine Straße unachtsam überqueren; AM eine Straße regelwidrig überqueren **jaywalker** *n* unachtsamer Fußgänger/unachtsame Fußgängerin

J

jaywalking *n no pl* unachtsames Überqueren einer Straße

jazz [dʒæz] **I.** *n no pl* ❶ (*music*) Jazz *m* ❷ AM (*pej sl: nonsense*) Blödsinn *m pej fam,* Quatsch *m pej fam,* Stuss *m pej fam;* ***what's all this ~ about your leaving?*** was höre ich da für einen Quatsch, du willst gehen?; **a line** [*or* **lot**] **of ~** eine Menge Stuss *pej fam;* ***I asked him where he'd been, but he just gave me a line of ~*** ich fragte ihn, wo er gewesen sei, aber er erzählte mir nur eine Menge Stuss ► PHRASES: **and all that ~** (*pej fam*) und all der Kram *pej fam,* und all so was *pej fam* **II.** *n modifier* (*band, music*) Jazz-; **~ club** Jazzkeller *m* **III.** *vt* AM (*sl*) ■**to ~ sb** jdn für dumm verkaufen, jdm einen Bären aufbinden

◆**jazz up** *vt* (*fam*) ■**to ~ sth** ⊂ **up** ❶ (*adapt for jazz*) etw verjazzen ❷ (*fig: brighten or enliven*) etw aufpeppen [*o* aufmotzen] *fam;* **to ~ up food with spices** Essen mit Gewürzen verfeinern

jazzed *adj person* aufgeregt, aufgedreht; ■**to be ~** [ziemlich] durch den Wind sein *fam*

jazzed-up *adj* verjazzt

jazzman <*pl* -men> ['dʒæzmæn] *n* Jazzmusiker *m*

jazzy ['dʒæzi] *adj* ❶ (*of or like jazz*) Jazz-, jazzartig ❷ (*approv fam: bright and colourful*) *colours* knallig *fam; piece of clothing* poppig *fam; wallpaper* auffällig gemustert

JCB® [ˌdʒeɪsiː'biː] *n* BRIT [Erdräum]bagger *m*

J-cloth® ['dʒeɪklɒθ] *n* Wischtuch *nt,* Staubtuch *nt*

jealous ['dʒeləs] *adj* ❶ (*resentful*) eifersüchtig (**of** auf +*akk*); **~ rage** rasende Eifersucht; ***he stabbed his wife in a ~ rage*** er erstach seine Frau in rasender Eifersucht; **to feel/get ~** eifersüchtig sein/werden ❷ (*envious*) neidisch, missgünstig; **to feel/get ~** neidisch sein/werden; ■**to be ~ of sb** auf jdn neidisch sein; ■**to be ~ of sb's sth** jdn um etw *akk* beneiden, jdm etw missgönnen *geh* ❸ (*fiercely protective*) [sehr] besorgt; **to keep a ~ watch over sb/sth** ein wachsames Auge auf jdn/etw haben; ■**to be ~ of sth** auf etw *akk* [eifrig] bedacht sein, um etw *akk* [sehr] besorgt sein; ***she was ~ of her independence and didn't want to get married*** sie war sehr auf ihre Unabhängigkeit bedacht und wollte sich nicht verheiraten

jealously ['dʒeləsli] *adv* ❶ (*resentfully*) eifersüchtig ❷ (*enviously*) neidisch ❸ (*extremely*) äußerst; **to be ~ protective of sth** ein sehr wachsames Auge auf etw *akk* haben ❹ (*carefully*) sorgsam; **a ~ guarded secret** ein streng gehütetes Geheimnis

jealousy ['dʒeləsi] *n* ❶ (*resentment*) Eifersucht *f;* **to do sth in a fit of ~** etw in einem Anfall von Eifersucht tun; **petty jealousies** kleine Eifersüchteleien; **to be consumed by** [*or* **eaten up with**] **~** sich *akk* vor Eifersucht verzehren *geh* ❷ *no pl* (*envy*) Neid *m;* **to be consumed by** [*or* **eaten up with**] **~** von Neid zerfressen werden

jeans [dʒiːnz] *npl* Jeans[hose] *f;* **a pair of ~** eine Jeans[hose]

jeep [dʒiːp] *n* Jeep *m,* Geländewagen *m*

jeepers creepers ['dʒiːpəz'kriːpəz, AM -ə˞'kriːpə˞z] *interj esp* AM (*dated or hum sl*) Mensch [Maier]! *hum fam,* Donnerwetter! *hum fam,* Manometer! *hum fam*

jeer [dʒɪəʳ, AM dʒɪr] **I.** *vt* ■**to ~ sb** jdn ausbuhen *fam* **II.** *vi* (*comment*) spotten, höhnen *geh;* (*laugh*) höhnisch lachen; (*boo*) buhen; ■**to ~ at sb** über jdn spotten, jdn verhöhnen *geh;* **to ~ at a speaker** einen Redner ausbuhen **III.** *n* höhnische [*o* spöttische] Bemerkung; **boos and ~s** Buhrufe *mpl*

jeering ['dʒɪərɪŋ, AM 'dʒɪr-] **I.** *n no pl* (*yell*) Johlen *nt,* Gejohle *nt;* (*remark*) Verhöhnung *f* **II.** *adj audience* johlend *attr; laughter, shouts* höhnisch, spöttisch

jeez [dʒiːz] *interj* AM (*sl*) du meine Güte! *fam*

Jehovah [dʒə'həʊvə, AM -'hoʊ-] *n no art, no pl* Jehova *m,* Jahve *m*

Jehovah's Witness *n* Zeuge, -in *m, f* Jehovas

jejune [dʒɪ'dʒuːn] *adj* (*pej form: uninteresting*) fade, langweilig; (*naive*) naiv; *discussion* geistlos

Jekyll and Hyde [ˌdʒekəlænd'haɪd] **I.** *n* (*form*) gespaltene Persönlichkeit; ***he's become something of a ~ since he started drinking*** seit er angefangen hat zu trinken, ist es, als ob er zwei völlig verschiedene Persönlichkeiten hätte **II.** *n modifier* (*personality*) Jekyll-und-Hyde-

jell *vi see* **gel**

jellied ['dʒelid] *adj inv* in Aspik [*o* Gelee] eingelegt; **~ eels** Aal *m* in Gelee [*o* Aspik]

jello®, Jell-O® ['dʒeləʊ, AM -oʊ] *n no pl* AM Wackelpudding *m fam,* Götterspeise *f*

jelly ['dʒeli] *n* ❶ (*substance*) Gelee *nt,* Gallert *nt,* Gallerte *f;* ***his knees turned to ~*** (*fig*) er bekam weiche Knie ❷ BRIT, AUS **~** [**mould**] (*dessert*) Wackelpudding *m fam,* Götterspeise *f;* (*meat in gelatine*) Sülze *f;* **raspberry ~** [**mould**] Himbeergrütze *f* ❸ AM (*jam*) Gelee *m o nt* ► PHRASES: **to beat sb to a ~** *esp* BRIT jdn windelweich schlagen *fam*

jelly baby *n* BRIT Fruchtgummi *nt* (*in Form eines Babys*) **jelly bean** *n* [bohnenförmiges] Geleebonbon **jelly doughnut** *n* AM *mit Marmelade gefüllter Berliner Pfannkuchen* **jellyfish** *n* ❶ (*sea animal*) Qualle *f,* Meduse *f* ❷ *esp* AM (*pej fam: weak, cowardly person*) Waschlappen *m pej fam,* Feigling *m pej* **jelly roll** *n* AM (*Swiss roll*) Biskuitrolle *f*

jemmy ['dʒemi] BRIT, AUS **I.** *n* Brecheisen *nt,* Stemmeisen *nt* **II.** *vt* <-ie-> ■**to ~ open** ⊂ **sth** etw aufbrechen

je ne sais quoi [ˌʒənəseɪ'kwɑː] *n no pl* **a certain ~** das gewisse Etwas; ***he has this ~ which makes him very popular with women*** er hat dieses gewisse Etwas, mit dem er bei den Frauen sehr gut ankommt

jenny ['dʒeni] *n* ❶ (*female donkey or ass*) Eselin *f* ❷ (*locomotive crane*) Laufkran *m*

jeopardize ['dʒepədaɪz, AM -pə˞-] *vt* ■**to ~ sth** etw gefährden; **to ~ one's career/future** seine Karriere/Zukunft aufs Spiel setzen; ■**to be ~d** in Gefahr sein

jeopardy ['dʒepədi, AM -pə˞-] *n no pl* ❶ (*danger*) Gefahr *f;* **to put sb/sth in ~** jdn/etw in Gefahr bringen; ■**to be in ~** in Gefahr [*o* bedroht] sein ❷ LAW **to put sb in ~ for an offence** jdn wegen einer Sache vor Gericht stellen

Jericho ['dʒerɪkəʊ, AM koʊ] *n no pl* Jericho *nt*

jerk [dʒɜːk, AM dʒɜːrk] **I.** *n* ❶ (*sudden sharp movement*) Ruck *m;* (*pull*) Zug *m; twist* Dreh *m;* ***with a ~ of his thumb, he drew my attention to the notice*** mit einer Daumenbewegung machte er mich auf die Mitteilung aufmerksam ❷ *esp* AM (*pej sl: a stupid person*) Blödmann *m pej fam,* Trottel *m pej fam,* Depp *m* SÜDD *pej fam;* **to feel** [**like** AM] **such a ~** sich *dat* wie ein [*o* der letzte] Trottel vorkommen *fam* ❸ (*weightlifting*) Stoß *m* **II.** *vi* zucken; **to ~ upwards** hochschnellen; **to ~ to a halt** abrupt zum Stillstand kommen, ruckartig anhalten **III.** *vt* ❶ (*move sharply*) ■**to ~ sb/sth** jdn/etw mit einem Ruck ziehen; ***the policeman ~ed the prisoner to his feet*** der Polizist zerrte den Gefangenen hoch; ***"why has she come?" he asked, ~ing his head towards the woman*** „warum ist sie gekommen?" fragte er und machte eine ruckartige Kopfbewegung zu der Frau hin; (*fig*) ■**to ~ sb out of sth** jdn aus etw *dat* reißen ❷ (*weightlifting*) ■**to ~ sth** etw stoßen

◆**jerk off** *vi* (*vulg*) wichsen *vulg*

◆**jerk out I.** *vt* **to ~ out words** Worte hervorstoßen **II.** *vi words* hervorbrechen; ***"stop! she's got a gun!" his words ~ed out*** „halt! sie ist bewaffnet!" stieß er hervor

jerkily ['dʒɜːkɪli, AM 'dʒɜːrk-] *adv* ruckartig

jerkin ['dʒɜːkɪn, AM 'dʒɜːrk-] *n* ärmellose Jacke; (*hist*) [Leder]Wams *nt hist*

jerkiness ['dʒɜːkɪnəs, AM 'dʒɜːrk-] *n no pl* Ruckartigkeit *f*

jerk-off *n* AM (*sl*) Blödmann *m fam* **jerkwater** *adj* AM (*fam*) unbedeutend; **~ town** Provinznest *nt fam,* Kaff *nt fam*

jerky ['dʒɜːki, AM 'dʒɜːr-] **I.** *adj movement* ruckartig, zuckend *attr; speech* abgehackt, unzusammenhängend *attr;* **~ style** [**of writing**] abgehackter Stil **II.** *n no pl* AM luftgetrocknetes Fleisch

jeroboam [ˌdʒerə'bəʊəm, AM -'boʊ-] *n* Riesenweinflasche *f*

jerrican *n see* **jerrycan**

jerry-built *adj attr* (*pej*) schlampig gebaut *pej fam* **jerrycan** *n* Kanister *m*

jersey ['dʒɜːzi, AM 'dʒɜːr-] **I.** *n* ❶ (*garment*) Pullover *m* ❷ (*sports team shirt*) Trikot *nt* ❸ *no pl* (*cloth*) Jersey *m* ❹ (*type of cow*) ■**J~** Jerseyrind *nt* **II.** *n modifier* (*dress*) Jersey-

Jerusalem artichoke [dʒəˌruːsələm'] *n* Jerusalemartischocke *f,* Topinambur *m*

jest [dʒest] **I.** *n* (*form*) ❶ (*utterance*) Scherz *m,* Witz *m* ❷ (*mood*) Spaß *m;* **to do/say** [*or* **speak**] **sth in ~** etw im Spaß tun/sagen ► PHRASES: **there's many a true word spoken in ~** (*prov*) im Spaß wird viel Wahres gesagt **II.** *vi* (*form*) spaßen, scherzen; ■**to ~ about sth** sich *akk* über etw *akk* lustig machen; ■**to ~ with sb** mit jdm Späße treiben

jester ['dʒestəʳ, AM -ə˞] *n* HIST Spaßmacher *m;* **court ~** Hofnarr *m hist*

jesting ['dʒestɪŋ] **I.** *n* Scherzen *nt,* Albern *nt,* Gewitzel *nt pej* **II.** *adj* scherzhaft; ***his ~ remarks were not appreciated*** seine Witzeleien waren nicht willkommen

Jesuit ['dʒezjuɪt] **I.** *n* Jesuit *m* **II.** *adj* jesuitisch, Jesuiten-

Jesuitical [ˌdʒezju'ɪtɪkəl] *adj* ❶ (*of or concerning Jesuits*) Jesuiten-, jesuitisch ❷ (*pej!: dissembling or equivocating*) verschlagen *pej*

Jesus, Jesus Christ [ˌdʒiːzəs'kraɪst] **I.** *n no art, no pl* Jesus *m* **II.** *interj* (*pej sl*) Herrgott [noch mal]! *fam,* Mensch! *fam* **Jesus Murphy** [-'mɜːfi, AM -'mɜːrfi] *interj* AM (*euph fam*) na so was! *fam*

jet¹ [dʒet] **I.** *n* ❶ AVIAT [Düsen]jet *m,* Düsenflugzeug *nt* ❷ (*thin stream*) Strahl *m;* **~ of air/gas** [dünner] Luft-/Gasstrahl; **~ of flame** Stichflamme *f* ❸ (*nozzle*) Düse *f* **II.** *vi* <-tt-> mit einem Jet fliegen, jetten *fam;* ■**to ~ in** mit einem Jet kommen; ■**to ~ off** mit einem Jet fliegen, düsen *fam*

jet² [dʒet] **I.** *n no pl* Gagat *m,* Jett *m o nt,* Pechkohle *f* **II.** *n modifier* (*earrings*) Gagat-

jet airliner *n* Düsenverkehrsflugzeug *nt* **jet-black** *adj inv* pechschwarz, tiefschwarz **jet engine** *n* Düsentriebwerk *nt* **jet fighter** *n* Düsenjäger *m* **jetfoil** *n* Tragflügelboot *nt* **jetfoil service** *n* Fährbetrieb *m* mit Tragflügelbooten **jet fuel** *n no pl* Kerosin *nt* **jet lag** *n no pl* Jetlag *m;* **to get/have ~** einen Jetlag bekommen/haben; **to suffer from ~** einen Jetlag haben, an Jetlag[beschwerden] leiden **jet-lagged** *adj* ■**to be ~** einen Jetlag haben, an Jetlag[beschwerden] leiden; ***I've just got back from Hong Kong so I'm feeling totally ~*** ich bin gerade aus Hongkong zurückgekommen, deshalb ist meine innere Uhr noch ganz durcheinander **jetliner** *n* Düsenverkehrsflugzeug *nt* **jet plane** *n* Düsenflugzeug *nt* **jet-propelled** *adj* mit Düsenantrieb *nach n;* ■**to be ~** einen Düsenantrieb haben **jet propulsion** *n no pl* Düsenantrieb *m,* Strahlantrieb *m*

jetsam ['dʒetsəm] *n no pl see* **flotsam**

jet set *n no pl* (*fam*) Jetset *m;* **to be part of the ~** zum Jetset gehören; **to become part of the ~** in den Jetset aufgenommen werden **jet-setter** *n* (*fam*) Mitglied *nt* des Jetset **jet-setting** (*fam*) **I.** *n no pl* Jetsetten *nt fam* **II.** *adj* Jetset- **Jet Ski®** *n* Wassermotorrad *nt* **jet-ski** *vi* [mit einem] Wassermotorrad fahren **jet stream** *n* METEO Strahlstrom *m*

jettison ['dʒetɪsən, AM 'dʒeṭ-] *vt* ❶ (*discard, abandon*) ■**to ~ sb** jdn fallen lassen, sich *akk* von jdm trennen *euph;* **to ~ an employee** einen Angestellten entlassen; ■**to ~ sth** etw aufgeben [*o* über Bord werfen]; **to ~ a plan** einen Plan verwerfen; ■**to ~ sth** [**for sth**] etw [zugunsten einer S. *gen*] aufgeben ❷ (*drop*) ■**to ~ sth** *from a ship* etw über Bord werfen; *from a plane* etw abwerfen

jetty ['dʒeti, AM -ṭi] *n* ❶ (*landing stage*) Pier *m,* Anlegesteg *m* ❷ (*breakwater*) Mole *f*

jetway *n* Gangway *f*

Jew [dʒuː] *n* Jude, Jüdin *m, f*

jewel ['dʒuːəl] *n* ❶ (*precious stone*) Edelstein *m,* Juwel *m o nt;* [**to be**] **set with ~s** mit Juwelen besetzt [sein] ❷ (*sth beautiful or valuable*) Kostbarkeit *f*, Kleinod *nt geh* ③ (*watch part*) Stein *m* ④ (*dated: very kind*) **to be a [real] ~** ein [echter] Schatz sein *fam* ▶ PHRASES: **the ~ in the crown** das Glanzstück [*o* Prunkstück]

jewel box *n*, **jewel case** *n* ① (*for jewellery*) Schmuckschatulle *f*, Schmuckkästchen *nt* ② COMPUT Jewelbox *f fachspr* (*Kunststoffbehälter für eine CD-ROM*)

jewelled ['dʒu:əld], AM **jeweled** *adj* mit Juwelen besetzt

jeweller ['dʒu:ələʳ], AM **jeweler** ['dʒu:ələ˞] *n* Juwelier(in) *m(f)*; ■**at the ~'s** beim Juwelier/bei der Juwelierin; **~'s shop** Juweliergeschäft *nt*, Juwelierladen *m*

jewellery ['dʒu:əlri] *n no pl* Schmuck *m*

jewellery box *n*, **jewellery case** *n* Schmuckschatulle *f*, Schmuckkästchen *nt*

jewelry *n* AM *see* **jewellery**

jewelry store *n* AM (*jeweller's shop*) Juweliergeschäft *nt*

Jewess <*pl* -es> ['dʒu:əs, AM -ɪs] *n* (*pej!*) Jüdin *f*

jewfish *n* Judenfisch *m*

Jewish ['dʒu:ɪʃ] *adj inv* jüdisch

Jewishness ['dʒu:ɪʃnəs] *n no pl* Judentum *nt*, Judesein *nt*

Jewry ['dʒʊəri, AM 'dʒu:-] *n no art, no pl* (*form*) die Juden *pl*, das Judentum

Jew's harp *n* Maultrommel *f*

Jeye cloth *n see* **J-cloth®**

Jezebel ['dʒezəbel] *n* (*pej*) Jezabel *f*, unmoralische Frau

jib¹ [dʒɪb] *n* NAUT Klüver *m*

jib² [dʒɪb] *n* TECH Ausleger[arm] *m*

jib³ <-bb-> [dʒɪb] *vi* ① (*be reluctant*) ■**to ~ at doing sth** sich *akk* weigern [*o* [dagegen] sträuben], etw zu tun ② (*stop suddenly*) ■**to ~ at sth** *horse* vor etw *dat* scheuen

jibe [dʒaɪb] I. *n* Stichelei *f*, verletzende Bemerkung; **to indulge in ~s at other people's expense** sich *akk* auf Kosten anderer lustig machen II. *vi* ① (*insult, mock*) ■**to ~ at sth** über etw *akk* spötteln ② AM, AUS (*fam: correspond*) ■**to ~ with sth** mit etw *dat* übereinstimmen [*o geh* konform gehen]

jiffy ['dʒɪfi] *n no pl* (*fam*) Augenblick *m*, Moment *m*; **in a ~** in einer Sekunde, gleich, sofort; ***I won't be a ~!*** ich bin gleich wieder da!

Jiffy bag® *n* gepolsterte Versandtasche

jig [dʒɪg] I. *vt* <-gg-> ■**to ~ sb/sth** jdn/etw schütteln; ***she ~ged the baby up and down on her knee*** sie ließ das Baby auf ihren Knien reiten II. *vi* <-gg-> ① (*move around*) **to ~ about** herumhopsen *fam*; **to ~ up and down** herumspringen ② (*dance a jig*) eine Gigue tanzen III. *n* ① (*dance*) Gigue *f* ② (*music*) Gigue *f*; **to play a ~** eine Gigue spielen ③ TECH (*device*) Einspannvorrichtung *f* ▶ PHRASES: **the ~ is up!** AM das Spiel ist aus!

jigger ['dʒɪgəʳ, AM -ə˞] I. *n* ① (*container*) Messbecher *m* für Alkohol ② AM (*measure*) *45 ml* II. *vt* AM ■**to ~ sth** etw fälschen

jiggered ['dʒɪgəd, AM -əd] *adj inv* BRIT, AUS (*dated fam*) erschöpft; **to be completely ~** fix und fertig sein *fam*; **to feel completely ~** sich *akk* total kaputt fühlen *fam* ▶ PHRASES: **well, I'll be ~!** BRIT (*dated fam*) da bin ich aber platt! *fam*

jiggery-pokery [,dʒɪgəri'pəʊkəri, AM -'poʊ-] *n no pl* (*dated fam*) Gemauschel *nt pej fam*, Schmu *m pej fam*; ***I think there's been some ~ going on in the finance department*** ich glaube, in der Finanzabteilung sind so einige krumme Sachen gelaufen *fam*

jiggle ['dʒɪgl] I. *vt* ■**to ~ sth** mit etw *dat* wackeln; ***stop jiggling your leg — it's making me nervous*** zappel nicht so mit den Beinen – das macht mich ganz nervös; ***if the door won't open, try jiggling the key in the lock*** wenn sich die Tür nicht öffnen lässt, versuch's mal damit, dass du den Schlüssel im Schloss hin und her bewegst; ■**to ~ sth about** etw schütteln; ***he ~d some loose coins about in his pocket*** er klapperte mit ein paar losen Münzen in seiner Tasche II. *vi* wippen, hüpfen; ***his eyebrows ~d up and down in amusement*** amüsiert zuckte er mit den Augenbrauen III. *n* Rütteln *nt*; *of a limb* Zucken *nt*, Zappeln *nt*

jigsaw *n* ① (*mechanical*) Laubsäge *f*; (*electric*) Stichsäge *f* ② (*puzzle*) Puzzle[spiel] *nt* **jigsaw puzzle** *n* Puzzle[spiel] *nt*; (*fig*) Puzzle *nt*; ***the police are trying to piece together the ~ of how the dead man spent his last hours*** die Polizei versucht, die einzelnen Informationen darüber, wie der Tote seine letzten Stunden verbracht hat, zu einem Puzzle zusammenzufügen

jihad [dʒɪ'hɑ:d] *n* ① REL (*Islamic holy war*) Dschihad *m*, Jihad *m*, Heiliger Krieg ② (*fig fam: obsessive struggle*) Glaubenskrieg *m fig*

jillaroo [,dʒɪlə'ru:] *n* AUS *Frau, die die Arbeiten auf einer Schaf- oder Rinderfarm erlernt*

jilt [dʒɪlt] *vt* ■**to ~ sb [for sb]** jdn [wegen jdm] sitzen lassen

jilted ['dʒɪltɪd] *adj inv boyfriend, girlfriend* sitzen gelassen; **~ lover** verschmähter Liebhaber/verschmähte Liebhaberin

Jim Crow ['dʒɪm,kroʊ] *n no art, no pl* AM (*pej dated*) Rassendiskriminierung *f* **Jim Crow laws** *npl no art* AM (*pej dated*) Rassengesetze *ntpl* (*zur Diskriminierung der Schwarzen in den USA*) **jim crow school** *n* AM (*pej dated*) Schule *f* für Schwarze

jim-dandy [,dʒɪm'dændi] AM I. *n* (*dated or hum fam*) Wucht *f fam*, Knüller *m fam* II. *adj* (*dated or hum fam*) toll *fam*, prima *fam*, klasse *fam*

jimjams ['dʒɪmdʒæmz] *npl* ① BRIT (*fam: pyjamas*) Schlafanzug *m* ② (*fam*) ■**the ~** (*alcohol-induced trembling*) Säuferwahnsinn *m*; (*fit of nerves*) Muffensausen *nt fam*

jimmy *n, vt* AM *see* **jemmy**

jingle ['dʒɪŋgl] I. *vt* **to ~ bells** Glöckchen klingeln [*o* bimmeln] lassen; **to ~ coins** mit Münzen klimpern; **to ~ keys** mit Schlüsseln klirren [*o* rasseln] II. *vi bells* klingeln, bimmeln; *coins* klimpern; *keys* klirren III. *n* ① *no pl* (*metallic ringing*) *of bells* Klingeln *nt*, Bimmeln *nt*; *of coins* Klimpern *nt*; *of keys* Klirren *nt* ② (*in advertisements*) Jingle *m*, Werbesong *m*

jingo <*pl* -oes> ['dʒɪŋgəʊ, AM goʊ] *n* (*esp pej dated*) Chauvinist(in) *m(f)* ▶ PHRASES: **by ~!** alle Wetter!, Donnerkeil!

jingoism ['dʒɪŋgəʊɪzəm, AM -goʊ-] *n no pl* (*pej*) Chauvinismus *m pej*, Hurrapatriotismus *m pej*

jingoist ['dʒɪŋgəʊɪst, AM -goʊ-] *n* (*pej*) Hurrapatriot(in) *m(f) pej*, Chauvinist(in) *m(f) pej*

jingoistic [,dʒɪŋgəʊ'ɪstɪk, AM -goʊ'-] *adj* (*pej*) hurrapatriotisch *pej*, chauvinistisch *pej*

jinks [dʒɪŋks] *npl* **high ~** Highlife *nt fam*, Remmidemmi *nt fam*; ***there were high ~ at the party*** auf der Fete ging es hoch her

jinx [dʒɪŋks] I. *n no pl* Unglück *nt*; ***there's a ~ on this computer*** mit diesem Computer ist es wie verhext; **to break the ~** den Bann durchbrechen, den Fluch beseitigen; **to put a ~ on sb/sth** jdn/etw verhexen [*o geh* mit einem Fluch belegen] II. *vt* ■**to ~ sb/sth** jdn/etw verhexen [*o geh* mit einem Fluch belegen]

jinxed [dʒɪŋkst] *adj* verhext; ***I must be ~ — whenever I touch a glass, it breaks*** auf mir muss ein Fluch lasten – jedesmal wenn ich ein Glas anfasse, zerbricht es

jitney ['dʒɪtni] *n* AM billiger Bus

jitter ['dʒɪtəʳ, AM -t̬ə˞] *n* COMPUT *of screen* Flattern *nt*

jitterbug ['dʒɪtəbʌg, AM -t̬ə˞-] I. *n* ① (*dance*) Jitterbug *m* ② (*dated fam: nervous person*) Nervenbündel *nt fam* II. *vi* <-gg-> Jitterbug tanzen

jitters ['dʒɪtəz, AM -t̬ə˞z] *npl* (*fam*) Nervosität *f kein pl*, Bammel *m kein pl fam*; *of an actor* Lampenfieber *nt*; ***the collapse of the company has caused ~ in the financial markets*** die Pleite der Firma hat zu Nervosität auf den Finanzmärkten geführt; ■**the ~** das große Zittern *fam*, Muffensausen *nt fam*; **to get the ~** Muffensausen kriegen *fam*; **to give sb the ~** jdn ganz nervös [*o fam* rappelig] machen

jittery ['dʒɪtəri, AM 'dʒɪt̬əi] *adj* (*fam*) nervös; **to feel/get [all] ~** [ganz] nervös [*o fam* rappelig] sein/werden

jiujitsu *n no pl* AUS *see* **ju-jitsu**

jive [dʒaɪv] I. *n no pl* ① (*dance*) Jive *m*; (*music*) Swingmusik *f*; **to do the ~** Jive tanzen ② AM (*sl: dishonest talk*) Gewäsch *nt fam*, leeres Gerede; **a bunch of ~** ein Haufen *m* Mist *fam* II. *vi* Jive tanzen; ■**to ~ to sth** auf etw *akk* Jive tanzen III. *vt* AM (*sl*) ■**to ~ sb** jdn belügen [*o fam* für dumm verkaufen]

Jnr *adj after n, inv* BRIT, AUS *abbrev of* **junior** jun., jr.

job [dʒɒb, AM dʒɑ:b] *n* ① (*employment*) Arbeit *f*, Stelle *f*; **full-time/part-time ~** Vollzeit-/Teilzeitstelle *f*; **steady ~** fester Arbeitsplatz; **to apply for a ~** sich *akk* um eine Stelle bewerben; **to do a ~** eine Arbeit ausführen; **to get a ~ [as sth]** eine Stelle [als etw] bekommen; **to give up one's ~** kündigen; **to hold down a [regular] ~** eine [feste] Arbeit[sstelle] haben; **on the ~** während [*o* bei] der Arbeit; **to be out of a ~** auf der Straße sitzen *fam* ② (*piece of work*) Tätigkeit *f*, Arbeit *f* ③ (*fam: work*) **[to be] just the man/woman for the ~** genau der Richtige/die Richtige dafür [sein]; **to make a good [*or* splendid] ~ of doing sth** hervorragende Arbeit bei etw *dat* leisten; **to do the ~** den Zweck erfüllen, hinhauen *fam*; ***this bag should do the ~*** diese Tasche müsste ausreichen ④ *no pl* (*duty, responsibility*) Aufgabe *f*; **~ in hand** momentane Aufgabe ⑤ COMM (*order*) Auftrag *m* ⑥ *no pl* (*problem, difficult activity*) Schwierigkeit *f*; **to have a ~ doing sth** Schwierigkeiten [damit] haben, etw zu tun ⑦ (*fam: example of a kind*) ***my car's that red sports ~*** mein Wagen ist dieser rote Flitzer da ⑧ (*sl: crime*) Ding *nt*; **to do [*or* pull] a ~** ein Ding drehen ▶ PHRASES: **to be just the ~** (*fam*) genau das Richtige sein; **to do a ~ on sb** jdn reinlegen *fam*

J

job advertisement *n* Stellenanzeige *f* **job analysis** *n* Arbeitsplatzanalyse *f*

jobber ['dʒɒbəʳ, AM 'dʒɑ:bə˞] *n* ① BRIT (*hist: in stocks*) Jobber *m* (*eigenständiger Wertpapierhändler/eigenständige Wertpapierhändlerin*) ② AM (*wholesaler*) Großhändler(in) *m(f)*

jobbing ['dʒɒbɪŋ, AM 'dʒɑ:b-] I. *adj attr, inv* Gelegenheits-; **~ gardener** Gelegenheitsgärtner(in) *m(f)*, Aushilfsgärtner(in) *m(f)*; **~ journalist** freier Journalist/freie Journalistin; **~ printer** Akzidenzdrucker *m* II. *n no pl* ① (*occasional work*) Verrichten *nt* von Gelegenheitsarbeiten, Jobben *nt fam* ② BRIT STOCKEX Effektenhandel *m*

job centre *n* BRIT Arbeitsamt *nt* **job counsellor** *n* Arbeitsberater(in) *m(f)* **job creation** *n no pl* Arbeitsbeschaffung *f* **job creation scheme** *n* BRIT, AUS Arbeits[platz]beschaffungsprogramm *nt* **job cuts** *npl* Stellenabbau *m kein pl*, Arbeitsplatzabbau *m kein pl* **job description** *n* Stellenbeschreibung *f*, Tätigkeitsbeschreibung *f* **job evaluation** *n* BRIT Arbeitsplatzbewertung *f* **job hunt** *n* (*fam*) Stellensuche *f*, Stellenjagd *f fam*; **to be on the ~** einen Job suchen *fam*, auf Stellensuche sein **job-hunt** *vi* (*fam*) Arbeit suchen **job-hunting** *n no pl* (*fam*) Stellenjagd *f fam*, Stellensuche *f* **job interview** *n* Bewerbungsgespräch *nt*, Vorstellungsgespräch *nt*

jobless ['dʒɒbləs, AM 'dʒɑ:b-] I. *adj inv* arbeitslos II. *npl esp* BRIT ■**the ~** die Arbeitslosen *pl*

jobless figures *npl esp* BRIT Arbeitslosenzahlen *fpl*

joblessness ['dʒɒbləsnəs, AM 'dʒɑ:b-] *n no pl* Arbeitslosigkeit *f*

jobless total *n esp* BRIT Gesamtzahl *f* der Arbeitslosen

job losses *npl* Stellenabbau *m kein pl*; ***the closure of the factory will result in heavy ~*** durch die Schließung der Fabrik werden sehr viele Arbeitsplätze verloren gehen **job lot** *n* [Waren]posten *m*; ***I bought a ~ of children's books which were being sold off cheaply*** ich habe eine ganze Sammlung Kinderbücher gekauft, die verramscht wurden **job market** *n* Arbeitsmarkt *m* **job satisfaction** *n no pl* Zufriedenheit *f* mit der eigenen Tätigkeit; ***many people are more interested in ~ than in earning large amounts of money*** vielen Menschen ist es wichtiger, mit ihrer Arbeit zufrieden zu sein, als viel Geld zu verdienen **job security** *n no pl* Arbeitsplatzsicherheit *f* **jobshare** BRIT I. *n* Arbeitsplatzteilung *f* **II.** *vi* sich *dat* einen Arbeitsplatz teilen **jobsharing** *n no pl* BRIT Arbeitsplatzteilung *f*, Jobsharing *nt* **jobsworth** *n* BRIT (*fam*) Aktenschieber(in) *m(f) pej* **job title** *n* Berufsbezeichnung *f*

Jock [dʒɒk] *n* BRIT (*sl*) Schotte *m*

jock [dʒɑ:k] *n* AM (*pej fam*) Sportfanatiker(in) *m(f) pej*

jockey ['dʒɒki, AM 'dʒɑ:ki] **I.** *n* Jockey *m* **II.** *vi* ***the major oil companies were ~ing to appear environmentally concerned*** die großen Ölkonzerne rangelten darum, als jeweils besonders umweltbewusst dazustehen; ▪**to ~ for sth** um etw *akk* konkurrieren; **to ~ for position** versuchen, sich *akk* in eine gute Position vorzuschieben **III.** *vt* ▪**to ~ sb into doing sth** jdn dazu drängen, etw zu tun

jocks [dʒɒks] *npl* AUS (*fam*) kurze Unterhose, Boxershorts *pl*

jockstrap *n* Suspensorium *nt*

jocose [dʒə(ʊ)'kəʊs, AM dʒoʊ'koʊs] *adj* (*form, liter*) scherzhaft, launig; *manner* witzig, humorvoll

jocosely [dʒə(ʊ)'kəʊsli, AM dʒoʊ'koʊs-] *adv* (*form, liter*) scherzhaft, launig

jocular ['dʒɒkjələʳ, AM 'dʒɑ:kjələ˞] *adj* (*form*) lustig; *comment* witzig; *person* heiter; **in a ~ fashion** im Spaß; **to be in a ~ mood** zu Scherzen aufgelegt sein; **in a ~ vein** in launiger Stimmung

jocularity [,dʒɒkjə'lærəti, AM ,dʒɑ:kjə'lærəṭi] *n no pl* (*form*) *of a comment* Witzigkeit *f*, Scherzhaftigkeit *f*; *of a person* Heiterkeit *f*

jocularly ['dʒɒkjələli, AM 'dʒɑ:kjələ˞-] *adv* (*form*) scherzhaft, im Scherz

jocund ['dʒɒkənd, AM 'dʒɑ:k-] *adj* (*liter*) fröhlich, heiter, lustig

jodhpurs ['dʒɒdpəz, AM 'dʒɑ:dpɚz] *npl* Reithose *f*; **a pair of ~** eine Reithose

joe [dʒəʊ, AM dʒoʊ] *n* **a cup of ~** *esp* AM (*fam*) eine Tasse Kaffee

Joe Bloggs [,dʒəʊ'blɒgz] *n no art, no pl* BRIT (*fam*) Otto Normalverbraucher *m fam* **Joe Blow** [,dʒoʊ'bloʊ] *n no pl, no art* AM, AUS (*fam*) ① (*average, typical man*) Otto Normalverbraucher *m fam* ② (*man whose name is unknown*) Herr X *m* **Joe job** *n* CAN (*menial, monotonous task*) Hilfsarbeiterjob *m* **Joe Public** *n no pl, no art* BRIT (*fam*) der kleine Mann *fam*

joey [,dʒəʊi] *n* AUS (*fam*) Kängurujunge(s) *nt*

jog [dʒɒg, AM dʒɑ:g] **I.** *n* ① *no pl* (*run*) Dauerlauf *m*; **to go for a ~** joggen gehen *fam* ② *usu sing* (*push, knock*) Stoß *m*, Schubs *m fam*; **to give sth a ~** etw *dat* einen Schubs geben *fam* ► PHRASES: **to give sb's memory a ~** jds Gedächtnis *nt* nachhelfen, jds Erinnerung *f* auf die Sprünge helfen *fam* **II.** *vi* <-gg-> ① (*run*) einen Dauerlauf machen, joggen ② (*video tape*) Videoband *nt* um ein Bild weiterstellen **III.** *vt* <-gg-> ▪**to ~ sb/sth** jdn/etw [an]stoßen [*o fam* schubsen]; **to ~ sb's elbow** jdn anrempeln *fam* ► PHRASES: **to ~ sb's memory** jds Gedächtnis *nt* nachhelfen, jds Erinnerung *f* auf die Sprünge helfen *fam*

◆**jog along** *vi* ① (*fam: advance slowly*) *person* dahintrotten; *vehicle* dahinzuckeln ② (*continue in a routine manner*) [so] dahinwursteln *fam*; ***they argue continually but somehow their marriage ~s along*** sie streiten sich andauernd, aber mit ihrer Ehe geht es doch immer irgendwie weiter

jogger ['dʒɒgəʳ, AM 'dʒɑ:gɚ] *n* Jogger(in) *m(f)*

jogging ['dʒɒgɪŋ, AM 'dʒɑ:g-] *n no pl* Joggen *nt*, Jogging *nt*; **to go [out] ~** joggen gehen

jogging gear *n no pl* Joggingkleidung *f* **jogging suit** *n* Jogginganzug *m*

joggle ['dʒɒgl, AM 'dʒɑ:gl] **I.** *vt* (*move jerkily*) ▪**to ~ sth** etw [leicht] rütteln [*o* schütteln]; **to ~ a baby about** [*or* **around**] ein Baby hin und her wiegen **II.** *n* [leichtes] Schütteln [*o* Rütteln]; **to give sth a ~** etw [leicht] schütteln

jogtrot *n* ① (*slow regular trot*) Trott *m*; **to move at a ~** trotten ② (*fig, pej: monotonous progression*) Trott *m pej*

jog-trot *vi* trotten

john [dʒɑ:n] *n* ① AM, AUS (*fam: toilet*) Klo *nt fam* ② AM (*sl: prostitute's client*) Freier *m fam*

John Bull [,dʒɒn'bʊl] *n no art, no pl* BRIT (*dated fam*) John Bull *m* (*Figur, die den typischen Engländer oder England repräsentiert*) **John Doe** [,dʒɑ:n'doʊ] *n no art, no pl* AM ① LAW Herr X; ***the pop group is bringing a lawsuit against ~ Corporation*** die Popgruppe verklagt die Gesellschaft X ② (*average man*) Durchschnittsmann *m*, Otto Normalverbraucher *m fam* **John Dory** <*pl* -ries *or* -> [,dʒɒn'dɔ:ri, AM ,dʒɑ:n'-] *n* ZOOL Heringskönig *m* **John Hancock** [,dʒɑ:n'hænkɑ:k] *n* AM (*sl*), **John Henry** [,dʒɑ:n'henri] *n* AM (*sl*) ***put your ~ here*** mach deinen Friedrich Wilhelm hier *fam*

johnnie *n*, **johnny** ['dʒɒni] *n* BRIT (*sl*) [**rubber**] ~ Pariser *m sl*

johnny-come-lately <*pl* -s *or* johnnies-> *n* (*pej*) Neuling *m pej*

John Q Public *n no art, no pl* AM (*fam*) Otto Normalverbraucher *m fam*, der kleine Mann *fam*

joie de vivre [,ʒwɑ:də'vi:vr(ə)] *n no pl* (*form*) Lebensfreude *f*, Lebenslust *f*

join [dʒɔɪn] **I.** *vt* ① (*connect*) ▪**to ~ sth [to sth]** etw [mit etw *dat*] verbinden [*o* zusammenbringen] [*o* zusammenfügen]; *battery* etw [an etw *dat*] anschließen; (*add*) etw [an etw *akk*] anfügen; ***the River Neckar ~s the Rhine at Mannheim*** der Neckar mündet bei Mannheim in den Rhein ein; **to ~ forces with sb** sich *akk* mit jdm zusammentun; **to ~ hands** sich *dat* die Hände geben [*o form* reichen] ② (*come into sb's company*) ▪**to ~ sb** sich *akk* zu jdm gesellen, jdm Gesellschaft *f* leisten; ***would you like to ~ us for supper?*** möchtest du mit uns zu Abend essen?; ***do you mind if I join you?*** darf ich mich zu Ihnen setzen?; ***she travelled to Rome by herself and was ~ed by her husband a week later*** sie reiste alleine nach Rom, und eine Woche später kam ihr Mann nach ③ (*become a member, employee of*) ▪**to ~ sth** etw *dat* beitreten, in etw *akk* eintreten; *club, party* bei etw *dat* Mitglied werden; **to ~ the army** Soldat werden; **to ~ the ranks of the unemployed** sich *akk* in das Heer der Arbeitslosen einreihen ④ (*become temporarily involved in*) ▪**to ~ sth** bei etw *dat* mitmachen; ***let's go and ~ the dancing*** lass uns mittanzen; **to ~ the line** AM [*or* BRIT **queue**] sich *akk* in die Schlange stellen [*o geh* einreihen] ⑤ (*support*) ▪**to ~ sb in [doing] sth** jdm bei [*o* in] [der Ausführung] einer S. *gen* zur Seite stehen, sich *akk* jdm [bei der Ausführung einer S. *gen*] anschließen; ***I'm sure everyone will ~ me in wishing you a very happy birthday*** es schließen sich sicher alle meinen Glückwünschen zu Ihrem Geburtstag an ⑥ (*get on board*) **to ~ a plane/train** in ein Flugzeug/einen Zug zusteigen ► PHRASES: **~ the club!** willkommen im Club! **II.** *vi* ① (*connect*) ▪**to ~ [with sth]** sich *akk* [mit etw *dat*] verbinden; ▪**to ~ with sb in doing sth** sich *akk* mit jdm *dat* zusammenschließen [*o fam* zusammentun], [um] etw zu tun; ***the police have ~ed with the drugs squad in trying to catch major traffickers*** die Polizei hat sich mit der Drogenfahndung zusammengetan, um die Großdealer zu schnappen ② (*become a member*) beitreten, Mitglied werden ③ (*marry*) **to ~ [together] in marriage** [*or form* **holy matrimony**] sich *akk* ehelich [miteinander] verbinden *geh*, in den heiligen Bund der Ehe *f* treten *geh* **III.** *n* ① (*where things are connected together*) Verbindung[sstelle] *f*, Fuge *f* ② MATH Oder-Funktion *f*

◆**join in** *vi* teilnehmen, mitmachen; (*in a game*) mitspielen; (*sing along*) mitsingen; ***they began to sing and all the voices ~ed in*** sie begannen zu singen und alle Stimmen fielen ein; ▪**to ~ in with sth** in etw *akk* einstimmen; ▪**to ~ in sth** sich *akk* an etw *dat* beteiligen, bei etw *dat* mitmachen; **to ~ in the applause** mitapplaudieren; **to ~ in the fun** auch Spaß haben

◆**join up** **I.** *vi* ① BRIT, AUS MIL Soldat werden, zum Militär gehen, einrücken *fam* ② (*connect*) sich *akk* verbinden; *cells* miteinander verschmelzen; *streets* aufeinander treffen, zusammenlaufen ③ (*meet again*) ▪**to ~ up for sth** sich *akk* zu etw *dat* zusammentun; ***let's ~ up later for a drink*** lasst uns später zusammen noch einen trinken gehen ④ (*go somewhere together*) ▪**to ~ up with sb** sich *akk* mit jdm zusammentun ⑤ (*get together with*) ▪**to ~ up with sb/sth** sich *akk* mit jdm/etw zusammenschließen; **II.** *vt* (*connect*) ▪**to ~ up ↔ sth** etw [miteinander] verbinden; *parts* etw zusammenfügen

joined-up [dʒɔɪnd'ʌp] *adj esp* BRIT zusammenhängend *attr*; **~ writing** Schreibschrift *f*

joiner ['dʒɔɪnəʳ, AM -ɚ] *n* ① (*skilled worker*) Tischler(in) *m(f)*, Schreiner(in) *m(f)* ② (*fam: activity-oriented person*) geselliger Typ

joinery ['dʒɔɪnəri, AM -ɚi] *n no pl* (*product*) Tischlerarbeit *f*; (*craft*) Tischlerhandwerk *nt* **joinery work** *n* Tischlerarbeit *f*

joint [dʒɔɪnt] **I.** *adj inv* gemeinsam; ***the research project is the work of a ~ French-Italian team*** das Forschungsprojekt ist die Gemeinschaftsarbeit eines französisch-italienischen Teams; **~ undertaking** Gemeinschaftsunternehmen *nt*; **~ winners** SPORTS zwei Sieger/Siegerinnen; **to come ~ second** mit jdm zusammen den zweiten Platz belegen **II.** *n* ① (*connection*) Verbindungsstelle *f*, Anschluss *m*, Fuge *f*; [**soldering**] ~ Lötstelle *f* ② ANAT Gelenk *nt*; **to put sth out of ~** etw ausrenken [*o* verrenken]; ***I've put my shoulder out of ~*** ich habe mir die Schulter verrenkt ③ (*meat*) Braten *m*; **~ of beef/lamb** Rinder-/Lammbraten *m*; **chicken ~s** Hähnchenteile *mpl* ④ (*fam: cheap bar, restaurant*) Laden *m fam*, Bude *f fam*, Spelunke *f fam*; (*gambling den*) Spielhölle *f* ⑤ (*cannabis cigarette*) Joint *m sl* ► PHRASES: **the ~ is jumpin'** in dem Laden [*o* der Bude] ist schwer was los *fam*, hier tanzt der Bär *fam*; **to put sth out of ~** etw außer Betrieb setzen; **to be out of ~** aus den Fugen [*o* dem Gleichgewicht] sein

joint account *n* Gemeinschaftskonto *nt* **Joint Chiefs of Staff** *npl* AM ▪**the ~** die vereinten Generalstabschefs (*die Oberkommandeure der Streitkräfte der USA*) **joint committee** *n* gemischter [*o* gemeinsamer] [Untersuchungs]ausschuss **joint custody** *n no pl* gemeinsames Sorgerecht **joint debtor** *n* Mitschuldner(in) *m(f)*

jointed ['dʒɔɪntɪd, AM -ṭɪd] *adj inv* ① (*having joints*) gegliedert, mit Gelenken versehen; **~ puppet** Gliederpuppe *f*; **double ~** extrem gelenkig ② (*united*) verbunden

joint efforts *npl* gemeinsame Anstrengungen **joint-funded** *adj* AUS gemeinsam finanziert **joint honours** *n modifier* BRIT ~ [**degree**] *,Honours Degree' in zwei Fächern*

jointly ['dʒɔɪntli] *adv inv* gemeinsam

jointly funded *adj* BRIT gemeinsam finanziert

joint owner *n* Miteigentümer(in) *m(f)*; *of a company* Mitinhaber(in) *m(f)*, Teilhaber(in) *m(f)* **joint property** *n* gemeinschaftliches Eigentum **joint resolution** *n* AM gemeinsamer Beschluss **joint stock** *n no pl* FIN Aktienkapital *nt* **joint-stock company** *n* BRIT Aktiengesellschaft *f* **joint venture** *n* Joint Venture *nt*, Gemeinschaftsunternehmen *nt*

joist [dʒɔɪst] *n* ARCHIT [Profil]träger *m*, [Quer]balken *m*

jojoba [hə'həʊbə, AM hə'hoʊ-] *n no pl* Jojoba *f*

jojoba oil *n* Jojobaöl *nt*

joke [dʒəʊk, AM dʒoʊk] **I.** *n* ① (*action*) Spaß *m*; (*trick*) Streich *m*; (*amusing story*) Witz *m*; **dirty ~** Zote *f*; **to crack/tell ~s** Witze reißen *fam*/erzählen; **to get a ~** einen Witz verstehen [*o fam* kapieren]; **to get** [*or* **go**] **beyond a ~** nicht mehr witzig [*o* lustig] [*o* komisch] sein; **to make a ~ of sth** (*ridicule*) etw ins Lächerliche ziehen; (*laugh off*) ***they made a ~ of it, but it was obvious they were offended*** sie lachten darüber, aber es war offensichtlich, dass sie beleidigt waren; **to play a ~ on sb** jdm einen Streich spielen; **to not be able to take a ~** keinen Spaß vertragen [*o* verstehen]; **to do sth for a ~** etw zum [*o* aus] Spaß tun; **the ~ was on me** der Spaß ging auf meine Kosten ② (*fam: sth very easy*) Kinderspiel *nt*, Witz *m fam*, Klacks *m fam*; **to be no ~** kein Kinderspiel [*o* keine Kleinigkeit] sein ③ (*fam: ridiculous thing or person*) Witz *m fam*; **what a ~!**

das soll wohl ein Witz sein! *fam,* da lachen ja die Hühner! *fam* **II.** *vi* scherzen, witzeln; ■**to be joking** Spaß machen; ***don't worry, I was only joking when I said I'd go without you*** keine Bange, ich hab doch nur zum Spaß gesagt, dass ich ohne dich gehe; **you must be** [*or* **you've got to be**] **joking!** das meinst du doch nicht im Ernst!, das soll wohl ein Witz sein!; ■**to ~ about sth** sich *akk* über etw *akk* lustig machen; ■**to ~ that …** scherzen, dass …

joker ['dʒəʊkəʳ, AM 'dʒoʊkɚ] *n* ① (*one who jokes*) Spaßvogel *m,* Witzbold *m* ② (*fam: annoying person*) Kerl *m fam,* Typ *m fam* ③ CARDS Joker *m* ► PHRASES: **to be the ~ in the pack** der Situation eine überraschende Wendung geben können

jokey ['dʒəʊki, AM 'dʒoʊki] *adj* (*fam*) witzig

jokily ['dʒəʊkɪli, AM 'dʒoʊk] *adv* spaßhaft, scherzweise

joking ['dʒəʊkɪŋ, AM 'dʒoʊk-] **I.** *adj* scherzhaft **II.** *n no pl* Scherzen *nt;* **~ apart** [*or* **aside**] Spaß [*o* Scherz] beiseite; ***~ apart, what do you really think of your new job?*** jetzt mal ganz im Ernst, was hältst du wirklich von deinem neuen Job?

jokingly ['dʒəʊkɪŋli, AM 'dʒoʊk-] *adv* im Scherz

joky *adj* (*fam*) *see* **jokey**

jollification [ˌdʒɒlɪfɪ'keɪʃᵊn, AM ˌdʒɑːlə-] *n* (*fam*) ① *no pl* (*merrymaking*) Festlichkeit *f;* (*boozy party*) feuchtfröhliches Fest ② (*celebratory activities*) ■**~s** *pl* [Festtags]trubel *m kein pl*

jollity ['dʒɒləti, AM 'dʒɑːləṱi] *n no pl* Fröhlichkeit *f,* Lustigkeit *f*

jolly ['dʒɒli, AM 'dʒɑːli] **I.** *adj* ① (*happy*) fröhlich, lustig, vergnügt ② (*enjoyable or cheerful*) lustig; *evening* nett; *room* freundlich **II.** *adv* BRIT (*fam*) sehr, mächtig *fam,* riesig *fam;* ***just tell her to ~ well urry up*** sag ihr, sie soll sich endlich mal beeilen; ***I ~ well hope so!*** das will ich doch hoffen!; **~ expensive** ganz schön teuer; **~ good** bombig *fam,* prima *fam,* hervorragend; **~ good show** (*dated*) prima Arbeit!, gut gemacht! **III.** *vt* ■**to ~ sb along** ① (*humour*) jdn bei Laune halten *fam* ② (*encourage*) jdn ermutigen [*o* aufmuntern]

◆**jolly up** *vt* ■**to ~ up ↔ sth** etw aufpeppen *fam*

jolly hockey sticks *n modifier* BRIT (*hum*) *bezeichnet Frauentyp der höheren Gesellschaft mit Privatschulhintergrund, der sich überall einmischt und damit anderen auf die Nerven fällt;* ***are you coming to Fiona's party tonight? — I don't think so, her last party was full of her awful ~ type friends*** kommst du heute Abend zu Fionas Party? – ich denke nicht: Auf ihrer letzten Party hat es nur so von ihren tussihaften Freundinnen gewimmelt **Jolly Roger** *n* Totenkopfflagge *f*

jolt [dʒəʊlt, AM dʒoʊlt] **I.** *n* ① (*sudden jerk*) Stoß *m,* Ruck *m,* Erschütterung *f;* ***she felt every ~ of the wheels*** sie spürte jeden Stoß der Räder; ***the bus stopped with a ~*** der Bus hielt mit einem Ruck ② (*shock*) Schock *m,* Schlag *m;* ***government hopes received a sharp ~ with the latest unemployment figures*** die Hoffnungen der Regierung erlitten angesichts der jüngsten Arbeitslosenzahlen einen empfindlichen Dämpfer; ***his self-confidence took a sudden ~*** sein Selbstvertrauen wurde plötzlich erschüttert; **to wake up with a ~** aus dem Schlaf hochschrecken **II.** *vt* ① (*jerk*) ■**to ~ sb** jdn durchrütteln [*o* durchschütteln]; ***the train stopped unexpectedly and we were ~ed forwards*** der Zug hielt unerwartet und wir wurden nach vorne geschleudert; ***I was ~ed awake by a sudden pain*** ich wurde von einem plötzlichen Schmerz aus dem Schlaf gerissen ② (*fig: shake*) ■**to ~ sth** *relationship* etw erschüttern; **to ~ sb's conscience** jds Gewissen *nt* wachrütteln ③ (*fig: shock*) ■**to ~ sb** jdm einen Schock versetzen; **to ~ sb into action** jdn [durch drastische Maßnahmen] zum Handeln veranlassen; **to ~ sb out of his/her lethargy** jdn aus seiner/ihrer Lethargie reißen **III.** *vi vehicle* holpern, rumpeln; ***the truck ~ed along the rough track*** der Laster rumpelte den holprigen Weg entlang

josh [dʒɒʃ, AM dʒɑːʃ] (*fam*) **I.** *vt* ■**to ~ sb** [**about sth**] jdn [wegen einer S. *gen*] aufziehen [*o fam* hochnehmen] **II.** *vi* Spaß machen, scherzen; ***I was just ~ing when I said I'd lost the car keys*** ich habe nur Spaß gemacht, als ich gesagt habe, dass ich die Autoschlüssel verloren hätte

joss stick ['dʒɒs-, AM 'dʒɑːs-] *n* Räucherstäbchen *nt*

jostle ['dʒɒsl, AM 'dʒɑːsl] **I.** *vt* ■**to ~ sb** jdn anrempeln [*o fam* schubsen]; FBALL jdn rempeln; (*fig*) ■**to ~ sb off sth** jdn von etw *dat* verdrängen **II.** *vi* ① (*push*) [sich *akk*] drängen [*o fam* drängeln]; ***crowds of people ~d at the main entrance to the concert hall*** Scharen von Menschen drängelten sich am Haupteingang zur Konzerthalle ② (*compete*) ■**to ~ for sth** *business, influence* um etw *akk* wetteifern [*o* konkurrieren] [*o pej fam* rangeln]

jostling ['dʒɒslɪŋ, AM 'dʒɑːsl-] **I.** *n no pl* ① (*pushing*) Gedränge *nt,* Drängelei *f,* Rempelei *f* ② (*competition*) Gerangel *nt pej fam* (**for** um +*akk*) **II.** *adj* ① (*pushing*) sich *akk* drängelnd *attr;* (*pushy*) *crowd* aufdringlich *pej* ② (*closely grouped*) dicht gedrängt

jot [dʒɒt, AM dʒɑːt] **I.** *n no pl* ► PHRASES: **not a ~ of good** keinerlei [*o* nicht der geringste] Wert [*o* Nutzen]; ***your apology won't do a ~ of good now*** deine Entschuldigung nützt jetzt auch nichts mehr; **every ~ and tittle** (*dated fam*) jedes kleinste bisschen; **not a ~ of truth** nicht ein Körnchen Wahrheit; ***there's not a ~ of truth in what she's saying*** von dem, was sie sagt, ist kein einziges Wörtchen wahr; **to not give a ~ about sb/sth** sich *akk* nicht den Teufel um jdn/etw scheren *fam* **II.** *vt* <-tt-> ■**to ~ sth** etw notieren [*o* schnell hinschreiben]

◆**jot down** *vt* ■**to ~ sth ↔ down** etw notieren [*o* schnell aufschreiben]

jotter ['dʒɒtəʳ] *n* BRIT, AUS, **jotter pad** *n* BRIT, AUS Notizblock *m,* Notizbuch *nt*

jottings ['dʒɒtɪŋz, AM 'dʒɑːṱ-] *npl* Notizen *fpl*

joual *n* CAN *das in Québec gesprochene Französisch*

jouissance share *n* FIN Genussaktie *f,* Genussschein *m*

joule [dʒuːl] *n* PHYS Joule *nt*

jouncy ['jaʊn(t)si] *adj music* lebhaft

journal ['dʒɜːnᵊl, AM 'dʒɜːr-] *n* ① (*periodical*) Zeitschrift *f;* (*newspaper*) Zeitung *f;* **medical ~** medizinische Fachzeitschrift, Ärzteblatt *nt;* **quarterly ~** Vierteljahresschrift *f* ② (*diary*) Tagebuch *nt;* NAUT Logbuch *nt,* Schiffstagebuch *nt;* ECON Journal *nt,* Geschäftstagebuch *nt;* **to keep a ~** Tagebuch führen ③ COMPUT Protokoll *nt*

journalese [ˌdʒɜːnᵊl'iːz, AM ˌdʒɜːr-] *n no pl* (*pej*) Pressejargon *m pej,* Zeitungsstil *m pej*

journalism ['dʒɜːnᵊlɪzᵊm, AM 'dʒɜːr-] *n no pl* Journalismus *m*

journalist ['dʒɜːnᵊlɪst, AM 'dʒɜːr-] *n* Journalist(in) *m(f);* **freelance ~** freier Journalist/freie Journalistin

journalistic [ˌdʒɜːnᵊl'ɪstɪk, AM ˌdʒɜːr-] *adj* journalistisch

journalling ['dʒɜːnᵊlɪŋ, AM 'dʒɜːr-] *n no pl* Führen *nt* eines Tagebuches

journey ['dʒɜːni, AM 'dʒɜːrni] **I.** *n* Reise *f;* ***have a safe ~!*** gute Reise!; **car/train ~** Auto-/Zugfahrt *f;* **~ of self-discovery** Selbsterfahrungstrip *m fam;* **~ time** Fahrzeit *f;* **a two-hour train ~** eine zweistündige Zugfahrt; **to set out on a ~** zu einer Reise aufbrechen **II.** *vi* (*esp liter*) reisen; ***they ~ed into the desert on camels*** sie zogen auf Kamelen in die Wüste; **to ~ south** in den [*o liter* gen] Süden reisen

journeyman **I.** *n* ① (*experienced workman*) Fachmann *m* ② (*qualified workman*) Geselle *m* **II.** *n modifier* -geselle; **~ carpenter** Tischlergeselle *m;* **~ professional** erfahrener Profi *fam;* **~ tennis player** routinierter Tennisspieler

joust [dʒaʊst] **I.** *vi* ① (*engage in a joust*) einen Turnierzweikampf austragen ② (*compete*) ■**to ~ for sth** um etw *akk* streiten [*o* konkurrieren] **II.** *n* Turnierzweikampf *m,* Tjost *f o m*

jousting ['dʒaʊstɪŋ] *n no pl* HIST [Lanzen]stechen *nt,* Turnier[spiel] *nt*

Jove [dʒəʊv, AM dʒoʊv] *n* Jupiter *m* ► PHRASES: **by ~!** (*dated*) Donnerwetter!, potz Blitz! *veraltet*

jovial ['dʒəʊviəl, AM 'dʒoʊ-] *adj* ① (*friendly*) *person* freundlich; *welcome* herzlich ② (*joyous*) *mood* heiter, lustig; *chat, evening* nett

joviality [ˌdʒəʊvi'æləti, AM ˌdʒoʊvi'æləṱi] *n no pl* ① (*friendliness*) Freundlichkeit *f,* Herzlichkeit *f* ② (*joyousness*) Fröhlichkeit *f,* Heiterkeit *f*

jovially ['dʒəʊviəli, AM 'dʒoʊ-] *adv* freundlich, herzlich

jowl [dʒaʊl] *n* ① (*jaw*) Unterkiefer *m* ② *usu pl* (*hanging flesh*) Kinnbacke *f;* **heavy ~s** Hängebacken *fpl*

jowly ['dʒaʊli] *adj* ■**to be ~** Hängebacken haben

joy [dʒɔɪ] *n* ① (*gladness*) Freude *f,* Vergnügen *nt;* ***one of the ~s of the job*** einer der erfreulichen Aspekte dieses Berufs; ***the ~s of living in the country*** die Freuden des Landlebens; ***her singing is a ~ to listen to*** ihrem Gesang zuzuhören ist ein Genuss; ***in spring the garden is a ~ to behold*** im Frühjahr ist der Garten eine wahre Augenweide; **to be filled with ~** voller Freude sein; **to be full of the ~s of spring** bestens aufgelegt [*o* in bester Stimmung] sein; **to be a** [**great**] **~ to sb** jdm [große] Freude bereiten; **to give sb ~** jdm Freude bereiten; **to jump for ~** einen Freudensprung machen; **to shout for** [*or* **with**] **~** einen Freudenschrei ausstoßen; **to weep for** [*or* **with**] **~** vor Freude weinen ② (*liter: expression of gladness*) Fröhlichkeit *f* ③ *no pl* BRIT (*fam: success*) Erfolg *m;* ***did you have any ~ finding the book you wanted?*** ist es dir gelungen, das Buch zu finden, das du wolltest?; ***I thought I might ask Josh to lend me some money — you won't get much ~ from him*** ich habe gedacht, ich könnte Josh bitten, mir etwas Geld zu borgen – du wirst nicht viel Glück bei ihm haben

joyful ['dʒɔɪfᵊl] *adj face, person* froh, fröhlich; *event, news* freudig; **to feel ~ about** [*or* **over**] **sth** sich *akk* über etw *akk* freuen

joyfully ['dʒɔɪfᵊli] *adv* fröhlich, vergnügt; ***we ~ announce the birth of our son*** wir freuen uns, die Geburt unseres Sohnes bekannt zu geben; **to welcome sb ~** jdn freudig begrüßen

joyfulness ['dʒɔɪfᵊlnəs] *n no pl* Fröhlichkeit *f,* Heiterkeit *f;* ***her ~ at his return was obvious*** ihre Freude über seine Rückkehr war offenkundig

joyless ['dʒɔɪləs] *adj childhood, time* freudlos; *expression, occasion, news* traurig; **~ marriage** unglückliche Ehe

joylessly ['dʒɔɪləsli] *adv* traurig

joylessness ['dʒɔɪləsnəs] *n no pl of a period, life* Freudlosigkeit *f; of a person* Traurigkeit *f*

joyous ['dʒɔɪəs] *adj* (*liter*) *event, news* freudig, erfreulich; *person, voice* fröhlich

joyously ['dʒɔɪəsli] *adv* (*liter*) freudig, froh; **to be ~ happy** überglücklich sein

joyousness ['dʒɔɪəsnəs] *n no pl* (*liter*) Freude *f*

joyride *n* [waghalsige] Spritztour (*in einem gestohlenen Auto*) **joyrider** *n jd, der eine waghalsige Spritztour in einem gestohlenen Auto unternimmt* **joyriding** *n no pl in einem gestohlenen Wagen waghalsiger Spritztouren unternehmen* **joystick** *n* AVIAT Steuerknüppel *m;* COMPUT Joystick *m*

JP *n abbrev of* **Justice of the Peace**

Jr *adj after n, inv esp* AM *short for* **junior** jun., jr.

jubilant ['dʒuːbɪlənt] *adj* glücklich; *crowd* jubelnd *attr; expression, voice* triumphierend *attr; face* freudestrahlend *attr;* **~ cheers** Jubelgeschrei *nt;* **to be ~ at sb's failure** über jds Misserfolg *m* frohlocken *geh;* **~ shouts** Jubelrufe *mpl;* ■**to be ~ over sth** über etw *akk* jubeln

jubilantly ['dʒuːbɪləntli] *adv* jubelnd, triumphierend; ***he looked at her ~*** er sah sie freudestrahlend an

jubilation [ˌdʒuːbɪ'leɪʃᵊn] *n no pl* Jubel *m*

jubilee ['dʒuːbɪliː] *n* Jubiläum *nt;* **silver ~** fünfundzwanzigjähriges Jubiläum

Judaea [dʒuː'diːə] *n no pl* HIST, GEOG Judäa *nt*

Judaeo-Christian [dʒuːˌdiːəʊ'krɪstʃən] *adj inv* jüdisch-christlich

Judaic [dʒuː'deɪɪk] *adj inv* jüdisch

Judaism ['dʒuːdeɪɪzᵊm] *n no pl* Judaismus *m,* Judentum *nt*

Judas ['dʒuːdəs] *n* ① (*traitor*) Judas *m,* Verräter(in) *m(f)* ② REL Judas *m*

judder ['dʒʌdəʳ] BRIT, AUS **I.** *vi* [heftig] wackeln, ru-

J

ckeln; ***the train ~ed to a halt*** der Zug ruckte und blieb stehen **II.** *n no pl* ① (*rapid shaking*) Ruckeln *nt;* ***the car gave a sudden ~, then stopped dead*** das Auto machte einen Ruck und blieb dann schlagartig stehen ② COMPUT Ungleichförmigkeit *f,* Verwacklung *f*

Judeo-Christian [dʒuːˌdiːoʊˈkrɪstʃən] *adj inv* AM judäisch-christlich

judge [dʒʌdʒ] **I.** *n* ① LAW Richter(in) *m(f)* ② (*at a competition*) Preisrichter(in) *m(f);* SPORTS (*in boxing, gymnastics, wrestling*) Punktrichter(in) *m(f);* (*in athletics, swimming*) Kampfrichter(in) *m(f),* Schiedsrichter(in) *m(f)* ③ (*expert*) *of literature, music, wine* Kenner(in) *m(f);* ***let me be the ~ of that*** das überlassen Sie am besten meinem Urteil; **to be no ~ of art** kein Kunstkenner sein; **to be a good/bad ~ of character** ein guter/schlechter Menschenkenner sein; **to be [not] a good ~ of sth** etw [nicht] gut beurteilen können **II.** *vi* ① (*decide*) urteilen; ***it's too soon to ~*** für ein Urteil ist es noch zu früh; ***you shouldn't ~ by*** [*or* **on**] ***appearances alone*** man sollte nicht nur nach dem Äußeren gehen; ***~ing by*** [*or* ***from***] ***his comments, he seems to have been misinformed*** seinen Äußerungen nach zu urteilen, ist er falsch informiert worden ② (*estimate*) schätzen; ***I'd ~ that it'll take us five years to cover our costs*** ich schätze mal, dass wir fünf Jahre brauchen werden, um unsere Unkosten zu decken **III.** *vt* ① (*decide*) ■**to ~ sb/sth** jdn/etw beurteilen [*o* einschätzen]; ***everyone present ~d the meeting*** [***to have been***] ***a success*** jeder, der anwesend war, wertete das Treffen als Erfolg; ***she ~d it better not to tell him about the damage to the car*** sie hielt es für besser, ihm nichts von dem Schaden am Auto zu erzählen; ***you can ~ for yourself how angry I was*** Sie können sich vorstellen, wie zornig ich war ② (*estimate*) ■**to ~ sth** etw schätzen; **to ~ a distance** eine Entfernung [ab]schätzen ③ (*pick a winner*) ■**to ~ sth** etw als Kampfrichter [*o* Preisrichter] bewerten, bei etw *dat* Kampfrichter [*o* Preisrichter] sein ④ (*rank*) ■**to ~ sb/sth** jdn/etw beurteilen [*o* einstufen]; ***our salespeople are ~d on*** [*or* ***according to***] ***how many cars they sell*** unsere Verkäufer werden nach der Anzahl der Autos, die sie verkaufen, eingestuft ► PHRASES: **you can't ~ a book by its cover** (*saying*) man kann eine Sache nicht nach dem äußeren Anschein beurteilen

judg(e)ment [ˈdʒʌdʒmənt] *n* ① LAW Urteil *nt,* gerichtliche Entscheidung; **to await ~** auf das Urteil warten; **to pass ~ [on sb]** (*also fig*) ein Urteil [über jdn] fällen *a. fig;* **to reserve ~** die Urteilsverkündung aussetzen; **to reverse a ~** ein Urteil aufheben; **to sit in ~ on a case** Richter/Richterin in einem Fall sein; **to sit in ~ on sb** über jdn zu Gericht sitzen; **to sit in ~ over sb** (*fig*) mit jdm ins Gericht gehen ② (*opinion*) Urteil *nt,* Ansicht *f,* Meinung *f;* **error of ~** Fehleinschätzung *f;* **a question of ~** eine Frage des Standpunkts; **value ~** Werturteil *nt;* **against one's better ~** wider besseres Wissen; **to make a subjective ~ about sth** über etw *akk* subjektive Urteile fällen ③ (*discernment*) Urteilsfähigkeit *f,* Urteilsvermögen *nt;* **to show impaired/poor/sound ~** ein eingeschränktes/schwaches/gesundes Urteilsvermögen besitzen ④ REL Strafe *f* Gottes

judg(e)mental [dʒʌdʒˈmentᵊl] *adj* ① *inv* (*using judgement*) urteilend, Urteils- ② (*highly critical*) absprechend, aburteilend

Judgement Day *n* REL das Jüngste Gericht

judgmental [dʒʌdʒˈmentᵊl, AM -t̬ᵊl] *adj* (*pej*) [vorschnell] wertend [*o* urteilend] *attr;* ■**to be ~ about sb** ein [vorschnelles] Urteil über jdn fällen

judgmentally [dʒʌdʒˈmentᵊli, AM -t̬ᵊli] *adv* vorschnell urteilend; ***he tends to deal ~ with others*** er neigt im Umgang mit anderen zu vorschnellen Urteilen

judicature [ˈdʒuːdɪkətʃəʳ, AM -ɚ] *n no pl* ① LAW (*system*) Justiz *f,* Gerichtswesen *nt* ② + *sing/pl vb* (*the judges*) ■**the ~** die Richterschaft

judicial [dʒuːˈdɪʃᵊl] *adj inv* gerichtlich; **~ authorities/murder/reform** Justizbehörden *fpl*/-mord *m*/-reform *f;* **~ discretion** richterliches Ermessen; **~ proceedings/system** Gerichtsverfahren *nt*/-wesen *nt;* **~ review** AM Normenkontrolle *f* (*Prüfung der Gesetze auf ihre Verfassungsmäßigkeit*)

judicially [dʒuːˈdɪʃᵊli] *adv* gerichtlich

judiciary [dʒuːˈdɪʃᵊri, AM -ieri] *n* + *sing/pl vb* ■**the ~** (*people*) der Richterstand; (*system*) das Gerichtswesen

judicious [dʒuːˈdɪʃəs] *adj choice, person* klug; *decision* wohl überlegt

judiciously [dʒuːˈdɪʃəsli] *adv* klug

judo [ˈdʒuːdəʊ, AM -doʊ] *n no pl* Judo *nt*

jug [dʒʌg] **I.** *n* ① (*container*) Kanne *f,* Krug *m;* **a ~ of milk** eine Kanne Milch ② *no pl* (*dated sl: prison*) Kittchen *nt fam,* Knast *m fam;* **to end up in ~** im Knast landen **II.** *vt* <-gg-> ■**to ~ sth** etw schmoren

jugful [ˈdʒʌgfʊl] *n* Kanne *f,* Krug *m;* **a ~ of water** ein Krug *m* Wasser

juggernaut [ˈdʒʌgənɔːt, AM -ɚnɑːt] *n* ① (*heavy lorry*) Schwerlastwagen *m,* Lastzug *m,* Brummi *m fam;* NAUT Großkampfschiff *nt* ② (*pej: overwhelming force*) verheerende [*o* vernichtende] Gewalt, Moloch *m geh;* **the ~ of bureaucracy/war** der Moloch Bürokratie/Krieg ③ (*overpowering institution*) Gigant *m;* **a ~ of economy/industry** ein Wirtschafts-/Industriegigant *m*

juggle [ˈdʒʌgl̩] **I.** *vt* ■**to ~ sth** ① (*toss and catch*) mit etw *dat* jonglieren; (*fig*) ***it is quite hard to ~ children and a career*** es ist ziemlich schwierig, Familie und Beruf unter einen Hut zu bringen ② (*fig, pej: manipulate*) etw manipulieren *pej;* **to ~ facts** Tatsachen verdrehen; **to ~ figures** Zahlen frisieren *pej fam* **II.** *vi* ① (*fig, pej: manipulate*) ■**to ~ with sth** *facts, information* etw manipulieren *pej;* **to ~ with figures** mit Zahlen jonglieren *pej* ② (*pej: fumble*) ■**to ~ with sth** mit etw *dat* jonglieren [*o* herumspielen] *pej*

juggler [ˈdʒʌgləʳ, AM -ɚ] *n* Jongleur(in) *m(f)*

juggling [ˈdʒʌglɪŋ] *n no pl* ① (*tossing and catching*) Jonglieren *nt* ② (*fig, pej: manipulation*) Manipulieren *nt pej*

juggling act *n* ① (*circus act*) Jonglierakt *m* ② (*fig: task management*) Balanceakt *m* **juggling balls** *npl* Jonglierbälle *mpl*

Jugoslav [ˈjuːgə(ʊ)slɑːv, AM -goʊ-] **I.** *adj* jugoslawisch **II.** *n* Jugoslawe, -in *m, f*

Jugoslavia [ˌjuːgə(ʊ)ˈslɑːviə, AM -goʊˈ-] *n* Jugoslawien *nt*

jugular [ˈdʒʌgjələʳ, AM -ɚ] *n,* **jugular vein** *n* Drosselvene *f fachspr,* Jugularvene *f fachspr* ► PHRASES: **to go for the ~** an die Gurgel springen *fam;* ***he went for the ~*** er sprang ihm an die Gurgel

juice [dʒuːs] *n* ① *no pl* (*of fruit, vegetable*) Saft *m;* **lemon ~** Zitronensaft *m* ② (*liquid in meat*) ■**~s** *pl* [Braten]saft *m kein pl* ③ (*natural fluid*) ■**~s** *pl* Körpersäfte *mpl;* **digestive/gastric ~s** Verdauungs-/Magensaft *m* ④ AM (*sl: influence, power*) Einfluss *m,* Macht *f;* **to have [all] the ~** das [absolute] Sagen haben *fam* ⑤ (*fig: energy*) **creative ~s** kreative Kräfte; **to get the creative ~s flowing** schöpferisch tätig [*o* kreativ] werden ⑥ (*sl: electricity*) Saft *m sl;* (*petrol*) Sprit *m fam*

juice extractor *n* Entsafter *m*

juicer [ˈdʒuːsəʳ, AM -ɚ] *n* ① (*appliance*) Saftpresse *f* ② AM (*pej sl: drinker*) Säufer(in) *m(f) pej sl* ③ AM (*sl: in theatre*) Beleuchter(in) *m(f)*

juiciness [ˈdʒuːsɪnəs] *n no pl* Saftigkeit *f*

juicy [ˈdʒuːsi] *adj* ① (*succulent*) saftig ② (*fam: bountiful*) saftig *fam;* *profit* lukrativ, fett *fam* ③ (*fam: interesting*) interessant; *role, task* reizvoll ④ (*fam: suggestive*) *joke, story* schlüpfrig, anstößig; *details, scandal* pikant

ju-jitsu [dʒuːˈdʒɪtsuː] *n no pl* Jiu-Jitsu *nt,* Jujutsu *nt*

jukebox [ˈdʒuːkbɒks, AM -bɑːks] *n* Musikautomat *m,* Musikbox *f,* Jukebox *f sl;* **to put a song on the ~** einen Titel aus der Jukebox wählen

Jul. *n abbrev of* **July** Juli

julep [ˈdʒuːlɪp, AM -ləp] *n* Julep *m o nt* (*alkoholisches Eisgetränk, oft mit Pfefferminze*)

julienne [ˌdʒuːliˈen] *vt* **to ~ vegetables** Gemüse in schmale Streifen [*o fachspr* Julienne] schneiden

July [dʒʊˈlaɪ] *n* Juli *m; see also* **February**

jumble [ˈdʒʌmbl̩] **I.** *n no pl* ① (*also fig: chaos*) Durcheinander *nt a. fig,* Wirrwarr *m a. fig;* *of clothes, papers* Haufen *m* ② BRIT (*unwanted articles*) Ramsch *m fam* **II.** *vt* ■**to ~ sth** etw in Unordnung bringen; *figures* etw durcheinander bringen; ***don't ~ your clothes like that*** wirf deine Kleidungsstücke nicht einfach so auf einen Haufen; ***the events of the last few weeks are all ~d in my mind*** die Ereignisse der letzten Wochen sind in meiner Erinnerung alle durcheinander geraten

◆**jumble up** *vt* ■**to ~ up** ↔ **sth** ① (*produce chaos*) etw durcheinander werfen ② (*mingle*) etw bunt zusammenmischen [*o* zusammenwürfeln]; ***I suggest jumbling up the prizes so that nobody will know what they are getting*** ich schlage vor, die Preise durchzumischen, damit niemand weiß, was er bekommt

jumble sale *n* BRIT Flohmarkt *m;* (*for charity*) Wohltätigkeitsbasar *m*

jumbo [ˈdʒʌmbəʊ, AM -boʊ] **I.** *adj attr* Riesen-; ***washing powder works out cheaper if you buy the ~ size*** Waschpulver kommt billiger, wenn man die Großpackung kauft **II.** *n* (*fam*) Koloss *m;* AVIAT Jumbo *m fam* **jumbo jet** *n* Jumbojet *m*

jump [dʒʌmp] **I.** *n* ① (*leap*) Sprung *m,* Satz *m;* SPORTS Hoch-/Weitsprung *m;* **parachute ~** Fallschirmabsprung *m;* **to make** [*or* **take**] **a ~** einen Sprung [*o* Satz] machen ② (*fig: rise*) Sprung *m;* *of prices, temperatures, value* [sprunghafter] Anstieg; *of profits* [sprunghafte] Steigerung; ***the ~ from the junior to the senior team was too much for him*** der Sprung von der Jugend- in die Erwachsenenmannschaft war zu viel für ihn ③ (*hurdle*) Hindernis *nt* ④ (*step*) Schritt *m;* (*head-start*) Vorsprung *m;* **to be one ~ ahead of one's competitors** der Konkurrenz einen Schritt [*o* eine Nasenlänge] voraus sein; **to have** [*or* **get**] **the ~ on sb** AM jdm gegenüber im Vorteil sein ⑤ (*sudden start*) [nervöse] Zuckung; ***I woke up with a ~*** ich fuhr aus dem Schlaf hoch; **to give a ~** zusammenfahren, zusammenzucken **II.** *vi* ① (*leap*) springen; AM (*sl*) bumsen *derb;* **to ~ into bed with sb** (*fig*) mit jdm ins Bett springen; **to ~ to sb's defence** (*fig*) jdm zur Seite springen; **to ~ to one's feet** plötzlich aufstehen, aufspringen; **to ~ up and down** herumspringen, herumhüpfen ② (*suddenly start*) einen Satz machen; **to make sb ~** jdn erschrecken [*o* aufschrecken]; ***oh, you made me ~!*** huch, hast du mich vielleicht erschreckt! ③ BRIT, AUS (*fig*) **to ~ up and down [about sth]** (*fam: be annoyed*) sich *akk* maßlos [wegen einer S. *gen*] aufregen; **to ~ on** [*or* **all over**] **sb** (*pej: criticize*) jdn [aus nichtigem Anlass] abkanzeln [*o fam* heruntermachen] ④ (*increase suddenly*) sprunghaft ansteigen, in die Höhe schnellen; **to ~ by 70%** einen Sprung um 70% machen; **to ~ from £50 to £70** von 50 auf 70 Pfund in die Höhe schnellen ⑤ (*skip*) *film, narration* [zeitlich] springen; ***the film keeps ~ing back to when she was a child*** der Film springt immer wieder in ihre Kindheit zurück ► PHRASES: **to ~ to <u>conclusions</u>** voreilige [*o* vorschnelle] Schlüsse ziehen; **to ~ for <u>joy</u>** einen Freudensprung machen; *heart* vor Freude hüpfen; **go [and] ~ in the <u>lake</u>!** (*pej fam*) geh [*o fam* scher dich] zum Teufel! *pej;* **to ~ out of one's <u>skin</u>** zu Tode erschrecken *fam;* **to ~ down sb's <u>throat</u>** (*pej: address*) jdn [heftig] anfahren [*o pej* anblaffen] *fam;* (*answer*) jdm über den Mund fahren *pej fam;* **to be <u>really</u> ~ing** (*approv fam*) schwer was los sein *sl* **III.** *vt* ① (*leap over*) ■**to ~ sth** etw überspringen, über etw *akk* springen; ***the horse ~ed a clear round*** das Pferd hat alle Hindernisse fehlerfrei übersprungen; **to ~ the rails** [*or* **track**] aus den Schienen springen, entgleisen ② *esp* AM (*attack suddenly*) ■**to ~ sb** über jdn herfallen, jdn überfallen ③ (*skip*) ■**to ~ sth** *line, page, stage* etw überspringen ④ (*disregard*) ■**to ~ sth** etw missachten; **to ~ bail** AM LAW (*fam*) die Kaution sausen lassen [und sich *akk* verdrücken] *fam;* **to ~ the [traffic] lights** [*or* **a**

light] eine Ampel überfahren *fam;* **to ~ a/the queue** BRIT, AUS sich *akk* vordrängeln; (*fig*) aus der Reihe tanzen ▶ PHRASES: **to ~ the gun** vorpreschen *pej,* überstürzt handeln; SPORTS einen Fehlstart verursachen; **to ~ ship** *politician, unionist* das sinkende Schiff verlassen; NAUT *sailor* sich *akk* [unter Bruch des Heuervertrags] absetzen; *passenger* vorzeitig von Bord gehen; **to ~ to it** sich *akk* ranhalten *fam,* hinnemachen *sl*

◆**jump at** *vi* ① (*attack*) ■**to ~ at sb** auf jdn losgehen, jdn anspringen ② (*take eagerly*) ■**to ~ at sth** *idea, suggestion* sofort auf etw *akk* anspringen; *offer* bei etw *dat* zuschlagen *fam,* sich *akk* auf etw *akk* stürzen *fam;* **to ~ at the chance** [*or* **opportunity**] **of doing sth** die Gelegenheit beim Schopfe packen, etw zu tun

◆**jump in** *vi* ① (*leap in*) hineinspringen; **~ in, I'll take you there** steig ein, ich fahre dich dorthin ■**to ~ in sth** *car, water* in etw *akk* [hinein]springen ② (*interrupt*) dazwischenreden

◆**jump out** *vi* ① (*get out*) ■**to ~ out of sth** *car, window* aus etw *dat* springen; **to ~ out of bed** aus dem Bett springen ② (*fig: be noticeable*) ■**to ~ out at sb** jdm sofort auffallen [*o* ins Auge springen]

◆**jump up** *vi* aufspringen, hochspringen

jump cut *n* Jump-Cut *m,* Vorgriff *m*

jumped-up [ˌdʒʌm(p)tˈʌp] *adj* BRIT (*pej fam*) aufgeblasen *pej,* hochnäsig *pej*

jumper [ˌdʒʌmpəʳ, AM -ɚ] *n* ① (*person*) Springer(in) *m(f);* (*horse*) Springpferd *nt* ② BRIT, AUS (*pullover*) Pullover *m,* Pulli *m fam* ③ AM, AUS (*pinafore*) Trägerkleid *nt,* ärmelloses Kleid ④ COMPUT Jumper *m fachspr*

jumping jack *n* ① (*firework*) Knallfrosch *m* ② (*toy figure*) Hampelmann *m* ③ (*rhyming sl: snooker*) schwarze Kugel ④ SPORTS Hampelmann *m* **jumping-off place** *n,* **jumping-off point** *n* Ausgangspunkt *m,* Ausgangsbasis *f,* Sprungbrett *nt fig* **jump jet** *n* AVIAT Senkrechtstarter *m* **jump leads** *npl* BRIT Starthilfekabel *nt,* Überbrückungskabel *nt* **jump seat** *n* AM Klappsitz *m,* Notsitz *m* **jumpsuit** *n* Overall *m*

jumpy [ˈdʒʌmpi] *adj* (*fam*) ① (*nervous*) nervös, unruhig; ***I'm rather ~ about travelling on the metro late at night*** der Gedanke, spät abends U-Bahn zu fahren, beunruhigt mich ziemlich ② (*easily frightened*) schreckhaft ③ (*jerky*) *movement* ruckartig ④ (*unsteady*) *market* unsicher ⑤ (*digressive*) *style* sprunghaft

Jun. *n abbrev of* **June** Juni

jun. *adj abbrev of* **junior** jun., jr.

junction [ˈdʒʌŋkʃᵊn] *n* ① (*road*) Kreuzung *f;* (*motorway*) Anschlussstelle *f,* Autobahnkreuz *nt;* [**railway**] ~ [Eisenbahn]knotenpunkt *m* ② COMPUT (*connection between wires/cables*) Zusammenführung *f* [von Leitungen] ③ COMPUT (*region between areas*) Zonenübergang *m*

junction box *n* ELEC Verteilerkasten *m,* Abzweigdose *f,* Anschlussdose *f*

juncture [ˈdʒʌŋ(k)(t)ʃəʳ, AM -tʃɚ] *n no pl* (*form*) [kritischer] Zeitpunkt [*o* Moment]; **at this ~** zum jetzigen Zeitpunkt; ***we are at an important ~ in the negotiations*** wir sind in den Verhandlungen an einem sehr entscheidenden Punkt angelangt

June [dʒuːn] *n* Juni *m; see also* **February**

Jungian [ˈjʊŋiən] *adj* PSYCH Jungsche(r,s) *attr;* **in ~ theory** nach der Jungschen Theorie

jungle [ˈdʒʌŋgl] *n* ① (*tropical forest*) Dschungel *m,* Urwald *m* ② (*fig: confused mass*) Gewirr *nt,* Dschungel *m,* Dickicht *nt;* **concrete ~** Großstadtdschungel *m;* **the law of the ~** das Gesetz des Dschungels ▶ PHRASES: **it's a ~ out there** das Leben ist ein Kampf

jungle gym *n* AM, AUS Klettergerüst *nt* **jungle juice** *n* [selbst gebrauter] Fusel *fam*

junior [ˈdʒuːniəʳ, AM -njɚ] **I.** *adj* ① *inv* (*younger*) junior *nach n;* **James Dawson, J~** James Dawson junior ② *attr, inv* SPORTS Junioren-, Jugend- ③ *attr, inv* SCH **~ college** AM Juniorencollege *nt,* Vorbereitungscollege *nt* (*die beiden ersten Studienjahre umfassende Einrichtung*); **~ common room** BRIT studentischer Gemeinschaftsraum; **~ school** BRIT Grundschule *f;* **~ high school** AM Aufbauschule *f* (*umfasst in der Regel die Klassenstufen 7–9*) ④ (*low rank*) untergeordnet; ***I'm too ~ to apply for this job*** ich habe eine zu niedrige Position inne, um mich für diese Stelle bewerben zu können; **~ barrister** BRIT angehender Kronanwalt/angehende Kronanwältin, Kronanwaltspraktikant(in) *m(f);* **~ officer/soldier** rangniederer Offizier/Soldat; **~ partner** Juniorpartner(in) *m(f)* ⑤ ECON, FIN *mortage* nachrangig **II.** *n* ① *no pl esp* AM (*son*) Sohn *m,* Junior *m hum;* ***I've asked Mom to take care of J~*** ich habe Mama gebeten, auf den Jungen [*o* unseren Sohn] aufzupassen ② (*younger*) Jüngere(r) *f(m);* ***he's two years my ~*** er ist zwei Jahre jünger als ich ③ (*low-ranking person*) unterer Angestellter/untere Angestellte; **office ~** Bürogehilfe, -in *m, f* ④ BRIT SCH Grundschüler(in) *m(f)* ⑤ BRIT SCH ■**the ~s** *pl* Grundschule *f kein pl;* **to move up to the J~s** in die Grundschule kommen ⑥ AM UNIV Student(in) *m(f)* im vorletzten Studienjahr ⑦ LAW Nebenanwalt *m;* (*not Queen's Counsel*) Juniorgerichtsanwalt *m*

juniper [ˈdʒuːnɪpəʳ, AM -ɚ] *n* Wacholder *m,* Juniperus *m fachspr*

junk¹ [dʒʌŋk] **I.** *n* ① *no pl* (*worthless stuff*) Plunder *m pej fam,* Ramsch *m pej fam,* Krempel *m pej fam;* (*fig, pej*) Schrott *m pej fam,* Mist *m pej fam;* (*literature*) Schund *m pej fam* ② (*sl: heroin*) Stoff *m sl* **II.** *vt* ① (*fam*) ■**to ~ sth** etw wegwerfen [*o fam* wegschmeißen] ② ■**to ~ sth** etw löschen

junk² [dʒʌŋk] *n* NAUT Dschunke *f*

junk bonds *npl* AM Risikopapiere *nt*

junket [ˈdʒʌŋkɪt] *n* ① (*pej*) Vergnügungsreise [*o* sogenannte] Dienstreise] auf Staatskosten ② FOOD *Süßspeise aus mit Lab eingedickter Milch*

junketing [ˈdʒʌŋkɪtɪŋ] *n* (*fam*) ① (*feast*) Festessen *nt,* Festschmaus *m* ② (*excursion*) Schlemmertour *f fam* auf Staatskosten

junk food *n* Schnellgerichte *ntpl;* (*pej*) ungesundes Essen, Fraß *m pej fam* **junk heap** *n* Müllhaufen *m*

junkie [ˈdʒʌŋki] *n* (*sl*) Junkie *m sl,* Fixer(in) *m(f) fam,* Rauschgiftsüchtige(r) *f(m);* **coffee ~** (*hum*) Kaffeetante *f hum;* **fitness ~** (*hum*) Fitnessfreak *m hum*

junk mail *n no pl* Post *f* für den Papierkorb, Wurfsendungen *fpl,* Reklame *f* **junk room** *n* Rumpelkammer *f fam* **junk shop** *n* Trödelladen *m fam*

junky *n see* **junkie**

junkyard *n* Schrottplatz *m*

junta [ˈdʒʌntə, AM ˈhʊn-] *n + sing/pl vb* Junta *f;* **military ~** Militärjunta *f*

Jupiter [ˈdʒuːpɪtəʳ, AM -ɚ] *n no art* Jupiter *m*

juridical [dʒʊ(ə)ˈrɪdɪkᵊl, AM dʒʊˈ-] *adj* ① (*of law*) Rechts-, juristisch, juridisch ÖSTERR; **~ person** juristische Person ② (*of court*) Gerichts-; **~ days** Gerichtstage *mpl,* Verhandlungstage *mpl;* **~ power** richterliche Gewalt

jurisdiction [ˌdʒʊərɪsˈdɪkʃᵊn, AM ˌdʒʊrɪs-] *n no pl* Jurisdiktion *f geh,* Gerichtsbarkeit *f,* Zuständigkeit *f;* **to be beyond** [*or* **outside**] **the ~ of a court** nicht in den Zuständigkeitsbereich eines Gerichts fallen; **to be under** [*or* **within**] **the ~ of a court** unter die Zuständigkeit eines Gerichts fallen, der Zuständigkeit eines Gerichts unterliegen; **to have** [**no**] **~ in** [*or* **over**] **sth** für etw *akk* [nicht] zuständig sein

jurisprudence [ˌdʒʊərɪsˈpruːd(ə)n(t)s, AM ˌdʒʊrɪs-] *n no pl* LAW Jurisprudenz *f geh,* Rechtswissenschaft *f;* **comparative ~** vergleichende Rechtswissenschaft; **medical ~** Gerichtsmedizin *f*

jurist [ˈdʒʊərɪst, AM ˈdʒʊrɪst] *n* Jurist(in) *m(f),* Rechtswissenschaftler(in) *m(f)*

juror [ˈdʒʊərəʳ, AM ˈdʒʊrɚ] *n* Preisrichter(in) *m(f);* LAW Geschworene(r) *f(m)*

jury [ˈdʒʊəri, AM ˈdʒʊri] *n + sing/pl vb* ① LAW ■**the ~** die Geschworenen *pl;* **member of the ~** Geschworene(r) *f(m);* **to be** [*or* **serve**] [*or* **sit**] **on a ~** auf der Geschworenenbank sitzen, Geschworene *f*/Geschworener *m* sein ② (*competition*) Jury *f,* Preisgericht *nt;* SPORTS Kampfgericht *nt* ▶ PHRASES: **the ~ is still out** das letzte Wort ist noch nicht gesprochen

juryman *n* Geschworener *m,* Schöffe *m* **jury-rigged** [-rɪgd] *adj esp* AM improvisiert, behelfsmäßig zusammengeschustert *pej* **jurywoman** *n* Geschworene *f*

just I. *adv* [dʒʌst, dʒəst] *inv* ① (*very soon*) gleich; ***we're ~ about to leave*** wir wollen gleich los; ***I was ~ going to phone you*** ich wollte dich eben anrufen; (*very recently*) gerade [eben], soeben; ***they've ~ gone out this minute*** sie sind eben vor einer Minute gegangen; ***who was at the door ~ now?*** wer war gerade eben an der Tür?; (*now*) gerade; (*at the same time*) gerade in dem Augenblick, genau in dem Moment; ***it's very hectic ~ now*** es ist im Augenblick gerade sehr hektisch; ■**to be ~ doing sth** gerade dabei sein, etw zu tun, etw gerade tun; ***I'm ~ coming!*** ich komme schon!; **~ a minute** [*or* **moment**] [*or* **second**] einen Augenblick [*o* Moment], bitte; (*as an interruption*) [einen] Moment [mal]; ***~ a minute — I've nearly finished*** nur einen Moment noch – ich bin fast fertig ② (*exactly*) genau; ***that's ~ what I was going to say*** genau das wollte ich gerade sagen; ***it's ~ like you to forget your purse*** es sieht dir ganz ähnlich, dass du deinen Geldbeutel vergisst; ***… ~ as I expected …,*** genau so, wie ich es erwartet hatte; ***the twins look ~ like each other*** die Zwillinge sehen sich zum Verwechseln ähnlich; **~ then** gerade in diesem Augenblick; **~ so** absolut perfekt ③ (*only*) nur; ***she lives ~ down the road*** sie wohnt nur ein Stück weit die Straße runter; ***why don't you like him? — I ~ don't!*** warum magst du ihn nicht? – nur so!; ***she's ~ a baby/a few weeks old*** sie ist noch ein Baby/erst ein paar Wochen alt; (*simply*) einfach, *fam* bloß, nur; ***we'll ~ have to wait and see*** wir müssen einfach abwarten; ***I ~ wanted to ask you if …*** ich wollte bloß fragen, ob …; **~ in case …** nur für den Fall, dass …; **~ for fun** [*or* **kicks**] [*or* **a laugh**] nur [so] zum Spaß, einfach aus Jux *fam;* [**not**] **~ anybody** [nicht] einfach irgendjemand ④ (*barely*) gerade noch; ***I could only ~ hear her*** ich konnte sie so gerade noch hören; ***the stone ~ missed me*** der Stein ist ganz knapp an mir vorbeigeflogen; ***it's ~ possible that …*** es ist nicht ganz ausgeschlossen, dass …; ***it might ~ possibly help if …*** es wäre eventuell hilfreich, wenn …; **~ in time** gerade noch rechtzeitig ⑤ (*absolutely*) einfach, wirklich; **~ dreadful/wonderful** einfach furchtbar/wundervoll ⑥ (*as well*) **~ as** genauso, geradeso, ebenso; ***I might ~ as well go now*** ich könnte jetzt genauso gut gehen; ***it's ~ as well you stayed at home*** es ist nur gut, dass du zu Hause geblieben bist; ***come ~ as you are*** kommen Sie, wie Sie sind; ***~ as I thought!*** genauso habe ich es mir gedacht!; **~ as many … as …** genau so viele … wie … ⑦ (*with imperatives*) **~ you dare!** untersteh dich!; **~ listen!** hör mal!; **~ shut up!** halt mal den Mund!; **~ taste this!** das musst du unbedingt mal probieren! *a. pej;* **~ think!** denk mal!; **~ try!** versuch's doch mal!; **~ watch it!** pass bloß auf!, nimm dich ja in Acht! ▶ PHRASES: **that's ~ my luck** so etwas kann wirklich nur mir passieren; **it's ~ one of those things** (*saying*) so etwas passiert eben [*o* kommt schon mal vor]; **isn't it ~?** (*fam*) und ob! *fam,* und wie! *fam;* **~ like that** einfach so, [so] mir nichts, dir nichts *fam* **II.** *adj* [dʒʌst] gerecht, berechtigt, gerechtfertigt; **~ anger/indignation** berechtigter Zorn/gerechtfertigte Entrüstung; **to have ~ cause to do sth** einen triftigen [*o* guten] Grund haben, etw zu tun; **to be ~ reward for sth** ein gerechter Ausgleich für etw *akk* sein ▶ PHRASES: **to get one's ~ deserts** das bekommen, was man verdient hat **III.** *npl* [dʒʌst] ■**the ~** die Gerechten

justice [ˈdʒʌstɪs] *n* ① (*fairness*) Gerechtigkeit *f;* **to do ~** Gerechtigkeit üben; ***~ has been done*** [*or* ***served***] der Gerechtigkeit wurde Genüge getan; **to do sb ~** jdm Gerechtigkeit widerfahren lassen; ***to do him ~, he couldn't have foreseen this problem*** gerechterweise muss man sagen, dass er dieses Problem unmöglich vorausgesehen haben kann; ***you didn't do yourself ~ in the exams*** du hättest in den Prüfungen mehr leisten können; **to do sth ~** etw *dat* gerecht werden; ***this photo doesn't do her beauty ~*** dieses Foto bringt ihre Schönheit nicht richtig zur Geltung; ***they did ~ to the wine***

J

sie genossen den Wein in vollen Zügen ❷ *(administration of the law)* Justiz *f;* **a miscarriage of** ~ ein Justizirrtum *m;* **to bring sb to** ~ jdn vor Gericht bringen; **to obstruct [the course of]** ~ die Justiz behindern ❸ *(judge)* Richter(in) *m(f);* **Supreme Court** ~ Richter(in) *m(f)* am Obersten Bundesgericht; **Mr ~ Ellis** Richter Ellis

Justice of the Peace *n* Friedensrichter(in) *m(f)*

justifiable [ˈdʒʌstɪfaɪəbl, AM -təfaɪ-] *adj* zu rechtfertigen *präd,* berechtigt; ~ **homicide** LAW entschuldbare Tötung

justifiably [ˈdʒʌstɪfaɪəbli, AM -təfaɪ-] *adv* zu Recht, berechtigterweise

justification [ˌdʒʌstɪfɪˈkeɪʃᵊn, AM -təfɪ-] *n no pl* ❶ *(reason)* Rechtfertigung *f;* **to provide ~ for** [*or* **of**] **sth** Gründe für etw *akk* geltend machen; ***we expect you to provide a ~ for your actions*** wir erwarten von Ihnen eine plausible Erklärung für Ihr Verhalten; **to say sth with some** ~ etw nicht ganz ohne Berechtigung sagen ❷ TYPO Bündigkeit *f*

justified [ˈdʒʌstɪfaɪd, AM -təfaɪd] *adj* gerechtfertigt, berechtigt; ***I think you were quite ~ in complaining*** ich glaube, du hast dich völlig zu Recht beschwert

justify <-ie-> [ˈdʒʌstɪfaɪ, AM -təfaɪ] *vt* ❶ *(show to be right)* ■**to ~ sth** etw rechtfertigen; ***these measures need to be justified first*** diese Maßnahmen müssen erst begründet werden; ***are these measures really justified?*** sind diese Maßnahmen wirklich gerechtfertigt?; ***that does not ~ him being late*** das entschuldigt nicht, dass er zu spät gekommen ist; **to ~ sb's faith in sb** jds Vertrauen *nt* in jdn rechtfertigen; ■**to ~ oneself [for sth]** sich *akk* [für etw *akk*] rechtfertigen; ■**to ~ oneself to sb** sich *akk* jdm gegenüber rechtfertigen ❷ TYPO ■**to ~ sth** *line* etw ausrichten

justly [ˈdʒʌstli] *adv* berechtigterweise, zu Recht; **to be ~ proud of sth** zu Recht auf etw *akk* stolz sein; **to act** ~ gerecht handeln

justness [ˈdʒʌstnəs] *n no pl* Gerechtigkeit *f*

jut <-tt-> [dʒʌt] **I.** *vi* vorstehen, herausragen; **to ~ into the sky** in den Himmel ragen **II.** *vt* ■**to ~ sth** etw vorschieben; ***he ~ted his chin defiantly*** trotzig schob er sein Kinn vor

◆**jut out I.** *vi* herausragen, hervorstehen; *chin* vorspringen; ■**to ~ out into sth** in etw *akk* hineinragen; ■**to ~ out of sth** aus etw *dat* herausragen **II.** *vt* ■**to ~ out ◌ sth** etw vorschieben

jute [dʒuːt] *n no pl* Jute *f*

Jutland [ˈdʒʌtlənd] *n no pl* GEOG Jütland *nt;* **the Battle of** ~ die Schlacht am Skagerrak

jutting [ˈdʒʌtɪŋ, AM -t̬ɪŋ] *adj attr* herausragend *attr; eyebrows* hervortretend *attr; chin* vorspringend *attr*

juvenile [ˈdʒuːvᵊnaɪl, AM -vənᵊl] **I.** *adj* ❶ *(youth)* Jugend-, jugendlich; ~ **court** Jugendgericht *nt;* ~ **crime** Jugenddelikt *nt,* Jugendsache *f;* ~ **delinquency** Jugendkriminalität *f;* ~ **delinquent** [*or* **offender**] jugendlicher Straftäter/jugendliche Straftäterin; **to play the ~ lead** die jugendliche Hauptrolle spielen ❷ *(pej: childish)* kindisch *pej,* infantil *pej* **II.** *n* Jugendliche(r) *f(m)*

juvenilia [ˌdʒuːvəˈnɪliə] *npl* ART, LIT Jugendwerke *ntpl*

juxtapose [ˌdʒʌkstəˈpəʊz, AM ˈdʒʌkstəpoʊz] *vt* ■**to ~ sth** etw nebeneinander stellen; *ideas* etw einander gegenüberstellen, etw gegeneinander halten; ■**to ~ sth with** [*or* **to**] **sth** etw neben etw *akk* stellen; ***he ~d photos with oil paintings*** er hängte Fotografien neben Ölgemälden auf; ***the poem ~ed pain to pleasure*** das Gedicht stellte die Freude dem Schmerz gegenüber

juxtaposition [ˌdʒʌkstəpəˈzɪʃᵊn] *n no pl* Nebeneinanderstellung *f;* ***placing the two designs in ~ with each other highlights their differences*** wenn man die beiden Entwürfe nebeneinander legt, werden die Unterschiede zwischen ihnen deutlich

K

K <*pl* 's>, **k** <*pl* -'s *or* -s> [keɪ] *n* K *nt,* k *nt;* ~ **for** [*or* AM *also* **as in**] **King** K für Kaufmann; *see also* **A 1.**

K¹ <*pl* -> *n* ❶ *abbrev of* **kilobyte** KB; **256~ of memory** 256 KB Arbeitsspeicher ❷ *after n abbrev of* **kelvin** K

K² <*pl* -> *n* BRIT, AUS *(fam)* 1000 Pfund; AM 1000 Dollar; ***£20~*** 20.000 Pfund

kabuki [kəˈbuːki] *n no pl* THEAT Kabuki *nt*

kafkaesque [ˌkæfkəˈesk, AM ˌkɑːf-] *adj* kafkaesk *geh*

kaftan *n see* **caftan**

kagoul(e) *n see* **cagoul(e)**

kail [keɪl] *n no pl see* **kale**

Kalashnikov [kəˈlæʃnɪkɒf, AM -ˈlɑːʃnɪkɑːf] *n* Kalaschnikow *f*

kale [keɪl] *n no pl* [Grün]kohl *m*

kaleidoscope [kəˈlaɪdəskəʊp, AM -skoʊp] *n* ❶ *(toy)* Kaleidoskop *nt* ❷ *(fig: changing pattern)* Kaleidoskop *nt geh,* bunte Folge

kaleidoscopic [kəˌlaɪdəˈskɒpɪk, AM -skɑːpɪk] *adj* kaleidoskopisch *geh,* in buntem Wechsel aufeinander folgend *attr*

kaleidoscopically [kəˌlaɪdəˈskɒpɪkli, AM -skɑːp-] *adv* kaleidoskopisch *geh,* in buntem Wechsel

kamikaze [ˌkæmɪˈkɑːzi, AM ˌkɑːmə'-] *adj attr* Kamikaze-; ~ **pilot** Kamikazeflieger *m*

Kampuchea [ˌkæmpuˈtʃiːə, AM -puː'-] *n (hist)* Kamputschea *nt hist*

Kampuchean [ˌkæmpuˈtʃiːən, AM -puː'-] *(hist)* **I.** *adj* kamputscheanisch *hist* **II.** *n* Kamputscheaner(in) *m(f) hist*

kangaroo <*pl* -s *or* -> [ˌkæŋgᵊrˈuː, AM -gəˈruː] *n* ❶ *(animal)* Känguru *nt* ❷ LAW Befugnis *f (eine Debatte durch Nichtbehandeln von Änderungsanträgen zu verkürzen)*

kangaroo court *n* LAW Scheingericht, nt, illegales Gericht

kaolin [ˈkeɪəlɪn] *n no pl* Kaolin *m o nt fachspr,* Porzellanerde *f*

kapok [ˈkeɪpɒk, AM -pɑːk] *n no pl* Kapok *m*

Kaposi's sarcoma [kəˌpəʊzizsɑːˈkəʊmə, AM -ˈpoʊzizsɑːrˈkoʊmə] *n* MED Kaposi-Sarkom *nt*

kaput [kəˈpʊt, AM *also* -ˈpuːt] *adj inv, pred (fam)* kaputt *präd fam,* hin[über] *präd fam;* ***I guess the dishwasher is ~*** ich glaube, der Geschirrspüler ist hin *fam;* **to go** ~ kaputtgehen *fam*

karaoke [ˌkæriˈəʊki, AM ˌkeriˈoʊki] *n no pl* Karaoke *nt*

karat *n* AM *see* **carat**

karate [kəˈrɑːti, AM kæˈrɑːt̬i] *n no pl* Karate *nt*

karma [ˈkɑːmə, AM ˈkɑːr-] *n no pl* ❶ REL Karma[n] *nt;* *(fig)* Schicksal *nt* ❷ *(fig fam: vibes)* Schwingungen *fpl*

karmic [ˈkɑːmɪk, AM ˈkɑːr-] *adj* karmisch *geh*

kart [kɑːt, AM kɑːrt] *n* Gokart *m*

karting [ˈkɑːtɪŋ, AM ˈkɑːrt̬-] *n* Gokartfahren *nt*

Kashmir [ˌkæʃˈmɪəʳ, AM ˈkæʃmɪr] *n no pl* GEOG Kaschmir *nt*

kayak [ˈkaɪæk] *n* Kajak *m o selten a. nt*

kazoo [kəˈzuː] *n* MUS Kazoo *nt*

Kb *n,* **Kbit** *n* COMPUT *abbrev of* **kilobit** Kb

KB *n,* **Kbyte** *n* COMPUT *abbrev of* **kilobyte** KB

KBE [ˌkeɪbiːˈiː] *n* BRIT *abbrev of* **Knight Commander of the Order of the British Empire** *britischer Verdienstorden*

KC [ˌkeɪˈsiː] *n* BRIT *abbrev of* **King's Counsel**

kebab [kɪˈbæb, AM -ˈbɑːb] *n* Kebab *m*

kedgeree [ˌkedʒəˈriː, AM ˈkedʒəriː] *n* Kedgeree *nt (mit Curry gewürztes Frühstücksgericht aus Reis, Fisch und hartgekochten Eiern)*

keel [kiːl] **I.** *n* NAUT Kiel *m;* *(liter)* Schiff *nt* ► PHRASES: **to be back on an even ~** *person* wieder obenauf sein; *matter* wieder im Lot sein **II.** *vi* ■**to ~ over** ❶ NAUT kentern ❷ *(fam: swoon)* umfallen *fam,* umkippen *fam;* **to ~ over in a dead faint** in eine tiefe Ohnmacht fallen

keelhaul [ˈkiːlhɔːl, AM -hɑːl] *vt (fam)* ■**to ~ sb** jdn kielholen; *(fig fam)* jdn zusammenstauchen *fam*

keen¹ [kiːn] *adj* ❶ *(enthusiastic)* begeistert, leidenschaftlich; ~ **hunter** begeisterter Jäger/begeisterte Jägerin; ■**to be ~ on doing sth** etw mit Begeisterung [*o* leidenschaftlich gern] tun; ■**to be ~ to do sth** etw unbedingt tun wollen; ***they were ~ for their children to go to the best schools*** sie wollten unbedingt, dass ihre Kinder die besten Schulen besuchen; ■**to be ~ on sb** auf jdn scharf sein *sl;* **to be ~ on football/horror movies/jazz** auf Fußball/Horrorfilme/Jazz versessen sein ❷ *(perceptive) eye* scharf; *ear* fein; ~ **eyesight** [*or* **vision**] scharfe Augen; ~ **mind** scharfer Verstand; ~ **sense of hearing** feines Gehör ❸ *(extreme) pain* heftig, stark; ~ **competition** scharfe Konkurrenz; **to have a ~ desire for sth** ein heftiges Verlangen nach etw *dat* spüren; ~ **interest** lebhaftes Interesse ❹ *(sharp) blade* scharf; *wind* beißend, schneidend; *noise, voice* schrill ❺ *pred* AM *(dated: very good)* toll *fam;* **peachy ~** *(also iron)* prima *a. iron;* ***how are you doing? — peachy ~! I've just gotten fired*** wie geht's dir denn so? – fantastisch, ich bin gerade gefeuert worden ❻ BRIT *(low) prices* günstig ► PHRASES: **to be as ~ as mustard [on sth]** BRIT *(dated fam)* Feuer und Flamme [für etw *akk*] sein *fam,* ganz versessen [*o* erpicht] [auf etw *akk*] sein *fam*

keen² [kiːn] **I.** *n* Totenklage *f* **II.** *vi* die Totenklage halten, wehklagen; ■**to ~ for sb** jdn betrauern

keener [ˈkiːnəʳ] *n* CAN *(pej fam)* Schleimer *m*

keenly [ˈkiːnli] *adv* ❶ *(strongly)* stark; **to feel sth ~** etw sehr intensiv empfinden ❷ *(extremely)* ungemein, brennend; **to be ~ interested in sth** sich *akk* brennend für etw *akk* interessieren ❸ *(attentively)* genau, streng

keenness [ˈkiːnnəs] *n no pl* ❶ *(enthusiasm)* Begeisterung *f* (**for** für +*akk*) ❷ *(eagerness)* starkes [*o* lebhaftes] Interesse; *(desire)* starker Wunsch ❸ *(also fig: sharpness)* Schärfe *f a. fig*

keep [kiːp]

I. NOUN	II. TRANSITIVE VERB
III. INTRANSITIVE VERB	

I. NOUN

❶ *no pl (livelihood)* [Lebens]unterhalt *m;* **not to be worth one's ~** sein Geld nicht wert sein; **to earn one's ~** [sich *dat*] seinen Lebensunterhalt verdienen ❷ *(main tower of castle)* Bergfried *m;* *(dungeon)* Burgverlies *nt*

II. TRANSITIVE VERB

<kept, kept> ❶ *(hold onto)* ■**to ~ sth** etw behalten [*o* aufheben]; **to ~ bills/receipts** Rechnungen/Quittungen aufheben; **to ~ the change** das Wechselgeld behalten; **to ~ one's sanity** sich *akk* geistig gesund halten ❷ *(have in particular place)* ■**to ~ sth** etw [bereit] stehen haben; ***he ~s a glass of water next to his bed*** er hat immer ein Glas Wasser neben seinem Bett stehen ❸ *(store)* ■**to ~ sth** *medicine, money* etw aufbewahren; ***where do you ~ your cups?*** wo sind die Tassen? ❹ *(run)* **to ~ a shop** ein Geschäft führen ❺ *(sell)* **to ~ sth** *shop* etw führen [*o* auf Lager haben] ❻ *(detain)* ■**to ~ sb** jdn aufhalten; **to ~ sb waiting** jdn warten lassen ❼ *(prevent)* ■**to ~ sb from doing sth** jdn davon abhalten, etw zu tun ❽ *(maintain)* ***you have to ~ your dog on a chain*** Hunde müssen an der Leine bleiben; **to ~ sb/sth under control** jdn/etw unter Kontrolle halten; **to ~ count of sth** etw mitzählen; ***I'll ~ count of how many times you jump*** ich zähle, wie oft du springst; **to ~ sth up-to-date** etw auf dem neuesten Stand halten; **to ~ one's eyes fixed on sb/sth** den Blick auf jdn/etw geheftet halten; **to ~ sth in one's head** etw im Kopf behalten; **to ~ house** den Haushalt führen; **to ~ sb in line** dafür sorgen, dass jd sich *akk* an die Ordnung hält; **to ~ sb/sth in mind** jdn/etw im Gedächtnis behalten; **to ~ a mistress** sich *dat* eine Geliebte halten; **to ~ one's mouth shut** [*or* **closed**] den Mund halten; **to**

~ sb under observation jdn beobachten lassen; to ~ oneself to oneself für sich *akk* [allein] bleiben, [die] Gesellschaft [anderer] meiden; to ~ track of sb/sth jdn/etw im Auge behalten; ~ *track of how many people have entered reception* merken Sie sich, wie viele Leute die Eingangshalle betreten haben; *I don't ~ track of the cats we've had any more* ich weiß gar nicht mehr, wie viele Katzen wir schon gehabt haben; to ~ sb awake jdn wach halten [*o* nicht einschlafen lassen]; to ~ sth closed/open etw geschlossen/geöffnet lassen; to ~ sb/sth warm jdn/etw warm halten ❾ (*care for*) to ~ children Kinder betreuen ❿ (*own*) ■to ~ animals Tiere halten ⓫ (*guard*) ■to ~ sth etw bewachen; to ~ goal im Tor stehen, das Tor hüten; to ~ watch Wache halten ⓬ (*not reveal*) ■to ~ sth from sb jdm etw *akk* vorenthalten [*o* verschweigen]; ■to ~ sth to oneself etw für sich *akk* behalten ⓭ (*stick to*) ■to ~ sth etw [ein]halten [*o* befolgen]; to ~ an appointment/a treaty einen Termin/einen Vertrag einhalten; to ~ the faith fest im Glauben [*o* glaubensstark] sein; ~ *the faith!* AM nur Mut!, Kopf hoch!; *he's really nervous about the presentation but I told him to ~ the faith* er ist wirklich aufgeregt wegen der Moderation, aber ich habe ihm gesagt, er solle zuversichtlich sein; to ~ the law/the Ten Commandments das Gesetz/die Zehn Gebote befolgen; to ~ an oath/a promise einen Schwur/ein Versprechen halten; to ~ the sabbath den Sabbat heiligen; to ~ a tradition eine Tradition wahren ⓮ (*make records*) to ~ the books die Bücher führen; to ~ a diary [*or* journal] ein Tagebuch führen; to ~ a log [*or* record] of sth über etw *akk* Buch führen; to ~ the minutes [das] Protokoll führen; to ~ score SPORTS die Punkte anschreiben ⓯ (*provide for*) ■to ~ sb/sth jdn/etw unterhalten [*o* versorgen]; to ~ sb in cigarettes/money jdn mit Zigaretten/Geld versorgen; *the news will ~ her in gossip for some time to come* aufgrund dieser Meldung wird man noch einige Zeit über sie tratschen *fam* ▶ PHRASES: to ~ one's balance [*or* feet] das Gleichgewicht halten; to ~ an eye out for sth nach etw *dat* Ausschau halten; to ~ one's hand in sth bei etw *dat* die Hand [weiterhin] im Spiel haben [*o fam* [nach wie vor] mitmischen]; to ~ a secret ein Geheimnis hüten [*o* bewahren]; to ~ time *watch* richtig [*o* genau] gehen; MUS Takt halten

III. INTRANSITIVE VERB

<kept, kept> ❶ (*stay fresh*) *food* sich *akk* halten ❷ (*wait*) Zeit haben; *that gruesome story can ~ until we've finished eating, John* diese Schauergeschichte hat Zeit bis nach dem Essen, John; *your questions can ~ until later* deine Fragen können noch warten ❸ (*stay*) bleiben; to ~ to one's bed im Bett bleiben; *she's ill and has to ~ to her bed* sie ist krank und muss das Bett hüten; to ~ in line sich *akk* an die Ordnung halten; to ~ in step with sb mit jdm Schritt halten; to ~ awake/healthy wach/gesund bleiben; to ~ cool einen kühlen Kopf [*o* die Ruhe] bewahren; to ~ [to the] left/right sich *akk* [mehr] links/rechts halten; to ~ quiet still sein ❹ (*continue*) ■to ~ doing sth etw weiter tun; *don't stop, ~ walking* bleib nicht stehen, geh weiter; *he ~s trying to distract me* er versucht ständig, mich abzulenken; *don't ~ asking silly questions* stell nicht immer so dumme Fragen; ■to ~ at sth mit etw *dat* weitermachen, an etw *dat* dranbleiben *fam* ❺ (*stop oneself*) ■to ~ from doing sth etw unterlassen, sich *dat* etw verkneifen *fam*; *though the show was disgusting, he couldn't ~ from looking* obwohl die Show abscheulich war, musste er sie sich einfach ansehen; *how will I ever ~ from smoking?* wie kann ich jemals mit dem Rauchen aufhören? ❻ (*adhere to*) ■to ~ to sth an etw *dat* festhalten; (*not digress*) bei etw *dat* bleiben; to ~ to an agreement/a promise sich *akk* an eine Vereinbarung/ein Versprechen halten; to ~ to a schedule einen Zeitplan einhalten; to ~ to a/the subject [*or* topic] bei einem/beim Thema bleiben ▶ PHRASES: how are you ~ing? BRIT wie geht's dir so?

◆**keep abreast** *vi* ■to ~ abreast of sth mit etw *dat* Schritt halten

◆**keep away** I. *vi* ■to ~ away [from sb/sth] sich *akk* [von jdm/etw] fern halten; *I want you to ~ away and never come back to this house again* ich will, dass du dich hier bei diesem Haus nie wieder blicken lässt *fam*; *I just can't seem to ~ away from chocolate* (*hum*) irgendwie kann ich Schokolade einfach nicht widerstehen *fam* II. *vt* ■to ~ sb/sth away jdn/etw fern halten; *she wanted me to ~ him away* sie wollte, dass ich ihn ihr vom Leib halte; ~ *your medications away from your children* bewahren Sie Ihre Medikamente für Ihre Kinder unzugänglich auf

◆**keep back** I. *vi* zurückbleiben; (*stay at distance*) Abstand halten; ~ *back from that vicious dog, children* bleibt von diesem bösartigen Hund weg, Kinder II. *vt* ❶ (*hold away*) ■to ~ back ↔ sb/sth jdn/etw zurückhalten; *security guards kept the fans back from the rock stars* Sicherheitskräfte hielten die Fans von den Rockstars fern ❷ (*retain*) ■to ~ back ↔ sth etw verschweigen ❸ (*prevent advance*) ■to ~ back ↔ sb jdn aufhalten; *the slower students were ~ing the more intelligent ones back* die langsameren Schüler behinderten das Vorankommen der intelligenteren; ■to ~ sb back from doing sth jdn daran hindern, etw zu tun

◆**keep down** I. *vi* unten bleiben, sich *akk* ducken II. *vt* ❶ (*suppress*) ■to ~ down ↔ sb/sth jdn/etw unterdrücken [*o fam* kleinhalten] ❷ (*not vomit*) ■to ~ down ↔ sth *food* etw bei sich *dat* behalten ▶ PHRASES: you can't ~ a good man down der Tüchtige lässt sich nicht unterkriegen

◆**keep in** I. *vt* ❶ (*detain*) ■to ~ in ↔ sb jdn dabehalten; (*a pupil*) jdn nachsitzen lassen; (*at home*) jdn nicht aus dem Haus [gehen] lassen ❷ (*not reveal*) to ~ in one's anger/emotions/tears seinen Zorn/seine Gefühle/seine Tränen zurückhalten; to ~ in one's wishes seine Wünsche für sich *akk* behalten II. *vi* ■to ~ in with sb mit jdm auf gutem Fuß stehen, sich *akk* gut mit jdm stellen

◆**keep off** I. *vi* wegbleiben; *"Wet cement, ~ off!"* „Frischer Zement, nicht betreten!"; *this is my private stuff, so ~ off!* das sind meine Privatsachen, also Finger weg!; to ~ off alcohol/cigarettes/gambling Alkohol/Zigaretten/das Glücksspiel meiden *geh*, das Trinken/Rauchen/Spielen lassen; to ~ off a subject ein Thema vermeiden II. *vt* ❶ (*hold away*) ■to ~ off ↔ sb/sth jdn/etw fern halten; ■to ~ sb/sth off sth jdn/etw von etw *dat* fern halten; to ~ one's hands off sb/sth die Hände von jdm/etw lassen; to ~ one's mind off sth sich *akk* von etw *dat* ablenken ❷ (*protect from*) ■to ~ off ↔ sth etw abhalten, vor etw *dat* schützen; *I hope my coat will ~ the rain off* hoffentlich ist mein Mantel regendicht

◆**keep on** I. *vi* ❶ (*continue*) ■to ~ on doing sth etw weiter[hin] tun; *I ~ on thinking I've seen her somewhere* es will mir nicht aus dem Kopf, dass ich sie irgendwo schon einmal gesehen habe ❷ (*pester*) ■to ~ on sb jdm keine Ruhe lassen, jdn nerven *fam*; ■to ~ on at sb jdn nicht in Ruhe lassen, jdm [ständig] in den Ohren liegen *fam*; ~ *on at him about the lawn and he'll eventually mow it* sprich ihn immer wieder auf den Rasen an, dann wird er ihn am Ende schon mähen II. *vt* ■to ~ on ↔ sth *clothes* etw anbehalten [*o fam* anlassen] ▶ PHRASES: ~ your shirt [*or* hair] [*or* pants] on immer mit der Ruhe *fam*, nur ruhig Blut *fam*

◆**keep out** *vi* draußen bleiben; *"Keep Out"* „Zutritt verboten"; ■to ~ out of sth etw nicht betreten; (*fig*) sich *akk* aus etw *dat* heraushalten; *you better ~ out of my room!* du kommst besser nicht in mein Zimmer!; to ~ out of sb's business sich *akk* nicht in jds Angelegenheiten einmischen; to ~ out of trouble Ärger vermeiden; *he tried to ~ out of trouble and get his work done* er versuchte, sich keinen Ärger einzuhandeln und seine Arbeit zu erledigen; ~ *out of trouble, Johnny, do you hear me?* stell nichts an, Johnny, hörst du?

◆**keep together** I. *vi* ❶ (*stay in a group*) zusammenbleiben; (*remain loyal*) zusammenhalten ❷ MUS Takt halten II. *vt* ■to ~ sth together etw zusammenhalten

◆**keep up** I. *vt* ❶ (*hold up*) ■to ~ up ↔ sth etw hoch halten; *he wears suspenders to ~ his pants up* er hat Hosenträger an, damit seine Hose nicht rutscht; *these poles ~ the tent up* diese Stangen halten das Zelt aufrecht ❷ (*hold awake*) ■to ~ up ↔ sb jdn wach halten ❸ (*continue doing*) ■to ~ up ↔ sth etw fortführen [*o* beibehalten] [*o* weiterhin tun]; ~ *it up!* [nur] weiter so!; *I was quite keen to ~ up my French* ich wollte unbedingt mit meinem Französisch in Übung bleiben; to ~ up appearances den Schein wahren [*o* aufrechterhalten]; to ~ up a conversation ein Gespräch in Gang halten ❹ (*keep at certain level*) ■to ~ up ↔ sth etw [*o* aufrechterhalten] II. *vi* ❶ (*continue*) *noise, rain* andauern, anhalten; *courage, fear, strength* bestehen bleiben; *their love has kept up during bad as well as good times* ihre Liebe hat gute wie schlechte Zeiten überdauert ❷ (*not fall behind*) ■to ~ up with sb/sth mit jdm/etw mithalten [*o* Schritt halten] ❸ (*stay in touch*) ■to ~ up with sb mit jdm in Verbindung [*o* Kontakt] bleiben ▶ PHRASES: to ~ up with the Joneses mit den anderen gleichziehen wollen

keeper ['ki:pəʳ, AM -ɚ] *n* ❶ (*person in charge*) *of a shop* Inhaber(in) *m(f)*; *of a prison* Aufseher(in) *m(f)*, Wärter(in) *m(f)*; *of a zoo* Wärter(in) *m(f)*; *of a museum* Kustos *m*; *of an estate, house* Verwalter(in) *m(f)*; *of a park* Wächter(in) *m(f)*; *of keys* Verwahrer(in) *m(f)*; *am I my brother's ~?* soll ich meines Bruders Hüter sein? ❷ (*fam: sth longlasting*) to be a good ~ lange haltbar sein; *potatoes are good ~s* Kartoffeln halten sich gut ❸ (*sth worth keeping*) ■to be a ~ es wert sein, aufgehoben zu werden; *we're going to do an inventory and see which items don't sell and which ones are ~s* wir wollen Inventur machen, um zu sehen, welche Artikel nicht gehen und welche im Sortiment bleiben sollen; *I'm willing to sell some of my stock but my blue chips are ~s* ich bin bereit, einige meiner Aktien zu verkaufen, aber von meinen Spitzenpapieren trenne ich mich nicht ❹ AM [geangelter] Fisch normaler Größe (*wird nicht wieder ins Wasser geworfen*) ❺ (*iron bar*) Schieber *m* ❻ (*on earring*) Stecker *m* ❼ (*guard ring*) Schutzring *m*

keep-fit *n no pl* ❶ BRIT, AUS (*exercising*) Fitnesstraining *nt* ❷ AM (*physical fitness*) Fitness *f*

keeping ['ki:pɪŋ] *n no pl* ❶ (*guarding*) Verwahrung *f*; (*care*) Obhut *f*; to leave sb/sth in sb's ~ jdn/etw in jds Obhut lassen ❷ (*maintenance*) the ~ of the law das Hüten des Gesetzes ❸ (*obeying*) Einhalten *nt*, Befolgen *nt*; in ~ with an agreement im Einklang mit [*o* entsprechend] einer Vereinbarung

keepnet ['ki:pnet] *n* Fisch[er]netz *nt*

keeps [ki:ps] *npl* (*fam*) ■for ~ für immer; *can I have this doll for ~?* darf ich die Puppe behalten?; *let's tie the knot for ~, Marcia!* lass uns den Bund fürs Leben schließen, Marcia!; sb plays for ~ jdm ist es ernst

keepsake ['ki:pseɪk] *n* Andenken *nt*; to give sb sth as a ~ jdm etw zum Andenken schenken

kef [kef] *n* ❶ (*state*) Rauschzustand *m*, Dröhnung *f sl* ❷ (*drug*) Kif *m sl*

keg [keg] *n* kleines Fass, Fässchen *nt*

keg beer *n no pl* Fassbier *nt*

Kegel exercise ['keɪgl-] *n* Kegelübung *f*, Beckenbodenübung *f*

kegger ['kegɚ] *n*, **keg party** *n* AM (*fam*) [Fass]bierparty *f*

keister ['ki:stɚ] *n* ❶ AM (*sl: buttocks*) Hintern *m fam*, Arsch *m derb* ❷ (*old: suitcase*) [Hand]koffer *m*; *of a salesman* Musterkoffer *m*; (*handbag*) Handtasche *f*; (*chest*) Kiste *f*

keks [keks] *n* BRIT (*sl: trousers*) Hose *f*; a pair of ~ eine Hose; (*underpants*) Unterhose *f*

kelch <*pl* -es> [keltʃ] *n* AM (*pej! sl*) Bleichgesicht *nt pej* (*von amerikanischen Schwarzen für Weiße bzw. hellhäutige Schwarze verwendetes Schimpfwort*)
keloid ['ki:lɔɪd] *n* MED Wulstnarbe *f*, Keloid *nt fachspr*
kelp [kelp] *n no pl* Seetang *m*
kelpie ['kelpi] *n* ① SCOT (*spirit*) Wassergeist *m*, Nix *m* ② AUS (*breed of dog*) Kelpie *m*
keltch *n see* **kelch**
kelvin ['kelvɪn] *n* Kelvin *nt*
Kelvin scale *n* Kelvinskala *f*
kemp [kemp] *n no pl of furry animals* Grannenhaar *nt; of dogs* Stichelhaar *nt*
ken [ken] I. *n no pl* (*dated*) Gesichtskreis *m*, [geistiger] Horizont; **to be beyond sb's ~** über jds Horizont gehen, sich *akk* jds Kenntnis entziehen *geh* II. *vt* <-nn-> SCOT, NBRIT ■**to ~ sb/sth** jdn/etw kennen [*o* verstehen]
kennel ['kenᵊl] I. *n* ① (*dog house*) Hundehütte *f*; (*dog boarding*) Hundepension *f* ② (*dog breeder*) Hundezüchter(in) *m(f)* ③ (*fig: shelter*) [armselige] Hütte, Loch *nt fam* II. *vt* <BRIT -ll- *or* AM *usu* -l-> **to ~ a dog** einen Hund in Pflege geben
kennels ['kenᵊlz] *n + sing/pl vb* ■**the ~** die Hundepension
kenosis [kɪ'nəʊsɪs, AM -'noʊ-] *n no pl* REL Kenose *f fachspr*, Selbstentäußerung *f* Christi
kent *vt* SCOT, NBRIT *pt, pp of* **ken**
Kenya ['kenjə] *n* Kenia *nt*
Kenyan ['kenjən] I. *n* Kenianer(in) *m(f)* II. *adj* kenianisch
kepi <*pl* -s> ['kepi] *n* Käppi *nt*
Kepler's Laws [ˌkepləz'-, AM -lɚz'-] *npl* keplersche Gesetze
kept [kept] I. *vt, vi pt, pp of* **keep** II. *adj attr, inv* ausgehalten; ***he is a ~ man*** er lässt sich aushalten; **~ woman** Mätresse *f*
keratin ['kerətɪn, AM -t̬ɪn] *n no pl* Hornstoff *m*, Keratin *nt fachspr*
keratitis [ˌkerə'taɪtɪs, AM -t̬ɪs] *n no pl* Hornhautentzündung *f* (*des Auges*), Keratitis *f fachspr*
kerb [kɜ:b] *n* BRIT, AUS Randstein *m*
kerb crawler *n* BRIT Freier *m* beim Autostrich *sl*
kerb crawling *n no pl* BRIT Autostrich *m sl* **kerb drill** *n* BRIT Verkehrserziehung *f* **kerbside** *n* BRIT Straßenrand *m* **kerbside stand** *n* BRIT Straßenstand *m* **kerbstone** *n* BRIT Randstein *m*
kerchief ['kɜ:tʃɪf, AM 'kɜ:r-] *n for head* [Hals]tuch *nt*, [Kopf]tuch *nt*; (*handkerchief*) Taschentuch *nt*
kerfuffle [kə'fʌfl, AM kɚ'-] *n no pl esp* BRIT (*sl*) Wirbel *m*, Aufruhr *m*, Tumult *m*
kern [kɜ:n] I. *n* TYPO Unterschnitt *m*, Einkerbung *f* II. *vt* **to ~ a letter** einen Buchstaben unterschneiden [*o* an der Unterseite abschneiden]; **to ~ a type** eine Drucktype einkerben [*o* markieren]
kernel ['kɜ:nᵊl, AM 'kɜ:r-] *n* ① (*fruit centre*) Kern *m*; (*cereal centre*) Getreidekorn *nt*; **maize/wheat ~** Mais-/Weizenkorn *nt* ② (*essential part*) Kern *m fig*; **a ~ of truth** ein Körnchen *nt* Wahrheit ③ COMPUT Kernroutine *f*
kerosene ['kerəsi:n] I. *n no pl esp* AM, AUS (*paraffin*) Petroleum *nt*; PHARM Paraffin *nt*; (*for jet engines*) Kerosin *nt* II. *n modifier* (*burner, lamp, lantern*) Petroleum-
kestrel ['kestrᵊl] *n* Turmfalke *m*
ketamine ['ki:təmi:n] *n no pl* PHARM Ketamin *nt*
ketch <*pl* -es> [ketʃ] *n* Ketsch *f fachspr*, zweimastige Segeljacht
ketchup ['ketʃʌp] *n no pl* Ketschup *m o nt*
kettle ['ketl, AM -t̬l] *n* ① (*to boil water*) [Tee]kessel *m*, [Wasser]kessel *m*; (*cauldron*) [großer] Kessel; **to put the ~ on** Wasser aufsetzen ② (*kettledrum*) [Kessel]pauke *f* ► PHRASES: **to be a different** [*or* **another**] **~ of fish** etwas ganz anderes sein; **a pretty** [*or* **fine**] **~ of fish** eine schöne Bescherung *iron fam*; **to be the pot calling the ~ black** ein Fall sein, bei dem ein Esel den anderen Langohr schimpft
kettledrum *n* [Kessel]pauke *f*
key¹ [ki:] *n* [Korallen]riff *nt*, Korallenbank *f*; **the Florida ~s** die Florida Keys
key² [ki:] I. *n* ① (*for a lock*) Schlüssel *m* ② (*button*) *of a computer, piano* Taste *f*; *of a flute* Klappe *f*; **to hit** [*or* **strike**] [*or* **press**] **a ~** eine Taste drücken ③ *no pl* (*essential point*) Schlüssel *m fig*; ***the ~ to confidence is liking yourself*** um Selbstvertrauen haben zu können, muss man sich selbst mögen; **the ~ to a mystery** der Schlüssel zu einem Geheimnis ④ (*to symbols*) Zeichenschlüssel *m*, Zeichenerklärung *f*, Legende *f*; (*for solutions*) Lösungsschlüssel *m* ⑤ MUS Tonart *f*; **change of ~** Tonartwechsel *m*; **in the ~ of C major** in C-Dur; **to sing in/off ~** richtig/falsch singen II. *n modifier* (*factor, figure, industry, role*) Schlüssel-; **~ contribution/ingredient** Hauptbeitrag *m*/-zutat *f*; **~ currency** Leitwährung *f*; **~ decision** wesentliche Entscheidung; **~ point** springender Punkt; **~ witness** Hauptzeuge, -in *m, f*, Kronzeuge, -in *m, f* III. *vt* ① (*type*) ■**to ~ sth** etw eingeben [*o* eintasten]; **to ~ data into a computer** Daten in einen Computer eingeben ② (*aimed at*) ■**to ~ sth to sb/sth** etw auf jdn/etw abstimmen
◆**key in** *vt* ■**to ~ in ↔ sth** etw eingeben [*o* eintasten]
◆**key into** *vi* (*fig*) ■**to ~ into sth** etw mitkriegen; (*get involved*) bei etw *dat* mitmischen *fam*, sich *akk* in etw *akk* einschalten
◆**key up** *vt* ■**to ~ up ↔ sb** jdn aufregen; **to be ~ed up for sth** auf etw *akk* eingestimmt sein; ***the rowdies were ~ed up for a fight*** die Rowdys waren in Kampfstimmung; **to be all ~ed up** völlig überdreht [*o* ganz aufgedreht] sein *fam*
keyboard I. *n* ① (*of a computer*) Tastatur *f*; (*of a piano*) Klaviatur *f*; (*of an organ*) Manual *nt* ② (*musical instrument*) Keyboard *nt* II. *vt* ■**to ~ sth** etw tippen [*o* eingeben] III. *vi* tippen **keyboarder** *n* Datentypist(in) *m(f)* **keyboard instrument** *n* Tasteninstrument *nt* **keyboardist** *n* Keyboarder(in) *m(f)*, Keyboardspieler(in) *m(f)* **keyboard operator** *n* Datentypist(in) *m(f)* **keyboard overlay** *n* COMPUT Tastaturschablone *f* **keycard** *n* [elektronische] Schlüsselkarte
key currency *n* Leitwährung *f*
keyhole *n* Schlüsselloch *nt* **keyhole surgery** *n* endoskopische [*o* minimal-invasive] Chirurgie; **to do** [*or* **perform**] **~** einen minimal-invasiven Eingriff vornehmen
key interest rate *n* FIN Leitzins *m*
keyless entry system *n* Zentralverriegelung *f* mit Funkfernbedienung
key money *n no pl* Abstandsgeld *nt*, verlorener Mieterzuschuss **keynote** *n* Hauptthema *nt*; *of a speech* Grundgedanke *m*, Tenor *m*; AM Parteilinie *f* **keynote address** *n*, **keynote speech** *n* programmatische Rede, Grundsatzreferat *nt* **keynoter** *n* Hauptredner(in) *m(f)* **keypad** *n* Kleintastatur *f* **keypunch** *n* AM, AUS Locher *m* (*für Lochkarten*) **key ring** *n* Schlüsselring *m* **key signature** *n* MUS Vorzeichen *nt* **keystone** *n* ① ARCHIT (*centre stone*) Schlussstein *m* ② (*fig: crucial part*) Grundpfeiler *m fig* **keystroke** *n* [Schreibmaschinen]anschlag *m*, Tastenanschlag *m* **keyword** *n* ① (*cipher*) Schlüssel *m fig*, Code *m fachspr* ② (*important word*) Schlüsselwort *nt*, Stichwort *nt* ③ (*for identifying*) Passwort *nt*, Kennwort *nt*
kg *n abbrev of* **kilogram** kg
KG [ˌkeɪ'dʒi:] *n* BRIT *abbrev of* **Knight of the Order of the Garter** *Träger des Hosenbandordens*
KGB [ˌkeɪdʒi:'bi:] *n no pl, + sing/pl vb* (*hist*) KGB *m hist*
khaki ['kɑ:ki, AM 'kæki] I. *n* ① *no pl* (*cloth*) Khaki[stoff] *m* ② (*pants*) ■**~s** Khakihose *f* II. *adj* khakifarben
khan [kɑ:n] *n* Khan *m*
Khmer Rouge [ˌkmeə'ru:ʒ, AM kə'mer] *n no pl, + sing/pl vb* ■**the ~** der Khmer Rouge
kHz *n abbrev of* **kilohertz** kHz
kibble ['kɪbl̩] *n* AM Trockenfutter *nt*
kibbutz [kɪ'bʊts] *n* Kibbuz *m*
kibitz ['kɪbɪts] *vi* AM DIAL ① CARDS kiebitzen ② (*chat*) ■**to ~ with sb** mit jdm quatschen *fam* ③ (*fam: advise*) ungebetene Ratschläge erteilen
kibitzer ['kɪbɪtsɚ] *n esp* AM (*fam*) *jd, der ungebetene Ratschläge erteilt*
kibosh ['kaɪbɒʃ, AM -bɑ:ʃ] *n* ► PHRASES: **to put the ~ on sth** (*sl*) etw zunichte machen [*o fam* vermasseln]
kick [kɪk] I. *n* ① (*with foot*) [Fuß]tritt *m*, Stoß *m*; (*in sports*) Schuss *m*; *of a horse* Tritt *m*; ***that horse has quite a ~ when nervous*** dieses Pferd kann ganz schön ausschlagen, wenn es nervös ist; **to need a ~ up the arse** [*or* **backside**] [*or* **pants**] einen [kräftigen] Tritt in den Hintern nötig haben *fam*; **to take a ~ at a ball** einen Ball treten [*o fam* kicken]; **a ~ in the teeth** ein Schlag *m* ins Gesicht *fig*; **to give sth a ~** gegen etw *akk* treten; **to take a ~ at sb/sth** jdm/etw einen [Fuß]tritt versetzen ② (*exciting feeling*) Nervenkitzel *m*, Kick *m fam*; **to do sth for ~s** etw wegen des Nervenkitzels tun; ***he gets a ~ out of that*** das macht ihm einen Riesenspaß; ***she gets her ~s by bungee jumping*** sie holt sich ihren Kick beim Bunjeespringen *fam*; **to have a ~** eine berauschende Wirkung haben; ***watch out for the fruit punch, it's got a real ~*** sei mit dem Früchtepunsch vorsichtig, der hat es in sich; ***the cocktail doesn't have much ~*** der Cocktail ist nicht sehr stark ③ (*trendy interest*) Fimmel *m fam*, Tick *m fam*; **health food/fitness ~** Reformkost-/Fitnesstick *m*; ***he's on a religious ~*** er ist [gerade] auf dem religiösen Trip *fam* ④ (*complaint*) **to have a ~ about sth** an etw *dat* etwas auszusetzen haben ⑤ (*gun jerk*) Rückstoß *m* II. *vt* ① (*hit with foot*) ■**to ~ sb/sth** jdn/etw [mit dem Fuß] treten; **to ~ a ball** einen Ball schießen [*o fam* kicken]; **to ~ a goal** BRIT ein Tor schießen; **to ~ oneself** (*fig*) sich *akk* in den Hintern beißen *fig fam* ② (*put*) **to ~ sth into high gear** etw auf Hochtouren bringen; **to ~ sth up a notch** (*stereo*) etw ein wenig lauter stellen; (*ride*) etw ein wenig beschleunigen ③ (*get rid of*) **to ~ an accent** einen Akzent ablegen; **to ~ drinking/smoking** das Trinken/Rauchen aufgeben; **to ~ drugs** von Drogen runterkommen *fam*; **to ~ a habit** eine Gewohnheit aufgeben; ***she used to be a heavy smoker but she ~ed the habit last year*** sie war eine starke Raucherin, aber letztes Jahr hat sie damit aufgehört ► PHRASES: **to ~ sb's ass** AM (*fam!*) jdm eine Abreibung verpassen *fam*; **to ~ some ass** AM (*fam!*) Terror machen *fam*; **to ~ ass** AM (*fam!*) haushoch gewinnen; **to ~ the bucket** (*fam*) abkratzen *sl*, ins Gras beißen *fam*; **to be ~ing one's heels** BRIT ungeduldig warten; **to ~ sth into touch** etw auf einen späteren Zeitpunkt verschieben; **to ~ sb when he/she is down** jdm den Rest geben *fam*; **to be ~ed upstairs** durch Beförderung kaltgestellt werden *fam* III. *vi* ① (*with foot*) treten; *horse* ausschlagen; (*in a dance*) das Bein hochwerfen; ■**to ~ at sb/sth** nach jdm/etw treten ② *esp* AM (*complain*) meckern *fam*; ■**to ~ about sth** über etw *akk* meckern *fam*, an etw *dat* herummeckern *fam*; **to ~ against sb** sich *akk* gegen jdn auflehnen, gegen jdn aufmucken *fam* ► PHRASES: **to ~ against the pricks** widerborstig sein, wider den Stachel löcken *geh*; **to be alive** [*or* **about**] **and ~ing** (*fam*) gesund und munter [*o* quicklebendig] sein; (*fig*) ***traditional jazz is still alive and ~ing*** der klassische Jazz ist immer noch quicklebendig; **to ~ and scream about sth** sich *akk* heftig und lautstark über etw *akk* beschweren
◆**kick about, kick around** I. *vi* (*fam*) [he]rumliegen *fam* II. *vt* ① (*with foot*) ■**to ~ sth around** [*or* **about**] etw [in der Gegend] herumkicken *fam* ② (*consider*) **to ~ an idea around** (*fam*) einen Gedanken hin und her bewegen, eine Idee [ausführlich] bekakeln *fam* ③ (*mistreat*) ■**to ~ sb around** [*or* **about**] jdn herumstoßen *fam*; ■**to ~ sth around** [*or* **about**] etw herumliegen lassen *fam*
◆**kick back** I. *vt* ■**to ~ back ↔ sth** etw zurücktreten; **to ~ the ball back** den Ball zurückschießen; **to ~ back the blanket** die Bettdecke wegschieben, sich *akk* aufdecken; **to ~ money back to sb** (*fam*) sich *akk* mit Geld *dat* bei jdm revanchieren, jdm etw zurückgeben II. *vi* ① AM (*fam: relax*) sich *akk* entspannt zurücklehnen, relaxen *fam* ② (*gun*) einen Rückstoß haben
◆**kick down** *vt* **to ~ a door down** eine Tür eintreten

◆**kick in** I. *vt* 1 (*with foot*) **to ~ a door/a window in** eine Tür/ein Fenster eintreten 2 *esp* AM (*contribute*) ■**to ~ sth ↔ in** etw dazugeben [*o fam* beisteuern]; ***when you buy a table and four chairs, we'll ~ in an extra chair for free*** wenn Sie einen Tisch mit vier Stühlen kaufen, geben wir Ihnen einen weiteren Stuhl umsonst dazu **II.** *vi* 1 (*start*) *approach, drug, measure, method* wirken, Wirkung zeigen; ***the drug began to ~ in*** das Mittel begann anzuschlagen; *device, system* anspringen, sich *akk* einschalten; *maturity* sich *akk* einstellen 2 (*to contribute*) ■**to ~ in for sth** einen Beitrag zu etw *dat* leisten, sich *akk* an etw *dat* beteiligen; ***if we all ~ in we can buy a microwave*** wenn wir alle zusammenlegen, dann können wir eine Mikrowelle kaufen

◆**kick into** *vi* (*fam*) ■**sth ~s into sth else** etw geht in etw *akk* über

◆**kick off** I. *vi* beginnen, anfangen; FBALL anstoßen, anspielen; **to ~ off with a bang** mit einem Knalleffekt beginnen **II.** *vt* ■**to ~ off ↔ sth** etw beginnen; **to ~ off a discussion** eine Diskussion eröffnen; ***Terry ~ed off the party with a toast*** Terry ließ die Party mit einem Trinkspruch beginnen

◆**kick out** I. *vt* ■**to ~ out ↔ sb/sth** jdn/etw hinauswerfen [*o fam* hinausschmeißen] **II.** *vi* ■**to ~ out against sb/sth** sich *akk* gegen jdn/etw heftig zur Wehr setzen [*o* mit Händen und Füßen gegen jdn/etw wehren]

◆**kick over** *vt* ■**to ~ over ↔ sb/sth** jdn/etw umrempeln *fam* ▶ PHRASES: **to ~ over the traces** (*be disrespectful*) über die Stränge schlagen *fam*

◆**kick round** *vt, vi* BRIT *see* **kick around**

◆**kick up** *vi* **to ~ up dust** (*also fig*) Staub aufwirbeln *a. fig* ▶ PHRASES: **to ~ up a fuss** [*or* **stink**] einen Wirbel machen *fam;* **to ~ up one's heels** auf den Putz [*o* die Pauke] hauen *fam*

kickabout *n* BRIT (*fam*) Kicken *nt fam;* **to have a ~** [herum]kicken *fam,* Fußball spielen **kick-ass** *adj attr* AM (*fam!*) super *sl,* tolle(r,s) *fam,* Wahnsinns- *fam;* ***that was a ~ party you threw*** das war eine Wahnsinnsparty, die du da gegeben hast; ***that is one ~ car you've got there*** das Auto, das du da hast, ist echt Spitze *fam* **kickback** *n* 1 (*fam: money*) Schmiergeld *nt* 2 (*reaction*) [heftige] Reaktion; **to feel the ~ from sth** die Auswirkungen einer S. *gen* spüren **kickball** *n no pl* AM Kickball *m* (*Ballspiel mit dem Fuß, aber nach Baseballregeln*) **kickboard** *n,* **kickboard scooter** *n* Kickboard *nt,* Kickboard-Roller *m* **kickbox** I. *vi* kickboxen **II.** *vt* **to ~ one's way** sich *dat* seinen Weg freiboxen **kick-boxing** *n no pl* Kickboxen *nt* **kick-butt** *adj* AM (*fam*) [knall]hart **kickdown** *n* BRIT AUTO Kickdown *m*

kicker [ˈkɪkəʳ, AM -ɚ] *n* 1 SPORTS Fußballspieler(in) *m(f),* Kicker(in) *m(f) fam* 2 AM (*fig: rebel*) Querulant(in) *m(f)* 3 FIN (*inducement*) Vergünstigung *f,* Anreiz *m*

kickoff *n* FBALL Anstoß *m* **kickstand** *n* Fahrradständer *m* **kick-start** I. *n* 1 (*on motorcycle*) Kickstarter *m* 2 (*motivating force*) Auftrieb *m,* neuer Schwung; ***a dynamic, young manager would be just the ~ this company needs*** ein junger, dynamischer Manager wäre genau die treibende Kraft, die dieses Unternehmen braucht **II.** *vt* ■**to ~ sth** etw starten; **to ~ a motorcycle** ein Motorrad kickstarten; **to ~ a process** einen Prozess in Gang bringen **kick-starter** *n* Kickstarter *m* **kickturn** *n* SKI Spitzkehre *f*

kid [kɪd] I. *n* 1 (*child*) Kind *nt;* AM, AUS (*young person*) Jugendliche(r) *f(m);* (*male*) Bursche *m,* Junge *m;* (*female*) Mädchen *nt;* ***hey ~, what are you doing there?*** he, Kleiner, was machst du denn da? *fam;* **~ brother/sister** *esp* AM Brüderchen *nt/* Schwesterchen *nt,* kleiner Bruder/kleine Schwester; **to act like a ~** sich *akk* wie ein [kleines] Kind benehmen; **to be just/still a ~** nur/noch ein Kind sein 2 (*young goat*) Zicklein *nt,* junge Ziege 3 *no pl* (*goat leather*) Ziegenleder *nt,* Kid *nt* **II.** *vi* <-dd-> (*fam*) Spaß machen; ***just ~ding!*** war nur Spaß! [*o* nicht ernst gemeint!]; **no ~ding?** [ganz] im Ernst?, ohne Scherz? **III.** *vt* (*fam*) ■**to ~ sb** jdn verulken [*o* veralbern] [*o* aufziehen] *fam;* ***you're ~ding me!*** das ist doch nicht dein Ernst!; ■**to ~ oneself** sich *dat* etwas vormachen; ***don't ~ yourself about your boss — he can be ruthless*** lass dich von deinem Chef nicht täuschen – er kann rücksichtslos sein

kiddie [ˈkɪdi] I. *n* (*fam*) Kleine(r) *f(m) fam,* Kind *nt,* Kindchen *nt oft iron* **II.** *adj attr, inv bike, car, seat* Kinder-; **~ kitchen** Puppenküche *f,* Spielzeugküche *f*

kiddo [ˈkɪdəʊ, AM -doʊ] *n* Kleine(r) *f(m) fam*

kiddy *n, adj see* **kiddie**

kid gloves *npl* Glacéhandschuhe *mpl* ▶ PHRASES: **to treat** [*or* **handle**] **sb with ~** jdn mit Glacéhandschuhen [*o* Samthandschuhen] anfassen

kid glove treatment *n* Fingerspitzengefühl *nt;* ***he expects ~ since he considers himself so fragile*** er erwartet, mit Glacéhandschuhen angefasst zu werden, weil er sich für so zerbrechlich hält; ***this problem requires ~*** dieses Problem erfordert Fingerspitzengefühl

kidnap [ˈkɪdnæp] I. *vt* <-pp-> ■**to ~ sb** jdn entführen [*o* kidnappen] **II.** *n no pl* Entführung *f,* Kidnapping *nt;* LAW Menschenraub *m*

kidnapper [ˈkɪdnæpəʳ, AM -ɚ] *n* Entführer(in) *m(f),* Kidnapper(in) *m(f)*

kidnapping [ˈkɪdnæpɪŋ] *n* Entführung *f,* Kidnapping *nt;* LAW Menschenraub *m*

kidney [ˈkɪdni] *n* 1 ANAT Niere *f* 2 FOOD Niere *f;* **steak and ~ pie** Rindfleisch-Nieren-Pastete *f* 3 (*temperament*) Schlag *m fam;* **to be of a different/the same ~** von unterschiedlichem/vom gleichen Schlag sein

kidney bean *n usu pl* (*any kind of edible bean*) Gartenbohne *f;* (*red bean*) Kidneybohne *f* **kidney dish** *n* Nierenschale *f* **kidney donor** *n* Nierenspender(in) *m(f)* **kidney failure** *n no pl* Nierenversagen *nt* **kidney machine** *n* künstliche Niere **kidney punch** *n* Schlag *m* in die Nierengegend **kidney-shaped** *adj inv* nierenförmig **kidney stone** *n* Nierenstein *m* **kidney transplant** *n* Nierentransplantation *f*

kid('s) stuff *n* AM (*usu pej*) Kinderkram *m fam;* ***a two-mile race is just ~*** ein Zweimeilenrennen ist doch ein Kinderspiel

kif [kɪf] *n* 1 (*state*) Rauschzustand *m,* Dröhnung *f sl* 2 (*drug*) Kif *m sl*

kike [kaɪk] *n* AM (*pej!*) Jude, Jüdin *m, f*

kill [kɪl] I. *n no pl* 1 (*act*) Töten *nt kein pl;* **to fly down for the ~** *bird* herabstoßen, um die Beute zu schlagen; **to make a ~** *animal* eine Beute schlagen 2 HUNT (*prey*) [Jagd]beute *f kein pl* ▶ PHRASES: **to be in at the ~** bei der Endabrechnung dabei sein *fam;* **to go** [*or* **move**] **in for the ~** zum Todesstoß ansetzen [*o* entscheidenden Schlag ausholen] **II.** *vi* 1 (*end life*) *criminal* töten; *disease* tödlich sein; **to ~ in cold blood** kaltblütig töten 2 (*fig fam: hurt*) unheimlich schmerzen [*o* wehtun] ▶ PHRASES: **to be dressed to ~** todschick angezogen sein **III.** *vt* 1 (*cause to die*) ■**to ~ sb/oneself** jdn/sich umbringen *a. fig;* ***smoking and drinking are going to ~ him some day*** Alkohol und Zigaretten werden ihn eines Tages noch umbringen; ***the frost ~ed my vegetable garden*** der Frost hat das Gemüse in meinem Garten erfrieren lassen; **to ~ sb by beating/strangling** jdn erschlagen/erwürgen; **to ~ sb with poision** jdn vergiften; **to ~ a bee/fly** einer Biene/Fliege den Garaus machen [*o* totschlagen]; **to be ~ed in action** [im Kampf] fallen 2 (*destroy*) ■**to ~ sth** etw zerstören; **to ~ sb's chances of sth** jds Aussichten auf etw *akk* zunichte machen; **to ~ sb's dreams/hopes** jds Träume/Hoffnungen zerstören; **to ~ the environment** die Umwelt zerstören; **to ~ a file** (*delete*) eine Akte vernichten; COMPUT eine Datei löschen; **to ~ a friendship/marriage** eine Freundschaft/Ehe zerstören [*o geh* zerrüten]; **to ~ the smell/sound/taste of sth** einer S. *gen* den Geruch/das Geräusch/den Geschmack [völlig] nehmen 3 (*ruin*) ■**to ~ sth** *fun, joke* etw [gründlich] verderben; ■**to ~ sth for sb** jdm den Spaß an etw *dat* [völlig] verderben [*o fam* vermiesen]; **to ~ a surprise** eine Überraschung kaputtmachen 4 (*stop*) **to ~ a bill** eine Gesetzesvorlage zu Fall bringen [*o fam* abschmettern]; **to ~ pain** Schmerz[en] stillen; **to ~ a plan/project** einen Plan/ein Projekt fallen lassen; **to ~ a column/line/scene** (*not print*) eine Kolumne/Zeile/Szene herausnehmen; **to ~ the engine/lights/TV** (*turn off*) den Motor/das Licht/den Fernseher ausmachen 5 (*fam: consume*) ■**to ~ sth** etw vernichten; *food* etw aufessen [*o fam* verdrücken] [*o fam* verputzen]; *beverage* etw austrinken [*o fam* leer machen]; **to ~ a bottle of whiskey** eine Flasche Whiskey köpfen *fam* 6 (*make laugh*) ■**to ~ sb** jdn dazu bringen, sich *akk* totzulachen; ***that story ~ed me*** diese Geschichte fand ich zum Totlachen; **to ~ oneself with laughter** sich *akk* totlachen 7 (*fam: cause pain*) ■**to ~ sb** jdn umbringen *fig;* ***my shoes are ~ing me*** meine Schuhe bringen mich noch mal um *fam;* ***it wouldn't ~ you to apologize*** eine Entschuldigung würde dich nicht gleich umbringen; **to ~ sb with kindness** jdn mit seiner Güte fast umbringen [*o* erdrücken] 8 (*tire out*) jdn völlig erschlagen *fam* [*o fam* fertig machen]; ***that walk ~ed me*** dieser Spaziergang hat mich völlig fertig gemacht; (*overwhelm*) **to ~ oneself doing sth** (*fam: work hard*) sich *akk* mit etw *dat* umbringen, sich *dat* mit etw *dat* ein Bein ausreißen *fam* 9 (*hit hard*) **to ~ the ball** einen Wahnsinnsball spielen [*o* Wahnsinnsschuss loslassen] *fam* ▶ PHRASES: **to ~ two birds with one stone** (*prov*) zwei Fliegen mit einer Klappe schlagen *prov;* **to ~ the fatted calf** ein üppiges Willkommensessen geben; **to ~ the goose that lays the golden egg** das Huhn schlachten, das goldene Eier legt; **to ~ time** (*spend time*) sich *dat* die Zeit vertreiben; (*waste time*) die Zeit totschlagen

◆**kill off** *vt* ■**to ~ off ↔ sth** 1 (*destroy*) *disease, species* etw ausrotten; **to ~ off pests** Schädlinge vernichten 2 *esp* AM (*fig: finish*) **to ~ off a bottle** eine Flasche leeren; **to ~ off a pack** eine Packung leer machen

killer [ˈkɪləʳ, AM -ɚ] I. *n* 1 (*person*) Mörder(in) *m(f);* (*thing*) Todesursache *f;* ***heart disease is the number-one ~ of American men*** bei amerikanischen Männern stehen Herzkrankheiten an erster Stelle der Todesursachen 2 (*agent*) Vertilgungsmittel *nt;* **weed ~** Unkrautvertilgungsmittel *nt* 3 (*fam: difficult thing*) ■**to be a ~** ein harter Brocken sein *fam* 4 (*good joke*) ■**to be a ~** zum Totlachen sein *fam;* **the ~** AM (*funniest part*) das Tollste *a. iron fam,* die Krönung *fig, a. iron,* der Hammer *fig fam* **II.** *n modifier* AM (*sl*) *product* Killer- *sl,* unschlagbar **III.** *adj* 1 *attr, inv* (*deadly*) *flu, virus* tödlich; *heat, hurricane, wave* mörderisch 2 *inv* AM, AUS (*fam: excellent*) *car, job, party* Wahnsinns- *fam,* toll *fam;* ***my weekend was ~*** mein Wochenende war super *fam*

killer cell *n* Killerzelle *f* **killer disease** *n* tödliche Krankheit **killer instinct** *n* 1 (*in animals*) Tötungsinstinkt *m* 2 (*mean streak*) **to have the ~** bereit sein, über Leichen zu gehen **killer whale** *n* Schwertwal *m,* Killerwal *m fam*

killing [ˈkɪlɪŋ] I. *n* 1 (*act*) Tötung *f,* Töten *nt;* (*case*) Mord[fall] *m* 2 (*fam or fig: lots of money*) **to make a ~** einen Mordsgewinn [*o* ein Riesengeschäft] machen *fam* **II.** *adj attr, inv* 1 (*causing death*) tödlich 2 (*fig: difficult*) mörderisch *fam* 3 (*funny*) urkomisch, zum Totlachen

killjoy [ˈkɪldʒɔɪ] *n* Spaßverderber(in) *m(f),* Spielverderber(in) *m(f),* Miesmacher(in) *m(f) fam*

kiln [kɪln, kɪl] *n* (*for bricks*) [Brenn]ofen *m;* FOOD [Trocken]ofen *m,* Darre *f*

kilo [ˈkiːləʊ, AM ˈkɪloʊ] *n* Kilo *nt*

kilobit [ˈkɪləbɪt] *n* Kilobit *nt* **kilobyte** [ˈkɪləbaɪt, AM -lə-] *n* COMPUT Kilobyte *nt* **kilocycle** [ˈkɪləˌsaɪk], AM -loʊ,-] *n* (*dated*) Kilohertz *nt* **kilogram** [ˈkɪləgræm], BRIT *also* **kilogramme** [-lə(ʊ)-] *n* Kilogramm *nt* **kilohertz** [ˈkɪlə(ʊ)hɜːts, AM -ləhɝts] *n* Kilohertz *nt* **kilojoule** [ˈkɪlə(ʊ)dʒuːl, AM -lə-] *n* Kilojoule *nt* **kilometer** [kɪˈlɑːmət̬ɚ] AM, **kilometre** [kɪˈlɒmɪtəʳ, ˈkɪlə(ʊ)miːtəʳ] *n* Kilometer *m* **kilovolt** [ˈkɪlə(ʊ)vəʊlt, AM -ləvoʊlt] *n* Kilovolt *nt*

kilowatt ['kɪlə(ʊ)wɒt, AM -ləwɑ:t] *n* Kilowatt *nt*

kilowatt hour *n* Kilowattstunde *f*

kilt [kɪlt] *n* Kilt *m,* Schottenrock *m*

kilter ['kɪltə^r, AM -tɚ] *n* **to be out of ~** aus dem Gleichgewicht sein; ***my brain seems to be out of*** ~ mit meinem Kopf scheint etwas nicht zu stimmen

kimono [kɪ'məʊnəʊ, AM kə'moʊnə, -noʊ] *n* Kimono *m*

kin [kɪn] *n + pl vb* (*dated*) [Bluts]verwandte *pl,* Verwandtschaft *f,* Familie *f;* **the next of ~** die nächsten Verwandten [*o* Angehörigen]

kind[1] [kaɪnd] *adj* ① (*generous, helpful*) nett, freundlich, liebenswürdig; ***thank you for giving me your seat, that was very ~ of you*** vielen Dank, dass Sie mir Ihren Platz überlassen haben, das war sehr nett von Ihnen; (*in a letter*) **with ~ regards** mit freundlichen Grüßen; ■**to be ~ to sb** nett [*o* freundlich] zu jdm sein; ***he is ~ to animals*** er ist gut zu Tieren ② (*gentle*) ■**to be ~ to sb/sth** jdn/etw schonen; **this shampoo is ~ to your hair** dieses Shampoo pflegt dein Haar auf schonende Weise; ***the years have been ~ to her*** die Zeit hat es gut mit ihr gemeint; ***soft lighting is ~ to your face*** gedämpftes Licht ist vorteilhaft für dein Gesicht

kind[2] [kaɪnd] **I.** *n* ① (*group*) Art *f,* Sorte *f;* ***I don't usually like that ~ of film*** normalerweise mag ich solche Filme nicht; ***he's not that ~ of person*** so einer ist der nicht *fam;* ***this car was the first of its ~ in the world*** dieses Auto war weltweit das erste seiner Art; **all ~s of animals/cars/people** alle möglichen Tiere/Autos/Menschen; **to claim/hear/say nothing of the ~** nichts dergleichen behaupten/hören/sagen; **to stick with one's ~** unter sich *dat* bleiben; **to be one of a ~** einzigartig sein; **his/her ~** (*pej*) so jemand [wie er/sie] *a. pej;* ***my mom always warned me about that ~*** vor so jemandem hat mich meine Mutter immer gewarnt; ***don't even talk to their ~*** mit solchen Leuten sollst du nicht einmal sprechen ② (*limited*) **... of a ~** so etwas wie ...; ***I guess you could call this success of a ~*** man könnte das, glaube ich, als so etwas wie einen Erfolg bezeichnen ③ *no pl* (*similar way*) ■**to do sth in ~** etw mit [*o* in] gleicher Münze zurückzahlen; ***I answered him in ~*** ich antwortete ihm im gleichen Ton; ***if he cheats me, I shall take my revenge in ~*** wenn er mich betrügt, werde ich mich in gleicher Weise an ihm rächen; **nothing of the ~** nichts dergleichen; ***mom, can I go to the movies tonight? — nothing of the ~*** darf ich heute Abend ins Kino, Mami? – kommt nicht in Frage; ***has your daughter ever stolen before? — no she's done nothing of the ~*** hat Ihre Tochter jemals gestohlen? – nein, so etwas hat sie noch nie gemacht; **to pay sb in ~** jdn in Naturalien [*o* Sachleistungen] bezahlen ④ (*character*) ■**in ~** im Wesen, vom Typ her; ***they were brothers but quite different in ~*** sie waren Brüder, aber in ihrem Wesen ganz verschieden; ***Betty, Sally and Joan are three of a ~*** Betty, Sally und Joan sind alle drei vom gleichen Schlag; ■**to be true to ~** in typischer Weise reagieren; ***when I told him I passed my class, he was true to ~ asking if the exams had been that easy*** das war mal wieder typisch er, als ich ihm erzählte, dass ich mein Examen bestanden hätte, fragte er mich, ob die Prüfungen so leicht gewesen seien **II.** *adv* ■**~ of** irgendwie; ***I ~ of hoped you would help me*** ich hatte irgendwie gehofft, du würdest mir helfen; ***are you excited? — yea, ~ of*** bist du aufgeregt? – ja, irgendwie schon

kinda ['kaɪndə] *inv* (*fam*) *see* **kind of** irgendwie [schon]

kindergarten ['kɪndəˌgɑ:tᵊn, AM -dɚˌgɑ:r-] *n* ① *esp* BRIT (*nursery school*) Kindergarten *m* ② *no pl esp* AM SCH Vorschule *f*

kind-hearted *adj* gütig, gutherzig

kindle ['kɪndl] *vt* **to ~ a fire** ein Feuer anzünden [*o geh* entzünden]; **to ~ sb's desire** (*fig*) jds Begierde *f* entfachen *geh;* **to ~ sb's imagination** jds Fantasie wecken

kindliness ['kaɪndlɪnəs] *n no pl* Liebenswürdigkeit *f*

kindling ['kɪndlɪŋ] *n no pl* Anmachholz *nt,* Anzündholz *nt*

kindly ['kaɪndli] **I.** *adj person* freundlich, liebenswürdig; *smile, voice* sanft; ***she's a ~ soul*** sie ist eine gute Seele **II.** *adv* ① (*in a kind manner*) gütig, freundlich; **to not take ~ to sb/sth** sich *akk* nicht mit jdm/etw anfreunden können ② (*please*) freundlicherweise, liebenswürdigerweise; ***you are ~ requested to leave the building*** sie werden freundlich[st] gebeten, das Gebäude zu verlassen

kindness ['kaɪndnəs] *n* <*pl* -es> ① *no pl* (*attitude*) Freundlichkeit *f,* Liebenswürdigkeit *f;* **an act of ~** eine Gefälligkeit; ***he offered to help her as an act of ~*** er bot ihr aus Gefälligkeit seine Hilfe an; **to treat sb with ~** freundlich zu jdm sein; **to show sb ~** jdm Gutes tun [*o geh* erweisen]; ■**out of ~** aus Gefälligkeit ② (*act*) Gefälligkeit *f*

kindred ['kɪndrəd] **I.** *n + pl vb* (*dated*) Verwandtschaft *f,* Verwandte *pl* **II.** *adj* ① (*related*) *people* [bluts]verwandt; *languages* verwandt; ***Italian and French are ~ languages*** Italienisch und Französisch sind miteinander verwandte Sprachen ② (*similar*) gleichartig, ähnlich

kindred soul *n,* **kindred spirit** *n* Geistesverwandte(r) *f(m),* Gleichgesinnte(r) *f(m),* verwandte Seele

kinematograph [ˌkɪnɪ'mætəgrɑ:f, AM -ə'mæt̬əgræf] *n see* **cinematograph**

kinetic [kɪ'netɪk, AM -t̬-] *adj inv* kinetisch; **~ energy** kinetische Energie

kinetics [kɪ'netɪks, AM -t̬-] *n + sing vb* Lehre *f* von den Bewegungen, Kinetik *f fachspr*

kinfolk ['kɪnfoʊk] *n + pl vb* AM Verwandtschaft *f,* Verwandte *pl*

king [kɪŋ] *n* ① (*male ruler*) König *m;* **to be the ~ of the castle** [der] Herr im Hause sein, das Sagen haben *fam;* **~ of the jungle** König *m* des Dschungels; **to be fit for a ~** höchsten Ansprüchen genügen *geh;* ***this meal is fit for a ~*** dieses Essen ist einfach köstlich; **to live like a ~** fürstlich leben ② REL (*Christ*) ■**K~** Gott *m;* **K~ of K~s** der König der Könige ③ CARDS, CHESS König *m*

kingcup *n* BRIT Sumpfdotterblume *f*

kingdom ['kɪŋdəm] *n* ① (*country*) Königreich *nt* ② (*area of control*) Reich *nt;* **the ~ of God** [*or* **Heaven**] das Reich Gottes ③ (*area of activity*) Welt *f;* **the ~ of the theatre** die Welt des Theaters ④ (*domain*) **animal/plant ~** Tier-/Pflanzenreich *nt* ▸ PHRASES: **to blow** [*or* **blast**] **sb/sth to ~ come** jdn/etw ins Jenseits befördern *fam;* **until** [*or* **till**] **~ come** bis in alle Ewigkeit

kingfisher *n* Eisvogel *m*

kingly ['kɪŋli] *adj* königlich, majestätisch

kingmaker *n* Königsmacher *m* **kingpin** *n* ① (*main bolt*) Achsschenkelbolzen *m,* Königszapfen *m* ② (*fig: important person*) Hauptperson *f;* ***he was the ~ of the Democratic organization in Chicago*** er war der wichtigste Mann in der Organisation der Demokraten von Chicago **king prawn** *n* [Riesen]garnele *f* **King's Bench** *n* BRIT *Kammer des Obersten Gerichtshofs* **King's Counsel** *n* BRIT Kronanwalt, Kronanwältin *m, f* **King's English** *n* die englische Hochsprache, reines Englisch **King's evidence** *n* BRIT Kronzeuge, -in *m, f;* **to turn ~** als Kronzeuge, -in *m, f* auftreten **kingship** ['kɪŋʃɪp] *n* Königtum *nt* **kingside I.** *n no pl* CHESS Königsflügel *m* **II.** *adj attr, inv* CHESS auf dem Königsflügel *nach n* **king-size(d)** *adj inv* extragroß **king-size(d) bed** *n* extragroßes Bett, Kingsize-Bett *nt* **king-size(d) cigarette** *n* überlange Zigarette, Kingsize-Zigarette *f* **king-size(d) sheet** *n* extragroßes Laken

king's ransom *n* Vermögen *nt,* Stange *f* Geld *fam*

kink [kɪŋk] *n* ① (*twist*) *in hair* Welle *f; in a pipe* Knick *m; in a rope* Knoten *m;* NAUT Kink *f fachspr* ② AM, AUS (*sore muscle*) [Muskel]krampf *m,* [Muskel]zerrung *f* ③ (*problem*) Haken *m fam;* **to iron out** [**a few**] **~s** [ein paar] Mängel ausbügeln *fam* ④ (*habit*) Tick *m fam,* Fimmel *m fam,* Spleen *m fam;* ***everyone's got their ~s*** jeder hat so seinen Tick

kinky ['kɪŋki] *adj* ① (*tightly curled*) *hair* wirr, kraus ② (*unusual*) spleenig, ausgefallen, irre *fam;* **~ sex** Sex *m* der anderen Art

kinsfolk ['kɪnzfəʊk, AM -foʊk] *n + pl vb* Verwandtschaft *f,* Verwandte *pl*

kinship ['kɪnʃɪp] *n* ① *no pl* (*family*) [Bluts]verwandtschaft *f;* ***you can see the ~ between my brother and I*** zwischen meinem Bruder und mir kann man eine Familienähnlichkeit feststellen ② (*connection*) Verwandtschaft *f fig;* **to feel a ~ with sb** sich *akk* jdm verbunden fühlen; ***there is a certain ~ between desire and violence*** Begierde und Gewalt gehören irgendwie zusammen

kinsman ['kɪnzmən] *n* Verwandte(r) *m* **kinswoman** ['kɪnzwʊmən] *n* Verwandte *f*

kiosk ['ki:ɒsk, AM -ɑ:sk] *n* ① (*stand*) Kiosk *m,* [Verkaufs]stand *m* ② BRIT (*phone booth*) Telefonzelle *f*

kip [kɪp] BRIT, AUS **I.** *n no pl* (*fam*) Schläfchen *nt,* Nickerchen *nt fam;* **to get** [*or* **have**] **some ~** sich *akk* mal eben aufs Ohr hauen *fam* **II.** *vi* <-pp-> (*fam*) ein Schläfchen halten [*o fam* Nickerchen machen]

◆**kip down** *vi* BRIT (*fam*) sich *akk* hinhauen *fam;* **to ~ down on an easy chair** sich *akk* in einen Sessel hauen *fam*

kipper ['kɪpə^r, AM -ɚ] *n* Räucherhering *m,* Bückling *m*

kir [kɪə^r, AM kɪr] *n* Kir *m*

Kirghiz ['kɜ:gɪz, AM kɪr'gi:z] *n, adj see* **Kyrgyz**

Kirghizia [kɜ:'gɪziə, AM kɪr'gi:ʒə] *n no pl see* **Kyrgyzstan** Kirgisien *nt*

kirk [kɜ:k] *n* SCOT Kirche *f;* **the K~** die [presbyterianische] schottische Staatskirche

kirsch [kɪəʃ, AM kɪrʃ] *n* Kirsch *m,* Kirschwasser *nt*

kismet ['kɪzmet] *n no pl* Kismet *nt* (*gottergeben hinzunehmendes Schicksal im Islam*)

kiss[1] *abbrev of* **keep it simple, stupid** mach es nicht zu kompliziert; ***your arguments may be correct but if you forget ~, no one will listen to them*** deine Argumente sind vielleicht gut, aber wenn du es zu kompliziert machst, wird dir keiner zuhören

kiss[2] [kɪs] **I.** *n* <*pl* -es> ① (*with lips*) Kuss *m;* **~ on the hand** Handkuss *m;* **French ~** Zungenkuss *m;* **love and ~es** (*in a letter*) alles Liebe; **to blow** [*or* **throw**] **sb a ~** jdm eine Kusshand zuwerfen; **to give sb a ~** jdn küssen, jdm einen Kuss geben ② (*in billiards*) leichte Berührung **II.** *vi* [sich *akk*] küssen; **to ~ and make up** sich *akk* mit einem Kuss versöhnen; **to ~ and tell** mit intimen Enthüllungen an die Öffentlichkeit gehen **III.** *vt* ① (*with lips*) ■**to ~ sb/sth** jdn/etw küssen; **to ~ sb on the cheek/lips** jdn auf die Wange/den Mund küssen; **to ~ sb on the hand** jdm die Hand küssen; **to ~ sb goodbye/goodnight** jdm einen Abschieds-/Gutenachtkuss geben; (*fig*) ***they can ~ their chances of winning the cup goodbye*** ihre Aussichten, den Cup zu gewinnen, können sie vergessen *fam;* **to ~ a knee better** (*childspeak*) ein Knie mit einem Küsschen wieder heil machen ② (*in billiards*) **to ~ the ball** die Kugel leicht berühren ▸ PHRASES: **~ my** AM **ass** [*or* BRIT **arse**] (*sl*) du kannst mich mal! *fam;* **to ~ sb's ass** *esp* AM (*fam!*) vor jdm katzbuckeln, jdm in den Arsch kriechen *derb*

◆**kiss away** *vt* ■**to ~ away** ⟲ **sth** etw wegküssen; **to ~ tears away** Tränen wegküssen

◆**kiss off I.** *vi* AM ① (*sl: go away*) abhauen *sl,* sich *akk* verziehen *fam;* **~ off!** hau ab! *sl* ② (*die*) abkratzen *sl; animal* eingehen **II.** *vt* ■**to ~ sb off** jdn mit einem Kuss verabschieden

kissagram ['kɪsəgræm] *n* mit Küsschen überbrachter Glückwunsch

kiss-and-tell *adj attr, inv* **~ book** Enthüllungsbuch *nt;* **~ interview** *Interview, bei dem Intimes ausgeplaudert wird* **kiss-ass** ['kɪsæs] AM **I.** *n* (*fam!*) Speichellecker(in) *m(f) fam,* Arschkriecher(in) *m(f) derb* **II.** *adj attr, inv* (*fam!*) speichelleckerisch *fam,* arschkriecherisch *derb* **kiss curl** *n* Tolle *f,* Schmachtlocke *f fam*

kisser ['kɪsə^r, AM -ɚ] *n* ① (*person*) **to be a lousy ~** miserabel küssen ② (*sl: jaw*) Fresse *f derb,* Maul *nt derb;* **to give sb one in the ~** jdm eine aufs Maul geben *derb*

kissing disease *n no pl* (*sl*) Pfeiffer Drüsenfieber *nt,* Studentenkrankheit *f fam,* Mononukleose *f* *fachspr* **kissing gate** ['kɪsɪŋ,geɪt] *n* Brit Drehkreuz *nt*

kiss of death *n* (*fam*) Todesstoß *m fig,* Ende *nt;* ▪**to be the ~ for sth** für etw *akk* das Ende bedeuten **kiss-off** *n* Am (*fam*) Laufpass *m fam;* **to give sb the ~** (*lover*) jdm den Laufpass geben; (*employee*) jdn feuern *fam,* jdm seine Papiere geben *fam* **kiss of life** *n esp* Brit (*fam*) Mund-zu-Mund-Beatmung *f;* **to give sb the ~** bei jdm eine Mund-zu-Mund-Beatmung durchführen

kissogram *n see* **kissagram**

kit [kɪt] **I.** *n* ① (*set*) Ausrüstung *f;* (*for a model*) Bausatz *m,* Bastelsatz *m;* **first aid ~** Verbandskasten *m;* **tool ~** Werkzeugkasten *m* ② (*outfit*) Ausrüstung *f,* Ausstattung *f* ③ *esp* Brit (*uniform*) Montur *f;* (*sl: clothes*) Klamotten *pl sl,* Sachen *pl fam;* **to get one's ~ off** seine Klamotten ausziehen *sl* **II.** *vt* <-tt-> *usu passive esp* Brit ▪**to ~ out sb** [*or* **to ~ sb out**] jdn ausrüsten [*o* ausstatten]

kit bag *n* Kleidersack *m,* Seesack *m*

kitchen ['kɪtʃɪn] **I.** *n* ① (*room*) Küche *f;* (*appliances*) Küche *f,* Küchenausstattung *f* ② (*cuisine*) Küche *f;* **the French ~** die französische Küche **II.** *n modifier* ① (*of kitchen*) (*curtains, floor, window*) Küchen-; **~ counter** [Küchen]anrichte *f* ② (*basic*) **~ Latin** Küchenlatein *nt iron;* **~ Spanish** rudimentäres Spanisch

kitchen cabinet *n* ① (*for storage*) Küchenschrank *m* ② (*advisors*) Küchenkabinett *nt hum geh*

kitchenette [,kɪtʃɪ'net] *n* Kochnische *f,* Kleinküche *f*

kitchen foil *n no pl* (*plastic*) Frischhaltefolie *f;* (*aluminum*) Alufolie *f* **kitchen garden** *n* Gemüsegarten *m,* Nutzgarten *m* **kitchen knife** *n* Küchenmesser *nt* **kitchen paper** *n no pl* Küchenpapier *nt,* Küchentuch *nt* **kitchen range** *n esp* Am, **kitchen stove** *n* [Küchen]herd *m,* [Koch]herd *m* **kitchen roll** *n no pl* Rolle *f* Küchenpapier **kitchen scissors** *npl* Küchenschere *f,* Haushaltsschere *f* **kitchen sink** *n* Spüle *f* ▶ Phrases: **everything but** [*or* **except**] **the ~** aller nur mögliche Krempel *fam,* alles, was nicht niet- und nagelfest ist *fam* **kitchen-sink** *adj attr, inv* Brit, Aus *play* sozialkritisch **kitchen table** *n* Küchentisch *m* **kitchen towel** *n* ① *no pl* Küchenpapier *nt,* Küchentuch *nt* ② Am (*tea towel*) Geschirrtuch *nt* **kitchen unit** *n* Küchenelement *nt* (*einer Einbauküche*) **kitchenware** *n no pl* Küchengeschirr *nt,* Küchengeräte *ntpl*

kite [kaɪt] **I.** *n* ① (*toy*) Drachen *m;* **to fly a ~** einen Drachen steigen lassen ② econ **to fly a ~** ein lockendes Angebot machen ③ (*fam*) *see* **accommodation bill** ▶ Phrases: **to be as high as a ~** (*drunk*) sternhagelvoll sein *fam;* (*high*) völlig zugedröhnt sein *sl;* **go fly a ~!** (*fam*) mach eine Fliege! *sl,* zieh Leine! *fam* **II.** *vi* ① Am econ (*with cheques*) Kellerwechsel ausstellen, Wechselreiterei betreiben ② Brit econ (*use stolen credit cards*) gestohlene Kreditkarten ausstellen, Wechselreiterei betreiben

kite-flying *n no pl* ① (*action*) Steigenlassen *nt* eines Drachens ② (*testing*) Sondierung *f* **Kitemark** *n* Brit [amtliches] Qualitätssiegel [*o* Gütezeichen]

kith [kɪθ] *n* (*esp old*) Verwandte *pl;* **~ and kin** Kind und Kegel

kitsch [kɪtʃ] **I.** *n no pl* (*pej*) Kitsch *m pej* **II.** *adj* kitschig

kitschy ['kɪtʃi] *adj* (*pej*) kitschig *pej*

kitten ['kɪtᵊn] **I.** *n* (*young animal*) Junge(s) *nt;* (*cat*) Kätzchen *nt,* junge Katze ▶ Phrases: **to have ~s** ausrasten *fam,* ausflippen *sl,* Zustände kriegen *fam;* **to have ~s about sth** wegen einer S. *gen* ausrasten [*o* ausflippen] *fam* **II.** *vi* [Junge] werfen, Junge bekommen

kittenish ['kɪtᵊnɪʃ] *adj* (*dated*) *child* verspielt; *woman* kokett

kittenishly ['kɪtᵊnɪʃli] *adv* (*dated*) kokett

kittiwake <*pl* – *or* -s> ['kɪtɪweɪk, Am 'kɪţ-] *n* Dreizehenmöwe *f*

kitty ['kɪti, Am -ţi] *n* ① (*childspeak: kitten or cat*) Miezekatze *f Kindersprache;* (*call*) Miez ② (*money*) gemeinsame Kasse; (*in games*) [Spiel]kasse *f*

kitty-corner *adv inv* Am schräg gegenüber; ***there's a construction site ~ from our house*** schräg gegenüber unserem Haus ist eine Baustelle

kiwi ['ki:wi:] *n* ① (*bird*) Kiwi *m* ② (*fruit*) Kiwi *f* ③ (*fig fam: New Zealander*) Neuseeländer(in) *m(f)*

kiwi fruit *n* Kiwi *f*

KKK [,keɪkeɪ'keɪ] *n abbrev of* **Ku Klux Klan**

Klansman <*pl* -men> [klænzmən] *n* Mitglied *nt* des Ku-Klux-Klan

klaxon® ['klæksᵊn] *n* Hupe *f*

Kleenex® ['kli:neks] *n* Tempo[taschentuch]® *nt,* Papiertaschentuch *nt*

kleptomania [,kleptə(ʊ)'meɪniə, Am -toʊ'-] *n no pl* Kleptomanie *f*

kleptomaniac [,kleptə(ʊ)'meɪniæk, Am -toʊ'-] *n* Kleptomane, -in *m, f*

klieg light ['kli:g-] *n starke Bogenlampe, mit der früher Filmstudios beleuchtet wurden;* (*fig*) ***~s are shining on the city*** die Stadt steht momentan im Rampenlicht; **to become a ~** (*fig*) zu einem hellen Stern werden *fig*

klutz <*pl* -es> [klʌts] *n esp* Am (*fam*) Trottel *m fam,* Tolpatsch *m fam*

km *n abbrev of* **kilometre** km

knack [næk] *n no pl* ① (*trick*) Trick *m,* Dreh *m fam,* Kniff *m;* ***there's a ~ to getting this lock to open*** es gibt einen Dreh, wie man dieses Schloss aufkriegt *fam;* **to get the ~ of sth** herausfinden, wie etw geht *fam;* **to have the ~ of it** den Bogen raushaben *fam;* **to lose the ~ of sth** etw nicht mehr zustande bringen [*o fam* hinkriegen]; ***due to arthritis, he lost the ~ of playing the guitar*** wegen Arthritis kann er nicht mehr Gitarre spielen ② (*talent*) Geschick *nt;* **to have a ~ for sth** ein Talent [*o fam* Händchen] für etw *akk* haben; (*iron*) ***she has the ~ of putting her foot in her mouth*** sie hat ein Talent, ins Fettnäpfchen zu treten

knacker ['nækəʳ, Am -ə] *n* ① (*of old animals*) Abdecker *m* ② (*salvager*) Abbruchunternehmer *m* ③ (*fam!: testicles*) ▪**~s** *pl* Eier *ntpl derb* ④ dial (*dated: harnessmaker*) Geschirrmacher *m*

knackered ['nækəd] *adj pred* Brit, Aus (*fam*) kaputt *fam,* geschlaucht *fam,* [fix und] fertig *fam*

knackering ['nækᵊrɪŋ] *adj attr* Brit (*fam*) anstrengend

knacker's yard *n* Abdeckerei *f* ▶ Phrases: **to end up in the ~** (*fam*) Bankrott machen

knapsack ['næpsæk] *n* Rucksack *m;* mil Tornister *m*

knave [neɪv] *n* ① (*old: man*) Schurke *m,* Halunke *m* ② cards Bube *m*

knavish ['neɪvɪʃ] *adj* (*old*) schurkisch *veraltend*

knead [ni:d] *vt* **to ~ clay/wax** Ton/Wachs formen; **to ~ dough** Teig kneten; **to ~ sb's muscles** jds Muskeln [ordentlich] durchkneten [*o* massieren]

knee [ni:] **I.** *n* ① (*on leg*) Knie *nt;* **on one's hands and ~s** auf Händen und Füßen [*o fam* allen vieren]; **to get down on one's ~s** niederknien; **to put sb across** [*or* **over**] **one's ~** jdn übers Knie legen *fam;* **to put** [*or* **sit**] **sb on one's ~** jdn auf den Schoß nehmen; **on your ~s!** auf die Knie! ② (*in trousers*) Knie[stück] *nt* ▶ Phrases: **to be/go weak at the ~s** weiche Knie haben/bekommen; **to bring** [*or* **force**] **sb to their ~s** jdn in [*o* auf] die Knie zwingen *geh;* **to learn sth at sb's ~** etw in frühester Kindheit von jdm lernen **II.** *n modifier* (*injury, support*) Knie-; **~ socks** Kniestrümpfe *mpl* **III.** *vt* ▪**to ~ sb** jdn mit dem Knie stoßen

knee bend *n* Kniebeuge *f;* **to do ~s** Kniebeugen machen **knee breeches** *npl* Knie[bund]hose *f*

kneecap **I.** *n* ① (*patella*) Kniescheibe *f* ② (*covering*) Knieschützer *m* **II.** *vt* <-pp-> ▪**to ~ sb** jdm die Kniescheibe zerschießen **knee-capping** *n* Zerschießen *nt* der Kniescheibe **knee-deep** *adj inv* knietief; ***the water was only ~*** das Wasser reichte mir nur bis zum Knie; ▪**to be ~ in sth** knietief [*o* bis zu den Knien] in etw *dat* stecken *a. fig*

knee-high **I.** *n* Am ▪**~s** *pl* Kniestrümpfe *mpl* **II.** *adj inv* kniehoch; **~ grass** kniehohes Gras; ***my nephew is only about ~*** mein Neffe geht mir gerade mal bis zum Knie *fam* ▶ Phrases: **to be ~ to a grasshopper** Am (*hum fam*) ein Dreikäsehoch sein *hum fam;* ***I've loved music ever since I was ~ to a grasshopper*** Musik habe ich schon von klein auf geliebt **knee-jerk** **I.** *n* Knie[sehnen]reflex *m,* Patellar[sehnen]reflex *m fachspr* **II.** *n modifier* (*pej*) *reaction* automatisch *pej;* Am *person* ideenlos, geistlos; ***some ~ kids went and vandalized the police station*** einige hirnlose Jugendliche gingen hin und verwüsteten die Polizeiwache *fam* **knee joint** *n* anat Kniegelenk *nt;* tech Kniehebel *m*

kneel <knelt *or esp* Am kneeled, knelt *or esp* Am kneeled> [ni:l] *vi* knien; ▪**to ~ before sb** vor jdm niederknien

◆**kneel down** *vi* sich *akk* hinknien, hinknien, niederknien

knee-length *adj inv dress* knielang; *socks* kniehoch

kneeler ['ni:ləʳ, Am -ə] *n* Kniebank *f*

knee-slapper *n* Am (*fam or also iron*) irrer Witz *fam o a. iron* **knees-up** *n* Brit (*dated fam*) [ausgelassene] Tanzparty

knell [nel] *n* Totenglocke *f,* Grabgeläut *nt*

knelt [nelt] *pt of* **kneel**

Knesset ['kneset] *n no pl, + sing/pl vb* ▪**the ~** die Knesset

knew [nju:, Am *esp* nu:] *pt of* **know**

knickerbocker ['nɪkə,bɒkəʳ, Am -ə,ba:kə] *n* ① (*short trousers*) ▪**~s** *pl* Knickerbocker[s] *pl,* weite Kniehose ② Am (*knickers*) ▪**~s** *pl* [Damen]schlüpfer *m* ③ (*New Yorker*) Knickerbocker *m*

knickerbocker glory *n* Brit Eisbecher *m* mit Früchten und Wackelpeter

knickers ['nɪkəʳz, Am -əz] **I.** *npl* ① Brit (*underwear*) [Damen]schlüpfer *m* ② Am (*knickerbockers*) Knickerbocker[s] *pl* ▶ Phrases: **to get one's ~ in a twist** Brit, Aus (*hum fam: get angry*) sich *akk* aufregen *fam;* (*get worried*) den Kopf [*o* die Nerven] verlieren; (*get confused*) nichts auf die Reihe kriegen *fam* **II.** *interj* Brit (*sl*) Blödsinn! *fam,* Quatsch! *fam*

knick-knack ['nɪknæk] *n usu pl* (*fam*) Schnickschnack *m,* Nippes *pl*

knife [naɪf] **I.** *n* <*pl* knives> Messer *nt;* **to go under the ~** med unters Messer kommen *fam;* **to pull** [*or* **draw**] **a ~** [**on sb**] ein Messer [gegen jdn] ziehen; **to wield** [*or* **brandish**] **a ~** ein Messer schwingen ▶ Phrases: **you could** [**have**] **cut the air with a ~** die Stimmung war zum Zerreißen gespannt; **to get** [*or* **have**] **your ~ into sb** jdm übel wollen, es auf jdn abgesehen haben, jdn gefressen haben *fam;* **to put** [*or* **stick**] **the ~ into sb** jdm in den Rücken fallen; **before you could say ~** ehe man sich's versah; ***we opened the door and before you could say ~, the dog shot out into the open*** wir öffneten die Tür, da schoss der Hund auch schon ins Freie; **to turn** [*or* **twist**] **the ~** [**in the wound**] Salz in die Wunde streuen; **the knives are out for him** Brit, Aus (*fam*) die Messer sind schon für ihn gewetzt **II.** *vt* ▪**to ~ sb** jdn mit dem Messer angreifen, auf jdn einstechen

knife-blade *n* Messerklinge *f,* Messerschneide *f* **knife-edge** **I.** *n* Messerschneide *f;* **to exist on a financial ~** am Rande des finanziellen Ruins existieren; **to be on a ~** (*fig*) auf Messers Schneide stehen **II.** *adj attr, inv* ① (*narrow*) messerscharf; **~ ridge** schmaler Grat ② (*fig: uncertain*) *situation* gefährlich, brenzlig *fam* **knifeman** <*pl* -men> ['naɪfmæn] *n* Messerstecher *m* **knife-point** *n no pl* ▪**at ~** mit einem Messer bedroht, mit vorgehaltenem Messer **knifepoint** ['naɪfpɔɪnt] *n* Messerspitze *f;* **at ~** mit vorgehaltenem Messer **knife sharpener** *n* Messerschleifer(in) *m(f)*

knifing ['naɪfɪŋ] *n* Messerstecherei *f*

knight [naɪt] **I.** *n* ① (*title*) Ritter *m* ② (*hist: soldier*) Ritter *m,* Edelmann *m* ③ chess Springer *m* ▶ Phrases: [**a**] **~ in shining armour** [ein] Ritter ohne Furcht und Tadel **II.** *vt* ▪**to ~ sb** jdn zum Ritter schlagen

knight-errant <*pl* knights-> [,naɪt'erᵊnt] *n* fahrender Ritter

knighthood ['naɪthʊd] *n* Ritterstand *m;* **to give sb a ~** [*or* **to bestow a ~ on sb**] jdn in den Ritterstand erheben *geh*

knightly ['naɪtli] *adj* (*liter*) ritterlich

K

knit [nɪt] **I.** *n* ① *(stitch)* Strickart *f* ② *(clothing)* ■ **~s** *pl* Stricksachen *pl,* Gestrickte(s) *nt kein pl* **II.** *vi* <knitted *or* knit, knitted *or* AM *also* knit> ① *(with yarn)* stricken; *(do basic stitch)* eine rechte Masche stricken; ~ ***two, then purl one*** zwei rechts, eins links ② *(mend)* *broken bone* zusammenwachsen, verheilen **III.** *vt* <knitted *or* knit, knitted *or* AM *also* knit> ① *(with yarn)* **to ~ a sweater** einen Pullover stricken; ■ **to ~ sb sth** jdm etw stricken ② *(join)* ■ **to ~ sth** etw [miteinander] verknüpfen [*o* verbinden] ▶ PHRASES: **to ~ one's brows** die Augenbrauen zusammenziehen [*o* Stirn runzeln]

◆**knit together I.** *vi* ① *(combine)* sich *akk* zusammenfügen [*o* miteinander verbinden]; ***all the factors seem to be ~ting together*** alle Faktoren scheinen zusammenzuhängen ② *(mend)* *broken bone* zusammenwachsen, heilen **II.** *vt* ■ **to ~ together** ↔ **sth** ① *(by knitting)* etw zusammenstricken ② *(fig: join)* etw miteinander verbinden [*o* verknüpfen]

◆**knit up I.** *vt esp* BRIT, AUS ■ **to ~ up** ↔ **sth** etw [zusammen]stricken **II.** *vi esp* BRIT, AUS **to ~ up easily** *wool* sich *akk* leicht stricken lassen

knitted ['nɪtɪd, AM -t̬ɪd] *adj inv* ① *(with yarn)* gestrickt, Strick-; **hand-~ sweater** handgestrickter Pullover ② *(frowning)* ~ **brows** gerunzelte Stirn

knitter ['nɪtəʳ, AM -t̬ɚ] *n* Stricker(in) *m(f)*

knitting ['nɪtɪŋ, AM -t̬ɪŋ] *n no pl* ① *(action)* Stricken *nt* ② *(product)* Gestrickte(s) *nt; (unfinished)* Strickarbeit *f,* Strickzeug *nt*

knitting-needle *n* Stricknadel *f* **knitting-yarn** *n* Strickgarn *nt* **knitwear** *n no pl* Stricksachen *pl,* Strickkleidung *f*

knob [nɒb, AM nɑːb] *n* ① *(handle)* *of a cane, door* Knauf *m,* Griff *m; of a bedhead* rundes Teil; *(dial)* Knopf *m;* **to turn** [*or* **twiddle**] **a ~** an einem Knopf drehen ② *(on a tree)* Knoten *m,* Verdickung *f,* Knorren *m* ③ *(small amount)* Klümpchen *nt,* Stückchen *nt;* **a ~ of sugar** ein Stückchen *nt* Zucker ④ *esp* AM *(hill)* Kuppe *f,* Anhöhe *f* ⑤ *(vulg, sl: penis)* Schwanz *m vulg* ▶ PHRASES: **with** [**brass**] **~s on** BRIT und wie!; **and the same to you with ~s on!** BRIT *(dated)* danke gleichfalls! *iron*

knobbly ['nɒbl̩i] *adj* BRIT, **knobby** ['nɑːbi] *adj* AM knubbelig; *tree, wood* astreich, ästig; ~ **knees** Knubbelknie *ntpl; (rhyming sl)* Schlüssel *mpl*

knock [nɒk, AM nɑːk] **I.** *n* ① *(sound)* Klopfen *nt;* ***"~ ~"*** „klopf, klopf"; **to give a ~ at** [*or* **on**] **the door** an der Tür klopfen; ***there was a ~ on the door*** es hat [an der Tür] geklopft ② *(blow)* Schlag *m,* Stoß *m;* ***he received a nasty ~ on the head*** er bekam einen bösen Schlag auf den Kopf; **the school of hard ~s** eine harte Schule; **to have learned everything in the school of hard ~s** [im Leben] durch eine harte Schule gegangen sein; **to take a ~** *(fam)* einen [Schicksals]schlag erleiden; *confidence* einen Knacks bekommen *fam;* **to be able to take a lot of ~s** viel einstecken können *fam* **II.** *vi* ① *(hit)* klopfen; ***a rope ~ed against the side of the ship*** ein Seil schlug gegen die Schiffswand; **to ~ at the door/on the window** an die Tür/ans Fenster klopfen ② TECH *engine, pipes* klopfen ③ *(be approaching)* **to be ~ing on 40/50/60** auf die 40/50/60 zugehen ▶ PHRASES: **sb's knees are ~ing** jdm schlottern die Knie; ~ **on wood** AM, AUS dreimal auf Holz klopfen **III.** *vt* ① *(hit)* ■ **to ~ sth** gegen etw *akk* stoßen; ■ **to ~ sb** jdm einen Schlag versetzen; *(less hard)* jdm einen Stoß versetzen; ***he ~ed my arm*** er stieß gegen meinen Arm; **to ~ a hole/nail into the wall** ein Loch/einen Nagel in die Wand schlagen; **to ~ sb to the ground** jdn zu Boden werfen; **to ~ sb unconscious** [*or* **senseless**] jdn bewusstlos schlagen ② *(drive)* ■ **to ~ sth out of sb** jdm etw austreiben; **to ~ some of the arrogance out of sb** jdn von seinem hohen Ross herunterholen; **to ~ the bottom out of sth** etw zusammenbrechen lassen; **to ~ some** [*or* **a bit of**] **sense into sb** jdn zur Vernunft bringen ③ *(fam: criticize)* ■ **to ~ sb/sth** jdn/etw schlecht machen *fam;* ***don't ~ it till you've tried it*** mach es nicht schon runter, bevor du es überhaupt ausprobiert hast *fam* ▶ PHRASES: **to ~ sth on the head** BRIT, AUS *(stop sth)* etw *dat* ein Ende bereiten [*o fam* abblasen]; *(complete sth)* etw zu Ende bringen; **to ~ an idea/plan on the head** BRIT, AUS einen Gedanken/Plan verwerfen; **to ~ sb sideways** [*or* BRIT *also* **for six**] jdn umhauen *sl;* **to ~** [**the**] **spots off sb/sth** BRIT jdn/etw in den Schatten stellen [*o fam* in die Tasche stecken]; SPORTS jdn/etw um Längen schlagen; **to ~ 'em dead** AM *(fam)* jdn von den Sitzen reißen *fam,* es jdm zeigen *fam;* ***okay, son, go and ~ 'em dead!*** also los, Junge, geh und zeig's ihnen! *fam*

◆**knock about, knock around I.** *vi (fam)* ① *(be present)* *person* [he]rumhängen *fam,* [he]rumgammeln *pej fam; object, thing* [he]rumliegen *fam;* ■ **to ~ about** [*or* **around**] **with sb** *esp* BRIT sich *akk* mit jdm [he]rumtreiben *fam;* **to ~ around in town** sich *akk* in der Stadt [he]rumtreiben *fam* ② *(travel aimlessly)* umherziehen, [he]rumziehen *fam* ③ BRIT *(have a sexual relationship)* ■ **to ~ about** [*or* **around**] **with sb** es mit jdm treiben *euph fam* **II.** *vt* ① *(hit)* ■ **to ~ sb about** [*or* **around**] jdn verprügeln ② *(play casually)* **to ~ a ball about** [*or* **around**] einen Ball hin- und herspielen; TENNIS ein paar Bälle schlagen

◆**knock back** *vt (fam)* ① *(drink quickly)* ■ **to ~ sth** ↔ **back** etw hinunterkippen *fam; liquor* sich *dat* etw hinter die Binde kippen *sl;* **to ~ a beer back** ein Bier zischen *fam* ② BRIT, AUS *(cost a lot)* ■ **to ~ sb back** jdn eine [hübsche] Stange Geld kosten *fam;* ***how much did that ~ you back?*** wie viel musstest du dafür hinlegen? *fam;* **to ~ sb back a few thousand** jdn ein paar Tausender kosten *fam*

◆**knock down** *vt* ① *(cause to fall)* ■ **to ~ sb/sth** ↔ **down** jdn/etw umstoßen; *(with a car, motorbike, etc.)* jdn/etw umfahren ② *(demolish)* ■ **to ~ sth** ↔ **down** etw niederreißen [*o* abreißen]; **to ~ down every argument** *(fig)* jedes Argument zerpflücken ③ *(reduce)* ■ **to ~ sth** ↔ **down** *price* etw herunterhandeln; ■ **to ~ sb** ↔ **down to sth** jdn [bis] auf etw *akk* herunterhandeln; **to ~ down the price to less than $100** den Preis auf unter 100 Dollar herunterhandeln ④ *(sell at auction)* ■ **to ~ sth** ↔ **down** etw versteigern; ■ **to ~ sth** ↔ **down to sb** jdm etw zuschlagen; **to be ~ed down for £30/at over £3 million** für 30 Pfund/mehr als 3 Millionen Pfund versteigert werden

◆**knock off I.** *vt* ① *(cause to fall off)* ■ **to ~ sth/sb** ↔ **off** etw/jdn hinunterstoßen; ***a low branch ~ed her off her horse*** ein tief hängender Ast riss sie vom Pferd; **to ~ sb's block off** *(fam)* jdm eins überbraten [*o* auf die Hörner geben] *fam;* **to ~ sb off their pedestal** jdn von seinem Sockel stoßen ② *(reduce a price)* ■ **to ~ sth** ↔ **off** etw [im Preis] herabsetzen; ***the manager ~ed £25 off*** der Abteilungsleiter ließ 25 Pfund nach; ***I'll buy it if you ~ off $15*** ich kaufe es, wenn Sie mit dem Preis [um] 15 Dollar runtergehen ③ BRIT *(sl: steal)* ■ **to ~ sth** ↔ **off** etw klauen [*o* mitgehen lassen] *fam;* **to ~ off banks** Banken ausräumen *fam* ④ *(fam: murder)* ■ **to ~ sb** ↔ **off** jdn umlegen [*o* kaltmachen] *sl* ⑤ *(produce)* ■ **to ~ sth** ↔ **off** *(quickly)* etw schnell erledigen; *(easily)* etw mit links machen [*o* aus dem Ärmel schütteln] *fam; manuscript, novel, report, story* etw runterschreiben *pej fam; (on a typewriter)* etw runterhauen *pej fam* ⑥ *(stop)* ■ **to ~ off** ↔ **sth** mit etw *dat* aufhören; ~ ***it off!*** jetzt reicht's aber! ⑦ BRIT *(dated vulg: have sex with)* ■ **to ~ off** ↔ **sb** jdn vögeln *vulg* ⑧ *(fam: defeat)* ■ **to ~ off** ↔ **sb** jdn schlagen [*o fam* absägen] **II.** *vi* aufhören, Schluss machen; ***let's ~ off for today*** lass uns für heute Schluss machen; **to ~ off for lunch** Mittag machen; **to ~ off work** Feierabend machen

◆**knock out** *vt* ① *(render unconscious)* ■ **to ~ sb** ↔ **out** jdn bewusstlos werden lassen; *(exhaust)* jdn [völlig] schaffen *fam* [*o* außer Gefecht setzen]; BOXING jdn k.o. schlagen; *(cause to sleep)* jdn schlafen lassen; ***she hit her head and ~ed herself out*** sie stieß sich den Kopf und verlor das Bewusstsein; ***if you carry on like this, you'll ~ yourself out*** wenn du so weitermachst, machst du dich [damit] selbst kaputt ② *(forcibly remove)* ■ **to ~ sth** ↔ **out** etw herausschlagen; *(remove contents)* etw herausklopfen; *pipe* etw ausklopfen; **to ~ out two teeth** sich *dat* zwei Zähne ausschlagen ③ *(eliminate)* ■ **to ~ sth/sb** ↔ **out** etw/jdn ausschalten; ***enemy aircraft have ~ed out 25 tanks*** feindliche Flugzeuge haben 25 Panzer zerstört; **to be ~ed out of a competition** aus einem Wettkampf ausscheiden; **to be ~ed out of the running** aus dem Rennen sein; *(render useless)* ■ **to ~ out sth** etw außer Funktion setzen ④ *(produce quickly)* ■ **to ~ sth** ↔ **out** etw hastig entwerfen; *draft, manuscript, story also* etw runterschreiben *pej fam; (on a typewriter)* etw runterhauen *pej fam* ⑤ *(fam: astonish and delight)* ■ **to ~ sb** ↔ **out** jdn umhauen [*o* vom Hocker reißen] *fam;* ***in that dress she'll ~ him out*** in diesem Kleid wird sie ihn [einfach] umhauen

◆**knock over** *vt* ■ **to ~ sth/sb** ↔ **over** etw/jdn umstoßen [*o* umwerfen]; *(with a bike, car)* etw/jdn umfahren; ***you could have ~ed me over with a feather when I heard the news*** *(fig)* ich war völlig von den Socken, als ich von den Neuigkeiten hörte

◆**knock together** *vt* ■ **to ~ sth** ↔ **together** etw zusammenschustern *pej fam; a piece of furniture, shed, shelves, etc.* etw zusammenzimmern *fam;* **to ~ together an article** einen Artikel zusammenschreiben *pej fam;* **to ~ together something to eat** auf die Schnelle etwas Essbares zaubern

◆**knock up I.** *vt* ① *(make quickly)* ■ **to ~ sth** ↔ **up** etw zusammenschustern *pej fam* ② BRIT, AUS *(fam: awaken)* ■ **to ~ sb** ↔ **up** jdn aus dem Schlaf trommeln ③ *esp* AM *(sl: impregnate)* ■ **to ~ sb** ↔ **up** jdm ein Kind machen; **to get ~ed up** sich schwängern [*o derb* anbuffen] lassen **II.** *vi* TENNIS ein paar Bälle schlagen; *(before a match starts)* sich *akk* einschlagen [*o* warm spielen]

knockabout *adj attr, inv* THEAT, FILM Klamauk-; *comedy, humour* burlesk **knockdown** *adj attr, inv* ① *(very cheap)* supergünstig *sl;* ~ **price** Spottpreis *m fam,* Schleuderpreis *m fam; (at auction)* Mindestpreis *m* ② *(physically violent)* niederschmetternd; **a ~ argument** ein schlagendes Argument; ~ **blow** BOXING Niederschlag *m fachspr,* K.-o.-Schlag *m;* **a ~ fight** eine handfeste Auseinandersetzung ③ *(easily dismantled)* zerlegbar

knocker ['nɒkəʳ, AM 'nɑːkɚ] *n* ① *(at door)* Türklopfer *m* ② *(fault-finder)* Krittler(in) *m(f),* Nörgler(in) *m(f)*

knockers ['nɒkəz, AM 'nɑːkɚz] *npl (fam!, sl: breasts)* Vorbau *m hum sl;* **big ~** dicke Titten *derb;* ***look at the ~ on her!*** sieh dir diese Titten an! *derb*

knocking copy *n no pl* ECON herabsetzende Werbung **knocking-off time** *n no pl* Feierabend *m,* Arbeitsschluss *m;* ***it's ~!*** Feierabend! **knocking-shop** *n* BRIT *(fam)* Puff *m fam*

knock-kneed *adj* X-beinig; ■ **to be ~** X-Beine haben **knockoff** *n (fam)* [billige] Kopie, [billiges] Imitat **knock-on effect** *n* BRIT Folgewirkung *f;* **to have a ~ on sth** sich *akk* mittelbar auf etw *akk* auswirken **knockout I.** *n* ① BRIT, AUS *(tournament)* Ausscheidungs[wett]kampf *m* ② BOXING Knock-out *m,* K.o. *m;* **to win sth by a ~** etw durch K.o. gewinnen ③ *(attractive person)* Knaller *m fam,* Wucht *f fam* **II.** *adj* ① BRIT, AUS *(elimination)* Ausscheidungs-; ~ **competition** Ausscheidungskampf *m* ② BOXING ~ **blow** Knock-out-Schlag *m fachspr,* K.-o.-Schlag *m,* Niederschlag *m fachspr; (fig)* Tiefschlag *m;* **to deal sb's hopes a ~ blow** jds Hoffnungen *fpl* zunichte machen; ~ **drops** *(dated fam)* K.-o.-Tropfen *pl fam* ③ *(attractive)* umwerfend *fam* **knock-up** *n usu sing* BRIT Einspielen *nt,* Warmspielen *nt*

knoll [nəʊl, AM noʊl] *n* Anhöhe *f*

knot[1] [nɒt, AM nɑːt] **I.** *n* ① *(tied join)* Knoten *m;* **to make/tie a ~** einen Knoten machen/binden; **to untie a ~** einen Knoten lösen ② *(chignon)* [Haar]knoten *m* ③ *(small group)* Knäuel *m o nt* ④ *(woody mass)* Ast *m* ▶ PHRASES: **sb's stomach is in ~s** jds Magen *m* krampft sich zusammen; **to tie the ~** *(fam)* heiraten, den Bund der Ehe schließen *geh* **II.** *vt* <-tt-> ■ **to ~ sth** etw knoten; **to ~ a tie** eine Krawatte binden; ■ **to ~ sth together** etw zusammenknoten [*o* zusammenbinden] **III.** *vi* <-tt-> *muscles* sich *akk* verspannen; *stomach* sich *akk* zusammenkrampfen

knot² [nɒt, AM nɑːt] *n* NAUT Knoten *m*

knotted ['nɒtɪd, AM 'nɑːt̬-] *adj inv* verknotet ▸ PHRASES: **get ~!** BRIT (*fam!*) rutsch mir den Buckel runter! *fam*, du kannst mich mal! *euph sl;* (*go away*) verzieh dich! *fam*

knotty ['nɒti, AM 'nɑːt̬i] *adj* ❶ (*full of knots*) *wood* astig, astreich; *branch, finger, stick* knotig; *hair* voller Knoten *nach n, präd;* (*tousled*) zerzaust ❷ (*difficult*) kompliziert, verzwickt *fam*

knout [naʊt] *n* Knute *f*, Peitsche *f*

know [nəʊ, AM noʊ]

I. TRANSITIVE VERB **II.** INTRANSITIVE VERB **III.** NOUN

I. TRANSITIVE VERB

<knew, known> ❶ (*have information/knowledge*) ■**to ~ sth** etw wissen; *facts, results* etw kennen; ***she ~s all the names of them*** sie kennt all ihre Namen; ***does anyone ~ the answer?*** weiß jemand die Antwort?; ***do you ~ …?*** weißt du/wissen Sie …?; ***do you ~ the time/where the post office is?*** können Sie mir bitte sagen, wie spät es ist/wo die Post ist?; ***do you ~ the words to this song?*** kennst du den Text von diesem Lied?; ***he really ~s particle physics*** in Teilchenphysik kennt er sich wirklich gut aus; ***I ~ no fear*** ich habe vor nichts Angst; ***I ~ what I am talking about*** ich weiß, wovon ich rede; ***how was I to ~ it'd be snowing in June!*** wer ahnt denn schon, dass es im Juni schneien würde!; ***that's worth ~ing*** das ist gut zu wissen; ***that might be worth ~ing*** das wäre gut zu wissen; ***that's what I like to ~ too*** das würde ich auch gerne wissen!; ***— don't I ~ it!*** – wem sagst du das!; ***before you ~ where you are*** ehe man sich versieht; ***for all I ~*** soweit ich weiß; ***they might have even cancelled the project for all I ~*** vielleicht haben sie das Projekt ja sogar ganz eingestellt – weiß man's! *fam;* ***I knew it!*** wusste ich's doch! *fam;* ***… and you ~ it …*** und das weißt du auch; (*fam*) ***you ~ something*** [*or* ***what?***]***?*** weißt du was? *fam;* ***… I ~ what …*** ich weiß was; ***but she's not to ~*** aber sie soll nichts davon erfahren; ***God ~s I've done my best*** ich habe weiß Gott mein Bestes gegeben; (*fam*) ***God only ~s what'll happen next!*** weiß der Himmel, was als Nächstes passiert! *sl;* ■**to ~ [that]/if/how/what/when/why …** wissen, dass/ob/wie/was/wann/warum …; ■**to ~ sb/sth to be/do sth** wissen, dass jd/etw etw ist/tut; ***the police ~ him to be a cocaine dealer*** die Polizei weiß, dass er mit Kokain handelt; ■**to ~ how to do sth** wissen, wie man etw macht; **to ~ how to drive a car** Auto fahren können; ■**to ~ sth about sth/sb** etw über etw/jdn wissen; **to ~ the alphabet/English** das Alphabet/Englisch können; ***do you ~ any Norwegian?*** können Sie ein bisschen Norwegisch?; **to ~ sth by heart** etw auswendig können; **to ~ what one is doing** wissen, was man tut; **to let sb ~ sth** jdn etw wissen lassen ❷ (*be certain*) ■**to not ~ whether …** sich *dat* nicht sicher sein, ob …; **to not ~ which way to turn** nicht wissen, was man machen soll; **to not ~ whether to laugh or cry** nicht wissen, ob man lachen oder weinen soll; **to ~ for a fact that …** ganz sicher wissen, dass … ❸ (*be acquainted with*) ■**to ~ sb** jdn kennen; ***~ing Sarah*** [*or* ***if I ~ Sarah***]***, she'll have done a good job*** so wie ich Sarah kenne, hat sie ihre Sache bestimmt gut gemacht; ***we've ~n each other for years now*** wir kennen uns schon seit Jahren; ***she ~s Paris well*** sie kennt sich in Paris gut aus; ***surely you ~ me better than that!*** du solltest mich eigentlich besser kennen!; ***you ~ what it's like*** du weißt ja, wie das [so] ist; ***we all knew her as a kind and understanding colleague*** uns allen war sie als liebenswerte und einfühlsame Kollegin bekannt; ***I'm sure you all ~ the new officer by reputation*** sicherlich haben Sie alle schon mal von dem neuen Offizier gehört; **to ~ sth like the back of one's hand** etw wie seine eigene Westentasche kennen *fam;* **to ~ sb by name/by sight/personally** jdn dem Namen nach/vom Sehen/persönlich kennen; **to get to ~ sb** jdn kennen lernen; **to get to ~ sth** *methods* etw lernen; *faults* etw herausfinden; **to get to ~ each other** sich *akk* kennen lernen; **to [not] ~ sb to speak to** jdn [nicht] näher kennen ❹ (*have understanding*) ■**to ~ sth** etw verstehen; ***do you ~ what I mean?*** verstehst du, was ich meine?; ***if you ~ what I mean*** wenn du verstehst, was ich meine ❺ (*experience*) ***I've never ~n anything like this*** so etwas habe ich noch nicht erlebt; ***I've never ~n her [to] cry*** ich habe sie noch nie weinen sehen ❻ (*recognize*) ■**to ~ sb/sth** jdn/etw erkennen; ***I ~ a goodbye when I hear one*** ich hab' schon verstanden, dass du dich von mir trennen willst! *fam;* ***I ~ a good thing when I see it*** ich merke gleich, wenn was gut ist; ***we all ~ him as 'Curly'*** wir alle kennen ihn als ‚Curly'; ***this is the end of world as we ~ it*** das ist das Ende der Welt, so wie wir sie kennen; ***these chocolate bars are ~n as something else in the US*** diese Schokoladenriegel laufen in den USA unter einem anderen Namen; ***I knew her for a liar the minute I saw her*** ich habe vom ersten Augenblick an gewusst, dass sie eine Lügnerin ist; ■**to ~ sb/sth by sth** jdn/etw an etw *dat* erkennen; **to ~ sb by his/her voice/walk** jdn an seiner Stimme/seinem Gang erkennen; **sb wouldn't ~ sth if he/she bumped into it** [*or* **if he/she fell over it**] [*or* **if it hit him/her in the face**] jd würde etw nicht mal erkennen, wenn es vor ihm/ihr stehen würde ❼ (*be able to differentiate*) ■**to ~ sth/sb from sth/sb** etw/jdn von etw/jdm unterscheiden können; ***Andrea wouldn't ~ a greyhound from a collie*** Andrea kann einen Windhund nicht von einem Collie unterscheiden; ***you wouldn't ~ him from his brother*** man kann ihn und seinen Bruder nicht unterscheiden!; ***don't worry, she wouldn't ~ the difference*** keine Angst, sie wird den Unterschied [gar] nicht merken; **to ~ right from wrong** Gut und Böse unterscheiden können ❽ *passive* (*well-known*) ■**to be ~n for sth** für etw *akk* bekannt sein; ■**it is ~n that …** es ist bekannt, dass …; **to make sth ~n** etw bekannt machen; ***she's never been ~n to laugh at his jokes*** sie hat bekanntlich noch nie über seine Witze gelacht; ***this substance is ~n to cause skin problems*** es ist bekannt, dass diese Substanz Hautirritationen hervorruft; ***this substance has been ~n to cause skin problems*** diese Substanz hat in einzelnen Fällen zu Hautirritationen geführt; ***Terry is also ~n as 'The Muscleman'*** Terry kennt man auch unter dem Namen ‚der Muskelmann' ▸ PHRASES: **to not ~ sb from Adam** keinen blassen Schimmer haben, wer jd ist *fam;* **to ~ all the answers** immer alles besser wissen *pej;* (*have real knowledge*) sich *akk* auskennen; **to ~ no bounds** keine Grenzen kennen; **to not ~ one end of sth from the other** keine Ahnung von etw *dat* haben *fam;* **to ~ one's own mind** wissen, was man will; **to ~ one's place** wissen, wo man steht; **to ~ the ropes** sich *akk* auskennen; **to ~ sb [in the biblical sense]** (*hum*) mit jdm eine Nummer geschoben haben *sl;* **to ~ the score** wissen, was gespielt wird; **to ~ which side one's bread is buttered on** wissen, wo was zu holen ist *fam;* **to ~ one's stuff** [*or* BRIT *also* **onions**] sein Geschäft [*o* Handwerk] verstehen; **to ~ a thing or two** (*pej fam: be sexually experienced*) sich *akk* [mit Männern/Frauen] auskennen; **to ~ a thing or two about sth** (*know from experience*) sich *akk* mit etw *dat* auskennen; **to ~ what's what** wissen, wo's langgeht *fam;* **what do you ~!** was weißt du denn schon?; *esp* AM (*fam: surprise*) wer hätte das gedacht!; **to not ~ what hit one** nicht wissen, wie einem geschieht; **to not ~ where to put oneself** BRIT am liebsten in den Boden versinken *fam;* **not if I ~ it** nicht mit mir!

II. INTRANSITIVE VERB

<knew, known> ❶ (*have knowledge*) [Bescheid] wissen; ***ask Kate, she's sure to ~*** frag Kate, sie weiß es bestimmt; ***I think she ~s*** ich glaube, sie weiß Bescheid; ***where did he go? — I wouldn't*** [*or* ***don't***] ***~, I was not to ~ until years later*** das sollte ich erst Jahre später erfahren, wo ist er hingegangen? – keine Ahnung; ***are you going to university? — I don't ~ yet*** willst du studieren? – ich weiß [es] noch nicht; ***you never ~*** man kann nie wissen; **as** [*or* **so**] ***far as I ~*** so viel [*o* weit] ich weiß; ***how am I to ~?*** woher soll ich das wissen?; ***who ~s?*** wer weiß?; ***how should I ~?*** wie soll ich das wissen?; ***I ~!*** jetzt weiß ich!; ***Mummy ~s best what to do*** Mutti weiß am besten, was zu tun ist; ***she didn't want to ~*** sie wollte nichts davon wissen; ***just let me ~ ok?*** sag' mir einfach Bescheid, ok? ❷ (*fam: understand*) begreifen; ***"I don't ~," he said, "why can't you ever be on time?"*** „ich begreife das einfach nicht", sagte er, „warum kannst du nie pünktlich sein?" ❸ (*said to agree with sb*) ***I ~*** ich weiß; ***the weather's been so good lately — I ~, isn't it wonderful!*** das Wetter war in letzter Zeit wirklich schön – ja, herrlich, nicht wahr? ❹ (*fam: for emphasis*) ***she's such a fool, don't you ~!*** sie ist so unglaublich dumm! ❺ (*conversation filler*) ***give him the red box, you ~, the one with the …*** gib ihm die rote Kiste, du weißt schon, die mit den …; ***he's so boring and, you ~, sort of spooky*** er ist so langweilig und, na ja, irgendwie unheimlich; ***he asked me, you ~*** weißt du, er hat mich halt gefragt ▸ PHRASES: **you ought to ~ better** du solltest es eigentlich besser wissen; **I ~ better than to go out in this weather** ich werde mich hüten, bei dem Wetter rauszugehen *fam;* **she's old enough to ~ better than to run out into the traffic** sie ist alt genug, um zu wissen, dass man nicht einfach auf die Straße läuft; **he said he loved me but I ~ better** er sagte, dass er mich liebt, aber ich weiß, dass es nicht stimmt; **to not ~ any better** es nicht anders kennen

III. NOUN

no pl **to be in the ~ [about sth]** [über etw *akk*] im Bilde sein [*o* Bescheid wissen]

◆**know about** *vi* ■**to ~ about sth/sb** von etw/jdm wissen; ***did you ~ about the burglary?*** hast du von dem Einbruch gehört?; ***I don't ~ about the others but I'm staying here*** ich weiß nicht, was die anderen machen, aber ich [für meinen Teil] bleibe hier; ***I don't ~ about you but I'm starving*** ich weiß ja nicht, wie es dir geht, aber ich verhungere gleich!; ***I ~ about that*** ich weiß [schon] Bescheid!; (*have real knowledge*) da kenne ich mich aus!; ***yep, I ~ about that*** ja, das weiß ich; ***I don't ~ about that*** na, ich weiß nicht; (*really not knowing*) davon weiß ich nichts; ***oh, I didn't ~ about it*** oh, das habe ich [gar] nicht gewusst; ***she's not to ~ about it*** sie soll nichts davon erfahren!; ***I ~ about Mary but who else is coming?*** ich weiß, dass Mary kommt, aber wer noch?; ***well I don't ~ about beautiful but she certainly is nice*** na ja, ob sie schön ist, weiß ich nicht, aber nett ist sie auf jeden Fall!; ***my grandad ~s all there is to ~ about fishing*** mein Opa weiß wirklich alles übers Fischen; ***I don't ~ anything about computers*** von Computern verstehe ich gar nichts; ***not much is ~n about it*** darüber weiß man nicht viel; **to not ~ the first thing about sth** keine Ahnung von etw *dat* haben; **to not ~ the first thing about sb** nichts über jdn wissen

◆**know of** *vi esp* BRIT, AUS ■**to ~ of sb/sth** jdn/etw kennen; (*been informed*) von jdm/etw gehört haben; ***do you ~ of a good doctor?*** kennst du einen guten Arzt?; ***I ~ of them but I've never actually met them*** ich habe zwar schon von ihnen gehört, aber sie noch nie wirklich getroffen; ***… — not that I ~ of …*** – nicht, dass ich wüsste; **to get to ~ of all the facts** über alle Fakten informiert werden

knowable ['nəʊəbl̩, AM 'noʊ-] *adj* [mit dem Verstand] erkennbar [*o* erfassbar]

know-all *n* (*pej fam*) Besserwisser(in) *m(f) pej,*

K

Neunmalkluge(r) *f(m) iron* **know-how** *n no pl* Know-how *nt,* [praktische] Sachkenntnis; **to have ~ about sth** das [notwendige] Fachwissen für etw *akk* besitzen

knowing ['nəʊɪŋ, AM 'noʊ-] **I.** *adj* wissend *attr; look, smile* viel sagend **II.** *n no pl* Wissen *nt*

knowingly ['nəʊɪŋli, AM 'noʊ-] *adv* ❶ *(meaningfully)* viel sagend ❷ *(with full awareness)* wissentlich, bewusst

know-it-all ['noʊɪt̬ɔ:l] *n* AM Besserwisser(in) *m(f) pej,* Neunmalkluge(r) *f(m) iron*

knowledge ['nɒlɪdʒ, AM 'nɑ:l-] *n no pl* ❶ *(body of learning)* Kenntnisse *pl* **(of** in +*dat*); ***she has a good working ~ of Apple software*** sie besitzt nützliche, praktische Fähigkeiten im Umgang mit Apple Software; **~ of French** Französischkenntnisse *pl;* **limited ~** begrenztes Wissen; **to have [no/some] ~ of sth** [keine/gewisse] Kenntnisse über etw *akk* besitzen; **to have a thorough ~ of sth** ein fundiertes Wissen in etw *dat* besitzen ❷ *(acquired information)* Wissen *nt,* Kenntnis *f;* ***I have absolutely no ~ about his private life*** ich weiß nicht das Geringste über sein Privatleben; ***to my ~*** soweit ich weiß, meines Wissens *geh;* **to be common ~** allgemein bekannt sein ❸ *(awareness)* Wissen *nt;* **to deny all ~ [of sth]** jegliche Kenntnis [über etw *akk*] abstreiten; **to be safe in the ~ that ...** mit Bestimmtheit wissen, dass ...; **it has been brought to our ~ that ...** wir haben davon Kenntnis erhalten, dass ...; ■**to do sth without sb's ~** etw ohne jds Wissen *nt* tun ❹ *(form: sexual contact)* **carnal ~** Geschlechtsverkehr *m;* **to have carnal ~ of sb** mit jdm Geschlechtsverkehr haben *form*

knowledg(e)able ['nɒlɪdʒəbl̩, AM 'nɑ:l-] *adj (well informed)* sachkundig, kenntnisreich; *(experienced)* bewandert; ***his answer to my question was very ~*** seine Antwort auf meine Frage zeugte von großer Sachkenntnis *geh;* ■**to be ~ about sth** sehr bewandert in etw *dat* sein

knowledg(e)ably ['nɒlɪdʒəbli, AM 'nɑ:l-] *adv* sachkundig

known [nəʊn, AM noʊn] **I.** *vt, vi pp of* **know II.** *adj* ❶ *(publicly recognized)* bekannt; **~ criminals** bekannte Kriminelle; ***it is a little/well ~ fact that ...*** es ist nur wenigen/allgemein bekannt, dass ... ❷ *(understood)* bekannt; **no ~ reason** kein erkennbarer Grund ❸ *(tell publicly)* **to make sth ~ [***or* **to make ~ sth]** etw bekannt [*o geh* publik] machen; **to make oneself ~ to sb** sich *akk* jdm vorstellen

knuckle ['nʌkl] **I.** *n* ❶ ANAT [Finger]knöchel *m;* **with bare ~s** mit bloßen Fäusten; **to crack one's ~s** mit den Fingern knacken ❷ *(cut of meat)* Hachse *f,* Haxe *f* SÜDD; **~ of pork** Schweinshaxe *f* SÜDD ❸ AM *(knuckleduster)* ■**~s** *pl* Schlagring *m* ► PHRASES: **to be near the ~** BRIT *(fam)* sich *akk* hart an der Grenze bewegen; *joke* ziemlich gewagt sein **II.** *vi* ❶ *(start working hard)* ■**to ~ down** sich *akk* dahinterklemmen [*o fam* reinknien]; *(hurry up)* sich *akk* ranhalten *fam;* **to ~ down to one's work** sich *akk* hinter die Arbeit klemmen *fam* ❷ *(submit)* ■**to ~ under** sich *akk* fügen, klein beigeben *fam;* ***they ~d under to the demands of the trade unions*** sie gaben den Forderungen der Gewerkschaften nach

knuckleduster *n* ❶ *esp* BRIT *(weapon)* Schlagring *m* ❷ BRIT *(fam: ring)* auffälliger Ring; ***just look at his ~s!*** sieh dir nur mal die Klunker an, die er trägt! *fam* **knucklehead** *n esp* AM *(pej dated fam)* Blödmann *m pej derb,* Blödian *m pej fam; (woman)* dumme Gans *pej fam;* ***you ~!*** du Armleuchter! *pej sl*

KO [,keɪ'əʊ, AM -'oʊ] **I.** *n abbrev of* **knockout** K.o. *m;* **to win with a ~ in the third round** in der dritten Runde durch K.o. gewinnen **II.** *vt* <KO'd, KO'd> *abbrev of* **knock out:** ■**to ~ sb** jdn k.o. schlagen; *(fig)* jdn außer Gefecht setzen *fam*

koala [kəʊ'ɑ:lə, AM koʊ'-] *n,* **koala bear** *n* Koala[bär] *m*

koan ['kəʊɑ:n, AM 'koʊ-] *n* Koan *nt*

kohl [kəʊl, AM koʊl] **I.** *n no pl* Kajal *nt* **II.** *n modifier* Kajal-; **~ pencil** Kajalstift *m*

kohlrabi [,kəʊl'rɑ:bi, AM ,koʊl'-] *n* Kohlrabi *m*

Komodo dragon [kə,məʊdəʊ'-, AM -,moʊdoʊ'-] *n* Komodo-Waran *m*

kook [ku:k] *n esp* AM *(fam)* Ausgeflippte(r) *f(m) fam,* Spinner(in) *m(f) pej fam;* **to be a real ~** echt ausgeflippt sein *sl*

kookaburra ['kʊkə,bʌrə, AM -,bɜ:rə] *n* ORN Lachender Hans

kookiness ['ku:kɪnəs] *n no pl esp* AM *(fam)* Ausgeflipptsein *nt fam,* Verrücktheit *f*

kooky ['ku:ki] *adj esp* AM *(usu approv fam)* ausgeflippt *sl,* abgedreht *sl*

koori ['kʊəri, AM 'kʊri] *n Ureinwohner/Ureinwohnerin Australiens*

kope(c)k ['kəʊpek, AM 'koʊ-] *n* Kopeke *f*

Koran [kɒr'ɑ:n, AM kə'ræn] *n no pl* REL ■**the ~** der Koran

Korea [kə'ri:ə] *n no pl, no art* Korea *nt;* **North/South ~** Nord-/Südkorea *nt*

Korean [kə'ri:ᵊn] **I.** *adj inv* ❶ *(relating to Korea)* koreanisch ❷ *(citizen)* koreanisch **II.** *n* ❶ *(inhabitant)* Koreaner(in) *m(f)* ❷ LING Koreanisch *nt*

korma ['kɔ:mə, AM 'kɔ:r-] *n no pl indisches Currygericht mit Fleisch, Fisch oder Gemüse in heller Soße*

kosher ['kəʊʃəʳ, AM 'koʊʃɚ] *adj* ❶ *inv* REL koscher; **to keep ~** [weiterhin] koscher leben ❷ *(fig, hum fam: legitimate)* koscher, in Ordnung *präd*

Kosovo ['kɒsəvəʊ, AM 'kɑ:səvoʊ] *n no pl* Kosovo *m*

kowtow [,kaʊtaʊ, AM ,koʊ-] *vi (fam)* ■**to ~ to sb** vor jdm dienern [*o fam* katzbuckeln], einen Kotau vor jdm machen *geh*

kph *abbrev of* **kilometres per hour** km/h

kraken ['krɑ:kᵊn] *n* Krake *m*

Kraut [kraʊt] *n (pej! fam)* Deutsche(r) *f(m)*

Kremlin ['kremlɪn] *n no pl* ■**the ~** der Kreml; + *sing/pl vb (fig: Russian government)* der Kreml; **~-watcher** Kreml-Beobachter(in) *m(f)*

krill [krɪl] *n no pl* ZOOL Krill *m*

Krishna ['krɪʃnə] *n no pl, no art* REL Krishna

Kris Kringle [,krɪs'krɪŋgl] *n no pl, no art* AM *(Father Christmas)* Weihnachtsmann *m,* [Sankt] Nikolaus *m*

krona ['kreʊnə, AM 'kroʊ-] *n* ❶ <*pl* kronor> *(Swedish currency)* [schwedische] Krone ❷ <*pl* kronur> *(Icelandic currency)* [isländische] Krone

krone <*pl* kroner> ['kreʊnə, AM 'kroʊ-] *n* [norwegische] Krone

krypton ['krɪptɒn, AM -tɑ:n] *n no pl* CHEM Krypton *nt*

kudos ['kju:dɒs, AM 'ku:doʊz] *npl* Ansehen *nt kein pl,* Prestige *nt kein pl geh;* **to get [***or* **receive] ~ for sth** durch etw *akk* zu Ansehen kommen

Ku Klux Klan [,ku:klʌks'klæn] *n no pl,* + *sing/pl vb* ■**the ~** der Ku-Klux-Klan

kulak ['ku:læk, AM ku:'lɑ:k] *n* HIST Kulak *m,* Großbauer, Großbäuerin *m, f*

kumquat ['kʌmkwɒt, AM -kwɑ:t] *n* Kumquat[orange] *f*

kung fu [,kʊŋ'fu:, AM ,kʌŋ'-] *n no pl* Kung-Fu *nt*

Kurd [kɜ:d, AM kɜ:rd] *n* Kurde, -in *m, f*

Kurdish ['kɜ:dɪʃ, AM 'kɜ:r-] **I.** *adj inv* kurdisch **II.** *n no pl* LING Kurdisch *nt*

Kurdistan [,kɜ:dɪ'stɑ:n, AM ,kɜ:rdɪ'stæn] *n no pl, no art* Kurdistan *nt*

Kuwait [ku:'weɪt] *n no pl, no art* Kuwait *nt*

Kuwaiti [ku:'weɪti, AM -t̬-] **I.** *adj inv* kuwaitisch **II.** *n* ❶ *(inhabitant of Kuwait)* Kuwaiter(in) *m(f)* ❷ LING Kuwaitisch *nt*

kvetch [kvetʃ] **I.** *n esp* AM *(fam)* Querulant(in) *m(f) pej,* Nörgler(in) *m(f) pej* **II.** *n modifier esp* AM *(fam)* Nörgel-, Querulanten-; **~ sessions** Hetztiraden *fpl pej*

kvetching ['kvetʃɪŋ] *adj attr, inv esp* AM *(fam)* nörgelnd, meckernd

kW <*pl* -> *n abbrev of* **kilowatt** kW

kWh <*pl* -> *n abbrev of* **kilowatt-hour** kWh *f*

K-Y jelly® [,keɪwaɪ'dʒeli] *n no pl* BRIT MED ≈Vaseline® *f*

Kyrgyz ['kɜ:gɪz, AM kɪr'gi:z] **I.** *n* <*pl* -> Kirgise, -in *m, f* **II.** *adj inv* kirgisisch

Kyrgyz Republic [,kɜ:gɪzrɪ'pʌblɪk, AM kɪr,gi:z] *n,*

Kyrgyzstan [,kɜ:gɪ'stɑ:n, AM 'kɪrgɪstɑ:n] *n no pl* Kirgisien *nt*

L

L <*pl* -'s>, **l** <*pl* 's *or* -s> [el] *n* ❶ *(letter)* L *nt,* l *nt;* **~ for Lucy [***or* AM **as in Love]** L für Ludwig; *see also* **A 1.** ❷ *(Roman numeral)* L *nt,* l *nt*

l [el] **I.** *n* ❶ <*pl* -> *abbrev of* **litre** l ❷ <*pl* ll> TYPO *abbrev of* **line** Z.; **~ *15 on p 20*** Z. 15 auf S. 20 ❸ *no pl abbrev of* **left** l. **II.** *adj inv abbrev of* **left** l., L **III.** *adv inv abbrev of* **left** l.

L¹ AM FIN *Bezeichnung eines bestimmten Geldvolumes bei der Zentralbank der USA*

L² *n* ❶ *abbrev of* **lake** ❷ FASHION *abbrev of* **Large** L ❸ BRIT AUTO *abbrev of* **learner** Fahrschüler(in) *m(f)*

laager ['lɑ:gəʳ, AM -ɚ] *n esp* SA *(hist: safe place)* Zufluchtsort *m; (camp)* Lagerplatz *m; (surrounded by waggons)* Wagenburg *f hist*

lab [læb] **I.** *n short for* **laboratory** Labor *nt* **II.** *n modifier* Labor-; **~ assistant** Laborant(in) *m(f);* **~ coat** Laborkittel *m*

Lab [læb] *adj* BRIT POL *short for* **Labour** Labour *kein art,* Labour Party *f*

label ['leɪbᵊl] **I.** *n* ❶ *(on bottles)* Etikett *nt,* Label *nt; (in clothes)* Schild[chen] *nt;* **address ~** *(tied on)* Adressenanhänger *m; (sticker)* Adressenaufkleber *m* ❷ *(brand name)* Marke *f;* **designer ~** Markenname *m;* **record ~** Schallplattenlabel *nt; (company)* Plattenfirma *f;* **own-~** BRIT Hausmarke *f;* ***the pasta is marketed under the supermarket's own ~*** die Nudeln werden unter der supermarkteigenen Marke vertrieben ❸ *(set description)* Bezeichnung *f,* Etikett *nt pej;* COMPUT *(character[s])* Kennung *f* **II.** *vt* <BRIT -ll- *or* AM *usu* -l-> ❶ *(affix labels)* ■**to ~ sth** etw etikettieren; *(mark)* etw kennzeichnen; *(write on)* etw beschriften; **to be ~led 'apple and blackberry'** die Aufschrift ‚Apfel und Brombeere' tragen; **to be clearly ~ed** deutlich gekennzeichnet sein ❷ *(categorize)* ■**to ~ sb** jdn etikettieren; **to be ~led as a criminal** als Krimineller/Kriminelle abgestempelt werden

labeling AM, **labelling** ['leɪbᵊlɪŋ] *n no pl* Etikettierung *f; (marking)* Kennzeichnung *f; (with a price)* Auszeichnung *f; (printing labels)* Etikettendruck *m*

labia ['leɪbiə] *npl* ANAT Labia *pl fachspr,* Schamlippen *fpl*

labial ['leibiəl] *adj inv* LING labial

labor *n* AM *see* **labour**

Labor ['leɪbəʳ, AM -ɚ] *n* POL ❶ AM *see* **Labour** ❷ AUS *(Australian political party)* Labour Party *f (in Australien)*

laboratory [lə'bɒrətᵊri, AM 'læbrətɔ:ri] **I.** *n* Labor[atorium] *nt* **II.** *n modifier* Labor-; **under ~ conditions** unter Laborbedingungen; **to be [still] at the ~ stage** sich *akk* [noch] im Versuchsstadium befinden

laboratory assistant *n* Laborant(in) *m(f)*

Labor Day *n no pl* AM, CAN Tag *m* der Arbeit *(staatlicher Feiertag in den USA und Kanada am 1. Montag im September)*

labored *adj* AM *see* **laboured**

laborer *n* AM *see* **labourer**

laborious [lə'bɔ:riəs] *adj* ❶ *(onerous)* mühsam, mühselig, mühevoll ❷ *(usu pej: strained)* umständlich; **to make a ~ business out of sth** etw auf sehr umständliche Weise erledigen; **~ style** schwerfälliger Stil

laboriously [lə'bɔ:riəsli] *adv* mühsam, mühevoll

laboriousness [lə'bɔ:riəsnəs] *n no pl* ❶ *(painstaking difficulty)* Mühseligkeit *f,* Mühsamkeit *f* ❷ *(usu pej: plodding quality)* **of prose, style** Schwerfälligkeit *f,* Umständlichkeit *f*

labour ['leɪbəʳ], AM **labor** [-ɚ] **I.** *n* ❶ *(work)* Arbeit *f;* ***are you tired after your ~s?*** bist du müde nach den ganzen Anstrengungen?; **division of ~** Arbeitsteilung *f;* **to enjoy the fruits of one's ~** die

Früchte seiner Arbeit genießen; **to be a ~ of love** aus Liebe zur Sache geschehen; **manual ~** körperliche Arbeit ② *no pl* ECON (*workers*) Arbeitskräfte *pl;* **skilled ~** ausgebildete Arbeitskräfte, Facharbeiter(innen) *mpl(fpl);* **semi-skilled ~** angelernte Arbeitskräfte; **unskilled ~** ungelernte Arbeitskräfte, Hilfsarbeiter(innen) *mpl(fpl)* ③ *no pl* (*childbirth*) Wehen *fpl;* ■**to be in ~** in den Wehen liegen; **to have a long ~** eine schwierige Geburt haben; **to go into ~** Wehen bekommen; ***she went into ~ at twelve o'clock last night*** um zwölf Uhr letzte Nacht setzten bei ihr die Wehen ein; **to induce ~** die Wehen einleiten **II.** *n modifier* ECON Arbeits-; **~ legislation** arbeitsrechtliche Vorschriften; **~ unrest** Arbeiterunruhen; **~ legislation** arbeitsrechtliche Vorschriften **III.** *vi* ① (*do physical work*) arbeiten; **to do ~ing work** körperlich arbeiten ② (*work hard*) sich *akk* abmühen; ■**to ~ on sth** hart an etw *dat* arbeiten; ■**to ~ to do sth** sich *akk* bemühen, etw zu tun; ***she has ~ed for years to improve medical care*** sie hat sich seit Jahren intensiv dafür eingesetzt, die medizinische Versorgung zu verbessern ③ (*do sth with effort*) ■**to ~** sich *akk* [ab]quälen; ***he ~ed up the hill*** er quälte sich den Berg hoch; ■**to ~ on** [*or* **over**] **sth** sich *akk* mit etw *dat* abplagen [*o fam* abrackern] ④ (*be burdened*) **to ~ under a delusion/an illusion** sich *akk* einer Täuschung/Illusion hingeben; **to ~ under a misapprehension** einem Irrtum erliegen **IV.** *vt* **to ~ a point** einen Punkt breittreten *fam*

Labour ['leɪbəʳ] BRIT **I.** *n no pl* POL Labour Party *f;* **to vote ~** Labour wählen **II.** *n modifier* POL (Labour-); **~ candidate** Labourkandidat(in) *m(f)*

labour camp *n* Arbeitslager *nt* **labour cost** *n* (*cost of actual work*) Arbeitskosten *pl;* (*cost of wages*) Arbeitslöhne *mpl* **Labour Day** *n no pl* BRIT Tag *m* der Arbeit (*staatlicher Feiertag in Großbritannien am 1. Mai*) **labour disputes** *npl* ECON Arbeitskämpfe *mpl*

laboured ['leɪbəd], AM **labored** [-ɚd] *adj style, writing* schwerfällig, umständlich; MED schwer; ***her breathing was ~*** sie atmete schwer

labourer ['leɪbᵊrəʳ], AM **laborer** [-ɚɚ] *n* [ungelernter] Arbeiter/[ungelernte] Arbeiterin, Hilfsarbeiter(in) *m(f)*

Labour Exchange *n* BRIT ECON (*dated*) Arbeitsamt *nt* **labour force** *n + sing/pl vb* (*working population*) Arbeiterschaft *f;* (*a company's employees*) Belegschaft *f*

labouring ['leɪbᵊrɪŋ] *adj attr, inv* Arbeiter-

labour-intensive *adj* arbeitsintensiv; **~ industry** arbeitsintensiver Industriezweig

Labourite ['leɪbᵊraɪt] *n* BRIT Anhänger(in) *m(f)* der Labour Party

labour market *n* Arbeitsmarkt *m* **labour movement** *n* POL Arbeiterbewegung *f* **labour pains** *npl* MED Wehen *pl;* ***the ~ are getting pretty close together*** die Wehen treten in immer kürzeren Abständen auf

Labour Party *n no pl* BRIT POL ■**the ~** die Labour Party

labour relations *npl* Beziehungen *pl* zwischen den Tarifparteien, Arbeitgeber-Arbeitnehmerverhältnis *nt* **labour-saving** *adj* arbeitssparend **labour shortage** *n* Mangel *m* an Arbeitskräften, Arbeitskräftemangel *m* **labour troubles** *npl* Arbeiterunruhen *pl* **labour ward** *n* Kreißsaal *m*

Labrador ['læbrədɔːʳ, AM -dɔːr] *n,* **Labrador retriever** *n* Labrador[hund] *m*

laburnum [lə'bɜːnəm, AM -'bɜːr-] *n* BOT Goldregen *m*

labyrinth ['læbᵊrɪn(t)θ, AM -bɚ-] *n* Labyrinth *nt,* Irrgarten *m;* (*fig liter*) Verwicklung *f;* **the ~ of love** die Irrwege *mpl* der Liebe *liter*

labyrinthine [ˌlæbə'rɪn(t)θaɪn, AM -θɪn] *adj* (*liter*) ① (*like a labyrinth*) labyrinthisch, labyrinthartig ② (*confusing*) verwickelt, verwirrend

lace [leɪs] **I.** *n* ① *no pl* (*decorative cloth*) Spitze *f;* (*decorative edging*) Spitzenborte *f;* **bobbin ~** Klöppelspitze *f;* **Brussels ~** Brüsseler Spitze *f* ② (*cord*) Band *nt;* **shoe ~s** Schnürsenkel *mpl bes* NORDD, MITTELD, Schuhbänder *pl* DIAL; ***your shoe ~s are undone*** deine Schnürsenkel sind offen, du hast den Schuhlotter SCHWEIZ; **to do up** [*or* **tie**] [*or* BRIT **tie up**] **one's ~s** die Schuhe zubinden **II.** *n modifier* Spitzen- **III.** *vt* ① (*fasten*) **to ~ a corset** ein Korsett zuschnüren; **to ~ shoes** Schuhe *mpl* zubinden ② (*add alcohol*) ■**to ~ sth** einen Schuss [Alkohol] in etw *akk* geben; ***this coffee's been ~d with brandy*** in dem Kaffee ist ein Schuss Brandy

◆**lace up** *vt* **to ~ up one's boots/shoes** die Stiefel/Schuhe zuschnüren

Lacedaemonian [ˌlæsədɪ'məʊniən, AM -'moʊ-] *adj* spartanisch

lacerate ['læsᵊreɪt, AM -sər-] *vt* ① (*cut and tear*) ■**to ~ sth** etw aufreißen; ***the man's face was severely ~d*** der Mann hatte schwere Gesichtsverletzungen; ***the dog's attack had ~d Bill's arm*** der Angriff des Hundes hatte schwere Bisswunden an Bills Arm hinterlassen ② (*form: cause extreme pain*) **to ~ sb's feelings** jds Gefühle *ntpl* zutiefst verletzen

lacerating ['læsᵊreɪtɪŋ, AM -səreɪṭ-] *adj* [zutiefst] verletzend

laceration [ˌlæsᵊr'eɪʃᵊn, AM -ə'reɪ-] *n* ① *no pl* (*tearing*) Verletzung *f* ② (*instance of tearing*) Fleischwunde *f;* (*by tearing*) Risswunde *f;* (*by cutting*) Schnittwunde *f;* (*by biting*) Bisswunde *f*

lace-up *adj attr, inv* Schnür-, zum Schnüren *nach n;* **~ boots** Schnürstiefel *mpl* **lace-ups** *npl* Schnürschuhe *mpl* **lacework** *n no pl* Spitzenarbeit *f*

lachrymal ['lækrɪmᵊl] *adj inv* ANAT Tränen-; **~ duct** Tränengang *m;* **~ gland** Tränendrüse *f*

lachrymose ['lækrɪməʊs, AM -moʊs] *adj* (*form, liter*) ① (*tearful*) weinerlich ② (*inducing melancholy*) rührselig

lacing ['leisɪŋ] *n* ① (*lace fastening*) Band *nt* ② *no pl* (*lace trimming*) Spitzen *fpl* ③ (*dash of alcohol*) Schuss *m*

lack [læk] **I.** *n no pl* Mangel *m* (**of** an +*dat*); ***if he fails it won't be through ~ of effort*** wenn er scheitert, dann nicht, weil er sich nicht bemüht hätte; **~ of confidence/judgement** mangelndes Selbstvertrauen/Urteilsvermögen; **~ of funds** fehlende Geldmittel; **~ of money/supplies** Geld-/Vorratsmangel *m;* **~ of sleep/time** Schlaf-/Zeitmangel *m* **II.** *vt* ■**to ~ sth** etw nicht haben; ***what we ~ in this house is ...*** was uns in diesem Haus fehlt, ist ...; **to ~ the energy to do sth** nicht die Energie haben, etw zu tun; ***I ~ the energy that's required for this job*** mir fehlt die notwendige Kraft für diesen Job

lackadaisical [ˌlækə'deɪzɪkᵊl] *adj* desinteressiert *geh,* lustlos

lackadaisically [ˌlækə'deɪzɪkᵊli] *adv* lustlos, desinteressiert

lackey ['læki] *n* ① (*pej: servile person*) Speichellecker(in) *m(f) pej,* Lakai *m pej;* **a capitalist ~** ein Lakai *m* des Kapitalismus *pej* ② (*hist: servant*) Lakai *m,* [livrierter] Diener

lacking ['lækɪŋ] *adj pred* ① (*without*) ■**to be ~ in sth** an etw *dat* mangeln; ***he is totally ~ in charm*** er besitzt kein bisschen Charme; ***enthusiasm has been sadly ~ these past months*** in den letzten Monaten hat jeglicher Enthusiasmus gefehlt ② (*fam: mentally subnormal*) unterbelichtet *sl,* beschränkt *sl*

lackluster ['læk,lʌstɚ] AM, **lacklustre** [-əʳ] *adj* ① (*lacking vitality*) langweilig ② (*dull*) trüb[e], glanzlos

laconic [lə'kɒnɪk, AM -'kɑːn-] *adj* ① (*very terse*) lakonisch ② (*taciturn*) wortkarg, wenig beredsam

laconically [lə'kɒnɪkᵊli, AM -'kɑːn-] *adv* lakonisch

lacquer ['lækəʳ, AM -ɚ] **I.** *n* ① (*protective coating*) Lack *m* ② BRIT (*dated*) **hair ~** Haarspray *nt* **II.** *vt* ■**to ~ sth** etw lackieren

lacquered ['lækəd, AM ɚd] *adj inv* lackiert

lacrosse [lə'krɒs, AM -'krɑːs] *n no pl* SPORTS Lacrosse *nt*

lactate [læk'teɪt, AM 'lækteɪt] *vi* BIOL laktieren *fachspr,* Milch absondern

lactation [læk'teɪʃᵊn] *n no pl* BIOL Laktation *f fachspr*

lactic acid [ˌlæktɪk'-] *n no pl* CHEM Milchsäure *f*

lactose ['læktəʊs, AM -toʊs] *n no pl* CHEM Laktose *f,* Milchzucker *m*

lacuna <*pl* -s *or* -nae> [lə'kjuːnə, *pl* -niː] *n* (*form*) ① LING Lakune *f fachspr,* Textlücke *f* ② ANAT Lakune *f fachspr,* Ausbuchtung *f*

lacy ['leɪsi] *adj* ① (*decorated with lace*) Spitzen- *f* ② (*like lace*) spitzenartig; **~ pattern** filigranes Muster

lad [læd] *n* ① BRIT, SCOT (*boy*) Junge *m;* **a local ~** ein Hiesiger *m fam;* ***the Prime Minister is a local ~*** der Premierminister ist von hier; **a young ~** ein junger Bursche *veraltet;* (*dated*) ***good evening, ~s and lasses*** guten Abend, Jungs und Mädels *fam o veraltend* ② BRIT, SCOT (*a man's male friends*) ■**the ~s** die Kumpels *pl fam;* ***come on, ~s, let's get this finished!*** kommt, Jungs, lasst uns das hier zu Ende bringen! ③ BRIT, SCOT (*fam*) **to be a bit of a ~** (*successful with women*) ein ziemlicher Draufgänger sein ④ BRIT (*stable worker*) [Stall]bursche *m*

ladder ['lædəʳ, AM -ɚ] **I.** *n* ① (*device for climbing*) Leiter *f;* ***it's unlucky to walk under a ~*** es bringt Pech, unter einer Leiter durchzugehen; **to be up a ~** auf einer Leiter stehen; **to go up a ~** auf eine Leiter steigen ② (*hierarchy*) [Stufen]leiter *f;* ***those who are further up the company ~*** die in den oberen Etagen; **to climb the social ~** gesellschaftlich aufsteigen; **to move up the ~** die Stufenleiter [des Erfolgs] hochklettern; (*in a company*) beruflich aufsteigen ③ BRIT, AUS (*in stocking*) Laufmasche *f* **II.** *vt* BRIT, AUS **to ~ tights** eine Laufmasche in eine Strumpfhose machen; ***I've ~ed my tights*** ich habe mir eine Laufmasche geholt **III.** *vi* BRIT, AUS *stockings, tights* eine Laufmasche bekommen; ***those thin tights ~ easily*** diese dünnen Strumpfhosen reißen schnell

ladder tournament *n* Ranglistenturnier *nt*

laddie ['lædi] *n* SCOT (*fam*) Junge *m,* Jungchen *nt fam;* ***hey, ~!*** hey, Junge!; **a wee ~** ein kleiner Junge

laddish ['lædɪʃ] *adj* BRIT (*pej*) jungenhaft

laddishness ['lædɪʃnəs] *n no pl* BRIT (*pej*) Jungenhaftigkeit *f*

laden ['leɪdᵊn] *adj* beladen; ■**to be ~ with sth** mit etw *dat* beladen sein; ***the table was ~ with food*** der Tisch war überreichlich gedeckt; **~ with presents for everyone** voll gepackt mit Geschenken für alle; **heavily ~ clouds** (*fig*) dicke, schwere Wolken

ladette [læd'et] *n* BRIT (*fam*) *freches, selbstbewusstes Mädchen*

la-di-da *adj* (*pej*) *see* **lah-di-dah**

ladies ['leɪdiːz] *npl + sing vb esp* BRIT ■**the ~** die Damentoilette

ladies' fingers *npl* BRIT (*dated*) Okra *f,* Gombofrucht *f* **ladies' man** *n usu sing* (*dated*) Frauenheld *m;* **to be a bit of a ~** auf Frauen [anziehend] wirken **ladies' room** *n esp* AM Damentoilette *f*

lading ['leɪdɪŋ] *n* ① NAUT Ladung *f;* **bill of ~** Konnossement *nt fachspr,* [See]frachtbrief *m* ② (*loading*) Verladen *nt*

ladle ['leɪdl̩] **I.** *n* [Schöpf]kelle *f,* Schöpflöffel *m;* **soup ~** Suppenkelle *f* **II.** *vt* **to ~ out the soup** die Suppe austeilen; (*fig*) ***doctors ~d out antibiotics to patients in those days*** früher haben die Ärzte den Patienten ziemlich großzügig Antibiotika verschrieben

la dolce vita [lɑːˌdɒltʃeɪ'viːtə, AM -ˌdoʊl-] *n no pl* Dolce Vita *nt o f,* das süße Leben

lady ['leɪdi] *n* ① (*woman*) Frau *f;* ***she's a very attractive ~*** sie ist eine sehr attraktive Frau; ***say thank you to the ~, Joe*** sag danke zu der Frau, Joe; **a ~ doctor** eine Ärztin; **cleaning ~** Putzfrau *f,* Reinemachefrau *f;* **old/young ~** alte/junge Dame ② (*woman with social status*) Dame *f;* ***that's no ~ — that's my wife*** (*hum*) das ist keine Dame – das ist meine Frau *hum;* **the ~ of the house** (*dated form*) die Dame des Hauses; **a real ~** eine echte Lady; **to be a real little ~** (*dated*) eine richtige kleine Lady sein; (*grown-up*) eine [richtige] junge Dame sein ③ (*form: polite address*) AM (*sl*) Lady *f;* ***excuse me ladies, can I have your attention,***

please entschuldigen Sie, meine Damen, wenn ich um Ihre Aufmerksamkeit bitten dürfte?; **ladies and gentlemen!** meine [sehr verehrten] Damen und Herren!; ***hey, ~, what's the rush?*** hey, Lady, warum so eilig? *sl*

Lady ['leɪdi] *n* ① (*title*) Lady *kein art;* ~ **Diana Spencer** Lady Diana Spencer; **my** ~ Mylady ② REL **Our** ~ Unsere Liebe Frau, die Jungfrau Maria

ladybird *n* BRIT, AUS Marienkäfer *m* **Lady Bountiful** *n* (*dated or pej, also iron*) gute Fee *iron;* **to act the** ~ sich *akk* als [die] gute Fee aufführen *a. iron*

ladybug *n* AM (*ladybird*) Marienkäfer *m* **Lady chapel** *n* Marienkapelle *f* **ladyfinger** *n* ① AUS (*fruit*) Okra *f,* Gombofrucht *f* ② AM (*cake*) Löffelbiskuit *m o nt* **ladyfriend** ['leɪdifrend] *n* Freundin *f* **lady-in-waiting** <*pl* ladies-> *n* Hofdame *f* **lady-killer** *n* (*dated*) Herzensbrecher *m,* Ladykiller *m hum* **ladylike** *adj* (*dated*) damenhaft, ladylike *präd* **Lady Luck** *n no pl* Fortuna *kein art* **Lady Muck** *n no pl* BRIT (*pej fam*) die feine Dame **lady's finger** *n* AUS *see* **ladyfinger ladyship** *n* ① (*form: form of address*) **her/your** ~ Ihre/Eure Ladyschaft ② (*pej, iron: pretentious woman*) die gnädige Frau *iron*

lag¹ [læg] **I.** *n* ① (*lapse*) Rückstand *m;* (*falling behind*) Zurückbleiben *nt kein pl;* COMPUT (*for an image*) Kurzzeitnachleuchten *nt;* **time** ~ Zeitdifferenz *f,* Zeitabstand *m;* (*delay*) Verzögerung *f* ② BRIT, AUS (*sl: habitual convict*) Knastbruder *m fam,* Knacki *m sl;* **old** ~ alter Knastbruder *fam* **II.** *vi* <-gg-> zurückbleiben; ***sales are ~ging*** der Verkauf läuft schleppend; ■**to** ~ **behind** [sb/sth] [hinter jdm/etw] zurückbleiben; **to** ~ **one step behind the competition** der Konkurrenz hinterherhinken **III.** *vt* <-gg-> AUS (*sl*) ■**to** ~ **sb** jdn einbuchten *sl*

lag² <-gg-> [læg] *vt* ■**to** ~ **sth** etw isolieren

lager ['lɑːgəʳ, AM -ɚ] *n* ① *no pl* (*beer*) Lagerbier *nt* ② (*a portion of lager*) [helles] Bier; **a glass of** ~ ein Helles *nt;* ***they ordered three ~s*** sie bestellten drei Helle

lager lout *n* BRIT (*fam*) betrunkener Rowdy *pej*

laggard ['lægəd, AM -ɚd] *n* Nachzügler(in) *m(f);* (*dawdler*) Trödler(in) *m(f) pej fam,* Bummelant(in) *m(f) pej fam*

lagging ['lægɪŋ] *n* Isolierung *f;* **a thick layer of** ~ eine dicke Isolierschicht

lagoon [lə'guːn] *n* Lagune *f*

lah-di-dah [ˌlɑːdɪ'dɑː, AM -diː'-] *adj* (*pej dated*) affektiert, geziert, gekünstelt

laid [leɪd] *pt, pp of* **lay**

laid-back *adj* (*fam: relaxed*) locker; (*calm*) gelassen

lain [leɪn] *pp of* **lie**

lair [leəʳ, AM ler] *n* ① HUNT Lager *nt fachspr; of a fox* Bau *m; of small animals* Schlupfwinkel *m* ② (*hiding place*) Unterschlupf *m,* Schlupfwinkel *m oft pej*

laird [leəd] *n* SCOT Gutsherr *m,* Gutsbesitzer *m*

laissez-faire [ˌleɪseɪ'feəʳ, AM ˌleseɪ'fer] POL **I.** *n no pl* Laisser-faire *nt geh* **II.** *n modifier* Laisser-faire- *geh*

laity ['leɪəti, AM *also* -əṱi] *n no pl, + sing/pl vb* REL ■**the** ~ die Laien *mpl*

lake [leɪk] *n* ① (*body of fresh water*) See *m;* **the L~ District** BRIT der Lake District (*Seengebiet im Nordwesten Englands*)*;* **the Lady of the L~** LIT die Herrin vom See (*Fee in der Artus-Legende*)*;* **the Great L~s** AM die Großen Seen (*zwischen den USA und Kanada*) ② BRIT ECON (*fig, pej: surplus stores*) [flüssiger] Lagerbestand

lake dwelling *n* HIST Pfahlbau *m* **lakeside I.** *adj attr, inv* am See *nach n* **II.** *n* Seeufer *nt*

la-la land ['lɑːlɑːlænd] *n no pl* AM (*fam*) ■**to be out in** ~ verrückt sein [*o fam* spielen] *fam,* völlig gaga sein *fam;* **to enter** ~ verrückt werden *fam,* durchdrehen *fam*

lalapalooza [ˌlɑːləpə'luːzə] *n* AM (*fam*) *see* **lollapalooza**

lam [læm] **I.** *n* AM (*sl*) **to be on the** ~ gesucht werden, auf der Flucht sein; ***she is on the ~ from her husband*** ihr Mann ist hinter ihr her [*o* verfolgt sie]; **to take it on the** ~ türmen *fam,* die Fliege machen *fam* **II.** *vt* <-mm-> (*fam*) ■**to** ~ **sb** jdn vermöbeln *oft hum sl* [*o fam* verdreschen]; ~ ***him on the head!*** gib ihm eins auf die Birne! *fam* **III.** *vi* <-mm-> ■**to** ~ **into sb** (*attack brutally*) auf jdn eindreschen *fam;* (*attack verbally*) jdn zur Schnecke machen *fam*

lama ['lɑːmə] *n* REL Lama *m*

Lamaism ['lɑːməɪzᵊm] *n no pl* REL Lamaismus *m*

lamb [læm] **I.** *n* ① (*young sheep*) Lamm *nt;* (*fig*) Schatz *m fam* ② *no pl* FOOD (*meat*) Lamm[fleisch] *nt;* **roast of** ~ Lammbraten *m* ► PHRASES: **to go like a** ~ **to the slaughter** sich *akk* wie ein Lamm zur Schlachtbank führen lassen *geh* **II.** *n modifier* (*bones, meat*) Lamm-; ~ **chop** Lammkotelett *nt* **III.** *vi* lammen, ein Lamm werfen

lambada [læm'bɑːdə] *n* (*dance*) Lambada *f o m*

lambast(e) [læm'bæst] *vt* ■**to** ~ **sb** jdn heftig kritisieren [*o fam* fertig machen]; ***his novel was well and truly ~ed by the critics*** sein Roman wurde von den Kritikern wahrhaft in der Luft zerrissen

lambent ['læmbənt] *adj* (*liter*) ① (*shining softly*) [sanft] leuchtend; **in the** ~ **glow of the candles** im Schimmer des Kerzenlichts ② (*witty*) ~ **wit** (*lightly brilliant*) sprühender Witz

lambing season *n* Lammungszeit *f*

lamblike *adj* sanftmütig, lammfromm **Lamb of God** *n* REL Lamm *nt* Gottes **lambskin I.** *n* Lammfell *nt* **II.** *n modifier* Lammfell- **lamb's lettuce** *n no pl* Feldsalat *m* **lambswool I.** *n no pl* Lammwolle *f,* Lambswool *f fachspr* **II.** *n modifier* (*clothing, pullover, scarf*) Lambswool-

lame [leɪm] *adj* ① (*crippled*) lahm; **to go** ~ lahm werden ② (*weak*) lahm *pej fam;* **a** ~ **argument** ein schwaches Argument; **a** ~ **excuse** eine lahme Ausrede *pej fam* ► PHRASES: **to help a** ~ **dog over a stile** *esp* BRIT einem Bedürftigen/einer Bedürftigen unter die Arme greifen; ***Sam's always helping ~ dogs over stiles*** Sam ist immer da, wenn jemand Hilfe braucht

lamé ['lɑːmeɪ, AM læm'eɪ] FASHION **I.** *n no pl* Lamé *m* **II.** *n modifier* Lamé- **lame-brain** *n* AM (*pej fam*) Blödian *m pej fam,* Armleuchter *m pej sl,* Schwachkopf *m pej* **lame-brained** *adj* AM (*pej fam*) unterbelichtet *sl,* duss[e]lig *fam; idea, plan, suggestion* schwachsinnig *fam* **lame duck** *n* ① (*fam: ineffective person*) Niete *f fam,* Loser(in) *m(f) sl* ② AM POL *nicht wieder gewählte(r) aber noch amtierende(r) Politiker(in)* ③ BRIT ECON unrentable Firma **lame-duck** [ˌleɪm'dʌk] *adj attr government, management* ineffektiv

lamely ['leɪmli] *adv* lahm *fam;* **to walk** ~ hinken

lameness ['leɪmnəs] *n no pl* ① (*crippled condition*) Lähmung *f* ② (*weakness*) Lahmheit *f,* Schwäche *f*

lament [lə'ment] **I.** *n* MUS, LIT Klagelied *nt,* Klagegesang *m* (**for** über +*akk*) **II.** *vt* (*also iron*) ■**to** ~ **sth** über etw *akk* klagen, etw beklagen *geh;* ■**to** ~ **sb** um jdn trauern; **the late ~ed Frank Giotto** der kürzlich verstorbene Frank Giotto **III.** *vi* ■**to** ~ **over sth** etw beklagen *geh*

lamentable [lə'mentəbḷ, AM -ṱ-] *adj* beklagenswert, bedauerlich; *piece of work* erbärmlich, jämmerlich schlecht

lamentably [lə'mentəbli, AM -ṱ-] *adv* beklagenswert, erbärmlich

lamentation [ˌlæmen'teɪʃᵊn, AM -ən'-] *n* ① (*regrets*) Wehklage *f geh* ② *no pl* (*act of mourning*) [Weh]klagen *nt geh;* (*act of wailing*) Jammern *nt;* ***voices were raised in ~*** die Stimmen erhoben sich zu einem Wehklagen *geh* ③ REL (*bible*) [**the book of**] **L~s** + *sing vb* die Klagelieder *pl* Jeremias

laminate I. *n* ['læmɪnət, AM -nɪt] Laminat *nt,* Schichtpressstoff *m;* ~ **glass** Verbundglas *nt;* ~ **plastic** ≈ Resopal® *nt;* ~ **wood** Sperrholz *nt* **II.** *vt* ['læmɪneɪt] ① (*cover flat surface*) ■**to** ~ **sth** etw beschichten [*o fachspr* laminieren] ② (*cover paper*) ■**to** ~ **sth** etw zellglasieren **III.** *adj* ['læmɪnət, AM -nɪt] *attr, inv* laminiert *fachspr,* beschichtet

laminated ['læmɪneɪtɪd, AM -ṱ-] *adj inv* geschichtet, lamelliert *fachspr;* (*covered with plastic*) beschichtet, laminiert *fachspr;* ~ **glass** Verbundglas *nt;* ~ **plastic** ≈ Resopal® *nt;* ~ **wood** Sperrholz *nt*

lamington ['læmɪŋtən] *n* AUS *Biskuitkuchen mit Schokoladenüberzug und Kokosnuss*

lamp [læmp] *n* Lampe *f;* **bedside** ~ Nachttischlampe *f;* **street** ~ Straßenlaterne *f;* **infrared** ~ Infrarotlampe *f*

lamplight *n no pl* Lampenlicht *nt;* **to do sth by** ~ etw bei Lampenlicht tun **lamp lighter** *n* (*hist*) Laternenanzünder *m*

lampoon [læm'puːn] **I.** *n* Spottschrift *f,* Schmähschrift *f* **II.** *vt* ■**to** ~ **sth/sb** etw/jdn verspotten [*o geh* verhöhnen]

lamppost *n* Laternenpfahl *m*

lamprey ['læmpri] *n* ZOOL Neunauge *nt,* Lamprete *f;* **freshwater** ~ Süßwasserneunauge *nt*

lampshade *n* Lampenschirm *m* **lampstand** *n* Lampenfuß *m*

LAN [læn] *n* COMPUT *abbrev of* **local area network** LAN *nt*

lance [lɑːn(t)s, AM læn(t)s] **I.** *n* MIL (*dated*) Lanze *f* **II.** *vt* MED ■**to** ~ **sth** etw aufschneiden

lance corporal *n* BRIT, AUS MIL Obergefreite(r) *m*

lancer ['lɑːn(t)səʳ, AM 'læn(t)sɚ] *n* MIL (*hist*) Lanzenreiter *m;* ■**the ~s** (*regiment*) die Lancer *pl*

lancet ['lɑːn(t)sɪt, AM 'læn-] *n* MED Lanzette *f*

lancet arch *n* ARCHIT Lanzettbogen *m* **lancet window** *n* ARCHIT Lanzettfenster *nt,* Spitzbogenfenster *nt*

land [lænd] **I.** *n* ① *no pl* (*not water*) [Fest]land *nt;* **to have dry** ~ **under one's feet** festen Boden unter den Füßen haben; ■**by** ~ auf dem Landweg; **to travel by** ~ über Land fahren/reisen; ■**on** ~ an Land ② (*area of ground*) Grundstück *nt;* ■**sb's ~s** jds Ländereien *pl;* **building** ~ Bauland *nt;* **farm** ~ landwirtschaftliches Nutzland, Ackerland *nt;* **state** ~[**s**] AM staatlicher Grundbesitz; **waste** ~ Brachland *nt,* Ödland *nt;* **private** ~ Privatbesitz *m* ③ *no pl* AGR (*earth*) Land *nt;* (*sort*) Boden *m;* **arable** ~ anbaufähiges Land; (*in agricultural use*) Ackerland *nt;* **back to the** ~ zurück aufs Land; **to live off the** ~ von selbsterwirtschafteten Produkten leben; **to work** [**on**] **the** ~ das Land bebauen ④ (*nation*) Land *nt,* Nation *f* ⑤ AM (*euph: Lord*) **for ~'s sake** um Gottes Willen ► PHRASES: **to be in the** ~ **of the** <u>**living**</u> (*hum*) unter den Lebenden sein [*o geh* weilen] *hum;* **the L~ of the** <u>**Midnight**</u> **Sun** das Land der Mitternachtssonne; **a** ~ **of** [*or* **flowing with**] <u>**milk**</u> **and honey** ein Land, wo Milch und Honig fließt; **to be in the L~ of** <u>**Nod**</u> BRIT (*dated*) im Land der Träume sein; **the L~ of the Rising** <u>**Sun**</u> das Land der aufgehenden Sonne; **to see how the** ~ <u>**lies**</u> die Lage sondieren [*o fam* peilen] **II.** *n modifier* ~ **agent** BRIT Grundstücksmakler(in) *m(f);* ~ **crab** Landkrabbe *f;* MIL (*attack, force, manoeuvre*) Land-; **~-based** landgestützt **III.** *vi* ① (*come down to earth*) landen; **to** ~ **at 10.00 a.m./on the moon** um 10 Uhr [vormittags]/auf dem Mond landen; **to come in to** ~ zur Landung ansetzen ② (*arrive by boat*) an Land gehen, anlegen, anlanden ③ (*end up*) landen; SPORTS landen, aufkommen; **to** ~ **on a square** (*in games*) auf einem Feld landen; **to** ~ **on one's feet** auf den Füßen landen; (*have luck*) [wieder] auf die Füße fallen; **to** ~ **on the floor/ground** auf dem Boden landen ④ (*arrive*) landen *fam,* ankommen; *a blow, a punch* sitzen; ***if his punch had ~ed ...*** wenn sein Schlag getroffen hätte ... **IV.** *vt* ① (*bring onto land*) **to** ~ **an aircraft/a plane** ein Flugzeug landen; **to** ~ **a boat** ein Boot an Land ziehen; **to** ~ **a plane on water** ein Flugzeug wassern, mit einem Flugzeug auf dem Wasser landen ② (*unload*) ■**to** ~ **sth** etw an Land bringen; **to** ~ **a cargo** eine Ladung löschen; **to** ~ **fish** [**at the port**] Fisch anlanden; **to** ~ **passengers** Passagiere von Bord [gehen] lassen; **to** ~ **troops** Truppen anlanden ③ (*obtain*) ■**to** ~ **sth** *cointract, offer, job* etw an Land ziehen *fam;* **to** ~ **a fish** einen Fisch an Land ziehen ④ (*burden*) ■**to** ~ **sb with sth** jdm etw aufhalsen *fam;* ***I've been ~ed with the job of sorting out his mistakes*** mir hat man es aufgehalst, seine Fehler auszubügeln *fam;* ■**to be ~ed with sb** jdn auf dem Hals haben *fam* ⑤ (*place*) ■**to** ~ **sb in sth** jdn in etw *akk* bringen; ***it ~ed some of the protesters in jail*** es brachte einige der Demonstranten ins Gefängnis; **to** ~ **sb in serious trouble** jdn in ernsthafte Schwierigkeiten bringen ▶ PHRASES: **to ~ sb/oneself in hot** [*or* **deep**] **water** jdn/sich *akk* selbst in große Schwierigkeiten bringen

◆**land up** *vi* (*fam*) ❶ (*reach unplanned goal*) ■**to ~ up somewhere** irgendwo landen *fam*; ***we never expected to ~ up in Athens*** wir hatten nie damit gerechnet, in Athen zu landen *fam* ❷ (*reach unpleasant situation*) enden; **to ~ up jobless and penniless** ohne Arbeit und einen Pfennig Geld enden; ■**to ~ up doing sth** schließlich etw tun

landau ['lændɔː] *n* Landauer *m*

land-based *adj inv* MIL landgestützt

landed ['lændɪd] *adj attr, inv* **the ~ class** + *sing/pl vb* die Großgrundbesitzer *pl*; **~ family** + *sing/pl vb* Familie *f* mit Grundbesitz; **the ~ gentry** + *sing/pl vb* der Landadel

landfall *n* NAUT (*first land reached*) Landungsort *m*; (*sighting*) Sichten *nt* von Land; **to make ~** Land erreichen **landfill I.** *n* ❶ *no pl* (*waste disposal*) Geländeanfüllung *f* (*mit Müll*), Bodenanfüllung *f* ❷ (*site*) Deponiegelände *nt* ❸ *no pl* (*waste*) Müll *m*; **to use sth as ~** etw zur Geländeanfüllung [*o* Bodenanfüllung] nutzen **II.** *n modifier* **~ site** Deponiegelände *nt* **land forces** *npl* MIL Landstreitkräfte *pl* **landholder** *n* Landbesitzer(in) *m(f)*, Grundbesitzer(in) *m(f)*; (*tenant*) Pächter(in) *m(f)* **landholding** *n* Landbesitz *m kein pl*, Grundbesitz *m kein pl*

landing ['lændɪŋ] *n* ❶ (*staircase space*) Treppenabsatz *m*; **to be/stand on the ~** auf dem Treppenabsatz stehen ❷ (*aircraft touchdown*) Landung *f*; **crash ~** Bruchlandung *f*; **bumpy/smooth ~** holprige/weiche Landung; **to make a ~** landen; **to make an emergency ~** notlanden ❸ (*nautical landfall*) Landung *f* ❹ SPORTS (*coming to rest*) Landung *f*

landing card *n* Einreiseformular *nt* **landing craft** *n* MIL Landungsboot *nt* **landing field** *n* Landeplatz *m* **landing gear** *n* AVIAT Fahrgestell *nt*; **to lower the ~** das Fahrgestell ausfahren **landing lights** *npl* Landebahnbeleuchtung *f kein pl* **landing net** *n* Kescher *m* **landing stage** *n* Landungssteg *m*, Landungsbrücke *f* **landing strip** *n* Landebahn *f*

landlady *n* ❶ (*house owner*) Hausbesitzerin *f*; (*renting out houses*) Vermieterin *f*; (*renting out flats also*) Hauswirtin *f* ❷ (*of pub or hotel*) [Gast]wirtin *f* ❸ (*of a boarding house*) Pensionswirtin *f*, Zimmerwirtin *f*

landless ['lændləs] *adj inv* ohne Landbesitz *nach n*, landlos

landline ['lænlaɪn] *n* Überlandleitung *f*

landlocked *adj inv* von Land umgeben [*o* umschlossen]; **~ country** Binnenstaat *m* **landlord** *n* ❶ (*house owner*) Hausbesitzer *m*; (*renting out housing*) Vermieter *m*; (*renting out flats also*) Hauswirt *m* ❷ (*of pub or hotel*) [Gast]wirt *m* ❸ (*of boarding house*) Pensionswirt *m*, Zimmerwirt *m* **landlubber** *n* (*dated sl*) Landratte *f oft hum fam* **landmark** *n* ❶ (*point of recognition*) Erkennungszeichen *nt* ❷ (*noted site*) Wahrzeichen *nt* ❸ (*important event*) Meilenstein *m geh*, Markstein *m*; **a ~ in the history of the computer** ein Meilenstein *m* in der Geschichte des Computers *geh* **landmark case** *n*, **landmark decision** *n* LAW grundlegender Fall **landmark decison** *n* LAW eine einen Wendepunkt markierende Entscheidung **landmarked** *adj inv* AM (*listed*) unter Denkmalschutz stehend *attr*, denkmalgeschützt; **~ building** denkmalgeschütztes Gebäude **landmass** *n* Landmasse *f* **landmine** *n* MIL Landmine *f* **land office** AM **I.** *n* (*old*) Grundbuchamt *nt*, Liegenschaftsamt *nt* **II.** *adj attr, inv* (*fam*) **to do a ~ business** ein Bombengeschäft machen *fam* **landowner** *n* Grundbesitzer(in) *m(f)* **landowning** *adj attr, inv* mit Grundbesitz *nach n*; **~ family** Familie *f* mit Grundbesitz **land-poor** *adj* AM *sich im Besitz von Land befinden und gleichzeitig über mangelndes Umlaufvermögen verfügen* **land reform** *n* Bodenreform *f* **land route** *n* Landweg *m* **Land Rover®** *n* Landrover® *m*

landscape I. *n* ❶ (*country scenery*) Landschaft *f*; **urban ~** Stadtlandschaft *f* ❷ (*painting*) Landschaft *f*, Landschaftsgemälde *nt*; ***I prefer ~s to portraits*** mir gefallen Landschaftsbilder besser als Porträts **II.** *adj attr, inv* ❶ (*relating to landscapes*) Landschafts-; **~ painter** Landschaftsmaler(in) *m(f)* ❷ TYPO (*printing format*) **in ~ format** im Querformat **III.** *vt* ■**to ~ sth** etw [landschafts]gärtnerisch gestalten **landscape architect** *n* Landschaftsarchitekt(in) *m(f)* **landscape architecture** *n no pl* Landschaftsgärtnerei *f* **landscape gardener** *n* Landschaftsgärtner(in) *m(f)* **landscape gardening** *n no pl* Landschaftsgärtnerei *f* **landscaper** *n* AM Landschaftsarchitekt(in) *m(f)*

landslide I. *n* ❶ (*of earth, rock*) Erdrutsch *m* ❷ (*majority*) Erdrutsch[wahl]sieg *m*; **a Liberal ~** ein überwältigender Sieg der Liberalen; **to win by a ~** mit einer überwältigenden Mehrheit siegen **II.** *adj attr, inv* **~ victory** Erdrutsch[wahl]sieg *m*, überwältigender Sieg **landslip** *n* NBRIT GEOG Erdrutsch *m* **land tax** *n* Grundsteuer *f* **land tenure** *n no pl* Landpacht *f*, Grundstückspacht *f* **land use I.** *n no pl* GEOG (*local*) Flächennutzung *f*; (*national*) Bodennutzung *f* **II.** *n modifier* (*data, map, survey*) Flächennutzungs-/Bodennutzungs- **land-use planning** *n no pl*, **land-use policy** *n* Flächennutzungsplanung *f* **landward I.** *adj* land[ein]wärts [gelegen]; **the ~ side** die Landseite **II.** *adv* land[ein]wärts; **to head ~** in Richtung Land fahren

lane [leɪn] *n* ❶ (*narrow road*) Gasse *f*, enge Straße; ***I live at the end of Church L~*** ich wohne am Ende der Church Lane; **country ~** schmale Landstraße; **a winding ~** ein gewundener Weg ❷ (*marked strip*) [Fahr]spur *f*, Fahrbahn *f*; SPORTS Bahn *f*; ***in ~s 4 and 6*** auf den Bahnen 4 und 6; **bus ~** Busspur *f*; **cycle ~** Fahrradweg *m*; **in the fast/middle ~** auf der Überholspur/mittleren Spur; **HOV** [*or* **high-occupancy vehicle**] **~** *esp* AM Sonderspur *f* für stark besetzte Autos; **to run on the inside/outside ~** auf der Innen-/Außenbahn laufen; **the northbound ~** die Spur nach Norden; **in the slow ~** (*in Britain*) auf der linken Spur; (*on the continent*) auf der rechten Spur; **to change ~s** die Spur wechseln ❸ (*air route*) Flugroute *f*; (*sea route*) **shipping ~** Schifffahrtsweg *m*

language ['læŋgwɪdʒ] *n* ❶ (*of nation*) Sprache *f*; ***she speaks four ~s fluently*** sie spricht vier Sprachen fließend; **artificial ~** Kunstsprache *f*; **the English/German ~** die englische/deutsche Sprache, Englisch/Deutsch *nt*; **a foreign ~** eine Fremdsprache; **sb's native ~** jds Muttersprache ❷ *no pl* (*words*) Sprache *f*; (*style of expression*) Ausdrucksweise *f*, Sprache *f*; ***her ~ was absolutely appalling!*** ihre Sprache war wirklich schockierend!; **~, *Robert!*** wie sprichst du denn, Robert!; **bad ~** Schimpfwörter *ntpl*; **formal/spoken/written ~** gehobene/gesprochene/geschriebene Sprache; **to mind one's ~** aufpassen, was man sagt ❸ (*of specialist group*) Fachsprache *f*; **legal ~** Rechtssprache *f*; **technical ~** Fachsprache *f*; (*individual expressions*) Fachausdrücke *mpl* ❹ COMPUT [**computer programming**] **~** Programmiersprache *f* ▶ PHRASES: **to speak** [*or* **talk**] **the same ~** die gleiche Sprache sprechen *fig*

language acquisition *n no pl* Spracherwerb *m* **language course** *n* Sprachkurs *m* **language lab** *n* (*fam*) *short for* **language laboratory** Sprachlabor *nt* **language laboratory** *n* Sprachlabor *nt* **language learning** *n no pl* Erlernen *nt* von Fremdsprachen

languid ['læŋgwɪd] *adj* (*liter*) ❶ (*without energy*) träge, matt; ***a ~ wave of the hand*** eine lässige Handbewegung ❷ (*unenthusiastic*) gelangweilt

languidly ['læŋgwɪdli] *adv* ❶ (*limply*) träge ❷ (*unenthusiastically*) gelangweilt

languish ['læŋgwɪʃ] *vi* ❶ (*remain*) schmachten *geh*; ***the ruling party is ~ing in third place in the opinion polls*** die Regierungspartei liegt bei den Meinungsumfragen [weit] abgeschlagen auf dem dritten Platz; **to ~ in jail** im Gefängnis schmoren *fam*; **to ~ in obscurity** in der Bedeutungslosigkeit dahindümpeln *fam*; **to ~ in poverty** in Armut darben *geh* ❷ (*grow weak*) verkümmern; ***the project ~ed and was soon abandoned*** das Projekt wurde vernachlässigt und schlief bald ein ❸ (*liter: long*) ■**to ~ for sth** sich *akk* nach etw *dat* sehnen

languishing ['læŋgwɪʃɪŋ] *adj* schmachtend *oft iron*, sehnsuchtsvoll *geh*; **~ look** schmachtender Blick *oft iron*; **~ sigh** sehnsüchtiger Seufzer, sehnsuchtsvolles Seufzen *geh*

languor ['læŋgəʳ, AM -ɚ] *n no pl* (*liter: pleasant*) wohlige Müdigkeit, Schläfrigkeit *f*; (*unpleasant*) Mattigkeit *f*; ***the ~ of a siesta on a hot summer afternoon*** die träge Stille während einer Siesta an einem heißen Sommernachmittag

languorous ['læŋgərəs] *adj* (*liter*) *afternoon* träge; *feeling* wohlig; *look* verführerisch; *music* getragen

languorously ['læŋgərəsli] *adv* wohlig; **to speak ~** mit schläfriger Stimme sprechen

lank [læŋk] *adj* ❶ (*hanging limply*) *hair* strähnig ❷ (*tall and thin*) *person* hager

lanky ['læŋki] *adj* hoch aufgeschossen, schlaksig *sl*

lanolin(e) ['lænəlɪn, AM -əlɪn] *n no pl* Lanolin *nt*

lantern ['læntən, AM -t̬ɚn] *n* ❶ (*light*) Laterne *f*; **Chinese ~** Lampion *m*; **paper ~** Papierlaterne *f* ❷ ARCHIT Laterne *f*

lantern jaw *n* eingefallene Wangen; **to have a ~** hohlwangig sein

lantern-jawed *adj* hohlwangig

lanyard ['lænjəd, AM -ɚd] *n* ❶ (*short cord*) Kordel *f*; (*for gun*) Abzugsleine *f* ❷ NAUT Taljereep *nt*

Lao [laʊ] *n, adj see* **Laotian**

Laos ['leɪɒs, AM laʊs] *n* Laos *nt*

Laotian [leɪ'aʊʃən, AM -'oʊ-] **I.** *adj* laotisch **II.** *n* ❶ (*person*) Laote, -in *m, f* ❷ (*language*) Laotisch *nt kein pl*

lap¹ [læp] *n* (*also of dress*) Schoß *m*; **to sit on sb's ~** auf jds Schoß sitzen; **to dump** [*or* **drop**] [*or* **deposit**] **sth in sb's ~** (*fig*) etw bei jdm abladen *fig* ▶ PHRASES: **in the ~ of the gods** BRIT in Gottes Hand; **to live in the ~ of luxury** ein Luxusleben führen; **to drop** [*or* **fall**] **into sb's ~** jdm in den Schoß fallen *fig*

lap² [læp] **I.** *n* ❶ SPORTS Runde *f*; **~ of honour** Ehrenrunde *f*; **to do** [*or* **take**] **a ~** [**of honour**] BRIT eine Ehrenrunde drehen; **on the last ~** in der letzten Runde ❷ (*fig: stage*) Etappe *f*; ***the next ~ of journey took us from Singapore to Bangkok*** die nächste Etappe unserer Reise führte uns von Singapur nach Bangkok; **to be on the last ~** [**of sth**] kurz vor dem Ziel [einer S. *gen*] stehen **II.** *vt* <-pp-> ❶ (*overtake*) ■**to ~ sb** jdn überrunden ❷ *usu passive* (*liter: wrap*) ■**to be ~ped in sth** in etw *akk* gehüllt sein; **to be ~ped in luxury** in Luxus gebettet sein *geh* **III.** *vi* ❶ (*in car racing*) eine Runde drehen; ***he is currently ~ping in 4 minutes 52 seconds*** seine Rundenzeit beträgt derzeit 4 Minuten 52 Sekunden ❷ (*project*) ■**to ~ over sth** über etw *akk* hängen; ***these tiles ~ over the ones below*** die obere Dachziegelreihe überlappt die untere

lap³ [læp] **I.** *vt* ■**to ~ sth** ❶ (*drink*) etw lecken [*o* SÜDD, ÖSTERR schlecken] ❷ (*hit gently*) *waves* [sanft] gegen etw *akk* schlagen **II.** *vi* ■**to ~ against sth** *waves* [sanft] gegen etw *akk* schlagen

◆**lap up** *vt* ■**to ~ sth** ↔ **up** ❶ (*drink*) etw [auf]lecken [*o* SÜDD, ÖSTERR [auf]schlecken] ❷ (*fig fam: accept eagerly*) etw [gierig] aufsaugen *fig*; ***shoppers have been ~ing up the bargains since Monday*** seit Montag stürzen sich die Einkäufer auf die Sonderangebote; ***he ~ped up the praise*** er sonnte sich im Lob, das Lob ging ihm runter wie Öl *fam*

LAP *n* COMPUT *abbrev of* **link access protocol** LAP *nt*

laparoscopy <*pl* -pies> [,læpə'rɒskəpi, AM -'rɑːs-] *n* MED Bauchspiegelung *f*, Laparoskopie *f fachspr*

lap belt *n* Beckengurt *m* **lap dance** *n* Lap-dance *m* **lap dancer** *n* Lap-dancer *m* **lap dancing** *n* Lap-dancing *nt kein pl* **lapdog** *n* ❶ (*small dog*) Schoßhündchen *nt* ❷ (*fig: person*) Marionette *f fig*, Spielball *m fig*; ***he's just her ~*** er steht ganz einfach unter ihrem Pantoffel *fam*

lapel [lə'pel] *n* Revers *nt*, Kragenaufschlag *m*; **to grab sb by the ~s** jdn am Kragen packen

lapel badge *n* BRIT Namensschild *nt*

L

lapidary ['læpɪdᵊri, AM pəderi] **I.** *adj* in Stein gehauen; (*fig*) kernig, lapidar **II.** *n* <*pl* -ries> [Edel]steinschneider(in) *m(f)*

lapis lazuli [ˌlæpɪs'læzjʊli, AM -zəli] *n* ① (*gemstone*) Lapislazuli *m* ② (*colour*) Ultramarin *nt kein pl; of eyes* tiefes Blau

Lapland ['læplænd] *n* Lappland *nt*

Laplander ['læplændəʳ, AM -ə˞] *n* Lappländer, -in *m, f*

Lapp [læp] **I.** *n* ① (*person*) Lappe, -in *m, f pej* ② *no pl* (*language*) Lappländisch *nt* **II.** *adj* lappländisch

Lappish ['læpɪʃ] **I.** *n* Sami *nt kein pl* **II.** *adj* lappländisch

lapse [læps] **I.** *n* ① (*mistake*) Versehen *nt*, [kleiner] Fehler, Lapsus *m geh;* (*moral*) Ausrutscher *m fam*, Fehltritt *m;* ~ **of attention/concentration** Aufmerksamkeits-/Konzentrationsmangel *m;* ~ **of judgement** Fehleinschätzung *f;* ~ **of memory** Gedächtnislücke *f* ② *no pl* (*of time*) Zeitspanne *f*, Zeitraum *m;* **after a ~ of a few days/hours** nach Verstreichen einiger Tage/Stunden ③ LAW *of a legacy* Hinfälligkeit *f* **II.** *vi* ① (*fail*) *attention, concentration* abschweifen; *quality, standard* nachlassen, sich *akk* verschlechtern; **to ~ into bad habits** schlechte Angewohnheiten annehmen; **to ~ into crime** in die Kriminalität abrutschen; **to ~ back into old habits** in alte Angewohnheiten zurückverfallen ② (*end*) ablaufen; *contract also* erlöschen; *subscription* auslaufen ③ (*pass into*) ■**to ~ into sth** in etw *akk* verfallen; (*revert to*) ■**to ~ [back] into sth** in etw *akk* zurückfallen; **to ~ into a coma/unconsciousness** ins Koma/in Ohnmacht fallen; **to ~ into one's native dialect** in seinen Dialekt verfallen; **to ~ into silence** in Schweigen verfallen; ***the meeting ~d into silence*** Schweigen senkte sich über die Versammlung ④ (*cease membership*) austreten

lapsed [læpst] *adj attr, inv* ① (*no longer involved*) ~ **Catholic** abtrünniger Katholik/abtrünnige Katholikin, vom Glauben abgefallener Katholik/abgefallene Katholikin; **a ~ member** ein ehemaliges Mitglied ② (*discontinued*) *policy, subscription* abgelaufen

laptop *n*, **laptop computer** *n* Laptop *m*

lapwing ['læpwɪŋ] *n* Kiebitz *m; see also* **peewit 1**

larcenous ['lɑːsᵊnəs, AM 'lɑːrsə-] *adj esp* AM diebisch; ~ **activities** Diebstähle *mpl;* ~ **misuse** Veruntreuung *f*, Unterschlagung *f*

larceny ['lɑːsᵊni, AM 'lɑːrsəni] *n esp* AM LAW ① *no pl* (*crime*) Stehlen *nt*, Diebstahl *m* ② (*act*) Diebstahl *m*

larch <*pl* -es> [lɑːtʃ, AM lɑːrtʃ] *n* Lärche *f;* (*wood also*) Lärchenholz *nt kein pl*

lard [lɑːd, AM lɑːrd] **I.** *n no pl* Schweinefett *nt*, Schweineschmalz *nt;* **rendered ~ with cracklings** ausgelassenes Schmalz mit Grieben [*o* ÖSTERR Grammeln] **II.** *vt* ■**to ~ sth** etw spicken *a. fig;* ***her speech was ~ed with literary quotations*** (*fig*) ihre Rede war mit literarischen Zitaten gespickt

larder ['lɑːdəʳ, AM 'lɑːrdə˞] *n* Speisekammer *f;* **to stock up one's ~** Lebensmittel hamstern

large [lɑːdʒ, AM lɑːrdʒ] **I.** *adj* ① (*in size*) groß; ***the jacket needs to be a size ~r*** die Jacke ist eine Nummer zu klein; ***the world's ~st computer manufacturer*** der weltgrößte Computerhersteller ② (*in quantity, extent*) groß, beträchtlich; ***the attendance at the meeting was ~r than expected*** die Versammlung war besser besucht als erwartet; ***there was a ~r than expected fall in unemployment*** die Arbeitslosenrate sank stärker als erwartet; **a ~ amount of work** viel Arbeit; **a ~ number of people/things** viele Menschen/Dinge; **the ~st ever** der/die/das bisher Größte [*o* Umfangreichste] [*o* Umfassendste] ③ (*hum or euph: fat*) wohlbeleibt, korpulent *geh;* ~ **lady** mollige Frau *euph* ▸ PHRASES: **as ~ as life** in voller Lebensgröße; **~r than life** überlebensgroß; (*fig*) *persons* aufgeschlossen; **by and ~** im Großen und Ganzen **II.** *n* ① (*not caught*) ■**to be at ~** auf freiem Fuß sein ② (*in general*) ■**at ~** im Allgemeinen; ***this issue needs to be debated by society at ~*** diese Frage muss in der breiten Öffentlichkeit diskutiert werden; **the country/world at ~** das gesamte Land/die ganze Welt ③ AM **ambassador at ~** Sonderbotschafter(in) *m(f)*

large-hearted *adj* großherzig *geh* **large intestine** *n* Dickdarm *m*

largely ['lɑːdʒli, AM 'lɑːrdʒ-] *adv* größtenteils, zum größten Teil, weitgehend

large-minded *adj* aufgeschlossen, tolerant

largeness ['lɑːdʒnəs, AM 'lɑːrdʒ-] *n no pl* ① (*size*) Größe *f;* (*extensiveness*) Umfang *m*, Ausmaß *nt* ② (*generosity*) Großzügigkeit *f*

large-scale *adj esp attr* ① (*extensive*) umfangreich, weitreichend; **a ~ commercial enterprise/project** ein Großunternehmen *nt/*-projekt *nt;* ~ **manufacturer/producer** Großerzeuger *m/*-produzent *m* ② (*made large*) in großem Maßstab *nach n;* **a ~ map** eine Karte mit großem Maßstab; **a ~ model** eine Nachbildung in großem Maßstab

largess(e) [lɑːˈʒes, AM lɑːrˈdʒes] *n no pl* Freigebigkeit *f*, Großzügigkeit *f*

largish ['lɑːdʒɪʃ, AM 'lɑːrdʒ-] *adj inv* ziemlich groß

largo ['lɑːgəʊ, AM 'lɑːrgoʊ] MUS **I.** *adv* largo **II.** *adj* largo **III.** *n* Largo *nt*

lariat ['læriət, AM 'ler-] *n* Lasso *nt*

lark¹ [lɑːk, AM lɑːrk] *n* Lerche *f* ▸ PHRASES: **to get [*or* be] up with the ~** mit den Hühnern aufstehen *hum*

lark² [lɑːk, AM lɑːrk] **I.** *n* ① *esp* BRIT (*fam: joke*) Spaß *m*, Ulk *m;* **for a ~** aus Jux *fam;* **what a ~!** [*or* **what ~s!**] was für ein Spaß! ② BRIT (*pej fam: business*) Sache *f*, Zeug *nt fam;* ***I've had enough of this commuting ~*** ich hab' genug von dieser ewigen Pendelei *fam* ▸ PHRASES: **blow** [*or* **bugger**] [*or* **sod**] [*or* **stuff**] **this for a ~!** BRIT (*fam!*) ich hab' die Schnauze [*o* Nase] [gestrichen] voll! *fam* **II.** *vi* (*fam*) ■**to ~ about** [*or* **around**] herumalbern, herumblödeln *fam*

larkspur ['lɑːkspɜːʳ, AM 'lɑːrkspɜːr] *n* Rittersporn *m*

larrikin ['lærɪkɪn] *n* AUS (*fam*) Lausbub *m meist euph fam*

Larry ['læri] *n* ▸ PHRASES: **to be as happy as ~** NZ vollkommen glücklich und zufrieden sein

larva <*pl* -vae> ['lɑːvə, AM 'lɑːr-, *pl* -viː] *n* Larve *f*

larval ['lɑːvᵊl, AM 'lɑːr-] *adj attr, inv* larval *fachspr*, Larven-; ~ **stage** larvales Stadium *fachspr*

laryngeal [ləˈrɪndʒiəl] *adj inv* ① ANAT, MED Kehlkopf-, Larynx- *fachspr* ② LING kehlig; ~ **sound** kehliger Laut

larynges [lærˈɪndʒiːz, AM ləˈrɪn-] *n pl of* **larynx**

laryngitis [ˌlærɪnˈdʒaɪtɪs, AM ˌlerɪnˈgaɪt̬-] *n no pl* Kehlkopfentzündung *f*, Laryngitis *f fachspr*

larynx <*pl* -es *or* -ynges> ['lærɪŋks, *pl* lærˈɪndʒiːz, AM 'ler-, *pl* lerˈɪndʒiːz] *n* Kehlkopf *m*, Larynx *m fachspr*

lasagna [ləˈzænjə], AM, AUS *also* **lasagne** [-ˈzɑːn-] *n* Lasagne *f;* (*pasta also*) Lasagneblätter *ntpl;* **meat/vegetable ~** Fleisch-/Gemüselasagne *f*

lascivious [ləˈsɪviəs] *adj* lüstern *geh*

lasciviously [ləˈsɪviəsli] *adv* lüstern *geh*

lasciviousness [ləˈsɪviəsnəs] *n no pl* Lüsternheit *f*, Geilheit *f oft pej*

laser ['leɪzəʳ, AM -ə˞] *n* COMPUT *abbrev of* **light amplification by stimulated emission of radiation** Laser *m*

laser beam *n* Laserstrahl *m* **laser disc** *n* Laserplatte *f* **laser-guided** *adj usu attr* lasergesteuert **laser printer** *n* Laserdrucker *m* **laser printing** *n* Laserdruck *m* **laser show** *n* Lasershow *f* **laser treatment** *n* Laserbehandlung *f*

lash¹ <*pl* -es> [læʃ] *n* [Augen]wimper *f*

lash² [læʃ] **I.** *n* <*pl* -es> ① (*whip*) Peitsche *f;* (*flexible part*) Peitschenriemen *m;* ■**the ~** Peitschenhiebe *mpl*, die Peitsche; ***he could only make them work under threat of the ~*** er konnte sie nur zum Arbeiten bringen, indem er ihnen Peitschenhiebe androhte ② (*stroke of whip*) Peitschenhieb *m* ③ (*fig: criticism*) scharfe [*o* herbe] Kritik; **to feel the ~ of sb's tongue** jds scharfe Zunge zu spüren bekommen; **to come under the ~** Hiebe bekommen *fig*, herbe Kritik ernten ④ (*sudden movement*) Peitschen *nt*, Hieb *m;* ***with a powerful ~ of its tail, the fish jumped out of the net*** der Fisch befreite sich mit einem kräftigen Schwanzschlag aus dem Netz **II.** *vt* ① (*whip*) ■**to ~ sb [with sth]** jdn [mit etw *dat*] auspeitschen ② (*strike violently*) ■**to ~ sth** gegen etw *akk* schlagen; ***rain ~ed the windowpanes*** der Regen prasselte gegen die Fensterscheiben; ***storms ~ed the southern coast of Britain*** Stürme fegten über die Südküste Großbritanniens hinweg ③ (*strongly criticize*) ■**to ~ sb** heftige Kritik an jdm üben ④ (*move violently*) **to ~ its tail** *animal* mit dem Schwanz schlagen ⑤ (*tie*) ■**to ~ sb/sth to sth** jdn/etw an etw *dat* [fest]binden [*o* anbinden]; **to ~ two things together** zwei Dinge zusammenbinden **III.** *vi* ① (*strike*) ■**to ~ at sth** gegen etw *akk* schlagen; (*fig*) *rain, wave* gegen etw *akk* peitschen; ■**to ~ at sb [with sth]** auf jdn [mit etw *dat*] einschlagen ② (*move violently*) schlagen

◆**lash about**, **lash around** *vi* [wild] um sich *akk* schlagen

◆**lash down I.** *vt* ■**to ~ down ↔ sth** etw festbinden **II.** *vi rain* niederprasseln

◆**lash into** *vt* **to ~ sb into a frenzy** jdm [so richtig] einheizen *fam;* **to ~ sb into a fury** jdn aufpeitschen; **to ~ oneself into a fury** sich *akk* in einen Wutanfall hineinsteigern

◆**lash out I.** *vi* ① (*attack physically*) ■**to ~ out at sb [with sth]** [mit etw *dat*] auf jdn einschlagen ② (*attack verbally*) ■**to ~ out at sb** jdn scharf kritisieren, über jdn herfallen *fig fam*, auf jdn losgehen *fig fam;* (*criticize severely*) ■**to ~ out against sb** jdn heftig attackieren; ■**to ~ out against sth** gegen etw *akk* wettern *fam* ③ BRIT, AUS (*fam: spend freely*) sich *dat* etw leisten; ***we usually live quite cheaply, but we do ~ out occasionally*** meist leben wir recht bescheiden, doch ab und zu leisten wir uns doch was; ■**to ~ out on sth** sich *dat* etw gönnen **II.** *vt* BRIT, AUS **to ~ out £500/$40** £500/$40 springen lassen *fam;* ***he ~ed out £5000 on*** [*or* ***for***] ***his daughter's wedding*** er legte £5000 für die Hochzeit seiner Tochter auf den Tisch *fam*

lashing ['læʃɪŋ] *n* ① (*whipping*) Peitschenhieb *m;* **to get a ~** gepeitscht werden; **to give sb a ~** jdn auspeitschen; **to give sb a tongue ~** (*fig*) jdm ordentlich die Meinung sagen *fam*, jdm mal sagen, was Sache ist *fam;* **to give sb a verbal ~** jdm eine verbale Ohrfeige verpassen ② BRIT (*hum dated: a lot*) ■**~s** *pl* reichlich; **~s of cream** Berge von Schlagsahne [*o* ÖSTERR Schlagobers]; **~s of drink** jede Menge zu trinken ③ *usu pl* (*cord*) [Befestigungs]seil *nt*

lass <*pl* -es> [læs] *n esp* NBRIT, SCOT, **lassie** ['læsi] *n esp* NBRIT, SCOT ① (*fam: girl, young woman*) Mädchen *nt;* (*daughter*) Tochter *f;* (*sweetheart*) Mädchen *nt fam* ② (*fam: form of address*) Schatzi *nt a. pej fam*

lassitude ['læsɪtjuːd, AM *esp* -tuːd] *n no pl* (*form*) Energielosigkeit *f*

lasso [læsˈuː, AM 'læsoʊ] **I.** *n* <*pl* -s *or* -es> Lasso *nt* **II.** *vt* ■**to ~ sb/an animal** jdn/ein Tier mit einem Lasso einfangen

last¹ [lɑːst, AM læst] *n* Leisten *m* ▸ PHRASES: **the cobbler should stick to his ~** (*prov*) Schuster, bleib bei deinem Leisten *prov*

last² [lɑːst, AM læst] **I.** *adj inv* ① (*lowest in order, rank*) letzte(r, s); ***the Mets will surely finish the season in ~ place*** die Mets werden am Ende der Saison sicher Tabellenletzte sein; ■**to be** [*or* **come**] **~** (*in series*) als Letzte(r) *f(m)* kommen; (*in race, competition*) Letzte(r) *f(m)* werden; **to be ~ but one** [*or* **next to ~**] [*or* **second [to] ~**] Vorletzte(r) *f(m)* sein; **to be ~ but three/four** [*or* **third/fourth from ~**] Dritte(r) *f(m)*/Vierte(r) *f(m)* von hinten sein ② *attr* (*after all others*) ■**the ~ …** der/die/das letzte …; ***our house is the ~ one on the left before the traffic lights*** unser Haus ist das Letzte links vor der Ampel; ***do you mind if I have the ~ chocolate?*** macht es dir was aus, wenn ich die letzte Schokolade esse?; ***they caught the ~ bus*** sie nahmen den letzten Bus; **to the ~ man** bis auf den letzten Mann; **~ thing at night** am Abend vor dem Schlafengehen; **down to the ~ sth** bis auf der/die/das letzte; ***he has calculated the costs down to the ~ penny*** er hat die Kosten bis auf den letzten Penny berechnet; **[down] to the ~ detail** bis ins kleinste Detail; ***it was all planned down to the*** [***very***] ***~***

detail es war bis ins kleinste Detail geplant; **to be the ~ one to do sth** etw als Letzte(r) tun; ***she was the ~ one to arrive*** sie kam als Letzte an ❸ *attr* (*final*) letzte(r,s); ***I'll give you one ~ chance*** ich gebe dir eine letzte Chance; ***this is the ~ time I do him a favour*** das ist das letzte Mal, dass ich ihm einen Gefallen tue; ***that's my ~ word on the subject*** das ist mein letztes Wort zu diesem Thema; **as a** [*or* BRIT *also* **in the**] **~ resort** im äußersten Notfall; ***British police are supposed to use guns only as a ~ resort*** die britische Polizei soll die Waffen nur im äußersten Notfall einsetzen; **to have the ~ word** das letzte Wort haben ❹ *attr* (*most recent*) letzte(r,s), vorigere(r,s); ***when was the ~ time you had a cigarette?*** wann hast du zum letzten Mal eine Zigarette geraucht?; ***they haven't yet replied to my ~ letter*** sie haben auf meinen letzten Brief noch nicht geantwortet; ***these ~ five years have been very difficult for him*** diese letzten fünf Jahre waren sehr hart für ihn; ***where were you ~ Sunday?*** wo warst du letzten Sonntag?; ***their ~ album*** ihr letztes Album; **~ month/week/year** letzten Monat/letzte Woche/letztes Jahr; ***they got married ~ November*** sie heirateten letzten November; (*previous night*) ***did you hear the storm ~ night?*** hast du letzte Nacht den Sturm gehört?; (*yesterday evening*) ***did you see the news on TV ~ night?*** hast du gestern Abend die Nachrichten im Fernsehen gesehen?; **the week/year before ~** vorletzte Woche/vorletztes Jahr; (*form*) ***your letter of Sunday ~*** Ihr Brief von letztem Sonntag ❺ *attr* (*only remaining*) letzte(r,s); ***I'm down to my ~ 50p*** ich habe nur noch 50 Pence; ***it's our ~ hope*** das ist unsere letzte Hoffnung ❻ *attr* (*most unlikely*) ■**the ~ sb/sth** der/die/das Letzte; ***she was the ~ person I expected to see*** sie habe ich am allerwenigsten erwartet, mit ihr hätte ich am wenigsten gerechnet; ***the ~ thing I wanted was to make you unhappy*** das Letzte, was ich wollte, war, dich unglücklich zu machen; ***he's the ~ person I want to see at the moment*** er ist der Letzte, den ich im Moment sehen möchte; **the ~ thing sb needs** das Letzte, was jd braucht, jdm gerade noch fehlen; ***the ~ thing she needed was a husband*** was ihr gerade noch fehlte war ein Ehemann ▶ PHRASES: **to have the ~ laugh** am längeren Ast sitzen; **the ~ laugh is on sb** jd hat den längeren Atem *fam;* **sth is on its ~ legs** (*fam*) etw gibt bald den Geist auf *fam,* etw fällt bald auseinander; ***the foundry business was on its ~ legs*** das Gießereigeschäft pfiff aus dem letzten Loch *sl;* **sb is on their ~ legs** (*fam: very tired*) jd ist fix und fertig *fam,* jd pfeift auf [*o* aus] dem letzten Loch *sl;* ***we'd been out walking all day and I was on my ~ legs when we reached the hotel*** wir wanderten den ganzen Tag, und ich war fix und fertig, als wir das Hotel erreichten; (*near to death*) jd macht es nicht mehr lange *fam;* ***it looks as though her grandfather's on his ~ legs*** es sieht so aus, als ob ihr Großvater es nicht mehr lange machen würde *fam;* **to do sth at the ~ minute** [*or* **moment**] etw in letzter Minute [*o fam* auf den letzten Drücker] tun; ***at the ~ moment he changed his mind*** im letzten Moment änderte er seine Meinung; **to leave sth till the ~ minute** [*or* [**possible**] **moment**] etw bis zur letzten Minute liegen lassen, mit etw *dat* bis zur letzten Minute warten; ***he always leaves important decisions to the ~ possible moment*** er schiebt wichtige Entscheidungen immer bis zum letzten Moment hinaus; **to wait till the ~ minute** [**to do sth**] [mit etw *dat*] bis zur letzten Minute warten; **to be the ~ straw** zu viel sein, das Fass zum Überlaufen bringen; ***his affair was the ~ straw*** seine Affäre brachte das Fass zum Überlaufen; **it's the ~ straw that breaks the camel's back** der Tropfen, der das Fass zum Überlaufen bringt; **to be the ~ word in sth** der letzte Schrei in etw *dat* sein; ***digital audio is the ~ word in sound reproduction*** digitales Radio ist der letzte Schrei in der Klangwiedergabe **II.** *adv inv* ❶ (*most recently*) zuletzt; ***I ~ saw him three weeks ago*** das letzte Mal sah ich ihn vor drei Wochen; ***when did you have a cigarette ~*** [*or* **~ have a cigarette**]? wann hast du das letzte Mal geraucht? ❷ (*after the others*) als Letzte(r,s); ***the horse came in ~*** das Pferd kam als Letzter ins Ziel; **to keep** [*or* **save**] **sth until ~** etw bis zum Schluss aufheben; **to leave sth/sb until ~** etw/jdn für den Schluss aufheben; **to wait until ~** bis zum Schluss warten ❸ (*lastly*) zuletzt, zum Schluss; **~, *and most important ...*** der letzte und wichtigste Punkt ...; ***and ~, I'd like to thank you all for coming*** und zum Schluss möchte ich Ihnen alle dafür danken, dass Sie gekommen sind; **~ but not** [*or* **by no means**] **least** nicht zu vergessen, nicht zuletzt, last but not least *fam* ▶ PHRASES: **at** [**long**] **~** zu guter Letzt, endlich; ***I've finished my essay at ~*** ich habe endlich meinen Essay fertig **III.** *n* <*pl* -> ❶ (*last person, thing*) ■**the ~** der/die/das Letzte; ***she was the ~ of the great educational reformers*** sie war die Letzte der großen Schulreformer; **the ~ but one** *esp* BRIT, AUS [*or* AM **the next to ~**] der/die/das Vorletzte; ***I'm almost finished — this is the last but one box to empty*** ich bin fast fertig – das ist die vorletzte Kiste, die ich ausräumen muss; ■**to be the ~ to do sth** als Letzte(r) *f(m)* etw tun; ***why are you always the ~ to arrive?*** warum kommst du immer als Letzter?; ***why am I always the ~ to be told?*** warum erfahre ich immer alles als Letzte/Letzter? ❷ (*previous one*) ■**the ~** der/die/das Vorige; ***each new painting she does is better than the ~*** jedes neue Bild, das sie malt, ist besser als das vorherige; ***the ~ we heard of her, ...*** als wir das letzte Mal von ihr hörten, ...; ***the ~ we saw of her, ...*** als wir sie das letzte Mal sahen, ... ❸ (*remainder*) ■**the ~** der letzte Rest; ***that was the ~ of the real coffee*** das war der letzte Rest Bohnenkaffee; **the ~ of the ice cream/strawberries** der letzte Rest Eis/Erdbeeren ❹ *usu sing* SPORTS (*last position*) letzter Platz; ***Lion Cavern came from ~ in a slowly run race*** Lion Cavern kam in einem langsamen Rennen von der letzten Stelle ❺ BOXING ■**the ~** die letzte Runde ❻ (*fam: end*) ***the dying embers sparked their ~*** die Funken verglühten; ***you haven't heard the ~ of this!*** das letzte Wort ist hier noch nicht gesprochen!; ***we'll never hear the ~ of it if they win*** wenn sie gewinnen, müssen wir uns das endlos anhören; **to see the ~ of sth** (*fam*) etw nie wieder sehen; **to the ~** (*form: until the end*) bis zum [bitteren] Ende *fam,* bis zuletzt; ***I think my policy is right, and I'll defend it to the ~*** ich glaube, meine Vorgangsweise ist richtig, und ich werde sie bis zuletzt verteidigen; ***she is patriotic to the ~*** sie ist eingefleischte Patriotin; **to breathe one's ~** den letzten Atemzug tun

last³ [lɑːst, AM læst] **I.** *vi* ❶ (*go on for*) [an]dauern; ***it was only a short trip, but very enjoyable while it ~ed*** die Reise war zwar nur kurz, aber insgesamt sehr angenehm; **to ~ [for] a month/week** einen Monat/eine Woche dauern; ***the rain is expected to ~ all weekend*** der Regen soll das gesamte Wochenende anhalten ❷ (*endure*) halten; *enthusiasm, intentions* anhalten; ***built to ~*** für die Ewigkeit gebaut; ***this is too good to ~*** das ist zu gut, um wahr zu sein; ***it's the only battery we've got, so make it ~*** wir habe nur diese eine Batterie – verwende sie also sparsam; ***her previous secretary only ~ed a month*** ihre vorige Sekretärin blieb nur einen Monat; ***you won't ~ long in this job if ...*** du wirst diesen Job nicht lange behalten, wenn ...; ***he wouldn't ~ five minutes in the army!*** er würde keine fünf Minuten beim Militär überstehen! **II.** *vt* ■**to ~ sb** *supplies etc* [aus]reichen; *car, machine* halten; ***we've only got enough supplies to ~ us a week*** unsere Vorräte werden nur eine Woche reichen; **to ~ five years** fünf Jahre halten; **to ~ [sb] a lifetime** ein Leben lang halten; ***if you look after your teeth they will ~ you a lifetime*** wenn du deine Zähne gut pflegst, wirst du sie dein Leben lang behalten

◆**last out** *vi* ❶ (*survive*) durchhalten; ***how long can they ~ out without food?*** wie lange können sie ohne Nahrungsmittel überleben?; ***many are too weak to ~ out the winter*** viele sind zu schwach, um den Winter zu überleben; ***do you think you can ~ out without going to the toilet until we get home?*** glaubst du, dass du es noch aushältst, bis wir zu Hause sind?; (*continue to function*) halten ❷ *esp* BRIT, AUS (*be sufficient*) durchkommen; ***try and make the cornflakes ~ out till I go shopping again*** die Cornflakes sollten reichen, bis ich nochmal einkaufen gehe; ***we've got enough petrol to ~ us out till we get to a garage*** wir haben genug Benzin bis zur nächsten Tankstelle; ***make sure you get in enough beer to ~ out the evening*** kaufe genug Bier für den ganzen Abend

last call *n* AM (*last orders*) *letzte Bestellung kurz vor der Schließung eines Pubs;* **to call ~** die letzte Runde ausrufen **last-ditch** *adj attr* [aller]letzte(r,s); **a ~ attempt** [*or* **effort**] ein letzter [verzweifelter] Versuch **last-gasp** *adj attr* (*fam*) in letzter Minute *nach n*

lasting [ˈlɑːstɪŋ, AM ˈlæst-] *adj* dauerhaft, andauernd; **~ damage** dauerhafter Schaden; **a ~ effect** eine dauerhafte Wirkung; ***the tablets make you feel better for a while but the effect isn't ~*** durch die Tabletten fühlen Sie sich eine Zeitlang besser, aber die Wirkung hält nicht an; **a ~ impression** ein nachhaltiger Eindruck; **a ~ peace** ein dauerhafter Friede[n]

lastly [ˈlɑːstli, AM ˈlæst-] *adv* schließlich

last-minute *adj* in letzter Minute *nach n;* **~ booking** Last-Minute-Buchung *f;* **~ decision** Entscheidung *f* in letzter Minute **last name** *n* Nachname *m,* Familienname *m* **last orders** *n* BRIT *letzte Bestellung kurz vor der Schließung eines Pubs;* **to call ~** die letzte Runde ausrufen **last post** *n* BRIT ■**the ~** der Zapfenstreich **last rites** *n* REL ■**the ~** die Letzte Ölung **Last Supper** *n* REL ■**the ~** das Letzte Abendmahl **last will** *n* letzter Wille; **~ and testament** letztwillige Verfügung, letzter Wille, Testament *nt*

lat [læt] *n abbrev of* **latitude**

latch [lætʃ] **I.** *n* ❶ (*bar, level*) Riegel *m;* **on the ~** *door* eingeklinkt ❷ ELEC elektronischer Schalter **II.** *vi* ❶ *esp* BRIT (*fam: understand*) ■**to ~ on** [**to sth**] [etw] kapieren *fam;* ***they didn't immediately ~ on to what was happening*** sie begriffen nicht sofort, was geschah ❷ (*fam: attach oneself to*) ■**to ~ on to sb/sth** sich *akk* an jdn/etw hängen; ***she ~ed onto me*** sie hing sich wie eine Klette an mich; ***the antibodies work by ~ing onto proteins*** die Antikörper wirken, indem sie sich an die Proteine hängen ❸ (*fam: take up*) ■**to ~ onto sth** an etw *dat* Gefallen finden ❹ SPORTS (*fam: take advantage of*) ■**to ~ onto sth** *pass, ball* etw übernehmen **III.** *vt* ■**to ~ sth** etw verriegeln

latchkey *n* Schlüssel *m,* Haustorschlüssel *m* **latchkey child** *n* Schlüsselkind *nt*

late [leɪt] **I.** *adj* ❶ (*behind time*) [zu] spät, verspätet; ***my bus/train was ~*** mein Bus/Zug hatte Verspätung; ***sorry I'm ~*** tut mir Leid, dass ich zu spät komme; **a ~ arrival** verspätete Ankunft; ■**to be ~ for sth** zu etw *dat* zu spät kommen ❷ (*in the day*) spät; ***it's getting ~*** es wird spät; ***is it too ~ to phone Jean?*** kann man Jean um diese Uhrzeit noch anrufen?; **a ~ breakfast/lunch** ein spätes Frühstück/Mittagessen; **in the ~ morning/afternoon** am späten Vormittag/Nachmittag; **~ news/train** Spätnachrichten *pl*/-zug *m;* **to keep ~ hours** lange offen halten ❸ *attr* (*towards end*) spät; ***she made some ~ changes to the team*** sie veränderte das Team noch nachträglich; **the ~ nineteenth century** das ausgehende [*o* späte] 19. Jahrhundert; **~ October** Ende Oktober; **~ summer/autumn** [*or* AM *also* **fall**] Spätsommer *m*/-herbst *m;* **a ~ work by Brahms** ein spätes Stück von Brahms; **to be in one's ~ twenties/thirties** Ende zwanzig/dreißig sein ❹ *attr* (*deceased*) verstorben ❺ (*recent*) jüngste(r,s); **the ~ developments** die jüngsten Entwicklungen; **the ~ news** die neuesten Nachrichten **II.** *adv* ❶ (*after usual time*) spät; ***the train arrived ~*** der Zug hatte Verspätung; ***sorry, I'm running a bit ~ today*** tut mir Leid, ich bin heute etwas spät

L

dran; ***the rescuers arrived too ~ to save him*** die Helfer kamen zu spät, um ihn zu retten ❷ *(at advanced time)* zu fortgeschrittener [*o* vorgerückter] Stunde; ~ **in the day/at night** am Spätnachmittag/späten Abend; ~ **in life** in fortgeschrittenem Alter; ***he got his driver's licence ~ in life*** er machte erst sehr spät den Führerschein; **to stay up** ~ lange aufbleiben; **to work** ~ Überstunden machen ❸ *(recently)* **as ~ as** noch; ***they were using horses on this farm as ~ as the 1980s*** auf dieser Farm arbeiteten sie bis in die achtziger Jahre mit Pferden; **of ~** in letzter Zeit ❹ *(form: formerly)* ■ **~ of** bis vor kurzem; ***Dr. Averly, ~ of Newcastle General Hospital, …*** Herr Dr. Averly, der vor kurzem noch am Allgemeinen Krankenhaus von Newcastle tätig war, …
► PHRASES: **it's rather ~ in the day to do sth** der Zug für etw *akk* ist schon beinahe abgefahren *fam*, es ist für etw *akk* beinahe schon zu spät

late- [leɪt] *in compounds* spät-

late bloomer *n* AM, AUS *(late developer)* Spätzünder *m fig, hum fam* **latecomer** *n* Nachzügler(in) *m(f)*, Zuspätkommende(r) *f(m)* **late developer** *n* BRIT Spätzünder *m fig, hum fam*

lately ['leɪtli] *adv* ❶ *(recently)* kürzlich, in letzter Zeit ❷ *(short time ago)* kürzlich, vor kurzer Zeit; **until ~** bis vor kurzem; ***Dr. Averly, ~ of Newcastle General Hospital,*** Herr Dr. Averly, der vor kurzem noch am Allgemeinen Krankenhaus von Newcastle tätig war, …

late-model car *n* neues Automodell

latency ['leɪtᵊn(t)si] *n* Latenz *f geh;* ~ **period** Latenzzeit *f*

lateness ['leɪtnəs] *n no pl* ❶ *(being delayed)* Verspätung *f;* ***he made no apology for his ~*** er entschuldigte sich nicht dafür, dass er zu spät kam ❷ *(of time)* ***the ~ of the hour meant that there were few buses running*** da es schon sehr spät war, fuhren kaum noch Busse

late-night *adj attr, inv* Spät-; **~-night movie/TV show** Spätfilm *m*/-show *f;* ~ **shopping** *esp* BRIT Einkaufen *nt* am späten Abend

latent ['leɪtᵊnt] *adj inv* ❶ *(hidden)* verborgen; ~ **talent** verborgenes Talent ❷ SCI latent; ~ **heat** latente Wärme, Umwandlungswärme *f;* ~ **phase of a disease** latente Phase [*o* Latenzzeit *f*] einer Krankheit

later ['leɪtəʳ, AM -ɚ] **I.** *adj comp of* **late** ❶ *attr (at future time)* date, time später; ***the date on this copy of the will is ~ than the one on your copy*** diese Kopie des Testaments ist später datiert als deine; ***an earlier and a ~ version of the same text*** eine ältere und eine neuere Version desselben Texts; **until a ~ date** auf später; **to postpone sth to a ~ date/time** etw auf einen späteren Tag/Zeitpunkt verschieben; **in ~ life** später im Leben; **at a ~ time** zu einem späteren Zeitpunkt ❷ *pred (less punctual)* später; ***she is ~ than usual*** sie ist später dran als gewöhnlich *fam* **II.** *adv comp of* **late** ❶ *(at later time)* später, anschließend; ***I'll come back ~ when you're not so busy*** ich komme später nochmals, wenn du mehr Zeit hast; **no ~ than nine o'clock** nicht nach neun Uhr; ~ **in the month/year** später im Monat/Jahr; **to postpone sth until ~** etw auf später verschieben; **see you ~!, call you ~!, talk to you ~** bis später!; ~ **on** später *fam;* ***what are you doing ~ on this evening?*** was machst du heute Abend noch? ❷ *(afterwards)* später, danach; ***the man was first seen in the supermarket and ~ in the bank*** der Mann wurde zuerst im Supermarkt und dann in der Bank gesehen

lateral ['lætᵊrᵊl, AM -t̬ɚl] *adj esp attr* seitlich, Seiten-, Neben-; ~ **forces** Fliehkraft *f;* ~ **thinking** unorthodoxes Denken

laterally ['lætᵊrᵊli, AM -t̬ɚ-] *adv* seitlich; **to think ~** unorthodox denken

latest ['leɪtɪst, AM -t̬-] **I.** *adj superl of* **late:** ■ **the ~ …** der/die/das jüngste [*o* letzte] …; ***and now let's catch up with the ~ news*** kommen wir nun zu den aktuellen Meldungen; ***her ~ movie*** ihr neuester Film; **the ~ craze** [*or* **fashion**] der letzte Schrei *fam* **II.** *n* ***this is just the ~ of several crises to affect the department*** das ist nur die letzte von mehreren Krisen, die die Abteilung schütteln; ***have you heard the ~?*** hast du schon das Neueste gehört?; ***the fashion show will introduce the ~ in evening wear with top models*** bei der Modeschau werden die neuesten Modelle der Abendbekleidung von Top-Models präsentiert; *(most recent info)* ***what's the ~ on that story?*** wie lauten die neuesten Entwicklungen in dieser Geschichte?; ■ **the ~ about sb** das Neueste über jdn **III.** *adv* **at the** [**very**] **~** bis [aller]spätestens; ***by Friday at the ~*** bis spätestens Freitag; ***we should arrive by 12 at the very ~*** wir sollten bis allerspätestens um 12 Uhr dort sein

late-term abortion *n* Abtreibung *f* in fortgeschrittenem Stadium der Schwangerschaft

latex ['leɪteks] *n no pl* Latex *m*

latex paint *n* Latexfarbe *f*

lath [læθ] *n* Latte *f;* *(thin strip of wood)* Leiste *f*

lathe [leɪð] *n* Drehbank *f*

lathe operator *n* Dreher(in) *m(f)*

lather ['lɑːðəʳ, AM 'læðɚ] **I.** *n no pl* ❶ *(soap bubbles)* [Seifen]schaum *m* ❷ *(sweat)* Schweiß *m;* *(on horses)* Schaum *m* ► PHRASES: **to be in a ~** aufgeregt [*o fam* [völlig] überdreht] sein; **to get** [**oneself**] **into a ~** sich *akk* aufregen; ***don't get yourself into a ~!*** reg dich nicht [so] auf! **II.** *vi* schäumen **III.** *vt* ■ **to ~ oneself/sb** sich/jdn einseifen

lathery ['lɑːðᵊri, AM 'læðɚi] *adj* schaumig; ***this shaving soap isn't very ~*** dieser Rasierschaum schäumt nicht besonders stark

Latin ['lætɪn, AM -tᵊn] **I.** *n* ❶ *no pl (language)* Latein *nt* ❷ *(Latin American)* Latino, Latina *m, f;* *(European)* Romane, -in *m, f* **II.** *adj* ❶ LING lateinisch ❷ *(of Latin origin)* Latein-; ~ **alphabet** lateinisches Alphabet; ~ **America** Lateinamerika *nt*

Latina [lə'tiːnə] *n* AM Latina *f*

Latin American *adj,* **Latin-American** [ˌlætɪnə'merɪkᵊn] *adj attr pred* lateinamerikanisch

Latino [lə'tiːnoʊ] *n* AM Latino *m*

latitude ['lætɪtjuːd, AM -t̬ətuːd, -tjuːd] *n* ❶ *(geographical)* Breite *f,* Breitengrad *m;* ***the village lies just south of ~ 51 degrees 10 minutes North*** der Ort liegt knapp südlich einer nördlichen Breite von 51 Grad 10 Minuten; **in these ~s** in diesen Breiten [*o* dieser Gegend] [*o* diesen Gegenden] ❷ *(form: freedom)* Freiheit *f;* **to show a certain/considerable degree of ~** einen gewissen/beträchtlichen Spielraum einräumen

latitudinal [ˌlætɪ'tjuːdɪnᵊl, AM -t̬ə'tuː-, -tjuː-] *adj inv* Breiten-; **a ~ miscalculation** eine Fehlberechnung des Breitengrads

latrine [lə'triːn] *n* Latrine *f*

latte ['lɑːteɪ] *n* Milchkaffee *m,* [Café] latte *m*

latter ['lætəʳ, AM -t̬ɚ] **I.** *adj attr* ❶ *(second of two)* zweite(r,s); **the ~ option/suggestion** die zweite Möglichkeit/der zweite Vorschlag ❷ *(near the end)* spätere(r,s); **in the ~ part of the year** in der zweiten Jahreshälfte **II.** *part* ■ **the ~** der/die/das Letztere; ***I was offered a red car or a blue one and chose the ~*** mir wurde ein rotes und ein blaues Auto angeboten und ich wählte letzteres

latter-day *adj attr* neuzeitlich, modern; ***she sees herself as a ~ Florence Nightingale*** sie hält sich für eine moderne Version der Florence Nightingale

Latter-day Saint *n* Mormone, -in *m, f,* Heilige(r) *f(m)* der Letzten Tage

latterly ['lætəli, AM -t̬ɚ-] *adv* in letzter Zeit, neuerdings

lattice ['lætɪs, AM -t̬-] **I.** *n* Gitter[werk] *nt* **II.** *n modifier* ~ **basket** geflochtener Korb; ~ **screen** Spalierwand *f,* Spalier *nt;* ~ **window** bleiverglastes Fenster

latticed ['lætɪst, AM 'læt̬-] *adj inv* vergittert, Gitter-

latticework *n no pl* Gitter[werk] *nt*

Latvia ['lætviə] *n* Lettland *nt*

Latvian ['lætviən] **I.** *n* ❶ *(person)* Lette, -in *m, f* ❷ *(language)* Lettisch *nt kein pl* **II.** *adj* lettisch

laud [lɔːd, AM *esp* lɑːd] *vt (form)* ■ **to ~ sb/sth** jdn/etw preisen *geh*

laudable ['lɔːdəbl̩, AM *esp* 'lɑːd-] *adj (form)* lobenswert, löblich *geh*

laudably ['lɔːdəbli, AM *esp* 'lɑːd-] *adv (form)* vorbildlich

laudanum ['lɔːdᵊnəm, AM *esp* 'lɑːd-] *n no pl* Laudanum *nt*

laudatory ['lɔːdətᵊri, AM 'lɑːdətɔːri] *adj (form)* Lob-, lobend

laugh [lɑːf, AM læf] **I.** *n* ❶ *(sound)* Lachen *nt kein pl;* **to get** [*or* **raise**] **a ~** Gelächter hervorrufen; **to give a ~** [kurz] loslachen ❷ *(fam: amusing activity)* Spaß *m;* *(amusing person)* Stimmungsmacher(in) *m(f),* Pausenclown *m fam;* ***she's a good ~*** sie bringt Stimmung in die Bude *fam;* **to do sth for a ~** [*or* **for ~s**] etw [nur] aus [*o* zum] Spaß tun **II.** *vi* ❶ *(express amusement)* lachen; **to ~ like a drain** BRIT sich *akk* vor Lachen biegen [*o* krümmen]; **to ~ aloud** [*or* **out loud**] in lautes Gelächter ausbrechen; **to ~ till one cries** Tränen lachen; **to make sb ~** jdn zum Lachen bringen; *(fam)* ***his threats make me ~*** über seine Drohungen kann ich [doch] nur lachen; ***you pay? don't make me ~*** du bezahlst? dass ich nicht lache!; ■ **to ~ at sb/sth** über jdn/etw lachen ❷ *(fig fam: scorn)* ■ **to ~ at sb/sth** sich *akk* über jdn/etw lustig machen; ■ **to ~ at sb** *(find funny)* über jdn lachen; *(find ridiculous)* jdn auslachen
► PHRASES: **to ~ sth out of court** etw als lächerlich abtun, über etw *akk* mit einem Lachen hinweggehen; **to ~ in sb's face** jdn auslachen; **to ~ one's head off** *(fam)* sich *akk* totlachen *fam;* *(show disbelief)* ***what a ludicrous story — I ~ed my head off*** was für eine haarsträubende Geschichte – das kann doch nicht wahr sein; **no ~ing matter** nicht zum Lachen, ganz und gar nicht komisch; **sb will be ~ing on the other side of his/her face** [*or* AM *also* **out of the other side of his/her mouth**] jdm wird das Lachen schon noch vergehen; **to ~ up one's sleeve at sb** sich *akk* über jdn hinter seinem Rücken lustig machen; **to ~ all the way to the bank** *(fam)* das Geschäft seines Lebens machen, den [ganz] großen Coup landen *fam;* **he who ~s last ~s longest** [*or* AM **best**] *(prov)* wer zuletzt lacht, lacht am besten *prov;* **to be ~ing** *(fam)* ***if the loan is approved, you'll be ~ing*** wenn du das Darlehen bekommst, dann geht es dir aber gut; **you've got to ~** [**otherwise you'd cry**] *(fam)* Humor ist, wenn man trotzdem lacht! *prov*

◆**laugh off** *vt* ■ **to ~ off ◯ sth** etw mit einem Lachen abtun

laughable ['lɑːfəbl̩, AM 'læf-] *adj* lächerlich *pej,* lachhaft *pej*

laughably ['lɑːfəbli] *adv* lachhafterweise, lächerlicherweise

laughing gas *n no pl* Lachgas *nt*

laughingly ['lɑːfɪŋli, AM 'læf-] *adv (with a laugh)* lachend; *(unsuitably)* lächerlicherweise

laughing stock *n* ■ **to be a ~** die Zielscheibe des Spotts sein; ***the team is the ~ of the league*** das Team ist zum Gespött der Liga geworden; **to make oneself a ~** sich *akk* lächerlich machen

laughter ['lɑːftəʳ, AM 'læftɚ] *n no pl* Gelächter *nt,* Lachen *nt;* ***we couldn't control our ~*** wir konnten uns das Lachen nicht verbeißen; **to roar with ~** vor Lachen brüllen ► PHRASES: ~ **is the best medicine** *(prov)* Lachen ist die beste Medizin *prov*

launch [lɔːn(t)ʃ, AM *esp* lɑːn(t)ʃ] **I.** *n* ❶ *(introductory event)* Präsentation *f;* STOCKEX Einführung *f* [an der Börse] ❷ *(boat)* Barkasse *f* ❸ *(of boat)* Stapellauf *m;* *(of rocket, spacecraft)* Start *m,* Abschuss *m* **II.** *vt* ❶ *(send out)* **to ~ a balloon** einen Ballon steigen lassen; **to ~ a boat** ein Boat zu Wasser lassen; **to ~ a missile/torpedo** eine Rackete/ein Torpedo abschießen; **to ~ a rocket** eine Rakete abschießen; **to ~ a satellite** einen Satelliten in den Weltraum schießen; **to ~ a ship** ein Schiff vom Stapel lassen ❷ *(begin something)* ■ **to ~ sth** etw beginnen, mit etw *dat* beginnen; STOCKEX etw an der Börse einführen; **to ~ an** [**counter**]**attack** zum [Gegen]angriff übergehen; **to ~ a campaign** eine Kampagne starten; **to ~ an inquiry/investigation** Untersuchungen [*o* Nachforschungen]/Ermittlungen anstellen; **to ~ an invasion** [in ein Land] einfallen; **to ~ a new show** eine neue Show starten [*o* ins Programm

[auf]nehmen] ❸ (*hurl*) ■**to ~ oneself at sb** sich *akk* auf jdn stürzen ❹ (*introduce to market*) ■**to ~ sth** etw einführen [*o* lancieren]

◆**launch into** *vi* ■**to ~ into sth** sich *akk* [begeistert] in etw *akk* stürzen *fig; **she ~ed into a new career as a writer*** sie stürzte sich in die Schriftstellerei; **to ~ into a verbal attack** eine Schimpfkanonade loslassen; **to ~ into a passionate speech** zu einer leidenschaftlichen Rede anheben *geh*

◆**launch out** *vi* anfangen, beginnen; **to ~ out by oneself** sich *akk* selbständig machen

launcher ['lɔːn(t)ʃəʳ, AM 'lɑːn(t)ʃɚ] *n* **rocket ~** Raketenabschussrampe *f*

launching pad *n*, **launch pad** *n* ❶ (*starting area*) Abschussrampe *f*, Startrampe *f* ❷ (*fig: starting point*) Anfang *m*, Beginn *m* **launch party** *n* Präsentation *f*; (*for book*) Buchprimiere *f*; (*film, theater*) Premierenfeier *f* **launch vehicle** *n* AEROSP Trägerrakete *f* **launch window** *n* AEROSP Startfenster *nt*

launder ['lɔːndəʳ, AM 'lɑːndɚ] **I.** *vt* ■**to ~ sth** ❶ (*wash*) etw waschen [und bügeln] ❷ (*fig: disguise origin*) etw weißwaschen *fam;* **to ~ money** Geld waschen *sl* **II.** *vi* (*form*) sich *akk* waschen lassen; ***these sheets ~ well without shrinking*** diese Laken lassen sich gut waschen und gehen nicht ein

laund(e)rette [ˌlɔːndᵊr'et, AM ˌlɑːndə'ret] *n*, **laundromat®** ['lɔːndroʊmæt] *n* AM, AUS Waschsalon *m*

laundress <*pl* -es> ['lɔːndrəs, AM 'lɑːndrɪs] *n* Wäscherin *f*, Waschfrau *f*

laundry ['lɔːndri, AM *esp* 'lɑːn-] *n* ❶ *no pl* (*dirty clothes*) Schmutzwäsche *f;* **to do the ~** Wäsche waschen ❷ *no pl* (*washed clothes*) frische Wäsche ❸ (*place*) Wäscherei *f*

laundry bag *n* Wäschesack *m* **laundry basket** *n*, AM *also* **laundry hamper** *n* Wäschekorb *m* **laundry list** *n* Wäscheliste *f* **laundry mark** *n* Etikett *nt* **laundry room** *n* Waschküche *f* **laundry service** *n* ❶ (*facility*) Wäscheservice *m* ❷ (*business*) Wäscherei *f*, Waschsalon *m*

laureate ['lɔːriət, AM -ɪt] *n* ❶ (*distinguished person*) Preisträger(in) *m(f);* **Nobel ~** Nobelpreisträger(in) *m(f)* ❷ (*poet laureate*) Poeta laureatus *m*, Hofdichter *m*

laurel ['lɒrᵊl, AM 'lɔːr-] *n* ❶ (*tree*) Lorbeer[baum] *m* ❷ *pl* (*fig*) ■**~s** Lorbeeren *pl fig* ▶ PHRASES: **to have to look to one's ~s** sich *akk* nicht auf seinen Lorbeeren ausruhen dürfen; **to rest on one's ~s** sich *akk* auf seinen Lorbeeren ausruhen

laurel wreath *n* Lorbeerkranz *m*

lav [læv] *n* BRIT (*fam*) *short for* **lavatory** Klo *nt fam*

lava ['lɑːvə] *n no pl* Lava *f;* (*cooled also*) Lavagestein *nt*

lava flow *n* Lavastrom *m* **lava lamp** *n* Lavalampe *f*

lavatorial [ˌlævə'tɔːriəl] *adj esp* BRIT Toiletten-; ***the style of the new offices can only be described as ~*** die neuen Büros erinnern in ihrem Stil sehr stark an eine Toilette; **~ humour** BRIT (*pej*) Latrinenwitze *mpl pej*

lavatory ['lævətᵊri, AM -tɔːri] *n usu* BRIT Toilette *f;* **public ~** öffentliche Toilette; **to go to the ~** auf die Toilette gehen

lavatory pan *n* BRIT (*dated*) Bettschüssel *f* **lavatory paper** *n no pl esp* BRIT (*dated*) Toilettenpapier *nt*, Klopapier *nt fam* **lavatory seat** *n esp* BRIT Toilettensitz *m*

lavender ['lævᵊndəʳ, AM -ɚ] **I.** *n no pl* (*plant, colour*) Lavendel *m* **II.** *adj* lavendelfarben

lavender bag *n* Lavendelsäckchen *nt* **lavender water** *n no pl* Lavendelwasser *nt*

lavish ['lævɪʃ] **I.** *adj* ❶ (*sumptuous*) *meal* üppig; *banquet, reception* großartig; ***the wedding reception was a really ~ affair*** das Hochzeitsmahl war wirklich aufwendig ❷ (*generous*) großzügig, verschwenderisch; **to be ~ with one's hospitality** ausgesprochen gastfreundlich sein; **~ praise** überschwengliches Lob; **to be ~ with one's praise** nicht mit Lob geizen; **~ promises** großartige Versprechungen **II.** *vt* ■**to ~ sth on sb** jdn mit etw *dat* überhäufen [*o* überschütten]; **to ~ much effort on sth** viel Mühe in etw *akk* stecken; **to ~ much time on sb/sth** jdm/etw viel Zeit widmen

lavishly ['lævɪʃli] *adv* ❶ (*sumptuously*) üppig, prächtig; **~ *furnished*** luxuriös eingerichtet ❷ (*generously*) großzügig

lavishness ['lævɪʃnəs] *n no pl* ❶ (*sumptuousness*) Üppigkeit *f* ❷ (*generosity*) Großzügigkeit *f*

law [lɔː, AM *esp* lɑː] *n* ❶ (*rule*) Gesetz *nt; **many doctors want to see a ~ banning all tobacco advertising*** viele Ärzte fordern ein Verbot jeglicher Tabakwerbung; ***the ~s governing the importation of animals ...*** die Gesetze zur Einführung von Tieren ...; ***his word is ~*** sein Wort ist Gesetz; ***there is a ~ against driving on the wrong side of the road*** es ist verboten, auf der falschen Straßenseite zu fahren; ***the first ~ of politics is ...*** das oberste Gesetz in der Politik lautet ... ❷ *no pl* (*legal system*) Recht *nt;* **to take the ~ into one's own hands** Selbstjustiz betreiben; **~ and order** Recht und Ordnung, Law and Order *fam;* **to be against the ~** illegal [*o* gegen das Gesetz] sein; **to be above the ~** über dem Gesetz stehen; **to break/obey the ~** das Gesetz brechen/befolgen; **to remain within the ~** sich *akk* im Rahmen des Gesetzes bewegen ❸ *no pl* (*police*) ■**the ~** die Polizei; **to get the ~ on sb** (*fam*) jdm die Polizei auf den Hals hetzen *fam* ❹ (*scientific principle*) [Natur]gesetz *nt;* **~ of averages** Gesetz *nt* der Serie; **the ~ of supply and demand** das Gesetz von Angebot und Nachfrage ❺ *no pl* (*at university*) Jura *kein art*, Jus *nt;* **to study ~** Jura studieren ▶ PHRASES: **the ~ of the jungle** das Gesetz des Stärkeren; **there's one ~ for the rich and another for the poor** (*saying*) wer Geld hat, [der] hat auch das Gesetz auf seiner Seite; **to go to ~** vor Gericht gehen; **sb is a ~ unto oneself** jd lebt nach seinen eigenen Gesetzen

law-abiding *adj* gesetzestreu **lawbreaker** *n* Gesetzesbrecher(in) *m(f)* **law centre** *n* Rechtsstreitberatung *f* **law court** *n* Gericht *nt*, Gerichtshof *m* **law enforcement** *n no pl esp* AM Gesetzesvollzug *m; **in most countries ~ is in the hands of the police*** in den meisten Ländern ist es Aufgabe der Polizei, für die Einhaltung der Gesetze zu sorgen **law enforcement officer** *n esp* AM Polizeibeamte(r) *m*, Polizeibeamte [*o* -in] *f*

lawful ['lɔːfᵊl, AM *esp* 'lɑː-] *adj* (*form*) gesetzlich; **~ heir/owner** gesetzmäßiger Erbe/Besitzer/gesetzmäßige Erbin/Besitzerin

lawfully ['lɔːfᵊli, AM *esp* 'lɑː-] *adv* (*form*) rechtmäßig

lawfulness ['lɔːfᵊlnəs, AM *esp* 'lɑː-] *n no pl* (*form*) Rechtsgültigkeit *f*

lawgiver *n* Gesetzgeber *m*

lawless ['lɔːləs, AM *esp* 'lɑː-] *adj* ❶ (*without laws*) gesetzlos; **a ~ country** ein Land *nt* ohne Gesetzgebung ❷ (*illegal*) gesetzwidrig

lawlessness ['lɔːləsnəs, AM *esp* 'lɑː-] *n no pl* Gesetzlosigkeit *f*

Law Lords *npl* BRIT Lordrichter *mpl* **lawmaker** *n* Gesetzgeber *m*

lawn¹ [lɔːn, AM *esp* lɑːn] *n* Rasen *m*

lawn² [lɔːn, AM *esp* lɑːn] *n no pl* (*cotton*) Batist *m;* (*linen*) Linon *m*

lawn bowling *n no pl* AM Bowls *nt* (*Ballspiel, ähnlich Boccia*) **lawnmower** *n* Rasenmäher *m* **lawn party** *n* AM Gartenfest *nt*, Gartenparty *f* **lawn tennis** *n no pl* (*form*) Rasentennis *nt*

lawrencium [lə'ren(t)siəm, AM lɔː'-] *n no pl* Lawrencium *nt*

law school *n esp* AM juristische [*o* ÖSTERR juridische] Fakultät **law student** *n* Jurastudent(in) *m(f)*, Jusstudent(in) *m(f)* ÖSTERR, SCHWEIZ **lawsuit** *n* Klage *f*, Prozess *m*, Rechtsstreit *m;* **to bring** [*or esp* AM **file**] **a ~ against sb** gegen jdn Klage erheben [*o* einen Prozess anstrengen]

lawyer ['lɔɪəʳ, AM 'lɑːjɚ, 'lɔɪ-] *n* ❶ (*attorney*) Rechtsanwalt, Rechtsanwältin *m, f* ❷ BRIT (*fam: student*) Jurastudent(in) *m(f)*, Jusstudent(in) *m(f)* ÖSTERR, SCHWEIZ

lax [læks] *adj* ❶ (*lacking care*) lasch, lax *oft pej;* **~ discipline** mangelnde Disziplin; **~ security** mangelnde Sicherheitsvorkehrungen; ■**to be ~ in doing sth** bei etw *dat* lax sein *oft pej*, bei etw *dat* nachlässig vorgehen ❷ (*lenient*) locker, lasch; ***the rules are ~ here*** die Vorschriften sind hier nicht besonders streng

laxative ['læksətɪv, AM -t̬ɪv] **I.** *n* Abführmittel *nt*, Laxativ *nt fachspr* **II.** *adj attr* abführend, laxativ *fachspr*

laxity ['læksəti, AM -əţi] *n no pl* Laschheit *f*, Laxheit *f*, Nachlässigkeit *f*

laxly ['læksli] *adv* lasch, lax *oft pej*, nachlässig

laxness ['læksnəs] *n no pl* Laschheit *f*, Laxheit *f*, Nachlässigkeit *f*

lay¹ [leɪ] *adj attr, inv* ❶ (*not professional*) laienhaft; **to the ~ mind** für den Laien; **in ~ terms** laienhaft ❷ (*not clergy*) weltlich, Laien-; **~ preacher** Laienprediger *m*

lay² [leɪ] *pt of* **lie**

lay³ [leɪ] **I.** *n* ❶ (*general appearance*) Lage *f;* **the ~ of the land** (*fig*) die Lage; **to ascertain** [*or* **spy out**] **the ~ of the land** die Lage sondieren ❷ (*layer*) Lage *f*, Schicht *f* ❸ (*fam!: sexual intercourse*) Nummer *f derb;* **to be an easy ~** leicht zu haben sein *fam;* **to be a good ~** gut im Bett sein *fam* ❹ (*period for producing eggs*) Legezeit *f;* ■**to be in ~** Legezeit haben **II.** *vt* <laid, laid> ❶ (*spread*) ■**to ~ sth on** [*or* **over**] **sth** etw auf etw *akk* legen [*o* über etw *akk* breiten]; ***she laid newspaper over the floor*** sie deckte den Fußboden mit Zeitungen ab ❷ (*place*) ■**to ~ sth somewhere** etw irgendwohin legen; ***he laid his arm along the back of the sofa*** er legte seinen Arm auf den Sofarücken; **~ *your coats on the bed*** legt eure Mäntel auf dem Bett ab; **to ~ the blame on sb** (*fig*) jdn für etw *akk* verantwortlich machen; **to ~ emphasis** [*or* **stress**] **on sth** etw betonen ❸ (*put down*) ■**to ~ sth** etw verlegen; **to ~ bricks** mauern; **to ~ a cable/a carpet** ein Kabel/einen Teppich verlegen; **to ~ the foundations of a building** das Fundament für ein Gebäude legen; **to ~ the foundations** [*or* **basis**] **for sth** (*fig*) das Fundament zu etw *dat* legen; **to ~ plaster** Verputz auftragen ❹ (*prepare*) ■**to ~ sth** etw herrichten; *bomb, fire* etw legen; *the table* decken; **to ~ plans** Pläne schmieden; **to ~ a trail** eine Spur legen; **to ~ a trap** [**for sb**] [jdm] eine Falle stellen ❺ (*render*) **to ~ sth bare** [*or* **flat**] etw offen legen; **to ~ sb bare** [*or* **flat**] jdn bloßstellen; **to ~ sb low** BOXING (*dated*) jdn außer Gefecht setzen; **to ~ sb/sth open to an attack/to criticism** jdn/etw einem Angriff/der Kritik aussetzen; **to ~ sb/sth open to ridicule** jdn/etw der Lächerlichkeit preisgeben; **to ~ waste the land** das Land verwüsten ❻ (*deposit*) **to ~ an egg** ein Ei legen ❼ (*wager*) ■**to ~ sth** etw setzen [*o* verwetten]; **to ~ an amount on sth** einen Geldbetrag auf etw *akk* setzen; **to ~ a bet on sth** auf etw *akk* wetten; **to ~ sb ten to one that ...** mit jdm zehn zu eins darum wetten, dass ...; **to ~ one's life/shirt on sth** sein Leben/letztes Hemd auf etw *akk* verwetten ❽ (*present*) ■**to ~ sth before sb** jdm etw vorlegen, etw vor jdn bringen; **to ~ one's case before sb/sth** jdm/etw sein Anliegen unterbreiten ❾ (*assert*) **to ~ a charge against sb** gegen jdn Anklage erheben; **to ~ claim to sth** auf etw *akk* Anspruch erheben ❿ CARDS **to ~ an ace/a queen** ein Ass/eine Königin legen ⓫ *usu passive* (*vulg: have sexual intercourse*) ■**to ~ sb** jdn umlegen *sl* [*o derb* aufs Kreuz legen]; **to get laid** flachgelegt werden *sl* ▶ PHRASES: **to ~ sth at sb's door** *esp* BRIT, AUS jdn für etw *akk* verantwortlich machen; **to ~ sb's fears to rest** jds Ängste zerstreuen; **to ~** [**so much as**] **a finger** [*or* **hand**] **on sb** jdn [auch nur] berühren; **to ~ a ghost** einen [bösen] Geist beschwören [*o* bannen]; **to ~ the ghosts of the past** Vergangenheitsbewältigung betreiben; **to ~ hands on sb** Hand an jdn legen; **to ~ one's hands on sth** einer S. *gen* habhaft werden *geh; **I'll see if I can ~ my hands on a copy for you*** ich schau mal, ob ich eine Kopie für dich ergattern kann *fam;* **to ~ sth on the line** etw riskieren [*o* aufs Spiel setzen]; **to ~ it on the line for sb** (*fam*) es jdm klipp und klar sagen *fam;* **to ~ sb to rest** (*euph*) jdn zur letzten Ruhe betten *euph geh;* **to ~ sth to rest** *fears, suspicions* etw beschwichtigen; **to ~ sth on the table** (*present for discussion*) etw auf den Tisch [*o fam* aufs Tapet] bringen; AM (*suspend discussion of*) etw aufschieben; **to ~ it** [*or* **sth**] **on** [**a bit thick** [*or* **with a trowel**]] etwas übertreiben [*o fam* zu dick auftragen] **III.** *vi* <laid, laid> *hen* [Eier] legen

◆**lay about** *vi* ① (*strike out wildly*) ■**to ~ about oneself** wild um sich *akk* schlagen ② (*fig: be indiscriminately critical*) zu einem Rundumschlag ausholen

◆**lay aside** *vt* ■**to ~ aside** ⊂ **sth** ① (*put away*) etw beiseite legen ② (*fig: stop*) *project, work* etw auf Eis legen *fam* ③ (*fig: forget*) etw beilegen; **to ~ aside one's differences** seine Differenzen beilegen ④ (*save*) etw beiseite [*o* auf die Seite] legen; **to ~ aside money** Geld beiseite legen [*o* sparen] ⑤ (*reserve for future use*) [sich *dat*] etw aufsparen, etw zurückbehalten

◆**lay back** *vt* ■**to ~ back** ⊂ **sth** etw zurücklegen; **to ~ back one's ears** *animal* die Ohren anlegen

◆**lay by** *vt* ① (*save up*) ■**to ~ by** ⊂ **sth** etw beiseite [*o* auf die Seite] legen, etw sparen ② AM (*grow a last crop on*) **to ~ by a field** ein Feld ein letztes Mal bestellen

◆**lay down** *vt* ① (*place on a surface*) ■**to ~ down** ⊂ **sth** etw hinlegen (**on** auf +*akk*) ② (*relinquish*) **to ~ down one's arms** [*or* **weapons**] die Waffen niederlegen ③ (*decide on*) ■**to ~ down** ⊂ **sth** etw festlegen; (*establish*) etw aufstellen; **to ~ down a time-limit** eine Frist setzen; ■**it is laid down that …** es steht geschrieben, dass … ▶ PHRASES: **to ~ down one's arms** sich *akk* ergeben; **to ~ down the law** [**about sth**] (*fam*) [über etw *akk*] Vorschriften machen; **to ~ down one's life for sb/sth** sein Leben für jdn/etw geben; **now I ~ me down to sleep** (*fam*) müde bin ich, geh' zur Ruh'

◆**lay in** *vt* ■**to ~ in** ⊂ **sth** ① (*build up stock*) einen Vorrat an etw *dat* anlegen; *food* etw einlagern ② COMPUT Tonspur in etw *akk* anlegen

◆**lay into** *vi* ① (*fam*) ■**to ~ into sb** (*assault*) jdn angreifen; (*shout at, criticize*) jdn zur Schnecke machen *fam* ② (*eat heartily*) ■**to ~ into sth** etw verschlingen

◆**lay off I.** *vt* ■**to ~ off** ⊂ **sb** jdm kündigen, jdn hinauswerfen *fam* **II.** *vi* aufhören; ***just ~ off a bit, ok?*** gib mal ein bisschen Ruhe, okay? *fam;* ■**to ~ off sth** mit etw *dat* aufhören, die Finger von etw *dat* lassen *fam;* **to ~ off smoking** das Rauchen aufgeben; ■**to ~ off sb** jdn in Ruhe lassen *fam*

◆**lay on** *vt* ① (*make available*) ■**to ~ on** ⊂ **sth** für etw *akk* sorgen; ***the firm laid on a chauffeur-drive car to take us to the airport*** die Firma setzte ein Auto mit Chauffeur ein, um uns zum Flughafen zu bringen; ***you don't need to bring anything to drink, it's all laid on*** du brauchst nichts zu trinken mitbringen, es ist für alles gesorgt ② (*install*) **to ~ on electricity** Strom anschließen ③ AM (*sl: berate*) **to ~ it on sb** jdn zur Schnecke machen *fam* ④ (*fam: impose*) ■**to ~ sth on sb** jdm etw aufbürden; ***sorry to ~ this on you, but somebody has to check the accounts*** tut mir leid, dass ich dir das aufhalse, aber irgendjemand muss die Konten überprüfen *fam;* **to ~ a tax on sth** etw mit einer Steuer belegen

◆**lay out** *vt* ① (*arrange*) ■**to ~ out sth** etw planen; **to ~ out a campaign** eine Kampagne organisieren ② (*spread out*) ■**to ~ out** ⊂ **sth** *map* etw ausbreiten (**on** auf +*dat*); ***Henry was ~ing out the breakfast things*** Henry deckte den Frühstückstisch ③ *usu passive* (*design*) ■**to be laid out** angeordnet sein; *garden* angelegt [*o* gestaltet] sein; ■**to ~ sth** etw layoutieren; ***the town was laid out in a grid pattern*** die Stadt war gitterförmig angelegt ④ (*prepare for burial*) ■**to ~ sb out** jdn aufbahren; **to be laid out in state** aufgebahrt sein ⑤ (*fam: render unconscious*) ■**to ~ sb out** jdn bewusstlos schlagen; **to ~ sb out cold** jdn kaltmachen *sl* ⑥ (*fam: spend lots of money*) **to ~ out £300/$500 on sth** für etw *akk* 300 Pfund/500 Dollar hinblättern *fam* ⑦ AM (*explain*) ■**to ~ sth out** [**for sb**] [jdm] etw erklären

◆**lay up** *vt usu passive* (*fam*) **to be laid up** [**in bed**] bettlägerig sein; **to be laid up** [**in bed**] **with flu** mit einer Grippe darniederliegen *geh* ▶ PHRASES: **to ~ up trouble** [**for oneself**] sich *akk* in Schwierigkeiten bringen

layabout *n* (*pej fam*) Faulenzer(in) *m(f) pej*, Nichtstuer(in) *m(f)* **layaway** *n no pl* AM **to buy/put sth on ~** etw auf Anzahlung kaufen/sich *dat* etw zurücklegen lassen *akk;* **to have sth on ~** etw anzahlen **lay brother** *n* Laienbruder *m* **lay-by** *n* ① BRIT (*on road*) Rastplatz *m* ② *no pl* AUS (*form of purchasing*) Ratenkauf *m;* **to buy/put sth on ~** etw auf Anzahlung kaufen/sich *dat* etw zurücklegen lassen *akk* ③ AUS (*purchased item*) angezahlter Gegenstand

layer ['leɪəʳ, AM -ə] **I.** *n* ① (*of substance*) Schicht *f;* ***her dress has ruffled ~s at the bottom*** ihr Kleid hat am Saum Volants; **ozone ~** Ozonschicht *f;* **a ~ of oil** eine Ölschicht; ■**~s** *pl* (*in hair*) Stufen *fpl* ② (*fig: level*) *of bureaucracy* Stufe *f;* (*in an organization*) *administrative* Ebene *f* ③ (*laying hen*) Legehenne *f* ④ HORT Ableger *m* **II.** *vt* ① (*arrange into layers*) ■**to ~ sth** [**with sth**] etw [abwechselnd mit etw *dat*] in Schichten anordnen; ***~ the potatoes with the onions*** schichten Sie die Kartoffeln mit den Zwiebeln auf ② (*cut into layers*) **to ~ sb's hair** jds Haar stufig schneiden ③ HORT **to ~ a plant** eine Pflanze durch Ableger vermehren

layer cake *n* Schichttorte *f*

layered ['leɪəd, AM -əd] *adj inv* Stufen-, Schicht-, geschichtet

-layered ['leɪəd, AM -əd] *in compounds* (*five-, two-, many-, multi-*) -schichtig

layering ['leɪərɪŋ, AM -ə-] *n no pl* ① (*of substance*) Übereinanderlegen *nt;* GEOL Schichtung *f* ② HORT Stecklingsvermehrung *f*

layette [leɪ'et] *n* (*dated*) Babyausstattung *f*

laying on of hands *n no pl* Handauflegen *nt*

layman *n* ① (*non-specialist*) Laie *m;* ***the ~'s guide to home repairs*** der Leitfaden für den Laienheimwerker ② (*sb not ordained*) Laienbruder *m* **lay-off** *n* ① (*from work*) *temporary* vorübergehende Entlassung; *permanent* Entlassung *f* ② SPORTS (*due to injury*) [verletzungsbedingte] Pause; **to take a ~** [eine] [verletzungsbedingte] Pause machen **layout** *n* ① (*plan*) *of building, house* Raumaufteilung *f; of road, of town* Plan *m* ② (*of written material*) Layout *nt* ③ *no pl* (*arrangement*) Anordnen *nt;* ***he does the ~ for our local newspaper*** er ist für die Aufmachung der Lokalzeitung zuständig ④ COMPUT Aufbau *m* **layover** *n* AM (*stopover*) Aufenthalt *m;* (*of plane*) Zwischenlandung *f* **layperson** *n* ① (*non-specialist*) Laie, -in *m, f,* Nichtfachmann, Nichtfachfrau *m, f* ② (*not clergy*) Laie, -in *m, f* **lay sister** *n* Laienschwester *f* **laywoman** *n* Laiin *f*

laze [leɪz] *vi* faulenzen

◆**laze about, laze around** *vi* [herum]faulenzen *fam*

◆**laze away** *vi* **to ~ away the day** den [ganzen] Tag vertrödeln *pej fam*

lazily ['leɪzɪli] *adv* ① (*not willing to work*) faul ② (*leisurely*) ruhig, träge; ***palm trees swayed ~ in the soft breeze*** die Palmen wiegten sich sanft in der Brise

laziness ['leɪzɪnəs] *n no pl* Faulheit *f*

lazy ['leɪzi] *adj* ① (*pej: unwilling to work*) faul; (*lacking pep*) träge ② (*approv: relaxed*) müßig *geh;* ***I had a wonderful ~ weekend*** ich hatte ein herrliches, erholsames Wochenende; **a ~ drawl** eine langsame, schleppende Stimme

lazybones <*pl* -> *n* (*pej fam*) Faulpelz *m pej fam* **lazy eye** *n Auge mit Sehschwäche, das weniger belastet wird und daher zunehmend an Sehkraft verliert* **lazy locking** *n* AUTO *Schließsystem, bei dem automatisch mit Abschließen der Autotür auch die Fenster geschlossen werden* **lazy Susan** *n* drehbares Tablett

lb <*pl* – *or* -s> *n abbrev of* **pound** Pfd.

LBO [ˌelbi:'əʊ, AM -'oʊ] *n* FIN *abbrev of* **leveraged buyout**

lbw [ˌelbi:'dʌblju:] BRIT **I.** *adj inv* (*in cricket*) *abbrev of* **leg before wicket**: ***the ~ decision went against him*** es hieß, sein vor dem Tor stehendes Bein sei getroffen worden **II.** *n* (*in cricket*) *abbrev of* **leg before wicket**: ***Ambrose has many ~s to his name*** Ambrose kann viele Würfe gegen ein vor dem Tor stehendes Bein verzeichnen

LC [ˌel'si:] *n* ① *abbrev of* **Library of Congress** *Nationalbibliothek der Vereinigten Staaten* ② *abbrev of* **Lord Chancellor** Lord[groß]kanzler *m*

L/C *n* FIN *abbrev of* **letter of credit** Akkreditiv *nt*

LCBO [elsi:bi:'oʊ] *n* CAN *abbrev of* **Liquor Control Board of Ontario** *von der Provinzregierung Ontario geführte Ladenkette, die alkoholische Getränke verkauft*

LC circuit *n* COMPUT LC-Oszillator *m*

LCD [ˌelsi:'di:] **I.** *n abbrev of* **liquid crystal display** LCD *nt* **II.** *n modifier abbrev of* **liquid crystal display** LCD-; **~ screen** LCD-[Bild]schirm *m*

LDC [ˌeldi:'si:] *n* ECON *abbrev of* **less developed country** Entwicklungsland *nt*

L-driver ['elˌdraɪvəʳ] *n* BRIT ≈ Fahrschüler(in) *m(f)*

LEA [ˌeli:'eɪ] *n* + *sing/pl vb* BRIT *abbrev of* **Local Education Authority** ≈ Schulamt *nt*

lea [li:] *n* (*poet*) Flur *f poet,* Au[e] *f poet*

leach [li:tʃ] *vt* ■**to ~ sth** *soil, land* etw auslaugen; ***rain water ~es heavy metals out of the dump site*** Regenwasser schwemmt Schwermetalle vom Müllplatz weg

lead¹ [led] **I.** *n* ① *no pl* (*metal*) Blei *nt;* **to be as heavy as ~** schwer wie Blei sein; **to contain ~** bleihaltig sein ② (*pencil filling*) Mine *f* ③ *no pl* (*graphite*) Graphit *m* ④ *no pl* (*bullets*) Blei *nt veraltet,* Kugeln *fpl;* ***hand over the money or I'll fill you full of ~!*** Geld her oder ich werd' dich mit Blei vollpumpen! *sl* ⑤ BRIT (*strips of lead*) ■**~s** *pl* (*in windows*) Bleifassung *f;* (*on roofs*) Bleiplatten *fpl* ⑥ NAUT Lot *nt fachspr* ▶ PHRASES: **to have ~ in one's pencil** ein steifes Rohr haben *sl, vulg;* **to get the ~ out** sich *akk* beeilen; **to swing the ~** BRIT (*fam: pretend to be sick*) krankfeiern *fam;* (*pretend to be incapable of work*) sich *akk* drücken *fam* **II.** *n modifier* (*bullet, crystal, pipe, weight*) Blei- ▶ PHRASES: **to go down like a ~ balloon** überhaupt nicht ankommen *fam*

lead² [li:d] **I.** *n* ① THEAT, FILM Hauptrolle *f;* **to get/play the ~** [**in sth**] [in etw *dat*] die Hauptrolle bekommen/spielen ② *usu sing* (*guiding, example*) Beispiel *nt;* **to follow sb's ~** jds Beispiel folgen ③ *usu sing* (*guiding in dance*) Führung *f kein pl;* **to give a strong ~** gut führen; **to follow sb's ~** sich *akk* von jdm führen lassen ④ *no pl* (*front position*) Führung *f;* ■**to be in the ~** führend sein; SPORTS in Führung liegen; **to go** [*or* **move**] **into the ~** die Führung übernehmen; SPORTS sich *akk* an die Spitze setzen; **to have/hold/take** [**over**] **the ~** die Führung haben/verteidigen/übernehmen; **to lose one's ~** die Führung verlieren ⑤ (*position in advance*) Vorsprung *m* ⑥ (*clue*) Hinweis *m;* **to get a ~ on sth** einen Hinweis auf etw *akk* bekommen ⑦ (*connecting wire*) Kabel *nt* ⑧ BRIT, AUS (*rope for pet*) Leine *f;* ■**to be on a ~** angeleint sein; **to keep an animal on a ~** ein Tier an der Leine halten; **to let an animal off the ~** ein Tier von der Leine lassen [*o* frei laufen]; **to be** [**let**] **off the ~** (*fig, hum*) sturmfreie Bude haben *fam* ⑨ TYPO Durchschuss *m* **II.** *vt* <led, led> ① (*be in charge of*) ■**to ~ sb/sth** jdn/etw führen; ***she led the party to victory*** sie führte die Partei zum Sieg; **to ~ a delegation/an expedition** eine Delegation/eine Expedition leiten; **to ~ a discussion/an inquiry** eine Diskussion/Ermittlungen leiten; **to ~ sb in prayer** jdm vorbeten ② (*guide*) ■**to ~ sb/sth** jdn/etw führen; ■**to ~ sb into/over/through sth** jdn in/über/durch etw *akk* führen; ■**to ~ sb to sth** jdn zu etw *dat* führen; **to ~ sb astray** jdn auf Abwege führen ③ (*go in advance*) **to ~ the way** vorangehen; **to ~ the way in sth** (*fig*) bei etw *dat* an der Spitze stehen ④ (*cause to have*) **to ~ sb** [**in**]**to problems** jdn in Schwierigkeiten bringen ⑤ (*pej: cause to do*) ■**to ~ sb to do sth** jdn dazu verleiten, etw zu tun; **to ~ sb to believe that …** jdn glauben lassen, dass … ⑥ ECON, SPORTS (*be ahead of*) ■**to ~ sb** jdn anführen; **to ~ the field/**

the pack das Feld/die Gruppe anführen; **to ~ the world** weltweit führend sein ❼ (*spend*) **to ~ a life of luxury** ein Leben im Luxus führen; **to ~ a cat-and-dog life** wie Hund und Katze leben; **to ~ a charmed life** (*be very lucky in life*) ein glückliches Leben führen; (*be guarded from above*) einen Schutzengel haben; **to ~ a hectic/quiet life** ein hektisches/ruhiges Leben führen; ***the life she ~s is very relaxed*** sie führt ein sehr bequemes Leben ❽ (*influence*) ■**to ~ sb** *witness* jdn beeinflussen ▶ PHRASES: **to ~ sb a merry dance** (*fam*) sein Spiel mit jdm treiben; **to ~ sb up** [*or* **down**] **the garden path** (*fam*) jdn an der Nase herumführen [*o* hinters Licht führen]; **to ~ sb by the nose** (*fam*) jdn unter seiner Fuchtel haben *fam* **III.** *vi* <led, led> ❶ (*be in charge*) die Leitung innehaben ❷ (*be guide*) vorangehen; ***where she ~s, others will follow*** sie ist eine starke Führungspersönlichkeit; **to ~ from the front** (*fig*) den Ton angeben ❸ (*guide woman dancer*) führen ❹ (*be directed towards*) ■**to ~ somewhere** irgendwohin führen; ***the track ~s across the fields*** der Pfad führt über die Felder; ***this passage ~s into the servants' quarters*** dieser Gang führt zu den Wohnräumen der Bediensteten; ***the door ~s onto a wide shady terrace*** die Tür geht auf eine große, schattige Terrasse hinaus ❺ (*implicate*) ■**to ~ to sth** auf etw *akk* hinweisen; ***everything ~s to this conclusion*** alles legt diese Schlussfolgerung nahe ❻ (*cause to develop, happen*) ■**to ~ to sth** zu etw *dat* führen; ***this is bound to ~ to trouble*** das muss zwangsläufig zu Schwierigkeiten führen; ***all this talk is ~ing nowhere*** all dieses Gerede führt zu [*o fam* bringt] nichts; ***where's it all going to ~?*** wo soll das alles noch hinführen? ❼ (*be in the lead*) führen; SPORTS in Führung liegen; **to ~ by 10 points** mit 10 Punkten in Führung liegen ❽ LAW in einem Prozess auftreten; **to ~ for the prosecution** die Anklage[verhandlung] eröffnen ▶ PHRASES: **to ~ with one's chin** (*fam*) das Schicksal herausfordern; **all roads ~ to Rome** (*saying*) alle Wege führen nach Rom *prov*

◆**lead in** *vt* ■**to ~ in** ⊂ **sth** etw einleiten

◆**lead off I.** *vt* ❶ (*initiate*) ■**to ~ off** ⊂ **sth** [**with sth**] etw [mit etw *dat*] eröffnen; **to ~ off a dance** einen Tanz eröffnen ❷ (*take away*) ■**to ~ sb off** jdn wegführen; **to ~ a prisoner off** einen Häftling abführen **II.** *vi* ❶ (*perform first*) beginnen, den Anfang machen ❷ (*go off*) ■**to ~ off sth** *road* von etw *dat* wegführen

◆**lead on I.** *vi* vorangehen; **to ~ on in a car** mit einem Auto voranfahren ▶ PHRASES: **~ on, Macduff!** (*prov, hum*) nach dir! **II.** *vt* (*pej*) ■**to ~ sb on** ❶ (*deceive*) jdm etw vormachen ❷ (*raise false hopes, sexually*) jdn verführen ❸ (*encourage to do bad things*) ■**to ~ sb on** jdn anstiften

◆**lead up** *vi* ❶ (*slowly introduce*) ■**to ~ up to sth** zu etw *dat* hinführen; ***it looks as if they're ~ing up to some major policy announcement*** es sieht so aus, als ob sie auf eine wichtige Ankündigung in Bezug auf die Firmenpolitik hinauswollten; ***what's this all ~ing up to?*** was soll das Ganze? ❷ (*precede*) ■**to ~ up to sth** etw *dat* vorangehen; ***which are the events that led up to this situation?*** welche Ereignisse gingen dieser Situation voraus?; ***we barely saw him in the time ~ing up to his departure*** in der Zeit vor seiner Abreise sahen wir ihn kaum

leaded ['ledɪd] **I.** *adj inv* ❶ (*of fuel*) verbleit; **~ fuel/petrol** verbleiter Treibstoff/verbleites Benzin ❷ (*of windows*) bleiverglast **II.** *n no pl* verbleites Benzin; ***could you fill up with ~, please?*** können Sie bitte mit verbleitem Benzin volltanken?

leaded light *n*, **leaded window** *n* bleiverglastes Fenster

leaden ['ledᵊn] *adj* ❶ (*of colour*) bleiern, bleifarben; **~ sky** bleierner Himmel ❷ (*heavy*) bleischwer, bleiern; **~ limbs** bleischwere Glieder; (*fig*) ***a ~ attempt to answer the question*** ein müder Versuch, die Frage zu beantworten *fig;* **a ~ expression** ein starrer Gesichtsausdruck

leader ['li:dəʳ, AM -ɚ] *n* ❶ (*head*) Leiter(in) *m(f),* Führer(in) *m(f);* ***he's a ~ of men*** er ist eine Führernatur; **~ of the gang/pack** Bandenführer(in) *m(f),* Bandenchef(in) *m(f);* **~ of the students** Studentenführer(in) *m(f)* ❷ (*first in competition*) Erste(r) *f(m)* ❸ (*most successful*) Führende(r) *f(m);* **market ~** Marktführer *m* ❹ COMM (*best-selling product*) Spitzenreiter *m,* führender Artikel ❺ STOCKEX Bluechip *m* ❻ BRIT MUS (*of orchestra*) erster Geiger/erste Geigerin ❼ AM MUS (*conductor*) Dirigent(in) *m(f)* ❽ BRIT (*editorial*) Leitartikel *m* ❾ BRIT (*in government*) **the L~ of the House** der Führer/die Führerin des Hauses ❿ FILM, TECH Vorspannband *nt* ⓫ (*row of dots*) Führungspunkte *pl* ⓬ BRIT LAW führender [*o* erster] Anwalt

leaderless ['li:dələs, AM dɚ] *adj inv* führerlos, ohne Anführer *nach n*

leadership ['li:dəʃɪp, AM -dɚ-] **I.** *n no pl* ❶ (*action of leading*) Führung *f;* **sb's style of ~** jds Führungsstil; **effective/poor/strong ~** effektive/schwache/starke Führung; **to lack/show ~** Führungskraft vermissen lassen/von Führungsqualität zeugen ❷ (*position*) Leitung *f,* Führung *f,* Führerschaft *f;* **market ~** Marktführung *f;* ■**to be under sb's ~** unter jds Leitung stehen; ■**the ~** (*top position*) die Spitze; (*control position*) die Leitung ❸ + *sing/pl vb* (*people in charge*) ■**the ~** die Leitung; **the ~ of the expedition** die Expeditionsleiter(innen) *mpl(fpl);* ***we need a change of ~!*** wir brauchen ein Wechsel an der Führungsspitze! **II.** *n modifier* (*qualities, seminar*) Führungs-

lead-footed *adj* AM (*fam*) ❶ (*slow*) schwerfällig ❷ *driver* rasant *fam* **lead-free** *adj* bleifrei; **~ paint** bleifreie Farbe; **~ petrol** [*or* AM **gasoline**] bleifreies Benzin

lead guitar *n* ❶ (*guitar*) Leadgitarre *f* ❷ (*guitar player*) Leadgitarrist(in) *m(f)* **lead-in** *n* Einführung *f,* Einleitung *f* (**to** in +*akk*); TV, RADIO Erkennungsmelodie *f* (**to** zu +*dat*)

leading¹ ['li:dɪŋ] **I.** *adj attr* ❶ (*number one*) führend; ***one of the town's ~ citizens*** einer der angesehensten Bürger der Stadt; **to be a ~ contender for sth** einer der führenden Anwärter auf etw *akk* sein ❷ LAW **~ question** Suggestivfrage *f* **II.** *n* ❶ *no pl* (*guidance*) Führung *f* ❷ (*promptings*) ■**~s** *pl* Führen *nt kein pl;* ***she followed the ~s of her heart*** sie folgte der Stimme ihres Herzens ❸ TYPO Durchschuss *m*

leading² ['ledɪŋ] *n no pl* BRIT ❶ (*of roof*) Verbleiung *f* ❷ (*of windows*) Bleifassung *f*

leading actor *n* Hauptdarsteller *m* **leading actress** *n* Hauptdarstellerin *f* **leading article** *n* BRIT Leitartikel *m* **leading counsel** *n* LAW erster Anwalt/erste Anwältin **leading edge I.** *n* ❶ (*of wing/blade*) Flügelvorderkante *f* ❷ *no pl* (*of development*) ■**to be at the ~ [of sth]** auf dem neuesten Stand [einer S. *gen*] sein ❸ COMPUT Führungskante *f* **II.** *n modifier* TECH, COMPUT (*research, technology*) Spitzen-, Hightech- **leading hand** *n* AUS Vorarbeiter(in) *m(f)* **leading lady** *n* Hauptdarstellerin *f;* ***who will take the role of his ~ in the play?*** wer wird seine Partnerin in dem Stück sein? **leading light** *n* (*fam*) führende Persönlichkeit; ■**to be a ~ in sth** bei [*o* in] etw *dat* eine maßgebliche Person sein **leading man** *n* Hauptdarsteller *m;* ***who plays her ~ in the film?*** wer spielt ihren Partner in dem Film? **leading part** *n* Hauptrolle *f* **leading question** *n* Suggestivfrage *f* **leading rein** *n* Leitzügel *m* **leading role** *n* Hauptrolle *f;* **to get/play a/the ~ [in sth]** [in etw *dat*] eine/die Hauptrolle bekommen/spielen; **to play a ~ in sth** (*fig*) wesentlich zu etw *dat* beitragen **leading seaman** *n* NAUT *Rang zwischen Vollmatrose und Fähnrich zur See*

lead pencil *n* Bleistift *m* **lead-poisoning** *n no pl* Bleivergiftung *f*

lead singer *n* Leadsänger(in) *m(f)* **lead story** *n* JOURN Aufmacher *m* **lead time** *n* (*in production*) Vorlaufzeit *f;* (*for completion*) Realisierungszeit *f;* (*time for delivery*) Lieferzeit *f* **lead-up** *n* ❶ (*that which precedes*) Einleitung *f* (**to** zu +*dat*) ❷ (*time preceding*) Vorfeld *nt fig;* ***in the ~ to the revolution, …*** in den Vorjahren der Revolution …

leaf <*pl* leaves> [li:f, *pl* li:vz] **I.** *n* ❶ (*part of plant*) Blatt *nt;* **dead ~** verwelktes Blatt; **to put out leaves** sprießen *geh* ❷ *no pl* (*complete foliage*) Laub *nt;* **to be in/come into ~** Blätter haben/bekommen ❸ (*dated: of paper*) Blatt *nt;* **~ of paper** Blatt *nt* Papier; ***she turned the leaves of the book slowly*** sie blätterte die Seiten des Buchs langsam um ❹ (*part of table*) Klappe *f;* (*for extending table*) Ausziehplatte *f;* **to pull out/put in a/the ~** eine/die Ausziehplatte herausnehmen/einsetzen ▶ PHRASES: **to take a ~ from** [*or* **out of**] **sb's book** sich *dat* an jdm ein Beispiel nehmen; **to shake like a ~** wie Espenlaub zittern **II.** *vi* ❶ (*of book, periodical*) ■**to ~ through sth** etw durchblättern ❷ HORT sprießen *geh*

leaf green *n no pl* Blattgrün *nt,* Laubgrün *nt*

leafless ['li:fləs] *adj* kahl

leaflessness ['li:fləsnəs] *n no pl* Kahlheit *f*

leaflet ['li:flət] **I.** *n* (*for advertising*) Prospekt *m* ÖSTERR *a. nt;* (*for instructions*) Merkblatt *nt;* (*for political use*) Flugblatt *nt;* (*brochure*) Broschüre *f;* **advertising ~** Werbezettel *m* **II.** *vi* (*in street*) auf der Straße Prospekte/Flugblätter/Broschüren verteilen; (*by mail*) per Post Werbematerial/Broschüren verschicken **III.** *vt* <-t-> ■**to ~ somewhere** irgendwo Handzettel verteilen; (*by mail*) Handzettel irgendwohin verschicken; (*for advertising*) irgendwo Werbematerial verteilen; (*for political use*) irgendwo Flugblätter verteilen; (*for instruction*) irgendwo Merkblätter verteilen; **to ~ potential customers** potenziellen Kunde eine Werbesendung zukommen lassen; **to ~ a car** an einem Auto einen Werbezettel anbringen

leaf mold AM, **leaf mould** *n no pl* ❶ (*compost*) [Laub]kompost *m* ❷ (*disease*) Schimmelpilzbelag *m,* [*auf dem Blattwerk*]

leafy ['li:fi] *adj* ❶ (*of place*) belaubt ❷ HORT Blatt-, blattartig; **~ vegetables** Blattgemüse *nt*

league [li:g] **I.** *n* ❶ (*group*) Bund *m;* **the Ivy L~** die Eliteuniversitäten *pl* der USA, [*an der Ostküste*]; **the L~ of Nations** der Völkerbund; **the Arab/Hanseatic L~** die Arabische Liga/die Hanse ❷ (*esp pej: agreement to cooperate*) ■**to be in ~ with sb** mit jdm gemeinsame Sache machen [*o fam* unter einer Decke stecken] ❸ (*in competitive sport*) Liga *f;* **to be bottom/top of the ~** den Tabellenschluss bilden/Tabellenführer sein; **the ~ championship** die Ligameisterschaft; **football ~** Fußballliga *f;* **to win the ~** die Meisterschaft gewinnen ❹ (*fig: class*) Klasse *f;* **to be in a different ~** in einer anderen Klasse sein; ***this hotel is in a different ~ altogether from other ones*** dieses Hotel fällt in eine ganz andere Kategorie als die anderen; **to be/not be in the same ~ as sb/sth** [nicht] das gleiche Format wie jd/etw haben; ■**to be out of sb's ~** (*too expensive*) jds Verhältnisse übersteigen; (*too good*) jdn [weit] überragen; ***she's a really classy girl, a bit out of his ~ if you ask me*** sie ist ein echt klasse Mädchen, viel zu schade für ihn, wenn du mich fragst *fam* ▶ PHRASES: **the big ~** die Spitzenliga **II.** *n modifier* (*club, event, game, match, player, team*) Liga- **league standings** *npl* AM, **league table** *n* BRIT Tabelle *f;* **to be at the bottom/top of the ~** am Tabellenende/an der Tabellenspitze stehen; (*fig*) das Schlusslicht bilden *fam*/an der Spitze stehen

leak [li:k] **I.** *n* (*crack, hole*) Leck *nt;* **a gas ~** eine undichte Stelle in der Gasleitung; **to spring a ~** Leck schlagen; **a security ~** (*fig*) eine undichte Stellen im Sicherheitsbereich ▶ PHRASES: **to take** [*or* BRIT, AUS *also* **have**] **a ~** (*fam!*) pinkeln [*o sl* schiffen] gehen *sl* **II.** *vi* (*of container, surface*) undicht sein; *boat, ship* lecken; *bucket, hose* undicht sein; *tap* tropfen; *tire* Luft verlieren; *pen* klecksen, patzen ÖSTERR; ***our roof ~s every time it rains*** Wasser sickert durch das Dach, jedes Mal wenn es regnet; ***my old hiking shoes ~*** meine alten Wanderschuhe sind wasserdurchlässig; ■**to ~ somewhere** *liquid* irgendwohin auslaufen; *gas* irgendwohin ausströmen; ***the turpentine's ~ed everywhere*** überall ist Terpentin ausgelaufen; **to ~ like a sieve** völlig undicht sein

L

III. *vt* ■**to ~ sth** ① (*of container, surface*) etw verlieren; *gas, liquid* etw austreten lassen; ***the car ~ed oil all over the drive*** das Auto verlor Öl über die ganze Einfahrt ② (*fig*) *confidential information* etw durchsickern lassen; ■**to ~ sth to sb** jdm etw zuspielen

◆**leak out** *vi* ① (*of gas, liquid*) auslaufen; ■**to ~ out of sth** aus etw *dat* austreten; *gas* aus etw *dat* ausströmen; *liquid* aus etw *dat* auslaufen ② (*fig*) *confidential information* durchsickern

leakage ['li:kɪdʒ] *n* ① *no pl* (*leaking*) *of gas* Ausströmen *nt; of liquid* Auslaufen *nt; of water* Versickern *nt* ② (*leak*) *also* COMPUT Leck *nt;* (*in a pipe*) undichte Stelle ③ *no pl* (*fig: of secret information*) Durchsickern *nt*

leaked [li:kt] *adj attr* ① *gas* ausströmend; *liquid* auslaufend ② (*fig*) *confidential information* durchgesickert

leaking ['li:kɪŋ] *adj attr* undicht

leaky ['li:ki] *adj* leck

lean¹ [li:n] I. *adj* ① *animal* mager; *person* schlank, schmal ② *meat* mager ③ (*of period of time*) mager, dürftig ④ (*approv: of organization*) schlank *fig;* (*efficient*) effizient; **~ company** schlanke Firma ⑤ (*of fuel*) mager II. *n no pl* Magere *nt*, mageres Fleisch

lean² [li:n] I. *vi* <leant *or* AM *usu* leaned, leant *or* AM *usu* leaned> ① (*incline*) sich *akk* beugen; (*prop*) sich *akk* lehnen; ***she ~ed back in her chair*** sie lehnte sich im Sessel zurück; **to ~ to the left/right** sich *akk* nach links/rechts lehnen; ■**to ~ against sth** sich *akk* an [*o* gegen] etw *akk* lehnen; ■**to ~ forward** sich *akk* nach vorne lehnen; ■**to ~ on sb/sth** sich *akk* an jdn/etw [an]lehnen; **to ~ out of a window** sich *akk* aus einem Fenster [hinaus]lehnen ② (*fig: opinion*) neigen; ***I ~ towards the view that …*** ich neige zur Ansicht, dass …; ***some of his family ~ towards communism*** einige seiner Familienangehörigen tendieren zum Kommunismus; **to ~ to the left/right** nach links/rechts tendieren II. *vt* <leant *or* AM *usu* leaned, leant *or* AM *usu* leaned> ■**to ~ sth against/on sth** etw an [*o* gegen]/auf etw *akk* lehnen

◆**lean on** *vi* (*fig*) ① (*pressurize*) ■**to ~ on sb** jdn unter Druck setzen [*o fam* beknien]; ***he ~t on me so hard, I had to agree to it*** er setzte mich so sehr unter Druck, dass ich zustimmen musste ② (*rely*) ■**to ~ on sb/sth** sich *akk* auf jdn/etw verlassen

◆**lean over** *vi* ■**to ~ over sb/sth** sich *akk* über jdn/etw beugen [*o* lehnen]; ■**to ~ over to sb** sich *akk* zu jdm rüberbeugen *fam* ► PHRASES: **to ~ over backwards to do sth** sich *dat* für etw *akk* ein Bein ausreißen *fam*

lean-burn engine *n* Magermotor *m*

leaning ['li:nɪŋ] *n esp pl* Neigung *f geh* (**for/towards** zu +*dat*); **political ~s** politische Tendenzen [*o geh* Neigungen]

Leaning Tower of Pisa *n* Schiefer Turm von Pisa

leant [lent] *vt, vi pt, pp of* **lean**

lean-to I. *n* ① (*building extension*) Anbau *m* ② AM, AUS (*camping shelter*) Schuppen *m*, [*mit Pultdach*] II. *n modifier* (*garage, shed, shelter*) Anbau-

leap [li:p] I. *n* ① (*jump*) Sprung *m;* (*bigger*) Satz *m;* **to make** [*or* **take**] **a ~** einen Sprung/Satz machen ② (*fig: increase*) Sprung *m fig* (**in** bei +*dat*) ③ (*fig: change*) **a ~ of faith/imagination** ein Sinneswandel *m*/Gedankensprung *m; **it takes quite a ~ of the imagination to believe that …*** es bedarf einer ziemlichen Anstrengung, zu glauben, dass … ► PHRASES: **by** [*or* **in**] **~s and bounds** sprunghaft; **to come on in ~s and bounds** sich *akk* sprunghaft verbessern; **a ~ in the dark** ein Sprung *m* ins Ungewisse II. *vi* <leapt *or* AM *esp* leaped, leapt *or* AM *esp* leaped> ① (*jump*) springen; ***the wolf ~t at his throat*** der Wolf sprang ihm an die Kehle; ■**to ~ forward** nach vorne springen; **to ~ high** in die Höhe springen; ■**to ~ across sth** über etw *akk* springen; ■**to ~ from sth** von etw *dat* springen; ■**to ~ on sb/sth** sich *akk* auf jdn/etw stürzen; ■**to ~ over sth** über etw *akk* springen ② (*rush*) ■**to ~ to do sth** einen Satz machen, um etw zu tun; ***the girl ~t to hold the door open*** das Mädchen sprang herbei, um die Tür aufzuhalten; **to ~ to sb's defence** (*fig*) zu jds Verteidigung eilen ③ (*fig: be enthusiastic*) **to ~ at the chance to do sth** die Chance ergreifen, etw zu tun *fig;* **to ~ at** [*or* **on**] **an idea/a suggestion** eine Idee/einen Vorschlag begeistert aufnehmen; **to ~ with joy** vor Freude einen Luftsprung machen ► PHRASES: **sth ~s to the eye** etw springt ins Auge; **sb's heart ~s** jds Herz schlägt höher; **to ~ to mind** in den Sinn kommen III. *vt* <leapt *or* AM *usu* leaped, leapt *or* AM *usu* leaped> ■**to ~ sth** über etw *akk* springen; (*get over in a jump*) etw überspringen

◆**leap out** *vi* ① (*jump out*) herausspringen; (*from behind sth*) hervorspringen; ■**to ~ out of sth** aus etw *dat* herausspringen; ■**to ~ out at sb** sich *akk* auf jdn stürzen ② (*fig: grab attention*) ■**to ~ out at sb** jdm ins Auge springen

◆**leap up** *vi* ① (*jump up*) aufspringen ② (*fig: increase*) in die Höhe schießen; ***the children had ~t up since I last saw them*** die Kinder waren [ganz schön] gewachsen, seit ich sie das letzte Mal gesehen habe

leapfrog I. *n no pl* Bockspringen *nt;* **to play a game of ~** Bockspringen spielen II. *vt* <-gg-> ■**to ~ sb/sth** ① (*vault*) über jdn/etw einen Bocksprung machen ② (*go around*) jdn/etw umgehen; (*fig: skip*) jdn/etw überspringen; ***she ~ged several levels in her rush up the promotion ladder*** sie übersprang mehrere Ebenen bei ihrem Aufstieg auf der Karriereleiter III. *vi* <-gg-> ① (*vault*) ■**to ~ over sb/sth** über jdn/etw einen Bocksprung machen ② (*fig: jump over*) ■**to ~ somewhere** irgendwohin springen; ***the team has ~ged from third to first place*** die Mannschaft ist vom dritten auf den ersten Platz [vor]gesprungen

leapt [lept] *vt, vi pt, pp of* **leap**

leap year *n* Schaltjahr *nt*

learn [lɜ:n, AM lɜ:rn] I. *vt* <learnt *or* AM *usu* learned, learnt *or* AM *usu* learned> ① (*acquire knowledge, skill*) ■**to ~ sth** etw lernen; ***we'll ~ to get along without him*** wir werden lernen, ohne ihn zurechtzukommen; ***my sister has ~t to swim*** meine Schwester hat schwimmen gelernt; ***the pupils ~t what to do when …*** die Schüler lernten, was sie zu tun haben, wenn …; ***you'll ~ what to do when we get there*** du wirst erfahren, was zu tun ist, wenn wir dort ankommen; ***has mankind ~t what the consequences of war are?*** hat die Menschheit begriffen, was die Folgen von Krieg bedeuten?; **to ~ to live with sth** mit etw *dat* zu leben lernen; ■**to ~ how to do sth** lernen, wie man etw tut; ■**to ~ that …** lernen, dass …; ***I later ~t that the message had never arrived*** ich erfuhr später, dass die Nachricht niemals angekommen war ② (*hum hist: teach*) ■**to ~ sb** jdn lehren; ***that'll ~ you!*** das wird dir eine Lehre sein! ► PHRASES: **to ~ sth by heart** etw auswendig lernen; **to ~ one's lesson** seine Lektion lernen; **to ~ sth the hard way** etw auf die harte Tour lernen *fam* II. *vi* <learnt *or* AM *usu* learned, learnt *or* AM *usu* learned> ① (*master*) lernen, some people never ~*!*, manche lernens nie!; ■**to ~ about sb/sth** etwas über jdn/etw lernen; **to ~ by experience** aus Erfahrung lernen; **to ~ by** [*or* **from**] **one's mistakes** aus seinen Fehlern lernen ② (*become aware of*) ■**to ~ about** [*or* **of**] **sth** von etw *dat* erfahren

learned¹ [lɜ:nd, AM lɜ:rnd] *adj* angelernt; **~ behaviour** angelerntes Verhalten

learned² ['lɜ:nɪd, AM 'lɜ:rn-] *adj* (*form*) gelehrt; **my ~ colleague** mein verehrter Herr Kollege/meine verehrte Frau Kollegin; **my ~ friend** BRIT LAW mein geschätzter Herr Kollege/meine geschätzte Frau Kollegin; (*hum*) mein verehrter Freund/meine verehrte Freundin

learned journal *n* Fachzeitschrift *f*

learner ['lɜ:nəʳ, AM 'lɜ:rnɚ] *n* ① (*one who's learning, training*) Lernende(r) *f(m);* (*beginner*) Anfänger(in) *m(f);* (*pupil*) Schüler(in) *m(f); **a language course for intermediate ~s*** ein Sprachkurs für fortgeschrittene Anfänger; **advanced ~s** Fortgeschrittene *pl;* **to be a quick ~** schnell lernen ② BRIT (*learner driver*) Fahrschüler(in) *m(f)*

learner driver *n* BRIT Fahrschüler(in) *m(f)*

learning ['lɜ:nɪŋ, AM 'lɜ:r-] *n no pl* ① (*acquisition of knowledge*) Lernen *nt* ② (*education*) Bildung *f;* (*extensive knowledge*) Gelehrsamkeit *f; **he is a man of great ~*** er ist ein bedeutender Gelehrter

learning curve *n* Lernkurve *f;* **to be on a steep ~** sehr viel dazulernen **learning difficulties** *npl* Lernschwierigkeiten *pl;* **school for children with ~** Schule *f* für lernschwache Kinder; **specific ~** spezifische Lernschwierigkeiten **learning disability** *n* Lernstörung *f;* (*more severe*) Lernbehinderung *f* **learning disabled** *adj* lerngestört; (*more severe*) lernbehindert

learnt [lɜ:nt, AM lɜ:rt] *vt, vi pt, pp of* **learn**

lease [li:s] I. *vt* ■**to ~ sth** ① (*let on long-term basis*) *flat, house* etw vermieten; *land, property* etw verpachten; *equipment, vehicle* etw vermieten [*o* verleihen]; ■**to ~ sb sth** jdm etw *akk* vermieten; ■**to ~ sth to sb** etw an jdn vermieten ② (*rent long-term*) *flat, house* etw mieten; *land, property* etw pachten; *equipment, vehicle* etw leasen II. *n of flat, house* Mietvertrag *m; of land, property* Pachtvertrag *m; of equipment, vehicle* Leasingvertrag *m;* **a ~ expires** [*or* **runs out**] ein Mietvertrag läuft aus; **to take out a ~** einen Mietvertrag abschließen ► PHRASES: **to give sth a new ~ on life** etw zu neuem Leben erwecken, etw *dat* eine zweite Chance geben

leaseback I. *n of flat, house Eigentumsübertragung mit anschließender Rückvermietung an den Verkäufer; of land, property Eigentumsübertragung mit anschließender Rückverpachtung an den Verkäufer* II. *n modifier* (*agreement, conditions, contract, deal*) Rückmiet-, Rückverpachtungs- **leasehold** I. *n* ① *no pl* (*having property*) Pachtbesitz *m;* **to have sth on ~** etw gepachtet haben [*o* in [*o* zur] Pacht haben]; **to hold the/a ~** Pachtbesitz haben ② (*leased property*) Pachtgrundstück *nt* II. *n modifier* (*land, property*) Pacht- **leaseholder** *n of land* Pächter(in) *m(f); of flat, house* Mieter(in) *m(f); of equipment, vehicle* Leasingnehmer(in) *m(f)*

leash [li:ʃ] I. *n* ① (*lead*) Leine *f;* ■**to be on a ~** an einer Leine sein; ***pets must be on a ~*** Haustiere müssen angeleint sein; **to be kept on a ~** an einer Leine geführt werden; **to strain at the ~** an der Leine zerren ② (*fig: restraint*) *on emotions, feelings* Zügel *m fig;* **to give sb a long ~** jdm viel Freiheit geben; **to strain at the ~** vor Ungeduld platzen *fam* II. *vt* ① (*lead with leash*) **to ~ a dog** einen Hund anleinen ② (*fig: restrain*) ■**to ~ sth** *emotions, feelings* etw zügeln

leash law *n* AM Gesetz, das das Anleinen von Hunden vorschreibt

leasing ['li:sɪŋ] *n no pl* ① (*let on long-term basis*) *of land* Verpachten *nt; of flat, house* Vermieten *nt;* (*of cars, equipment*) Leasing *nt* ② (*rent long-term*) *of land* Pachten *nt; of flat, house* Mieten *nt; of cars, equipment* Leasen *nt*

leasing company *n* Leasingfirma *f*

least [li:st] I. *adv inv* am wenigsten; ***disaster struck when we ~ expected it*** das Unglück schlug zu, als wir es am wenigsten erwarteten; ***the ~ likely of the four to win*** von den vier diejenige mit den geringsten Gewinnchancen; **the ~ little thing** die kleinste Kleinigkeit; **~ of all** am allerwenigsten; ***no one believed her, ~ of all the police*** niemand glaubte ihr, schon gar nicht die Polizei ► PHRASES: **~ said, soonest mended** (*prov*) vieles Reden lässt alte Wunden nur schwer heilen *fig* II. *adj det* ① (*tiniest amount*) geringste(r,s); ***of all our trainees, she has the ~ ability*** von all unseren Auszubildenden ist sie am unfähigsten; ■**at ~** (*minimum*) mindestens, wenigstens; (*if nothing else*) wenigstens, zumindest; ***he's lost all his money but at ~ he's still got his house*** er hat sein ganzes Geld verloren, aber wenigstens sein Haus hat er noch; **the line of ~ resistance** der Weg des geringsten Widerstandes ② BIOL Zwerg-

leastways ['li:stweɪz] *adv inv* (*fam*) zumindest, wenigstens

leather ['leðəʳ, AM -ə] **I.** *n* ① *no pl* (*material*) Leder *nt* ② (*clothing*) ■ **~s** *pl* Leder[be]kleidung *f* ③ (*for polishing*) Lederlappen *m* **II.** *n modifier* (*belt, binding, gloves, handbag, jacket, shoes, strap*) Leder-
leatherback *n*, **leatherback turtle** *n* Lederschildkröte *f*
leatherette® [ˌleðəʳ'et, AM -ə'ret] **I.** *n no pl* Kunstleder *nt* **II.** *n modifier* (*belt, handbag, seat, suitcase*) Kunstleder-
leatherneck *n* AM (*sl: US Marine*) Ledernacken *m fam*
leathery ['leðəri, AM -əi] *adj* ① (*tough, thick*) ledrig, lederartig ② (*pej*) *meat, pastry* zäh ③ *hands, skin* ledern
leave [li:v] **I.** *n no pl* ① (*departure*) Abreise *f* ② (*farewell*) Abschied *m;* **to take [one's] ~ [of sb]** sich *akk* [von jdm] verabschieden ③ (*permission, consent*) Erlaubnis *f;* **to ask sb's ~** jdn um Erlaubnis bitten; **to get/have sb's ~ [to do sth]** jds Erlaubnis bekommen/haben[, etw zu tun]; ■ **with/without sb's ~** mit/ohne jds Erlaubnis; **absence without ~** unerlaubtes Fernbleiben; **without so much as a by your ~** (*iron*) ohne auch nur im mindesten um Erlaubnis zu fragen ④ (*vacation time*) Urlaub *m;* **maternity ~** Mutterschaftsurlaub *m;* **sick ~** Genesungsurlaub *m;* **annual ~** Jahresurlaub *m;* **to be/go on ~** in Urlaub sein/gehen; **to be on ~ for sth** für etw *akk* beurlaubt sein; **to get ~ to do sth** freibekommen, um etw zu tun ▸ PHRASES: **to have taken [complete] ~ of one's senses** [völlig] übergeschnappt sein *fam;* ***have you taken ~ of your senses? that's a very dangerous animal!*** bist du noch bei Trost? das ist ein sehr gefährliches Tier! *fam;* **to do sth by one's own ~** (*dated*) etw tun, ohne überhaupt zu fragen **II.** *vt* <left, left> ① (*depart from*) ■ **to ~ sth** *place* etw verlassen; ***the train ~s the station in five minutes*** der Zug fährt in fünf Minuten vom Bahnhof ab; ***he left them and came over to speak with us*** er ließ sie stehen und kam herüber, um mit uns zu sprechen ② (*go away permanently*) **to ~ home** von zu Hause weggehen [*o* fortgehen]; **to ~ one's husband/wife** seinen Ehemann/seine Ehefrau verlassen; **to ~ a job** eine Stelle aufgeben; **to ~ school/university** die Schule/Universität beenden; **to ~ work** aufhören zu arbeiten ③ (*not take away with*) ■ **to ~ sth** etw zurücklassen; ***I'll ~ my winter coat — I won't need it*** ich lasse meinen Wintermantel da – ich werde ihn nicht brauchen; **to ~ a message/note [for sb]** [jdm] eine Nachricht/ein paar Zeilen hinterlassen; ■ **to ~ sb/sth with sb** jdn/etw bei jdm lassen ④ (*forget to take*) ■ **to ~ sth** etw vergessen ⑤ (*let traces remain*) **to ~ footprints/stains** Fußabdrücke/Flecken hinterlassen; ***the incident left a feeling of resentment*** der Vorfall hinterließ einen unangenehmen Nachgeschmack ⑥ (*cause to remain*) ■ **to ~ sth** etw übrigbleiben lassen; ***five from twelve ~s seven*** zwölf weniger fünf macht sieben; ■ **to ~ sb sth** [*or* **to ~ sth for sb**] jdm etw übriglassen; ***if you take two, then that ~s me three*** wenn du zwei nimmst, bleiben drei für mich übrig; ***we were left with five pieces that we couldn't fit into the jigsaw*** uns blieben am Ende fünf Teile übrig, die wir nicht in das Puzzle einfügen konnten ⑦ (*cause to remain in a certain state*) **to ~ sb/an animal alone** jdn/ein Tier alleine lassen; **to ~ sb better/worse off** jdn in einer besseren/schlechteren Situation zurücklassen; **to be left homeless** obdachlos sein; **to ~ sth on/open** etw eingeschaltet/offen lassen; ■ **to ~ sb/sth doing sth** ***I left the children watching television*** ich ließ die Kinder vor dem Fernseher zurück; ***he left the engine running*** er ließ den Motor laufen ⑧ (*not change*) ■ **to ~ sth** etw lassen; ***~ that, I'll take care of it later*** lass das, ich kümmere mich später darum ⑨ (*not eat*) ■ **to ~ sth** etw übrig lassen ⑩ (*bequeath*) ■ **to ~ sth** etw hinterlassen; **to ~ sb sth in one's will** jdm etw testamentarisch vermachen ⑪ (*be survived by*) ■ **to ~ sb** jdn hinterlassen; ***he ~s a wife and two young children*** er hinterlässt eine Frau und zwei kleine Kinder ⑫ (*put off doing*) ■ **to ~ sth** etw lassen; ***I'll ~ the rest of the work for tomorrow*** ich hebe mir den Rest der Arbeit für morgen auf; ***don't ~ it too late!*** schieb es nicht zu lange auf!; ***you've left it too late to apply again*** du hast damit zu lange gewartet, um dich nochmal bewerben zu können; ***do you always ~ doing things till the very last possible minute?*** schiebst du immer alles bis zur allerletzten Minute auf? ⑬ (*not discuss further*) **to ~ a question/subject** eine Frage/ein Thema lassen; ***let's ~ it at that*** lassen wir es dabei bewenden ⑭ (*assign*) ■ **to ~ sth to sb** *decision* jdm etw überlassen; ***I left making the important decisions to Martha*** ich überließ es Martha, die wichtigen Entscheidungen zu treffen; ■ **to ~ sb to do sth** ***I left her to make the decision*** ich ließ sie die Entscheidung treffen; ■ **to ~ it to sb [to do sth]** es jdm überlassen[, etw zu tun] ▸ PHRASES: **to ~ sth up in the <u>air</u>** etw offen lassen; **to ~ sb holding the <u>baby</u>** [*or* AM **<u>bag</u>**] (*fam*) jdn die Suppe auslöffeln lassen *fam;* **to ~ nothing/sth to <u>chance</u>** nichts/etw dem Zufall überlassen; **to ~ sb out in the <u>cold</u>** jdn ignorieren; ***everyone else had been invited, only he had been left out in the cold*** alle anderen waren eingeladen worden, nur ihn hatte man übergangen; ***the new taxation system ~s single mothers out in the cold*** das neue Steuersystem lässt alleinerziehende Mütter im Regen stehen; **to ~ sb to their own <u>devices</u>** jdn sich *dat* selbst überlassen; **to ~ the <u>door</u> open to sth** etw begünstigen; ***this will ~ the door open to domestic companies to compete for international business*** dies wird es inländischen Firmen erleichtern, um das internationale Geschäft zu konkurrieren; **to ~ <u>go</u>** [*or* **<u>hold</u>**] **of sb/sth** jdn/etw loslassen; **to ~ a <u>lot</u> to be desired** viel zu wünschen übrig lassen; **to ~ sb in the <u>lurch</u>** jdn im Stich [*o fam* hängen] lassen; **to ~ sb on the <u>sidelines</u>**, **to ~ sb <u>standing</u>** jdn ausstechen; **to ~ no <u>stone</u> unturned** keinen Stein auf dem anderen lassen; **to ~ a bad** [*or* **sour**] [*or* **unpleasant**] **<u>taste</u> [in one's mouth]** einen unangenehmen Nachgeschmack hinterlassen *fig;* **to ~ sb <u>alone</u>** jdn in Ruhe lassen; **~ well [enough] <u>alone</u>!** lass die Finger davon!; **to ~ sb <u>cold</u>** jdn kalt lassen; **to ~ oneself wide <u>open</u>** sich *dat* eine Blöße geben; **to ~ sb <u>be</u>** jdn in Ruhe lassen; **just ~ it <u>be</u>** lass es gut sein; **~ it to sb to <u>do</u> sth** du kannst darauf zählen, dass jd etw tut; ***~ it to John to forget the keys!*** natürlich hat John wieder die Schlüssel vergessen! **III.** *vi* <left, left> [weg]gehen; *vehicle* abfahren; *plane* abfliegen; ***our train is leaving in five minutes*** unser Zug fährt in fünf Minuten ab; ***we are leaving for Paris*** wir fahren nach Paris
♦**leave aside** *vt* ■ **to ~ aside** ⊂ **sth** etw beiseite lassen
♦**leave behind** *vt* ① (*not take along*) ■ **to ~ behind** ⊂ **sb/sth** jdn/etw zurücklassen; ***hurry up or you'll get left behind!*** beeil dich oder du bleibst hier! ② (*leave traces*) ■ **to ~ behind** ⊂ **sth** etw hinterlassen; ***we've left all that behind us*** all das liegt hinter uns; **to ~ behind a chaos/a mess** ein Chaos/Unordnung hinterlassen; **to ~ behind a mystery** ein Rätsel aufgeben ③ (*fig: no longer participate in*) ■ **to ~ sth** ⊂ **behind** etw hinter sich *dat* lassen ④ (*progress beyond*) ■ **to be left behind** den Anschluss verpassen
♦**leave off** **I.** *vt* ① (*omit*) ■ **to ~ sb/sth off** jdn/etw auslassen; **to leave sb/sb's name off a list** jdn/jds Namen nicht in eine Liste aufnehmen ② (*not put on*) **to ~ a lid off sth** keinen Deckel auf etw *akk* geben, etw offen lassen ③ (*not wear*) **to ~ one's coat off** seinen Mantel nicht anziehen ④ (*not turn on*) **to ~ the radio off** das Radio aus[gestellt] lassen **II.** *vi* (*fam*) ① (*stop*) aufhören; ■ **to ~ off sth** mit etw *dat* aufhören; ■ **to ~ off doing sth** (*dated*) aufhören, etw zu tun; ■ **to ~ off sb** jdn in Ruhe lassen *fam* ② (*dated: stop bothering*) Ruhe geben *fam;* ***hey, ~ off! I hate people touching my hair*** he, lass das! ich mag es nicht, wenn Leute meine Haare anfassen *fam*
♦**leave out** *vt* ① (*omit*) ■ **to ~ out** ⊂ **sth** etw auslassen; *chance, opportunity* etw auslassen [*o* verpassen]; *facts, scenes* etw weglassen; ***she left the almonds out of the cake*** sie gab keine Mandeln in den Kuchen ② (*exclude*) ■ **to ~ out** ⊂ **sb** jdn ausschließen ▸ PHRASES: **~ it out!** BRIT (*sl: desist*) hör auf!; (*that can't be true*) ist nicht wahr! *fam*
♦**leave over** *vt usu passive* ■ **to be left over [from sth]** [von etw *dat*] übrig geblieben sein; ***this is a tradition left over from pre-Christian times*** das ist ein Brauch, der noch aus vorchristlicher Zeit stammt
-leaved [li:vd] *in compounds* -blättrig
leave entitlement *n no pl* BRIT, AUS Urlaubsanspruch *m*
leaven ['levᵊn] **I.** *vt usu passive* ① (*make rise*) **to ~ bread/dough** Brot/Teig gehen lassen; ***this dough is ~ed with yeast*** dieser Teig enthält Hefe ② (*fig: lighten*) ■ **to be ~ed by** [*or* **with**] **sth** mit etw *dat* aufgelockert werden **II.** *n no pl* ① (*rising agent*) Gärmittel *nt* ② (*dough*) Sauerteig *m* ③ (*fig, esp approv: influence*) Auflockerung *f;* (*cheering up*) Aufheiterung *f*
leavened ['levᵊnd] *adj inv* **~ bread** gesäuertes Brot
leave of absence *n no pl* Freistellung *f*
leaves [li:vz] *n pl of* **leaf**
leave-taking *n no pl* Abschied *m*
leaving ['li:vɪŋ] *n* ① *no pl* (*departure*) Abreise *f* ② (*things*) ■ **~s** *pl* Überbleibsel *ntpl fam* ③ (*food*) ■ **~s** *pl* Reste *mpl*
leaving party *n* Abschiedsparty *f*
Lebanese [ˌlebə'ni:z] **I.** *n* <*pl* -> Libanese, -in *m, f* **II.** *adj inv* libanesisch
lech [letʃ] **I.** *n* ① (*pej fam: person*) Wüstling *m pej* ② (*desire*) Begierde *f*, Verlangen *nt geh* **II.** *vi* ■ **to ~ after sb** jdm nachstellen
lecher ['letʃəʳ, AM -ə] *n* (*pej*) Wüstling *m pej*
lecherous ['letʃᵊrəs, AM -ərəs] *adj* (*pej: interested in sex*) geil *oft pej;* (*filled with desire*) lüstern
lechery ['letʃᵊri, AM -əri] *n no pl* (*pej: interest in sex*) Geilheit *f oft pej;* (*desire*) Lüsternheit *f*
lecithin ['lesɪθɪn] *n no pl* CHEM Lezithin *nt*
lectern ['lektən, AM -tən] *n* [Redner]pult *nt;* REL Lektionar *nt fachspr*
lector ['lektɔ:ʳ, AM -tə] *n* ① REL Lektor(in) *m(f)*, Vorleser(in) *m(f)* ② UNIV Lektor(in) *m(f)*
lecture ['lektʃəʳ, AM -ə] **I.** *n* ① (*formal speech*) Vortrag *m* (**on/about** über +*akk*); ***he gave a ~ to the Women's Institute about pollution*** er hielt einen Vortrag über Umweltverschmutzung vor dem Frauenverein; **~ circuit** Vortragsreiseroute *f;* UNIV Vorlesung *f* (**on** über +*akk*) ② (*pej: criticism*) Standpauke *f fam;* **to give sb a ~ on sth** (*reproach*) jdm über etw *akk* Vorhaltungen machen; (*advise*) jdm einen Vortrag über etw *akk* halten *fam* **II.** *vi* ① UNIV eine Vorlesung halten; ■ **to ~ in/on sth** eine Vorlesung/Vorlesungen über etw *akk* halten; ***he ~s on applied linguistics*** er liest über Angewandte Linguistik ② (*pej: criticize*) ■ **to ~ [about sth]** [über etw *akk*] belehren **III.** *vt* ■ **to ~ sb on sth** ① (*give speech*) jdm über etw *akk* einen Vortrag halten; UNIV vor jdm über etw *akk* eine Vorlesung halten ② (*criticize*) jdm wegen einer S. *gen* eine Standpauke halten *fam;* (*advise*) jdm über etw *akk* einen Vortrag halten *fam*
lecturer ['lektʃᵊrəʳ, AM -ərə] *n* ① (*speaker*) Redner(in) *m(f)* ② (*at university*) Dozent(in) *m(f);* (*without tenure*) Lehrbeauftragte(r) *f(m)*
lecture room *n* UNIV Hörsaal *m*
lectureship ['lektʃəʃɪp, AM -tʃə-] *n* Dozentur *f;* **to have a ~ in sth** eine Dozentenstelle für etw *akk* haben
lecture theatre *n* Hörsaal *m* **lecture tour** *n* Vortragsreise *f*
led [led] *pt, pp of* **lead**
LED [ˌeli:'di:] *n see* **light-emitting diode** LED *f*
LED display *n* LED-Anzeige *f*
ledge [ledʒ] *n* Sims *m o nt;* (*in rocks*) Felsvorsprung *m;* **window ~** Fenstersims *m o nt*
ledger ['ledʒəʳ, AM -ə] *n* ① FIN [**nominal** [*or* **general**]] **~** Hauptbuch *nt*, Hauptbuch *nt;* **bought** [*or* **purchase**] **~** Einkaufsbuch *nt;* **payroll ~** Lohn- und Gehaltsliste *f* ② (*for angling*) Angelleine *f*, [*mit festliegendem Köder*]; **~ tackle** Grundangel *f*

L

ledger line *n* MUS Hilfslinie *f*
lee [li:] **I.** *n no pl* Windschatten *m;* GEOG, NAUT Lee *f o nt fachspr; **in the ~ of the boulders*** im Windschatten der Felsbrocken **II.** *n modifier* (*side, slopes*) windgeschützt; GEOG, NAUT Lee- *fachspr*
leech <*pl* -es> [li:tʃ] **I.** *n* ❶ (*worm*) Blutegel *m* ❷ (*fig: clingy person*) Klette *f fig, pej;* **to cling to sb like a ~** an jdm wie eine Klette hängen ❸ (*pej: person who uses others*) Blutsauger(in) *m(f) pej* **II.** *vi* ■**to ~ on** [*or* **off**] **sb/sth** (*rely on*) von jdm/etw abhängen; (*exploit*) bei jdm/etw schmarotzen *pej*
leek [li:k] *n* Lauch *m*
leer [lɪəʳ, AM lɪr] (*pej*) **I.** *vi* ■**to ~ at sb** jdm anzügliche Blicke zuwerfen **II.** *n* anzügliches Grinsen
leering [ˈlɪərɪŋ, AM ˈlɪr-] *adj attr* (*pej*) anzüglich
leery [ˈlɪəri, AM ˈlɪri] *adj pred* (*fam*) misstrauisch; ■**to be ~ of sb/sth** jdm/etw misstrauisch gegenüberstehen
lees [li:z] *npl* ■**the ~** der Bodensatz; (*fig*) der Sumpf *fig* ▸ PHRASES: **to drink <u>life</u> to the ~** das Leben in vollen Zügen genießen
leeward [ˈli:wəd, AM -wərd] **I.** *adj inv* windgeschützt; GEOG, NAUT Lee- *fachspr* **II.** *adv inv* auf der windabgewandten Seite; GEOG, NAUT leewärts *fachspr*
leeway [ˈli:weɪ] *n no pl* Spielraum *m;* **to give sb ~** jdm Spielraum einräumen; **to be left ~ to do sth** Spielraum haben, um etw zu tun; **to make up ~** Liegengebliebenes aufarbeiten
left¹ [left] *pt, pp of* **leave**
left² [left] **I.** *n* ❶ *no pl* (*direction*) ***from ~ to right*** von links nach rechts; **to approach from the ~** sich *akk* von links nähern; **to move/turn to the ~** nach links rücken/abbiegen ❷ (*left turn*) **to make** [*or* **take**] [*or fam* **hang**] **a ~** [nach] links abbiegen ❸ (*street on the left*) **the first/second/third ~** die erste/zweite/dritte Straße links ❹ *no pl* (*left side*) ■**the ~** die linke Seite; ***my sister is third from the ~*** meine Schwester ist die Dritte von links; ■**on/to the ~** links; ■**on/to sb's ~** zu jds Linken, links von jdm; ***the speakers are sitting on my ~*** die Redner sitzen links von mir ❺ SPORTS linke [Spielfeld]seite; ***this team always attacks from the ~*** diese Mannschaft greift immer von links an ❻ MIL linker Flügel; ***attacks from the enemy's ~*** Angriffe vom linken Flügel des Feindes ❼ *no pl* (*political grouping*) ■**the ~** die Linke; **party on the ~** Linkspartei *f;* **the loony ~** (*pej*) die radikale Linke ❽ (*fam: left-handed punch*) Linke *f* **II.** *adj* ❶ *inv* (*position, direction*) linke(r,s); **~ leg** linkes Bein ❷ (*political direction*) linke(r,s), linksgerichtet; ***the ~ wing of the party*** der linke Flügel der Partei ▸ PHRASES: **to have two ~ <u>feet</u>** zwei linke Füße haben *fam;* **to marry with the ~ <u>hand</u>** eine Ehe zur linken Hand schließen **III.** *adv inv* (*direction*) nach links; (*side*) links; **to keep/turn ~** sich *akk* links halten/links abbiegen ▸ PHRASES: **~, right and <u>centre</u>** überall; ***on the ship people were throwing up ~, right and centre*** auf dem Schiff übergaben sich die Leute überall
left back *n* SPORTS linker Verteidiger **left field** *n* (*baseball area*) ■**the ~** das linke Spielfeld ▸ PHRASES: **to be <u>out</u> in ~** AM völlig falsch liegen *fam* **left-footed** [ˌleftˈfʊtɪd] *adj inv person* bevorzugt das linke Bein einsetzend; *kick* mit dem linken Fuß getreten **left-hand** *adj attr* ❶ (*on sb's left side*) linke(r,s); **~ side** linke Seite ❷ SPORTS **~ catch/shot/volley** mit links gefangener Ball/ausgeführter Schuss/ausgeführter Volley ❸ (*in road*) **~ bend** Linkskurve *f* **left-hand drive** *n* ❶ *no pl* (*steering system*) Linkssteuerung *f* ❷ (*car*) *Auto, bei dem sich das Steuer auf der linken Seite befindet* **left-handed I.** *adj* ❶ (*of person*) linkshändig; ***she is ~*** sie ist Linkshänderin; **~ person** Linkshänder(in) *m(f)* ❷ *attr* (*for left hand use*) Linkshänder-; **~ scissors** Schere *f* für Linkshänder/Linkhänderinnen ❸ (*turning to left*) *racetrack* linksläufig; *screw* linksdrehend; BIOL linksgedreht ❹ (*fig: of emotions*) pervers; (*sadistic*) sadistisch **II.** *adv* linkshändig; ***do you write ~ or right-handed?*** schreibst du mit der linken oder [der] rechten Hand? **left-handed compliment** *n* zweifelhaftes Kompliment **left-hander** *n* ❶ (*person*) Linkshänder(in) *m(f)* ❷ (*curve in road*) Linkskurve *f* ❸ (*hit*) Schlag *m* mit der Linken; SPORTS Linke *f*
leftie [ˈlefti] (*fam*) **I.** *n* ❶ (*person*) Linkshänder(in) *m(f)* ❷ (*also pej: in politics*) Linke(r) *f(m)* **II.** *adj* (*also pej: of politics*) linke(r,s); **~ views** linke Ansichten
leftish [ˈleftɪʃ] *adj* POL linke(r,s), linksliberal
leftism [ˈleftɪz(ə)m] *n no pl* (*also pej*) Linksorientierung *f;* ***her comments exhibit a certain ~*** ihre Bemerkungen zeigen eine gewisse Linkstendenz
leftist [ˈleftɪst] (*also pej*) **I.** *adj* (*in politics*) linke(r,s), linksorientiert; **~ hero/martyr** Held(in) *m(f)*/Märtyrer(in) *m(f)* der Linken **II.** *n* (*in politics*) Linke(r) *f(m)*
left-luggage *n*, **left-luggage office** *n* BRIT Gepäckaufbewahrung *f* **left out** *adj pred* (*not included*) ausgelassen; (*deliberately excluded*) ausgeschlossen; **to feel ~** sich *akk* ausgeschlossen fühlen **leftover** *adj attr, inv* übrig[geblieben] **leftovers** *npl* ❶ (*food*) Reste *mpl* ❷ (*parts remaining*) Überreste *mpl,* Überbleibsel *ntpl fam* **leftward I.** *adj* nach links gerichtet; (*fig*) ***this ~ leap to a nanny state is a mistake*** dieser Ruck nach links hin zu einem Fürsorgestaat ist ein Fehler **II.** *adv see* **leftwards** **leftwards** *adv* nach links; (*fig*) ***he accused the party leadership of moving ~*** er beschuldigte die Parteiführung, sich [zunehmend] nach links zu orientieren **left wing** *n + sing/pl vb* ■**the ~** ❶ (*in politics*) die Linke; **the ~ of the party** der linke Parteiflügel ❷ MIL, SPORTS der linke Flügel **left-wing** *adj* linksgerichtet, links *präd;* **~ views** linke Ansichten **left-winger** *n* Linke(r) *f(m)*
lefty *n, adj* (*pej*) *see* **leftie**
leg [leg] **I.** *n* ❶ (*limb*) Bein *nt;* ***she ran home as fast as her ~s would carry her*** sie rannte nach Hause so schnell sie ihre Füße trugen; **~ brace** Beinstütze *f;* **to break a/one's ~** sich *dat* ein/das Bein brechen; **to show** [**a lot of**] **~** [viel] Bein zeigen ❷ (*meat*) Keule *f,* Schlegel *m* SÜDD, ÖSTERR ❸ (*clothing part*) [Hosen]bein *nt* ❹ (*support*) Bein *nt;* **chair/table ~** Stuhl-/Tischbein *nt* ❺ (*segment*) Etappe *f;* (*round*) Runde *f;* ***the last ~ of the race*** die letzte Teilstrecke des Rennens; **the first/second ~ of sth** der erste/zweite Abschnitt einer S. *gen* ❻ AM (*fam*) **to have ~s** (*remain popular*) langfristig halten, succeed, klappen *fam;* **to lack ~s** (*fam*) sich *akk* nicht halten können; (*sth new*) sich *akk* nicht durchsetzen können ❼ COMPUT Zweig *m* einer Schaltung ▸ PHRASES: **to have one's <u>tail</u> between one's ~s** den Schwanz eingezogen haben; **to get up on one's <u>hind</u> ~s** (*rise*) sich *akk* erheben; (*defend oneself*) sich *akk* auf die Hinterbeine stellen *fam;* **to have <u>hollow</u> ~s** ein Loch im Bauch haben *fam;* **to be on one's <u>last</u> ~s** auf dem letzten Loch pfeifen *fam,* sich kaum noch auf den Beinen halten; ***I need a new car, my old one is on its last ~s*** ich brauch' ein neues Auto, mein altes macht's nicht mehr lange *fam;* **<u>break</u> a ~!** Hals- und Beinbruch!; **to <u>find</u> one's ~s** sich *akk* zurechtfinden; **to <u>get</u> one's ~ <u>over</u>** BRIT (*fam!*) bumsen *sl;* **to <u>give</u> sb a ~ up** (*fam: help to climb*) jdm hinaufhelfen; (*fig: help sb*) jdm unter die Arme greifen *fam;* **to <u>have</u> a ~ up on sb** AM jdm gegenüber einen Vorteil haben; **to <u>pull</u> sb's ~** jdn aufziehen [*o fam* auf den Arm nehmen] *fam;* **to not have** [*or* **be without**] **a ~ to <u>stand</u> on** einen schweren Stand haben *fam* **II.** *vt* <-gg-> ▸ PHRASES: **to ~ <u>it</u>** (*fam: go on foot*) zu Fuß gehen; (*walk in a hurry*) eilen; ***we are late, we really need to ~ it*** wir sind spät dran, wir müssen uns wirklich beeilen **III.** *n modifier* (*injury, support*) Bein-
legacy [ˈlegəsi] *n* ❶ LAW Vermächtnis *nt,* Erbe *nt,* Erbschaft *f;* **to leave sb a ~** jdm ein Erbe hinterlassen [*o* vermachen] ❷ (*fig: heritage*) Erbe *nt,* Vermächtnis *nt fig;* **~ of culture** Kulturerbe *nt;* ***a rich ~ of literature*** ein reiches literarisches Erbe ❸ (*consequence*) Auswirkung *f*
legal [ˈli:g(ə)l] *adj* ❶ (*permissible by law*) legal; ***is abortion ~ in your country?*** ist Abtreibung in Ihrem Land gesetzlich zulässig? ❷ (*required by law*) gesetzlich [vorgeschrieben]; **~ obligation/requirement** gesetzliche Verpflichtung/Erfordernis ❸ (*according to the law*) rechtmäßig; ***he adopted the boy as his ~ son*** er adoptierte den Jungen als seinen rechtmäßigen Sohn; **to be of ~ age** volljährig sein ❹ (*concerning the law*) rechtlich; **to take ~ action** [*or* **do ~ battle**] **against sb** rechtliche Schritte gegen jdn unternehmen; **~ constraints** rechtliche Einschränkungen; **to make ~ history** Rechtsgeschichte schreiben; **to have/seek ~ redress** rechtliche Wiedergutmachung erhalten/verlangen; **~ system** Rechtssystem *nt* ❺ (*of courts*) gerichtlich; (*of lawyers*) juristisch; **~ advice** Rechtsberatung *f;* **~ counsel** Rechtsbeistand *m,* Rechtsberater(in) *m(f);* **~ fee** Anwaltshonorar *nt;* **~ malpractice** Verletzung *f* des juristischen [Berufs]kodexes; **~ profession** (*job*) Anwaltsberuf *m;* (*lawyers as a whole*) Anwaltschaft *f* ❻ COMPUT (*acceptable within language syntax*) gültig
legal aid *n no pl* [unentgeltlicher] Rechtsbeistand; **to get/have a right to ~** ein [An]recht auf [unentgeltlichen] Rechtsbeistand erhalten/haben; **to be granted ~** [unentgeltlichen] Rechtsbeistand gewährt bekommen **legal aid centre** *n* Rechtsberatungsstelle *f* **legal beagle** *n* (*fam*), **legal eagle** *n* (*fam*) Rechtsverdreher(in) *m(f) hum fam*
legalese [ˌli:g(ə)lˈi:z] *n no pl* (*pej fam*) Juristensprache *f,* Juristenjargon *m oft pej*
legal holiday *n* AM gesetzlicher Feiertag
legalism [ˈli:g(ə)lɪz(ə)m] *n no pl* Juristenjargon *m*
legalistic [ˌli:g(ə)lˈɪstɪk] *adj* (*pej*) legalistisch *pej geh;* ***a highly ~ interpretation of the law*** eine Auslegung, die sich stur an den Buchstaben des Gesetzes orientiert *pej fam*
legalistically [ˌli:g(ə)lˈɪstɪkli] *adv* (*pej*) legalistisch *pej geh*
legality [li:ˈgæləti, AM -əṭi] *n* ❶ *no pl* (*lawfulness*) Legalität *f,* Gesetzmäßigkeit *f;* ***the report is not clear on the ~ of this*** der Bericht gibt keine eindeutige Auskunft darüber, ob dies gesetzlich zulässig sei ❷ (*laws*) ■**legalities** *pl* gesetzliche Bestimmungen
legalization [ˌli:g(ə)laɪˈzeɪʃ(ə)n, AM -lɪˈ-] *n no pl* Legalisierung *f geh*
legalize [ˈli:g(ə)laɪz] *vt* ■**to ~ sth** etw legalisieren *geh*
legally [ˈli:g(ə)li] *adv* ❶ (*permissible by law*) legal; ***are the children ~ allowed in the pub?*** ist es legal, dass die Kinder in der Kneipe sind? ❷ (*required by law*) **~ obliged/required** gesetzlich verpflichtet/vorgeschrieben ❸ (*according to the law*) rechtmäßig; **~ protected animals** gesetzlich geschützte Tiere ❹ (*concerning the law*) rechtlich; ***you are dealing with politically and ~ sensitive material*** du befasst dich [da] mit politisch und rechtlich gesehen brisantem Material
legal person *n* LAW Rechtsperson *f fachspr* **legal separation** *n* (*of married couple*) gesetzliche Trennung; (*of child and parent*) gesetzliche Regelung des Sorgerechts **legal tender** *n no pl* gesetzliches Zahlungsmittel
legate [ˈlegət, AM -ɪt] *n* ❶ HIST (*of Roman province*) Legat *m* ❷ (*clergy member*) päpstlicher Gesandter, Legat *m*
legatee [ˌlegəˈti:] *n* LAW (*spec*) Vermächtnisnehmer(in) *m(f),* Legatar(in) *m(f) fachspr*
legation [lɪˈgeɪʃ(ə)n] *n* ❶ (*group*) Gesandtschaft *f* ❷ *no pl* (*sending of representative*) Entsendung *f geh* ❸ (*building*) Gesandtschaftsgebäude *nt*
leg before wicket I. *adv* **to be out ~** aus sein, weil das vor dem Tor stehende Bein von einem Wurf getroffen wurde **II.** *adj inv* von einem Wurf am Bein, das vor dem Tor steht, getroffen **III.** *n* Wurf *m* gegen ein vor dem Tor stehendes Bein
legend [ˈledʒənd] **I.** *n* ❶ (*old story*) Sage *f;* (*about saint*) Legende *f* ❷ *no pl* (*body of stories*) Sagenschatz *m;* (*of saints*) Legendensammlung *f;* **~ has it that ...** es heißt, dass ... ❸ (*famous person*) Legende *f fig,* legendäre Gestalt ❹ (*on coin, diagram, map, picture*) Legende *f* **II.** *adj pred* ■**to be ~** Legende sein *fig*
legendary [ˈledʒənd(ə)ri, AM -deri] *adj* ❶ *inv* (*mythi-*

cal) sagenhaft; (*in legend*) legendär 2 (*extremely famous*) legendär; ■**to be ~ for sth** für etw *akk* berühmt sein

legerdemain [ˌle(d)ʒədəˈmeɪn, AM -ədə'-] *n no pl* 1 (*of conjuring*) Kniff *m* 2 (*pej: deception*) Schwindelei *f pej*

legged [legd] *adj inv* -beinig

leggings [ˈlegɪŋz] *npl* 1 (*tight-fitting*) Leggings *pl* 2 (*for protection*) Überhose *f;* (*for child*) Gamaschenhose *f*

leggy [ˈlegi] *adj* 1 (*of woman*) langbeinig, mit langen Beinen *nach n* 2 (*of young animal, child*) staksig 3 (*of plant*) vergeilt *fachspr,* verspillert *fachspr*

Leghorn [ˈleghɔːn, AM -hɔːrn] *n no pl* 1 GEOG Livorno *nt* 2 FASHION italienischer Strohhut 3 ZOOL Leghorn *nt*

legibility [ˌledʒəˈbɪləti, AM -əti] *n no pl* Leserlichkeit *f;* (*fig*) Erkennbarkeit *f,* [Aus]deutbarkeit *f*

legible [ˈledʒəbl] *adj* lesbar

legibly [ˈledʒəbli] *adv* leserlich

legion [ˈliːdʒən] **I.** *n* 1 + *sing vb* HIST Legion *f* 2 + *sing vb* (*soldiers*) Armee *f;* **the American/[Royal] British L~** *Verband der amerikanischen/britischen Kriegsteilnehmer des ersten Weltkriegs;* **the [Foreign] L~** die Fremdenlegion 3 (*a large number*) ■**~s** *pl* Legionen *fpl,* Scharen *fpl;* **~s of fans** umzählige Fans; **~s of supporters** zahllose Anhänger(innen) *mpl(fpl)* **II.** *adj pred, inv* (*form*) unzählig, zahllos; ***his fans are ~*** er hat unzählige Fans

legionary [ˈliːdʒənᵊri, AM -eri] **I.** *n* HIST Legionar *m* **II.** *adj* Legions-

legionnaire [ˌliːdʒəˈneəʳ, AM -ˈner] *n* (*Roman soldier*) Legionar *m;* (*member of foreign legion*) [Fremden]legionär *m;* (*of American, British Legion*) *Mitglied des amerikanischen/britischen Kriegsveteranenverbands des ersten Weltkriegs*

Legionnaires' disease *n no pl* Legionärskrankheit *f*

legislate [ˈledʒɪsleɪt] **I.** *vi* ein Gesetz erlassen; ■**to ~ against sth** ein Gesetz gegen etw *akk* erlassen, etw gesetzlich verbieten; (*fig*) ***you can't ~ for everything*** [*or* ***every situation***] man kann sich nicht gegen alles absichern **II.** *vt* ■**to ~ sth** etw gesetzlich regeln

legislation [ˌledʒɪˈsleɪʃᵊn] *n no pl* 1 (*laws*) Gesetze *ntpl;* **~ *against*** [*or* ***to prohibit***] ***smoking in public places*** Gesetze, die das Rauchen in der Öffentlichkeit verbieten; **a piece of ~** (*a law*) ein Gesetz *nt;* (*a proposed law*) ein Gesetzentwurf *m,* eine Gesetzesvorlage; **to introduce/pass ~** ein Gesetz einbringen/verabschieden; ***the government has promised to introduce ~ to limit fuel emissions from cars*** die Regierung hat versprochen, die Abgasemission von Kraftfahrzeugen durch neue gesetzliche Bestimmungen zu begrenzen 2 (*law-making*) Gesetzgebung *f,* Legislatur *f form;* **delegated ~** *durch delegierte Gesetzesgebung entstandene Normen*

legislative [ˈledʒɪslətɪv, AM -leɪtɪv] *adj esp attr* gesetzgebend, legislativ *form;* **~ power** gesetzgebende Gewalt, Legislative *f form*

legislative assembly *n* gesetzgebende Versammlung **legislative council** *n* AUS, IND gesetzgebender Rat

legislator [ˈledʒɪsleɪtəʳ, AM -tə] *n* Gesetzgeber *m*

legislature [ˈledʒɪslətʃəʳ, AM -leɪtʃə] *n* Legislative *f;* **member of the ~** Mitglied *nt* des Parlaments, Parlamentsmitglied *nt*

legit [ləˈdʒɪt] *adj pred* (*fam*) *short for* **legitimate** sauber *fam,* okay *präd fam;* **to go ~** legal werden; *person* auf den rechten Weg kommen

legitimacy [lɪˈdʒɪtəməsi, AM ləˈdʒɪt̬ə-] *n no pl* 1 (*rightness*) Rechtmäßigkeit *f,* Legitimität *f form;* LAW *also* Gesetzmäßigkeit *f* 2 (*of birth*) Ehelichkeit *f*

legitimate **I.** *adj* [lɪˈdʒɪtəmət, AM ləˈdʒɪt̬ə-] 1 (*legal*) rechtmäßig, legitim *geh;* ***I'm not sure his business is entirely ~*** ich habe meine Bedenken, ob seine Geschäfte ganz sauber sind *fam;* **a ~ government** eine gesetzmäßige Regierung 2 (*reasonable*) *excuse, reason* gerechtfertigt; *complaint, grievance* begründet; ***this is a ~ question*** das ist eine berechtigte Frage 3 (*born in wedlock*) **a ~ child** ein eheliches Kind **II.** *vt* [lɪˈdʒɪtəmeɪt, AM ləˈdʒɪt̬ə-] 1 (*make legal*) ■**to ~ sth** etw für rechtsgültig erklären [*o* etw legitimieren] *geh* 2 (*make acceptable*) ■**to ~ sth** etw anerkennen [*o geh* legitimieren] 3 (*change status of birth*) **to ~ a child** ein Kind rechtlich anerkennen

legitimately [lɪˈdʒɪtəmətli, AM ləˈdʒɪt̬ə-] *adv* 1 (*legally*) legal, rechtmäßig; ***she was ~ entitled to succeed to the throne*** sie war von Gesetz wegen berechtigt, den Thron zu besteigen; **to enter a country ~** legal in ein Land einreisen 2 (*justifiably*) gerechtfertigterweise, zu Recht

legitim(at)ize [lɪˈdʒɪtəm(ət)aɪz, AM ləˈdʒɪt̬-] *vt* ■**to ~ sth** 1 (*make legal*) etw legitimieren *geh,* etw für rechtsgültig erklären 2 (*make acceptable*) etw legitimieren *geh,* etw rechtfertigen 3 (*change status of birth*) **to ~ a child** ein Kind rechtlich anerkennen

legless [ˈlegləs] *adj* 1 (*without legs*) beinamputiert, ohne Beine *nach n* 2 *pred* BRIT (*sl: extremely drunk*) [völlig] blau *fam,* sturzbesoffen *fam,* sternhagelvoll *fam*

legman *n* 1 JOURN Reporter(in) *m(f)* 2 (*running errands*) Bote *m,* Laufbursche *m veraltend o a. pej*

Lego® [ˈlegəʊ, AM -oʊ] **I.** *n* Lego® *nt* **II.** *n modifier* (*car, house, truck*) Lego-

leg-pull *n* (*fam*) Fopperei *f* **leg-puller** *n* (*fam*) Scherzbold *m fam,* Witzbold *m fam* **leg-pulling** *n no pl* (*fam*) Foppen *nt* **legroom** *n no pl* Beinfreiheit *f*

legume [ˈlegjuːm, AM *also* lɪˈgjuːm] *n* BOT Hülsenfrucht *f*

leguminous [lɪˈgjuːmɪnəs, AM lə-] *adj* BOT Hülsenfrucht-; **~ plants** Hülsenfrüchtler *mpl,* Leguminosen *fpl fachspr*

leg-up [ˈlegʌp] *n usu sing* (*also fig*) **to give so a ~** jdm [hin]aufhelfen

legwarmer *n* Legwarmer *m,* Wadenstrumpf *m*

legwork *n no pl* (*fam*) Lauferei *f fam,* [Herum]rennerei *f fam;* **to do the ~ for sb** jdm die Kleinarbeit abnehmen

leisure [ˈleʒəʳ, AM ˈliːʒə, ˈleʒə] **I.** *n no pl* Freizeit *f;* **a gentleman/lady of ~** (*esp hum*) ein Lebemann/eine Lebedame *meist pej;* **to lead a life of ~** ein müßiges Leben führen, sich *akk* dem süßen Nichtstun hingeben ▶ PHRASES: **at [one's] ~** in aller Ruhe; ***feel free to answer my letter at your ~*** nehmen Sie sich ruhig Zeit für die Beantwortung meines Schreibens; ***call me at your ~*** rufen Sie mich an, wenn es Ihnen gelegen ist **II.** *n modifier* (*clothes*) Freizeit-; **~ activities** Hobbys *ntpl,* Freizeitaktivitäten *fpl;* **~ facilities** Freizeiteinrichtungen *fpl;* **~ hours/time** Freizeit *f*

leisure centre *n* BRIT, **leisure complex** *n* BRIT Freizeitcenter *nt*

leisured [ˈleʒəd, AM ˈliːʒəd, ˈleʒəd] *adj* (*form*) 1 (*having much leisure*) müßig *geh;* **the ~ class[es]** die feinen Leute, die gehobene Gesellschaft 2 (*leisurely*) gemächlich, geruhsam *geh*

leisurely [ˈleʒəli, AM ˈliːʒə-, ˈleʒ-] **I.** *adj* ruhig, geruhsam; **at a ~ pace** gemessenen Schrittes *geh;* **a ~ picnic/breakfast** ein gemütliches Picknick/Frühstück **II.** *adv* gemächlich

leisurewear *n no pl* Freizeit[be]kleidung *f*

leitmotif [ˈlaɪtməʊ)ˌtiːf, AM -moʊ,-] *n* (*spec*), **leitmotiv** *n* (*spec*) Leitmotiv *nt fachspr*

lemming [ˈlemɪŋ] *n* ZOOL Lemming *m;* **to rush like ~s to do sth** scharenweise etw tun; ***people rushed like ~s to buy the shares*** die Leute stürzten sich wie die Ameisen auf die Aktien

lemon [ˈlemən] **I.** *n* 1 (*fruit*) Zitrone *f;* **a slice of ~** eine Zitronenscheibe 2 *no pl* BRIT (*drink*) Zitronenlimonade *f;* **some hot ~ and honey** eine heiße Zitrone mit Honig 3 *no pl* (*colour*) Zitronengelb *nt* 4 BRIT, AUS (*sl: fool*) Blödmann *m fam;* **to feel [like] a ~** sich *dat* wie ein Idiot vorkommen *fam;* **to look [like] a ~** wie ein Idiot aussehen *pej fam* 5 (*fam: thing not working well*) Zitrone *f fam,* Niete *f;* AM (*problem car*) Montagsauto *nt* ▶ PHRASES: **to squeeze sb like a ~** (*fam*) jdn wie eine Zitrone ausquetschen *fam* **II.** *adj* **~ [yellow]** zitronengelb

lemonade [ˌleməˈneɪd] *n* BRIT, AUS Limonade *f;* AM Zitronenlimonade *f*

lemon balm *n* BOT Zitronenmelisse *f* **lemon butter** *n* AUS, **lemon cheese** *n* BRIT, **lemon curd** *n no pl Creme aus Eiern, Butter und Zitronensaft, die als Brotaufstrich oder für Kuchen verwendet werden kann* **lemon grass** *n no pl* Zitronengras *nt* **lemon law** *n* AM (*fam*) Produkthaftungsgesetz *nt form* **lemon peel** *n,* **lemon rind** *n* Zitronenschale *f* **lemon sole** *n* Rotzunge *f* **lemon squash** *n* BRIT, AUS 1 *no pl* (*concentrate*) Zitronensirup *m* 2 (*drink*) Zitronensaftgetränk *nt* **lemon squeezer** *n* Zitronenpresse *f* **lemon verbena** [-vɜːˈbiːnə, AM -vəː-] *n no pl* BOT Zitronenstrauch *m*

lemony [ˈleməni] *adj* zitronig

lemur [ˈliːməʳ, AM -ə] *n* ZOOL Lemur *m,* Maki *m*

lend <lent, lent> [lend] **I.** *vt* 1 (*loan*) ■**to ~ [sb] sth** [*or* **sth [to sb]**] [jdm] etw leihen; ***the bank agreed to ~ him £5000*** die Bank gewährte ihm einen Kredit in Höhe von £5000; **to ~ money [to sb]** [jdm] Geld leihen 2 (*impart*) ■**to ~ sth to sb/sth** jdm/etw etw verleihen; ***flowers all around the room ~ the place a cheerful look*** durch die vielen Blumen wirkt der Raum freundlich; ***photographs ~ some credibility to his story*** durch die Fotos wird seine Geschichte glaubwürdiger; **to ~ charm to sth** etw *dat* Zauber verleihen; **to ~ charm to sb** jdn elegant aussehen [*o* wirken] lassen; **to ~ colour** [*or* AM **color**] **to sth** etw *dat* Farbe geben; **to ~ dignity to sb** jdm Würde verleihen; **to ~ weight to an argument** ein Argument verstärken, einem Argument [noch] mehr Gewicht verleihen; **to ~ support to a view** einen Eindruck verstärken 3 (*adapt*) ■**to ~ oneself** sich *akk* anpassen; ***he stiffly lent himself to her embraces*** steif ließ er ihre Umarmungen über sich ergehen 4 (*be suitable*) ■**to ~ itself** sich *akk* für etw *akk* eignen; ***the computer ~s itself to many different uses*** der Computer ist vielseitig einsetzbar ▶ PHRASES: **to ~ an ear** zuhören; **to ~ an ear to sb/sth** jdm/etw zuhören [*o geh* Gehör schenken]; **to ~ a hand** helfen; **to ~ sb a hand** [*or* **a hand to sb**] jdm zur Hand gehen; **to ~ one's name to sth** seinen [guten] Namen für etw *akk* hergeben; **to ~ wings to sb/sth** jdm/etw Flügel verleihen *geh* **II.** *vi* ■**to ~ to sb** jdm Geld leihen; *bank* jdm Kredit gewähren

◆**lend out** *vt* ■**to ~ out** ⊂ **sth** etw ausleihen [*o* verleihen]

lender [ˈlendəʳ, AM -ə] *n* Verleiher(in) *m(f);* (*money lender*) Kreditgeber(in) *m(f)*

lending [ˈlendɪŋ] **I.** *n no pl* Leihen *nt* **II.** *n modifier* **~ limit** Kreditlimit *nt;* **~ margin** Finanzierungsmarge *f* der Banken

lending bank *n* kreditierende Bank **lending country** *n* Gläubigerland *nt*

lending library *n* Leihbibliothek *f* **lending policy** *n* Kreditpolitik *f* **lending rate** *n* Darlehenszinssatz *m,* Kreditzins[satz] *m*

length [leŋ(k)θ] *n* 1 *no pl* (*measurement*) Länge *f;* ***this elastic cord will stretch to twice its normal ~*** dieses Elastikband lässt sich bis zur doppelten Länge dehnen; ***she planted rose bushes along the whole ~ of the garden fence*** sie pflanzte Rosensträucher entlang dem gesamten Gartenzaun; **to be 2 metres in ~** ein Länge von 2 Metern haben, 2 Meter lang sein 2 (*piece*) Stück *nt;* **a ~ of cloth/wallpaper** eine Bahn Stoff/Tapete; **a ~ of pipe** ein Rohrstück *nt;* **a ~ of ribbon/string** ein Stück *nt* Band/Bindfaden 3 (*winning distance*) Länge *f* [Vorsprung]; ***the Cambridge boat won by two ~s*** die Mannschaft von Cambridge gewann mit zwei Bootslängen Vorsprung; **to be 2 ~s ahead of sb/sth** 2 Längen Vorsprung auf jdn/etw haben; **to win a horse race by 4 ~s** ein Rennen mit 4 Pferdelängen Vorsprung gewinnen 4 (*in swimming pool*) Bahn *f* 5 *no pl* (*duration*) Dauer *f;* ***what's the ~ of tonight's performance?*** wie lange dauert die heutige Vorstellung?; **the ~ of an article/a book/a film** die Länge eines Artikels/Buchs/Films; **a speech of some ~** eine längere Rede; **[for] any ~ of**

time [für] längere Zeit; **at** ~ (*finally*) nach langer Zeit, schließlich; (*in detail*) ausführlich, detailliert; ***she described her trip to Thailand at*** ~ sie schilderte ihre Thailandreise in allen Einzelheiten; **at great** ~ in aller Ausführlichkeit, in epischer Breite *iron* ❻ LING Länge *f;* **vowel** ~ Vokallänge *f,* Länge *f* eines Vokals ▶ PHRASES: **the** ~ **and breadth** kreuz und quer; ***he travelled the*** ~ ***and breadth of Europe*** er ist kreuz und quer durch Europa gereist; **to go to any** ~**s** vor nichts zurückschrecken; **to go to great** ~**s** sich *dat* alle Mühe geben

lengthen ['leŋ(k)θən] **I.** *vt* ■**to** ~ **sth** etw verlängern; *clothes* etw länger machen; ***I'll have to*** ~ ***this skirt*** bei diesem Rock muss ich den Saum herauslassen; ■**to be** ~**ed** *vowels* gedehnt werden **II.** *vi* [immer] länger werden; ***the minutes*** ~***ed into hours*** aus Minuten wurden Stunden

lengthening ['leŋ(k)θənɪŋ] *adj inv* länger werdend *attr;* **at** ~ **intervals** in [immer] größeren Abständen; ~ **shadows** länger werdende Schatten

lengthily ['leŋθɪli] *adv* ausgedehnt, lang

lengthways ['leŋ(k)θweɪz], **lengthwise** ['leŋ(k)θwaɪz] **I.** *adv inv* der Länge nach **II.** *adj inv* Längs-

lengthy ['leŋ(k)θi] *adj* ❶ (*lasting a long time*) [ziemlich] lange; ~ **applause** anhaltender [*o* nicht enden wollender] Beifall; ~ **delay** beträchtliche Verspätung; **after a** ~ **wait** nach langem Warten ❷ (*tedious*) *treatment* langwierig; *explanation* umständlich, weitschweifig; ***because there were so many*** ~ ***speeches …*** da sich die Reden oft in die Länge zogen, …

lenience ['li:niən(t)s] *n,* **leniency** ['li:niən(t)si] *n no pl* Nachsicht *f,* Milde *f*

lenient ['li:niənt] *adj* nachsichtig, milde; ***they say that judges are too*** ~ ***with terrorists*** sie sagen, dass die Richter zu gnädig mit Terroristen umgehen; ~ **judge** milder Richter/milde Richterin; ~ **punishment/sentence** milde Strafe/mildes Urteil; **to take a** ~ **view of sth** etw nachsichtig beurteilen

leniently ['li:niəntli] *adv* nachsichtig, milde

Leninism ['lenɪnɪzᵊm] *n no pl* Leninismus *m*

Leninist ['lenɪnɪst] **I.** *n* Leninist(in) *m(f)* **II.** *adj inv* leninistisch

lens <*pl* -es> [lenz] *n* ❶ (*optical instrument*) Linse *f;* (*in camera, telescope also*) Objektiv *nt;* (*in glasses*) Glas *nt;* [**contact**] ~ Kontaktlinse *f;* **fish-eye** ~ Fischauge *nt;* **zoom** ~ Zoom *nt* ❷ (*part of eye*) Linse *f*

lent [lent] *vt, vi pt, pp of* **lend**

Lent [lent] *n no pl, no art* Fastenzeit *f*

Lenten ['lentᵊn] *adj attr, inv* Fasten-

lentil ['lentᵊl, AM -t̬ᵊl] *n* Linse *f*

Leo ['li:əʊ, AM -oʊ] *n* ASTRON, ASTROL ❶ *no art* Löwe *m;* **to be born under** ~ im Zeichen des Löwen geboren sein ❷ (*person*) Löwe *m;* ***she is a*** ~ sie ist Löwe

leonine ['li:ə(ʊ)naɪn, AM -ən-] *adj* (*form*) löwenartig, Löwen-; ~ **hair** [*or* **mane**] Löwenmähne *f;* ~ **head** Löwenhaupt *nt geh*

leopard ['lepəd, AM -ɚd] *n* Leopard(in) *m(f)* ▶ PHRASES: **a** ~ **can't change its spots** (*prov*) die Katze lässt das Mausen nicht *prov;* ***he has promised not to tell lies any more, but a*** ~ ***can't change its spots*** er hat versprochen nicht mehr zu lügen, aber ich halte ihn für unverbesserlich

leopard skin *n* Leopardenfell *nt*

leotard ['li:əta:d, AM -ta:rd] *n* Trikot *nt;* (*for gymnastics also*) Turnanzug *m*

leper ['lepəʳ, AM -ɚ] *n* MED Leprakranke(r) *f(m),* Aussätzige(r) *f(m) a. fig;* **to be shunned like a** ~ wie ein Aussätziger/eine Aussätzige behandelt werden

leper colony *n* Leprakolonie *f,* Leprosorium *nt fachspr*

lepidopterous [ˌlepɪ'dɒptᵊrəs, AM -'da:p-] *adj* ZOOL Schmetterlings-

leprechaun ['leprəkɔ:n, AM -ka:n] *n* Kobold *m*

leprosy ['leprəsi] *n no pl* Lepra *f;* **to contract/go down with** ~ an [der] Lepra erkranken

leprous ['leprəs] *adj* leprakrank, aussätzig, leprös *fachspr;* ~ **patient** Leprapatient(in) *m(f)*

les [lez] *n* (*sl*) *short for* **lesbian** Lesbe *f*

lesbian ['lezbiən] **I.** *n* Lesbierin *f,* Lesbe *f* **II.** *adj inv* lesbisch

lesbianism ['lezbiənɪzᵊm] *n no pl* lesbische Liebe, Lesbianismus *m geh*

lesbo ['lezbəʊ] *n* AM (*pej! fam*) *short for* **lesbian** Lesbe *f*

lèse-majesté *n,* **lese-majesty** [ˌleɪz'mæ(d)ʒəsteɪ, AM ˌli:z,mæʒes'teɪ] *n no pl* ❶ (*treason*) Hochverrat *m* ❷ (*insult*) Majestätsbeleidigung *f veraltet o iron*

lesion ['li:ʒᵊn] *n* Verletzung *f,* Läsion *f fachspr;* ***brain*** ~***s can be caused by bacterial infections*** Gehirnschädigungen können durch bakterielle Infektionen verursacht werden; ~**s to back and thighs** Rücken- und Oberschenkelverletzungen *fpl*

less [les] **I.** *adv comp of* **little** ❶ (*to a smaller extent*) weniger; ***you should work more and talk*** ~ du solltest mehr arbeiten und weniger reden; ***getting out of bed in summer is*** ~ ***difficult than in winter*** im Sommer fällt das Aufstehen leichter als im Winter; ***I think of him*** ~ ***as a colleague and more as a friend*** ich betrachte ihn eher als Freund denn als Kollegen; ~ ***of your cheek!*** sei nicht so frech!; ***he listened*** ~ ***to the answer than to Kate's voice*** er hörte weniger auf die Antwort als auf Kates Stimme; **the** ~ **… the better** je weniger …, umso besser; ***the*** ~ ***said about this unpleasant business the better*** je weniger über diese unerfreuliche Sache geredet wird, umso besser; **much** [*or* **far**] [*or* **a lot**] ~ **complicated** viel einfacher; ~ **expensive/happy/sad** billiger/unglücklicher/glücklicher; **the more …, the** ~ **…** je mehr …, desto weniger …; ***the more she hears about the place, the*** ~ ***she wants to go there*** je mehr sie über den Ort erfährt, umso weniger will sie hin; ■**no** ~ **a/an …** ***that this is a positive stereotype makes it no*** ~ ***a stereotype*** das das ein positives Vorurteil ist, ändert nichts daran, dass es ein Vorurteil ist; ~ **and** ~ immer weniger; ***she phones me*** ~ ***and*** ~ sie ruft mich immer weniger an; ***his uncle is*** ~ ***and*** ~ ***able to look after himself*** sein Onkel kann immer weniger für sich sorgen ❷ (*not the least bit*) ■~ **than …** kein bisschen …; ~ **than accurate/fair/just/happy** nicht gerade genau/fair/gerecht/glücklich; ***it is little*** ~ ***than disgraceful that he refused to keep his promises*** es ist mehr als schändlich, dass er seine Versprechen nicht eingehalten hat ▶ PHRASES: **in** ~ **than no time** (*hum fam*) im Nu *fam,* in [*o* im] Null Komma nichts *fam;* ***we'll have the pizzas delivered in*** ~ ***than no time*** wir liefern die Pizzas in Null Komma nichts; ***you stir the ingredients together, pop it in the oven and in*** ~ ***than no time, it's ready*** mischen Sie die Zutaten, schieben Sie die Masse in den Ofen und schon ist es fertig; **much** [*or* **still**] ~ **…** (*form*) geschweige denn …, viel weniger …; ***at the age of fourteen I had never even been on a train, much*** ~ ***an aircraft*** mit 14 war ich noch nie mit dem Zug gefahren, geschweige denn geflogen; ***what woman would consider a date with him, much*** ~ ***a marriage?*** welche Frau würde mit ihm ausgehen, geschweige denn, ihn heiraten; **no** ~ (*also iron*) niemand geringerer; ***who should arrive at the party but the Prime Minister, no*** ~***!*** und wer war wohl auch auf der Party? der Premierminister, höchstpersönlich!; ***Peter cooked dinner — fillet steak and champagne, no*** ~ Peter kochte das Abendessen – Filetsteak und Champagner, nur das Beste; **no less … than …** kein geringerer/kein geringeres/keine geringere … als …; ***no*** ~ ***an occasion than their twenty-fifth wedding anniversary*** kein geringerer Anlass als ihr 25. Hochzeitstag **II.** *adj* ❶ *comp of* **little** weniger; ***I had*** ~ ***money than I thought*** ich hatte weniger Geld als ich dachte; ***I eat*** ~ ***chocolate and fewer biscuits than I used to*** ich esse weniger Schokolade und Kekse als früher; ***the*** ~ ***time spent here, the better*** je weniger Zeit man hier verbringt, umso besser ❷ (*nonstandard: fewer*) weniger; ***the trees have produced*** ~ ***apples this year*** die Bäume tragen heute weniger Äpfel; ***short hair presented*** ~ ***problems than long hair*** kurzes Haar verursachte weniger Probleme als langes ❸ (*old: lower in rank, less important*) jünger; ■**… the L**~ der Jüngere; ***James the L***~ Jakobus der Jüngere **III.** *part indef* ❶ (*smaller amount*) weniger; ***she is aged 40 or*** ~ sie ist 40 oder jünger; ***he only has $10 but she has even*** ~***!*** er hat nur $10, sie noch weniger; ***I've been trying to eat*** ~ ich versuche, weniger zu essen; **a little/lot** ~ etwas/viel weniger; ***that's too much — could I have a little*** ~***?*** das ist zu viel – könnte ich etwas weniger haben?; ■**to be/do** ~ **of sth** ***I've been seeing*** ~ ***of her lately*** ich sehe sie in letzter Zeit weniger; ~ **of a problem** ein geringeres Problem; ***storage is*** ~ ***of a problem than it used to be*** die Lagerung ist heute ein kleineres Problem als früher; ■~ **than …** weniger als …; ***we had walked*** ~ ***than three kilometres when Robert said he wanted to rest*** wir hatten noch keine drei Kilometer hinter uns, als Robert eine Pause machen wollte; ***ready in*** ~ ***than an hour*** in weniger als einer Stunde fertig ❷ *non-standard* (*fewer*) weniger; ***he doesn't have many enemies but she has even*** ~ er hat nicht viele Feinde, sie noch viel weniger; ■~ **than …** weniger als …; ***a population of*** ~ ***than 200,000*** weniger als 200.000 Menschen ▶ PHRASES: **to be** ~ **little** ~ **than sth** fast schon etw sein; ***it was little*** ~ ***than disgraceful*** es war fast schon eine Schande; ***his speech was so full of bad jokes and misinformation that it was little*** ~ ***than an embarrassment*** seine Rede war so voll mit schlechten Scherzen und falscher Information, dass es fast schon peinlich war; **no** ~ **than …** nicht weniger als …, bestimmt …; ***no*** ~ ***than 1000 guests/people were at the party*** es waren nicht weniger als [*o* bestimmt] 1000 Gäste/Leute auf der Party **IV.** *prep* ■~ **sth** minus [*o* abzüglich] einer S. *gen;* ***the total of £30,*** ~ ***the £5 deposit you've paid*** insgesamt macht es 30 Pfund, abzüglich der 5 Pfund Anzahlung, die Sie geleistet haben; ***£900,000*** ~ ***tax*** 900.000 Pfund brutto

less developed countries *npl* Entwicklungsländer *ntpl*

lessee [les'i:] *n* Pächter(in) *m(f);* *of a house, flat* Mieter(in) *m(f)*

lessen ['lesᵊn] **I.** *vi* schwächer [*o* geringer] werden; *fever* zurückgehen, sinken; *pain* nachlassen; ***the rain eventually*** ~***ed to a soft mist*** der Regen ging schließlich in ein leichtes Nieseln über **II.** *vt* ■**to** ~ **sth** etw verringern; ***eating properly can*** ~ ***the risk of heart disease*** mit einer vernünftigen Ernährung kann das Risiko einer Herzerkrankung gesenkt werden; ***a massage can*** ~ ***tension in the back*** eine Massage hilft, Rückenverspannungen zu lösen; **to** ~ **sb's achievements** jds Leistungen *pl* herabsetzen

lesser ['lesəʳ, AM -ɚ] *adj attr, inv* ❶ (*smaller in amount*) geringer; **to a** ~ **degree** [*or* **extent**] in geringerem Maße; **the** ~ **of two evils** das kleinere Übel ❷ (*lower*) *work of art, artist* unbedeutender; ***a*** ~ ***man might have given up*** ein Geringerer hätte wahrscheinlich aufgegeben *liter;* **the** ~ **aristocracy** der niedrige Adel

lesser-known *adj inv* unbekannter, weniger bekannt

lesson ['lesᵊn] *n* ❶ (*teaching period*) Stunde *f;* **driving** ~ Fahrstunde *f;* ■~**s** *pl* Unterricht *m kein pl;* **to take acting/guitar** ~**s** Schauspiel-/Gitarrenunterricht nehmen; **English** ~**s** Englischunterricht *m;* **science** ~**s** Unterricht *m* in naturwissenschaftlichen Fächern ❷ (*from experience*) Lehre *f,* Lektion *f;* ***there is a*** ~ ***for all parents in this child's tragic death*** aus dem tragischen Tod dieses Kindes sollten alle Eltern eine Lehre ziehen; **to draw** [*or* **learn**] **a** ~ **from sth** aus etw *dat* lernen [*o* eine Lehre ziehen]; **to teach sb a** ~ jdm eine Lektion erteilen; ***I hope that's taught you a*** ~***!*** ich hoffe, das war dir eine Lehre! ❸ (*exercise in book*) Lektion *f* ❹ REL (*in Anglican church*) [Bibel]text *m;* **to read the** ~ aus der Bibel lesen

lessor [les'ɔ:ʳ, AM 'lesɔ:r] *n* Verpächter(in) *m(f);* *of a flat, house* Vermieter(in) *m(f)*

lest [lest] *conj* (*liter*) ① (*for fear that*) damit … nicht …, aus Furcht, dass …; ~ ***we forget*** wir mögen nicht vergessen *form* ② (*in case*) falls, für den Fall, dass …; ~ ***you think the film is too violent, …*** wenn du Angst hast, dass in dem Film zu viel Gewalt vorkommt, … ③ (*old: that*) dass; **to be afraid/anxious/worried ~ …** Angst haben/fürchten/sich *akk* sorgen, dass …; ***she was afraid ~ he should come too late to save her*** sie hatte Angst, er würde zu ihre Rettung zu spät kommen

let¹ [let] *n* ① SPORTS Netzball *m* ② LAW **without ~ or hindrance** ungehindert

let² [let] I. *n esp* BRIT Vermietung *f;* **to sign a five-year ~** einen Mietvertrag für fünf Jahre unterschreiben; **to take sth on a ~** etw mieten II. *vt* <-tt-, let, let> ① (*give permission*) ■ **to ~ sb do sth** jdn etw tun lassen, jdm erlauben, etw zu tun; ***she wanted to go but her parents wouldn't ~ her*** sie wollte gehen, aber ihre Eltern ließen sie nicht *fam;* ***I'm ~ting you stay up late just this once*** dieses eine Mal darfst du länger aufbleiben ② (*allow*) ■ **to ~ sb/sth do sth** jdn/etw etw tun lassen; ***don't ~ it worry you*** mach dir [darüber mal] keine Sorgen *fam;* ~ ***me first ask you …*** lassen Sie mich zuerst fragen, … *form;* **to ~ one's hair grow** sich *dat* das Haar [lang] wachsen lassen; **to ~ one's shoes dry** seine Schuhe trocknen lassen; **to ~ sb alone** [*or fam* **sb be**] jdn in Ruhe [*o* Frieden] lassen; ~ ***him be!*** lass ihn in Ruhe!, lass ihn gehen! ÖSTERR, SÜDD *fam;* **to ~ sth alone** [*or fam* **sth be**] (*not touch*) etw nicht angreifen; (*not talk about*) nicht über etw *akk* sprechen; **to ~ [it] fall** [*or* **drop**] [*or* **slip**] **that …** (*mention unintentionally*) versehentlich sagen, dass …; (*mention as if unintentionally*) [nebenbei] die Bemerkung fallen lassen, dass …; **to ~ sb know sth** jdn etw wissen lassen, jdm Bescheid geben *fam;* ~ ***us know when you get there*** geben Sie uns Bescheid, wenn Sie dort ankommen; ~ ***me know if you need any help*** sage [es] mir, wenn ich dir behilflich sein kann; **to ~ it be known that …** alle wissen lassen, dass …, deutlich [*o* klar] machen, dass …; **to ~ sth pass** [*or* **go**] etw durchgehen lassen ③ (*in suggestions*) ~***'s go out to dinner*** lass uns Essen gehen, gehen wir essen!; ***don't ~ us argue*** lass uns nicht streiten; ~***'s face it!*** sehen wir den Tatsachen ins Auge!; ~***'s say he didn't think it was funny*** sagen wir einfach, er fand es nicht lustig; ~ ***us consider all the possibilities*** wollen wir einmal alle Möglichkeiten ins Auge fassen ④ (*filler while thinking*) ~***'s see***, ~ ***me see*** Moment, also; ~ ***me think*** lassen Sie mich [mal] nachdenken ⑤ (*expressing defiance*) ■ ~ **sb do sth** soll [doch] jd etw tun; ~ ***them do what they like*** sollen doch sie machen, was sie wollen; ~ ***it rain*** von mir aus kann es ruhig regnen; ***if he needs money,*** ~ ***him earn it*** wenn er Geld braucht, dann soll er doch arbeiten; ~ ***there be no doubt about it!*** das möchte ich [doch] einmal klarstellen! ⑥ REL (*giving a command*) ~ ***there be light*** es werde Licht; ~ ***us pray*** lasset uns beten ⑦ (*making a threat*) ***just ~ me hear you say such a thing again and you'll be sorry!*** sag so etwas noch einmal und du wirst es [bitter] bereuen; ***don't ~ me catch you in here again!*** dass ich dich hier nicht noch einmal erwische! ⑧ MATH ~ ***a = 4*** [es] sei a gleich 4; ***if we ~ the angle x = 70° …*** wenn der Winkel x gleich 70° ist, … ⑨ *esp* BRIT, AUS (*rent out*) **to ~ a house/flat/room** ein Haus/eine Wohnung/einen Raum vermieten; ***"to ~"*** „zu vermieten" ▶ PHRASES: **to ~ one's <u>hair</u> down** sich *akk* gehen lassen, die Sau rauslassen *sl;* ~ **<u>alone</u> …** geschweige denn …; **to ~ it all <u>hang</u> out** (*dated sl*) mal so richtig einen drauf machen *sl,* über die Stränge schlagen *fam;* **to ~ sb <u>have</u> it** es jdm mal [ordentlich] geben *fam;* **to ~ sth <u>lie</u>** etw nicht beachten [*o* ignorieren]; **to ~ a matter lie for some time** eine Angelegenheit eine Zeit lang ruhen lassen; **to ~ <u>fly</u>** [*or* **<u>rip</u>**] ausflippen *sl;* **to ~ [it] <u>rip</u>** (*do sth to extremes*) alle Register ziehen, es [mal] krachen lassen *sl;* (*drive very fast*) es laufen lassen *fam*

◆**let down** I. *vt* ① (*disappoint*) ■ **to ~ down ↔ sb** jdn enttäuschen; (*fail*) jdn im Stich lassen ② (*lower slowly*) ■ **to ~ down ↔ sth** etw herunterlassen ③ BRIT, AUS (*deflate*) **to ~ down a tyre** die Luft aus einem Reifen lassen ④ (*make longer*) ■ **to ~ down ↔ sth** *clothes* etw länger machen; **to ~ down a hem** einen Saum auslassen ▶ PHRASES: **to ~ the <u>side</u> down** BRIT, AUS jdn/sich bloßstellen [*o* blamieren] II. *vi* AVIAT heruntergehen

◆**let go** I. *vt* ① (*release from one's grip*) ■ **to ~ go of sb/sth** [*or* **sb/sth go**] jdn/etw loslassen [*o* SÜDD, ÖSTERR auslassen]; ~ ***go of my hand, you're hurting me!*** lass meine Hand los [*o* SÜDD, ÖSTERR aus], du tust mir weh! ② (*release from captivity*) ■ **to ~ sb/sth go** jdn freilassen [*o fam* laufen lassen] ③ (*change behaviour*) ■ **to ~ oneself go** (*give way to enthusiasm*) aus sich *dat* herausgehen; (*develop bad habits*) sich *akk* gehen lassen II. *vi* ■ **to ~ go [of sb/sth]** [jdn/etw] loslassen *a. fig*

◆**let in** *vt* ① (*allow to enter*) ■ **to ~ in ↔ sb** jdn hereinlassen; ***I've got a key, so I can ~ myself in*** ich habe einen Schlüssel, so dass ich reinkommen kann ② (*allow to know*) ■ **to ~ sb in on sth** jdn in etw *akk* einweihen; ***shall I ~ you in on a little secret?*** soll ich dir ein kleines Geheimnis anvertrauen? ③ (*not keep out*) ■ **to ~ in ↔ sth** etw durchlassen; ***these shoes ~ in the rain*** diese Schuhe sind nicht wasserdicht; **to ~ in some air** frische Luft hereinlassen ④ (*get involved in*) ■ **to ~ oneself/sb in for sth** sich/jdm etw einhandeln *fam;* ***what have we ~ ourselves in for?*** worauf haben wir uns da nur eingelassen?

◆**let into** *vt* ① (*allow to enter*) **to ~ sb into a building/house** jdn in ein Gebäude/Haus lassen ② (*allow to know*) **to ~ sb into a secret** jdn in ein Geheimnis einweihen, jdm ein Geheimnis anvertrauen ③ *usu passive* (*build into*) ■ **to be ~ into sth** in etw *akk* eingesetzt [*o* eingelassen] sein; **a safe ~ into the wall** ein [eingebauter] Safe, ein Wandsafe *m*

◆**let off** *vt* ① (*not punish*) ■ **to ~ off ↔ sb** jdn laufen [*o* davonkommen] lassen *fam;* ***you won't be ~ off so lightly the next time*** das nächste Mal wirst du nicht so glimpflich davonkommen; **to ~ sb off with a fine/warning** jdn mit einer Geldstrafe/Verwarnung davonkommen lassen ② (*excuse*) ■ **to ~ sb off sth** jdm etw erlassen; ***his boss ~ him off work for the day*** sein Chef hat ihm den Tag freigegeben ③ (*fire*) ■ **to ~ off ↔ sth** etw abfeuern; **to ~ off a bomb/fireworks** eine Bombe/Feuerwerkskörper zünden; **to ~ off a gun** eine Gewehr abfeuern; **to ~ off a shot/volley** einen Schuss/eine Salve abgeben ▶ PHRASES: **to ~ off <u>steam</u>** (*fam*) Dampf ablassen *fam*

◆**let on** *vi* (*fam*) ① (*reveal secret*) verraten; ***John knows more than he ~s on*** John weiß mehr, als er sagt; ■ **to ~ on that …** (*divulge*) ausplaudern, dass …; (*show*) sich *dat* anmerken lassen, dass … ② (*pretend*) ■ **to ~ on that …** vorgeben, dass …; ***he ~ on that he didn't hear me*** er tat so, als würde er mich nicht hören

◆**let out** I. *vt* ① (*release*) ■ **to ~ sb/sth ↔ out** jdn/etw herauslassen; ***I'll ~ myself out*** ich finde selbst hinaus; ***he ~ the water out of the bathtub*** er ließ das Wasser [aus der Badewanne] ablaufen; **to ~ animals out** Tiere freilassen ② (*emit*) ■ **to ~ out ↔ sth** *scream, shriek, yell* etw ausstoßen; **to ~ out a belch** rülpsen *fam;* **to ~ out a burp** aufstoßen, rülpsen *fam; baby* ein Bäuerchen *nt* machen; **to ~ out a guffaw** in schallendes Gelächter ausbrechen; **to ~ out a roar** aufschreien; *engine* aufheulen; **to ~ out a squeal** aufkreischen; **to ~ out a whoop** laut aufschreien, aufjuchzen ③ FASHION (*make wider*) **to ~ out a dress** ein Kleid weiter machen; **to ~ out a seam** einen Saum auslassen ④ (*divulge*) ■ **to ~ out ↔ sth** etw verraten [*o fam* ausplaudern] ⑤ *esp* BRIT (*rent out*) ■ **to ~ out ↔ sth** etw vermieten ⑥ (*fam: excuse*) ■ **to ~ out ↔ sb** jdm als Entschuldigung dienen; ***that ~s me out*** das entschuldigt mich; ***a cold ~ me out of going hiking with Sam*** meine Erkältung war eine gute Ausrede, nicht mit Sam wandern zu gehen II. *vi* AM enden

◆**let through** *vt* ■ **to ~ through ↔ sb/sth** jdn/etw durchlassen

◆**let up** *vi* ① (*decrease*) aufhören; *rain also* nachlassen; *fog, weather* aufklaren ② (*release*) locker lassen; **to ~ up on the accelerator** den Fuß vom Gas nehmen ③ (*desist*) aufgeben; ■ **to ~ up on sb** jdn in Ruhe [*o* Frieden] lassen; ■ **to ~ up on sth** mit etw *dat* aufhören

let-down *n usu sing* (*fam*) Enttäuschung *f*

lethal [ˈliːθəl] *adj* ① (*causing death*) tödlich; **to deal sb/sth a ~ blow** jdm/etw den Todesstoß versetzen *a. fig;* ~ **injection** Todesspritze *f;* ~ **poison/weapon** tödliches Gift/tödliche Waffe ② (*fam: very dangerous*) tödlich; ***this knife looks pretty ~*** dieses Messer sieht ziemlich gefährlich aus; ***the vodka in Russia is absolutely ~*** der Wodka in Russland ist absolut tödlich ③ (*fam: strong and determined*) eisenhart, unerbittlich

lethally [ˈliːθəli] *adv* **to be ~ effective** tödlich wirken *a. fig,* eine tödliche Wirkung haben *a. fig*

lethargic [ləˈθɑːdʒɪk, AM lɪˈθɑːr-] *adj* ① (*lacking energy*) lethargisch *geh,* träge ② (*apathetic*) lustlos, teilnahmslos

lethargically [ləˈθɑːdʒɪkəli, AM lɪˈθɑːr-] *adv* lethargisch

lethargy [ˈleθədʒi, AM -ɚdʒi] *n no pl* ① (*lacking energy*) Lethargie *f geh,* Trägheit *f;* (*apathy*) Teilnahmslosigkeit *f* ② MED Schlafsucht *f,* Lethargie *f fachspr*

let-off *n* (*fam*) Glücksfall *nt*

Letraset® [ˈletrəset] *n no pl* Letraset® *nt*

let rip *vi* (*sl: flatulate*) sich *akk* gehen lassen

letter [ˈletəʳ, AM -t̬ɚ] *n* ① (*message*) Brief *m,* Schreiben *nt;* **a business/love ~** ein Geschäfts-/Liebesbrief *m;* **L~s to the Editor** JOURN Leserbriefe *mpl;* **a ~ from/to a friend** ein Brief *m* von einem/an einen Freund; **to inform sb by ~** jdn schriftlich verständigen ② (*of alphabet*) Buchstabe *m;* **to have a lot of ~s after one's name** viele Titel haben; **three-~ word** Wort *nt* mit drei Buchstaben; **four-~ word** Schimpfwort *nt;* **in large ~s** in Großbuchstaben; **in small ~s** in Kleinbuchstaben ▶ PHRASES: **to keep to** [*or* **follow**] **the ~ of the <u>law</u>** nach dem Buchstaben des Gesetzes handeln; **<u>to</u> the ~** buchstabengetreu, genau nach Vorschrift

letter bomb *n* Briefbombe *f* **letterbox** *n esp* BRIT, AUS Briefkasten *m,* Postkasten *m* **letter carrier** *n* AM (*postman*) Postbote, -in *m, f,* Briefträger(in) *m(f)* **lettered** [ˈletəd, AM ˈlet̬ɚd] *adj* (*dated*) belesen **letterhead** *n* ① (*at top of letter*) Briefkopf *m* ② *no pl* (*paper*) Geschäfts-/Firmenbriefpapier *nt*

lettering [ˈletərɪŋ, AM -t̬ɚ-] *n no pl* Beschriftung *f*

letter of allotment *n* FIN Zuteilungsanzeige *f* **letter of credit** *n* FIN, ECON Kreditbrief *m;* (*export*) Akkreditiv *nt* **letter of demand** *n* Mahnschreiben *nt,* Mahnbrief *m* **letter of regret** *n* Absagebrief *m* **letter of renunciation** *n* BRIT FIN Abtretung *f* von Bezugsrechten

letter-opener *n esp* AM Brieföffner *m* **letter-perfect** *adj inv* AM THEAT (*word-perfect*) sicher im Text *präd;* **to be ~** den Text perfekt beherrschen **letterpress** [ˈletəpres, AM ˈlet̬ɚ] *n no pl* TYPO ① (*method*) Hochdruck *m* ② BRIT (*printed text*) Text *m* **letter-quality** *adj inv script* korrespondenzfähig; *printout* in Briefqualität *nach n* **letter-quality printer** *n* Standarddrucker *m* **letters patent** *npl* LAW Berufungsurkunde *f,* Patenturkunde *f*

letting [ˈletɪŋ] *n* BRIT ① *no pl* (*renting out*) Vermieten *nt,* Vermietung *f* ② (*let property*) vermietetes Objekt; (*property to let*) zu vermietendes Objekt

lettuce [ˈletɪs, AM -t̬-] I. *n* ① *no pl* BOT Lattich *m* ② (*cultivated plant*) Gartensalat *m,* Blattsalat *m;* (*with firm head*) Kopfsalat *m;* (*longer and looser*) Bindesalat *m;* (*small plants*) Schnitt-/Pflücksalat *m;* **greenhouse ~** Treibhaussalat *m;* **a head of ~** ein Salatkopf *m* II. *n modifier* (*garnish, patch*) Salat-; **bacon, ~ and tomato sandwich** Sandwich *nt* mit Schinken, Salatblättern und Tomate; ~ **salad** grüner Salat

letup [ˈletʌp, AM -t̬-] *n no pl* Nachlassen *nt;* (*stop-*

L

page) Aufhören *nt; **there has been no ~ in the bombardment overnight*** die Bombardierung wurde auch über Nacht nicht ausgesetzt

leucocyte ['lju:kə(ʊ)saɪt, AM 'lu:koʊ-] *n* MED Leukozyt[en] *m[pl] fachspr,* weißes Blutkörperchen; **~ count** Leukozytenzählung *f*

leucotomy [lju:'kɒtəmi, AM lu:'kɑ:t̬-] *n* MED Leukotomie *f fachspr,* Lobotomie *f fachspr*

leukaemia [lju:'ki:miə], AM **leukemia** [lu:'-] *n* Leukämie *f,* Blutkrebs *m*

leukocyte *n see* **leucocyte**

LEV [ˌeli:'vi:] *abbrev of* **Low-Emission Vehicle I.** *n* schadstoffreduziertes Fahrzeug **II.** *n modifier* **~ standard** Schadstoffverordnung *f*

Levant [lə'vænt] *n no pl* (*old*) ■**the ~** die Levante *veraltet*

Levantine [lə'væntaɪn] *adj inv* (*old*) levantinisch *veraltet*

levee¹ ['levi] *n* HIST *Nachmittagsaudienz des britischen Monarchs*

levee² ['levi] *n* (*embankment*) Damm *m*

level ['levᵊl] **I.** *adj* ❶ (*horizontal*) horizontal, waagrecht; (*flat*) eben; ***the picture isn't ~*** das Bild hängt nicht gerade; **~ ground** ebenes Gelände ❷ *pred* (*at same height*) ■**~ with sth** auf gleicher Höhe mit etw *dat; **the unions are fighting to keep wages ~ with inflation*** (*fig*) die Gewerkschaften kämpfen um die Angleichung der Löhne und Gehälter an die Inflationsrate ❸ *pred esp* BRIT, AUS (*in race*) gleichauf; (*in competition*) punktegleich; ***the scores were ~ at half time*** zur Halbzeit stand es unentschieden; ***the two students are about ~ in ability*** die beiden Studenten sind etwa gleich gut; **to draw ~ with sb/sth** mit jdm/etw gleichziehen, jdn/etw einholen ❹ *attr* (*flat with brim*) gestrichen [voll]; **a ~ cupful of flour** eine Tasse [voll] Mehl; **a ~ spoonful of sugar** ein gestrichener Löffel Zucker ❺ (*calm*) ruhig; **to keep a ~ head** einen kühlen [*o* klaren] Kopf bewahren; **to give sb a ~ look** jdn festem ansehen; **in a ~ tone** ohne die Stimme zu heben; **in a ~ voice** mit fester Stimme ► PHRASES: **to do one's ~ best** sein Möglichstes [*o* alles Menschenmögliche] tun; **to start on a ~ playing field** gleiche [Start]bedingungen [*o* Voraussetzungen] haben **II.** *n* ❶ (*height*) Niveau *nt,* Höhe *f;* **at eye ~** in Augenhöhe; **oil ~** AUTO Ölstand *m;* **above sea ~** über dem Meeresspiegel; **water ~** Pegelstand *m,* Wasserstand *m* ❷ (*storey*) Stockwerk *nt;* **ground ~** Erdgeschoss *nt;* **at [*or* on] ~ four** im vierten Stock ❸ (*amount*) Ausmaß *nt; **inflation is going to rise 2% from its present ~*** die Inflationsrate wird [gegenüber dem derzeitigen Stand] um 2% steigen; **~ of alcohol abuse** Ausmaß *nt* des Alkoholmissbrauchs; **low-/high-~ radiation** niedrige/hohe Strahlung; **sugar ~ in the blood** Blutzuckerspiegel *m* ❹ *no pl* (*in hierarchy*) Ebene *f;* **at government[al] ~** auf Regierungsebene; **at a higher/lower ~** auf höherer/niedrigerer Ebene; **at the local/national/regional ~** auf kommunaler/nationaler/regionaler Ebene ❺ (*degree of proficiency*) Niveau *nt;* (*of quality*) Qualitätsstandard *m; **your explanation must be at a ~ that the children can understand*** du musst es so erklären, dass die Kinder dich verstehen; **advanced/intermediate ~** fortgeschrittenes/mittleres Niveau; (*school*) Ober-/Mittelstufe *f;* **to reach a high ~** ein hohes Niveau erreichen; **intellectual ~** geistiges Niveau; **to bring sth down to sb's ~** etw auf jds Niveau *nt* bringen; **to take sth to a higher ~** etw verbessern [*o* auf ein höheres Niveau bringen] ❻ (*quality of meaning*) Ebene *f;* **at a deeper/on another ~** auf einer tieferen Ebene/nach einer anderen Lesart; **on a serious ~** ernsthaft ❼ (*standard of behaviour*) **to sink to sb's ~** sich *akk* auf jds Niveau *nt* hinabbegeben; ***I would never sink to the ~ of taking bribes*** ich würde nie so tief sinken und mich bestechen lassen ❽ BRIT (*level ground*) **on the ~** ebenerdig ❾ *esp* AM (*spirit level*) Wasserwaage *f* ❿ TELEC Pegel *m* ► PHRASES: **to be on a ~ [with sb/sth]** BRIT, AUS (*at same height*) [mit jdm/etw] auf derselben Höhe sein; (*in same position*) gleich gut sein [wie jd/etw]; **to be on the ~** ehrlich [*o* aufrichtig] sein; ***this offer is on the ~*** dies ist ein faires Angebot; **to find your own ~** (*fam*) seinen Platz in der Welt finden *fam* **III.** *vt* <BRIT -ll- *or* AM *usu* -l-> ❶ (*make flat*) ■**to ~ sth** ground etw ebnen [*o* planieren]; (*demolish completely*) etw dem Erdboden gleichmachen; **to ~ wood** Holz schmirgeln ❷ (*make equal*) **to ~ the score** den Ausgleich erzielen ❸ (*point*) **to ~ the pistol/rifle at sb** die Pistole/das Gewehr auf jdn richten; **to ~ accusations/charges/criticism against [*or* at] sb** (*fig*) jdn anschuldigen/beschuldigen/kritisieren

◆**level off, level out I.** *vi* ❶ (*fly horizontally*) *pilot* das Flugzeug abfangen; *plane* sich *akk* fangen; (*after rising*) horizontal fliegen; ***the aircraft ~led off at 10,000 feet*** das Flugzeug erreichte seine Flughöhe bei 3300 m ❷ (*end rise or fall*) sich *akk* einpendeln ❸ (*cease to slope*) *path, road* flach [*o* eben] werden **II.** *vt* ■**to ~ sth** ↻ **off** [*or* **out**] etw planieren [*o* einebnen]; (*fig*) etw ausgleichen

◆**level up I.** *vt* ■**to ~ up** ↻ **sth** etw ausgleichen **II.** *vi* AM gestehen; ■**to ~ up with sb about sth** jdm etw gestehen

◆**level with** *vi esp* AM (*fam*) ■**to ~ with sb** ehrlich [*o* aufrichtig] zu jdm sein; ***I'll ~ with you*** ich will ganz offen zu Ihnen sein

level crossing *n* BRIT, AUS Bahnübergang *m*

leveler *n* AM *see* **leveller**

level-headed *adj* ❶ (*sensible*) vernünftig; ***a ~ and practical book*** ein übersichtliches und praktisches Buch ❷ (*calm*) ausgeglichen, ruhig

levelheadedness *n no pl* Ruhe und Gelassenheit *f,* Besonnenheit *f*

leveling AM *see* **levelling**

leveller ['levᵊləʳ], AM **leveler** [-ɚ] *n no pl* (*liter*) Gleichmacher *m meist pej; **death is the supreme ~*** im Tod sind [wir] alle gleich *geh; **disease is a great ~*** die Krankheit trifft Reiche und Arme [gleichermaßen]; ***poverty is a great ~*** in der Armut sind alle gleich

levelling ['levᵊlɪŋ], AM **leveling I.** *adj* ausgleichend *attr;* **to have a ~ effect** eine ausgleichende Wirkung haben; **~ process** Ausgleichsprozess *m* **II.** *n no pl* Ausgleich *m*

levelly ['levᵊli] *adv* ruhig; ***he eyed the accused ~ for a moment*** er blickte dem Angeklagten einen Augenblick lang fest in die Augen

level pegging *n esp* BRIT, AUS **to be [on] ~** tabellengleich [*o* punktgleich] sein

lever ['li:vəʳ, AM 'levɚ, 'li:vɚ] **I.** *n* ❶ TECH Hebel *m;* (*for heavy objects*) Brechstange *f;* **the brake ~ on a bicycle** BRIT die Handbremse an einem Fahrrad ❷ (*fig: threat*) Druckmittel *nt* **II.** *vt* ❶ (*lift with a lever*) ■**to ~ sth up** etw aufstemmen ❷ (*move with effort*) ■**to ~ oneself [up]** sich *akk* hochstemmen; ***he ~ed himself [up] out of the armchair*** er hievte sich aus dem Sessel [hoch] ❸ (*fig: exert pressure*) ■**to ~ sth from sb** etw aus jdm herauspressen **III.** *vi* **to ~ at sth with a crowbar** etw *akk* mit einer Brechstange bearbeiten

leverage ['li:vᵊrɪdʒ, AM 'levɚ-, 'li:vɚ-] *n no pl* ❶ TECH Hebelkraft *f* ❷ (*fig: influence*) Einfluss *m;* **to bring ~ to bear on sb, to exert ~ on sb** Druck *m* auf jdn ausüben ❸ FIN Hebelwirkung *f,* Leverage *nt fachspr* ❹ FIN (*producing more money*) Kreditaufnahme *f* zu Anlagezwecken

leveraged ['li:vᵊrɪdʒd, AM 'levɚ-] *adj inv* FIN mit Fremdkapital finanziert; **~ buyout** [*or* **takeover**] Leveraged Buyout *nt,* fremdfinanziertes Übernahmeangebot; **~ stock** mit Fremdkapital finanzierte Aktien *pl*

leveraged buyout *n* FIN *mit Hilfe von Krediten finanzierter Kauf eines Unternehmens*

lever arch file *n* BRIT Leitz-Ordner® *m*

leviathan *n,* **Leviathan** [lɪ'vaɪəθᵊn] *n* ❶ (*liter: giant thing*) Gigant *m,* Riese *m;* **an economic ~** ein Wirtschaftsriese, eine Wirtschaftsmacht ❷ (*biblical monster*) Leviathan *m*

Levi's® ['li:vaɪz] *npl* Levis® *f,* Jeans *f*

levitate ['levɪteɪt] **I.** *vi* schweben **II.** *vt* ■**to ~ sth/sb** jdn/etw schweben lassen [*o fachspr* levitieren]

levitation [ˌlevɪ'teɪʃᵊn] *n no pl* freies Schweben, Levitation *f fachspr*

Levite ['li:vaɪt] *n* Levit *m*

levity ['levəti, AM -əţi] *n no pl* Ungezwungenheit *f,* Leichtigkeit *f; **he tried to introduce a note of ~*** er versuchte die Atmosphäre etwas aufzulockern

levy ['levi] **I.** *n* Steuer *f,* Abgaben *fpl;* **to impose a ~ on sth** eine Steuer auf etw *akk* erheben, etw mit einer Steuer belegen **II.** *vt* <-ie-> ■**to ~ sth** etw erheben; **to ~ customs tariffs on sth** für etw *akk* Zollgebühren erheben; **to ~ a fine on sb** jdm eine Geldstrafe auferlegen; **to ~ goods** Güter beschlagnahmen [*o* einziehen]; **to ~ a tax** eine Steuer erheben; **to ~ [a] tax on sth** etw besteuern [*o* mit einer Steuer belegen]

lewd [lju:d, AM lu:d] *adj* ❶ (*indecent*) unanständig; *ballad, comments* anzüglich; *behaviour* anstößig; *gesture* obszön; **~ joke** unanständiger [*o* schmutziger] Witz; **~ speech** Anzüglichkeiten *fpl* ❷ (*lecherous*) lüstern

lewdly ['lju:dli, AM 'lu:d-] *adv* anzüglich

lewdness ['lju:dnəs, AM 'lu:d-] *n no pl* unzüchtiges Verhalten *f*

lexical ['leksɪkᵊl] *adj inv* lexikalisch

lexicographer [ˌleksɪ'kɒgrəfəʳ, AM -'kɑ:grəfɚ] *n* Lexikograph(in) *m(f)*

lexicographical [ˌleksɪkəʊ'græfɪkᵊl, AM koʊ'] *adj inv* lexikographisch

lexicography [ˌleksɪ'kɒgrəfi, AM -'kɑ:g-] *n no pl* Lexikographie *f*

lexicology [ˌleksɪ'kɒlədʒi, AM -'kɑ:l-] *n no pl* Lexikologie *f*

lexicon ['leksɪkən, AM *also* -kɑ:n] *n* ❶ (*vocabulary*) Wortschatz *m,* Lexikon *nt fachspr* ❷ (*dictionary*) Wörterbuch *nt,* Lexikon *nt fam*

lexis ['leksɪs] *n no pl* LING Lexik *f fachspr*

ley line ['leɪ,-] *n* Kraftlinie *f,* Leyline *f fachspr*

liability [ˌlaɪə'bɪləti, AM -əţi] *n* ❶ *no pl* (*financial responsibility*) Haftung *f; **he denies any ~ for the costs of the court case*** er weigert sich strikt, die Kosten des Verfahrens zu tragen; **limited ~ company** BRIT Gesellschaft *f* mit beschränkter Haftung, GmbH *f* ❷ FIN (*debts*) ■**liabilities** *pl* Verbindlichkeiten *fpl;* (*overdue debts*) Schulden *fpl;* **assets and liabilities** Aktiva und Passiva *fachspr;* **to not be able to meet one's liabilities** seinen Zahlungsverpflichtungen nicht nachkommen können ❸ FIN (*debtors*) ■**liabilities** *pl* Kreditoren *mpl* ❹ (*handicap*) Belastung *f; **he's more a ~ than a help*** er ist eher eine Last als eine Stütze

liability insurance *n no pl* AM (*third party insurance*) Haftpflichtversicherung *f*

liable ['laɪəbl] *adj* ❶ (*likely*) ■**to be ~ to do sth** Gefahr laufen, etw zu tun; ***there's been so little rain, the forest is ~ to go up in flames at any moment*** es hat so wenig geregnet, dass leicht ein Waldbrand entstehen kann; ***they're ~ to sack you if you complain about your salary*** sie werden dich feuern, wenn du dich wegen deines Gehalts beschwerst; ***if you carry on like this, I'm ~ to lose my temper*** wenn du so weitermachst, werde ich noch die Geduld verlieren ❷ (*prone*) ■**to be ~ to sth** anfällig für etw *akk* sein; ***the road is ~ to subsidence*** die Straße droht abzusinken; ***she seems rather ~ to accidents, that girl*** dieses Mädchen scheint ziemlich unfallgefährdet zu sein; **to be ~ to asthma/colds** für Asthma/Erkältungen anfällig sein; **to be ~ to flooding** überschwemmungsgefährdet sein ❸ LAW haftbar; ■**to be ~ for sth** für etw *akk* haftbar sein; **to be ~ for the costs of the trial** für die Verfahrenskosten aufkommen müssen; **to hold sb ~ [for sth]** jdn [für etw *akk*] zur Verantwortung ziehen; **to be ~ to a fine** einer Geldstrafe unterliegen; **to be ~ to tax** steuerpflichtig sein

liaise [li'eɪz] *vi* ■**to ~ with sb/sth** ❶ (*establish contact*) eine Verbindung zu jdm/etw herstellen [*o* aufbauen], sich *akk* mit jdm/etw in Verbindung setzen; (*be go-between*) als Verbindungsstelle [*o* Kontaktstelle] zu jdm/etw fungieren; ***his job is to ~ with other organizations*** er soll den Kontakt zu den anderen Organisationen pflegen ❷ (*work together*) mit jdm/etw zusammenarbeiten

liaison [li'eɪzᵊn, AM 'li:əzɑ:n] *n* ❶ *no pl* (*contacts*)

Verbindung *f;* ***there is a lack of ~ between the various government departments*** zwischen den verschiedenen Ministerien besteht ein Kommunikationsmangel; ***I work in close ~ with my opposite number in the USA*** ich arbeite eng mit meinem Pendant in den USA zusammen ② AM *(person)* Verbindungsmann, Verbindungsfrau *m, f,* Kontaktperson *f;* ***she serves as the ~ between the company and the research centers*** sie vermittelt zwischen der Firma und den Forschungsinstituten ③ *(sexual affair)* Verhältnis *nt,* Liaison *f veraltend geh* ④ LING, FOOD Liaison *f fachspr*

liaison officer *n* Verbindungsmann, Verbindungsfrau *m, f,* V-Mann *m fam,* Kontaktperson *f*

liar ['laɪəʳ, AM -ɚ] *n* Lügner(in) *m(f)*

lib [lɪb] *n no pl (dated fam) short for* **liberation** Befreiungsbewegung *f*

Lib [lɪb] *n* BRIT *short for* **Liberal** Liberale(r) *f(m)*

libation [laɪ'beɪʃᵊn] *n* ① HIST, REL Libation *f,* Trankopfer *nt;* **to make** [*or* **pour**] **a ~** ein Trankopfer darbringen *geh* ② *(hum: drink)* Trunk *m geh o hum;* ***would you care for a ~?*** wie wäre es mit einem Schlückchen?

libber ['lɪbəʳ, AM -ɚ] *n (fam)* Anhänger(in) *m(f)* [*o* Mitglied *nt*] einer Befreiungsbewegung

Lib Dem [,lɪb'dem] *n* BRIT *(fam) short for* **Liberal Democrat** Liberaldemokrat(in) *m(f)*

libel ['laɪbᵊl] LAW **I.** *n* ① *no pl (crime)* Verleumdung *f;* **an action for ~** eine Verleumdungsklage; **to sue sb for ~** jdn wegen Verleumdung verklagen ② *(defamatory statement)* [schriftliche] Verleumdung; ***the whole story was a vicious ~ on my character*** die ganze Geschichte war eine gemeine Verleumdung und sollte meinen Ruf ruinieren **II.** *vt* <BRIT -ll- *or* AM *usu* -l-> ■**to ~ sb** jdn [schriftlich] verleumden

libel case *n* LAW Verleumdungsfall *m* **libel laws** *npl* Verleumdungsparagraph[en] *m[pl]*

libellous ['laɪbᵊləs], AM **libelous** *adj* verleumderisch; **to make ~ accusations against sb** gegen jdn verleumderische Anschuldigungen erheben

liberal ['lɪbᵊrᵊl] **I.** *adj* ① *(tolerant)* liberal; *attitude, church, person also* tolerant, aufgeschlossen; **~ education** Allgemeinbildung *f;* **L~ Judaism** Liberales Judentum; **~ thought** [*or* **view**] liberale Ansichten ② *(progressive)* liberal, fortschrittlich; **the ~ wing of a party** der linke Parteiflügel ③ ECON liberal ④ *(generous)* großzügig; **a ~ allowance/donation/support** eine großzügige Beihilfe/Spende/Unterstützung; **a ~ amount of mayonnaise** reichlich Majonäse; **a ~ portion** eine große Portion; **a ~ serving of cream** eine große Portion Sahne [*o* ÖSTERR Obers]; **a ~ supply** ein großer Vorrat; ■**to be ~ with sth** mit etw *dat* großzügig sein ⑤ *(not exact)* **a ~ interpretation of a law** eine freie Auslegung eines Gesetzes **II.** *n* Liberale(r) *f(m)*

Liberal ['lɪbᵊrᵊl] **I.** *n* CAN, AUS *(hist)* Liberale(r) *f(m)* **II.** *adj* liberal; **the ~ candidate** der Kandidat/die Kandidatin der Liberalen [Partei]; **the ~ manifesto** das Manifest der Liberalen [Partei]; **the ~ vote** die Wählerschaft [*o* Stimmen] der Liberalen [Partei]

liberal arts *esp* AM **I.** *n* ■**the ~** *pl* die Geisteswissenschaften; **a degree in the ~** ein Abschluss *m* in Geisteswissenschaften **II.** *n modifier (professor, college)* geisteswissenschaftlich; **a ~ course/degree** ein Kurs *m*/Abschluss *m* in Geisteswissenschaften; **~ student** Student *m*/Studentin *f* der Geisteswissenschaften

Liberal Democrat BRIT **I.** *n* ■**the ~s** *pl* die Liberaldemokraten *mpl* **II.** *adj* liberaldemokratisch; **the ~ Party** die Liberaldemokratische Partei

liberalism ['lɪbᵊrᵊlɪzᵊm] *n no pl* Liberalismus *m*

liberality [,lɪbᵊr'æləti, AM -ə'rælət̬i] *n no pl* ① *(generosity)* Großzügigkeit *f,* Freigebigkeit *f* ② *(liberal nature)* Toleranz *f,* Aufgeschlossenheit *f*

liberalization [,lɪbᵊrᵊlaɪ'zeɪʃᵊn, AM -lɪ'-] *n* Liberalisierung *f;* **the ~ of the economy/of society** die Liberalisierung der Wirtschaft/der Gesellschaft

liberalize ['lɪbᵊrᵊlaɪz] *vt* ■**to ~ sth** etw liberalisieren

liberally ['lɪbᵊrᵊli] *adv* großzügig, reichlich; **to give/donate ~** großzügig geben/spenden; **to tip ~** ein großzügiges Trinkgeld geben

Liberal Party *n* POL ① BRIT HIST Liberale Partei; *see also* **Lib-Lab** ② *(Aus, Can)* **the ~ of Australia/Canada** die Liberale Partei von Australien/Kanada

liberate ['lɪbᵊreɪt, AM -ər-] *vt* ① *(free)* ■**to ~ sb/sth** jdn/etw befreien; ■**to ~ oneself from sth/sb** sich *akk* von etw/jdm befreien [*o* lösen] *a. fig;* **to ~ a country/slaves** ein Land/Sklaven befreien ② *(fig, hum fam: steal)* ■**to ~ sth** etw verschwinden [*o fam* mitgehen] lassen

liberated ['lɪbᵊreɪtɪd, AM -əreɪt̬-] *adj* ① *(emancipated)* emanzipiert ② *(free)* frei; **~ zone** befreite Zone

liberation [,lɪbᵊr'eɪʃᵊn, AM -ə'reɪ-] *n no pl* Befreiung *f* (**from** von +*dat*)

liberation organization *n* Befreiungsbewegung *f;* **animal ~** ≈ Tierschutzverein *m* **liberation theology** *n* Befreiungstheologie *f*

liberator ['lɪbᵊreɪtəʳ, AM -əreɪt̬ɚ] *n* Befreier(in) *m(f)*

Liberian [laɪ'bɪəriən, AM 'bɪri] **I.** *adj inv* liberisch **II.** *n* Liberier(in) *m(f)*

libertarian ['lɪbə'teəriən, AM -ɚ'teri-] **I.** *n* Freidenker(in) *m(f),* Libertin *m geh;* **civil ~s** *Anhänger einer liberal orientierten Staatsauffassung* **II.** *adj* liberal[istisch]

libertine ['lɪbəti:n, AM -ɚti:n] *n (pej)* Libertin *m veraltet geh,* Casanova *m pej fam*

liberty ['lɪbəti, AM -ɚt̬i] *n* ① *no pl (freedom)* Freiheit *f;* **~ of action/conscience/speech** Handlungs-/Gewissens-/Redefreiheit *f;* **to be at ~** frei [*o* auf freiem Fuß[e]] sein; **to be at ~ to do sth** etw tun können; ***are you at ~ to reveal any names?*** dürfen Sie Namen nennen?; ***you are at ~ to refuse medical treatment*** es steht Ihnen frei, eine medizinische Behandlung abzulehnen; **to give sb their ~** jdm die Freiheit schenken ② *(incorrect behaviour)* ***it's*** [***a bit of***] ***a ~*** es ist [ein bisschen] unverschämt; ***what a ~!*** das ist ja unerhört!; **to take liberties with sb** sich *dat* bei jdm Freiheiten herausnehmen; ***she slapped his face for taking liberties*** sie gab ihm eine Ohrfeige dafür, dass er sich zu viel herausgenommen hatte; **to take liberties with sth** etw [zu] frei handhaben; ***her translation takes liberties with the original text*** ihre Übersetzung ist allerdings sehr frei; **to take the ~ of doing sth** sich *dat* die Freiheit nehmen, etw zu tun; ***I took the ~ of borrowing your bicycle*** ich habe mir erlaubt, dein Fahrrad auszuleihen ③ *(form: legal rights)* ■**liberties** *pl* Grundrechte *ntpl,* Bürgerrechte *ntpl*

libidinous [lɪ'bɪdɪnəs, AM lə'bɪdᵊn-] *adj (form)* triebhaft, libidinös *fachspr;* **~ behaviour** triebhaftes Verhalten

libido [lɪ'bi:dəʊ, AM -oʊ] *n* Libido *f fachspr,* [Sexual]trieb *m;* **increased ~** gesteigerte Libido

Lib-Lab ['lɪb,læb] *adj* BRIT HIST *short for* **Liberal and Labour** Liberale Partei; **~ pact** *Parteibündnis zwischen den Liberalen und der Labourpartei in den 70er Jahren*

Libra ['li:brə] *n* ASTRON, ASTROL ① *no art* Waage *f;* **to be born under ~** im Zeichen der Waage geboren sein ② *(person)* Waage *f;* ***she is a ~*** sie ist Waage

Libran ['li:brən] **I.** *n* **to be a ~** Waage sein **II.** *adj* Waage-

librarian [laɪ'breəriən, AM -'brer-] *n* Bibliothekar(in) *m(f)*

librarianship [laɪ'breəriənʃɪp, AM 'breri] *n no pl* Bibliothekswesen *nt*

library ['laɪbrᵊri, AM -breri] **I.** *n* ① *(public)* Bibliothek *f,* Bücherei *f;* **public ~** Leihbücherei *f;* **record ~** Musikbücherei *f;* **university ~** Universitätsbibliothek *f* ② *(private)* Bibliothek *f* ③ *(serial publication)* Gesamtausgabe *f,* Reihe *f* **II.** *n modifier (program, software, visit)* Bibliotheks-; *(from public library)* Bücherei-; **~ book** Leihbuch *nt;* **~ ticket** Leseausweis *m,* Lesekarte *f*

library footage *n no pl* FILM, TV Archivmaterial *nt* **library school** *n* Bibliotheksschule *f* **library science** *n no pl* Bibliothekswesen *nt*

librettist [lɪ'bretɪst, AM -bret̬-] *n* Librettist(in) *m(f)*

libretto [lɪ'bretəʊ, AM -t̬oʊ] *n* Libretto *nt*

Libyan ['lɪbiən] **I.** *adj inv* libysch **II.** *n* Libyer(in) *m(f)*

lice [laɪs] *n pl of* **louse**

licence ['laɪsᵊn(t)s], AM **license** *n* ① *(permit)* Genehmigung *f,* Erlaubnis *f;* *(formal permission)* Lizenz *f,* Konzession *f;* COMPUT Lizenz *f;* **dog ~** Hundemarke *f;* ***he didn't pay his dog ~*** er hat die Hundesteuer nicht bezahlt; **driving** [*or* AM **driver's**] **~** Führerschein *m;* **~ fee** Lizenz[gebühr] *f;* BRIT TV Rundfunk- und Fernsehgebühren *fpl;* **gun ~** Waffenschein *m;* **TV ~** BRIT Rundfunkanmeldung *f;* **to apply for a ~** eine Lizenz beantragen; **to lose one's ~** seine Lizenz verlieren; ***if you get caught drinking and driving you can lose your ~*** wenn man betrunken am Steuer geschnappt wird, kann man den Führerschein verlieren; **to obtain a ~** eine Lizenz erhalten; **under ~** in Lizenz ② *no pl (form: freedom)* Freiheit *f;* **artistic ~** künstlerische Freiheit; **to allow sb ~** jdm Freiheiten gestatten; **to give sb/sth ~ to do sth** jdm/etw gestatten, etw zu tun; ***under the reorganization plans, your department would be given increased ~ to plan*** im Zuge der geplanten Umstrukturierung bekäme Ihre Abteilung größeren Planungsfreiraum; **to have ~ to do sth** die Freiheit haben, etw zu tun ③ LAW [bedingter] Straferlass ▸ PHRASES: **to be a ~ to print money** *esp* BRIT eine wahre Goldgrube sein

licence number *n* Kfz-Kennzeichen *nt,* Autokennzeichen *nt*

license ['laɪsᵊn(t)s] **I.** *n* AM *see* **licence II.** *vt* ■**to ~ sb to do sth** jdm die Lizenz erteilen, etw zu tun; ■**to be ~d to do sth** berechtigt sein, etw zu tun; ***James Bond was '~d to kill'*** James Bond hatte die ‚Lizenz zum Töten'

licensed ['laɪsᵊn(t)st] *adj inv* ① *(with official approval)* lizensiert, zugelassen; **~ pilot** zugelassener Pilot/zugelassene Pilotin ② BRIT *(serving alcohol)* **a ~ restaurant** ein Restaurant *nt* mit Schankerlaubnis

licensed practical nurse *n* AM Hilfskrankenschwester *f,* Hilfskrankenpfleger *m*

licensee [,laɪsᵊn(t)'si:] *n (form)* Lizenznehmer(in) *m(f);* **~ of a pub/bistro/restaurant** BRIT Inhaber(in) *m(f)* eines Pubs/Bistros/Restaurants [mit Schankerlaubnis]; **the ~ of the local pub** der Wirt/die Wirtin der hiesigen Gaststätte

license plate *n* AM *(number plate)* Nummernschild *nt,* polizeiliches [*o* amtliches] Kennzeichen

licenser ['laɪsᵊn(t)səʳ, AM -ɚ] *n* Lizenzgeber(in) *m(f)*

licensing ['laɪsᵊn(t)sɪŋ] **I.** *n no pl* Lizenzvergabe *f;* **vehicle ~ centre** BRIT Kfz-Zulassungsstelle *f* **II.** *adj attr, inv* Lizenz-

licensing hours *npl* BRIT Ausschankzeiten *fpl* **licensing laws** *npl* BRIT Schankgesetze *ntpl*

licensor *n see* **licenser**

licentiate [laɪ'sen(t)ʃiət, AM -ʃɪt] *n* ① *(degree)* Lizentiat *nt* ② *(person)* Lizentiat(in) *m(f)*

licentious [laɪ'sen(t)ʃəs] *adj* [sexuell] ausschweifend, promiskuitiv *pej geh*

licentiously [laɪ'sen(t)ʃəsli] *adv* [sexuell] ausschweifend, promiscuös *pej geh*

licentiousness [laɪ'sen(t)ʃəsnəs] *n no pl* Unmoral *f,* Lasterhaftigkeit *f*

lichen ['laɪkən] *n usu sing* BIOL, BOT Flechte *f*

licit ['lɪsɪt] *n inv* legal

lick [lɪk] **I.** *n* ① *(with tongue)* Lecken *nt kein pl,* Schlecken *nt kein pl;* ***can I have a ~ of your ice cream?*** lässt du mich mal an deinem Eis schlecken? ② *(small quantity)* ■**a ~ of** ein wenig; ***the living room could do with a ~ of paint*** das Wohnzimmer könnte etwas Farbe vertragen ③ MUS *(in jazz)* Lick *m* ④ *(fam: speed)* **to be going at a hell of a ~** einen [Affen]zahn draufhaben *sl;* **at** [**quite a** [*or* **a good**]] **~** ziemlich schnell, mit einem ziemlichen Zahn *fam* ▸ PHRASES: **a** [**cat's**] **~ and a promise** BRIT *(fam)* eine Katzenwäsche *fam* **II.** *vt* ① *(with tongue)* ■**to ~ sth** etw lecken [*o* schlecken]; **to ~ an ice cream cone/lollipop** an einem Eis/Lutscher schlecken; **to ~ the plate** den Teller ablecken; **to ~ a stamp** eine Briefmarke [mit der Zunge] befeuchten ② *(touch)* etw belecken; ***flames were***

L

~ing the curtains die Flammen züngelten an den Vorhängen hoch; *the waves were already ~ing the bottom step* die Wellen schlugen bereits an die unterste Stufe ❸ *esp* AM (*fam: defeat*) ▪to ~ **sb** es jdm [aber mal so richtig] zeigen *fam,* jdn [doch glatt] in die Tasche stecken *fam; all right Joe, I know when I'm ~ed* also gut, Joe, ich gebe mich geschlagen ❹ (*solve*) ▪**to ~ sth** [*or* **to have got sth ~ed**] etw im Griff haben; *together we can ~ this* gemeinsam kriegen wir das schon hin *fam;* **to have got the problem ~ed** das Problem geknackt haben *fam* ❺ (*fam: thrash*) ▪**to ~ sb** jdn verprügeln ▸ PHRASES: **to ~ sb's arse** [*or* AM **ass**] (*vulg*) jdm in den Arsch kriechen *vulg,* ein Arschkriecher sein *vulg;* **to ~ sb's boots** [*or* **shoes**] jdm in den Hintern kriechen [*o* die Stiefel lecken] *pej fam;* **to ~ one's lips** sich *dat* [schon] die Lippen lecken; **to ~ one's wounds** seine Wunden lecken **III.** *vi* ▪**to ~ at sth** *flames, waves* an etw *dat* lecken

◆**lick up** *vt* ▪**to ~ sth** ↻ **up** etw auflecken [*o* aufschlecken]

lickety-split [ˌlɪkətiˈ-, AM -t̬iˈ-] *adv* (*fam*) blitzschnell; *I want that job done ~, okay?* das wird jetzt ruckzuck erledigt, klar? *fam; the car drove by ~* das Auto schoss wie der Blitz vorbei

licking [ˈlɪkɪŋ] *n* ❶ (*fam: beating*) **to give sb a ~** jdm eine Tracht Prügel verpassen *fam* ❷ (*defeat*) **to give sb a ~** jdn haushoch schlagen

licorice *n no pl esp* AM *see* **liquorice**

lid [lɪd] *n* ❶ (*covering*) Deckel *m* ❷ (*eyelid*) Lid *nt* ▸ PHRASES: **to blow** [*or* **take**] **the ~ off sth** etw ans Licht bringen; **to keep** [*or* **put**] **the ~ on sth** etw unter Verschluss halten; *we'll have to keep the ~ on these findings about pollution* unsere Entdeckungen über die Umweltverschmutzung dürfen auf keinen Fall herauskommen; **to put a ~ on sth** mit etw *dat* Schluss machen [*o* aufhören]; *esp* AM *it's time to put a ~ on all the talk* jetzt sollte endlich einmal Schluss sein mit dem Gerede; *put a ~ on it!* (*fam*) jetzt hör doch mal auf [damit]!; **to put the** [**tin**] **~ on sth** BRIT, AUS etw *dat* die Krone aufsetzen

lidless [ˈlɪdləs] *adj inv* deckellos; **~ eye** liderloses Auge

lido [ˈliːdəʊ] *n* BRIT ❶ (*dated: swimming pool*) Freibad *nt,* Schwimmbad *nt* ❷ (*section of beach*) Strand *m,* Lido *m*

lie¹ [laɪ] **I.** *vi* <-y-> lügen; ▪**to ~ about sth** *intentions, plans* falsche Angaben über etw *akk* machen; *I used to ~ about my age* ich habe immer ein falsches Alter angegeben; ▪**to ~ about sb** über jdn die Unwahrheit erzählen; ▪**to ~ to sb** jdn belügen ▸ PHRASES: **to ~ through one's teeth** wie gedruckt lügen *fam* **II.** *vt* <-y-> **to ~ one's way somewhere** sich *akk* irgendwohin hineinschmuggeln; ▪**to ~ one's way** [*or* **oneself**] **out of sth** sich *akk* aus etw *dat* herausreden **III.** *n* Lüge *f;* **to be a pack** [*or* BRIT **tissue**] **of ~s** erstunken und erlogen sein *fam;* **to be an outright ~** glatt gelogen sein *fam;* **to give the ~ to sb/sth** jdn/etw Lügen strafen; **to tell ~s** Lügen erzählen; *don't tell me ~s!* lüg mich nicht an!; *her name is Paula, no, I tell a ~ — it's Pauline* ihr Name ist Paula – nein, Moment, bevor ich etwas Falsches sage – sie heißt Pauline

lie² [laɪ] **I.** *n* ❶ (*position*) Lage *f* ❷ *no pl esp* BRIT, AUS Aussehen *nt* **II.** *vi* <-y-, lay, lain> ❶ (*be horizontal*) *body* liegen; **to ~ on one's back/in bed/on the ground** auf dem Rücken/im Bett/auf dem Boden liegen; **to ~ in state** aufgebahrt sein [*o* liegen]; **to ~ awake/quietly/still** wach/ruhig/still liegen; **to ~ flat** flach liegen [bleiben] ❷ (*be*) liegen; *snow lay thickly over the fields* auf den Feldern lag eine dicke Schneeschicht; **to ~ off the coast** [*or* **shore**] *boat, ship, yacht* vor der Küste liegen; **to ~ to the east/north of sth** im Osten/Norden [*o* östlich/nördlich] von etw *dat* [*o* einer S. *gen*] liegen; **to ~ on the route to …** auf dem Weg nach … liegen; *school, work* auf dem Weg zu … liegen; **to ~ in ruins** in Trümmern liegen; **to ~ in wait** auf der Lauer liegen; **to ~ empty** *house, flat* leer stehen; **to ~ fallow** AGR, HORT brachliegen ❸ (*be buried*) ruhen; *here ~s the body of …* hier ruht … ❹ (*be responsible*) ▪**to ~ with sb/sth** bei jdm/etw liegen ❺ (*be found*) ▪**to ~ in sth** an etw *dat* liegen; *solution* bei etw *dat* liegen; *where do your interests ~?* wo liegen deine Interessen?; *the caus of the argument ~s in the stubbornness on both sides* die Ursache des Streits waren in der Sturheit beider Seiten zu suchen ❻ BRIT SPORTS **to ~ bottom of/third in the table** Tabellenletzter/-dritter sein ▸ PHRASES: **to see how the land ~s** sehen, wie die Zeichen stehen; **to ~ heavily on one's stomach** jdm schwer im Magen liegen *fam;* **to ~ doggo** BRIT sich *akk* still verhalten; **to ~ low** (*escape search*) untergetaucht sein; (*avoid being noticed*) sich *akk* versteckt halten

◆**lie about** *vi,* **lie around** *vi* ❶ (*be situated*) herumliegen *fam;* **to leave sth lying about** etw herumliegen lassen *fam* ❷ (*be lazy*) herumlümmeln *fam,* herumgammeln *fam*

◆**lie ahead** *vi* bevorstehen; ▪**to ~ ahead of sb** vor jdm liegen

◆**lie back** *vi* sich *akk* zurücklegen [*o* auf den Rücken legen]

◆**lie behind** *vi* ❶ (*be cause of*) ▪**to ~ behind sth** etw *dat* zugrunde liegen ❷ (*be past*) ▪**to ~ behind sb** hinter jdm liegen; *forget what ~s behind* vergiss die Vergangenheit

◆**lie down** *vi* sich *akk* hinlegen ▸ PHRASES: **to ~ down on the job** *esp* AM, AUS (*pej*) schlampen *pej fam,* schlampig arbeiten *pej fam;* **to take sth lying down** etw [stillschweigend] hinnehmen

◆**lie in** *vi* BRIT (*fam*) im Bett bleiben

◆**lie round** *vi* BRIT *see* **lie about**

◆**lie up** *vi esp* BRIT sich *akk* verbergen [*o* verstecken]

lied <*pl* -er> [liːd] *n* MUS Lied *nt*

lieder recital [ˌliːdərɪˈsaɪtᵊl, AM -ərɪˈsaɪt̬-] *n* MUS Liederabend *m*

lie detector *n* Lügendetektor *m* **lie detector test** *n* Lügendetektortest *m* **lie-down** *n* BRIT (*fam*) Schläfchen *nt,* Nickerchen *nt fam*

liege [liːdʒ] HIST **I.** *adj attr, inv* Lehns- **II.** *n* Lehnsmann *m,* Vasall *m*

lie-in *n* BRIT (*fam*) **to have a ~** im Bett bleiben

lien [liːən, AM liːn] *n* LAW Pfandrecht *nt*

lieu [ljuː, AM luː] *n no pl* **in ~ of sth** an Stelle [*o* [an]statt] einer S. *gen*

Lieut *n attr abbrev of* **Lieutenant** Lt.

lieutenancy <*pl* -cies> [lefˈtenənsi, AM luːˈ] *n* ❶ (*lieutenants collectively*) Lieutenants *mpl* ❷ (*government representation*) Statthalterschaft *f*

lieutenant [lefˈtenənt, AM luːˈ-] *n* ❶ (*deputy*) Stellvertreter(in) *m(f),* rechte Hand *fig* ❷ MIL Leutnant *m* ❸ AM LAW ≈ Polizeihauptwachtmeister(in) *m(f)*

lieutenant colonel *n* MIL Oberstleutnant *m* **lieutenant commander** *n* NAUT Fregattenkapitän *m* **lieutenant general** *n* MIL Generalleutnant *m* **lieutenant governor** *n* POL Vizegouverneur *m*

life <*pl* lives> [laɪf, *pl* laɪvz] **I.** *n* ❶ *no pl* (*quality*) Leben *nt;* **~** *is a precious gift* das Leben ist ein wertvolles Gut; *there are no signs of ~ on the planet* auf dem Planeten gibt es keinen Hinweis auf Leben ❷ *no pl* (*living things collectively*) Leben *nt;* **animal ~** Tierwelt *f;* **plant ~** Pflanzenwelt *f;* **insect ~** Welt *f* der Insekten, Insekten *ntpl;* **intelligent/sentient ~** intelligentes/empfindendes Leben ❸ *no pl* (*human/animal existence*) Leben *nt; I love ~* ich liebe das Leben; *cats are supposed to have nine lives* man sagt, Katzen haben neun Leben; **to give sb an outlook on ~** jdm eine Lebenseinstellung vermitteln; **to be one/another of ~'s great mysteries** (*hum*) eines/ein weiteres der großen Geheimnisse des Lebens sein ❹ *no pl* (*circumstances*) Leben *nt;* **family ~** Familienleben *nt;* **love ~** Liebesleben *nt;* **private ~** Privatleben *nt;* **sex ~** Sexualleben *nt;* **working ~** Arbeitsleben *nt* ❺ *no pl* (*energy*) Lebendigkeit *f; come on, show a little ~!* los, jetzt zeig' mal ein bisschen Temperament! *fam; put more ~ into your voice* bringen Sie etwas mehr Timbre in die Stimme; **to be full of ~** voller Leben sein *fig,* vor Leben [nur so] sprühen *fam* ❻ (*state of existence*) Leben *nt;* (*person*) Menschenleben *nt; she hung on for dear ~* sie klammerte sich fest, als hinge ihr Leben davon ab; *run for your ~!* renn um dein Leben!; *it's a matter of ~ and death!* es geht um Leben und Tod!; **to lose one's ~** ums Leben kommen; *how many lives were lost in the fire?* wie viele Menschenleben hat der Brand gekostet?; **to save a ~** ein Menschenleben retten; **a ~ and death issue** eine Frage, die über Leben und Tod entscheiden kann ❼ (*manner of living*) Leben *nt; I left home at 16 to see ~* ich ging mit 16 von zu Hause fort, um etwas vom Leben und von der Welt zu sehen; *teaching has been her ~* der Lehrberuf war ihr Leben; **a dull/exciting ~** ein langweiliges/aufregendes Leben; **to make** [*or* **start**] **a new ~** ein neues Leben anfangen [*o* beginnen] ❽ (*biography*) Biografie *f,* Lebensbeschreibung *f* ❾ (*earthly existence*) Leben *nt;* **in a previous ~** in einem früheren Leben; **to believe in ~ after death** an ein Leben nach dem Tod[e] glauben; **to depart this ~** (*euph form*) verscheiden *euph geh* ❿ (*time from birth to death*) Leben *nt; I believe marriage is for ~* ich finde, eine Ehe sollte für das ganze Leben geschlossen werden; *he's behind bars for ~* er sitzt lebenslänglich [hinter Gittern] *fam; she only wants two things in ~* sie wünscht sich nur zwei Dinge im Leben; *who's the man in your ~ now?* [und] wer ist der neue Mann in deinem Leben?; **a job for ~** eine Stelle auf Lebenszeit; **to want sth out of** [*or* **in**] **~** etw vom Leben erwarten ⓫ (*duration*) *of device, battery* Lebensdauer *f; of an institution* Bestehen *nt kein pl; during the ~ of the present parliament* während der jetzigen Legislaturperiode [des Parlaments] ⓬ *no pl* (*fam: prison sentence*) lebenslänglich; *the judge jailed him for ~* der Richter verurteilte ihn zu einer lebenslänglichen Haftstrafe; **to be doing/get ~** lebenslänglich sitzen *fam*/bekommen ⓭ *no pl* ART **to draw** [*or* **sketch**] **sb/sth from ~** jdn/etw nach einem Modell zeichnen/skizzieren; **taken from the ~** nach einem Modell ▸ PHRASES: **~'s a bitch** (*sl*) das Leben kann manchmal schon verdammt hart sein! *fam;* **to take one's ~ in one's hands** (*fam*) Kopf und Kragen riskieren *fam;* **to be the ~** [BRIT **and soul**] **of the/any party** der [strahlende] Mittelpunkt der/jeder Party sein; **to lead** [*or* **live**] **the ~ of Riley** (*dated fam*) leben wie Gott in Frankreich; **~'s rich tapestry** die Sonnen- und Schattenseiten des Lebens; **one's ~** [*or* **~'s**] **work** jds Lebenswerk *nt;* **the good ~** das süße Leben, la dolce vita; **it's a hard ~!** (*iron fam*) das Leben ist eins der härtesten *fam;* **larger than ~** *car, house* riesig, riesengroß; *person* energiegeladen und charismatisch; **how's ~** [**treating you**]? (*fam*) wie geht's [denn so]? *fam;* **to bring sth to ~** etw lebendiger machen; **to come to ~** lebendig werden; (*fig*) zum Leben erwachen; **to frighten** [*or* **scare**] **the ~ out of sb** jdn furchtbar/zu Tode erschrecken; **to get a ~** aufwachen *fig,* auf den Boden der Tatsachen zurückkommen *fig; get a ~!* komm endlich auf den Boden der Tatsachen zurück!; **to give** [*or* **lay down**] **one's ~ for sb/sth** sein Leben für jdn/etw geben; **to lose one's ~** sein Leben lassen [*o* verlieren]; **to roar** [*or* **thunder**] **into ~** mit aufheulendem Motor losfahren/starten; **to save sb's ~** jdm das Leben retten; **to save one's own ~** sein/das eigene Leben retten; **to be set** [**up**] **for ~** für den Rest des Lebens ausgesorgt haben; **to take sb's** *form* **~** jdn töten/umbringen; **to take one's own ~** sich *dat* [selbst] das Leben nehmen; **for the ~ of me** (*fam*) um alles in der Welt *fam;* **not for the ~ of me** nicht um alles in der Welt; **not on your ~!** (*fam*) nie im Leben! *fam;* **to be sb to the ~** (*dated*) jdm wie aus dem Gesicht geschnitten sein; **that's ~!** [das ist] Schicksal! *fam,* so ist das Leben [eben]!; **this is the ~** [**for me**]! so lässt sich's leben! *fam,* Mensch, ist das ein Leben! *fam* **II.** *n modifier* **~ drawing/**[**drawing**] **class** Aktzeichnung *f*/Aktzeichnen *nt* (*Kunststunde, in der nach Modell gemalt wird*)

life-affirming *adj* lebensbejahend **life-and-death** *adj* **a ~ issue** eine Überlebensfrage; **a ~ situation** eine lebensbedrohliche Situation; **~ struggle** Überlebenskampf *m* [*o* Kampf *m* auf Leben und Tod] **life annuity** *n* Leibrente *f,* Lebensrente *f*

life assurance *n no pl* BRIT Lebensversicherung *f* **lifebelt** *n* BRIT Rettungsring *m* **lifeblood** *n no pl* (*liter, poet*) Herzblut *nt liter;* (*fig: crucial factor*) Motor *m fig,* das A und O; ■**to be the ~ of sth** der Lebensnerv einer S. *gen* sein **lifeboat** *n* Rettungsboot *nt;* **to launch a ~** ein Rettungsboot zu Wasser lassen; **~ operation** Rettungsaktion *f* **lifebuoy** *n* Rettungsboje *f* **life coach** *n* Lebensberater(in) *m(f),* psychologischer Berater/psychologische Beraterin **life cycle** *n* Lebenszyklus *m;* (*fig*) Lebensdauer *f kein pl* **life expectancy** *n* Lebenserwartung *f* **life force** *n no pl* Lebenskraft *f* **life form** *n* Lebewesen *f;* **intelligent ~s** intelligentes Leben **life-giving** *adj* (*sustaining life*) lebensspendend *geh,* lebensnotwendig; (*revitalizing*) belebend **life-guard** *n* (*in baths*) Bademeister(in) *m(f);* (*on beach*) Rettungsschwimmer(in) *m(f)* **life history** *n* Lebensgeschichte *f* **life imprisonment** *n no pl* lebenslängliche Freiheitsstrafe; **to get ~** lebenslänglich bekommen **life insurance** *n no pl* Lebensversicherung *f;* **to buy/have ~** eine Lebensversicherung abschließen/haben **life insurance policy** *n* Lebensversicherungspolice *f* **life jacket** *n* Schwimmweste *f*

lifeless ['laɪfləs] *adj* ① (*inanimate*) *body* leblos, tot; *planet* unbelebt, ohne Leben *nach n;* ***the offices are still empty and ~*** die Büros stehen immer noch leer, alles ist wie ausgestorben ② (*dull*) *game, story* langweilig, fad[e]; *person* teilnahmslos; **~ hair** stumpfes [*o* glanzloses] Haar; **a ~ performance** eine lahme Vorstellung *fam*

lifelessly ['laɪfləsli] *adv* ① (*without life*) leblos ② (*lacking vigour*) antriebslos, energielos

lifelessness ['laɪfləsnəs] *n no pl* ① (*death*) Leblosigkeit *f* ② (*lack of vigour*) Antriebslosigkeit *f,* Energielosigkeit *f* ③ (*lack of living things*) Leblosigkeit *f*

lifelike *adj* lebensecht; *imitation also* naturgetreu

lifeline *n* ① (*life-saving rope*) Rettungsleine *f;* **to throw sb a ~** [*or* **a ~ to sb**] jdm eine Rettungsleine zuwerfen; (*fig*) jdm einen Rettungsanker zuwerfen *fig* ② (*used by diver*) Signalleine *f* ③ (*fig: essential thing*) [lebenswichtige] Verbindung, Nabelschnur *f fig;* **the financial ~** der Geldhahn ④ *no pl* BRIT TELEC ≈ Telefonseelsorge *f* ⑤ (*in palmistry*) Lebenslinie *f* **lifelong** *adj attr, inv* lebenslang **life member** *n* Mitglied *nt* auf Lebenszeit

life-or-death [,laɪfɔ:'deθ, AM ɔ:r'] *adj inv* über Leben und Tod *nach n* **life peer** *n* BRIT Peer *m* auf Lebenszeit **life peerage** *n* BRIT Peerswürde *f* auf Lebenszeit **life preserver** *n* ① BRIT (*stick*) Totschläger *m* ② AM (*life jacket*) Schwimmweste *f;* (*lifebuoy*) Rettungsboje *m;* (*lifebelt*) Rettungsring *m*

lifer ['laɪfəʳ, AM -ɚ] *n* (*sl*) ① (*fam: prisoner*) Lebenslängliche(r) *f(m) fam* ② AM (*career person*) Berufssoldat(in) *m(f)*

life raft *n* Rettungsfloß *nt;* (*rubber dinghy*) Schlauchboot *nt;* **to launch** [*or* **lower**] **a ~** ein Rettungsfloß zu Wasser lassen **lifesaver** *n* ① (*fam: thing*) die Rettung *fig;* ***that cup of coffee was a real ~*** die Tasse Kaffee war die Rettung! *fam;* (*person*) [Lebens]retter(in) *m(f) fig;* ***you're a real ~*** du bist mein rettender Engel! ② AUS, NZ (*on beach*) Rettungsschwimmer(in) *m(f);* (*in baths*) Bademeister(in) *m(f)* **Lifesaver®** *n* AM *ringförmiges* [*Frucht*]*bonbon* **life-saving** *n no pl* Rettungsschwimmen *nt* **life-saving class** *n* Unterricht *m* im Rettungsschwimmen; **~ certificate** Rettungsschwimmabzeichen *nt* **life savings** *npl* Erspartes *nt kein pl,* Rücklage *f* **life sciences** *npl* Biowissenschaften *pl* **life sentence** *n* lebenslängliche Freiheitsstrafe; **to get** [*or* **receive**] **a ~** lebenslänglich bekommen **life-size(d)** *adj* in Lebensgröße *nach n,* lebensgroß **lifespan** *n of people, animals* Lebenserwartung *f kein pl; of thing* Lebensdauer *f kein pl; of a project, insurance policy, contract* Laufzeit *f;* **average ~** durchschnittliche Lebenserwartung **life story** *n* Lebensgeschichte *f* **lifestyle** *n* Lebensstil *m* **life support** *n no pl* MED (*fam*) **to be on ~** an [lebenserhaltenden] Apparaten hängen *fam* **life support system** *n* MED ① (*machine*) lebenserhaltender Apparat; **to be on a ~** an [lebenserhaltende] Apparate angeschlossen sein ② (*biological network*) Lebenserhaltungssystem *nt* **life-threatening** *adj disease, illness* lebensbedrohend; **a ~ situation** eine lebensgefährliche [*o* lebensbedrohliche] Situation **lifetime** I. *n usu sing* ① (*time one is alive*) Lebenszeit *f;* **to devote** [**half**] **a ~ to sth/sb** etw/jdm sein [halbes] Leben widmen; **in one's ~** im Laufe seines Lebens; ***that probably won't happen in my ~*** das werde ich wahrscheinlich nicht [mehr mit]erleben; **once in a ~** einmal im Leben ② (*time sth exists*) Lebensdauer *f kein pl* ③ (*fam: long time*) ***it seems like a ~*** es kommt mir vor wie eine Ewigkeit; **to last a ~** *watch, machines* ein Leben lang halten; *memories, good luck* das ganze Leben [lang] andauern ▸ PHRASES: **the chance of a ~** eine einmalige Chance, die Chance des Lebens II. *n modifier* lebenslang, auf Lebenszeit *nach n;* **~ guarantee** Garantie *f* auf Lebenszeit; **a ~** [*or* **~'s**] **supply of coffee** ein Riesenpaket *m* Kaffee [, das für den Rest des Lebens reicht]

lift [lɪft] I. *n* ① BRIT (*elevator*) Lift *m,* Aufzug *m,* Fahrstuhl *m;* **to take the ~** den Aufzug nehmen, mit dem Aufzug fahren ② (*for skiers*) Skilift *m,* Sessellift *m* ③ *no pl* (*fam: support*) ***a bra that gives a bit of ~*** ein BH, der etwas stützt; (*heel*) ***shoes with a bit of ~*** Schuhe mit etwas höheren Absätzen ④ (*act of lifting*) [Hoch]heben *nt kein pl; of the head* stolze Kopfhaltung; ***a tiny ~ will put this in the right place*** wenn du es ein klein wenig anhebst, können wir es an die richtige Stelle rücken ⑤ (*increase*) Anstieg *m kein pl;* (*increase in amount*) Erhöhung *f* [eines Betrags]; *of a person's voice* Heben *nt* der Stimme ⑥ (*fam: plagiarizing*) *of ideas* Klauen *nt kein pl fam; of texts* Abkupfern *nt kein pl fam* ⑦ *no pl* MECH Hubkraft *f;* AVIAT Auftrieb *m* ⑧ (*weight*) [Hoch]heben *nt kein pl* ⑨ (*ride*) Mitfahrgelegenheit *f;* **to give a ~ to sb** [*or* **to give sb a ~**] jdn [im Auto] mitnehmen; ***I'll give you a ~ to the station*** ich kann Sie bis zum Bahnhof mitnehmen; **to hitch** [*or* **thumb**] **a ~** trampen, per Anhalter fahren ⑩ *no pl* (*fig: positive feeling*) **to give sb a ~** jdn aufmuntern; *prospects* jdm Auftrieb geben; *drugs* jdn aufputschen II. *vt* ① (*raise*) ■**to ~ sb/sth** jdn/etw [hoch]heben; (*slightly*) jdn/etw anheben; ***she ~ed the cigarette*** [***up***] ***to her lips*** sie führte die Zigarette an die Lippen; SPORTS **~ *the weight into the starting position*** bring das Gewicht in die Ausgangsposition; ■**to ~ sb/sth out of sth** jdn/etw aus etw *dat* [heraus]heben; ***when will our country ever be ~ed out of this state of economic depression?*** (*fig*) wann wird es mit der Wirtschaft unseres Landes wohl jemals wieder aufwärts gehen? ② (*direct upward*) **to ~ one's eyes** die Augen aufschlagen; **to ~ one's head** den Kopf heben; **to ~ one's eyes** [*or* **face**] **from sth** von etw *dat* aufsehen [*o* aufblicken]; **to ~ one's head from sth** den Kopf von etw *dat* heben ③ (*make louder*) **to ~ one's voice** lauter sprechen, die Stimme heben; **to ~ one's voice to sb** (*yell at*) jdn anschreien; (*argue with*) die Stimme gegen jdn erheben *geh* ④ (*increase*) ■**to ~ an amount/prices/rates** einen Betrag/Preise/Sätze erhöhen ⑤ (*airlift*) ■**to ~ sth somewhere** etw irgendwohin fliegen; **to ~ supplies/troops** den Nachschub/Truppen auf dem Luftweg transportieren ⑥ *usu passive* (*in surgery*) **to have one's face/breasts ~ed** sich *dat* das Gesicht liften/die Brust straffen lassen ⑦ (*dig up*) ■**to ~ sth** etw ausgraben; **to ~ potatoes** Kartoffeln ernten, DIAL ausmachen ⑧ (*improve in rank*) ■**to ~ sb/a team** jdn/ein Team befördern ⑨ (*win*) **to ~ an event/a prize** einen Wettkampf/einen Preis gewinnen ⑩ (*make more interesting*) ■**to ~ sth** etw interessanter gestalten [*o fam* aufpeppen] ⑪ (*elevate*) **to ~ sb's confidence** jds Vertrauen stärken; **to ~ sb's spirits** jds Stimmung heben ⑫ (*end*) **to ~ a ban/restrictions** ein Verbot/Einschränkungen aufheben ⑬ (*fam: steal*) ■**to ~ sth** etw klauen *fam* [*o fam* mitgehen lassen] ⑭ (*fam: plagiarize*) ■**to ~ sth** *essay, song* etw abschreiben [*o fig fam* klauen] ⑮ (*arrest*) ■**to ~ sb** jdn schnappen *fam* ⑯ (*take*) **to ~ fingerprints from sth** etw auf Fingerabdücke untersuchen III. *vi* ① (*be raised*) sich *akk* heben ② (*disperse*) *cloud, fog* sich *akk* auflösen ③ (*become happier*) *mood* sich *akk* heben

◆**lift down** *vt* BRIT, AUS ■**to ~ down** ⊂⊃ **sb/sth** jdn/etw herunterheben

◆**lift off** *vi* ① (*leave the earth*) abheben ② (*come off*) sich *akk* hochheben lassen; ***the top of the stool ~s off*** der Sitz des Stuhls ist abnehmbar

◆**lift up** *vt* ■**to ~ up** ⊂⊃ **sb/sth** jdn/etw hochheben; **to ~ up a lid** einen Deckel hochklappen ▸ PHRASES: **to ~ up one's head** den Kopf hoch tragen; **to ~ up one's voice** *in praise* die Stimme erheben

lift-off ['lɪftɒf, AM -ɑ:f] *n* AEROSP Start *m,* Abheben *nt kein pl;* ***we have ~*** der Start ist erfolgt

lig [lɪg] *vi* BRIT (*sl*) schmarotzen *pej;* (*to party*) sich selbst einladen; (*at concert*) ohne Eintrittskarte reingehen *fam*

ligament ['lɪgəmənt] *n* ANAT Band *nt,* Ligament *nt fachspr;* **to tear a ~** sich *dat* einen Bänderriss zuziehen

ligature ['lɪgətʃəʳ, AM -ɚ] I. *n* ① (*bandage*) Binde *f;* MED Abbindungsschnur *f,* Ligaturfaden *m fachspr* ② MUS Ligatur *f fachspr* ③ TYPO (*character*) Ligatur *f;* (*stroke*) [Feder-/Pinsel]strich *m* ④ (*bond*) Band *nt;* 5 (*act of binding*) Abbinden *nt kein pl* II. *vt* etw abbinden

ligger ['lɪgəʳ] *n* BRIT Schmarotzer(in) *m(f) pej*

light¹ [laɪt] I. *n* ① *no pl* Licht *nt;* ***is there enough ~ to take a picture?*** ist es hell genug, um ein Bild zu machen?; **artificial/natural ~** künstliches/natürliches Licht; **the ~ of the sun** das Sonnenlicht; **by candlelight** bei[m] Kerzenschein; **by the ~ of the moon** bei Mondlicht ② (*light-giving thing*) Licht *nt;* (*lamp*) Lampe *f;* ***as the ~s went …*** als die Lichter ausgingen, …; **to put** [*or* **switch**] [*or* **turn**] **the ~ on/off** das Licht einschalten/ausschalten [*o fam* anmachen/ausmachen] ③ *no pl* (*daylight*) [Tages]licht *nt;* **at** [**the**] **first ~** bei Tagesanbruch ④ (*for decoration*) ■**~s** *pl* **Christmas ~s** Weihnachtsbeleuchtung *f* ⑤ *usu pl* (*traffic light*) Ampel *f* ⑥ (*sparkle*) *in sb's eyes* Funkeln *nt kein pl* ⑦ (*perspective*) Aspekt *m;* ***try to look at it in a new ~*** versuch' es doch mal, aus einer anderen Perspektive zu sehen; ***she started to see him in a new ~*** sie sah ihn plötzlich in einem ganz neuen Licht ⑧ *no pl* (*enlightenment*) Erleuchtung *f;* ***I saw the ~!*** mir ging ein Licht auf! *fam* ⑨ (*spiritual illumination*) Erleuchtung *f* ⑩ (*person's abilites*) ■**~s** *pl* [geistige] Fähigkeiten; **to do sth according to one's ~s** etw nach bestem Wissen und Gewissen tun ⑪ (*bright part*) Licht *nt;* **~ and shadow** Licht und Schatten ⑫ *no pl* (*fire*) Feuer *nt;* (*flame*) [Kerzen]flamme *f;* ***have you got a ~, please?*** Entschuldigung, haben Sie [vielleicht] Feuer?; **to catch ~** Feuer fangen; **to set ~ to sth** BRIT etw anzünden ⑬ (*window*) Fenster *nt;* (*window division*) Oberlicht *nt;* (*pane of glass*) Fensterscheibe *f* ⑭ (*person*) Leuchte *f fam;* **leading ~** (*best at something*) großes Licht, Leuchte *f fam;* (*leader*) Nummer eins *f,* a shining ~, eine große Leuchte *fam,* ein großes Licht *fam* ▸ PHRASES: **the ~ at the end of the tunnel** das Licht am Ende des Tunnels *fig;* **to be the ~ of sb's life** (*hum*) die Sonne jds Lebens sein; **in a bad/good ~** in einem schlechten/guten Licht; **to be** [*or* **go**] **out like a ~** (*fam: fall asleep*) sofort weg sein *fam;* (*faint*) umkippen *fam;* **to bring sth to ~** etw ans Licht bringen; **to cast** [*or* **shed**] [*or* **throw**] **~ on sth** etw beleuchten, Licht *nt* in etw *akk* bringen; **to come to ~** ans Licht kommen; **in the ~ of sth** [*or* AM *usu* **in ~ of sth**] angesichts einer S. *gen,* im Lichte einer S. *gen liter* II. *adj* ① (*bright*) hell; ***it's slowly getting ~*** es wird allmählich hell ② (*pale*) hell; *stronger* blass- III. *vt* <lit *or* lighted, lit *or* lighted> ① (*illuminate*) ■**to ~ sth** etw erhellen; *stage* etw beleuchten; ***his investigations lit the way for many other scientists*** seine Forschungen waren wegweisend für viele andere Wissenschaftler ② (*turn on*) **to ~ an electric light** das Licht einschalten [*o fam* anknipsen] ③ (*guide with light*) ■**to ~ sb** jdm leuchten ④ (*ignite*) **to ~ a candle/match** eine Kerze/ein Streich-

L

holz anzünden; **to ~ a fire** ein Feuer anzünden [*o fam* anmachen]; **to ~ a cigarette/pipe** sich *dat* eine Zigarette/Pfeife anzünden [*o fam* anstecken] **IV.** *vi* <lit *or* lighted, lit *or* lighted> ① (*burn*) brennen ② (*fig: become animated*) *eyes, etc.* aufleuchten *fig;* ***her face lit with pleasure*** sie strahlte vor Freude über das ganze Gesicht

◆**light out** *vi* ■**to ~ out for somewhere** irgendwohin abhauen *fam*

◆**light up I.** *vt* ① (*illuminate*) ■**to ~ up ↔ sth** *hall, room* etw erhellen; *street* beleuchten; ***fireworks lit up the sky*** das Feuerwerk erleuchtete den Himmel ② (*start smoking*) **to ~ up a cigar/cigarette/pipe** eine Zigarre/Zigarette/Pfeife anzünden ③ (*make animated*) **to ~ up ↔ sb's eyes** jds Augen aufleuchten lassen; **to ~ up ↔ sb's face** jds Gesicht erhellen **II.** *vi* ① (*become illuminated*) aufleuchten; ***the lights on the tree lit up*** die Lichter am Baum gingen an ② (*start smoking*) sich *dat* eine [Zigarette] anstecken *fam* ③ (*become animated*) *eyes* aufleuchten *fig; face* strahlen; ***her face lit up with pleasure*** sie strahlte vor Freude übers ganze Gesicht

light[2] [laɪt] **I.** *adj* ① (*not heavy*) leicht; **to be as ~ as a feather** federleicht [*o* leicht wie eine Feder] sein ② (*deficient in weight*) zu leicht; ***this sack of rice seems about 2 kilos ~*** ich habe den Eindruck, dieser Sack Reis wiegt 2 Kilo zu wenig; **to give sb ~ weight** jdm zu wenig abwiegen ③ (*not sturdily built*) leicht; **~ clothes** leichte Kleidung ④ (*for small loads*) Klein-; **~ aircraft/lorry** Kleinflugzeug *nt*/-lastwagen *m;* **~ railway** Kleinbahn *f* ⑤ MIL **~ infantry** leichte Infanterie ⑥ (*not fully loaded*) *aircraft/ship/vehicle* nicht voll beladen ⑦ (*of food and drink*) leicht; (*low in fat*) fettarm; **a ~ diet** eine fettarme Diät; **~ food** leichtes Essen; **a ~ meal** eine leichte Mahlzeit; **~ pastry** lockerer Teig; **~ wine** leichter Wein ⑧ (*porous*) **~ soil** lockeres Erdreich ⑨ CHEM leicht; **~ isotope** leichtes Isotop ⑩ (*low in intensity*) ***the traffic was quite ~*** es gab kaum Verkehr; ***it's only ~ rain*** es nieselt nur; **~ breeze** leichte Brise ⑪ (*easily disturbed*) **~ sleep** leichter Schlaf; **to be a ~ sleeper** einen leichten Schlaf haben ⑫ (*easily done*) nachsichtig, mild; **~ sentence** mildes Urteil; **~ housework** leichte Hausarbeit ⑬ (*gentle*) leicht; *kiss* zart; (*soft*) *touch* sanft; **to have a ~ touch** MUS einen weichen Anschlag haben ⑭ (*graceful*) **~ building** elegantes Gebäude; **~ figure** anmutige Gestalt ⑮ (*not bold*) **~ type** eine schlanke Schrifttype ⑯ (*not serious*) leicht *attr;* **~ entertainment** leichte Unterhaltung; **~ opera** Operette *f;* **~ reading** Unterhaltungslektüre *f;* **~ tone** Plauderton *m* ⑰ (*cheerful*) frohgemut *poet;* **with a ~ heart** leichten Herzens ⑱ (*old: unchaste*) leicht; **a ~ girl** ein leichtes Mädchen *veraltend* ▶ PHRASES: **to be ~ on one's feet** leichtfüßig sein; **to be a bit ~ in one's loafers** AM (*pej!*) etwas weibische Züge haben *pej;* **to make ~ work of sth** mit etw *dat* spielend fertig werden; **to be ~ on sth** es an etw *dat* fehlen lassen; **to make ~ of sth** etw bagatellisieren [*o fam* herunterspielen] **II.** *adv* ① (*with little luggage*) **to travel ~** mit leichtem Gepäck reisen ② (*with no severe consequences*) **to get off ~** glimpflich [*o fam* mit einem blauen Auge] davonkommen

◆**light into** *vi* AM (*fam*) ■**to ~ into sb** über jdn herfallen *fam*

◆**light on** *vi* ■**to ~ on sth** etw entdecken, auf etw *akk* stoßen; ***his eyes lit on a piece of paper*** sein Blick fiel auf ein Stück Papier

◆**light out** *vi* AM (*fam*) ① (*leave hurriedly*) verduften *fam,* abhauen *fam,* die Flucht ergreifen ② (*chase*) ■**to ~ out after sb/sth** hinter jdm/etw herrennen

◆**light upon** *vi see* **light on**

light bulb *n* Glühbirne *f;* **to change a ~** eine Glühbirne [aus]wechseln; **to screw in/unscrew a ~** eine Glühbirne eindrehen/herausdrehen **light cream** *n* AM, AUS fettarme Sahne

lighted ['laɪtɪd, AM -t̬-] *adj attr, inv* brennend; **a ~ candle** eine brennende Kerze; **a ~ match** ein angezündetes [*o* brennendes] Streichholz; **a ~ torch** eine angeschaltete [*o* brennende] Taschenlampe

lighten[1] ['laɪtən] **I.** *vt* ■**to ~ sth** ① (*make less heavy*) etw leichter machen; **to ~ a ship** ein Schiff leichtern ② (*fig: make easier to bear*) etw erleichtern; ***he wanted to ~ some of his responsibility*** er wollte einen Teil seiner Verantwortung abgeben; **to ~ sb's burden** [*or* **load**] jdm etw abnehmen; **to ~ sb's workload** jdm ein wenig Arbeit abnehmen ③ (*fig: make less serious*) etw aufheitern; *situation* etw auflockern; **to ~ sb's mood** jds Stimmung heben, jdn heiterer stimmen ④ STOCKEX **to ~ a portfolio** ein Portfolio umschichten **II.** *vi* ① (*become less heavy or severe*) leichter werden ② (*fig: cheer up*) bessere Laune bekommen; ***his heart ~ed*** ihm wurde leichter ums Herz; ***he felt his spirits*** [*or* ***mood***] ***~ a little*** seine Stimmung wurde langsam etwas besser

lighten[2] ['laɪtən] **I.** *vi* heller werden, sich *akk* aufhellen **II.** *vt* **to ~ one's hair** sich *dat* die Haare heller färben [*o* aufhellen]

◆**lighten up** *vi* AM, AUS sich *akk* nicht [mehr] so ärgern; ***~ up, would you?*** mach' bitte nicht so ein Gesicht

lighter[1] ['laɪtər, AM -t̬ɚ] *n* Feuerzeug *nt*

lighter[2] ['laɪtər, AM -t̬ɚ] *n* NAUT Leichter *m*

lighter fluid *n* Feuerzeugflüssigkeit *f* **lighter fuel** *n esp* BRIT Feuerzeugbenzin *nt* **lighter socket** *n* AUTO Halterung *f* des Zigarettenanzünders **lighter-than-air** *adj attr* AVIAT leichter als Luft *nach n*

light-fingered *adj* ① (*thievish*) langfing[e]rig *oft hum* ② (*dexterous*) geschickt **light-footed** *adj* leichtfüßig **light globe** *n* AUS Glühbirne *f* **light-headed** *adj* (*faint*) benommen; (*dizzy*) schwind[e]lig; (*ebullient*) aufgekratzt *fam* **light-headedness** [ˌlaɪt'hedɪdnəs] *n no pl* Benommenheit *f* **light-hearted** *adj* (*carefree*) sorglos, unbeschwert; (*happy*) heiter, fröhlich; **to take a ~ look at sth** etw mit einem Augenzwinkern betrachten **light-heartedly** [ˌlaɪt'hɑːtɪdli, AM 'hɑːrt] *adv* unbeschwert **lightheartedness** [ˌlaɪt'hɑːtɪdnəs, AM 'hɑːrt] *n no pl* Unbeschwertheit *f* **light heavyweight** *n* ① *no pl* (*weight*) Halbschwergewicht *nt* ② (*boxer*) Halbschwergewichtler(in) *m(f)* **lighthouse** *n* Leuchtturm *m* **lighthouse keeper** *n* Leuchtturmwärter(in) *m(f)* **light industry** *n no pl* Leichtindustrie *f,* Konsumgüterindustrie *f*

lighting ['laɪtɪŋ, AM -t̬-] *n no pl* Beleuchtung *f;* (*equipment*) Beleuchtungsanlage *f;* **bad/good/low ~** schlechte/gute/schwache Beleuchtung

lighting designer *n* Beleuchtungstechniker(in) *m(f)* **lighting-up time** *n* BRIT *Zeit, wenn das Licht am Auto angemacht werden muss*

lightless ['laɪtləs] *adj inv* finster

lightly ['laɪtli] *adv* ① (*not seriously*) leichtfertig; ***accusations like these are not made ~*** solche Anschuldigungen erhebt man nicht so einfach; ***she said this ~*** sie sagte das so ganz leichthin; **not to take sth ~** etw nicht leicht nehmen [*o* auf die leichte Schulter nehmen] ② (*gently*) leicht; (*not much*) wenig; ***I tapped ~ on the door*** ich klopfte leise [*o* sacht[e]] an [die Tür]; ***dust the cake ~ with icing-sugar*** bestreuen Sie den Kuchen ganz fein mit Puderzucker; **to pat/tap sb ~** jdn leicht tätscheln ③ (*not deeply*) leicht; **to doze ~** [nur so] ein wenig vor sich hindösen; **to sleep ~** einen leichten Schlaf haben ④ (*slightly*) leicht; **~ cooked vegetables** Gemüse, das nur ganz kurz gegart wird; **~ cooked popcorn** Puffmais *m* mit etwas Butter ⑤ LAW (*without much punishment*) mild; **to get off ~** glimpflich davonkommen; **to be let off ~** nachsichtig behandelt werden

light meter *n* PHOT Belichtungsmesser *m* **light middleweight** *n* BOXING ① (*weight*) Leichtmittelgewicht *nt* ② (*boxer*) Leichtmittelgewichtler(in) *m(f)*

lightness[1] ['laɪtnəs] *n no pl* Helligkeit *f*

lightness[2] ['laɪtnəs] *n no pl* ① (*lack of heaviness*) Leichtheit *f* ② (*gracefulness*) Leichtigkeit *f,* Behändigkeit *f* ③ (*lack of seriousness*) Leichtigkeit *f* ④ (*cheerfulness*) Heiterkeit *f,* Unbeschwertheit *f*

lightning ['laɪtnɪŋ] METEO **I.** *n no pl* Blitz *m;* **a flash of ~** ein Blitz *m;* **thunder and ~** Blitz und Donner; **to be quick as ~** schnell wie der Blitz [*o* blitzschnell] sein *fam;* **to be struck by ~** vom Blitz getroffen werden ▶ PHRASES: **~ never strikes twice in the same place** (*prov*) der Blitz schlägt nicht zweimal an derselben Stelle ein *prov* **II.** *adj attr* **to do sth with** [*or* **at**] **~ speed** etw in Windeseile machen; **~ quick** schnell wie der Blitz, blitzschnell

lightning bug *n* AM Leuchtkäfer *m,* Glühwürmchen *nt* **lightning conductor** *n* BRIT, **lightning rod** *n* AM Blitzableiter *m a. fig* **lightning strike** *n* BRIT, AUS Blitzstreik *m,* spontaner Streik

light pen *n* ① COMPUT Lichtstift *m* ② (*for reading bar codes*) Codeleser *m* **light-polluted** *adj city* lichtverschmutzt (*so hell erleuchtet, dass man den Sternenhimmel nicht sehen kann*) **light pollution** *n no pl Beeinträchtigung der Sicht des Nachthimmels, beispielsweise für Astronomen, wegen zu starker künstlicher Beleuchtung* **lightproof** *adj* lichtbeständig **light railway** *n* RAIL Kleinbahn *f*

lights [laɪts] *n pl* Lunge *f* (*von Schlachttieren*) ▶ PHRASES: **to scare the [liver and] ~s out of sb** jdn zu Tode erschrecken

lightship *n* NAUT Feuerschiff *nt* **light show** *n* Lightshow *f,* Lasershow *f* **lights-out** *n no pl* Nachtruhe *f*

light switch <*pl* -es> *n* Lichtschalter *m*

lightweight I. *n* ① *no pl* SPORTS Leichtgewicht *nt* ② (*boxer*) Leichtgewichtler(in) *m(f)* ③ (*lightly build person*) Leichtgewicht *nt fam;* (*pej: lacking endurance*) Schwächling *m fam,* Schlappschwanz *m fam;* (*pej: lightly built thing*) Klappergestell *nt fam o pej* ④ (*pej, fig: unimportant person*) Leichtgewicht *nt fig;* ***in literary circles he has been dismissed as a ~*** in literarischen Kreisen nimmt man ihn nicht für voll **II.** *n modifier* SPORTS Leichtgewichts-, im Leichtgewicht *nach n;* **~ boxer** Leichtgewichtler(in) *m(f);* **~ champion** Meister(in) *m(f)* im Leichtgewicht **III.** *adj* ① (*weighing little*) leicht ② (*trivial*) trivial ③ (*pej, fig: unimportant*) bedeutungslos; **a ~ politician** [nur] ein kleiner Politiker/eine kleine Politikerin

light year *n* ① ASTRON Lichtjahr *nt* ② (*fam: long distance*) ■**~s** *pl* **to be** [*or* **seem**] **~s away** Lichtjahre entfernt sein/scheinen; **to be** [*or* **seem**] **~s ahead** Lichtjahre voraus sein/scheinen

ligneous ['lɪgniəs] *adj* hölzern, holzartig

lignite ['lɪgnaɪt] *n no pl* (*spec*) Braunkohle *f*

likable *adj* AM, AUS *see* **likeable**

like[1] [laɪk] **I.** *prep* ① (*similar to*) wie; ***he looks ~ his brother*** er sieht seinem Bruder ähnlich; ***you're acting ~ a complete idiot!*** du benimmst dich wie ein Vollidiot!; ***she smokes ~ a chimney*** sie raucht wie ein Schlot *fig;* ***it feels ~ ages since we last spoke it was only last week*** ich habe das Gefühl, wir haben schon ewig nicht mehr miteinander gesprochen; ***she is very ~ her mother in looks*** im Aussehen ähnelt sie sehr ihrer Mutter; **~ most people** wie die meisten Leute; ***what colour did you want? — is it anything ~ this?*** welche Farbe wollten Sie? – ungefähr wie diese hier?; ***he's been looking for someone ~ her*** er hat so jemanden wie sie gesucht; ***she looked nothing ~ Audrey Hepburn*** sie sah überhaupt nicht wie Audrey Hepburn aus; ***there were nothing ~ enough people*** dort waren viel zu wenig Leute; ***there's nothing ~ a good cup of coffee*** es geht doch nichts über eine gute Tasse Kaffee; ***he's nothing ~ as fat as his father*** er ist noch lange nicht so dick wie sein Vater; ***what was your holiday ~?*** wie war dein Urlaub?; ***what does it taste ~?*** wie schmeckt es?; ***or something ~ that*** oder etwas in der Richtung; ***what's it ~ to be a fisherman?*** wie ist das Leben als Fischer?; ***~ father, ~ son*** wie der Vater, so der Sohn; **to grow big ~ one's father** so groß wie sein Vater werden; **just/exactly/a lot ~ sb/sth** genau wie jd/etw; ***that's just ~ him!*** das sieht ihm ähnlich!; ***you've already got a shirt that's just ~ it?*** du hast genau dasselbe Hemd schon einmal?; ■**to be ~ sb/sth** wie jd/etw sein; ***he's ~ his brother to look at*** er sieht wie sein Bruder aus ② *after n* (*such as*) wie;

natural materials ~ cotton and wool Naturmaterialien wie Baumwolle oder Schafwolle; ***why are you talking about me ~ that?*** warum sprichst du so mit mir? ③ *(normal for)* ■**to be ~/not be ~ sb to do sth** ***that's just ~ Patricia to turn up half an hour late to her own party!*** das sieht Patricia wieder ähnlich, zu ihrer eigenen Party eine halbe Stunde zu spät zu kommen! ► Phrases: **it looks ~ rain/snow** es sieht nach Regen/Schnee aus; **to do sth ~ crazy** [*or* **mad**] etw wie verrückt tun; ***she's working ~ crazy*** sie arbeitet wie verrückt; **no, it's more ~ cheese** nein, es ist eher wie Käse; **that's more ~ it!** das ist schon besser!; **~ anything** *(fam)* wie verrückt *fam* **II.** *conj (fam)* ① *(the same as)* wie; **~ *I said*** wie ich schon sagte; ■**just ~ …** genau[so] wie; ***you laugh just ~ your brother does*** du lachst genau wie dein Bruder ② *(as if)* als ob; ***it sounds to me ~ you ought to change jobs*** das hört sich für mich so an, als solltest du den Job wechseln; ***you look ~ you've just got out of bed*** du siehst aus, als wärst du gerade aufgestanden; ***it looks ~ it's going to rain*** es sieht nach Regen aus; *(fam)* ***she acts ~ she's stupid*** sie benimmt sich wie eine Verrückte; ***he spoke ~ he was foreign*** er sprach als wäre er ein Ausländer **III.** *n* so jemand; *(thing)* so etwas; ***I have not seen his ~ for many years*** [so] jemanden wie ihn habe ich schon seit vielen Jahren nicht mehr gesehen; ***have you ever seen the ~*** hast du so was schon gesehen?; ***I don't like smokers and their ~*** ich kann Raucher und dergleichen nicht leiden; *(fam)* ***you'll never be able to go out with the ~s of him!*** mit so einem wie ihm wirst du nie ausgehen! **IV.** *adj* ① *attr (similar)* ähnlich; **in ~ manner** auf gleiche Weise, gleichermaßen; **to be of [a] ~ mind** gleicher Meinung sein ② *pred (bearing resemblance)* ähnlich; *statue, picture* naturgetreu ► Phrases: **to be ~** [*or* **as ~ as**] **two peas in a pod** sich *dat* wie ein Ei dem anderen gleichen **V.** *adv inv (sl)* ① *(somehow)* irgendwie; ***if there's nothing you can do to change the situation, it's ~ — why bother?*** also, warum sich aufregen, wenn man die Situation sowieso nicht ändern kann? *fam* ② *(more or less)* -ähnlich ③ *(think)* sagen [*o* meinen], …; ***everbody called her Annie and my mom was ~, it's Anne*** alle sagten zu ihr Annie, aber meine Mutter sagte, sie heißt Anne ④ *(sl: be)* ■**to be ~ …** ***he was ~, totally off his rocker and I told him so*** er war wie völlig neben der Kappe, und ich hab's ihm auch gesagt ► Phrases: **to do sth [as] ~ as not** etw sehr wahrscheinlich tun

like² [laɪk] **I.** *vt* ① *(find enjoyable)* ■**to ~ sb/sth** jdn/etw mögen; ***how do you ~ my new shoes?*** wie gefallen dir meine neuen Schuhe?; ■**to ~ doing** [*or* **to do**] **sth** etw gern machen [*o* tun]; ***I ~ it when a book is so good that you can't put it down*** ich hab's gern [*o* mag es], wenn ein Buch so gut ist, dass man es gar nicht mehr aus der Hand legen kann; *(iron: find unpleasant)* etw [wirklich] gern haben; ***I ~ the way he just assumes we'll listen to him when he doesn't take in a word anyone else says!*** das hab' ich ja vielleicht gern! – wir sollen ihm zuhören, aber was andere sagen, das geht ihm zum einen Ohr rein und zum anderen wieder raus *iron fam;* *(iron)* ***I ~ that!*** na, das hab' ich gern! *iron* ② *(want)* ■**to ~ sth** etw wollen; ■**sb would** [*or* **should**] **~ sth** jd hätte [*o* möchte] gern[e] etw; ***I should really ~ to see you again*** ich möchte dich wirklich gern[e] wieder sehen; ***I'd ~ to go to Moscow for my holidays*** ich würde gern[e] nach Moskau in Urlaub fahren; ***I'd ~ one of the round loaves, please*** *(form)* ich hätte gern[e] eines von den runden Broten, bitte; ***I'd ~ you to send this for me first class, please*** *(form)* könnten Sie das bitte als Sonderzustellung für mich verschicken?; ***I would ~ the whole lot finished by the weekend*** *(form)* ich hätte das Ganze gern[e] bis zum Wochenende fertig; ***would you ~ a drink?*** *(form)* möchten Sie etwas trinken?; ***would you ~ to join us for dinner tonight?*** *(form)* möchten Sie heute Abend mit uns essen?; ***would you ~ me to take you in the car?*** *(form)* kann ich Sie ein Stück mitnehmen?; ***I'd ~ to see him bring up children and go to work at the same time*** ich möchte wirklich [ein]mal sehen, wie er das machen würde – die Kinder großziehen und dann auch noch zur Arbeit gehen; ***you can drink a pint in two seconds? I'd ~ to see that!*** du kannst einen halben Liter in zwei Sekunden austrinken? na, das möchte ich [doch mal] sehen! ③ *(prefer)* mögen; ***he ~s his steak rare*** er isst sein Steak gern englisch; ***how do you ~ your tea?*** wie magst du deinen Tee?, wie trinken Sie Ihren Tee?; ***she ~s her men big*** sie mag [lieber] große Männer ④ *(feel about)* gefallen; ***how would you ~ to have a big boy pull your hair and push you over?*** wie würde es dir denn gefallen, wenn ein großer Junge dich am Haar ziehen und umstoßen würde? **II.** *vi* mögen; ***we can leave now if you ~*** wir können jetzt gehen, wenn du möchtest; ***as you ~*** wie Sie wollen [*o* möchten]; ***if you ~*** wenn Sie wollen [*o* möchten]; ***I'm not sure if I have the confidence, the nerve if you ~, to apply for the job*** ich bin mir nicht sicher, ob ich das Selbstvertrauen oder die Nerven – wenn Sie so wollen – habe, um mich um die Stelle zu bewerben **III.** *n* ■**~s** *pl* Neigungen *fpl;* **sb's ~s and dislikes** jds Vorlieben [*o* Neigungen] und Abneigungen

-like [laɪk] *in compounds* -haft, -ähnlich; ***the paper criticized the animal-~ behaviour of the football fans*** die Zeitung kritisierte, die Fußballfans hätten sich wie Tiere benommen; **ball-~** kugelförmig, kugelig; **child~** kindlich; **cotton-~** baumwollartig; **life~** lebensecht; **tube-~** röhrenartig

likeable ['laɪkəbl̩] *adj* liebenswert, nett

likelihood ['laɪklihʊd] *n no pl* Wahrscheinlichkeit *f;* **there's every ~ that …** aller Wahrscheinlichkeit nach …; **there is a great/poor ~ that …** es ist sehr wahrscheinlich/unwahrscheinlich, dass…, es besteht eine große/geringe Wahrscheinlichkeit, dass …; **in all ~** in aller Warscheinlichkeit, aller Wahrscheinlichkeit nach

likely ['laɪkli] **I.** *adj* <-ier, -iest *or* more ~, most ~> wahrscheinlich; ***what's the ~ outcome of this whole business?*** und was wird bei dieser ganzen Angelegenheit vermutlich herauskommen?; ***do remind me because I'm ~ to forget*** erinnere mich bitte unbedingt daran, sonst vergesse ich es wahrscheinlich; **to be quite/very ~** ziemlich/sehr wahrscheinlich sein; ***it's quite ~ that we'll be in Spain this time next year*** mit ziemlicher Sicherheit werden wir nächstes Jahr um diese Zeit in Spanien sein ► Phrases: **[that's] a ~ story!** *(iron fam)* wer's glaubt, wird selig! *iron fam;* **not ~!** *(fam)* [alles,] nur das nicht! **II.** *adv* <more ~, most ~> **most/very ~** höchstwahrscheinlich/sehr wahrscheinlich; **as ~ as not** höchstwahrscheinlich; ***as ~ as not she'll end up in court over this problem*** diese Sache wird sie nochmal vor Gericht bringen; ***I'll ~ not go to the dance*** Am *(fam)* ich gehe wahrscheinlich nicht zum Tanzen

like-minded *adj* gleich gesinnt

liken ['laɪkᵊn] *vt* ■**to ~ sb/sth to sb/sth** jdn/etw mit jdm/etw vergleichen; ***the internet is ~ed to a contagious disease*** das Internet ist wie eine ansteckende Krankheit

likeness <*pl* -es> ['laɪknəs] *n* ① *(resemblance)* Ähnlichkeit *f* (to mit +*dat*); ***there's a definite family ~ around the eyes*** um die Augen herum sehen sich alle aus der Familie ähnlich; **to bear a ~ to sb** jdm ähnlich sehen [*o* ähneln] ② *(semblance)* Gestalt *f;* ***the god took on the ~ of a swan*** der Gott nahm die Gestalt eines Schwanes an; **in God's ~** in Gestalt [eines] Gottes ③ *(portrait)* Abbild *nt;* *(painting)* Bild *nt;* ***he makes very good ~es of the people he draws*** er trifft die Personen, die er zeichnet, sehr gut

likewise ['laɪkwaɪz] *adv inv* ebenfalls, gleichfalls, ebenso; ***water these plants twice a week, and ~ the ones in the bedroom*** gießen Sie diese Pflanzen zweimal pro Woche und auch die im Schlafzimmer; *(fam)* ***I haven't got time to spend hours preparing one dish! — ~*** ich habe keine Zeit, stundenlang ein einziges Gericht zuzubereiten! – ich auch nicht; **to do ~** es ebenso [*o* genauso] machen

liking ['laɪkɪŋ] *n no pl* Vorliebe *f;* *(for person)* Zuneigung *f;* ***he's taken an instant ~ to her*** er hat sie auf Anhieb gemocht; **to develop a ~ for sb** immer mehr Gefallen an jdm finden; **to develop/have a ~ for sth** eine Vorliebe für etw *akk* entwickeln/haben ► Phrases: **to be to sb's ~** *(form)* jdm zusagen; **for one's ~** für jds Geschmack; ***it's too sweet for my ~*** es ist mir zu süß

lilac ['laɪlək] **I.** *n* ① *(bush)* Flieder *m* ② *no pl (colour)* Lila *nt* **II.** *adj* lila, fliederfarben

Lilliput ['lɪlɪpʌt, Am -əpʌt] *n no pl* Liliput *nt*

Lilliputian [,lɪlɪ'pjuːʃᵊn, Am -lə'-] **I.** *adj (esp hum)* sehr klein, winzig **II.** *n* Liliputaner(in) *m(f)*

lilo® ['laɪləʊ] *n* Brit Luftmatratze *f*

lilt [lɪlt] **I.** *n* ① *of the voice* singender Tonfall; ***he's got that lovely Irish ~ in his voice*** er spricht mit diesem netten leicht singenden Tonfall der Iren ② *(rhythm)* munterer Rhythmus ③ *(song)* fröhliches Lied **II.** *vt, vi* trällern

lilting ['lɪltɪŋ] *adj accent* singend; *melody, tune* beschwingt, fröhlich

lily ['lɪli] *n* ① *(plant)* Lilie *f;* **water~** Seerose *f,* Wasserlilie *f* ② *(heraldic fleur-de-lis)* [Wappen]lilie *f*

lily-livered *adj (liter)* hasenfüßig *pej, iron fam,* feig[e]; **~ boy/girl** Hasenfuß *m* **lily of the valley** *n* Maiglöckchen *nt* **lily pad** *n* Seerosenblatt *nt* **lily-white** *adj* ① *(liter: white)* lilienweiß *poet,* blütenweiß, schneeweiß ② *(fig: faultless)* astrein *fam* ③ Am *(pej sl: referring to white people)* **a ~ suburb** ein nur von Weißen bewohnter Vorort

lima bean *n* ① *(seed)* Bohnenkeim *m* ② *(plant)* Limabohne *f*

limb¹ [lɪm] *n* ① Anat Glied *nt;* ■**~s** Gliedmaßen *pl,* Extremitäten *pl;* **the lower ~s** die unteren Extremitäten [*o* Gliedmaßen]; **to rest one's tired ~s** seine müden Glieder [*o fam* Knochen] ausruhen ② Bot Ast *m* ③ Geog Ausläufer *m* ④ *of a cross* Balken *m* ⑤ *(in archery)* Balken *m* ⑥ Ling Satzglied *nt* ► Phrases: **with life and ~** mit heiler Haut; **to risk life and ~ [to do sth]** Kopf und Kragen riskieren [um etw zu tun] *fam;* **to be out on a ~** [ganz] allein dastehen; ***with those ideas he is quite out on a ~*** mit diesen Ideen steht er so ziemlich allein auf weiter Flur; **to go out on a ~ to do sth** sich *akk* in eine prekäre Lage bringen, um etw zu tun; **to tear sb ~ from ~** jdm sämtliche Glieder einzeln ausreißen

limb² [lɪm] *n* ① Astron *(edge)* Rand *m* ② Bot *(blade)* Spreite *f*

limber¹ ['lɪmbəʳ, Am -ɚ] **I.** *adj* <-er, -est *or* more ~, most ~> ① *(supple)* *movements* geschmeidig ② *(flexible)* *body* gelenkig, biegsam **II.** *vi* ■**to ~ up** sich *akk* warm machen **III.** *vt* ■**to ~ sth** etw lockern; ***I need to ~ my fingers before playing the piano*** vor dem Klavierspiel muss ich zuerst Lockerungsübungen für meine Finger machen

limber² ['lɪmbəʳ, Am -ɚ] **I.** *n* Mil, Hist Protze *f,* Protzwagen *m* **II.** *vt* **to ~ a gun** eine Kanone aufstellen

limbless ['lɪmləs] *adj inv* gliederlos

limbo¹ ['lɪmbəʊ, Am -boʊ] *n no pl* ① Rel Vorhölle *f,* Limbus *m fachspr* ② *(waiting state)* Schwebezustand *m;* **to be in ~** *plan, project* in der Schwebe sein; *person* in der Luft hängen *fam* ③ *(state of neglect)* Abstellgleis *nt fig;* **to leave** [*or* **keep**] **sb in ~** jdn in der Luft hängen lassen

limbo² ['lɪmbəʊ, Am -boʊ] **I.** *n* ■**the ~** der Limbo; **to do the ~** Limbo tanzen **II.** *vi* Limbo tanzen

lime¹ [laɪm] **I.** *n no pl* Kalk *m;* **bird~** Vogelleim *m* **II.** *vt* etw kalken; **to ~ soil** den Boden mit Kalk düngen

lime² [laɪm] **I.** *n* ① *(fruit)* Limone[lle] *f,* Limette *f;* *(tree)* Limonenbaum *m* ② *no pl (drink)* Limettensaft *m;* **lager and ~** Bier *nt* mit Limettensirup **II.** *n modifier* Food *(candy, drink)* Limetten-

lime³ [laɪm] *n* Linde *f,* Lindenbaum *m*

lime cordial *n no pl* Limettensirup *m* **lime green** *n* Lindgrün *nt* **lime-green** *adj* lindgrün **lime juice** *n no pl* Limettensaft *m* **limekiln** ['laɪmkɪln] *n* Kalk[brenn]ofen *m* **limelight** *n no pl* ■**the ~** das Rampenlicht; **to be in the ~** im Rampenlicht stehen

limerick ['lɪmᵊrɪk, AM -ərk] *n* Limerick *m*
limescale *n no pl* BRIT Kalkablagerungen *fpl* **limestone** *n no pl* Kalkstein *m* **lime tree** *n* ① (*citrus tree*) Limettenbaum *m* ② (*linden*) Linde *f*, Lindenbaum *m*; **avenue of ~s** Lindenallee *f*
Limey ['laɪmi] *n* AM, AUS (*esp pej dated sl*) Engländer(in) *m(f)*
limit ['lɪmɪt] **I.** *n* ① (*utmost point*) [Höchst]grenze *f*, Limit *nt*; ***how many may I take? — there's no ~, take as many as you want*** wie viele darf ich nehmen? – das ist egal, nimm' so viele du willst; ***what's the ~ on how many bottles of wine you can bring through customs?*** wie viele Flaschen Wein darf man maximal zollfrei einführen?; ***there's no ~ to her ambition*** ihr Ehrgeiz kennt keine Grenzen [*o* ist grenzenlos]; **to impose** [*or* **set**] **~s** Grenzen setzen; **to put** [*or* **set**] **a ~ on sth** etw begrenzen [*o* beschränken]; **to overstep the ~** zu weit gehen; **to reach the ~ of one's patience** mit seiner Geduld am Ende sein ② (*boundary*) Grenze *f*; **city ~s** Stadtgrenzen *f* ③ (*of a person*) Grenze[n] *f[pl]*; ***that's my ~!*** mehr schaffe ich nicht!; ***I won't have anymore — I know my ~!*** danke, das reicht, mehr vertrage ich nicht!; ■**~s** *pl* **to know no ~s** keine Grenzen kennen; **to know one's ~s** seine Grenzen kennen; **to reach one's ~** an seine Grenze[n] kommen ④ (*restriction*) Beschränkung *f*; **age ~** Altersgrenze *f*; **credit ~** FIN Kreditlimit *nt*, Kreditlinie *f*; **~ order** AM STOCKEX limitierter Auftrag; **weight ~** Gewichtsbeschränkung *f*; **spending ~s** Ausgabenlimit *nt* ⑤ (*speed*) [zulässige] Höchstgeschwindigkeit; **to drive** [*or* **go**] **the ~** sich *akk* an die Geschwindigkeitsbegrenzung halten; **to drive** [*or* **go**] **above** [*or* **over**] **the ~** die Geschwindigkeitsbegrenzung überschreiten ⑥ (*blood alcohol level*) Promillegrenze *f*; **to be above** [*or* **over**]/**below the ~** über/unter der Promillegrenze liegen ⑦ MATH (*value*) Grenzwert *m* ⑧ COMPUT ■**~s** *pl* Grenzwerte *f* ▸ PHRASES: **to be the ~** die Höhe [*o* der Gipfel] sein; **to be off ~s** [**to sb**] *esp* AM [für jdn] gesperrt sein; **off ~s** AM Zutritt verboten; **within ~s** in Grenzen; **without ~s** ohne Grenzen, schrankenlos **II.** *vt* ① (*reduce*) ■**to ~ sth** etw einschränken; **to ~ the amount of food** die Nahrungsmenge reduzieren ② (*restrict*) ■**to ~ oneself to sth** sich *akk* auf etw *akk* beschränken; ■**to ~ sth to sth** etw auf etw *akk* begrenzen; ***I've been asked to ~ my speech to ten minutes maximum*** man hat mich gebeten, meine Rede auf maximal zehn Minuten zu beschränken; ■**to ~ sb** jdn einschränken; ***having so little money to spend on an apartment does ~ you*** wenn man nur so wenig für eine Wohnung ausgeben kann, hat man keine große Wahl
limitation [ˌlɪmɪ'teɪʃᵊn] *n* ① *no pl* (*restriction*) Begrenzung *f*, Beschränkung *f*; ***the ~ of pollution is of major concern in this community*** es ist eines der Hauptanliegen der Gemeinde, die Umweltverschmutzung so gering wie möglich zu halten ② *usu pl* (*pej: shortcomings*) Grenzen *fpl*; ***despite her ~s as an actress, she was a great entertainer*** trotz ihrer begrenzten schauspielerischen Fähigkeiten, war sie als Entertainerin Spitze; **to have one's ~s** seine Grenzen haben; ***living in this flat is all right, but it has it's ~s*** diese Wohnung ist schon in Ordnung, aber manches fehlt einem doch; **to know one's ~s** seine Grenzen kennen ③ *no pl* (*action*) Begrenzung *f* ④ LAW Verjährung *f*; **to be barred by ~** verjährt sein; [**to fall within**] **the statute of ~s** [unter] das Gesetz über Verjährung [*o* die Verjährungsfrist] [fallen] **limitation of actions** *n* LAW [prozessuales] Verjährungsgesetz **limitation of criminal proceedings** *n* LAW Strafverfolgungsverjährung *f* **limitation period** *n* LAW Verjährungsfrist *f*; **extension of ~** Hemmung *f* der Verjährung
limited ['lɪmɪtɪd, AM -t̬-] *adj* ① (*restricted*) *choice, intelligence* begrenzt; ***she's had very ~ movement in her legs since the accident*** seit dem Unfall kann sie ihre Beine nur sehr eingeschränkt bewegen; ***they're only doing the play for a very ~ season*** sie führen das Stück nur für kurze Zeit auf ② (*having limits*) begrenzt; ■**to be ~ to sth** auf etw *akk* begrenzt sein ③ BRIT ■**L~** *after n company* mit beschränkter Haftung *nach n*; ***Smith and Jones L~*** Smith and Jones GmbH ④ LAW **~ jurisdiction** beschränkte Zuständigkeit
limited company *n* BRIT Gesellschaft *f* mit beschränkter Haftung, GmbH *f* **limited edition** *n* limitierte Auflage
limiting ['lɪmɪtɪŋ, AM -t̬-] *adj* einschränkend *attr*, begrenzend *attr*
limitless ['lɪmɪtləs] *adj inv* grenzenlos, uneingeschränkt
limn [lɪm] *vt* (*liter*) ■**to ~ sth** etw beschreiben [*o* schildern]
limo ['lɪməʊ, AM -moʊ] *n* (*fam*) *short for* **limousine** [Luxus]limousine *f*
limousine [ˌlɪmə'ziːn] *n* ① (*car*) [Luxus]limousine *f* ② AM, AUS (*van*) Kleinbus *m*
limp¹ [lɪmp] **I.** *vi* hinken, humpeln; (*fig*) mit Müh und Not [*o* nur schleppend] vorankommen; ***the damaged yacht ~ed back to the port*** die beschädigte Yacht schleppte sich in den Hafen zurück; ***his speech just ~ed along*** seine Rede schleppte sich so dahin **II.** *n no pl* Hinken *nt*, Humpeln *nt*; **to walk with a ~** hinken
limp² [lɪmp] *adj* ① (*not stiff*) schlaff; *cloth, material* weich; *leaves, flowers* welk; *voice* matt, müde ② LIT **a ~ book** ein Taschenbuch ③ (*weak*) schlapp, kraftlos; ***this effort left him ~*** nach dieser Anstrengung war er völlig erledigt *fam*; ***he let his body go ~*** er entspannte alle Muskeln; **~ efforts** halbherzige Bemühungen; **to have a ~ handshake** einen laschen Händedruck haben; **a ~ response** eine schwache Reaktion; **to hang ~** schlaff herunterhängen
limpet ['lɪmpɪt] *n* ① (*mollusk*) Napfschnecke *f*; **to cling to sb like a ~** wie eine Klette an jdm hängen, sich *akk* wie eine Klette an jdn hängen ② AM (*limpet mine*) Haftmine *f*
limpet mine *n* BRIT, AUS Haftmine *f*
limpid ['lɪmpɪd] *adj* (*liter*) *eyes, water* klar; **~ writing** klarer Stil; **~ music** melodische Musik
limpidly ['lɪmpɪdli] *adv* klar; ***she expressed her thoughts ~*** sie brachte ihre Gedanken klar zum Ausdruck; (*melodiously*) melodisch
limply ['lɪmpli] *adv* ① (*not stiffly*) schlaff, lasch; ***he shook her hand ~*** er gab ihr lasch die Hand ② (*weakly*) schlapp, kraftlos; ***"...," he conceded ~*** „...", sagte er mit matter Stimme
limpness ['lɪmpnəs] *n no pl* ① (*lack of stiffness*) Schlaffheit *f*, Laschheit *f*, he hated the *~ of Roy's handshake*, er hasste Roys laschen Händedruck ② (*lack of energy*) Schlappheit *f*, Kraftlosigkeit *f*; *of response* Mattheit *f*
limp-wristed *adj* (*pej*) ① (*effeminate*) tuntig *pej fam*, tuntenhaft *pej fam* ② (*feeble*) matt, lasch
limy ['laɪmi] *adj* kalkhaltig
linac ['lɪnæk] *n short for* **linear accelerator** Linearbeschleuniger *m*
linchpin ['lɪn(t)ʃpɪn] **I.** *n* ① (*pin*) Achsnagel *m*, Lünse *f* ② (*essential part*) Stütze *f*, das A und O *fam*; ***the dollar is the ~ of the system of international payments*** das gesamte internationale Zahlungssystem stützt sich auf den Dollar **II.** *n modifier* ***California was the ~ state in the last presidential elections*** bei den letzten Präsidentschaftswahlen entschied sich letztlich alles in Kalifornien
linctus ['lɪŋktəs] *n no pl* BRIT Hustensaft *m*
linden ['lɪndən] *n esp* AM Linde *f*

line¹ [laɪn]

I. NOUN

① (*mark*) Linie *f*; **dividing ~** Trennungslinie *f*; **straight ~** gerade Linie; **to draw a ~** eine Linie ziehen ② SPORTS Linie *f* ③ MATH **straight ~** Gerade *f* ④ (*wrinkle*) Falte *f* ⑤ (*contour*) Linie *f* ⑥ MUS Tonfolge *f* ⑦ (*equator*) ■**the L~** die Linie, der Äquator ⑧ (*boundary*) Grenze *f*, Grenzlinie *f*; **~ of credit** FIN Kreditrahmen *m*, Kreditlinie *f*; **tree** [*or* **timber**] **~** Baumgrenze *f*; **the thin ~ between love and hate** der schmale Grat zwischen Liebe und Hass; **to cross the ~** die Grenze überschreiten *fig*, zu weit gehen ⑨ (*cord*) Leine *f*; (*string*) Schnur *f*; [**clothes**] **~** Wäscheleine *f*; [**fishing**] **~** Angelschnur *f* ⑩ TELEC [Telefon]leitung *f*; (*connection to network*) Anschluss *m*; ***~s will be open from eight o'clock*** die Leitungen werden ab acht Uhr frei[geschaltet] sein; ***can you get me a ~ to New York?*** können Sie mir bitte eine Verbindung nach New York geben?; ***the ~ is engaged/busy*** die Leitung ist besetzt; ***please hold the ~!*** bitte bleiben Sie am Apparat!; ***get off the ~!*** geh aus der Leitung!; **bad ~** schlechte Verbindung; **to be/stay on the ~** am Apparat sein/bleiben; **to come** [*or* **go**] **on ~** ans Netz gehen; COMPUT online gehen ⑪ (*set of tracks*) Gleis *nt*; (*specific train route*) Strecke *f*; **the end of the ~** die Endstation; **to be at** [*or* **reach**] **the end of the ~** (*fig*) am Ende sein *fam* ⑫ (*transporting company*) **rail ~** Eisenbahnlinie *f*; **shipping ~** Schifffahrtslinie *f*; (*company*) Reederei *f* ⑬ (*row of words, also in poem*) Zeile *f*; **to drop sb a ~** jdm ein paar Zeilen schreiben; **to read between the ~s** (*fig*) zwischen den Zeilen lesen ⑭ (*for actor*) ■**~s** *pl* Text *m*; **to forget/learn one's ~s** seinen Text lernen/vergessen ⑮ (*information*) Hinweis *m*; **to get a ~ on sb/sth** etwas über jdn/etw herausfinden; **to give sb a ~ about sth** jdm einen Hinweis auf etw *akk* geben; **to give sb a ~ on sb** jdm Informationen über jdn besorgen ⑯ (*false account, talk*) ***he keeps giving me that ~ about his computer not working properly*** er kommt mir immer wieder mit dem Spruch, dass sein Computer nicht richtig funktioniere; ***I've heard that ~ before*** die Platte kenne ich schon in- und auswendig! *fam* ⑰ BRIT (*punishment*) ■**~s** *pl* Strafarbeit *f*; ***she got 100 ~s for swearing at her teacher*** da sie ihren Lehrer beschimpft hatte, musste sie zur Strafe 100 mal ... schreiben ⑱ (*row of things/people*) Reihe *f*; **to be first in ~** an erster Stelle stehen; (*fig*) ganz vorne dabei sein; **to be next in ~** als Nächster/Nächste dran sein; **to be in a ~** in einer Reihe stehen; ***the cans on the shelf were in a ~*** die Büchsen waren im Regal aufgereiht; **to be in ~ for sth** mit etw *dat* an der Reihe sein; **to come** [*or* **fall**] **into ~** sich *akk* in einer Reihe aufstellen; *single person* sich *akk* einreihen; **to form a ~** sich *akk* in einer Reihe aufstellen; **to get into ~** sich *akk* hintereinander aufstellen; (*next to each other*) sich *akk* in einer Reihe aufstellen; **to move into ~** sich *akk* einreihen ⑲ (*succession*) Linie *f*; ***I want to have children to prevent the family ~ dying out*** ich möchte Kinder, damit die Familie nicht ausstirbt; ***this institute has had a long ~ of prestigious physicists working here*** dieses Institut kann auf eine lange Tradition angesehener Physiker zurückblicken; ***he is the latest in a long ~ of Nobel Prize winners to come from that country*** er ist der jüngste einer ganzen Reihe von Nobelpreisträgern aus diesem Land ⑳ *esp* AM (*queue*) Schlange *f*; **to get in ~** sich *akk* anstellen; **to stand in ~** anstehen ㉑ (*product type*) Sortiment *nt*; FASHION Kollektion *f*; ***they are thinking about a new ~ of vehicles*** sie denken über eine neue Kraftfahrzeugserie nach; BRIT, AUS ***they do an excellent ~ in TVs and videos*** sie stellen erstklassige Fernseher und Videogeräte her; **spring/summer/fall/winter ~** Frühjahrs-/Sommer-/Herbst-/Winterkollektion *f*; **to have a good ~ in** [*or* AM **of**] **sth** (*fig*) einen großen Vorrat an etw *dat* haben ㉒ (*area of activity*) Gebiet *nt*; ***football's never really been my ~*** mit Fußball konnte ich noch nie besonders viel anfangen; ***what's your ~?*** was machen Sie beruflich?; **~ of business** Branche *f*; **~ of research** Forschungsgebiet *nt*; **~ of work** Arbeitsgebiet *nt*; **to be in sb's ~** jdm liegen ㉓ (*course*) **~ of argument** Argumentation *f*; **to be in the ~ of duty** zu jds Pflichten *pl* gehören; **~ of reasoning** Gedankengang *m*; **to take a strong ~ with sb** jdm gegenüber sehr bestimmt auftreten; **to take a strong ~ with sth** gegen etw *akk* energisch vorgehen; ***they did not reveal their ~ of inquiry*** sie teilten nicht mit, in welcher Richtung sie ermittelten; ***what ~ shall we take?*** wie sollen wir vorgehen? ㉔ (*direction*) ■**along the ~s of ...** ***she said***

something along the ~s that he would lose his job if he didn't work harder sie sagte irgendetwas in der Richtung davon, dass er seine Stelle verlieren würde, wenn er nicht härter arbeiten würde; ***my sister works in publishing and I'm hoping to do something along the same ~s*** meine Schwester arbeitet im Verlagswesen und ich würde gerne etwas Ähnliches tun; **to try a new ~ of approach to sth** versuchen, etw anders anzugehen; **the ~ of least resistence** der Weg des geringsten Widerstandes; **~ of vision** Blickrichtung *f;* **to be on the right ~s** auf dem richtigen Weg sein; ***do you think his approach to the problem is on the right ~s?*** glauben Sie, dass er das Problem richtig angeht? ㉕ *(policy)* Linie *f;* **party ~** Parteilinie *f;* **to bring sb/sth into ~** [**with sth**] jdn/etw auf gleiche Linie [wie etw *akk*] bringen; **to fall into ~ with sth** mit etw *dat* konform gehen; **to keep sb in ~** dafür sorgen, dass jd nicht aus der Reihe tanzt; **to move into ~** sich *akk* anpassen; **to step out of ~** aus der Reihe tanzen ㉖ MIL *(of defence)* Linie *f;* **~ of battle** Kampflinie *f;* **behind enemy ~s** hinter den feindlichen Stellungen; **front ~** Front *f* ㉗ *(quantity of cocaine)* Linie *f fam;* **to do a ~ of cocaine** [*or* **coke**], **to do ~s** koksen *fam* ㉘ STOCKEX Aktienpaket *nt* ▸ PHRASES: **all along the ~** auf der ganzen Linie; **right down the ~** *esp* AM voll und ganz; **to bring sb into ~** jdn in seine Schranken weisen; **to lay it on the ~** die Karten offen auf den Tisch legen; **to put sth on the ~** etw aufs Spiel setzen; **it was stepping out of ~ to tell him that** es stand dir nicht zu, ihm das zu sagen; **in/out of ~ with sb/sth** mit jdm/etw im/nicht im Einklang; **to be on the ~** auf dem Spiel stehen

II. TRANSITIVE VERB

① *(mark)* ■**to ~ sth** *paper* etw linieren; ***her face was ~d with agony*** ihr Gesicht war von tiefem Schmerz gezeichnet ② *(stand at intervals)* **to ~ the streets** die Straßen säumen *geh;* ***the streets were ~d with cheering people*** jubelnde Menschenmengen säumten die Straßen

◆**line up I.** *vt* ① *(put in row)* ■**to ~ up ⊂ sth** etw in einer Reihe aufstellen; ***shall I ~ up this picture with the other ones?*** soll ich dieses Bild in einer Höhe mit den anderen aufhängen?; ■**to ~ up ⊂ sb** jdn antreten lassen ② *(organize)* ■**to ~ up ⊂ sth** etw auf die Beine stellen *fam;* ***have you got anything exciting ~d up for the weekend?*** hast du am Wochenende irgendwas Spannendes vor?; ***have you got anyone ~d up to do the catering?*** haben Sie jemanden für das Catering engagiert?; ***have you got anything ~d up for today?*** haben Sie heute schon was vor?; ***I've got a nice little surprise ~d up for you!*** ich habe noch eine nette kleine Überraschung für dich!; **to ~ up a meeting** ein Treffen arrangieren; **to ~ up a mortgage** eine Hypothek auftreiben **II.** *vi* ① *(stand in row)* sich *akk* [in einer Reihe] aufstellen; **to ~ up along the wall** sich *akk* an der Wand entlang aufstellen; MIL, SPORTS antreten ② AM *(wait)* sich *akk* anstellen; ■**to ~ up behind sb** sich *akk* hinter jdm anstellen

line² [laɪn] *vt* ① *(cover)* ■**to ~ sth** *clothing* etw füttern; *drawers* etw von innen auslegen; *pipes* etw auskleiden ② *(fam: fill)* **to ~ one's pockets** [*or* **purse**] [**with sth**] sich *dat* die Taschen [mit etw *dat*] füllen; **to ~ shelves** Regale füllen; **to ~ one's stomach** sich *dat* den Magen voll schlagen *fam*

lineage ['lɪniɪʤ] *n* Abstammung *f;* **to be of ancient ~** einem alten [Adels]geschlecht angehören; **to be of noble ~** [von] adliger Herkunft sein; **to be of royal ~** von königlichem Geblüt sein *geh;* **to trace one's ~** seine Abstammung erforschen [*o* zurückverfolgen]

lineal ['lɪniəl] *adj inv descent* direkt

lineally ['lɪniəli] *adv inv* direkt; **to be ~ descended from sb** in direkter Linie [*o* direkt] von jdm abstammen

lineament ['lɪniəmənt] *n* ① *usu pl* *(dated liter)* ■**~s** *pl* Gesichtszüge; ***his distress was visible in the ~s of his face*** seine Sorgen standen ihm deutlich ins Gesicht geschrieben ② GEOL Lineament *nt*

linear ['lɪniəʳ, AM -ə˞] *adj* ① *(relating to lines)* Linien-; **~ diagram** Liniendiagramm *nt* ② *(relating to length)* Längen-; **~ measurement** Längenmaß *nt;* **~ metre** Längenmeter *m* ③ *(sequential)* geradlinig; **to break ~ thinking habits** eingefahrene Denkstrukturen durchbrechen; **a ~ narrative** eine chronologische Erzählung [*o* Schilderung]

linear accelerator *n* PHYS Linearbeschleuniger *m*

linear equation *n* MATH lineare Gleichung **linear function** *n* MATH lineare Funktion

linebacker *n* AM FBALL ≈Verteidiger *m*

lined [laɪnd] *adj* ① *paper* liniert, liniert ÖSTERR ② *(wrinkled) face, hand, skin* faltig; **sb's ~ brow** jds Stirnfalten ③ *curtains, garment* gefüttert

line dancing *n Country-Western Tanz ohne Tanzpartner oder Tanzpartnerin* **line drawing** *n* [Strich]zeichnung *f* **line editor** *n* COMPUT Zeileneditor *m* **linefeed** *n* ① *no pl* TYPO Papiervorschub *m;* **to do a ~** das Papier einziehen ② COMPUT Zeilenvorschub *m* **line item** *n* AM FIN Rechnungsposten *m* **line-item veto** *n* AM POL Haushaltsveto *nt* **line judge** *n* TENNIS Linienrichter(in) *m(f)*

linen ['lɪnɪn] **I.** *n no pl* Leinen *nt;* **bed ~** Bettwäsche *f;* **table ~** Tischwäsche *f* ▸ PHRASES: **to wash one's dirty ~ in public** *(fig)* [in aller Öffentlichkeit] schmutzige Wäsche waschen *fig* **II.** *n modifier* *(dress, shirt, sheet)* Leinen-

linen basket *n* Wäschekorb *m* **linen closet** *n,* **linen cupboard** *n* Wäscheschrank *m*

lineout ['laɪnaʊt] BRIT **I.** *n* *(in rugby)* Gasse *f* **II.** *n modifier* **to win ~ ball** *den ersten Ball nach dem erneuten Anpfiff in Händen halten*

liner ['laɪnəʳ, AM -ə˞] *n* ① *(lining)* Einsatz *m;* [**dust**]**bin** [*or* AM **garbage can**] **~** Müllsack *m* ② NAUT Passagierschiff *nt,* Liniendampfer *m;* **ocean ~** Ozeandampfer *m*

-liner ['laɪnəʳ, AM -ə˞] *in compounds* LIT **four ~** Vierzeiler *m*

liner notes *npl* MUS *(in CD)* Begleitheft *nt*

linesman *n* SPORTS Linienrichter *m* **line spacing** *n no pl* Zeilenabstand *m* **lineswoman** *n* SPORTS Linienrichterin *f* **lineup** *n* ① *of performers* Besetzung *f;* ***a star-studded ~ of guests*** eine Starbesetzung an Gästen ② SPORTS [Mannschafts]aufstellung *f;* AM *(in baseball)* Schlagreihenfolge *f,* Lineup *f fachspr* ③ *esp* AM LAW Gegenüberstellung *f;* **police ~** polizeiliche Gegenüberstellung ④ AM, CAN Schlange *f*

ling¹ <*pl* – *or* -s> [lɪŋ] *n* ZOOL Leng[fisch] *m*

ling² [lɪŋ] *n* BOT Heidekraut *nt*

linger ['lɪŋgəʳ, AM -ə˞] *vi* ① *(remain)* **to ~ in a room** sich *akk* in einem Raum aufhalten [*o geh* verweilen]; ***after the play, we ~ed in the bar*** nach dem Stück blieben wir noch eine ganze Weile in der Bar sitzen; ***the smell ~ed in the kitchen for days*** der Geruch hing tagelang in der Küche; **to ~ in the memory** im Gedächtnis bleiben ② *(persist)* anhalten, bleiben; **sb's influence ~s** jds Einfluss ist immer noch spürbar

◆**linger on** *vi* ① *(before dying)* dahinsiechen *geh* ② *(persist) illness* sich hinziehen; *customs* fortleben

◆**linger over** *vi* **to ~ over memories** [alten] Erinnerungen nachhängen

lingerie ['lɛ̃(n)ʒəri, AM ˌlɑːnʒə'reɪ, -ri] *n no pl* [Damen]unterwäsche *f*

lingering ['lɪŋgərɪŋ, AM -gə˞-] *adj attr* ① *(lasting)* verbleibend; ***I still have ~ doubts*** ich habe noch immer so meine Zweifel; **~ fears** [fort]bestehende Ängste; **~ regrets** nachhaltiges Bedauern; **~ suspicion** [zurück]bleibender Verdacht ② *(long)* lang, ausgedehnt; **a ~ death** ein schleichender Tod; **a ~ illness** eine langwierige Krankheit; **a ~ kiss** ein inniger Kuss

lingeringly ['lɪŋgərɪŋli, AM -gə˞-] *adv smile* sehnsüchtig, sehnsuchtsvoll

lingo <*pl* -s *or* -es> ['lɪŋgəʊ, AM -goʊ] *n* *(fam)* ① *(foreign language)* Sprache *f* ② *(jargon)* Jargon *m;* *(specialist jargon)* Kauderwelsch *nt pej*

lingua franca <*pl* -s> [ˌlɪŋgwə'fræŋkə] *n* ① *(language)* Verkehrssprache *f,* Lingua Franca *f geh;* *(official language)* Amtssprache *f* ② *(fig: means of communication)* gemeinsame Sprache; ***movies are the ~ of the 20th century*** Filme sind das allen gemeinsame Kommunikationsmedium des 20. Jahrhunderts

lingual ['lɪŋgwəl] *adj inv* LING sprachlich, Sprach[en]-; *(formed by the tongue)* Zungen-, lingual *fachspr*

linguist ['lɪŋgwɪst] *n* ① LING Linguist(in) *m(f),* Sprachwissenschaftler(in) *m(f)* ② *(sb who speaks languages)* Sprachkundige(r) *f(m);* **I'm no ~** ich bin nicht sprachbegabt

linguistic [lɪŋ'gwɪstɪk] *adj inv* sprachlich; *science* linguistisch, sprachwissenschaftlich; **~ community** Sprachgemeinschaft *f;* **~ development** Sprachentwicklung *f;* **a ~ lapse** ein sprachlicher Fehler

linguistically [lɪŋ'gwɪstɪkli] *adv* sprachlich; *science* linguistisch, sprachwissenschaftlich

linguistic competence *n* linguistische Kompetenz

linguistics [lɪŋ'gwɪstɪks] **I.** *n + sing vb, n* Sprachwissenschaft *f,* Linguistik *f fachspr* **II.** *n modifier* **~ department** Fachbereich *m* Linguistik, Institut *nt* für Sprachwissenschaft [*o* Linguistik]

linguistic science *n no pl* Sprachwissenschaft *f,* Linguistik *f fachspr*

liniment ['lɪnɪmənt] *n no pl* MED Einreibemittel *nt,* Liniment *nt fachspr*

lining ['laɪnɪŋ] **I.** *n* ① *(fabric)* Futter *nt,* Futterstoff *m;* *of a coat, jacket* Innenfutter *nt;* *of a dress, skirt* Unterrock *m,* Unterkleid *nt* ② *of stomach* Magenschleimhaut *f;* *of digestive tract* Darmschleimhaut *f;* *of brake* Bremsbelag *m* **II.** *n modifier* *(material)* Futter-; **~ paper** Schrankpapier *nt*

link [lɪŋk] **I.** *n* ① *(connection)* Verbindung *f* (**between** zwischen + *dat*); *(between people, nations)* Beziehung *f* (**between** zwischen + *dat*); **military/economic ~s** Beziehungen auf militärischer/wirtschaftlicher Ebene; **sporting ~s** die Beziehungen im Bereich des Sports; **to sever ~s** die Beziehungen abbrechen ② RADIO, TELEC Verbindung *f;* INET, COMPUT Link *m fachspr;* **a computer ~** eine Computervernetzung, ein Computerlink *m;* **a radio/satellite/telephone ~** eine Funk-/Satelliten-/Telefonverbindung; **a ~ to the outside world** eine Verbindung zur Außenwelt ③ TRANSP **rail ~** Bahnverbindung *f,* Zugverbindung *f* ④ COMPUT *(communications path/channel)* Verbindungsstrecke *f* ⑤ COMPUT *(software routine)* Verbindungsprogramm *nt* ⑥ *of a chain* [Ketten]glied *nt;* **a ~ in a chain** [**of events**] *(fig)* ein Glied in der Kette [der Ereignisse] ▸ PHRASES: **a chain is as strong as its weakest ~** *(prov)* eine Gruppe ist nur so stark wie ihr schwächstes Mitglied; **to be the weak ~** [**in a chain**] das schwächste Glied [in einer Kette] sein **II.** *vt* ① *(connect)* ■**to ~ sth** etw verbinden; ***the level of any new tax should be ~ed to an individual's ability to pay*** die Höhe einer neuen Besteuerung soll der Zahlungsfähigkeit des Einzelnen angepasst sein; **to be ~ed** in Verbindung stehen; ***the explosions are not thought to be ~ed in any way*** man geht davon aus, dass die Explosionen nichts miteinander zu tun hatten ② *(clasp)* **to ~ arms** sich *akk* unterhaken; **to ~ hands** sich *akk* an den Händen fassen **III.** *vi* *(connect)* sich *akk* zusammenfügen lassen; ***their stories did ~ but …*** ihre Darstellungen passten zusammen, doch…

◆**link together** *vt* ■**to ~ together ⊂ sth** etw miteinander verbinden

◆**link up I.** *vt* **to ~ up ⊂ people** Leute zusammenbringen; ■**to ~ sth ⊂ up** etw miteinander verbinden; **to ~ up a computer** einen Computer an das Netz anschließen **II.** *vi* ① *(connect)* sich *akk* zusammenschließen; ***a lot of Asian companies want to ~ up with Western businesses*** viele asiatische Firmen wollen Geschäftsverbindungen mit westlichen Unternehmen aufnehmen ② *(meet)* zusammenkommen; ■**to ~ up with sb** jdn treffen

linkage ['lɪŋkɪʤ] *n* ① *(system of links)* [Verbindungs]system *nt;* ***a complex ~ of underground***

tunnels ein komplexes unterirdisches Tunnelsystem ② POL (*of issues, events*) Verknüpfung *f* (**between** zwischen +*dat*); ***there ought to be ~s between economic support and democratic reform*** eine wirtschaftliche Unterstützung sollte an demokratische Reformen gekoppelt sein

linking verb *n* LING Kopula *f*

linkman *n* BRIT ① RADIO, TV Moderator *m* ② SPORTS Mittelfeldspieler *m*

links [lɪŋks] *npl* ① (*golf course*) Golfplatz *m* ② SCOT GEOG (*area near seashore*) Dünen *fpl*, Sandhügel *mpl*

link-up [ˈlɪŋkʌp] *n* Verbindung *f* (**between** zwischen +*dat*); **satellite ~** Satellitenverbindung *f*; **a live satellite ~** eine Liveübertragung via [*o* über] Satellit; **business ~** Geschäftsbeziehung *f*; **the ~ of two spacecrafts** das Kopplungsmanöver zwischen zwei Raumschiffen

linkwoman *n* BRIT ① RADIO, TV Moderatorin *f* ② SPORTS Mittelfeldspielerin *f*

linnet [ˈlɪnɪt] *n* ORN [Blut]hänfling *m*

lino [ˈlaɪnəʊ] *n no pl* BRIT (*fam*) *short for* **linoleum** Linoleum *nt*

linoleum [lɪˈnəʊliəm, AM -ˈnoʊ-] *n no pl* Linoleum *nt*

Linotype® [ˈlaɪnəʊtaɪp, AM -nətaɪp] *n*, **Linotype machine** *n* TYPO (*hist*) Linotype® *f*, [Zeilen]setzmaschine *f*

linseed [ˈlɪnsiːd] *n no pl* Leinsamen *m*

linseed oil *n no pl* Leinöl *nt*

lint [lɪnt] *n no pl* ① BRIT MED Mull *m*, Scharpie *f veraltet* ② *esp* AM (*fluff*) Fussel *f*, Fluse *f* NORDD

lintel [ˈlɪntəl, AM -t̬əl] *n* ARCHIT Sturz *m*; *of a door* Türsturz *m*; *of a window* Fenstersturz *m*

lion [ˈlaɪən] *n* ① ZOOL Löwe *m*; **to be as brave as a ~** mutig wie ein Löwe sein; **to have the courage of a ~** den Mut eines Löwen besitzen ② ASTROL ■**the L~** [der] Löwe ③ (*celebrity*) Berühmtheit *f*, prominente Persönlichkeit; **a literary ~** ein bedeutender [*o* großer] Schriftsteller; **a jazz ~** ein großer Jazzmusiker; **a social ~** ein Salonlöwe ▶ PHRASES: **the ~'s den** die Höhle des Löwen; **to walk** [*or* **march**] **into the ~'s den** sich *akk* in die Höhle des Löwen begeben; **the ~'s share** der Löwenanteil; **to throw sb to the ~s** jdn den Löwen zum Fraß vorwerfen

lioness <*pl* -es> [ˈlaɪənes] *n* ZOOL Löwin *f*

lion-hearted *adj* (*liter*) unerschrocken, furchtlos

lionization [ˌlaɪənaɪˈzeɪʃən, AM -nɪˈ-] *n no pl* Heldenkult *m*; ***he couldn't handle his ~ by New York society*** er kam nicht damit klar, dass er von der New Yorker Gesellschaft zum Helden hochstilisiert wurde

lionize [ˈlaɪənaɪz] *vt* ■**to ~ sb** jdn zum Helden machen, jdn feiern

lion tamer *n* Löwenbändiger(in) *m(f)*

lip [lɪp] **I.** *n* ① ANAT Lippe *f*; **to kiss sb on the ~s** jdn auf den Mund küssen ② (*rim*) Rand *m*; *of a pitcher, jug* Schnabel *m* ③ *no pl* (*fam: cheek*) Frechheiten *fpl*, Unverschämtheiten *fpl*; ***don't give me any of that ~*** spar dir deine Unverschämtheiten ▶ PHRASES: **to bite one's ~** sich *dat* etw verbeißen; ***I wanted to talk back to him, but instead I bit my ~*** mir lag schon eine Entgegnung auf der Zunge, aber ich habe sie mir dann doch verkniffen; **to button one's ~, to keep one's ~ buttoned** (*fam!*) den Mund halten *fam*; **to hang on sb's ~s** (*poet*) an jds Lippen hängen; **my ~s are sealed** meine Lippen sind versiegelt; **to keep a stiff upper ~** Haltung bewahren; **to be on everyone's** [*or* **everybody's**] **~s** in aller Munde sein **II.** *vt* <-pp-> **to ~ a hole** (*in golf*) *der Golfball bleibt am Rande des Loches liegen*

lip balm *n* Lippenpflege *f*

lipgloss [ˈlɪpglɒs, AM glɑːs] *n* Lipgloss *nt*

lipid [ˈlɪpɪd] *n* ■**~s** *pl* CHEM Lipide *pl*

lipliner *n* [Lippen]konturenstift *m*

liposuction [ˈlɪpə(ʊ)ˌsʌkʃən, AM -poʊ,-] *n no pl* Fettabsaugen *nt*, Liposuktion *f fachspr*

lippy [ˈlɪpi] **I.** *adj esp* AM (*fam*) unverschämt, frech **II.** *n no pl* (*fam*) Lippenstift *m*

lip-read <-read, -read> **I.** *vi* von den Lippen [*o* vom Mund] ablesen **II.** *vt* ■**to ~ sb** jdm von den Lippen ablesen; **to ~ words** Worte von den Lippen ablesen **lip-reading** *n no pl* Lippenlesen *nt*; ***is ~ difficult?*** ist es schwierig, jemandem [die Worte] von den Lippen abzulesen? **lip salve** *n no pl* BRIT MED ① (*cream*) Lippencreme *f*, Lippenpflege *f* ② (*stick*) Labello® *m*, Lippenpomade *f* **lip service** *n no pl* (*pej*) Lippenbekenntnis *nt*; **to pay** [*or* **give**] **~ to sth** ein Lippenbekenntnis zu etw *dat* ablegen **lip-smacking** *adj* (*fam*) köstlich, gustiös ÖSTERR **lipstick** *n no pl* Lippenstift *m*; **to smudge one's ~** seinen Lippenstift verschmieren; **to wear/put on ~** Lippenstift benutzen/auflegen [*o* auftragen]

lip-sync(h) [ˈlɪpsɪŋk] **I.** *vt* MUS, FILM ■**to ~ sth** etw synchronisieren; *singer* etw Play-back singen; *musician* etw Play-back spielen **II.** *vi* MUS, FILM synchronisieren; MUS Play-back singen **III.** *n no pl* Synchronisieren *nt*; (*musician*) Play-back-Singen *nt*

lip-sync(h)ing [ˈlɪpˌsɪŋkɪŋ] *n no pl* FILM Sychronisation *f*; MUS Play-back *nt*

liquefy <-ie-> [ˈlɪkwɪfaɪ] **I.** *vt* ■**to ~ sth** ① CHEM etw verflüssigen ② FIN **to ~ assets** Vermögenswerte verfügbar machen **II.** *vi* CHEM sich *akk* verflüssigen

liqueur [lɪˈkjʊəʳ, AM -ˈkɜːr] **I.** *n* Likör *m* **II.** *n modifier* **~ glass** Likörglas *nt*

liquid [ˈlɪkwɪd] **I.** *adj* ① (*water-like*) flüssig; **~ soap** Seifenlotion *f*, Seifenemulsion *f*; **~ bleach/detergent** Flüssigbleichmittel/-waschmittel *nt* ② (*translucent*) **~ eyes** glänzende Augen; **~ lustre** schimmernder Glanz ③ *attr* CHEM **~ hydrogen/oxygen** verflüssigter Wasserstoff/Sauerstoff; **~ measure** Flüssigkeitsmaß *nt* ④ (*harmonious*) **~ sound** wohltönender Klang; **~ song** einschmeichelndes Lied ⑤ *inv* FIN [frei] verfügbar, flüssig; **~ assets** [*or* **funds**] Barvermögen *nt*, liquide Mittel **II.** *n* Flüssigkeit *f*; ■**~s** ***drink plenty of ~s*** du musst viel Flüssigkeit zu dir nehmen; ***I'm on ~s*** ich darf nur Flüssiges zu mir nehmen

liquidate [ˈlɪkwɪdeɪt] **I.** *vt* ① ECON **to ~ a company/firm** ein Unternehmen auflösen [*o fachspr* liquidieren] ② FIN **to ~ assets** Mittel verfügbar [*o fam* flüssig] machen; **to ~ debts** Schulden tilgen ③ (*kill*) ■**to ~ sb** jdn liquidieren *geh* **II.** *vi* ECON liquidieren

liquidation [ˌlɪkwɪˈdeɪʃən] *n* ① FIN *of a company/firm* Auflösung *f*, Liquidierung *f fachspr*; **to go into ~** in Liquidation gehen; *of debts* Tilgung *f* ② (*killing*) Liquidierung *f geh*

liquidator [ˈlɪkwɪdeɪtəʳ, AM -t̬ɚ] *n* FIN Abwickler(in) *m(f)*, Liquidator(in) *m(f) fachspr*

liquid consonant *n* LING Fließlaut *m*, Liquida *f fachspr* **liquid courage** *n no pl* AM (*Dutch courage*) **to help oneself to ~** sich *dat* Mut antrinken **liquid crystal display** *n* Flüssigkristallanzeige *f*

liquidity [lɪˈkwɪdəti, AM -ət̬i] *n no pl* ① CHEM Flüssigkeit *f* ② FIN Zahlungsfähigkeit *f*, Liquidität *f fachspr*; **to have a ~ problem** ein Liquiditätsproblem haben *geh*

liquidize [ˈlɪkwɪdaɪz] *vt* **to ~ food** Nahrungsmittel pürieren; **to ~ an egg** ein Ei [ver]quirlen

liquidizer [ˈlɪkwɪdaɪzəʳ, AM -ɚ] *n* Mixgerät *nt*, Mixer *m fam*

liquid lunch *n* (*hum fam*) *Alkohol statt Mittagessen* **Liquid Paper®** *n no pl* Korrekturflüssigkeit *f*, Tipp-Ex® *nt*

liquify *vi, vt see* **liquefy**

liquor [ˈlɪkəʳ, AM -ɚ] **I.** *n no pl* AM, AUS Spirituosen *pl*, Alkohol *m*; ***he can't hold his ~*** er verträgt keinen Alkohol; **hard ~** Schnaps *m*; **to drink hard ~** Hochprozentiges trinken **II.** *vi* AM (*fam*) ■**to ~ up** sich *akk* besaufen [*o* volllaufen lassen] *sl* **III.** *vt* AM (*fam*) ■**to ~ sb up** jdn betrunken machen

liquorice [ˈlɪkərɪs], AM **licorice** [-ərɪʃ] **I.** *n no pl* ① FOOD Lakritze *f* ② (*plant*) Süßholz *nt* **II.** *n modifier* Lakritz-; **~ allsorts** Lakritzkonfekt *nt*

liquor license *n* AM Ausschankgenehmigung *f*, Ausschankerlaubnis *f kein pl* **liquor store** *n* AM, CAN Wein- und Spirituosenhandlung *f* **liquor tax** *n* AM Alkoholsteuer *f*

lira <*pl* lire> [ˈlɪərə, AM ˈlɪrə] *n* ① (*Italian currency*) Lira *f* ② (*Turkish currency*) Lira *f*

lisle [laɪl], **lisle thread** **I.** *n no pl* FASHION Florgarn *nt* **II.** *n modifier* **~ stockings** Baumwollstrümpfe *mpl*

lisp [lɪsp] **I.** *n no pl* Lispeln *nt*; **sb with a ~** ein lispelnder Mensch; **to have** [*or* **speak with**] **a ~** lispeln **II.** *vi* lispeln **III.** *vt* ■**to ~ sth** etw lispeln

LISP [lɪsp] *n* COMPUT *abbrev of* **list processor language** LISP

lissom(e) [ˈlɪsəm] *adj* (*liter*) *person* graziös, gewandt; *animal* geschmeidig

list¹ [lɪst] **I.** *n* Liste *f*; **birthday ~** [Geburtstags]wunschliste *f*; **~ of names** Namensliste *f*; (*in books*) Namensverzeichnis *nt*, Namensregister *nt*; **~ of numbers** Zahlenreihe *f*, Zahlenkolonne *f*; **~ of prices** Preisliste *f*, Preisverzeichnis *nt*; **check ~** Checkliste *f*; **shopping ~** Einkaufszettel *m*; **~ of stocks** STOCKEX Kurszettel *m*; **The Stock Exchange Daily Official L~** BRIT Amtliches Kursblatt; **waiting ~** Warteliste *f*; **to be on a ~** auf einer Liste stehen; **to make a ~** eine Liste aufstellen [*o* machen]; **to put sb/sth on a ~** jdn/etw auf eine Liste setzen; **to take sb/sth off a ~** jdn/etw von einer Liste streichen ▶ PHRASES: **to have a ~ as long as one's arm** eine ellenlange Liste haben *fam*; **to be at the bottom/top of sb's ~** auf jds Liste ganz unten/oben stehen *fam* **II.** *vt* ■**to ~ sth** etw auflisten; ***all ingredients must be ~ed on the packaging*** auf der Verpackung müssen alle Zutaten aufgeführt werden; ***how many soldiers are still ~ed as missing in action?*** wie viele Soldaten werden noch immer als vermisst geführt?; **to ~ sth in alphabetical/numerical order** etw in alphabetischer/nummerischer Reihenfolge auflisten; **to be ~ed in the phone book** im Telefonbuch stehen; **to be ~ed on the Stock Exchange** an der Börse notiert sein **III.** *vi* **to ~** [*or* **be ~ed**] **at $700/£15** $700/£15 kosten

list² [lɪst] NAUT **I.** *vi* Schlagseite haben, krängen *fachspr*; **to ~ to port/starboard** Schlagseite nach Backbord/Steuerbord haben; **to ~ badly** schwere Schlagseite haben **II.** *n* Schlagseite *f*, Krängung *f fachspr*

listed [ˈlɪstɪd] **I.** *adj inv* ① STOCKEX an der Börse zugelassen; **~ed company** börsennotiertes Unternehmen; **~ securities** an der Börse zugelassene [*o* notierte] Wertpapiere ② BRIT ARCHIT **~ building** unter Denkmalschutz stehendes Gebäude ③ AM, AUS TELEC **a ~ telephone number** eine aufgeführte Telefonnummer **II.** *adj inv* ① BRIT ARCHIT ≈ unter Denkmalschutz stehend ② STOCKEX (*quoted*) börsengängig

listen [ˈlɪsən] **I.** *vi* ① (*pay attention*) zuhören; ■**to ~ to sb/sth** jdm/etw zuhören; **~ *to this!*** hör dir das an! *fam*; **to ~ carefully** [ganz] genau zuhören; **to ~ hard** genau hinhören; **to ~ to music** Musik hören; **to ~ to the news/radio** Nachrichten/Radio hören; **to ~ to reason** auf die Stimme der Vernunft hören ② (*pay heed*) zuhören; ***you just don't ~*** du hörst einfach nicht zu *fam*; ***don't ~ to them*** hör nicht auf sie ③ (*attempt to hear*) ***will you ~*** [***out***] ***for the phone?*** könntest du bitte aufpassen, ob das Telefon klingelt? ▶ PHRASES: **to ~ with half an ear** mit halbem Ohr hinhören **II.** *interj* hör mal!; **~, *we really need to …*** [jetzt] hör mal, wir müssen … **III.** *n no pl* **to have a ~** [**to sth**] [bei etw *dat*] genau hinhören; ***have a ~ to this!*** hör dir das an!; ***let Daryl have a ~ too*** lass Daryl auch mal hören

◆**listen in** *vi* (*secretly*) mithören; (*without participating*) mitanhören; (*to radio*) hören; **to ~ in on a telephone conversation** ein Telephongespräch heimlich abhören; **to ~ in on a conference call** ein über Telefon abgehaltenes Konferenzgespräch mitanhören; **to ~ in to a radio show** eine Talkshow im Radio anhören

listener [ˈlɪsənəʳ, AM -ɚ] *n* ① (*in a conversation*) Zuhörer(in) *m(f)*; **to be a good ~** gut zuhören können ② (*to lecture, concert*) Hörer(in) *m(f)*; (*to radio*) [Radio]hörer(in) *m(f)*

listening [ˈlɪsənɪŋ] *n* MUS **easy ~** Unterhaltungsmusik *f*, U-musik *f*

listening device *n* Abhörgerät *nt*; (*in room also*) [Abhör]wanze *nt*; **to plant a ~ somewhere** irgendwo ein Abhörgerät anbringen **listening post** *n*

MIL Horchposten *m*
listeria [lɪˈstɪəriə, AM -ˈstɪr-] *n no pl* MED Listeria *f*
listeriosis [lɪˌstɪəriˈəʊsɪs, AM -ˌstɪriˈoʊ-] *n no pl* MED Listeriose *f*
listing [ˈlɪstɪŋ] *n* ❶ *(inventory)* Auflistung *f,* Verzeichnis *nt* ❷ *(entry in inventory)* Eintrag *m,* Eintragung *f* ❸ MEDIA ■ **~s** *pl (entertainment)* Veranstaltungskalender *m;* **televison ~s** Fernsehprogramm *nt* ❹ STOCKEX Börsenzulassung *f,* Börsennotierung *f;* **~ application** Börsenzulassungsantrag *f;* **~ requirements** AM Zulassungsvorschriften *fpl*
listings magazine *n* Zeitschrift *f* mit Veranstaltungsverzeichnis
listless [ˈlɪs(t)ləs] *adj* ❶ *(lacking energy) person* teilnahmslos; *(fig) economy* stagnierend ❷ *(lacking enthusiasm)* lustlos; *performance* ohne Schwung *nach n,* schlaff
listlessly [ˈlɪs(t)ləsli] *adv* teilnahmslos, lustlos
listlessness [ˈlɪs(t)ləsnəs] *n no pl* Teilnahmslosigkeit *f,* Lustlosigkeit *f;* MED Apathie *f*
list price *n* [**manufacturer's**] ~ Listenpreis *m* [des Herstellers] **listserve** *n* Seriendruck-Manager *m fachspr*
lit¹ [lɪt] *vi, vt pt, pp of* **light**
lit² [lɪt] *(fam)* **I.** *n no pl short for* **literature** Literatur *f* **II.** *adj inv short for* **literary** literarisch
litany [ˈlɪtᵊni] *n* REL Litanei *f a. fig;* **a ~ of complaints** eine Litanei von Beschwerden
litchi *n* FOOD *see* **lychee**
lit crit *n no pl (fam) short for* **literary criticism** Literaturkritik *f*
lite [laɪt] **I.** *adj inv* AM FOOD *(light)* **~ beer** kalorienarmes Bier **II.** *n* AM AUTO *(small car)* Kleinwagen *m*
liter *n* AM *see* **litre**
literacy [ˈlɪtᵊrəsi, AM -t̬ɚə-] **I.** *n no pl* Lese- und Schreibfähigkeit *f;* **computer ~** Computerkenntnisse *pl;* **economic ~** Wirtschaftskenntnisse *pl* **II.** *n modifier* **~ level** Quote der Menschen, die Lesen und Schreiben können; ***the ~ level is low in that country*** dieses Land hat eine hohe Analphabetenquote
literal [ˈlɪtᵊrᵊl, AM -t̬ɚ-] **I.** *adj* ❶ *(not figurative)* wörtlich; **~ meaning/sense** eigentliche Bedeutung; **to take sth in the ~ sense of the word** etw wörtlich nehmen ❷ *(word-for-word)* **~ translation/transcript** wörtliche Übersetzung/Abschrift ❸ *(not exaggerated)* buchstäblich, im wahrsten Sinne des Wortes *präd;* **the ~ truth** die reine Wahrheit ❹ *(fam: for emphasis)* ***fifteen years of ~ hell*** fünfzehn Jahre lang die reinste Hölle; ***a ~ avalanche of mail*** eine wahre Flut von Zusendungen ❺ LING **~ mnemonics** Gedächtnisstützen *fpl,* Eselsbrücken *fpl fam;* **~ error** BRIT TYPO Schreib-/Tipp-/Druckfehler *m* **II.** *n* ❶ BRIT TYPO Schreib-/Tipp-/Druckfehler *m* ❷ *(computer instruction)* Literal *m o nt*
literally [ˈlɪtᵊrᵊli, AM -t̬ɚ-] *adv* ❶ *(in a literal manner)* [wort]wörtlich, Wort für Wort; **to take sth ~** etw wörtlich nehmen; **to translate ~** wörtlich übersetzen ❷ *(actually)* buchstäblich, wirklich; **quite ~** in der Tat; **~ speaking** ungelogen ❸ *inv (fig fam: for emphasis)* wirklich, tatsächlich, echt *fam;* ***there were ~ a million tourists in the village over the weekend*** übers Wochenende kamen sage und schreibe eine Million Touristen ins Dorf
literal-minded *adj* nüchtern, prosaisch *geh;* ■ **to be ~** nüchtern denken
literariness [ˈlɪtᵊrᵊrinəs, AM ˈlɪt̬əreri] *n no pl* ❶ *(relevance)* literarischer Bezug ❷ *(quality)* literarische Qualität
literary [ˈlɪtᵊrᵊri, AM -t̬əreri] *adj* ❶ *attr (of literature) criticism, prize* Literatur-; *language, style* literarisch; **a ~ career** eine Schriftstellerkarriere; **a ~ celebrity** eine Berühmtheit auf literarischem Gebiet; **~ event** literarisches Ereignis; **~ hoax** Zeitungs[ente] *f;* **~ society** Literaturzirkel *m;* **~ supplement** Literaturbeilage *f;* **the ~ world** literarische Kreise ❷ *(sb knowledgeable)* **~ man** Literaturkenner *m;* **~ woman** Literaturkennerin *f*
literary agent *n* Literaturagent(in) *m(f)* **literary critic** *n* Literaturkritiker(in) *m(f)* **literary criticism** *n no pl* Literaturkritik *f* **literary executor** *n* Nachlassverwalter(in) *m(f)* [in literarischen Angelegenheiten]; **to appoint sb [as] one's ~** jdn zum Nachlassverwalter in literarischen Angelegenheiten bestimmen **literary historian** *n* Literaturhistoriker(in) *m(f)*
literate [ˈlɪtᵊrət, AM -t̬ɚ-] **I.** *adj* ❶ *(able to read and write)* ■ **to be ~** lesen und schreiben können; ***the ~ proportion of the population*** der Anteil der alphabetisierten Bevölkerung ❷ *(well-educated)* gebildet; **to be computer ~** sich *akk* mit Computern auskennen; **to be economically/financially/politically ~** auf dem Gebiet der Wirtschaft/Finanzen/Politik bewandert sein **II.** *n (literate person)* jd, der Schreiben und Lesen kann; *(well educated)* jd, der gebildet ist
literati [ˌlɪtᵊrˈɑːtiː, AM -t̬əˈrɑːt̬iː] *npl* Literaten *pl,* Gelehrte *pl*
literature [ˈlɪtrətʃəʳ, AM -t̬ɚətʃɚ] **I.** *n no pl* ❶ *(written works)* Literatur *f;* **American/English ~** amerikanische/englische Literatur; **nineteenth-century ~** die Literatur des 19. Jahrhunderts; **a work of ~** ein literarisches Werk ❷ *(specialist texts)* Fachliteratur *f* (**on/about** über +*akk*); **scientific ~** naturwissenschaftliche Fachliteratur ❸ *(printed matter)* Informationsmaterial *nt;* ***have you got any ~ about these washing machines?*** haben Sie irgendwelche Unterlagen zu diesen Waschmaschinen? *f* **II.** *n modifier (course, student)* Literatur-
lithe [laɪð] *adj* gelenkig, geschmeidig
lithely [ˈlaɪðli] *adv* geschmeidig, gelenkig
lithesome [ˈlaɪðsəm] *adj (old) see* **lithe**
lithium [ˈlɪθiəm] *n no pl* CHEM Lithium *nt*
litho [ˈlɪθəʊ, laɪ, AM ˈlɪθoʊ-] *adj inv (fam) short for* **lithographic** Litho-
lithograph [ˈlɪθə(ʊ)grɑːf, AM -əgræf] **I.** *n* Steindruck *m,* Lithographie *f fachspr* **II.** *vt* ■ **to ~ sth** etw lithographieren
lithographer [lɪˈθɒgrəfəʳ, AM -ˈθɑːgrəfɚ] *n* Lithograph(in) *m(f)*
lithographic [ˌlɪθə(ʊ)ˈgræfɪk, AM -oʊˈ-] *adj inv* lithographisch; **~ print** Steindruck *m;* **~ printing plate** Steindruckplatte *f*
lithography [lɪˈθɒgrəfi, AM -ˈθɑːg-] *n no pl* Steindruck *m,* Lithographie *f fachspr*
Lithuania [ˌlɪθjuˈeɪniə, AM -θuˈ-] *n* Litauen *nt*
Lithuanian [ˌlɪθjuˈeɪniən, AM -θuˈ-] **I.** *n* ❶ *(person)* Litauer(in) *m(f)* ❷ *no pl (language)* Litauisch *nt* **II.** *adj inv* litauisch; **she is ~** sie ist Litauerin
litigant [ˈlɪtɪgənt, AM -t̬-] *n* LAW prozessführende Partei, Prozesspartei *f*
litigate [ˈlɪtɪgeɪt, AM -t̬-] LAW **I.** *vi* prozessieren, einen Prozess führen **II.** *vt* ■ **to ~ sth** um etw *akk* prozessieren [*o* einen Prozess wegen etw *gen* führen]
litigation [ˌlɪtɪˈgeɪʃᵊn, AM -t̬-] *n no pl* LAW Prozess *m,* Rechtsstreit *m;* **to go to ~** einen Prozess anstrengen *geh*
litigator [ˈlɪtɪgeɪtəʳ, AM ˈlɪt̬ɪgeɪt̬ɚ] *n* LAW Prozessanwalt, Prozessanwältin *m, f*
litigious [lɪˈtɪdʒəs] *adj* LAW prozessfreudig *iron,* prozesssüchtig *pej*
litigiousness [lɪˈtɪdʒəsnəs] *n no pl* LAW Prozessfreudigkeit *f iron,* Prozesssucht *f*
litmus [ˈlɪtməs] *n no pl* CHEM Lackmus *m o nt*
litmus paper *n no pl* Lackmuspapier *nt* **litmus test** *n* ❶ CHEM Lackmustest *m* ❷ *(fig fam: decisive indication)* entscheidendes [An]zeichen (**of** für +*akk*)
litotes [laɪˈtəʊtiːz, AM ˈlaɪt̬ətiːz] *n* Litotes *f*
litre [ˈliːtəʳ], AM **liter** [-t̬ɚ] **I.** *n* Liter *m o nt;* **6-~ engine** 6-Liter Maschine; **two ~s [of milk/beer]** zwei Liter [Milch/Bier]; **per ~** pro Liter **II.** *n modifier (bottle, size)* Liter-
LittD *abbrev of* **Doctor of Literature** promovierter Literaturwissenschaftler/promovierte Literaturwissenschaftlerin
litter [ˈlɪtəʳ, AM -t̬ɚ] **I.** *n* ❶ *no pl (rubbish)* Müll *m,* Abfall *m* ❷ *no pl (disorder)* Unordnung *f,* Durcheinander *nt* ❸ + *sing/pl vb* ZOOL Wurf *m;* **a ~ of kittens** ein Wurf kleiner Kätzchen; ***Martha's cat's just had a ~ of four kittens*** Marthas Katze hat gerade vier Junge geworfen; **the pick of the ~** der Beste aus dem Wurf; *(fig)* der Hauptgewinn *fig* ❹ *no pl (for animals)* Streu *f,* Stroh *nt;* **cat ~** Katzenstreu *f* ❺ *(vehicle)* Sänfte *f;* MED Tragbahre *f,* Trage *f* **II.** *vt* ❶ *(make untidy)* ■ **to ~ sth** ***dirty clothes ~ed the floor*** dreckige Wäsche lag über den Boden verstreut ❷ *usu passive (fig: fill)* ■ **to be ~ed with sth** mit etw *dat* übersät sein; ***the beaches were positively ~ed with tourists*** die Strände waren regelrecht mit Touristen überfüllt
litter bin *n esp* BRIT, AUS Abfalleimer *m,* Abfalltonne *f* **litter box** *n* AM Katzenklo *nt* **litter bug** *n,* **litter lout** *n* BRIT *(fam)* Schmutzfink *m fam,* Dreckspatz *m fam* **litter collection** *n* Müllabfuhr *f* **litter tray** *n* Katzenklo *nt*
little [ˈlɪtl, AM -t̬l] **I.** *adj* ❶ *(small)* klein; **a ~ old man** ein kleiner alter Mann; *(for emphasis)* richtige(r,s), kleine(r,s); ***my sister is a ~ monster*** meine Schwester ist ein richtiges kleines Monster; **the ~ ones** die Kleinen *pl* ❷ *(young)* klein; **~ boy/girl** kleiner Sohn/kleine Tochter; **the ~ one** *(fam)* der/die Kleine; **the ~st ones** *(fam)* die Kleinsten; *(younger)* **~ brother/sister** kleiner Bruder/kleine Schwester ❸ *attr, inv (short in distance)* kurz; **a ~ way** ein kurzer Weg; *(short in duration)* wenig, bisschen; **it still takes a ~ while** es dauert noch ein bisschen ❹ *attr, inv (unimportant)* klein; **every ~ detail** jede Kleinigkeit; **to make ~ of sth** wenig Aufhebens von etw *dat* machen; **to have a ~ word with sb** ein Wörtchen mit jdm reden *fam;* **a ~ problem** *(iron)* ein kleines Problem ► PHRASES: **a ~ bird told me [sth]** der Mann im Ohr hat mir [etw] [zu]geflüstert *fam* **II.** *adv* ❶ *(somewhat)* ■ **a ~** ein wenig; ***she reminds me a ~ of my ex-girlfriend*** sie erinnert mich ein bisschen an meine Exfreundin ❷ *(hardly)* wenig; ***~ did she know that …*** sie hatte ja keine Ahnung davon, dass …; ***I agreed to go, ~ though I wanted to*** ich habe zugesagt, obwohl ich eigentlich überhaupt keine Lust darauf hatte; **to be ~ less than [*or* short of] sth** sich *akk* kaum von etw *dat* unterscheiden; ***her behaviour is ~ short of indecent*** ihr Verhalten ist fast schon unanständig; **~ more than an hour ago** vor kaum einer Stunde; **to ~ expect sth** etw nicht erwarten; **to ~ imagine that …** sich *dat* nicht vorstellen, dass …; **it matters ~ [to sb] that/what …** [jdm] macht es wenig aus, dass/was …; **to ~ suppose/think [that] …** nicht annehmen/denken, [dass] …; **to ~ understand sth** etw kaum verstehen **III.** *part sing* ❶ *(small quantity)* ■ **a ~** ein wenig; ***would you like some mashed pototoes? — yes, a ~ please*** möchtest du Kartoffelpüree? – ja, ein wenig, bitte; ***help yourself to more wine — I will have a ~, thank you*** schenk dir noch Wein nach – ich nehme mir noch ein wenig, danke; ■ **a ~ of sth** ein wenig von etw *dat;* ***I could only hear a ~ of what they were saying*** ich konnte ein wenig von dem hören, was sie sagten ❷ *(not much)* wenig; ***he said ~ about his personal life at the therapy session*** in der Therapie sagte er wenig über sein Privatleben; **as ~ as possible** möglichst wenig; ***he's always trying to get away with doing as ~ as possible at work*** er versucht immer, in der Arbeit mit möglichst geringem Aufwand durchzukommen; **so ~** so wenig; ***the rouble is worth so ~ these days*** der Rubel ist heute so wenig wert; **to do ~ [or nothing]** wenig [bis nichts] tun; **there is ~ sb can do** jd kann wenig machen; ***there is ~ the doctor can do for him now — we just have to wait and see*** der Arzt kann jetzt wenig für ihn machen – wir müssen abwarten; **[very] ~ of sth** [sehr] wenig von etw *dat;* ***unfortunately, ~ of the artist's work has survived*** leider ist sehr wenig von dem Werk des Künstlers erhalten geblieben; **the [*or* what] ~ …** das wenige …; ***they didn't have much but they always shared what ~ they had*** sie hatten nicht viel, aber sie teilten immer das wenige, das sie hatten; **the ~ sb does sth** das bisschen, das jd macht; ***the ~ she smoked still seemed to affect her health negatively*** sie rauchte nur sehr wenig, aber auch das bisschen schien ihre Gesundheit anzugreifen ❸ *(short distance)* ■ **a ~** ein wenig; ***let's walk a ~ after dinner to digest*** lass uns nach dem Essen einen kurzen Verdauungs-

spaziergang machen ④ (*short time*) ■ **a** ~ ein wenig [Zeit]; ***after all the turmoil at home, she needed to get away for a ~ to be by herself*** nach dem Chaos zu Hause brauchte sie ein wenig Abstand und Zeit für sich; ***Ms Perez is on the phone right now — would you mind waiting a ~?*** Ms. Perez telefoniert gerade – möchten Sie ein wenig warten?; ***it's a ~ after six*** es ist kurz nach sechs ► PHRASES: **precious** ~ herzlich wenig; **to make** [**very**] ~ **of sth** (*to not understand*) [sehr] wenig mit etw *dat* anfangen können; (*to belittle*) etw herunterspielen; ***don't make ~ of my problems — they may not seem important to you but they affect my life greatly*** spiele meine Probleme nicht herunter – vielleicht erscheinen sie dir nicht wichtig, aber sie beeinflussen mein Leben sehr stark; ***they made ~ of their royal connection*** sie spielten ihre Verbindungen zur königlichen Familie herunter

Little Bear *n* BRIT, **Little Dipper** *n* AM ASTRON Kleiner Bär [*o* Wagen] **little finger** *n* ANAT kleiner Finger **little fish** *n* ein kleiner Fisch *fig* **little folk** *n + pl vb esp* IRISH ■ **the** ~ die Elfen *pl* **little green man** *n* (*fam*) kleines grünes Männchen **little-known** *adj* kaum bekannt; **a** ~ **outsider** ein wenig bekannter Außenseiter **Little League** *n no pl* AM *Bezeichung für die Baseballliga für Kinder zwischen 8 und 12 jahren*

littleness [ˈlɪtl̩nəs, AM -t̬l̩-] *n no pl* ① (*smallness*) Kleinheit *f*, geringe Größe ② (*triviality*) Geringfügigkeit *f*; ***the ~ of the administrative problem*** die Bedeutungslosigkeit des Verwaltungsproblems

little people *n + pl vb* ■ **the** ~ die Elfen *pl* **Little Rhody** *n* AM (*fam*) *Bezeichung für Rhode Island* **little something** *n* ① FOOD ein Betthupferl *nt* SÜDD, ÖSTERR, ein Bettmümpfeli *nt* SCHWEIZ ② (*present*) eine Kleinigkeit **little toe** *n* ANAT kleiner Zeh **little woman** *n* (*pej! or hum fam*) ■ **the** ~ das Frauchen *fam*

littoral [ˈlɪtərəl, AM ˈlɪt̬-] *adj* ① (*near the shore*) litoral; ~ **currents** Küstenströmungen *fpl*, Litoralströmungen *fpl fachspr* ② ECOL ~ **zone** (*between water marks*) Gezeitenbereich *m*

liturgical [lɪˈtɜːdʒɪkəl, AM -ˈtɜːr-] *adj inv* liturgisch

liturgy [ˈlɪtɜːdʒi, AM ˈlɪt̬ɚ-] *n* Liturgie *f*

livable *adj see* **liveable**

live¹ [laɪv] **I.** *adj inv* ① *attr* (*living*) lebend; **a real** ~ **grizzly bear** ein echter Grizzlybär; ~ **animals** echte Tiere ② MUS, RADIO, TV live; ~ **audience** Live-Publikum *nt*; ~ **broadcast** Liveübertragung *f*, Livesendung *f*; ~ **coverage** aktuelle Berichtserstattung, Berichterstattung vor Ort; ~ **entertainment** Liveunterhaltung *f*, Liveshow *f*; ~ **performance** Liveauftritt *m*; ~ **recording** Liveaufzeichnung *f* ③ ELEC geladen; ~ **wire** Hochspannungskabel *nt* ④ (*unexploded*) scharf; ~ **ammunition** scharfe Munition ⑤ (*burning*) glühend; ~ **coals** glühende Kohlen ⑥ (*not obsolete*) ~ **issue** aktuelle Frage **II.** *adv inv* MUS, RADIO, TV live, direkt; **to broadcast** ~ direkt [*o* live] übertragen; **to cover sth** ~ von etw *dat* live berichten; **to perform** ~ live auftreten

live² [lɪv] **I.** *vi* ① (*be alive*) leben; ***lichens have been living for at least 9,000 years*** Flechten gibt es seit mindestens 9 000 Jahren; **to** ~ **to** [**be**] **a ripe** [**old**] **age** ein hohes Alter erreichen ② (*spend life*) leben; ***… they ~ed happily ever after …*** und wenn sie nicht gestorben sind, dann leben sie noch heute; **to** ~ **in fear** in Angst leben; **to make life worth living** das Leben lebenswert machen; **to** ~ **in luxury** in Luxus leben; **to** ~ **above** [*or* **beyond**] **one's means** über seine Verhältnisse leben; **to** ~ **within one's means** entsprechend seinen Möglichkeiten leben; **to** ~ **in plenty** ein Leben im Überfluss führen, im Überfluss leben; **to** ~ **by one's principles** seinen Prinzipien treu bleiben; **to** ~ **in squalor** [*or* **dire need**] in ärmlichen Verhältnissen leben; **to** ~ **alone/dangerously** alleine/gefährlich leben; **to** ~ **high** gut leben ③ (*subsist*) leben; ***the family ~s by hunting and farming*** die Familie lebt vom Jagen und von der Landwirtschaft; ***she ~s on fruit alone*** sie ernährt sich nur von Obst ④ (*be remembered*) weiterleben; **to** ~ **in sb's memory** in jds Erinnerung weiterleben ⑤ (*have interesting life*) ***if you haven't seen Venice, you haven't ~d*** Venedig sehen und sterben; **to** ~ **a little** [*or* **a bit**] das Leben genießen ⑥ (*reside*) wohnen; ***where do you ~?*** wo wohnst du?; **to** ~ **in the country/in town** auf dem Land/in der Stadt wohnen; **to** ~ **next door** nebenan wohnen; **to** ~ **next door to sb** neben jdm wohnen ► PHRASES: **to** ~ **to fight another day** es überstehen, überleben; **we** ~**d to tell the tale** wir haben's überlebt *fam*; **to** ~ **by one's wits** sich *akk* durchschlagen; **you** [*or* **we**] ~ **and learn** man lernt nie aus; **to** ~ **and let** ~ leben und leben lassen; **to** ~ **to regret sth** etw noch bereuen werden; **long** ~! lang lebe!; **long** ~ **the king/queen!** lang lebe der König/die Königin! **II.** *vt* **to** ~ [**one's**] **life to the full** das Leben in vollen Zügen genießen; **to** ~ **one's own life** sein eigenes Leben leben; **to** ~ **a life of luxury** ein luxuriöses [*o* extravagantes] Leben führen ► PHRASES: **to** ~ **a lie** mit einer Lebenslüge leben; **to** ~ **and breathe sth** mit Leib und Seele für etw *akk* sein; **to** ~ **it up** sich *akk* ausleben [*o* austoben], die Puppen tanzen lassen *fig fam*

◆**live down** *vt* ■ **to** ~ **down** ⊂ **sth** über etw *akk* hinwegkommen; *mistakes* über etw *akk* Gras wachsen lassen; ***you'll never live it down*** das wird dir ewig anhängen

◆**live for** *vi* ■ **to** ~ **for sth** für etw *akk* leben; ***there is nothing left to ~ for*** es gibt nichts [mehr], wofür es sich zu leben lohnt

◆**live in** *vi* [mit] im selben Haus wohnen

◆**live off**, AM *also* **live off of** *vi* ① (*depend on*) ■ **to** ~ **off sb** auf jds Kosten *pl* leben ② (*support oneself*) ■ **to** ~ **off sth** *inheritance* von etw *dat* leben ③ (*subsist on*) ■ **to** ~ **off sth** von etw *dat* leben, sich *akk* von etw *dat* ernähren

◆**live on** *vi* ① (*continue*) weiterleben; *tradition* fortbestehen; **to** ~ **on in the memory** in Erinnerung bleiben ② (*support oneself*) ■ **to** ~ **on sth** von etw *dat* leben; ***his wage won't be enough to ~ on*** er verdient nicht genug, um davon zu leben ③ (*eat only*) ■ **to** ~ **on sth** von etw *dat* leben, sich *akk* von etw *dat* ernähren

◆**live out** **I.** *vt* **to** ~ **out one's destiny** [*or* **fate**] sich *akk* mit seinem Schicksal abfinden, sich *akk* in sein Schicksal ergeben; **to** ~ **one's dreams/fantasies** seine [Wunsch]träume/Vorstellungen verwirklichen, sich *dat* seinen Traum erfüllen; **to** ~ **out one's life/one's days** sein Leben/seine Tage verbringen **II.** *vi* BRIT außerhalb des Hauses [*o* nicht im selben Haus] wohnen; ***other students ~ out in rented accommodation in the town*** andere Studenten wohnten in gemieteten Zimmern oder Wohnungen in der Stadt

◆**live through** *vi* ■ **to** ~ **through sth** etw überstehen; ***he ~d through back pain until the age of fifty*** er litt bis zu seinem fünfzigsten Lebensjahr an Rückenschmerzen; ***he ~d through the war*** er hat den Krieg durchgemacht

◆**live together** *vi* zusammenleben; (*in same flat*) zusammenwohnen

◆**live up** *vi* **to** ~ **up to sb's expectations** jds Erwartungen *pl* gerecht werden; **to** ~ **up to one's principles** an seinen Prinzipien festhalten; **to** ~ **up to a standard/one's reputation** einer Anforderung/seinem Ruf gerecht werden; **to** ~ **up to a promise** ein Versprechen erfüllen; **to** ~ **up to an earlier success** an einen früheren Erfolg anknüpfen

◆**live with** *vi* ① (*cohabiting*) **to** ~ **with each other** zusammenleben ② (*tolerate*) ■ **to** ~ **with sth** mit etw *dat* leben [müssen], sich *akk* mit etw *dat* abfinden

liveable [ˈlɪvəbl̩] *adj* ① (*habitable*) wohnlich; *apartment/room* wohnlich; *climate* angenehm ② (*worth living*) lebenswert; **to make life more** ~ das Leben lebenswerter machen ③ (*fam: companionable*) **to be** ~ **with** gesellig [*o* umgänglich] sein; ***Henry really isn't ~ with!*** mit Henry kommt man wirklich nicht aus!

live bait *n* (*fish*) Köderfisch *m*; (*worm*) Köderwurm *m*

lived in *adj pred, inv*, **lived-in** *adj attr, inv* behaglich, gemütlich; **to have a** ~ **look** wohnlich aussehen

live-in *adj attr, inv* ① (*cohabiting*) ***she has a ~ boyfriend*** sie lebt mit ihrem Freund zusammen ② (*resident*) **a** ~ **nanny** ein Kindermädchen, das [mit] im Haus lebt

livelihood [ˈlaɪvlihʊd] *n* Lebensunterhalt *m*; **to earn one's** ~ seinen Lebensunterhalt verdienen; ***they earn their ~ from farming*** sie leben von der Landwirtschaft; **to lose one's** ~ seine Existenzgrundlage verlieren; **to have a means of** ~ seinen Lebensunterhalt bestreiten können; ***their ~s very much depend on the rain*** ihre Existenz hängt sehr stark davon ab, ob es genug regnet

liveliness [ˈlaɪvlinəs] *n no pl of a story* Lebendigkeit *f*; *of a child, person* Lebhaftigkeit *f*, Aufgewecktheit *f*

livelong [ˈlɪvlɒŋ, AM -lɑːŋ] *adj* (*liter*) **all the** ~ **day** den lieben langen Tag

lively [ˈlaɪvli] *adj* ① (*full of energy*) *city, child, street* lebhaft, lebendig; *child, eyes, tune* munter; ***look ~!*** ein bisschen mehr Schwung, bitte!; ***they had a ~ time*** bei ihnen war etwas los; ~ **atmosphere** lebhafte Stimmung; ~ **manner** lebhafte Art; ~ **nature** aufgewecktes Wesen; ~ **place** ein Ort, an dem immer etwas los ist ② (*bright*) *colour* hell; (*pej*) grell *pej* ③ (*lifelike*) lebendig, anschaulich; ~ **description** anschauliche Beschreibung ④ (*enduring*) *tradition* lebendig ⑤ (*brisk*) rege; ~ **business** reger Geschäftsverkehr; ~ **pace** flottes Tempo ⑥ (*stimulating*) *discussion, style* lebhaft; ~ **conversation** lebhaftes [*o* angeregtes] Gespräch; ~ **imagination** rege Fantasie; **a** ~ **mind** ein wacher Verstand; **to take a** ~ **interest in sth** ein reges Interesse an etw *dat* haben ⑦ *esp* BRIT (*iron: difficult or exciting*) **to make sth** ~ **for sb** etw für jdn schwierig machen ⑧ NAUT bewegt

liven [ˈlaɪvən] **I.** *vt* ■ **to** ~ **up** ⊂ **sth** etw beleben, Leben in etw *akk* bringen; **to** ~ **up an event** mehr Pep in eine Veranstaltung bringen; **to** ~ **up a room** ein Zimmer etwas aufpeppen *fam*; **to** ~ **up a party** mehr Schwung in eine Party bringen; ■ **to** ~ **up** ⊂ **sb** jdn aufmuntern **II.** *vi person* aufleben; *party, sports match* in Schwung kommen; ***things ~ up in our community in summer*** in unserer Siedlung ist im Sommer richtig was los *fam*

liver¹ [ˈlɪvəʳ, AM -ɚ] **I.** *n* FOOD, ANAT Leber *f*; **chicken/calf's/goose** ~ Hühner-/Kalbs-/Gänseleber *f* **II.** *n modifier* MED ~ **transplant** Lebertransplantation *f*; ~ **scan** Ultraschallaufnahme der Leber

liver² [ˈlɪvəʳ, AM -ɚ] *n* **a clean** ~ ein solider Mensch; **a fast** ~ ein Lebemann *m*

liver complaint *n* Leberschaden *m*

liveried [ˈlɪvərid, AM -ɚid] *adj* livriert

liverish [ˈlɪvərɪʃ, AM -ɚɪʃ] *adj* ① (*dated: ill*) leberkrank; ■ **to be** ~ leberkrank sein ② (*hum: peevish*) mürrisch, launisch, übellaunig

liver paste *n*, **liver pâté** *n* Leberpastete *f*

Liverpudlian [ˌlɪvəˈpʌdliən, AM -ɚˈ-] **I.** *n* ① (*person*) Liverpooler(in) *m(f)* ② *no pl* (*dialect*) Liverpooler Dialekt **II.** *adj inv* Liverpooler; ~ **accent** Liverpooler Akzent **liver sausage** *n no pl* FOOD Leberwurst *f* **liver spot** *n* Leberfleck *m* **liverwurst** [ˈlɪvəwɜːst, AM -ɚwɜːrst] *n* AM, AUS Leberwurst *f*

livery [ˈlɪvəri] *n* ① FASHION Livree *f* ② BRIT (*design*) Firmenfarben *pl* ③ ZOOL *Unterstellung* [*von Pferden*] *in einem Mietstall*; ***we have three horses at ~*** wir haben drei Pferde in Futter und Pflege stehen

livery stable *n*, **livery yard** *n* Mietstall *m*

lives [laɪvz] *n pl of* **life**

livestock **I.** *n no pl* Vieh *nt* **II.** *n modifier* (*breeder, breeding*) Vieh-; ~ **fair** Viehmarkt *m* **live wire** *n* (*fam*) Energiebündel *nt*

livid [ˈlɪvɪd] *adj* ① (*fam: furious*) wütend, fuchtig *fam*; **to be** ~ zornig sein; **absolutely** [*or* **simply**] ~ fuchsteufelswild *fam* ② (*discoloured*) aschgrau, blaugrau; **a** ~ **bruise** ein blauer Fleck

living [ˈlɪvɪŋ] **I.** *n* ① *usu sing* (*livelihood*) Lebensunterhalt *m*; ***you can make a good ~ in sales*** von der Arbeit als Vertreter kann man prima leben; ***is he***

really able to make a ~ as a translator? kann er von der Übersetzerei wirklich leben?; **to do sth for a ~** mit etw *dat* seinen Lebensunterhalt verdienen; ***what do you do for a ~?*** womit verdienen Sie Ihren Lebensunterhalt?; **to work for a ~** für seinen Lebensunterhalt arbeiten ② BRIT REL (*dated*) Pfründe *f* ③ *no pl* (*lifestyle*) Lebensart *f*, Lebensstil *m;* **standard of ~** Lebensstandard *m;* **fast ~** ein ausschweifendes Leben; **a good ~** ein Leben im Wohlstand; ***we are rather fond of good ~*** wir leben ganz gerne [so] richtig gut; **gracious ~** ein vornehmer Lebensstil; **loose ~** ein lockerer Lebenswandel; **country ~** Landleben *nt* ④ *pl* ■**the ~** (*people*) die Lebenden *pl;* **to be in the land of the ~** (*poet*) unter den Lebenden weilen *liter* **II.** *adj inv* ① (*alive*) lebend *attr;* ***we didn't see a ~ soul on the streets*** wir sahen draußen auf der Straße keine Menschenseele; ***do you have any ~ grandparents?*** hast du Großeltern, die noch leben?; ***are any of your grandparents ~?*** lebt von deinen Großeltern noch jemand?; **~ creatures** Lebewesen *ntpl* ② (*exact*) **to be the ~ image** [*or* **likeness**] **of sb** jdm wie aus dem Gesicht geschnitten sein; **to be the ~ embodiment of Jesus** die leibhaftige Verkörperung Jesu Christi sein ③ (*still used*) lebendig; **a ~ language** eine lebende Sprache; **a ~ tradition** eine [noch heute] lebendige Tradition ▸ PHRASES: **to scare the ~ daylights out of sb** jdn zu Tode erschrecken; **to be in** [*or* **within**] **~ memory** [noch] in [lebendiger] Erinnerung sein; **to be** [**the**] **~ proof that …** der lebende Beweis dafür sein, dass …

living conditions *n* Lebensbedingungen *pl* **living quarters** *npl* Wohnbereich *m;* MIL Quartier *nt;* **the soldiers' ~ quarters** die Stube **living room** *n* Wohnzimmer *nt* **living room suite** *n* AM Wohnzimmergarnitur *f* **living space** *n no pl* (*for personal accommodation*) Wohnraum *m;* (*for a nation*) Lebensraum *m* **living wage** *n no pl* Existenzminimum *nt* **living will** *n* LAW *Willenserklärung eines Patienten, die seine medizinische Behandlung festlegt*

Livy ['lɪvi] *n no pl* LIT, HIST Livius *m*

lizard ['lɪzəd, AM -ɚd] **I.** *n* ZOOL Eidechse *f*, Echse *f* **II.** *n modifier* (*jacket, pocketbook*) aus Eidechsenleder *nach n*

'll = will, shall *see* **will¹**, **shall**

llama ['lɑ:mə] *n* Lama *nt*

LLB [,elel'bi:] *n* UNIV *abbrev of* **Bachelor of Laws** Bakkalaureus *m* der Rechte

LLD [,elel'di:] *n* UNIV *abbrev of* **Doctor of Laws** Dr. jur.

LLM [,elel'em] *n* UNIV *abbrev of* **Master of Laws** Magister *m* der Rechte

LMT [,elem'ti:] *n abbrev of* **Local Mean Time** Ortszeit *f*

lo [ləʊ, AM loʊ] *interj* (*liter or old or hum*) siehe *liter o veraltet;* **~ and behold** (*hum*) und siehe da *hum*

loach <*pl* – *or* -es> [ləʊtʃ, AM loʊtʃ] *n* ZOOL Schmerle *f*

load [ləʊd, AM loʊd] **I.** *n* ① (*amount carried*) Ladung *f;* ***the maximum ~ for this elevator is eight persons*** der Aufzug hat eine Tragkraft von maximal acht Personen; **with a full ~ of passengers** mit Passagieren [voll] besetzt ② (*burden*) Last *f;* **a heavy/light ~** ein hohes/niedriges Arbeitspensum; ***I've got a heavy teaching ~ this term*** in diesem Semester habe ich eine hohe Stundenzahl; **to lighten the ~** das Arbeitspensum verringern; **to spread the ~** die Verantwortung teilen; **~ of debt** Schuldenlast *f;* (*of grief*) Last *f* ③ (*fam: lots*) **a ~ of** ***people turned up at the party*** zur Party kamen jede Menge Leute *fam;* ***what a ~ of rubbish!*** was für ein ausgemachter Blödsinn! *fam;* **a ~ of cars** eine [*o* jede] Menge Autos *fam;* **a ~ of washing** Wäscheberg *m;* **a ~ of work** ein Riesenberg an Arbeit ④ (*fam: plenty*) ■**~s** jede Menge *fam*, massenhaft *fam;* ***you need ~s of patience to look after children*** man braucht unglaublich viel Geduld, um Kinder zu beaufsichtigen ▸ PHRASES: **get a ~ of this!** (*sl*) hör dir das an!; ***get a ~ of this new car!*** jetzt schau' dir doch mal dieses neue Auto an!; **to take a ~ off** [**one's feet**] AM sich *akk* erst mal setzen *fam;* **that takes a ~ off my mind!** da fällt mir aber ein Stein vom Herzen! **II.** *adv* ■**~s** *pl* (*sl*) tausendmal *fam;* ***this book is ~s better than his last one*** dieses Buch ist um Klassen besser als sein letztes *fam* **III.** *vt* ① (*fill*) ■**to ~ sth** etw laden; **to ~ a container** einen Container beladen; **to ~ the dishwasher** die Spülmaschine einräumen; **to ~ the washing machine** die Waschmaschine füllen ② (*fig: burden*) aufladen; ***my boss has ~ed me with work*** mein Chef hat mich mit unheimlich viel Arbeit eingedeckt; **~ed with grief** gramgebeugt; **~ed with worries** sorgenbeladen; **to ~ sb with responsibilities** jdm sehr viel Verantwortung aufladen ③ (*supply excessively*) ■**to ~ sb/sth with sth** jdn/etw mit etw *dat* überhäufen [*o* überschütten] ④ (*fill*) laden; **to ~ a cannon** eine Kanone laden; **to ~ bullets** [**into a weapon**] Patronen [nach]laden; (*insert*) einlegen; **to ~ a cassette/film** eine Kassette/einen Film einlegen; **to ~ a program onto a computer** ein Programm auf einem Computer installieren ⑤ (*bias*) **to ~ a roulette wheel** das Roulette präparieren ▸ PHRASES: **to ~ the dice** mit falschen Karten spielen *fig;* **to ~ the dice in favour of sb/sth** für jdn/etw eingenommen sein; **to ~ the dice against sb/sth** gegen jdn/etw voreingenommen sein **IV.** *vi* [ver]laden

◆**load down** *vt* ■**to ~ sth** ↔ **down** etw schwer beladen; ■**to ~ sb down** jdm zu viel aufbürden, jdn überlasten *fig;* ***you're ~ed down with shopping*** du bist ja richtig schwer bepackt mit Einkaufstüten

◆**load up I.** *vt* **to ~ up a container** einen Container beladen; ***let's ~ up the car and then we can go*** lass uns schnell die Sachen ins Auto laden, dann können wir gehen **II.** *vi* beladen, aufladen

load-bearing ['ləʊdbeərɪŋ, AM 'loʊdberɪŋ] *adj* TECH tragfähig, [be]lastbar

loaded ['ləʊdɪd, AM 'loʊd-] *adj* ① (*carrying sth*) beladen ② (*with ammunition*) geladen ③ (*having excess*) ■**to be ~ed with sth** mit etw *dat* überladen sein; **to be ~ with calories** eine Kalorienbombe sein ④ *pred* (*fam: rich*) steinreich *fam*, stinkreich *sl;* ***he must be ~!*** er muss ja regelrecht im Geld schwimmen! ⑤ *pred esp* AM (*sl: drunk*) besoffen *fam;* ***what a party — everyone was ~!*** was für eine Party – die hatten alle ganz schön einen in der Krone! *fam* ⑥ AM AUTO (*with all the extras*) voll ausgestattet; ***the car is fully ~!*** das Fahrzeug ist mit allen Extras ausgestattet! ⑦ (*biased*) **to be ~ in favour of sb/sth** für jdn/etw eingenommen sein; **~ dice** falsches [*o fam* abgekartetes] Spiel; **to play with ~ dice** (*fig*) mit gezinkten Karten spielen *fig;* (*full of implication*) **emotionally ~** emotional aufgeladen; **~ question** Fangfrage *f;* **a ~ statement** *eine Feststellung, die aus Voreingenommenheit getroffen wurde*

loading bay *n*, **loading dock** *n* Ladezone *f*, Verladeplatz *m*

load line *n* NAUT Kiellinie *f*

loadstar *n see* **lodestar**

loadstone *n see* **lodestone**

loaf¹ <*pl* loaves> [ləʊf, AM loʊf] *n* ① (*bread*) Brot *nt;* (*unsliced*) Brotlaib *m* ② (*bread-shaped food*) Kasten-; **fruit ~** englischer Früchtekuchen; **nut ~** Nusskuchen *m* ▸ PHRASES: **half a ~ is better than none** [*or* **no bread**] (*prov*) etwas ist besser als gar nichts

loaf² [ləʊf, AM loʊf] *vi* faulenzen, rumhängen *fam;* **to ~ about** [*or* **around**] [*or* **round**] herumgammeln *fam*, herumhängen *fam*

loafer ['ləʊfəʳ, AM 'loʊfɚ] *n* ① (*person*) Faulenzer(in) *m(f) pej*, Nichtstuer *m* ② FASHION ■**~®** [leichter] Halbschuh; **penny ~s** geflochtene Halbschuhe

loaf sugar *n* Zuckerhut *m*

loam [ləʊm, AM loʊm] *n no pl* ① (*soil*) Lehmerde *f*, Lehmboden *m* ② (*for making bricks*) Lehm *m*

loamy ['ləʊmi, AM 'loʊmi] *adj* lehmig; **~ soil** Lehmerde *f*, Lehmboden *m*

loan [ləʊn, AM loʊn] **I.** *n* ① (*money*) Darlehen *nt*, Kredit *m;* **a $50,000 ~** ein Darlehen über $50,000; **an unsecured ~** ein ungesicherter Kredit; **to take out a ~** ein Darlehen aufnehmen; **to get a ~** ein Darlehen [*o* einen Kredit] bekommen ② (*act*) Ausleihe *f kein pl*, Verleihen *nt kein pl;* **a permanent ~** eine Dauerleihgabe; **to be on ~** verliehen sein; ***the exhibit is on ~ from another museum*** das Ausstellungsstück ist die Leihgabe eines anderen Museums; **to be on long-term/short-term ~** langfristig/kurzfristig ausgeliehen sein **II.** *n modifier* **~ conditions** Kreditbedingungen *fpl*, Darlehensbedingungen *fpl* **III.** *vt* ■**to ~ sb sth** [*or* **sth to sb**] jdm etw leihen

loan shark *n* (*pej fam*) Kredithai *m pej fam* **loan stock** *n* FIN Anleihe *f* **loan translation** *n* LING Lehnübersetzung *f* **loanword** *n* LING Lehnwort *nt*

loath [ləʊθ, AM loʊθ] *adj pred* (*form*) ■**to be ~ to do sth** etw ungern [*o* widerwillig] tun

loathe [ləʊð, AM loʊð] **I.** *adj* AM *see* **loath II.** *vt* ■**to ~ sth** etw nicht ausstehen [*o* leiden] können; ***I ~ doing housework*** Hausarbeit ist mir zuwider; ■**to ~ sb** jdn verabscheuen; ***the two brothers ~ each other*** die beiden Brüder hassen sich

loathing ['ləʊðɪŋ, AM 'loʊð-] *n no pl* (*hate*) Abscheu *m;* (*hatred*) Hass *m;* **fear and ~** Angst und Abscheu; **deep ~** tiefe Abscheu; **to fill sb with ~** jdn mit Ekel erfüllen; **to have a ~ for** [*or* **of**] **sb/sth** jdn/etw verabscheuen

loathsome ['ləʊðsəm, AM 'loʊð-] *adj* abscheulich; *suggestion, actioon* abstoßend; ***war is a ~ business*** Krieg ist etwas ganz Abscheuliches; ***spiders are ~ little creatures*** Spinnen sind eklige kleine Geschöpfe

loathsomeness ['ləʊðsəmnəs, AM 'loʊð-] *n no pl* Abscheulichkeit *f*, Widerlichkeit *f*, Ekelhaftigkeit *f*

loaves [ləʊvz, AM loʊvz] *n pl of* **loaf**

lob [lɒb, AM lɑ:b] **I.** *vt* <-bb-> ① (*hit*) ■**to ~ sth** etw lobben; **to ~ a ball** im Lob spielen, lobben; (*throw*) **to ~ a grenade** eine Granate in hohem Bogen werfen ② (*in soccer*) **to ~ an opponent** gegen jdn im Lob spielen; (*in tennis*) **to ~ an opponent** dem Gegner den Ball von unten her zuspielen **II.** *n* ① (*ball*) Lob *m* ② (*stroke*) Lobspiel *nt kein pl*

lobby ['lɒbi, AM 'lɑ:bi] **I.** *n* ① ARCHIT Eingangshalle *f*, Vorhalle *f;* **hotel/theatre ~** Hotel-/Theaterfoyer *nt* ② BRIT POL Lobby *f* ③ POL Lobby *f*, Interessengruppe *f;* **the anti-abortion ~** die Lobby der Abtreibungsgegner **II.** *vi* <-ie-> ■**to ~ for/against sth** seinen Einfluss [mittels eines Interessenverbandes] für etw *akk*/gegen etw *akk* geltend machen; ***local residents lobbied to have the factory shut down*** die Anwohner schlossen sich zusammen und forderten die Stilllegung der Fabrik **III.** *vt* <-ie-> ■**to ~ sb/sth** [**to do sth**] jdn/etw beeinflussen [etw zu tun]; ***they have been ~ing Congress to change the legislation*** sie haben auf den Kongress Einfluss genommen, um die Gesetze zu ändern

lobby correspondent *n* BRIT POL politischer Korrespondent/politische Korrespondentin

lobbyer ['lɒbiəʳ, AM 'lɑ:biɚ] *n see* **lobbyist**

lobbying ['lɒbiɪŋ, AM 'lɑ:b-] *n Beeinflussung von Abgeordneten durch Lobbies*

lobbyist ['lɒbiɪst, AM 'lɑ:b-] *n* POL Lobbyist(in) *m(f)*

lobe [ləʊb, AM loʊb] *n* ① (*flat part of sth*) Lappen *m; of brain* Gehirnlappen *m; of liver* Leberlappen *m; of ear* Ohrläppchen *nt* ② COMPUT [Strahlungs]keule *f*

lobed [ləʊbd, AM loʊbd] *adj inv* gelappt, lappig

lobelia [lə(ʊ)'bi:liə, AM loʊ'bi:ljə] *n* BOT Lobelie *f*

lobotomize [ləʊ'bɒtəmaɪz, AM loʊ'bɑ:t̬ə-] *vt usu passive* ■**to ~ sb** ① MED eine Lobotomie an jdm vornehmen; ■**to ~ sth** (*fig*) etw kastrieren *fig* ② (*fam: mentally*) jdn [ge]hirnamputieren *sl*

lobotomy [lə(ʊ)'bɒtəmi, AM loʊ'bɑ:t̬-] *n* MED Lobotomie *m*, Leukotomie *f*

lobster ['lɒbstəʳ, AM 'lɑ:bstɚ] **I.** *n* ① ZOOL Hummer *m* ② *no pl* FOOD Hummer *m*, Hummerfleisch *nt* **II.** *n modifier* (*soup, salad*) Hummer-

lobster pot *n* Hummerfangkorb *m*

local ['ləʊkəl, AM 'loʊ-] **I.** *adj* ① (*neighbourhood*) hiesig, örtlich; **~ accent/dialect/custom** hiesiger Akzent/Dialekt/Brauch; **~ celebrity** örtliche Berühmtheit; **the ~ gentry** BRIT (*dated*) der ortsansäs-

L

sige [*o* hiesige] Adel; ~ **hero** Lokalmatador *m;* ~ **jurisdiction** regionale Gerichtsbarkeit; **a ~ legend** eine hiesige Legende; ~ **official** Kommunalbeamte(r) *m,* Kommunalbeamte [*o* -in] *f;* **the ~ police** die örtliche Polizei; ~ **politics** Kommunalpolitik *f;* ~ **radio station** Lokalsender *m;* ~ **television station** Regionalfernsehen *nt;* ~ **branch** Filiale *f; of a bank, shop* Zweigstelle *f,* Zweigniederlassung *f* ❷ MED lokale Infektion; ~ **pain** lokaler Schmerz; ~ **swelling** lokale Schwellung ❸ COMPUT lokal, Lokal-, lokal- **II.** *n* ❶ *usu pl* (*inhabitant*) Ortsansässige(r) *f(m),* Einheimische(r) *f(m)* ❷ BRIT (*fam: pub*) Stammlokal *nt,* Stammkneipe *f fam,* Dorfkrug *m* NORDD ❸ (*bus*) Bus *m;* (*in the inner city*) Stadtbus *m;* (*in the immediate locality*) Nahverkehrsbus *m;* (*train*) Nahverkehrszug *m* ❹ AM (*trade union*) örtliches Gewerkschaftsbüro; ***she's a member of union ~ 1103*** sie ist ein Mitglied des Gewerkschaftsbüros Nummer 1103 ❺ STOCKEX *Börsenmitglied, das nur auf eigene Rechnung handelt*

local anaesthetic *n* MED örtliche Betäubung, Lokalanästhesie *f fachspr* **local area network** *n* COMPUT lokales [Rechner]netz **local authority** *n* BRIT *of community* Gemeindeverwaltung *f,* Kommunalverwaltung *f; of city* Stadtverwaltung *f,* städtische Behörden **local call** *n* Ortsgespräch *nt* **local colour** *n no pl* Lokalkolorit *nt* **local councillor** *n* Gemeinderat, Gemeinderätin *m, f,* [Kommunal]stadtrat, [Kommunal]stadträtin *m, f* **local derby** *n* BRIT Lokalderby *nt*

locale [lə(ʊ)'kɑːl, AM loʊ'kæl] *n* Örtlichkeit *f;* LIT Schauplatz *m*

local election *n* Kommunalwahl *f* **local government** *n of towns* Stadtverwaltung *f; of counties* Bezirksverwaltung *f;* **grant from ~** Zuschüsse der Stadt

locality [lə(ʊ)'kæləti, AM loʊ'kæləṭi] *n* Gegend *f;* ***there are several shops in the ~*** im Ort gibt es mehrere Läden

localization [ˌləʊkᵊlaɪ'zeɪʃᵊn, AM ˌloʊkᵊlɪ'-] *n no pl* Lokalisation *f,* Lokalisierung *f geh*

localize ['ləʊkᵊlaɪz, AM 'loʊ-] *vt* ■**to ~ sth** ❶ (*restrict*) etw lokalisieren *geh;* **to ~ pain** den Schmerz lokalisieren ❷ (*pinpoint*) etw lokalisieren *geh;* **to ~ a fault in sth** herausfinden, wo ein Fehler in etw *dat* liegt ❸ (*give local characteristics*) etw örtlich genau definieren; ***this user interface needs to be ~d*** es muss definiert werden, wo genau diese Benutzerschnittstelle liegen soll

locally ['ləʊkᵊli, AM 'loʊ-] *adv inv* am [*o* vor] Ort; ***fruit and vegetables are grown ~*** Obst und Gemüse werden hier in dieser Gegend angebaut; ~ **produced** vor Ort hergestellt [*o* produziert]

local news *n + sing vb* Lokalnachrichten *pl* **local newspaper** *n* Lokalblatt *nt,* Lokalzeitung *f* **local time** *n* Ortszeit *f* **local traffic** *n no pl* Nahverkehr *m* **local train** *n* Nahverkehrszug *m*

locate [lə(ʊ)'keɪt, AM 'loʊ-] **I.** *vt* ❶ (*find*) ■**to ~ sth** etw ausfindig machen, *geh* lokalisieren; *plane, sunken ship* etw orten ❷ (*situate*) ■**to ~ sth** etw bauen [*o* errichten]; ***our office is ~d at the end of the road*** unser Büro befindet sich am Ende der Straße; ***many power stations are ~d on coastal land*** viele Kraftwerke liegen in Küstengebieten; **to be centrally ~d** zentral liegen [*o* gelegen sein] **II.** *vi* AM sich *akk* niederlassen; ***the company hopes to ~ in its new offices by June*** die Firma hofft, ihre neuen Büroräume bis spätestens Juni beziehen zu können

location [lə(ʊ)'keɪʃᵊn, AM loʊ'-] *n* ❶ (*place*) Lage *f; company* Standort *m;* ***we're trying to find a good ~ for our party*** wir werden versuchen, einen günstigen Ort für unsere Party ausfindig zu machen; **convenient ~** günstige Lage; *of a company, building* günstiger Standort ❷ FILM Drehort *m;* ***this latest movie was filmed in three different ~s*** dieser letzte Film wurde an drei verschiedenen Drehorten gedreht; ***this film was shot entirely on ~*** der Film wurde direkt vor Ort gedreht; **to be on ~** bei Außenaufnahmen sein ❸ *no pl* (*act*) Positionsbestimmung *f,* Ortung *f geh; of tumour* Lokalisierung *f;* ***this makes the ~ of the airfield quite easy*** dadurch lässt sich der Flughafen sehr leicht orten ❹ COMPUT Speicherstelle *f*

locative ['lɒkətɪv, AM 'lɑːkəṭ-] LING **I.** *adj attr, inv* **the ~ case** der Lokativ **II.** *n* ■**the ~** der Lokativ

loc. cit. [ˌlɒk'sɪt, AM ˌlɑːk'-] *abbrev of* **loco citato** l.c. *geh,* a.a.O.

loch [lɒk, *Scot* lɒx] *n* SCOT ❶ (*lake*) See *m* ❷ (*fjord*) Meeresarm *m*

loci ['ləʊsaɪ, -kaɪ, -kiː, AM 'loʊ-] *n pl of* **locus**

lock[1] [lɒk, AM lɑːk] **I.** *n* ❶ (*fastening device*) Schloss *nt;* **combination ~** Kombinationsschloss *nt;* **bicycle ~** Fahrradschloss *nt;* **steering ~** Lenkradschloss *nt* ❷ NAUT Staustufe *f,* Schleuse *f* ❸ (*in wrestling*) Fesselgriff *m;* **to hold sb in a body ~** jdn fest umklammert halten ❹ *no pl* BRIT, AUS AUTO Wendekreis *m* ❺ AM (*fam*) ■**to be a ~** feststehen; ***she's a ~ for promotion this year*** es ist völlig sicher, dass sie dieses Jahr befördert wird ❻ (*synchronize*) ■**to ~ sth onto sth** etw auf etw *akk* einstellen ▶ PHRASES: **~, stock and <u>barrel</u>** ganz und gar; ***we're moving our things ~, stock and barrel to another city*** wir ziehen mit Sack und Pack in eine andere Stadt; ***he rejected my idea ~, stock and barrel*** er hat meine Idee in Bausch und Bogen verworfen; **to be under ~ and <u>key</u>** hinter Schloss und Riegel sitzen *fam;* **to <u>have</u> a ~ on sth** AM (*fam*) etw fest in der Hand haben *fig;* ***they have had a ~ on the market for years*** sie kontrollieren den Markt schon seit Jahren **II.** *vt* ❶ (*fasten*) ■**to ~ sth** etw abschließen; ***he ~ed the confidential documents in his filing cabinet*** er schloss die vertraulichen Dokumente in den Aktenschrank; **to ~ a suitcase** einen Koffer verschließen; **to ~ a building** ein Gebäude zuschließen [*o* SÜDD, ÖSTERR zusperren] ❷ *usu passive* (*entangle*) sich *akk* verhaken; ***I'm afraid our ship is ~ed in ice*** ich fürchte, unser Schiff steckt im Eis fest; **to ~ one's hands behind sb's neck** jds Hals umklammern; **to be ~ed in an embrace** sich *akk* eng umschlungen halten; **to be ~ed in a struggle** sich *akk* umklammert halten; **to be ~ed in discussions** in Diskussionen verwickelt werden **III.** *vi* ❶ (*become secured*) schließen ❷ (*become fixed*) binden; ***our gazes ~ed*** wir konnten den Blick nicht mehr voneinander [ab]wenden ❸ NAUT eine Schleuse passieren

◆**lock away** *vt* ❶ (*secure*) ■**to ~ away** ↔ **sth** etw wegschließen; **to ~ away money** Geld wegschließen ❷ (*for peace and quiet*) ■**to ~ oneself away [in one's office]** sich *akk* [in seinem Büro] einschließen; ■**to ~ away** ↔ **sb** jdn einsperren *fam;* ***he should be ~ed away for a long time*** (*in prison*) er sollte für lange Zeit hinter Gitter kommen; (*in mental institution*) er sollte für lange Zeit in eine geschlossene Anstalt kommen

◆**lock on** *vi* MIL **to ~ on to a target** ein genaues Ziel ausmachen

◆**lock out** *vt* ■**to ~ sb/oneself out** jdn/sich aussperren

◆**lock up I.** *vt* ❶ (*shut, secure*) ■**to ~ up** ↔ **sth** etw abschließen; **to ~ up a building** ein Gebäude abschließen; **to ~ up documents** Dokumente wegschließen; **to ~ up money** Geld wegschließen ❷ (*put in custody*) ■**to ~ up** ↔ **sb** LAW jdn einsperren *fam;* MED jdn in eine geschlossene Anstalt bringen; ■**to ~ oneself up** sich *akk* einschließen ❸ FIN **to ~ up** ↔ **capital** Kapital binden ▶ PHRASES: **to ~ sb up and throw away the <u>key</u>** jdn für immer und ewig einsperren *fam* **II.** *vi* abschließen, zuschließen

lock[2] [lɒk, AM lɑːk] *n* ❶ (*curl*) [Haar]locke *f* ❷ (*poet: hair*) ■**~s** *pl* Haar *nt kein pl;* **long, flowing ~s** langes, wallendes Haar *geh*

lockable ['lɒkəbl̩, AM 'lɑːk-] *adj inv* verschließbar

lockdown ['lɑːkdaʊn] *n* Ausgangssperre *f*

locker ['lɒkəʳ, AM 'lɑːkɚ] *n* Schließfach *nt;* MIL Spind *m*

locker room *n* Umkleideraum [mit Schließfächern] *m*

locker-room *adj attr* unanständig, anstößig; ~ **joke** schlüpfriger [*o pej* schmutziger] Witz; ~ **humour** schmutziger Humor; ~ **talk** anstößige Unterhaltung; ~ **mentality** schlüpfrige Art

locket ['lɒkɪt, AM 'lɑːk-] *n* Medaillon *nt*

lockjaw *n no pl* MED (*dated fam*) Wundstarrkrampf *m* **lock keeper** *n* Schleusenwärter(in) *m(f)* **lockout** *n* (*esp pej*) Aussperrung *f* **locksmith** *n* Schlosser(in) *m(f)* **lockstep I.** *n no pl* ❶ MIL **to march in ~** im Gleichschritt marschieren; **to move in ~** (*fig*) sich *akk* gleich entwickeln; (*fig*) ***the two currencies seem to be moving in ~ with each other*** die beiden Währungen scheinen sich im Gleichmaß zu entwickeln ❷ AM (*pattern*) Muster *nt;* **to break the ~** das Blatt wenden *fig* **II.** *adv* **to march ~** im Gleichschritt marschieren **lock-up** ❶ (*jail*) Gefängnis *nt,* Knast *m sl;* (*for drunks*) Ausnüchterungszelle *f* ❷ *esp* BRIT (*garage*) [angemietete] Garage ❸ *no pl* AUTO Blockierung *f* ❹ COMPUT Sperre *f*

lock-up shop *n* Geschäft *nt* ohne Wohnräume

loco[1] ['ləʊkəʊ, AM 'loʊkoʊ] *n* ❶ (*fam*) *short for* **locomotive** Lok *f* ❷ LAW *short for* **in loco parentis**

loco[2] ['ləʊkəʊ, AM 'loʊkoʊ] *adj pred esp* AM (*sl*) ❶ (*crazy*) verrückt, bekloppt *fam;* **to go ~ [over sb/sth]** verrückt [nach jdm/etw] sein ❷ MED verrückt, geistig verwirrt

locomotion [ˌləʊkə'məʊʃᵊn, AM ˌloʊkə'moʊ-] *n no pl* Fortbewegung *f*

locomotive [ˌləʊkə'məʊtɪv, AM ˌloʊkə'moʊṭ-] **I.** *n* Lokomotive *f;* **diesel ~** Diesellokomotive *f;* **steam ~** Dampflokomotive *f* **II.** *adj attr, inv* Fortbewegungs-; ~ **force** Fortbewegungskraft *f*

locum *n,* **locum tenens** <*pl* -tenentes> [ˌləʊkəm'tenenz, AM ˌloʊkəm'tiː-, *pl* -tɪ'nentiːz] *n esp* BRIT, AUS (*spec*) Vertreter(in) *m(f),* Vertretung *f* (*eines Arztes oder Geistlichen*)

locus <*pl* -ci> ['ləʊkəs, AM 'loʊ-, *pl* -saɪ] *n* ❶ (*form: location*) Zentrale *f,* Hauptstelle *f;* ~ **of decision-making** Entscheidungszentrale *f;* ~ **of power** Schaltstelle *f* der Macht ❷ MATH geometrischer Ort ❸ BIOL Genort *m*

locust ['ləʊkəst, AM 'loʊ-] *n* ZOOL Heuschrecke *f;* **plague of ~s** Heuschreckenplage *f;* **swarm of ~s** Heuschreckenschwarm *m*

locust bean *n* Schote *f* (*insbesondere des Johannisbrotbaumes*) **locust tree** *n* BIOL (*carob tree*) Johannisbrotbaum *m;* (*acacia*) Robinie *f* **locust years** *npl* BRIT Jahre *ntpl* der Armut, Hungerjahre *ntpl;* (*difficult times*) harte Jahre

locution [lə(ʊ)'kjuːʃᵊn, AM loʊ'-] *n* ❶ *no pl* (*style of speech*) Ausdrucksweise *f,* Lokution *f fachspr;* **impeccable ~** tadellose Ausdrucksweise ❷ (*expression*) Redensart *f,* Ausdruck *m*

lode [ləʊd, AM loʊd] *n* MIN Ader *f;* **a ~ of silver** eine Silberader

lodestar *n usu sing* ❶ (*star*) Leitstern *m;* (*Pole Star*) Polarstern *m* ❷ (*guiding principle*) Leitbild *nt,* Leitstern *m* **lodestone** *n* ❶ *no pl* (*magnetite*) Magnetit *m,* Magneteisenstein *m* ❷ (*fig poet: attractor*) [Publikums]magnet *m*

lodge [lɒdʒ, AM lɑːdʒ] **I.** *n* ❶ (*house*) Hütte *f;* **gardener's ~** Gartenschuppen *m;* **gatekeeper's ~** Pförtnerhaus *nt* ❷ (*in a resort*) Lodge *f;* **ski ~** Skihütte *f* ❸ (*small house*) **hunting** [*or* **shooting**] ~ Jagdhütte *f;* **fishing ~** Fischerhütte *f* ❹ BRIT (*porter's quarters*) Pförtnerloge *f,* Pförtnerhaus *nt* ❺ (*meeting place*) Loge *f; see also* **Masonic** ❻ ZOOL (*beaver's lair*) [Biber]bau *m* ❼ AM (*Indian dwelling*) Wigwam *m,* Indianerzelt *nt* **II.** *vt* ❶ (*present formally*) **to ~ an appeal/objection** LAW Berufung/Widerspruch einlegen; **to ~ a complaint** Beschwerde einlegen; **to ~ a protest** Protest erheben ❷ *esp* BRIT, AUS (*form: store*) ■**to ~ sth with sb/sth** etw bei jdm/etw hinterlegen; **to ~ money with a bank** Geld bei einer Bank deponieren; **to ~ valuables with sb/sth** Wertgegenstände bei jdm/etw hinterlegen ❸ (*make fixed*) ■**to ~ sth** etw hineinstoßen ❹ (*give sleeping quarters to*) ■**to ~ sb** jdn [bei sich *dat*] unterbringen **III.** *vi* ❶ (*become fixed*) stecken bleiben; ***a fish bone had ~d in her throat*** ihr war eine Gräte im Hals stecken geblieben ❷ (*form: reside*) logieren *geh,* [zur Miete] wohnen; ■**to ~ with sb** bei jdm [zur Untermiete] wohnen

lodger ['lɒdʒəʳ, AM 'lɑːdʒɚ] *n* Untermieter(in) *m(f);*

gentleman ~ AM (*dated*) möblierter Herr *veraltet;* **to take in ~s** Zimmer [unter]vermieten

lodging ['lɒdʒɪŋ, AM 'lɑːdʒ-] *n* ① *no pl* (*form: accommodation*) Unterkunft *f;* **board and ~** Kost und Logis *f,* Unterkunft und Verpflegung *f;* **to find a night's ~** ein Nachtquartier finden ② *esp* BRIT (*dated fam: rented room*) ■ **~s** *pl* möbliertes Zimmer; **to take ~s** sich *dat* ein möbliertes Zimmer nehmen

lodging house *n* Pension *f*

loess ['ləʊes, AM 'loʊ-] *n no pl* GEOL Löss *m*

lo-fi *adj existance, lifestyle, music* einfach, schlicht, ohne viel Technik *nach n*

loft [lɒft, AM lɑːft] **I.** *n* ① (*attic*) [Dach]boden *m,* Speicher *m,* Estrich *m* SCHWEIZ; (*for living*) Dachwohnung *f,* Loft *m;* **hay ~** Heuboden *m* ② (*gallery in church*) **organ/choir ~** Empore *f* (*für die Orgel/den [Kirchen]chor*) ③ (*apartment*) **converted ~** [zum Wohnraum] ausgebautes Dachgeschoss; **warehouse ~** obere Etage eines Lagerhauses ④ (*pigeon house*) Taubenschlag *m* **II.** *vt* **to ~ a ball** einen Ball hochschlagen; **to ~ a ball over sb** einen Ball über jdn hinwegschlagen

loftily ['lɒftɪli, AM 'lɑːft-] *adv* stolz, hochmütig; ***she ~ dismissed all my suggestions*** voller Überheblichkeit schlug sie all meine Vorschläge in den Wind

loftiness ['lɒftɪnəs, AM 'lɑːft-] *n no pl* ① (*tallness*) Höhe *f* ② (*nobility*) Erhabenheit *f;* **the ~ of sb's ideals** jds hehre Ideale *geh* ③ (*pej: haughtiness*) Hochmut *m,* Hochmütigkeit *f*

lofty ['lɒfti, AM 'lɑːfti] *adj* (*form*) ① (*liter: soaring*) hoch [aufragend], hochragend; **~ heights** schwindelnde Höhen; **a man of ~ stature** ein Mann von hohem Wuchs; **~ peaks** hoch aufragende Gipfel ② (*noble*) erhaben; **~ aims** hoch gesteckte Ziele; **~ ambitions** hochfliegende Ambitionen; **~ ideals** hohe [*o* hehre] Ideale *a. iron* ③ (*pej: haughty*) hochmütig, überheblich; **to take a ~ tone with sb** jdm gegenüber einen überheblichen Ton anschlagen

log¹ [lɒg, AM lɑːg] **I.** *n* (*fam*) *short for* **logarithm** Logarithmus *m* **II.** *n modifier* **~ tables** Logarithmentafel *f*

log² [lɒg, AM lɑːg] **I.** *n* ① (*branch*) [gefällter] Baumstamm; (*tree trunk*) [Holz]klotz *m,* [Holz]block *m;* (*for firewood*) [Holz]scheit *nt;* **open ~ fire** offenes Holzfeuer ② NAUT Log *nt* ③ (*record*) NAUT Logbuch *nt;* AVIAT Bordbuch *nt;* COMPUT Protokoll *nt;* **to enter sth on** [*or* **in**] **the ~** etw ins Logbuch eintragen ④ (*systematic record*) Aufzeichnungen *fpl;* **attendance ~** Anwesenheitsliste *f;* **police ~** Polizeibericht *m;* **to keep a detailed ~** genau Buch führen ► PHRASES: **to sleep like a ~** (*fam*) wie ein Murmeltier schlafen *fam* **II.** *vt* <-gg-> ① (*enter into record*) ■ **to ~ sth** etw aufzeichnen; COMPUT etw protokollieren; **to ~ phone calls** [Telefon]anrufe registrieren; **to ~ complaints** [den Eingang von] Beschwerden registrieren; **to ~ a decline in income** einen Einkommensrückgang verzeichnen; **to ~ an incident** ein Ereignis protokollieren [*o* festhalten] ② (*achieve*) **to ~ [up] a distance** eine Strecke zurücklegen; **to ~ [up] a speed** eine Geschwindigkeit erreichen ③ (*attain*) **to ~ an amount of time** eine [bestimmte] Zeit hinter sich *dat* haben [*o* absolvieren] ④ AGR **to ~ a forest** einen Wald abholzen; **to ~ trees** Bäume fällen **III.** *vi* <-gg-> Bäume fällen

◆**log in** *vi* COMPUT sich *akk* einloggen [*o* anmelden]

◆**log off** *vi* COMPUT sich *akk* ausloggen [*o* abmelden]

◆**log on** *vi* COMPUT **to ~ on [to sth]** sich *akk* [in etw *akk*] einloggen, sich *akk* [bei etw *dat*] anmelden

◆**log out** *vi* COMPUT sich *akk* ausloggen [*o* abmelden]

loganberry ['ləʊgənbəri, AM 'loʊgən,beri] *n* FOOD ① (*fruit*) Loganbeere *f* ② (*plant*) Loganbeerstrauch *m*

logarithm ['lɒgərɪðəm, AM 'lɑːgə-] **I.** *n* Logarithmus *m* **II.** *n modifier* **~ table** Logarithmentafel *f*

logarithmic [,lɒgər'ɪðmɪk, AM ,lɑːgə'rɪθ-] *adj inv* logarithmisch

logarithmically [,lɒgər'ɪðmɪkəli, AM ,lɑːgə'rɪθ-] *adv inv* logarithmisch

log book *n* ① NAUT Logbuch *nt;* AVIAT Bordbuch *nt* ② BRIT AUTO Kraftfahrzeugbrief *m,* Kfz-Brief *m*

log cabin *n* Blockhütte *f,* Blockhaus *nt*

loge [ləʊʒ, AM loʊʒ] *n* THEAT Loge *f*

logger ['lɒgəʳ, AM 'lɑːgə] *n* Holzfäller(in) *m(f)*

loggerheads ['lɒgəhedz, AM 'lɑːgə-] *npl* ■ **to be at ~ [with sb]** [mit jdm] im Streit liegen [*o* auf Kriegsfuß stehen] *fam*

loggia ['ləʊdʒə, AM 'lɑːdʒə] *n* ARCHIT Loggia *f*

logging ['lɒgɪŋ, AM 'lɑːg-] **I.** *n no pl Holzfällen und Abtransport des Holzes zur Sägemühle* **II.** *n modifier* Abholzungs-; **~ company** Holz verarbeitendes Unternehmen; **~ operation** Abholzung *f*

logic ['lɒdʒɪk, AM 'lɑːdʒ-] *n no pl* ① (*chain of reasoning*) Logik *f;* ***he cannot refuse to acknowledge the force of ~*** er kann sich der zwingenden Logik nicht widersetzen; ***that's just ~*** das ist einfach logisch; **deductive ~** logische Schlussfolgerung; **flawed ~** unlogischer Gedankengang; **internal ~** innere Logik; **to defy ~** gegen jede Logik verstoßen; **to follow sb's ~** jds Logik *f* [*o* Gedankengang *m*] folgen ② (*formal thinking*) Logik *f;* **formal ~** die formale Logik ③ (*justification*) Vernunft *f;* ***there's no ~ in the decision*** die Entscheidung ist wider alle Vernunft ④ COMPUT Logik *f* ⑤ ELEC Logikschaltung *f*

logical ['lɒdʒɪkəl, AM 'lɑːdʒ-] *adj* ① *inv* (*according to laws of logic*) logisch; **~ impossibility** *etwas, das nach dem Gesetz der Logik unmöglich ist* ② (*correctly reasoned*) vernünftig; **~ argument** vernünftiges Argument ③ (*to be expected*) ***it was the ~ thing to do*** es war das Vernünftigste, was man tun konnte; **a ~ conclusion** ein logischer Schluss; **a ~ progression** eine logische Progression; **a ~ reaction** eine Reaktion, die zu erwarten war ④ (*capable of clear thinking*) ***I was incapable of ~ thought*** ich konnte keinen klaren Gedanken fassen; **to have a ~ mind** logisch denken können; **a ~ thinker** ein logisch denkender Mensch

logically ['lɒdʒɪkli, AM 'lɑːdʒ-] *adv* ① (*in a logical manner*) logisch; **to argue ~** logisch argumentieren ② *inv* (*according to logical premises*) nach logischen Prinzipien

logic circuit *n* AM, AUS, **logic device** *n* BRIT ELEC Logikschaltkreis *m,* logischer Schaltkreis

logician [lɒdʒ'ɪʃən, AM loʊ'dʒɪ-] *n* (*person studying logic*) Logiker(in) *m(f);* (*person skilled in logic*) logisch denkender Mensch

logistic(al) [lə'dʒɪstɪk(əl), AM *also* loʊ'-] *adj inv* logistisch; **~ support** logistische Unterstützung

logistically [lə'dʒɪstɪkli, AM *also* loʊ'-] *adv inv* logistisch [gesehen]

logistics [lə'dʒɪstɪks, AM *also* loʊ'-] *n + sing/pl vb* Logistik *f*

logjam *n* ① (*mass of logs*) Anstauung *f* von Floßholz ② (*deadlock*) Stillstand *m,* toter Punkt; **to break a ~** wieder aus einer Sackgasse herauskommen

logo ['ləʊgəʊ, AM 'loʊgoʊ] *n* Firmenzeichen *nt,* Logo *m o nt*

logorrhetic [,lɒgə(ʊ)'retɪk, AM ,lɑːgoʊ'-] *adj* (*logorrhoeic*) mit Worten um sich *akk* werfend *attr*

logrolling *n no pl* AM ① POL (*fam*) Schiebung *f,* Kuhhandel *m fam* ② (*sport*) *sportlicher Wettkampf mit dem Ziel, sich gegenseitig von im Wasser treibenden Baumstämmen zu stoßen* ③ LAW das Anhängen einer wenig aussichtsreichen Gesetzesvorlage an eine aussichtsreiche Gesamtvorlage

logy ['loʊgi] *adj pred* AM (*fam*) fix und fertig *fam*

loin [lɔɪn] **I.** *n* ① *usu pl* ANAT Lende *f* ② (*liter, poet: sexual organs*) ■ **~s** *pl* Lenden *fpl liter* ③ FOOD Lende *f,* Lendenstück *nt* ► PHRASES: **the fruit of one's ~s** (*poet or hum*) die Frucht seiner Lenden *poet o hum* **II.** *n modifier* Lenden-; **~ chops** Lendchen *ntpl;* **~ steak** Lendensteak *nt*

loincloth *n* Lendenschurz *m*

loiter ['lɔɪtəʳ, AM -t̬ə] *vi* ① (*hang about idly*) **to ~ about** herumhängen *sl;* (*pej*) herumlungern *fam,* sich *akk* herumtreiben *fam;* **to ~ with intent** BRIT LAW (*dated*) sich *akk* mit Belästigungsabsicht [auffällig lange] aufhalten ② (*travel lazily*) [herum]trödeln, bummeln

loiterer ['lɔɪtərəʳ, AM -t̬əə] *n* Herumtreiber(in) *m(f) fam*

loitering ['lɔɪtərɪŋ, AM -t̬ə-] *n no pl* Herumstehen *nt,* Herumlungern *nt fam;* ***the sign read 'No L~!'*** auf dem Schild stand ‚Unerlaubter Aufenthalt verboten!'; **~ with intent** LAW Herumlungern *nt* mit kriminellen Absichten

Lolita [lɒl'iːtə, AM loʊ'liːt̬ə] **I.** *n* (*young girl*) Kindfrau *f,* Lolita *f* **II.** *n modifier* Lolita-; **a ~ figure** eine typische Lolita[figur]

loll [lɒl, AM lɑːl] **I.** *vi* (*be lazy*) lümmeln; (*sit lazily*) faul dasitzen; (*lie lazily*) faul daliegen; (*stand lazily*) faul herumstehen; ■ **to ~ about** [*or* [**a**]**round**] herumlümmeln, herumhängen **II.** *vt* **to ~ out one's tongue** die Zunge herausstrecken

lollapalooza [,lɒːləpə'luːzə] *n* AM (*fam*) Hammer *m fig sl,* Knaller *m sl*

lollipop ['lɒlipɒp, AM 'lɑːlipɑːp] *n* FOOD Lutscher *m,* Lolli *m fam,* ÖSTERR *a.* Schlecker *m,* Schleckstängel *m* SCHWEIZ

lollipop lady *n* BRIT, AUS (*fam*) ≈ Schülerlotsin *f*

lollipop man *n* BRIT, AUS (*fam*) ≈ Schülerlotse *m*

lollipop woman *n* BRIT, AUS (*fam*) ≈ Schülerlotsin *f*

lollop ['lɒləp, AM 'lɑːl-] *vi* (*fam*) trotten, zotteln; *rabbit* hoppeln

lolly ['lɒli] *n* ① BRIT, AUS FOOD (*lollipop*) Lolli *m fam,* Lutscher *m;* **ice ~** Eis *nt* am Stiel ② AUS, NZ (*boiled sweet*) Süßigkeit *f,* süße Nachspeise ③ *no pl* BRIT (*dated sl: money*) Piepen *pl sl,* Mäuse *pl sl*

Lombard ['lɒmbɑːd, AM 'lɑːmbɑːrd] **I.** *n* Lombarde, -in *m, f* **II.** *adj inv* lombardisch

Lombard rate ['lʌmbəd-, AM -bəd-] *n* FIN Lombardsatz *m*

London ['lʌndən] *n no pl* London *nt*

Londoner ['lʌndənəʳ, AM -ə] *n* Londoner(in) *m(f)*

lone [ləʊn, AM loʊn] *adj attr, inv* ① (*solitary*) einsam; **~ outsider** Einzelgänger(in) *m(f);* (*isolated*) Außenseiter(in) *m(f);* **to be a ~ voice** mit seiner Meinung allein dastehen ② (*uninhabited*) **a ~ place** ein unbewohnter Ort ③ (*unmarried*) allein stehend; **~ father/parent** allein erziehender Vater/Elternteil; **~ mother** allein erziehende Mutter ► PHRASES: **to play a ~ hand** einen Alleingang unternehmen; ***he prefers to play a ~ hand*** er regelt die Sache lieber im Alleingang

loneliness ['ləʊnlɪnəs, AM 'loʊn-] *n no pl* Einsamkeit *f*

lonely <-ier, -iest *or* more ~, most ~> ['ləʊnli, AM 'loʊn-] *adj* ① (*unhappy*) einsam; **to feel ~** sich *akk* einsam [*o* allein] fühlen *fam* ② (*solitary*) einsam ③ (*unfrequented*) abgeschieden, abgelegen; **a ~ street** stille [*o* einsame] Straße; **~ valley** abgeschiedenes [*o* einsames] Tal

lonely heart **I.** *n* einsamer Mensch **II.** *n modifier* **~s club** Klub *m* der einsamen Herzen; **~s column** Spalte *f* für Kontaktanzeigen

loner ['ləʊnəʳ, AM 'loʊnə] *n* (*usu pej*) Einzelgänger(in) *m(f)*

lonesome ['ləʊnsəm, AM 'loʊn-] *adj* ① *esp* AM (*unhappy*) einsam; **to feel ~** sich *akk* einsam [*o* allein] fühlen ② (*unfrequented*) verlassen, abgelegen ③ (*causing lonely feeling*) einsam ► PHRASES: **by** [*or* **on**] **one's ~** *esp* AM (*fam*) ganz allein; ***I was just sitting here all by my ~*** ich saß hier einsam und allein

lonesomeness ['ləʊnsəmnəs, AM 'loʊn-] *n no pl* Einsamkeit *f*

Lone Star State *n no pl* AM ■ **the ~** Texas *nt*

lone wolf *n* (*fig*) einsamer Wolf, Einzelgänger *m*

long¹ [lɒŋ, AM lɑːŋ] **I.** *adj* ① (*in space*) lang; (*covering great distance*) weit; (*elongated*) lang, länglich; (*fam: tall*) groß, lang *fam;* ***the rods are 20 cm ~*** die Stäbe sind 20 cm lang; ***we're still a ~ way from the station*** wir sind noch weit vom Bahnhof entfernt; **as ~ as one's arm** (*fig*) ellenlang; ***there was a list of complaints as ~ as your arm*** es gab eine ellenlange Liste von Beschwerden; **~ journey** weite Reise; **to have come a ~ way** einen weiten Weg zurückgelegt haben, von weit her gekommen sein; **to go a ~ way** (*fig*) es weit [*o* zu etwas] bringen; **to go a ~ way toward[s] sth** (*fig*) eine große Hilfe bei etw *dat* sein; **to have a ~ way to go** (*fig*) [noch] einen weiten Weg vor sich *dat* haben ② (*in time*) lang; (*tedious*) lang, langwierig *pej*; ***we go back a ~ way*** wir kennen uns schon seit ewigen Zeiten; ***each session is an hour*** ~ jede Sitzung dauert eine Stunde; **to draw a ~ breath** tief Luft holen; ~ **career** [jahre]lange Karriere; **a ~ day** ein langer [und anstrengender] Tag; ~ **friendship** langjährige Freundschaft; **a ~ memory** ein gutes Gedächtnis; **to have a ~ memory for sth** etw nicht so schnell vergessen; ~ **service** jahrelanger Dienst; **a ~ time** eine lange Zeit; ***it was a ~ time before I received a reply*** es dauerte lange, bis ich [eine] Antwort bekam; **to be a ~ while since …** [schon] eine Weile her sein, seit …; **to work ~ hours** einen langen Arbeitstag haben ③ (*in extent*) lang; ***the report is 20 pages*** ~ der Bericht ist 20 Seiten lang; **a ~ book** ein dickes Buch; **a ~ list** eine lange Liste ④ *pred* (*fam*) ■**to be ~ on sth** etw reichlich haben; **to be ~ on charm** jede Menge Charme besitzen; **to be ~ on wit** sehr geistreich sein ⑤ LING **a ~ vowel** ein langer Vokal ⑥ (*having low probability*) ~ **chance** geringe Chance; ~ **odds** geringe [Gewinn]chancen ⑦ FIN **a ~ security/shares** eine Versicherung/Aktien *fpl* mit langer Laufzeit; **to be ~ of a stock** STOCKEX eine Longposition einnehmen ▶ PHRASES: **the ~ arm of the law** der lange Arm des Gesetzes; [**not**] **by a ~ chalk** bei weitem [nicht]; **in the ~ run** langfristig gesehen, auf lange Sicht [gesehen]; ~ **time, no see** (*prov fam*) lange nicht gesehen *fam*; **to be ~ in the tooth** nicht mehr der Jüngste sein; **to be ~ in the tooth to do sth** zu alt sein, [um] etw zu tun; **to take the ~ view** [**of sth**] [etw] auf lange Sicht betrachten **II.** *n* ① (*long period*) eine lange Zeit; ***have you been waiting for ~?*** wartest du schon lange?; **to take ~** [**to do sth**] lange brauchen[, um etw zu tun]; ***it won't take*** ~ es wird nicht lange dauern; ***take as ~ as you like*** lass dir Zeit ② (*in morse code*) lang; ***one short and three ~s*** einmal kurz und dreimal lang ▶ PHRASES: **the ~ and the short of sth** kurz gesagt; **before** [**very** [*or* **too**]] ~ schon [sehr] bald **III.** *adv* ① (*for a long time*) lang[e]; ***have you been waiting ~?*** wartest du schon lange?; ***how ~ have you lived here?*** wie lange haben Sie hier gewohnt?; ***the authorities have ~ known that …*** (*form*) den Behörden war seit langem bekannt, dass …; ~ ***live the king!*** lang lebe der König!; **to be ~** lange brauchen; ***I won't be*** ~ (*before finishing*) ich bin gleich fertig; (*before appearing*) ich bin gleich da; ***don't be*** ~ beeil dich! ② (*at a distant time*) lange; ~ **ago** vor langer Zeit; ~ **after/before …** lange nachdem/bevor … ③ (*after implied point of time*) lange; ***I can't wait any ~er to open my presents!*** ich kann es gar nicht [mehr] erwarten, endlich meine Geschenke auszupacken! ④ (*throughout*) **all day/night/summer** ~ den ganzen Tag/die ganze Nacht/den ganzen Sommer [lang] ▶ PHRASES: **to be not ~ for this world** (*dated*) nicht mehr lange zu leben haben, mit einem Fuß/Bein im Grabe sein *fam*; **as** [*or* **so**] ~ **as …** so lange …; (*provided that*) sofern …, vorausgesetzt, dass …; **so** ~ (*dated*) tschüs, bis dann

long² [lɒŋ, AM lɑːŋ] *vi* sich *akk* sehnen; ■**to ~ for sth** sich *akk* nach etw *dat* sehnen; ■**to ~ to do sth** sich *akk* danach sehnen, etw zu tun

long³ *n* GEOG *abbrev of* **longitude** Länge *f*

long-arm statute *n* LAW *Gesetz, das über die Machtbefugnisse eines Staates hinausgreift*

longboard *n* AM langes Surfbrett **longboat** *n* NAUT Großboot *nt*, großes Beiboot (*eines Segelschiffes*) **longbow** [ˈlɒŋbəʊ, AM ˈlɑːŋboʊ] *n* Langbogen *m* **long-case clock** [ˌlɒŋkeɪsˈklɒk, AM ˌlɑːŋkeɪsˈklɑːk] *n* Standuhr *f* **long-distance I.** *adj attr, inv* ① (*between distant places*) Fern-, Weit-; ~ **bus** [Fern]reisebus *m*, Überlandbus *m*; ~ [**phone**] **call** Ferngespräch *nt*; ~ **flight** Langstreckenflug *m*; ~ **lorry** Fernlastwagen *m*; ~ **lorry driver** Fernfahrer(in) *m(f)*; ~ **negotiations** Verhandlungen *fpl* über große Distanzen hinweg; ~ **relationship** *Beziehung zwischen zwei weit voneinander entfernt wohnenden Partnern*; ~ **traffic** Fernverkehr *m*; ~ **train** Fernreisezug *m* ② SPORTS Langstrecken-; ~ **race** Langstreckenlauf *m*; ~ **runner** Langstreckenläufer(in) *m(f)* **II.** *adv inv* **to phone** ~ ein Ferngespräch führen; **to travel** ~ eine Fernreise machen **long-distance education** *n no pl* Fernstudium *nt*; (*in compulsory education*) Fernerziehung *f* (*in sehr dünn besiedelten Gebieten*) **long division** *n no pl* schriftliche Division (*wobei alle Zwischenergebnisse notiert werden*) **long-drawn** *adj*, **long-drawn-out** *adj attr* in die Länge gezogen, langwierig; ~ **speech** langatmige Rede; ~ **negotations** langwierige Verhandlungen **long dress** *n* langes Kleid **long drink** *n* Longdrink *m*

longed-for *adj attr* lang ersehnt

long-established *adj* ■**to be ~** [schon] seit langem bestehen; ***we have a ~ policy …*** es ist bei uns seit langem die Regel …

longevity [lɒnˈdʒevəti, AM lɑːnˈdʒevət̬i] *n no pl* Langlebigkeit *f*

long face *n* **to make** [*or* **pull**] [*or* **put on**] **a ~** (*fig*) ein langes Gesicht machen *fam* **longhair** *n* ① (*hippie*) Langhaarige(r) *f(m)* (*als Ausdruck der Weltanschauung*) ② ZOOL Langhaarkatze *f* **long-haired** <longer-, longest-> *adj* langhaarig; *animals* Langhaar- **longhand** *n no pl* Langschrift *f*, Schreibschrift *f*; **to write sth in ~** etw mit der Hand schreiben **long haul I.** *n* ① (*long distance*) Langstreckentransport *m* ② (*prolonged effort*) Anstrengung *f* über eine lange Zeit hinweg; ***this matter is probably going to be a*** ~ diese Angelegenheit wird wahrscheinlich unermüdliche Anstrengungen erfordern ③ *esp* AM (*long time*) **to be in sth for the ~** sich *akk* langfristig für etw *akk* engagieren; **over the ~** auf lange Sicht **II.** *n modifier* ~ **flight** Langstreckenflug *m* **longhorn** <*pl* – *or* -s> [ˈlɒŋhɔːn, AM ˈlɑːŋhɔːrn] *n* ① (*breed of cattle*) Longhorn *nt* ② (*beetle*) Holzbock *m*

longing [ˈlɒŋɪŋ, AM ˈlɑːŋ-] **I.** *n* Sehnsucht *f*, Verlangen *nt* (**for** nach +*dat*) **II.** *adj attr* (*showing desire*) sehnsüchtig, sehnsuchtsvoll, voller Verlangen; **a ~ heart** ein Herz *nt* voller Sehnsucht

longingly [ˈlɒŋɪŋli, AM ˈlɑːŋ-] *adv* sehnsüchtig, voll[er] Sehnsucht [*o* Verlangen]

longish [ˈlɒŋɪʃ, AM ˈlɑːŋ-] *adj inv* (*fam*) ziemlich lang

longitude [ˈlɒndʒɪtjuːd, AM ˈlɑːndʒətuːd, -tjuːd] *n* GEOG Länge *f*; ~ ***20 degrees east, latitude 30 degrees north*** 20 Grad östlicher Länge, 30 Grad nördlicher Breite; **lines of ~** Längengrade *mpl*

longitudinal [ˌlɒndʒɪˈtjuːdɪnᵊl, AM ˌlɑːndʒəˈtuːd-, -tjuːd] *adj inv* ① (*lengthwise*) Längs-; ~ **extent** längenmäßige Ausdehnung; ~ **muscles** Längsmuskulatur *f*; **to take ~ readings** die Längengrade ablesen; ~ **stripes** Längsstreifen *mpl* ② GEOG Längen-, Longitudinal-; ~ **position?** Längenposition *f*

longitudinally [ˌlɒndʒɪˈtjuːdɪnᵊli, AM ˈlɑːndʒɪˈtuː-] *adv inv* ① (*lengthwise*) der Länge nach, längs ② (*for quite a time*) längerfristig, über längere Zeit

long johns *npl* (*fam*) lange Unterhose **long jump** *n* SPORTS ① (*sports discipline*) ■**the ~** *no pl* der Weitsprung ② (*action*) ■**~s** *pl* Weitsprünge *mpl* **long-lasting** *adj* [lang] anhaltend *attr*, von langer Dauer; ***I think their happiness will be*** ~ ich denke, ihr Glück wird von [langer] Dauer sein; ~ **beauty** unvergängliche Schönheit; ~ **popularity** anhaltende Popularität **long-life** *adj inv* ① (*specially treated*) haltbar; ~ **milk** H-Milch *f*, haltbare Milch ② (*specially made*) langlebig, mit langer Lebensdauer; ~ **light bulbs** Glühbirnen *fpl* mit langer Brenndauer **long-lived** <longer-, longest-> *adj* langlebig; **a ~ family** *Familie, deren Mitglieder in der Regel ein hohes Alter erreichen*; **a ~ feud** eine [seit langem] bestehende Fehde **long-lost** *adj attr, inv* lang verloren geglaubt *attr*; *person* lang vermisst geglaubt **long-playing** *adj attr, inv* Langspiel-; ~ **record** Langspielplatte *f* **long position** *n* STOCKEX Hausseposition *f* **long-range** *adj* ① (*in distance*) Langstrecken-; ~ **bomber** Langstreckenbomber *m*; ~ **missile** Langstreckenrakete *f* ② (*long-term*) langfristig; ~ **policy** Langzeitpolitik *f*; ~ **forecast** langfristige Wettervorhersage **long-running** <longer-, longest-> *adj* lang anhaltend [*o* andauernd] *attr*; **a ~ feud** eine endlose Fehde *liter*; ~ **film** Dauerbrenner *m*

longs *npl* FIN (*government stocks*) Langläufer *mpl*

longship [ˈlɒŋʃɪp, AM ˈlɑːŋ-] *n* HIST Langschiff *nt* **longshoreman** *n* AM NAUT Hafenarbeiter *m*, Docker *m* **long shot** *n* ■**to be a ~** ziemlich aussichtslos sein; ***she always bets on ~s*** sie setzt immer auf Außenseiter; [**not**] **by a ~** (*fam*) bei weitem [*o* längst] [nicht]; ***his second film wasn't as good as his first, not by a*** ~ sein zweiter Film war längst nicht so gut wie sein erster **long-sighted** *adj* ① (*having long sight*) weitsichtig ② *esp* AM (*fig: having foresight*) vorausschauend, weitblickend; ■**to be ~** Weitsicht besitzen **long-standing** *adj* seit langem bestehend; ~ **argument** seit langem anhaltende Diskussion; ~ **friendship/relationship** langjährige Freundschaft/Beziehung; ~ **quarrel** ein lang währender Streit **long-stemmed** *adj* ~ **rose** langstielige Rose **long-suffering** *adj* langmütig, duldsam *veraltend* **long suit** *n* ① CARDS lange Reihe ② (*skill*) [besondere] Stärke **long-term** *adj attr* langfristig; ~ **care** Langzeitbehandlung *f*; ~ **draft** Wechsel *m* mit langer Laufzeit; ~ **effects/plans** langfristige Auswirkungen/Pläne; ~ **loan** langfristiges Darlehen; ~ **memory** Langzeitgedächtnis *nt*; ~ **strategy** Langzeitstrategie *f*; **the ~ unemployed** die Langzeitarbeitslosen *pl* **long-term-care** *n modifier* (*unit, hospital, policy*) Langzeitpflege- **long-time** *adj attr* Langzeit-; **a ~ companion** ein alter [*o* langjähriger] Freund **long ton** *n* [englische] Tonne (*1016,05 kg*)

longueurs [lɔ̃ː(ŋ)ˈɡɜːz, AM -ˈɡɜːrz] *npl* (*liter*) ① (*tedious passage*) langweilige Stellen [*o* Passagen], Längen *fpl* ② (*tedious time*) uninteressante Phase

long vac *n* BRIT, AUS (*fam*), **long vacation** *n* BRIT, AUS UNIV lange [Semester]ferien, Sommerferien *pl*; LAW Sommerpause *f* **long wave I.** *n* RADIO Langwelle *f* **II.** *n modifier* Langwellen-; ~ **radio** Langwellenradio *nt*; ~ **transmitter** Langwellensender *m* **longways** *adv inv* der Länge nach, längs **long weekend** *n* langes [*o* verlängertes] Wochenende **long-winded** *adj* langatmig, weitschweifig **longwise** *adv* AM, AUS der Länge nach, längs

loo [luː] BRIT, AUS **I.** *n* (*fam*) Klo *nt fam*; **guest ~** Gästeklo *nt fam*; **ladies' ~s** Damenklo *nt fam*; **to need** [*or* **have**] **to go to the ~** aufs Klo [gehen] müssen *fam* **II.** *n modifier* ~ **cleaner** Toilettenreiniger(in) *m(f)*; ~ **paper** Klopapier *nt*; ~ **roll** Rolle *f* Klopapier *fam*

loofah [ˈluːfə] *n* ① (*sponge*) Luffaschwamm *m* ② (*plant*) Luffa *f*

Look *n no pl* ■**the L~** der böse Blick

look [lʊk] **I.** *n* ① (*glance*) Blick *m*; **to get** [*or* **take**] **a closer ~ at sb/sth** jdn/etw etwas genauer unter die Lupe nehmen; **to get a good ~ at sb/sth** jdn/etw genau sehen [*o* erkennen] können; **a angry/quick ~** ein verärgerter/kurzer Blick; **to give sb a ~** (*glance*) jdn ansehen; (*glimpse*) jdm einen Blick zuwerfen; ***she gave him a ~ of real dislike*** sie sah ihn voller Abneigung an ② (*facial expression*) [Gesichts]ausdruck *m*; **a funny ~** ein komischer Gesichtsausdruck ③ (*examination*) Betrachtung *f*; **to have a ~ at sth** sich *dat* etw ansehen; **to have a ~ for sb/sth** nach jdm/etw suchen; **to take a** [**good** [*or* **long**],] **hard ~ at sb/sth** jdn/etw [lang und] prüfend ansehen ④ (*appearance*) Aussehen *nt*; ***I don't like the ~ of that fence*** der Anblick des Zauns stört mich; ***I don't like the ~ and feel of it*** [also], das gefällt mir ganz und gar nicht; **by the ~**[**s**] **of things** [*or* **it**] [so] wie es aussieht, [so] wie die Dinge liegen; **to have the ~ of sb/sth** wie jd/etw aussehen ⑤ (*person's appearance*) ■**~s** *pl* Aussehen *nt kein pl*; ***he started to lose his ~s*** er verlor allmählich sein gutes Aussehen; **good ~s** gutes Aussehen; **to not like sb's ~s** nicht mögen, wie jd aussieht ⑥ (*style*) Look *m* ▶ PHRASES: **if ~s could kill** wenn Blicke töten könnten **II.** *interj* pass mal auf!; **~, *I've already told you that …*** hör mal, ich habe dir doch schon gesagt, dass …; ~ ***here!*** sieh dir das an! **III.** *vi* ① (*use one's sight*) sehen, blicken *geh*, schauen; *can I help you, madam? — no, thank you, I'm just ~ing* kann ich Ihnen behilflich sein? – nein, danke, ich seh mich nur um; ~ *over there!* sieh [*o fam* schau] mal dort!; ~ *at all this rubbish!* sieh dir nur den ganzen Müll an!; *he's not much to ~ at* er sieht nicht besonders gut aus; ■**to ~ away from sth** den Blick von etw *dat* abwenden, von etw *dat* wegschauen; ■**to ~ up at sb/sth** zu jdm/etw hinaufschauen; ■**to ~ up from sth** von etw *dat* aufsehen; **to ~ the other way** wegsehen, wegschauen *fam;* **to ~ through a window** aus einem Fenster sehen (2) (*search*) suchen; *in encyclopedia* nachschlagen; **to keep ~ing** weitersuchen (3) (*appear*) aussehen; *that dress ~s nice on you* das Kleid steht dir gut; *you ~ nice in that dress* du siehst gut aus in dem Kleid; *it ~s very unlikely that …* es scheint sehr unwahrscheinlich, dass …; **to ~ one's age** seinem Alter entsprechend aussehen, so alt aussehen, wie man tatsächlich ist; *I think he ~s his age* ich finde, man sieht ihm sein Alter an; **to ~ one's best** besonders schön aussehen; **to ~ bad/good/tired** schlecht/gut/müde aussehen; **to ~ bleak/rosy** *future* düster/rosig aussehen; **to ~ like sb/sth** (*resemble*) jdm/etw ähnlich sehen [*o* ähneln]; ■**to ~ [like [or to be]] sb/sth** wie jd/etw aussehen; *he ~ed like a friendly sort of person* er schien ein netter Mensch zu sein; *it ~s like rain* es sieht nach Regen aus; *it ~s like September for the wedding* wie es aussieht, wird die Hochzeit im September stattfinden; **to ~ as if [or though] …** so aussehen, als [ob] … (4) (*pay attention to*) *oh, ~!* schau [*o* sieh] [doch] mal!; **to ~ how/what/where …** aufpassen, wie/was/wo …; ~ *where you're going!* pass auf, wo du hintrittst!; ~ *what you're doing!* pass [doch] auf, was du machst! (5) (*face a direction*) hinausgehen; *the windows ~ onto the lake* die Fenster gehen auf den See [hinaus]; **to ~ north/east** nach Norden/Osten [hinaus]gehen ► PHRASES: ~ **alive** [*or* **lively**] [*or* **sharp**]! BRIT (*fam*) mach schnell!, beeil dich!; **to make sb ~ small** jdn schlecht dastehen [*o* aussehen] lassen; ~ **before you leap** (*prov*) erst wägen, dann wagen *prov* **IV.** *vt* **to ~ sb in the eye/face** jdm in die Augen/ins Gesicht sehen ► PHRASES: **to ~ daggers at sb** jdn mit Blicken durchbohren; **don't ~ a gift horse in the mouth** (*prov*) einem geschenkten Gaul schaut man nicht ins Maul *prov*

◆**look after** *vi* (1) (*take care of*) ■**to ~ after sb/sth** sich *akk* um jdn/etw kümmern; ■**to ~ after oneself** für sich *akk* selbst sorgen, allein zurechtkommen; **to ~ after one's interests** seine [eigenen] Interessen wahrnehmen; **to ~ after number one** (*pej*) zuerst an sich *akk* [selbst] denken; **to ~ after one's own** für seine eigene Leute sorgen (2) (*keep eye on*) ■**to ~ after sth** sich *akk* um etw *akk* kümmern; *will you be so kind and ~ after my luggage?* wären Sie so freundlich, auf mein Gepäck aufzupassen?; **to ~ after sb's children** auf jds Kinder aufpassen

◆**look ahead** *vi* vorausschauen

◆**look around** *vi see* **look round**

◆**look at** *vi* ■**to ~ at sth** (1) (*fig: regard*) etw betrachten [*o* sehen]; *he ~s at things differently than you do* er sieht die Dinge anders als du; **to ~ at sth from sb's point of view** etw aus jds Perspektive *f* betrachten (2) (*examine*) etw prüfen, sich *dat* etw ansehen; *we'll have a mechanic ~ at the brakes* wir lassen die Bremsen von einem Mechaniker nachsehen; *you haven't ~ed at all the evidence* du hast noch nicht das ganze Beweismaterial durchgesehen

◆**look back** *vi* (1) (*turn to see*) sich *akk* umsehen, zurückblicken (2) (*remember*) ■**to ~ back [on [or over] [or at] sth]** auf etw *akk* zurückblicken, an etw *akk* zurückdenken (3) (*continue with success*) aufstreben; **to never ~ back** immer neue Erfolge verzeichnen [können]; *she never ~ed back after that first exhibition* nach jener ersten Ausstellung ging es für sie immer bergauf

◆**look down** *vi* ■**to ~ down [up]on sb/sth** auf jdn/etw herabsehen [*o* herunterschauen]; **to ~ down a list** eine Liste von oben bis unten durchgehen ► PHRASES: **to ~ down one's nose at sb/sth** auf jdn/etw herabsehen [*o* herabblicken] *fam*

◆**look for** *vi* ■**to ~ for sb/sth** (1) (*seek*) nach jdm/etw suchen; **to ~ for a job** Arbeit suchen; **to ~ for trouble** (*consciously*) Streit suchen; (*not consciously*) sich *dat* Ärger einhandeln *fam* (2) (*anticipate*) jdn/etw erwarten

◆**look forward** *vi* ■**to ~ forward to sth** sich *akk* auf etw *akk* freuen; *I ~ forward to hearing from you* ich hoffe, bald von Ihnen zu hören

◆**look in** *vi* vorbeischauen *fam*, vorbeikommen *fam;* ■**to ~ in on sb** bei jdm vorbeischauen; *I may ~ in for a few minutes if I have time* wenn ich Zeit habe, komme ich vielleicht für ein paar Minuten vorbei

◆**look into** *vi* ■**to ~ into sth** etw untersuchen *geh* [*o fam* unter die Lupe nehmen]; *claim, reasons* etw [nach]prüfen; **to ~ into a complaint** eine Beschwerde [über]prüfen

◆**look on** *vi* (1) (*watch*) zusehen, zuschauen *fam* (2) (*regard*) ■**to ~ on sb as sth** jdn als etw betrachten; *I've always ~d on her as a friend* ich habe sie immer als [meine] Freundin betrachtet; **to ~ on sth with disquiet/favour** etw mit Unbehagen/Wohlwollen betrachten; **to ~ kindly on sth** etw *dat* wohlgesinnt sein, etw wohlwollend aufnehmen ► PHRASES: **to ~ on the bright side [of sth]** die positiven Seiten [einer S. *gen*] sehen

◆**look out I.** *vi* (1) (*be careful*) aufpassen; ~ *out, for heaven's sake* pass um Himmels willen auf; ■**to ~ out for sb/sth** vor jdm/etw auf der Hut sein, sich *akk* vor jdm/etw in Acht nehmen; **to ~ out for oneself** [*or* **one's own interests**] seine eigenen Interessen wahrnehmen; *he's always been good at ~ing out for himself* er hat schon immer dafür gesorgt, dass er [nur ja] nicht zu kurz kommt; **to ~ out for number one** zuerst an sich *akk* [selbst] denken (2) (*face a particular direction*) ■**to ~ out on [or over] sth** auf etw *akk* hinausgehen, einen Ausblick auf etw *akk* gewähren *geh* **II.** *vt* BRIT ■**to ~ out ↔ sth** etw heraussuchen; ■**to ~ out ↔ sb** jdn aussuchen [*o fam* ausgucken]

◆**look over** *vt* (1) (*inspect*) **to ~ over a property** ein Grundstück [*o* eine Immobilie] inspizieren (2) (*examine briefly*) ■**to ~ over ↔ sth** *letter* etw überfliegen; ■**to ~ over ↔ sb** jdn mustern, sich *dat* jdn ansehen; **to ~ over a document** ein Dokument durchsehen

◆**look round** *vi* BRIT, AUS (1) (*look in a direction*) sich *akk* umsehen [*o fam* umschauen] (2) (*search*) ■**to ~ round for sb/sth** sich *akk* nach jdm/etw umsehen, nach jdm/etw suchen (3) (*inspect*) ■**to ~ round sth** sich *dat* etw ansehen; **to ~ round a house** ein Haus besichtigen

◆**look through** *vi* (1) (*peruse*) ■**to ~ through sth** etw durchsehen; *would you quickly ~ through these figures for me?* würden Sie eben mal diese Zahlen für mich durchgehen?; *let me ~ through the timetable* lassen Sie mich kurz mal einen Blick auf den Fahrplan werfen; **to ~ through an article** einen Artikel [kurz] überfliegen; **to ~ through a magazine** eine Illustrierte durchblättern (2) (*understand*) ■**to ~ through sth** etw durchschauen; **to ~ through a pretence/pretender** einen Vorwand/Heuchler durchschauen (3) (*ignore*) ■**to ~ [straight] through sb** durch jdn hindurchsehen, jdn ignorieren

◆**look to** *vi* (1) (*consider*) ■**to ~ to sth** sich *akk* um etw *akk* kümmern, sich *akk* mit etw *dat* befassen; **to ~ to one's laurels** (*fig*) sich *akk* behaupten; **to ~ to one's motives** seine Motive [genau] prüfen (2) (*rely on*) ■**to ~ to sb** auf jdn bauen [*o* setzen]; *we're ~ing to Jim for guidance on this matter* wir erhoffen uns von Jim Rat in dieser Angelegenheit; *the school is ~ing to its new head to improve its image* die Schule erhofft sich vom neuen Direktor eine Aufbesserung ihres Image (3) (*expect*) ■**to ~ to do sth** erwarten [*o* damit rechnen], etw zu tun (4) (*regard with anticipation*) **to ~ to the future** in die Zukunft blicken [*o* schauen]

◆**look towards** *vi* ■**to ~ towards sth** etw anstreben

◆**look up I.** *vi* besser werden; *figures, prices* steigen; *I hope things will start to ~ up in the New Year* ich hoffe, dass es im neuen Jahr wieder aufwärts geht **II.** *vt* (1) (*fam: contact*) ■**to ~ up ↔ sb** bei jdm vorbeischauen *fam;* ~ *me up when you're in LA* komm mal bei mir vorbei, wenn du in L.A. bist (2) (*search for*) ■**to ~ up ↔ sth** *in a dictionary, encyclopedia* etw nachschlagen; **to ~ up a telephone number** eine Telefonnummer heraussuchen

◆**look upon** *vi see* **look on 2**

◆**look up to** *vi* ■**to ~ up to sb** zu jdm aufsehen, jdn bewundern

look ahead *n* COMPUT Vorgriff *m*

lookalike I. *n* Doppelgänger(in) *m(f)* **II.** *n modifier* ~ **dresses** gleiche Kleider; ~ **shoes** gleiche Schuhe

looker ['lʊkəʳ, AM -ɚ] *n* (*fam*) **to be a ~** gut aussehen, attraktiv sein

looker-on <*pl* lookers-> *n* Zuschauer(in) *m(f)*

look-in ['lʊkɪn] *n no pl* BRIT, AUS (*fam*) Chance *f;* **to get a ~** eine Chance bekommen

-looking [lʊkɪŋ] *in compounds* aussehend, erscheinend

looking glass *n* Spiegel *m*

lookist ['lʊkɪst] *n* jd, der nur nach dem Äußeren geht

lookout ['lʊkaʊt] *n* (1) (*observation post*) Beobachtungsposten *m*, Beobachtungsstand *m* (2) (*person*) Wache *f*, Beobachtungsposten *m* (3) *esp* BRIT (*fam: outlook*) Aussichten *fpl; it's a poor ~ for workers in these industries* für die Arbeiter in diesen Industriezweigen sieht es schlecht aus (4) BRIT (*fam: problem*) **to be one's [own] ~** [doch] sein [eigenes] Problem sein; *it's your own ~ if you aren't properly insured* das ist dein Problem, wenn du nicht ausreichend versichert bist (5) (*be alert for*) **to keep a [or be on the] ~ [for sb/sth]** [nach jdm/etw] Ausschau [*o* die Augen offen] halten; (*keep searching for*) auf der Suche [nach jdm/etw] sein

look-over *n* kurze Prüfung **look-see** ['lʊksiː] *n* (*fam*) **to have [or take] a ~** [kurz mal] nachsehen, nachschauen

loom¹ [luːm] *n* Webstuhl *m*

loom² [luːm] **I.** *vi* (1) (*come into view*) [drohend] auftauchen [*o* ins Blickfeld rücken] (2) (*be ominously near*) sich *akk* drohend abzeichnen, drohend näher rücken; *storm* heraufziehen, sich *akk* zusammenbrauen *a. fig; difficulties* sich *akk* auftürmen; **to ~ on the horizon** drohend am Horizont heraufziehen *a. fig;* **to ~ large** eine große Rolle spielen; *how to pay the month's bills began to ~ very large in their mind* sie mussten ständig daran denken, wie sie die monatlichen Rechnungen bezahlen sollten **II.** *n* **the ~ of the land** das Auftauchen des Landes [am Horizont]

◆**loom ahead** *vi* sich *akk* drohend abzeichnen; *storm* heraufziehen; *we could probably manage to pay off the mortgage if our daughter's medical expenses weren't ~ing ahead* wir könnten die Hypothek wahrscheinlich abbezahlen, wenn uns die Behandlungskosten für unsere Tochter nicht noch bevorstehen würden

◆**loom up** *vi* [drohend] sichtbar werden; *the rocky cliffs of the Cape ~ed up out of nowhere* die felsigen Klippen des Kaps tauchten drohend aus dem Nichts auf; *the massive walls of the fortress ~ed up against the sky* die massiven Mauern der Festung ragten drohend gen Himmel *geh*

loon¹ [luːn] *n* (*fam: silly person*) Irre(r) *f(m) fam*, Bekloppte(r) *f(m) fam*

loon² [luːn] *n* ZOOL Seetaucher *m*

loonie ['luːni] *n* CAN (*fam*) *Ein-Dollar-Münze*

looniness ['luːnɪnəs] *n no pl* Blödheit *f*, Idiotie *f*

loony¹ ['luːni] (*fam*) **I.** *n* (1) (*mad person*) Irre(r) *f(m) fam*, Bekloppte(r) *f(m) fam* (2) CAN *see* **loonie** **II.** *adj* verrückt

loony² ['luːni] *n* CAN *see* **loonie**

loony bin *n* (*sl*) Klapsmühle *f fam*

loop [luːp] **I.** *n* (1) (*shape*) Schleife *f; of a string, wire* Schlinge *f; of a river* Schleife *f;* **belt ~s** Gürtelschlaufen *fpl* (2) AVIAT Looping *m* (3) (*in skating*) Schleife *f*

L

④ (*contraceptive*) Spirale *f* ⑤ *of tape, film* Schleife *f* ⑥ ELEC Schleife *f*, Regelkreis *m* ⑦ COMPUT [Programm]schleife *f* ▶ PHRASES: **to knock** [*or* **throw**] **sb for a ~** (*fam*) jdn fertig machen *fam* **II.** *vt* ① (*form into loop*) ■**to ~ sth** um etw *akk* eine Schlinge machen; ~ ***the rope over the bar*** schling das Seil um die Stange; ***he ~ed his arms around her body*** er schlang seine Arme um sie; **to ~ thread** [mit einem Faden] eine Schlinge machen ② AVIAT **to ~ an airplane** einen Looping machen [*o* drehen]; **to ~ the loop** einen Looping fliegen **III.** *vi* ① (*form a loop*) eine Schleife machen; *road, stream* sich *akk* schlängeln; ***the road ~s round the farm buildings*** die Straße führt in einem Bogen um die landwirtschaftlichen Gebäude ② AVIAT einen Looping drehen

loophole ['lu:phəʊl, AM -hoʊl] **I.** *n* ① LAW Gesetzeslücke *f*, Schlupfloch *nt;* **to exploit a ~** eine Gesetzeslücke nutzen; **to find a ~** [**in a law**] eine Lücke [in einem Gesetz] finden ② (*slit*) Schießscharte *f* **II.** *vt* **to ~ a wall** eine Scharte in einer Wand anbringen

loopy ['lu:pi] *adj* ① (*fam: stupid*) irre *fam*, verrückt *fam;* **to act ~** sich *akk* wie ein Verrückter/eine Verrückte aufführen; **to go ~** durchdrehen *sl* ② (*full of loops*) **a ~ signature** eine schwungvolle Unterschrift [voller Schleifen]

loose [lu:s] **I.** *adj* ① (*not tight*) locker; **~ cash/coins** Kleingeld *nt;* **~ connection** Wackelkontakt *m;* **~ sheets of paper** lose Blätter Papier; **~ skin** schlaffe Haut; **to hang ~** lose herabhängen; **to work itself ~** sich *akk* lockern; *sth glued* sich *akk* lösen ② (*untied*) **~ hair** offenes Haar; ***her hair was hanging ~*** sie trug ihr Haar offen ③ (*not confined*) frei; **to be ~** *criminal* frei herumlaufen; **to get** [*or* **break**] **~** *person, dog* sich *akk* losreißen; **to let** [*or* **set**] **an animal ~** ein Tier loslassen, einem Tier freien Lauf lassen; ***a bunch of idiots was let ~ on a nuclear power station*** sie haben so ein paar Idioten auf dem Gelände eines Atomkraftwerks völlig frei herumlaufen lassen; **to let a dog ~ on sb** einen Hund auf jdn loslassen ④ (*not exact*) ungefähr *attr;* (*not strict*) lose; **~ adaptation** freie Bearbeitung; **~ discipline** mangelhafte Disziplin; **~ translation** freie Übersetzung ⑤ (*not compact*) **~ weave** grobmaschiges Gewebe ⑥ (*diarrhoea*) **~ bowels** [*or* **~ bowel movement**] Durchfall *m;* **to be ~** [*or form* **to suffer from ~ bowels**] Durchfall haben, an Durchfall leiden *form* ⑦ *clothing* weit, locker; **a ~ fit** eine lockere Passform; ***I'll take the jacket with the ~est fit*** ich nehme das Jackett, das am lockersten und angenehmsten sitzt ⑧ (*relaxed*) **~ stride** lockere [*o* entspannte] Gangart ⑨ (*indiscreet*) **~ talk** Getratsch[e] *nt*, Geschwätz *nt;* **~ tongue** loses Mundwerk *fam* ⑩ (*pej dated or hum: immoral*) lose *veraltend*, locker; **~ living** lockerer Lebenswandel; **~ morals** lockere Moral; **~ woman** Frau *f* mit lockerem Lebenswandel, loses Mädchen *veraltet* ⑪ SPORTS **~ play** *Spiel, bei dem die Spieler über das ganze Spielfeld verteilt sind* ⑫ (*in cricket*) **~ bowling** ungenauer Wurf; **~ play** unvorsichtiges [*o* unachtsames] Spiel ▶ PHRASES: **to hang** [*or* **stay**] **~** AM (*sl*) cool [*o* locker] bleiben *sl;* **to let ~ sth** [*or* **to let sth ~**] etw loslassen; ***the allies let ~ an intensive artillery bombardment*** die Alliierten begannen mit intensivem Artilleriebeschuss; ***he let ~ a shriek of delight*** er ließ einen Freudenschrei los **II.** *n no pl* LAW **to be on the ~** frei herumlaufen **III.** *vt* ① (*set free*) ■**to ~ sth** etw freilassen [*o* loslassen]; ~ ***the dogs!*** lass die Hunde los!; ***the minister ~d a tirade against the opposition leader*** (*liter*) der Minister ließ eine Schimpfkanonade gegen den Oppositionsführer los ② (*untie*) **to ~ a knot/rope** einen Knoten/ein Seil lösen ③ (*relax*) **to ~ one's hold** [*or* **grip**] loslassen; ***she never ~d her hold on her conviction*** sie gab ihre Überzeugung niemals auf

◆**loose off** *vt esp* AM **to ~ off an arrow** einen Pfeil abschießen; **to ~ off a gun/shot** einen Schuss abgeben/abfeuern

loose box <*pl* -es> *n* BRIT Stallbox *f* **loose cannon** *n* (*person*) *eine* [*tickende*] *Zeitbombe, ein unberechenbarer Risikofaktor* **loose change** *n no pl* loses Münzgeld, Kleingeld *nt* **loose covers** *npl* Überzüge *mpl*, Schonbezüge *mpl* **loose end** *n usu pl* (*unfinished detail*) [noch] unerledigte Kleinigkeiten, [noch] zu klärende Detailfragen; **to tie up ~s** offene Fragen klären ▶ PHRASES: **to be at a ~** [*or* AM **at ~s**] nicht wissen, was man mit sich *dat* anfangen soll **loose-fitting** <looser-, loosest-> *adj* weit, locker; **~ jacket** weite Jacke **loose-leaf** *adj attr, inv* Loseblatt-; **~ binder** Ringbuch *nt*, Schnellhefter *m;* **~ edition** Loseblattausgabe *f;* **~ notebook** Notizbuch *nt* mit Ringbucheinlage **loose-lipped** [-lɪpt] *adj* mit lockerer Zunge *nach n*

loosely ['lu:sli] *adv* ① (*not tightly*) lose, locker; **~ wrapped** lose eingewickelt; **to hang ~** schlaff herunterhängen ② (*not exactly*) ungefähr; **~ speaking** grob gesagt; **~ translated** frei übersetzt ③ (*not strictly*) locker, zwanglos ④ (*not closely*) lose; **~ connected** lose [miteinander] verbunden; **~ related** entfernt verwandt

loosen ['lu:sᵊn] **I.** *vt* ① (*make less tight*) **to ~ one's belt** seinen Gürtel weiter schnallen [*o* weitermachen]; **to ~ one's collar** seinen [Hemd]kragen aufmachen [*o* aufknöpfen]; **to ~ one's tie** seine Krawatte lockern ② (*make more lax*) **to ~ a policy/the rules** politische Maßnahmen/die Regeln lockern ③ (*relax*) **to ~ one's grip** seinen Griff lockern; **to ~ muscles** Muskeln lockern ④ (*make weaker*) **to ~ ties** Verbindungen lockern; **to ~ a relationship** eine Beziehung [langsam] lösen ▶ PHRASES: **to ~ sb's tongue** jdm die Zunge lösen **II.** *vi* sich *akk* lockern, locker werden; ***the dictator's grip on the country has not ~ed*** der Diktator hat das Land immer noch fest in der Hand

◆**loosen up I.** *vi* ① (*warm up*) sich *akk* auflockern ② (*become relaxed*) auftauen, entspannter werden **II.** *vt* ① (*make relaxed*) ■**to ~ sb up** jdn auflockern ② (*relax*) **to ~ up one's muscles** die Muskeln lockern; ■**to ~ oneself up** sich *akk* locker machen

looseness ['lu:snəs] *n no pl* ① (*not tightness*) Lockerheit *f* ② (*inexactitude*) Ungenauigkeit *f*, Vagheit *f* ③ (*laxity*) Lockerheit *f; of morals* Laxheit *f*

loosey-goosey [,lu:si'gu:si] *adj* AM (*sl*) locker flockig *fam*

loot [lu:t] **I.** *n no pl* ① MIL Kriegsbeute *f* ② (*plunder*) [Diebes]beute *f* ③ (*hum fam: money*) Kies *m fam*, Zaster *m fam;* (*valued objects*) Geschenke *ntpl* **II.** *vt* ① (*plunder*) **to ~ sth** etw [aus]plündern ② (*steal*) **to ~ goods** Waren stehlen **III.** *vi* plündern

looter ['lu:təʳ, AM -t̬ɚ] *n* Plünderer, Plünderin *m, f*

looting ['lu:tɪŋ, AM -t̬-] *n no pl* Plünderei *f;* **widespread ~** allgemeine Plünderei

lop¹ <-pp-> [lɒp, AM lɑ:p] *vi* AM ① (*droop*) schlaff herunterhängen; ***his belly ~s over the top of his pants*** sein Bauch hängt ihm über die Hose ② (*move in droopy manner*) *drunkard* torkeln

lop² [lɒp, AM lɑ:p] **I.** *n no pl* abgehackte Äste/Zweige **II.** *vt* <-pp-> ① (*to prune*) **to ~ a tree** einen Baum stutzen [*o* beschneiden] ② (*eliminate*) ■**to ~ sth** etw streichen; *budget* etw kürzen

◆**lop off** *vt* ① (*chop off*) **to ~ off a branch** einen Ast abhacken; **to ~ off sb's head** jdm den Kopf abschlagen ② (*remove*) ■**to ~ sth** ↻ **off** *budget* etw kürzen; (*reduce*) etw verkürzen; ***he ~ped off three seconds from the world record!*** er hat den Weltrekord um drei Sekunden unterboten

lope [ləʊp, AM loʊp] **I.** *vi* in großen Sätzen springen; *hare* hoppeln **II.** *n* Davonspringen *nt kein pl*, Davonhoppeln *nt kein pl*

lop-eared *adj inv* mit Hängeohren [*o* Schlappohren] **lop-ears** *npl* Hängeohren *pl*, Schlappohren *pl* **lopsided** *adj* schief, ungleich; (*fig*) einseitig; **~ vote** eindeutiges [*o* klares] Wahlergebnis

loquacious [lə(ʊ)'kweɪʃᵊs, AM loʊ'-] *adj* (*form*) redselig, geschwätzig *fam;* ■**to be ~ about sth** etw ausführlich wiedergeben

loquaciously [lə(ʊ)'kweɪʃᵊsli, AM loʊ'-] *adv* redselig; **to answer a question ~** eine Frage weitschweifig beantworten

loquacity [ləʊ'kwæsəti, AM loʊ'kwæsət̬i] *n no pl* Geschwätzigkeit *f*, Redseligkeit *f*

lord [lɔ:d, AM lɔ:rd] *n* ① (*nobleman*) Lord *m* ② (*ruler*) **~ of the manor** Gutsherr *m;* (*pej*) Herr *m* im Haus; **to act like the ~ of the manor** sich *akk* als Herr im Haus aufspielen ③ (*fam: powerful man*) Herr *m;* **drug ~** Drogenbaron *m;* **my ~ and master** (*hum, iron*) mein Herr und Meister *hum iron*

Lord [lɔ:d, AM lɔ:rd] **I.** *n* ① BRIT (*title*) **~ *Longford*** Lord Longford; **my ~** Mylord, Euer Lordschaft ② BRIT POL ■**the ~s** + *sing/pl vb* das Oberhaus; **~ of Appeal in Ordinary** BRIT *auf Lebenszeit ernanntes richterliches Mitglied des House of Lords* ③ *no pl* REL Herr *m;* ***the ~ be with you*** der Herr sei mit euch; ***praise the ~!*** lobet den Herrn!; **~, *hear our prayer*** Herr, erhöre unsere Gebete; **the ~ God** [Gott] der Herr; **in the year of our ~** im Jahre des Herrn; **~ knows** (*fam*) weiß der Himmel *fam* **II.** *interj* **good** [*or* **oh**] **~!** [ach,] du lieber Himmel!; **~, *it's hot in here!*** ach, du großer Gott, ist das heiß hier drinnen! **III.** *vt* ■**to ~ it over sb** jdn herumkommandieren

Lord Chancellor *n* BRIT Lord[groß]kanzler *m* **Lord Chief Justice** *n* BRIT Lordoberrichter *m* **Lord Justice** *n* BRIT Lordrichter *m*

lordly ['lɔ:dli, AM 'lɔ:r-] *adj* ① (*suitable for lord*) herrschaftlich, fürstlich; **a ~ title** ein Adelstitel *m* ② (*imperious*) hochmütig, anmaßend; **to put on ~ airs** [*or* **manners**] ein arrogantes Verhalten an den Tag legen

Lord Mayor *n* BRIT Oberbürgermeister(in) *m(f)*

lordosis [lɔ:'dəʊsɪs, AM lɔ:r'doʊ-] *n* MED Wirbelsäulenverkrümmung *f* nach vorne, Lordose *f fachspr*

Lord Provost *n* SCOT Bürgermeister(in) *m(f)*

lordship ['lɔ:dʃɪp, AM 'lɔ:r-] *n* (*form*) ① *no pl* (*dominion*) Herrschaft *f;* **to have/win** [**the**] **~ over sth** die Herrschaft über etw *akk* besitzen/gewinnen ② BRIT (*form of address*) Lordschaft *f;* **His/Your L~** Seine/Euer Lordschaft; (*bishop*) Seine/Eure Exzellenz; *judge* Seine/Euer Ehren [*o* Gnaden]

Lord's Prayer *n no pl* Vaterunser *nt* **Lords spiritual** *npl* BRIT [*Erz*]*bischöfe im britischen Oberhaus* **Lord's Supper** *n no pl* [heiliges] Abendmahl

lordy ['lɔ:di, AM 'lɔ:r-] *interj* Herr im Himmel! *fam*, Himmel [noch mal]! *fam*

lore [lɔ:ʳ, AM lɔ:r] *n no pl* [überliefertes] Wissen; **gypsy ~** Zigeunerweisheit *f;* **common ~** [alte] Volksweisheit *f*

lorgnette [lɔ:'njet, AM lɔ:r'-] *n* Lorgnette *f*

lorikeet ['lɒrɪki:t, AM 'lɔ:rɪ-] *n* ZOOL [kleiner] Lori

lorry ['lɒri] **I.** *n* BRIT TRANSP Last[kraft]wagen *m*, Lkw *m*, Laster *m fam* **II.** *n modifier* **~ driver** Lastwagenfahrer(in) *m(f)*, Lkw-Fahrer(in) *m(f)*

lose <lost, lost> [lu:z] **I.** *vt* ① (*cease to have*) ■**to ~ sth** etw verlieren; **to ~ altitude/ground/speed** an Höhe/Boden/Geschwindigkeit verlieren; **to ~ one's appetite/balance** den Appetit/das Gleichgewicht verlieren; **to ~ blood** Blut verlieren; **to ~ one's breath** außer Atem kommen; **to ~ one's command/control of** [*or* **over**] **sb/sth** das Kommando/die Kontrolle über jdn/etw verlieren; **to ~ consciousness/courage** das Bewusstsein/den Mut verlieren; **to ~ favour with sb** jds Gunst *f* verlieren; **to ~ interest in sb/sth** das Interesse an jdm/etw verlieren; **to ~ the upper hand** die Oberhand verlieren; **to ~ one's job** seinen Arbeitsplatz verlieren; **to ~ the lead** die Führung abgeben [müssen]; **to ~ money** Geld verlieren; **to ~ popularity** an Popularität einbüßen; **to ~ trade** Geschäftseinbußen erleiden; **to ~ weight** an Gewicht verlieren, abnehmen ② (*euph: by death*) **to ~ a friend/relative** einen Freund/Verwandten verlieren; **to ~ one's life** sein Leben verlieren ③ (*miscarry*) **to ~ a baby** ein Kind [*o* Baby] verlieren ④ *usu passive* (*bring to ruin*) **to ~ a plane/ship** ein Flugzeug/Schiff verlieren ⑤ (*waste*) **to ~ an opportunity** eine Gelegenheit versäumen; **to ~ time** Zeit verschwenden; **to ~ no time in doing sth** etw sofort [*o* unverzüglich] tun ⑥ (*run slower by*) **to ~ time** *watch, clock* nachgehen ⑦ (*become unable to find*) **to ~ the path/route** vom Weg/von der Route abkommen; **to ~ one's** [*or* **the**] **way** sich *akk* verirren [*o* verlaufen] ⑧ AM (*fam: get rid of*) ■**to ~ sb/sth** jdn/etw abschütteln; *pursuer, car* jdn/etw abhängen ⑨ (*con-*

fuse) ■to ~ sb jdn in die Irre führen [*o* irreführen] ⑩ (*not win*) ■to ~ sth etw verlieren; to ~ an argument in einer Diskussion unterliegen; to ~ a battle/game eine Schlacht/ein Spiel verlieren ⑪ (*cause loss of*) ■to ~ sb sth jdn etw kosten [*o* um etw *akk* bringen]; ***his negligence lost him his job*** seine Nachlässigkeit kostete ihn seinen Job ▶ PHRASES: to ~ the day [for sb] [jdn] um den Sieg bringen; to ~ face das Gesicht verlieren; to ~ ground an Boden verlieren; to ~ one's head/nerve/temper den Kopf/die Nerven/die Beherrschung verlieren; to ~ heart den Mut verlieren; to ~ one's heart [to sb] sein Herz [an jdn] verlieren; to lose one's marbles [*or* mind] (*hum*) nicht mehr alle Tassen im Schrank haben *hum fam;* to have nothing/something to ~ nichts/etwas zu verlieren haben; to ~ one's rag [about [*or* over] sth] [über etw *akk*] in Wut geraten; to ~ one's shirt [on sth] (*fam*) sein letztes Hemd [bei etw *dat*] verlieren *fam;* to ~ sight of sth etw aus den Augen verlieren; to ~ sleep over [*or* about] sth sich *dat* wegen einer S. *gen* Sorgen machen, wegen einer S. *gen* kein Auge zutun können; to ~ touch [with sb] den Kontakt [zu jdm] verlieren; to ~ touch [with sth] [über etw *akk*] nicht mehr auf dem Laufenden sein; to ~ track [of sth] (*be unable to follow*) [etw *dat*] [geistig] nicht folgen können; (*be unable to remember*) ***I've lost track of the number of times he's asked me for money*** ich weiß schon gar nicht mehr, wie oft er mich um Geld gebeten hat; to ~ oneself [*or* be lost] in sth sich *akk* in etw *dat* verlieren; to ~ oneself in thought [völlig] gedankenverloren dastehen/dasitzen; to ~ it durchdrehen *fam;* ***I almost lost it*** ich bin fast verrückt geworden [*o* durchgedreht] II. *vi* ① (*be defeated*) ■to ~ [to sb/sth] [gegen jdn/etw] verlieren ② FIN ein Verlustgeschäft sein [*o* darstellen]; ***I bet that movie will ~ big at the box office*** ich wette, dieser Film wird ein Riesenflop werden

◆**lose out** *vi* ① (*be deprived*) schlecht wegkommen *fam,* ins Hintertreffen geraten; ■to ~ out in [*or* on] sth bei etw *dat* den Kürzeren ziehen *fam* ② (*be beaten*) ■to ~ out to sb/sth jdm/etw unterliegen, gegen jdn/etw verlieren

loser ['lu:zəʳ, AM -ɚ] *n* ① (*defeated person*) Verlierer(in) *m(f),* Loser *m sl;* good ~ guter Verlierer/gute Verliererin; bad ~ schlechter Verlierer/schlechte Verliererin; to back a ~ auf einen Verlierer setzen ② (*person at disadvantage*) Verlierer *m* ③ (*fam: habitually unsuccessful person*) Verlierer[typ] *m,* Pechvogel *m;* a born ~ (*pej*) ein geborener Verlierer

losing ['lu:zɪŋ] *adj attr* Verlierer-; ~ team Verlierermannschaft *f*

losing battle *n* to fight a ~ einen aussichtslosen Kampf führen **losing streak** *n* Pechsträhne *f*

loss <*pl* -es> [lɒs, AM lɑ:s] *n* ① (*instance of losing*) Verlust *m;* job ~es Wegfall *m* von Arbeitsplätzen; ~ of life Verluste *mpl* an Menschenleben; ***the plane crashed with serious ~ of life*** der Flugzeugabsturz forderte zahlreiche Menschenleben; ~ of memory Gedächtnisverlust *m;* to get over the ~ of sb jds Verlust verwinden ② *no pl* (*grief*) Verlust *m;* a sense of ~ ein Gefühl *nt* des Verlustes ③ ECON Verlust *m,* Einbuße *f;* partial ~ LAW Teilschaden *m,* Teilverlust *m;* pre-tax ~es Verlust *m* vor Steuern; actual total ~ LAW Totalschaden *m;* constructive total ~ LAW fingierter [*o* angenommener] Totalverlust; to cut one's ~es Schadensbegrenzung betreiben *geh;* to run [*or* operate] at a ~ mit Verlust arbeiten ④ (*sb/sth lost*) Verlust *m;* ***she will be a great ~ to the university when she retires*** es wird ein großer Verlust für die Universität sein, wenn sie in Rente geht ⑤ COMPUT *of a signal* Dämpfung *f,* Verlust *m* ▶ PHRASES: to be at a ~ nicht mehr weiterwissen; to be at a ~ for answers/words um Antworten/Worte verlegen sein

loss adjuster *n* Schadenssachbearbeiter(in) *m(f),* Schadensregulierer(in) *m(f)*

lossage ['lɒsɪdʒ, AM 'lɑ:s-] *n no pl* Verluste *mpl*

loss-leader *n* Lockvogelangebot *nt,* Lockartikel *m*

loss-making *adj inv* ~ business Verlustbetrieb *m,* defizitärer Betrieb *geh;* ■to be ~ mit Verlust arbeiten

lost [lɒst, AM lɑ:st] I. *pt, pp of* lose II. *adj inv* ① (*unable to find way*) ■to be ~ sich *akk* verirrt haben; to get ~ sich *akk* verirren; (*on foot*) sich *akk* verlaufen haben; (*using vehicle*) sich *akk* verfahren haben ② (*no longer to be found*) ~ articles abhanden gekommene Artikel; to get ~ verschwinden; ***sometimes things get ~ mysteriously*** manchmal verschwinden Dinge auf mysteriöse Weise ③ *pred* (*helpless*) to feel ~ sich *akk* verloren fühlen; ■to be ~ (*not understand*) nicht mitkommen *fam,* nichts [*o fam* Bahnhof] verstehen; ■to be ~ without sb/sth ohne jdn/etw verloren sein ④ (*preoccupied*) to be ~ in contemplation [*or* thought] [völlig] in Gedanken versunken sein; to be ~ to the world alles um sich *akk* herum vergessen haben ⑤ (*wasted*) verpasst; ~ opportunity verpasste Gelegenheit; ~ time verschwendete Zeit; ~ youth vertane Jugend ⑥ (*perished, destroyed*) ~ soldiers gefallene Soldaten; ~ planes/ships/tanks zerstörte Flugzeuge/Schiffe/Panzer ⑦ (*not won*) ~ battle/contest verlorener Kampf/Wettkampf; ~ election verlorene Wahl ▶ PHRASES: to be ~ on sb nicht verstanden [*o* geschätzt] werden; ***financial discussions are ~ on me*** für Diskussionen über finanzielle Dinge habe ich einfach keinen Sinn; get ~! (*fam!: go away!*) verzieh dich! *fam,* hau ab! *sl;* (*no way!*) vergiss es! *fam,* kommt gar nicht in Frage! *fam*

lost-and-found *n* AM, **lost-and-found office** *n* AM Fundbüro *nt* **lost cause** *n* aussichtslose Sache **lost generation** *n + sing/pl vb* verlorene Generation **lost property** I. *n no pl* ① (*articles*) Fundsachen *fpl* ② BRIT, AUS (*office*) Fundbüro *nt* II. *n modifier* ~ office BRIT, AUS Fundbüro *nt* **lost soul** *n* verlorene Seele

lot [lɒt, AM lɑ:t] I. *part* ① (*much, many*) ■a ~ viel; ***we haven't got a ~*** wir besitzen nicht viel; a ~ of people viele [*o* eine Menge] Leute; a ~ of rain viel Regen; to do a ~ of travelling viel reisen; a fat ~ [of good] (*iron*) wahnsinnig viel *iron,* herzlich wenig; ***a fat ~ of good it'll do you*** (*iron*) das wird dir gar nichts nützen; to have a ~ going for oneself viel haben, was für einen spricht; ■~s [of sth] + *sing/pl vb* viel [*o* jede Menge] [etw] *fam;* ***there's ~s to do here*** es gibt hier jede Menge zu tun *fam;* ~s of children viele Kinder ② (*everything*) ■the ~ alles; ***the thieves stole paintings, jewellery, the ~*** die Diebe haben Gemälde gestohlen, Juwelen, einfach alles; the whole ~ alles zusammen, das Ganze II. *adv* (*fam*) ■a ~ [*or* ~s] viel; ***thanks a ~!*** vielen Dank!; ***your sister looks a ~ like you*** deine Schwester sieht dir sehr ähnlich; ***we go on holidays a ~*** wir machen oft Urlaub; to feel a ~ [*or* ~s] better sich *akk* viel besser fühlen III. *n* ① + *sing/pl vb* BRIT, AUS (*group*) Trupp *m fam;* ***another ~ of visitors will be here this afternoon*** heute Nachmittag kommt ein neuer Schwung Besucher; BRIT (*usu pej fam: group of people*) Haufen *m fam;* ***you're an ignorant ~*** ihr seid ein ungebildetes Pack *fam;* ***are you ~ coming to lunch?*** kommt ihr alle zum Essen?; a bad ~ ein Taugenichts *m;* ***they are a bad ~*** sie sind ein übles Pack; my ~ meine Leute *fam* ② (*in an auction*) Stück *nt* ③ (*chance*) to choose [sb/sth] by ~ [jdn/etw] durch Losentscheid bestimmen [*o* auslosen]; to draw [*or* cast] ~s Lose ziehen; *no pl* (*choice*) Wahl *f;* ***I hope the ~ falls on me*** ich hoffe, dass die Wahl auf mich fällt ④ *no pl* (*fate*) Los *nt geh;* to throw in one's ~ with sb sich *akk* mit jdm zusammentun ⑤ *esp* AM, AUS (*land*) Stück *nt* Land, Parzelle *f;* building ~ Bauplatz *m;* parking ~ Parkplatz *m;* back ~ hinteres Grundstück; vacant ~ unbebautes Grundstück ⑥ STOCKEX Aktienpaket *nt* IV. *vt* <-tt-> ■to ~ sth etw [für eine Auktion in einzelne Stücke] aufteilen

loth *adj see* **loath**

Lothario <*pl* -os> [ləʊ'θɑ:riəʊ, AM loʊ'θerioʊ] *n* Weiberheld *m,* Schwerenöter *m liter*

lotion ['ləʊʃᵊn, AM 'loʊ-] *n no pl* Lotion *f;* after-shave ~ Aftershavelotion *f;* suntan ~ Sonnenöl *nt*

lottery ['lɒtᵊri, AM 'lɑ:t̬ɚi] I. *n* Lotterie *f,* Lotteriespiel *nt* II. *n modifier* ~ number Losnummer *f;* ~ ticket Lotterielos *nt*

lotus <*pl* -es> ['ləʊtəs, AM 'loʊt̬-] *n* BOT Lotos *m,* Lotosblume *f*

Lotus® *n* COMPUT Lotus® *nt*

lotus-eater *n* Lotosesser(in) *m(f);* (*fig*) Träumer(in) *m(f)* **lotus land** *n no pl* Paradies *nt* auf Erden; (*fig*) Ort *m* des süßen Nichtstuns, ≈ Schlaraffenland *nt* **lotus life** *n no pl* to live a ~ sein Leben im Müßiggang verbringen **lotus position** *n,* **lotus posture** *n no pl* Lotossitz *m*

louche [lu:ʃ] *adj* anrüchig, zweideutig

loud [laʊd] I. *adj* ① (*audible*) laut, geräuschvoll; ~ music laute Musik ② (*pej: insistent*) [aufdringlich] laut; ~ complaints/protests laut[stark]e Beschwerden/Proteste; to be ~ in one's condemnation of sth etw aufs Schärfste verurteilen; to be ~ in one's praises of sth etw in den höchsten Tönen loben ③ (*pej: garish*) auffällig; *colours* schrill, grell, schreiend; ~ and obnoxious schrill und schräg *fam* II. *adv* laut; to speak [*or* talk] ~ laut sprechen; ~ and clear laut und deutlich; out ~ laut; ***this novel made me laugh out ~*** als ich den Roman las, musste ich lauthals loslachen

loudhailer *n* BRIT, AUS Megaphon *nt*

loudly ['laʊdli] *adv* ① (*audibly*) laut; to speak/talk ~ laut sprechen/reden ② (*pej: insistently*) to complain ~ sich *akk* lautstark [*o* lauthals] beschweren ③ (*pej: garishly*) auffällig, grell, schrill; to dress ~ sich *akk* auffällig anziehen

loudmouth *n* (*fam*) Großmaul *nt fam*

loud-mouthed <more, most> ['laʊdmaʊθt] *adj* überlaut, plärrend

loudness ['laʊdnəs] *n no pl* ① (*measurement*) Lautstärke *f* ② (*quality*) Lautstärke *f,* Lautheit *f*

loudspeaker *n* Lautsprecher *m*

lough [lɒk, *Irish* lɒx] *n* IRISH See *m;* (*arm of sea*) Meeresarm *m*

lounge [laʊndʒ] I. *n* ① (*public room*) Lounge *f,* Gesellschaftsraum *m; of a hotel* Hotelhalle *f;* departure ~ Abflughalle *f,* Warteraum *m* ② BRIT (*sitting room*) Wohnzimmer *nt* ③ BRIT (*period of lounging*) Faulenzen *nt* II. *n modifier* (*sl*) (*culture, scene*) Nobelbar-, Lounge- *sl* III. *vi* (*lie*) [faul] herumliegen; (*sit*) [faul] herumsitzen; (*stand*) [faul] herumstehen

◆**lounge about, lounge around** *vi* (*lie*) [faul] herumliegen; (*sit*) [faul] herumsitzen; (*stand*) [faul] herumstehen; ***I wish you'd stop lounging about!*** ich wünschte, du würdest nicht bloß herumstehen und Maulaffen feilhalten! *fam*

lounge bar *n* BRIT *der vornehmere Teil eines Pubs mit eigener Bar* **lounge chair** *n* Klubsessel *m,* [bequemer] Polstersessel **lounge lizard** *n* (*fam*) Salonlöwe *m*

lounger ['laʊndʒəʳ, AM -ɚ] *n* ① (*chair*) Lehnstuhl *m,* Sessel *m;* sun ~ Sonnenliege *f* ② (*person*) Nichtstuer(in) *m(f),* Müßiggänger(in) *m(f)*

lounge room *n* AUS Wohnzimmer *nt* **lounge suit** *n* BRIT Straßenanzug *m*

loupe [lu:p] *n* Lupe *f* (*von Juwelieren und Uhrmachern*)

lour ['laʊəʳ, AM laʊr] I. *vi* ① (*frown*) düster [*o* finster] dreinblicken; ■to ~ at sb/sth jdn/etw mit finsterer [*o* düsterer] Miene ansehen ② (*appear threatening*) *sky* sich *akk* verfinstern II. *n* finsterer Gesichtsausdruck, düstere Miene

louse I. *n* [laʊs] ① <*pl* lice> (*parasite*) Laus *f* ② <*pl* -s> (*fam: person*) Filzlaus *f pej fam,* miese Type *pej fam,* mieser Typ *pej fam* II. *vt* [laʊz, AM laʊs] (*fam*) ■to ~ up ↻ sth etw vermasseln *fam* [*o sl* in den Sand setzen]

lousy ['laʊzi] *adj* ① (*fam: bad*) lausig *fam,* [hunds]miserabel *sl,* beschissen *derb;* ~ weather Hundewetter *nt fam* ② (*meagre*) lausig *fam,* mick[e]rig *fam,* popelig *fam;* ***a ~ £10!*** lausige 10 Pfund! ③ *pred* (*ill*) to feel ~ sich *akk* hundeelend [*o* mies] fühlen *fam* ④ (*infested with lice*) verlaust ⑤ (*fam: teeming*) ■to be ~ with sth etw bis zum Abwinken haben *sl;* ***this office is ~ with idiots*** in diesem Büro wimmelt es nur so von Idioten *fam*

lout [laʊt] *n* (*fam*) Flegel *m,* Rüpel *m;* lager ~s BRIT (*pej*) Trunkenbolde *mpl fam,* Saufköpfe *mpl derb;*

L

clumsy ~ Tölpel *m fam*, Tolpatsch *m fam*

loutish ['laʊtɪʃ, AM -ṭ-] *adj* (*fam*) pöbelhaft, rüpelhaft

loutishness ['laʊtɪʃnəs, AM 'laʊṭ-] *n no pl* (*pej*) Pöbelhaftigkeit *f*, Rüpelhaftigkeit *f*

louver ['lu:vəʳ] AM, **louvre** [-əʳ] *n* BRIT, AUS Jalousie *f*; (*slat*) Lamelle *f* [einer Jalousie]

louvred ['lu:vəd, AM -əʳd] *adj inv* Jalousie-, Lamellen-; ~ **door** Lamellentür *f*; ~ **window** Fenster *nt* mit Fensterläden

lovable ['lʌvəbl̩] *adj* liebenswert

lovage ['lʌvɪdʒ] *n* BOT Liebstöckel *nt o m*

love [lʌv] **I.** *n* ① *no pl* (*romantic feeling*) Liebe *f*; (*fondness*) Vorliebe *f*; ■**to be in ~ with sb** in jdn verliebt sein; ***all my ~, Richard*** (*in letter*) alles Liebe, Richard; ***there is no ~ lost between the two*** die beiden können einander nicht ausstehen; ***it's a pity you have so little ~ for your job*** es ist schade, dass dir deine Arbeit so wenig Spaß macht; **a child-like** ~ kindliche Liebe; ~ **at first sight** Liebe *f* auf den ersten Blick; **to be head over heels in ~** bis über beide Ohren verliebt sein; **to fall in ~ with sb** sich *akk* in jdn verlieben; **to give** [*or* **send**] **sb one's ~** jdm Grüße bestellen, jdn grüßen lassen; ***send my ~ to her!*** grüße Sie von mir!; **to make ~ to sb** (*have sex*) jdn lieben, mit jdm schlafen; (*old: woo*) jdn umwerben, jdm den Hof machen *veraltend*; **to marry sb for ~** jdn aus Liebe heiraten; **to show sb lots of ~** jdm viel Liebe geben ② (*interest*) Leidenschaft *f*; (*with activities*) Liebe *f*; ***she has a great ~ of music*** sie liebt die Musik sehr; ■**to do sth for the ~ of it** etw aus Spaß [*o* zum Vergnügen] machen; ~ **of adventure** Abenteuerlust *f*; ~ **of animals** Tierliebe *f*; ~ **of books** Liebe *f* zu Büchern; ~ **of one's country** Vaterlandsliebe *f*; ~ **of learning** Freude *f* [*o* Spaß *m*] am Lernen ③ *no pl esp* BRIT (*fam: darling*) Liebling *m fam*, Schatz *m fam*; **the ~ of his/her life** die [größte] Liebe seines/ihres Lebens ④ *no pl* TENNIS null; **forty-~** vierzig null ▶ PHRASES: **for the ~ of God!** um Gottes willen!; **for the ~ of Mike!** BRIT (*fam*) um Himmels willen!; **not for ~** [**n**]**or money** um nichts in der Welt; **all's fair in ~ and war** (*prov*) in der Liebe und im Krieg ist alles erlaubt; ~ **is blind** (*prov*) Liebe macht blind; **to do sth for ~** (*for free*) etw umsonst machen; (*as a loving person*) etw aus Liebe machen **II.** *vt* (*be in love*) ■**to ~ sb/sth** jdn/etw lieben; (*greatly like*) jdn/etw sehr [*o* gerne] mögen; ***I ~ reading*** ich lese sehr gerne; ***I would ~ a cup of tea*** ich würde gerne eine Tasse Tee trinken; ~ ***it or hate it, ...*** ob es dir passt oder nicht, ...; ***I'd ~ to see you again*** ich würde dich sehr gern wiedersehen; ***I would ~ you to come to dinner tonight*** es würde mich sehr freuen, wenn Sie heute zum Abendessen kämen; **to ~ sb dearly** [*or* **deeply**]/**passionately** jdn von ganzem Herzen/leidenschaftlich lieben; **to feel ~d** sich *akk* geliebt fühlen ▶ PHRASES: ~ **me, ~ my dog** (*prov*) man muss mich so nehmen, wie ich bin **III.** *vi* AM lieben, verliebt sein; ■**to ~ for sb to do sth** gern wollen, dass jd etw tut; ***I would ~ for you to come to dinner tonight*** ich würde mich freuen, wenn du heute zum Abendessen kämst

loveable ['lʌvəbl̩] *adj* liebenswert; ***that's a ~ little teddy-bear, isn't it?*** das ist aber ein süßer kleiner Teddybär!

love affair *n* [Liebes]affäre *f*; **a secret ~** ein geheimes Liebesabenteuer; **to have a ~ with chocolate/computer/football** (*fig*) eine Schwäche für Schokolade/Computer/Fußball haben **lovebird** *n* ① ORN Unzertrennliche(r) *f(m)* ② (*fig, hum*) ■**~s** *pl* Turteltauben *fpl hum fam* **love bite** *n* Knutschfleck *m fam* **love bunnies** *npl* (*fam*) Turteltauben *fpl* **love child** *n* (*euph dated*) Kind *nt* der Liebe *euph veraltend*, uneheliches Kind **loved ones** *npl* **dear ~!** meine Lieben! **love game** *n* TENNIS Zu-Null-Spiel *nt*; **to play a ~** zu Null spielen; **to win/lose a ~** ein Spiel zu Null gewinnen/verlieren **love handles** *npl esp* AM (*hum fam*) Rettungsring *m hum fam* **love-hate relationship** *n* Hassliebe *f*

loveless ['lʌvləs] *adj* (*unloving*) lieblos; (*unloved*) *childhood, marriage* ohne Liebe *nach n*

love letter *n* Liebesbrief *m* **love life** *n* Liebesleben *nt kein pl*

loveliness ['lʌvlɪnəs] *n no pl* Schönheit *f*; ***we have to take advantage of the ~ of this fall weather*** wir müssen dieses herrliche Herbstwetter ausnutzen; **to have a radiant ~** strahlend schön sein

lovelorn ['lʌvlɔ:n, AM -lɔ:rn] *adj* (*liter*) liebeskrank; ~ **poem/song** romantisches Gedicht/Lied; **to be ~** sich *akk* vor Liebeskummer verzehren *geh*

lovely ['lʌvli] **I.** *adj* ① (*beautiful*) schön, hübsch; ~ **house** wunderschönes Haus; **to look ~** reizend [*o* bezaubernd] aussehen; ***you look absolutely ~ this evening, my darling*** Schatz, du siehst heute Abend einfach hinreißend aus ② (*fam: pleasant*) wunderbar, herrlich; ***how ~ to see you!*** wie schön, dich zu sehen!; **a ~ present** ein tolles Geschenk; ~ **view** wunderbare Aussicht; ~ **weather** herrliches Wetter; **to be ~ and cool/warm/quiet** schön kühl/warm/ruhig sein ③ (*charming*) nett, liebenswürdig; ~ **person** liebenswürdiger Mensch; ~ **visit** netter Besuch **II.** *n* Schönheit *f*, schöne Frau

love-making *n no pl* ① (*sexual intercourse*) [körperliche] Liebe, Liebesakt *m geh*; **to be good at ~** in der Liebeskunst erfahren sein *geh*, gut im Bett sein *fam*; ***he's very good at ~*** er ist ein sehr guter Liebhaber ② (*dated: wooing*) Liebeswerben *nt liter o veraltend* **love match** *n* Liebesheirat *f* **love nest** *n* Liebesnest *nt* **love potion** *n* Liebestrank *m*

lover ['lʌvəʳ, AM -ə] *n* ① (*person in love*) Liebende(r) *f(m)*; ■**the ~s** *pl* die Liebenden *pl* ② (*sexual partner*) Liebhaber(in) *m(f)*, Geliebte(r) *f(m) meist pej*; ■**~s** *pl* Liebespaar *nt*; ***he was her live-in ~ for three years*** er hat drei Jahre lang mit ihr zusammengelebt; **to be/become ~s** ein Liebespaar sein/werden; ***they were ~s for three years*** sie waren drei Jahre lang zusammen; **to take a ~** sich *dat* einen Liebhaber/eine Geliebte nehmen ③ (*enthusiast*) Liebhaber(in) *m(f)*, Freund(in) *m(f)* (**of** von +*dat*); **book ~** Bücherfreund(in) *m(f)*; **nature/opera ~** Natur-/Opernliebhaber(in) *m(f)*; **sports ~** Sportfan *m*

lover-boy ['lʌvəbɔɪ, AM ə] *n* (*fam*) Liebste(r) *m*

love seat *n* Zweiersofa *nt* **love set** *n* TENNIS Zu-Null-Spiel *nt* **lovesick** *adj* liebeskrank; **to be ~** Liebeskummer haben **love song** *n* Liebeslied *nt* **love story** *n* Liebesgeschichte *f* **love-struck** *adj* liebestoll, schmachtend *iron*; **to be a ~ fool** bis über beide Ohren verliebt [*o fam* total verknallt] sein **love triangle** *n* Dreiecksverhältnis *nt*, Dreiecksgeschichte *f fam*

lovey ['lʌvi] *n* BRIT (*fam*) Liebling *m*, Schatz *m fam*

lovey-dovey *adj* hoffnungslos verliebt, total verknallt *fam*; ~ **couples** schmusende Liebespärchen

loving ['lʌvɪŋ] *adj* (*feeling love*) liebend; (*showing love*) liebevoll; ***the letter was signed 'your ~ father'*** der Brief war unterschrieben mit ‚dein dich liebender Vater [*o* in Liebe dein Vater]'; ~ **care** liebevolle Fürsorge; **a ~ child** ein liebes Kind

loving cup *n* Pokal *m* **loving kindness** *n* Gutherzigkeit *f*, Güte *f*

lovingly ['lʌvɪŋli] *adv* liebevoll, zärtlich

low¹ [ləʊ, AM loʊ] **I.** *adj* ① (*in height*) niedrig; **at a ~ altitude** in geringer Höhe; ~ **heels** flache [*o* niedrige] Absätze; ~ **neckline** tiefer Ausschnitt; ~ **slope** flacher Abhang; ***the dress has a ~ waist*** das Kleid hat eine tief angesetzte Taille ② (*in number*) gering, wenig; ~ **attendance** geringe Besucherzahl; ~ **blood pressure** niedriger Blutdruck; ~ **calibre** kleines Kaliber; **people of** [**a**] ~ **calibre** (*fig*) Leute mit wenig Format; **to be ~ in calories/cholesterol** kalorien-/cholesterinarm sein; **to be ~ in funds** wenig Geld haben, knapp bei Kasse sein *fam*; **to keep sth ~** etw niedrig halten ③ (*depleted*) knapp; ~ **stocks** geringe Vorräte; **to be** [*or* **get**] [*or* **run**] ~ zur Neige gehen, knapp werden; ***we were getting ~ on supplies*** unsere Vorräte waren fast erschöpft; ***the batteries are running ~*** die Batterien sind fast leer; ***the bulb was ~*** die Glühbirne brannte nur noch schwach ④ (*not loud*) leise; ~ **groaning** verhaltenes Stöhnen; **in a ~ voice** mit leiser [*o* gedämpfter] Stimme ⑤ (*not high-pitched*) *voice* tief; ~ **pitch** tiefe Stimmlage ⑥ (*not intense*) niedrig; *light* gedämpft; **on a ~ burner** [*or* **flame**] auf kleiner Flamme; ~ **frequency** Niederfrequenz *f*; ~ **heat** schwache Hitze; ***roast the chicken at ~ heat*** braten Sie das Hähnchen bei niedriger Hitze ⑦ (*not good*) ~ **morale** schlechte Moral; **to have a ~ opinion of sb** von jdm nicht viel halten; ~ **quality** minderwertige Qualität; **to hold sth in ~ regard** etw gering schätzen; ~ **self-esteem** geringe Selbstachtung; ~ **standards** (*in technics*) schlechter [*o* niedriger] Standard; (*in tests, etc*) niedriges Niveau; ~ **visibility** schlechte Sicht ⑧ (*not important*) niedrig, gering; **to be a ~ priority** nicht so wichtig sein ⑨ (*unfair, mean*) gemein; ~ **trick** gemeiner Trick; **to get ~** gemein [*o* niederträchtig] sein; ***how ~ can you get?*** wie tief willst du noch sinken? ⑩ (*sad*) **in ~ spirits** niedergeschlagen, in gedrückter Stimmung; **to feel ~** niedergeschlagen [*o* deprimiert] sein ⑪ LING *vowel* offen **II.** *adv* ① (*in height*) niedrig; **to be cut ~** *dress, blouse* tief ausgeschnitten sein; **to fly ~** tief fliegen ② (*to a low level*) tief; **to turn the music ~er** die Musik leiser stellen; ***turn the oven on ~*** stell den Ofen auf kleine Hitze ③ (*cheap*) billig; **to buy ~** billig [*o* günstig] einkaufen ④ (*not loudly*) leise; **to speak ~** leise sprechen ⑤ (*not high-pitched*) tief; **to sing ~** tief [*o* mit tiefer Stimme] singen **III.** *n* ① (*low level*) Tiefstand *m*, Tiefpunkt *m*; **to be at a ~** auf einem Tiefpunkt sein; **to hit** [*or* **reach**] **a ~** an einen Tiefpunkt gelangen ② METEO Tief *nt*; ***expected ~s near 0° C today*** die Tiefstwerte liegen heute vermutlich bei 0° C; **record ~** Rekordtief *nt* ③ AUTO erster Gang; ***put the car in ~*** legen Sie den ersten Gang ein ④ AM (*fig: person*) ■**to be in ~** schlapp sein *fam* ▶ PHRASES: **to be the lowest of the ~** ein ganz gemeiner Typ sein *fam*

low² [ləʊ, AM loʊ] **I.** *n* Muhen *nt* **II.** *vi cow* muhen

low-alcohol *adj* alkoholarm **low blow** *n* Tiefschlag *m a. fig* **lowborn** *adj* von niedriger Geburt *nach n, präd geh o veraltet* **lowboy** *n* AM niedrige Kommode **low-bred** *adj* (*common*) gewöhnlich, ordinär *pej*; (*without manners*) unzivilisiert, ohne Manieren *nach n* **lowbrow** (*esp pej*) **I.** *adj book, film* geistig anspruchslos, seicht; *person* einfach, schlicht **II.** *n* Ungebildete(r) *f(m)*, Banause *m pej*, Prolet(in) *m(f) pej fam* **low-cal** ['ləʊkæl, AM 'loʊ-] *adj* (*fam*), **low-calorie** *adj* kalorienarm; ~ **chocolate** kalorienreduzierte Schokolade **Low Church** *n* Low-Church *f* (*puritanisch-protestantische Richtung in der Anglikanischen Kirche*) **low-class** *adj quality* drittklassig; (*socially*) Unterschichts-, aus der Unterschicht *nach n* **low comedy** *n* ① *no pl* (*genre*) Schwank *m oft pej* ② (*show*) Comedy-Show *f* **low-cost** *adj* billig, preiswert **Low Countries** *npl* HIST ■**the ~** *pl* die Niederlande *pl* (*die heutigen Beneluxstaaten*) **low-cut** *adj dress* tief ausgeschnitten, mit tiefem Ausschnitt *nach n* **low-down** *adj* (*fam*) mies *fam*, fies *fam*, gemein; ~ **people** Gesindel *nt* **lowdown** *n no pl* (*fam*) ■**the ~** ausführliche Informationen; **to give sb the ~** [**on sb/sth**] jdn ausführlich [über jdn/etw] informieren; **to get the ~ on sth** über etw *akk* aufgeklärt werden **low-end** *adj attr, inv* billig, preisgünstig **low-energy** *adj* ECOL energiesparend; ELEC, PHYS energiearm; FOOD kalorienarm; ~ **house** Niedrigenergiehaus *nt*; ~ **light bulb** Energiesparlampe *f*

lower¹ ['ləʊəʳ, AM 'loʊə] **I.** *adj inv* ① (*less high*) niedriger; (*situated below*) untere(r,s), Unter- hinab; **in the ~ back** im unteren Rücken; ~ **deck** *of a coach* unteres Deck; *of a ship* Unterdeck *nt*; ~ **floor** untere Etage; ~ **jaw** Unterkiefer *m*; ~ **lip** Unterlippe *f*; **the ~ reaches of the ocean** die tieferen Regionen des Ozeans; **the L~ Rhine** GEOG der Niederrhein ② (*less in hierarchy*) *status, rank* niedere(r,s), untere(r,s); *animal* niedere(r,s) **II.** *vt* ① (*move downward*) ■**to ~ sth** etw herunterlassen; ■**to ~ oneself** ***she ~ed herself into a chair*** sie ließ sich auf einem Stuhl nieder; ***the miners ~ed themselves into the tunnel*** die Bergleute ließen sich in den Stollen hinunter; **to ~ one's arm/hands** den Arm/die Hände senken; **to ~ one's eyes** die Augen niederschlagen, den Blick senken; **to ~ one's head** den Kopf senken; **to ~ a flag/the sails** eine Fahne/die Segel einholen; **to ~ the hem** den Saum herauslassen; **to ~ the landing gear** das Fahrgestell ausfahren; **to ~ a lifeboat** NAUT ein Rettungsboot zu Wasser lassen [*o* aussetzen]; **to ~ the periscope** das Periskop einfahren ② (*decrease*) ■**to ~ sth** etw verringern [*o* senken]; ***his crude jokes ~ed the tone of the evening*** seine derben Witze drückten das Niveau des Abends; **to ~ one's expectations/sights** seine Erwartungen/Ansprüche zurückschrauben; **to ~ one's guard** seine Deckung vernachlässigen; **to ~ the heat** die Temperatur zurückdrehen; **to ~ interest rates** die Zinssätze senken; **to ~ prices/taxes** die Preise/Steuern senken; **to ~ the quality** die Qualität mindern; **to ~ one's voice** seine Stimme senken; **to ~ one's standards** seine Anforderungen zurückschrauben ③ (*demean*) ■**to ~ oneself** sich *akk* erniedrigen; ■**to ~ oneself to do sth** sich *akk* herablassen, etw zu tun; ***I wouldn't ~ myself to respond to his insults*** ich würde mich nicht auf sein Niveau begeben und auf seine Beleidigungen antworten; ***I'd never have expected him to ~ himself by stealing*** ich hätte nie gedacht, dass er so tief sinken könnte und stehlen würde **III.** *vi* sinken; *voice* leiser werden

lower² ['laʊəʳ, AM laʊr] *vi person* ein finsteres Gesicht machen; *light* dunkler werden; *sky* sich *akk* verfinstern; ■**to ~ at sb** jdn finster ansehen

Lower Austria *n* Niederösterreich *nt* **lower case letter** *n* Kleinbuchstabe *m* **lower class** **I.** *adj pred* (*second best*) zweitklassig; (*of the lower class*) aus der Unterschicht *nach n* **II.** *n* ■**the ~es** *pl* die unteren Schichten **lower-class** *adj attr* Unterschicht-; *family, worker* aus der Unterschicht *nach n* **Lower House** *n* Unterhaus *nt*

lowering¹ ['ləʊəʳrɪŋ, AM 'loʊ-] *n no pl* Senkung *f*, Reduzierung *f*; **~ of prices** Preissenkung *f*; **~ of standards** Herabsetzung *f* von [Qualitäts]normen; **~ of trade barriers** Abbau *m* von Handelsschranken

lowering² ['laʊəʳrɪŋ, AM 'laʊrɪŋ] *adj* (*liter*) finster; **~ skies** verhangener Himmel

lowermost *adj* zuunterst **lower regions** *n* Unterwelt *f* **Lower Saxony** *n* Niedersachsen *nt* **lower world** *n* Unterwelt *f*

lowest common denominator *n* MATH kleinster gemeinsamer Nenner; (*fig*) [kleinster] gemeinsamer Nenner *fig*, Minimalkonsens *m*; ***tv programmes are often directed towards the ~*** das Fernsehprogramm orientiert sich häufig am Geschmack der großen Mehrheit

low-fat *adj* fettarm **low-flying** *adj* tieffliegend; **~ aircraft** Tiefflieger *m* **low frequency** *n* Niederfrequenz *f* **Low German** *n* Platt[deutsch] *nt*, Niederdeutsch *nt fachspr* **low-grade** *adj* ① (*low quality*) minderwertig, von minderer Qualität *nach n geh*; **~ steel** Stahl minderer Güte ② (*of small degree*) **~ fever** leichtes Fieber; **~ official** kleiner Beamter/kleine Beamtin *meist pej* **low-hanging fruit** *n no pl* (*sl: in meeting-rooms*) niedrig hängende Frucht *fig*, etw, was leicht zu haben ist **low-impact** *adj attr* ① *exercise* wenig aussagekräftig ② ECOL schadstoffreduziert, wenig belastend *präd*; **~ farming** schonende Landwirtschaft **low-income** *adj* einkommensschwach *attr*, mit geringem Einkommen *nach n* **lowing** ['ləʊɪŋ, AM 'loʊ] *n* Muhen *nt kein pl* **lowjack** *n no pl* ▶ PHRASES: **to <u>have</u> a ~ on sb** AM (*fam*) alles über jdn wissen **low-key** *adj* unauffällig, zurückhaltend; ***the wedding will be a ~ affair*** die Hochzeitsfeier wird keine große Sache werden; **~ colour** matte [*o* gedämpfte] Farbe; **a ~ debate/discussion** eine gemäßigte Debatte/Diskussion; **~ painting/photo** düsteres Bild/Foto; **to keep sth ~** vermeiden, dass etw Aufsehen erregt; **to take a ~ approach to sth** etw ganz gelassen angehen **lowland** ['ləʊlənd, AM 'loʊ-] **I.** *n* ① *no pl* (*low-lying land*) Flachland *nt*, Tiefland *nt* ② (*area*) ■**the ~s** *pl* das Tiefland; **the ~s of Scotland** das schottische Tiefland, die Lowlands *pl* **II.** *n modifier* (*area, farm, region*) Tiefland-, Flachland-; **~ farming** Tieflandbewirtschaftung *f* **lowlander** ['ləʊləndəʳ, AM 'loʊləndɚ] *n* Flachländer(in) *m(f)*; **L~** Bewohner(in) *m(f)* des schottischen Tieflands **low-level** *adj* ① (*not high*) tief; **~ flight** Tiefflug *m* ② (*of low status*) niedrig, auf unterer Ebene *nach n*; (*unimportant*) nebensächlich, unbedeutend; **~ infection** leichte Infektion; **~ job** niedrige Position; **~ official** kleiner Beamter/kleine Beamtin *meist pej* ③ COMPUT niedere(r,s); **~ [programming] language** niedere [*o* maschinennahe] Programmiersprache **low-level radiation** *n no pl* Strahlung *f* mit niedriger Aktivität, Niedrigstrahlung *f* **low life** *n* (*sl*) Pack *nt pej fam*; ***you ~ scum!*** du dreckiges Schwein! *pej derb* **lowlight** *n* ① (*fam: lowpoint*) Tiefpunkt *m* ② (*dyed hair*) ■**~s** *pl* dunkle Strähnchen **lowlights** ['ləʊlaɪtz, AM 'loʊ] *npl* Strähnchen *ntpl* **low-loader** *n* Tieflader *m*

lowly ['ləʊli, AM 'loʊ-] *adj* ① (*ordinary*) einfach; *status* niedrig; ***I'm just a ~ caretaker*** ich bin nur ein einfacher Hausmeister ② (*modest*) bescheiden ③ BIOL *organism, animal* niedere(r,s)

low-lying *adj* tiefliegend, tiefgelegen; **~ land** Tiefland *nt* **low-maintenance** *adj* pflegeleicht, wenig arbeitsintensiv **Low Mass** *n* REL Stille Messe **low-minded** *adj* primitiv *pej*, gewöhnlich **low-necked** *adj* tief ausgeschnitten; **~ dress** Kleid *nt* mit tiefem Ausschnitt

lowness ['ləʊnəs, AM 'loʊ-] *n no pl* ① (*in height*) Niedrigkeit *f*; *of the neckline* Tiefe *f* ② (*low-pitch*) *of note* Tiefe *f*; *of voice* Gedämpftheit *f*; ***the ~ of his voice is unusual for a man*** für einen Mann hat er eine ungewöhnlich leise Stimme ③ (*shortage*) *of supplies* Knappheit *f* ④ (*meanness*) Niederträchtigkeit *f*, Gemeinheit *f* ⑤ (*depression*) Niedergeschlagenheit *f*

low-paid **I.** *adj* schlecht bezahlt; **~ worker** Billiglohnarbeiter(in) *m(f)* **II.** *n* ■**the ~** *pl* die unteren Einkommensgruppen **low-pitched** *adj voice, note* tief **low pressure** *n* ① PHYS Niederdruck *m*; METEO Tiefdruck *m*; **area of ~** Tiefdruckgebiet *nt* ② (*no stress*) ***he can only perform in conditions of ~*** er kann nur arbeiten, wenn er nicht unter Druck steht **low-pressure** *adj inv* ① (*not stressful*) stressfrei, unbeschwert; **~ job** ruhiger Job ② (*not aggressive*) unaufdringlich, dezent; **~ sales** zurückhaltende Verkaufsmethode **low-priced** *adj* [preis]günstig, preiswert **low profile** *n* Zurückhaltung *f*; **to keep a ~** sich *akk* zurückhalten; (*fig*) sich *akk* bedeckt halten, im Hintergrund bleiben **low-profile** *adj* zurückhaltend **low relief** *n* Flachrelief *nt* **low-rise** *adj attr, inv* niedrig; **~ building** [*or* **construction**] Flachbau *m* **low season** *n* Nebensaison *f* **low-spirited** *adj* niedergeschlagen, [niedergedrückt; ***the dance turned out to be a ~ affair*** bei der Tanzveranstaltung herrschte eine gedrückte Stimmung **Low Sunday** *n* REL Weißer Sonntag **low-tech** *adj* [technisch] einfach, Lowtech-; **~ machinery** Maschinen *fpl* mit einfacher Technik **low-tension** *adj attr, inv* ELEC Niederspannungs- **low tide** *n*, **low water** *n no pl* Niedrigwasser *nt*; *of sea* Ebbe *f*; **at ~** bei Ebbe **low-water mark** *n* Niedrigwassergrenze *f*; (*fig*) Tiefpunkt *m*; **to reach an all-time ~** einen historischen Tiefstand erreichen **low-yield** *adj* FIN niedrigverzinslich

lox¹ [lɒks, AM lɑ:ks] *n no pl short for* **liquid oxygen** Flüssigsauerstoff *m*

lox² [lɑ:ks] *n* AM (*smoked salmon*) Räucherlachs *m*

loyal [lɔɪəl, AM 'lɔɪəl] *adj* treu; (*correct*) loyal; ■**to be ~ to sb/sth** jdm/etw treu sein; (*behave correctly*) sich *akk* jdm/etw gegenüber loyal verhalten; **to be ~ to one's beliefs** seinem Glauben treu sein; **to be ~ to one's government** regierungstreu sein

loyalist ['lɔɪəlɪst] **I.** *n* ① (*government supporter*) Loyalist(in) *m(f)*; **government ~** Regierungstreue(r) *f(m)* ② BRIT, IRISH (*Unionist*) ■**L~** *Befürworter der politischen Union zwischen GB und Nordirland* **II.** *adj attr, inv* loyal[istisch] *geh*, regierungstreu; **~ troops** regierungstreue Truppen

loyally ['lɔɪəli] *adv* treu; (*correctly*) loyal

loyal toast *n* BRIT Toast *m* auf den König/die Königin

loyalty ['lɔɪəlti, AM -t̬i] *n* ① *no pl* (*faithfulness*) Treue *f* (**to** zu +*dat*); (*correctness*) Loyalität *f* (**to** gegenüber +*dat*); **~ discount** [*or* **rebate**] Treuerabatt *m*; **product ~** Produkttreue *f*; **to question sb's ~** an jds Loyalität zweifeln; **to take the oath of ~** den Treueeid schwören ② (*feelings*) ■**loyalties** *pl* Loyalitätsgefühle *ntpl*; ***my loyalties to my family come before my loyalties to my work*** ich fühle mich meiner Familie mehr verpflichtet als meiner Arbeit; ***I'm having to cope with divided loyalties*** ich befinde mich in einem Loyalitätskonflikt

loyalty card *n* Kundenkarte *f*

lozenge ['lɒzɪndʒ, AM 'lɑ:zəndʒ] *n* ① MATH Raute *f*, Rhombus *m* ② MED Pastille *f*; **cough ~** Hustenbonbon *nt*, Hustenpastille *f*; **fruit ~** Fruchtbonbon *nt*; **throat ~** Halsbonbon *nt*

LP [ˌel'pi:] *n abbrev of* **long-playing record** LP *f*

L-plate ['elpleɪt] *n* BRIT, AUS *Schild mit dem Buchstaben L am Auto eines Fahrschülers;* **to get the ~s off** die Führerscheinprüfung bestehen

LPN [ˌelpi:'en] *n* AM *abbrev of* **licensed practical nurse**

LSD [ˌeles'di:] **I.** *n* ① *no pl abbrev of* **lysergic acid diethylamide** LSD *nt*; **to trip on ~** einen LSD-Trip schmeißen [*o* werfen] *sl* ② MATH *abbrev of* **least significant digit** niederwertigste Ziffer **II.** *n modifier* (*dealer, dose, prices*) LSD-; **~ high** LSD-Rausch *m*; **~ trip** LSD-Trip *m*

LSE [ˌeles'i:] *n no pl, + sing/pl vb abbrev of* **London School of Economics**: ■**the ~** die LSE

Lt. *n abbrev of* **lieutenant** Lt. *m*

LTA [ˌelti:'eɪ] *n no pl, + sing/pl vb abbrev of* **Lawn Tennis Association**: ■**the ~** die LTA

Ltd. *adj inv, after n abbrev of* **limited** GmbH *f*

lube [lu:b] AM, AUS **I.** *n no pl* (*fam*) Schmiere *f fam*, Schmieröl *nt* **II.** *vt* (*fam*) **to ~ a motor** einen Motor ölen [*o* schmieren]

lube job *n* AM (*fam*) Schmierdienst *m*, Ölservice *m*; **to do a ~ on a car** ein Auto [nach]schmieren

lubricant ['lu:brɪkənt] **I.** *n* TECH Schmiermittel *nt*, Schmierstoff *m*; MED, TECH Gleitmittel *nt* **II.** *n modifier* Schmier-; **~ oil** Schmieröl *nt*

lubricate ['lu:brɪkeɪt] *vt* ① (*grease*) ■**to ~ sth** etw schmieren [*o* fetten]; **to ~ an engine** eine Maschine abschmieren; **to ~ a hinge** ein Scharnier einfetten ② (*make slippery*) ■**to ~ sth** etw [ein]ölen [*o* einschmieren]; **~d condom** Kondom *nt* mit Gleitmittel ▶ PHRASES: **to ~ sb's <u>tongue</u>** jdm die Zunge lösen

lubrication [ˌlu:brɪ'keɪʃᵊn] **I.** *n no pl* Schmieren *nt*, Fetten *nt*; ***my bike chain needs some ~*** meine Fahrradkette muss gefettet werden **II.** *n modifier* (*fitting, system*) Schmier-

lubricator ['lu:brɪkeɪtəʳ, AM -t̬ɚ] *n* TECH ① (*substance*) Abschmierfett *nt* ② (*device*) Abschmiervorrichtung *f*, Schmiergerät *nt*

lubricious [lu:'brɪʃəs] *adj* ① TECH schmierfähig; MED gleitfähig ② (*fig form: obscene*) schlüpfrig; **~ conduct** unanständiges Verhalten

lubriciously [lu:'brɪʃəsli] *adv* (*fig form*) schlüpfrig; **to act ~** sich *akk* unanständig benehmen

lubriciousness [lu:'brɪʃəsnəs] *n no pl* (*form*) Schlüpfrigkeit *f*, Unanständigkeit *f*

lucern(e) [lu:'sɜ:n, AM -'sɜrn] *n no pl esp* BRIT BOT Luzerne *f*

Lucerne [lu:'sɜ:n, AM -'sɜrn] *n* Luzern *nt*; **Lake ~** Vierwaldstätter See *m*

lucid ['lu:sɪd] *adj* ① (*unambigious*) klar; (*easy to understand*) einleuchtend, verständlich; ***he writes in a very ~ manner*** er hat einen sehr klaren Stil; **a ~ account** eine präzise Darstellung ② (*clear-thinking*) klar; **in a ~ moment** [*or* **interval**] in einem klaren Moment

lucidity [lu:'sɪdəti, AM -t̬i] *n no pl* ① (*in writing, speech*) Klarheit *f*; **~ of explanation** Anschaulichkeit *f* einer Erklärung ② *of perception* [geistige] Klarheit

lucidly ['lu:sɪdli] *adv* ① (*understandably*) klar, einleuchtend; **to explain sth ~** etw verständlich [*o* anschaulich] erklären; **to speak ~** verständlich reden ② (*with mental clarity*) klar

lucidness ['lu:sɪdnəs] *n no pl* ① (*in writing,*

speech) Klarheit *f,* Verständlichkeit *f* ❷ *of perception* [geistige] Klarheit

Lucifer ['lu:sɪfəʳ, AM -səfɚ] *n* Luzifer *m;* **to be as proud as ~** so stolz wie eine Rose sein

Lucite® ['lu:saɪt] *n* AM Plexiglas® *nt*

luck [lʌk] **I.** *n no pl* ❶ (*fortune*) Glück *nt;* ***it's the ~ of the draw*** das ist eben Glücksache; ***our ~ was in*** BRIT, ***~ was with us*** wir hatten Glück; ***my ~ was in yesterday*** gestern war mein Glückstag; ***~ was on our side*** das Glück war auf unserer Seite; ***as ~ would have it*** wie es der Zufall wollte; ***just my ~!*** Pech gehabt!; ***it was just her ~ to arrive two minutes too late*** typisch für sie, dass sie zwei Minuten zu spät kam; ***no such ~!*** (*fam*) schön wär's! *fam;* ***I was rather hoping it would rain today but no such ~*** ich hatte gehofft, es würde heute regnen, aber es sollte nicht sein; ***some people have all the ~*** manche Menschen haben einfach immer Glück; **a stroke of ~** ein Glücksfall *m;* **bad ~ [on sb]** Pech *nt* [für jdn]; **it's bad ~ to do sth** es bringt Unglück, etw zu tun; **bad [*or* hard] [*or* tough] [*or* rotten] ~!** so ein Pech [aber auch]! *fam;* **to be just [a matter of] ~** reine Glückssache sein; **to be in/out of ~** Glück/kein Glück haben; ***do you have any bananas today? — you're in ~*** haben Sie heute Bananen? – Sie haben Glück; **to be down on one's ~** vom Pech verfolgt sein; **not to believe one's ~** sein Glück kaum fassen können; **to bring sb good/bad ~** jdm Glück/Unglück bringen; **to have [good] ~/bad ~** Glück/Pech haben; ***the only kind of ~ I've been having lately is bad ~*** in der letzten Zeit hatte ich immer nur Pech; **to try one's ~ at sth** sein Glück in etw *dat* versuchen; **by ~** durch Glück [*o* Zufall]; ***that was more by ~ than judgement*** das war mehr Glück als Verstand; **for [good] ~** als Glücksbringer; **with [any [*or* a bit of]] ~** mit ein bisschen Glück ❷ (*success*) Erfolg *m;* ***any ~ with booking your flight?*** hat es mit der Buchung deines Fluges geklappt?; ***better ~ next time!*** vielleicht [klappt es] beim nächsten Mal!; ***good ~ for your exams, John!*** viel Glück [*o* Erfolg] bei deiner Prüfung, John!; ***good ~ to him!*** (*iron*) na dann viel Glück! *iron;* **to have ~ [with] doing sth** bei etw *dat* Erfolg haben; **to wish sb good [*or* the best of] ~ in [*or* with] sth** jdm für etw *akk* viel Glück [*o* Erfolg] wünschen; **with no ~** ohne Erfolg, erfolglos **II.** *vi* AM (*fam*) ■**to ~ into sth** durch Glück an etw *akk* kommen, etw durch Zufall ergattern *fam*

◆**luck out** *vi* AM (*fam*) Schwein haben *fam*

luckily ['lʌkɪli] *adv* glücklicherweise; ***~ for them*** zu ihrem Glück

luckless ['lʌkləs] *adj* (*unfortunate*) glücklos; (*unsuccessful*) erfolglos

lucky ['lʌki] *adj* ❶ (*fortunate*) glücklich; ***you ~ thing!*** (*fam*) du Glückliche(r)!, du Glückspilz!; ***~ her!*** die Glückliche!; ***you're getting married? who's the ~ man/woman?*** du heiratest? wer ist denn der/die Glückliche?; ***you are ~ in having such a beautiful house*** du kannst dich glücklich schätzen, so ein wunderbares Haus zu besitzen; ***we'll be ~ if …*** wir können von Glück sagen, wenn …; ***you had a ~ escape!*** da hast du ja noch mal Glück gehabt!; ***she's ~ to be alive*** sie hat Glück, dass sie noch lebt; ***it is ~ that they came home*** zum Glück sind sie nach Hause gekommen; ***she's going to ask for a salary increase — she'll be ~!*** sie will um eine Gehaltserhöhung bitten – na dann viel Glück!; ***can you lend me £100? — you'll be ~!*** kannst du mir £100 leihen? – so siehst du [mir] aus!; ***did your husband give you those earrings? — I should be so ~!*** hat dir dein Mann die Ohrringe geschenkt? – schön wär's! *fam;* **a ~ find** ein glücklicher Fund; **to be ~ at games/in love** Glück im Spiel/in der Liebe haben; **to be born ~** ein Glückskind sein; **to count oneself ~** sich *akk* glücklich schätzen; **to get ~** (*fam*) Glück haben; (*meet sb*) jdn kennen lernen; (*hum: have sex*) sich *dat* näher kommen *euph* ❷ (*bringing fortune*) glückbringend, Glücks-; ***what a ~ break!*** Glück gehabt!; **~ buy** günstiger Kauf; **~ day** Glückstag *m;* **~ number** Glückszahl *f;* **to make a ~ guess** einen Zufallstreffer landen

lucky charm *n* Glücksbringer *m,* Talismann *m* **lucky dip** *n* BRIT, AUS ≈ Glückstopf *m;* (*fig*) Glücksspiel *nt*

lucrative ['lu:krətɪv, AM -t̬ɪv] *adj* einträglich, lukrativ *geh*

lucratively ['lukrətɪvli, AM -t̬ɪv-] *adv* gewinnbringend, lukrativ *geh*

lucrativeness ['lu:krətɪvnəs, AM -t̬ɪv-] *n no pl* Einträglichkeit *f,* Lukrativität *f geh*

lucre ['lu:kəʳ, AM -kɚ] *n no pl* (*pej dated*) Mammon *m pej,* Geld *nt;* [**filthy**] **~** [schnöder] Mammon *hum o pej;* ***he will do anything for ~*** für Geld tut er alles

Luddite ['lʌdaɪt] *n* ❶ (*hist*) Maschinenstürmer *m hist,* Luddit *m hist* ❷ (*usu pej: anti-technology*) Technikfeind(in) *m(f)*

ludic ['lu:dɪk] *adj* (*form*) spielerisch

ludicrous ['lu:dɪkrəs] *adj* (*ridiculous*) lächerlich, lachhaft *pej;* (*absurd*) absurd, grotesk; **a ~ idea** eine abstruse [*o* haarsträubende] Idee; **~ prices** haarsträubende Preise; **to look ~** lächerlich aussehen

ludicrously ['lu:dɪkrəsli] *adv* (*ridiculously*) lächerlich; (*absurdly*) absurd, haarsträubend; **~ expensive** unglaublich teuer

ludicrousness ['lu:dɪkrəsnəs] *n no pl* Lächerlichkeit *f,* Lachhaftigkeit *f,* Absurdität *f*

ludo ['lu:dəʊ] *n* BRIT Mensch-ärgere-dich-nicht[-Spiel] *nt*

luff [lʌf] **I.** *n* NAUT Vorliek *nt* **II.** *vt* ❶ NAUT ■**to ~ sb/sth** jdn/etw luven ❷ TECH ■**to ~ sth** etw wippen **III.** *vi* NAUT anluven

lug[1] [lʌg] **I.** *vt* <-gg-> (*fam*) ■**to ~ sth** (*carry*) etw schleppen; (*pull*) etw zerren; ■**to ~ sb along** jdn mitschleppen; ■**to ~ sth along** [*or* **around**] etw herumschleppen; ■**to ~ sth away** etw wegschleppen **II.** *n* AM (*fam*) Schatz *m,* Liebling *m*

lug[2] [lʌg] *n* ❶ BRIT, AUS (*hum sl: ear*) Löffel *m meist pl hum fam; see also* **lughole** ❷ (*protrusion*) Halterung *f,* Haltevorrichtung *f;* (*handle*) Henkel *m* ❸ AM (*sl: bore*) Schafskopf *m pej fam,* Blödmann *m pej fam*

luge [lu:ʒ] **I.** *n* (*sled*) Schlitten *m;* SPORTS Rodelschlitten *m* **II.** *vi* Schlitten fahren, rodeln

luggage ['lʌgɪdʒ] *n no pl* [Reise]gepäck *nt;* **a piece of ~** ein Gepäckstück *nt;* **carry-on** [*or* **hand**] **~** Handgepäck *nt;* **emotional ~** (*fig*) emotionale Last; **to carry psychological ~** psychische Schwierigkeiten haben

luggage carrier *n* Gepäckträger(in) *m(f)* **luggage compartment** *n* (*in a car*) Kofferraum *m;* (*in a train*) Gepäckabteil *nt;* (*in a plane*) Gepäckraum *m* **luggage label** *n* BRIT, AUS Kofferanhänger *m* **luggage locker** *n* (*in stations*) [Gepäck]schließfach *nt;* (*in buses*) Gepäckfach *nt* **luggage rack** *n esp* BRIT Gepäckablage *f,* Gepäcknetz *nt; of a bicycle* Gepäckträger *m* **luggage tag** *n* AM (*luggage label*) Kofferanhänger *m* **luggage trolley** *n* Kofferkuli *m* **luggage van** *n* BRIT, AUS RAIL Gepäckwagen *m,* Packwagen *m*

lugger ['lʌgəʳ, AM -ɚ] *n* NAUT Logger *m*

lughole *n* BRIT (*hum sl*) Löffel *m meist pl hum fam;* ***you'll get a clip round the ~*** du kriegst gleich ein paar hinter die Löffel; **to pin back one's ~s** die Löffel aufsperren [*o* spitzen] *fam* **lug nut** *n* Radmutter *f* **lugsail** *n* Loggersegel *nt,* Sturmsegel *nt*

lugubrious [lu'gu:briəs, AM lə'-] *adj* schwermütig, traurig; **~ expression/look** wehmütiger [*o* kummervoller] Gesichtsausdruck/Blick; **~ music** wehmütige [*o* melancholische] Musik

lugubriously [lu'gu:briəsli, AM lə'-] *adv* trübselig, schwermütig, kummervoll; **to speak ~** traurig reden

lugubriousness [lu'gu:briəsnəs, AM lə'-] *n no pl* Schwermütigkeit *f,* Wehmut *f,* Trübseligkeit *f*

lugworm *n* Köderwurm *m* **lug wrench** *n* Radmutternschlüssel *m*

Luke [lu:k] *n* Lukas *m;* **St ~** der heilige Lukas

lukewarm *adj inv* ❶ (*tepid*) lau[warm]; **~ to the touch** handwarm ❷ (*fig: not enthusiastic*) mäßig, halbherzig; **~ applause** mäßiger Applaus; **to be ~ about an idea** von einer Idee nur mäßig begeistert sein

lull [lʌl] **I.** *vt* ❶ (*soothe*) **to ~ sb to sleep** jdn in den Schlaf lullen; **to ~ a baby to sleep** ein Baby in den Schlaf wiegen ❷ (*trick*) ■**to ~ sb** jdn einlullen *fig;* **to ~ sb into a false sense of security** jdn in trügerischer Sicherheit wiegen ❸ (*dispel*) ■**to ~ sth** *suspicions, fears* etw zerstreuen **II.** *vi* sich *akk* legen *fig; storm* nachlassen; *sea* sich *akk* beruhigen **III.** *n* [Ruhe]pause *f;* ECON Flaute *f;* ***there was a ~ in the storm*** der Sturm ließ für einen Moment lang nach; **a ~ in consumer demand** Konsumflaute *f;* **~ in the conversation** Gesprächspause *f;* **~ in fighting** Kampfpause *f;* **the ~ before the storm** (*fig*) die Ruhe vor dem Sturm *fig*

lullaby ['lʌləbaɪ] *n* Schlaflied *nt,* Wiegenlied *nt*

lulu ['lu:lu:] *n* AM, AUS (*sl*) ■**to be a ~** ❶ (*bad*) der Hammer sein *fam* ❷ (*good*) [aller]erste Sahne sein *fam*

lumbago [lʌm'beɪgəʊ, AM -goʊ] *n no pl* Hexenschuss *m,* Lumbago *f fachspr;* **to have [a] ~** einen Hexenschuss haben

lumbar ['lʌmbəʳ, AM -bɑ:r] *adj attr, inv* MED Lenden-, lumbal *fachspr;* **~ region** Lendenbereich *m;* **~ vertebra** Lendenwirbel *m*

lumber[1] ['lʌmbəʳ, AM -bɚ] *vi person* schwerfällig gehen, trotten; *tank* rollen; *cart, waggon* [dahin]rumpeln; *animal* trotten; *bear* [behäbig] tapsen

lumber[2] ['lʌmbəʳ, AM -bɚ] **I.** *n no pl* ❶ *esp* BRIT (*junk*) Kram *m pej fam,* Krempel *m pej fam* ❷ *esp* AM, AUS (*timber*) Bauholz *nt,* Nutzholz *nt;* **~ industry** Holzindustrie *f* **II.** *vt* BRIT, AUS (*fam*) ■**to ~ sth with sth** etw mit etw *dat* vollstopfen; ■**to ~ sb with sth** jdm etw aufhalsen; ***as usual, I got ~ed*** wie immer wurde mir die ganze Arbeit aufgebrummt; ***I'm always ~ed with doing the laundry*** das Wäschewaschen bleibt immer an mir hängen; **to ~ one's mind with sth** sich *akk* mit etw *dat* belasten **III.** *vi* Holz fällen

lumberer ['lʌmbərəʳ, AM -bərɚ] *n,* **lumberjack** ['lʌmbədʒæk, AM -bɚ-] *n* Holzfäller(in) *m(f),* Holzarbeiter(in) *m(f)*

lumbering[1] ['lʌmbərɪŋ] *adj attr, inv person* plump; *gait* schwerfällig, trampelnd; *cart, waggon* rumpelnd; *tank* klobig; *animal* trampelnd; *bear* tapsig

lumbering[2] ['lʌmbərɪŋ] *n no pl esp* AM Holzfällen *nt,* Abholzen *nt;* **~ business** [*or* **firm**] Holzunternehmen *nt*

lumber jacket *n* Lumberjack *m,* Holzfällerjacke *f* **lumberman** *n* (*logger*) Holzfäller *m;* (*dealer*) Holzhändler *m* **lumber mill** *n* Sägewerk *nt,* Sägemühle *f* **lumber room** *n* BRIT Abstellkammer *f,* Rumpelkammer *f fam*

lumbersome ['lʌmbəsəm, AM -bɚ-] *adj thing* unhandlich; *person* unbeholfen

lumber trade *n no pl esp* AM Holzhandel *m* **lumberyard** *n esp* AM Holzlager *nt,* Holzplatz *m*

luminary ['lu:mɪnəri, AM 'lu:məneri] *n* ❶ (*liter: in sky*) Himmelskörper *m* ❷ (*fig: in an industry*) Koryphäe *f geh,* Kapazität *f fig;* (*in film, theater*) Berühmtheit *f,* Star *m*

luminescence [ˌlu:mɪ'nesən(t)s, AM ˌlu:mə'-] *n no pl* Leuchten *nt;* PHYS Lumineszenz *f fachspr*

luminescent [ˌlu:mɪ'nesənt, AM ˌlu:mə'-] *adj* leuchtend, glänzend; PHYS, ELEC lumineszierend *fachspr*

luminosity [ˌlu:mɪ'nɒsəti, AM ˌlu:mə'nɑ:sət̬i] *n no pl* ❶ (*brightness*) Helligkeit *f; of a lamp* Leuchtkraft *f;* PHYS Lichtstärke *f* ❷ (*fig*) *of artist* Brillanz *f,* Genialität *f*

luminous ['lu:mɪnəs, AM 'lu:mə-] *adj* ❶ (*bright*) leuchtend *a. fig,* strahlend *a. fig;* ***her eyes were ~ with merriment*** ihre Augen strahlten vor Glück ❷ (*phosphorescent*) phosphoreszierend, Leucht-; **~ hand** Leuchtzeiger *m;* **~ paint** Leuchtfarbe *f* ❸ (*brilliant*) genial, brillant, glänzend *fig*

luminously ['lu:mɪnəsli, AM 'lu:mə-] *adv* ❶ (*with light*) hell ❷ (*brilliantly*) *speak, write* genial, brillant, glänzend *fig*

lumme ['lʌmi] *interj* BRIT (*fam*) ■**~!** ach Gott!

lummox <*pl* -es> ['lʌməks] *n esp* AM (*fam*) Tolpatsch *m fam,* Trampel *m pej fam*

lump [lʌmp] **I.** *n* ① *(chunk)* Klumpen *m;* ***this sauce has got ~s in it*** in der Sauce schwimmen Klümpchen; **~ coal** Grobkohle *f,* Stückkohle *f;* **~ of ice** Eisbrocken *m;* **three ~s of sugar** drei Stück Zucker; **~ of wood** Holzklotz *m* ② *(sl: heap)* Haufen *m fam* ③ MED *(swelling)* Beule *f,* Schwellung *f;* *(in breast)* Knoten *m;* *(inside body)* Geschwulst *f,* Geschwür *nt* ④ *(fam: person)* Brocken *m fam,* Trampel *m o nt pej fam,* Koloss *m a. hum fam;* ***what a great ~ you are!*** was bist du doch für ein Fettkloss! ⑤ *(money)* Menge *f,* Masse *f;* **to pay in a ~** alles auf einmal bezahlen ► PHRASES: **to have a ~ in one's throat** einen Kloß im Hals haben *fig;* **to bring a ~ to sb's throat** jdm die Kehle zuschnüren *fig;* **taken in the ~** im Großen und Ganzen, alles in allem; **to take one's ~s** AM *(fam)* die Konsequenzen tragen **II.** *vt* ① *(combine)* ■**~ sth with sth** etw mit etw *dat* zusammentun *fam;* ■**to ~ sb with sb else** *(judge together)* jdn mit jdm in einen Topf werfen *fig fam;* *(put in one group)* jdn mit jdm zusammenstecken *fam;* **to ~ costs** Kosten zusammenlegen ② *(sl: endure)* **to ~ it** sich *akk* damit abfinden, etw hinnehmen [*o fam* schlucken]; ***you'll just have to like it or ~ it*** damit musst du dich eben abfinden; ***if Tom doesn't like it, he can ~ it*** wenn Tom das nicht passt, hat er eben Pech gehabt **III.** *vi* FOOD *flour, sauce* klumpen, Klumpen bilden

◆**lump together** *vt* ① *(put together)* ■**to ~ together** ○ **sth** etw zusammenfassen; ***you can ~ your expenses together*** Sie können ihre Ausgaben zusammenrechnen; **to ~ books together** Bücher zusammenstellen; **to ~ money together** Geld zusammenlegen ② *(judge together)* ■**to ~ together** ○ **sb/sth** jdn/etw in einen Topf werfen *fig*

lumpen [ˈlʌmpən] *adj* *(fam: awkward) person* plump, grobschlächtig; *(stupid)* doof *pej fam,* dumm *pej*

lump fish *n* Seehase *m*

lumpish [ˈlʌmpɪʃ] *adj* *(awkward) person* grobschlächtig, plump; *(stupid)* doof *pej fam,* dumpf *pej;* **~ movement** schwerfällige Bewegung

lump payment *n* Einmalzahlung *f* **lump sugar** *n no pl* Würfelzucker *m* **lump sum** *n,* **lump sum payment** *n* *(paid at once)* Einmalzahlung *f;* *(for several items)* Pauschale *f,* Pauschalbetrag *m;* **to receive a ~** eine Pauschale erhalten; **to pay sth in a ~** etw pauschal bezahlen

lumpy [ˈlʌmpi] *adj liquid* klumpig; *figure* plump, massig; *person* pummelig; ***the custard is very ~*** der Pudding ist voller Klümpchen; **~ pillow/mattress** Kopfkissen *nt*/Matratze *f* mit klumpiger Füllung; **~ sea** unruhige See; **~ surface** unebene Oberfläche

lunacy [ˈluːnəsi] *n no pl* ① *(dated: mental condition)* Wahnsinn *m pej;* MED Geistesstörung *f;* LAW [geistige] Unzurechnungsfähigkeit ② *(foolishness)* *of action, statment* Wahnsinn *m fam,* Irrsinn *m fam;* **sheer** [*or* **utter**] **~** heller [*o* reiner] Wahnsinn

lunar [ˈluːnəʳ, AM -nɚ] *adj attr, inv* Mond-, lunar *fachspr;* **~ cycle** Mondzyklus *m;* **~ landscape** Mondlandschaft *f a. fig;* **~ orbit** Mondumlaufbahn *f;* **~ rock** Mondgestein *nt*

lunar eclipse *n* Mondfinsternis *f* **lunar module** *n* Mond[lande]fähre *f,* Mondlandeeinheit *f* **lunar month** *n* Mondmonat *m*

lunar year *n* Mondjahr *nt*

lunatic [ˈluːnətɪk] **I.** *n* ① *(dated: mentally ill person)* Irre(r) *f(m) pej derb,* Idiot(in) *m(f) pej derb;* MED Geistesgestörte(r) *f(m);* LAW [geistig] Unzurechnungsfähige(r) *f(m)* ② *(crazy person)* Verrückte(r) *f(m) fam,* Irre(r) *f(m) fam,* Wahnsinnige(r) *f(m) fam* **II.** *adj* verrückt *fam o pej,* wahnsinnig *fam o pej;* MED geistesgestört; LAW [geistig] unzurechnungsfähig

lunatic asylum *n* *(hist)* Irrenanstalt *f pej veraltend fam,* Irrenhaus *nt pej veraltend fam* **lunatic fringe** *n* *(pej)* Extremisten *mpl,* Fanatiker *mpl;* ■**to be on the ~** Extremist/Extremistin sein

lunch [lʌn(t)ʃ] **I.** *n* <*pl* -es> ① *(mid-day meal)* Mittagessen *nt;* ***what's for ~?*** was gibt's zu Mittag?; **buffet ~** kaltes Buffet; **business** [*or* AM **power**] **~** *(sl)* Arbeitsessen *nt,* Geschäftsessen *nt;* **to do ~** *(fam)* miteinander zu Mittag essen; **to go out to** [*or* **for**] **~** zum Mittagessen gehen, auswärts zu Mittag essen; **to have** [*or* **eat**] **~** zu Mittag essen; **to have an early ~** früh zu Mittag essen; **to have** [*or* **hold**] **a ~** ein Essen geben ② *(mid-day break)* Mittagspause *f;* ***what time do you want to have ~?*** wann möchtest du Mittag machen?; **to be out to** [*or* **for**] **~** in der Mittagspause [*o* zu Tisch] sein ③ *(light meal)* Imbiss *m* ► PHRASES: **there's no such thing as a free ~** *(prov)* es wird einem nichts geschenkt; **to be out to ~** *esp* AM *(fam)* nicht ganz richtig im Kopf sein *fam* **II.** *vi* zu Mittag essen, lunchen; ■**to ~ with sb** mit jdm zu Mittag essen; ■**to ~ on sth** etw zu Mittag essen

lunchbox *n* ① *(box)* Brot[zeit]dose *f,* Lunchbox *f* ② *(sl: male genitalia)* Gehänge *nt derb;* **kick to the ~** Tritt *m* in die Eier *derb* **lunch break** *n* Mittagspause *f*

luncheon [ˈlʌn(t)ʃən] *n* *(form)* Mittagessen *nt,* Lunch *nt*

luncheonette [ˌlʌn(t)ʃəˈnet] *n* AM ≈ Imbissstube *f,* ≈ Snackbar *f*

luncheon meat *n* Frühstücksfleisch *nt* **luncheon voucher** *n* BRIT Essensmarke *f*

lunch hour *n* Mittagspause *f* **lunch meat** *n* AM Frühstücksfleisch *nt* **lunch party** *n Mittagessen mit kleiner Party* **lunch room** *n* AM *(snack bar)* Imbissstube *f;* *(at school)* Speisesaal *m;* *(at university)* Mensa *f;* *(at work)* Kantine *f* **lunchstop** *n* Lunchbar *f* **lunchtime I.** *n* *(midday)* Mittagszeit *f;* *(lunchbreak)* Mittagspause *f;* ***Sunday ~s are special in our family*** das sonntägliche Mittagessen ist in unserer Familie etwas Besonderes; **yesterday ~** BRIT gestern in der Mittagspause; **at ~** mittags; ***he'll arrive at ~*** er wird gegen Mittag ankommen **II.** *n modifier* *(concert, edition)* Mittags-

lung [lʌŋ] *n* Lungenflügel *m;* ■**the ~s** *pl* die Lunge; **the ~s of the Earth** *(fig)* die grüne Lunge der Erde; **to have a good** [*or* **healthy**] **pair of ~s** eine gute Lunge haben *hum* ► PHRASES: **to shout at the top of one's ~s** sich *dat* die Lunge aus dem Leib schreien

lung cancer *n no pl* Lungenkrebs *m*

lunge [lʌndʒ] **I.** *n* *(sudden jump forwards)* Satz *m* nach vorn; *(in fencing)* Ausfall *m;* **to make a ~ at sb/sth** sich *akk* auf jdn/etw stürzen **II.** *vi* ■**to ~ at** [*or* **toward[s]**] **sb** sich *akk* auf jdn stürzen, auf jdn losgehen; ■**to ~ forward** einen Satz nach vorne machen; *(in fencing)* einen Ausfall machen

◆**lunge out** *vi* ■**to ~ out at sb** sich *akk* auf jdn stürzen

lung power *n* Stimmgewalt *f*

lunula <*pl* -lae> [ˈluːnjələ, AM -njʊ-] *n* ① ANAT *(of fingernail)* Nagelmöndchen *nt,* Lunula *f fachspr* ② *(ornament)* Lunula *f fachspr*

lupin(e) [ˈluːpɪn] *n* Lupine *f*

lupine [ˈluːpaɪn] *adj* wölfisch

lurch¹ [lɜːtʃ, AM lɜːrtʃ] *n* **to leave sb in the ~** jdn im Stich lassen [*o fam* hängen lassen]

lurch² [lɜːtʃ, AM lɜːrtʃ] **I.** *n* <*pl* -es> Ruck *m a. fig;* *of ship* Schlingern *nt;* *of person* Torkeln *nt,* Taumeln *nt;* *of train* Ruckeln *nt;* **the party's ~ to the left** der Linksruck der Partei; **to give a ~** einen [plötzlichen] Ruck machen; **with a ~** mit einem Ruck **II.** *vi* *crowd, person* torkeln, schwanken; *car, ship* schlingern; *train* ruckeln; ■**to ~ away from sth** von etw *dat* abrücken [*o* Abstand nehmen]; ***the car ~ed to a sudden halt*** das Auto kam ruckartig zum Stehen; ***the train ~ed forward*** der Zug fuhr mit einem Ruck an; *(fig)* ***she ~es from one bad relationship to another*** sie schlittert von einer Katastrophenbeziehung in die nächste; ***the speaker kept ~ing from one topic to another*** der Sprecher sprang dauernd von einem Thema zum nächsten

lure [lʊəʳ, AM lʊr] **I.** *vt* ■**to ~ sb/sth** jdn/etw [an]locken [*o* ködern]; ■**to ~ sb away from sth** jdn von etw *dat* weglocken [*o* fortlocken]; **to ~ sb/an animal into a trap** jdn/ein Tier in eine Falle locken; ■**to ~ sb/an animal out from sth** jdn/ein Tier aus etw *dat* hervorlocken **II.** *n* ① *no pl* *(fig: power of attraction)* Verlockung *f,* Reiz *m;* **the ~ of easy money** der Reiz des schnellen Geldes; **the ~ of the wild** der Ruf der Wildnis ② *(decoy)* Köder *m a. fig;* HUNT Lockvogel *m a. fig*

Lurex® [ˈljʊəreks, AM ˈlʊr-] **I.** *n no pl* Lurex® *nt* **II.** *n modifier* *(skirt, top, trousers)* Lurex-, aus Lurex nach *n*

lurgy [ˈlɜːgi] *n* BRIT, AUS *(hum fam)* Zipperlein *nt hum fam,* Wehwehchen *nt hum*

lurid [ˈljʊərɪd, AM ˈlʊr-] *adj* ① *(glaring)* grell [leuchtend], intensiv; *colours* schreiend, grell *fig;* **~ sunset** dunkelroter Sonnenuntergang ② *(sensational)* reißerisch *pej,* sensationslüstern *pej;* *cover, article* reißerisch aufgemacht *pej;* *(terrible)* grässlich, widerlich; **~ details** schmutzige Einzelheiten; **to describe sth in ~ detail** etw drastisch schildern; **~ language** reißerische Sprache

luridly [ˈljʊərɪdli, AM ˈlʊr-] *adv* ① *(glaringly)* grell, intensiv ② *(horrifyingly)* grässlich, schaurig; *(gaudily)* reißerisch, sensationslüstern; **a ~ written description** eine reißerisch aufgemachte Schilderung

luridness [ˈljʊərɪdnəs, AM ˈlʊr-] *n no pl* ① *(intensity)* Grellheit *f,* Intensität *f* ② *(gaudiness)* *of language* Blutrünstigkeit *f;* *of tale* Schaurigkeit *f;* *of details* ekelhafte Darstellung; **the ~ of their language** ihre reißerische Sprache

lurk [lɜːk, AM lɜːrk] *vi* auf der Lauer liegen, lauern *a. fig;* *(fig)* ■**to ~ behind sth** hinter etw *dat* stecken; **to ~ beneath the surface** *(fig)* unter der Oberfläche schlummern; **to ~ in the bushes/the dark** sich *akk* im Gebüsch/in der Dunkelheit verborgen halten

◆**lurk about, lurk around** *vi* herumschleichen

lurking [ˈlɜːkɪŋ, AM ˈlɜːr-] *adj attr, inv* lauernd; *person, object* versteckt, verborgen; *fear* unterschwellig; *doubt, suspicion* heimlich; **~ error** versteckter Fehler

luscious [ˈlʌʃəs] *adj* ① *(sweet) taste, smell* [herrlich] süß; *fruit* saftig [süß]; *cake, wine* köstlich, delikat; *colour* satt, intensiv ② *(fam: voluptuous)* sinnlich; *girl* knackig *sl,* appetitlich *fam;* **~ curves** üppige Kurven; **~ lips** volle Lippen; **to look ~** zum Anbeißen aussehen *fam* ③ *(growing vigorously)* üppig; **~ landscape** blühende Landschaft

lusciously [ˈlʌʃəsli] *adv taste* köstlich; *(voluptuously)* sinnlich, erotisch; **~ dressed** verführerisch gekleidet; **~ juicy** herrlich saftig

lusciousness [ˈlʌʃəsnəs] *n no pl* *of food* Köstlichkeit *f;* *of fruit* Saftigkeit *f,* Süße *f;* *of colour* Sattheit *f,* Intensität *f;* *of a woman* Sexappeal *m,* erotische Ausstrahlung; *of lips* Sinnlichkeit *f;* *of a vegetation* Üppigkeit *f*

lush [lʌʃ] **I.** *adj* ① *grass* saftig [grün]; *growth, vegetation* üppig ② *(luxurious) car, hotel* luxuriös; *(voluptuous) colour* satt, intensiv; *woman* sinnlich; **~ salary** dickes [*o* saftiges] Gehalt *fam* **II.** *n* <*pl* -es> AM *(sl)* Säufer(in) *m(f) fam,* Trinker(in) *m(f)*

lushly [ˈlʌʃli] *adv* ① *grow* üppig ② *furnished, decorated* luxuriös

lushness [ˈlʌʃnəs] *n no pl* ① *of grass, meadows* Saftigkeit *f;* *of growth* Üppigkeit *f* ② *(luxury)* *of furniture* Pracht *f;* *(voluptuousness)* Üppigkeit *f;* *of woman* Sinnlichkeit *f*

lust [lʌst] **I.** *n* ① *(sexual drive)* Lust *f,* Geilheit *f fam,* Sinneslust *f geh* (**for** nach +*dat*); ***he looked at her with ~*** er sah sie lüstern an; **the ~s of the flesh** die fleischlichen Begierden [*o* Lüste] *geh;* **to satisfy one's ~** seine Lust befriedigen ② *(desire)* Begierde *f* (**for** nach +*dat*); *(greed)* Gier *f* (**for** nach +*dat*); **~ for life** Lebenslust *f,* Lebenshunger *m;* **~ for money/power** Geld-/Machtgier *f;* **~ for revenge** Rachegelüste *ntpl geh* **II.** *vi* ■**to ~ after** [*or* **for**] **sb** jdn begehren *geh o hum;* ■**to ~ after** [*or* **for**] **sth** gierig nach [*o* auf] etw *dat* sein; **to ~ after possessions/power** leidenschaftlich nach Besitz/Macht streben

luster *n no pl* AM *see* **lustre**

lusterless *adj* AM *see* **lustreless**

lustful [ˈlʌstfʊl] *adj* lüstern *geh*

lustfully [ˈlʌstfʊli] *adv* lüstern *geh*

lustfulness [ˈlʌstfʊlnəs] *n no pl* Begierde *f geh*

lustily [ˈlʌstɪli] *adv* kräftig, lebhaft; **to cry/shout ~** aus vollem Hals[e] schreien/rufen; **to laugh ~** lauthals [*o* herzhaft] lachen; **to sing ~** aus voller Kehle

L

singen; **to work** ~ dynamisch [*o* schwungvoll] arbeiten

lustiness ['lʌstɪnəs] *n no pl* Kräftigkeit *f,* Lebhaftigkeit *f*

lustre ['lʌstəʳ], AM **luster** [-tɚ] *n* ❶ *no pl* (*shine*) Glanz *m,* Schimmer *m;* **rich** ~ strahlender Glanz ❷ *no pl* (*fig: grandeur*) Glanz *m fig;* **to add** ~ **to sth** etw *dat* Glanz verleihen ❸ (*pendant*) Lüster *m;* (*chandelier*) Kronleuchter *m,* Lüster *m veraltend*

lustreless ['lʌstələs], AM **lusterless** [-tɚləs] *adj* glanzlos, ohne Glanz *nach n; hair* stumpf; *smile* matt

lustrous ['lʌstrəs] *adj* glänzend, strahlend; *hair* glänzend, schimmernd; *smile* strahlend

lustrously ['lʌstrəsli] *adv* glänzend, strahlend; ***your hair shines*** ~ deine Haare haben einen schimmernden Glanz

lusty ['lʌsti] *adj* (*strong and healthy*) *person* gesund [und munter]; *man* stark; *appetite* herzhaft; (*energetic*) *children* lebhaft; *worker* tüchtig, zupackend *attr; cry* kräftig, laut; *kick, punch* kräftig, hart; *voice* kräftig

lutanist ['lu:tᵊnɪst] *n see* **lutenist**

lute [lu:t] *n* Laute *f*

lutenist ['lu:tᵊnɪst] *n* Lautenspieler(in) *m(f),* Lautenist(in) *m(f) fachspr*

Luther ['lu:θəʳ, AM ɚ] *n no pl* Luther *m*

Lutheran ['lu:dᵊrᵊn] REL **I.** *n* Lutheraner(in) *m(f)* **II.** *adj inv* lutherisch

Lutheranism ['lu:θᵊrᵊnɪzᵊm] *n no pl* Lutheranismus *m*

luv [lʌv] *n* BRIT, AUS Liebling *m,* Schatz *m fam*

luvvie ['lʌvi] *n* BRIT (*hum*), **luvvy** *n* BRIT (*hum*) Möchtegernschauspieler(in) *m(f) pej*

lux <*pl* -> [lʌks] *n* PHYS Lux *nt*

luxe [lʌks, lu:ks] *n modifier kitchen* Nobel-; *packaging* Edel-, Luxus-

Luxembourg ['lʌksᵊmbɜ:g, AM -bɜ:rg] *n* Luxemburg *nt*

Luxembourger ['lʌksᵊmbɜ:gəʳ, AM -bɜ:rgɚ] *n* Luxemburger(in) *m(f)*

Luxemburgish ['lʌksᵊmbɜ:gɪʃ, AM -bɜ:rg-] **I.** *n* Letzeburgesch *nt* **II.** *adj* letzeburgesch

luxuriance [lʌg'ʒʊəriən(t)s, AM -'ʒʊri-] *n no pl* Überfluss *m,* Reichtum *m; of vegetation* Üppigkeit *f; of hair* Fülle *f;* ***the*** ~ ***of his style of writing sets him apart from other writers*** mit seinem überschwenglichen Schreibstil hebt er sich von anderen Autoren ab

luxuriant [lʌg'ʒʊəriənt, AM -'ʒʊri-] *adj* (*abundant*) üppig; (*adorned*) prunkvoll; ~ **hair** volles Haar; ~ **harvest** [ertrag]reiche Ernte; ~ **imagination** blühende Phantasie; ~ **style of writing** blumiger [Schreib]stil

luxuriantly [lʌg'ʒʊəriəntli, AM -'ʒʊri-] *adv* üppig

luxuriate [lʌg'ʒʊərieɪt, AM -'ʒʊri-] *vi* sich *akk* aalen; ***the plants are*** ~***ing*** die Pflanzen gedeihen prächtig; **to** ~ **on the couch** sich genüsslich auf der Couch räkeln

luxurious [lʌg'ʒʊəriəs, AM -'ʒʊri-] *adj* ❶ (*with luxuries*) luxuriös, Luxus-; ~ **hotel** Luxushotel *nt* ❷ (*self-indulgent*) genüsslich, genießerisch; (*decadent*) genusssüchtig, verschwenderisch; **to live a** ~ **life** verschwenderisch leben, ein luxuriöses Leben führen

luxuriously [lʌg'ʒʊəriəsli, AM -'ʒʊri-] *adv* ❶ (*with luxuries*) luxuriös; **to furnish sth** ~ etw prunkvoll ausstatten; **to live** ~ auf großem Fuß leben ❷ (*self-indulgently*) genüsslich, genießerisch

luxury ['lʌkʃᵊri, AM -ʃɚi] **I.** *n* ❶ *no pl* (*self-indulgence*) Luxus *m,* Überfluss *m;* **to live** [*or* **lead**] **a life of** ~ ein Luxusleben führen; **to live in** ~ im Luxus leben ❷ (*luxurious item*) Luxus[artikel] *m;* ■**luxuries** *pl* Luxus *m kein pl;* ***champagne is a real*** ~ Champagner ist der reinste Luxus; **to buy oneself little luxuries** sich *dat* ein bisschen Luxus leisten **II.** *n modifier* (*car, flat, holiday*) Luxus-; ~ **hotel** Luxushotel *nt*

luxury cruise *n* Kreuzfahrt *f;* **to go on a** ~ eine Kreuzfahrt machen **luxury goods** *n,* **luxury items** *npl* Luxusgüter *pl,* Luxusartikel *mpl*

LV *n* BRIT *abbrev of* **luncheon voucher**

LW *n* RADIO *abbrev of* **long wave** LW *f*

lychee [,laɪ'tʃi:, AM 'li:tʃi:] *n* Litschi *f*

lychgate ['lɪtʃgeɪt] *n* überdachtes Friedhofstor

Lycra® ['laɪkrə] **I.** *n no pl* Lycra® *nt* **II.** *n modifier* (*leggings, shirt*) Lycra-, aus Lycra *nach n;* ~ **fibre** Lycrafaser *f;* ~ **bodysuit** [Gymnastik]anzug *m* aus Lycra

lye [laɪ] *n no pl* Lauge *f*

lying[1] ['laɪɪŋ] *vi present participle of* **lie**

lying[2] ['laɪɪŋ] **I.** *adj attr, inv* verlogen, lügnerisch; ~ **toad** BRIT (*fam*) Lügenbold *m fam* **II.** *n no pl* Lügen *nt;* ***that would be*** ~ das wäre gelogen

lying-in [,laɪɪŋ'ɪn] *n* (*old*) Wochenbett *nt veraltend*

Lyme disease ['laɪm-] *n* MED Lyme-Krankheit *f,* Lyme-Borreliose *f fachspr*

lymph [lɪmf] *n no pl* Lymphe *f,* Gewebsflüssigkeit *f*

lymphatic [lɪm'fætɪk, AM -'fæt̬-] **I.** *adj inv* lymphatisch *fachspr,* Lymph[o]-; ~ **vessel** Lymphgefäß *nt* **II.** *n* Lymphgefäß *nt*

lymphatic system *n* Lymphsystem *nt*

lymph gland *n,* **lymph node** *n* Lymphknoten *m,* Lymphdrüse *f*

lymphocyte ['lɪm(p)fə(ʊ)saɪt] *n* Lymphozyt *m*

lymph vessel *n* Lymphgefäß *nt*

lynch [lɪn(t)ʃ] *vt* ■**to** ~ **sb** jdn lynchen

lynching ['lɪn(t)ʃɪŋ] *n* Lynchen *nt*

lynch law *n* Lynchjustiz *f* **lynch mob** *n aufgebrachte Menschenmenge, die jdn lynchen will*

lynchpin *n see* **linchpin**

lynx <*pl* -es *or* -> [lɪŋks] *n* Luchs *m*

lynx-eyed *adj* **to be** ~ Augen wie ein Luchs haben

lyre [laɪəʳ, AM laɪr] *n* Lyra *f geh,* Leier *f*

lyrebird *n* Leierschwanz *m*

lyric ['lɪrɪk] **I.** *adj inv* lyrisch; ~ **poet** Lyriker(in) *m(f);* ~ **poetry** Lyrik *f,* lyrische Dichtung **II.** *n* ❶ (*poem*) lyrisches Gedicht ❷ (*words for song*) ■~**s** *pl* [Lied]text *m*

lyrical ['lɪrɪkᵊl] *adj* ❶ *poetry* lyrisch ❷ (*emotional*) gefühlvoll, schwärmerisch; **to wax** ~ **about sth** über etw *akk* ins Schwärmen geraten

lyrically ['lɪrɪkᵊli] *adv* ❶ (*poetically*) lyrisch ❷ (*emotionally*) gefühlvoll, schwärmerisch

lyricism ['lɪrɪsɪzᵊm] *n* ❶ *no pl* LIT, MUS Lyrik *f;* (*passage*) Lyrismus *m fachspr* ❷ (*sentiment*) Gefühlsregung *f,* Schwärmerei *f*

lyricist ['lɪrɪsɪst] *n* ❶ (*writer of texts*) Texter(in) *m(f)* ❷ (*poet*) Lyriker(in) *m(f)*

M

Lysol® ['laɪsɒl, AM sɑ:l] *n no pl* Lysol® *nt*

M <*pl* -'s>, **m** <*pl* -'s *or* -s> [em] *n* ❶ (*letter*) M *nt,* m *nt;* ~ **for Mary** [*or* AM **as in Mike**] M für Martha; *see also* **A 1.** ❷ (*Roman numeral*) M *nt,* m *nt*

M I. *adj* FASHION *abbrev of* **medium** M **II.** *n* [em] BRIT *abbrev of* **motorway** ≈ A *f;* ***the*** ~***4 from London to Bristol*** die M4 von London nach Bristol

m I. *n* <*pl* -> ❶ *abbrev of* **metre** m ❷ *abbrev of* **mile** ❸ *abbrev of* **million** Mill., Mio. ❹ *abbrev of* **minute** Min. ❺ (*one thousandth*) m **II.** *adj* ❶ *abbrev of* **male** männl. ❷ *abbrev of* **masculine** m ❸ *abbrev of* **married** verh.

MA [,em'eɪ] *n abbrev of* **Master of Arts** ≈ M.A. *m;* **to be** [*or* **have**] **an** ~ **in sth** den Magister in etw *dat* haben *fam;* **to study for** [*or* **do**] **an** ~ **in sth** den Magister in etw *dat* machen *fam;* **John Smith, MA** John Smith, M.A.

ma [mɑ:] *n* ❶ (*fam: mother*) Mama *f fam,* Mutti *f fam* ❷ *esp* AM (*title*) ***M***~ ***Johnson*** Mama Johnson

ma'am[1] [mæm] *n short for* **madam** gnädige Frau *form*

ma'am[2] [mɑ:m] *n* BRIT Majestät *f*

Maastricht Treaty *n* EU Maastrichter Vertrag, Vertrag *m* von Maastricht

mac [mæk] *n esp* BRIT (*fam*) *short for* **macintosh** Regenmantel *m*

Mac[1] [mæk] *n* ❶ (*Scotsman*) Schotte *m* ❷ AM (*fam*) Kollege *m hum fam,* Kumpel *m fam;* ***hallo,*** ~***!*** hallo, Alter!

Mac[2] [mæk] *n* COMPUT (*fam*) *short for* **Macintosh®** Mac *m fam*

MAC *n* COMPUT ❶ *abbrev of* **multiplexed analog components** MAC *f* ❷ *abbrev of* **message authentication code** Nachrichtenberechtigungscode *m*

macabre [mə'kɑ:br(ə), AM -brə] *adj* makaber

macadam [mə'kædəm] *n* Splitt *m,* Schotter *m,* Makadam *m o nt fachspr*

macadamize [mə'kædəmaɪz] *vt* **to** ~ **a road** eine Straße schottern [*o fachspr* makadamisieren]

macadam road *n* Schotterstraße *f*

macaque [mə'kɑ:k] *n* ZOOL Makak *m*

macaroni [,mækə'reʊni, AM -'roʊ-] *n no pl* Makkaroni *pl*

macaroni and cheese *n,* **macaroni cheese** *n* Käsemakkaroni *pl*

macaroon [,mækə'ru:n] *n* Makrone *f*

macaw [mə'kɔ:, AM -kɑ:] *n* ORN Ara *m*

Mace® [meɪs] **I.** *n no pl* ≈ Tränengas *nt,* chemische Keule *fam* **II.** *vt* ■**to** ~ **sb** jdn mit Tränengas besprühen

mace[1] [meɪs] *n* ❶ BRIT (*staff*) Amtsstab *m* ❷ (*hist: weapon*) Keule *f;* (*with spikes*) Morgenstern *m*

mace[2] [meɪs] *n no pl* Mazis *m,* Mazisblüte *f,* Muskatblüte *f*

mace bearer *n* BRIT Träger(in) *m(f)* des Amtsstabes

Macedonia [,mæsɪ'dəʊniə, AM -ə'doʊ-] *n* Makedonien *nt,* Mazedonien *nt*

Macedonian [,mæsɪ'dəʊniən, AM -ə'doʊ-] **I.** *n* Makedonier(in) *m(f),* Mazedonier(in) *m(f)* **II.** *adj* makedonisch, mazedonisch

macerate ['mæsəreɪt] **I.** *vt* ■**to** ~ **sth** etw aufweichen [*o* einweichen]; **fruits** ~**d in wine** in Wein eingelegte Früchte **II.** *vi* aufweichen, einweichen

Mach [mæk, AM mɑ:k] *n no pl* AEROSP, PHYS Mach *nt;* **at** ~ **one** mit [einer Geschwindigkeit von] 1 Mach

machete [mə'(t)ʃeti, AM -t̬i] *n* Machete *f,* Buschmesser *nt*

Machiavellian [,mækiə'veliən] **I.** *adj* machiavellistisch **II.** *n* Machiavellist(in) *m(f)*

machinations [,mækɪ'neɪʃᵊnz, AM -ə'-] *npl* Machenschaften *pl pej,* Intrigen *fpl*

machine [mə'ʃi:n] **I.** *n* ❶ (*mechanical device*) Maschine *f,* Apparat *m;* (*answering machine*) Anrufbeantworter *m;* (*washing machine*) Waschmaschine *f;* (*vending machine*) Automat *m;* (*fig: person*) Maschine *f fig;* **by** ~ maschinell ❷ (*approv fam: bicycle*) [Fahr]rad *nt;* (*automobile, motorcycle, plane*) Maschine *f fam* ❸ (*powerful group*) Apparat *m fig,* Maschinerie *f kein pl fig, pej;* **party/propaganda** ~ Partei-/Propagandaapparat *m* **II.** *vt* ■**to** ~ **sth** (*produce*) etw maschinell herstellen [*o* produzieren]; (*treat*) etw maschinell bearbeiten; (*print*) etw [maschinell] drucken; (*cut metal*) etw abspanen; **to** ~ **the hem** den Saum [mit der Nähmaschine] umnähen

machine age *n* Maschinenzeitalter *nt* **machine code** *n no pl* (*computer language*) Maschinensprache *f;* (*instruction code*) Maschinenkode *m* **machine gun I.** *n* Maschinengewehr *nt,* MG *nt fam* **II.** *n modifier* (*ammunition, fire, handle*) Maschinengewehr-, MG- **machine-gun** *vt* ■**to** ~ **sb** (*shoot at*) mit einem Maschinengewehr auf jdn schießen; (*kill*) jdn mit einem Maschinengewehr erschießen **machine-gunner** [mə'ʃi:ngʌnəʳ, AM ɚ] *n* MG-Schütze, -in *m, f* **machine language** *n* COMPUT Maschinensprache *f,* Rechnersprache *f* **machine-made** *adj inv* maschinell hergestellt **machine-readable** *adj inv* COMPUT (*by device*) maschinenlesbar; (*by computer*) computerlesbar

machinery [mə'ʃi:nᵊri] *n no pl* ❶ (*machines*) Maschinen *fpl,* technische Geräte *pl,* Maschinerie *f* ❷ (*mechanism*) Mechanismus *m;* (*fig: system*) Apparat *m fig,* Maschinerie *f fig, pej*

machine shop *n* (*for production*) Produktionshalle *f;* (*for repairing*) Maschinen[werk]halle *f* **ma-**

chine time *n no pl* (*operation time*) Betriebszeit *f;* (*computer time*) Rechenzeit *f;* (*machine run time*) Maschinenlaufzeit *f* **machine tool** *n* Werkzeugmaschine *f* **machine translation** *n no pl* COMPUT maschinelle Übersetzung **machine-washable** *adj pred, inv* maschinenwaschbar, [wasch]maschinenfest

machinist [məˈʃiːnɪst] *n* ❶ (*operator*) Maschinist(in) *m(f); of a sewing machine* Maschinennäher(in) *m(f)* ❷ (*builder, repairer*) Maschinenbauer(in) *m(f),* Maschinenschlosser(in) *m(f)*

machismo [məˈkɪzməʊ, AM mɑːˈtʃɪzmoʊ] *n no pl* (*pej*) Machismo *m pej geh*

Mach number *n* Machzahl *f*

macho [ˈmætʃəʊ, AM ˈmɑːtʃoʊ] **I.** *adj* (*pej fam*) machohaft *fam o pej,* Macho-; ~ **man** Macho *m fam o pej;* ~ **talk** Macho-Gerede *nt fam o pej;* ***he's too ~ to admit that*** dafür ist er ein viel zu großer Macho, als dass er das zugeben würde **II.** *n* Macho *m pej*

macintosh *n* BRIT *see* **mackintosh**

mack [mæk] *n* BRIT (*fam*) *short for* **mackintosh** Regenmantel *m*

mackerel <*pl* -s *or* -> [ˈmækᵊrᵊl] *n* Makrele *f*

mackintosh [ˈmækɪntɒʃ] *n* BRIT Regenmantel *m,* Kleppermantel® *m*

macramé [məˈkrɑːmeɪ, AM ˈmækrəmeɪ] **I.** *n no pl* Makramee *nt* **II.** *n modifier* (*bag, plant hanger, sweater*) Makramee-, aus Makramee *nach n*

macro [ˈmækrəʊ, AM -kroʊ] *n* COMPUT Makro *nt*

macro- [ˈmækrəʊ, AM -kroʊ] *in compounds* makro-, Makro-

macrobiotic [ˌmækrə(ʊ)baɪˈɒtɪk, AM -kroʊbaɪˈɑːt̬ɪk] *adj inv* makrobiotisch

macrobiotics *n + sing vb* makrobiotische Kost

macrocosm [ˈmækrə(ʊ)ˌkɒzᵊm, AM -kroʊˌkɑː-] *n* ❶ *no pl* (*the universe*) ■**the** ~ der Makrokosmos, das Weltall, das Universum ❷ (*complex entity*) Makrokosmos *m a. fig*

macroeconomics [ˌmækrə(ʊ)iːkəˈnɒmɪks, AM -kroʊekəˌnɑː-] *n + sing vb* Makroökonomie *f*

macromolecule [ˌmækrə(ʊ)ˈmɒlɪkjuːl, AM -kroʊˌmɑː-] *n* Makromolekül *nt*

macron [ˈmækrɒn, AM ˈmeɪkrɑːn] *n* Längezeichen *nt*

macroscopic [ˌmækrə(ʊ)ˈskɒpɪk, AM -kroʊˈskɑː-] *adj* makroskopisch

mad <-dd> [mæd] *adj* ❶ *esp* BRIT (*fam: insane*) wahnsinnig, geisteskrank, verrückt, durchgeknallt *fam;* ***she has a ~ look on her face*** sie hat einen irren Blick; **to go** ~ den Verstand verlieren, verrückt [*o* wahnsinnig] werden; **to drive sb** ~ jdn um den Verstand bringen, jdn Wahnsinn treiben, jdn um den Verstand bringen, jdn verrückt [*o* wahnsinnig] machen ❷ *esp* BRIT (*fig fam: foolish*) verrückt; ***I must have been*** ~ ich war wohl nicht ganz bei Verstand; [**stark**] **raving** [*or* **staring**] ~ total [*o* völlig] verrückt *fam* ❸ *inv* (*frantic*) wahnsinnig *fam;* ***I'm in a ~ rush*** ich hab's wahnsinnig eilig; **to get into a ~ panic** in wilde Panik geraten; **like** ~ wie ein Verrückter/eine Verrückte, wie verrückt; **to be ~ with anxiety** [*or* **fear**] wahnsinnige Angst haben; **to be ~ with worry** sich *dat* wahnsinnige Sorgen machen; **to be ~ with joy/relief** außer sich *dat* vor Freude/Erleichterung sein ❹ (*fam: enthusiastic*) verrückt *fam;* ■**to be ~ about** [*or* **on**] **sb/sth** nach jdm/etw [*o* auf jdn/etw] verrückt sein; ***she is ~ about children*** sie ist ganz versessen auf Kinder; **to be ~ keen on sb/sth** (*fam*) versessen [*o fam* scharf] auf jdn/etw sein; **to do sth like** ~ etw wie ein Verrückter/eine Verrückte tun ❺ AM (*fam: angry*) böse, wütend, sauer *fam;* ■**to be ~ at** [*or* **with**] **sb** auf jdn böse [*o fam* sauer] sein; ***he's ~ as hell at you*** er ist stinksauer auf dich *fam;* ■**to be ~ about** [*or* **at**] **sth** über etw *akk* wütend [*o fam* sauer] sein; **to drive** [*or* **make**] **sb** ~ jdn rasend machen *fam* ❻ (*rabid*) tollwütig; ~ **dog** tollwütiger Hund; (*fig*) Verrückte(r) *f(m),* Durchgedrehte(r) *f(m) fam* ❼ AM (*sl*) mega- *sl;* ~ **cool** megacool *sl;* ~ **fun** megafun *sl;* ~ **stupid** saublöd *fam*

▶ PHRASES: **to be** [**as**] ~ **as a hatter** [*or* **March hare**] total verrückt [*o* bescheuert] sein *fam*

Madagascan [ˌmædəˈgæskən] **I.** *adj* madegassisch **II.** *n* Madegasse, -in *m, f*

Madagascar [ˌmædəˈgæskəʳ, AM -kɚ] *n* Madagaskar *nt*

madam [ˈmædəm] *n* ❶ *no pl* (*form of address*) gnädige Frau *veraltet;* (*in titles*) ***M~ President*** Frau Präsidentin; **Dear M~, …** (*in letter*) Sehr geehrte gnädige Frau, … ❷ (*pej fam: girl*) Prinzesschen *nt iron, pej* ❸ *of brothel* Puffmutter *f derb,* Bordellwirtin *f*

madcap [ˈmædkæp] **I.** *adj attr* (*dated: impulsive*) verrückt, wild; (*rash*) unbedacht; ~ **antics** übermütige Streiche; ~ **idea** ausgeflippte Idee *fam;* ~ **joke** origineller Witz; ~ **prank** frecher Streich; ~ **scheme** aberwitziger Plan **II.** *n* (*eccentric person*) Ausgeflippte(r) *f(m) fam,* verrückter Kerl; (*impulsive person*) Heißsporn *m,* impulsiver Mensch

mad cow disease *n* Rinderwahnsinn *m,* BSE *nt*

madden [ˈmædᵊn] *vt* ■**to ~ sb** (*drive crazy*) jdn um den Verstand bringen, jdn verrückt [*o* wahnsinnig] machen *fam;* (*anger*) jdn maßlos ärgern, jdn auf die Palme bringen *fam*

maddened [ˈmædᵊnd] *adj pred, inv* ~ **by** [*or* **with**] **grief** halb wahnsinnig vor Kummer

maddening [ˈmædᵊnɪŋ] *adj* äußerst ärgerlich; ***her absent-mindedness is ~ at times*** ihre Zerstreutheit ist manchmal zum Verrücktwerden; ~ **habit** nervende Angewohnheit; **a ~ pain** ein unerträglicher Schmerz; **to do sth with a ~ slowness/recklessness** etw mit einer provozierenden Langsamkeit/Rücksichtslosigkeit tun

maddeningly [ˈmædᵊnɪŋli] *adv* unerträglich, zum Verzweifeln; ~ **stupid** unglaublich dumm

madder [ˈmædəʳ, AM -ɚ] *n* ❶ BOT Krapp *m,* Färberröte *f* ❷ (*dye*) Krappfarbstoff *m*

made [meɪd] **I.** *pp, pt of* **make II.** *adj* **to have** [**got**] **it** ~ es geschafft haben *fam;* **a ~ man** ein gemachter Mann

Madeira [məˈdɪərə, AM -ˈdɪrə] *n* ❶ *no pl* GEOG Madeira *nt* ❷ (*wine*) Madeira[wein] *m* ❸ (*cake*) ~ [**cake**] ≈ Sandkuchen *m*

madeleine [ˈmædᵊlen] *n* Madeleine *f* (*kleiner in einer Papiermanschette gebackener Rührkuchen*)

made-to-measure *adj inv* maßgeschneidert, nach Maß [an]gefertigt; ~ **suit** Maßanzug *m* **made to order** *adj pred, inv,* **made-to-order** *adj attr, inv* maßangefertigt, nach Maß *nach n;* ECON kundenspezifisch **made-up** *adj* ❶ (*imaginary*) [frei] erfunden, ausgedacht ❷ (*wearing make-up*) geschminkt; ***she was heavily*** ~ sie war stark geschminkt ❸ (*prepared*) fertig, Fertig-; ~ **clothes** Konfektionskleidung *f;* ~ **products** Fertigprodukte *pl* ❹ *road* befestigt

madhouse *n* ❶ (*pej fam or dated: mental hospital*) Irrenanstalt *nt hist o pej fam* ❷ (*pej fam: chaotic place*) Irrenhaus *nt fig, pej fam,* Tollhaus *nt fig, pej*

madly [ˈmædli] *adv* ❶ (*insanely*) wie verrückt [*o* wild]; ***she screamed*** ~ sie schrie wie verrückt ❷ (*fam: frantically*) wie ein Verrückter/eine Verrückte *fam;* **to behave** ~ sich *akk* unmöglich aufführen [*o* benehmen] ❸ (*fam: very much*) wahnsinnig *fam;* ~ **jealous** wahnsinnig eifersüchtig; ~ **in love** bis über beide Ohren verliebt

madman *n* ❶ (*dated: insane*) Irrer *m derb,* Geisteskranker *m* ❷ (*pej: frantic*) Verrückter *m fam,* Wahnsinniger *m fam,* Ausgeflippter *m sl;* **to run like a** ~ wie ein Verrückter rennen; **to drive like a** ~ wie ein Irrer fahren

madness [ˈmædnəs] *n no pl* ❶ (*insanity*) Wahnsinn *m,* Geisteskrankheit *f geh* ❷ (*folly*) Wahnsinn *m fam,* Verrücktheit *f;* **sheer** ~ blanker [*o* heller] Wahnsinn ❸ (*chaos*) Chaos *nt;* ***there was ~ in grocery stores*** in den Lebensmittelläden war die Hölle los; ***it's absolute ~ in here*** das hier ist ein richtiger Hexenkessel

Madonna [məˈdɒnə, AM ˈdɑːnə] *n* ❶ REL (*name*) Madonna *f* ❷ ART (*picture*) Madonnenbild *nt;* (*statue*) Madonnenfigur *f;* ■**the** ~ die Madonna

madrigal [ˈmædrɪgᵊl] *n* Madrigal *nt*

madwoman *n* ❶ (*insane*) Irre *f derb,* Geisteskranke *f* ❷ (*pej: frantic*) Verrückte *f fam,* Wahnsinnige *f fam,* Ausgeflippte *f sl; see also* **madman**

maelstrom [ˈmeɪlstrɒm, AM -strəm] *n* METEO, NAUT Mahlstrom *m,* Malstrom *m;* (*fig*) Sog *m fig,* Strudel *m fig*

maestri [ˈmaɪstri] *n* MUS *pl of* **maestro**

maestro <*pl* -tri> [ˈmaɪstrəʊ, AM --stroʊ, *pl* -stri] *n* MUS (*also hum*) Maestro *m a. hum,* Meister *m a. iron*

mafia [ˈmæfiə, AM ˈmɑː-] *n + sing/pl vb* ■**the M~** die Mafia; (*fig*) Mafia *f fig;* **the Russian** ~ die Russenmafia; **the art/literary/software** ~ die Kunstmafia/Literaturmafia/Software-Mafia

mafiosi [ˌmæfiˈəʊsi, AM ˌmɑːfiˈoʊsi] *n pl of* **mafioso**

mafioso <*pl* -si *or* -s> [ˌmæfiˈəʊsəʊ, AM ˌmɑːfiˈoʊsoʊ, *pl* -si] *n* Mafioso *m*

mag [mæg] *n* (*fam*) *short for* **magazine** Blatt *nt fam*

magazine [ˌmægəˈziːn, AM ˈmægəziːn] *n* ❶ (*publication*) Zeitschrift *f,* Magazin *nt;* **to subscribe to a** ~ eine Zeitschrift abonnieren ❷ (*gun part*) Magazin *nt* ❸ MIL (*depot*) Depot *nt;* HIST Magazin *nt* ❹ COMPUT (*in videotext system*) Magazin *nt*

magazine programme *n* Fernsehmagazin *nt* **magazine rack** *n* Zeitschriftenständer *m*

magenta [məˈdʒentə] *adj inv* magentarot

maggot [ˈmægət] *n* Made *f*

maggoty [ˈmægəti, AM -t̬i] *adj* madig; ~ **carcass** von Maden zerfressener Leichnam

Magi [ˈmeɪdʒaɪ] *npl* ■**the** ~ die Weisen aus dem Morgenland, die Heiligen Drei Könige

magic [ˈmædʒɪk] **I.** *n no pl* ❶ (*sorcery*) Magie *f,* Zauber *m;* **like** [*or* **as if by**] ~ wie von Zauberhand; **to work like** ~ (*fig*) wie am Schnürchen klappen [*o* laufen] *fam* ❷ (*tricks*) Zaubertrick[s] *m[pl],* Zauberkunststück[e] *nt[pl];* **to do** ~ zaubern, Zaubertricks vorführen; **to make sth disappear by** ~ etw wegzaubern ❸ (*extraordinariness*) Zauber *m; of a name* magischer Klang; ***his music hasn't lost any of its ~*** seine Musik hat ihren Zauber nicht verloren ❹ (*effects*) Magie *f* **II.** *adj inv* ❶ (*supernatural*) magisch, Zauber-; ***they had no ~ solution*** sie konnten keine Lösung aus dem Ärmel zaubern; ***how did you get the computer to work again? — I guess I've got the ~ touch*** wie hast du den Computer wieder hingekriegt? — ich glaube, ich habe einfach eine Begabung für so was; ~ **formula** Zauberformel *f* ❷ (*extraordinary*) *moment* zauberhaft, wundervoll; *powers* magisch **III.** *interj* BRIT (*dated form*) großartig, zauberhaft; ***you're having a party? ~!*** du machst eine Party? toll! **IV.** *vt* ■**to ~ sb/sth away** [*or* **to ~ away sb/sth**] jdn/etw wegzaubern

magical [ˈmædʒɪkᵊl] *adj* ❶ *inv* (*magic*) magisch, Zauber-; ***his effect on children is*** ~ er wirkt magisch auf Kinder; ~ **powers** Zauberkräfte *fpl* ❷ (*extraordinary*) *moment* zauberhaft, wundervoll; *powers* magisch; ***her smile has some sort of ~ quality*** ihr Lächeln kann verzaubern

magically [ˈmædʒɪkli] *adv* ❶ *inv* (*by magic*) wie von [*o* durch] Zauberhand, wie durch ein Wunder ❷ (*extraordinarily*) wundervoll, zauberhaft

magic bullet *n* (*fam: medication*) Wunderwaffe *f* **magic carpet** *n* fliegender Teppich **magic circle** *n* (*fig: in politics*) priviligierter Kreis; (*of magicians*) Gilde *f* der Zauberkünstler **magic eye** *n* magisches Auge

magician [məˈdʒɪʃᵊn] *n* Zauberer/Zauberin *m/f,* Magier(in) *m(f);* (*on stage*) Zauberkünstler(in) *m(f)*

Magic Marker® *n* Filzstift *m* **magic mushroom** *n* (*halucinogenic mushroom*) Magic Mushroom *m* **magic spell** *n* Zauber *m kein pl;* **to put** [*or* **cast**] **a ~ on sb** jdn verzaubern, jdn mit einem Zauber belegen *geh* **magic square** *n* MATH magisches Quadrat **magic trick** *n* Zaubertrick *m;* **to perform a** ~ ein Zauberkunststück vorführen **magic wand** *n* Zauberstab *m;* (*fig*) ***we have no ~ to fix this battered economy*** wir haben keine Patentlösung, um diese zerrüttete Wirtschaft wieder in Ordnung zu bringen **magic word** *n* Zauberwort *nt,* Zauberspruch *m;* (*fig*) ***what's the ~? — please!*** wie heißt das kleine Zauberwort? – bitte!; **to say the** ~ das Zauberwort sagen

magisterial [ˌmædʒɪˈstɪəriəl, AM -ˈstɪr-] *adj* (*form*) ❶ (*authoritative*) maßgebend, richtungsweisend,

autoritativ *geh;* **a ~ study** eine richtungsweisende Studie ② *(pej: domineering) tone, manner* herrisch, autoritär ③ *inv (of a magistrate) office, robes* richterlich
magisterially [ˌmædʒɪˈstɪəriəli, AM ɪˈstɪri] *adv* gebieterisch
magistracy [ˈmædʒɪstrəsi] *n* ① *(office)* Amt *nt* des Friedensrichters *hist* ② + *sing/pl vb (magistrates)* ■**the ~** die Friedensrichter *mpl hist*
magistrate [ˈmædʒɪstreɪt] *n* Friedensrichter *m hist,* Schiedsmann *m hist;* BRIT Richter *m;* **to appear before a ~** vor einem Schiedsgericht erscheinen
magistrates' bench *n* Amtsgericht *f;* **to appoint sb to the ~** jdn zum Friedensrichter/zur Friedensrichterin ernennen **magistrates' court** *n* Schiedsgericht *nt hist,* Friedensgericht *nt hist;* **to appear at ~** vor dem Schiedsgericht erscheinen
maglev [ˈmæglev] *n no pl short for* **magnetic levitation** magnetisches Schweben
maglev train *n* Magnet[schwebe]bahn *f*
magma [ˈmægmə] *n no pl* GEOL Magma *nt*
Magna Carta [ˌmægnəˈkɑːtə, AM -ˈkɑːrt̬ə] *n no pl (hist)* ■**the ~** die Magna Charta
magna cum laude [ˌmægnɑːkʊmˈlaʊdeɪ] *adv inv* AM UNIV magna cum laude, sehr gut
magnanimity [ˌmægnəˈnɪməti, AM -nænˈɪmət̬i] *n no pl* Großzügigkeit *f,* Großmut *m geh;* **to treat sb with ~** jdn großmütig behandeln
magnanimous [mægˈnænɪməs, AM -nəməs] *adj* großmütig *geh,* hochherzig *geh;* **~ generosity** überwältigende Großzügigkeit
magnanimously [mægˈnænɪməsli, AM -əməs-] *adv* großzügig, großmütig *geh*
magnate [ˈmægneɪt] *n* Magnat(in) *m(f);* **shipping ~** großer Reeder/große Reederin; **industrial ~** Industriemagnat(in) *m(f)*
magnesia [mægˈniːʃə, AM -ʒə] *n no pl* Magnesia *nt,* Magnesiumoxid *nt*
magnesium [mægˈniːziəm] **I.** *n no pl* Magnesium *nt* **II.** *n modifier (flare, fire)* Magnesium-; **~ light** Magnesiumlicht *nt*
magnet [ˈmægnət] *n* Magnet *m;* **to be attracted/repelled by a ~** von einem Magneten angezogen/abgestoßen werden; *(fig)* Magnet *m,* Anziehungspunkt *m;* ***the US still acts as a ~ for seekers of fame and fortune*** noch immer gilt die USA als ein Magnet für Leute auf der Suche nach Ruhm und Reichtum; **to be a ~ for tourists/criminals/business** Touristen/Kriminelle/Geschäfte anziehen
magnetic [mægˈnetɪk, AM -t̬-] *adj inv* ① *iron, steel* magnetisch ② *(fig)* attraktiv, ansprechend; *effect, attraction* unwiderstehlich; *smile, charms* anziehend; **to have a ~ personality** eine große Ausstrahlung haben
magnetically [mægˈnetɪkəli, AM net̬] *adv* magnetisch
magnetic compass *n* Magnetkompass *m,* Bussole *f* **magnetic disk** *n* Magnetplatte *f* **magnetic field** *n* Magnetfeld *nt,* magnetisches Feld; **to place sth in a ~** etw in ein magnetisches Feld einbringen **magnetic head** *n* TECH Magnetkopf *m* **magnetic levitation** *n no pl* magnetisches Schweben, Magnetschwebetechnik *f* **magnetic mine** *n* Magnetmine *f* **magnetic north** *n no pl* nördlicher Magnetpol, antarktischer [geo]magnetischer Pol **magnetic pole** *n* Magnetpol *m,* magnetischer Pol **magnetic resonance imaging** *n no pl* MED magnetische Resonanzspektroskopie **magnetic south** *n no pl* südlicher Magnetpol, arktischer [geo]magnetischer Pol **magnetic storm** *n* [erd]magnetischer Sturm **magnetic strip** *n* Magnetstreifen *m* **magnetic tape** *n no pl* Magnetband *nt*
magnetism [ˈmægnətɪzəm] *n no pl* ① *(phenomenon)* Magnetismus *m;* *(charge)* magnetische Kräfte ② *(fig) of a person* Ausstrahlung *f;* ***he's got this animal ~ about him that women find irresistible*** er hat diese rein körperliche Anziehungskraft, die Frauen unwiderstehlich finden
magnetize [ˈmægnətaɪz] **I.** *vt* ① PHYS ■**to ~ sth** etw magnetisieren ② *(fig: fascinate)* ■**to ~ sb** jdn faszinieren [*o* anziehen] **II.** *vi* magnetisch werden
magneto [mægˈniːtəʊ, AM -t̬oʊ] *n* TECH, AUTO Magnetzünder *m*
magnet school *n* AM SCH *besonders geförderte Schule, um den Wohnbezirk aufzuwerten*
magnification [ˌmægnɪfɪˈkeɪʃən] *n no pl* Vergrößerung *f;* ***these lenses have x10 ~*** diese Linsen haben zehnfache Vergrößerung; **high/low ~** starke/geringe Vergrößerung
magnificence [mægˈnɪfɪsən(t)s] *n no pl* Großartigkeit *f,* Größe *f;* **His/Her/Your M~** Seine/Ihre Magnifizenz
magnificent [mægˈnɪfɪsənt] *adj house, wine, concert* wunderbar, großartig; *food, buffet* hervorragend, ausgezeichnet; **to look ~** wunderschön aussehen
magnificently [mægˈnɪfɪsəntli] *adv (well)* hervorragend; *(surprisingly well)* bewundernswert, beeindruckend; ***your children are ~ well-behaved*** deine Kinder sind außergewöhnlich gut erzogen; ***she seems to be coping ~*** sie hält sich hervorragend
magnify <-ie-> [ˈmægnɪfaɪ] *vt* ① *(make bigger)* ■**to ~ sth** etw vergrößern; *(make worse)* etw verschlimmern [*o* verschlechtern]; **to ~ sb's defects/weaknesses** jds Fehler *mpl*/Schwächen *fpl* aufbauschen; **to ~ a situation** eine Situation verschärfen ② REL *(praise)* **to ~ the Lord** den Herrn lobpreisen *geh*
magnifying glass *n* Lupe *f*
magnitude [ˈmægnɪtjuːd, AM *esp* -tuːd] *n* ① *(size)* Größe *f; of a project, a loss* Ausmaß *nt; of an earthquake* Stärke *f;* ***they don't seem to grasp the ~ of the problem*** sie scheinen die ganze Tragweite des Problems nicht zu begreifen ② *no pl (importance)* Bedeutung *f* ③ *of a star* Größenklasse *f*
magnolia [mægˈnəʊliə, AM -ˈnoʊljə] *n* Magnolie *f*
magnum [ˈmægnəm] *n* ① *(bottle)* Magnum *f (Bezeichnung für die Flaschengröße 1,6 l)* ② *(gun)* Magnum *f*
magnum opus <*pl* -es *or* magna opera> [ˌmægnəmˈəʊpəs, AM -oʊpəs, *pl* ˌmægnəˈɒpərə, AM ˈɑːpərə] *n* Meisterwerk *nt;* **the ~ of one's career** das Meisterstück seiner Karriere
magpie [ˈmægpaɪ] *n* ① *(bird)* Elster *f* ② *(fig: collector)* fanatischer Sammler/fanatische Sammlerin
Magyar [ˈmægjɑːʳ, AM jɑːr] **I.** *n* Magyare, -in *m, f,* Madjar(in) *m(f)* **II.** *adj inv* magyarisch, madjarisch
maharaja(h) [ˌmɑː(h)əˈrɑːdʒə, AM -həˈ-] *n (hist)* Maharadscha *m hist*
maharani [ˌmɑː(h)əˈrɑːni, AM -həˈ-] *n (hist)* Maharani *f*
Maharishi [ˌmɑː(h)əˈriːʃi, AM -həˈ-] *n* Maharischi *m*
mah-jong(g) [ˌmɑːˈdʒɒŋ, AM -ˈdʒɔːŋ] **I.** *n no pl* Ma[h]-Jongg *nt* **II.** *n modifier (set)* Ma[h]-Jongg-; **~ tile** Ma[h]-Jongg-Kachel *f*
mahogany [məˈhɒgəni, AM -ˈhɑːg-] **I.** *n* ① *(tree)* Mahagonibaum *m* ② *no pl (wood)* Mahagoni *nt,* Mahagoniholz *nt* **II.** *n modifier (cabinet, woodwork)* Mahagoni-; **~ desk** Mahagonischreibtisch *m*
maid [meɪd] *n* ① *(servant)* Dienstmädchen *nt;* *(in a hotel)* Zimmermädchen *nt* ② *(poet or old: girl)* Maid *f poet o veraltet,* Mägdelein *nt poet o veraltet;* *(unmarried woman)* Mädchen *nt,* Mägdelein *nt poet o veraltet*
maiden [ˈmeɪdən] **I.** *n* ① *(liter or old)* Jungfer *f veraltet* ② BRIT *(in cricket) eine Runde ohne Läufe* **II.** *adj attr, inv* ① *(unmarried)* **~ aunt** unverheiratete Tante ② *(first)* Jungfern-; **~ flight** Jungfernflug *m;* **~ voyage** Jungfernfahrt *f* ③ *(fruiting tree)* Jung-
maidenhair *n,* **maidenhair fern** *n* Frauenfarn *m*
maidenhead *n* ① *(virginity)* Jungfräulichkeit *f* ② *(liter or old)* Jungfernhäutchen *nt* **maidenly** [ˈmeɪdənli] *adv* jungfräulich **maiden name** *n* Mädchenname *m* **maiden over** *n* BRIT *(in cricket) eine Runde ohne Läufe* **maiden speech** *n* Jungfernrede *f,* Antrittsrede *f*
maid of honor <*pl* maids of honor> *n* AM [erste] Brautjungfer **maidservant** *n* Hausangestellte *f,* Hausmädchen *nt veraltend* **maid service** *n no pl* Zimmerservice *m;* ***in the hotel I had daily ~*** im Hotel kam das Zimmermädchen jeden Tag
mail¹ [meɪl] **I.** *n no pl* Post *f;* ***did you get any ~ today?*** hast du heute Post bekommen?; **today's/this morning's ~** die Post von heute; **to answer ~** die Post beantworten; **to be in the ~** in der Post sein; **to come in the ~** mit der Post kommen; **to contact sb by ~** jdn anschreiben; **to read ~** die Post lesen; **to send sth through the ~** etw mit der Post [ver]schicken **II.** *vt* **to ~ a letter/package** *(at post office)* einen Brief/ein Paket aufgeben; *(in mail box)* einen Brief/ein Paket einwerfen; ■**to ~ sth to sb** [*or* **to ~ sb sth**] jdm etw [mit der Post] schicken
mail² [meɪl] *n no pl* ① *(armour)* Rüstung *f,* Panzer *m;* **chain ~** Kettenpanzer *m* ② *of an animal* Panzer *m*
mailbag *n* Postsack *m;* *(fig)* ***since the controversial programme the BBC's ~ has been bulging*** seit der umstrittenen Sendung quillt der Briefkasten der BBC über **mail bomb** *n* Briefbombe *f* **mailbox** *n* AM Briefkasten *m,* Postkasten *m bes* NORDD; COMPUT Mailbox *f,* Briefkasten *m* **mail carrier** *n* AM Briefträger(in) *m(f),* Postbote, -in *m, f* **mail drop** *n* AM Briefeinwurf *m form,* Briefschlitz *m* **mail fraud** *n no pl* Postbetrug *m* **Mailgram®** [ˈmeɪlgræm] *n* AM *eine durch Telefon oder Telex gesendete Nachricht, die in gedruckter Form übermittelt wird*
mailing [ˈmeɪlɪŋ] *n* ① *no pl (sending sth by mail)* Versenden *nt* ② *(sth sent by mail)* Mailing *nt*
mailing list *n* Adressenliste *f,* Adressenverzeichnis *nt;* **to be on a ~** auf einer Adressenliste stehen; **to be put on a ~** in eine Kartei aufgenommen werden
mailing tube *n* Paketrolle *f*
mailman *n* AM Briefträger(in) *m(f),* Postbote, -in *m, f* **mail order I.** *n* Mailorder *f,* [Direkt]versand *m;* *(by catalogue)* Katalogbestellung *f;* ***I often buy clothes by ~*** ich kaufe meine Kleider oft per Katalog **II.** *n modifier (clothing, service)* Versand-; **~ business** Versandhandel *m;* **~ products** Versandprodukte *ntpl* **mail-order catalog** AM, **mail-order catalogue** *n* [Versand]katalog *m* **mail-order firm** *n,* **mail-order house** *n* Versandhaus *nt* **mailshot** *n esp* BRIT Hauswurfsendung *f* **mail slot** *n* AM *(opening)* Brief[kasten]schlitz *m;* *(mail box)* Briefkasten *m* **mail sorter** *n* Postsortierer(in) *m(f)* **mail train** *n* Postzug *m* **mail truck** *n* AM, **mail van** *n* BRIT *(on roads)* Postauto *nt;* *(on rail)* Postwagen *m*
maim [meɪm] **I.** *vt* ① *(injure)* ■**to ~ sb** *(mutilate)* jdn verstümmeln; *(cripple)* jdn zum Krüppel machen; ***many children have been ~ed for life by these bombs*** viele Kinder haben durch diese Bomben bleibende Verletzungen davongetragen ② *(fam: ruin)* ■**to ~ sth** etw ruinieren **II.** *vi* ***they accused their enemies of killing, ~ing and laying waste*** sie beschuldigten ihre Feinde des Tötens, Verstümmelns und Verwüstens
main [meɪn] **I.** *n* ① TECH *(pipe)* Hauptleitung *f;* *(cable)* Hauptkabel *nt;* *(switch)* Hauptschalter *m;* **sewage ~** Kanalisation *f;* **water ~** Wasserhauptleitung *f;* *(of a house)* Haupthahn *m* ② BRIT ELEC, TECH *(supply network)* ■**the ~s** *pl* das Versorgungsnetz; *(for electricity)* das [Strom]netz; ***switch off the electricity at the ~s before starting work*** vor Arbeitsbeginn die Stromversorgung am Hauptschalter ausschalten; **to be on the ~s** an das Stromnetz angeschlossen sein ③ *no pl (the open sea)* ■**the ~** das offene Meer, die hohe See ▸ PHRASES: **in the ~** im Allgemeinen, im Prinzip **II.** *n modifier* BRIT ■**~s** Haupt-; ***they bought a house with no ~s supply*** sie haben ein Haus gekauft, das nicht ans Stromnetz angeschlossen ist; **~s electricity** Hauptstromschalter *m;* ***they have been lacking ~s electricity for three weeks now*** sie sind seit drei Wochen ohne Strom **III.** *adj attr, inv* Haupt-; **~ cable** Hauptkabel *nt;* **~ character** Hauptperson *f,* Hauptfigur *f;* **~ concern** wichtigstes Anliegen; **~ entrance** [*or* **door**] Haupteingang *m;* **by ~ force** mit roher Gewalt; **~ idea** Grundidee *f;* **~ reason** Hauptgrund *m;* **~ thing** Hauptsache *f*
main beam *n* ① *(in building)* Hauptträger *m* ② *(on car)* Fernlicht *nt* **main clause** *n* Hauptsatz *m*

main course *n* FOOD Hauptgericht *nt,* Hauptgang *m* **main deck** *n* Hauptdeck *nt* **main dish** *n* FOOD Hauptgericht *nt;* **favourite** ~ Lieblingsgericht *nt* **main drag** *n* AM, AUS (*fam*) Haupt[einkaufs]straße *f* **mainframe** *n* COMPUT Großrechner *m* **mainland** I. *n no pl* ■**the** ~ das Festland II. *adj attr, inv* ~ **Britain** die britische Hauptinsel; ~ **China** chinesisches Festland, China *nt;* ~ **Europe** europäisches Festland; ***she is planning to hitch-hike through ~ Europe*** sie möchte durch Europa trampen **mainlander** *n* Festlandbewohner(in) *m(f)* **main line** *n* RAIL Hauptstrecke *f,* Hauptverbindung *f* **mainline** (*fam*) I. *vt* **to** ~ **heroin** Heroin spritzen, fixen *sl* II. *vi* fixen *sl* **main-line station** *n* RAIL Bahnhof *m* an der Hauptstrecke **main-line train** *n* RAIL Schnellzug *m*

mainly ['meɪnli] *adv inv* hauptsächlich, in erster Linie; ***the climate is ~ wet*** das Klima ist vorwiegend feucht; ***the trains ~ arrive on time*** die Züge sind meistens pünktlich

main market *n* BRIT STOCKEX Primärmarkt *m* [an der Londoner Börse] **mainmast** ['meɪnmɑːst, AM mæst] *n* Großmast *m* **main office** *n* Hauptverwaltung *f* **main road** *n* Hauptstraße *f* **mainsail** *n* Hauptsegel *nt,* Großsegel *nt* **mainsheet** ['meɪnʃiːt] *n* Großschot *f* **mainspring** *n* ❶ (*in clock, watch*) Triebfeder *f* ❷ (*fig: motivating factor*) **the** ~ **of sb's success** die Triebfeder jds Erfolges **mainstay** *n of a boat* Hauptstag *m,* Großstag *m;* (*fig*) *of an economy* Stütze *f;* ***the BBC World Service was our ~ while travelling abroad*** der BBC World Service war unsere Stütze während unserer Auslandreise **mainstream** I. *n no pl* ■**the** ~ (*society, lifestyle*) der Mainstream; (*way of thinking*) die Hauptrichtung; **to enter the** ~ **of life/politics** am alltäglichen Leben/politischen Alltag[sgeschäft] teilnehmen II. *adj inv* Mainstream-; *book, film, music* kommerziell; ***this party was not a part of ~ Austria until the last election*** diese Partei war bis zur letzten Wahl nicht Teil des österreichischen Mainstreams III. *vt* ■**to** ~ **sb** jdn integrieren **main street** *n* AM (*high street*) Hauptstraße *f*

maintain [meɪn'teɪn] *vt* ❶ (*keep*) ■**to** ~ **sth** etw [bei]behalten; **to** ~ **a blockade** eine Blockade aufrechterhalten; **to** ~ **one's cool/poise** (*fam*) cool/gelassen bleiben *sl;* **to** ~ **course** den Kurs [beibe]halten; **to** ~ **one's dignity/sanity** seine Würde/geistige Gesundheit bewahren; **to** ~ **law and order/the status quo** Gesetz und Ordnung/den Status quo aufrechterhalten; **to** ~ **the lead** in Führung bleiben; **to** ~ **close links** [*or* **ties**] [*or* **contact**] in engem Kontakt bleiben, engen Kontakt [aufrechter]halten; **to** ~ **a position** eine Stellung behalten, eine Position verteidigen; **to** ~ **high/low prices** die Preise hoch/niedrig halten; **to** ~ **a low profile** sich *akk* zurückhalten; **to** ~ **silence** Stillschweigen bewahren ❷ (*in good condition*) etw instand halten, etw warten; ***a large country house costs a lot to ~*** ein großes Landhaus ist im Unterhalt sehr teuer; **to** ~ **a garden** einen Garten pflegen ❸ (*provide for*) **to** ~ **a child/family** ein Kind/eine Familie unterhalten ❹ (*claim*) ■**to** ~ **sth** etw behaupten; ***he ~ed that he had never seen the woman before*** er behauptete, dass er die Frau nie zuvor gesehen hatte; **to** ~ **one's innocence** seine Unschuld beteuern ❺ (*support*) **to** ~ **a statement/theory** eine Behauptung/Theorie vertreten

maintenance ['meɪntᵊnən(t)s] I. *n no pl* ❶ *of relations, of peace* Beibehaltung *f,* Wahrung *f;* ***we will ensure the ~ of proper living standards*** wir werden einen angemessenen Lebensstandard aufrechterhalten ❷ *of a car, a garden* Pflege *f; of a building, a monument, a road* Instandhaltung *f; of a machine* Wartung *f* ❸ (*in hotel, factory*) Wartungsabteilung *f* ❹ (*maintenance costs*) Unterhaltung *f;* ***what's the ~ on that car?*** wie viel kostet die Unterhaltung dieses Autos? ❺ (*alimony*) Unterhalt *m,* Alimente *f* ❻ (*old: crime*) widerrechtliche Unterstützung einer prozessführenden Partei II. *adj attr, inv* Wartungs-, Instandhaltungs-; ~ **check** [Routine]inspektion *f,* Wartung *f;* ~ **costs** Instandhaltungskosten *pl*

maintenance contract *n* Wartungsvertrag *m* **maintenance crew** *n + sing/pl vb* Wartungsmannschaft *f* **maintenance man** *n* Wartungsmonteur *m* **maintenance order** *n* BRIT, AUS LAW *gerichtliche Aufforderung, der Unterhaltspflicht nachzukommen;* ***he continued to ignore the ~*** er zahlte weiterhin keinen Unterhalt **main thoroughfare** *n* CAN (*main road*) Haupt[verkehrs]straße *f* **main verb** *n* LING Hauptverb *nt*

maisonette [ˌmeɪzᵊn'et] *n* BRIT Maiso[n]nette *f*

maitre d' <*pl* -s> [ˌmeɪtrə'diː, AM *also* -t̬ɚ'-] *n,* **maitre d'hotel** <*pl* maitres d'hotel> [ˌmeɪtrədəʊ'tel, AM -doʊ'-] *n* Oberkellner(in) *m(f)*

maize [meɪz] *n no pl esp* BRIT Mais *m*

maize flour *n no pl esp* BRIT Maismehl *nt*

Maj. *n abbrev of* **Major** Maj.

majestic [mə'dʒestɪk] *adj* majestätisch, erhaben; *proportions* stattlich; *movement* gemessen; *music, march* getragen

majestically [mə'dʒestɪkli] *adv* majestätisch

majesty ['mædʒəsti] *n* ❶ *no pl* (*beauty*) *of a sunset* Herrlichkeit *f; of a person* Würde *f; of music* Erhabenheit *f,* Anmut *f* ❷ (*royal title*) [**Her/His/Your**] **M**~ [Ihre/Seine/Eure] Majestät

major ['meɪdʒəʳ, AM -ɚ] I. *adj inv* ❶ *attr* (*important*) bedeutend, wichtig; **a** ~ **contribution** ein bedeutender [*o* wichtiger] Beitrag; **a** ~ **event** ein bedeutendes Ereignis; (*main*) Haupt-; ~ **artery** Hauptschlagader *f;* **a** ~ **cause** ein Hauptgrund *m;* (*large*) groß; ***your car is going to need a ~ overhaul*** ihr Auto muss von Grund auf überholt werden; **a** ~ **catastrophe** eine große Katastrophe; ***the ~ disaster of the decade*** die größte Katastrophe des Jahrzehnts; **to be a** ~ **influence** großen Einfluss haben; **a** ~ **problem** ein großes Problem ❷ *attr* (*serious*) **a** ~ **crime** ein schweres Verbrechen; **to have** ~ **depression** eine starke Depression haben; **a** ~ **illness** eine schwerwiegende Krankheit; **to undergo** ~ **surgery** sich *akk* einer größeren Operation unterziehen; ***it's quite a ~ operation*** es ist eine ziemlich komplizierte Operation ❸ (*in music*) Dur *nt;* ***in C ~*** in C-Dur ❹ *after n* BRIT (*dated: the older*) **Smythe** ~ Smythe der Ältere II. *n* ❶ MIL (*officer rank*) Major(in) *m(f)* ❷ AM, AUS UNIV (*primary subject*) Hauptfach *nt;* ***she was a philosophy ~*** sie hat Philosophie im Hauptfach studiert; **to have a** ~ **in literature/history/math** Literatur/Geschichte/Mathematik als Hauptfach haben ❸ (*in music*) Dur *nt* III. *vi* UNIV **to** ~ **in German studies/physics/biology** Deutsch/Physik/Biologie als Hauptfach studieren

Majorca [mə'jɔːkə, AM -'jɔːr-] *n no pl* Mallorca *nt*

Majorcan [mə'dʒɔːkən, AM 'ʒɔːr] I. *adj inv* mallorquinisch II. *n* Mallorquiner(in) *m(f)*

major-domo [ˌmeɪdʒə'dəʊməʊ, AM -ɚ'doʊmoʊ] *n* ❶ (*butler*) Butler *m;* (*for king, duke*) Haushofmeister *m,* Majordomus *m hist* ❷ AM (*at hotel*) Empfangschef(in) *m(f)*

majorette [ˌmeɪdʒᵊr'et] *n* Majorette *f*

major general *n* Generalmajor(in) *m(f)*

majority [mə'dʒɒrəti, AM -'dʒɔːrət̬i] I. *n* ❶ + *sing/pl vb* (*greater part*) Mehrheit *f;* ***in a democracy, the ~ wins*** in einer Demokratie gewinnt die Mehrheit; ***I spent the ~ of the afternoon reading*** ich verbrachte die meiste Zeit dieses Nachmittags mit Lesen; ***raising kids takes up the ~ of my energy*** das Aufziehen meiner Kinder verbraucht meine ganze Energie; **in the** ~ **of cases** in der Mehrzahl der Fälle; **a large** ~ **of people** eine große Mehrheit; **the** ~ **of the votes** die Stimmenmehrheit; **to be a** ~ [*or* **in the**] ~ in der Mehrheit sein ❷ POL (*winning margin*) [Stimmen]mehrheit *f;* ***they passed the bill with a ~ of 15*** sie verabschiedeten das Gesetz mit einer Mehrheit von 15 Stimmen; **a narrow/large** ~ eine dünne/überwältigende Mehrheit; **a two-thirds** ~ eine Zweidrittelmehrheit ❸ *no pl* (*full legal age*) Volljährigkeit *f,* Mündigkeit *f;* ***what is the age of ~ in this country?*** in welchem Alter gilt man in diesem Land als volljährig?; **to reach one's** ~ volljährig werden II. *adj attr, inv* POL Mehrheits-; ~ **whip** Mehrheitsfraktionszwang *m*

majority rule *n* Mehrheitsprinzip *nt,* Mehrheitssystem *nt* **majority shareholder** *n* Mehrheitsaktionär(in) *m(f)* **majority verdict** *n* BRIT Mehrheitsurteil *nt*

Major League AM I. *n* SPORTS Oberliga *f* (*in Baseball*) II. *adj attr, inv* Oberliga-; ~ **baseball** Oberligabaseball *nt*

majorly ['meɪdʒəli, AM -ɚli] *adv inv* (*sl*) wahnsinnig *fam;* ***I am ~ hung-over — I drank way too much last night*** ich habe einen wahnsinnigen Durchhänger – ich habe letzte Nacht viel zu viel getrunken; **to be** ~ **in trouble** in größten Schwierigkeiten stecken *fam*

major planet *n* großer Planet **major shareholder** *n* FIN Hauptaktionär(in) *m(f)*

make [meɪk]

I. NOUN II. TRANSITIVE VERB III. INTRANSITIVE VERB

I. NOUN

❶ ECON (*brand*) Marke *f;* ***what is the ~, model and year of your car?*** welche Marke, Modell und welches Baujahr hat dein Auto?; ***the newer ~s of computer are much more user-friendly*** die neuen Computergenerationen sind viel benutzerfreundlicher ❷ (*search*) **to be on the** ~ *for sex* sexhungrig sein; *for money* geldgierig sein; *for power* machthungrig sein; *for profit* profitgierig sein; *for career* karrieresüchtig sein; **to put the** ~ **on sb** AM (*sl*) versuchen, jdn ins Bett zu kriegen *sl*

II. TRANSITIVE VERB

<made, made> ❶ (*produce*) ■**to** ~ **sth** etw machen; *company, factory* etw herstellen; *handcrafts* etw basteln; *bread* etw backen; *house* etw bauen; *peace* etw stiften; *photograph* etw fotografieren; *picture* etw malen; ***the pot is made to withstand high temperatures*** der Topf ist so beschaffen, dass er hohen Temperaturen widerstehen kann; ***'made in Taiwan'*** ‚in Taiwan hergestellt'; ***this sweater is made of wool*** dieser Pullover ist aus Wolle; ***God made the world in 7 days*** Gott erschuf die Erde in 7 Tagen; **to** ~ **clothes** Kleider nähen; **to** ~ **coffee/soup/supper** Kaffee/Suppe/das Abendessen kochen; **to** ~ **a copy of sth** etw kopieren; **to** ~ **a movie** [*or* **film**] einen Film drehen; **to** ~ **a recording of sth** etw aufnehmen; **to** ~ **a snowman** einen Schneemann bauen; **to** ~ **steel/a pot** Stahl/einen Topf herstellen; **to** ~ **time** sich *dat* [die] Zeit nehmen; **to show what one's** [**really**] **made of** zeigen, was in einem steckt; ■**to** ~ **sb sth** [*or* **sth for sb**] etw für jdn machen; ***he made us some coffee*** er machte uns Kaffee; ■**to be** ~ **for sth** für etw *akk* geschaffen sein; ***the doll wasn't made for banging around*** die Puppe ist nicht dazu gedacht, herumgeschleudert zu werden; ***these two were made for each other*** die zwei sind wie geschaffen füreinander; **to** ~ **like sb/sth** (*fam*) jdn/etw imitieren [*o* nachmachen] ❷ (*become*) ■**to** ~ **sth** etw werden; ***I don't think he will ever ~ a good lawyer*** ich glaube, aus ihm wird nie ein guter Rechtsanwalt [werden]; ***she'll ~ a great mother*** sie wird eine tolle Mutter abgeben; (*be*) etw sein; **to** ~ **a good answer/excuse** eine gute Antwort/Entschuldigung sein; **to** ~ **a wonderful combination** eine wunderbare Kombination sein; **to** ~ **a match** gut zusammenpassen; **to** ~ **fascinating reading** faszinierend zu lesen sein; (*form*) etw bilden; ***let's ~ a circle*** lasst uns einen Kreis bilden ❸ (*cause*) **to** ~ **noise/a scene/trouble** Lärm/eine Szene/Ärger machen; ***the wind is making my eyes water*** durch den Wind fangen meine Augen an zu tränen; ***what made you change your mind?*** wodurch hast du deine Meinung geändert?; ***stories like that ~ you think again*** Geschichten wie diese bringen dich zum Nachdenken; ***you ~ things sound so bad*** du machst alles so schlecht; ***the dark colours ~ the room look smaller*** die dunklen Farben lassen das Zimmer kleiner wirken; ■**to** ~ **sb do sth** jdn dazu bringen [*o geh* veranlassen], etw zu tun; ***what***

M

made you move here? was brachte dich dazu, hierher zu ziehen?; **to ~ sb laugh** jdn zum Lachen bringen; **to ~ oneself look ridiculous** sich *akk* lächerlich machen; **to ~ sb suffer** jdn leiden lassen ④ (*force*) ■ **to ~ sb do sth** jdn zwingen, etw zu tun; ***go to your room! — no, and you can't ~ me!*** geh auf dein Zimmer! – nein, mich kann keiner zwingen ⑤ + *adj* (*cause to be*) ***the good weather made Spain so popular*** das schöne Wetter hat Spanien so populär gemacht; **to ~ sth easy** etw leicht machen; **to ~ oneself heard** sich *dat* Gehör verschaffen; **to ~ oneself known to sb** sich *akk* jdm vorstellen, sich *akk* mit jdm bekannt machen; **to ~ sth public** etw veröffentlichen; **to ~ oneself understood** sich *akk* verständlich machen ⑥ (*transform to*) ***the recycled paper will be made into cardboard*** das Recyclingpapier wird zu Karton weiterverarbeitet; ***this experience will ~ you into a better person*** diese Erfahrung wird aus dir einen besseren Menschen machen; ***I'll have a steak — no, ~ that chicken*** ich nehme ein Steak – ach nein, ändern Sie das und bringen Sie ein Hühnchen; **to ~ the best of a situation** das Beste aus einer Situation machen ⑦ (*perform*) ■ **to ~ sth** etw machen; ***they made about 20 miles a day on foot*** sie legten etwa 20 Meilen am Tag zu Fuß zurück; **to ~ an appointment** einen Termin vereinbaren; **to ~ a bargain** ein Schnäppchen schlagen; **to ~ a bid for sth** ein Angebot machen; **to ~ a book** STOCKEX eine Aufstellung von Aktien machen, für die Kauf- oder Verkaufsaufträge entgegengenommen werden; **to ~ a call** anrufen; **to ~ a case for sth** etw vertreten; ***it's easy to ~ a case for euthanasia*** es ist leicht, Euthanasie zu vertreten; **to ~ a deal** einen Handel schließen; **to ~ a decision** eine Entscheidung fällen [*o* treffen]; **to ~ a deposit** eine Anzahlung leisten; **to ~ a donation** eine Spende vornehmen; **to ~ a face** ein Gesicht ziehen *fam;* **to ~ a move** (*in game*) einen Zug machen; (*in business, personal life*) etwas unternehmen; (*of body*) sich *akk* bewegen; **to ~ a payment** eine Zahlung leisten; **to ~ a promise** ein Versprechen geben, etw versprechen; **to ~ reservations** reservieren; **to ~ smalltalk** Konversation betreiben; **to ~ a speech/presentation** eine Rede/Präsentation halten; **to ~ a start** anfangen; **to ~ good time doing sth** bei etw *dat* schnell vorankommen; **to ~ a withdrawal from a bank** Geld bei einer Bank abheben ⑧ (*amount to*) ■ **to ~ sth** *with numbers* etw ergeben; ***five plus five ~s ten*** fünf und fünf ist zehn; ***if I buy this one, that'll ~ it 30*** wenn ich diesen hier kaufe, dann macht das zusammen 30; ***today's earthquake ~s five since January*** mit dem heutigen Erdbeben sind es fünf seit Januar; ***this ~s the third time my car has broken down*** das ist nun das dritte Mal, dass mein Auto eine Panne hat ⑨ (*earn, get*) **to ~ enemies** sich *dat* Feinde machen; **to ~ a fortune** sein Glück machen; **to ~ friends** Freundschaften schließen; **to ~ a killing** einen Riesengewinn machen; **to ~ a living** seinen Lebensunterhalt verdienen; **to ~ money** Geld verdienen; **to ~ a name for oneself** sich *dat* einen Namen machen; **to ~ profits/losses** Gewinn/Verlust machen ⑩ (*appoint*) ■ **to ~ sb president/advisor/ambassador** jdn zum Präsidenten/Berater/Botschafter ernennen ⑪ (*consider important*) ***she ~s a lot of politeness*** sie legt viel Wert auf Höflichkeit; ***don't ~ too much of his grumpiness*** gib nicht viel auf seine mürrische Art; **to ~ much of sb** (*appreciate*) viel von jdm halten; (*praise*) jdn über den grünen Klee loben ⑫ (*estimate*) ***how much do you ~ the total?*** was hast du als Summe errechnet?; ***I ~ the answer*** [*to be*] ***105.6*** ich habe als Lösung 105,6 herausbekommen; ***what do you ~ the time?*** was glaubst du, wie viel Uhr es ist? ⑬ (*fam: get to, reach*) ■ **to ~ sth** etw schaffen; ***could you ~ a meeting at 8 a.m.?*** schaffst du ein Treffen um 8 Uhr morgens?; ***I barely made it to the meeting*** ich habe es gerade noch zur Versammlung geschafft; ***we made it to the top of the mountain!*** wir schafften es bis zur Bergspitze!; ***the fire made the front page*** das Feuer kam auf die Titelseite; **to ~ the bus/one's train/one's plane** den Bus/seinen Zug/sein Flugzeug erreichen; **to ~ port** Meldung an den Hafen machen; **to ~ the big time** (*fam*) groß einsteigen *fam;* **to ~ it to the top** Karriere machen, es schaffen; **to ~ it** es schaffen; ***the patient may not ~ it through the night*** der Patient wird wahrscheinlich die Nacht nicht überstehen; (*achieve*) ***he made captain/sergeant/manager*** AM er schaffte es zum Kapitän/Feldwebel/Manager; **to ~ the finals/regionals** das Finale/die Bezirksklasse schaffen; **to ~ the grade** es schaffen *fam;* **to ~ a team** SPORTS sich *akk* für ein Team qualifizieren ⑭ (*make perfect*) ***those curtains really ~ the living room*** diese Vorhänge verschönen das Wohnzimmer ungemein; ***this film has ~ his career*** der Film machte ihn berühmt; ***that made my day!*** das hat mir den Tag gerettet!; ***you've got it made!*** du hast ausgesorgt! ⑮ (*understand*) ***I can't ~ anything of this philosophy text*** ich kann nichts aus diesem Philosophietext verstehen; **to ~ head or tail of sth** aus etw *dat* schlau werden; ***I'd love to read his letter but I can't ~ head or tail of his writing*** ich würde liebend gerne seinen Brief lesen, aber ich werde aus seiner Schrift nicht schlau; **to ~ sense of an action/a word/an argument** den Sinn einer Aktion/eines Wortes/eines Arguments verstehen; (*think*) ***what do you ~ of his speech?*** was hältst du von seiner Rede?; ***we don't ~ much of him*** wir halten nicht viel von ihm ⑯ (*have sex*) **to ~ love** sich *akk* lieben, miteinander schlafen; ■ **to ~ sb** AM, AUS (*sl*) mit jdm ins Bett gehen *sl;* ***he tried to ~ her*** er hat versucht, sie ins Bett zu kriegen *fam;* **to ~ it with sb** (*fam!*) mit jdm ins Bett steigen *sl* ⑰ NAUT **to ~ sail** in See stechen ▶ PHRASES: **to ~ a <u>beeline</u>** [*or* **<u>dash</u>**] **for sth/sb** schnurstracks auf etw/jdn zugehen *fam;* **to ~ a <u>day</u>/an <u>evening</u> of it** den ganzen Tag/die ganze Nacht bleiben; ***let's ~ a night of it*** die Nacht ist noch jung; **to ~ a <u>go</u> of it** es schaffen, in etw *dat* Erfolg haben; **made in <u>heaven</u>** perfekt; **to be made of <u>money</u>** Geld wie Heu haben; **to ~ <u>sense</u>** Sinn ergeben [*o fam* machen]; **to ~ or <u>break</u> sth/sb** das Schicksal von etw/jdm in der Hand haben; **to ~ <u>something</u> of it** (*fam*) Ärger machen; ***do you want to ~ something of it?*** suchst du Ärger?

III. INTRANSITIVE VERB

<made, made> ① (*chase*) ■ **to ~ after sb** jdm hinterherjagen; *police* jdn verfolgen ② (*head for*) ■ **to ~ for sth** auf etw *akk* zugehen; (*by car or bus*) auf etw *akk* zufahren; ***the kids made for the woods to hide*** die Kinder rannten auf den Wald zu, um sich zu verstecken; *esp* BRIT ***we made towards the motorway*** wir fuhren Richtung Autobahn; **to ~ towards the door/pub/car** auf die Tür/den Pub/das Auto zugehen ③ (*be*) ■ **to ~ for sth** etw sein; (*result in*) etw ergeben; ***faster computers ~ for a more efficient system*** schnellere Computer führen zu leistungsfähigeren Systemen; ***Kant ~s for hard reading*** Kant ist schwer zu lesen ④ AM (*dated sl: hand over*) ■ **to ~ with the money/jewels** Geld/Juwelen [über]geben; ***~ with the money bags, baby!*** her mit dem Geld, Baby! ⑤ (*be about to*) **to ~ to leave/eat dinner/start a fight** sich *akk* anschicken, zu gehen/Abend zu essen/einen Streit anzufangen ⑥ (*pretend*) **to ~ as if to do sth** aussehen, als ob man etw tun wolle; ***he made as if to speak*** es sah aus, als wolle er sprechen; **to ~ like ...** AM so tun, als ob ...; ***the boy made like he was sick so he wouldn't have to go to school*** der Junge tat so, als ob er krank wäre, damit er nicht zur Schule musste ▶ PHRASES: **to ~ <u>do</u>** [**with sth**] mit etw *dat* auskommen [*o* hinkommen]; ***can you ~ do with a fiver?*** reicht dir ein Fünfpfundschein?

◆**make away** *vi* (*fam*) ① (*leave*) verschwinden, abhauen *fam* ② (*kill*) ■ **to ~ away with sb** jdn um die Ecke bringen *fam* ③ (*steal*) ■ **to ~ away with sth** sich *akk* mit etw *dat* davonmachen; ***how much money did the bank robbers ~ away with?*** mit wie viel Geld haben sich die Bankräuber aus dem Staub gemacht? *fam*

◆**make off** *vi* (*fam*) verschwinden, abhauen *fam;* ■ **to ~ off with sth** etw mitgehen lassen *fam*

◆**make out I.** *vi* (*fam*) ① (*manage*) *person* zurechtkommen; *business* sich *akk* [positiv] entwickeln; ***how are you making out with John?*** wie kommst du mit John zurecht? ② (*have sex*) rummachen *sl;* ■ **to ~ out with sb** *esp* AM mit jdm rummachen *sl* **II.** *vt* ① (*write out*) ■ **to ~ out ↔ sth** etw ausschreiben; **to ~ out a bill** eine Rechnung zusammenstellen [*o* aufstellen]; **~ out a cheque** einen Scheck ausstellen; **~ out the schedule** den Dienstplan erstellen; **~ out a will** ein Testament schreiben ② BRIT, AUS (*argue*) **to ~ out a case for sth** für etw *akk* argumentieren, etw vertreten ③ (*see*) ■ **to ~ out ↔ sth** *writing, numbers* etw entziffern; *distant object* etw ausmachen; (*hear*) etw verstehen; (*understand*) ***she's so strange — I can't ~ her out at all*** sie ist so seltsam – ich werde ganz und gar nicht schlau aus ihr; ***I just can't ~ out this maths problem*** ich komme einfach nicht hinter dieses mathematische Problem; ***nobody can ~ out why you were attacked*** keiner kann verstehen, warum du angegriffen wurdest ④ (*fam: claim*) ■ **to ~ sb/sth out to be sth** jdn/etw als etw *akk* hinstellen *fam;* ***the British weather is not as bad as it is made out*** [*to be*] das britische Wetter ist nicht so schlecht, wie es immer heißt; ***stop making out that you're better than us*** hör auf, dich immer als etwas Besseres hinzustellen; ***she made out that she was sleeping*** sie tat so, als ob sie schlafen würde; ***he made himself out to be a millionaire*** er gab vor, ein Millionär zu sein

◆**make over** *vt* ① LAW (*transfer ownership*) **to ~ over a house/a business/land to sb** [*or* **to ~ a house/a business/land over to sb**] jdm ein Haus/ein Geschäft/Land überschreiben ② *esp* AM (*redo*) ■ **to ~ over ↔ sth** etw umändern; ***it's an old church that has been made over into an old people's home*** es ist eine alte Kirche, die in ein Altersheim umgewandelt wurde; **to ~ over a manuscript** ein Manuskript überarbeiten

◆**make up I.** *vt* ① (*invent*) ***stop making up the rules as you go along — it's not fair!*** hör auf, dir deine eigenen Regeln zu machen – das ist nicht fair!; **to ~ up a story/a reason/a lie/an excuse** [*or* **to ~ a story/a reason/a lie/an excuse up**] eine Geschichte/einen Grund/eine Lüge/eine Entschuldigung erfinden [*o* ausdenken] ② (*prepare*) ■ **to ~ up ↔ sth** etw fertig machen; **to ~ up a bed** das Bett machen; **to ~ up a fire** BRIT, AUS Feuer machen; **to ~ up a list** eine Liste erstellen; **to ~ up a page/book/newspaper** JOURN das Layout einer Seite/für ein Buch/für eine Zeitung machen; **to ~ up a room** ein Zimmer herrichten ③ (*produce*) **to ~ up curtains/a dress** [*or* **to ~ curtains/a dress up**] Vorhänge/ein Kleid machen ④ (*compensate*) ***if you can save half the money, we'll ~ up the difference*** wenn du die Hälfte sparen kannst, bezahlen wir die Differenz; **to ~ up a deficit** ein Defizit ausgleichen; **to ~ up money owed** geschuldetes Geld zurückzahlen; **to ~ up a number** BRIT eine Zahl voll machen; ***we'll invite Geoff and Sarah to ~ the number up to ten*** wir laden Geoff und Sarah ein, um die Zehn voll zu machen; **to ~ up time** Zeit wieder gutmachen; *train* Zeit wieder herausfahren; **to ~ up work** AM, AUS Arbeitsstunden nachholen; **to ~ it up to sb** [**for sth**] jdn [für etw *akk*] entschädigen, jdm etw wieder gutmachen ⑤ (*comprise*) ■ **to ~ up ↔ sth** etw ausmachen; ***the book is made up of a number of different articles*** das Buch besteht aus vielen verschiedenen Artikeln ⑥ (*decide*) **to ~ up one's mind** sich *akk* entscheiden [*o* entschließen] ⑦ (*reconcile*) **to ~ it up with sb** sich *akk* [wieder] mit jdm vertragen, sich *akk* mit jdm versöhnen ⑧ FIN **to ~ up accounts** die Bücher abschließen ⑨ TYPO ■ **to ~ sth ↔ up** etw umbrechen **II.** *vi* ① (*be reconciled, forgive*) sich *akk* versöhnen, sich *akk* wieder vertragen; ***kiss and ~ up*** küsst euch und vertragt euch wieder ② (*compensate*) ■ **to ~ up for sth** für etw *akk* entschädigen; ECON etw wiedergutmachen [*o* ausgleichen]; ***no amount of money can***

~ *up for a child's death* kein Geld der Welt kann den Tod eines Kindes aufwiegen; **to ~ up for lost time** verlorene Zeit wieder aufholen ③ Aus, Brit (*flatter*) ■ **to ~ up to sb** sich *akk* bei jdm lieb Kind machen *fam*, jdm in den Arsch kriechen *derb* ④ (*comprise*) ■ **to ~ up sth** etw ausmachen; ***foreigners ~ up about 20% of the student population*** Ausländer machen 20% der Studentenschaft aus

make-believe I. *n no pl* Fantasie *f*, Illusion *f*; ***this ideal is just ~*** dieses Ideal ist nur Fantasie; **a world of ~** eine Fantasiewelt II. *adj inv* Fantasie-, imaginär; **a ~ world** eine Fantasiewelt III. *vi* <made-, made-> ■ **to ~ [that]** … sich *dat* vorstellen, dass … **make-do** *adj attr, inv* improvisiert **make-or-break** *adj inv* kritisch; *decision* entscheidend; ■ **to be ~ for sb** entscheidend für jdn sein **makeover** *n* Veränderung *f*

maker ['meɪkəʳ, Am -ɚ] *n* ① (*manufacturer*) Hersteller(in) *m(f)*, Produzent(in) *m(f)*; **~ of a film** (*director*) Filmemacher(in) *m(f)*; (*producer*) Produzent(in) *m(f)* ② *esp* Brit ■ **~s** *pl* Hersteller(in) *m(f)*, Produzent(in) *m(f)* ③ (*God*) ■ **one's M~** sein Schöpfer *m*; **to meet one's M~** (*die*) seinem Schöpfer gegenübertreten ④ Fin Aussteller(in) *m(f)* von Schecks oder Wechseln

makeready *n no pl* Publ Zurichtung *f* **makeshift** I. *adj* Not-, behelfsmäßig; **~ camps** [*or* **quarters**] Übergangslager *ntpl* II. *n* [Not]behelf *m*, Übergangslösung *f* **make-up** *n* ① *no pl* (*cosmetics*) Make-up *nt*; **to put on ~** sich *akk* schminken, Make-up auflegen; **to wear ~** Make-up tragen ② *of a group, a population* Zusammensetzung *f* ③ (*character*) Persönlichkeit *f*, Veranlagung *f*; **genetic ~** genetische Veranlagung; **psychological ~** Psyche *f* ④ (*in printing*) Umbruch *m*; *layout* Aufmachung *f* ⑤ Am (*exam*) Nachholprüfung *f* **make-up artist** *n* Maskenbildner(in) *m(f)*, Visagist(in) *m(f)* **make-up bag** *n* Kosmetiktasche *f* **make-up kit** *n* Schminkset *nt* **make-up mirror** *n* Schminkspiegel *m* **makeweight** *n* (*fig*) Ballast *m*, [überflüssiges] Anhängsel; (*person*) Lückenbüßer(in) *m(f)* **make-work** *n no pl* unproduktive Tätigkeit

making ['meɪkɪŋ] *n* ① *no pl* (*production*) Herstellung *f*; ***the ~ of the cake will take a good hour*** den Kuchen zu machen dauert eine gute Stunde; ***her problems with that child are of her own ~*** ihre Probleme mit diesem Kind hat sie selbst verschuldet; **to be in the ~** im Entstehen sein; ***the book was several years in the ~*** es dauerte mehrere Jahre, das Buch zu schreiben ② *no pl* (*development*) ***five years in the army will be the ~ of him!*** fünf Jahre in der Armee werden ihn zum Mann machen; ***he was obviously a chef in the ~*** es war klar, dass er später ein Koch werden würde; (*success*) ***it was the ~ of her*** das hat sie zu dem gemacht, was sie [heute] ist; **to be an engineer in the ~** ein angehender Ingenieur/eine angehende Ingenieurin sein ③ (*qualities/ingredients*) ■ **~s** *pl* Anlagen *fpl*; ***she has the ~s of a great violinist*** sie hat das Zeug zu einer großartigen Geigerin; ***the plan has all the ~s of a disaster*** in diesem Plan ist das Scheitern schon vorprogrammiert ④ (*fam: earnings*) ■ **~s** *pl* Gewinne *mpl*

malachite ['mæləkaɪt] *n no pl* Malachit *m*

maladjusted [,mælə'dʒʌstɪd] *adj* Psych verhaltensauffällig, verhaltensgestört

maladjustment [,mælə'dʒʌs(t)mənt] *n no pl* Psych Verhaltensauffälligkeit *f*, Verhaltensstörung *f*

maladministration [,mæləd,mɪnɪ'streɪʃᵊn, Am -ə'-] *n no pl* (*form*) schlechte [*o* ineffiziente] Verwaltung

maladroit [,mælə'drɔɪt] *adj* unbeholfen

maladroitly [,mælə'drɔɪtli] *adv* unbeholfen

maladroitness [,mælə'drɔɪtnəs] *n no pl* Unbeholfenheit *f*

malady ['mælədi] *n* Krankheit *f*, Leiden *nt*; (*fig: problem*) Leiden *nt*, Problem *nt*; **social ~** gesellschaftliches Übel

malaise [mə'leɪz] *n no pl* Unbehagen *nt*; ***they were discussing the roots of the current economic ~*** sie diskutierten über die Wurzeln des gegenwärtig wirtschaftlichen Missstandes

malapropism ['mæləprɒpɪzᵊm, Am -prɑ:p-] *n* Ling Malapropismus *m*

malaria [mə'leəriə, Am -'ler-] *n no pl* Malaria *f*; **to have ~** an Malaria erkrankt sein

malarial [mə'leəriəl, Am 'leri] *adj inv* Malaria-

malarkey [mə'lɑ:ki, Am -'lɑ:r-] *n no pl* (*dated fam*) Blödsinn *m fam*, Firlefanz *m veraltend fam*

Malawi [mə'lɑ:wi] *n no pl* Malawi *nt*

Malawian [mə'lɑ:wiən] I. *n* Malawier(in) *m(f)* II. *adj inv* malawisch

Malay [mə'leɪ, Am meɪ'leɪ] I. *n* ① (*person*) Malaie, -in *m, f* ② *no pl* (*language*) Malaiisch *nt* II. *adj inv* malaiisch

Malaya [mə'leɪə] *n no pl* Malaya *nt*

Malayan [mə'leɪən] *adj inv* malaiisch

Malaysia [mə'leɪziə, Am -ʒə] *n no pl* Malaysia *nt*

Malaysian [mə'leɪziən, Am -ʒən] I. *n* Malaysier(in) *m(f)* II. *adj inv* malaysisch

malcontent ['mælkən,tent] *n* (*pej*) Querulant(in) *m(f) pej geh*, Nörgler(in) *m(f) pej*

Maldives ['mɔ:ldi:vz, Am 'mældaɪvz] *npl* ■ **the ~** die Malediven

Maldivian [mɔ:l'di:viən, Am mæl'daɪv-] I. *n* ① (*person*) Malediver(in) *m(f)* ② *no pl* (*language*) Maledivisch *nt* II. *adj inv* maledivisch

male [meɪl] I. *adj inv* ① (*masculine*) männlich; ***what percentage of the adult ~ population is unemployed?*** wie hoch ist der Prozentsatz der arbeitslosen männlichen Bevölkerung?; **~ choir** Männerchor *m*; **~ crocodile** Krokodilmännchen *nt*; **~-dominated** von Männern dominiert ② Tech (*of a projecting part*) **~ fitting** Bolzen *m*; **~ plug** Stecker *m*; **~ screw** Schraube *f* II. *n* (*person*) Mann *m*; (*animal*) Männchen *nt*

male bonding *n no pl* (*esp hum*) Männergemeinschaft *f*, Männerfreundschaft *f* **male chauvinism** *n no pl* [männlicher] Chauvinismus **male chauvinist** *n* (*pej*), **male chauvinist pig** *n* (*pej*) Chauvinist *m pej*, Chauvi *m fam*, Macho *m fam*, Chauvinistenschwein *nt pej derb*

malediction [,mælɪ'dɪkʃᵊn, Am -ə'-] *n* Fluch *m*, Verwünschung *f*; **to utter a ~ against sb** jdn verfluchen

male-dominated *adj* von Männern beherrscht

malefactor ['mælɪfæktəʳ, Am -ɚ] *n* (*form, liter*) Übeltäter(in) *m(f)*

male menopause *n no pl* (*esp hum*) [männliche] Midlifecrisis

maleness ['meɪlnəs] *n no pl* Männlichkeit *f*

male nurse *n* Krankenpfleger *m* **male organ** *n* Männlichkeit *f*, [männliches] Glied **male prostitute** *n* Stricher *m sl*, Strichjunge *m sl*

malevolence [mə'levᵊlən(t)s] *n no pl* (*evil quality*) Bosheit *f*, Heimtücke *f*, Niedertracht *f liter*; (*spitefulness*) Gehässigkeit *f*

malevolent [mə'levᵊlənt] *adj* (*liter: evil*) bösartig, heimtückisch; (*spiteful*) gehässig, hasserfüllt; **to have a ~ attitude towards sth** einen Hass auf etw *akk* haben; **~ fraud** arglistige Täuschung; **a ~ witch** eine böse Hexe

malevolently [mə'levᵊləntli] *adv* (*evil*) boshaft, heimtückisch; (*spitefully*) gehässig, hasserfüllt

malfeasance [mæl'fi:zən(t)s] *n no pl* Law Gesetzesübertretung *f*, rechtswidriges Handeln; (*in office*) Amtsmissbrauch *m*, Amtsvergehen *nt*

malformation [,mælfɔ:'meɪʃᵊn, Am -fɔ:r'-] *n* Med Missbildung *f*

malformed [,mæl'fɔ:md, Am -'fɔ:rmd] *adj inv* Med missgebildet

malfunction [,mæl'fʌŋ(k)ʃᵊn] I. *vi* (*not work properly*) nicht funktionieren; (*stop working*) ausfallen; *liver, kidney* nicht richtig arbeiten; *social system* versagen; ***what do you think caused the air bag to ~?*** warum, glaubst du, hat der Airbag nicht funktioniert? II. *n* Ausfall *m*; *of liver, kidney* Funktionsstörung *f*; *of social system* Versagen *nt*; ***the pilot reported a ~ in the aircraft's navigation system*** der Pilot berichtete über einen Defekt im Navigationssystem des Flugzeuges

Mali ['mɑ:li] *n no pl* Mali *nt*

Malian ['mɑ:liən] I. *n* Malier(in) *m(f)* II. *adj inv* malisch

malice ['mælɪs] *n no pl* Bösartigkeit *f*, Boshaftigkeit *f*; **implied ~** Law vermutete böse Absicht; **to bear ~/no ~ to[wards] sb** [*or* **to bear sb ~/no ~**] jdm etwas/nichts Böses wollen

malice aforethought *n* Law vorbedachte böse Absicht; **with ~** vorsetzlich

malicious [mə'lɪʃəs] *adj* boshaft, niederträchtig; **~ [telephone] calls** Drohanrufe *mpl*; **~ gossip** böswilliges Gerede; **~ look** hasserfüllter Blick; **~ mischief** böse Streiche; **~ prosecution** Law böswillige Rechtsverfolgung; **~ wounding** Law böswillige Körperverletzung

maliciously [mə'lɪʃəsli] *adv* boshaft, niederträchtig

malign [mə'laɪn] I. *adj* (*form*) verderblich *geh*, schädlich; (*evil*) unheilvoll *geh*; **~ spirits** böse Geister II. *vt* ■ **to ~ sb** jdn verleumden; **to ~ sb's character** jdm Übles nachsagen

malignancy [mə'lɪgnən(t)si] *n* ① *no pl* Med (*cancerousness*) Bösartigkeit *f*, Malignität *f fachspr* ② *no pl* (*fig: evil intent*) Bösartigkeit *f*, Boshaftigkeit *f*, Gemeinheit *f*; (*evil thing*) Übel *nt*

malignant [mə'lɪgnənt] *adj* ① Med *growth, tumour* bösartig, maligne *fachspr* ② (*fig: evil*) boshaft, bösartig, gemein; **a ~ little bastard** ein fieses kleines Arschloch *derb*; **~ pleasure** hämisches Vergnügen

malignantly [mə'lɪgnəntli] *adv* bösartig

malignity [mə'lɪgnəti, Am -əṭi] *n no pl* (*form*) Bösartigkeit *f*; Med Malignität *f fachspr*

malinger [mə'lɪŋgəʳ, Am -ɚ] *vi* simulieren, sich *akk* krank stellen

malingerer [mə'lɪŋgᵊrəʳ, Am -ɚɚ] *n* Simulant(in) *m(f)*

mall [mɔ:l] *n* (*covered row of shops*) [große] Einkaufspassage; (*indoor shopping centre*) [überdachtes] Einkaufszentrum

mallard <*pl* -s *or* -> ['mælɑ:d, Am -ɚd] *n* Stockente *f*

malleability [,mæliə'bɪləti, Am -əṭi] *n no pl of metal* Formbarkeit *f*; *of clay* Geschmeidigkeit *f*; (*fig*) *of a person* Gefügigkeit *f*

malleable ['mæliəbl̩] *adj metal* formbar; *clay* geschmeidig; (*fig*) *person* gefügig

mallee ['mæli] *n* Fieberheilbaum *m*

mallet ['mælɪt] *n* (*hammer*) [Holz]hammer *m*; (*in croquet*) Krockethammer *m*; (*in polo*) Poloschläger *m*

malling ['mɔ:lɪŋ] *n no pl* Am **to go ~** im Einkaufszentrum rumhängen *fam*

mallow ['mæləʊ, Am -loʊ] *n* Malve *f*

malmsey ['mɑ:mzi] *n no pl* Malvasier[wein] *m*

malnourished [,mæl'nʌrɪʃt, Am -'nɜ:r-] *adj* unterernährt

malnutrition [,mælnju:'trɪʃᵊn, Am -nu:'-] *n no pl* Unterernährung *f*

malodorous [,mæl'əʊdᵊrəs, Am -'oʊdɚ-] *adj* (*form*) ① (*smelling bad*) übel riechend ② (*pej: offensive*) widerlich, verabscheuenswürdig *geh*

malpractice [,mæl'præktɪs] *n no pl* Sorgfaltpflichtverletzung *f*; Med ärztlicher Kunstfehler; (*criminal misconduct*) [berufliches] Vergehen; *of civil servants* Amtsvergehen *nt*, Amtsmissbrauch *m*; **medical ~** ärztlicher Kunstfehler

malpractice suit *n* Kunstfehlerprozess *m*

malt [mɔ:lt] I. *n no pl* ① (*grain*) Malz *nt* ② (*whisky*) Maltwhisky *m* ③ Am (*malted milk*) Malzmilch *f* II. *vt* **to ~ barley** Gerste mälzen

Malta ['mɔ:ltə] *n no pl* Malta *nt*

malted ['mɔ:ltɪd] *n*, **malted milk** *n no pl* Malzmilch *f*

Maltese [,mɔ:l'ti:z] I. *adj inv* maltesisch; **The ~ Falcon** der Malteser Falken II. *n* ① (*person*) Malteser(in) *m(f)* ② *no pl* (*language*) Maltesisch *nt*, das Maltesische

Maltese cross *n* Malteserkreuz *nt*

malt extract *n no pl* Malzextrakt *m* **malt liquor** *n no pl* Am *gemalztes alkoholisches Getränk, amerikanisches Starkbier*

maltreat [,mæl'tri:t] *vt usu passive* ■ **to ~ sb/sth**

jdn/etw misshandeln

maltreatment [ˌmælˈtriːtmənt] *n no pl* Misshandlung *f*

malt whisky *n* Maltwhisky *m*

mam [mæm] *n* BRIT DIAL (*childspeak*) Mamma *f*, Mammi *f*

mama¹ [məˈmɑː] *n* BRIT (*childspeak dated*) Mutti *f*

mama² [ˈmɑːmə] *n* ① AM (*childspeak*) Mutti *f* ② AM (*sl: attractive female*) Puppe *f sl*; ***there's a good-looking*** ~ da ist 'ne scharfe Braut *sl*

mama's boy *n* AM (*pej*) Muttersöhnchen *nt pej*

mamba [ˈmæmbə, AM ˈmɑːm-] *n* Mamba *f*; **black** ~ schwarze Mamba

mambo <*pl* -os> [ˈmæmbəʊ, AM ˈmɑːmboʊ] *n* Mambo *m*

mamma [məˈmɑː, AM ˈmɑmə] *n* AM (*esp dated*) *see* **mama**

mammal [ˈmæməl] *n* Säugetier *nt*, Säuger *m*; ***the zebra is my daughter's favourite*** ~ das Zebra ist das Lieblingstier meiner Tochter

mammalian [mæmˈeɪliən] *adj inv* Säugetier-; **the** ~ **evolution** die Evolution der Säugetiere

mammary [ˈmæməri] *adj inv* MED Brust-, Mamma- *fachspr*

mammary gland *n* Milchdrüse *f*

mammogram [ˈmæməgræm] *n*, **mammograph** [ˈmæmə(ʊ)grɑːf, AM -məgræf] *n* Röntgenbild *nt* der weiblichen Brust; ***middle-aged women should have regular*** ~***s*** Frauen im mittleren Alter sollten regelmäßig eine Mammographie vornehmen lassen

mammography [mæmˈɒgrəfi, AM məˈmɑːg-] *n no pl* Mammographie *f*

Mammon [ˈmæmən] *n no pl* REL [schnöder] Mammon *oft iron*

mammoth [ˈmæməθ] **I.** *n* Mammut *nt* **II.** *adj* (*fig*) Mammut-, riesig; ~ **proportions** kolossales Ausmaß

mammy [ˈmæmi] *n* ① AM DIAL, IRISH (*childspeak*) Mami *f* ② AM (*dated or pej!*) *schwarzes [Kinder]mädchen in den USA*

man [mæn] **I.** *n* <*pl* men> ① (*male human*) Mann *m*; ~ ***overboard!*** Mann über Bord!; ***act like*** [*or* ***be***] ***a*** ~***!*** sei ein Mann!; ***what a*** ~***!*** (*in appreciation*) was für ein Mann!; (*iron*) dieser Mann!; ***he is a*** ~ ***of his word*** er steht zu seinem Wort; ***the expedition was made up of 100 officers and men*** die Expedition bestand aus 100 Offizieren und einfachen Soldaten; **to be a** ~ **of action** ein Mann der Tat sein; ~**'s bicycle** Herrenfahrrad *nt*; **men's clothing/shoes/gloves** Herrenkleidung/-schuhe/-handschuhe; **a family** ~ Familienvater *m*; **a** ~ **of God** Mann *m* Gottes; **a ladies'** ~ Charmeur *m*, Frauenheld *m*; **to be a** ~ **of letters** *writer* Schriftsteller *m*, Literat *m*; *scholar* Gelehrter *m*; **a** ~**-to-**~ **talk** ein Gespräch *nt* unter Männern; ~ **and wife** (*dated*) Mann und Weib *veraltet*; **to be a** ~ **of the world** ein Mann von Welt sein; **dirty old** ~ fieser alter Kerl, alte Drecksau *pej*; **to make a** ~ [**out**] **of sb** einen Mann aus jdm machen; **to take sth like a** ~ etw wie ein Mann ertragen ② (*fam: form of address*) Junge *m*; ***give me that,*** ~ gib das her, Mann; ***this is my old*** ~***, George*** das ist mein alter Junge, George; **my good** ~ mein lieber Mann ③ (*old: male servant*) Diener *m* ④ (*fam: boyfriend*) Typ *m sl* ⑤ *no pl* (*mankind*) der Mensch, die Menschheit; ***this is one of the most dangerous substances known to*** ~ dies ist eine der gefährlichsten Substanzen, die man kennt ⑥ (*person*) Mensch *m*; ***all men are equal*** alle Menschen sind gleich; ***our*** ~ ***in Washington*** unser Mann in Washington; ***she's the right/wrong*** ~ ***for the job*** sie ist die Richtige/Falsche für diesen Job; ***he's not a gambling/drinking*** ~ er ist kein großer Spieler/Trinker; ***every*** ~ ***for himself*** jeder für sich; **the** ~ **in the street** der kleine Mann; **the inner** ~ das Innere; **the odd** ~ **out** der Außenseiter; **as one** ~ wie ein Mann; ***as one*** ~***, the delegates made for the exit*** geschlossen gingen die Delegierten hinaus; **sb's right-hand** ~ jds rechte Hand ⑦ (*in games*) [Spiel]figur *f* ⑧ AM (*sl*) ■**the** ~ (*the boss*) der Boss; (*white people*) die Weißen *pl*; (*the police*) die Bullen *pl* ► PHRASES: **to have done sth** ~ **and boy** (*hum dated*) das ganze Leben lang etw tun; ~ **proposes, God disposes** (*prov*) der Mensch denkt, Gott lenkt *prov*; **to be** ~ **enough for sth** für etw *akk* Manns genug sein; **you can't keep a good** ~ **down** (*prov*) der Tüchtige lässt sich *akk* nicht unterkriegen; **to be one's own** ~ sein eigener Herr sein; **to talk** [**as**] ~ **to** ~ offen sprechen; **to a** ~ bis auf den letzten Mann **II.** *interj* (*fam: to emphasize*) Mensch *fam*, Mann *fam*; (*in enthusiasm*) Manometer *fam*; (*in anger*) Mann *fam*, Menno *fam*; ~***, we had a good time!*** Mann, haben wir uns amüsiert! **III.** *vt* <-nn-> ■**to** ~ **sth** *phone, gun* etw bedienen; *fortress* etw besetzen; ~ ***the pumps!*** alle Mann an die Pumpen!; **to** ~ **a ship** ein Schiff bemannen

man about town <*pl* men about town> *n* **to be a** ~ in den angesagten Kreisen verkehren, überall mit von der Partie sein; ***she will only date you if you are a*** ~ sie wird nur mit dir ausgehen, wenn du in den In-Kreisen verkehrst

manacle [ˈmænəkl] **I.** *n* ■~**s** *pl* Handschellen *fpl*, Ketten *fpl* **II.** *vt* ■**to** ~ **sb** jdn in Ketten legen [*o* [mit Ketten] fesseln]; ***his arm was*** ~***d to a ring on the wall*** sein Arm war an einem Ring in der Wand angekettet

manage [ˈmænɪdʒ] **I.** *vt* ① ECON (*be in charge of*) ■**to** ~ **sth** *company, business, deparment* etw leiten [*o* führen]; ■**to** ~ **sb** *film star, pop group, team* jdn managen; ***some people think television*** ~***s the news instead of just reporting it*** manche Leute glauben, dass das Fernsehen die Nachrichten manipuliert, anstatt nur zu berichten; **to** ~ **money** Geld verwalten; **to** ~ **property** Eigentum verwalten; FIN Immobilienbesitz verwalten; ~**d fund** Investmentfonds, dessen Wertpapierbestand auswechselbar ist; **to** ~ **one's time** sich *dat* seine Zeit richtig einteilen ② (*control*) ■**to** ~ **sb** mit jdm zurechtkommen [*o* fertig werden]; ■**to** ~ **sth** mit etw *dat* zurechtkommen [*o* umgehen können]; **to** ~ **a currency** eine Währung steuern; **to** ~ **sth with ease/difficulty** etw mit Leichtigkeit/Schwierigkeiten bewältigen; ~**d float** FIN kontrolliertes Floaten ③ (*accomplish*) ■**to** ~ **sth** etw bewältigen [*o fam* schaffen]; ***I'm so full, I can't*** ~ ***any more*** ich bin so satt, ich kann nichts mehr essen; ***she can't*** ~ ***more than $350 per month rent*** sie kann sich nicht mehr als $ 350 Miete pro Monat leisten; ***can you*** ~ ***8 o'clock?*** 8 Uhr, ginge das?; **to** ~ **a smile/laugh** ein Lächeln/Lachen hinbekommen **II.** *vi* ① (*succeed*) es schaffen, zurechtkommen; ***I can't*** ~ ***on my own*** ich schaffe es nicht allein; ***we'll*** ~***!*** wir kommen schon zurecht!; ***how can you*** ~ ***without a car?*** wie kommst du ohne Auto zurecht?; ***somehow he*** ~***d to calm down*** irgendwie schaffte er es, sich zu beruhigen; ***only he could*** ~ ***to be so dumb*** nur er konnte so dumm sein ② (*get by*) ■**to** ~ **on sth** mit etw *dat* auskommen; ***they had to*** ~ ***on a small salary*** sie mussten mit einem kleinen Gehalt auskommen

manageable [ˈmænɪdʒəbl] *adj* ① (*doable*) ■**to be** ~ *job* leicht zu bewältigen sein; ~ **task** überschaubare Aufgabe ② (*controllable*) ■**to be** ~ kontrollierbar [*o* beherrschbar] sein; *problem* sich *akk* bewältigen lassen; *car* leicht zu handhaben sein; ***the baby-sitter found the children perfectly*** ~ der Babysitter kam gut mit den Kindern zurecht; ~ **hair** leicht zu frisierendes Haar ③ (*feasible*) erreichbar; ■**to be** ~ machbar [*o* zu schaffen] sein; ~ **deadline** realistischer Termin ④ (*easy to carry*) ~ **bag** handliche Tasche

managed-care [ˈmænɪdʒdkeər, AM -ker] *adj attr, inv* AM *organization, policy* kostensparende Präventivmedizin forcierend (*mit Bezug auf Krankenversicherungen im US-amerikanischen Gesundheitssystem*)

management [ˈmænɪdʒmənt] **I.** *n* ① *no pl of business* Management *nt*, [Geschäfts]führung *f*, [Unternehmens]leitung *f* ② + *sing/pl vb* (*managers*) [Unternehmens]leitung *f*, Management *nt*; *of hospital, theatre* Direktion *f*; **junior** ~ untere Führungsebene; (*trainees*) Führungsnachwuchs *m*; **middle** ~ mittlere Führungsebene; **senior** ~ oberste Führungsebene, Vorstand *m* ③ *no pl* (*handling*) Umgang *m* (**of** mit +*dat*); *of fiances* Verwalten *nt*; **crisis** ~ Krisenmanagement *nt* **II.** *n modifier* ECON ~ **skills** Führungsqualitäten *fpl*; ~ **trainee** Managementtrainee *m o f*; ~ **training** Managementtraining *nt*

management buy-out *n* Managementbuyout *nt* (*Übernahme einer Firma durch die leitenden Direktoren*) **management-by-objective** *adj attr, inv* zielorientiert (*mit Bezug auf einen Managementstil*) **management consultant** *n* Unternehmensberater(in) *m(f)* **management studies** *n* + *sing/pl vb* Betriebswirtschaft[slehre] *f* **management team** *n* + *sing/pl vb* Führungsgruppe *f*, Führungsspitze *f*

manager [ˈmænɪdʒəʳ, AM -ər] *n* ① (*business executive*) Geschäftsführer(in) *m(f)*, Leiter(in) *m(f)*; (*in big business*) Manager(in) *m(f)*; (*of hotel, restaurant, shop*) Geschäftsführer(in) *m(f)*; (*of department*) Abteilungsleiter(in) *m(f)*; (*of cinema, theatre*) Leiter(in) *m(f)*, Direktor(in) *m(f)*; **bank** ~ Filialleiter(in) *m(f)* einer Bank; **branch** ~ Filialleiter(in) *m(f)*; **junior/middle/senior** ~ Manager(in) *m(f)* auf der unteren/mittleren/oberen Führungsebene; **production** ~ Produktionsleiter(in) *m(f)*; **sales** ~ Verkaufsleiter(in) *m(f)* ② SPORTS (*coach*) [Chef]trainer(in) *m(f)*; **the England** ~ der englische Nationaltrainer/die englische Nationaltrainerin ③ (*of band, boxer*) Manager(in) *m(f)*; (*of a sports team*) Trainer *m*

manageress <*pl* -es> [ˌmænɪdʒərˈes, AM ˈmænɪdʒəres] *n* (*dated*) Geschäftsführerin *f* (*in einem Laden oder Café*)

managerial [ˌmænəˈdʒɪəriəl, AM -ˈdʒɪr-] *adj inv* Manager-; ~ **conference/meeting** Konferenz *f*/Meeting *nt* der Unternehmensführung; **at** ~ **level** auf Führungsebene; ~ **position** Führungsposten *m*; ~ **responsibilities** Führungsverantwortung *f*; ~ **skills** Führungsqualitäten *fpl*

managing director *n* [Haupt]geschäftsführer(in) *m(f)* **managing editor** *n* Verlagsdirektor(in) *m(f)* **managing owner** *n* geschäftsführender Inhaber/geschäftsführende Inhaberin **managing partner** *n* geschäftsführender Gesellschafter/geschäftsführende Gesellschafterin

mañana [mænˈjɑːnə, AM məˈn-] **I.** *adv* demnächst, bald **II.** *n* Morgen *nt*, ferne Zukunft

man-at-arms *n* (*hist*) Soldat *m*; (*esp in medieval times*) Kavallerist *m*, berittener Krieger

Manchuria [mænˈtʃʊəriə, AM ˈtʃʊri] *n no pl* GEOG Mandschurei *f*

Mancunian [mæŋˈkjuːniən, AM mænˈ-] **I.** *n* Einwohner(in) *m(f)* der Stadt Manchester **II.** *adj inv* aus Manchester

mandala [ˈmændələ, AM ˈmʌn-] *n modifier* Mandala-

mandarin [ˈmændərɪn, AM -ərn] *n* ① (*fruit*) Mandarine *f* ② (*hist: Chinese official*) Mandarin *m* ③ (*esp pej: bureaucrat*) Bürokrat(in) *m(f)*

Mandarin [ˈmændərɪn, AM -ərn] *n no pl* LING Mandarin *nt*, chinesische Hochsprache

mandarin orange *n* Mandarine *f*

mandate **I.** *n* [ˈmændeɪt] ① *usu sing* (*authority*) Auftrag *m*, Mandat *nt*; (*command*) Verfügung *f*; **bank** ~ Bankvollmacht *f*; **electoral** ~ Wählerauftrag *m* ② (*territory*) Mandat[sgebiet] *nt* **II.** *vt* [mænˈdeɪt, AM ˈ-] ■**to** ~ **sth** (*order*) etw anordnen; (*authorize*) ein Mandat für etw *akk* erteilen; **to** ~ **a territory to a country** ein Gebiet der Verwaltung eines Landes unterstellen; ■**to** ~ **sb to do sth** (*order*) jdn beauftragen [*o* jdm den Auftrag erteilen], etw zu tun; (*authorize*) jdm ein Mandat erteilen, etw zu tun

mandated [mænˈdeɪtɪd, AM t̬ɪd] *adj inv* (*hist*) ~ **territory** Mandatsgebiet *nt*

mandatory [ˈmændətəri, AM -tɔːri] *adj inv* ① (*required by law*) gesetzlich vorgeschrieben; **to make sth** ~ etw gesetzlich vorschreiben ② (*obligatory*) obligatorisch; ~ **bid** ECON obligatorisches Kaufangebot; ~ **meeting** obligatorische Sitzung; ■**to be** ~ **for sb** jds Pflicht *f* sein

mandible [ˈmændɪbl] *n of an insect* Mandibel *f fachspr*, [Ober]kiefer *m*; *of a bird* Unterschnabel *m*;

of a mammal, fish Mandibula *f fachspr,* Unterkiefer *m*
mandolin [ˌmændəlˈɪn] *n,* **mandoline** *n* [ˌmændəlˈiːn] ❶ MUS Mandoline *f* ❷ (*vegetable slicer*) Gemüseschneider *m*
mandrake [ˈmændreɪk] *n* Mandragore *f;* ~ **root** Alraunwurzel *f*
mandrill [ˈmændrɪl] *n* ZOOL Mandrill *m*
mane [meɪn] *n* Mähne *f a. fig*
man-eater *n* ❶ (*animal*) *Tier, das Menschen tötet* ❷ (*fig, hum fam: woman*) männermordender Vamp *hum fam*
man-eating [ˈmæniːtɪŋ] *adj* ❶ *inv animal* Menschen fressend *attr* ❷ (*fam*) *woman* Männer mordend *attr*
maneuver *n, vi, vt* AM *see* **manoeuvre**
maneuverability *n* AM *see* **manoeuvrability**
maneuverable *adj* AM *see* **manoeuvrable**
maneuvering *n* AM *see* **manoeuvring**
man Friday *n* treuer Diener, Mädchen *nt* für alles *hum fam*
manful [ˈmænfəl] *adj* mannhaft *veraltend,* mutig, beherzt; **to mount a ~ defence of sb** jdn heldenhaft verteidigen
manfully [ˈmænfəli] *adv* mannhaft *veraltend,* mutig, beherzt
manganese [ˈmæŋgəniːz] *n no pl* Mangan *nt*
mange [meɪndʒ] *n no pl* Räude *f*
mangel [ˈmæŋgəl] *n,* **mangel-wurzel** [ˈmæŋgəlˌwɜːzəl, AM -ˌwɜːr-] *n* Runkelrübe *f,* Futterrübe *f*
manger [ˈmeɪndʒəʳ, AM -ɚ] *n* (*old*) Futtertrog *m;* (*in bible*) Krippe *f*
mangetout [ˌmɑ̃(n)ʒˈtuː] *n* BRIT Zuckererbse *f*
mangle¹ [ˈmæŋgl̩] *vt* ■**to ~ sth** ❶ *usu passive* (*crush*) etw zerstören; ■**to be ~d** *limbs* verstümmelt werden; *clothes* zerrissen werden; *car, metal* zerdrückt werden; ***all that remains of the car crash is a pile of ~d metal*** alles, was nach dem Unfall noch übrig ist, ist ein Haufen Schrott ❷ (*fig: ruin*) etw verstümmeln [*o* entstellen] *fig*
mangle² [ˈmæŋgl̩] *n* ❶ BRIT (*hist: wringer*) [Wäsche]mangel *f* ❷ AM (*ironing machine*) [Heiß]mangel *f*
mango <*pl* -s *or* -es> [ˈmæŋgəʊ, AM -goʊ] *n* Mango *f*
mango chutney *n* Mango Chutney *nt o m* (*Speisebeilage bestehend aus Mangos, Gewürzen und Zucker*)
mangrove [ˈmæŋgrəʊv, AM ˈmæŋgroʊv] *n* Mangrovenbaum *m*
mangrove swamp *n* Mangrove *f*
mangy [ˈmeɪndʒi] *adj* ❶ (*suffering from mange*) räudig ❷ (*fam: shabby*) schäbig *pej*
manhandle [ˈmænˌhændl̩, AM ˈmænhæn-] *vt* ❶ (*handle roughly*) ■**to ~ sb** jdn grob behandeln ❷ (*heave*) ■**to ~ sth** etw [hoch]heben, etw stemmen; (*haul*) etw [hoch]hieven
manhattan [mænˈhætən] *n* (*cocktail*) Manhattan *m*
manhole *n* Einstieg *m,* Einstiegsöffnung *f;* (*shaft*) Einstiegsschacht *m; of a container, tank* Mannloch *nt* **manhole cover** *n* Einstiegsverschluss *m; of a canal* Kanaldeckel *m; of a shaft* Schachtdeckel *m; of a container, tank* Mannlochdeckel *m*
manhood [ˈmænhʊd] *n no pl* ❶ (*adulthood*) Mannesalter *nt veraltend,* Erwachsenenalter *nt* (*eines Mannes*) ❷ (*manliness*) Männlichkeit *f;* **to prove one's ~** seine Männlichkeit unter Beweis stellen ❸ (*poet: male population*) Männer *mpl* ❹ (*euph or hum: male genitals*) Männlichkeit *f euph*
manhour *n* Arbeitsstunde *f* **manhunt** *n* [Ring]fahndung *f;* (*after a criminal*) Verbrecherjagd *f;* **to launch a ~** mit einer Ringfahndung beginnen
mania [ˈmeɪniə] *n* ❶ (*pej: obsessive enthusiasm*) Manie *f,* Fimmel *m fam,* Besessenheit *f* (**for** von +*dat*); **religious ~** religiöser Wahn; **to have a ~ for sth** von etw *dat* besessen sein ❷ *no pl* MED (*obsessive state*) Wahn[sinn] *m;* (*state of excessive activity*) Manie *f;* **persecution ~** Verfolgungswahn *m*
maniac [ˈmeɪniæk] *n* ❶ (*fam: crazy person*) Verrückte(r) *f(m) fam,* Wahnsinnige(r) *f(m),* Irre(r) *f(m) fam;* **to drive like a ~** wie ein Verrückter/eine Verrückte fahren; **to work like a ~** wie verrückt arbeiten ❷ (*fan*) Fan *m;* **football ~** Fußballnarr, Fußballnärrin *m, f,* Fußballfanatiker(in) *m(f)* ❸ MED (*old*) Manie *f veraltet*
maniacal [məˈnaɪəkəl] *adj* ❶ (*crazy*) wahnsinnig, verrückt, irrsinnig; ~ **behaviour** [*or* AM **behavior**] abnormes Verhalten; **a ~ laugh** ein irres Lachen; **a ~ scream** ein wilder Schrei ❷ (*fam: very enthusiastic*) frenetisch *geh,* fanatisch
maniacally [məˈaɪəkəli] *adv* PSYCH (*old*) rasend, tobsüchtig *veraltend,* maniakalisch *geh*
manic [ˈmænɪk] *adj* erregt, manisch; (*hum: highly energetic*) wild
manic depression *n no pl* manische Depression **manic depressive** I. *n* Manisch-Depressive(r) *f(m);* ■**to be a ~** manisch-depressiv sein II. *adj* manisch-depressiv **manic psychosis** *n* manische Psychose
manicure [ˈmænɪkjʊəʳ, AM -kjʊr] I. *n* Maniküre *f,* Handpflege *f;* **to have a ~** sich *akk* maniküren lassen II. *vt* **to ~ one's hands/nails** sich *dat* die Hände/Nägel maniküren
manicured [ˈmænɪkjʊəd, AM -kjʊrd] *adj inv* ❶ *of fingers* manikürt; **well-~ hands** gepflegte [*o* manikürte] Hände ❷ (*extremely neat*) [sehr] gepflegt; **a perfectly ~ lawn** ein makelloser Rasen
manicure scissors *n* Maniküreschere *f,* Nagelschere *f* **manicure set** *n* Maniküreset *nt,* Maniküreetui *nt*
manicurist [ˈmænɪkjʊərɪst, AM -kjʊr-] *n* Handpflegerin *f*
manifest [ˈmænɪfest] I. *adj* offenkundig, deutlich erkennbar, manifest *geh* II. *vt* ■**to ~ sth** etw zeigen; ***the illness ~d itself as …*** die Krankheit äußerte sich durch …; **to ~ symptoms of sth** Anzeichen einer S. *gen* aufweisen [*o* zeigen] III. *n* TRANSP ❶ (*cargo list*) [Ladungs]manifest *nt,* Frachtliste *f* ❷ (*list of passengers*) Passagierliste *f;* (*list of railway wagons*) Wagenladeschein *m*
manifestation [ˌmænɪfesˈteɪʃən] *n* ❶ (*sign*) Zeichen *nt* (**of** für +*akk*) ❷ *no pl* (*displaying*) Zeigen *nt;* (*voicing*) Bekundung *f geh;* MED Manifestation *f fachspr* ❸ *usu pl* (*form*) Manifestation *f,* Erscheinungsform *f*
manifestly [ˈmænɪfestli] *adv* offenkundig, offensichtlich
manifesto <*pl* -s *or* -es> [ˌmænɪˈfestəʊ, AM -toʊ] *n* Manifest *nt;* **election ~** Wahlprogramm *nt*
manifold [ˈmænɪfəʊld, AM -foʊld] I. *adj* (*liter*) vielfältig, vielseitig, mannigfaltig *geh* II. *n* TECH Verteilerrohr *nt;* AUTO [**exhaust**] **~** [Abgas]krümmer *m;* [**inlet** [*or* **intake**]] **~** [Ansaug]krümmer *m*
manikin [ˈmænɪkɪn] *n* ❶ (*model*) Gliederpuppe *f;* MED anatomisches Modell ❷ (*dwarf*) Zwerg *m,* Knirps *m fam*
manil(l)a [məˈnɪlə] *n no pl* Manilapapier *nt,* Packpapier *nt*
manil(l)a envelope *n* Briefumschlag *m* aus Manilapapier **manil(l)a paper** *n no pl* Manilapapier *nt,* Packpapier *nt*
manioc [ˈmæniɒk, AM -ɑːk] *n* ❶ (*cassava*) Maniok *m* ❷ (*flour*) Mandioka *f*
manipulate [məˈnɪpjəleɪt] *vt* ❶ (*esp pej: manage cleverly*) ■**to ~ sb/sth** geschickt mit jdm/etw umgehen; (*influence*) jdn/etw beeinflussen, jdn/etw manipulieren *meist pej;* **to ~ accounts** die Bücher schönen; **to ~ figures/the statistics** geschickt mit Zahlen/der Statistik jonglieren; (*falsify*) Zahlen/die Statistik verfälschen [*o fam* verdrehen]; **to ~ the market** die Börsenkurse manipulieren ❷ (*with hands*) ■**to ~ sth** etw handhaben; (*adjust*) etw einstellen; **to ~ a machine** eine Maschine bedienen ❸ MED **to ~ sb's bones** jds Knochen einrenken; **to ~ sb's muscles** jds Muskeln massieren ❹ COMPUT ■**to ~ sth** etw bearbeiten
manipulation [məˌnɪpjəˈleɪʃən] *n* ❶ (*esp pej: clever management*) Manipulation *f;* (*falsification*) Verfälschung *f;* **stock market ~** Kursmanipulation *f* ❷ (*handling*) Handgriff *m* (**of** an +*dat*); (*adjustment*) Einstellung *f* (**of** an +*dat*); *no pl* Umgang *m* (**of** mit +*dat*), Handhabung *f* ❸ MED chiropraktische Behandlung; *of bones* Einrenken *nt kein pl* ❹ COMPUT (*by person*) Bearbeiten *nt kein pl,* Bearbeitung *f*
manipulative [məˈnɪpjələtɪv, AM -leɪṭɪv] *adj* (*esp pej*) manipulativ
manipulator [məˈnɪpjəleɪtəʳ, AM -ṭɚ] *n* (*esp pej*) Manipulator(in) *m(f),* Manipulant(in) *m(f);* **stock market ~** Kursmanipulant(in) *m(f)*
mankind [mænˈkaɪnd] *n no pl* Menschheit *f*
manky [ˈmæŋki] *adj* BRIT (*fam: dirty*) dreckig *fam;* (*worn-out*) abgenutzt, alt
manlike [ˈmænlaɪk] *adj* ❶ (*resembling a human*) menschenähnlich ❷ (*exhibiting male qualities*) männlich
manliness [ˈmænlɪnəs] *n no pl* (*approv*) Männlichkeit *f*
manly [ˈmænli] *adj* (*approv*) männlich
man-made *adj* künstlich; ~ **fibres** künstliche Fasern *fpl,* Kunstfasern *fpl*
manna [ˈmænə] *n no pl* ❶ (*food from heaven*) Manna *nt,* Himmelsbrot *nt;* ~ **from heaven** (*fig*) ein wahrer Segen ❷ (*healing food or drink*) Labsal *nt o* ÖSTERR *a. f*
manned [mænd] *adj* AEROSP bemannt
mannequin [ˈmænɪkɪn] *n* ❶ (*in shop window*) Schaufensterpuppe *f;* ART Modell *nt* ❷ (*dated: fashion model*) Mannequin *nt*
manner [ˈmænəʳ, AM -ɚ] *n no pl* ❶ (*way*) Weise *f,* Art *f;* **in a ~ of speaking** sozusagen; **in the normal ~** auf dem üblichen Weg; **in an unusual ~** auf ungewöhnliche Weise; **to be in the ~ of Hitchcock** ganz in der Tradition von Hitchcock stehen ❷ *no pl* (*behaviour to others*) Betragen *nt,* Verhalten *nt;* **his cold ~** seine kalte Art ❸ (*polite behaviour*) ■**~s** *pl* Manieren *pl;* ***it's bad ~s to …*** es gehört sich nicht, …; ***it's only good ~s to …*** es gehört sich einfach, …; ***you've got no ~s!*** du hast einfach keine Manieren!; **to mind one's ~s** sich *akk* benehmen; **to teach sb ~s** jdm Manieren beibringen ❹ (*form: type*) Typ *m,* Art *f;* (*old*) ***what ~ of man is he?*** was für ein Mensch ist er eigentlich?; ***all ~ of …*** alle möglichen Arten von … ▸ PHRASES: **not by any ~ of means** (*dated*) überhaupt nicht, keineswegs; **to do sth as if to the ~ born** etw tun, als ob man sein Leben lang nichts anderes getan hätte
mannered [ˈmænəd, AM -ɚd] *adj* (*pej*) ❶ (*affected*) affektiert ❷ (*in art*) gekünstelt, manieriert *geh*
mannerism [ˈmænərɪzəm, AM -nɚ-] *n* Eigenart *f*
Mannerism [ˈmænərɪzəm, AM -nɚ-] *n no pl* Manierismus *m*
Mannerist [ˈmænərɪst, AM -nɚ-] *n* Manierist(in) *m(f)*
mannikin *n see* **manikin**
mannish [ˈmænɪʃ] *adj* (*esp pej: of a woman*) männlich, maskulin
mannishly [ˈmænɪʃli] *adv* (*esp pej: of a woman*) männlich, maskulin
mannishness [ˈmænɪʃnəs] *n no pl* (*esp pej: of a woman*) Männlichkeit *f*
manoeuvrability [məˌnuːvərəˈbɪləti], AM **maneuverability** [-ṭi] *n no pl* Beweglichkeit *f,* Manövrierfähigkeit *f*
manoeuvrable [məˈnuːvərəbl̩], AM **maneuverable** *adj* beweglich; *ship, vessel* manövrierfähig
manoeuvre [məˈnuːvəʳ], AM **maneuver** [-ɚ] I. *n* ❶ *usu pl* (*military exercise*) Manöver *nt;* **army ~s** Truppenübungen *fpl;* **on ~s** im Manöver ❷ (*planned move*) Manöver *nt,* Operation *f;* (*fig*) Schachzug *m* ❸ *no pl* **to not allow sb much room for ~** jdn keinen großen Spielraum lassen; **to have room** [*or* **scope**] **for ~** Spielraum haben II. *vt* ❶ (*move*) ■**to ~ sth somewhere** etw irgendwohin manövrieren; **to ~ a trolley** einen Einkaufswagen lenken ❷ (*pressure sb*) ■**to ~ sb into sth** jdn [durch geschickte Manöver] zu etw *dat* bringen; **to ~ sb into a compromise** jdn geschickt zu einem Kompromiss zwingen; ***they ~d her into resigning*** sie brachten sie dazu zurückzutreten III. *vi* ❶ (*move*) manövrieren; ***this car ~s well at high speed*** dieses Auto

M

lässt sich bei hoher Geschwindigkeit gut fahren; **room to ~** Spielraum *m* ❷ (*scheme*) taktieren ❸ MIL (*hold exercises*) Manöver abhalten

manoeuvring [məˈnuːvᵊrɪŋ], AM **maneuvering** [-ərɪŋ] *n* Manöver *nt;* (*dishonest step*) Winkelzug *m meist pl*

man-of-war <*pl* men-of-war> [ˌmænəvˈwɔːʳ, AM wɔːr] *n,* **man-o'-war** <*pl* men-o'-war> [ˌmænəˈwɔːʳ, AM wɔːr] *n* ❶ HIST Portugiesische Galeere ❷ ZOOL *see* **Portugese man-of-war**

manometer [məˈnɒmɪtəʳ, AM -ˈnɑːməţɚ] *n* Manometer *nt fachspr,* Druckmesser *m*

manor [ˈmænəʳ, AM -ɚ] *n* ❶ (*country house*) Landsitz *m,* Herrenhaus *nt* ❷ BRIT HIST (*territory*) [Land]gut *nt,* Lehnsgut *nt;* **lord of the ~** Gutsherr *m* ❸ *usu sing* BRIT (*sl: area around police station*) Polizeirevier *nt*

manor house *n* Herrenhaus *nt*

manpower *n no pl* Arbeitskräfte *fpl;* **lack of ~** Arbeitskräftemangel *m;* **skilled ~** gelernte Arbeitskräfte, Facharbeitskräfte *fpl*

manqué [ˈmɑ̃(ŋ)keɪ, AM mˌɑnˈkeɪ] *adj inv, after n* (*form*) gescheitert, verkannt; **an artist ~** ein verkannter [*o* gescheiterter] Künstler/eine verkannte [*o* gescheiterte] Künstlerin; ***my brother is a barber ~*** an meinem Bruder ist ein Friseur verloren gegangen

mansard <*pl* -s> [ˈmænsɑːd, AM sɑːrd] *n,* **mansard roof** *n* ARCHIT Mansarde *f*

manse [mæn(t)s] *n* SCOT Pfarrhaus *nt*

manservant <*pl* menservants> *n* (*old*) Diener *m*

mansion [ˈmæn(t)ʃᵊn] *n* herrschaftliches Wohnhaus, Villa *f;* (*of ancient family*) Herrenhaus *nt*

man-sized *n* riesig, Riesen-; **a ~ portion** eine Riesenportion; **a ~ steak** ein riesiges Steak **manslaughter** *n no pl* Totschlag *m;* **to charge sb with ~** jdn des Totschlags anklagen

manta <*pl* – *or* -s> [ˈmæntə] *n,* **manta ray** *n* ZOOL Manta *m*

mantel [ˈmæntᵊl] *n* (*old*), **mantelpiece** [ˈmæntᵊlpiːs] *n* Kaminsims *m o nt*

mantelshelf <*pl* -lves> [ˈmæntᵊlʃelf] *n see* **mantelpiece**

mantilla [mænˈtɪlə] *n* FASHION Mantilla *f,* Mantille *f*

mantis [ˈmæntɪs] *n* Fangheuschrecke *f;* **[praying] ~** Gottesanbeterin *f*

mantle [ˈmæntḷ] *n* ❶ *no pl* (*form: position*) Amt *nt,* Posten *m,* Position *f;* ***she has been asked to assume the ~ of managing director*** man hat ihr eine Stelle als Geschäftsführerin angeboten; **to take on the ~ of power** die Macht übernehmen ❷ (*usu liter: covering*) Decke *f,* Schicht *f;* **a ~ of snow** eine Schneedecke; **to be cloaked in a ~ of sth** von etw *dat* umhüllt [*o* eingehüllt] sein ❸ *of a planet* Mantel *m fachspr* ❹ FASHION (*hist*) Überwurf *m,* Umhang *m*

mantlepiece [ˈmæntḷpiːs] *n* Kaminsims *m o nt*

man to man *adv* von Mann zu Mann

man-to-man *adj* von Mann zu Mann; **a ~ talk** ein Gespräch *nt* von Mann zu Mann

mantra [ˈmæntrə] *n* ❶ (*for meditation*) Mantra *nt* ❷ (*catchphrase*) Parole *f,* Slogan *m*

mantrap [ˈmæntræp] *n* Falle *f*

manual [ˈmænjuəl] **I.** *adj* ❶ (*done with hands*) manuell, Hand-; **~ alphabet** Alphabet *nt* der Fingersprache; **~ dexterity** handwerkliches Geschick, Handfertigkeit *f;* **~ labour** [*or* AM **labor**] [*or* **work**] körperliche Arbeit; (*craftsmanship*) Handarbeit *f;* **to be a ~ labourer** [*or* AM **laborer**] [*or* **worker**] körperlich arbeiten; (*as a crafts[wo]man*) handwerklich arbeiten; **~ typewriter** mechanische Schreibmaschine ❷ (*hand-operated*) manuell, Hand-; **to switch the controls to ~** auf Handsteuerung [*o* manuelle Steuerung] umschalten; **~ choke** AUTO manueller Choke; **a car with ~ gearbox** AUTO ein Auto *nt* mit Schaltgetriebe; **~ transmission** AUTO Schaltgetriebe *nt* **II.** *n* ❶ (*book*) Handbuch *nt;* **~ of instructions** Bedienungsanleitung *f,* Gebrauchsanweisung *f;* **training ~** Lehrbuch *nt* ❷ AUTO (*vehicle*) Auto *nt* mit Gangschaltung ❸ MUS (*organ keyboard*) Manual *nt*

manually [ˈmænjuəli] *adv* manuell, mit der [*o* von] Hand

manufacture [ˌmænjəˈfæktʃəʳ, AM -ɚ] **I.** *vt* ■**to ~ sth** ❶ (*produce commercially*) etw herstellen; **~d goods** Fertigerzeugnisse *ntpl* ❷ (*fabricate*) etw erfinden; **to ~ an excuse** eine Ausrede erfinden **II.** *n no pl* Herstellung *f,* Erzeugung *f,* Fabrikation *f form;* **a vehicle of French/Italian ~** ein Wagen *m* aus französischer/italienischer Herstellung

manufacturer [ˌmænjəˈfæktʃᵊrəʳ, AM -ɚɚ] *n* Hersteller *m,* Erzeuger *m;* **the ~'s** [*or* **~s'**] **label** das Etikett; **direct from the ~s** direkt vom Hersteller; **to send sth back to the ~[s]** etw an den Hersteller zurücksenden

manufacturing [ˌmænjəˈfæktʃᵊrɪŋ, AM -ɚ-] **I.** *adj* Herstellungs-, Produktions-; **~ centre** [*or* AM **center**] Industriezentrum *nt;* **~ costs** Herstellungskosten *pl;* (*of a film*) Produktionskosten *pl;* **~ firm** Hersteller *m,* Herstellerfirma *f;* **~ industry** verarbeitende Industrie **II.** *n no pl* Fertigung *f*

manure [məˈnjʊəʳ, AM -ˈnʊr] **I.** *n no pl* Dung *m* **II.** *vt* ■**to ~ sth** etw düngen (*mit Mist*)

manuscript [ˈmænjəskrɪpt] *n* ❶ (*author's script*) Manuskript *nt;* (*of a famous person*) Autograph *nt fachspr* ❷ (*handwritten text*) Manuskript *nt,* Handschrift *f*

Manx [mæŋks] **I.** *adj inv* (*of Isle of Man*) der Insel Man **II.** *n no art, no pl* LING Sprache *f* der Insel Man

Manx cat *n* Man[x]katze *f* (*stummelschwänzige Katze*) **Manxman** *n* Bewohner *m* der Insel Man **Manxwoman** *n* Bewohnerin *f* der Insel Man

many [ˈmeni] **I.** *part* (*a great number*) viele; ***he has loved ~ but married none*** er hat viele geliebt, aber keine geheiratet; **too ~** zu viele; **~ is the ...** (*hum*) viele ...; ***~ is the hour I've spent by the telephone just waiting in case he should call*** ich habe viele Stunden am Telefon verbracht und auf seinen Anruf gewartet; ***~ is the man who's come out of her office trembling*** viele Männer sind zitternd aus ihrem Büro gekommen; **as ~** genauso viele; ***ten people died in the tornado in the South and as ~ in the flood in the Midwest*** zehn Menschen starben bei dem Tornado im Süden und genauso viele bei der Flut im Mittleren Westen; **as ~ again** nochmals so viele; ***there are already twelve bottles of wine, so if I buy as ~ again, we'll have enough*** hier sind bereits zwölf Flaschen Wein, wenn ich nochmals so viele kaufe, haben wir genug; **as ~ as ...** so viele wie ...; ***as ~ as 6,000 people may have been infected with the disease*** bereits 6.000 Menschen können mit der Krankheit infiziert sein; ***as ~ as we invited came to the party*** zu der Party kamen so viele Leute, wie wir eingeladen hatten; ■**~ of sb/sth** viele von jd/etw; ***the solution to ~ of our problems*** die Lösung zu vielen von unseren Problemen; **a good** [*or* **great**] **~ of sb/sth** eine hübsche Zahl von jd/etw; ***a good ~ of us*** viele von uns; ■**~ a/an ...** manch ein ...; ***~ a man has been destroyed by booze*** viele Menschen gingen am Alkohol zugrunde; **~ a time** oft ▶ PHRASES: **there's ~ a slip between** [*or* **twixt**] **cup and lip** (*prov*) zwischen Theorie und Praxis liegen oft Welten; **to have one too ~** einen sitzen haben **II.** *n* (*the majority*) ■**the ~** *pl* die Mehrheit; ***although blacks in South Africa were the ~, they were repressed by the whites there*** zwar waren die Schwarzen in Südafrika in der Mehrheit, doch wurden sie von den Weißen unterdrückt; ***music for the ~*** Musik für die breite Masse

many-sided *adj* vielseitig; (*complex*) vielschichtig

Maoism [ˈmaʊɪzᵊm] *n no pl* Maoismus *m*

Maoist [ˈmaʊɪst] **I.** *n* Maoist(in) *m(f)* **II.** *adj* maoistisch

Maori [ˈmaʊ(ə)ri, AM ˈmaʊri] **I.** *n* Maori *m o f* **II.** *adj inv* Maori-, maorisch

map [mæp] **I.** *n* ❶ GEOG [Land]karte *f;* **~ of Paris** Stadtplan *m* von Paris; **road ~** Straßenkarte *f;* **~ of the world** Weltkarte *f;* **large-scale ~** großmaßstäbige Karte, Karte *f* mit großem Maßstab ❷ (*simple diagram*) Plan *m,* Zeichnung *f;* ***I'll draw you a ~ to show you how to get there*** ich zeichne dir auf, wie du hinkommen kannst ❸ (*giving specialized information*) [thematische] Karte; **meteorological ~** Wetterkarte *f;* **rainfall ~** Niederschlagskarte *f;* **statistical ~** statistische Übersichtskarte ❹ (*of stars*) Sternkarte *f;* **celestial ~** Himmelskarte *f* ▶ PHRASES: **to put sth/sb on the ~** etw/jdn bekannt machen; **to wipe** [*or* **blow**] **sth off the ~** etw ausradieren [*o* auslöschen] *fig* **II.** *vt* <-pp-> ■**to ~ sth** eine Karte von etw *dat* machen, etw kartographieren *fachspr*

◆**map out** *vt* ■**to ~ out** ○ **sth** etw genau festlegen; **to ~ out a course/plan/strategy** eine Richtung/einen Plan/eine Strategie festlegen; ***his future is all ~ped out for him*** seine ganze Zukunft ist bereits fest vorgeplant; **to ~ out a route** eine Route planen [*o* ausarbeiten]

maple [ˈmeɪpl] *n* ❶ (*tree*) Ahorn *m* ❷ *no pl* (*wood*) Ahorn *m,* Ahornholz *nt*

maple butter *n no pl* Ahorn-Brotaufstrich *m,* Ahornbutter *f* **maple leaf** *n* Ahornblatt *nt* **maple sugar** *n no pl* Ahornzucker *m* **maple syrup** *n no pl* Ahornsirup *m* **maple tree** *n* Ahorn *m*

map maker *n* Kartograph(in) *m(f) fachspr,* Kartenzeichner(in) *m(f)* **map-making** [ˈmæpmeɪkɪŋ] *n no pl* [Land]kartenanfertigung *f,* Kartographie *f*

mapping [ˈmæpɪŋ] *n* LING, MATH Gruppenzuordnung *f,* Mapping *nt fachspr*

map reading *n* Kartenlesen *nt kein pl*

mar <-rr-> [mɑːʳ, AM mɑːr] *vt* ■**to ~ sth** etw stören; **to ~ the beauty of sth** etw verunstalten; **to ~ sb's enjoyment** jds Freude trüben

Mar *n abbrev of* **March**

marabou <*pl* – *or* -s> [ˈmærəbuː, AM ˈmer] *n* ❶ (*bird*) Marabu *m* ❷ *no pl* (*feather*) Marabufeder[n] *f[pl]* ❸ (*silk*) Marabutseide *f*

maraca [məˈrækə, AM ˈrɑːkə] *n usu pl* MUS Maraca *f*

maracas [məˈrækəz, AM -ˈrɑː-] *npl* MUS Maraca *f,* Rassel *f*

maraschino [ˌmærəˈʃiːnəʊ, AM ˌmerəˈʃiːnoʊ] *n no pl* Maraschino[likör] *m*

maraschino cherry *n* Maraschinokirsche *f*

marathon [ˈmærəθᵊn, AM ˈmerəθɑːn] **I.** *n* ❶ (*race*) Marathon[lauf] *m;* **to run** [*or* **do**] **a ~** einen Marathon [mit]laufen ❷ (*fig: very long event*) Marathon *nt fam;* **dance ~** Tanzmarathon *nt;* **piano ~** Klavierspielmarathon *nt* **II.** *n modifier* (*event, session*) Marathon-, Dauer-; **~ negotiations** Verhandlungsmarathon *nt;* **~ speech** endlose Rede

marathon runner *n* Marathonläufer(in) *m(f)*

maraud [məˈrɔːd, AM *esp* -ˈrɑːd] **I.** *vi* plündern **II.** *vt* ■**to ~ sth** etw [aus]plündern

marauder [məˈrɔːdəʳ, AM -ˈrɑːdɚ] *n* ❶ (*raider*) Plünderer(in) *m(f)* ❷ (*animal*) Räuber *m*

marauding [məˈrɔːdɪŋ, AM *esp* -ˈrɑːd-] *adj attr, inv* plündernd; *animal* auf Raubzug *nach n*

marble [ˈmɑːbḷ, AM ˈmɑːr-] **I.** *n* ❶ *no pl* (*stone*) Marmor *m* ❷ (*for games*) Murmel *f;* **[game of] ~s** Murmelspiel *nt;* **to play** [*or* **shoot**] **~s** [mit] Murmeln spielen ▶ PHRASES: **to have all one's ~s** (*fam*) bei [klarem] Verstand sein; **to lose one's ~s** (*fam*) den Verstand verlieren, verrückt werden *fam* **II.** *n modifier* (*floor, wall*) Marmor-, marmorn; **~ tablet** Marmortafel *f;* **~ top** Marmorplatte *f* **III.** *vt* ■**to ~ sth** etw marmorieren

marble cake *n* Marmorkuchen *m*

marbled [ˈmɑːbḷd, AM ˈmɑːr-] *adj inv* marmoriert; **~ [with fat]** *meat* durchwachsen

march [mɑːtʃ, AM mɑːrtʃ] **I.** *n* <*pl* -es> ❶ MIL Marsch *m;* ***a 20 km ~*** ein Marsch *m* über 20 km; (*fig*) ***it is impossible to stop the forward ~ of progress*** es ist unmöglich, den Fortschritt aufzuhalten; **to be on the ~** auf dem Marsch sein, marschieren; **to be within a day's ~** einen Tagesmarsch entfernt sein ❷ MUS Marsch *m;* **funeral ~** Trauermarsch *m;* **Mendelssohn's Wedding M~** Mendelssohns Hochzeitsmarsch *m* ❸ (*demonstration*) Demonstration *f;* **a protest ~** ein Protestmarsch *m;* **to go on a ~** demonstrieren gehen **II.** *vi* ❶ (*walk in step*) marschieren; ***quick ~!*** im Laufschritt, marsch!; ***the French army ~ed on Vienna*** die französische Armee marschierte auf Wien zu ❷ (*walk quickly*) marschieren *fam* ❸ (*demonstrate*) marschieren; **to ~ through a city** [demonstrierend] durch eine Stadt ziehen **III.** *vt* ❶ (*walk in step) to ~ **12 miles** 12 Meilen marschieren ❷ (*force to walk*) ■**to ~ sb off** jdn wegbringen [*o* wegführen]; *police* jdn abführen; **to ~ sb into/out of the room** jdn in das Zimmer/aus dem Zimmer führen

March <*pl* -es> [mɑːtʃ, AM mɑːrtʃ] *n* März *m; see also* **February**

marcher ['mɑːtʃəʳ, AM 'mɑːrtʃɚ] *n* Demonstrant(in) *m(f)*

marching band *n* Marschkapelle *f* **marching orders** *n* Marschbefehl *m;* **to get** [*or* **receive**] **one's ~** (*fam: job, flat*) die Kündigung bekommen; (*relationship*) den Laufpass bekommen *fam;* **to give sb their ~** (*fam: job, flat*) jdm kündigen; (*relationship*) jdm den Laufpass geben *fam* **marching song** *n* Marschlied *nt*

marchioness <*pl* -es> [ˌmɑːʃən'es, AM 'mɑːrʃənɪs] *n* Marquise *f*

march-past *n* Vorbeimarsch *m,* Parade *f*

Mardi Gras [ˌmɑːdi'grɑː, AM 'mɑːrdi,-] *n* ≈Karneval *m*

mare [meəʳ, AM mer] *n* Stute *f*

mare's nest *n* Schwindel *m,* Windei *nt fam*

margarine [ˌmɑːdʒə'riːn, AM 'mɑːrdʒɚɪn] *n no pl* Margarine *f*

margarita [ˌmɑːgəriːtə, AM -gə'riːt̬ə] *n* (*cocktail*) Margarita *m*

marge [mɑːdʒ] *n* BRIT (*fam*) *short for* **margarine** Margarine *f*

margin ['mɑːdʒɪn, AM 'mɑːr-] *n* ❶ (*outer edge*) Rand *m;* TYPO [Seiten]rand *m;* **on the ~s of society** am Rand[e] der Gesellschaft; **to write sth in the ~** TYPO etw an den Rand schreiben ❷ (*amount*) Differenz *f,* Abstand *m;* **to win by a wide** [*or* **large**]/ **narrow** [*or* **small**] **~** mit einem großen/knappen Vorsprung [*o* Abstand] gewinnen ❸ (*provision*) Spielraum *m;* SCI Streubereich *m;* **~ of** [*or* **for**] **error** Fehlerspanne *f;* **safety ~** [*or* **~ for safety**] Sicherheitsspielraum *m;* (*distance*) Sicherheitsabstand *m;* SCI, TECH Sicherheitskoeffizient *m,* Sicherheitsfaktor *m;* (*fig*) Pufferzone *f* ❹ ECON [**profit**] **~** Gewinnspanne *f,* Verdienstspanne *f,* Marge *f fachspr;* **narrow** [*or* **tight**] **~** geringe [*o* knappe] Gewinnspanne ❺ FIN (*deposit*) Einschuss *m,* Einschusszahlung *f,* Marge *f;* **~ call** Einschussforderung *f;* **to buy on ~** auf Einschuss kaufen ❻ FIN (*difference between paid and charged interest*) Zinsspanne *f*

◆**margin up** *vi* (*fam*) ■**to ~ up on sth** *stocks* etw aufstocken

marginal ['mɑːdʒɪnəl, AM 'mɑːr-] **I.** *adj* ❶ (*slight*) geringfügig; **to be of ~ importance** relativ unbedeutend sein; **a ~ improvement** eine geringfügige Verbesserung; **to be of ~ interest** [nur] von geringem Interesse sein ❷ (*insignificant*) nebensächlich, unwesentlich ❸ BRIT, AUS POL **~ constituency/seat** mit knapper Mehrheit gewonnener Wahlkreis/Parlamentssitz ❹ (*in margin*) **~ notes** Randnotizen *fpl* ❺ (*on borderline*) Rand-; **a ~ existence** eine Existenz am Rande der Gesellschaft; **a ~ product** ein wenig gefragtes Produkt ❻ PSYCH **~ behaviour** deviantes Verhalten **II.** *n* BRIT, AUS POL knapp gewonnener Wahlkreis

marginalia [ˌmɑːdʒɪ'neɪliə, AM ˌmɑːr-] *npl* Marginalien *fpl*

marginalization [ˌmɑːdʒɪnəlaɪ'zeɪʃən, AM ˌmɑːrdʒɪnəlɪ'-] *n no pl* Ausgrenzung *f,* Marginalisierung *f geh*

marginalize ['mɑːdʒɪnəlaɪz, AM 'mɑːr-] *vt* ■**to ~ sb/sth** jdn/etw an den Rand drängen [*o geh* marginalisieren]

marginal land *n* Brachland *nt;* ECON Grenzböden *pl*

marginally ['mɑːdʒɪnəli, AM 'mɑːr-] *adv* etwas, geringfügig; **~ better** etwas besser

margin call *n* STOCKEX Nachschussforderung *f,* Einschussforderung *f* **margin release** *n* Randlöser *m*

marguerite [ˌmɑːgəriːt, AM ˌmɑːrgə'riːt] *n* BOT Margerite *f*

marigold ['mærɪgəʊld, AM 'merɪgoʊld] *n* Studentenblume *f*

marihuana, marijuana [ˌmærɪ'wɑːnə, AM ˌmerɪ'-] **I.** *n no pl* Marihuana *nt* **II.** *n modifier* (*cigarette, pipe*) Marihuana-

marina [mə'riːnə] *n* Jachthafen *m*

marinade [ˌmærɪ'neɪd, AM *esp* ˌmerɪ'-] *n* FOOD Marinade *f*

marinate ['mærɪneɪt, AM *esp* 'mer-] *vt* FOOD ■**to ~ sth** etw marinieren [*o* einlegen]

marine [mə'riːn] **I.** *adj attr, inv* ❶ (*of sea*) Meeres-, See- ❷ (*of shipping*) Schiffs- ❸ (*naval*) Marine- **II.** *n* Marinesoldat(in) *m(f),* Marineinfanterist *m;* ■**the ~s** [*or* **M~s**] die Marineinfanterie ▶ PHRASES: **tell that to the ~s!** das kannst du deiner Großmutter erzählen!

Marine [mə'riːn] *n* AM Marinesoldat(in) *m(f);* (*soldier in US Marine Corps*) Marine *m o f*

marine biologist *n* Meeresbiologe, -in *m, f* **Marine Corps** *n* Marineinfanteriekorps *nt* **marine engineer** *n* Schiffbauingenieur(in) *m(f)* **marine engineering** *n no pl* Schiffsmaschinenbau *m*

mariner ['mærɪnəʳ, AM 'merɪnɚ] *n* (*old liter*) Seemann *m*

mariner's compass *n* Seekompass *m*

marionette [ˌmæriə'net, AM ˌmer-] *n* Marionette *f*

marital ['mærɪtəl, AM 'merɪt̬əl] *adj inv* ehelich, Ehe-; **~ bliss** Eheglück *nt;* **~ infidelity** Untreue *f* in der Ehe; **~ problems** Eheprobleme *pl*

marital aid *n* (*euph*) Sexspielzeug *nt* **marital rape** *n* Vergewaltigung *f* in der Ehe **marital status** *n* Familienstand *m*

maritime ['mærɪtaɪm, AM *esp* 'mer-] *adj inv* ❶ (*form: of sea*) Meer[es]-, See-; (*of ships*) Schifffahrts-; **~ museum** Schifffahrtsmuseum *nt;* **~ nation** Seefahrernation *f;* **~ power** Seemacht *f;* **~ trade** Seehandel *m* ❷ (*near coast*) Küsten-; **~ province** Küstenregion *f*

maritime climate *n* maritimes Klima **maritime law** *n* Seerecht *nt*

marjoram ['mɑːdʒərəm, AM 'mɑːrdʒɚ-] *n no pl* Majoran *m*

mark¹ [mɑːk, AM mɑːrk] **I.** *n* ❶ (*spot, stain*) Fleck *m;* (*scratch*) Kratzer *m;* (*on a person*) Mal *nt;* (*when burnt*) Brandmal *nt;* **dirt ~s** Schmutzflecken *mpl;* **paint ~s** Farbflecken *mpl;* **to leave a ~** [**on sth**] [auf etw *dat*] bleibende Flecken hinterlassen; ***his fingers had left ~s all over the table*** auf dem Tisch waren überall seine Fingerabdrücke zu sehen ❷ (*identifying feature*) Zeichen *nt,* Merkmal *nt; on fur* Zeichnung *f;* ***it's the ~ of a gentleman to ...*** es zeichnet einen Gentleman aus, dass er ...; ***the crime bears all the ~s of a planned murder*** alle Anzeichen weisen auf einen geplanten Mord hin; **to be sb's/sth's distinguishing ~**[**s**] jdn/etw auszeichnen ❸ (*sign*) Zeichen *nt;* **a ~ of appreciation/respect** ein Zeichen *nt* der Wertschätzung/des Respekts ❹ (*written sign*) Markierung *f;* (*signature*) Kreuz *nt* (*bei Analphabeten: statt einer Unterschrift*); **to make one's ~** [**on sth**] sein Kreuz [unter etw *akk*] setzen ❺ SCH Note *f,* Zensur *f;* ***what ~ did you get for biology?*** was hast du in Biologie bekommen?; ***no ~s for guessing who did this*** es ist nicht schwer zu erraten, wer das gemacht hat; **to get bad/good ~s for sth** schlechte/gute Noten für etw *akk* bekommen; **to get full ~s** [**for sth**] BRIT, AUS die Bestnote [für etw *akk*] erhalten ❻ *no pl* (*required standard*) Marke *f,* Norm *f,* Standard *m;* **to be up to the ~** den Anforderungen [*o* Erwartungen] entsprechen; **to not feel up to the ~** nicht ganz auf der Höhe sein *fam* ❼ (*point*) Markierung *f,* Marke *f;* ***sales have already passed the million ~*** die Verkaufszahlen haben die Millionenmarke überschritten; **to be over the halfway ~** über die Hälfte geschafft haben ❽ (*fig: target*) Ziel *nt;* **to be an easy ~** AM *person* eine leichte Beute sein; **to be wide of the ~** das Ziel um Längen verfehlen; **to hit the ~** [genau] ins Schwarze treffen ❾ (*in race*) Start *m;* (*starting block*) Startblock *m;* (*starting line*) Startlinie *f;* ***on your ~s, get set, go!*** auf die Plätze, fertig, los! ❿ (*version of car*) Modell *nt* ⓫ COMPUT Marke *f* ▶ PHRASES: **to be quick/slow off the ~** (*understand*) schnell/schwer von Begriff sein *fam;* (*take action*) [blitz]schnell/langsam reagieren; **sb/sth leaves its/one's ~ on sb/sth** jd/etw hinterlässt seine Spuren bei jdm/etw; ***she left her ~ on the company*** sie hat den Betrieb sehr geprägt; **to make one's ~** auffallen **II.** *vt* ❶ (*make stain*) ■**to ~ sth** etw schmutzig machen ❷ (*indicate*) ■**to ~ sth** etw markieren; *with label* etw beschriften; ***the bottle was ~ed 'poison'*** die Flasche trug die Aufschrift ‚Gift' ❸ (*identify*) ■**to ~ sb/sth** jdn/etw kennzeichnen; **to ~ the beginning/end of sth** den Anfang/das Ende einer S. *gen* markieren; **to ~ a departure from sth** eine Abweichung von etw *dat* bedeuten; **to ~ a turning point** einen Wendepunkt darstellen ❹ (*commemorate*) ■**to ~ sth** an etw *akk* erinnern; **to ~ the 10th anniversary** aus Anlass des zehnten Jahrestages; **to ~ the occasion** zur Feier des Tages ❺ SCH ■**to ~ sth** etw zensieren ❻ (*clearly identify*) ■**to ~ sb/sth as sb/sth** jdn/etw als jdn/etw kennzeichnen [*o* auszeichnen]; ***your clothes ~ you as a man of good taste*** Ihre Kleider zeigen, dass Sie einen Mann von gutem Geschmack sind ❼ *usu passive* AM (*destine*) ■**to be ~ed as/for sth** zu etw *dat*/für etw *akk* bestimmt sein ❽ SPORTS, FBALL (*shadow*) ■**to ~ sb** jdn decken ▶ PHRASES: **to ~ time** (*in a parade*) auf der Stelle marschieren; (*fig: not move forward*) die Zeit überbrücken; [**you**] **~ my words!** du wirst noch an mich denken! **III.** *vi* ❶ (*get dirty*) schmutzig werden ❷ SCH Noten geben

◆**mark down** *vt* ❶ (*reduce price*) ■**to ~ down** ↔ **sth** etw heruntersetzen [*o* herabsetzen]; **to ~ down** ↔ **shares** STOCKEX Aktien abwerten; **to ~ down** ↔ **exchange rates** STOCKEX Kurse zurücknehmen ❷ (*give lower grade*) ■**to ~ down** ↔ **sb** jdm eine schlechtere Note geben [*o* herunterkorrigieren] ❸ (*jot down*) ■**to ~ down** ↔ **sth** etw notieren ❹ (*fig: assess*) ■**to ~ sb** ↔ **down as sth** jdn als etw einschätzen

◆**mark off** *vt* ❶ (*separate off*) ■**to ~ off** ↔ **sth** etw abgrenzen ❷ (*cross off*) ■**to ~ off** ↔ **sb/sth** jdn/etw [aus [*o* von] einer Liste] streichen, jdn/etw abhaken

◆**mark out** *vt* ❶ (*outline*) ■**to ~ out** ↔ **sth** etw abstecken [*o* markieren]; **to ~ out the course/playing area** die Strecke/das Spielfeld abstecken ❷ BRIT, AUS (*clearly distinguish*) ■**to ~ out** ↔ **sb/sth** jdn/etw auszeichnen; ■**to ~ out** ↔ **sb/sth** [**from sb/sth**] jdn/etw [von jdm/etw] unterscheiden, jdn/etw [vor jdm/etw] auszeichnen; ■**to ~ out** ↔ **sb/sth as sth** jdn/etw als etw *akk* kennzeichnen ❸ *usu passive* BRIT, AUS (*destine*) ■**to be ~ed out as/for sth** zu etw *dat*/für etw *akk* bestimmt sein

◆**mark up** *vt* ■**to ~ up** ↔ **sth** ❶ (*increase price*) etw heraufsetzen; **to ~ up shares** Aktien aufwerten ❷ (*annotate*) etw mit Bemerkungen versehen; (*correct*) etw korrigieren ❸ TYPO Satzanweisungen auf etw *akk* machen, etw auszeichnen

mark² <*pl* -s *or* -> [mɑːk, AM mɑːrk] *n short for* **Deutschmark** Mark *f*

markdown ['mɑːkdaʊn, AM 'mɑːrk-] *n* ECON ❶ (*price reduction*) Preissenkung *f;* STOCKEX Kursabschlag *m;* ***a 10% ~ on all books*** ein Preisnachlass von 10% auf alle Bücher; ***the shares suffered a ~ to 69p*** die Aktien fielen auf 69 Pence ❷ (*reduced item*) Sonderangebot *nt;* **~ rack** Ständer *m* mit Sonderangeboten, Grabbeltisch *m* DIAL

marked [mɑːkt, AM mɑːrkt] *adj* ❶ (*clear*) deutlich, ausgeprägt; (*striking*) auffallend, markant; **a ~ characteristic** ein herausstechendes Merkmal; **in ~ contrast to sth** im krassen Gegensatz zu etw *dat;* **a ~ improvement** eine deutliche [*o* spürbare] Verbesserung; **a ~ limp** ein auffälliges Hinken ❷ (*with distinguishing marks*) markiert, gekennzeichnet; **~ cards** gezinkte Karten; **~ money** [*or* **notes**] [*or* AM **bills**] gekennzeichnete [Geld]scheine ❸ (*under threat*) gebrandmarkt; **to be a ~ man/woman** auf der schwarzen Liste stehen *fam*

markedly ['mɑːkɪdli, AM 'mɑːrk-] *adv* deutlich; **to be ~ different** sich deutlich unterscheiden

marker ['mɑːkəʳ, AM 'mɑːrkɚ] *n* ❶ (*sign or symbol*) [Kenn]zeichen *nt,* Marke *f;* **to put down a ~** (*fig: show one's intentions*) ein Zeichen setzen; (*be a hallmark*) einen Meilenstein darstellen *geh* ❷ SCH (*of work, exam*) Korrektor(in) *m(f)* ❸ (*felt-tipped*

pen) Filzstift *m* ❹ COMPUT (*code*) Markierung *f*
marker pen *n* Textmarker *m*
market ['mɑːkɪt, AM 'mɑːr-] **I.** *n* ❶ (*place*) Markt *m;* ~ **day** Markttag *m;* **at the** ~ auf dem Markt ❷ (*demand*) Markt *m;* **buyer's** ~ Käufermarkt *m;* **seller's** ~ Verkäufermarkt *m;* **open** ~, ~ **overt** offener Markt *m;* **housing** ~ Wohnungsmarkt *m;* **job** ~ Stellenmarkt *m* ❸ (*trade*) Handel *m kein pl,* Markt *m;* **on the** ~ auf dem Markt; **active** ~ STOCKEX lebhafte Börse; **the black** ~ der Schwarzmarkt; **to pay black** ~ **prices** Schwarzmarktpreise bezahlen; **the capital** ~ der Kapitalmarkt; **closed** ~ geschlossener Markt; **the coffee** ~ der Kaffeemarkt; **the common** ~ der Gemeinsame Markt; **free** ~ **economy** freie Marktwirtschaft; **grey** ~ grauer Markt; **heavy** ~ gedrückter Markt; **main** ~ BRIT Primärmarkt *m* [an der Londoner Börse]; **the open** ~ der offene Markt; **over-the-counter** ~ Freiverkehr; **the Single** ~ der Binnenmarkt; **stock** ~ Börse *f;* **thin** ~ begrenzter Markt; **third** ~ AM ungeregelter Freiverkehr; **to be in the** ~ **for sth** an etw *dat* interessiert sein; **to put sth on the** ~ etw auf den Markt bringen; **to put a house on the** ~ ein Haus zum Verkauf anbieten ❹ (*wealthier/less wealthy customers*) **up** ~ exklusiver [*o* anspruchsvoller] Markt; **down** ~ Massenmarkt *m;* **to go up**-~ sich *akk* an einen exklusiven Kundenkreis wenden; **to go down**-~ sich *akk* dem Massenmarkt zuwenden **II.** *n modifier* Markt-; ~ **price** Marktpreis *m;* ~ **segment** Marktsegment *nt;* ~ **value** Marktwert *m* **III.** *vt* ■**to** ~ **sth** (*sell*) etw vermarkten [*o* verkaufen]; (*put on market*) etw auf den Markt bringen
marketability [ˌmɑːkɪtə'bɪləti, AM ˌmɑːrɪtə'bɪləṭi] *n no pl* Absetzbarkeit *f,* Marktfähigkeit *f*
marketable ['mɑːkɪtəbl̩, AM 'mɑːrkɪṭ-] *adj* absetzbar, marktfähig; ~ **commodities** marktgängige Waren; ~ **securities** börsengängige Wertpapiere
market-building *n no pl* Marktaufbau *m* **market close** *n* STOCKEX Börsenschluss *m* **market crash** *n* STOCKEX Börsenkrach *m* **market day** *n esp* BRIT Markttag *m* **market economy** *n* Marktwirtschaft *f kein pl*
marketeer [ˌmɑːkɪ'tɪəʳ, AM ˌmɑːrkə'tɪr] *n* **black** ~ Schwarzhändler(in) *m(f);* **free** ~ Anhänger(in) *m(f)* der freien Marktwirtschaft
marketer ['mɑːkɪtəʳ, AM 'mɑːrkɪṭɚ] *n* Marketingleiter(in) *m(f),* Werbekampagnegestalter(in) *m(f)*
market forces *npl* Marktkräfte *pl* **market gap** *n* Marktlücke *f* **market garden** *n* BRIT, AUS [kleiner] Gemüseanbaubetrieb **market gardener** *n* BRIT, AUS Gemüseanbauer(in) *m(f)* **market gardening** *n no pl* BRIT, AUS Gemüseanbau *m* (*in kleinem Rahmen*) **market indicator** *n* Marktbarometer *m;* STOCKEX Börsenbarometer *m*
marketing ['mɑːkɪtɪŋ, AM 'mɑːrkɪṭ-] *n no pl* ❶ (*selling*) Marketing *nt,* Vermarktung *f* ❷ AM (*shopping*) Einkaufen, nt; **to go** ~ einkaufen [gehen]
marketing department *n* Marketingabteilung *f* **marketing technique** *n* Verkaufstechnik *f* **market leader** *n* Marktführer *m* **market letter** *n* ECON Marktbericht *m;* STOCKEX Börsenbericht *m* **marketmaker** *n* FIN Market Maker *m* **marketplace** *n* ❶ (*place*) Marktplatz *m* ❷ (*commercial environment*) Markt *m,* Marktlandschaft *f* **market potential** *n* Absatzmöglichkeiten *pl;* **to analyse the** ~ die Absatzmöglichkeiten analysieren **market price** *n* ❶ COMM Marktwert *m* ❷ STOCKEX letzter Kurs **market rate** *n* FIN Effektivverzinsung *f* **market research I.** *n no pl* Marktforschung *f;* **to do** [**some**] ~ Marktforschung betreiben **II.** *n modifier* Marktforschungs-; ~ **company** Marktforschungsunternehmen *nt;* ~ **survey** Marktuntersuchung *f* **market researcher** *n* Marktforscher(in) *m(f)* **market share** *n* Marktanteil *m* **market stabilization** *n no pl* AM STOCKEX Kursstabilisierung *f* **market town** *n* BRIT Marktort *m,* Marktstädtchen *nt fam* **market trader** *n* Markthändler(in) *m(f);* (*woman*) Marktfrau *f* **market value** *n* Marktwert *m,* Verkehrswert *m*
marking ['mɑːkɪŋ, AM 'mɑːr-] *n* ❶ (*identifying marks*) ■~**s** *pl* Markierungen *fpl,* Kennzeichnungen *fpl; on animals* Zeichnung *f kein pl;* ***a cat with black and white ~s*** eine schwarzweiß gefleckte Katze ❷ *no pl* SCH (*work*) Korrigieren *nt;* (*scripts*) Korrekturen *fpl*
marking ink *n* Wäschetinte *f*
marksman ['mɑːksmən, AM 'mɑːr-] *n* ❶ (*skilled in shooting*) Schütze *m;* **police** ~ Scharfschütze *m* ❷ LAW mit Kreuz Unterzeichnender
marksmanship ['mɑːksmənʃɪp, AM 'mɑːr-] *n no pl* Treffsicherheit *f*
markswoman ['mɑːksˌwʊmən, AM 'mɑːr-] *n* Schützin *f;* **police** ~ Scharfschützin *f*
markup ['mɑːkʌp, AM 'mɑːrk-] *n* AM POL *abschließende Sitzung bei der Erörterung einer Gesetzesvorlage*
mark-up *n* ❶ STOCKEX [Kurs]aufschlag *m* ❷ (*increase in price*) Preiserhöhung *f,* Preisaufschlag *m* ❸ (*difference between cost and selling price*) Handelsspanne *f;* ***we work to a 3.5 times*** [*or* ***to a 350%***] ~ wir haben eine 350%ige Gewinnspanne
markup price *n* Verkaufspreis *m*
marl [mɑːl, AM mɑːrl] **I.** *n* <*spec pl* -s> Mergel *m* **II.** *vt usu passive* AGR mit Mergel düngen [*o* mergeln]
marlin <*pl* – *or* -s> ['mɑːlɪn, AM ˌmɑːr] *n* ZOOL Merlin *m*
marmalade ['mɑːməleɪd, AM 'mɑːr-] *n no pl* Marmelade *f* (*aus Zitrusfrüchten*); (*from oranges*) Orangenmarmelade *f;* **thick-cut/thin-cut** ~ Marmelade *f* mit dick-/dünngeschnittenen Fruchtstückchen
marmalade cat *n* BRIT orangefarbene Katze
marmoset ['mɑːməzet, AM 'mɑːr-] *n* Krallenaffe *m*
marmot <*pl* – *or* -s> ['mɑːmət, AM ˌmɑːr] *n* ZOOL Murmeltier *nt*
maroon¹ [mə'ruːn] **I.** *n no pl* Kastanienbraun *nt,* Rötlichbraun *nt* **II.** *adj* kastanienbraun, rötlichbraun
maroon² [mə'ruːn] *vt* (*abandon*) ■**to** ~ **sb** jdn aussetzen; ***many people were ~ed in their cars by the blizzard*** viele Menschen wurden von dem Schneesturm in ihren Autos eingeschlossen
marooned [mə'ruːnd] *adj* ■**to be** ~ [von der Außenwelt] abgeschnitten sein; (*be trapped*) eingeschlossen sein; **a** ~ **holidaymaker** ein gestrandeter Urlauber/eine gestrandete Urlauberin
marque [mɑːk, AM mɑːrk] *n* AUTO Marke *f,* Fabrikat *nt*
marquee [mɑː'kiː, AM mɑːr'-] *n* ❶ BRIT, AUS (*tent*) Festzelt *nt* ❷ AM (*door canopy*) Vordach *nt,* Schirmdach *nt*
marquess <*pl* -es> ['mɑːkɪs, AM 'mɑːr-] *n* Marquis *m*
marquetry ['mɑːkɪtri, AM 'mɑːr-] *n no pl* Intarsie[n] *f*[*pl*], Einlegearbeit[en] *f*[*pl*], Marketerie *f meist pl*
marquis ['mɑːkwɪs, mɑː'kiː, AM 'mɑːr-, mɑːr'kiː] *n* Marquis *m*
marquise [mɑː'kiːz, AM mɑːr-] *n modifier* ~ **ring** Ring *m* mit spitzbogig oval eingefassten Steinen
marram ['mærəm, AM 'mer] *n,* **marram grass** *n* Strandgras *nt*
marriage ['mærɪdʒ, AM *esp* 'mer-] *n* ❶ (*wedding*) Heirat *f;* (*at the church*) Trauung *f,* Eheschließung *f form;* ~ **ceremony** Trauungszeremonie *f* ❷ (*relationship*) Ehe *f* (**to** mit +*dat*); ***I would call it a ~ made in heaven*** (*esp hum*) ich glaube, diese Ehe wurde im Himmel geschlossen; ***she has two daughters by her first ~*** sie hat zwei Töchter aus erster Ehe; ***after the break-up of her ~ …*** nachdem ihre Ehe gescheitert war, …; **an arranged** ~ eine arrangierte Ehe; **to have a happy** ~ eine glückliche Ehe führen ❸ *no pl* (*state*) Ehe *f;* ***in Denmark it is possible for people of the same gender to have a ~*** in Dänemark können auch gleichgeschlechtliche Paare heiraten; ~ **into a family/the nobility** Einheirat *f* in eine Familie/den Adelsstand; **same-sex** ~ gleichgeschlechtliche Ehe; **state of** ~ Ehestand *m;* **related by** ~ miteinander verschwägert ❹ (*fig: fusion*) Verbindung *f;* (*of companies*) Zusammenschluss *m,* Fusion *f*
marriageable ['mærɪdʒəbl̩, AM *esp* 'mer-] *adj* heiratsfähig; **of** ~ **age** im heiratsfähigen Alter
marriage broker *n* Heiratsvermittler(in) *m(f)* **marriage bureau** *n esp* BRIT Eheanbahnungsinstitut *nt,* Heiratsvermittlung *f* **marriage ceremony** *n* Trauung *f,* Eheschließung *f form* **marriage certificate** *n* Heiratsurkunde *f,* Trauschein *m* **marriage contract** *n* Ehevertrag *m* **marriage counseling** *n* AM (*marriage guidance*) Eheberatung *f* **marriage counselor** *n* AM Eheberater(in) *m(f)* **marriage guidance** *n* BRIT, AUS Eheberatung *f* **marriage guidance counsellor** *n* BRIT Eheberater(in) *m(f)* **marriage licence** *n* Ehegenehmigung *f,* Heiratserlaubnis *f* **marriage license** *n* AM Trauschein *m* **marriage lines** *npl* BRIT (*dated fam*) Trauschein *m* **marriage of convenience** *n* ❶ (*between people*) Vernunftehe *f;* (*not consummated*) Scheinehe *f* ❷ (*fig: between business associates*) Vernunftehe *f fig* **marriage rate** *n* Zahl *f* der Eheschließungen **marriage service** *n* kirchliche Trauung **marriage settlement** *n* Ehevertrag *m* (*über treuhänderische Zuwendungen anlässlich der Eheschließung*) **marriage vow** *n usu pl* Ehegelöbnis *nt geh,* Ehegelübde *nt geh*
married ['mærid, AM *esp* 'mer-] **I.** *adj inv* ❶ (*in wedlock*) verheiratet; ***she is ~ with two children*** sie ist verheiratet und hat zwei Kinder; ~ **couple** Ehepaar *nt;* ~ **life** Eheleben *nt;* **to be a** ~ **man/woman** verheiratet sein; **to have an affair with a** ~ **man/woman** eine Affäre mit einem verheirateten Mann/einer verheirateten Frau haben; ~ **name** Ehename *m;* **to get** ~ [**to sb**] [jdn] heiraten ❷ (*fig: very involved*) ■**to be** ~ **to sth** mit etw *dat* verheiratet sein *fig* **II.** *n usu pl* **young** ~**s** Jungverheiratete *pl,* Jungvermählte *pl*
marrow ['mærəʊ, AM 'meroʊ] *n* ❶ BRIT, AUS (*vegetable*) Markkürbis *m* ❷ *no pl* (*of bone*) [Knochen]mark *nt;* **to be chilled to the** ~ *esp* BRIT (*fig*) völlig durchgefroren sein; **to be frightened** [*or* **thrilled**] **to the** ~ *esp* BRIT (*fig*) zu Tode erschrocken sein; **to be shocked to the** ~ *esp* BRIT (*fig*) bis ins Mark erschüttert sein
marrow bone *n* Markknochen *m* **marrowfat** *n,* **marrowfat pea** *n* Markerbse *f*
marry ['mæri, AM *esp* 'mer-] **I.** *vt* ❶ (*wed*) ■**to** ~ **sb** jdn heiraten ❷ (*officiate at ceremony*) ■**to** ~ **sb** jdn trauen [*o* verheiraten] ❸ (*marry off*) ■**to** ~ **sb** [**to sb**] jdn [mit jdm] verheiraten ❹ (*fig: combine*) ■**to** ~ **sth** [**to/with sth**] etw [mit etw *dat*] verbinden ► PHRASES: **to** ~ **money** reich heiraten **II.** *vi* heiraten; ***I didn't think she was the ~ing kind*** ich hätte nicht gedacht, dass sie mal heiraten würde; **to** ~ **above oneself** [*or* **one's class**] in eine höhere Gesellschaftsschicht einheiraten; ■**to** ~ **beneath oneself** nicht standesgemäß heiraten; **to** ~ **beneath one's station** (*old*) unter seinem Stand heiraten; **to** ~ **into a wealthy family** in eine reiche Familie einheiraten
◆**marry off** *vt* ■**to** ~ **off** ○ **sb** [**to sb**] jdn [mit jdm] verheiraten; **to** ~ **off a girl** ein Mädchen unter die Haube bringen *veraltet*
◆**marry out** *vi* (*old*) jdn mit einer anderen Konfession heiraten
◆**marry up I.** *vt* ■**to** ~ **up** ○ **sth** [passend] zusammenfügen [*o* verbinden]; ***let us ~ up the two lists*** lass uns die beiden Listen abgleichen **II.** *vi* zusammenpassen
Mars [mɑːz, AM mɑːrz] *n no pl, no art* Mars *m*
Marseillaise [ˌmɑːser'jeɪz, AM ˌmɑːrsəl'eɪz] *n* MUS, HIST Marseillaise *f*
marsh <*pl* -es> [mɑːʃ, AM mɑːrʃ] *n* Sumpf *m,* Sumpfland *nt;* ■**the** ~**es** *pl* das Moor
marshal ['mɑːʃəl, AM 'mɑːr-] **I.** *n* ❶ (*official at event*) Ordner(in) *m(f);* SPORTS Platzwärter(in) *m(f)* ❷ AM (*parade leader*) Leiter(in) *m(f)* eines Festumzugs ❸ AM (*federal agent*) Gerichtsdiener(in) *m(f);* (*police officer*) Polizeipräsident(in) *m(f),* Polizeidirektor(in) *m(f);* (*fire officer*) Branddirektor(in) *m(f)* ❹ MIL (*army officer*) Marschall *m;* ~ **of the Royal Air Force** BRIT Marschall *m* der Königlichen Luftwaffe **II.** *vt* <BRIT -ll- *or* AM *usu* -l-> ■**to** ~ **sth** ❶ (*bring together*) **to** ~ **one's forces** MIL die Streitkräfte zusammenziehen; (*fig*) seine Kräfte mobilisieren; **to** ~ **supporters** Anhänger mobilisieren; **to** ~ **troops** Truppen zusammenziehen ❷ (*organize*)

etw ordnen; **to ~ one's ideas** seine Ideen strukturieren
marshalling-yard ['mɑ:ʃəlɪŋˌjɑ:d] *n* Rangierbahnhof *m*
marsh gas *n no pl* Sumpfgas *nt* **marshland** *n* Sumpfland *nt,* Marschland *nt* **marshmallow** [ˌmɑ:ʃ'mæləʊ, AM 'mɑ:rʃmeloʊ] *n* ❶ *(food)* Marshmallow *nt* ❷ AM *(fig: weak person)* Versager(in) *m(f),* Weichling *m pej,* Weichei *nt sl*
marshy ['mɑ:ʃi, AM 'mɑ:r-] *adj* sumpfig, morastig
marsupial [mɑ:'su:piəl, AM mɑ:r'-] *n* Beuteltier *nt*
mart [mɑ:t, AM mɑ:rt] *n esp* AM, IRISH Markt *m*
marten ['mɑ:tɪn, AM 'mɑ:rtən] *n* Marder *m*
martial ['mɑ:ʃəl, AM 'mɑ:r-] *adj inv* kriegerisch, Kriegs-; ~ **air** Militärmusikstück *nt;* ~ **music** Militärmusik *f*
martial arts I. *npl* SPORTS Kampfsport *m kein pl,* Kampfsportarten *fpl* II. *n modifier (class, teacher)* Kampfsport-; ~ **film** Kung-Fu-Film *m* **martial law** *n no pl* Kriegsrecht *nt;* **to declare [a state of]** ~ das Kriegsrecht ausrufen; **to impose ~ on sb/sth** das Kriegsrecht über jdn/etw verhängen
Martian ['mɑ:ʃən, AM 'mɑ:r-] I. *adj inv* Mars- II. *n* Marsmensch *m;* ***they stared at me as if I were a*** ~ sie starrten mich an, als käme ich vom Mars *fam*
martin ['mɑ:tɪn, AM 'mɑ:rtən] *n* Mauerschwalbe *f,* Hausschwalbe *f*
martinet [ˌmɑ:tɪ'net, AM ˌmɑ:rtən'et] *n (form)* ❶ *(very strict person)* Zuchtmeister *m veraltet* ❷ *(military disciplinarian)* [strenger] Regimentsführer
martingale ['mɑ:tɪngeɪl, AM 'mɑ:rtən] *n* Martingal *nt,* Sprungriemen *m*
martini [mɑ:'ti:ni:] *n* AM *(cocktail)* Martini *m;* **dry** ~ trockener Martini
Martini® [mɑ:'ti:ni:, AM mɑ:r'-] *n no pl* Martini *m*
martyr ['mɑ:tər, AM 'mɑ:rt̬ɚ] I. *n* Märtyrer(in) *m(f);* **to be a ~ to arthritis** *(fig)* fürchterlich unter Arthritis leiden; **to die a** ~ den Märtyrertod sterben; **to make a ~ of oneself** *(fig)* sich *akk* zum Märtyrer/zur Märtyrerin stilisieren *geh;* **to make a ~ of sb** jdn zum Märtyrer/zur Märtyrerin machen II. *vt usu passive* ■ **to be ~ed [for sth]** [für etw *akk*] [den Märtyrertod] sterben
martyrdom ['mɑ:tədəm, AM 'mɑ:rt̬ɚ-] *n no pl* *(being a martyr)* Märtyrertum *nt;* *(suffering)* Martyrium *nt a. fig;* *(death)* Märtyrertod *m;* **the ~ of St Thomas** der Märtyrertod des Heiligen Thomas; **to suffer** ~ den Märtyrertod erleiden
martyred ['mɑ:təd, AM 'mɑ:rt̬ɚd] *adj* ❶ *(killed for beliefs)* ■ **to be** ~ wegen seiner Überzeugungen umgebracht werden; **a ~ civil rights activist** ein Märtyrer/eine Märtyrerin für die Menschenrechte; ~ **saint** christlicher Märtyrer/christliche Märtyrerin ❷ *(showing suffering)* gequält
marvel ['mɑ:vəl, AM 'mɑ:r-] I. *n (wonderful thing)* Wunder *nt;* ***it's a ~ to me how ...*** es ist mir ein Rätsel, wie ... II. *vi* <BRIT -ll- *or* AM *usu* -l-> ■ **to ~ at sb/sth** *(wonder)* sich *akk* über jdn/etw wundern; *(admire)* jdn/etw bewundern; ■ **to ~ that ...** sich *akk* wundern, dass ..., staunen, dass ...; ***"isn't it just amazing", she ~led*** „ist das nicht wunderbar", schwärmte sie
marvellous ['mɑ:vələs, AM 'mɑ:r-] *adj* wunderbar, wundervoll, großartig; **to feel** ~ sich *akk* großartig fühlen
marvellously ['mɑ:vələsli, AM 'mɑ:r-] *adv* wunderbar, wundervoll, großartig; **to get on** ~ sich *akk* großartig verstehen
marvelous *adj* AM *see* **marvellous**
marvelously *adv* AM *see* **marvellously**
Marxism ['mɑ:ksɪzəm, AM 'mɑ:r-] *n no pl* Marxismus *m*
Marxism-Leninism [ˌmɑ:ksɪzəm'lenɪnɪzəm, AM ˌmɑ:r-] *n no pl* Marxismus-Leninismus *m*
Marxist ['mɑ:ksɪst, AM 'mɑ:r-] I. *n* Marxist(in) *m(f)* II. *adj inv* marxistisch
Marxist-Leninist [ˌmɑ:ksɪst'lenɪnɪst, AM ˌmɑ:r-] I. *n* Marxist-Leninist(in) *m(f)* II. *adj* marxistisch-leninistisch
marzipan ['mɑ:zɪpæn, AM 'mɑ:r-] *n no pl* Marzipan *nt o m*
masc *adj inv abbrev of* **masculine**
mascara [mə'skɑ:rə, AM mæs'kerə] *n no pl* Wimperntusche *f;* ***your ~ is running*** deine Wimperntusche verläuft; **to smudge one's** ~ seine Wimperntusche verschmieren [*o* verwischen]
mascaraed [mə'skɑ:rəd, AM mæs'ker-] *adj* getuscht
mascot ['mæskɒt, AM -skɑ:t] *n* Maskottchen *nt;* **lucky** ~ Glücksbringer *m*
masculine ['mæskjəlɪn] *adj* ❶ *(male)* männlich, maskulin ❷ *inv* LING männlich, maskulin; ~ **ending/form** männliche [*o* maskuline] Endung/Form; ~ **gender** männliches Geschlecht ❸ *(in poetry)* ~ **rhyme** männlicher [*o* stumpfer] Reim
masculinist ['mæskjəlɪnɪst] *adj* Männlichkeits-
masculinity [ˌmæskjə'lɪnəti, AM -ət̬i] *n no pl* Männlichkeit *f*
mash [mæʃ] I. *n* ❶ *no pl* BRIT *(fam: from potatoes)* Kartoffelbrei *m,* Püree *nt* ❷ *(mixture)* Brei *m;* *(animal food)* Mischfutter *nt,* Futterbrei *m;* *(brewing)* Maische *f* II. *vt* ■ **to ~ sth** etw zerdrücken [*o* [zer]stampfen]; **to ~ potatoes** Kartoffeln [zer]stampfen
◆**mash up** *vt* ■ **to ~ up** ↻ **sth** ❶ *(crush after cooking)* etw zerdrücken ❷ *esp* AM *(fig: damage)* etw zerstören; *(crush)* etw zerdrücken; ***his face was badly ~ed up in the accident*** sein Gesicht wurde bei dem Unfall schwer verletzt
mashed [mæʃt] *adj* ❶ *(crushed)* zerdrückt; ~ **potatoes** Kartoffelbrei *m* ❷ *(sl: on drugs)* stoned *sl,* high *fam*
mashed-up *adj* zusammengedrückt, zerdrückt
masher ['mæʃər, AM -ɚ] *n* Stampfer *m,* Quetsche *f;* **potato** ~ Kartoffelstampfer *m*
mask [mɑ:sk, AM mæsk] I. *n* ❶ *(for face)* Maske *f;* **to wear a** ~ eine Maske tragen ❷ *(fig: pretence)* Maske *f,* Fassade *f;* ***the ~ slipped*** die Maske fiel; **to put on a ~ of normality** die Fassade der Normalität aufrechterhalten; **a ~ of politeness** eine vordergründige Höflichkeit ❸ TECH Schablone *f* ❹ *(photographic device)* Maske *f* ❺ *(pattern of digits)* Maske *f* II. *vt* ■ **to ~ sth** etw verbergen [*o* verstecken]; ■ **to ~ sth up with sth** etw mit etw *dat* verdecken
◆**mask out** *vt* PHOT, TYPO ■ **to ~ out** ↻ **sth** etw retuschieren
masked [mɑ:skt, AM mæskt] *adj inv* maskiert, vermummt
masked ball *n* Maskenball *m*
masked ROM *n* COMPUT maskierter Festspeicher
masking tape *n no pl* Abdeckband *nt*
masochism ['mæsəkɪzəm] *n no pl* Masochismus *m*
masochist ['mæsəkɪst] *n* Masochist(in) *m(f)*
masochistic [ˌmæsə'kɪstɪk] *adj* ❶ *(sexual)* masochistisch ❷ *(fam: over-stoical)* masochistisch, selbstquälerisch
masochistically [ˌmæzə'kɪstɪkəli] *adv* selbstquälerisch, masochistisch
mason ['meɪsən] *n* ❶ *(stonemason)* Steinmetz(in) *m(f)* ❷ AM *(bricklayer)* Maurer(in) *m(f)*
Mason ['meɪsən] *n* Freimaurer *m*
Mason-Dixon Line [ˌmeɪsən'dɪksənˌlaɪn] *n no pl* Mason-Dixon Grenze *f (Grenze zwischen Maryland und Pennsylvanien, die die Nord- und Südstaaten der USA trennt)*
Masonic [mə'sɒnɪk, AM -'sɑ:n-] *adj inv* Freimaurer-, freimaurerisch; ~ **Lodge** *(place)* Freimaurerloge *f;* *(members)* Mitglieder *ntpl* einer [Freimaurer]loge, [Freimaurer]loge *f*
masonic lodge *n* Freimaurerloge *f* **masonic order** *n* Bruderschaft *f* der Freimaurer
mason jar *n esp* AM Einmachglas *nt*
masonry ['meɪsənri] *n no pl* ❶ *(bricks)* Mauerwerk *nt* ❷ *(work)* Maurerhandwerk *nt*
Masonry ['meɪsənri] *n no pl* ❶ *(principles)* Freimaurerei *f,* Freimaurertum *nt* ❷ *(Freemasons)* Freimaurer *mpl*
masque [mɑ:sk, AM mæsk] *n (liter)* Maskenspiel *nt*
masquerade [ˌmæskər'eɪd, AM -kə'reɪd] I. *n* Maskerade *f* II. *vi* ■ **to ~ as sb/sth** sich *akk* als jdn/etw ausgeben
mass [mæs] I. *n* ❶ *usu sing (formless quantity)* Masse *f;* ~**es of warm air** warme Luftmassen; **a ~ of dough** ein Teigklumpen *m;* **a ~ of rubble** ein Haufen *m* Schutt ❷ *usu sing (large quantity)* Menge *f;* **a ~ of contradictions** eine Reihe von Widersprüchen; **the ~ of the people** die breite Masse; **the ~ of the population** die Mehrzahl der Bevölkerung ❸ *no pl* PHYS Masse *f* II. *n modifier (murder, suicide)* Massen-; ~ **hysteria** Massenhysterie *f;* ~ **starvation** große Hungersnot III. *vi crowd* sich *akk* ansammeln; *troops* aufmarschieren
Mass [mæs] *n* ❶ REL Messe *f,* Messfeier *f;* **to celebrate a** ~ eine Messe feiern ❷ MUS Messe *f*
massacre ['mæsəkər, AM -ɚ] I. *n* ❶ *(slaughter)* Massaker *nt,* Blutbad *nt* ❷ *(fig: heavy defeat)* Massaker *nt,* Niederlage *f* II. *vt* ■ **to ~ sb** ❶ *(kill large numbers)* jdn niedermetzeln [*o* massakrieren] ❷ *(fig: beat)* jdn vernichtend schlagen
massacre ['mæsəkər, AM -ɚ] I. *n* ❶ *(killing)* Massaker *nt,* Blutbad *nt,* Gemetzel *nt* ❷ *(fig: defeat)* [verheerende] Niederlage, Desaster *nt* II. *vt* ❶ *(kill)* ■ **to ~ sb** jdn massakrieren [*o* niedermetzeln] ❷ *(fig: defeat)* ■ **to ~ sb** jdn vernichtend schlagen; *(hum)* jdn auseinander nehmen *fig sl;* ***England were ~d 5–0 by France*** England erlitt eine verheerende Niederlage von 5–0 gegen Frankreich ❸ *(fig, hum: perform badly)* ■ **to ~ sth** etw verderben [*o fam* vermasseln]
massage ['mæsɑ:(d)ʒ, AM mə's-] I. *n* ❶ *no pl (for body)* Massage *f,* Massieren *nt;* **water** ~ Unterwassermassage *f* ❷ *(treatment session)* Massage *f;* **to give sb a** ~ jdn massieren; **to have a** ~ eine Massage bekommen, sich *akk* massieren lassen II. *vt* ❶ *(rub)* ■ **to ~ sb** jdn massieren; **to ~ cream/oil into the skin** Creme/Öl einmassieren; **to ~ sb's ego** *(fig)* jdm schmeicheln ❷ *(fig: alter)* **to ~ the figures/statistics** die Zahlen/die Statistik manipulieren [*o fam* frisieren]; *(falsify)* die Zahlen/die Statistik [ver]fälschen
massage mitt *n esp* BRIT Massagehandschuh *m*
massage oil *n* Massageöl *nt* **massage parlour**, AM **massage parlor** *n* ❶ *(for treatment)* Massagepraxis *f;* *(one room)* Massageraum *m* ❷ *(for sex)* Massagesalon *m euph,* Bordell *nt* **massage therapist** *n* Massagetherapeut(in) *m(f)*
massed [mæst] *adj* dicht gedrängt; ~ **banks of fern** eine dicht mit Farn bewachsene Böschung; ~ **ranks of tourists** eine Unmenge [an] [*o* Unmengen von] Touristen; ***the lake with its ~ flamingos*** der See mit seinen dicht an dicht stehenden Flamingos
masseur [mæs'ɜ:r, AM mæ'sɜ:r] *n* Masseur *m*
masseuse [mæs'ɜ:z, AM mæ's-] *n* Masseurin *f*
massif [mæs'i:f] *n* [Gebirgs]massiv *nt*
massive ['mæsɪv] *adj* riesig, enorm; ***if the drought continues, deaths will occur on a ~ scale*** wenn die Dürre anhält, werden die Todesfälle massiv ansteigen; ~ **amounts of money** riesige [*o* enorme] Geldsummen; **a ~ heart attack/stroke** ein schwerer Herzinfarkt/Schlaganfall
massively ['mæsɪvli] *adv* äußerst, enorm
massiveness ['mæsɪvnəs] *n no pl* enorme Größe, gewaltiges Ausmaß; **the ~ of the problem** die Schwere des Problems; **physical** ~ Wuchtigkeit *f*
mass mailing *n* AM, AUS *(mailshot)* Versand *m* von Massensendungen zu Werbezwecken **mass market** *n* Massenmarkt *m;* ***our exclusive designs are not intended for the*** ~ unsere exklusiven Designs sind nicht für die breite Masse gedacht **mass-market** *adj attr, inv* Massen-; ~ **goods** Massenware *f;* ~ **product** Massenprodukt *nt* **mass media** *n + sing/pl vb* ■ **the** ~ die Massenmedien *pl* **mass-media** *adj attr, inv* **a ~ campaign** eine Kampagne der [*o* in den] Massenmedien, eine Medienkampagne **mass meeting** *n* Massenversammlung *f;* *(at an event)* Massenveranstaltung *f* **mass murder** *n* Massenmord *m* **mass murderer** *n* Massenmörder(in) *m(f)* **mass-produce** *vt* ■ **to ~ sth** etw serienmäßig [*o* in Massenproduktion] herstellen **mass-produced** [ˌmæsprə'dju:st, AM du:st] *adj inv* massenweise produziert, als Massenprodukt hergestellt **mass production** *n* Massenproduktion *f*

M

mass tourism *n no pl* Massentourismus *m* **mass unemployment** *n no pl* Massenarbeitslosigkeit *f*

mast¹ [mɑːst, AM mæst] *n* ❶ NAUT [Schiffs]mast *m* ❷ (*flag pole*) [Fahnen]mast *m*, [Fahnen]stange *f*; **at half ~** auf halbmast ❸ RADIO, TV Sendeturm *m*

mast² [mɑːst, AM mæst] *n no pl* (*food for wild pigs*) Mast *f*

mastectomy [mæsˈtektəmi, AM *esp* məˈst-] *n* Brustamputation *f*, Mastektomie *f fachspr*

-masted [ˈmɑːstɪd, AM ˈmæst-] *in compounds* NAUT **a three/four-~ ship** ein Dreimaster/Viermaster *m*

master [ˈmɑːstəʳ, AM ˈmæstɚ] **I.** *n* ❶ (*of a slave, servant*) Herr *m*; (*of a dog*) Herrchen *nt*; ***yes, ~*** ja, Herr; **to show sb who's ~** jdm zeigen, wer hier das Sagen hat; **to be ~ of one's fate** sein Schicksal in der Hand haben; **to be ~ of the situation** Herr der Lage sein, die Situation unter Kontrolle haben ❷ (*expert*) Meister(in) *m(f)*; ***he was a ~ of disguise*** er war ein Verwandlungskünstler; ***he is widely acknowledged as the ~ of the spy novel*** er ist allgemein als der Meister des Spionageromans bekannt ❸ (*specialist instructor*) Lehrer *m*; BRIT (*male schoolteacher*) Lehrer *m*; **dancing ~** Tanzlehrer *m*; **fencing ~** Fechtmeister *m*; **singing ~** Gesangslehrer *m* ❹ BRIT NAUT (*ship's captain*) Kapitän *m* (*eines Handelsschiffes*) ❺ (*dated: title for young boy*) *Anrede für einen Jungen oder Jugendlichen, heute noch bei Adressen auf Briefen* ❻ (*dated: man of the house*) ■**the ~** der Hausherr; ***to show sb who's ~*** jdm zeigen, wer [hier] der Herr im Hause ist *fam* ❼ (*master copy*) Original *nt* ► PHRASES: **no man can serve two ~s** (*prov*) man kann nicht zwei Herren [zugleich] dienen *prov*; **to be one's own ~** sein eigener Herr sein **II.** *n modifier* **~ builder** Baumeister(in) *m(f)*; **~ chef** Meisterkoch, Meisterköchin *m, f*; **~ craftsman** Handwerksmeister(in) *m(f)*; **~ locksmith** Schmiedehandwerksmeister(in) *m(f)*, Schmied(in) *m(f)*; COMPUT *computer* Haupt-, Stamm- **III.** *vt* ■**to ~ sth** ❶ (*cope with*) etw meistern; **to ~ one's fear of flying** seine Flugangst überwinden ❷ (*become proficient*) etw beherrschen; ***she ~ed the art of interviewing people*** sie beherrschte die Kunst, ein gutes Interview zu führen

-master [ˈmɑːstəʳ, AM ˈmæstɚ] *in compounds* NAUT **a three/four-~** ein Dreimaster/Viermaster *m*

master-at-arms <*pl* masters-> *n* Schiffsoffizier *m* mit Polizeigewalt **master bedroom** *n* großes Schlafzimmer **Mastercard®** *n* Mastercard® *f* **master class** *n* Meisterklasse *f* **master copy** *n* Original *nt*

masterful [ˈmɑːstəfᵊl, AM ˈmæstɚ-] *adj* ❶ (*authoritative*) bestimmend, dominant; ***I like a man to be ~*** ich mag es, wenn ein Mann bestimmt ist ❷ (*skilful*) meisterhaft, meisterlich

masterfully [ˈmɑːstəfᵊli, AM ˈmæstɚ-] *adv* ❶ (*with authority*) bestimmend, dominant ❷ (*skilfully*) meisterhaft, gekonnt

master key *n* Hauptschlüssel *m*, Generalschlüssel *m*

masterly [ˈmɑːstəli, AM ˈmæstɚli] *adj* meisterhaft, Meister-

mastermind I. *n* führender Kopf; ***he was the ~ behind a series of daring bank raids*** er steckte hinter einer Reihe von gewagten Banküberfällen **II.** *vt* ■**to ~ sth** etw federführend leiten; ***she ~ed the takeover bid*** das Übernahmeangebot war von ihr geplant worden **Master of Arts** *n* ❶ (*degree*) ≈ Magister Artium *m*; **to take** [*or* **do**] **a ~** einen Magisterabschluss machen ❷ (*person*) Magister *m* **Master of Ceremonies** *n* ❶ (*at celebration*) Zeremonienmeister *m*, Conférencier *m* ❷ TV Showmaster(in) *m(f)* **Master of Education** *n* Magister *m* der Erziehungswissenschaft **Master of Philosophy** *n* ≈ Magister Artium *m* **Master of Science** ■**to be a ~** ≈ ein Diplom *nt* in einer Naturwissenschaft haben **masterpiece** *n* Meisterwerk *nt*, Meisterstück *nt*; **a ~ of modern engineering** ein Meisterwerk *nt* der modernen Technik; ***calling a seven-hour wait 'a slight delay' was a ~ of understatement*** sieben Stunden als ‚kleine Verspätung' zu bezeichnen, war wirklich der Gipfel der Verharmlosung **master plan** *n* Grundplan *m*, Gesamtplan *m* **master race** *n* Herrenrasse *f*

Master's [ˈmɑːstəz, AM ˈmæstɚz] *n*, **Master's degree** *n* ≈ Magister *m*; **to take** [*or* **do**] **one's ~** ≈ seinen Magister machen

master sergeant *n* Stabsfeldwebel *m*, Hauptfeldwebel *m* **masterstroke** *n* Glanzstück *nt*, Meisterstück *nt* **master switch** *n* Hauptschalter *m* **masterwork** *n* Meisterwerk *nt*, Meisterstück *nt*

mastery [ˈmɑːstᵊri, AM ˈmæstɚi] *n no pl* ❶ (*domination*) Herrschaft *f*; ***they struggled for*** [***the***] ***~ over the oil-rich southern provinces*** sie kämpften um die Macht in den ölreichen südlichen Provinzen ❷ (*expertise*) Meisterschaft *f* (**of** in +*dat*); ***she played with some ~*** sie spielte meisterhaft; ***she showed her complete ~ of the subtleties of the language*** sie zeigte, dass sie die Feinheiten der Sprache meisterhaft beherrschte

masthead [ˈmɑːsthed, AM ˈmæst-] *n* ❶ (*top of mast*) Mastspitze *f*, Mars *m fachspr* ❷ (*title headline*) Titel *m*; AM (*newspaper publishing details*) Impressum *nt*, Druckvermerk *m*

mastic [ˈmæstɪk] *n* ❶ *no pl* (*aromatic gum*) Mastix *m* ❷ (*waterproof filler*) Mastixzement *m*, Mastik *m*

masticate [ˈmæstɪkeɪt] *vt* (*form*) ■**to ~ sth** etw [zer]kauen

mastication [ˌmæstɪˈkeɪʃᵊn] *n no pl* (*form*) [Zer]kauen *nt*

mastiff [ˈmæstɪf] *n* englische Dogge

mastitis [mæsˈtaɪtɪs, AM -t̬ɪs] *n no pl* Brustdrüsenentzündung *f*, Mastitis *f fachspr*

mastodon [ˈmæstədɒn, AM -dɑːn] *n* ZOOL Mastodon *nt*

masturbate [ˈmæstəbeɪt, AM -stɚ-] **I.** *vi* masturbieren **II.** *vt* ■**to ~ sb** jdn durch Masturbation befriedigen

masturbation [ˌmæstəˈbeɪʃᵊn, AM -stɚˈ-] *n no pl* Masturbation *f*; **mutual ~** gegenseitige Masturbation

masturbatory [ˌmæstəˈbeɪtᵊri, AM ˈmæstɚbətɔːri] *adj inv* Masturbations-, masturbierend

mat [mæt] **I.** *n* ❶ (*for floor*) Matte *f*; **bath ~** Badematte *f*; **kitchen ~** Küchenteppich *m*; (*for furniture*) Untersetzer *m*; (*decorative ~*) Deckchen *nt*; **beer ~** Bierdeckel *m*; **place** [*or* **table**] **~** Set *nt* ❷ (*thick layer*) **a ~ of hair** dichtes Haar; (*on the head*) eine Mähne *fam*; **a ~ weeds** ein dichter Grasbewuchs ► PHRASES: **to be on the ~** in Schwierigkeiten sein **II.** *vt* <-tt-> *usu passive* ■**to be ~ted with sth** mit etw *dat* bedeckt sein; ***his hair was ~ted with blood*** sein Haar war blutverschmiert

matador [ˈmætədɔːʳ, AM -t̬ədɔːr] *n* Matador(in) *m(f)*

match¹ <*pl* -es> [mætʃ] *n* Streichholz *nt*; **a box of ~es** eine Schachtel Streichhölzer; **to put a ~ to sth** etw anzünden (*mit einem Streichholz*); **to strike a ~** ein Streichholz anzünden

match² [mætʃ] **I.** *n* ❶ SPORTS Spiel *nt*; CHESS Partie *f*; ■**a ~ with** [*or* **against**] **sb** ein Spiel mit jdm [*o* gegen jdn]; **boxing ~** Boxkampf *m*; **cricket ~** Kricketmatch *nt*; **football ~** Fußballspiel *nt*; **tennis ~** Tennismatch *nt*, Tennisspiel *nt*; **to lose/win a ~** ein Spiel verlieren/gewinnen; **to play in a ~** mitspielen ❷ *usu sing* (*matching thing*) etwas Passendes *nt*, Ergänzungsstück *nt*; (*other one of pair*) Gegenstück *nt*; ■**to be a good ~** gut zusammenpassen; ***the new tablecloth is a perfect ~ for the carpet*** die neue Tischdecke passt gut zum Teppich ❸ *usu sing* (*equal*) ebenbürtiger Gegner/ebenbürtige Gegnerin; **to be a good ~ for sb** ein ebenbürtiger Gegner/eine ebenbürtige Gegnerin für jdn sein; **to be more than a ~ for sb/sth** jdm/etw [haushoch] überlegen sein; **to be no ~ for sb/sth** sich *akk* mit jdm/etw nicht messen können, jdm/etw nicht gewachsen sein; **to meet one's ~** seinen Meister finden ❹ (*marriage*) Ehe *f*; (*couple*) Paar *nt*; (*dated: person*) Partie *f*; ***theirs is a ~ made in heaven*** sie sind wie für einander geschaffen; ***they are a perfect ~*** die beiden sind ein Traumpaar; **to be a good ~ for sb** eine gute Partie für jdn sein; **to make a good ~** (*be good prospect*) eine gute Partie sein; (*find good partner*) eine gute Partie machen ► PHRASES: **to have a shouting** [*or* BRIT **slanging**] **~** sich *akk* gegenseitig anschreien [*o* lautstark streiten] **II.** *vi* (*harmonize*) zusammenpassen; (*make a pair*) zusammengehören; ***a red dress with red accessories to ~*** ein rotes Kleid mit dazu passenden roten Accessoires **III.** *vt* ❶ (*go together with*) ■**to ~ sth** zu etw *dat* passen; ***does this shirt ~ these trousers?*** passt das Hemd zu der Hose?; **to be ill-~ed** schlecht aufeinander abgestimmt sein, nicht zusammenpassen; **to be well-~ed** [gut] zusammenpassen; **an ill-~ed/a well-~ed couple** ein Paar, das nicht/gut zueinander passt ❷ (*find matching thing*) ■**to ~ sth** [**with** [*or* **to**] **sth**] etw [auf etw *akk*] abstimmen; COMPUT (*search database*) etw [mit etw *dat*] vergleichen; (*set register/impedence*) etw [mit etw *dat*] abgleichen; ***I'm trying to ~ this wallpaper with the curtains*** ich versuche eine Tapete zu finden, die zu den Gardinen passt; ***I'm trying to ~ the names on the list with the faces in the photograph*** ich versuche, die Namen auf dieser List den Gesichtern auf dem Foto zuzuordnen; ***our aim is to ~ the applicant to the job*** unser Ziel ist es, den passenden Kandidaten für diese Stelle zu finden; **to ~ colours** [*or* AM **colors**] Farben aufeinander abstimmen ❸ (*equal*) ■**to ~ sb/sth** jdm/etw gleichkommen; ***you can't ~ Jones and Son for quality*** was die Qualität angeht, sind Jones and Son unerreicht; ***it would be difficult to ~ the service this airline gives its customers*** es wäre schwierig, dem [hervorragenden] Service dieser Fluggesellschaft Konkurrenz zu machen ❹ *usu passive* (*in contest*) ■**to be ~ed against sb** gegen jdn antreten; **to be ill-~ed** nicht gleichwertig [*o* keine ebenbürtigen Gegner] sein; **to be well-~ed** gleichwertig [*o* ebenbürtige Gegner] sein ❺ (*correspond to*) ■**to ~ sth** etw *dat* entsprechen, zu etw *dat* passen; ***he ~es the description the victim gave us*** die Beschreibung des Opfers trifft auf ihn zu ❻ (*compare*) ■**to ~ sth** [**against sth**] etw [mit etw *dat*] vergleichen, etw [an etw *dat*] messen

◆**match up I.** *vi* ❶ (*make coherent sense*) Sinn ergeben ❷ (*be correctly aligned*) aufeinander abgestimmt sein ❸ (*meet the standard*) ■**to ~ up to sth** an etw *akk* heranreichen, etw *dat* entsprechen; **to ~ up to sb's expectations** jds Erwartungen entsprechen [*o* erfüllen] **II.** *vt* ❶ (*pair up*) ■**to ~ up ○ sb** [**with sb**] jdn [mit jdm] zusammenbringen; (*find connection*) ■**to ~ up ○ sb with sth** jdm etw zuordnen ❷ (*find matching thing*) ■**to ~ sth ○ up** zusammengehörige [*o* passende] Gegenstände finden; ■**to ~ sth up with sth** zu etw *dat* das passende Gegenstück finden; ***she is trying to ~ up her evening dress with some suitable accessories*** sie versucht, ihr Abendkleid mit passenden Accesoires zu ergänzen; **to ~ up socks** die zusammengehörigen Socken finden

matchbook [ˈmætʃbʊk] *n* AM Streichholzbriefchen *nt* **matchbox** *n* Streichholzschachtel *f* **match-fit** *adj* SPORTS [voll] einsatzfähig, fit *fam* **match-fitness** *n no pl* SPORTS **to show a lack of ~** nicht ganz fit [*o* voll einsatzfähig] sein *fam*

matching [ˈmætʃɪŋ] **I.** *adj inv, attr* [zusammen]passend; **a ~ pair** ein Paar, das zusammenpasst [*o* zusammengehört]; **a ~ pair of socks** ein passendes Paar Socken **II.** *n* Ausgleich *m*

matchless [ˈmætʃləs] *adv inv* unvergleichlich, einzigartig, beispiellos

matchmaker *n* (*marriage broker*) Heiratsvermittler(in) *m(f)*; (*pairer-up*) Kuppler(in) *m(f) pej* **matchmaking** *n no pl* Kuppeln *nt*; ***she tried to do a bit of ~ by introducing Paul to Lucy*** sie versuchte ein bisschen zu kuppeln, indem sie Paul und Lucy miteinander bekannt machte **matchplay** *n no pl* Lochspiel *nt* (*Golfspiel, bei dem die Zahl der gewonnenen Löcher über den Sieg entscheidet*) **match point** *n* TENNIS Matchball *m*; ***Steffi Graf is now on ~*** Steffi Graf hat Aufschlag zum Matchball **matchstick I.** *n* Streichholz *nt*; **to have legs like ~s** sehr dünne Beine [*o fam* Beine wie Stricknadeln] haben **II.** *n modifier* ~ **arms** sehr dünne Arme; ~ **man** [*or* **figure**] Strichmännchen *nt fam* **matchwood** *n no pl* Kleinholz *nt;* **to be smashed** [*or* **reduced**] **to** ~ vollkommen zerstört werden, zu Kleinholz gemacht werden *fam*

mate¹ [meɪt] **I.** *n* ❶ BRIT, AUS (*friend*) Freund(in) *m(f)*, Kumpel *m fam;* ***she's my best*** ~ sie ist meine beste Freundin ❷ BRIT, AUS (*fam: form of address*) Kumpel *m fam;* ***what's the time,*** ~? hey du, wie spät ist es denn? *fam* ❸ (*sexual partner*) Partner(in) *m(f);* BIOL Sexualpartner(in) *m(f)* ❹ *esp* BRIT, AUS (*assistant*) Gehilfe, -in *m, f;* **driver's** ~ Beifahrer(in) *m(f)* ❺ (*fig: one of a pair*) Gegenstück *nt* ❻ (*ship's officer*) Schiffsoffizier *m;* **first/second** ~ Erster/Zweiter Offizier **II.** *vi* ❶ BIOL *animals* sich *akk* paaren (**with** mit +*dat*) ❷ (*join or connect mechanically*) ■**to** ~ **to sth** sich *akk* an etw *akk* ankuppeln **III.** *vt* **to** ~ **two animals** zwei Tiere miteinander paaren

mate² [meɪt] **I.** *n* CHESS [Schach]matt *nt* **II.** *vt* ■**to** ~ **sb** jdn [schach]matt setzen

mater [ˈmeɪtəʳ] *n* BRIT (*dated or hum*) ■**the** ~ die Mutter

material [məˈtɪəriəl, AM -ˈtɪr-] **I.** *n* ❶ (*substance*) Material *nt a. fig;* **building** ~ Baumaterial *nt;* **raw** ~ Rohmaterial *nt;* (*hum, fig sl*) **to be mate** ~ *of a person* ein brauchbarer [Ehe]partner/eine brauchbare [Ehe]partnerin sein; **to be officer** ~ das Zeug zu einem Offizier haben; **to be university** ~ das Zeug zum Studieren haben ❷ *no pl* (*cloth*) Stoff *m* ❸ (*type of cloth*) Stoffart *f* ❹ *no pl* (*information*) [Informations]material *nt*, Unterlagen *pl* ❺ (*equipment*) ■~**s** *pl* Material *nt;* **writing** ~**s** Schreibzeug *nt* **II.** *adj inv* ❶ (*physical*) materiell; ~ **damage** Sachschaden *m;* **the** ~ **world** die materielle Welt ❷ (*important*) wesentlich, wichtig; ■**to be** ~ **to sth** für etw *akk* relevant sein

materialism [məˈtɪəriəlɪzᵊm, AM -ˈtɪr-] *n no pl* Materialismus *m*

materialist [məˈtɪəriəlɪst, AM -ˈtɪr-] *n* Materialist(in) *m(f)*

materialistic [məˌtɪəriəˈlɪstɪk, AM -ˌtɪr-] *adj* materialistisch

materialization [məˌtɪəriəlaɪˈzeɪʃᵊn, AM -ˌtɪriəlɪˈ-] *n no pl* ❶ (*becoming material*) Materialisation *f* ❷ (*becoming fact*) Verwirklichung *f*

materialize [məˈtɪəriəlaɪz, AM -ˈtɪr-] *vi* ❶ (*become fact*) *hope, dream* sich *akk* verwirklichen, in Erfüllung gehen; *plan, promise* in die Tat umgesetzt werden ❷ (*take physical form*) erscheinen; ***in the scene the ghost of Aunt Amy*** ~***s*** in der Szene erscheint der Geist von Tante Amy ❸ (*appear suddenly*) [plötzlich] auftauchen; ***the lorry seemed to*** ~ ***out of nowhere*** der Laster schien [plötzlich] aus dem Nichts aufzutauchen; ***I was thinking you would never*** ~ (*hum*) ich dachte schon, du würdest gar nicht mehr hier erscheinen

materially [məˈtɪəriəli, AM -ˈtɪr-] *adv* ❶ (*regarding possessions*) materiell ❷ (*significantly*) wesentlich

material witness *n* ❶ BRIT (*witness of fact*) Tatzeuge, -in *m, f* ❷ AM (*connected with case*) unentbehrlicher Zeuge/unentbehrliche Zeugin, Hauptzeuge, -in *m, f*

materiel [məˌtɪəriˈel, AM ˌtɪri] *n no pl* MIL Ausrüstung *f*, [Kriegs]material *nt*

maternal [məˈtɜːnᵊl, AM -ˈtɜːr-] *adj* ❶ (*motherly*) mütterlich, Mutter-; **a** ~ **smile** ein mütterliches Lächeln; ***she is very*** ~ ***towards her staff*** sie hat ein mütterliches Verhältnis zu ihren Angestellten ❷ (*of mother's family*) mütterlicherseits *nach n;* **my** ~ **grandmother/uncle** meine Großmutter/mein Onkel mütterlicherseits

maternally [məˈtɜːnᵊli, AM -ˈtɜːr-] *adv* ❶ (*in a motherly way*) mütterlich ❷ (*through mother's family*) mütterlicherseits

maternity [məˈtɜːnəti, AM -ˈtɜːrnəṱi] *n no pl* Mutterschaft *f*

maternity clinic *n* Entbindungsklinik *f* **maternity clothes** *npl* Umstandskleidung *f kein pl*, Umstandsmode *f kein pl* **maternity dress** *n* Umstandskleid *nt* **maternity hospital** *n* Entbindungsklinik *f* **maternity leave** *n no pl* Mutterschaftsurlaub *m* **maternity ward** *n* Entbindungsstation *f*

matey [ˈmeɪti] BRIT, AUS **I.** *adj* (*fam*) ■**to be** ~ sich *akk* gut verstehen, gute [*o* dicke] Kumpels sein *fam;* ***the kids have become very*** ~ die Kinder sind dicke Freunde geworden *fam* **II.** *n* (*fam*) Kumpel *m fam*

mateyness [ˈmeɪtɪnəs] *n no pl* BRIT, AUS (*fam*) Kumpelhaftigkeit *f*

math [mæθ] *n* AM (*fam*) *short for* **mathematics** Mathe *f fam*

mathematical [ˌmæθᵊmˈætɪkᵊl, AM -əˈmæṱɪ-] *adj inv* mathematisch; **to have a** ~ **mind** eine Begabung für Mathematik haben, mathematisch begabt sein

mathematically [ˌmæθᵊmˈætɪkᵊli, AM -əˈmæṱɪ-] *adv* mathematisch; ~ **impossible/possible** rechnerisch unmöglich/möglich; **to be** ~ **minded** mathematisch begabt sein

mathematician [ˌmæθᵊməˈtɪʃᵊn, AM -θə-] *n* Mathematiker(in) *m(f)*

mathematics [mæθᵊmˈætɪks, AM -θəˈmæṱ-] *n* + *sing vb* Mathematik *f*

maths [mæθs] *n* + *sing vb* BRIT, AUS (*fam*) *short for* **mathematics** Mathe *f fam*

maths chip *n*, **maths coprocessor** *n* mathematischer Zusatzprozessor

matinée [ˈmætɪneɪ, AM ˌmætᵊnˈeɪ] *n*, **matinee** *n* Matinee *f;* (*afternoon performance*) Frühvorstellung *f*

matinee coat *n* BRIT, **matinee jacket** *n* BRIT [Baby]jäckchen *nt*

matinée idol *n* (*dated*) Leinwandheld *m* (*in den 30er und 40er Jahren*)

matiness *n see* **mateyness**

mating [ˈmeɪtɪŋ, AM -ṱ-] *n* ZOOL Paarung *f*

mating season *n* Paarungszeit *f*

matins [ˈmætɪnz, AM -tᵊnz] *n* + *sing vb* (*in Catholic Church*) Matutin *f;* (*in Anglican Church*) Frühandacht *f*, Morgenandacht *f*

matriarch [ˈmeɪtriɑːk, AM -ɑːrk] *n* Matriarchin *f*

matriarchal [ˌmeɪtriˈɑːkᵊl, AM -ˈɑːrk-] *adj* matriarchalisch

matriarchy [ˈmeɪtriɑːki, AM -ɑːrki] *n* ❶ *no pl* (*rule*) Mutterherrschaft *f*, Matriarchat *nt* ❷ (*society*) Matriarchat *nt*

matric [məˈtrik] *n* BRIT (*dated fam*) *short for* **matriculation** ≈ Abitur *nt*

matrices [ˈmeɪtrisiːz] *n pl of* **matrix**

matricide [ˈmætrɪsaɪd] *n* Muttermord *m*

matriculate [məˈtrɪkjəleɪt] *vi* ❶ (*enter university*) sich *akk* immatrikulieren [*o* einschreiben] ❷ SA (*pass exams*) ≈ das Abitur machen

matriculation [məˌtrɪkjəˈleɪʃᵊn] *n* ❶ (*at university*) Immatrikulation *f* ❷ SA (*school qualification*) ≈ Abitur *nt*

matrimonial [ˌmætrɪˈməʊniəl, AM -ˈmoʊ-] *adj inv* (*form*) Ehe-, ehelich; ~ **difficulties** Eheprobleme *ntpl*

matrimony [ˈmætrɪməni, AM -rəmoʊ-] *n no pl* Ehe *f;* **to be joined in holy** ~ in den heiligen Stand der Ehe treten *form*

matrix <*pl* -es *or* -ices> [ˈmeɪtrɪks, *pl* -ɪsiːz] *n* ❶ (*mould*) Matrize *f*, Gießform *f* ❷ (*rectangular arrangement*) Matrix *f* ❸ (*form: conditions*) Rahmen *m*, Grundlage *f;* **cultural** ~ kultureller Hintergrund; ***Europe is remaking itself within the*** ~ ***of the European Union*** Europa erneuert sich auf den Grundlagen der Europäischen Union

matrix printer *n* Matrixdrucker *m*

matron [ˈmeɪtrᵊn] *n* ❶ (*dated: senior nurse*) Oberin *f*, Oberschwester *f;* (*at school*) Hausmutter *f* ❷ *esp* AM (*in prison*) Gefängnisaufseherin *f* ❸ (*fig, hum: middle-aged woman*) Matrone *f meist pej*

matronly [ˈmeɪtrᵊnli] *adj* (*esp hum*) matronenhaft *meist pej;* **a** ~ **figure** eine gesetzte Figur

matt [mæt], AM **matte I.** *adj* matt **II.** *n* ❶ (*addition of image*) Aufprojektion *f*, Mattaufnahme *f* ❷ (*mask*) Lichthofschutzschicht *f*

matted [ˈmætɪd, AM -ṱ-] *adj* verflochten; ~ **hair** verfilztes Haar

matter [ˈmætəʳ, AM -ṱəʳ] **I.** *n* ❶ (*affair*) Angelegenheit *f*, Sache *f;* (*question*) Frage *f;* (*subject*) Thema *nt;* ***it'll be no easy*** ~ ***getting them to pay up on time*** es wird nicht einfach werden, sie dazu zu bringen, pünktlich zu bezahlen; ***it's simply a*** ~ ***of following the recipe/ learning the rules*** man muss einfach nur das Rezept befolgen/die Regeln erlernen; ***the shop says it's a*** ~ ***for the manufacturers*** das Geschäft sagt, das sei Sache des Herstellers; ***this is a*** ~ ***for the police*** das sollte man der Polizei übergeben; ***it's no laughing*** ~ das ist nicht zum Lachen; ***it's a*** ~ ***of life and*** [*or* ***or***] ***death*** es geht um Leben und Tod; ***the truth*** [*or* ***fact***] ***of the*** ~ ***is that she was asked to resign*** in Wirklichkeit wurde ihr nahe gelegt zurückzutreten; **as a** ~ **of course** selbstverständlich; **as a** ~ **of fact** übrigens, im Übrigen; ***have you got his address? — as a*** ~ ***of fact, I have*** hast du seine Adresse? – ja, natürlich habe ich sie; **family** ~**s** Familienangelegenheiten *fpl;* **the** ~ **in** [*or* AM **at**] **hand** die Angelegenheit, um die es geht; **money** ~**s** Geldangelegenheiten *fpl;* **a** ~ **of opinion** Ansichtssache *f;* **a** ~ **of record** eine Tatsache; ***it's a*** ~ ***of record that …*** es ist allgemein bekannt, dass …; **that's another** ~ das ist etwas anderes; **that's another** ~ **altogether** [*or* **quite another** ~] das ist [wieder] etwas völlig [*o* ganz] anderes; **a personal** ~ eine persönliche Angelegenheit [*o* Sache]; **to let the** ~ **drop** etwas auf sich beruhen lassen; (*in a conversation*) das Thema fallen lassen ❷ (*amount*) **in a** ~ **of minutes/seconds** in einigen Minuten/Sekunden; ***in a*** ~ ***of minutes/ seconds he was by her side*** es dauerte nur Minuten/Sekunden bis er bei ihr war; ***it's only a*** ~ ***of a few dollars*** es geht nur um ein paar Dollars ❸ (*the situation*) ■~**s** *pl* die Situation [*o* Lage]; ***that's how*** ~***s stand at the moment*** so sieht es im Moment aus; **to help** ~**s/make** ~**s worse** die Lage verbessern/verschlimmern; ***to make*** ~***s worse, it then started to rain heavily*** zu allem Überfluss fing es auch noch an, in Strömen zu regnen; **to take** ~**s into one's own hands** die Sache [*o* die Dinge] selbst in die Hand nehmen ❹ (*problem*) **no** ~ das macht nichts, [das ist] kein Problem; ***is anything the*** ~? stimmt etwas nicht? *fam;* ***there's nothing the*** ~ es ist alles in Ordnung; ***what's the*** ~ ***with you?*** was ist los mit dir?; ***what's the*** ~ ***with asking for a pay rise?*** was ist so schlimm daran, um eine Gehaltserhöhung zu bitten? ❺ *no pl* (*material*) Materie *f;* **printed** ~ Gedrucktes *nt;* **reading** ~ Lesestoff *m;* **the subject** ~ **of the book** das Thema des Buches ❻ TYPO Satzspiegel *m*, Text *m* ▸ PHRASES: **not to mince** ~ kein Blatt vor den Mund nehmen; **no** ~ **what** was auch [immer] passiert; ***we've got to get to the airport on time, no*** ~ ***what*** wir müssen pünktlich zum Flughafen kommen, egal wie; **no** ~ **what/when/who …** gleichgültig [*o fam* egal], was/wann/wer …; **for that** ~ übrigens, im Übrigen **II.** *vi* von Bedeutung sein; ***what*** ~***s now is that …*** worauf es jetzt ankommt, ist, dass …; ***that's the only thing that*** ~***s*** das ist das Einzige, was zählt; ***it really*** ~***s to me*** das bedeutet mir wirklich etwas, das ist wirklich wichtig für mich; ■**it** ~**s that …** es macht etwas aus, dass …; ■**it doesn't** ~ (*not important*) das ist nicht wichtig; ***I've spilt something on the carpet — it doesn't*** ~ ich habe etwas auf dem Teppich verschüttet – das macht nichts; ***would you rather go on Wednesday or Thursday — it doesn't*** ~ möchten Sie lieber am Mittwoch oder am Donnerstag fahren – das ist mir egal; ■**it doesn't** ~ **if/that …** es macht nichts [*o fam* ist egal], wenn/dass …; ***it doesn't*** ~ ***how long your hair is as long as it's tidy*** es spielt keine Rolle, wie lang deine Haare sind, solange sie gepflegt sind

matter of fact *n* AM LAW [strittige] Tatfrage

matter-of-fact *adj* ❶ (*emotionless*) sachlich, nüchtern ❷ (*straightforward*) geradeheraus *präd*, direkt

matter-of-factly *adv* ❶ (*without emotion*) sachlich, nüchtern ❷ (*straightforwardly*) direkt, unverblümt, geradeheraus

matter-of-factness *n no pl* ❶ (*lack of emotion*) Sachlichkeit *f* ❷ (*straightforwardness*) Direktheit *f*

matting [ˈmætɪŋ, AM -t̬-] *n no pl* ① (*floor covering*) Matten *fpl;* **coconut-/straw** ~ Kokos-/Strohmatten *fpl* ② (*tangling*) Verflechten *nt;* (*of wool*) Verfilzen *nt*

mattock [ˈmætək, AM -t̬-] *n* [Breit]hacke *f*

mattress <*pl* -es> [ˈmætrəs] *n* Matratze *f*

maturation [ˌmætjəˈreɪʃən, AM -tʃəˈreɪ-] *n no pl* Reifung *f,* Heranreifen *nt*

mature [məˈtjʊəʳ, AM -ˈtʃʊr] **I.** *adj* ① (*adult*) erwachsen; *animal* ausgewachsen; (*like an adult*) reif; (*euph: middle-aged*) nicht mehr ganz jung; ***a gentleman of*** ~ ***years*** ein Mann im besten Alter *euph;* **to be** ~ **beyond one's years** für sein Alter schon sehr reif sein ② (*ripe*) reif; *wine* ausgereift; ~ **economy** ECON entwickelte [*o* reife] Volkswirtschaft ③ FIN (*payable*) fällig, zahlbar ④ (*form: careful*) **after** ~ **reflection** nach reiflicher Überlegung **II.** *vi* ① (*physically*) erwachsen werden, heranreifen; (*mentally and emotionally*) sich *akk* weiterentwickeln, reifer werden ② (*ripen*) [heran]reifen; ***sherry is left in large casks to*** ~ Sherry wird in großen Fässern gelagert, damit er sein volles Aroma entwickeln kann ③ FIN (*become payable*) fällig werden ④ (*develop fully*) *idea, plan* ausreifen **III.** *vt* ① FOOD ■**to** ~ **sth** etw reifen lassen; ***the wine has been*** ~***d in oak vats*** der Wein ist in Eichenfässern gereift ② (*make more adult*) ■**to** ~ **sb** jdn erwachsener [*o* reifer] werden lassen

mature-age student *n* AUS älterer Student/ältere Studentin

maturely [məˈtjʊəˈli, AM -ˈtʃʊrli] *adv* (*esp approv*) vernünftig

mature student *n* älterer Student/ältere Studentin

maturity [məˈtjʊərəti, AM -ˈtʃʊrət̬i] *n no pl* ① (*adulthood*) Erwachsensein *nt; of animals* Ausgewachsensein *nt;* **to reach** ~ (*of person*) erwachsen werden; (*of animal*) ausgewachsen sein; (*wisdom*) Reife *f;* ***she seems to have*** ~ ***beyond her years*** für ihr Alter wirkt sie schon sehr erwachsen ② (*developed form*) Reife *f,* Vollendung *f;* **to come to** ~ zur Entfaltung kommen ③ (*ripeness*) Reife *f* ④ FIN Fälligkeit *f,* Laufzeit *f;* **amount payable on** ~ Betrag *m* zahlbar bei Fälligkeit; **date of** ~ Fälligkeitstermin *m;* **to reach** ~ fällig werden

maturity period *n insurance policy* Laufzeit *f*

maturity yield *n* BRIT FIN Rückzahlungsrendite *f*

matzo(h) <*pl* -s> [ˈmɒtsə, AM ˈmɑːtsə] *n* FOOD, REL Matzenbrot *nt*

maudlin [ˈmɔːdlɪn, AM ˈmɑːd-] *adj* [weinerlich] sentimental, rührselig; ***he drank until he was quite*** ~ er trank, bis er vor Selbstmitleid zerfloss

maul [mɔːl, AM *esp* mɑːl] *vt* ① (*wound*) ■**to** ~ **sb/sth** jdn/etw verletzen; (*attack*) jdn anfallen ② (*pej*) ■**to** ~ **sb/sth** (*touch*) jdn/etw betatschen [*o fam* begrapschen] *fam;* (*treat roughly*) jdn/etw malträtieren [*o fam* übel zurichten] ③ (*criticize*) ■**to** ~ **sb** jdn heruntermachen *fam;* ■**to** ~ **sth** etw verreißen *fam*
◆**maul about, maul around** *vt* ■**to** ~ **sb about** [*or* **around**] jdn malträtieren; ■**to** ~ **sth about** [*or* **around**] etw beschädigen

mauling [ˈmɔːlɪŋ, AM *esp* ˈmɑːl-] *n* Verriss *m;* **to get a** ~ **from sb** von jdm verrissen werden *fam*

maunder [ˈmɔːndəʳ, AM ˈmɑːndɚ] *vi* ■**to** ~ **on about sth** über etw *akk* [endlos] reden

Maundy money [ˌmɔːndiˈ-] *n no pl* BRIT *für diesen Anlass geprägte Münzen, die von der Königin beim Gründonnerstagsgottesdienst in der Westminsterkathedrale verteilt werden*

Maundy Thursday *n* BRIT Gründonnerstag *m*

Mauritania [ˌmɒrɪˈteɪniə, AM ˌmɔːr-] *n* Mauretanien *nt*

Mauritanian [ˌmɒrɪˈteɪniən, AM ˌmɔːr-] **I.** *n* Mauretanier(in) *m(f)* **II.** *adj* mauretanisch

Mauritian [məˈrɪʃən, AM mɔːˈrɪʃiən] **I.** *n* Mauritier(in) *m(f)* **II.** *adj* mauritisch; ***her mother is*** ~ ihre Mutter ist Mauritierin

mausoleum [ˌmɔːsəˈliːəm, AM ˌmɑː-] *n* Mausoleum *nt*

mauve [məʊv, AM moʊv] **I.** *n* Mauve *nt* **II.** *adj inv* mauve, malvenfarbig

maven [ˈmeɪvən] *n* AM (*fam*) Kenner(in) *m(f),* Experte, -in *m, f*

maverick [ˈmævərɪk, AM -ɚɪk] *n* ① (*unorthodox independent person*) Einzelgänger(in) *m(f),* Alleingänger(in) *m(f);* ***she is widely regarded as a political*** ~ sie wird allgemein als politischer Freigeist gesehen ② AM ZOOL Vieh *nt* ohne Brandzeichen

maw [mɔː, AM *esp* mɑː] *n* Maul *nt,* Rachen *m a. fig*

mawkish [ˈmɔːkɪʃ, AM *esp* ˈmɑːk-] *adj* rührselig, sentimental

mawkishly [ˈmɔːkɪʃli, AM *esp* ˈmɑːk-] *adv* rührselig, sentimental

mawkishness [ˈmɔːkɪʃnəs, AM *esp* ˈmɑːk-] *n no pl* Rührseligkeit *f,* Sentimentalität *f*

max [mæks] **I.** *n* (*fam*) *short for* **maximum** max. **II.** *adv* (*fam*) ***it'll cost you £40*** ~ das wird Sie maximal £40 kosten

max [mæks] *vt* AM (*fam*) ■**to** ~ **out sth** [*or* **to** ~ **sth out**] etw ausschöpfen [*o fam* [bis zum Limit] ausreizen]; ***we've*** ~***ed out all our credit cards*** wir haben all unsere Kreditkarten ausgeschöpft

maxi [ˈmæksi] *n* (*dated fam: coat*) Maxi *m,* Maximantel *m fam;* (*dress*) Maxi[kleid] *nt*

maxim [ˈmæksɪm] *n* Maxime *f,* Grundsatz *m*

maxima [ˈmæksɪmə] *n pl of* **maximum**

maximal [ˈmæksɪməl] *adj inv* maximal

maximization [ˌmæksɪmaɪˈzeɪʃən, AM -mɪˈ-] *n* Maximierung *f*

maximize [ˈmæksɪmaɪz] *vt* ■**to** ~ **sth** etw maximieren; COMPUT etw als Vollbild darstellen

maximum [ˈmæksɪməm] **I.** *adj attr, inv* maximal, Höchst-, Maximal-; ~ **depth/height** maximale Tiefe/Höhe; ~ **temperature** Höchsttemperatur *f;* ***this car has a*** ~ ***speed of 160 kmh*** dieses Auto hat eine Höchstgeschwindigkeit von 160 km/h **II.** *n* <*pl* -ima *or* -s> [-ɪmə] Maximum *nt;* ***we can handle a*** ~ ***of 50 cases a day*** wir können maximal 50 Fälle am Tag bearbeiten; ***that's the*** ~ das ist das Maximum; ***she intends to exploit this opportunity to the*** ~ sie hat vor, diese Möglichkeit bestmöglich zu nutzen *fam* **III.** *adv* maximal; ***it'll take us 2 days*** ~ dafür werden wir maximal 2 Tage brauchen

maximum security prison *n* Hochsicherheitsgefängnis *nt* **maximum security wing** *n* Hochsicherheitstrakt *m*

may¹ <*3rd pers. sing* may, might, might> [meɪ] *aux vb* ① (*indicating possibility*) können; ***I*** ~ ***see you at the party later*** vielleicht sehe ich dich später bei der Party; ***are you going to Neil's party? — I*** ~***, I don't know yet*** gehst du zu Neils Party? – vielleicht, ich weiß es noch nicht; ***there*** ~ ***be side effects from the new drug*** diese Arznei kann Nebenwirkungen haben; ***you*** ~ ***well get lost here*** es kann gut sein, dass du dich hier verirrst; ***what time will we arrive? — you*** ~ ***well ask!*** wann werden wir denn ankommen? – das ist eine gute Frage!; ***if George is going to be that late we*** ~ ***as well start dinner without him*** wenn George so spät dran ist, können wir auch genauso gut schon ohne ihn mit dem Essen anfangen; ***I*** ~ ***be overreacting to the letter but I think we should let the police see it*** mag sein, dass ich den Brief überbewerte, aber ich glaube, wir sollten ihn der Polizei zeigen; **that's as** ~ **be** *esp* BRIT das mag schon sein; **be that as it** ~ wie dem auch [immer] sei ② (*be allowed*) dürfen, können; ~ ***I ask you a question?*** darf ich Ihnen [mal] eine Frage stellen? ③ (*expressing wish*) mögen; ~ ***she rest in peace*** möge sie in Frieden ruhen *form*

may² [meɪ] *n no pl* Weißdornblüte *f,* Hagedornblüte *f*

May [meɪ] *n* ① (*month*) Mai *m; see also* **February** ② (*poet, liter: prime*) ■**one's** ~ die Blüte seiner Jahre ▸ PHRASES: **cast not a clout till** ~ **be out** BRIT (*prov*) eine Schwalbe macht noch keinen Sommer *prov*

Maya [ˈmaɪə, AM ˈmɑːjə] HIST **I.** *n* <*pl* – *or* -s> Maya *m/f;* ■**the** ~ die Mayas *mpl* **II.** *adj inv* Maya-

Mayan [ˈmaɪən, AM ˈmɑːjən] *adj inv* Maya-, der Mayas *nach n*

maybe [ˈmeɪbi] **I.** *adv* ① (*perhaps*) vielleicht, möglicherweise; ~ ***we should start again*** vielleicht sollten wir nochmal anfangen ② (*approximately*) circa, ungefähr **II.** *n* Vielleicht *nt;* **to be a definite** ~ [sehr] wahrscheinlich sein

May bug *n* Maikäfer *m* **May bush** *n* Weißdorn *m,* Hagedorn *m* **May Day** *n* der Erste Mai, Maifeiertag *m* **mayday** *n* Mayday *kein art* (*internationaler Notruf*); ***the pilot sent out a*** ~ der Pilot gab einen Notruf über Funk durch; ~***!*** ~***!*** Mayday! Mayday!

mayflower *n* ① (*flower blooming in May*) Maiblume *f* ② AM (*trailing arbutus*) Primelstrauch *m*

mayfly *n* Eintagsfliege *f*

mayhem [ˈmeɪhem] *n no pl* ① (*chaos*) Chaos *nt;* **to create** [*or* **cause**] ~ Chaos hervorrufen [*o* verursachen] ② AM LAW Verstümmelung *f*

mayo [ˈmeɪəʊ, AM -oʊ] *n* (*fam*) *short for* **mayonnaise** Mayo *f fam*

mayonnaise [ˌmeɪəˈneɪz] *n* Mayonnaise *f*

mayor [ˈmeəʳ, AM ˈmeɪɚ] *n* Bürgermeister(in) *m(f)*

mayoral [ˈmeərəl, AM ˈmeɪɔːr-] *adj inv* bürgermeisterlich, Bürgermeister-, des Bürgermeisters *nach n*

mayoralty [ˈmeərəlti, AM ˈmeɪɚ-] *n* ① (*term of office*) Amtszeit *f* des Bürgermeisters ② (*position*) Bürgermeisteramt *nt*

mayoress <*pl* -es> [ˌmeəˈres, AM ˈmeɪərɪs] *n esp* BRIT ① (*woman mayor*) Bürgermeisterin *f* ② (*mayor's wife*) Frau *f* des Bürgermeisters

maypole *n* Maibaum *m*

may've [ˈmeɪəv] (*fam*) = **may have** *see* **may¹**

maze [meɪz] *n* Labyrinth *nt a. fig,* Irrgarten *m a. fig;* ***we got lost in the*** ~ ***of small alleys*** wir verliefen uns im dem Gewirr der kleinen Gässchen

mazurka [məˈzɜːkə, AM ˈzɜːr] *n* MUS Mazurka *f*

MB [ˌemˈbiː] *n* ① BRIT *abbrev of* **Bachelor of Medicine** ≈ zweites medizinisches Staatsexamen ② COMPUT *abbrev of* **megabyte** MB *nt*

MBA [ˌembiːˈeɪ] *n abbrev of* **Master of Business Administration** *graduierter Betriebswirt*

MBE [ˌembiːˈiː] *n* BRIT *abbrev of* **Member of the Order of the British Empire**

MBO [ˌembiːˈəʊ, AM ˈoʊ] *n abbrev of* **management buyout** *Unternehmensverkauf an das eigene Management*

MC [ˌemˈsiː] *n abbrev of* **Master of Ceremonies**

MCC [ˌemsiːˈsiː] *n no pl, + sing/pl vb abbrev of* **Marylebone Cricket Club**

McCarthyism [məˈkɑːθiɪzəm, AM -ˈkɑːrθ-] *n* McCarthyismus *m* (*politische Hetzkampagnen nach dem Muster des amerikanischen Senators Joseph Raimond McCarthy (1909 – 1957), der in den 1950er Jahren in den USA eine antikommunistische Verfolgungswelle auslöste*)

McCarthyist [məˈkɑːθiɪst, AM -ˈkɑːrθ-] *adj,* **Mcarthyite** [məˈkɑːθiaɪt, AM -ˈkɑːrθ-] *adj* in McCarthy-Manier

McCoy [məˈkɔɪ] *n* (*fam*) **the real** ~ das Original [*o* Richtige]

McJob [məkˈdʒɑːb] *n* (*sl*) Gelegenheitsjob *m fam*

McMansion [məkˈmænʃən] *n* (*sl*) geschmackloses [großes] neugebautes Wohnhaus

M-commerce [ˈemkɒmɜːs, AM -kɑːmɜrs] *n no pl abbrev of* **mobile commerce** M-Commerce *m o nt fachspr* (*Nutzung des Internetmarktes via Handy*)

mcp [ˌemsiːˈpiː] *n* (*fam*) *abbrev of* **male chauvinist pig**

MD [ˌemˈdi] *n* AM, AUS *abbrev of* **Doctor of Medicine** Dr. med.

ME [ˌemˈiː] *n abbrev of* **myalgic encephalomyelitis** myalgische Enzephalomyelitis *f*

me [miː, mɪ] *pron* ① *1st pers sing* mir *in dat,* mich *in akk;* ***please will you pass*** ~ ***that book*** reich mir bitte das Buch; ***do you understand*** ~***?*** verstehst du mich?; ***why are you looking at*** ~***?*** warum siehst du mich an?; ***wait for*** ~***!*** warte auf mich!; **between you and** ~ unter uns [gesagt]; ***this is just between you and*** ~ das bleibt unter uns; **it's** ~ das bin ich; ***it wasn't*** ~ ***who offered to go, it was him*** ich wollte nicht gehen, er wollte; ***hi, is Karen there? — yea, it's*** ~***, who's this?*** hi, ist Karen da? – ja, am Apparat, wer spricht?; ***hi, it's*** ~ hallo, ich bin's; **... as/than** ~ ... wie/als ich; ***she's just as good as*** ~

at her job sie ist so gut wie ich in ihrem Job; ***you have more than*** ~ du hast mehr als ich ❷ AM (*fam: myself*) mir *in dat*, mich *in akk*; ***I've got*** ~ ***a job*** ich habe einen Job gefunden ▸ PHRASES: **goodness** ~! du lieber Himmel!; ~ **Tarzan, you Jane** (*from the Tarzan films*) ich Tarzan, du Jane; **dear** ~! du liebe Güte!; **silly** ~! bin ich dumm!; ~ **and mine** meine Verwandten

mead[1] [miːd] *n* Met *m*

mead[2] [miːd] *n* (*poet*) Aue *f poet*, Wiese *f*

meadow [ˈmedəʊ, AM -oʊ] *n* Wiese *f*

meadow brown *n* Augenfalter *m* **meadowland** *n no pl* Weideland *nt* **meadow pipit** *n* Wiesenpieper *m* **meadow rue** *n* Wiesenraute *f* **meadowsweet** <*pl* – *or* -s> [ˈmedəʊswiːt, AM oʊ] *n* BOT Mädesüß *nt*

meager [ˈmiːgəʳ] AM, **meagre** [-əʳ] *adj* mager, dürftig, kärglich

meagerly [ˈmiːgəli, AM ɚli] *adv* AM *see* **meagrely**

meagerness [ˈmiːgənəs, AM ɚnəs] *n no pl* AM *see* **meagreness**

meagrely [ˈmiːgəli, AM ɚli] *adv* mager, dürr; (*fig*) dürftig, kärglich

meagreness [ˈmiːgənəs, AM ɚnəs] *n no pl* Magerkeit *f*, Dürre *f*; (*fig*) Dürftigkeit *f*

meal[1] [miːl] *n* Mahlzeit *f*, Essen *nt*; ***we like to have a hot*** ~ ***in the evening*** wir essen abends gerne warm; **M~s on Wheels** Essen *nt* auf Rädern; **a heavy/light** ~ ein schweres/leichtes Essen; **to go out for a** ~ essen gehen ▸ PHRASES: **to make a** ~ **of sth** (*put in too much effort*) einen großen Aufwand für etw *akk* betreiben, eine große Sache aus etw *dat* machen; (*make a problem*) etw aufbauschen; ***the press will make a*** ~ ***of this story*** das ist ein gefundenes Fressen für die Presse *fam*

meal[2] [miːl] *n* [grobes] Mehl

meals on wheels [ˌmiːlzɒnˈwiːlz] *n no pl* Essen *nt* auf Rädern

meal ticket *n* ❶ *esp* AM, AUS (*voucher*) Essensmarke *f* ❷ (*fig: means of living*) Einnahmequelle *f*; ***I don't enjoy the job, but it's my*** ~ ich mag meinen Job nicht, aber man muss eben seine Brötchen verdienen ❸ (*fig: partner with money*) Ernährer(in) *m(f)* **mealtime** *n* Essenszeit *f*; **set** ~**s** feste Essenszeiten

mealy [ˈmiːli] *adj* mehlig

mealy bug *n* Schildlaus *f* **mealy-mouthed** *adj* (*pej*) ausweichend; ~ **excuses** fadenscheinige Ausreden; ~ **expressions** schönfärberische Ausdrücke; ***the politician was*** ~ die Politikerin redete um den heißen Brei herum *fam*

mean[1] [miːn] *adj* ❶ *esp* BRIT (*miserly*) geizig, knauserig, kleinlich; ■**to be** ~ **with sth** mit etw *dat* geizen ❷ (*unkind*) gemein, fies *fam*; ***I felt a bit*** ~ ich kam mir ein bisschen schäbig vor; ■**to be** ~ **to sb** gemein zu jdm sein; **to have a** ~ **streak** eine gemeine Ader haben ❸ AM (*vicious*) aggressiv; (*dangerous*) gefährlich; ~ **dog** bissiger Hund ❹ (*run-down*) heruntergekommen, schäbig *pej* ❺ (*bad*) schlecht; ***he's no*** ~ ***cook*** er ist kein schlechter Koch; **no** ~ **feat** eine Meisterleistung ❻ AM (*sl: good*) super *fam*, toll *fam*, geil *sl*; ***he plays a*** ~ ***guitar*** er spielt supergeil Gitarre *sl* ❼ (*form: small*) gering; ***it should be clear even to the*** ~***est understanding*** das sollte auch dem Unbedarftesten klar sein

mean[2] <meant, meant> [miːn] *vt* ■**to** ~ **sth** ❶ (*signify*) *word, symbol* etw bedeuten; ***that sign*** ~***s 'no parking'*** das Schild bedeutet ‚Parken verboten'; ***does that name*** ~ ***anything to you?*** sagt dir der Name etwas? ❷ (*intend to convey*) *person* etw meinen; ***do you remember Jane Carter? — you*** ~ ***the woman we met in Scotland?*** erinnerst du dich an Jane Carter? – meinst du die Frau, die wir in Schottland getroffen haben?; ***what do you*** ~***?*** was willst du damit sagen?; ***what do you*** ~, ***it was my fault?*** soll das etwa heißen, es war mein Fehler?; ***what do you*** ~ ***by arriving so late?*** was denkst du dir eigentlich dabei, so spät zu kommen?; ***now I see what you*** ~ jetzt weiß ich, was du meinst ❸ (*be sincere*) etw ernst meinen; ***I*** ~ ***what I say*** ich meine das [tod]ernst; ***he said a lot of things he didn't really*** ~ er sagte eine Menge Dinge, die er nicht so gemeint hat ❹ (*intend*) etw wollen; ***he didn't*** ~ ***any harm*** er wollte nichts Böses; ***I*** ~***t it as a present for Joanna*** ich hatte es als Geschenk für Joanna gedacht; ■**to** ~ **to do sth** etw tun wollen; ***I really didn't*** ~ ***to offend you*** ich wollte dich wirklich nicht kränken; ■**to be** ~**t to do sth** etw tun sollen; ***you're*** ~***t to fill in a tax form every year*** Sie müssen jedes Jahr eine Steuererklärung machen; ■**to** ~ **sb** [*or* AM **for sb**] **to do sth** wollen, dass jd etw tut; ***they didn't*** ~ [***for***] ***her to read the letter*** sie wollten nicht, dass sie den Brief las; ■**to be** ~**t as sth** als etw gemeint [*o* gedacht] sein; ■**to be** ~**t for sb** für jdn gedacht [*o* bestimmt] sein; **to be** ~**t for each other** füreinander bestimmt sein; ■**to be** ~**t to be sth** (*intended to represent*) etw sein [*o* darstellen] sollen; (*intended as*) etw sein sollen, als etw gemeint sein; ***it's*** ~***t to be Donald*** das soll Donald sein; ***it was*** ~***t to be a surprise*** das sollte eine Überraschung sein ❺ (*result in*) etw bedeuten [*o oft fam* heißen]; ***lower costs*** ~ ***lower prices*** niedrigere Kosten bedeuten niedrigere Preise; ***this*** ~***s war*** das ist eine Kriegserklärung; ***does this*** ~ ***we'll have to cancel our holiday?*** heißt das, dass wir unseren Urlaub absagen müssen? ❻ (*have significance*) etw bedeuten; ***it was just a kiss, it didn't*** ~ ***anything*** es war nur ein Kuss, das hatte nichts zu bedeuten; **to** ~ **a lot/nothing/something to sb** jdm viel/nichts/etwas bedeuten ▸ PHRASES: **to** ~ **business** es ernst meinen; **to** ~ **mischief** Böses im Schilde führen; **to** ~ **well** es gut meinen; **I** ~ **to say** [also,] ich muss schon sagen

mean[3] [miːn] **I.** *n* (*average*) Mittel *nt*; (*average value*) Mittelwert *m*; (*fig*) Mittelweg *m* **II.** *adj inv* durchschnittlich

meander [miˈændəʳ, AM -ɚ] **I.** *n* Windung *f*, Krümmung *f*, Mäander *m fachspr* **II.** *vi* ❶ (*flow in curves*) sich *akk* schlängeln [*o* winden], mäandern *fachspr* ❷ (*wander*) [umher]schlendern ❸ (*digress*) abschweifen

meandering [miˈændᵊrɪŋ, AM -ɚɪŋ] **I.** *adj* ❶ (*flowing in curves*) gewunden, mäandrisch *fachspr* ❷ (*rambling*) abschweifend **II.** *n* ■~**s** *pl* Gefasel *nt kein pl*

meanie [ˈmiːni] *n* (*fam*) ❶ *esp* BRIT (*miserly person*) Geizhals *m* ❷ (*unkind person*) Blödian *m fam*; **to be a** ~ gemein sein

meaning [ˈmiːnɪŋ] *n* ❶ (*sense*) Bedeutung *f*; **a deeper/hidden** ~ ein tieferer/verborgener Sinn; ***the*** ~ ***of life*** der Sinn des Lebens; **to give sth a whole new** ~ (*esp hum*) etw in einem ganz neuen Licht erscheinen lassen; **if you take** [*or* **get**] **my** ~ wenn du verstehst, was ich meine; **what is the** ~ **of this?** was soll das heißen? [*o* bedeuten]; ***it was impossible to misunderstand his*** ~ es war unmöglich, ihn misszuverstehen; ***I think I made my*** ~ ***perfectly clear*** ich glaube, ich habe mich deutlich ausgedrückt ❷ (*importance*) Bedeutung *f*, Sinn *m*; ***the full*** ~ ***of his enquiry only became apparent later*** was seine Nachforschungen wirklich erbrachten, wurde erst später in seiner ganzen Tragweite sichtbar; **to have** ~ **for sb** jdm etwas bedeuten; ***without you, life has no*** ~ ***for me*** ohne dich hat das Leben keinen Sinn für mich

meaningful [ˈmiːnɪŋfᵊl] *adj* ❶ (*important*) bedeutsam, wichtig; ***she seems to find it difficult to form a*** ~ ***relationship*** sie hat Schwierigkeiten, sich auf eine tiefer gehende Beziehung einzulassen ❷ (*implying something*) bedeutungsvoll, viel sagend; **a** ~ **glance** ein viel sagender Blick

meaningfully [ˈmiːnɪŋfᵊli] *adv* bedeutsam, viel sagend

meaningfulness [ˈmiːnɪŋfᵊlnəs] *n no pl* Bedeutsamkeit *f*

meaningless [ˈmiːnɪŋləs] *n* (*without importance*) bedeutungslos; (*nonsensical*) sinnlos; (*empty*) nichts sagend

meaninglessness [ˈmiːnɪŋləsnəs] *n no pl* Bedeutungslosigkeit *f*, Sinnlosigkeit *f*

mean-looking *adj* ■**to be** ~ aggressiv [*o* böse] aussehen [*o* wirken]; (*dangerous*) gefährlich aussehen; ***he was a*** ~ ***guy*** er war ein gefährlich aussehender Typ

meanly [ˈmiːnli] *adv* ❶ *esp* BRIT (*ungenerously*) kleinlich, knauserig ❷ (*unkindly*) gemein

meanness [ˈmiːnnəs] *n no pl* ❶ *esp* BRIT (*lack of generosity*) Kleinlichkeit *f*, Geiz *m* ❷ (*unkindness*) Gemeinheit *f*, Gehässigkeit *f*

means <*pl* -> [miːnz] *n* ❶ (*method*) Weg *m*; **ways and** ~ Mittel und Wege; **to try by all** [**possible**] ~ **to do sth** auf jede erdenkliche Art und Weise versuchen, etw zu erreichen; (*possibility*) Möglichkeit *f*; ***there is no*** ~ ***of tracing the debt at all*** es gibt nicht die geringste Möglichkeit, die Schulden zurückzuverfolgen; (*device*) Mittel *nt*; ~ **of communication** Kommunikationsmittel *nt*; ~ **of expression** Ausdrucksmittel *nt*; ~ **of transport** Transportmittel *nt*; ~ **of support** Einkommen *nt*; **to use all** [*or* **every**] ~ **at one's disposal** alle verfügbaren Mittel nutzen ❷ (*income*) ■~ *pl* Geldmittel *pl*, Gelder *pl*; **a person of** ~ ein vermögender Mensch; **private** ~ Privatvermögen *nt*, private Mittel; **to be without** ~ (*form*) kein Geld haben, pleite sein *fam*; **to have the** ~ **to do sth** die [nötigen] Mittel [*o* das [nötige] Geld] haben, etw zu tun; **to live beyond one's** ~ über seine Verhältnisse leben; **to live within one's** ~ im Rahmen seiner finanziellen Möglichkeiten leben ▸ PHRASES: **a** ~ **to an end** ein Mittel zum Zweck; **the end justifies the** ~ (*prov*) der Zweck heiligt die Mittel; **by** ~ **of sth** durch etw *akk*, mit etw *dat*, mit Hilfe einer S. *gen*; ***they communicate by*** ~ ***of sign language*** sie kommunizieren durch Zeichensprache; ***they made their escape by*** ~ ***of a rope ladder*** sie entkamen mit [Hilfe] einer Strickleiter; **by all** ~ (*form*) unbedingt; (*of course*) selbstverständlich; **by no** ~ [*or* **not by any** ~] keineswegs, auf keinen Fall; ***it's by no*** ~ ***certain*** das ist keineswegs sicher

mean-spirited <meaner-, meanest-> [ˌmiːnˈspɪrɪtɪd, AM t̬ɪd] *adj* kleinlich, schäbig; *miser* filzig

means test *n* FIN (*of income*) Einkommensüberprüfung *f*; (*of property*) Ermittlung *f* der Vermögensverhältnisse; BRIT (*for social benefit*) Bedürftigkeitsprüfung *f*

means-test *vt* ■**to** ~ **sb** (*income*) jds Einkommen überprüfen; (*property*) jds Vermögen überprüfen; BRIT (*for social benefit*) jds Bedürftigkeit prüfen

meant [ment] *pt, pp of* **mean**

meantime *n* **for the** ~ vorerst; **in the** ~ inzwischen, in der Zwischenzeit

meanwhile [ˌmiːnˈ(h)waɪl, AM ˈmiːn-] *adv* inzwischen, unterdessen, mittlerweile

meany *n* (*fam*) *see* **meanie**

measles [ˈmiːzlz] *n + sing vb* Masern *pl*

measliness [ˈmiːzlɪnəs] *n no pl* Geringfügigkeit *f*

measly [ˈmiːzli] *adj* (*pej*) mickrig, schäbig, pop[e]lig *fam*; ***all she earns is a*** ~ ***$2.50 an hour*** sie verdient gerade mal mickrige $2,50 in der Stunde

measurable [ˈmeʒᵊrəbl] *adj inv* messbar; *perceptible* nachweisbar, erkennbar, merklich

measurably [ˈmeʒᵊrəbli] *adv inv* wesentlich, deutlich

measure [ˈmeʒəʳ, AM -ɚ] **I.** *n* ❶ (*unit*) Maß *nt*, Maßeinheit *f*; **a** ~ **of capacity** ein Hohlmaß *nt*; **a** ~ **of length** ein Längenmaß *nt*; ***he poured himself a generous*** ~ ***of whiskey*** er schenkte sich einen großen Whisky ein ❷ (*fig: degree*) Maß *nt*, Grad *m*; ***there was a large*** ~ ***of agreement between us*** zwischen uns gab es ein hohes Maß an Übereinstimmung; ***there was some*** ~ ***of truth in what he said*** an dem, was er sagte, war etwas Wahres dran; **in large** ~ in hohem Maß, zum großen Teil; **in some** ~ gewissermaßen, in gewisser Beziehung ❸ (*measuring instrument*) Messgerät *nt*; (*ruler, yardstick*) Messstab *m*; (*container*) Messbecher *m*, Messglas *nt* ❹ (*indicator*) Maßstab *m*; ***examinations are not always the best*** ~ ***of students' progress*** Prüfungen sind nicht immer ein zuverlässiger Indikator für die Fortschritte der Schüler; **to be a** ~ **of sb's popularity** ein Maßstab für jds Popularität sein ❺ *usu pl* (*action*) *also* LAW Maßnahme *f*; ***the*** ~***s***

M

we have taken are designed to prevent such accidents occurring in future die Maßnahmen, die wir ergriffen haben, sollen solche Unfälle in Zukunft verhindern ⑥ POL (*bill*) gesetzliche Maßnahme, Bestimmung *f*, Verfügung *f* ⑦ LIT (*metre*) Versmaß *nt*, Metrum *nt* ⑧ AM MUS *see* **bar** Takt *m* ⑨ TYPO Satzbreite *f* ► PHRASES: **there are no half ~s with me** ich mache keine halben Sachen *fam;* **for good** ~ (*in addition*) zusätzlich, noch dazu; (*to ensure success*) sicherheitshalber; **to get** [*or* **take**] **the ~ of sb/sth** (*assess*) jdn/etw einschätzen [*o* kennen lernen]; (*understand*) jdn/etw verstehen; **beyond** ~ über die [*o* alle] Maßen **II.** *vt* ① (*find out size*) ■**to ~ sth** etw [ab]messen; **to ~ sb for a dress/suit** jds Maße für ein Kleid/einen Anzug nehmen; **to ~ sth in centimetres/pounds** etw in Zentimetern/Pfund messen; ***delays ~d by weeks are frustrating*** wochenlange Verspätungen sind frustrierend; **to ~ sb's heart rate** jds Puls messen; **to ~ sb performance** jds Leistung *f* beurteilen; **to ~ a room** ein Zimmer ausmessen ② (*be certain size/quantity*) ■**to ~ sth** etw betragen ► PHRASES: **to ~ one's length** [**on the ground**] auf die Schnauze fallen *sl* **III.** *vi* messen; ***the box ~s 10cm by 10cm by 12cm*** der Karton misst 10 mal 10 mal 12 cm

◆**measure against** *vt* ■**to ~ sth against sth** etw an etw *dat* messen, etw mit etw *dat* vergleichen

◆**measure off** *vt* **to ~ off fabric** Stoff abmessen

◆**measure out** *vt* ■**to ~ out** ○ **sth** ① (*take measured amount*) etw abmessen ② (*discover size*) etw ausmessen

◆**measure up I.** *vt* ■**to ~ sb** ○ **up** jdn einschätzen **II.** *vi* ① (*be same size*) zusammenpassen ② (*reach standard*) den Ansprüchen genügen; ■**to ~ up to sth** an etw *akk* heranreichen [*o* herankommen]; **to ~ up to a standard** einem Standard genügen [*o* entsprechen]; **to ~ up to a standard/sb's expectations** jds Ansprüchen genügen, jds Erwartungen erfüllen

measured ['meʒəd, AM -ɚd] *adj* gemäßigt; *voice, tone* bedächtig; *response* wohl überlegt; *pace* gemäßigt; *tread* gemessen; ***she walked down the hall with ~ steps*** sie ging gemessenen Schrittes den Gang entlang

measureless ['meʒələs, AM ɚləs] *adj inv* unermesslich, riesenhaft

measurement ['meʒəmənt, AM -ɚ-] *n* ① (*size*) ■**sb's ~s** *pl* jds Maße *ntpl*, jds Größe *f;* **chest ~** Brustumfang *m;* **waist ~** Hüftumfang *m;* **to take sb's ~s** bei jdm Maß nehmen ② *no pl* (*measuring*) Messung *f*, Messen *nt* ③ LAW Beurteilung *f*, Einschätzung *f*

measuring cup *n esp* AM, AUS (*measuring jug*) Messbecher *m* **measuring cylinder** *n* Messzylinder *m* **measuring equipment** *n no pl* Messgerät[e] *nt*[*pl*] **measuring jug** *n* BRIT Messbecher *m* **measuring spoon** *n* Messlöffel *m* **measuring tape** ['meʒᵊrɪŋ,teɪp] *n* Messband *m*, Bandmaß *m*

meat [mi:t] **I.** *n* ① *no pl* Fleisch *nt;* **~ and two veg** Fleisch *nt* mit zwei Gemüsebeilagen; ***the cafe serves the usual ~ and two veg*** das Café bietet die übliche gutbürgerliche Küche an ② (*type*) Fleischsorte *f;* ***they have ~ and sausages on offer*** sie bieten Fleisch- und Wurstwaren an ③ *no pl esp* AM (*edible part*) Fleisch *nt;* *of nut* Kern *m* ④ *no pl* (*fig: subject matter*) Substanz *f* ► PHRASES: **to be ~ and drink to sb** BRIT jds Leben[selixier] sein; **one man's ~ is another man's poison** (*prov*) des einen Freud, des anderen Leid *prov;* **to treat sb like a piece of ~** jdn wie ein Stück Vieh behandeln; **to be easy ~** (*fam*) leichte Beute sein **II.** *n modifier* Fleisch-; **~ counter** Fleischtheke *f;* **~ sauce** Bratensoße *f*

meat and potatoes *n* AM (*fig fam*) Basis *f* **meat-and-potatoes** *adj inv* AM (*fig fam*) grundlegend

meatball *n* Hackfleischbällchen *nt*, Fleischklößchen *nt* **meat cleaver** *n* Fleischerbeil *nt*, Fleischermesser *nt* **meat-eater** ['mi:ti:təʳ, AM ɚ] *n* (*esp hum or pej*) Fleischesser *m*, Fleischverzehrer *m* **meat-eating** ['mi:ti:tɪŋ] *adj inv* ① (*of animal or plant*) Fleisch fressend ② (*esp hum or pej: of person*) Fleisch essend **meat grinder** *n* AM Fleischwolf *m* **meat hook** *n* Fleischerhaken *m*

meatiness ['mi:tɪnəs, AM -ţ-] *n no pl* ① (*meat content*) Fleischgehalt *m;* (*meat flavour*) Fleischgeschmack *m* ② (*fig: substantiality*) Substanz *f*, Markigkeit *f*

meat knife *n* Fleischmesser *nt* **meat loaf** *n* Hackbraten *m* **meat pasty** *n* BRIT, **meat pie** *n* Fleischpastete *f* **meat products** *npl* Fleischwaren *pl*, Fleischprodukte *pl*

meaty ['mi:ti, AM -ţi] *adj* ① (*with meat on*) fleischig; (*like meat*) fleischartig, Fleisch-; ***the soup has a ~ flavour*** die Suppe schmeckt nach Fleisch ② (*fig: substantial*) gehaltvoll, aussagekräftig; **a ~ book** ein voluminöses Buch, ein dicker Schmöker *fam*

mecca ['mekə] *n*, **Mecca** *n* ① REL ■**M~** Mekka *nt* ② (*centre of attraction*) Mekka *nt fig*, Anziehungspunkt *m*

mechanic [mɪ'kænɪk] *n* Mechaniker(in) *m(f)*

mechanical [mɪ'kænɪkᵊl] *adj inv* ① *machines* mechanisch, Maschinen-; (*technical*) technisch; (*by machine*) maschinell; **~ failure** Maschinenversagen *nt;* **~ problem** technisches Problem; **~ reliability** technische Zuverlässigkeit ② (*machine-like*) mechanisch, automatisch

mechanical engineer *n* Maschinenbauer(in) *m(f);* (*engineer*) Maschinenbauingenieur(in) *m(f)*

mechanical engineering *n no pl* Maschinenbau *m*

mechanically [mɪ'kænɪkᵊli] *adv* ① (*by machine*) maschinell ② (*without thinking*) mechanisch

mechanical pencil *n* AM (*propelling pencil*) Drehbleistift *m*

mechanics [mɪ'kænɪks] *n* ① + *sing vb* AUTO, TECH Technik *f*, Mechanik *f* ② + *pl vb* (*fam: practicalities*) Mechanismus *m;* ■**the ~ of sth** die technische Seite einer S. *gen;* ***he knows a lot about the ~ of running a school*** er weiß sehr gut, wie eine Schule funktioniert

mechanism ['mekənɪzᵊm] *n* ① (*working parts*) Mechanismus *m* ② (*method*) Mechanismus *m*, Methode *f;* **defence** [*or* AM **defense**] **~** Abwehrmechanismus *m;* ***comedy can serve as a ~ for releasing tension*** Komik kann eine Strategie sein, um Spannungen abzubauen

mechanistic [,mekə'nɪstɪk] *adj* PHILOS mechanistisch

mechanistically [,mekə'nɪstɪkli] *adv* PHILOS mechanistisch

mechanization [,mekənaɪ'zeɪʃᵊn, AM -nɪ'-] *n* Mechanisierung *f*

mechanize ['mekənaɪz] *vt* ■**to ~ sth** etw mechanisieren; **to ~ troops** Truppen motorisieren

mechanized ['mekənaɪzd] *adj inv* MIL motorisiert; **~ division** Panzergrenadierdivision *f*

med I. *n abbrev of* **medicine II.** *adj* ① (*fam*) *abbrev of* **medical** ② *abbrev of* **medieval** ma. ③ *abbrev of* **medium**

Med [med] *n* (*fam*) *short for* **Mediterranean sea** Mittelmeer *nt*

M.Ed [,em'ed] *n abbrev of* **Master of Education**

medal ['medᵊl] *n* [Ehren]medaille *f*, Orden *m*, Auszeichnung *f;* SPORTS Medaille *f;* **~ for bravery** Tapferkeitsmedaille *f;* **commemorative ~** Gedenkmünze *f;* **to be awarded a ~** eine Auszeichnung [verliehen] bekommen; **to win a ~** eine Medaille gewinnen

medalist *n esp* AM, AUS *see* **medallist**

medallion [mɪ'dæliən, AM mə'dæljən] *n* Medaillon *nt*

medallion man *n* BRIT (*pej fam*) Goldkettchentyp *m fam*

medallist ['medᵊlɪst], AM **medalist** *n* Medaillengewinner(in) *m(f);* **gold ~** Goldmedaillengewinner(in) *m(f)*

meddle ['medl̩] *vi* sich *akk* einmischen; ■**to ~ in sth** sich *akk* in etw *akk* einmischen; ■**to ~ with sth** sich *akk* mit etw *dat* abgeben; ■**to ~ with sb** sich *akk* mit jdm anlegen

meddler ['medl̩əʳ, AM -ɚ] *n* **to be a ~** sich *akk* in fremde Angelegenheiten einmischen *fam;* ***she's a real ~*** sie mischt sich in alles ein

meddlesome ['medl̩səm] *adj* **to be ~** sich *akk* in alles einmischen; (*annoying*) aufdringlich sein

meddling ['medl̩ɪŋ] **I.** *n no pl* Einmischung *f* **II.** *adj* (*curious*) neugierig; (*annoying*) aufdringlich

media ['mi:diə] **I.** *n* ① *pl of* **medium** ② + *sing/pl vb* (*the press*) ■**the ~** die Medien *pl;* **the news ~** TV, RADIO Nachrichtensender *m;* (*magazines*) Nachrichtenmagazin *nt;* (*newspaper*) [aktuelle] Zeitung; **in the ~** in den Medien **II.** *n modifier* **~ attention** die Aufmerksamkeit der Medien; **~ coverage** Berichterstattung *f;* **a ~ event** ein Medienereignis *nt;* **~ hype** Medienrummel *m;* **~ studies** ≈ Kommunikationswissenschaft *f*

media buyer *n* ECON Streuplaner(in) *m(f)*, Kontakter(in) *m(f)* zu den Werbemedien **media circus** *n* Medienzirkus *m*

mediaeval *adj see* **medieval**

mediaevalist [,medi'i:vᵊlɪst, AM ,mi:] *n see* **medievalist**

mediagenic [,mi:dɪə'dʒenɪk] *adj* AM telegen

medial ['mi:diəl] *adj inv* ① ANAT einwärts gelegen, medial *fachspr* ② LING inlautend, medial *fachspr*

median ['mi:diən] **I.** *adj inv* mittlere, Mittel-, durchschnittlich **II.** *n* AM, AUS (*central reservation*) Mittelstreifen *m*

median strip *n* AM, AUS (*central reservation*) Mittelstreifen *m*

mediate ['mi:dieɪt] **I.** *vi* vermitteln; ***she had to ~ between them*** sie musste zwischen ihnen vermitteln **II.** *vt* ■**to ~ sth** etw aushandeln; **to ~ a settlement** LAW eine Vereinbarung aushandeln

mediation [,mi:di'eɪʃᵊn] *n no pl* Vermittlung *f*, Mediation *f fachspr*

mediator ['mi:dieɪtəʳ, AM -ţɚ] *n* Vermittler(in) *m(f)*, Mediator(in) *m(f) fachspr;* **official ~** Unterhändler *m*, Schlichter *m*

mediatory ['mi:dieɪtᵊri, AM -tɔ:ri] *adj* vermittelnd, Vermittler-

medic ['medɪk] *n* (*fam*) ① (*doctor*) Doktor *m fam*, Medizinmann *m hum fam*, Medikus *m hum geh* ② (*student*) Mediziner(in) *m(f)* ③ AM MIL, NAUT Sanitäter(in) *m(f)*

Medicaid ['medɪkeɪd] *n no pl* AM *Gesundheitsfürsorgeprogramm in den USA für einkommensschwache Gruppen*

medical ['medɪkᵊl] **I.** *adj inv facilities, research* medizinisch; *advice, care, treatment* ärztlich; **~ attention** ärztliche Behandlung; **~ bill** Arztrechnung *f;* **~ cerificate** ärztliches Attest; **~ staff** Angestellte *mpl o fpl* im Gesundheitswesen **II.** *n* (*fam*) ärztliche Untersuchung; **to have a ~** sich *akk* ärztlich untersuchen lassen

medical center AM, **medical centre** *n* medizinisches Zentrum **medical certificate** *n* ärztliches Attest **medical examination** *n* ärztliche Untersuchung **medical history** *n* Krankengeschichte *f* **medical jurisprudence** *n* Gerichtsmedizin *f*

medically ['medɪkᵊli] *adv inv* medizinisch; **to be ~ [un]fit for work** gesundheitlich [nicht] in der Lage sein, zu arbeiten

medical officer *n* BRIT Amtsarzt, Amtsärztin *m, f* **medical practitioner** *n* praktischer Arzt/praktische Ärztin **medical profession** *n no pl* ■**the ~** ① (*doctors*) die Ärzteschaft ② (*practice of medicine*) der Arztberuf **medical record** *n* Krankenblatt *nt* **medical school** *n* medizinische Fakultät **medical student** *n* Medizinstudent(in) *m(f)*

medicament [mɪ'dɪkəmənt, 'medɪ-] *n* Medikament *nt*

Medicare ['medɪkeəʳ, AM -ker] *n* ① AM (*for elderly*) staatliche Gesundheitsfürsorge [für Senioren] ② AUS, CAN (*for all*) staatliche Gesundheitsfürsorge

medicate ['medɪkeɪt] *vt* ① *usu passive* (*treat with drug*) ■**to be ~d** medikamentös behandelt werden ② (*rare: impregnate*) ■**to ~ sth** [**with sth**] etw [mit etw *dat*] versetzen

medicated ['medɪkeɪtɪd, AM -ţ-] *adj inv* medizinisch; **~ gauze** imprägnierter Mull; **~ shampoo** me-

dizinisches Shampoo
medication [ˌmedɪˈkeɪʃᵊn] *n* MED ❶ *no pl* (*course of drugs*) Medikamente *ntpl;* **to be on** [*or* **taking**] ~ **for sth** Medikamente gegen etw *akk* [ein]nehmen ❷ (*drug*) Medikament *nt; **he was taken off the ~*** das Medikament wurde bei ihm abgesetzt ❸ *no pl* (*treatment*) medikamentöse Behandlung, Medikation *f fachspr*
medicinal [məˈdɪsɪnᵊl] **I.** *adj inv* medizinisch; ~ **drug** Medikament *nt;* ~ **herbs** Heilkräuter *ntpl;* ~ **properties** Heilkräfte *fpl* **II.** *n* Heilmittel *nt*
medicinally [məˈdɪsɪnᵊli] *adv inv* medizinisch; **to be used** ~ in der Medizin Anwendung finden
medicine [ˈmedsᵊn, AM -dɪsən] *n* ❶ *no pl* (*for illness*) Medizin *f,* Medikamente *ntpl;* **to take** [**one's**] ~ [seine] Medizin einnehmen ❷ (*substance*) Medikament *nt;* **cough** ~ Hustenmittel *nt* ❸ *no pl* (*medical science*) Medizin *f;* **herbal/natural** ~ Kräuter-/Naturheilkunde *f;* **preventive** ~ Vorsorgemedizin *f;* **to practise** [*or* AM **practice**] ~ den Arztberuf ausüben ❹ (*fig: remedy*) Heilmittel *nt fig* ▶ PHRASES: **to get a** <u>**dose**</u> [*or* <u>**taste**</u>] **of one's own** ~ es mit gleicher Münze heimgezahlt bekommen; **to** <u>**take**</u> **one's** ~ in den sauren Apfel beißen *fam*
medicine ball *n* Medizinball *m* **medicine chest** *n* Arzneischrank *m,* Hausapotheke *f* **medicine man** *n* ❶ (*tribal healer*) Medizinmann *m* ❷ (*hum fam: doctor*) Medizinmann *m hum fam*
medico [ˈmedɪkəʊ, AM -koʊ] *n* (*dated fam*) Medikus *m hum geh*
medieval [ˌmediˈiːvᵊl, AM ˌmiːdiˈ-] *adj inv* ❶ (*from Middle Ages*) mittelalterlich ❷ (*pej fam: old-fashioned*) vorsintflutlich *pej fam*
medievalist [ˌmediˈiːvᵊlɪst, AM ˌmiː] *n* Erforscher(in) *m(f)* des Mittelalters, Kenner(in) *m(f)* des Mittelalters, Mediävist(in) *m(f) fachspr*
mediocre [ˌmiːdiˈəʊkəʳ, AM -ˈoʊkɚ] *adj inv* mittelmäßig, zweitklassig, zweitrangig
mediocrity [ˌmiːdiˈɒkrəti, AM -ˈɑːkrət̬i] *n* ❶ *no pl* (*state*) Mittelmäßigkeit *f,* Zweitklassigkeit *f* ❷ (*person*) Null *f pej*
meditate [ˈmedɪteɪt] **I.** *vi* ❶ (*think deeply*) ■**to** ~ **on** [*or* **upon**] **sth** über etw *akk* nachdenken ❷ (*as spiritual exercise*) meditieren **II.** *vt* (*form: plan*) ■**to** ~ **sth** etw planen; (*consider*) an etw *akk* denken, etw erwägen; **to** ~ **revenge** auf Rache sinnen [*o fam* aus sein]
meditation [ˌmedɪˈteɪʃᵊn] *n* ❶ *no pl* (*spiritual exercise*) Meditation *f;* **to practise** [*or* AM **practice**] ~ meditieren ❷ *no pl* (*serious thought*) Nachdenken *nt,* Überlegen *nt* (**on** über +*akk*); **to be deep in** ~ ganz in Gedanken versunken sein ❸ (*reflections*) ■**~s** *pl* Überlegungen *fpl;* **loath as I am to disturb your ~s, but ...** es tut mir wirklich Leid, dich aus deinen Gedanken reißen zu müssen, aber ... ❹ (*discourse*) Betrachtung[en] *f*[*pl*] (**on** über +*akk*)
meditative [ˈmedɪtətɪv, AM -teɪt̬ɪv] *adj* nachdenklich; (*spiritual*) meditativ
meditatively [ˈmeditətɪvli] *adv* nachdenklich
Mediterranean [ˌmedɪtᵊrˈeɪniən, AM -təˈreɪ-] **I.** *n* Mittelmeer *nt* **II.** *adj inv climate* mediterran; ~ **cooking** Mittelmeerküche *f;* ~ **looks** südländisches Aussehen
medium [ˈmiːdiəm] **I.** *adj inv* ❶ (*average*) durchschnittlich, mittel; **of** ~ **height** von mittlerer Größe; ~ [*or* **~-dated**] **securities** mittelfristige Staatspapiere ❷ FOOD (*degree of doneness*) *steak* medium, halb durch **II.** *n* <*pl* -s *or* -dia> ❶ (*means*) Medium *nt,* Mittel *nt;* PUBL, TV Medium *nt;* **advertising** ~ Werbeträger *m;* **a** ~ **for** [*or* **of**] **communication** ein Kommunikationsmittel *nt;* **through the** ~ **of dance/radio** durch das Medium des Tanzes/des Radios; **print** ~ Printmedium *nt* ❷ (*art material*) Medium *nt* ❸ <*pl* -s> (*spiritualist*) Medium *nt* ❹ (*nutritive substance*) Träger *m;* **culture** ~ künstlicher Nährboden ▶ PHRASES: **to find** [*or* **strike**] **a** <u>**happy**</u> ~ die goldene Mitte finden
medium-dry *adj inv wine* halbtrocken **medium-fine** *adj inv* mittel[fein]; ~ [**ballpoint**] **pen** mittelfeiner Kugelschreiber **medium frequency** *n* RADIO Mittelfrequenz *f* **medium-length** *adj inv* halblang **medium-range** *adj* Mittelstrecken-; ~ **aircraft/fighter/missile** Mittelstreckenflugzeug *nt/* -abfangjäger *m/*-rakete *f* **medium-rare** *adj inv* FOOD englisch; ~ **steak** englisches Steak
mediums *npl* mittelfristige Anleihen
mediumship [ˈmiːdiəmʃɪp] *n* spiritistische Medien *ntpl*
medium-size(d) *adj inv* mittelgroß **medium term** *n* ***the ~ will see ...*** mittelfristig gesehen ...; **growth over the** ~ mittelfristiges Wachstum; **in the** ~ mittelfristig **medium-term** *adj* FIN mittelfristig; ~ **bond** mittelfristige Anleihe; ~ **forecast** mittelfristige Prognose; ~ **loan** mittelfristiges Darlehen **medium wave** *n esp* BRIT RADIO Mittelwelle *f* **medium-well** *adj inv steak* durchgebraten
medley [ˈmedli] *n* ❶ (*mixture*) Gemisch *nt;* **vegetable** ~ gemischtes Gemüse ❷ (*of tunes*) Medley *nt* ❸ (*swimming race*) Lagenstaffel *f*
meds [medz] *n* (*fam*) *short for* **medication** Medikamente *ntpl*
medulla [meˈdʌlə, AM mɪ] *n* ANAT Rückenmark *nt*
meek [miːk] **I.** *adj* ❶ (*gentle*) sanftmütig ❷ (*pej: submissive*) unterwürfig *pej;* ~ **compliance** blinde Ergebenheit ▶ PHRASES: **as** ~ **as a** <u>**lamb**</u> so sanft wie ein Lamm **II.** *n* REL ■**the** ~ die Sanftmütigen
meekly [ˈmiːkli] *adv* ❶ (*gently*) sanftmütig ❷ (*pej: submissively*) unterwürfig *pej*
meekness [ˈmiːknəs] *n no pl* ❶ (*gentleness*) Sanftmütigkeit *f* ❷ (*pej: submissiveness*) Unterwürfigkeit *f pej*
meet [miːt] **I.** *n* ❶ (*sporting event*) Sportveranstaltung *f* ❷ BRIT (*fox hunt*) Jagdtreffen *nt* (*zur Fuchsjagd*) ❸ COMPUT Und-/Oder-Funktion *f* **II.** *vt* <met, met> ❶ (*by chance*) ■**to** ~ **sb** jdn treffen; ***I met her in the street*** ich bin ihr auf der Straße begegnet; ***I happened to ~ him*** ich habe ihn zufällig getroffen; ***our car met another car on the narrow road*** auf der engen Straße kam unserem Auto ein anderes entgegen; **to** ~ **sb face to face** jdm persönlich begegnen ❷ (*by arrangement*) ■**to** ~ **sb** sich *akk* mit jdm treffen; ***~ me in front of the library at five*** warte um fünf vor der Bibliothek auf mich; ***I arranged to ~ her on Thursday*** ich verabredete mich mit ihr für Donnerstag ❸ (*collect*) ■**to** ~ **sb** jdn abholen; ***I went to the airport to ~ my brother*** ich fuhr zum Flughafen, um meinen Bruder abzuholen; ***a bus ~s every train*** zu jedem Zug gibt es einen Anschlussbus ❹ (*make acquaintance of*) ■**to** ~ **sb** jdn kennen lernen; ***I'd like you to ~ my best friend, Betty*** ich möchte dir meine beste Freundin Betty vorstellen; ***Frank, ~ Dorothy*** Frank, darf ich dir Dorothy vorstellen?; [***it's***] ***a pleasure to ~ you*** sehr erfreut, Sie kennen zu lernen; ***I've never met anyone quite like her*** ich habe noch nie so jemanden wie sie getroffen ❺ (*come into contact*) ■**to** ~ **sth** auf etw *akk* treffen; ***his eyes met hers*** ihre Blicke trafen sich; ***I met his gaze*** ich hielt seinem Blick stand; **to** ~ **sb's glance** jds Blick erwidern; ***it's where Front Street ~s Queen Street*** es ist da, wo die Front Street auf die Queen Street stößt; ***where the mountains ~ the sea*** wo das Meer an die Berge heranreicht ❻ (*fulfil*) ■**to** ~ **sth** etw erfüllen; **to** ~ **the cost of sth** die Kosten für etw *akk* übernehmen; **to** ~ **a deadline** einen Termin einhalten; **to** ~ [**the**] **demand** die Nachfrage befriedigen; **to** ~ **sb's expenses** für jds Kosten aufkommen; **to** ~ **an obligation** einer Verpflichtung nachkommen ❼ (*deal with*) ■**to** ~ **sth** etw *dat* entgegentreten; ***they had to ~ the threat posed by the Austrians*** sie mußten auf die Bedrohung durch die Österreicher reagieren; **to** ~ **a challenge** sich *akk* einer Herausforderung stellen; **to** ~ **objections** Einwände widerlegen ❽ (*experience*) ■**to** ~ **sth** mit etw *dat* konfrontiert sein; ***these are the kind of difficulties you ~ on the road to success*** dies sind die Schwierigkeiten, die dir auf dem Weg zum Erfolg begegnen; ***the troops met stiff opposition*** die Truppen stießen auf härtere Gegenwehr ❾ (*fight*) ■**to** ~ **sb** SPORTS auf jdn treffen, gegen jdn antreten; MIL gegen jdn kämpfen; **to** ~ **an enemy in battle** einem Feind in der Schlacht begegnen ▶ PHRASES: **to** ~ **one's** <u>**death**</u> den Tod finden; **to make** <u>**ends**</u> ~ über die Runden kommen; **there's more to this than ~s the** <u>**eye**</u> es steckt mehr dahinter, als es den Anschein hat; **to go to** ~ **one's** <u>**maker**</u> das Zeitliche segnen; **to** ~ **one's** <u>**match**</u> seinen Meister finden; **to** ~ **one's** <u>**Waterloo**</u> BRIT sein Waterloo erleben; **to** ~ **sb** <u>**halfway**</u> jdm auf halbem Weg entgegenkommen; **to** ~ **danger** <u>**head**</u> <u>**on**</u> sich *dat* der Gefahr stellen **III.** *vi* <met, met> ❶ (*by chance*) sich *dat* begegnen; ***we met in the street*** wir sind uns auf der Straße begegnet ❷ (*by arrangement*) sich *akk* treffen; **to** ~ **for a drink/for lunch** sich *akk* auf einen Drink/zum Mittagessen treffen ❸ (*get acquainted*) sich *akk* kennen lernen; ***no, we haven't met*** nein, wir kennen uns noch nicht; ***I've mistrusted him from the day we met*** ich habe ihm vom ersten Tag [unserer Bekanntschaft] an misstraut ❹ (*congregate*) zusammenkommen; ***Congress will ~ next week*** der Kongress wird nächsten Monat tagen; ***the children's club ~s every Thursday afternoon*** der Kinderclub trifft sich jeden Donnerstag nachmittags; ***the committee is ~ing to discuss the issue tomorrow*** der Ausschuss tritt morgen zusammen, um über die Frage zu beraten ❺ SPORTS aufeinander treffen, gegeneinander antreten ❻ (*join*) zusammentreffen; *roads, lines* zusammenlaufen; *counties, states* aneinander grenzen; ***the curtains don't ~*** die Vorhänge gehen nicht zusammen; ***their hands met under the table*** ihre Hände begegneten sich unter dem Tisch; ***our eyes met*** unsere Blicke trafen sich; ***their lips met in a passionate kiss*** ihre Lippen trafen sich zu einem leidenschaftlichen Kuss
◆**meet up** *vi* ❶ (*get together*) sich *akk* treffen; ■**to** ~ **up with sb** jdn treffen ❷ (*join*) zusammenkommen, zusammentreffen; ■**to** ~ **up with sth** *road* auf etw *akk* stoßen
◆**meet with I.** *vi* ❶ *esp* AM (*have meeting*) ■**to** ~ **with sb** jdn treffen ❷ (*experience*) ■**to** ~ **with sth** *problems* auf etw *akk* stoßen; **to** ~ **with an accident** einen Unfall haben; **to** ~ **with approval** Beifall finden; **to** ~ **with failure** einen Misserfolg erleiden; **to** ~ **with success** Erfolg haben **II.** *vt* ❶ (*respond to*) ■**to be met with sth** ***the announcement was met with loud applause*** die Ankündigung wurde mit lautem Beifall aufgenommen ❷ (*match*) **to** ~ **force with force** auf Gewalt mit Gewalt reagieren
◆**meet up** *vi* ❶ (*get together*) sich *akk* treffen; ■**to** ~ **up with sb** jdn treffen ❷ (*join*) zusammenkommen, zusammentreffen; ■**to** ~ **up with sth** *road* auf etw *akk* stoßen
◆**meet with I.** *vi* ❶ *esp* AM (*have meeting*) ■**to** ~ **with sb** jdn treffen ❷ (*experience*) ■**to** ~ **with sth** etw *dat* begegnen; **to** ~ **with an accident** einen Unfall haben; **to** ~ **with approval** Beifall finden; **to** ~ **with failure** einen Misserfolg erleiden; **to** ~ **with success** Erfolg haben **II.** *vt* ■**to** ~ **sth with sth** ❶ (*respond to*) etw mit etw *dat* aufnehmen; ***the announcement was met with loud applause*** die Ankündigung wurde mit lautem Beifall aufgenommen ❷ (*match*) etw *dat* mit etw *dat* begegnen; **to** ~ **force with force** auf Gewalt mit Gewalt reagieren
meeting [ˈmiːtɪŋ, AM -t̬-] *n* ❶ (*organized gathering*) Versammlung *f,* Sitzung *f;* **business** ~ geschäftliche Besprechung; **to attend a** ~ an einer Versammlung teilnehmen; **to call a** ~ eine Versammlung einberufen; **to have a** ~ **with sb** eine Besprechung mit jdm haben; **to hold a** ~ eine Sitzung abhalten ❷ (*coming together*) Treffen *nt;* **chance** ~ zufälliges Treffen ❸ SPORTS Veranstaltung *f,* [sportliche] Begegnung ❹ (*assembly for worship*) Versammlung *f* (*bei den Quäkern*) ▶ PHRASES: **a** ~ **of** <u>**minds**</u> völlige Übereinstimmung
meeting house *n* Andachtshaus *nt* (*der Quäker*) **meeting point** *n* ❶ (*point of contact*) Schnittpunkt *m* ❷ (*public space*) Treffpunkt *m*
meg <*pl* – *or* -s> [meg] *n short for* **megabyte** Megabyte *nt*
mega [ˈmegə] *adj inv* ❶ (*fam: huge*) Riesen- *fam,*

M

Mega- *fam;* ~ **trend** Megatrend *m fam* ② *(fam: excellent)* super *fam*

mega- ['megə] *in compounds (fam)* ① + *adj* mega- *sl;* ~**cool** megacool *sl,* geil *sl;* ~**famous/hot** total berühmt/heiß *sl;* ~**rich** schwerreich *fam;* ~**wild** total verrückt *fam* ② + *n (large and great) (hit, star)* Mega-; ~**bits** Megabits *pl;* ~**deal** Riesengeschäft *nt fam,* Bombengeschäft *nt fam;* ~**film** Wahnsinnsfilm *m fam;* ~**production** gigantische Produktion *fam*

megabrand *n* Megamarke *f,* Marktführer *m,* bekannte Marke **megabucks** *npl (fam)* Schweinegeld *nt kein pl sl;* **to earn** ~ ein Schweinegeld verdienen *sl* **megabyte** *n* Megabyte *nt* **megahertz** *n* Megahertz *nt*

megalith ['megəlɪθ] *n* Megalith *m*

megalithic [ˌmegə'lɪθɪk] *adj inv* megalithisch

megalomania [ˌmegᵊlə(ʊ)'meɪniə, AM -loʊ'-] *n no pl* ① PSYCH Größenwahn *m,* Megalomanie *f fachspr* ② *(lust for power)* Größenwahn *m pej*

megalomaniac [ˌmegᵊlə(ʊ)'meɪniæk, AM -loʊ'-] **I.** *n* ① PSYCH Größenwahnsinnige(r) *f(m),* Megalomane, -in *m, f fachspr* ② *(power-hungry person)* Größenwahnsinnige(r) *f(m) pej* **II.** *adj attr, inv* größenwahnsinnig *pej*

megalomaniacal [ˌmegᵊlə(ʊ)mə'naɪəkᵊl, AM -loʊmə'-] *adj* größenwahnsinnig *pej*

megalopolis [ˌmegᵊ'lɒpəlɪs, AM -'ɑːpə-] *n* [riesige] Metropole

megamerger *n* Fusion *f* der Unternehmensriesen

megaphone *n* Megaphon *nt* **megapixel** *n* Megapixel *nt fachspr* **megastar** *n* Megastar *m* **megastore** *n* Megastore *m* **megaton** *n* Megatonne *f* **megawatt** *n* Megawatt *nt*

-meister ['maɪstɚ] *n (fam)* -meister *m,* -profi *m;* **gossip**~ Meister(in) *m(f)* des Klatschs, Klatschtante *f fam;* **movie**~ Filmprofi *m*

melamine ['meləmiːn] *n,* **melamine resin** *n no pl* Melaminharz *nt*

melancholia [ˌmelən'kəʊliə, AM -'koʊl-] *n no pl* ① *(form: gloomy sadness)* Schwermut *f* ② *(dated: mental illness)* Melancholie *f*

melancholic [ˌmelən'kɒlɪk, AM -'kɑːl-] *adj* melancholisch

melancholy ['melənkᵊli, AM -kɑːli] **I.** *n no pl* Melancholie *f,* Schwermut *f* **II.** *adj* melancholisch, schwermütig; ~ **day** trüber Tag *fig*

mélange [meɪ'lɑ̃(n)ʒ, AM -'lɑ̃ʒ] *n usu sing (form)* Mischung *f*

melanoma [ˌmelə'nəʊmə, AM -'noʊ-] *n* Melanom *nt;* **malignant** ~ bösartiges [*o fachspr* malignes] Melanom

melatonin [ˌmelə'təʊnɪn, AM -'toʊ-] *n no pl* Melatonin *nt fachspr*

Melba toast [ˌmelbə'təʊst, AM 'toʊst] *n no pl* Toast Melba *m*

meld [meld] *vt* AM ■**to** ~ **sth** etw mischen [*o* kombinieren]; ■**to** ~ **sth into sth** etw zu etw *dat* kombinieren

melee ['meleɪ, AM 'meɪ-] *n usu sing* ① *(confused fight)* Handgemenge *nt* ② *(muddle)* Gedränge *nt;* ~ **of people** Menschenmenge *f*

mellifluous [mɪ'lɪfluəs, AM mə'-] *adj (form)* honigsüß *fig;* ~ **voice** angenehme Stimme

mellow ['meləʊ, AM -oʊ] **I.** *adj* <-er, -est *or* more ~, most ~> ① *(relaxed) person* locker *fam,* heiter, umgänglich; ~ **mood** heitere Stimmung ② *(fam: slightly drunk)* angeheitert ③ *(not harsh)* sanft; *colour* dezent; *light* gedämpft ④ FOOD *(smooth) flavour* mild; *wine* lieblich **II.** *vi* ① *(become more easy-going)* umgänglicher werden ② *esp* AM *(fam: relax)* **to** ~ **out** sich *akk* entspannen ③ *(become softer) colours* weicher werden; *flavour* milder werden **III.** *vt* ① *(make more easy-going)* ■**to** ~ **sb** jdn umgänglicher [*o* abgeklärter] machen; ***age has ~ed her*** im Alter ist sie abgeklärter geworden ② *(make softer)* ■**to** ~ **sth** etw abschwächen; ***evening sunlight ~ed the harsh white facade*** die Abendsonne ließ die grellweiße Fassade sanfter erscheinen

melodic [mə'lɒdɪk, AM -'lɑːd-] *adj* melodisch

melodically [mə'lɒdɪkᵊli, AM 'lɑːd] *adv* melodisch

melodious [mə'ləʊdiəs, AM -'loʊ-] *adj (form)* melodiös *geh,* wohlklingend *geh*

melodrama ['melə(ʊ),drɑːmə, AM -loʊ'-] *n* ① THEAT Melodrama *nt* ② *(fig: overemotional reaction)* Melodram *nt fam,* melodramatisches Getue *pej fam*

melodramatic [ˌmelə(ʊ)drə'mætɪk, AM -loʊdrə'mæţ-] *adj* melodramatisch

melodramatically [ˌmelə(ʊ)drə'mætɪkᵊli, AM -loʊdrə'mæţ-] *adv* melodramatisch

melody ['melədi] *n* Melodie *f*

melon ['melən] *n* Melone *f*

melt [melt] **I.** *n* ① *(thaw)* Schneeschmelze *f* ② AM FOOD *Sandwich mit geschmolzenem Käse* **II.** *vi* ① *(turn into liquid)* schmelzen; **to** ~ **in the mouth** auf der Zunge zergehen ② *(fig: become tender)* dahinschmelzen *fig;* ***he only has to look at her and she ~s*** er braucht sie nur anzusehen, und schon schmilzt sie dahin ③ *(fig)* ■**to** ~ **into sth** *(change gradually)* in etw *akk* übergehen; *(disappear)* sich *akk* in etw *dat* auflösen; **to** ~ **into the background** sich *akk* in den Hintergrund zurückziehen **III.** *vt* ① *(make liquid)* ■**to** ~ **sth** etw schmelzen; ***the sun ~ed the snow*** der Schnee schmolz in der Sonne ② *(fig: make tender)* **to** ~ **sb** [*or* **sb's heart**] jdn erweichen; ***that smile ~ed me*** dieses Lächeln hat mich herumgekriegt *fam*

◆**melt away** *vi* ① *(thaw)* schmelzen ② *(fig: disappear)* dahinschmelzen *fig,* dahinschwinden; *anger* verfliegen ③ *(disperse) crowd* sich *akk* zerstreuen

◆**melt down** *vt* ■**to** ~ **down** ◌ **sth** etw schmelzen

meltdown *n* ① TECH [Ein]schmelzen *nt;* *(in nuclear power station)* Durchbrennen *nt* ② *(fig fam: collapse)* Zusammenbruch *m fig*

melted ['meltɪd] **I.** *vi, vt pt, pp of* **melt II.** *adj attr, inv* geschmolzen; ~ **butter** zerlassene Butter

melting ['meltɪŋ] *adj inv* rührend; ~ **look** entwaffnender Blick

melting point *n* Schmelzpunkt *m* **melting pot** *n (fig)* Schmelztiegel *m fig;* **cultural** ~ Schmelztiegel *m* der Kulturen; **to throw** [*or* **put**] **sth into the** ~ etw von Grund auf ändern

melt water *n no pl* Schmelzwasser *nt*

member ['membəʳ, AM -ɚ] **I.** *n* ① *(of group)* Angehörige(r) *f(m); of a club, party* Mitglied *nt;* **committee/team** ~ Komitee-/Teammitglied *nt;* ~ **of the family** Familienmitglied *nt;* ~ **of staff** *(employee)* Mitarbeiter(in) *m(f);* SCH Angehörige(r) *f(m)* des Lehrkörpers *form* ② BRIT *(Member of Parliament)* ■**M**~ Parlamentsmitglied *nt,* Abgeordnete(r) *f(m)* ③ *(dated form: limb)* Gliedmaße *f meist pl,* Glied *nt* ④ *(dated fam: penis)* Glied *nt* ⑤ COMPUT *(in a field)* Glied *nt* ⑥ *(shareholder)* Gesellschafter(in) *m(f)* **II.** *n modifier (nation, organization, state)* Mitglieds-

member firm *n* STOCKEX Maklerfirma *f (die Mitglied der Effektenbörse ist)* **Member of Parliament** *n* ① *(representative)* Abgeordnete(r) *f(m),* Parlamentsmitglied *nt* ② BRIT *(member of House of Commons)* Mitglied *nt* des Unterhauses **Member of the European Parliament** *n* Abgeordnete(r) *f(m)* [*o* Mitglied *nt*] des Europaparlaments

membership ['membəʃɪp, AM -bɚ-] *n* ① *(people)* ■**the** ~ + *sing/pl vb* die Mitglieder *pl* ② *(number of people)* Mitgliederzahl *f* ③ *no pl (being member)* Mitgliedschaft *f;* **to apply for** ~ **of** [*or* AM **in**] **a club** die Aufnahme in einen Club beantragen; **to resign one's** ~ **of sth** aus etw *dat* austreten; **to take out** ~ [**of** [*or* AM **in**] **a club**] [einem Club] beitreten ④ *(fee)* Mitgliedsbeitrag *m;* **annual** ~ [**fee**] Jahresbeitrag *m*

membership card *n* Mitgliedsausweis *m*

member states *npl* EU Mitgliedsstaaten *pl* der EU

membrane ['membreɪn] *n* Membran *f,* Häutchen *nt; of a cell* Zellmembran *f*

memento <*pl* -s *or* -es> [mɪ'mentəʊ, AM mə'mentoʊ] *n* Andenken *nt* (**of** an +*akk*)

memento mori [mɪˌmentəʊ'mɒri, AM məˌmentoʊ'mɔːriː] *n* Memento mori *nt*

memo¹ ['meməʊ, AM 'memoʊ] *n short for* **memorandum** Memo *nt;* **to send** [**out**] **a** ~ [**to sb**] [jdm] ein Memo [*o* eine Mitteilung] schicken

memo² ['meməʊ, AM 'memoʊ] *vt* ■**to** ~ **sb** jdm ein Memo [*o* eine Mitteilung] schicken

memoir ['memwɑːʳ, AM -wɑːr] *n* ① *(personal account)* Erinnerungen *fpl;* **to write a** ~ [**of sth**] seine Erinnerungen [an etw *akk*] niederschreiben ② *(autobiography)* ■~**s** *pl,* ■AM ~ Memoiren *pl;* **to write one's** ~**s** [*or* AM ~] seine Memoiren schreiben

memo pad *n* Notizblock *m*

memorabilia [ˌmemᵊrə'bɪliə] *npl* Souvenirs *ntpl,* Memorabilien *pl veraltend geh*

memorable ['memᵊrəbl] *adj* denkwürdig; *evening, line, tune* unvergesslich; **a** ~ **achievement** eine beeindruckende Leistung

memorably ['memᵊrəbli] *adv* nachhaltig; *(unforgettably)* auf unvergessliche Weise

memoranda [ˌmemᵊr'ændə, AM -ə'ræn-] *n pl of* **memorandum**

memorandum <*pl* -s *or* -da> [ˌmemᵊr'ændəm, AM -ə'ræn-, *pl* -də] *n* ① *(form: message)* Mitteilung *f* ② *(document)* Memorandum *nt* ③ LAW *(informal legal agreement)* Vereinbarung *f;* ~ **of understanding** Absichtserklärung *f*

memorial [mə'mɔːriəl] *n* Denkmal *nt;* MIL Ehrenmal *nt*

Memorial Day *n* AM Volkstrauertag *m*

memorial plaque *n* Gedenktafel *f* **memorial service** *n* Gedenkgottesdienst *m*

memorize ['memᵊraɪz, AM -mər-] *vt* ■**to** ~ **sth** sich *dat* etw einprägen; **to** ~ **a poem/song** ein Gedicht/Lied auswendig lernen

memory ['memᵊri, AM -mɚi] *n* ① *no pl (ability to remember)* Gedächtnis *nt* (**for** für +*akk*); ***if my ~ serves me correctly*** [*or* ***right***] wenn mein Gedächtnis mich nicht täuscht; **to have a** ~ **like an elephant** ein Elefantengedächtnis haben; **loss of** ~ Gedächtnisschwund *m;* **to have a good** ~ **for names/numbers** ein gutes Namen-/Zahlengedächtnis haben; **a bad/good/photographic** ~ ein schlechtes/gutes/fotografisches Gedächtnis; **impaired** ~ Gedächtnisschwäche *f;* **within living/sb's** ~ soweit man/jd zurückdenken kann; ***this is still within my*** ~ daran kann ich mich noch erinnern; **to commit sth to** ~ sich *dat* etw einprägen; **to have no** ~ **of sth** *(form)* sich *akk* nicht an etw *akk* erinnern; **to recite sth from** ~ etw aus dem Gedächtnis rezitieren; **to search one's** ~ versuchen, sich *akk* zu erinnern ② *no pl (remembrance)* Andenken *nt;* **in** ~ **of sb/sth** zum Gedenken an jdn/etw ③ *(remembered event)* Erinnerung *f* (**of** an +*akk*); **to bring back memories** Erinnerungen wachrufen ④ *no pl* COMPUT *(stored data)* [Haupt]speicher *m;* ~**-hogging** *(fam)* Speicher fressend *attr fam*

memory bank *n* ① COMPUT *(memory store)* Speicherbank *f* ② *(human memory)* Gedächtnis *nt;* **collective** ~ kollektives Gedächtnis **memory lane** *n no pl* ▸ PHRASES: **to take a stroll** [*or* **trip**] [*or* **walk**] **down** ~ in Erinnerungen schwelgen *geh* **memory span** *n* PSYCH Gedächtnisspanne *f*

men [men] *n pl of* **man**

menace ['menɪs, AM -nəs] **I.** *n* ① *(threat)* Drohung *f;* **to demand** [**sth**] **with** ~**s** [etw] unter Anwendung von Drohungen verlangen ② *(danger)* Bedrohung *f;* **public** ~ öffentliche Gefahr ③ *(annoying person)* Nervensäge *f fam;* ■**to be a** ~ **to sb** eine Plage für jdn sein **II.** *vt (form)* ■**to** ~ **sb/sth** jdn/etw bedrohen

menacing ['menɪsɪŋ, AM -nəs-] *adj attr* drohend

menacingly ['menɪsɪŋli, AM -nəs-] *adv* drohend

menage *n (form),* **ménage** [men'ɑːʒ, AM meɪ'-] *n (form)* Haushalt *m*

ménage à trois [menˌɑːʒɑː'trwɑː, AM meɪˌ-] *n (relationship)* Dreiecksbeziehung *f;* AM *(fam: sex)* ein flotter Dreier *fam*

menagerie [məˌnædʒᵊri, AM -ɚi] *n* Menagerie *f*

mend [mend] **I.** *n (repair)* Flickstelle *f* ▸ PHRASES: **to be on the** ~ *(fam)* auf dem Weg der Besserung sein **II.** *vt* ■**to** ~ **sth** ① *(repair)* etw reparieren; *torn clothes* etw ausbessern [*o* flicken]; *broken object* etw kleben; **to** ~ **socks** Socken stopfen ② *(fig: improve)* etw verbessern; **to** ~ **a situation** eine Situation in Ordnung bringen ▸ PHRASES: **to** ~ **fences**

(*prov*) Unstimmigkeiten ausräumen, das Kriegsbeil begraben *fig fam;* **to ~ one's ways** sich *akk* bessern **III.** *vi* gesund werden; *bone* heilen *a. fig*

mendacious [men'deɪʃᵊs] *adj* (*form*) verlogen

mendaciously [men'deɪʃəsli] *adv* fälschlicherweise; **to say/add/reply ~** lügen

mendacity [men'dæsəti, AM -əṭi] *n no pl* (*form*) Verlogenheit *f*

Mendelian [men'di:liən] *adj inv* BIOL Mendel'sche(r,s)

Mendel's Laws ['mendᵊz,lɔ:z, AM -,lɑ:z] *n* die mendelschen Gesetze

mendicant ['mendɪkənt] **I.** *n* (*form*) ❶ (*beggar*) Bettler(in) *m(f)* ❷ (*monk*) Bettelmönch *m* **II.** *adj inv* (*form*) ❶ (*begging*) bettelnd *attr* ❷ (*rejecting possessions*) Bettel-; **~ order** Bettelorden *m*

mending ['mendɪŋ] *n no pl* Flickarbeit *f*

mending kit *n* Flickzeug *nt* (*bes für Fahrräder*)

menfolk ['menfəʊk, AM -foʊk] *npl* (*dated*) Mannsvolk *nt hum fam*, Männer *mpl;* **the ~ from the family** die Männer [*o* männlichen Mitglieder] der Familie

menial ['mi:niəl] *adj* niedrig; **~ work** Hilfsarbeit *f;* **~ tasks** niedere Tätigkeiten

meningitis [,menɪn'dʒaɪtɪs, AM -ṭ-] *n no pl* Gehirnhautentzündung *f*, Meningitis *f fachspr*

menopausal [,menə(ʊ)'pɔ:zᵊl, AM ,menə'pɑ:-] *adj inv* klimakterisch *fachspr;* **~ women** Frauen *fpl* in den Wechseljahren

menopause ['menə(ʊ)pɔ:z, AM 'menəpɑ:z] *n no pl* Wechseljahre *pl*, Menopause *f fachspr*, Klimakterium *nt fachspr*

Mensa ['mensə] *n no pl, + sing/pl vb* Mensa *kein art*

menses ['mensi:z] *npl* ❶ (*discharge*) Monatsblutung *f*, Menstruation *f* ❷ (*time*) Menses *pl*

men's movement *n modifier* Männerbewegung *f*

men's room *n esp* AM Herrentoilette *f;* **to go to the ~** auf die [Herren]toilette gehen

menstrual ['men(t)strʊəl] *adj inv* (*form*) Menstruations-; **~ cycle/period** Menstruationszyklus *m*/-periode *f;* **~ pain** [*or* **cramps**] Menstruationsschmerzen *mpl*

menstruate ['men(t)strueɪt] *vi* menstruieren *geh*

menstruation [,men(t)stru'eɪʃᵊn] *n no pl* Menstruation *f geh*, Periode *f*, [Monats]regel *f*

menswear *n no pl* ❶ (*men's clothing*) Herrenbekleidung *f* ❷ (*part of shop*) **~ [department]** Herrenabteilung *f*

mental ['mentᵊl, AM *also* -ṭ-] *adj inv* ❶ (*of the mind*) geistig, mental; **~ acrobatics** Gedankenakrobatik *f;* **~ image** [*or* **picture**] geistiges Bild; **~ powers** Geisteskräfte *fpl*, mentale Kräfte; **~ process** Denkprozess *m;* **to have ~ reservations [about sb/sth]** [wegen einer Person/einer S. *gen*] Bedenken haben; **~ retardation** geistige Behinderung ❷ (*psychological*) psychisch, seelisch; **to suffer a [complete** [*or* **total**]**] ~ collapse** [*or* **breakdown**] einen [völligen] Nervenzusammenbruch erleiden; **~ cruelty** seelische Grausamkeit; **~ illness** Geisteskrankheit *f;* **~ state** seelische Verfassung ❸ (*fam: crazy*) verrückt *fam*, übergeschnappt *fam;* ■**to be ~ about sth** nach etw *dat* verrückt sein *fam*

mental age *n* Intelligenzalter *nt;* ***he has a ~ of six*** er ist geistig auf dem Stand eines Sechsjährigen

mental arithmetic *n* Kopfrechnen *nt kein pl*

mental block *n* geistige Blockierung **mental handicap** *n* (*esp pej dated*) geistige Behinderung

mental hospital *n* Nervenheilanstalt *f veraltend*, Nervenklinik *f fam*, psychiatrische Klinik; **to end up in a ~** (*fam*) in der Klapsmühle landen *fam*

mentality [men'tæləti, AM -əṭi] *n* Mentalität *f;* **to develop a siege ~** sich *akk* zunehmend bedroht fühlen; **to have a positive ~ about sth** zu etw *dat* eine positive Einstellung haben

mentally ['mentᵊli, AM *also* -ṭ-] *adv inv* ❶ (*psychologically*) psychisch; **~ deranged/stable** psychisch gestört/stabil ❷ (*intellectually*) geistig; **~ defective** (*pej!*) geistesgestört; **~ handicapped** geistig behindert

menthol ['men(t)θɒl, AM -θɔ:l] *n no pl* Menthol *nt*

mentholated ['men(t)θᵊleɪtɪd, AM -ṭɪd] *adj inv* Menthol-; **~ lozenge** Mentholbonbon *nt*

mention ['men(t)ʃᵊn] **I.** *n* ❶ (*reference*) Erwähnung *f;* **no ~ was made of sb/sth** jd/etw wurde nicht erwähnt; **to get a ~** erwähnt werden ❷ (*honour*) lobende Erwähnung; **to receive** [*or* **get**] **a [special] ~** lobend erwähnt werden **II.** *vt* ■**to ~ sb/sth** jdn/etw erwähnen; ***don't ~ it!*** gern geschehen!, das ist doch nicht der Rede wert!; ***I'll ~ it to Jane*** ich werde es Jane sagen; ***did she happen to ~ whether she would be coming?*** hat sie zufällig gesagt, ob sie kommt?; ■**to ~ that ...** erwähnen, dass ...; **not to ~ ...** ganz zu schweigen von ...

mento ['mentəʊ, AM -toʊ] *n* (*Jamaican dance or song*) Mento *m*

mentor ['mentɔ:ʳ, AM tə˞] *n* Mentor *m*

menu ['menju:] *n* ❶ (*in restaurant*) Speisekarte *f* ❷ COMPUT Menü *nt*

menu bar *n* COMPUT Menüleiste *f* **menu-driven** *adj* COMPUT menügesteuert

meow *n, vi* AM *see* **miaow**

MEP [,emi:'pi:] *n* BRIT *abbrev of* **Member of the European Parliament**

Mephistophelean [,mefɪstə'fi:liən] *adj inv* mephistophelisch *geh*, teuflisch

Mephistopheles [,mefɪ'stɒfɪli:z, AM -ə'stɑ:fə-] *n no art* LIT Mephisto, Mephistopheles

mercantile ['mɜ:kᵊntaɪl, AM 'mɜ:r-] *adj inv* (*form*) handelstreibend, kaufmännisch, Handels-; **~ agency** AM Kreditauskunftei *f;* **~ law** Handelsrecht *nt*

mercantile marine *n* (*dated*) Handelsmarine *f*

mercenary ['mɜ:sᵊnᵊri, AM 'mɜ:rsəneri] **I.** *n* ❶ (*soldier*) Söldner *m* ❷ (*pej: mercenary person*) Gewinnsüchtige(r) *f(m) pej* **II.** *adj* ❶ (*pej: motivated by gain*) gewinnsüchtig *pej*, geldgierig *pej* ❷ MIL Söldner-; **~ soldier** Söldner *m*

mercerized ['mɜ:sᵊraɪzd, AM 'mɜ:r] *adj inv* merzerisiert

merchandise ECON **I.** *n* ['mɜ:tʃᵊndaɪs, AM 'mɜ:r-] *no pl* Handelsware *f* **II.** *vt* ['mɜ:tʃᵊndaɪz, AM 'mɜ:r-] ■**to ~ sth** etw vermarkten

merchandiser ['mɜ:tʃᵊndaɪzəʳ, AM 'mɜ:rtʃᵊndaɪzə˞] *n* [beratender] Außendienstmitarbeiter, [beratende] Außendienstmitarbeiterin *m, f*

merchandising ['mɜ:tʃᵊndaɪzɪŋ, AM 'mɜ:r-] *n no pl* ❶ (*marketing*) Merchandising *nt*, Vermarktung *f* ❷ (*promotional goods*) Werbematerial *nt;* (*products*) Lizenzware *f*

merchandising rights *npl* Vermarktungsrechte *ntpl*

merchant ['mɜ:tʃᵊnt, AM 'mɜ:r-] *n* ❶ (*trader*) Händler(in) *m(f)*, Kaufmann, Kauffrau *m, f* ❷ *esp* BRIT (*fam: person*) **~ of doom** [*or* **gloom**] Schwarzseher(in) *m(f)*, Unke *f pej fam;* **speed ~** Raser(in) *m(f) fam*

merchant bank *n* FIN ❶ BRIT Handelsbank *f*, Merchant-Bank *f* (*Spezialinstitut für verschiedenste Finanzierungsleistungen: Groß- und Überseehandel und Emissionsgeschäfte*) ❷ AM Bank, die ein Kreditkartensystem unterhält **merchant banker** *n* Bankier(in) *m(f)* in einer Merchant-Bank **merchantman** *n* Handelsschiff *nt* **merchant marine** *n* AM, **merchant navy** *n* BRIT Handelsmarine *f* **merchant seaman** *n* Matrose *m* der Handelsmarine **merchant ship** *n* Handelsschiff *nt*

merchant shipping *n* Handelsmarine *f*

merciful ['mɜ:sɪfᵊl, AM 'mɜ:r-] *adj* ❶ (*forgiving*) gnädig ❷ (*fortunate*) ***her death came as a ~ release*** der Tod war für sie eine Erlösung; ***it was a ~ relief from the constant noise*** es war eine Erlösung von dem ständigen Lärm

mercifully ['mɜ:sɪfᵊli, AM 'mɜ:r-] *adv* (*approv*) ❶ (*compassionately*) gnädig; **to treat sb ~** jdn nachsichtig behandeln ❷ (*fortunately*) zum Glück, glücklicherweise

merciless ['mɜ:sɪləs, AM 'mɜ:r-] *adj* ❶ (*showing no mercy*) gnadenlos, mitleidlos ❷ (*relentless*) unnachgiebig

mercilessly ['mɜ:sɪləsli, AM 'mɜ:r-] *adv* gnadenlos, erbarmungslos

mercurial [mɜ:'kjʊəriəl, AM mɜ:r'kjʊr-] *adj* Quecksilber-; (*fig*) launisch; **~ mood** unbeständige Laune; **~ personality** launischer Charakter

mercury ['mɜ:kjᵊri, AM 'mɜ:rkjə-] *n no pl* ❶ (*metal*) Quecksilber *nt* ❷ (*dated fam: temperature*) Quecksilbersäule *f*

Mercury ['mɜ:kjᵊri, AM 'mɜ:rkjə-] *n no art, no pl* Merkur *m*

mercy ['mɜ:si, AM 'mɜ:r-] *n* ❶ *no pl* (*compassion*) Mitleid *nt*, Erbarmen *nt;* (*forgiveness*) Gnade *f;* **to beg for ~** um Gnade bitten; **to have ~ on sb** mit jdm Erbarmen haben; **Lord have ~ upon us** Herr, erbarme dich unser; **to show [no] ~** [kein] Erbarmen haben; **to throw oneself upon sb's ~** sich *akk* jdm auf Gnade oder Ungnade ausliefern ❷ (*blessing*) Segen *m*, Glück *nt;* ***it is a ~ that no-one was killed in the accident*** es ist ein großes Glück, dass bei dem Unfall niemand getötet wurde ▸ PHRASES: **to be at the ~ of sb** [*or* **at sb's ~**] jdm auf Gnade oder Ungnade [*o* Gedeih und Verderb] ausgeliefert sein

mercy killing *n* Sterbehilfe *f*, Euthanasie *f geh*

mercy mission *n* Hilfsmission *f*

mere [mɪəʳ, AM mɪr] *adj inv* nur, nichts als; ***he was a ~ boy when he died*** er war noch ein Junge, als er starb; **a ~ detail** nur ein Detail

merely ['mɪəli, AM 'mɪr-] *adv inv* nur, bloß *fam;* ***I ~ said I was tired*** ich habe [doch] nur gesagt, dass ich müde bin; ■**not ~ ... but** nicht nur ... sondern [auch]

merest ['mɪərɪst, AM 'mɪr-] *adj inv* geringste(r,s); ***at the ~ mention of politics she launches into a tirade*** man braucht das Thema Politik nur zu streifen und schon fängt sie an loszuschimpfen

meretricious [,merɪ'trɪʃəs, AM -ə'-] *adj* (*form*) ❶ (*false*) trügerisch, unwirklich ❷ (*pretentious*) *lifestyle* protzig

merge [mɜ:dʒ, AM mɜ:rdʒ] **I.** *vi* ❶ (*join*) zusammenkommen; *roads* zusammenlaufen ❷ ECON *companies, organizations* fusionieren ❸ (*fuse*) verschmelzen; ■**to ~ with sth** mit etw *dat* verschmelzen; ■**to ~ into sth** mit etw *dat* verschmelzen; **to ~ into the landscape/surroundings** sich *akk* in die Landschaft/Umgebung einfügen; ■**to ~ into each other** ineinander übergehen **II.** *vt* **to ~ two classes** SCH zwei Klassen zusammenlegen; **to ~ two companies/organizations** zwei Firmen/Organisationen zusammenschließen; ■**to ~ sth with sth** COMPUT etw mit etw *dat* mischen

merger ['mɜ:dʒəʳ, AM 'mɜ:rdʒə˞] *n* ECON Fusion *f*, Zusammenschluss *m*

meridian [mə'rɪdiən] *n* ❶ GEOG (*line of longitude*) Meridian *m*, Längenkreis *m* ❷ (*in body*) Meridian *m*

meringue [mə'ræŋ] *n* Baiser *nt*, Meringe *f*, Meringue *f* SCHWEIZ

merino [mə'ri:nəʊ, AM -noʊ] **I.** *n* ❶ (*sheep*) Merinoschaf *nt* ❷ *no pl* (*material*) Merinowolle *f* **II.** *n modifier* (*hat, socks, sweater, yarn*) Merino-

merit ['merɪt] **I.** *n* ❶ *no pl* (*worthiness*) Verdienst *nt*, Leistung *f;* ***the film has little artistic ~*** der Film ist künstlerisch nicht besonders wertvoll; ***she won her promotion on ~*** sie ist auf Grund ihrer Leistung befördert worden; **to judge sb on his/her own ~** jdn nach seinem/ihrem Verdienst beurteilen ❷ (*good quality*) gute Eigenschaft, Vorzug *m* ❸ (*intrinsic nature*) ■**~s** *pl* sachlicher Gehalt; ■**on the ~s** LAW in der Sache selbst; ■**on its own ~s** für sich *akk* betrachtet; **to consider a case on its own ~s** eine Sache gesondert behandeln; **considered purely on its own ~s ...** für sich *akk* genommen ...; **to judge sth on its own ~s** etw für sich *akk* genommen beurteilen ❹ (*advantage*) Vorteil *m;* **the ~s of not smoking** die Vorteile des Nichtrauchens **II.** *vt* ■**to ~ sth** etw verdienen, einer S. *gen* würdig sein; ***this plan ~s careful attention*** dieser Plan verdient volle Aufmerksamkeit

meritocracy [,merɪ'tɒkrəsi, AM -ə'tɑ:k-] *n* Leistungsgesellschaft *f*

meritocratic [,merɪtə'krætɪk] *adj* leistungsorientiert

meritorious [,merɪ'tɔ:riəs, AM -ə'-] *adj* (*form*) verdienstvoll

Merlin ['mɜ:lɪn, AM 'mɜ:r] *n no pl* Merlin *m*

mermaid ['mɜːmeɪd, AM 'mɜːr-] *n* Seejungfrau *f*
merman ['mɜːmæn, AM 'mɜːr-] *n* Wassergeist *m*
merrily ['merᵊli] *adv* (*fam*) fröhlich, vergnügt *a. iron*
merriment ['merimənt] *n no pl* ① (*laughter and joy*) Fröhlichkeit *f*; **sounds of** ~ fröhliches Gelächter ② (*amusement*) Heiterkeit *f*; **to be a source of** ~ zu Heiterkeit Anlass geben
merry ['meri] *adj* ① (*happy*) fröhlich; **M~ Christmas** Frohe [*o* Fröhliche] Weihnachten ② BRIT (*fam: slightly drunk*) angesäuselt *fam* ▶ PHRASES: **to lead sb a** ~ **chase** AM jdn an der Nase herumführen; **to go one's** ~ **way** seiner Wege gehen; **to make** ~ feiern
merry-go-round *n* ① (*fairground ride*) Karussell *nt* ② (*fig: bustling activities*) Hoch-Zeit *f*
merry-making *n no pl* (*liter*) ausgelassene Stimmung
mesa ['meɪsə] *n* Hochebene *f*
mescalin(e) ['meskᵊlɪn] *n no pl* Meskalin *nt*
Mesdames [meɪ'dæm, AM -'dɑːm] *npl Plural von Madame/Mrs*; ~ **Fisher and Brown** Frau Fisher und Frau Brown, Mrs Fisher und Mrs Brown
mesh [meʃ] **I.** *n* ① *no pl* (*interlaced structure*) Geflecht *nt*; **wire** ~ Drahtgeflecht *nt* ② COMPUT Vermaschung *f* **II.** *vi* ① (*join*) *gears* ineinander greifen ② (*fig: mix*) sich *akk* mischen **III.** *vt* **to** ~ **gears** Zahnräder in Eingriff bringen
mesh network *n* COMPUT vermaschtes Netz
mesmeric [mez'merɪk] *adj* mesmerisch *geh*; (*fig*) faszinierend
mesmerism ['mezmᵊrɪzᵊm] *n* (*dated*) Hypnotisieren *nt*
mesmerize ['mezmᵊraɪz] *vt* ■**to** ~ **sb** jdn mesmerisieren *geh*; (*fig*) jdn faszinieren
mesmerizing ['mezmᵊraɪzɪŋ] *adj* mesmerisierend *geh*; (*fig*) faszinierend
Mesolithic [ˌmesəʊ'lɪθɪk, AM ˌmezoʊ'-] *adj inv* mittelsteinzeitlich, mesolithisch *fachspr*; **the** ~ **Age** die Mittelsteinzeit, das Mesolithikum *fachspr*
mesomorph ['mesəʊmɔːf, AM 'mezoʊmɔːrf] *n* mesomorpher Mensch *fachspr*, Mensch *m* mit athletischem Körperbau
mesomorphic ['mesəʊmɔːfɪk, AM 'mezoʊmɔːr-] *adj* mesomorph[isch]
meson ['miːzɒn, AM 'mezɑːn] *n* PHYS Meson *nt meist pl*, Mesotron *nt meist pl veraltend*
Mesopotamia [ˌmesəpə'teɪmiə] *n no pl* Mesopotamien *nt*
mess [mes] **I.** *n* <*pl* -es> ① *usu sing* (*untidy state*) Unordnung *f*, Durcheinander *nt*; (*dirty state*) Schweinerei *f*; ***her desk was a*** ~ ***of books and paper*** ihr Schreibtisch war ein einziges Durcheinander von Büchern und Blättern; ***tidy up this*** ~**!** räum diesen Saustall auf! *fam*; ***you look a complete*** ~**!** du siehst ja schlimm aus! *fam*; **to make a** ~ **in the bathroom/kitchen** (*not tidy*) das Bad/die Küche in Unordnung bringen; (*dirty*) im Bad/in der Küche eine Schweinerei machen; **to be in a** ~ in Unordnung [*o* unordentlich] sein ② *usu sing* (*disorganized state*) Chaos *nt*; ■**to be a** ~ chaotisch sein; *person also* ein Chaot/eine Chaotin sein; **to be in a** ~ sich *akk* in einem schlimmen Zustand befinden; **to get oneself into a** [**bit of a**] ~ sich *akk* in Schwierigkeiten bringen; **to sort out the** ~ das Chaos ordnen, Ordnung in das Chaos bringen ③ *usu sing* (*dirt*) Dreck *m*; **to make a** ~ **on sth** etw schmutzig machen ④ (*animal excrement*) Häufchen *nt euph* ⑤ (*officer's eating hall*) Messe *f* ▶ PHRASES: **to make a** ~ **of sth** (*make untidy*) etw in Unordnung bringen; (*bungle*) etw verpfuschen **II.** *vt* (*fam*) ■**to** ~ **sth** etw in Unordnung [*o fam* durcheinander] bringen **III.** *vi* (*excrete*) [ein Häufchen *nt*] machen ▶ PHRASES: **no** ~**ing!** keine faulen Ausreden!
◆**mess about, mess around I.** *vi* ① (*play the fool*) herumblödeln *fam* ② (*waste time*) herumspielen ③ (*tinker*) ■**to** ~ **about with sth** an etw *dat* herumspielen [*o fam* herumpfuschen] ④ (*be unfaithful*) ■**to** ~ **about with sb** sich *akk* mit jdm einlassen ⑤ AM (*make fool of*) ■**to** ~ **around with sb** jdn verarschen *derb* **II.** *vt* ■**to** ~ **sb about** [*or* **around**] jdn schikanieren
◆**mess up** *vt* (*fam*) ① (*botch up*) ■**to** ~ **up** ↔ **sth** etw verpfuschen *fam*; **to** ~ **up a plan** einen Plan vermasseln *fam* ② (*make untidy*) ■**to** ~ **up** ↔ **sth** etw in Unordnung bringen ③ (*fam: make uptight*) ■**to** ~ **up** ↔ **sb** jdn verkorksen *fam*
◆**mess with** *vi* ① (*get involved with*) ■**to** ~ **with sb** sich *akk* mit jdm einlassen; (*cause trouble to*) jdn schlecht behandeln; ***don't*** ~ ***with me!*** verarsch mich bloß nicht! *derb* ② (*play with*) ■**to** ~ **with sth** mit etw *dat* herumspielen [*o* leichtfertig umgehen]; (*tamper*) an etw *dat* herumspielen ③ (*fam: muddle*) ■**to** ~ **with sth/sb** etw/jdn durcheinander bringen; **to** ~ **with sb's plans** jds Pläne durchkreuzen
message ['mesɪdʒ] *n* ① (*communication*) Nachricht *f*, Botschaft *f*; ***are there any*** ~***s for me?*** hat jd eine Nachricht für mich hinterlassen?; **to deliver a** ~ [**to sb**] [jdm] eine Nachricht überbringen; (*tell*) [jdm] etw ausrichten; **to get/leave a** ~ eine Nachricht erhalten/hinterlassen; ~ **received and understood** verstanden; **to send sb a** ~ [*or* **a** ~ **to sb**] jdm eine Nachricht schicken; ***James sent a*** ~ ***to meet him at the hotel*** James ließ uns ausrichten, dass wir ihn im Hotel treffen sollten; **to send sb a** ~ **that ...** (*fig*) jdm signalisieren [*o* zu verstehen geben], dass ...; **to stay on** ~ POL, COMM beim Thema bleiben ② (*theme*) Message *f fam*; **to get one's** ~ **across** seine Message rüberbringen *fam* ③ SCOT, IRISH (*errand*) Botengang *m* ▶ PHRASES: **to get the** ~ (*fam*) verstehen, kapieren *fam*
message board *n* schwarzes Brett **message format** *n* COMPUT Nachrichtenformat *nt*
messaging *n no pl* Kommunikation *f* per E-mail, Mailing *nt sl*
messed-up *adj* (*sl*) verkorkst *fam*
messenger ['mesɪndʒəʳ, AM -ɚ] *n* Bote, -in *m, f* ▶ PHRASES: **don't shoot the** ~ *esp* BRIT (*saying*) mach den Boten nicht für die schlechte Nachricht verantwortlich
messenger boy *n* Botenjunge *m*, Laufbursche *m pej*
mess hall *n* AM MIL (*mess*) Messe *f*
messiah [mə'saɪə] *n usu sing* ① (*redeemer*) ■**M~** Messias *m*, Erlöser *m* ② (*fig: leader*) Befreier *m*
messianic [ˌmesi'ænɪk] *adj inv* (*form*) messianisch *geh*; **with** ~ **fervour** [*or* AM **fervor**] [*or* **zeal**] mit messianischem Eifer
messily ['mesɪli] *adv* ① (*sloppily*) nachlässig; **to do a job** ~ unordentlich arbeiten; **to eat** ~ sich *akk* beim Essen bekleckern ② (*unpleasantly*) unerfreulich
mess kit *n* MIL Essgeschirr *nt kein pl*
Messrs *n pl of* **Mr** Herren *mpl*; ~ ***White, White & Smith*** Firma White, White & Smith
mess tin *n* BRIT MIL Campinggeschirr *nt*
mess-up *n* (*fam*) Durcheinander *nt*; **to make a** ~ **of sth** etw durcheinander bringen
messy ['mesi] *adj* ① (*untidy*) unordentlich; *person* schlampig ② (*dirty*) schmutzig, dreckig ③ (*unpleasant*) unerfreulich; **a** ~ **divorce** eine Scheidung in Unfrieden
met[1] [met] *vt, vi pt of* **meet**
met[2] [met] *adj* BRIT (*fam*) *short for* **meterological** meteorologisch
Met [met] *n* ① BRIT ■**the** ~ *short for* **Metropolitan Police** ② AM *short for* **Metropolitan Opera Company** Met *f* ③ AM *short for* **Metropolitan Museum of Art**
metabolic [ˌmetə'bɒlɪk, AM ˌmeṭə'bɑːl-] *adj inv* metabolisch *fachspr*, Stoffwechsel-; ~ **pathway** Stoffwechselweg *m*; **to stimulate one's** ~ **rate** seinen Stoffwechsel anregen
metabolism [mə'tæbᵊlɪzᵊm] *n* Stoffwechsel *m*, Metabolismus *m fachspr*
metafiction [ˌmetə'fɪkʃᵊn, AM ˌmeṭə'-] *n no pl* Roman *m* über die Entstehung eines Romans
metafictional [ˌmetə'fɪkʃᵊnᵊl, AM ˌmeṭə'-] *adj inv* ~ **novel** Roman *m* über die Entstehung eines Romans
metal ['metᵊl, AM -ṭᵊl] **I.** *n* ① (*material*) Metall *nt*; **precious** ~ Edelmetall *nt* ② BRIT RAIL (*form*) ■~**s** Schienen *fpl* **II.** *adj inv* aus Metall *nach n*
metalanguage [ˌmetəl'æŋgwɪdʒ, AM -ṭ-] *n* Metasprache *f*
metal detector *n* Metalldetektor *m* **metal fatigue** *n no pl* Metallermüdung *f*
metalled ['metᵊld] *adj inv* BRIT Schotter-; ~ **road** Schotterstraße *f*
metallic [mə'tælɪk] *adj* ① (*like metal*) metallisch; ~ **paint** Metalleffektlack *m* ② (*containing metal*) metallhaltig; ~ **alloy** Metalllegierung *f*
metallurgical [ˌmetᵊl'ɜːdʒɪkᵊl, AM -ṭᵊl'ɜːrdʒ-] *adj inv* metallurgisch; ~ **engineering/industry** Hüttenwesen *nt*/-industrie *f*
metallurgist [met'ælədʒɪst, AM 'meṭᵊlɜːrdʒ-] *n* Metallurg(in) *m(f)*
metallurgy [met'ælədʒi, AM 'meṭᵊlɜːr-] *n no pl* Metallurgie *f*
metalwork *n no pl* ① (*craft*) Metallarbeit *f* ② (*objects*) Metallarbeiten *fpl* ③ (*metal parts*) Metallteile *ntpl*, metallene Teile
metalworker *n* Metallarbeiter(in) *m(f)*
metamorphose [ˌmetə'mɔːfəʊz, AM -ṭə'mɔːrfoʊz] *vi* (*form*) ■**to** ~ [**into sth**] sich *akk* [in etw *akk*] verwandeln
metamorphoses [ˌmetə'mɔːfəsiːz, AM -ṭə'mɔːr-] *n pl of* **metamorphosis**
metamorphosis <*pl* -phoses> [ˌmetə'mɔːfəsɪs, AM -ṭə'mɔːr-, *pl* -fəsiːz] *n* Metamorphose *f geh*, Verwandlung *f*
metaphor ['metəfəʳ, AM 'meṭəfɔːr] *n* ① (*figure of speech*) Metapher *f* (**for** für +*akk*) ② *no pl* (*figurative language*) bildhafte [*o* metaphorische] Sprache
metaphoric(al) [ˌmetə'fɒrɪk(ᵊl), AM -ṭə'fɔːr-] *adj* metaphorisch
metaphorically [ˌmetə'fɒrɪkᵊli, AM -ṭə'fɔːr-] *adv* metaphorisch; ~ **speaking** bildlich gesprochen; **to use sth** ~ etw metaphorisch gebrauchen
metaphysical [ˌmetə'fɪzɪkᵊl, AM -ṭə'-] *adj* metaphysisch
metaphysically [ˌmetə'fɪzɪkᵊli, AM ˌmeṭ] *adv* metaphysisch
metaphysics [ˌmetə'fɪzɪks, AM -ṭə'-] *n no pl*, + *sing vb* Metaphysik *f*
metastasis <*pl* -stases> [met'æstəsɪs, AM mə'tæs-, *pl* -stæsiːz] *n* Metastase *f*
mete [miːt] *vt* ■**to** ~ **out** ↔ **sth** [**to sb**] [jdm] etw auferlegen; **to** ~ **out punishment to sb** jdn bestrafen; (*physical*) jdn züchtigen
metempsychosis <*pl* -choses> [ˌmetemsaɪ'kəʊsɪs, AM ˌmɪtemsɪ'koʊ] *n* Seelenwanderung *f*
meteor ['miːtiəʳ, AM -ṭiɚ] *n* Meteor *m*; ~ **shower** Meteorregen *m*
meteoric [ˌmiːti'ɒrɪk, AM -ṭi'ɔːr-] *adj inv* ① ASTRON Meteor-, meteorisch ② (*fig: rapid*) kometenhaft; ~ **rise** [**to fame**] kometenhafter Aufstieg [zu Ruhm]
meteorite ['miːtiᵊraɪt, AM -ṭiə-] *n* Meteorit *m*
meteorological [ˌmiːtiᵊrə'lɒdʒɪkᵊl, AM -ṭiɚə'lɑːdʒ-] *adj inv* meteorologisch
Meteorological Office *n* BRIT Wetteramt *nt*
meteorologist [ˌmiːtiᵊr'ɒlədʒɪst, AM -ṭiə'rɑːl-] *n* Meteorologe, -in *m, f*
meteorology [ˌmiːtiᵊr'ɒlədʒi, AM -ṭiə'rɑːl-] *n no pl* Meteorologie *f*
meter[1] ['miːtəʳ, AM -ṭɚ] **I.** *n* Messuhr *f*, Zähler *m*; [**parking**] ~ Parkuhr *f*; [**taxi**] ~ Taxameter *nt o m*; **to read a/the** ~ einen/den Zähler ablesen **II.** *vt* ■**to** ~ **sth** etw zählen
meter[2] *n* AM *see* **metre**
meth [meθ] **I.** *n no pl short for* **methamphetamine** Methamphetamin *nt fachspr* **II.** *n modifier* Methamphetamin-; ~ **cases** Fälle *mpl* von Methamphetaminvergiftung
methadone ['meθədəʊn, AM -doʊn] *n no pl* Methadon *nt*
methamphetamine [ˌmeθæm'fetəmiːn, AM -ṭ-] *n no pl* Methamphetamin *nt fachspr*
methane ['miːθeɪn, AM 'meθ-] *n* Methan *nt*
methanol ['meθənɒl, AM -nɑːl] *n no pl* Methanol *nt*
methinks [mɪ'θɪŋks] *vi* (*old or hum*) mich dünkt *veraltet o hum*

metho ['meθəʊ] *n* Aus, NZ (*sl*) ① *short for* **methylated spirit** Brennspiritus *m,* Fusel *m fam* ② *short for* **methylated spirit drinker** *jd (oft ein Obdachloser), der Brennspiritus trinkt (, weil er billiger als Alkohol ist)*

method ['meθəd] *n* ① (*way of doing sth*) Methode *f,* Art *f* und Weise; TECH Verfahren *nt;* ~ **of persuasion** Überzeugungstaktik *f;* **teaching** ~ Lehrmethode *f;* ~ **of transport** Fortbewegungsart *f* ② *no pl* (*order*) System *nt* ▸ PHRASES: **there is** ~ **in** [*or* AM **to**] **sb's** <u>**madness**</u> jds Wahnsinn hat Methode

method-act *vi* sich *akk* völlig mit seiner Rolle identifizieren

method acting *n no pl eine Schauspieltechnik, die auf Theorien von Stanislawski beruht und von Lee Strasberg entwickelt wurde*

methodical [mə'θɒdɪkəl, AM -'θɑːd-] *adj* ① (*ordered*) methodisch, systematisch ② (*careful*) sorgfältig

methodically [mə'θɒdɪkəli, AM -'θɑːd-] *adv* methodisch, mit System

Methodism ['meθədɪzəm] *n no pl* Methodismus *m*

Methodist ['meθədɪst] **I.** *n* Methodist(in) *m(f)* **II.** *adj* methodistisch; ~ **church** Methodistenkirche *f*

methodological [ˌmeθədəl'ɒdʒɪkəl, AM -'ɑːdʒ-] *adj inv* methodologisch

methodologically [ˌmeθədə'lɒdʒɪkəli, AM 'lɑː] *adv inv* methodologisch

methodology [ˌmeθə'dɒlədʒi, AM -'dɑːl-] *n* ① *no pl* (*theory of methods*) Methodenlehre *f,* Methodologie *f geh* ② (*system*) Methodik *f*

meths [meθs] *n* BRIT (*fam*) *short for* **methylated spirits** Brennspiritus *m*

Methuselah [mə'θjuːzələ, AM -'θuː-] *n no art* (*hum*) Methusalem *kein art hum;* **as old as** ~ so alt wie Methusalem

methyl alcohol [ˌmeθəl'ælkəhɒl, AM -əhɑːl] *n* Methanol *nt*

methylated ['meθəleɪtɪd, AM -θɪleɪṭ-] *adj* methyliert

methylated spirits *n no pl* ① (*cleaning product*) denaturierter Alkohol ② (*fuel*) Brennspiritus *m*

meticulous [mə'tɪkjələs] *adj* (*approv*) peinlich genau, akribisch *geh;* ~ **care** höchste Sorgfalt; ~ **detail** kleinstes Detail

meticulously [mə'tɪkjələsli] *adv* (*approv*) bis ins kleinste Detail, akribisch *geh*

meticulousness [mə'tɪkjələsnəs] *n no pl* (*approv*) peinliche Genauigkeit, Akribie *f geh*

metier *n,* **métier** ['meɪtieɪ, AM meɪ'tjeɪ] *n* Metier *nt geh,* [Spezial]gebiet *nt*

Métis ['meɪtiː] *n* CAN Mischling indianischer und französischer Abstammung

Met Office *n* BRIT *short for* **Meteorological Office** Wetteramt *nt*

metonymy <*pl* -mies> [mɪ'tɒnəmi, AM mə'tɑːn] *n* Metonymie *f*

metre ['miːtəʳ], AM **meter** [-ṭɚ] *n* ① (*unit of measurement*) Meter *m;* **the 100/200/400/1500 ~s** der 100-/200-/400-/1500-Meter-Lauf; **cubic/square** ~ Kubik-/Quadratmeter *m* ② (*poetic rhythm*) Metrum *nt geh,* Versmaß *nt*

metric ['metrɪk] *adj inv* metrisch; ~ **system** metrisches System

metrical ['metrɪkəl] *adj* ① (*of measurement*) metrisch; ~ **measurement** metrisches Maß ② (*composed in metre*) metrisch; ~ **verse** metrischer Vers

metrication [ˌmetrɪ'keɪʃən] *n* Umstellung *f* auf das metrische System

metric ton *n* metrische Tonne

metro ['metrəʊ, AM -troʊ] *n no pl esp* CAN U-Bahn *f;* (*in Paris*) Metro *f*

metronome ['metrənəʊm, AM -noʊm] *n* Metronom *nt geh,* Taktmesser *m*

metronomic [ˌmetrə'nɒmɪk, AM 'nɑːmɪk] *adj inv* metronomisch

metropolis [mə'trɒpəlɪs, AM -'trɑːpəl-] *n* (*form*) ① (*large city*) Metropole *f geh,* Weltstadt *f* ② (*chief city*) Hauptstadt *f*

metropolitan [ˌmetrə'pɒlɪtən, AM -'pɑːlə-] *adj* ① (*of large city*) weltstädtisch ② (*of chief city*) hauptstädtisch

metropolitan county *n* BRIT *Bezirksregierung in England, die sich auf sechs Großstadtgebiete bezieht* **Metropolitan Police** *n no pl* BRIT ■**the** ~ die Londoner Polizei

mettle ['metl, AM 'meṭl] *n no pl* (*form*) ① (*inner strength*) Durchhaltevermögen *nt;* **a test of sb's** [**political**] ~ eine Probe für jds [politisches] Stehvermögen; **to prove/show one's** ~ beweisen/zeigen, was in einem steckt ② (*best form*) Höchstform *f;* **to be on one's** ~ in Höchstform sein; **to put someone off their** ~ jdn aus dem Konzept bringen

mettlesome ['metlsəm, AM 'meṭl-] *adj* energiegeladen

mew [mjuː] **I.** *n* Miauen *nt* **II.** *vi* miauen

mews [mjuːz] *npl* BRIT *Straße oder kleiner Platz, in dem sich früher Stallungen befanden, die jetzt zu Wohnhäusern umgebaut sind*

Mexican ['meksɪkən] **I.** *n* ① (*person*) Mexikaner(in) *m(f)* ② LING Nahuatl *nt* **II.** *adj* mexikanisch

Mexican stand off *n* AUS Pattsituation *f* **Mexican wave** *n* BRIT Welle *f fig* (*Zuschauerreaktion bei Sportveranstaltungen*)

Mexico ['meksɪkəʊ, AM -koʊ] *n* Mexiko *nt*

mezzanine ['metsəniːn, AM 'mez-] *n* ① ARCHIT Mezzanin *m o nt,* Zwischengeschoss *nt* ② AM THEAT erster Rang

mezzo soprano [ˌmetsəʊsə'prɑːnəʊ, AM -soʊsə'prænoʊ] *n* ① (*voice*) Mezzosopran *m* ② (*singer*) Mezzosopranistin *f*

mezzotint ['metsəʊtɪnθ, AM soʊ] *n* TYPO Mezzotinto *nt;* (*technique a.*) Schabkunst *f*

mg *n* <*pl* -> *abbrev of* **milligram** mg

MHz *n* <*pl* -> *abbrev of* **megahertz** MHz

MI5 [ˌemaɪ'faɪv] *n no art* BRIT *abbrev of* **military intelligence, section 5** MI 5 (*britischer Spionageabwehrdienst*)

MI6 [ˌemaɪ'sɪks] *n no art* BRIT *abbrev of* **military intelligence, section 6** MI 6 (*britischer Geheimdienst*)

miaow [ˌmiː'aʊ, AM mi'-] **I.** *n* Miauen *nt* **II.** *vi* miauen

miasma [mɪ'æzmə, AM maɪ'-] *n* ① (*fog*) Miasma *nt geh;* ~ **of pollution** Smog *m* ② (*fig: state*) Sumpf *m fig*

mic [maɪk] *n* AM (*fam*) *abbrev of* **microphone** Mikro *nt fam*

mica ['maɪkə] *n no pl* Glimmererde *f,* Muskovit *m*

mice [maɪs] *n pl of* **mouse**

Michaelmas ['mɪkəlməs] *n* ① (*in September*) Michael[i]stag *m* (*29. September*) ② (*day rent is due*) Michaelis[tag] *m,* Quartalszahltag *m* ③ (*law court sitting*) Michaelis[tag] *m;* (*law term*) Herbstsitzungsperiode *f*

mick *n* (*pej! sl*), **Mick** [mɪk] *n* (*pej! sl*) Ire, -in *m, f*

mickey ['mɪki] *n* BRIT, AUS (*fam*) **to take the** ~ **out of sb** jdn aufziehen *fam,* sich *akk* über jdn lustig machen; ***you're taking the*** ~ ***now, aren't you?*** du willst mich wohl auf den Arm nehmen, was?

Mickey *n* (*sl*), **Mickey Finn** [ˌmɪki'fɪn] *n* (*sl*) *mit Drogen versetztes Getränk;* **to slip sb a** ~ jdm was in sein Getränk tun

Mickey Mouse *adj attr* (*pej fam*) Scherz- *fam;* ~ **company** Amateurfirma *f pej;* ~ **computer** Spielzeugcomputer *m pej fam;* **a** ~ **job** ein Witz *m* von einem Job *pej fam*

micro ['maɪkrə(ʊ), AM -roʊ] *n* (*fam*) *short for* **microcomputer** Mikrocomputer *m*

micro- [maɪkrəʊ, AM maɪkroʊ] *in compounds* mikro-

microbe ['maɪkrəʊb, AM -roʊb] *n* Mikrobe *f*

microbiological *adj inv* mikrobiologisch **microbiologist** *n* Mikrobiologe, -in *m, f* **microbiology** *n no pl* Mikrobiologie *f* **microbrew** *n* Bier *nt* aus einer kleinen Brauerei **microchip** *n* Mikrochip *m* **microcircuit** *n* ELEC Mikroschaltung *f* **microclimate** *n* Mikroklima *nt* **microcomputer** *n* (*dated*) Mikrocomputer *m* **microcosm** *n* Mikrokosmos *m* **microcredit** *n* FIN Mikrokredit *m,* Kleinkredit *m* **microdot** *n* ① (*photograph*) Mikrobild *nt* ② (*drug*) LSD-Tablette *f* **microeconomics** *n + sing vb* Mikroökonomie *f* **microelectronics** *n + sing vb* Mikroelektronik *f* **microfiche** *n* Mikrofiche *nt o m* **microfiche reader** *n* Mikrofichelesegerät *nt* **microfilm I.** *n* Mikrofilm *m* **II.** *vt* ■**to** ~ **sth** etw auf Mikrofilm aufnehmen **microfilm reader** *n* Mikrofilmlesegerät *nt* **microgram** *n* Mikrogramm *nt* **microlight** *n,* **microlite** *n* Ultraleichtflugzeug *nt* **microloan** *n* FIN Mikrokredit *m,* Kleinkredit *m*

micrometer¹ [maɪ'krɒmɪtəʳ, AM -'krɑːmɪṭɚ] *n* (*measuring device*) Mikrometer *nt*

micrometer² *n* AM *see* **micrometre**

micrometre ['maɪkrəʊˌmiːtəʳ], AM **micrometer** [-kroʊˌmiːṭɚ] *n* Mikrometer *m*

micromini *n* FASHION Supermini *m*

micron ['maɪkrɒn, AM -krɑːn] *n* (*dated*) Mikron *nt veraltet*

microorganism [ˌmaɪkrəʊ'ɔːgənɪzəm] *n* Mikroorganismus *m* **microphone** *n* Mikrofon *nt;* **to speak into a** ~ in ein Mikrofon sprechen **microprocess** *vt* ■**to** ~ **sth** etw mit dem Computer entwerfen **microprocessor** *n* Mikroprozessor *m* **microradio station** *n* Funkamateursender *m*

microscope ['maɪkrəskəʊp, AM -skoʊp] *n* Mikroskop *nt;* **to examine/look at sth under a** ~ etw unter einem Mikroskop untersuchen/betrachten; **to put sth under the** ~ (*fig*) etw unter die Lupe nehmen *fig*

microscopic [ˌmaɪkrə'skɒpɪk, AM -'skɑːp-] *adj* ① (*fam: tiny*) winzig, mikroskopisch klein *hum;* **to look at sth in** ~ **detail** etw haargenau prüfen *fam* ② (*visible with microscope*) *algae, creature* mikroskopisch klein ③ (*using microscope*) *analysis, examination* mikroskopisch

microscopically [ˌmaɪkrə'skɒpɪkəli, AM -'skɑːp-] *adv* ① (*fam: extremely*) winzig; ~ **small** winzig klein ② (*in detail*) genauestens ③ (*under microscope*) mikroskopisch; ~ **visible** nur unter dem Mikroskop sichtbar

microscopy [maɪ'krɒskəpi, AM -'krɑːs-] *n no pl* Mikroskopie *f*

microsecond *n* Mikrosekunde *f* **microsurgery** *n no pl* Mikrochirurgie *f*

microwavable *adj esp* AM, AUS *see* **microwaveable**

microwave I. *n* ① (*oven*) Mikrowellenherd *m,* Mikrowelle *f;* **to put sth in the** ~ etw in die Mikrowelle stellen ② (*wave*) Mikrowelle *f* **II.** *vt* ■**to** ~ **sth** etw in der Mikrowelle erwärmen

microwaveable ['maɪkrə(ʊ)weɪvəbl, AM -kroʊ-] *adj inv* ① (*cookable*) in der Mikrowelle erwärmbar ② (*usable*) mikrowellenbeständig

mid [mɪd] *prep* (*liter*) *see* **amid**[**st**]

mid- [mɪd] *in compounds* (*with months*) **in ~-April/August/December** Mitte April/August/Dezember; **the ~-thirties/fifties/nineties** Mitte der dreißiger/fünfziger/neunziger Jahre; ***he's in his ~thirties*** er ist Mitte dreißig; ***they're predicting temperatures in the ~-twenties*** sie haben Temperaturen um 25 Grad vorausgesagt

midair [ˌmɪd'eəʳ, AM -'er] **I.** *n no pl* **in** ~ (*in air*) in der Luft; (*in airplane*) während des Fluges; **to catch sth** [**in**] ~ etw aus der Luft schnappen **II.** *adj attr, inv* in der Luft *nach n;* **a** ~ **collision** eine Kollision in der Luft; ~ **refuelling** [*or* AM *usu* **refueling**] Luftbetankung *f*

Midas Touch ['maɪdəs,-] *n no pl* **to have the** [*or* **a**] ~ alles zu Gold machen können, eine glückliche Hand haben

midbrain *n* Mittelhirn *nt* **mid-conversation** *adv inv* mitten im Gespräch **midday I.** *n no pl* Mittag *m;* **at** ~ mittags, um die Mittagszeit **II.** *n modifier* (*break, meal, sun*) mittäglich, Mittags-

midden ['mɪdən] *n* Misthaufen *m*

middle ['mɪdl] **I.** *n* ① (*centre*) Mitte *f; of fruit, nuts* Innere[s] *nt;* (*centre part*) *of book, film, story* Mittelteil *m;* **the** ~ **of the earth** das Erdinnere ② (*in time, space*) mitten; **in the** ~ **of the road/room/table** mitten auf der Straße/im Zimmer/auf dem Tisch; **in the** ~ **of the afternoon/morning** mitten am Nach-

M

mittag/Morgen; **in the ~ of the night** mitten in der Nacht; **in the ~ of nowhere** (*fig*) am Ende der Welt, mitten im Nirgendwo; **in the ~ of summer/March** mitten im Sommer/März; **in the ~ of 1985/the century** Mitte 1985/des Jahrhunderts; **to be in one's ~ forties/sixties** in den Mittvierzigern/-sechzigern sein; (*busy with*) **to be in the ~ eating/cooking/writing a letter** mitten dabei sein zu essen/kochen/einen Brief zu schreiben; **to be in the ~ of an argument/a project** mitten in einer Diskussion/einem Projekt sein ❸ (*fam: waist*) Taille *f;* **to be large/small around the ~** breit/schmal um die Taille sein; (*belly*) Bauch *m* ❹ (*between things*) Mitte *f;* ***she parts her hair in*** [*or* ***down***] ***the ~*** sie trägt einen Mittelscheitel; ***cut the piece of cake in the ~!*** schneide das Stück Kuchen in der Mitte durch!; **to divide** [*or* **split**] **sth** [**right**] **down the ~** etw halbieren; ***let's split the cost right down the ~!*** lass uns die Kosten teilen!; ***the issue of a single European currency divided the country down the ~*** das Problem einer einheitlichen europäischen Währung spaltete das Land **II.** *adj attr, inv* mittlere(r,s) ▶ PHRASES: **to steer the ~ course, to take the ~ path** [*or* **way**] den Mittelweg gehen [*o* wählen]

middle age *n no pl* mittleres Alter; **to be of ~** mittleren Alters sein; **to have reached ~** ein mittleres Alter erreicht haben; **in ~** *after n* mittleren Alters **middle-aged** *adj inv* mittleren Alters *nach n* **Middle Ages** *n* ■**the ~** *pl* das Mittelalter; **to still be living in the ~** (*fig*) noch im Mittelalter leben **middle-age spread** *n no pl* (*hum fam*) Fülligkeit *f,* Altersspeck *m fam* **Middle America** *n* ❶ (*sector of society*) [konservative] amerikanische Mittelschicht ❷ (*Latin America*) Mittelamerika *nt,* Zentralamerika *nt* ❸ (*in USA*) Mittelwesten *m* **Middle American I.** *adj* amerikanisch konservativ **II.** *n* konservativer Amerikaner/konservative Amerikanerin **middlebrow** (*pej*) **I.** *adj* für den [geistigen] Durchschnittsmenschen **II.** *n* [geistiger] Durchschnittsmensch **Middle C** *n* MUS eingestrichenes C **middle class** *n* ❶ (*with average income*) Mittelstand *m;* **lower/upper ~** unterer/gehobener Mittelstand ❷ (*as a whole*) ■**the ~** [*or* **the ~es**] die Mittelschicht, der Mittelstand **middle-class** *adj* Mittelstands-, mittelständisch; (*pej*) spießig *pej* **middle distance** *n* ❶ ART ■**the ~** der Mittelgrund ❷ SPORTS Mittelstrecke *f,* Mittelstreckenlauf *m* **middle-distance runner** *n* Mittelstreckenläufer(in) *m(f)* **middle ear** *n* Mittelohr *nt;* **infection of the ~** Mittelohrentzündung *f* **Middle East** *n* ■**the ~** der Nahe Osten **Middle Eastern** *adj* Nahost-, nahöstlich **Middle England** *n* die [konservative] englische Mittelschicht **Middle English** *n* LING Mittelenglisch *nt* **middle finger** *n* Mittelfinger *m;* **to give** [*or* **show**] **sb the ~** jdm den Mittelfinger [*o sl* Stinkefinger] zeigen **middle ground** *n* ❶ ART ■**the ~** der Mittelgrund ❷ (*fig: compromise*) Kompromiss *m* **Middle High German** *n* LING Mittelhochdeutsch *nt* **middle-income** *adj attr person, family* mit mittlerem Einkommen *nach n;* **the ~ bracket** die mittlere Einkommensstufe **Middle Low German** *n* LING Mittelniederdeutsch *nt* **middleman** *n* ❶ ECON (*person*) Zwischenhändler(in) *m(f);* (*wholesaler*) ■**the ~** der Zwischenhandel ❷ (*in disagreement*) Mittelsmann *m;* **to play the ~** den Mittelsmann spielen **middle management** *n no pl* mittlere Unternehmensführung **middle manager** *n* mittlere Führungskraft **middle name** *n* zweiter Vorname; ***service is our ~*** (*fig*) wir sind der Service in Person **middle-of-the-road** *adj* ❶ (*moderate*) *opinions, views* gemäßigt ❷ (*pej: boring*) *film, music* mittelmäßig, anspruchslos **middle price** *n* STOCKEX Einheitskurs *m* **middle-ranking** *adj attr, inv* von mittlerem Rang *nach n;* **~ manager** mittlere Führungskraft; **to be a ~ minister** einen mittleren Ministerposten innehaben; **~ officer** MIL Offizier *m* mittleren Ranges **middle school** *n* BRIT *Übergangsschule für Schüler im Alter von 9–13 Jahren;* AM *Übergangsschule für Schüler im Alter von 12 und 13 Jahren;* **middle-sized** *adj* mittelgroß **middleweight** *n* SPORTS ❶ *no pl* (*category*) Mittelgewicht *nt* ❷ (*boxer*) Mittelgewichtler(in) *m(f);* **to fight as a ~** im Mittelgewicht boxen **middleweight champion** *n* Meister(in) *m(f)* im Mittelgewicht **Middle West** *n no pl* AM ■**the ~** der Mittelwesten

middling ['mɪdlɪŋ] *adj inv* (*fam*) ❶ (*average*) mittlere(r,s); **to be of ~ height/weight** mittlerer Größe/mittleren Gewichts sein; (*moderate*) gemäßigt ❷ (*not very good*) mittelmäßig; **fair to ~** gut bis mittelmäßig ❸ (*persons health*) einigermaßen; ***how are you? — oh, ~*** wie geht es dir? – ach, so lala

Middx *n abbrev of* **Middlesex**

middy ['mɪdi] *n* AUS (*sl: amount*) *durchschnittliche Biermenge, die von Ort zu Ort variieren kann;* (*beer glass*) *Glas, das diese Menge Bier enthält*

Mideast ['mɪdi:st] *n* AM (*Middle East*) ■**the ~** der Nahe [*o* Mittlere] Osten

midfield ['mɪdfi:ld] *n* ❶ (*area on sports field*) Mittelfeld *nt;* [**to play**] **in ~** im Mittelfeld [spielen] ❷ (*team members*) Mittelfeld *nt*

midfielder ['mɪd,fi:ldəʳ, AM -ɚ] *n* Mittelfeldspieler(in) *m(f)*

Midgard ['mɪdgɑ:d, AM -gɑ:rd] *n* Midgard *m*

midge [mɪdʒ] *n* ❶ (*insect*) [kleine] Mücke ❷ (*fam: nickname*) der/die Kleine

midget ['mɪdʒɪt] **I.** *n* (*dwarf*) Liliputaner(in) *m(f);* (*child*) Knirps *m fam,* Zwerg *m hum* **II.** *adj attr, inv* (*small*) winzige(r,s), Mini-; **~ submarine** Mini-U-Boot *nt;* CAN (*for children*) **~ sports** Kindersport *m*

midi ['mɪdi] *n* ❶ (*clothing in general*) Midi *nt* ❷ (*skirt*) Midi *m*

MIDI *n* COMPUT *abbrev of* **musical instrument digital interface** MIDI

midibus ['mɪdibʌs] *n* AM mittelgroßer Bus

midiron [,mɪd'aɪən, AM -ɚn] *n* SPORTS (*golf club*) mittleres Eisen

MIDI system [,mɪdi'sɪstəm] *n short for* **musical instrument digital interface system** Midi-Anlage *f*

midland ['mɪdlənd] *adj attr, inv* Mittel-

Midlands ['mɪdləndz] BRIT **I.** *n* ■**the ~** *pl* Mittelengland *nt kein pl* **II.** *adj inv, attr* mittelenglisch

mid-life crisis *n* Midlifecrisis *f,* Midlife-Crisis *f;* **to go through a ~** eine Midlife-Crisis durchmachen **mid-market** *adj* in der mittleren Preisklasse *nach n* **mid-month accounts** *npl* ECON Medioabrechnungen *fpl fachspr* **midmorning I.** *n* später Vormittag; **during** [*or* **in**] **the ~** am späten Vormittag; **until ~** bis zum späten Vormittag **II.** *n modifier* (*appointment, cup of coffee, snack, tv programme*) am späten Vormittag *nach n* **III.** *adv inv* am späteren Vormittag **midnight I.** *n no pl* Mitternacht *f;* **at ~** um Mitternacht **II.** *n modifier* (*call, film, snack, walk*) Mitternachts-, mitternächtliche(r,s); **~ feast** BRIT Mitternachtsimbiss *m* **midnight blue I.** *n* Nachtblau *nt* **II.** *adj* nachtblau **midnight sun** *n* Mitternachtssonne *f* **midpoint** *n usu sing* Mittelpunkt *m;* MATH Mittelwert *m* **mid-range** *adj inv* mittlere(r,s); **~ price/quality** mittlere Preis-/Qualitätsklasse

midriff ['mɪdrɪf] *n,* AM *also* **midsection** *n* Taille *f*

mid-sentence *adv* (*fam*) mitten im Satz

midshipman ['mɪdʃɪpmən] *n* BRIT (*officer*) Leutnant *m* zur See; AM (*cadet*) Seeoffiziersanwärter *m*

midships ['mɪdʃɪps] *adv* mittschiffs

mid-size(d) *adj inv* mittelgroß

midst [mɪdst] **I.** *n no pl* (*presence*) ***he was lost in their ~*** er kam sich unter ihnen verloren vor; ***I am honored to be in your ~ this evening*** ich bin geehrt, heute Abend in eurer Mitte zu sein; (*in middle of*) **in the ~ of a forest/rainstorm/heavy traffic** inmitten eines Waldes/Regensturms/starken Verkehrs; **in the ~ of chaos/a crisis** mitten im Chaos/in einer Krise; **in the ~ of sb's troubles** zu allem Unglück von jdm; (*busy with*) **to be in the ~ of an discussion/meeting** gerade mitten in einer Diskussion/Sitzung sein **II.** *prep* (*old liter*) *see* **amid(st)**

midstream I. *n no pl* ■**in ~** in der Flussmitte; (*fig*) auf halber Strecke, mittendrin **II.** *adv inv* in der Flußmitte; (*fig*) mittendrin; **to interrupt sb ~** jdm ins Wort fallen **midsummer I.** *n no pl* Hochsommer *m* **II.** *n modifier* (*heat, holiday, sun*) Sommer- ▶ PHRASES: **~ madness** heller Wahnsinn *fam* **Midsummer('s) Day** *n* Johannistag *m* **midterm I.** *n* ❶ *no pl* (*mid-point*) *of political office* Halbzeit *f* der Amtsperiode; *of school year* Schulhalbjahr *nt; of pregnancy* Hälfte *f* der Schwangerschaftszeit; UNIV *of semester* Semesterhälfte *f; of trimester* Trimesterhälfte *f* ❷ AM (*midterm exams*) ■**~s** *pl* Halbjahresprüfungen *fpl* **II.** *adj inv* **~ elections** Zwischenwahlen *fpl;* **~ resignation** vorzeitiger Rücktritt; **~ exams** UNIV *Prüfungen in der Mitte eines Schuljahres/Semesters* **midtown** *n* AM *Geschäftsviertel in amerikanischen Großstädten* **midway I.** *adv* [,mɪd'weɪ] *inv* auf halbem Weg; ***this fruit has a unique taste ~ between a pear and an apple*** diese Frucht hat einen einzigartigen Geschmack, halb Birne und halb Apfel; ***~ through the film the projector broke*** mitten im Film ging der Projektor kaputt **II.** *adj* [,mɪd'weɪ] *attr, inv* auf halbem Weg **III.** *n* ['mɪdweɪ] AM *Mittelweg einer Ausstellung oder eines Jahrmarktes, an dem sich die Hauptattraktionen befinden* **midweek I.** *n no pl* Wochenmitte *f;* **by ~** bis Mitte der Woche **II.** *n modifier* (*deadline, meeting, sale, update*) Mitte der Woche *nach n* **III.** *adv* mitten in der Woche; ***I'll be home ~*** Mitte der Woche bin ich wieder zu Hause **Midwest** *n no pl* AM ■**the ~** der Mittelwesten **Midwestern** [,mɪd'westən, AM ɚn] *adj inv* (*of the USA*) des Mittelwestens *nach n;* **~ Europe** zentrales Westeuropa

midwife ['mɪdwaɪf] *n* Hebamme *f*

midwifery [mɪd'wɪfəri, AM -ɚi] *n no pl* Geburtshilfe *f*

midwinter I. *n no pl* Mitte *f* des Winters; (*winter solstice*) Wintersonnenwende *f* **II.** *adj attr, inv* mittwinterlich

mien [mi:n] *n* (*liter*) Miene *f,* Gebaren *nt liter*

miff [mɪf] *n* (*fam*) kleine Auseinandersetzung, Reiberei *f fam* (**over** über +*akk*)

miffed [mɪft] *adj pred* (*fam*) verstimmt, verärgert; ***she was ~ that ...*** sie ärgerte sich darüber, dass ...; **to get ~ at sth** sich *akk* über etw *akk* ärgern

miffy ['mɪfi] *adj* (*easily offended*) schnell verärgert, leicht eingeschnappt *fam;* (*easily irritated*) reizbar

might¹ [maɪt] **I.** *pt of* **may II.** *aux vb* ❶ (*expressing possibility*) ***that old bridge ~ be dangerous*** die alte Brücke könnte gefährlich sein; ***I ~ go to the cinema tonight*** vielleicht gehe ich heute Abend ins Kino; (*could*) ***someone phoned at six, it ~ have been him*** um sechs rief jemand an, das könnte er gewesen sein; (*will be able to*) ***he is closing his door so that he ~ have a little peace and quiet*** er schließt seine Tür, damit er etwas Ruhe hat; ***let's not answer the phone so that we ~ talk undisturbed*** lass uns nicht ans Telefon gehen, damit wir ungestört reden können; (*expressing probability*) ***if he keeps studying so hard he ~ even get a first in his final exams*** wenn er weiterhin so hart lernt, könnte er sogar der Beste bei den Abschlussprüfungen werden ❷ (*conceding a fact*) ***the village ~ be in the middle of nowhere but I like such places*** das Dorf kann ruhig mitten im Nirgendwo sein, ich mag solche Orte; ***Leeds ~ be an excellent team, but ...*** Leeds mag eine hervorragende Mannschaft sein, aber ... ❸ *esp* BRIT (*form: polite form of may*) ***~ I ...?*** dürfte ich [vielleicht] ...?; ***~ I ask a question?*** dürfte ich eine Frage stellen?; ***how ~ I help you?*** wie kann ich Ihnen behilflich sein?; (*when offended*) ***~ I ask what you think you're doing in my seat?*** könnten Sie mir vielleicht sagen, was sie auf meinem Sitz zu suchen haben?; ***and who ~ you be?*** und was glaubst du wohl, wer du bist? ❹ (*form: making a suggestion*) ***~ I*** [*or form* ***one***] ***make a suggestion?*** dürfte ich vielleicht einen Vorschlag machen?; ***I thought you ~ like to join me for dinner*** ich dachte, du hättest vielleicht Lust, mit mir zu Abend zu essen; (*unenthusiastically*) ***she ~ as well tell the truth — they'll find it out anyway*** sie könnte ebensogut die Wahrheit sagen – sie werden es ohnehin herausfinden ⑤ (*in reproachments*) **you ~ *have at least made an effort*** du hättest zumindest einen Versuch machen können; ***you ~ have told me about the job!*** du hättest mir eigentlich von dem Job erzählen müssen!; ***I ~ have known that you'd lie to me*** ich hätte es eigentlich wissen müssen, dass du mich anlügen würdest

might² [maɪt] *n no pl* ① (*authority*) Macht *f* ② (*strength*) Kraft *f;* MIL Stärke *f;* **with ~ and main** aus Leibeskräften; **with all one's ~** mit aller Kraft ▸ PHRASES: **~ is right** (*saying*) Macht geht vor Recht

might-have-beens *npl* (*fam*) verpasste Gelegenheiten *fpl*

mightily ['maɪtɪli, AM -ţ-] *adv* ① (*with effort*) mit aller Kraft [*o* Macht]; (*fig: majestically, imposingly*) gewaltig; **to fight** [*or* **struggle**] ~ erbittert kämpfen ② (*fam: extremely*) überaus, sehr; ***they were ~ drunk*** sie waren mächtig betrunken; ***we have improved ~*** wir haben uns stark verbessert

mightn't ['maɪtᵊnt] = **might not** *see* **might¹**

might've ['maɪtəv] = **might have** *see* **might¹**

mighty ['maɪti, AM -ţ-] **I.** *adj* ① (*powerful*) *river, dinosaur* gewaltig; *king, country* mächtig; *warrior, giant* stark; (*using strength*) *punch, kick, blow, heave* kraftvoll ② (*large in number*) *army, fleet* gewaltig **II.** *adv* AM (*fam*) sehr; ***that was ~ nice of you*** das war wirklich nett von dir

mignonette <*pl* – *or* -s> [ˌmɪnjə'net] *n* Reseda *f*

migraine ['miːgreɪn, AM 'maɪ-] *n* Migräne *f;* ▪ **~s** *pl* Migräneanfälle *mpl*

migrant ['maɪgrᵊnt] **I.** *n* ① (*person*) Zuwanderer, Zuwanderin *m, f;* (*for work*) Gastarbeiter(in) *m(f),* Wanderarbeiter(in) *m(f)* ② (*bird*) Zugvogel *m* **II.** *adj inv* **~ birds** Zugvögel *mpl;* **~ worker** Wanderarbeiter(in) *m(f);* (*in EU*) Gastarbeiter(in) *m(f)*

migrate [maɪ'greɪt, AM 'maɪgreɪt] *vi* ① (*change habitat*) wandern, umherziehen; **to ~ to the north/south** *birds* nach Norden/Süden ziehen ② (*move*) *populations, customers* abwandern; *cells, chemicals* gelangen (**into** in +*akk*)

migration [maɪ'greɪʃᵊn] *n* ① (*change of habitat*) Wanderung *f,* Migration *f fachspr; of birds* Zug *m; of fish* Wanderung *f* ② (*for work*) *people* Abwanderung *f;* (*permanent*) Umzug *m* ③ COMPUT Migration *f*

migratory ['maɪgrətᵊri, AM -tɔːri] *adj inv* ① *animals* Wander-, Migrations- *fachspr;* **~ bird** Zugvogel *m* ② (*of behaviour*) Wander-; **~ instinct** Wandertrieb *m;* **~ patterns** Migrationsverhalten *nt*

mihrab ['miːrɑːb] *n* REL Mihrab *m*

mike [maɪk] *n* (*fam*) *short for* **microphone** Mikro *nt fam*

miked [maɪkt] *adj attr* mit einem Mikro/mit Mikros ausgestattet, [mit Mikrofonen] verkabelt; ***our ~ colleagues*** unsere Kollegen, die mit uns über Mikrofon verbunden sind

mil [mɪl] *n abbrev of* **mililitre** ml

milage *n see* **mileage**

mild [maɪld] **I.** *adj* ① (*gentle*) *person* sanft; **to be of a ~ disposition** [*or* **manner**] ein sanftes Wesen haben; **~ soap/laundry detergent** schonende Seife/schonendes Waschmittel; (*not severe*) leicht; *criticism* schwach; **~ penalty** [*or* **punishment**] milde Strafe; **~ reproach** leiser Vorwurf; **with ~ shock/surprise** leicht geschockt/überrascht ② MED (*not strong*) leicht, schwach; **~ drug** schwaches Medikament; (*not serious*) *fever, infection* leicht; **a ~ case of pneumonia/the flu/measles** ein leichter Fall von Lungenentzündung/Grippe/Masern ③ *cheese, sauce, whiskey* mild; *cigarette* leicht ④ *weather, climate* mild; **~ breeze** sanfte Brise **II.** *n no pl* BRIT *mild schmeckendes, dunkles Bier*

mildew ['mɪldjuː, AM *esp* -duː] **I.** *n no pl* Schimmel *m;* (*on plants*) Mehltau *m* **II.** *vi* schimmeln; (*plants*) von Mehltau befallen sein

mildewed ['mɪldjuːd, AM *esp* -duːd] *adj inv* verschimmelt; BOT von Mehltau befallen

mildly ['maɪldli] *adv* ① (*gently*) leicht; *speak, mention, smile* sanft; *clean, disinfect* schonend; **to work ~** schonende Wirkung haben; (*not severly*) milde; **to punish sb ~** jdn milde bestrafen ② (*slightly*) *surprised, worried, annoyed* leicht ③ (*as an understatement*) **to put it ~** um es [mal] milde auszudrücken, gelinde gesagt; ***she got very annoyed, and that's putting it ~*** sie wurde sehr ärgerlich und das ist noch milde ausgedrückt

mild-mannered *adj* sanftmütig

mildness ['maɪldnəs] *n no pl* ① *of person* Sanftmut *f;* **~ of character** Sanftmütigkeit *f,* sanftes Wesen ② *of criticism, punishment, soap* Milde *f;* MED *of disease, symptoms* Leichtigkeit *f* ③ *of cheese, beer* Milde *f* ④ *of weather, breeze* Milde *f*

mile [maɪl] *n* ① (*distance*) Meile *f;* ***we could see for ~s and ~s*** wir konnten meilenweit sehen; **a nautical** [*or* **sea**] **~** eine Seemeile; **to be ~s away** (*fig*) meilenweit [*o* sehr weit] entfernt sein; **to be ~ from anywhere** [*or* **nowhere**] völlig abgeschieden sein; **to miss sth by a ~** etw meilenweit verfehlen ② (*fig fam: far from*) **to be ~s from apologizing/accepting a deal** meilenweit von einer Entschuldigung/einem Geschäftsabschluss entfernt sein; **to be ~s from the truth** weit von der Wahrheit entfernt sein; **to be better by ~s** [*or* **~s better**] bei weitem [*o* um Längen] besser sein; **to be a ~ off** meilenweit danebentreffen ③ (*fig fam: daydreaming*) **to be ~s away** meilenweit weg [*o* ganz woanders] sein ▸ PHRASES: **a ~ a <u>minute</u>** (*fam*) rasend schnell; **to go the <u>extra</u> ~** einen draufsetzen; **to <u>run</u> a ~** sich *akk* aus dem Staub machen, das Weite suchen; **to <u>see</u>** [*or* **<u>tell</u>**] [*or* **<u>spot</u>**] **sth a ~ off** etw drei Meilen gegen den Wind riechen; **to <u>stick</u>/<u>stand</u> <u>out</u> a ~** sehr auffallen [*o* auffällig sein]

mileage ['maɪlɪdʒ] *n no pl* ① (*petrol efficiency*) Kraftstoffverbrauch *m;* ***he gets bad/good ~ from his car*** sein Auto verbraucht viel/wenig Kraftstoff ② (*distance travelled*) Meilenstand *m;* ***what's the ~ of your car by now?*** wie viel hat dein Auto mittlerweile auf dem Tacho?; **unlimited ~** unbegrenzte Meilenanzahl ▸ PHRASES: **sth has <u>no</u> ~** [**in it**] (*fam*) etw bringt nichts

mileage allowance *n* Meilengeld *nt,* ≈ Kilometergeld *nt*

mileometer [maɪ'lɒmɪtəʳ] *n* BRIT, AUS AUTO Meilenzähler *m,* ≈ Kilometerzähler *nt*

milepost *n* Meilenpfosten *m;* (*fig*) Meilenstein *m fig*

miler ['maɪləʳ, AM ɚ] *n* (*fam*) *person* Meilenläufer(in) *m(f); horse* Meiler *m*

miles per hour *n* Meilen in der [*o* pro] Stunde

milestone *n* (*also fig*) Meilenstein *m a. fig*

mile-wide *adj inv* **a ~ smile** ein Grinsen von Ohr zu Ohr

milieu <*pl* -s *or* -x> ['miːljɜː, AM miːl'jɜː] *n* Milieu *nt*

militancy ['mɪlɪtᵊn(t)si, AM -tən-] *n no pl* Militanz *f*

militant ['mɪlɪtᵊnt, AM -tənt] **I.** *adj* militant **II.** *n* Kämpfer(in) *m(f);* POL militantes Mitglied; (*union member*) militanter Gewerkschafter/militante Gewerkschafterin; (*radical student*) militanter Student/militante Studentin

militantly ['mɪlɪtᵊntli, AM -tənt-] *adv* militant

militarily ['mɪlɪterɪli] *adv inv* militärisch; **to intervene ~** militärisch eingreifen

militarism ['mɪlɪtᵊrɪzᵊm, AM -tɚ-] *n no pl* Militarismus *m;* (*when overly agressive*) Kriegstreiberei *f*

militarist ['mɪlɪtᵊrɪst, AM -tɚ-] *n* Militarist(in) *m(f)*

militaristic [ˌmɪlɪtᵊr'ɪstɪk, AM -tə'rɪs-] *adj* militaristisch

militarize ['mɪlɪtᵊraɪz, AM -tər-] *vt* ▪ **to ~ sth** etw militarisieren

military ['mɪlɪtri, AM -teri] **I.** *n pl* ▪ **the ~** das Militär **II.** *n modifier* (*intervention, manoeuvres, operation, presence, power, spokesman*) Militär-, militärisch; **~ casualties** Kriegsopfer *ntpl;* **~ insignia** Militärabzeichen *ntpl;* **~ law** Militärstrafrecht *nt;* **~ march** MUS Militärmarsch *m;* (*fig*) (*attitude, discipline, order, precision, style*) militärisch, streng

military academy *n* ① (*for cadets*) Militärakademie *f* ② AM (*for pupils*) *sehr strenge Privatschule* **military adviser** *n* Militärberater(in) *m(f)* **military alliance** *n* Militärbündnis *nt* **military band** *n* Militärkapelle *f* **military base** *n* Militärbasis *f,* Militärstützpunkt *m* **military camp** *n* Militärlager *nt* **military forces** *npl* Streitkräfte *pl* **military government** *n* Militärregierung *f* **military honours** *npl* militärische Ehren **military-industrial complex** *n* militärisch-industrieller Komplex **military law** *n no pl* Militärstrafrecht *nt* **military police** *npl* ▪ **the ~** die Militärpolizei **military policeman** *n* Militärpolizist(in) *m(f)* **military science** *n no pl* Militärwissenschaft *f* **military service** *n no pl* Militärdienst *m,* Wehrdienst *m;* **to do ~** Militärdienst [*o* Wehrdienst] ableisten **military tribune** *n* LAW Militärgericht *nt*

militate ['mɪlɪteɪt] *vi* (*form*) ① (*oppose*) **to ~ against an argument/one's parents** gegen ein Argument/seine Eltern ankämpfen ② (*prevent*) ▪ **to ~ against sth** (*oppose*) sich *akk* gegen etw *akk* aussprechen; (*fig: discourage*) gegen etw *akk* sprechen

militia [mɪ'lɪʃə] *n* Miliz *f,* Bürgerwehr *f*

militiaman *n* Milizionär *m* **militiawoman** *n* Milizionärin *f*

milk [mɪlk] **I.** *n no pl* ① (*product of lactation*) Milch *f;* (*breastmilk*) Muttermilch *f;* (*in coconuts*) Kokosmilch *f;* **goat's/sheep's/cow's ~** Ziegen-/Schafs-/Kuhmilch *f;* **to be in ~** Milch absondern ② (*drink*) Milch *f;* **chocolate-flavoured** [*or* AM **-flavored**] **~** Schokoladenmilch *f;* **full fat** [*or* AM **whole**] **~** Vollmilch *f;* **long-life ~** haltbare Milch, H-Milch *f;* **semi-skimmed/skimmed ~** teilentrahmte/entrahmte Milch ▸ PHRASES: **~ <u>land</u> of ~ and <u>honey</u>** das Land, wo Milch und Honig fließt; **there's no use crying over <u>spilt</u>** [AM **spilled**] **~** (*saying*) was passiert ist, ist passiert; **the ~ of human <u>kindness</u>** die Milch der frommen Denk[ungs]art *liter* **II.** *n modifier* (*bottle, carton, product, production, processing*) Milch- **III.** *vt* ① (*get milk*) **to ~ a cow/goat/sheep** eine Kuh/Ziege/ein Schaf melken ② (*fig: exploit*) ▪ **to ~ sb/sth** jdn/etw melken [*o* schröpfen] *fam;* ▪ **to ~ sb/sth of sth** jdn/etw um etw *akk* erleichtern; ***the press ~ed them dry of all the information they could give*** die Presseleute zogen ihnen alle Informationen aus der Nase, die sie nur geben konnten; **to ~ a story** JOURN eine Story ausschlachten

milk and water *adj pred, inv,* **milk-and-water** *adj attr, inv* saft- und kraftlos **milk bar** *n* ① (*snack bar*) Milchbar *f* ② AUS (*shop*) Milchladen *m* **milk chocolate** *n no pl* Milchschokolade *f* **milk cow** *n* Milchkuh *f* **milk float** *n* BRIT Milchwagen *m* **milk-glass** *n no pl* Milchglas *nt*

milking machine *n* Melkmaschine *f* **milking stool** *n* Melkschemel *m*

milk loaf *n* BRIT *Brot, dessen Teig mit Milch angerührt ist* **milkmaid** *n* (*dated*) Milchmädchen *nt* **milkman** *n* Milchmann *m* **Milk of Magnesia®** *n no pl* PHARM Magnesiamilch *f* **milk powder** *n no pl* Milchpulver *nt* **milk pudding** *n no pl* BRIT Milchspeise *f* **milk round** *n* BRIT (*fam*) *Besuche, die Vertreter von Firmen britischen Universitäten abstatten, um den Studenten Orientierungshilfe bei der Berufswahl zu geben* **milk run** *n* tägliche Runde **milk shake** *n* Milchshake *m,* Milchmixgetränk *nt;* **strawberry ~** Erdbeermilchshake *m* **milksop** *n* (*pej*) Schlappschwanz *m pej sl* **milk sugar** *n no pl* Milchzucker *m,* Lactose *f fachspr* **milk tooth** *n* Milchzahn *m* **milk truck** *n* AM (*milk float*) Milchwagen *m* **milk white** *n* Milchweiß *nt* **milk-white** *adj* milchweiß, milchigweiß **milkwort** ['mɪlkwɜːt, AM -wɜːrt] *n* Kreuzblume *f*

milky ['mɪlki] *adj* ① (*with milk*) mit Milch *nach n;* **~ coffee/tea** Milchkaffee/-tee *m* ② (*not clear*) *glass, water* milchig; **~ skin** sanfte Haut; **~ eyes** trübe Augen

Milky Way *n no pl* ▪ **the ~** die Milchstraße

mill [mɪl] **I.** *n* ① (*building*) Mühle *f* ② (*machine*) Mühle *f;* **coffee/pepper ~** Kaffee-/Pfeffermühle *f* ③ (*factory*) Fabrik *f;* **cotton ~** Baumwollspinnerei *f;* **steel ~** Stahlfabrik *f,* Stahlwerk *nt;* **woollen** [*or* AM **woolen**] **~** Wollspinnerei *f* ▸ PHRASES: **to <u>put</u> sb through the ~** jdn in die Mangel nehmen *sl;* **to <u>go</u> through the ~** viel durchmachen müssen **II.** *vt*

❶ *(grind)* ■to ~ sth *grain* etw mahlen ❷ *(shape or cut metal)* to ~ **metal** Metall walzen; *(with milling machine)* Metall fräsen; to ~ **a coin** eine Münze rändeln

◆**mill about, mill around, mill round** *vi* BRIT umherlaufen; ***the crowd ~ed around the square*** die Menge schob sich über den Platz

milled [mɪld] *adj inv* ❶ *(ground)* gemahlen ❷ *(knurled)* gerändelt

millenarian [ˌmɪlə'neəriən, AM 'neri] *adj inv* millenaristisch, chiliastisch

millennia [mɪ'leniə] *n pl of* **millennium**

millennial [mɪ'leniəl] **I.** *adj inv* tausendjährig; ~ **anniversary** tausendjähriges Jubiläum; ~ **celebrations** Tausendjahrfeiern *fpl* **II.** *n* ■~s *pl demographische Bezeichnung für die Generation von Kindern, die zwischen 1974 und 1995 geboren sind*

millennium <*pl* -s *or* -nia> [mɪ'leniəm, *pl* -niə] **I.** *n* ❶ *(1000 years)* Jahrtausend *nt,* Millenium *nt geh;* **the new** ~ das neue Jahrtausend ❷ *(anniversary)* Jahrtausendfeier *f* ❸ REL *(reign of Christ)* Tausendjähriges Reich **II.** *n modifier* Milleniums-; **the ~ bug** COMPUT das Jahrtausendproblem *(Virus, der bei der Jahrtausendwende Störungen verursacht);* ~ **hype** Milleniumsspektakel *nt,* Milleniumsrummel *m*

Millennium Wheel *n no pl* BRIT ■**the** ~ das Millenium-Riesenrad

millepede ['mɪlɪpiːd] *n* Tausendfüßler *m*

miller ['mɪləʳ, AM -ɚ] *n (dated)* Müller(in) *m(f)*

millet ['mɪlɪt] *n no pl* Hirse *f*

milliampere [ˌmɪlɪ'æmpeəʳ, AM -pɪr] *n* ELEC Milliampere *nt*

milliard [ˌmɪli'ɑːd] *n* BRIT *(dated)* Milliarde *f*

millibar ['mɪlibɑːʳ, AM -bɑːr] *n* METEO Millibar *nt*

milligram AM, **milligramme** ['mɪlɪgræm] *n* Milligramm *nt*

milliliter ['mɪlɪˌliːt̬ɚ] AM, **millilitre** [-təʳ] *n* Milliliter *m*

millimeter ['mɪlɪˌmiːt̬ɚ] AM, **millimetre** [-təʳ] *n* Millimeter *m*

milliner ['mɪlɪnəʳ, AM -ɚ] *n (dated)* ❶ *(hat maker)* Hutmacher(in) *m(f),* Putzmacher(in) *m(f) veraltet* ❷ *(hat seller)* Hutverkäufer(in) *m(f)*

millinery ['mɪlɪnᵊri, AM -neri] *n (dated)* ❶ *no pl (industry)* Hutmacherhandwerk *nt,* Putzmacherhandwerk *nt veraltet* ❷ *(shop)* Hutladen *m,* Hutgeschäft *nt*

milling machine *n* Fräse *f,* Fräsmaschine *f*

million ['mɪljən] *n* ❶ *(1,000,000)* Million *f;* **a ~ pounds** eine Million Pfund; **eight ~ [people]** acht Millionen [Menschen]; **a half a ~** eine halbe Million ❷ *(fam: countless number)* ***I've already heard that story a ~ times*** diese Geschichte habe ich schon tausendmal gehört; ***you're going to make ~s on this deal*** du wirst Millionen an diesem Handel verdienen; **~s of people/houses/trees** Unmengen von Menschen/Häusern/Bäumen; **~s and ~s of years ago** vor Millionen und Abermillionen von Jahren ▶ PHRASES: **to feel/look like a ~ dollars** [*or* AM **bucks**] sich *akk* pudelwohl fühlen/aussehen, als ob man sich *akk* pudelwohl fühlt *fam;* **sb is one in a ~** jd ist etwas ganz Besonderes; **for the ~s** für die Masse

millionaire [ˌmɪljə'neəʳ, AM -ner] *n* Millionär *m;* **Dollar ~** Dollarmillionär(in) *m(f);* **paper ~** Aktienmillionär(in) *m(f)*

millionairess <*pl* -es> [ˌmɪljəneə'res, AM -jə'nerɪs] *n* Millionärin *f*

millionth ['mɪljən(t)θ] **I.** *adj inv* millionste(r,s); **[for] the ~ time** *(fig)* zum [hundert]tausendsten Mal **II.** *n* Millionstel *nt;* **a ~ of a second** eine millionstel Sekunde

millipede ['mɪlɪpiːd] *n* Tausendfüßler *m*

millisecond ['mɪlɪˌsekənd] *n* Millisekunde *f;* **in ~s** *(fig)* in null Komma nichts *fam;* **for ~s** für einen kurzen Moment

millpond *n* ❶ *(at a mill)* Mühlteich *m* ❷ *(calm water)* ruhiges Gewässer **mill race** *n* Mühlbach *m* **millstone** *n* Mühlstein *m;* **to be [like] a ~ around sb's neck** jdm wie ein Klotz am Bein sein **mill stream** *n* Mühlbach *f* **mill wheel** *n* Mühlrad *nt* **millwright** *n* Mühlenbauer(in) *m(f)*

milometer *n* BRIT *see* **mileometer**

milord [mɪ'lɔːd, AM 'lɔːrd] *n* HIST *(hum)* gnädiger Herr

milt [mɪlt] *n no pl* ZOOL Milch *f*

mime [maɪm] **I.** *n* ❶ *no pl (technique)* Pantomime *f;* **to be enacted in ~** pantomimisch dargestellt werden ❷ THEAT *(actor)* Pantomime, -in *m, f;* *(performance)* Pantomime *f;* *by ordinary person* Nachahmung *f* **II.** *vi* **to ~ to a song** zu einem Lied die Lippen bewegen **III.** *vt* ■**to ~ sth** THEAT etw pantomimisch darstellen; *(mimic)* etw mimen

mime artist *n* Pantomime, -in *m, f*

mimeograph ['mɪmiə(ʊ)grɑːf, AM -miəgræf] *(dated)* **I.** *n* ❶ *(machine)* Vervielfältigungsapparat *m* ❷ *(copy)* Vervielfältigung *f* **II.** *vt* **to ~ a document/letter/work sheet** ein Dokument/einen Brief/ein Arbeitsblatt vervielfältigen

mimetic [mɪ'metɪk, AM -t̬-] *adj inv* pantomimisch

mimetically [mɪ'metɪkli, AM -t̬-] *adv inv* pantomimisch; **to enact sth ~** etw pantomimisch darstellen

mimic ['mɪmɪk] **I.** *vt* <-ck-> ❶ *(imitate)* ■**to ~ sb/sth** jdn/etw nachahmen; *(when teasing)* jdn/etw nachäffen *pej* ❷ *(be similar)* ■**to ~ sth** *plant, animal* etw nachahmen; *drug, disease* etw ähneln [*o* gleichen] **II.** *n* Imitator(in) *m(f)*

mimicry ['mɪmɪkri] *n* ❶ *no pl* Nachahmung *f;* *(by plant, animal)* Mimikry *f fachspr;* *(by disease, drug)* Ähnlichkeit *f;* **a talent for ~** ein Talent dafür, andere nachzuahmen ❷ *(instance)* Nachahmung *f*

mimosa [mɪ'məʊzə, AM -'moʊsə, -zə] *n* Mimose *f*

min I. *n* ❶ *abbrev of* **minimum** min. ❷ *abbrev of* **minute** min; **in a ~** *(fam)* gleich **II.** *adj abbrev of* **minimum** min.

minaret [ˌmɪnə'ret] *n* Minarett *nt*

minatory ['mɪnətᵊri, AM -tɔːri] *adj attr (form)* drohend; ~ **behaviour** [*or* AM **behavior**] Drohverhalten *nt*

mince [mɪn(t)s] **I.** *vt* FOOD ■**to ~ sth** *meat* etw hacken; *(in grinder)* etw durch den Fleischwolf drehen; *garlic, onions* etw klein schneiden ▶ PHRASES: **to not ~ matters** nichts beschönigen; **to not ~ [one's] words** kein Blatt vor den Mund nehmen **II.** *vi* trippeln, tänzeln **III.** *n no pl* BRIT, AUS Hackfleisch *nt*

minced [mɪn(t)st] *adj inv lamb, beef* gehackt; *garlic, onions* klein geschnitten; ~ **meat** Hackfleisch *nt*

mincemeat ['mɪn(t)smiːt] *n no pl* BRIT *süße Gebäckfüllung aus Dörrobst und Sirup* ▶ PHRASES: **to make ~ of sb** *(fam: physically)* aus jdm Hackfleisch machen *fam;* *(verbally)* jdn zur Schnecke machen *fam* **mincemeat pie** *n* AM, **mince pie** *n* BRIT *Kuchen mit Füllung aus Dörrobst und Sirup*

mincer ['mɪn(t)səʳ, AM -ɚ] *n* Fleischwolf *m*

mincing ['mɪn(t)sɪŋ] *adj* ❶ *(not to the point)* ausweichend, indirekt ❷ *(affected)* ~ **walk** trippelnd gehen; ~ **steps** Trippelschritte *mpl*

mind [maɪnd] **I.** *n* ❶ *(brain, intellect)* Geist *m,* Verstand *m;* ***she's one of the greatest ~s of today*** sie ist einer der größten Köpfe unserer Zeit; ***it's a question of ~ over matter*** das ist eine reine Willensfrage; ***he's got the ~ of a four-year-old!*** er hat den Verstand eines Vierjährigen!; ***it was a triumph of ~ over matter*** hier war der Wille stärker; **in one's ~ eyes** vor seinem geistigen Auge; **frame of ~** seelische Verfassung; **a fine ~** ein großer Geist; **to have a good ~** einen klaren Verstand haben; **to have a logical ~** logisch denken können; **to the Victorian ~** nach der viktorianischen Denkweise; **to use one's ~** seinen Verstand gebrauchen ❷ *(sanity)* Verstand *m;* **to be in one's right ~** noch ganz richtig im Kopf sein; **to be out of one's ~** den Verstand verloren haben; **to drive sb out of his/her ~** jdn wahnsinnig machen; **to lose** [*or* **go out of**] **one's ~** den Verstand verlieren ❸ *(thoughts)* Gedanken *mpl;* ***the idea never entered my ~*** auf diesen Gedanken wäre ich gar nicht gekommen; ***it went out of my ~*** ich hab's vergessen; ***you put that out of your ~!*** das kannst du dir aus dem Kopf schlagen!; ***I can't get that song out of my ~*** das Lied will mir einfach nicht mehr aus dem Kopf gehen!; ***sorry, my ~ is on other things*** tut mir Leid, ich bin mit den Gedanken ganz woanders; **to be on one's ~** einen beschäftigen; ***you're always on my ~*** ich denke die ganze Zeit an dich; ***what's on your ~?*** woran denkst du?; ***what's on your ~!*** woran du nur wieder denkst!; **to be in the back of sb's ~** in jds Hinterkopf *m* sein; **to bear** [*or* **keep**] **sth in ~** etw nicht vergessen; **bearing in ~ that …** angesichts der Tatsache, dass …; **to bring** [*or* **call**] **sth to ~** *(remember)* sich *akk* etw in Erinnerung rufen; *(remind)* an etw *akk* erinnern; **to come** [*or* **spring**] **to sb's ~** jdm einfallen; **to have sb/sth in ~** an jdn/etw denken; ***did you have anything special in ~?*** dachten Sie an etwas Bestimmtes?; **to have a lot of things on one's ~** viele Sorgen haben; **to keep one's ~ on sth** *one's work* sich *akk* auf etw *akk* konzentrieren; **sth puts sb in ~ of sth** *esp* BRIT etw erinnert jdn an etw *akk;* **to put sb out of one's ~** jdn aus seinem Gedächtnis streichen; **to read sb's ~** jds Gedanken *pl* lesen; **to set one's ~ to do sth** sich *akk* auf etw *akk* konzentrieren; **to take sb's ~ off sth** jdn auf andere Gedanken bringen [*o* von etw *dat* ablenken] ❹ *(intention)* ***nothing could be further from my ~ than …*** nichts läge mir ferner als …; **to have in ~ to do sth** vorhaben, etw zu tun; **to know one's [own] ~** wissen, was man will; **to make up one's ~** sich *akk* entscheiden; ***my ~ is made up!*** ich habe einen Entschluss gefasst!; **to set one's ~ on sth** sich *dat* etw in den Kopf setzen ❺ *usu sing (opinion)* Meinung *f,* Ansicht *f;* ***to my ~ …*** meiner Meinung nach …; **to give sb a piece of one's ~** jdm seine Meinung sagen; **to be of the same ~** der gleichen Meinung [*o* derselben Ansicht] sein; ***I'm of the same ~ as you*** ich bin deiner Meinung; **to be in** [*or* **of**] **two ~s about sth** sich *dat* über etw *akk* nicht im Klaren sein; **to change one's ~** es sich *dat* anders überlegen; **to have a ~ of one's own** seinen eigenen Kopf haben ❻ *(inclination)* **to have half a [good] ~ to …** gute Lust haben, …; **to be of a ~ to do sth** *(form)* geneigt sein, etw zu tun ▶ PHRASES: **to be bored out of one's ~** sich *akk* zu Tode langweilen; **great ~s think alike** ah, ich sehe, wir verstehen uns! **II.** *vt* ❶ *(be careful of)* ■**to ~ sth** auf etw *akk* aufpassen; ~ ***that you don't bang your head*** [*or* ~ ***your head***] pass auf, dass du dir nicht den Kopf stößt; ~ ***your head*** Vorsicht mit dem Kopf!; ***here, ~, he said when she trod on his foot*** passen Sie doch auf, sagte er, als sie ihm auf den Fuß trat; ~ ***the step!*** Vorsicht Stufe!; ~ ***how you go*** pass doch auf!; *(as farewell)* pass auf dich auf!; ~ ***your language!*** *(dated)* pass auf, was du sagst! ❷ *(care about)* ■**to ~ sb** sich *akk* um jdn kümmern; ***don't ~ me*** kümmer dich nicht um mich; ***don't ~ what she says*** kümmer dich nicht darum, was sie sagt; ***and never ~ the expense*** und vergiss jetzt einfach mal die Kosten; ***never ~ them — what about me?*** was kümmern mich die – was ist mit mir?; ***never ~ her!*** vergiss sie doch einfach!; ***never ~ how you got there …*** ist doch egal, wie du da hinkamst, …; ~ ***your own business!*** kümmer dich um deine eigenen Angelegenheiten!; ***I don't ~ the heat*** die Hitze macht mir nichts aus!; ***I don't ~ what she does*** es ist mir egal, was sie macht! ❸ *(make certain)* ■**to ~ that …** denk daran, dass …; ~ ***you close the door when you leave*** vergiss nicht, die Tür zuzumachen, wenn du gehst; ~ ***you get this done before she gets home*** sieh zu, dass du damit fertig wirst, bevor sie nach Hause kommt ❹ *(look after)* ■**to ~ sb/sth** auf jdn/etw aufpassen; *(fig)* ***I'm ~ing the shop*** ich kümmere mich hier um den Laden *fam* ❺ *(fam: object)* ■**to not ~ sth** nichts gegen etw *akk* [einzuwenden] haben; ***would you ~ holding this for me?*** würden Sie das [kurz] für mich halten?; ***do you ~ my asking you a question?*** darf ich Ihnen eine Frage stellen?; ***do you ~ calling me a taxi?*** würde es dir was ausmachen, mir ein Taxi zu rufen?; ***do you ~ my smoking?*** stört es Sie, wenn ich rauche?; ***I don't ~ her*** ich habe nichts gegen sie; ***I wouldn't ~ a new car/a cup of tea*** gegen ein neues Auto/eine Tasse Tee hätte ich nichts einzuwenden!

► PHRASES: **to ~ one's p's and q's** sich *akk* gut benehmen; ~ you allerdings; ~ ***you, I'd love to have a cup of tea!*** also, gegen eine Tasse Tee hätte ich jetzt nichts einzuwenden!; ~ ***you, she did try*** immerhin hat sie es versucht! **III.** *vi* ① (*care*) sich *dat* etwas daraus machen; ***I don't*** ~ das ist mir egal; ***sometime I wish he ~ed a little more*** manchmal wünsche ich mir, dass es ihm ein bisschen mehr ausmachen würde; ***never ~!*** [ist doch] egal!; ***never ~, I'll do it myself!*** vergiss es, ich mach's selbst!; ***never ~, one day ...*** mach dir nichts draus – eines Tages ...; ***never ~ about that mistake*** vergiss den Fehler einfach!; ***never ~ about that now*** vergiss das jetzt mal; ***never ~ about her — what about you?*** jetzt vergiss sie doch mal – was ist mit dir?; ***never you ~!*** jetzt kümmer dich mal nicht drum! ② (*object*) etwas dagegen haben; ***do you ~ if I ...?*** stört es Sie, wenn ich ...?; ***do you ~!*** (*don't!*) ich muss doch sehr bitten!; (*may I?*) darf ich?; ***nobody will ~*** das wird niemanden stören; ***if you don't ~ ...*** wenn du nichts dagegen hast, ...; ***if you don't ~ me saying so, ...*** ich hoffe, es macht dir nichts aus, dass ich dir das jetzt sage, aber ...; ***I don't ~ if I do*** ich hätte nichts dagegen ► PHRASES: never ~ ... geschweige denn ...

◆**mind out** *vi* BRIT aufpassen; ~ ***out!*** Vorsicht!

mind-altering *adj experience, drug* bewusstseinsverändernd **mind-bending** *adj* (*fam*) *puzzle* knifflig **mind bent** *n no pl* Überzeugung *f,* Bewusstsein *nt* **mind-blowing** *adj* (*sl*) irre *fam* **mind-boggling** *adj* (*fam*) irrsinnig *fam,* verrückt **mind candy** *n* AM (*sl*) seichte Unterhaltung **mind control** *n no pl* Gehirnwäsche *f*

minded ['maɪndɪd] *adj pred* ① (*inclined*) ***if you are so ~, ...*** wenn dir der Sinn danach steht, ...; **to be mathematically/scientifically** ~ mathematische/wissenschaftliche Neigung haben ② (*enthusiastic*) begeistert; ***she's very car ~*** sie ist ein absoluter Autonarr; **to be romantically** ~ romantisch veranlagt sein

minder ['maɪndər, AM -ər] *n* ① *esp* BRIT (*care-taker*) Aufpasser(in) *m(f)* ② (*bodyguard*) Leibwächter(in) *m(f)*

mind-expanding *adj* bewusstseinserweiternd

mindful ['maɪn(d)fəl] *adj pred* ① (*be concerned about*) **to be ~ of sb's feelings/condition** jds Gefühle/Zustand berücksichtigen [*o* bedenken]; ***ever ~ of her comfort, ...*** stets auf ihr Wohl bedacht, ...; **to be ever ~ of sb** stets für jdn Sorge tragen ② (*have understanding*) **to be ~ of the disadvantages/problems/risks** sich *dat* der Nachteile/Probleme/Risiken bewusst sein; **to be ~ of one's responsibilities** sich *dat* seiner Verantwortung bewusst sein

mind games *npl* psychologische Spielchen; **to play ~ with sb** jdn verunsichern

mindless ['maɪn(d)ləs] *adj* ① (*pointless*) sinnlos; ~ **gossip** sinnloser Klatsch; ~ **violence/jealousy** blinde Gewalt/Eifersucht ② (*not intellectual*) *job, talk, work* geistlos, stupide *pej geh; music, lyrics* anspruchslos; ***what's this ~ rubbish you're watching?*** was für einen Schund schaust du dir da an? ③ (*heedless*) hirnlos, ohne Verstand

mindlessly ['maɪn(d)ləsli] *adv* gedankenlos, ohne zu überlegen

mindlessness ['maɪn(d)ləsnəs] *n no pl* ① (*without consideration*) Gedankenlosigkeit *f* ② (*without a reason*) *of violence, destruction* Sinnlosigkeit *f*

mind-numbing *adj* langweilig **mind-numbingly** *adv* ~ **boring** furchtbar langweilig **mind reader** *n* Gedankenleser(in) *m(f)* **mindset** *n* Denkart *f,* Mentalität *f;* **a Victorian/midieval/1960s** ~ eine Denkweise wie in der viktorianischen Zeit/im Mittelalter/in den Sechzigern haben; **to be of a different/the same** ~ eine unterschiedliche/die gleiche Denkart haben

mine¹ [maɪn] *part poss* ① (*belonging to me*) meine(r,s); ***your skin is lighter than ~*** deine Haut ist heller als meine; ***you go your way and I'll go ~*** du gehst deines Weges, ich meines; **sth of ~** etw von mir; ***she's an old friend of ~*** sie ist eine alte Freundin von mir; ***that's a favourite joke of ~ but I try not to use it too often*** das ist ein alter Witz von mir, aber ich versuche, ihn nicht zu oft zu verwenden ② *det* (*old: my*) meine(r,s); ~ ***eyes/host*** meine Augen/mein Gastgeber

mine² [maɪn] **I.** *n* ① (*excavation*) Bergwerk *nt;* (*fig: valuable source*) Fundgrube *f;* **a diamond/copper** ~ eine Diamanten-/Kupfermine; **a coal** ~ eine Kohlengrube, Kohlenzeche; **to work in** [*or* **down**] **the ~s** unter Tage arbeiten ② MIL (*explosive*) Mine *f;* **to clear an area of ~s** ein Minenfeld räumen; **to plant** [*or* **lay**] **~s** Minen legen **II.** *vt* ① (*obtain resources*) **to ~ coal/iron/diamonds** Kohle/Eisen/Diamanten abbauen [*o* fördern]; **to ~ gold** Gold schürfen ② (*plant mines*) **to ~ an area** ein Gebiet verminen ► PHRASES: **to ~ a rich seam** [*or* **vein**] **of sth** sich *dat* etw zunutze machen **III.** *vi* **to ~ for coal/diamonds/silver/gold** nach Kohle/Diamanten/Silber/Gold graben

mine-detector *n* Minensuchgerät *nt* **minefield** *n* Minenfeld *nt;* (*fig*) gefährliches Terrain **mine-hunter** *n* NAUT Minensucher *m* **minelayer** *n* NAUT Minenleger *m*

miner ['maɪnər, AM -ər] *n* Bergarbeiter(in) *m(f)*

mineral ['mɪnərəl] **I.** *n* ① (*inorganic substance*) Mineral *nt* ② (*when obtained by mining*) [Gruben]erz *nt,* Mineral *nt* ③ (*in nutrition*) Mineral *nt;* **vitamins and ~s** Vitamine und Mineralien **II.** *n modifier* ~ **deposits** Erzlagerstätten *fpl;* ~ **resources** Bodenschätze *pl;* ~ **wealth** Reichtum *m* an Bodenschätzen; MED (*supplement, intake, level*) Mineralstoff-; ~ **deficiency** Mineralstoffmangel *m*

mineral jelly *n no pl* Vaselin *nt* **mineral kingdom** *n no pl* Mineralreich *nt*

mineralogical [ˌmɪnərə'lɒdʒɪkəl, AM -'lɑːdʒ-] *adj* mineralogisch

mineralogist [ˌmɪnər'ælədʒɪst, AM -ə'rɑːl-] *n* Mineraloge, -in *m, f*

mineralogy [ˌmɪnər'ælədʒi, AM -ə'rɑːl-] *n no pl* Mineralogie *f*

mineral oil *n* Mineralöl *nt* **mineral rights** *npl* Schürfrechte *pl*

minerals ['mɪnərəlz] *npl* BRIT (*dated*) *kohlensäurehaltige Limonadengetränke*

mineral spring *n* Mineralquelle *f* **mineral water** *n no pl* Mineralwasser *nt;* **carbonated/still** ~ kohlensäurehaltiges/stilles Mineralwasser

miner's right *n* AUS Abbaulizenz *f,* Schürflizenz *f* **mine shaft** *n* [Minen]schacht *m*

minestrone [ˌmɪnɪ'strəʊni, AM -'stroʊ-] *n,* **minestrone soup** *n no pl* Minestrone *f*

minesweeper *n* NAUT (*fam*) Minenräumer *m*

Ming [mɪŋ] *n no pl* ① (*dynasty*) Ming[-Dynastie] *f* ② (*porcelain*) Ming[-Porzellan] *nt*

mingle ['mɪŋgl] **I.** *vt usu passive* ■**to ~ sth and sth** etw mit etw *dat* mischen; ***excitement at starting a new job is always ~ed with a certain amount of fear*** Aufregung beim Beginn in einem neuen Job ist immer mit einer gewissen Portion Angst vermischt **II.** *vi* ① (*socialize*) sich *akk* untereinander vermischen; **to ~ with the guests** sich *akk* unter die Gäste mischen ② (*mix*) sich *akk* vermischen

mingy ['mɪndʒi] *adj esp* BRIT (*fam*) ① (*stingy*) *person* knaus[e]rig *fam,* knick[e]rig *fam* ② (*too small*) lumpig *fam,* mick[e]rig *fam;* **a ~ amount/portion** ein mickeriger Betrag/eine mickerige Portion

mini- ['mɪni] *in compounds* (*library, shop, doll's house*) Mini-

Mini ['mɪni] *n* AUTO, TRANSP (*small car*) Mini *m*

mini ['mɪni] *n* (*fam*) *short for* **miniskirt** Minirock *m*

miniature ['mɪnətʃər, AM -niətʃər] **I.** *adj attr, inv* Miniatur-; ~ **camera** Miniaturkamera *f* **II.** *n* ① (*painting*) Miniatur *f* ② (*bottle*) Miniflasche *f* ③ (*model*) Miniatur *f*

miniature golf *n no pl* Minigolf *nt* **miniature poodle** *n* Zwergpudel *m* **miniature railway** *n* Liliputbahn *f* **miniature submarine** *n* Mini-U-Boot *nt*

miniaturist ['mɪnətʃərɪst, AM iətʃərɪst] *n* Miniaturenmaler(in) *m(f)*

miniaturization [ˌmɪnətʃəraɪ'zeɪʃən, AM -niətʃərɪ'-] *n no pl of computers, mobil phones* Miniaturisierung *f*

miniaturized ['mɪnətʃəraɪzd, AM -niətʃər-] *adj inv* in klein; *computer, mobile phone* miniaturisiert; ~ **version** Miniaturausgabe *f*

minibar *n* Minibar *f* **minibus** *n* Kleinbus *m* **minicab** *n* BRIT Kleintaxi *nt* **minicam** *n* MEDIA *kleine Videokamera* **minicomputer** *n* Minicomputer *m* **Mini Disc**® *n* Mini Disk® *f* **minidisk** *n* COMPUT Miniplatte *f* **minigolf** *n* Minigolf *nt*

minim ['mɪnɪm] *n* BRIT, AUS MUS halbe Note

minima ['mɪnɪmə] *n* (*spec*) *pl of* **minimum**

minimal ['mɪnɪməl] *adj inv* minimal, Mindest-; **with ~ effort** mit möglichst wenig Anstrengung

minimalism ['mɪnɪməlɪzəm] *n no pl* ART, LIT Minimalismus *m*

minimalist ['mɪnɪməlɪst] ART, LIT **I.** *adj inv* minimalistisch **II.** *n* Minimalist(in) *m(f)*

minimally ['mɪnɪməli] *adv inv* minimal; ***the story was only ~ covered in the papers*** die Geschichte wurde in den Zeitungen nur am Rande erwähnt

minimization [ˌmɪnɪmaɪ'zeɪʃən, AM -mɪ'-] *n no pl* Minimierung *f*

minimize ['mɪnɪmaɪz] *vt* ① (*reduce*) ■**to ~ sth** etw auf ein Minimum [*o* Mindestmaß] beschränken, etw minimieren ② (*underestimate*) ■**to ~ sth** etw schlecht machen; (*play down*) etw bagatellisieren; **to ~ sb's feelings/concerns/anger** jds Gefühle/Sorgen/Ärger herunterspielen; (*belittle*) ■**to ~ sb** jdn herabsetzen ③ COMPUT ■**to ~ sth** etw auf Symbolgröße verkleinern [*o* minimieren]

minimum ['mɪnɪməm] **I.** *n* <*pl* -s *or* -ima> Minimum *nt;* **a ~ of 3 hours** mindestens 3 Stunden; **a ~ of effort/time/risk** ein Minimum an Aufwand/Zeit/Risiko; **to keep sth to a ~** etw so niedrig wie möglich halten; **to reduce sth to a ~** etw auf ein Minimum reduzieren **II.** *adj inv* ① (*lowest possible*) Mindest-; ~ **requirements** Mindestanforderungen *fpl* ② (*very low*) Minimal-, minimal; ~ **weight** Minimalgewicht *nt*

minimum security prison *n Gefängnis, dessen Insassen relativ viel Freiheit haben* **minimum wage** *n* Mindestlohn *m*

mining ['maɪnɪŋ] **I.** *n no pl* Bergbau *m* **II.** *adj attr, inv* Bergbau-, Bergwerks-

mining engineer *n* Bergbauingenieur(in) *m(f)* **mining industry** *n* Bergbauindustrie *f* **mining town** *n* Bergarbeiterstadt *f*

minion ['mɪnjən] *n* (*pej*) Speichellecker(in) *m(f) pej*

minipill *n* Minipille *f*

miniscule ['mɪnɪskjuːl] *adj* winzig

mini-series *n* TV Kurzserie *f,* Miniserie *f* **miniskirt** *n* Minirock *m*

minister ['mɪnɪstər, AM -ər] **I.** *n* ① (*in government*) Minister(in) *m(f);* **Cabinet** ~ Kabinettsminister(in) *m(f);* **defence** ~ Verteidigungsminister(in) *m(f)* ② (*diplomat*) Gesandte(r) *f(m),* Vertreter(in) *m(f)* ③ (*protestant priest*) Pfarrer(in) *m(f)* **II.** *vi* ① REL ■**to ~ to sb/sth** *pastor, priest* für jdn/etw sorgen ② (*be of service*) ■**to ~ to sb** jdm zu Diensten sein; (*take care of*) **to ~ to sb's needs** [*or* **wants**] sich *akk* um jdn kümmern ► PHRASES: **sb's ~ing angel** jds guter Engel

ministerial [ˌmɪnɪ'stɪəriəl, AM -'stɪr-] *adj inv* Minister-, Ministerial-, ministeriell; ~ **post** Ministerposten *m;* ~ **responsibilities** Aufgaben eines Ministers

Minister of State *n* BRIT ≈ Staatssekretär(in) *m(f)* **Minister of the Crown** *n* BRIT Kabinettsminister(in) *m(f)* **Minister without Portfolio** *n* BRIT Minister(in) *m(f)* ohne Portefeuille [*o* Geschäftsbereich]

ministrations [ˌmɪnɪ'streɪʃənz] *npl* (*liter or hum*) liebevolle Fürsorge

ministry ['mɪnɪstri] *n* ① (*in government*) Ministerium *nt;* ~ **of agriculture/defence/transport** Landwirtschafts-/Verteidigungs-/Verkehrsministerium *nt* ② POL (*period of government*) Amtszeit *f;* (*cabinet*) *das gesamte Ministerkollegium* ③ *no pl* (*priesthood*) ■**the ~** das Priestertum, der geistliche

M

Stand; **to go into the** ~ Priester werden; (*spiritual work*) *of a priest* priesterliche Pflichten ④ (*tenure as pastor*) geistliches Amt ⑤ (*care*) Sendungsbewusstsein *nt*

mini-system *n* MUS Ministereoanlage *f* **minivan** *n* Minivan *m*

mink [mɪŋk] **I.** *n* ① *no pl* (*animal*) Nerz *m;* (*fur*) Pelz *m* ② (*coat*) Nerz[mantel] *m* **II.** *n modifier* (*coat, collar, lining, stole*) Nerz-

Minn *n abbrev of* **Minnesota**

minnow [ˈmɪnəʊ, AM -noʊ] *n* ① (*fish*) Elritze *f* ② (*fig*) kleiner Fisch *fig fam*

Minoan [mɪˈnəʊən, AM -ˈnoʊ-] **I.** *adj* minoisch **II.** *n* ① (*person*) Minoer(in) *m(f)* ② (*language*) Minoisch *nt* ③ (*script*) Minoisch *nt*

minor [ˈmaɪnəʳ, AM -ɚ] **I.** *adj* ① (*small*) *detail, problem, criticism* nebensächlich; *character, plot* unbedeutend; *crime, violation* geringfügig; *improvement, repair* unwichtig; *accident, incident* leicht; *interest, hobby* klein; ~ **road** Nebenstraße *f;* ~ **alteration/tiff** kleine Veränderung/Meinungsverschiedenheit; **to be of** ~ **importance** von geringer Bedeutung sein; ~ **offence** [*or* AM **offense**] leichtes Vergehen ② (*low-ranking*) *official, supervisor* untergeordnet; (*not important*) unbedeutend; **a** ~ **author/composer/poet** ein unbedeutender Schriftsteller/Komponist/Poet; ~ **part** [*or* **role**] Nebenrolle *f;* (*fig*) untergeordnete Rolle ③ MED (*not serious*) leicht; ~ **injury** leichte Verletzung; ~ **operation** kleiner Eingriff ④ *inv* MUS Moll-; ~ **chord** Mollakkord *m;* ~ **key** Molltonart *f;* **a** ~ **note** ein Ton in Moll; **to end on a** ~ **note** (*fig*) mit einer traurigen Note enden; ~ **scale** Molltonleiter *f* ⑤ *after n* BRIT SCH (*for younger brother*) junior; ***Smith*** ~ Smith junior **II.** *n* ① (*underage person*) Minderjährige(r) *f(m)* ② MUS Moll *nt* ③ SPORTS (*minor leagues*) ■**the ~s** *pl* niedrige Klassen *fpl* ④ UNIV (*secondary study*) Nebenfach *m;* ***he has a literature major with a ~ in linguistics*** er studiert Literatur im Hauptfach mit Linguistik im Nebenfach **III.** *vi* UNIV **to** ~ **in biology/linguistics/math** Biologie/Linguistik/Mathematik im Nebenfach studieren

Minorca [mɪˈnɔːkə, AM -ˈnɔːr-] *n* Menorca *nt*

minority [maɪˈnɒrəti, AM -ˈnɔːrəṭi] **I.** *n* ① (*the smaller number*) Minderheit *f,* Minorität *f geh;* **in a** ~ **of cases** in wenigen Fällen; ~ **holding** [*or* **interest**] [*or* **stake**] ECON Minderheitsbeteiligung *f;* **a** ~ **of people** eine Minderheit; **to be in the** ~ in der Minderheit sein; **to be a** ~ **of one** eine einsame Ausnahme darstellen ② (*racial/ethnic group*) Minderheit *f* ③ LAW Minderjährigkeit *f* **II.** *n modifier* (*interests, party, protection, rights, vote*) Minderheiten-

minority government *n* POL Minderheitsregierung *f* **minority group** *n* Minderheit *f,* Minorität *f geh* **minority shareholder** *n* Minderheitsaktionär(in) *m(f)*

minor league *n* AM untere Klasse **minor orders** *npl* REL niedere Ränge [*o* Weihen] *pl* **minor planet** *n* kleiner Planet **minor premise** *n* PHILOS Untersatz *m* **minor prophet** *n* REL kleiner Prophet **minor term** *n* PHILOS Unterbegriff *m*

Minotaur [ˈmaɪnətɔːʳ, AM ˈmɪnətɔːr] *n* Minotaurus *m*

minster [ˈmɪnstəʳ, AM -ɚ] *n* Münster *nt*

minstrel [ˈmɪn(t)strᵊl] *n* (*hist: entertainer*) Spielmann *m;* (*singer*) Minnesänger *m*

minstrel show *n* AM (*dated*) *Tanz- und Musikshow mit schwarz geschminkten Darstellern*

mint¹ [mɪnt] **I.** *n* ① (*coin factory*) Münzanstalt *f,* Prägeanstalt *f;* ~ **of ideas** (*fig*) Ideenschmiede *f* ② (*fig fam: lots of money*) **to make/cost a** ~ einen Haufen Geld machen/kosten *fam;* **to be worth a** ~ Gold wert [*o* unbezahlbar] sein **II.** *vt* **to** ~ **money/a coin** Geld/eine Münze prägen; **to** ~ **gold/silver** Gold/Silber münzen; **to** ~ **a stamp** eine Briefmarke drucken; **to** ~ **a phrase** (*fig*) einen Satz prägen **III.** *adj attr, inv* (*fig*) nagelneu *fam;* ~ **coin** neu geprägte Münze; **a** ~ **copy** ein druckfrisches Exemplar; ~ **stamp** ungestempelte Briefmarke; **in** ~ **condition** in tadellosem Zustand

mint² [mɪnt] **I.** *n* ① *no pl* (*herb*) Minze *f* ② (*sweet*) Pfefferminz[bonbon] *nt* **II.** *n modifier* (*chocolate, flavouring, leaf*) Pfefferminz-

minted [ˈmɪntɪd] *adj inv* frisch gemacht

mint-flavored *adj* AM, **mint-flavoured** *adj* mit Pfefferminzgeschmack *nach n* **mint green** *adj* minzgrün **mint jelly** *n no pl* AM Minzgelee *nt* **mint julep** *n* AM *Cocktail aus Whiskey, Zucker, gestoßenem Eis und Minze* **mint sauce** *n no pl* Minzsoße *f* **mint tea** *n* Pfefferminztee *m*

minuet [ˌmɪnjuˈet] *n* Menuett *nt*

minus [ˈmaɪnəs] **I.** *prep* MATH minus *+gen;* ***what is 57 ~ 39?*** was ist 57 minus 39? **II.** *n* <*pl* -es> ① (*minus sign*) Minus[zeichen] *nt* ② (*disadvantage*) Minus *nt,* Manko *nt;* **to be in the** ~ FIN im Minus sein **III.** *adj attr, inv* ① (*disadvantage*) ~ **factor** ECON Negativfaktor *m,* Minus *nt;* ~ **point** Minuspunkt *m;* ECON ***the accounts show a ~ figure*** die Bücher weisen ein Minus auf ② (*number*) minus; ***two ~ one equals one*** MATH zwei minus eins gleich eins; ~ **ten Celsius** minus zehn Grad Celsius; **to be in** ~ **figures** im Minus sein; *account also* überzogen sein ③ *after n* SCH (*in grading*) **a B** ~ eine Zwei minus

minuscule [ˈmɪnəskjuːl, AM -nɪ-] **I.** *n* Kleinbuchstabe *m,* Minuskel *f fachspr* **II.** *adj* winzig

minus factor *n* Minus *nt,* Manko *nt,* Nachteil *m* **minus sign** *n* Minuszeichen *nt*

minute¹ [ˈmɪnɪt] **I.** *n* ① (*sixty seconds*) Minute *f;* ***it's 12:00 on*** [*or* ***to***] ***the*** ~ es ist genau [*o* Punkt] 12:00 Uhr; **this** ~ sofort ② (*short time*) Moment *m,* Minute *f;* ***wait here, I'll only be a ~!*** warte hier, ich bin gleich soweit!; [***wait***] ***just a ~!*** [*or* ***wait a ~!***] (*for delay*) einen Moment noch!; (*in disbelief*) Moment mal!; ***wait a ~ — did you just say …*** Moment mal – hast du gerade gesagt, dass …; (*when objecting*) ***wait a ~ — that's my bike you're taking!*** warte mal – das ist mein Fahrrad, das du da nimmst! ③ (*soon*) ***Mr. Smith will be here any ~ now*** Herr Smith wird jeden Augenblick hier sein; **at any** ~ jede Minute; **in a** ~, **in a few ~s** gleich, sofort ④ (*specific point in time*) Minute *f;* ***tell me the ~ that he arrives*** sag mir sofort Bescheid, wenn er kommt!; ***I disliked him the ~ I saw him!*** er war mir von ersten Augenblick an unsympathisch; **to do sth at the last** ~ etw in letzter Minute tun; **at the** ~ (*now*) im Moment [*o* Augenblick]; (*presently in general*) zur Zeit **II.** *adj attr, inv* Instant-; ~ **soup** Instantsuppe *f*

minute² [maɪˈnjuːt, AM *esp* -ˈnuːt] *adj* ① (*small*) winzig; **in** ~ **detail** bis ins kleinste Detail; **a** ~ **resemblance/similarity** eine entfernte Ähnlichkeit ② (*meticulous*) minuziös

minute hand *n* Minutenzeiger *m*

minutely [maɪˈnjuːtli, AM *esp* -ˈnuːt-] *adv* minuziös, bis ins kleinste Detail; **to describe sth** ~ etw ausführlich beschreiben

minuteman *n* AM (*hist*) *ein auf Abruf bereitgestandener Freiwilliger im Unabhängigkeitskrieg*

minutes [ˈmɪnɪts] *npl* Protokoll *nt;* **~s of order** Verfügungsentwurf *m;* **to do/take the** ~ Protokoll führen; **to read out the** ~ das Protokoll verlesen

minute steak *n* Minutensteak *nt*

minutiae [maɪˈnjuːʃiaɪ, AM mɪˈnuː-] *npl* nebensächliche Details; **the** ~ **of everyday life** die kleinen alltäglichen Dinge

minx [mɪŋks] *n* (*usu hum dated*) *woman* [kleines] Biest *fam*

Miocene [ˈmaɪə(ʊ)siːn, AM -oʊ-] **I.** *n* GEOL Miozän *nt fachspr* **II.** *adj* GEOL miozän *fachspr*

miracle [ˈmɪrəkl̩] *n* (*supernatural event*) Wunder *nt;* (*fig: surprising occurrence*) Wunder *nt;* ***it's a ~ that …*** es ist ein Wunder, dass …; ***it would be a ~ if …*** es wäre ein Wunder, wenn …; **a** ~ **of perfection/tidiness/engineering** ein Wunder an Perfektion/Sauberkeit/Technik; **to be a** ~ **of smallness** unglaublich klein sein; **to perform** [*or* **work**] **a** ~ ein Wunder vollbringen; ***don't expect me to work ~s*** erwarte keine Wunder von mir; **by some** ~ wie durch ein Wunder

miracle cure *n* Wunderheilung *f;* (*fig*) Wundermittel *nt* **miracle drug** *n* Wunderheilmittel *nt* **miracle play** *n* THEAT (*hist*) Mirakelspiel *nt fachspr* **miracle worker** *n* Wunderheiler(in) *m(f)*

miraculous [mɪˈrækjələs] *adj* wunderbar; **a** ~ **event** ein Wunder, etwas Wunderbares; **to make a** ~ **recovery** wie durch ein Wunder genesen

miraculously [mɪˈrækjələsli] *adv* wunderbarerweise, wie durch ein Wunder

mirage [ˈmɪrɑːʒ, AM mɪˈrɑːʒ] *n* Luftspiegelung *f,* Fata Morgana *f;* (*fig*) Trugbild *nt,* Illusion *f*

MIRAS [ˈmaɪræs] *n no pl* BRIT *acr for* **mortgage interest relief at source** *Steuerbegünstigungen bei der Zahlung von Zinsen einer Hypothek*

mire [maɪəʳ, AM maɪr] *n* ① (*swamp*) Sumpf *m,* Sumpfgebiet *nt* ② *no pl* (*mud*) Morast *m,* Schlamm *m* ③ (*fig: confusing situation*) Dickicht *nt,* Morast *m fig;* (*unpleasant situation*) Sumpf *m fig;* **to be deep in the** ~ tief in der Patsche [*o* Tinte] sitzen *fam*

mirror [ˈmɪrəʳ, AM -ɚ] **I.** *n* ① (*looking-glass*) Spiegel *m* ② (*fig: reflection*) Spiegelbild *nt fig;* ***this film is a ~ of modern society*** dieser Film spiegelt die moderne Gesellschaft wider ► PHRASES: **to hold a** ~ **to society** der Gesellschaft einen Spiegel vorhalten **II.** *vt* ① (*show reflection of*) ■**to** ~ **sth** etw widerspiegeln ② COMPUT ■**to** ~ **sth** etw abbilden [*o* spiegeln]

mirror finish *n* Hochglanz *m* **mirror glass** *n no pl* Spiegelglas *nt* **mirror image** *n* Spiegelbild *nt* **mirror writing** *n no pl* Spiegelschrift *f*

mirth [mɜːθ, AM mɜːrθ] *n no pl* (*merriment*) Fröhlichkeit *f;* (*laughter*) Heiterkeit *f;* **to be a source of** [**considerable**] ~ [große] Heiterkeit hervorrufen

mirthful [ˈmɜːθfᵊl, AM ˈmɜːrθ-] *adj* fröhlich; ~ **mood** heitere Stimmung

mirthless [ˈmɜːθləs, AM ˈmɜːrθ-] *adj* freudlos; ~ **eyes** trauriger Blick; ~ **childhood** unglückliche Kindheit

mirthlessly [ˈmɜːθləsli, AM ˈmɜrθ] *adv* freudlos

miry [ˈmaɪ(ə)ri] *adj* sumpfig; (*fig*) *writing* wirr

misaddress [ˌmɪsəˈdres] *vt* ① (*wrongly adress*) **to** ~ **a letter/package** einen Brief/ein Paket falsch adressieren ② (*call by wrong title*) ■**to** ~ **sb** jdn falsch anreden [*o* ansprechen]

misadventure [ˌmɪsədˈventʃəʳ, AM -ɚ] *n* ① (*form, liter: unlucky event*) Missgeschick *nt* ② *no pl* (*bad luck*) Pech *nt;* **due to** ~ unglücklicherweise ③ BRIT LAW (*unintentional act*) **death by** ~ Tod durch Unfall; **homicide by** ~ fahrlässige Tötung

misalign [ˌmɪsəˈlaɪn] *vt* TECH ■**to** ~ **sth** etw falsch [*o* schlecht] ausrichten

misalignment [ˌmɪsəˈlaɪnmənt] *n no pl* falsche Ausrichtung; TECH (*of wheels*) Fluchtungsfehler *m;* **spine** ~ Wirbelsäulenverkrümmung *f*

misalliance [ˌmɪsəˈlaɪən(t)s] *n* Mesalliance *f geh*

misanthrope [ˈmɪsᵊnθrəʊp, AM -ənθroʊp] *n* (*hater*) Menschenfeind(in) *m(f),* Misanthrop(in) *m(f) geh;* (*loner*) Einzelgänger(in) *m(f)*

misanthropic [ˌmɪsᵊnˈθrɒpɪk, AM -sənˈθrɑːp-] *adj* menschenfeindlich, misanthropisch *geh*

misanthropist [mɪˈsænθrəpɪst] *n* Menschenfeind(in) *m(f),* Misanthrop(in) *m(f) geh*

misanthropy [mɪˈsænθrəpi] *n no pl* Menschenhass *m,* Misanthropie *f geh*

misapplication [ˌmɪsæplɪˈkeɪʃᵊn] *n* Missbrauch *m;* ~ **of knowledge** Missbrauch von Wissen; ~ **of funds** (*misuse*) Fehlleitung *f* von Kapital; (*embezzlement*) Veruntreuung *f* von Geldern

misapply <-ie-> [ˌmɪsəˈplaɪ] *vt* ■**to** ~ **sth** etw missbrauchen; **to** ~ **knowledge** Wissen missbrauchen; **to** ~ **funds** Kapital fehlleiten; (*embezzle*) Gelder veruntreuen

misapprehend [ˌmɪsæprɪˈhend] *vt* ■**to** ~ **sb/sth** jdn/etw missverstehen

misapprehension [ˌmɪsæprɪˈhen(t)ʃᵊn] *n* Missverständnis *nt;* ***he was under the ~ that …*** er ging fälschlicherweise davon aus, dass …

misappropriate [ˌmɪsəˈprəʊprieɪt, AM -ˈproʊ-] *vt* **to** ~ **funds/money/sb's savings** Kapital/Geld/jds Ersparnisse veruntreuen

misappropriation [ˌmɪsəˌprəʊpriˈeɪʃᵊn, AM -ˌproʊ-] *n no pl of money* Unterschlagung *f,* Veruntreuung *f*

misbegotten [ˌmɪsbɪˈgɒtᵊn, AM -ˈgɑː-] *adj attr* ① (*disreputable*) missraten; ~ **son** missratener Sohn ② (*badly planned*) schlecht konzipiert; ~ **plan** schlecht konzipierter Plan ③ (*liter: illegitimate*) unehelich

misbehave [ˌmɪsbɪˈheɪv] *vi* ① (*behave badly*) *adult* sich *akk* schlecht benehmen [*o* unanständig]; *child* ungezogen sein; (*misfunction*) *machine* nicht richtig funktionieren ② (*be dishonest*) krumme Geschäfte machen *fam*

misbehavior [ˌmɪsbɪˈheɪvjəʳ] AM, **misbehaviour** [-jəʳ] *n no pl by adult* schlechtes Benehmen; *by child* Ungezogenheit *f;* LAW ungebührliches Betragen; **sexual** ~ sexuelles Fehlverhalten

miscalculate [ˌmɪsˈkælkjəleɪt] *vt* ■**to** ~ **sth** ① (*in math*) etw falsch berechnen ② (*misjudge*) etw falsch einschätzen

miscalculation [ˌmɪsˌkælkjəˈleɪʃᵊn] *n* ① (*in math*) Fehlkalkulation *f,* Fehlberechung *f* ② (*in planning*) Fehleinschätzung *m;* **to make a** ~ **in sth** etw falsch einschätzen

miscarriage [mɪˈskærɪdʒ, AM ˈmɪsˌker-] *n* Fehlgeburt *f*

miscarriage of justice <*pl* miscarriages of justice> *n* Justizirrtum *m*

miscarry <-ie-> [mɪˈskæri, AM ˈmɪsˌkeri] *vi* ① (*in pregnancy*) eine Fehlgeburt haben ② (*fig: fail*) *plan, project* scheitern

miscast [mɪˈskɑːst, AM -ˈskæst] **I.** *vt* <-cast, -cast> *usu passive* ■**to** ~ **sb** jdn falsch besetzen; **to** ~ **a play/film** ein Theaterstück/einen Film fehlbesetzen **II.** *adj* **to feel** ~ **in one's life** sich *akk* im Leben nicht zurechtfinden; **to feel** ~ **in one's role** sich in seiner Rolle nicht wohl fühlen

miscegenation [ˌmɪsɪdʒɪˈneɪʃᵊn] *n no pl* Rassenvermischung *f*

miscellaneous [ˌmɪsᵊlˈeɪniəs] *adj inv* verschiedene(r,s), diverse(r,s); *collection, crowd* bunt; *articles, short stories, poems, writings* vermischt, verschiedenerlei; ~ **expenditure** sonstige Ausgaben

miscellany [mɪˈseləni, AM ˈmɪsəleɪni] *n* ① (*mixture*) Auswahl *f,* [An]sammlung *f* (**of** von +*dat*) ② (*book*) Sammelband *m,* Auswahl *f*

mischance [mɪsˈtʃɑːn(t)s, AM -ˈtʃæn-] *n* (*form*) ① *no pl* (*bad luck*) Pech *nt;* **sheer** ~ reines Pech ② (*unlucky event*) Zwischenfall *m;* **by some** ~ durch einen unglücklichen Umstand

mischief [ˈmɪstʃɪf] *n* ① *no pl* (*troublesome behaviour*) Unfug *m;* **to get** [*or* **be**] **up to** ~ Unfug anstellen wollen; **to be full of** ~ nur Unfug im Kopf haben; ***his eyes were full of*** ~ ihm schaute der Schalk aus den Augen; **to get** [**oneself**] **into** ~ Dummheiten machen; **to keep sb out of** ~ jdn davon abhalten, Dummheiten zu machen ② *no pl* (*problems*) **to make** ~ **between sb** jdm Unannehmlichkeiten *fpl* bereiten; **to mean** ~ Unfrieden stiften wollen ③ BRIT (*fam: injury*) **to do oneself a** ~ sich *akk* verletzen

mischief-maker *n* Unruhestifter(in) *m(f)*

mischief-making *n no pl* Unruhestiften *nt*

mischievous [ˈmɪstʃɪvəs, AM -tʃə-] *adj* ① (*naughty*) immer zu Streichen aufgelegt; ~ **antics** Streiche *mpl;* ~ **child** Schlingel *m;* ~ **grin** spitzbübisches [*o* verschmitztes] Grinsen ② (*malicious*) boshaft; ~ **rumours** [*or* AM **rumors**] bösartige Gerüchte

mischievously [ˈmɪstʃɪvəsli, AM -tʃə-] *adv* ① (*playfully bad*) schelmisch, spitzbübisch, verschmitzt ② (*in a nasty manner*) boshaft, böswillig

mischievousness [ˈmɪstʃɪvəsnəs, AM -tʃə-] *n no pl* ① (*naughtiness*) Ungezogenheit *f* ② (*maliciousness*) Boshaftigkeit *f*

miscommunication [ˌmɪskəˌmjuːnɪˈkeɪʃᵊn] *n no pl* Fehlkommunikation *f,* mangelhafte [*o* unzureichende] Kommunikation (**between** zwischen +*dat*)

misconceive [ˌmɪskənˈsiːv] *vt* ■**to** ~ **sth** ① (*form: misunderstand*) etw falsch verstehen [*o* auffassen], eine falsche Vorstellung von etw *dat* haben; **to** ~ **one's part/task** seine Rolle/Aufgabe falsch verstehen [*o* auffassen] ② (*misjudge*) etw falsch einschätzen [*o* missdeuten] [*o* verkennen]; **to** ~ **a problem** ein Problem falsch einschätzen [*o* verkennen]; **to** ~ **a purpose/situation** eine Absicht/Situation missdeuten ③ (*design poorly*) etw schlecht konzipieren [*o* durchdenken]

misconceived [ˌmɪskənˈsiːvd] *adj* ① (*misunderstood*) falsch verstanden; ~ **notion** falsche Vorstellung ② (*ill-judged*) falsch eingeschätzt, missdeutet, verkannt; ~ **cause/situation** missdeutete Ursache/Situation; ~ **crisis/effect** falsch eingeschätzte Krise/Wirkung; ~ **problem** verkanntes Problem ③ (*ill-designed*) schlecht konzipiert [*o* durchdacht]; ~ **attempt/plan** schlecht durchdachter Versuch/Plan; ~ **investment/planning** Fehlinvestition *f*/-planung *f*

misconception [ˌmɪskənˈsepʃᵊn] *n* falsche Vorstellung [*o* Auffassung] (**about** von +*dat*), falsche [*o* irrige] Annahme, Irrglaube *m;* **a popular** [*or* **common**] ~ ein verbreiteter Irrglaube

misconduct **I.** *n* [ˌmɪˈskɒndʌkt, AM -ˈskɑːn-] *no pl* ① (*bad behaviour*) schlechtes Benehmen, unkorrektes Verhalten; **professional** ~ standeswidriges Verhalten; **sexual** ~ sexuelle Verfehlung, sexueller Fehltritt; LAW Ehebruch *m;* MIL schlechte Führung; ~ **in office** Verfehlung *f* im Amt, Amtsvergehen *nt,* Amtspflichtverletzung *f* ② (*poor organization*) schlechte Verwaltung [*o* Geschäftsführung]; ~ **of financial affairs** unzulängliche Finanzverwaltung **II.** *vt* [ˌmɪskənˈdʌkt] ① (*behave badly*) ■**to** ~ **oneself** sich *akk* schlecht benehmen [*o* betragen] ② (*organize badly*) ■**to** ~ **sth** etw schlecht führen [*o* verwalten]

misconstruction [ˌmɪskənˈstrʌkʃᵊn] *n* (*form*) Missdeutung *f,* Missverständnis *nt,* falsche Auslegung; **to be open to** ~ leicht misszuverstehen sein

misconstrue [ˌmɪskənˈstruː] *vt* ■**to** ~ **sth** etw missdeuten [*o* missverstehen] [*o* falsch auslegen]; ***you have ~d my meaning*** du hast mich falsch verstanden; **to** ~ **sth as sth** etw fälschlicherweise als etw auslegen

miscopy <-ie-> [ˌmɪsˈkɒpi, AM -ˈkɑːpi] *vt* ■**to** ~ **sth** etw falsch abschreiben

miscount **I.** *n* [ˈmɪskaʊnt] falsche Zählung [*o* Berechnung]; POL *of votes* falsche Auszählung **II.** *vi* [mɪˈskaʊnt] sich *akk* verzählen [*o* verrechnen] **III.** *vt* [mɪˈskaʊnt] ■**to** ~ **sth** etw falsch [ab]zählen [*o* berechnen]; **to** ~ **votes** POL Stimmen falsch auszählen

miscreant [ˈmɪskriənt] **I.** *n* (*form*) Übeltäter(in) *m(f) geh,* Schurke *m,* Bösewicht *m* **II.** *adj* (*form*) ① (*base*) gemein, verdorben, niederträchtig *geh* ② REL (*infidel*) ketzerisch, abtrünnig *geh,* häretisch *fachspr,* treulos; ~ **husband** treuloser Ehemann

misdeal **I.** *n* [ˈmɪsdiːl] falsches Geben [*o* Austeilen] (*beim Kartenspiel*) **II.** *vt* <-dealt, -dealt> [mɪsˈdiːl] **to** ~ **cards** die Karten falsch austeilen **III.** *vi* <-dealt, -dealt> [mɪsˈdiːl] falsch geben, sich *akk* vergeben

misdeed [mɪsˈdiːd] *n* (*form*) Missetat *f geh o veraltend,* Untat *f geh*

misdemeanor [ˌmɪsdɪˈmiːnəʳ] AM, **misdemeanour** [-əʳ] *n* ① (*minor bad action*) [leichtes] Vergehen, [leichter] Verstoß, [geringfügige] Verfehlung; *of a law* Übergehung *f* ② AM LAW geringfügiges Vergehen, Bagatelldelikt *nt*

misdiagnose [mɪsˈdaɪəgnəʊz, AM ˌmɪsdaɪəgˈnoʊs] *vt* ■**to** ~ **sth** ① MED etw falsch diagnostizieren ② (*wrongly assess*) etw falsch einschätzen

misdiagnosis [ˌmɪsdaɪəgˈnəʊsɪs, AM -ˈnoʊ-] *n* ① MED Fehldiagnose *f* ② (*wrong assessment*) Fehleinschätzung *f*

misdial <BRIT -ll- *or* AM *usu* -l-> [mɪsˈdaɪl] **I.** *vt* **to** ~ **the number** die falsche Nummer wählen **II.** *vi* sich *akk* verwählen

misdirect [ˌmɪsdɪˈrekt, AM -dəˈ-] *vt* ① (*send in wrong direction*) ■**to** ~ **sb/sth** jdn/etw in die falsche Richtung schicken, jdn/etw fehlleiten; **to** ~ **a letter** einen Brief falsch adressieren; **to** ~ **luggage/a shipment** Gepäck/eine Sendung fehlleiten; **to** ~ **a child** (*fig*) ein Kind [erzieherisch] fehlleiten [*o* irreleiten] ② (*aim wrongly*) ■**to** ~ **sth** etw in die falsche Richtung lenken; **to** ~ **a free kick** FBALL einen Freistoß verschießen [*o* vergeben] ③ *usu passive* (*fig: misapply*) ■**to be ~ed** *energies, resources* falsch eingesetzt [*o* vergeudet] werden; *criticism, praise, remark* unangebracht [*o* unangemessen] [*o* fehl am Platz] sein ④ LAW (*instruct wrongly*) ■**to** ~ **sb** jdn falsch unterrichten [*o* belehren]; **to** ~ **a jury** Geschworene falsch belehren

misdirection [ˌmɪsdɪˈrekʃᵊn, AM -dəˈ] *n no pl* ① (*of a letter, parcel*) Fehlleitung *f,* falsche Adressierung ② LAW (*false instruction*) falsche Unterrichtung; *of a jury* unrichtige [Rechts]belehrung; (*misleading*) Irreführung *f* ③ (*inappropriate use*) *of energies, funds* falscher Einsatz, Vergeudung *f; of criticism, praise, remark* Unangemessenheit *f; of efforts* falsche Zielsetzung

mise en scène <*pl* mises en scène> [miːzɑ̃ˈsen] *n usu sing* [Bühnen]inszenierung *f;* (*fig*) Gestaltung *f*

miser [ˈmaɪzəʳ, AM -ɚ] *n* Geizhals *m,* Geizkragen *m*

miserable [ˈmɪzᵊrəbl̩, AM -zɚ-] *adj* ① (*unhappy*) unglücklich, elend; **to feel** ~ sich *akk* elend fühlen; **to look** ~ elend aussehen; **a** ~ **life** ein elendes Leben; **a** ~ **time** eine schreckliche [*o* fürchterliche] Zeit; **to make life** ~ [**for sb**] [jdm] das Leben unerträglich [*o* zur Qual] machen ② *attr* (*bad-tempered*) griesgrämig, miesepet[e]rig *fam;* (*repulsive*) unausstehlich, widerlich, fies *fam;* (*fam: as insult*) mies *fam,* Mist- *fam;* ~ **little bastard** (*sl*) gemeiner Mistkerl *fam;* ~ **old creep** *esp* BRIT (*sl*) mieser alter Sack *derb;* ~ **old git** alter Miesepeter ③ (*very unpleasant*) schauderhaft, grässlich, elend; ~ **hovel** [*or* AM *also* **shack**] elende Bruchbude; ~ **weather** schauderhaftes [*o* grässliches] Wetter ④ (*inadequate*) armselig, dürftig; ***a ~ £20*** lumpige 20 Pfund; **to live in** ~ **conditions** in armseligen Verhältnissen leben; ~ **salary** armseliges [*o fam* mieses] Gehalt ⑤ *attr* (*wretched*) miserabel, erbärmlich, jämmerlich, kläglich; **a** ~ **concert** ein miserables Konzert; **a** ~ **result** ein erbärmliches Ergebnis; **to be a** ~ **failure** ein kompletter Misserfolg ⑥ AUS, NZ (*stingy*) geizig, knauserig

miserably [ˈmɪzᵊrəbli, AM -zɚ-] *adv* ① (*unhappily*) traurig, niedergeschlagen; **to sob** ~ jämmerlich schluchzen ② (*extremely*) schrecklich, furchtbar; **to be** ~ **cold/hot** furchtbar kalt/heiß sein; **to be** ~ **unhappy** schrecklich traurig sein; **to be** ~ **unlucky** ein Riesenpech haben ③ (*utterly*) jämmerlich, kläglich; **to fail** ~ jämmerlich [*o* kläglich] versagen

misericord [mɪˈzerɪkɔːd, AM -kɔːrd] *n* REL Stütze *f* (*am Chorgestühl*), Miserikordie *f fachspr*

miserliness [ˈmaɪzᵊlɪnəs, AM -zɚ-] *n* Geiz *m*

miserly [ˈmaɪzᵊli, AM -zɚ-] *adj* geizig

misery [ˈmɪzᵊri, AM -ɚi] *n* ① *no pl* (*suffering*) Elend *nt,* Not *f;* **to live in** ~ im Elend [*o* in Not] leben ② *no pl* (*unhappiness*) Jammer *m;* **a picture of** ~ ein Bild des Jammers ③ (*strain*) ■**miseries** *pl* Qualen *pl,* Strapazen *pl* ④ BRIT (*fam: miserable person*) ■**to be a** ~ ein Trauerkloß *fam* [*o fam* Miesepeter] sein ▸ PHRASES: **to make sb's life a** ~ jdm das Leben zur Qual [*o* Hölle] machen; **to put an animal out of its** ~ ein Tier von seinen Leiden erlösen; **to put sb out of his/her** ~ (*hum*) jdn nicht länger auf die Folter spannen *fam*

misery-guts *n* BRIT (*fam*) Miesepeter *m fam*

misfield [mɪsˈfiːld] *vt esp* BRIT SPORTS **to** ~ **the ball** *in rugby, cricket* den Ball nicht richtig annehmen

misfire **I.** *vi* [mɪsˈfaɪəʳ, AM ɚ] *weapon* versagen; *engine* fehlzünden, aussetzen; (*fig*) *plan* schief gehen, danebengehen, misslingen **II.** *n* [mɪsˈfaɪəʳ, AM ˈmɪsfaɪɚ] (*of gun*) Ladehemmung *f;* (*of engine*) Fehlzündung *f,* Aussetzer *m fam*

misfit [ˈmɪsfɪt] *n* Außenseiter(in) *m(f),* Eigenbrötler(in) *m(f);* **a social** ~ ein gesellschaftlicher Außenseiter/eine gesellschaftliche Außenseiterin

misfortune [mɪsˈfɔːtʃuːn, AM -ˈfɔːrtʃən] *n* ① *no pl* (*bad luck*) Pech *nt,* Unglück *nt;* ***I had the*** [*or* ***it was my***] ~ **…** ich hatte das Pech …; **to suffer** ~ viel Unglück haben, vom Unglück verfolgt sein ② (*mishap*) Missgeschick *nt kein pl,* unglücklicher Umstand

misgiving [mɪsˈgɪvɪŋ] *n* ① (*doubt*) Befürchtung *f,*

M

Bedenken *nt meist pl* (**about** wegen +*gen*/hinsichtlich +*gen*); **to express ~s** Befürchtungen [*o* Bedenken] äußern ❷ *no pl* ungutes Gefühl; **a certain amount of ~** ein etwas ungutes Gefühl; **to be filled with ~** böse [*o* dunkle] Ahnungen haben

misgovern [mɪsˈɡʌvᵊn, AM -ɚn] *vt* ■**to ~ sb/sth** jdn/etw schlecht regieren; **to ~ affairs of state** die Staatsgeschäfte schlecht führen [*o* leiten]

misgovernment [mɪsˈɡʌvᵊnmənt, AM -ɚn-] *n no pl* schlechte Regierung [*o* Führung] [*o* Leitung]

misguided [mɪsˈɡaɪdɪd] *adj attempt, measure* unsinnig; *effort, policy* verfehlt; *enthusiasm, idealism, zeal* falsch, unangebracht; *people* fehlgeleitet, irregeleitet; **~ idea** irrige [*o* falsche] Vorstellung; **to be ~ in sth** mit etw falsch liegen

misguidedly [mɪsˈɡaɪdɪdli] *adv* irrtümlich, unsinnigerweise

mishandle [mɪsˈhændḷ] *vt* ❶ (*mismanage*) ■**to ~ sb/sth** jdn/etw falsch [*o* schlecht] behandeln; **to ~ an affair** eine Angelegenheit falsch behandeln [*o* anpacken]; **to ~ a business** ein Geschäft schlecht führen [*o* leiten]; **to ~ an estate** ein Gut schlecht verwalten [*o* bewirtschaften]; **to ~ an investigation** bei einer Untersuchung [grobe] Fehler machen [*o* falsch vorgehen]; **to ~ a situation** mit einer Situation falsch umgehen *akk* ❷ (*handle roughly*) ■**to ~ sb/sth** jdn/etw misshandeln [*o* grob behandeln]

mishandling [mɪsˈhændlɪŋ] *n no pl* ❶ (*mismanagement*) falsche Behandlung, schlechte Handhabung [*o* Durchführung]; **~ of a situation** falscher Umgang mit einer Situation ❷ (*rough treatment*) Misshandlung *f*, grobe Behandlung

mishap [ˈmɪshæp] *n* Unglück *nt*, Unfall *m*, Panne *f*; ***little Timmy just had a ~*** dem kleinen Timmy ist gerade ein Malheur passiert; **a series of ~s** eine Unglücks-/Pannenserie; **without [further] ~** ohne [weiteren] Zwischenfall

mishear [mɪsˈhɪəʳ, AM -ˈhɪr] **I.** *vt* <-heard, -heard> ■**to ~ sth** etw falsch hören [*o* [akustisch] falsch verstehen] **II.** *vi* <-heard, -heard> sich *akk* verhören

mishit <-hit, -hit> [mɪsˈhɪt] *vt* SPORTS Fehlschlag *m*; **to ~ the ball** *in baseball, cricket* den Ball nicht richtig treffen; **to ~ a drive/match ball/volley** *in tennis* einen Drive/Matchball/Volley verschlagen

mishmash [ˈmɪʃmæʃ] *n* Mischmasch *m fam*, Durcheinander *nt* (**of** von +*dat*)

misinform [ˌmɪsɪnˈfɔːm, AM -ˈfɔːrm] *vt* ■**to ~ sb [about sth]** jdn [über etw *akk*] falsch informieren [*o* unterrichten]

misinformation [ˌmɪsɪnfəˈmeɪʃᵊn, AM -fɚˈ-] *n no pl* falsche Information, Fehlinformation[en] *f*[*pl*]; (*in newspaper, on radio*) Falschmeldung *f* (**about** über +*akk*)

misinterpret [ˌmɪsɪnˈtɜːprɪt, AM -ˈtɜːr-] *vt* ■**to ~ sth** etw missverstehen; *evidence, statement, text* etw falsch interpretieren [*o* auslegen]; *behaviour, gesture, remark* etw falsch deuten [*o* missdeuten]

misinterpretation [ˌmɪsɪnˌtɜːprɪˈteɪʃᵊn, AM -ˌtɜːr-] *n* Missverständnis *nt*, Fehlinterpretation *f*; **open to ~** missverständlich [*o* unterschiedlich] auslegbar

misjudge [mɪsˈdʒʌdʒ] **I.** *vt* ■**to ~ sb/sth** *applicant, prospects, situation* jdn/etw falsch einschätzen [*o* beurteilen] [*o* bewerten]; *amount, distance, weight* etw falsch schätzen **II.** *vi* sich *akk* verschätzen

misjudg(e)ment [mɪsˈdʒʌdʒmənt] *n* ❶ *no pl* (*wrong assessment*) *of a candidate, crisis* falsche Einschätzung [*o* Beurteilung]; *of damage, size, sum* falsche Schätzung ❷ (*wrong decision*) Fehlentscheidung *f*, Fehlurteil *nt*

miskick [mɪsˈkɪk] *esp* SPORTS **I.** *vt* **to ~ a ball** einen Ball verfehlt treten, einen Ball falsch abgeben **II.** *vi* patzen

mislay <-laid, -laid> [mɪˈsleɪ] *vt* ■**to ~ sth** etw verlegen

mislead <-led, -led> [mɪˈsliːd] *vt* ■**to ~ sb** ❶ (*deceive*) jdn täuschen [*o* irreführen]; ■**to ~ sb about sth** jdn über etw *akk* täuschen; ***I was misled by what I had read about her in the newspapers*** aus dem, was ich über sie in den Zeitungen gelesen hatte, ergab sich mir ein falsches Bild ❷ (*lead astray*) jdn verführen [*o* verleiten]; ■**to ~ sb into [doing] sth** jdn zu etw *dat* verleiten [*o* verführen]; **to let oneself be misled** sich *akk* verleiten lassen

misleading [mɪˈsliːdɪŋ] *adj* irreführend

misleadingly [mɪˈsliːdɪŋli] *adv* irreführenderweise

mismanage [ˌmɪsˈmænɪdʒ] *vt* ■**to ~ sth** mit etw *dat* falsch umgehen; *a business, negotiations* etw schlecht führen [*o* leiten]; *an estate, finances* etw schlecht verwalten, etw herunterwirtschaften; **to ~ negotiations** Verhandlungen schlecht leiten

mismanagement [ˌmɪsˈmænɪdʒmənt] *n* schlechte Verwaltung [*o* Führung] [*o* Leitung], Misswirtschaft *f*; **~ of the economy** schlechte [*o* verfehlte] Wirtschaftspolitik

mismatch **I.** *n* <*pl* -es> [ˈmɪsmætʃ] ❶ (*unsuitable pairing*) *of beverages, clothes, texts* unpassende Zusammenstellung; *of animals, people* ungleiche Paarung; **to be a ~** nicht zusammenpassen ❷ (*lack of correspondence*) fehlende Übereinstimmung, Missverhältnis *nt*, Ungleichgewicht *nt* (**between** zwischen +*dat*) ❸ COMPUT Fehlanpassung *f* **II.** *vt* [mɪˈsmætʃ] *usu passive* ■**to be ~ed** ❶ (*be incompatible*) *clothes, colours, instruments* nicht zusammenpassen; *people* nicht zueinander passen ❷ SPORTS *opponents* ungleich [gepaart] sein

misname [mɪsˈneɪm] *vt* ❶ (*call wrongly*) ■**to ~ sth** etw falsch benennen, etw *dat* einen falschen Namen [*o* eine falsche Bezeichnung] geben; **to ~ a flower/an instrument** eine Blume/ein Instrument falsch benennen; **to ~ a measure/policy** einer Maßnahme/Politik eine falsche Bezeichnung geben ❷ (*call inappropriately*) ■**to ~ sb/sth sb/sth** jdn/etw unzutreffend [*o* zu Unrecht] als jdn/etw bezeichnen

misnomer [mɪˈsnəʊməʳ, AM -ˈsnoʊmɚ] *n* ❶ (*wrong name*) falscher Name, falsche Bezeichnung; LAW *in a document* falsche Benennung [*o* Bezeichnung] ❷ (*inappropriate name*) unzutreffender [*o* unpassender] Name, unzutreffende [*o* unpassende] Bezeichnung

miso [ˈmiːsəʊ, AM -soʊ] *n no pl* Miso *nt* (*aus fermentierten Sojabohnen bestehende Paste japanischer Herkunft*)

misogynist [mɪˈsɒdʒᵊnɪst, AM -ˈsɑːdʒ-] **I.** *n* Misogyn *m fachspr*, Frauenfeind *m* **II.** *adj* misogyn *fachspr*, frauenfeindlich

misogynistic [mɪˌsɒdʒᵊnˈɪstɪk, AM -ˌsɑːdʒɪˈnɪs-] *adj* misogyn *fachspr*, frauenfeindlich

misogyny [mɪˈsɒdʒɪni, AM -ˈsɑːdʒ-] *n* Misogynie *f fachspr*, Frauenfeindlichkeit *f*

misplace [mɪˈspleɪs] *vt* ■**to ~ sth** etw verlegen

misplaced [mɪˈspleɪst] *adj* ❶ (*fig: misdirected*) unangebracht; **to be ~** fehl am Platz[e] sein ❷ (*incorrectly positioned*) *comma, decimal point, semicolon* falsch gesetzt

misprint [ˈmɪsprɪnt] *n* Druckfehler *m*

mispronounce [ˌmɪsprəˈnaʊn(t)s] *vt* ■**to ~ sth** etw falsch aussprechen

mispronunciation [ˌmɪsprəˌnʌn(t)siˈeɪʃᵊn] *n* ❶ *no pl* (*incorrectness*) falsche [*o* fehlerhafte] Aussprache ❷ (*mistake*) Aussprachefehler *m*

misquotation [ˌmɪskwəʊˈteɪʃᵊn, AM -kwoʊˈ-] *n* ❶ *no pl* (*quoting incorrectly*) falsches [*o* unrichtiges] Zitieren ❷ (*incorrect quotation*) falsches [*o* unrichtiges] Zitat, falsche [*o* unrichtige] Wiedergabe ❸ (*incorrectly worded quotation*) falsch [*o* unrichtig] wiedergegebenes Zitat

misquote [mɪˈskwəʊt, AM -oʊt] **I.** *vt* ■**to ~ sb/sth** jdn/etw falsch [*o* unrichtig] zitieren [*o* wiedergeben] **II.** *n* ❶ (*incorrect quotation*) falsches [*o* unrichtiges] Zitat, falsche [*o* unrichtige] Wiedergabe ❷ (*incorrectly worded quotation*) falsch [*o* unrichtig] wiedergegebenes Zitat

misread <-read, -read> [mɪsˈriːd] *vt* ■**to ~ sth** ❶ (*read incorrectly*) *word, text* etw falsch [*o* nicht richtig] lesen; ***to ~ an 'a' as an 'o'*** ein ‚a' fälschlich als ‚o' lesen ❷ (*fig: misinterpret*) *instruction, signal* etw falsch verstehen [*o* missverstehen] [*o* missdeuten]

misreading [mɪsˈriːdɪŋ] *n* ❶ (*reading mistake*) Lesefehler *m* ❷ *no pl* (*incorrect reading*) falsches [*o* fehlerhaftes] Lesen ❸ *no pl* (*misunderstanding*) Missverständnis *nt*, Missdeutung *f*

misreport [ˌmɪsrɪˈpɔːt, AM -ˈpɔːrt] *vt* ■**to ~ sth** etw falsch berichten [*o* wiedergeben]

misrepresent [ˌmɪsreprɪˈzent] *vt* ■**to ~ sth** etw falsch [*o* unrichtig] darstellen; ■**to ~ sb as sb/sth** jdn als jd/etw hinstellen; **to ~ facts** Tatsachen entstellen [*o* verdrehen]; LAW falsche Tatsachen vorspiegeln

misrepresentation [ˌmɪsreprɪzenˈteɪʃᵊn] *n* ❶ (*false account*) falsche [*o* unrichtige] Darstellung; LAW falsche Angabe [*o* Darstellung]; **a ~ of facts** LAW eine Vorspiegelung falscher Tatsachen; **a ~ of the truth** eine Entstellung [*o* Verdrehung] der Wahrheit ❷ *no pl* (*false representation*) falsche [*o* unrichtige] Wiedergabe

misrule [mɪsˈruːl] *n* ❶ (*bad government*) schlechte [*o* unfähige] Regierung ❷ (*mismanagement*) Misswirtschaft *f* ❸ (*disorder*) Unordnung *f* ❹ (*lawlessness*) Gesetzlosigkeit *f*

miss¹ [mɪs] *n* ❶ (*young unmarried woman*) Fräulein *nt veraltend* ❷ (*form of address for waitress*) [gnädiges] Fräulein *veraltend*, Bedienung *f* ❸ (*title*) ■**M~** Fräulein *nt veraltend*, Miss *f*, Miß *f*; **M~ Smith** Fräulein [*o* Miss] Smith; **M~ America** Miss Amerika ❹ BRIT ([*unmarried*] *teacher*) ■**M~** *in address* Frau Lehrerin *veraltet* ❺ (*dated or hum: young lady*) junges Ding *veraltend o hum* ❻ BRIT (*pej: naughty girl*) freches Ding *veraltend o pej*

miss² [mɪs] **I.** *n* <*pl* -es> ❶ (*failure*) Fehlschlag *m*, Misserfolg *m*; SPORTS Fehltreffer *m*, Fehlschuss *m*, Fehlwurf *m*; AUTO Fehlzündung *f*; MED Fehlgeburt *f*; ***I've never had a car accident, but I've had a few near ~es*** ich hatte noch nie einen Unfall, aber ein paar Beinahezusammenstöße ❷ (*skip*) **to give sth a ~** BRIT, AUS (*fam*) *dance, dessert* etw auslassen; (*avoid*) *meeting, practice* etw sausen lassen *fam* ► PHRASES: **a ~ is as good as a <u>mile</u>** (*prov*) knapp vorbei ist auch daneben *prov* **II.** *vi* ❶ (*not hit*) nicht treffen, danebengehen ❷ (*be unsuccessful*) missglücken, fehlschlagen ❸ AUTO (*fam*) *motor* aussetzen **III.** *vt* ❶ (*not hit*) ■**to ~ sth** etw nicht treffen [*o* verfehlen]; **to ~ the target** das Ziel verfehlen ❷ (*be too late for*) ■**to ~ sth** *bus, train* etw versäumen [*o* verpassen]; **to ~ a deadline** einen Termin nicht [ein]halten ❸ (*not be present for*) ■**to ~ sth** etw versäumen [*o* verpassen] ❹ (*not take advantage*) ■**to ~ sth** *opportunity* etw verpassen; ***his new film is too good to ~*** seinen neuen Film darf man sich einfach nicht entgehen lassen; ***you didn't ~ much*** du hast nicht viel verpasst ❺ (*avoid*) ■**to ~ sth** etw vermeiden [*o* umgehen]; ***I narrowly ~ed being run over*** ich wäre fast überfahren worden ❻ (*not see*) ■**to ~ sb/sth** jdn/etw übersehen; ***he's over there, you can't ~ him*** er ist da drüben, du kannst ihn gar nicht übersehen ❼ (*not hear: deliberately*) ■**to ~ sth** etw überhören ❽ (*not perceive*) ■**to ~ sth** etw nicht bemerken; (*approv*) ***Susan doesn't ~ much*** Susan entgeht einfach nichts ❾ (*not have*) ■**to ~ sth** etw nicht haben [*o* tun]; ***I've ~ed my period*** ich habe meine Tage nicht bekommen *fam*; ***I've decided to ~ breakfast*** ich habe beschlossen, nicht zu frühstücken ❿ (*regret absence*) ■**to ~ sb/sth** jdn/etw vermissen; ***I ~ having you here to talk to*** du fehlst mir hier zum Reden ⓫ (*notice loss*) ■**to ~ sth** etw vermissen ► PHRASES: **to ~ the <u>boat</u>** (*fam: not take advantage*) den Anschluss verpassen; (*fail to understand*) etw nicht mitbekommen *fam*; **to ~ the <u>bus</u>** (*fam*) den Anschluss verpassen; **to ~ the <u>mark</u>** das Ziel [*o* den Zweck] verfehlen; **to ~ the <u>point</u>** nicht verstehen, worum es geht; **to not ~ a <u>trick</u>** [*or* **any <u>tricks</u>**] (*fam*) alle Register ziehen; (*notice*) ***she never ~es a trick*** ihr entgeht nichts

◆**miss out** **I.** *vt* ■**to ~ out** ⊃ **sb/sth** ❶ (*omit by accident*) *comma, patient, word* jdn/etw vergessen [*o* übersehen] ❷ (*overlook deliberately*) jdn/etw [absichtlich] übersehen; *letter, line, verse* etw auslassen [*o* weglassen] **II.** *vi* zu kurz kommen; ***don't ~ — get involved!*** lass dir das nicht entgehen – mach mit!; ■**to ~ out on sth** *opportunity* sich *dat* etw entgehen lassen

missal ['mɪsəl] *n* Messbuch *nt,* Missal[e] *nt fachspr*

misshapen [mɪs'ʃeɪpən] *adj* ❶ (*out of shape*) unförmig ❷ ANAT (*malformed*) missgestaltet, missgebildet

missile ['mɪsaɪl, AM -səl] *n* ❶ MIL (*explosive weapon*) Flugkörper *m,* Rakete *f;* **ballistic** ~ ballistischer Flugkörper; **guided** ~ Lenkflugkörper *m;* **long-range/medium-range** ~ Langstrecken-/Mittelstreckenrakete *f;* **surface-to-air/surface-to-surface** ~ Boden-Luft-/Boden-Boden-Rakete *f* ❷ MIL (*fired object*) [Raketen]geschoss *nt,* Projektil *nt* ❸ (*thrown object*) Wurfgeschoss *nt*

missile base *n* Raketenabschussbasis *f,* Raketenstützpunkt *m* **missile defence system** *n* Raketenabwehrsystem *nt* **missile launcher** *n* [Raketen]abschussrampe *f;* (*vehicle*) Raketenwerfer *m*

missing ['mɪsɪŋ] *adj inv* ❶ (*disappeared*) *thing* verschwunden; *person* vermisst; (*not there*) fehlend; **to be** ~ fehlen; ***there's a knife ~ from this drawer*** aus dieser Schublade fehlt ein Messer; ***when did you notice that the money was ~ from your account?*** wann haben Sie bemerkt, dass das Geld nicht mehr auf Ihrem Konto war?; **to go** ~ BRIT, AUS *money, person* verschwinden; **to report sb/sth** ~ jdn/etw als vermisst melden ❷ MIL (*absent*) vermisst, verschollen; ~ **in action** [nach Kampfeinsatz] vermisst; **to be listed as** ~ als vermisst gemeldet sein; ~ **presumed killed** [*or* **dead**] vermisst, wahrscheinlich gefallen

missing link *n* ❶ (*in evolution*) unbekannte Zwischenstufe; ■**the** ~ das fehlende Glied [zwischen Mensch und Affe]; (*in investigation*) fehlendes Beweisstück ❷ (*connector*) Bindeglied *nt* (**between** zwischen +*dat*) **missing person** *n* Vermisste(r) *f(m);* ■**M~ P~s** Vermisstenabteilung *f* (*bei der Polizei*)

mission ['mɪʃən] *n* ❶ (*task*) Auftrag *m,* Einsatz *m,* Mission *f;* **combat** ~ Kampfeinsatz *m;* **peace** ~ Friedensmission *f;* **rescue** ~ Rettungsmission *f,* Rettungseinsatz *m;* ~ **accomplished** Mission beendet, [Einsatz]auftrag ausgeführt ❷ (*goal*) Ziel *nt;* ~ **in life** Lebensaufgabe *f,* Lebenszweck *m;* **a person with a** ~ ein Mensch *m* mit einem Ziel ❸ (*group sent*) Gesandtschaft *f,* Delegation *f* ❹ (*church activity*) Mission *f;* **foreign/home** ~ äußere/innere Mission; (*building*) Missionsstation *f* ❺ (*commercial centre*) Mission *f;* **trade** ~ Handelsmission *f* ❻ (*diplomatic building*) Mission *f* ❼ (*space project*) [Raumflug]mission *f*

missionary ['mɪʃənəri, AM -neri] **I.** *n* Missionar(in) *m(f)* **II.** *n modifier* (*freedom, school, work*) Missions-; ~ **zeal** missionarischer Eifer

missionary position *n* PSYCH, SCI Missionarsstellung *f*

mission control *n* Bodenkontrolle *f,* Bodenkontrollzentrum *nt* **mission count-down** *n* Countdown *m* vor einem Raumflug **mission statement** *n* ❶ COMM *of a company* Firmensteckbrief *m* ❷ ECON *of an organization* Aufgabenbeschreibung *f,* Aufgabenprofil *nt* ❸ POL Absichtserklärung *f*

missis ['mɪsɪz] *n* ❶ (*hum sl: wife*) ■**the** ~ die bessere Hälfte [*o* Gnädigste] *hum fam,* die Alte *pej sl* ❷ DIAL (*sl: woman*) gnä' Frau *fam* ❸ AM (*dated: lady of the house*) Dame *f* des Hauses, Hausherrin *f*

missive ['mɪsɪv] *n* (*form*) Sendschreiben *nt geh o veraltet,* Missiv *nt fachspr;* (*hum*) ellenlanger Brief *hum*

misspell <-spelt *or* AM -spelled, -spelt *or* AM -spelled> [mɪs'spel] *vt* ■**to** ~ **sth** ❶ (*spell wrongly*) etw falsch buchstabieren ❷ (*write wrongly*) etw falsch schreiben

misspelling [mɪs'spelɪŋ] *n* ❶ (*spelling mistake*) Rechtschreibfehler *m* ❷ *no pl* (*wrong spelling*) falsches Buchstabieren ❸ (*wrong writing*) falsche Schreibung

misspend <-spent, -spent> [mɪs'spend] *vt* ■**to** ~ **sth** etw verschwenden [*o* vergeuden]; **to** ~ **one's money** sein Geld verschwenden; **to** ~ **one's time** seine Zeit vergeuden

misspent [mɪs'spent] *adj* verschwendet, vergeudet; ~ **money** verschwendetes Geld; **a** ~ **youth** eine vergeudete Jugend

misstate [mɪs'steɪt] *vt* ■**to** ~ **sth** etw falsch angeben [*o* darstellen]

misstatement [mɪs'steɪtmənt] *n* falsche Angabe [*o* Darstellung]

missus *n see* **missis**

missy <*pl* -sies> ['mɪsi] *n* (*also pej*) kleines Fräulein; ***God bless you, ~!*** Gesundheit auch, junge Dame! *hum*

mist [mɪst] **I.** *n* ❶ *no pl* (*light fog*) [leichter] Nebel, Dunst *m;* **to be shrouded in** ~ in Nebel gehüllt sein ❷ (*blur*) Schleier *m;* ~ **of tears** Tränenschleier *m* ❸ (*condensation*) Beschlag *m;* ***there was a ~ on the windows*** die Fenster waren beschlagen; (*vapour*) Hauch *m* **II.** *vi glass, tiles* [sich *akk*] beschlagen, anlaufen; *eyes* sich *akk* verschleiern, feucht werden; *vision* sich *akk* trüben

◆**mist over** *vi* ❶ (*with condensation*) *glass, tiles* [sich *akk*] beschlagen, anlaufen ❷ (*with tears*) *eyes* sich *akk* verschleiern, feucht werden

◆**mist up I.** *vi glass, tiles* [sich *akk*] beschlagen, anlaufen **II.** *vt* ■**to** ~ **up** ↔ **sth** *vision* etw trüben

mistakable [mɪ'steɪkəbl] *adj usu pred* verwechselbar, leicht zu verwechseln; ***she's easily ~ for my sister*** sie wird leicht für meine Schwester gehalten

mistake [mɪ'steɪk] **I.** *n* Fehler *m,* Irrtum *m,* Versehen *nt;* ***there must be some ~*** da kann etwas nicht stimmen; ***he's a strange bloke, and no ~*** er ist wirklich ein seltsamer Kerl; **careless** ~ Flüchtigkeitsfehler *m;* **fatal/terrible** ~ verhängnisvoller/schrecklicher Irrtum; **silly** ~ dummer Fehler; **spelling** ~ Rechtschreibfehler *m;* **typing** ~ Tippfehler *m;* **to learn from one's ~s** aus seinen Fehlern lernen; **to make a** ~ einen Fehler machen, sich *akk* irren; **to repeat past ~s** alte Fehler wiederholen; **by** ~ aus Versehen, versehentlich; **my** ~ meine Schuld

▶ PHRASES: **make no ~ about it!** täusche dich da mal nicht!; ***she has a very reserved manner but, make no ~ about it, she can assert herself*** sie hat zwar eine sehr zurückhaltende Art, aber sie kann sich sehr wohl durchsetzen **II.** *vt* <-took, -taken> ■**to** ~ **sth** etw falsch verstehen; ***she may have mistaken the date*** vielleicht hat sie sich im Datum geirrt; ***you can't ~ their house — it's got a bright yellow front door*** ihr könnt ihr Haus nicht verfehlen — es hat eine hellgelbe Eingangstür; ■**to** ~ **sb/sth for sb/sth** jdn/etw mit jdm/etw verwechseln; ***sorry, I mistook you for an acquaintance of mine*** Entschuldigung, ich hielt Sie für einen meiner Bekannten; ***there's no mistaking a painting by Picasso*** ein Gemälde von Picasso ist unverwechselbar

mistaken [mɪ'steɪkən] **I.** *pp of* **mistake II.** *adj* irrtümlich, falsch; ■**to be** ~ [**about sb/sth**] sich *akk* [in jdm/etw] irren; ~ **accusation** falsche Beschuldigung; ~ **announcement/arrest** irrtümliche Bekanntgabe/Verhaftung; ~ **belief** Irrglaube *m;* ~ **identity** Personenverwechslung *f;* ~ **policy** verfehlte Politik; **to be very much** ~ sich *akk* sehr täuschen; ***unless I'm very much ~ …*** wenn mich nicht alles täuscht …

mistakenly [mɪ'steɪkənli] *adv* irrtümlich[erweise], fälschlich[erweise]; **to believe** ~ irrtümlich annehmen

Mister ['mɪstər, AM -ɚ] *n* ❶ (*Mr*) [mein] Herr *m* ❷ (*also iron, pej fam: form of address*) Meister *m,* Chef *m a. iron, pej fam;* ***hey, ~!*** he, Sie da! *fam;* ***listen up, ~!*** hör mal zu, mein Freund! ❸ (*also iron, pej fam: prefixed title*) ~ **Big** der große Chef; ~ **Charlie** der weiße Mann, die Weißen *pl;* ~ **Know-it-all** der Alleskönner *pej* [*o pej sl* Klugscheißer]

mistily ['mɪstɪli] *adv* ❶ (*blurredly*) undeutlich, verschwommen ❷ (*vaguely*) nebelhaft ❸ (*full of emotions*) zu Tränen gerührt, mit feuchten Augen; ***she waved him ~ goodbye*** mit Tränen in den Augen winkte sie ihm zum Abschied

mistime [mɪs'taɪm] *vt* ❶ (*misjudge timing*) ■**to** ~ **sth** etw zeitlich falsch berechnen [*o* zu einem falschen [*o* unpassenden] Zeitpunkt tun]; SPORTS etw schlecht timen *fam;* ***he ~d his candidacy*** er hat zu einem unpassenden Zeitpunkt kandidiert ❷ (*state time wrongly*) ■**to** ~ **sth** etw falsch datieren

mistiness ['mɪstɪnəs] *n* ❶ (*light fogginess*) Nebel *m,* Dunst *m* ❷ (*emotion*) Rührung *f,* Ergriffenheit *f* ❸ (*blurredness*) Verschwommenheit *f,* Undeutlichkeit *f;* **the** ~ **in sb's eyes** jds verschleierter Blick; *with tears* der Tränenschleier [vor jds Augen]

mistlethrush ['mɪsl̩,θrʌʃ] *n* ORN Misteldrossel *f*

mistletoe ['mɪsl̩təʊ, AM -toʊ] *n* Mistel *f,* Mistelzweig *m;* **to kiss sb under the** ~ jdn unter dem Mistelzweig küssen

mistook [mɪ'stʊk] *pt of* **mistake**

mistral ['mɪstrəl, AM mɪ'strɑːl] *n* ■**the** ~ der Mistral

mistranslate [,mɪstræn'sleɪt, AM ,mɪs'træns-] *vt* ■**to** ~ **sth** etw falsch übersetzen

mistranslation [,mɪstræn'sleɪʃən] *n* falsche Übersetzung, Übersetzungsfehler *m*

mistreat [mɪs'triːt] *vt* ■**to** ~ **sb/an animal** jdn/ein Tier misshandeln [*o* schlecht behandeln]

mistreatment [mɪs'triːtmənt] *n* Misshandlung *f,* schlechte Behandlung

mistress <*pl* -es> ['mɪstrəs, AM -rɪs] *n* ❶ (*sexual partner*) Geliebte *f; of a nobleman* Mätresse *f;* **to take a** ~ sich *dat* eine Geliebte nehmen ❷ (*woman in charge*) Herrin *f,* Gebieterin *f,* Meisterin *f;* ■**the** ~ (*dated*) die Herrin; **the** ~ **of the house** die Frau des Hauses ❸ BRIT (*schoolteacher*) Lehrerin *f;* **German** ~ Deutschlehrerin *f* ❹ (*dog owner*) Frauchen *nt*

mistrial [mɪ'straɪl, AM ,mɪs'traɪl] *n* ❶ (*misconducted trial*) fehlerhaftes Gerichtsverfahren, Prozess *m* mit Verfahrensmängeln ❷ AM (*inconclusive trial*) Gerichtsverfahren *nt* ohne Urteilsspruch

mistrust [mɪ'strʌst, AM ,mɪs'trʌst] **I.** *n no pl* Misstrauen *nt,* Argwohn *m;* **to have a** ~ **of sb/sth** Misstrauen gegenüber jdm/etw [*o* Argwohn gegen jdn/etw] hegen **II.** *vt* ■**to** ~ **sb** jdm misstrauen [*o* nicht trauen]

mistrustful [mɪ'strʌstfəl, AM ,mɪs'trʌst-] *adj* misstrauisch, argwöhnisch; ■**to be** ~ **of sb/sth** misstrauisch gegenüber jdm/etw [*o* argwöhnisch gegen jdn/etw] sein

mistrustfully [mɪ'strʌstfəli, AM ,mɪs'trʌst-] *adv* misstrauisch, argwöhnisch

misty ['mɪsti] *adj* ❶ (*slightly foggy*) [leicht] neblig, dunstig ❷ (*blurred*) undeutlich, verschwommen; ~ **eyes** verschleierte Augen ❸ (*vague*) nebelhaft

misty-eyed *adj* mit [tränen]verschleiertem Blick *nach n;* **to be/go ~-eyed** [tränen]verschleierte [*o* feuchte] Augen haben/bekommen

misunderstand <-stood, -stood> [,mɪsʌndə'stænd, AM -dɚ-] **I.** *vt* ■**to** ~ **sb/sth** jdn/etw missverstehen [*o* falsch verstehen]; ***she misunderstood what you said*** sie hat dich missverstanden; **to** ~ **the nature of a problem** nicht verstehen, worum es eigentlich geht **II.** *vi* sich *akk* irren

misunderstanding [,mɪsʌndə'stændɪŋ, AM -dɚ-] *n* ❶ (*misinterpretation*) Missverständnis *nt;* ***there must be some ~*** hier muss ein Missverständnis vorliegen; **a** ~ **of a situation** Verkennung *f* einer Situation ❷ (*quarrel*) Meinungsverschiedenheit *f,* Differenz *f;* **to have a** ~ **with sb** eine Meinungsverschiedenheit mit jdm haben

misunderstood [,mɪsʌndə'stʊd, AM dɚ] *adj* missverstanden

misuse I. *n* [,mɪs'juːs] ❶ *no pl* (*wrong use*) *of funds, position* Missbrauch *m,* missbräuchliche Verwendung, falscher Gebrauch [*o* Umgang]; ~ **of authority** LAW Amtsmissbrauch *m;* ~ **of power** Machtmissbrauch *m;* ~ **of tax receipts** missbräuchliche Verwendung von Steuereinnahmen; *of machinery* falsche Bedienung [*o* Handhabung] ❷ (*excessive consumption*) übermäßiger Gebrauch [*o* Konsum]; ~ **of alcohol** Alkoholmissbrauch *m* **II.** *vt* [,mɪs'juːz] ■**to** ~ **sth** ❶ (*use wrongly*) *funds, position* etw missbrauchen [*o* missbräuchlich verwenden] [*o* falsch gebrauchen] ❷ (*handle wrongly*) *machinery* etw falsch bedienen ❸ (*consume to excess*) etw im Übermaß gebrauchen [*o* konsumieren]

mite [maɪt] **I.** *n* ❶ (*insect*) Milbe *f;* **dust ~s** [Haus]staubmilben *pl* ❷ *esp* BRIT (*fam: small creature*) *child* Wurm *m,* Würmchen *nt fam;* ***poor little ~*** armes Würmchen; *girl* kleines Ding *fam* ❸ (*dated:*

very small amount) Bisschen *nt* **II.** *adv* ■**a ~** ein bisschen [*o* wenig]; **a ~ selfish** ein bisschen egoistisch

miter *n* AM *see* **mitre**

mitigate [ˈmɪtɪgeɪt, AM -t̬-] *vt (form)* ■**to ~ sth** *misery, pain* etw lindern; *anger, harmful effects* etw mildern; **to ~ the loss** ECON den Schaden mindern [*o* Verlust verringern]; **to ~ a sentence** LAW eine Strafe mildern [*o* herabsetzen]

mitigating [ˈmɪtɪgeɪtɪŋ, AM -t̬ɪgeɪt̬-] *adj inv (form)* lindernd, mildernd; **to allow ~ circumstances** LAW mildernde Umstände zubilligen

mitigation [ˌmɪtɪˈgeɪʃᵊn, AM t̬-] *n no pl* Linderung *f*, Milderung *f*; LAW **a plea in ~ [of a sentence]** ein Gesuch um Milderung [einer Strafe]; **to say sth in ~ of sth** etw als mildernden Umstand [*o* Grund] für etw *akk* anführen

mitosis [maɪˈtəʊsɪs, AM -ˈtoʊ-] *n no pl* Mitose *f fachspr*

mitral valve [ˈmaɪtrᵊlˌvælv] *n* ANAT Mitralklappe *f fachspr*

mitre¹ [ˈmaɪtəʳ], AM **miter** [-t̬ɚ] *n* Mitra *f*, Bischofsmütze *f*

mitre² [ˈmaɪtəʳ], AM **miter** [-t̬ɚ] **I.** *n* Gehrung *f*, Gehrungsschnitt *m*, Gehrungsfläche *f* **II.** *vt* ■**to ~ sth** etw auf Gehrung schneiden [*o* verbinden] [*o* gehren] *fachspr*

mitre block *n* geschnittenes Gehrungsholz, Gehrungsschmiege *f* **mitre joint** *n* Gehrverbindung *f*, Gehrstoß *m*

mitt [mɪt] *n abbrev of* **mitten** ❶ *(fingerless glove)* Fausthandschuh *m*, Fäustling *m*; **dust/oven ~** Wisch-/Backofenhandschuh *m* ❷ *(woman's dress glove)* Spitzenhandschuh *m* ❸ SPORTS *(in baseball)* Fanghandschuh *m*; *(in boxing)* Boxhandschuh *m* ❹ *(sl: hand)* Flosse *f hum fam*, Pfote *f fam*, Pranke *f hum fam*

mitten [ˈmɪtᵊn] *n* Fausthandschuh *m*, Fäustling *m*

mix [mɪks] **I.** *n* ❶ *(combination)* Mischung *f*; **a ~ of people** eine bunt zusammengesetzte [*o* gemischte] Gruppe ❷ *(pre-mixed ingredients)* Fertigmischung *f*; **bread ~** Brotbackmischung *f*; **cement ~** Zementmischung *f*; **sauce ~** Fertigsauce *f* ❸ MUS Potpourri *nt fachspr* **II.** *vi* ❶ *(combine)* sich *akk* mischen [lassen]; ***oil doesn't ~ with water*** Öl mischt sich nicht mit Wasser; *(go together)* zusammenpassen ❷ *(make contact with people)* unter Leute gehen; *host* sich *akk* unter die Gäste mischen; **to ~ easily** kontaktfreudig [*o* gesellig] sein; **to ~ well** gut mit anderen auskommen, umgänglich sein ► PHRASES: **oil and water do not ~** *(saying)* [ein Gegensatz] wie Feuer und Wasser sein **III.** *vt* ❶ *(blend ingredients)* ■**to ~ sth** etw [miteinander] [ver]mischen; **to ~ a dough** einen Teig anrühren; **to ~ a drink** ein Getränk [*o* einen Drink] mixen; **to ~ ingredients** Zutaten miteinander verrühren; **to ~ paint** Farbe mischen; **to ~ spices into a sauce** Gewürze in eine Sauce rühren; **to ~ a dough with cocoa** einen Teig mit Kakao vermischen [*o* verrühren] ❷ *(combine)* **to ~ love with toughness** Liebe und Strenge miteinander verbinden; **to ~ grape and grain** *esp* BRIT [Alkoholika] durcheinander trinken; **to ~ one's metaphors** nicht zusammenpassende bildliche Ausdrücke kombinieren ❸ FILM, MUS ■**to ~ sth** *sound tracks* etw mischen ► PHRASES: **to ~ business with [or and] pleasure** *(saying)* das Angenehme mit dem Nützlichen verbinden; **to ~ it [with sb]** *(fam)* sich *akk* [mit jdm] prügeln

◆**mix in I.** *vi* sich *akk* einfügen [*o* eingliedern] **II.** *vt* ■**to ~ in ↔ sth** etw untermischen [*o* untermengen]

◆**mix up** *vt* ❶ *(mistake for another)* ■**to ~ up ↔ sb/sth** jdn/etw verwechseln; ■**to ~ up ↔ sb/sth with sb/sth** jdn/etw mit jdm/etw verwechseln ❷ *(put in wrong order)* ■**to ~ up ↔ sth** etw durcheinander [*o* in Unordnung] bringen ❸ *(bewilder)* ■**to ~ up ↔ sb** jdn durcheinander bringen [*o* konfus machen] ❹ *(combine ingredients)* ■**to ~ up ↔ sth** etw vermischen, verrühren; **to ~ up dough** Teig anrühren; **to ~ up oil with vinegar** Öl mit Essig [zusammen]mischen ❺ *usu passive (be involved with)* ■**to be ~ed up in sth** in etw *akk* verwickelt sein; ■**to get ~ed up in sth** in etw *akk* verwickelt werden; *(usu pej: associate with)* ■**to be ~ed up with sb** mit jdm Umgang haben [*o* verkehren]; ■**to get ~ed up with sb** sich *akk* mit jdm einlassen ► PHRASES: **to ~ it up with sb** AM *(sl: fight)* sich *akk* mit jdm prügeln; *(quarrel)* mit jdm aneinander geraten

◆**mix with** *vi (associate with)* ■**to ~ with sb** mit jdm verkehren [*o* Umgang haben]

mixed [mɪkst] *adj inv* ❶ *(mingled)* gemischt; **~ salad/vegetables** gemischter Salat/gemischtes Gemüse; **children of ~ race** gemischtrassige Kinder ❷ *(for both sexes)* gemischt; **~ bathing** gemischtes Baden; **~ company** *(dated)* gemischte Gesellschaft ❸ *(positive and negative)* gemischt, unterschiedlich; **~ blessing** kein reiner Segen; **~ feelings** gemischte Gefühle

mixed-ability *adj inv* SCH mit gemischtem Leistungsprofil [*o* unterschiedlicher Leistungsstärke] *nach n*; **~ class** Klasse *f* mit gemischtem Leistungsprofil; **~ teaching** gemeinsamer Unterricht für Lerngruppen unterschiedlicher Leistungsstärke **mixed bag** *n no pl* ■**a ~** eine bunte Mischung; **a ~ bag of people** alle möglichen Leute **mixed doubles** *npl* SPORTS gemischtes Doppel **mixed drink** *n* AM Mixgetränk *nt*, Cocktail *m* **mixed economy** *n* gemischte Wirtschaftsform, Mischwirtschaft *f* **mixed farming** *n* Landwirtschaft *f* mit Ackerbau und Viehzucht **mixed grill** *n* gemischte Grillplatte **mixed marriage** *n* Mischehe *f* **mixed-media** *adj attr* Multimedia-, multimedial *geh* **mixed metaphor** *n* Bildbruch *m*, Katachrese *f fachspr*

mixed-up *adj* ❶ *(confused)* durcheinander, verwirrt, konfus ❷ *(emotionally unstable)* [emotional] instabil [*o* labil]; **~ kid** gestörtes Kind

mixer [ˈmɪksəʳ, AM -ɚ] *n* ❶ *(machine)* Mixer *m*, Mixgerät *nt*; **hand ~** Handmixer *m*, Handmixgerät *nt* ❷ *(friendly person)* umgänglicher [*o* kontaktfreudiger] Mensch; **to be a good ~** ein guter Gesellschafter/eine gute Gesellschafterin sein ❸ *(drink)* ~ [**drink**] Mixgetränk *nt* ❹ COMPUT Mischer *m*

mixer faucet *n* AM, **mixer tap** *n* Mischhahn *m*

mixture [ˈmɪkstʃəʳ, AM -ɚ] *n* ❶ *(combination)* Mischung *f*; *of ingredients* Gemisch *nt* ❷ *(mixed fluid substance)* Mischung *f*, Mixtur *f*; **cough ~** Hustensaft *m*; AUTO Gemisch *nt*; **petrol-air ~** Kraftstoff-Luft-Gemisch *nt* ❸ *no pl (act of mixing)* Mischen *nt*, Vermengen *nt*; *(state after mixing)* Gemisch *nt*, Gemenge *nt*

mix-up *n* ❶ *(confused state)* Durcheinander *nt*, Verwirrung *f*; ***there seems to have been a bit of a ~ with your reservation*** mit Ihrer Reservierung muss einiges durcheinander gegangen sein ❷ AM *(fight)* Prügelei *f*, Schlägerei *f*

mizzle¹ [ˈmɪzl̩] **I.** *n no pl esp* AM Nieselregen *m*, Sprühregen *m* **II.** *vi* nieseln

mizzle² [ˈmɪzl̩] *vi* BRIT *(dated sl)* sich *akk* verdünnisieren *fam*

mizzly [ˈmɪzl̩i] *adj esp* AM Niesel-

Mk *n abbrev of* **mark**

ml <*pl* – *or* mls> *n abbrev of* **millilitre** ml

m'lud [məˈlʌd] = **My Lord** gnädiger Herr

mm *n abbrev of* **millimetre** mm

MMC [ˌememˈsiː] *n abbrev of* **Monopolies and Mergers Commission** *britische Kartellbehörde*

mnemonic *n* COMPUT Mnemonik *f*

mnemonic [nɪˈmɒnɪk, AM -ˈmɑːn-] *n*, **mnemonic device** *n* Gedächtnishilfe *f*, Gedächtnisstütze *f*

mo¹ *n* AM *abbrev of* **month**

mo² [məʊ, AM moʊ] *n (fam) short for* **moment** Moment *m*; ***wait a ~!*** Moment mal!; ***I'll be with you in half a ~*** ein Momentchen noch, dann bin ich bei Ihnen

MO [ˌemˈəʊ, AM -ˈoʊ] *n* ❶ *abbrev of* **Medical Officer** Stabsarzt *m* ❷ *esp* AM *abbrev of* **money order**

moan [məʊn, AM moʊn] **I.** *n* ❶ *(groan)* Stöhnen *nt*; **the ~s of an injured person** das Stöhnen einer verletzten Person; **the ~s of the planks** das Ächzen der Planken; **the ~s of the wind** das Heulen des Windes ❷ *(complaint)* Klage *f*, Beschwerde *f*; ■**to have a ~ about sth** Klage [*o* Beschwerde] über etw *akk* führen **II.** *vi* ❶ *(groan)* stöhnen; *wind* heulen; **to ~ with pain** vor Schmerzen stöhnen ❷ *(complain)* klagen, sich *akk* beschweren; ■**to ~ about sth** über etw *akk* jammern, sich *akk* über etw *akk* beklagen; ■**to ~ at sb** jdm etw vorjammern; ■**to ~ that ...** darüber jammern [*o* sich *akk* darüber beklagen], dass ...

moaner [ˈməʊnəʳ, AM ˈmoʊnɚ] *n* Nörgler(in) *m(f)*

moaning [ˈməʊnɪŋ, AM ˈmoʊn-] *n* ❶ *(sound)* Stöhnen *nt*, Heulen *nt*, Ächzen *nt* ❷ *(complaining)* Nörgelei *f*, Quengelei *f fam*

moaning minnie *n* BRIT *(fam)* Quengler(in) *m(f)*

moat [məʊt, AM moʊt] *n* Wassergraben *m*, Burggraben *m*

moated [ˈməʊtɪd, AM ˈmoʊt̬-] *adj castle* mit einem Wassergraben [*o* Burggraben] umgeben

mob [mɒb, AM mɑːb] **I.** *n* + *sing/pl vb* ❶ *(usu pej: crowd)* Mob *m pej*, [Menschen]menge *f*; **angry ~** aufgebrachte Menge; **a lynch ~** ein lynchender Mob; **a ~ of angry fans** eine Horde [*o* ein Haufen] wütender Fans; **a ~ of protesters** eine protestierende Menschenmenge ❷ POL *(pej: the common people)* ■**the ~** die breite [*o* große] Masse; *(the lowest classes)* der Mob, der Pöbel, das Gesindel ❸ *(criminal gang)* Verbrecherbande *f*, Gang *f* ❹ BRIT *(sl: group)* Bande *f*, Sippschaft *f* ❺ *(fig, hum: children)* Schar *f*, Meute *f hum* ❻ AUS *(herd)* Herde *f*; **a ~ of sheep** eine Schafherde ❼ AM *(mafia)* ■**the ~** die Mafia **II.** *n modifier* Massen-; **~ appeal** Massenwirkung *f*; **~ instinct** Herdentrieb *m*; **~ law** Lynchjustiz *f*; **~ mentality** Mentalität *f* der großen Masse; **~ orator** Volksredner(in) *m(f)*; **~ rule/violence** Herrschaft *f*/Gewalt *f* der Straße **III.** *vt* <-bb-> ❶ *(surround)* ■**to ~ sb** jdn umringen; ■**to be ~bed** umringt sein/werden ❷ AM *(crowd around)* ■**to ~ sth** *courtroom, entrance* etw umlagern; *(crowd into) fairground, park* in etw *akk* strömen; *(charge) public building* etw stürmen; ■**to be ~bed** umlagert werden

Mob [mɑːb] *n* AM ■**the ~** die Mafia, das organisierte Verbrechen

mob cap *n* HIST, FASHION Spitzenhaube *f*

mobile¹ [ˈməʊbaɪl, AM ˈmoʊbᵊl] **I.** *adj* ❶ *(able to move)* beweglich ❷ *(flexible)* beweglich, wendig; **~ mind** beweglicher Verstand ❸ *(able to change)* mobil, flexibel; **professionally ~** beruflich mobil; **socially ~** gesellschaftlich mobil; **~ labour** [*or* AM **labor**] flexible Arbeitskräfte ❹ *(changeable)* lebendig, lebhaft, wechselhaft; **~ expression/features** lebhafter Gesichtsausdruck/lebhafte Gesichtszüge; **~ mood** rasch wechselnde Stimmung ❺ *(in a vehicle)* mobil, fahrbar; ■**to be ~** motorisiert sein; **~ canteen** Kantine *f* auf Rädern; **~ laboratory** mobiles Labor; **~ station** mobile Funkstation **II.** *n* Mobiltelefon *nt*, Handy *nt*

mobile² [ˈməʊbaɪl, AM ˈmoʊbiːl] *n* ART Mobile *nt*

mobile earth terminal *n* mobile Erdstation

mobile home *n* Wohnwagen *m* **mobile library** *n* Fahrbücherei *f*, mobile Bücherei **mobile phone** *n esp* BRIT Mobiltelefon *nt*, Handy *nt* **mobile shop** *n* Verkaufswagen *m*

mobility [mə(ʊ)ˈbɪləti, AM moʊˈbɪlət̬i] *n no pl* ❶ *(ability to move) of the body* Beweglichkeit *f*, Mobilität *f*; **~ of the arm/knee** Beweglichkeit *f* des Arms/Knies ❷ *(ability to move) in status* Mobilität *f*; **social** [*or* AM, AUS *usu* **upward**] **~** [gesellschaftliche] Mobilität; **horizontal/vertical ~** horizontale/vertikale Mobilität *fachspr*

mobilization [ˌməʊbɪlaɪˈzeɪʃᵊn, AM ˌmoʊbᵊlɪ-] *n* ❶ *(for war)* Mobilmachung *f*, Mobilisierung *f* ❷ *(organization)* Mobilisierung *f*, Aktivierung *f*, Aufbietung *f* ❸ *(use)* [Groß]einsatz *m*

mobilize [ˈməʊbɪlaɪz, AM ˈmoʊbəl-] **I.** *vt* ❶ *(prepare for war)* **to ~ the army/the militia/one's troops** die Armee/die Miliz/seine Truppen mobilmachen [*o* mobilisieren] ❷ *(organize)* ■**to ~ sb/sth** *supporters, support* jdn/etw aktivieren [*o* mobilisieren]; **to ~ one's energy** [all] seine Kräfte mobilisieren [*o* aufbieten] ❸ *(put to use)* einsetzen; **to ~ helicopters/snowploughs** Hubschrauber/

Schneepflüge zum Einsatz bringen ④ COMM (*convert*) **to ~ capital** Kapital flüssig machen; **to ~ resources to defend a takeover bid** Mittel mobilisieren, um ein Übernahmeangebot abzuwehren **II.** *vi* MIL mobilmachen

Möbius strip [ˌməʊbiəs'strɪp, AM ˌmeɪb-] *n* MATH Möbiusband *nt*

mobster ['mɒbstəʳ, AM 'mɑːbstɚ] *n esp* AM Gangster *m*

moccasin ['mɒkəsɪn, AM 'mɑːkəsən] *n* Mokassin *m*

mocha ['mɒkə, AM 'moʊ-] **I.** *n no pl* Mokka *m* **II.** *n modifier* (*cake, ice cream, icing*) Mokka-

mock [mɒk, AM mɑːk] **I.** *adj inv* ① (*not real*) nachgemacht, Schein-; **~ baroque** Pseudobarock *m o nt;* **~ battle** Scheingefecht *nt;* **~ facade** Kulisse *f;* **~ fear** gespielte Angst; **~ horror/sympathy** gespieltes Entsetzen/Mitleid; **~ interview** gestelltes Interview; **~ leather** Lederimitat *nt;* **~ turtle soup** Mockturtlesuppe *f,* falsche Schildkrötensuppe (*aus Kalbfleisch hergestellt*) ② (*practice*) Probe-, simuliert; **~ exam** Probeexamen *nt* **II.** *n* BRIT (*fam*) Probeexamen *nt* **III.** *vi* spotten, höhnen; ■**to ~ at sb** sich *akk* über jdn lustig machen, jdn verspotten [*o* verhöhnen] **IV.** *vt* ① (*ridicule*) ■**to ~ sth** etw lächerlich machen [*o* verspotten] [*o* verhöhnen]; (*ridicule by imitation*) ■**to ~ sb/sth** jdn/etw nachmachen ② (*fig: frustrate*) ■**to ~ sth** *hopes* etw enttäuschen

◆**mock up** *vt* ■**to ~ up** ⊂ **sth** etw [im Modell] nachbilden

mocker ['mɒkəʳ, AM 'mɑːkɚ] *n* Spötter(in) *m(f)* ▶ PHRASES: **to put the ~s on sth** BRIT (*fam*) etw vermasseln *fam*

mockery ['mɒkᵊri, AM 'mɑːkɚi] *n no pl* ① (*ridicule*) Spott *m,* Hohn *m* ② (*travesty*) Farce *f;* **a ~ of an interview/a trial** ein jeder Beschreibung spottendes Interview/Gerichtsverfahren ▶ PHRASES: **to make a ~ of sb/sth** jdn/etw zum Gespött machen

mock-heroic [ˌmɒkhɪ'rəʊɪk, AM roʊ] *adj* ART, LIT komisch-ernst, Ulk-

mocking ['mɒkɪŋ, AM 'mɑːk-] *adj laugh, laughter* spöttisch, höhnisch

mockingbird *n* ORN Spottdrossel *f*

mockingly ['mɒkɪŋli, AM 'mɑːk-] *adv* spöttisch, höhnisch

mock-Tudor [-'tjuːdəʳ, AM -'tuːdɚ] ARCHIT **I.** *n* Pseudotudorstil *m* **II.** *adj inv architecture, house* im Pseudotudorstil *nach n* **mock turtleneck** *n* AM Rollkragenpullover *m* **mock-up** *n* Attrappe *f,* originalgetreue Nachbildung

Mod [mɒd] *n* BRIT Mod *m* (*modischer, Motorroller fahrender Jugendlicher in den 60er Jahren*)

MoD [ˌeməʊ'diː] *n* BRIT *abbrev of* **Ministry of Defence** Verteidigungsministerium *nt*

modal ['məʊdᵊl, AM 'moʊ-] *adj inv* Modal-; **~ verb** Modalverb *nt*

modality <*pl* -ties> [məʊ'dæləti, AM moʊ'dæləṱi] *n* Art und Weise *f,* Modalität *f; procedure* Verfahrensweise *f*

mod con [ˌmɒd'kɒn] *n* BRIT, AUS (*dated*) *short for* **modern convenience** moderner Komfort

mode [məʊd, AM moʊd] *n* ① (*way*) Art *f,* Weise *f,* Methode *f;* **~ of action/life** Wirkungs-/Lebensweise *f;* **~ of observation** Beobachtungsmethode *f,* Beobachtungsverfahren *nt;* **~ of operation/transport** Betriebs-/Beförderungsart *f;* **~ of payment** Zahlungsweise *f,* Zahlungsmodus *m* ② (*type*) *heat* [Erscheinungs]form *f* ③ COMPUT, TECH (*operation*) Betriebsart *f,* Modus *m;* **computer ~** Computermodus *m,* Rechnermodus *m;* **conversation ~** Dialogbetrieb *m;* **graphic[s] ~** Grafikmodus *m;* **automatic ~** Automatikbetrieb *m* ④ LING Aussageweise *f,* Modus *m fachspr* ⑤ *no pl* (*dated form: fashion*) Mode *f;* **to be all the ~** die neueste Mode sein; **in ~** modern, in Mode ⑥ (*in optical fibre*) Moden *pl* ⑦ (*most frequent number in sample*) häufigster Wert

model ['mɒdᵊl, AM 'mɑːd-] **I.** *n* ① (*representation*) Modell *nt;* COMPUT [schematische] Darstellung, Nachbildung *f,* Simulation *f;* **a clay/wax ~** ein Ton-/Wachsmodell *nt;* **computer ~** Computerdarstellung *f,* Computersimulation *f;* **economic ~** ECON [EDV-]Modell *nt* zur Wirtschaftsprognose; **a mathematical/statistical ~** ein mathematisches/statistisches Modell; **pricing ~** ECON Preismodell *nt* ② (*example*) Modell *nt,* Vorbild *nt;* **on the ~ of sth** nach dem Vorbild einer S. *gen* ③ (*perfect example*) Muster *nt;* ***a ~ of fairness/self-control*** ein Muster an Fairness/Selbstbeherrschung; **to be the very ~ of sth** (*fig*) der Inbegriff von etw *dat* sein ④ (*mannequin*) Model *nt,* Mannequin *nt;* **male ~** Dressman *m;* **photographic ~** Fotomodell *nt* ⑤ (*for painter*) Modell *nt;* **nude ~** Aktmodell *nt;* **to work as a painter's ~** einem Maler Modell stehen ⑥ (*clothing creation*) Modell *nt;* **a Dior ~** ein Modellkleid von Dior ⑦ (*version*) Modell *nt* **II.** *n modifier* ① (*aircraft, car, train*) Modell- ② (*exemplary*) (*husband, wife, student, teacher*) Muster- **III.** *vt* <-ll-> ① (*make figure*) ■**to ~ sth** etw modellieren [*o* nachbilden]; **to ~ clay/wax** Ton/Wachs modellieren; **to ~ sth in clay** etw in Ton nachbilden ② (*on computer*) ■**to ~ sth** etw [schematisch] darstellen, nachbilden, simulieren ③ (*show clothes*) ■**to ~ sth** etw vorführen ④ (*make model*) ■**to ~ sth** ein Modell von etw *dat* erstellen

◆**model on** *vt* ■**to ~ sth on sth** etw nach dem Vorbild einer S. *gen* formen [*o* gestalten]; (*imitate*) etw einer S. *dat* nachempfinden; ■**to ~ oneself on sb** sich *dat* jdn zum Vorbild nehmen, sich *akk* nach jds Vorbild richten

modeling ['mɑːdᵊlɪŋ] *n* AM *see* **modelling**

modelling ['mɒdᵊlɪŋ, AM 'mɑːd] *n no pl* ① FASHION Arbeit *f* als Fotomodell, Modeln *nt fam* ② (*making 3D models*) Modellieren *nt,* Modellbau *m*

model maker *n* Modellbauer(in) *m(f)*

modem ['məʊdəm, AM 'moʊ-] *n* Modem *nt*

moderate **I.** *adj* ['mɒdᵊrət, AM 'mɑːdɚ-] ① (*neither large nor small*) *amount, quantity, size* mittlere(r,s); *improvement, increase* leicht, nicht allzu groß; *price, speed* angemessen, normal; **~ income** durschschnittliches Einkommen ② (*not excessive*) mäßig, gemäßigt; *drinker, eater* mäßig, maßvoll; **~ climate** gemäßigtes Klima; **~ sentence** LAW milde Strafe ③ POL gemäßigt; **~ views** gemäßigte Ansichten ④ (*reasonable*) angemessen, vernünftig; **~ demands** angemessene Forderungen **II.** *n* ['mɒdᵊrət, AM 'mɑːdɚ-] POL Gemäßigte(r) *f(m)* **III.** *vt* ['mɒdᵊreɪt, AM 'mɑːdə-] ① (*make less extreme*) ■**to ~ sth** etw mäßigen; **to ~ one's voice** seine Stimme senken [*o* dämpfen]; **to have a moderating influence on sb/sth** einen mäßigenden Einfluss auf jdn/etw haben ② (*oversee*) ■**to ~ sth** etw moderieren; **to ~ a discussion** eine Diskussion leiten; **to ~ an examination** den Vorsitz in einer Prüfung führen **IV.** *vi* ['mɒdᵊreɪt, AM 'mɑːdə-] sich *akk* mäßigen; *fever, wind* nachlassen

moderately ['mɒdᵊrətli, AM 'mɑːdɚ-] *adv* mäßig; **to eat/drink/smoke ~** mäßig essen/trinken/rauchen; **~ gifted** mäßig begabt; **~ pleased/successful** einigermaßen zufrieden/erfolgreich; **~ priced** preisgünstig

moderation [ˌmɒdᵊr'eɪʃᵊn, AM ˌmɑːdə'reɪ-] *n no pl* ① (*restraint*) Mäßigung *f;* **in ~** in Maßen; **to show ~** Maß halten ② (*making moderate*) *demands* Abschwächung *f; sentence* Milderung *f; voice* Senkung *f*

moderator ['mɒdᵊreɪtəʳ, AM 'mɑːdəreɪṱɚ] *n* ① (*mediator*) Vermittler(in) *m(f)* ② AM (*of discussion*) Moderator(in) *m(f),* Diskussionsleiter(in) *m(f)* ③ BRIT SCH Prüfungsvorsitzende(r) *f(m)* ④ SCOT (*presiding minister*) Vorsitzende(r) *f(m)*

modern ['mɒdᵊn, AM 'mɑːdɚn] *adj* ① (*contemporary*) modern; **~ methods/technology** moderne Methoden/Technologie ② (*not ancient or medieval*) modern, neuzeitlich; **~ art** moderne Kunst; **~ Greek** LING Neugriechisch *nt;* **~ Europe** Europa *nt* der Neuzeit; **~ times** Neuzeit *f,* Moderne *f;* **the ~ world** die heutige Welt

modern dance *n* Modern Dance *m* **modern-day** *adj attr, inv* modern, zeitgenössisch

modernism ['mɒdᵊnɪzᵊm, AM 'mɑːdɚn-] *n* ① *no pl* (*tendencies*) Modernismus *m,* moderner Geschmack ② *no pl* (*ideas*) *in art, literature* Modernismus *m,* die Moderne ③ *no pl* REL (*movement*) Modernismus *m fachspr* (*liberal-wissenschaftliche Reformbewegung in der katholischen Kirche*) ④ (*expression*) Modernismus *m*

modernist ['mɒdᵊnɪst, AM 'mɑːdɚn-] **I.** *n* Modernist(in) *m(f)* **II.** *adj* modernistisch

modernistic [ˌmɒdᵊn'ɪstɪk, AM ˌmɑːdɚ'nɪs-] *adj* modernistisch

modernity [mɒd'ɜːnəti, AM mɑː'dɜːrnəṱi] *n* Modernität *f,* Moderne *f;* **to give in to ~** mit der [heutigen] Zeit gehen, sich *akk* dem modernen Leben anpassen

modernization [ˌmɒdᵊnaɪ'zeɪʃᵊn, AM ˌmɑːdɚnɪ'-] *n no pl* Modernisierung *f*

modernize ['mɒdᵊnaɪz, AM 'mɑːdɚ-] **I.** *vt* ■**to ~ sth** etw modernisieren **II.** *vi* modern werden, sich *akk* der modernen Zeit anpassen

modernizer ['mɒdᵊnaɪzəʳ, AM 'mɑːdɚnaɪzɚ] *n* Modernisierer(in) *m(f)*

modern jazz *n no pl* Modern Jazz *m* **modern languages** **I.** *npl* neuere Sprachen; **to study** [*or* **take**] **M~** UNIV neuere Sprachen [*o* Neuphilologie] studieren [*o* belegen] **II.** *n modifier* (*course, degree*) neusprachlich, neuphilologisch *fachspr;* **~ student** Neusprachler(in) *m(f),* Neuphilologe, -in *m, f fachspr*

modest ['mɒdɪst, AM 'mɑːd-] *adj* ① (*not boastful*) bescheiden, zurückhaltend; ***she's very ~ about her achievements*** sie prahlt nicht mit ihren Erfolgen ② (*fairly small*) *improvement, income, increase* bescheiden, mäßig ③ (*not elaborate*) *furniture, house* einfach ④ (*chaste*) sittsam *veraltend,* dezent

modestly ['mɒdɪstli, AM 'mɑːd-] *adv* ① (*approv: without boastfulness*) bescheiden, zurückhaltend ② (*chastely*) sittsam *veraltend,* dezent; **to dress ~** sich *akk* dezent kleiden ③ (*not expensively*) **~ priced** preisgünstig

modesty ['mɒdɪsti, AM 'mɑːd-] *n* (*approv*) ① (*without boastfulness*) Bescheidenheit *f,* Zurückhaltung *f;* **in all ~** in aller Bescheidenheit ② (*chasteness*) Anstand *m,* Sittsamkeit *f*

modicum ['mɒdɪkəm, AM 'mɑːd-] *n no pl* ■**a ~** ein bisschen [*o* wenig]; **a ~ of common sense** ein Minimum an gesundem Menschenverstand; **a ~ of decency** eine Spur von Anstand; **a ~ of hope** ein Funke Hoffnung; **a ~ of truth** ein Körnchen Wahrheit

modifiable ['mɒdɪfaɪəbl̩, AM 'mɑːd-] *adj* modifizierbar, [ab]änderbar

modification [ˌmɒdɪfɪ'keɪʃᵊn, AM ˌmɑːd-] *n* ① (*change*) Modifikation *f,* [Ab]änderung *f;* **to make a few ~s to sth** einige Änderungen an etw *dat* vornehmen ② *no pl* (*alteration*) *of an engine* Modifikation *f,* Änderung *f* ③ BIOL nichterbliche Änderung, Modifikation *f fachspr* ④ LING (*phonetics*) lautliche Veränderung, Umlautung *f;* **~ of a vowel** Umlautung *f* eines Vokals ⑤ LING (*grammar*) nähere Bestimmung

Modified American plan *n* AM (*half board*) Halbpension *f;* **to be on the ~** Halbpension haben *fam*

modifier ['mɒdɪfaɪəʳ, AM 'mɑːdɪfaɪɚ] *n* ① LING näher bestimmendes Wort; (*as an adjective*) Beiwort *nt;* (*as an adverb*) Umstandswort *nt* ② COMPUT Modifizierer *m*

modify <-ie-> ['mɒdɪfaɪ, AM 'mɑːd-] *vt* ① (*change*) ■**to ~ sth** etw [ver]ändern [*o* modifizieren]; **to ~ one's behaviour** [*or* AM **behavior**] sein Verhalten ändern ② (*alter*) *engine* etw modifizieren [*o* [ver]ändern] ③ LING ■**to ~ sth** etw lautlich verändern [*o* umlauten] [*o* näher bestimmen]; **to ~ a vowel** einen Vokal umlauten

modish ['məʊdɪʃ, AM 'moʊ-] *adj* (*form*) modisch, modern

modishly ['məʊdɪʃli, AM 'moʊ-] *adv* (*form*) modisch, modern

modular ['mɒdjələʳ, AM 'mɑːdʒəlɚ] *adj inv* modular, Modul-, Baukasten-; **~ concept** Baukastenprinzip *nt;* **~ construction/design** Modulbauweise *f;* **~ degree course** UNIV *aus verschiedenen, unterschiedlich kombinierbaren Kursen bestehender Stu-*

diengang; ~ **system** UNIV Kursmodulsystem *nt*

modulate ['mɒdjəleɪt, AM 'mɑːdʒ-] **I.** *vt* ① *(adapt)* ■**to** ~ **sth** etw anpassen [*o* abstimmen] [*o* regulieren]; **to** ~ **a mechanism** einen Mechanismus regulieren; **to** ~ **a policy** eine Politik abstimmen [*o* [den Gegebenheiten] anpassen]; **to** ~ **one's tone** *(also fig)* in einem anderen Ton sprechen, einen anderen Ton anschlagen *a. fig;* **to** ~ **one's voice** seine Stimme verändern ② *(soften)* ■**to** ~ **sth** *noise, voice* etw dämpfen; *effect, impression* etw abschwächen ③ ELEC, RADIO *(mix signals)* ■**to** ~ **sth** etw modulieren [*o* aussteuern] ④ COMPUT ■**to** ~ **sth** etw modulieren **II.** *vi* MUS [die Tonart] wechseln, modulieren *fachspr*

modulation [ˌmɒdjə'leɪʃən, AM ˌmɑːdʒ-] *n* ① *(adaptation)* Anpassung *f,* Abstimmung *f,* Veränderung *f* ② ELEC, RADIO Modulation *f,* Aussteuerung *f;* ~ **amplifier** Modulationsverstärker *m,* Modulationsstufe *f;* ~ **frequency** Modulationsfrequenz *f* ③ MUS [Tonart]wechsel *m,* Modulation *f fachspr*

module ['mɒdjuːl, AM 'mɑːdʒuːl] *n* ① *(unit)* Modul *nt,* Baustein *m,* Baueinheit *f* ② *(part of course)* Einheit *f,* Element *nt;* **teaching** ~ Unterrichtseinheit *f* ③ AEROSP *(independent vehicle)* Modul *nt;* **lunar** ~ Mondlandefähre *f*

modus operandi [ˌməʊdəsˌɒpə'rændiː, AM ˌmoʊdəsˌoʊpə'rɑːndi] *n no pl (form)* Arbeitsweise *f,* Modus operandi *m geh* **modus vivendi** [ˌməʊdəsvɪ'vendiː, AM ˌmoʊdəsviː'-] *n no pl (form)* Lebensweise *f,* Modus vivendi *m geh*

moggie *n* BRIT, AUS *(fam),* **moggy** ['mɒgi] *n* BRIT, AUS *(fam)* Mieze[katze] *f fam*

mogul ['məʊgəl, AM 'moʊgʌl] *n* ① *(powerful person)* Mogul *m;* *(fig)* hohes Tier *fig, pej;* **financial** ~ Finanzmogul *m;* **industrial** ~ Industriemagnat *m;* **party/trade union** ~ Partei-/Gewerkschaftsbonze *m* ② *(mound) on a ski slope* Buckel *m*

MOH [ˌeməʊ'eɪtʃ] *n* ① *no pl, + sing/pl vb abbrev of* **Ministry of Health** Gesundheitsministerium *nt* ② *abbrev of* **Medical Officer of Health** Amtsarzt, Amtsärztin *m, f*

mohair ['məʊheəʳ, AM 'moʊher] *n* Mohair *m*

Mohammedan [mə(ʊ)'hæmɪdən, AM moʊ'-] **I.** *n (dated)* Mohammedaner(in) *m(f)* **II.** *adj inv (dated)* mohammedanisch

Mohican [məʊ'hiːkən, AM moʊ'-] **I.** *n (person)* Mohikaner(in) *m(f)* **II.** *adj* ① *(language)* mohikanisch ② BRIT ~ **hairstyle** Irokesenschnitt *m*

moi [mwɑː] *part (hum fam)* ich; ***you made a complete idiot of yourself at the party — who?*** ~**?** du hast dich auf der Party zum Vollidioten gemacht – wer? ich etwa?; ***sarcastic?*** ~**?** sarkastisch? ich?

moiety <*pl* -ties> ['mɔɪəti, AM əṭi] *n* ① *(spec: part of a people)* [Bevölkerungs]teil *m* ② *(form: portion)* Hälfte *f*

moiré ['mɔɪreɪ] *n no pl* Moiré *nt o m*

moist [mɔɪst] *adj* feucht; ~ **cake** saftiger Kuchen

moisten ['mɔɪsən] **I.** *vt* ■**to** ~ **sth** etw anfeuchten [*o geh* benetzen] **II.** *vi* feucht werden

moistness ['mɔɪstnəs] *n no pl* Feuchte *f,* Feuchtigkeit *f;* *(of a cake)* Saftigkeit *f*

moisture ['mɔɪstʃəʳ, AM -ɚ] *n* Feuchtigkeit *f*

moisturize ['mɔɪstʃəraɪz, AM -tʃər-] *vt* ■**to** ~ **sth** etw befeuchten; **to** ~ **one's skin** seine Haut mit Feuchtigkeitscreme einreiben

moisturizer ['mɔɪstʃəraɪzəʳ, AM -tʃəraɪzɚ] *n* Feuchtigkeitscreme *f*

moisturizing cream *n* Feuchtigkeitscreme *f* **moisturizing lotion** *n* Feuchtigkeitslotion *f*

moke [məʊk] *n* ① BRIT *(fam: donkey)* Esel *m* ② AUS, NZ *(nag)* Klepper *m,* Gaul *m*

molar¹ ['məʊləʳ, AM 'moʊlɚ] *n* ① ANAT *(tooth)* Backenzahn *m,* Molar *m fachspr* ② ZOOL Mahlzahn *m*

molar² ['məʊləʳ, AM 'moʊlɚ] *adj inv* CHEM, PHYS Molar-, Mol-, stoffmengenbezogen; ~ **concentration** molare Konzentration, Stoffmengenkonzentration *f;* ~ **weight** Mol[ar]gewicht *nt,* molare Masse

molasses [mə(ʊ)'læsɪz, AM mə'-] *n no pl* Melasse *f,* Zuckersirup *m*

mold *n, vi* AM *see* **mould**

Moldavia [mɒl'deɪviə, AM mɑːl-] *n no pl* GEOG ① *(part of Romania)* Moldau *f* ② *see* **Moldova** Moldawien *nt*

Moldavian [mɒl'deɪviən, AM mɑːl-] **I.** *adj inv* moldawisch **II.** *n* Moldawier(in) *m(f)*

molder *vi* AM *see* **moulder**

molding *n* AM *see* **moulding**

Moldova [mɒl'dəʊvə, AM mɑːl'doʊ-] *n no pl see* **Moldavia 2**

Moldovan [mɒl'dəʊvən, AM mɑːl'doʊ-] *n see* **Moldavian**

moldy *adj* AM *see* **mouldy**

mole¹ [məʊl, AM moʊl] *n* ① *(animal)* Maulwurf *m* ② *(fam: spy)* Maulwurf *m fam*

mole² [məʊl, AM moʊl] *n* [kleines] Muttermal, Leberfleck *m*

mole³ [məʊl, AM moʊl] *n* Mole *f*

molecular [mə(ʊ)'lekjələʳ, AM mə'lekjəlɚ] *adj inv* molekular, Molekular-

molecular farming *n no pl* Molecular Farming *nt fachspr,* gentechnische Manipulation von Pflanzen *(zur Herstellung von Pharmaprodukten)*

molecule ['mɒlɪkjuːl, AM 'mɑːl-] *n* Molekül *nt*

molehill ['məʊlhɪl, AM 'moʊl-] *n* Maulwurfshügel *m* **moleskin** ['məʊlskɪn, AM 'moʊl-] *n* ① *(skin of a mole)* Maulwurfsfell *nt* ② *(fabric)* Maulwurfsfell *nt,* Moleskin *m o nt fachspr (dichtes Baumwollgewebe)*

molest [mə(ʊ)'lest, AM mə'-] *vt* ■**to** ~ **sb** ① *(annoy)* jdn belästigen ② *(harass)* jdn quälen [*o* peinigen] [*o* schikanieren] ③ *(attack sexually)* jdn [sexuell] belästigen

molestation [ˌməʊles'teɪʃən, AM ˌmoʊ-] *n no pl* ① *(annoyance)* Störung *f,* Belästigung *f* ② *(harassment)* Quälerei *f,* Peinigung *f,* Schikane *f* ③ *(sexual assault)* [sexuelle] Belästigung; **child** ~ Kindesmissbrauch *m*

molester [mə(ʊ)'lestəʳ, AM mə'lestɚ] *n* ① *(troublesome person)* lästige Person ② *(harasser)* Peiniger(in) *m(f),* Schikaneur *m geh* ③ *(sexual offender)* ≈ Sittenstrolch *m;* **child** ~ Kinderschänder *m*

moll [mɒl, AM mɑːl] *n (sl)* ① *(female companion of criminal)* Gangsterbraut *f sl;* **gun** ~ Gangsterliebchen *nt fam* ② *(pej: woman)* Puppe *f sl* ③ AUS *(female companion)* Braut *f fam;* *(companion of motorcyclists)* Motorradbraut *f*

mollify <-ie-> ['mɒlɪfaɪ, AM 'mɑːlə-] *vt* ① *(pacify)* ■**to** ~ **sb** jdn besänftigen [*o* beschwichtigen] ② *(rare: soften)* ■**to** ~ **sth** etw weich [*o* geschmeidig] machen ③ *(reduce)* ■**to** ~ **sth** *demands* etw mäßigen; *anger, pique* etw mildern

mollusc ['mɒləsk], AM **mollusk** ['mɑːl-] *n* Molluske *f,* Weichtier *nt*

mollycoddle ['mɒliˌkɒdl, AM 'mɑːliˌkɑː-] *vt (pej fam)* ■**to** ~ **sb** jdn verwöhnen [*o fam* verhätscheln]

Moloch ['məʊlɒk, AM 'moʊlɑːk] *n* Moloch *m*

Molotov cocktail [ˌmɒlətɒf'kɒkteɪl, AM ˌmɑːlɪtɔːf'kɑːk-] *n* Molotowcocktail *m*

molt *n, vt, vi* AM *see* **moult**

molten ['məʊltən, AM 'moʊ-] *adj inv* geschmolzen; ~ **cheese** geschmolzener Käse; ~ **bath** TECH Schmelze *f,* Schmelzbad *nt;* ~ **metal** geschmolzenes Metall

molybdenum [mə'lɪbdənəm] *n no pl* Molybdän *nt*

mom [mɑːm] *n* AM *(mum)* Mama *f*

mom-and-pop *adj inv* AM ~ **business** Familienunternehmen *nt;* ■**to be** ~ ein Familienbetrieb sein; ***the Regent is strictly*** ~ das Regent ist ein reiner Familienbetrieb

moment ['məʊmənt, AM 'moʊ-] *n* ① *(very short time)* Moment *m,* Augenblick *m;* ***just a*** ~**, *please*** nur einen Augenblick, bitte; ***this will only take a*** ~ das dauert nur einen Augenblick; ■**the** ~ [**that**] … [in dem Augenblick], als …; ***the phone rang the*** ~ ***she came home*** das Telefon klingelte in dem Augenblick, als sie nach Hause kam; **not a** ~ **too soon** keine Sekunde zu früh, gerade noch rechtzeitig; **not for a** [*or* **one**] ~ keinen Augenblick [*o* Moment] [lang], nicht einen Augenblick [*o* Moment]; **not for the** ~ im Augenblick nicht; **at any** ~ jeden Augenblick [*o* Moment]; **in a** ~ gleich, sofort ② *(specific time)* Zeitpunkt *m;* **a** ~ **in time** ein historischer Augenblick; **the** ~ **of truth** der Augenblick [*o* die Stunde] der Wahrheit; ■**at** [*or* **for**] **the** ~ im Augenblick, momentan; **at the** [**exact/precise**] ~ **when …** [genau] in dem Augenblick [*o* Moment], als …; **at the last** ~ im letzten Augenblick [*o* Moment]; **to leave sth till** [*or* **to**] **the last** ~ etw bis zum Schluss [*o* letzten Moment] aufschieben; **the right** ~ der richtige Zeitpunkt; **to choose one's** ~ den richtigen Zeitpunkt wählen ③ *no pl (importance)* Wichtigkeit *f,* Bedeutung *f,* Tragweite *f;* **of great** ~ von großer Bedeutung ► PHRASES: **to have one's** ~**s** [auch] seine guten Augenblicke haben; ***for all that, we had our*** ~***s*** trotz alledem haben wir auch schöne Zeiten erlebt

momentarily ['məʊməntərəli, AM ˌmoʊmən'ter-] *adv* ① *(briefly)* kurz, eine Weile; **to pause** ~ kurz innehalten ② *(for some time)* momentan, vorübergehend, eine Zeit lang ③ *(instantly)* augenblicklich, sogleich *geh* ④ AM *(very soon)* gleich, in wenigen Augenblicken ⑤ *(at any moment)* jederzeit, jeden Augenblick [*o* Moment]

momentary ['məʊməntəri, AM 'moʊmənteri] *adj inv* ① *(brief)* kurz; **a** ~ **glimpse** ein kurzer Blick ② *(transitory)* momentan, vorübergehend; **a** ~ **annoyance** eine vorübergehende Störung ③ *(impending)* jederzeit möglich; ***they lived in fear of*** ~ ***annihilation*** sie lebten dauernd in der Angst vor ihrer Vernichtung ④ *(constant)* ständig

momentous [mə(ʊ)'mentəs, AM moʊ'menṭəs] *adj* bedeutsam, weitreichend, folgenschwer; ~ **change** bedeutsame Veränderung, grundlegender Wandel; ~ **day** bedeutender [*o* entscheidender] Tag; ~ **decision** weitreichende [*o* [ge]wichtige] Entscheidung, folgenschwerer Beschluss

momentously [mə(ʊ)'mentəsli, AM moʊ'menṭ-] *adv* weitreichend, grundlegend, entscheidend

momentousness [mə(ʊ)'mentəsnəs, AM moʊ'menṭ-] *n no pl* Bedeutsamkeit *f,* [Ge]wichtigkeit *f,* Bedeutung *f,* Tragweite *f*

momentum [mə(ʊ)'mentəm, AM moʊ'menṭ-] *n no pl* ① *(force)* Schwung *m,* bewegende Kraft, Wucht *f;* **to gain** [*or* **gather**] ~ in Schwung [*o* Fahrt] kommen, sich *akk* beschleunigen; **to give** ~ **to sth** etw in Schwung [*o* Fahrt] bringen [*o* beschleunigen]; **to lose** ~ an Schwung [*o* Fahrt] verlieren, sich *akk* verlangsamen ② PHYS Moment *nt,* Bewegungsgröße *f,* Impuls *m fachspr;* ***once in motion, the flywheel keeps going under its own*** ~ sobald sich das Schwungrad dreht, bleibt es durch den eigenen Drehimpuls in Bewegung; **the law of conservation of** ~ Impuls[erhaltungs]satz *m*

momma ['mɑːmə] *n* AM *(childspeak)* Mama *f Kindersprache*

mommy ['mɑːmi] *n* AM *(childspeak)* Mama *f,* Mami *f Kindersprache*

mommy hacker *n* AM *(sl) Mutter, die aus Sorge um die Internet-Aktivitäten ihres Kindes dessen PC kontrolliert*

Mon *n abbrev of* **Monday** Mo

monarch ['mɒnək, AM 'mɑːnɚk] *n* Monarch(in) *m(f),* Herrscher(in) *m(f)*

monarchic(**al**) [mɒn'ɑːkɪk(əl), AM mə'nɑːrk-] *adj inv* ① *(of a monarch[y])* monarchisch, königlich; ~ **gesture** königliche Geste; ~ **government** monarchische Regierung; ~ **power** [*or* **rule**] Königsherrschaft *f,* monarchische Gewalt; ~ **system** monarchisches System ② *(of monarchism)* monarchistisch; ~ **circles** monarchistische Kreise; ~ **movement** monarchistische Bewegung

monarchism ['mɒnəkɪzəm, AM 'mɑːnɚk-] *n no pl* Monarchismus *m*

monarchist ['mɒnəkɪst, AM 'mɑːnɚ-] *n* Monarchist(in) *m(f)*

monarchy ['mɒnəki, AM 'mɑːnɚ-] *n* Monarchie *f;* **absolute** ~ absolute Monarchie, Alleinherrschaft *f;* **constitutional/limited** ~ konstitutionelle Monarchie; **hereditary** ~ Erbmonarchie *f*

monastery ['mɒnəstəri, AM 'mɑːnəsteri] *n* [Mönchs]kloster *nt*

monastic [mə'næstɪk] *adj* ① *(concerning monks) life, obligations* mönchisch, Mönchs-; ~ **order**

Mönchsorden *m;* ~ **rule of life** mönchische Lebensregel; ~ **vows** Mönchsgelübde *ntpl* ② *(concerning monasteries) architecture, community, system* klösterlich, Kloster-; ~ **community** klösterliche Gemeinschaft; ~ **library** Klosterbibliothek *f* ③ *(austere)* asketisch, enthaltsam, streng ④ *(secluded)* zurückgezogen, abgeschieden

monasticism [məˈnæstɪsɪzᵊm] *n no pl* Mönchstum *nt*

Monday [ˈmʌndeɪ] *n* Montag *m; see also* **Tuesday**

Mondayitis [ˌmʌndeɪˈaɪtɪs] *n* AUS Montagskrankheit *f*

Monday morning feeling *n (fam)* montagmorgendliche Muffeligkeit **Monday-morning quarterback** *n* AM *(fam)* alter Besserwisser/alte Besserwisserin; ***I don't want to be a ~ but …*** ich will ja kein alter Besserwisser sein, aber …

monetarism [ˈmʌnɪtᵊrɪzᵊm, AM ˈmɑːnə-] *n no pl* ECON Monetarismus *m fachspr*

monetarist [ˈmʌnɪtᵊrɪst, AM ˈmɑːnə-] **I.** *n* ECON Monetarist(in) *m(f) fachspr* **II.** *adj* monetaristisch *fachspr*

monetary [ˈmʌnɪtᵊri, AM ˈmɑːnəteri] *adj inv* ECON Geld-, monetär *fachspr,* Währungs-, Münz-; ~ **compensatory amounts** EU Währungsausgleich *m;* ~ **convention** Münzkonvention *f;* ~ **fund** Währungsfonds *m;* ~ **instability/integration** monetäre Instabilität/Integration; ~ **law** Münzgesetz *nt;* ~ **policy** Währungspolitik *f,* Geldpolitik *f,* Kreditpolitik *f;* ~ **reserves** Währungsreserven *fpl;* ~ **system** Währungssystem *nt;* ~ **union** Währungsunion *f;* ~ **unit** Währungseinheit *f*

money [ˈmʌni] *n no pl* ① *(cash)* Geld *nt;* ~ **at call** [*or* **call** ~] Tagesgeld *nt;* **hard** ~ AM POL Wahlkampfspenden *fpl;* ***there is a lot of ~ in that*** das ist sehr lukrativ [*o* Gewinn bringend]; **to pay good ~ for sth** teures [*o* ein gutes Stück] Geld für etw *akk* zahlen; **hot** ~ heißes Geld, vagabundierende Gelder; **to be short of** ~ knapp an Geld [*o fam* bei Kasse] sein; **soft** ~ AM Parteispenden *fpl;* ~ **is tight** [*or* **short**] das Geld ist knapp; ~ **well spent** gut angelegtes Geld; **to get one's ~'s worth** etw für sein Geld bekommen; **to change** ~ Geld wechseln; **to cost** ~ Geld kosten; **to earn** ~ Geld verdienen; **to have** ~ Geld haben, reich sein; **to make** ~ gut verdienen, [viel] Geld machen *fam;* ***her investments haven't made as much ~ this year*** ihre Investitionen haben dieses Jahr nicht so viel Geld eingebracht; **to put ~ into sth** Geld in etw *akk* stecken *fam,* in etw *akk* investieren; **to put one's ~ on sb/sth** *(also fig)* auf jdn/etw setzen [*o* wetten]; **to raise ~** [**for sth**] Geld [für etw *akk*] aufbringen [*o* beschaffen] [*o* aufnehmen]; **to save** ~ Geld sparen; **to spend** ~ Geld ausgeben ② *(fam: pay)* Bezahlung *f,* Verdienst *m,* Geld *nt;* ***I didn't like the work but the ~ was good*** die Arbeit gefiel mir nicht, aber die Bezahlung war gut; ***what's the ~ like in your new job?*** wie ist so dein Verdienst bei deiner neuen Stelle?; ***they earn good ~ in that company*** bei dieser Firma verdient man gutes Geld; **hard-earned** ~ schwer [*o fam* sauer] verdientes Geld ③ FIN *(options)* **at the ~** *Option, deren Basiskaufpreis dem aktuellen Marktpreis entspricht;* **in the** ~ *Option, deren Basiskaufpreis unter und deren Verkaufspreis über den aktuellen Marktpreis liegt;* **out of the** ~ Option, deren Basiskaufpreis über und deren Verkaufspreis unter dem aktuellen Marktpreis liegt ▶ PHRASES: **you pays your ~ and [you] takes your choice** *(saying)* das bleibt jedem selbst überlassen; ~ **is the root of all evil** *(prov)* Geiz ist die Wurzel allen Übels *prov;* ~ **for jam** [*or* **old rope**] BRIT leicht verdientes Geld; **to put one's ~ where one's mouth is** seinen Willen in die Tat umsetzen; ~ **doesn't grow on trees** *(prov)* Geld wächst nicht einfach nach; **to be in the** ~ in [*o* im] Geld schwimmen; ***if our horse wins, we'll be in the*** ~ wenn unser Pferd gewinnt, sind wir gemachte Leute; **to have ~ to burn** Geld wie Heu haben; **to be [not] made of** ~ um des Geldes willen [k]ein Krösus [*o* Goldesel] sein; **to marry** ~ heiraten, eine Geldehe eingehen; ~ **talks** *(prov)* Geld regiert die Welt *prov;* **for my ~ …** *(fam)* wenn es nach mir geht … *fam*

money-back guarantee *n* Geld-zurück-Garantie *f* **moneybags** *n* <*pl* -> *(hum, pej fam)* Geldsack *m fam* **moneybelt** *n* Geldgürtel *m* **moneybox** *n* BRIT Sparbüchse *f,* Spardose *f; for collection* Sammelbüchse *f* **money broker** *n* Geldmakler(in) *m(f),* Finanzmakler(in) *m(f)* **money-changer** *n* ① *(person)* [Geld]wechsler(in) *m(f)* ② *(device)* tragbarer Münzwechsler

moneyed [ˈmʌnid] *adj (form)* vermögend, begütert *geh,* wohlhabend

money-grubber *n (pej)* geldgieriger [*o* raffgieriger] Mensch, Raffke *m pej fam* **money-grubbing** *(pej)* **I.** *n* Geldgier *f,* Raffgier *f* **II.** *adj* geldgierig, raffgierig **money-lender** *n* [gewerbsmäßiger] Geldverleiher/[gewerbsmäßige] Geldverleiherin, Geldgeber(in) *m(f)* **moneylending** [ˈmʌniˌlendɪŋ] **I.** *n no pl* Geldverleihen *nt* **II.** *n modifier* Geldverleih-

money-maker *n* ① *(person)* erfolgreicher Geschäftsmann/erfolgreiche Geschäftsfrau ② *(profitable business)* gewinnbringendes [*o* einträgliches] Geschäft, Bombengeschäft *nt fam* ③ *(profitable product)* Kassenschlager *m fam,* Verkaufsschlager *m fam,* Renner *m fam* **money-making I.** *adj* einträglich, gewinnbringend **II.** *n* Gelderwerb *m* **money market** *n* Geldmarkt *m;* ~ **funds** Geldmarktfonds *m;* ~ **paper** Geldmarktpapiere *ntpl* **money-minded** *adj* ① *(clever financially)* geschäftstüchtig ② *(pej: too concerned with money)* auf Geld fixiert; ***he's very ~, and is always asking how much you paid for things*** er sieht sehr aufs Geld und fragt einen immer, wie viel man für etwas bezahlt hat **money order** *n esp* AM, AUS Postanweisung *f,* Zahlungsanweisung *f* **money rates** *npl* Geldmarktsätze *mpl* **money-spinner** *n* BRIT ① *(profitable business)* gewinnbringendes [*o* einträgliches] Geschäft, Bombengeschäft *nt fam* ② *(profitable product)* Kassenschlager *m fam,* Verkaufsschlager *m fam,* Renner *m fam* **money-spinning** [ˈmʌniˌspɪnɪŋ] *adj attr, inv* BRIT einträglich, lukrativ **money supply** *n* FIN Geldmenge *f,* Geldangebot *nt* [am Geldmarkt]; ECON Geldversorgung *f* [der Wirtschaft] **money supply control** *n* ECON Geldmengensteuerung *f* **money trading** *n* Geldhandel *m* **money transaction** *n* Finanzgeschäft *nt,* Geldgeschäft *nt* **money transfer** *n* Geldüberweisung *f* **money transfer order** *n* Dauerauftrag *m*

mongol [ˈmɒŋgəl, AM ˈmɑːŋ-] *n* MED *(dated or pej!)* Mongoloide(r) *f(m) pej*

Mongol [ˈmɒŋgəl, AM ˈmɑːŋ-] **I.** *n* ① *(person)* Mongole, -in *m, f;* MED *(dated or pej!)* Mongoloide(r) *f(m) pej* ② *no pl (language)* Mongolisch *nt,* das Mongolische **II.** *adj* mongolisch

Mongolia [mɒŋˈgəʊliə, AM mɑːŋˈgoʊ-] *n* Mongolei *f*

Mongolian [mɒŋˈgəʊliən, AM mɑːŋˈgoʊ-] **I.** *adj* mongolisch **II.** *n* ① *(person)* Mongole, -in *m, f* ② *(language)* Mongolisch *nt,* das Mongolische

mongolism [ˈmɒŋgᵊlɪzᵊm, AM ˈmɑːŋ-] *n no pl* MED *(dated or pej!)* Mongolismus *m pej*

mongoloid [ˈmɒŋgəlɔɪd, AM ˈmɑːŋ-] *n (dated or pej!)* Mongoloide(r) *f(m) pej*

Mongoloid [ˈmɒŋgəlɔɪd, AM ˈmɑːŋ-] *adj (dated)* mongolisch; MED *(dated or pej!)* mongoloid *pej*

mongoose <*pl* -s> [ˈmɒŋguːs, AM ˈmɑːŋ-] *n* Mungo *m*

mongrel [ˈmʌŋgrᵊl, AM ˈmɑːŋ-] **I.** *n* ① BOT, ZOOL *(result of crossing)* Bastard *m oft pej,* Hybride *m fachspr,* Kreuzung *f oft pej* ② *(esp pej: dog breed)* Köter *m,* Töle *f* NORDD, Promenadenmischung *f hum, pej fam;* ~ **puppy** Mischlingswelpe *m* ③ *(person)* Mischling *m oft pej,* Mischung *f a. pej; (cross between things)* Zwischending *nt* **II.** *adj* Bastard-, Misch-, hybrid *fachspr;* ~ **race** Mischrasse *f;* ~ **species** Kreuzung *f*

moni(c)ker [ˈmɒnɪkəʳ, AM ˈmɑːnɪkɚ] *n (sl)* [Spitz]name *m*

monitor [ˈmɒnɪtəʳ, AM ˈmɑːnɪt̬ɚ] **I.** *n* ① *(screen)* Bildschirm *m,* Monitor *m;* **colour** ~ [*or* AM **color**] Farbbildschirm *m,* Farbmonitor *m;* **on the** ~ auf dem Bildschirm [*o* Monitor] ② POL *(observer)* Beobachter(in) *m(f)* ③ *(device)* Anzeigegerät *nt,* Überwachungsgerät *nt,* Kontrollschirm *m,* Monitor *m* ④ SCH *(dated: in school)* Klassenordner(in) *m(f) veraltend,* Aufsichtsschüler(in) *m(f) veraltend* ⑤ ZOOL *(lizard)* Waran *m* **II.** *vt* ① *(check)* ■**to ~ sb** jdn beobachten; ■**to ~ sth** etw kontrollieren [*o* überprüfen] [*o* beobachten]; ***they were supposed to ~ the elections*** POL sie sollten die Wahlen beobachten; **to ~ sb's blood sugar/cholesterol level** jds Blutzucker/Cholesterinspiegel kontrollieren; **to ~ brake power/tyre** [*or* AM **tire**] **wear** die Bremskraft/Reifenabnutzung überprüfen ② RADIO, TELEC, TV *(view/listen in on)* ■**to ~ sth** *device, person* etw abhören [*o* mithören] [*o* verfolgen]; **to ~ a [radio] broadcast** eine [Radio]sendung verfolgen; **to ~ a circuit** sich *akk* in eine Leitung einschalten; **to ~ communications/telephone traffic** Gespräche/den Telefonverkehr abhören [*o* mithören]; **to ~ a TV channel** ein Fernsehprogramm verfolgen ③ *(maintain quality)* ■**to ~ sth** *person* etw überwachen; **to ~ education standards** [die Einhaltung von] Ausbildungsstandards [*o* Ausbildungsanforderungen] überwachen; RADIO, TV *device* etw überwachen; **to ~ radio/TV reception** den Radio-/Fernsehempfang überwachen; **~ed frequency** Überwachungsfrequenz *f fachspr;* **~ing picture** Kontrollbild *nt fachspr;* **~ing station** Überwachungsstation *f fachspr* ④ *(keep under surveillance)* ■**to ~ sb/sth** *person* jdn/etw überwachen; **to ~ sb's eating habits/movements** jds Essgewohnheiten/Bewegungen überwachen; ■**to ~ sth** *device* etw überwachen; **to ~ fuel consumption/sb's heart rate** den Benzinverbrauch/jds Herzfrequenz überwachen

monk [mʌŋk] *n* Mönch *m*

monkey [ˈmʌŋki] **I.** *n* ① *(animal)* [langschwänziger] Affe ② *(fam: mischievous child)* Racker *m,* Schlingel *m* ③ ARCHIT, TECH *(device)* Rammbär *m fachspr,* Rammklotz *m,* Ramme *f* ④ BRIT *(dated sl: £500)* 500 Pfund ▶ PHRASES: **to have a ~ on one's back** *(sl: burdensome problem)* etw auf dem Buckel haben *fam; (drug addiction)* an der Nadel hängen *fam; (enduring habit)* eine Manie haben *fam;* **I'll be a ~'s uncle** *(dated sl)* mich laust der Affe *fam;* **I don't give a ~'s [what] …** BRIT *(sl)* es interessiert mich einen Dreck [was] … *fam;* **to make a ~ out of sb** jdn zum Affen [*o* Narren] halten **II.** *vt* AM ■**to ~ sb/sth** jdn/etw nachäffen **III.** *vi (fam)* ① *(waste time)* ■**to ~ about** [*or* **around**] **with sb** mit jdm seine Zeit verschwenden, sich *akk* mit jdm aufhalten; *(waste sb's time)* jdm die Zeit stehlen, jdn aufhalten ② *(pej: play)* ■**to ~ about** [*or* **around**] **with sth** mit etw *dat* herumspielen [*o* herumfummeln] *pej fam;* ■**to ~ about** [*or* **around**] **with sb** *(play sexually)* mit jdm herummachen *fam*

monkey business *n no pl* ① *(silliness)* Blödsinn *m,* Unfug *m* ② *(trickery)* krumme Touren, faule Tricks **monkey nut** *n* BRIT Erdnuss *f* **monkey puzzle tree** *n* BOT Araukarie *f fachspr,* Brasilkiefer *f,* Chilefichte *f* **monkeyshines** *npl* AM *(fam: monkey tricks)* Faxen *fpl fam,* dumme Streiche, Unfug *m kein pl* **monkey suit** *n (fam)* ① *(full-dress suit)* Smoking *m,* Gesellschaftsanzug *m;* **to put on one's ~** sich *akk* in Schale werfen *fam* ② *(uniform)* Uniform *f* **monkey tricks** *npl* BRIT *(fam)* Faxen *fpl fam,* dumme Streiche, Unfug *m kein pl;* ***have you been up to your ~ again?*** hast du wieder etwas angestellt? **monkey wrench** *n esp* AM Universal[schrauben]schlüssel *m,* verstellbarer Schraubenschlüssel, Rollgabelschlüssel *m fachspr,* Engländer *m; see also* **adjustable spanner** ▶ PHRASES: **to throw a ~ into sth** etw störend beeinflussen [*o* sabotieren]

monkish [ˈmʌnkɪʃ] *adj* mönchisch, Mönchs-, pfäffisch *veraltend o pej*

mono¹ [ˈmɒnəʊ, AM ˈmɑːnoʊ] **I.** *n no pl* MUS Mono *nt;* **to record/reproduce in ~** in Mono [*o* mono] aufnehmen/wiedergeben **II.** *adj inv* Mono-

mono² [ˈmɑːnoʊ] *n* AM *(fam) short for* **mononucleosis** [Pfeiffer-]Drüsenfieber *nt*

mono- [ˈmɒnəʊ, AM ˈmɑːnoʊ] *in compounds* ein-, mono-

monochromatic [ˌmɒnəkrə(ʊ)'mætɪk, AM ˌmɑːnəkroʊ'mæt̬-] *adj inv* einfarbig, monochrom; PHYS monochromatisch *fachspr*

monochrome ['mɒnəkrəʊm, AM 'mɑːnəkroʊm] *adj inv* ① PHOT (*black and white*) Schwarzweiß- *fachspr;* ~ **film** Schwarzweißfilm *m* ② (*using one colour*) einfarbig, monochrom; ***the park at this time of the year is a ~ brown*** der Park ist zu dieser Jahreszeit ein einziges Braun ③ (*fig: unexciting*) eintönig, einförmig, gleichförmig

monochrome display *n* COMPUT Schwarzweißanzeige *f,* Schwarzweißdisplay *nt*

monochronic [ˌmɒnə(ʊ)'krɒnɪk, AM ˌmɑːnə'krɑːnɪk] *adj* linear arbeitend; ~ **personality** [*or* **type**] *Persönlichkeitstyp, der lieber eins nach dem anderen als mehrere Dinge gleichzeitig tut*

monocle ['mɒnəkl, AM 'mɑːn-] *n* (*hist*) Monokel *nt hist,* Einglas *nt hist*

monocled ['mɒnəkld] *adj inv* Monokel tragend, mit [einem] Monokel *nach n*

monogamous [mə'nɒgəməs, AM -'nɑːg-] *adj* monogam *fachspr,* einehig

monogamy [mə'nɒgəmi, AM -'nɑːg-] *n no pl* ① (*in marriage*) Einehe *f,* Monogamie *f fachspr* ② (*having one sexual partner*) *in animals, man* Monogamie *f fachspr,* Einehe *f*

monogram ['mɒnəgræm, AM 'mɑːn-] *n* Monogramm *nt fachspr*

monogrammed ['mɒnəgræmd, AM 'mɑːn-] *adj inv* mit Monogramm *nach n*

monograph ['mɒnəgrɑːf, AM 'mɑːnəgræf] *n* Monographie *f fachspr,* Einzeldarstellung *f*

monolingual [ˌmɒnə(ʊ)'lɪŋgwəl, AM ˌmɑːnə'-] *adj* einsprachig

monolith ['mɒnə(ʊ)lɪθ, AM 'mɑːnə'-] *n* ① ARCHEOL (*single block*) Monolith *m fachspr,* Bildwerk *nt* [*o* Säule *f*] aus einem einzigen Steinblock ② (*fig: sth huge*) Koloss *m fig; building* monumentales Gebäude *fig; organization* gigantische Organisation *fig* ③ (*fig: sth unchangeable*) *movement, party, society* Monolith *m,* starrer Block *pej*

monolithic ['mɒnə(ʊ)lɪθɪk, AM 'mɑːnə'-] *adj* ① ARCHEOL monolithisch *fachspr,* aus einem einzigen Steinblock bestehend *attr* ② (*fig: huge*) *building, structure* monumental *fig; organization* gigantisch *fig* ③ (*pej: unchangeable*) monolithisch, starr *pej;* **a ~ organization** eine starre Organisation; **a ~ society** eine erstarrte Gesellschaft ④ COMPUT (*single crystal of semiconductor*) monolithisch

monolog ['mɒnəlɒg] *n,* AM *also* **monologue** ['mɑːnəlɑːg] *n* ① (*long speech*) Monolog *m pej* (**on** über +*akk*) ② THEAT Monolog *m*

monomaniacal [ˌmɒnəʊmə'naɪəkəl, AM ˌmɑːnoʊ-] *adj* monomanisch *fachspr,* unter Zwangsvorstellungen leidend

mononucleosis [ˌmɑːnoʊˌnuːkli'oʊsɪs] *n no pl* AM MED (*glandular fever*) [Pfeiffer-]Drüsenfieber *nt,* [infektiöse] Mononukleose *fachspr*

monophonic [ˌmɒnə(ʊ)'fɒnɪk, AM ˌmɑːnoʊ'fɑːn-] *adj inv* (*form*) monophon *geh*

monoplane ['mɒnə(ʊ)pleɪn, AM 'mɑːnə-] *n* AVIAT Eindecker *m*

Monopolies and Mergers Commisssion *n* BRIT *britische Kartellbehörde*

monopolist [mə'nɒpəlɪst, AM 'nɑːpə] *n* Monopolist(in) *m(f),* Monopolbesitzer(in) *m(f)*

monopolistic [məˌnɒpəl'ɪstɪk, AM -ˌnɑːpə'l-] *adj* (*usu pej*) monopolistisch

monopolization [məˌnɒpəlaɪ'zeɪʃən, AM -ˌnɑːpəlɪ'-] *n* ① ECON Monopolisierung *f* ② (*of conversation*) alleinige Führung ③ (*of sb's time*) alleinige Beanspruchung; ***he is an expert on the ~ of his parent's time*** er versteht es geschickt, die Zeit seiner Eltern ganz für sich zu beanspruchen

monopolize [mə'nɒpəlaɪz, AM -'nɑːpə-] *vt* ① ECON (*control*) ■**to ~ sth** etw monopolisieren [*o* allein beherrschen]; **to ~ the market** den Markt beherrschen ② (*keep for oneself*) ■**to ~ sb/sth** jdn/etw ganz für sich *akk* beanspruchen, jdn/etw mit Beschlag belegen; **to ~ the conversation** das Gespräch ganz allein führen [*o* bestreiten]

monopoly [mə'nɒpəli, AM -'nɑːp-] *n* ① ECON (*control*) Monopol *nt,* Ausschließlichkeitsrecht *nt,* Alleinverkaufsrecht *nt,* Alleinherstellungsrecht *nt;* **public** [*or* **state**] ~ staatliches Monopol; **to have a ~ on the market** eine marktbeherrschende Stellung [*o* Monopolstellung] haben ② (*exclusive possession*) Monopol *nt,* alleiniges Recht; ■**to have a** [*or* **the**] **~ of** [*or* **on**] **sth** ein [*o* das] Monopol auf etw *akk* haben; ~ **of learning** Bildungsmonopol *nt;* ***he does not have a ~ on good looks*** er hat das gute Aussehen nicht gepachtet

Monopoly® [mə'nɒpəli, AM -'nɑːp-] *n* Monopoly® *nt*

Monopoly money *n* Spielgeld *nt*

monorail ['mɒnə(ʊ)reɪl, AM 'mɑːnə-] *n* Einschienenbahn *f*

monosodium glutamate [ˌmɒnə(ʊ)səʊdiəm'gluːtəmeɪt, AM ˌmɑːnoʊsoʊdiəm'gluːt̬ə-] *n no pl* CHEM [Mono]natriumglutamat *nt,* Glutamat *nt*

monosyllabic [ˌmɒnə(ʊ)sɪ'læbɪk, AM ˌmɑːnə-] *adj* ① LING einsilbig, monosyllabisch *fachspr* ② (*pej: taciturn*) einsilbig, wortkarg, kurz angebunden, wenig gesprächig; ~ **reply** einsilbige Antwort

monosyllabically [ˌmɒnə(ʊ)sɪ'læbɪkli, AM ˌmɑːnə-] *adv* einsilbig

monosyllable ['mɒnə(ʊ)ˌsɪləbl, AM 'mɑːnə-] *n* LING Einsilber *m,* einsilbiges Wort, Monosyllabum *nt fachspr;* ***she usually replies in ~s*** sie gibt normalerweise einsilbige Antworten

monotheism ['mɒnə(ʊ)θiɪzəm, AM 'mɑːnoʊˌθiː-] *n no pl* REL Monotheismus *m*

monotheistic [ˌmɒnə(ʊ)θi'ɪstɪk, AM ˌmɑːnoʊ-] *adj inv* REL monotheistisch

monotone ['mɒnətəʊn, AM 'mɑːnətoʊn] *n no pl* ① (*tone*) gleich bleibende Stimmlage [*o* Tonhöhe], monotoner Klang ② (*single tone*) gleich bleibender Ton; **to speak in a ~** monoton [*o* mit gleich bleibender Stimme] sprechen ③ (*delivery*) monotone Rezitation, monotoner Vortrag [*o* Gesang] ④ (*fig: sameness*) Monotonie *f,* Eintönigkeit *f*

monotonous [mə'nɒtənəs, AM -'nɑːt-] *adj* eintönig, monoton; ~ **work** eintönige [*o* stumpfsinnige] Arbeit

monotonously [mə'nɒtənəsli, AM 'nɑː] *adv* ① (*repetitiously*) immer wieder, unablässig ② (*without variation*) eintönig, monoton

monotony [mə'nɒtəni, AM -'nɑːt-] *n no pl* Monotonie *f,* Eintönigkeit *f,* Einförmigkeit *f,* ewiges [*o* stumpfes] Einerlei; **to relieve** [*or* **break**] **the ~** die Eintönigkeit auflockern [*o* durchbrechen], Abwechslung [in etw *akk*] bringen

monotype ['mɒnə(ʊ)taɪp, AM 'mɑːnoʊ-] *n* ① TYPO (*single print*) einzelner Abdruck; (*single type*) Einzelbuchstabe *m,* Monotype *f fachspr* ② BIOL (*type*) einzige Art (*einer Gattung*)

monoxide [məˌnɒksaɪd, AM -ˌnɑːk-] *n* Monoxid *nt fachspr*

Monroe doctrine [mənˌrəʊ'-, AM -ˌroʊ'-] *n* Monroedoktrin *f* (*Grundsatz der gegenseitigen Nichteinmischung: „Amerika den Amerikanern"*)

monsignor *n,* **Monsignor** [mɒn'siːnjər, AM mɑːn'siːnjɚ] *n no pl* ① (*priest's title*) Monsignore *m* ② (*form of address*) Monsignore *m*

monsoon [mɒn'suːn, AM mɑːn'-] **I.** *n* ① (*wind*) Monsun *m fachspr;* ■**~s** Monsunwinde *mpl* ② (*season of heavy rain*) ■**the ~**[**s**] der Monsun *kein pl fachspr,* die Regenzeit *kein pl;* ***the ~s are late this year*** die Regenzeit setzt dieses Jahr spät ein **II.** *n modifier* (*forest, rain, region*) Monsun-

mons pubis <*pl* montes pubis> [mɒnz'pjuːbɪs, AM mɑːnz-] *n* Venusberg *m,* Venushügel *m*

monster ['mɒn(t)stər, AM 'mɑːn(t)stɚ] **I.** *n* ① (*imaginary creature*) Monster *nt,* Ungeheuer *nt;* **the Loch Ness ~** das Ungeheuer von Loch Ness; **a ~ from outer space** ein Weltraummonster *nt* ② (*unpleasant person*) Scheusal *nt,* Ungeheuer *nt a. hum,* Monster *nt;* (*inhuman person*) Unmensch *m;* **a little ~** (*also hum*) *child* ein kleines Monster [*o* Ungeheuer] ③ (*fam: huge thing*) Ungetüm *nt,* Monstrum *nt,* Koloss *m,* Mordsding *nt fam;* **a ~ of a fish/truck** ein Ungetüm *nt* von Fisch/Lastwagen **II.** *adj attr, inv* (*fam: huge*) ungeheuer, riesig, Mords- *fam;* ~ **meeting** Mammutsitzung *f;* ~ **tree** Riesenbaum *m,* Mordsbaum *m fam*

monster truck I. *n* Monster Truck *m* (*Pick-up mit gewaltigen Rädern*) **II.** *n modifier* ~ **rally** Monster-Truck-Rallye *f* (*Rallye, in der Pick-ups mit gewaltigen Rädern Autos überrollen und niedermachen*)

monstrance ['mɒnstrəns, AM 'mɑːn] *n* Monstranz *f*

monstrosity [mɒn'strɒsəti, AM mɑːn'strɑːsət̬i] *n* ① (*awfulness*) Scheußlichkeit *f,* Abscheulichkeit *f;* (*outrageousness*) Ungeheuerlichkeit *f,* Monstrosität *f;* (*hugeness*) Riesengröße *f,* Unförmigkeit *f* ② (*huge thing*) Ungetüm *nt,* Monstrum *nt,* Koloss *m;* ***the new office building is a real ~*** das neue Bürogebäude ist ein richtiges Monstrum

monstrous ['mɒn(t)strəs, AM 'mɑːn-] *adj* ① (*huge*) riesig, unförmig, monströs ② (*monster-like*) monsterartig, monsterhaft; ***ET is strange and other-worldly without being ~*** ET ist fremdartig und aus einer anderen Welt, aber nicht monsterhaft ③ (*outrageous*) ungeheuerlich; ~ **lie** ungeheuerliche [*o fam* faustdicke] Lüge ④ (*awful*) grässlich, scheußlich, widerwärtig; ~ **cruelty** abscheuliche Grausamkeit

monstrously ['mɒn(t)strəsli, AM 'mɑːn-] *adv* außerordentlich, ungeheuer

montage [mɒn'tɑːʒ, AM 'mɑːnt-] *n* ① (*composition*) Montage *f;* ~ **of images** Bildmontage *f;* ~ **of photos** Fotomontage *f* ② ART Collage *f fachspr;* FILM Montage *f fachspr;* ~ **sequence** Bildfolge *f*

Montenegrin [ˌmɒntɪ'niːgrən, AM ˌmɑːnt̬ə'] **I.** *adj inv* montenegrinisch **II.** *n* Montenegriner(in) *m(f)*

Montenegro [ˌmɒntɪ'niːgrəʊ, AM ˌmɑːnt̬ə'niːgroʊ] *n no pl* GEOG Montenegro *nt*

Montezuma's revenge [ˌmɒntɪzuːməzrɪ'venʤ, AM ˌmɑːnt̬ə-] *n* (*sl*) Dünnpfiff *m fam,* Dünnschiss *m derb,* Montezumas Rache *f hum* (*ursprünglich auf Touristen in Mexiko gemünzt*)

month [mʌn(t)θ] *n* Monat *m;* **a six-~-old baby** ein sechs Monate altes Baby; **to take a two ~ holiday** zwei Monate Urlaub nehmen; **a ~'s notice** eine einmonatige Kündigungsfrist; **to be three ~s old** drei Monate alt sein ► PHRASES: **to be <u>flavour</u>** [*or* AM **flavor**] **of the ~** BRIT, AM (*fam*) [zurzeit] Thema [*o* die] Nummer eins [*o* der Hit] sein *fam;* ***mergers are flavour of the ~*** Fusionen sind zurzeit Thema Nummer eins; ***chatting is flavour of the ~*** Chatten ist momentan der Hit; ***Andy is certainly flavour of the ~ with his boss*** Andy ist im Moment bestimmt die Nummer eins bei seinem Chef; ***after I broke her Chinese vase, I wasn't exactly flavour of the ~ in that household*** (*iron*) nachdem ich ihre chinesische Vase zerbrochen hatte, war ich in diesem Haus nicht besonders gut gelitten *iron;* **a ~ of <u>Sundays</u>** eine Ewigkeit; ***we hadn't taken a holiday in a ~ of Sundays*** wir hatten schon ewig keinen Urlaub mehr gemacht; **it's her** [*or* **that**] **<u>time</u> of the ~** (*euph*) sie hat ihre Tage *euph fam*

monthly ['mʌn(t)θli] **I.** *adj inv* monatlich, Monats-; ~ **function** monatliche Veranstaltung; ~ **income** Monatseinkommen *nt;* ~ **instalments** Monatsraten *fpl* **II.** *adv* monatlich, einmal im Monat **III.** *n* ① (*monthly magazine*) Monatsschrift *f,* monatlich erscheinende Zeitschrift ② *esp* BRIT (*euph fam: menses*) ■**monthlies** *pl* Tage *mpl euph fam,* Regel *f kein pl;* ***it's her monthlies*** sie hat ihre Tage

monty ['mɒnti] *n no pl* BRIT (*fam*) **the full ~** alles, das Ganze; **to do the full ~** voll zur Sache [*o* in die Vollen] gehen *fam;* (*fulfill all expectations*) alle Erwartungen erfüllen; ***what did you have in mind, a patch-up job or the full ~?*** was wolltest du, kleckern oder klotzen? *fam;* ***you'd expect to be charged more if they're going to do the full ~*** es wird wohl teurer werden, wenn sie das volle Programm bringen *fam;* ***most of us only had odds and ends of kit, she was the only one who had the full ~*** die meisten von uns hatten alles Mögliche an Ausrüstung dabei, sie als Einzige war voll ausstaffiert *fam;* ***as usual, the band did the full ~*** wie immer drehte die Band voll auf *fam*

monument ['mɒnjəmənt, AM 'mɑ:n-] *n* ❶ (*fig: memorial*) Zeugnis *nt,* Mahnmal *nt fig* (**of/to** für +*akk*); ***the new school timetable is a ~ to the efficiency of the adminstrative staff*** der neue Stundenplan ist ein Zeugnis für die Effizienz der Schulverwaltung; ***the annual arts festival is a ~ to her vision and hard work*** das alljährliche Kunstfestival zeugt von ihrer Weitsicht und Mühe; ***the newly discovered mass graves are a ~ to the cruelty of man*** die unlängst entdeckten Massengräber sind ein Mahnmal für menschliche Grausamkeit; **to leave ~s of destruction** Zeugnisse der Zerstörung hinterlassen ❷ (*historical structure*) Denkmal *nt,* Monument *nt;* **historic ~** Baudenkmal *nt,* historisch bedeutendes Bauwerk; (*hist: tomb*) Grabmal *nt,* Ehrenmal *nt*

monumental [ˌmɒnjə'mentᵊl, AM ˌmɑ:njəmenţ-] *adj* ❶ (*tremendous*) gewaltig, kolossal, eindrucksvoll; **~ achievement** [*or* **feat**] eindrucksvolle Leistung; **~ blunder** kolossaler Irrtum, ungeheurer Fehler; **~ effort** gewaltige Anstrengung; **~ waste of time** ungeheure Zeitverschwendung; **~ victory** historisch bedeutsamer Sieg ❷ ART (*large-scale*) monumental; **~ facade/painting** monumentale Fassade/monumentales Gemälde; **~ statuary** Monumentalstatuen *pl,* Monumentalplastiken *pl* ❸ (*on monuments*) Gedenk-, Denkmal-; **~ inscription** Gedenkinschrift *f,* Denkmalinschrift *f;* (*on tombs*) Grabinschrift *f* ❹ (*built as monuments*) als Denkmal errichtet [*o* Gedenkstätte]; **~ temple** als Gedenkstätte errichteter Tempel

monumentally [ˌmɒnjə'mentᵊli, AM ˌmɑ:njəmenţ-] *adv* gewaltig, ungeheuer, monumental

monumental mason *n* Steinmetz *m*

moo [mu:] **I.** *n* Muhen *nt kein pl* **II.** *interj* muh **III.** *vi* muhen

mooch [mu:tʃ] **I.** *n no pl* BRIT (*fam*) Bummeln *nt fam,* Schlendern *nt;* **to go for a ~** eine Runde drehen *fam* **II.** *vi* BRIT (*fam*) bummeln *fam,* schlendern; ■**to ~ about** [*or* **around**] (*pej*) herumschlappen, herumhängen *pej fam;* ***they've got nothing better to do than ~ around the town centre*** sie haben nichts Besseres zu tun, als im Stadtzentrum herumzuschlappen; ***stop ~ing about in your room and do something useful!*** hör auf, in deinem Zimmer herumzuhängen und mach dich nützlich! **III.** *vt* AM (*sl*) ■**to ~ sth** [**from** [*or* **off**] **sb**] ❶ (*scrounge*) *small amount, item* [bei jdm] etw mitgehen lassen *fam* [*o fam* einsacken] ❷ (*sponge*) *cigarettes, meal* etw [von jdm] schnorren *fam*

mood¹ [mu:d] *n* Laune *f,* Stimmung *f;* ■**to be in no ~ to do sth** (*form*) keine Anstalten machen, etw zu tun; **in a bad/good ~** in schlechter/guter Stimmung, gut/schlecht gelaunt; **the public ~** die allgemeine Stimmung; **to be in a talkative ~** zum Erzählen aufgelegt [*o* gesprächig] sein; **sb is in one of his/her ~s** jd hat wieder einmal seine/ihre Launen; ■**not to be in the ~ to do sth** zu etw *dat* keine Lust haben [*o* nicht aufgelegt sein]; **as the ~ takes sb** wie es jdm einfällt [*o* in den Sinn kommt]; ***he'll cooperate or not, as the ~ takes him*** mal ist er kooperativ, mal nicht, je nach Lust und Laune

mood² [mu:d] *n* LING Aussageweise *f,* Modus *m fachspr;* **subjunctive ~** Konjunktiv *m; see also* **mode**

moodily ['mu:dɪli] *adv* ❶ (*sullenly*) missmutig, missgestimmt, verdrossen; (*in a bad temper*) übel [*o* schlecht] gelaunt; (*gloomily*) trübsinnig ❷ PSYCH (*temperamentally*) launisch, launenhaft, sprunghaft, unausgeglichen

moodiness ['mu:dɪnəs] *n no pl* ❶ (*sullenness*) Missmut *m,* Verdrossenheit *f;* (*bad-temperedness*) Übellaunigkeit *f,* schlechte Laune; (*gloominess*) Trübsinn *m,* Trübsinnigkeit *f* ❷ PSYCH (*capriciousness*) Launenhaftigkeit *f,* Sprunghaftigkeit *f,* Unausgeglichenheit *f*

mood swing *n* Stimmungsumschwung *m*

moody ['mu:di] **I.** *adj* ❶ (*sullen*) missmutig, missgestimmt, verdrossen; (*bad-tempered*) übel [*o* schlecht] gelaunt ❷ (*temperamental*) launisch, launenhaft, sprunghaft, unausgeglichen **II.** *n* BRIT (*fam*) Launen *fpl,* Launenhaftigkeit *f kein pl;* **to stand sb's ~s** jds Launen ertragen

moola(h) ['mu:lə] *n no pl* (*sl*) Knete *f fig fam,* Kohle *f fig fam*

moon [mu:n] **I.** *n no pl* ❶ ASTRON Mond *m;* **the man in the ~** der Mann im Mond; **full ~** Vollmond *m;* **half ~** Halbmond *m;* **new ~** Neumond *m;* **the ~ rises** der Mond geht auf; **the ~ wanes** der Mond nimmt ab; **the ~ waxes** der Mond nimmt zu ❷ (*dated: lunar month*) Mond *m;* **many ~s ago** vor vielen Monden *poet o veraltet* ▶ PHRASES: **to be over the ~ about** [*or* **with**] **sth** über etw *akk* überglücklich sein; **to promise sb the ~** jdm das Blaue vom Himmel [herunter] versprechen **II.** *vt* (*sl*) ■**to ~ sb** jdm den blanken [*o* nackten] Hintern [in der Öffentlichkeit] zeigen *fam* (*diese Praxis kam in den USA in den fünfziger Jahren auf und lässt sich auf eine beleidigende Geste bei den Maoris zurückführen*) **III.** *vi* ❶ (*sl: expose one's buttocks*) den blanken [*o* nackten] Hintern [öffentlich] zur Schau stellen *fam;* ■**to ~** [**at sb**] [jdm] seinen nackten Hintern zeigen *hum* ❷ (*remember nostalgically*) ■**to ~ about sth** etw *dat* nachträumen; ■**to ~ over sb/sth** von jdm/etw träumen; **to ~ into sb's eyes** jdm verträumt in die Augen schauen ❸ (*pej: spend time*) ■**to ~ away** ↻ **sth** *afternoon, morning, time* etw verträdeln [*o* verträumen]

◆**moon about, moon around** *vi* herumlungern *pej,* [ziellos [*o* lustlos]] herumlaufen

moonbeam *n* Mondstrahl *m* **moonboots** *npl* Moonboots *mpl* (*dicke Synthetik-Winterstiefel*) **mooncalf** *n* Mondkalb *nt*

Moonie ['mu:ni] *n* Mitglied *nt* der Mun-Sekte

mooning ['mu:nɪŋ] *n no pl* (*sl*) [öffentliche] Zurschaustellung des Hinterteils *fam*

moonless ['mu:nləs] *adj inv* mondlos

moonlight **I.** *n no pl* ❶ (*moonshine*) Mondlicht *nt* ❷ (*fam: liquor*) schwarzgebrannter Alkohol ▶ PHRASES: **to not be all ~ and roses** nicht immer eitel Sonnenschein sein **II.** *vi* <-lighted> (*fam*) ❶ (*work at a second job*) schwarzarbeiten *pej fam,* einen Nebenjob haben *fam* ❷ (*traffic in liquor*) Schwarzhandel *m* mit Alkohol betreiben, schwarzgebrannten Alkohol verkaufen *fam* (*eine aus der Zeit der Prohibition in den USA bekannte Praxis*)

moonlight flit *n* BRIT (*fam*) Verduften *nt* bei Nacht und Nebel *fam;* **to do a ~** bei Nacht und Nebel verduften *fam* **moonlighting** *n no pl* (*fam*) ❶ (*working at a second job*) Schwarzarbeit *f pej,* Nebenerwerb *m* ❷ (*trafficking in liquor*) Schwarzhandel *m* mit Alkohol, Verkauf *m* von schwarzgebranntem Alkohol **moonlit** *adj inv* ❶ *attr* (*lighted*) mondhell; **~ meadow** mondhelle Wiese; **~ room** Zimmer *nt* im Mondlicht ❷ *pred esp* BRIT (*fam: intoxicated*) beschwipst *fam* **moonroof** *n* Schiebedach *nt* **moonscape** *n* Mondlandschaft *f fig*

moonshine *n no pl* ❶ (*moonlight*) Mondschein *m* ❷ (*fam: liquor*) schwarzgebrannter Alkohol ❸ (*fam: nonsense*) Blödsinn *m,* Schwachsinn *m fam,* Humbug *m* **moonstone** *n* GEOL Mondstein *m fachspr* **moonstruck** *adj* ❶ (*deranged*) mondsüchtig, verwirrt ❷ (*silly*) verrückt ❸ (*romantic*) verträumt, träumerisch, versonnen *geh*

moony ['mu:ni] *adj* ❶ (*of the moon*) Mond- ❷ (*like the moon*) mondförmig ❸ (*romantic*) träumerisch, verträumt ❹ (*silly*) verrückt ❺ *esp* BRIT (*sl: tipsy*) beschwipst *fam*

moor¹ [mɔ:ʳ, AM mʊr] *n* Heideland *nt,* Ödland *nt,* [Hoch]moor *nt*

moor² [mɔ:ʳ, AM mʊr] **I.** *vt* NAUT ■**to ~ sth** *boat, tanker* etw vertäuen [*o* festmachen] *fachspr;* **to ~ sth to a bollard/buoy** etw an einem Poller/einer Boje [*o* [See]tonne] festmachen *fachspr* **II.** *vi* festmachen *fachspr*

Moor [mɔ:ʳ, AM mʊr] *n* HIST Maure, -in *m, f*

moorhen ['mɔ:hen, AM 'mʊr-] *n* [weibliches] Moorhuhn, [Gemeines] Teichhuhn

mooring ['mɔ:rɪŋ, AM 'mʊr-] *n* NAUT ❶ (*berth*) Anlegeplatz *m,* Liegeplatz *m* ❷ (*ropes*) ■**~s** *pl* Vertäuung *f fachspr*

Moorish ['mʊərɪʃ, AM 'mʊr-] *adj inv* maurisch; **the ~ conquest** die Eroberung Spaniens durch die Mauren

moorland ['mɔ:lənd, AM 'mʊr-] **I.** *n esp* BRIT Moorland *nt,* Sumpfland *nt;* **heather ~** Heidemoor *nt,* Heideland *nt* **II.** *n modifier* (*fowl, scenery*) Moor-; **~ bird** Schottisches Moorhuhn; **~ habitat** Lebensraum *m* [*o* Standort *m*] Moor

moose <*pl* -> [mu:s] *n* Elch *m*

moot [mu:t] **I.** *n* ❶ BRIT (*hist: assembly*) [beratende] Volksversammlung ❷ (*old: debate*) Erörterung *f,* Diskussion *f,* Debatte *f* ❸ BRIT LAW (*argument*) *in Inns of Court* Diskussion *f* eines hypothetischen Rechtsfalls (*Bestandteil der anwaltlichen Ausbildung*) **II.** *n modifier* ❶ LAW (*for argument*) Schein-; **~ court** Scheingericht *nt* ❷ (*hist: for assembling*) (*hall, hill*) Versammlungs- **III.** *adj inv* ❶ (*open to debate*) strittig; **~ case** Streitfall *m;* **~ point** strittiger Punkt, Streitfrage *f* ❷ (*usu pej: academic*) rein akademisch [*o* theoretisch] *oft pej;* **~ question** rein akademische Frage ❸ LAW (*hypothetical*) angenommen, hypothetisch; **~ case** hypothetischer [Rechts]fall **IV.** *vt* ■**to ~ sth** ❶ (*form: present*) *issue, subject* etw aufwerfen [*o* anschneiden] *geh;* **to ~ a point** einen Punkt zur Sprache bringen; **to ~ a project** ein Projekt zur Diskussion stellen; ■**to be ~ed** angesprochen [*o* ins Gespräch gebracht] werden; ***it has been ~ed that the conference should be postponed for six months*** die Rede kam darauf, die Konferenz um ein halbes Jahr zu verschieben; ***he was ~ed as a possible successor*** er wurde als möglicher Nachfolger ins Gespräch gebracht ❷ (*discuss*) etw erörtern, [über] etw [*akk*] diskutieren [*o* debattieren] ❸ (*usu pej: theorize*) *case, project* etw zu einer rein theoretischen [*o* akademischen] Angelegenheit machen *oft pej*

mop [mɒp, AM mɑ:p] **I.** *n* ❶ (*for cleaning*) Mop *m,* Wischer *m,* Wischlappen *m;* **dish ~** BRIT Schwammtuch *nt;* **floor ~** Schrubber *m* ❷ *no pl* (*wiping*) **to give sth a ~** *floor* etw mit einem Mop reinigen [*o* moppen] ❸ (*mass of hair*) [dickes] Haarbüschel; ***she tied back her unruly ~ with a large ribbon*** sie hielt ihr widerspenstiges Wuschelhaar hinten mit einem großen Band zusammen; AM (*sl: hairdo*) Frisur *f* **II.** *vt* <-pp-> ❶ (*clean with mop*) ■**to ~ sth** *floor* etw feucht [*o* mit einem Mop] wischen ❷ (*wipe*) **to ~ one's face/forehead** sich *dat* den Schweiß vom Gesicht/von der Stirn wischen ▶ PHRASES: **to ~ the floor with sb** (*fam*) jdn fertig machen [*o* erledigen] *fam,* mit jdm Schlitten fahren *fig fam;* ***the coach intended to ~ the floor with his team*** der Trainer wollte mit seiner Mannschaft Schlitten fahren; ***we ~ped the floor with the new team*** wir haben die neue Mannschaft vom Platz gefegt *fam*

◆**mop up** **I.** *vt* ■**to ~ up** ↻ **sth** ❶ (*remove*) *spilt milk, water* etw aufwischen ❷ (*fam: use up*) etw aufbrauchen; ***the repair bill ~ped up all my spare cash*** die Reparaturrechnung hat meine ganze Barschaft verschlungen ❸ (*deal with*) etw [vollends] erledigen [*o* zu Ende bringen]; ***they ~ped up the rest of the business and went on a holiday*** sie erledigten die restlichen Aufgaben und machten Urlaub ❹ (*clear*) *area, towns* etw säubern [*o* durchkämmen [und vom Feind säubern]]; ■**to ~ up sb** MIL *scattered combatants* jdn völlig aufreiben; ***the army is ~ping up the remnants of the guerilla force*** die Armee ist dabei, die noch übrigen Guerillakämpfer völlig aufzureiben **II.** *vi* ❶ (*clean up*) sauber machen ❷ (*fig fam*) aufräumen, Aufräumungsarbeiten durchführen

mope [məʊp, AM moʊp] *vi* Trübsal blasen, dumpf vor sich *akk* hinbrüten, sich *akk* in Selbstmitleid ergehen *pej*

◆**mope about, mope around** *vi* trübsinnig herumschleichen

moped ['məʊped, AM 'moʊ-] *n* Moped *nt*

mopoke ['məʊpəʊk] *n* ❶ AUS ZOOL (*frogmouth*) [Riesen]schwalm *m fachspr;* (*owl*) Kuckuckskauz *m fachspr* ❷ AUS (*fam*) Dummkopf *m pej,* Trottel *m pej*

moppet ['mɒpɪt, AM 'mɑ:-] *n* ❶ (*dated: doll*) Stoff-

M

puppe *f* ② (*fam: child*) Fratz *m* SÜDD O ÖSTERR; (*boy*) [Hosen]matz *m;* (*girl*) Püppchen *nt;* **curly-haired ~** kleiner Lockenkopf

mopping-up operation *n* POL, MIL Säuberungsaktion *f*

MOR [ˌeməʊ'ɑːʳ, AM oʊ'ɑːr] *adj inv abbrev of* **middle-of-the-road**

moraine [mɒr'eɪn, AM mə'r-] *n* GEOL Moräne *f fachspr,* Moränenschutt *m*

moral ['mɒrᵊl, AM 'mɔːr-] **I.** *adj* ① (*ethical*) moralisch, ethisch, sittlich; **~ code** Sittenkodex *m;* **~ cowardice** Mangel *m* an Zivilcourage [*o* Rückgrat]; **~ duty/obligation** moralische Pflicht/Verpflichtung; **on ~ grounds** aus moralischen Gründen; **~ issue** ethische Frage; **~ judgement** moralisches Urteil; **~ law** Moralgesetz *nt,* Sittengesetz *nt;* **~ leadership** geistige Führung; **~ scruples** moralische Bedenken; **~ values** sittliche Werte ② (*virtuous*) *person* moralisch, anständig, tugendhaft *veraltend,* sittsam *veraltend* ▶ PHRASES: **to claim the ~ high ground** sich *dat* einen Anstrich von höherer Moral geben **II.** *n* ① (*of story*) Moral *f,* Lehre *f,* Nutzanwendung *f;* ***the ~ of the story is ...*** die Geschichte lehrt ... [*o* Moral der Geschichte ist ...] ② (*standards of behaviour*) ■ **~s** *pl* Moralvorstellungen *fpl,* moralische Grundsätze; **a person of loose ~s, private/public ~s** (*pej dated*) jd mit lockerem Lebenswandel, private/öffentliche Moralvorstellungen; **to have no ~s** keine Moralbegriffe [*o* kein moralisches Empfinden] haben

moral certainty *n no pl* hohe Wahrscheinlichkeit; ***it is a ~ that the robbery was carried out by the accused*** aller Wahrscheinlichkeit nach wurde der Raubüberfall von dem Angeklagten begangen

morale [mə'rɑːl, AM -'ræl] *n no pl* Moral *f,* Stimmung *f;* **a team's ~** der Kampfgeist einer Mannschaft; **~ is high/low** die Stimmung ist gut/schlecht; **to raise** [*or* **boost**] **sb's ~** jds Moral heben

moral fiber AM, **moral fibre** *n no pl* moralische Festigkeit [*o* Stärke] **moral hazard** *n no pl unbesonnenes Vorgehen, weil keine negativen Konsequenzen drohen*

moralist ['mɒrᵊlɪst, AM 'mɔːr-] *n* Moralist(in) *m(f);* **a stern ~** ein strenger Moralist/eine strenge Moralistin

moralistic [ˌmɒrᵊlɪstɪk, AM 'mɔːr-] *adj* (*usu pej*) moralistisch

morality [mə'rælәti, AM mɔː'rælәt̬i] *n* ① *no pl* (*moral principles*) moralische [*o* ethische] Grundsätze, Moral *f,* Ethik *f;* **a question of ~** eine Frage der Moral [*o* Ethik]; **to question sb's ~** jds moralische [*o* ethische] Grundsätze in Frage stellen ② (*moral system*) Sittenlehre *f,* Moralphilosophie *f,* Ethik *f;* **a bourgeois ~** eine bürgerliche Ethik ③ (*conformity*) Sittlichkeit *f;* PHILOS Moralität *f fachspr* ④ (*conduct*) Sittlichkeit *f,* sittliche Gesinnung ⑤ *no pl* (*justifiability*) moralisches Recht, moralische Berechtigung; ***they question the ~ of forcing poor people to pay for their medical treatment*** sie bezweifeln, dass es moralisch gerechtfertigt ist, Arme die Kosten ihrer medizinischen Versorgung tragen zu lassen ⑥ LIT, THEAT (*hist: play*) Moralität *f hist*

morality play *n* LIT, THEAT (*hist*) Moralität *f hist*

moralize ['mɒrᵊlaɪz, AM 'mɔːr-] *vi* moralisieren; ■ **to ~ on** [*or* **about**] **sth** über etw *akk* Moral predigen

morally ['mɒrᵊli, AM 'mɔːr-] *adv* ① (*ethically*) moralisch, ethisch, sittlich; **~ right/superior/wrong** moralisch richtig/überlegen/falsch ② (*virtuously*) [moralisch] einwandfrei [*o* untadelig], anständig

moral majority *n* moralische Mehrheit (*mehrheitlich traditionelle Moralvorstellungen vertretende Gruppe – der Begriff etablierte sich unter der Regierung Reagan*) **Moral Majority** *n no pl* Moralische Mehrheit (*rechtsgerichtete konservativistische politisch-religiöse Sammelbewegung – ein Zusammenschluss fundamentalistischer Protestanten, konservativer Katholiken und Juden*) **moral philosophy** *n no pl* Moralphilosophie *f,* Ethik *f*

moral support *n no pl* moralische Unterstützung

moral victory *n* moralischer Sieg

morass [mə'ræs] *n usu sing* ① (*bog*) Morast *m,* Sumpf *m* ② (*fig: complex situation*) Wirrwarr *m,* schwierige [*o* unübersichtliche] Lage; **to be caught in a ~ of debt** tief in Schulden stecken; **~ of rules and regulations** Paragraphendickicht *nt*

moratoria [ˌmɒrə'tɔːriə, AM ˌmɔːr-] *n pl of* **moratorium**

moratorium <*pl* -s *or* -ria> [ˌmɒrə'tɔːriəm, AM ˌmɔːr-, *pl* -riə] *n* ① (*suspension*) befristete Einstellung [*o* Aussetzung] (**on** +*gen*); ***a ~ on the testing of nuclear weapons*** eine befristete Einstellung der Atomwaffentests; ***a five-year ~ on whale fishing*** ein auf fünf Jahre befristetes Walfangverbot ② (*period of waiting*) Wartefrist *f,* Wartezeit *f* (**on** für +*akk*); ***a three-month ~ on applications*** eine dreimonatige Wartefrist für Anträge ③ COMM (*period of delay*) Moratorium *nt,* Stundung *f,* [Zahlungs]aufschub *m;* ***they stipulated a ~ of two weeks*** man vereinbarte einen zweiwöchigen Zahlungsaufschub

Moravia [mə'reɪviə, AM mɔː'] *n no pl* GEOG Mähren *nt*

morbid ['mɔːbɪd, AM 'mɔːr-] *adj* ① (*unhealthy*) morbid, krankhaft; **~ curiosity/obsession** krankhafte Neugier/Besessenheit; **~ imagination/interest** morbide Fantasie/morbides Interesse; (*gruesome*) makaber; **~ delight/fascination** makab[e]res Vergnügen/makab[e]re Faszination ② MED (*of disease*) pathologisch *fachspr;* **~ anatomy** pathologische Anatomie, Pathologie *f fachspr;* (*induced by disease*) krank, kränklich, erkrankt, krankhaft [verändert], morbid *fachspr;* **~ body** kranker [*o* kränklicher] Körper; **~ organ** krankhaft verändertes [*o* erkranktes] Organ; **~ state** krankhafter [*o* morbider] Zustand; (*productive of disease*) krankheitserregend, pathogen *fachspr;* **~ substance** krankheitserregende Substanz

morbidity [mɔː'bɪdəti, AM mɔːr'bɪdət̬i] *n no pl* ① (*unhealthiness*) *of imagination, mind* Krankhaftigkeit *f,* Morbidität *f* ② MED (*diseased state*) *of a body, an organ* Erkrankung *f,* Krankheit *f;* (*incidence of disease*) *in a community, group* Zahl *f* der Erkrankungen, Krankheitsfälle *mpl,* Morbidität *f fachspr; in a workforce* Krankenstand *m;* **~ rate** Erkrankungsziffer *f,* Morbiditätsrate *f fachspr*

morbidly ['mɔːbɪdli, AM 'mɔːr-] *adv* krankhaft

mordant ['mɔːdᵊnt, AM 'mɔːr-] **I.** *adj* ① (*fig form: cutting*) beißend, bissig *fig,* sarkastisch; **~ criticism/manner** bissige Kritik/Art; **~ remark** bissige [*o* sarkastische] Bemerkung; **~ ridicule** beißender Spott; (*keen*) scharf *fig;* **~ analysis/wit** scharfe Analyse/scharfer Verstand; (*pungent*) brennend *fig;* **~ pain** brennender Schmerz ② CHEM (*caustic*) *in dyeing* beizend, Beiz-; *in etching* ätzend, Ätz-, kaustisch *fachspr* **II.** *n* CHEM *in dyeing* Beize *f,* Beizmittel *nt; in etching* Ätzmittel *nt,* Kaustikum *nt fachspr* **III.** *n modifier* (*colour*) Beiz-; **~ dye** Beizenfarbstoff *m;* **~ printing** Beizendruck *m*

mordantly ['mɔːdᵊntli, AM 'mɔːr-] *adv* (*form*) beißend, scharf, sarkastisch

more [mɔːʳ, AM mɔːr] **I.** *adj comp of* **many** mehr; ***do you want ~ food?*** willst du mehr zu essen haben; ***I helped myself to ~ tea*** ich schenkte mir Tee nach; ***we drank ~ wine*** wir tranken weiterhin Wein; ***two ~ days until Christmas*** noch zwei Tage, dann ist Weihnachten da; ***we can't take on any ~ patients*** wir können keine Patienten mehr übernehmen; ***why are there no ~ seats left?*** warum sind keine Plätze mehr frei?; ***no ~ wine for you!*** du kriegst keinen Wein mehr!; ***just one ~ thing before I go*** nur noch eins, bevor ich gehe; ***~ people live here than in the all of the rest of the country*** hier leben mehr Menschen als im ganzen Rest des Landes; ***I'd be ~ than happy to oblige*** es wäre mir ein Vergnügen; **~ and ~ snow** immer mehr Schnee ▶ PHRASES: [**the**] **~ fool you** BRIT (*pej fam*) du bist ja blöd *fam* **II.** *part* mehr; ***tell me ~*** erzähl' mir mehr; **the ~ the better** je mehr desto besser; ***do come to the picnic — the ~ the merrier*** komm doch zum Picknick – je mehr wir sind, desto lustiger wird es; ***the ~ he insisted he was innocent, the less they seemed to believe him*** je mehr er betonte, dass er unschuldig war, desto weniger schienen sie ihm zu glauben; ***the ~ he drank, the ~ violent he became*** je mehr er trank, desto gewalttätiger wurde er; **all the ~ ...** umso mehr; ***she's now all the ~ determined to succeed*** sie ist mehr denn je entschlossen, Erfolg zu haben; ***that's all the ~ reason not to give in*** das ist umso mehr Grund, nicht nachzugeben; **no ~** nichts weiter; ***there was no ~ to be said about it*** dazu gibt es nichts mehr zu sagen; ***can I have some ~?*** kann ich noch was haben?; **any ~?** noch etwas?; ***is there any ~?*** ist noch etwas übrig?; ***we drank ~ of the wine that you brought yesterday*** wir tranken mehr von dem Wein, den du gestern gebracht hast; ***she's ~ of a poet than a musician*** sie ist eher Dichterin als Musikerin; ***the noise was ~ than I could bear*** ich hielt den Lärm nicht aus **III.** *adv inv* ① (*forming comparatives*) *wird im Deutschen durch Komparativ ausgedrückt;* ***let's find a ~ sensible way of doing it*** wir sollten eine vernünftigere Lösung finden; ***play that last section ~ passionately*** spiele den letzten Teil leidenschaftlicher; ***you couldn't be ~ wrong*** du könntest nicht unrechter haben; **~ comfortable/important/uncertain** bequemer/wichtiger/ungewisser; ***for them enthusiasm is ~ important than talent*** für sie ist Begeisterung wichtiger als Talent; **~ easily/rapidly/thoroughly** einfacher/schneller/gründlicher; **~ importantly** wichtiger noch; ***he finished the job and, ~ importantly, he finished it on time*** er wurde mit der Arbeit fertig, wichtiger noch, er wurde rechtzeitig fertig; **far** [*or* **much**] **~ ... than ...** ***this task is far ~ difficult than the last one*** diese Aufgabe ist viel schwerer als die letzte ② (*to a greater extent*) mehr; ***she asked if she could see him ~*** sie fragte, ob sie ihn öfter sehen könne; ***you should listen ~ and talk less*** du solltest besser zuhören und weniger sprechen; ***they like classical music ~ than pop*** ihm gefällt klassische Musik besser als Pop; ***in his experience females liked chocolate ~ than males*** seiner Erfahrung nach schmeckt Frauen Schokolade besser als Männern; **sb couldn't agree/disagree ~** (*form*) ganz/überhaupt nicht jds Meinung sein; ***I couldn't agree/disagree with you ~, Professor*** ich bin ganz/überhaupt nicht Ihrer Meinung, Herr Professor; **~ and ~ ...** immer ...; ***it's becoming ~ and ~ likely that she'll resign*** es wird immer wahrscheinlicher, dass sie zurücktritt; ***vacancies were becoming ~ and ~ rare*** es gab immer weniger freie Plätze; **... or ~** mindestens ...; ***each diamond was worth £10,000 or ~*** jeder Diamant war mindestens £10.000 wert; **~ than ...** (*greater number*) über ..., mehr als ...; ***~ than 20,000 demonstrators crowded into the square*** über 20.000 Demonstranten füllten den Platz; (*very*) äußerst; ***we'll be ~ than happy to help*** wir helfen sehr gerne; **~ than a little ...** (*form*) ausgesprochen; ***I was ~ than a little surprised to see her*** ich war ausgesprochen überrascht, sie zu sehen; **no ~ than ...** höchstens ...; ***it's no ~ than an inch long*** das ist höchstens ein Inch lang ③ (*in addition*) noch, außerdem; **one or two things ~** noch ein paar Dinge; ***I just need one or two things ~ before I can start cooking*** ich brauche nur noch ein paar Dinge, bevor ich zu kochen anfangen kann; **once/twice/three times ~** noch einmal/zweimal/dreimal; ***can you play the song through once/twice ~, please?*** kannst du das Lied noch einmal/zweimal durchspielen, bitte?; ***repeat once ~*** noch einmal wiederholen; **to not do sth any ~** etw nicht mehr machen; ***I don't do yoga any ~*** ich mache nicht mehr Yoga; **no ~** nie wieder; ***mention his name no ~ to me*** sag seinen Namen vor mir nie wieder; **and** [**what's**] **~** überdies; ***he was rich, and ~, he was handsome*** er war reich und sah zudem gut aus ④ *with verb inversion* (*neither*) auch nicht; ***I had no complaints and no ~ did Tom*** ich hatte keine Beschwerden und Tom auch nicht ⑤ (*longer*) **to be no ~** *thing, times* vorüber sein; ***the good old days are no ~*** die guten alten Zeiten sind vorüber; *person* gestorben sein;

we're mourning poor Thomas, for he is no ~ wir trauern um Thomas, der nicht mehr unter uns weilt; **not … any** ~ nicht mehr; ***I don't love you any ~*** ich liebe dich nicht mehr ❻ (*rather*) eher; ***it's not so much a philosophy, ~ a way of life*** es ist weniger eine Philosophie als eine Lebensart; ■ **~ … than …** vielmehr; ***it was ~ a snack than a meal*** das war eher ein Snack als eine Mahlzeit; **~ dead than alive** mehr tot als lebendig ► PHRASES: **~ or less** mehr oder weniger; ***the project was ~ or less a success*** das Projekt war mehr oder weniger erfolgreich; ***they are ~ or less a waste of time*** das war mehr oder weniger verlorene Zeit; (*approximately*) ungefähr; ***it's 500 kilos, ~ or less*** das sind ungefähr 500 Kilo; **~ *or less symmetrical*** in etwa symmetrisch; ~ **often than not** meistens; ***they're at home ~ often than not on a Saturday afternoon*** sie sind am Samstagnachmittag meistens zu Hause; **that's ~ like it** (*fam*) so ist es gut; ***for this exercise don't bend your legs too far — that's ~ like it*** beuge die Beine bei dieser Übung nicht zu stark – so ist's gut

moreish ['mɔːrɪʃ] *adj* BRIT, AUS (*approv fam*) ■ **to be ~** [lecker sein und] nach mehr schmecken *fam;* ***these peanuts are very ~*** diese Erdnüsse sind sehr lecker und schmecken nach mehr

morello [mə'reləʊ, AM -loʊ] *n* Morelle *f,* schwarze Sauerweichsel

moreover [mɔː'rəʊvəʳ, AM mɔːr'oʊvə] *adv inv* (*form*) überdies, zudem, ferner *geh*

mores ['mɔːreɪz] *npl* ❶ SOCIOL (*ways*) Sitten *fpl,* Gebräuche *mpl,* Gepflogenheiten *fpl,* Konventionen *fpl fachspr,* [traditionelle] Lebensweise; **social ~** gesellschaftliche Konventionen; ***middle-class/working-class ~*** Lebensweise *f* der Mittel-/Arbeiterklasse ❷ LAW (*practices*) gute Sitten; **[transaction] contra bonus ~** gegen die guten Sitten [verstoßendes Rechtsgeschäft]

morgue [mɔːg, AM mɔːrg] *n esp* AM, AUS ❶ (*mortuary*) Leichenhalle *f,* Leichen[schau]haus *nt* ❷ (*storage place*) *of a library, newspaper* Archiv *nt;* (*files*) *of a library, newspaper* [Akten]ablage *f* ❸ (*fig, pej: boring place*) sterbenslangweiliger Ort; ***I'm fed up with this place — it's a ~*** mir reicht es mit diesem Ort – er ist sterbenslangweilig

moribund ['mɒrɪbʌnd, AM 'mɔːr-] *adj* (*form*) ❶ (*near death*) *person* dem Tode geweiht *geh;* MED sterbend *attr,* im Sterben liegend *attr,* moribund *fachspr* ❷ (*near extinction*) *custom, species* im Aussterben begriffen; *civilization, nation, people* dem Untergang geweiht *geh* ❸ (*fig, pej: inactive*) ohne Leben *nach n fig, pej,* wie tot *nach n fig, pej;* ***the city centre is usually ~ in the evening*** die Innenstadt ist normalerweise am Abend wie ausgestorben ❹ (*fig, pej: stagnant*) verbraucht, erstarrt *fig, pej;* **~ political party** verbrauchte [*o* erstarrte] politische Partei; **~ state** Erstarrung *f fig, pej* ❺ (*fig, pej: dormant*) brachliegend *fig, pej;* **~ interest** brachliegendes Interesse

Mormon ['mɔːmən, AM 'mɔːr-] **I.** *n* Mormone, -in *m, f* **II.** *adj* mormonisch, Mormonen-; **~ Church** mormonische Kirche, Kirche *f* Jesu Christi der Heiligen der letzten Tage

morn [mɔːn, AM mɔːrn] *n* (*poet*) Morgen *m*

mornay ['mɔːneɪ, AM 'mɔːr] *adj inv, also after n* FOOD Mornay-

morning ['mɔːnɪŋ, AM 'mɔːrn-] **I.** *n* Morgen *m,* Vormittag *m;* ***three ~s a week*** drei Vormittage die Woche; **all ~** den ganzen Vormittag; **at four in the ~** um vier Uhr früh; **[from] ~ till night** von morgens bis abends [*o* früh bis spät]; **in the ~** morgens, am Morgen, am Vormittag; ***she only works in the ~*** sie arbeitet nur vormittags; **tomorrow ~** morgen Vormittag; **yesterday ~** gestern Morgen; **the ~ after** (*on the next morning*) am nächsten Morgen; (*the next morning*) der Morgen danach; (*euph: after excessive drinking*) Kater *m euph, fig;* (*fig, pej: moment of realization*) Katzenjammer *m fig, pej;* **on Saturday ~** [am] Samstag morgen [*o* früh]; ***I hate Monday ~s*** ich hasse Montagvormittage ► PHRASES: **to do sth ~, noon and night** (*pej: throughout a day*) etw den ganzen Tag lang tun; (*all the time*) etw ständig [*o* in einem fort] [*o* Tag und Nacht] tun *pej;* ***our neighbour's baby cries, ~, noon and night*** das Baby unseres Nachbarn schreit in einem fort **II.** *n modifier* (*edition, flight*) Morgen-, Früh-, Vormittags-; **~ appointment** Vormittagstermin *m;* **~ light** Morgenlicht *nt* **III.** *interj* (*fam*) Morgen! *fam;* **good ~!** guten Morgen!

morning-after pill *n* ■ **the ~** die Pille danach [*o fachspr* Postkoitalpille]

morning coat *n* Cut[away] *m fachspr,* abgerundet geschnittener Herrenschoßrock

morning dress *n no pl* ❶ (*dress*) [einfaches] Hauskleid ❷ (*formal wear*) Gesellschaftsanzug *m,* Besuchsanzug *m,* Konferenzanzug *m,* Stresemann *m fachspr* (*Anzug für festliche und offizielle Gelegenheiten, insbesondere Hochzeiten*)

morning newspaper *n,* **morning paper** *n* Morgenzeitung *f,* Morgenblatt *nt*

Morning Prayer *n* Morgenandacht *f,* Frühgottesdienst *m* (*in der anglikanischen und protestantischen Kirche*), Frühmesse *f* (*in der römisch-katholischen Kirche*)

mornings ['mɔːnɪŋz, AM 'mɔːrn-] *adv esp* AM (*fam*) morgens, vormittags

morning sickness *n no pl* morgendliche Übelkeit, morgendliches Erbrechen

morning star *n* ❶ ASTRON (*planet*) Morgenstern *m* ❷ HIST (*weapon*) Morgenstern *m fachspr* ❸ BOT (*plant*) Mentzelie *f fachspr*

morning suit *n* (*morning dress*) Gesellschaftsanzug *m,* Besuchsanzug *m,* Konferenzanzug *m,* Stresemann *m fachspr*

Moroccan [mə'rɒkən, AM -'rɑːk-] **I.** *n* Marokkaner(in) *m(f)* **II.** *adj* marokkanisch

morocco [mə'rɒkəʊ, AM -'rɑːkoʊ] *n* feines Ziegenleder, Saffian *m fachspr;* **~ leather** Saffianleder *nt*

Morocco [mə'rɒkəʊ, AM -'rɑːkoʊ] *n* Marokko *nt*

moron ['mɔːrɒn, AM 'mɔːrɑːn] *n* ❶ MED (*feeble-minded person*) Geistesschwache(r) *f(m),* Schwachsinnige(r) *f(m),* Debile(r) *f(m) fachspr,* Imbezile(r) *f(m) fachspr* ❷ (*pej fam: stupid person*) Trottel *m,* Dummkopf *m,* Schwachkopf *m pej fam*

moronic [mɔː'rɒnɪk, AM -'rɑːn-] *adj* ❶ MED (*feeble-minded*) geistesschwach, schwachsinnig, debil *fachspr,* imbezil *fachspr* ❷ (*pej fam*) dumm, blöde, schwachköpfig, beschränkt *pej fam;* **a ~ grin** ein blödes Grinsen

morose [mə'rəʊs, AM -'roʊs] *adj* mürrisch, verdrießlich, griesgrämig; **~ expression** finstere [*o* verdrossene] Miene

morosely [mə'rəʊsli, AM -'roʊs-] *adv* mürrisch, griesgrämig, verdrossen

moroseness [mə'rəʊsnəs, AM -'roʊs-] *n* Verdrießlichkeit *f*

morph [mɔːf, AM mɔːrf] **I.** *vi* (*fam*) ■ **to ~ into sth** sich *akk* in etw *akk* verwandeln, die Gestalt einer S. *gen* annehmen **II.** *vt* ■ **to ~ oneself** sich *akk* ändern

morpheme ['mɔːfiːm, AM 'mɔːr-] *n* LING Morphem *nt*

morphia ['mɔːfiə, AM 'mɔːr-] *n* (*dated*), **morphine** ['mɔːfiːn, AM 'mɔːr-] *n* Morphium *nt,* Morphin *nt fachspr*

morphine addiction *n* Morphiumsucht *f,* Morphinabhängigkeit *f*

morphing ['mɔːfɪŋ, AM 'mɔːr-] *n* COMPUT Bildumwandlung *f fachspr*

morphological [ˌmɔːfə'lɒdʒɪkəl, AM ˌmɔːrfə'lɑː-] *adj inv* BIOL, GEOL, LING morphologisch *fachspr,* der Form [*o* Gestalt] nach *nach n*

morphology [mɔː'fɒlədʒi, AM ˌmɔːr'fɑː-] *n* BIOL, GEOL, LING Morphologie *f fachspr,* Formenlehre *f,* Gestaltlehre *f*

morris dance ['mɒrɪs,-], **morris dancing** *n* BRIT Moriskentanz *m*

morrow ['mɒrəʊ, AM 'mɑː] *n* (*liter or old*) ■ **the ~** ❶ (*the following day*) der morgige Tag ❷ (*the near future*) Morgen *nt*

Morse [mɔːs, AM mɔːrs] *n,* **Morse code** *n no pl* Morsezeichen *ntpl,* Morsealphabet *nt*

morsel ['mɔːsəl, AM 'mɔːrs-] *n* ❶ (*of food*) Bissen *m,* Happen *m,* Stückchen *nt,* Bröckchen *nt;* **a ~ of bread** ein Stückchen *nt* [*o* Bröckchen *nt*] Brot ❷ (*tasty dish*) Leckerbissen *m* ❸ (*pleasing person*) reizende Person ❹ (*fig: small bit*) ■ **a ~** ein bisschen, etwas; **a ~ of hope** eine schwache Hoffnung; **not even a ~ of hope** nicht einmal ein Funke *m* [*o* Fünkchen *nt*] Hoffnung; **a ~ of luck** ein Quentchen *nt* Glück; ***I have a ~ of news for you*** ich habe eine kleine Neuigkeit für dich; ***they should have at least a ~ of decency*** sie sollten wenigstens einen Funken Anstand besitzen

mortal ['mɔːtəl, AM 'mɔːrt̬-] **I.** *adj inv* ❶ (*subject to death*) sterblich; **~ being** sterbliches Wesen ❷ (*human*) menschlich, Menschen-; **~ life** menschliches Leben, Menschenleben *nt;* **~ longing/morals** menschliche Sehnsucht/Moralvorstellungen ❸ (*temporal*) irdisch, vergänglich; **~ life** irdisches Leben [*o* Dasein]; ***human life is ~*** das menschliche Dasein ist vergänglich ❹ (*fatal*) tödlich; **~ disease/wound** tödliche Krankheit/Verletzung ❺ (*implacable*) Tod-, tödlich, erbittert; **~ enemy** Todfeind(in) *m(f);* **~ hatred** tödlicher Hass; **~ hostility** erbitterte Feindschaft ❻ (*extreme*) Todes-, höchste(r,s); **~ danger/fear** Todesgefahr *f*/Todesangst *f;* **to be** [*or* **live**] **in ~ fear** sich *akk* zu Tode ängstigen [*o* fürchten]; **to be in a ~ hurry** in höchster Eile sein **II.** *n* (*liter*) Sterbliche(r) *f(m);* **ordinary** [*or* **lesser**] [*or* **mere**] **~** (*hum*) Normalsterbliche(r) *f(m) hum*

mortal combat *n no pl* Kampf *m* auf Leben und Tod, erbitterter Kampf; **to be locked in ~** (*fig*) miteinander auf Leben und Tod kämpfen

mortality [mɔː'tæləti, AM mɔːr'tælət̬i] *n no pl* ❶ (*condition*) Sterblichkeit *f* ❷ (*character*) Vergänglichkeit *f* ❸ (*humanity*) [sterbliche] Menschheit ❹ (*frequency*) Sterblichkeit *f;* **infant ~** Säuglingssterblichkeit *f*

mortality rate *n* MED Sterblichkeit *f,* Sterbeziffer *f,* Mortalität[srate] *f fachspr*

mortally ['mɔːtəli, AM 'mɔːrt̬-] *adv* ❶ (*fatally*) tödlich; **~ wounded** tödlich verletzt [*o* verwundet] ❷ (*fig: intensely*) zutiefst, tödlich *fig;* **~ offended** [*or fig, iron* **wounded**] zutiefst gekränkt, tödlich beleidigt; **~ scared** zu Tode erschrocken

mortal remains *npl* sterbliche Überreste

mortal sin *n* Todsünde *f*

mortar ['mɔːtəʳ, AM 'mɔːrt̬ə] **I.** *n* ❶ *no pl* ARCHIT, TECH (*mixture*) Mörtel *m,* Speis *m;* **~ of cement** Zementmörtel *m;* **~ of plaster** Gipsmörtel *m,* Stuck *m;* **to beat up** [*or* **puddle**] **the ~** Mörtel anmachen [*o* anrühren] ❷ CHEM (*bowl*) Mörser *m,* Reibschale *f;* **~ and pestle** Mörser *m* und Stößel *m* ❸ MIL (*cannon*) Mörser *m,* Granatwerfer *m fachspr,* Minenwerfer *m fachspr* ► PHRASES: **bricks and ~** (*structure*) Gebäude *nt*[*pl*], Bauwerk[e] *nt*[*pl*]; (*property*) Immobilie[n] *f*[*pl*] **II.** *n modifier* (*fire, shelling*) Granat-; **~ attack** Granatbeschuss *m;* **~ shell** Mörsergranate *f*

mortarboard *n* ❶ ARCHIT, TECH (*board*) Mörtelmischtisch *m* ❷ UNIV (*cap*) [quadratisches] Barett

mortgage ['mɔːgɪdʒ, AM 'mɔːr-] **I.** *n* COMM, LAW ❶ (*conveyance of property*) Verpfändung *f fachspr* ❷ (*deed*) [Hypotheken]pfandbrief *m,* Hypothekenurkunde *f,* Verpfändungsurkunde *f fachspr* ❸ (*rights involved*) [Grund]pfandrecht *nt* ❹ (*amount*) Hypothek *f fachspr;* **to pay the ~** [*or* **repay** [**the**] **~ monies**] COMM, LAW die Hypothek abtragen [*o* zurückzahlen]; **to pay off** [*or* **redeem**] **a ~** eine Hypothek ablösen [*o* tilgen]; **to raise** [*or* **take out**] **a ~** [**on sth**] eine Hypothek [auf etw *akk*] aufnehmen *fachspr* **II.** *n modifier* COMM, LAW (*creditor, debt, interest*) Hypotheken-; **~ claim** Hypothekenforderung *f;* **~ rate** Hypothekenzinssatz *m,* Hypothekenzinsfuß *m fachspr* **III.** *vt* ■ **to ~ sth** etw hypothekarisch belasten; **to be ~d up to the hilt** bis über den Hals [*o* die Ohren] in Hypothekenschulden stecken

mortgage bond *n* FIN Hypothekenpfandbrief *m*

mortgage debenture *n* FIN *durch eine Hypothek gesicherter Schuldschein*

mortgagee [ˌmɔːgɪ'dʒiː, AM ˌmɔːr-] *n* Hypothekengläubiger(in) *m(f),* Pfandgläubiger(in) *m(f)*

mortgagor [ˌmɔːgɪdʒ'ɔːʳ, AM 'mɔːrgɪdʒə] *n* LAW Hypothekenschuldner(in) *m(f)*

mortice *n see* **mortise**

mortician [mɔː'rɪʃən] *n* AM (*undertaker*) Leichenbestatter(in) *m(f)*

M

mortification [ˌmɔːtɪfɪˈkeɪʃᵊn, AM ˌmɔːrt̬ə-] *n no pl (form)* ① *(humiliation)* Kränkung *f*, Demütigung *f*, Schmach *f geh;* **to feel great ~ at sth** etw als große Schmach empfinden ② *(shame)* Beschämung *f*, Scham *f* ③ *(cause of embarrassment)* Ärger *m*, Verdruss *m geh* ④ MED *(local death)* Gewebstod *m*, Nekrose *f fachspr,* Brand *m*, Gangrän *f fachspr* ⑤ REL *(asceticism)* Kasteiung *f fachspr,* Abtötung *f;* **~ of the flesh** REL Selbstkasteiung *f*, Kasteiung *f* des Fleisches *fachspr;* **~ of passions** Abtötung *f* von Begierden

mortify <-ie-> [ˈmɔːtɪfaɪ, AM ˈmɔːrt̬ə-] **I.** *vt* ① *usu passive* ■**to be mortified** *(be humiliated)* gedemütigt [*o* gekränkt] [*o* verletzt] sein; *(be ashamed)* sich *akk* schämen, beschämt sein *geh; (be embarrassed)* sich *akk* ärgern, Verdruss empfinden *geh* ② REL *(discipline)* ■**to ~ sth** etw kasteien *fachspr,* etw abtöten; **to ~ the flesh** sich *akk* [*o* das Fleisch] kasteien; **to ~ passions** Begierden abtöten ③ MED *(form: cause local death)* ■**to ~ sth** *tissue* etw absterben lassen [*o* brandig machen] **II.** *vi* MED *(form) of tissue* absterben, brandig werden

mortifying [ˈmɔːtɪfaɪɪŋ, AM ˈmɔːrt̬ə-] *adj* demütigend, beschämend

mortise [ˈmɔːtɪs, AM ˈmɔːrt̬-] **I.** *n* TECH *(hole) in carpentry* Zapfenloch *nt*, Stemmloch *nt fachspr;* **~ [and tenon] joint** Zapfenverbindung *f*, Zapf-Schlitz-Verbindung *f fachspr; (cut) in carpentry* Nut *f*, Schlitz *m*, Einschnitt *m fachspr* **II.** *vt* TECH ■**to [tenon and] ~ sth** *pieces of wood* etw verzapfen

mortise lock *n* [Ein]steckschloss *nt*, Blindschloss *nt*, Einstemmschloss *nt*

mortuary [ˈmɔːtʃuᵊri, AM ˈmɔːrtʃueri] *n* Leichenhalle *f*, Leichen[schau]haus *nt*

mosaic [mə(ʊ)ˈzeɪɪk, AM moʊˈ-] *n* Mosaik *nt*

Moses [ˈməʊzɪz, AM ˈmoʊ-] *n no pl* Moses *m*

mosey [ˈməʊzi, AM ˈmoʊ-] *vi* ① *(move leisurely)* schlendern, bummeln; **to ~ about** [*or* **along**] umherschlendern ② AM *(fam: leave quickly)* abhauen *fam,* sich *akk* aus dem Staub machen *fam* ③ AM *(move quickly)* **to ~ over to sb's place** auf einen Sprung bei jdm vorbeikommen *fam*

mosh [mɒʃ, AM mɑːʃ] *vi* moshen

mosh pit *n* Tanzfläche *f* zum Moshen

Moslem *adj, n see* **Muslim**

mosque [mɒsk, AM mɑːsk] *n* Moschee *f*

mosquito <*pl* -es *or* -s> [mɒsˈkiːtəʊ, AM məˈskiːt̬oʊ] *n* Stechmücke *f*, Moskito *m*

mosquito bite *n* Mückenstich *m*, Moskitostich *m* **mosquito boat** *n* AM MIL [ungepanzertes] Torpedoschnellboot [*o* Sprengboot] **mosquito net** *n* Moskitonetz *nt* **mosquito repellent** *n* Mückenspray *nt*

moss <*pl* -es> [mɒs, AM mɑːs] *n* ① *(plant)* Moos *nt;* **covered with ~** moosbedeckt, bemoost; **different ~es** unterschiedliche Moosarten ② BRIT, SCOT *(bog)* ■**the ~es** das [Torf]moor *kein pl,* die Sümpfe *mpl*

Mossad [ˈmɒsæd, AM ˈmɑː] *n no pl, + sing/pl vb* POL ■**[the] ~** der Mossad

mossie [ˈmɒsi] *n* BRIT, AUS *(fam)* Mücke *f*

mossy [ˈmɒsi, AM ˈmɑːsi] *adj* ① *(overgrown with moss)* moosig, bemoost, moosbedeckt; **~ stone** moosbedeckter Stein ② *(resembling moss)* moos-, moosartig; **~ green** moosgrün; **~ softness** moosartige Weichheit

most [məʊst, AM moʊst] **I.** *part* ① *(largest quantity)* ■**the ~** am meisten; ***what's the ~ you've ever won at cards?*** was war das meiste, das du beim Kartenspielen gewonnen hast?; ***when she shared the food out, John got the ~*** als sie das Essen verteilte, bekam John am meisten; ***they had the ~ to lose*** sie hatten am meisten zu verlieren; **at the [very] ~** [aller]höchstens; ***she's 50 at the very ~*** sie ist allerhöchstens 50; ■**~ of sb/sth** die meisten; ***in this school, ~ of the children are from the Chinese community*** in dieser Schule sind die meisten Kinder chinesischer Abstammung; **~ *of the things I forget are unimportant anyway*** die meisten Dinge, die ich vergesse, sind sowieso unwichtig; ***I spent ~ of the winter on the coast*** ich verbrachte einen Großteil des Winters an der Küste ② *pl (the majority)* die Mehrheit; **~ *are in favour of tax reform*** die Mehrheit befürwortet die Steuerreform ③ *(best)* ■**the ~** höchstens; ***the ~ I can do is try*** ich kann nicht mehr tun als es versuchen; ***the ~ they can expect is a 4% pay increase*** sie können höchstens eine 4-prozentige Gehaltserhöhung erwarten; **to get the ~ out of life** das meiste aus dem Leben machen; **to be the ~** *(sl)* der/die Größte sein; ***he's the ~ — I wish he were interested in me*** er ist so toll – ich wünschte, er würde sich für mich interessieren; **to make the ~ of sth** das Beste aus etw *dat* machen; ***it's a lovely day — we must make the ~ of it*** was für ein schöner Tag – wir müssen ihn nutzen; ***making the ~ of your opportunities*** mache das Beste aus deinen Chancen; *(represent at its best)* etw hervorstreichen; ***how to make the ~ of your features*** so unterstreichen Sie Ihre Züge richtig **II.** *adj det* ① *(greatest in amount, degree)* am meisten; ***which of you earns the ~ money?*** wer von euch verdient am meisten Geld?; ***they've had the ~ success*** sie hatten größten Erfolg ② *(majority of, nearly all)* die meisten; ***I don't eat meat, but I like ~ types of fish*** ich esse kein Fleisch, aber ich mag die meisten Fischsorten; ***we like ~ students*** wir mögen die meisten Studenten; **for the ~ part** für gewöhnlich; ***the older members, for the ~ part, shun him*** die älteren Mitglieder meiden ihn für gewöhnlich **III.** *adv inv* ① *(forming superlative) im Deutschen durch Superlativ ausgedrückt;* ***that's what I'm ~ afraid of*** davor habe ich die meiste Angst; ***Joanne is the ~ intelligent person I know*** Joanne ist der intelligenteste Mensch, den ich kenne; **the ~ intelligent animal** das intelligenteste Tier; **~ easily/rapidly/thoroughly** am leichtesten/schnellsten/gründlichsten; ***sandy plains where fire tends to spread ~ quickly*** sandige Ebenen, auf denen sich das Feuer besonders rasch ausbreitet; **~ important/unfortunate** wichtigste(r,s)/unglücklichste(r,s); ***the ~ important event of my life*** das wichtigste Ereignis in meinem Leben ② *(form: extremely)* höchst, äußerst, überaus *geh;* ***it was a ~ unfortunate accident*** es war ein äußerst bedauerlicher Unfall; ***it's ~ kind of you to help me*** es ist überaus freundlich von Ihnen, dass Sie mir helfen; ***their situation was ~ embarrassing*** ihre Lage war höchst unangenehm; ***he told me a ~ interesting story*** er erzählte mir eine sehr interessante Geschichte; ***it was a ~ unusual car*** es war ein ganz ungewöhnliches Auto; ***it was a ~ beautiful morning*** es war ein besonders schöner Morgen; **~ certainly** ganz bestimmt [*o* gewiss], mit absoluter Sicherheit; **~ likely** höchstwahrscheinlich; ***that's ~ probably correct*** das ist höchstwahrscheinlich richtig; **~ unlikely** höchst unwahrscheinlich ③ *(to the greatest extent)* am meisten; ***what annoyed me ~ ...*** was mich am meisten gestört hat ...; ***the things he ~ enjoyed*** die Dinge, die ihm am besten gefielen; **at ~** höchstens; ***we've got enough rations for a week at ~*** die Rationen reichen höchstens für eine Woche; **~ of all** am allermeisten; ***I like the blue one ~ of all*** der/die/das Blaue gefällt mir am besten; **~ *of all, I hope that ...*** ganz besonders hoffe ich, dass ...; ***she likes broccoli and carrots but likes green beans ~ of all*** sie mag Broccoli und Karotten, ganz besonders aber grüne Bohnen; ***what she wanted ~ of all*** was sie am meisten wollte ④ AM *(fam: almost)* beinah[e], fast; ***they watch TV ~ every evening*** sie sehen beinah jeden Abend fern; **~ *everyone understood*** fast jeder verstand

most-favoured nation *n* ECON meistbegünstigtes Land; **~ clause** Meistbegünstigungsklausel *f*

mostly [ˈməʊs(t)li, AM ˈmoʊ-] *adv inv* ① *(usually)* meistens ② *(in the main)* größtenteils, im Wesentlichen; ***the work is ~ done*** die Arbeit ist größtenteils getan ③ *(chiefly)* hauptsächlich, in der Hauptsache

mot [məʊ, AM moʊ] *n* geistreiche [*o* witzige] Bemerkung, Bonmot *nt*

MOT¹ [ˌeməʊˈtiː] *n* BRIT *(fam) abbrev of* **Ministry of Transport** Verkehrsministerium *nt*

MOT² [ˌeməʊˈtiː] **I.** *n* **~ [test]** TÜV *m;* ***has your car had its ~ yet?*** war dein Auto schon beim TÜV? *fam;* **~ [certificate]** TÜV-Bescheinigung *f* **II.** *vt* <MOT'd, MOT'd> *usu passive (fam)* **to ~ a car** ein Auto zum TÜV bringen *fam;* ***my car will be ~'d tomorrow*** mein Auto kommt morgen zum TÜV **III.** *adj* TÜV-geprüft

mote [məʊt, AM moʊt] *n* ① *(particle)* Stäubchen *nt*, Staubkorn *nt* ② *(fig: fault)* kleiner Fehler, kleine Macke; **the ~ in sb's eye** *(biblical)* der Splitter im Auge des anderen *fig*

motel [məʊˈtel, AM moʊˈ-] *n* Motel *nt*

motet [məʊˈtet, AM moʊ] *n* MUS Motette *f*

moth [mɒθ, AM mɑːθ] *n* Motte *f*, Nachtfalter *m*

mothball **I.** *n* Mottenkugel *f* **II.** *vt usu passive* ■**to ~ sth** ① *(put in disuse) clothes, machinery, ships* etw einmotten; *coal pit, factory* etw stillegen ② *(fig: postpone)* etw beiseite schieben [*o fig* auf Eis legen]

moth-eaten *adj* ① *(eaten into)* mottenzerfressen, von Motten zerfressen ② *(outmoded) ideas, methods, theories* verstaubt, antiquiert ③ *(decayed) equipment, facilities* heruntergekommen

mother [ˈmʌðəʳ, AM -ɚ] **I.** *n* ① *(female parent)* Mutter *f* ② AM *(fam!: motherfucker)* Scheißkerl *m sl; (thing)* Scheiß- *vulg, sl;* ***that was a ~ of an exam!*** das war eine Scheißprüfung! *vulg, sl; see* **motherfucker** ▶ PHRASES: **the ~ of all ...** der/die/das allergrößte ...; *(the most extreme: worst)* der/die/das Schlimmste aller *gen* ...; *(best)* herausragend; **the ~ of all battles** die Mutter aller Schlachten; **the ~ of all mystery novels** der Kriminalroman schlechthin [*o* überhaupt]; **the ~ of all storms** der Sturm der Stürme **II.** *n modifier (animal, church, ship)* Mutter-; **~ hen** Henne *f* **III.** *vt* ■**to ~ sb** jdn bemuttern

Mother [ˈmʌðəʳ, AM -ɚ] *n no pl* REL ① *(nun)* Oberin *f* ② *(form of address)* Mutter *f* [Oberin]

motherboard *n* COMPUT Grundplatine *f*, Hauptplatine *f fachspr* **mother country** *n* ① *(country of origin)* Mutterland *nt*, Herkunftsland *nt* ② *(home country)* Vaterland *nt*, Heimatland *nt* **mothercraft** [ˈmʌðəkrɑːft, AM ˈmʌðɚkræft] *n no pl (old)* Kinderpflege *f* **mother figure** *n* Mutterfigur *f* **motherfucker** *n* AM *(vulg, sl)* ① *(person)* Scheißkerl *m sl* ② *(thing)* Scheiß- *vulg, sl;* ***that was a ~ of an exam!*** das war eine Scheißprüfung! *vulg, sl*

motherhood [ˈmʌðəhʊd, AM -ðɚ-] *n no pl* Mutterschaft *f*

Mothering Sunday *n* BRIT *(form)* Muttertag *m*

mother-in-law <*pl* mothers- *or* -s> *n* Schwiegermutter *f* **motherland** *n no pl* ① *(native country)* Heimatland *nt*, Vaterland *nt* ② *(country of ancestors)* Mutterland *nt*, Herkunftsland *nt* **motherless** [ˈmʌðələs, AM ɚ-] *adj inv* mutterlos

motherly [ˈmʌðᵊli, AM -ɚli] *adj (usu approv)* mütterlich; **~ love** Mutterliebe *f*

Mother Nature *n (also hum)* Mutter Natur **mother-of-pearl** *n* Perlmutt *nt* **Mother's Day** *n* Muttertag *m* **mother superior** *n no pl* Mutter *f* Oberin **mother-to-be** <*pl* mothers-> *n* werdende Mutter **mother tongue** *n* Muttersprache *f*

mothproof *adj inv* mottenecht, mottenfest; **~ clothing/wool** mottenfeste Kleidung/Wolle

motif [məʊˈtiːf, AM moʊˈ-] *n* ① *(design)* Motiv *nt* ② LIT, MUS *(theme)* [Leit]motiv *nt fachspr* ③ *(fig: feature)* Leitgedanke *m*

motile [ˈməʊtaɪl, AM *esp* ˈmoʊt̬ᵊl] *adj* BIOL *cells, microbes, spores* [frei] beweglich

motility [məʊˈtɪləti, AM moʊˈtɪlət̬i] *n no pl* BIOL *of cells, microbes, spores* Beweglichkeit *f*, Motilität *f fachspr*

motion [ˈməʊʃᵊn, AM ˈmoʊ-] **I.** *n* ① *no pl (movement) of things* Bewegung *f*, Gang *m;* **in slow ~** in Zeitlupe; **to put** [*or* **set**] **sth in ~** etw in Gang bringen [*o* Bewegung setzen]; *of people* Fortbewegung *f*, Körperbewegung *f*, Gang *m* ② *(gesture)* Bewegung *f*, Zeichen *nt;* **~ of the hand/head** Hand-/Kopfbewegung *f*, Zeichen *nt* mit der Hand/dem Kopf ③ POL *(proposal)* Antrag *m fachspr;* **early day ~** frühzeitig gestellter Antrag [im Unterhaus]; **to defeat a ~** einen Antrag ablehnen [*o* zu Fall bringen] *fachspr;* **to pass** [*or* **carry**] **a ~** einen Antrag annehmen [*o* durchbringen] *fachspr;* **to propose** [*or* BRIT **table**] **a ~** einen Antrag stellen [*o* einbringen] *fachspr* ④ BRIT, AUS (*dated: excretion*) Stuhl[gang] *m fachspr* ▸ PHRASES: **to set the wheels in ~** die Sache in Gang bringen; **to go through the ~s** [**of doing sth**] (*pretend*) [etw] zum Schein machen, so tun, als ob man [etw] macht; ***they went through the ~s of fighting*** sie kämpften nur zum Schein; (*do routinely*) [etw] der Form halber [*o* pro forma] [*o* ganz mechanisch] machen; ***he went through the ~s of welcoming our guests but then left the room immediately*** der Form halber begrüßte er unsere Gäste, verließ dann aber sofort den Raum **II.** *vt* ■**to ~ sb away/forward** jdn wegwinken/nach vorn winken; ■**to ~ sb aside/in** jdn zur Seite winken/hereinwinken; ■**to ~ sb to do sth** jdn durch einen Wink auffordern [*o geh* jdm bedeuten], etw zu tun; ***she ~ed us to sit down*** sie bedeutete uns, Platz zu nehmen **III.** *vi* ■**to ~ to sb to do sth** jdn durch einen Wink auffordern [*o geh* jdm bedeuten], etw zu tun

motionless [ˈməʊʃənləs, AM ˈmoʊ-] *adj inv* bewegungslos, reg[ungs]los, unbeweglich

motion picture *n* AM [Spiel]film *m* **motion-picture** *adj* AM Film-; **~ industry** Filmindustrie *f*

motion sickness *n no pl* MED Bewegungskrankheit *f*, Reisekrankheit *f*, Kinetose *f fachspr*

motivate [ˈməʊtɪveɪt, AM ˈmoʊt̬ə-] *vt* ① (*provide with motive*) ■**to ~ sb** jds Verhalten [*o* Handlungsweise] begründen; ***what ~s Derek is pure greed*** was Dereks Verhalten zugrunde liegt, ist reine Gier; ***they are ~d by a desire to help people*** ihre Handlungsweise wird von dem Wunsch bestimmt, anderen zu helfen; ■**to ~ sth** *behaviour, decision* etw begründen, etw *dat* als Beweggrund dienen, für etw *dat* innerer Anlass sein; ***what ~d their sudden change of heart?*** was war der innere Anlass für ihren plötzlichen Sinneswandel?; ***I don't quite understand what ~s the actions of such people*** ich kann die Beweggründe für die Handlungsweise dieser Leute nicht ganz nachvollziehen ② (*arouse interest*) ■**to ~ sb** jdn anregen [*o* anspornen] [*o* motivieren]; ■**to ~ sb to do sth** jdn dazu bewegen [*o* veranlassen], etw zu tun; ***they ~d the children to learn more*** sie bewegten die Kinder dazu weiterzulernen; ***my biology teacher ~d me to go for a career in medicine*** meine Biologielehrerin motivierte mich zu einer medizinischen Laufbahn; **motivating force** treibende Kraft

motivated [ˈməʊtɪveɪtɪd, AM ˈmoʊt̬əveɪt̬ɪd] *adj inv* ① (*caused*) begründet; **economically/politically ~** wirtschaftlich/politisch begründet ② (*eager*) motiviert; ■**to be ~ to do sth** zu etw *dat* motiviert sein; **highly ~** hoch motiviert

motivation [ˌməʊtɪˈveɪʃən, AM ˌmoʊt̬əˈ-] *n* ① (*reason*) Begründung *f*, Veranlassung *f* (**for** für +*akk*) ② *no pl* (*drive*) Antrieb *m*, Motivation *f*; **to lack ~** nicht genügend motiviert [*o* antriebsschwach] sein; ***Pat has no ~ to succeed*** Pat fehlt der Wille zum Erfolg

motivational [ˌməʊtɪˈveɪʃənəl, AM ˌmoʊt̬ə] *adj* Motivierungs-

motivational speaker *n* Motivational Speaker *m* (*Vortragsredner, der es versteht, sein Publikum für ein bestimmtes Thema zu motivieren*)

motive [ˈməʊtɪv, AM ˈmoʊt̬ɪv] **I.** *n* Motiv *nt*, Beweggrund *m* (**for** für +*akk*); ***the police still haven't a ~ for the attack*** der Polizei fehlt immer noch ein Motiv für den Überfall; ***what is the ~ behind the bombing?*** was steckt hinter dem Bombenangriff?; **base/improper/interest ~s** LAW niedrige/unlautere/eigennützige Beweggründe *fachspr;* **the profit ~** der Profitgedanke, das Profitdenken; **ulterior ~** tieferer Beweggrund, Hintergedanke *m* **II.** *adj attr* ① PHYS, TECH (*creating motion*) bewegend, Antriebs-; **~ power** bewegende Kraft, Triebkraft *f* ② (*fig: motivating*) *force, spirit* treibend *fig*

motiveless [ˈməʊtɪvləs, AM ˈmoʊt̬ɪv] *adj inv* grundlos, unmotiviert

mot juste <*pl* mots justes> [ˌməʊˈʒuːst, AM ˌmoʊˈ-] *n* treffender [*o* passender] Ausdruck

motley [ˈmɒtli, AM ˈmɑːt-] **I.** *adj attr* ① (*of different colours*) bunt, vielfarbig; **~ flower bed** buntes Blumenbeet ② (*also pej: heterogeneous*) bunt [gemischt], [kunter]bunt; **~ bunch** [*or* **crew**] bunt gemischter Haufen; **~ collection** buntes Sammelsurium, bunte Mischung *a. pej* **II.** *n* ① *no pl* HIST (*garment*) Narrenkleid *nt fachspr* ② HIST (*person*) [Hof]narr *m fachspr*

motocross [ˈməʊtə(ʊ)krɒs, AM ˈmoʊt̬oʊkrɑːs] *n no pl* Moto-Cross *nt*, Motocross *nt*

motor [ˈməʊtəʳ, AM ˈmoʊt̬ɚ] **I.** *n* ① (*engine*) Antriebsmaschine *f*, [Verbrennungs]motor *m*, Triebwerk *nt;* **electric ~** Elektromotor *m;* **outboard ~** Außenbordmotor *m* ② BRIT (*fam: car*) Auto *nt*, [Kraft]wagen *m;* **second-hand ~** Gebrauchtwagen *m* ③ ANAT (*motor nerve*) motorischer Nerv *fachspr*, Bewegungsnerv *m;* (*organ*) Muskel *m* ④ (*fig: driving force*) treibende Kraft **II.** *adj attr, inv* ① BRIT, AUS (*of motor vehicles*) Auto-; **~ enthusiast** Autonarr, Autonärrin *m, f;* **~ accident** Autounfall *m;* **~ insurance** Kraftfahrzeugversicherung *f* ② ANAT Bewegungs-, Muskel-, motorisch *fachspr* **III.** *vi* ① (*drive*) [Auto] fahren; ■**to ~ along** [dahin]fahren ② BRIT (*also fig fam: do fast*) **to be really ~ing** *at work, in a car* einen ganz schönen Zahn draufhaben *fig fam*

motorbike *n* (*fam*) Motorrad *nt* **motorboat** *n* Motorboot *nt* **motorcade** [ˈməʊtəkeɪd, AM ˈmoʊt̬ɚ-] *n* Autokolonne *f* **motor car** *n* ① BRIT (*dated: car*) Automobil *nt veraltet*, Kraftfahrzeug *nt* ② AM RAIL Draisine *f* **motor caravan** *n* BRIT Wohnmobil *nt* **motorcycle** *n* Motorrad *nt* **motorcycle escort** *n* Motorradeskorte *f* **motorcycling** *n no pl* Motorradfahren *nt* **motorcyclist** *n* Motorradfahrer(in) *m(f)* **motor-driven** *adj* Motor-, mit Motorantrieb *nach n* **motor home** *n* AM (*motor caravan*) Wohnmobil *nt* **motor hotel** *n* AM Motel *nt* **motor industry** *n* BRIT Kraftfahrzeugindustrie *f*, Auto[mobil]industrie *f*

motoring [ˈməʊtərɪŋ, AM ˈmoʊt̬ɚ-] **I.** *adj attr, inv* BRIT Fahr-; **~ costs** Fahrtkosten *pl;* **~ offence** LAW Verkehrsdelikt *nt fachspr;* **~ organization** Automobilklub *m* **II.** *n* Fahren *nt*

motorist [ˈməʊtərɪst, AM ˈmoʊt̬ɚ-] *n* Kraftfahrer(in) *m(f)*, Autofahrer(in) *m(f)*, Automobilist(in) *m(f)* ÖSTERR, SCHWEIZ

motorized [ˈməʊtəraɪzd, AM ˈmoʊt̬ər-] *adj inv* ① MIL motorisiert *fachspr;* **~ unit** motorisierte Einheit ② (*with a motor*) **~ wheelchair** Rollstuhl *m* mit Elektromotor, elektrisch betriebener Rollstuhl

motor lodge *n* AM Motel *nt* **motorman** *n on a streetcar, subway train* Wagenführer(in) *m(f)* **motormouth** **I.** *n esp* AM (*pej sl*) Schwätzer(in) *m(f)*, Quasselstrippe *f fig fam* **II.** *adj* schwatzhaft, geschwätzig **motor mower** *n* Motorrasenmäher *m* **motor nerve** *n* ① ANAT (*nerve*) motorischer Nerv *fachspr*, Bewegungsnerv *m* ② (*organ*) Muskel *m* **motor oil** *n* Motoröl *nt* **motor pool** *n* Wagenpark *m*, Fuhrpark *m* **motor race** *n* BRIT Autorennen *nt* **motor racing** *n* BRIT Autorennsport *m* **motor scooter** *n* Motorroller *m* **motor show** *n* BRIT Automobilausstellung *f* **motorsport** [ˈməʊtəspɔːt, AM ˈmoʊt̬ɚspɔːrt] *n see* **motor racing** Motorsport *m* **motor trade** *n* BRIT Kraftfahrzeugbranche *f*, Auto[mobil]branche *f* **motor vehicle** *n* Kraftfahrzeug *nt* **motor vehicle licensing centre** *n* BRIT (*form*) Zulassungsstelle *f*

motorway BRIT **I.** *n* Autobahn *f* **II.** *n modifier* (*driving, exit, traffic*) Autobahn-; **~ intersection/junction** Autobahnkreuz *nt*/Autobahndreieck *nt;* **~ madness** Raserei *f* auf der Autobahn

Motown® [ˈməʊtaʊn, AM ˈmoʊ-] **I.** *n no pl* AM ① (*hum: city*) Autostadt *f* [Detroit] (*Spitzname für Detroit, eines der Zentren der Autoindustrie*) ② (*company*) Motown-[Schall]plattenfirma *f* (*besonders in den sechziger und siebziger Jahren produzierte sie Platten im Motown-Stil*) ③ (*style*) Motown-Stil *m* (*er basiert auf dem afroamerikanischen Rhythm-and-Blues-Stil der vierziger und fünfziger Jahre und wurde in den sechziger und siebziger Jahren stark von der Popmusik beeinflusst*) **II.** *adj* Motown-; **the ~ label** das Motown-Label [*o* Etikett]

mottled [ˈmɒtl̩d, AM ˈmɑːt̬l̩d] *adj inv* ① (*colourfully patterned*) *dress* [bunt] gesprenkelt [*o* gemustert] ② (*diversified in shade*) *wood, marble* gemasert, marmoriert; **~ mahogany** geflecktes [*o* getigertes] Mahagoni ③ (*pej: blotchy*) *complexion, skin* fleckig; ***his ~ face began to show the effect of excessive drinking*** sein fleckiges Gesicht zeigte allmählich die Folgen übermäßigen Alkoholgenusses ④ GEOL (*coloured*) *clay, sandstone* Bunt-

motto <*pl* -s *or* -es> [ˈmɒtəʊ, AM ˈmɑːt̬oʊ] *n* Motto *nt*, Devise *f*, Wahlspruch *m;* ***'no sheep has ever saved his neck by bleating', that's my ~*** ‚kein Schaf hat seinen Hals je durch Blöken gerettet', so lautet mein Motto

mould¹ [məʊld, AM moʊld] *n no pl* BOT Schimmel *m*

mould² [məʊld, AM moʊld] **I.** *n* ① (*shape*) Form *f;* **jelly ~** Puddingform *f* ② (*fig*) Typ *m;* **to be out of the same ~** sich *dat* gleichen wie ein Ei dem anderen; **to be cast in the same/a different ~** aus dem gleichen/einem anderen Holz geschnitzt sein; ***he's cast in a very different ~ from his brother*** er ist ganz anders als sein Bruder; **to break the ~** [**of sth**] neue Wege in etw *dat* gehen; **to fit** [**into**] **the ~ of sth** in das Bild [von etw *dat*] passen, der Vorstellung [von etw *dat*] entsprechen **II.** *vt* ■**to ~ sth out of** [*or* **from**] [*or* **in**] **sth** etw aus etw *dat* formen; (*fig*) ■**to ~ sb into sth** jdn zu etw *dat* machen

moulded [ˈməʊldɪd, AM ˈmoʊld-] *adj inv* [vor]geformt; **~ plastic** Formplastik *nt*

moulder [ˈməʊldəʳ, AM ˈmoʊldɚ] *vi* schimmeln; (*fig*) vergammeln *fam*

◆**moulder away** *vi* vor sich *akk* hin schimmeln [*o fam* gammeln]

moulding [ˈməʊldɪŋ, AM ˈmoʊld-] *n* ARCHIT Fries *m;* (*stucco*) Stuck *m kein pl*, Stuckarbeit *f;* ART [Zier]leiste *f*

mouldy [ˈməʊldi, AM ˈmoʊldi] *adj* ① *food* schimmelig, verschimmelt; ■**to go ~** [ver]schimmeln, vergammeln *fam* ② (*dated fam: shabby*) schäbig, vergammelt *pej fam;* (*dull*) lahm, öd[e]; (*valueless*) lächerlich; *money* lumpig

moult [məʊlt, AM moʊlt] *vi birds* [sich] mausern, in der Mauser sein; *snakes, insects, crustaceans* sich häuten; *cats, dogs* haaren

mound [maʊnd] *n* ① (*pile*) Haufen *m;* (*small hill*) Hügel *m;* **burial ~** Grabhügel *m;* (*in baseball: pitcher's mound*) [erhöhtes] Wurfmal; **to take the ~** SPORTS Aufschlag haben ② (*fig: large quantity*) Masse *f*, Haufen *m fam;* **~ of work** ein Haufen *m* Arbeit

mount [maʊnt] **I.** *n* ① (*horse*) Pferd *nt* ② (*backing, setting*) *of a picture, photo* Halterung *f; of a jewel* Fassung *f; of a slide* Rahmen *m; of a microscope* Plättchen *nt; of a machine* Sockel *m*, Untersatz *m* **II.** *vt* ■**to ~ sth** ① (*support for equipment*) etw aufhängen; (*get on to ride*) auf etw *akk* [auf]steigen; **to ~ a bicycle** auf ein Fahrrad [auf]steigen; **to ~ a camera on a tripod** eine Kamera auf ein Stativ montieren; **to ~ a horse** auf ein Pferd steigen ② (*go up*) etw hochsteigen; **to ~ a ladder** auf eine Leiter steigen; **to ~ the stairs** die Treppe[n] hochgehen; **to ~ the throne** (*form*) den Thron besteigen ③ (*organize*) etw organisieren; **to ~ an attack/a campaign** einen Angriff/eine Kampagne starten; **to ~ a concert** ein Konzert veranstalten; **to ~ a play** ein Theaterstück inszenieren ④ (*fix for display*) etw befestigen; **to ~ sth on card/the wall** etw auf Karton/an der Wand befestigen; **to ~ sth in a frame** etw rahmen ⑤ (*set up*) etw aufbauen [*o* aufstellen]; **to ~ checkpoints** Kontrollposten aufstellen; **to ~ guard** [**over sth**] [etw] bewachen [*o* beschützen] ⑥ (*mate*) etw bespringen **III.** *vi* ① (*increase*) wachsen, [an]steigen, größer werden; ***the death toll is expected to ~ to over 100*** die Zahl der Opfer wird wohl auf über 100 ansteigen ② (*get on a horse*) aufsteigen

◆**mount up** *vi* wachsen, [an]steigen

Mount [maʊnt] *n no pl erster Teil eines Bergnamens;* **~ Everest** Mount Everest *m;* **~ Fuji** Fudschijama *m*

mountain ['maʊntɪn, AM -tᵊn] **I.** *n* Berg *m;* **summit** [*or* **peak**] **of a ~** [Berg]gipfel *m;* ■**~s** *pl* Berge *mpl;* (*group of mountains*) Gebirge *nt;* **to go into the ~s** ins Gebirge [*o* in die Berge] fahren; **~s** [*or* **a ~**] **of work** (*fig fam*) jede Menge Arbeit *fam* ▸ PHRASES: **to make a ~ out of a molehill** aus einer Mücke einen Elefanten machen *prov;* **to move ~s** Berge versetzen, Himmel und Hölle in Bewegung setzen *fam* **II.** *n modifier* Gebirgs-; **~ air** Bergluft *f*

mountain ash *n* Eberesche *f* **mountain bike** *n* Mountainbike *nt* **mountainboarding** *n no pl* Mountainboarding *nt fachspr* (*Sportart mit einem Brett mit großen Rädern am hinteren Teil, steuerbaren Vorderrädern, Schockabsorbern und Bremsen*) **mountain chain** *n* Gebirgskette *f*, Bergkette *f* **mountain-climbing** [-klaɪmɪŋ] *n no pl* Bergsteigen *nt*

mountaineer [ˌmaʊntɪ'nɪəʳ, AM -tᵊ'nɪr] *n* Bergsteiger(in) *m(f)*

mountaineering [ˌmaʊntɪ'nɪərɪŋ, AM -tᵊ'nɪrɪŋ] *n no pl* Bergsteigen *nt*

mountain lion *n* Puma *m*

mountainous ['maʊntɪnəs, AM -tᵊnəs] *adj* gebirgig, bergig; (*fig*) riesig; **~ debts** hohe Schulden; **in ~ seas** bei starkem Seegang

mountain range *n* Gebirgszug *m* **mountainside** *n usu sing* [Berg]hang *m* **mountaintop** *n* [Berg]gipfel *m*

mountebank ['maʊntɪbæŋk, AM ţə] *n* ① (*deceiver, charlatan*) Scharlatan *m* ② HIST Quacksalber *m*

mounted ['maʊntɪd, AM -ţ-] *adj inv* beritten *geh;* **to be ~ on a horse** auf einem Pferd sitzen; **~ police** berittene Polizei

Mountie ['maʊnti, AM -ţi] *n* CAN *ein berittener Polizist der Royal Canadian Mounted Police*

mounting ['maʊntɪŋ, AM -ţ-] **I.** *n* ① (*on a horse*) Besteigen *nt* ② (*display surface*) *of a photograph, picture* Halterung *f*, Unterlage *f; of a machine* Sockel *m*, Untersatz *m;* (*frame*) Rahmen *m;* (*arrangement on a display surface*) Arrangement *m* **II.** *adj attr, inv* wachsend, steigend; [**with**] **~ anxiety** [mit] zunehmende[r] Angst [*o* Sorge]

mourn [mɔːn, AM mɔːrn] **I.** *vi* trauern; ■**to ~ for sb/sth** um jdn/etw trauern; **to ~ for** [*or* **over**] **the loss of sb/sth** über den Verlust von jdm/etw trauern **II.** *vt* ① (*feel sorrow*) ■**to ~ sb/sth** um jdn/etw trauern; **to ~ sb's death** um jdn trauern ② (*fig: regret*) ■**to ~ sth** etw beklagen

mourner ['mɔːnəʳ, AM 'mɔːrnɚ] *n* Trauernde(r) *f(m);* (*at a funeral*) Trauergast *m;* ■**the ~s** *pl* die Trauergemeinde *f*

mournful ['mɔːnfᵊl, AM 'mɔːrn-] *adj* (*sad*) traurig, melancholisch; (*gloomy*) trübsinnig; *lamenting* klagend

mournfully ['mɔːnfᵊli, AM 'mɔːrn-] *adv* traurig; (*gloomily*) trübsinnig; (*lamentingly*) klagend

mournfulness ['mɔːnfᵊlnəs, AM 'mɔːrn-] *n no pl* (*sadness*) Traurigkeit *f;* (*grieving*) Trauer *f*

mourning ['mɔːnɪŋ, AM 'mɔːrn-] *n no pl* ① (*grieving*) Trauer *f;* **as a sign of ~** als Zeichen der Trauer; ■**to be in ~ for sb** um jdn trauern; (*wear black clothes*) Trauer tragen ② (*wailing*) Klagegeschrei *nt*

mouse <*pl* mice> [maʊs, *pl* maɪs] *n* ① (*animal*) Maus *f* ② (*fig: shy person*) schüchterner Mensch; (*unprepossessing person*) unscheinbarer Mensch; (*esp of women*) graue Maus, Mauerblümchen *nt fam* ③ COMPUT Maus *f*

mouse-hole *n* Mauseloch *nt* **mouse potato** *n* COMPUT Computerhocker(in) *m(f)*, Internetfreak *m*, Mousepotato *f sl*

mouser ['maʊsəʳ, AM -zɚ] *n* Mäusejäger(in) *m(f)*, Mäusefänger(in) *m(f)*

mousetrap *n* Mausefalle *f* **mouse-trapping** *n* INET *Internetfalle, die den Benutzer daran hindert, eine Webseite zu verlassen*

mousey *adj see* **mousy**

moussaka [mu'sɑːkə] *n no pl* Moussaka *nt*

mousse [muːs] *n* ① (*creme*) Mousse *f;* **salmon ~** Lachsmousse *f;* **chocolate ~** Schokoladenmousse *f* ② (*cosmetics*) Schaum *m;* **styling ~** Schaumfestiger *m*

mousseline ['musliːn, AM ˌmuː'sliːn] *n modifier* (*jacket, dress*) Musselin-

moustache [mə'stɑːʃ] *n*, AM *usu* **mustache** ['mʌstæʃ] *n* Schnurrbart *m;* **to sport a ~** einen Schnurrbart tragen

mousy ['maʊsi] *adj* (*shy*) schüchtern; (*uncharismatic*) unscheinbar; (*dull colour*) farblos; **~ girl** Mauerblümchen *nt pej;* **to have ~ hair** mausgraue Haare haben

mouth [maʊθ] **I.** *n* ① (*of human*) Mund *m; of animal* Maul *nt;* **to have a big ~** ein großes Mundwerk haben *fam;* **to have five** [**hungry**] **~s to feed** fünf hungrige Mäuler zu stopfen haben; **to keep one's ~ shut** nichts sagen, seinen Mund halten *fam;* **to make sb's ~ water** jdm das Wasser im Munde zusammenlaufen lassen; **to shut one's ~** (*fam!*) den Mund halten *fam;* ***oh just shut your ~, will you?*** jetzt halt mal den Mund! ② (*opening*) Öffnung *f; of a bottle, jar, well* Öffnung *f; of a cave* Eingang *m; of a volcano* Krater *m; of a river, bay, harbour* Mündung *f* ▸ PHRASES: **to be down in the ~** niedergeschlagen sein; **to shoot one's ~ off about sth** (*fam: indiscreetly*) etw überall herumerzählen; (*annoyingly*) jdm mit etw *dat* die Ohren voll labern *sl;* **to watch one's ~** aufpassen, was man sagt; **sb is all ~** [**and trousers**] jd nimmt den Mund zu voll, jd hat eine große Klappe [und nichts dahinter] *fam* **II.** *vt* [maʊð] ■**to ~ sth** ① (*form words silently*) etw lautlos sagen; ***the singers are only ~ing the words*** die Sänger bewegen nur die Lippen ② (*say insincerely*) etw heuchlerisch sagen

◆**mouth off** *vi* (*pej fam*) ① (*complain*) meckern *fam* ② (*criticize*) ■**to ~ off** [**at** [*or* **to**] **sb**] [jdm gegenüber] eine dicke Lippe [*o* große Klappe] riskieren *sl*, [jdm gegenüber] den Mund zu voll nehmen *fam;* ***my son keeps ~ing off at me*** mein Sohn kommt mir ständig frech *fam*

mouthful ['maʊθfʊl] *n* ① *of food* Bissen *m; of drink* Schluck *m* ② (*fig, hum fam: unpronounceable word*) Zungenbrecher *m* ③ (*fam*) **to give sb a ~** jdn [her]runterputzen *fam*

mouth organ *n* Mundharmonika *f* **mouthpiece** *n* ① *of a telephone* Sprechmuschel *f; of a musical instrument, tobacco pipe, snorkel etc.* Mundstück *nt;* BOXING Mundschutz *m* ② POL (*fig, usu pej*) Sprachrohr *nt* **mouth-to-mouth** *n*, **mouth-to-mouth resuscitation** *n* Mund-zu-Mund-Beatmung *f* **mouthwash** *n* Mundwasser *nt* **mouth-watering** *adj* [sehr] appetitlich, köstlich; ***this smells absolutely ~!*** da läuft einem ja das Wasser im Mund zusammen!

mouthy ['maʊθi] *adj* <-ier, -iest> (*fam*) großmäulig *pej fam*, großschnäuzig *fam;* ***she's ~*** sie hat ein freches Mundwerk

movable ['muːvəbl̩] *adj inv* beweglich; *heavy objects* verschiebbar; ***this cupboard is easily ~*** dieser Schrank lässt sich leicht verschieben

movable feast *n* bewegliches Fest **movable holiday** *n* beweglicher Feiertag

movables ['muːvəb|z] *npl* bewegliches Gut, Mobiliar *nt kein pl;* ECON bewegliches Anlagevermögen

move [muːv] **I.** *n* ① (*movement*) Bewegung *f;* ***she made a sudden ~ towards me*** plötzlich bewegte sie sich auf mich zu; ***I hate the way my boss watches my every ~*** ich hasse es, dass meine Chefin jede meiner Bewegungen beobachtet ② (*action*) Zug *m;* **a clever/good/smart ~** ein geschickter/guter/kluger Zug; **to make the first ~** den ersten Schritt tun ③ (*change of residence*) Umzug *m;* (*change of job*) Stellungswechsel *m;* ***we've had four ~s in three years*** wir sind in drei Jahren viermal umgezogen; ***I don't feel like another ~ yet*** ich möchte nicht schon wieder meine Stelle wechseln ④ (*change of state*) **a ~ to democracy/independence/peace** ein Schritt *m* hin zur Demokratie/zur Unabgängigkeit/zum Frieden ⑤ (*in games*) Zug *m;* ***it's your ~*** du bist dran ▸ PHRASES: **to get a ~ on** sich *akk* beeilen; **to make a ~ on sb** (*fam*) jdn anmachen *fam;* **to make one's ~ on sb** sich *akk* an jdn heranmachen; **to be on the ~** (*not still*) unterwegs sein; (*moving house*) gerade am Umziehen sein **II.** *vi* ① (*change position*) sich *akk* bewegen; ***he told his children not to ~*** er sagte seinen Kindern, sie sollten sich nicht von der Stelle rühren; ***you couldn't ~ in the bar last night*** man konnte sich gestern in der Bar vor lauter Leuten kaum rühren; ***our company has ~d into new markets*** unsere Firma hat sich neue Märkte erschlossen; ***we should get moving on this project right away or else we won't finish in time*** (*fig*) wenn wir uns nicht sofort an dieses Projekt machen und uns ranhalten, bekommen wir es nie rechtzeitig fertig; ***look at the way she dances — she can really ~!*** schau sie dir beim Tanzen an – sie weiß sich zu bewegen!; **to ~ in a circle** sich *akk* kreisförmig bewegen; (*walk*) im Kreis gehen; **to ~ out of the way** aus dem Weg gehen, Platz machen ② (*fam: go fast*) flitzen; ***Nigel's new car can really ~*** Nigels neuer Wagen ist ein wahrer Flitzer ③ (*change living place*) umziehen; (*change job*) [den Arbeitsplatz] wechseln; ***I've decided to ~ to the country*** ich habe beschlossen, aufs Land zu ziehen; ***he's moving from the publicity department to the sales department*** er wechselt von der Werbeabteilung in die Verkaufsabteilung; **to ~ into a house/a flat/an office** in ein Haus/eine Wohnung/ein Büro einziehen ④ (*in games*) ziehen; ***whose turn is it to ~ next?*** wer ist am Zug? ⑤ (*fig: make progress*) **to ~ forward** Fortschritte machen ⑥ (*sell*) sich *akk* verkaufen; ***this new shampoo is moving really fast*** das neue Shampoo geht weg wie warme Semmeln *fam* ⑦ (*fam: start off*) gehen, aufbrechen *fam;* **to get moving** sich *akk* [mal] auf den Weg [*o fam* die Socken] machen ⑧ (*fam: do sth more quickly*) sich *akk* beeilen; **~ it!** (*fam!*) leg mal 'nen Zahn [*o* Gang] zu! *fam*, auf geht's! *fam* ⑨ (*frequent socially*) verkehren *geh;* ***she ~s in a small circle of friends*** sie hat einen kleinen Freundeskreis ⑩ (*form: suggest*) ■**to ~ for sth** für etw *akk* plädieren **III.** *vt* ① (*change position*) ■**to ~ sth** etw bewegen; (*reschedule*) etw verlegen; ***I asked you not to ~ my shoes*** ich habe dich doch gebeten, meine Schuhe nicht wegzustellen; ***the defendant stood without moving a muscle as the judge passed sentence*** der Angeklagte nahm das Urteil regungslos entgegen; ***we finally moved the crockery into the cupboards*** endlich haben wir das Geschirr in die Schränke [ein]geräumt; ***can we ~ our meeting to another day?*** können wir unseren Termin vertagen?; ***don't ~ a muscle!*** keine Bewegung!; ■**to ~ sb** (*change job*) jdn versetzen; **to ~ sb to another hospital/prison** jdn in ein anderes Krankenhaus/Gefängnis verlegen ② (*cause emotions*) ■**to ~ sb** jdn bewegen; (*stronger*) jdn ergreifen; (*make sb change their mind*) jdn umstimmen; **to ~ sb to tears** jdn zu Tränen rühren; **to ~ sb deeply** [*or* **sincerely**] jdn zutiefst bewegen; **to be** [**deeply**] **~d by sth** von etw *dat* [tief [*o* zutiefst]] bewegt sein; (*stronger*) von etw *dat* [zutiefst] ergriffen sein; ■**to ~ sb to do sth** jdn [dazu] bringen [*o geh* bewegen], etw zu tun ③ (*form: suggest at meeting*) ■**to ~ sth** etw vorschlagen; **to ~ an amendment** eine Ergänzung einbringen; ■**to ~ that …** vorschlagen, dass …; ***I should like to ~ that the proposal*** [***should***] ***be accepted*** ich plädiere dafür, den Vorschlag zu anzunehmen ④ MED **to ~ one's bowels** Stuhlgang haben ▸ PHRASES: **to ~ the goalposts** (*fam*) *die Bedingungen einer Abmachung einseitig ändern;* **to ~ heaven and earth** [*or* **mountains**] Himmel und Hölle in Bewegung setzen

◆**move about, move around** **I.** *vi* ① (*go around*) herumgehen, herumlaufen ② (*travel*) umherreisen, umherziehen ③ (*change jobs*) wechseln; ***he ~d about from one position to the next*** er wechselte von einem Job zum nächsten ④ (*move house*) [oft] umziehen **II.** *vt* ■**to ~ sth about** etw [hin und her] bewegen; *furniture* etw umstellen [*o* verschieben]

◆**move along** **I.** *vt* (*cause to move*) ■**to ~ sb along** jdn zum Weitergehen bewegen; ***the protestors were ~d along by the police*** die Polizei erlaubte den Demonstranten nicht, stehen zu bleiben;

to ~ a car along ein Auto vorbeiwinken **II.** *vi* ① (*walk further on*) weitergehen; (*run further on*) weiterlaufen; (*drive further on*) weiterfahren; ~ ***along now children*** kommt weiter, Kinder ② (*make room*) Platz machen; ***if you ~ along a bit, I can sit next to you*** wenn du ein bisschen rutschst, kann ich mich zu dir setzen

◆**move around** *vi, vt see* **move about**

◆**move away** *vi person* weggehen; *vehicle* wegfahren; (*move house*) wegziehen; ***she waved as the train ~ed away*** sie winkte dem abfahrenden Zug nach; ■**to ~ away from sb/sth** [**to sb/sth**] von jdm/etw [zu jdm/etw] ziehen; ***she's moving away from Edinburgh to London*** sie zieht von Edinburgh nach London; ■**to ~ away from sth** (*change habit*) auf etw *akk* verzichten

◆**move down I.** *vi* sich *akk* nach unten bewegen; *share prices* fallen **II.** *vt* SCH ■**to ~ sb down** jdn zurückstufen [*o* in eine niedrigere Klasse versetzen] (*im britischen Schulsystem*); ■**to be ~d down** zurückgestuft werden; **to ~ down a grade** eine Klassenstufe nach unten versetzt werden

◆**move in I.** *vi* ① (*enter a new home*) einziehen; **to ~ in together** zusammenziehen; ■**to ~ in with sb** mit jdm zusammenziehen ② (*take control*) eingesetzt werden; ***government officials have ~d in to settle the dispute*** man hat Regierungsbeamte eingesetzt, um den Streit zu beenden ③ (*advance to attack*) ■**to ~ in on sb/sth** gegen jdn/etw vorrücken; (*in a circle*) jdn umzingeln [*o* einschließen]; ***the riot police ~d in on the protestors*** die Polizei ging gegen die Demonstranten vor; **to ~ in on enemy territory** auf feindliches Gebiet vorrücken **II.** *vt* ■**to ~ in ○ sth** etw einsetzen; *troops* einrücken lassen

◆**move off** *vi* (*walk*) losgehen; (*run*) loslaufen, losrennen; (*drive*) losfahren

◆**move on I.** *vi* ① (*continue a journey*) sich *akk* wieder auf den Weg machen; (*walk*) weitergehen; (*run*) weiterlaufen, weiterrennen; (*drive*) weiterfahren ② (*progress in career*) befördert werden; (*become more advanced*) sich *akk* weiterentwickeln; ***she has finally ~d on to become an account manager*** sie ist endlich zur Kontensachbearbeiterin befördert worden; ***medical research has ~d on despite inadequate funding*** trotz unzulänglicher Förderungsmittel ist die medizinische Forschungsarbeit weit vorangekommen; **to ~ on to higher** [*or esp hum* [**bigger and**] **better**] **things** in höhere Sphären aufsteigen *iron* ③ (*pass*) *time* vergehen, verstreichen ④ (*change subject*) ■**to ~ on** [**to sth**] [zu etw *dat*] übergehen; ***let's ~ on to the next subject*** kommen wir zum nächsten Thema **II.** *vt* ■**to ~ sb on** (*cause to leave*) jdn zum Weitergehen auffordern; (*sb in vehicle*) jdn zum Weiterfahren auffordern; (*force to leave*) jdn vertreiben; ***the police ~d protesters on with tear gas*** die Polizei vertrieb die Demonstranten mit Tränengas

◆**move out I.** *vi* ① (*stop inhabiting*) ausziehen ② (*cease involvement*) ■**to ~ out** [**of sth**] sich *akk* [von etw *dat*] zurückziehen; ***we ~d out of the negotiations*** wir schalteten uns aus den Verhandlungen aus **II.** *vt* ■**to ~ out ○ sth** etw wegräumen; ***I ~d everything out of the garage*** ich räumte die Garage komplett aus; ■**to ~ out ○ sb** jdn holen; ***due to the terrible bullying several parents ~d their children out of the school*** wegen der schrecklichen Drangsalierung ihrer Kinder nahmen mehrere Eltern diese von der Schule

◆**move over I.** *vi* ① (*make room*) Platz machen; (*on a seat*) aufrücken, rüberrutschen ② (*switch to sth*) ■**to ~ over to sth** zu etw *dat* übergehen; ***the company has ~d over to the latest printing technology*** die Firma ist zu den neuesten Druckverfahren übergegangen **II.** *vt* ■**to ~ sb/sth over** jdn/etw zur Seite räumen; ***she ~d her hair over to a side parting*** sie zog sich einen Seitenscheitel

◆**move round** *vi, vt see* **move about**

◆**move towards** *vi* ■**to ~ towards sth** zu etw *dat* übergehen; ***the negotiators are moving slowly towards a compromise*** die Verhandlungen nähern sich allmählich einer Übereinkunft

◆**move up I.** *vi* ① SCH [höher] versetzt werden; ***she ~d up a grade*** sie wurde eine Klassenstufe nach oben versetzt ② (*make room*) Platz machen; (*on a seat*) aufrücken, rüberrutschen ③ (*get ready*) *troops, police* sich *akk* zusammenziehen, aufmarschieren ④ (*increase*) [an]steigen; *prices* anziehen **II.** *vt* ① (*put in a higher place*) ■**to ~ up ○ sth** etw nach oben räumen; ***I ~d my books up to the shelf*** ich habe meine Bücher in das Regal eingeräumt ② SCH ■**to ~ up ○ sb** jdn in eine höhere Klasse versetzen (*im britischen Schulsystem*)

moveable [ˈmuːvəbl] *adj see* **movable**

moved [muːvd] *adj pred* bewegt; ~ **to tears** zu Tränen gerührt

movement [ˈmuːvmənt] *n* ① (*change of position*) Bewegung *f*; ***after the accident he had no ~ in his legs*** nach seinem Unfall konnte er seine Beine nicht bewegen ② *no pl* (*general activity*) Bewegung *f*; FIN, STOCKEX Schwankung[en] *f*[*pl*], Bewegung *f*; ***the scene of the crash was almost devoid of ~*** am Absturzort rührte sich fast nichts ③ MUS (*part of symphony*) Satz *m* ④ *no pl* (*tendency*) Tendenz *f*, Trend *m* (**towards** [hin] zu +*dat*); **there is a ~ towards doing sth** die Tendenz geht dahin, etw zu tun ⑤ (*interest group*) Bewegung *f*; **the suffragette ~** die Bewegung der Frauenrechtlerinnen ⑥ BRIT, AUS (*activities*) ■**~s** *pl* Tätigkeiten *fpl*; ***what are your ~s today?*** was machst du heute?; ***I'm keeping an eye on her ~s*** ich beobachte sie ⑦ (*mechanism*) *of a clock, watch* Uhrwerk *nt*

mover [ˈmuːvəʳ, AM -ɚ] *n* ① (*sb or sth in motion*) **to be a good ~** sich *akk* gut bewegen können; (*good dancer*) ein guter Tänzer/eine gute Tänzerin sein; **to be a quick/slow ~** [sich *akk*] schnell/langsam von der Stelle bewegen ② (*instigator*) Antragsteller(in) *m(f)*; **to be a key ~** [**in sth**] [bei etw *dat*] eine Schlüsselrolle spielen [*o* sein] ③ (*sth that sells well*) begehrte Ware; **to be a** [**good**] **~** gut gehen ④ (*form: proposer at a meeting*) Antragsteller(in) *m(f)*

mover and shaker <*pl* movers and shakers> *n esp* AM **to be a ~** ein Macher sein; ■**the movers and shakers** die Macher *pl*

movers [ˈmuːvəʳz, AM -ɚz] *npl* (*removers*) Umzugsfirma *f*

movie [ˈmuːviː] *n esp* AM, AUS (*film*) [Kino]film *m*; ■**the ~s** *pl* das Kino; **to be in the ~s** (*fam*) im Filmgeschäft sein

movie camera *n* Filmkamera *f* **movie director** *n esp* AM, AUS Filmregisseur(in) *m(f)* **moviegoer** [-ˌgəʊəʳ, AM -ˌgoʊɚ] *n esp* AM, AUS Kinogänger(in) *m(f)* **movie star** *n* Filmstar *m* **movie theater** *n* AM Kino *nt*

moving [ˈmuːvɪŋ] **I.** *n no pl* Umziehen *nt*; ***I hate ~*** ich hasse es, umzuziehen; ~ **expenses** Umzugskosten *pl* **II.** *n modifier* (*expenses*) Umzugs-; ~ **day** Umzugstag *m* **III.** *adj* ① *attr* MECH beweglich; ~ **parts** bewegliche Teile; ~ **stairs** Rolltreppe *f* ② *attr* (*motivating*) Antriebs-; **the ~ drive** der Antrieb; **the ~ force** die treibende Kraft ③ (*causing emotion*) bewegend, ergreifend

moving average *n* STOCKEX gleitender Mittelwert [*o* Durchschnitt]

movingly [ˈmuːvɪŋli] *adv* ergreifend

moving sidewalk *n* AM, **moving walkway** *n* BRIT Rollband *m* (*z. B. am Flughafen*)

mow <mowed, mown *or* mowed> [məʊ, AM moʊ] **I.** *vi* (*cut grass, grain*) mähen **II.** *vt* **to ~ a field** ein Feld abmähen; **to ~ the lawn** den Rasen mähen

◆**mow down** <mowed, mown *or* mowed> *vt* (*fam*) ■**to ~ down ○ sb** (*intentionally*) jdn niedermetzeln *pej*; (*accidentally*) jdn töten

mower [ˈməʊəʳ, AM ˈmoʊɚ] *n* Rasenmäher *m*; (*on a farm*) Mähmaschine *f*; *see also* **lawnmower**

mown [məʊn, AM moʊn] **I.** *pp of* **mow II.** *adj* gemäht; *field* abgemäht; **newly ~ hay** frisch gemähtes Heu

mozzarella [ˌmɒtsəˈrelə, AM ˌmɑːt-] *n*, **mozzarella cheese** *n no pl* Mozzarella[käse] *m*

MP [ˌemˈpiː] BRIT, CAN POL *abbrev of* **Member of Parliament**

mpg [ˌempiːˈdʒiː] *abbrev of* **miles per gallon: to do** [*or* **get**] **40 ~** 40 Meilen pro Gallone fahren (*eine britische Gallone entspricht 4,54 l; eine amerikanische Gallone entspricht 3,78 l; eine Meile entspricht 1,56 km*)

mph [ˌempiːˈeɪtʃ] *abbrev of* **miles per hour: to do** [*or* **go**] **50 ~** 50 Meilen pro Stunde fahren (*eine Meile entspricht 1,56 km*)

MPhil [ˌemˈfɪl] *n* UNIV *abbrev of* **Master of Philosophy**

MP3 [ˌempiːˈθriː] *n abbrev of* **MPEG** (**Motion Picture Experts Group**) **1 Layer 3** MP3 *nt*

MPV [ˌempiːˈviː] *n abbrev of* **multi-purpose vehicle** MPV *nt*, Mehrzweckfahrzeug *nt*

Mr [ˈmɪstəʳ, AM -ɚ] *n no pl* ① (*title for man*) Herr; ***he thinks he's ~ Big*** (*fam*) er hält sich für den King hier *fam*; ~ **Chairman/President** Herr Vorsitzender/Präsident ② (*gangster boss*) Gangsterboss *m*; (*mafia*) Pate *m* ③ (*representative of sth*) ***he's called ~ Television*** man nennt ihn Mister Fernsehen; ~ **Right** der Richtige [*o* Traummann] ▶ PHRASES: **no more ~ Nice Guy** ab jetzt werden andere Saiten aufgezogen

MRC [ˌemɑːˈsiː] *n no pl, + sing/pl vb* BRIT *abbrev of* **Medical Research Council:** ■**the ~** das MRC

MRI [ˌemɑːˈaɪ, AM ɑːrˈ] *n no pl abbrev of* **magnetic resonance imaging**

Mrs [ˈmɪsɪz] *n no pl* ① (*title for married woman*) Frau, Fr. ② (*representative of sth*) Verkörperung *f*; ***for many people, she was ~ Rock 'n' Roll*** für viele Leute war sie die Königin des Rock 'n' Roll; **to be ~ Average** ein durchschnittlicher Frauentyp sein

Ms [məz, AM mɪz] *n no pl* (*title for woman, married or unmarried*) Fr., Frau (*Alternativbezeichnung zu Mrs und Miss, die sowohl für verheiratete wie unverheiratete Frauen zutrifft*)

MS [ˌemˈes] *n no pl abbrev of* **Multiple sclerosis** MS *f*

ms [ˌemˈes] *n abbrev of* **manuscript** Mskr.

MSc [ˌemesˈsiː] *n abbrev of* **Master of Science**

MS-DOS® [ˌemesˈdɒs, AM -ˈdɑːs] *n no pl* COMPUT MS-DOS® *nt*

msec *n abbrev of* **millisecond** msek

MSF [ˌemesˈef] *n no pl, + sing/pl vb* ① BRIT *abbrev of* **Manufacturing, Science and Finance** *britische Angestelltengewerkschaft* ② *abbrev of* **Médecins sans Frontières** MSF *pl*

MSG [ˌemesˈdʒiː] *n no pl* CHEM *abbrev of* **monosodium glutamate**

Msgr *n abbrev of* **monsignor** Msgr.

MSRP [ˌemesɑːˈpiː, AM -ɑːr-] *n abbrev of* **manufacturer's suggested retail price** empfohlener VK, empfohlener Verkaufspreis, Preisempfehlung *f* [vom Hersteller]

MSS [emˈesɪz] *pl of* **MS**

Mt *n abbrev of* **Mount**

Mts *n pl abbrev of* **Mountains: the Rocky ~** die Rocky Mountains *pl*

much [mʌtʃ] **I.** *adj* <more, most> + *sing* viel; ***there wasn't ~ post*** es kam nicht viel Post; **how ~ ...?** wie viel ...?; ***how ~ time have we got?*** wie viel Zeit bleibt uns?; **half/twice as ~** halb/doppelt so viel; **not/so ~** nicht/so viel; [~] **too ~** [viel] zu viel; **a bit too ~** etwas [*o* ein bisschen] [zu] viel **II.** *part* ① (*relative amount*) viel; ***this ~ is certain*** so viel [*o* eines] ist sicher; ***I don't know ~ about fishing*** ich hab nicht viel Ahnung vom Angeln; ***he left without so ~ as an apology*** er ging, ohne auch nur ein Wort der Entschuldigung; **half/twice as ~** halb/doppelt so viel; **too ~** zu viel ② (*great deal*) viel; ***~ of what you say is right*** vieles von dem, was Sie sagen, ist richtig; ***you didn't miss ~*** Sie haben nicht viel verpasst; ***well, I guess our picnic won't come to ~*** ich glaube, aus unserem Picknick wird nichts werden; ***my new stereo isn't up to ~*** meine neue Anlage taugt nicht viel *fam*; ***I'm not up to ~ really*** (*not much planned*) ich hab nicht viel vor; (*not fit for much*) mit mir ist nicht viel los *fam* ③ *with negative* (*pej: poor example*) ***I've never***

M

been ~ of a dancer ich habe noch nie gut tanzen können; ***she's not ~ of a believer in horoscopes*** sie glaubt nicht gerade an Horoskope; ***he's not ~ to look at*** er sieht nicht gerade umwerfend aus ❹ *(larger part)* **~ of the day** der Großteil des Tages; **~ of sb's time** ein Großteil von jds Zeit ❺ *(be redundant)* **so ~ for ...** das war's dann wohl mit ...; ***the car's broken down again — so ~ for the trip to the seaside*** das Auto ist schon wieder kaputt – das war's dann wohl mit unserem Ausflug ans Meer ❻ *with interrogative* **how ~ is it?** was kostet das? **III.** *adv* <more, most> ❶ *(greatly)* sehr; ***we would very ~ like to come*** wir würden sehr gerne kommen; ***she would ~ rather have her baby at home than in the hospital*** sie würde ihr Kind viel lieber zu Hause als im Krankenhaus zur Welt bringen; ***I've been feeling ~ healthier lately*** ich fühle mich in letzter Zeit viel besser; **~ to our surprise** zu unserer großen Überraschung; **to not be ~ good at sth** in etw *dat* nicht sehr gut sein ❷ *(by far)* bei weitem; ***she's ~ the best person for the job*** sie ist bei weitem die Beste für den Job ❸ *(nearly)* fast; ***things around here are ~ as always*** hier ist alles beim Alten; **as ~ as** so gut wie; ***he as ~ as admitted that ...*** er hat so gut wie zugegeben, dass ...; **~ the same** fast so; ***I am feeling ~ the same as yesterday*** ich fühle mich ungefähr genauso wie gestern ❹ *(specifying degree)* **as ~ as** so viel wie; ***I like him as ~ as you do*** ich mag ihn genauso sehr wie du; ***they fought with each other as ~ as ever*** sie stritten sich wie eh und je; **so ~** so [sehr]; ***it hurts so ~ to see him like that*** es tut so weh, ihn so zu sehen; ***I wanted so ~ to meet you*** ich wollte dich unbedingt treffen; **very ~** sehr; ***thank you very ~*** herzlichen Dank; ***that's very ~ the done thing around here*** das ist hier so üblich ❺ *(exactly that)* genau das; ***I had expected as ~*** so etwas hatte ich schon erwartet; ***it was as ~ as I could do to get out of bed*** ich konnte gerade noch aufstehen ❻ *(often)* häufig; ***we don't go out ~*** wir gehen nicht viel [*o* oft] weg; ***do you see ~ of her?*** siehst du sie öfters? ❼ *(setting up a contrast)* ***they're not so ~ lovers as friends*** sie sind eher Freunde als ein Liebespaar **IV.** *conj (although)* auch wenn, wenngleich *geh;* ***~ as I like you, ...*** so gern ich dich auch mag, ...; ***~ as I would like to help you, ...*** so gerne ich euch auch helfen würde, ...; ***he can barely boil an egg, ~ less cook a proper dinner*** er kann kaum ein Ei kochen, geschweige denn eine richtige Mahlzeit; ***however ~ you dislike her ...*** wie unsympatisch sie dir auch sein mag, ...

muchness ['mʌtʃnəs] *n no pl (fam)* **to be much of a ~** so ziemlich das Gleiche sein; ***the songs you hear on the radio these days all sound much of a ~*** die Lieder, die man heutzutage im Radio hört, hören sich alle gleich an

muck [mʊk] *n no pl* BRIT ❶ *(dirt)* Dreck *m fam;* *(waste)* Müll *m;* **[to be] common as ~** *(fam)* furchtbar ordinär [*o* gewöhnlich] [sein] *pej;* **to treat sb like ~** jdn wie [den letzten] Dreck behandeln *fam* ❷ *(euph: excrement)* Haufen *m fam;* AGR Mist *m,* Dung *m;* *(liquid)* Jauche *f;* **dog ~** Hundehaufen *m* ❸ *(pej fam: sth worthless)* Mist *m fam;* *(food)* Fraß *m pej sl;* *(show, pop music)* Mist *m fam,* Krampf *m fam;* **to make a ~ of sth** etw versauen *sl;* ***I've really made a ~ of things this time, haven't I?*** diesmal habe ich wirklich alles versaut, oder? ▸ PHRASES: **where there's ~, there's brass** *(prov)* Dreck und Geld liegen nah beisammen *prov*

◆muck about, muck around *(fam)* **I.** *vi* Unfug treiben; ■**to ~ about** [*or* **around**] **with sth** an etw *dat* herumfummeln **II.** *vt* ■**to ~ sb about** [*or* **around**] mit jdm umspringen[, wie es einem gefällt]; ***stop ~ing me about!*** sag mir endlich, was Sache ist!; ***I'm tired of their ~ing me about*** ich bin es leid, wie sie mit mir umspringen

◆muck in *vi* BRIT *(fam)* mithelfen, mit anpacken *fam;* **to mix and ~ in** ohne großes Federlesen[s] mit anpacken

◆muck out I. *vt* ■**to ~ out ↻ sth** etw ausmisten *fam* **II.** *vi* ausmisten *fam*

◆muck up *vt* BRIT *(fam)* ■**to ~ up ↻ sth** etw vermasseln *fam* [*o sl* verbocken]; **to ~ an exam up** eine Prüfung versieben *fam*

muckheap *n* Haufen *m* [Kot] **muckraker** [-reɪkəʳ, AM -ɚ] *n (pej)* Sensationsreporter(in) *m(f) pej,* Skandalreporter(in) *m(f) pej,* Paparazzo *m pej* **muck-raking** [-reɪkɪŋ] *n no pl* Enthüllungsjournalismus *m,* Sensationsjournalismus *m pej,* Skandaljournalismus *m pej* **muck-up** *n (fam)* Fehlschlag *m,* Reinfall *m fam*

mucky ['mʊki] *adj* ❶ *(dirty)* schmutzig, dreckig ❷ *(fam: sordid) joke, comment* schlüpfrig, unanständig; *(stronger)* säuisch *pej sl*

mucous ['mjuːkəs] *adj no pl (relating to mucus)* Schleim- *m;* *(producing mucus)* schleimbildend

mucous-forming *adj* schleimbildend **mucous membrane** *n* Schleimhaut *f,* Mukosa *f fachspr*

mucus ['mjuːkəs] *n no pl* Schleim *m*

mud [mʌd] *n no pl* ❶ *(wet earth)* Schlamm *m;* *(wet snow)* Matsch *m;* **to be caked with** [*or* **in**] **~** völlig mit Schlamm bedeckt sein; **to squelch through the ~** durch den Schlamm/Matsch stapfen; **to wallow in ~** sich *akk* im Schlamm wälzen, sich *akk* suhlen ❷ *(insults)* **to hurl** [*or* **sling**] [*or* **throw**] **~ at sb** eine Schlammschlacht [*o* Schmutzkampagne] gegen jdn starten ▸ PHRASES: **to drag sb's name through the ~** jds Namen in den Schmutz [*o fam* Dreck] ziehen; **as clear as ~** *(fam)* klar wie Kloßbrühe *fam*

muddle ['mʌdl] **I.** *n* ❶ *usu sing (confused state)* Durcheinander *nt;* **to get in a ~** durcheinander geraten [*o fam* kommen]; **to get sth in[to] a ~** etw durcheinander bringen; ■**to be in a ~** durcheinander sein ❷ *no pl (confusion)* Durcheinander *nt,* Kuddelmuddel *nt* **II.** *vi* ■**to ~ along** vor sich *akk* hin wurs[ch]teln *fam*

◆muddle through *vi* sich *akk* durchwurs[ch]teln *fam*

◆muddle up *vt* ■**to ~ up ↻ sth** etw durcheinander bringen

muddled ['mʌdld] *adj* verworren

muddle-headed *adj* verwirrt, konfus, durcheinander

muddy ['mʌdi] **I.** *vt* ■**to ~ sth** ❶ *(make dirty)* etw verschmutzen [*o* schmutzig machen] ❷ *(fig: confuse)* etw undurchsichtig machen ▸ PHRASES: **to ~ the waters** die Sache verkomplizieren **II.** *adj* schlammig; *(dirty)* schmutzig; *ground, snow* matschig; **~ browns and greens** schlammfarbene Braun- und Grüntöne

mudflap *n* AUTO Schmutzfänger *m* **mud flat** *n* Watt *nt* **mudguard** *n of a car* Kotflügel *m;* *of a bicycle* Schutzblech *nt* **mudpack** *n* Gesichtsmaske *f* **mud pie** *n* Kuchen *m (aus Sand und Matsch)* **mud slide** *n* Schlammlawine *f* **mud-slinger** [-slɪŋəʳ, AM -ŋɚ] *n (fam)* Dreckschleuder *pej fam* **mud-slinging** [-slɪŋɪŋ] *n no pl* Schlammschlacht *f fam;* **~ campaign** Schmutzkampagne *f fam* **mud wrestling** *n no pl* Schlammcatchen *nt*

muesli ['mjuːzli] *n no pl* Müsli *nt,* Müesli *nt* SCHWEIZ

muezzin [mu'ezɪn, AM *esp* mju-] *n* REL Muezzin *m*

muff [mʌf] **I.** *n* ❶ FASHION Muff *m* ❷ *(vulg, sl: vagina)* Muschi *f vulg* **II.** *vt (fam)* ■**to ~ sth** etw verpatzen [*o* vermasseln] *fam;* **to ~ the lines** [*or* **words**] sich *akk* verhaspeln

muffin ['mʌfɪn] *n* ❶ BRIT *flaches rundes Hefebrötchen, das halbiert getoastet und anschließend mit Butter (und ggf. Marmelade) gegessen wird* ❷ AM Muffin *nt (kleiner, hoher, runder [meist süßer] Kuchen aus Rührteig);* **blueberry/chocolate ~** Heidelbeer-/Schokoladenmuffin *nt*

muffle ['mʌfl] *vt* ■**to ~ sth** etw dämpfen; *(fig)* etw [ab]schwächen; ***her cries were ~d by his hand*** seine Hand erstickte ihre Schreie

◆muffle up I. *vt* ■**to ~ up ↻ oneself** sich *akk* warm anziehen [*o fam* einmummeln] **II.** *vi* sich *akk* warm anziehen [*o fam* einpacken], sich *akk* einmummeln *fam*

muffled ['mʌfld] *adj attr* gedämpft, leise; *bells* umwickelt; **~ screams** erstickte Schreie

muffler ['mʌfləʳ, AM -ɚ] *n* ❶ AM *(silencer) of gun* Schalldämpfer *m;* *of car* Auspufftopf *m* ❷ *(dated: scarf)* Schal *m*

mufti ['mʌfti] *n* ❶ *no pl (dated)* zivile Kleidung; ■**in ~** in Zivil ❷ REL *(Muslim legal expert)* Mufti *m*

mug [mʌg] **I.** *n* ❶ *(cup)* Becher *m (mit Henkel)* ❷ *esp* BRIT *(fam: foolish person)* Simpel *m* DIAL, Trottel *m fam;* ***he's such a ~!*** er ist ja so doof!; ***this is a ~'s game*** das ist ja total schwachsinnig; **to take sb for a ~** jdn für dumm halten ❸ *(pej: face)* Visage *f pej sl,* Fresse *f pej sl* **II.** *vt* <-gg-> ■**to ~ sb** jdn überfallen und ausrauben

◆mug up BRIT **I.** *vt (fam)* ■**to ~ up ↻ sth** für etw *akk* [auf die letzte Minute] büffeln [*o* pauken] *fam;* **to ~ up one's History** Geschichte büffeln **II.** *vi (fam)* ■**to ~ up on sth** etw schnell [im Voraus] durchgehen [*o* durchlesen]; ***he ~ged up on the plot just before he went to the theatre*** er hat vor dem Theaterbesuch noch schnell die Handlung überflogen

mugful ['mʌgfʊl] *n* Bechervoll *m*

mugger ['mʌgəʳ, AM -ɚ] *n* [Straßen]räuber(in) *m(f)*

mugging ['mʌgɪŋ] *n* [Straßen]raub *m,* Überfall *m (auf offener Straße)*

muggins ['mʌgɪnz] *n no pl* BRIT *(hum)* Dumm[er]chen *nt fam (oft zu sich selbst gesagt);* ***I suppose ~ here will have to clear up!*** ich schätze, dass ich wieder der Dumme bin und aufräumen muss

muggle ['mʌgl] *n* ❶ *(non-wizard)* jd, der nicht zaubern kann ❷ *(unimaginative person)* fantasieloser Mensch

muggy ['mʌgi] *adv weather* schwül

mug shot *n (fam: police photograph)* Foto *f (für die Polizeiakte);* *(wanted poster)* Fahndungsfoto *nt;* *(hum: passport photograph)* Verbrecherfoto *nt hum*

mugwump ['mʌgwʌmp] *n* AM ❶ *(boss)* Big Boss *m fam* ❷ *(stubborn person)* Querkopf *m* ❸ POL Unabhängige(r) *f(m)*

mujahed(d)in [ˌmʊdʒɑːhɪ'diːn], **mujahideen** [ˌmʊdʒɑːhɪ'diːn], **mujahidin** [ˌmʊdʒɑːhɪ'din] *npl* Mudschahedin *m*

mulatto <*pl* -s *or* -es> [mjuː'lætəʊ, AM mə'læt̬oʊ] **I.** *n* Mulatte, -in *m, f* **II.** *n modifier (child)* Mulatten-

mulberry ['mʌlbəri, AM -beri] **I.** *n* ❶ *(fruit)* Maulbeere *f* ❷ *(tree)* Maulbeerbaum *m* ❸ *(colour)* Dunkelviolett *nt* **II.** *n modifier* Maulbeer-

mulch [mʌltʃ] *n no pl* Mulch *m*

mule¹ [mjuːl] *n (animal)* Maultier *nt,* Muli *nt* SÜDD, ÖSTERR; **[to be as] stubborn as a ~** stur wie ein Esel [sein] *fam,* ein Dickkopf [sein]

mule² [mjuːl] *n (shoe)* halboffener Schuh; *(slipper)* Pantoffel *m*

muleteer [mjuːlɪ'tɪəʳ, AM lə'tɪr] *n* Maultiertreiber *m*

mulga ['mʊlgə] *n* ❶ BOT *(type of tree)* Mulga *f,* Acacia aneura *f fachspr* ❷ *(wood)* Mulgaholz *nt* ❸ AUS *(the bush)* ■**the ~** der Busch

mulish ['mjuːlɪʃ] *adj* stur, eigensinnig, dickköpfig *fam,* stur

mull [mʌl] *vt* ❶ *(sweeten)* ■**to ~ sth** *ein alkoholisches Getränk zuckern, würzen und erhitzen;* **~ed wine** Glühwein *m* ❷ *(ponder)* ■**to ~ sth** sich *dat* etw durch den Kopf gehen lassen, etw erwägen

◆mull over *vt* ■**to ~ over ↻ sth** über etw *akk* nachdenken

mullah ['mʌlə] *n* REL Mullah *m*

mullet ['mʌlɪt] *n (fish)* Meeräsche *f*

mulligatawny [ˌmʌlɪgə'tɔːni, AM -'tɑːni] *n,* **mulligatawny soup** *n indische Currysuppe*

mullion ['mʌljən] *n* ❶ ARCHIT Längspfosten *m;* ■**~s** *pl* Stabwerk *nt* ❷ GEOL **~ structure** Mullionstruktur *f*

mullioned ['mʌljənd] *adj inv* längsunterteilt; **a ~ window** ein Fenster *nt* mit Stabwerk

multi- [mʌlti, AM mʌlt̬i] *in compounds* multi-; **multi-coloured** vielfarbig

multichannel [ˌmʌlti'tʃænəl, AM t̬i] *adj inv* mit vielen Kanälen *nach n* **multicolored** *adj* AM, **multicoloured** *adj* BRIT bunt; *(lots of colours)* mehrfarbig **multi-cultural** *adj* multikulturell **multi-dimensional** *adj* vielschichtig **multi-disciplinary** *adj* interdisziplinär, fächerübergreifend **multi-ethnic** *adj* Vielvölker-; **a ~ society** eine Vielvölker-

gesellschaft **multi-faceted** *adj* vielschichtig
multifarious [ˌmʌltiˈfeəriəs, AM -təˈferi-] *adj attr* (*form*) vielfältig
multi-form *adj* vielgestaltig **multifunctional** *adj* multifunktional; ~ **room** Mehrzweckraum *m*
multigrade *adj* ~ **oil** Mehrbereichsöl *nt* **multi-gym** *n* BRIT *multifunktionales Trainingsgerät* **multihull** [ˌmʌltiˈhʌl, AM t̬i] *n* Mehrkörperboot *nt*
multilateral *adj inv* POL multilateral *geh* **multilevel** [ˌmʌltiˈlevəl, AM t̬i] *adj*, **multilevelled** [ˌmʌltiˈlevəld, AM t̬i] *adj inv* mehrstufig **multilingual** *adj inv* mehrsprachig, multilingual *fachspr;* **a ~ country** *ein Land, in dem man mehrere Sprachen spricht* **multimedia** I. *n no pl* Multimedia *f* II. *adj inv* multimedial **multi-million** *adj attr, inv* Millionen-; ~ **deal** Millionengeschäft *nt;* ~ **fortune** Vermögen *nt* von mehreren Millionen **multimillionaire** *n* Multimillionär(in) *m(f)* **multinational** I. *n* multinationaler Konzern, Multi *fam* II. *adj* multinational **multi-pack** *n* Multipack *m* **multi-party** [ˌmʌltiˈpɑːti, AM ˌmʌlt̬iˈpɑːrti] *adj inv* Mehrparteien-
multiple [ˈmʌltɪpl] I. *adj inv, attr* vielfach, vielfältig; ***she died of ~ injuries*** sie erlag ihren zahlreichen Verletzungen; ~ **murders** mehrfacher Mord II. *n* ① (*number*) Vielfache[s] *nt;* **to count in ~s of 6/10** das Sechser-/Zehnereinmaleins rechnen ② (*shop with many branches*) [Laden]kette *f;* ~ **shop** Geschäft *nt* einer [Laden]kette ③ PSYCH multiple Persönlichkeit *fachspr*
multiple birth *n* Mehrlingsgeburt *f* **multiple choice** *n* Multiplechoice *kein art* **multiple-choice** *n modifier* (*exam, test*) Multiplechoice-
multiple collision, multiple crash *n* Massenkarambolage *f* **multiple sclerosis** [ˌmʌltɪp|skləˈrəʊsɪs, AM -t̬əp|sklɪˈroʊ-] *n no pl* multiple Sklerose **multiple share certificate** *n* Gesamtaktie *f*
multiplex [ˈmʌltɪpleks, AM -t̬ə-] *n* Multiplex-Kino *nt*
multiplicand [ˌmʌltɪplɪˈkænd, AM ˌmʌlt̬ə] *n* Multiplikand *m*
multiplication [ˌmʌltɪplɪˈkeɪʃən, AM -t̬ə-] *n no pl* MATH Multiplikation *f*
multiplication table *n* MATH Multiplikationstafel *f*, Multiplikationstabelle *f*
multiplicity [ˌmʌltiˈplɪsɪti, AM -t̬əˈplɪsət̬i] *n no pl* (*form*) Vielzahl *f* (**of** von +*dat*), Vielfalt *f* (**of** an +*dat*); ***there is a ~ of magazines to choose from*** es gibt eine große Auswahl an Zeitschriften
multiplier [ˈmʌltɪplaɪəʳ, AM -t̬əplaɪɚ] *n* MATH Multiplikator *m*
multiply <-ie-> [ˈmʌltɪplaɪ, AM -t̬ə-] I. *vt* ■**to ~ sth [by sth]** etw [mit etw *dat*] multiplizieren; ■**to ~ [out] sth and sth** etw mit etw *dat* multiplizieren; ***if you ~ four and three, you get twelve*** vier mal drei gibt zwölf II. *vi* sich *akk* vermehren; (*through reproduction also*) sich *akk* fortpflanzen
multi-purpose *adj* multifunktional; ~ **room** Mehrzweckraum *m* **multi-racial** *adj* gemischtrassig; ~ **policy** Politik *f* der Rassentrennung; ~ **society** *Gesellschaft, die aus den Angehörigen verschiedener Rassengruppen besteht* **multi-stage** *adj* THEAT **a ~ theatre** ein Theater mit mehreren Bühnen **multi-storey** *adj inv* mehrstöckig, mehrgeschossig; ~ **car park** BRIT Parkhaus *nt* **multi-tasking** I. *n* COMPUT Ausführen *nt* mehrerer Programme, Multitasking *nt* II. *adj attr, inv* (*fig*) gleichzeitig mehreren Aufgaben nachkommend *attr;* ***she is a hard-working, ~ singer, actor, dancer and producer*** sie arbeitet hart und ist gleichzeitig Sängerin, Schauspielerin, Tänzerin und Produzentin **multi-track** [ˌmʌltiˈtræk, AM t̬i] *adj inv* ELEC mehrspurig
multitude [ˈmʌltɪtjuːd, AM *esp* -tuːd] *n* ① (*numerous sum*) Vielzahl *f;* **a ~ of sins** viele Versäumnisse; (*stronger*) die Sünden der Vergangenheit ② (*crowd*) ■**the ~s** *pl* die Allgemeinheit; **~s of people** eine Vielzahl von Personen; **to come in ~s** in Scharen kommen
multitudinous [ˌmʌltiˈtjuːdɪnəs, AM ˌmʌlt̬əˈtuːdən] *adj inv* ① (*numerous*) zahlreich ② (*composed of many elements*) vielteilig ③ (*composed of many individuals*) vielköpfig
multi-user *n modifier esp* COMPUT Mehrplatz-, Mehrbenutzer-; ~ **system** Mehrplatzsystem *nt*, Mehrbenutzersystem *nt*, Multi-user-System *nt*
mum¹ [mʌm] *n* (*fam: mother*) Mama *f fam*, Mutti *f bes* NORDD *fam*
mum² [mʌm] *adj* (*fam: silent*) still; ***... — ~'s the word*** (*as a response*) ... – ich schweige wie ein Grab, ... – von mir erfährt keiner was; (*telling sb*) ... – und kein Wort darüber, ... – sag's keinem weiter; **to keep ~** den Mund halten *fam*
mumble [ˈmʌmbl] I. *vt* ■**to ~ sth** (*quietly*) etw murmeln; (*unclearly*) etw nuscheln II. *vi* (*quietly*) murmeln; (*unclearly*) nuscheln
mumbo jumbo [ˌmʌmbəʊˈdʒʌmbəʊ, AM ˌmʌmboʊˈdʒʌmboʊ] *n no pl* (*fam*) Hokuspokus *m fam*, Quatsch *m fam*
mummer [ˈmʌməʳ, AM ɚ] *n* Maske *f*
mummery <*pl* -ries> [ˈmʌməri] *n* Mummenschanz *m*
mummification [ˌmʌmɪfɪˈkeɪʃən] *n no pl* Mumifizierung *f*, Mumifikation *f*
mummify <-ie-> [ˈmʌmɪfaɪ, AM -əfaɪ] *vt* ■**to ~ sb/sth** jdn/etw mumifizieren
mummy¹ [ˈmʌmi] *n* (*fam: mother*) Mama *f fam*, Mami *f fam*, Mutti *f bes* NORDD *fam*
mummy² [ˈmʌmi] *n* (*corpse*) Mumie *f*
mumps [mʌmps] *n + sing vb* Mumps *m*, Ziegenpeter *m*, Parotitis *f fachspr*
mumsy [ˈmʌmzi] *n* (*esp hum: mother*) Mütterchen *hum*
munch [mʌn(t)ʃ] I. *vi* mampfen; **to ~ through sth** *food* sich *akk* [schmatzend und mampfend] durch etw *akk* hindurchfuttern II. *vt* ■**to ~ sth** etw mampfen
munchies [ˈmʌn(t)ʃiz] *npl* ① (*fam: snack food*) Knabberzeug *nt kein pl fam* ② (*fam: hunger*) ■**the ~** Hunger *m kein pl;* ***I've got the ~*** mir knurrt der Magen
mundane [mʌnˈdeɪn] *adj* (*worldly*) profan *geh;* (*unexciting*) *problem, question* banal; (*routine*) *activity, task* alltäglich
mung bean [ˈmʌŋ-] *n* Mungbohne *f*
Munich [ˈmjuːnɪk] *n* München *nt*
municipal [mjuːˈnɪsɪpəl, AM -səpəl] *adj inv* städtisch, Stadt-, kommunal, Kommunal-; ~ **authorities** Stadtverwaltung *f*, städtische [*o* kommunale] Behörde[n]; ~ **courts** städtische [*o* kommunale] Sportplätze; ~ **elections** Stadtratswahlen *fpl*, Gemeinderatswahlen *fpl;* ~ **government** Stadtrat *m*, Gemeinderat *m;* ~ **library** Stadtbibliothek *f;* ~ **waterway** kommunale Wasserstraße
municipal bond *n* AM FIN *Anleihe eines Bundesstaates oder einer Gemeinde*
municipality [mjuːˌnɪsɪˈpæləti, AM -səˈpælət̬i] *n* ① (*political unit*) Gemeinde *f*, Kommune *f;* (*town-size also*) Stadt *f* ② (*governing body*) Stadtverwaltung *f*
munificence [mjuːˈnɪfɪsən(t)s] *n* (*form*) Generosität *f geh*, Großzügigkeit *f*
munificent [mjuːˈnɪfɪsənt] *adj* (*form*) generös *geh*, großzügig
munitions [mjuːˈnɪʃənz] *npl* (*weapons*) Waffen *fpl;* (*weapons and ammunition*) Kriegsgeräte *ntpl veraltend*, Kriegsmaterial *nt kein pl;* (*ammunition*) Munition *f kein pl*
mural [ˈmjuərəl, AM ˈmjur-] I. *n* Wandgemälde *nt* II. *adj* Wand-; ~ **escarpment** Grabenwand *f*
murder [ˈmɜːdəʳ, AM ˈmɜːrdɚ] I. *n* ① (*crime*) Mord *m*, Ermordung *f* (**of** an +*dat*); **cold-blooded ~** kaltblutiger Mord; **first degree ~** LAW vorsätzlicher Mord; **mass ~** Massenmord *m;* **third degree ~** LAW Totschlag *m;* **to commit ~** einen Mord begehen; **to be charged with [attempted] ~** des [versuchten] Mordes angeklagt sein; **to be convicted of ~** wegen Mordes verurteilt werden ② (*fig: difficult thing*) ein Ding der Unmöglichkeit; ***it's ~ trying to find a parking space around here*** es ist wirklich schier unmöglich, hier in der Gegend einen Parkplatz zu finden ▸ PHRASES: **to scream** [*or* **shout**] **blue ~** Zeter und Mordio schreien II. *vt* ■**to ~ sb** jdn ermorden [*o* umbringen] *a. fig;* ***if he's late again, I'll ~ him*** wenn er wieder zu spät kommt, dann dreh ich ihm den Kragen um
murderer [ˈmɜːdərəʳ, AM ˈmɜːrdɚɚ] *n* Mörder(in) *m(f)*
murderess [ˈmɜːdərɪs, AM ˈmɜːrdɚəs] *n* (*dated*) Mörderin *f*
murderous [ˈmɜːdərəs, AM ˈmɜːrd-] *adj* ① (*cruel*) mordlüstern, blutrünstig; (*evil*) *look, hatred* tödlich ② (*fig: unpleasant*) mörderisch *fam;* ***the traffic was ~ in town today*** der Stadtverkehr war heute tödlich; ~ **heat** mörderische Hitze
murderously [ˈmɜːdərəsli, AM ˈmɜːr] *adv* ① (*with murderous intent*) mörderisch ② (*with death as a consequence*) Tod bringend ③ (*violently*) brutal ④ (*fam: arduously*) Mords- *fam*
murk [mɜːk, AM mɜːrk] *n no pl* [dichte] Nebelschwaden *fpl*, [dicke] Suppe *fam*
murkiness [ˈmɜːkinəs, AM ˈmɜːr] *n no pl* ① (*gloominess*) Düsterheit *f* ② (*vagueness*) Unklarheit *f*
murky [ˈmɜːki, AM ˈmɜːrki] *adj* düster; ~ **night** finstere Nacht; ~ **past** (*fig*) dunkle Vergangenheit; ~ **water** trübes Wasser; ~ **waters** trübes Gewässer
murmur [ˈmɜːməʳ, AM ˈmɜːrmɚ] I. *vi* murmeln; ■**to ~ about sth** (*complain*) wegen einer S. *gen* murren II. *vt* ■**to ~ sth** etw murmeln [*o* raunen] III. *n* Gemurmel *nt kein pl*, Raunen *nt kein pl;* **a ~ of agreement** ein zustimmendes Raunen; **a ~ of discontent** ein unzufriedenes Raunen; **without a ~** ohne Murren [*o* zu murren]
murmuring [ˈmɜːmərɪŋ, AM ˈmɜːr] *n* ① (*low or indistinct sound*) Murmeln *nt* ② *usu pl* (*expression of dissatisfaction*) Gemurmel *nt kein pl* ③ *usu pl* (*insinuation*) Andeutung *f* ④ (*low, continuous sound*) leises Rauschen; (*of birds*) leises Zirpen
Murphy's law [ˈmɜːfiːzˌlɔː, AM ˈmɜːrfiːzˌlɑː] *n no pl* Murphys Gesetz *nt*
muscadel(le) [ˌmʌskəˈtel] *n see* **muscatel**
muscat [ˈmʌskət] *n no pl* Muscat *m*
muscatel [ˌmʌskəˈtel] *n* ① (*grape*) Muskateller *m kein pl* ② (*raisin*) Muskatellertraube *f* ③ (*wine*) Muskateller[wein] *m*
muscle [ˈmʌsl] I. *n* ① (*contracting tissue*) Muskel *m;* **bulging ~s** hervortretende Muskeln; **rippling ~s** spielende Muskeln; **to flex** [*or* **tense**] **a ~** die Muskeln spielen lassen; **to not move a ~** nicht mit der Wimper zucken; **to pull** [*or* **strain**]/**tear a ~** eine Muskelzerrung/einen Muskelriss haben ② (*fig: influence*) Stärke *f kein pl;* **to flex a ~** Stärke zeigen, seine Muskeln spielen lassen; **to have considerable financial ~** über beträchtliche finanzielle Ressourcen verfügen, finanzstark [*o* finanzkräftig] sein II. *vi* ■**to ~ in** sich *akk* [rücksichtslos] einmischen, [unbedingt] mitmischen [müssen] *fam;* ■**to ~ in on sth** sich *akk* irgendwo [mit aller Gewalt] hineindrängeln
◆**muscle out** *vt* AM ■**to ~ out** ⊂ **sb** jdn rausdrängen *fam*
muscle-bound *adj* [äußerst] muskulös; ■**to be ~** ein Muskelprotz sein **muscle-flexing** *n no pl* (*also fig*) Muskelspiel *nt* **muscleman** *n* Muskelpaket *nt*, Muskelprotz *m* **muscle spasm** *n* Muskelkrampf *m* **muscle tone** *n no pl* Muskeltonus *m*
muscly [ˈmʌsli] *adj* (*fam*) muskulös
Muscovite [ˈmʌskəvaɪt] *n* Moskowiter(in) *m(f) veraltend*, Moskauer(in) *m(f)*
Muscovy [ˈmʌskəvi] *n no pl* ① (*medieval principality in Russsia*) Moskauer Reich ② (*old: Russia*) Russland *nt*
muscular [ˈmʌskjələʳ, AM -lɚ] *adj* ① (*relating to muscles*) muskulär, Muskel-; ~ **contractions** Muskelkontraktionen *fpl;* ~ **pain** Muskelschmerzen *mpl* ② (*with well-developed muscles*) muskulös; ~ **arms/legs** muskulöse Arme/Beine; **a ~ physique** ein muskulöser Körperbau
muscular dystrophy *n* MED Muskeldystrophie *f*
musculature [ˈmʌskjələtʃəʳ, AM -tʃɚ] *n no pl* Muskulatur *f*
muse [mjuːz] I. *vi* nachgrübeln, nachsinnen; ■**to ~**

about [or on] sth über etw *akk* nachdenken **II.** *n* ① (*esp liter: mythical figure*) Muse *f;* (*artistic inspiration*) Inspiration *f* ② (*female inspirer*) Muse *f*

museum [mju:ˈzi:əm] *n* Museum *nt;* ~ of art Kunstmuseum *nt;* ~ of history Historisches Museum

museum piece *n* Museumsstück *nt*

mush [mʌʃ] *n no pl* (*fam*) ① FOOD Brei *m,* Mus *nt;* to turn to ~ zu Brei [*o* breiig] werden; *I panicked and my brain turned to* ~ (*fig*) ich geriet in Panik und konnte einfach nicht mehr vernünftig denken ② (*fig: sentimentality*) ■to be ~ schnulzig sein; *that film was just romantic* ~ der Film war so eine richtige Schnulze

mush area *n* COMPUT Störungsgebiet *nt*

mushroom [ˈmʌʃrʊm, -ru:m] *n* Pilz *m;* cultivated ~s Zuchtpilze *mpl;* dried ~s getrocknete Pilze; edible/poisonous ~ essbarer/giftiger Pilz [*o* Giftpilz] *m;* to pick ~s Pilze sammeln

mushroom cloud *n* Atompilz *m*

mushy [ˈmʌʃi] *adj* ① (*pulpy*) breiig; to cook sth until ~ etw zerkochen ② (*soppily romantic*) schnulzig; ~ film Schnulze *f*

mushy peas *npl* Erbsenmus *nt kein pl*

music [ˈmju:zɪk] *n no pl* ① (*pattern of sounds*) Musik *f; it is ~ to my ears* oh, das ist Musik in meinen Ohren; pop ~ Popmusik *f;* rock 'n' roll ~ Rock 'n' Roll *m;* classical ~ klassische Musik; to make ~ Musik machen, musizieren; to put on ~ [etwas] Musik auflegen ② *no pl* SCH, UNIV (*study of music*) Musik *f;* to study ~ Musik studieren ③ (*notes*) Noten *fpl;* to read ~ Noten lesen

musical [ˈmju:zɪkəl] **I.** *adj* musikalisch, Musik-; ~ accompaniment musikalische Begleitung; ~ compositions Kompositionen *fpl;* ~ ear musikalisches Gehör; ~ genius musikalisches Genie; ~ instrument Musikinstrument *nt;* ~ interlude Interludium *nt,* musikalisches Zwischenspiel, Intermezzo *nt* **II.** *n* Musical *nt*

musical box *n* Spieluhr *f,* Spieldose *f* **musical chairs** *n + sing vb* Reise *f* nach Jerusalem

musicality [ˌmju:ziˈkæləti, AM -əţi] *n no pl* Musikalität *f*

musically [ˈmju:zɪkəli] *adv* musikalisch; *~ speaking, this band has a lot of talent* was die Musik angeht, ist diese Band wirklich begabt; to be ~ gifted musikalisch sein

music box *n* AM (*musical box*) Spieluhr *f,* Spieldose *f* **music case** *n* Notenmappe *f* **music cassette** *n* (*dated*) [Musik]kassette *f* **music centre** *n* (*dated*) Stereoanlage *f* **music hall** *n* (*dated*) Konzerthalle *f*

musician [mju:ˈzɪʃən] *n* Musiker(in) *m(f)*

musicianship [mju:ˈzɪʃənʃɪp] *n no pl* musikalisches Können

music-making *n no pl* Musizieren *nt*

musicological [ˌmju:sɪkəˈlɒdʒɪkəl, AM ˈlɑ:dʒ] *adj inv* musikwissenschaftlich

musicologist [ˌmju:zɪˈkɒlədʒɪst, AM -ˈkɑ:-] *n* Musikwissenschaftler(in) *m(f),* Musikologe, -in *m, f fachspr*

musicology [ˌmju:zɪˈkɒlədʒi, AM -ˈkɑ:-] *n no pl* Musikwissenschaft *f,* Musikologie *f fachspr*

music stand *n* Notenständer *m* **music system** *n* Stereoanlage *f* **music theatre** *n* Musiktheater *nt kein pl*

musk [mʌsk] *n no pl* Moschus *m;* ~ deer Moschustier *nt;* ~ ox Moschusochse *m*

musket [ˈmʌskɪt] *n* Muskete *f*

musketeer [ˌmʌskɪˈtɪəʳ, AM -kəˈtɪr] *n* HIST Musketier *m*

musketry [ˈmʌskɪtri] *n no pl* Muskete *f*

muskrat [ˈmʌskræt] *n* Moschusratte *f*

musky [ˈmʌski] *adj* moschusartig; *skin, scent* nach Moschus riechend

Muslim [ˈmʊslɪm, AM ˈmʌsləm] **I.** *n* Moslem(in) *m(f),* Muslim(in) *m(f) fachspr* **II.** *adj inv* mohammedanisch, moslemisch, muslimisch *fachspr;* ~ beliefs muslimischer Glaube; ~ country moslemisches Land; ~ religion moslemische Religion

muslin [ˈmʌzlɪn] *n* Musselin *m;* ~ dress Musselinkleid *nt;* ~ cloth Musselinstoff *m*

musquash [ˈmʌskwɒʃ, AM -wɑ:ʃ] *n* ZOOL (*old*) Moschusratte *f*

muss [mʌs] *esp* AM **I.** *n no pl* Unordnung *f,* Durcheinander *nt* **II.** *vt* ■to ~ sth etw durcheinander bringen; *wind* etw zerzausen

◆muss up *vt esp* AM ■to ~ up ↻ sth ① (*mess up*) *hair* etw durcheinander bringen; *clothes, room* etw in Unordnung bringen ② (*make dirty*) *hands* etw schmutzig machen

mussel [ˈmʌsəl] *n* [Mies]muschel *f*

must [mʌst] **I.** *aux vb* ① (*be obliged*) müssen; *all handbags ~ be left at the cloakroom for security reasons* lassen Sie bitte aus Sicherheitsgründen alle Handtaschen in der Garderobe; ■~ not [*or* ~n't] nicht dürfen; *you ~n't say anything to anyone about this matter* darüber darfst du mit niemandem sprechen ② (*be required*) müssen; *you ~ take these pills every day* Sie müssen diese Tabletten täglich einnehmen; *~ you leave so soon?* müssen Sie schon so früh gehen? ③ (*should*) ich sollte/du solltest/er/sie/es sollten/wir sollten/ihr solltet/sie sollten; *you really ~ read this book* dieses Buch sollten Sie wirklich einmal lesen; *you ~ come and visit us* Sie sollten uns bald einmal besuchen kommen ④ (*be certain to*) müssen; *I ~ seem very rude when I say things like that* ich wirke bestimmt sehr grob, wenn ich so etwas sage; *she ~ be wondering where I have got to* sie wird sich bestimmt fragen, wo ich abgeblieben bin; *you ~ really like her* du musst sie wirklich sehr mögen; *you ~ be joking!* du machst wohl Witze!; *you ~ be out of your mind!* du hast wohl den Verstand verloren! *fam* ⑤ (*be necessary*) müssen; *I ~ ask you not to smoke in my house* ich muss Sie bitten, in meinem Haus nicht zu rauchen; *you ~n't worry too much about it* jetzt mach dir deswegen nicht so viele Sorgen ⑥ (*show irritation*) müssen; *~ you always have the last word?* musst du immer das letzte Wort haben?; *smoke if you ~ then* dann rauche, wenn es [denn] unbedingt sein muss ⑦ (*intend to*) müssen; *I ~n't forget to put the bins out tonight* ich darf nicht vergessen, heute Abend den Abfall rauszubringen **II.** *n no pl* Muss *nt kein pl;* ■to be a ~ ein Muss *nt* sein; *if you live in the country a car is a ~* wenn man auf dem Land lebt, ist ein Wagen ein unerlässlich; *this book is a ~!* dieses Buch muss man gelesen haben! **III.** *in compounds* -see, -do *this film is a ~-see* diesen Film muss man einfach gesehen haben

mustache *n* AM *see* **moustache**

mustachio [məˈstɑ:ʃiəʊ, AM -ˈstæʃioʊ] *n* Schnauzbart *m*

mustachioed [məˈstɑ:ʃiəʊd, AM -ˈstæʃioʊd] *adj inv* schnauzbärtig

mustang [ˈmʌstæŋ] *n* Mustang *m;* a herd of ~s eine Herde Mustangs

mustard [ˈmʌstəd, AM -tɚd] *n no pl* Senf *m*

mustard gas *n* Senfgas *nt*

must-buy *n* Muss *nt; these dresses are ~s* diese Kleider muss man einfach kaufen

must-do *n* ■to be a ~ *thing etw, was man unbedingt tun muss*

muster [ˈmʌstəʳ, AM -tɚ] **I.** *n* [zum Appell angetretene] Truppe **II.** *vt* ① (*gather*) ■to ~ sth etw aufbringen; *the team will need all the strength they can ~ to win this game* die Mannschaft wird alles aufbieten müssen, um dieses Spiel zu gewinnen; to ~ the courage to do sth den Mut aufbringen, etw zu tun; to ~ resources Gelder aufbringen [*o fam* zusammenbekommen] ② (*bring together*) to ~ soldiers [*or* troops] die Soldaten [*o* Truppen] [zum Appell] antreten lassen **III.** *vi* (*come together*) sich *akk* versammeln, antreten; *troop* [zum Appell] antreten

◆muster up *vt* ■to ~ up ↻ sth etw aufbringen; to ~ up the courage to do sth den Mut aufbringen, etw zu tun

muster point, muster station *n* Versammlungsort *m,* Sammelplatz *m*

must-have *n* Muss *nt; this is not a ~* das muss man nicht unbedingt haben

mustiness [ˈmʌstɪnəs] *n no pl* Modrigkeit *f*

mustn't [ˈmʌsənt] *see* must not *see* **must**

musty [ˈmʌsti] *adj* ~ book mod[e]riges Buch; ~ odour [*or* smell] muffiger [*o* moderiger] Geruch; ~ room muffiger Raum

mutability [ˌmju:təˈbɪləti, AM ţəˈbɪləţi] *n* Veränderlichkeit *f*

mutable [ˈmju:təbl, AM -ţə-] *adj* veränderbar; BIOL mutabel *fachspr*

mutant [ˈmju:tənt] *n* BIOL Mutant(e) *m(f);* (*fig, hum*) Mutant *m*

mutate [mju:ˈteɪt, AM *esp* ˈmju:teɪt] *vi* ① (*change genetically*) ■to ~ [into sth] [zu etw *dat*] mutieren ② (*fig: change*) ■to ~ into sth sich *akk* zu etw *dat* wandeln; (*develop personality*) sich *akk* zu etw *dat* mausern *fam*

mutation [mju:ˈteɪʃən] *n* Veränderung *f,* Mutation *f fachspr*

mute [mju:t] **I.** *n* ① MUS (*quieting device*) Dämpfer *m* ② (*dated: person*) Stumme(r) *f(m); he was born a ~* er war von Geburt an stumm **II.** *vt* ■to ~ sth *a sound, noise* etw dämpfen **III.** *adj inv* stumm; to remain ~ stumm bleiben; to remain ~ about sth über etw *akk* kein Wort verlieren

muted [ˈmju:tɪd] *adj* ① (*not loud*) gedämpft; (*fig*) schweigend, stumm; *the idea received a ~ response* die Idee wurde mit Schweigen aufgenommen; ~ applause gedämpfter Applaus; ~ colours gedeckte Farben; ~ noise (*loud noises*) gedämpfter Lärm; (*particular noise*) gedämpftes Geräusch ② LING (*not pronounced*) stumm

mute swan *n* Höckerschwan *m*

mutilate [ˈmju:tɪleɪt, AM -ţəl-] *vt* ■to ~ sb jdn verstümmeln; ■to ~ sth etw verstümmeln; (*fig*) etw verschandeln

mutilation [ˌmju:tɪˈleɪʃən, AM -ţəˈleɪ-] *n* Verstümmelung *f;* (*fig*) Verschandelung *f*

mutineer [ˌmju:tɪˈnɪəʳ, AM -ţənˈɪr] *n* Meuterer, -in *m, f*

mutinous [ˈmju:tɪnəs, AM -ţən-] *adj* meuterisch, aufrührerisch; ~ sailors meuternde Seeleute; ~ shareholders rebellische Aktionäre

mutiny [ˈmju:tɪni, AM -ţəni] **I.** *n* ① *no pl* (*act*) Meuterei *f* (of über +*akk*); open ~ offene Meuterei ② (*instance*) Meuterei *f* **II.** *vi* <-ie-> meutern; ■to ~ against sb gegen jdn meutern

mutt [mʌt] *n esp* AM (*fam*) ① (*silly person*) Trottel *m pej fam,* Schafskopf *m pej fam* ② (*mongrel*) [Straßen]köter *m pej*

mutter [ˈmʌtəʳ, AM -ţɚ] **I.** *vi* ① (*mumble*) ■to ~ [away to oneself] irgendetwas [vor sich *akk* hin]murmeln ② (*spread rumour*) ■to ~ about sth etw munkeln **II.** *vt* (*complain softly*) ■to ~ sth etw brummen [*o* murmeln]; to ~ sth to sb under one's breath jdm etw zuraunen

mutterings [ˈmʌtərɪŋz, AM -ţərɪŋz] *npl* Gemurmel *nt kein pl;* ~ of discontent Murren *nt,* Gemurre *nt pej*

mutton [ˈmʌtən] *n no pl* Hammel *m,* Hammelfleisch *nt;* shoulder of ~ Hammelschulter *f;* ~ stew Hammelgulasch *nt* ▸ PHRASES: to be ~ dressed [up] as lamb einen auf jung machen *fam*

mutton chops *npl,* **mutton chop whiskers** *npl* Koteletten *fpl*

mutual [ˈmju:tʃu:əl] *adj inv* gegenseitig, beiderseitig; *both countries are acting to their ~ advantage* die zwei Länder handeln so, dass es beiden zum Vorteil gereicht; *the feeling is ~* das [Gefühl] beruht auf Gegenseitigkeit; ~ agreement wechselseitige Übereinkunft; ~ consent gegenseitiges Einvernehmen [*o* Einverständnis]; ~ friends/interests/enemies gemeinsame Freunde/Interessen/Feinde; ~ trust gegenseitiges Vertrauen; ~ understanding gegenseitiges [*o* wechselseitiges] Verständnis

mutual fund *n* AM FIN offener Investmentfond

mutual insurance *n* FIN Versicherung *f* auf Gegenseitigkeit

mutuality [ˌmju:tjuˈæləti, AM tʃuˈæləţi] *n no pl* Gegenseitigkeit *f*

mutually [ˈmju:tʃu:əli] *adv inv* gegenseitig, für beide [Seiten]; **to be ~ exclusive** sich *akk* gegenseitig ausschließen

muzak® ['mju:zæk] *n no pl* Musikberieselung *f*

muzzily ['mʌzɪli] *adv* unklar, verschwommen, verzerrt; **to explain sth ~** etw undeutlich erklären

muzziness ['mʌzɪnəs] *n no pl* ① *(indistinctness)* Verzerrtheit *f*, Verschwommenheit *f*; *of situation* Verworrenheit *f* ② *(dazed state)* Benommenheit *f*

muzzle ['mʌzl] **I.** *n* ① *(animal mouth)* Schnauze *f*, Maul *nt* ② *(mouth covering)* Maulkorb *m*; **to put a ~ on the dog** dem Hund einen Maulkorb anlegen ③ *(gun end)* Mündung *f* **II.** *vt* *(quiet)* ■**to ~ an animal** einem Tier einen Maulkorb anlegen; ■**to ~ sb** jdn mundtot machen; LAW einen Maulkorberlass herausbringen; **to ~ the press** die Presse mundtot machen

muzzy ['mʌzi] *adj* ① *(hazy)* benommen, benebelt; **to feel ~** sich *akk* benommen fühlen ② *(unclear)* unklar, verschwommen, verzerrt; *objectives* diffus

MW *n* RADIO *abbrev of* **medium wave** MW *f*

my [maɪ] **I.** *adj poss* mein(e); **~ *name is Peter*** mein Name ist Peter; ***my brother and sister*** mein Bruder und meine Schwester; ***one of my friends*** einer meiner Freunde/eine meiner Freundinnen; ***I've hurt my foot*** ich habe mir den Fuß verletzt; ***in ~ country*** bei uns [in ...]; ***she was surprised at ~ coming*** sie war überrascht, daß ich gekommen war; ***it was ~ own decision*** es war meine eigene Entscheidung; ***I need a car of ~ own*** ich brauche ein eigenes Auto **II.** *interj* ach, oh; **~ ~** na, so was

myna(h) ['maɪnə], **myna(h) bird** *n* Hirtenstar *m*

myopia [maɪ'əʊpiːə, AM -oʊ-] *n no pl (spec)* Kurzsichtigkeit *f*; ***he had ~ in both his eyes*** er war auf beiden Augen kurzsichtig

myopic [maɪ'ɒpɪk, AM -'ɑːpɪk] *adj (form or also fig)* kurzsichtig

myriad ['mɪriəd] *n (form)* Myriade *f*; **~*s of ...*** unzählige ...

myrrh [mɜːʳ, AM mɜːr] *n no pl* Myrrhe *f*

myrtle ['mɜːtḷ, AM 'mɜːrtḷ] *n* Myrthe *f*

myself [maɪ'self] *part reflexive* ① *(direct object of verb)* mir *+dat*, mich *+akk*; ***it's awful — I have to exert ~ to jog half a block*** es ist schrecklich – ich muss mich zwingen, einen halben Block zu laufen; ***though I tried to calm ~ down, I found ~ in too much of a panic*** obwohl ich versuchte, mich zu beruhigen, hatte ich doch zu große Panik; ***when it comes to love, I often deceive ~*** in der Liebe betrüge ich mich oft selbst; ***let me introduce ~ — I'm Jackie Wentworth*** ich möchte mich vorstellen – ich bin Jackie Wentworth; ***I've bought ~ a new coat*** ich kaufte mir einen neuen Mantel; ***I was ashamed at ~ ...*** ich schämte mich...; ***I caught sight of ~ in the mirror*** ich sah mich im Spiegel; ***yes, I thought to ~, it's time to take a holiday*** ja, dachte ich mir, es ist Zeit für einen Urlaub; ***I strolled around, muttering to ~*** ich wanderte umher und murmelte vor mich hin ② *(emph form: I, me)* ich; ***my husband and ~ were delighted with the gifts*** mein Ehemann und ich sind über die Geschenke begeistert; ***people like ~*** Menschen wie ich ③ *(emph: me personally)* ich persönlich; ***I don't like a heavy meal at lunchtime ~*** ich persönlich esse zu Mittag nicht gerne schwer; ***I wrote it ~*** ich schrieb es selbst; **if I do say so** [*or* **it**] **~** wenn ich das sagen darf; ***I think I've done a good job raising my kids if I do say it ~*** ich denke, ich habe die Kinder gut erzogen, wenn ich das sagen darf; ■**to do see/taste/try/hear for ~** etw selbst sehen/kosten/versuchen/hören; **in ~** *(dated)* ***I'm well enough in ~ despite the problems with the leg*** mir geht es recht gut, auch wenn ich Probleme mit dem Bein habe ④ *(me alone)* ***I never get an hour to ~*** ich habe nie eine Stunde für mich; [**all**] **by ~** [ganz] alleine; ***I live by ~*** ich lebe alleine; ***I had to do the whole job by ~*** ich musste die ganze Arbeit alleine machen; ***I wanted to keep the chips for ~ because I was so hungry*** ich wollte die Pommes frites für mich alleine haben, da ich so hungrig war; ***"I can get ~ dressed alone now," said the little girl*** „ich kann mich jetzt ganz alleine anziehen", sagte das kleine Mädchen ⑤ *(my normal self)* **to** [**just**] **be ~** [ganz] ich selbst sein; ***even though I was nervous about our first date, I tried to calm down and just be ~*** zwar war ich vor unserem ersten Date nervös, aber ich versuchte mich zu beruhigen und ganz ich selbst zu sein; **to not be/seem/feel ~** nicht ich selbst sein/zu sein scheinen; ***I haven't felt ~ lately — I guess I feel a little depressed or something*** ich war in letzter Zeit nicht ganz ich selbst – ich glaube, ich war ein wenig deprimiert oder so; **to look ~** wie ich selbst aussehen; ***I didn't look ~ in my sister's clothes*** ich sah in der Kleidung meiner Schwester nicht wie ich selbst aus

mysterious [mɪ'stɪəriəs, AM -'stɪri-] *adj* geheimnisvoll, rätselhaft, mysteriös; ■**to be ~ about sb/sth** um jdn/etw ein Geheimnis machen; **in ~ circumstances** unter mysteriösen Umständen; **a ~ disappearance** ein mysteriöses [*o* rätselhaftes] Verschwinden

mysteriously [mɪ'stɪəriəsli, AM -'stɪri-] *adv* rätselhafterweise, geheimnisvollerweise; ***she ~ disappeared one morning*** eines Morgens verschwand sie auf mysteriöse Art und Weise

mystery ['mɪstᵊri] *n (secret)* Geheimnis *nt*; *(puzzle)* Rätsel *nt*; ***that's a ~ to me*** das ist mir schleierhaft [*o* ein Rätsel]; **to solve a ~** ein Geheimnis lüften

mystery guest *n* Überraschungsgast *m* **mystery tour** *n* Fahrt *f* ins Blaue; *(longer)* Überraschungsreise *f* **mystery voice** *n* Stimme *f* eines Unbekannten/einer Unbekannten **mystery writer** *n* Kriminalschriftsteller(in) *m(f)*

mystic ['mɪstɪk] **I.** *n* Mystiker(in) *m(f)* **II.** *adj* ① *(inspiring sense of mystery)* geheimnisvoll, mysteriös, rätselhaft ② *(relating to mysticism)* mystisch ③ *(occult, for the initiate)* esoterisch; *(not explicable by natural law)* mystisch-okkultistisch

mystical ['mɪstɪkᵊl] *adj* mystisch

mysticism ['mɪstɪsɪzᵊm] *n no pl* ① *(consciousness of God's reality)* Mystik *f* ② *(belief in hidden realities)* das Mystische ③ *(pej: vague speculation)* Mystizismus *m*

mystification [ˌmɪstɪfɪ'keɪʃᵊn] *n no pl* ① *(puzzlement)* Verwunderung *f*, Verblüffung *f*; ■**to sb's ~** zu jds [großer] Verblüffung ② *(intentional confusion)* Verwirrung *f*, Verwirrspiel *nt*

mystify <-ie-> ['mɪstɪfaɪ] *vt* ■**to ~ sb** jdn vor ein Rätsel stellen; ***most Americans seem totally mystified by cricket*** den meisten Amerikanern ist Kricket ein ewiges Rätsel; ***his behaviour mystified us all*** sein Verhalten verblüffte uns alle völlig

mystifying ['mɪstɪfaɪɪŋ] *adj* rätselhaft, [völlig] unerklärlich

mystifyingly ['mɪstɪfaɪɪŋli] *adv* unerklärlicherweise, rätselhafterweise

mystique [mɪ'stiːk] *n no pl (form)* Zauber *m*; ***there's great ~ attached to the life of a movie star*** das Leben eines Filmstars ist immer geheimnisumwittert

myth [mɪθ] *n* ① *(ancient story)* Mythos *m*; **creation ~** Schöpfungsmythos *m*; **Greek and Roman ~** die klassischen Sagen *pl* des Altertums ② *(pej: false idea)* Mythos *m*, Ammenmärchen *nt pej*; ***it's just a ~ that ...*** es ist ein Ammenmärchen, dass ...; **to disprove/explode a ~** ein allgemein verbreitetes Gerücht widerlegen/ausmerzen

mythic ['mɪθɪk] *adj* ① *(of myth)* mythisch ② *(exaggerated, idealized)* legendär ③ *(fictitious)* sagenumwoben

mythical ['mɪθɪkᵊl] *adj* ① *(fictional)* sagenhaft, sagenumwoben *liter*, legendär ② *(supposed)* gedacht, imaginär

mythological [ˌmɪθᵊ'lɒdʒɪkᵊl, AM -ə'lɑː-] *adj* mythologisch; **a ~ hero** ein Sagenheld *m*; **a ~ story** eine Sage

mythologize [mɪ'θɒlədʒaɪz, AM -'θɑː-] **I.** *vt* ■**to ~ sth** etw glorifizieren [*o* verklären]; **to ~ the past** die Vergangenheit verklären **II.** *vi* ■**to ~ about sth** etw verklären

mythology [mɪ'θɒlədʒi, AM -'θɑː-] *n no pl* Mythologie *f*; *(fig)* Ammenmärchen *nt pej*; **classical ~** die Mythologie der Antike; **Greek ~** die griechische Mythologie

myxomatosis <*pl* -> [ˌmɪksəmə'təʊsɪs, AM -toʊ-] *n* Myxomatose *f*

N

N <*pl* 's>, **n** <*pl* 's *or* -s> *n* N *nt*, n *nt*; **~ for Nelly** [*or* AM **as in Nan**] N für Nordpol

N I. *n abbrev of* **North** N *m* **II.** *adj abbrev of* **North, Northern** nördl.

n¹ *n* ① MATH *(unknown number)* x ② *(fig fam: endless amount)* x; ***there are ~ possibilities*** es gibt x Möglichkeiten

n² *n* ① *abbrev of* **noun** Subst. ② *abbrev of* **neuter** nt

'n' [ᵊn] *conj abbrev of* **and**

n/a, NA *abbrev of* **(not) applicable** entf.

NAACP [ˌendʌbḷeɪsiː'piː] *n no pl, + sing/pl vb abbrev of* **National Association for the Advancement of Colored People** *Vereinigung zur Förderung Schwarzer*

NAAFI ['næfi] *n acr for* **Navy, Army and Air Force Institutes** *Laden/Kantine der britischen Armee*

naan [nɑːn], **nan bread** *n* indisches Fladenbrot *(das zu indischen Gerichten warm serviert wird)*

nab <-bb-> [næb] *vt (fam)* ■**to ~ sth** etw stiebitzen *fam*; ■**to ~ sb sth** jdm etw holen; ***could you ~ me a seat?*** könntest du mir vielleicht einen Platz freihalten?

nabe [neɪb] *n* AM *(sl)* Nachbarschaft *f*

nabob ['neɪbɒb, AM -bɑːb] *n (dated)* Krösus *m*, eine(r) *f(m)* von den oberen Zehntausend

nacelle [nə'sel] *n* ① AVIAT Gondel *f* ② TECH *(engine housing)* Motorengehäuse *nt*

nacho ['nɑːtʃəʊ, AM -tʃoʊ] *adj attr, inv* FOOD Nacho-; **~ chips** Nachos *mpl*; **~ salad** Nachosalat *m*

nachos ['nɑːtʃəʊz, AM -tʃoʊz] *npl* FOOD Nachos *mpl*

nada ['nɑːdə] *n no pl* AM *(fam)* Nichts *nt*

nadir ['neɪdɪəʳ, næd-, AM 'neɪdɚ] *n (form)* Tiefpunkt *m*

nae [neɪ] *adv inv* BRIT, SCOT nein

naff [næf] BRIT **I.** *adj (sl)* ordinär; ***he was wearing incredibly ~ trousers*** er trug eine Hose, die einfach unmöglich war **II.** *vi (sl)* ■**to ~ off** Leine ziehen *sl*, abhauen *fam*

NAFTA ['næftə] *n no pl acr for* **North American Free Trade Agreement** NAFTA *f (Freihandelsabkommen oder -zone zwischen den USA, Kanada und Mexiko)*

nag¹ [næg] *n* [alte Schind]mähre, [alter] Klepper *fam*

nag² [næg] **I.** *vi* <-gg-> [herum]nörgeln; ***oh stop ~ging!*** ach, hör doch auf herumzunörgeln!; ■**to ~ at sb** an jdm nagen, jdm unter die Haut gehen **II.** *vt* <-gg-> ■**to ~ sb** *(urge)* jdm [ständig] zusetzen; *(annoy)* jdn nicht in Ruhe lassen, jdm auf die Nerven gehen; ***my mum's always ~ging me to get my hair cut*** meine Mutter ist ständig hinter mir her, dass ich mir die Haare schneiden lasse **III.** *n (fam)* ① *(person)* Nörgler(in) *m(f)*, Meckerer *m*; *(annoying)* Nervensäge *f fam*; ***don't be such a ~!*** hör auf zu nörgeln! ② *(feeling)* ***he felt once again that little ~ of doubt*** eine Spur des Zweifels machte sich ihm nochmals bemerkbar

nagger ['nægəʳ, AM -ɚ] *n* Quälgeist *m*, Nörgler(in) *m(f)*

nagging ['nægɪŋ] **I.** *n no pl* Genörgel *nt*, Nörgelei *f*, Gemeckere *nt* **II.** *adj* ① *(criticizing)* nörgelnd, meckernd; **~ voice** nörgelnder Tonfall, Nörgelstimme *f*, Meckerstimme *f fam* ② *(continuous)* quälend; **~ pain** [*or* **ache**] quälender Schmerz

nah [næː] *adv (sl)* ne(e) *fam*

naiad <*pl* -s *or* -es> ['naɪæd, AM 'neɪ] *n* Najade *f*, Wassernymphe *f*

nail [neɪl] **I.** *n* ① *(metal fastener)* Nagel *m*; **to hammer a ~ into the wall** einen Nagel in die Wand schlagen ② *(body part)* [Finger-/Zeh]nagel *m*; **to bite one's ~s** an den Fingernägeln kauen; **to cut**

one's ~s sich *dat* die Nägel schneiden; **to paint one's ~s** sich *dat* die Nägel lackieren ▸ PHRASES: **to be** [*or* **drive**] **a ~ in sb's coffin** ein Nagel zu jds Sarg *m* sein; **to hit the ~ on the head** den Nagel auf den Kopf treffen; **as hard as ~s** hart wie Stahl, unheimlich zäh; **to pay on the ~** (*fam*) pünktlich bezahlen **II.** *vt* ① (*fasten*) ■**to ~ sth to sth** etw an etw *akk* nageln ② (*sl: catch*) ■**to ~ sb** *police* jdn schnappen *fam; newspapers* jdn drankriegen *fam;* **to ~ a lie** etw als Lüge entlarven ▸ PHRASES: **to ~ one's colours to the mast** Farbe bekennen, Flagge zeigen

◆**nail down** *vt* ① (*fasten*) ■**to ~ down** ⊂ **sth** etw festnageln ② (*get answer*) ■**to ~ sb down to sth** jdn auf etw *akk* festnageln ③ (*agree details*) **to ~ down an agreement** eine [feste] Vereinbarung treffen; **to ~ down a contract/deal** einen Vertrag/ein Geschäft abschließen

◆**nail up** *vt* ■**to ~ up** ⊂ **sth** etw annageln; *picture, poster* etw aufhängen [*o* an die Wand hängen]

nail bar *n* Nagelstudio *nt* **nail-biter** *n* Nägelkauer(in) *m(f)* **nail-biting I.** *n no pl* Nägelkauen *nt* **II.** *adj* nervenzerreißend; *film* spannend **nail brush** *n* Nagelbürste *f* **nail clippers** *npl* Nagelknipser *m* **nail enamel** *n* AM *see* **nail varnish** **nail enamel remover** *n* AM *see* **nail varnish remover** **nail file** *n* Nagelfeile *f* **nail polish** *n* (*nail varnish*) Nagellack *m* **nail scissors** *npl* Nagelschere *f* **nail varnish** *n* Nagellack *m* **nail varnish remover** *n* Nagellackentferner *m*

naïve, naive [naɪˈiːv, AM *esp* nɑːˈiːv] *adj* (*esp pej*) naiv *pej*, einfältig *pej;* **to make the ~ assumption that ...** naiverweise annehmen, dass ...

naïvely, naively [naɪˈiːvli, AM *esp* nɑːˈiːv-] *adv* naiverweise; ***David ~ believed him*** in seiner Naivität glaubte ihm David

naïveté [naɪˈiːvᵊteɪ, AM ˌnɑːiːvˈteɪ], **naivety** [naɪˈiːvəti, AM nɑːˈiːvət̬i] *n no pl* Naivität *f a. pej*, Einfalt *f pej*

naked [ˈneɪkɪd] *adj* ① (*unclothed*) nackt, unbekleidet; **to be ~ to the waist** mit freiem Oberkörper herumlaufen; **half ~** halb nackt; **stark** [*or* AM **buck**] [*or* AM **butt**] **~** (*fam*) splitter[faser]nackt; **to strip ~** sich *akk* nackt ausziehen ② (*uncovered*) nackt; (*fig*) nackt, bloß; (*without any hedge*) ungesichert; **~ aggression** unverhüllte Aggression; **~ ambition** blanker Ehrgeiz; **a ~ bulb** eine nackte Glühbirne; **to the ~ eye** für das bloße Auge; **with the ~ eye** mit bloßem Auge; **~ flame** offene Flamme

nakedly [ˈneɪkɪdli] *adv* (*fig*) offen, bloß; ***his vulnerability was ~ on display*** jeder konnte genau sehen, wie verletzlich er war

nakedness [ˈneɪkɪdnəs] *n no pl* Nacktheit *f*, Blöße *f liter*

naked warrant *n* reiner Optionsschein

NALGO [ˈnælgəʊ] *n no pl, + sing/pl vb* BRIT (*hist*) *acr for* **National and Local Government Officers' Association** *Gewerkschaft der kommunalen und staatlichen Angestellten in der Verwaltung*

namby-pamby [ˌnæmbiˈpæmbi] *adj attr* (*pej fam: foolish*) dämlich, blöde; (*weak*) *person* verweichlicht

name [neɪm] **I.** *n* ① (*title*) Name *m;* ***hello, my ~'s Peter*** hallo, ich heiße Peter; ***what's your ~?*** wie heißen Sie?; ***her full name is ...*** ihr voller Name lautet ...; **first ~** Vorname *m;* **last ~** Familienname *m*, Nachname *m;* **to call sb ~s** jdn beschimpfen; ***some of the kids had been calling her ~s*** ein paar von den anderen Kindern hatten ihr Schimpfwörter nachgerufen; **to write one's last ~ down first** seinen Familiennamen zuerst angeben; **by ~** dem Namen nach; ***they were listed by ~ and country of origin*** die Studenten waren dem Namen und Heimatland nach aufgelistet; ***in the business world he goes by the ~ of J. Walter Fortune*** (*form*) in der Geschäftswelt kennt man ihn unter dem Namen J. Walter Fortune; **in all but ~** de facto; ***she is vice-president in all but ~*** de facto ist sie die Vizepräsidentin; **in ~ only** nur nominell [*o* dem Namen nach]; **to do sth in the ~ of sb** [*or* **to do sth in sb's ~**] etw in jds Namen tun; ***I reserved by phone yesterday in the ~ of Tremin*** ich habe gestern telefonisch auf den Namen Tremin reservieren lassen; ***the union is taking action in our ~*** die Gewerkschaft unternimmt Schritte in unserem Namen unternimmt; **in the ~ of freedom and justice** im Namen von Freiheit und Gerechtigkeit; **in God's** [*or* **heaven's**] **~, in the ~ of God** um Himmels willen; ***what in God's ~ caused that outburst?*** was um Himmels willen hat diesen Ausbruch verursacht?; **under the ~ of ...** unter dem Pseudonym ... ② *no pl* (*reputation*) Name *m*, Ruf *m;* ***if this project fails our ~ will be mud*** wenn dieses Projekt fehlschlägt, wird unser Ruf ruiniert sein; **to be a big/important ~** zu den großen/bedeutenden Persönlichkeiten zählen; **a good/bad ~** ein guter/schlechter Ruf; ***he developed a bad ~*** er hat sich einen schlechten Ruf eingehandelt; **to give sb/sth a good ~** jdm/etw einen guten Ruf verschaffen; **to give sb/sth a bad ~** jdn/etw in Verruf bringen; **to clear one's ~** sich *akk* rein waschen; ***she went to court to clear her ~*** sie ging vor Gericht, um ihren Namen rein zu waschen; **to have a ~ for sth** für etw *akk* bekannt sein; **to make a ~ for oneself** sich *dat* einen Namen machen; ***he has made a ~ for himself as a talented journalist*** er hat als talentierter Journalist von sich reden gemacht ③ BRIT ECON Lloyd's Mitglied ▸ PHRASES: **the ~ of the game** das, worauf es ankommt; ***financial survival is the ~ of the game*** was zählt, ist das finanzielle Überleben; **without a penny** [*or* **cent**] **to one's ~** ohne einen Pfennig; ***he has not a penny to his ~*** er ist völlig mittellos; **to take sb's ~ in vain** jds Namen missbrauchen; **a ~ to conjure with** ein Name, der Wunder wirkt; ***Wutherington-Smythe, my goodness, that's a ~ to conjure with!*** meine Güte, Wutherington-Smythe, das ist ein Name, der Eindruck macht **II.** *vt* ① (*call*) ■**to ~ sb** jdm einen Namen geben; ***they ~d their little boy Philip*** sie nannten ihren kleinen Sohn Philip; ■**to ~ sb after** [*or* AM **for**] **sb** jdn nach jdm [be]nennen; ***Paul was ~d after his grandfather*** Paul wurde nach seinem Großvater benannt; ■**to ~ sth after** [*or* AM **for**] **sb** etw nach jdm benennen ② (*list*) ■**to ~ sb/sth** jdn/etw nennen; **~ *three types of monkey*** geben Sie drei Affenarten an ③ (*choose*) ■**to ~ sb/sth** jdn/etw nennen; **to ~ the time and the place** [die] Zeit und [den] Ort nennen; **you ~ it** was auch immer Sie wollen; ***gin, vodka, whisky, beer — you ~ it, I've got it*** Gin, Wodka, Whisky, Bier – was [immer] Sie wünschen, ich führe es ④ (*nominate*) ■**to ~ sb sth** jdn zu etw *dat* ernennen; ***she has been ~d the new Democratic candidate*** sie ist als neuer Kandidat der Demokraten aufgestellt worden

name-calling *n no pl* Hänseln *nt*, Gehänsel *nt pej* **name day** *n* Namenstag *m* **name-drop** *vi Namen berühmter Persönlichkeiten, die man kennt, in die Unterhaltung einfließen lassen;* ***she's always ~ping*** ständig muss sie darauf hinweisen, wen sie alles kennt **name-dropper** *n* (*pej*) *jd, der ständig die Namen berühmter Persönlichkeiten erwähnt, die er kennt* **name-dropping** *n no pl* Namedropping *nt* (*das Angeben mit berühmten Persönlichkeiten, die man kennt*)

nameless [ˈneɪmləs] *adj inv* namenlos; **the ~ author** der unbekannte [*o* anonym] Autor; **to be** [*or* **remain**] **~** ungenannt bleiben, nicht namentlich erwähnt werden

namely [ˈneɪmli] *adv inv* nämlich

nameplate *n of a person* Namensschild *nt;* (*on door of a house*) Türschild *nt; of company* Firmenschild *nt* **namesake** [-seɪk] *n* Namensvetter *m* **name tag** *n* Namensschild[chen] *nt*

Namibian [nəˈmɪbiən] **I.** *adj inv* namibisch **II.** *n* Namibier(in) *m(f)*

nan [nɑːn, AM næn] *n* indisches Fladenbrot

nana [ˈnænə] *n* ① BRIT (*fam*) Oma *f fam* ② (*grandmother*) Oma *f*, Omi *f fam*

nanaimo bar [nəˈnaɪmoʊ] *n* CAN *kleiner Schoko-laden-Kokos-Kuchen mit Buttercreme und Schokoladenglasur*

nan bread *n* indisches Fladenbrot

nance [ˈnæn(t)s] (*pej dated sl*), **nancy** [ˈnæn(t)si] (*pej dated sl*), **nancy boy** *n* (*pej dated sl*) Tunte *f pej sl*, Schwule(r) *m*

nanna [ˈnænə] *n see* **nana**

nanny [ˈnæni] *n* ① (*grandmother*) Oma *f*, Omi *f fam* ② (*babyminder*) Kindermädchen *nt* ③ (*animal*) Geiß *f*

nanny goat *n* Geiß *f*

nannyish *adj* überfürsorglich

nanny state *n* (*fam*) überfürsorglicher Staat (*insbesondere was Sicherheit und Gesundheit angeht*)

nanobot [ˈnænə(ʊ)bɒt, AM -noʊbɑːt] *n* Nanobot *m fachspr*, winziger Roboter

nanometer [ˈnænoʊˌmiːt̬ɚ] AM, **nanometre** [ˈnænə(ʊ)ˌmiːtəʳ] *n* BRIT Nanometer *m o nt*

nanosecond [ˈnænə(ʊ)ˌsekᵊnd, AM ˈnænoʊ-] *n* Nanosekunde *f*

nanotech [ˈnænəʊtek, AM -noʊ] *n no pl short for* **nanotechnology** Nanotechnologie *f fachspr*

nanotechnology [ˌnænəʊtekˈnɒlədʒi, AM -noʊtekˈnɑː-] *n no pl* Nanotechnologie *f fachspr*

nap¹ [næp] **I.** *n* Nickerchen *nt*, Schläfchen *nt;* **to have** [*or* **take**] **a ~** ein Nickerchen machen [*o* halten] **II.** *vi* <-pp-> ein Nickerchen machen, sich *akk* [kurz] aufs Ohr legen

nap² [næp] *n no pl* Flor *m;* **the ~ of the velvet** der Samtflor

napalm [ˈneɪpɑːm] *n no pl* Napalm *nt*

napalm bomb *n* Napalmbombe *f*

nape [neɪp] *n no pl* Nacken *m*, Genick *nt*

naphtha [ˈnæfθə] *n no pl* CHEM Naphtha *nt*

naphthalene [ˈnæfθəliːn] *n no pl* CHEM Naphthalin *nt*

napkin [ˈnæpkɪn] *n* Serviette *f*

napkin ring *n* Serviettenring *m*

nappy [ˈnæpi] **I.** *n* Windel *f;* ***I knew him when he was still in nappies*** ich kannte ihn schon, als er noch in den Windeln lag; **cloth ~** Stoffwindel *f;* **disposable ~** Wegwerfwindel *f*, Pampers® *f* **II.** *adj* AM *hair* lockig, kraus

nappy liner *n* Windeleinlage *f* **nappy rash** *n* Wundsein *nt kein pl*, Windeldermatitis *f kein pl fachspr*

narc [nɑːrk] *n* AM (*sl*) Rauschgiftfahnder(in) *m(f)*

narcissi [nɑːˈsɪsaɪ, AM nɑːr-] *n* BOT *pl of* **narcissus**

narcissism [ˈnɑːsɪsɪzᵊm, AM ˈnɑːrsə-] *n no pl* Narzissmus *m*

narcissist [ˈnɑːsɪsɪst, AM ˈnɑːr-] *n* Narziss *m*

narcissistic [ˌnɑːsɪˈsɪstɪk, AM ˌnɑːr-] *adj* narzisstisch; ***he has a very ~ personality*** er ist sehr narzisstisch veranlagt

narcissus <*pl* -es *or* -issi *or* -> [nɑːˈsɪsəs, AM nɑːr'-] *n* Narzisse *f*

narcolepsy [ˈnɑːkə(ʊ)lepsi, AM ˈnɑːrkə-] *n no pl* Schlafkrankheit *f*

narcoleptic [ˌnɑːkə(ʊ)ˈleptɪk, AM ˌnɑːrkəˈ-] **I.** *n* Narkoleptiker(in) *m(f) fachspr* **II.** *adj* narkoleptisch *fachspr*

narcosis [nɑːˈkəʊsɪs, AM nɑːrˈkoʊ-] *n* Narkose *f*

narcotic [nɑːˈkɒtɪk, AM nɑːrˈkɑːt̬-] **I.** *n* ① *esp* AM (*drug*) Rauschgift *nt*, Droge *f* ② MED (*drug causing sleepiness*) Narkotikum *nt;* **to be under a ~** narkotisiert sein **II.** *adj* ① (*affecting the mind*) berauschend; **~ drug** Rauschgift *f* ② MED narkotisch; (*sleep-inducing*) einschläfernd

nark [nɑːk] BRIT, AUS **I.** *vt* ■**to ~ sb** jdn ärgern; ***his behaviour really ~ed me*** sein Benehmen verärgerte mich wirklich; **to be/become ~ed with sb** auf jdn wütend sein/werden **II.** *n* ① (*annoying person*) unausstehliche Person *f* ② (*sl: police informer*) Spitzel *nt*

narky [ˈnɑːki] *adj* unausstehlich, grantig *fam*

narrate [nəˈreɪt, AM ˈnereɪt] *vt* ■**to ~ sth** ① (*provide commentary*) etw erzählen; **to ~ a tale** [*or* **story**] eine Geschichte erzählen ② (*give account of*) etw schildern; **to ~ events** Ereignisse schildern

narration [nəˈreɪʃᵊn, AM neˈreɪ] *n no pl* Schilderung *f; of a story, tale* Erzählung *f*

narrative [ˈnærətɪv, AM ˈnerət̬ɪv] *n* (*form*) ① (*story*) Erzählung *f* ② (*description of events*) Schilderung *f*, Beschreibung *f* ③ COMPUT (*explanatory* *notes*) Erklärung *f*

narrator [nəˈreɪtəʳ, AM ˈnereɪt̬ɚ] *n* Erzähler(in) *m(f)*

narrow [ˈnærəʊ, AM ˈneroʊ] **I.** *adj* ❶ (*thin*) eng, schmal; **a ~ bridge** eine schmale Brücke; **a ~ passageway** ein enger Durchgang; **a ~ slit** ein schmaler Schlitz ❷ (*pej: limited*) engstirnig, beschränkt *pej;* **to have a ~ mind** engstirnig sein, einen beschränkten geistigen Horizont haben; **~ thought** engstirniges Denken ❸ (*small*) eng, knapp; ***prices today stayed within a ~ range*** es gab heute nur geringfügige Preisabweichungen; **to win an election by a ~ margin** eine Wahl mit einem knappen Vorsprung gewinnen **II.** *vi* enger werden, sich *akk* verengen; (*fig*) *gap, difference* sich *akk* schließen [*o* verringern]; ***the road ~s here*** hier verengt sich die Straße **III.** *vt* ■**to ~ sth** etw verengen; (*fig*) etw beschränken [*o* begrenzen]; ***he ~ed his eyes in suspicion*** er kniff argwöhnisch die Augen zusammen; **to ~ the focus of an investigation** die Ermittlungen konzentrieren

◆**narrow down** *vt* ■**to ~ down** ○ **sth** etw beschränken [*o* einschränken]; **to ~ down the list of candidates** die Zahl der Anwärter beschränken

narrow boat *n* NAUT Kahn *m* **narrowcast** *vt* ❶ TV ■**to ~ sth** etw im Spartenfernsehen übertragen; ***the channel ~s to about 4000 pubs*** der Sender versorgt ungefähr 4000 Gaststätten mit seinem Spartenprogramm ❷ (*fig: tell only to some people*) ■**to ~ sth to sb** jdm Exklusivinformationen über etw *akk* geben **narrow gauge** *n* Schmalspur *f*

narrowly [ˈnærəʊli, AM ˈneroʊ-] *adv* ❶ (*barely*) knapp; ***she ~ missed winning an Oscar*** sie hätte um ein Haar einen Oskar gewonnen ❷ (*meticulously*) peinlich genau, sehr gründlich; **to look at sb ~** jdn eingehend mustern

narrow-minded *adj* engstirnig; **a ~ bigot** ein engstirniger, voreingenommener Mensch; **~ opinions/views** engstirnige Meinungen/Ansichten

narrow-mindedness [-ˈmaɪndɪdnəs] *n no pl* Engstirnigkeit *f*

narrowness [ˈnærəʊnəs, AM ˈneroʊ-] *n no pl* Enge *f;* **the ~ of the opening** der schmale Durchgang

narrows [ˈnærəʊz, AM ˈneroʊz] *npl* NAUT Meerenge *f*

nary [ˈneəri, AM ˈneri] *adj inv* DIAL (*fam*) *see* **not** nicht einmal

NASA [ˈnæsə] *n no pl abbrev of* **National Aeronautics and Space Administration** NASA *f*

nasal [ˈneɪzᵊl] *adj* ❶ (*concerning nose*) Nasen-; **~ cavity** Nasenhöhle *f;* **to have ~ congestion** eine verstopfte Nase haben; **~ passages** Nasengänge *mpl;* **~ spray** Nasenspray *nt* ❷ (*droning*) nasal; ***she spoke in ~ tones*** sie sprach sehr näselnd; **to have a ~ voice** eine nasale Aussprache haben, näseln

nasally [ˈneɪzᵊli] *adv* näselnd, durch die Nase; **to speak ~** näseln

nascent [ˈneɪsᵊnt] *adj* (*form*) neu aufkommend, in [der] Entstehung begriffen; **a ~ political party** eine junge politische Partei

NASDAQ *n* STOCKEX *abbrev of* **National Association of Securities Dealers Automated Quotations** *von der Vereinigung der US-Wertpapier-Händlerfirmen für den Freiverkehr entwickeltes Börsenhandelssystem*

nasi goreng [ˌnɑːsigəˈreŋ] *n no pl* Nasi Goreng *nt*

nastily [ˈnɑːstɪli, AM ˈnæːstɪli] *adv* gehässig, gemein; **to speak ~ to sb** gehässig zu jdm sein

nastiness [ˈnɑːstɪnəs, AM ˈnæːstɪ-] *n no pl* Gemeinheit *f,* Gehässigkeit *f*

nasturtium [nəˈstɜːʃᵊm, AM -ˈstɜːr-] *n* [Kapuziner]kresse *f*

nasty [ˈnɑːsti, AM ˈnæːsti] *adj* ❶ (*bad*) scheußlich, grässlich, widerlich; ■**to be ~ to sb** zu jdm gemein sein; ***he gave me a very ~ look*** er warf mir einen finsteren [*o* übel wollenden] Blick zu; ***he is a ~ piece of work*** er ist ein fieser Zeitgenosse; **a ~ crack** eine üble Stichelei; **to have a ~ feeling about sth** wegen einer S. *gen* ein ungutes Gefühl haben; **a ~ fright** ein furchtbarer Schreck[en]; **a ~ insult** eine gemeine Beleidigung; **to have a ~ mind** eine schmutzige Fantasie haben; **a ~ joke** ein schlechter Scherz; **a ~ smell** ein grässlicher [*o* scheußlicher] Geruch; **a ~ shock** ein furchtbarer Schock; **a ~ surprise** eine böse Überraschung; **a ~ taste** ein ekelhafter [*o* widerlicher] Geschmack; **cheap and ~** billig und schlecht ❷ (*dangerous*) gefährlich ❸ (*serious*) schlimm, böse; ***she had a ~ cut*** sie hat sich ziemlich böse geschnitten *fam;* **a ~ accident** ein schlimmer Unfall; **to turn ~** umschlagen; ***the situation could turn ~ at any moment*** die Lage könnte jederzeit umschlagen

nat. *adj inv abbrev of* **national** nat.

natal [ˈneɪtᵊl, AM -t̬-] *adj* Geburts-; **the ~ period** der Geburtsvorgang

natality [nəˈtælɪti, AM -ət̬i] *n* Geburtenziffer *f*

natch [nætʃ] *adv* (*sl*) erwartungsgemäß, natürlich

NATFHE [ˈnætfiː] *n no pl, + sing/pl vb* BRIT *abbrev of* **National Association of Teachers in Further and Higher Education**

nation [ˈneɪʃᵊn] *n* ❶ (*country, state*) Nation *f,* Land *nt;* **leading industrialized ~s** führende Industrienationen; **to serve the ~** seinem Land dienen; **all across the ~** im ganzen Land; ***all across the ~ people were demonstrating for peace*** im ganzen Land demonstrierten Menschen für Frieden ❷ (*people*) Volk *nt;* **the Apache/Navajo ~** AM der Stamm der Apachen/Navajos; **the Jewish ~** das jüdische Volk; **the whole ~** das ganze Land

national [ˈnæʃᵊnᵊl] **I.** *adj inv* ❶ (*of a nation*) *matter, organization* national; *flag, team, dish, hero* National-; **~ assembly/bank** Nationalversammlung/-bank *f;* **~ census** Volkszählung *f;* **~ champion** Landesmeister(in) *m(f);* **~ defence** Landesverteidigung *f;* **~ government** Landesregierung *f;* **[in the] ~ interest** [im] Staatsinteresse *nt;* **~ security** nationale Sicherheit; **~ unity** nationale Einheit ❷ (*particular to a nation*) Landes-, Volks-; **~ costume** [*or* **dress**] Landestracht *f;* **~ language** Landessprache *f;* **~ pastime** (*iron*) Volkssport *m* ❸ (*nationwide*) national; **the ~ dailies** die überregionalen Tageszeitungen; **a ~ disaster** eine nationale Katastrophe; **a ~ emergency** ein landesweiter Notfall; **~ mourning** Staatstrauer *f;* **~ organization** überregionale Organisation; **~ strike** Generalstreik *m;* **~ television** Landesfernsehen *nt* **II.** *n* Staatsbürger(in) *m(f),* Staatsangehörige(r) *f(m);* **foreign ~** Ausländer(in) *m(f)*

national anthem *n* Nationalhymne *f* **National Association of Securities Dealers Automated Quotation** *n von der Vereinigung der US-Wertpapier-Händlerfirmen für den Freiverkehr entwickeltes Börsenhandelssystem* **national currency** *n* Landeswährung *f* **national curriculum** *n* BRIT staatlicher Lehrplan **national debt** *n* Staatsverschuldung *f* **National Education Association** *n* AM *amerikanischer Lehrerverband*

National Endowment for the Arts *n* AM *staatliche Organisation, die Stipendien an Schriftsteller und Geisteswissenschaftler vergibt, um deren Arbeit zu unterstützen* **National Front** *n* BRIT *rechtsradikale Partei* **national grid** *n* BRIT, AUS ELEC nationales Verbundnetz **National Guard** *n* AM Nationalgarde *f* **National Health** BRIT, **National Health Service** BRIT **I.** *n* staatlicher Gesundheitsdienst **II.** *n modifier* (*dentist, hospital*) ≈ Kassen-; **~ doctor** ≈ Kassenarzt, Kassenärztin *m, f*

national holiday *n* (*work-free*) gesetzlicher Feiertag; (*in celebration of a nation*) Nationalfeiertag *m*

National Insurance BRIT **I.** *n* Sozialversicherung *f* **II.** *n modifier* (*number, patient*) Sozialversicherungs-; **~ contributions** Sozialversicherungsbeiträge *mpl*

nationalism [ˈnæʃᵊnᵊlɪzᵊm] *n no pl* (*usu pej*) Nationalismus *m*

nationalist [ˈnæʃᵊnᵊlɪst] **I.** *adj* nationalistisch **II.** *n* Nationalist(in) *m(f)*

nationalistic [ˌnæʃᵊnᵊlˈɪstɪk] *adj* (*usu pej*) nationalistisch

nationality [ˌnæʃᵊnˈæləti, AM -ət̬i] *n* ❶ (*esp cultural*) Nationalität *f;* ***what ~ are you?*** welcher Nationalität sind Sie?; ***people of several different nationalities were there*** Leute aus vielen verschiedenen Ländern waren da ❷ *no pl* (*legal*) Staatsangehörigkeit *f;* **to adopt** [*or* **take**] **British/German ~** die britische/deutsche Staatsangehörigkeit annehmen; **to apply for British/German ~** die britische/deutsche Staatsangehörigkeit beantragen

nationalization [ˌnæʃᵊnᵊlaɪˈzeɪʃᵊn, AM -lɪˈ-] *n no pl* Verstaatlichung *f;* **~ of agriculture** die Verstaatlichung der Landwirtschaft

nationalize [ˈnæʃᵊnᵊlaɪz] *vt* ■**to ~ sth** *company, steel industry* etw verstaatlichen; **to ~ the banking sector** das Bankwesen verstaatlichen

nationally [ˈnæʃᵊnᵊli] *adv* (*not locally*) im ganzen Land, landesweit; (*concerning a nation*) national; **~ speaking** auf nationaler Ebene gesehen

national monument *n* Nationaldenkmal *nt* **national park** *n,* **National Park** *n* Nationalpark *m* **national service** *n no pl* BRIT, AUS Wehrdienst *m;* **to do ~** den Wehrdienst [ab]leisten **national socialism** *n no pl* (*hist*) Nationalsozialismus *m* **National Trust** *n* BRIT *nationale Organisation für Denkmalpflege und Naturschutz*

National Vocational Qualification *n* BRIT ≈ Fachhochschulreife *f*

nationhood [ˈneɪʃᵊnhʊd] *n no pl* Nationalstaatlichkeit *f,* Zustand *m* nationaler Einheit

nation state *n* Nationalstaat *m* **nationwide** **I.** *adv* landesweit, im ganzen Land; **to broadcast sth ~** etw landesweit senden **II.** *adj inv coverage, strike, campaign* landesweit; **a ~ survey** eine landesweite Umfrage

native [ˈneɪtɪv, AM -t̬-] **I.** *adj inv* ❶ (*of one's birth*) beheimatet, heimatlich; **sb's ~ country** [*or* **land**] jds Heimatland *nt;* ***he's a ~ Canadian*** er ist gebürtiger Kanadier; **sb's ~ language** [*or* **tongue**] jds Muttersprache *f;* **to stand on one's ~ soil again** wieder heimatlichen Boden betreten ❷ (*indigenous*) *customs, traditions* einheimisch; *population* eingeboren; **~ villages** Eingeborenendörfer *ntpl;* ***they were welcomed by a group of Maoris in ~ dress*** sie wurden von einer Gruppe Maoris begrüßt, die nach Art der Einheimischen gekleidet waren ❸ BOT, ZOOL *animal, plant* beheimatet, einheimisch; ***the horse is not ~ to the Americas*** das Pferd war ursprünglich nicht in Amerika beheimatet ❹ (*innate*) angeboren; **~ ability/talent** angeborene Fähigkeit/angeborenes Talent **II.** *n* (*indigenous inhabitant*) Einheimische(r) *f(m);* **a ~ of Monaco** ein gebürtiger Monegasse/eine gebürtige Monegassin; **to speak English like a ~** Englisch wie seine Muttersprache sprechen; (*indigenous, aboriginal*) Eingeborene(r) *f(m);* **to go ~** (*hum fam*) wie die Eingeborenen leben

native American **I.** *n* amerikanischer Ureinwohner/amerikanische Ureinwohnerin **II.** *adj* der amerikanischen Ureinwohner; **~ history** Geschichte der amerikanischen Ureinwohner **native-born** *adj* gebürtig; **~ New Yorker** gebürtiger New Yorker/gebürtige New Yorkerin **native speaker** *n* Muttersprachler(in) *m(f);* ***all the teachers were ~s of English*** alle Lehrer waren englische Muttersprachler

Nativity [nəˈtɪvəti, AM -ət̬i] *n no pl* ART, REL ■**the ~** die Geburt Christi

nativity play *n* Krippenspiel *nt*

NATO, Nato [ˈneɪtəʊ, AM -t̬oʊ] **I.** *n no pl, no art acr for* **North Atlantic Treaty Organisation** NATO *f* **II.** *n modifier acr for* **North Atlantic Treaty Organisation** *troops, demands, decisions* NATO-; **~ forces** NATO-Streitkräfte *pl;* **the ~ summit** der NATO-Gipfel

natter [ˈnætəʳ, AM -t̬ɚ] *esp* BRIT **I.** *vi* (*fam*) quatschen *fam;* ■**to ~ away** quasseln *fam* **II.** *n* (*fam*) Schwatz *m fam;* **to have a ~ [with sb]** [mit jdm] quatschen *fam*

natterer [ˈnætᵊrəʳ] *n* BRIT (*fam*) Labertasche *f fam*

nattily [ˈnætɪli, AM -t̬-] *adv* (*fam*) schick, flott *fam*

natty [ˈnæti, AM -t̬-] *adj* (*fam: smart*) schick; **to be a ~ dresser** immer schick gekleidet sein; (*well-designed*) *tool, appliance* praktisch

natural [ˈnætʃᵊrᵊl, AM -ɚəl] **I.** *adj* ❶ (*not artificial*) *flavour, ingredients, mineral water* natürlich; *colour, curls, dye, fertilizer* Natur-; **to be a ~ blonde** naturblondes Haar haben; **~ fibre** [*or* AM **fiber**] Naturfa-

N

ser *f;* ~ **material** Naturprodukt *m;* ~ **pearls** echte Perlen; ~ **phenomenon** Naturphänomen *nt* ② (*as in nature*) *harbour, reservoir, camouflage* natürlich; *fabric, wood* naturbelassen; ~ **state** Naturzustand *m; **it's not ~ for a woman to be so thin*** es ist gegen die weibliche Natur, so dünn zu sein ③ (*caused by nature*) natürlich; ~ **causes** natürliche Ursachen; **to die from ~ causes** eines natürlichen Todes sterben; ~ **disaster** Naturkatastrophe *f* ④ (*inborn*) angeboren; ***he has a ~ talent for sports*** er hat eine natürliche Begabung für Sport; **to be a ~ leader** ein geborener Führer/eine geborene Führerin sein ⑤ BIOL, SOCIOL ~ **father/mother/parents** leiblicher Vater/leibliche Mutter/Eltern ⑥ (*normal*) natürlich, normal; ***I'm sure there's a ~ explanation for it*** ich bin sicher, es gibt dafür eine ganz normale Erklärung; ***it's quite ~ ...*** es ist ganz natürlich, ...; ~ **inclination** Neigung *f;* ~ **wastage** ECON natürliche Fluktuation ⑦ *after n* MUS ohne Vorzeichen *nach n* ⑧ MATH *number* natürlich **II.** *n* ① (*approv fam*) Naturtalent *nt;* **to be a ~ for sth** ein Naturtalent für etw *akk* sein; ***she is a ~ for the role of Ophelia*** sie ist die Idealbesetzung für die Rolle der Ophelia; ***he is a ~ for that type of work*** Arbeit dieser Art liegt ihm; ***as a teacher, he's a*** ~ er ist der ideale Lehrer ② MUS Auflösungszeichen *nt*

natural attrition *n* AM, AUS Personalreduzierung *f* per Einstellungsstopp **natural childbirth** *n no pl* natürliche Geburt **natural gas** *n no pl* Erdgas *nt* **natural history I.** *n no pl* Naturgeschichte *f;* (*as topic of study*) Naturkunde *f* **II.** *n modifier* (*encyclopedia, TV series*) naturkundlich; ~ **expert** Naturkundeexperte, -in *m, f;* ~ **museum** Naturkundemuseum *nt*

naturalism [ˈnætʃərəlɪzəm, AM -əəl-] *n no pl* Naturalismus *m*

naturalist [ˈnætʃərəlɪst, AM -əəl-] **I.** *n* Naturforscher(in) *m(f);* ART, LIT, PHILOS Naturalist(in) *m(f)* **II.** *adj* ① (*in natural history*) naturkundlich ② ART, LIT, PHILOS naturalistisch

naturalistic [ˌnætʃərəlˈɪstɪk, AM -əəlˈ-] *adj* ART, LIT, PHILOS naturalistisch

naturalization [ˌnætʃərəlaɪˈzeɪʃən, AM -əəlɪˈ-] **I.** *n no pl* Einbürgerung *f* **II.** *n modifier* (*office, process, request*) Einbürgerungs-; ~ **papers** Einbürgerungsurkunde *f*

naturalize [ˈnætʃərəlaɪz, AM -əəl-] **I.** *vt* ▪**to ~ sb** jdn einbürgern **II.** *vi* BOT, ZOOL ▪**to become ~d** heimisch werden

naturalized [ˈnætʃərəlaɪzd, AM -əəl-] *adj inv* eingebürgert

natural language *n* natürliche Sprache **natural law** *n* Naturgesetz *nt*

naturally [ˈnætʃərəli, AM -əəli] *adv* ① (*of course*) natürlich, selbstverständlich; (*as expected*) verständlicherweise; ~ ***enough, he got upset*** wie zu erwarten war, hat er sich aufgeregt ② (*without aid*) natürlich ③ (*by nature*) von Natur aus; ***she's got ~ curly hair*** sie hat Naturlocken ④ (*without special training*) natürlich, instinktiv; ***dancing comes ~ to him*** Tanzen fällt ihm leicht; ***driving doesn't come ~ to me*** Autofahren liegt mir nicht

naturalness [ˈnætʃərəlnəs, AM -əəl-] *n no pl* Natürlichkeit *f*

natural religion *n no pl* Naturreligion *f* **natural resources** *npl* Bodenschätze *pl;* **to be rich/poor in ~** reich/arm an Bodenschätzen sein **natural science** *n,* **natural sciences** *npl* Naturwissenschaft *f* **natural selection** *n* natürliche Auslese **natural wastage** *n* BRIT Personalreduzierung *f* per Einstellungsstopp

nature [ˈneɪtʃəʳ, AM -ɚ] **I.** *n no pl* ① *no art* (*natural environment*) Natur *f;* **to get** [*or* **go**] **back to ~** zu einer natürlichen Lebensweise zurückkehren; **in ~** in der Natur; **to let ~** [*or* **allow ~ to**] **take its course** der Natur ihren Lauf lassen; **the laws of ~** die Gesetze der Natur ② (*innate qualities*) Natur *f,* Art *f,* Beschaffenheit *f;* ***what is the ~ of your problem?*** worum handelt es sich bei Ihrem Problem?; ***it's the ~ of linen to crumple easily*** Leinen knittert von Natur aus leicht; ***I have a problem of a rather delicate ~*** ich habe da ein ziemlich heikles Problem; **the ~ of a crime/an event/the punishment** die Art eines Verbrechens/Ereignisses/einer Strafe; **things of this ~** Dinge dieser Art; ***it's in the ~ of things*** das liegt in der Natur der Sache; **by ~** von Natur aus ③ (*character*) Naturell *nt,* Art *f;* **sb's better ~** das Gute in jdm; **to be in sb's ~** jds Art sein; ***it's not really in her ~ to be aggressive*** es ist eigentlich nicht ihre Art, aggressiv zu sein ▸ PHRASES: **it's the ~ of the beast** das liegt in der Natur der Sache; **the call of ~** (*euph*) der Ruf der Natur *euph;* ~***'s calling*** die Natur ruft **II.** *n modifier* (*book, programme*) Natur-

nature conservation *n no pl,* **nature conservancy** *n no pl* BRIT (*form*) Naturschutz *m* **nature cure** *n* Naturheilverfahren *nt*

-natured [ˈneɪtʃəd, AM -ɚd] *in compounds* (*sweet-, bad-*) -artig; **good-~** gutmütig; **pleasant-~** angenehm

nature lover *n* Naturfreund(in) *m(f)* **nature reserve** *n* Naturschutzgebiet *nt* **nature strip** *n* AUS (*fam*) Grünstreifen *m* **nature study** *n no pl* Naturkunde *f* **nature trail** *n* Naturlehrpfad *m* **nature worship** *n no pl* ① (*love of nature*) Naturverehrung *f,* Naturanbetung *f* ② REL Naturreligion *f*

naturism [ˈneɪtʃərɪzəm] *n no pl* BRIT Freikörperkultur *f,* FKK *kein art*

naturist [ˈneɪtʃərɪst] *n* BRIT Anhänger(in) *m(f)* der Freikörperkultur, FKK-Anhänger(in) *m(f)*

naught [nɔːt, AM *esp* nɑːt] *n* ① *no pl* (*liter or old: nothing*) Nichts *nt;* **to bring sth to ~** etw zunichte machen; **to count for ~** nichts wert sein; **for ~** umsonst ② AM, AUS (*nought*) Null *f*

naughtily [ˈnɔːtɪli, AM ˈnɑːt̬-] *adv* ① (*of children*) frech, ungezogen; **to behave ~** sich *akk* unartig benehmen; (*iron: of adults*) kess, frech ② (*usu hum fam: erotic*) unanständig; **to dress ~** sich *akk* aufreizend anziehen

naughtiness [ˈnɔːtɪnəs, AM ˈnɑːt̬-] *n no pl* ① *of children* Unartigkeit *f,* Ungezogenheit *f,* Frechheit *f;* (*iron*) *of adults* Dreistigkeit *f,* Frechheit *f* ② (*usu hum fam: erotic*) Unanständigkeit *f*

naughty [ˈnɔːti, AM ˈnɑːt̬i] *adj* ① (*badly behaved*) *children* unartig, ungezogen; (*iron*) *adults* ungehörig ② (*hum fam: erotic*) unanständig; ~ **bits** BRIT (*hum fam*) Weichteile *pl fam;* (*in a book*) unanständige Textstellen; ~ **underwear** Reizwäsche *f*

nausea [ˈnɔːsiə, -z-, AM ˈnɑːziə, -ʃə] *n no pl* Übelkeit *f;* **feeling of ~** [Gefühl der] Übelkeit; **to suffer from ~** an Übelkeit leiden; (*fig*) Ekel *m,* Abscheu *m, selten f;* **to be overcome with ~** von Übelkeit [*o* Ekel] überkommen werden

nauseate [ˈnɔːsieɪt, -z-, AM ˈnɑːz-] *vt usu passive* (*form*) ▪**to ~ sb** bei jdm Übelkeit verursachen; (*fig, pej*) ▪**to be ~d by sth** von etw *dat* angeekelt sein

nauseating [ˈnɔːsieɪtɪŋ, -z-, AM ˈnɑːzieɪt̬-] *adj* Übelkeit erregend *attr;* (*fig, pej*) Ekel erregend *attr,* widerlich, ekelhaft; (*esp iron, hum*) ***it's quite ~ how good she is at everything*** es ist geradezu widerlich, wie gut sie in allem ist

nauseatingly [ˈnɔːsieɪtɪŋli, -z-, AM ˈnɑːzieɪt̬-] *adv* (*fig, esp iron*) widerlich *iron*

nauseous [ˈnɔːsiəs, -z-, AM ˈnɑːʃəs] *adj* ① (*having nausea*) ***she is*** [*or **feels***] ~ ihr ist übel ② (*fig: causing nausea*) widerlich, ekelhaft

nauseously [ˈnɔːsiəsli, -z-, AM ˈnɑːʃəs-] *adv* widerlich, ekelhaft

nauseousness [ˈnɔːsiəsnəs, -z-, AM ˈnɑːʃəs-] *n no pl* Übelkeit *f*

nautical [ˈnɔːtɪkəl, AM ˈnɑːt̬ɪ-] *adj inv* nautisch; ~ **almanac** nautisches Jahrbuch; ~ **chart** Seekarte *f*

nautically [ˈnɔːtɪkəli, AM ˈnɑːt̬ɪ-] *adv inv* nautisch; **to dress ~** sich *akk* seemännisch kleiden

nautical mile *n* Seemeile *f*

naval [ˈneɪvəl] *adj inv* (*of a navy*) Marine-; ~ **school/uniform** Marineschule-/uniform *f;* (*of ships*) Schiffs-, See-; ~ **battle/forces** Seeschlacht *f*/Seestreitkräfte *pl*

naval academy *n* Marineakademie *f* **naval base** *n* Flottenstützpunkt *m,* Flottenbasis *f* **naval power** *n* Seemacht *f* **naval warfare** *n no pl* (*war*) Seekrieg *m;* (*warring*) Seekriegsführung *f*

nave [neɪv] *n* Hauptschiff *nt,* Längsschiff *nt*

navel [ˈneɪvəl] *n* Nabel *m* ▸ PHRASES: **to contemplate** [*or* **gaze at**] [*or* **stare at**] **one's ~** BRIT sich *akk* mit sich *dat* selbst befassen, Nabelschau betreiben *sl*

navel-gazing *n no pl* BRIT (*pej*) Nabelschau *f fam*

navel orange *n* Navelorange *f*

navigability [ˌnævɪɡəˈbɪləti, AM -əţi] *n no pl* Schiffbarkeit *f*

navigable [ˈnævɪɡəbl̩] *adj* ① (*passable*) schiffbar, befahrbar; ~ **waters** befahrbare Gewässer ② (*seaworthy*) seetüchtig; **a ~ boat** ein seetüchtiges Boot

navigate [ˈnævɪɡeɪt] **I.** *vt* ▪**to ~ sth** ① (*steer*) etw navigieren [*o* steuern] ② (*traverse*) etw befahren; **to ~ the ocean/a river** das Meer/einen Fluss befahren; (*pass through*) etw durchfahren ③ (*pilot*) etw steuern; AUTO etw lenken ④ (*fig: get through*) sich *dat* einen Weg bahnen; ***the crowd was so thick that it took us ten minutes to ~ it*** die Menschenmenge war so dicht, dass wir zehn Minuten brauchten, um durchzukommen; ***despite having drunk too much beer he just managed to ~ his way to the door*** obwohl er zu viel Bier getrunken hatte, schaffte er es noch zur Tür; **to ~ TV channels** sich *akk* bei [vielen] Fernsehkanälen zurechtfinden; **to ~ the World Wide Web** im Internet navigieren ⑤ (*fig: overcome*) etw durchstehen; ***their marriage survived all the crises which had to be ~d along the way*** ihre Ehe überlebte sämtliche Krisen, die sie im Laufe der Zeit durchzustehen hatten **II.** *vi* NAUT, AVIAT navigieren; AUTO *driver* fahren; *passenger* lotsen, dirigieren

navigation [ˌnævɪˈɡeɪʃən] *n no pl* ① (*navigating*) Navigation *f* ② (*assisting driver*) Lotsen *nt,* Dirigieren *nt* ③ SCI, ART Navigationskunde *f*

navigational [ˌnævɪˈɡeɪʃənəl] *adj inv* Navigations-; ~ **error** Navigationsfehler *m*

navigator [ˈnævɪɡeɪtəʳ, AM -t̬ɚ] *n* Navigator(in) *m(f);* AUTO Beifahrer(in) *m(f)*

navvy [ˈnævi] *n* BRIT (*dated*) Bauarbeiter *m*

navy [ˈneɪvi] **I.** *n* ① + *sing/pl vb* (*armed forces*) ▪**the N~** die Marine; **to be in the N~** in [*o* bei] der Marine sein; **to serve in the ~** in [*o* bei] der Marine dienen ② (*colour*) Marineblau *nt* **II.** *n modifier* (*base, uniform*) Marine- **III.** *adj inv* marineblau

navy blue I. *n no pl* Marineblau *nt* **II.** *adj inv* marineblau **navy yard** *n* AM Marinewerft *f*

nawab [ˈnəwɑːb] *n* HIST Nabob *m*

nay [neɪ] **I.** *adv inv* (*liter*) ja [sogar] **II.** *interj* DIAL (*old*) nein **III.** *n esp* AM Nein *nt;* (*negative vote*) Neinstimme *f*

naysayer [ˈneɪseɪəʳ, AM ɚ] *n* Pessimist(in) *m(f),* Schwarzseher(in) *m(f),* Schwarzmaler(in) *m(f)*

nazi [ˈnɑːtsiː] *n* (*pej fam: person who is very extreme in their views on sth*) Besessene(r) *f(m);* (*person holding very authoritarian views on a matter*) Faschist(in) *m(f) fig, pej;* **anti-smoking ~** militanter Nichtraucher/militante Nichtraucherin

Nazi [ˈnɑːtsi] **I.** *n* ① (*hist*) Nazi *m* ② (*pej*) Nazi *m pej,* Faschist(in) *m(f) pej* **II.** *n modifier* (*propaganda, salute, uniform*) Nazi-

Naziism *n no pl,* **Nazism** [ˈnɑːtsɪzəm] *n no pl* (*hist*) Nazismus *m*

NB [ˌenˈbiː] *adv no pl abbrev of* **nota bene** NB

NBA [ˌenbiːˈeɪ] *n* AM *abbrev of* **National Basketball Association** *die nationale Basketball-Liga der USA*

NC-17 [ˌensiːˌsevənˈtiːn] AM **I.** *n Klassifizierung, dass ein Film nicht jugendfrei ist* **II.** *adj* nicht jugendfrei

NCO [ˌensiːˈəʊ, AM -ˈoʊ] *n abbrev of* **non-commissioned officer** Uffz. *m*

NE [ˌenˈiː] *abbrev of* **north-east I.** *adj* nö. **II.** *n* NO

NEA [ˌeniːˈeɪ] *n* AM ① *abbrev of* **National Education Association** ② *abbrev of* **National Endowment for the Arts**

Neanderthal [niˈændətɑːl, AM -dɚθɔːl] *adj* Neandertaler-; (*fig*) neandertalerhaft *fig fam*

Neanderthal man *n* Neandertaler *m*

Neapolitan [ˌniːəˈpɒlɪtən, AM ˈpɑːlə] **I.** *adj inv* nea-

politanisch **II.** *n* Neapolitaner(in) *m(f)*
neap tide ['ni:ptaɪd] *n* Nipptide *f*
near [nɪəʳ, AM nɪr] **I.** *adv* ❶ (*close*) nahe; ~ **at hand** in Reichweite; **to draw** [*or* **get**] ~ näherrücken; **the time is drawing ~er** die Zeit rückt näher ❷ (*almost*) annähernd; ***as ~ as he could recall, the burglar had been tall*** soweit er sich erinnern konnte, war der Einbrecher groß gewesen; ~ **enough** (*fam*) fast, beinahe; **nowhere** [*or* **not anywhere**] ~ bei weitem nicht; ***a student grant is nowhere ~ enough to live on*** ein Stipendium reicht bei weitem nicht zum Leben [aus]; ***they came ~ to blows over their football teams*** sie fingen fast an sich wegen ihrer Fußballteams zu prügeln **II.** *adj* ❶ (*close*) nahe; ***where's the ~est phone box?*** wo ist die nächste Telefonzelle?; **a ~ catastrophe/collision** eine Beinahekatastrophe/ein Beinahezusammenstoß *m;* **in the ~ future** in der nahe Zukunft; **the ~est thing** das Nächstliegende; ■**to be ~ to sth** etw nahe sein; ***this was the ~est to fresh water I could find*** von allem, was ich auftreiben konnte, ist das frischem Wasser am ähnlichsten; **to the ~est** so genau wie möglich; ***he gave the measurements to the ~est metre*** er gab die Maße genau bis auf den Meter an ❷ (*person*) nahe, eng; ~ **relative** enge[r] [*o* nahe[r]] Verwandte[r]; **his ~est and dearest** (*hum*) seine Lieben *hum;* ■**to be ~ to sb** jdm nahe sein ❸ *attr* BRIT, AUS AUTO, TRANSP (*nearside*) auf der linken Seite *präd, nach n,* linke(r,s) **III.** *vt* ■**to ~ sth** sich *akk* etw *dat* nähern, etw *dat* näherkommen; **to ~ completion** kurz vor der Vollendung stehen; **to ~ one's end** (*liter*) jds Ende naht *euph* **IV.** *vi* sich *akk* nähern, näherkommen, näherrücken **V.** *prep* ❶ (*in proximity to*) ■~ [**to**] nahe [bei] +*dat;* ***he stood ~ her*** er stand nahe bei ihr; ***we live quite ~ [to] a school*** wir wohnen recht nahe der Schule; ***is there a train station ~ here?*** gibt es hier in der Nähe eine Bahnstation?; ***the house was nowhere ~ the sea*** das Haus war nicht mal in der Nähe des Meeres ❷ (*almost time of*) ***I shan't be home till some time ~ midnight*** ich werde nicht bis irgendwann um Mitternacht zurück sein; ***it's nowhere ~ time for us to leave yet*** es ist noch längst nicht Zeit für uns zu gehen ❸ (*almost in*) ■~ **to sth** nahe einer S. *gen;* ~ **to starvation/dehydration** nahe dem Verhungern/Verdursten; ~ **to tears** den Tränen nahe ❹ (*about ready to*) ■**to be ~ to doing sth** nahe daran sein, etw *akk* zu tun; ***I am ~ to losing my temper*** ich verliere gleich die Geduld ❺ (*like*) ***he felt something ~ envy*** er empfand so etwas wie Neid; ***what he said was nothing ~ the truth*** was er sagte stimmte nichtmal im entferntesten ❻ (*almost amount of*) nahezu; ***it weighed ~ to a pound*** es wog nahezu ein Pfund
near- [nɪəʳ, AM nɪr] *in compounds* beinahe, Beinahe-; **a ~disaster** ein Beinaheunglück *nt;* ***she was ~hysterical by the time we arrived there*** sie war beinahe hysterisch, als wir dort ankamen
nearby [ˌnɪə'baɪ, AM ˌnɪr'-] **I.** *adj* in der Nähe gelegen, nahe gelegen; **some ~ shops** einige nahe gelegene Geschäfte **II.** *adv* in der Nähe
near-death experience *n* Beinahetodeserfahrung *f* **Near East** *n* Naher Osten **near-letter quality** *adj attr, inv* Briefqualität *f;* ~ **printing** gute Druckqualität
nearly ['nɪəli, AM 'nɪr-] *adv inv* fast, beinahe; ***it was so funny we ~ died laughing*** es war so komisch, dass wir uns beinahe totgelacht hätten; ~ **certain** fast sicher; **not ~ enough** nicht annähernd [*o* bei weitem nicht] genug; **to be not ~ as bad** gar nicht so schlecht sein; **to be ~ there** beinahe da sein; **to very ~ do sth** beinahe etw tun; ***that wall is ~ three metres*** diese Mauer ist fast drei Meter hoch; ***she's ~ as tall as her father now*** sie ist jetzt beinahe so groß wie ihr Vater
near miss *n* ❶ MIL Beinahetreffer *m* ❷ (*near-accident*) Beinaheunfall *m* ❸ (*fig*) Beinaheerfolg *m*
nearness ['nɪənəs, AM 'nɪr-] *n no pl* Nähe *f*
nearside BRIT, AUS **I.** *n* Beifahrerseite *f* **II.** *adj attr, inv* auf der Beifahrerseite *nach n* **near-sighted** *adj esp* AM kurzsichtig **near-sightedness** *n no pl esp* AM Kurzsichtigkeit *f* **near thing** *n* (*fam*) knappes Entkommen; ***that was a ~!*** das war knapp!
neat [ni:t] *adj* ❶ (*well-ordered*) ordentlich, sauber; ~ **appearance/beard** gepflegtes Äußeres/gepflegter Bart; **to be ~ in one's habits** ein ordentlicher Mensch sein; ~ **and tidy** sauber und ordentlich ❷ (*skilful*) geschickt; ***they did a very ~ job stitching up your knee*** sie haben dein Knie tadellos zusammengeflickt; ~ **answer** treffende Antwort ❸ *inv* (*undiluted*) pur; ***I'll have a ~ gin please*** ich hätte gerne einen Gin pur ❹ *esp* AM, AUS (*approv sl: very good*) toll, klasse *fam;* **a ~ bike** ein tolles Fahrrad; **a ~ guy** ein dufter Typ *fam*
neaten ['ni:tᵊn] *vt* ■**to ~ sth** etw in Ordnung bringen; ■**to ~ sth up** [*or* **to ~ up sth**] etw in Ordnung bringen; ■**to ~ sb up** [*or* **to ~ up sb**] jdn ordentlich herrichten
'neath [ni:θ] *prep* (*liter*) *see* **underneath**
neatly ['ni:tli] *adv* ❶ (*tidily*) sauber, ordentlich ❷ (*skilfully*) geschickt
neatness ['ni:tnəs] *n no pl* Ordentlichkeit *f,* Sauberkeit *f*
nebula <*pl* -lae *or* -s> ['nebjələ, *pl* -li:] *n* ASTRON Nebel *m*
nebulae ['nebjəli:] *n pl of* **nebula**
nebular ['nebjələʳ, AM -ɚ] *adj* ASTRON Nebel-
nebulous ['nebjələs] *adj* nebulös *geh,* nebelhaft; ~ **fear/promise** vage Angst/vages Versprechen
nebulousness ['nebjələsnəs] *n no pl* Vagheit *f,* Unbestimmtheit *f;* **the ~ of sb's ideas** die Vagheit von jds Vorstellungen
necessaries ['nesəsᵊriz, AM -seriz] *npl* unbedingt notwendige Dinge
necessarily ['nesəsᵊrᵊli, AM ˌnesə'ser-] *adv inv* (*consequently*) notwendigerweise; (*inevitably*) unbedingt; (*of necessity*) zwangsläufig; **not ~** nicht unbedingt
necessary ['nesəsᵊri, AM -seri] **I.** *adj* nötig, notwendig, erforderlich; **to make the ~ arrangements** die nötigen Vorbereitungen treffen; **a ~ evil** ein notwendiges Übel; ~ **restructuring** notwendige Umstrukturierung; **strictly ~** unbedingt nötig; **to be ~** notwendig sein; ***that won't be ~*** das ist nicht nötig; ***it's not ~ [for you] to shout*** du brauchst nicht zu schreien; ***was it really ~ for you to say that?*** musstest du das wirklich sagen?; **to do what is ~** alles Nötige tun; **if ~** wenn nötig **II.** *n* ■**the ~** das Nötige [*o* Notwendige]; ***are you going to do the ~ or not?*** wirst du das Nötige erledigen oder nicht?; (*money*) das nötige Geld; ■**the necessaries** *pl* das Notwendige
necessitate [nə'sesɪteɪt] *vt* ■**to ~ sth** etw erforderlich [*o* notwendig] machen, etw erfordern; ***an important meeting ~s my being in London*** eine wichtige Versammlung erfordert meine Anwesenheit in London
necessitous [nə'sesɪtəs, AM əṭəs] *adj* bedürftig, Not leidend
necessity [nə'sesəti, AM -əṭi] *n* ❶ *no pl* (*being necessary*) Notwendigkeit *f;* **in case of ~** im Notfall *m;* **a case of absolute ~** ein absoluter Notfall; **when the ~ arises** wenn es unbedingt nötig ist; **by** [*or* **from**] [*or* **out of**] ~ aus Not *f* ❷ (*indispensability*) Lebensnotwendige *nt kein pl;* **bare ~** Grundbedarf *m;* **the necessities of life** das zum Leben Notwendige ▸ PHRASES: ~ **is the mother of invention** (*prov*) Not macht erfinderisch *prov*
neck [nek] **I.** *n* ❶ ANAT, PHYSIOL, MED Hals; *nape* Nacken *m,* Genick *nt;* **to fling** [*or* **throw**] **one's arms round sb's neck** jdm um den Hals fallen ❷ FASHION Kragen *m;* (*garment*) Ausschnitt *m;* ***he wore a sweater with a round ~*** er trug einen Pullover mit Rundhalsausschnitt ❸ (*narrow part*) Hals *m;* ~ **of the bottle/vase/violin** Flaschen-/Vasen-/Geigenhals *m* ❹ (*horse racing*) **by a ~** um eine Kopflänge ❺ (*dated fam: kissing*) Knutschen *nt fam;* **to have a ~** knutschen *fam* ▸ PHRASES: **to talk through the back of one's ~, to talk through one's ~** *esp* BRIT (*fam*) keine Ahnung haben, wovon man spricht; ~ **and crop** ganz und gar; **in this/sb's ~ of the woods** (*fam*) in diesen/jds Breiten; **to be breathing down sb's ~** jdm im Nacken sitzen *fig;* **to be up to one's ~ in sth** (*fam*) bis zum Hals in etw *dat* stecken *fig fam;* **to break one's ~ to do sth** (*fam*) sich *akk* wie verrückt in etw *akk* reinhängen *fam;* **to get it in the ~ [for sth]** (*fam*) [wegen einer S. *gen*] eins aufs Dach bekommen *fam;* **to have sb/sth around** [*or* **round**] **one's ~** jdn/etw am Hals haben *fam;* **to have the ~ to do sth** (*fam*) die Unverfrorenheit haben, etw zu tun; ~ **and ~** Kopf an Kopf; ***they were ~ and ~ for all but the last hundred metres*** abgesehen von den letzten hundert Metern war es ein Rennen Kopf an Kopf **II.** *vi* (*dated fam: kiss*) knutschen *fam;* (*caress*) schmusen
neckband *n* Halsbündchen *nt*
neckcloth ['nekklɒθ, AM klɑ:θ] *n* Halstuch *nt,* Halsbinde *f* **neckerchief** <*pl* -s *or* -chieves> ['nekətʃɪf, AM -kɚ-] *n* (*dated*) Halstuch *nt* **necklace** *n* [Hals]kette *f*
necklet ['neklət] *n* Halskette *f;* (*small* ~) Kettchen *nt*
neckline *n* Ausschnitt *m;* **low** [*or* **plunging**] ~ tiefer Ausschnitt **neck microphone** *n* Umhängemikrofon *nt* **neck roll** *n* BRIT Haarrolle *f* im Nacken
necktie *n esp* AM Krawatte *f*
necromancer ['nekrəʊmænsəʳ, AM rəmænsɚ] *n* Totenbeschwörer *m,* Nekromant *m geh*
necromancy ['nekrə(ʊ)mæn(t)si, AM -rəm-] *n no pl* (*form: communicating with dead*) Nekromantie *f,* Totenbeschwörung *f;* (*black magic*) schwarze Magie, Zauberei *f*
necrophilia [ˌnekrə(ʊ)'fɪliə, AM -rə'-] *n no pl* PSYCH Nekrophilie *f*
necrophiliac [ˌnekrə(ʊ)'fɪliæk, AM -rə'-] **I.** *n* nekrophile Person **II.** *adj* nekrophil
necrophilism [nek'rɒfɪlɪzᵊm, AM -'rɑ:fə-] *n no pl* PSYCH Nekrophilie *f*
necropolis <*pl* -es> [nek'rɒpᵊlɪs, AM -'rɑ:p-] *n* (*form*) Nekropolis *f,* Stadt *f* der Toten *liter*
nectar ['nektəʳ, AM -ɚ] *n no pl* (*in plants*) Nektar *m;* (*as drink*) Nektar *m*
nectarine ['nektᵊri:n, AM ˌnektə'ri:n] *n* Nektarine *f*
née [neɪ] *adj pred, inv* geborene; ***Elaine Gibson, ~ Gillett*** Elaine Gibson, geborene Gillett
need [ni:d] **I.** *n no pl* ❶ (*requirement*) Bedarf *m* (**for** an +*dat*); ***your ~ is greater than mine*** du brauchst es dringender als ich; ***there was no ~ for you to walk from the station*** du hättest doch nicht vom Bahnhof herlaufen müssen; **to be in ~ of sth** etw brauchen; **to be badly in ~ of sth** etw dringend brauchen; **to have no ~ of sth** etw nicht brauchen; ■**~s** *pl* Bedürfnisse *ntpl;* **basic ~s** Grundbedürfnisse *ntpl;* **to meet sb's ~s** jds Bedürfnisse *pl* erfüllen ❷ (*yearning*) Bedürfnis *nt;* **to have the ~ to do sth** das Bedürfnis haben, etw zu tun ❸ (*destitution*) **in ~** in Not ❹ (*necessity*) Notwendigkeit *f kein pl;* ***as the ~ arises*** bei Bedarf; ***there's no ~ to get so angry*** es besteht kein Grund, so wütend zu werden; **if ~[s] be** falls nötig ❺ (*emergency*) Not *f;* **in your/his/her hour of ~** in der Stunde der Not ▸ PHRASES: **thy ~ is greater than mine** deine Not ist größer als meine **II.** *vt* ❶ (*require*) ■**to ~ sth/sb** etw/jdn brauchen; ***I ~ you to advise me on …*** ich brauche deinen Rat … ❷ (*should have*) ■**to ~ sth** etw brauchen; ***what you ~ is a nice hot bowl of soup*** was du jetzt brauchst ist eine schöne, heiße Schüssel Suppe; ***who ~s a car? I've got my bike*** wer braucht schon ein Auto? ich habe ja mein Fahrrad; (*hum*) ***I ~ this like I ~ a hole in the head*** das ist ja das Letzte, was ich [jetzt auch noch] gebrauchen kann *fam;* ***this room ~s a bit of brightening-up*** dieses Zimmer muss man mal ein bisschen freundlicher machen; ***he ~s his brains examined*** er hat nicht mehr alle Tassen im Schrank; ***she ~s that car seeing to*** sie sollte das Auto mal zur Werkstatt bringen; ***you won't be ~ing your coat today*** deinen Mantel brauchst du heute nicht ❸ (*must*) ■**to ~ to do sth** etw tun müssen; ■**to ~ not do sth** etw nicht tun brauchen; ~ ***we take your mother?*** müssen wir deine Mutter mitnehmen? ❹ (*not necessary*) ***you ~n't worry*** du brauchst dir keine Gedanken zu machen; ***and it ~n't cost very much***

N

und es muss noch nicht mal viel kosten ⑤ (*didn't have to*) ***you didn't ~ to invite him — he was sent an invitation weeks ago*** du hättest ihn nicht einladen müssen — er hat schon vor Wochen eine Einladung zugeschickt bekommen; ***you ~n't have washed all those dishes*** du hättest nicht das ganze Geschirr abwaschen müssen; ***this accident ~n't have happened, if he'd only driven more carefully*** dieser Unfall wäre nie passiert, wenn er nur vorsichtiger gefahren wäre ⑥ *esp* BRIT (*shouldn't*) ***you ~n't laugh!*** du brauchst gar nicht [so] zu lachen!; (*hardly necessary*) ~ ***you ask?*** (*iron*) da fragst du noch?; ***I ~ hardly say …*** ich brauche wohl kaum zu erwähnen …; ~ ***I say more?*** muss ich noch mehr sagen?

needed ['ni:dɪd] *adj inv* notwendig, nötig; ***most people like to feel ~*** die meisten Menschen mögen es, gebraucht zu werden; **much-~** dringend nötig [*o* notwendig]

needful ['ni:dfᵊl] **I.** *adj* ① (*form: necessary*) nötig, notwendig ② (*needy*) bedürftig; ***she couldn't lie when ~*** sie konnte nicht lügen, wenn sie etwas brauchte **II.** *n no pl* ■**the ~** das Nötige; (*fam*) *money* das nötige Kleingeld *fam*

needle ['ni:dl] **I.** *n* ① (*for sewing*) Nadel *f;* **knitting ~** Stricknadel *f;* ~ **and thread** Nadel und Faden; **to thread a ~** einen Faden einfädeln ② MED Nadel *f;* **to be on the ~** BRIT (*fam*) an der Nadel hängen *fam;* **to get a ~** AM, AUS (*fam*) geimpft werden ③ (*pointer*) Nadel *f,* Zeiger *m;* (*on compass*) [Kompass]nadel *f;* (*stylus*) [Grammophon]nadel *f* ④ (*leaf*) Nadel *f* ► PHRASES: **it is like looking** [*or* **searching**] **for a ~ in a haystack** das ist, als würde man eine Stecknadel im Heuhaufen suchen; **to get the ~** (*fam*) sich *akk* ärgern; **to give sb the ~** (*fam*) jdn ärgern **II.** *vt* ■**to ~ sb** jdn ärgern [*o fam* nerven]

needle bank *n,* **needle exchange** *n Ort, an dem Drogenabhängige saubere Nadeln bekommen* **needlecraft** ['ni:dlkrɑ:ft, AM kræft] *n no pl* Näherei *f,* Handarbeit *f* **needle-exchange center** *n* Fixerstube *f* **needle match** *n* SPORTS (*fam*) erbitterter Kampf **needlepoint** *n no pl* Stickerei *f* **needle printer** *n* Nadeldrucker *m* **needle-sharp** ['ni:dlʃɑ:p, AM ʃɑ:rp] *adj inv* nadelscharf

needless ['ni:dləs] *adj inv* unnötig, überflüssig; ~ **to say …** selbstverständlich …, natürlich …, überflüssig zu sagen, dass …

needlessly ['ni:dləsli] *adv inv* unnötig[erweise]; **to die ~** sinnlos sterben

needlewoman <*pl* -women> ['ni:dlwʊmən] *n* Näherin *f* **needlework** *n no pl* Handarbeit *f*

needn't ['ni:dᵊnt] = **need not** *see* **need II**

needs [ni:dz] *adv inv* (*old*) unbedingt; ~ **must** [*or* **must ~**] **do sth** (*old form*) unbedingt etw tun müssen; ***I don't want to work all weekend, but ~ must*** ich will nicht das ganze Wochenende arbeiten, aber was sein muss, muss sein; ***I have no choice in the matter I ~ must attend*** mir bleibt keine Wahl, ich werde wohl teilnehmen müssen

need-to-know *adj attr, inv bezeichnet ein Prinzip, das nur berechtigten Personen Zugang zu geheimen Informationen ermöglicht*

needy ['ni:di] **I.** *adj* ① (*poor*) bedürftig, Not leidend *attr* ② PSYCH (*mentally weak*) bedürftig **II.** *n* ■**the ~** *pl* die Bedürftigen *pl*

ne'er [neəʳ, AM ner] *adv* (*poet*) nie[mals], nimmer *poet*

ne'er-do-well ['neədu,wel, AM 'ner-] *n* (*dated*) Taugenichts *m,* Tunichtgut *m veraltend*

nefarious [nɪ'feəriəs, AM nə'fer-] *adj* (*form*) schändlich, ruchlos *geh*

nefariously [nɪ'feəriəsli, AM nə'fer-] *adv* (*form*) schändlich, ruchlos *geh*

nefariousness [nɪ'feəriəsnəs, AM nə'fer-] *n no pl* (*form: vileness*) Ruchlosigkeit *f geh,* Schändlichkeit *f;* (*wickedness*) Bosheit *f*

neg [neg] *n* PHOT (*fam*) *short for* **negative** Negativ *nt*

neg. *adj abbrev of* **negative** neg.

negate [nɪ'geɪt] *vt* (*nullify*) ■**to ~ sth** etw zunichte machen; (*deny*) ■**to ~ sth** etw verneinen [*o geh* negieren]; MATH etw negieren

negation [nɪ'geɪʃᵊn] *n no pl* ① (*usu form: antithesis*) Verneinung *f,* Negation *f geh* ② (*usu form: opposition*) Ablehnung *f,* Negation *f geh* ③ LING Verneinung *f,* Negation *f fachspr* ④ MATH Negierung *f*

negative ['negətɪv, AM -ţ-] **I.** *adj* ① (*negation*) negativ, ablehnend; ~ **answer** ablehnende Antwort ② LING negativ, verneinend *attr;* ~ **clause/form** verneinter Satz/verneinte Form ③ (*pessimistic*) negativ, ungünstig; ~ **feedback** negative Rückmeldung; ■**to be ~ about sth/sb** etw/jdm gegenüber negativ eingestellt sein; (*worrying*) negativ, schlecht ④ *inv* ELEC, SCI negativ, minus; ~ **cathode** [*or* **pole**] Minuspol *m,* negativer Pol ⑤ *inv* MED *blood* negativ ⑥ MATH, SCI negativ; ~ **number** negative Zahl **II.** *n* ① (*negation*) Verneinung *f;* ~ **answer** abschlägige Antwort; **in the ~** (*rejection*) abschlägig; LING in der Verneinungsform ② PHOT Negativ *nt;* (*film*) Negativfilm *m;* **black-and-white/colour** [*or* AM **color**] ~ Schwarzweiß-/Farbnegativ *nt* **III.** *vt* ■**to ~ sth** (*say no to*) etw verneinen; (*reject/decline*) etw ablehnen

negative equity *n Hypothekenschuld, die größer ist als der Wert des Hauses*

negatively ['negətɪvli, AM -ţ-] *adv* negativ; **to perceive/view sth ~** etw negativ wahrnehmen/sehen; **to think ~** negativ denken; (*saying no*) ablehnend

negativism ['negətɪvɪzᵊm, AM -ţɪv-] *n no pl,* **negativity** [,negə'tɪvəti, AM -əţi] *n no pl* Negativismus *m,* Negativität *f*

neglect [nɪ'glekt] **I.** *vt* ■**to ~ sb/sth/oneself** jdn/etw/sich selbst vernachlässigen; **to ~ one's duties** seine Pflichten vernachlässigen; **to ~ one's employees/husband/wife** seine Angestellten/seinen Ehemann/seine Ehefrau vernachlässigen; ■**to ~ to do sth** [es] versäumen, etw zu tun; ***I'd ~ed to write to him*** ich habe es versäumt, ihm zu schreiben **II.** *n* (*lack of care*) Vernachlässigung *f;* (*disrepair*) Verwahrlosung *f;* **to be in a state of ~** verwahrlost sein; **to fall into a state of ~** verwahrlosen

neglected [nɪ'glektɪd] *adj* (*uncared for*) verwahrlost; ~ **child** verwahrlostes Kind; (*overlooked*) vernachlässigt

neglectful [nɪ'glektfᵊl] *adj* nachlässig; ~ **parents** pflichtvergessene Eltern; ■**to be ~ of sth/sb** etw/jdn vernachlässigen; **to be ~ of one's duties/friends/housework** seine Pflichten/Freunde/die Hausarbeit vernachlässigen

negligee *n,* **negligée** ['neglɪʒeɪ, AM ,neglə'ʒeɪ] *n* Negligee *nt*

negligence ['neglɪdʒən(t)s] *n no pl* (*lack of care*) Nachlässigkeit *f;* (*neglect*) Vernachlässigung *f;* LAW (*form*) Fahrlässigkeit *f;* **contributory ~** Mitverschulden *nt;* **criminal ~** strafbare [*o* grobe] Fahrlässigkeit; **culpable ~** schuldhafte [*o* grobe] Fahrlässigkeit; **gross ~** grobe Fahrlässigkeit

negligent ['neglɪdʒənt] *adj* (*careless*) nachlässig; LAW fahrlässig; ***the teacher had been ~ in leaving the children alone, the judge ruled*** der Richter befand das Verhalten des Lehrers für fahrlässig, weil dieser die Kinder alleine gelassen hatte; **to be ~ of one's duties/family/work** seine Pflichten/Familie/Arbeit vernachlässigen; (*liter: nonchalant*) *manner* leger, lässig; *clothing* salopp

negligently ['neglɪdʒəntli] *adv* (*carelessly*) nachlässig; LAW fahrlässig; **to fail ~ to do sth** auf fahrlässige Weise versäumen, etw zu tun; (*liter: nonchalantly*) lässig

negligible ['neglɪdʒəbl] *adj* unbedeutend, unwesentlich; *amount* geringfügig, unerheblich, nicht nennenswert

negligibly ['neglɪdʒəbli] *adv* geringfügig; **to go up ~** geringfügig ansteigen

negotiable [nɪ'gəʊʃiəbl, AM -'goʊ-] *adj* ① (*discussable*) verhandelbar; ***everything is ~ at this stage*** in diesem Stadium kann [noch] über alles verhandelt werden; ***the salary was advertised as being ~*** das Gehalt war laut Inserat Verhandlungssache ② (*traversable*) passierbar; ~ **road** befahrbare Straße ③ FIN übertragbar; ~ **securities** übertragbare Sicherheiten; **not ~** nur zur Verrechnung, nicht übertragbar

negotiable cheque *n* FIN Inhaberscheck *m* **negotiable instrument** *n* FIN übertragbares [*o* begebbares] Wertpapier

negotiate [nɪ'gəʊʃieɪt, AM -'goʊ-] **I.** *vt* ① (*discuss*) ■**to ~ sth** [**with sb**] etw [mit jdm] aushandeln; **to ~ a loan/treaty** einen Darlehensvertrag/Vetrag abschließen; **to ~ a peace with sb/sth** ein Friedensabkommen mit jdm/etw aushandeln ② (*traverse*) ■**to ~ sth** etw passieren; (*fig: surmount*) *problems* etw überwinden ③ (*spec: transfer*) übertragen; (*cash in*) **to ~ a cheque** [*or* AM **check**] einen Scheck einlösen; **to ~ securities** Sicherheiten übertragen **II.** *vi* verhandeln; ■**to ~ for** [*or* **on**] **sth** über etw *akk* verhandeln; ■**to ~ with sb** mit jdm verhandeln

negotiating committee *n* Verhandlungskommission *f* **negotiating table** *n* (*fig*) Verhandlungstisch *m*

negotiation [nɪ,gəʊʃi'eɪʃᵊn, AM -,goʊ-] *n* Verhandlung *f;* ~ ***for the pay increase*** das Aushandeln der Gehaltserhöhung; ***the exact details are still under ~*** die genauen Details werden noch verhandelt

negotiator [nɪ'gəʊʃieɪtəʳ, AM -'goʊʃieɪţɚ] *n* ① (*to reach an agreement*) Unterhändler(in) *m(f),* Verhandlungsführer(in) *m(f)* ② BRIT Makler(in) *m(f)*

Negress <*pl* -es> ['ni:grəs, AM -grɪs] *n* (*pej! dated*) Negerin *f pej*

Negro <*pl* -es> *n* (*pej! dated*), **negro** ['ni:grəʊ, AM -groʊ] *n* (*pej! dated*) Neger *m pej*

Negroid ['ni:grɔɪd] *adj* (*pej! dated*) negroid *veraltet*

neigh [neɪ] **I.** *n* Wiehern *nt kein pl* **II.** *vi* wiehern

neighbor *n* AM *see* **neighbour**

neighborhood *n* AM *see* **neighbourhood**

neighboring *adj* AM *see* **neighbouring**

neighborliness *n* AM *see* **neighbourliness**

neighborly *adj* AM *see* **neighbourly**

neighbour ['neɪbəʳ], AM **neighbor** [-ɚ] **I.** *n* (*person*) Nachbar(in) *m(f);* **next-door ~** direkter Nachbar/direkte Nachbarin, Haus-/Wohnungsnachbar(in) *m(f);* (*fig: country*) Nachbarland *nt;* (*fig: fellow-citizen*) Nächste(r) *f(m),* Mitmensch *m* ► PHRASES: **love your ~ as you love yourself** liebe deinen Nächsten wie dich selbst **II.** *vi* ■**to ~ on sth** an etw *akk* [an]grenzen

neighbourhood ['neɪbəhʊd], AM **neighborhood** [-ɚ-] *n* ① (*district*) Viertel *nt;* **a closed/friendly ~** ein eigenständiges/freundliches Viertel; (*people*) Nachbarschaft *f;* ***the whole ~ is talking about it*** die ganze Nachbarschaft spricht davon; **in the ~** in der Nachbarschaft ② (*vicinity*) Nähe *f kein pl,* Umgebung *f;* ***they live in the ~ of the airport*** sie wohnen in der Nähe des Flughafens ③ (*fig: approximately*) **in the ~ of sth** um etw *akk* herum; ***we're hoping to get something in the ~ of £70,000 for the house*** wir hoffen, dass wir um [die] £70,000 für das Haus bekommen werden

neighbourhood watch **I.** *n* Nachbarschaftsinitiative *f* zur Kriminalitätsbekämpfung **II.** *n modifier* (*scheme, plan, sign*) Nachbarschaftswachdienst-

neighbouring ['neɪbᵊrɪŋ], AM **neighboring** [-bɚ-] *adj attr, inv* (*nearby*) benachbart, Nachbar-; ~ **house** Nachbarhaus *nt;* (*bordering*) angrenzend; ~ **country** [*or* **state**] Nachbarstaat *m,* Anliegerstaat *m*

neighbourliness ['neɪbᵊlɪnəs], AM **neighborliness** [-bɚ-] *n no pl* gutnachbarliches Verhalten, gutnachbarliche Art; **an act of ~** ein Zeichen der Nachbarschaftlichkeit; **good ~** gutnachbarliches Verhältnis

neighbourly ['neɪbᵊli], AM **neighborly** [-bɚli] *adj* (*community-friendly*) gutnachbarlich; (*kindly*) freundlich

neither ['naɪðəʳ, AM 'ni:ðɚ] **I.** *adv inv* ① (*not either*) weder; ~ **… nor …** [**nor …**] weder … noch … [oder …]; ***vegans eat ~ meat, nor fish, nor animal products*** Veganer essen weder Fleisch noch Fisch oder tierische Produkte; ~ ***one thing nor the other*** weder das eine noch das andere ② (*also not*) auch nicht; ***if she doesn't agree to the plan, ~ will Tom*** wenn sie dem Plan nicht zustimmt, wird auch Tom nicht zustimmen; ***he doesn't like it*** ~ er mag es auch nicht; ***he didn't remember, and ~ did I*** er erinnerte sich nicht, und ich auch nicht; (*fam*) ***me*** ~ ich auch nicht ▶ PHRASES: **to be ~ here nor there** völlig nebensächlich [*o* unwichtig] sein; ***it's essential that she has this medicine, and the cost is ~ here nor there*** sie braucht diese Medizin, die Kosten sind völlig nebensächlich **II.** *adj attr, inv* keine(r,s) von beiden; ~ ***side of the brain is dominant over the other*** keine Gehirnhälfte dominiert die andere; ~ ***student knew the answer*** keiner der Studenten wusste die Antwort; **in ~ case** in keinem Fall; ~ ***one of us is particularly interested in gardening*** keiner von uns beiden ist an der Gärtnerei sehr interessiert **III.** *part* (*not either of two*) keine(r,s) von beiden; ***we've got two TVs, but ~ works properly*** wir haben zwei Fernseher, aber keiner funktioniert richtig; ***I asked two people to help me, but ~ of them knew what to do*** ich bat zwei Leute mir zu helfen, aber keiner von ihnen wusste, was zu tun war; ~ ***of us believes it*** keiner von uns glaubt das **IV.** *conj* ■ ~ **... nor ...** weder ... noch; ~ ***am I prepared to meet his demands, nor has he ...*** ich bin weder gewillt, seine Forderungen zu akzeptieren, noch hat er ...

nelly ['neli] *n* ▶ PHRASES: **not on your ~** BRIT (*hum dated*) nie im Leben *fam*

nelson ['nels^ə^n] *n* SPORTS (*in wrestling*) [**half**] ~ Nelson *m;* **full ~** doppelter Nackenheber, Doppelnelson *m;* **to have sb in a ~** einen Nelson bei jemandem ansetzen

nemeses ['neməsi:z] *n pl of* **nemesis**

nemesis <*pl* -ses> ['neməsɪs, *pl* -si:z] *n* ① (*liter: punishment*) gerechte Strafe; ***the tax increases proved to be the President's political ~ at the following election*** die Steuererhöhungen erwiesen sich als politische Krux für den Präsidenten bei den nächsten Wahlen ② (*goddess*) ■**N~** Nemesis *f,* Rachegöttin *f*

neo- [,ni:əʊ, AM ,ni:oʊ] *in compounds* neo-

neoclassical [,ni:əʊ'klæsɪk^ə^l, AM -oʊ'-] *adj* klassizistisch

neoclassicism [,ni:əʊ'klæsɪsɪz^ə^m, AM -oʊ'-] *n no pl* Klassizismus *m*

neocolonial [,ni:əʊkə'ləʊniəl, AM ,ni:oʊkə'loʊ-] *adj inv* neokolonialistisch

neocolonialism [,ni:əʊkə'ləʊni^ə^lɪz^ə^m, AM -oʊkə'loʊ-] *n no pl* Neokolonialismus *m*

neocolonialist [,ni:əʊkə'ləʊni^ə^lɪst, AM -oʊkə'loʊ-] *adj inv* neokolonialistisch

neocon [,ni:oʊ'kɑ:n] *adj* AM *short for* **neo-conservative** neokonservativ (*mit Bezug auf die konservative Reagan-Ära*)

neo-conservative [,ni:əʊkən'sɜ:vətɪv, AM ,ni:oʊkən'sɜ:rvət̬ɪv] *adj* AM neokonservativ (*mit Bezug auf die konservative Reagan-Ära*) **neo-fascism** [,ni:əʊ'fæʃɪz^ə^m, AM ,ni:oʊ] *n no pl* Neofaschismus *m* **neo-fascist** [,ni:əʊ'fæʃɪst, AM ,ni:oʊ] **I.** *adj inv* neofaschistisch **II.** *n* Neofaschist(in) *m(f)*

neolithic [,ni:ə(ʊ)'lɪθɪk, AM -oʊ'-] *adj inv* neolithisch *fachspr,* jungsteinzeitlich; ~ **Period** Neolithikum *nt;* (*fig, pej*) vorsintflutlich *fam,* steinzeitlich *fam*

neologism [ni'ɒlədʒɪz^ə^m, AM -'ɑ:l-] *n* (*form*) Neologismus *m fachspr,* Wortneubildung *f,* Wortschöpfung *f*

neon ['ni:ɒn, AM -ɑ:n] **I.** *n no pl* Neon *nt* **II.** *n modifier* Neon-; ~ **tube** Neonröhre *f*

neonatal [,ni:ə(ʊ)'neɪt^ə^l, AM -oʊ'neɪt̬^ə^l] *adj attr, inv* Neugeborenen-; ~ **care/unit** Neugeborenenpflege/-station *f;* ~ **feeding** Stillen *nt* von Neugeborenen

neo-nazi [,ni:ə(ʊ)'nɑ:tsi, AM -oʊ'-] **I.** *n* Neonazi *m* **II.** *n modifier* (*group, newspaper, slogan*) neonazistisch

neo-naziism *n no pl,* **neo-nazism** [,ni:ə(ʊ)'nɑ:tsɪz^ə^m, AM -oʊ'-] *n no pl* Neonazismus *m*

neon lamp *n* Neonlampe *f* **neon light** *n* ① (*lamp*) Neonlampe *f* ② (*sign*) Leuchtreklame *f,* Neonreklame *f* **neon sign** *n* Leuchtreklame *f,* Neonreklame *f*

neophyte ['ni:ə(ʊ)faɪt, AM -oʊ-] *n* (*form: new convert*) Neophyt(in) *m(f) fachspr,* Neugetaufte(r) *f(m);* (*beginner*) Neuling *m,* Anfänger(in) *m(f)*

Nepalese [,nep^ə^l'i:z] **I.** *adj inv* nepalesisch **II.** *n* <*pl* -> Nepalese, -in *m, f*

nephew ['nefju:] *n* Neffe *m*

nephritis [nɪ'fraɪtɪs, AM -t̬əs] *n no pl* Nierenentzündung *f,* Nephritis *f fachspr*

nepotism ['nepətɪz^ə^m] *n no pl* (*pej*) Nepotismus *m geh,* Vetternwirtschaft *f*

nepotistic [,nepə'tɪstɪk] *adj* (*pej*) nepotistisch *geh*

Neptune ['neptju:n, AM *esp* -tu:n] *n no art* Neptun *m*

nerd [nɜ:d, AM nɜ:rd] *n* (*sl: gawky male*) Langweiler *m fam;* (*idiot*) Depp *m bes* SÜDD, ÖSTERR, SCHWEIZ *pej;* **computer ~** Computerfreak *m sl*

nerdy ['nɜ:di, AM 'nɜ:r-] *adj* (*fam*) doof *sl,* beknackt *sl*

Nereid ['nɪəriɪd, AM 'nɪri] *n* MYTH Wassernymphe *f,* Nereide *f*

nerve [nɜ:v, AM nɜ:rv] **I.** *n* ① ANAT, PHYSIOL, MED Nerv *m* ② *no pl* (*courage*) Mut *m,* Mumm *m fam;* **to hold** [*or* **keep**]**/lose one's ~** die Nerven behalten/verlieren ③ (*nervousness*) ■**~s** *pl* Nervosität *f kein pl;* (*stress*) Nerven *pl;* ***my ~s reach breaking point after twelve hours at work*** nach zwölf Stunden Arbeit liegen meine Nerven blank ④ (*impudence*) Frechheit *f,* Unverschämtheit *f;* ***that man has such a ~!*** der Mann hat [vielleicht] Nerven!; **to have the ~ to do sth** den Nerv haben *fam* [*o* die Frechheit besitzen] etw zu tun; ***of all the ~!*** das ist doch die Höhe! ▶ PHRASES: **to be a bundle of ~s** ein Nervenbündel *nt* sein *fam;* **~s of iron** [*or* **steel**] Nerven wie Drahtseile *fam,* Nerven aus [*o* wie] Stahl; **to be in a state of ~s** nervös sein; **to calm** [*or* **steady**] **one's ~s** die Nerven beruhigen; **to get on sb's ~s** (*fam*) jdm auf die Nerven gehen *fam;* **to hit** [*or* **touch**] **a** [**raw**] **~** einen wunden Punkt treffen; **to live on one's ~s** *esp* BRIT, **to be on one's ~ ends** *esp* AM nervlich extrem angespannt sein **II.** *n modifier* (*disease, end, problem*) Nerven-; **~ fibre** [*or* AM **fiber**] Nervenfaser *f,* Nervenstrang *m;* **~ impulse** Nervenimpuls *m,* Nervenreiz *m* **III.** *vt* ■**to ~ sb** jdn ermutigen; ■**to ~ oneself** [**up**] **to do sth** den Mut aufbringen etw zu tun

nerve cell *n* Nervenzelle *f* **nerve center** AM, **nerve centre** *n* ① ANAT, PHYSIOL, MED Nervenzentrum *nt* ② (*control center*) Nervenzentrum *nt fig,* Schaltzentrale *f fig* **nerve end** *n,* **nerve ending** *n usu pl* Nervenende *nt* **nerve gas** *n* Nervengas *nt*

nerveless ['nɜ:vləs, AM 'nɜ:rv-] *adj* ① (*without nerves*) nervenstark ② (*lacking vigour*) kraftlos, schwach

nervelessly ['nɜ:vləsli, AM 'nɜ:rv-] *adv* ① (*coolly*) gelassen, seelenruhig *fam* ② (*faintheartedly*) ≈ ohne Biss *fam*

nerve-racking *adj,* **nerve-wracking** *adj* nervenaufreibend

nervous ['nɜ:vəs, AM 'nɜ:r-] *adj* (*highly-strung*) nervös; ~ **exhaustion** nervöse Erschöpfung; **a ~ tic/twitch** nervöser Tick/nervöses Zucken; (*tense*) aufgeregt; (*fearful*) ängstlich; **of a ~ disposition** ängstlich sein; **to be** [*or* **feel**] **~ in sb's presence** in jds Gegenwart nervös sein; ~ **wreck** nervöses Wrack; ***you look a ~ wreck!*** du siehst völlig fertig aus!; **to make sb ~** jdn nervös machen; ■**to be ~ about sth** wegen etw *dat* nervös sein; ■**to be ~ of sb/sth** vor jdm/etw Angst haben

nervous breakdown *n* Nervenzusammenbruch *m;* **to have** [*or* **suffer**] **a ~** einen Nervenzusammenbruch erleiden

nervously ['nɜ:vəsli, AM 'nɜ:r-] *adv* nervös; (*overexcitedly*) aufgeregt; (*timidly*) ängstlich; **to twitch ~** nervös zucken

nervousness ['nɜ:vəsnəs, AM 'nɜ:r-] *n no pl* (*nervous state*) Nervosität *f;* (*fear*) Angst *f* (**about** vor +*dat*)

nervous system *n* Nervensystem *nt*

nervy ['nɜ:vi, AM 'nɜ:r-] *adj* ① AM (*pej: impudent*) unverschämt ② AM (*brave*) mutig ③ BRIT (*nervous*) nervös

nest [nest] **I.** *n* ① (*of animals*) Nest *nt;* (*fig: of humans*) Nest *nt fig,* Heim *nt;* **empty ~** (*fig*) leeres Nest, Familie, bei der die Kinder aus dem Haus sind; **empty ~ syndrome** Gefühl *nt* der Leere, wenn die Kinder aus dem Haus sind; **to leave the ~** (*fig*) das Nest verlassen, flügge werden *fig* ② (*pej: den*) Schlupfwinkel *m,* Versteck *nt;* (*of criminals*) Brutstätte *f fig;* **~ of espionage/spies** Spionagenest *nt/* Nest von Spionen *fig* ③ (*set*) Satz *m* ▶ PHRASES: **it's an ill bird that fouls it's own ~** BRIT (*prov*) nur ein schlechter Charakter beschmutzt das eigene Nest; **to feather one's** [**own**] **~** in die eigene Tasche arbeiten [*o* wirtschaften]; **to foul one's** [**own**] **~** das eigene Nest beschmutzen **II.** *vi* ORN, SCI nisten **III.** *vt* COMPUT ■**to ~ sth** etw verschachteln

nest box *n* AM ORN (*nesting box*) Nistkasten *m*

nest egg *n* Notgroschen *m;* **to have a little ~** sich *dat* einen Notgroschen zurückgelegt haben

nesting ['nestɪŋ] *adj attr, inv* ① (*of sets*) ineinander stapelbar; ~ **dolls** Matroschka *f* ② (*of nests*) Nist-; ~ **time** Nistzeit *f*

nesting box *n esp* BRIT Nistkasten *m*

nestle ['nesl] **I.** *vt* ■**to ~ sth on sb** etw an jdn schmiegen [*o* kuscheln]; ***he ~d his head on her lap*** er legte seinen Kopf in ihren Schoß; ***she ~d the baby lovingly in her arms*** sie hielt das Baby liebevoll in ihren Armen **II.** *vi* ① (*person*) ***I love nestling down in bed with a cup of hot chocolate*** ich kuschle mich gerne mit einer Tasse heiße Schokolade ins Bett; ***she lay back and ~d amongst the cushions and pillows*** sie legte sich zurück und schmiegte sich in die Kissen; ■**to ~ up to sb** sich *akk* an jdn anschmiegen; ***the young couple lovingly ~d*** [***up***] ***together*** das junge Paar schmiegte sich verliebt aneinander ② (*object*) ■**to ~ in sth** in etw *akk* eingebettet sein; ***the lake ~s among volcanic hills*** der See liegt zwischen vulkanischen Hügeln eingebettet

nestling ['neslɪŋ] *n* Nestling *m*

nest robber *n* Nesträuber *m;* (*fig*) Dieb(in) *m(f)*

Net *n no pl* INET, COMPUT ■**the ~** das Netz; ■**through the ~** durch das Netz, per Internet

net¹ [net] **I.** *n* ① (*mesh*) Netz *nt;* **fishing ~** Fischernetz *nt;* **to haul in a ~** ein Netz einholen; (*fig: trap*) Falle *f,* Netz *nt;* **to slip through the ~** durchs Netz schlüpfen *fig;* ***although the police were watching every port he still slipped through the ~*** obwohl die Polizei jeden Hafen überwachte, ging er ihnen dennoch durchs Netz; (*fig: social welfare*) soziales Netz; **to fall** [*or* **slip**] **through the ~** durch das soziale Netz fallen *fig* ② SPORTS (*in tennis*) Netz *nt;* (*in soccer*) Netz *nt;* ■**the ~s** *pl* (*in cricket*) *Übungsplatz für Cricket, der von einem Netz eingeschlossen ist* **II.** *vt* <-tt-> ① (*catch*) ■**to ~ sth** *fish* etw mit einem Netz fangen; (*fig*) ■**to ~ sb** *criminals* jdn fangen ② (*fig: get*) ■**to ~ oneself sth** sich *dat* etw angeln [*o* an Land ziehen] *fig fam;* ***Mark's ~ted himself a top job with an advertising company*** Mark hat sich einen Spitzenjob in einer Werbeagentur geangelt ③ SPORTS **to ~ a return/volley** *tennis* einen Return/Volley ins Netz schlagen; **to ~ the ball/a goal** *soccer* den Ball ins Tor/ein Tor schießen

net² [net] **I.** *adj inv* ① FIN netto; ~ **assets** [*or* **asset value**] Reinvermögen *nt,* Nettovermögen *nt;* ~ **asset value per share** Inventarwert *m* eines Fondsanteils; ~ **change on the day** Differenz *f* zwischen Anfangs- und Schlusskurs eines Börsentages; ~ **dividend per share** Nettodividende *f* pro Aktie; ~ **earnings** [*or* **income**] Reinertrag *m;* ~ **income** [*or* **earnings**] Nettoeinkommen *nt;* ~ **profit/results** Reingewinn *m*/Endergebnis *nt;* ~ **receipts/returns** Nettoeinnahmen *fpl;* ~ **wages** Nettolöhne *mpl;* ***the sum ~ of tax is over twenty thousand*** die Summe abzüglich der Steuern macht über Zwanzigtausend aus; *weight* netto, rein *attr,* Rein-; ~ **tonnage** Nettoregistertonnage *f;* ~ **weight** Nettogewicht *nt* ② *attr* (*fig: final*) End- **II.** *vt* ① (*after tax*) ■**to ~ sth** etw netto verdienen; ***he ~s £300 a week in his new job*** er verdient in seinem neuen

Job £300 und netto die Woche; **to ~ a profit** einen Reingewinn erzielen ② (*realize*) ■ **to ~ sth** etw netto einnehmen ③ FIN **to ~ sth out** etw saldieren; **multilateral ~ting** multilaterale Verrechnung von Forderungen und Verbindlichkeiten

netball BRIT **I.** *n no pl* Korbball *m* **II.** *n modifier* (*court, equipment, player*) Korbball- **Net Book Agreement** *n* BRIT Buchpreisbindung *f* **net borrowings** *n* ECON Nettokreditaufnahme *f* **net cash flow** *n* ECON Netto-Cashflow *m* **netcaster** *n* Netcaster *m fachspr* (*Internetanbieter für Musikprogramme*) **netcasting** *n no pl* Netcasting *nt fachspr* (*Ausstrahlung von Musiksendungen übers Internet*) **net current assets** *n* ECON Nettoumlaufvermögen *nt* **net curtain** *n* Tüllgardine *f*

nether ['neðəʳ, AM -ɚ] *adj attr, inv* (*liter or hum: lower*) niedere(r,s); **~ regions** niedere Regionen *euph;* **~ world** Unterwelt *f*

Netherlander ['neðələndəʳ, AM ɚləndɚ] *n* Niederländer(in) *m(f)*

Netherlands ['neðələn(d)z, AM -ðɚ-] *n* ■ **the ~** die Niederlande *pl*

netizen ['netɪzᵊn, AM -t̬-] *n* Netizen *m sl,* Internetfreak *m fam*

net price *n* ECON Nettopreis *m* **net profit** *n* ECON Nettogewinn *m,* Reingewinn *m;* **~ before tax** Nettogewinn *m* vor Steuern **net receipts** *npl* ECON Nettoeinnahmen *fpl* **net return** *n* ECON Nettoverzinsung *f,* Nettorendite *f* **net surfing** *n no pl* Internetsurfen *nt,* Surfen *nt* im Internet

nett *adj, vt* BRIT *see* **net**

netting ['netɪŋ, AM -t̬-] *n no pl* (*material*) Netzgewebe *nt;* (*structure*) Netzwerk *nt*

nettle ['netl, AM -t̬-] **I.** *n* Nessel *f;* **stinging ~s** Brennesseln *pl;* **to grasp the ~** BRIT (*fig*) den Stier bei den Hörnern packen *fig* **II.** *vt* ■ **to ~ sb** jdn ärgern [*o* reizen]; ■ **to be ~d by sth** sich *akk* über etw *akk* ärgern

nettle rash *n* Nesselsucht *f kein pl*

net weight *n* Nettogewicht *nt*

network I. *n* ① (*structure*) Netz[werk] *nt* ② (*fig: people*) Netz *nt;* **a ~ of colleagues** eine Gruppe von Kollegen; **old boy ~** ≈ Seilschaft *f* ③ TELEC [Kommunikations]netzwerk *nt;* **cable ~** Kabelnetz *nt;* **computer ~** Computernetz *nt;* **telephone ~** Telefonnetz *nt;* **television ~** Sendernetz *nt* ④ ECON Netz *nt;* **distribution ~** Verteilernetz *nt* ⑤ TRANSP **motorway** [*or* AM **highway**] **~** Autobahnnetz *nt;* **rail[way] ~** [Eisen]bahnnetz *nt* **II.** *vt* ① (*link*) ■ **to ~ sth** etw vernetzen [*o* verbinden]; COMPUT etw vernetzen (**to** mit +*dat*) ② (*television*) **to ~ a show/series/programme** [*or* AM **program**] eine Sendung/Serie/ein Programm im ganzen Sendebereich ausstrahlen **III.** *vi* Kontakte knüpfen; ■ **to ~ with sb** mit jdm Kontakt knüpfen

networking ['net,wɜːkɪŋ, AM -,wɜːrk-] *n no pl* ① (*making contacts*) Kontaktknüpfen *nt* ② COMPUT Vernetzen *nt;* (*working of a network*) Netzwerkbetrieb *m;* (*interconnecting computers*) Netzwerkverlegung *f*

net working capital *n* Nettoumlaufvermögen *nt*
net yield *n* ECON Nettoertrag *m*

neural ['njʊərᵊl, AM 'nʊrəl, 'njʊr-] *adj attr, inv* Nerven-, neural *fachspr;* **~ damage** Nervenschaden *m*

neuralgia [njʊə'rældʒə, AM nʊ'-, 'njʊ-] *n no pl* Neuralgie *f fachspr,* Nervenschmerzen *pl*

neuralgic [njʊə'rældʒɪk, AM nʊ'-, 'njʊ-] *adj inv* neuralgisch *fachspr;* **~ condition** neuralgischer Zustand; **~ pain** Nervenschmerzen *pl*

neural network *n* COMPUT Neuronennetz *nt*

neurasthenia [,njʊərəs'θiːniə, AM ,nʊræs'-, 'njʊr-] *n no pl* (*dated*) Neurasthenie *f fachspr,* Nervenschwäche *f*

neuritis [njʊə'raɪtɪs, AM nʊ'raɪt̬əs, 'njʊ-] *n no pl* Neuritis *f fachspr,* Nervenentzündung *f*

neuro- [,njʊərəʊ, AM ,nʊroʊ] *in compounds* Neuro-, neuro-

neurological [,njʊərə'lɒdʒɪkᵊl, AM ,nʊrə'lɑː-, 'njʊr-] *adj inv* neurologisch; **~ disorder** neurologische Störung

neurologist [njʊə'rɒlədʒɪst, AM nʊ'rɑː-, 'njʊ-] *n* Neurologe, -in *m, f,* Nervenarzt/Nervenärztin *m/f*

neurology [njʊə'rɒlədʒi, AM nʊ'rɑː-, 'njʊ-] *n no pl* Neurologie *f*

neuron ['njʊərɒn, AM 'nʊrɑːn, 'njʊr-] *n,* **neurone** ['njʊərəʊn, AM 'nʊroʊn] *n* Neuron *nt*

neuropsychological [,njʊərəʊ,saɪkᵊ'lɒdʒɪkᵊl, AM -roʊ,saɪkə'lɑː-] *adj* neuropsychologisch *fachspr*

neuropsychologist [,njʊərəʊsaɪ'kɒlədʒɪst, AM -roʊsaɪ'kɑː-] *n* Neuropsychologe, -in *m, f fachspr*

neuroscience [,njʊərəʊ'saɪən(t)s, AM ,nʊroʊ'-, 'njʊr-] *n* Neurobiologie *f fachspr*

neuroscientific [,njʊərəʊsaɪən'tɪfɪk, AM -roʊ-] *adj* neurowissenschaftlich *fachspr*

neuroses [njʊə'rəʊsiːz, AM nʊ'roʊ-, 'njʊ-] *n pl of* **neurosis**

neurosis <*pl* -ses> [njʊə'rəʊsɪs, AM nʊ'roʊ-, 'njʊ-, *pl* -siːz] *n* Neurose *f*

neurosurgeon [,njʊərəʊ'sɜːdʒᵊn, AM ,nʊroʊ'sɜːr-, 'njʊ-] *n* Neurochirurg(in) *m(f)*

neurosurgery [,njʊərəʊ'sɜːdʒᵊri, AM ,nʊroʊ'sɜːrdʒəi, 'njʊ-] *n no pl* Neurochirurgie *f*

neurosurgical [,njʊərəʊ'sɜːdʒɪkᵊl, AM ,nʊroʊ'sɜːr] *adj inv* MED neurochirurgisch *fachspr*

neurotic [njʊə'rɒtɪk, AM nʊ'rɑːt̬-, 'njʊ-] **I.** *n* Neurotiker(in) *m(f)* **II.** *adj* neurotisch

neurotically [njʊə'rɒtɪkli, AM nʊ'rɑːt̬-, 'njʊ-] *adv inv* neurotisch

neurotransmitter [,njʊərəʊtræz'mɪtəʳ, AM ,nʊroʊtræn'smɪt̬ɚ, 'njʊ-] *n* MED Neurotransmitter *m fachspr*

neurovaccine [,njʊərəʊ'væksiːn, AM -roʊ-] *n* Injektion *f* von Nervenzellen

neuter ['njuːtəʳ, AM 'nuːt̬ɚ, 'njʊ-] **I.** *adj* sächlich; **~ noun** Neutrum *nt* **II.** *vt* **to ~ an animal** *male* ein Tier kastrieren; *female* ein Tier sterilisieren; (*fig: weaken*) ■ **to ~ sth** etw neutralisieren

neutral ['njuːtrᵊl, AM *esp* 'nuː-] **I.** *adj* ① (*impartial*) *in a war, election* neutral, unbeteiligt; **~ country** neutrales Land; **~ ground/territory** neutraler Boden/neutrales Gebiet; **politically ~** politisch neutral; *row* neutral, unparteiisch; **to remain ~ in an argument/dispute** in einer Auseinandersetzung/einem Streit neutral [*o* unparteiisch] bleiben ② (*characteristics*) neutral, unauffällig; **~ colour** [*or* AM **flavor**]**/flavour** [*or* AM **flavor**] neutrale Farbe/neutraler Geschmack ③ (*deadpan*) gleichgültig ④ CHEM, ELEC neutral **II.** *n* ① (*country*) neutrales Land; (*person*) Neutrale(r) *f(m)* ② (*gears*) Leerlauf *m;* **in ~** im Leerlauf; **to put the car into ~** den Gang herausnehmen, in den Leerlauf schalten

neutralism ['njuːtrᵊlɪzᵊm, AM 'nuː] *n no pl* Neutralismus *m,* Neutralität *f*

neutrality [njuː'træləti, AM nuː'træləṭi, 'njʊ-] *n no pl* Neutralität *f*

neutralization [,njuːtrᵊlaɪ'zeɪʃᵊn, AM ,nuːtrᵊlɪ'-, 'njʊ-] *n no pl* Neutralisierung *f; of a taste, smell* Neutralisierung *f,* Aufhebung *f;* **the ~ of a system** die Ausschaltung eines Systems

neutralize ['njuːtrᵊlaɪz, AM 'nuː-, 'njʊ-] *vt* ■ **to ~ sth** (*nullify*) etw neutralisieren; *bomb* etw entschärfen; ***their objective was to ~ the enemy planes*** ihr Ziel war es, die feindlichen Flugzeuge außer Gefecht zu setzen; (*weaken*) *a colour, smell* etw abschwächen; *a strong taste* etw mildern; **to ~ the acidity/alkalinity of sth** die Azidität/Alkalität von etw *dat* neutralisieren *fachspr*

neutrino <*pl* -os> [njuː'triːnəʊ, AM nuː'triːnoʊ] *n* PHYS Neutrino *nt*

neutron ['njuːtrɒn, AM 'nuːtrɑːn, 'njʊ-] *n* Neutron *nt*

neutron bomb *n* Neutronenbombe *f*

never ['nevəʳ, AM -ɚ] *adv inv* ① (*not ever*) nie, niemals; **~ again!** nie wieder!; ***do you know a guy called Antony Edwards? — ~ heard of him*** kennst du einen Antony Edwards? – nie gehört; ***I ~ forget a face*** ich vergesse nie ein Gesicht; ***he'll ~ forgive you for that*** er wird dir das niemals verzeihen; ***there will ~ be another Charlie Chaplin*** es wird nie einen zweiten Charlie Chaplin geben; **to ~ cross sb's mind** jdm nie in den Sinn kommen; **~ fear!** [nur] keine [*o fam* Bange] Angst!; **~ in all my life** [*or* **days**] noch nie in meinem Leben; **it's ~ too late to do sth** es ist nie zu spät, um etw *akk* zu tun; **~ before** noch nie [zuvor]; **~ *before had I had so much money*** ich hatte noch nie so viel Geld; **as ~ before** wie noch nie; **~ ever** nie im Leben, niemals; **~ *mind!*** mach' dir nichts draus! *fam;* **~ *mind him!*** mach' dir nichts aus ihm!, kümmere dich nicht um ihn!; **~ *mind the price!*** kümmere dich nicht um den Preis!; **~ *mind that …*** ohne zu berücksichtigen, dass …; ***he's ~ 61 — he looks much younger*** er ist nie im Leben 61 — er sieht viel jünger aus ② (*not at all*) überhaupt [*o* gar] nicht ▸ PHRASES: **~ the twain shall meet** BRIT die Zwei werden nie[mals] zueinander finden

never-ending *adj* endlos, unaufhörlich
never-failing *adj* (*approv*) unfehlbar **nevermore** *adv* nie wieder **never-never** *n* BRIT (*fam*) Ratenkauf *m;* **on the ~** auf Raten **never-never land** *n* (*fam*) Traumland *nt,* Fantasiewelt *f*

nevertheless [,nevəðə'les, AM -vɚ-] *adv* trotzdem, dennoch, nichtsdestoweniger; ***I disagreed with everything she said but she's a very good speaker*** ich stimmte ihr in keinem Punkt zu, aber sie ist trotz allem eine gute Rednerin

new [njuː, AM nuː, njuː] **I.** *adj* ① (*latest*) neu; ***that's nothing ~!*** das ist nichts Neues!; ***what's ~ in the fashion world?*** was gibt's Neues in der Welt der Mode?; ■ **sth is the ~ sth** etw ist das neue etw; ***soup is the ~ sandwich*** Sandwiches haben ausgedient, jetzt isst man Suppe; **to be the ~est fad** [*or* **craze**] (*fam*) der letzte Schrei sein *fam* ② *attr* (*different*) neu; **~ boy/girl/kid** (*in school*) Neue(r) *f(m),* neuer Schüler/neue Schülerin; (*fig: as members*) Neue(r) *f(m) fam;* **~ broom** BRIT neuer Chef/neue Chefin; **N~ Deal** AM POL Reformprogramm *nt;* **~ start** neuer Anfang, Neuanfang *m* ③ *pred* (*unfamiliar*) neu; **to be a ~ one on sb** neu für jdn sein; (*inexperienced*) unerfahren; ***she's ~ to the job*** sie ist neu in in dem Job; ***I'm ~ around here*** ich bin neu hier ④ (*not second-hand*) neu; **~ clothes** neue Kleider; **brand ~** brandneu ⑤ (*fresh*) neu, frisch; **~ blood** frisches Blut; **~ lease of** [*or* AM **on**] **life** neuer Auftrieb; **~ man/woman** neuer Mann/neue Frau; **to feel like a ~ man/woman** sich *akk* wie neugeboren fühlen ⑥ (*previously unknown*) neu; ***Sally and Richard are getting married — really, that's a ~ one on me*** Sally und Richard heiraten – wirklich, das ist mir neu; **to take a ~ twist** eine neue Wendung nehmen ▸ PHRASES: **a ~ broom sweeps clean** (*prov*) neue Besen kehren gut *prov* **II.** *n no pl* ■ **the ~** das Neue

New Age I. *n* New Age *nt* **II.** *n modifier* (*book, music, philosophy*) New Age-; **~ Movement** New Age-Bewegung *f* **New Ager** *n* Anhänger(in) *m(f)* des New Age **New Age Traveller** *n* BRIT ≈ Aussteiger(in) *m(f)* **new-agey** [njuː'eɪdʒi, AM *esp* nuː-] *adj inv* neuzeitlich, Newage- *geh* (*neues Zeitalter als Inbegriff eines neuen, spirituell geprägten Weltbilds*); **~ experience** Newage-Erfahrung *f,* neuzeitliche spirituelle Erfahrung **newborn I.** *adj attr, inv* neugeboren; **~ baby** [*or* **infant**] Neugeborene(s) *nt;* **~ democracy/science** (*fig*) neugeborene Demokratie/Wissenschaft *fig* **II.** *n* ■ **the ~** *pl* die Neugeborenen *pl* **newcomer** *n* (*new arrival*) Neuankömmling *m;* (*stranger*) Fremde(r) *f(m);* ***I'm a ~ to Munich*** ich bin neu in München; (*novice*) Neuling *m*

newel ['njuːəl, AM 'nuː-, 'njuː-] *n* (*pillar*) Spindel *f;* (*supporting banister*) Pfosten *m*

newfangled *adj inv* (*fam*) neumodisch **new-fashioned** *adj* modern

Newfie I. *n* CAN (*pej fam*) Neufundländer(in) *m(f)* **II.** *n modifier* CAN (*pej fam*) neufundländisch *attr,* aus Neufundland *nach n;* **~ joke** ≈ Ostfriesenwitz *m*

new-found *adj* neu[entdeckt]

newish ['njuːɪʃ, AM 'nuː-, 'njuː-] *adj inv* (*fam*) relativ neu

new issue market *n* Primärmarkt *m*

new-laid *adj* frisch [gelegt]; **~ eggs** frische Eier

new-look ['njuːlʊk, AM 'nuː] *adj attr, inv* in neuer Gestalt *nach n,* in neuem Look *nach n fam*

newly ['nju:li, AM 'nu:-, 'nju:-] *adv inv* (*recently*) kürzlich, neulich; **~-discovered documents** kürzlich entdeckte Dokumente; **~ married** jung verheiratet, jung vermählt *geh;* (*freshly*) frisch; **~ painted** frisch gestrichen; (*differently*) neu

newly-wed **I.** *n* Jungverheiratete(r) *f(m),* Neuvermählte(r) *f(m) geh* **II.** *adj* jung verheiratet, neu vermählt *geh*

New Man *n* BRIT Neuer Mann **new moon** *n* Neumond *m*

newness ['nju:nəs, AM 'nu:-, 'nju:-] *n no pl* Neuheit *f*

new potatoes *npl* neue Kartoffeln *pl* **New Right** *n* ■**the ~** die Neue Rechte; **member of the ~** Mitglied der Neuen Rechten

news [nju:z, AM nu:z, 'nju:z] **I.** *n no pl* ① (*new information*) Neuigkeit *f;* ***the ~ that she had resigned took everybody by surprise*** die Neuigkeit, dass sie zurückgetreten ist, hat alle überrascht; **bad/good ~** schlechte/gute Neuigkeiten; **to be bad/good ~ [for sb/sth]** (*fig*) schlecht/gut [für jdn/etw] sein; ***he's bad ~ for the company*** der bedeutet Ärger für die Firma; **to break the ~ to sb** jdm die schlechte Nachricht [*o* die Hiobsbotschaft] überbringen; ***I've got ~ for you buster, you're not wanted here!*** ich sag' dir mal was, mein Lieber, du bist hier überflüssig!; ***have you heard the ~ about Tom and Tina? they're getting divorced*** hast du das von Tom und Tina schon gehört? sie lassen sich scheiden; ***we've had no ~ of them since they left for Australia*** seitdem sie nach Australien abgereist sind, haben wir noch nichts von ihnen gehört; ***really! that's ~ to me*** tatsächlich! das ist mir neu ② (*media*) Nachrichten *pl;* **financial/sports ~** Wirtschaftsbericht *m*/Sportnachrichten *pl;* ■**to be ~** Nachrichtenwert haben; **to be in the ~** in den Schlagzeilen sein; ■**the ~** die Nachrichten; ***was there anything interesting on the ~ this evening?*** ist heute Abend irgendetwas Interessantes in den Nachrichten gekommen? ► PHRASES: **all the ~ that's fit to print** alle Nachrichten, die es wert sind, gedruckt zu werden; **no ~ is good ~** (*prov*) keine Neuigkeiten sind gute Neuigkeiten **II.** *n modifier* (*channel, programme*) Nachrichten-; **~ blackout** Nachrichtensperre *f;* **the ~ media** die [Nachrichten]medien; **~ story** Bericht *m,* Story *f fam;* **~ summary** Nachrichtenüberblick *m,* Kurznachrichten *pl*

news agency *n* Nachrichtenagentur *f* **newsagent** *n* BRIT, AUS ① (*shop*) Zeitschriftengeschäft *nt* ② (*person*) Zeitungshändler(in) *m(f)* **newsboy** *n* (*seller*) Zeitungsverkäufer(in) *m(f);* (*deliverer*) Zeitungsausträger(in) *m(f)* **newscast** *n esp* AM Nachrichtensendung *f* **newscaster** *n* AM (*newsreader*) Nachrichtensprecher(in) *m(f)* **news conference** *n* Pressekonferenz *f;* **to call a ~** eine Pressekonferenz einberufen **news dealer** *n* AM (*newsagent*) *shop* Zeitschriftengeschäft *nt; person* Zeitungshändler(in) *m(f)* **news desk** *n* Nachrichtenredaktion *f* **newsflash** *n* Kurzmeldung *f* **newsgroup** *n* INET Newsgroup *f* **new share** *n* junge Aktie **newshound** *n* (*fam*) Reporter(in) *m(f)* **news item** *n* Nachricht *f* **news junkie** *n* Nachrichtenfreak *m fam* **newsletter** *n* Rundschreiben *nt;* INET Newsletter *m* **newsmag** ['nju:zmæg, AM 'nu:z-] *n short for* **newsmagazine** (*fam*) Nachrichtenmagazin *nt* **newsmagazine** *n* Nachrichtenmagazin *nt* [im Fernsehen] **news magazine** *n* Nachrichtenmagazin *nt* **newsmonger** [-,mʌŋgəʳ, AM -gɚ] *n* ① (*profession*) Nachrichtenhändler(in) *m(f)* ② (*gossip*) Klatschmaul *nt pej sl* **newspaper** **I.** *n* ① (*journal*) Zeitung *f;* **daily ~** Tageszeitung *f* ② *no pl* (*material*) Zeitungspapier *nt;* **in ~** in Zeitungspapier **II.** *n modifier* (*article, editor, reporter*) Zeitungs-; **~ advertisements** Zeitungsanzeigen *fpl,* Zeitungsinserate *ntpl;* **~ clipping** Zeitungsausschnitt *m;* **~ office** Redaktion *f* **newspaperman** <*pl* -men> ['nju:s,peɪpəmæn, AM 'nu:z,peɪpɚ] *n* Journalist *m* **newspeak** *n no pl* (*pej*), **Newspeak** *n no pl* (*pej*) Schönred[n]erei *f,* Schönfärberei *f* **newsprint** *n no pl* ① (*material*) Zeitungspapier *nt* ② (*ink*) Druckerschwärze *f* **newsreader** *n* BRIT, AUS Nachrichtensprecher(in) *m(f)* **newsreel** *n* Wochenschau *f* **news release** *n esp* AM Presseerklärung *f* **news report** *n* Nachrichtenbeitrag *m,* Meldung *f* **newsroom** *n* Nachrichtenredaktion *f* **newssheet** ['nju:zʃi:t, AM 'nu:z] *n* [kleines] Nachrichtenblatt **newsstand** *n* Zeitungsstand *m,* Zeitungskiosk *m* **newsvendor** *n* Zeitungsverkäufer(in) *m(f)* **newsweekly** *n* <*pl* -lies> wöchentlich erscheinendes Nachrichtenmagazin **news wire** *n* Fernschreiber *m* **newsworthy** *adj* berichtenswert

newsy ['nju:zi, AM 'nu:-, 'nju:z-] *adj* informativ; **a ~ letter** ein Brief voller Neuigkeiten

newt [nju:t, AM nu:t, 'nju:t] *n* Wassermolch *m*

New Testament **I.** *n* **the ~** das Neue Testament **II.** *n modifier* (*authors, book, theology*) des Neuen Testaments *nach n;* **~ translation** Übersetzung *f* des Neuen Testaments **new town** *n künstlich angelegte, nicht gewachsene Siedlung* **new wave** *n* ① FILM, TV, THEAT (*movement*) ≈ neue Welle ② (*fresh outbreak*) **a ~ of redundancies/violence** eine neue Entlassungswelle/Welle der Gewalt **New World** *n* (*dated*) Neue Welt **new world order** *n,* **New World Order** *n* neue Weltordnung **New Year** *n* Neujahr *nt kein pl;* **~'s card** Neujahrskarte *f;* **~'s message** Neujahrsansprache *f;* **Happy ~** gutes [*o* frohes] neues Jahr; ■**the ~** das neue Jahr; (*first weeks*) der Jahresbeginn **New Year's** *n no pl* AM (*fam: 1 Jan*) Neujahrstag *m;* (*31 Dec*) Silvester *nt* **New Year's Day** *n* Neujahr *nt,* Neujahrstag *m;* **on ~** an Neujahr, am Neujahrstag **New Year's Eve** **I.** *n* Silvester *nt* **II.** *n modifier* (*dinner, toast*) Silvester-; **~ party** Silvesterparty *f,* Silvesterfeier *f* **New Year's Resolution** *n esp* AM, **New Year Resolution** *n* [guter] Vorsatz für das neue Jahr **New Zealand** *n* Neuseeland *nt* **New Zealander** *n* Neuseeländer(in) *m(f)*

next [nekst] **I.** *adj inv* ① (*coming immediately after*) nächste(r,s); ***the ~ moment she was gone*** im nächsten Augenblick war sie weg; ***I'll be on holiday for the ~ couple of days*** ich bin die nächsten zwei Tage auf Urlaub; ***this time ~ year*** nächstes Jahr um diese Zeit; **for the ~ couple of weeks** die nächsten paar Wochen; **the ~ day** am nächsten Tag; **~ month** nächsten Monat; **[the] ~ time** das nächste Mal, nächstes Mal; **~ *time I'll bring a hat*** nächstes Mal bringe ich einen Hut mit; **on Monday ~** nächsten Montag ② (*next in order, space*) nächste(r,s), folgende(r,s); ***the ~ step is to find a house to buy*** als Nächstes müssen wir dann ein Haus finden, das wir kaufen können; ***take the ~ turning on the right*** biegen Sie bei der nächsten Gelegenheit rechts ab; ***the woman in the ~ room*** die Frau im Raum nebenan; ***the ~ chapter*** das nächste Kapitel; **as much as the ~ person** wie jede(r) andere [auch]; **the ~ but one** der/die/das Übernächste; ***she is the ~ managing director but one*** sie ist die übernächste Geschäftsführerin; ■**to be ~** der/die Nächste sein, als Nächste(r) dran sein; ***who's ~ please?*** wer ist der/die Nächste?; ***excuse me, I was ~*** Entschuldigung, ich komme als Nächste(r) ► PHRASES: **the ~ world** das Jenseits **II.** *adv inv* ① (*subsequently*) dann, gleich darauf; ***what would you like ~?*** was möchten Sie als Nächstes?; ***so what happened ~?*** was geschah als Nächstes?; **~, *I heard the sound of voices*** dann hörte ich Stimmen ② (*again*) das nächste Mal; ***when I saw him ~ he had transformed himself*** als ich ihn das nächste Mal sah, sah er ganz verwandelt aus; ***when are you ~ going to London?*** wann fährst du das nächste Mal nach London? ③ (*second*) zweit-; ***the opinion poll found that law and order is the most important political issue for voters and education is the ~ most important*** bei der Meinungsumfrage kam heraus, dass Gesetze für die Wähler das wichtigste Thema sind, Bildung das zweitwichtigste; **~-to-last day** *esp* AM vorletzter Tag; ***he injured himself in a climbing accident on the ~-to-last day of his vacation*** er verletzte sich am vorletzten Tag seines Urlaubs bei einem Kletterunfall; **the ~ best thing** die zweitbeste Sache; **the ~ oldest/youngest** der/die/das Zweitälteste/Zweitjüngste; ***Jo was the ~ oldest after Martin*** Jo war der/die Zweitälteste nach Martin ④ (*to one side*) ■**~ to sth/sb** neben etw/jdm; ***who works in the office ~ to yours?*** wer arbeitet in dem Büro neben dir?; ***I prefer to sit ~ to the window when I'm on a plane*** ich sitze im Flugzeug am liebsten neben dem Fenster; ***we sat ~ to each other*** wir saßen nebeneinander ⑤ (*following in importance*) ■**~ to sth** nach etw *dat;* ***cheese is my favourite food and ~ to cheese I like chocolate best*** Käse esse ich am liebsten und nach Käse mag ich am liebsten Schokolade ⑥ (*almost*) ■**~ to ...** beinahe ..., fast ...; **in ~ to no time** im Handumdrehen *fam;* ***there was very little traffic and it took ~ to no time to get home*** es war sehr wenig Verkehr, und wir waren im Handumdrehen zu Hause; **~ to impossible** beinahe unmöglich; ***it's ~ to impossible to find somewhere cheap to live in the city centre*** es ist fast unmöglich, eine günstige Wohnung im Stadtzentrum zu finden; **~ to nothing** fast gar nichts; ***Charles knew ~ to nothing about farming*** Charles wusste fast nichts über Landwirtschaft ⑦ (*compared with*) ■**~ to sb/sth** neben jdm/etw; ***~ to her I felt like a fraud*** neben ihr komme ich mir wie ein Betrüger/eine Betrügerin vor ► PHRASES: **what** [*or* **whatever**] **~!** und was kommt dann?; ***so he decided to get married at last — whatever ~! — children, I expect*** jetzt haben sie also endlich geheiratet – und was kommt als Nächstes? – Kinder, nehme ich an **III.** *n* (*following one*) der/die/das Nächste; ***nothing ever changes, one day is very much like the ~*** nichts ändert sich, ein Tag gleicht so ziemlich dem anderen; ***can we arrange a meeting for the week after ~?*** können wir uns übernächste Woche treffen?; ***one moment he wasn't there, the ~ he was*** kaum war er da, war er auch schon wieder weg; **~ in line** der/die/das Nächste; ***hey don't butt in in front of me — I was the ~ in line*** he, drängen Sie sich nicht vor – ich war der/die Nächste; ***he is ~ in line to the throne*** er ist der Nächste in der Thronfolge; **from one day/moment/year/minute to the ~** von einem Tag/Augenblick/Jahr/einer Minute auf die nächste; ***things don't change much here from one year to the ~*** die Dinge ändern sich hier von einem Jahr aufs andere kaum

next door **I.** *adv* nebenan; ***we live ~ to the airport*** wir wohnen direkt neben dem Flughafen **II.** *adj pred, inv buildings* nebenan *nach n; people* benachbart; **the boy/girl ~ type** (*approv*) der Typ Junge/Mädchen von nebenan *fam;* **to be/feel ~ to sth** (*fig*) [schon beinahe] an etw *akk* grenzen **next-door** *adj attr, inv buildings* nebenan *nach n; people* benachbart; **~ family** benachbarte Familie; **~ kids** (*fam*) Nachbarkinder *ntpl* **next-door neighbor** AM, **next-door neighbour** *n* direkter Nachbar/direkte Nachbarin **next of kin** *n + sing/pl vb* nächste(r) Angehörige(r) [*o* Verwandte(r)] *f(m)*

nexus <*pl* – *or* -es> ['neksəs] *n usu sing* Nexus *m fachspr,* Verbindung *f;* COMPUT Verknüpfung *f*

NF [,en'ef] *n* BRIT *abbrev of* **National Front**

NFL [,ene'fel] *n* AM *abbrev of* **National Football League** NFL *f,* amerikanische Fußballnationalliga **I.** *n* ■**the ~** die NFL **II.** *n modifier* NFL-; **~ history** die Geschichte der amerikanischen Fußballnationalliga

NGO [,endʒi:'əʊ, AM -'oʊ] *n abbrev of* **nongovernmental organization** nicht der Regierung unterstellte Organisation

NHS [,eneɪtʃ'es] *n* BRIT *abbrev of* **National Health Service**

nib [nɪb] *n* [Schreib]feder *f*

nibble ['nɪbl] **I.** *n* ① (*bite*) Bissen *m,* Happen *m fam;* ***just take a ~ at the sandwich to see if you like it*** beiß' einfach mal ein Stück Sandwich ab, dann siehst du schon, ob du's magst ② (*snack*) ■**~s** *pl* BRIT (*fam*) Häppchen *ntpl* ③ (*fig: interest*) Anfrage *f* ④ COMPUT Vier-Bit-Byte *nt* **II.** *vt* ① (*eat*) ■**to ~ sth** etw knabbern ② (*amorously*) ■**to ~ sth** an etw *dat* knabbern; ***she ~d his ear*** sie knabberte an

N

seinem Ohr **III.** *vi* ① *(snack)* knabbern; ■**to ~ at** [*or* **on**] **sth** an etw *dat* herumknabbern; **to ~ at the bait** anbeißen; ***the fish ~d at the bait*** der Fisch biss an; *(fig: of trap)* den Köder schlucken *fam* ② *(purchase)* ■**to ~ at sth** etw stückchenweise kaufen; ***investors started to ~ at the company's shares after the new contract was announced*** nachdem der neue Vertrag bekannt wurde, fingen Investoren vorsichtig an, die Aktien der Firma zu kaufen ③ *(show interest)* ■**to ~ at sth** an etw *dat* Interesse zeigen; ***we made them an offer of £five million, and they're nibbling at it*** wir machten ihnen ein Angebot von fünf Millionen £ und sie fangen an, sich langsam dafür zu interessieren ④ *(eat into)* ■**to ~ away at sth** an etw *dat* nagen *fig;* ***even when inflation is low, it ~s away at people's savings*** selbst wenn die Inflation niedrig ist, zehrt sie an den Ersparnissen der Leute

nibs [nɪbz] *npl (fam or dated)* **his/her ~** seine/ihre Hoheit *iron*

Nicaragua [ˌnɪkəʳ'ægjuə, AM -ə'rɑːgwə] *n* Nicaragua *nt*

Nicaraguan [ˌnɪkəʳ'ægjuən, AM -ə'rɑːgwən] **I.** *n* Nicaraguaner(in) *m(f)* **II.** *adj* nicaraguanisch

nice [naɪs] **I.** *adj* ① *(approv: pleasant)* schön, angenehm; ***did you have a ~ holiday?*** war es schön im Urlaub?; ***it's far ~r here than anywhere else I've lived*** es ist viel schöner hier als irgendwo sonst, wo ich vorher gewohnt habe; ~ ***talking to you, but I must be off now*** es war nett mit dir zu reden, aber jetzt muss ich weg; ***it's ~ that you're staying here after all*** es ist schön, dass du trotz allem hier bleibst; ~ ***one!*** *(approv fam)* nicht schlecht! *fam;* ~ ***to meet you!*** es freut mich, Sie/dich kennenzulernen!; **a ~ little earner** *esp* BRIT eine wahre Goldgrube; **a ~ neighbourhood** eine freundliche Gegend; **~ weather** schönes Wetter; **~ work** *(approv fam)* gute [*o* saubere] Arbeit ② *(amiable)* nett, freundlich; ***it was very ~ of you to drive her home*** es war sehr nett von dir, sie nach Hause zu fahren; **a ~ chap/**AM *usu* **guy** ein netter Kerl; ■**to be ~ to sb** nett zu jdm sein; *(fam: bad)* schön *iron,* fein *iron;* ***I made a ~ mess of the job, and felt very embarrassed*** ich habe die Sache ganz schön vermasselt und es war mir äußerst peinlich ③ *(subtle)* fein; **~ distinction** feine Unterscheidung ④ *(intensifier)* schön; **~ and big/long/warm** schön groß/lang/warm ▸ PHRASES: **~ guys finish last** Nettigkeit zahlt sich nicht aus; **~ work if you can get it** das würde ich mir auch gefallen lassen **II.** *adv* sorgfältig; **to talk ~ and clearly** deutlich und langsam sprechen

nice-looking *adj (person)* gut aussehend, hübsch; *(thing)* hübsch

nicely ['naɪsli] *adv* ① *(well)* gut, nett; ***the patient is coming along ~*** der Patient macht gute Fortschritte; ***that'll do ~*** das reicht völlig; **to do very ~** gut voran kommen; **to be doing ~** *(be successful)* erfolgreich sein; *(health-wise)* wohlauf sein ② *(pleasantly)* nett, hübsch

niceness ['naɪsnəs] *n no pl* Genauigkeit *f,* Feinheit *f*

nicety ['naɪsəti, AM -əṭi] *n* ① *no pl (finer point)* Feinheit *f;* *(precision)* Genauigkeit *f;* **~ of an argument** Genauigkeit eines Arguments ② *(fine details)* ■**niceties** *pl* Feinheiten *pl;* *(negatively)* Spitzfindigkeiten *pl;* **legal niceties** juristische Feinheiten; **social niceties** Höflichkeitsregeln *pl;* *(etiquette)* Gepflogenheiten *pl*

niche [niːʃ, AM *esp* nɪtʃ] **I.** *n* ① *(recess)* Nische *f* ② *(job)* Stelle *f;* **to make** [*or* **carve out**] **a ~ for oneself** die richtige Stelle für sich *akk* finden, sich *dat* einen Platz erobern; ***he has carved out a ~ for himself as a professional tennis player*** er hat sich als Profitennisspieler durchgesetzt; *(place)* Platz *m* **II.** *vt* ■**to ~ sb** jdn in eine Schublade stecken *fig*

niche market *n* ECON Nischenmarkt *m*

nick [nɪk] **I.** *n* ① *(chip)* Kerbe *f* ② BRIT *(sl: prison)* ■**the ~** *no pl* der Knast *fam,* das Kittchen *nt veraltend fam;* ***he was in the ~ for twelve years*** er war zwölf Jahre im Knast ③ *no pl* BRIT, AUS *(sl: condition)* **in bad/good** [*or* **excellent**] **~** schlecht/gut in Schuss *fam* ④ *(sl: police station)* Wache *f* ▸ PHRASES: **in the ~ of time** gerade noch rechtzeitig **II.** *vt* ① *(chip)* ■**to ~ sth** etw einkerben; *(cut)* etw einschneiden ② BRIT, AUS *(fam: steal)* ■**to ~ sth** etw mitgehen lassen *fam* ③ BRIT *(sl)* ■**to ~ sb** *(arrest)* jdn einlochen *sl;* *(catch)* jdn schnappen *fam* ④ AM *(fam: cheat)* ■**to ~ sb** jdn abzocken *sl* **III.** *vi* BRIT, AUS *(sl)* ■**to ~ in/off** hinein-/davonhuschen

nickel ['nɪkl̩] **I.** *n* ① *no pl (metal)* Nickel *nt* ② AM *(coin)* Fünfcentstück *nt* **II.** *n modifier (candlestick, plate, statue)* Nickel-

nickel-and-dime AM **I.** *adj attr* ① *(cheap)* Billig- ② *(petty)* unbedeutend, belanglos **II.** *vt* ① *(weaken financially)* ■**to ~ sb** jdn finanziell belasten ② *(delay)* ■**to ~ sth** etw hinauszögern

nickelodeon [ˌnɪkl̩'əʊdiən, AM 'oʊ] *n* AM ① *(dated fam: jukebox)* Musikautomat *m* ② *(hist: cinema)* Kintopp *m veraltend fam*

nickel-plated *adj* vernickelt

nicker <*pl* -> ['nɪkəʳ] *n* BRIT *(fam)* Pfund *ntsg/pl*

nick-nack *n see* **knick-knack**

nickname ['nɪkneɪm] **I.** *n* Spitzname *m;* *affectionate* Kosename *m* **II.** *vt* ■**to ~ sb/sth sth** ***the campsite has been ~d 'tent city' by visiting reporters*** der Campingplatz wurde von besuchenden Reportern scherzhaft ‚Zeltstadt' genannt

nicotine ['nɪkətiːn] *n no pl* Nikotin *nt*

nicotine patch *n* Nikotinpflaster *nt*

nicotine-stained ['nɪkətiːnˌsteɪnd] *adj inv* nikotingelb

niece [niːs] *n* Nichte *f*

niff [nɪf] *n usu sing* BRIT *(fam)* Gestank *m kein pl,* Mief *m kein pl fam;* **nasty ~** übler Gestank, ekelhafter Mief *fam*

niffy ['nɪfi] *adj* BRIT *(fam)* miefig

nifty ['nɪfti] *adj (approv fam: stylish)* elegant; *(skilful)* geschickt; ***he did some ~ work*** das hat er gut hingekriegt

Nigerian [naɪ'dʒɪəriən, AM dʒɪri] **I.** *adj inv* nigerianisch **II.** *n* Nigerianer(in) *m(f)*

niggardly ['nɪgədli, AM -əd-] *adj (pej)* ① *(stingy)* geizig, knaus[e]rig *fam;* ■**to be ~ with sth** mit etw *dat* knaus[e]rig sein *fam* ② *(meagre)* karg, dürftig; **a ~ donation/supply** eine armselige Spende/Versorgung

nigger ['nɪgəʳ, AM -ɚ] *n (pej!)* Nigger *m pej*

niggle ['nɪgl̩] **I.** *vi* ① *(find fault)* nörgeln; *(deliberate)* ■**to ~ over sth** sich *akk* mit Kleinigkeiten aufhalten ② *(worry)* beunruhigen, beschäftigen; ■**to ~ at sth** an etw *dat* nagen *fig* **II.** *vt* ① *(nag)* ■**to ~ sb** an jdm herumnörgeln ② *(worry)* ■**to ~ sb** jdn beunruhigen [*o* beschäftigen]; ***what's her name? — it's been niggling me all evening*** wie heißt sie nochmal? – ich überlege schon den ganzen Abend, aber ich komme nicht drauf **III.** *n* ① *(doubt)* Zweifel *m* ② *(criticism)* Kritikpunkt *m*

niggling ['nɪglɪŋ] *adj attr* ① *(troubling)* nagend *fig;* **~ doubt** nagender [*o* bohrender] Zweifel ② *(precise)* krittelig

niggly <-ier, -iest> ['nɪgli] *adj arguments* pingelig, kleinlich; *person* nörglerisch

nigh [naɪ] **I.** *adv inv* nahe; ***the time is ~*** es ist Zeit, die Zeit naht; ***the time is ~ for us to make a decision*** es wäre langsam an der Zeit, dass wir zu einer Entscheidung kommen; ***she's written ~ on 500 books*** sie hat an die 500 Bücher geschrieben **II.** *prep (old)* nahe *dat*

night [naɪt] **I.** *n* ① *(darkness)* Nacht *f;* **~ and day** Tag und Nacht; **to have an early ~** früh zu Bett gehen; **to spend the ~ somewhere** die Nacht irgendwo verbringen; **to spend the ~ with sb** *(as a friend, relation)* bei jmd übernachten; *(sexually)* die Nacht mit jmd verbringen; **~ after ~** Nacht für Nacht; **at ~** nachts ② *(evening)* Abend *m;* **a ~ on the town** ein Abend in der Stadt; **to have** [*or* **go for**] **a ~ on the town** abends in der Stadt einen draufmachen *fam;* **the other ~** neulich abends; **to have** [*or* **go for**] **a ~ out** [abends] ausgehen; **tomorrow ~** morgen Abend; **by ~** abends; **~ after ~** Abend für Abend ③ THEAT, FILM **first** [*or* **opening**] **~** Premiere *f;* **last ~** letzte [Abend]vorstellung **II.** *n modifier (ferry, train)* Nacht-

nightbird *n* BRIT Nachteule *f fig, hum fam,* Nachtschwärmer(in) *m(f) hum*

night blindness *n no pl* Nachtblindheit *f*

nightcap *n* ① *(hat)* Schlafmütze *f* ② *(drink)* Schlummertrunk *m,* Schlaftrunk *m*

nightclothes *npl* Nachtwäsche *f kein pl;* *(pyjama)* Schlafanzug *m*

nightclub **I.** *n* Nachtklub *m* **II.** *n modifier (act, comedian)* Nachtklub-; **~ dancing** Tanzen *nt* in einem Nachtklub

nightclubbing *n no pl an einem Abend in verschiedene Nachtklubs/Diskos gehen;* ***does she still go out ~ every night?*** zieht sie immer noch jeden Abend durch die Klubs?

nightdress *n* Nachthemd *nt*

nightfall *n no pl* Einbruch *m* der Nacht

night fighter *n* AVIAT, MIL Nachtjäger *m*

nightgown *n* Nachthemd *nt*

nightie ['naɪti, AM -ṭ-] *n (fam)* Nachthemd *nt*

nightingale ['naɪtɪŋgeɪl, AM -tən-] *n* Nachtigall *f*

nightjar <*pl* – *or* -s> ['naɪtdʒɑːʳ, AM dʒɑːr] *n* ORN Ziegenmelker *m*

nightlife *n no pl* Nachtleben *nt*

nightlight *n* Nachtlicht *nt*

nightlong *(liter)* **I.** *adv inv* die ganze Nacht [über] **II.** *adj inv* sich *akk* über die ganze Nacht hinziehend

nightly ['naɪtli] **I.** *adv inv* jede Nacht **II.** *adj inv* *(each night)* [all]abendlich; *(nocturnal)* nächtlich

nightmare ['naɪtmeəʳ, AM -mer] **I.** *n* Alptraum *m;* ■**it is a ~ to do sth** es ist ein Alptraum, etw zu tun; ***she was a ~ to work with*** es war ein Alptraum, mit ihr zu arbeiten; **a reccuring ~** ein immer wiederkehrender Alptraum; **the worst ~** der Alptraum schlechthin; **to have a ~** einen Alptraum haben **II.** *n modifier (fam) (problems, scenario)* alptraumhaft, furchtbar; **~ visions** Schreckensvisionen *fpl*

nightmarish ['naɪtmeərɪʃ, AM -mer-] *adj (horrific)* alptraumhaft; *(distressing)* grauenhaft

nightmarishly ['naɪtmeərɪʃli, AM -mer-] *adv* wie in einem Alptraum

night-night *interj (esp childspeak)* [gute] Nacht

night-nurse *n* Nachtschwester *f*

night owl *n (fam)* Nachteule *f hum fam*

night-porter *n* Nachtportier *m*

nights [naɪts] *adv inv* nachts; **to work ~** nachts arbeiten

night safe *n* BRIT Nachttresor *m*

night school *n* Abendschule *f*

nightshade <*pl* – *or* -s> ['naɪtʃeɪd] *n* BOT Nachtschattengewächs *nt*

night shift *n* Nachtschicht *f;* **to work on the ~** Nachtschicht haben

nightshirt *n* [Herren]nachthemd *nt*

nightspot *n (fam)* Nachtklub *m*

night stand *n* AM *(bedside table)* Nachttisch *m*

nightstick *n* AM Schlagstock *m,* Gummiknüppel *m*

night storage heater *n* BRIT Nachtspeicherofen *m*

night table *n* AM *(bedside table)* Nachttisch *m*

night-time *n* Nacht[zeit] *f*

night vision *n* Nachtsichtigkeit *f*

night-vision *n modifier (rifle)* Nachtsicht-

night-watch *n* Nachtwache *f*

night watchman *n* Nachtwächter *m*

nightwear *n no pl* Nachtwäsche *f*

nihilism ['niːɪlɪzᵊm, AM 'naɪəl-] *n no pl* Nihilismus *m*

nihilist ['niːɪlɪst, AM 'naɪəl-] *n* Nihilist(in) *m(f)*

nihilistic [ˌniːɪ'lɪstɪk, AM ˌnaɪəl'-] *adj* nihilistisch

Nikkei [nɪ'keɪ, AM 'niːkeɪ] *n no pl,* **Nikkei Index** *n no pl* STOCKEX Nikkei Index *m*

nil [nɪl] *n no pl* ① *(nothing)* Nichts *nt,* Null *f;* ***the operating risks are virtually ~*** das Betriebsrisiko ist praktisch gleich Null ② *esp* BRIT SPORTS Null *f*

nimble ['nɪmbl̩] *adj (usu approv: agile)* gelenkig, beweglich; *(quick)* flink, behänd[e]; *(quick-witted)* [geistig] beweglich; **~ mind** beweglicher Geist

nimbleness ['nɪmbl̩nəs] *n no pl (usu approv: agility)* Gewandtheit *f,* Behändigkeit *f,* Geschicklichkeit *f;* *(quick-wittedness)* geistige Beweglichkeit

nimbly ['nɪmbli] *adv (usu approv: lithely)* flink, gewandt, behänd[e]; *(quick-witted)* schlagfertig

nimbus <*pl* -bi *or* -es> ['nɪmbəs, *pl* -baɪ] **I.** *n* ① *(cloud)* [tiefhängende] Regenwolke, Nimbostratus *m fachspr* ② *(halo)* Nimbus *m geh,* Heiligenschein *m* **II.** *n modifier* **~ clouds** Regenwolken *pl*

Nimby *n,* **nimby** <*pl* -s> ['nɪmbi] **I.** *n (pej)* *acr for* **not in my back yard** *Person, die sich gegen umstrittene Bauvorhaben in der eigenen Nachbar-*

schaft stellt, aber nichts dagegen hat, wenn diese woanders realisiert werden **II.** *n modifier* (*pej*) ~ **attitudes** *beschreibt eine Haltung, die umstrittene Bauvorhaben überall, nur nicht in der eigenen Nachbarschaft zulassen will*

nincompoop ['nɪŋkəmpu:p, AM 'nɪn-] *n* (*pej fam*) Trottel *m pej fam*

nine [naɪn] **I.** *adj* (*9*) neun; ~ **times out of ten** in neun von zehn Fällen; **at ~ o'clock** um neun [Uhr] ▸ PHRASES: **a cat has ~ lives** (*prov*) eine Katze hat neun Leben; **a ~ days wonder** (*dated*) [nur] eine Eintagsfliege *fig* **II.** *n* (*number*) Neun *f* ▸ PHRASES: **be dressed** [BRIT **up**] **to the ~s** (*fam*) in Schale [geworfen] sein *fam,* aufgedonnert sein *fam*

999 [,naɪnnaɪn'naɪn] BRIT **I.** *n no pl allgemeine Notrufnummer für Polizei, Feuerwehr und Rettungsdienst* **II.** *adj* ~ **call** Notruf *m*

911 [,naɪnwʌn'wʌn] AM **I.** *n allgemeine Notrufnummer für Polizei, Feuerwehr und Rettungsdienst* **II.** *adj* ~ **call** Notruf *m*

ninepins ['naɪnpɪnz] *npl* Kegelspiel *nt,* Kegeln *nt kein pl;* **to be going down** [*or* **falling**] **like** ~ wie [die] Kegeln umfallen; (*hum*) *people* wie die Fliegen umfallen *fam*

nineteen [,naɪn'ti:n] **I.** *n* Neunzehn *f* **II.** *adj* neunzehn

nineteenth [,naɪn'ti:n(t)θ] **I.** *n* ① (*after 18th*) Neunzehnte(r,s) *f(m,nt)* ② (*fraction*) Neunzehntel *nt* **II.** *adj* neunzehnte(r,s); ~ **century** neunzehntes Jahrhundert **III.** *adv* an neunzehnter Stelle

nineteenth hole *n* SPORTS (*hum fam: golf club bar*) neunzehntes Loch *hum fam*

nineties ['naɪnti:z, AM -t̬-] *npl* ① (*temperature*) **temperatures in the ~** Temperaturen um neunzig Grad Fahrenheit ② (*decade*) die neunziger Jahre *pl,* die Neunziger *pl* ③ (*age*) ***he's in his*** ~ er ist in den Neunzigern

ninetieth ['naɪntiəθ, AM -t̬-] **I.** *n* ① (*after 89th*) Neunzigste(r,s) *f(m,nt)* ② (*fraction*) Neunzigstel *nt* **II.** *adj* neunzigste(r,s); ~ **birthday** neunzigster Geburtstag **III.** *adv* an neunzigster Stelle

nine-to-five **I.** *adv* **to work** ~ von neun bis fünf [Uhr] arbeiten **II.** *adj* **a ~ schedule** ein Achtstunden[arbeits]tag *m*

ninety ['naɪnti, AM -t̬-] **I.** *n* Neunzig *f* **II.** *adj* neunzig; ~ **years/per cent** neunzig Jahre/Prozent

ninja ['nɪndʒə] *n* ① HIST, MIL Ninja *m* ② SPORTS Ninjutsu-Schüler(in) *m(f)*

ninjutsu [nɪn'dʒʌtsu:] *n no pl* Ninjutsu *nt*

ninny ['nɪni] *n* (*dated fam*) Dummkopf *m pej,* Trottel *m pej fam*

ninth ['naɪn(t)θ] **I.** *n* ① (*after 8th*) Neunte(r,s) *f(m,nt)* ② (*fraction*) Neuntel *nt* **II.** *adj* neunte(r,s) **III.** *adv* an neunter Stelle

nip¹ [nɪp] **I.** *vt* <-pp-> ■**to ~ sb/sth** (*bite*) jdn/etw beißen; (*pinch*) jdn/etw zwicken [*o* kneifen]; (*cut*) jdn/etw schneiden ▸ PHRASES: **to ~ sth in the bud** etw im Keim ersticken **II.** *vi* <-pp-> ① (*bite*) beißen; ***this turtle will often ~ at people*** diese Schildkröte schnappt oft zu ② BRIT, AUS (*fam: go quickly*) ■**to ~ across to sth** schnell mal zu etw *dat* rüberspringen *fam;* ■**to ~ along** entlangflitzen *fam;* ***shall we ~ in to the bar for a bite to eat before the show?*** sollen wir schnell noch in die Bar gehen und etwas essen, bevor die Vorstellung anfängt?; ***I ~ped round to Bill's to borrow some sugar*** ich bin schnell zu Bill rübergegangen, um mir etwas Zucker zu borgen *fam* **III.** *n* ① (*pinch*) Kniff *m;* (*bite*) Biss *m* ② *no pl* (*chill*) Kälte *f;* ***there's a ~ in the air*** es ist frisch

nip² [nɪp] *n* (*fam*) Schluck *m,* Schlückchen *nt;* **a ~ of whisky** ein Schluck Whisky

Nip [nɪp] *n* (*pej! sl*) Japs *m pej*

nip and tuck **I.** *adv* (*fam: neck and neck*) gleichauf; ***it was ~ at the halfway stage of the race*** auf der Hälfte der Strecke war es ganz knapp **II.** *n* (*fam*) ① (*surgery*) Schönheitsoperation *f* ② (*financially*) **a nip here and a tuck there** hier ein bisschen und dort ein bisschen was einsparen *fam*

nipper ['nɪpəʳ, AM -ɚ] *n esp* BRIT (*fam*) Kleine(r) *f(m);* (*boy also*) Bengel *m fam;* (*girl also*) Göre *f* NORDD *fam*

nipple ['nɪpl] *n* ① (*on breast*) Brustwarze *f* ② AM (*for baby bottle*) Sauger *m*

nippy ['nɪpi] *adj* ① BRIT, AUS (*fam: quick*) schnell ② (*fam: cold*) kühl; ***it's a bit ~ today*** es ist etwas frisch heute

nirvana [nɪə'vɑ:nə, AM nɪr'-] *n no pl* Nirwana *nt;* (*fig*) Traumwelt *f*

Nissen hut ['nɪsᵊn,hʌt] *n* Wellblechbaracke *f,* Nissenhütte *f*

nit [nɪt] *n* ① *esp* BRIT, AUS (*pej fam: idiot*) Dussel *m fam,* Blödmann *m pej* ② (*egg*) Nisse *f*

niter *n* AM *see* **nitre**

nitpick ['nɪtpɪk] *vi* (*fam: quibble*) [herum]nörgeln; (*find fault*) kleinlich [*o fam* pingelig] sein

nitpicker ['nɪtpɪkəʳ, AM -ɚ] *n* (*pej: quibbler*) Nörgler(in) *m(f) pej;* (*fault-finder*) Kleinigkeitskrämer(in) *m(f) pej*

nitpicking ['nɪtpɪkɪŋ] **I.** *adj* (*pej fam*) pedantisch, pingelig *fam* **II.** *n no pl* (*pej fam*) Krittelei *f*

nitrate ['naɪtreɪt] *n* Nitrat *nt*

nitre ['naɪtəʳ] *n,* AM **niter** [-t̬ɚ] *n no pl* Salpeter *m*

nitric ['naɪtrɪk] *adj* CHEM ① (*of nitrogen*) Stickstoff- ② (*of nitre*) Salpeter-

nitric acid *n no pl* CHEM Salpetersäure *f*

nitrite ['naɪtraɪt] *n* CHEM Nitrit *nt*

nitrogen ['naɪtrədʒən] *n no pl* Stickstoff *m*

nitroglycerin(e) [,naɪtrə(ʊ)'glɪsᵊri:n, AM -troʊ'-] *n no pl* Nitroglyzerin *nt*

nitrous ['naɪtrəs] *adj* ① (*of nitrogen*) Stickstoff-, stickstoffhaltig ② (*of nitre*) Salpeter-, salpetrig; ~ **acid** salpetrige Säure; ~ **oxide** Lachgas *nt*

nitty-gritty [,nɪti'grɪti, AM -t̬i'grɪt̬i] *n no pl* (*fam*) ■**the ~** der Kern *fig,* das Wesentliche; **to get down to the ~** zur Sache kommen

nitwit ['nɪtwɪt] *n* (*pej fam*) Dummkopf *m,* Schwachkopf *m pej*

nix [nɪks] AM **I.** *vt* (*fam*) ■**to ~ sth/sb** etw/jdn ablehnen **II.** *adv inv* (*fam*) nichts, nix *fam;* ***I suppose she will say ~ to us going to the movies*** ich glaube, sie wird uns nicht ins Kino gehen lassen **III.** *n no pl* nichts, nix *fam;* ***all that effort for ~!*** der ganze Aufwand für nichts und wieder nichts!

NLP [,enel'pi:] *n abbrev of* **Neuro-Linguistic Programming** NLP *nt*

NLQ [,enel'kju:] *n abbrev of* **near-letter quality**

no [nəʊ, nə, AM noʊ, nə] **I.** *adj* ① (*not any*) kein(e); ***there's ~ butter left*** es ist keine Butter mehr da; ***there's ~ doubt that he is the person we're looking for*** es besteht kein Zweifel, dass er die Person ist, die wir suchen; ~ **one** keiner; **in ~ time** im Nu, in null Komma nichts *fam;* **to be of no interest/use** unwichtig/zwecklos sein ② (*in signs*) ***'~ parking'*** ,Parken verboten' ③ (*not a*) kein; ***I'm ~ expert*** ich bin kein Fachmann ④ *with gerund* (*impossible*) **there's ~ denying** es lässt sich nicht leugnen; **there's ~ knowing/telling** [*or* **saying**] man kann nicht wissen/sagen **II.** *adv* ① *inv* (*not at all*) nicht; ***the exam is ~ more difficult than …*** das Examen ist nicht schwieriger als …; ~ **less** nicht weniger; ~ **less than sb/sth** nicht weniger als jd/etw ② (*alternative*) **or ~** (*form*) oder nicht; ***whether you like it or ~*** ob du es magst oder nicht ③ (*negation*) nein; ***were there any survivors? — ~*** gab es Überlebende? – nein; ***and you're not even a little bit jealous? — ~, not at all*** und du bist noch nicht mal ein kleines bisschen eifersüchtig? – nein, überhaupt nicht; ~, ***I suppose not*** nein, ich denke [wohl] nicht ④ (*doubt*) nein, wirklich nicht; ***I've never done anything like this before — ~? replied the policeman suspiciously*** ich habe so etwas noch nie zuvor getan – ach ja? erwiderte der Polizist misstrauisch ⑤ (*not*) nicht; ~ **can do** (*fam*) geht nicht *fam;* **to be ~ more** nicht mehr sein [*o* existieren] **III.** *n* <*pl* -es *or* -s> ① (*refusal*) Absage *f;* (*negation*) Nein *nt kein pl;* **to not take ~ for an answer** ein Nein nicht [*o* kein Nein] akzeptieren ② (*negative vote*) Neinstimme *f;* ***the ~es have it*** die Mehrheit ist dagegen **IV.** *interj* ① (*refusal*) nein, auf keinen Fall ② (*comprehension*) natürlich nicht; ***we shouldn't worry about it — ~*** wir sollten uns darüber keine Sorgen machen – nein, natürlich nicht ③ (*correcting oneself*) [ach] nein ④ (*surprise*) nein, nicht möglich; ***her husband ran off with the au pair — ~!*** ihr Mann ist mit dem Au-Pair-Mädchen durchgebrannt – nein! *fam* ⑤ (*distress*) ***oh ~!*** oh nein!

No. *n,* **no.** <*pl* Nos. *or* nos.> *n see* **number** Nr.; ~ **10** BRIT (*PM's residence*) Downing Street Nr. 10

no-account ['nəʊə,kaʊnt, AM 'noʊ-] *adj esp* AM (*worthless*) wertlos; (*unimportant*) unbedeutend; ***he is a person of ~*** er ist völlig unbedeutend

Noah's ark [,nəʊəz'-, AM ,noʊəz'-] *n no pl, no art* die Arche Noah

nob [nɒb, AM nɑ:b] *n esp* BRIT (*hum, pej fam*) Bessergestellte(r) *f(m);* ■**the ~s** *pl* die besseren Leute

no-ball *n* (*in cricket*) Fehlball *m*

nobble ['nɒbl] *vt* BRIT, AUS (*sl*) ① (*tamper with*) ■**to ~ an animal** *ein Tier durch Verabreichung von Drogen langsam machen* ② (*bribe*) ■**to ~ sb** jdn bestechen ③ (*spoil*) ■**to ~ sth** etw ruinieren [*o* verderben] ④ (*catch attention*) ■**to ~ sb** sich *dat* jdn greifen [*o* schnappen] *sl*

Nobel prize [,nəʊbel'-, AM ,noʊ-] *n* Nobelpreis *m*

Nobel prize winner *n* Nobelpreisträger(in) *m(f)*

nobility [nə(ʊ)'bɪləti, AM noʊ'bɪlət̬i] *n no pl* ① + *sing/pl vb* (*aristocracy*) ■**the ~** der Adel ② (*approv: character*) Adel *m geh,* hohe Gesinnung

noble ['nəʊbl, AM 'noʊ-] **I.** *adj* ① (*aristocratic*) ad[e]lig; **to be of ~ birth** [*or* **descent**] ad[e]lig sein, von ad[e]liger Herkunft sein ② (*approv: estimable*) *ideals, motives, person* edel *geh,* nobel *geh;* ~ **act** [*or* **deed**] edle [*o* noble] Tat; ~ **cause** nobles Anliegen *geh,* noble Sache *geh;* ~**-sounding** edel klingend *geh* ③ (*approv: impressive*) prächtig; ~ **landscape/park/trees** prächtige Landschaft/prächtiger Park/prächtige Bäume; **a ~ whiskey** ein ausgezeichneter [*o* vortrefflicher] Whiskey; **a ~ horse/horse of ~ breeding** ein edles Pferd/ein Rassepferd **II.** *n* Ad[e]lige(r) *f(m)*

nobleman *n* Ad[e]liger *m,* Edelmann *m hist*

noble-minded *adj* (*approv*) edel gesinnt *geh,* von edler Gesinnung *nach n geh*

nobleness ['nəʊblnəs, AM 'noʊ-] *n no pl* ① (*aristocratic*) Adel *m* ② (*approv: of motives*) Adel *m geh;* (*of actions*) Edelmut *m geh* ③ (*approv: impressiveness*) Pracht *f;* (*excellence*) Vortrefflichkeit *f*

noblesse oblige [nəʊ,blesəʊ'bli:ʒ, AM noʊ,blesoʊ'-] *n* Adel verpflichtet

noblewoman *n* Ad[e]lige *f,* Edelfrau *f hist*

nobly ['nəʊbli, AM 'noʊ-] *adv* nobel *geh,* edel *geh*

nobody ['nəʊbədi, AM 'noʊbɑ:di] **I.** *part indef pron* (*no people*) niemand; ***is there ~ here who can answer my question?*** kann niemand meine Frage beantworten?; ***we walked all after noon and saw ~*** wir gingen den ganzen Nachmittag und trafen niemand; ***tell ~ — this is top secret*** sag' es niemandem – das ist streng geheim; ***he is like ~ I've ever met*** er ist anders als alle Menschen, die ich bisher getroffen habe; ~ ***was at home*** es war niemand zu Hause; ~ **else** niemand anderer; ~ ***else can calm me down like my sister*** niemand kann mich besser beruhigen als meine Schwester; ~ **here** niemand hier; ~ ***here should be without a pen and paper*** hier sollten alle Kugelschreiber und Papier haben **II.** *n* <*pl* -dies> (*sb of no importance*) Niemand *m kein pl,* Nobody *m*

no-brainer ['noʊbreɪnɚ] *n* AM (*fam*) ■**to be a ~** ein Kinderspiel sein

no-claim(s) bonus *n* BRIT, AUS, **no-claims discount** *n* BRIT, AUS FIN, ECON Schadenfreiheitsrabatt *m*

nocturnal [nɒk'tɜ:nᵊl, AM nɑ:k'tɜ:r-] *adj inv* (*of the night*) nächtlich *attr,* Nacht-; ZOOL (*active at night*) nachtaktiv

nocturnally [nɒk'tɜ:nᵊli, AM nɑ:k'tɜ:r-] *adv inv* nachts, in der Nacht

nocturne ['nɒktɜ:n, AM 'nɑ:ktɜ:rn] *n* MUS Nocturne *f o nt,* Notturno *nt*

nod [nɒd, AM nɑ:d] **I.** *n usu sing* Nicken *nt kein pl;* **to get the ~** grünes Licht bekommen; **to give sb a ~** jdm zunicken; **to give sb the ~** jdm ein Zeichen

N

geben; **to give the ~ to sb** jdm Zustimmung *f* signalisieren ▸ PHRASES: **a ~'s as good as a wink** [to a **blind horse** [*or* **man**]] (*prov fam*) es bedarf keiner weiteren Worte *geh;* **on the ~** BRIT (*fam*) stillschweigend, ohne Diskussion **II.** *vt* <-dd-> ❶ (*as signal*) **to ~ one's head** mit dem Kopf nicken; **to ~ [one's] agreement** [*or* **assent**] zustimmend nicken; **to ~ [one's] approval** billigend nicken ❷ (*as greeting*) **to ~ a farewell to sb** jdm zum Abschied zunicken **III.** *vi* <-dd-> ❶ (*as signal*) nicken; ***he simply ~ded at the box he wanted us to take*** er zeigte einfach mit dem Kopf auf die Schachtel, die wir nehmen sollten; (*as greeting*) ■**to ~ to sb** jdm zunicken ❷ *esp* BRIT (*fam: sleep*) ein Nickerchen machen *fam*

◆**nod off** *vi* einnicken

nodal ['nəʊdəl, AM 'noʊ-] *adj inv* Knoten-; **~ point** Knotenpunkt *m*

nodding ['nɒdɪŋ, AM 'nɑːd-] *adj* ❶ (*head*) nickend ❷ (*fleeting*) **~ acquaintance** flüchtige Bekanntschaft; **to have only a ~ acquaintance with sth** (*superficial*) sich *akk* nur oberflächlich in [*o* mit] etw *dat* auskennen

noddle ['nɒdl, AM 'nɑːdl] *n* (*dated or esp hum sl: head*) Schädel *m fam;* (*fig*) Hirn *nt fam;* ***use your ~!*** gebrauch' doch deinen Schädel! *fam*

node [nəʊd, AM noʊd] *n* Knoten *m;* (*intersection*) Schnittpunkt *m;* COMPUT Schnittstelle *f,* Knotenpunkt *m;* **lymph ~s** Lymphknoten

no-deposit *adj inv* Einweg-; **~ crates** Einwegverpackung *f;* **~ bottle** Einwegflasche *f*

nodular ['nɒdjələr, AM 'nɑːdjələr] *adj inv* knotig, knötchenartig

nodule ['nɒdjuːl, AM 'nɑːd-] *n* Knötchen *nt;* GEOL Klümpchen *nt*

Noel *n,* **Noël** [nəʊ'el, AM noʊ'-] *n no pl* Weihnachten *nt,* Weihnacht *f liter*

noes [nəʊz, AM noʊz] *n pl of* **no**

no-fault *adj attr, inv esp* AM Vollkasko-; **~ compensation** Vollkaskoentschädigung; **~ insurance** Vollkaskoversicherung *f* **no-fly zone** *n* Flugverbotszone *f* **no-frills** *adj attr, inv shop* [schlicht und] einfach; **~ ceremony** schlichte Zeremonie; **~ service** Service *m* ohne Extras; **~ vehicle** Basis-/Einstiegsmodell *nt* **no-frills travel** *n* Pauschalreise *f*

noggin ['nɒgɪn, AM 'nɑːg-] *n* ❶ (*dated: drink*) **to have a ~ with sb** ein Gläschen mit jdm trinken ❷ *esp* AM (*fam: head*) Schädel *m fam;* ***use your ~ for once!*** benutz doch einmal deinen Schädel!

no-go *adj inv* AM (*fam*) ■**sth is ~** etw geht nicht [*o* ist unmöglich]; **~ situation** verfahrene Situation **no-go area** *n* BRIT, **no-go zone** *n* AM ❶ (*prohibited*) verbotene Zone ❷ MIL Sperrgebiet *nt;* **to declare sth a ~** etw zum Sperrgebiet erklären **no-good** *adj attr, inv* AM (*pej fam*) nichtsnutzig; **~ person** Nichtsnutz *m*

No(h) [nəʊ, AM noʊ] *n no pl* THEAT *traditionelles japanisches Drama*

no-holds-barred *adj attr, inv* uneingeschränkt; *fight, report* schonungslos **no-hoper** *n* BRIT, AUS Taugenichts *m*

nohow ['nəʊhaʊ, AM 'noʊ-] *adv inv esp* AM (*fam*) keinesfalls, auf gar keinen Fall

noise [nɔɪz] **I.** *n* ❶ *no pl* (*loudness*) Lärm *m,* Krach *m;* **deafening ~** ohrenbetäubender Lärm; **to make a ~** Lärm [*o* Krach] machen; **to stand the ~** den Lärm [*o* Krach] aushalten ❷ (*sound*) Geräusch *nt;* **strange ~s** seltsame Geräusche ❸ *no pl* ELEC, PHYS (*interference*) Rauschen *nt* ▸ PHRASES: **to make [all] the correct** [*or* **proper**] [*or* **right**] **~s** die richtigen Worte finden; **to make a ~** Aufsehen *nt* erregen; **to make a ~ about sth/doing sth** (*fam*) viel Wind um etw *akk* machen; **to make ~s** (*fam*) Bemerkungen machen; (*make trouble*) Umstände machen; **to make ~s about sth** Aufhebens um etw *akk* machen **II.** *n modifier* Lärm-; **~ level** Lärmpegel *m;* **~ reduction** Lärmverminderung *f;* **~ nuisance** Lärmbelästigung *f* **III.** *vt usu passive* (*dated*) ■**to ~ sth about** etw verbreiten

noiseless ['nɔɪzləs] *adj inv breath, flight* geräuschlos, lautlos

noiselessly ['nɔɪzləsli] *adv inv* geräuschlos, lautlos

noisemaker *n* AM Krachmacher *m* **noise pollution** *n no pl* Lärmbelästigung *f* **noise prevention** *n no pl* Lärmvermeidung *f*

noisily ['nɔɪzɪli] *adv* geräuschvoll

noisiness ['nɔɪzɪnəs] *n no pl* ❶ (*making noise*) Lärmen *nt* ❷ (*full of noise*) Lärm *m*

noisome ['nɔɪsəm] *adj* (*liter*) ❶ (*fetid*) *smell* übel riechend; **~ stench** übler Gestank ❷ (*offensive*) *man* unangenehm; *manner* abstoßend

noisy ['nɔɪzi] *adj* ❶ (*making noise*) laut; **~ children** lärmende Kinder; **~ music** laute Musik; **~ protest** lautstarker Protest ❷ (*full of noise*) laut; **crowded and ~ pub** überfüllte und sehr laute Kneipe ❸ (*attention-seeking*) Aufmerksamkeit suchend *attr* ❹ ELEC rauschend

no-lose *adj inv* AM (*sl*) todsicher *fam*

nomad ['nəʊmæd, AM 'noʊ-] **I.** *n* Nomade, -in *m, f;* (*fig*) Wandervogel *m hum;* ***my father had been a ~ all his life*** mein Vater führte sein Leben lang ein richtiges Nomadendasein **II.** *n modifier* **~ life** Leben *nt* als Nomade; (*fig*) Nomadenleben *nt*

nomadic [nə(ʊ)'mædɪk, AM noʊ'-] *adj* nomadisch, Nomaden-; **~ existence** [*or* **way of life**] (*fig*) Nomadendasein *nt;* **~ tribe** Nomadenstamm

no-man's-land *n no pl* ❶ MIL Niemandsland *nt* ❷ (*quandary*) Teufelskreis *m;* **intellectual ~** intellektueller Teufelskreis; **to be caught in ~** im Teufelskreis gefangen sein ❸ (*limbo*) Schwebezustand *m*

nom de plume <*pl* noms de plume> [ˌnɔ̃ː(n)də'pluːm, AM ˌnɑːmdə'-] *n* LIT Pseudonym *nt;* ■**under the ~** unter dem Pseudonym; **to use a ~** ein Pseudonym verwenden

nomenclature [nə(ʊ)'meŋklətʃər, -kleɪ-, AM 'noʊmenkleɪtʃər] *n* SCI ❶ *no pl* (*system*) Nomenklatur *f geh* ❷ (*form: term*) Begriff *m*

nomenklatura [nɒˌmenklə'tjʊərə, AM ˌnoʊmenklæ'tuːrə] *n no pl* (*hist*) Nomenklatura *f*

nominal ['nɒmɪnəl, AM 'nɑːmə-] *adj* ❶ (*titular*) dem Namen nach *nach n,* nominell ❷ (*small*) *sum of money* gering ❸ (*stated*) angegeben; **~ diameter** Nenndurchmesser *m*

nominal account *n* FIN Sachkonto *nt* **nominal interest rate** *n* Nominalzins *m*

nominalism ['nɒmɪnəlɪzəm, AM 'nɑːmən] *n no pl* PHILOS Nominalismus *m fachspr*

nominally ['nɒmɪnəli, AM 'nɑːmə-] *adv* dem Namen nach, nominell

nominal value *n* FIN Nennwert *m* **nominal yield** *n* STOCKEX Nominalverzinsung *f*

nominate ['nɒmɪneɪt, AM 'nɑːmə-] *vt* ❶ (*propose*) ■**to ~ sb** jdn nominieren; **to ~ sb/sth for an award** jdn/etw für eine Auszeichnung nominieren; **to ~ sb for a post** jdn für einen Posten nominieren; **to be ~d for the presidency** für die Präsidentschaft nominiert werden ❷ (*appoint*) ■**to ~ sb [as] sth** jdn zu etw *dat* ernennen ❸ (*fix a date*) ■**to ~ sth** etw festlegen

nomination [ˌnɒmɪ'neɪʃən, AM ˌnɑːmə'-] *n* ❶ (*proposal*) Nominierung *f* (**for** für *+akk*) ❷ (*appointment*) Ernennung *f* (**to** zu *+dat*)

nominative ['nɒmɪnətɪv, AM 'nɑːmənətɪv] **I.** *n* ■**the ~** der Nominativ **II.** *adj inv* Nominativ-; **to be in the ~ case** im Nominativ stehen

nominative absolute *n* LING absoluter Nominativ, Nominativus absolutus *m fachspr*

nominee [ˌnɒmɪ'niː, AM ˌnɑːmə'-] **I.** *n* Kandidat(in) *m(f),* vorgeschlagener Kandidat/vorgeschlagene Kandidatin; **Oscar ~s** Oscar-Anwärter *pl;* **~ for a post** Kandidat(in) *m(f)* für einen Posten **II.** *adj attr, inv* nominiert

nominee account *n* FIN Anderkonto *nt,* Mündelkonto *nt*

noms de plume [ˌnɔ̃ː(n)də'pluːm, AM ˌnɑːmdə'-] *n pl of* **nom de plume**

non- [ˌnɒn, AM ˌnɑːn] *in compounds* Nicht-, nicht-

non-acceptance *n no pl* ❶ (*rejection*) Nichtakzeptanz *f;* (*disrespect*) *of conditions* Nichteinhaltung *f* ❷ STOCKEX Annahmeverweigerung *f* **non-addictive** *adj inv* **~ medicine** Medikament, das nicht süchtig macht; ■**to be ~** nicht süchtig machen

nonagenarian [ˌnəʊnədʒə'neəriən, AM ˌnɑːnədʒə'ner-] **I.** *n* ■**to be a ~** in den Neunzigern sein **II.** *adj inv* in den Neunzigern *nach n*

non-aggression **I.** *n no pl* Gewaltverzicht *m* **II.** *n modifier* **~ pact** Nichtangriffspakt *m* **non-aggression pact** *n,* **non-aggression treaty** *n* Nichtangriffspakt *m*

nonagon ['nɒnəgɒn, AM 'nɑːnəgɑːn] *n* MATH Neuneck *nt*

non-alcoholic *adj inv drink, beer* alkoholfrei **non-aligned** *adj inv* ❶ (*neutral*) neutral; POL blockfrei; **~ country** blockfreies Land ❷ COMPUT nicht richtig ausgerichtet **non-alignment** *n no pl* Neutralität *f;* POL Blockfreiheit *f*

no-name *adj inv esp* AM *product* No-Name-; **~ cigarettes** Billigzigaretten

nonanswer *n* ausweichende Antwort **non-appearance** *n no pl* LAW Nichterscheinen *nt* vor Gericht **non-attendance** *n no pl* (*at school, a hearing*) Abwesenheit *f* **non-attributable** *adj inv* anonym; **~ information** anonyme Hinweise *pl* **non-availability** *n no pl* Unabkömmlichkeit *f* **non-believer** *n* Ungläubige(r) *f(m)* **non-belligerent** **I.** *adj inv* **~ country** Land, das keinen Krieg führt; ■**to be ~** keinen Krieg führen **II.** *n* Kriegsunbeteiligte(r) *f(m)* **non-bio** *adj inv* (*fam*) *short for* **non-biological** anorganisch **non-biodegradable** *adj inv plastic* biologisch nicht abbaubar **non-biological** *adj inv* anorganisch **non-cancerous** *adj inv* MED *tumour* gutartig

nonce¹ [nɒn(t)s, AM nɑːn-] *n* ▸ PHRASES: **for the ~** für den Übergang, übergangsweise

nonce² [nɒn(t)s] *n* BRIT (*fam*) Sexualstraftäter(in) *m(f)*

nonce word *n* ad hoc gebildetes Wort

nonchalance ['nɒn(t)ʃələn(t)s, AM ˌnɑːnʃə'lɑː-] *n no pl* Nonchalance *f geh,* Gleichgültigkeit *f*

nonchalant ['nɒn(t)ʃələnt, AM ˌnɑːnʃə'lɑːnt] *adj* nonchalant *geh,* gleichgültig; ■**sb is ~ about sth** jdm ist etw egal; **to appear** [*or* **seem**]**/sound ~** gleichgültig erscheinen/klingen

nonchalantly ['nɒn(t)ʃələntli, AM ˌnɑːnʃə'lɑːn-] *adv* gleichgültig

non-collegiate [ˌnɒnkə'liːdʒiət, AM ˌnɑːnkə'liːdʒɪt] *adj inv* UNIV ❶ (*not composed of different colleges*) nicht aus Colleges bestehend ❷ (*not attached*) keinem College angehörend **non-com** [ˌnɒn'kɒm, AM ˌnɑːn'kɑːm] *n* MIL (*fam*) *short for* **non-commissioned officer** Unteroffizier(in) *m(f)* **non-combatant** *n* MIL Nichtkombattant(in) *m(f) geh,* Zivilist(in) *m(f)* **non-combustible** *adj inv* nicht brennbar; **~ material** nicht brennbares Material **non-commissioned officer** *n* MIL Unteroffizier(in) *m(f)*

non-committal [ˌnɒnkə'mɪtəl, AM ˌnɑːnkə'mɪt̬-] *adj letter, tone* unverbindlich; ■**to be ~ about sth** sich *akk* nicht auf etw *akk* festlegen [wollen]; **~ response** unverbindliche Antwort

non-committally [ˌnɒnkə'mɪtəli, AM ˌnɑːnkə'mɪt̬-] *adv* unverbindlich **non-competitive** *adj inv sport* nicht wettkampforientiert **noncompliance** *n no pl with an order* Nichtbeachtung *f; with a wish* Nichterfüllung *f;* **~ with the terms of the contract** die Nichteinhaltung der Vertragsbedingungen

non compos *adj,* **non compos mentis** [ˌnɒnˌkɒmpəs'mentɪs, AM ˌnɑːnˌkɑːmpoʊs'ment̬ɪs] *adj pred, inv* ❶ LAW nicht im Vollbesitz seiner geistigen Kräfte, unzurechnungsfähig ❷ (*hum: insane*) nicht ganz richtig *fig fam*

nonconformism *n no pl see* **nonconformity**

nonconformist **I.** *adj* ❶ (*independent*) nonkonformistisch; **~ attitude** nonkonformistische Einstellung ❷ BRIT REL ■**N~** nonkonformistisch; **the N~ church** die nonkonformistische Kirche **II.** *n* ❶ (*eccentric*) Nonkonformist(in) *m(f)* ❷ BRIT REL ■**N~** Nonkonformist(in) *m(f)*

nonconformity *n no pl* ❶ (*refusal*) Nonkonformismus *m* (**in/to** gegenüber *+dat*) ❷ BRIT REL ■**N~** Nonkonformismus *m*

non-contributory *adj inv* beitragsfrei; **~ pension**

scheme beitragsfreie Altersversorgung **non-controversial** [ˌnɒnkɒtrəˈvɜːʃəl, AM ˌnɑːnkɑːtrəˈvɜːrʃəl] *adj inv* unumstritten, nicht strittig **non-convertible** *adj inv* FIN nicht konvertierbar **non-cooperation** *n no pl* Kooperationsverweigerung *f*, mangelnde Kooperationsbereitschaft (**with** in Bezug auf +*akk*) **non-credit** *adj inv* UNIV *course* nicht anrechenbar **non-dairy** *adj inv* milchfrei; ■**to be** ~ *person* sich *akk* milchfrei ernähren; ~ **diet** milchfreie Ernährung **non-delivery** [ˌnɒndɪˈlɪvəri, AM ˌnɑːndəˈ] *n no pl* LAW Nichtübergabe *f*, [dingliche] Nichterfüllung **non-denominational** [ˌnɒndɪˌnɒmɪˈneɪʃənəl, AM ˌnɑːndɪˌnɑːməˈ] *adj inv* nicht konfessionsgebunden; *religious places* interkonfessionell; ~ **school** Simultanschule *f* **non-deposit bottle** *n* Einwegflasche *f*

nondescript [ˈnɒndɪskrɪpt, AM ˈnɑːn-] *adj person, building* unscheinbar; *colour, taste* undefinierbar, unbestimmbar

non-destructive *adj* TECH zerstörungsfrei **non-drinker** *n* Nichttrinker(in) *m(f)* **non-drip** *adj paint* tropffrei **non-driver** *n* Nichtfahrer(in) *m(f)* **non-durables** *npl* Verbrauchsgüter *pl*

none [nʌn] **I.** *part* ❶ (*not any*) keine(r,s); ***she went to the shop to get some oranges but they had*** ~ sie ging in den Laden, um Orangen zu kaufen, aber sie hatten keine; ***you've lost 4 kilos this month and I've lost*** ~ du hast diesen Monat 4 Kilo abgenommen, und ich kein einziges; ***I'd like some more cheese — I'm sorry, there's*** ~ ***left*** ich hätte gerne noch etwas Käse – es tut mir Leid, es gibt keinen mehr; ***half a loaf is better than*** ~ ***at all*** ein halbes Brot ist besser als gar keins; ~ ***of your rudeness!*** sei nicht so unverschämt!; ~ ***of it matters anymore*** das spielt jetzt keine Rolle mehr; ~ ***of that!*** Schluss [jetzt] damit!; ***I'll have*** ~ ***of that bad language!*** (*form*) ich verbitte mir diese Ausdrucksweise!; ***I'll have*** ~ ***of your insolence!*** (*form*) sei nicht so unverschämt!; ***she tried to persuade him to retire, but he would have*** ~ ***of it*** (*form*) sie versuchte ihn zu überreden, sich pensionieren zu lassen, aber er wollte nichts davon hören; ~ **of the brothers/staff** + *sing/pl vb* keiner der Brüder/Angestellten; ~ **of us** + *sing/pl vb* niemand von uns; ~ **at all** [*or* **whatsoever**] gar keine(r,s), absolut nicht ❷ (*no person, no one*) ~ ***but a dedicated scientist would want to …*** (*form*) niemand außer einem leidenschaftlichen Wissenschaftler würde …; ~ ***but the most stupid of men would …*** (*form*) nur ein Idiot würde …; ~ ***could match her looks*** niemand sah so gut aus wie sie; ~ **better than …** niemand ist besser als …; ***I have seen*** ~ ***better than him in figure skating*** ich kenne niemand, der besser im Eiskunstlauf ist als er; ~ **other than …** kein Geringerer/keine Geringere als …; ***the first speech was given by*** ~ ***other than Clint Eastwood*** die erste Rede hielt kein Geringerer als Clint Eastwood ► PHRASES: **to be** ~ **of sb's business** [*or* **concern**] jdn nichts angehen; ***why are you asking all those personal questions? my private life is*** ~ ***of your business*** warum stellst du mir all diese persönlichen Fragen? Mein Privatleben geht dich nichts an; **to be second to** ~ unvergleichlich sein; ***winning the gold medal in downhill skiing, he rightfully claimed to be second to*** ~ nach dem Gewinn der Goldmedaille im Abfahrtslauf behauptete er voller Recht, der Beste zu sein **II.** *adv* kein bisschen; ***he's just got back from two weeks in Florida but he looks*** ~ ***the better for it*** er ist gerade vor zwei Wochen von Florida zurückgekommen, aber sieht kein bisschen besser aus; ***I read the instruction book, but I'm still*** ~ ***the wiser*** ich habe die Bedienungsanleitung durchgelesen und bin trotzdem kein bisschen klüger als vorher; ~ **too intelligent/pleased** (*form*) nicht sonderlich [*o* sehr] intelligent/erfreut

nonentity [nɒnˈentəti, AM nɑːnˈentət̬i] *n* (*pej*) ❶ (*nobody*) ■**a** ~ ein Niemand *m* ❷ *no pl* (*insignificance*) Bedeutungslosigkeit *f*

non-essential I. *adj inv* überflüssig, unnötig; ~ **expenditures** unnötige Ausgaben **II.** *n* unnötige [*o* überflüssige] Sache

nonetheless [ˌnʌnðəˈles] *adv inv* nichtsdestoweniger, trotzdem

non-event *n* (*fam*) *in one's life* Enttäuschung *f*; *party* Reinfall *m* **non-executive** [ˌnɒndɪkˈzekjətɪv, AM ˌnɑːnɪkˈzekjət̬ɪv] **I.** *adj inv director, employee* ohne Entscheidungsbefugnis *nach n* **II.** *n* Angestellte(r) *f(m)* ohne Entscheidungsbefugnis **non-executive director** *n* nichtgeschäftsführender Direktor/nichtgeschäftsführende Direktorin **non-existence** *n no pl* Nichtvorhandensein *nt* **non-existent** *adj inv* nicht vorhanden [*o* existent] **non-fat** *adj inv food* fettfrei **non-fattening** *adj inv* ■**to be** ~ nicht dick machen; ~ **food** Essen, das nicht dick macht

nonfeasance [ˌnɒnˈfiːzən(t)s, AM ˌnɑːn-] *n no pl* LAW [pflichtwidrige] Unterlassung; **act of** ~ Unterlassungsakt *m*

non-ferrous *adj inv* SCI *metals* nicht eisenhaltig **non-fiction I.** *n no pl* Sachliteratur *f* **II.** *n modifier* Sachliteratur-; ~ **author** Sachbuchautor(in) *m(f)*; ~ **books** Sachbücher *ntpl* **non-fictional** *adj inv* ~ **literature** Sachbücher *ntpl* **non-finite** [ˌnɒnˈfaɪnaɪt, AM ˌnɑːnˈ] *adj inv* LING infinit *fachspr* **non-flammable** *adj inv material* nicht entflammbar **non-governmental** *adj inv organization* regierungsunabhängig **non-infectious** *adj inv disease* nicht ansteckend [*o* infektiös] **non-inflammable** *adj inv* nicht entflammbar **noninterference** *n no pl* Nichteinmischung *f* (**in** in +*akk*); **policy of** ~ Politik *f* der Nichteinmischung **non-interlaced** *adj inv* COMPUT zeilensprungfrei *fachspr*, Non-Interlaced- *fachspr* **nonintervention** *n no pl* Nichteinmischung *f* (**in** in +*akk*); **policy of** ~ Politik *f* der Nichteinmischung **noninterventionism** *n no pl* Politik *f* der Nichteinmischung **noninterventionist** *adj inv policy* der Nichteinmischung *nach n* **non-interventionist** [ˌnɒnɪntəˈvenʃənɪst, AM ˌnɑːnɪntɚˈ] **I.** *adj inv* Nichteinmischungs-; ~ **policy** Politik *f* der Nichteinmischung **II.** *n Person, die sich nicht in fremde Belange einmischt* **non-invasive** *adj inv* MED *method, treatment, technique, procedure* nicht invasiv *fachspr* **non-iron** *adj inv* bügelfrei **non-judg(e)mental** *adj inv* unvoreingenommen, wertfrei; *book* neutral **non-malignant** *adj inv* MED *tumour* nicht bösartig, gutartig **non-member I.** *n* Nichtmitglied *nt* **II.** *n modifier* ~ **company** nichtangeschlossene Firma **non-metal** *n* CHEM Nichtmetall *nt fachspr* **non-metallic** *adj inv* nichtmetallisch **non-native** *adj inv* ❶ (*foreign*) fremd ❷ *speaker* nicht muttersprachlich **non-negotiable** *adj inv* ❶ LAW *terms, conditions* nicht verhandelbar ❷ FIN *document, bill of exchange* nicht übertragbar **non-nuclear** [ˌnɒnˈnjuːklɪəʳ, AM ˌnɑːnˈnuːkliɚ] *adj inv* ❶ (*not nuclear*) nicht nuklear; *arms, energy* konventionell ❷ (*not possessing nuclear weapons*) atomwaffenfrei

no-no <*pl* -es> *n* (*fam*) Unding *nt*; ***that's a*** ~***!*** das macht man nicht!, das gibt's nicht!

no-nonsense *adj attr, inv person, manner* sachlich, nüchtern

non-operational *adj inv* außer Betrieb *präd* **nonpareil** [ˈnɒnpərəl, AM ˌnɑːnpəˈreɪl] (*liter*) **I.** *adj inv person* einzigartig, einmalig, ohnegleichen *nach n* **II.** *n* ❶ (*thing*) Nonpareille *f geh*, Einzigartigkeit *f* ❷ (*person*) unerreichter [*o* einzigartiger] Meister **non-partisan** [ˌnɒnpɑːtɪˈzæn, AM ˌnɑːnˈpɑːrt̬ɪzən] *adj inv* unvoreingenommen, unparteiisch **non-pathogenic** *adj inv* MED nicht pathogen **non-payment** *n* Zahlungsverzug *m*, Nichtzahlung *f*; ~ **of a debt** Nichtbezahlung *f* einer Verpflichtung **non-person** [ˈnɒnpɜːsən, AM ˈnɑːnpɜːrsən] *n* **to be treated as** ~ wie Luft behandelt werden **non-physical** *adj inv* nicht körperlich

nonplus <-ss-> [ˌnɒnˈplʌs, AM ˌnɑːnˈ-] *vt* ■**to** ~ **sb** jdn verblüffen

nonplussed [ˌnɒnˈplʌst, AM ˌnɑːnˈ-] *adj* ❶ (*confused*) überrascht, verblüfft (**at** von +*dat*); ~ **expression** überraschter Gesichtsausdruck; **to be completely** ~ völlig verblüfft sein ❷ *esp* AM (*fam: calm*) gelassen

non-political [ˌnɒnpəˈlɪtɪkəl, AM ˌnɑːnpəˈlɪt̬ə] *adj inv* unpolitisch, politikfrei **non-polluting** *adj inv by-product* ungiftig **non-prescription** *adj inv medicine* nicht verschreibungspflichtig, rezeptfrei **non-productive** *adj inv* nicht produktiv, unproduktiv; (*ineffective*) unwirksam; FIN *investment* nicht Gewinn bringend *attr*; ~ **employee** Arbeitnehmer(in) *m(f)* des Dienstleistungsbereiches **non-profit** *adj esp* AM, **non-profit-making** *adj inv* nicht gewinnorientiert; ~ **organization** gemeinnützige Organisation **non-proliferation** POL **I.** *n no pl* Nichtverbreitung *f*; ~ **of nuclear/chemical weapons** Nichtverbreitung von Atom-/Chemiewaffen **II.** *adj attr* Nichtverbreitungs-; ~ **agreement** Nichtverbreitungsabkommen *nt* **non-proliferation treaty** *n* POL Nichtverbreitungsvertrag *m* **nonracialism** [ˌnɒnˈreɪʃəlɪzəm, AM ˌnɑːnˈ-] *n no pl* Rassengleichheit *f* **non-racist** *adj inv attitude* nicht rassistisch **non-reader** [ˌnɒnˈriːdəʳ, AM ˌnɑːnˈriːdɚ] *n* Nichtleser(in) *m(f)* **non-refundable** *adj inv* nicht erstattungsfähig; *payment* nicht zurückzahlbar **non-renewable** *adj inv* ❶ (*limited*) *contract* befristet ❷ ECOL (*exhaustable*) *resources, source of energy* nicht erneuerbar **non-renewable resources** *npl* nicht erneuerbare Energien [*o* Ressourcen] *pl* **non-resident I.** *adj inv* ❶ (*non local*) auswärtig, ortsfremd; ~ **holidaymakers** BRIT auswärtige Urlauber ❷ COMPUT nicht resident **II.** *n* Nichtortsansässige(r) *f(m)*; (*in hotel*) Nichthotelgast *m* **non-restrictive** *adj inv* LING *clause, element* nicht einschränkend **non-retractile** *adj inv* ZOOL *claws* nicht einziehbar **non-returnable** *adj inv* nicht zurücknehmbar, Einweg-; ~ **packaging** Einwegverpackung *f* **non-returnable bottle** *n* Einwegflasche *f* **non-scheduled** *adj inv* unplanmäßig **non-sectarian** [ˌnɒnsekˈteəriən, AM ˌnɑːnsekˈteri] *adj inv* für alle offen

nonsense [ˈnɒnsən(t)s, AM ˈnɑːnsen-] **I.** *n no pl* ❶ (*absurdity*) Unsinn *m*, Quatsch *m*; ■**it is** [BRIT **a**] ~ **to do sth** es ist unsinnig, etw zu tun; **complete** [*or* **absolute**] ~ völliger Unsinn; **to make** [**a**] ~ **of sth** BRIT, AUS etw ad absurdum führen *geh*; **to make** ~ **of a claim/plan** BRIT, AUS eine Behauptung widerlegen/einen Plan verderben; **to talk** ~ Unsinn reden ❷ *no pl* (*misbehaviour*) Unfug *m*; ***what's all this*** ~***?*** was soll dieser Unfug? ❸ (*showing disapproval*) Blödsinn *m*; ***I wish she'd give up all this acting*** ~ ich wünschte, sie würde diesen Blödsinn mit der Schauspielerei aufgeben **II.** *adj attr, inv* ❶ LIT Blödel-; ~ **rhyme** Blödelreim *m* ❷ (*meaningless*) unsinnig, sinnlos **III.** *interj* ■ ~! Quatsch!, Unsinn!

nonsensical [ˈnɒnsen(t)sɪkəl, AM ˈnɑːn-] *adj idea, plan* unsinnig

non sequitur [ˌnɒnˈsekwɪtəʳ, AM ˌnɑːnˈsekwɪt̬ɚ] *n* unlogische Schlussfolgerung

non-sexist *adj inv person, attitude* nicht sexistisch **non-shrink** *adj inv material, clothing* einlaufsicher **non-skid** *adj*, **non-slip** *adj inv surface* rutschfest; ~ **bath mat** rutschfeste Badematte **non-smoker** *n* ❶ (*person*) Nichtraucher(in) *m(f)* ❷ BRIT (*fam: in train*) Nichtraucherabteil *nt* **non-smoking** *adj inv* ❶ *area* Nichtraucher-; ~ **compartment** Nichtraucherabteil *nt*; ~ **zone** Nichtraucherzone *f* ❷ *person* Nichtraucher(in) *m(f)* **non-specific** [ˌnɒnspəˈsɪfɪk, AM ˌnɑːn-] *adj inv* ❶ (*general*) unbestimmt, nicht spezifisch ❷ MED (*not particularly assignable*) unspezifisch **non-specific urethritis** [-jʊərəˈθraɪtɪs, AM -jʊrəˈθraɪt̬-] *n no pl* Harnleiterinfektion *f* **non-standard** *adj inv* nicht standardgemäß; *dialect also* unüblich **non-starter** *n* (*fam*) ❶ (*person*) Versager(in) *m(f)*, Niete *f fam* ❷ (*idea*) Reinfall *m* **non-stick** *adj inv* antihaftbeschichtet **non-stop I.** *adj inv* Nonstop-; ~ **flight** Nonstopflug *m* **II.** *adv* nonstop; *talk, rain* ununterbrochen **III.** *n* ~ **flight/train** Direktflug/-zug *m* **non-swimmer** *n* Nichtschwimmer(in) *m(f)* **non-taxable** *adj inv income* steuerfrei **non-technical** *adj inv* untechnisch; **to explain sth in a** ~ **way** etw für den Laien verständlich erklären **non-toxic** *adj inv material, sub-*

N

stance ungiftig **non-transferable** *adj inv* LAW *property* nicht übertragbar **non-U** [ˌnɒnˈjuː] *adj inv* BRIT, AUS (*dated*) nicht vornehm **non-union** *adj inv person* nicht gewerkschaftsangehörig; *company* nicht gewerkschaftlich **non-verbal** *adj inv communication* nonverbal **non-vintage** *adj inv* ~ **wine** *mittelmäßiger Wein, der nicht von einem bestimmten Weingut stammt* **non-violence** *n* Gewaltverzicht *m,* Gewaltfreiheit *f* **non-violent** *adj inv protest* gewaltfrei; ~ **resistance** gewaltloser Widerstand **non-voting** *adj inv* ~ **shares** stimmrechtslose Aktien **non-white** (*usu pej!*) **I.** *adj inv* farbig; ~ **man/woman** farbiger Mann/farbige Frau, Farbige(r) *f(m)* **II.** *n* Farbige(r) *f(m)*

noodle [ˈnuːdl] **I.** *n* Nudel *f;* AM Pasta *f;* ■**~s** Nudeln *fpl* **II.** *n modifier* (*soup, casserole*) Nudel- **III.** *vi* AM (*fam*) herumpfuschen; (*at the piano*) [herum]klimpern *fam;* ■**to ~ [around] with sth** mit etw *dat* herummachen *fam*

◆**noodle around** *vi* AM (*sl*) herumhängen *fam*

◆**noodle over** *vt* (*fam*) ■**to ~ over sth** *a text* an etw *dat* herumfeilen

noodle² [ˈnuːdl] *n* (*fam*) ❶ (*silly person*) Nudel *f fig, pej fam,* Dumpfbacke *f fig, pej fam* ❷ (*head*) Birne *f fig fam;* **to use one's ~** seinen Grips anstrengen

nook [nʊk] *n* Nische *f,* Ecke *f;* **with ~s and crannies** verwinkelt; **[in] every ~ and cranny** in allen Ecken und Winkeln

nookie *n,* **nooky** [ˈnʊki] *n no pl* (*sl*) Sex *m fam*

noon [nuːn] *n no pl* Mittag *m;* ***at twelve*** ~ um 12 Uhr mittags; ■**by ~** bis Mittag; ■**about ~** um die Mittagszeit

noonday [ˈnuːndeɪ] **I.** *n* Mittag *m,* Mittagszeit *f* **II.** *n modifier* Mittags-

no one [ˈnəʊwʌn, AM ˈnoʊ-] *part see* **nobody**

noontime AM **I.** *n no pl* Mittag *m* **II.** *n modifier* (*meal, break*) Mittags-

noose [nuːs] *n* Schlinge *f a. fig;* ■**the ~** Tod *m* durch den Strang; **to hang oneself with a ~** sich *akk* erhängen; **to put one's head in a ~** (*fig*) sich *akk* selbst zu Fall bringen; **to have a ~ around one's neck** (*fig*) den Kopf in der Schlinge [stecken] haben *fig*

no-parking *adj attr* Parkverbots-; ~ **zone** Parkverbotszone *f*

no-par value share *n* nennwertlose Aktie

nope [nəʊp, AM noʊp] *adv inv* (*sl*) nö *fam*

noplace [ˈnoʊpleɪs] *adv inv* AM (*fam: nowhere*) nirgendwo

no-questions-asked *adj attr, inv* ohne viele Fragen *nach n*

nor [nɔːʳ, nəʳ, AM nɔːr, nəʳ] *conj* ❶ (*and not*) noch; **neither ... ~ ...** weder ... noch ... ❷ *after neg esp* BRIT (*neither*) noch; ***I can't be at the meeting and ~ can Andrew*** ich kann nicht zum Treffen kommen und Andrew auch nicht

Nordic [ˈnɔːdɪk, AM ˈnɔːr-] *adj inv country, person* nordisch

no-return *adj attr, inv* FIN nicht Gewinn bringend

norm [nɔːm, AM nɔːrm] *n* Norm *f;* **safety ~** Sicherheitsnorm *f;* **to be/become the ~** die Norm sein/werden

normal [ˈnɔːməl, AM ˈnɔːrm-] **I.** *adj* ❶ (*ordinary*) *person, day* normal, üblich; ~ **intelligence** durchschnittliche Intelligenz ❷ (*usual*) *behaviour* normal (**for** für +*akk*); **in the ~ way of things** normalerweise; **to behave in the ~ way** sich *akk* normal verhalten; **as [is] ~** wie üblich ❸ (*fit*) gesund; **to be absolutely ~** völlig gesund sein ❹ *inv* MATH senkrecht (**to** zu +*dat*) **II.** *n* ❶ *no pl* Normalzustand *m;* ***the temperature was above ~*** die Temperatur war höher als normal; ***she was back to ~ within a week of the accident*** sie war innerhalb einer Woche nach dem Unfall wieder in Ordnung; **to return to ~** *situation* sich normalisieren ❷ MATH Senkrechte *f,* Normale *f fachspr*

normalcy [ˈnɔːrməlsi] *n* AM Normalität *f;* **to get back to ~** zur Normalität zurückkehren, sich *akk* normalisieren

normal distribution *n* SCI gleichmäßige Verteilung **normal-gauge** *adj inv* RAIL Standardmaß *nt*

normality [nɔːˈmæləti, AM nɔːrˈmæləṭi] *n no pl* Normalität *f;* **to get back to ~** zur Normalität zurückkehren, sich *akk* normalisieren

normalization [ˌnɔːməlaɪˈzeɪʃən, AM ˌnɔːrməlɪˈ] *n no pl* Normalisierung *f*

normalize [ˈnɔːməlaɪz, AM ˈnɔːrm-] **I.** *vt* ■**to ~ sth** ❶ (*make normal*) *blood pressure* etw normalisieren; **to ~ a relationship** eine Beziehung normalisieren ❷ *esp* COMPUT etw abgleichen; **to ~ results** Resultate abgleichen ❸ COMPUT (*covert*) etw standardisieren **II.** *vi situation, relations* sich *akk* normalisieren

normally [ˈnɔːməli, AM ˈnɔːrm-] *adv* ❶ *inv* (*usually*) normalerweise; ***I'm not ~ one to complain*** normalerweise beschwere ich mich nicht ❷ (*in a normal way*) normal

Norman [ˈnɔːmən, AM ˈnɔːrm-] **I.** *adj inv* normannisch **II.** *n* HIST Normanne, -in *m, f*

Norman Conquest *n* ■**the ~** der normannische Eroberungszug

Normandy [ˈnɔːməndi, AM ˈnɔːr] *n no pl* (*hist*) die Normandie

normative [ˈnɔːmətɪv, AM ˈnɔːrməṭ-] *adj* (*form*) *behaviour* normativ *geh*

Norse [nɔːs, AM nɔːrs] *adj inv* HIST nordisch; ~ **language** nordische Sprache

Norseman [ˈnɔːsmən, AM ˈnɔːrs-] *n* HIST Wikinger(in) *m(f)*

north [nɔːθ, AM nɔːrθ] **I.** *n no pl* ❶ (*direction*) Norden *m;* ■**in the ~** im Norden; ■**to the ~** nach Norden [hin]; **magnetic/true ~** magnetischer Nordpol/geographische Nordrichtung ❷ (*region*) ■**the N~** BRIT (*North England*) Nordengland *nt;* AM der Norden, die Nordstaaten *pl* **II.** *adj inv* nördlich, Nord-; ~ **coast/side/wind** Nordküste *f*/-seite *f*/-wind *m;* ~ **of Manchester** nördlich von Manchester; ~ **part** nördlicher Teil; ~ **Vietnam** Nordvietnam *nt* **III.** *adv inv* nordwärts; ■**up ~** (*fam*) im Norden; **to drive ~** in nördliche Richtung fahren

North Africa *n* Nordafrika *nt* **North African** **I.** *n* Nordafrikaner(in) *m(f)* **II.** *adj inv history, culture* nordafrikanisch **North America** *n* Nordamerika *nt* **North American** **I.** *n* Nordamerikaner(in) *m(f)* **II.** *adj inv* nordamerikanisch **North American Free Trade Agreement** *n no pl* NAFTA *f,* North American Free Trade Agreement [*o* Area] (*Freihandelsabkommen oder -zone zwischen den USA, Kanada und Mexiko*) **northbound** *adj usu attr, inv road, traffic* in Richtung Norden *nach n*

north country <*pl* -ries> *n* Norden *m* des Landes **northeast** **I.** *n no pl* ❶ (*direction*) Nordosten *m;* ■**to the ~ [of ...]** nordöstlich [von ...]; **coming [or blowing] from the ~** *wind* von Nordosten kommend ❷ (*region*) ■**the N~** *of a state* der Nordosten **II.** *adj inv* nordöstlich, Nordost-; ~ **England** Nordostengland *nt;* ~ **wind** Wind *m* von Nordost **III.** *adv inv* nordostwärts (**of** von +*dat*) **northeasterly** *adj* (*towards the northeast*) nordostwärts; (*of or in the northeastern part*) nordöstlich, Nordost-; ~ **direction** nordöstliche Richtung; ~ **wind** Wind *m* von Nordost **northeastern** *adj attr, inv* nordöstlich, Nordost-; ~ **part** nordöstlicher Teil; ~ **coast** Nordostküste *f* **northeastward** **I.** *adj inv migration* nordostwärts, nach Nordost *nach n;* ~ **direction** nordöstliche Richtung; ~ **route** Nordostroute *f* **II.** *adv* nordostwärts, nach Nordost **northeastwards** *adv inv* nordostwärts, nach Nordost; ***the plane turned ~*** das Flugzeug drehte nach Nordost

northerly [ˈnɔːðəli, AM ˈnɔːrðəli] *adj* nördlich, Nord-; ~ **coast** Nordküste *f;* ~ **part** nördlicher Teil; ~ **wind** Nordwind *m*

northern [ˈnɔːðən, AM ˈnɔːrðən] *adj attr, inv* nördlich

northerner [ˈnɔːðənəʳ, AM ˈnɔːrðənəʳ] *n* Nordlicht *nt fig, hum;* BRIT Nordengländer(in) *m(f);* AM Nordstaatler(in) *m(f);* ■**to be a ~** aus dem Norden kommen

Northern Lights *npl* Nordlicht *nt*

northernmost [ˈnɔːðənməʊst, AM ˈnɔːrðənmoʊst] *adj inv* nördlichste(r,s)

north-facing *adj inv* nach Norden gerichtet **North Pole** *n* ■**the ~** der Nordpol **North Sea** **I.** *n* ■**the ~** die Nordsee **II.** *n modifier* (*ferries, fish, oil*) Nordsee- **North-South divide** *n* ■**the ~** das Nord-Süd-Gefälle **North Star** *n* ■**the ~** der Polarstern

northward [ˈnɔːθwəd, AM ˈnɔːrθwəʳd] *inv* **I.** *adj migration* nach Norden *nach n,* Nord-; ~ **direction** nördliche Richtung; ~ **route** Nordroute *f* **II.** *adv* nach Norden

northwards [ˈnɔːθwədz, AM ˈnɔːrθwəʳdz] *adv inv* nach Norden

northwest **I.** *n no pl* Nordwesten *m;* ■**the N~** der Nordwesten; ■**to the ~ [of sth]** nordwestlich [von etw *dat*]; ■**to be in [or coming from] the ~** *wind* von Nordwesten kommend **II.** *adj inv* nordwestlich, Nordwest-; ~ **England** Nordwestengland *nt;* ~ **part** nordwestlicher Teil; ~ **wind** Wind *m* von Nordwest **III.** *adv inv* nach Nordwesten **northwesterly** *adj* nordwestlich, Nordwest-; ~ **coast** Nordwestküste *f;* ~ **direction** nordwestliche Richtung; ~ **wind** Wind *m* aus Nordwest **northwestern** *adj attr, inv accent, sector* nordwestlich, Nordwest- **northwestward** **I.** *adj inv* nordwestlich, Nordwest-; ~ **direction** nordwestliche Richtung; ~ **route** Nordwestroute *f* **II.** *adv* nordwestwärts, nach Nordwesten **northwestwards** *adv inv* nordwestwärts, nach Nordwesten

Norway [ˈnɔːweɪ, AM ˈnɔːr-] *n* Norwegen *nt*

Norwegian [nɔːˈwiːdʒən, AM nɔːrˈ-] **I.** *n* ❶ (*person*) Norweger(in) *m(f)* ❷ *no pl* (*language*) Norwegisch *nt;* **in ~** auf Norwegisch **II.** *adj inv* norwegisch, Norwegisch-; ~ **lesson** Norwegischunterricht *m*

nos. *n pl abbrev of* **numbers** Nrn. *fpl*

nose [nəʊz, AM noʊz] **I.** *n* ❶ (*organ*) Nase *f;* **runny ~** laufende Nase; **to blow one's ~** sich *dat* die Nase putzen; **to breathe/speak through one's ~** durch die Nase atmen/sprechen ❷ (*front*) Nase *f,* Schnauze *f fam; of aircraft* Flugzeugnase *f;* **~ to tail** dicht an dicht ❸ *no pl* (*smell*) Geruchssinn *m;* **to have a keen ~** einen guten Geruchssinn haben ❹ (*form: of wine*) Aroma *nt,* Bouquet *nt geh* ▸ PHRASES: **with one's ~ in the air** mit hoch erhobener Nase; **to keep/put one's ~ to the grindstone** (*fam*) sich *akk* dahinterklemmen *fam;* **to put sb's ~ out of joint** (*fam*) jdn aus der Fassung [*o* aus dem Konzept] bringen; **to keep one's ~ clean** (*fam*) seine Weste sauber halten *fam;* **to get up sb's ~** BRIT, AUS (*fam*) jdm auf den Wecker gehen *fam;* **to have a [good] ~ for sth** (*fam*) einen [guten] Riecher für etw *akk* haben; **to keep one's ~ out of sth** (*fam*) seine Nase aus etw *dat* heraushalten; **to poke [or stick] one's ~ into sth** (*fam*) seine Nase in etw *akk* hineinstecken; **to win by a ~** knapp gewinnen; **on the ~** AM (*fam*) genau, exakt; ***at eight on the ~*** genau um 8 Uhr; **[right] under sb's ~, [[**AM **right out] from] under sb's ~** [direkt] vor jds Nase *f* **II.** *vi* **to ~ forwards** sich *akk* vorsichtig vorwärts bewegen; ■**to ~ through sth** sich *dat* einen Weg durch etw *akk* bahnen **III.** *vt* ■**to ~ sth somewhere** *a car* etw irgendwohin bugsieren *fam;* **to ~ one's way forwards/in/out/up** sich *akk* vorsichtig seinen Weg vorwärts/hinein-/hinaus-/hinaufbahnen

◆**nose about** **I.** *vi* (*fam*) herumstöbern *fam* **II.** *vt* ■**to ~ about [or around] sth** in etw *dat* herumstöbern

◆**nose ahead** *vi* knapp an die Spitze gelangen

◆**nose around** *see* **nose about**

◆**nose into** *vi* (*fam*) ■**to ~ into sth** in etw *dat* herumschnüffeln *fam*

◆**nose out** **I.** *vt* ❶ (*discover*) ■**to ~ out** ↔ **sth** *secrets, details* etw herausfinden; **to ~ out the truth** die Wahrheit herausfinden ❷ (*outdo*) ■**to ~ sb** ↔ **out** jdn ausstechen; **to ~ out other candidates** andere Kandidaten ausstechen **II.** *vi* sich *akk* langsam [*o* vorsichtig] herausbewegen; ***the taxi ~d out into the traffic*** das Taxi fädelte sich langsam in den Verkehr ein

◆**nose round** *vi* BRIT (*fam*) herumstöbern *fam; see also* **nose about**

nosebag *n* Hafersack *m* **noseband** [ˈnəʊzbænd,

AM 'noʊz] *n* Nasenriemen *m* **nosebleed** *n* Nasenbluten *nt;* **to have/get a ~** Nasenbluten haben/bekommen **nose cone** *n* AVIAT Rumpfspitze *f* **nose-dive I.** *n* ① AVIAT Sturzflug *m;* **to go into a ~** zum Sturzflug ansetzen ② *(fig)* Einbruch *m;* **sb/sth takes** [*or* **goes into**] **a ~** etw/jd erlebt einen Einbruch, mit etw/jdm geht es rapide bergab **II.** *vi* ① AVIAT im Sturzflug heruntergehen ② FIN *prices, economy* einbrechen **nose drops** *npl Nasentropfen pl*

nosegay ['nəʊzgeɪ, AM 'noʊz-] *n* *(old)* Gebinde *nt veraltend* **nose job** *n* MED *(fam)* Nasenkorrektur *f;* **to have a ~** eine Nasenkorrektur vornehmen lassen **nose ring** *n* Nasenring *m* **nose wheel** *n* AVIAT Bugrad *nt*

nosey ['nəʊzi, AM 'noʊzi] *adj (pej)* neugierig

nosh [nɒʃ, AM nɑːʃ] **I.** *n* ① *no pl* BRIT, AUS *(sl: food)* Futter *nt fam,* Fressalien *pl fam* ② BRIT, AUS *(sl: meal)* Imbiss *m* ③ AM *(snack)* Häppchen *nt,* Snack *m;* **to have a little ~** einen Happen zu sich *dat* nehmen **II.** *vi* futtern *fam;* ■**to ~ on sth** etw futtern *fam;* **to ~ to one's heart's content** sich *dat* nach Herzenslust den Bauch vollschlagen *fam* **III.** *vt* ■**to ~ sth** etw futtern *sl*

no-show I. *n* jd, der nicht [*o* zu spät] erscheint; *(on flight)* No-show *m fachspr* **II.** *n modifier* **~ passenger** Fluggast, der nicht erscheint

nosh-up ['nɒʃʌp] *n* BRIT, AUS *(sl)* Gelage *nt fam*

nosily ['nəʊzɪli, AM 'noʊz-] *adv (pej)* neugierig

nosiness ['nəʊzɪnəs, AM 'noʊz-] *n no pl (pej)* Neugier *f;* **to curb one's ~** seine Neugier bremsen

no-smoking *adj inv area* Nichtraucher-; **~ compartment** Nichtraucherabteil *nt;* **~ zone** Nichtraucherzone *f*

nostalgia [nɒs'tældʒə, AM nɑː'st-] *n no pl* Nostalgie *f;* **to be overcome with ~ for sth** von nostalgischen Gefühlen für etw *dat* übermannt werden

nostalgic [nɒs'tældʒɪk, AM nɑː'st-] *adj* nostalgisch; **to feel ~** nostalgische Gefühle empfinden

nostalgically [nɒs'tældʒɪkᵊli, AM nɑː'st-] *adv* nostalgisch

no-strike agreement *n* Streikverbotsabkommen *nt*

nostril ['nɒstrᵊl, AM 'nɑː-] *n of a person* Nasenloch *nt; of a horse* Nüster *f*

nostro account *n* FIN Nostrokonto *nt*

nostrum ['nɒstrəm, AM 'nɑː] *n* ① *(ineffective medicine)* Quacksalbermedizin *f* ② *(pet scheme)* Allheilmittel *nt iron,* Patentlösung *f iron*

nosy ['nəʊzi, AM 'noʊ-] *adj (pej)* neugierig; ■**to be ~ about sth** viele Fragen über etw *akk* stellen

nosy parker *n esp* BRIT *(fam)* neugierige Person

not [nɒt, AM nɑːt] *adv inv* ① *after aux vb* nicht; ***I do ~*** [*or* ***don't***] ***want to go*** ich will nicht gehen; ***it's ~*** [*or* ***isn't***] ***unusual*** das ist nicht ungewöhnlich ② *in tag question* ***it's cold, is it ~*** [*or* ***isn't it***]***?*** es ist kalt, nicht [wahr] [*o* meinst du nicht auch]?; ***isn't she beautiful?*** ist sie nicht schön?; ***you do not*** [*or* ***don't***] ***like him, do you?*** du magst ihn nicht, nicht wahr? ③ *before n* kein, nicht; ***it's a girl, ~ a boy*** es ist ein Mädchen, kein Junge; ***it's John, ~ Peter*** es ist John, nicht Peter ④ *before infin* nicht; ***he's asked me ~ to do it*** er hat mich gebeten, es nicht zu tun ⑤ *before predeterminer* nicht; **~ *all children like swimming*** nicht alle Kinder schwimmen gerne ⑥ *before pron* nicht; **~ *me!*** ich nicht! ⑦ *(less than)* keine(r,s), weniger als; ***the deer was ~ 20 feet away from us*** der Hirsch stand weniger als 20 Fuß von uns entfernt; ***she left ~ two minutes before you*** sie ist keine zwei Minuten vor dir gegangen ⑧ *before adj, adv (meaning opposite)* nicht; **~ always** nicht immer; **~ happy/natural** nicht glücklich/natürlich; **~ much** nicht viel ⑨ *before adj (hum, iron: emphasizing opposite)* nicht; ***he's ~ bad-looking*** er sieht nicht schlecht aus; ***I was ~ exactly thrilled*** ich war nicht gerade begeistert ⑩ *(substituting negative)* nicht; ***I hope ~!*** ich hoffe nicht! ⑪ *(esp hum fam: contradicting previous)* [aber] denkste! *fam;* ***that was the best meal I've ever had — ~!*** das war das beste Essen, das ich jemals gegessen habe – haha! ▶ PHRASES: **~ at all!** *(polite answer)* überhaupt nicht!; *(when thanked)* nicht der Rede wert!, gern geschehen!; *(denying vehemently)* überhaupt nicht!; **~ up to much** nicht besonders; **~ only ... but also ...** nicht nur ..., sondern auch ...; **~ just** [*or* **merely**] [*or* **simply**] **...** nicht nur [*o* einfach] ...; **~ because ..., but because ...** nicht weil ..., sondern weil ...; **~ that ...** nicht dass ...; **~ *that I mind, but why didn't you phone yesterday?*** nicht dass es mir was ausmacht, aber warum hast du gestern nicht angerufen?

nota bene [ˌnəʊtɑː'beneɪ, AM ˌnoʊt̬ə'-] *(form)* notabene *geh*

notable ['nəʊtəbl̩, AM 'noʊt̬-] **I.** *adj* ① *(eminent) collection, philosopher* bedeutend; ■**to be ~ for sth** bekannt für etw *akk* sein; **with one ~ exception** mit einer besonderen Ausnahme ② *(remarkable) achievement, success* beachtlich, bemerkenswert **II.** *n* Berühmtheit *f*

notably ['nəʊtəbli, AM 'noʊt̬-] *adv* ① *(particularly)* insbesondere, vor allem ② *(perceptably)* merklich, auffallend; **to be ~ absent** durch Abwesenheit glänzen

notarial [nəʊ'teəriəl, AM noʊ'teri] *adj inv* LAW notariell, Notariats-

notarize ['nəʊtᵊraɪz, AM 'noʊt̬ə-] *vt* ■**to ~ sth** etw notariell beglaubigen lassen

notary ['nəʊtᵊri, AM 'noʊt̬əi] *n,* **notary public** <*pl* notaries public> *n* Notar(in) *m(f)*

notate [nəʊ'teɪt, AM noʊ'] *vt* MUS ■**to ~ sth** [**in sth**] Noten [in etw *akk*] notieren

notation [nə(ʊ)'teɪʃᵊn, AM noʊ'-] *n* ① MATH, MUS Notation *f fachspr;* **system of ~** Zeichensystem *nt* ② *(note)* Notiz *f,* Anmerkung *f*

notch [nɒtʃ, AM nɑːtʃ] **I.** *n* <*pl* -es> ① *(indentation)* Einkerbung *f* ② *(in belt)* Loch *nt* ③ *(for comparison)* Grad *m;* ■**a ~ above/below sb/sth** eine Klasse besser/schlechter als jd/etw; **to go up a ~** eine Klasse aufsteigen ④ AM *(valley)* Tal *nt* **II.** *vt* ■**to ~ sth** ① *(cut V in)* etw einkerben ② *(fam: achieve)* etw erreichen [*o* erzielen]

◆**notch up** *vt (fam)* ■**to ~ up** ⊂ **sth** etw erreichen [*o* erzielen]

notchback ['nɒtʃbæk] *n* BRIT AUTO Stufenheck *nt*

notched [nɒtʃt, AM nɑːtʃt] *adj inv stick* eingekerbt

note [nəʊt, AM noʊt] **I.** *n* ① *(record)* Notiz *f;* *(message)* Bescheid *m,* Mitteilung *f;* **to leave a ~** eine Nachricht hinterlassen; **to keep a ~ of sth** [sich *dat*] etw notieren; **to make** [*or* **take**] **a ~** [**of sth**] [sich *dat*] eine Notiz [von etw *dat*] machen; **to write sb a ~** [*or* **a ~ to sb**] jdm eine Nachricht hinterlassen ② *(attention)* **to take ~ of sth** von etw *dat* Notiz nehmen ③ LIT *(annotation)* Anmerkung *f* ④ MUS Note *f;* **black/white ~s** schwarze/weiße Tasten; **high/low ~** hohe/tiefe Note ⑤ *(sound)* Ton *m,* Klang *m;* *(overtone)* Unterton *m;* *(reflecting mood)* Ton[fall] *m;* **to change** [AM **its**] **~** seinen Ton [*o* Klang] verändern; **to strike a false/serious ~** einen unpassenden/ernsthaften Ton anschlagen; **to strike the right ~** den richtigen Ton treffen ⑥ *esp* BRIT, AUS *(money)* [Geld]schein *m* ⑦ *(form)* ■**of ~** von Bedeutung; ***he's a historian of ~*** er ist ein bedeutender Historiker; **nothing of ~** nichts von Bedeutung ⑧ *(scent)* [Duft]note *f; of perfume* [Parfüm]note *f;* *(flavour in beer, wine, tea)* [Geschmacks]note *f;* ***the fresh ~ of bergamot*** die frische Note von Bergamotte ⑨ ECON [**promissory**] **~** Schuldschein *m* **II.** *vt* ■**to ~ sth** ① *(notice)* etw wahrnehmen [*o* bemerken]; *(pay attention to)* etw beachten; ■**to ~ that ...** zur Kenntnis nehmen, dass ...; ■**to ~ how/when/where ...** zur Kenntnis nehmen, wie/wann/wo ...; **~ *how easy it is to release the catch quickly*** beachten Sie, wie einfach und schnell sich der Verschluss öffnen lässt ② *(remark)* etw anmerken [*o* bemerken]; *(point out)* etw feststellen; ■**to ~ that ...** feststellen, dass ... ③ *see* **note down** ④ FIN **to ~ a bill** einen Wechsel protestieren

◆**note down** *vt* ■**to ~ down** ⊂ **sth** [sich *dat*] etw notieren; **to ~ down how/when/where ...** [sich *dat*] notieren, wie/wann/wo ...

notebook *n* ① *(book)* Notizbuch *nt* ② COMPUT Notebook *nt,* Notebook-Computer *m* **notebook computer** *n* COMPUT Notebook *nt,* Notebook-Computer *m*

noted ['nəʊtɪd, AM 'noʊt̬-] *adj attr* bekannt, berühmt (**for** für +*akk*); ***he's ~ as an expert*** er ist bekannt als Experte

note issuance facility *n* Fazilität zur revolvierenden Plazierung von Euronotes durch ein Bietungskonsortium

notelet ['nəʊtlət] *n* BRIT Kärtchen *nt*

notepad *n* ① *(pad)* Notizblock *m* ② COMPUT Notepad *nt,* Notepad-Computer *m* **notepad computer** *n* COMPUT Notepad *nt,* Notepad-Computer *m*

notepaper *n no pl* Briefpapier *nt;* **a piece** [*or* **sheet**] **of ~** ein Bogen *nt* Briefpapier

notes [nəʊts, AM noʊts] *npl* Notizen *fpl,* Aufzeichnungen *fpl;* **to speak from/without ~** vom Blatt/frei sprechen; **to take** [*or* **make**] **~** [sich *dat*] Notizen machen

noteworthy ['nəʊtˌwɜːði, AM 'noʊtˌwɜːr-] *adj conclusions, results* beachtenswert; **nothing/something ~** nichts/etwas Besonderes

nothing ['nʌθɪŋ] **I.** *part* ① *(not anything)* nichts; ***he's ~ if not charming*** wenn er eines ist, dann charmant; **~ of the kind** [*or* **sort**] nichts dergleichen; **~ interesting/new/special** nichts Interessantes/Neues/Besonderes; **to do/say ~** nichts tun/sagen; **to gain ~ by doing sth** durch etw *akk* nichts erreichen; **to have ~ on** nichts anhaben; **to know ~ about sth** über etw *akk* nichts wissen; **to make ~ of doing sth** nichts für etw *akk* tun; **~ else** nichts weiter; ***there's ~ else we can do to help*** es gibt nichts mehr, was wir tun können; **with ~ on** unbekleidet; **to sleep with ~ on** nackt schlafen; **~ but lies** nichts als Lügen ② *(of no importance or concern)* nichts; ***what are you laughing at? — oh, ~, sir*** worüber lachen Sie? – oh nichts, Sir; **~ much** nicht viel; **to be** [*or* **mean**] **~ to sb** jdm nichts bedeuten; ***money means ~ to him*** Geld bedeutet ihm nichts; **it's** [*or* **it was**] **~** *(fam)* nicht der Rede wert ③ *(zero)* Null *f;* ***thirty minus thirty is ~*** dreißig minus dreißig ist null ④ AM SPORTS *(no points)* null; ***the score is Yankees three, Red Sox ~*** die Yankees haben drei Punkte, die Red Sox null ▶ PHRASES: **like ~** [**else**] **on earth** wie nichts [anderes] auf dieser Welt; **to look like ~** [**else**] **on earth** aussehen wie nichts [anderes] auf dieser Welt; **all or ~** alles oder nichts; **to be ~ less/more than ...** nichts Geringeres/weiter sein, als ...; ***their goal was ~ less than creating a revolutionary new technology*** ihr Ziel war kein geringeres, als eine revolutionäre neue Technologie zu entwickeln; ***he is ~ more than an amateur*** er ist bloß ein Amateur; **to have ~ on** *(be free)* nichts vorhaben; **to be ~ special** nichts Besonderes sein; **to be** [*or* **have**] **~ to do with sb/sth** nichts mit jdm/etw zu tun haben; ***it's ~ to do with me*** das hat nichts mit mir zu tun; **~ doing** *(fam: no way)* nichts zu machen *fam;* *(not happening)* nichts passiert; **you ain't heard/seen ~ yet** *(fam)* das hast du noch nicht gehört/gesehen; **think ~ of it** keine Ursache!; [**all**] **for ~** [vollkommen] umsonst; **not for ~** nicht umsonst; **there's ~ for it but to do sth** BRIT es bleibt nichts anderes übrig, als etw zu tun; ***there's ~ for it but to get some extra help*** es bleibt keine andere Wahl, als zusätzliche Hilfe anzufordern; **there's ~ in it** es ist nichts dran; ***I heard the rumour, but there's ~ in it*** ich habe das Gerücht gehört, aber das ist völlig aus der Luft gegriffen; **there's ~ to it** das gehört nicht viel; ***windsurfing is easy — there's ~ to it*** Windsurfen ist einfach – da gehört nichts dazu **II.** *adj attr, inv (fam) persons, activities* belanglos **III.** *n (fam)* Niemand *m;* ***he's a ~*** er ist ein Niemand **IV.** *adv inv* ① *(not)* überhaupt nicht; **to care ~ for others** sich *akk* überhaupt nicht um andere scheren *fam;* **to look ~ like sb/sth** jdm/etw nicht ähnlich sehen; **to look ~ like the others** nicht wie die anderen aussehen ② *after n* AM *(fam: emphatically not)* wahrlich nicht ▶ PHRASES: **~ daunted** *esp* BRIT unverzagt; **to be ~ short of sth** ganz genau auf etw *akk* zutreffen; ***the party was ~ short of a disaster*** die Party war ein völliges Desaster

N

nothingness [ˈnʌθɪŋnəs] *n no pl* ❶ *(emptiness)* Nichts *nt;* **the ~ of life** die Leere des Lebens ❷ *(worthlessness)* Bedeutungslosigkeit *f*

no through road *n* BRIT Einbahnstraße *f*

notice [ˈnəʊtɪs, AM ˈnoʊṭ-] **I.** *vt* ❶ *(see)* ■**to ~ sb/sth** jdn/etw bemerken; ***we ~d a car stopping outside the house*** wir bemerkten, wie ein Auto vor der Tür hielt; ■**to ~ that …** bemerken, dass …; ■**to ~ how/when/where …** mitbekommen, wie/wann/wo … *fam* ❷ *(acknowledge)* ■**to ~ sb** jdn bemerken [*o* wahrnehmen]; ■**to be ~d by sb** von jdm wahrgenommen werden, jdm auffallen **II.** *vi* etw [be]merken; ***she waved at him but he didn't seem to ~*** sie winkte ihm zu, aber er schien es nicht zu bemerken **III.** *n* ❶ *no pl (attention)* Beachtung *f;* **to come** [*or* **be brought**] **to sb's ~** [**that**] … jdm zu Ohren kommen, dass …; **to deserve some ~** Beachtung *f* verdienen; **to escape sb's ~** [**that …**] jds Aufmerksamkeit entgehen [*o* jdm entgehen][, dass …]; **to take ~** Notiz nehmen; ***I asked him to drive more slowly but he didn't take any ~*** ich bat ihn, langsamer zu fahren, aber er reagierte nicht; **to take ~ of sb/sth** Notiz von jdm/etw *dat* nehmen ❷ *(poster)* Schild *nt* ❸ *(in newspaper)* Anzeige *f* ❹ *no pl (warning)* Vorankündigung *f,* Vorwarnung *f; (written notification)* Bescheid *m,* Benachrichtigung *f;* ***you must give seven days' ~ of withdrawal*** Sie haben sieben Tage Kündigungsfrist; **to give sb ~** jdn [vor]informieren; **to give sb ~ of a visit** jdm einen Besuch ankündigen; **at short ~** kurzfristig; **at a moment's ~** jederzeit; **until further ~** bis auf weiteres; **without ~** ohne Vorwarnung ❺ *no pl* LAW Frist *f;* ***she gave him a month's ~ to move out*** sie gab ihm eine Frist von einem Monat, um auszuziehen ❻ *no pl (resignation)* Kündigung *f;* **to give** [**in**] [*or* **hand in**] **one's ~** seine Kündigung einreichen; **to give sb his/her ~** jdm die Kündigung aussprechen; **to be given** [*or* **to get**] **one's ~** seine Kündigung erhalten

noticeable [ˈnəʊtɪsəbḷ, AM ˈnoʊṭ-] *adj improvement, increase* merklich, wahrnehmbar; **~ difference** merklicher Unterschied

noticeably [ˈnəʊtɪsəbli, AM ˈnoʊṭ-] *adv* merklich, wahrnehmbar

noticeboard *n* Aushang *m,* schwarzes Brett

notices [ˈnəʊtɪsɪz] *npl* BRIT Kritiken *fpl*

notifiable [ˈnəʊtɪfaɪəbḷ, AM ˈnoʊṭə-] *adj inv disease* meldepflichtig; *offence* anzeigepflichtig

notification [ˌnəʊtɪfɪˈkeɪʃᵊn, AM ˌnoʊṭə-] *n* Mitteilung *f,* Benachrichtigung *f; of birth etc* Anzeige *f;* **written/official ~** schriftliche/offizielle Mitteilung; **pending** [**further**] **~** noch anstehende [weitere] Mitteilungen

notify <-ie-> [ˈnəʊtɪfaɪ, AM ˈnoʊṭə-] *vt* ■**to ~ sb** [**of sth**] jdn [über etw *akk*] unterrichten [*o* informieren], jdn [von etw] in Kenntnis setzen; ■**to ~ sth to sb** jdm etw mitteilen; **to ~ a theft to the police** der Polizei einen Diebstahl melden; ■**to ~ sb that …** jdn benachrichtigen, dass …, jdm melden, dass …; ■**to ~ sb how/what/where …** jdm mitteilen, wie/was/wo …

notion [ˈnəʊʃᵊn, AM ˈnoʊ-] *n* ❶ *(belief)* Vorstellung *f; (vague idea)* Ahnung, f (**of** von *+dat*); ■**the ~ that …** die Vorstellung, dass …; ***I haven't the faintest ~*** [***of***] ***what you're talking about*** ich habe nicht die leiseste Ahnung, wovon du redest; ***have you any ~ how much the car costs?*** hast du irgendeine Vorstellung davon, was das Auto kostet? ❷ *(whim)* Vorstellung *f;* **to have** [*or* **take**] **a ~ to do sth** *(dated)* ein Bedürfnis verspüren, etw zu tun

notional [ˈnəʊʃᵊnᵊl, AM ˈnoʊ-] *adj (form)* fiktiv; *payment* nominell, symbolisch; **~ income** fiktives Einkommen; **~ rent** Mietwert *m (einer eigengenutzten Eigentumswohnung)*

notionally [ˈnəʊʃᵊnᵊli, AM ˈnoʊ] *adv inv* ❶ *(conceptually)* begrifflich, [rein] gedanklich ❷ *(imaginarily)* eingebildetermaßen, imaginär

notions [ˈnoʊʃᵊnz] AM **I.** *npl* Kurzwaren *pl* **II.** *n modifier (department)* Kurzwaren-

notoriety [ˌnəʊtᵊrˈaɪəti, AM ˌnoʊṭəˈraɪəṭi] *n no pl* [traurige] Berühmtheit (**for** wegen *+gen*); **to achieve** [*or* **acquire**] [*or* **gain**] **~** [traurige] Berühmtheit erlangen

notorious [nə(ʊ)ˈtɔːriəs, AM noʊˈ-] *adj temper, thief* notorisch; *criminals* berüchtigt; ■**to be ~ as sth** für etw *akk* berüchtigt [*o* bekannt] sein; **to be ~ for sth** bekannt [*o* berüchtigt] für etw *akk* sein

notoriously [nə(ʊ)ˈtɔːriəsli, AM noʊˈ-] *adv* notorisch, bekanntlich; **~ difficult** bekanntlich schwierig

Notts. [ˈnɒts] *n no pl abbrev of* **Nottinghamshire**

notwithstanding [ˌnɒtwɪθˈstændɪŋ, AM ˌnɑːt-] *(form)* **I.** *prep* ungeachtet *+gen* **II.** *adv* trotzdem, nichtsdestoweniger **III.** *conj* ■**~ that …** obwohl [*o* obgleich], …

nougat [ˈnuːgɑː, AM -gət] *n no pl* Nougat *nt*

nought [nɔːt, AM *esp* nɑːt] *n* ❶ *esp* BRIT Null *f* ❷ *no pl see* **naught**

noughts and crosses *npl* BRIT, AUS Tic Tac Toe *nt (Strategiezeichenspiel für zwei Personen)*

noun [naʊn] *n* Hauptwort *nt,* Substantiv *nt,* Nomen *nt fachspr;* **common ~** Gattungsname *f;* **proper ~** Eigenname *m*

noun phrase *n* Nominalsatz *m*

nourish [ˈnʌrɪʃ, AM ˈnɜːr-] *vt* ❶ *(feed)* ■**to ~ sb** jdn ernähren; ■**to ~ oneself on** [*or* **with**] **sth** sich *akk* von etw *dat* ernähren; **well ~ed** gut genährt ❷ *(enrich)* ■**to ~ sth** *skin* etw pflegen ❸ *(form: cherish)* **to ~ ambitions** Ambitionen haben; **to ~ the hope that …** die Hoffnung hegen, dass …

nourishing [ˈnʌrɪʃɪŋ, AM ˈnɜːr-] *adj* ❶ *(healthy) food, drink* nahrhaft; ***sweets aren't very ~*** Süßigkeiten enthalten nicht viele Nährstoffe ❷ *(rich) cream* reichhaltig, gehaltvoll

nourishment [ˈnʌrɪʃmənt, AM ˈnɜːr-] *n no pl* ❶ *(food)* Nahrung *f;* **to give ~ to sb** jdn ernähren; **to obtain** [*or* **get**] **~** Nahrung bekommen ❷ *(vital substances)* Nährstoffe *mpl* ❸ *(feeding)* Ernährung *f;* **poor ~** magere [*o* spärliche] Ernährung

nous [naʊs] *n no pl* BRIT, AUS *(fam)* Verstand *m,* Grips *m fam;* **business ~** Geschäftssinn *m*

nouveau riche <*pl* nouveaux riches> [ˌnuːvəʊˈriːʃ, AM -voʊˈ-] *(pej)* **I.** *adj inv* neureich **II.** *n* Neureiche(r) *f(m)*

nouvelle cuisine [ˌnuːvelkwɪˈziːn, AM nuːˌvel-] *n no pl* Nouvelle Cuisine *f*

Nov *n abbrev of* **November** Nov.

nova <*pl* -vae> [ˈnəʊvə, AM ˈnoʊ-] *n* ASTRON Nova *f*

novel¹ [ˈnɒvᵊl, AM ˈnɑː-] *n (book)* Roman *m;* **detective ~** Kriminalroman *m,* Krimi *m*

novel² [ˈnɒvᵊl, AM ˈnɑː-] *adj (new)* neuartig; *way, approach, idea* neu

novelette [ˌnɒvᵊˈlet, AM ˌnɑː-] *n* ❶ LIT Novelette *f fachspr* ❷ *(esp pej)* Kitschroman *m pej*

novelist [ˈnɒvᵊlɪst, AM ˌnɑː-] *n* Romanautor(in) *m(f)*

novelistic [ˌnɒvəˈlɪstɪk, AM ˌnɑː] *adj* romanhaft

novella <*pl* -s *or* novelle> [nə(ʊ)ˈvelə, AM noʊ-] *n* LIT Novelle *f*

novelty [ˈnɒvᵊlti, AM ˈnɑːvᵊlṭi] **I.** *n* ❶ *(new thing)* Neuheit *f;* ■**to be a ~** ein Novum sein; ***it's quite a ~ for me to have a Saturday morning off work*** es ist etwas ganz Neues für mich, samstagmorgens nicht arbeiten zu müssen ❷ *no pl (newness)* Neuartigkeit *f* ❸ *(trinket)* Krimskrams *m; (funny)* Scherzartikel *m; (surprising)* Überraschung *f* **II.** *n modifier* ❶ *(new)* **to have ~ value** den Reiz des Neuen haben, [noch] etwas Neues sein ❷ *(cheap) key ring, toy, ashtray* Plastik-; **~ goods** Scherzartikel *mpl;* **~ shop** *Laden, in dem allerlei Krimskrams verkauft wird*

November [nəʊˈvembəʳ, AM noʊˈvembɚ] *n* ❶ *(month)* November *m; see also* **February** ❷ *(code word for letter N)* November *kein art*

novena [nəʊˈviːnə, AM noʊˈ] *n* REL Novene *f*

novice [ˈnɒvɪs, AM ˈnɑː-] **I.** *n* ❶ *(learner)* Anfänger(in) *m(f),* Neuling *m;* **to be a complete ~ in** [*or* **at**] **sth** ein kompletter Anfänger/eine komplette Anfängerin bei [*o* in] etw *dat* sein ❷ REL Novize, -in *m, f* **II.** *n modifier* ❶ *(learner) pilot, skier, workman, actor* unerfahren; ***I'm still at the ~ stage*** ich bin noch im Anfängerstadium ❷ REL **~ monk/nun** Mönch *m*/Nonne *f* in der Ausbildung

noviciate [nəʊˈvɪsiət, AM noʊˈvɪʃɪt] *n,* **novitiate** [nəʊˈvɪsiət, AM noʊˈvɪʃɪt] *n* ❶ *no pl* REL *(period or state)* Noviziat *nt,* Probezeit *f* ❷ *(novice)* Novize, -in *m, f* ❸ REL *(place)* Heim *nt* für Novizen/Novizinnen

novitiate [nə(ʊ)ˈvɪʃiət, AM noʊˈvɪʃɪt] *n* REL *(state)* Noviziat *nt; (person)* Novize, -in *m, f; (place)* Novizenhaus *nt*

Novocaine® [ˈnəʊvə(ʊ)keɪn, AM ˈnoʊvə-] *n no pl* PHARM Novocain® *nt*

now [naʊ] **I.** *adv inv* ❶ *(at present)* jetzt; ***and where do you live ~?*** und wo wohnen Sie jetzt?; ***thanks, I'm not hungry ~*** danke, aber im Moment bin ich satt; ***he's in the bath just ~, can he call you back?*** er ist jetzt gerade im Bad, kann er zurückrufen?; **until** [*or* **up to**] **~** bis jetzt ❷ *(at once)* [**right**] **~** jetzt, sofort, gleich; ***I don't want to wait, I want it*** [***right***] ***~!*** ich will nicht warten, ich will es jetzt [sofort]! ❸ *(till today)* jetzt, nun; ***she's been a vegetarian for ten years ~*** sie ist jetzt schon seit zehn Jahren Vegetarierin ❹ *(referring to past)* dann; ***it was getting dark ~ and we were tired*** dann wurde es dunkel und wir waren müde ❺ *(hence)* jetzt, nun; ***oh, yes, ~ I know who you mean*** ach ja, jetzt weiß ich, wen du meinst ❻ *(soon)* ***the puppies will be born any day ~*** die Hundewelpen können jetzt jeden Tag zur Welt kommen ❼ *(short time ago)* **just ~** gerade eben ❽ *(after repetition)* ***what do you want ~?*** was willst du denn nun? ❾ *(occasionally)* [**every**] **~ and then** [*or* **again**] ab und zu [*o* an] ❿ *(as introduction)* ***and ~ for something completely different*** und nun zu etwas völlig anderem ⓫ *(emphasizing following)* ***~ then, what's all this fuss about?*** also dann, worum geht's denn hier überhaupt?; *(inviting)* ***I'm afraid I can't go today — ~, if you'd asked me yesterday I would have said yes*** ich befürchte, ich kann heute nicht gehen, wenn du mich allerdings gestern gefragt hättest, hätte ich zugesagt ⓬ *(in request, command)* ***~, where did I put my hat?*** wo habe ich denn jetzt nur meinen Hut hingelegt?; ***hurry ~, or you'll miss the bus*** jetzt beeil dich doch, sonst verpasst du noch den Bus; ***well ~, what's been going on?*** was war denn [jetzt] los? ⓭ *(in pause)* ***let me see ~, oh yes, I remember*** lass mich mal sehen, oh ja, ich erinnere mich ⓮ *(in irony)* **~, ~,** so, so ⓯ *(soothing)* ***~, ~, don't cry*** aber, aber, nicht weinen; *(warning)* ***~, ~, children, stop fighting!*** na, na, Kinder, hört auf zu streiten! ► PHRASES: [**it's/it was**] **~ or never** *(saying)* jetzt oder nie; **~ you're** [*or* **we're**] **talking!** *(saying)* schon besser!, hört sich schon besser an! **II.** *n* Jetzt *nt;* ***~ isn't a good time to speak to him*** augenblicklich ist keine gute Zeit, mit ihm zu reden; ***you should have mentioned it before ~*** das hättest du vorher sagen sollen; ***that's all for ~*** das ist für den Augenblick alles; **by ~** mittlerweile; **from ~ on, as from ~** ab sofort **III.** *conj* **~** [**that**] … jetzt, wo …

NOW account [ˈnaʊəˌkaʊnt] *n* AM FIN *abbrev of* **negotiable order of withdrawal account** *verzinstes Sparkonto, über das mit übertragbaren Zahlungsanweisung verfügt werden kann*

nowadays [ˈnaʊədeɪz] *adv inv* heutzutage

nowhere [ˈnəʊ(h)weəʳ, AM ˈnoʊ(h)wer] **I.** *adv inv* nirgends, nirgendwo; ***there's ~ I'd rather be at the moment*** nirgends wäre ich gerade lieber als hier; ***she was ~ to be seen*** sie war nirgends zu sehen; ***there was ~ for him to sit*** er fand nirgends einen Platz; ***without your help he would be ~*** ohne deine Hilfe wäre er nichts; ***that sort of bad manners will get you ~*** mit solchen schlechten Manieren kommst du auch nicht weiter; ***I'm trying to persuade her to come but I'm getting ~*** ich versuche ja, sie zum Mitkommen zu überreden, aber ich stoße nur auf Granit; **a road to ~** *(fig)* ausweglose Situation; **to be** [*or* **come in**] [*or* **finish**] **~** SPORTS keine Wertung erreichen; **from** [*or* **out of**] **~** aus dem Nichts *a. fig;* **to appear** [**as if**] **from** [*or* **out of**] **~** [wie] aus dem Nichts auftauchen **II.** *n* Nirgendwo *nt* **III.** *adj attr (fam)* ausweglos

no-win *adj attr, inv (fam: hopeless)* aussichtslos, hoffnungslos; **to be in a ~ situation** sich *akk* in einer aussichtslosen [*o* hoffnungslosen] Situation befinden

now-or-never *adj attr, inv situation* jetzt oder nie; ***29 is a ~ year in a young woman's life*** 29 ist für eine junge Frau ein Alter, in dem sie das Gefühl hat, jetzt oder nie

nowt [naʊt] *part* BRIT DIAL nix *fam;* ***that's got ~ to do with it!*** das hat nix damit zu tun! ► PHRASES: **there's ~ so queer as folk** *(saying)* so was kommt vor *fam*

noxious [ˈnɒkʃəs, AM ˈnɑːk-] *adj (form)* ❶ *(harmful)* schädlich; *(toxic) smoke, chemicals, fumes* giftig ❷ *(unpleasant)* übel; **~ smell** übler Geruch

nozzle [ˈnɒzl, AM ˈnɑːzl] *n* Düse *f; of petrol pump* [Zapf]hahn *m*

nr *prep abbrev of* **near**

NRA [ˌenɑːrˈeɪ] *n no pl, + sing/pl vb* AM *abbrev of* **National Rifle Association** *Organisation in den USA, die das Recht auf freien Waffenkauf verteidigt*

NSPCC [ˌenespiːsiːˈsiː] *n no pl, + sing/pl vb* BRIT *abbrev of* **National Society for the Prevention of Cruelty to Children** ≈ Kinderschutzbund *m*

nth [enθ] *adj attr, inv (fam)* ❶ *(umpteenth)* x-te(r,s) *fam;* ***I glanced at my watch for the ~ time*** ich sah zum x-ten Mal auf meine Uhr ❷ *(greatest)* **to the ~ degree** bis zum Äußersten; ***she takes vegetarianism to the ~ degree*** sie ist eine fanatische Vegetarierin

Nth I. *n* BRIT *abbrev of* **North** N. II. *adj* BRIT *abbrev of* **North** N-

nuance [ˈnjuːɑːn(t)s, AM *esp* ˈnuː-] *n* Nuance *f; of meaning of word* Bedeutung *f;* **~s of meaning** Bedeutungsschattierungen *fpl*

nub [nʌb] *n* ❶ *(crux)* Kernpunkt *m;* **the ~ of the matter** der springende Punkt ❷ *(bump)* Stückchen *nt*

Nubian [ˈnjuːbiən, AM ˈnuː] I. *adj inv* nubisch II. *n* ❶ *(person)* Nubier(in) *m(f)* ❷ *(goat)* nubische Ziege

nubile [ˈnjuːbaɪl, AM ˈnuːbɪl, ˈnjuː-] *adj (hum)* [sehr] anziehend; **a ~ woman** eine knackige junge Frau *fam*

nuclear [ˈnjuːkliəʳ, AM ˈnuːkliɚ, ˈnjuː-] *adj inv* ❶ *(of energy)* Kern-, Atom- ❷ MIL nuklear, atomar; **~-free zone** atomwaffenfreie Zone; **to go ~** Atomwaffen zum Einsatz bringen ❸ NUCL Kern- ❹ *(freak out)* **to go ~** ausrasten *fam*

nuclear deterrent *n* nukleare Abschreckung **nuclear disarmament** *n* atomare Abrüstung **nuclear energy** *n no pl* Kernenergie *f* **nuclear family** *n* Kernfamilie *f* **nuclear fission** *n* Kernspaltung *f* **nuclear fusion** *n* Kernfusion *f* **nuclear holocaust** *n* atomarer Holocaust **nuclear medicine** *n no pl* Nuklearmedizin *f* **nuclear nonproliferation treaty** *n* Nichtverbreitungsabkommen *nt* über Atomwaffen **nuclear physicist** *n* Kernphysiker(in) *m(f)* **nuclear physics** *n + sing vb* Kernphysik *f* **nuclear power** *n no pl* Atomkraft *f* **nuclear-powered** *adj inv* atomgetrieben **nuclear power plant** *n,* **nuclear power station** *n* Kernkraftwerk *nt,* Atomkraftwerk *nt* **nuclear radiation** *n no pl* radioaktive Strahlung **nuclear reactor** *n* Atomreaktor *m* **nuclear scientist** *n* Atomwissenschaftler(in) *m(f)* **nuclear threat** *n* nukleare Bedrohung **nuclear war** *n* Atomkrieg *m* **nuclear warfare** *n no pl* nukleare Kriegsführung **nuclear waste** *n* Atommüll *m* **nuclear weapon** *n* Atomwaffe *f* **nuclear winter** *n* atomarer Winter

nuclei [ˈnjuːkliaɪ, AM *esp* ˌnuː-] *n pl of* **nucleus**

nucleic acid [njuːˌkliːɪk-, AM *esp* nuː,-] *n* BIOL, CHEM Nukleinsäure *f*

nucleus <*pl* -clei *or* -es> [ˈnjuːkliəs, AM *esp* ˈnuː-] *n* ❶ *(core)* Kern *m* ❷ BIOL Kern *m,* Nukleus *m fachspr* ❸ NUCL Kern *m,* Nukleus *m fachspr*

nude [njuːd, AM *esp* nuːd] I. *adj inv* nackt; **~ model** Aktmodel *nt;* **~ painting** Akt *m;* **~ person** Nackte(r) *f(m);* **~ photo[graph]** Aktfoto *nt;* **~ sunbathing** Nacktbaden *nt;* **to pose ~** nackt posieren II. *n* ❶ ART Akt *m* ❷ *(nakedness)* **in the ~** nackt; **to pose in the ~** nackt posieren; **to sunbathe/swim in the ~** nackt sonnenbaden/schwimmen

nudge [nʌdʒ] I. *vt* ❶ *(push)* ■**to ~ sb** jdn stoßen; ■**to ~ sth somewhere** etw irgendwohin wegschieben; ***he ~d the cat off the sofa*** er schupste die Katze von dem Sofa ❷ *(fig: urge)* ■**to ~ sb into** [*or* **towards**] **sth** jdn zu etw *dat* drängen; **to ~ sb in the right direction** jdn in die richtige Richtung verhelfen; ■**to ~ sb into** [*or* **towards**] **doing sth** jdn dazu drängen, etw zu tun ❸ *(approach)* ***he must be nudging 60 now*** er muss jetzt auch schon auf die 60 zugehen; ***the needle was nudging the red line*** die Nadel näherte sich dem roten Bereich ► PHRASES: **~, ~** [**wink, wink**] BRIT, AUS *(fam)* na, du weißt schon! *(mit den Augen zwinkernd auf eine sexuelle Komponente anspielen)* II. *vi* BRIT ***prices have ~d downward/upward*** die Preise sind gesunken/gestiegen; ***just ~ forward so you can see round the bend*** beug dich ein bisschen nach vorne, damit du um die Kurve sehen kannst III. *n* ❶ *(push)* Stoß *m,* Schubs *m;* **to give sb a ~** jdm einen Stoß [*o* Schubs] geben ❷ *(encouragement)* Anstoß *m;* **to give sb the ~ to do sth** jdm den Anstoß geben, etw zu tun

nudie [ˈnjuːdi, AM *esp* ˈnuː-] *(fam)* I. *n* Porno *m* II. *n modifier (magazine)* Porno-; *(picture)* Nackt-

nudism [ˈnjuːdɪzᵊm, AM *esp* ˈnuː-] *n no pl* Freikörperkultur *f,* Nudismus *m geh*

nudist [ˈnjuːdɪst, AM *esp* ˈnuː-] I. *n* Nudist(in) *m(f)* II. *n modifier* FKK-; **~ colony** Nudistenkolonie *f*

nudist beach *n* FKK-Strand *m* **nudist camp** *n* Nudistenlager *nt,* FKK-Lager *nt fam*

nudity [ˈnjuːdəti, AM ˈnuːdət̬i, ˈnjuː-] *n no pl* Nacktheit *f*

nudni(c)k [ˈnʊdnɪk] *n* AM *(fam)* Langweiler *m*

nugatory [ˈnjuːgətᵊri, AM ˈnuːgətɔːri, ˈnjuː-] *adj (form)* belanglos; **~ amount** nichtiger Betrag

nugget [ˈnʌgɪt] *n* ❶ *(lump)* Klumpen *m;* **gold ~** Goldnugget *nt* ❷ FOOD **chicken ~** Hähnchennugget *nt* ❸ *(esp hum: fact)* Weisheit *f;* ***have you got any other astonishing ~s of wisdom for us?*** hast du noch mehr so erstaunliche Weisheiten für uns auf Lager?

nuisance [ˈnjuːsᵊn(t)s, AM *esp* ˈnuː-] *n* ❶ *(pesterer)* Belästigung *f,* Plage *f;* ***those kids are real ~s*** diese Kinder sind richtige Quälgeister ❷ *(annoyance)* Ärger *m;* ***it's a ~ that I've got to work on Saturday*** ist das ärgerlich, dass ich am Samstag arbeiten muss!; ***what a ~!*** wie ärgerlich!; **to make a ~ of oneself** lästig werden ❸ LAW Belästigung *f;* **public ~** öffentliches Ärgernis

nuisance call *n* anonymer Anruf **nuisance caller** *n* anonymer Anrufer/anonyme Anruferin **nuisance tax** *n* FIN *häufig erhobene Steuer* **nuisance value** *n (fam) die Fähigkeit, zu stören und Ärger zu verursachen;* ***he will liven things up at the party — he has enormous ~*** er wird Leben in die Party bringen – er ist ein echter Störenfried!

NUJ [ˌenjuːˈdʒeɪ] *n no pl, + sing/pl vb* BRIT *abbrev of* **National Union of Journalists** *britische Gewerkschaft der Journalisten*

nuke [njuːk, AM *esp* nuːk] *(sl)* I. *vt* ■**to ~ sth** ❶ MIL etw atomar angreifen ❷ *esp* AM, AUS *(in microwave)* etw warm machen II. *n* ❶ *(power station)* Atomkraftwerk *nt* ❷ *(bomb)* Atombombe *f*

null [nʌl] *adj,* **null and void** *adj pred, inv* LAW null und nichtig; **to declare sth ~** etw für null und nichtig erklären; **to declare a marriage ~** eine Ehe annullieren; **to make** [*or* **render**] **sth ~** etw null und nichtig machen

nullification [ˌnʌlɪfɪˈkeɪʃᵊn] *n* Aufhebung *f; of an agreement, a law, a treaty* Ungültigkeitserklärung *f; of marriage* Annullierung *f*

nullify <-ie-> [ˈnʌlɪfaɪ] *vt* ■**to ~ sth** ❶ *(invalidate)* etw für ungültig [*o* nichtig] erklären; **to ~ a marriage** eine Ehe annullieren ❷ *(make useless) one's work* etw zunichte machen

nullity [ˈnʌləti, AM -ət̬i] *n no pl* LAW Nichtigkeit *f; of a marriage* Ungültigkeit *f*

NUM [ˌenjuːˈem] *n no pl, + sing/pl vb* BRIT *abbrev of* **National Union of Mineworkers** *britische Gewerkschaft der Bergarbeiter*

numb [nʌm] I. *adj* ❶ *limbs* taub; **~ with cold** taub vor Kälte; **to feel ~** *limbs* sich *akk* taub anfühlen; **to go ~** *limbs* taub werden, einschlafen ❷ *(torpid)* benommen; **to feel ~** sich *akk* benommen fühlen ❸ *(shocked)* **to be ~ with disbelief** ungläubig starren; **to be ~ with grief** vor Schmerz wie betäubt sein II. *vt* ❶ *(deprive of feeling)* ■**to ~ sth** *limbs* etw taub machen; **~ed with grief** *(fig)* vor Schmerz ganz starr ❷ *(desensitize)* ■**to ~ sb** jdn [emotional] abstumpfen; ■**to be ~ed by sth** durch etw *akk* abgestumpft sein ❸ *(lessen)* **to ~ the pain** den Schmerz betäuben

number¹ [ˈnʌmbəʳ, AM -bɚ] I. *n* ❶ MATH Zahl *f; (numeral)* Ziffer *f;* **to crunch ~s** über Zahlen sitzen ❷ *(symbol)* Zahl *f* ❸ *(sums)* ■**~s** *pl* Rechnen *nt kein pl,* Zahlen *fpl fam;* ***I never was much good at ~s*** Zahlen waren noch nie meine Stärke ❹ *(identifying number)* Nummer *f;* **card/house/telephone ~** Karten-/Haus-/Telefonnummer [*o* Rufnummer] *f* ❺ *no pl, + sing/pl vb (amount)* [An]zahl *f;* ***there were only a small ~ left*** es waren nur noch wenige da; ***a large ~ of invitations have*** [*or* ***form has***] ***been sent*** ein großer Teil der Einladungen ist bereits verschickt worden; ***a small ~ of children are*** [*or* ***form is***] ***educated at home*** eine kleine Anzahl von Kindern wird zu Hause unterrichtet; ***letters of complaint were surprisingly few in ~*** es gab erstaunlich wenig Beschwerdebriefe; ***any ~ of things could go wrong*** alles Mögliche könnte schief gehen; **in enormous/huge/large ~s** in enormen/riesigen/großen Stückzahlen; ***these magazines are produced in vast ~s*** diese Zeitschriften werden in riesigen Auflagen produziert ❻ *no pl, + sing/pl vb (several)* ***I decided not to go for a ~ of reasons*** ich entschied mich aus vielerlei Gründen dagegen, dort hinzugehen ❼ *(members)* Gruppe *f;* **one of our ~** eine(r) *f(m)* aus unserer Gruppe ❽ *(issue)* Ausgabe *f,* Nummer *f;* **back ~** frühere Ausgabe ❾ *(performance)* Auftritt *m; (music)* Stück *nt;* ***he played an old jazz ~ on the piano*** er spielte ein altes Jazzstück auf dem Piano ❿ *(fam: clothing)* Kluft *f fam* ⓫ AM *(sl: person)* Nummer *f fam;* ***he's quite a ~, don't you think?*** er ist schon 'ne Nummer, findest du nicht? ⓬ AM *(sl: tale)* Nummer *f fam,* Masche *f fam;* ***he tried his usual ~ but she didn't fall for it*** er versuchte es auf die übliche Tour, aber sie fiel nicht darauf herein *fam* ⓭ AM *(game)* ■**the ~s** *pl* Zahlenlotto *nt (bestimmte Art)* ⓮ *no pl* LING Numerus *m* ► PHRASES: **by** [**sheer**] **force** [*or* **weight**] **of ~s** [allein] aufgrund zahlenmäßiger Überlegenheit; **~ one** *(fam: oneself)* die Nummer eins; ***he only cares about ~ one*** er denkt nur an sich selbst; *(bestseller) book* Bestseller *m; album* Kassenschlager *m;* **to be** [**the**] **~ one** die Nummer eins sein; **to do ~ one/two** *(euph fam)* klein/groß machen *fam;* **there's safety in ~s** *(prov)* in der Menge ist man sicher; **N~ Ten** *(residence of Prime Minister)* Downing Street Nummer 10; *(Prime Minister)* der britische Premierminister/die britische Premierministerin; *(staff)* der Stab des britischen Premierministers/der britischen Premierministerin; **to do a ~ on sb** AM *(sl)* eine Nummer mit jdm abziehen *fam;* **to have sb's ~** *(sl)* jdn durchschauen; **sb's ~ is up** *(fam)* jds [letztes] Stündlein hat geschlagen *fam;* **to look out for ~ one** *(fam)* sich *akk* nur um sich *akk* selbst kümmern; **beyond** [*or* **without**] **~** zahllos; **by** [**the**] **~s** nach Schema F *pej* II. *vt* ❶ *(mark in series)* ■**to ~ sth** etw nummerieren; **to ~ sth from … to …** etw von … bis … durchnummerieren ❷ *(count)* ■**to ~ sth** etw abzählen ❸ *(comprise)* ■**to ~ sth** etw zählen; ***each team ~s 11 players*** jede Mannschaft zählt [*o* hat] elf Spieler ❹ *(form: include)* ■**to ~ sb among sth** jdn zu etw *dat* zählen; ***at one time the club ~ed an archbishop among its members*** der Club zählte sogar einmal einen Erzbischof zu seinen Mitgliedern

number² [ˈnʌməʳ, AM ˈnʌmɚ] *adj comp of* **numb**

number-cruncher *n* ❶ *(often pej: person)* Rechenfreak *m fam* ❷ COMPUT ≈ Großrechner *m,* Zahlenfresser *m fam*

number-crunching *n no pl* ***nowadays computers do all the*** ~ heutzutage berechnen Computer all die großen Datenmengen; ***it's really not very interesting work, just a lot of*** ~ die Arbeit ist nicht sonderlich interessant, halt viel Rumrechnerei *fam*

numbering ['nʌmbᵊrɪŋ] *n no pl* Nummerierung *f*

numberless ['nʌmbᵊləs, AM -bɚ-] *adj inv* (*esp liter*) zahllos, unzählig

number-one I. *adj attr, inv* ① (*main*) Haupt-; **the ~ cause/reason** die Hauptursache/der Hauptgrund; ~ **priority** oberste Priorität; **the ~ problem** das wichtigste [*o* vorrangige] Problem ② (*best*) *skier, detective* Spitzen-, Top-; ***the Beatles were the ~ pop group for years*** die Beatles waren jahrelang die Nummer eins unter den Popgruppen; ~ **brand** Spitzenmarke *f;* ~ **choice/priority** erste Wahl/Priorität; ~ **position** Spitzenposition *f;* ~ **song** Nummer-Eins-Hit *m* [*o* -Single *nt*] ③ (*bestselling*) *album, song* meistverkauft, bestverkauft II. *n esp* AM (*fig: one's self*) **to care about** ~ [nur] an sich *akk* denken; **to look after** ~ sich *akk* selbst an erster Stelle setzen **number plate** *n* BRIT Nummernschild *nt* **number theory** *n no pl* MATH Zahlentheorie *f*

numbing ['nʌmɪŋ] *adj effect, feeling* betäubend; ~ **sensation** taubes Gefühl

numbly ['nʌmli] *adv* wie betäubt, benommen

numbness ['nʌmnəs] *n no pl* ① *of limbs* Taubheit *f* ② (*torpor*) Benommenheit *f;* (*because of shock, grief*) Starre *f*

numbskull *n see* **numskull**

numeracy ['nju:mᵊrəsi, AM *esp* 'nu:-] I. *n no pl* MATH Rechnen *nt* II. *n modifier* rechnerisch; ***these children are lacking the most basic of*** ~ ***skills*** diese Kinder verfügen nicht einmal über die grundlegendsten rechnerischen Fähigkeiten

numeral ['nju:mᵊrᵊl, AM *esp* 'nu:-] *n* Ziffer *f*

numerate ['nju:mᵊrət, AM *esp* 'nu:-] *adj* rechenfähig; ***a ~ child would have no problems here*** ein Kind, das rechnen kann, hätte hier keinerlei Schwierigkeiten

numeration [ˌnju:mᵊr'eɪʃᵊn, AM ˌnu:mər'-, 'nju:-] *n no pl* (*form*) Nummerierung *f*

numerator ['nju:mᵊreɪtəʳ, AM 'nu:məreɪt̬ɚ, 'nju:-] *n* MATH Zähler *m*

numeric [nju:'merɪk, AM *esp* nu:'-] I. *adj* numerisch II. *n* Numerik *f*

numerical [nju:'merɪkḷ, AM *esp* nu:'-] *adj inv* ① (*arithmetic*) numerisch; **in ~ order** in numerischer Reihenfolge; ~ **skills** rechnerische Fähigkeiten ② (*expressed in numbers*) numerisch; ~ **code** numerischer Code, Nummerncode *m;* ~ **superiority** zahlenmäßige Überlegenheit; **to have a ~ superiority over sb** jdm zahlenmäßig überlegen sein

numerically [nju:'merɪkḷi, AM *esp* nu:'-] *adv inv* zahlenmäßig; (*arithmetically*) numerisch; ~ **superior** zahlenmäßig überlegen

numeric keypad *n* COMPUT numerisches Tastaturfeld, Ziffernblock *m*

numerological [ˌnju:mᵊrə'lɒdʒɪkᵊl, AM ˌnu:mɚə'lɑ:-, nju:-] *adj sign* numerologisch *geh*

numerology [ˌnju:mᵊ'rɒlədʒi, AM ˌnu:mə'rɑ:-, nju:-] *n* Numerologie *f geh*

numero uno [ˌnju:mᵊrəʊ'u:nəʊ, AM ˌnu:məroʊ'u:noʊ] *n see* **number-one**

numerous ['nju:mᵊrəs, AM *esp* 'nu:-] *adj* zahlreich; ***shops of this type, once rare, are now*** ~ solche Läden gab es früher kaum und heute findet man sie fast überall; **on ~ occasions** bei zahlreichen Gelegenheiten

numismatic [ˌnju:mɪz'mætɪk, AM ˌnu:mɪz'mæt̬ɪk] *adj inv* numismatisch *fachspr,* Münz[en]-

numismatics [ˌnju:mɪz'mætɪks, AM ˌnu:mɪz'mæt̬ɪks, 'nju:-] *n no pl* Numismatik *f*

numismatist [nju:'mɪzmətɪst, AM nu:] *n* Münzkenner(in) *m(f),* Numismatiker(in) *m(f) fachspr*

numskull ['nʌmskʌl] *n* Hohlkopf *m pej fam*

nun [nʌn] *n* Nonne *f*

nunciature ['nʌnsiətjʊəʳ, AM tjʊr] *n* REL, POL Nuntiatur *f*

nuncio ['nʌn(t)siəʊ, -ʃiəʊ, AM -sioʊ] *n* REL Nuntius *m*

nunnery ['nʌnᵊri] *n* (*liter or dated*) [Nonnen]kloster *nt*

nuptial [nʌpʃᵊl] *adj inv* (*form, liter*) ehelich; ***that's what I call ~ bliss*** Mann, die sind vielleicht im siebten Himmel; ~ **bed** Ehebett *nt;* ~ **promise** eheliches Versprechen; ~ **vows** Ehegelöbnis *nt*

nuptials [nʌpʃᵊlz] *npl* (*form or hum*) Hochzeit *f*

nurd *n see* **nerd**

nurdy *adj see* **nerdy**

nurse [nɜ:s, AM nɜ:rs] I. *n* ① (*at hospital*) [Kranken]schwester *f;* (*male*) Krankenpfleger *m* ② (*nanny*) Kindermädchen *nt* II. *vt* ① (*care for*) ■**to ~ sb/an animal** jdn/ein Tier pflegen; **to ~ sb/an animal back to health** jdn/ein Tier wieder gesund pflegen; **to ~ a patient** einen Patienten pflegen ② (*heal*) ■**to ~ sth** etw [aus]kurieren; **to ~ a cold** eine Erkältung auskurieren ③ (*tend*) ■**to ~ sth** *a plant* etw hegen [*o* pflegen] ④ (*nurture*) ■**to ~ sth** *a project* etw fördern; **to ~ the hope in sb that ...** in jdm die Hoffnung nähren, dass ...; **to ~ a plan** einen Plan hegen ⑤ (*harbour*) **to ~ a feeling for sb/sth** ein Gefühl für jdn/etw hegen; **to ~ a grudge against sb** einen Groll gegen jdn hegen; **to ~ a passion for sth** ein Faible für etw *akk* haben ⑥ (*cradle*) **to ~ a baby** ein Baby [vorsichtig] im Arm halten; ***she ~d him in her arms till he fell asleep*** sie wiegte ihn in ihren Armen, bis er einschlief ⑦ (*with glass*) ***he was sitting in the pub nursing an almost empty glass of beer*** er saß in der Kneipe bei einem fast leeren Glas Bier ⑧ (*suckle*) **to ~ a child** ein Kind stillen III. *vi* in der Krankenpflege arbeiten

nursemaid I. *n* ① (*dated: nanny*) Kindermädchen *nt* ② (*pej: servant*) Kindermädchen *nt pej* II. *vt* ■**to ~ sb** jdn durch ein Kindermädchen pflegen lassen

nurse practitioner *n* AM anerkannte/geprüfte Krankenpflegekraft

nursery ['nɜ:sᵊri, AM 'nɜ:r-] I. *n* ① (*creche*) Kindergarten *m;* (*school*) Vorschule *f;* **to go to ~** in den Kindergarten/in die Vorschule gehen ② (*room*) Kinderzimmer *nt* ③ HORT Gärtnerei *f;* (*for trees*) Baumschule *f* II. *n modifier* Kinder-; ~ **facilities** Betreuungsmöglichkeiten *fpl* für Kleinkinder; ~ **teacher** (*at creche*) Kindergärtner(in) *m(f);* (*at school*) Vorschullehrer(in) *m(f)*

nursery education *n no pl* Vorschulunterricht *m*

nurseryman <*pl* -men> ['nɜ:sᵊrimən, AM 'nɜ:r] *n* Pflanzenzüchter *m* **nursery nurse** *n* BRIT Kindermädchen *nt* **nursery rhyme** *n* Kinderreim *m;* (*song*) Kinderlied *nt* **nursery school** *n* Vorschule *f* **nursery slopes** *npl* BRIT SKI Anfängerhügel *m,* Idiotenhügel *m hum*

nursey ['nɜ:si, AM 'nɜ:rsi] *n,* **nursie** *n* (*fam*) Kindermädchen *nt*

nursing ['nɜ:sɪŋ, AM 'nɜ:r-] I. *n no pl* ① (*taking care*) [Kranken]pflege *f;* **to go into ~** Krankenpfleger/Krankenpflegerin werden ② (*feeding*) Stillen *nt* II. *adj* ① (*caring*) Krankenpflege-; ~ **department** Pflegestation *f;* ~ **profession** Krankenpflegeberuf *m* ② (*feeding*) ~ **mothers** stillende Mütter

nursing aid *n* AUS Hilfsschwester *f* **nursing auxiliary** *n* BRIT Schwesternhelferin *f;* (*male*) Hilfspfleger *m* **nursing bottle** *n* AM Fläschchen *nt* **nursing home** *n* ① (*for old people*) Pflegeheim *nt* ② (*for convalescents*) Genesungsheim *nt* ③ BRIT (*for pregnant women*) Entbindungsklinik *f*

nurture ['nɜ:tʃəʳ, AM 'nɜ:rtʃɚ] I. *vt* (*form*) ① (*raise*) ■**to ~ sb** jdn aufziehen [*o* großziehen]; ***she wants to stay at home and ~ her children*** sie will zu Hause bleiben und sich um ihre Kinder kümmern; **to ~ a plant** eine Pflanze hegen ② (*encourage*) ■**to ~ sb/sth** jdn/etw fördern ③ (*harbour*) **to ~ ambitions** Ambitionen hegen; **to ~ a dream** einen Traum hegen II. *n no pl* ① (*upbringing*) Erziehung *f* ② (*nourishing*) Nahrung *f a. fig*

NUS [ˌenju:'es] *n no pl, + sing/pl vb* BRIT *abbrev of* **National Union of Students** *britische Studentengewerkschaft*

nut [nʌt] I. *n* ① (*fruit*) Nuss *f* ② TECH Mutter *f;* **to tighten the ~ up** die Mutter festziehen ③ (*fam: madman*) Bekloppte(r) *f(m) sl* ④ (*fam: fool*) Verrückte(r) *f(m)* ⑤ (*fam: fan*) Fanatiker(in) *m(f);* **health/sports ~** Gesundheits-/Sportfanatiker(in) *m(f)* ⑥ (*fam: head*) Schädel *m fam,* Birne *f fam;* **to be off one's ~** übergeschnappt sein *fam;* **to do one's ~** BRIT, AUS ausrasten, durchdrehen *fam;* **to use one's ~** sein Hirn benutzen ⑦ AM (*fam: costs*) Geldbedarf *m* ► PHRASES: **the ~s and bolts of sth** die fundamentalen Gegebenheiten einer S. *gen;* **a hard** [*or* **tough**] **~ to crack** (*problem*) eine harte Nuss; (*person*) eine schwierige Person II. *n modifier* ~ **allergy** Nussallergie *f;* ~ **cutlet** Nussschnitzel *nt;* ~ **filling** Nussfüllung *f;* ~ **tree** Nussbaum *m* III. *vt* <-tt-> (*fam*) ■**to ~ sb** jdm eine Kopfnuss geben

nut-brown ['nʌtbraʊn] *adj inv* nussbraun **nutcase** *n* (*pej fam*) ① (*madman*) Verrückte(r) *f(m)* ② (*fool*) Spinner(in) *m(f)* **nutcracker** *n* Nussknacker *m;* [**a pair of**] **~s** BRIT ein Nussknacker *m* **nuthatch** *n* ORN Kleiber *m* **nuthouse** *n* (*sl*) Irrenanstalt *f fam,* Klapsmühle *f fam*

nutmeg ['nʌtmeg] *n* ① (*fruit*) Muskatnuss *f* ② *no pl* (*spice*) Muskat *m;* **grated** [*or* **ground**] ~ gemahlener Muskat

NutraSweet® ['nju:trə,swi:t, AM *esp* 'nu:-] *n no pl* NutraSweet® *nt* (*künstlicher Süßstoff*)

nutrient ['nju:triənt, AM *esp* 'nu:-] I. *n* Nährstoff *m;* **to be full of ~s** voller Nährstoffe sein II. *adj* ① BIOL, FOOD Nährstoff-; ~ **solution** Nährstofflösung *f* ② (*nourishing*) nahrhaft

nutrition [nju:'trɪʃᵊn, AM *esp* nu:'-] I. *n no pl* ① (*eating*) Ernährung *f;* **good/bad ~** gute/schlechte Ernährung ② (*science*) Ernährungswissenschaft *f* II. *n modifier* Nahrungs-; ~ **content** Nährstoffgehalt *m*

nutritional [nju:'trɪʃᵊnᵊl, AM *esp* nu:'-] *adj* Ernährungs-; ~ **deficiency** Nährstoffmangel *m;* ~ **information** Nährwertangaben *fpl;* ~ **value** Nährwert *m*

nutritional supplement *n* Nahrungsergänzung *f*

nutritionist [nju:'trɪʃᵊnɪst, AM *esp* nu:'-] *n* Ernährungswissenschaftler(in) *m(f)*

nutritious [nju:'trɪʃəs, AM *esp* nu:'-] *adj* nährstoffreich; (*nourishing*) nahrhaft

nutritive [nju:'trətɪv, AM nu:'trət̬ɪv, 'nju:-] *adj see* **nutritional**

nuts [nʌts] I. *npl esp* AM (*fam!*) Eier *pl vulg;* ***if he tries to grab you, just knee him in the*** ~ wenn er versucht, dich zu greifen, dann trete ihm einfach eine in die Eier II. *adj pred* ① (*foolish*) ■**to be ~** verrückt sein ② (*angry*) **to go ~** durchdrehen *fam,* ausrasten *fam* ③ (*enthusiastic*) ■**to be ~ about** [*or* **over**] **sb/sth** verrückt nach jdm/etw sein *fam*

nutshell *n no pl* Nussschale *f* ► PHRASES: **to put it in a ~** es auf den Punkt bringen; **in a ~** kurz gesagt; ***that explains the problem in a*** ~ das erklärt das Problem kurz und bündig

nutter ['nʌtəʳ] *n* BRIT, AUS (*pej fam*) ① (*madman*) Verrückte(r) *f(m)* ② (*fool*) Spinner(in) *m(f) fam;* **to be a complete ~** ein Vollidiot *m*/eine Vollidiotin sein *pej,* total spinnen

nuttiness ['nʌtɪnəs, AM 'nʌt̬ɪ-] *n no pl* Nussgeschmack *m*

nutty ['nʌti, AM 'nʌt̬i] *adj* ① (*full of nuts*) mit vielen Nüssen *nach n;* ~ **chocolate** Schokolade *f* mit vielen Nüssen ② (*tasting like nuts*) *taste, aroma* nussig ③ (*fam: crazy*) *idea, person* verrückt; [**as**] ~ **as a fruitcake** vollkommen verrückt ④ (*fam: enthusiastic*) ■**to be ~ about sb/sth** ganz verrückt nach jdm/auf etw *akk* sein

nuzzle ['nʌzl] I. *vt* ■**to ~ sb/sth** jdn/etw [sanft] berühren II. *vi* **to ~ closer** [sich *akk*] näher herankuscheln; ■**to ~** [**up**] **against** [*or* **up to**] **sb/sth** [sich *akk*] an jdn/etw ankuscheln; **to ~ at sb's shoulder** [sich *akk*] an jds Schulter *f* kuscheln; ■**to ~ in**[**to**] **sth** *dogs, horses* die Schnauze in etw *akk* drücken

NVQ [ˌenvi:'kju:] *n* SCH *abbrev of* **National Vocational Qualification**

NW I. *n no pl abbrev of* **northwest** NW. II. *adj inv* ① *abbrev of* **northwest** NW- ② *abbrev of* **northwestern** NW- III. *adv inv abbrev of* **northwest**

NY [ˌen'waɪ] *n no pl abbrev of* **New York**

NYC [ˌenwaɪ'si:] *n no pl abbrev of* **New York City**

nylon ['naɪlɒn, AM -lɑ:n] I. *n* ① *no pl* Nylon *nt*

❷ (*dated: stockings*) ■~s *pl* Nylonstrümpfe *mpl,* Nylons *pl fam* **II.** *n modifier* Nylon-; ~ **shirt** Nylonhemd *nt;* ~ **thread** Nylonfaden *m*

nymph [nɪm(p)f] *n* Nymphe *f*

nymphet(te) [nɪm(p)'fet, AM 'nɪm(p)fət] *n* (*fam*) Nymphlein *nt*

nympho ['nɪm(p)fəʊ, AM -foʊ] *n* (*pej fam*) *short for* **nymphomaniac** Nympho *f sl*

nymphomania [ˌnɪm(p)fə(ʊ)'meɪniə, AM -foʊ'-] *n no pl* Nymphomanie *f;* **to suffer from** ~ Nymphomanin sein

nymphomaniac [ˌnɪm(p)fə(ʊ)'meɪniæk, AM -foʊ'-] (*pej*) **I.** *n* Nymphomanin *f* **II.** *adj* nymphomanisch

NYPD [ˌenjaɪpi:'di:] *n no pl, + sing/pl vb* AM *abbrev of* **New York Police Department** *New Yorker Polizeirevier*

NYSE *n abbrev of* **New York Stock Exchange** New Yorker Börse *f*

NZ *n no pl abbrev of* **New Zealand**

O

O <*pl* 's>, **o** <*pl* 's *or* -s> [əʊ, AM oʊ] *n* ❶ (*letter*) O *nt,* o *nt;* ~ **for Oliver** [*or* AM **as in Oboe**] O für Otto; *see also* **A 1.** ❷ (*blood type*) O ❸ (*zero*) Null *f; **my phone number is three, ~, five, one*** meine Telefonnummer ist drei, null, fünf, eins

O [əʊ, AM oʊ] *interj* ❶ (*poet or old: as address*) ~ ***Zeus!*** O Zeus! ❷ (*dated: expressing emotion*) ~ ***no!*** O nein!

o' [ə] *prep short for* **of**

oaf [əʊf, AM oʊf] *n* (*pej fam*) ❶ (*rude person*) Rüpel *m* ❷ (*clumsy person*) Tölpel *m fam; **you clumsy ~!*** du altes Trampeltier! *pej* ❸ (*stupid person*) Dummkopf *m fam*

oafish ['əʊfɪʃ, AM 'oʊ-] *adj* (*pej fam*) ❶ (*rude*) *person, behaviour* rüpelhaft ❷ (*clumsy*) *person* tölpelig *fam*

oafishness ['əʊfɪʃnəs, AM 'oʊ-] *n no pl* (*pej fam*) ❶ (*rudeness*) Rüpelhaftigkeit *f* ❷ (*clumsiness*) Tollpatschigkeit *f*

oak [əʊk, AM oʊk] **I.** *n* ❶ (*tree*) Eiche *f* ❷ *no pl* (*wood*) Eiche *f,* Eichenholz *nt* ▶ PHRASES: **tall** [*or* **great**] ~**s from little acorns grow** (*prov*) gut Ding will Weile haben *prov* **II.** *n modifier* ❶ (*wooden*) *furniture* aus Eichenholz *nach n* ❷ (*of tree*) *leaves* Eichen-

oaken ['əʊkən, AM 'oʊk-] *adj inv* eichen, aus Eiche *nach n*

oakum ['əʊkəm, AM 'oʊk-] *n no pl* HIST Werg *nt*

oaky ['əʊki, AM 'oʊki] *adj* ❶ *wine* eichig; ~ **taste** Eichengeschmack *m* ❷ (*of oak*) Eichen-

OAP [ˌəʊer'pi] *n* BRIT *abbrev of* **old age pensioner**

OAPEC ['əʊpek, AM 'oʊ-] *n no pl, + sing/pl vb acr for* **Organization of Arab Petroleum Exporting Countries** OPEC *f*

oar [ɔ:ʳ, AM ɔ:r] *n* ❶ (*paddle*) Ruder *nt,* Riemen *m fachspr* ❷ (*person*) Ruderer *m*/Ruderin *f* ▶ PHRASES: **to put** [*or* **stick**] **one's ~ in** (*pej fam*) sich *akk* [in etw *akk*] einmischen, seine Nase [in etw *akk*] hineinstecken *fam*

oarlock *n* AM Riemenhalterung *f,* Ruderhalterung *f*

oarsman *n* Ruderer *m* **oarswoman** *n* Ruderin *f*

oases [əʊ'eɪsi:z, AM oʊ'-] *n pl of* **oasis**

oasis <*pl* -ses> [əʊ'eɪsɪs, AM oʊ'-, *pl* -si:z] *n* ❶ (*waterhole*) Oase *f* ❷ (*fig: haven*) Oase *f;* **an ~ of peace** eine Oase des Friedens

oast [əʊst, AM oʊst] *n* AGR Darre *f*

oat [əʊt, AM oʊt] *n* Hafer *m;* ■~**s** *pl* (*hulled grain*) Haferkörner *mpl;* (*rolled*) Haferflocken *fpl; **have you given the horses their ~s yet?*** hast du den Pferden schon ihren Hafer gegeben?; **wild** ~ Flughafer *m* ▶ PHRASES: **to be off one's ~s** (*hum*) keinen Appetit haben; **to feel one's ~s** AM sich *akk* quicklebendig fühlen; **to get one's ~s** BRIT jdn vernaschen *hum;* **to sow one's wild ~s** sich *dat* die Hörner abstoßen

oatcake *n* Haferplätzchen *nt*

oath [əʊθ, AM oʊθ] *n* ❶ (*promise*) Eid *m;* **to break one's ~** seinen Schwur brechen; **to declare under ~** unter Eid aussagen; **to take** [*or* **make**] [*or* **swear**] **an ~ on sth** einen Eid auf etw *akk* schwören; **to take the ~** vereidigt werden; **under** [*or* BRIT [**up**]**on**] **~** unter Eid; ***witnesses are, of course, under ~ to tell the truth*** Zeugen werden natürlich darauf vereidigt, die Wahrheit zu sagen; **to be under ~** unter Eid stehen ❷ (*dated: curse*) Schwur *m,* Fluch *m*

oatmeal ['əʊtmi:l, AM 'oʊt-] **I.** *n no pl* ❶ (*flour*) Hafermehl *nt* ❷ AM (*porridge*) Haferbrei *m* ❸ (*colour*) Hellbeige *nt* **II.** *adj* ❶ (*containing oatmeal*) Hafer-; ~ **biscuits** [*or* AM **cookies**] Haferplätzchen *ntpl* ❷ (*colour*) hellbeige

OAU [ˌəʊer'ju:, AM ˌoʊ-] *n abbrev of* **Organization of African Unity**

OB [ˌoʊ'bi:] *n* AM (*fam*) *abbrev of* **obstetrician**

obbligato <*pl* -os *or* -gati> [ˌɒblɪ'gɑ:təʊ] *n* MUS *see* **obligato**

obduracy ['ɒbdjʊrəsi, AM 'ɑ:bdʊrə-, -djʊ-] *n no pl* (*pej form*) Hartnäckigkeit *f*

obdurate ['ɒbdjʊrət, AM 'ɑ:bdʊrɪt, -djʊ-] *adj* (*pej form*) ❶ (*stubborn*) hartnäckig; ~ **person** sture Person; **to remain ~** hartnäckig [*o* stur] bleiben; ■**to be ~ on doing sth** darauf beharren, etw zu tun ❷ (*difficult*) *problem* hartnäckig

obdurately ['ɒbdjʊrətli, AM 'ɑ:bdʊrɪt-, -djʊ-] *adv* (*pej form*) hartnäckig

OBE [ˌəʊbi:'i:] *n* BRIT *abbrev of* **Order of the British Empire** britischer Verdienstorden

obedience [ə(ʊ)'bi:diən(t)s, AM oʊ'-] *n no pl* Gehorsam *m* (**to** gegenüber +*dat*); **in ~ to the law** dem Gesetz entsprechend; **in ~ to the theory** gemäß der Theorie; **unquestioning ~** unbedingter Gehorsam

obedient [ə(ʊ)'bi:diənt, AM oʊ'-] *adj* gehorsam; *child, dog also* folgsam; **to be ~ to sb/sb's commands** jdm/jds Befehlen *pl* gehorchen; **your ~ servant** (*old*) Ihr ergebenster Diener *veraltet*

obediently [ə(ʊ)'bi:diəntli, AM oʊ'-] *adv* gehorsam, folgsam; **to act ~** gehorsam sein

obeisance [ə(ʊ)'beɪsən(t)s, AM oʊ'-] *n* (*form*) ❶ *no pl* (*respect*) Respekt *m* (**to** gegenüber +*dat*); (*more formal*) Ehrerbietung *f,* Huldigung *f;* **to pay** [*or* **make**] **~ to sb** jdn huldigen, jdm seine Huldigung darbringen ❷ (*bow*) Verbeugung *f;* **deep ~** tiefe Verbeugung; **to make an ~** eine Verbeugung machen, sich *akk* verbeugen; **to make one's ~ to sb** jdm seine Aufwartung machen *veraltet*

obelisk ['ɒbəlɪsk, AM 'ɑ:-] *n* Obelisk *m*

obese [ə(ʊ)'bi:s, AM oʊ'-] *adj* fett *pej; esp* MED fettleibig

obesity [ə(ʊ)'bi:səti, AM oʊ'bi:səṭi] *n no pl* Fettheit *f pej; esp* MED Fettleibigkeit *f*

obey [ə(ʊ)'beɪ, AM oʊ'-] **I.** *vt* ❶ (*comply with*) ■**to ~ sb/sth** jdm/etw gehorchen; ***falling objects ~ the law of gravity*** fallende Gegenstände unterliegen dem Gesetz der Schwerkraft; **to ~ the law** sich an das Gesetz halten; **to ~ an order** einen Befehl befolgen, einem Befehl Folge leisten; **to ~ the rules** die Regeln befolgen, sich *akk* an die Regeln halten ❷ (*not fail*) ***her legs just wouldn't ~ her any longer*** ihre Beine gehorchten ihr nicht länger **II.** *vi* gehorchen; ***he simply refused to ~*** er weigerte sich schlichtweg zu gehorchen; ***her legs just wouldn't ~*** ihre Beine gehorchten einfach nicht

obfuscate ['ɒbfʌskeɪt, AM 'ɑ:bfə-] *vt* (*form*) ■**to ~ sth** etw vernebeln; (*make unclear*) etw unklar machen; ■**to ~ sb** jdn verwirren

obfuscation [ˌɒbfʌs'keɪʃən, AM ˌɑ:bfə'skeɪ-] *n no pl* (*form*) Vernebelung *f; of person* Verwirrung *f*

OB-GYN [ˌoʊbi:dʒi:war'en] *n* AM (*fam*) *short for* **obstetrician gynecologist** Geburtshelfer(in) *m(f)*

obit ['ɒbɪt, AM 'oʊ-] *n* (*fam*) *short for* **obituary** Nachruf *m*

obituary [ə(ʊ)'bɪtʃuəri, AM oʊ'bɪtʃueri] *n* Nachruf *m; **I read in his ~ that he'd once lived in Alabama*** ich habe im Sterberegister gelesen, dass er einst in Alabama gelebt hat; ~ **column** Sterberegister *nt;* ~ **notice** Todesanzeige *f*

obj *n abbrev of* **object**

object¹ ['ɒbdʒɪkt, AM 'ɑ:b-] *n* ❶ (*thing*) Objekt *nt,* Gegenstand *m,* Sache *f; **the boss treats his employees as ~s*** der Boss behandelt seine Arbeitnehmer wie Sachen ❷ *usu sing* (*aim*) Ziel *nt,* Zweck *m; **what was the ~ of it all?*** was war der Zweck des Ganzen?; **the ~ of the exercise is ...** das Ziel der Übung ist ... ❸ *usu sing* (*form: focus*) Gegenstand *m;* ■**to be/become the ~ of sth** der Mittelpunkt von etw *dat* sein/werden; **the ~ of sb's desire** das Objekt von jds Begierde *f* ❹ LING Objekt *nt* ▶ PHRASES: **money is no ~** Geld spielt keine Rolle

object² [əb'dʒekt] **I.** *vi* ❶ (*disapprove*) Einspruch erheben, Einwände haben; ***would anyone ~ if we started the meeting now?*** hätte irgendjemand etwas dagegen, wenn wir nun mit der Sitzung beginnen?; ■**to ~ to sth** etw ablehnen, mit etw *dat* nicht einverstanden sein; (*stronger*) sich *dat* etw verbitten; ***do you ~ to people smoking at the table?*** stört es Sie, wenn Leute bei Tisch rauchen?; **to ~ to an attitude** eine Einstellung missbilligen ❷ (*protest*) einwenden, entgegnen; ***"I can't allow that," the chairman ~ed*** „das kann ich nicht zulassen", wandte der Vorsitzende ein **II.** *vt* ■**to ~ that ...** einwenden, dass ...

objectification [əb'dʒektɪfɪˌkeɪʃən, AM əb'dʒektə-] *n no pl* PSYCH Versachlichung *f*

objection [əb'dʒekʃən] *n* Einwand *m;* **to have an ~** [**to** [*or* **against**] **sth**] [gegen etw *akk*] einen Einwand haben; ***nobody had a single ~*** niemand hatte einen Einwand; ***does anyone have any ~s?*** hat irgendjemand einen Einwand?; ***if you have no ~, then we will continue*** wenn Sie nichts dagegen haben, würden wir gern fortfahren; **to raise** [*or* **voice**] **~s** [**to sth**] Einwände [gegen etw *akk*] erheben

objectionable [əb'dʒekʃənəbl] *adj* (*form*) unangenehm; (*offensive*) anstößig; *smell, sight* übel

objectionably [əb'dʒekʃənəbli] *adv* (*form*) unangenehm

objective [əb'dʒektɪv] **I.** *n* ❶ (*aim*) Zielsetzung *f,* Ziel *nt;* **management by ~s** Unternehmensführung *f* mit Zielvorgabe; **long-term/short-term ~** langfristige/kurzfristige Zielsetzung; **main** [*or* **primary**] **~** Hauptziel *nt;* **to achieve** [*or* **attain**] [*or* **meet**] **one's ~** sein Ziel erreichen ❷ PHOT Objektiv *nt* **II.** *adj* ❶ (*unbiased*) objektiv ❷ (*actual*) sachlich; ~ **fact** Tatsache *f*

objectively [əb'dʒektɪvli] *adv* ❶ (*impartially*) objektiv ❷ (*in fact*) sachlich

objectivism [əb'dʒektɪvɪzəm, AM tə] *n no pl* ❶ (*non-subjective attitude*) Objektivität *f,* objektive Einstellung [*o* Haltung] ❷ PHILOS Objektivismus *m*

objectivity [ˌɒbdʒɪk'tɪvəti, AM ˌɑ:bdʒek'tɪvəṭi] *n no pl* ❶ (*impartiality*) Objektivität *f;* **to maintain one's ~** seine Objektivität bewahren ❷ (*actuality*) Sachlichkeit *f*

object language *n* ❶ LING Objektsprache *f* ❷ COMPUT Maschinensprache *fachspr* **object lesson** *n* (*approv*) Musterbeispiel *nt,* Paradebeispiel *nt* (**in** für +*akk*), Muster *nt* (**in** an +*dat*); ***the disaster was an ~ in how not to run a ship*** die Katastrophe war ein Musterbeispiel dafür, wie man ein Schiff nicht führen sollte

objector [əb'dʒektəʳ, AM -ɚ] *n* Gegner(in) *m(f)* (**to** +*gen*)

object-oriented *adj* COMPUT objektorientiert

objet d'art <*pl* objets d'art> [ˌɒbʒeɪ'dɑ:ʳ, *pl* ˌɒbʒeɪ'dɑ:ʳ, AM ˌɑ:bʒeɪ'dɑ:r, *pl* ˌɑ:bʒeɪ'dɑ:r] *n* Kunstobjekt *nt,* Kunstgegenstand *m*

oblation [əʊ'bleɪʃən, AM ə'] *n* REL Opfergabe *f,* Opfer *nt*

obligate ['ɒblɪgeɪt, AM 'ɑ:b] *vt* ■**to ~ sb to do sth** jdn [dazu] verpflichten [*o* nötigen] *fig,* etw zu tun

obligated ['ɒblɪgeɪtɪd, AM 'ɑ:blɪgeɪṭɪd] *adj pred esp* AM (*form*) ■**to be ~ to do sth** dazu verpflichtet sein, etw zu tun; **to feel ~ to do sth** sich *akk* dazu verpflichtet fühlen, etw zu tun; *see also* **oblige I 1**

obligation [ˌɒblɪ'geɪʃən, AM 'ɑ:blə-] *n* ❶ (*act of*

being bound) Verpflichtung *f* (**to** gegenüber *+dat*); **to be under an ~ to do something** sich *akk* verpflichtet fühlen, etw zu tun; ***he is under no contractual ~ to buy*** er ist vertraglich nicht zum Kauf verpflichtet; ***you have a legal ~ to …*** Sie sind gesetzlich dazu verpflichtet, …; ***two week's free trial without ~*** zwei Wochen Probezeit ohne Kaufzwang; **to be under an ~ to sb** jdm verpflichtet sein; **to fulfil one's contractual ~s** seine Vertragspflicht [*o* vertraglichen Verpflichtungen] erfüllen; **to have an ~ to sb** jdm gegenüber eine Verpflichtung haben ② (*duty to pay a debt*) FIN Verbindlichkeit *f*; **to meet one's ~s** seinen Verbindlichkeiten nachkommen ③ (*bond*) FIN Anleihe *f*, Obligation *f*

obligato <*pl* -os *or* -gati> [ˌɑːblɪˈgɑːt̬oʊ] *n* MUS selbständige Begleitstimme, Obligato *nt fachspr*

obligatory [əˈblɪgətəri, AM -tɔːri] *adj inv* obligatorisch *a. hum*, verpflichtend; ***it is ~ to stop at a red traffic light*** an einer roten Ampel muss man anhalten; **~ attendance** Anwesenheitspflicht *f*; **~ rules** verbindliche Regeln; **to make it ~ for sb to do sth** jdn dazu verpflichten, dass er/sie etw tut

oblige [əˈblaɪdʒ] **I.** *vt* ① (*force*) ■**to ~ sb to do sth** jdn zwingen, etw zu tun; ■**to be/feel ~d to do sth** verpflichtet sein/sich *akk* verpflichtet fühlen, etw zu tun; ***you're not ~d to do that*** Sie sind nicht verpflichtet, das zu tun; ***you're not ~d to answer these questions*** Sie brauchen diese Fragen nicht zu beantworten ② (*please*) ■**to ~ sb [by doing sth]** jdm [durch etw *akk*] einen Gefallen erweisen; ***would you please ~ me by waiting outside for a few moments?*** wären Sie so gut und würden einen Augenblick draußen warten? ③ (*to thank*) **much ~d!** herzlichen Dank!; [***I am very***] ***much ~d*** [***to you***] (*dated*) ich danke Ihnen/dir vielmals; ***I'd be much ~d if you would complete the form as soon as possible*** ich wäre Ihnen sehr dankbar, wenn Sie das Formular baldmöglichst ausfüllen würden ④ (*form: give*) ■**to ~ sb with sth** jdm etw geben; ***could you ~ me with a light?*** hätten Sie mir vielleicht Feuer? **II.** *vi* helfen; **to be happy** [*or* **glad**] **to ~** bereitwillig helfen; ***my brother is always ready to ~*** mein Bruder ist immer sehr hilfsbereit; ***anything to ~*** stets zu Diensten

obliging [əˈblaɪdʒɪŋ] *adj* (*approv*) *behaviour* entgegenkommend; *character, person* freundlich, zuvorkommend

obligingly [əˈblaɪdʒɪŋli] *adv* entgegenkommenderweise, freundlicherweise, liebenswürdigerweise

oblique [ə(ʊ)ˈbliːk, AM oʊ-] **I.** *adj* ① (*indirect*) versteckt, indirekt; **~ look** [*or* **glance**] schiefer Blick; **~ reference** indirekte Anspielung ② (*slanting*) *line* schief ③ MATH **~ angle** schiefer Winkel **II.** *n* Schrägstrich *m*

obliquely [ə(ʊ)ˈbliːkli, AM oʊ-] *adv* ① (*indirectly*) versteckt, indirekt ② (*at an oblique angle*) schief

oblique stroke *n* BRIT, AUS Schrägstrich *m*

obliterate [əˈblɪtᵊreɪt, AM -ˈblɪt̬-] *vt* ① (*destroy*) **to ~ a town/village** eine Stadt/ein Dorf auslöschen [*o* vernichten] ② (*efface*) ■**to ~ sth** etw verwischen; ***centuries of wind and rain had ~d the words carved on the gravestones*** jahrhundertelanger Wind und Regen hatten die Worte auf den Grabsteinen so gut wie verschwinden lassen; **to ~ footprints** Fußabdrücke verwischen; **to ~ the view** die Sicht verdecken ③ (*forget*) **to ~ the past** die Vergangenheit aus dem Gedächtnis tilgen; **to ~ a thought** einen Gedanken verdrängen

obliteration [əˌblɪtᵊrˈeɪʃᵊn, AM əˈblɪt̬əˈreɪ-] *n no pl* ① (*destruction*) Auslöschung *f*, Vernichtung *f* ② (*effacing*) Verwischung *f*; ***the ~ of so many letters had rendered the text all but illegible*** dadurch, dass so viele Buchstaben nicht zu entziffern sind, ist der Text komplett unleserlich geworden ③ (*suppression*) *of memories* Verdrängung *f*

oblivion [əˈblɪviən] *n no pl* ① (*obscurity*) Vergessenheit *f*; **to fall** [*or* **sink**] **into ~** in Vergessenheit geraten ② (*unconsciousness*) Besinnungslosigkeit *f*; **to drink oneself into ~** sich *akk* bis zur Besinnungslosigkeit betrinken; **to sink into ~** (*hum: fall asleep*) in Bewusstlosigkeit fallen ③ (*extinction*) Verwüstung *f*; ***the planes bombed the city into ~*** die Flugzeuge haben die Stadt in Schutt und Asche gelegt

oblivious [əˈblɪviəs] *adj* ■**to be ~ of** [*or* **to**] **sth** sich *dat* einer S. *gen* nicht bewusst sein; (*not noticing*) etw gar nicht bemerken; ***absorbed in her work, she was totally ~ of her surroundings*** in ihre Arbeit vertieft, nahm sie ihre Umwelt gar nicht mehr wahr; **to be ~ to the beauty of sth** keinen Sinn für das Schöne einer S. *gen* haben

obliviously [əˈblɪviəsli] *adv* unbewusst; **to carry on ~** unbeirrt weitermachen

obliviousness [əˈblɪviəsnəs] *n no pl* Nichtwahrnehmung *f* (**to** von *+dat*); ***it's her total ~ to what's going on around her that annoys me*** was mich so an ihr stört, ist, dass sie überhaupt nichts von dem wahrnimmt, was um sie herum geschieht

oblong [ˈɒblɒŋ, AM ˈɑːblɑːŋ] **I.** *n* Rechteck *nt* **II.** *adj inv* rechteckig

obloquy [ˈɒbləkwi, AM ˈɑːb-] *n* (*liter*) ① (*abuse*) Schmähung *f liter* ② (*disgrace*) Schmach *f liter*

obnoxious [əbˈnɒkʃəs, AM əbˈnɑːk-] *adj* (*pej*) widerlich; *person also* unausstehlich; ■**to be ~ of sb to do sth** widerwärtig von jdm sein, etw zu tun

obnoxiously [əbˈnɒkʃəsli, AM əbˈnɑːk-] *adv* ① (*pej: rudely*) unausstehlich ② (*hum: blithely*) eklig; ***why are you so ~ cheerful today?*** warum bist du heute so fürchterlich gut gelaunt?

obnoxiousness [əbˈnɒkʃəsnəs, AM əbˈnɑːk-] *n no pl* (*pej*) Widerlichkeit *f*; *of a person* Unausstehlichkeit *f*; ***the ~ of this remark was totally lost on his grandmother*** die Gemeinheit seiner Bemerkung wurde von seiner Großmutter überhaupt nicht wahrgenommen

oboe [ˈəʊbəʊ, AM ˈoʊboʊ] *n* Oboe *f*

oboist [ˈəʊbəʊɪst, AM ˈoʊboʊ-] *n* Oboist(in) *m(f)*

obscene [əbˈsiːn] *adj* ① (*offensive*) obszön, unzüchtig; **~ joke** zotiger Witz; **~ language** vulgäre Sprache; **~ phone call** obszöner Anruf ② (*immoral*) schamlos; ■**it is ~ to do sth** es ist unverschämt, etw zu tun ③ (*repulsive*) Ekel erregend

obscenely [əbˈsiːnli] *adv* ① (*offensively*) obszön ② (*very*) Ekel erregend; ***that guy was just ~ fat*** der Typ war einfach eklig fett *fam*; **to be ~ rich** unverschämt reich sein

obscenity [əbˈsenɪti, AM -t̬i] *n* ① *no pl of behaviour, language* Obszönität *f* ② *of situation* Perversität *f*; ***such deliberate destruction of the environment is an ~*** so eine bewusste Zerstörung der Umwelt ist pervers ③ (*words*) ■**obscenities** *pl* Obszönitäten *fpl*; **to use an ~** einen ordinären [*o* vulgären] Ausdruck benutzen

obscenity laws *npl* LAW *Gesetze zum Schutz der Öffentlichkeit vor Obszönitäten*

obscurantism [ˌɒbskjʊəˈræntizᵊm, AM ɑːbˈskjʊrən] *n no pl* Aufklärungsfeindlichkeit *f*, Obskurantismus *m geh*

obscurantist [ˌɒbskjʊəˈræntist, AM ɑːbˈskjʊrən] *adj* aufklärungsfeindlich, obskurantistisch *geh*

obscure [əbˈskjʊəʳ, AM -ˈskjʊr] **I.** *adj* ① (*unknown*) *author, place, origins* unbekannt, obskur *geh* ② (*unclear*) unbestimmt; *reasons, comment, text* schwer verständlich; **for some ~ reason** aus irgendeinem unerfindlichen Grund ③ (*not important*) unbedeutend **II.** *vt* ① (*block*) ***heavy clouds were obscuring the sun*** schwere Wolken verdunkelten die Sonne; **to ~ the view** die Aussicht versperren ② (*suppress*) **to ~ the truth** die Wahrheit verschleiern; ■**to ~ sth from sb** etw vor jdm geheim halten [*o* verbergen] ③ (*make unclear*) ■**to ~ sth** etw unklar machen

obscurely [əbˈskjʊəli, AM əbˈskjʊr] *adv* auf ungreifbare Weise, dunkel *fig*, vage; ***I felt ~ guilty*** ich fühlte mich irgendwie schuldig

obscurity [əbˈskjʊərəti, AM -ˈskjʊrət̬i] *n no pl* ① (*anonymity*) Unbekanntheit *f*; (*of no importance*) Unbedeutendheit *f*; **to rise from ~** aus dem Nichts auftauchen; **to sink** [*or* **slide**] **into ~** in Vergessenheit geraten ② (*difficulty*) *of language, texts* Unverständlichkeit *f*, Unklarheit *f*

obsequies [ˈɒbsɪkwiːz, AM ˈɑːbsɪ-] *npl* Trauerfeierlichkeit *f*, Leichenbegängnis *nt geh*

obsequious [əbˈsiːkwiːəs] *adj* (*pej form*) *person, manner* unterwürfig; ■**to be ~ to sb** sich *akk* jdm gegenüber unterwürfig verhalten

obsequiously [əbˈsiːkwiəsli] *adv* kriecherisch, servil

observable [əbˈzɜːvəbl̩, AM -ˈzɜːr-] *adj inv* wahrnehmbar; ***there's no ~ connection between the two events*** es besteht kein erkennbarer Zusammenhang zwischen den beiden Vorkommnissen; ***the doctors said that there is an ~ improvement*** die Ärzte sagten, es zeichne sich eine merkliche Besserung ab

observably [əbˈzɜːvəbli, AM -ˈzɜːr-] *adv inv* deutlich; ***the river is ~ dirtier than it was last year*** der Fluss ist erkennbar mehr verschmutzt als letztes Jahr; ***her health has ~ improved*** ihr Gesundheitszustand hat sich merklich gebessert

observance [əbˈzɜːvᵊn(t)s, AM -ˈzɜːr-] *n* (*form*) ① REL (*practice*) Einhaltung *f*; (*celebration*) Kirchenfeier *nt*; **religious ~s** religiöse Gebote ② (*obedience*) Beachtung *f*; *law* Befolgung *f*; **to show ~ of the rules** sich an die Regeln halten; ***~ of certain ancient customs is on the decline*** bestimmte alte Bräuche werden immer weniger gepflegt

observant [əbˈzɜːvᵊnt, AM -ˈzɜːr-] *adj* (*approv*) ① (*sharp-eyed*) aufmerksam; ***that's very ~ of you!*** das hast du aber gut beobachtet! ② (*heeding religious rule*) praktizierend *attr*

observantly [əbˈzɜːvᵊntli, AM -ˈzɜːr-] *adv* (*approv*) aufmerksam

observation [ˌɒbzəˈveɪʃᵊn, AM ˌɑːbzəˈ-] *n* ① *no pl* (*watching closely*) Beobachtung *f*; LAW Überwachung *f*, Observation *f geh*; **~ of the enemy** MIL Feindaufklärung *f*; **to admit sb to hospital for ~** jdn zur Beobachtung ins Krankenhaus einweisen; **to keep sb in hospital for ~** jdn zur Beobachtung im Krankenhaus behalten; **under ~** unter Beobachtung; ***the police have him under ~*** die Polizei observiert ihn; **to keep/put sb/sth under** [**close**] **~** jdn/etw [streng] überwachen ② *no pl* (*noticing things*) Beobachtung *f*; **powers of ~** Beobachtungsgabe *f* ③ (*form: thought*) Überlegung *f geh*; **~s on** [*or* **about**] **sth** Betrachtungen *fpl* über etw *akk* ④ (*remark*) Bemerkung *f*; **to make an ~** [**about sb/sth**] eine Bemerkung [über jdn/etw] machen, sich *akk* [über jdn/etw] äußern

observation aircraft *n* Aufklärungsflugzeug *nt*

observational [ˌɒbzəˈveɪʃᵊnᵊl, AM ˌɑːzəˈ-] *adj inv* Beobachtungs-, Wahrnehmungs-

observational research [ˌɒbzəˌveɪʃᵊnᵊl-, AM ˌɑːbzəˌveɪʃᵊnᵊl-] *n* empirische Forschung

observation balloon *n* Fesselballon *m* **observation car** *n*, BRIT *also* **observation coach** *n* Aussichtswagen *m*, Panoramawagen *m* **observation point** *n* Aussichtspunkt *m*; **to set up an ~** einen Aussichtspunkt errichten **observation post** *n* Beobachtungsposten *m*, Beobachtungsstand *m*; **to set up an ~** einen Beobachtungsposten errichten **observation satellite** *n* Beobachtungssatellit *m* **observation tower** *n* Aussichtsturm *m* **observation ward** *n* Beobachtungsstation *f*

observatory [əbˈzɜːvətri, AM -ˈzɜːrvətɔːri] *n* Observatorium *nt*

observe [əbˈzɜːv, AM -ˈzɜːrv] **I.** *vt* ① (*watch closely*) ■**to ~ sb/sth** jdn/etw beobachten; ***now, ~ the way the motor causes the little wheels to move up and down*** verfolge jetzt genau, wie der Motor die kleinen Räder sich auf und ab bewegen lässt; *by police* überwachen; ***if you want to learn from the football professionals, you're going to have to ~ them a lot more often*** wenn du von den Fußballprofis lernen willst, wirst du ihnen sehr viel öfter zusehen müssen ② (*form: notice*) ■**to ~ sb/sth** jdn/etw bemerken; ■**to ~ sb do**[**ing**] **sth** bemerken, wie jd etw tut; ■**to ~ that …** feststellen, dass … ③ (*form: remark*) ■**to ~ sth** etw bemerken; ***"I've always found German cars very reliable," he ~d*** „meiner Erfahrung nach sind deutsche Autos sehr verlässlich", bemerkte er; ■**to ~ that …** feststellen, dass … ❹ (*form: obey*) **to ~ a ceasefire** einen Waffenstillstand einhalten; **to ~ the decencies** den Anstand wahren; **to ~ the law/an order** das Gesetz/eine Anordnung befolgen; **to ~ neutrality** die Neutralität einhalten, neutral bleiben; **to ~ a rule/speed limit** sich *akk* an eine Regel/Geschwindigkeitsbegrenzung halten ❺ (*maintain*) **to ~ silence** Stillschweigen bewahren; **to ~ a minute of silence** eine Schweigeminute einlegen ❻ (*celebrate*) ■**to ~ sth** etw begehen [*o* feiern]; ***do you ~ Passover?*** feiert ihr das Passahfest?; **to ~ an anniversary** einen Jahrestag begehen; **to ~ the Sabbath** den Sabbat einhalten **II.** *vi* zusehen; ■**to ~ how …** beobachten, wie …

observer [əbˈzɜːvəʳ, AM -ˈzɜːrvɚ] *n* (*person who observes without participating*) Beobachter(in) *m(f)*; (*spectator*) Zuschauer(in) *m(f)*; ***my father was a keen ~ of the events surrounding the famous trial*** mein Vater hat die Ereignisse um den berühmten Prozess mit großem Interesse verfolgt; **UN ~** UN-Beobachter *m*

obsess [əbˈses] *vt* ■**to ~ sb** jdn verfolgen; ***the idea of finding her real mother seemed to ~ her*** sie schien von der Vorstellung besessen, ihre richtige Mutter zu finden

obsessed [əbˈsest] *adj* ■**to be ~ by** [*or* **with**] **sth** von etw *dat* besessen sein; **to be ~ with money** verrückt nach Geld sein *fam*

obsession [əbˈseʃᵊn] *n* ❶ (*preoccupation*) Manie *f*, Besessenheit *f*; *with cleanliness* Sauberkeitsfimmel *m fam*; ***cleanliness is an ~ with him*** er ist ein Sauberkeitsfanatiker; **to have an ~ with sth** von etw *dat* besessen sein; ***he has an ~ with looking good*** er will unbedingt immer gut aussehen ❷ PSYCH (*distressing idea*) Zwangsvorstellung *f*, Obsession *f geh*

obsessional [əbˈseʃᵊnᵊl] *adj see* **obsessive**

obsessionally [əbˈseʃᵊnᵊli] *adv see* **obsessively**

obsessional neurosis *n* Zwangsneurose *f*; **to suffer from ~** an einer Zwangsneurose leiden **obsessional neurotic** *n* Zwangsneurotiker(in) *m(f)*

obsessive [əbˈsesɪv] **I.** *adj* zwanghaft; **~ behaviour** Zwangsverhalten *nt*; **~ fear** Phobie *f geh*; ■**to be ~ about sth** von etw *dat* besessen sein; ***my partner is ~ about punctuality*** mein Partner ist ein Pünktlichkeitsfanatiker **II.** *n* Besessene(r) *f(m)*

obsessive-compulsive disorder *n no pl* Zwangsneurose *f*

obsessively [əbˈsesɪvli] *adv* wie besessen; **to be ~ afraid of sth** wahnsinnige Angst vor etw *dat* haben *fam*; **to be ~ interested in football** fußballbesessen sein

obsessiveness [əbˈsesɪvnəs] *n no pl* Besessenheit *f*

obsidian [ɒbˈsɪdiən, AM əbˈ-] *n no pl* GEOL Obsidian *m*

obsolescence [ˌɒbsəˈlesᵊn(t)s, AM ˌɑːb-] *n no pl* Veralten *nt*; *law* Überalterung *f*; **to fall into ~** veralten

obsolescent [ˌɒbsəˈlesᵊnt, AM ˌɑːb-] *adj inv* ■**to be ~** im Begriff sein, zu veralten, außer Gebrauch kommen; **~ equipment** technisch [fast] überholte Ausstattung

obsolete [ˈɒbsᵊliːt, AM ˌɑːbsᵊlˈiːt] *adj inv* veraltet, überholt; (*no longer in force*) nicht mehr angewandt [*o* gültig]; **~ design** altmodisches Design; **~ law** nicht mehr gültiges Gesetz; **~ method** überholte Methode; **~ word** obsoletes Wort *geh*; **to become ~** veralten; ***record players are becoming ~*** Schallplattenspieler kommen außer Gebrauch

obsoleteness [ˈɒbsᵊliːtnəs, AM ˌɑːbsᵊlˈiːt-] *n no pl* Veraltetsein *nt*; ***the ~ of LPs is what has led him to start collecting them*** die Tatsache, dass LPs nicht mehr in Gebrauch sind, war der Grund dafür, dass er begonnen hat, sie zu sammeln

obstacle [ˈɒbstək|, AM ˈɑːb-] *n* Hindernis *nt*; **to be an ~ in the way of** [*or* **to**] **sth** ein Hindernis auf dem Weg zu etw *dat* sein, etw *dat* im Weg[e] stehen; **an insurmountable ~** ein unüberwindbares Hindernis; **a major/the major ~** ein größeres/das größte Hindernis; **to negotiate** [*or* **overcome**]/**remove an ~** ein Hindernis überwinden/beseitigen

obstacle course *n* MIL Hindernisstrecke *f*; (*fig*) ***filling out applications is just one small part of the ~ of finding a job*** das Ausfüllen von Bewerbungsformularen ist nur ein kleiner Teil der Strapazen, die mit der Suche nach einem Arbeitsplatz verbunden sind **obstacle race** *n* Hindernisrennen *nt*

obstetric(al) [ɒbˈstetrɪk(ᵊl), AM əbˈ-] *adj inv* Geburts-, Entbindungs-

obstetric forceps *npl* Geburtszange *f*

obstetrician [ˌɒbstəˈtrɪʃᵊn, AM ˌɑːb-] *n* Geburtshelfer(in) *m(f)*

obstetrics [ɒbˈstetrɪks, AM əbˈ-] **I.** *n no pl* Geburtshilfe *f*, Obstetrik *f fachspr* **II.** *adj* Entbindungs-; **~ ward** Entbindungsstation *f*, Wöchnerinnenstation *f veraltend*

obstinacy [ˈɒbstɪnəsi, AM ˈɑːbstə-] *n no pl* Hartnäckigkeit *f*, Sturheit *f pej*

obstinate [ˈɒbstɪnət, AM ˈɑːbstə-] *adj* **~ cold** hartnäckige Erkältung; **~ stain** hartnäckiger Fleck; **~ person** eigensinnige [*o* halsstarrige] [*o* sture] Person; **~ problem** hartnäckiges Problem; **~ refusal** sture Weigerung; **~ resistance** erbitterter Widerstand; **~ weed** hartnäckiges Unkraut; ■**to be ~ about sth** bei etw *dat* unnachgiebig sein

obstinately [ˈɒbstɪnətli, AM ˈɑːbstə-] *adv* hartnäckig; ***why do you always have to behave so ~?*** warum musst du immer so stur sein?

obstreperous [əbˈstrepᵊrəs] *adj* (*form*) aufmüpfig *fam*; *child* aufsässig; **~ customer** schwieriger Kunde/schwierige Kundin; **~ drunk** betrunkener Randalierer/betrunkene Randaliererin; **to get ~ about sth** sich *akk* über etw *akk* aufregen

obstreperously [əbˈstrepᵊrəsli] *adv* (*form*) aufmüpfig *fam*

obstreperousness [əbˈstrepᵊrəsnəs] *n no pl* (*form*) Aufsässigkeit *f*

obstruct [əbˈstrʌkt] *vt* ❶ (*block*) ■**to ~ sth** etw blockieren [*o* versperren]; ***her view was ~ed by a pillar*** eine Säule nahm ihr die Sicht; **to ~ sb's airways** jds Atemwege *mpl* verstopfen; **to ~ the path** den Weg versperren; **to ~ a pipe** ein Rohr verstopfen; **to ~ progress** das Fortschreiten behindern; **to ~ reform** einer Reform im Wege stehen; **to ~ traffic** den Verkehr blockieren; ■**to ~ sb from doing sth** jdn daran hindern, etw zu tun ❷ (*interfere with*) **to ~ the course of justice** die Rechtsfindung behindern; **to ~ an officer** Widerstand gegen die Staatsgewalt leisten ❸ SPORTS ■**to ~ sb** jdn sperren

obstruction [əbˈstrʌkʃᵊn] *n* ❶ (*blockage*) Blockierung *f*; *pipes* Verstopfung *f*; *traffic* [Verkehrs]stau *m*; MED Verstopfung *f*, Obstipation *f fachspr*; **to cause an ~** *traffic* den Verkehr behindern ❷ (*interference*) LAW Behinderung *f*; SPORTS Sperre *f*; **~ of justice** Behinderung *f* der Rechtspflege

obstructionism [əbˈstrʌkʃᵊnɪzᵊm] *n no pl* (*pej*) Obstruktionspolitik *f*

obstructionist [əbˈstrʌkʃᵊnɪst] **I.** *n* (*pej*) Obstruktionspolitiker(in) *m(f)* **II.** *adj* (*pej*) Obstruktions-

obstructive [əbˈstrʌktɪv] *adj* (*pej*) hinderlich; **~ tactics** Verschleppungstaktik *f*, Verschleierungstaktik *f*; ■**to be ~** *thing* hinderlich sein; *person* sich *akk* quer stellen *fam*

obstructively [əbˈstrʌktɪvli] *adv* (*pej*) obstruktiv *geh*; **to act ~** sich *akk* quer stellen *fam*

obstructiveness [əbˈstrʌktɪvnəs] *n no pl* (*pej*) Quertreiberei *f fam*

obtain [əbˈteɪn] (*form*) **I.** *vt* ■**to ~ sth** [**from sb**] (*to be given*) etw [von jdm] bekommen [*o* erhalten]; (*to go and get*) sich *dat* etw [von jdm] verschaffen; ***iron is ~ed from iron ore*** Eisen wird aus Eisenerz gewonnen; **to ~ information** sich *dat* Informationen verschaffen; **to ~ permission** eine Erlaubnis erhalten; ***you must first ~ permission*** Sie müssen sich erst eine Genehmigung besorgen; **impossible to ~** nicht erhältlich **II.** *vi conditions* herrschen; *rules* gelten, in Kraft sein

obtainability [əbˌteɪnəˈbɪlɪti] *n no pl* Erhältlichkeit *f*, Verfügbarkeit *f*

obtainable [əbˈteɪnəbl] *adj inv* erhältlich

obtrude [əbˈtruːd] (*form*) **I.** *vt* **to ~ one's opinion on sb** jdm seine Meinung aufzwingen; ■**to ~ oneself** sich *akk* aufdrängen **II.** *vi* ❶ (*be obtrusive*) sich *akk* aufdrängen ❷ (*project*) hervortreten

obtruder [əbˈtruːdəʳ, AM -ɚ] *n* aufdringliche Person

obtrusive [əbˈtruːsɪv] *adj* ❶ (*conspicuous*) zu auffällig ❷ (*importunate*) aufdringlich; **~ question** indiskrete Frage; **~ smell** penetranter Geruch

obtrusively [əbˈtruːsɪvli] *adv* ❶ (*indiscreetly*) aufdringlich; **to behave ~** aufdringlich sein ❷ (*conspicuously*) auffällig

obtrusiveness [əbˈtruːsɪvnəs] *n no pl* Aufdringlichkeit *f*

obtuse [əbˈtjuːs, AM ɑːbˈtuːs, -tjuːs] *adj* ❶ MATH stumpf; **~ angle** stumpfer Winkel ❷ (*form: blockheaded*) **~ person** begriffsstutziger [*o* beschränkter] Mensch; **~ remark/behaviour** dumme Bemerkung/dummes Verhalten

obtusely [əbˈtjuːsli, AM ɑːbˈtuːs-, -tjuːs] *adv* (*form*) beschränkt; **to act ~** sich *akk* blöd [*o* dumm] benehmen

obtuseness [əbˈtjuːsnəs, AM ɑːbˈtuːs-, -tjuːs] *n no pl* (*form*) Beschränktheit *f*; **~ of a remark** Dummheit *f* einer Bemerkung

obtuse triangle *n* stumpfes Dreieck

obverse [ˈɒbvɜːs, AM ˈɑːbvɜːrs] *n no pl* (*form*) ❶ (*opposite*) Gegenstück *nt*; *theory* Gegenteil *nt* ❷ (*heads side*) *coin, medal* Vorderseite *f*, Bildseite *f*

obviate [ˈɒbvieɪt, AM ˈɑːb-] *vt* (*form*) ■**to ~ sth** etw vermeiden [*o* umgehen]

obvious [ˈɒbviəs, AM ˈɑːb-] **I.** *adj* deutlich, offensichtlich; ***it was the ~ thing to do*** es war das Naheliegendste; **~ comparison/objection/solution** nahe liegender Vergleich/Einwand/nahe liegende Lösung; **~ defect** augenfälliger Defekt; **~ displeasure** deutliches Missfallen; **~ distress** sichtliche Not; **~ hints** eindeutige [*o* klare] Hinweise; **~ lie** offenkundige Lüge; **for ~ reasons** aus ersichtlichen Gründen; **~ snub** klare Abfuhr; **~ stain** auffälliger Fleck; **~ storyline** leicht durchschaubare Handlung; **to make sth ~** etw deutlich werden lassen; ■**to be ~ [that] …** offenkundig sein, dass …; ***it is becoming ~ [that] …*** es zeichnet sich immer deutlicher ab, dass …; ***it's quite ~ that …*** man merkt sofort, dass …; ■**it is ~ what/where/when/why …** es liegt auf der Hand, was/wo/wann/warum … **II.** *n* ■**the ~** das Offensichtliche; **to miss the ~** das Naheliegendste übersehen, den Wald vor lauter Bäumen nicht sehen; **to state the ~** etw längst Bekanntes sagen

obviously [ˈɒbviəsli, AM ˈɑːb-] *adv* offensichtlich, deutlich; **~ *I'll accept your offer*** natürlich nehme ich Ihr Angebot an; ***he was ~ very upset*** er war sichtlich sehr aufgebracht; ***they're ~ American*** sie sind eindeutig Amerikaner; ***this camera is ~ defective*** diese Kamera ist offenbar defekt

obviousness [ˈɒbviəsnəs, AM ˈɑːb-] *n no pl* Offensichtlichkeit *f*, Deutlichkeit *f*

OC [ˌeʊˈsiː, AM ˌoʊˈ-] *n* MIL *abbrev of* **Officer Commanding** Oberbefehlshaber(in) *m(f)*

ocarina [ˌɒkəˈriːnə, AM ˈɑːk-] *n* Okarina *f*

occasion [əˈkeɪʒᵊn] **I.** *n* ❶ (*particular time*) Gelegenheit *f*, Anlass *m*; **to dress to suit the ~** sich *akk* dem Anlass entsprechend kleiden; ■**on the ~ of sth** anlässlich einer S. *gen*; ***congratulations on the ~ of your wedding anniversary*** alles Gute zu eurem Hochzeitstag; (*appropriate time*) [passende] Gelegenheit *f*; ***this is certainly not the ~ to discuss your personal problems*** dies ist sicherlich nicht der geeignete Moment, deine persönlichen Probleme zu besprechen; (*event*) Ereignis *nt*; **historic ~** historisches Ereignis; **on this particular ~** dieses eine Mal; **on another ~** ein anderes Mal, bei einer anderen Gelegenheit; **on one ~** einmal; **on several ~s** mehrmals; **on ~** gelegentlich ❷ (*reason*) Grund *m*, Veranlassung *f*; ***there's no ~ to be so rude*** es gibt keinen Grund, so unverschämt zu sein; ***the 200th anniversary of Mozart's death was the ~ for hundreds of special films*** anlässlich des 200. Todestages Mozarts kamen Hunderte von Sondersendungen; **should the ~ arise** sollte es nötig sein [*o* werden]; **to have ~ to do sth** Veranlassung haben, etw zu tun ❸ (*opportunity*) Gelegenheit *f*;

an ~ may arise when you can use your knowledge of French vielleicht bietet sich eine Gelegenheit, deine Französischkenntnisse anzuwenden; **to take** [*or* **use**] **the ~ to do sth** eine Gelegenheit ergreifen [*o* nutzen], etw zu tun **II.** *vt* (*form*) ■**to ~ sth** etw hervorrufen [*o* verursachen]; **to ~ a visit** einen Besuch nach sich ziehen; ***the case ~ed the authorities a lot of worry*** der Fall bereitete den Behörden viel Ärger

occasional [əˈkeɪʒənəl] *adj inv* gelegentlich; ***my mother still gets an ~ back pain*** meine Mutter hat hin und wieder immer noch Rückenschmerzen; **to have an ~ beer** gelegentlich ein Bier trinken; **~ smoker** Gelegenheitsraucher(in) *m(f)*; **to pay sb an ~ visit** jdm gelegentlich einen Besuch abstatten

occasionally [əˈkeɪʒənəli] *adv inv* gelegentlich; **to hear from sb ~** hin und wieder [etw] von jdm hören; **to see sb ~** jdn ab und zu treffen

Occident [ˈɒksɪdənt, AM ˈɑːksədənt] *n no pl* (*form, poet*) ■**the ~** der Westen, das Abendland *liter*

occidental [ˌɒksɪˈdentəl, AM ˌɑːksəˈdenṭəl] *adj inv* (*form, poet*) westlich, abendländisch *liter*, okzidental *geh*

occidentalism [ˌɒksɪˈdentəlɪzəm, AM ˌɑːksəˈdenṭəl-] *n* abendländische Kultur

occidentalist [ˌɒksɪˈdentəlɪst, AM ˌɑːksəˈdenṭəl-] *n* ■**to be an ~** die westliche Lebensart bevorzugen

occipital [ɒkˈsɪpɪtəl, AM ɑːkˈsɪpɪṭəl] *adj* des Hinterkopfes *nach n*, okzipital *fachspr*; **~ wound** Wunde *f* am Hinterkopf

occiput [ˈɒksɪpʌt, AM ˈɑːk-] *n* Hinterkopf *m*, Hinterhaupt *nt*, Okziput *nt fachspr*

Occitan [ˈɒksɪtən, AM ˈɑːk-] *n* Provenzalisch *nt*

occlude [əˈkluːd] *vt* (*form*) ❶ MED ■**to ~ sth** etw verstopfen; **to ~ the coronary artery** die Kranzarterie verschließen; **to ~ the waterfront with buildings** NAUT die Seeseite verbauen ❷ (*form: cover*) **to ~ an eye** ein Auge zuhalten

occluded [əˈkluːdɪd] *adj* MED **~ artery/blood vessel** verstopfte Arterie/verstopftes Blutgefäß

occluded front *n* METEO Okklusion *f fachspr*

occlusion [əˈkluːʒən] *n* ❶ (*blockage*) *blood vessel, pipe* Verstopfung *f* ❷ MED (*teeth when clenched*) Biss *m*, [normale] Bissstellung *f*, Okklusion *f fachspr* ❸ METEO Okklusion *f fachspr*

occult [ˈɒkʌlt, əˈkʌlt, AM əˈkʌlt] **I.** *n no pl* ■**the ~** das Okkulte **II.** *n modifier* okkult; **~ book** okkultistisches Buch; **~ group** Geheimbund *m*; **~ powers** übersinnliche [*o* okkulte] Kräfte; **~ ritual** okkulte Handlung, okkultes Ritual

occulting light *n* NAUT unterbrochenes Feuer

occultism [ˈɒkʌltɪzəm, AM əˈkʌlt-] *n no pl* Okkultismus *m*

occultist [ˈɒkʌltɪst, AM əˈkʌlt-] *n* Okkultist(in) *m(f)*

occupancy [ˈɒkjəpən(t)si, AM ˈɑːkjə-] *n no pl* (*form*) ❶ (*occupying property*) Bewohnen *nt*; *of hotel rooms* Belegung *f*; **level of a hotel's ~** Übernachtungszahlen *fpl* eines Hotels ❷ (*acquiring title to property*) Aneignung *f*, Besitzergreifung *f*

occupant [ˈɒkjəpənt, AM ˈɑːkjə-] *n* (*form*) ❶ (*tenant*) Bewohner(in) *m(f)*; (*passenger*) Insasse, -in *m, f* ❷ (*title holder*) Inhaber(in) *m(f)*

occupation [ˌɒkjəˈpeɪʃən, AM ˌɑːkjə-] *n* ❶ (*form: profession*) Beruf *m* ❷ (*form: pastime*) Beschäftigung *f*; **favourite ~** Lieblingsbeschäftigung *f* ❸ *no pl* MIL Besetzung *f*; *of a country also* Okkupation *f geh* ❹ LAW **~ of a building** Bewohnen *nt* eines Gebäudes; (*possess*) Besitz *m* eines Gebäudes

occupational [ˌɒkjəˈpeɪʃənəl, AM ˌɑːkjə-] *adj* Berufs-, beruflich; **~ pension scheme** ECON Betriebsaltersversorgung *f*

occupational disease *n* Berufskrankheit *f* **occupational hazard** *n* Berufsrisiko *nt* **occupational illness** *n* Berufskrankheit *f*

occupationally [ˌɒkjəˈpeɪʃənəli, AM ˌɑːkjə-] *adv inv* berufsbedingt, von Berufs wegen

occupational medicine *n no pl Zweig der Medizin, der sich mit Berufskrankheiten befasst* **occupational pension scheme** *n* betriebliche Altersversorgung **occupational psychology** *n no pl* Arbeitspsychologie *f* **occupational therapist** *n* Beschäftigungstherapeut(in) *m(f)* **occupational therapy** *n* Beschäftigungstherapie *f*

occupation authorities *npl* Besatzungsbehörden *fpl* **occupation force** *n* Besatzungsmacht *f*

occupied [ˈɒkjəpaɪd, AM ˈɑːkjuː-] *adj inv* ❶ (*foreign-controlled*) besetzt; **~ territory** besetztes Gebiet ❷ (*taken*) besetzt; ***the bathroom's ~*** das Badezimmer ist besetzt; ***are those seats ~?*** sind die Sitzplätze dort schon belegt? ❸ (*preoccupied*) beschäftigt; **to keep sb ~** jdn beschäftigen; **to keep one's mind ~** sich *akk* geistig beschäftigen; **to be ~ in** [*or* **with**] **doing sth** mit etw *dat* beschäftigt sein

occupier [ˈɒkjəpaɪəʳ, AM ˈɑːkjuːpaɪɚ] *n* ❶ (*tenant*) Bewohner(in) *m(f)* ❷ (*conquerer*) Besatzer(in) *m(f)*

occupy <-ie-> [ˈɒkjəpaɪ, AM ˈɑːkjuː-] *vt* ❶ (*fill*) ■**to ~ sth** etw ausfüllen; (*live in*) etw bewohnen; **to ~ a niche in the market** eine Marktlücke füllen; **to ~ a position** eine Stellung bekleiden; **to ~ a post** einen Posten haben; **to ~ a room** ein Zimmer belegen; **to ~ a small space** (*form*) wenig Platz einnehmen; **to ~ the throne** den Thron innehaben; **to ~ time** Zeit ausfüllen ❷ (*preoccupy*) **to ~ one's mind** sich *akk* geistig beschäftigen; **to ~ sb's time** jds Zeit *f* in Anspruch nehmen; **to ~ one's time in** [*or* **with**] **doing sth** die Zeit damit verbringen, etw zu tun; ■**to ~ oneself** sich *akk* beschäftigen ❸ (*take control of*) ■**to ~ sth** etw besetzen; **~ing forces** Besatzungstruppen *fpl*

occupying army *n + sing/pl vb* Besatzungsarmee *f*

occur <-rr-> [əˈkɜːʳ, AM -ˈkɜːr] *vi* ❶ (*take place*) geschehen; *accident* sich *akk* ereignen; *change* stattfinden; *symptom* auftreten; ***don't let it ~ again*** sieh zu, dass das nicht wieder passiert; ***that ~s very rarely*** das kommt sehr selten vor; ***an opportunity like that seldom ~s*** eine Gelegenheit wie diese ergibt sich nicht oft ❷ (*exist*) vorkommen ❸ (*come to mind*) ■**to ~ to sb** jdm einfallen; ***the thought ~red to me this morning*** der Gedanke kam mir heute Morgen in den Sinn; ■**to ~ to sb that …** jdm in den Sinn kommen, dass …; ***it never ~red to his parents to ask*** seine Eltern kamen nie auf den Gedanken, zu fragen

occurrence [əˈkʌrən(t)s, AM -ˈkɜːr-] *n* ❶ (*event*) Vorfall *m*, Vorkommnis *nt*, Ereignis *nt*; ***street fights are an everyday ~ in this part of the city*** Straßenkämpfe sind eine alltägliche Erscheinung in diesem Teil der Stadt ❷ *no pl* (*incidence*) Vorkommen *nt*; *disease* Auftreten *nt*

ocean [ˈəʊʃən, AM ˈoʊ-] *n* Meer *nt*; **Indian ~** Indischer Ozean ► PHRASES: **~s of sth** (*dated*) jede Menge etw *fam*; ***we've got ~s of time*** wir haben massenhaft Zeit *fam*

oceanarium <*pl* -s *or* -ria> [ˌəʊʃənˈeəriəm, AM ˌoʊʃənˈeriəm] *n* Ozeanarium *nt*

oceangoing *adj inv* hochseetauglich

Oceania [ˌəʊʃiˈɑːniə, AM ˌoʊʃiˈæniə] *n no pl* Ozeanien *nt*

oceanic [ˌəʊʃiˈænik, AM ˌoʊʃi-] *adj inv* Meeres-; **~ voyage** Seereise *f*

ocean liner *n* Ozeandampfer *m*

oceanographer [ˌəʊʃənˈɒgrəfəʳ, AM ˌoʊʃənˈɑːgrəfɚ] *n* Ozeanograph(in) *m(f)*, Meereskundler(in) *m(f)*

oceanography [ˌəʊʃənˈɒgrəfi, AM ˌoʊʃənˈɑːgrəfi] *n no pl* Ozeanographie *f*, Meereskunde *f*

ocean tramp *n* Trampdampfer *m*

ocelot [ˈɒsəlɒt, ˈəʊ-, AM ˈɑːsəlɑːt, ˈoʊ-] *n* Ozelot *m*

och [ɒx] *interj* IRISH, SCOT ach [ja]!; **~ *did he?*** so?; **~ *well!*** na ja!

oche [ˈɒki, AM ˈɑːki] *n* Dartslinie *f*

ocher *n* AM *see* **ochre**

ochlocracy [ɒkˈlɒkrəsi, AM ɑːkˈlɑːk-] *n* Ochlokratie *f*, Pöbelherrschaft *f*

ochlocrat [ˈɒkləkræt, AM ˈɑːk-] *n* Ochlokrat(in) *m(f)*

ochlocratic [ˌɒkləˈkrætɪk, AM ˌɑːk-] *adj* ochlokratisch

ochre [ˈəʊkəʳ, AM ˈoʊkɚ] *n no pl* ❶ (*yellowish brown colour*) Ocker *m o nt* ❷ (*earthy substance*) Ocker *m o nt*

ocker [ˈɒkəʳ] *n* AUS (*sl*) Spinner *m fam*

o'clock [əˈklɒk, AM -ˈklɑːk] *adv inv* ***it's two ~*** es ist zwei Uhr

OCP *n abbrev of* **order code processor** OCP *f*

OCR [ˌəʊsiːˈɑːʳ, AM ˌoʊsiːˈɑːr] *n no pl* ❶ *abbrev of* **optical character recognition** OCR ❷ *abbrev of* **optical character reader** [maschineller] optischer Leser

Oct *n abbrev of* **October** Okt.

octagon [ˈɒktəgən, AM ˈɑːktəgɑːn] *n* Achteck *nt*, Oktagon *nt*

octagonal [ɒkˈtægənəl, AM ɑːk-] *adj inv* achteckig, oktagonal

octagonally [ɒkˈtægənəli, AM ɑːk-] *adv* achteckig, oktagonal

octahedron <*pl* -dra *or* -s> [ˈɒktəhiːdrən, AM ˈɑːk-] *n* MATH Achtflächner *m*, Oktaeder *nt*

octane [ˈɒkteɪn, AM ˈɑːk-] *n* (*chemical*) Oktan *nt*; (*number*) Oktanzahl *f*

octane number *n* Oktanzahl *f*

octave [ˈɒktɪv, AM ˈɑːk-] *n* Oktave *f*

octavo <*pl* -os> [ɒkˈtɑːvəʊ, AM ɑːkˈteɪvoʊ] *n* ❶ (*size*) Oktav[format] *nt* ❷ (*book*) Oktavband *m*

octet [ɒkˈtet, AM ɑːk-] *n* MUS ❶ + *sing/pl vb* (*group of eight*) Oktett *nt* ❷ (*composition for eight*) Oktett *nt*

October [ɒkˈtəʊbəʳ, AM ɑːkˈtoʊbɚ] *n* Oktober *m*; **the ~ Revolution** die Oktoberrevolution; *see also* **February**

octogenarian [ˌɒktə(ʊ)dʒəˈneəriən, AM ˌɑːktoʊdʒɪˈner-] *n* Achtzigjährige(r) *f(m)*

octopi [ˈɒktəpaɪ, AM ˈɑːk-] *n pl of* **octopus**

octopus <*pl* -es *or* -pi> [ˈɒktəpəs, AM ˈɑːk-, *pl* -pəsɪz, -paɪ] *n* Tintenfisch *m*; (*large*) Krake *f*

ocular [ˈɒkjələʳ, AM ˈɑːkjəlɚ] *adj inv* Augen-, okular *fachspr*

oculist [ˈɒkjəlɪst, AM ˈɑːk-] *n* (*dated*) Ophtalmologe, -in *m, f*, Augenarzt, Augenärztin *m, f*

OD [ˌəʊˈdiː, AM ˌoʊˈdiː] (*sl*) *abbrev of* **overdose I.** *vi* ■**to ~ on sth** eine Überdosis einer S. *gen* nehmen; (*fig*) etw übertreiben; ***you ~ on TV*** du schaust zu viel fern; **to ~ on heroin** eine Überdosis Heroin nehmen **II.** *n esp* AM Überdosis *f*; **to take an ~** [**of sth**] eine Überdosis [einer S. *gen*] nehmen

odalisk *n*, **odalisque** [ˈɒdəlɪsk, AM ˈoʊ-] *n* Odaliske *f*

odd [ɒd, AM ɑːd] **I.** *adj* ❶ (*strange*) merkwürdig, seltsam; *person, thing also* eigenartig; ***he has an ~ way of showing his feelings*** er hat eine merkwürdige Art, seine Gefühle zu zeigen; ***these trains leave at ~ times*** diese Züge haben ausgefallene Abfahrtszeiten; ***what an ~ coincidence!*** was für ein sonderbarer Zufall!; **the ~ thing about it is that …** das Komische daran ist, dass …; **to find sth ~** etw komisch [*o* merkwürdig] finden; **to look ~** komisch aussehen ❷ *attr, inv* (*individual*) einzeln; **~ shoes/socks** einzelne Schuhe/Socken; **the ~ one** [*or* **man**] **out** das fünfte Rad am Wagen; ***guess which number of the following sequence is the ~ one out*** rate mal, welche der folgenden Zahlen nicht dazugehört; ***she was always the ~ one out at school*** sie war immer eine Außenseiterin in der Schule ❸ *inv* MATH ungerade ❹ *attr, inv* (*occasional*) gelegentlich, Gelegenheits-; ***she does the ~ teaching job but nothing permanent*** sie unterrichtet gelegentlich, hat aber keinen festen Job; **to score the ~ goal** hin und wieder einen Treffer landen; **~ visitor** vereinzelter Besucher/vereinzelte Besucherin **II.** *n* ■**~s** *pl* (*probability*) ■**the ~s are …** es ist sehr wahrscheinlich, dass …; **to lengthen/shorten** [*or esp* AM **increase/decrease**] **the ~s** die Chancen erhöhen/verringern; ■**the ~s on/against sb doing sth** die Chancen, dass jd etw tut/nicht tut; ***what are the ~s on him being late again?*** wie stehen die Chancen, dass er wieder zu spät kommt?; ***the ~s against my horse winning are a hundred to one*** die Chancen, dass mein Pferd nicht gewinnt, stehen hundert zu eins; **to give long ~s on/against sth** etw *dat* große/sehr geringe Chancen einräumen ► PHRASES: **~s and ends** [*or* BRIT, AUS **sods**] (*fam*)

Krimskrams *m kein pl;* **to make no ~s [to sb]** *esp* BRIT, AUS *(fam)* [für jdn] keine Rolle spielen *fam;* ***it makes no ~s to me*** es ist mir [völlig] einerlei; ***does it make any ~s whether you use butter or oil?*** macht es einen Unterschied, ob du Butter oder Öl verwendest?; **against all [the] ~s** entgegen allen Erwartungen; **to be at ~s with sb** mit jdm uneins sein; **to be at ~s with sth** mit etw *dat* nicht übereinstimmen; **over the ~s** BRIT, AUS *(fam)* über das Normale hinaus; ***I got paid a bit over the ~s for that job*** für diesen Job habe ich etwas mehr bezahlt bekommen

oddball ['ɒdbɔːl, AM 'ɑːd-] *(fam)* **I.** *n* Verrückte(r) *f(m);* ***his eldest sister is something of an ~*** seine älteste Schwester ist etwas merkwürdig **II.** *adj attr* verrückt; **~ idea** ausgefallene [*o pej* komische] Idee

oddity ['ɒdɪti, AM 'ɑːdət̬i] *n* ❶ *(strange person)* komischer Kauz *fam* ❷ *(strange thing)* Kuriosität *f,* komische Sache

odd job *n* Gelegenheitsarbeit *f* **odd-jobber** *n,* **odd-job man** *n* Gelegenheitsarbeiter(in) *m(f)*

odd lot *n* STOCKEX gebrochener Schluss

oddly ['ɒdli, AM 'ɑːd-] *adv* seltsam; ***I think she's ~ attractive*** ich finde sie auf [eine] seltsame Art attraktiv; **~ shaped house** ein Haus mit einer eigenwilligen Form; **~ enough** merkwürdigerweise, seltsamerweise; **to behave ~** sich *akk* sonderbar benehmen

oddment ['ɒdmənt, AM 'ɑːd-] *n usu pl* Rest[posten] *m;* **~s of cloth** Stoffreste *mpl*

oddness ['ɒdnəs, AM 'ɑːd-] *n no pl* Merkwürdigkeit *f,* Seltsamkeit *f*

odds-on *adj inv* sehr wahrscheinlich; **the ~ favourite** der aussichtsreichste Favorit/die aussichtsreichste Favoritin

ode [əʊd, AM oʊd] *n* Ode *f* (**to** an *+akk*)

odeum <*pl* odea *or* -s> [əʊ'diːəm, AM oʊ'diː-, *pl* -diːə] *n* Odeum *nt*

odious ['əʊdiːəs, AM 'oʊ-] *adj (form)* **~ crime** abscheuliches Verbrechen; **~ person** abstoßender [*o* widerlicher] Mensch; ***what an ~ little man*** so ein Giftzwerg

odiously ['əʊdiːəsli, AM 'oʊ-] *adv (form)* ekelhaft

odiousness ['əʊdiːəsnəs, AM 'oʊ-] *n no pl* Abscheulichkeit *f*

odium ['əʊdiːəm, AM 'oʊ-] *n no pl (form)* Hass *m,* Odium *nt geh;* **to hold sb up to public ~** jdn dem Vorwurf der Öffentlichkeit aussetzen; **to bring [*or* cast] ~ upon sb** über jdn Schande bringen

odometer [əʊ'dɒmɪtəʳ, AM oʊ'dɑːmət̬ɚ] *n* Kilometerzähler *m*

odontologist [ˌɒdɒn'tɒlədʒɪst, AM ˌoʊdɑːn'tɑː-] *n* Odontologe, -in *m, f geh,* Zahnmediziner(in) *m(f)*

odontology [ˌɒdɒn'tɒlədʒi, AM ˌoʊdɑːn'tɑː-] *n no pl* Odontologie *f geh,* Zahnheilkunde *f*

odor *n* AM *see* **odour**

odoriferous [ˌəʊdəʳ'rɪfᵊrəs, AM ˌoʊdə'rɪfɚəs] *adj (form)* duftend *attr,* Duft-

odorless *adj* AM *see* **odourless**

odorous ['əʊdᵊrəs, AM 'oʊ] *adj inv* einen Geruch habend, riechend

odour ['əʊdəʳ], AM **odor** ['oʊdɚ] *n* ❶ *(certain smell)* Geruch *m;* *(fragrance)* Duft *m;* **sweet ~** Duft *m;* *(fig liter)* Geruch *m* ❷ *no pl (smells in general)* Gerüche *mpl* ▸ PHRASES: **to be in good/bad ~ with sb** *(form)* gut/schlecht bei jdm angeschrieben sein

odourless ['əʊdələs], AM **odorless** ['oʊdɚ-] *adj inv (form)* geruchlos

odyssey ['ɒdɪsi, AM 'ɑː-] *n usu sing (liter)* Odyssee *f a. fig*

OECD [ˌəʊiːsiː'diː, AM ˌoʊ-] *n abbrev of* **Organization for Economic Cooperation and Development** OECD *f*

oecumenical *adj* BRIT *(old) see* **ecumenical**

OED [ˌəʊiː'diː, AM ˌoʊ-] *n abbrev of* **Oxford English Dictionary**

oedema [ɪ'diːmə] *n no pl* MED Ödem *nt fachspr*

Oedipal ['iːdɪpᵊl, AM 'edɪ-] *adj* ödipal

Oedipus ['iːdɪpəs, AM 'edɪ-] *n no pl* MYTH, LIT Ödipus *m*

Oedipus complex *n* Ödipuskomplex *m*

oeil-de-boeuf <*pl* oeils-> [ˌɔːɪdə'bɔːf] *n* ARCHIT Bullauge *nt*

oenology [iː'nɒlədʒi], AM **enology** [-'nɑːl-] *n* Önologie *f geh,* Weinkunde *f*

oenophile ['iːnə(ʊ)faɪl], AM **enophile** ['iːnəfaɪl] *n (form)* Weinkenner(in) *m(f)*

o'er [ɔəʳ, AM ɔːr] *prep (poet)* = **over**

oesophagus <*pl* -agi *or* -es> [iː'sɒfəgəs], AM **esophagus** [ɪ'sɑːfə-] *n* Speiseröhre *f,* Ösophagus *m fachspr*

oestrogen ['iːstrə(ʊ)dʒᵊn], AM **estrogen** ['estrə-] *n no pl* Östrogen *nt*

oestrus ['iːstrəs, 'ɜstrəs] *n,* AM **estrus** *n* MED Östrus *m fachspr,* Brunft *f*

oeuvre ['ɜːvrə] *n usu sing (liter)* Gesamtwerk *nt*

of [ɒv, əv, AM ɑːv, əv] *prep* ❶ *after n (belonging to)* von *+dat;* **people ~ this island** Menschen von dieser Insel; **the language ~ this country** die Sprache dieses Landes; **the employees ~ the company** die Angestellten des Unternehmens; **the cause ~ the disease** die Krankheitsursache; ***the colour ~ her hair*** ihre Haarfarbe; ***the government ~ India*** die indische Regierung; **sth ~ ...** etw von ... *dat;* ***a friend ~ mine*** ein Freund von mir; ***smoking is the worst habit ~ mine*** Rauchen ist meine schlimmste Angewohnheit ❷ *after n (expressing a whole's part)* von *+dat;* ***the sleeve ~ his coat*** der Ärmel an seinem Mantel; ***the days ~ the week*** die Wochentage; ***five ~ her seven kids are boys*** fünf ihrer sieben Kinder sind Jungen; ***there were ten ~ us on the trip*** wir waren auf der Reise zu zehnt; ***nine ~ the children came to the show*** neun Kinder kamen zur Vorstellung; **a third ~ the people** ein Drittel der Leute; **most ~ them** die Meisten; ***can you please give me more ~ the beans?*** könntest du mir noch etwas von den Bohnen geben?; ***I don't want to hear any more ~ that!*** ich will nichts mehr davon hören!; **a drop ~ rain** ein Regentropfen; **a piece ~ cake** ein Stück Kuchen; ***he's the best-looking ~ the three brothers*** er sieht von den drei Brüdern am besten aus; **on the point [*or* verge] ~ doing sth** kurz davor [*o* im Begriff] sein, etw zu tun; ***I'm on the point ~ telling him off*** ich werde ihn jetzt gleich rausschmeißen; **the best ~ sb/sth** der/die/das beste; ***they were the best ~ friends*** sie waren die besten Freunde; **~ all** von allen; ***best ~ all, I liked the green one*** am besten gefiel mir der grüne; ***that ~ all his films, it's my favourite*** er gefällt mir von allen seinen Filmen am besten; **to be one ~ the sth** eine(r/s) von etw *dat* sein; ***she's one ~ the cleverest in the class*** sie ist eine der Schlauesten in der Klasse; ▪**to be the sth ~ the sth** der/die/das etw von etw *dat* sein; ***he's one of the smartest ~ the smart*** er ist einer der Klügsten unter den Klugen ❸ *after n (containing)* **a kilo ~ apples** ein Kilo Äpfel; **a litre ~ water** ein Liter Wasser; **a cup ~ tea** eine Tasse Tee; ***she bought a book ~ short stories*** sie kaufte ein Buch mit Kurzgeschichten; ***they saw a pride ~ lions*** sie sahen ein Rudel Löwen [*o* Löwenrudel]; **a bunch ~ parsley** ein Bund Petersilie; **a clove ~ garlic** eine Knoblauchzehe; ***both ~ us*** wir beide; ***all ~ us were tired*** wir waren alle müde; ***a lot ~ money*** Unmengen an Geld ❹ *after vb (consisting of)* aus *+dat;* ***the sweater is made ~ the finest lambswool*** der Pullover ist aus feinster Schafwolle; *after n;* **a land ~ ice and snow** ein Land aus Eis und Schnee; **dresses ~ lace and silk** Kleider *pl* aus Spitze und Seide; **house ~ stone** Steinhaus *nt;* ***the smell ~ roses filled the air*** der Rosenduft lag in der Luft; **a moment ~ silence** ein Moment der Stille; ***I want a few minutes ~ quiet!*** ich will ein paar Minuten Ruhe! ❺ *after n (done by)* von *+dat;* ***there's a chapter on the use ~ herbs*** es gibt ein Kapitel über die Verwendung von Kräutern; **the massacre ~ hundreds of innocent people** das Massaker an Hunderten von Menschen; **the destruction ~ the rain forest** die Zerstörung des Regenwalds; **the payment ~ his debts** die Rückzahlung seiner Schulden; ***an admirer ~ Dickens*** ein Bewunderer von Dickens; **in search ~ sb/sth** auf der Suche nach jdm/etw; ***she's in search ~ a man*** sie sucht einen Mann; *after adj;* ***that was stupid ~ me*** das war dumm von mir ❻ *after vb (concerning)* ***I know ~ a guy who could fix that for you*** ich kenne jemanden, der das für dich reparieren kann; ***let's not speak ~ this matter*** lass uns nicht über die Sache reden; ***~ her childhood, we know very little*** wir wissen nur sehr wenig über ihre Kindheit; **speaking ~ sb/sth** wo [*o* da] wir gerade von jdm/etw sprechen; ***speaking ~ time, do you have a watch on?*** da wir gerade von der Zeit reden, hast du eine Uhr?; ***he was accused ~ fraud*** er wurde wegen Betrugs angeklagt; ***we will notify you ~ any further changes*** wir werden Sie über alle Änderungen informieren; *after adj;* ***she's afraid ~ dogs*** sie hat Angst vor Hunden; ***he became jealous ~ all of her friends*** er wurde auf alle ihre Freunde eifersüchtig; ***she's often unsure ~ herself*** sie ist sich ihrer selbst oft nicht sicher; **to be fond ~ swimming** gerne schwimmen; ***I'm really appreciative ~ all your help*** ich bin dir für all deine Hilfe wirklich dankbar; ***he was worthy of the medal*** er hatte die Medaille verdient; ***I am certain ~ that*** ich bin mir dessen nicht sicher; ***this is not uncharacteristic ~ them*** das ist für sie nichts ungewöhnliches; **to be sick ~ sth** etw satt haben, von etw *dat* genug haben; ***I'm sick ~ his excuses*** seine Entschuldigungen hängen mir zum Hals raus; *after n;* ***there was no warning ~ the danger*** es gab keine Warnung vor der Gefahr; **a problem ~ space** ein Raumproblem *nt;* **the idea ~ a just society** die Idee einer gerechten Gesellschaft; **pain ~ separation** Trennungsschmerz *m;* **thoughts ~ revenge** Rachegedanken *mpl;* **his promises ~ loyalty** seine Treueversprechen; ***the memories ~ her school years*** die Erinnerungen an ihre Schuljahre; ***he has a love ~ music*** er liebt die Musik; ▪**what ~ sb?** was ist mit jdm?; ***and what ~ Adrian?*** was macht eigentlich Adrian?; **what ~ it?** was ist dabei?, ja und? ❼ *after n (expressing direction)* von *+dat;* ***I've never been north ~ Edinburgh*** ich war noch nie nördlich von Edinburgh; **a lake south ~ the city** ein See im Süden der Stadt; **on the top ~ his head** [oben] auf seinem Kopf; ***on the corner ~ the street*** an der Straßenecke; ***in the back ~ the car*** hinten im Auto; ***the zipper was on the back ~ the dress*** der Reißverschluss war hinten am Kleid; ***on the left ~ the picture*** links auf dem Bild ❽ *(with respect to scale)* von *+dat;* ***a rise ~ 2% in inflation*** ein Inflationsanstieg von 2 Prozent; ***the stocks experienced an average rise ~ 5%*** die Aktien sind im Durchschnitt um 5% gestiegen ❾ *(expressing age)* von *+dat;* **at the age ~ six** im Alter von sechs Jahren; ***he's a man ~ about 50*** er ist um die 50 Jahre alt ❿ *(expressing category)* ***the city ~ Prague*** die Stadt Prag; ***I hate this kind ~ party*** ich hasse diese Art von Party ⓫ *(typical of)* ▪**sb/sth ~ sth** jd/etw von etw *dat;* **the love ~ a good woman** die Liebe einer guten Frau; ***she moves with the grace ~ a dancer*** sie bewegt sich mit der Anmut einer Tänzerin; ***she has the face ~ an angel*** sie hat ein Gesicht wie ein Engel ⓬ *after n (expressing characteristic)* ***a subject ~ very little interest*** ein sehr wenig beachtetes Thema; ***she gave a scream ~ terror*** sie stieß einen Schrei des Entsetzens aus; **a man/woman ~ sth** ein Mann/eine Frau von etw *dat;* **a woman ~ great charm and beauty** eine Frau von großer Wärme und Schönheit; **a man ~ honour** ein Mann von Ehre ⓭ *(felt by)* von *+dat;* **the suffering ~ millions** das Leiden von Millionen; ***the anguish ~ the murdered child's parents*** die Qualen der Eltern des ermordeten Kindes ⓮ *(expressing cause)* **to die ~ sth** an etw *dat* sterben; ***he died ~ cancer*** er starb an Krebs; **~ one's own free will** aus freien Stücken, freiwillig; **~ oneself** von selbst; ***she would never do such a thing ~ herself*** so etwas würde sie nie von alleine tun ⓯ *after n (away from)* von *+dat;* ***we live within a mile ~ the city centre*** wir wohnen eine Meile vom Stadtzentrum entfernt; ***she came within two seconds ~ beating the world record*** sie hat den Weltrekord nur um zwei Sekunden verfehlt ⑯ *after n* (*in time phrases*) **the eleventh ~ March** der elfte März; **the first ~ the month** der erste [Tag] des Monats; ***I got married back in June ~ 1957*** ich habe im Juni 1957 geheiratet; **the most memorable events ~ the past decade** die wichtigsten Ereignisse des letzten Jahrzehnts ⑰ *after vb* (*expressing removal*) ***they were robbed ~ all their savings*** ihnen wurden alle Ersparnisse geraubt; ***I've him ~ that nasty little habit*** ich habe ihm diese dumme Angewohnheit abgewöhnt; ***his mother had deprived him ~ love*** seine Mutter hat ihm ihre Liebe vorenthalten; **to get rid ~ sb** jdn loswerden; *after adj;* ***a room devoid ~ all furnishings*** ein Raum ganz ohne Möbel; **free ~ charge** kostenlos ⑱ (*who is*) von *+dat;* **this complete idiot ~ a man** dieser Vollidiot ⑲ (*dated: during*) an *+dat;* ***she died ~ a Sunday morning*** sie starb an einem Sonntagmorgen; (*fam*) ***I like to relax with my favoutite book ~ an evening*** ich erhole mich abends gerne mit meinem Lieblingsbuch ⑳ AM (*to*) vor; ***it's quarter ~ five*** es ist viertel vor fünf [*o* dreiviertelfünf] ▶ PHRASES: **~ all the cheek** [*or* **nerve**] das ist doch die Höhe!; **~ all sth** gerade; ***Jane, ~ all people, is the last one I'd expect to see at the club*** gerade Jane ist die letzte, die ich in dem Club erwartet hätte; **to be ~ sth** (*possess*) etw besitzen; ***she is ~ the opinion that doctors are only out to experiment*** sie glaubt, Ärzte möchten nur herumexperimentieren; (*give rise to*) ***this work is ~ great interest and value*** diese Arbeit ist sehr wichtig und wertvoll

off [ɒf, AM ɑːf] **I.** *adv inv* ① (*not on*) aus; **to switch** [*or* **turn**] **sth ~** etw ausschalten ② (*away*) weg-; ***someone's run ~ with my pen*** jemand hat mir meinen Stift geklaut *fam;* ***if we can get ~ early tomorrow morning we'll avoid most of the traffic*** wenn wir morgen frühzeitig loskommen, können wir den größten Verkehr vermeiden; (*fig*) ***I didn't get ~ to a very good start this morning*** der Tag hat für mich nicht gut angefangen; ***I'm ~ now — see you tomorrow*** ich gehe jetzt – wir sehen uns morgen; ***she's ~ to Canada next week*** sie fährt nächste Woche nach Kanada; **to drive ~** wegfahren; **to go ~** weggehen; ***I'm just going ~ to the shops*** ich gehe nur schnell mal einkaufen; **to see sb ~** jdn verabschieden ③ (*removed*) ab-; ***I'll take my jacket ~*** ich werde meine Jacke ausziehen; ***~ with his head!*** Kopf ab!; ***~ with your jacket!*** zieh die Jacke aus!; ***one of my buttons has come ~*** einer von meinen Knöpfen ist abgegangen; **to cut sth ~** etw abschneiden ④ (*completely*) ***between us we managed to finish ~ eight bottles of wine*** (*fam*) zusammen schafften wir es, acht Weinflaschen zu leeren; **to burn sth ~** etw verbrennen; **to kill sth ~** etw vernichten [*o* ausrotten]; **to pay sth ~** etw abbezahlen ⑤ (*in bad shape*) schlecht; **to go ~** sich *akk* verschlechtern ⑥ (*distant*) entfernt; **to be far ~** weit weg sein; ***the exams are so far ~*** es ist noch so lange hin bis zu den Prüfungen ⑦ (*stopped*) abgesagt; ***the wedding's ~*** die Hochzeit ist abgeblasen *fam;* ***his hockey match was rained ~*** sein Hockeyspiel fand wegen Regen nicht statt; ***it's all ~ between Philippa and Mike*** (*fam*) zwischen Philippa und Mike ist es aus; **to call sth ~** etw absagen ⑧ (*discounted*) reduziert; ***there's 40% ~ this week on all winter coats*** diese Woche gibt es einen Preisnachlass von 40% auf alle Wintermäntel; **to get money ~** Rabatt bekommen ⑨ (*expressing separation*) **to shut ~ streets** Straßen sperren; **to fence sth ~** etw abzäunen ⑩ (*expressing riddance*) ***we went out for a while to walk ~ some of our dinner*** wir gingen eine Weile raus, um einen Verdauungsspaziergang zu machen; ***he's gone to sleep ~ a headache after rather too much alcohol*** er ist dabei, seinen Kater auszuschlafen; **to laugh sth ~** etw mit einem Lachen abtun **II.** *adj inv* ① (*switched off*) aus[geschaltet]; ***I can't find the ~ switch*** ich kann den Schalter nicht finden ② *pred* (*bad*) verdorben; *milk* sour; ***the cream is ~*** die Sahne hat einen Stich; **to go ~** schlecht werden ③ (*not at work*) ■**to be ~** freihaben; ***he's ~ at the moment*** er hat momentan frei; ***she had six weeks ~ because of sickness last year*** sie hatte letztes Jahr sechs Wochen wegen Krankheit freigenommen; **to take/have some time ~** einige Zeit freinehmen/freibekommen ④ *pred* (*fam: in bad shape*) schlecht; ***I'm having an ~ day today*** ich habe heute einen schlechten Tag ⑤ (*provided for*) **to be badly/well ~** schlecht/gut situiert sein; ***I'm quite well ~ for sweaters*** was Pullover angeht, bin ich gut ausgestattet; BRIT, AUS ***how are you ~ for money?*** wie sieht es bei dir mit dem Geld aus? ⑥ *pred* FOOD (*run out*) aus; ***the waiter explained that the salmon was ~*** der Kellner sagte, dass der Lachs ausverkauft sei ⑦ *pred esp* BRIT (*fam*) **a bit ~** ein dicker Hund *fam,* nicht die feine Art **III.** *prep* ① *after vb* (*moving away*) [weg] von *+dat;* ***please take your foot ~ mine*** nimm bitte deinen Fuß von meinem [herunter]; ***I can't get this paint ~ my hands*** ich bekomme die Farbe nicht von meinen Händen ab; ***keep your dog ~ my property!*** halten Sie Ihren von meinem Grundstück fern!; ***that cherry stain won't come ~ the shirt*** dieser Kirschfleck geht nicht aus dem Hemd heraus; ***has anyone taken a book ~ my desk?*** hat jemand ein Buch von meinem Tisch weggenommen?; ***let's get ~ the bus at the next stop*** lass uns bei der nächsten Bushaltestelle aussteigen; **to get ~ sb/sth** (*fam*) jdn/etw in Ruhe lassen ② *after vb* (*moving down*) herunter [von] *+dat,* hinunter [von] *+dat;* ***they jumped ~ the cliff*** sie sprangen die Klippe hinunter; ***the boy fell ~ his bike several time times*** der Junge fiel ein paar Mal von seinem Fahrrad herunter; ***he rolled ~ the bed*** er rollte aus dem Bett; ***the coat slipped ~ his arms*** der Mantel rutschte von seinen Armen ③ *after vb* (*away from*) weg von *+dat;* ***single wires are leading ~ the main lines*** einzelne Drähte führen von der Hauptleitung weg; *after adj;* **far ~** weit entfernt; ***we're not far ~ London now*** wir sind nicht weit von Londong entfernt; ***how far ~ finishing the project are we?*** wie viel Zeit haben wir noch bis zum Ende des Projekts?; *after adv;* **just ~ sth** in der Nähe von etw *dat;* ***they live just ~ the main street*** sie wohnen gleich bei der Hauptstraße; *after n;* **a long way ~ doing sth** noch weit von etw *dat* entfernt sein; ***we're still a long way ~ finishing*** wir sind noch weit vom Ende entfernt; **~ the point** nicht relevant; ***somehow we keep getting ~ the point*** wir kommen irgendwie vom Thema ab; **~ the record** inoffiziell, nicht für die Öffentlichkeit bestimmt; **~ the subject of sth** nicht zu einem Thema gehörend, etw nicht betreffend; **to get ~ the subject** vom Thema abschweifen; ***I wish we could talk about something ~ the subjects of sports and cars*** ich würde gerne mal über ein anderes Thema als Sport oder Autos reden ④ (*separated from*) von *+dat;* ***he wiped all the dust ~ the tables*** er wischte den ganzen Staub von den Tischen; **to cut a piece ~ the cheese** ein Stück Käse abschneiden ⑤ *after vb* (*out at sea*) vor *+dat;* **to anchor ~ Blue Bay** vor Blue Bay ankern; *after n;* **six miles ~ Dunkirk** sechs Meilen vor Dünkirchen ⑥ (*absent from*) **to be ~ work** am Arbeitsplatz fehlen; ***he's been ~ work for over six months*** er war seit sechs Monaten nicht mehr bei der Arbeit ⑦ (*fam: stop liking*) ■**to be ~ sb/sth** jdn/etw leid sein; **to be ~ one's food** keinen Appetit haben; **to go ~ sb/sth** jdn/etw nicht mehr mögen; ***I used to love wine but I've gone ~ it recently*** ich habe immer gerne Wein getrunken, aber seit kurzem mag ich in nicht mehr ⑧ (*not using*) **to come ~ the pill** die Pille nicht mehr nehmen; **to be/come ~ sth** etw weglassen; ***she's well enough to be ~ the medicine*** es geht ihr gut genug, um die Medizin abzusetzen; **to be ~ the tablets** ohne die Tabletten auskommen; **to have sb ~ one's feet** (*fig*) jdn umwerfen *fig* ⑨ (*utilizing*) ■**to do sth ~ sth** etw von etw *dat* tun; ***they live ~ a small inheritance*** sie leben von einem kleinen Erbe; ***the car runs ~ solar energy*** der Wagen läuft mit Solarenergie ⑩ (*fam: abstaining from*) ***he managed to stay ~ alcohol*** er schaffte es, keinen Alkohol mehr anzurühren ⑪ (*from source*) ■**to do sth ~ sb** etw von jdm tun; ***I don't like taking money ~ you*** ich möchte kein Geld von dir nehmen; ***the girl bought the boy's old bike ~ him*** das Mädchen kaufte dem Jungen sein altes Rad ab; **to get sth ~ sb** (*fam*) etw von jdm bekommen ⑫ *after n* (*minus*) weniger; ***I take $10 ~ the price of the jeans for you*** ich lasse Ihnen 10 Dollar vom Preis für die Jeans nach; ***there was $40 or $50 ~ most jackets in the shop*** die meisten Jacken in dem Laden waren um 40 Dollar oder 50 Dollar billiger ⑬ RADIO, TV (*stopped*) **to be ~ the air** nicht mehr senden; ***the TV station goes ~ the air at 11:30*** die Fernsehstation beendet ihr Programm um 23.30 Uhr ▶ PHRASES: **~ beam** BRIT (*fam*) daneben *fam;* **to be ~ beam** daneben liegen *fam;* **~ the cuff** aus dem Stegreif; **~ one's head** nicht ganz bei Trost; ***he is ~ his head*** er hat den Verstand verloren; **~ the top of one's head** aus dem Stegreif; **~ the wall** ausgeflippt *fam;* **to go ~ the wall** ausflippen *fam* **IV.** *n no pl* **to be ready for the ~** bereit zum Gehen sein **V.** *vt* AM (*sl*) ■**to ~ sb** jdn um die Ecke bringen *fam,* jdn abmurksen *sl* [*o fam* umlegen]

off-air [ˌɒfˈeəʳ, AM ˌɑːfˈer] **I.** *adj* nicht gesendet; ***to be ~*** nicht auf Sendung sein **II.** *adv* ohne direkten Empfang

offal [ˈɒfᵊl, AM ˈɑː-] *n no pl* Innereien *pl*

off balance *adj* FIN bilanzneutral, bilanzunwirksam; **~ sheet assets** bilanzunwirksame Posten; **~ sheet financing** bilanzunwirksame Finanzierung

offbeat *adj* unkonventionell; **~ music** synkopische Musik; **~ sense of humour** ausgefallener Sinn für Humor; **~ taste in clothes** extravaganter Kleidergeschmack **off-Broadway** [ˌɑːfˈbrɔːdweɪ] *adj inv* AM THEAT Off-Broadway- (*in New York, aber nicht am Broadway aufgeführt*) **off-campus** *adj* außerhalb des Campus *nach n* **off-center** AM, **off-centre** *adj* nicht in der Mitte *präd* **off-chance** *n* ■**on the ~** auf gut Glück; **to do sth in the ~ that …** etw in der Hoffnung tun, dass … **off-color** AM, **off-colour** *adj* ① (*somewhat sick*) unpässlich; **to feel ~** sich *akk* nicht wohl fühlen ② (*somewhat obscene*) schlüpfrig; **~ joke** unanständiger Witz **off-course** *adj* aus der Bahn geraten *a. fig* **off-day** *n* schlechter Tag; **to have an ~** einen schlechten Tag haben **off-drive** BRIT, AUS **I.** *vt* SPORTS **to ~ the ball** den Ball ins Abseits schlagen **II.** *n* SPORTS Schlag *m* ins Abseits **off-duty** *adj* ■**to be ~** dienstfrei haben; **an ~ police officer** ein Polizist *m* außer Dienst

offence [əˈfen(t)s], AM **offense** *n* ① LAW (*crime*) Straftat *f,* strafbare Handlung; ***he lost his driving licence after his drink-driving ~*** nachdem er sich der Trunkenheit am Steuer schuldig gemacht hatte, verlor er seinen Führerschein; **first ~** Straftat *f* eines Ersttäters; **minor ~** Vergehen *nt;* **serious ~** schweres Vergehen; **to convict sb of an ~** jdn einer Straftat für schuldig erklären ② *no pl* (*upset feelings*) Beleidigung *f;* (*fam*) ***no ~ intended*** nimm es mir nicht übel; **to cause** [*or* **give**] **~** Anstoß erregen; **to cause** [*or* **give**] **~ to sb** (*hurt*) jdn kränken; (*insult*) jdn beleidigen; **to take ~** [at sth] [wegen einer S. *gen*] gekränkt/beleidigt sein ③ AM SPORTS (*attack*) Angriff *m;* **to be on ~** angreifen

offend [əˈfend] **I.** *vi* ① (*commit a criminal act*) eine Straftat begehen ② (*form: infringe*) ■**to ~ against sth** gegen etw *akk* verstoßen; ***your behaviour is ~ing against good manners*** dein Benehmen gehört sich nicht **II.** *vt* ■**to ~ sb** (*insult*) jdn beleidigen; (*hurt*) jdn kränken; ***I hope your sister won't be ~ed if …*** ich hoffe, deine Schwester nimmt es mir nicht übel, wenn …; **to be easily ~ed** schnell beleidigt sein

offender [əˈfendəʳ, AM -ɚ] *n* [Straf]täter(in) *m(f);* **first ~** Ersttäter(in) *m(f);* **young ~** jugendlicher Straffälliger/jugendliche Straffällige

offender profile *n* Täterprofil *nt*

offending [əˈfendɪŋ] *adj attr* (*hum*) ärgerlich; **the ~ object** der Stein des Anstoßes

offense *n esp* AM *see* **offence**

offensive [əˈfen(t)sɪv] **I.** *adj* ① (*causing offence*) anstößig; **~ joke** anzüglicher Witz; **~ language** Anstoß erregende Ausdrucksweise; ~ **remark** unverschämte Bemerkung ② (*unpleasant*) ~ **smell** übler Geruch ③ (*attack*) Angriffs- **II.** *n* MIL Angriff *m;* **to go on** [*or* **take**] **the** ~ in die Offensive gehen, zum Angriff übergehen; **to launch an** ~ eine Offensive starten

offensively [ə'fen(t)sɪvli] *adv* beleidigend, kränkend; **to act** ~ unverschämt sein; **to speak** ~ sich *akk* beleidigend ausdrücken

offensiveness [ə'fen(t)sɪvnəs] *n no pl* Unverschämtheit *f; of an odour* Widerlichkeit *f*

offer ['ɒfəʳ, AM 'ɑ:fɚ] **I.** *n* ① (*proposal*) Angebot *nt;* ~ **of help** Angebot *nt* zu helfen; ~ **of hospitality** Einladung *f;* ~ **of support** Angebot *nt* finanzieller Hilfe; **to take sb up on an** ~ (*fam*) von jds Angebot *nt* Gebrauch machen ② ECON Angebot *nt;* ***the house is under*** ~ BRIT man hat ein Angebot für das Haus unterbreitet; **to make** [*or* **put in**] **an** ~ **for sth** ein Gebot für etw *akk* abgeben, ein Angebot für etw *akk* unterbreiten; **to be on** [**special**] ~ BRIT, AUS im Angebot sein, ein [Sonder]angebot sein **II.** *vt* ① (*present for acceptance*) ■**to** ~ [**sb**] **sth** [*or* **to** ~ **sth** [**to sb**]] [jdm] etw anbieten; **to** ~ **sb a bribe** jdm ein Bestechungsgeld anbieten; **to** ~ **one's resignation** seinen Rücktritt anbieten ② (*put forward*) ■**to** ~ **sth** etw vorbringen; ***would you care to*** ~ ***your opinion?*** möchten Sie Ihre Meinung dazu äußern?; **to** ~ **compensation** eine Entschädigung bewilligen; **to** ~ **one's condolences** sein Beileid aussprechen; **to** ~ **congratulations** Glückwünsche aussprechen; **to** ~ **an excuse** eine Entschuldigung vorbringen; **to** ~ **an explanation** eine Erklärung abgeben; **to** ~ **information** Informationen geben; **to** ~ **a money prize/a reward** einen Geldpreis/eine Belohnung aussetzen; **to** ~ **a suggestion** einen Vorschlag unterbreiten ③ (*provide*) ■**to** ~ [**sb**] **sth** [*or* **to** ~ **sth** [**to sb**]] [jdm] etw bieten; **to** ~ **a glimpse** Einblick gewähren; **to** ~ **an incentive** einen Anreiz geben; **to** ~ **proof** einen Nachweis erbringen; **to** ~ **resistance** Widerstand leisten; **to** ~ **shelter** Schutz bieten; **to have much to** ~ viel zu bieten haben ④ (*bid*) ■**to** ~ **sth** etw bieten ⑤ ECON ■**to** ~ **sb sth** jdm für etw *akk* ein Angebot machen; ~**ed market** Markt *m* mit Überangebot; ~**ed price** Briefkurs *m* **III.** *vi* sich *akk* bereit erklären; ■**to** ~ **to do sth** sich *akk* bereit erklären, etw zu tun

◆**offer up** *vt* REL ■**to** ~ **up sth to sb** jdm etw darbringen; ***dear Lord, we*** ~ ***up our prayers ...*** Herr, wir beten zu Dir ...

offer document *n* ECON Übernahmeangebot *nt* **offer for sale** *n* STOCKEX Zeichnungsangebot *nt*, Angebot *nt*

offering ['ɒfᵊrɪŋ, AM 'ɑ:f-] *n* ① *usu pl* (*thing offered*) Spende *f;* **to give sb one's** ~ **of congratulations/thanks** jdm seinen Glückwünsch aussprechen/seinen Dank ausdrücken; **sacrificial** ~ Opfergabe *f* ② ECON Angebot *nt;* ~ **circular** verkürzter Verkaufsprospekt; **public** ~ AM STOCKEX öffentliches Zeichnungsangebot

offering plate *n* REL Spendenteller *m*

offer period *n* STOCKEX Angebotsfrist *f*, Zeichnungsfrist *f* **offer price** *n* STOCKEX Emissionskurs *m*, Ausgabekurs *m*

offertory <*pl* -ries> ['ɒfətᵊri, AM 'ɑ:fɚtɔ:ri] *n* REL ① (*offering*) Offertorium *nt* ② (*collection of money*) Kollekte *f*

off-guard *adj* unvorbereitet; **to be caught** [*or* **taken**] ~ überrascht werden **offhand I.** *adj* ① (*uninterested*) gleichgültig; ***why do you always deal with me in such an*** ~ ***manner?*** warum bist du mir gegenüber immer so gleichgültig?; **to be/appear** ~ **with sb** jdm gegenüber kurz angebunden sein/erscheinen ② (*informal*) lässig; ~ **remark** nebenbei fallen gelassene Bemerkung **II.** *adv* ohne weiteres, aus dem Stand; **to be able to quote sth** ~ etw auf Anhieb angeben können **offhandedly** *adv* lässig; ***he has a way of always*** ~ ***assuming that we will help him*** er hält es immer für ganz selbstverständlich, dass wir ihm helfen **offhandedness** *n no pl* Lässigkeit *f*

office ['ɒfɪs, AM 'ɑ:-] *n* ① (*room*) Büro *nt;* (*firm*) Geschäftsstelle *f; lawyer* Kanzlei *f;* **to stay at the** ~ im Büro bleiben ② BRIT POL (*government department*) **O**~ **of Management and Budget** *dem amerikanischen Präsidenten unterstehendes Exekutivorgan, das die Planung des Staatshaushalts vorbereitet und überwacht;* **O**~ **of Fair Trading** Amt *nt* für Verbraucherschutz; **Foreign/Home O**~ Außen-/Innenministerium *nt;* **Serious Fraud Office** Ermittlungsbehörde *f* für Wirtschaftsstraftaten ③ POL (*authoritative position*) Amt *nt;* **compensation for loss of** ~ Entlassungsentschädigung *f;* **to be in** ~ an der Macht sein; **to be out of** ~ nicht an der Macht sein; **to come into** [*or* **take**] ~ sein Amt antreten; **to hold** ~ im Amt sein

office-bearer ['ɒfɪsbeərəʳ, AM 'ɑ:fɪsberɚ] *n* Amtsinhaber(in) *m(f)* **office block** *n* BRIT, AUS Bürohaus *nt*, Bürogebäude *nt* **office boy** *n* Laufbursche *m* **office building** *n* Bürohaus *nt*, Bürogebäude *nt* **office equipment** *n no pl* Büroeinrichtung *f*, Büroausstattung *f* **office girl** *n* Bürogehilfin *f* **officeholder** *n* Amtsinhaber(in) *m(f)* **office hours** *npl* Geschäftszeit[en] *f*[*pl*], Öffnungszeit[en] *f*[*pl*]; **to do sth out**[**side**] **of** ~ etw außerhalb der Dienstzeit[en] tun **office junior** *n* BRIT Bürogehilfe, -in *m, f* **office manager** *n* Büroleiter(in) *m(f)* **Office of Fair Trading** *n no pl* BRIT Kartellamt *nt* **Office of Management and Budget** *n*, **OMB** *n* AM Amt *nt* für Personal und Haushalt

officer ['ɒfɪsəʳ, AM 'ɑ:fɪsɚ] *n* ① MIL Offizier(in) *m(f)* ② (*authoritative person*) Beamte(r) *m*, Beamte [*o* -in] *f;* AM **O**~ ***Clarke*** Wachtmeister Clarke; ~**!** Herr Wachtmeister!; **the company** ~**s** [*or* **the** ~**s of a company**] die Führungskräfte eines Unternehmens; **customs** ~ Zollbeamte(r) *m*, Zollbeamte [*o* -in] *f;* **information** ~ Pressereferent(in) *m(f);* **personnel** ~ Personalchef(in) *m(f)*, Personalreferent(in) *m(f);* [**police**] ~ Polizeibeamte(r) *f(m)*, Polizist(in) *m(f);* **training** ~ Ausbildungsleiter(in) *m(f)* ③ *of a company* Vorstandsmitglied *nt*

office space *n no pl* Bürofläche *f;* (*rooms*) Büroräume *mpl* **office staff** *n* Büropersonal *nt* **office supplies** *npl* Büromaterial *nt*, Bürobedarf *m kein pl* **office tower** *n* AM Bürohaus *nt*, Bürogebäude *nt* **office work** *n no pl* Büroarbeit *f* **office worker** *n* Büroangestellte(r) *f(m)*

official [ə'fɪʃᵊl] **I.** *n* ① (*holding public office*) Amtsperson *f*, Beamte(r) *m*, Beamte [*o* -in] *f;* **customs** ~ Zollbeamte(r) *m*, Zollbeamte [*o* -in] *f;* **government/security** ~ Regierungs-/Sicherheitsbeamte(r) *f(m);* **high** ~ höherer Beamte(r), höhere Beamte [*o* -in]; **minor** ~ unterer Beamte(r), untere Beamte [*o* -in]; **top** ~ Spitzenbeamte(r) *m*, Spitzenbeamte [*o* -in] *f* ② (*responsible person*) Offizielle(r) *f(m)*, Funktionsträger(in) *m(f);* **trade-union** ~ Gewerkschaftsfunktionär(in) *m(f)* ③ (*referee*) Schiedsrichter(in) *m(f)* **II.** *adj inv* ① (*relating to an office*) offiziell, amtlich; (*on business*) dienstlich; ~ **business** Amtsgeschäfte *ntpl;* ~ **duty** Dienstpflicht *f;* ~ **residence** Amtssitz *m;* ~ **use** Dienstgebrauch *m;* ~ **visit** offizieller Besuch ② (*authorized*) offiziell; ***the*** ~ ***position is that ...*** offiziell heißt es, dass ...; ~ **authorization** offizielle Genehmigung; ~ **broker** amtlicher Börsenmakler/amtliche Börsenmaklerin; ~ **inquiry** amtliche Untersuchung; ~ **intervention** staatliche Intervention; ~ **language** Amtssprache *f;* **O**~ **List** STOCKEX amtliches Kursblatt; ~ **market** offizieller Aktienmarkt; ~ **publication/transcript** autorisierter Artikel/autorisierte Abschrift *geh;* ~ **receiver** Konkursverwalter(in) *m(f);* ~ **record** amtliche Aufzeichnungen *fpl;* LAW Gerichtsakte *f;* ~ **spokesperson** offizieller Sprecher/offizielle Sprecherin; ~ **strike** regulärer Streik ③ (*officially announced*) offiziell, amtlich bestätigt; ~ **communiqué/statement** amtliche Verlautbarung/Erklärung

official birthday *n* BRIT offizieller Geburtstag

officialdom [ə'fɪʃᵊldəm] *n* ① *no pl* (*pej: bureaucracy*) Bürokratie *f pej* ② + *sing/pl vb* (*officials collectively*) Beamtenschaft *f*, Beamtentum *nt*

officialese [ə,fɪʃᵊl'i:z] *n no pl* Beamtendeutsch *nt oft pej fam*, Behördensprache *f*

officially [ə'fɪʃᵊli] *adv inv* offiziell

official opening *n* offizielle Eröffnung **official receiver** *n* BRIT Konkursverwalter(in) *m(f)* **official receivership** *n no pl* BRIT Konkursverfahren *nt;* **to go into** ~ in Konkurs gehen **official secret** *n* BRIT (*also iron*) Staatsgeheimnis *nt;* **to leak an** ~ ein Staatsgeheimnis durchsickern lassen **Official Secrets Act** *n no pl* BRIT ■**the** ~ Gesetz *nt* über die Wahrung von Staatsgeheimnissen

officiant [ə'fɪʃiənt, AM -ʃᵊnt] *n* amtierender Geistlicher

officiate [ə'fɪʃieɪt] *vi* (*form*) ■**to** ~ **at sth** bei etw *dat* amtieren; ■**to** ~ [**at sth**] **as sth** [bei etw *dat*] als etw fungieren; **to** ~ **at several churches** *vicar* für mehrere Pfarreien zuständig sein; **to** ~ **at a match** SPORTS ein Spiel pfeifen; **to** ~ **at a wedding** eine Trauung vornehmen

officious [ə'fɪʃəs] *adj* (*pej*) ① (*bossy*) schikanierend ② (*interfering*) aufdringlich

officiously [ə'fɪʃəsli] *adv* (*pej*) ① (*in bossy fashion*) auf schikanierende Art ② (*in interfering way*) aufdringlich

officiousness [ə'fɪʃəsnəs] *n no pl* (*pej*) ① (*bossiness*) schikanierende Art ② (*interference*) Aufdringlichkeit *f*

offing ['ɒfɪŋ, AM 'ɑ:f-] *n no pl* ■**to be in the** ~ bevorstehen, zu erwarten sein; ***with an election in the*** ~ ***...*** mit einer sich abzeichnenden Wahl vor Augen ...

offish ['ɒfɪʃ, AM 'ɑ:f-] *adj* (*fam*) ① BRIT (*not interested*) uninteressiert ② (*stand-offish*) reserviert

off key I. *adv* falsch; **to sing** ~ falsch singen **II.** *adj* ① (*out of tune*) verstimmt ② (*fig: inopportune*) unangebracht **off-label** *adj* MED, PHARM ~ **use** (*of a drug*) Off-Label Einsatz *fachspr* (*von Medikamenten*), zweckentfremdeter Gebrauch (*von Medikamenten*) **off-licence** *n* BRIT ① (*shop*) Wein- und Spirituosengeschäft *nt* ② (*licence*) Konzession *f* zum Alkoholverkauf **off-license** *n see* **off-licence** **off-limits** *adj inv, pred* ■**to be** ~ **to sb** für jdn tabu sein **off-line I.** *adj inv* offline **II.** *adv* offline; **to go** ~ auf Offlinebetrieb schalten **off-line connection** *n* AVIAT Anschlussflug *m* mit einer anderen Fluglinie **offload** *vt* ① (*unload*) ■**to** ~ **sth** etw ausladen; **to** ~ **freight** Fracht löschen ② (*get rid of*) ■**to** ~ **sth** [**onto sb**] etw [bei jdm] loswerden *fam;* **to** ~ **the blame/responsibility** [**onto sb**] die Schuld/Verantwortung [auf jdn] abladen; **to** ~ **work** [**onto sb**] Arbeit [auf jdn] abladen ③ COMPUT **to** ~ **data** Daten umladen **off-peak I.** *adj inv* ① *telephone call* außerhalb der Hauptsprechzeiten *nach n* ② *electricity supply* Schwachlastzeit-; ~ **demand** Strombedarf *m* außerhalb der Hauptlastzeiten ③ TOURIST ***I prefer to go on holiday at*** ~ ***times of the year*** ich ziehe es vor, außerhalb der Hauptreisezeiten in Urlaub zu fahren; ~ **prices/travel** Preise *mpl*/Reise *f* außerhalb der Hauptreisezeit [*o* Hauptsaison] **II.** *adv* ① (*of telephone call*) außerhalb der Hauptsprechzeiten ② TOURIST **to travel** ~ außerhalb der Hauptsaison verreisen **off-piste** *esp* BRIT **I.** *adv inv* abseits der Skipiste; **to ski** ~ außerhalb gekennzeichneter Pisten fahren **II.** *adj inv* abseits der Skipiste *nach n;* ~ **skiing** Skifahren *nt* abseits der Pisten **off-putting** *adj* abschreckend; ~ **appearance/manner** abstoßendes Äußeres/abstoßende Art; **an** ~ **experience** (*disconcerting*) ein schreckliches Erlebnis; (*unpleasant*) ein unangenehmes Erlebnis; ~ **smell** ek[e]liger Geruch; **to find sth** ~ etw abschreckend finden **off-road** *adj inv* ① (*not on road*) im Gelände; ***we found an*** ~ ***camping site near the lake*** wir fanden einen Campingplatz abseits der Straße in der Nähe des Sees ② TRANSP ~ **car/motorbike** Geländewagen *m*/-motorrad *nt*, Offroadauto/-motorrad *nt* **off-roading** *n no pl* SPORTS Geländefahren *nt* **off-sales** *npl* BRIT Verkauf *m* von Alkohol zum Mitnehmen **off-screen** [,ɒf'skri:n, AM ,ɑ:f-] *adj inv* ① (*not visible*) außerhalb der [Film]leinwand befindlich, nicht auf der Bildfläche vorhanden ② (*happening in reality*) wirklich, nicht gestellt **off season** *n* ■**the** ~ die Nebensaison

offset[1] <-set, -set> [,ɒf'set, AM ,ɑ:f'-] *vt usu passive* ■**to be** ~ **by sth** durch etw *akk* ausgeglichen [*o fam* wettgemacht] werden

offset² ['ɒfset, AM 'ɑːf-] **I.** *vt* <-set, -set> ① FIN ■**to ~ sth** etw ausgleichen; **to ~ a disadvantage** einen Nachteil aufwiegen; **to ~ sth against tax** AUS, BRIT etw von der Steuer absetzen; ■**to ~ sth by sth** etw durch etw *akk* ausgleichen ② *(print)* ■**to ~ sth** etw im Offsetverfahren drucken **II.** *n* ① TECH **to have an ~ of sth** eine Abweichung von etw *akk* aufweisen ② FIN ■**to be an ~ against sth** ein Ausgleich zu etw *dat* sein ③ HORT Ableger *m* ④ GEOG Ausläufer *m*

offset lithography *n* Offsetlithographie *f* **offset printing** *n no pl* Offsetdruck *m fachspr* **offset value** *n* Relativzeigerwert *m*

offshoot *n* ① HORT Ableger *m* ② *(of company, organization)* Nebenzweig *m* ③ *(of ocean)* Seitenarm *m* eines Meeres ④ *(of political party)* Splitterpartei *f* ⑤ *(of language)* **~ of a language** Tochtersprache *f*

offshore **I.** *adj inv* ① *(at sea)* küstennah, vor der Küste gelegen; **~ drilling** Offshorebohrung *f fachspr* ② *(of wind, current)* ablandig *fachspr* ③ *inv* FIN Auslands-; **~ account/banking/funds** Auslandskonto *nt*/Offshorebanking *nt fachspr*/Offshorefonds *m fachspr* **II.** *adv* *(of wind movement)* von der Küste her; **to drop anchor ~** vor der Küste ankern; **to fish ~** vor der Küste fischen

offshore banking *n* Offshore-Banking *nt* **offshore fishing** *n no pl* Fischen *nt* in Küstengewässern **offshore island** *n* Insel *f* vor der Küste **offshore islander** *n* Inselbewohner(in) *m(f)* **offshore oilfield** *n* Offshoreölfeld *nt fachspr* **offshore purchase** *n* Auslandskauf *m* **offshore race** *n* Offshorerennen *nt*

offside **I.** *adj inv* ① SPORTS abseits; **~ position** Abseitsstellung *f* ② *attr esp* BRIT AUTO auf der Fahrerseite *nach n;* **~ door** Fahrertür *f* **II.** *adv inv* abseits **III.** *n* ① SPORTS Abseits *nt* ② *esp* BRIT AUTO ■**on the ~** auf der Fahrerseite

offside rule *n* Abseitsregel *f*

off-site [,ɒf'saɪt, AM ,ɑːf-] *adj inv* Außen-

offspring <*pl* -> ['ɒfsprɪŋ, AM 'ɑːf-] *n* ① *(animal young)* Junge(s) *nt* ② *(also hum: person's child)* Nachkomme *m;* *(esp son)* Sprössling *m hum fam* ③ *(fig: result)* Ergebnis *nt*

offstage **I.** *adj inv* ① *(behind the stage)* hinter der Bühne *nach n* ② *(private)* **~ life** Privatleben *nt* **II.** *adv* ① *(privately)* im Privatleben, privat ② *(away from the stage)* hinter der Bühne; **to hear sb's voice ~** jds Stimme *f* aus dem Off hören; **to walk ~** von der Bühne abgehen **off-street parking** *n no pl* Parken auf Parkplätzen außerhalb des Stadtzentrums

off-the-cuff **I.** *adj inv* spontan; **~ speech** Stegreifrede *f* **II.** *adv* aus dem Stegreif **off-the-job training** *n no pl* außerbetriebliche Fortbildung **off-the-peg** BRIT, **off-the-rack** *adj inv* AM Konfektions-, von der Stange *nach n;* **~ clothes** Konfektionskleidung *f* **off-the-record** **I.** *adj inv* inoffiziell **II.** *adv* inoffiziell

off-the-shelf company *n* ECON schlüsselfertiges Unternehmen **off-the-shoulder** [,ɒfðə'ʃəʊldəʳ, AM ,ɑːfðə'ʃoʊldɚ] *adj inv* schulterfrei; ***to get a sour stick, Astrid expects Anette and Christiane to wear ~ tops*** um ein saures Stäbchen zu bekommen, erwartet Astrid von Anette und Christiane, dass sie ein schulterfreies Oberteil tragen **off-the-wall** *adj (fam)* seltsam, verschroben *pej;* **~ creativity** unkonventionelle Kreativität; **~ humour** seltsamer Humor

off-white *n no pl* gebrochenes Weiß

offy ['ɒfi] *n* BRIT *(sl) short for* **off-licence** Wein- und Spirituosenhandlung *f*

OFT *n* BRIT *abbrev of* **Office of Fair Trading**

oft [ɒft, AM ɑːft] *adv inv (dated liter)* oft

Oftel ['ɒftel] *n no pl, + sing/pl vb* BRIT *short for* **Office of Telecommunications** *Behörde für Telekommunikationsindustrie*

often ['ɒfᵊn, AM 'ɑːf-] *adv* oft, häufig; ■**it's not ~ that ...** es kommt selten [*o* nicht oft] vor, dass ...; **as ~ as not** meistens; **every so ~** gelegentlich; **once too ~** einmal zu viel [*o* zu oft] ▶ PHRASES: **more ~ than sb has had hot dinners** öfter, als jd sich *dat* [auch nur annähernd] vorstellen kann

oft-repeated *adj* oft [*o* häufig] wiederholt; *(pej)* abgedroschen *pej*

Ofwat ['ɒfwɒt] *n no pl, + sing/pl vb* BRIT *short for* **Office of Water Services** *Behörde für Wasserindustrie*

ogle ['əʊgl, AM 'oʊgl] **I.** *vi* gaffen *pej;* ■**to ~ at sb** jdn angaffen *pej* **II.** *vt* ■**to ~ sb** jdn angaffen [*o fam* anglotzen] *pej*

ogre ['əʊgəʳ, AM 'oʊgɚ] *n* Menschenfresser *m;* *(fig fam)* Scheusal *nt pej*

ogress <*pl* -es> ['əʊgrəs, AM 'oʊ-] *n* Menschenfresserin *f;* *(fig fam)* Scheusal *nt pej*

oh¹ [əʊ] *interj* ① *(to show surprise, disappointment, pleasure)* oh; ***I've warned him over and over again but, ~ well, he'll just have to learn the hard way*** ich habe ihn immer wieder gewarnt, aber naja, er muss es eben auf die harte Tour lernen; **~ hell!** was soll's! *fam;* **~ damn!** verdammt! *pej fam;* **~ dear!** oje!; **~ yes?** sag bloß?, ach ja? ② *(by the way)* ach, übrigens

oh² [əʊ] *n* BRIT *(in phone numbers)* Null *f*

OHIP ['oʊhɪp] *n* CAN *acr for* **Ontario Health Insurance Plan** gesetzliche Krankenversicherung in Ontario

ohm [əʊm, AM oʊm] *n* Ohm *nt*

OHP [,əʊeɪtʃ'piː, AM ,oʊ-] *n abbrev of* **overhead projector**

oick, oik [ɔɪk] *n* BRIT *(pej sl)* Rowdy *m pej*

oil [ɔɪl] **I.** *n* ① *(lubricant)* Öl *nt;* **to change the ~** das Öl wechseln; AUTO einen Ölwechsel machen; **to check the ~** den Ölstand prüfen ② *no pl (petroleum)* [Erd]öl *nt;* **to drill for ~** nach Öl bohren ③ FOOD [Speise]öl *nt;* **to cook sth in/with ~** etw in/mit Öl braten; **to fry sth in deep ~** [*or* **to deep-fry sth in ~**] etw in schwimmendem Öl backen ④ *(for cosmetic use)* **hair/massage ~** Haar-/Massageöl *nt;* **suntan ~** Sonnenöl *nt* ⑤ *(oil-based paints)* ■**~s** *pl* Ölfarben *fpl;* ***can you do my portrait in ~s?*** können Sie mich in Öl porträtieren? ▶ PHRASES: **to burn the <u>midnight</u> ~** bis spät in die Nacht lernen; **to mix like ~ and <u>water</u>** nicht gut miteinander auskommen **II.** *vt* ① *(treat)* ■**to ~ sth** etw ölen; ***lightly ~ a cake tin*** fetten Sie eine Kuchenform leicht ein ② *usu passive (be polluted)* ■**to be ~ed** mit Öl verschmutzt sein ▶ PHRASES: **to ~ sb's <u>hand</u>** [*or* **<u>palm</u>**] jdn schmieren *fam;* **to ~ the <u>wheels</u>** *(fam)* die Dinge erleichtern

oil baron *n* Ölmagnat(in) *m(f)* **oilcake** *n* AGR Ölkuchen *m fachspr* **oilcan** *n* Ölkännchen *nt* **oil change** *n* Ölwechsel *m;* **to have an ~** einen Ölwechsel machen lassen **oilcloth** *n* Wachstuch *nt* **oil company** *n* Ölfirma *f* **oil crisis** *n* Ölkrise *f* **oil deposits** *npl* Ölvorkommen *ntpl* **oil drum** *n* Ölfass *nt*

oiled [ɔɪld] *adj inv* ① *(lubricated)* [ein]geölt, eingefettet ② *(impregnanted with oil)* ölhaltig ③ *(polluted with oil)* ölverschmiert, ölverschmutzt

oil-exporting *adj attr, inv* [Erd]öl exportierend; **~ countries** [Erd]öl exportierende Länder **oilfield** *n* Ölfeld *nt* **oil filter** *n* Ölfilter *m* **oil-fired** *adj inv* ölbeheizt; *central heating* ölbetrieben; **~ heating system** Ölheizung *f* **oil furnace** *n* Ölfeuerung *f* **oil gauge** *n* Ölstandsanzeiger *m*

oiliness ['ɔɪlɪnəs] *n no pl* ① FOOD Öligkeit *f,* Fettigkeit *f* ② *(of cosmetics)* Fettigkeit *f,* ölige Beschaffenheit ③ *(of hair, skin)* Fettigkeit *f* ④ *(fig: of behaviour)* aalglatte Art *pej*

oil lamp *n* Öllampe *f,* Petroleumlampe *f* **oilman** *n* *(seller)* Ölhändler(in) *m(f);* *(worker)* Ölarbeiter(in) *m(f);* *(industrialist)* Unternehmer(in) *m(f)* in der Ölbranche **oil paint** *n* Ölfarbe *f* **oil painting** *n* Ölbild *nt,* Ölgemälde *nt* ▶ PHRASES: **to be <u>no</u> ~** AUS, BRIT *(fig)* keine Schönheit sein **oil pipeline** *n* Ölpipeline *f,* Ölleitung *f* **oil platform** *n* Ölplattform *f* **oil pressure** *n* Öldruck *m kein pl* **oil-producing** *adj attr, inv* [Erd]öl produzierend; **~ countries** Ölförderländer *ntpl;* **~ shale** GEOL Ölschiefer *m* **oil production** *n no pl* [Erd]ölförderung *f* **oil refinery** *n* [Erd]ölraffinerie *f* **oil rig** *n* Bohrinsel *f* **oilseed** *n no pl* Ölsamen *m* **oilseed rape** *n no pl* Raps *m* **oil sheik** *n* Ölscheich *m* **oilskin** *n* ① *no pl (waterproof cloth)* Öltuch *nt* ② *(waterproof clothing)* ■**~s** *pl* Ölzeug *nt kein pl* **oil slick** *n* Ölteppich *m* **oil spill** *n* Ölverschmutzung *f* **oil tanker** *n* Öltanker *m* **oil well** *n* Ölquelle *f*

oily ['ɔɪli] *adj* ① *(oil-like)* ölig ② FOOD ölig ③ *hair, skin* fettig ④ *objects* schmierig ⑤ *(fig: obsequious)* schmierig *pej fam*

oink [ɔɪŋk] *(fam)* **I.** *interj* grunz **II.** *vi* grunzen

ointment ['ɔɪntmənt] *n* Salbe *f*

OK *(fam),* **okay** [ə(ʊ)'keɪ, AM oʊ'-] *(fam)* **I.** *adj* ① *pred, inv (acceptable)* okay *fam;* ***if it's ~ with you, ...*** wenn es dir recht ist, ... ② *pred, inv (healthy) person* in Ordnung; ***are you ~? you look a bit pale*** geht es dir gut? du siehst etwas blass aus ③ *pred, inv (not outstanding)* ganz gut; ***the meal was ~*** das Essen war nicht schlecht ④ *pred, inv (understanding)* ■**to be ~ about sth** mit etw *dat* einverstanden sein ⑤ *pred, inv (have no problems with)* ***are you ~ for money or shall I give you some?*** hast du genug Geld oder soll ich dir etwas geben?; **to be ~ for drink** etwas zu trinken haben; **to be ~ for work** genug Arbeit haben ⑥ *(pleasant)* **to be an ~ bloke** ein prima Kerl sein *fam* **II.** *interj* gut, okay *fam;* **~ then** also gut **III.** *vt* ■**to ~ sth** etw *dat* zustimmen, zu etw *dat* sein Okay geben *fam* **IV.** *n* **to get the ~** das Okay bekommen *fam;* **to give [sth] the ~** [*or* **the ~ [to sth]**] das Okay [zu etw *dat*] geben *fam* **V.** *adv inv* gut; ***I just phoned to make sure that you got there ~*** ich habe nur kurz angerufen, um sicherzugehen, dass du dort gut angekommen bist; **to do ~** sich *akk* gut machen; ***he was doing ~ until his mother arrived and interfered*** er machte seine Sache gut, bis seine Mutter kam und sich einmischte; **to go ~** in Ordnung sein, gut laufen *fig fam*

OK button *n* COMPUT Schaltfläche ‚OK'

okey-doke(y) [,əʊki'dəʊk(i), AM oʊki'doʊk(i)] *interj (fam)* okay *fam,* geht in Ordnung *fam,* gut; **~ then** also gut

okker *n* AUS *see* **ocker**

okra ['ɒkrə, AM 'oʊk-] *n no pl* Okra *f*

old [əʊld, AM oʊld] **I.** *adj* ① *person, animal* alt; ***there's life in the ~ boy yet!*** *(esp iron)* er steckt noch voller Leben!; **to be ~ enough to be sb's father/mother** *(fam)* jds Vater/Mutter sein können; **to be ~ enough to do sth** alt genug sein, um etw zu tun; **to grow ~ gracefully** mit Würde alt werden; **to be [a bit] too ~ to be doing sth** [ein bisschen] zu alt sein, um etw zu tun; **to get** [*or* **grow**] **~/~er** alt/älter werden; **to live to a ripe ~ age** ein hohes Alter erreichen; **to seem ~ beyond one's years** älter wirken, als man ist ② *object* alt; **~ cheese** alter Käse; **~ joke** abgedroschener Witz *fam;* **the ~ part of town** [*or* **the ~ quarter**] die Altstadt ③ *after n (denoting an age)* alt; ***Rosie's six years ~ now*** Rosie ist jetzt sechs Jahre alt ④ *attr, inv (former)* alt, ehemalig; **~ boyfriend** früherer Freund; **in the [good] ~ days** in der guten alten Zeit; **~ job** alter [*o* früherer] Job; **for ~ times' sake** um der alten Zeiten willen ⑤ *attr (long known)* altbekannt; ***with him, it's always the same ~ story!*** es ist doch immer die gleiche Geschichte mit ihm!; **~ friend** alter Freund/alte Freundin ⑥ *attr, inv (fam: expression of affection)* [gute(r)] alte(r); ***good ~ Pete!*** der gute alte Pete!; ***I hear poor ~ Frank's lost his job*** ich habe gehört, dem armen Frank wurde gekündigt ⑦ *attr, inv (pej fam)* **dirty ~ man** geiler alter Bock *pej vulg,* alter Wüstling *pej* ⑧ *attr, inv (fam: any)* ***why don't you put the shoes in the cupboard properly and not just any ~ how?*** warum räumst du die Schuhe nicht ordentlich in den Schrank und nicht immer nur so, wie sie dir gerade in die Hand fallen?; ***I don't want to eat in just any ~ place — I want to go to a romantic restaurant!*** ich möchte nicht einfach nur irgendwo essen – ich möchte in ein romantisches Restaurant gehen!; ***come round any ~ time you like*** komm vorbei, wann immer du möchtest; **any ~ present/rubbish/thing** irgendein Geschenk/irgendeinen Unsinn/irgendwas; **a load of ~ rubbish!** (*pej*) nichts als blanker Unsinn! *fam* ► PHRASES: **to be a chip off the ~ block** ganz der Vater sein *fam;* **to be as tough as ~ boots** hart im Nehmen sein; **you can't teach an ~ dog new tricks** (*saying*) der Mensch ist ein Gewohnheitstier *prov;* **there's no fool like an ~ fool** (*saying*) Alter schützt vor Torheit nicht *prov;* **you can't put an ~ head on young shoulders** (*saying*) man kann einen alten Kopf nicht auf junge Schultern verpflanzen; **to be as ~ as the hills** [*or* **as Methuselah**] [*or* **as time**] uralt [*o fam* so alt wie Methusalem] sein; **money for ~ rope** leicht verdientes Geld; **you're as ~ as you feel!** (*saying*) man ist so alt, wie man sich fühlt! *prov* **II.** *n* ❶ (*elderly people*) ■**the ~** *pl* die Alten *pl;* **young and ~** Jung und Alt ❷ (*liter: in past times*) **in days of ~** in früheren Zeiten; **to know sb of ~** *esp* BRIT jdn seit langem kennen **III.** *in compounds* ***a twenty-one-year-~*** ein Einundzwanzigjähriger/eine Einundzwanzigjährige; ***a three-month-~ puppy*** ein drei Monate altes Hündchen

old age *n no pl* Alter *nt;* ■**in [one's] ~** im Alter **old age pension** *n* AUS, BRIT [Alters]rente *f,* Altersversorgung *f* **old age pensioner** *n* AUS, BRIT Rentner(in) *m(f)* **Old Bailey** [əʊld'beɪli:] *n no pl* ■**the ~** das Old Bailey (*Gericht für Strafsachen von Bedeutung in London*) **Old Bill** *n no pl, + sing/pl vb* BRIT (*fam*) ■**the ~** die Bullen *mpl pej fam,* die Polente *sl* **old boy** *n* ❶ *esp* BRIT (*fam: old man*) Alte(r) ❷ *esp* BRIT (*dated fam: old friend*) alter Junge *fam* ❸ AUS, BRIT (*former pupil*) ehemaliger Schüler; **~ reunion** Ehemaligentreffen *nt* **old-boy network** *n + sing/pl vb* ❶ AUS, BRIT (*of former students*) *Cliquenwirtschaft ehemaliger Schulkollegen* ❷ AM (*esp pej: of influential friends*) Seilschaft *f* **old country** *n no pl* (*also hum*) ■**the ~** das Heimatland **old dear** *n* ❶ (*patronizing address*) Muttchen *nt* ❷ (*affectionate address*) Liebste *kein art,* Liebes *kein art*

olde ['əʊld, AM 'oʊld] *adj attr, inv* (*hum*) *see* **old** alt

olden ['əʊldᵊn, AM 'oʊ-] *adj attr, inv* (*dated liter*) **in the ~ days** früher; **in ~ times** in alten Zeiten, früher

Old English *n no pl* LING Altenglisch *nt*

olde worlde [ˌəʊldi'wɜ:ldi] *adj* BRIT, AUS (*fam*) altertümlich

old-fashioned *adj* (*esp pej*) ❶ (*dated*) altmodisch; **~ clothes** altmodische Kleidung ❷ (*traditional*) altmodisch; *thinking* traditionsverbunden; **~ charm** antiquierter Charme; **~ opinions** [*or* **views**] traditionelle Ansichten ❸ (*disapproving*) **to give sb an ~ look** jdn missbilligend ansehen **old flame** *n* (*fam*) alte Flamme *veraltend fam,* Verflossene(r) *f(m) fam* **old girl** *n* ❶ (*old woman*) alte Frau ❷ *esp* BRIT (*fam: patronizing address*) altes Mädchen *fam* ❸ *esp* BRIT (*fam: affectionate address*) Schätzchen *nt fam* ❹ AUS, BRIT (*former pupil*) ehemalige Schülerin **Old Glory** *n no pl* AM Sternenbanner *nt* **old gold** *n no pl* Altgold *nt* **old growth** *n* AM, AUS alter Baumbestand **old-growth forest** *n* unberührter Wald **old guard** *n no pl, + sing/pl vb* alte Garde **old hand** *n* alter Hase *fam* **old hat** *n no pl* (*pej*) ❶ (*old-fashioned*) ■**to be ~** altmodisch sein ❷ (*very familiar*) ***that's ~*** das ist ein alter Hut *fam*

oldie ['əʊldi, AM 'oʊ-] *n* (*fam*) ❶ (*song*) Oldie *m fam* ❷ (*older person*) Oldie *m hum fam*

oldish ['əʊldɪʃ, AM 'oʊ-] *adj inv* ältlich, älter

old lady *n* ❶ (*elderly female*) alte Dame ❷ (*fam: one's wife, mother*) ■**the/sb's ~** die/jds Alte *fam* **old maid** *n* (*esp pej dated*) alte Jungfer *oft pej* **old-maidish** [-'meɪdɪʃ] *adj* (*esp pej dated*) jungfernhaft *meist pej,* altjüngferlich *pej* **old man** *n* ❶ (*elderly male*) alter Mann, Greis *m* ❷ (*sl: husband, father*) ■**the/sb's ~** der Alte/jds Alter *fam* ❸ (*boss, leader*) ■**the ~** der Alte **Old Man River** *n no pl* AM Mississippi *m* **old master** *n* alter Meister **old money** **I.** *n no pl* ❶ *+ sing/pl vb* (*well-established families*) alter Geldadel ❷ (*former currency*) alte Währung **II.** *adj inv* alteingesessen **Old Nick** *n no pl* (*hum dated*) der Teufel **old school** **I.** *n* (*approv*) ■**the ~** die alte Schule; ***he's one of the ~*** er ist [noch] einer der alten Schule **II.** *adj* der alten Schule *nach n* **old school tie** *n* BRIT ❶ (*tie*) *Krawatte der ehemaligen Schüleruniform* ❷ (*fig: cliquishness*) ■**the ~** *Cliquenwirtschaft unter ehemaligen Schulkameraden* **old stager** *n* ❶ (*old man*) Oldie *m hum fam* ❷ (*long-time worker*) alter Hase *fam;* (*long-time resident*) Alteingesessene(r) *f(m)*

oldster ['oʊldstɚ] *n* AM (*fam*) alter Knabe *hum fam*

Old Testament *n* ■**the ~** das Alte Testament **old-time** *adj attr, inv* (*esp approv*) aus alter Zeit *nach n;* **~ atmosphere** Atmosphäre *f* vergangener Zeiten; **~ dancing** alte Tänze **old-timer** *n* (*fam*) ❶ (*old man*) Oldie *m hum fam* ❷ (*long-time worker*) alter Hase *fam;* (*long-time resident*) Alteingesessene(r) *f(m)* **old wives' tale** *n* Ammenmärchen *nt* **old woman** *n* ❶ (*elderly female*) alte Frau ❷ (*mother, wife*) ■**sb's ~** jds Alte *f fam* ❸ (*pej: fretful man*) altes Weib *pej fam* **old-world** *adj* (*approv*) altertümlich; **~ courtesy** altväterliche Höflichkeit **Old World** *n no pl* ■**the ~** die Alte Welt

oleaginous [ˌəʊli'ædʒɪnəs, AM ˌoʊ-] *adj* ❶ (*of oil*) ölig ❷ (*fig: obsequious*) kriecherisch *pej*

oleander [ˌəʊli'ændəʳ, AM ˌoʊli'ændɚ] *n* Oleander *m*

O level *n* BRIT (*hist*) *short for* **ordinary level** ≈ mittlere Reife

olfactory [ɒl'fæktᵊri, AM ɑ:l'fækteri] *adj inv* Geruchs-, olfaktorisch *fachspr*

olfactory bulb *n* ANAT Bulbus olfactorius *m fachspr* **olfactory lobe** *n* ANAT Geruchssinnlappen *m fachspr,* Lobus olfactorius *m fachspr* **olfactory nerve** *n* ANAT Riechnerv *m,* Nervus olfactorius *m fachspr*

oligarchic [ˌɒlɪ'gɑ:kɪk, AM ˌɑ:lɪ'gɑ:r] *adj inv* oligarchisch, Oligarchen-

oligarchy ['ɒlɪgɑ:ki, AM 'ɑ:lɪgɑ:r-] *n* Oligarchie *f*

oligogenic [ˌɒlɪgə(ʊ)'dʒenɪk, AM ˌɑ:lɪgoʊ-] *adj* MED **~ illness** durch mehrere Gene bedingte Krankheit

oligopolistic [ˌɒlɪgɒpᵊ'lɪstɪk, AM ˌɑ:lɪgɑ:pə'-] *adj* ECON oligopolistisch *fachspr*

oligopoly [ˌɒlɪ'gɒpᵊli, AM ˌɑ:lɪ'gɑ:p-] *n* ECON Oligopol *nt fachspr*

olive ['ɒlɪv, AM 'ɑ:l-] *n* ❶ (*fruit*) Olive *f* ❷ (*tree*) Olivenbaum *m,* Ölbaum *m* ❸ (*dish*) **beef/veal ~** Kalbs-/Rindsroulade *f*

olive branch *n* ❶ HORT Olivenzweig *m,* Ölzweig *m* ❷ (*fig: symbol of peace*) Ölzweig *m;* **to hold out the ~ [to sb]** [jdm] seinen Friedenswillen zeigen **olive drab** AM, **olive green** *n* Olivgrün *nt* **olive grove** *n* Olivenhain *m* **olive oil** *n no pl* Olivenöl *nt*

ology ['ɒlədʒi, AM 'ɑ:l-] *n* (*hum fam*) [irgendein] Wissenschaftszweig *m;* ***what's his new girlfriend studying? — oh, some ~ or other — pharmacology, I think*** was studiert seine neue Freundin [eigentlich]? – och, irgend so eine Wissenschaft – Pharmazie, glaube ich *fam*

Olympiad [ə(ʊ)'lɪmpiæd, AM oʊ'-] *n* Olympiade *f,* Olympische Spiele

Olympian [ə(ʊ)'lɪmpiən, AM oʊ'-] **I.** *adj inv* (*liter*) ❶ (*of Greek mythology*) olympisch ❷ (*aloof*) [überirdisch] entrückt ❸ (*tremendous*) riesig; **~ feat** titanische Leistung *geh* ❹ *attr* (*of Olympic Games*) olympisch **II.** *n* ❶ (*of gods*) Olympier(in) *m(f)* ❷ (*Olympic Games competitor*) Olympionike, -in *m, f,* olympischer Wettkämpfer/olympische Wettkämpferin ❸ (*great person*) Titan *m geh*

Olympic [ə(ʊ)'lɪmpɪk, AM oʊ'-] *adj attr, inv* ❶ (*of Greek mythology*) olympisch ❷ SPORTS olympisch; **~ champion** Olympiasieger(in) *m(f);* **International ~ Committee** Internationales Olympisches Komitee; **~ flame** olympisches Feuer; **~ stadium** Olympiastadion *nt*

Olympic Games, **Olympics** *npl* Olympische Spiele

Olympus [ə'lɪmpəs] *n no pl* Olymp *m*

OM [ˌəʊ'em] *n* BRIT *abbrev of* **Order of Merit**

Oman [ə(ʊ)'mɑ:n, AM oʊ'-] *n no pl* Oman *m*

Omani [əʊ'mɑ:ni, AM oʊ'] **I.** *adj inv* omanisch **II.** *n* Bewohner(in) *m(f)* Omans

OMB [ˌoʊem'bi:] *n* AM *abbrev of* **Office for Management and Budget** Amt *nt* für Personal und Haushalt

ombudsman ['ɒmbʊdzmən, AM 'ɑ:mbəd-] *n* Ombudsmann *m*

omega ['əʊmɪgə, AM oʊ'meɪ-] *n* Omega *nt*

omelet(te) ['ɒmlət, AM 'ɑ:m-] *n* Omelett, nt ► PHRASES: **you can't make an ~ without breaking [a few] eggs** (*prov*) wo gehobelt wird, da fallen Späne *prov*

omen ['əʊmən, AM 'oʊ-] *n* Omen *nt;* **to be a bad/good ~ for sth** ein schlechtes/gutes Omen für etw *akk* sein

ominous ['ɒmɪnəs, AM 'ɑ:mə-] *adj* unheilvoll; **~ implications** verhängnisvolle Auswirkungen; **~ silence** ominöses Schweigen *geh*

ominously ['ɒmɪnəsli, AM 'ɑ:mə-] *adv* (*inauspiciously*) bedrohlich; (*alarming*) bedenklich; **~, *the telephone line went dead just after I heard a scream*** ominöserweise wurde die Verbindung unterbrochen, nachdem ich einen Schrei gehört hatte

omission [ə(ʊ)'mɪʃᵊn, AM oʊ'-] *n* Auslassung *f;* (*failure to sth*) Unterlassung *f,* Versäumnis *nt;* **errors and ~s excepted** Irrtümer und Auslassungen vorbehalten; **sb's ~ from the team** SPORTS jds Nichtberücksichtigung *f* bei der Mannschaftsaufstellung

omit <-tt-> [ə(ʊ)'mɪt, AM oʊ'-] **I.** *vt* ■**to ~ sb/sth** jdn/etw auslassen [*o* weglassen]; (*ignore*) jdn/etw übergehen; (*fail to do*) etw unterlassen; **to ~ a dividend** STOCKEX eine Dividende ausfallen lassen; **to ~ any mention of** [*or* **reference to**] **sb/sth** jdn/etw nicht [*o* mit keinem Wort] erwähnen **II.** *vi* ■**to ~ to do sth** es unterlassen, etw zu tun

omnibus <*pl* -es> ['ɒmnɪbəs, AM 'ɑ:m-] *n* ❶ (*collection of texts*) Sammelband *m;* (*anthology*) Anthologie *f;* (*on radio, TV*) *Zusammenfassung einzelner Wochensendungen in einem Sammelprogramm* ❷ (*dated form: bus*) Omnibus *m* ► PHRASES: **the man/woman on the Clapham ~** der Mann/die Frau von der Straße, der Durchschnittsbürger/die Durchschnittsbürgerin

omnibus edition, **omnibus programme** *n Zusammenfassung einzelner Wochensendungen in einem Sammelprogramm*

omnidirectional [ˌɒmnɪdɪ'rekʃᵊnᵊl, AM ˌɑ:m-] *adj inv* TELEC Rundstrahl-, allseitig abstrahlend; COMPUT mit Kugel[charakteristik]; **~ microphone** Allrichtungsmikrofon *nt*

omnipotence [ɒm'nɪpətᵊn(t)s, AM ɑ:m'nɪpətən(t)s] *n no pl* Allmächtigkeit *f,* Allmacht *f geh,* Omnipotenz *f geh*

omnipotent [ɒm'nɪpətᵊnt, AM ɑ:m'nɪpətənt] *adj inv* allmächtig, omnipotent *geh*

omnipresence [ˌɒmnɪ'prezᵊn(t)s, AM ˌɑ:m-] *n no pl* ❶ (*of God*) Allgegenwart *f* ❷ (*widespread occurrence*) Omnipräsenz *f geh*

omnipresent [ˌɒmnɪ'prezᵊnt, AM ˌɑ:m-] *adj inv* ❶ REL allgegenwärtig ❷ (*widespread*) omnipräsent *geh;* (*everywhere*) überall; **~ noise** ständiger Lärm

omniscience [ɒm'nɪsiən(t)s, AM ɑ:m'nɪʃᵊn(t)s] *n no pl* Allwissenheit *f*

omniscient [ɒm'nɪsiənt, AM ɑ:m'nɪʃᵊnt] *adj inv* allwissend

omnivore ['ɒmnɪvɔ:ʳ, AM 'ɑ:mnɪvɔ:r] *n* ZOOL Allesfresser *m*

omnivorous [ɒm'nɪvᵊrəs, AM ɑ:m'nɪvɚ-] *adj inv* ❶ (*eating plants and meat*) alles fressend *attr,* omnivor *fachspr;* **~ animal** Allesfresser *m* ❷ (*fig: voracious*) unstillbar; ***Georgina's an ~ reader*** Georgina verschlingt jedes Buch

on [ɒn, AM ɑ:n] **I.** *prep* ❶ (*on top of*) auf *+dat; with verbs of motion* auf *+akk;* ***there are many books ~ my desk*** auf meinem Tisch sind viele Bücher; ***he had to walk out ~ the roof*** er musste auf das Dach raus; **to get ~ a horse** auf ein Pferd aufsteigen [*o* aufsitzen]; **~ top of sth** [ganz] oben auf etw *dat;* ***look at that cat ~ the chair!*** schau dir die Katze auf dem Stuhl an! ❷ (*from*) auf *+dat; with verbs of motion* auf *+akk;* ***she hung their washing ~ the***

O

line to dry sie hängte ihre Wäsche zum Trocknen auf die Leine; ***several bird houses hung ~ the branches*** an den Ästen hingen mehrere Nistkästen; **to hang a picture ~ the wall** ein Bild an die Wand hängen; ***a huge chandelier hung ~ the ceiling*** ein großer Kronenleuchter hing von der Decke ③ (*clothing*) an *+dat;* **with shoes ~ your feet** mit Schuhen an deinen Füßen; **the wedding ring ~ the ring finger** der Hochzeitsring am Ringfinger ④ (*in area of*) an *+dat,* auf *+dat;* ***our house is ~ Sturton Street*** unser Haus ist in der Sturton Street; **~ the hill/mountain** auf dem Hügel/Berg; ***they lay ~ the beach*** sie lagen am Strand; ***the town is ~ the island*** die Stadt ist auf der Insel; ***her new house is ~ the river*** ihr neues Haus liegt am Fluß; **~ her estate** auf ihrem Gut; **on the border** an der Grenze; **~ the corner** an der Ecke; ***they waited for their train ~ platform three*** sie warteten auf Bahnsteig drei auf ihren Zug; **~ track two** an Gleis zwei; ***our house is the first ~ the left*** unser Haus ist das erste auf der linken Seite; **~ the balcony** auf dem Balkon ⑤ (*hurt by*) an *+dat;* ***I hit my head ~ the shelf*** ich stieß mir den Kopf am Regal an; ***she tripped ~ the wire*** sie blieb an dem Kabel hängen; **he cut his foot ~ some glass** er schnitt sich den Fuß an Glas auf ⑥ (*supported by*) auf *+dat;* **to stand ~ one's head** auf dem Kopf stehen; ***he was lying ~ his back*** er lag auf seinem Rücken ⑦ (*in possession of*) bei *+dat;* **to have sth ~ one** etw bei sich *dat* haben; ***have you got a spare cigarette ~ you?*** hast du noch eine Zigarette für mich?; ***I thought I had my driver's licence ~ me*** ich dachte, ich hätte meinen Führerschein dabei ⑧ (*marking surface of*) auf *+dat;* ***how did you get that blood ~ your shirt?*** wie kommt das Blut auf Ihr Hemd?; **a scratch ~ her arm** ein Kratzer an ihrem Arm; **a smile ~ her face** ein Lächeln in ihrem Gesicht ⑨ (*about*) über *+akk;* **a debate ~ the crisis** eine Debatte über die Krise; **to comment ~ the allegations** Vorwürfe kommentieren; ***he advised her ~ her taxes*** er gab ihr Ratschläge für ihre Steuern; ***I'll say more ~ that subject later*** ich werde später mehr dazu sagen; *after pron;* **to have something/anything ~ sb** etw gegen jdn in der Hand haben; ***do the police have anything ~ you?*** hat die Polizei etwas Belastendes gegen dich in der Hand?; *after n;* **a documentary ~ volcanoes** ein Dokumentarfilm über Vulkane; ***he needs some advice ~ how to dress*** er braucht ein paar Tips, wie er sich anziehen soll; ***essays ~ a wide range of issues*** Aufsätze zu einer Vielzahl von Themen ⑩ (*based on*) auf *+akk* … hin; ***he reacted ~ a hunch*** er reagierte auf ein Ahnung hin; ***he swore ~ his word*** er gab ihr sein Wort; **~ account of sb/sth** wegen jdm/etw; ***they cancelled all flights ~ account of the weather*** sie sagten alle Flüge wegen dem Wetter ab; **~ purpose** mit Absicht, absichtlich; **dependent/reliant ~ sb/sth** abhängig von jdm/etw; **to be based ~ sth** auf etw *dat* basieren; **to rely/depend ~ sb** sich *akk* auf jdn verlassen; ***he quit his job ~ the principle that he did not want to work for an oil company*** er kündigte seine Stelle, weil er nicht für eine Ölgesellschaft arbeiten wollte; **to be based ~ the ideas of freedom and equality** auf den Ideen von Freiheit und Gleichheit basieren ⑪ (*as member of*) in *+dat;* ***have you ever served ~ a jury?*** warst du schon einmal Mitglied in einer Jury?; ***how many people are ~ your staff?*** wieviele Mitarbeiter haben Sie?; ***whose side are you ~ in this argument?*** auf welcher Seite stehst du in diesem Streit?; **a writer ~ a women's magazine** eine Autorin bei einer Frauenzeitschrift; **to work ~ a farm** auf einem Bauernhof arbeiten ⑫ *after vb* (*against*) auf *+akk;* ***the dog turned ~ its own master*** der Hund ging auf seinen eigenes Herrchen los; ***the gangsters pulled a gun ~ him*** die Gangster ziehlten mit der Pistole auf ihn; ***her eyes were fixed ~ his dark profile*** sie fixiert mit ihren Augen sein düsteres Profil; **to force one's will ~ sb** jdm seinen Willen aufzwingen; *after n;* ***the attack ~ the village*** der Angriff auf das Dorf; ***they placed certain restrictions ~ large companies*** großen Unternehmen wurden bestimmte Beschränkungen auferlegt; ***there is a new ban ~ the drug*** die Droge wurde erneut verboten; **to place a limit ~ the number of items** die Anzahl der Positionen begrenzen; ***he didn't know it but the joke was ~ him*** er wußte nicht, dass es ein Witz über ihn war ⑬ (*through device of*) an *+dat;* ***he's ~ the phone*** er ist am Telefon; ***they weaved the cloth ~ the loom*** sie webte das Tuch auf dem Webstuhl; ***Chris is ~ drums*** Chris ist am Schlagzeug; **~ the piano** auf dem [*o* am] Klavier; ***we work ~ flexitime*** wir arbeiten Gleitzeit ⑭ (*through medium of*) auf *+dat;* ***which page is that curry recipe ~?*** auf welcher Seite ist das Curry-Rezept?; ***I'd like to see that offer ~ paper*** ich hätte dieses Angebot gerne schriftlich; **to edit sth ~ the computer** etw im [*o* auf dem] Computer bearbeiten; **to be available ~ cassette** auf Kassette erhältlich sein; **to come out ~ video** als Video herauskommen; ***I saw myself ~ film*** ich sah mich selbst im Film; ***what's ~ TV tonight?*** was kommt heute abend im Fernsehen?; **the jazz ~ radio** der Jazz im Radio; ***I heard the story ~ the news today*** ich hörte die Geschichte heute in den Nachrichten ⑮ (*during*) auf *+dat;* ***~ the way to town*** auf dem Weg in die Stadt ⑯ (*travelling with*) in *+dat;* ***I love travelling ~ buses/trains*** ich reise gerne in Bussen/Zügen; ***we went to France ~ the ferry*** wir fuhren auf der Fähre nach Frankreich; ***he got some sleep ~ the plane*** er konnte im Flugzeug ein wenig schlafen; **~ foot/horseback** zu Fuß/auf dem Pferd ⑰ (*on day of*) an *+dat;* ***many shops don't open ~ Sundays*** viele Läden haben an Sonntagen geschlossen; ***what are you doing ~ Friday?*** was machst du am Freitag?; ***we always go bowling ~ Thurdays*** wir gehen donnerstags immer kegeln; ***my birthday's ~ the 30th of May*** ich habe am 30. Mai Geburtstag; ***I'm free ~ Saturday morning*** ich habe am Samstagvormittag nichts vor; ***I always go shopping ~ Wednesday morning*** ich gehe jeden Mittwochvormittag einkaufen; **~ *a very hot evening in July*** an einem sehr heißen Abend im Juli ⑱ (*at time of*) bei *+dat;* **~ his mother's death** beim Tod seiner Mutter; **~ your arrival/departure** bei Ihrer Ankunft/Abreise; ***~ the count of three, start running!*** bei drei lauft ihr los!; ***trains to London leave ~ the hour every hour*** die Züge nach London fahren jeweils zur vollen Stunde; ***the professor entered the room at 1:00 ~ the minute*** der Professor betrat den Raum auf die Minute genau um 13.00 Uhr; **~ the dot** [auf die Sekunde] pünktlich; ***~ receiving her letter*** als ich ihren Brief erhielt; **~ arriving at the station** bei der Ankunft im Bahnhof ⑲ (*engaged in*) bei *+dat;* ***we were on page 42*** wir waren auf Seite 42; ***he was out ~ errands*** er machte ein paar Besorgungen; **~ business** geschäftlich, beruflich; **to work ~ sth** an etw *dat* arbeiten ⑳ (*medicated by*) ■**to be ~ sth** etw nehmen; **to be ~ drugs** unter Drogen stehen, Drogen nehmen; ***my doctor put me ~ antibiotics*** mein Arzt setzte mich auf Antibiotika; **to be ~ medication** Medikamente einnehmen ㉑ (*paid by*) auf *+dat;* ***they bought that TV ~ credit*** sie kauften diesen Fernseher auf Kredit; ***we bought the furniture ~ time*** wir kauften die Möbel auf Raten; BRIT ***she wants it done ~ the National Health Service*** sie möchte, das der National Health Service die Kosten übernimmt; (*fam*) ***this meal is ~ me*** das Essen bezahle ich; ***the drinks are ~ me*** die Getränke gehen auf meine Rechnung ㉒ (*added to*) zusätzlich zu *+dat;* ***a few pence ~ the electricity bill*** ein paar Pfennige mehr bei der Stromrechnung ㉓ (*connected to*) an *+dat;* ***dogs should be kept ~ their leads*** Hunde sollten an der Leine geführt werden; **~ the phone** AUS, BRIT telefonisch [*o* am Telefon] erreichbar; ***we've just moved and we're not ~ the phone yet*** wir sind gerade umgezogen und haben noch kein Telefon ㉔ (*according to*) auf *+dat;* **~ the list** auf der Liste; **a point ~ the agenda** ein Punkt auf der Tagesordnung; **to be finished ~ schedule** planmäßig fertig werden; **~ the whole** im Ganzen, insgesamt; ***~ the whole, it was a good year*** alles in allem war es ein gutes Jahr ㉕ (*burdening*) auf *+dat;* ***it's been ~ my mind*** ich muss immer daran denken; ***she had something ~ her heart*** sie hatte etwas auf dem Herzen; ***that lie has been ~ his conscience*** er hatte wegen dieser Lüge ein schlechtes Gewissen ㉖ (*sustained by*) mit *+dat,* von *+dat;* ***does this radio run ~ batteries?*** läuft dieses Radio mit Batterien?; ***what do mice live ~?*** wovon leben Mäuse?; ***he lived ~ berries and roots*** er lebte von Beeren und Wurzeln; ***I've only got £50 a week to live ~*** ich lebe von nur 50 Pfund pro Woche; **people ~ average salaries** Menschen mit Durchschnittseinkommen; ***they are living ~ their savings*** sie leben von ihren Ersparnissen; **to live ~ welfare** von Sozialhilfe leben; **to go ~ the dole** stempeln gehen; ■**to be ~ sth** BRIT, AUS etw verdienen ㉗ (*experiencing*) **to go ~ strike** streiken; **to set sth ~ fire** etw anzünden; ***crime is ~ the increase again*** die Verbrechen nehmen wieder zu; **to be ~ sth** (*undertake*) etw machen; ***I'll be away ~ a training course*** ich mache einen Ausbildungslehrgang; ***he's out ~ a date with a woman*** er hat gerade eine Verabredung mit einer Frau; ***we're going ~ vacation in two weeks*** wir gehen in zwei Wochen in Urlaub; ***I was ~ a long journey*** ich habe eine lange Reise gemacht; **to be ~ the go** BRIT (*fig*) auf Trab sein; ***did you know that she's got a new book ~ the go?*** hast du gewußt, dass sie gerade ein neues Buch schreibt? ㉘ (*compared with*) ***I can't improve ~ my final offer*** dieses Angebot ist mein letztes Wort; ***the productivity figures are down ~ last week's*** die Produktivitäszahlen sind dieselben wie letzte Woche; **to have nothing** [*or* **not have anything**] **~ sth** kein Vergleich mit etw *dat* sein; ***my new bike has nothing ~ the one that was stolen*** mein neues Fahrrad ist bei weitem nicht so gut wie das, das mir gestohlen wurde ㉙ *after vb* (*concerning*) **to frown ~ sth** etw mißbilligen; ***they settled ~ a price*** sie einigten sich auf einen Preis; **to congratulate sb ~ sth** jdn zu etw *dat* gratulieren; ***he cheated ~ her twice*** er betrog sie zweimal; *after adj;* ***she was bent ~ getting the job*** sie war entschlossen, die Stelle zu bekommen; ***don't be so hard ~ him!*** sei nicht so streng mit ihm!; *after n;* ***criticism has no effect ~ him*** Kritik kann ihm nichts anhaben ㉚ *after vb* (*as payment for*) für *+akk;* ***I've wasted a lot of money ~ this car*** ich habe für dieses Auto eine Menge Geld ausgegeben; *after n;* ***we made a big profit ~ that deal*** wir haben bei diesem Geschäft gut verdient; ***how much interest are you paying ~ the loan?*** wie viel Zinsen zahlst du für diesen Kredit? ㉛ (*responsibility of*) ***this is ~ your shoulders*** das liegt in deiner Hand, die Verantwortung liegt bei dir; ***the future of the company is ~ your shoulders*** du hast die Verantwortung für die Zukunft der Firma ㉜ *after vb* (*through no fault of*) ■**~ sb** ohne jds Verschulden; ***she was really worried when the phone went dead ~ her*** sie machte sich richtig Sorgen, als das Telefon ausfiel, ohne dass sie etwas getan hatte; ***the fire went out ~ me*** das Feuer ging ohne ihr Zutun aus ㉝ *after vb* (*encountering*) **to stumble ~ sth** über etw *akk* stolpern; **to chance ~ sb** jdn [zufällig] treffen, jdm [zufällig] begegnen ㉞ *after n* (*following*) ***the government suffered defeat ~ defeat*** die Regierung erlitt eine Niederlage nach der anderen; ***wave ~ wave of refugees has crossed the border*** in Wellen überquerten die Flüchtlinge die Grenze ㉟ AUS, BRIT SPORTS (*having points of*) ***Clive's team is ~ five points while Joan's is ~ seven*** das Team von Clive hat fünf Punkte, das von Joan hat sieben ▶ PHRASES: **to have blood ~ one's hands** Blut an den Händen haben; **~ the board** in Planung; **to be ~ sb's case** [**to do sth**] AM jdn nerven [, damit er/sie etw tut] *fam;* **~ the fly** schnell; **to be out ~ a limb** alleine dastehen; **~ the shelf** auf der langen Bank *fig;* ***we've had to put that project ~ the shelf*** wir mussten das Projekt auf die lange Bank schieben *fig;* **~ side** loyal; **to have time ~ one's hands** noch genug Zeit haben; **~ a whim** spontan, aus einer Laune heraus; **to border ~ sth** an etw *akk* grenzen; **to be ~ it** Aus (*fam*) sich *akk* vollaufen lassen *fam,* sich *dat* die Kanne geben; **what are you ~?** (*fam*) bist du noch ganz dicht? *fam* **II.** *adv inv* ① (*in contact with*) auf; ***make sure the top's ~ properly*** pass auf, dass der Deckel richtig zu ist; ***they sewed the man's ear back ~*** sie haben das Ohr des Mannes wieder angenäht; **to screw sth ~** etw anschrauben; ***I wish you wouldn't screw the lid ~ so tightly*** schraube den Deckel bitte nicht immer so fest ② (*on body*) an; ***put a jumper ~!*** zieh einen Pullover drüber!; **with nothing on** nackt; **to put clothes ~** Kleider anziehen; **to have/try sth ~** etw anhaben/anprobieren ③ (*indicating continuance*) weiter; **to get ~ with sth** mit etw *dat* weitermachen; **to keep ~ doing sth** etw weitermachen; ***if the phone's engaged, keep ~ trying!*** wenn besetzt ist, probier es weiter!; **~ and ~** immer weiter; ***the noise just went ~ and ~*** der Lärm hörte gar nicht mehr auf; ***we talked ~ and ~*** wir redeten pausenlos ④ (*in forward direction*) vorwärts; ***would you pass it ~ to Paul?*** würdest du es an Paul weitergeben?; ***time's getting ~*** die Zeit vergeht; **from that day ~** von diesem Tag an; ***they never spoke to each other from that day ~*** seit diesem Tag haben sie kein Wort mehr miteinander gewechselt; **later ~** später; ***what are you doing later ~?*** was hast du nachher vor?; **to move ~** (*move forward*) weitergehen; (*transfer to another place*) umziehen; **to urge sb ~** jdn anspornen; ***I'd never have managed this if my friend hadn't urged me ~*** ich hätte das nie geschafft, wenn mein Freund mich nicht dazu gedrängt hätte ⑤ (*being shown*) ■ **to be ~** auf dem Programm stehen; ***are there any good films ~ at the cinema this week?*** laufen in dieser Woche irgendwelche guten Filme im Kino?; ***what's ~ at the festival?*** was ist für das Festival geplant?; ***there's a good film ~ this afternoon*** heute nachmittag kommt ein guter Film ⑥ (*scheduled*) geplant; ***is the party still ~ for tomorrow?*** ist die Party noch für morgen geplant?; ***I've got nothing ~ next week*** ich habe nächste Woche nichts vor; ***I've got a lot ~ this week*** ich habe mir für diese Woche eine Menge vorgenommen ⑦ (*functioning*) an; ***the brakes are ~*** die Bremsen sind angezogen; ***is the central heating ~?*** ist die Zentralheizung an?; **to put the kettle ~** das Wasser aufsetzen; **to leave the light ~** das Licht anlassen; **the ~ switch** der Einschalter; **to switch/turn sth ~** etw einschalten; ***could you switch ~ the radio?*** könntest du das Radio anmachen? ⑧ (*aboard*) ***the horse galloped off as soon as she was ~*** das Pferd gallopierte davon, sobald sie darauf saß; **to get ~** *bus, train* einsteigen; *horse* aufsitzen ⑨ (*due to perform*) ***you're ~!*** du bist dran! ⑩ (*on duty*) ■ **to be ~** Dienst haben, im Dienst sein ⑪ Am (*performing well*) ■ **to be ~** gut drauf sein *fam* ▶ Phrases: **head ~** frontal; **side ~** Aus, Brit seitlich; ***the bike hit our car side ~*** das Rad prallte von der Seite auf unser Auto; **this way ~** Aus, Brit auf diese Weise; ***it might fit better if you put it this way ~*** es passt vielleicht besser, wenn du es so anziehst; **to be well ~ in years** nicht mehr der Jüngste sein; **to be not ~** Brit, Aus (*fam*) nicht in Ordnung sein; **~ and off, off and ~** hin und wieder, ab und zu; **sideways ~** Aus, Brit seitlich; **to be well ~** spät sein; **to be ~** Am aufpassen; **to hang ~** warten; **to be ~ about sth** Aus, Brit dauernd über etw *akk* reden; ***I never understand what she's ~ about*** ich verstehe nicht, wovon sie es dauernd hat *fam;* **to be [*or* get] ~ at sb** jdm in den Ohren liegen; ***she's still ~ at me to get my hair cut*** sie drängt mich dauernd, mir die Haare schneiden zu lassen; **to be ~ to sb** (*fam*) jds Absichten durchschauen; **to be ~ to something** (*fam*) etw spitz gekriegt haben *fam;* **you're ~!** einverstanden!, abgemacht! *fam* **III.** *adj inv, attr* Am (*good*) gut; ***this seems to be one of her ~ days*** es scheint einer von ihren guten Tagen zu sein

onanism ['əʊnənɪzᵊm, Am 'oʊ] *n no pl* (*form*) ① (*masturbation*) Onanie *f* ② (*coitus interruptus*) Coitus interruptus *m*

on-board *adj attr, inv* ① (*on board a ship*) Bord-; **~ computer** Bordcomputer *m* ② Comput auf der Platine

once [wʌn(t)s] **I.** *adv inv* ① (*one time*) einmal; **~ in a lifetime** einmal im Leben; **~ a week** einmal pro [*o* die] Woche; **[every] ~ in a while** hin und wieder; **~ and for all** ein für alle Mal; **~ again** wieder einmal, erneut; **just for ~** nur einmal; **just this ~** nur dieses eine Mal; **~ or twice** ein paar Mal; ■ **for ~** ausnahmsweise; ■ **the ~** ein einziges Mal ② (*in the past*) einst *geh,* früher; **~ upon a time ...** (*liter*) es war einmal ... ③ (*some point in time*) **~ more** (*one more time*) noch einmal; (*again, as before*) wieder; ■ **at ~** (*simultaneously*) auf einmal; (*immediately*) sofort ▶ Phrases: **~ bitten, twice shy** (*prov*) ein gebranntes Kind scheut das Feuer *prov;* **~ a ..., always a ...** (*prov*) einmal ein[e] ..., immer ein[e] ... **II.** *conj* (*as soon as*) sobald; ***you won't be able to cancel the contract ~ you've signed*** wenn du erst einmal unterschrieben hast, kommst du von dem Vertrag nicht mehr los ▶ Phrases: **~ bitten, twice shy** (*prov*) gebranntes Kind scheut das Feuer *prov*

once-and-for-all *adj attr, inv* endgültig **once-flourishing** *adj attr, inv* **a ~ company** eine einst florierende Firma *geh* **once-in-a-lifetime** *adj attr, inv* einmalig **once-over** *n* (*fam*) ① (*cursory examination*) **to give sb/sth a/the ~** jdn/etw flüchtig ansehen ② (*cursory cleaning*) **to give sth a/the ~** etw rasch putzen; ***would you mind giving the living-room carpet a ~ with the vacuum cleaner?*** könntest du den Teppich im Wohnzimmer rasch absaugen? **once-thriving** *adj attr, inv* einst blühend *geh;* **an ~ village** ein einst blühendes Dorf *fig geh*

oncogene ['ɒŋkə(ʊ)dʒiːn, Am 'ɑːnkədʒ-] *n* Med Onkogen *nt meist pl fachspr*

oncologist [ɒŋ'kɒlədʒɪst, Am ɑːn'kɑːl-] *n* Med Onkologe, -in *m, f fachspr*

oncology [ɒŋ'kɒlədʒi, Am ɑːn'kɑːl-] *n no pl* Med Onkologie *f fachspr*

oncoming ['ɒnˌkʌmɪŋ, Am 'ɑːnˌ-] *adj attr, inv* ① (*approaching*) [heran]nahend; *vehicle* entgegenkommend; **~ traffic** Gegenverkehr *m* ② (*fig: in near future*) bevorstehend

oncosts ['ɒnkɒsts] *npl* Brit Fin Gemeinkosten *pl*

OND [ˌəʊen'diː] *n* Brit (*hist*) *abbrev of* **Ordinary National Diploma** *Diplom einer technischen Fachschule*

one [wʌn] **I.** *n* ① (*number*) Eins *f;* ***~ is the smallest whole number*** Eins ist die kleinste ganze Zahl; ***the front door bore a big brass ~*** auf der Eingangstür war eine große Eins in Kupfer; **one/two/three hundred/million/thousand and ~** ein/zwei/drei Hundert/Millionen/Tausend und eins ② (*size of garment, merchandise*) Größe eins; ***little Jackie's wearing ~s now*** die kleine Jackie trägt jetzt Größe eins **II.** *adj inv* ① (*not two*) ein(e,er,es); ***we have two daughters and ~ son*** wir haben zwei Töchter und einen Sohn; ***she'll be ~ year old tomorrow*** sie wird morgen ein Jahr alt; **~ hundred/million/thousand** einhundert/eine Million/eintausend; **~ third/fifth** ein Drittel/Fünftel *nt* ② (*one of a number*) ein(e,er/es); ***a glass tube closed at ~ end*** ein Glasröhrchen ist an einem Ende verschlossen; ***he can't tell ~ wine from another*** er kennt die Weine nicht auseinander ③ (*single*) einzige(r,s); ***her ~ concern is to save her daughter*** ihre einzige Sorge ist, ihre Tochter zu retten; **not ~ man** kein Mensch; **to have just ~ thought** nur einen [einzigen] Gedanken haben; **all ~ sth** nur in einer/einem etw; ***I think we should paint the bedroom all ~ colour*** ich denke, wir sollten das Schlafzimmer nur in einer Farbe streichen; ■ **the ~ sth** der/die/das eine etw; ***do you think five of us will manage to squeeze into the ~ car?*** glaubst du, wir fünf können uns in dieses eine Auto quetschen?; ***there's too much data to fit onto just the ~ disk*** das sind zu viele Daten für nur eine Diskette; **the ~ and only sth** der/die/das einzige ...; ***the title of his ~ and only book*** der Titel seines einzigen Buchs; **the ~ and only sb** der/die einzigartige ...; ***the ~ and only Muhammad Ali*** der einzigartige Muhammed Ali; ***ladies and gentlemen, the ~ and only David Copperfield!*** meine Damen und Herren, der einzigartige David Copperfield! ④ (*only*) ■ **the ~ sb/sth** die/die/das einzige; ***he's the ~ person you can rely on in an emergency*** er ist die einzige Person, auf die man sich im Notfall verlassen kann; (*this is the ~ type of computer that is easy to use for people who aren't experts*) das ist der einzige Computer, den Laien einfach verwenden können ⑤ (*at an undecided time in the future*) irgendein(e); ***I'd like to go skiing ~ Christmas*** ich möchte irgendwann zu Weihnachten Skifahren gehen; ***we must have a drink together ~ evening*** wir müssen irgendwann am Abend was trinken gehen; (*at an unspecified time in the past*) ein(e); ***~ night we stayed up talking till dawn*** einen Abend plauderten wir bis zum Morgengrauen; ***~ afternoon in late October*** einen Nachmittag Ende Oktober; **~ day** (*in the past*) irgendwann; ***we first met each other ~ day in the park*** wir trafen uns das erste Mal im Park; ***one ~ a boy started teasing Grady*** irgendwann begann der Junge Grady zu ärgern; (*in the future*) irgendwann; ***why don't we meet for lunch ~ day next week?*** warum treffen wir uns nicht nächste Woche irgendwann zum Mittagessen?; ***I'd like to go to Berlin again ~ day*** ich möchte irgendwann wieder nach Berlin fahren; **from ~ minute to the next** von einer Minute auf die andere; **~ moment ... the next [moment]** ... einmal ... im nächsten [Moment]; ***~ moment he says he loves me, the next moment he's asking for a divorce*** einmal sagt er, er liebt mich, und im nächsten Moment will er die Scheidung ⑥ (*form: a certain person*) ein gewisser, eine gewisse; ***her solicitor is ~ John Wintersgill*** ihr Anwalt ist ein gewisser John Wintersgill ⑦ *esp* Am (*emph fam: noteworthy*) ein(e); ■ **to be ~ sb/sth** ***his mother is ~ generous woman*** meine Mutter ist eine großzügige Frau; (*that's ~ big ice-cream you've got there*) du hast aber ein großes Eis; ***it was ~ hell of a shock to find out I'd lost my job*** es war ein Riesenschock für mich, dass ich den Job verloren hatte; ***he was ~ hell of a snappy dresser*** er war immer totschick gekleidet ⑧ (*identical*) ein(e); ***all types of training meet ~ common standard*** alle Trainingsarten folgen einem gemeinsamen Standard; **~ and the same** ein und derselbe/dieselbe/dasselbe; ***the two things are ~ and the same*** diese beiden Dinge sind ein und dasselbe; ■ **to be ~** (*form a unity*) vereint sein; ***as husband and wife we are now ~*** als Mann und Frau sind sie nun vereint ⑨ (*one year old*) eins, ein Jahr; ***little Jimmy's ~ today*** der kleine Jimmy wird heute eins [*o* ein Jahr alt]; (*one o'clock*) eins, ein Uhr; ***it's half past ~*** es ist halb zwei; ***we'll meet at ~ in the pub*** wir treffen uns um eins im Pub ▶ Phrases: **a hundred [*or* million] [*or* thousand] and ~** (*very many*) hundertausend; ***I can't stand around chatting — I've got a hundred and ~ things to do this morning*** ich kann nicht hier herumstehen und tratschen – ich muss am Vormittag hunderttausend Dinge erledigen; **~ thing and another** (*fam*) alles gemeinsam; ***what with ~ thing and another she hadn't had much sleep recently*** da alles zusammenkam, bekam sie in letzter Zeit nicht sehr viel Schlaf; **~ way or another [*or* the other]** (*for or against*) für oder gegen; ***there is no evidence ~ way or the other about the effectiveness of the drug*** es gibt keinerlei Beweise über die Wirksamkeit oder Unwirksamkeit des Medikaments; (*any possible way*) irgendwie; ***the bills have to be paid ~ way or another*** die Rechnungen müssen irgendwie bezahlt werden; (*an unstated way*) irgendwie; ***everyone at the party was related in one way or another*** auf der Party waren alle irgendwie miteinander verwandt **III.** *part* ① (*single item*) eine(r,s); ***four parcels came this morning, but only ~ was for Mark*** heute Morgen kamen vier Pakete, aber nur eines war für Mark; ***which cake would you like? — the ~ at the front*** welchen Kuchen möchten Sie? – den vorderen; *I'd rather eat French croissants than English ~s* ich esse lieber französische Croissants als englische; *do you want ~?* möchtest du eine/einen/eines?; ~ **or another** [*or* **the other**] eine oder die andere, einer oder der andere, eines oder das andere; (*not all instances fall neatly into ~ or another of these categories*) nicht alle Vorkommnisse fallen genau in eine dieser Kategorien; ■ ~ **of sth** *electronics is ~ of his hobbies* die Elektronik ist eines seiner Hobbys; *PolyGram is ~ of the [world's] largest record companies* PolyGram ist eine der führenden Plattenfirmen [der Welt]; *Luxembourg is ~ of the [world's] smallest countries* Luxemburg ist eines der kleinsten Länder [der Welt]; **another ~ of sth** noch eine(r,s) von etw *dat*; *Paula's had another ~ of her crazy ideas* Paula hatte noch eine ihrer verrückten Ideen; ~ **of many** eine(r,s) von vielen; *our organization is just ~ of many charities* unsere Organisation ist nur eine von vielen wohltätigen Vereinigungen; **not a single ~** kein einziger, keine einzige, kein einziges; **this/that ~** diese(r,s); *which one do you want? — that ~, please!* welche(n) möchten Sie? – diese(n) bitte!; *these ~s were all made in Japan* diese wurden alle in Japan hergestellt ❷ (*single person*) eine(r); *two could live as cheaply as ~* zwei könnten so billig wie eine(r) leben; ■ **the ~** der, die, das; *Chris is the ~ with curly brown hair* Chris ist der/die mit den lockigen braunen Haaren; **one's loved ~s** (*one's family*) jds Geliebte; *my friends and loved ~s* meine Freunde und meine Geliebten; **to be ~ to do sth** jd sein, der etw tut; *I've always been active and never really been ~ to sit around doing nothing* du warst immer sehr aktiv und bist nie wirklich untätig herumgesessen; **to not** [*or* **never**] **be ~ to say no to sth** nie zu etw *dat* nein sagen können; *he's never ~ to say no to a curry* er kann bei einem Curry nie nein sagen; **to be [a] ~ for sth** (*fam*) ein Fan einer S. *gen* sein; *Jack's always been ~ for the ladies* Jack stand immer auf Frauen; *I've never really been ~ for football* ich war nie ein wirklicher Fußballfan; **to not be much of a ~ for sth** (*fam*) etw nicht besonders mögen; *I'm not much of a ~ for chocolate* ich mag Schokolade nicht besonders; **to be [a] ~ for doing sth** (*fam*) etw gerne machen; *she was never a ~ for playing hockey* sie spielte nie gerne Hockey; **to be a great ~ for doing sth** (*fam*) gut darin sein, etw zu tun; *he's a great ~ for telling other people what to do* er ist gut darin, anderen Leuten zu sagen, was sie machen sollen; **to be ~ that ...** *he's always been ~ that enjoys good food* ihm hat gutes Essen schon immer geschmeckt; **to not be ~ who ...** nicht zu denen gehören, die ...; *you're not usually ~ who complains about the service in a restaurant* du zählst nicht zu denen, die sich über das Service in einem Restaurant beschweren; **such a ~** (*someone remarkable*) *you never saw such a ~ for figures* er kann wirklich gut mit Zahlen umgehen; ~ **and all** (*liter*) alle; *the news of his resignation came as a surprise to ~ and all* die Nachricht von seinem Rücktritt kam für alle überraschend; *well done ~ and all!* gut gemacht, ihr alle!; **like ~** + *pp* *Viv was running around like ~ possessed before the presentation* Viv lief vor der Präsentation wie besessen herum; ~ **of you/them/us** eine(r,) von euch/Ihnen/ihnen/uns; *the money was here this morning so ~ of you must have taken it* das Geld war diesen Morgen hier; einer von euch muss es genommen haben; ~ *of our daughters has just got married* eine unserer Töchter hat gerade geheiratet; ~ **of ...** + *superl* eine(r,s) der ...; *Luxembourg is ~ of the [world's] smallest countries* Luxemburg ist eines der kleinsten Länder [der Welt]; ~ **of many** eine(r,s) von vielen ❸ (*used in comparisons*) eine(r,s); *you may have ~ or the other, but not both* du kannst nur eines davon haben, nicht beide; *crime and freedom are inseparable — you can't have ~ without the other* Verbrechen und Freiheit sind untrennbar verbunden – man kann nicht eines ohne das andere bekommen ❹ (*dated form: any person*) man; ~ *has an obligation to ~'s friends* man hat Verpflichtungen seinen Freunden gegenüber; (~ *must admire him for his willingness*) man muss ihn für seinen Willen bewundern ❺ (*form: I, we*) ich, wir; ~ *gets the impression that he is ahead* ich glaube, er ist vorne; ~ *has to do ~'s best* ich muss mein [*o* wir müssen unser] Bestes geben ❻ (*question*) Frage *f*; *what's the capital of Zaire? — oh, that's a difficult ~* wie heißt die Hauptstadt von Zaire? – das ist eine schwierige Frage ❼ (*fam: alcoholic drink*) Getränk *nt*; *this ~'s on me!* diese Runde geht auf mich!; *a cool ~ after a day on the water* ein kühles Getränk nach einem Tag am Wasser ❽ (*fam: joke, story*) Witz *m*; *that was a good ~!* der ist gut!; ■ **the ~ about sb/sth** der [Witz] von jdm/etw; *did I tell you the ~ about the blind beggar?* habe ich dir den [Witz] von dem blinden Bettler erzählt? ❾ BRIT, AUS (*dated fam: sb who is lacking respect, rude, or amusing*) ■ **to be a ~** eine(r) sein ▸ PHRASES: ~ **of the family** zur Familie gehören; ~ **of a kind** zur Spitze gehören; *in the world of ballet she was certainly ~ of a kind as a dancer* in der Welt des Ballet zählte sie sicher zu den besten Tänzerinnen; ~ **at a time** (*separately*) eine nach der anderen, einer/eines nach dem anderen; *don't gobble them up all at once — eat them ~ at a time* schling nicht alle auf einmal hinunter – iss sie langsam; ~ **or two** (*fam*) ein paar; *I've only had ~ or two cigarettes in my whole life* ich habe nur ein paar Zigaretten in meinem ganzen Leben geraucht; (*hum*) *I hear you've collected over 1,000 autographs! — well, I do have ~ or two* ich habe gehört, du hast über 1.000 Autogramme gesammelt! – na ja, ich habe ein paar; **in ~s and twos** in geringer Zahl; *we expected a flood of applications for the job, but we're only receiving them in ~s and twos* wir erwarteten eine Flut von Bewerbungen, aber wir haben nur ein paar wenige bekommen; **to land** [*or* **sock**] **sb ~** [**on the jaw**] (*fam*) jdm eine stecken [*o* schmieren] *fam*; ~ **after another** [*or* **the other**] (*following one another in quick succession*) eine nach der anderen, einer/eines nach dem anderen; ~ *after another the buses drew up* die Busse kamen einer nach dem anderen; **as ~** (*form*) einer Meinung; *we have discussed the matter fully and are as ~ on our decision* wir haben die Angelegenheit gründlich erörtert und sind bei der Entscheidung einer Meinung; **to be at ~ with sb** (*form*) mit jdm einer Meinung sein; **to be at ~ with sth** (*form*) eins mit etw *dat* sein; *they were completely at ~ with their environment* sie leben mit ihrer Umwelt völlig in Harmonie; ~ **by ~** (*separately and in succession, singly*) nacheinander; **sb for ~** jd seinerseits; *I for ~ am getting a little sick of writing about it* ich meinerseits habe es ein wenig satt, darüber zu schreiben; **in ~** (*in one draught*) in einem Zug; *she downed her whisky in ~* sie trank ihren Whisky in einem Zug; **to get sth in ~** (*fam: guess correctly at once*) etw sofort erraten; (*understand correctly at once*) etw kapieren *fam*; *so are you saying she's leaving him? — yep, got it in ~* du sagst also, dass sie ihn verlässt? – ja, du hast es kapiert; [**all**] **in ~** [alles] in einem; *with this model you get a radio, CD player and cassette deck [all] in ~* dieses Modell enthält Radio, CD-Player und Cassettendeck in einem; **to be/get ~ up on sb** jdn übertrumpfen; *he's always trying to get ~ up on his brother* er versucht immer, seinen Bruder zu übertrumpfen; **to be all ~ to sb** Chinesisch für jdn sein *fam*; *Greek and Hebrew are all ~ to me* Griechisch und Hebräisch sind Chinesisch für mich

one another *part reciprocal see* **each other** einander; *the couple kept looking at ~ and smiling* das Paar schaute einander an und lächelte; *they're always wearing ~'s clothes* sie tauschen immer die Kleidung; *why are you always arguing with ~* warum streitet ihr immer miteinander; *they communicate with ~ in French* sie sprechen französisch miteinander; **to be made for ~** für einander bestimmt sein; *my sister and Tom are so happy together — they are made for ~* meine Schwester und Tom sind so glücklich miteinander – sie sind füreinander bestimmt

one-armed bandit *n* (*fam*) einarmiger Bandit *fam*
one-dimensional *adj* ❶ *inv* (*having one dimension*) eindimensional ❷ (*superficial*) oberflächlich
one-eyed *adj attr, inv* einäugig ▸ PHRASES: **the ~ man is king** [**in the land of the blind**] (*saying*) unter [den] Blinden ist der Einäugige König *prov*
one-handed I. *adv* mit einer Hand **II.** *adj inv attr* einhändig
one-hit wonder *n* Eintagsfliege *f fam*
one-horse *adj attr, inv* einspännig
one-horse race *n* Rennen *nt* mit feststehendem Ergebnis
one-horse town *n* (*fam*) Kaff *nt fam*
one-legged *adj attr, inv* einbeinig
one-liner *n* Einzeiler *m*
one-man *adj attr, inv* ❶ (*consisting of one person*) Einmann- ❷ (*designed for one person*) für eine Person *nach n*; ~ **boat** Einmannboot *nt*; ~ **vehicle** Einsitzer *m*
one-man band *n* Einmannband *f*; (*fig*) Einmannbetrieb *m*
one-man show *n* THEAT Einmannshow *f*, One-Man-Show *f*; (*fig: organization*) Einmannbetrieb *m*

oneness ['wʌnnəs] *n no pl* ❶ (*unity*) Einheit *f* ❷ (*harmony*) Einigkeit *f*, Übereinstimmung *f* ❸ (*identity*) Gleichheit *f*, Identität *f* ❹ (*being unique*) Einzigartigkeit *f* ❺ (*being one in number*) Einssein *nt*

one-night stand *n* ❶ (*performance*) einmaliges Gastspiel ❷ (*sexual relationship*) Abenteuer *nt* für eine Nacht, One-Night-Stand *m* ❸ (*person*) Liebhaber(in) *m(f)* für eine Nacht
one-off I. *n esp* BRIT (*fam*) ❶ (*event*) einmaliges Ereignis, einmalige Sache; ■ **to be a ~** einmalig sein ❷ (*person*) einzigartige Person ❸ COMM einmaliges Stück **II.** *adj inv* einmalig; ~ **charge** einmalige Gebühr; ~ **issue** STOCKEX Einmalemsission *f*; ~ **model** einmaliges Stück [*o* Modell]; ~ **payment** einmalige Zahlung; ~ **situation** außergewöhnliche Situation
one-on-one *adj inv* AM ❶ SPORTS ~ **defense** Manndeckung *f* ❷ (*person-to-person*) persönlich; **to be with sb in a ~ situation** jdm Auge in Auge gegenüberstehen
one-parent family *n* + *sing/pl vb* Einelternfamilie *f*; **to grow up in a ~** von einem Elternteil aufgezogen werden
one-person *adj attr, inv* Einpersonen-; ~ **play** Einpersonenstück *nt*
one-piece, one-piece swimsuit *n* Badeanzug *m*, Einteiler *m*

onerous ['əʊnərəs, AM 'ɑːnə-] *adj* (*form*) ❶ (*very difficult*) beschwerlich, lästig; *the repayment terms are particularly ~* die Rückzahlungsbedingungen sind extrem schwer; ~ **duty/task** schwere Pflicht/beschwerliche Aufgabe; ~ **responsibility** schwerwiegende Verantwortung ❷ LAW [er]drückend

onerousness ['əʊnərəsnəs, AM 'ɑːnə-] *n no pl* (*form*) *of a task* Beschwerlichkeit *f*; *of conditions* Last *f*

oneself [wʌn'self] *part reflexive* ❶ *after vb, prep* (*direct object*) sich ❷ (*emph: myself*) selbst ❸ (*personally*) selbst; **to see/taste/read/feel sth for ~** etw selbst sehen/kosten/lesen/fühlen ❹ (*alone*) **to have sth to ~** etw für sich haben; **to keep sth for ~** sich *dat* etw behalten; [**all**] **by ~** [ganz] alleine ❺ (*normal*) **to** [**just**] **be ~** [ganz] man selbst sein; *freedom to be ~* die Freiheit, man selbst zu sein; **to not be/feel/seem ~** nicht man selbst sein/zu sein scheinen; **to look ~** wie man selbst aussehen

one-shot *adj attr, inv* AM einmalig; *see also* **one-off**
one-sided *adj* einseitig
one-sidedness *n no pl* Einseitigkeit *f*
one-size-fits-all *adj attr, inv* '~' ‚Einheitsgröße'; ~ **solution** (*fig*) Notlösung *f*
one-star *adj attr, inv* ❶ (*of quality*) ~ **hotel/restaurant** Ein-Sterne-Hotel/-Restaurant *nt*, Hotel/Restaurant *nt* mit einem Stern ❷ AM MIL ~ **general** Ein-Sterne-General *m*
one-stop *adj attr, inv* an einem Ort *nach n*; ~ **banking facilities** [alle] Bankeinrichtungen *fpl* an Ort und Stelle; ~ *shopping for hardware and software has made buying a computer system very easy* dadurch, dass man heute Hardware und Software in ein und demselben Geschäft kaufen kann, ist der Kauf eines Computersys-

tems sehr einfach geworden **one-time** *adj attr, inv* ① (*former*) ehemalig, früher ② (*happening only once*) einmalig **one-to-one** *adj attr, inv* ① (*direct*) direkt; **a ~ *relationship between pay levels and productivity*** eine Eins-zu-eins-Verbindung zwischen Gehaltsstufen und Produktivität ② (*person-to-person*) persönlich; **~ attention** Einzelbetreuung *f;* **~ lessons** Einzelunterricht *m* **one-track mind** *n* **to have a ~** immer nur eins im Kopf haben **one-two** *n* ① (*double hit*) zweifacher Haken; (*fig*) schwerer Schlag ② (*in football*) Doppelpass *m* **one-upmanship, one-upping** *n no pl* (*fam*) *die Kunst, anderen immer um eine Nasenlänge voraus zu sein*

one-way *adj inv* in einer Richtung *nach n;* (*fig*) einseitig; **~ mirror/valve** Einwegspiegel *m*/-ventil *nt* **one-way fare** *n* einfacher Fahrpreis **one-way street** *n* Einbahnstraße *f* **one-way ticket** *n* einfache Fahrkarte, Einzelfahrschein *m;* (*fig*) ***reflection of the peace deal would be a ~ to disaster*** ein Überdenken des Friedensabkommens wäre ein sicherer Weg in die Katastrophe

one-woman *adj attr, inv* Einfrau-; **~ show** Einfraustück *nt*

ongoing ['ɒn,gəʊɪŋ, AM 'ɑːn,goʊ-] *adj inv* laufend *attr,* im Gang *präd*

onion ['ʌnjən] *n* Zwiebel *f* ▶ PHRASES: **to know one's ~s** sich *akk* auskennen

onion rings *npl* Zwiebelringe *mpl* **onion set** *n* HORT Steckzwiebel *f* **onion soup** *n* Zwiebelsuppe *f*

online [,ɒn'laɪn, AM ,ɑːn'-] COMPUT **I.** *adj inv* online, Online-; **~ information service** Onlineinformationsdienst *m;* **to go ~** online gehen; **to put sth ~** etw online schalten **II.** *adv inv* online; **to shop/work ~** online einkaufen/arbeiten

online chat *n* Internetchat *m* **online profile** *n* Onlineprofil *nt* **online time** *n Zeit, die man online ist;* ***you've already had fifteen minutes of ~*** du bist schon seit fünfzehn Minuten online

onlooker ['ɒn,lʊkə^r, AM 'ɑːn,lʊkɚ] *n* (*also fig*) Zuschauer(in) *m(f);* (*after accident*) Schaulustige(r) *f(m)*

only ['əʊnli, AM 'oʊn-] **I.** *adj attr, inv* einzige(r,s); **sb's ~ daughter/son** jds einzige Tochter/einziger Sohn; **the ~ one** der/die/das Einzige; **the ~ thing** das Einzige; **the ~ way** die einzige Möglichkeit ▶ PHRASES: **sb is not the ~ pebble on the beach** jd ist nicht der einzige Mensch auf der Welt **II.** *adv inv* ① (*exclusively*) nur; ***for members ~*** nur für Mitglieder; **~ if ...** nur, wenn ... ② (*just*) erst; ***I ~ arrived half an hour ago*** ich bin erst vor einer halben Stunde angekommen; ***it's ~ four o'clock*** es ist erst vier Uhr; **~ the other day** erst neulich; **~ last week/yesterday** erst letzte Woche/gestern; **~ just** gerade [*o* eben] erst ③ (*merely*) nur, bloß; ***it's ~ me*** ich bin's nur; ***it's ~ natural*** es ist nur natürlich; ***he rushed into the office, ~ to find that everyone had gone home*** er stürzte ins Büro, nur um festzustellen, dass alle [schon] nach Hause gegangen waren; **~ just** gerade eben; ***he has ~ just enough money to pay the rent*** er hat gerade genug Geld, um die Miete zu zahlen; **not ~ ..., but also ...** nicht nur ..., sondern auch ... ④ (*extremely*) ***if you invite me, I assure you I'll be ~ too pleased to show up*** wenn du mich einlädst, versichere ich dir, dass ich nur zu gerne kommen werde ⑤ (*unavoidably*) nur, unweigerlich; ***the economic situation can ~ worsen*** die wirtschaftliche Situation kann sich nur verschlechtern ⑥ (*to express wish*) **if ~ ...** wenn nur ... ⑦ (*indicating a surprising development*) ***he rushed into the office, ~ to find that everyone had gone home*** er stürzte ins Büro, nur um festzustellen, dass alle [schon] nach Hause gegangen waren ▶ PHRASES: **you ~ live once** (*saying*) man lebt nur einmal **III.** *conj* ① (*however*) aber, jedoch; ***he's a good athlete, ~ he smokes too much*** er ist ein guter Sportler, bloß raucht er zu viel; ***she wasn't a bad student, ~ that she had to repeat a class once*** sie war keine schlechte Schülerin, wenn sie auch einmal eine Klasse wiederholen mußte ② (*in addition*) ■**not ~ ..., ...** [**too**] ***not ~ can she sing and dance, she can act and play the piano too*** sie kann nicht nur singen und tanzen, sie kann auch schau- spielern und Klavier spielen

only child *n* Einzelkind *nt*

o.n.o *adv inv* BRIT, AUS COMM *abbrev of* **or nearest offer:** ***for sale: baby's cot £30 ~*** zu verkaufen: Babybett 30 Pfund oder nächstbestes Angebot

on-off *adj inv* ① (*of relationship*) unstet ② (*of switch*) Ein-Aus-

onomatopoeia [,ɒnə(ʊ),mætə'piːə, AM ,ɑːnoʊ,mæt̬oʊ'-] *n no pl* LING Onomatopöie *f fachspr,* Lautmalerei *f*

onomatopoeic [,ɒnə(ʊ),mætə'piːɪk, AM ,ɑːnoʊ,mæt̬oʊ'-] *adj* LING onomatopoetisch *fachspr,* lautmalerisch

onrush <*pl* -es> ['ɒnrʌʃ, AM 'ɑːn-] *n* ① (*of emotion*) ■**an ~ of sth** ein Anflug *m* einer S. *gen;* ***as he thought about his dead terrier an ~ of sadness overtook him*** als er über seinen toten Terrier nachdachte, übermannte ihn die Traurigkeit ② + *sing/pl vb* (*of people*) Ansturm *m* ③ (*of liquid*) **an ~ of the sea/water** ein Heranströmen *nt* des Meeres/ein Schwall *m* Wasser

onrushing ['ɒnrʌʃɪŋ, AM 'ɑːn] *adj attr, inv* anstürmend, [heftig] vorstoßend

on-screen *adj inv* FILM im Film *nach n;* **~ partner** Filmpartner(in) *m(f);* COMPUT am Bildschirm *nach n*

on-screen graphics *npl* Computergrafik *f*

onset ['ɒnset, AM 'ɑːn-] *n no pl* Beginn *m* (**of** +*gen*); **~ of disease** [*or* **illness**] Ausbruch *m* der Krankheit; **~ of winter** Wintereinbruch *m*

onshore [,ɒn'ʃɔː^r, AM ,ɑːn'ʃɔːr] *inv* **I.** *adj* Küsten-; **~ wind** auflandiger Wind *fachspr* **II.** *adv* an Land; (*blow*) landwärts

onside [,ɒn'saɪd, AM 'ɑːnsaɪd] *inv* SPORTS **I.** *adj* nicht abseits; **the ~ player** der Spieler/die Spielerin, der/die nicht im Abseits steht; ■**to be ~** nicht im Abseits stehen **II.** *adv* nicht abseits [*o* im Abseits]

on-site [,ɒn'saɪt, AM ,ɑːn'-] *inv* **I.** *adj* vor Ort *nach n,* Vor-Ort- **II.** *adv* vor Ort

onslaught ['ɒnslɔːt, AM 'ɑːnslɑːt] *n* ① (*also fig: attack*) Ansturm *m;* **to withstand an ~** einem Ansturm standhalten; ■**an ~ on sb** ein Angriff *m* auf jdn ② (*large amount*) Unmenge *f* (**of** an +*dat*/von +*dat*); **to face an ~ of criticism/questions** mit heftiger Kritik/vielen Fragen konfrontiert werden *akk*

onstage [,ɒn'steɪdʒ, AM ,ɑːn'-] *inv* **I.** *adj* auf der Bühne *nach n* **II.** *adv* ① (*onto a stage*) auf die Bühne; **to walk ~** auf die Bühne gehen ② (*not backstage*) auf der Bühne; ***life ~ and backstage*** das Leben auf und hinter der Bühne

on-stream **I.** *adj inv* (*of production*) in Betrieb **II.** *adv* (*in operation*) in Betrieb; **to go ~** in Betrieb gehen **on-the-job** *adj inv* Arbeits-; **~ injury** Arbeitsunfall *m* **on-the-job training** *n no pl* Ausbildung *f* am Arbeitsplatz **on-the-spot** [,ɒndə'spɒt, AM ,ɑːndə'spɑːt] *adj attr, inv* umgehend, sofortig

onto, on to ['ɒntuː, AM 'ɑːn-] *prep* ① *after vb* (*to inside*) **to get ~ a bus/plane/train** in einen Bus/ein Flugzeug/einen Zug einsteigen; **to get ~ a horse/bike/motorcycle** auf ein Pferd/Fahrrad/Motorrad [auf]steigen sunset; **to load sth ~ sth** etw auf etw *akk* laden ② *after vb* (*to surface of*) auf +*akk;* ***get back ~ the path*** geh' wieder auf den Pfad zurück ③ *after vb* (*connected to*) auf +*akk;* ***the door opened out ~ a beautiful patio*** die Tür führte auf eine herrliche Terrasse; ***hold ~ my hand*** halt' dich an meiner Hand fest ④ (*progress to*) ***how did we get ~ this subject?*** wie sind wir auf dieses Thema gekommen?; ***can we move ~ the next item?*** können wir zum nächsten Punkt kommen?; ***I'd now like to come ~ my next point*** ich würde jetzt gerne auf meinen nächsten Punkt kommen ⑤ (*in pursuit of*) **to be ~ sb/sth** jdm/etw auf der Spur sein ⑥ (*in touch with*) **to get ~ sth** an etw *akk* kommen; **to be ~ a good thing with sth** mit etw *dat* an einer guten Sache dran sein; ***can you put me ~ a good dentist?*** kannst du mir einen guten Zahnarzt empfehlen ⑦ (*fam: in reminder to*) **to get/be ~ sb about sth** jdn wegen etw *dat* erinnern, jdm wegen etw *dat* in den Ohren liegen *fam*

ontological ['ɒntə'lɒdʒɪk^əl, AM 'ɑːntoʊ'lɑː] *adj inv* PHILOS das Sein betreffend, ontologisch

ontology [ɒn'tɒlədʒi, AM ɑːn'tɑː] *n no pl* PHILOS Seinslehre *f,* Ontologie *fachspr*

on top of *prep* ① (*resting on*) auf +*dat;* ***there was a pile of books ~ the table*** auf dem Tisch lag ein Stapel Bücher; **~ the world** (*fig*) über dem Rest der Welt, obenauf ② (*handling well*) ***they've finally got ~ the situation*** sie haben die Situation endlich in den Griff bekommen ③ (*in addition to*) ■**~ sth** zusätzlich zu etw *dat;* **~ that** obendrein; **~ it all** zu allem Überfluß

onus ['əʊnəs, AM 'oʊ-] *n no pl* (*form*) Verantwortung *f* (**of** für +*akk*), Last *f,* Bürde *f;* **the ~ is on** [*or* **lies with**] **sb to do sth** es liegt an jdm, etw zu tun; (*more severe*) jd hat die Pflicht, etw zu tun; ***the ~ of proof rests with the prosecution*** die Beweislast liegt bei der Anklage

onward ['ɒnwəd, AM 'ɑːnwɚd] *inv* **I.** *adj attr* (*of journey*) Weiter-; **the ~ march of history/time** das Fortschreiten der Geschichte/Zeit; **~ and upward** steil nach oben; ***it was ~ and upward from there*** und von da ging es steil nach oben *fig* **II.** *adv* ① (*into the future*) **from that day/time ~** von diesem Tag/dieser Zeit an; ***from our foundation ~ we have been an independent organization*** seit unserer Gründung sind wir eine unabhängige Organisation ② (*of direction*) weiter; **to move ~ and upward**[**s**] (*fig*) steil nach oben steigen [*o* klettern] *fig;* **to travel ~ to other destinations** an weitere Bestimmungsorte weiterreisen

onward flight *n esp* BRIT, AUS Anschlussflug *m*

onwards ['ɒnwəd, AM 'ɑːnwɚd] *adv see* **onward II**

onward train *n esp* BRIT, AUS Anschlusszug *m*

onyx ['ɒnɪks, AM 'ɑːn-] **I.** *n no pl* Onyx *m* **II.** *n modifier* (*necklace, ring, stone*) Onyx-

oodles ['uːdlz] *npl* (*fam*) Unmengen *fpl* (**of** an +*dat*/von +*dat*); ***how much cream would you like on your strawberries? — ~, please!*** wie viel Sahne möchtest du auf deine Erdbeeren? – jede Menge, bitte! *fam*

ooh [uː] **I.** *interj* ① (*in surprise, approval*) oh ② (*in pain*) au **II.** *n usu pl* **~s and aahs** Ohs und Ahs **III.** *vi* raunen; ***the crowd ~ed*** ein Raunen ging durch die Menge

oomph [ʊm(p)f] *n no pl* (*fam*) ① (*power*) Kraft *f;* *of a car* Leistung *f;* (*fig*) ***the government seems to be running out of ~*** der Regierung scheint die Luft auszugehen ② (*pizzazz*) Schwung *m,* Pep *m* ③ (*sex appeal*) Sexappeal *m*

oops [uːps] *interj* (*fam*) hoppla

oops-a-daisy [,ʊpsə'deɪzi] *interj* (*fam*) hopsala *Kindersprache*

ooze [uːz] **I.** *n no pl* Schlamm *m* **II.** *vi* (*seep out*) ■**to ~ somewhere** irgendwohin tropfen; ***slime oozing down the walls*** Schleim an, der die Wände hinunterrinnt; ■**to ~ from** [*or* **out of**] **sth** *blood, water* aus etw *dat* sickern; (*in drops*) aus etw *dat* tropfen; *mud* aus etw *dat* quellen; **to ~ with blood/oil** vor Blut/Öl triefen **III.** *vt* ① (*seep out*) ■**to ~ sth** etw absondern; **to ~ pus** eitern ② (*fig: overflow with*) **to ~ charisma/charm** (*also pej*) Charisma/Charme ausstrahlen; **to ~ sex appeal** Sexappeal versprühen; **to ~ talent** Talent ausstrahlen

◆**ooze out** *vi blood, water* heraussickern; *mud* herausquellen; ***she couldn't prevent tears from oozing out*** sie konnte nicht verhindern, dass ihr die Tränen kamen; ***the honey from the broken jar has ~d out all over the place*** der Honig ist aus dem zerbrochenen Krug überallhin getropft

oozy ['uːzi] *adj* überquellend *attr;* ■**to be ~ with sth** vor etw *dat* triefen

op [ɒp, AM ɑːp] *n* ① *esp* BRIT, AUS MED (*fam*) *short for* **operation** OP *f* ② AM *short for* **opportunity** Gelegenheit *f;* (*possibility*) Möglichkeit *f* ③ MIL ■**~s** *pl* (*operations*) Einsätze *mpl;* (*room*) Unterkünfte *fpl,* Ops *fpl sl*

Op *n* MUS *abbrev of* **opus** op.

opacity [ə(ʊ)'pæsəti, AM oʊ'pæsəṭi] *n no pl* ❶ *(non-transparency)* Opazität *f fachspr,* Lichtundurchlässigkeit *f* ❷ *(fig: obscurity)* Undurchsichtigkeit; *(incomprehensibility)* Unverständlichkeit *f*

opal ['əʊpᵊl, AM 'oʊ-] **I.** *n* Opal *m* **II.** *n modifier (pendant, ring)* Opal-

opalescence [ˌəʊpᵊl'esᵊn(t)s, AM ˌoʊ-] *n no pl* Opaleszenz *f fachspr; of jewellery* Schillern *nt*

opalescent [ˌəʊpᵊl'esᵊnt, AM ˌoʊ-] *adj* schillernd; *(like an opal)* opalisierend

opaque [ə(ʊ)'peɪk, AM oʊ'-] *adj* ❶ *(not transparent)* undurchsichtig, opak *fachspr; of wax* lichtundurchlässig; *of window, liquid* trüb; ~ **glass** Milchglas *nt* ❷ *(fig: obscure)* undurchsichtig; *(incomprehensible)* unverständlich

opaquely [ə(ʊ)'peɪkli, AM oʊ'-] *adv* ❶ *(not clearly)* **to shine** ~ trüb scheinen ❷ *(fig: obscurely)* undurchsichtig; *(incomprehensibly)* unverständlich; *(unclearly)* unklar

op art *n no pl* Op-Art *f*

op cit [ˌɒp'sɪt, AM ˌɑːp'-] *adv inv (form)* op. cit.

OPEC ['əʊpek, AM 'oʊ-] *n no pl acr for* **Organization of Petroleum Exporting Countries** OPEC *f*

Op-Ed [ˌɑːp'ed] AM **I.** *n abbrev of* **opposite the editorial page** *die der Leitartikelseite gegenüberliegende Seite* **II.** *n modifier (article, column, piece)* Sonderberichtseiten-

Op-Ed page *n* AM *die der Leitartikelseite gegenüberliegende Seite*

open ['əʊpᵊn, AM 'oʊ-] **I.** *n* ❶ *no pl (out of doors)* ■**[out] in the** ~ draußen; *(in the open air)* im Freien; **to camp in the** ~ unter freiem Himmel nächtigen ❷ *no pl (not secret)* **to bring sth out into the** ~ etw publik machen [*o* an die Öffentlichkeit bringen]; **to come out into the** ~ ans Licht kommen, ruchbar werden *geh;* **to get sth [out] in[to] the** ~ etw [offen] zur Sprache bringen [*o* ansprechen] ❸ SPORTS *(competition)* ■**O~** [offene] Meisterschaft, Meisterschaftsspiele *ntpl* **II.** *adj* ❶ *inv (not closed)* offen, geöffnet; *book* aufgeschlagen; *map* auseinander gefaltet; *(not sealed)* offen; ***excuse me, your fly is*** ~ entschuldige, aber dein Hosenstall steht offen *fam;* **to welcome sb with** ~ **arms** *(fig)* jdn mit offenen Armen empfangen [*o* aufnehmen]; ~ **boat** Boot *nt* ohne Verdeck; **to do sth with one's eyes** ~ etw wissentlich tun; ***I got into this job with my eyes ~, so I'm not surprised by what I see*** ich habe diesen Job ganz bewusst angenommen, daher überrascht mich das, was ich sehe, nicht; **wide** ~ [sperrangel]weit geöffnet; **to push sth** ~ etw aufstoßen; *(violently)* etw mit Gewalt öffnen ❷ *inv, pred (open for business)* geöffnet, offen; ***is the supermarket ~ yet?*** hat der Supermarkt schon auf?; **to be** ~ **for business** der Kundschaft offen stehen; ***is that new computer store ~ for business yet?*** hat dieser neue Computerladen schon aufgemacht? ❸ *inv (undecided)* offen; **an** ~ **matter** eine schwebende Angelegenheit; **an** ~ **mind** eine unvoreingenommene Einstellung; **to have/keep an** ~ **mind** unvoreingenommen [*o* objektiv] sein/bleiben; ***she has a very ~ mind about new things*** sie steht neuen Dingen sehr aufgeschlossen gegenüber; **to keep one's options** ~ sich *dat* alle Möglichkeiten offen halten; **an** ~ **question** eine offene Frage; **to leave sth** ~ etw offen lassen ❹ *inv (unrestricted)* offen; **to be in the** ~ **air** an der frischen Luft sein; **to get out in the** ~ **air** an die frische Luft gehen; ~ **field** freies Feld; ~ **road** freigegebene Straße; **on the** ~ **sea** auf hoher See, auf offenem Meer; ~ **ticket** Ticket *nt* mit offenem Reisedatum ❺ *inv (accessible to all)* öffentlich zugänglich; ***this library is not ~ to the general public*** dies ist keine öffentliche Bibliothek; ***the competition is ~ to anyone over the age of sixteen*** an dem Wettbewerb kann jeder teilnehmen, der älter als 16 Jahre ist; ***the job is ~ to all applicants*** die Stelle steht allen Bewerbern offen; **to have** ~ **access to sth** freien Zugang zu etw *dat* haben; **an** ~ **discussion** eine öffentliche Diskussion ❻ *inv* SPORTS offen; ~ **champion** Sieger(in) *m(f)* einer offenen Meisterschaft; ~ **championship** offene Meisterschaften *fpl* ❼ *inv (not secret)* öffentlich; **in** ~ **court** in öffentlicher Verhandlung; ~ **hostility** offene Feindschaft; ~ **resentment** offene [*o geh* unverhohlene] Abneigung; **an** ~ **scandal** ein öffentlicher Skandal ❽ *inv (exposed)* offen, ungeschützt; MIL ungedeckt, ohne Deckung; ■**to be** ~ **to sth** etw *dat* ausgesetzt sein; ***they left themselves ~ to criticism*** sie setzten sich selbst der Kritik aus; ***his macho attitude leaves him ~ to ridicule*** mit seinem Machogehabe gibt er sich selbst der Lächerlichkeit preis; ~ **drain** Abflussrinne *f;* **to be** ~ **to attack** Angriffen ausgesetzt sein; **to be** ~ **to doubt** zweifelhaft [*o* anzweifelbar] sein; **to be** ~ **to the enemy** feindlichem Zugriff unterliegen; **an** ~ **wound** eine offene Wunde; **to lay sth** ~ etw in Frage stellen ❾ *inv* SPORTS *(unprotected)* frei, ungedeckt ❿ *(frank)* offen; ***he is quite ~ about his weaknesses*** er spricht freimütig über seine Schwächen; ■**to be** ~ **with sb** offen zu jdm sein; **an** ~ **person** ein offener [*o* aufrichtiger] Mensch ⓫ *(willing to accept)* ~ ***to offers*** Angebote werden entgegengenommen; ***the company is ~ to offers for the empty factory*** die Firma zieht Angebote für die leerstehende Fabrik in Betracht; **to be** ~ **to advice/new ideas/suggestions** Ratschlägen/neuen Ideen/Vorschlägen gegenüber aufgeschlossen [*o* offen] sein; **to be** ~ **to bribes/offers/persuasion** für Bestechung/Angebote/Überredung zugänglich sein ⓬ *inv (available)* frei, verfügbar; ***there are still lots of opportunities ~ to you*** dir stehen noch viele Möglichkeiten offen; ***the line is ~ now*** die Leitung ist jetzt frei; ~ **time** verfügbare Zeit; ~ **vacancies** offene [*o* freie] Stellen ⓭ *inv (letting in air)* durchlässig, porös; **an** ~ **screen** ein Drahtgitter [*o* Drahtnetz] *nt;* **an** ~ **weave** eine lockere Webart ⓮ *inv* MUS ~ **note** Grundton *m;* ~ **pipe** offene [Orgel]pfeife; ~ **string** leere Saite ⓯ *inv* ELEC *(with break)* unterbrochen ⓰ *inv* MED *(not constipated)* nicht verstopft, frei ⓱ *inv* BRIT FIN *(not crossed)* ~ **cheque** Barscheck *m* ⓲ *inv (free of ice)* eisfrei ⓳ LING offen; **an** ~ **syllable** eine offene Silbe; ~ **vowel** offener Vokal ▶ PHRASES: **to be an** ~ **book** [wie] ein aufgeschlagenes [*o* offenes] Buch sein; **sth is an** ~ **book to sb** jd kann etw mit Leichtigkeit tun, etw ist für jdn ein Kinderspiel **III.** *vi* ❶ *(from closed)* sich *akk* öffnen, aufgehen; ***the door ~s much more easily now*** die Tür lässt sich jetzt viel leichter öffnen; ***the flowers ~ in the morning*** die Blumen öffnen sich am Morgen; ***I can't get the door to ~!*** ich kann die Tür nicht aufkriegen! ❷ *(give access)* ■**to** ~ **onto sth** [direkt] zu etw *dat* führen; ***the door ~s into the garden*** die Tür führt direkt in den Garten; ■**to** ~ **off sth** zu etw *dat* hinführen; ***the small path ~ed off the main road*** der schmale Weg führte auf die Hauptstraße; **to wish the earth [*or* floor] would** ~ **up** am liebsten in den [Erd]boden versinken ❸ *(for service)* öffnen, aufmachen *fam;* ***the cafe ~s at ten o'clock*** das Café öffnet um zehn Uhr ❹ *(start)* beginnen; ***the trial ~s/the Olympic Games ~ tomorrow*** der Prozess wird/die Olympischen Spiele werden morgen eröffnet; ***the film ~s in New York next week*** der Film läuft nächste Woche in New York an; ***who's going to ~?*** *(in cards)* wer kommt raus?, wer hat das Ausspiel?; STOCKEX ***the shares ~ed lower*** bei Börsenbeginn standen die Aktien niedriger ❺ *(become visible)* sich *akk* zeigen; ***the valley ~ed before them*** das Tal tat sich vor ihnen auf ❻ *(start new business)* eröffnen, aufmachen **IV.** *vt* ❶ *(change from closed)* **to** ~ **a book/magazine/newspaper** ein Buch/ein Magazin/eine Zeitung aufschlagen; **to** ~ **a box/window/bottle** eine Dose/ein Fenster/eine Flasche aufmachen [*o* öffnen]; **to** ~ **the curtains** [*or* **drapes**] die Vorhänge aufziehen; **to** ~ **the door** [*or* **doors**] **to sth** *(fig)* neue Perspektiven [*o* Möglichkeiten] für etw *akk* eröffnen; **to** ~ **one's eyes** seine Augen öffnen [*o* aufmachen]; **to** ~ **one's home to sb** jdn bei sich *dat* aufnehmen; **to** ~ **a letter/file** einen Brief/eine Akte öffnen; **to** ~ **a map** eine [Straßen]karte auffalten; **to** ~ **one's mouth** *(also fig)* den Mund aufmachen, etw ausplaudern *fig fam;* **to** ~ **a vein** *(hum)* zum Strick greifen *hum* ❷ *(begin)* **to** ~ **fire** MIL das Feuer eröffnen; **to** ~ **a meeting/rally** ein Treffen/eine Kundgebung eröffnen; **to** ~ **negotiations** in Verhandlungen eintreten; **to** ~ **the proceedings** das Verfahren eröffnen ❸ *(set up)* **to** ~ **a bank account** ein Konto einrichten [*o* eröffnen]; **to** ~ **a business/branch** ein Geschäft/eine Zweigstelle eröffnen [*o* aufmachen] ❹ *(for the day's business)* **to** ~ **a bakery/book store/restaurant** eine Bäckerei/einen Buchladen/ein Restaurant öffnen ❺ *(declare ready for use)* **to** ~ **a building** ein Gebäude einweihen [*o* eröffnen]; **to** ~ **a road/tunnel** eine Straße/einen Tunnel für den Verkehr freigeben ❻ *(break new ground)* ■**to** ~ **sth** etw erschließen; **to** ~ **a new field of science** wissenschaftliches Neuland erschließen ❼ *(evacuate)* **to** ~ **one's bowels** den Darm entleeren ❽ *(clear blockages)* ***the security team ~ed a way through the crowd for the president*** das Sicherheitsteam bahnte dem Präsidenten einen Weg durch die Menge; **to** ~ **a canal** einen Kanal passierbar machen; **to** ~ **a pipe** ein Rohr durchgängig machen; **to** ~ **the view** den Blick [*o* die Sicht] ermöglichen ▶ PHRASES: **to** ~ **sb's eyes to sb/sth** jdm die Augen über jdn/etw öffnen; **to** ~ **the floodgates [to sb/sth]** [jdm/etw] Tür und Tor öffnen *pej;* **to** ~ **one's heart to sb** jdm sein Herz ausschütten, sich *akk* jdm anvertrauen; **to** ~ **one's mind** offener [*o* aufgeschlossener] werden

◆**open out I.** *vi* ❶ *(move apart)* sich *akk* ausbreiten; ***the ranks/troops ~ed out*** die Mannschaften/Truppen öffneten die Reihen ❷ *(unfold) map* sich *akk* auffalten lassen; *flower* aufblühen, sich *akk* öffnen ❸ *(grow wider)* sich *akk* erweitern [*o* [aus]weiten]; *street, river* sich *akk* verbreitern, breiter werden; *(grow bigger)* sich *akk* vergrößern; *group* anwachsen **(into** zu *+dat)* ❹ *(relax)* aus sich *dat* herausgehen; ***he'll ~ out in time*** er taut schon noch auf **II.** *vt* ❶ *(unfold)* **to** ~ **a folding bed** [*or* AM **cot**] ⊂ **out** ein Feldbett aufschlagen; **to** ~ **a map/newspaper** ⊂ **out** eine [Land]karte auseinander falten/eine Zeitung aufschlagen ❷ *(expand)* ■**to** ~ **out** ⊂ **sth** etw erweitern [*o* vergrößern]

◆**open up I.** *vi* ❶ *(start business)* eröffnen, aufmachen *fam; radio station* auf Sendung gehen ❷ *(relax)* aus sich *dat* herausgehen, auftauen *fam* ❸ *(shoot)* das Feuer eröffnen, losfeuern *fam* ❹ *(accelerate)* Gas geben, beschleunigen **II.** *vt* ❶ *(from closed)* **to** ~ **a canal/a pipe up** einen Kanal/ein Rohr passierbar machen; **to** ~ **up a car/a house/a store** einen Wagen/ein Haus/einen Laden aufschließen; **to** ~ **a door/a window** ⊂ **up** eine Tür/ein Fenster aufmachen ❷ *(make available)* ■**to** ~ **up** ⊂ **sth [to sb/sth]** [jdm/etw] etw zugänglich machen, etw [für jdn/etw] öffnen; ***the government plans to ~ up access to higher education*** die Regierung beabsichtigt, den Zugang zu höherer Bildung zu erleichtern; **to** ~ **land/territory up** Land/Terrain erschließen; **to** ~ **up the possibility of doing sth** die Möglichkeit eröffnen, etw zu tun ❸ *(expand)* ■**to** ~ **up** ⊂ **sth** etw erweitern ❹ MED *(fam: operate on)* ■**to** ~ **sb** ⊂ **up** jdn aufschneiden *fam*

open admissions *npl + sing/pl vb* AM UNIV Aufnahme *f* ohne Zulassungsbeschränkungen **open adoption** *n esp* AM *Adoption eines Kindes mit Kontakt zu dessen leiblichen Eltern* **open-air** *adj inv* im Freien *nach n;* ~ **concert** Openairkonzert *nt;* ~ **stage** Freilichtbühne *f;* ~ **swimming pool** Freibad *nt* **open-and-shut** *adj* eindeutig, [sonnen]klar; ~ **case** klarer [*o* eindeutiger] Fall **open-cast** *adj inv* BRIT über Tage *nach n;* ~ **mining** Tagebau *m* **open classroom** *n* AM *zwanglose Form der freien Unterrichtsgestaltung* **open corporation** *n* AM offene Kapitalgesellschaft

open credit *n* FIN Blankokredit *m* **open-cut** *adj inv* AM, AUS über Tage *nach n;* ~ **mining** Tagebau *m* **open day** *n* BRIT, AUS Tag *m* der offenen Tür; **to have an** ~ einen Tag der offenen Tür veranstalten **open-door** *adj attr, inv* frei zugänglich; ~ **policy** Politik *f* der offenen Tür; ***our boss has an ~ policy*** unser Chef ist für uns immer zu sprechen **open-ended** *adj* BRIT, AM **open-end** *adj inv* mit offenem Ausgang *nach n;* ECON offen, unbeschränkt, unbefristet, Blanko-; ~ **fund** ECON offener Investmentfonds; ~ **question** ungeklärte Frage; ~ **promise** [noch] nicht eingelöstes Versprechen **open enrollment** *n no pl* AM UNIV Aufnahme *f* ohne Zulassungsbeschränkungen

opener ['əʊpᵊnəʳ, AM 'oʊpᵊnɚ] *n* ❶ (*opening device*) Öffner *m;* **bottle/can** ~ Flaschen-/Dosenöffner *m* ❷ (*person*) ■ **to be the** ~ den Anfang machen ❸ (*remark*) Anfang *m* ❹ AM (*fam: at first*) **for ~s** für den Anfang; ***how about cheese and crackers for ~s?*** wie wär's zum Auftakt mit Käse und Crackern?

open-eyed *adv inv* mit großen Augen **open fire** *n,* **open fireplace** *n* offener Kamin; ■ **on an** ~ über dem offenen [Kamin]feuer **open-handed** *adj* großzügig, freigebig **open-hearted** *adj* offenherzig, aufrichtig **open-heart surgery** *n no pl* Operation *f* am offenen Herzen **open house** *n* ❶ AM (*open day*) Tag *m* der offenen Tür ❷ (*public event*) *Veranstaltung mit freiem Eintritt* [*und häufig freien Getränken*]; **to keep** ~ gastfreundlich sein ❸ AM (*at house for sale*) Hausbesichtigung *f;* **to hold** ~ ein Haus zur Besichtigung freigeben

opening ['əʊpᵊnɪŋ, AM 'oʊ-] **I.** *n* ❶ *no pl* (*action*) Öffnen *nt,* Aufmachen *nt;* (*of shop*) **hours of** ~ Öffnungszeiten *fpl;* **late** ~ verlängerte Öffnungszeiten *fpl;* ***it's late*** ~ heute haben die Geschäfte länger geöffnet ❷ (*hole*) Öffnung *f,* Loch *nt;* (*in a conversation*) [Gesprächs]pause *f;* (*in traffic*) Lücke *f;* (*in woods*) Lichtung *f* ❸ (*opportunity*) Möglichkeit *f,* günstige Gelegenheit; (*job*) freie Stelle ❹ (*vulnerable spot*) Blöße *f* ❺ (*introduction*) Einführung *f; of a novel* Einleitung *f; of a film* Anfang *m; of a trial* [Verhandlungs]eröffnung *f* ❻ (*inauguration*) Eröffnung *f;* [**formal**] ~ Einweihung *f; of a plant* Inbetriebnahme *f;* ***the ~ of the new tunnel will take place next month*** der neue Tunnel wird im nächsten Monat für den Verkehr geöffnet; ~ **ceremony** Eröffnungsfeierlichkeiten *fpl;* **official** ~ offizielle Eröffnung ❼ (*first performance*) Premiere *f* ❽ CHESS (*first move*) Eröffnung *f* **II.** *adj attr, inv* (*at beginning*) Anfangs-, Eröffnungs-; ***who's making the ~ speech?*** wer wird als Erster reden?; ~ **move** CHESS erster Zug *a. fig;* ~ **remarks** einleitende Bemerkungen

opening act *n* THEAT erster Akt **opening balance** *n* ECON Eröffnungsbetrag *m* **opening bid** *n* Eröffnungsgebot *nt* **opening hours** *npl* Öffnungszeit[en] *f*[*pl*], Geschäftszeit[en] *f*[*pl*] **opening night** *n* THEAT Premierenabend *m;* SPORTS [abendliches] Eröffnungsspiel **opening time** *n* Öffnungszeit *f*

open letter *n* offener Brief *m*

openly ['əʊpᵊnli, AM 'oʊ-] *adv* ❶ (*frankly*) offen ❷ *inv* (*publicly*) öffentlich

open market *n* FIN offener Markt; ECON freier Markt **open marriage** *n* offene Ehe **open mike night** *n Veranstaltung, bei der sich jede*[*r*] *aus dem Publikum zur allgemeinen Belustigung auf der Bühne produzieren kann* **open-minded** *adj* (*to new ideas*) aufgeschlossen; (*not prejudiced*) unvoreingenommen, vorurteilsfrei **open-mindedness** *n no pl* (*to new ideas*) Aufgeschlossenheit *f;* (*unbiasedness*) Unvoreingenommenheit *f* **open-mouthed** *adj inv* ❶ *pred* (*with open mouth*) mit offenem Mund; **to stare** ~ **at sth** etw begaffen *pej* ❷ *attr* (*shocked*) [sichtlich] betroffen; **with** ~ **amazement** mit ungläubigem Staunen; **with** ~ **horror** schreckensstarr **open-necked** *adj inv* mit offenem Kragen *nach n; blouse, dress* ausgeschnitten

openness ['əʊpᵊnnəs, AM 'oʊ-] *n no pl* ❶ (*frankness*) Offenheit *f* ❷ (*publicness*) Öffentlichkeit *f* ❸ (*in character*) offenes Wesen ❹ (*lack of obstruction*) *of view, expanse* Weite *f,* Weitläufigkeit *f; of a room* Geräumigkeit *f*

open-pit *adj inv* AM, AUS über Tage *nach n;* ~ **mining** Tagebau *m* **open-plan** *adj inv room* offen [*o* frei] angelegt **open-plan office** *n* Großraumbüro *nt* **open position** *n* STOCKEX offene Position **open prison** *n* BRIT offene Strafvollzugsanstalt; **to be put into the** ~ in den offenen Strafvollzug gehen **open sandwich** *n* belegtes Brot **open season** *n* ❶ (*hunting season*) Jagdsaison *f;* ~ **on deer/ducks** Jagdzeit *f* für Rotwild/Enten ❷ (*fig: permission to attack*) Kesseltreiben *nt;* **to declare** ~ **on sth** etw zum Abschuss freigeben [*o* Freiwild machen] **open secret** *n* offenes Geheimnis **open sesame I.** *n* Schlüssel *m* zum Erfolg **II.** *interj* ~**!** Sesam, öffne dich! **open system** *n* COMPUT kompatible Anlage **open-top** ['əʊpᵊntɒp, AM 'oʊpᵊntɑ:p] *adj,* **open-topped** ['əʊpᵊntɒpt, AM 'oʊpᵊntɑ:pt] *adj attr esp* AUTO offen

Open University *n no pl esp* BRIT ≈ Fernuniversität *f*

open verdict *n* BRIT LAW richterliche Feststellung auf unbekannte Todesursache

openwork ['əʊpᵊnwɜ:k, AM ˌoʊpᵊnwɜ:rk] *n modifier* durchbrochen gearbeitet

opera ['ɒpᵊrə, AM 'ɑ:-] *n* Oper *f*

operable ['ɒpᵊrəbl̩, AM 'ɑ:-] *adj* ❶ (*functioning*) funktionsfähig, betriebsfähig; AUTO fahrtüchtig ❷ MED *tumour, cancer* operabel

opera glasses *npl* Opernglas *nt* **opera house** *n* Opernhaus *nt* **opera singer** *n* Opernsänger(in) *m(f)*

operate ['ɒpᵊreɪt, AM 'ɑ:-] **I.** *vi* ❶ (*work, run*) funktionieren; **to** ~ **at maximum capacity** auf Höchststufe laufen ❷ (*act*) vorgehen, zu Werke gehen *geh;* MIL operieren; [*criminal*] *mind* arbeiten; ***destructive forces are clearly operating within the community*** innerhalb der Gemeinschaft sind eindeutig zersetzende Kräfte am Werk; **to** ~ **on a budget** sich *akk* an ein Budget halten; **to** ~ **at a loss/profit** mit Verlust/Gewinn arbeiten ❸ (*produce an effect*) [be]wirken, sich *akk* auswirken; ***the film ~d strongly on her emotions*** der Film bewegte sie sehr; ***the propoganda is beginning to ~*** die Propaganda zeitigt schon Wirkung ❹ (*perform surgery*) operieren; ■ **to** ~ **on sb/sth** jdn/etw operieren ❺ (*do business*) operieren *geh,* Geschäfte betreiben; **to** ~ **in the stock market** im Börsengeschäft tätig sein **II.** *vt* ■ **to** ~ **sth** ❶ (*work*) etw bedienen; **to** ~ **sth manually** etw manuell betreiben ❷ (*manage*) etw betreiben; **to** ~ **a farm** eine Farm bewirtschaften; **to** ~ **a firm** eine Firma leiten; **to** ~ **a store** ein Geschäft betreiben [*o* führen] ❸ (*perform*) etw ausführen; **to** ~ **undercover activities** Geheimoperationen durchführen

operatic [ˌɒpᵊr'ætɪk, AM ˌɑ:pə'rætɪk] *adj* ❶ *inv* (*of the opera*) Opern-; ~ **voice** Opernstimme *f* ❷ (*fig: emotional*) opernhaft, theatralisch *pej*

operatically [ˌɒpᵊr'ætɪkᵊli, AM ˌɑ:pə'ræt̬-] *adv* in opernhafter Manier, theatralisch *oft pej*

operating ['ɒpᵊreɪtɪŋ, AM 'ɑ:pᵊreɪt̬-] **I.** *n no pl* ❶ MED Operieren *nt* ❷ ECON Betrieb *m* **II.** *adj attr, inv* ❶ (*in charge*) Dienst habend ❷ MED Operations- ❸ ECON ~ **profit/loss** Betriebsgewinn/-verlust *m*

operating expenses *npl* Betriebsausgaben *fpl;* **to keep** ~ **down** die laufenden Kosten niedrig halten **operating loss** *n* ECON Betriebsverlust *m* **operating manual** *n* Bedienungsanleitung *f,* Benutzerhandbuch *nt* **operating profit** *n* ECON Betriebsgewinn *m* **operating room** *n* MED Operationssaal *m* **operating system** *n* COMPUT Betriebssystem *nt* **operating table** *n* MED Operationstisch *m* **operating theater** AM, **operating theatre** *n* MED Operationssaal *m*

operation [ˌɒpᵊr'eɪʃᵊn, AM ˌɑ:pə'reɪ-] *n* ❶ *no pl* (*way of functioning*) Funktionsweise *f,* Arbeitsweise *f; of a theory* Umsetzung *f;* ***the ~ of communism requires people to give up their individual identities*** der Kommunismus kann nur dann funktionieren, wenn die Menschen ihre Eigenständigkeit aufgeben; ***the ~ of gravity keeps us standing on the ground*** dank der Schwerkraft bleiben wir auf dem Boden stehen; **day-to-day** [*or* **everyday**] ~ gewöhnlicher Betriebsablauf, Geschäftsgang *m* ❷ *no pl* (*functioning state*) Betrieb *m,* Einsatz *m;* LAW Wirksamkeit *f;* ■ **to be in** ~ *machines* in Betrieb sein; *plan, rule, law* wirksam [*o* in Kraft] sein, gelten; **hours of** ~ Geschäftszeiten *fpl;* **by** ~ **of law** kraft Gesetzes; **daily/hourly** ~ täglicher/stündlicher Betrieb; ***the bus service is in hourly ~ during off-peak times*** außerhalb der Stoßzeiten fahren die Busse stündlich; **to come into** ~ *machines* in Gang kommen [*o* Betrieb genommen werden]; *plan, rule, law* in Kraft treten, wirksam werden; **to put sth into** ~ *machine* etw in Betrieb nehmen; *regulations* etw anwenden; *scheme, plan* etw in die Tat umsetzen ❸ (*process*) Vorgang *m;* ***repairing this old watch is a very delicate ~*** das Reparieren dieser alten Uhr ist eine sehr diffizile Angelegenheit; **to undertake an** ~ etwas vornehmen, an eine Sache herangehen ❹ (*business*) Geschäft *nt;* ***his ~ is based in Florida*** er betreibt seine Geschäfte von Florida aus; ***how is the ~ going these days?*** wie läuft denn der Betrieb jetzt so? ❺ (*activity*) Unternehmung *f,* Vorhaben *nt;* ***the company's ~s in West Africa ..*** die Geschäfte der Firma in West Afrika ...; MIL Operation *f,* Einsatz *m;* ***O~ Desert Storm*** Operation Wüstensturm; **rescue** ~ Rettungsaktion *f;* **security** ~ Sicherheitsmaßnahmen *fpl,* Einsatz *m* von Sicherheitskräften; **undercover** ~ MIL verdeckte Operation, Geheimeinsatz *m;* **humanitarian** ~ humanitärer Einsatz; **to launch an** ~ mit einer Aktion beginnen; **to start ~s on sth** die Arbeit an etw *dat* aufnehmen ❻ (*surgery*) Operation *f;* **heart/lung** ~ Herz-/Lungenoperation *f;* **to perform an** ~ eine Operation durchführen ❼ FIN [finanzielle] Transaktion ❽ MATH Operation *f;* **mathematical** ~ mathematische Operation, Rechenvorgang *m*

operational [ˌɒpᵊr'eɪʃᵊnᵊl, AM ˌɑ:pə'reɪ-] *adj inv* ❶ (*in business*) betrieblich, Betriebs-; ~ **costs** Betriebskosten *pl* ❷ (*functioning*) betriebsbereit, funktionstüchtig; **to be fully** ~ (*concerning function*) voll funktionsfähig sein; (*concerning purpose*) voll einsatzfähig sein

operational budget *n* ECON Betriebsbudget *nt* **operational costs** *n* ECON Betriebskosten *pl*

operationally [ˌɒpᵊr'eɪʃᵊnᵊli, AM ˌɑ:pə'reɪ-] *adv inv* abwicklungstechnisch, die Durchführung betreffend

operational planning *n* ECON Betriebsplanung *f* **operational research** *n esp* AM, AUS, **operations research** *n no pl* Unternehmensforschung *f,* Operational-Research *nt*

operations review *n* Überprüfung *f* der Betriebsabläufe, Betriebsanalyse *f*

operative ['ɒpᵊrətɪv, AM 'ɑ:pəət̬ɪv] **I.** *n* ❶ (*in a factory*) [Fach]arbeiter(in) *m(f)* ❷ (*detective*) Privatdetektiv(in) *m(f);* (*secret agent*) Geheimagent(in) *m(f);* **FBI** ~ FBI-Agent(in) *m(f)* **II.** *adj inv* ❶ (*functioning*) in Betrieb *präd; regulations* wirksam, gültig; ***these reasons still remain ~*** diese Gründe bestehen immer noch ❷ *attr* (*surgical*) operativ; ~ **treatment** chirurgische Behandlung

operative word *n* ❶ (*what's important*) ■ **the** ~ das entscheidende Wort [*o* Wort, auf das es ankommt]; ***in the house there were more statues — more being the ~ word*** im Haus gab es mehr Statuen – mit der Betonung auf [dem Wort] mehr ❷ LAW ■ **~s** *pl* rechtsgestaltende Worte

operator ['ɒpᵊreɪtəʳ, AM 'ɑ:pᵊreɪt̬ɚ] *n* ❶ (*worker*) Bediener(in) *m(f),* Arbeiter(in) *m(f);* **fork-lift** ~ Gabelstaplerfahrer(in) *m(f);* **machine** ~ Maschinist(in) *m(f);* **radio** ~ Funker(in) *m(f)* ❷ (*switchboard worker*) Telefonist(in) *m(f);* (*at telephone company*) ≈ Vermittlung *f* ❸ (*company*) Unternehmer(in) *m(f);* STOCKEX Börsenspekulant(in) *m(f);* **tour** ~ Reiseveranstalter(in) *m(f)* ❹ (*fam: clever person*) gewiefte [*o* raffinierte] Person; ***he is a canny ~ in wage negotiations*** er ist ein schlauer Verhandlungspartner bei Lohnverhandlungen; **to be a real** ~ **with the ladies** die Frauen um den Finger wickeln können; **smooth** ~ Schlitzohr *nt fam,* Schlawiner *m fam* ❺ MATH [Rechen]symbol *nt,* Operator *m fachspr*

operculum <*pl* -la> [ə(ʊ)'pɜ:kjələm, AM oʊ'pɜ:rkjələm, *pl* -lə] *n* ZOOL *of snails* Operkulum *nt fachspr; of fish* Kiemendeckel *m*

operetta [ˌɒpᵊr'etə, AM ˌɑ:pə'ret̬ə] *n* Operette *f*

ophthalmia [ɒf'θælmiə, AM ɑ:f'-] *n no pl* Augenentzündung *f,* Ophthalmie *f fachspr*

ophthalmic [ɒf'θælmɪk, AM ɑ:f'-] *adj attr, inv* Augen-, ophthalmisch *fachspr;* ~ **medicine** Augenheilkunde *f,* Ophthalmiatrie *f fachspr*

ophthalmic optician *n* Augenoptiker(in) *m(f)*

ophthalmologist [ˌɒfθælˈmɒlədʒɪst, AM ˌɑːfθælˈmɑː-] *n* Augenarzt, Augenärztin *m, f,* Ophthalmologe, -in *m, f fachspr*

ophthalmology [ˌɒfθælˈmɒlədʒi, AM ˌɑːfθælˈmɑː-] *n no pl* Augenheilkunde *f,* Ophthalmologie *f fachspr*

ophthalmoscope [ɒfˈθælməskəʊp, AM ɑːfˈθælməskoʊp] *n* MED Augenspiegel *m,* Ophthalmoskop *nt fachspr*

opiate [ˈəʊpiət, AM ˈoʊpiɪt] *n* Opiat *nt*

opine [ə(ʊ)ˈpaɪn, AM oʊˈ-] **I.** *vt* (*form*) ■**to ~ that ...** meinen, dass ... **II.** *vi* (*form*) ■**to ~ on sth** sich *akk* zu etw *dat* äußern

opinion [əˈpɪnjən] *n* ❶ (*belief*) Meinung *f,* Ansicht *f;* ***it is my ~ that ...*** ich finde, dass ...; **popular ~** weit verbreitete Meinung; **public ~** die öffentliche Meinung ❷ (*view on topic*) Einstellung *f,* Standpunkt *m* (**on** zu +*dat*); ***it's my considered ~ that ...*** ich bin zu der Ansicht gelangt, dass ...; **difference of ~** Meinungsverschiedenheit *f;* **just a matter of ~** reine Ansichtssache; **range of ~** Meinungsspektrum *nt,* Meinungsvielfalt *f;* **to be firmly of the ~ that ...** fest davon überzeugt sein, dass ...; **sb's ~ on sb changes** jdn ändert seine Meinung über jdn; **to have a high** [*or* **good**]/**bad** [*or* **poor**] [*or* **low**] **~ of sb/sth** von jdm/etw eine hohe/keine gute Meinung haben; **to have a high ~ of oneself** sehr von sich *dat* überzeugt sein; **to express** [*or* **state**] [*or* **give**] **an ~ on sth** seine Meinung zu etw *dat* äußern, zu etw *dat* Stellung nehmen; **to form an ~** sich *dat* eine Meinung bilden; **in my ~** meiner Meinung [*o* Ansicht] nach ❸ (*professional advice*) Gutachten *nt;* **second ~** Zweitgutachten *nt* ❹ LAW (*listing of reasons*) Urteilsbegründung *f*

opinionated [əˈpɪnjəneɪtɪd, AM -t̬-] *adj* (*pej*) rechthaberisch *pej,* dogmatisch *meist pej*

opinion poll *n* Meinungsumfrage *f*

opium [ˈəʊpiəm, AM ˈoʊ-] *n no pl* Opium *nt*

opium den *n* Opiumhöhle *f* **opium fiend** *n* Opiumsüchtige(r) *f(m)* **opium poppy** *n* BOT Schlafmohn *m*

opossum <*pl* -s *or* -> [əˈpɒsəm, AM -ˈpɑː-] *n* Beutelratte *f,* Opossum *nt*

opp. *adj inv abbrev of* **opposite**

oppo [ˈɑːpoʊ] **I.** *adj* AM *short for* **opposition** Oppositions-, der Opposition *nach n* **II.** *n* AM *short for* **opposition research** *Suche nach für den Opponenten schädlichen Informationen*

opponent [əˈpəʊnənt, AM -ˈpoʊ-] *n* POL Opponent(in) *m(f),* Widersacher(in) *m(f);* LAW Gegenpartei *f;* SPORTS Gegner(in) *m(f);* **to face an ~** einem Gegner begegnen

opponent muscle *n* beweglicher Daumenmuskel

opportune [ˈɒpətjuːn, AM ˌɑːpɚˈtuːn, -ˈtjuːn] *adj* opportun *geh,* angebracht; ~ **chance** passende [*o* günstige] Gelegenheit; ~ **moment** geeigneter [*o* günstiger] Zeitpunkt

opportunely [ˌɒpəˈtjuːnli, AM ˌɒpɚˈtuːn] *adv* passend, gelegen

opportunism [ˌɒpəˈtjuːnɪzᵊm, AM ˌɑːpɚˈtuː-, -tjuː-] *n no pl* Opportunismus *m;* **blatant ~** blanker Opportunismus

opportunist [ˌɒpəˈtjuːnɪst, AM ˌɑːpɚˈtuː-, -tjuː-] **I.** *n* Opportunist(in) *m(f)* **II.** *adj* (*pej*) opportunistisch

opportunistic [ˌɒpətjuːˈnɪstɪk, AM ˌɑːpɚtuːˈ-, -tjuː-] *adj* (*esp pej*) opportunistisch

opportunistically [ˌɒpətjuːˈnɪstɪkᵊli, AM ˌɑːpɚtuːˈ-, -tjuː-] *adv* opportunistisch *geh*

opportunistic infection *n* MED opportunistische Infektion *fachspr*

opportunity [ˌɒpəˈtjuːnəti, AM ˌɑːpɚˈtuːnət̬i] *n* ❶ (*occasion*) Gelegenheit *f;* ***I used to enjoy going to the theatre, but I don't get much ~ now*** früher ging ich gern ins Theater, aber heute habe ich kaum noch [die] Gelegenheit dazu; **a window of ~** eine Chance; **a world of ~** eine Fülle von Möglichkeiten; **at the earliest ~** bei der erstbesten Gelegenheit; ***please contact us at your earliest ~*** bitte setzen Sie sich baldmöglichst mit uns in Verbindung!; **at every ~** bei jeder Gelegenheit; **a unique ~ to do sth** eine einmalige Gelegenheit, [um] etw zu tun; **to get** [*or* **be given**] **the ~ of doing sth** die Chance erhalten, etw zu tun; **to grab** [*or* **seize**] **an ~** eine Gelegenheit ergreifen [*o* beim Schopf[e] packen] ❷ (*for advancement*) Chance *f,* Möglichkeit *f;* ~ **for advancement** [*or* **promotion**] Aufstiegsmöglichkeit *f*
► PHRASES: ~ **knocks** das Schicksal winkt; ***he was waiting for ~ to knock*** er wartete auf die Chance seines Lebens

opportunity shop *n* AUS *karitativer Secondhandladen*

oppose [əˈpəʊz, AM -ˈpoʊz] *vt* ❶ (*disapprove*) ■**to ~ sb/sth** jdn/etw ablehnen, gegen jdn/etw sein; (*raise objection to*) Einspruch *m* gegen etw *akk* erheben ❷ (*resist*) ■**to ~ sb/sth** sich *akk* jdm/etw widersetzen; (*actively*) gegen jdn/etw vorgehen ❸ SPORTS ■**to ~ sb** gegen jdn antreten ❹ POL ■**to ~ sb** jds Gegenspieler(in) *m(f)* sein; (*election*) Herausforderer(in) *m(f)* ❺ (*compare*) ■**to ~ sth to sth** etw gegen etw *akk* halten ❻ LAW **to ~ bail** eine Kaution [*o* Sicherheitsleistung] ablehnen

opposed [əˈpəʊzd, AM -ˈpoʊzd] *adj pred* ❶ (*against*) ■**to be ~ to sth** etw *dat* ablehnend gegenüberstehen, gegen etw *akk* sein ❷ (*contrary*) ■**sth as ~ to sth** etw im Gegensatz zu etw *dat;* ***we're looking for practical experience as ~ to theoretical knowledge*** wir sind an praktischer Erfahrung im Unterschied zu theoretischem Wissen interessiert

opposing [əˈpəʊzɪŋ, AM -ˈpoʊzɪŋ] *adj attr* entgegengesetzt; (*in conflict*) einander widersprechend; ~ **faction** opponierende Splittergruppe; ~ **opinion** gegensätzliche Meinung; ~ **team** gegnerisches Team

opposite [ˈɒpəzɪt, AM ˈɑː-] **I.** *n* ■**the ~** das Gegenteil; ***cold and hot are ~s*** kalt ist das Gegenteil von heiß **II.** *adj inv* ❶ (*contrary*) ~ **interests** gegensätzliche Interessen ❷ (*facing*) gegenüberliegend; ***they sat at ~ ends of the table from each other*** sie saßen sich an den beiden Tischenden gegenüber; **the ~ direction** die entgegengesetzte Richtung; **on the ~ page/side of the street** auf der gegenüberliegenden [*o* anderen] Seite/Straßenseite; *after n;* ***who owns that shop ~?*** wem gehört der Laden gegenüber? **III.** *adv inv* gegenüber; ***she asked the man sitting ~ what time it was*** sie fragte den ihr gegenübersitzenden Mann nach der Uhrzeit **IV.** *prep* ❶ (*across from*) gegenüber +*dat;* ***we live ~ a bakery*** wir wohnen gegenüber einer Bäckerei ❷ FILM, TV, THEAT (*acting with*) **to play ~ sb** jds Gegenrolle [*o* Gegenüber] spielen

opposite number *n* Pendant *nt;* POL Amtskollege, -in *m, f* **opposite sex** *n* + *sing/pl vb, no pl* ■**the ~** das andere Geschlecht **opposite to** *prep* gegenüber +*dat;* ***she always sits ~ her boss*** sie sitzt immer ihrem Chef gegenüber

opposition [ˈɒpəˈzɪʃᵊn, AM ˌɑː-] *n* ❶ *no pl* (*resistance*) Widerstand *m* (**to** gegen +*akk*); ***the unions are in ~ to the government over privatization*** die Gewerkschaften liegen wegen der Privatisierung mit der Regierung im Streit ❷ + *sing/pl vb* (*party not in power*) Opposition[spartei] *f;* **leader of the O~** Oppositionsführer(in) *m(f)* ❸ (*contrast*) Gegensatz *m;* ■**in ~ to sth** im Gegensatz zu etw *dat* ❹ (*opposing player*) Gegner(in) *m(f)* ❺ + *sing/pl vb* (*opposing team*) gegnerische Mannschaft ❻ ASTROL Opposition *f*

opposition research *n* AM *Suche nach für den Opponenten schädlichen Informationen*

oppress [əˈpres] *vt* ■**to ~ sb** ❶ (*subjugate*) jdn unterdrücken ❷ (*overburden*) auf jdm lasten, jdn bedrücken

oppression [əˈpreʃᵊn] *n no pl* ❶ (*subjugation*) Unterdrückung *f;* **the ~ of women** die Unterdrückung der Frau ❷ (*burden*) Druck *m,* Bedrängnis *f geh;* **an overall sense of ~** ein Gefühl *m* völliger Überforderung

oppressive [əˈpresɪv] *adj* ❶ (*harsh*) *regime* unterdrückerisch, repressiv *geh;* ~ **taxes** drückende Steuern ❷ (*hard to bear*) erdrückend; ~ **atmosphere** bedrückende [*o* beklemmende] Atmosphäre; **an ~ sense of disaster** eine lähmende Vorausahnung bevorstehenden Unheils ❸ (*stifling*) *heat, weather* drückend, schwül

oppressively [əˈpresɪvli] *adv* ❶ (*harshly*) grausam, hart ❷ (*hard to bear*) bedrückend; ***her worries weighed on her ~*** ihre Sorgen belasteten sie sehr; ~ **humid** drückend schwül

oppressiveness [əˈpresɪvnəs] *n no pl* ❶ (*harshness*) Härte *f,* Tyrannei *f* ❷ (*burden*) Schwere *f,* drückende Last ❸ METEO Schwüle *f;* **the ~ of the heat** die drückende Hitze

oppressor [əˈpresəʳ, AM -ɚ] *n* Unterdrücker(in) *m(f)*

opprobrium [əˈprəʊbriəm, AM -ˈproʊ-] *n no pl* (*form*) Schande *f,* Schmach *f geh;* **to heap ~ on sb/sth** jdn/etw tadeln [*o geh* schmähen]

op-shop [ˈɒpʃɒp] *n* AUS (*fam*) *short for* **opportunity shop** *karitativer Secondhandladen*

opt [ɒpt, AM ɑːpt] *vi* ■**to ~ for sth** sich *akk* für etw *akk* entscheiden

◆**opt in** *vi* mitmachen, sich *akk* beteiligen

◆**opt out** *vi* nicht mitmachen; (*withdraw*) aussteigen *fam;* ■**to ~ out of sth** bei etw *dat* nicht länger mitmachen, aus etw *dat* aussteigen

optative [ˈɒptətɪv, AM ˈɑːptət̬ɪv] *adj inv* LING optativ *fachspr;* ~ **mood** Optativ *m fachspr*

optic [ˈɒptɪk, AM ˈɑːp-] **I.** *n* PHOT optisches Teil (*in einem Gerät*) **II.** *adj attr, inv* Seh-; ~ **surgery** Augenoperation *f*

optical [ˈɒptɪkᵊl, AM ˈɑːp-] *adj inv* optisch; ~ **storage medium** optisches Speichermedium

optical bar reader *n* [optischer] Strichkodeleser, Balkencodeleser *m* **optical character reader** *n* COMPUT optischer Leser **optical character recognition** *n* COMPUT optische Zeichenerkennung **optical fiber** AM, **optical fibre** *n* Glasfaser *f,* Lichtleitfaser *f* **optical glass** *n no pl* optisches Glas **optical illusion** *n* optische Täuschung

optically [ˈɒptɪkᵊli, AM ˈɑːp-] *adv inv* optisch

optical microscope *n* Lichtmikroskop *nt*

optician [ɒpˈtɪʃᵊn, AM ɑːp-] *n* Optiker(in) *m(f)*

optic nerve *n* Sehnerv *m*

optics [ˈɒptɪks, AM ˈɑːp-] *n* + *sing vb* Optik *f kein pl*

optimal [ˈɒptɪmᵊl, AM ˈɑːp-] *adj inv* optimal

optimism [ˈɒptɪmɪzᵊm, AM ˈɑːptə-] *n no pl* Optimismus *m;* **to have grounds** [*or* **cause**] **for ~** Grund [*o* Anlass] haben, optimistisch zu sein; **market ~** STOCKEX Börsenoptimismus *m;* **a note of ~** eine Spur Optimismus

optimist [ˈɒptɪmɪst, AM ˈɑːptə-] *n* Optimist(in) *m(f);* **to be a born** [*or* **natural**] **~** von Natur aus optimistisch sein

optimistic [ˈɒptɪmɪstɪk, AM ˈɑːptə-] *adj* optimistisch; ***she is ~ about her chances of winning a gold medal*** sie ist optimistisch, was ihre Chancen auf eine Goldmedaille betrifft; ***he takes an ~ view of the exchange rate*** er ist hinsichtlich des Wechselkurses zuversichtlich

optimistically [ˈɒptɪmɪstɪkᵊli, AM ˈɑːptə-] *adv* optimistisch

optimization [ˌɒptɪmaɪˈzeɪʃᵊn, AM ˌɑːptəmɪˈ-] *n no pl* Optimierung *f*

optimize [ˈɒptɪmaɪz, AM ˈɑːptə-] *vt* ■**to ~ sth** etw optimieren

optimum [ˈɒptɪməm, AM ˈɑːptə-] **I.** *n* <*pl* -tima *or* -s> Optimum *nt;* ■**at an ~** in optimalem Zustand; ***when conditions are at an ~, the plant life will thrive*** wenn optimale Bedingungen herrschen, kann das pflanzliche Leben bestens gedeihen **II.** *adj inv* optimal, bestmöglich; **under ~ conditions** unter optimalen Bedingungen; ~ **weather** ideales Wetter

option [ˈɒpʃᵊn, AM ˈɑːp-] *n* ❶ (*choice*) Wahl *f;* (*possibility*) Möglichkeit *f;* ***I had no money so I had no ~ but to work*** ich hatte kein Geld, also blieb mir nichts anderes übrig als zu arbeiten; **to keep** [*or* **leave**] **one's ~s open** sich *dat* alle Möglichkeiten offen halten, sich *akk* noch nicht festlegen; **to not be an ~** nicht in Betracht [*o* Frage] kommen ❷ (*freedom to choose*) Wahlmöglichkeit *f,* Option *f* ❸ (*right to buy or sell*) Option *f,* Optionsrecht *nt;* **a 90-day ~** ein auf 90 Tage befristetes Vorkaufsrecht; **to take up one's ~** sein Optionsrecht wahrnehmen ❹ *usu pl* STOCKEX Option *f,* Optionsgeschäft *nt,* [Aktien]bezugsrecht *nt;* **call ~** Kaufoption *f;* **~ contract** Optionsvertrag *m;* **~ dealing** [*or* **trading**] Optionsgeschäft *nt,* Optionshandel *m;* **double ~** Stellage *f;* **~ holder** Optionsinhaber(in) *m(f);* **put ~** Verkaufsoption *f;* **share ~** Aktienoption *f;* **stock ~** Anrecht auf Belegschaftsaktien; **traded ~s** börsengehandelte Optionen; **writer of an ~** Verkäufer einer Option

optional ['ɒpʃənəl, AM 'ɑːp-] *adj inv* optional *geh,* fakultativ *geh,* wahlfrei; ***the amount of your donation is ~*** es steht Ihnen frei, wie viel Sie spenden; ***the insurance cover is optional*** Sie müssen sich nicht versichern; **~ subject** SCH, UNIV Wahlfach *nt*

option contract *n* ECON Optionsvertrag *m* **option dealing** *n* ECON Optionsgeschäfte *pl,* Optionshandel *m* **option money** *n* STOCKEX Optionspreis *m* **option trading** *n see* **option dealing**

optoelectronics [ˌɒptəʊelek'trɒnɪks, AM ˌɑːptoʊɪlek'trɑːnɪks] *n + sing vb* Optoelektronik *f fachspr*

optometrist [ɒp'tɒmətrɪst, AM ɑːp'tɑːmə-] *n esp* AM, AUS ≈ Optiker(in) *m(f)*

optometry [ɒp'tɒmətri, AM ɑːp'tɑːmə-] *n no pl* Optometrie *f fachspr*

optophone ['ɒptə(ʊ)fəʊn, AM 'ɑːptəfoʊn] *n* Lichtsprechgerät *nt*

opt-out *n Austritt aus der Kontrolle der Kommunalverwaltung;* ***the hospital organized an ~ from city funding control*** das Krankenhaus hat sich einer städtischen Kontrolle seiner Geldmittel entzogen **opt-out clause** *n* Rücktrittsklausel *f*

opulence ['ɒpjələn(t)s, AM 'ɑːp-] *n no pl* ❶ (*wealth*) Reichtum *m,* Wohlstand *m* ❷ (*abundance*) Überfluss *m*

opulent ['ɒpjələnt, AM 'ɑːp-] *adj* ❶ (*affluent*) wohlhabend, reich; **~ lifestyle** aufwendiger Lebensstil ❷ (*luxurious*) feudal, luxuriös ❸ (*abundant*) üppig, [über]reichlich

opulently ['ɒpjələntli, AM 'ɑːp-] *adv* ❶ (*luxuriously*) luxuriös, feudal ❷ (*abundantly*) reichlich

opus <*pl* -es *or* opera> ['əʊpəs, *pl* 'ɒpərə, AM 'oʊpəs, *pl* 'oʊpərə] *n* ❶ (*piece of music*) Opus *nt* ❷ (*piece of art*) Werk *nt*

OR *n no pl* ❶ ECON *abbrev of* **operational research** ❷ GEOG *abbrev of* **Oregon** OR

or [ɔːʳ, AM ɔːr] *conj* ❶ (*as a choice*) oder ❷ (*otherwise*) sonst; **~ else** sonst, ander[e]nfalls; ■**either ... ~ ...** entweder...[,] oder ❸ (*and also not*) ■**not ... ~ ...** weder ... noch ...; ***he can't sing ~ dance*** er kann weder singen noch tanzen ❹ (*also called*) oder auch, beziehungsweise ❺ (*being non-specific or unsure*) **someone/something/somewhere/sometime ~ other** [irgend]jemand/[irgend]etwas/irgendwo/irgendwann; ***meet me at 10:00 ~ so at the cafe*** treffen wir uns so gegen zehn im Café *fam*
▸ PHRASES: **~ else** ***mom's been calling you — you'd better go home ~ else*** Mammi wollte dich sprechen – besser, du gehst nach Hause, sonst ... *fam;* **~ what** (*fam, sl*) ***are you finally going to come, ~ what!*** also kommst du jetzt, oder was? *sl*

oracle ['ɒrəkl, AM 'ɔːrə-] *n* ❶ (*place*) Orakel *nt;* **the O~ of Delphi** das Orakel zu [*o* von] Delphi; **to consult the ~** das Orakel befragen ❷ (*person*) Seher(in) *m(f)* ❸ (*response*) Orakel *nt,* Orakelspruch *m* ❹ (*fig: adviser*) Autorität *f;* ***whenever I want to plant roses, I consult Bob, who is the garden ~*** wann immer ich Rosen pflanzen will, frage ich Bob, er weiß einfach alles übers Gärtnern

oracular [ɒr'ækjələʳ, AM ɔː'rækjuːlɚ] *adj* ❶ (*mysterious*) orakelhaft, rätselhaft ❷ *inv* (*of an oracle*) Orakel-; ***the ~ advice was closely followed*** der Rat des Orakels wurde genau befolgt

oral ['ɔːrəl] **I.** *adj inv* ❶ (*spoken*) mündlich; **to make an ~ agreement** eine mündliche Absprache treffen; **~ exam/statement** mündliche Prüfung/Aussage; **to do an ~ presentation about sth** ein Referat über etw *akk* halten; **~ skills** sprachliche Ausdrucksfähigkeit; ***he can write well, but how are his ~ skills?*** schreiben kann er gut, aber kann er sich auch mündlich ausdrücken? ❷ MED oral; **~ contraceptive** orales Verhütungsmittel; **~ hygiene** Mundhygiene *f;* **~ medication** Medizin *f* zum Einnehmen; **~ thermometer** Fieberthermometer *nt* ❸ PSYCH oral; **~ stage** orale Phase *fachspr* **II.** *n* mündliche [Einzel]prüfung; ■**~s** *pl* mündliches Examen; ■**the ~s** das Mündliche *fam*

oral history *n no pl* mündlich überlieferte Geschichte

orally ['ɔːrəli] *adv inv* ❶ (*spoken*) mündlich ❷ (*with mouth*) oral; **to be ~ fixated** PSYCH oral fixiert sein *fachspr;* (*fig*) ***I heard he's ~ fixated*** ich hab gehört, er macht's besonders gern mit dem Mund *sl*

oral sex *n no pl* Oralverkehr *m* **oral society** *n* Gemeinschaft *f* ohne Schriftsprache **oral tradition** *n* mündliche Tradition

orange ['ɒrɪnʤ, AM 'ɔːr-] **I.** *n* ❶ (*fruit*) Orange *f,* Apfelsine *f* ❷ (*colour*) Orange *nt* **II.** *n modifier* (*blossom, drink, ice, tree, section*) Orangen-, Apfelsinen-; **~ grove** Orangenhain *m* **III.** *adj* orange[farben], orangefarbig

orangeade [ˌɒrɪnʤ'eɪd, AM ˌɔːr-] *n* BRIT Orangeade *f,* Orangenlimonade *f*

orange juice *n no pl* Orangensaft *m*

Orangeman <*pl* -men> ['ɒrɪnʤmən, AM 'ɔːrɪnʤ] *n* Mitglied *nt* des Oranierordens

orangeness [ˌɒrɪnʤnəs, AM 'ɔːr-] *n no pl* [intensiver] Orangeton

orange peel *n* Apfelsinenschale *f,* Orangenschale *f*

orangery <*pl* -ries> ['ɒrɪnʤəri, AM 'ɔːrɪnʤri] *n* Orangerie *f* **orange soda** *n* Orangeade *f* **orange squash** *n* BRIT Orangensaftkonzentrat *nt*

orang-outang [ɔː'ræŋuːtæn, AM ɔː'ræŋə-] *n,* **orang-utan** *n* Orang-Utan *m*

orate [ɔː'reɪt, AM *also* 'ɔːreɪt] *vi* (*esp pej*) eine Rede halten, große Reden schwingen *pej*

oration [ɔː'reɪʃən] *n* (*speech*) [feierliche] Rede; (*address*) [förmliche] Ansprache; **funeral ~** Grabrede *f*

orator ['ɒrətəʳ, AM 'ɔːrəṱɚ] *n* Redner(in) *m(f),* Orator(in) *m(f) selten geh*

oratorical [ˌɒrə'tɒrɪkəl, AM ˌɔːrə'tɔːr-] *adj inv* rednerisch, oratorisch *geh;* **~ skills** rhetorische Fähigkeiten

oratorio [ˌɒrə'tɔːriəʊ, AM ˌɔːrə'tɔːrioʊ] *n* MUS Oratorium *nt*

oratory[1] ['ɒrətəri, AM 'ɔːrətɔːri] *n no pl* (*speaking*) Redekunst *f,* Rhetorik *f geh*

oratory[2] ['ɒrətəri, AM 'ɔːrətɔːri] *n* (*chapel*) Kapelle *f,* Oratorium *nt*

orb [ɔːb, AM ɔːrb] *n* ❶ (*hist: of a king*) Reichsapfel *m hist* ❷ (*spherical body*) kugelförmiger Körper ❸ ASTRON (*poet*) Gestirn *nt poet,* Himmelskörper *m;* **~ of the sun** Sonnenball *m poet,* Sonnengestirn *nt poet* ❹ *usu pl* (*liter: eye*) Augapfel *m;* **~s of blue** blaue Augensterne *poet*

orbicular [ɔː'bɪkjələʳ, AM ɔːr'bɪkjuːlɚ] *adj* kreisförmig, scheibenförmig

orbit ['ɔːbɪt, AM 'ɔːr-] **I.** *n* ❶ (*constant course*) Umlaufbahn *f,* Kreisbahn *f,* Orbit *m fachspr;* ***the spacecraft went into ~ around the Earth*** das Raumfahrzeug trat in die Erdumlaufbahn ein; **electron ~** Elektronen[kreis]bahn *f;* **planetary ~** Planetenbahn *f* ❷ (*trip around*) Umkreisung *f* ❸ (*fig: influence*) Wirkungskreis *m,* [Einfluss]bereich *m;* ***taxation falls within the ~ of a different department*** Besteuerung fällt in den Zuständigkeitsbereich einer anderen Abteilung ❹ (*eye socket*) Augenhöhle *f*
▸ PHRASES: **to go into ~** (*increase*) in den Himmel schießen *fam;* (*become angry*) [vor Wut] an die Decke gehen *fam* **II.** *vi* kreisen **III.** *vt* ❶ (*circle around*) **to ~ the Earth/Mars/the Sun** die Erde/den Mars/die Sonne umkreisen ❷ (*put into orbit*) **to ~ a rocket/satellite** eine Rakete/einen Satelliten in die Umlaufbahn bringen

orbital ['ɔːbɪtəl, AM 'ɔːrbɪṱəl] **I.** *n* NUCL Orbital *nt o m fachspr* **II.** *adj inv* orbital; **~ path** [*or* **way**] Ringstraße *f*

orbiter ['ɔːbɪtəʳ, AM 'ɔːrbɪṱɚ] *n* kreisender Flugkörper, Orbiter *m fachspr*

orca ['ɔːkə, AM 'ɔːrkə] *n* Schwertwal *m*

Orcadian [ɔː'keɪdiən, AM ɔːr'-] **I.** *n* Bewohner(in) *m(f)* der Orkneyinseln **II.** *adj inv* Orkney-; **~ girl** Mädchen *nt* von den Orkneyinseln

orch *n abbrev of* **orchestra**

orchard ['ɔːtʃəd, AM 'ɔːrtʃɚd] *n* Obstgarten *m;* **apple ~** [Obst]garten *m* mit Apfelbäumen; **cherry ~** Kirschgarten *m*

orchestra ['ɔːkɪstrə, AM 'ɔːr-] *n* ❶ *+ sing/pl vb* (*musicians*) Orchester *nt;* **school ~** Schulorchester *nt* ❷ (*orchestra pit*) Orchestergraben *m*

orchestral [ɔː'kestrəl, AM ɔːr'-] *adj inv* Orchester-, orchestral

orchestra pit *n* Orchestergraben *m* **orchestra stalls** *npl* BRIT Parkett *nt*

orchestrate ['ɔːkɪstreɪt, AM 'ɔːr-] *vt* ■**to ~ sth** ❶ (*arrange for orchestra*) etw orchestrieren; **to ~ music** ein Musikstück instrumentieren [*o* für Orchesterbesetzung umarbeiten] ❷ (*arrange*) etw organisieren [*o geh* ins Werk setzen]

orchestration [ˌɔːkɪ'streɪʃən, AM ˌɔːr-] *n* ❶ (*of music*) Orchestrierung *f,* Orchestration *f* ❷ (*of an event*) Organisation *f*

orchid ['ɔːkɪd, AM 'ɔːr-] *n* Orchidee *f;* **wild ~s** wilde Orchideen

orcin ['ɔːsɪn, AM 'ɔːr-] *n* CHEM Orcin *nt fachspr*

ordain [ɔː'deɪn, AM ɔːr-] *vt* ❶ (*to the ministry*) ■**to ~ sb** jdn ordinieren; **to ~ a minister/priest** einem Geistlichen/Priester die Weihen erteilen; **to ~ sb as a priest** jdn zum Priester weihen ❷ (*decree*) ■**to ~ that ...** bestimmen [*o* verfügen], dass ...; ***it was ~ed that he go to China to be a missionary*** es wurde angeordnet, dass er als Missionar nach China gehen solle; **~ed of God** gottgewollt

ordeal [ɔː'diːl, AM ɔːr-] *n* ❶ (*hist*) Gottesurteil *nt hist* ❷ (*fig: painful decision*) Feuerprobe *f,* Zerreißprobe *f* ❸ (*torture*) Qual *f,* Martyrium *nt*

order ['ɔːdəʳ, AM 'ɔːrdɚ]

I. NOUN	II. INTRANSITIVE VERB
III. TRANSITIVE VERB	

I. NOUN

❶ *no pl* (*tidiness*) Ordnung *f;* ***are your papers in ~?*** sind Ihre Papiere in Ordnung?; ***is it in ~ for me to park my car here?*** ist es in Ordnung, wenn ich mein Auto hier parke?; **to leave sth in ~** etw in ordentlichem Zustand hinterlassen; **to put sth in ~** etw ordnen [*o* in Ordnung bringen]; **to put one's affairs in ~** seine Angelegenheiten ordnen ❷ *no pl* (*sequence*) Reihenfolge *f,* Abfolge *f;* ***the children lined up in ~ of age*** die Kinder stellten sich dem Alter nach auf; **~ of the day** Tagesordnung *f,* Agenda *f;* **in ~ of preference** in der bevorzugten Reihenfolge; **~ of service** Gottesdienstordnung *f;* **word ~** Wortstellung *f;* **in alphabetical/chronological/reverse ~** in alphabetischer/chronologischer/umgekehrter Reihenfolge; **running ~** BRIT Programm *nt,* Programmablauf *m;* **to be out of ~** durcheinander geraten sein ❸ (*command*) Befehl *m,* Anordnung *f;* LAW Verfügung *f;* COMPUT (*instruction*) Anweisung *f,* Befehl *m;* **by ~ of the police** auf polizeiliche Anordnung hin; **court ~** richterliche Verfügung, Gerichtsbeschluss *m;* **doctor's ~s** ärztliche Anweisung; **to give/receive an ~** eine Anweisung [*o* einen Befehl] geben/erhalten; **to take ~s from sb** von jdm Anweisungen entgegennehmen; ***if you don't learn to take ~s, you're going to have a hard time*** wenn du nicht lernst, dir etwas sagen zu lassen, wirst du es schwer haben; **to be under ~s to stand guard/maintain silence** gehalten sein, Wache zu stehen/Schweigen zu bewahren ❹ (*in a restaurant*) Bestellung *f;* (*portion*) Portion *f;* ***your ~ will be ready in a minute, sir*** Ihre Bestellung kommt gleich!; ***we'll take three ~s of chicken nuggets*** wir nehmen dreimal die Chicken Nuggets ❺ (*for supplies*) Bestellung *f,* Auftrag *m;* **to be on ~** bestellt sein; **to put in an ~** eine Bestellung aufgeben, einen Auftrag erteilen; **to take an ~** eine Bestellung aufnehmen;

O

done [*or* **made**] **to** ~ auf Bestellung [*o* nach Auftrag] [an]gefertigt ⑥ FIN Zahlungsanweisung *f*, Order *m*; ***pay to the order of Mr Smith*** zahlbar an Mr Smith; **banker's** [*or* **standing**] ~ Dauerauftrag *m*; **money** ~ Postanweisung *f* ⑦ STOCKEX Order *m*; **fill or kill** ~ Sofortauftrag *m*; **good-till-canceled** ~ AM Auftrag *m* bis auf Widerruf; **market** ~ Bestensauftrag *m*; **stop-loss** ~ Stop-Loss-Auftrag *m*; **~-driven system** *Preissystem am Effektenmarkt, das sich nach Angebot und Nachfrage regelt* ⑧ *no pl* (*good discipline*) Ordnung *f*, Disziplin *f*; ***~! ~! please quieten down!*** Ruhe bitte! Bitte seien Sie leise!; **to keep** ~ Ordnung [be]wahren, die Disziplin aufrechterhalten; **to restore** ~ die Ordnung wiederherstellen; **out of** ~ BRIT (*fam: inappropriate, rude*) nicht angebracht; ***his behaviour was well out of*** ~ sein Verhalten fiel ziemlich aus dem Rahmen; ***you were definitely out of*** ~ du hast dich völlig daneben benommen *fam* ⑨ *no pl* (*procedural rules*) Verfahrensweise *f*; **to raise a point of** ~ eine Anfrage zur Geschäftsordnung haben; **rules of** ~ Verhandlungsrichtlinien *fpl*, Verfahrensregeln *fpl*; **to bring a meeting to** ~ eine Sitzung zur Rückkehr zur Tagesordnung aufrufen; **to call to** ~ das Zeichen zum Beginn geben; **to call a meeting to** ~ eine Versammlung zur Ordnung rufen; (*open officially*) einen Sitzung eröffnen ⑩ *no pl* (*condition*) Zustand *m*; **working** ~ Funktionsfähigkeit *f*, Betriebsfähigkeit *f*; **in running** [*or* **working**] ~ funktionsbereit, betriebsbereit; **out of** ~ nicht betriebsbereit, kaputt *fam* ⑪ *no pl* (*indicating purpose*) ▪**in** ~ **to do sth** um etw zu tun; ***he came home early in ~ to see the children*** er kam früh nach Hause, um die Kinder zu sehen; ▪**in** ~ **for ...** damit ...; ***in ~ for us to do our work properly, you have to supply us with the parts*** wenn wir die Arbeit richtig machen sollen, müssen Sie uns die Teile liefern; ▪**in** ~ **that ...** damit ...; ***in ~ that you get into college, you have to study hard*** um aufs College gehen zu können, musst du viel lernen ⑫ (*type*) Art *f*; ***these were problems of a completely different*** ~ dies waren Probleme völlig anderer Art; ~ **of magnitude** Größenordnung *f*; **of the highest** ~ (*as regards quantity*) hochgradig; (*as regards quality*) von höchster Qualität; **of** [*or* **in**] **the** ~ **of sth** in der Größenordnung von etw *dat*; ***this project will cost something in the ~ of £500*** das Projekt wird so ungefähr 500 Pfund kosten ⑬ (*constitution*) Ordnung *f*; **a new world** ~ eine neue Weltordnung ⑭ BRIT (*social class*) Schicht *f*, [gesellschaftlicher] Rang; **the higher/lower ~s** die oberen/unteren Bevölkerungsschichten ⑮ BIOL (*in taxonomy*) Ordnung *f* ⑯ REL (*brotherhood*) [geistlicher] Orden; **Jesuit** ~ Jesuitenorden *m* ⑰ (*distinguished group*) Orden *m*; **O~ of the Garter** Hosenbandorden *m*; **O~ of Merit** Verdienstorden *m*; **Masonic O~** Freimaurerloge *f* ⑱ (*architectural style*) Säulenordnung *f*; **Doric/Ionic** ~ dorische/ionische Säulenordnung ⑲ MATH (*level of difficulty*) Ordnung *f*; **equations of the second** ~ Gleichungen *fpl* zweiten Grades ⑳ (*divine service*) Weihe *f*; *of confirmation, of marriage* Sakrament *nt* ㉑ REL ▪**~s** *pl* Weihen *fpl*; **holy ~s** heilige Weihen; **to be in** [**holy**] **~s** dem geistlichen Stand angehören; **to take** [**holy**] **~s** in den geistlichen Stand eintreten, die Weihen empfangen ㉒ (*in House of Commons*) Geschäftsordnung *f*

II. INTRANSITIVE VERB

(*place an order*) bestellen; ***are you ready to ~?*** möchten Sie schon bestellen?

III. TRANSITIVE VERB

① (*command*) ▪**to** ~ **sb to do sth** jdm den Befehl geben [*o* jdn anweisen], etw zu tun; ***they ~ed him to leave the room*** sie forderten ihn auf, den Raum zu verlassen; ***the doctor ~ed him to stay in bed*** der Arzt verordnete ihm Bettruhe; ▪**to** ~ **sth** etw anordnen [*o* befehlen]; ***police ~ed the disco closed*** die Polizei ordnete die Schließung der Diskothek an; ▪**to** ~ **sb out** jdn zum Verlassen auffordern, jdn hinausbeordern ② (*place request*) ▪**to** ~ **sth** etw bestellen; **to** ~ **goods** Waren bestellen [*o* in Auftrag geben] ③ (*arrange*) ▪**to** ~ **sth** etw ordnen; (*direct*) *meeting* etw abhalten; **to** ~ **one's thoughts** seine Gedanken ordnen

◆**order about, order around** *vt* ▪**to** ~ **sb about** [*or* **around**] jdn herumkommandieren

order book *n* Auftragsbuch *nt*; POL (*in House of Commons*) Liste *f* der Anträge und Fragen **order cheque** *n* FIN Orderscheck *m*

ordered [ˈɔːdəd, AM ˈɔːrdɚd] *adj* ordentlich, geordnet; **well-~ room** aufgeräumtes Zimmer

ordered pair *n* MATH geordnetes Paar

order form *n* Auftragsformular *nt*, Bestellformular *nt*; **to fill out an** ~ ein Auftragsformular [*o* Bestellformular] ausfüllen

orderliness [ˈɔːdəlɪnəs, AM ˈɔːrdɚ-] *n no pl* Ordnung *f*, geregelte [*o* geordnete] Verhältnisse *ntpl*

orderly [ˈɔːdᵊli, AM ˈɔːrdɚli] **I.** *n* ① (*hospital attendant*) ≈ [Kranken]pfleger(in) *m(f)*; (*unskilled*) Hilfskraft *f* (*in Betreuungseinrichtungen*) ② MIL (*carrier of orders*) Ordonnanz *f geh*; (*medical sergeant*) Sanitätsunteroffizier *m*; (*officer's servant*) [Offiziers]bursche *m veraltet* **II.** *adj* ① (*methodical*) geordnet; (*tidy*) ordentlich; *room* aufgeräumt ② (*well-behaved*) gesittet; *demonstration* friedlich; ***in case of fire, proceed out of the building in an ~ fashion*** im Brandfalle das Gebäude geordnet und zügig verlassen!; **to live an** ~ **life** ein geregeltes Leben führen

order paper *n* ① BRIT POL [schriftliche] Tagesordnung, Sitzungsprogramm *nt* ② (*in banking*) Orderpapier *nt* **order picking** *n no pl* Auftragszusammenstellung *f*, Kommissionieren *nt fachspr* **order processing** *n no pl* Auftragsbearbeitung *f*, Auftragsabwicklung *f*

orders *npl* LAW Rechtsverordnungen *pl*

ordinal [ˈɔːdɪnᵊl, AM ˈɔːrdᵊn-] *n*, **ordinal number** *n* Ordinalzahl *f*

ordinance [ˈɔːdɪnen(t)s, AM ˈɔːrdᵊn-] *n* ① (*law*) Verordnung *f*, Erlass *m*; **city** [*or* **town**] ~ städtische Verordnung; **local** [*or* **municipal**] ~ Gemeindeverordnung *f*, Gemeindesatzung *f* ② (*rite*) Ritus *m*

ordinand [ˈɔːdɪnænd, AM ˈɔːrdᵊn] *n* REL Ordinandus *m*

ordinarily [ˈɔːdᵊnᵊrᵊli, AM ˈɔːrdᵊnerᵊ-] *adv inv* gewöhnlich, normalerweise

ordinariness [ˈɔːdᵊnᵊrɪnəs, AM ˌɔːrdᵊˈner-] *n no pl* Durchschnittlichkeit *f*, Normalität *f*

ordinary [ˈɔːdᵊnᵊri, AM ˈɔːrdᵊneri] **I.** *adj* gewöhnlich, normal; ***her last concert appearance was no ~ performance*** ihr letzter Konzertauftritt war eine außergewöhnliche Vorstellung; ~ **interest** AM gewöhnliche Zinsen; ~ **people** [ganz] normale Menschen; **in the** ~ **way** wie gewöhnlich, auf die übliche Art und Weise **II.** *n* ① *no pl* (*normal state*) ▪**the** ~ das Übliche [*o* Normale]; **out of the** ~ außergewöhnlich, ungewöhnlich; **nothing out of the** ~ nichts Ungewöhnliches [*o* Außergewöhnliches] ② BRIT (*judge*) ordentlicher Richter/ordentliche Richterin ③ (*archbishop, bishop*) Ordinarius *m* ④ REL ▪**O~** (*in Catholic mass*) Messordnung *f*, Gottesdienstordnung *f*; (*book*) Ordinarium *nt fachspr* ⑤ AM (*hist: penny-farthing*) ≈ Hochrad *nt*

ordinary level *n* BRIT ≈ mittlere Reife **ordinary seaman** *n* BRIT Leichtmatrose *m* **ordinary share** *n* Stammaktie *f*; **deferred** ~ Nachzugsaktie *f* **ordinary share capital** *n* STOCKEX Grundkapital *nt* **ordinary shareholder** *n* STOCKEX Stammaktionär(in) *m(f)* **Ordinary Share Index** *n* STOCKEX Aktienindex *m* **ordinary stock** *n* BRIT Stammaktie *f*

ordinate [ˈɔːdᵊnət, AM ˈɔːrdᵊnɪt] *n* MATH Ordinate *f fachspr*

ordination [ˌɔːdɪˈneɪʃᵊn, AM ˌɔːrdᵊ-] *n* REL ① *no pl* (*action*) Ordination *f*, Ordinierung *f*; **the** ~ **of women** die Einsetzung von Frauen in ein kirchliches Amt ② (*ceremony*) [feierliche] Priesterweihe

ordnance [ˈɔːdnən(t)s, AM ˈɔːrd-] *n no pl* MIL Artillerie *f*, Geschütze *ntpl*

Ordnance Survey *n* BRIT amtliche Landvermessung **Ordnance Survey map** *n* BRIT amtliche topographische Karte

ordonnance [ˈɔːdənən(t)s, AM ˈɔːrd-] *n* Ordnung *f*, Anordnung *f*

ordure [ˈɔːdjʊəʳ, AM ˈɔːrdʒɚ] *n no pl* Kot *m*, Mist *m*; (*fig*) Schund *m*

ore [ɔːʳ, AM ɔːr] *n* Erz *nt*; **copper/iron** ~ Kupfer-/Eisenerz *nt*

oregano [ˌɒrɪˈgɑːnəʊ, AM ɔːˈregənoʊ] *n no pl* Oregano *nt*

organ [ˈɔːgən, AM ˈɔːr-] **I.** *n* ① MUS Orgel *f*; **church** ~ Kirchenorgel *f*; **pipe** ~ Orgel *f*; **electronic** ~ elektronische Orgel ② ANAT Organ *nt*; **external/internal** ~ äußeres/inneres Organ; **the male** ~ das männliche Glied; **reproductive ~s** Fortpflanzungsorgane *ntpl*; **to reject an** ~ ein Organ abstoßen ③ (*euph: penis*) [männliches] Glied ④ (*fig: mouthpiece*) Organ *nt*; ***this newspaper is the ~ of the conservative party*** dieses Blatt ist das Sprachrohr der konservativen Partei **II.** *n modifier* (*bench, music, piece, solo, player*) Orgel-; ~ **recital** Orgelkonzert *nt*

organdie [ˈɔːgᵊndi, AM ˈɔːrgən] *n* FASHION Organdy *m*

organ donor *n* Organspender(in) *m(f)*

organdy <*pl* -dies> [ˈɔːgᵊndi, AM ˈɔːrgən] *n* AM *see* **organdie**

organ grinder *n* Drehorgelspieler(in) *m(f)*, Leierkastenmann, Leierkastenfrau *m, f*

organic [ɔːˈgænɪk, AM ɔːr-] *adj inv* ① (*of bodily organs*) organisch ② (*living*) organisch; ~ **compound** organische Verbindung; ~ **matter** organisches Material ③ AGR ~ **fruits** Obst *nt* aus biologischem Anbau, Biofrüchte *fpl*; ~ **farming methods** biodynamische Anbaumethoden ④ (*fundamental*) elementar, substantiell ⑤ (*systematic*) organisch; **an** ~ **whole** ein in sich geschlossenes Ganzes

organically [ɔːˈgænɪkᵊli, AM ɔːr-] *adv inv* organisch; AGR biologisch, biodynamisch; ~ **grown** biologisch angebaut

organic chemistry *n no pl* organische Chemie

organisational psychology *n no pl* Betriebspsychologie *f*

organism [ˈɔːgᵊnɪzᵊm, AM ˈɔːr-] *n* Organismus *m*

organist [ˈɔːgᵊnɪst, AM ˈɔːr-] *n* Organist(in) *m(f)*

organization [ˌɔːgᵊnaɪˈzeɪʃᵊn, AM ˌɔːrgᵊnɪ-] *n* ① *no pl* (*action*) Organisation *f*; *of time* Einteilung *f*; ~ **chart** Diagramm *nt* der Unternehmensstruktur ② + *sing/pl vb* (*association*) Organisation *f*, Vereinigung *f*; **aid** ~ Hilfsorganisation *f*; **non-profit** ~ nicht gewinnorientierter [*o* gemeinnütziger] Verein ③ + *sing/pl vb* (*company*) Organisation *f* ④ *no pl* (*tidiness*) Aufgeräumtheit *f*, Ordentlichkeit *f* ⑤ *no pl* (*composition*) Anordnung *f*; *of a painting* Aufbau *m*; *of a room* Aufteilung *f*

organizational [ˌɔːgᵊnaɪˈzeɪʃᵊnᵊl, AM ˌɔːrgᵊnɪ-] *adj inv* organisatorisch, Organisations-; ~ **skills** organisatorische Fähigkeiten; ~ **talent** Organisationstalent *nt*

organization chart *n* ECON Organisationsplan *m*, Organogramm *nt fachspr* **Organization for Economic Cooperation and Development** *n no pl*, ▪**the** ~ die Organisation für wirtschaftliche Zusammenarbeit und Entwicklung **Organization of African Unity** *n no pl*, die Organisation für Afrikanische Einheit **Organization of Petroleum Exporting Countries** *n no pl* Organisation *f* erdölexportierender Länder, OPEC *f*

organize [ˈɔːgᵊnaɪz, AM ˈɔːr-] *vt* ① (*into a system*) ▪**to** ~ **sth** *activities* etw organisieren [*o* koordinieren]; *books, files* etw ordnen [*o* sortieren]; **to** ~ **space** Raum aufteilen; **to** ~ **a story so as to build suspense** eine Geschichte so aufbauen, dass Spannung entsteht; **to get** [**oneself**] **~d** mit sich *dat* selbst ins Reine kommen ② POL **to** ~ **blacks/minorities/women** die Schwarzen/Minderheiten/Frauen [politisch] organisieren ③ (*prepare*) ▪**to** ~ **sth** etw vorbereiten [*o* organisieren]; **to** ~ **a committee/search party/team** einen Ausschuss/eine Suchmannschaft/ein Team zusammenstellen; **to** ~ **a defence** eine Verteidigung aufbauen; **to** ~ **an escape** eine Flucht vorbereiten ④ (*be responsible for*)

■ **to ~ sth** für etw *akk* sorgen, etw organisieren *fam;* **to get sb/oneself ~d with sth** sich *dat*/jdm etw verschaffen
organized [ˈɔːgᵊnaɪzd, AM ˈɔːr-] *adj* organisiert, geplant; **~ tour** organisierte Gruppenreise
organized crime *n no pl* organisiertes Verbrechen **organized labor** AM, **organized labour** *n no pl* gewerkschaftlich organisierte Arbeiterschaft **organized religion** *n no pl* die religiösen Institutionen
organizer [ˈɔːgᵊnaɪzəʳ, AM ˈɔːrgᵊnaɪzɚ] *n* ① (*book*) Terminplaner *m* ② (*person*) Organisator(in) *m(f)*
organ loft *n* Orgelempore *f*
organotherapy [ˌɔːgənəʊˈθerəpi, AM ˌɔːrgənoʊˈ-] *n no pl* Organ[o]therapie *f fachspr*
organ pipe *n* Orgelpfeife *f* **organ screen** *n* MUS, REL Orgellettner *m fachspr* **organ stop** *n* MUS ① (*set of pipes*) Register *nt* ② (*mechanism*) Registerzug *m* **organ transplant** *n* Organtransplantation *f,* Organverpflanzung *f* **organ transplant surgery** *n no pl* Organtransplantation *f*
organum [ˈɔːgənəm, AM ˈɔːr-] *n* MUS Organum *nt fachspr*
organza [ɔːˈgænzə, AM ɔːr-] *n modifier* Organza-, aus Organza *nach n*
orgasm [ˈɔːgæzᵊm, AM ˈɔːr-] **I.** *n* Orgasmus *m,* [sexueller] Höhepunkt; **multiple ~s** multipler Orgasmus; **to fake/have an ~** einen Orgasmus vortäuschen/haben; **to reach** [*or* **achieve**] **an ~** zum Orgasmus kommen **II.** *vi* einen Orgasmus haben
orgasmic [ɔːˈgæzmɪk, AM ɔːr-] *adj* orgastisch *geh;* (*fig fam*) lustvoll, aufregend
orgiastic [ˌɔːdʒiˈæstɪk, AM ˌɔːr-] *adj* (*form*) orgiastisch *geh,* zügellos
orgy [ˈɔːdʒi, AM ˈɔːr-] *n* Orgie *f;* **~ of drinking** Trinkgelage *nt,* Sauforgie *f pej fam;* **sex ~** Sexorgie *f;* **to indulge in an ~ of spending** sich *akk* einem hemmungslosen Kaufrausch hingeben
oriel [ˈɔːriəl] *n* ① (*recess*) Erker *m* ② (*window*) Erkerfenster *nt*
oriel window *n* Erkerfenster *nt*
orient [ˈɔːriənt] *vt esp* AM ① (*position*) ■ **to ~ sth** etw *dat* eine Richtung geben; **to ~ a building north and south** ein Haus in Nord-Süd-Richtung bauen; **to ~ a church** eine Kirche ostwärts ausrichten [*o* osten] ② (*determine position*) ■ **to ~ oneself** sich *akk* orientieren [*o* zurechtfinden] ③ (*gear*) ■ **to ~ oneself to[ward] sb/sth** sich *akk* auf jdn/etw einstellen
Orient [ˈɔːriənt] *n no pl* ■ **the ~** der Orient
oriental [ˌɔːriˈentᵊl] *adj inv* orientalisch; **~ cuisine** orientalische Küche; **~ studies** Orientalistik *f*
oriental carpet *n,* **oriental rug** *n* Orientteppich *m*
orientalist [ˌɔːriˈentᵊlɪst] *n* Orientalist(in) *m(f)*
orientate [ˈɔːriənteɪt] *vt* ① (*position*) **to ~ a building north and south** ein Gebäude in nordsüdlicher Richtung erstellen; **to ~ a church** eine Kirche ostwärts ausrichten [*o* osten] ② (*determine position*) ■ **to ~ oneself** [**by sth**] sich *akk* [nach etw *dat*] orientieren ③ (*make familiar*) ■ **to ~ oneself** sich *akk* zurechtfinden; ■ **to ~ sb to sth** jdn mit etw *dat* vertraut machen ④ (*gear*) ■ **to ~ oneself to[ward] sb/sth** sich *akk* nach jdm/etw richten; ***it is important that the public sector ~s itself more towards the consumer*** es ist wichtig, dass der öffentliche Sektor sich stärker zum Kunden hin orientiert; ■ **to ~ sth to[wards] sth** etw auf etw *akk* hin ausrichten; ***he ~d his ideas to the company's philosophy*** er brachte seine Vorstellungen mit der Firmenphilosophie in Einklang
-orientated [ˈɔːrienteɪtɪd, AM t̬ɪd] *in compounds,* **-oriented** [ˈɔːrientɪd, AM t̬ɪd] *in compounds* -orientiert
orientation [ˌɔːriənˈteɪʃᵊn] *n* ① *no pl* (*being oriented*) Orientierung *f;* **to get** [*or* **find**] **one's ~** sich *akk* orientieren können; **to lose one's ~** die Orientierung verlieren ② (*tendency*) Ausrichtung *f;* ***the ~ of the course is very much towards psychology*** der Kurs geht sehr in Richtung Psychologie ③ (*attitude*) Orientierung *f;* **political ~** politische Gesinnung; **sexual ~** sexuelle Neigung ④ (*introduction*) Einweisung *f,* Einführung *f;* **freshman ~** Einführungsveranstaltung *f* für Hochschulneulinge ⑤ (*direction*) *of a ship* Kursbestimmung *f; of rocks* Ausrichtung *f; of atoms, radicals* Orientierung *f*
orienteering [ˌɔːriənˈtɪərɪŋ, AM -ˈtɪrɪŋ] *n no pl* Orientierungslauf *m*
orifice [ˈɒrɪfɪs, AM ˈɔːrə-] *n* Öffnung *f*
origami [ˌɒrɪˈgɑːmi, AM ˌɔːrɪˈ-] *n no pl* Origami *nt*
origin [ˈɒrɪdʒɪn, AM ˈɔːrə-] *n* ① (*beginning, source*) Ursprung *m; of a river* Quelle *f;* ***the story has obscure ~s*** der Ursprung dieser Geschichte ist unklar; ■ **in ~** urspünglich, her problems are psychological in ~, ihre Probleme sind psychischer Natur; **the ~ of the universe** der Ursprung [*o* die Entstehung] des Universums ② (*place sth/sb comes from*) Herkunft *f kein pl;* (*ancestory also*) Abstammung *f kein pl;* ***his ~s are in the south of France*** er stammt aus Südfrankreich; **country of ~** Herkunftsland *nt;* **products of foreign ~** Produkte ausländischer Herkunft; **to be of African/Chinese/French ~** afrikanischer/chinesischer/französischer Abstammung sein; **to be of humble ~s** aus einfachen Verhältnissen kommen [*o* stammen] ③ MATH [Koordinaten]ursprung *m,* Nullpunkt *m*
original [əˈrɪdʒɪnᵊl] **I.** *n* ① (*first version*) Original *nt;* **to read sth in the ~** etw im Original lesen ② (*unusual person*) Original *nt* **II.** *adj inv* ① (*first*) ursprünglich; **to read sth in the ~ French** etw im französischen Original lesen; **the ~ version** die Originalversion; *of a book* die Originalausgabe [*o* Erstausgabe] ② (*unique*) originell, außergewöhnlich; (*innovative*) bahnbrechend, innovativ; (*creative*) kreativ; **~ artwork** originelles [*o* ungewöhnliches] Bildmaterial; **an ~ thinker** (*creative*) ein kreativer Denker/eine kreative Denkerin; (*innovative*) ein Vordenker/eine Vordenkerin; **an ~ thought** ein origineller Gedanke ③ (*from creator*) original; ***is this an ~ Rembrandt?*** ist das ein echter Rembrandt?; **~ manuscript** Originalmanuskript *nt;* **~ painting** Original *nt;* **~ print** Originaldruck *m;* **the ~ score** die original Filmmusik
originality [əˌrɪdʒɪˈnæləti, AM -ət̬i] *n no pl* Originalität *f*
originally [əˈrɪdʒɪnᵊli] *adv inv* ① (*at first*) ursprünglich ② (*uniquely*) außergewöhnlich
original sin *n no pl* Erbsünde *f*
originate [əˈrɪdʒɪneɪt] **I.** *vi* entstehen, seinen Anfang nehmen; ***I think the rumour ~d with Janet*** ich glaube, Janet hat das Gerücht in die Welt gesetzt; ■ **to ~ in sth** [ursprünglich] aus etw *dat* kommen; **to ~ in Stuttgart/London** aus Stuttgart/London kommen; *airplane* von [*o* in] Stuttgart/London starten; *train, bus* von [*o* in] Stuttgart/London losfahren; ■ **to ~ from sth** von etw *dat* stammen **II.** *vt* ■ **to ~ sth** etw hervorbringen; (*invent*) etw erfinden; **to ~ a rumour** ein Gerücht in die Welt setzen; **to ~ a story** eine Geschichte in Umlauf bringen
originator [əˈrɪdʒɪneɪtəʳ, AM -t̬ɚ] *n* Urheber(in) *m(f),* Initiator(in) *m(f) geh;* (*founder*) Gründer(in) *m(f);* (*inventor*) Erfinder(in) *m(f);* **to be the ~ of an idea** als Erster/Erste eine Idee haben
oriole [ˈɔːriə(ʊ)l, AM -oʊl] *n* Pirol *m*
Orion [əˈraɪən, AM oʊ-] *n* Orion *m*
Oriya [ɒrˈiːə, AM ɔːˈ-] *n* (*state in India*) Orissa *nt*
Orkney Islands [ˈɔːkniːˌaɪləndz, AM ˈɔːrkniː-], **Orkneys** *npl* ■ **the ~** die Orkneyinseln *fpl*
orlop [ˈɔːlɒp, AM ˈɔːrlɑːp] *n* NAUT Orlopdeck *nt fachspr*
ormer [ˈɔːməʳ, AM ˈɔːrmɚ] *n* ZOOL Seeohr *nt*
ormolu [ˈɔːməluː, AM ˈɔːr] *n no pl* Goldbronze *f*
ornament **I.** *n* [ˈɔːnəmənt, AM ˈɔːr-] ① (*pretty object*) Ziergegenstand *m;* (*figurine*) Figürchen *nt;* ART Ornament *nt;* **Christmas ~s** Weihnachtsschmuck *m;* **garden ~s** Zierobjekte *ntpl* für den Garten; **glass ~** Glasfigürchen *nt* ② *no pl* (*adornment*) Verzierung *f,* Schmuck *m;* (*decoration*) Dekoration *f;* ***the queen's gown was rich in ~*** das Kleid der Königin war reich verziert; **to be used for ~** als Dekoration dienen ③ (*fig: adding beauty or honour*) Zierde *f;* ***she is an ~ to this town*** sie ist ein Aushängeschild für unsere Stadt ④ *usu pl* (*in music*) Ornament *nt,* Ausschmückung *f* ⑤ REL ■ **~s** *pl* Kirchenschmuck *m kein pl;* (*accessories of worship*) sakrale Geräte **II.** *vt* [ˈɔːnəment, AM ˈɔːr-] ■ **to ~ sth** etw [ver]zieren [*o* [aus]schmücken] [*o* dekorieren]
ornamental [ˌɔːnəˈmentᵊl, AM ˌɔːrnəˈment̬ᵊl] *adj* Zier-, dekorativ, ornamental *geh;* **~ cabbage** Zierkohl *m;* **~ garden** Ziergarten *m*
ornamentation [ˌɔːnəmənˈteɪʃᵊn, AM ˌɔːr-] *n* (*form*) ① (*thing*) Verzierung *f;* ART Ornament *nt;* ***a plain silver tray with no ~*** ein schlichtes, schnörkelloses Silbertablett ② *no pl* (*act*) Verzieren *nt,* Verzierung *f;* (*of a room, text*) Ausschmückung *f*
ornate [ɔːˈneɪt, AM ɔːr-] *adj object* prunkvoll, reich verziert; *music* ornamentreich; *language, style* kunstvoll, blumig; (*pej*) *language, style* geschraubt *pej,* gedrechselt *pej;* **an ~ ceiling** eine ornamentale Decke; **~ writing** Zierschrift *f*
ornately [ɔːˈneɪtli, AM ɔːr-] *adv* kunstvoll
ornateness [ɔːˈneɪtnəs, AM ɔːr-] *n no pl* [kunstvolle [*o* reiche]] Verzierung [*o* Ausschmückung]; *of a building* Prunk *m; of language* geschraubter Stil
ornery [ˈɔːrnᵊri] *adj* AM (*fam*) gereizt; (*tending to argue*) aggressiv; **to be in an ~ mood** in gereizter Stimmung sein
ornithological [ˌɔːnɪθəˈlɒdʒɪkᵊl, AM ˌɔːrnəθəˈlɑː-] *adj inv* vogelkundlich, ornithologisch *fachspr*
ornithologist [ˌɔːnɪˈθɒlədʒɪst, AM ˌɔːrnəˈθɑː-] *n* Vogelkundler(in) *m(f),* Ornithologe, -in *m, f fachspr*
ornithology [ˌɔːnɪˈθɒlədʒi, AM ˌɔːrnəˈθɑː-] *n no pl* Vogelkunde *f,* Ornithologie *f fachspr*
orogeny [ɔːˈrɒdʒəni, AM ɔːˈrɑː-] *n no pl* GEOG Gebirgsbildung *f,* Orogenese *f fachspr*
orotund [ˈɒrə(ʊ)tʌnd, AM ˈɔːrətʌnd] *adj* (*form*) ① (*full*) *voice* volltönend, sonor ② (*pompous*) *speech, writing* pompös, bombastisch
orphan [ˈɔːfᵊn, AM ˈɔːr-] **I.** *n* ① (*without parent*) Waise *f,* Waisenkind *nt* ② COMPUT Schusterjunge *m fachspr* **II.** *n modifier* Waisen-, verwaist; **~ boy** Waisenjunge *m veraltend;* **~ child** Waisenkind *nt veraltend;* **~ girl** Waise *f* **III.** *vt* ■ **to be ~ed** [zur] Waise [*o* elternlos] werden
orphanage [ˈɔːfᵊnɪdʒ, AM ˈɔːr-] *n* Waisenhaus *nt*
orpiment [ˈɔːpɪmənt, AM ˈɔːr-] *n no pl* CHEM gelbes Arsenik, Operment *nt fachspr,* Auripigment *nt fachspr*
orpine [ˈɔːpaɪn, AM ˈɔːr-] *n* BOT Große Fetthenne
orris [ˈɒrɪs, AM ˈɔːrɪs] *n no pl* Florentiner Schwertlilie *f*
orthodontic [ˌɔːθə(ʊ)ˈdɒntɪk, AM ˌɔːrθoʊˈdɑːnt̬ɪk] *adj inv* kieferorthopädisch
orthodontics [ˌɔːθə(ʊ)ˈdɒntɪks, AM ˌɔːrθoʊˈdɑːnt̬ɪks] *n + sing vb* Kieferorthopädie *f kein pl*
orthodontist [ˌɔːθə(ʊ)ˈdɒntɪst, AM ˌɔːrθoʊˈdɑːnt̬ɪst] *n* Kieferorthopäde, -in *m, f*
orthodox [ˈɔːθədɒks, AM ˈɔːrθədɑːks] *adj* ① (*generally accepted*) herkömmlich, üblich; (*not innovative*) starr, orthodox *geh;* **~ treatment** schulmedizinische Behandlung; **~ views** gängige Ansichten ② (*strictly religious*) strenggläubig, rechtgläubig ③ (*of the O~ Church*) orthodox; **Greek/Russian O~** griechisch/russisch orthodox
Orthodox Church *n no pl* ■ **the ~** die christlich orthodoxe Kirche **Orthodox Jew** *n* orthodoxer Jude/orthodoxe Jüdin **orthodox medicine** *n no pl* Schulmedizin *f*
orthodoxy [ˈɔːθədɒksi, AM ˈɔːrθədɑːksi] *n* ① (*practice*) verbreitete [*o* übliche] Denkweise, Orthodoxie *f geh;* **political orthodoxies** überkommene politische Denkweisen ② *no pl* (*quality*) Rechtgläubigkeit *f* ③ REL (*group*) die Orthodoxen *pl*
orthoepy [ˈɔːθəʊepi, AM ɔːrˈθoʊəpi] *n no pl* LING Orthoepie *f fachspr,* Orthoepik *f fachspr*
orthogenesis [ˌɔːθə(ʊ)ˈdʒenəsɪs, AM ˌɔːrθoʊˈ-] *n no pl* BIOL Orthogenese *f fachspr*
orthogonal [ɔːˈθɒgᵊnᵊl, AM ɔːrˈθɑː-] *adj inv* MATH orthogonal *fachspr*
orthographic [ˌɔːθə(ʊ)ˈgræfɪk, AM ˌɔːrθoʊˈ-] *adj inv* orthographisch *geh,* Rechtschreib-; **~ conventions** Rechtschreibregeln *fpl;* **~ reform** Recht-

schreibreform *f*
orthographically [ˌɔːθə(ʊ)ˈgræfɪkᵊli, AM ˌɔːrθoʊ-] *adv inv* orthographisch *geh*
orthography [ɔːˈθɒgrəfi, AM ɔːrˈθɑː-] *n no pl* Orthographie *f geh*
orthopaedic [ˌɔːθə(ʊ)ˈpiːdɪk] BRIT, AM **orthopedic** [ˌɔːrθoʊ-] *adj* orthopädisch; ~ **surgery** orthopädische Chirurgie
orthopaedic device *n* orthopädisches Hilfsmittel
orthopaedic mattress *n* orthopädische Matratze
orthopaedics [ˌɔːθə(ʊ)ˈpiːdɪks] BRIT, AM **orthopedics** [ˌɔːrθoʊ-] *n + sing vb* Orthopädie *f kein pl*
orthopaedist [ˌɔːθə(ʊ)ˈpiːdɪst] BRIT, AM **orthopedist** [ˌɔːrθoʊ-] *n* Orthopäde, -in *m, f*
orthopaedy [ˌɔːθə(ʊ)ˈpiːdi] BRIT, AM **orthopedy** [ˌɔːrθoʊ-] *n no pl* Orthopädie *f*
orthopedic *adj* AM *see* **orthopaedic**
orthopedics *n* AM *see* **orthopaedics**
orthopedist *n* AM *see* **orthopaedist**
orthopedy *n* AM *see* **orthopaedy**
orthoptic [ɔːˈθɒptɪk, AM ɔːrˈθɑːptɪk] *adj inv* normalsichtig, orthoptisch *fachspr*
OS *n* [ˌəʊˈes, AM ˌoʊˈ-] ① COMPUT *abbrev of* **operating system** ② BRIT *abbrev of* **Ordnance Survey**
Oscar [ˈɒskəʳ, AM ˈɑːskɚ] **I.** *n* FILM Oscar *m* **II.** *n modifier* Oscar-; ~ **ceremony** Oscar-Verleihung *f*; ~ **winner** Oscar-Preisträger(in) *m(f)*
oscillate [ˈɒsɪleɪt, AM ˈɑːsᵊl-] **I.** *vi* ① (*swing*) schwingen, oszillieren *fachspr* ② (*fig: fluctuate*) [hin und her] schwanken **II.** *vt* ■**to** ~ **sth** etw pendeln [*o* hin und her schwingen] lassen
oscillation [ˌɒsɪˈleɪʃᵊn, AM ˌɑːsᵊlˈ-] *n* ① (*movement*) Schwingung *f*, Oszillation *f fachspr*, Oszillieren *nt kein pl fachspr* ② (*fig: fluctuation of moods*) Schwankung *nt*
oscilloscope [əˈsɪləskəʊp, AM -skoʊp] *n* Schwingungsmesser *m*, Oszilloskop *nt fachspr*
osier [ˈəʊziəʳ, AM ˈoʊʒɚ] **I.** *n* BOT (*tree*) Korbweide *f*; (*branch*) Weidenrute *f* **II.** *n modifier* (*basket*) Weiden-; (*chair, table*) Korb-
osmosis [ɒzˈməʊsɪs, AM ɑːzˈmoʊ-] *n no pl* BIOL, CHEM Osmose *f fachspr*; ■**by** ~ durch Osmose; (*fig*) ***the children just learned the songs by*** ~ die Kinder lernten die Lieder allein durchs Zuhören
osmotic [ɒzˈmɒtɪk, AM ɑːzˈmɑːt̬ɪk] *adj inv* BIOL, CHEM osmotisch *fachspr*
osmotic pressure *n* BIOL osmotischer Druck *fachspr*
osprey [ˈɒspreɪ, AM ˈɑːspriː] *n* ORN Fischadler *m*
ossification [ˌɒsɪfɪˈkeɪʃᵊn, AM ˌɑːsəfɪˈ-] *n no pl* ① (*changing into bone*) Verknöcherung *f*, Ossifikation *f fachspr* ② (*fig form: becoming inflexable*) Verknöcherung *f fig*, Erstarrung *f fig*
ossified [ˈɒsɪfaɪd, AM ˈɑːsə-] *adj* (*fig form*) verknöchert *fig*, erstarrt *fig*, unbeweglich *fig*
ossify <-ie-> [ˈɒsɪfaɪ, AM ˈɑːsə-] **I.** *vi* ① (*become bone*) verknöchern, ossifizieren *fachspr* ② (*fig: become inflexible*) verknöchern *fig*, erstarren *fig* **II.** *vt* ■**to** ~ **sth** etw erstarren lassen *fig*
osso bucco [ˌɒsəʊˈbuːkəʊ, AM ˌɑːsoʊˈbuːkoʊ] *n no pl* Osso bucco *nt* (*geschmorte Kalbshaxe*)
Ostend [ɒsˈtend, AM ɑːˈstend] *n no pl* Ostende *nt*
ostensible [ɒˈsten(t)sɪbl̩, AM ɑːˈsten(t)sə-] *adj attr, inv* angeblich, vorgeblich
ostensibly [ɒˈsten(t)sɪbli, AM ɑːˈsten(t)sə-] *adv inv* angeblich, vorgeblich
ostentation [ˌɒstenˈteɪʃᵊn, AM ˌɑːstənˈ-] *n no pl* Großtuerei *f*, Prahlerei *f*, Angeberei *f*
ostentatious [ˌɒstenˈteɪʃəs, AM ˌɑːstənˈ-] *adj* prahlerisch; *lifestyle* protzig, pompös; *gesture* demonstrativ, ostentativ *geh*; ~ ***display of wealth*** betonte [*o geh* ostentative] Zurschaustellung des Reichtums; ~ **jewellery** protziger Schmuck
ostentatiously [ˌɒstenˈteɪʃəsli, AM ˌɑːstənˈ-] *adv* protzig, pompös; (*in showy manner*) demonstrativ, ostentativ *geh*
osteoarthritis [ˌɒstiəʊɑːˈθraɪtɪs, AM ˌɑːstioʊɑːrˈθraɪt̬ɪs] *n no pl* Arthrose *f*, Osteoarthritis *f fachspr*, Arthrosis deformans *f fachspr*
osteology [ˌɒstiˈɒlədʒi, AM ˌɑːstiˈɑːlə-] *n no pl* ANAT Knochenlehre *f*, Osteologie *f fachspr*
osteopath [ˈɒstiə(ʊ)pæθ, AM ˈɑːstioʊ-] *n* MED Osteopath(in) *m(f) fachspr*, Spezialist(in) *m(f)* für Knochenleiden; ***the ~ carefully manipulated my damaged shoulder*** mit sanftem Druck und Bewegungsübungen behandelte der Osteopath mein verletzte Schulter
osteopathy [ˌɒstiˈɒpəθi, AM ˌɑːstiˈɑːpə-] *n no pl* MED Osteopathie *f fachspr*, Heilverfahren *nt* für Knochenleiden; ~ ***aims to stimulate the body to heal itself*** die Osteopathie will die Selbstheilungskräfte des Körpers anregen
osteoporosis [ˌɒstiəʊpəˈrəʊsɪs, AM ˌɑːstioʊpəˈroʊ-] *n no pl* MED Knochenschwund *m*, Osteoporose *f fachspr*
ostler [ˈɒsləʳ, AM ˈɑːslɚ] *n* (*hist*) Stallknecht *m hist*, Stallbursche *m*
ostracism [ˈɒstrəsɪzᵊm, AM ˈɑːstrə-] *n no pl* Ächtung *f*
ostracize [ˈɒstrəsaɪz, AM ˈɑːstrə-] *vt* ■**to** ~ **sb** ① (*exclude*) jdn ächten; **to be ~d by society** von der Gesellschaft ausgestoßen werden ② (*banish*) jdn verbannen
ostrich [ˈɒstrɪtʃ, AM ˈɑːstrɪtʃ] **I.** *n* ① ORN Strauß *m* ② (*person*) ■**to be an** ~ vor Problemen die Augen verschließen *fig*, den Kopf in den Sand stecken *fig*; ***he's a real*** ~ er betreibt eine regelrechte Vogel-Strauß-Politik **II.** *n modifier* (*egg, feather, nest, foot, meat*) Straußen-
ostrich-like *adj pred* Vogel-Strauß-; ■**to be** ~ den Kopf in den Sand stecken *fig*; ■**to be** ~ **about sth** vor etw *dat* die Augen verschließen *fig*
OT *n abbrev of* **Old Testament** AT *nt*
OTC [ˌəʊtiːˈsiː] *n + sing/pl vb* BRIT *abbrev of* **Officers' Training Corps** *Verband für die Ausbildung von Offizieren*
other [ˈʌðəʳ, AM -ɚ] **I.** *adj det* ① (*different*) andere(r,s); ***there's no ~ way*** es gibt keine Alternative, anders geht es nicht; ~ **people** andere [Leute]; **some ~ time** ein anderes Mal; **in ~ words** mit anderen Worten ② (*not long ago*) **the ~ day** neulich, vor kurzem; **the ~ evening/morning/night** neulich abends/morgens/nachts; **the ~ week** (*last week*) letzte Woche; (*some weeks ago*) vor einigen Wochen ③ (*additional*) andere(r,s), weitere(r,s); ***are there any ~ questions?*** gibt es noch [weitere] Fragen? ④ (*alternative*) andere(r,s); **one's ~ half** (*euph*) meine bessere Hälfte; **on the ~ hand** andererseits; **a member of the ~ sex** ein Vertreter *m*/ eine Vertreterin des anderen Geschlechts; **every ~** jede(r,s) zweite; **one or ~** eine(r,s) von beiden ⑤ (*not being exact*) **some company or ~** irgendeine Firma; **some man or ~** irgendein Mann *m*; **some time or ~** irgendwann [einmal]; **somehow or ~** irgendwie; **someone or ~** irgendwer; **something or ~** irgend[et]was ⑥ *after n* (*except*) ***I've never told this to any person ~ than you*** außer dir habe ich das noch nie jemandem erzählt; ***there was no choice ~ than to walk home*** es blieb uns nichts anderes übrig, als nach Hause zu laufen; **to do nothing** [*or* **not do anything**] ~ **than sth** etw nur [*o* ausschließlich] tun; ***don't you do anything ~ than complain?*** kannst du dich eigentlich nur beschweren? **II.** *part* ① (*the remaining*) ■**the ~** der/die/das andere; ***hold the racquet in one hand and the ball in the ~*** halte den Schläger in einer Hand und den Ball in der anderen; **one from the ~** voneinander; ***it's often difficult to distinguish one from the ~*** es ist oft schwierig, sie voneinander zu unterscheiden; **one without the ~** eine ohne die andere, einer ohne den anderen, eines ohne das andere; **one or the ~** eines davon; ***you may have one or the ~ but not both*** du kannst eines haben, nicht beide ② *+ sing vb* (*either, or*) **one or [the] ~ of sth** eine(r,s) von etw *dat*; ***one or the ~ of us will be home when you call*** einer von uns wird zu Hause sein, wenn du anrufst; ***take that car to one or ~ of the mechanics — they're both good*** bringe das Auto zu einem der Mechaniker – sie sind beide gut ③ (*being vague*) **someone or ~** irgendwer; **something or ~** irgendwas; ***I was just doing something or ~ — what was it?*** ich machte gerade was – was war das? ► PHRASES: **a bit of the ~** (*euph fam: sex*) ein bisschen Vergnügen; ***time for bed and a bit of the ~*** Zeit für das Bett und ein bisschen Vergnügen
otherness [ˈʌðənəs, AM -ɚ-] *n no pl* (*form*) Andersartigkeit *f*, Anderssein *nt*
others [ˈʌðəz, AM -ɚz] *part pl* ① (*people*) andere; ***he tries not to hurt ~ through his own actions*** er versuchte, andere durch seine Handlungen nicht zu verletzen ② (*different ones*) andere; ***I only know about this book but there might be ~*** ich kenne nur dieses Buch, aber es könnte auch andere geben; ***you shouldn't expect ~ to do your work for you*** du solltest nicht erwarten, dass andere deine Arbeit erledigen
otherwise [ˈʌðəwaɪz, AM -ɚ-] **I.** *adj pred, inv* (*dated form*) anders *präd*; ***I would that it were ~*** ich wünschte, es wäre anders; ***the truth is quite ~*** die Wahrheit sieht völlig anders aus **II.** *adv inv* ① (*differently*) anders; ***the police believe he is the thief, but all the evidence suggests ~*** die Polizei hält ihn für den Dieb, aber das Beweismaterial spricht dagegen; ***unless you let me know ~, …*** sofern ich nichts Gegenteiliges von dir höre, … ② (*except for this*) sonst, ansonsten, im Übrigen ③ (*alternatively*) ***Marion Morrison, ~ known as the film star John Wayne, …*** Marion Morrison, auch bekannt als der Filmstar John Wayne, …; **to be ~ engaged** [*or* **occupied**] (*form*) anderweitig zu tun haben [*o* beschäftigt sein] **III.** *conj* andernfalls, sonst
other-worldliness [ˌʌðəˈwɜːldlɪnəs, AM ˌʌðɚˈwɜːrld] *n no pl* ① (*of an immaterial world*) Jenseitigkeit *f*, Außerweltlichkeit *f* ② (*unworldliness*) Weltfremdheit *f* **other-worldly** *adj* ① (*supernatural*) übernatürlich; ~ **attributes** übernatürliche Eigenschaften; **of ~ beauty** von überirdischer Schönheit ② (*heavenly*) jenseitig, im Jenseits *nach n*; ~ **punishment** die Strafe des Himmels ③ (*ethereal*) *smile* vergeistigt, entrückt; *person* [wie] nicht von dieser Welt *präd*
otiose [ˈəʊtiəʊz, AM ˈoʊʃioʊs] *adj inv* ① (*doing nothing*) müßig, untätig ② (*without purpose*) müßig, zwecklos
OTT [ˌəʊtiːˈtiː] BRIT (*fam*) *abbrev of* **over the top**: ***her outfit was a bit ~*** also diesmal ist sie mit ihrem Outfit definitiv zu weit gegangen! *fam*
otter [ˈɒtəʳ, AM ˈɑːt̬ɚ] *n* ZOOL Otter *m*
ottoman [ˈɒtə(ʊ)mən, AM ˈɑːt̬əmən] *n* ① (*couch*) Ottomane *f* ② (*stool*) Polsterschemel *m* (*oft mit eingebauten Schubladen*) ③ *no pl* (*cloth*) Ottoman *m*
Ottoman [ˈɒtə(ʊ)mən, AM ˈɑːt̬əmən] **I.** *n* HIST Osmane, -in *m, f*, Ottomane, -in *m, f selten* **II.** *adj* HIST osmanisch
OU [ˌəʊˈjuː, AM ˌoʊ-] *n abbrev of* **Open University** VHS *f*
ouch [aʊtʃ] *interj* aua, autsch
ought [ɔːt, AM *also* ɑːt] *aux vb* ① (*indicating duty*) ■**sb ~ to do sth** jd sollte etw tun; ***we ~ to tidy up before we go home*** wir sollten [besser] aufräumen, bevor wir nach Hause gehen; ■**sb/sth ~ not to** ***we ~ not to have agreed*** wir hätten nicht zustimmen sollen; ***it ~ not to be allowed*** das sollte nicht erlaubt sein ② (*indicating probability*) ■**sb ~ to be/do sth** jd sollte [*o* müsste] [eigentlich] etw sein/tun; ***she ~ to be able to …*** sie sollte eigentlich in der Lage sein, …; ***we ~ to be home by 7 o' clock*** bis um sieben müssten wir eigentlich wieder zu Hause sein; ***they ~ to have arrived at lunchtime*** sie hätten eigentlich um die Mittagszeit ankommen sollen; ***I say the kids are tired and I ~ to know!*** ich sage, die Kinder sind müde und ich muss es wohl wissen; ■**sth ~ to be sth** ***ten minutes ~ to be enough time*** zehn Minuten müssten eigentlich genügen; ***so, that ~ to be enough now*** so, das sollte jetzt genügen; ***will dinner be ready on time? — yes, it ~ to be*** wird das Essen rechtzeitig fertig? – ja, das müsste hinhauen *fam* ③ (*indicating advice*) ■**sb ~ to do sth** jd sollte etw tun; ***he ~ to go into politics*** er sollte in die Politik gehen; ***what ~ I to do?*** und

was sollte ich tun?

oughtn't ['ɔːtᵊnt, AM *also* 'ɑːt-] = **ought not to** *see* **ought**

Ouija board® ['wiːdʒə-] *n Buchstaben- und Zahlentafel für spiritistische Sitzungen*

ounce [aʊn(t)s] *n* Unze *f;* ***if he's got an ~ of common sense, ...*** wenn er auch nur einen Funken gesunden Menschenverstand hat, ...; ***there's not an ~ of truth to the rumour*** an dem Gerücht ist aber auch überhaupt nichts dran; ***this will take every ~ of strength you have*** das wird dir deine ganze Kraft abverlangen; **to never put on an ~** kein Gramm zunehmen ▸ PHRASES: **an ~ of prevention is worth a pound of cure** *(prov)* vorbeugen ist besser als heilen *prov*

our [aʊəʳ, AM aʊɚ] *adj poss* unser(e); **O~ Father** *(in prayer)* Vater unser; **the O~ Father** der Vaterunser; ***~ Tommy is a good climber*** unser Tommy kann gut klettern

Our Father *n* REL ❶ *(title for God)* Heiliger Vater, Vater *m* im Himmel ❷ *(Lord's Prayer)* Vaterunser *nt;* **to say the ~** das Vaterunser beten **Our Lady** *n* REL *(title for the Virgin Mary)* [Heilige] Mutter Gottes **Our Lord** *n* REL *(title for god)* Heiliger Vater, Vater *m* im Himmel; *(title for Jesus Christ)* Herr *m* Jesus Christus

ours [aʊəz, AM aʊɚz] *part poss (belonging to us)* unsere(r,s); ***which table is ~?*** welcher Tisch ist unserer?; ***that's their problem — not ~*** das ist ihr Problem – nicht unseres; ***~ was the ugliest house on the block*** unser Haus war das hässlichste im ganzen Block; ***he's a cousin of ~*** er ist ein Cousin von uns; ***bowling is a favourite pastime of ~*** wir gehen in der Freizeit besonders gerne Bowling; ***this chat of ~ is strictly between us*** dieses Gespräch bleibt nur unter uns

ourself [aʊə'self, AM aʊɚ'-] *part* ❶ *(fam: ourselves)* uns; ***we see ~ as the market leader in film*** wir betrachten uns als Marktführer in der Filmbranche; *(emph)* ***this is our affair — we deal with it ~*** das ist unsere Angelegenheit – wir kümmern uns selbst darum ❷ *(old: royal myself)* selbst ❸ *(editorial myself)* uns

ourselves [aʊə'selvz, AM aʊɚ'-] *part reflexive* ❶ *after vb, after prep (direct object)* uns; ***we enjoyed ~ at the party very much*** wir hatten großen Spaß bei der Party; ***we told ~ it would be easy*** wir sagten uns, dass es einfach würde; ***for this we can only blame ~*** daran können wir uns nur selbst die Schuld geben; ***we wanted to make a nice evening for ~*** wir wollten uns einen gemütlichen Abend machen; ***we laugh to ~ often at the things we hear people say*** wir lachen oft insgeheim über die Dinge, die andere Leute sagen ❷ *(form: we, us)* wir ❸ *(emph: personally)* wir persönlich; ***don't worry, we will look into the matter ~*** machen Sie sich keine Sorgen, wir werden uns persönlich um die Angelegenheit kümmern; ***we invented it ~*** wir erfanden das selbst; **we ~ ...** wir selbst ...; **to see/taste/hear/feel sth for ~** etw selbst sehen/kosten/hören/fühlen ❹ *(alone)* ***we always do our taxes ~*** wir machen immer selbst die Steuererklärung; **to have sth [all] to ~** etw [ganz] für uns haben; **to keep sth for ~** uns etw freihalten; ■**[all] by ~** [ganz] allein; ***we can get dressed all by ~ now, Mama*** wir können uns ganz alleine anziehen, Mama ❺ *(normal)* **to [just] be ~** [ganz] wir selbst sein; **to not be/feel/seem ~** nicht wir selbst sein/zu sein scheinen; **to look ~** wie ich selbst aussehen

oust [aʊst] *vt* ❶ *(expel)* ■**to ~ sb** jdn vertreiben [*o fam* hinauswerfen]; *(by taking their position)* jdn verdrängen; ■**to be ~ed** verdrängt werden; ***he was ~ed as chairman after 30 years*** nach 30 Jahren wurde er als Vorsitzender abgesägt *fam;* **~ sb from a club/party** jdn aus einem Klub/einer Partei ausschließen; **~ sb from a job** jdn entlassen; **~ sb from an office** jdn aus einem Amt entfernen; **to ~ a party from power** eine Partei entmachten ❷ LAW **to ~ sb's freehold** jdm seinen Immobiliarbesitz entziehen; **to ~ the jurisdiction of a court** die Zuständigkeit eines Gerichts ausschließen

ouster ['aʊstəʳ, AM 'aʊstɚ] *n no pl* ❶ AM *(expulsion)* Verdrängung *f,* Vertreibung *f; (from a position)* Amtsenthebung *f* ❷ LAW *(of jurisdiction)* Ausschluss *m* der Zuständigkeit des Gerichts; *(removal from property)* Zwangsräumung *f*

out [aʊt]

I. ADJECTIVE	II. ADVERB
III. TRANSITIVE VERB	IV. PREPOSITION

I. ADJECTIVE

❶ [*absent*] abwesend, nicht da, weg *fam;* ***workers*** im Ausstand; ***the library book was ~*** das Buch war [aus der Bücherei] entliehen; ***the jury is ~, considering their verdict*** die Geschworenen haben sich zur Beratung des Urteilsspruchs zurückgezogen; ***the workers were ~, demanding higher wages*** die Arbeiter waren auf der Straße, um für höhere Löhne zu demonstrieren ❷ [*outside*] ■**to be ~** draußen sein; *sun, moon, stars* am Himmel stehen; ***they are ~ in the garden*** sie sind draußen im Garten; ***everyone was ~ on deck*** alle waren [draußen] an Deck; **to be ~ of hospital/prison** aus dem Krankenhaus/Gefängnis entlassen worden sein; ***he's ~*** *(prisoner)* er ist [wieder] draußen *fam* ❸ [*on the move*] unterwegs; ***the army was ~*** die Armee war ausgerückt; ***the postman was ~ on his rounds*** der Postbote machte gerade seine Runde; **to be ~ and about** unterwegs sein; *(after an illness)* wieder auf den Beinen sein ❹ [*in blossom*] ■**to be ~** blühen ❺ [*far away*] draußen; ***the fishing boats were ~ at sea*** die Fischerboote waren draußen auf See; ***he lived ~ in Zambia*** er lebte in [*o* im fernen] Zambia; **~ here** hier draußen; **~ west** AM an der Westküste; ***they moved ~ west*** sie an die Westküste gezogen ❻ [*available*] erhältlich, zu haben *fam; (on the market)* auf dem Markt; *book* veröffentlicht, herausgekommen; ***this is the best automatic camera ~*** das ist die beste Automatikkamera auf dem Markt ❼ [*fam: existing*] vorhanden; ***I think he's the greatest footballer ~*** ich halte ihn für den besten Fußballer, den es zur Zeit gibt ❽ [*not secret*] heraus, raus *fam;* ***the secret is ~*** das Geheimnis ist gelüftet [worden]; ***once the news is ~, ...*** wenn die Neuigkeit erst einmal bekannt ist, ...; ***[the] truth will ~*** die Wahrheit wird ans Licht kommen ❾ [*asleep*] ■**to be ~** schlafen; *(unconscious)* bewusstlos [*o fam* weg] sein; **to be ~ for the count** BOXING k.o. [*o* ausgezählt] sein; *(fig)* total hinüber [*o* erledigt] sein *fam;* **to be ~ like a light** sofort einschlafen [*o fam* weg sein]; **to be ~ cold** bewusstlos sein ❿ [*finished*] aus, zu Ende; ***school will be ~ in June*** die Schule endet im Juni; **before the drive/the film/the song is ~** bevor die Fahrt/der Film/das Lied vorbei ist; **before the month/year is ~** vor Ende [*o* Ablauf] des Monats/Jahres; **over and ~** AVIAT ≈ Ende der Durchsage, over and out *fachspr* ⓫ SPORTS [*not playing*] nicht [mehr] im Spiel, draußen *fam; (in cricket, baseball)* aus; *(outside a boundary) ball, player* im Aus; ***Johnson is ~ on a foul*** Johnson wurde wegen eines Fouls vom Platz gestellt; ***Owen is ~ with an injury*** Owen ist mit einer Verletzung ausgeschieden ⓬ [*fam: thrown-out*] draußen *fam;* ■**to be ~** *(of school)* fliegen *fam;* **to be ~ on the streets** *(be unemployed)* arbeitslos sein, auf der Straße stehen *fam; (be homeless)* obdachlos sein, auf der Straße leben ⓭ [*fam: unacceptable*] unmöglich *fam; (unfashionable)* aus der Mode, passee *fam,* out *fam* ⓮ [*not possible*] unmöglich; ***that plan is absolutely ~*** dieser Plan kommt überhaupt nicht in Frage ⓯ [*off*] *light, TV* aus; *(not burning) fire* aus, erloschen ⓰ [*inaccurate*] falsch, daneben *fam;* **to be ~** danebenliegen *fam;* ***our estimates were ~ by a few dollars*** wir lagen mit unseren Schätzungen um ein paar Dollar daneben; **to be ~ in one's calculations** sich *akk* verrechnet haben, mit seinen Berechnungen danebenliegen *fam* ⓱ [*in search of*] ■**to be ~ for sth** auf etw *akk* aus sein *fam,* es auf etw *akk* abgesehen haben; ***he's just ~ for a good time*** er will sich nur amüsieren; ■**to be ~ to do sth** es darauf abgesehen haben, etw zu tun; ***they're ~ to get me*** die sind hinter mir her *fam;* **to be ~ for trouble** Streit suchen ⓲ [*revealed as homosexual*] **to be ~** sich *akk* geoutet haben *sl;* ***she's been ~ for three years now*** sie hat sich vor drei Jahren geoutet ⓳ [*at lowest point*] **the tide is ~** es ist Ebbe; ***we had a walk here when the tide was ~*** bei Ebbe sind wir hier spazieren gegangen ⓴ [*introduced to society*] in die Gesellschaft eingeführt; ***Jane isn't ~ yet*** Jane ist noch nicht in die Gesellschaft eingeführt worden

II. ADVERB

inv ❶ [*outdoors*] draußen, im Freien; ***it's bitterly cold ~ today*** es ist heute schrecklich kalt draußen; ***"Keep ~!"*** „Betreten verboten!" ❷ [*with outward movement*] nach draußen, raus *fam;* ***get ~!*** raus hier! *fam;* ***can you find your way ~?*** finden Sie selbst hinaus?; **~ *with it*** heraus damit! *fam,* [he]raus mit der Sprache! *fam;* **to ask sb ~** jdn einladen; ***he's asked her ~*** er hat sie gefragt, ob sie mit ihm ausgehen will; **to eat ~** im Restaurant [*o* auswärts] essen; **to go ~** ausgehen, weggehen, rausgehen *fam;* ***are you going ~ tonight?*** gehst du heute Abend weg?; **to see sb ~** jdn hinausbegleiten; **to turn sth inside ~** *clothes* etw auf links drehen ❸ [*removed*] heraus, raus *fam;* ***I can't get the stain ~*** ich kriege den Fleck nicht wieder raus *fam;* **to put a fire ~** ein Feuer löschen; **to cross ~ sth** etw ausstreichen [*o* durchstreichen] ❹ [*completely*] ganz, völlig; **burnt ~** *(also fig)* ausgebrannt *a. fig; fuse* durchgebrannt; *candle* heruntergebrannt; **tired ~** völlig erschöpft; **~ and away** AM bei weitem; ***she is ~ and away the best student I have ever taught*** sie ist mit Abstand die beste Studentin, die ich jemals hatte ❺ [*aloud*] ***he cried ~ in pain*** er schrie vor Schmerzen auf; ***she called ~ to him to stop*** sie rief ihm zu, er solle anhalten; **to laugh ~ [loud]** [laut] auflachen ❻ [*to an end*] **to die ~** aussterben; *(fig) applause* verebben; **to fight sth ~** etw [untereinander] austragen [*o* ausfechten] ❼ [*free from prison*] entlassen; **to come [*or* get] ~** freikommen; **to let sb ~** jdn freilassen ❽ [*unconscious*] **to go ~ like a light** *(fig)* auf der Stelle einschlafen, sofort weg sein *fam;* **to knock sb ~** jdn bewusstlos [*o* k.o.] schlagen; **to pass ~** in Ohnmacht fallen ❾ [*dislocated*] **to put sth ~** etw ausrenken; ***when she was in the car accident, it put her back ~*** sie verrenkte sich bei dem Autounfall den Rücken ❿ [*open*] **to open ~** ausbreiten; ***can you open ~ the sofa bed for me?*** kannst du die Schlafcouch für mich ausziehen?; **to open ~ a map** eine Karte ausbreiten [*o* auseinander falten] ⓫ [*unfashionable*] **to go ~** aus der Mode kommen, altmodisch werden; **to have gone ~ with the ark** völlig altmodisch [*o* von vorgestern] [*o hum fam* von anno Tobak] sein ⓬ [*time off*] ***he took ten minutes ~*** er nahm eine Auszeit von zehn Minuten ⓭ [*reach lowest point*] **the tide is coming ~** die Ebbe setzt ein

III. TRANSITIVE VERB

■**to ~ sb** ❶ [*eject*] jdn rausschmeißen *fam;* SPORTS jdn vom Platz stellen ❷ BOXING jdn k.o. schlagen ❸ *usu passive* [*reveal homosexuality*] jdn outen *sl*

IV. PREPOSITION

aus +*dat;* ***she ran ~ the door*** sie rannte zur Tür hinaus

outa ['aʊt̬ə] *prep* AM *(fam) see* **out of:** ***I'm ~ this place tomorrow*** ich bin hier morgen weg *fam;* **get ~ here!** hau ab! *fam; (expression of disbelief)* niemals!; ***you know, she's left her husband — get ~ here! not Sheila!*** hast du schön gehört, dass sie ihren Mann verlassen hat? – echt? doch nicht Sheila!

outage ['aʊtɪdʒ] *n* Ausfall *m;* **power ~** Stromausfall *m*

out-and-out *adj attr, inv* ausgemacht, durch und durch *nach n,* absolut; ***he's an ~ rogue*** er ist ein ausgemachter Schurke; **an ~ disaster** eine einzige Katastrophe; **~ lie** unverschämte Lüge

outback ['aʊtbæk] *n no pl* Hinterland *nt* [Australiens]; **to live in the** ~ im [australischen] Busch leben

outbid <-bid, -bid> *vt* ■**to** ~ **sb** jdn überbieten; ***the retail group*** ~ ***all three competitors for space in the shopping centre*** die Handelsgruppe hat alle drei Mitbewerber bei der Vergabe eines Platzes im Einkaufszentrum überboten

outboard, **outboard motor** *n* Außenborder *m*, Außenbordmotor *m*

outbound *adj inv, pred* abfahrend *attr; train* [aus dem Bahnhof] ausfahrend *attr; ship* [aus dem Hafen] auslaufend *attr; plane* abfliegend *attr;* ~ **traffic** *Verkehr, der aus der Stadt/dem Land hinausgeht*

out-box *n* Ablage *f* (*für ausgehende Post*)

outbreak ['aʊtbreɪk] *n of a disease, hostilities, a war* Ausbruch *m;* **thundery ~s** [plötzliche] gewittrige Niederschläge

outbuilding *n* Nebengebäude *nt*

outburst ['aʊtbɜːst, AM -bɜːrst] *n* Ausbruch *m;* **an** ~ **of anger** [*or* **rage**] ein Wutanfall *m;* **to receive an** ~ **of applause** einen donnernden Applaus bekommen; **a sudden** ~ **of laughter** plötzlich ausbrechendes Gelächter; **an** ~ **against a proposal** eine Attacke gegen einen Vorschlag

outcast ['aʊtkɑːst, AM -kæst] **I.** *n* Ausgestoßene(r) *f(m)*, Geächtete(r) *f(m);* **social** ~ gesellschaftlicher Außenseiter/gesellschaftliche Außenseiterin, Outcast *m geh* **II.** *adj inv* ausgestoßen, verstoßen

outclass [,aʊt'klɑːs, AM -'klæs] *vt* ■**to** ~ **sb** jdn deklassieren *geh* [*o* in den Schatten stellen]

outcome ['aʊtkʌm] *n* Ergebnis *nt*, Resultat *nt;* **the** ~ **of the election** das Wahlergebnis; **the immediate** ~ die unmittelbare Folge

outcrop ['aʊtkrɒp, AM -krɑːp] *n* GEOL Felsnase *f;* **an** ~ **of rocks** zutage liegendes Gestein

outcry ['aʊtkraɪ] *n* ❶ (*protest*) lautstarker Protest, Sturm *m* der Entrüstung (**over** gegen +*akk*); **to provoke a public** ~ einen Sturm der Entrüstung in der Öffentlichkeit auslösen; **to raise an** ~ **against sth** gegen etw *akk* lautstarken Protest erheben ❷ STOCKEX **open** ~ **system** Ermittlung *f* von Kontraktpreisen durch offenen Zuruf oder Handzeichen

outdated [,aʊt'deɪtɪd, AM -t̬-] *adj* veraltet; *ideas, views* überholt, antiquiert *geh*

outdistance [,aʊt'dɪstən(t)s] *vt* ■**to** ~ **sb** jdn hinter sich *dat* lassen [*o* abhängen]; ■**to be ~d** SPORTS ***Smith was ~d by Jones*** Smith fiel hinter Jones zurück

outdo <-did, -done> [,aʊt'duː] *vt* ■**to** ~ **sb** jdn übertreffen [*o* ausstechen]; ***Pat was wearing an outrageous dress, so not to be outdone, I put on my bright red suit*** Pat trug ein sehr gewagtes Kleid, und um mithalten zu können, zog ich meinen knallroten Anzug an

outdoor [,aʊt'dɔːʳ, AM -'dɔːr] *adj inv* ***he's very much an*** ~ ***person*** er hält sich gern und viel im Freien auf; ~ **concert** Freiluftkonzert *nt*, Openairkonzert *nt;* ~ **clothes** Kleidung *f* für draußen; ~ **furniture** Gartenmöbel *pl;* ~ **jacket** warme Jacke, Outdoorjacke *f;* ~ **swimming pool** Freibad *nt;* ~ **sports** Sportarten *fpl* im Freien

outdoors [,aʊt'dɔːz, AM -'dɔːrz] **I.** *n* + *sing vb* **in the great** ~ in der freien Natur **II.** *adv* im Freien, draußen; **to eat/sleep/play** ~ draußen essen/schlafen/spielen

outdoorsy [,aʊt'dɔːrzi] *adj* AM ■**to be** ~ gern in der freien Natur [*o* an der frischen Luft] sein; ***he's an*** ~ ***type*** er ist ein Naturbursche

outed ['aʊtɪd, AM -t̬-] *adj attr, inv* geoutet *sl*

outer ['aʊtəʳ, AM -t̬ɚ] **I.** *n* BRIT SPORTS äußerster Ring (*einer Zielscheibe*) **II.** *adj inv* ❶ (*external*) äußerlich, Außen-; ~ **door** Außentür *f* ❷ (*far from centre*) äußere(r,s), Außen-; **one's** ~ **circle of friends** jds weiterer Bekanntenkreis; ~ **city bypass** Umgehungsstraße *f;* **the** ~ **lane of the motorway** die äußere Fahrspur [auf] der Autobahn; **the** ~ **suburbs** die Randbezirke

outer ear *n* äußeres Ohr **outer man** *n* ■**the** ~ das Äußere, das äußere Erscheinungsbild

outermost ['aʊtəməʊst, AM -t̬ɚmoʊst] *n attr, inv* äußerste(r,s); **the** ~ **layer** die oberste Schicht; **the** ~ **regions of the solar system** die entferntesten Regionen des Sonnensystems

outer space *n* der Weltraum, das Weltall **outer wear** *n no pl* Oberbekleidung *f* **outer world** *n* ■**the** ~ die Außenwelt

outface [,aʊt'feɪs] *vt* ■**to** ~ **sb** jdm [erfolgreich] die Stirn bieten **outfall** *n* Mündung *f; of drain, sewer* Ausfluss *m;* **river** ~ Flussmündung *f* **outfall pipe** *n* Abwasserrohr *nt* (*das ins Meer mündet*) **outfield** *n no pl* Außenfeld *nt* **outfielder** *n* Außenfeldspieler(in) *m(f)*

outfight <-fought, -fought> [,aʊt'faɪt] *vt* ■**to** ~ **sb** jdn bezwingen [*o* schlagen]; ■**to be outfought** unterliegen; **to** ~ **an army** eine Armee schlagen [*o* besiegen]

outfit ['aʊtfɪt] **I.** *n* ❶ (*clothes*) Kleidung *f*, Kleider *pl*, Outfit *nt sl;* **cowboy** ~ Cowboykostüm *nt;* **riding** ~ Reitkleidung *f;* **wedding** ~ Hochzeitsgarderobe *f* ❷ (*fam: group*) Verein *m fam;* (*company*) Laden *m fam;* (*musicians, sports team*) Truppe *f;* **jazz** ~ Jazzband *f;* **theatre** ~ Theatergruppe *f* ❸ (*equipment*) Ausrüstung *f*, Ausstattung *f* **II.** *vt* <-tt-> ■**to** ~ **sb with sth** jdn mit etw *dat* ausrüsten [*o* ausstatten]

outfitter ['aʊt,fɪtəʳ, AM -t̬ɚ] *n* ❶ BRIT (*dated: for clothing*) ■**~s** *pl* Ausstatter *m;* **gentlemen's ~s** Herrenausstatter *m;* **schools' ~s** Fachgeschäft *nt* für Schuluniformen ❷ AM (*for outdoor pursuits*) **canoe** ~ Fachgeschäft *nt* für den Kanubedarf; **sports'** ~ Sportgeschäft *nt*

outflank [,aʊt'flæŋk] *vt* ❶ MIL **to** ~ **an army/the enemy** eine Armee/den Feind von der Flanke angreifen; (*surround*) eine Armee/den Feind umfassen ❷ (*outwit*) ■**to** ~ **sb** jdn austricksen

outflanking movement *n* MIL Umfassungsbewegung *f*

outflow ['aʊtfləʊ, AM -floʊ] *n* Ausfluss *m;* ~ **of capital** Kapitalabfluss *m;* ~ **of refugees** Flüchtlingsstrom *m*

outfought [,aʊt'fɔːt, AM 'fɑːt] *vt pt, pp of* **outfight** aus dem Feld geschlagen

outfox [,aʊt'fɒks, AM -'fɑːks] *vt* ■**to** ~ **sb** jdn austricksen

outgoing [,aʊt'gəʊɪŋ, AM 'aʊtgoʊ-] *adj* ❶ (*approv: extroverted*) kontaktfreudig; ***he has an*** ~ ***personality*** er ist jemand, der auf die Menschen zugeht ❷ *attr* (*retiring*) [aus]scheidend, abtretend; **the** ~ **President** der [aus dem Amt] scheidende Präsident ❸ (*outward bound*) ausgehend; ~ **calls/mail** ausgehende Telefongespräche/Post

outgoings [,aʊt'gəʊɪŋz, AM 'aʊtgoʊ-] *npl* BRIT Ausgaben *fpl*, Ausgänge *mpl*

outgrow <-grew, -grown> [,aʊt'grəʊ, AM -'groʊ-] *vt* ❶ (*become too big for*) ■**to** ~ **sth** aus etw *dat* herauswachsen; **to** ~ **a jacket/shoes/trousers** aus einer Jacke/Schuhen/einer Hose herauswachsen ❷ (*leave behind*) ■**to** ~ **sth** einer S. *gen* entwachsen; ***she has outgrown dolls already*** für Puppen ist sie schon zu groß; ***luckily, he has*** ~ ***those friends*** zum Glück hat er sich mit dem Älterwerden von diesen Freunden gelöst; **to** ~ **a habit** eine Gewohnheit ablegen; **to** ~ **an opinion** über eine Ansicht hinaus sein ❸ (*become bigger than*) **to** ~ **one's brother/mother** seinem Bruder/seiner Mutter über den Kopf wachsen; **sth ~s its novelty** etw läuft sich *akk* tot [*o* verliert den Reiz des Neuen]; **to** ~ **one's strength** zu schnell aufschießen

outgrowth ['aʊtgrəʊθ, AM -groʊθ] *n* Auswuchs *m a. fig;* (*development*) *of an idea, a theory* Weiterentwicklung *f;* ***he has a small*** ~ ***of hair on his chin*** auf seinem Kinn sprießen ein paar Haare

outgun <-nn-> [,aʊt'gʌn] *vt* ■**to** ~ **sb** ❶ (*beat*) jdn schlagen; ***he ~ned the sharpshooters*** er zeigte es den Scharfschützen; ■**to be ~ned** unterliegen, eine Niederlage erleiden ❷ MIL jdm an Waffenkraft überlegen sein; ***despite being heavily ~ned, the rebel forces have held on to their position*** obwohl die Rebellen über deutlich weniger Waffen verfügen, haben sie ihre Stellung behaupten können

outhouse ['aʊthaʊs] **I.** *n* ❶ (*building*) Außengebäude *nt;* (*joined*) Nebengebäude *nt* ❷ AM (*toilet*) Außentoilette *f* **II.** *vt* ■**to** ~ **sth** etw separat lagern [*o* aufbewahren]

outing ['aʊtɪŋ, AM -t̬-] *n* ❶ (*trip*) Ausflug *m;* **to go on an** ~ einen Ausflug machen; **class** ~ Klassenausflug *m;* **family** ~ Familienausflug *m;* **school** ~ Schulausflug *m* ❷ (*fam: appearance*) [öffentlicher] Auftritt ❸ *no pl* (*revealing homosexuality*) [Sich]outen *nt*, Outing *nt*

outlandish [,aʊt'lændɪʃ] *adj* absonderlich, sonderbar, seltsam; *behaviour, ideas also* bizarr, befremdlich; ~ **clothing** skurrile Kleidung; ~ **prices** horrende Preise

outlandishly [,aʊt'lændɪʃli] *adv* absonderlich, sonderbar, seltsam

outlandishness [,aʊt'lændɪʃnəs] *n no pl* Absonderlichkeit *f*, Befremdlichkeit *f*, Bizarrheit *f*

outlast [,aʊt'lɑːst, AM -'læst] *vt* ■**to** ~ **sth** etw überdauern, sich *akk* länger halten als etw; ■**to** ~ **sb** jdn überleben; **to** ~ **sb in holding one's breath** länger die Luft anhalten als jd

outlaw ['aʊtlɔː, AM -lɑː] **I.** *n* (*criminal*) Bandit(in) *m(f);* (*fugitive from law*) Geächtete(r) *f(m)*, Vogelfreie(r) *f(m)*, Outlaw *m geh* **II.** *vt* ■**to** ~ **sth** etw für ungesetzlich erklären; **to** ~ **smoking** das Rauchen verbieten; **an ~ed political group** eine verbotene politische Gruppierung

outlawry ['aʊtlɔːri, AM lɑː] *n no pl* ❶ (*ban*) Ächtung *f*, Verfemung *f* ❷ (*criminality*) Verbrechertum *nt*

outlay ['aʊtleɪ] **I.** *n* Aufwendungen *fpl*, Auslagen *fpl* **II.** *vt* <-laid, -laid> AM ■**to** ~ **sth** [**on sth**] etw [für etw *akk*] ausgeben

outlet ['aʊtlet] *n* ❶ (*exit*) Ausgang *m*, Austritt *m; for water* Abfluss *m*, Ablauf *m;* (*chimney*) Abzug *m* ❷ AUTO, TECH Abluftstutzen *m* ❸ (*means of expression*) Ventil *nt fig*, Ausdrucksmöglichkeit *f;* **an emotional** ~ ein Ventil *nt* für jds Gefühle ❹ (*store*) Verkaufsstelle *f*, Vertriebsstelle *f;* **factory** ~ Fabrikverkaufsstelle *f;* **fast-food** ~ Schnellrestaurant *nt;* **retail** ~ Einzelhandelsgeschäft *nt*, Verkaufsstelle *f* für Endabnehmer ❺ (*market*) [Absatz]markt *m*, Absatzmöglichkeit[en] *f[pl];* **commercial** ~ Absatzmarkt *m* ❻ AM ELEC (*power point*) Steckdose *f* ❼ COMPUT Ausgang *m*

outline ['aʊtlaɪn] **I.** *n* ❶ (*brief description*) Übersicht *f*, [kurzer] Überblick (**of** über +*akk*); *in novel-writing* Entwurf *m*, Konzept *nt;* (*general summary*) Zusammenfassung *f*, Abriss *m;* **a course** ~ eine [kurze] Kursbeschreibung; **an** ~ **of a country's history** ein Abriss *m* über die Geschichte eines Landes; **to give a broad** ~ **of sth** etw kurz umreißen [*o* in groben Zügen beschreiben] ❷ (*contour*) Umriss *m*, Kontur *f; against fading light* Silhouette *f;* ***the mountain was visible only in*** ~ ***as the light faded*** als es dämmerte, sah man nur noch die Silhouette des Berges; **to draw the** ~ **of sth** die Umrisse [*o* Konturen] von etw *dat* zeichnen **II.** *vt* ■**to** ~ **sth** ❶ (*draw*) die Umrisse [*o* Konturen] von etw *dat* zeichnen; ***the area we're interested in is ~d in red on the map*** das Gebiet, das uns interessiert, ist auf der Karte rot umrandet; ***the house was ~d against the setting sun*** die Silhouette des Hauses malte sich gegen die untergehende Sonne ab ❷ (*summarize*) etw [kurz] umreißen [*o* skizzieren]

outline planning permission *n* vorläufige Baugenehmigung

outlive [,aʊt'lɪv] *vt* ❶ (*live longer than*) ■**to** ~ **sb** jdn überleben; ■**to** ~ **sth** etw überdauern; ***the system had ~d its usefulness*** das System hatte ausgedient ❷ (*survive*) ■**to** ~ **sth** etw überleben *a. fig*

outlook ['aʊtlʊk] *n* ❶ (*view*) Aussicht *f* ❷ (*future prospect*) Perspektive *f*, Aussicht[en] *f[pl];* **economic** ~ Konjunkturaussichten *fpl* ❸ (*attitude*) Einstellung *f*, Haltung *f;* **positive** ~ **on life** positive Lebenseinstellung ❹ METEO [Wetter]aussichten *fpl*

outlying ['aʊt,laɪɪŋ] *adj attr area, region, village* abgelegen, entlegen

outmaneuver [,aʊtmə'nuːvɚ] AM, **outmanoeuvre** [,aʊtmə'nuːvəʳ] *vt* BRIT, AUS ■**to** ~ **sb** jdn ausmanövrieren

outmoded [,aʊt'məʊdɪd, AM -'moʊ-] *adj* (*pej*) altbacken *pej*, unzeitgemäß, altmodisch; ~ **clothing/**

furniture altmodische Kleidung/Möbel; ~ **ideas** überholte [*o* veraltete] Vorstellungen; ~ **style** altbackener Stil *pej*

outmost ['aʊtməʊst, AM -'moʊst] *adj* äußerste(r,s); *place* weit entlegen

outnumber [ˌaʊt'nʌmbə^r, AM -bɚ] *vt* ■**to** ~ **sb/sth** jdm/etw zahlenmäßig überlegen sein; ■**to be** ~**ed** in der Unterzahl sein; (*in vote*) überstimmt sein; ***rainy days have ~ the pleasant ones this year*** wir hatten dieses Jahr mehr Regen- als Sonnentage; ***in our office the females ~ the males 3 to 1*** bei uns im Büro arbeiten dreimal so viele Frauen wie Männer

out of *prep* ① *after vb* (*towards outside*) aus +*dat;* ***I jumped ~ bed*** ich sprang aus dem Bett; ***my daughter's just come ~ [the] hospital*** meine Tochter ist gerade aus dem Krankenhaus entlassen worden; ***he came ~ prison*** er wurde aus dem Gefängnis entlassen; ***he took an apple ~ his backpack*** er nahm einen Apfel aus seinem Rucksack ② *after vb* (*situated away from*) außerhalb +*gen;* ***he is ~ town this week*** er ist diese Woche nicht in der Stadt; ***Mr James is ~ the country until July 4th*** Herr James hält sich bis zum 4. Juli außer Landes auf; ***there are many Americans living ~ the country*** viele Amerikaner leben im Ausland; ***she's ~ the office at the moment*** sie ist zurzeit nicht an ihrem [Arbeits]platz [*o* nicht im Büro]; *after n* außerhalb +*gen,* von +*dat* … entfernt; ***five miles ~ San Francisco*** fünf Meilen außerhalb von San Francisco; ***he's from ~ town*** er ist nicht von hier [*o* fremd hier] [*o* aus einer anderen Gegend] ③ *after vb* (*taken from*) von +*dat;* ***buy a house ~ the inheritance*** von [*o* mit Geld aus] der Erbschaft ein Haus kaufen; ***he copied his essay straight ~ a textbook*** er schrieb seinen Aufsatz wörtlich aus einem Lehrbuch ab; ***you should not expect too much ~ life*** man sollte nicht zu viel vom Leben erwarten; ~ **one's pocket** aus der eigenen Tasche; ***she had to pay for it ~ her pocket*** sie musste es aus der eigenen Tasche bezahlen; ***she gets a lot of joy ~ working with children*** es macht [*o* bereitet] ihr große Freude, mit Kindern zu arbeiten; ***they get a lot of fun ~ practicing dangerous sports*** das Betreiben gefährlicher Sportarten macht ihnen einen Riesenspaß; ***they didn't make a dime ~ that deal*** sie haben bei dem Geschäft keinen Pfennig verdient; *after n* aus +*dat;* ***the report ~ the Middle East*** der Bericht aus dem Nahen Osten; ***like a character ~ a 19th century novel*** wie eine Figur aus einem Roman des neunzehnten Jahrhunderts ④ (*excluded from*) aus +*dat;* ***they voted him ~ the town board*** er wurde aus dem Stadtrat abgewählt; ***he's ~ the team*** er ist aus der Mannschaft ausgeschieden; ***I'm glad to be ~ it*** ich bin froh, dass ich das hinter mir habe [*o* damit nichts mehr zu tun habe]; ***it's hard to get ~ trouble*** es ist schwer, aus den Schwierigkeiten wieder herauszukommen; ***giving up is ~ the question*** Aufgeben kommt überhaupt nicht infrage [*o* in Frage]; ***after injuring his knee, he was ~ the race*** nachdem er sich am Knie verletzt hatte, war er aus dem Rennen; ***Oxford United are ~ the FA Cup*** Oxford United ist aus der FA-Pokalrunde ausgeschieden; ***I've got ~ the habit of cycling to work*** ich fahre nicht mehr ständig mit dem Fahrrad zur Arbeit; ***he talked her ~ going back to smoking*** er redete es ihr aus, wieder mit dem Rauchen anzufangen ⑤ (*spoken by*) aus +*dat;* ***I couldn't get the secret ~ her*** ich konnte ihr das Geheimnis nicht entlocken; ***we'll get the information ~ him*** wir werden die Informationen [schon] aus ihm herauskriegen ⑥ (*made from*) aus +*dat;* ***a bench fashioned ~ a tree trunk*** eine aus einem Baumstamm gearbeitete Bank ⑦ (*motivated by*) aus +*dat;* ■**to do sth ~ sth** etw aus etw tun; ~ ***jealousy over her new boyfriend*** aus Eifersucht wegen ihres neuen Freundes; ***she did it ~ spite*** sie tat es aus Boshaftigkeit ⑧ *after n* (*ratio of*) von +*dat;* ***no one got 20 ~ 20 for the test*** niemand bekam alle 20 möglichen Punkte für den Test; ***nine times ~ ten*** neun von zehn Malen ⑨ (*without*) ■~ **sth** ohne etw +*akk;* ***he was ~ money*** er stand ohne Geld da; ***they were ~ luck*** sie hatten kein Glück [mehr]; ***you're ~ time*** Ihre Zeit ist um [*o* abgelaufen]; ***they had run ~ cash*** sie hatten kein Bargeld mehr, ihnen war das Bargeld ausgegangen; ***she was finally ~ patience*** schließlich riss ihr der Geduldsfaden; ***they were ~ gas*** sie hatten kein Benzin mehr, ihnen war das Benzin ausgegangen; [***all***] ~ ***breath*** [völlig] außer Atem; ***be ~ work*** ohne Arbeit [*o* arbeitslos] sein; ***he was ~ a job*** er hat seine Stelle verloren; ***I'm sorry sir, we're ~ the salmon*** tut mir leid, der Lachs ist aus [*o* ist uns ausgegangen] ⑩ (*beyond*) außer +*dat;* ~ ***bounds*** außerhalb des Spielfeldes; ~ ***reach*** außer Reichweite; ~ ***sight/ earshot*** außer Sicht[weite]/Hörweite; ~ [***firing***] ***range*** außer Schussweite; ***the photo is ~ focus*** das Foto ist unscharf; ***the patient is ~ danger*** der Patient ist außer [Lebens]gefahr; ~ ***order*** außer Betrieb; ***the delay is ~ our control*** die Verspätung entzieht sich unserer Kontrolle; ***baseball is ~ season at the moment*** zurzeit ist nicht Baseballsaison; ***deer are ~ season*** Hirsche haben Schonzeit; ***he's been ~ touch with his family for years*** er hat seit Jahren keinen Kontakt mehr zu seiner Familie; ~ **the way** aus dem Weg; ***get ~ the way!*** aus dem Weg!, mach Platz!; **be** [**a bit**] ~ ***sb's way*** ein [kleiner] Umweg für jdn sein; ***go ~ one's way to mail the letters*** einen Umweg machen, um die Briefe einzuwerfen; ***she went ~ her way to get the work handed in on time*** sie gab sich ganz besondere Mühe, um die Arbeit rechtzeitig abzugeben ⑪ (*sheltered from*) ***he was so cold he had to come ~ the snow*** ihm war so kalt, dass er dem Schnee entfliehen musste; ***get ~ the rain/ the summer heat*** dem Regen/der sommerlichen Hitze entrinnen ⑫ *after vb* (*not current about*) aus +*dat;* ~ **fashion** [*or* **style**] aus der Mode; ***you're really ~ touch with the music scene*** du hast keine Ahnung, was auf der Musikszene angesagt ist; ***she's really ~ touch with reality*** sie hat jeglichen Bezug zur Realität verloren ▶ PHRASES: **he's come ~ the closet and admitted that he's homosexual** er hat sich geoutet und zugegeben, dass er schwul ist; **to get ~ hand** außer Kontrolle geraten; ~ **line** unangebracht; **he must be ~ his mind!** [*or* **head**] er muss den Verstand verloren haben!; ***he was ~ his mind with jealousy*** er war völlig verrückt [*o* drehte völlig durch] vor Eifersucht; [**jump**] ~ **the pan and into the fire** (*prov*) vom Regen in die Traufe [kommen]; ~ **place** fehl am Platz; ~ **sight** *dated* [*or* **this world**] ausgezeichnet, spitze *fam;* ~ **it** (*fam: not included*) ***I felt really ~ it*** ich fühlte mich richtig ausgeschlossen; (*unaware*) ***you can't be completely ~ it!*** du musst doch irgendwas davon mitgekriegt haben!; AM (*drowsy*) ***she felt sleepily, still ~ it*** sie fühlte sich schläfrig, war noch nicht ganz da; (*drunk, drugged*) ***after twenty vodkas he was completely ~ it*** nach zwanzig Wodka war er total benebelt

out-of-body experience *n* körperloser Schwebezustand; ***he felt as if he was having an ~*** er fühlte sich, als habe er seinen Körper verlassen **out-of-court settlement** *n* LAW außergerichtliche Einigung, außergerichtlicher Vergleich **out of date** *adj pred,* **out-of-date** *adj attr* veraltet, überholt; *clothing* altmodisch, unmodern; ~ **furniture** antiquierte Möbel; ~ **ideas** überholte [*o* veraltete] Vorstellungen; ~ **style** altmodischer Stil **out-of-doors** [ˌaʊtəv'dɔːz, AM ˌaʊt̬əv'dɔːrz] **I.** *adv* draußen, im Freien **II.** *adj* Freiland-; *sports* Außen-, Freiluft- **out-of-pocket** *adj* FIN ~ **expenses** Spesen *pl* **out of the way** *adj pred,* **out-of-the-way** *adj attr spot, place* abgelegen, entlegen **out-of-towner** *n* Auswärtige(r) *f(m);* ■**to be an** ~ nicht aus der Stadt sein **out-of-town shopping centre** *n* außerhalb der Stadt gelegenes Einkaufszentrum

outpace [ˌaʊt'peɪs] *vt* ■**to** ~ **sb** (*in sports*) jdn hinter sich *dat* lassen, jdn abhängen *fam;* (*in business*) jdn ausstechen; **to** ~ **one's rivals/the competion** seine Rivalen/die Konkurrenz ausstechen

out-patient *n* ambulanter Patient/ambulante Patientin

outperform [ˌaʊtpə'fɔːm, AM -pɚ'fɔːrm] *vt* ■**to** ~ **sb/sth** jdn/etw übertreffen, bessere Leistungen bringen als jd/etw

outplay [ˌaʊt'pleɪ] *vt* ■**to** ~ **sb** jdm [spielerisch] überlegen sein, besser spielen als jd; **to be completely ~ed** regelrecht an die Wand gespielt werden

outpoint [ˌaʊt'pɔɪnt] *vt* BOXING ■**to** ~ **sb** jdn nach Punkten schlagen

outpost ['aʊtpəʊst, AM -poʊst] *n* ① MIL (*guards*) Außenposten *m,* Vorposten *m;* (*base*) Stützpunkt *m* ② (*remote branch*) Außenposten *m; of a company* Außenstelle *f,* [abgelegene] Zweigstelle; ***the last ~ before the desert*** die letzte Siedlung vor der Wüste; (*fig*) ***free jazz has been described as the last ~ of modernism*** Free Jazz gilt als das letzte Überbleibsel des Modernismus; (*fig*) ***Berlin was a capitalist ~ in the middle of communist East Germany*** Berlin war wie eine kapitalistische Festung inmitten der kommunistischen DDR

outpouring ['aʊtˌpɔːrɪŋ] *n* ① (*of emotion*) Ausbruch *m* ② (*of products*) beachtlicher Ausstoß, Flut *f fig* ③ (*of gasses*) Ausströmen *nt*

output ['aʊtpʊt] **I.** *n no pl* ECON Ausstoß *m,* Produktion *f,* Output *m o nt;* COMPUT Ausgabe *f,* Output *m o nt;* ELEC Leistung *f;* MIN Förderleistung *f;* ~ **of adrenalin** BIOL Adrenalinausstoß *m;* ~ **per hour** ECON Produktionsleistung *f* pro Stunde, Stundenleistung *f;* **agricultural** ~ [Ernte]ertrag *m;* **industrial** ~ Industrieausstoß *m,* industrielle Produktion[sleistung]; **manufacturing** ~ Produktionsausstoß *m;* **total** ~ Gesamtproduktion *f* **II.** *vt* ■**to** ~ **sth** *image, data* etw ausgeben

output bonus *n* ECON Produktionsprämie *f* **output data** *n* + *sing/pl vb* COMPUT Ausgabedaten *pl;* ECON Produktionszahlen *fpl* **output tax** *n* ECON Bruttomehrwertsteuer *f*

outrage ['aʊtreɪdʒ] **I.** *n* ① *no pl* Empörung *f,* Entrüstung *f* (**at** über +*akk*); **to express** ~ sich *akk* entsetzt [*o* empört] zeigen; **to provoke public** ~ öffentliche Empörung auslösen ② (*deed*) Schandtat *f;* (*crime*) Verbrechen *nt;* (*disgrace*) Schande *f kein pl;* **anti-semitic ~s** antisemitische Ausschreitungen; **terrorist** ~ Terroranschlag *m* **II.** *vt* ① (*arouse indignation*) ■**to** ~ **sb** jdn erzürnen [*o* gegen sich *akk* aufbringen]; ■[**to be**] **~d by** [*or* **at**] **sth** entrüstet [*o* schockiert] über etw *akk* [sein] ② (*violate*) ■**to** ~ **sth** etw gröblich verletzen [*o* mit Füßen treten]; **to** ~ **a law/principle** gegen ein Gesetz/Prinzip gröblich verstoßen

outrageous [ˌaʊt'reɪdʒəs] *adj* ① (*terrible*) empörend; (*unacceptable*) unerhört, ungeheuerlich; (*shocking*) schockierend; ■**it is ~ that …** es ist eine Schande, dass … ② (*unusual and shocking*) außergewöhnlich; *outfit also* gewagt ③ (*exaggerated*) ungeheuerlich, haarsträubend; *story, statement also* unwahrscheinlich, an den Haaren herbeigezogen; **to make an ~ claim** eine ungeheuerliche Behauptung aufstellen; **an ~ demand** eine völlig überzogene Forderung; **an ~ lie** eine freche [*o* schamlose] Lüge; ~ **prices** horrende [*o* unverschämte] Preise ④ (*approv sl: excellent*) super *fam*

outrageously [ˌaʊt'reɪdʒəsli] *adv* (*terribly*) fürchterlich, furchtbar; (*unacceptably*) unverschämt, maßlos, haarsträubend; (*strangely*) außergewöhnlich; ~ **funny** haarsträubend komisch; **to be ~ dressed** ausgefallen [*o* gewagt] gekleidet sein; **to exaggerate** ~ maßlos übertreiben; **to lie** ~ frech [*o* schamlos] lügen

outran [ˌaʊt'ræn] *vt pt of* **outrun**

outrange [ˌaʊt'reɪndʒ] *vt* ■**to** ~ **sth** etw [in der Reichweite [*o* Schussweite]] übertreffen

outrank [ˌaʊt'ræŋk] *vt* ■**to** ~ **sb** einen höheren Rang haben als jd; ■**to** ~ **sth** etw übertreffen

outré ['uːtreɪ, AM uː'treɪ] *adj* (*form*) ausgefallen; **an ~ hat** ein extravaganter Hut; **an ~ play** ein bizarres Stück

outreach **I.** *n* ['aʊtriːtʃ] *no pl* AM soziales Engagement; **community** ~ Gemeindehilfe *f* **II.** *n* ['aʊtriːtʃ] *modifier* AM ~ **work** soziales Engagement; ~ **worker** ≈Streetworker(in) *m(f);* ~ **program** Programm *nt* zur sozialen Unterstützung **III.** *vt* [ˌaʊt'riːtʃ] ■**to** ~ **sb/sth** jdn/etw übertreffen

outrider ['aʊtraɪdəʳ, AM -dɚ] *n Mitglied in einer motorisierten (seltener berittenen) Eskorte*

outrigger ['aʊtrɪgəʳ, AM -ɚ] *n* NAUT Ausleger *m;* (*boat*) Auslegerboot *nt*

outright ['aʊtraɪt] **I.** *adj attr, inv* ❶ (*total*) total, absolut; **an ~ disaster** eine absolute Katastrophe; **~ inconsideration** völlige Rücksichtslosigkeit; **~ nonsense** kompletter Unsinn ❷ (*undisputed*) offensichtlich; **~ winner** eindeutiger Gewinner/eindeutige Gewinnerin; **~ victory** klarer [*o* eindeutiger] Sieg ❸ (*direct*) direkt, unumwunden; **~ hostility** offene Feindseligkeit; **an ~ lie/refusal** eine glatte Lüge/Weigerung **II.** *adv inv* ❶ (*totally*) total, komplett, gänzlich ❷ (*clearly*) eindeutig ❸ (*directly*) offen, direkt; ***you have been ~ lying to me*** AM du hast mich frech angelogen; **to reject/refuse sth ~** etw glattweg zurückweisen/ablehnen ❹ (*immediately*) sofort, gleich; **to be killed ~** auf der Stelle tot sein

outro ['aʊtrəʊ, AM -roʊ] *n* MUS Outro *nt geh,* Schlussstück *nt*

outrun <-ran, -run, -nn-> [,aʊt'rʌn] *vt* ■**to ~ sb** schneller laufen als jd, jdm davonlaufen; ■**to ~ sth** über etw *akk* hinausgehen, etw übersteigen

outs [aʊts] *npl* AM ■**to be on the ~** [miteinander] Streit haben, sich *dat* in den Haaren liegen *fam*

outsell <-sold, -sold> [,aʊt'sel] **I.** *vt* ■**to ~ sth** sich *akk* besser verkaufen als etw; ■**to ~ sb** ***Smith is ~ing Jones in the movies*** Smith zieht inzwischen mehr Leute in die Kinos als Jones **II.** *vi* höhere Verkaufszahlen haben

outset ['aʊtset] *n no pl* Anfang *m,* Beginn *m;* ■**at the ~** zu Beginn, am Anfang; ■**from the ~** von Anfang an

outshine <-shone *or* -shined, -shone *or* -shined> [,aʊt'ʃaɪn] *vt* ❶ (*shine more brightly*) ■**to ~ sth** heller sein als etw, etw überstrahlen ❷ (*be better*) ■**to ~ sb** jdn in den Schatten stellen [*o* ausstechen]; SPORTS über jdn triumphieren

outside [,aʊt'saɪd] **I.** *n* ❶ (*exterior*) Außenseite *f; of a fruit* Schale *f;* (*fig*) ***she was on the ~ of the clique girls*** in der Clique war sie eine Außenseiterin; ■**from the ~** von außen ❷ (*external appearance*) ■**on the ~** äußerlich, nach außen hin; ■**by the ~** vom Äußeren her; ***you can never tell what he's thinking by the ~*** man sieht ihm nie an, was er gerade denkt ❸ (*of pavement*) Straßenseite *f,* Seite *f* zur Straße hin ❹ (*not within boundary*) ■**on the ~** draußen; (*out of prison*) in Freiheit ▸ PHRASES: **at the ~** (*fig*) im äußersten Fall **II.** *adj attr, inv* ❶ (*outer*) *door, entrance* äußere(r,s); **~ seat** Sitz *m* am Gang; **~ wall** Außenmauer *f* ❷ (*external*) außenstehend, extern; **the world ~** [*or* **~ world**] die Welt draußen ❸ (*very slight*) *chance, possibility* [sehr] klein, minimal ❹ (*highest, largest*) höchste(r,s) *attr,* äußerste(r,s) *attr;* **~ price** Höchstpreis *m,* äußerster Preis **III.** *adv* ❶ (*not in building*) außen, außerhalb ❷ (*in open air*) im Freien, draußen ❸ (*sl: not imprisoned*) draußen **IV.** *prep* ❶ (*beyond*) außerhalb; ***that would be ~ my job description*** das fiele nicht in meine Zuständigkeit; **~ of London** außerhalb von London ❷ (*apart from*) ausgenommen; **~ *of us three*** außer uns dreien

outside broadcast *n* Außenübertragung *f* (*eines Radiosenders oder des Fernsehens*) **outside dealer** *n* STOCKEX Wertpapierhändler(in) *m(f),* der/die nicht der Börse angehört **outside influences** *npl* äußere Einflüsse *mpl* **outside lane** *n* ❶ BRIT (*far from edge*) innere Fahrbahn, Überholspur *f;* ■**in the ~** auf der Überholspur ❷ AM (*near edge*) äußere Fahrbahn [*o* Spur] ❸ SPORTS Außenbahn *f* **outside left** *n* linke Außenseite **outside line** *n* Telefonleitung *f* für externe Gespräche

outsider [,aʊt'saɪdəʳ, AM aʊt'saɪdɚ] *n* ❶ (*not a member*) Außenstehende(r) *f(m)* ❷ (*outcast*) Außenseiter(in) *m(f),* Outsider *m* ❸ (*in sports*) Außenseiter(in) *m(f)*

outside right *n* rechte Außenseite

outside shareholders *n* STOCKEX Minderheitsaktionäre *mpl,* außenstehende [*o* freie] Aktionäre

outsize ['aʊtsaɪz] *adj attr, inv* ❶ (*very large*) übergroß; **~ clothes** Kleidung *f* in Übergrößen ❷ (*fig*) überragend, herausragend

outsized ['aʊtsaɪzd] *adj attr, inv* übergroß; **~ clothes** Kleidung *f* in Übergrößen

outskirts ['aʊtskɜːts, AM -skɜːrts] *npl* Stadtrand *m,* Randbezirke *mpl* [einer Stadt]

outsmart [,aʊt'smɑːt, AM -'smɑːrt] *vt* (*fam*) ■**to ~ sb** jdn austricksen

outsource [,aʊt'sɔːs, AM -'sɔːrs] *vt* ECON ❶ (*hire*) ■**to ~ sb/sth** jdn/etw anmieten ❷ (*contract out*) ■**to ~ sth** etw auslagern [*o fachspr* outsourcen]

outsourcing [,aʊt'sɔːsɪŋ, AM -'sɔːrs-] *n no pl* Outsourcing *nt fachspr; of staff* Beschäftigung *f* betriebsfremden [*o* externen] Personals; *of services* Nutzung *f* externer Dienstleistungen; *of production* Produktionsauslagerung *f*

outspoken [,aʊt'spəʊkᵊn, AM -'spoʊ-] *adj* offen; *criticism* unverblümt, direkt; *opponent* entschieden

outspokenly [,aʊt'spəʊkᵊnli, AM 'spoʊ] *adv* freimütig, [ganz] unverblümt

outspokenness [aʊt'spəʊkᵊnnəs, AM -spoʊ-] *n no pl* Unverblümtheit *f,* Direktheit *f*

outspread [,aʊt'spred, AM aʊt-] *adj inv* ausgebreitet; **an ~ newspaper/map** eine aufgeschlagene Zeitung/Karte; **with ~ wings** mit [weit] ausgebreiteten Flügeln

outstanding [,aʊt'stændɪŋ] *adj* ❶ (*excellent*) außergewöhnlich, unvergleichlich; *effort, contribution* bemerkenswert; *actor, student, performance* hervorragend, brillant; **~ ability** außerordentliche Fähigkeit; **~ achievement** überragende Leistung; **~ intelligence** außergewöhnliche Intelligenz; **~ talent** außerordentliches Talent ❷ (*clearly noticeable*) auffallend, hervorstechend; **of ~ beauty** von auffallender Schönheit, unvergleichlich schön ❸ FIN (*unpaid*) ausstehend; ***the ~ balance on your credit card is £453,25*** Sie sind mit ihrer Kreditkarte mit £453.25 im Minus; **~ debt** ausstehende Schulden; **~ invoice** unbezahlte [*o* offene] Rechnung ❹ (*not solved*) unerledigt, offen; **~ problems** ungelöste [*o* ungeklärte] Probleme

outstandingly [,aʊt'stændɪŋli] *adv* außergewöhnlich, bemerkenswert; **~ successful** ausgesprochen [*o* extrem] erfolgreich

outstation ['aʊtsteɪʃᵊn] *n esp* BRIT MIL Außenposten *m,* Vorposten *m*

outstay [,aʊt'steɪ] *vt* **to ~ one's break** seine Pause überziehen; **to ~ a competitor** länger durchhalten als der Gegner/die Gegnerin, einen Rivalen/eine Rivalin abhängen; **to ~ one's welcome** länger bleiben, als man erwünscht ist

outstretch [,aʊt'stretʃ] *vt* ❶ (*reach out*) **to ~ one's arm/hand** seinen Arm/seine Hand ausstrecken ❷ (*exceed limit*) ■**to ~ sth** etw übersteigen; **to ~ sb's patience/hospitality** jds Geduld/Gastfreundschaft überstrapazieren

outstretched I. *adj* [,aʊt'stretʃt] *pred, inv* ausgestreckt; *arms also* ausgebreitet **II.** *adj* ['aʊtstretʃt] *attr, inv hands, legs* ausgestreckt

outstrip <-pp-> [,aʊt'strɪp] *vt* ❶ (*surpass*) ■**to ~ sb** (*be better*) jdn übertreffen [*o* schlagen]; (*go faster*) jdn überholen ❷ (*be greater*) ■**to ~ sth** etw übersteigen

outta ['aʊţə] *prep esp* AM (*fam*) *see* **out of**

out-take *n* herausgeschnittene Sequenz (*aus einem Programm, einer Sendung*) **out-tray** *n* Ablage *f* für Ausgangspost

outturn ['aʊttɜːn, AM -tɜːrn] *n no pl* Produktion[sleistung] *f,* Ausstoß *m*

outvote [,aʊt'vəʊt, AM -'voʊt] *vt* ■**to ~ sb/sth** jdn/etw überstimmen; ■**to be ~d** überstimmt werden; POL eine Abstimmung verlieren

outward ['aʊtwəd, AM -wɚd] **I.** *adj attr* ❶ (*exterior*) äußere(r,s), Außen-; (*superficial*) äußerlich, vordergründig; **~ signs** äußerliche Anzeichen; **to all ~ appearances** allem Anschein nach; **an ~ show of confidence/toughness** ein demonstratives Zurschaustellen von Zuversicht/Stärke ❷ (*going out*) ausgehend; **~ flight** Hinflug *m;* **~ voyage** Hinreise *f* **II.** *adv* nach außen; ***the door opens ~*** die Tür geht nach außen auf

outward-bound *adj* ■**to be ~** wegfahren; (*from a country*) ausreisen; ***the ~ train for Detroit is now departing*** der Zug nach Detroit fährt jetzt ab; **an ~ ship** ein auslaufendes Schiff; **~ traffic** *Verkehr, der aus der Stadt/dem Land hinausgeht*

outward-looking *adj* nach außen orientiert; ■**to be ~** über den Tellerrand schauen *fig;* **an ~ Europe** ein international orientiertes Europa

outwardly ['aʊtwədli, AM -wɚd-] *adv inv* äußerlich, nach außen hin

outwards ['aʊtwədz, AM -wɚdz] *adv inv* nach außen

outwash ['aʊtwɒʃ, AM -wɑːʃ] *n* GEOL Sander *m fachspr*

outweigh [,aʊt'weɪ] *vt* ❶ (*in weight*) ■**to ~ sb** schwerer sein als jd ❷ (*in importance*) ■**to ~ sth** gegenüber etw *dat* überwiegen, etw wettmachen

outwit <-tt-> [,aʊt'wɪt] *vt* ■**to ~ sb** jdn austricksen

outwork ['aʊtwɜːk, AM -wɜːrk] *n* ❶ MIL Vorwerk *nt,* Außenbefestigung *f* ❷ *no pl* (*work*) Arbeit *f* außerhalb der Firmengebäude; (*at home*) Heimarbeit *f,* Bildschirmarbeit *f;* **to do ~ for a company** außerhalb der Firma arbeiten; (*at home*) zu Hause arbeiten

outworker ['aʊtwɜːkəʳ, AM -wɜːrkɚ] *n* ■**to be an ~** außerhalb der Firma arbeiten; (*at home*) Telearbeiter/Telearbeiterin sein

outworn [,aʊt'wɔːn, AM -'wɔːrn] *adj inv* abgenutzt; **~ ideas** überholte Ideen

ouzo ['uːzəʊ, AM -zoʊ] *n* Ouzo *m*

ova ['əʊvə, AM 'oʊ-] *n pl of* **ovum**

oval ['əʊvᵊl, AM 'oʊ-] **I.** *n* Oval *nt;* ***her eyes were large ~s*** sie hatte große Mandelaugen **II.** *adj* oval, eiförmig

Oval Office *n* AM POL ■**the ~** das Oval Office (*Büro des US-Präsidenten*)

ovarian [əʊ'veəriən, AM oʊ'veri] *adj inv* Eierstock-, ovarial *fachspr;* **~ cancer** Eierstockkrebs *m,* Ovarialkarzinom *nt fachspr;* **~ cyst** Zyste *f* am Eierstock

ovary ['əʊvᵊri, AM 'oʊ-] *n* Eierstock *m,* Ovarium *nt fachspr*

ovation [,ə(ʊ)'veɪʃᵊn, AM ,oʊ'-] *n* Applaus *m,* [begeisterter] Beifall; **standing ~** Standing ovations *pl,* stehende Ovationen *pl;* **to get** [*or* **receive**] **an ~** viel Applaus bekommen, [stürmischen] Beifall erhalten; **to give sb an ~** jdm applaudieren

oven ['ʌvᵊn] **I.** *n* [Back]ofen *m,* Backrohr *nt* ÖSTERR; **microwave ~** Mikrowellenherd *m,* Mikrowelle *f;* **built-in ~** Einbauherd *m;* **fan-assisted** [*or* **convection**] **~** Umluftherd *m,* Heißluftherd *m;* ***Calcutta in summer is like an ~*** Kalkutta ist im Sommer der reinste Backofen; **to cook sth in a slow/moderate/hot ~** etw bei schwacher/mittlerer/starker Hitze backen **II.** *n modifier* Backofen-; **~ temperature** Backofenhitze *f,* [Back]ofentemperatur *f*

ovenable ['ʌvᵊnəbl] *adj inv* BRIT ❶ (*oven-cookable*) ■**to be ~** im Backofen zubereitbar; **~ meal** bratfertiges Gericht ❷ (*ovenproof*) feuerfest, hitzebeständig

oven chips *npl* BRIT, AUS Backofen-Pommes frites *pl*

oven cleaner *n* Backofenreiniger *m* **ovencloth** *n* Topflappen *m* **oven glove** *n* BRIT, **oven mitt** *n* AM, AUS Topfhandschuh *m* **ovenproof** *adj inv* feuerfest, hitzebeständig **oven-ready** *adj inv* bratfertig, backfertig **ovenware** *n no pl* (*pots and pans*) feuerfestes Geschirr; (*baking tin, cake tin*) feuerfeste [Back]formen; **~ set** feuerfestes Geschirr

over ['əʊvəʳ, AM 'oʊvɚ] **I.** *adv inv, pred* ❶ (*across*) hinüber; ***come ~ here*** komm hierher; ***let's go ~ there where the children are*** komm, gehen hinüber zu den Kindern; ***she brought some flowers ~ to her neighbour*** sie brachte ein paar Blumen hinüber zu ihrer Nachbarin/ihrem Nachbarn; ***why don't you come ~ for dinner on Thursday?*** kommt doch am Donnerstag zum Abendessen zu uns; **to go ~ to the enemy** zum Feind überlaufen; (*towards speaker*) herüber; **~ here** hier herüber; ***they walked ~ to us*** sie liefen zu uns herüber; ***he is flying ~ from the States tomorrow*** er kommt morgen aus den Staaten 'rüber *fam;* ***she ist coming ~ from England for the wedding*** sie kommt aus England herüber für die Hochzeit; (*on the other* side) drüben; ***I've got a friend ~ in Munich*** ein Freund von mir lebt in München; ~ **there** dort drüben; **to move** [sth] ~ [etw] [beiseite] rücken ② (*another way up*) ***the dog rolled ~ onto its back*** der Hund rollte sich auf den Rücken; **to turn** ~ umdrehen; **to turn a page** ~ [eine Seite] umblättern; ~ **and** ~ [immer wieder] um sich *akk* selbst; ***the children rolled ~ and ~ down the gentle slope*** die Kinder kugelten den leichten Abhang hinunter ③ (*downwards*) **to fall** ~ hinfallen; **to knock sth** ~ etw umstoßen ④ (*changing hands*) ***could you two change ~, please*** würdet ihr beiden bitte die Plätze tauschen; **to change** ~ **to sth** auf etw *akk* umsteigen *fam;* **to hand** [*or* **pass**] **sth** ~ etw übergeben [*o* überreichen]; ***pass it ~ here when you've finished*** reiche es [mir] herüber, wenn du fertig bist; **to hand ~ prisoners of war** Kriegsgefangene übergeben; **to swap sth** ~ BRIT etw umtauschen ⑤ (*finished*) ■**to be** ~ vorbei [*o* aus] sein; ***the game was ~ by 5 o'clock*** das Spiel war um 5 Uhr zu Ende; ***it's all ~ between us*** zwischen uns ist es aus; ***that's all ~ now*** das ist jetzt vorbei, damit ist es jetzt aus; **to be all ~ bar the shouting** so gut wie gelaufen sein *fam;* **to get sth ~ with** etw abschließen; **to get sth ~ and done with** etw hinter sich *akk* bringen ⑥ (*remaining*) übrig; **left** ~ übrig gelassen; ***there were a few sandwiches left ~*** ein paar Sandwiches waren noch übrig ⑦ (*thoroughly, in detail*) **to talk sth** ~ etw durchsprechen; **to think sth** ~ etw überdenken ⑧ AM (*again*) noch einmal; **all** ~ alles noch einmal; ***I'll make you write it all ~*** ich lasse dich alles noch einmal schreiben; ~ **and** ~ immer [*o* wieder und] wieder ⑨ (*to another speaker*) ***and now it's ~ to John Regis for his report*** wir geben jetzt weiter an John Regis und seinen Bericht; ***now we're going ~ to Wembley for commentary*** zum Kommentar schalten wir jetzt hinüber nach Wembley ⑩ AVIAT, TELEC (*signalling end of speech*) over, Ende; ~ **and out** Ende [der Durchsage] *fam* ⑪ (*more*) mehr; ***this shirt cost me ~ £50!*** dieses Hemd hat mich über £50 gekostet!; ***don't fill the water ~ the line*** das Wasser nicht über die Linie auffüllen; ***people who are 65 and ~*** Menschen, die 65 Jahre oder älter sind ▶ PHRASES: **to have one ~ the eight** BRIT einen sitzen haben *fam;* **to give** ~ die Klappe halten *sl;* **to hold sth** ~ etw verschieben **II.** *prep* ① (*across*) über +*akk;* ***the bridge ~ the motorway*** die Brücke über der Autobahn; ***she put a new tablecloth ~ the table*** sie breitete eine neue Tischdecke über den Tisch; ***he spilled wine ~ his shirt*** er goss sich Wein über sein Hemd; ***she leaned ~ the table to get the bottle*** sie lehnte über den Tisch um die Flasche zu greifen; ***drive ~ the bridge and then turn left*** fahren sie über die Brücke und dann links abbiegen; ***from the top of the tower you could see for miles ~ the city*** von dem Aussichtsturm konnte man über Meilen über die Stadt sehen; ***I looked ~ my shoulder*** ich schaute über meine Schulter; ***he looked ~ his newspaper*** er guckte über die Zeitung ② (*on the other side of*) über +*dat;* ***once we were ~ the bridge*** als wir über die Brücke hinüber waren; ***the village is just ~ the next hill*** das dorf liegt hinter dem nächsten Hügel; ***the diagram is ~ the page*** das Diagramm ist auf der nächsten Seite; ~ **the way** [*or* **road**] BRIT auf der anderen Straßenseite, gegenüber; ***they live just ~ the road from us*** sie wohnen auf der anderen Straßenseite von uns ③ (*above*) über +*dat;* ***he sat there, bent ~ his books*** er saß da, über seine Bücher gebeugt; ***we're lucky to have a roof ~ our heads*** wir haben Glück, dass wir ein Dach überm Kopf haben; ***his jacket was hanging ~ the back of his chair*** seine Jacke hing über seine Rückenlehne; (*moving above*) über +*akk;* ***a flock of geese passed ~*** eine Schar von Gänsen flog über uns hinweg; **to jump ~ sth** über etw *akk* springen ④ (*everywhere*) [überall] in +*dat;* (*moving everywhere*) durch +*akk;* **all ~** überall in +*dat;* ***all ~ Britain*** überall in Großbritannien; ***all ~ the world*** in der ganzen Welt; ***we travelled all ~ the country*** wir sind durch das ganze Land gereist; ***she had blood all ~ her hands*** sie hatte die Hände voller Blut; ***you've got mustard all ~ your face*** du hast Senf überall im Gesicht, du hast das ganze Gesicht voller Senf; **to be all ~ sb** (*overly attentive towards*) sich an jdm ranschmeißen *fam;* **to show sb ~ the house** jdm das Haus zeigen ⑤ (*during*) in +*dat,* während +*gen;* ***much has happened ~ the last six months*** vieles ist passiert in den letzten sechs Monaten; ***~ the years he became more and more depressed*** mit den Jahren wurde er immer deprimierter; ***shall we talk about it ~ a cup of coffee?*** sollen wir das bei einer Tasse Kaffee besprechen?; ***gentlemen are asked not to smoke ~ dinner*** die Herren werden gebeten, während des Essens nicht zu rauchen; ***I was in Seattle ~ the summer*** ich war im Sommer in Seattle; ***he was stuck ~ a difficult question*** er war bei einer schweren Frage stecken geblieben; ***she fell asleep ~ her homework*** sie nickte bei ihren Hausaufgaben ein ⑥ (*more than, longer than*) über +*dat;* ***he values money ~ anything else*** für ihn geht Geld über alles andere; ***they are already 25 million dollars ~ budget*** sie haben das Budget bereits um 25 Millionen Dollar; ***he will not survive ~ the winter*** er wird den Winter nicht überstehen; ~ **and above** über +*dat* … hinaus; ***she receives an extra allowance ~ and above the usual welfare payments*** sie bekommt über den üblichen Sozialhilfeleistungen hinaus eine zusätzliche Beihilfe; ***~ and above that*** darüber hinaus ⑦ (*through*) ***he told me ~ the phone*** er sagte es mir am Telefon; ***we heard the news ~ the radio*** wir hörten die Nachricht im Radio ⑧ (*in superiority to*) über +*dat;* ***he has authority ~ thirty employees*** er hat Autorität über dreißig Mitarbeiter; ***her husband always did have a lot of influence ~ her*** ihr Mann hat schon immer einen großen Einfluss auf sie gehabt; ***the victory ~ the French at Waterloo*** der Sieg über die Franzosen bei Waterloo; ***she has a regional sales director ~ her*** sie hat einen regionalen Verkaufsdirektor über ihr; ***a colonel is ~ a sergeant in the army*** ein Colonel steht über einem Sergeant in der Armee ⑨ (*about*) über +*akk;* ***there's no point in arguing ~ it*** es hat keinen Sinn, darüber zu streiten; ***she was puzzling ~ the political cartoon*** sie rätselte über die Karikatur; ***don't fret ~ him — he'll be alright*** mach dir keine Sorgen um ihn – es wird ihm schon gut gehen; ***there was public outcry ~ the death of a young teenager*** es herrschte öffentliche Empörung über den Tod eines Teenagers ⑩ *after vb* (*to check*) durch +*akk;* ***could you go ~ my essay again?*** kannst du nochmal meinen Aufsatz durchschauen; ***she checked ~ the list once more*** sie sah sich noch einmal die Liste durch; ***he always had to watch ~ his younger brother*** er musste öfters auf seinen jüngeren Bruder aufpassen ⑪ (*already discussed*) ***let's go ~ this one more time*** lass es uns noch einmal durchsprechen; ***we've been ~ this before — no TV until you've done your homework*** das hatten wir doch alles schon – kein Fernsehen bis du deine Hausaufgaben gemacht hast ⑫ (*past*) über +*dat* … hinweg; ***is he ~ the flu yet?*** hat er seine Erkältung auskuriert?; ***he's not fully recovered but he's certainly ~ the worst*** er hat sich zwar noch nicht gänzlich erholt, aber er hat das Schlimmste überstanden; **to be/get ~ sb** über jdm hinweg sein/kommen ⑬ MATH (*in fraction*) durch +*dat;* ***48 ~ 7 is roughly 7*** 48 durch 7 ist ungefähr 7; ***3 ~ 4 is the same as 75 %*** 3 durch 4 entspricht 75 %

over- [əʊvəʳ, AM oʊvɚ] *in compounds* über-

over- [əʊvəʳ, AM oʊvɚ] *in compounds* über-, zu [sehr]; ***the children got rather ~-excited*** die Kinder drehten ziemlich auf; ***I'm not ~-keen on flying*** ich fliege nicht sehr gerne; **~-optimistic** zu optimistisch; **~-polite** übertrieben höflich

overabundance *n no pl* Überfluss *m,* Überangebot *nt* (**of an** +*dat*) **overabundant** *adj inv* übermäßig, überreichlich **overachieve** *vi* zu viel arbeiten, sich *akk* übernehmen; (*in school*) immer der/die Beste sein **overact** **I.** *vi* THEAT übertreiben **II.** *vt* ■**to ~ sth** etw überziehen; **to ~ a role** eine Rolle übertrieben spielen **overactive** *adj* überaktiv; **to have an ~ imagination** zu viel Fantasie haben; **~ thyroid** Schilddrüsenüberfunktion *f*

overage [ˈəʊvərɪdʒ, AM ˈoʊ-] *n* ECON Überschuss *m*

over age *adj* ***this is an ~ applicant*** dieser Bewerber ist zu alt; ■**to be ~** zu alt [*o* überaltert] sein

overall **I.** *n* [ˈəʊvərɔːl, AM ˈoʊvɚ-] ① BRIT (*smock*) [Arbeits]kittel *m* ② BRIT (*protective suit*) ■**~s** *pl* Overall *m,* Arbeitsanzug *m* ③ AM (*dungarees*) ■**~s** *pl* Latzhose *f* **II.** *adj* [ˌəʊvərˈɔːl, AM ˌoʊvɚˈɑːl] *attr* ① (*general*) Gesamt-, allgemein; ***the company reported an ~ fall in profits*** das Unternehmen meldete insgesamt einen Gewinnverlust; **~ pattern** Gesamtbild *nt;* **~ plan** Gesamtplan *m;* **~ results** Gesamtergebnisse *ntpl* ② (*over all others*) Gesamt-; **~ commander** Oberkommandierende(r) *f(m);* **~ majority** absolute Mehrheit; **~ winner** Gesamtsieger(in) *m(f)* **III.** *adv* [ˌəʊvərˈɔːl, AM ˌoʊvɚˈɑːl] *inv* insgesamt, im Großen und Ganzen

overambitious [ˌəʊvəræmˈbɪʃəs, AM ˌoʊvɚ-] *adj inv* übertrieben ehrgeizig, überambitioniert

overanxious *adj* ① (*too fearful*) überängstlich, übertrieben besorgt (**about** über +*akk*) ② (*very eager*) begierig; ■**to be ~ to do sth** etw unbedingt tun wollen; ■**to not be ~ to do sth** nicht scharf darauf sein, etw zu tun **overarch** *vt* ■**to ~ sth** etw überspannen [*o* überwölben] **overarching** [ˌəʊvərˈɑːtʃɪŋ, AM ˌoʊvɚˈɑːrtʃ] *adj inv* ① (*forming an arch*) überwölbend ② (*all-embracing*) in sich *akk* schließend, [mit]umfassend **overarm** *esp* BRIT **I.** *adj attr* mit gestrecktem Arm *nach n;* **~ serve** Aufschlag *m* von oben; **~ throw** Wurf *m* mit gestrecktem Arm **II.** *adv inv* mit gestrecktem Arm [über die Schulter]; **to throw sth ~** etw von oben werfen

overawe *vt usu passive* ■**to be ~d by sb/sth** (*be impressed*) von jdm/etw überwältigt [*o* tief beeindruckt] sein; (*be intimidated*) von jdm/etw eingeschüchtert sein; ■**to ~ sb** jdm Ehrfurcht einflößen

overbalance **I.** *vi person* das Gleichgewicht verlieren; *object* umkippen; *boat* kentern **II.** *vt* ■**to ~ sb** jdn aus dem Gleichgewicht bringen; ■**to ~ sth** etw umkippen [*o* umwerfen]; **to ~ a boat** ein Boot zum Kentern bringen **overbearing** *adj* (*pej: arrogant*) anmaßend, arrogant; (*authoritative*) herrisch

overbid <-bid, -bid *or* -bidden> **I.** *vt* ■**to ~ sb** jdn überbieten **II.** *vi* mehr bieten **overblown** *adj* ① (*overdone*) geschraubt, schwülstig, geschwollen ② *flower* verblühend; ■**to be ~** fast verblüht sein

overboard *adv inv* über Bord; **man ~!** Mann über Bord!; **to fall ~** über Bord gehen; **to throw** [*or* **chuck**] [*or* **toss**] **sb/sth ~** jdn/etw über Bord werfen; (*fig*) jdn/etw hinauswerfen; **to throw one's principles ~** seine Grundsätze über Bord werfen ▶ PHRASES: **to go ~** (*pej fam*) zu weit gehen, es übertreiben; **to go ~ for sb/sth** nach jdm/etw verrückt sein *fam* **overbold** *adj* [sehr] dreist **overbook** **I.** *vt usu passive* TOURIST ■**to be ~ed** überbucht sein **II.** *vi* zu viele Buchungen vornehmen, überbuchen **overbooking** *n no pl* Überbuchen *nt* **overborrow** *vi* sich *akk* überschulden **overborrowed** *adj* FIN überschuldet **overburden** *vt* ■**to ~ sb/sth** jdn/etw überlasten; **to be ~ed with debts** zu viele Schulden haben **overcapacity** *n* Überkapazität *f*

overcast *adj sky* bedeckt, bewölkt, trüb; *weather* regnerisch, trüb **overcautious** *adj* übervorsichtig, übertrieben vorsichtig **overcharge** **I.** *vt* ① (*charge too much*) ■**to ~ sb** [**for sth**] jdm [für etw *akk*] zu viel berechnen ② ELEC ■**to ~ sth** *electrical device* etw überlasten; **to ~ a battery** eine Batterie überladen **II.** *vi* zu viel berechnen; ■**to ~ for** [*or* **on**] **sth** für etw *akk* zu viel verlangen **III.** *n* FIN Betrag, der zu viel berechnet wurde

overcoat [ˈəʊvəkəʊt, AM ˈoʊvɚkoʊt] *n* Mantel *m*

overcome <-came, -come> [ˌəʊvəˈkʌm, AM ˌoʊvɚˈ-] **I.** *vt* ① (*cope with*) ■**to ~ sth** etw bewältigen; **to ~ a crisis** eine Krise überwinden; **to ~ difficulties/problems** Schwierigkeiten/Probleme meistern; **to ~ one's fear/shyness** seine Angst/Schüchternheit überwinden; **to ~ an illness** eine Krankheit besiegen; **to ~ opposition/resistance** [einen] Widerstand überwinden; **to ~ temptation**

der Versuchung widerstehen ❷ *usu passive* (*render powerless*) ■**to be ~ by** [*or* **with**] **sth** *sleep, emotion, grief* von etw *dat* überwältigt werden; *fumes, exhausts* von etw *dat* ohnmächtig werden ❸ (*defeat*) ■**to ~ sb/sth** jdn/etw besiegen [*o* bezwingen] **II.** *vi* siegen

overcompensate *vi* in übersteigertem Maß ausgleichen; ■**to ~ for sth** [**with sth**] etw [durch etw *akk*] überkompensieren **overconfidence** *n no pl* übersteigertes Selbstvertrauen; (*self-assurance*) übersteigertes Selbstbewusstsein **overconfident** *adj* (*extremely self-assured*) übertrieben selbstbewusst [*o* selbstsicher]; (*too optimistic*) übertrieben zuversichtlich, zu optimistisch; **to be ~ of victory** zu siegessicher sein **overcook** *vt* ■**to ~ sth** (*in water*) etw verkochen; (*in oven*) etw verbraten **overcrowd** [ˌəʊvəˈkraʊd, AM ˌoʊvɚˈ] *vt* ❶ (*fill beyond capacity*) ■**to ~ sth** etw überfüllen ❷ (*house beyond space*) ■**to ~ sb/an animal** jdn/ein Tier der Übervölkerung aussetzten *a. fig* **overcrowded** *adj* überfüllt; **~ profession** überlaufener Beruf; **~ region** Ballungsgebiet *nt;* **~ town** übervölkerte Stadt **overcrowding** *n no pl of room, train* Überfüllung *f; of town, city* Überbevölkerung *f* **overdeveloped** *adj* ❶ (*physically, mentally*) überentwickelt ❷ PHOT überentwickelt

overdo <-did, -done> [ˌəʊvəˈduː, AM ˌoʊvɚˈ-] *vt* ❶ (*overexert oneself*) **to ~ it** [*or* **things**] sich *akk* überanstrengen [*o* übernehmen]; (*overindulge*) es übertreiben; (*go too far*) zu weit gehen; ***by all means try and make a good impression, but don't ~ it!*** versuche auf jeden Fall, einen guten Eindruck zu machen, aber trage nicht zu dick auf! ❷ (*use too much*) ■**to ~ sth** von etw *dat* zu viel verwenden; **to ~** [**it with**] **the garlic/sugar** zu viel Knoblauch/Zucker verwenden; **to ~ the drink** zu viel trinken ❸ (*exaggerate*) ■**to ~ sth** etw übertreiben; ***it's ~ing it a bit to call it a catastrophe*** ich finde es überzogen, von einer Katastrophe zu reden; ***rumours have been ~ne*** die Gerüchte wurden aufgebauscht; **to ~ a role** eine Rolle übertrieben spielen ❹ (*overcook*) ■**to ~ sth** *in water* etw verkochen; *in oven* etw verbraten

overdone [ˌəʊvəˈdʌn, AM ˌoʊvɚˈ-] *adj* ❶ (*exaggerated*) übertrieben; **~ make-up** zu starkes Make-up ❷ (*overcooked*) *in water* verkocht; *in oven* verbraten

overdose I. *n* [ˈəʊvədəʊs, AM ˈoʊvɚdoʊs] Überdosis *f;* **drugs ~** Überdosis *f* Drogen; **massive ~** hohe Überdosis **II.** *vi* [ˌəʊvəˈdəʊs, AM ˌoʊvɚˈdoʊs] eine Überdosis nehmen; **to ~ on sleeping pills** eine Überdosis Schlaftabletten nehmen

overdraft *n* Kontoüberziehung *f;* **to have an ~** sein Konto überzogen haben; **to pay off an ~** einen Überziehungskredit abbezahlen [*o* zurückzahlen] **overdraft facility** *n* BRIT Dispositionskredit *nt;* (*exceeding fixed limit*) Überziehungskredit *m* **overdraft limit** *n* Dispolimit *nt* **overdraw** <-drew, -drawn> **I.** *vi* [sein Konto] überziehen **II.** *vt* **to ~ one's account** sein Konto überziehen; ***your account is ~n*** [*or* ***you are overdrawn***] Ihr Konto ist überzogen **overdrawn** *adj account* überzogen; ***I am*** [***£ 300***] ~ ich habe mein Konto [um 300 Pfund] überzogen **overdress** *vi* sich *akk* zu fein anziehen **overdressed** *adj* (*too formally*) overdressed, zu fein angezogen; (*wearing too many clothes*) zu dick angezogen **overdrive** *n no pl* ❶ AUTO, TECH Overdrive *m fachspr,* Schongang *m* ❷ (*fig: effort*) ■**to be in ~** auf Hochtouren laufen; **to go into ~** sich *akk* ins Zeug legen *fam* **overdue** *adj usu pred* ❶ (*late*) überfällig; ■**to be ~** Verspätung haben; ***she is ~*** sie müsste längst da sein ❷ (*not yet happened*) überfällig; **to be** [**long**] **~** [seit langem] überfällig sein; ***she feels she's ~ for promotion*** ihrer Meinung nach hätte sie schon längst befördert werden müssen **overeager** *adj* übereifrig; ***they were not ~ to see him*** sie waren nicht wild darauf, ihn zu sehen **overeagerness** [ˌəʊvərˈiːgənəs, AM ˌoʊvɚˈiːgɚ] *n no pl* Übereifer *m* **over easy** *adj inv* AM **~ egg** *auf beiden Seiten gebratenes Spiegelei* **overeat** <-ate, -eaten> *vi* zu viel essen; ■**to ~ on sth** sich *akk* an etw *dat* überessen **overeating** *n no pl* übermäßiges Essen **over-egg** *vt* BRIT ▶ PHRASES: **to ~ the pudding** es übertreiben; ***this would be ~ing the pudding*** das wäre des Guten zu viel **overelaborate** [ˌəʊvərɪˈlæbərət, AM ˌoʊvɚˈ] *adj inv* gewollt *fig,* gekünstelt **overemphasis** [ˌəʊvərˈemfəsɪs, AM ˌoʊvɚˈ] *n no pl* Überbetonung *f* **overemphasize** *vt* ■**to ~ sth** etw überbetonen; ***I cannot ~ the importance of this mission*** ich kann gar nicht oft genug betonen, wie wichtig diese Mission ist **overenthusiastic** [ˌəʊvərɪnˌθjuːziˈæstɪk, AM ˌoʊvɚenˌθuː] *adj inv* übertrieben begeistert, restlos hingerissen *iron fam*

overestimate I. *n* [ˌəʊvərˈestɪmət, AM ˌoʊvɚˈestɪmɪt] Überbewertung *f;* **to be an ~** eine zu hohe Schätzung sein **II.** *vt* [ˌəʊvərˈestɪmeɪt, AM ˌoʊvɚˈestɪ-] ❶ (*value too highly*) ■**to ~ sth** etw überbewerten; **to ~ the demand** die Nachfrage zu hoch einschätzen ❷ (*estimate too much*) ■**to ~ sb/sth** jdn/etw überschätzen

overexcite *vt* ■**to ~ sb** jdn zu sehr aufregen **overexcited** *adj usu pred* ■**to be/become ~** ganz aufgeregt sein/werden, [vor Freude] außer sich *dat* sein/geraten; ***the children are ~*** die Kinder sind total aufgedreht **overexcitement** *n no pl* zu starke Aufregung; *of adults* Überreiztheit *f; of children* Aufgedrehtheit *f* **overexert** *vt* ■**to ~ oneself** sich *akk* überanstrengen **overexertion** *n no pl* Überanstrengung *f* **overexpose** *vt* ■**to be ~d** ❶ PHOT überbelichtet sein ❷ *usu passive* (*overpublicize*) *person* zu sehr im Rampenlicht der Öffentlichkeit stehen; *subject* zu sehr in den Medien breitgetreten werden; **to be ~d to risks** zu starken Risiken ausgesetzt sein **overexposure** *n no pl* ❶ PHOT Überbelichtung *f* ❷ (*in the media*) *of person* zu große Präsenz; *of subject* zu häufige Diskussion ❸ FIN übermäßige Belastung durch zu hohe Kreditexpansion **overextend** *vt* ■**to ~ oneself** [**on sth**] sich *akk* [bei etw *dat*] [finanziell] übernehmen **overfamiliar** *adj* ❶ (*too friendly*) aufdringlich; ■**to be ~ with sb** jdm zu nahe treten ❷ *usu with neg* (*very familiar*) sehr vertraut; ■**to be not ~ with sth** sich *akk* mit etw *dat* kaum auskennen **overfeed** <-fed, -fed> **I.** *vt* **to ~ an animal** ein Tier überfüttern **II.** *vi* sich *akk* überfressen **overfeeding** *n no pl of child, animal* Überfütterung *f; of adult* Überernährung *f* **overfill** [ˌəʊvəˈfɪl, AM ˌoʊvɚˈ] *vt* ■**to ~ sth** etw überfüllen **overfishing** [ˌəʊvəˈfɪʃɪŋ, AM ˌoʊvɚˈ] *n no pl* Überfischung *f*

overflight *n* Überflug *m*

overflow I. *n* [ˈəʊvəfləʊ, AM ˈoʊvɚfloʊ] ❶ *no pl* (*act of spilling*) Überlaufen *nt* ❷ (*overflowing liquid*) überlaufende Flüssigkeit ❸ (*outlet*) Überlauf *m* ❹ (*surplus*) Überschuss *m* (**of an** +*dat*); **population ~** Bevölkerungsüberschuss *m* ❺ COMPUT (*result exceeding storage limits*) Überlauf *m* ❻ COMPUT (*transmissions greater than line capacity*) Kapazitätsüberschreitung *f* **II.** *vi* [ˌəʊvəˈfləʊ, AM ˌoʊvɚˈfloʊ] *river, tank* überlaufen; ***his room is overflowing with books*** sein Zimmer quillt vor Büchern über; ***the pub was so full that people were ~ing into the street*** die Kneipe war so voll, dass die Leute bis auf die Straße standen; **to be ~ing with emotion** sehr gerührt sein; **to be ~ing with ideas** vor Ideen sprühen; **to be full to ~ing** *container* bis zum Überlaufen voll sein; *building, room* überfüllt sein **III.** *vt* [ˌəʊvəˈfləʊ, AM ˌoʊvɚˈfloʊ] ■**to ~ sth** *container, tank* etw zum Überlaufen bringen; (*fig*) *area* etw überschwemmen [*o* überfluten] *fig;* ***the river has ~ed its banks*** der Fluss ist über seine Ufer getreten

overflow pipe *n* Überlauf *m,* Überlaufrohr *nt*

overfly <-flew, -flown> *vt* AVIAT ■**to ~ sth** (*fly over*) etw überfliegen; (*fly beyond*) über etw *akk* hinausfliegen **overfond** *adj pred* ■**to be ~ of sth/doing sth** etw nur zu gern haben/tun; ***I'm not ~ of lemon cake*** ich bin kein großer Freund von Zitronenkuchen **overfull** [ˌəʊvəˈfʊl, AM ˌoʊvɚˈ] *adj inv* übervoll; *rooms, vehicles, cases* vollgestopft **overgenerous** [ˌəʊvəˈdʒenərəs, AM ˌoʊvɚˈ] *adj inv* allzu großzügig *a. fig,* allzu entgegenkommend **overground** [ˈəʊvəgraʊnd, AM ˈoʊvɚ] *adv inv* ❶ (*above ground*) über dem Erdboden befindlich ❷ (*legitimately, not subversively*) **to go ~** aus dem Untergrund hervorkommen, salonfähig werden **overgrown** *adj* ❶ (*with plants*) überwachsen, überwuchert; ■**to be ~ with sth** von etw *dat* überwuchert sein ❷ (*usu pej: childish*) ***he is just an ~ schoolboy*** er ist wie ein großer Schuljunge

overhand AM **I.** *adj attr, inv* SPORTS mit gestrecktem Arm; **~ serve** Aufschlag *m* von oben; **~ throw** Wurf *m* mit gestrecktem Arm **II.** *adv inv* mit gestrecktem Arm [über die Schulter]; **to throw sth ~** etw von oben werfen

overhang I. *n* [ˈəʊvəhæŋ, AM ˈoʊvɚ-] ❶ (*sticking out*) Überhang *m* ❷ TECH vorspringender Teil ❸ FIN Überangebot *nt,* Überhang *m* **II.** *vt* <-hung, -hung> [ˌəʊvəˈhæŋ, AM ˌoʊvɚˈ-] ❶ (*project over*) ■**to ~ sth** über etw *akk* hinausragen; ARCHIT über etw *akk* hervorstehen [*o* hervorragen]; ***a part of the patio is overhung with washing*** über einem Teil des Hofes hängt frisch gewaschene Wäsche; **to be overhung with plants** mit Pflanzen überwachsen sein ❷ (*fig: loom over*) ■**to ~ sth** etw überschatten ❸ FIN **to ~ the market** den Markt überschütten

overhanging *adj inv branch* überhängend; *rock* hervorstehend

overhasty [ˌəʊvəˈheɪsti, AM ˌoʊvɚˈ] *adj inv* voreilig, übereilt, allzu hastig

overhaul I. *n* [ˈəʊvəhɔːl, AM ˈoʊvɚhɑːl] [General]überholung *f;* (*revision*) Revision *f,* Überarbeitung *f* **II.** *vt* [ˌəʊvəˈhɔːl, AM ˌoʊvɚˈhɑːl] ❶ (*repair*) ■**to ~ sth** etw überholen ❷ (*improve*) ■**to ~ sth** etw überprüfen; (*reform*) etw überarbeiten ❸ BRIT (*overtake*) ■**to ~ sb/sth** jdn/etw überholen; (*catch up with*) jdn/etw einholen

overhead I. *n* [ˈəʊvəhed, AM ˈoʊvɚ-] ❶ (*running costs of business*) ■**~s** *pl* BRIT, AUS, ■**~** AM laufende Geschäftskosten, allgemeine Unkosten; (*not chargeable to a particular product*) indirekte Kosten ❷ (*fam: projector*) Overheadprojektor *m;* (*transparency*) Folie *f* ❸ (*extra code*) Zusatzcode *m* **II.** *adj* [ˈəʊvəhed, AM ˈoʊvɚ-] *attr, inv* ❶ (*above head level*) Hoch-; **~ tank** Hochbehälter *m;* ELEC oberirdisch; **~ cable** Freileitung *f,* Luftkabel *nt;* (*between towns*) Überlandleitung *f;* (*with high voltage*) Hochspannungsleitung *f* ❷ (*of running costs of business*) laufend; **~ costs** [*or* **expenses**] laufende Geschäftskosten, allgemeine Unkosten; (*not chargeable to a particular product*) indirekte Kosten ❸ (*taken from above*) von oben *nach n;* **~ shot** Aufnahme *f* von oben ❹ SPORTS Überkopf- **III.** *adv* [ˌəʊvəˈhed, AM ˌoʊvɚˈ-] in der Luft; ***a plane circled ~*** ein Flugzeug kreiste über uns

overhead camshaft *n* TECH obenliegende Nockenwelle **overhead lighting** *n no pl* Deckenbeleuchtung *f* **overhead projector** *n* Overheadprojektor *m* **overhead railway** *n* BRIT Hochbahn *f* **overhead volley** *n* TENNIS Schmetterball *m*

overhear <-heard, -heard> **I.** *vt* ■**to ~ sth** etw zufällig mithören; ■**to ~ sb** jdn unabsichtlich belauschen; ***I ~d him telling her that ...*** ich habe mitbekommen [*o* aufgeschnappt], wie er sagte, dass ... **II.** *vi* unabsichtlich mithören; ***I'm sorry — I couldn't help ~ing*** tut mir Leid – ich wollte euch nicht belauschen **overheat I.** *vt* ■**to ~ sth** etw überhitzen; **to get ~ed** (*fig*) sich *akk* erhitzen; ***things got a bit ~ed at the meeting*** bei der Versammlung ging es ziemlich heiß her **II.** *vi* sich *akk* überhitzen *a. fig; motor also* heiß laufen **overindulge I.** *vt* ■**to ~ sb** jdm zu viel durchgehen lassen, gegenüber [*o* mit] jdm zu nachsichtig sein; ■**to ~ oneself** sich *akk* zu sehr gehen lassen **II.** *vi* (*overdo*) es übertreiben, des Guten zu viel tun; (*eat too much*) sich *dat* den Bauch voll schlagen *fam;* (*drink too much*) sich *akk* voll laufen lassen *fam;* ■**to ~ in sth** etw im Übermaß genießen **overindulgence** *n no pl* ❶ (*excess*) übermäßiger Genuss; (*towards a person*) allzu große Nachsicht, zu große Nachgiebigkeit; **~ in drink** übermäßiges Trinken, Saufen *nt fam;* **~ in food** übermäßiges Essen, Völlerei *f veraltend* ❷ (*excessive use*) Übermaß *nt* (**in** an +*dat*); ~

in chocolate übermäßiger Schokoladengenuss; ~ **in nostalgia** übertriebene Nostalgie ③ (*pampering*) Verwöhnen *nt*, Verhätscheln *nt* **overindulgent** [ˌəʊvᵊrɪnˈdʌldʒənt, AM ˌoʊvɚ] *adj inv* überaus nachsichtig **overjoyed** *adj pred* überglücklich (**at** über +*akk*) **overkeen** *adj esp* BRIT übereifrig; ***actually, I'm not ~ on her fiancé*** ich bin von ihrem Verlobten nicht gerade begeistert **overkill** *n no pl* ① MIL Overkill *m* ② (*pej: excessiveness*) Übermaß *nt*; ■**to be** ~ übertrieben [*o* des Guten zu viel] sein **overladen** [ˌəʊvəˈleɪdᵊn, AM ˌoʊvɚ] *adj inv* überladen

overland I. *adj* [ˈəʊvəlænd, AM ˈoʊvɚ-] *attr* Überland-, Land-; ~ **journey** [*or* **trip**] Reise *f* auf dem Landweg; ~ **route** Landweg *m*; ~ **transport** Überlandverkehr *m* **II.** *adv* [ˌəʊvəˈlænd, AM ˌoʊvɚˈ-] *inv* auf dem Landweg

overlap I. *n* [ˈəʊvəlæp, AM ˈoʊvɚ-] ① (*overlapping part*) Überlappung *f*; GEOL, PHYS Überlagerung *f* ② (*similarity*) Überschneidung *f* ③ *no pl* (*common ground*) Gemeinsamkeit *f* **II.** *vi* <-pp-> [ˌəʊvəˈlæp, AM ˌoʊvɚˈ-] ① (*lie edge over edge*) sich *akk* überlappen ② (*be partly similar*) sich *akk* überschneiden; ■**to** ~ **with sth** sich *akk* teilweise mit etw *dat* decken **III.** *vt* <-pp-> [ˌəʊvəˈlæp, AM ˌoʊvɚˈ-] ■**to** ~ **sth** ① (*place edge over edge*) etw *akk* überlappen lassen ② (*extend over*) etw überschneiden lassen ③ (*partly duplicate*) etw ineinander übergehen lassen

overlapping *adj inv* ① (*partly covering*) überlappend ② (*similar*) teilweise identisch, sich *akk* überschneidend

overlay I. *n* [ˈəʊvᵊleɪ, AM ˈoʊvᵊleɪ] ① (*covering*) Überzug *m*, Schicht *f*; (*transparent covering*) Folie *f*; **metal** ~ Metallauflage *f* ② (*small tablecloth*) Deckchen *nt* ③ COMPUT (*program section*) Overlay *nt*, Overlayprogramm *nt*, Überlagerungsmodul *nt* **II.** *vt* <-laid, -laid> [ˌəʊvᵊlˈeɪ, AM ˌoʊvɚˈleɪ] ■**to** ~ **sth** (*cover*) etw bedecken; (*with metal*) etw belegen; (*with film*) etw überziehen; ■**to be overlaid with sth** mit etw *dat* beschichtet sein; (*fig*) von etw *dat* überlagert sein

overleaf *adv inv* auf der Rückseite; ***see*** ~ siehe umseitig!

overlie <-lying, -lay, -lain> [ˌəʊvəˈlaɪ, AM ˌoʊvɚˈ] *vt* ■**to** ~ **sth** (*also fig*) etw überlagern

overload I. *n* [ˈəʊvᵊləʊd, AM ˈoʊvɚloʊd] ① ELEC Überlast[ung] *f*, Überladung *f*; TRANSP Übergewicht *nt* ② *no pl* (*excess*) Überbelastung *f*; **information** ~ Überangebot *nt* an Informationen **II.** *vt* [ˌəʊvᵊlˈəʊd, AM ˌoʊvɚˈloʊd] ■**to** ~ **sth** ① (*overburden*) *vehicle* etw überladen; *road, system* etw überlasten; ■**to** ~ **sb** jdn überlasten; ■**to be ~ed with sth** mit etw *dat* überlastet sein; ***the market is already ~ed with car magazines*** es gibt schon zu viele Autozeitschriften auf dem Markt ② COMPUT, ELEC, PHYS, TELEC etw überlasten

overlong I. *adj usu pred, inv* überlang; ■**to be** ~ zu lang sein; ***the film is*** ~ der Film hat Überlänge **II.** *adv* zu lange; **to wait** ~ zu lange warten

overlook I. *n* [ˈoʊvɚlʊk] AM Aussichtspunkt *m* **II.** *vt* [ˌəʊvəˈlʊk, AM ˌoʊvɚˈ-] ① (*look out onto*) ■**to** ~ **sth** etw überblicken; **a room ~ing the sea** ein Zimmer mit Blick auf das Meer ② (*not notice*) ■**to** ~ **sb/sth** jdn/etw übersehen [*o* nicht bemerken]; (*ignore*) jdn/etw übergehen [*o* ignorieren]; (*forget*) jdn/etw vergessen ③ (*disregard*) ■**to** ~ **sth** über etw *akk* hinwegsehen

overlord *n* ① (*hist: powerful landowner*) Oberherr *m hist* ② (*person in power*) Herrscher *m*

overlordship [ˈəʊvəlɔːdʃɪp, AM ˈoʊvɚlɔːrd] *n* Oberherrschaft *f*

overly [ˈəʊvᵊli, AM ˈoʊvɚ-] *adv inv* allzu, übermäßig; ***I'm not ~ well today*** mir geht es heute nicht allzu gut; ***he hasn't done it ~ well*** er hat es nicht gerade besonders gut gemacht

overmanned *adj usu pred* ■**to be** ~ überbesetzt sein **overmanning** *n no pl* Überbesetzung *f* **overmantel** [ˈəʊvəˌmæntᵊl, AM ˈoʊvɚˌmænt̬ᵊl] *n* Kaminaufsatz *m* **overmuch I.** *adj attr, inv* allzu viel **II.** *adv inv* übermäßig, zu viel **overnight I.** *adj* ① *attr, inv* (*for a night*) Nacht-, Übernachtungs-; ~ **bus** Nachtbus *m*; ~ **guest** Übernachtungsgast *m*; ~ **stay** [*or* **stop**] Übernachtung *f*; ***we're making an ~ stop in Paris on the way to the Dordogne*** auf dem Weg in die Dordogne übernachten wir einmal in Paris ② (*sudden*) ganz plötzlich; ~ **star** Shootingstar *m*; ~ **success** Blitzerfolg *m* ③ SPORTS (*from previous day*) ~ **leader** Vortagessieger(in) *m(f)* **II.** *adv inv* ① (*till next day*) in der Nacht, über Nacht; ***she went by train ~ to Paris*** sie fuhr mit dem Nachtzug nach Paris; **to stay ~ with sb** bei jdm übernachten; ***she went by train ~ to Paris*** sie fuhr mit dem Nachtzug nach Paris ② (*fig: suddenly*) in kurzer Zeit, über Nacht; ***she became a success ~*** sie hatte vom einen Tag auf den anderen Erfolg **overnight bag** *n*, **overnight case** *n* Reisetasche *f* **overpackaged** *adj* zu aufwendig verpackt **overpackaging** *n no pl* ECON zu aufwendige Verpackung **overpaid** *adj* ① (*paid more than deserved*) überbezahlt; **grossly** ~ stark überbezahlt ② *attr* (*paid in excess*) ~ **tax** zu viel bezahlte Steuer **overpass** *n* AM Überführung *f* **overpay** <-paid, -paid> *vt* ① (*overremunerate*) ■**to** ~ **sb** jdn überbezahlen ② (*pay more than required*) ■**to** ~ **sth** für etw *akk* zu viel bezahlen **overpayment** [ˌəʊvəˈpeɪmənt, AM ˌoʊvɚˈ] *n* Überbezahlung *f* **overplay** *vt* ■**to** ~ **sth** etw zu sehr hochspielen ▸ PHRASES: **to ~ one's hand** den Bogen überspannen **overpopulated** *adj* überbevölkert **overpopulation** *n no pl* Überbevölkerung *f* **overpower** *vt* ① (*overwhelm*) ■**to** ~ **sb** jdn überwältigen; SPORTS jdn bezwingen; **to be ~ed by the heat** von der Hitze außer Gefecht gesetzt werden ② AUTO ■**to be ~d** *vehicle* übermotorisiert **overpowering** *adj* überwältigend; *smell* durchdringend **overprice** [ˌəʊvəˈpraɪs, AM ˌoʊvɚˈ] *vt* ■**to** ~ **sth** etw überteuern **overpriced** *adj* überteuert; *share* überbewertet **overprint** [ˌəʊvəˈprɪnt, AM ˌoʊvɚˈ] *vt* ■**to** ~ **sth** etw bedrucken, etw mit einem Aufdruck versehen **overproduce I.** *vi* überproduzieren, zu viel produzieren **II.** *vt* ① (*produce too much*) ■**to** ~ **sth** von etw *dat* zu viel produzieren ② THEAT (*make too complicated*) **to ~ a play** ein Stück zu kompliziert inszenieren **overproduction** *n no pl* ① ECON Überproduktion *f* (**of** an +*dat*) ② THEAT, FILM zu komplizierte Regieführung **overprotect** [ˌəʊvəprəˈtekt, AM ˌoʊvɚ] *vt* ■**to** ~ **sb/sth** jdn/etw überfürsorglich behandeln **overprotective** *adj* (*pej*) überfürsorglich; ■**to be** ~ **of** [*or* **towards**] **sb** jdn zu sehr behüten **overqualified** *adj* überqualifiziert (**for** für +*akk*) **overrate** *vt* ■**to** ~ **sb/sth** jdn/etw überbewerten [*o* überschätzen] **overrated** *adj* überbewertet, überschätzt **overreach** *vt* ■**to** ~ **oneself** sich *akk* übernehmen **overreact** *vi* überreagieren; ■**to** ~ **to sth** auf etw *akk* unangemessen [*o* übertrieben] reagieren **overreaction** *n* Überreaktion *f* (**to** auf +*akk*)

override [ˌəʊvᵊrˈaɪd, AM ˌoʊvɚˈraɪd] **I.** *n* ① (*device*) Übersteuerung *f*; **manual** ~ Automatikabschaltung *f* ② AM (*overruling*) Außerkraftsetzen *nt*; ~ **of a veto** Aufhebung *f* eines Vetos **II.** *vt* <-rid, -ridden> ① (*disregard*) ■**to** ~ **sb/sth** sich *akk* über jdn/etw hinwegsetzen ② POL, LAW ■**to be overridden** aufgehoben [*o* außer Kraft gesetzt] werden ③ (*control*) ■**to** ~ **sth** etw abschalten **III.** *vi* <-rid, -ridden> weiter fahren als erlaubt

overrider *n* ① BRIT AUTO Stoßstangenhorn *nt* ② LAW außerordentliche Provision

overrider *n*, **overriding commission** *n* ECON außerordentliche Provision, Superprovision *f* **overriding I.** *adj attr, inv* vorrangig, vordringlich **II.** *n no pl* Fahrt *f* über das Fahrziel hinaus **overripe** *adj* überreif **overrule** *vt* ■**to** ~ **sb** jdn überstimmen; ■**to** ~ **sth** etw ablehnen [*o* verwerfen]; **to ~ a decision** eine Entscheidung aufheben [*o* außer Kraft setzen]; **to ~ an objection** einen Einspruch zurückweisen; **objection ~d!** LAW Einspruch abgewiesen!

overrun I. *n* Kostenüberschreitung *f*; ***they're predicting an ~ of 15% on that project*** die Mehrkosten für dieses Projekt sollen 15% betragen **II.** *vt* <-ran, -run> ■**to** ~ **sth** ① MIL (*occupy*) etw überrollen; **to ~ a country** in ein Land einfallen; **to ~ an enemy position** eine feindliche Stellung überrennen ② (*spread over*) sich *akk* in etw *dat* ausbreiten; ■**to be ~ with** [*or* **by**] **sth** von etw *dat* wimmeln; *market* von etw *dat* überschwemmt werden ③ (*go beyond*) über etw *akk* hinausgehen, etw überschreiten; **to ~ a budget** ein Budget überschreiten; **to ~ one's time** seine Zeit überziehen **III.** *vi* <-ran, -run> ① (*exceed time*) überziehen; ***the meeting overran by half an hour*** die Besprechung dauerte eine halbe Stunde länger ② (*financially*) überschreiten; ***our costs are likely to ~ by several million dollars*** unsere Kosten werden wahrscheinlich um mehrere Millionen Dollar höher sein als geplant; **to ~ on costs** die Kosten sprengen ③ COMPUT überlaufen

overseas I. *adj attr, inv* (*abroad*) Übersee-, in Übersee *nach n*; (*destined for abroad*) Übersee-, nach Übersee *nach n*; (*from abroad*) Übersee-, aus Übersee *nach n*; ~ **assignment** Auslandseinsatz *m*; ~ **mail** Auslandspost *f*; ~ **student** BRIT ausländischer Student/ausländische Studentin; ~ **trade** Überseehandel *m*; ~ **visitor** Besucher(in) *m(f)* aus Übersee **II.** *adv inv* (*in foreign country*) im Ausland; (*to foreign country*) ins Ausland; ***my brother is a student*** ~ mein Bruder studiert im Ausland; **to go/travel** ~ ins Ausland fahren/reisen

oversee <-saw, -seen> *vt* ■**to** ~ **sb** jdn beaufsichtigen; ■**to** ~ **sth** etw überwachen; **to ~ a project** ein Projekt leiten **overseer** [ˈəʊvəˌsiːəʳ, AM ˈoʊvɚˌsiːɚ] *n* (*dated*) Aufseher(in) *m(f)*, Vorarbeiter(in) *m(f)* **oversell** <-sold, -sold> **I.** *vt* ■**to** ~ **sth** ① (*sell too many*) von etw *dat* zu viel verkaufen; ECON etw über den Bestand verkaufen; ***the flight had been oversold*** der Flug war überbucht; ***he is oversold*** er hat mehr verkauft, als er liefern kann; ***the market is oversold*** die Kurse fallen aufgrund einer Überzahl an Verkäufern ② (*overhype*) etw zu sehr anpreisen, für etw *akk* zu viel Reklame machen **II.** *vi* ECON zu große Mengen verkaufen **oversensitive** *adj* überempfindlich, übersensibel **oversew** <-sewed, -sewed *or* -sewn> *vt* ■**to** ~ **sth** ① (*stitch over edge*) etw umnähen ② (*join a book*) *Sektionen eines Buches mit einer bestimmten Nähtechnik zusammenfügen* **oversexed** *adj* (*esp pej*) sexbesessen, unersättlich **overshadow** *vt* ① (*cast shadow over*) ■**to** ~ **sth** etw überschatten ② (*make insignificant*) ■**to** ~ **sb/sth** jdn/etw in den Schatten stellen; ***she has always been ~ed by her sister*** sie stand immer im Schatten ihrer Schwester ③ (*cast gloom over*) ■**to** ~ **sth** etw überschatten

overshoe [ˈəʊvəʃuː, AM ˈoʊvɚ-] *n* Überschuh *m*

overshoot <-shot, -shot> *vt* ■**to** ~ **sth** über etw *akk* hinausschießen; ***the plane overshot the runway*** das Flugzeug schoss über die Rollbahn hinaus ▸ PHRASES: **to ~ the mark** über das Ziel hinausschießen

oversight *n* ① (*mistake*) Versehen *nt*; ■**by an** ~ aus Versehen ② *no pl* (*form: surveillance*) Aufsicht *f*, Beaufsichtigung *f* **oversimplification** *n* ① (*oversimplified account*) vereinfachte Darstellung ② *no pl* (*oversimplifying*) grobe Vereinfachung **oversimplify** <-ie-> *vt* ■**to** ~ **sth** etw grob vereinfachen [*o* zu einfach darstellen] **oversize** *adj, esp* AM **oversized** *adj* übergroß, überdimensional; ***he has an ~ ego*** er hat ein übersteigertes Selbstwertgefühl **overskirt** *n* Überkleid *nt* (*über einem anderen Kleid getragen*) **oversleep** <-slept, -slept> *vi* verschlafen **oversold** [ˌəʊvəˈsəʊld, AM ˌoʊvɚˈsoʊld] *vt pp, pt of* **oversell** **overspend** <-spent, -spent> **I.** *vi* zuviel [Geld] ausgeben; **to ~ on a budget** ein Budget überschreiten **II.** *vt* ■**to** ~ **sth** etw überziehen; **to ~ a budget/target** einen Etat/eine Ausgabengrenze überschreiten; **to ~ one's income** über seine Verhältnisse leben; ■**to be overspent on sth** *bank account* etw überzogen haben; *budget* etw überschritten haben **overspill** *n* Bevölkerungsüberschuss *m* **overstaffed** *adj* überbesetzt **overstaffing** *n no pl* Überbesetzung *f* **overstate** *vt* ■**to** ~ **sth** etw übertreiben; **to ~ a case** einen Fall übertrieben darstellen **overstate-**

ment *n* Übertreibung *f* **overstay** *vt* **to ~ one's time** länger als vorgesehen bleiben; **to ~ a visa** ein Visum überschreiten; **to ~ one's welcome** jds Gastfreundschaft *f* überbeanspruchen **oversteer I.** *vi* AUTO übersteuern **II.** *n no pl* Übersteuern *nt* **overstep** <-pp-> *vt* ■**to ~ sth** etw überschreiten; **to ~ the bounds of good taste** die Grenzen des guten Geschmacks missachten ► PHRASES: **to ~ the mark** über das Ziel hinausschießen, zu weit gehen **overstock I.** *n* zu großer Vorrat (**of** an +*dat*); AM ECON ■**~** *pl* Überbestand *m* **II.** *vi* zu viel lagern; **to ~ with goods** zu viele Waren auf Lager haben, zu große Warenbestände haben **III.** *vt* ■**to ~ sth with sth** etw mit etw *dat* überfüllen; ECON etw mit etw *dat* überbestücken; **to ~ the market** den Markt überschwemmen **overstretch** [ˌəʊvəˈstretʃ, AM ˌoʊvɚ-] *vt* ■**to ~ sth** etw überdehnen; (*fig*) etw überfordern; ***you shouldn't ~ your imagination*** du solltest deine Phantasie nicht überstrapazieren **oversubscribe** *vt usu passive* ■**to be ~d** mehr als ausgebucht sein; *shares* überzeichnet sein; ***the concert was ~*** zu viele Leute wollten in das Konzert **oversubscription** *n* STOCKEX Überzeichnung *f* **oversupply I.** *n no pl* (*supply*) Überangebot *nt* (**of** an +*dat*); (*inventory*) Überbestand *m* (**of** an +*dat*) **II.** *vt* <-ie-> *usu passive* ■**to be oversupplied with sth** einen zu großen Vorrat an etw *dat* haben

overt [ə(ʊ)ˈvɜːt, AM oʊˈvɜːrt] *adj* offen, offensichtlich, offenkundig; **~ racism/sexism** unverhohlener [*o* offener] Rassismus/Sexismus

overtake <-took, -taken> **I.** *vt* ❶ *esp* BRIT, AUS ■**to ~ sb/sth** (*pass from behind*) jdn/etw überholen; (*catch up*) jdn/etw einholen ❷ (*surpass*) ■**to ~ sb/sth** jdn/etw überholen *fig* ❸ (*befall*) ■**to ~ sb** jdn überraschen; **to be ~n by events** von den Ereignissen überholt werden ❹ (*affect*) ■**to ~ sb** jdn überkommen; ***weariness overtook her*** Müdigkeit überkam sie **II.** *vi esp* BRIT überholen **overtaking lane** *n* BRIT, AUS Überholspur *f* **overtax** *vt* ❶ FIN ■**to ~ sb** jdn überbesteuern; ■**to ~ sth** etw zu hoch besteuern ❷ (*exhaust*) ■**to ~ sb** jdn überfordern [*o* überlasten]; ■**to ~ oneself** sich *akk* übernehmen; **to ~ one's strength** sich *akk* überanstrengen **over-the-counter** *adj attr, inv* ❶ (*without prescription*) *drugs, medications, remedies* rezeptfrei, frei verkäuflich; ***this is an ~ drug*** dieses Medikament ist nicht verschreibungspflichtig ❷ FIN außerbörslich; **~ business** Schaltergeschäft *nt fachspr*, Tafelgeschäft *nt fachspr*; **~ market** Freiverkehr[smarkt] *m*, börsenfreier Optionshandel; **~ sale** Verkauf *m* im Freiverkehr **over-the-top** *adj* exzessiv *geh*, übertrieben; **~ aggressiveness** gesteigerte Aggressivität **overthrow I.** *n* [ˈəʊvəθrəʊ, AM ˈoʊvɚθroʊ] ❶ (*removal from power*) Sturz *m* ❷ SPORTS (*in baseball, cricket*) zu weiter Wurf **II.** *vt* <-threw, -thrown> [ˌəʊvəˈθrəʊ, AM ˌoʊvɚˈθroʊ] ❶ (*topple*) ■**to ~ sb/sth** jdn/etw stürzen; **to ~ the enemy** den Feind schlagen [*o* besiegen]; **to ~ an opponent** einen Gegner aus dem Weg räumen; **to ~ plans** Pläne über den Haufen werfen; **to ~ a regime** ein Regime zu Fall bringen ❷ AM, AUS SPORTS ■**to ~ sb** für jdn zu weit werfen

overtime *n no pl* ❶ (*extra work*) Überstunden *fpl*; **to be on** [*or* **do**] [*or* **work**] **~** Überstunden machen ❷ (*pay*) Überstundenvergütung *f*; **~ premium** Überstundenzuschlag *m*; **to earn ~** Überstunden bezahlt bekommen ❸ AM SPORTS (*extra time*) Verlängerung *f*; ***the game went into ~*** das Spiel ging in die Verlängerung **overtire** *vt* ■**to ~ sb** jdn übermüden; ■**to ~ oneself** sich *akk* übernehmen [*o* überanstrengen] **overtired** *adj inv* übermüdet **overtiredness** *n no pl* Übermüdung *f*

overtly [ə(ʊ)ˈvɜːtli, AM oʊˈvɜːr-] *adv* unverhohlen, offen

overtone *n* ❶ (*implication*) Unterton *m*; ***there was an ~ of despair in what he said*** aus seinen Worten sprach Verzweiflung; ***her remark had ~s of jealousy*** in ihrer Bemerkung schwang Eifersucht mit ❷ MUS Oberton *m*

overture [ˈəʊvətjʊəʳ, AM ˈoʊvɚtʃɚ] *n* ❶ (*introductory music*) Ouvertüre *f* (**to** zu +*dat*) ❷ (*initial contact*) Angebot *nt*; **to make an ~** ein Angebot machen ❸ (*approach*) ■**~s** *pl* Annäherungsversuche *mpl*; **to make ~s to sb** jdm ein Angebot machen; (*fam: sexually*) bei jdm Annäherungsversuche machen

overturn I. *vi* umkippen, umstürzen; *car* sich *akk* überschlagen; *boat* kentern **II.** *vt* ■**to ~ sth** ❶ (*turn upside down*) etw umstoßen [*o* umkippen]; **to ~ a boat** ein Boot zum Kentern bringen ❷ (*reverse*) etw revidieren; *judgement, ruling, decision* etw aufheben; **to ~ a government** eine Regierung stürzen; **to ~ sb's majority** jds Mehrheit zu Fall bringen **overtype** *vt* ■**to ~ sth** etw überschreiben **overuse I.** *n* [ˌəʊvəˈjuːs, AM ˌoʊvɚ-] *no pl* übermäßiger Gebrauch **II.** *vt* [ˌəʊvəˈjuːz, AM ˌoʊvɚ-] ■**to ~ sth** etw zu oft verwenden [*o* zu häufig gebrauchen] **overvaluation** *n no pl* ECON, FIN Überbewertung *f* **overvalue** *vt* ❶ (*give high value*) ■**to ~ sth** etw überbewerten ❷ (*admire*) ■**to ~ sb** eine zu hohe Meinung von jdm haben; ■**to ~ sth** etw überschätzen **overvalued** *adj* überbewertet **overview** *n* Überblick *m* (**of** über +*akk*); **to take an ~ of sth** sich *dat* einen Überblick über etw *akk* verschaffen **overweening** *adj* (*pej form*) maßlos, übersteigert **overweeningly** *adv* maßlos

overweight I. *n* [ˈoʊvɚweɪt] *no pl* AM Übergewicht *nt* **II.** *adj* [ˌəʊvəˈweɪt, AM ˌoʊvɚ-] zu schwer; *person also* übergewichtig; ***you're about 20 pounds ~ for your age and height*** du bist für dein Alter und deine Größe 10 Kilo zu schwer; **to be ~ by a few kilos** ein paar Kilo Übergewicht haben; **~ luggage** [*or* **baggage**] Übergepäck *nt*

overwhelm [ˌəʊvəˈ(h)welm, AM ˌoʊvɚ-] *vt* ❶ (*affect powerfully*) ■**to ~ sb** jdn überwältigen; **to be ~ed by** [*or* **with**] **grief/joy** von Kummer/Freude überwältigt sein ❷ (*overpower*) ■**to ~ sb/sth** jdn/etw überwältigen; **to ~ the enemy** den Feind besiegen [*o* bezwingen] ❸ (*flood*) ■**to ~ sth** etw überschwemmen [*o* überfluten]

overwhelming [ˌəʊvəˈ(h)welmɪŋ, AM ˌoʊvɚ-] *adj* ❶ (*very powerful*) überwältigend, riesig; **~ desire** unwiderstehliches [*o* heftiges] Verlangen; **~ grief** unermesslicher Kummer; **~ joy** große Freude; **~ need** unwiderstehliches Bedürfnis; **~ rage** unbändige Wut; **to feel an ~ urge to do sth** einen unwiderstehlichen Drang verspüren, etw zu tun ❷ (*very large*) überwältigend; ***he has succeeded against ~ odds*** er hat sich gegen immense Widerstände durchgesetzt

overwhelmingly [ˌəʊvəˈ(h)welmɪŋli, AM ˌoʊvɚ-] *adv* ❶ (*intensely*) überwältigend; **~ friendly** unheimlich freundlich ❷ (*by a very large margin*) deutlich; **to defeat sb/sth ~** jdn/etw eindeutig besiegen

overwind <-wound, -wound> *vt* ■**to ~ sth** etw überdrehen; **to ~ a watch** eine Armbanduhr zu stark aufziehen

overwinter [ˌəʊvəˈwɪntəʳ, AM ˌoʊvɚˈwɪntɚ] **I.** *vi* ❶ (*spend the winter*) den Winter verbringen ❷ (*live through the winter*) *animal, plant* überwintern **II.** *vt* ■**to ~ sth** etw über [*o* durch] den Winter bringen

overwork I. *n* [ˈəʊvəwɜːk, AM ˈoʊvɚwɜːrk] *no pl* Überarbeitung *f*, [Arbeits]überlastung *f* **II.** *vi* [ˌəʊvəˈwɜːk, AM ˌoʊvɚˈwɜːrk] sich *akk* überarbeiten **III.** *vt* [ˌəʊvəˈwɜːk, AM ˌoʊvɚˈwɜːrk] ❶ (*give too much work*) ■**to ~ sb** jdn [mit Arbeit] überlasten ❷ (*overuse*) ■**to ~ sth** etw überstrapazieren; **an ~ed expression** ein abgenutzter Ausdruck

overwrite <-wrote, -written> *vt* ■**to ~ sth** etw überschreiben **overwritten** *adj* (*too strong*) zu stark formuliert; (*too rhetorical*) zu schwülstig; (*too flowery*) zu blumig **overwrought** *adj* überreizt; **to be in an ~ condition** [*or* **state**] mit den Nerven am Ende sein **overzealous** [ˌəʊvəˈzeləs, AM ˌoʊvɚ-] *adj inv* übereifrig

Ovid [ˈɒvɪd, AM ˈɑːvɪd] *n no pl* LIT Ovid *m*

oviduct [ˈəʊvɪdʌkt, AM ˈoʊ-] *n* ANAT, MED Eileiter *m*

oviparous [əʊˈvɪpərəs, AM oʊˈvɪpə-] *adj inv* BIOL, ZOOL Eier legend, ovipar *fachspr*

ovoid [ˈəʊvɔɪd, AM ˌoʊvɚˈwɪntɚ] **I.** *adj inv* ❶ (*3D*) eiförmig, ovoid *geh* ❷ (*2D*) oval **II.** *n* ❶ (*3D*) eiförmiges Gebilde ❷ (*2D*) Oval *nt*

ovulate [ˈɒvjəleɪt, AM ˈɑːvjuː-] *vi* [einen] Eisprung haben

ovulation [ˌɒvjəˈleɪʃən, AM ˌɑːvjuːˈ-] *n no pl* Eisprung *m*, Ovulation *f fachspr*

ovum <*pl* -va> [ˈəʊvəm, AM ˈoʊ-, *pl*-və] *n* Eizelle *f*, Ovum *nt fachspr*

ow [aʊ] *interj* au

owe [əʊ, AM oʊ] *vt* ❶ (*be in debt*) ■**to ~ sb sth** [*or* **sth to sb**] jdm etw schulden [*o* schuldig sein]; ■**to ~ it to oneself to do sth** es sich *dat* schuldig sein, etw zu tun; **to ~ sb an explanation** jdm eine Erklärung schuldig sein; **to ~ sb thanks/gratitude** [*or* **to ~ thanks/gratitude to sb**] (*form*) jdm zu Dank verpflichtet sein; **to ~ sb one** (*fam*) jdm noch was schuldig sein ❷ (*be indebted*) ■**to ~ sb sth** jdm etw verdanken; ***I ~ it all to my parents*** ich habe alles meinen Eltern zu verdanken ► PHRASES: **to ~ sb a grudge** einen Groll gegen jdn hegen

owing [ˈəʊɪŋ, AM ˈoʊ-] *adj inv, pred* ausstehend; ■**to be ~** ausstehen, noch zu zahlen sein; ***money is ~ to the company*** die Firma hat noch Außenstände; ***I've got £50 ~ to me for a job I did last month*** ich bekomme noch 50 Pfund für eine Arbeit, die ich letzten Monat gemacht habe

owing to *prep* (*form*) ■**~ sth** wegen etw *dat*

owl [aʊl] *n* Eule *f*; (*fig*) ***he was a wise old ~*** er war ein weiser alter Mann; **barn ~** Schleiereule *f*; **tawny ~** Waldkauz *m*

owlet [ˈaʊlət, AM -lɪt] *n* Eulenjunges *nt*, junge Eule

owlish [ˈaʊlɪʃ] *adj* eulenhaft; ***our teacher was an ~ woman*** unsere Lehrerin sah aus wie eine Eule

owlishly [ˈaʊlɪʃli] *adv* eulenhaft, wie eine Eule

own [əʊn, AM oʊn] **I.** *part* ❶ (*belonging to oneself*) ■**sb's ~ …** jds eigene(r,s) …; ***is that your mum's car? — no, it's my ~*** ist das das Auto deiner Mutter? – nein, es ist mein eigenes; ***she has a daughter of her ~*** sie hat selbst eine Tochter; ***she's got too many problems of her ~*** sie hat zu viele eigene Probleme; ***his time is his ~*** er kann über seine Zeit frei verfügen; **a house of his/her ~** sein/ihr eigenes Haus; **to make sth** [**all**] **one's ~** sich *dat* etw [ganz] zu eigen machen ❷ (*people*) ***we like to take care of our ~*** wir kümmern uns um unsere Leute; ***they think of her as one of their ~*** sie sehen sie als eine von ihnen ► PHRASES: **to get one's ~ back** [**on sb**] *esp* BRIT (*fam*) sich *akk* an jdm rächen; **in a class of one's ~** eine Klasse für sich *akk*; **to come into one's ~** (*show one's qualities*) zeigen, was in einem steckt; (*get due recognition*) die verdiente Anerkennung erhalten; [**all**] **on one's ~** (*alone*) [ganz] für sich *akk* allein[e]; (*without help*) [ganz] allein[e]; ***I like living*** [***all***] ***on my ~*** ich mag es, alleine zu leben; ***I can't lift this on my ~*** ich kann das nicht alleine anheben **II.** *adj attr, inv* ❶ (*belonging to sb*) eigene(r,s); ***was that your ~ idea?*** war das deine eigene Idee?; ***his/her ~ car*** sein/ihr eigenes Auto; **to hear/see sth with one's ~ ears/eyes** etw mit eigenen Ohren/Augen hören/sehen ❷ (*particular and different*) eigene(r,s); ***he's got his ~ special way of doing things*** er hat seinen eigenen Stil, sich um Dinge zu kümmern; **~ opinion/style** eigene Meinung/eigener Stil ❸ (*by or for oneself*) selbst; ***you'll have to get your ~ dinner*** du musst dich selbst um das Abendessen kümmern; ***she makes all her ~ bread*** sie bäckt ihr ganzes Brot selbst; ***you'll have to make up your ~ mind*** das musst du für dich alleine entscheiden ► PHRASES: **sb's ~ flesh and blood** jds eigen[es] Fleisch und Blut; **on your ~ head be it** BRIT auf deine Verantwortung; **to be one's ~ man/woman/person** sein eigener Herr sein; **in one's ~ right** (*not due to others*) aus eigenem Recht; (*through one's talents*) aufgrund der eigenen Begabung; **for sth's ~ sake** um einer S. *gen* selbst willen; **to do one's ~ thing** tun, was man will *fam*; **in one's ~ time** (*outside working hours*) in seiner Freizeit; (*at own speed*) im eigenen Tempo **III.** *vt* ❶ (*possess*) ■**to ~ sth** etw besitzen; ***you don't ~ me!*** ich bin nicht dein Privateigentum!; ***who ~s this piece of land?***

wem gehört dieses Landstück?; ***the house is privately ~ed*** dieses Haus ist im Privatbesitz; ***he walked into the office as if he ~ed the place*** er spazierte in das Büro hinein, als ob es sein eigenes wäre; ■**to be ~ed by sb** jdm gehören, in jds Besitz sein *geh* ② (*form: admit*) ■**to ~ [that] …** zugeben, dass … **IV.** *vi* (*form*) ■**to ~ to sth** etw eingestehen; ***they ~ed to failing to pay their taxes*** sie gaben zu, ihre Steuern nicht bezahlt zu haben

◆**own up** *vi* es zugeben; ***if nobody ~s up, the whole class will get a detention*** wenn es niemand zugibt, muss die ganze Klasse nachsitzen; ■**to ~ up to sth** etw zugeben

own brand *n* BRIT ECON hauseigene Marke, Hausmarke *f*

own-brand *adj inv* BRIT ECON Hausmarken-

owner ['əʊnəʳ, AM 'oʊnɚ] *n* Besitzer(in) *m(f)*, Eigentümer(in) *m(f)*; **~'s manual** Bedienungsanleitung *f*; **to be the proud ~ of sth** der stolze Besitzer/die stolze Besitzerin einer S. *gen* sein

ownerless ['əʊnələs, AM 'oʊnɚ-] *adj inv* herrenlos

owner-occupied *adj inv* vom Eigentümer/von der Eigentümerin selbst bewohnt **owner-occupier** *n* Bewohner(in) *m(f)* des eigenen Grundbesitzes

ownership ['əʊnəʃɪp, AM 'oʊnɚ-] *n no pl* Besitz *m*, Eigentum *nt*; ***the ~ of the company has passed to the banks*** das Eigentumsrecht an dem Unternehmen ist auf die Banken übergangen; **home ~** Wohneigentum *nt*; **proof of ~** Eigentumsnachweis *m*; **common** [*or* **collective**] **~** Miteigentum *nt*, Kollektivinhaberschaft *f*; **joint ~** Miteigentum *nt*; **to be under** [*or* **in**] **private/public ~** sich in Privat-/Staatsbesitz befinden; ***there is a debate about whether these industries should be in public or private ~*** es wird darüber debattiert, ob diese Branchen in öffentlichem oder Privatbesitz sein sollten; **to claim ~** seine Besitzansprüche anmelden; ***several people have claimed ~ of the bracelet found in the park on Saturday*** mehrere Leute haben behauptet, dass das Armband, das am Samstag im Park gefunden wurde, ihnen gehört

own goal *n* (*also fig*) Eigentor *nt a. fig*; **to score an ~** ein Eigentor schießen *a. fig* **own label** *n* BRIT eigene Marke, Hausmarke *f* **own-label** *adj inv* BRIT Hausmarken-

owt [aʊt] *part* NBRIT, DIAL *see* **anything**

ox <*pl* -en> [ɒks, AM ɑːks] *n* Ochse *m*

Oxbridge ['ɒksbrɪdʒ, AM 'ɑːks-] **I.** *n no pl die Universitäten Oxford und Cambridge* **II.** *adj inv* der Universitäten Oxford und Cambridge *nach n*; ***she's an ~ student*** sie studiert in Oxford/Cambridge

ox cart *n* Ochsenkarren *m*

oxen ['ɒksᵊn, AM 'ɑːk-] *n pl of* **ox**

ox-eye daisy [,ɒksaɪ'deɪsi, AM ,ɑːks] *n* BOT *see* **marguerite**

Oxfam ['ɒksfæm, AM 'ɑːk-] *n no pl abbrev of* **Oxford Committee for Famine Relief** Oxfam

Oxfam shop *n* BRIT Oxfam-Laden *m*, ≈ Dritte-Welt-Laden *m*

oxford ['ɒksfəd, AM 'ɑːksfɚd] *n* Halbschuh *m* zum Schnüren

Oxford ['ɒksfəd, AM 'ɑːksfɚd] *n* ① (*town*) Oxford *nt*; (*Oxford University*) Universität *f* Oxford ② (*cloth*) *bestimmte Stoffart für Hemden, die etwas schwerer ist als normaler Hemdenstoff*

oxidation [,ɒksɪ'deɪʃᵊn, AM ,ɑːk-] *n* CHEM Oxydation *f*, Oxidation *f*

oxide ['ɒksaɪd, AM 'ɑːk-] *n* Oxyd *nt*, Oxid *nt*; **iron ~** Eisenoxyd *nt*

oxidization [,ɒksɪdaɪ'zeɪʃᵊn, AM 'ɑːksɪdɪ'-] *n no pl* CHEM Oxydation *f*, Oxidation *f*

oxidize ['ɒksɪdaɪz, AM 'ɑːk-] **I.** *vi* oxidieren **II.** *vt* ■**to ~ sth** etw oxidieren

Oxon ['ɒksɒn] *n no pl abbrev of* **Oxfordshire**

oxtail *n* ① (*tail*) Ochsenschwanz *m* ② *no pl* (*meat*) Ochsenschwanz *m* **oxtail soup** *n* Ochsenschwanzsuppe *f*

oxyacetylene [,ɒksiə'setᵊliːn, AM ,ɑːksiə'seṭ-] *n no pl* Azetylensauerstoff *m*; **~ lamp** [*or* **torch**] Autogenschweißbrenner *m*; **~ welder** Autogenschweißgerät *nt*; **~ welding** Autogenschweißen *nt*

oxygen ['ɒksɪdʒən, AM 'ɑːk-] *n no pl* Sauerstoff *m*

oxygenate ['ɒksɪdʒəneɪt, AM 'ɑːk-] *vt* ■**to ~ sth** etw mit Sauerstoff anreichern, etw oxigenieren *fachspr*

oxygen cylinder *n* Sauerstoffflasche *f* **oxygen mask** *n* Sauerstoffmaske *f* **oxygen tank** *n* Sauerstoffbehälter *m* **oxygen tent** *n* Sauerstoffzelt *nt*

oxymoron [,ɒksɪ'mɔːrɒn, AM ,ɑːksɪ'mɔːrɑːn] *n* Oxymoron *nt*

oyez [əʊ'jez, AM 'oʊjez] *interj* hört [her]!, Achtung, Achtung!

oyster ['ɔɪstəʳ, AM -ɚ] *n* ① (*shellfish*) Auster[nmuschel] *f*; **~ shell** Austernschale *f* ② FOOD Auster *f* ③ (*in poultry*) *sehr zartes Fleisch neben dem Rückgrat* ▸ PHRASES: **the world is sb's ~** jdm steht die Welt offen

oyster bank *n*, **oyster bed** *n* Austernbank *f*

oystercatcher *n* ORN Austernfischer *m*

oz <*pl* -> *n abbrev of* **ounce**

Oz [ɒz] *n* BRIT, AUS (*fam*) Australien *nt*

ozone ['əʊzəʊn, AM 'oʊzoʊn] *n no pl* ① (*chemical*) Ozon *nt* ② (*fam: clean air*) saubere [frische] Luft

ozone-friendly *adj* ohne Treibgas *nach n, präd*; **~ product** FCKW-freies Produkt **ozone layer** *n* Ozonschicht *f*

Ozzie ['ɒzi] BRIT, AUS **I.** *n* ① (*fam: Australian*) Australier(in) *m(f)* ② *no pl* (*fam: Australia*) Australien *nt* **II.** *adj inv* (*fam*) australisch

P

P <*pl* -'s>, **p** <*pl* 's *or* -s> [piː] *n* p *nt*, P *nt* ▸ PHRASES: **to mind one's ~'s and Q's** sich *akk* anständig benehmen; ***don't forget your ~'s and Q's*** denk daran, dich anständig zu benehmen

p [piː] **I.** *n* ① <*pl* -> *abbrev of* **penny, pence** ② <*pl* pp> *abbrev of* **page** S. ③ *abbrev of* **peta** P ④ *abbrev of* **pico-** p **II.** *adv* MUS *abbrev of* **piano** p

P [piː] *n no pl abbrev of* **Parking** P

pa¹ [pɑː] *n* (*fam or dated: father*) Papa *m fam*; ■**P~** (*fam or dated*) Papa *fam*, Vati *fam*

pa² [,piː'eɪ] *adv inv abbrev of* **per annum** p.a.

PA [,piː'eɪ] *n* ① AM *abbrev of* **Pennsylvania** ② (*assistant*) *abbrev of* **personal assistant** pers. Ass. ③ (*loudspeaker*) *abbrev of* **public address system**

PAC [,piːeɪ'siː] *n abbrev of* **political action committee** politisches Aktionskomitee

pace [peɪs] **I.** *n* ① (*speed*) Tempo *nt*; ***we started out at a fairly slow ~*** wir begannen recht langsam; ***schoolchildren should be allowed to work at their own ~*** Schüler sollten in ihrem eigenen Tempo arbeiten dürfen; **to force/keep up the ~** das Tempo forcieren/halten; **to gather ~** an Fahrt gewinnen; **to quicken one's ~** sein Tempo beschleunigen; **to set the ~** das Tempo vorgeben; ***for many years this company has set the ~ in the communications industry*** diese Firma war viele Jahre lang der Schrittmacher in der Kommunikationsbranche; **to stand the ~** das Tempo durchhalten; (*fig*) mithalten; ***they moved out of the city because they couldn't stand the ~*** [***of life there***] sie zogen aus der Stadt weg, weil es ihnen [dort] zu hektisch zuging ② (*step*) Schritt *m*; **to take a ~ forward/backward** einen Schritt nach vorne/zurück machen; **at 20 ~s** auf zwanzig Schritte; (*fig*) ***I can spot a winner at 20 ~s*** einen Gewinner erkenne ich sofort; **to keep ~ with sb** mit jdm Schritt halten; **to keep ~ with sth** (*fig*) mit etw *dat* Schritt halten ▸ PHRASES: **to put sb/sth through their/its ~s** jdn/etw auf Herz und Nieren prüfen; ***I'm going to take my new car out and put it through its ~s*** ich mache eine Spritztour, um zu sehen, was mein neues Auto so hergibt **II.** *vt* ① (*walk up and down*) ***he ~d the room nervously*** er ging nervös im Zimmer auf und ab ② (*measure*) ■**to ~ sth** [**off** [*or* **out**]] etw abschreiten; **to ~ off** [*or* **out**] **a distance** eine Entfernung mit Schritten ausmessen [*o* abmessen] ③ SPORTS ■**to ~ sb** jdm das Tempo vorgeben; ■**to ~ oneself** sich *dat* seine Kräfte einteilen **III.** *vi* gehen, schreiten *geh*; **to ~ up and down** auf und ab gehen [*o* schreiten] **IV.** *prep* (*form*) entgegen +*gen*

pace bowler *n* (*in cricket*) schneller Werfer (*beim Cricketspiel*) **pacemaker** *n* ① SPORTS (*speed setter*) Schrittmacher(in) *m(f)*; (*fig*) ***they are the ~s in computer-aided design*** sie setzen Maßstäbe auf dem Gebiet der computergestützten Konstruktion ② (*for heart*) [Herz]schrittmacher *m* **pace man** *n* (*in cricket*) schneller Werfer (*beim Cricketspiel*)

pacer ['peɪsəʳ, AM ɚ] *n* ① (*pacemaker*) Schrittmacher *m* ② AM (*horse*) Passgänger *m*

pacesetter *n* Schrittmacher(in) *m(f)*

pacey ['peɪsi] *adj esp* BRIT spannungsreich, spannend, voller Action *nach n fam*; **~ film** Actionfilm *m*

pachyderm ['pækɪdɜːm, AM -dɜːrm] *n* ZOOL Dickhäuter *m*

pacific [pə'sɪfɪk] *adj* friedliebend, friedfertig; **~ gesture** friedliche Geste

Pacific [pə'sɪfɪk] **I.** *n no pl* ■**the ~** der Pazifik **II.** *adj inv* pazifisch, Pazifik-; **~ coast** Pazifikküste *f*

pacifically [pə'sɪfɪkᵊli] *adv* friedliebend; **to be ~ inclined** friedlich eingestellt sein

pacification [pæsɪfɪ'keɪʃᵊn, AM -fə'-] *n no pl* Befriedung *f*

Pacific Ocean *n no pl* ■**the ~** der pazifische Ozean [*o* Pazifik] **Pacific Rim** *n no pl* ■**the ~** der Pazifikgürtel [*o* pazifische Raum] **Pacific time** *n no pl* Pazifische Zeit

pacifier ['pæsɪfaɪəʳ, AM -ɚ] *n* ① (*peacemaker*) Friedensstifter(in) *m(f)* ② (*calmer of emotions*) Schlichter(in) *m(f)* ③ AM (*baby's dummy*) Schnuller *m*

pacifism ['pæsɪfɪzᵊm, AM -sə-] *n no pl* Pazifismus *m*

pacifist ['pæsɪfɪst, AM -sə-] **I.** *n* Pazifist(in) *m(f)* **II.** *adj* pazifistisch

pacify <-ie-> ['pæsɪfaɪ, AM -sə-] *vt* ① (*establish peace*) **to ~ an area/a country** eine Gegend/ein Land befrieden ② (*calm*) ■**to ~ sb** jdn beruhigen

pack [pæk] **I.** *n* ① (*type of bag*) Bündel *nt*; (*filled bag*) Rucksack *m*; **ice ~** Eisbeutel *m* ② COMM (*packet*) Packung *f*, Schachtel *f*; **in ~s of six** im Sechserpack ③ (*folder of documents*) Paket *nt*; **information ~** Informationspaket *nt* ④ + *sing/pl vb* (*group*) Gruppe *f*, Schar *f*; *of wolves, hounds* Rudel *nt*; **cub ~** Pfadfindergruppe *f*; **a ~ of lies** (*fig*) ein Haufen *m* Lügen ⑤ (*set of cards*) [Karten]spiel *nt* ⑥ (*beauty treatment*) Packung *f*; **face/mud ~** Gesichts-/Schlammpackung *f* ⑦ SPORTS (*in rugby*) Stürmer *mpl* ⑧ COMPUT Stapel *m* ▸ PHRASES: **to keep ahead of the ~** der Konkurrenz immer eine Nasenlänge voraus sein **II.** *vi* ① (*for journey*) packen; ***have you ~ed yet?*** hast du schon gepackt? ② (*be able to be packed*) passen; ***all this food will never ~ into that small basket*** diese ganzen Lebensmittel werden nie in diesen kleinen Korb passen; ***I love this silk dress, but it doesn't ~ very well*** ich liebe dieses Seidenkleid, aber es knittert [beim Packen] leicht ▸ PHRASES: **to send sb ~ing** (*send sb away*) jdn fortschicken [*o* wegschicken]; (*dismiss*) jdn entlassen **III.** *vt* ① (*put in container*) ■**to ~ sth** etw [ein]packen; ***I haven't ~ed my clothes yet*** ich habe meine Kleider noch nicht gepackt; ***could you ~ me a spare pair of shoes, please?*** könntest du mir bitte ein Paar Ersatzschuhe einpacken?; **to ~ sth tightly** etw fest verpacken ② (*fill*) ■**to ~ sth** *a bag, suitcase, trunk* etw packen; *a box, container* etw voll packen; **to ~ one's bags** seine Koffer packen; ■**to ~ sth with sth** etw mit etw *dat* [voll] packen ③ (*wrap*) ■**to ~ sth** *object* etw einpacken [*o* einwickeln]; *food* etw abpacken; ***she ~ed tissue paper around the shoes*** sie wickelte die Schuhe in Seidenpapier; **to ~ a parcel** ein Paket packen; **to ~ sth in newspaper/straw/tissue paper** etw in Zeitungspapier/Stroh/Seidenpapier einwickeln ④ (*cram*) ■**to ~ sth** [**with sth**] etw [mit etw *dat*] voll stopfen; ■**to ~ sth** [**with sb**] etw [mit jdm] füllen; **to be ~ed with**

P

people gerammelt voll [*o* voll gestopft] [mit Leuten] sein *fam; **the people on the bus were ~ed like sardines*** die Leute standen im Bus wie die Sardinen ⑤ (*load*) ■**to be ~ed with sth** *information* mit etw *dat* voll gepackt sein ⑥ (*compress*) ■**to ~ sth** etw zusammenpressen [*o* zusammendrücken]; COMPUT etw verdichten ⑦ (*carry*) ■**to ~ sth** etw bei sich *dat* tragen; **to ~ a gun** eine Schusswaffe bei sich *dat* führen ⑧ (*contain*) ■**to ~ sth** etw enthalten; ***each missile ~s several warheads*** jede Rakete trägt mehrere Sprengköpfe ⑨ (*fill with supporters*) ■**to ~ sth [with sb]** etw [mit eigenen Leuten] besetzen; **to ~ a jury** eine Jury mit eigenen Leuten besetzen ▸ PHRASES: **to ~ a punch** [*or* **wallop**] (*hit hard*) kräftig zuschlagen; (*be strong*) *drink* reinhauen *sl; **Tony's cocktails ~ quite a punch*** Tonys Cocktails hauen ganz schön rein

◆**pack away** I. *vt* ■**to ~ away** ↔ **sth** ① (*put back*) etw wegpacken ② (*fam: eat*) etw vertilgen *fam* II. *vi tent, sleeping bag* sich *akk* verstauen lassen

◆**pack in** I. *vt* ① (*put in*) ■**to ~ sth in sth** etw in etw *akk* einpacken ② (*cram in*) ■**to ~ in** ↔ **sb/sth** jdn/etw hineinstopfen [*o* hineinpferchen] ③ (*attract an audience*) ■**to ~ in** ↔ **sb** jdn anziehen; ***the latest exhibition is really ~ing them in*** die derzeitige Austellung ist ein echter Publikumsmagnet ④ (*fam: stop*) ■**to ~ sth in** etw an den Nagel hängen *fam; **I think I'm going to ~ this job in pretty soon*** ich glaube, ich werde diesen Job ziemlich bald hinschmeißen; ~ ***it in!*** Schluss jetzt!, jetzt reicht's!; **to ~ it all in** alles hinschmeißen *fam* ⑤ (*fam: break up with*) ■**to ~ sb in** jdm den Laufpass geben *fam* II. *vi* ① (*come in crowds*) scharenweise [*o* in Massen] kommen ② (*fam: stop*) zusammenpacken *fam*, Feierabend machen *fam*

◆**pack into** I. *vt* ① (*for transportation*) ■**to ~ sth into sth** etw in etw *akk* hineinpacken ② (*cram*) ■**to ~ sb/sth into sth** jdn/etw in etw *akk* hineinverfrachten *hum fam* ③ (*fit*) ■**to ~ sth into sth** etw in etw *akk* hineinpacken; ***I don't know how you manage to ~ so much work into one day*** ich weiß nicht, wie du es schaffst, so viel Arbeit an einem einzigen Tag zu erledigen II. *vi* ① (*fit*) ■**to ~ into sth** in etw *akk* hineinpassen ② (*come in crowds*) ■**to ~ into sth** in etw *akk* hineindrängen [*o* strömen]

◆**pack off** *vt* (*fam*) ■**to ~ off** ↔ **sb** jdn wegschicken [*o* fortschicken]; ***we are going to ~ him off to boarding school*** wir schicken ihn auf [*o fam* stecken ihn in] ein Internat

◆**pack out** *vt usu passive* BRIT (*fam*) **to be ~ed out** überfüllt [*o fam* gerammelt voll] sein

◆**pack up** I. *vt* ■**to ~ up** ↔ **sth** ① (*put away*) etw zusammenpacken [*o* wegpacken]; **to ~ one's house up** seinen Haushalt einlagern ② (*fam: finish*) etw beenden; ***what time do you ~ up work?*** wann machst du Schluss [*o* Feierabend]? *fam; **she ~ed up her job, and went off to Australia*** sie gab ihren Job auf und zog nach Australien; ***it's time you ~ed up smoking*** es ist an der Zeit, dass du das Rauchen aufgibst; **to ~ [it] up [damit]** aufhören II. *vi* (*fam*) ① (*stop work*) Feierabend machen ② BRIT (*stop functioning*) den Geist aufgeben *fam*

package ['pækɪdʒ] I. *n* ① (*parcel*) Paket *nt* ② AM (*packet*) Packung *f* ③ (*set*) Paket *nt;* **software ~** Softwarepaket *nt* ④ (*comprehensive offer*) Paket *nt;* **an aid/a rescue ~** ein Hilfs-/Rettungspaket *nt* II. *vt* ① (*pack*) ■**to ~ sth** etw verpacken ② (*fig: present*) ■**to ~ sb/sth** jdn/etw präsentieren

package deal *n* Pauschalangebot *nt*

packaged food *n* abgepackte Nahrungsmittel **package goods** *npl* AM Spirituosen *pl* **package holiday** *n* BRIT Pauschalurlaub *m* **package store** *n* AM (*off-licence*) Spirituosenladen *m*, Spirituosengeschäft *nt* **package tour** *n*, AM *also* **package trip** *n* Pauschalurlaub *m*

packaging ['pækɪdʒɪŋ] *n no pl* ① (*materials*) Verpackungsmaterial *nt* ② (*activity*) Verpackung *f* ③ (*presentation*) Präsentation *f* ④ PUBL Packaging *nt*

pack animal *n* Packtier *nt*, Lasttier *nt*

packed [pækt] *adj* ① (*full*) voll; ***the train was ~*** der Zug war gerammelt voll *fam;* **a ~ house** ein volles Haus *fam* ② *pred, inv* (*ready for journey*) reisefertig; ***are you ~ yet?*** hast du alles gepackt?

packed lunch *n* Lunchpaket *nt*, Vesperpaket *nt* SÜDD

packer ['pækəʳ, AM -ɚ] *n* [Ver]packer(in) *m(f);* (*of furniture*) Möbelpacker(in) *m(f);* (*machine*) Verpackungsmaschine *f*

packet ['pækɪt] *n* ① (*container*) Packung *f*, Schachtel *f;* **a ~ of biscuits** eine Packung Kekse; **a ~ of cigarettes** eine Schachtel Zigaretten; **a ~ of crisps** eine Tüte Chips ② BRIT, AUS (*fam: a lot of money*) ■**a ~** ein Vermögen *nt*, ein Haufen *m* Geld *fam* ③ BRIT (*vulg: man's sexual organs*) Gehänge *nt sl*

packhorse ['pækhɔːs, AM hɔːrs] *n* Packpferd *nt*

pack ice *n no pl* Packeis *nt*

packing ['pækɪŋ] *n no pl* ① (*action*) Packen *nt* ② (*protective wrapping*) Verpackung *f* ③ COMPUT Verdichtung *f*

packing box *n* AM, **packing case** *n* [Umzugs]karton *m*, [Umzugs]kiste *f* **packing costs** *npl* Verpackungskosten *pl* **packing crate** *n* AM [Umzugs]karton *m*, [Umzugs]kiste *f* **packing list** *n* Packliste *f* **packing material** *n* Verpackungsmaterial *nt*

pact [pækt] *n* Pakt *m*, Abkommen *nt*, Bündnis *nt;* **Stability and Growth P~** EU Stabilitäts- und Wachstumspakt *m*

pacy *adj see* **pacey**

pad¹ [pæd] *vi* trotten; (*walk softly*) tappen

pad² [pæd] I. *n* ① (*wad*) Pad *m o nt;* **cotton wool ~** Wattebausch *m;* **stamp ~** Stempelkissen *nt* ② SPORTS (*protector*) Polster *nt;* **knee ~** Knieschoner *m*, Knieschützer *m;* **shin ~** Schienbeinschoner *m*, Schienbeinschützer *m* ③ (*for shaping*) Polster *nt;* **shoulder ~** Schulterpolster *nt* ④ (*of paper*) Block *m;* **a ~ of paper** ein Papierblock *m;* **drawing/writing ~** Mal-/Schreibblock *m* ⑤ (*on animal's foot*) Ballen *m;* ***the dog had a thorn in it's ~*** der Hund hatte einen Dorn in der Pfote ⑥ AEROSP, AVIAT Abflug- und Landeplatz *m;* **helicopter ~** Hubschrauberlandeplatz *m;* **launch ~** Startrampe *f*, Abschussrampe *f;* **missile ~** Raketenabschussrampe *f* ⑦ (*sl: house, flat*) Bude *f fam* ⑧ (*leaf*) Seerosenblatt *nt* ⑨ (*number of keys together*) Block *m* II. *vt* <-dd-> ■**to ~ sth** etw [aus]polstern; **to ~ an expense account** (*fig*) zu viel an Spesen in Rechnung stellen

◆**pad out** *vt* (*also iron*) ■**to ~ out** ↔ **sth** etw ausschmücken *a. iron;* **to ~ out a piece of writing/a speech** ein Schreiben/eine Rede ausschmücken

PAD *n abbrev of* **packet assembler/disassembler** Paketierer *nt*/Depaketierer *nt*

pad character *n* Auffüllzeichen *nt*

padded ['pædɪd] *adj inv* [aus]gepolstert; **~ bra** wattierter BH; **~ envelope** gefütterter [Brief]umschlag

padded cell *n* Gummizelle *f*

padding ['pædɪŋ] *n no pl* ① (*protective material*) Polsterung *f* ② (*shaping material*) Polster *nt* ③ (*superfluous material*) Füllwerk *nt* ④ COMPUT (*to fil out a string*) Auffüllen *nt*

paddle¹ ['pædl] I. *n* ① (*oar*) Paddel *nt* ② NAUT (*on paddle wheel*) Schaufel *f;* (*paddle wheel*) Schaufelrad *nt* ③ SPORTS (*bat*) Schläger *m* II. *vt* ① (*row*) **to ~ a boat/canoe** ein Boot/Kanu mit Paddeln vorwärts bewegen ② *esp* AM (*fam: spank*) ■**to ~ sb** jdn versohlen *fam* ▸ PHRASES: **to ~ one's own canoe** auf eigenen Beinen [*o* Füßen] stehen III. *vi* ① (*row*) paddeln ② (*swim*) paddeln

paddle² ['pædl] I. *n* Planschen *nt kein pl;* **to go for** [*or* **have**] **a ~** planschen gehen II. *vi* planschen

paddle ball *n no pl* AM *Hallenballspiel, ähnlich dem amerikanischen Handball* **paddle boat** *n*, **paddle steamer** *n* [Schaufel]raddampfer *m* **paddle tennis** *n no pl* AM Paddle-Tennis *nt* (*Sportart*) **paddle wheel** *n* Schaufelrad *nt*

paddling pool *n esp* BRIT, AUS Planschbecken *nt*

paddock ['pædək] *n* ① (*for animals*) Koppel *f* ② AUS (*farm field*) Feld *nt* ③ (*in horse racing*) Sattelplatz *m* ④ (*in motor racing*) Fahrerlager *nt*

paddy¹ ['pædi] *n* BRIT (*dated*) Wutausbruch *m*, Koller *m fam;* **to get in[to] a ~** einen Wutanfall bekommen; ■**to be in a ~** einen Koller haben *fam; **I'd keep away from him this morning — he's in one of his paddies*** ich würde mich heute Morgen von ihm fern halten – er hat einen seiner Anfälle

paddy² ['pædi] *n* Reisfeld *nt*

Paddy ['pædi] *n* (*pej! fam!*) Paddy *m fam* (*meist abwertende Bezeichnung für Iren*)

paddy field *n* Reisfeld *nt* **paddy wagon** *n* AM, AUS (*fam*) grüne Minna *hum fam*

padlock ['pædlɒk, AM -lɑːk] I. *n* Vorhängeschloss *nt* II. *vt* ■**to ~ sth** etw [mit einem Vorhängeschloss] verschließen

padre ['pɑːdreɪ] *n* Feldkaplan *m*, Feldgeistliche(r) *m*, Herr Kaplan

paean ['piːən] *n* (*liter*) Loblied *nt*, Lobeshymne *f* geh

paederast *n* BRIT, AUS (*dated*) *see* **pederast**

paederasty *n* BRIT, AUS (*dated*) *see* **pederasty**

paediatric [ˌpiːdi'ætrɪk], AM **pediatric** *adj inv* pädiatrisch; **~ hospital** Kinderkrankenhaus *nt;* **~ medicine** Kinderheilkunde *f*, Pädiatrie *f fachspr*

paediatrician [ˌpiːdiə'trɪʃᵊn], AM **pediatrician** *n* MED Kinderarzt, Kinderärztin *m, f*, Pädiater *m fachspr*

paediatrics [ˌpiːdi'ætrɪks], AM **pediatrics** *n + sing vb* Kinderheilkunde *f*, Pädiatrie *f fachspr*

paedophile [ˌpiːdə(ʊ)'faɪl], AM **pedophile** [ˌpedoʊ'-] *n* Pädophile(r) *m*

paedophile ring *n* Kinderpornoring *m*

paedophilia [ˌpiːdə(ʊ)'fɪliə], AM **pedophilia** [ˌpedoʊ'fiːl-] *n no pl* PSYCH Pädophilie *f*

paella [paɪ'elə, AM -'jelə] *n no pl* FOOD Paella *f*

pagan ['peɪgᵊn] I. *n* ① (*polytheist*) Heide, -in *m, f* ② (*unbeliever*) Ungläubige(r) *f(m)*, Heide, -in *m, f pej* II. *adj* heidnisch

paganism ['peɪgᵊnɪzᵊm] *n* ① *no pl* (*polytheism*) Heidentum *nt* ② (*unbelief*) Unglaube *m*

page¹ [peɪdʒ] I. *n* ① (*single sheet*) Blatt *nt;* (*single side*) Seite *f;* ***see ~ 18*** s. Seite 18; ***for details on how to enter the competition, see ~ 134*** die Einzelheiten, wie man am Wettbewerb teilnehmen kann, finden Sie auf Seite 134; **front/sports ~** Titel-/Sportseite *f* ② COMPUT Seite *f* ③ (*fig: important event*) Kapitel *nt;* **a ~ in history** ein Kapitel *nt* [in] der Geschichte II. *vi* ① (*read*) **to ~ through a book/magazine** ein Buch/eine Zeitschrift durchblättern ② COMPUT ■**to ~ up/down** auf der Seite nach oben/unten gehen ③ TYPO Seitenumbruch machen III. *vt* COMPUT ■**to ~ sth** etw umlagern

page² [peɪdʒ] I. *n* ① (*hist: knight's attendant*) Knappe *m hist* ② (*hotel worker*) Page *m* II. *vt* ■**to ~ sb** (*over loudspeaker*) jdn ausrufen; (*by pager*) jdn anpiepsen

pageant ['pædʒənt] *n* ① (*play*) Historienspiel *nt* ② (*procession*) Festzug *m*, festlicher Umzug

pageantry ['pædʒəntri] *n no pl* Prunk *m*, Pomp *m*

pageboy ['peɪdʒbɔɪ] *n* ① (*in hotel*) Page *m* ② (*at wedding*) Brautführer *m* ③ (*hairstyle*) Pagenfrisur *f*, Pagenkopf *m*

page-jacking ['peɪdʒˌdʒækɪŋ] *n* Page-Jacking *nt* (*Lotsen von Internetbenutzern durch Manipulation mit unverfänglichen Angeboten auf eigene Seiten*) (*oder: von Pornoanbietern aufgestellte Internetfalle, die den Benutzer von einer etablierten Webseite auf die eigene Seite ‚entführt'*)

pager ['peɪdʒəʳ, AM -ɚ] *n* Pager *m*, Personenrufempfänger *m*, Piepser *m fam*

page three girl *n* BRIT, AUS *Oben-ohne-Fotomodell in Boulevardzeitungen* **page-turner** *n* (*fam*) fesselndes Buch

page view *n no pl* Besucherstatistik *f* (*einer Webseite*)

pagination [ˌpædʒɪ'neɪʃᵊn, AM -dʒᵊn'eɪ-] *n no pl* PUBL Seitennummerierung *f*, Paginierung *f fachspr*

pagoda [pə'gəʊdə, AM -'goʊ-] *n* Pagode *f*

paid [peɪd] I. *pt, pp of* **pay** II. *adj attr, inv* ① (*in exchange for money*) bezahlt; **~ bills** bezahlte Rechnungen; **~ holiday** [*or* AM **vacation**] bezahlter Urlaub ② (*employed*) **~ assistant** fest engagierter As-

sistent/engagierte Assistentin
paid-in *adj inv* AM (*paid-up*) voll einbezahlt; **~-in capital** FIN eingebrachtes Kapital; **~ member** Mitglied *nt* ohne Beitragsrückstände
paid political broadcast *n* AM (*party political broadcast*) parteipolitische Sendung
paid-up *adj inv* BRIT ① (*subscribing*) voll einbezahlt; **~-up capital** voll einbezahltes Kapital; **~ member** Mitglied *nt* ohne Beitragsrückstände; ***she's a ~ member of the Labour party*** sie ist ein vollwertiges Mitglied der Labour Party; **~-up shares** STOCKEX voll bezahlte Aktien ② (*fig: enthusiastic*) [sehr] begeistert
pail [peɪl] *n* Eimer *m*
pailful ['peɪlfʊl] *n* Eimer *m;* **a ~ of water** ein Eimer *m* [voll] Wasser
paillasse ['pæliæs, AM pæl'jæs] *n* Strohsack *m*
paillette [pæl'jet] *n* Paillette *f*
pain [peɪn] **I.** *n* ① (*feeling*) Schmerz *m;* **aches and ~s** Gebrechen *ntpl;* **a ~ in one's leg/side** Schmerzen *mpl* im Bein/in der Seite; **~s and pleasures** Freuden und Leiden; **dull/sharp/stabbing ~** schwacher/heftiger/stechender Schmerz; **to give sb ~** jdm Schmerzen bereiten ② *no pl* (*physical suffering*) Schmerz[en] *m[pl]*; **to ease the ~** die Schmerzen lindern; **to be in ~** Schmerzen haben; ***are you in ~?*** haben Sie Schmerzen?; **to double up in** [*or* **be doubled up with**] **~** sich *akk* vor Schmerzen krümmen; **sth gives sb ~** etw tut jdm weh ③ *no pl* (*mental suffering*) Leid *nt;* ***they are still in great ~ over her death*** sie leiden noch immer sehr unter ihrem Tod; **~ of loss/parting** Trennungs-/Abschiedsschmerz *m* ④ (*great care*) ■**~s** *pl* Mühe *f;* **to go to** [*or* **take**] **great ~s to do sth** keine Mühe scheuen, etw zu tun; ***I went to great ~s to select the best staff available*** ich habe alles darangesetzt, die besten Leute auszuwählen, die ich bekommen konnte; ■**to be at ~s to do sth** sich *dat* [große] Mühe geben, etw zu tun ⑤ (*fam: nuisance*) **to be a ~** einem auf die Nerven gehen *fam;* ***it's such a ~ having to go shopping*** Einkaufen gehen zu müssen finde ich sehr lästig; ***that child is a real ~*** das Kind ist eine Nervensäge ▶ PHRASES: **to be a ~ in the backside** [*or* BRIT, AUS *also* **arse**] [*or* AM *also* **butt** [*or* **ass**]] (*fam!*) einem auf den Wecker [*o* Geist] gehen *fam;* ***writing these reports is a ~ in the arse*** diese Berichte zu schreiben nervt unglaublich; ***will you stop being such a ~ in the butt?*** willst du vielleicht endlich mal aufhören, mich ständig zu nerven?; **no gain without ~, no ~, no gain** ohne Fleiß kein Preis; **to be a ~ in the neck** (*fam*) einem auf die Nerven gehen *fam;* ***he's a ~ in the neck*** er ist eine Nervensäge; **for sb's ~s** zum Dank für jds Mühe *f;* ***he tried to help and was told to eff off for his ~s*** er versuchte zu helfen und zum Dank dafür sagte man ihm, er solle sich verpissen; **on** [*or* **under**] **~ of sth** unter Androhung einer S. *gen* **II.** *vt* ■**it ~s sb to do sth** es tut jdm Leid, etw zu tun
pain barrier *n* Schmerzgrenze *f*
pained [peɪnd] *adj expression, look* gequält
painful ['peɪnfᵊl] *adj* ① (*causing physical pain*) schmerzhaft; **~ death** qualvoller Tod ② (*upsetting*) schmerzlich; ***it was my ~ duty to tell him the news*** ich hatte die traurige Aufgabe, ihm die Nachricht mitzuteilen; ***the latest murder is a ~ reminder of the violence in the city*** der jüngste Mordfall erinnert wieder einmal auf tragische Weise an die Gewalt, die in der Stadt herrscht
painfully ['peɪnfᵊli] *adv* ① (*suffering pain*) unter Schmerzen; ***the animal died slowly and ~*** das Tier verendete langsam und qualvoll ② (*unpleasantly*) schmerzlich; ***I am ~ aware of the fact that ...*** ich bin mir der Tatsache schmerzlich bewusst, dass ... ③ (*extremely*) schrecklich *fam,* furchtbar *fam;* ***he is ~ shy*** er ist furchtbar schüchtern; ***the work is progressing, but ~ slowly*** die Arbeit kommt voran, allerdings nur sehr zäh ④ (*with great effort*) quälend; ***she inched her way ~ towards the door*** sie quälte sich mühsam in Richtung Tür
painkiller *n* Schmerzmittel *nt*
painkilling *adj inv* schmerzstillend *attr*
painless ['peɪnləs] *adj* ① *inv* (*without pain*) schmerzlos ② (*fig: without trouble*) *solution* einfach; *war* schmerzlos
painlessly ['peɪnləsli] *adv* schmerzlos
painstaking ['peɪnz,teɪkɪŋ] *adj* [sehr] sorgfältig; **~ care** äußerste Sorgfalt; **~ effort** große Mühe; **~ research** gewissenhafte Forschung; **~ search** gründliche Suche
painstakingly ['peɪnz,teɪkɪŋli] *adv* [sehr] sorgfältig
paint [peɪnt] **I.** *n* ① *no pl* (*substance*) Farbe *f;* (*on car, furniture also*) Lack *m;* ***the ~ was flaking off the wood*** der Anstrich blätterte vom Holz ab; **gloss ~** Glanzlack *m;* **oil/poster ~** Öl-/Plakatfarbe *f* ② (*art colour*) ■**~s** *pl* Farben *fpl;* **oil ~s** Ölfarben *fpl* ③ *no pl* (*make-up*) Schminke *f* ④ COMPUT (*in graphics programme*) Füllfarbe *f,* Füllmuster *nt* **II.** *vi* ① ART malen; **to ~ in oils/watercolours** [*or* AM **watercolors**] mit Öl-/Wasserfarben malen ② (*decorate rooms*) streichen **III.** *vt* ① (*make picture*) ■**to ~ sb/sth** jdn/etw malen ② (*decorate*) **to ~ a house** ein Haus anstreichen; **to ~ a room/wall** ein Zimmer/eine Wand streichen ③ (*apply make-up*) ***she ~ed her nails a bright red*** sie lackierte ihre Nägel knallrot; **to ~ one's face** sich *akk* das Gesicht schminken, sich *akk* anmalen *fam* ④ (*fig: describe*) ■**to ~ sb/sth** jdn/etw beschreiben; **to ~ a picture of sth** etw schildern; **to ~ a grim/rosy picture of sth** ein trostloses/rosiges Bild von etw *dat* zeichnen ⑤ COMPUT (*in graphics programme*) ■**to ~ sth** etw ausfüllen ▶ PHRASES: **to ~ oneself into a corner** sich *akk* selbst in die Enge treiben; **to ~ the town red** auf die Pauke hauen *fam;* **not to be as bad** [*or* **black**] **as he/she/it is ~ed** besser als sein/ihr/sein Ruf sein
◆**paint out** *vt,* **paint over** *vt* ■**to ~ out** [*or* **over**] ↻ **sth** etw übermalen; (*on wall*) etw überstreichen
paintball *n no pl Gelände-/Kriegsspiel, bei dem die Teilnehmer mit Farbpistolen aufeinander schießen*
paint box *n* Malkasten *m,* Farbkasten *m* **paintbrush** *n* [Farb]pinsel *m*
painted ['peɪntɪd, AM -ṭ-] *adj inv* bemalt, farbig; ZOOL, BOT bunt
painted lady *n* Distelfalter *m*
painter¹ ['peɪntəʳ, AM -ṭɚ] *n* ① (*artist*) [Kunst]maler(in) *m(f)* ② (*decorator*) Maler(in) *m(f),* Anstreicher(in) *m(f);* **~ and decorator** Maler *m* und Tapezierer
painter² ['peɪntəʳ, AM -ṭɚ] *n* NAUT Fangleine *f*
painterly ['peɪntəli, AM ṭɚli] *adj* ① (*like a painter*) malermäßig ② (*of a painting*) Maleigenschaften aufweisend
pain threshold *n* ① (*start of pain*) Schmerzschwelle *f* ② (*limit of endurance*) Schmerzgrenze *f*
painting ['peɪntɪŋ, AM -ṭ-] *n* ① (*picture*) Bild *nt,* Gemälde *nt geh* ② *no pl* (*art*) Malerei *f;* ***my hobbies are ~ and writing short stories*** meine Hobbys sind Malen und Kurzgeschichtenschreiben; **19th-century French ~** die französische Malerei des 19. Jahrhunderts ③ *no pl* (*house decorating*) Streichen *nt*
paint pot *n* Farbtopf *m,* Farbeimer *m* **paint roller** *n* Farbroller *m* **paint stripper** *n* Ablauger *m,* Abbeizer *m,* Abbeizmittel *nt* **paintwork** *n no pl of a house, room, wall* Anstrich *m; of a car* Lack *m,* Lackierung *f*
pair [peəʳ, AM per] **I.** *n* ① (*two items*) Paar *nt;* ***I've only got one ~ of hands*** ich habe [auch] nur zwei Hände; **a ~ of eyes** ein Augenpaar *nt;* **a ~ of gloves/socks** ein Paar *nt* Handschuhe/Socken ② (*two-part item*) Paar *nt;* **a ~ of glasses** eine Brille; **a ~ of scissors** eine Schere; **a ~ of trousers** eine Hose; **a ~ of tweezers** eine Pinzette ③ + *sing/pl vb* (*two people*) Paar *nt;* **in ~s** paarweise; (*couple in a relationship*) Paar *nt,* Pärchen *nt;* ***what have you ~ been up to?*** was hattet ihr beiden denn vor? ④ + *sing/pl vb* ZOOL Pärchen *nt* ⑤ + *sing/pl vb* (*two horses*) Zweiergespann *nt;* **a carriage and ~** ein Zweispänner *m* ⑥ BRIT POL *verabredete Abwesenheit von Abgeordneten verschiedener Parteien bei einer Abstimmung* **II.** *vi animals* sich *akk* paaren **III.** *vt usu passive* ■**to be ~ed with sb/sth** mit jdm/etw ein Paar bilden; BRIT POL ■**to be ~ed with sb** *mit einem Abgeordneten einer gegnerischen Partei ein Abkommen für die beiderseitige Abwesenheit bei einer Abstimmung treffen*
◆**pair off I.** *vi* einen Partner/eine Partnerin finden **II.** *vt* ■**to ~ sb off** [**with sb**] jdn [mit jdm] verkuppeln *fam*
◆**pair up** *vi* sich *akk* paarweise gruppieren; ■**to ~ up with sb** sich *akk* mit jemandem zusammentun
pairing ['peərɪŋ, AM 'per-] *n no pl* Paarung *f;* **~ call/time** Paarungsruf *m*/-zeit *f*
pair-skating *n no pl* Paarlaufen *nt*
paisley ['peɪzli] *adj attr, inv pattern* türkisch; *tie, shirt* türkisch gemustert
pajamas *npl* AM *see* **pyjamas**
Paki ['pæki] (*pej!*) **I.** *n* (*fam!*) *short for* **Pakistani** *abwertende Bezeichnung für einen Pakistani/eine Pakistanerin* **II.** *adj inv* (*fam!*) *short for* **Pakistani** pakistanisch
Pakistan [,pɑːkɪ'stɑːn, AM 'pækɪstæn] *n* Pakistan *nt*
Pakistani [,pɑːkɪ'stɑːni, AM ,pækɪ'-] **I.** *n* Pakistani *m,* Pakistaner(in) *m(f)* **II.** *adj inv* pakistanisch
pal [pæl] **I.** *n* (*fam*) ① (*friend*) Kumpel *m fam* ② (*form of address*) Kumpel *m fam;* ***look, ~, you're asking for trouble*** pass mal auf, mein Freund, du suchst anscheinend Ärger **II.** *vi* <-ll-> AM ■**to ~ around** [**with sb**] [mit jdm] befreundet sein
◆**pal up** *vi esp* BRIT, AUS (*dated*) sich *akk* anfreunden; ■**to ~ up with sb** sich *akk* mit jdm anfreunden
palace ['pælɪs, AM -əs] *n* ① (*official residence*) Palast *m,* Palais *nt;* **royal ~** königlicher Palast; ■**the P~** das Königshaus, der König/die Königin ② (*fam: splendid house*) Palast *m* ③ (*dated: large public building*) Palast *m veraltet;* **movie ~** Filmpalast *m*
paladin ['pælədɪn] *n* HIST Paladin *m*
palaeography [,pæli'ɒgrəfi, ,peɪli-], AM **paleography** [,peɪli'ɑːg-] *n no pl* Paläographie *f*
palaeolithic [,pæliə(ʊ)'lɪθɪk, ,peɪli-], AM **paleolithic** [,peɪlioʊ'-] *adj inv* paläolithisch *geh,* altsteinzeitlich; ■**P~** paläolithisch, des Paläolithikums *nach n*
palaeontologist [,pæliɒn'tɒlədʒɪst, ,peɪli-], AM **paleontologist** [,peɪliɑːn'tɑːl-] *n* Paläontologe, -in *m, f*
palaeontology [,pæliɒn'tɒlədʒ, ,peɪli-], AM **paleontology** [,peɪliɑːn'tɑːl-] *n no pl* Paläontologie *f*
palamino *n see* **palomino**
palankeen ['pælənkiːn] *n,* **palanquin** ['pælənkiːn] *n* Sänfte *f*
palatable ['pælətəbl̩, AM -ṭ-] *adj* ① (*of food, drink*) schmackhaft ② (*fig: acceptable*) annehmbar, akzeptabel
palatal ['pælətᵊl, AM -ṭᵊl] *adj inv* LING palatal; **~ consonant** palataler Konsonant, Palatal *m*
palate ['pælət] *n* Gaumen *m;* (*fig*) Gaumen *m,* Geschmack *m;* ***these are wines to suit the most discriminating of ~s*** dies sind Weine, die selbst den verwöhntesten Gaumen zufrieden stellen
palatial [pə'leɪʃᵊl] *adj* prachtvoll, prunkvoll
palaver [pə'lɑːvəʳ, AM -'lævɚ] *n* (*fam*) Theater *nt fam;* ***what a ~!*** was für ein Theater!
pale¹ [peɪl] **I.** *adj* ① (*lacking colour*) blass, bleich; **~ complexion/skin** blasse Gesichtsfarbe/Haut; **to look/turn ~** blass aussehen/werden ② (*not dark*) blass, hell ▶ PHRASES: **a ~ imitation of sth** eine billige Imitation [*o fam* ein Abklatsch *m*] von etw *dat* **II.** *vi* ① (*go white*) bleich [*o* blass] werden ② (*seem unimportant*) **to ~ in comparison with** [*or* **beside**] **sth** neben etw *dat* verblassen; **to ~ into insignificance** bedeutungslos [*o* unwichtig] erscheinen; ***everything else in my life ~s into insignificance beside that one event*** neben diesem einen Ereignis erscheint alles andere in meinem Leben unwichtig
pale² [peɪl] *n* ① (*post*) Pfosten *m,* Pfahl *m* ② *no pl* ■**the P~** *Gebiet in Irland, das vom 12. bis zum 16. Jahrhundert englischer Jurisdiktion unterlag* ▶ PHRASES: **beyond the ~** indiskutabel; ***the manager's treatment of the visitors was beyond the***

P

~ wie der Geschäftsführer die Besucher behandelt hat, war einfach unmöglich

pale ale *n* helles Bier **paleface** *n* (*pej!*) Bleichgesicht *nt pej o hum*

palely ['peɪlli] *adv* bleich, blass

paleness ['peɪlnəs] *n no pl* Blässe *f*

paleography *n* AM *see* **palaeography**

paleolithic *adj* AM *see* **palaeolithic**

paleontologist *n* AM *see* **palaeontologist**

paleontology *n* AM *see* **palaeontology**

Palestine ['pæləstaɪn] *n* Palästina *nt*

Palestine Liberation Organization *n no pl, + sing/pl vb* ■ **the** ~ die Palästinensische Befreiungsorganisation

Palestinian [ˌpælə'stɪniən] **I.** *n* Palästinenser(in) *m(f)* **II.** *adj inv* palästinensisch

palette ['pælət, AM -ɪt] *n* ART ① (*for mixing paint*) Palette *f* ② (*range of colours*) [Farb]palette *f*

palette knife *n* ① ART (*for paints*) Palettenmesser *nt*, Palettenspachtel *m* ② (*for spreading*) Streichmesser *nt*

palfrey ['pɔːlfri] *n* (*old: horse*) Zelter *m*

palimony ['pælɪmoʊni] *n no pl* AM (*fam*) Alimente *ntpl*

palimpsest ['pælɪmsest] *n* Palimpsest *m/n*

palindrome ['pælɪndrəʊm, AM -droʊm] *n* LING Palindrom *nt*

paling ['peɪlɪŋ] *n* Lattenzaun *m*; ■ **~s** *pl* BRIT, AUS Umzäunung *f*

palisade [ˌpælɪ'seɪd, AM -ə'-] *n* ① (*fence*) Palisade *f*, Palisadenzaun *m* ② (*cliffs*) ■ **~s** *pl* Steilufer *nt*, Klippen *fpl*

palish ['peɪlɪʃ] *adj inv* blass, blässlich; ***the sky was a ~ blue*** der Himmel war blassblau

pall¹ [pɔːl] *vi* an Reiz verlieren; ***the pleasure of not having to work quickly ~ed*** die Freude darüber, nicht arbeiten zu müssen, ließ schnell nach

pall² [pɔːl] *n* ① (*for coffin*) Sargtuch *nt* ② AM (*coffin*) Sarg *m* ③ (*cloud*) [Rauch]wolke *f*; **~ of smoke** Rauchwolke *f*; **to cast a ~ over sth** (*fig*) einen Schatten auf etw *akk* werfen, etw überschatten

pallbearer *n* Sargträger(in) *m(f)*

pallet ['pælɪt] *n* ① (*for goods*) Palette *f* ② (*bed*) Pritsche *f*

palliasse ['pæliæs, AM pæl'jæs] *n* Strohmatratze *f*

palliate ['pælieɪt] *vt* ■ **to ~ sth** etw lindern; (*fig*) etw beschönigen, etw bemänteln

palliative ['pæliətɪv, AM -t̬-] **I.** *n* ① (*drug*) Schmerzmittel *nt*, Palliativ[um] *nt fachspr* ② (*fig: problem-easer*) Beschönigung *f* **II.** *adj* ① *inv* (*pain-relieving*) schmerzstillend *attr*, palliativ *fachspr* ② (*fig: problem-easing*) beschönigend

pallid ['pælɪd] *adj* ① (*very pale*) sehr blass, fahl ② (*lacking verve*) temperamentlos, fad[e]

pallor ['pælər, AM -ɚ] *n* Blässe *f*, Fahlheit *f*

pally ['pæli] *adj esp* BRIT (*fam*) kumpelhaft *fam*; ■ **to be ~ with sb** mit jdm [sehr] gut befreundet sein

palm¹ [pɑːm] *n* ① (*tree*) Palme *f*; **date ~** Dattelpalme *f* ② (*liter: prize*) ■ **the ~** die Siegespalme; **to win** [*or* AM *also* **carry off**] **the ~** die Siegespalme erringen

palm² [pɑːm] **I.** *n* Hand[innen]fläche *f*, Handteller *m*; ***it fits into the ~ of your hand*** es ist nicht größer als deine Handfläche; **to read sb's ~** jdm aus der Hand lesen ▶ PHRASES: **to have sb in the ~ of one's hand** jdn in der Hand haben; **to have sb eating out of the ~ of one's hand** jdn so weit haben, dass er einem aus der Hand frisst *fam*; ***he's got his boss eating out of the ~ of his hand*** sein Chef frisst ihm aus der Hand *fam*; **to have an itching ~** AM geldgierig sein **II.** *vt* ■ **to ~ sth** ① (*make disappear*) etw [in der Hand] verschwinden lassen; **to ~ a card** eine Karte im Ärmel verstecken ② (*steal*) etw verschwinden lassen *fam*

◆**palm off** *vt* ■ **to ~ off** ↻ **sth on sb** jdm etw andrehen *fam*; ***he tried to ~ the painting off as a genuine Picasso*** er versuchte das Bild als echten Picasso zu verkaufen; ■ **to ~ sb off with sth** jdn mit etw *dat* abspeisen *fam*

palm frond *n* Palmwedel *m*

palmist ['pɑːmɪst] *n* Handleser(in) *m(f)*

palmistry ['pɑːmɪstri] *n no pl* Handlesekunst *f*

palm leaf *n* Palmenblatt *nt* **palm oil** *n* Palmöl *nt*

Palm Pilot® *n* Palm Pilot® *m* **palm-size** *adj* handflächengroß **palm-size PC** [ˌpɑːmsaɪzpiː'siː] *n* [handflächengroßer] Taschencomputer, Palmtop *m*

Palm Sunday *n* Palmsonntag *m* **palmtop** ['pɑːmtɒp, AM -tɑːp] *n* Palmtop *m* **palm tree** *n* Palme *f*

palmy <-ier, -iest> ['pɑːmi] *adj* erfolgreich, Erfolgs-, glorreich *meist iron*

palomino [ˌpælə'miːnəʊ, AM -noʊ] *n* Palominopferd *nt*

palpable ['pælpəbl̩] *adj* ① (*obvious*) offenkundig, deutlich; ***her relief was ~*** sie war sichtlich erleichtert ② (*tangible*) spürbar, greifbar

palpably ['pælpəbli] *adv* offenkundig, eindeutig

palpate [pæl'peɪt] *vt* ■ **to ~ sth** etw abtasten, etw befühlen

palpitate ['pælpɪteɪt, AM -pə-] *vi heart* [schnell] klopfen, palpitieren *fachspr*; ***my heart was palpitating with joy*** mir klopfte das Herz vor Freude

palpitations [ˌpælpɪ'teɪʃənz, AM -pə'-] *npl* MED Herzklopfen *nt kein pl*; **to have ~** (*fig*) einen [Herz]anfall bekommen

palsy ['pɔːlzi, AM *esp* 'pɑːl-] *n* Lähmung *f*; **cerebral ~** Kinderlähmung *f*

palsy-walsy [ˌpælzi'wælzi] *adj* (*fam*) *relationship* freundschaftlich; ■ **to be ~** ein Herz und eine Seele sein; ***she's ~ with him*** die beiden sind ein Herz und eine Seele; ***I don't know why she's suddenly trying to be ~ with us*** ich weiß nicht, warum sie auf einmal so überfreundlich zu uns ist

paltry ['pɔːltri, AM *esp* 'pɑːl-] *adj* ① (*small*) armselig; **~ sum** lächerliche Summe; **~ wage** geringer [*o* kärglicher] Lohn ② (*contemptible*) billig *pej*

pampas ['pæmpəs, AM 'pæmpəz, 'pɑm-,] *n + sing/pl vb* Pampa *f*

pampas grass *n no pl* Pampa[s]gras *nt*

pamper ['pæmpər, AM -ɚ] *vt* ■ **to ~ sb** [**with sth**] jdn [mit etw *dat*] verwöhnen; ■ **to ~ oneself with sth** sich *dat* etw gönnen

pampered ['pæmpəd, AM -ɚd] *adj* verwöhnt

pamphlet ['pæmflɪt] *n* [kleine] Broschüre *f*, Faltblatt *nt*; POL Flugblatt *nt*, Pamphlet *nt geh*

pamphleteer [ˌpæmflə'tɪər, AM flɪtɪr] *n* Pamphletist(in) *m(f)*

pan¹ [pæn] *vi* FILM, COMPUT schwenken

pan² [pæn] **I.** *n* ① (*for cooking*) Pfanne *f*; AM (*for oven cooking*) Topf *m*; **pots and ~s** Kochtöpfe *mpl*, Kochgeschirr *nt*; **frying/grill ~** Brat-/Grillpfanne *f*; **non-stick ~** antihaftbeschichtete Pfanne ② (*for gold*) Goldpfanne *f* ③ BRIT (*toilet bowl*) Toilettenschüssel *f* ④ AM (*sl: face*) Gesicht *nt* ▶ PHRASES: **to go down the ~** den Bach runtergehen *fam* **II.** *vt* <-nn-> ① AM (*cook*) ■ **to ~ sth** etw [in der Pfanne] braten ② (*wash*) **to ~ gold** Gold waschen ③ (*fam: criticize*) ■ **to ~ sb/sth** jdn/etw heftig kritisieren [*o fam* verreißen]; **to ~ a book/film** einen Film/ein Buch verreißen; **to get ~ned** verrissen werden **III.** *vi* <-nn-> **to ~ for gold** Gold *nt* waschen

◆**pan out** *vi* ① (*develop*) sich *akk* entwickeln; ***we'll have to see how things ~ out*** wir müssen abwarten, wie sich die Dinge entwickeln ② (*succeed*) funktionieren, klappen *fam*; ***their attempt didn't ~ out*** ihr Versuch ging daneben *fam*

pan- [pæn] *in compounds* pan-, Pan-

panacea [ˌpænə'siːə] *n* Allheilmittel *nt*, Wundermittel *nt*; (*fig*) Patentlösung *f*

panache [pə'næʃ] *n no pl* Elan *m*, Schwung *m*; **with great ~** sehr schwungvoll

pan-African [pæn'æfrikən] *adj inv* panafrikanisch

panama [ˌpænə'mɑː, AM 'pænəmɑː] *n* Panamahut *m*

Panama [ˌpænə'mɑː, AM 'pænəmɑː] *n* Panama *nt*

Panama Canal *n no pl* ■ **the ~** der Panamakanal **panama hat** *n* Panamahut *m*

Panamanian [ˌpænə'meɪniən] **I.** *n* Panamaer(in) *m(f)* **II.** *adj inv* panamaisch

Pan-American [ˌpænə'merɪkən] *adj inv* panamerikanisch

panatella [ˌpænə'telə] *n Zigarrensorte*

pancake *n* Pfannkuchen *m* **Pancake Day** *n* BRIT (*fam*) Fastnachtsdienstag *m*, Faschingsdienstag *m* **pancake landing** *n* Bauchlandung *f* **pancake roll** *n* BRIT *aufgerollter gefüllter Pfannkuchen*

pancreas <*pl* -es> ['pæŋkriəs, AM *esp* 'pæn-] *n* Bauchspeicheldrüse *f*, Pankreas *nt fachspr*

pancreatic [ˌpæŋkri'ætɪk, AM ˌpænkri'æt̬-, ˌpæŋ-] *adj inv* Pankreas-; **~ juice** Pankreassaft *m*

panda ['pændə] *n* Panda *m*; **red ~** Katzenbär *m*

panda car *n* BRIT Streifenwagen *m*

pandemic [pæn'demɪk] **I.** *n* Seuche *f*, Pandemie *f fachspr*; **~ of influenza** Grippepandemie *f* **II.** *adj* pandemisch; (*fig*) weitverbreitet

pandemonium [ˌpændə'məʊniəm, AM -'moʊ-] *n no pl* ① (*noisy confusion*) Chaos *nt*; **~ reigns** es herrscht Chaos ② (*fig: uproar*) Tumult *m*, Höllenlärm *m fam*

pander ['pændər, AM -ɚ] *vi* (*pej*) ■ **to ~ to sth** etw *dat* nachgeben; ***political leaders almost inevitably ~ to big business*** führende Politiker fügen sich fast zwangsläufig der Großindustrie; **to ~ to sb's whims** auf jds Launen *fpl* eingehen

P & L [ˌpiːən(d)'el] *n abbrev of* **profit and loss**

Pandora's box [pæn,dɔːrəz'bɒks, AM -'bɑːks] *n no pl* die Büchse der Pandora; **to open** [**up**] **~** die Büchse der Pandora öffnen

PandP [ˌpiːən(d)'piː] *n no pl* BRIT *abbrev of* **postage and packing**

pane [peɪn] *n* [Fenster]scheibe *f*; **window ~** Fensterscheibe *f*

panegyric [ˌpænə'dʒɪrɪk] *n* (*form*) Lobrede *f*; **to deliver a ~ on sb** eine Lobrede auf jdn halten

panel ['pænəl] **I.** *n* ① (*wooden*) [Holz]paneel *nt* ② (*metal*) Blech *nt* ③ FASHION (*part of garment*) [Stoff]streifen *m* ④ PUBL (*on page*) Feld *nt* ⑤ *+ sing/pl vb* (*team*) Gruppe *f*, Team *nt*; **a ~ of experts** ein Expertenteam *nt* ⑥ (*instrument board*) Tafel *f*; **control ~** Schalttafel *f*; **instrument ~** AVIAT Instrumententbrett *nt*; AUTO Armaturenbrett *nt* **II.** *vt* <BRIT -ll- *or* AM *usu* -l-> ■ **to ~ sth** [**in sth**] etw [mit etw *dat*] täfeln

panel beater *n* BRIT Autoschlosser(in) *m(f)* **panel discussion** *n* Podiumsdiskussion *f*

paneled ['pænəld] *adj usu* AM, **panelled** ['pænəld] *adj inv* getäfelt, holzverkleidet

panel game *n* BRIT TV Ratespiel *nt*, Ratequiz *nt*

paneling *n* AM *see* **panelling**

panelist *n* AM *see* **panellist**

panelling ['pænəlɪŋ], AM **paneling** *n no pl* [Holz]täfelung *f*, [Holz]verkleidung *f*

panellist ['pænəlɪst], AM **panelist** *n* ① (*in expert team*) Mitglied *nt* [einer Expertengruppe] ② (*in quiz team*) Teilnehmer(in) *m(f)* (*an einer Quizshow*)

panel pin *n* BRIT Stift *m* **panel truck** *n* AM Lieferwagen *m*

panettone <*pl* -ni> [ˌpænə'təʊneɪ, AM -ɪ'toʊ-] *n* Panettone *m*

pan-fry <-ie-> *vt* ■ **to ~ sth** etw [in der Pfanne] braten

pang [pæŋ] *n* [plötzliches] Schmerzgefühl; **~ of guilt/jealousy/remorse** Anwandlung *f* von Schuldgefühlen/Eifersucht/Reue

panhandle I. *n* ① (*on pan*) Pfannenstiel *m* ② GEOG Zipfel *m* ③ BRIT (*vulg: erect penis*) Steifer *m vulg*; **dead man's ~** *Erektion, die gelegentlich bei Toten auftritt* **II.** *vi* schnorren **III.** *vt* **to ~ money** Geld schnorren **panhandler** *n* (*fam*) Schnorrer(in) *m(f)*

panic ['pænɪk] **I.** *n no pl* ① (*overwhelming fear*) Panik *f*; ***~ spread through the crowd*** Panik breitete sich in der Menge aus ② (*hysterical fear*) panische Angst; **to get in**[**to**] **a ~** panische Angst bekommen, in Panik geraten; **to be in a ~** panische Angst haben **II.** *vi* <-ck-> in Panik geraten; ***don't ~, everything will be OK*** nur keine Panik, alles wird gut; ■ **to ~ about** [*or* **over**] **sth** wegen einer S. *gen* in Panik geraten **III.** *vt* ■ **to ~ sb** unter jdm Panik auslösen; ***rumours of war ~ked many investors into selling their shares*** Gerüchte über einen möglichen Krieg verleiteten viele Anleger zum panikartigen Verkauf ihrer Aktien **panic attack** *n* Panikattacke *f*, Panikanfall *m*; **to have a ~** eine Panikattacke [*o* einen Panikanfall] bekommen **panic button** *n* Alarmknopf *m*; **to hit** [*or* **press**] [*or* **push**] **the ~** den Alarmknopf drücken; (*fig fam*) in Panik geraten *fam* **panic buying** *n no pl* Panikkauf *m*

panicky ['pænɪki] *adj* panisch; **~ action** Kurzschlusshandlung *f*; **~ feeling** Gefühl *nt* von Panik; ***I get a ~ feeling just as the aircraft starts to move*** ich werde furchtbar nervös, sobald sich das Flugzeug in Bewegung setzt

panic selling *n no pl* STOCKEX Panikverkauf *m* **panic stations** *npl + sing vb* BRIT höchster Alarmzustand *fam*; ***two weeks before an exam it's always ~s*** zwei Wochen vor einer Prüfung bricht bei mir immer die große Panik aus **panic-stricken** [,strɪkᵊn] *adj* von Panik ergriffen; ***~ people were running in all directions*** Menschen rannten in Panik in alle Richtungen

pannier ['pæniəʳ, AM -njɚ] *n* (*bag*) Satteltasche *f*; (*basket*) Tragkorb *m*

panoply ['pænəpli] *n no pl* ① ART Palette *f* ② (*pomp*) Prunk *m*; ***with the full ~ of royal ceremony*** mit allem Pomp einer königlichen Zeremonie

panorama [,pænᵊr'ɑːmə, AM -ə'ræmə] *n* Panorama *nt*; (*fig*) Überblick *m*, Übersicht *f*; ***a ~ of British history*** ein Überblick über die britische Geschichte

panoramic [,pænᵊr'ɑːmɪk, AM -ə'ræm-] *adj* Panorama-; **~ scene** Panoramabild *nt*, Panoramaansicht *f*

panoramic view *n* Panoramablick *m*

pan pipes *npl* Panflöte *f* **pan scourer** *n esp* BRIT Topfkratzer *m*

pansy ['pænzi] *n* ① (*flower*) Stiefmütterchen *nt* ② (*pej dated fam: male homosexual*) Homo *m fam*, Schwule(r) *m fam*; (*effeminate male*) Waschlappen *m pej fam*, Weichei *nt pej fam*

pant¹ [pænt] **I.** *vi* ① (*breathe*) keuchen, schnaufen ② (*crave*) **to ~ for breath** nach Luft schnappen ③ (*liter: throb*) *heart* pochen *liter* **II.** *n* ① (*breath*) Keuchen *nt kein pl* ② (*liter: throb*) pochen *liter*

pant² [pænt] FASHION **I.** *n* ■**~s** *pl* ① *esp* BRIT (*underpants*) Unterhose *f*; **a pair of ~s** eine Unterhose ② AM (*trousers*) [lange] Hose ► PHRASES: **to bore the ~s off sb** (*fam*) jdn zu Tode langweilen; **to piss** [*or* **wet**] [*or* **shit**] **one's ~s** (*vulg sl*) sich *dat* [vor Angst] in die Hosen machen *fam*, Schiss haben *sl*; **to scare** [*or* **frighten**] **the ~s off sb** jdm einen Riesenschrecken einjagen *fam*; **to be caught with one's ~ down** (*fam*) auf frischer Tat ertappt werden **II.** *n modifier* (*leg, pocket*) Hosen-; **~ cuff** Hosenaufschlag *m*

pantaloons [,pæntə'luːnz, AM ʈə'] *npl* ① (*woman's baggy trousers*) Pluderhose *f* ② HIST (*men's breeches*) Pantalons *pl*

pantechnicon [pæn'teknɪkən] *n* BRIT (*old*) Möbelwagen *m*

pantheism ['pæn(t)θiɪzᵊm] *n no pl* Pantheismus *m geh*

pantheist ['pæn(t)θiɪst] **I.** *n* Pantheist(in) *m(f) geh* **II.** *adj inv* pantheistisch *geh*

pantheistic(al) [,pæn(t)θi'ɪstɪk(ᵊl)] *adj inv* pantheistisch *geh*

pantheistically [,pæn(t)θi'ɪstɪkᵊli] *adv* pantheistisch *geh*

pantheon ['pæn(t)θiən, AM -ɑːn] *n* (*form*) ① ARCHIT Pantheon *nt fachspr*, Ruhmeshalle *f* ② *usu sing* (*group*) Pantheon *nt fig geh*; ***Malcom X belongs to the ~ of black civil rights heroes*** Malcom X gehört zu den wichtigsten Figuren der schwarzen Bürgerrechtsbewegung

panther <*pl* – *or* -s> ['pæn(t)θəʳ, AM -ɚ] *n* ① (*leopard*) Panther *m* ② AM *also* (*cougar*) Puma *m*

pantie girdle *n see* **panty girdle**

panties ['pæntiz, AM -ʈiz] *npl* (*fam*) [Damen]slip *m*

pantihose *npl* AM, AUS *see* **pantyhose**

pantile ['pæntaɪl] *n* Dachpfanne *f*

panting ['pæntɪŋ, AM -ʈɪŋ] *adj pred* ■**to be ~ for** [*or* **after**] **sth** sehr interessiert an etw *dat* sein, ganz wild auf etw *akk* sein *fam*; ■**to be ~ to do sth** ganz wild darauf sein, etw zu tun *fam*

panto ['pæntəʊ] *n* BRIT (*fam*) *short for* **pantomime** Pantomime *f*

pantograph ['pæntəʊgrɑːf, AM ʈəgræf] *n* ① (*drawing instrument*) Storchschnabel *m* ② (*current conveyor*) Stromabnehmer *m*

pantomime ['pæntəmaɪm, AM -ʈ-] **I.** *n* ① BRIT (*play*) [Laien]spiel *nt*; (*for Christmas*) Weihnachtsspiel *nt* ② (*mime*) Pantomime *f*; **to do a ~ of sth** etw pantomimisch darstellen; ***she did a ~ of putting a key in a lock*** sie tat so, als würde sie einen Schlüssel in ein Schloss stecken **II.** *vt* ■**to ~ sth** etw pantomimisch darstellen; ***she ~d the act of climbing a wall*** sie tat so, als würde sie eine Mauer hochklettern

pantomime dame *n* BRIT *ein Pantomime, der eine Frauenrolle spielt* **pantomime horse** *n* BRIT *von zwei Schauspielern in einem einzigen Kostüm dargestelltes Pferd*

pantry ['pæntri] *n* Vorratskammer *f*

pants suit *n* AM, **pantsuit** ['pæntsuːt] *n* AM, AUS Hosenanzug *m*

panty girdle *n* Miederhöschen *nt* **pantyhose** *npl* AM, AUS Strumpfhose *f* **panty liner** *n* Slipeinlage *f*

pap [pæp] *n no pl* ① (*esp pej: food*) Babybrei *m* ② (*pej fam: entertainment*) Schund *m pej*

papa¹ ['pɑːpə] *n* ① AM (*fam*) Papa *m fam* ② (*code word*) *zum Buchstabieren des Buchstaben ,p'*

papa² [pə'pɑː] *n* BRIT (*dated form*) Vater *m*

papacy ['peɪpəsi] *n* ① (*pope's jurisdiction*) ■**the ~** das Pontifikat ② *usu sing* (*pope's tenure*) Pontifikat *nt*, päpstliche Amtszeit ③ (*system of government*) Papsttum *nt*

papal ['peɪpᵊl] *adj inv* päpstlich, Papst-; **~ dispensation** päpstlicher Dispens; **~ election** Papstwahl *f*; **~ infallibility** Unfehlbarkeit *f* des Papstes; **~ messenger** Legat *m*, päpstlicher Gesandter

paparazzi [,pæpᵊr'ætsi, AM ,pɑːpɑː'rɑː-] *npl* Paparazzi *pl*, Sensationsreporter(innen) *mpl(fpl)*

paparazzo [,pæpᵊr'ætsəʊ, AM ,pɑːpɑː'rɑːtsoʊ] *n sing of* **paparazzi**

papaya [pə'paɪjə] *n* Papaya *f*

paper ['peɪpəʳ, AM -ɚ] **I.** *n* ① *no pl* (*for writing*) Papier *nt*; **a piece** [*or* **sheet**] **of ~** ein Blatt *nt* Papier; **recycled ~** Altpapier *nt*; **to commit sth to ~** etw zu Papier bringen; **to get** [*or* **put**] **sth down on ~** etw schriftlich festhalten; **to look good on ~** auf dem Papier gut aussehen; ***several candidates looked good on ~*** einige Kandidaten machten in ihrer schriftlichen Bewerbung einen guten Eindruck ② (*newspaper*) Zeitung *f*; **daily ~** Tageszeitung *f*; *see also* **newspaper** ③ (*wallpaper*) Tapete *f* ④ *usu pl* (*document*) Dokument *nt*, Schriftstück *nt* ⑤ (*government report*) [offizieller] Bericht ⑥ (*credentials*) ■**~s** *pl* [Ausweis]papiere *pl* ⑦ (*wrapper*) [Einpack]papier *nt*; (*for presents*) Geschenkpapier *nt* ⑧ BRIT, AUS SCH Arbeit *f*; UNIV Klausur *f*; **to sit a ~** eine Klausur schreiben ⑨ (*essay*) Paper *nt*, Referat *nt*; **to give** [*or* **read**] **a ~** ein Referat halten ⑩ *no pl* THEAT (*sl*) Freikarten *fpl* ► PHRASES: **to make the ~s** in den Zeitungen erscheinen; (*make the headlines*) Schlagzeilen machen **II.** *n modifier* (*ball, doll, hat*) Papier- **III.** *vt* ① **to ~ walls** die Wände tapezieren ② THEAT **to ~ a theatre** [*or* AM **theater**] *ein Theater durch den Verkauf von Freikarten füllen*

◆**paper over** *vt* **to ~ over a problem** ein Problem vertuschen; **to ~ over the cracks** Probleme herunterspielen

paperback ['peɪpəbæk, AM -pɚ-] *n* Taschenbuch *nt*, Paperback *nt*; ■**in ~** als Taschenbuch

paperback edition *n* Taschenbuchausgabe *f*

paper bag *n* Papiertüte *f* **paperbark** *n* BIOL Kajeputbaum *m* **paper boy** *n* Zeitungsjunge *m* **paperchase** *n* ① BRIT (*game*) Schnitzeljagd *f* ② ECON Übernahmeangebot *nt* **paper clip** *n* Büroklammer *f*, Heftklammer *f* **paper cup** *n* Pappbecher *m* **paper cutter** *n* Papierschneidemaschine *f*, Papierschneider *m* **paper girl** *n* Zeitungsmädchen *nt*, Zeitungsausträgerin *f* **paper knife** *n* Brieföffner *m*

paperless ['peɪpələs, AM pɚ] *adj inv* papierfrei, ohne Papier *nach n* **paper loss** *n* ECON nicht realisierter Verlust **paper mill** *n* Papierfabrik *f*, Papiermühle *f* **paper millionaire** *n* STOCKEX Aktienmillionär(in) *m(f)* **paper money** *n no pl* Papiergeld *nt* **paper napkin** *n* [Papier]serviette *f* **paper offer** *n* ECON Übernahmeangebot *nt* **paper profit** *n* FIN rechnerischer Gewinn, Buchgewinn *m* **paper-pusher** ['peɪpɚ,pʊʃɚ] *n esp* AM (*pej*) Bürohengst *m pej* **paper round** *n* BRIT, **paper route** *n* AM Zeitungszustellung *f*; **to have** [*or* **do**] **a ~** Zeitungen austragen **paper serviette** *n* BRIT, CAN Papierserviette *f* **paper shop** *n* BRIT Zeitungskiosk *m*, Trafik *f* ÖSTERR **paper tape** *n no pl* COMPUT (*hist*) Lochstreifen *m* **paper-thin I.** *adj inv* hauchdünn **II.** *adv inv* hauchdünn **paper tiger** *n* (*pej*) Papiertiger *m* **paper tissue** *n* Papiertaschentuch *nt* **paper towel** *n* BRIT Papierhandtuch *nt*, Einmalhandtuch *nt*; AM Küchenrolle *f* **paper trail** *n esp* AM belastende Unterlagen **paperweight** *n* ① (*heavy object*) Briefbeschwerer *m* ② (*measurement*) Papiergewicht *nt* **paperwork** *n no pl* Büroarbeit *f*, Schreibarbeit *f*; **to do ~** [den] Papierkram machen *fam*; **to drown in ~** (*fig*) im Papierkram ersticken *fam*; **to catch up on some ~** liegen gebliebene Büroarbeiten erledigen

papery ['peɪpᵊri, AM -ɚi] *adj plaster* bröckelig; *skin* pergamenten

papier-mâché [,pæpier'mæʃeɪ, AM ,peɪpɚmə'ʃeɪ] **I.** *n no pl* Pappmaschee *nt* **II.** *n modifier* (*animal, car, figure*) Pappmaschee-

papist ['peɪpɪst] (*pej*) **I.** *n* Papist(in) *m(f)* **II.** *adj inv* papistisch

papoose [pə'puːs, AM pæp'uːs] *n* (*dated*) Indianerbaby *nt*; (*carrier for baby*) Tragegestell *nt*

pappy¹ ['pæpi] *n* AM Papi *m fam*

pappy² ['pæpi] *adj* ① FOOD (*esp pej*) pappig ② (*pej fam: poor quality*) minderwertig; **~ entertainment** seichte Unterhaltung

paprika ['pæprɪkə, AM pæp'riː-] *n no pl* Paprika *m*

Pap smear *n* AM, AUS, **Pap test** *n* AM, AUS MED Abstrich *m*

Papuan ['pæpuən, AM juən] **I.** *n* Papuaner(in) *m(f)* **II.** *adj inv* papuanisch

papyri [pə'paɪ(ə)raɪ, AM -'paɪraɪ] *n pl of* **papyrus**

papyrus <*pl* -es *or* -ri> [pə'paɪ(ə)rəs, AM -'paɪrəs, *pl* -raɪ] *n* ① Papyrusstaude *f* ② (*paper*) Papyrus *m*; ■**on ~** auf Papyrus

par [pɑːʳ, AM pɑːr] **I.** *n* ① *no pl* (*standard*) **below** [*or* **under**]/**above ~** unter/über dem Standard; **to feel under ~** sich *akk* nicht auf der Höhe fühlen; **to not be up to ~** unterdurchschnittlich sein ② (*equality*) ■**to be on a ~ with sb/each other** jdm/einander ebenbürtig sein ③ (*in golf*) Par *nt*; **below** [*or* **under**]/**above ~** unter/über Par, weniger/mehr als die festgesetzte Schlagzahl ④ STOCKEX Nennwert *m*, Nominalwert *m*; **above ~** über dem Nennwert, über pari; **below ~** unter dem Nennwert, unter pari; **at ~** zum Nennwert, zu pari ► PHRASES: **it's ~ for the course** (*fam*) das war [ja] zu erwarten **II.** *vt* SPORTS **to ~ a hole** ein Loch innerhalb des Pars spielen

para ['pærə, AM 'perə] **I.** *n* (*fam*) ① MIL *short for* **paratrooper** Fallschirmjäger(in) *m(f)* ② (*text*) *short for* **paragraph** Absatz *m* **II.** *adj pred* BRIT *short for* **paranoid** paranoid

parable ['pærəbḷ, AM 'per-] *n* Parabel *f*, Gleichnis *nt*

parabola <*pl* -s *or* -lae> [pə'ræbᵊlə, *pl* -liː] *n* MATH Parabel *f fachspr*

parabolic [,pærə'bɒlɪk, AM ,perə'bɑːl-] *adj inv* ① (*like a parabola*) parabolisch, Parabol-; **~ trajectory** parabolische Flugbahn ② (*expressed using parable*) gleichnishaft; **~ teaching** Unterweisung *f* durch Gleichnisse

paracetamol® <*pl* – *or* -s> [,pærə'siːtəmɒl] *n* BRIT, AUS Paracetamol® *nt*

parachute ['pærəʃuːt, AM 'per-] **I.** *n* ① ECON, MIL Fallschirm *m* ② ECON **golden ~** großzügige Entlassungsabfindung im Falle einer Übernahme **II.** *n modifier* Fallschirm-; **~ pack** zusammengefalteter Fallschirm **III.** *vi* mit dem Fallschirm abspringen **IV.** *vt* ■**to ~ sb** jdn mit dem Fallschirm abspringen lassen; ■**to ~ sth** etw mit dem Fallschirm abwerfen

◆**parachute in** *vi* mit dem Fallschirm eindringen

parachute flare *n* Fallschirmleuchtkugel *f* **para-**

P

chute jump *n* Fallschirmabsprung *m* **parachute jumper** *n* Fallschirmspringer(in) *m(f)*

parachuting ['pærəʃu:tɪŋ, AM 'perəʃu:ţ-] *n no pl* Fallschirmspringen *nt*

parachutist ['pærəʃu:tɪst, AM 'perəʃu:ţ-] *n* Fallschirmspringer(in) *m(f)*

parade [pə'reɪd] **I.** *n* ❶ *(procession)* Parade *f,* Umzug *m;* **victory** ~ Siegeszug *m* ❷ MIL [Truppen]parade *f;* **military** ~ Militärparade *f;* *(inspection of soldiers)* Truppenschau *f* ❸ LAW **identification** [*or* **identity**] ~ Gegenüberstellung *f* zur Identifikation des Täters ❹ *(fig: series)* [lange] Reihe; ***the senators listened to a ~ of local residents*** die Senatoren hörten sich die Meinung der zahlreich erschienenen ortsansässigen Bürger an ❺ BRIT *of shops* Geschäftsstraße *f* **II.** *vi* ❶ *(walk in procession)* einen Umzug machen ❷ MIL marschieren ❸ *(show off)* ■**to ~ about** auf und ab stolzieren, umherstolzieren; **to ~ up and down in one's best clothes** seine besten [Kleidungs]stücke zur Schau tragen **III.** *vt* ❶ *(march)* **to ~ the streets** durch die Straßen marschieren; *(during a procession)* durch die Straßen ziehen ❷ *(exhibit)* ■**to ~ sb/sth** jdn/etw vorführen ❸ *(fig: show off)* ■**to ~ sth** etw stolz vorführen; *(fig)* *knowledge, wealth* etw zur Schau tragen

parade ground *n* MIL Exerzierplatz *m*

paradigm ['pærədaɪm, AM 'per-] *n (form)* ❶ *(model)* Paradigma *nt geh,* Muster *nt;* *(example)* Beispiel *nt* ❷ LING Paradigma *nt fachspr*

paradigmatic [,pærədɪg'mætɪk, AM ,perədɪg'mæţ-] *adj (form)* paradigmatisch *geh*

paradigmatically [,pærədɪg'mætɪkli, AM ,perədɪg'mæţ-] *adv (form)* paradigmatisch *geh*

paradigm shift *n* Paradigmenwechsel *m geh;* ***Darwin's theory of evolution was a ~ in scientific understanding*** Darwins Evolutionstheorie veränderte in revolutionärer Weise das wissenschaftliche Verständnis

paradisaical [,pærədɪ'seɪɪkəl, AM ,perə-] *adj,* **paradisal** [,pærə'daɪsəl, AM ,per-] *adj* paradiesisch

paradise ['pærədaɪs, AM 'per-] *n no pl* Paradies *nt;* ■**P~** das Paradies; **a children's ~** *(fig)* ein Paradies *nt* für Kinder; **to go to ~** ins Paradies eingehen [*o* kommen]

paradisiacal [,pærədɪ'saɪəkəl, AM ,perə-] *adj,* **paradisical** [,pærə'dɪsɪkəl, AM ,per-] *adj* paradiesisch

paradox <*pl* -es> ['pærədɒks, AM 'perədɑ:ks] *n* Paradox[on] *nt geh; no pl* Paradoxie *f geh;* ■**it is a ~ that ...** es ist paradox, dass ...

paradoxical [,pærə'dɒksɪkəl, AM ,perə'dɑ:k-] *adj* paradox

paradoxically [,pærə'dɒksɪkəli, AM ,perə'dɑ:k-] *adv* paradoxerweise

paraffin ['pærəfɪn, AM 'per-] *n no pl* ❶ BRIT *(fuel)* Kerosin *nt* ❷ *(wax)* Paraffin *nt*

paraffin heater *n* BRIT Kerosinofen *m* **paraffin lamp** *n* BRIT Kerosinlampe *f* **paraffin lantern** *n* BRIT Kerosinlaterne *f* **paraffin oil** *n* BRIT Paraffinöl *nt* **paraffin wax** *n no pl* Paraffin *nt*

paraglide ['pærəglaɪd, AM 'per-] *vi* SPORTS Paragliding betreiben

paraglider ['pærə,glaɪdəʳ, AM 'perə,glaɪdɚ] *n* SPORTS Paraglider(in) *m(f)*

paragliding ['pærə,glaɪdɪŋ, AM 'perə,-] *n no pl* Paragliding *nt,* Gleitschirmfliegen *nt*

paragon ['pærəgən, AM 'perəgɑ:n] *n* ❶ *(perfect example)* Muster[beispiel] *nt,* Vorbild *nt;* **a ~ of discretion** ein Muster an Verschwiegenheit; **a ~ of democracy** das Musterbeispiel einer Demokratie; **a ~ of virtue** *(iron)* ein Ausbund *m* an Tugend ❷ *(diamond)* hundertkarätiger Solitär

paragraph ['pærəgrɑ:f, AM 'perəgræf] **I.** *n* ❶ *(text)* Absatz *m,* Abschnitt *m* ❷ *(newspaper article)* [kurze] Zeitungsnotiz [*o* Meldung] **II.** *vt* **to ~ a text** Absätze [in einem Text] machen

Paraguayan [,pærə'gwaɪən, AM 'perə,gweɪ] *adj inv* paraguayisch

parakeet [,pærə'ki:t, AM 'perəki:t] *n* Sittich *m*

paralegal [,perə'li:gəl] LAW **I.** *n esp* AM juristische Hilfskraft, Anwaltsassistent(in) *m(f)* **II.** *adj esp* AM paralegal *fachspr*

parallax ['pærəlæks, AM ,per] *n no pl* MATH, ASTRON Parallaxe *f*

parallel ['pærəlel, AM 'per-] **I.** *adj inv* ❶ *inv lines* parallel, gleichlaufend; ***Hills Road is ~ to Mill Road*** die Hills Road verläuft parallel zur Mill Road ❷ *(corresponding)* ~ **example** Parallelbeispiel *nt;* ~ **experiments** Parallelversuche *mpl;* ~ **contest** CHESS Simultanspiel *nt* ❸ ELEC **in ~** parallel geschaltet ❹ COMPUT parallel; *computer system* simultan **II.** *n* ❶ *(similarity)* Parallele *f,* Entsprechung *f;* ■**without ~** ohnegleichen; **to draw a ~** einen Vergleich ziehen ❷ MATH Parallele *f fachspr* ❸ *esp* AM GEOG ~ [**of latitude**] Breitenkreis *m* **III.** *vt* ■**to ~ sth** ❶ *(correspond to)* etw *dat* entsprechen; *(be similar to)* etw *dat* ähneln [*o* gleichen]; **not ~ed** beispiellos ❷ *(run side-by-side)* zu etw *dat* parallel [ver]laufen **IV.** *adv inv* parallel; **to run ~ to sth** zu etw *dat* parallel verlaufen

parallel bars *npl (in gymnastics)* Barren *m* **parallel circulation** *n* FIN *of currencies* Parallelumlauf *m* **parallel currency** *n* Parallelwährung *f*

parallelism ['pærəlelɪzəm, AM 'per-] *n no pl* Parallelität *f*

parallel line *n* Parallele *f* **parallel of latitude** *n* Breitenkreis *m*

parallelogram [,pærə'leləgræm, AM ,per-] *n* Parallelogramm *nt fachspr*

parallel parking *n no pl* Parken *nt* am Straßenrand *(parallel zum Straßenverlauf)* **parallel processing** *n no pl* COMPUT Parallelverarbeitung *f fachspr*

Paralympic [,pærə'lɪmpɪk, AM ,perə'] *adj inv* paralympisch

Paralympic Games *npl,* **Paralympics** [,pærə'lɪmpɪks, AM ,perə'] *npl* ■**the ~** die Paralympischen Spiele *ntpl*

Paralympics [,pærə'lɪmpɪks, AM ,per-] *npl* SPORTS die Paralympics *pl (olympische Spiele für Behinderte)*

paralyses [pə'ræləsi:z] *n pl of* **paralysis**

paralysis <*pl* -ses> [pə'ræləsɪs, *pl* -si:z] *n* Paralyse *f fachspr,* Lähmung *f a. fig*

paralytic [,pærə'lɪtɪk, AM ,perə'lɪţ-] **I.** *adj* ❶ MED paralytisch, Lähmungs- ❷ *esp* BRIT *(fam: drunk)* stockbetrunken *fam;* **to drink oneself into a ~ state** sich *akk* sinnlos betrinken **II.** *n* Paralytiker(in) *m(f) fachspr*

paralyze ['pærəlaɪz, AM 'per-] *vt* ❶ MED ■**to ~ sb/sth** jdn/etw lähmen [*o fachspr* paralysieren] ❷ *(stupefy)* ■**to ~ sb** jdn lähmen *fig;* **to feel ~d with fear** vor Angst wie gelähmt sein ❸ *(bring to halt)* ■**to ~ sth** etw lahm legen

paralyzed ['pærəlaɪzd, AM 'per-] *adj* ❶ MED gelähmt, paralysiert *fachspr* ❷ *(stupefied)* wie gelähmt *präd,* handlungsunfähig ❸ *(brought to halt)* lahm gelegt; *(blocked)* blockiert

paralyzing ['pærəlaɪzɪŋ, AM ,per] *adj (also fig)* lähmend, paralysierend *geh*

paramedic [,pærə'medɪk, AM ,per-] *n* ärztlicher Assistent/ärztliche Assistentin(in) *m(f),* Sanitäter(in) *m(f)*

parameter [pə'ræmɪtəʳ, AM -ţɚ] *n usu pl* ❶ SCI Parameter *m geh,* Bestimmungsfaktor *m* ❷ *(set of limits)* ■**~s** *pl* Leitlinien *pl,* Rahmen *m*

paramilitary [,pærə'mɪlɪtəri, AM ,perə'mɪləteri] **I.** *adj inv* paramilitärisch **II.** *n* Milizionär(in) *m(f)*

paramount ['pærəmaʊnt, AM 'per-] *adj inv (form)* ❶ *(have priority)* vorrangig, oberste(r,s), höchste(r,s), Haupt-; ■**to be ~** an erster Stelle stehen; **of ~ importance** von größter Wichtigkeit ❷ *attr (rare: in supreme power) chief, leader* oberste(r) *attr*

paramour ['pærəmʊəʳ, AM 'perəmʊr] *n (dated liter)* Geliebte(r) *f(m)*

paranoia [,pærə'nɔɪə, AM ,per-] *n* ❶ PSYCH Paranoia *f geh,* Verfolgungswahn *m* ❷ *(anxiousness)* Hysterie *f*

paranoiac [,pærə'nɔɪæk, AM ,per-] **I.** *adj* paranoisch *geh* **II.** *n* Paranoiker(in) *m(f) geh*

paranoid [,pærə'nɔɪd, AM ,per-] **I.** *adj* ❶ PSYCH paranoid; ■**to be ~** unter Verfolgungswahn leiden ❷ *(mistrustful)* wahnhaft; ■**to be ~ about sth/sb** in ständiger Angst vor etw/jdm leben; ~ **delusion** Wahnvorstellung *f;* **to be** [*or* **feel**] ~ Wahnvorstellungen haben ▸ PHRASES: **just because I'm ~ it doesn't mean that they're not out to get me** *(saying fam)* auch wenn ich unter Verfolgungswahn leide, so heißt das noch lange nicht, dass sie nicht hinter mir her sind **II.** *n* Paranoiker(in) *m(f) geh*

paranoid schizophrenia *n* paranoide Schizophrenie *fachspr* **paranoid schizophrenic** *n* PSYCH **to be a ~** unter paranoider Schizophrenie leiden *fachspr*

paranormal [,pærə'nɔ:məl, AM ,perə'nɔ:r-] **I.** *adj* übernatürlich, paranormal *geh;* ~ **powers** [*or* **forces**] übersinnliche Kräfte **II.** *n no pl* ■**the ~** übernatürliche Erscheinungen

parapente ['pærəpɒnt] *n no pl* AUS *Sportart mit abgeändertem Fallschirm*

parapet ['pærəpɪt, AM 'perəpet] *n* Geländer *nt,* Brüstung *f*

paraphernalia [,pærəfə'neɪliə, AM ,perəfɚ'neɪljə] *n pl,* + *sing/pl vb* Zubehör *nt kein pl;* *(pej)* Brimborium *nt kein pl fam*

paraphrase ['pærəfreɪz, AM 'per-] **I.** *vt* ■**to ~ sth** etw umschreiben [*o geh* paraphrasieren], etw [mit anderen Worten] wiedergeben; ■**to ~ sb** jdn frei zitieren **II.** *n* Paraphrase *f geh;* ***she gave us a quick ~ of what had been said*** sie gab kurz mit eigenen Worten wieder, was gesagt worden war

paraplegia [,pærə'pli:dʒə, AM ,per-] *n no pl* MED Querschnittslähmung *f,* Paraplegie *f fachspr*

paraplegic [,pærə'pli:dʒɪk, AM ,per-] **I.** *adj inv* doppelseitig gelähmt **II.** *n* doppelseitig Gelähmte(r) *f(m)*

parapsychology [,pærəsaɪ'kɒlədʒi, AM ,perəsaɪ'kɑ:l-] *n no pl* PSYCH Parapsychologie *f*

Paraquat® ['pærəkwɒt, AM 'perəkwɑ:t] *n no pl* Paraquat *nt (ein Pflanzenvernichtungsmittel)*

parasail ['pærəseɪl, AM 'per-] SPORTS, NAUT **I.** *vi* gleitsegeln; *see also* **parasailing II.** *n* Fallschirm *m (zum Gleitsegeln)*

parasailing ['pærə,seɪlɪŋ, AM 'per-] *n* ≈Gleitfliegen *nt (Sportart, bei der sich ein Fallschirmflieger von einem Auto oder Boot in die Luft ziehen lässt)*

parascending ['pærə,sendɪŋ, AM 'per-] *n no pl* BRIT ❶ *(paragliding)* Paragliding *nt* ❷ *see* **parasailing**

parasite ['pærəsaɪt, AM 'per-] *n* Parasit *m a. fig,* Schmarotzer *m a. fig*

parasitic(al) [,pærə'sɪtɪkəl, AM ,perə'sɪţ-] *adj* ❶ BIOL parasitär; ~ **disease** parasitäre Krankheit ❷ *(fig, pej) person* schmarotzerhaft

parasitism ['pærəs(a)ɪtɪzəm, AM 'per-] *n no pl* ❶ BIOL Parasitismus *m* ❷ *(fig, pej: exploitation)* Parasitentum *nt,* Schmarotzertum *nt*

parasitology [,pærəsaɪ'tɒlədʒi, AM ,perəsaɪ'tɑ:] *n no pl* SCI Parasitologie *f fachspr*

parasol ['pærəsɒl, AM 'perəsɑ:l] *n* Sonnenschirm *m,* Parasol *m o nt veraltet;* **paper ~** Papierschirmchen *nt*

parasol mushroom *n* BOT Schirmling *m,* Parasolpilz *m*

parathyroid [,pærə'θaɪ(ə)rɔɪd, AM ,perə'θaɪrɔɪd] *n,* **parathyroid gland** *n* Nebenschilddrüse *f*

paratrooper ['pærə,tru:pəʳ, AM 'perə,tru:pɚ] *n* Fallschirmjäger(in) *m(f)*

paratroops ['pærətru:ps, AM 'per-] *npl* Fallschirmtruppen *fpl,* Luftlandetruppen *fpl*

paratyphoid [,pærə'taɪfɔɪd, AM ,per-] MED **I.** *n no pl* Paratyphus *m fachspr* **II.** *adj attr* paratyphoid *fachspr*

par avion [,pɑ:ræ'vjɔ̃(n)] *adv* per Luftpost

parboil ['pɑ:bɔɪl, AM 'pɑ:r-] *vt* **to ~ food** Lebensmittel kurz vorkochen [*o* halb gar kochen] *(um sie dann weiterzuverarbeiten)*

parboiled rice *n no pl* Parboiled-Reis *m*

parcel ['pɑ:səl, AM 'pɑ:r-] **I.** *n* ❶ *(for mailing)* Paket *nt;* *(small parcel)* Päckchen *nt* ❷ *(piece of land)* ~ **of land** Parzelle *f,* Grundstück *nt* ❸ STOCKEX ~ **of shares** Aktienpaket *nt* **II.** *n modifier* ~ **delivery** *(service)* Paketzustelldienst *m;* *(action)* Paketzustellung *f* **III.** *vt* <BRIT -ll- *or* AM *usu* -l-> ■**to ~ sth** etw einpacken [*o* verpacken]

◆**parcel out** *vt* ■**to ~ out** ○ **sth** etw aufteilen; **to ~ out land** Land parzellieren *fachspr*
◆**parcel up** *vt* ■**to ~ up** ○ **sth** etw einpacken [*o* verpacken]
parcel bomb *n* BRIT Paketbombe *f* **parcel office** *n* BRIT Paketabfertigung *f* **parcel post** *n* Paketpost *f*
parch [pɑːtʃ, AM pɑːrtʃ] **I.** *vt* ■**to ~ sth** ① (*make dry*) etw austrocknen [*o* ausdörren] ② (*roast*) *corn, grain* etw rösten **II.** *vi* (*become dry*) austrocken, ausdörren
parched [pɑːtʃt, AM pɑːr-] *adj* ① (*dried out*) vertrocknet, verdorrt; **~ throat** ausgedörrte Kehle ② *attr* (*fig fam: very thirsty*) ■**to be ~ [with thirst]** am Verdursten sein *fam* ③ (*roasted*) *corn, grain* geröstet
parchment ['pɑːtʃmənt, AM 'pɑːr-] *n* ① *no pl* (*animal skin*) Pergament *nt* ② (*manuscript*) Pergament *nt;* **an ancient ~** eine alte Handschrift (*auf Pergament*) ③ *no pl* (*paper*) Pergamentpapier *nt* ④ (*fam: document*) Urkunde *f*
parchment paper *n* Pergamentpapier *nt*
pardner ['pɑːrdnɚ] *n* AM DIAL Kumpel *m fam*
pardon ['pɑːdᵊn, AM 'pɑːr-] **I.** *n no pl* LAW Begnadigung *f* **II.** *vt* ① (*forgive*) ■**to ~ sth** etw verzeihen [*o* entschuldigen]; ***if you'll ~ the expression!*** verzeihen Sie bitte den Ausdruck!; **~ *me interrupting!*** entschuldigen Sie, wenn ich unterbreche! ② LAW ■**to ~ sb** jdn begnadigen **III.** *interj* (*apology*) ***I beg your ~!*** [*or* AM *also* **~ *me!***] Entschuldigung!, tut mir Leid!; (*request for repetition*) wie bitte?, Entschuldigung, was sagten Sie?; (*reply to offensiveness*) erlauben Sie mal!, na, hören Sie mal! ► PHRASES: **~ me for breathing** [*or* **living**] [*or* **existing**] (*fam*) tut mir Leid, ich kann mich leider nicht in Luft auflösen
pardonable ['pɑːdᵊnəbl, AM 'pɑːr-] *adj* verzeihlich
pardonably ['pɑːdᵊnəbli, AM 'pɑːr-] *adv* verständlicherweise
pare [peəʳ, AM per] *vt* ■**to ~ sth** ① (*trim*) etw [ab]schneiden; **to ~ fruit** Obst schälen; **to ~ one's nails** sich *dat* die Nägel schneiden ② (*reduce gradually*) ■**to ~ sth** etw kürzen [*o* reduzieren]; **to ~ sth to the bone** etw auf ein Minimum reduzieren
◆**pare down** *vt* ■**to ~ down** ○ **sth** etw reduzieren; **to ~ sth down to the bone/the minimum** etw drastisch kürzen/auf ein Mimimum reduzieren; **to ~ expenses** Ausgaben drastisch einschränken
◆**pare off** *vt* ■**to ~ off** ○ **sth** etw [ab]schälen
parent ['peərᵊnt, AM 'per-] **I.** *n* ① *of a child* Elternteil *m;* ■**~s** Eltern *pl;* **single ~** Alleinerziehende(r) *f(m)* ② *of an animal* Elterntier *nt;* ■**~s** *pl* Elternpaar *nt,* Elterntiere *pl; of a plant* Mutterpflanze *f* ③ (*parent company*) Muttergesellschaft *f* **II.** *n modifier* ① (*of parents*) Eltern- ② (*of organizations*) Mutter-; **~ organization** Mutterorganisation *f* **III.** *vt* ■**to ~ sb** jdn großziehen
parentage ['peərᵊntɪdʒ, AM 'perᵊnṭ-] *n no pl* ① (*descent*) Abstammung *f;* **a child of unknown ~** ein Kind unbekannter Herkunft ② (*position*) Elternschaft *f* ③ (*fig: origin*) Herkunft *f*
parental [pə'rentᵊl] *adj inv* elterlich, Eltern-; **~ *choice in the selection of a child's school*** das Recht der Eltern, die Schule für ihr Kind selbst zu wählen; **~ authority** elterliche Gewalt; **~ consent** Zustimmung *f* der Eltern; **to be supported by ~ contributions** von den Eltern finanziell unterstützt werden; **~ control/neglect** Beaufsichtigung *f*/Vernachlässigung *f* durch die Eltern; **~ figure** (*a man*) Vaterfigur *f;* (*a woman*) Mutterersatz *m*
parental leave *n no pl* Erziehungsurlaub *m*
parental-notification law [pəˌrentᵊlnoʊtɪfɪ'keɪʃᵊnlɑː] *n* AM *Gesetz, nach dem die Eltern über ihre minderjährigen Kinder informiert werden müssen*
parental rights *n* elterliche Rechte *ntpl*
parental-rights [pəˌrentᵊl'raɪtz] *n modifier* die elterlichen Rechte betreffend
parent company *n* Muttergesellschaft *f*
parenteral [pə'rentᵊrᵊl, AM pæ'rentərəl] *adj* MED parenteral *fachspr;* **~ medication** parenterale Applikation von Medikamenten
parentheses [pə'ren(t)θəsiːz] *pl of* **parenthesis**
parenthesis <*pl* -ses> [pə'ren(t)θəsɪs, *pl* -siːz] *n* ① (*explanation*) eingeschobener Satz[teil], Parenthese *f fachspr* ② *usu pl esp* AM, AUS (*round brackets*) [runde] Klammern; **in parentheses** in [runden] Klammern; (*fig*) nebenbei, beiläufig
parenthetic(al) [ˌpærᵊn'θetɪk(ᵊl), AM ˌperᵊn'θeṭ-] *adj inv* (*form*) parenthetisch *geh,* eingeschoben; **~ remark** beiläufige Bemerkung
parenthetically [ˌpærᵊn'θetɪkᵊli, AM ˌperᵊn'θeṭ-] *adv inv* (*form*) parenthetisch *geh*
parenthood ['peərᵊnthʊd, AM 'per-] *n no pl* Elternschaft *f*
parenting ['peərᵊntɪŋ, AM 'per-] *n no pl* Verhalten *nt* als Eltern, Kindererziehung *f;* **~ skills** elterliches Geschick
parentless ['peərᵊntləs, AM 'per-] *adj inv* elternlos, verwaist; **~ child** Waise *f,* Waisenkind *nt*
Parents and Citizens *n* AUS, **parent-teacher association** *n,* **parent-teacher organization** *n esp* AM Eltern-Lehrer-Organisation *f*
par excellence [ˌpɑːr'eksᵊlɑ̃(n)s, AM ˌpɑːrˌeksə'lɑːn(t)s] *adj pred, inv* ① (*best*) par excellence; ***this is undoubtedly the cooking chocolate ~*** dies ist ohne Zweifel die beste Schokolade zum Kochen ② (*typical*) par excellence; ***the wedding ring is the symbol ~ of eternal love*** der Ehering ist das Symbol schlechthin für ewige Liebe; ***Bombay is a film city ~*** Bombay ist eine Filmstadt, wie sie im Buche steht
pariah [pə'raɪə] *n* ① (*in India*) Paria *m* ② (*fig*) Außenseiter(in) *m(f)*
parietal [pə'raɪətᵊl] *adj inv* ① ANAT parietal *fachspr* ② ARCHEOL Wand-
pari-mutuel [ˌpɑːrɪ'mjuːtʃʊəl, AM ˌpærɪ-] **I.** *n Wettsystem, bei dem der gesamte Einsatz abzüglich der Verwaltungskosten prozentual an die Gewinner verteilt wird* **II.** *n modifier* **~ betting** *Form des Wettens, bei dem der gesamte Einsatz abzüglich der Verwaltungskosten prozentual an die Gewinner verteilt wird*
paring ['peərɪŋ, AM 'per-] *n usu pl of fruit, vegetable* Schale *f;* **nail ~s** abgeschnittene Fingernägel
paring knife *n* Schälmesser *nt*
Paris ['pærɪs, AM 'per] *n no pl* Paris *nt*
parish ['pærɪʃ, AM 'per-] *n* ① REL (*area*) [Pfarr]gemeinde *f,* Pfarrei *f* ② BRIT POL Gemeinde *f,* Bezirk *m*
parish church *n* Pfarrkirche *f* **parish clerk** *n* Küster(in) *m(f)* **parish council** *n* BRIT Gemeinderat *m*
parishioner [pə'rɪʃᵊnəʳ, AM -ɚ] *n* Gemeindemitglied *nt*
parish priest *n* Pfarrer(in) *m(f)* **parish-pump politics** *n + sing/pl vb* BRIT Kirchturmpolitik *f*
parish register *n* Kirchenbuch *nt*
Parisian [pə'rɪziən, AM rɪʒən] **I.** *adj inv* Pariser, pariserisch **II.** *n* Pariser(in) *m(f)*
par issue *n* Pari-Emission *f*
parity ['pærəti, AM 'perəṭi] *n no pl* ① (*equality*) Parität *f geh,* Gleichheit *f;* **pay ~** gleiche Verdienstmöglichkeit ② FIN Parität *f fachspr;* ***the banks are hoping the pound will maintain its current ~ with the mark*** die Banken hoffen, dass das Pfund seinen [amtlichen] Wechselkurs gegenüber der D-Mark hält; ***the pound fell to ~ with the dollar*** das Pfund fiel auf den gleichen Wechselkurs wie der Dollar; **central ~** Leitkurs *m,* ECU-Parität *f* ③ MATH, PHYS Parität *f fachspr;* **even/odd ~** gerade/ungerade Parität
parity realignment *n* Neufestsetzung *f* des Wechselkurses
park [pɑːk, AM pɑːrk] **I.** *n* ① (*for recreation*) Park *m* ② BRIT (*surrounding house*) Parkanlagen *fpl* ③ (*for animals*) **national ~** Nationalpark *m;* **wildlife ~** Naturpark *m* ④ *esp* BRIT SPORTS (*fam*) ■**the ~** der [Sport]platz, das [Spiel]feld ⑤ (*for specific purpose*) **amusement ~** Freizeitpark *m;* **industrial ~** Industriepark *m* ⑥ *esp* BRIT AUTO Parkplatz *m;* **car ~** PKW-Parkplatz *m;* **coach ~** Busparkplatz *m* **II.** *vt* ■**to ~ sth** ① AUTO etw [ein]parken; **to ~ a satellite** AEROSP einen Satelliten in einer Umlaufbahn belassen ② (*fig fam: position*) ■**to ~ sth** etw abladen [*o* abstellen]; **to ~ oneself** sich *akk* [irgendwo] hinpflanzen *fam* ③ COMPUT **to ~ a hard disc** eine Festplatte parken **III.** *vi* parken
parka ['pɑːkə, AM 'pɑːr-] *n* Parka *m*
parkade [pɑːr'keɪd] *n* CAN Parkhaus *nt*
park-and-ride [ˌpɑːkən'raɪd, AM ˌpɑːrk] *n* Park-and-Ride-System *nt*
park bench *n* Parkbank *f*
parked [pɑːkt, AM pɑːrkt] *adj inv* geparkt; ***I'm ~ just at the end of the road*** ich habe am Ende der Straße geparkt
parking ['pɑːkɪŋ, AM 'pɑːr-] *n no pl* ① (*action*) Parken *nt;* **illegal ~** unerlaubtes Parken ② (*space*) Parkmöglichkeit *f,* Parkplatz *m*
parking area *n* Parkplatz *m* **parking attendant** *n* Parkwächter(in) *m(f)* **parking bay** *n* Parkbucht *f* **parking brake** *n* AM Feststellbremse *f* **parking disc** *n* Parkscheibe *f* **parking fine** *n* Geldstrafe *f* für unerlaubtes Parken **parking garage** *n* Parkhaus *nt* **parking light** *n* AM, AUS Standlicht *nt* **parking lot** *n esp* AM Parkplatz *m* **parking meter** *n* Parkuhr *f* **parking offence** *n* Parkvergehen *nt* **parking offender** *n* Parksünder(in) *m(f)* **parking permit** *n* Parkerlaubnis *f,* Parkgenehmigung *f* **parking place** *n,* **parking space** *n* Parkplatz *m,* Parklücke *f* **parking ticket** *n* Strafzettel *m* für unerlaubtes Parken; **to get a ~** einen Strafzettel bekommen **parking violation** *n* Parkvergehen *nt*
Parkinson's ['pɑːkɪnsᵊnz, AM 'pɑːr-] *n,* **Parkinson's disease** *n no pl* Parkinson-Krankheit *f,* Parkinsonsche Krankheit
Parkinson's law *n* ECON Parkinson'sches Gesetz
park keeper *n* BRIT Parkaufseher(in) *m(f)* **parkland** *n no pl* Parklandschaft *f* **parkway** *n* ① AM, AUS (*highway*) Autobahn *f* ② BRIT RAIL *Parkmöglichkeiten in der Nähe eines Bahnhofs;* **Didcot P~** Bahnhof Didcot [*o* (mit Parkmöglichkeiten)]
parky ['pɑːki] *adj* BRIT (*fam*) *weather* frisch, kühl
parlance ['pɑːlən(t)s, AM 'pɑːr-] *n no pl* (*form*) Ausdrucksweise *f;* **common ~** allgemeiner Sprachgebrauch; ***as it is known in common ~*** wie man so sagt; **in medical ~** in der Medizinsprache
parlay ['pɑːli, AM *esp* 'pɑːrleɪ] *vt esp* AM **to ~ money** Geld Gewinn bringend anlegen; ***they ~ed a small inheritance into a vast fortune*** sie machten aus einer kleinen Erbschaft ein großes Vermögen; **to ~ skills** Fähigkeiten nutzen; ***computer skills are the easiest to ~ into jobs*** Computerkenntnisse kann man im Berufsleben am besten nutzen
parley ['pɑːli, AM 'pɑːr-] **I.** *n* (*dated or hum*) [Friedens]verhandlungen *pl;* ***the vicar tried to arrange a ~ between two neighbours*** der Pfarrer versuchte zwischen zwei Nachbarn zu vermitteln **II.** *vi* verhandeln; (*often hum*) parlieren *hum;* ■**to ~ with sb** sich *akk* mit jdm besprechen
parliament ['pɑːləmənt, AM 'pɑːr-] *n* ① *no art, no pl* (*institution*) ■**P~** Parlament *nt;* ■**in P~** im Parlament; ***P~ is in session*** das Parlament tagt ② (*period*) Legislaturperiode *f*
parliamentarian [ˌpɑːləmen'teəriən, AM ˌpɑːrləmen'teri-] **I.** *n* ① BRIT (*Member of Parliament*) [Parlaments]abgeordnete(r) *f(m),* Mitglied *nt* des britischen Unterhauses ② AM *of Congress* Verhandlungsleiter *m* **II.** *adj* parlamentarisch
parliamentarianism [ˌpɑːləmən'teəriənɪzᵊm, AM ˌpɑːrləmən'ter] *n no pl* POL Parlamentarismus *m*
parliamentary [ˌpɑːlə'mentᵊri, AM ˌpɑːrlə'menṭəi] *adj inv* parlamentarisch; **~ bill** parlamentarischer Gesetzentwurf; **~ candidate** Kandidat(in) *m(f)* für das Parlament; **~ election/session** Parlamentswahl *f*/-sitzung *f*
parliamentary chamber *n* Kammer *f* des Parlaments **parliamentary democracy** *n* parlamentarische Demokratie **parliamentary government** *n* parlamentarische Regierung
parlor *n* AM *see* **parlour**
parlor car *n* AM RAIL Salonwagen *m*
parlour ['pɑːləʳ], AM **parlor** ['pɑːrlɚ] *n* ① *esp* AM

P

(*shop*) Salon *m;* **beauty** ~ Schönheitssalon *m;* **ice-cream** ~ Eisdiele *f;* **pizza** ~ Pizzeria *f;* **funeral** ~ Bestattungsinstitut *nt* ② (*dated: room*) Salon *m,* Empfangszimmer *nt;* **front** ~ Wohnzimmer *nt* ③ (*for milking*) **milking** ~ Melkstall *m*

parlour game *n* Gesellschaftsspiel *nt* **parlour-maid** *n* (*hist*) Stubenmädchen *nt hist*

parlous ['pɑːləs, AM 'pɑːr-] *adj* (*form or hum*) desolat; ***my finances are in a ~ state*** mit meinen Finanzen sieht's düster aus

Parma ham [,pɑːmə'hæm, AM ,pɑːr] *n no pl* FOOD Parmaschinken *m*

Parmesan ['pɑːmɪ,zæn, AM 'pɑːrməzɑːn] *n,* **Parmesan cheese** *n no pl* Parmesan[käse] *m*

Parnassus [pɑː'næsəs, AM pɑːr'] *n no pl* Parnass *m*

parochial [pə'rəʊkiəl, AM -'roʊ-] *adj* ① *inv* REL Gemeinde-, Pfarr-; ~ **church council** Kirchenvorstand *m;* (*elected by the parish*) Pfarrgemeinderat *m* ② (*pej: provincial*) provinziell; (*narrow-minded*) engstirnig, kleinkariert

parochialism [pə'rəʊkiəlɪzəm, AM -'roʊ-] *n no pl* (*pej*) Provinzialismus *m geh;* (*narrow-mindedness*) Engstirnigkeit *f*

parochially [pə'rəʊkiəli, AM -'roʊ-] *adv* (*pej*) provinziell; (*narrow-minded*) engstirnig

parochial school *n* AM Konfessionsschule *f*

parodic [pær'ɒdɪk, AM -'rɑː-] *adj inv* parodistisch

parodist ['pærədɪst, AM 'per-] *n* Parodist(in) *m(f)*

parody ['pærədi, AM 'per-] **I.** *n* ① (*imitation*) Parodie *f* (**of** auf +*akk*); **a strong element of** ~ ein stark parodistischer Zug; **self-~** Eigenparodie *f* ② (*pej: travesty*) Parodie *f;* ***it was a ~ of a trial*** der Prozess war eine Farce **II.** *vt* <-ie-> ■**to ~ sb/sth** jdn/etw parodieren

parole [pə'rəʊl, AM -'roʊl] **I.** *n no pl* bedingte Haftentlassung, Hafturlaub *m;* ■**without** ~ ohne die Möglichkeit der bedingten Haftentlassung; ■**to be out on** ~ auf Hafturlaub sein; **to apply for** ~ Hafturlaub beantragen; **to be eligible for** ~ für bedingte Haftentlassung in Frage kommen; **to be released on** ~ bedingt [aus der Haft] entlassen werden **II.** *vt usu passive* ■**to ~ sb** jdm bedingt entlassen; ■**to be ~d** bedingt [aus der Haft] entlassen werden

parole board *n Gremium, das über Gewährung von Hafturlaub entscheidet*

paroxysm ['pærəksɪzəm, AM 'per-] *n* ① (*outburst*) ~ **of joy** Freudentaumel *m;* **to go into ~s of delight** in einen Freudentaumel verfallen; **to be seized by a ~ of rage** einen Wutanfall bekommen ② MED Anfall *m,* Paroxysmus *m fachspr*

par price *n* Parikurs *m*

parquet ['pɑːkeɪ, AM pɑːr'keɪ] **I.** *n no pl* ① Parkett *nt;* ~ **floor** Parkettfußboden *m* ② AM THEAT Parkett *nt* **II.** *vt* **to ~ a room** in einem Zimmer Parkettfußboden [ver]legen

parquetry ['pɑːkɪtri, AM 'pɑːrkə] *n no pl* Parkett *nt,* Parkettarbeit *f*

parricide ['pærɪsaɪd, AM 'perə-] *n* LAW ① *no pl* (*murder*) *of both parents* Elternmord *m; of mother* Muttermord *m; of father* Vatermord *m* ② (*murderer*) *of both parents* Elternmörder(in) *m(f); of mother* Muttermörder(in) *m(f); of father* Vatermörder(in) *m(f)*

parrot ['pærət, AM 'per-] **I.** *n* ① (*bird*) Papagei *m* ② (*person who mimics*) ■**to be a** ~ alles nachahmen [*o* nachmachen] **II.** *vt* (*pej*) ■**to ~ sth** etw nachplappern; ■**to ~ sb** jdn nachäffen

parrot-fashion *adv* **to repeat** [*or* **recite**] **sth** ~ etw wie ein Papagei nachplappern *fam* **parrot fever** *n* (*fam*) Papageienkrankheit *f*

parry ['pæri, AM 'peri] **I.** *vt* <-ie-> ■**to ~ sth** ① (*avert*) etw abwehren; **to ~ a blow** einen Schlag abwehren; **to ~ a weapon** eine Waffe ablenken ② (*fig: deal with*) **to ~ enquiries** [*or* **questions**] Fragen [geschickt] ausweichen; **to ~ criticism** Kritik [schlagfertig] abwehren **II.** *vi* <-ie-> parieren **III.** *n* ① *of an attack* Parade *f,* Abwehr *f* ② (*fig*) *of a question* Ausweichmanöver *nt*

parse [pɑːz, AM pɑːrs] *vt* ① (*analyse grammatically*) **to ~ a sentence** einen Satz grammatisch analysieren; **to ~ a word** ein Wort grammatisch beschreiben ② COMPUT, LING **to ~ a text** einen Text parsen *fachspr* [*o* syntaktisch analysieren]; **to ~ a string** eine Zeichenabfolge analysieren

Parsee *adj,* **Parsi** [,pɑː'siː, AM 'pɑːrsiː] REL **I.** *n* Parse, -in *m, f* **II.** *adj inv* parsisch

parser ['pɑːzəʳ, AM 'pɑːrzɚ] *n* COMPUT Parser *m fachspr*

parsimonious [,pɑːsɪ'məʊniəs, AM ,pɑːrsə'moʊ-] *adj* (*pej form*) geizig, knauserig; **to be ~ with the truth** (*fig*) mit der Wahrheit hinterm Berg halten

parsimoniously [,pɑːsɪ'məʊniəsli, AM ,pɑːrsə'moʊ-] *adv* (*pej form*) geizig

parsimoniousness [,pɑːsɪ'məʊniəsnəs, AM ,pɑːrsə'moʊ-] *n,* **parsimony** ['pɑːsɪməʊni, AM 'pɑːrsəmoʊ-] *n no pl* (*pej form*) Geiz *m,* übertriebene Sparsamkeit

parsley ['pɑːsli, AM 'pɑːr-] *n no pl* Petersilie *f*

parsnip ['pɑːsnɪp, AM 'pɑːr-] *n* Pastinak *m,* Pastinake *f*

parson ['pɑːsən, AM 'pɑːr-] *n* (*dated or hum*) Pastor(in) *m(f),* Pfarrer(in) *m(f)*

parsonage ['pɑːsənɪdʒ, AM 'pɑːr-] *n* Pfarrhaus *nt*

parson's nose *n* (*fam*) Bürzel *m* (*von Geflügel*)

part [pɑːt, AM pɑːrt] **I.** *n* ① (*not the whole*) Teil *m;* ***the film was good in ~s*** der Film war phasenweise ganz gut; **body** ~ Körperteil *m;* **the best** [*or* **better**] ~ **of the day** den größten Teil des Tages; ~ **of the family** Familienmitglied *nt;* **constituent** ~ Bestandteil *m;* **the easy/hard** ~ das Einfache/Schwierige [an einer Sache]; **essential** [*or* **important**] [*or* **integral**] ~ wesentlicher Bestandteil; ~ **of growing up is …** es gehört zum Erwachsenwerden …; **in** ~ teilweise, zum Teil; **in large** ~ zum großen Teil; **for the most** ~ zum größten Teil ② (*component*) [Ersatz]teil *nt;* **spare ~s** Ersatzteile *ntpl* ③ (*measure*) [An]teil *m;* ***mix one ~ of the medicine with three ~s water*** mischen Sie die Medizin mit Wasser im Verhältnis eins zu drei ④ (*episode*) Teil *m,* Folge *f* ⑤ ANAT **~s of the body** Körperteile *mpl;* **private ~s** Geschlechtsteile *ntpl* ⑥ GEOG Gegend *f;* **in** [*or* **around**] **these** [*or* **those**] **~s** (*fam*) in dieser Gegend ⑦ (*character*) Rolle *f,* Part *m;* **to play the ~ of the King** die Rolle des Königs spielen; **large** ~ wichtige Rolle, Hauptrolle *f;* **small** ~ kleine Rolle, Nebenrolle *f* ⑧ MUS Part *m,* Stimme *f* ⑨ (*involvement*) Beteiligung *f* (**in** an +*dat*); **to want no ~ in** [*or* **of**] **sth** mit etw *dat* nichts zu tun haben wollen ⑩ AM (*of hair*) Scheitel *m* ▸ PHRASES: **to become ~ of the furniture** selbstverständlich werden; **to be ~ and parcel of sth** untrennbar mit etw *dat* verbunden sein; **to dress** [*or* **look**] **the** ~ sich *akk* [dem Anlass] entsprechend kleiden; **to take sb's** ~ sich *akk* auf jds Seite stellen; **on sb's** ~ (*form*) von seiten einer Person *gen,* seitens einer Person *gen;* ***it was a mistake on Julia's ~*** es war Julias Fehler; **for my** ~ was mich betrifft, ich für meinen Teil **II.** *adv inv* teils, teilweise; ***she is ~ African*** sie hat afrikanisches Blut in sich; ~ **…** ~ teils … teils **III.** *vi* ① (*separate*) sich *akk* trennen; *curtains* aufgehen; **to ~ on good/bad terms** im Guten/Bösen auseinander gehen ② (*form: leave*) [weg]gehen; (*say good bye*) sich *akk* verabschieden **IV.** *vt* ① (*separate*) ■**to ~ sb/sth** jdn/etw [voneinander] trennen ② (*with hair*) **to ~ hair** einen Scheitel ziehen, Haar scheiteln ▸ PHRASES: **to ~ company** sich *akk* trennen

◆**part with** *vt* ■**to ~ with sth** sich *akk* von etw *dat* trennen; **to ~ with one's cash** (*fam*) sein Geld herausrücken *fam*

partake [pɑː'teɪk, AM pɑːr'-] *vi* <-took, -taken> ① (*form: in activity*) ■**to ~ in sth** an etw *dat* teilnehmen [*o* teilhaben] ② (*form or hum: food, drink*) **to ~ of drink/food** etw mittrinken/mitessen; ***would you care to ~ of a little wine with us?*** würden Sie uns die Ehre erweisen, ein Gläschen Wein mit uns zu trinken? *geh* ③ (*have*) ■**to ~ of sth** etw [an sich *akk*] haben

parted ['pɑːtɪd, AM 'pɑːrt̬-] *adj inv* ① (*opened*) ~ **lips** leicht geöffnete Lippen ② (*separated*) ■**to be ~ from sb/sth** von jdm/etw getrennt sein

parterre [pɑː'teəʳ, AM pɑːr'ter] *n* ① (*of a garden*) Parterreanlage *f* ② AM THEAT Parterre *nt veraltend*

part exchange *n esp* BRIT Inzahlungnahme *f* (**for** gegen +*akk*); **to give/take sth in** ~ etw in Zahlung geben/nehmen

parthenogenesis [,pɑːθənə(ʊ)'dʒenɪsɪs, AM ,pɑːrθənoʊ'dʒenə-] *n no pl* Jungfernzeugung *f,* Parthenogenese *f fachspr*

parthenogenetic [,pɑːθənə(ʊ)'dʒenɪk, AM ,pɑːrθənoʊ'-] *adj* parthenogenetisch *fachspr*

parthenogenetically [,pɑːθənə(ʊ)'dʒenɪkli, AM ,pɑːrθənoʊ'-] *adv* parthenogenetisch *fachspr*

Parthian shot [,pɑːθiən'ʃɒt, AM ,pɑːrθiən'ʃɑːt] *n* letztes, boshaftes Wort

partial ['pɑːʃəl, AM 'pɑːr-] **I.** *adj inv* ① (*incomplete*) Teil-, teilweise, partiell *geh;* ***he got ~ compensation for the damage to his house*** der Schaden an seinem Haus wurde zum Teil ersetzt; ***their success was only ~*** sie hatten nur teilweise Erfolg; ~ **paralysis** partielle Lähmung; ~ **success** Teilerfolg *m;* ~ **withdrawal** Teilrückzug *m* ② (*biased*) parteiisch ③ *pred* (*be fond of*) ■**to be ~ to sth** eine Vorliebe für etw *akk* haben **II.** *n* MUS Oberton *m*

partial-birth abortion [,pɑːʃəlbɜːθə'bɔːʃən, AM ,pɑːrʃəlbɜːrθə'bɔːr-] *n* Abtreibung *f* im fortgeschrittenen Stadium der Schwangerschaft

partial eclipse *n* partielle Finsternis; ~ **of the moon** partielle Mondfinsternis

partiality [,pɑːʃi'æləti, AM ,pɑːrʃi'ælət̬i] *n* ① *no pl* (*bias*) Parteilichkeit *f,* Voreingenommenheit *f* ② (*liking*) ■**to have a ~ for sth** eine Vorliebe [*o* Schwäche] für etw *akk* haben

partial loss *n* ECON Teilverlust *m,* Teilschaden *m*

partially ['pɑːʃəli, AM 'pɑːr-] *adv inv* teilweise; ~ **clad** halbnackt; ~ **cooked** vorgekocht

partially sighted *adj* halbblind

participant [pɑː'tɪsɪpənt, AM pɑːr'tɪsə-] *n* Teilnehmer(in) *m(f)*

participate [pɑː'tɪsɪpeɪt, AM pɑːr'tɪsə-] *vi* ■**to ~ [in sth]** [an etw *dat*] teilnehmen, sich *akk* [an etw *dat*] beteiligen

participating bond *n* Gewinnschuldverschreibung *f* **participating preference shares** *n,* AM **participating preferred stock** *n* Vorzugsaktien *pl* mit zusätzlicher Gewinnbeteiligung

participation [pɑː,tɪsɪ'peɪʃən, AM pɑːr,tɪsə'-] *n no pl* Teilnahme *f,* Partizipation *f geh* (**in** an +*dat*); ECON Beteiligung *f*

participation certificate *n* Genussschein *m* **participation fee** *n* FIN Provision an eine Bank für Anleihesyndizierungen

participative [pɑː'tɪsɪpətɪv, AM pɑːr'] *adj* ① (*taking part*) teilnehmend, beteiligt ② (*encouraging participation*) teilnehmerorientiert, Beteiligung vorsehend

participator [pɑː'tɪsɪpeɪtəʳ, AM pɑːr'tɪsəpeɪt̬ɚ] *n* Teilnehmer(in) *m(f);* FIN Gesellschafter(in) *m(f)*

participatory [pɑː'tɪsɪpətəri, AM pɑːr'tɪsəpə,tɔːri] *adj* teilnehmend; POL auf Mitbestimmung ausgerichtet

participatory democracy *n* partizipatorische Demokratie *fachspr,* Bürgerdemokratie *f*

participle [pɑː'tɪsɪpl̩, AM 'pɑːrtɪ-] *n* Partizip *nt*

particle ['pɑːtɪkl̩, AM 'pɑːrt̬ə-] *n* ① (*minute amount*) Teilchen *nt;* ~ **of dust** Staubkörnchen *nt* ② (*fig: smallest amount*) Spur *f,* Fünkchen *nt* ③ LING Partikel *f fachspr*

particle accelerator *n* Teilchenbeschleuniger *m* **particle board** *n no pl see* **chipboard particle physics** *n* [Elementar]teilchenphysik *f*

particoloured ['pɑːtɪkʌləd, AM 'pɑːrtɪkʌlɚd] *adj inv* bunt, verschiedenfarbig

particular [pɑː'tɪkjələʳ, AM pɚ'tɪkjələ] **I.** *adj* ① *attr* (*individual*) bestimmt; **a ~ instance** ein bestimmter Moment ② *attr* (*special*) besondere(r,s), speziell; **to be of ~ concern to sb** jdn besonders interessieren; **no ~ reason** kein bestimmter Grund ③ *pred* (*fussy*) eigen; (*demanding*) anspruchsvoll (**about** hinsichtlich +*gen*); **to be ~ about one's appearance** sehr auf sein Äußeres achten **II.** *n* (*form*) ① (*detail*) Einzelheit *f,* Detail *nt;* **in every** ~ bis ins Detail ② (*information*) ■**~s** *pl* Einzelheiten *pl,* Details *pl;* **to take down sb's** ~ jds Personalien aufnehmen

❸ *no pl* (*example*) **the** ~ die Details *pl,* das Besondere ▸ PHRASES: **nothing in** ~ nichts Besonderes; **in** ~ insbesondere

particularity [pəˌtɪkjəˈlærəti, AM pɚˌtɪkjəˈlerət̬i] *n* (*form*) ❶ *no pl* (*detailedness*) Genauigkeit *f* ❷ (*small details*) ■**particularities** *pl* Einzelheiten *pl,* besondere Umstände *pl*

particularize [pɑːˈtɪkjələraɪz, AM pɚˈtɪkjələ-] *vt* (*form*) ■**to** ~ **sth** ❶ (*itemize*) etw spezifizieren [*o* konkretisieren] ❷ (*focus on*) sich *akk* auf etw *akk* konzentrieren [*o* beschränken]

particularly [pɑːˈtɪkjələli, AM pɚˈtɪkjəlɚ-] *adv* besonders, vor allem; ***I didn't ~ want to go*** ich hatte keine große Lust hinzugehen

Partie Québecois *n* CAN *separatistische Partei der Provinz Québec*

parting [ˈpɑːtɪŋ, AM ˈpɑːrt̬-] **I.** *n* ❶ (*farewell*) Abschied *m;* (*separation*) Trennung *f;* ***the ~ of the ways came after a series of disagreements*** nach einer Reihe von Missverständnissen gingen sie getrennte Wege; **pain of** ~ Trennungsschmerz *m* ❷ BRIT, AUS *of hair* Scheitel *m;* **centre** ~ Mittelscheitel *m;* **side** ~ Seitenscheitel *m* **II.** *adj attr, inv* Abschieds-; ~ **words** Abschiedsworte *ntpl*

parting shot *n* letztes [sarkastisches] Wort, letzte Spitze

Parti Québécois [parˈtiːˌkeɪbekˈwɑː] *n* CAN *kanadische Separatistenpartei, die sich für die Abspaltung des französischsprachigen Teils Kanadas ausspricht*

partisan [ˌpɑːtɪˈzæn, AM ˈpɑːrt̬ɪzən] **I.** *n* ❶ (*supporter*) *of a party* Parteigänger(in) *m(f),* Parteifreund(in) *m(f); of a person* Anhänger(in) *m(f)* ❷ MIL Partisan(in) *m(f),* Freischärler(in) *m(f)* **II.** *adj* parteiisch, voreingenommen; ~ **line** parteiische Haltung; ~ **spirit** Parteilichkeit *f,* Voreingenommenheit *f*

partisanship [ˌpɑːtɪˈzænʃɪp, AM ˈpɑːrt̬ɪzən-] *n no pl* Parteilichkeit *f*

partition [pɑːˈtɪʃən, AM pɑːrˈ-] **I.** *n* ❶ *no pl* POL Teilung *f* ❷ (*structure*) Trennwand *f,* Raumteiler *m* ❸ COMPUT (*part of hard disk*) Partition *f* ❹ LAW Grundstückstellung *f* **II.** *vt* ❶ POL ■**to** ~ **sth** etw [auf]teilen; **to** ~ **a country** ein Land teilen ❷ (*divide*) ■**to** ~ **sth** etw [unter]teilen; **to** ~ **a room** ein Zimmer aufteilen ❸ COMPUT (*divide disk*) ■**to** ~ **sth** etw partitionieren

◆**partition off** *vt* **to** ~ **off a room** ein Zimmer abteilen

partizan *n, adj see* **partisan**

partizanship *n no pl see* **partisanship**

partly [ˈpɑːtli, AM ˈpɑːr-] *adv inv* zum Teil, teils, teilweise; ~**-paid capital** teilweise eingezahltes Aktienkapital; ~**-secured creditors** nur zum Teil gesicherte Gläubiger; ~**-paid shares** teilweise eingezahlte Aktien

partner [ˈpɑːtnəʳ, AM ˈpɑːrtnɚ] **I.** *n* ❶ (*owner*) Teilhaber(in) *m(f),* Gesellschafter(in) *m(f);* (*in a law firm*) Sozius *m* ❷ (*accomplice*) ~ **in crime** Komplize, -in *m, f* ❸ (*in dancing*) [Tanz]partner(in) *m(f);* (*in sports*) Partner(in) *m(f)* ❹ (*spouse*) Ehepartner(in) *m(f);* (*unmarried*) [Lebens]partner(in) *m(f);* **sexual** ~ Sexualpartner(in) *m(f)* **II.** *vt usu passive* ■**to** ~ **sb** jds Partner sein; ■**to be ~ed by sb** jdn als [*o* zum] Partner haben **III.** *vi* AM ■**to** ~ **with sb** sich *akk* mit jdm zusammentun [*o* zusammenschließen]

partnership [ˈpɑːtnəʃɪp, AM ˈpɑːrtnɚ-] *n* ❶ *no pl* (*condition*) Partnerschaft *f;* **the** ~ **of marriage** LAW die eheliche Gemeinschaft ❷ (*company*) Teilhaberschaft *f,* Personengesellschaft *f,* [offene] Handelsgesellschaft; *of lawyers* Sozietät *f;* **limited** ~ Kommanditgesellschaft *f;* **to go** [*or* **enter**] **into** ~ **with sb** mit jdm eine Geschäftsverbindung eingehen

partnership agreement *n* Gesellschaftsvertrag *m,* Sozietätsvertrag *m*

part of speech <*pl* parts of speech> *n* LING Wortart *f*

partook [pɑːˈtʊk, AM pɑːr] *vi pt of* **partake**

part owner *n* ECON Miteigentümer(in) *m(f)* **part ownership** *n* ECON Miteigentümerschaft *f* **part payment** *n* Teilzahlung *f*

partridge <*pl* – *or* -s> [ˈpɑːtrɪdʒ, AM ˈpɑːr-] *n* Rebhuhn *nt*

part-song *n* mehrstimmiges Lied **part-time I.** *adj* Teilzeit-, Halbtags-; ~ **worker** Teilzeitbeschäftigte(r) *f(m),* Halbtagskraft *f;* ~ **staff** Teilzeitkräfte *fpl;* ~ **student** *Student, der kein reguläres Studium absolviert* **II.** *adv* **to work** ~ einer Teilzeitbeschäftigung nachgehen, halbtags arbeiten **part-time job** *n* Teilzeitarbeit *f,* Halbtagsarbeit *f* **part-timer** *n* Teilzeitbeschäftigte(r) *f(m),* Halbtagskraft *f*

parturient [pɑːˈtjʊəriənt, AM pɑːrˈtjʊr-] *adj* (*giving birth*) gebärend, attr; (*relating to birth*) der Geburt nach *n*

parturition [ˌpɑːtjʊ(ə)ˈrɪʃən, AM ˌpɑːrtuːˈ-] *n no pl* (*spec*) Niederkunft *f form,* Geburt *f*

part-way *adv inv* zum Teil, teilweise; ***we'll stop for coffee when we are ~ there*** auf halbem Wege halten wir an und trinken einen Kaffee

party [ˈpɑːti, AM ˈpɑːrt̬i] **I.** *n* ❶ (*celebration*) Party *f,* Feier *f;* **all-night** ~ Party *f* bis zum Morgen; **to have** [*or* **give**] [*or* **throw**] **a** ~ eine Party geben ❷ + *sing/pl vb* POL Partei *f;* **opposition** ~ Oppositionspartei *f;* **the** ~ **in power** die regierende Partei; **working** ~ Arbeitsausschuss *m* ❸ + *sing/pl vb* (*group*) [Reise]gruppe *f;* **coach** ~ Gruppe *f* von Busreisenden; **royal** ~ Gruppe *f* von Mitgliedern des Königshauses; **school** ~ Schülergruppe *f;* **fishing** ~ Gruppe *f* von Anglern; **search** ~ Suchtrupp *m* ❹ (*person involved*) Partei *f;* **the guilty** ~ die schuldige Partei; **third** ~ Dritter *m,* dritte Person; **to be** [**a**] ~ **to an arrangement** etw von einer Abmachung wissen; **to be** [**a**] ~ **to a secret** in ein Geheimnis eingeweiht sein; **to be** [**a**] ~ **to a crime** LAW an einem Verbrechen beteiligt sein ❺ (*fam: person*) Person *f* **II.** *n modifier* ❶ (*of a party*) Party-; ~ **balloons** Luftballons *mpl;* ~ **spirit** Partylaune *f,* Partystimmung *f;* ~ **snack** Party-Snack *m,* [Party]häppchen *nt* ❷ POL Partei-; ~ **donation** Parteispende *f;* ~ **affiliations** Parteizugehörigkeit *f;* ~ **candidate** Kandidat(in) *m(f)* einer Partei; ~ **convention** Parteiversammlung *f;* **Democratic P~ Convention** Versammlung *f* der Demokraten; **the** ~ **faithful** die [treuen] Parteianhänger *pl* **III.** *vi* <-ie-> (*fam*) feiern

party animal *n* Partylöwe *m fam,* begeisterter Partygänger/begeisterte Partygängerin **party boss** *n* Parteibonze *m* **party caucus** *n* POL ❶ (*grouping*) Parteiclique *f* ❷ (*meeting*) Parteitag *m* **party conference** *n* BRIT, **party congress** *n* AM Parteitag *m* **party delegate** *n* Parteiabgeordnete(r) *f(m)* **party elite** *n* Parteispitze *f* **party-goer** *n* (*guest*) Partygast *m;* (*frequenter of parties*) Partygänger(in) *m(f)* **party hack** *n* (*pej*) Hinterbänkler(in) *m(f)*

partying [ˈpɑːtiɪŋ, AM ˈpɑːrt̬i-] *n no pl* Feiern *nt*

party leader *n* Parteivorsitzende(r) *f(m),* Parteichef(in) *m(f)* **party leadership** *n* Parteiführung *f* **party line** *n* ❶ POL Parteilinie *f;* **to toe** [*or* **follow**] **the** ~ der Parteilinie folgen, linientreu sein ❷ TELEC Gemeinschaftsanschluss *m* **party-liner** *n* Linientreue(r) *f(m)* **party machine** *n* Parteimaschinerie *f* **party man** *n* treuer Parteianhänger **party member** *n* Parteimitglied *nt;* **paid-up** ~ vollwertiges Parteimitglied, Parteimitglied *nt* ohne Beitragsrückstände **party organ** *n* Parteiorgan *nt* **party piece** *n* BRIT (*hum*) Showeinlage *f* auf einer Party **party political** *adj* parteipolitisch **party political broadcast** *n* BRIT, AUS Wahlsendung *f* [einer Partei] **party politics** *n* + *sing/pl vb* Parteipolitik *f* **party pooper** *n esp* AM (*hum fam*) Spielverderber(in) *m(f),* Miesmacher(in) *m(f) fam* **party wall** *n* [gemeinsame] Grenzmauer, Brandmauer *f* **party whip** *n* BRIT ■**the** ~ die Parteidisziplin

par value *n* STOCKEX Nennwert *m,* Nominalwert *m;* ~ **share** Nennwertaktie *f;* **at/above/below** ~ zum/über/unter Nennwert

parvenu [ˈpɑːvənjuː, AM ˈpɑːrvənuː] **I.** *n* (*pej form*) Emporkömmling *m,* Parvenü *m geh* **II.** *adj* nach Art eines Emporkömmlings

Pascal *n,* **PASCAL** [pæsˈkæl] *n no pl* COMPUT Pascal *nt*

paschal [ˈpæskəl] *adj inv* (*form*) Oster-

pas-de-deux <*pl* -> [ˌpɑːdəˈdɜː] *n* Pas de deux *m*

pasha [ˈpɑːʃə, AM pəˈʃɑː] *n* HIST Pascha *m*

paso doble <*pl* -s> [ˌpæsəʊˈdəʊbleɪ, AM ˌpɑːsoʊˈdoʊbleɪ] *n* Paso doble *m*

pass [pɑːs, AM pæs]

I. NOUN **II.** TRANSITIVE VERB
III. INTRANSITIVE VERB

I. NOUN

<*pl* -es> ❶ TRANSP (*road*) Pass *m;* **one of the highest ~es in Europe** einer der höchsten Pässe in Europa; **mountain** ~ [Gebirgs]pass *m* ❷ FBALL, SPORTS (*of a ball*) Pass *m,* Vorlage *f* (*für ein Tor*)*;* ***that was a beautiful ~ to the centre forward*** das war ein gekonnter Pass zum Mittelstürmer ❸ (*sweep*) *by a plane* [Darüber]streichen *nt kein pl;* ***they had seen the aircraft flying low in a ~ over the ski resort*** sie hatten gesehen, wie das Flugzeug sehr tief über das Skigebiet hinwegflog; *by a magician, conjuror* [Hand]bewegung *f;* ***the magician made some ~es with his hands over her body*** der Zauberer fuhr mit der Hand mehrmals über ihren Körper ❹ (*fam: sexual advance*) Annäherungsversuch *m;* **to make a** ~ [**at sb**] einen Annäherungsversuch [bei jdm] machen, sich *akk* an jdn ranmachen *fam* ❺ BRIT SCH, UNIV (*exam success*) Bestehen *nt kein pl* (*einer Prüfung*)*;* **to achieve grade A ~es** sehr gute Noten bekommen; **to get/obtain a** ~ **in an exam** eine Prüfung bestehen; AM (*grade*) Bestehen *nt kein pl* (*einer Prüfung*)*;* ***in those courses they don't grade students — they just get a ~ or fail*** in diesen Kursen bekommen die Studenten keine Noten, sie können nur entweder bestehen oder durchfallen; (*proof of completion*) Bestanden *nt* ❻ (*permit*) Passierschein *m;* ***only people with a ~ are allowed to enter the nuclear power station*** nur Personen mit einem entsprechenden Ausweis dürfen das Kernkraftwerk betreten; *for a festival* Eintritt *m,* Eintrittskarte *f; for public transport* [Wochen-/Monats-/Jahres-]karte *f;* **bus** ~ Busfahrkarte *f* (*Fahrkarte, die über einen bestimmten Zeitraum gültig ist*)*;* **free** ~ Freikarte *f;* ***disabled people have a free ~ for the public transport system*** Behinderte können die öffentlichen Verkehrsmittel kostenlos benutzen; *esp* AM SCH *to leave class* Entschuldigung *f* (*für das Fernbleiben vom Unterricht*)*;* ***why aren't you at the math class? — I've got a ~*** warum bist du nicht im Matheunterricht? — ich hab eine Entschuldigung ❼ *no pl* (*predicament*) Notlage *f,* kritische Lage; ***this is a ~ — we can't get back into the hotel*** da haben wir uns ja was Schönes eingebrockt – wir können nicht ins Hotel zurück *fam;* **to come to a pretty** ~ ziemlich übel [für jdn] aussehen *fam;* ***it's come to a pretty ~ when you can't even have a few quiet drinks with friends*** wenn man nicht mal mehr in aller Ruhe mit seinen Freunden ein paar Gläschen trinken kann, dann stimmt was nicht *fam;* **to reach a** ~ außer Kontrolle geraten, ausufern

II. TRANSITIVE VERB

❶ (*go past*) ■**to** ~ **sb/sth** an jdm/etw vorbeikommen; ***if you ~ a supermarket, can you get me some milk?*** würdest du mir Milch mitbringen, wenn du beim Supermarkt vorbeikommst? ❷ (*exceed*) ***it ~es all belief that he could have been so selfish*** es ist doch wirklich nicht zu fassen, dass er dermaßen selbstsüchtig sein konnte; **to** ~ **a closing date/sell-by date** verfallen; ***don't buy goods which have ~ed their sell-by date*** kauf keine Waren, deren Verfallsdatum bereits abgelaufen ist; **to** ~ **a limit** eine Grenze überschreiten; **to** ~ **the time limit** das Zeitlimit überschreiten; ***I'm sorry, you've ~ed the time limit*** es tut mir Leid, aber Sie haben überzogen ❸ (*hand to*) ■**to** ~ **sth to sb** jdm etw [herüber]reichen; (*bequeath to*) jdm etw vererben; ***could you ~ the salt please?*** könnten Sie mir bitte mal das Salz [herüber]reichen?; ***I asked if I could see the letter so she ~ed it to me reluctantly*** ich

P

fragte, ob ich den Brief mal sehen könnte, also gab sie ihn mir widerwillig; ***the deceased's estate was ~ed to his distant relatives*** der Besitz des Verstorbenen fiel an seine entfernten Verwandten; ***Gerald ~ed the note to me*** Gerald gab mir die Notiz; **to ~ the hat [around]** (*fig*) den Hut herumgehen lassen; (*transfer to*) ■**to be ~ed to sb** auf jdn übergehen; ***the responsibility was gradually ~ed to the British government*** die Verantwortung wurde nach und nach der britischen Regierung übertragen 4 (*put into circulation*) **to ~ money** Geld in Umlauf bringen; ***I saw someone get caught trying to ~ forged five pound notes in the supermarket*** ich sah, wie jemand dabei erwischt wurde, als er versuchte im Supermarkt mit gefälschten Fünfpfundnoten zu bezahlen; ***I haven't trusted him since he ~ed me a forged fiver*** ich trau ihm einfach nicht mehr, seit er versucht hat, mir einen gefälschten Fünfer anzudrehen *fam* 5 FBALL, SPORTS **to ~ the ball to sb** jdm den Ball zuspielen; ***the crowd were shouting at the player to ~ the basketball*** die Zuschauermenge schrie dem Basketballspieler zu, er solle den Ball abgeben; **to ~ the baton to sb** den Stab an jdn abgeben; ***the timing of the athletes in a relay race must be perfect to ~ the baton smoothly*** das Timing beim Staffellauf muss absolut stimmen, damit der Stab sauber übergeben werden kann 6 FOOD (*process*) ***the cook ~ed the carrots through the mixer*** der Koch pürierte die Karotten im Mixer; **to ~ the water through the filter** das Wasser durch den Filter laufen lassen 7 SCH, UNIV (*succeed*) **to ~ an exam/a test** eine Prüfung/eine Arbeit bestehen; (*fig: meet requirements*) eine Prüfung bestehen, gut genug sein; ***she ~ed the oral but failed the written exam*** die mündliche Prüfung hat sie bestanden, aber in der schriftlichen ist sie durchgefallen; ***why the questions? — am I supposed to ~ some silly imaginary test?*** warum fragst du mich das? soll das vielleicht so eine Art Prüfung für mich sein?; **to ~ muster** akzeptabel sein; ***new teams won't be admitted to the league if their stadiums don't ~ muster*** neue Mannschaften werden nur dann in die Liga aufgenommen, wenn ihre Stadien auf dem erforderlichen Stand sind 8 (*of time*) **to ~ one's days/holiday** [*or* AM **vacation**]**/time doing sth** seine Tage/Ferien/Zeit mit etw *dat* verbringen; ***it was a long train journey, but they managed to ~ three hours playing cards*** es war eine lange Zugfahrt, aber sie haben drei Stunden davon mit Kartenspielen herumgebracht *fam;* **to ~ the time** sich *dat* die Zeit vertreiben; ***I'm not very good at drawing but it helps to ~ the time*** ich kann zwar nicht sehr gut zeichnen, aber es ist doch ein ganz schöner Zeitvertreib; ***I just wanted to ~ the time of day with her, but she completely ignored me*** ich wollte wirklich nur kurz guten Tag sagen und ein wenig mit ihr plaudern, aber sie hat mich völlig links liegen gelassen 9 POL (*approve*) ■**to ~ sth** etw verabschieden; ***they are hoping to ~ legislation which will forbid drivers aged under 25 to drink alcohol*** man hofft darauf, ein Gesetz einzuführen, das Fahrern unter 25 den Genuss von Alkohol verbieten würde; **to ~ a bill/law** ein Gesetz verabschieden; **to ~ a motion** einen Antrag genehmigen; **to ~ a resolution** eine Resolution verabschieden; **to ~ sb/sth as fit** [*or* **suitable**] jdn/etw [als] geeignet erklären; ***the restaurant was serving meat that had not been ~ed as fit for human consumption*** in dem Restaurant wurde Fleisch serviert, das nicht für den Verzehr freigegeben war; ***he was ~ed fit for military service*** er wurde für wehrdiensttauglich erklärt; ***the censors ~ed the film as suitable for children*** die Zensurstelle gab den Film für Kinder frei 10 (*utter*) **to ~ a comment** einen Kommentar abgeben, sich *akk* äußern; **to ~ a comment on sb** eine Bemerkung über jdn machen; **to ~ judgement [on sb/sth]** [über jdn/etw] urteilen [*o* ein Urteil fällen]; ***the jury at the film festival ~ed judgement on the films they had seen*** die Jury gab beim Filmfestival ihr Urteil über die Filme ab, die sie gesehen hatte; **to ~ one's opinion** seine Meinung sagen; **to ~ a remark** eine Bemerkung machen; ***I heard she'd been been ~ing remarks about me behind my back*** ich hörte, dass sie hinter meinem Rücken über mich hergezogen war; **to ~ sentence [on sb]** LAW das Urteil [über jdn] fällen 11 MED (*form: excrete*) ■**to ~ sth** etw ausscheiden; **to ~ blood** Blut im Stuhl/Urin haben; **to ~ faeces** Kot ausscheiden; **to ~ urine** urinieren; **to ~ water** Wasser lassen 12 FIN **to ~ a dividend** eine Dividende ausfallen lassen ► PHRASES: **to ~ the buck [to sb/sth]** (*pej fam*) die Verantwortung abschieben, jdm/etw den Schwarzen Peter zuschieben; ***the government has simply ~ed the buck to the local authorities without offering any support*** die Regierung hat die Verantwortung ganz einfach auf die Kommunen abgewälzt, ohne ihnen irgendeine Unterstützung anzubieten

III. INTRANSITIVE VERB

1 (*move by*) vorbeigehen, vorbeikommen; ***I was just ~ing so I thought I'd drop in for a chat*** ich bin gerade vorbeigekommen und dachte, ich schau mal kurz auf ein paar Worte rein; ***we often ~ed on the stairs*** wir sind uns oft im Treppenhaus begegnet; ***the road will ~ near the village*** die Straße wird nahe am Dorf vorbeiführen; ***the marchers ~ed by without stopping*** die Demonstranten zogen vorüber, ohne anzuhalten; ***not one car ~ed while I was there*** während ich dort war, fuhr nicht ein einziges Auto vorbei; ***the Queen ~ed among the crowd*** die Königin mischte sich unter die Menge; ***he ~ed nearby our group without even knowing we were there*** er lief nicht weit von unser Gruppe entfernt vorbei, völlig ohne mitzukriegen, dass wir da waren; ***you'll have to ~ not far from where we'll be standing*** du musst sowieso ganz in der Nähe von wo wir stehen vorbei; ***the planes ~ed noisily overhead*** die Flugzeuge donnerten vorbei *fam;* ***the bullet ~ed between her two shoulder blades*** die Kugel ging genau zwischen ihren Schulterblättern durch; (*fig*) ***a momentary look of anxiety ~ed across his face*** für einen kurzen Moment überschattete ein Ausdruck der Besorgnis seine Miene; **to ~ unnoticed** unbemerkt bleiben, überhaupt nicht auffallen; ■**to ~ over sth** über etw *akk* gleiten; *plane* über etw *akk* hinwegfliegen; ■**to ~ under sth** unter etw *dat* hindurchfahren [*o* gehen]; ***the road ~es under the railway line*** die Straße führt unter einer Eisenbahnbrücke hindurch 2 (*enter*) eintreten, hereinkommen; ***may I ~?*** kann ich hereinkommen?; ***that helps prevent fats ~ing into the bloodstream*** das verhindert, dass Fette in die Blutbahn gelangen; **to let sb [*or* allow sb to] ~** jdn durchlassen; **they shall not ~!** sie werden nicht durchkommen! (*Kampfruf der Antifaschisten*) 3 (*go away*) vergehen, vorübergehen, vorbeigehen; ***it'll soon ~*** das geht schnell vorbei; ***I felt a bit nauseous, but the mood ~ed*** mir war ein bisschen schlecht, aber es war gleich wieder vorbei 4 (*change*) ■**to ~ from sth to sth** von etw *dat* zu etw *dat* übergehen; ***wax ~es from solid to liquid when you heat it*** beim Erhitzen wird festes Wachs flüssig; ***the water ~es from a liquid state to a solid state when frozen*** Wasser wird fest, wenn es gefriert 5 (*move into*) ***gradually all these English words have ~ed into the German language*** mit der Zeit sind all diese englischen Wörter in die deutsche Sprache eingegangen 6 (*exchange*) ***no words have ~ed between us since our divorce*** seit unserer Scheidung haben wir kein einziges Wort miteinander gewechselt; ***the looks ~ing between them suggested they had a very close relationship*** die Blicke, die sie miteinander wechselten, ließen darauf schließen, dass sie sich sehr nahe standen; ***greetings were always ~ed between them, despite their mutual animosity*** obwohl sie sich gegenseitig nicht ausstehen konnten, grüßten sie sich immer 7 FBALL (*of a ball*) zuspielen, [den Ball] abgeben; ***he's a good player but he should ~ more*** er ist ein guter Spieler, aber er sollte den Ball auch öfter einmal den anderen zuspielen 8 SCH (*succeed*) bestehen, durchkommen; ***after taking his driving test four times he ~ed at the fifth attempt last week*** nachdem er viermal durch die Fahrprüfung gefallen war, bestand er sie letzte Woche beim fünften Anlauf 9 *usu passive* (*approve*) ***the resolution was ~ed unanimously*** die Resolution wurde einstimmig angenommen; ***"motion ~ed by a clear majority," said the speaker of the house*** „Antrag mit deutlicher Mehrheit angenommen", sagte der Parlamentspräsident 10 (*go by*) vergehen, verstreichen; ***the evening ~ed without any great disasters*** der Abend verlief ohne größere Zwischenfälle; ***time seems to ~ so slowly when you're in school*** wenn man in der Schule ist, scheint die Zeit unheimlich langsam zu vergehen; ***I saw that I had let a golden opportunity ~*** ich merkte, dass ich eine wirklich einmalige Gelegenheit ungenutzt hatte verstreichen lassen; ***for a moment she thought he was going to kiss her, but the moment ~ed*** einen kurzen Augenblick lang dachte sie, er würde sie küssen – aber dieser Moment verstrich, und nichts geschah 11 (*fig: not answer*) passen [müssen]; ***what's happened here? — I'll have to ~, I don't know either*** was ist denn hier passiert? – fragen Sie mich nicht, ich weiß es auch nicht; ***~ — I don't know the answer*** ich passe – ich weiß es nicht; ***the second contestant ~ed on four questions*** der zweite Wettbewerbsteilnehmer musste bei vier Fragen passen 12 (*fig fam: not consume*) ■**to ~ on sth** auf etw *akk* verzichten; ***thanks, but I think I'll ~ on the chocolates since I'm dieting*** danke, aber ich verzichte lieber auf die Pralinen, weil ich eine Diät mache 13 (*be accepted as*) ***I really want to go to the film, but I don't think I'd ~ as 18*** ich will den Film unbedingt sehen, aber die glauben mir nie, dass ich 18 bin; ***do you think this non-matching jacket and trousers could ~ as a suit?*** meinst du, ich kann diese Jacke und die Hose als Anzug anziehen, obwohl sie nicht zusammengehören?; ***they recruited somebody they hoped would ~ as a German in the film*** für den Film haben sie jemanden engagiert, von dem sie hoffen, dass er als Deutscher durchgeht

◆**pass along I.** *vt* ■**to ~ along ↔ sth** etw weitergeben; ***he couldn't give it back to me personally so his mother ~ed along the book to me*** er konnte mir das Buch nicht persönlich zurückgeben, also brachte es mir seine Mutter mit; **to ~ a message along** eine Nachricht weiterleiten **II.** *vi* vorbeigehen; ***I heard footsteps ~ing along the corridor outside*** ich hörte Schritte draußen auf dem Gang; ***the policemen told the crowd to ~ along*** die Polizei wies die Menge an, weiterzugehen

◆**pass around** *vt* ■**to ~ sth ↔ around** etw herumreichen; ***she ~ed around the petition and everybody signed it*** sie ließ die Petition herumgehen und jeder unterschrieb; ***a cup containing alcohol would be ~ed around from person to person*** ein Becher mit Alkohol machte immer die Runde; **to ~ around chocolate/crisps** [*or* AM **chips**] Schokolade/Chips herumreichen; ***I bought the drinks and then ~ed them around the group*** ich kaufte die Getränke und verteilte sie dann an die Gruppe; **to ~ the hat around** den Hut herumgehen lassen; (*fig*) eine Sammlung veranstalten

◆**pass away I.** *vi* 1 (*euph: die*) verscheiden *geh,* entschlafen *euph geh;* ***she's terribly upset because her father ~ed away*** das Hinscheiden Ihres Vaters hat sie furchtbar mitgenommen 2 (*fade*) nachlassen; *anger* verrauchen; ***the look of elation that had come on her face ~ed away*** der verzückte Ausdruck, der auf ihr Gesicht getreten war, wich **II.** *vt* ■**to ~ away ↔ sth** etw verbringen; ***we ~ed away the evening watching TV*** wir verbrachten den Abend mit Fernsehen; ***those two can't ~ away a few hours together without arguing*** die beiden können nicht ein paar Stunden zusammen sein, ohne sich in die Haare zu kriegen *fam*

◆**pass by** I. *vi* ① (*elapse*) *time* vergehen ② (*go past*) vorbeigehen, vorübergehen; he ~ed by as if he had not even seen me er ging an mir vorbei, als ob er mich überhaupt nicht gesehen hätte; **to ~ by on the other side** *esp* BRIT (*fig*) völlig unberührt bleiben; no one seeing the plight of these refugees could ~ by on the other side niemanden, der die Not dieser Flüchtlinge sieht, kann das einfach kalt lassen ③ (*travel past*) vorbeifahren; she sat looking out of the train window at the countryside ~ing by sie saß da und schaute aus dem Zugfenster auf die vorbeiziehende Landschaft II. *vt* ① (*miss sb*) ▪**to ~ sb by** an jdm vorbeigehen; do you ever feel that life is ~ing you by? hast du manchmal das Gefühl, dass das Leben an dir vorbeigeht?; I regarded the whole affair as a nonsense, and so let it ~ me by ich habe die ganze Sache als Unsinn betrachtet und mich deswegen nicht weiter darum gekümmert ② (*go past*) ▪**to ~ sb/sth ↔ by** an jdm/etw vorübergehen [*o* vorbeigehen]; I had often ~ed this shop by ich bin schon oft an diesem Laden vorbeigegangen

◆**pass down** *vt* ① *usu passive* (*bequeath*) ▪**to ~ down ↔ sth** etw weitergeben; **to ~ down songs/tales** Lieder/Geschichten überliefern; **to ~ down a tradition** eine Traditon weitergeben; this tradition had been ~ed down through the family for centuries diese Tradition wurde jahrhundertelang innerhalb der Familie weitergeführt; ▪**to ~ sth down to sb** etw an jdn weitergeben; in turn each father ~ed down the secrets of the trade to his sons die Väter gaben ihre Berufsgeheimnisse jeweils an ihre Söhne weiter; the suit our teacher was wearing had been ~ed down to him by his father den Anzug, den unser Lehrer trug, hatte ihm sein Vater vermacht ② (*hand down*) ▪**to ~ sth ↔ down** etw hinunterreichen; as they left the train he ~ed their luggage down to his wife als sie aus dem Zug ausstiegen, reichte er seiner Frau das Gepäck hinaus

◆**pass off** I. *vt* ① (*deflect attention*) ▪**to ~ off ↔ sth** etw abtun; **to ~ off one's embarrassment** seine Verlegenheit überspielen; **to ~ off an episode** einen Zwischenfall übergehen ② (*pretend*) ▪**to ~ sth ↔ off as sth** etw als etw *akk* ausgeben; the dealer was trying to ~ off fakes as valuable antiques der Händler versuchte Fälschungen als echte Antiquitäten zu verkaufen; he tried to ~ this nonsense off as literature er versuchte diesen Quatsch als Literatur hinzustellen *fam;* **to ~ oneself off as a Dubliner** sich *akk* als Dubliner ausgeben II. *vi* ① (*take place*) verlaufen ② (*fade*) nachlassen; *elation* verfliegen

◆**pass on** I. *vi* ① (*proceed*) fortfahren, weitermachen; ▪**to ~ on to sth** zu etw *dat* übergehen [*o* kommen]; "if we could ~ on to the next item now, please?" asked the chairman, exasperatedly „könnten wir jetzt bitte zum nächsten Thema übergehen?" fragte der Vorsitzende verärgert ② (*euph: die*) entschlafen *euph geh,* verscheiden *geh* II. *vt* ① BIOL ▪**to ~ sth ↔ on** [to sb] etw [an jdn] weitergeben [*o* [weiter]vererben] ② (*transmit*) ▪**to ~ sth ↔ on** etw übertragen ③ (*infect*) ▪**to ~ sth ↔ on** *disease* etw übertragen ④ *usu passive* (*hand down*) **to ~ on clothes** Kleidung weitergeben; **to ~ on a fortune/jewellery** [*or* AM **jewelry**] ein Vermögen/Schmuck [weiter]vererben; **to ~ on stories** Geschichten überliefern; **to ~ on traditions** Traditionen weitergeben ⑤ (*refer*) **to ~ sb on to a higher authority/ a specialist** jdn an eine höhere Stelle/einen Fachmann verweisen; the doctor told me that he would have to ~ me on to a specialist der Arzt sagte mir, er müsse mich an einen Spezialisten überweisen ⑥ ECON (*raise prices*) ▪**to ~ sth ↔ on to sb** etw auf jdn umverteilen; the increased costs were ~ed on to the consumer die höheren Kosten wurden auf die Verbraucher abgewälzt

◆**pass out** I. *vi* ① (*faint*) in Ohnmacht fallen, bewusstlos werden, umkippen *fam;* when I opened the office door, I was hit on the head and ~ed out als ich die Tür zum Büro öffnete, bekam ich einen Schlag auf den Kopf und verlor das Bewusstsein ② (*leave*) hinausgehen; ▪**to ~ out of sth** etw verlassen; this is confidential so don't let it ~ out of your possession das ist vertraulich, also geben Sie es bitte nicht aus der Hand ③ BRIT, AUS UNIV abgehen; the new officer ~ed out from naval college only last week der neue Offizier hat erst in der vergangenen Woche seine Ausbildung an der Marineakademie abgeschlossen II. *vt* AM ▪**to ~ out ↔ sth** etw verteilen [*o* austeilen]; she ~ed out the cookies to the children sie verteilte die Kekse an die Kinder

◆**pass over** *vt* ① *usu passive* (*not promote*) ▪**to ~ over ↔ sb** jdn übergehen; he left the company after being ~ed over yet again er verließ die Firma, nachdem man ihn erneut bei der Beförderung übergangen hatte; **to ~ sb over for promotion** jdn bei der Beförderung übergehen ② (*overlook*) ▪**to ~ over ↔ sth** etw übergehen [*o* ignorieren]; he seemed to ~ over the most important points in his speech er schien über die wichtigsten Punkte in seiner Rede hinwegzugehen ③ (*move overhead*) ▪**to ~ over sb/sth** über jdn/etw hinweggehen; did you hear that plane ~ over the house last night? hast du letzte Nacht das Flugzeug über das Haus fliegen hören?

◆**pass round** *vt* BRIT *see* **pass around**

◆**pass through** *vi* ① (*experience*) ▪**to ~ through sth** etw durchlaufen; **to ~ through different cycles/stages** verschiedene Zyklen/Stadien durchlaufen; **to ~ through bitter days and months** schwierige Tage und Monate durchmachen; **to ~ through a terrible ordeal** ein furchtbares Martyrium erleiden müssen [*o fam* durchmachen] ② (*journey through*) durchreisen; I wanted to stop but my friends said we had to ~ through ich wollte anhalten, aber meine Freunde wollten weiterfahren; we were only ~ing through so I couldn't stop and say hi wir waren nur auf der Durchreise, also konnte ich nicht mal eben vorbeischauen; ▪**to ~ through sth** durch etw *akk* [hindurch]gehen; we ~ed through Stuttgart on our way to the Black Forest auf unserer Fahrt in den Schwarzwald kamen wir durch Stuttgart; why didn't you visit us while you were in Stuttgart? — we only ~ed through the station warum haben Sie uns nicht besucht, als Sie in Stuttgart waren? – wir hatten nur einen kurzen Aufenthalt im Bahnhof; **to ~ through the customs/a detector** den Zoll/einen Detektor passieren

◆**pass up** *vt* ▪**to ~ up ↔ sth** sich *dat* etw entgehen lassen; he's never one to ~ up a free meal einekostenloseMahlzeitlässt[d]ersichnieentgehen

passable ['pɑːsəbl, AM 'pæs-] *adj* ① (*traversable*) passierbar, befahrbar ② (*satisfactory*) [ganz] passabel; she could speak ~ Russian sie konnte ganz passabel Russisch sprechen; **only ~** nur so leidlich; **very ~** durchaus annehmbar

passably ['pɑːsəbli, AM 'pæs-] *adv* passabel, [ganz] ordentlich

passage ['pæsɪdʒ] *n* ① (*narrow corridor*) Gang *m,* Flur *m;* **underground ~** Unterführung *f* ② (*long path*) Durchgang *m* ③ LIT (*excerpt*) [Text]passage *f;* MUS Stück *nt* ④ (*onward journey*) Durchfahrt *f,* Durchreise *f;* **bird of ~** Zugvogel *m* ⑤ (*dated: sea voyage*) Überfahrt *f,* [Schiffs]passage *f;* **to take ~ to South Africa** eine Schiffsreise nach Südafrika unternehmen; **to work one's ~** seine Überfahrt abarbeiten; (*fig*) he's worked his ~ er hat es sich redlich verdient ⑥ (*way of escape*) Durchlass *m;* the hijackers demanded safe ~ out of the country die Entführer verlangten sicheren Abzug aus dem Land ⑦ *no pl* (*progression*) Voranschreiten *nt; of troops* Durchzug *m; of a plane* Überfliegen *nt; of fire* ungehindertes Sichausbreiten; many meteorites explode during their ~ through the atmosphere viele Meteoriten zerbersten auf ihrem Weg durch die Erdatmosphäre; **the ~ of time** das Verstreichen der Zeit; **with the ~ of time** im Lauf[e] der Zeit ⑧ POL (*passing*) *of a law* Verabschiedung *f; of a resolution* Annahme *f*

passageway *n* Korridor *m,* [Durch]gang *m*

passbook *n* Sparbuch *nt* **pass degree** *n* UNIV ① AM (*without honours*) *unterster akademischer Grad* ② AUS (*course*) Kurzstudium *nt*

passé [pæs'eɪ] *adj* (*pej*) passé, veraltet, out *sl;* **to look ~** altmodisch aussehen

passel ['pæsəl] *n* ▪**a ~ of sth** AM (*fam*) eine Unmenge einer S. *gen*

passenger ['pæsəndʒəʳ, AM -ɚ] I. *n* (*on a bus, tube*) Fahrgast *m;* (*of an airline*) Passagier(in) *m(f),* Fluggast *m;* (*on a train*) Reisende(r) *f(m);* (*in a car*) Mitfahrer(in) *m(f),* Insasse, -in *m, f;* **[front-seat] ~** Beifahrer(in) *m(f);* BRIT (*fig*) Trittbrettfahrer(in) *m(f) pej,* Schmarotzer(in) *m(f) pej* II. *n modifier* (*numbers, plane, ship, transport*) Passagier-; **~ lift/service/traffic** Personenaufzug *m*/-beförderung *f*/-verkehr *m;* **~ liner/vessel** Passagierschiff *nt*/-dampfer *m;* **~ side** Beifahrerseite *f;* **~ space** Fahrgastraum *m*

passenger accident insurance *n no pl* BRIT Reiseunfallversicherung *f* **passenger aircraft** *n* Passagierflugzeug *nt* **passenger cabin** *n* Fluggastraum *m* **passenger car** *n* RAIL Personenwaggon *m;* AUTO Personenwagen *m,* Pkw *m* **passenger coach** *n* Reisebus *m* **passenger flight** *n* Passagierflug *m* **passenger jet** *n* Passagierflugzeug *nt* **passenger list** *n* Passagierliste *f* **passenger mile** *n* Personenmeile *f;* AVIAT Passagiermeile *f* **passenger seat** *n* Beifahrersitz *m* **passenger traffic** *n no pl* Personenverkehr *m* **passenger train** *n* Personenzug *m*

passer-by <*pl* passers-> [ˌpɑːsə'baɪ, AM ˌpæsɚ'-] *n* Passant(in) *m(f),* Vorübergehende(r) *f(m)*

pass-fail course *n esp* AM *Kurse, für die es nur das Zertifikat ‚bestanden' oder ‚nicht bestanden' gibt*

passim ['pæsɪm] *adv inv* passim

passing ['pɑːsɪŋ, AM 'pæs-] I. *adj attr* ① *inv* (*going past*) *vehicle* vorbeifahrend; *person* vorbeikommend; **with each** [*or* **every**] **~ day** mit jedem weiteren Tag[, der vergeht]; **~ trade** Laufkundschaft *f* ② (*fleeting*) *glance, thought* flüchtig; **~ acquaintance** flüchtiger Bekannter/flüchtige Bekannte; **~ fad** Eintagsfliege *f;* **a ~ fancy** nur so eine Laune; he was a ~ fancy of hers er war nur so eine von ihren flüchtigen Liebschaften; **to be of ~ interest** von temporärem Interesse sein; **~ shower** kurzer Regenschauer ③ (*casual*) *remark* beiläufig; **to receive only a ~ mention** nur beiläufig erwähnt [*o* am Rande gestreift] werden; **in ~** nebenbei, beiläufig; in ~, it is worth noting that ... nebenbei ist erwähnenswert, dass ...; **to mention in ~** [ganz] nebenbei bemerken, beiläufig erwähnen ④ *inv* (*slight*) *resemblance* gering II. *n no pl* ① (*death*) Ableben *nt geh,* Hinscheiden *nt euph geh* ② (*end*) Niedergang *m;* **the ~ of an era** das Ende einer Ära ③ (*going by*) Vergehen *nt;* **with the ~ of the years** [*or* **time**] im Lauf der Jahre ④ SPORTS Passen *nt,* Zuspielen *nt* (*des Balls*); his ~ has improved seine Ballabgabetechnik hat sich verbessert

passing lane *n* AM Überholspur *f* **passing mark** *n,* **passing grade** *n* AM SCH, UNIV Ausreichend *nt* (*Mindestnote für das Bestehen einer Prüfung*) **passing-out** *n* BRIT, AUS MIL, UNIV Abschlussfeier *f* **passing-out ceremony** *n* BRIT, AUS, **passing-out parade** *n* BRIT, AUS MIL, UNIV Abschlusszeremonie *f* **passing place** *n* Ausweichstelle *f* **passing shot** *n* TENNIS Passierschlag *m*

passion ['pæʃən] *n* ① (*fancy*) Passion *f,* Vorliebe *f;* **to be one of sb's ~s** zu jds besonderen Vorlieben zählen; **to have a ~ for sth** ein Faible für etw *akk* haben; **to have a ~ for doing sth** etw leidenschaftlich gerne tun; his ~ for gambling eventually ruined him seine Spielsucht ruinierte ihn schließlich; **to have a consuming ~ [for sth]** eine große Leidenschaft [für etw *akk*] hegen ② (*love*) [große] Leidenschaft; her latest ~ is for a bus driver jetzt hat sie sich leidenschaftlich in einen Busfahrer verliebt ③ *no pl* (*fervour*) Leidenschaft *f,* Erregung *f;* to

P

arouse a ~ leidenschaftliche Gefühle wecken (4) (*strong emotion*) **crime of** ~ Verbrechen *nt* aus Leidenschaft; **to hate sb/sth with a** ~ jdn/etw aus tiefstem Herzen hassen; **to be hated with a** ~ zutiefst verhasst sein; ■**~s** *pl* Leidenschaften *fpl;* ***~s are running high*** die Wogen der Erregung schlagen hoch; ***mention her ex and that really gets her ~s roused*** man braucht ihren Ex nur zu erwähnen und schon geht sie hoch [wie eine Rakete] *fam;* **to inflame ~s** den Hass schüren

Passion ['pæʃᵊn] *n* (1) *no pl* REL (*Jesus's suffering*) Passion *f,* Leiden *nt* Christi; **the ~ of Christ on the cross** das Leiden und Sterben Christi am Kreuz (2) LIT, REL Passion *f,* Leidensgeschichte *f* (3) MUS, REL Passion *f*

passionate ['pæʃᵊnət, AM -nɪt] *adj* (1) (*strongly emotional*) leidenschaftlich; ~ **rhetoric** mitreißende Rede[kunst]; ■**to be ~ about sth** sich *akk* brennend für etw *akk* interessieren (2) (*amorous*) *embrace, kiss* leidenschaftlich; ~ **desire** brennender Wunsch

passionately ['pæʃᵊnətli, AM -nɪt-] *adv* (1) (*intensely*) leidenschaftlich, begeistert; **to argue** ~ heftig streiten; **to argue ~ about whether ...** leidenschaftlich [darüber] debattieren, ob ...; **to believe ~ in sth** mit allen Fasern seines Herzens an etw *akk* glauben; **to support sth** ~ etw nach Kräften unterstützen (2) (*amorously*) **to embrace/kiss** ~ sich *akk* leidenschaftlich umarmen/küssen

passion flower *n* Passionsblume *f* **passion fruit** *n* Passionsfrucht *f* **passionless** *adj* (*pej*) leidenschaftslos; *marriage, relationship also* fad, lau **passion play** *n* Passionsspiel *nt* **Passion Week** *n* Karwoche *f*

passive ['pæsɪv] **I.** *n no pl* LING Passiv *nt;* **to change sth into the** ~ etw ins Passiv setzen **II.** *adj* (1) (*inactive*) *role* passiv; ~ **aggression** stumme Aggression; ~ **victim** hilfloses Opfer (2) (*indifferent*) *spectator* teilnahmslos; ~ **audience** lahmes Publikum (3) (*submissive*) unterwürfig; **to prefer to be** ~ lieber [still] im Hintergrund bleiben; **to be too** ~ sich *dat* zu viel gefallen lassen (4) *inv* LING passiv, passivisch; ~ **participle** passivisches Partizip; ~ **vocabulary** passiver Wortschatz; **the ~ voice** das Passiv

passively ['pæsɪvli] *adv* passiv; (*indifferently*) teilnahmslos; (*without resisting*) widerstandslos; **to ~ accept sth** etw widerstandslos [als gegeben] hinnehmen; **to behave** ~ ein passives Verhalten an den Tag legen, sich *akk* passiv verhalten; **to wait** ~ untätig abwarten

passiveness ['pæsɪvnəs] *n no pl* (*inactivity*) Passivität *f,* Untätigkeit *f;* (*apathy*) Teilnahmslosigkeit *f*

passive resistance *n no pl* gewaltloser Widerstand **passive smoking** *n no pl* passives Rauchen

passivity [pæs'ɪvəti, AM -əţi] *n no pl* (*inactivity*) Passivität *f,* Untätigkeit *f;* (*apathy*) Teilnahmslosigkeit *f;* **to give the impression of helpless** ~ den Eindruck eines hilflosen Opfers vermitteln

passivization [ˌpæsɪvaɪ'zeɪʃᵊn, AM -vɪ'-] *n no pl* LING Passivbildung *f*

passivize ['pæsɪvaɪz] *vt* LING ■**to ~ sth** etw *akk* ins Passiv setzen

pass key *n* Hauptschlüssel *m* **pass mark** *n* BRIT, AUS Ausreichend *nt kein pl* (*Mindestnote für das Bestehen einer Prüfung*); **to get** [*or* **obtain**]**/manage a** ~ eine Vier bekommen/schaffen

Passover [ˌpɑːs'əʊvəʳ, AM 'pæsˌoʊvɚ] *n* Passah *nt,* Passahfest *nt*

passport ['pɑːspɔːt, AM 'pæspɔːrt] *n* [Reise]pass *m;* (*fig*) Schlüssel *m* (**to** zu +*dat*); **to travel on a British/German** ~ mit einem britischen/deutschen Pass reisen; **sb's ~ to happiness** (*fig*) jds Schlüssel *m* zum Glück

passport control *n no pl* Passkontrolle *f* **passport holder** *n* [Reise]passinhaber(in) *m(f)* **passport inspection** *n* Passkontrolle *f; see also* **passport control** **passport photo** *n* Passfoto *nt*

pass rate *n* [An]zahl derer, die bestanden haben

password *n* Parole *f,* Losungswort *nt;* FIN Kennwort *nt;* COMPUT Passwort *nt;* **to enter one's** ~ sein Passwort angeben; **to give the** ~ das Losungswort nennen

past [pɑːst, AM pæst] **I.** *n no pl* (1) (*not present*) Vergangenheit *f;* (*past life*) Vorleben *nt;* ***she was somebody with a*** ~ sie war eine Frau mit Vergangenheit; **to have a** ~ eine [dubiose] Vergangenheit haben; **in the** ~ in der Vergangenheit, früher; **to live in the** ~ in der Vergangenheit leben (2) LING (*in grammar*) Vergangenheit[sform] *f* **II.** *adj inv* (1) *attr* (*preceding*) vergangen; (*former*) frühere(r,s); ***I know this from ~ experience*** ich weiß das aus meinen früheren Erfahrungen; **over the ~ two days** während der letzten beiden Tage; **centuries/years** ~ (*liter*) in früheren Jahrhunderten/Jahren; **the ~ decade/year** das letzte [*o* vergangene] Jahrzehnt/Jahr; ~ **generations** frühere Generationen; **sb's ~ life** jds Vorleben *nt;* **for the ~ five weeks** während der letzten fünf Wochen (2) (*over*) vorüber, vorbei; ***what's ~ is ~*** was vorbei ist, ist vorbei **III.** *adv inv* vorbei, vorüber; **to go ~ sb/sth** an jdm/etw vorbeigehen; *vehicle* an jdm/etw vorbeifahren; **to jog** ~ vorbeilaufen ► PHRASES: **to not put it ~ sb to do sth** jdn für fähig halten [*o* jdm zutrauen], etw zu tun **IV.** *prep* (1) (*to other side*) an +*dat* ... vorbei; **to go/drive/walk** ~ vorbeigehen/-fahren/-laufen; (*at other side*) hinter +*dat,* nach +*dat;* ***just ~ the post office*** gleich hinter der Post (2) (*after the hour of*) nach +*dat;* ***it's quarter ~ five*** es ist Viertel nach Fünf (3) (*beyond*) ■**to be ~ sth** jenseits von etw *dat* sein; ***it was ~ description*** es war unbeschreiblich; ***do what you want, I'm ~ caring*** mach' was du willst, mir ist es mittlerweile egal; ***she's ~ the age ...*** sie ist aus dem Alter heraus ...; ***even though he's ~ retirement age ...*** obwohl er schon über dem Rentenalter ist ...; ***the meat was ~ the expiration date*** das Fleisch hatte das Verfallsdatum überschritten; **to not put sth ~ sb** jdm etw *akk* zutrauen; **to be ~ it** (*pej, hum*) zu alt sein (4) (*further than*) über +*akk* ... hinaus; ***he can't see ~ the issue*** er kann einfach nicht über die Sache hinaus sehen; ***I just can't get ~ the idea*** ich werde den Gedanken einfach nicht los

pasta ['pæstə, AM 'pɑː-] *n no pl* Nudeln *fpl,* Teigwaren *fpl*

past continuous *n no pl* LING Verlaufsform *f* der Vergangenheit

paste [peɪst] **I.** *n no pl* (1) (*soft substance*) Paste *f;* **fungicide** ~ pilztötendes Mittel zum Auftragen (2) (*sticky substance*) Kleister *m;* **wallpaper** ~ Tapetenkleister *m;* **sticky** ~ Klebstoff *m* (3) FOOD (*mixture*) Teig *m;* **to make a** ~ einen Teig anrühren (4) FOOD (*product*) Paste *f;* **anchovy** ~ Sardellenpaste *f;* **beef/fish** ~ Rindfleisch-/Fischpaste *f;* **tomato** ~ Tomatenmark *nt* (5) (*costume jewellery*) Strass *m* **II.** *vt* (1) (*affix*) ■**to ~ sth** [**on** [*or* **onto**] **sth**] etw [auf etw *akk*] kleben; **to ~ cut-outs** Zeitungsausschnitte einkleben; **to ~ glue** Klebstoff auftragen (2) COMPUT ■**to ~ sth** etw einfügen (3) (*fam: beat*) ■**to ~ sb** jdm eine kleben *fam* (4) SPORTS (*fam*) ■**to ~ sb** jdn haushoch schlagen [*o fam* vom Platz fegen]

◆**paste up** *vt* ■**to ~ sth** ⊂ **up** etw aufkleben; **to ~ up pages/texts** Seiten/Texte [ausschneiden und] zusammenkleben

pasteboard ['peɪs(t)bɔːd, AM -bɔːrd] *n no pl* Karton *m,* Pappe *f*

pastel ['pæstᵊl, AM pæs'tel] **I.** *n* (1) ART (*material*) Pastellkreide *f,* Pastellstift *m;* (*drawing*) Pastell *nt,* Pastellzeichnung *f* (2) (*colour*) Pastellfarbe *f,* Pastellton *m* **II.** *adj inv* pastellfarben; **the ~ greens and blues** die grünen und blauen Pastelltöne; ~ **shades** Pastelltöne *mpl,* zarte Pastellfarben

pastern ['pæstɜːn, AM -tɚn] *n* Hornschuh *m fachspr*

paste-up *n* Klebeumbruch *m,* Montage *f*

pasteurization [ˌpæstʃᵊraɪ'zeɪʃᵊn, AM -tʃɚɪ'-] *n no pl* Pasteurisation *f,* Pasteurisierung *f*

pasteurize [ˌpæstʃᵊraɪz, AM -tʃər-] *vt usu passive* ■**to ~ sth** etw pasteurisieren

pasteurized milk *n no pl* pasteurisierte Milch

pastiche [pæs'tiːʃ] *n* ART, MUS (1) (*imitation*) Imitation *f,* Pastiche *m fachspr;* LIT Persiflage *f* (**of** auf +*akk*); **to write** ~ den Stil eines Autors nachahmen (2) (*mixture*) Mischung *f* (*von Kunststilen*)

pastille ['pæstᵊl, AM pæs'tiːl] *n* Pastille *f;* **fruit** ~ Bonbon *m o nt* mit Fruchtgeschmack, Fruchtbonbon *m o nt;* **throat** ~ Halspastille *f*

pastime ['pɑːstaɪm, AM 'pæs-] *n* Zeitvertreib *m;* **family** ~ Zeitvertreib *m* für die ganze Familie; **national** ~ Nationalsport *m a. fig;* **popular** ~ allgemeine Lieblingsbeschäftigung

pasting ['peɪstɪŋ] *n usu sing* (*fam*) (1) (*thrashing*) Tracht *f* Prügel, Prügel *pl,* Dresche *f kein pl fam;* **to get a** ~ [eine Tracht] Prügel bekommen, verdroschen werden *fam* (2) (*fig: cultural criticism*) **to take a** ~ verrissen werden (3) ECON (*fig*) **to take a** ~ beträchtliche Einbußen erleiden (4) SPORTS **to get a** ~ fertig gemacht werden *fam,* haushoch verlieren

pastis <*pl* -> [pæs'tiːs] *n* Pastis *m,* Anislikör *m*

past master *n* (*approv*) Meister(in) *m(f)* (**at** in +*dat*)

pastor ['pɑːstəʳ, AM 'pæstɚ] *n* Pfarrer *m,* Pastor *m*

pastoral ['pɑːstᵊrᵊl, AM 'pæs-] *adj inv* (1) REL pastoral, seelsorgerisch; ~ **letter** Hirtenbrief *m* (2) LIT, ART idyllisch, Hirten-, Schäfer-; ~ **scene** ländliche Szene

pastoral care *n no pl* (1) REL Seelsorge *f* (2) SCH *von der Schule organisierte Hilfe bei privaten Problemen der Schüler*

pastorale <*pl* – *or* -rali> [ˌpæstə'rɑːl] *n* MUS Hirtenlied *nt,* pastorales Musikstück

past participle *n* LING Partizip Perfekt *nt* **past perfect** *n no pl,* **past perfect tense** *n no pl* LING Plusquamperfekt *nt* **past perfect continuous** *n no pl* LING Verlaufsform *f* des Plusquamperfekts **past progressive** *n no pl* LING Verlaufsform *f* der Vergangenheit

pastrami [pæs'trɑːmi, AM pə'strɑː-] *n no pl gewürztes und geräuchertes Rindfleisch*

pastry ['peɪstri] *n* (1) *no pl* (*dough*) [Torten]teig *m,* [Kuchen]teig *m;* ~ **brush** Backpinsel *m;* **choux/flaky** [*or* **puff**]**/shortcrust** ~ Brand-/Blätter-/Mürbeteig *m* (2) (*cake*) Gebäckstück *nt*

pastry cook *n* Konditor(in) *m(f)* **pastry shop** *n* Konditorei *f*

past simple *n no pl* LING einfache Vergangenheitsform **past tense** *n* LING Vergangenheit *f;* **to talk about sb in the** ~ von jdm in der Vergangenheit[sform] sprechen

pasturage ['pɑːstjʊrɪdʒ, AM 'pæstʃɚ] *n no pl* (1) (*land used for pasture*) Weide *f,* Weideland *nt* (2) (*occupation or process*) Weiden *nt*

pasture ['pɑːstʃəʳ, AM 'pæstʃɚ] *n* Weide *f,* Weideland *nt;* **to put animals out to** ~ Tiere auf die Weide treiben; **greener ~s** (*fig*) bessere Möglichkeiten; **~s new** BRIT (*fig*), **new ~s** AM (*fig*) neue Aufgaben, etwas Neues; ***he's off to ~s new*** er bricht auf zu neuen Ufern; ***she feels like moving to new ~s*** ihr steht der Sinn nach einer neuen Herausforderung; **to put sb out to** ~ (*fig fam*) jdn vor die Tür setzen

pasture land *n no pl* Weideland *nt*

pasty¹ ['pæsti] *n* BRIT, CAN Pastete *f;* **beef** ~ Fleischpastete *f;* **cheese-and-onion** ~ Pastete *f* mit Käse-Zwiebel-Füllung; **cornish** ~ *Pastete mit einer Füllung aus Fleisch und Kartoffeln bzw. Gemüse*

pasty² ['peɪsti] *adj* (*pej*) *complexion* bleich, blass, käsig *fam;* **to have a ~ skin** blass sein

pasty-faced *adj inv* (*pej fam*) bleichgesichtig *fam*

pat¹ [pæt] **I.** *vt* <-tt-> ■**to ~ sb/an animal** jdn/ein Tier tätscheln; ***the rain was ~ting the windows*** der Regen prasselte gegen die Fensterscheiben; **to ~ sb/oneself on the back** (*fig*) jdm/sich selbst auf die Schulter klopfen; **to ~ vegetables dry** Gemüse trocken tupfen **II.** *n* (1) (*tap*) [freundlicher] Klaps, Tätscheln *nt kein pl;* **a ~ on the back** (*fig*) ein [anerkennendes] Schulterklopfen; **to give sb/an animal a** ~ jdm/einem Tier einen liebevollen Klaps geben, jdn/ein Tier tätscheln (2) (*dab*) **a ~ of butter** ein [kleine] Portion Butter

pat² [pæt] *inv* **I.** *adj answer, response* vorfabriziert **II.** *adv* **to have an answer/explanation off** [*or* AM **down**] ~ immer eine Antwort/Ausrede parat haben; **to come** ~ genau richtig kommen

Pat [pæt] *n* BRIT (*pej!*) Ire *m*

Patagonia [ˌpætəˈgəʊniə, AM ˌpæt̬əˈgoʊ] *n no pl* GEOG Patagonien *nt*
Patagonian [ˌpætəˈgəʊniən, AM ˌpæt̬əˈgoʊ] *adj inv* patagonisch
patch [pætʃ] **I.** *n* <*pl* -es> ❶ (*spot*) Fleck[en] *m;* ■**in ~es** stellenweise; **fog ~** Nebelfeld *nt;* **ice** [*or* **icy**]**/snow ~** vereiste/verschneite Stelle; **vegetable ~** [kleines] Gemüsebeet ❷ BRIT (*fam: phase*) Phase *f;* **to go through a bad** [*or* **difficult**] [*or* **sticky**] [*or* **rough**] **~** eine schwere Zeit durchmachen ❸ BRIT SOCIOL (*work area*) *of a prostitute* Revier *nt; of the police* [Polizei]revier *nt; of a social worker* Bereich *m,* Bezirk *m* ❹ (*fabric*) Flicken *m;* (*for an eye*) Augenklappe *f;* (*plaster*) Pflaster *nt;* **nicotine ~** Nikotinpflaster *nt* ❺ COMPUT (*temporary correction*) Korrektur *f* ▶ PHRASES: **to not be a ~ on sb/sth** BRIT, AUS (*fam*) jdm/etw nicht das Wasser reichen können **II.** *vt* ❶ (*cover*) ■**to ~ sth** etw flicken; **to ~ a tyre** einen Reifen flicken ❷ ELEC, COMPUT, TECH (*link*) ■**to ~ sth into sth** etw mit etw *dat* verbinden; ***I couldn't ~ my computer into the network*** ich konnte nicht einloggen; **to ~ a call through to sb's phone** einen Anruf zu jdm durchstellen ❸ (*integrate*) ■**to ~ sth into sth** etw in etw *akk* einfügen [*o* integrieren]
◆**patch together** *vt* ■**to ~ sth** ⊂ **together** etw aus Flicken zusammennähen; (*fig*) etw bunt zusammenwürfeln; **to ~ together a treaty** einen Vertrag zusammenschustern *pej fam*
◆**patch up** *vt* ■**to ~ up** ⊂ **sth** ❶ (*repair*) etw zusammenflicken *fam;* **to ~ up an injury** eine Verletzung notdürftig verarzten ❷ (*fig: conciliate*) etw wieder ins Lot bringen; **to ~ up one's marriage** seine Ehe kitten *fam;* **to ~ up a quarrel** einen Streit beilegen
patchiness [ˈpætʃɪnəs] *n no pl* Ungleichmäßigkeit *f; of a book, work* Schwankungen *fpl* im Niveau
patchouli [pəˈtʃuːli, AM *also* ˈpɑtʃuːli] *n no pl* Patchouli *nt*
patch test *n* Allergietest *m*
patchwork I. *n* ❶ *no pl* (*needlework*) Patchwork *nt* ❷ (*fig: mishmash*) Flickwerk *nt;* **a ~ of fields** ein bunter Fleckenteppich aus Feldern und Äckern; **a ~ of the old and the new** eine [bunte] Mischung aus Alt und Neu **II.** *adj* Flicken-; **~ cushion/jacket/quilt** Patchworkkissen *nt*/-jacke *f*/-decke *f*
patchy [ˈpætʃi] *adj* ❶ METEO ungleichmäßig; **~ cloud/rain** stellenweise wolkig/Regen; ***tomorrow will start with some ~ rain at first*** morgen wird es zunächst vereinzelt [*o* stellenweise] Regen geben ❷ (*fig: inconsistent*) großen Qualitätsschwankungen unterworfen, von sehr unterschiedlicher Qualität *nach n, präd;* (*incomplete*) unvollständig; *knowledge* lückenhaft
pate [peɪt] *n* (*dated or hum*) Schädel *m fam,* Birne *f fam;* **bald ~** Glatze *f,* kahler Schädel
pâté [ˈpæteɪ, AM pɑːˈteɪ] *n* Pastete *f;* [**goose-**]**liver ~** [Gänse]leberpastete *f*
patella <*pl* -lae> [pəˈtelə, *pl* -liː] *n* (*spec*) Kniescheibe *f,* Patella *f fachspr*
patellae [pəˈteliː] *n pl of* **patella**
paten [ˈpætᵊn] *n* REL Hostienteller *m,* Patene *f fachspr*
patent [ˈpeɪtᵊnt, ˈpæt-, AM *esp* ˈpæt-] **I.** *n* LAW Patent *nt* (**on** auf +*akk*); **to file a ~ application** ein Patent anmelden, eine Patentanmeldung einreichen; **to forfeit a ~** ein Patent verfallen lassen [*o* verwirken]; **to grant** [*or* **issue**] **a ~ on sth** ein Patent auf etw *akk* erteilen; **to infringe a ~** ein Patent verletzen; **to take out** [*or* **file**] **a ~ on sth** [sich *dat*] etw patentieren lassen **II.** *adj* ❶ *attr, inv* (*copyrighted*) Patent-, patentiert; **~ screwdriver** Patentschraubenzieher *m* ❷ (*form: blatant*) offenkundig, offensichtlich; **with ~ distaste** mit deutlichem Widerwillen **III.** *vt* **to ~ an/one's invention** eine Erfindung/sich *dat* seine Erfindung patentieren lassen
patentable [ˈpeɪtᵊntəbl̩, AM ˈpæ-] *adj inv* patentfähig, patentierbar
patent agent *n* ECON Patentanwalt, Patentanwältin *m, f*
patented [ˈpeɪtᵊntɪd, ˈpæt-, AM *esp* ˈpæt-] *adj inv* ❶ (*copyrighted*) patentiert ❷ (*characteristic*) typisch, charakteristisch
patentee [ˌpeɪtᵊnˈtiː, ˌpæt-, AM ˌpæt-] *n* Patentinhaber(in) *m(f)*
patent infringement *n,* **infringement of patent** *n* Patentverletzung *f* **patent law** *n no pl* Patentrecht *nt* **patent leather I.** *n* Lackleder *nt* **II.** *n modifier* (*handbag, jacket, shoes*) Lackleder-, aus Lackleder *nach n*
patently [ˈpeɪtᵊntli, AM *also* ˈpæt-] *adv* offensichtlich, offenkundig; **~ absurd** völlig absurd; **~ obvious** ganz klar
patent medicine *n* [patentrechtlich] geschütztes Arzneimittel **patent office** *n* Patentamt *nt* **patent pending** *adj inv* ■**to be ~** zum Patent angemeldet sein
pater [ˈpeɪtəʳ, ˈpɑː-, AM ˈpɑːt̬ɚ] *n* BRIT (*dated or hum*) alter Herr *hum fam;* ***I'm spending Christmas with mater and ~*** ich verbringe Weihnachten mit meinen alten Herrschaften *hum fam*
paterfamilias <*pl* patresfamilias> [ˌpeɪtəfəˈmɪliæs, AM ˌpeɪt̬ɚ] *n* Familienvater *m,* Hausvater *m*
paternal [pəˈtɜːnᵊl, AM -ˈtɜːr-] *adj* ❶ *attr* (*on the father's side*) väterlich; **~ ancestors/relatives** Vorfahren *mpl*/Verwandte *pl* väterlicherseits ❷ (*fatherly*) väterlich
paternalism [pəˈtɜːnᵊlɪzᵊm, AM -ˈtɜːr-] *n no pl* Paternalismus *m fachspr*
paternalist [pəˈtɜːnᵊlɪst, AM -ˈtɜːr-] *n* Patriarch *m meist pej*
paternalistic [pəˌtɜːnᵊlˈɪstɪk, AM -ˌtɜːr-] *adj* paternalistisch *fachspr,* patriarchalisch *meist pej*
paternally [pəˈtɜːnᵊli, AM -ˈtɜːr-] *adv* väterlich; **to behave ~** wie ein Vater sein; **to speak ~ of sb** mit väterlichem Wohlwollen von jdm sprechen
paternity [pəˈtɜːnəti, AM -ˈtɜːrnət̬i] *n no pl* (*form*) ❶ (*fatherhood*) Vaterschaft *f;* **to deny ~** die Vaterschaft abstreiten ❷ (*fig: origin*) Urheberschaft *f;* ***there are a lot of arguments about the ~ of this idea*** die Frage, von wem diese Idee stammt, ist heftig umstritten
paternity leave *n no pl* Vaterschaftsurlaub *m,* Erziehungsurlaub *m* für Väter **paternity suit** *n* Vaterschaftsprozess *m* **paternity test** *n* Vaterschaftstest *m;* **to take a ~** sich *akk* einem Vaterschaftstest unterziehen
paternoster [ˌpætəˈnɒstəʳ, AM ˌpɑːt̬ɚˈnɑːstɚ] *n* ❶ REL Vaterunser[gebet] *nt* ❷ (*lift*) Paternoster *m*
path [pɑːθ, AM pæθ] *n* ❶ (*way*) Weg *m,* Pfad *m;* **garden ~** Gartenweg *m;* **beaten ~** Trampelpfad *m;* **to clear a ~** einen Weg bahnen; ***snowploughs cleared a ~ to the village*** Schneepflüge räumten den Weg zum Dorf; **to follow a ~** einem Weg folgen ❷ (*direction*) Weg *m; of a bullet* Bahn *f;* ***the ~ of the bullet was through his left arm*** die Kugel durchschlug seinen linken Arm; **to move in spiral ~s** sich *akk* spiralförmig bewegen; **to block sb's ~** jdm den Weg verstellen ❸ (*fig: course*) Weg *m; of a person* Lebensweg *m;* **to block sb's ~** sich *akk* jdm in den Weg stellen; **to choose a ~** einen Weg einschlagen; **to cross sb's ~** jdm über den Weg laufen; ***I hope our ~s cross again in the future*** ich hoffe, dass unsere Wege sich wieder einmal kreuzen werden ❹ (*fig: development*) Weg *m;* **the ~ to success** der Weg zum Erfolg ❺ COMPUT Pfad *m* ❻ (*in a communications network*) Datenübertragungsweg *m*
pathetic [pəˈθetɪk, AM -t̬-] *adj* ❶ (*heart-rending*) Mitleid erregend; **a ~ sight** ein Bild des Jammers ❷ (*pej: pitiful*) jämmerlich *pej,* erbärmlich *pej; attempt* kläglich; *answer, reply* dürftig; *excuse* schwach; ***don't be so ~!*** sei nicht so ein Jammerlappen! *fam*
pathetically [pəˈθetɪkᵊli, AM -t̬-] *adv* ❶ (*heartrendingly*) Mitleid erregend; **to cry ~** herzzerreißend schluchsen; **to whimper ~** kläglich winseln ❷ (*pej: pitifully*) erbärmlich *pej,* kläglich *pej;* **~ inadequate** völlig unzulänglich; **~ little** herzlich wenig
pathfinder *n* (*person*) Wegbereiter(in) *m(f),* Pionier(in) *m(f);* (*thing*) bahnbrechende Neuerung
pathfinder prospectus *n* ECON vorläufiger Emissionsprospekt
pathless [ˈpɑːθləs, AM ˈpæθ-] *adj inv* (*liter*) weglos
pathname *n* COMPUT Pfadname *m*
pathogen [ˈpæθə(ʊ)dʒən, AM -ədʒ-] *n* Krankheitserreger *m*
pathogenic [ˌpæθə(ʊ)ˈdʒenɪk, AM -əˈ-] *adj* krankheitserregend, pathogen *fachspr*
pathological [ˌpæθəˈlɒdʒɪkᵊl, AM -ˈlɑːdʒ-] *adj* ❶ PSYCH (*fam*) krankhaft, pathologisch *fachspr;* **~ condition/fear** krankhafte Veranlagung/Angst; **~ liar** notorischer Lügner/notorische Lügnerin; **~ state** krankhafter Zustand ❷ *inv* UNIV, MED Pathologie-; **~ analysis/examination** pathologische Analyse/Untersuchung; **~ science** Pathologie *f*
pathologically [ˌpæθəˈlɒdʒɪkli, AM -ˈlɑːdʒ-] *adv* ❶ (*abnormally*) krankhaft, pathologisch *fachspr;* **~ jealous** krankhaft eifersüchtig; **~ protective** überbeschützend; **~ secretive** (*fig*) übertrieben geheimnistuerisch ❷ *inv* (*causing disease*) **~ contaminated** gesundheitsschädigend verseucht
pathologist [pəˈθɒlədʒɪst, AM -ˈθɑːl-] *n* Pathologe, -in *m, f*
pathology [pəˈθɒlədʒi, AM -ˈθɑːl-] *n no pl* ❶ (*study of illnesses*) Pathologie *f* ❷ (*disease characteristics*) Krankheitsbild *nt* ❸ (*fig: abnormal behaviour*) krankhaftes Verhalten
pathos [ˈpeɪθɒs, AM -θɑːs] *n no pl* Pathos *nt geh*
pathway *n* ❶ (*also fig: routeway*) Weg *m a. fig;* **pedestrian ~** Fußweg *m;* **the ~ to the top** der Weg an die Spitze ❷ MED, BIOL Leitungsbahn *f*
patience [ˈpeɪʃᵊn(t)s] *n no pl* ❶ (*endurance*) Geduld *f;* **~!** nur Geduld!; **to have the ~ of Job** (*dated*) eine Hiobsgeduld haben; **to have ~ with sb/sth** mit jdm/etw Geduld haben; **to lose one's ~** die Geduld verlieren; **sth requires** [*or* **takes**] **~** etw erfordert Geduld; **to try sb's ~** jds Geduld auf eine harte Probe stellen ❷ BRIT, AUS CARDS Patience *f;* **to play ~** eine Patience legen
patient [ˈpeɪʃᵊnt] **I.** *adj* geduldig; ***just be ~!*** hab noch etwas Geduld!; ■**to be ~ with sb** mit jdm Geduld haben **II.** *n* MED Patient(in) *m(f);* **~s' rights** Rechte *ntpl* der Patienten; **in-~** stationärer Patient/stationäre Patientin; **out-~** ambulanter Patient/ambulante Patientin
patiently [ˈpeɪʃᵊntli] *adv* geduldig
patina [ˈpætɪnə, AM -tᵊnə] *n no pl* ❶ CHEM, SCI, TECH (*film*) Film *m,* Belag *m;* (*on copper, brass*) Patina *f fachspr,* Edelrost *m;* (*verdigris*) Grünspan *m;* (*sheen*) Firnis *m;* **~ *had formed on the batteries*** die Batterien waren oxidiert ❷ (*fig form: veneer*) Fassade *f*
patio [ˈpætiəʊ, AM -t̬ioʊ] **I.** *n* ❶ (*courtyard*) Patio *m geh,* Innenhof *m;* ■**on the ~** im Innenhof ❷ (*veranda*) Terrasse *f,* Veranda *f* **II.** *n modifier* (*courtyard*) (*tiles*) Innenhof-; (*veranda*) Veranda-; **~ door** Verandatür *f;* **~ furniture/party** Gartenmöbel *ntpl*/Gartenparty *f*
patisserie [pəˈtiːsᵊri] *n* ❶ (*shop*) Konditorei *f,* Patisserie *f* ❷ *no pl* (*cakes*) feines Gebäck
patois <*pl* -> [ˈpætwɑː, *pl* -wɑːz] *n* Dialekt *m,* Mundart *f*
patriarch [ˈpeɪtriɑːk, AM -ɑːrk] *n* ❶ (*bishop*) Patriarch *m* ❷ (*father figure*) Familienoberhaupt *nt,* Patriarch *m* ❸ (*founder*) Begründer *m,* Vater *m*
patriarchal [ˌpeɪtriˈɑːkᵊl, AM -ˈɑːr-] *adj* patriarchalisch; **the ~ hegemony** die Vorherrschaft der Männer
patriarchy [ˈpeɪtriɑːki, AM -ɑːrki] *n* ❶ SOCIOL Patriarchat *nt* ❷ *no pl* (*male domination*) Patriarchat *nt*
patrician [pəˈtrɪʃᵊn] **I.** *n* ❶ (*hist: member of Roman aristocracy*) Patrizier(in) *m(f) hist* ❷ (*aristocrat*) Aristokrat(in) *m(f);* (*pej*) Großtuer(in) *m(f) pej;* ***he gives himself the air of a ~*** er tut so vornehm **II.** *adj* ❶ *inv* (*hist: of Roman aristocracy*) patrizisch, Patrizier- *hist;* **~ family** Patriziergeschlecht *nt* ❷ (*aristocratic*) aristokratisch; (*pej*) vornehm *iron;* **to speak with a ~ accent** wie die feinen Leute sprechen *iron fam*
patricide [ˈpætrɪsaɪd, AM -rə-] *n no pl* Vatermord *m*
patrilineal [ˌpætrɪˈlɪniəl, AM -rəˈ-] *adj inv* (*form*) patrilinear *geh*
patrimony [ˈpætrɪməni, AM rəmoʊ] *n no pl* ❶ (*in-*

P

heritance from the father) väterliches Erbe ② (*heritage*) Erbe *nt* ③ HIST (*estate belonging to the church*) Kirchengut *nt*

patriot ['pætriət, 'peɪ-, AM 'peɪ-] *n* Patriot(in) *m(f)*

patriotic [ˌpætri'ɒtɪk, ˌpeɪ-, AM ˌpeɪtri'ɑːt̬-] *adj* patriotisch

patriotically [ˌpætri'ɒtɪkli, ˌpeɪ-, AM ˌpeɪtri'ɑːt̬-] *adj* patriotisch

patriotism ['pætriətɪzᵊm, ˌpeɪ-, AM 'peɪ-] *n no pl* Patriotismus *m*, Vaterlandsliebe *f* ▸ PHRASES: ~ **is the last refuge of the scoundrel** *esp* BRIT (*prov*) die schlimmsten Schurken schreiben sich noch die Vaterlandsliebe auf ihre Fahnen

patrol [pə'trəʊl, AM -'troʊl] **I.** *vi* <-ll-> patrouillieren **II.** *vt* <-ll-> ■**to** ~ **sth** etw abpatrouillieren; ***the whole town is ~led by police*** in der ganzen Stadt sind Polizeistreifen unterwegs; ***a security guard with a dog ~s the building site*** ein Sicherheitsbeamter mit Hund macht auf der Baustelle seine Runde; **to ~ one's beat** (*police*) auf Streife sein; (*watchman*) seine Runde machen; **to ~ the streets** durch die Straßen patrouillieren **III.** *n* Patrouille *f*, [Polizei]streife *f*; **highway** ~ AM *Polizei, die die Highways überwacht;* ■**to be on** [BRIT *also* **a**] ~ auf Patrouille sein; **to go on** ~ auf Streife gehen

patrol boat *n* Patrouillenboot *nt* **patrol car** *n* Streifenwagen *m* **patrol duty** *n* Streifendienst *m* **patrolman** *n* AM, AUS Streifenpolizist(in) *m(f)* **patrol officer** *n* AM, AUS Streifenbeamte(r) *m* [*o* -beamtin] *f* **patrol wagon** *n* AM, AUS Gefangenenwagen *m* (*der Polizei*)

patron ['peɪtrᵊn] *n* ① (*form: customer*) [Stamm]kunde *m* ② (*benefactor*) Schirmherr *m*; ~ **of the arts** Mäzen(in) *m(f)* der [schönen] Künste; ~ **of the needy** Wohltäter(in) *m(f)* der Bedürftigen

patronage ['pætrᵊnɪdʒ, 'peɪ-, AM *esp* 'peɪ-] *n no pl* ① (*support*) Schirmherrschaft *f*, Patronat *nt*; **by the kind ~ of sb/sth** durch die freundliche Unterstützung einer Person/einer S. *gen*; **to enjoy sb's ~** jds Unterstützung *f* genießen, unter jds Schirmherrschaft *f* stehen; **under sb's ~** unter jds Schirmherrschaft *f* ② ECON (*form*) Kundschaft *f*; ***we would like to thank all our customers for their ~ in the past*** wir möchten uns bei all unseren Kunden für das Vertrauen bedanken, das sie uns in der Vergangenheit entgegengebracht haben ③ POL (*esp pej*) Recht *nt* auf Ämterbesetzung

patroness <*pl* -es> [ˌpeɪtrə'nes, 'pæt-, AM 'peɪtrənɪs] *n* ① (*benefactress*) Schirmherrin *f*, Gönnerin *f*; ~ **of the arts/sciences** Förderin *f* der [schönen] Künste/Wissenschaften ② REL Schutzpatronin *f*

patronize ['pætrᵊnaɪz, AM *esp* 'peɪ-] *vt* ① (*form: frequent*) ■**to ~ sth** [Stamm]kunde bei etw *dat* sein; ***we always ~ Beaumont's*** wir gehen immer zu Beaumont's ② (*pej: treat condescendingly*) ■**to ~ sb** jdn herablassend [*o* von oben herab] behandeln ③ (*support*) ■**to ~ sth** etw unterstützen

patronizing ['pætrᵊnaɪzɪŋ, AM *esp* 'peɪ-] *adj* (*pej*) *attitude* herablassend; *look, tone* gönnerhaft, von oben herab *präd*

patronizingly ['pætrᵊnaɪzɪŋli, AM 'peɪ] *adv* herablassend, gönnerhaft

patron saint *n* Schutzpatron(in) *m(f)*

patsy ['pætsi] *n* AM, AUS (*sl*) naives Ding, leichtgläubige Person; ***listen, no one makes a ~ of me*** hör mal, ich lass mich doch nicht verarschen *sl*

patten ['pætᵊn] *n* HIST Holzschuh *m*

patter ['pætəʳ, AM -t̬ɚ] **I.** *n no pl* ① (*spiel*) Sprüche *mpl*, Gelaber *nt pej fam* ② (*jargon*) Fachjargon *m* ③ (*sound*) *of rain* Prasseln *nt*; *of snowflakes* Rieseln *nt*; *of feet* Getrippel *nt*, Trippeln *nt* ▸ PHRASES: **the ~[ing] of tiny feet** (*esp hum*) Nachwuchs *m* **II.** *vi feet* trippeln; *rain* prasseln; ■**to ~ about** [*or* **around**] herumtrippeln

pattern ['pætᵊn, AM -t̬ɚn] **I.** *n* ① (*structure*) Muster *nt*; **behaviour[al]** [*or* AM **behavior[al]**] ~ Verhaltensmuster *nt*; **the ~ of family life** die Familienstruktur ② (*design*) Muster *nt*; **chevron/floral/pinstripe** ~ Zickzack-/Blumen-/Nadelstreifenmuster *nt*; **paisley** ~ türkisches Muster; **polka-dot/striped/tartan** ~ Tupfen-/Streifen-/Schottenmuster *nt* ③ FASHION (*for sewing*) Schnitt *m*, Schnittmuster *nt* ④ ECON (*sample*) Muster *nt* ⑤ *usu sing* (*standard*) Maßstab *m*, Standard *m*; ***the hotel is a ~ of elegance*** das Hotel ist von beispielhafter Eleganz; **to set the ~ for sb/sth** Maßstäbe für jdn/etw setzen **II.** *vt* ■**to ~ sth on sth** etw nach dem Vorbild einer S. *gen* gestalten; ■**to ~ oneself on sb** jdm nacheifern

pattern book *n* Musterbuch *nt*

patterned ['pætənd, AM -t̬ɚnd] *adj inv* gemustert, mit Muster[n] *nach n*

patty ['pæti, AM -t̬-] *n* Pastetchen *nt*

paucity ['pɔːsəti, AM 'pɑːsət̬i] *n no pl* (*form*) Mangel *m* (**of** an +*dat*); ~ **of information** Informationsdefizit *nt*

paunch <*pl* -es> [pɔːn(t)ʃ, AM pɑːntʃ] *n* Bauch *m*, Wanst *m fam*

paunchiness ['pɔːn(t)ʃɪnəs, AM 'pɑːntʃ-] *n no pl* Dickbäuchigkeit *f*

paunchy ['pɔːn(t)ʃi, AM 'pɑːntʃi] *adj* dickbäuchig

pauper ['pɔːpəʳ, AM 'pɑːpɚ] *n* Arme(r) *f(m)*; ~'**s grave** Armengrab *nt*; (*fig*) ***you'll end up in a ~'s grave!*** mit dir wird es noch einmal schlimm enden!

pauperism ['pɔːpᵊrɪzᵊm, AM 'pɑː] *n no pl* Massenarmut *f*, Pauperismus *m geh*

pauperization [ˌpɔːpᵊraɪ'zeɪʃᵊn, AM ˌpɑpɚɪ'] *n no pl* Verarmung *f*

pause [pɔːz, AM *esp* pɑːz] **I.** *n* Pause *f*; ***there will now be a brief ~ in the proceedings*** die Verhandlung wird für kurze Zeit unterbrochen; **pregnant ~** bedeutungsvolles Schweigen ▸ PHRASES: **to give sb ~** (*form*) jdm zu Denken geben **II.** *vi* eine [kurze] Pause machen; *speaker* innehalten

pave [peɪv] *vt usu passive* ① (*cover*) ■**to ~ sth** [**with sth**] etw [mit etw *dat*] pflastern; (*fig*) ***the streets are ~d with gold*** das Geld liegt auf der Straße ② (*fig: pathfind*) **to ~ the way for** [*or* **to**] **sth** etw *dat* den Weg ebnen

◆**pave over** *vt* ■**to ~ over** ○ **sth** etw zupflastern; (*with concrete*) etw betonieren; (*with asphalt*) etw asphaltieren

pavement ['peɪvmənt] *n* ① BRIT (*footway*) Gehsteig *m*, Bürgersteig *m* ② *no pl* AM, AUS (*road surface*) Asphalt *m*, Asphaltdecke *f*

pavement artist *n* BRIT Pflastermaler(in) *m(f)*

pavilion [pə'vɪljən] *n* ① BRIT SPORTS Klubhaus *nt* ② AM (*block*) Gebäudeflügel *m* ③ AM (*venue*) Pavillon *m* ④ (*at an exhibition*) [Messe]pavillon *m*

paving ['peɪvɪŋ] *n no pl* ① (*paved area*) Pflaster *nt* ② *esp* BRIT (*material*) Pflastersteine *mpl*; AM Asphalt *m*

paving stone *n esp* BRIT Pflasterstein *m*

pavlova ['pævləvə] *n* BRIT, AUS *Süßspeise aus Sahne, Früchten und Baiser*

Pavlovian [pæv'ləʊviən, AM pɑːv'loʊ] *adj inv* (*also fig*) Pawlowsch

paw [pɔː, AM *esp* pɑː] **I.** *n* Pfote *f*; *of a big cat, bear* Tatze *f*, Pranke *f*; (*hum fam*) Pfote *f sl*; ***take your filthy ~s off*** nimm deine dreckigen Pfoten weg *sl* **II.** *vt* ① (*scrape*) **to ~ the ground** scharren, in der Erde wühlen ② (*fam: touch*) ■**to ~ sb** jdn betatschen [*o* begrabschen] *fam* **III.** *vi dog* scharren; *bull, horse* mit den Hufen scharren; ■**to ~ at sb** jdn anstupsen

pawn¹ [pɔːn, AM *esp* pɑːn] *n* CHESS Bauer *m*; (*fig*) Marionette *f*, Schachfigur *f*

pawn² [pɔːn, AM *esp* pɑːn] **I.** *vt* ■**to ~ sth** etw verpfänden **II.** *n* ■**to be in** [*or* BRIT *also* **at**] ~ im Pfandhaus sein

pawnbroker *n* Pfandleiher(in) *m(f)*; ■**the ~'s** das Pfandhaus **pawnbroking** *n no pl* Pfandleihe *f*; **to go into ~** Pfandleiher/Pfandleiherin werden **pawnshop** *n* Pfandleihe *f*, Leihhaus *nt veraltend* **pawn ticket** *n* Pfandschein *m*, Leihschein *m*

pawpaw ['pɔːpɔː, AM *esp* 'pɑːpɑː] *n* Papaya *f*

Pax [pæks] *n no pl* POL Pax *f*, Frieden *m*; ~ **Americana** Pax Americana *f*; ~ **Romana** Pax Romana *f hist*

pay [peɪ] **I.** *n no pl* Lohn *m*, Gehalt *nt*; *of civil servant* Bezüge *fpl*; *of soldier* Sold *m*; ***it's a nice job but the ~ is appalling*** die Arbeit ist ganz in Ordnung, aber die Bezahlung ist sehr schlecht; **basic ~** Ecklohn *m*, Grundgehalt *nt*; **take-home ~** Nettoverdienst *m*; ■**to be in sb's ~** in jds Diensten *mpl* stehen **II.** *vt* <paid, paid> ① (*give money*) ■**to ~ sth** etw bezahlen; ***every ~ing adult*** jeder zahlende Erwachsene; ■**to ~ sb sth** jdm etw zahlen; ***she paid the porter £5*** sie gab dem Gepäckträger 5 Pfund; ***I paid the driver* [*with*] *cash*** ich gab dem Fahrer Bargeld; ■**to ~ [sb] to do sth** [jdn] bezahlen, damit er/sie etw tut; ***I think we'll need to ~ a builder to take this wall down*** ich finde, wir sollten einen Bauunternehmer mit dem Abriss dieser Mauer beauftragen; ■**to ~ sth for sb** etw für jdn zahlen; ■**to ~ sb for sth** jdm für etw *akk* Geld geben; ***we paid her $60 for the table*** wir zahlten ihr 60 Dollar für den Tisch; ***how much did you ~ for the tickets?*** wie viel hast du für die Eintrittskarten bezahlt?; **to ~ sth into an account** etw auf ein Konto einzahlen; **to ~ one's bill/debts** seine Rechnung/seine Schulden [be]zahlen; **to ~ a bounty/ransom** Kopfgeld/Lösegeld [be]zahlen; **to ~ cash/money/[in] dollars** [in] bar/Geld/in Dollar [be]zahlen; **to ~ a commission/compensation** [*or* **damages**] eine Provision/Entschädigung zahlen; **to ~ the costs** die Kosten begleichen; **to ~ a dividend** die Dividende ausbezahlen; **to ~ top dollar** AM sehr tief in die Tasche greifen *fam*, einen Wucherpreis bezahlen *fam*; **to ~ one's dues** seinen Beitrag leisten; (*fig*) ***I've paid my dues*** ich habe meine Schuldigkeit getan; (*fig*) ***I've raised three children and I feel I've paid my dues*** ich habe drei Kinder großgezogen und ich denke, ich habe mein Soll erfüllt; **to ~ duty** [**on sth**] Zoll [auf etw *akk*] zahlen; **to ~ the fine** die Bußgeldgebühr entrichten, Bußgeld zahlen; **to ~ indemnity/reparations** Schadenersatz/Reparationen leisten; **to ~ one's instalments** [*or* AM **installments**] seine Raten abzahlen; **to ~ a penalty/a premium** Strafe/eine Prämie zahlen; **to ~ the postage** [**on sth**] das Porto [für etw *akk*] zahlen; **to ~ the price** [**for sth**] (*fig*) [für etw *akk*] bezahlen, die Rechnung [für etw *akk*] präsentiert bekommen; **to ~ the ultimate price** (*fig*) für das Vaterland sterben; **to ~ a refund** Geld zurückerstatten; **to offer ~ a reward** eine Belohnung aussetzen; **to ~ tax** [**on sth**] [auf etw *akk*] Steuern zahlen; **to ~ one's way** (*fig*) finanziell unabhängig sein; **to ~ a dowry for sb** jdm eine Mitgift mitgeben; **to ~ sb's tuition** jdm Nachhilfestunden *fpl* bezahlen ② (*remunerate*) ■**to ~ sth** etw zahlen; ***the workers haven't been paid for months*** die Arbeiter haben schon seit Monaten keinen Lohn mehr erhalten; **to ~ a bonus** eine Prämie zahlen; **to ~ a salary/wage** ein Gehalt/einen Lohn [aus]zahlen; **to ~ sb poorly** jdn schlecht bezahlen ③ (*be worthwhile*) ■**to ~ sb** sich *akk* für jdn bezahlt machen [*o* lohnen]; ***hard training now will ~ you richly later*** ein hartes Training wird sich später auszahlen; **to ~ dividends** (*fig*) sich *akk* auszahlen [*o* bezahlt machen] ④ (*bestow*) **to ~ attention** [**to sth**] [auf etw *akk*] Acht geben; **to ~ a call on sb** [*or* **sb a call**] jdn besuchen, jdm einen Besuch abstatten *form*; **to ~ [sb] a compliment** [jdm] ein Kompliment machen; **to ~ heed to sth** auf etw *akk* hören, etw beachten; **to ~ homage to sb/sth** jdm/etw ehren [*o* huldigen]; **to ~ one's respects to sb** jdm die letzte Ehre erweisen; **to ~ tribute to sb/sth** jdm/etw Tribut zollen; **to put paid to sth** BRIT, AUS (*fig*) etw zunichte machen ▸ PHRASES: **you ~s your money and you takes your choice** [*or* **chance**] (*saying fam*) das ist gehupft wie gesprungen *fam*; **to ~ through the nose for sth** (*fam*) einen Wucherpreis für etw *akk* bezahlen *fam*; **he who ~s the piper calls the tune** (*prov*) derjenige, der bezahlt, gibt den Ton an **III.** *vi* <paid, paid> ① (*of money*) zahlen; ***accountancy ~s well*** als Buchhalter wird man gut bezahlt; ■**to ~ for sth/sb** für etw/jdn [be]zahlen; ***have the tickets been paid for?*** sind die Eintrittskarten schon bezahlt?; **to ~ by cash** bar bezahlen; **to ~ in cash/dollars/hard currency** [in] bar/in Dollar/in harter Währung bezahlen; **to ~ by cheque** [*or* AM **check**]/**credit card** mit Scheck/Kreditkarte [be]zahlen; **to ~ by instalments** [*or* AM **install-**

ments] in Raten zahlen; **to ~ with one's life** (*fig*) mit dem Leben bezahlen ② (*be worthwhile*) sich *akk* auszahlen, rentabel sein; ***the business doesn't ~*** das Geschäft wirft keinen Gewinn ab; ***the advertising should ~ for itself by increasing sales*** die Werbekosten sollten sich eigentlich aufgrund des steigenden Absatzes bezahlt machen ③ (*fig: suffer*) [be]zahlen, büßen; ■ **to ~ for sth** für etw *akk* bezahlen [*o* büßen]; ***you'll ~ for this mistake!*** für diesen Fehler wirst du mir büßen!

◆**pay back** *vt* ■ **to ~ back ⊃ sb** ① (*with money*) jdm sein Geld zurückgeben; (*fig*) es jdm heimzahlen; ***he swore he'd ~ her back for all she'd done to him*** er schwor, dass er ihr alles, was sie ihm angetan hatte, heimzahlen würde; ■ **to ~ sb sth back** jdm etw zurückzahlen [*o* zurückgeben]; **to ~ sb back in the same coin** (*fig*) es jdm mit gleicher Münze heimzahlen ② AM (*with revenge*) es jdm heimzahlen, sich *akk* an jdm rächen

◆**pay down** *vt* FIN **to ~ down money** Geld anzahlen

◆**pay in** I. *vi* LAW Geld *nt* bei Gericht hinterlegen II. *vt* **to ~ in cash/one's wages** Geld/sein Gehalt einzahlen

◆**pay into** *vt* LAW **to ~ money into court** Geld *nt* bei Gericht hinterlegen

◆**pay off** I. *vt* ① (*repay*) ■ **to ~ sth ⊃ off** etw abbezahlen; *debts* etw begleichen; ■ **to ~ off ⊃ sb** jdn ausbezahlen; **to ~ off one's creditors** seine Gläubiger befriedigen; **to ~ off a mortgage** eine Hypothek tilgen; **to ~ off old scores** (*fig*) alte Rechnungen begleichen ② (*fam: bribe*) ■ **to ~ off ⊃ sb** jdn bestechen [*o fam* kaufen] ③ (*make redundant*) ■ **to ~ off ⊃ sb** jdn entlohnen; NAUT jdn abmustern II. *vi* (*fig*) sich *akk* auszahlen [*o* lohnen]

◆**pay out** I. *vt* ① (*spend*) **to ~ out money** Geld ausgeben ② SPORTS **to ~ out the rope** Seil geben, das Seil abrollen lassen ③ BRIT (*take revenge*) ■ **to ~ sb ⊃ out** es jdm heimzahlen II. *vi* sich *akk* auszahlen [*o* lohnen]

◆**pay over** *vt* BRIT ■ **to ~ sth ⊃ over** etw aushändigen

◆**pay up** I. *vi* [be]zahlen II. *vt* ■ **to ~ up ⊃ sth** etw vollständig zurückzahlen; **to ~ up a debt** eine Schuld [ganz] begleichen

payable ['peɪəbl] *adj attr, inv* zahlbar; (*due*) fällig; ***~ at sixty days*** zahlbar innerhalb von sechzig Tagen; **to make a cheque ~ to sb/sth** einen Scheck auf jdn/etw ausstellen; **~ on delivery** zahlbar bei Lieferung; **~ on demand** zahlbar bei Sicht [*o* auf Verlangen]; **shares ~ on application** bei Antragstellung zahlbare Wertpapiere

pay as you earn *n* BRIT Quellenabzugssystem *nt* (*Steuerverfahren, bei dem der Arbeitgeber die Lohnsteuer direkt an das Finanzamt weiterleitet*) **pay award** *n* Lohnerhöhung *f*, Gehaltserhöhung *f*

payback *n no pl esp* AM Lohn *m* ▶ PHRASES: **~'s a bitch** AM (*fam*) Rache ist süß *prov* **payback clause** *n* Rückzahlungsklausel *f* **payback period** *n* Amortisationszeit *f fachspr*

paycheck AM, **paycheque** *n* Lohnscheck *m*, Gehaltsscheck *m* **pay claim** *n* BRIT, AUS Lohnforderung *f*, Gehaltsforderung *f* **pay cut** *n* Lohnkürzung *f*, Gehaltskürzung *f* **pay day** *n no pl* Zahltag *m* **pay deal** *n* Lohnvereinbarung *f*, Gehaltsvereinbarung *f* **pay dirt** *n no pl* AM abbauwürdiges Erzlager; **to hit** [*or* **strike**] **~** (*fig*) auf eine Goldader stoßen **paydown** *n* AM FIN Anzahlung *f*

PAYE [,pi:eɪwaɪ'i:] *n no pl* BRIT *abbrev of* **pay as you earn**

payee *n* Remittent(in) *m(f)*; COMM Zahlungsempfänger(in) *m(f)*

pay envelope *n* AM (*pay packet*) Lohntüte *f*

payer ['peɪəʳ, AM -ɚ] *n* Zahler(in) *m(f)*; **fee** [*or* **licence**] [*or* AM **license**] **~** Gebührenzahler(in) *m(f)*; **mortgage ~** Hypothekenzahler(in) *m(f)*, Hypothekenschuldner(in) *m(f)*; **bad ~** säumiger Zahler/säumige Zahlerin

pay freeze *n* Lohnstopp *m*

paying ['peɪɪŋ] I. *adj attr, inv* ECON ① (*which makes a profit*) rentabel, Gewinn bringend, lukrativ, einträglich; ***it is not a ~ proposition*** das ist kein lukratives [*o* lohnendes] Geschäft ② (*which pays*) zahlend; **~ agent** Zahlstelle *f*; **~ customers** zahlende Kundschaft II. *n no pl* Zahlen *nt*

paying guest *n* zahlender Gast

paying-in book *n* Einzahlungsbuch *nt* **paying-in slip** *n* Einzahlungsbeleg *m*

payload *n* ① TRANSP, AEROSP Nutzlast *f* ② MIL Bombenlast *f*; **~ capacity** Bombenkapazität *f* **paymaster** *n* Zahlmeister(in) *m(f)*

payment ['peɪmənt] *n* ① (*sum*) Zahlung *f*; (*fig*) Lohn *m*; **system of ~s** Zahlungssystem *nt*; **back ~ of wages** Lohnnachzahlung *f*; ***of overcharged amount*** Rückzahlung *f*; **lump-sum ~** Pauschalzahlung *f*; **one-off ~** BRIT einmalige Zahlung ② (*act of paying*) Begleichung *f*, Bezahlung *f*; **to ask for ~** um Bezahlung bitten; **~ due** Fälligkeitstag *m*

pay negotiations *npl* Tarifverhandlungen *fpl*; **to engage in** [*or* **open up**]**/settle ~** Tarifverhandlungen aufnehmen/abschließen **payoff** *n* ① (*bribe*) Bestechung *f*; **to accept a ~** Bestechungsgelder annehmen; **to make a ~ to sb** jdn bestechen; **to receive a ~ from sb** von jdm bestochen werden ② (*fam: positive result*) Lohn *m*; (*as punishment*) Quittung *f* ③ (*on leaving a job*) Abfindung *f* ④ (*sum payment*) Tilgungssumme *f*; **mortgage ~** Tilgung *f* einer Hypothek; **to make a mortgage ~** eine Hypothek zurückzahlen [*o* tilgen] **pay office** *n* Lohnbüro *nt*, Lohnbuchhaltung *f*

payola [peɪ'oʊlə] *n no pl* AM (*dated sl*) Schmiergeld[er] *nt[pl] fam*; **to accept** [*or* **take**] **~** sich *akk* schmieren lassen *fam*

payout *n* FIN Ausschüttung *f*, Dividende[nzahlung] *f*; ECON Subventionszahlungen *fpl*; **maximum/minimum ~** Höchst-/Mindestsatz *m*

pay packet *n* BRIT, AUS (*for blue-collar worker*) Lohntüte *f*; (*for white-collar worker*) Gehalt *m*; **to pick up** [*or* **collect**] **one's ~** seinen Lohn/sein Gehalt entgegennehmen **pay-per-view** *n no pl* Pay-per-view *nt* (*System, bei dem der Zuschauer nur für die Sendungen zahlt, die er auch tatsächlich gesehen hat*) **pay phone** *n* Münzfernsprecher *m*; **to use a ~** von einer Telefonzelle aus telefonieren **pay raise** *n* AM, **pay rise** *n* BRIT, AUS (*for blue-collar worker*) Lohnerhöhung *f*; (*for white-collar worker*) Gehaltserhöhung *f*; **cost of living ~** Teuerungszulage *f*; **to ask for/get** [*or* **receive**] **a ~** eine Gehalts-/Lohnerhöhung verlangen/bekommen **payroll** *n usu sing* (*for white-collar worker*) Gehaltsliste *f*; (*for blue-collar worker*) Lohnliste *f*; **a monthly/weekly ~** monatliche/wöchentliche Lohnzahlungen *fpl*; **to do the ~** die Lohnabrechnung machen; **to put sb on the ~** jdn einstellen **pay round** *n* Tarifrunde *f*

pay settlement *n* Tarifvereinbarung *f*; ***her new job included a generous ~*** in ihrem neuen Job bekam sie ein großzügiges Gehalt; ***the strikers were offered a better ~*** den Streikenden wurde eine Lohnerhöhung angeboten **payslip** *n* Gehaltstreifen *m*; (*for blue-collar worker*) Lohnzettel *m* **pay station** *n* BRIT [öffentliche] Telefonzelle **pay talks** *npl* Tarifverhandlungen *fpl*; **to continue/engage in** [*or* **open up**]**/settle ~** Tarifverhandlungen fortsetzen/aufnehmen/abschließen **pay TV** *n no pl* (*fam*) Pay-TV *nt*; **to subscribe to ~** Pay-TV abonnieren

PBS [,pi:bi:'es] *n no pl, no art abbrev of* **Public Broadcasting Service** *amerikanischer Fernsehsender*

pc [,pi:'si:] *n* ① *abbrev of* **personal computer** PC *m* ② *abbrev of* **per cent** p.c.

PC [,pi:'si:] I. *n* ① *abbrev of* **personal computer** PC *m* ② BRIT *abbrev of* **police constable** ③ *abbrev of* **political correctness** ④ COMPUT *abbrev of* **printed circuit** [**board**] gedruckte Schaltkarte ⑤ COMPUT *abbrev of* **program counter** Programmzähler *m* ⑥ LAW *abbrev of* **Privy Council** ⑦ LAW *abbrev of* **Privy Councillor** II. *adj inv abbrev of* **politically correct** pc

PCB [,pi:si:'bi:] *n* ① CHEM *abbrev of* **polychlorinated biphenyl** PCB *nt* ② COMPUT *abbrev of* **printed circuit board** ③ FIN *abbrev of* **petty cash book** Portokassenbuch *nt*

pcm [,pi:si:'em] BRIT *abbrev of* **per calendar month**

PCP [,pi:si:'pi:] *n no pl* MED *abbrev of* **pneumocystis carinii pneumonia** Pneumocystis-carinii-Pneumonie *f fachspr*, interstitielle plasmazelluläre Lungenentzündung

PDA [pi:di:'eɪ] *n abbrev of* **personal digital assistant** PDA *m*

pdq *adv*, **PDQ** [,pi:di:'kju:] *adv inv* BRIT, AM (*fam*) *abbrev of* **pretty damn/darn quick**: ***the boss wants your report and he wants it ~*** der Chef braucht Ihren Bericht und zwar am besten gestern! *fam*

PE [,pi:'i:] *n no pl abbrev of* **physical education**

P/E FIN *abbrev of* **price earnings ratio** KGV

pea [pi:] I. *n* Erbse *f* ▶ PHRASES: **to be like two ~s in a pod** sich *dat* gleichen wie ein Ei dem anderen II. *n modifier* (*colour*) **~ green** erbsengrün

pea-brain *n* (*sl*) Dummkopf *m pej*; ***you ~!*** du Dummkopf! *pej*; ***don't be such a ~!*** stell dich doch nicht so dämlich an! *fam* **pea-brained** *adj* (*sl*) dämlich *fam*, schwachsinnig *pej fam*; ***don't be so ~!*** stell dich doch nicht so dämlich an! *fam*

peace [pi:s] *n no pl* ① (*no war*) Frieden *m*; ***this continent is now at ~*** auf diesem Kontinent herrscht jetzt Frieden; **~ talks** Friedensgespräche *ntpl*; **lasting ~** dauerhafter Frieden; **to long for ~** sich *akk* nach Frieden sehnen; **to make ~** Frieden schließen ② (*social order*) Ruhe *f*, Frieden *m*; **to be arrested for disturbing the ~** wegen Ruhestörung verhaftet werden; **to disturb** [*or* **break**] **the ~** die Ruhe stören; **to keep the ~** den Frieden wahren; **to make one's ~ with sb** sich *akk* mit jdm versöhnen ③ (*tranquillity*) ***he will give me no ~ until I give in*** er wird keine Ruhe geben, bis ich nachgebe; **~ of mind** Seelenfrieden *m*, innere Ruhe; **~ and quiet** Ruhe und Frieden; **to leave sb in ~** jdn in Frieden [*o* Ruhe] lassen; ■ **to be at ~** in Frieden ruhen; **to be at ~ about one's situation** sich *akk* seinem Schicksal fügen; **to be at ~ with the world** mit sich und der Welt im Einklang sein ④ REL **the Prince of P~** der Friedensfürst (*Jesus Christus*); **~ be with you** Friede sei mit dir ▶ PHRASES: **to hold** [*or* **keep**] **one's ~** (*form*) ruhig [*o* still] sein, schweigen

peaceable ['pi:səbl] *adj* friedlich; **~ person** friedliebende Person

peaceably ['pi:səbli] *adv* friedlich, ruhig

peace activist *n* Friedensaktivist(in) *m(f)* **peace conference** *n* Friedenskonferenz *f* **Peace Corps** *n no pl* ■ **the ~** das Friedenskorps; **to join the ~** sich *akk* für das Friedenskorps verpflichten **peace dividend** *n* Friedensdividende *f* **peace enforcement** *n* Friedensvermittlung *f*; **~ troop** Friedenstruppe *f*

peaceful ['pi:sfəl] *adj* friedlich; *nation also* friedfertig; (*calm*) ruhig; **~ coexistence** friedliches Nebeneinander; **a ~ person** ein friedliebender Mensch

peacefully ['pi:sfəli] *adv* friedlich; **the right to gather ~** das Recht auf Versammlungsfreiheit; **to be able to sleep ~ again** wieder ruhig schlafen können; **to coexist ~** in Frieden miteinander leben

peacefulness ['pi:sfəlnəs] *n no pl* Friedlichkeit *f*; *of a place* Ruhe *f*; *of a situation* friedliche Atmosphäre; ***a kind of ~ overcame him*** ein Gefühl des Friedens durchdrang ihn

peace initiative *n* Friedensinitiative *f*; **to respond to a ~** auf eine Friedensinitiative reagieren; **to take the ~** Friedensverhandlungen aufnehmen **peacekeeper** *n* Friedenswächter(in) *m(f)* **peacekeeping** I. *n no pl* Friedenssicherung *f* II. *n modifier* Friedens-; **~ force** [*or* **troops**] Friedenstruppe *f* **peace-loving** *adj* friedliebend **peacemaker** *n* Frieden[s]stifter(in) *m(f)* **peacemaking** *n* Befriedung *f geh*; **programme of positive ~** Programm *nt* der aktiven Friedenssicherung **peace march** *n* Friedensdemonstration *f*; **to hold a ~** eine Friedensdemonstration veranstalten **peace movement** *n* Friedensbewegung *f* **peace negotiations** *npl* Friedensverhandlungen *fpl*; **to engage in** [*or* **open up**]**/hold ~** Friedensverhandlungen aufnehmen/führen **peace offensive** *n* Friedensoffensive *f*

peace offer *n*, **peace offering** *n* Friedensangebot *nt* **peace pipe** *n* Friedenspfeife *f;* **to smoke the ~ with sb** mit jdm die Friedenspfeife rauchen **peace settlement** *n* Friedensabkommen *nt* **peace sign** *n* Friedenszeichen *nt* (*mit dem Zeige- und Mittelfinger gebildetes V*) **peacetime** I. *n no pl* Friedenszeiten *fpl* II. *n modifier* in Friedenszeiten *nach n;* ***the country enjoyed 10 years of ~ prosperity*** das Land lebte 10 Jahre lang in Frieden und Wohlstand **peace treaty** *n* Friedensvertrag *m;* **to adhere to/break/sign a ~** einen Friedensvertrag einhalten/brechen/unterzeichnen

peach [piːtʃ] I. *n* <*pl* -es> ❶ (*fruit*) Pfirsich *m;* (*tree*) Pfirsichbaum *m;* **~ orchard** Pfirsichgarten *m* ❷ (*fig fam: nice person*) Schatz *m;* (*old: woman*) Prachtweib *nt veraltend o pej;* **a ~ of a day/an evening** ein wunderbarer Tag/Abend II. *n modifier* (*ice cream, jam, tree*) Pfirsich-; **to have a ~es-and-cream complexion** eine Pfirsichhaut haben; **~ stone** Pfirsichkern *m* III. *vt* ■**to ~ sb** Brit (*old*) jdn anklagen IV. *vi* ■**to ~ against** [*or* **on**] **sb** (*old*) jdn verpfeifen *fam* V. *adj inv* pfirsichfarben

Peach Melba [-'melbə] *n* Pfirsich Melba *m*

peach pie *n* Am *Kuchen mit Mürbe- oder Blätterteigboden und Pfirsichfüllung*

peachy ['piːtʃi] *adj* wunderbar, toll; ***now everything is just ~ between us*** bei uns herrscht wieder eitel Sonnenschein; **to be ~ keen** Am (*dated*) doll sein *veraltend*

peacock ['piːkɒk, Am -kɑːk] *n* ❶ (*bird*) Pfau *m* ❷ (*person*) eitler Pfau *pej;* **to strut like a ~** wie ein Pfau umherstolzieren

peacock blue I. *n no pl* Pfauenblau *nt,* Türkisblau *nt* II. *adj inv* pfauenblau, türkisblau

pea-green I. *n no pl* Erbsengrün *nt* II. *adj inv* erbsengrün **peahen** *n* Pfauenhenne *f*

peak [piːk] I. *n* ❶ (*mountain top*) Gipfel *m,* Bergspitze *f* ❷ food ***beat the egg whites until they are stiff enough to form firm ~s*** das Eiweiß steif schlagen, bis ein Messerschnitt sichtbar bleibt ❸ (*highest point*) Spitze *f,* Gipfel *m; of a curve, line* Scheitelpunkt *m;* **to be at the ~ of one's career** sich *akk* auf dem Höhepunkt seiner Karriere befinden; **to be at the very ~ of one's fitness** in Topform sein; **to reach** [*or* **hit**] **a ~** den Höchststand erreichen ❹ Brit (*hat part*) Hutkrempe *f* II. *vi career, economy* den Höhepunkt erreichen; *athletes* [seine] Höchstleistung erbringen; *skill* zur Perfektion gelangen; *figures, rates, production* den Höchststand erreichen; ***his fever ~ed to 41°C during the night*** über Nacht stieg sein Fieber auf 41°C an III. *n modifier* ❶ (*busiest*) Haupt-; **~ rush hour** Hauptverkehrszeit *f;* **~ viewing time** Hauptsendezeit *f* ❷ (*best, highest*) Spitzen-; **~ productivity** maximale Produktivität; **~ speed** Höchstgeschwindigkeit *f*

peak capacity *n usu sing* Auslastung *f kein pl;* **to maintain ~** mit der maximalen Produktionsleistung arbeiten; **to reach** [*or* **hit**] **~** voll ausgelastet sein **peak demand** *n* Spitzenbedarf *m kein pl* (**for** an +*dat*); **to meet ~** den Spitzenbedarf decken

peaked [piːkt] *adj* ❶ *inv* (*pointed*) *hat* spitz ❷ Am (*tired, sick*) kränklich, abgespannt; **to look ~** spitz aussehen *fam*

peak hours *npl* Stoßzeit *f,* Spitzenzeit *f* **peak level** *n no pl* Höchststand *m;* **to reach** [*or* **hit**] **~** den Höchststand erreichen **peak load** *n* Maximalladung *f,* Höchstgewicht *nt; of lorries* Spitzenlast *f;* elec Spitzenlast *f,* Belastungsspitze *f* **peak period** *n* Stoßzeit *f;* (*when most power is being used*) Hauptbelastungszeit *f;* **~ for travel** Hauptreisezeit *f;* **~ period** Hauptbelastungszeit *f* **peak power** *n no pl* Höchstleistung *f;* **to work at ~** mit voller Leistung arbeiten **peak season** *n usu sing* Hochsaison *f;* **during** [*or* **in**] **~** in der Hochsaison **peak-time** ['piːktaɪm] *adj attr, inv* zur Hauptsendezeit *nach n;* **~ television** Hauptsendezeit *f;* **~ travel** Hauptverkehrszeit *f,* Stoßzeit *f* **peak traffic hours** *npl esp* Am Stoßzeit *f,* Hauptverkehrszeit *f*

peaky [piːki] *adj pred* Brit kränklich, blass; **to feel ~** sich *akk* nicht gut fühlen

peal [piːl] I. *n* ❶ (*sound*) Dröhnen *nt kein pl;* **~ of bells** Glockengeläut[e] *nt kein pl;* **to go** [*or* **break**] **into a ~ of laughter** in schallendes Gelächter ausbrechen; **~ of thunder** Donnerschlag *m* ❷ (*set*) **~ of bells** Glockenspiel *nt* II. *vi thunderstorm* dröhnen; *bells* läuten; **to ~ with laughter** sich *akk* vor Lachen nicht mehr halten können III. *vt* (*rare*) ■**to ~ sth** etw erschallen lassen

◆**peal out** *vi* ertönen; *laughter also* erschallen; *thunder* dröhnen

peanut ['piːnʌt] I. *n* ❶ (*nut*) Erdnuss *f* ❷ (*fam: very little*) ■**~s** *pl* Klacks *m fam;* **to pay ~s** einen Hungerlohn zahlen II. *n modifier* (*oil, plant*) Erdnuss-

peanut brittle *n no pl esp* Am Erdnusskrokant *m*

peanut butter *n no pl* Erdnussbutter *f* **peanut gallery** *n* Am theat (*sl*) Galerie *f,* Olymp *m hum fam;* (*fam*) ***hey, enough from the ~ over there!*** Ruhe auf den billigen Plätzen! *fam*

pear [peəʳ, Am per] I. *n* Birne *f* II. *n modifier* (*ice cream, salad*) Birnen-; **~ Williams liqueur** Am Williams Christ *m;* **~ orchard** Birnenplantage *f;* **~ tree** Birnbaum *m*

pearl [pɜːl, Am pɜːrl] I. *n* ❶ (*jewel*) Perle *f;* ■**~s** *pl* Perlen *fpl,* Perlenkette *f;* **string** [*or* **rope**] **of ~s** Perlenkette *f;* **to wear ~s** Perlen [*o* eine Perlenkette] tragen ❷ (*fig: a drop*) Tropfen *m,* Perle *f;* **~ of dew** Tautropfen *m;* **~s of sweat** Schweißperlen *fpl* ❸ (*fig: fine example*) Juwel *nt fig;* ***that was a ~ of a good job*** das war ein Traumjob ► Phrases: **to be a ~ of great price** nicht in Gold aufzuwiegen sein; **to cast one's ~s before swine** Perlen vor die Säue werfen *prov* II. *n modifier* (*necklace, ring, brooch, button*) Perlen- III. *adj* perlweiß; **~ grey** perlgrau

pearl barley *n no pl* Perlgraupen *fpl* **pearl button** *n* Perlmuttknopf *m* **pearl diver** *n,* **pearl fisher** *n* Perlentaucher(in) *m(f)* **pearl fishing** *n no pl* Perlenfischen *nt* **pearl-fishing industry** *n* Perlenfischerei *f* **pearl oyster** *n* Perlmuschel *f*

pearly ['pɜːli, Am 'pɜːrli] *adj* perlmuttartig; (*adorned with pearls*) mit Perlen besetzt; **~ white teeth** perlweiße Zähne

pearly gates *npl* (*liter or hum*) Himmelstür *f liter;* **at the ~** an der Himmelspforte **pearly king** *n,* **pearly queen** *n* Brit *Straßenhändler(in), der/die mit Perlmuttknöpfen besetzte Kleidungsstücke trägt und Geld für wohltätige Zwecke sammelt*

pear-shaped *adj figure, bottle* birnenförmig ► Phrases: **to go ~** Brit (*sl*) schief gehen [*o* laufen]

peasant ['pezᵊnt] I. *n* ❶ (*small farmer*) [Klein]bauer, [Klein]bäuerin *m, f* ❷ (*pej! fam*) Bauer *m pej* II. *n modifier* [klein]bäuerlich; **~ clothing** Bauerntracht *f;* **~ food** Hausmannskost *f;* **~ revolt** [*or* **uprising**] Bauernaufstand *m;* **~ tradition** bäuerliches Brauchtum; **~ woman** Bäuerin *f*

peasantry ['pezᵊntri] *n no pl* [Klein]bauernstand *m*

pease pudding [piːz'pʊdɪŋ] *n no pl* Brit Erbsenpudding *m*

peashooter *n* ❶ (*child's toy*) Pusterohr *nt* ❷ Am (*small gun*) [kleine] Pistole **pea soup** *n* Erbsensuppe *f* **pea-souper** *n* ❶ Brit (*dated fam*) *dichter Nebel, oft auch Smog* ❷ Can (*pej: French Canadian*) Frankokanadier(in) *m(f)* **pea soup fog** *n* Am, Aus *dichter Nebel, oft auch Smog*

peat [piːt] *n no pl* Torf *m;* **to dig** [*or* **cut**] **~** Torf stechen

peat bog *n* Torfmoor *nt*

peaty ['piːti, Am -t̬i] *adj* torfig; **~ soil** Torfboden *m*

pebble ['pebl] I. *n* Kieselstein *m;* **~ beach** Kiesstrand *m* II. *vt* ■**to ~ sth** Kies auf etw *akk* schütten

pebbled ['peb|d] *adj inv* Kies-; **~ beach** Kiesstrand *m*

pebbly ['pebli] *adj* steinig

pecan [piːkæn, Am -'kɑːn] I. *n* Pecannuss *f* II. *n modifier esp* Am *cookies, squares* Pecannuss-; **~ tree** Hickory[baum] *m*

pecan pie *n esp* Am Pecannusskuchen *m*

peccadillo <*pl* -s *or* -es> [ˌpekə'dɪləʊ, Am -oʊ] *n* kleine Sünde, Kavaliersdelikt *nt;* **youthful ~** Jugendsünde *f*

peck¹ [pek] *n* (*old*) ❶ (*dry measure*) Viertelscheffel *m* ❷ (*large amount*) **to have a ~ of troubles** in großen Schwierigkeiten stecken

peck² [pek] I. *n* ❶ (*bite*) Picken *nt kein pl;* **to give sb/sth a ~** nach jdm/etw hacken ❷ (*quick kiss*) Küsschen *nt;* **to give sb a ~** [**on the cheek**] jdn flüchtig [auf die Wange] küssen II. *vt* ❶ (*bite*) ■**to ~ sb/sth** nach jdm/etw hacken; **to ~ a hole** ein Loch picken ❷ (*kiss quickly*) **to ~ sb on the cheek** jdn flüchtig auf die Wange küssen III. *vi* ❶ (*with the beak*) picken; **to ~ around** herumpicken; ■**to ~ at sth** etw aufpicken ❷ (*with pointed tool*) ■**to ~ at sth** gegen etw *akk* hämmern; **to ~ at one's typewriter** in die Tasten hämmern ❸ (*nibble*) **to ~ at one's food** in seinem/ihrem Essen herumstochern ❹ Am (*nag*) ■**to ~ at sb** jdn sticheln

pecker ['pekəʳ, Am -ɚ] *n* ❶ Am (*vulg: penis*) Schwanz *m vulg* ❷ Am (*fam: insult*) Arschloch *nt vulg* ► Phrases: **to keep one's ~ up** Brit (*dated fam*) die Ohren steif halten *fam*

pecking ['pekɪŋ] *n* ❶ (*striking with beck*) Picken *nt kein pl* ❷ (*fig*) *of a typewriter* Klappern *nt kein pl* ❸ Am (*nagging*) Nörgeln *nt kein pl*

pecking order *n* Hackordnung *f*

peckish ['pekɪʃ] *adj* Brit, Aus **to feel rather** [*or* **a bit**] **~** den kleinen Hunger verspüren

pecs [peks] *npl* (*fam*) *short for* **pectoral muscles** Brustmuskeln *fpl;* **to work on one's ~** die Brustmuskeln trainieren

pectin ['pektɪn] *n no pl* Pektin *nt*

pectoral ['pektᵊrᵊl] *adj* Brust-, pektoral *fachspr;* **~ fin** Brustflosse *f;* **~ muscle** Brustmuskel *m*

pectorals ['pektᵊrᵊlz] *npl* Brustmuskeln *mpl*

peculate ['pekjəleɪt] *vt* ■**to ~ sth** etw unterschlagen [*o* veruntreuen]

peculation [ˌpekjə'leɪʃᵊn] *n* Unterschlagung *f,* Veruntreuung *f*

peculiar [pɪ'kjuːliəʳ, Am -ljɚ] *adj* ❶ (*strange*) seltsam, merkwürdig; **sth seems** [*or* **is**] **a little ~ to sb** etw kommt jdm nicht ganz geheuer vor ❷ (*nauseous*) unwohl; **to have a ~ feeling** sich *akk* eigenartig fühlen; **to feel a little ~** sich *akk* nicht [ganz] wohl fühlen ❸ (*belonging to, special*) ■**to be ~ to sb** typisch für jdn sein; ■**to be ~ to sth** etw *dat* eigen[tümlich] sein; **of ~ interest** von besonderem Interesse

peculiarity [pɪˌkjuːli'ærəti, Am -li'erət̬i] *n* ❶ *no pl* (*strangeness*) Seltsamkeit *f,* Eigenartigkeit *f* ❷ (*strange habit*) Eigenheit *f* ❸ (*idiosyncrasy*) Besonderheit *f,* Eigenart *f*

peculiarly [pɪ'kjuːliəˡi, Am -ljəˡi] *adv* ❶ (*strangely*) eigenartig, seltsam; **most ~** höchst eigenartig ❷ *inv* (*specially*) typisch ❸ *inv* (*especially*) besonders, außerordentlich

pecuniary [pɪ'kjuːniəˡi, Am -nieri] *adj inv* (*form*) finanziell *attr,* pekuniär *attr geh;* **~ aid/interest** finanzielle Unterstützung/Beteiligung; **~ benefit** Vermögensvorteil *m;* **~ consideration** finanzielle Erwägungen *fpl;* **~ loss** Vermögensverlust *m;* **~ matter** Geldangelegenheit *f*

pedagogic [ˌpedə'gɒdʒɪk, Am -'gɑː-] *adj inv* pädagogisch

pedagogically [ˌpedə'gɒdʒɪkli, Am -'gɑː-] *adv inv* pädagogisch; **~ *speaking, …*** pädogogisch gesehen …

pedagogue ['pedəgɒg, Am -'gɑːg] *n* (*old*) Schulmeister(in) *m(f) veraltet o pej;* (*teacher*) Pädagoge, -in *m, f*

pedagogy ['pedə'gɒdʒi, Am -gɑː-] *n no pl* Pädagogik *f*

pedal ['pedᵊl] I. *n* Pedal *nt;* **accelerator/brake ~** Gas-/Bremspedal *nt;* **foot ~** Fußhebel *m;* **to put one's foot down on the ~** aufs Gas treten II. *vt* <Brit, Aus -ll- *or* Am *usu* -l-> **to ~ a bicycle** Rad fahren; ***he struggled to ~ his bicycle up the hill*** er strampelte mühsam den Berg hinauf III. *vi* <Brit, Aus -ll- *or* Am *usu* -l-> Rad fahren; ***she ~ed through the city*** sie radelte durch die Stadt IV. *n modifier* Tret-; **~ car** Tretauto *nt*

pedal bike *n* Fahrrad *nt;* **to ride a ~** Fahrrad fahren **pedal bin** *n* Treteimer *m* **pedal boat** *n,* **pedalo** ['pedᵊləʊ, Am -oʊ] *n* Tretboot *nt*

pedant ['pedᵊnt] *n* Pedant(in) *m(f) pej*

pedantic [pɪ'dæntɪk, Am ped'-] *adj* pedantisch *pej,*

kleinlich *pej*

pedantically [prˈdæntɪkᵊli, AM ped'-] *adv* pedantisch *pej*

pedantry ['pedᵊntri] *n* Pedanterie *f a. pej*

peddle ['pedḷ] *vt* ■**to ~ sth** ❶ *(esp pej: sell)* etw verscherbeln *pej;* **to ~ sth door to door** mit etw *dat* hausieren gehen; ***these products are generally ~d door to door*** diese Waren werden in der Regel von Hausierern angeboten; **to ~ drugs** mit Drogen handeln ❷ *(pej: spread)* etw verbreiten, mit etw *dat* hausieren gehen *pej*

peddler *n* AM *see* **pedlar**

peddling ['pedlɪŋ] *n no pl (pej)* ❶ *(selling)* Hausieren *nt* ❷ *(spreading)* Verbreiten *nt*

pederast ['pedᵊræst, AM 'pedə-] *n* Päderast *m*

pederasty ['pedᵊræsti, AM 'pedə-] *n no pl* Päderastie *f;* **to engage in ~** Päderastie betreiben

pedestal ['pedɪstᵊl] **I.** *n* Sockel *m,* Säulenfuß *m* ▸ PHRASES: **to knock sb off his/her ~** jdn vom seinem hohen Ross holen [*o* vom Sockel stoßen]; **to put sb on a ~** jdn auf ein Podest stellen **II.** *n modifier* Sockel-, Stand-; **~ desk** Stehpult *nt;* **~ wash basin** [*or* **sink**] Standwaschbecken *nt*

pedestrian [pɪ'destriən] **I.** *n* Fußgänger(in) *m(f)* **II.** *n modifier (bridge, tunnel, underpass)* Fußgänger- **III.** *adj inv (form)* langweilig; *speech* trocken; **to do sth in a ~ way** etw nach Schema F machen *pej*

pedestrian crossing *n* BRIT Fußgängerübergang *m*

pedestrianize [pɪ'destriənaɪz] *vt* ■**to ~ sth** etw in eine Fußgängerzone umwandeln

pedestrianized [pɪ'destriənaɪzd] *adj inv* Fußgänger-; **~ area** Fußgängerzone *f;* **~ shopping area** *Einkaufsgebiet in einer Fußgängerzone*

pedestrian mall *n* AM, AUS, **pedestrian precinct** *n* BRIT Fußgängerzone *f*

pediatric *adj* AM *see* **paediatric**

pediatrician *n* AM *see* **paediatrician**

pedicure ['pedɪkjʊəʳ, AM -kjʊr] *n* Pediküre *f,* Fußpflege *f;* **to have** [*or* **get**] **a ~** seine Füße pediküren lassen, zur Pediküre gehen; **to treat oneself to a ~** sich *dat* eine Pediküre gönnen

pedicurist ['pedɪkjʊrɪst] *n* Fußpfleger(in) *m(f)*

pedigree ['pedɪgri:] **I.** *n* ❶ *(genealogy)* Stammbaum *m;* **to have an aristocratic/royal ~** von aristokratischer/königlicher Abstammung sein ❷ *(background)* Laufbahn *f;* **to have an impeccable ~** eine makellose Ausbildung haben ❸ *(history of idea)* Geschichte *f* ❹ *(criminal record)* Vorstrafenregister *nt* **II.** *n modifier (dog, cattle, horse)* reinrassig, mit Stammbaum *nach n*

pedigreed ['pedɪgri:d] *adj inv* reinrassig, mit Stammbaum *nach n*

pediment ['pedɪmənt] *n* Giebel *m,* Giebeldreieck *nt*

pedlar ['pedləʳ] *n* BRIT, AUS ❶ *(drug dealer)* Drogenhändler(in) *m(f)* ❷ *(dated: travelling salesman)* Hausierer(in) *m(f);* **door to door ~** fliegender Händler/fliegende Händlerin ❸ *(pej)* **~ of gossip** Klatschmaul *nt;* **~ of lies** Lügenmaul *nt pej*

pedometer [pɪ'dɒmɪtəʳ, AM -'dɑ:məṭə] *n* Schrittzähler *m,* Pedometer *nt fachspr*

pedophile *n* AM *see* **paedophile**

pedophilia *n* AM *see* **paedophilia**

pee [pi:] *(fam)* **I.** *n no pl* ❶ *(urine)* Pipi *nt Kindersprache* ❷ *(act)* Pinkeln *nt;* **to go ~** *(childspeak)* Pipi machen gehen *Kindersprache;* **to have** [*or* **take**] **a ~** pinkeln gehen *fam* **II.** *vi* pinkeln *fam;* **to ~ in one's pants** in die Hose[n] machen *fam* **III.** *vt* ■**to ~ oneself** sich *akk* voll pinkeln [*o* bepinkeln]; **to ~ one's pants** in die Hose[n] machen *fam*

◆**pee off** *vt (fam!)* ■**to ~ off** ○ **sb** jdn ankotzen *derb;* ■**to be ~d off** stinksauer sein *fam*

peek [pi:k] **I.** *n* ❶ *(brief look)* flüchtiger Blick; *(furtive look)* heimlicher Blick; **to have** [*or* **take**] **a ~** [**at sth/sb**] einen kurzen Blick auf etw/jdn werfen; **to have** [*or* **take**] **a ~ through the keyhole** durchs Schlüsselloch gucken ❷ COMPUT Direktleseanweisung *f* **II.** *vi* blinzeln; ■**to ~ into sth** in etw *akk* hineinspähen, einen kurzen Blick in etw *akk* werfen; ■**to ~ over sth** über etw *akk* gucken; **to ~ behind the scenes of sth** hinter die Kulissen einer S. *gen* blicken

◆**peek out** *vi* hervorgucken; ***his jacket had a white handkerchief ~ing out of the breast pocket*** aus der Brusttasche seines Jacketts ragte ein weißes Taschentuch; ■**to ~ out from behind sth** *person* hinter etw *dat* hervorgucken

peek-a-boo ['pi:kəbu:] **I.** *n no pl* Guck-Guck-Spiel *nt;* **to play ~** guck-guck spielen **II.** *adj attr, inv* ❶ *(revealing)* durchsichtig; *blouse, dress* offenherzig ❷ *(covering one eye)* **~ haircut** *Frisur, die ein Auge verdeckt*

peel [pi:l] **I.** *n* ❶ *(skin of fruit)* Schale *f* ❷ *(skin care)* Peeling *nt* **II.** *vt* ■**to ~ sth** *fruit* etw schälen; **to ~ the paper off sth** das Papier von etw *dat* abziehen, etw auswickeln; **to ~ the wrapping from sth** die Verpackung von etw *dat* abmachen ▸ PHRASES: **to keep one's eyes ~ed for sth** *(fam)* nach etw *dat* Ausschau [*o* die Augen offen] halten **III.** *vi paint, rust, wallpaper* sich *akk* lösen; *skin* sich *akk* schälen

◆**peel off I.** *vt* ■**to ~ off** ○ **sth** etw schälen; *clothing* etw abstreifen; **to ~ off an adhesive strip** ein Klebeband abziehen; **to ~ the wallpaper off** die Tapete abziehen [*o* ablösen] **II.** *vi* ❶ *(come off) poster, wallpaper* sich *akk* lösen ❷ *(veer away) car, motorbike* ausscheren; ***a figure ~ed off to the left*** eine Gestalt wich nach links

peeler ['pi:ləʳ, AM -ə] *n* ❶ *(utensil)* Schäler *m,* Schälmesser *nt* ❷ BRIT *(old sl: policeman)* Schutzmann *m veraltet*

peelings ['pi:lɪŋz] *npl* Schalen *fpl*

peep¹ [pi:p] **I.** *n usu sing* ❶ *(answer, statement)* Laut *m;* ***one more ~ out of you and there'll be no television tomorrow*** einen Ton noch und du darfst morgen nicht fernsehen; **to not give** [*or* **make**] **a ~** keinen Laut von sich *dat* geben, keinen Mucks machen; **to not hear** [**so much as**] **a ~ from sb** keinen Mucks von jdm hören; **to not make** [*or* **raise**] **a ~ about sth** keinen Ton über etw *akk* verlieren ❷ *(bird sound)* Piep *m,* Piepser *m;* **to make a ~** piepsen **II.** *vt* ■**to ~ sth** etw flüstern **III.** *vi* piepsen; **to ~ at sth/sb** etw/jdn anpiepsen

peep² [pi:p] **I.** *n* ❶ *(look)* [verstohlener] Blick; **sth allows a ~ at sth** etw gibt [*o* gewährt] Einblick in etw *akk;* **to have** [*or* **take**] **a ~ at sth** auf etw *akk* einen kurzen Blick werfen ❷ *(first coming)* **at the** [**first**] **~ of day** bei Tagesanbruch; **the first ~ of spring** die ersten Anzeichen *ntpl* des Frühlings **II.** *vi* ❶ *(look)* ■**to ~ at sth/sb** verstohlen auf etw/jdn blicken; ■**to ~ into sth** einen Blick in etw *akk* werfen; ■**to ~ through sth** durch etw *akk* spähen ❷ *(appear)* hervorkommen; ***a few early flowers had ~ed up through the snow*** die ersten Frühlingsboten lugten durch die Schneedecke

◆**peep out** *vi toe, finger* herausgucken; ***after the rain, the sun began to ~ out*** nach dem Regen kam die Sonne wieder raus

peep-bo ['pi:p,bəʊ, AM -boʊ] *n no pl* BRIT Guck-Guck-Spiel *nt;* **to play ~** guck-guck spielen

peeper ['pi:pəʳ, AM ə] *n* ■**~s** *pl (fam)* [Glotz]augen *ntpl*

peephole *n* Guckloch *nt;* **security ~** Spion *m*

peeping ['pi:pɪŋ] *n no pl* Piepsen *nt*

peeping Tom **I.** *n* Voyeur *m,* Spanner *m fam* **II.** *adj attr, inv (photographer, journalist)* voyeuristisch

peepshow *n* Peepshow *f*

peer¹ [pɪəʳ, AM pɪr] *vi (look closely)* spähen; **to ~ into the distance** in die Ferne starren; **to ~ over one's glasses** über die Brille schauen; **to ~ over sb's shoulder** jdm über die Schulter gucken; ■**to ~ through sth** durch etw *akk* spähen

peer² [pɪəʳ, AM pɪr] *n* ❶ *(equal)* Gegenstück *nt,* Counterpart *nt;* **to have few ~s** zu den Besten gehören; **to have no ~s** unvergleichlich sein; **to be liked by one's ~s** unter seinesgleichen beliebt sein ❷ LAW **to be tried** [*or* **judged**] **by a jury of one's ~s** von seinesgleichen gerichtet werden ❸ BRIT *(noble)* Angehöriger *m* des britischen Hochadels; POL Peer *m;* **life ~** Peer *m* auf Lebenszeit; **~ of the realm** Peer *m* mit ererbtem Sitz im Oberhaus ❹ COMPUT Peer *m*

peerage ['pɪərɪdʒ, AM 'pɪr-] *n* ❶ *no pl* BRIT *(peers)* Peerage *f; (rank)* Peerswürde *f;* **member of the ~** Mitglied *nt* des Hochadels; **to be elevated to the ~** in den Adelsstand erhoben werden; **to be given a ~** einen Adelstitel verliehen bekommen, geadelt werden; **to renounce one's ~** auf die Peerswürde verzichten ❷ *(book)* Adelskalender *m*

peeress ['pɪəres] *n* BRIT Peeress *f*

peer group *n* SOCIOL Peer-group *f,* Gleichrangigengruppe *f* **peer group pressure** *n no pl* Druck *m* durch Gleichaltrige; **to be under ~** unter sozialem Druck stehen

peerless ['pɪələs, AM 'pɪr-] *adj inv (form)* unvergleichlich, einzigartig

peerlessly ['pɪələsli, AM 'pɪr-] *adv inv (form)* unvergleichlich, einzigartig

peer pressure *n no pl* Druck *m* durch Gleichaltrige; **to be under ~** unter sozialem Druck stehen

peeve [pi:v] *vt* ■**to ~ sb** jdn ärgern [*o fam* auf die Palme bringen]

peeved [pi:vd] *adj (fam)* verärgert; ***she was ~ to discover they had gone without her*** sie war sauer, als sie merkte, dass die anderen ohne sie gegangen waren *fam;* ■**to be ~ at sb for sth** wegen einer S. *gen* auf jdn sauer sein *fam*

peevish ['pi:vɪʃ] *adj* mürrisch, gereizt

peevishly ['pi:vɪʃli] *adv* mürrisch, gereizt

peewee ['pi:wi:] **I.** *n* ❶ AM *(pej fam: small person)* Kleine(r) *f(m) pej* ❷ AUS *(magpie lark)* Grallina cyanoleuca *f (elsterähnlicher Singvogel);* BRIT *(lapwing)* Kiebitz *m* **II.** *adj attr, inv* AM Kinder-; **~ league** Kinderliga *f*

peewit ['pi:wɪt] *n* ❶ *(bird)* Kiebitz *m* ❷ *(bird's call)* Kiwitt *nt*

peg [peg] **I.** *n* ❶ *(hook)* Haken *m; (stake)* Pflock *m; (for a barrel)* Spund *m;* **clothes ~** Wäscheklammer *f;* **guitar/violin ~** Gitarren-/Geigenwirbel *m;* **tent ~** Hering *m;* **to buy off the ~** *(fig)* von der Stange kaufen; **to hang sth on a ~** etw aufhängen [*o* an einen Haken hängen] ❷ *(excuse)* Ausrede *f; (reason)* Grund (**for** für +*akk*); **to use sth as a ~ for sth** etw als Anlass für etw *akk* nehmen ❸ AM SPORTS Peg *m;* **to make/throw a ~** einen Peg machen/werfen ❹ FIN Festsatz *m;* **adjustable ~** limitierte Stufenflexibilität; **crawling ~** Gleitparität *f* ▸ PHRASES: **to be a square ~ in a round hole** [*or* **a round ~ in a square hole**] fehl am Platz sein; **to need taking down a ~** einen Dämpfer verdienen; **to take** [*or* **bring**] **sb down a ~ or two** jdm einen Dämpfer aufsetzen; **to use sth as a ~ to hang sth on** etw als Aufhänger für etw *akk* benutzen **II.** *vt* <-gg-> ■**to ~ sth** ❶ *(bind down)* etw mit Haken sichern ❷ *(hold at certain level)* etw fixieren; **to ~ a currency** eine Währung stützen; **to ~ emissions at a certain level** die Emissionshöhe auf einen bestimmten Wert begrenzen; **to ~ prices** Preise stützen; **to ~ wage increases to the cost-of-living index** Lohnerhöhungen *pl* auf dem Niveau des Lebenshaltungskostenindexes halten ❸ AM *(throw)* etw werfen ❹ AM *(fig: guess correctly)* etw erfassen; ***you ~ged it right on the head!*** du hast den Nagel auf den Kopf getroffen! ❺ *(mark)* ■**to ~ sb as sth** jdn als etw *akk* abstempeln **III.** *vi signal level meter* ausschlagen

◆**peg away** *vi (fam)* schuften *fam;* ■**to ~ away at sth** sich *akk* in etw *akk* hineinknien, sich *akk* hinter etw *akk* klemmen *fam*

◆**peg out I.** *vt* ❶ *(hang out)* ■**to ~ out clothes** Wäsche aufhängen ❷ *(mark)* ■**to ~ sth** ○ **out** etw markieren; **to ~ out a plot of land** Land abstecken **II.** *vi* BRIT, AUS ❶ *(fig fam: die)* den Löffel abgeben *fam* ❷ *(stop working) car, machine* den Geist aufgeben *fam*

Pegasus ['pegəsəs] *n no pl* Pegasus *m,* Pegasos *m*

peg-leg *n (dated fam)* Holzbein *nt*

peignoir ['peɪnwa:ʳ, AM peɪn'wa:r] *n* Négligé *nt*

pejorative [pɪ'dʒɒrətɪv, AM pɪ'dʒɔ:rəṭɪv] *(form)* **I.** *adj* abwertend, negativ besetzt, pejorativ **II.** *n* abwertender Ausdruck, Pejorativum *nt fachspr*

pejoratively [pɪ'dʒɒrətɪvli, AM 'dʒɔ:rəṭɪv] *adv* abwertend

P

peke [pi:k] *n* (*fam*) *short for* **pekinese** Pekinese *m*

pekinese [ˌpi:kɪ'ni:z, AM -kə'-], **pekingese** [ˌpi:kɪŋ'i:z] **I.** *n* <*pl* – *or* -s> Pekinese *m* **II.** *adj inv* Pekinesen-; ~ **dog** Pekinese *m*

Pekinese [ˌpi:kɪ'ni:z, AM -kə'-], **Pekingese** [ˌpi:kɪŋ'i:z] **I.** *n* <*pl* – *or* -s> ① (*person*) Pekinger(in) *m(f)* ② (*dialect*) Pekinger Dialekt *m* **II.** *adj inv* aus Peking *nach n;* ~ **architecture/dialect** Pekinger Architektur *f*/Dialekt *m;* ~ **man/woman** Pekinger *m*/Pekingerin *f*

pelican ['pelɪkən] *n* Pelikan *m*

pelican crossing *n* BRIT Fußgängerüberweg *m* (*mit Ampel*); **to cross [the street]/wait at a** ~ an der Fußgängerampel über die Straße gehen/warten

pelisse [pel'i:s, AM pə'li:s] *n* HIST [pelzgefütterter] Umhang

pellet ['pelɪt] **I.** *n* ① (*ball*) Kugel *f* ② (*excrement*) Kötel *m;* **sheep/rabbit** ~ Schaf-/Hasenkötel *m* ③ (*gunshot*) Schrot *nt o m kein pl,* Schrotkugel *f;* **to fire ~s** Schrotkugeln abfeuern **II.** *n modifier* Schrot-; ~ **gun** Schrotflinte *f;* ~ **mill** Futtermehlpresse *f*

pelleted ['pelɪtɪd] *adj inv* gepresst; ~ **animal food** Trockenfutter *nt;* ~ **chicken manure** getrockneter Hühnerdung

pell-mell [ˌpel'mel] (*dated*) **I.** *adj* chaotisch, hektisch; ~ **dash** wilde Jagd; ~ **style** [*or* **manner**] hektische Art **II.** *adv* panisch, chaotisch; ***the kids ran ~ for the ice cream van*** ein wilder Haufen Kinder stürmte auf den Eiswagen zu

pellucid [prɪ'lu:sɪd, AM pə'] *adj* ① *inv* (*translucently clear*) durchsichtig, [glas]klar ② (*form: easily understood*) klar, deutlich

pelmet [ˌpel'mɪt] *n* BRIT *of wood* Blende *f; of fabric* Schabracke *f,* Querbehang *m;* **to hang a** ~ eine Schabracke anbringen

Peloponnese [ˌpeləpə'ni:z] *n no pl* ■**the** ~ der [*o* die] Peloponnes

Peloponnesian [ˌpeləpə'ni:ʃən, -ʒən, AM -ʒən, -ʃən] *adj* peloponnesisch; **the** ~ **War** der Peloponnesische Krieg

pelota [pə'lɒtə, AM pə'loʊţə] *n* SPORTS Pelota *f*

peloton ['pələtɒn, AM -tɑ:n] *n* SPORTS Peloton *nt*

pelt¹ [pelt] *n* (*animal skin*) Fell *nt;* (*fur*) Pelz *m*

pelt² [pelt] **I.** *vt* ① (*bombard*) ■**to** ~ **sb with sth** jdn mit etw *dat* bewerfen; ***a meteorite shower ~ed the Earth yesterday*** gestern prasselte ein Meteoritenschauer auf die Erde nieder ② (*fig: assail*) ■**to** ~ **sb with sth** jdn mit etw *dat* bombardieren; **to** ~ **sb with insults** jdm Beleidigungen ins Gesicht schleudern **II.** *vi* ① *impers* (*rain heavily*) ■**it's ~ing** es schüttet [*o* gießt] *fam* ② (*run*) umhertollen; **to** ~ **across the yard/into the room** über den Hof/in das Zimmer rennen; **to** ~ **through a book** durch ein Buch rasen *fam;* **to** ~ **through one's homework** seine Hausarbeiten runterrasseln *fam;* ■**to** ~ **after sth** etw *dat* hinterherjagen **III.** *n no pl* ▶ PHRASES: **to drive at full** ~ mit Höchstgeschwindigkeit fahren; **to run at full** ~ volle Pulle rennen *fam*

◆**pelt down** *vi rain, hail* niederprasseln; ***it's ~ing down with rain*** es gießt in Strömen *fam*

pelting ['peltɪŋ] **I.** *n no pl* ① (*sound*) Prasseln *nt* ② (*get beaten*) **to take a** ~ verprügelt werden **II.** *adj rain* prasselnd; ***the boxer attacked his opponent with ~ blows*** der Boxer ließ ein Feuerwerk an Schlägen auf seinen Gegner niederprasseln

pelvic ['pelvɪk] *adj attr, inv* Becken-; ~ **area** [*or* **region**] Beckengegend *f;* ~ **fin** Bauchflosse *f*

pelvis <*pl* -es> ['pelvɪs] *n* Becken *nt*

pen¹ [pen] **I.** *n* (*writing utensil*) Feder *f;* (*pencil*) Stift *m;* **ballpoint** ~ Kugelschreiber *m;* **felt-tip** ~ Filzstift *m;* **fountain** ~ Füllfederhalter *m,* Füller *m,* Füllfeder *f* ÖSTERR, SÜDD, SCHWEIZ; **to make one's living by the** ~ sich *dat* seinen Lebensunterhalt als Schriftsteller/Schriftstellerin verdienen; **to put** [*or* **set**] ~ **to paper** zur Feder greifen; **with a stroke of the** ~ mit einem Federstrich; **to live by one's** ~ vom Schreiben leben; **to write in** ~ mit Tinte schreiben ▶ PHRASES: **the** ~ **is mightier than the sword** (*prov*) die Feder ist mächtiger als das Schwert **II.** *vt* <-nn-> ■**to** ~ **sb sth** [*or* **sth to sb**] jdm etw schreiben

pen² [pen] **I.** *n* ① (*enclosed area*) Pferch *m;* MIL Bunker *m;* **to put an animal in a** ~ ein Tier einpferchen ② AM (*fig sl: jail*) Kittchen *nt fam,* Knast *m fam;* **in the** ~ im Kittchen; **to lock sb up in the** ~ jdn hinter schwedische Gardinen sperren *fam;* **to throw sb in the** ~ jdn in den Knast werfen *fam* **II.** *vt* <-nn-> *usu passive* ■**to be ~ned** eingesperrt sein

◆**pen in** *vt* ① (*encage*) ■**to** ~ **in an animal** ein Tier einsperren; ■**to be ~ned in** *people* eingeschlossen sein; (*in car*) eingeklemmt sein ② *usu passive* (*fig: restrict*) **to feel ~ned in by sth** sich *akk* von etw *dat* eingeengt fühlen

◆**pen up** *vt* ■**to** ~ **up** ↔ **sb/an animal** jdn/ein Tier einschließen *a. fig;* ■**to be ~ed up** festsitzen

penal ['pi:nəl] *adj inv* ① *attr* (*of punishment*) Straf-; ~ **code** Strafgesetzbuch *nt;* ~ **institution** Strafanstalt *f;* ~ **law/statute** Strafgesetz *nt;* ~ **offence** Straftat *f;* ~ **servitude/sentence** Zwangsarbeit *f* ② (*severe*) belastend; ***a ~ rate of tax on tobacco*** eine extrem [*o* empfindlich] hohe Tabaksteuer

penal colony *n* Strafkolonie *f*

penalization [ˌpi:nəlaɪ'zeɪʃən] *n* (*form*) Bestrafung *f*

penalize ['pi:nəlaɪz] *vt* ① (*punish*) ■**to** ~ **sb** [**for sth**] jdn [für etw *akk*] bestrafen ② (*cause disadvantage*) ■**to** ~ **sb** jdn benachteiligen

penal reform *n* Strafrechtsreform *f* **penal settlement** *n* Strafkolonie *f* **penal system** *n* Rechtssystem *nt*

penalty ['penəlti, AM -ţi] *n* ① LAW Strafe *f,* Strafmaß *nt;* ~ ***for improper use £50*** bei Missbrauch 50 Pfund Strafe; **on** ~ **of arrest** unter Androhung einer Haftstrafe; **maximum/minimum** ~ Höchst-/Mindeststrafe *f;* **to carry a** ~ eine Strafe vorsehen; **to pay a** ~ **for sth** für etw *akk* eine Strafe bezahlen ② (*fig: punishment*) Strafe *f;* **a heavy** [*or* **stiff**] ~ eine hohe Strafe; **to pay a** ~ **for sth** für etw *akk* bezahlen [*o* büßen] ③ (*disadvantage*) Preis *m;* ***the ~ of freedom is responsibility*** Freiheit hat ihren Preis ④ (*fine*) [Extra]gebühr *f;* **premium** ~ Prämienzahlung *f* ⑤ FBALL **to award** [*or* **give**] **a** ~ einen Elfmeter geben [*o* verhängen]; **to concede/convert a** ~ einen Elfmeter verursachen/verwandeln

penalty area *n* FBALL Strafraum *m* **penalty box** *n* ① FBALL Strafraum *m* ② (*in ice hockey*) Strafbank *f;* **to sit** [**out**] **in the** ~ auf der Strafbank sitzen **penalty clause** *n* [restriktive] Vertragsklausel, Strafklausel *f* **penalty interest, penalty rate** *n* Negativzins *m* **penalty point** *n* ≈ Punkt in Flensburg **penalty shoot-out** *n* FBALL Elfmeterschießen *nt* **penalty spot** *n* FBALL Elfmeterpunkt *m*

penance ['penən(t)s] *n no pl* ① (*self-punishment*) Buße *f* ② REL Buße *f;* **to do** ~ **for sth** für etw *akk* Buße tun

pen-and-ink [ˌpenən'ɪŋk] *adj inv* Feder-, Tusche-; **pen-and-ink drawing** Tusche-/Federzeichnung *f*

penates [pɪn'ɑ:ti:z, AM pə'neɪţi:z] *npl* REL Penaten *pl fachspr*

pen cap *n* Federkappe *f,* Füllerkappe *f*

pence [pen(t)s] *n pl of* **penny**

penchant ['pɑ̃:(ŋ)ʃɑ̃:(ŋ), AM *and also Brit* 'pentʃənt] *n usu sing* (*usu pej*) Neigung *f;* **to have a** ~ **for sth** einen Hang zu etw *dat* haben, eine Vorliebe für etw *akk* haben

pencil ['pen(t)səl] **I.** *n* ① (*writing utensil*) Bleistift *m;* ■**in** ~ mit Bleistift; ~ **and paper** Papier und Bleistift; **to put** [*or* **set**] ~ **to paper** den Bleistift zücken; **coloured** ~ Farbstift *m;* **with** ~ **poised** mit gezücktem Stift; **to sharpen a** ~ einen Bleistift spitzen ② (*thin line*) **a** ~ **of light** ein Lichtstrahl *m;* ~ **thin** *people* dünn wie ein Bleistift *präd; things* hauchdünn **II.** *n modifier* ① FASHION ~ **eyeliner/eyeshadow** Eyeliner-/Lidschattenstift *m* ② (*made by pencil*) ~ **drawing** Bleistiftzeichnung *f;* ~ **mark** Bleistiftmarkierung *f;* ~ **note** mit Bleistift geschriebene Notiz ③ (*very thin*) ~ **beam** dünner Strahl; ~ **moustache** dünner Oberlippenbart; ~ **skirt** Etuikleid *nt* **III.** *vt* <BRIT -ll- *or* AM *usu* -l-> ■**to** ~ **sth** etw mit Bleistift schreiben

◆**pencil in** *vt* ■**to** ~ **in** ↔ **sb/sth** jdn/etw vormerken

pencil box *n* Federkasten *m veraltend* **pencil case** *n* Federmäppchen *nt,* Federpenal *nt* ÖSTERR

penciled AM, **pencilled** ['pen(t)səld] *adj inv* mit Bleistift geschrieben; ~ **eyebrows** nachgezogene Augenbrauen *fpl*

pencil lead *n no pl* Bleistiftmine *f* **pencil pusher** *n* AM (*pej fam*) Bürohengst *m pej fam* **pencil sharpener** *n* [Bleistift]spitzer *m*

pendant ['pendənt] **I.** *n* Anhänger *m;* **to wear a** ~ eine Halskette mit Anhänger tragen **II.** *adj inv* herabhängend *attr;* ~ **lamp** Hängelampe *f*

pendent ['pendənt] *adj inv* (*form*) ① (*dangling*) herabhängend; ~ **lamp** Hängelampe *f* ② LAW (*to be decided*) anhängig; ~ **case/lawsuit** schwebendes Verfahren ③ (*incomplete*) ~ **sentence** abgebrochener Satz

pending ['pendɪŋ] **I.** *adj inv* LAW anhängig; ~ **deal** bevorstehender Abschluss; ~ **law suit** schwebendes Verfahren **II.** *prep* (*form*) ~ **advice from our lawyers** bis zur Benachrichtigung durch unsere Anwälte; ~ ***the notification of relatives*** bis zur Verständigung der Angehörigen; ~ ***an investigation*** bis zu einer Untersuchung

pendulous ['pendjələs, AM -dʒələs] *adj* (*form*) herabhängend *attr;* ~ **breasts** Hängebusen *m;* ~ **ears** Segelohren *ntpl*

pendulum ['pendjələm, AM *esp* -dʒələm] **I.** *n* Pendel *nt;* (*fig*) ***after the red card the ~ swung back in United's favour*** nach der roten Karte gewann die Mannschaft von United wieder die Oberhand **II.** *n modifier* Pendel-; (*swinging*) schwingend; ~ **clock** Pendeluhr *f;* ~ **swing** Pendelbewegung *f*

penetrable ['penɪtrəbl] *adj* durchdringlich; (*permeable*) durchlässig; (*knowledge*) ergründbar, verständlich

penetrate ['penɪtreɪt] *vt* ■**to** ~ **sth** ① (*move into*) in etw *akk* eindringen; **to** ~ **a market** in einen Markt eindringen; **to be ~d by a spy** ausspioniert werden ② (*spread through*) *smell* etw durchdringen ③ (*fig: see through*) etw ergründen; **to** ~ **sb's ideas** jds Gedanken *mpl* verstehen; **to** ~ **sb's mind** jdn durchschauen ④ MED *vein* etw durchstechen

penetrating ['penɪtreɪtɪŋ, AM -ţɪŋ] *adj* durchdringend *attr; analysis* eingehend; *observation* scharfsinnig; *scream* markerschütternd; *voice* schrill; ~ **cold/heat** durchdringende Kälte/Hitze; **to give sb a** ~ **look** jdn mit einem bohrenden Blick ansehen; ~ **mind** scharfer Verstand

penetratingly ['penɪtreɪtɪŋli] *adv* durchdringend; (*remark*) scharfsinnig; (*observation*) scharf; ***he could be ~ serious*** er konnte durch und durch ernst sein

penetration [ˌpenɪ'treɪʃən] *n* ① (*act*) Eindringen *nt kein pl* (**of** in +*akk*) ② (*sexual act*) Penetration *f* ③ (*fig: insight*) Ergründung *f;* ***we can rely on his ~ to unearth the problem*** mit seinem Scharfsinn wird er das Problem sicher ausfindig machen können

penetrative ['penɪtrətɪv, AM -treɪţɪv] *adj* ① (*piercing*) durchdringend; *smell* stechend; **to make a** ~ **attack** einen Eroberungszug beginnen; ~ **sex** Geschlechtsverkehr *m* ② (*showing insight*) ~ **remark** scharfsinnige Bemerkung

pen friend *n* BRIT, AUS Brieffreund(in) *m(f)*

penguin ['peŋgwɪn] *n* Pinguin *m*

penguin suit *n* (*fam*) Frack *m*

penholder *n* ① (*shaft*) Federhalter *m* ② (*rack*) Behälter *m* für Schreibutensilien, Federkasten *m veraltend*

penicillin [ˌpenɪ'sɪlɪn] *n* Penicillin *nt*

penile ['pi:naɪl] *adj inv* ANAT Penis-; ~ **prosthesis** Penisprothese *f*

peninsula [pə'nɪn(t)sjələ, AM -sələ] *n* Halbinsel *f;* **the Iberian P~** die iberische Halbinsel

peninsular [pə'nɪn(t)sjələʳ, AM -sələ˞] *adj inv* Halbinsel-; ***there is a lovely ~ highway running along the coast*** auf der Halbinsel gibt es eine wunderschöne Straße, die die Küste umrundet; **the P~ War** der spanische Unabhängigkeitskrieg

penis <*pl* -es *or* -nes> [pi:nɪs, *pl* -ni:z] *n* Penis *m;*

~ **envy** Penisneid *m*

penitence ['penɪtᵊn(t)s] *n no pl* ① (*repentance*) Reue *f;* **to express** [*or* **show**] ~ Reue zeigen; **to be without** ~ keine Reue zeigen ② REL Buße *f;* **to perform** ~ Buße tun

penitent ['penɪtᵊnt] **I.** *n* REL Büßer(in) *m(f),* reuiger Sünder/reuige Sünderin **II.** *adj* (*form*) reumütig

penitential [ˌpenɪ'ten(t)ʃᵊl] *adj* reuevoll, reuig; ~ **act** Bußtat *f;* ~ **punishment** Buße *f*

penitentiary [ˌpenɪ'ten(t)ʃᵊri, AM -əri] **I.** *n* AM Gefängnis *nt;* **to lock sb up in/send sb to the** ~ jdn ins Gefängnis sperren/stecken **II.** *adj inv* ① (*repenting*) *mood, act* reumütig ② AM LAW ~ **crime** strafbare Handlung, Straftat *f* (*auf die Gefängnisstrafe steht*)

penitently ['penɪtᵊntli] *adv* (*form*) reumütig

penknife *n* Taschenmesser *nt* **pen lid** *n* BRIT Füllerkappe *f* **penlight** *n* Taschenlampe *f* **pen name** *n* Pseudonym *nt*

pennant ['penənt] **I.** *n* (*flag*) Wimpel *m;* AM SPORTS Siegeswimpel *m* **II.** *n modifier* AM SPORTS ~ **race** *Kampf um die Meisterschaft in einer Regionalliga*

penniless ['penɪləs] *adj* mittellos; ■**to be** ~ keinen Pfennig [Geld] haben; **to leave sb** ~ jdn ohne einen Pfennig zurücklassen; **to wind up** ~ alles verlieren

pennon ['penən] *n* Militärfahne *f*

penn'orth ['penəθ] *n* BRIT *see* **pennyworth**

Pennsylvanian [ˌpensɪl'veɪniən, AM sᵊl'veɪnjən] *adj inv* pennsylvanisch

penny <*pl* -nies *or* BRIT pence> ['peni, *pl* pen(t)s] *n* Penny *m;* AM (*fam*) Centstück *nt;* (*fig*) ***I'll give you $5,000 and not a ~ more*** ich gebe Ihnen 5.000 Dollar und keinen Pfennig [*o* ÖSTERR Groschen] mehr; **a 50 ~ piece** ein 50-Pence-Stück *m;* **to not cost a** ~ nichts kosten; **to save up one's pennies** sparen ► PHRASES: **pennies from heaven** (*dated*) ein Geschenk des Himmels; **to not have a ~ to one's name** keinen Pfennig haben *fam;* **in for a ~, in for a pound** (*prov*) wer A sagt, muss auch B sagen *prov;* **look after** [*or* **take care of**] **the pennies and the pounds will look after** [*or* **take care of**] **themselves** (*prov*) wer den Pfennig nicht ehrt, ist des Talers nicht wert *prov;* **a ~ for your thoughts** was [*o* woran] denkst du gerade?; **to keep turning up like a bad** ~ immer wieder auftauchen; **a pretty** ~ eine [ganze] Stange Geld *fam;* **to be two** [*or* **ten**] **a** ~ BRIT (*fam*) spottbillig sein, verramscht werden; **to not have two pennies to rub together** arm wie eine Kirchenmaus sein *fam;* **to be worth every** ~ sein Geld wert sein; **to count every** ~ jeden Pfennig [*o* ÖSTERR Groschen] zweimal umdrehen; **the ~ [has] dropped** BRIT der Groschen ist gefallen; **a ~ saved is a ~ earned** (*prov*) spare in der Zeit, dann hast du in der Not *prov;* **to spend a** ~ pinkeln gehen *fam*

penny-ante [ˌpeni'ænṭi] *adj inv* AM unbedeutend

penny arcade *n* Spielsalon *m* **penny dreadful** *n* Groschenroman *m pej* **penny-farthing** *n* BRIT (*hist*) Hochrad *nt* **penny-pinching I.** *n no pl* Pfennigfuchserei *f pej fam* **II.** *adj inv* geizig, knausrig **penny share** *n* FIN Kleinaktie *f* **penny whistle** *n* Blechflöte *f* **penny-wise** *adj* ■**to be** ~ das Geld zusammenhalten; **to be ~ and pound-foolish** am falschen Ende sparen **pennyworth** ['peniwəθ] *n* BRIT ① (*dated*) ***I'd like a ~ of humbugs, please*** ich möchte bitte für einen Penny Pfefferminzbonbons ② (*fig*) ***can you give me a ~ of your time?*** hast du einen Augenblick Zeit für mich?; **not a** ~ nicht das Geringste; ***it won't make a ~ of difference to me*** das ist mir völlig gleich

penologist [piː'nɒlədʒɪst, AM 'nɑː] *n* Pönologe, -in *m, f*

penology [piː'nɒlədʒi, AM 'nɑː] *n no pl* Pönologie *f*

pen pal *n* Brieffreund(in) *m(f)* **pen pusher** *n* BRIT, AUS (*pej fam*) Bürohengst *m pej fam*

pension ['pen(t)ʃᵊn] **I.** *n* ① (*retirement money*) Rente *f;* (*for civil servants*) Pension *f;* **occupational** ~ betriebliche Altersversorgung, Betriebsrente *f;* **portable** ~ [auf eine andere Firma] übertragbarer Rentenanspruch; **portable ~ plan** [auf eine andere Firma] übertragbares Altersversorgungssystem; **to draw a** ~ Rente beziehen; **to live on** [*or* **off**] **a** ~ von der Rente leben; **to retire on a** ~ in Rente/Pension gehen ② (*boarding house*) Pension *f* **II.** *n modifier* (*conribution, payment*) Renten-; ~ **book** Rentenausweis *m*

◆**pension off** *vt* ■**to** ~ **off** ↔ **sb** jdn [vorzeitig] pensionieren [*o* in den Ruhestand versetzen]; ■**to** ~ **off** ↔ **sth** etw ausrangieren

pensionable ['pen(t)ʃᵊnəbl] *adj inv* BRIT pensionsberechtigt; **of ~ age** im Pensions-/Rentenalter

pensioner ['pen(t)ʃᵊnəʳ, AM -ɚ] *n* BRIT Rentner(in) *m(f);* (*for civil servants*) Pensionär(in) *m(f),* Pensionist(in) *m(f)* ÖSTERR

pension fund *n* Pensionskasse *f,* Rentenfonds *m;* **to draw on one's** ~ Rente beziehen; **to pay** [*or* **make a payment**] **into one's** ~ in die Rentenkasse einzahlen **pension plan** *n* Altersversorgungsplan *m* **pension reserves** *npl* Pensionsrückstellungen *fpl* **pension rights** *npl* Rentenanspruch *m* **pension scheme** *n* BRIT, AUS Rentenversicherung *f,* Altersversorgungsplan *m;* **contributory** ~ beitragspflichtige Rentenversicherung; **graduated** ~ gestaffeltes Rentensystem; **non-contributory** ~ beitragsfreie Rentenversicherung

pensive ['pen(t)sɪv] *adj* nachdenklich; ~ **person** ernsthafter Mensch; ~ **silence** gedankenverlorene Stille; ■**to become** ~ schwermütig werden

pensively ['pen(t)sɪvli] *adv* nachdenklich

pentacle ['pentəkḷ, AM -ṭ-] *n* Pentakel *nt,* fünfeckiger Stern

pentagon ['pentəgᵊn, AM 'penṭəgɑːn] *n* Fünfeck *nt*

Pentagon ['penṭəgɑːn] AM **I.** *n no pl* ■**the** ~ das Pentagon **II.** *n modifier* (*worker, official*) Pentagon-, aus dem Pentagon *nach n*

pentagonal [pen'tægᵊnᵊl] *adj inv* fünfeckig, pentagonal *fachspr;* (*pyramid*) fünfseitig

pentagram ['pentəgræm] *n* Pentagramm *nt fachspr,* Drudenfuß *m fachspr*

pentameter [pen'tæmɪtəʳ, AM -əṭɚ] *n usu sing* LIT Pentameter *m fachspr;* **iambic** ~ jambischer Pentameter

Pentateuch ['pentətjuːk, AM -ṭətuːk] *n no pl* ■**the** ~ die fünf Bücher *ntpl* Mose

pentathlete [pen'tæθliːt] *n* Fünfkämpfer(in) *m(f)*

pentathlon [pen'tæθlɒn, AM -lɑːn] *n* Fünfkampf *m;* **to compete in a** ~ an einem Fünfkampf teilnehmen

pentatonic [ˌpentə'tɒnɪk, AM ṭə'tɑːn] *adj inv* MUS pentatonisch *fachspr,* Fünfton-; ~ **scale** fünfstufige Tonleiter

Pentecost ['pentɪkɒst, AM -ṭɪkɑːst] *n no pl* REL ① (*Jewish*) jüdisches Erntefest ② (*Christian*) Pfingsten *nt*

Pentecostal [ˌpentɪ'kɒstᵊl, AM -ṭɪ'kɑːst-] REL **I.** *n* Anhänger(in) *m(f)* der Pfingstbewegung **II.** *adj inv* pfingstlerisch

Pentecostalism [ˌpentɪ'kɒstᵊlɪzᵊm, AM -ṭɪ'kɑːst-] *n no pl* REL Pfingstbewegung *f*

penthouse ['penthaʊs] *n* Penthaus *nt,* Penthouse *nt*

penthouse suite *n* Dachterrassenwohnung *f,* Penthaus *nt,* Penthouse *nt;* **to stay in a** ~ in einem Penthouse wohnen

pent-in *adj,* **pent-up** *adj inv emotions* aufgestaut

penultimate [pə'nʌltɪmət, AM pɪ'nʌlṭəmət] (*form*) **I.** *n* ■**the** ~ der/die/das Vorletzte **II.** *adj attr, inv* vorletzte(r,s)

penumbra [pə'nʌmbrə, AM pɪ-] *n* Halbschatten *m*

penurious [pə'njʊəriəs, AM -'nʊri-] *adj* (*form*) arm; ~ **accommodation** karge Unterbringung; ~ **conditions** ärmliche Bedingungen *fpl*

penury ['pənjəri, AM -jʊri] *n no pl* (*form*) Armut *f;* *of a company* finanzielle Schwierigkeiten *fpl*

peon ['piːən, AM 'piːɑːn] *n* Tagelöhner(in) *m(f)* (*in Südamerika*)

peony ['piːəni] *n* Pfingstrose *f*

people ['piːpḷ] **I.** *n* ① *pl* (*persons*) Leute *pl,* Menschen *mpl;* **city** ~ Städter *mpl;* **country** ~ Landbevölkerung *f;* **the beautiful** ~ die Reichen und die Schönen; **homeless** ~ Obdachlose *mpl;* **rich** ~ die Reichen *pl;* **the right** ~ die richtigen Leute ② *pl* (*comprising a nation*) Volk *nt;* ~**'s democracy/republic** Volksdemokratie/-republik *f;* **the chosen** ~ REL das auserwählte Volk ③ *pl* (*ordinary citizens*) ■**the** ~ das Volk, die breite Masse; **a ~'s car** ein Auto *nt* für jedermann; ~**'s park** öffentlicher Park; **the will of the** ~ der Wille des Volkes ④ (*comprising a race, tribe*) ■~**s** *pl* Völker *ntpl;* **the ~s of the world** die Völker der Erde ⑤ *pl* (*dated fam: family*) **my** ~ meine Leute [*o* Familie] **II.** *vt usu passive* ■**to be ~d** bevölkert [*o* besiedelt] sein; ■**sth is ~d by sth** *book, novel, movie* etw ist voll [*o* wimmelt] von etw *dat;* ***these luxurious yachts are ~d by the rich*** auf diesen Luxusjachten tummeln sich die Reichen **III.** *n modifier* **a ~ person** ein geselliger Mensch; ~ **skills** Menschenkenntnis *f kein pl*

people carrier *n* Minivan *m*

people mover *n* Peoplemover *m* (*Fahrzeug zur Personenbeförderung*)

people-watch ['piːpḷwɒtʃ, AM -wɑːtʃ] *vi* Leute studieren [*o* beobachten]

pep [pep] **I.** *n no pl* (*fam*) Elan *m,* Schwung *m;* **to be full of** ~ voller Energie stecken **II.** *vt* <-pp-> ■**to ~ sb** ↔ **up** jdn in Schwung bringen [*o* munter machen]; ■**to ~ sth** ↔ **up with sth** etw mit etw *dat* aufpeppen; **to ~ up business** das Geschäft ankurbeln

pepper ['pepəʳ, AM -ɚ] **I.** *n* ① *no pl* (*spice*) Pfeffer *m;* **black/ground/white** ~ schwarzer/gemahlener/weißer Pfeffer; **cayenne** ~ Cayennepfeffer *m* ② (*vegetable*) Paprika *f;* **sweet** [*or* AM **bell**] ~ Paprikaschote *f;* ■~**s** *pl* Paprikaschoten *fpl* ③ CAN (*pej dated sl: person*) *Französischsprachiger aus Québec* **II.** *n modifier* (*sauce, grinder*) Pfeffer-; ~ **mace** Pfefferspray *nt* (*zur Selbstverteidigung*); ~ **steak** Pfeffersteak *nt* **III.** *vt* ① (*add pepper*) ■**to ~ sth** etw pfeffern ② (*pelt*) ■**to ~ sth/sb with sth** etw/jdn mit etw *dat* bombardieren; ***they ~ed the newly weds with rice*** sie bewarfen die Neuvermählten mit Reis; **to ~ sb with bullets** jdn mit Kugeln durchsieben; ■**to be ~ed with sth** *speech, comments* mit etw *dat* gespickt sein; *landscape, hill* mit etw *dat* übersät sein; **to be ~ed with mistakes** vor Fehlern strotzen

pepper-and-salt *adj attr, inv* graumeliert **pepper box** *n* AM Pfefferstreuer *m* **peppercorn** *n* Pfefferkorn *nt* **peppercorn rent** *n no pl* BRIT, AUS symbolische Miete; **to charge/pay a** ~ nur symbolisch Miete verlangen/zahlen

peppered ['pepəd, AM ɚd] *adj inv* gepfeffert, mit Pfeffer *nach n*

pepper mill *n* Pfeffermühle *f* **peppermint I.** *n* ① *no pl* (*plant*) Pfefferminze *f* ② (*sweet*) Pfefferminz[bonbon] *nt* **II.** *n modifier* (*tea, leaves, sweet*) Pfefferminz- **pepper pot** *n* BRIT, AUS, **pepper shaker** *n* AM Pfefferstreuer *m*

peppery ['pepᵊri] *adj* ① (*with pepper flavour*) pfeffrig; (*full of pepper*) gepfeffert; ~ **dish** scharfes Gericht ② (*fig: irritable*) aufbrausend, hitzköpfig; ~ **person** Hitzkopf *m;* ~ **temper** hitziges Temperament

pep pill *n* Aufputschmittel *nt*

peppy <-ier, -iest> ['pepi] *adj* AM (*fam*) lebhaft, quirlig; (*performance*) schwungvoll

pep rally *n* AM SPORTS Aufwärmspiel *nt;* **to hold a** ~ ein Aufwärmspiel machen

Pepsi ['pepsi] *n* CAN (*pej dated sl*) *Französischsprachiger aus Québec* **pep talk** *n* Motivationsgespräch *nt;* **to give sb a** ~ mit jdm ein Motivationsgespräch führen

peptic ['peptɪk] *adj inv* ANAT Verdauungs-, peptisch *fachspr;* ~ **ulcer** Magengeschwür *nt*

péquiste ['peɪkɪst] *n* CAN (*fam*) Mitglied der separatistischen Partei von Québec, der Partie Québecois

per [pɜːʳ, pəʳ, AM pɜːr, pɚ] *prep* ① (*for a*) pro; ~ **liter/person** pro Liter/Person; ~ **capita** pro Kopf; **per ~** ECON per procura, im Auftrag ② (*in a*) pro; ~ **kilometer/day/hour** pro Kilometer/Tag/Stunde; **ten ~ hundred** zehn aus hundert; **as ~ sth** gemäß etw *dat;* **as ~ usual** wie gewöhnlich; ~ **annum** ECON, FIN (*form*) pro Jahr; ~ **calendar month** (*form*)

P

pro Kalendermonat ❸ *(through means of)* ~ **mail/telephone/fax** per Post/Telefon/Fax ❹ *(as stated in)* **as ~ sth** gemäß etw *dat;* ***as ~ our telephone conversation*** wie telefonisch besprochen; **as ~ usual** *(normal)* wie gewöhnlich

perambulate [pəˈræmbjəleɪt] **I.** *vi (form)* umherwandern **II.** *vt* ■**to ~ sth** durch etw *akk* spazieren [*o geh* wandeln]

perambulation [pəˌræmbjəˈleɪʃᵊn] *n (dated form)* Spaziergang *m*

perambulator [pəˈræmbjəleɪtəʳ, AM -t̬ɚ] *n (form or dated)* Kinderwagen *m*

per annum [pəʳˈænəm, AM pɚ-] *adv inv (form)* per annum *geh,* pro [*o* im] Jahr

percale [pəˈkeɪl, AM pɚ-] *n no pl* FASHION Perkal *m fachspr*

per calendar month *adv inv (form)* pro Monat

per capita [pəʳˈkæpɪtə, AM pɚˈkæpɪt̬ə] *inv (form)* **I.** *adv* ❶ *(per head)* pro Person [*o* Kopf] ❷ LAW *(divided among beneficiaries)* nach Köpfen **II.** *adj attr* Pro-Kopf-; ~ **consumption** Pro-Kopf-Verbrauch *m;* ~ **income** Pro-Kopf-Einkommen *nt*

perceivable [pəˈsiːvəbl̩, AM pɚ-] *adj* wahrnehmbar; ~ **change/improvement** spürbare Veränderung/Verbesserung

perceive [pəˈsiːv, AM pɚ-] *vt* ■**to ~ sth** ❶ *(see)* etw wahrnehmen; *(sense)* etw empfinden; ■**to ~ that ...** fühlen, dass ... ❷ *(regard)* etw betrachten; ***I ~d his comments as very critical*** seine Kommentare haben sehr kritisch auf mich gewirkt; ***how do the French ~ the British?*** wie sehen die Franzosen die Engländer?; ■**to ~ sb/sth to be sth** jdn/etw für etw *akk* halten

per cent [pəˈsent], AM **percent** [pɚ-] **I.** *n* Prozent *nt;* ***what ~ ...?*** wie viel Prozent ...? **II.** *adv inv* -prozentig, prozentual; ***I'm 100 ~ sure that ...*** ich bin mir hundertprozentig sicher, dass ... **III.** *adj attr, inv* **25/50** ~ 25-/50-prozentig; ~ **increase** prozentualer Anstieg

percentage [pəˈsentɪdʒ, AM pɚˈsent̬ɪdʒ] **I.** *n* ❶ *(rate)* Prozentsatz *m;* ***what ~ ...?*** wie viel Prozent ...?; ***the ~ of people who ...*** der Anteil der Leute, die ...; **to express sth as a ~** etw in Prozenten ausdrücken; **to get a ~ of sth** bei etw *dat* Provision [*o* Prozente] bekommen ❷ AM, AUS *(advantage)* Vorteil *m* ► PHRASES: **to <u>play</u> the ~s** *bei Glücksspielen: Wetten auf die Favoriten setzen, nichts riskieren* **II.** *n modifier* Prozent-; **on a ~ basis** prozentual; ~ **sign** Prozentzeichen

percentage point *n* Prozentpunkt *m;* **to rise by one ~** um ein Prozent steigen

percentile [pəˈsentaɪl, AM pɚ-] *n* ≈Prozent *nt;* UNIV, SCH *Bewertungssystem in Großbritannien, bei dem man bei 100% die beste Note erreicht hat;* ***she's in the 95th ~ for chemistry*** in Chemie gehört sie zu den besten fünf Prozent

percept [pɜːˈsept, AM pɜːr-] *n* PHILOS wahrgenommener Gegenstand

perceptible [pəˈseptəbl̩, AM pɚ-] *adj* wahrnehmbar; ~ **change** spürbare Veränderung; ~ **to the ears/the eye** mit den Ohren/für das Auge wahrnehmbar

perceptibly [pəˈseptəbli, AM pɚ-] *adv* merklich; **to change/improve/worsen ~** sich *akk* merklich verändern/verbessern/verschlechtern

perception [pəˈsepʃᵊn, AM pɚ-] *n usu sing* Wahrnehmung *f kein pl; of a conception* Auffassung *f kein pl;* **powers of ~** Wahrnehmungsvermögen *nt;* ~ **of reality** Wahrnehmung *f* der Wirklichkeit; ~ **of time** Zeitempfinden *nt*

perceptive [pəˈseptɪv, AM pɚ-] *adj* einfühlsam; *(attentive)* aufmerksam; *analysis, remark* scharfsinnig; *observer* aufmerksam

perceptively [pəˈseptɪvli, AM pɚ-] *adv* scharfsinnig; *(attentive)* aufmersam, umsichtig; **to speak/write ~ on sth** etw kritisch beleuchten

perceptiveness [pəˈseptɪvnəs, AM pɚ-] *n no pl* Wahrnehmungsvermögen *nt; (sensitivity)* Einfühlungsvermögen *nt; (attentiveness)* Aufmerksamkeit *f*

perceptual [pəˈseptʃuəl] *adj* wahrnehmend, erfassend

perch¹ [pɜːtʃ, AM pɜrtʃ] **I.** *n* <*pl* -es> ❶ *(for birds)* Sitzstange *f* ❷ *(high location)* Hochsitz *m* ► PHRASES: **to <u>come</u>** [*or* **<u>get</u>**] **off one's ~** von seinem hohen Ross heruntersteigen; **to <u>knock</u> sb off his/her ~** jdn von seinem hohen Ross runterholen **II.** *vi* ■**to ~ on sth** *bird* auf etw *dat* sitzen; *person* auf etw *dat* thronen **III.** *vt* ■**to ~ sth somewhere** etw auf etw *akk* stecken; ***with his glasses ~ed on his nose, ...*** mit der Brille auf der Nase ...; ■**to be ~ed somewhere** auf etw *dat* thronen; ■**to ~ oneself on sth** sich *akk* auf etw *dat* niederlassen

perch² <*pl* – *or* -es> [pɜːtʃ, AM pɜrtʃ] *n (fish)* Flussbarsch *m*

perchance [pəˈtʃɑːn(t)s, AM pɚˈtʃæn(t)s] *adv inv (liter or old)* vielleicht, zufällig

percipient [pəˈsɪpiənt, AM pɚ-] *adj (form)* scharfsinnig; *eyes* scharf; ■**to be ~ of sth** etw erkennen

percolate [ˈpɜːkᵊleɪt, AM ˈpɜr-] **I.** *vt* ■**to ~ sth** etw filtrieren; **to ~ coffee** Filterkaffee zubereiten **II.** *vi* ❶ *(filter through) water* durchsickern; *sand* durchrieseln; *coffee* durchlaufen ❷ *(fig: spread)* durchsickern

percolator [ˈpɜːkᵊleɪtəʳ, AM ˈpɜrkᵊleɪt̬ɚ] *n* Kaffeemaschine *f*

percussion [pəˈkʌʃᵊn, AM pɚ-] **I.** *n no pl* Percussion *f,* Schlagzeug *nt;* **to play ~** Schlagzeug spielen; ■**to be on ~** am Schlagzeug sein **II.** *n modifier* ❶ MUS Schlag-; ~ **instrument** Schlaginstrument *nt;* ~ **player** Schlagzeuger(in) *m(f);* ~ **solo** Schlagzeugsolo *nt* ❷ *(striking)* ~ **gun** Perkussionsgewehr *nt*

percussion cap *n* Zündhütchen *nt*

percussionist [pəˈkʌʃᵊnɪst, AM pɚ-] *n* Schlagzeuger(in) *m(f)*

percussive [pəˈkʌsɪv, AM pɚ-] *adj inv* Schlag-; ~ **rhythm** Perkussion-Rhythmus *m*

perdition [pəˈdɪʃᵊn, AM pɚ-] *n no pl* ❶ *(liter: damnation)* [ewige] Verdammnis ❷ *(fig: ruin)* Verderben *nt*

perdurable [pəˈdjuːrəbl̩, AM pɚˈduː-, pɚˈdjuː-] *adj (form)* immerwährend

peregrination [ˌperəgrɪˈneɪʃᵊn] *n (form)* Reise *f,* Wanderschaft *f geh*

peregrine [ˈperəgrɪn] **I.** *n* Wanderfalke *m* **II.** *adj attr, inv (old)* fremdländisch

peregrine falcon *n* Wanderfalke *m*

peremptorily [pəˈrem(p)tᵊrili] *adv inv* gebieterisch, herrisch

peremptory [pəˈrem(p)tᵊri] *adj inv* ❶ *(autocratic)* gebieterisch; ~ **behaviour** herrisches [*o* diktatorisches] Verhalten; ~ **statement** kategorische Anordnung ❷ LAW End-; ~ **challenge** *Ablehnung eines Geschworenen ohne Angabe der Gründe;* ~ **decision** Endurteil *nt;* ~ **writ** gerichtliche Verfügung

perennial [pəˈreniəl] **I.** *n* mehrjährige Pflanze **II.** *adj attr, inv* ❶ *(not annual)* mehrjährig, perennierend *fachspr* ❷ *(constant)* immerwährend; *(repeated)* immer wiederkehrend *attr;* ~ **beauty/truth** unsterbliche Schönheit/Wahrheit; ~ **favourite** Dauerbrenner *m;* ~ **problem** ewiges Problem

perennially [pəˈreniəli] *adv inv* ständig

perestroika [ˌperəˈstrɔɪkə] *n no pl* POL Perestroika *f fachspr*

perfect **I.** *adj* [ˈpɜːfɪkt, AM ˈpɜːr-] *inv* vollkommen, perfekt; **to have ~ attendance** nie fehlen; ~ **calm** völlige [*o* vollkommene] Ruhe; ~ **circle** vollkommener Kreis; **in ~ condition** im makellosen Zustand; ~ **crime** perfektes Verbrechen; ~ **gentleman** vollkommener Gentleman; ~ **happiness** vollkommenes Glück; ~ **idiot** [*or* **fool**] völliger Idiot; **to be ~ in a language** eine Sprache perfekt beherrschen; **to be a ~ match for sth/sb** perfekt zu etw/jdm passen; ~ **opportunity** ideale Gelegenheit; **sb has a ~ right to do sth** es ist jds gutes Recht, etw zu tun; ~ **silence** vollkommene Stille; ~ **stranger** völlig Fremde(r) *f(m);* ~ **in every way** absolut vollkommen; **to be far from ~** alles andere als perfekt sein **II.** *vt* [pəˈfekt, AM pɜːr'-] ■**to ~ sth** etw perfektionieren [*o* vervollkommnen]; ***he has ~ed the art of cheating*** er beherrscht perfekt die Kunst des Falschspiels **III.** *n* [ˈpɜːfɪkt, AM ˈpɜːr-] *no pl* LING Perfekt *nt;* **future ~** vollendete Zukunft; **past ~** Plusquamperfekt *nt fachspr,* Vorvergangenheit *f;* [**present**] ~ Perfekt *nt fachspr,* zweite Vergangenheit

perfectibility [pəˌfektɪˈbɪləti, AM pɚˌfektəˈbɪlət̬i] *n no pl* Verbesserungsfähigkeit *f*

perfectible [pəˈfektɪbl̩, AM pɜːr'-] *adj inv* vervollkommnungsfähig, perfektionibel *veraltet geh*

perfection [pəˈfekʃᵊn, AM pɜːr'-] *n no pl* Perfektion *f,* Vollkommenheit *f;* ***the fish was cooked to ~*** der Fisch war vollauf gelungen; **sheer ~** Perfektion *f* in Vollendung; **to attain** [*or* **achieve**] **~** Perfektion [*o* Vollkommenheit] erlangen; **to be ~ itself** absolut perfekt sein; ■**to do sth to ~** etw vortrefflich [*o* perfekt] machen

perfectionism [pəˈfekʃᵊnɪzᵊm, AM pɜːr'-] *n no pl* Perfektionismus *m;* **obsessive ~** zwanghafter Perfektionismus

perfectionist [pəˈfekʃᵊnɪst, AM pɜːr'-] *n* Perfektionist(in) *m(f)*

perfective [pəˈfektɪv, AM pɚ'] LING **I.** *adj inv* perfektivisch **II.** *n no pl* ■**the ~** perfektive Aktionsart

perfectly [ˈpɜːfɪktli, AM ˈpɜːr-] *adv inv* vollkommen, perfekt; ***you know ~ well what I'm talking about*** du weißt ganz genau, wovon ich rede; ~ **clear** absolut klar *fam;* ~ **happy** vollkommen glücklich; **to be ~ honest** [*or* **frank**] **...** ehrlich gesagt, ..., um ehrlich zu sein, ...; ~ **horrible** wirklich schrecklich; ~ **possible** gut möglich; **to be ~ right** vollkommen Recht haben; **to be ~ still** mucksmäuschenstill sein; **to stand ~ still** völlig regungslos dastehen

perfect participle *n* LING Partizip Perfekt *nt* **perfect pitch** *n no pl* absolutes Gehör; **to have ~** das absolute Gehör haben

perfidious [pəˈfɪdiəs, AM pɚ'-] *adj (liter)* perfid[e] *geh;* ~ **attack** heimtückischer Anschlag; ~ **lie** gemeine Lüge

perfidy [ˈpɜːfɪdi, AM ˈpɜːrfə-] *n no pl (liter)* Perfidie *f geh*

perforate [ˈpɜːfᵊreɪt, AM ˈpɜːrfər-] *vt* ■**to ~ sth** etw perforieren; *(once)* etw durchstechen

perforated [ˈpɜːfᵊreɪtɪd, AM ˈpɜːrfəreɪt̬-] *adj inv* perforiert; ~ **eardrum** geplatztes Trommelfell; ~ **metal** Lochmetall *nt;* ~ **ulcer** durchgebrochenes [*o fachspr* perforiertes] Magengeschwür

perforated spoon *n* Schaumlöffel *m*

perforation [ˌpɜːfᵊrˈeɪʃᵊn, AM ˌpɜːrfəˈreɪ-] *n* ❶ *(hole in sth)* Loch *nt* ❷ *also* MED *(set of holes)* Perforation *f* ❸ *no pl (act)* Perforieren *nt*

perforce [pəˈfɔːs, AM pɚˈfɔːrs] *adv inv (liter)* notgedrungen

perform [pəˈfɔːm, AM pɚˈfɔːrm] **I.** *vt* ❶ ■**to ~ sth** *(entertain)* etw vorführen; *play, opera, ballet, symphony* etw aufführen; *(sing)* etw singen [*o* vortragen]; *(on an instrument)* etw spielen; **to ~ a part** eine Rolle spielen ❷ *(do)* ■**to ~ sth** etw verrichten; **to ~ one's duty/a function** seine Pflicht/eine Funktion erfüllen; **to ~ a task** eine Aufgabe verrichten ❸ MED, SCI *(carry out)* ■**to ~ sth** etw durchführen; **to ~ an experiment** ein Experiment durchführen; **to ~ an operation** eine Operation durchführen [*o* vornehmen] ❹ REL **to ~ a ceremony/ritual** eine Zeremonie/ein Ritual vollziehen **II.** *vi* ❶ *(on stage)* auftreten; *(sing)* singen; *(play)* spielen; **to ~ on the piano** Klavier spielen; **to ~ on stage** auftreten ❷ *(function)* funktionieren; *car* laufen; *(respond)* sich *akk* fahren; **to ~ poorly/well** schlecht/gut funktionieren; ***these tyres ~ poorly in hot weather*** diese Reifen bieten bei Hitze schlechte Haftung; ***the equipment ~ed well during the tests*** die Ausrüstung hat sich bei den Tests bewährt ❸ *(do, act)* ***how did she ~?*** wie war sie?; **to ~ badly/well** schlecht/gut sein; ***did the team ~ well?*** hat die Mannschaft gut gespielt?; **to ~ well in an competition/exam/a test** bei einem Wettbewerb/einer Prüfung/einem Test gut abschneiden

performance [pəˈfɔːmən(t)s, AM pɚˈfɔːrm-] **I.** *n* ❶ *(entertaining, showing)* Vorführung *f; of a play, opera, ballet, symphony* Aufführung *f; of a part* Darstellung *f; of a song, musical piece* Darbietung *f; (show, event)* Vorstellung *f;* **farewell ~** Abschiedsvorstellung *f;* **to put on a ~ of a play** ein Stück aufführen; **a very creditable** ~ eine ganz akzeptable Vorstellung; **to give a** ~ eine Vorstellung geben; **to avoid a repeat** ~ (*fig*) eine Wiederholung vermeiden ❷ (*capability, effectiveness*) Leistung *f;* ***the poor ~ of the shares on the stock market*** das schlechte Abschneiden der Aktien an der Börse; **to give a good/poor** ~ eine starke/schwache Leistung zeigen ❸ *no pl* (*execution*) ■**the** ~ **of sth** die Ausführung einer S. *gen;* **the** ~ **of a duty/task** die Erfüllung einer Pflicht/Aufgabe; **in the** ~ **of one's duty** in Ausübung seiner Pflicht ❹ (*fam: fuss*) Theater *nt kein pl fig, pej fam;* ***what a ~!*** was für ein Theater! *fig, pej fam;* ***he repeated his ~ at dinner*** beim Essen benahm er sich wieder genauso daneben; ***to get a visa for that country is quite a*** ~ es ist ein ziemlicher Akt, für dieses Land ein Visum zu bekommen *fam* ❺ BRIT (*fam: difficult job*) **to be quite/such a** ~ eine Heidenarbeit sein *fam* ❻ LING Performanz *f fachspr* ❼ FIN Wertentwicklung *f* **II.** *n modifier* (*evaluation, problem, results*) Leistungs-; ~ **bonus** Leistungsprämie *f;* ~ **statistics of a car** Leistungsmerkmale *ntpl* eines Autos; ~ **test** Eignungstest *m*

performance art *n no pl* Performance *f*

performance fund *n* Investmentfonds *f*, der einen möglichst hohen Wertzuwachs anstrebt **performance level** *n* ❶ (*achievement*) Leistungsniveau *nt*, Leistung *f* ❷ ECON, MECH (*output*) Leistung *f;* (*efficiency*) Wirkungsgrad *m* **performance report** *n* Leistungsbericht *m;* **to write** [*or* **put together**] **a** ~ **on sth** einen Leistungsbericht über etw *akk* schreiben **performance share** *n* STOCKEX Aktie *f* mit potenziell hohem Wertgewinn

performative [pəˈfɔːmətɪv, AM pɚˈfɔːrmət̬ɪv] LING, PHILOS **I.** *adj inv* performativ, performatorisch **II.** *n* Performanz *f*

performer [pəˈfɔːməʳ, AM pɚˈfɔːrmɚ] *n* ❶ (*artist*) Künstler(in) *m(f);* **accomplished** ~ talentierter Künstler/talentierte Künstlerin; (*actor*) Darsteller(in) *m(f)* ❷ (*achiever*) **to be a poor** ~ [**in school**] ein schlechter Schüler/eine schlechte Schülerin sein; **star** ~ Star *m*

performing [pəˈfɔːmɪŋ, AM pɚˈfɔːr-] **I.** *n no pl* THEAT Theaterspielen *nt;* MUS Spielen *nt* **II.** *adj attr, inv animals* dressiert

performing arts *npl* ■**the** ~ die darstellenden Künste **performing rights** *npl* Aufführungsrechte *ntpl*

perfume **I.** *n* [ˈpɜːfjuːm, AM ˈpɜːr-] ❶ (*scented liquid*) Parfüm *nt;* **to put on** ~ sich *akk* parfümieren; **to wear** ~ Parfüm tragen ❷ *of a flower* Duft *m* **II.** *n* [ˈpɜːfjuːm, AM ˈpɜːr-] *modifier* (*shop, bottle, counter*) Parfüm-; ~ **maker** Parfümhersteller(in) *m(f)*, Parfümeur(in) *m(f)* **III.** *vt* [pəˈfjuːm, AM pɚˈ-] ■**to** ~ **sth** etw parfümieren; ***flowers ~ the air*** der Duft der Blumen erfüllt die Luft; **to** ~ **a sauce with sth** eine Soße mit etw *dat* würzen [*o fachspr* parfümieren]

perfumed [ˈpɜːfjuːmd, AM pɚˈfjumd] *adj inv* ❶ (*naturally sweet-smelling*) duftend *attr* ❷ (*with perfume added*) parfümiert

perfumer [pəˈfjuːməʳ, AM pɚˈfjumɚ] *n* ❶ (*maker of perfumes*) Parfümeur *m*/Parfümeuse *f* ❷ (*shop, person selling perfume*) Parfümhändler(in) *m(f)*

perfumery <*pl* -ries> [pəˈfjuːmᵊri, AM pɚˈ] *n* ❶ *no pl* (*production of perfumes*) Parfümherstellung *f* ❷ (*shop*) Parfümerie *f* ❸ (*manufacturer of perfumes*) Parfümhersteller *m*

perfunctorily [pəˈfʌŋ(k)tᵊrᵊli, AM pɚˈfʌŋ(k)tɚəli] *adv* flüchtig; ***she ~ dismissed the idea as nonsense*** sie hat den Vorschlag einfach als unsinnig abgetan; **to examine/read sth** ~ etw überfliegen; **to smile** ~ abwesend lächeln

perfunctory [pəˈfʌŋ(k)tᵊri, AM pɚ-] *adj* flüchtig; *examination* oberflächlich; ***she made a ~ enquiry about his health*** der Form halber erkundigte sie sich nach seiner Gesundheit; ~ **manner** abweisende Art

pergola [ˈpɜːgᵊlə, AM ˈpɜːr-] *n* Pergola *f*

perhaps [pəˈhæps, præps, AM pɚˈhæps] *adv inv* ❶ (*maybe*) vielleicht; ~ **so** ja, vielleicht ❷ (*about*) etwa, ungefähr

peridot [ˈperɪdɒt, AM -dɑːt] *n* Peridot *m fachspr*

peril [ˈperᵊl] *n* (*form: danger*) Gefahr *f;* (*risk*) Risiko *nt;* **to be in** ~ in Gefahr sein; ***he is in ~ of his life*** er ist in Lebensgefahr; **at one's** ~ auf eigene Gefahr

perilous [ˈperᵊləs] *adj* (*form: dangerous*) gefährlich; (*risky*) riskant

perilously [ˈperᵊləsli] *adv* (*form*) gefährlich

perimeter [pəˈrɪmɪtəʳ, AM -ət̬ɚ] *n* ❶ (*border*) Grenze *f* ❷ MATH Umfang *m*, Perimeter *m fachspr*

perimeter fence *n* Umzäunung *f*

perineum <*pl* -s> [ˌperiˈniːəm] *n* ANAT Perineum *nt*, Damm *m*

period [ˈpɪəriəd, AM ˈpɪr-] **I.** *n* ❶ (*length of time*) Zeitspanne *f*, Zeitraum *m*, Periode *f;* ***he was unemployed for a long ~*** [***of time***] er war lange [Zeit] arbeitslos; ~ **of gestation** Schwangerschaftsdauer *f;* ~ **of grace** Nachfrist *f;* **for a** ~ **of three months** für die Dauer von drei Monaten; ~**s of sun** sonnige Abschnitte; **trial** ~ Probezeit *f;* **during** [*or* **in**] [*or* **over**] **a** ~ **of ten years** in einem [*o* über einen] Zeitraum von zehn Jahren; **within the agreed** ~ innerhalb der festgelegten Frist; **a fixed** ~ eine festgelegte Frist ❷ (*lesson*) Stunde *f;* ***what have you got*** [***in***] ***third ~?*** was hast du in der dritten Stunde? ❸ (*time in life, history, development*) Zeit *f;* (*distinct time*) Zeitabschnitt *m*, Periode *f geh;* (*phase*) Phase *f;* **incubation** ~ Inkubationszeit *f;* ~ **of office** Amtszeit *f;* **colonial** ~ Kolonialzeit *f;* **Dali's surrealistic** ~ Dalis surrealistische Periode; **the Victorian** ~ das viktorianische Zeitalter; **of the** ~ der damaligen Zeit ❹ GEOL Periode *f geh;* **Precambrian** ~ Präkambrium *nt fachspr* ❺ (*fam: menstruation*) Periode *f;* ***she missed her ~*** ihre Periode ist ausgeblieben; **to get/have one's** ~ seine Periode bekommen/haben ❻ AM LING (*also fig: full stop*) Punkt *m a. fig;* ***you are not getting into the team, ~!*** du kommst nicht in die Mannschaft, Punkt, aus! **II.** *n modifier* ❶ (*of an earlier period*) (*chair, clothing, vase*) historisch; (*set in an earlier period*) (*drama, novel*) historisch ❷ (*concerning menstruation*) (*cramps, days*) Menstruations-; ~ **pain** Menstruationsschmerzen *mpl*

period costume *n* historische Kleidung *f* **period dress** *n no pl* historisches Kostüm **period furniture** *n no pl* (*antique*) antike Möbel; (*reproduction*) Stilmöbel *ntpl*

periodic [ˌpɪəriˈɒdɪk, AM ˌpɪriˈɑːd-] *adj attr, inv* ❶ (*reoccuring*) periodisch *geh*, regelmäßig [wiederkehrend] ❷ CHEM ~ **law** Gesetz *nt* der Periodizität *fachspr;* ~ **system** Periodensystem *nt fachspr*

periodical [ˌpɪəriˈɒdɪkᵊl, AM ˌpɪriˈɑːd-] **I.** *n* Zeitschrift *f;* (*specialist journal also*) Periodikum *nt fachspr* **II.** *adj attr, inv* periodisch *geh*, regelmäßig wiederkehrend

periodically [ˌpɪəriˈɒdɪkᵊli, AM ˌpɪriˈɑːd-] *adv inv* periodisch, in regelmäßigen Abständen

periodicity [ˌpɪəriəˈdɪsəti, AM ˌpɪrioʊˈdɪsət̬i] *n no pl* (*spec*) Periodizität *f;* ELEC Periodenzahl *f*

periodic table *n no pl* CHEM Periodensystem *nt fachspr*

period piece *n* ❶ LIT historisches Stück ❷ (*antique*) antikes Stück

peripatetic [ˌperipəˈtetɪk, AM -ˈtet̬-] *adj attr, inv* ❶ (*form: traveling*) umherreisend; ~ **salesman** fliegender Händler; ~ **teacher** *Lehrer/-rin, der/die an mehreren Schulen unterrichtet* ❷ PHILOS peripathetisch *fachspr*

peripheral [pəˈrɪfᵊrᵊl, AM -ˈrɪfɚ-] **I.** *adj inv* ❶ (*minor*) unbedeutend, unwesentlich; ■**to be** ~ **to sth** für etw *akk* von geringer Bedeutung sein ❷ MED peripher *fachspr;* ~ **nervous system** peripheres Nervensystem; ~ **vision** peripheres Gesichtsfeld ❸ (*at the edge*) Rand-, peripher *geh* **II.** *n* COMPUT Peripherie *f fachspr*, Peripheriegerät *nt;* (*to be attached to main computer*) Anschlussgerät *nt*

periphery [pəˈrɪfᵊri, AM -ˈrɪfɚi] *n usu sing* Rand *m; of a town, an area* Peripherie *f;* **on the** ~ **of society** am Rand der Gesellschaft; **on the** ~ **of one's vision** am Rand des Blickfelds

periphrasis <*pl* -ses> [pəˈrɪfrəsɪs] *n* Paraphrase *f fachspr*

periscope [ˈperɪskəʊp, AM -skoʊp] *n* Periskop *nt*

perish [ˈperɪʃ] **I.** *vi* ❶ (*form, liter: die*) sterben, umkommen; (*be destroyed*) untergehen *a. fig* ❷ BRIT, AUS (*deteriorate*) *rubber, leather* brüchig werden; *food* verderben **II.** *vt* ■**to** ~ **sth** etw zugrunde richten ▶ PHRASES: ~ **the thought** (*fam*) Gott behüte [*o* bewahre]!

perishable [ˈperɪʃəbl] *adj* ❶ *food* [leicht] verderblich ❷ (*transitory*) vergänglich

perishables [ˈperɪʃəb|z] *npl* leicht verderbliche Lebensmittel

perished [ˈperɪʃt] *adj inv* ❶ *food* verdorben ❷ AUS, BRIT (*fig fam: overcome*) ***I'm ~ with hunger*** ich komme fast um vor Hunger; **to be** ~ **with cold** völlig durchgefroren sein

perisher [ˈperɪʃəʳ] *n* BRIT (*fam*) Teufelsbraten *m fam*

perishing [ˈperɪʃɪŋ] *adj inv* ❶ BRIT, AUS (*fam: extremely cold*) bitterkalt ❷ *attr, inv* BRIT, AUS (*dated: damn*) verdammt *pej fam*, verflucht *pej fam*

peristyle [ˈperɪstaɪl] *n* ARCHIT Säulengang *m*, Peristyl *nt fachspr*

peritonitis [ˌperɪtə(ʊ)ˈnaɪtɪs, AM -toʊˈnaɪt̬ɪs] *n no pl* MED Peritonitis *f fachspr*, Bauchfellentzündung *f*

periwinkle [ˈperɪˌwɪŋkl] *n* ❶ (*evergreen plant*) Immergrün *nt* ❷ AM (*sea snail*) Strandschnecke *f*

perjure [ˈpɜːdʒəʳ, AM ˈpɜːrdʒɚ] *vt* ■**to** ~ **oneself** einen Meineid schwören

perjured [ˈpɜːdʒəd, AM ˈpɜːrdʒɚd] *adj inv testimony, witness* meineidig

perjurer [ˈpɜːdʒᵊrəʳ, AM ˈpɜːrdʒɚɚ] *n* Meineidige(r) *f(m)*

perjury [ˈpɜːdʒᵊri, AM ˈpɜːr-] *n* Meineid *nt;* **to accuse sb of** ~ jdn des Meineids beschuldigen; **to commit** ~ einen Meineid schwören

perk¹ [pɜːk, AM pɜːrk] *n* ❶ (*additional benefit*) Vergünstigung *f* ❷ (*advantage*) Vorteil *m*

perk² [pɜːk, AM pɜːrk] **I.** *vt* (*fam*) **to** ~ **coffee** Kaffee machen **II.** *vi* (*fam*) durchlaufen

◆**perk up** **I.** *vi* ❶ (*cheer up*) aufleben, munter werden; ■**sb** ~**s up at sth** etw heitert jdn auf ❷ (*become more awake, livelier*) munter werden ❸ (*increase, recover*) steigen, sich *akk* erholen; *share prices* fester tendieren **II.** *vt* ❶ (*cheer up*) ■**to** ~ **up** ↔ **sb** jdn aufheitern ❷ (*energize*) ■**to** ~ **up** ↔ **sb** jdn aufmuntern [*o* munter machen] ❸ (*cause increase*) ■**to** ~ **up** ↔ **sth** etw steigern; **to** ~ **up a business** ein Geschäft ankurbeln; **to** ~ **up the stocks** den Aktienkurs in die Höhe schnellen lassen

perkily [ˈpɜːkɪli, AM ˈpɜːrk-] *adv* ❶ (*cheerfully*) munter ❷ (*cheekily*) keck

perkiness [ˈpɜːkɪnəs, AM ˈpɜːrk-] *n no pl* ❶ (*liveliness*) Munterkeit *f* ❷ (*cheekiness*) Keckheit *f*

perky [ˈpɜːki, AM ˈpɜːrki] *adj* ❶ (*lively*) munter ❷ (*cheeky*) keck

perm¹ [pɜːm, AM pɜːrm] *n* ❶ (*fam*) *short for* **permanent wave** Dauerwelle *f* ❷ BRIT (*fam*) *short for* **permutation**

perm² [pɜːm, AM pɜːrm] *vt* **to** ~ **hair** Dauerwellen machen; **to** ~ **sb's hair** jdm eine Dauerwelle machen; ~**ed hair** Dauerwellen *fpl;* **to** ~ **someone's hair** jdm eine Dauerwelle machen; **to get** [*or* **have**] **one's hair** ~**ed** sich *dat* eine Dauerwelle machen lassen

permafrost [ˈpɜːməfrɒst, AM ˈpɜːrməfrɑːst] *n no pl* Dauerfrost[boden] *m*

permanence [ˈpɜːmᵊnən(t)s, AM ˈpɜːr-] *n*, **permanency** [ˈpɜːmᵊnən(t)si, AM ˈpɜːr-] *n no pl* Beständigkeit *f*, Permanenz *f geh;* ***children need a sense of stability and ~*** Kinder brauchen Stabilität und Halt

permanent [ˈpɜːmᵊnənt, AM ˈpɜːr-] **I.** *adj inv* ❶ (*lasting indefinitely*) permanent, ständig; *agreement* unbefristet; *relationship* dauerhaft; ~ **abode** [*or* **address**] fester Wohnsitz; ~ **appointment** Ernennung *f* auf Lebenszeit; ~ **committee** ständiger Ausschuss; ~ **damage/hearing loss** bleibender Schaden/Hörverlust; ~ **disability** bleibende Behinderung; ~ **display** Dauerausstellung *f;* ~ **ink** unlöschbare Tinte; ~ **job** Dauerstellung *f;* ~ **member**

ständiges Mitglied; ~ **peace** dauerhafter Frieden; ~ **position/site** fester Standort; ~ **press** bügelfreie Kleidung; ~ **resident** *Staatsbürger mit unbeschränkter Aufenthaltserlaubnis;* ~ **tooth** fester Zahnersatz; ~ **teeth** die zweiten Zähne; ~ **way** BRIT Bahnkörper *m* ❷ *(continual)* ständig, permanent **II.** *n* Dauerwelle *f*

permanently ['pɜːmᵊnəntli, AM 'pɜːr-] *adv inv* ❶ *(all the time)* ständig, immer ❷ *(long term)* auf Dauer; ***are you working here ~?*** sind Sie hier fest angestellt?; **to damage sb's health** ~ jds Gesundheit dauerhaft schädigen; **to have settled** ~ sich *akk* für immer niedergelassen haben

Permanent Secretary *n* BRIT ständiger Staatssekretär/ständige Staatssekretärin **permanent wave** *n* Dauerwelle *f*

permanganate [pɜː'mæŋgəneɪt, AM pə'-] *n* CHEM Permanganat *nt fachspr*

permeability [,pɜːmiə'bɪləti, AM ,pɜːrmiə'bɪləṭi] *n no pl (form)* Durchlässigkeit *f,* Permeabilität *f fachspr;* COMPUT magnetische Durchlässigkeit, Permeabilität *f fachspr*

permeable ['pɜːmiəbl, AM 'pɜːr-] *adj (also fig form)* durchlässig *a. fig,* permeabel *fachspr;* ~ **to water** wasserdurchlässig

permeate ['pɜːmieɪt, AM 'pɜːr-] **I.** *vt* ■ **to ~ sth** etw durchdringen **II.** *vi (form)* ■ **to ~ into/through sth** etw durchdringen

permed [pɜːmd, AM pɜːrmd] *adj* ***her hair is ~*** sie hat eine Dauerwelle; ~ **hair** Dauerwellen *fpl*

permissible [pə'mɪsəbl, AM pə'-] *adj inv* gestattet, zulässig; ***is it ~ to park my car here?*** ist hier Parken erlaubt?; ***that isn't legally ~*** das ist gesetzlich unzulässig; ~ **level for emissions** Höchstgrenze *f* für Emissionen

permission [pə'mɪʃᵊn, AM pə'-] *n no pl* Erlaubnis *f;* *(from an official body)* Genehmigung *f;* COMPUT Berechtigung *f;* ***with your ~, I'd like to ...*** wenn Sie gestatten, würde ich gerne ...; **with sb's written ~** mit jds schriftlichem Einverständnis; **to ask for** [*or* **request**] [**sb's**] ~ [jdn] um Erlaubnis fragen; **to ask ~ of sb** [*or* **sb for ~**] jdn um Erlaubnis fragen; **to give** [*or* **grant**] **sb ~ to do sth** jdm erlauben, etw zu tun; *(official body)* jdm die Genehmigung zu etw *dat* erteilen; **to need ~ from sb** [*or* **sb's ~**] **to do sth** jds Erlaubnis für etw *akk* benötigen; **to refuse ~** die Genehmigung verweigern

permission-based marketing [pə,mɪʃᵊnbeɪst'mɑːkɪtɪŋ, AM pə,mɪʃᵊnbeɪst'mɑːr-] *n no pl Versenden von Werbe-E-mails an dafür registrierte Internetbenutzer*

permissive [pə'mɪsɪv, AM pə'-] *adj (pej)* nachgiebig, permissiv *fachspr;* *(sexually)* freizügig; ■ **to be ~ towards sth** etw *dat* gegenüber liberal eingestellt sein

permissiveness [pə'mɪsɪvnəs, AM pə'-] *n no pl* Toleranz *f;* [**sexual**] ~ sexuelle Freizügigkeit

permissive society *n usu sing* BRIT, AUS *(pej)* freizügige Gesellschaft

permit I. *n* ['pɜːmɪt, AM 'pɜːr-] Genehmigung *f;* **export ~** Exporterlaubnis *f;* **hunting ~** Jagdschein *m;* **residence ~** Aufenthaltsgenehmigung *f;* **work ~** Arbeitserlaubnis *f;* **to get** [*or* **obtain**] **a ~** eine Genehmigung erhalten; **to hold a ~** über eine Genehmigung verfügen **II.** *vt* <-tt-> [pə'mɪt, AM pə'-] ❶ *(allow, give permission)* ■ **to ~ sth** etw gestatten [*o* erlauben]; ***smoking is not ~ted here*** Rauchen ist hier nicht gestattet; *(form)* ~ ***me to help you*** darf ich Ihnen helfen?; ■ **to ~ sb/oneself to do sth** jdm/sich erlauben [*o* gestatten], etw zu tun; ■ **to ~ oneself sth** sich *dat* etw genehmigen [*o* erlauben] ❷ *(make possible)* ■ **to ~ sb to do sth** jdm ermöglichen, etw zu tun **III.** *vi* [pə'mɪt, AM pə'-] ❶ *(allow)* erlauben, gestatten; ***if time ~s ...*** wenn es die Zeit erlaubt, ...; ***as far as his health ~s*** soweit es seine Gesundheit gestattet; **circumstances ~ting** wenn die Umstände es erlauben; **weather ~ting** vorausgesetzt, das Wetter spielt mit ❷ *(form)* ■ **to ~ of sth** etw zulassen

permitted [pə'mɪtɪd, AM pə'mɪṭ-] *adj inv* zulässig; ***you are only allowed to enter the building during ~ hours*** das Betreten des Gebäudes ist nur zu bestimmten Zeiten gestattet

permutation [,pɜːmjʊ'teɪʃᵊn, AM ,pɜːrmjuː'-] *n* ❶ *also* MATH *(possible ordering)* Umstellung *f,* Permutation *f fachspr* ❷ BRIT SPORTS *(combination)* Kombination *f*

permute [pə'mjuːt, AM pə'-] *vt* ■ **to ~ sth** etw umstellen [*o fachspr* permutieren]

pernicious [pə'nɪʃəs, AM pə'-] *adj* ❶ *(form)* schädlich; ~ **effect** negative Auswirkungen ❷ MED bösartig, perniziös *geh;* ~ **anemia** perniziöse Anämie *fachspr*

pernickety [pə'nɪkəti, AM pə'nɪkəṭi] *adj (pej)* ❶ *(fussy)* pingelig *fam,* kleinlich *pej;* ***he is ~ about his food*** er ist, was Essen angeht, sehr pingelig ❷ *(tricky)* heikel; ***it's very ~ work*** die Arbeit erfordert Fingerspitzengefühl

perorate ['perᵊreɪt, AM -rər-] *vi (form)* sich *akk* auslassen; ***he would ~ for hours against his enemies*** er konnte sich stundenlang über seine Feinde auslassen

peroration [,perə'reɪʃᵊn] *n* Schlusswort *nt*

peroxide [pə'rɒksaɪd, AM -'rɑːk-] **I.** *n no pl* Peroxyd *nt* **II.** *vt* ■ **to ~ sth** etw mit Peroxyd behandeln; **to ~ hair** Haar bleichen

peroxide blonde *(pej)* **I.** *n* Wasserstoffblondine *f pej* **II.** *adj inv* wasserstoffblond

perp[1] [pɜːp, AM pɜːrp] *adj inv (fam) short for* **perpendicular** senkrecht

perp[2] [pɜːp, AM pɜːrp] *n (sl) short for* **perpetrator** Täter(in) *m(f)*

perpendicular [,pɜːpᵊn'dɪkjʊlə^r, AM ,pɜːrpən'dɪkjuːlə-] **I.** *adj inv* senkrecht, perpendikular *fachspr;* ■ **to be ~ to sth** senkrecht zu etw *dat* stehen **II.** *n* Senkrechte *f;* MATH, ARCHIT ■ **the ~** das Lot; **to be out of the ~** nicht im Lot sein; **to drop a ~** das Lot fällen

perpendicularly [,pɜːpᵊn'dɪkjʊləli, AM ,pɜːrpən'dɪkjuːlə-li] *adv inv* senkrecht, perpendikulär *fachspr*

perpetrate ['pɜːpɪtreɪt, AM 'pɜːrpə-] *vt (form)* ■ **to ~ sth** etw begehen; **to ~ atrocities/a crime** Gräueltaten/ein Verbrechen begehen [*o* verüben]; **to ~ a breach of good taste** gegen den guten Geschmack verstoßen; **sb ~s an error** jdm unterläuft ein Fehler; **to ~ a hoax on sb** jdm einen Streich spielen

perpetration [,pɜːpɪ'treɪʃᵊn, AM ,pɜːrpə'-] *n* LAW *(form)* Begehen *nt; of crime also* Verübung *f*

perpetrator ['pɜːpɪtreɪtə^r, AM 'pɜːrpətreɪṭə-] *n (form)* Täter(in) *m(f);* ~ **of fraud** Betrüger(in) *m(f);* ~ **of violence** Gewalttäter(in) *m(f)*

perpetual [pə'petʃuəl, AM pə'-] *adj attr, inv* ❶ *(everlasting)* immer während, ständig; ~ **bliss** dauerhaftes Glück; ~ **calendar** immer währender Kalender; ~ **check** Dauerschach *nt;* ~ **motion machine** Perpetuum mobile *nt;* ~ **student** ewiger Student/ewige Studentin; ~ **trust** ständiger Fonds ❷ *(repeated)* fortgesetzt, wiederholt

perpetually [pə'petʃuəli, AM pə'-] *adv* ewig; *(continually)* ständig

perpetuate [pə'petʃueɪt, AM pə'-] *vt* ■ **to ~ sth** etw aufrechterhalten; **to ~ sb's name** jds Namen [*o* jdn] verewigen; **to ~ the species** die Rasse vor dem Aussterben bewahren; **to ~ a stereotype** ein Vorurteil fortbestehen lassen

perpetuation [pə,petʃu'eɪʃᵊn, AM pə-,-] *n no pl (form)* Aufrechterhaltung *f; of a system* Fortbestand *m*

perpetuity [,pɜːpɪ'tjuːəti, AM ,pɜːrpə'tuːəṭi] *n no pl (form)* Ewigkeit *f;* **rule against ~** *Bestimmung, die eine zeitlich unbegrenzte Verfügung über [Grund-]Eigentum verbietet;* **in ~** auf ewig; LAW lebenslänglich

perplex [pə'pleks, AM pə'-] *vt* ❶ ■ **to ~ sb** *(confuse)* jdn verwirren; *(puzzle)* jdn verblüffen ❷ *(complicate)* ■ **to ~ sth** etw verkomplizieren; **to ~ a situation** eine Situation erschweren

perplexed [pə'plekst, AM pə'-] *adj* perplex; *(confused also)* verwirrt; *(puzzled also)* verblüfft

perplexedly [pə'pleksɪdli, AM pə'-] *adj* perplex; *(confused also)* verwirrt; *(puzzled also)* verblüfft

perplexing [pə'pleksɪŋ, AM pə'-] *adj (confusing)* verwirrend; *(puzzling)* verblüffend

perplexity [pə'pleksəti, AM pə'pleksəṭi] *n* ❶ *(puzzlement)* Verblüffung *f;* *(confusion)* Verwirrung *f;* **to look/stare at sth in ~** etw verständnislos [*o* ganz perplex] ansehen/anstarren ❷ *usu pl (complicated situation)* Verwicklungen *fpl*

perquisite ['pɜːkwɪzɪt, AM 'pɜːr-] *n (form)* ❶ *(additional benefit)* Vergünstigung *f* ❷ HIST *(customary benefit)* ***the clerk got to take home his old desk as a ~*** seinen ausrangierten Schreibtisch konnte der Angestellte umsonst mit nach Hause nehmen

per se [,pɜː'seɪ, AM ,pɜːr'-] *adv inv (form)* an sich, per se *geh;* ***this is not a bad idea ~*** an sich ist das keine schlechte Idee

persecute ['pɜːsɪkjuːt, AM 'pɜːr-] *vt usu passive* ■ **to ~ sb** jdn verfolgen; ■ **to be ~d for sth** wegen einer S. *gen* verfolgt werden; **to be ~d by the press** von der Presse gehetzt werden

persecution [,pɜːsɪ'kjuːʃᵊn, AM ,pɜːr-] *n usu sing* Verfolgung *f;* **fear of ~** Angst *f* vor Verfolgung; **to suffer** [**terrible**] **~ for sth** wegen einer S. *gen* [erbarmungslos] verfolgt werden

persecution complex *n,* **persecution mania** *n no pl* Verfolgungswahn *m*

persecutor ['pɜːsɪkjuːtə^r, AM 'pɜːrsɪkjuːṭə-] *n* Verfolger(in) *m(f)*

perseverance [,pɜːsɪ'vɪərᵊn(t)s, AM ,pɜːrsə'vɪr-] *n no pl* Beharrlichkeit *f,* Ausdauer *f;* ***they had ~ in their Christian way of life*** sie hielten an ihrer christlichen Lebensweise fest

persevere [,pɜːsɪ'vɪə^r, AM ,pɜːrsə'vɪr] *vi* nicht aufgeben, beharrlich bleiben, perseverieren *fachspr;* ■ **to ~ in** [**doing**] **sth** an etw *dat* festhalten, auf etw *dat* beharren; **to ~ in one's attempt to do sth** unermüdlich versuchen, etw zu tun; **to ~ in quitting smoking/in staying on the wagon** fest entschlossen sein, nicht wieder zu rauchen/trinken; ■ **to ~ with sth** an etw *dat* festhalten, auf etw *dat* beharren; *(continue)* mit etw *dat* weitermachen; *project, crusade, programme* etw [unbeirrt] fortsetzen; **to ~ in** [*or* **with**] **one's studies** UNIV [trotzdem] weiterstudieren

persevering [,pɜːsɪ'vɪərɪŋ, AM ,pɜːrsə'vɪr-] *adj* beharrlich, ausdauernd; ~ **worker** verlässlicher Arbeiter/verlässliche Arbeiterin

Persia ['pɜːʃə, AM 'pɜːrʒə] *n no pl* Persien *nt*

Persian ['pɜːʃən, AM 'pɜːrʒən] **I.** *adj inv* persisch; ~ **blue** Persischblau *nt;* ~ **green** Persischgrün *nt* **II.** *n* ❶ *(person)* Perser(in) *m(f)* ❷ *(language)* Persisch *nt*

Persian carpet *n* Perserteppich *m* **Persian cat** *n* Perserkatze *f* **Persian rug** *n* Perserteppich *m*

persimmon [pə'sɪmən, AM pə'-] **I.** *n* Persimone *f* **II.** *n modifier (tart, juice)* Persimonen-

persist [pə'sɪst, AM pə'-] *vi* ❶ *(continue to exist)* andauern; *cold, heat, rain* anhalten; *habit, tradition* fortbestehen; MED persistieren *fachspr* ❷ *(to not give up)* beharrlich bleiben, insistieren *geh;* ■ **to ~ in sth** an etw *dat* festhalten, auf etw *dat* beharren; **to ~ in one's opinion** an seiner Meinung festhalten ❸ *(continue)* ■ **to ~ in doing sth** weiterhin etw tun, nicht aufhören, etw zu tun; ■ **to ~ with sth** mit etw *dat* weitermachen; *project, crusade, programme* etw unbeirrt fortsetzen; **to ~ with one's efforts to do sth** sich unermüdlich bemühen, etw zu tun

persistence [pə'sɪstᵊn(t)s, AM pə'-] *n no pl* ❶ *(continuation)* Anhalten *nt* ❷ *(perseverance)* Beharrlichkeit *f,* Hartnäckigkeit *f;* ■ **sb's ~ with sth** jds hartnäckiges Festhalten an etw *dat* ❸ PHYS Nachleuchtdauer *f*

persistent [pə'sɪstᵊnt, AM pə'-] *adj* ❶ *(long lasting) difficulties* anhaltend; *cough, rumour* hartnäckig ❷ *(constant)* unaufhörlich; ~ **demand** ständige Nachfrage; ~ **rain** Dauerregen *m* ❸ *(persevering)* beharrlich, hartnäckig; ~ **offender** Gewohnheitsverbrecher(in) *m(f);* ■ **to be ~ in sth** auf etw *dat* beharren, an etw *dat* festhalten; ***he is very ~ in his requests*** er ist sehr hartnäckig, wenn er etwas möchte

persistently [pə'sɪstᵊntli, AM pə'-] *adv* ständig, andauernd; **to fail ~** [*or* **to ~ fail an exam**] wiederholt durchfallen; **to knock ~ [on the door]** hartnäckig an die Tür klopfen; **to warn sb ~** jdn immer wieder warnen

persnickety [pəˈsnɪkəṭi] *adj* AM *see* **pernickety**

person <*pl* people *or form* -s> [ˈpɜːsᵊn, AM ˈpɜːr-] *n* ① (*human*) Person *f*, Mensch *m*; ***not a single ~ came*** kein Mensch kam; ***what is a ~ to do?*** was soll man da machen?; **~ of great ability** sehr begabte Person; **book ~** Bücherwurm *m*; **cat/dog ~** Katzen-/Hundeliebhaber(in) *m(f)*; **morning/night ~** Morgen-/Nachtmensch *m*; **people ~** geselliger Mensch; **~ of principle** Mensch *m* mit Prinzipien; **homeless ~** Obdachlose(r) *f(m)*; **~s unknown** Unbekannte *pl*; **about** [*or* **on**] **[one's] ~** am Körper; **as a ~** als Mensch; **in ~** persönlich; **in the ~ of sb** in der Gestalt einer Person *gen*; **per** [*or* **a**] **~** pro Person ② LING (*verb form*) Person *f*; **first/second ~** erste/zweite Person; **the third ~ plural** die dritte Person Plural ③ LAW **legal** [*or* **artificial**] **~** juristische Person ▸ PHRASES: **to be one's own ~** seinen eigenen Weg gehen *fig*

persona <*pl* -nae *or* -s> [pəˈsəʊnə, AM pɚˈsoʊ-, *pl* -niː] *n* Fassade *f meist pej*; **public ~** Image *nt* in der Öffentlichkeit

personable [ˈpɜːsᵊnəbl̩, AM ˈpɜːr-] *adj* sympathisch

personae [pəˈsəʊniː, AM pɚˈsoʊ-] *n pl of* **persona**

personage [ˈpɜːsᵊnɪdʒ, AM ˈpɜːr-] *n* (*form or hum*) Persönlichkeit *f*; ***he is quite a disgusting ~*** er ist ein ziemlich widerlicher Zeitgenosse *pej*

persona grata <*pl* -> [pəˌsəʊnəˈgrɑːtə, AM pɚˌsoʊnəˈgrɑːṭə] *n* (*form*) Persona grata *f*

personal [ˈpɜːsᵊnᵊl, AM ˈpɜːr-] *adj* ① (*of a particular person*) persönlich; ***it's only my ~ opinion*** das ist nur meine ganz persönliche Meinung; **~ belongings** [*or* **effects**] persönliches Eigentum; **~ chemistry** [*or* **magnetism**] Anziehungskraft *f*; **~ data** Personalien *fpl*; **~ estate** [*or* **property**] Privatvermögen *nt*; **~ fulfilment** Selbstverwirklichung *f*; **to do sth for ~ gain** etw zur persönlichen Bereicherung tun; **~ responsibility** Eigenverantwortung *f*; **~ vendetta** persönliche Rache ② (*direct, done in person*) persönlich; **to make a ~ appearance** persönlich erscheinen; **to give sth ~ attention** sich *akk* persönlich um etw *akk* kümmern; **to have ~ experience/knowledge of sth** Erfahrung mit/Kenntnis von etw *dat* haben ③ (*private*) privat, persönlich; **~ debt** Privatschulden *fpl*; **~ diary** Tagebuch *nt*; **~ letter** Privatbrief *m*; **~ life** Privatleben *nt*; **~ space** Intimsphäre *f*; **for ~ use** für den persönlichen Gebrauch ④ (*offensive*) persönlich; ***nothing ~, but ...*** es geht nicht gegen Sie persönlich [*o* nehmen Sie es bitte nicht persönlich], aber ...; ***I didn't mean to be ~*** ich wollte nicht persönlich werden; **~ comment** [*or* **remark**] anzügliche Bemerkung; **to get ~** persönlich werden ⑤ (*bodily*) körperlich; **~ appearance** äußeres Erscheinungsbild; **~ hygiene** Körperpflege *f*; **~ injury** Körperverletzung *f* ⑥ (*human*) persönlich; **~ quality** Charaktereigenschaft *f*; **~ touch** persönliche Note

personal ad *n* Kontaktanzeige *f*; **to place** [*or* **put**] **a ~ in the paper** eine Kontaktanzeige aufgeben; **to answer a ~** auf eine Kontaktanzeige antworten **personal allowance** *n* BRIT [persönlicher] Steuerfreibetrag **personal-care product** [ˌpɜːsᵊnᵊlˈkeəˌprɒdʌkt, AM ˌpɜːrsᵊnᵊlˈkerˌprɑː-] *n* Körperpflegeprodukt *nt* **personal column** *n* BRIT, AUS Rubrik *f* ‚Kontakte'; **to place** [*or* **put**] **sth in the ~** eine Kontaktanzeige aufgeben **personal computer** *n* Personalcomputer *m*, PC *m* **personal digital assistant** *n* PDA *m*, [handflächengroßer] Taschencomputer **personal-growth** [ˌpɜːsᵊnᵊlˈgrəʊθ, AM ˌpɜːrsᵊnᵊlˈgroʊθ] *n modifier* das persönliche Wachstum betreffend *nach n* **personal identification number** *n* PIN-Code *m*

personality [ˌpɜːsᵊnˈæləti, AM ˌpɜːr-] I. *n* ① (*character*) Persönlichkeit *f*, Charakter *m*; **to have a strong ~** eine starke Persönlichkeit sein; **to have no** [*or* **lack**] **~** keine Persönlichkeit haben ② (*celebrity*) ■ **a ~** eine Persönlichkeit ③ LAW **corporate ~** juristische Körperschaft; **legal ~** Rechtspersönlichkeit *f* II. *n modifier* (*problem, test, trait*) Persönlichkeits-; **~ pattern** Persönlichkeitsstruktur *f*

personality clash *n* Aufeinanderprallen *nt* gegensätzlicher Persönlichkeiten; ***he was continually involved in ~es*** er geriet ständig mit allen aneinander **personality cult** *n* Personenkult *m* **personality disorder** *n* Persönlichkeitsstörung *f*

personalize [ˈpɜːsᵊnᵊlaɪz, AM ˈpɜːr-] *vt* ① (*make personal*) ■ **to ~ sth** etw persönlich[er] gestalten, etw *dat* eine persönliche Note verleihen; (*for certain user*) etw individuell anfertigen; **to ~ an argument** in einem Streit persönlich werden ② (*make real*) ***the preacher ~d his sermon by telling of his own problems*** der Prediger machte seine Rede lebendig, indem er von seinen eigenen Problemen erzählte

personalized [ˈpɜːsᵊnᵊlaɪzd, AM ˈpɜːr-] *adj inv* persönlich

personally [ˈpɜːsᵊnᵊli, AM ˈpɜːr-] *adv* persönlich; ***it belongs to him ~*** es ist sein persönliches Eigentum; ***~, I think he's crazy*** ich für meinen Teil halte ihn für verrückt; **to take sth ~** etw persönlich nehmen

personal organizer *n* Terminplaner *m* **personal pronoun** *n* Personalpronomen *nt*

personals [ˈpɜːrsᵊnᵊlz] *n* + *sing vb* AM Rubrik *f* ‚Kontakte'

personal shopper *n* persönlicher Einkaufsberater/persönliche Einkaufsberaterin, persönlicher Shopping-Dienst (*jd, der jdn beim Einkaufen begleitet und individuell berät*)

personal stereo *n* Walkman® *m*

personal trainer *n* Sportberater(in) *m(f)*, Privattrainer(in) *m(f)*

personalty [ˈpɜːsᵊnᵊlti, AM ˈpɜːrsᵊnᵊlṭi] *n* [bewegliches] Privatvermögen

persona non grata <*pl* -> [pəˌsəʊnənɒnˈgrɑːtə, AM pɚˌsoʊnənɑːnˈgrɑːṭə] *n* (*form*) Persona non grata *f*; **to be ~ to a country** in einem Land unerwünscht sein; **to be declared ~** zur Persona non grata erklärt werden

personification [pəˌsɒnɪfɪˈkeɪʃᵊn, AM pɚˌsɑːnə-] *n* LIT Personifikation *f a. fig geh*, Personifizierung *f a. fig geh*; (*fig*) ***she is the ~ of virtue*** sie ist die Tugend in Person

personified [pəˈsɒnɪfaɪd, AM pɚˈsɑːnə-] *adj inv, after n* in Person *nach n*

personify [pəˈsɒnɪfaɪ, AM pɚˈsɑːnə-] *vt* ■ **to ~ sth** etw personifizieren; (*be the personification of also*) etw verkörpern

personnel [ˌpɜːsᵊnˈel, AM ˌpɜːr-] I. *n* ① *pl* (*employees*) Personal *nt kein pl* ② *no pl* (*human resources department*) Personalabteilung *f* II. *n modifier* Personal-; **~ cut** Personalkürzung *f*; **~ policy** Personalpolitik *f*; **~ roster** Personalplan *m*

personnel carrier *n* Mannschaftstransportfahrzeug *nt* **personnel department** *n* Personalabteilung *f* **personnel director** *n* Personalchef(in) *m(f)* **personnel management** *n no pl* ① (*directors*) Personalleitung *f* ② (*theory*) Personalwesen *nt* **personnel manager** *n* Personalchef(in) *m(f)* **personnel turnover** *n no pl* Personalfluktuation *f*

person-to-person I. *adj attr, inv* persönlich; **~ call** angemeldetes Telefongespräch; **~ talk** Gespräch *nt* unter vier Augen II. *adv inv* persönlich, direkt; **to be faced ~ with sb** jdm Auge in Auge gegenüberstehen

perspectival [ˌpɜːspekˈtaɪvᵊl, AM ˌpɜːr-] *adj* perspektivisch

perspective [pəˈspektɪv, AM pɚˈ-] *n* ① (*viewpoint*) Perspektive *f*, Blickwinkel *m*; ■ **~ on sth** Einschätzung *f* einer S. *gen*; **from a historical ~** aus geschichtlicher Sicht; **to see sth in a new ~** etw aus einem neuen Blickwinkel sehen; **to get** [*or* **keep**] **sth in ~** etw nüchtern betrachten; **to put sth in** [*or* **into**] **~** etw in die richtige Perspektive rücken ② (*method of representation*) Perspektive *f*; **in ~** perspektivisch; **out of ~** perspektivisch verzerrt

Perspex® [ˈpɜːspeks] *n no pl* BRIT, AUS Plexiglas *nt*

perspicacious [ˌpɜːspɪˈkeɪʃəs, AM ˌpɜːr-] *adj* (*form: astute*) scharfsinnig; (*far sighted*) weitblickend, weitsichtig

perspicacity [ˌpɜːspɪˈkæsəti, AM ˌpɜːrspɪˈkæsəṭi] *n no pl* (*form: astuteness*) Scharfsinn *m*; (*insight*) Scharfblick *m*; (*far-sightedness*) Weitblick *m*

perspicuity [ˌpɜːspɪˈkjuːəti, AM ˌpɜːrspɪˈkjuːəṭi] *n no pl* (*form*) Klarheit *f*, Verständlichkeit *f*

perspicuous [pəˈspɪkjuəs, AM pɚˈ-] *adj* (*form*) klar, verständlich

perspiration [ˌpɜːspᵊrˈeɪʃᵊn, AM ˌpɜːrspəˈreɪ-] *n no pl* Schweiß *m*, Transpiration *f geh*; **beads of ~** Schweißperlen *fpl*; **bathed in ~** schweißgebadet; **dripping with ~** schweißüberströmt

perspire [pəˈspaɪəʳ, AM pɚˈspaɪɚ] *vi* schwitzen, transpirieren *geh*; **to ~ profusely** stark schwitzen

persuade [pəˈsweɪd, AM pɚˈ-] *vt* ■ **to ~ sb** (*talk into*) jdn überreden; (*convince*) jdn überzeugen; ■ **to ~ sb into sth** jdn zu etw *dat* überreden; ■ **to ~ sb of sth** jdn von etw *dat* überzeugen; ■ **to ~ sb out of sth** jdm etw ausreden; ■ **to ~ sb to do sth** jdn dazu bringen, etw zu tun; ■ **to ~ sb that ...** jdn überzeugen, dass ...

persuader [pəˈsweɪdəʳ, AM pɚˈsweɪdɚ] *n* ① (*person*) Überredungskünstler(in) *m(f)*; **hidden ~s** heimliche Verführer *mpl* ② (*fam: gun*) Kanone *f fam*

persuasion [pəˈsweɪʒᵊn, AM pɚˈ-] *n usu sing* ① (*talking into*) Überredung *f*; (*convincing*) Überzeugung *f*; ***he didn't need much ~*** ich musste ihn nicht lange überreden; **sb's powers of ~** (*of talking into*) jds Überredungskünste *fpl*; (*of convincing*) jds Überzeugungskraft *f* ② (*conviction*) Überzeugung *f*; (*hum*) ***he's of the Arsenal ~*** er ist Arsenal Fan; **to be of the Catholic/Protestant ~** katholischen/protestantischen Glaubens sein; **to be of the same ~** dieselbe Überzeugung vertreten

persuasive [pəˈsweɪsɪv, AM pɚˈ-] *adj* überzeugend; **~ powers** (*of talking into*) Überredungskünste *fpl*; (*of convincing*) Überzeugungskraft *f*

persuasively [pəˈsweɪsɪvli, AM pɚˈ-] *adv* überzeugend

persuasiveness [pəˈsweɪsɪvnəs, AM pɚˈ-] *n no pl* (*ability to talk into*) Überredungskünste *fpl*; (*to convince*) Überzeugungskraft *f*

pert [pɜːt, AM pɜːrt] *adj* ① (*attractively small*) wohlgeformt ② (*impudent*) frech, keck ③ (*neat and jaunty*) adrett

pertain [pəˈteɪn, AM pɚˈ-] *vi* (*form*) ■ **to ~ to sth/sb** etw/jdn betreffen; (*belong to*) zu etw *dat* gehören; ***this does not ~ to my competence*** das fällt nicht in meinen Kompetenzbereich; **the infirmities ~ing to old age** die Gebrechen, die das hohe Alter mit sich bringt

pertinacious [ˌpɜːtɪˈneɪʃəs, AM ˌpɜːrtᵊnˈeɪ-] *adj* (*form: persevering*) beharrlich; (*stubborn*) hartnäckig

pertinacity [ˌpɜːtɪˈnæsəti, AM ˌpɜːrtᵊnˈæsəṭi] *n no pl* (*form: perseverance*) Beharrlichkeit *f*; (*stubbornness*) Hartnäckigkeit *f*; **with indefatigable ~** unermüdlich, mit unermüdlicher Ausdauer

pertinence [ˈpɜːtɪnəns, AM ˈpɜːrtᵊnəns] *n no pl* Relevanz *f*; **of no ~** ohne Bedeutung [*o* Belang]

pertinent [ˈpɜːtɪnənt, AM ˈpɜːrtᵊnᵊnt] *adj* (*form*) relevant; *argument* stichhaltig; *question* sachdienlich; ■ **to be ~ to sth** für etw *akk* relevant sein; **~ remark/suggestion** treffende Bemerkung/brauchbarer Vorschlag

pertinently [ˈpɜːtɪnəntli, AM ˈpɜːrtᵊnᵊnt] *adv* passenderweise; **more ~** noch mehr zum Punkt; **~ observed** genau beobachtet

pertly [ˈpɜːtli, AM ˌpɜːrt] *adv* ① (*sexily*) herausfordernd ② (*cheekily*) frech, unverschämt ③ (*neatly*) keck

pertness [ˈpɜːtnəs, AM ˈpɜːrt-] *n no pl* ① (*impudence*) Keckheit *f*, Kessheit *f* ② (*neatness and stylishness*) Adrettheit *f*

perturb [pəˈtɜːb, AM pɚˈtɜːrb] *vt* (*form*) ■ **to ~ sb** jdn beunruhigen; ***his imagination was ~ed by strange fantasies*** befremdliche Vorstellungen drängten sich ihm auf

perturbation [ˌpɜːtəˈbeɪʃᵊn, AM ˌpɜːrṭɚˈ-] *n* (*form*) ① (*uneasiness*) Unruhe *f*; **to show no ~** die Ruhe bewahren ② PHYS, ASTRON Störung *f*

perturbed [pəˈtɜːbd, AM pɚˈtɜːrbd] *adj (form)* beunruhigt

Peru [pəˈruː] *n* Peru *nt*

perusal [pəˈruːzᵊl] *n no pl (form)* Durchlesen *nt;* **to be deep in the ~ of sth** [völlig] in etw *dat* vertieft sein; **for sb's ~** zu jds Einsicht

peruse [pəˈruːz] *vt (form)* ■**to ~ sth** *(read)* etw durchlesen; *(check)* etw durchsehen; *(study)* etw studieren

Peruvian [pəˈruːviən] **I.** *adj inv* peruanisch **II.** *n* Peruaner(in) *m(f)*

perv [pɜːv, AM pɜːrv] *n (pej fam) short for* **pervert** ① *(sexual deviant)* Perverse(r) *f(m)* ② *(creepy person)* Perversling *m pej fam*

pervade [pəˈveɪd, AM pɚˈ-] *vt (form)* ■**to ~ sth** etw erfüllen; *(quality, philosophy, attitude)* etw durchziehen

pervading [pəˈveɪdɪŋ, AM pɚˈ-] *adj attr (form)* vorherrschend; **~ influence** ausschlaggebender Einfluss; **~ smell** durchdringender Geruch

pervasive [pəˈveɪsɪv, AM pɚˈ-] *adj (form: penetrating)* durchdringend *attr;* *(widespread)* weit verbreitet; ***the influence of Freud is ~ in her work*** der Einfluss Freuds zieht sich durch ihr gesamtes Werk; **~ smell** durchdringender Geruch; **all ~** alles beherrschend

pervasively [pəˈveɪsɪvli, AM pɚˈ-] *adv (form)* durchdringend; **to be ~ present** allgegenwärtig sein

pervasiveness [pəˈveɪsɪvnəs, AM pɚˈ-] *n no pl (form: quality)* durchdringender Charakter; *(omnipresence)* Allgegenwart *f geh*

perverse [pəˈvɜːs, AM pɚˈvɜːrs] *adj (pej)* ① *(deliberately unreasonable)* abwegig; *person* eigensinnig; **~ delight** diebische Freude; **~ pride** widernatürlicher Stolz ② *(rare: sexually deviant)* pervers

perversely [pəˈvɜːsli, AM pɚˈvɜːr-] *adv (pej: unreasonably)* seltsamerweise

perverseness [pəˈvɜːsnəs, AM pɚˈvɜːr-] *n no pl (pej)* ① *(unreasonableness) of a person* Eigensinn *m; of a situation;* ***the ~ of it all is that I love being scared to death in movies*** das Perverse ist, dass ich es sogar genieße, wenn ich bei einem Film richtig Angst kriege *fam* ② *(rare: sexual deviance)* Perversität *f*

perversion [pəˈvɜːʃᵊn, AM pɚˈvɜːrʒᵊn] *n (pej)* ① *(unnatural behaviour)* Perversion *f;* **sexual ~** sexuelle Perversion ② *(corruption)* Pervertierung *f geh;* **~ of justice** Rechtsbeugung *f;* **~ of the truth** Verdrehung *f* der Wahrheit

perversity [pəˈvɜːsəti, AM pɚˈvɜːrsət̬i] *n (pej)* ① *(unreasonable behaviour)* Eigensinn *m kein pl* ② *(unnatural behaviour)* Perversität *f*

pervert **I.** *n* [ˈpɜːvɜːt, AM ˈpɜːrvɜːrt] *(pej)* ① *(sexual deviant)* Perverse(r) *f(m)* ② *(creepy person)* Perversling *m pej fam* **II.** *vt* [pəˈvɜːt, AM pɚˈvɜːrt] *(pej)* ① *(corrupt)* ■**to ~ sb** jdn verderben ② *(distort)* ■**to ~ sth** etw verdrehen; **to ~ [the course of] justice** das Recht verdrehen [*o* beugen]; **to ~ the truth** die Wahrheit verzerren

perverted [pəˈvɜːtɪd, AM pɚˈvɜːrt̬ɪd] *adj* ① *(sexually deviant)* pervers ② *(distorted)* verdreht; **~ notions** verdrehte Vorstellungen

peseta <*pl* -s> [pəˈseɪtə, AM t̬ə] *n* Pesete *f,* Peseta *f*

pesky [ˈpeski] *adj esp* AM *(fam)* verdammt *fam;* **~ fly** lästige Fliege; **~ kid** nerviges Kind

pessary [ˈpesᵊri, AM -ɚi] *n* ① *(contraceptive)* Pessar *nt* ② *(suppository)* Vaginalzäpfchen *nt*

pessimism [ˈpesɪmɪzᵊm, AM -səm-] *n no pl* Pessimismus *m* (**over/about** hinsichtlich *+gen*)

pessimist [ˈpesɪmɪst, AM -səm-] *n* Pessimist(in) *m(f)*

pessimistic [ˌpesɪˈmɪstɪk, AM -əˈ-] *adj* pessimistisch; ■**to be ~ about sth** was etw angeht [eher] pessimsitisch sein; ***they are ~ about it*** sie sind da sehr pessimistisch, sie sehen da schwarz

pessimistically [ˌpesɪˈmɪstɪkᵊli, AM -əˈ-] *adv* pessimistisch

pest [pest] *n* ① *(destructive animal)* Schädling *m* ② *(fig fam: annoying person)* Quälgeist *m fam,* Nervensäge *f fam;* *(annoying thing)* Plage *f;* ***that guy is a real ~!*** der Typ nervt! *fam*

pest control *n* ① *no pl (removal)* Schädlingsbekämpfung *f* ② *(service)* Kammerjäger *m*

pester [ˈpestəʳ, AM -ɚ] *vt* ■**to ~ sb** jdn belästigen; ***he ~ed me to death*** er ging mir voll auf den Geist *fam;* ■**to ~ sb for sth** jdm mit etw *dat* keine Ruhe lassen; *(beg)* jdn um etw *akk* anbetteln; ***he is always ~ing me for something*** ständig will er etwas von mir; ■**to ~ sb with sth** jdn mit etw *dat* plagen [*o sl* nerven]; ■**to ~ sb to do sth** jdn drängen, etw zu tun

pesticide [ˈpestɪsaɪd, AM -tə-] *n* Schädlingsbekämpfungsmittel *nt,* Pestizid *nt*

pestiferous [pesˈtɪfᵊrəs, AM -fɚəs] *adj (rare)* ansteckend; *(fig)* lästig, ärgerlich

pestilence [ˈpestɪlᵊn(t)s, AM -tᵊl-] *n usu sing (form)* ① *(plague)* Seuche *f* ② *(fig: destructive force)* Übel *nt*

pestilent [ˈpestɪlᵊnt, AM -tᵊl-] *adj,* **pestilential** [ˌpestɪˈlen(t)ʃᵊl, AM -təˈ-] *adj inv* ① *(deadly)* tödlich ② *(fig: morally destructive)* zerstörerisch, verderblich ③ *(troublesome)* lästig

pestle [ˈpesl̩] *n* Stößel *m;* **~ and mortar** Stößel und Mörser

pesto [ˈpestəʊ, AM -toʊ] *n no pl* Pesto *nt*

pet [pet] **I.** *n* ① *(animal)* Haustier *nt* ② *(pej: favourite)* Liebling *m;* **teacher's ~** Liebling *m* des Lehrers/der Lehrerin ③ *(fam: nice person)* Schatz *m fam* ④ AUS, BRIT *(fam: darling)* Schatz *m fam,* Liebling *m* **II.** *n modifier* ① *(concerning animals)* Tier-; **~ cat** Hauskatze *f;* **~ shop** Tierhandlung *f;* **~ snake** Schlange *f* als Haustier ② *(favourite) (project, theory, charity)* Lieblings-; **to be one's ~ hate** jdm ein Gräuel sein **III.** *vi* <-tt-> *(fam)* fummeln *fam* **IV.** *vt* <-tt-> ■**to ~ sb/an animal** jdn/ein Tier streicheln [*o* liebkosen]

PETA [ˌpiːiːtiːˈeɪ] *n abbrev of* **People for the Ethical Treatment of Animals** Tierschutzbewegung *f*

petal [ˈpetᵊl, AM -t̬ᵊl] *n* ① *(flower part)* Blütenblatt *nt* ② BRIT *(fam: darling)* Schatz *m fam,* Liebling *m*

petard [petˈɑːd, AM pɪˈtɑːrd] *n* ① *(bomb)* Sprengkörper *m* ② *(fire cracker)* Feuerwerkskörper *m,* Petarde *f* ► PHRASES: **to be hoist[ed] by** [*or* **with**] **one's own ~** der Schuss geht nach hinten los *fig fam*

peter [ˈpiːtəʳ, AM -t̬ɚ] **I.** *n* AM *(sl: willy)* Zipfel *m fam* **II.** *vi* ■**to ~ out** [allmählich] zu Ende gehen; *conversation, interest* sich *akk* totlaufen; *storm* abklingen; *trail, track, path* sich *akk* verlieren

Peter [ˈpiːtəʳ, AM -t̬ɚ] ► PHRASES: **to rob ~ to pay Paul** das eine Loch stopfen und ein anderes aufmachen *fig*

Peter Pan *n (hum fam)* Peter Pan; ***don't be such a ~!*** sei nicht immer so kindisch! **Peter Pan collar** *n kleiner, abgerundeter Kragen*

petit bourgeois [ˌpetiˈbɔːʒwɑː, AM pəˌtiːbʊrˈʒwɑː] *adj inv (also pej)* kleinbürgerlich *a. pej*

petit bourgeoisie [ˌpeti,bɔːʒwɑːˈziː, AM pəˌtiː-bʊr-] *n no pl (also pej)* Kleinbürgertum *nt*

petite [pəˈtiːt] *adj inv (approv) person* zierlich; FASHION **~ clothing** Kleidung *f* in kleinen Größen

petit four <*pl* petits fours> [ˌpetiˈfɔːʳ, AM ˌpet̬iˈfɔːr] *n* Petits fours *pl*

petition [pəˈtɪʃᵊn] **I.** *n* ① *(signed document)* Petition *f,* Unterschriftenliste *f* (**against/for** gegen/für *+akk*); **to get up a ~ against/for sth** Unterschriften gegen/für etw *akk* sammeln ② LAW *(written request)* Gesuch *nt,* Bittschrift *f;* **to file a ~ for divorce** eine Scheidungsklage einreichen **II.** *vi* ① *(start a written action)* ■**to ~ about** [*or* **for**] **sth** für etw *akk* Unterschriften sammeln ② LAW *(request formally)* ■**to ~ for sth** einen Antrag auf etw *akk* stellen; **to ~ for divorce** eine Scheidungsklage einreichen **III.** *vt* ■**to ~ sb for sth** jdn um etw *akk* ersuchen *form;* ■**to ~ sb to do sth** jdn ersuchen, etw zu tun *form*

petitioner [pəˈtɪʃᵊnəʳ, AM -ɚ] *n* ① *(collecting signatures)* Unterschriftensammler(in) *m(f)* ② LAW Kläger(in) *m(f);* **~ in bankruptcy** Konkurssteller(in) *m(f)*

petit mal [ˌpetiˈmæl, AM pəˈtiːˈmɑːl] *n no pl* MED Petit mal *nt fachspr,* abortiver epileptischer Anfall *fachspr* **petit point** [ˌpetiˈpɔɪnt, AM ˈpet̬iˌpɔɪnt] *n no pl* ① *(embroidery)* Petit point *nt* ② *(stitch)* Perlstich *m* **petit pois** [ˌpetiˈpwɑː] *npl* BRIT Zuckererbsen *fpl*

petits fours [ˌpetiˈfɔːz, AM ˌpet̬iˈfɔːrz] *n pl of* **petit four**

pet name *n* Kosename *m*

Petrarch [ˈpetrɑːk, AM ˈpiːtrɑːrk] *n no pl* Petrarca

petrel [ˈpetrᵊl] *n* Sturmvogel *m*

petri dish [ˈpetri,-, AM ˈpiːt-] *n* Petrischale *f*

petrifaction [ˌpetrɪˈfækʃᵊn] *n,* **petrification** [ˌpetrɪfɪˈkeɪʃᵊn] *n* ① *(changing to stone)* Versteinerung *f,* Petrifikation *f fachspr* ② *(state of terror)* Versteinerung *f fig,* Lähmung *f fig*

petrified [ˈpetrɪfaɪd] *adj inv* ① *(fossilized)* versteinert ② *(terrified)* versteinert *fig,* gelähmt *fig;* ■**to be ~ of sth** vor etw *dat* panische Angst haben; **to be ~ with fear** vor Angst wie gelähmt sein ③ *attr (liter: old and unchanging)* aus grauer Vorzeit *nach n*

petrify [ˈpetrɪfaɪ] **I.** *vi* versteinern, petrifizieren *fachspr* **II.** *vt* ■**to ~ sb** jdm schreckliche Angst einjagen

petrifying [ˈpetrɪfaɪɪŋ] *adj* Furcht erregend; **to have a ~ fear of sth** vor etw *dat* eine Heidenangst haben *fam*

petrochemical [ˌpetrə(ʊ)ˈkemɪkᵊl, AM -troʊˈ-] **I.** *n* petrochemisches Produkt **II.** *adj attr, inv* petrochemisch

petrodollar [ˈpetrəʊˌdɒləʳ, AM -troʊˌdɑːlɚ] *n* Petrodollar *m*

petrol [ˈpetrᵊl] BRIT, AUS **I.** *n no pl* Benzin *nt;* ***I'm a bit low on ~*** ich hab' kaum noch Benzin; ***I/my car ran out of ~*** mir ging das Benzin aus; **unleaded ~** bleifreies Benzin; **to get ~** [*or* **put ~ in**] tanken **II.** *n modifier (tank, leak)* Benzin-; **~ cap** Tankdeckel *m;* **~ company** Erdölgesellschaft *f*

petrol bomb *n* Molotowcocktail *m* **petrol-bomb** *vt* BRIT, AUS ■**to ~ sth/sb** etw/jdn mit Molotowcocktails bewerfen **petrol-bombing** *n* BRIT, AUS Anschlag *m* mit Molotowcocktails **petrol can** *n* BRIT, AUS Benzinkanister *m* **petrol consumption** *n no pl* BRIT, AUS Benzinverbrauch *m* **petrol dump** *n* BRIT, AUS Benzinlager *nt* **petrol engine** *n* BRIT, AUS Benzinmotor *m*

petroleum [pəˈtrəʊliəm, AM -ˈtroʊ-] **I.** *n* Erdöl *nt,* Mineralöl *nt;* **~ exporting countries** erdölexportierende Länder; **crude ~** Rohöl *nt* **II.** *n modifier (industry, company, product, leak)* Erdöl-

petroleum industry *n* ECON erdölverarbeitende Industrie **petroleum jelly** *n no pl* Vaseline *f* **petroleum products** *n* ECON Rohölprodukte *ntpl* **petroleum revenues** *n* ECON Erdöleinnahmen *fpl*

petrol gauge *n* Benzinuhr *f,* Tankanzeige *f* **petrol lorry** *n* BRIT, AUS Tankwagen *m*

petrology [petˈrɒlədʒi, AM pəˈtrɑː] *n no pl* GEOL Petrologie *f*

petrol pipe *n* BRIT, AUS Benzinleitung *f* **petrol pump** *n* BRIT, AUS Zapfsäule *f;* *(nozzle)* Zapfhahn *m* **petrol station** *n* BRIT, AUS Tankstelle *f* **petrol tank** *n* BRIT, AUS Benzintank *m*

pet-sitter [ˈpetsɪtəʳ, AM -t̬ɚ] *n* Haustiersitter *m,* jd, der ein Haustier während der Abwesenheit des Besitzers versorgt

petticoat [ˈpetɪkəʊt, AM -t̬ɪkoʊt] *n (dated)* Unterrock *m;* *(stiff)* Petticoat *m;* *(hanging from the shoulders)* Unterkleid *nt*

pettifogging [ˈpetɪˌfɒgɪŋ, AM -t̬ɪˌfɑːg-] *adj (pej dated: petty)* kleinlich *pej;* *(insignificant)* belanglos; **~ lawyer** Winkeladvokat(in) *m(f) pej*

pettiness [ˈpetɪnəs, AM -t̬-] *n no pl* ① *(insignificance)* Belanglosigkeit *f;* *(triviality)* Trivialität *f* ② *(small-mindedness)* Kleinlichkeit *f pej*

petting [ˈpetɪŋ, AM -t̬-] *n no pl* ① *(stroking)* Streicheln *nt* ② *(sexual fondling)* Petting *nt*

petting zoo *n* Streichelzoo *m*

pettish [ˈpetɪʃ, AM -t̬-] *adj person* reizbar; *reaction, mood* gereizt; **~ behaviour** Widerborstigkeit *f*

pettishly [ˈpetɪʃli, AM ˈpet̬] *adv* übellaunig

petty [ˈpeti, AM -t̬i] *adj (pej)* ① *(insignificant)* unbedeutend, belanglos; (*trivial*) trivial; ~ **annoyance/intrigue** kleines Ärgernis/kleine Intrige ❷(*small-minded*) kleinlich *pej*, kleinkariert *pej fam;* ~ **jealousy** Eifersüchteleien *fpl* ❸LAW (*on a small scale*) geringfügig; ~ **larceny** [*or* **theft**] Bagatelldiebstahl *m;* ~ **racketeer** kleiner Gauner/kleine Gaunerin *pej*

petty bourgeois [ˌpetiˈbɔːʒwɑː, AM pəˌtiː-bʊrˈʒwɑː] *adj inv* (*also pej*) kleinbürgerlich *a. pej*

petty bourgeoisie [ˌpetiˌbɔːʒwɑːˈziː, AM pəˌtiː-bʊr-] *n no pl* (*also pej*) Kleinbürgertum *nt*

petty cash *n no pl* Portokasse *f* **petty crime** *n* Bagatelldelikt *nt* **petty-minded** *adj* (*pej*) kleinkariert *pej fam* **petty officer** *n* NAUT ≈ Marineunteroffizier *m*

petulance [ˈpejələn(t)s, AM ˈpetʃə-] *n no pl* (*pej*) Verdruss *m*, Missmut *m; of a child* Bockigkeit *f;* **in an outburst of** ~ voll Verdruss

petulant [ˈpejələnt, AM ˈpetʃə-] *adj* (*pej*) verdrießlich; *child* bockig; *look* verdrossen

petulantly [ˈpejələntli, AM ˈpetʃə-] *adv* (*pej*) verdrossen

petunia [pɪˈtjuːniə, AM pəˈtuːnjə] *n* Petunie *f*

pew [pjuː] *n* Kirchenbank *f* ▶ PHRASES: **have** [*or* **take**] **a** ~ (*fam*) setz dich

pewit *n esp* AM *see* **peewit**

pewter [ˈpjuːtəʳ, AM -t̬ɚ] **I.** *n no pl* Zinn *nt* **II.** *n modifier* (*plate, statue, urn*) Zinn-

peyote [peɪˈoʊt̬i] *n no pl* AM Peyotl *m*

pfft [fət] *adv* AM (*fam*) kaputt *fam;* **to go** ~ kaputtgehen *fam; marriage* in die Brüche gehen

PG [ˌpiːˈdʒiː] *abbrev of* **parental guidance I.** *adj inv* **to be rated** ~ nicht jugendfrei sein; ~**-13** frei ab 13 **II.** *n* ***the film's a*** ~ der Film ist nicht jugendfrei

pg *n* <*pl* pp> AM *abbrev of* **page** S.

PGA [ˌpiːdʒiːˈeɪ] *n no pl,* + *sing/pl vb* AM *abbrev of* **Professional Golfers' Association** PGA *f*

PGCE [ˌpiːdʒiːsiːˈiː] BRIT *abbrev of* **Postgraduate Certificate in Education**

pH [ˌpiːˈeɪtʃ] **I.** *n usu sing* pH-Wert *m* **II.** *n modifier* pH-; ~**-value** pH-Wert *m;* ~**-balanced** [*or* ~**-neutral**] pH-neutral

phagocyte [ˈfægə(ʊ)saɪt, AM -goʊ-] *n* MED Phagozyt *m fachspr,* Fresszelle *f*

phalanges [fælˈændʒiːz, AM fəˈlæn-] *n pl of* **phalanx**

phalanx <*pl* -es *or* phalanges> [ˈfælæŋ(k)s, *pl* fælˈændʒiːz, AM ˈfeɪl-, *pl* fəˈlændʒiːz] *n* (*form*) Phalanx *f geh*

phallic [ˈfælɪk] *adj inv* phallisch; ~ **period** (*form*) phallische Phase *geh*

phallocentric [ˌfælə(ʊ)ˈsentrɪk, AM -loʊˈ-] *adj* (*liter*) phallozentrisch *geh*

phallus <*pl* -es *or* li> [ˈfæləs, *pl* -laɪ] *n* Phallus *m geh*

phantasm [ˈfæntæzᵊm] *n* (*liter*) ❶(*something imaginary*) Trugbild *nt;* PSYCH Phantasma *nt fachspr* ❷(*illusory being*) Geistererscheinung *f*

phantasmagoria [ˌfæntæzməˈgɔːriə] *n* (*liter*) Phantasmagorie *f geh,* Trugbild *nt*

phantasmagorical [ˌfæntæzməˈgɒrɪkᵊl, AM ˈgɔːrɪk] *adj* phantasmagorisch *geh*

phantasmal [fænˈtæzmᵊl] *adj inv* (*liter*) ❶(*imaginary*) erfunden, Fantasie- ❷(*ghost-like*) fantastisch, geisterhaft

phantasy <*pl* -sies> [ˈfæntəsi, AM t̬ə] *n* PSYCH (*old*) *see* **fantasy** Phantasie *f*

phantom [ˈfæntəm, AM -t̬-] **I.** *n* Geist *m,* Gespenst *nt;* ~**s of one's past** Gespenster *ntpl* der Vergangenheit **II.** *adj attr, inv* ❶(*ghostly*) Geister-; ~ **ship** Geisterschiff *nt* ❷(*caused by mental illusion*) Phantom-; ~ **limb pains** Phantomschmerzen *mpl* ❸(*for show*) Schein-; ~ **organization** Scheinfirma *f*

phantom pregnancy *n* BRIT, AUS Scheinschwangerschaft *f*

pharaoh [ˈfeərəʊ, AM ˈferoʊ] *n* Pharao *m*

pharisaic(al) [ˌfærɪˈseɪɪk(ᵊl), AM ˌferɪˈ-] *adj inv* ❶(*of Jewish sect*) pharisäisch *geh* ❷(*fig, pej: hypocritical*) pharisäerhaft, pharisäisch *geh*

Pharisee [ˈfærɪsiː, AM ˈfer-] *n* ❶■**the** ~**s** *pl* (*Jewish tribe*) die Pharisäer *pl* ❷(*fig liter: hypocrite*) Pharisäer(in) *m(f) geh*

pharmaceutic [ˌfɑːməˈsjuːtɪk, AM ˌfɑːrməˈsuːt̬-] *adj inv* pharmazeutisch; ~ **company** Pharmafirma *f*

pharmaceutical [ˌfɑːməˈsjuːtɪkᵊl, AM ˌfɑːrməˈsuːt̬-] *adj attr, inv* pharmazeutisch; ~ **industry** Pharmaindustrie *f*

pharmaceuticals [ˌfɑːməˈsjuːtɪkᵊlz, AM ˌfɑːrməˈsuːt̬-] *npl* Pharmaka *ntpl*

pharmaceutics [ˌfɑːməˈsjuːtɪks, AM ˌfɑːrməˈsuːt̬-] *n no pl* Pharmazie *f;* **to go into** ~ Pharmazie studieren

pharmaceutics industry *n no pl* Pharmaindustrie *f*

pharmacist [ˈfɑːməsɪst, AM ˈfɑːr-] *n* Apotheker(in) *m(f),* Pharmazeut(in) *m(f)*

pharmacogenomics [ˌfɑːməkə(ʊ)dʒɪˈnɒmɪks, AM ˌfɑːrməkoʊdʒɪˈnɑːmɪks] *n* + *sing vb* Pharmagenomics *pl fachspr* (*Verbindung von pharmazeutischer Genetik und Bioinformatik, um maßgeschneiderte Medikamente zu erzeugen*)

pharmacognosy [ˌfɑːməˈkɒgnəsi, AM ˌfɑːrməˈkɑːg-] *n no pl* Kunde *f* der Naturdrogen

pharmacological [ˌfɑːməkəˈlɒdʒɪkᵊl, AM ˌfɑːrməkəˈlɑː-] *adj inv* pharmakologisch

pharmacologist [ˌfɑːməˈkɒlədʒɪst, AM ˌfɑːrməˈkɑːl-] *n* Pharmakologe, -in *m, f*

pharmacology [ˌfɑːməˈkɒlədʒi, AM ˌfɑːrməˈkɑːl-] *n no pl* Pharmakologie *f*

pharmacopoeia [ˌfɑːməkəˈpiːə, AM ˌfɑːrməˈkoʊ-] *n usu sing* ❶(*drugs book*) Pharmakopöe *f fachspr,* amtliches Arzneibuch ❷(*stock of medicine*) Arzneimittellager *nt*

pharmacy [ˈfɑːməsi, AM ˈfɑːr-] *n* ❶(*store*) Apotheke *f* ❷*no pl* (*study*) Pharmazie *f*

pharyngeal [fəˈrɪndʒiəl] *adj* pharyngeal *fachspr,* Rachen-, im Rachenraum *nach n*

pharyngitis [ˌfærɪnˈdʒaɪtɪs, AM ˌferɪnˈdʒaɪt̬-] *n no pl* Pharyngitis *f fachspr,* Rachenentzündung *f*

pharynx <*pl* pharynges> [ˈfærɪŋks, *pl* færˈɪndʒiːz, AM *pl* fəˈrɪn-] *n* MED Pharynx *m fachspr,* Rachen *m*

phase [feɪz] **I.** *n* Phase *f;* (*part*) Abschnitt *m; of illness* Stadium *nt;* **moon** ~ Mondphase *f;* **developmental** ~ Entwicklungsphase *f;* **to go through a** ~ eine Phase durchlaufen; **in** ~ phasengleich *fachspr,* in Phase *fachspr;* **out of** ~ phasenverschoben *fachspr* **II.** *vt usu passive* ■**to** ~ **sth** (*implement*) etw stufenweise durchführen; (*introduce*) etw stufenweise einführen; (*coordinate*) etw synchronisieren [*o* aufeinander abstimmen]; ~**d withdrawal of troops** schrittweiser Truppenrückzug; ■**to** ~ **sth into sth** etw in etw *akk* eingliedern

◆**phase in** *vt* ■**to** ~ **in** ↔ **sth** etw stufenweise einführen

◆**phase out** *vt* ❶ECON (*gradually stop*) ■**to** ~ **out** ↔ **sth** etw auslaufen lassen; **to** ~ **out production** die Produktion stufenweise einstellen ❷(*fig: get rid of*) ■**to** ~ **sb out** jdn abservieren *fam*

phase-out *n* schrittweiser Abbau

phasing [ˈfeɪzɪŋ] *n no pl* Synchronisierung *f,* Gleichschaltung *f*

phat [fæt] *adj* (*sl: Black English: cool, hip*) toll, schick, super *sl*

phatic [ˈfætɪk, AM ˈfæt̬] *adj inv* LING phatisch

PhD [ˌpiːeɪtʃˈdiː] *n abbrev of* **Doctor of Philosophy** Dr., Doktor *m;* ***she has a*** ~ ***in physics*** sie ist promovierte Physikerin; ***he's doing a*** ~ ***at Oxford*** er macht gerade in Oxford seinen Doktor *fam;* ***she is a*** ~ sie hat einen Doktortitel; ~ **student** Doktorand(in) *m(f);* ~ **thesis** Doktorarbeit *f,* Dissertation *f*

pheasant <*pl* -s *or* -> [ˈfezᵊnt] *n* Fasan *m;* **golden** ~ Goldfasan *m*

phenol [ˈfiːnɒl, AM noʊl] *n* CHEM Phenol *nt*

phenom [fɪˈnɑːm] *n* AM (*sl*) *short for* **phenomenona** Phänomen *nt geh*

phenomena [fɪˈnɒmɪnə, AM fəˈnɑːmə-] *n pl of* **phenomenon**

phenomenal [fɪˈnɒmɪnᵊl, AM fəˈnɑːmə-] *adj* (*great*) phänomenal, überwältigend

phenomenalism [fɪˈnɒmɪnᵊlɪzᵊm, AM fəˈnɑːmə] *n no pl* PHILOS Phänomenalismus *m*

phenomenally [fɪˈnɒmɪnᵊli, AM fəˈnɑːmə-] *adv* phänomenal

phenomenological [fɪˌnɒmɪnəˈlɒdʒɪkᵊl, AM fəˌnɑːmənəˈlɑːdʒ-] *adj* PHILOS phänomenologisch *fachspr*

phenomenology [fɪˌnɒmɪˈnɒlədʒi, AM fəˌnɑːməˈnɑːl-] *n* PHILOS Phänomenologie *f fachspr*

phenomenon <*pl* -mena *or* -s> [fɪˈnɒmɪnən, *pl* -mɪnə, AM fəˈnɑːmənɑːn, *pl* -mənə] *n* Phänomen *nt geh*

phenotype [ˈfenə(ʊ)taɪp, AM -noʊ-] *n* BIOL Phänotypus *m fachspr*

pheromone [ˈferəməʊn, AM -moʊn] *n* BIOL Pheromon *nt meist pl fachspr*

phew [fjuː] *interj* (*fam*) puh

phial [ˈfaɪəl] *n* BRIT (*dated*) Phiole *f*

Phi Beta Kappa [ˌfaɪˌbiːtəˈkæpə, AM -ˌbeɪt̬əˈ-] *n no pl* AM ❶(*organization*) *amerikanische Vereinigung herausragender Akademiker/-innen* ❷(*person*) *Mitglied dieser Vereinigung*

philander [fɪˈlændəʳ, AM -ɚ] *vi* (*pej dated*) schäkern *oft hum,* tändeln *veraltend;* ■**to** ~ **with sb** mit jdm schäkern

philanderer [fɪˈlændᵊrəʳ, AM -ɚɚ] *n* (*pej dated*) Schäker *m oft hum,* Schürzenjäger *m pej fam*

philandering [fɪˈlændᵊrɪŋ, AM -ɚ-] **I.** *n no pl* (*pej dated*) Geschäker *a. pej* **II.** *adj inv* (*pej dated*) schäkernd *a. hum*

philanthropic [ˌfɪlənˈθrɒpɪk, AM -ænˈθrɑː-] *adj* philanthropisch *geh,* menschenfreundlich; ~ **organisation** Hilfsorganisation *f*

philanthropist [fɪˈlæn(t)θrəpɪst, AM fəˈ-] *n* (*donor*) Philanthrop(in) *m(f) geh,* Menschenfreund(in) *m(f)*

philanthropy [fɪˈlæn(t)θrəpi, AM fəˈ-] *n no pl* Wohltätigkeit *f,* Philantrophie *f geh;* ***in the spirit of*** ~ ***he donated a large sum of money*** in Geberlaune spendete er eine hohe Geldsumme

philatelic [ˌfɪləˈtelɪk] *adj inv* philatelistisch *geh;* ~ **collection** Briefmarkensammlung *f*

philatelist [fɪˈlætᵊlɪst, AM -ˈlæt̬-] *n* Philatelist(in) *m(f) geh,* Briefmarkensammler(in) *m(f)*

philately [fɪˈlætᵊli, AM -ˈlæt̬-] *n no pl* Philatelie *f,* Briefmarkenkunde *f*

philharmonic [ˌfɪl(h)ɑːˈmɒnɪk, AM -hɑːrˈmɑːn-] *adj attr, inv* philharmonisch; **the Vienna** ~ **Orchestra** die Wiener Philharmoniker *pl*

Philharmonic [ˌfɪl(h)ɑːˈmɒnɪk, AM -hɑːrˈmɑːn-] *n* Philharmonie *f*

philhellenic [ˌfɪlhelˈiːnɪk, AM -həˈlen-] *adj* philhellenistisch

philhellenism [fɪlˈhelɪnɪzᵊm, AM -ˈhelə-] *n* Philhellenismus *m*

philhellenist [fɪlˈhelɪnɪst, AM -ˈhelə-] *n* Philhellene, -in *m, f*

philippic [fɪˈlɪpɪk] *n* (*form*) Strafpredigt *f,* Philippika *f geh*

Philippine [ˈfɪlɪpiːn, AM ˈfɪlə] *adj inv* philippinisch

Philippines [ˈfɪlɪpiːnz, AM -ləp-] *npl* ■**the** ~ die Philippinen *pl*

philistine [ˈfɪlɪstaɪn, AM -stiːn] (*pej*) **I.** *n* Banause *m pej* **II.** *adj inv* banausisch *pej*

Philistine [ˈfɪlɪstaɪn, AM -stiːn] *n* HIST Philister *m*

philistinism [ˈfɪlɪstɪnɪzᵊm, AM ˈfɪlɪstiː] *n no pl* Banausentum *nt,* Philistertum *nt geh*

philological [ˌfɪləˈlɒdʒɪkᵊl, AM -ˈlɑːdʒ-] *adj inv* (*dated*) philologisch

philologist [fɪˈlɒlədʒɪst, AM -ˈlɑːlə-] *n* Philologe, -in *m, f*

philology [fɪˈlɒlədʒi, AM -ˈlɑːlə-] *n no pl* Philologie *f*

philosopher [fɪˈlɒsəfəʳ, AM -ˈlɑːsəfɚ] *n* Philosoph(in) *m(f);* **the** ~**s' stone** der Stein der Weisen

philosophic(al) [ˌfɪləˈsɒfɪk(ᵊl), AM -ˈsɑːf-] *adj* ❶PHILOS philosophisch ❷(*calm*) abgeklärt, gelassen

philosophically [ˌfɪləˈsɒfɪkᵊli, AM -ˈsɑːf-] *adv* ❶(*calmly*) abgeklärt, gelassen ❷PHILOS philosophisch betrachtet

philosophize [fɪˈlɒsəfaɪz, AM -ˈlɑːs-] *vi* philosophieren; (*make excuses*) sich *akk* herausreden; ■**to** ~ **about sth** über etw *akk* philosophieren

philosophy [fɪˈlɒsəfi, AM -ˈlɑːs-] **I.** *n no pl* Philoso-

P

phie *f; the ~ of religion is based on the idea that there is a God* grundlegend für alle Religionen ist die Annahme, dass es einen Gott gibt; ~ **on life** Lebensphilosophie *f* **II.** *n modifier* (*degree, course, writer*) Philosophie-

philter ['fɪlṭə] AM, **philtre** [-təʳ] *n* Liebestrank *m*

phlebitis [flɪ'baɪtɪs, AM fli:'baɪṭ-] *n* MED Phlebitis *f fachspr,* Venenentzündung *f;* **to contract ~** an einer Venenentzündung erkranken

phlebotomy <*pl* -mies> [flɪ'bɒtəmi, AM -'bɑ:ṭə-] *n modifier* Phlebotomie *f*

phlegm [flem] *n no pl* ① (*mucus*) Schleim *m;* **to cough up ~** Schleim abhusten ② (*calmness*) Gleichmut *m* ③ (*apathetic temperament*) Phlegma *nt geh*

phlegmatic [fleg'mætɪk, AM -ṭɪk] *adj* ① (*calm*) gleichmütig ② (*apathetic*) phlegmatisch

phlox <*pl* – *or* -es> [flɒks, AM flɑ:ks] *n* Phlox *m,* Flammenblume *f*

phobia ['fəʊbiə, AM 'foʊ-] *n* Phobie *f;* ■ **~ about sth** [krankhafte] Angst *dat* vor etw

phobic ['fəʊbɪk, AM 'foʊ-] *adj* ① PSYCH phobisch ② (*fig fam: very wary*) panisch; ■ **to be ~ about sth** [eine hysterische] Angst vor etw *dat* haben *fam;* **to be ~ about spiders** eine Spinnenphobie haben

Phoenician [fɪ'nɪʃᵊn, AM fə'] **I.** *n* ① (*person*) Phönizier(in) *m(f)* ② *no pl* (*language*) Phönizisch *nt* **II.** *adj inv* phönizisch

phoenix ['fi:nɪks] *n usu sing* Phönix *m;* **to rise like a ~ from the ashes** wie ein Phönix aus der Asche aufsteigen

phon [fɒn, AM fɑ:n] *n* Phon *nt*

phone [fəʊn, AM foʊn] **I.** *n* Telefon *nt; she put down the ~ on me* sie hat [bei unserem Gespräch] einfach aufgelegt; **to answer the ~** ans Telefon gehen; **to hang up** [*or* **put down**] **the ~** auflegen; **to pick up the ~** abheben, abnehmen; **to speak** [**to sb**] **by** [*or* **on the**] **~** [mit jdm] telefonieren; **on the ~** am Telefon; BRIT **to be on the ~** (*telephoning*) telefonieren; (*dated: have a telephone*) ans Telefonnetz angeschlossen sein **II.** *n modifier* (*receiver, table*) Telefon-; **~ call** [Telefon]anruf *m;* **~ line** Telefonleitung *f* **III.** *vt* ■ **to ~ sb/sth** jdn/etw anrufen; *you should ~ home* du solltest zu Hause anrufen **IV.** *vi* telefonieren

◆**phone back** *vt* ■ **to ~ back** ◌ **sb** jdn zurückrufen

◆**phone in I.** *vi* anrufen; **to ~ in ill** [*or* **sick**] sich *akk* telefonisch krank melden **II.** *vt* ① (*information*) ■ **to ~ in** ◌ **sth** etw telefonisch durchgeben; **to ~ in a message** eine Nachricht hinterlassen ② (*call to come*) ■ **to ~ sb in** *they ~d me in because someone was sick* ich bekam einen Anruf, dass ich arbeiten musste, weil jemand krank geworden war

◆**phone round** *vi* BRIT herumtelefonieren *fam*

◆**phone through** *vi* ■ **to ~ through for sth** etw telefonisch erfragen; ■ **to ~ through with sth** etw telefonisch durchgeben

◆**phone up** *vt* ■ **to ~ up** ◌ **sb/sth** jdn/etw anrufen

phone bank *n* (*phones*) Telefonpool *m;* (*people*) *Gruppe von Leuten, die telefonische Umfragen macht* **phone book** *n* Telefonbuch *nt* **phone booth** *n* Telefonzelle *f* **phone box** *n* BRIT Telefonzelle *f* **phonecard** *n* Telefonkarte *f* **phone-in I.** *n Sendung, bei der sich das Publikum telefonisch beteiligen kann* **II.** *adj attr, inv* **~ listener** *Hörer/Hörerin von Anrufsendungen;* **~ program** *Sendung mit telefonischer Publikumsbeteiligung*

phoneme ['fəʊni:m, AM 'foʊ-] *n* LING Phonem *nt fachspr*

phonemic [fəʊ'nemɪk, AM foʊ'] *adj inv* LING phonemisch *fachspr*

phonetic [fə(ʊ)'netɪk, AM fə'neṭ-] *adj inv* LING phonetisch *fachspr;* **~ transcription** phonetische Umschrift

phonetically [fə(ʊ)'netɪkᵊli, AM fə'neṭ-] *adv inv* LING phonetisch *fachspr*

phonetic alphabet *n* LING phonetisches Alphabet *fachspr;* **the International P~ A~** das Internationale Phonetische Alphabet

phonetician [ˌfəʊnɪ'tɪʃᵊn, AM ˌfoʊnə'-] *n* LING Phonetiker(in) *m(f) fachspr*

phonetics [fə(ʊ)'netɪks, AM fə'neṭ-] *n + sing vb* LING Phonetik *f kein pl fachspr*

phoney ['fəʊni, AM 'foʊ-] (*pej*) **I.** *adj* (*fam*) *accent, smile* aufgesetzt, künstlich; *address* falsch; *documents* gefälscht, faul *fam;* **~ business people** zweifelhafte Geschäftsleute; **~ market researchers** angebliche Marktforscher ▶ PHRASES: **to be as ~ as a two-dollar bill** AM (*fam*) *person* ein falscher Fuffziger sein; (*fam*) *qualifications* fauler Zauber sein **II.** *n* (*impostor*) Hochstapler(in) *m(f);* (*pretender*) Schwindler(in) *m(f);* (*fake*) Fälschung *f; the doctor was a ~* der Doktor war ein Scharlatan

phoney war *n esp* BRIT (*hist*) *ruhiger Zeitabschnitt im Zweiten Weltkrieg*

phonic ['fɒnɪk, AM 'fɑ:-] *adj* LING phonisch *fachspr*

phonograph ['fəʊnəgrɑ:f, AM 'foʊnəgræf] *n* ① (*hist: type of gramophone*) Phonograph *m hist* ② AM (*record player*) Plattenspieler *m*

phonological [ˌfəʊnə'lɒdʒɪkᵊl, AM ˌfoʊnə'lɑ:-] *adj inv* LING phonologisch *fachspr*

phonology [fə(ʊ)'nɒlədʒi, AM fə'nɑ:-] *n no pl* LING Phonologie *f fachspr*

phony *adj* AM *see* **phoney**

phooey ['fu:i] *interj* (*hum fam*) pah *fam,* pfui *fam*

phosphate ['fɒsfeɪt, AM 'fɑ:s-] *n* Phosphat *nt*

phosphor ['fɒsfəʳ, AM 'fɑ:s] *n,* **phosphorus** ['fɒsfəʳəs, AM 'fɑ:s] *n* CHEM (*old*) Phosphor *m,* [phosphoreszierende] Leuchtmasse *f*

phosphorescence [ˌfɒsfᵊr'esᵊn(t)s, AM ˌfɑ:sfə'res-] *n no pl* Phosphoreszenz *f,* Postlumineszenz *f*

phosphorescent [ˌfɒsfᵊr'esᵊnt, AM ˌfɑ:sfə'res-] *adj* phosphoreszierend

phosphoric [fɒs'fɒrɪk, AM fɑ:s'fɔ:r-] *adj,* **phosphorous** ['fɒsfᵊrəs, AM 'fɑ:s-] *adj* CHEM phosphorig *fachspr*

phosphorus ['fɒsfᵊrəs, AM 'fɑ:s-] *n no pl* Phosphor *m*

photo ['fəʊtəʊ, AM 'foʊṭoʊ] *n short for* **photograph** Foto *nt*

photo- ['fəʊtəʊ, AM 'foʊṭoʊ] *in compounds* ① (*relating to photography*) Foto- ② (*relating to light*) Licht-, Photo- *fachspr*

photo album *n* Fotoalbum *nt* **photocall** *n* Fototermin *m* **photocell** *n* Fotozelle *f*

photochemical *adj inv* photochemisch; **~ reaction** photochemische Reaktion; **~ smog** Ozonsmog *m* **photocomposition** *n no pl* PUBL Lichtsatz *m fachspr* **photocopier** *n* [Foto]kopierer *m* **photocopy I.** *n* [Foto]kopie *f;* **to make a ~ of sth** eine [Foto]kopie von etw *dat* machen, etw [foto]kopieren **II.** *vt* ■ **to ~ sth** etw [foto]kopieren

photocopying *n* PHOT **~ bureau** Fotokopierbüro *nt* **photoelectric** *adj inv* photoelektrisch **photoelectric cell** *n* photoelektrische Zelle

photo finish *n* SPORTS Fotofinish *nt fachspr* **Photofit®** ['fəʊtə(ʊ)fɪt] *n,* **Photofit picture®** *n* BRIT Phantombild *nt* **photo frame** *n* Fotorahmen *m*

photogenic [ˌfəʊtə(ʊ)'dʒenɪk, AM ˌfoʊṭə'-] *adj* fotogen

photograph ['fəʊtəgrɑ:f, AM 'foʊṭəgræf] **I.** *n* Fotografie *f,* Foto *nt;* **aerial ~** Luftaufnahme *f;* **colour** [*or* AM **color**]/**black-and-white ~** Farbfotografie/Schwarz-Weiß-Fotografie *f;* **nude ~** Nacktfoto *nt,* Aktfoto *nt;* **to take a ~** [**of sb/sth**] [jdn/etw] fotografieren, ein Foto [von jdm/etw] machen **II.** *vt* ■ **to ~ sb/sth** jdn/etw fotografieren **III.** *vi* **to ~ well/badly** gut/schlecht auf Fotos aussehen; *he ~s well* er ist fotogen

photograph album *n* Fotoalbum *nt*

photographer [fə'tɒgrəfəʳ, AM -'tɑ:grəfɚ] *n* Fotograf(in) *m(f);* **~'s model** Fotomodell *nt;* **press ~** Pressefotograf(in) *m(f);* **amateur ~** Hobbyfotograf(in) *m(f)*

photographic [ˌfəʊtə'græfɪk, AM ˌfoʊṭə'-] *adj inv* fotografisch; **~ equipment** Fotoausrüstung *f;* **~ film** Film *m;* **~ image** Fotografie *f*

photographically [ˌfəʊtə'græfɪᵊli, AM ˌfoʊṭə'-] *adv inv* fotografisch

photographic memory *n* fotografisches Gedächtnis

photography [fə'tɒgrəfi, AM -'tɑ:g-] *n no pl* Fotografie *f*

photogravure [ˌfəʊtəʊgrə'vjʊəʳ, AM ˌfoʊṭoʊgrə'vjʊr] *n no pl* Photogravüre *f*

photojournalism *n no pl* Fotojournalismus *m* **photojournalist** *n* Fotojournalist(in) *m(f)*

photometer [fə(ʊ)'tɒmɪtəʳ, AM foʊ'tɑ:mɪṭɚ] *n* TECH Photometer *nt fachspr*

photomontage [ˌfəʊtə(ʊ)mɒn'tɑ:ʒ, AM ˌfoʊṭoʊmɑ:n'-] *n* Fotomontage *f*

photon ['fəʊtɒn, AM 'foʊtɑ:n] *n* PHYS Photon *nt fachspr*

photo op *n* (*fam*) *short for* **photo opportunity** Fototermin *m* **photo opportunity** *n* Fototermin *m* **photo reporter** *n* Fotoreporter(in) *m(f)*

photosensitive *adj* lichtempfindlich **photosensitize** *vt* ■ **to ~ sth** etw lichtempfindlich machen

photo session *n* Fototermin *m* **photosetting** *n no pl* PUBL Lichtsatz *m fachspr*

photostat <-tt-> ['fəʊtə(ʊ)stæt, AM 'foʊtoʊ-] *vt* ■ **to ~ sth** etw fotokopieren **Photostat®** *n* Fotokopierer *f;* (*copy*) Fotokopie *f* **photosynthesis** *n no pl* BIOL, CHEM Photosynthese *f fachspr* **photosynthesize I.** *vt* BIOL, CHEM ■ **to ~ sth** etw durch Photosynthese umwandeln **II.** *vi* Photosynthese betreiben

phototropism [fəʊ'tɒtrəpɪzᵊm, AM foʊ'tɑ:-] *n no pl* BOT Phototropismus *m fachspr*

photovoltaic [ˌfəʊtə(ʊ)vɒl'teɪɪk, AM ˌfoʊṭoʊvɑ:l'-] *adj* **~ technology** Photovoltaik *f fachspr* (*Teilgebiet der Elektronik*)

phrasal ['freɪzᵊl] *adj inv* LING Satz-

phrasal verb *n* LING Phrasal Verb *nt* (*Grundverb mit präpositionaler oder adverbialer Ergänzung*)

phrase [freɪz] **I.** *n* ① (*words*) Satz *m;* (*idiomatic expression*) Ausdruck *m,* [Rede]wendung *f;* **noun/verb ~** LING Nominal-/Verbalphrase *f fachspr;* **turn of ~** Ausdrucksweise *f;* (*in writing*) Stil *m; she had a clever turn of ~ on occasion* gelegentlich drückte sie sich sehr clever aus; ■ **in sb's ~** mit jds Worten *ntpl; 'I came,' in Caesar's ~, 'I saw, and I conquered'* um es wie Cäsar auszudrücken: ‚ich kam, sah und siegte' ② MUS (*series of notes*) Phrase *f fachspr* **II.** *vt* ■ **to ~ sth** etw formulieren

phrase book *n* Sprachführer *m*

phraseology [ˌfreɪzi'ɒlədʒi, AM -'ɑ:l-] *n no pl* Ausdrucksweise *f;* LING Phraseologie *f fachspr*

phrasing ['freɪzɪŋ] *n no pl* ① (*manner of speaking or writing*) Formulierung *f; the ~ of the contract is rather ambiguous* der Vertrag ist ziemlich zweideutig formuliert ② MUS Phrasierung *f fachspr*

phrenetic *adj see* **frenetic**

phrenology [frɪ'nɒlədʒi, AM -'nɑ:-] *n* Phrenologie *f fachspr*

phut [fʌt] *interj* BRIT, AUS peng; **to go ~** (*fam*) kaputtgehen *fam,* den Geist aufgeben *iron fam*

pH value [pi:'eɪtʃ,-] *n* pH-Wert *m*

phyllo *n,* **phyllo pastry** *n no pl see* **filo**

physic ['fɪzɪk] *n no pl* (*old*) ① (*medicinal drugs*) Arznei *f veraltend,* Arzneimittel *nt[pl]* ② (*art of healing*) Heilkunde *f*

physical ['fɪzɪkᵊl] **I.** *adj* ① (*of the body*) *condition, strength, weakness* körperlich, physisch *geh; I'm not a very ~ sort of person* (*don't like sports*) ich bin nicht gerade sehr sportlich; (*don't like touching*) ich bin mit Berührungen eher zurückhaltend; **~ contact** Körperkontakt *m;* **to have a ~ disability** körperbehindert sein; **~ exercise** sportliche Betätigung; **~ jerks** BRIT (*hum dated*) Turnübungen *fpl;* **to get ~** rabiat werden ② (*sexual*) *contact, love, relationship* körperlich; **~ attraction** körperliche Anziehung; **to get ~** sich *akk* anfassen ③ *inv* (*material*) physisch; *object, world* stofflich, dinglich; *the ~ characteristics of the terrain* die geophysischen Eigenschaften der Gegend; *insurers are worried about the ~ condition of the vessels* die Versicherungen machen sich Sorgen um den Materialzustand der Schiffe ④ *inv* (*of physics*) physikalisch **II.** *n* MED Untersuchung *f*

physical appearance *n* Aussehen *nt,* Äußere(s) *nt* **physical education** *n no pl* Sport[unterricht] *m* **physical examination** *n* körperliche Untersuchung **physical geography** *n no pl* Geophysik *f*

physicality [ˌfɪzɪˈkæləti, AM -ət̬i] *n no pl (liter)* Körperlichkeit *f*

physically [ˈfɪzɪkᵊli] *adv* ① *(concerning the body)* körperlich; ***it's just not ~ possible*** das ist schon rein physisch nicht möglich; ***he was creating such a disturbance that he had to be ~ removed from the room*** er verursachte so einen Aufruhr, dass er unter Anwendung von Gewalt aus dem Raum entfernt werden musste; ~ **attractive** gut aussehend; ~ **disabled** [*or* **handicapped**] körperbehindert ② *(not imagined)* wirklich, real; ***being ~ in the stadium is different from watching the match on TV*** ein Spiel im Stadion mitzuerleben ist etwas anderes, als es im Fernsehen zu sehen ③ *inv (structurally)* ***Britain is ~ isolated from the mainland*** Großbritannien ist geographisch vom Festland abgeschnitten

physicals *n* ECON Waren *fpl*

physical sciences *npl* Naturwissenschaften *fpl*

physician [fɪˈzɪʃᵊn] *n esp* AM *(GP)* Arzt, Ärztin *m, f*
▶ PHRASES: ~ **heal thyself** *(prov)* kehr erstmal vor deiner eigenen Tür *fam*

physicist [ˈfɪzɪsɪst] *n* Physiker(in) *m(f)*

physics [ˈfɪzɪks] **I.** *n + sing vb* Physik *f* **II.** *n modifier (lecture, teacher, textbook)* Physik-

physio [ˈfɪziəʊ, AM -oʊ] *n* ① BRIT, AUS *(fam) short for* **physiotherapist** Physiotherapeut(in) *m(f)* ② *no pl esp* BRIT *short for* **physiotherapy** Physiotherapie *f*

physiognomy [ˌfɪziˈɒnəmi, AM -ˈɑːn-] *n (form)* Physiognomie *f geh*

physiological [ˌfɪziəˈlɒdʒɪkᵊl, AM -ˈlɑːdʒ-] *adj inv* physiologisch *geh*

physiologist [ˌfɪziˈɒlədʒɪst, AM -ˈɑːl-] *n* Physiologe, -in *m, f*

physiology [ˌfɪziˈɒlədʒi, AM -ˈɑːl-] *n no pl* Physiologie *f*

physiotherapist [ˌfɪziə(ʊ)ˈθerəpɪst, AM -oʊˈ-] *n esp* BRIT MED Physiotherapeut(in) *m(f) fachspr,* Krankengymnast(in) *m(f)*

physiotherapy [ˌfɪziə(ʊ)ˈθerəpi, AM -oʊˈ-] *n no pl esp* BRIT MED Physiotherapie *f fachspr*

physique [fɪˈziːk] *n* Körperbau *m; (appearance)* Figur *f*

pi [paɪ] *n no pl* MATH Pi *nt fachspr*

pianissimo [ˌpiːəˈnɪsɪməʊ, AM moʊ] MUS **I.** *adj inv* ganz leise, pianissimo *fachspr* **II.** *n* <*pl* -os *or* -mi> Pianissimo *nt fachspr*

pianist [ˈpiːənɪst, AM ˈpiːᵊn-] *n* Klavierspieler(in) *m(f); (professional)* Pianist(in) *m(f)*

piano [piˈænəʊ, AM -noʊ] **I.** *n* Klavier *nt,* Piano *nt;* **to play [the] ~** Klavier spielen; ■ **at** [*or* **on**] **the ~** am Klavier; ■ **for ~** für Klavier **II.** *n modifier (concerto, duet, lessons, player, practice, teacher, solo)* Klavier-

pianoforte [piˌænəʊˈfɔːteɪ, AM noʊˈfɔːr] *n* MUS *(form) see* **piano** Klavier *nt,* Pianoforte *nt geh*

piano recital *n* Klavierkonzert *nt* **piano stool** *n* Klavierstuhl *m* **piano tuner** *n* Klavierstimmer(in) *m(f)* **piano wire** *n* Klaviersaitendraht *m*

piazza [piˈætsə, AM -ˈɑːt-] *n* Marktplatz *m,* Piazza *f geh*

pic [pɪk] *n (fam)* ① *(photo)* Foto *nt; (snapshot)* Schnappschuss *m* ② *(cinema film)* Film *m;* ***there are some good ~s on*** es laufen ein paar gute Filme

picador [ˈpɪkədɔːʳ, AM -dɔːr] *n* Picador(in) *m(f)*

picaresque [ˌpɪkᵊrˈesk, AM -əˈ-] *adj* LIT pikaresk *fachspr,* pikarisch *fachspr*

picayune [ˈpɪkəjuːn] *adj inv* AM unbedeutend, banal; *(small-minded)* kleinlich

piccalilli [ˌpɪkəˈlɪli, AM ˈpɪkəlɪli] *n no pl* FOOD Relish *nt*

piccaninny [ˌpɪkəˈnɪni, AM ˈpɪkənɪni] *n (pej!) abwertender Ausdruck für ein schwarzes Kind*

piccolo [ˈpɪkələʊ, AM -loʊ] *n* Pikkoloflöte *f*

pick [pɪk] **I.** *n* ① *(choice)* Auswahl *f;* **to have first ~** die erste Wahl haben; **to have one's ~ of sth** sich *dat* etw aussuchen können; **to take one's ~** sich *dat* etw aussuchen ② *+ sing/pl vb (best)* ■ **the ~ of sth** *of things* das Beste; *of people* die Elite; ***the ~ of the furniture*** die besten Möbel; ***the ~ of this year's racehorses is Gandy Dancer*** Gandy Dancer ist dieses Jahr der Star unter den Rennpferden; **the ~ of the bunch** der/die/das Beste ③ *(pickaxe)* Spitzhacke *f,* Pickel *m;* **with ~s and shovels** mit Hacke und Spaten ④ MUS Plättchen *nt,* Plektrum *nt fachspr* **II.** *vt* ① *(select)* ■ **to ~ sb/sth** jdn/etw aussuchen [*o* auswählen]; ***we ~ed the loveliest puppy [for ourselves]*** wir suchten uns den hübschesten Welpen aus; ***you ~ed a fine time to lose your wallet!*** da hast du dir ja genau den richtigen Zeitpunkt ausgesucht, um deine Brieftasche zu verlieren! *iron;* ***she ~ed her way down the steps*** sie ging vorsichtig die Treppe hinunter; ***they ~ed their way through the mud*** sie bahnten sich ihren Weg durch den Schlamm; ***there are many good reasons to ~ Washington*** es gibt viele gute Gründe, sich für Washington zu entscheiden; **to ~ sth/sb at random** [*or* **out of a** [*or* **the**] **hat**] jdn/etw [völlig] willkürlich aussuchen; **to ~ an instance** [*or* **example**] **at random** um nur mal ein Beispiel zu nehmen; **to ~ a winner** eine gute Wahl treffen; **to ~ and choose sth** mit etw *dat* sehr wählerisch sein; ■ **to ~ sb for sth** jdn für etw *akk* auswählen ② *(fam: start)* **to ~ a fight** [*or* **quarrel**] **with sb** mit jdm einen Streit anfangen [*o fam* anzetteln] ③ *(harvest)* ■ **to ~ sth** etw pflücken; **to ~ an apple off the tree** einen Apfel vom Baum pflücken; **to ~ grapes** Trauben lesen; **to ~ mushrooms** Pilze sammeln ④ *(scratch)* ■ **to ~ sth** an etw *dat* kratzen; ***don't ~ your sore!*** lass deine Wunde in Ruhe!, kratz nicht!; ***stop ~ing your spots!*** hör auf, an deinen Pickeln herumzudrücken!; **to ~ one's nose** in der Nase bohren; **to ~ one's teeth** [sich *dat*] in den Zähnen herumstochern ⑤ *(gnaw)* **to ~ a bone** einen Knochen abnagen; **to ~ sth clean** etw sauber abnagen ⑥ *(take)* ■ **to ~ sth from** [*or* **out of**]/**off** [**of**] **sth** etw aus/von etw *dat* nehmen; ***he ~ed the knife from*** [*or* ***out of***] ***the drawer*** er nahm das Messer aus der Schublade; ***the beetles need to be ~ed off the trees*** die Käfer müssen von den Bäumen heruntergesammelt werden; ***I ~ed a piece of fluff off my suit*** ich entfernte einen Fussel von meinem Anzug; **to ~ pockets** Taschendiebstahl begehen; ***he ~ed the pockets of unsuspecting tourists*** der Taschendieb beklaute die nichts ahnenden Touristen ⑦ MUS *(play)* ■ **to ~ sth** etw zupfen
▶ PHRASES: **to ~ one's brain** sich *dat* sein Gehirn zermartern; **to ~ sb's brain[s]** jdn genau befragen; **to ~ holes in sth** etw auseinander nehmen; **to ~ a lock** ein Schloss aufbrechen **III.** *vi* ① *(be choosy)* aussuchen; **to ~ and choose** sich *dat* der/die/das Beste herauspicken ② *(toy with)* ■ **to ~ at one's food** in seinem Essen herumstochern ③ *(scratch)* ■ **to ~ at sth** an etw *dat* [herum]kratzen

◆**pick off** *vt* ① *(shoot)* ■ **to ~ off ○ sb/sth** jdn/etw einzeln abschießen ② *(fig: take best)* ■ **to ~ off ○ sth** sich *dat* das Beste herauspicken

◆**pick on** *vi* ① *(select)* ■ **to ~ on sb/sth** [**for sth**] jdn/etw [für etw *akk*] aussuchen [*o* auswählen] ② *(victimize)* ■ **to ~ on sb** auf jdm herumhacken

◆**pick out** *vt* ① *(select)* ■ **to ~ out ○ sth/sb** etw/jdn aussuchen ② *(recognize)* ■ **to ~ out ○ sth/sb** etw/jdn ausmachen [*o* erkennen]; ***we ~ed our parents out quite easily in the old photographs*** wir fanden unsere Eltern auf den alten Fotografien ziemlich schnell ③ *(highlight)* ■ **to ~ out ○ sth/sb** etw/jdn hervorheben; ***the critics had ~ed him out as one of the most outstanding male dancers of the decade*** die Kritiker priesen ihn als einen der besten Tänzer des Jahrzehnts; **~ed out by a spotlight/searchlight** von einem Scheinwerfer/Suchlicht erfasst ④ MUS **to ~ out a tune on an instrument** auf einem Instrument improvisieren; ***I can't do more than ~ out a simple tune on the piano*** auf dem Klavier bringe ich nur einfache Melodien zustande

◆**pick over, pick through** *vt* ■ **to ~ sth ○ over** [*or* **through**] etw gut durchsehen; ~ ***over the strawberries and keep a few big ones for decoration*** sortier mal die Erdbeeren und behalte ein paar große für die Dekoration übrig

◆**pick up I.** *vt* ① *(lift)* ■ **to ~ up ○ sth/sb** etw/jdn aufheben; **to ~ up the phone** [den Hörer] abnehmen; *(make phone call)* anrufen ② *(stand up)* ■ **to ~ oneself up** aufstehen; *(collect oneself)* sich *akk* aufrappeln *fam;* **to ~ oneself up off the floor** *(fig)* sich *akk* [langsam] erholen, sich *akk* wieder aufrappeln *fam* ③ *(acquire)* ■ **to ~ up ○ sth** etw erwerben; ***she ~ed up an American accent while she was working in Boston*** sie hat sich, während sie in Boston gearbeitet hat, einen amerikanischen Akzent angeeignet; ***I ~ed up some useful ideas at the seminar*** aus dem Seminar habe ich einige gute Ideen mitgenommen; ***where did she ~ up the information?*** woher hat sie diese Informationen?; **to ~ up a bargain** [*or* **good buy**] ein Schnäppchen machen; **to ~ up an illness** eine Krankheit fangen *fam,* sich *akk* mit einer Krankheit anstecken; **to ~ up a prize** einen Preis verliehen bekommen ④ *(learn)* ■ **to ~ up ○ sth** etw aufschnappen [*o* mitkriegen] *fam* ⑤ *(collect)* ■ **to ~ up ○ sb/sth** jdn/etw abholen; ***do you mind ~ing me up from the station?*** würde es dir etwas ausmachen, mich vom Bahnhof abzuholen?; ***I ~ed up the dry-cleaning while I was in town*** während ich in der Stadt war, holte ich die Sachen von der Reinigung ab; ***the crew of the sinking tanker were ~ed up by helicopter*** die Besatzung des sinkenden Tankers wurde von einem Hubschrauber an Bord genommen; **to ~ up passengers** Fahrgäste [*o* Passagiere] aufnehmen ⑥ *(fam: for sexual purposes)* ■ **to ~ up ○ sb** jdn abschleppen [*o* aufreißen] *fam* ⑦ *(detect)* ■ **to ~ up ○ sth** etw wahrnehmen; ***he's awfully quick to ~ up any mistakes in your grammar*** er reagiert immer wie der Blitz darauf, wenn man einen grammatischen Fehler macht; **to ~ up the scent** Witterung aufnehmen; **to ~ up the whiff of a fox** einen Fuchs wittern ⑧ *(on radio)* ***can you ~ up Moscow on your radio?*** kannst du mit deinem Radio den Moskauer Sender empfangen?; **to ~ up a signal** ein Signal empfangen; *(fig)* ***I'm ~ing up signals that it's time we were on our way*** ich glaube, mir wird da signalisiert, dass wir uns jetzt auf den Weg machen sollten ⑨ *(increase)* **to ~ up speed** [*or* **momentum**] schneller werden; *(fig)* sich *akk* verstärken; ***her career began to ~ up speed*** mit ihrer Karriere ging es steil bergauf ⑩ *(fam: stop)* ■ **to ~ up ○ sb** jdn schnappen *fam;* ***she was ~ed up by the police for speeding*** sie wurde von der Polizei wegen überhöhter Geschwindigkeit angehalten ⑪ BRIT, AUS *(correct)* ■ **to ~ sb up on sth** jdn auf etw *akk* aufmerksam machen; ***the teacher ~ed him up on his pronunciation*** der Lehrer verbesserte seine Aussprache ⑫ *(fam: earn)* **to ~ up £300** 300 Pfund verdienen; ***he can ~ up $100 an evening just in tips*** er kann am Abend allein in Trinkgeldern bis zu 100 Dollar machen ⑬ *(resume)* ■ **to ~ up ○ sth** an etw *akk* anknüpfen, auf etw *akk* zurückkommen; ***we ~ed up the conversation again more or less where we had left off the previous evening*** wir setzten die Unterhaltung mehr oder weniger da fort, wo wir gestern Abend stehen geblieben waren
▶ PHRASES: **to ~ up the bill** [*or* **tab**] [*or* AM *also* **check**] *(fam)* [die Rechnung] [be]zahlen; ***the consumer will be forced to ~ up the bill for this scheme*** am Ende wird der Verbraucher für dieses Programm zur Kasse gebeten werden; **to ~ up the pieces** die Scherben kitten; **to ~ up the threads** den Faden wieder aufnehmen; ***they ~ed up the threads of their conversation/discussion*** sie nahmen den Faden ihres Gesprächs/ihrer Diskussion wieder auf; ***they ~ed up the threads of their marriage*** sie haben in ihrer Ehe einen Neuanfang gemacht **II.** *vi* ① *(improve)* sich *akk* bessern, besser werden; *numbers* steigen; *market* sich erholen; ***his spirits began to ~ up*** seine Laune begann sich zu bessern; ***my interest ~ed up when the film be-***

P

came centred in the trial proceedings mein Interesse erwachte wieder, als der Film sich auf die Gerichtsverhandlung konzentrierte ❷ (*resume*) **to ~ up where one left off** da weitermachen, wo man aufgehört hat ❸ (*notice*) ■**to ~ up on sb/sth** jdn/etw bemerken [*o* wahrnehmen]; (*react to*) auf etw *akk* reagieren ❹ *esp* AM (*clean up*) aufräumen; ■**to ~ up after sb** jdm hinterherräumen ❺ *esp* BRIT (*come into contact*) ■**to ~ up with sb** mit jdm Bekanntschaft schließen

pickaback *n* (*fam*) *see* **piggyback**

pick and mix *n no pl* BRIT (*with sweets*) Süßwarenbar *f*; **cheese ~** Käsebar *f* **pick-and-mix holidays** *npl* BRIT *Pauschalurlaub, den man individuell zusammenstellen kann* **pickax** AM, **pickaxe** *n* Spitzhacke *f*, Pickel *m*

picker ['pɪkəʳ, AM -ɚ] *n* ❶ (*of crops*) Erntehelfer(in) *m(f)*; **cotton ~** Baumwollpflücker(in) *m(f)* ❷ *esp* AM STOCKEX [**stock**] ~ *jd, der Börsentipps verkauft* ❸ (*sl: thief*) [in einer Bande arbeitender] Taschendieb

picket ['pɪkɪt] **I.** *n* ❶ (*striker*) Streikposten *m*; (*blockade*) Streikblockade *f* ❷ (*stake*) Palisade *f*; **~ [fence]** Palisadenzaun *m* **II.** *vt* ■**to ~ sth** (*in a strike*) vor etw *dat* Streikposten aufstellen; (*demonstrate at*) vor etw *dat* demonstrieren; (*blockade*) etw blockieren **III.** *vi* demonstrieren; ***~ing miners*** Streikposten *mpl* der Bergleute

picketer ['pɪkɪtəʳ, AM -t̬ɚ] *n* Demonstrant(in) *m(f)*; (*in a strike*) Streikposten *m*

picket fence *n* Palisadenzaun *m*

picketing ['pɪkɪtɪŋ, AM -t̬-] *n no pl* (*by strikers*) Aufstellen *nt* von Streikposten; (*by demonstrators*) Blockade *f* von Demonstranten

picket line *n* Streikpostenkette *f*; **to be on the ~** ein Streikposten sein; **to cross the ~** die Streikpostenkette durchbrechen

pickings ['pɪkɪŋz] *npl* **rich** [*or* **easy**] **~** schnelles Geld; **slim ~** mageres Angebot, wenig Auswahl

pickle ['pɪkl] **I.** *n* ❶ *no pl* [Mixed] Pickles *pl*; (*sauce*) Relish *nt*; **sour/sweet ~** süßes/pikantes Relish ❷ AM (*conserved gherkin*) saure Gurke ❸ (*brine*) Salzlake *f* ❹ (*solution with vinegar*) Essigbrühe *f* ▸ PHRASES: **to be in a [pretty** [*or* **right**]**] ~** (*fam*) sich *akk* in etw *akk* reingeritten haben *fam*, ganz schön in der Scheiße stecken *derb* **II.** *vt* ■**to ~ sth** etw einlegen

pickled ['pɪkld] *adj* ❶ *inv* (*preserved*) eingelegt ❷ (*fig fam: drunk*) blau *fam*, besoffen *fam*; **to get ~** sich *akk* besaufen *fam*

pickling ['pɪklɪŋ] *adj attr, inv* zum Einlegen *nach n*

picklock ['pɪklɒk, AM -lɑːk] *n* (*burglar*) Einbrecher(in) *m(f)*; (*instrument*) Dietrich *m*

pick-me-up *n* Muntermacher *m*; (*fig*) ***the President's visit to the troops was a real ~ for them*** der Besuch des Präsidenten wirkte wie eine Vitaminspritze auf die Truppen; **morning ~** morgentlicher Muntermacher **pick 'n' mix** *n no pl* BRIT *see* **pick and mix** **pickpocket** *n* Taschendieb(in) *m(f)*

pickup *n* ❶ (*on gramophone*) Tonabnehmer *m*, Pick-up *m fachspr* ❷ (*fam: collection*) Abholen *nt kein pl*; ***we arranged a ten o'clock ~ to take Cathy to the station*** wir verabredeten mit Cathy, dass wir sie um zehn Uhr abholen und zum Bahnhof bringen würden; **to make a ~** *van driver* Ladung aufnehmen; *taxi driver* Passagiere aufnehmen ❸ (*fam: collection point*) Treffpunkt *m* ❹ (*fam: passenger*) Passagier(in) *m(f)*; (*in a private car*) Mitfahrer(in) *m(f)* ❺ (*fam: casual sexual acquaintance*) Eroberung *f hum* ❻ (*increase*) Ansteigen *nt kein pl*, Zunahme *f*; **~ in demand** gesteigerte Nachfrage; **wage ~** Lohnzuwachs *m* ❼ (*van*) Pick-up *m fachspr*, Kleintransporter *m* **pickup bar** *n*, AM *also* **pickup joint** *n* (*sl*) Aufreißerschuppen *m sl* **pickup point** *n* Treffpunkt *f*; (*for bus*) Haltestelle *f* **pickup truck** *n* ❶ (*small van*) Pick-up *m fachspr*, Kleintransporter *m* ❷ BRIT (*breakdown lorry*) Abschleppwagen *m*

picky ['pɪki] *adj* (*pej fam*) pingelig *fam*; *eater* wählerisch

pick-your-own *adj attr, inv* **~ farm** Selbstpflückplantage *f*; **~ raspberries/strawberries** Himbeeren/Erdbeeren *fpl* zum Selberpflücken

picnic ['pɪknɪk] **I.** *n* Picknick *nt*; **to go on a ~** ein Picknick machen; **to take a ~** etw zum Essen mitnehmen; (*fig fam*) ***the current crisis makes last year's hard work seem like a ~*** die aktuelle Krise lässt die harte Arbeit des letzten Jahres wie ein Kinderspiel erscheinen; **to be no** [*or* **not a**] **~** kein Spaziergang sein **II.** *vi* <-ck-> picknicken **III.** *n modifier* Picknick-; **~ lunch** Picknick *nt*; **~ site** Ort *m* für ein Picknick; (*for barbecuing*) Grillplatz *m*

picnic basket *n* Picknickkorb *m*

picnic hamper *n* Picknickkorb *m*

picnicker ['pɪknɪkəʳ, AM -ɚ] *n jd, der ein Picknick macht* **picnic table** *n* Klapptisch *m* (*für ein Picknick*)

Pict [pɪkt] *n* HIST Pikte, -in *m, f*

Pictish ['pɪktɪʃ] *adj inv* piktisch, Pikten-

pictogram ['pɪktə(ʊ)græm, AM -toʊ-] *n* LING Piktogramm *nt fachspr*

pictorial [pɪk'tɔːriəl] *adj inv* (*done as picture*) Bild-; (*done like picture*) bildhaft; *book, brochure* illustriert; **~ history** Bilderchronik *f*

pictorially [pɪk'tɔːriəli] *adv inv* in Bildern; (*done like picture*) bildhaft

picture ['pɪktʃəʳ, AM -ɚ] **I.** *n* ❶ (*painting, drawing*) Bild *nt*; **to draw/paint a ~** ein Bild zeichnen/malen ❷ (*photograph*) Bild *nt*, Foto *nt*; **to get one's ~ in the paper** [mit Foto] in die Zeitung kommen; **wedding ~** Hochzeitsfoto *nt*; **to take a ~** ein Foto machen; ***I hate having my ~ taken*** ich hasse es, fotografiert zu werden ❸ (*on TV screen*) [Fernseh]bild *nt*; **satellite ~** Satellitenbild *nt* ❹ (*film*) Film *m*; **to make a ~** einen Film drehen; **to be** [*or* **work**] **in ~s** im Filmgeschäft sein ❺ (*dated: cinema*) ■**the ~s** *pl* das Kino ❻ (*fig: impression*) Bild *nt*; ***this is not an accurate ~*** das ist eine Verdrehung der Tatsachen; ***the true ~ of what went on is only just beginning to emerge*** was da wirklich so vor sich ging, kommt erst jetzt langsam ans Tageslicht; ***I have a very vivid ~ of the first time I met her*** ich habe unsere erste Begegnung noch lebhaft vor Augen; **mental ~** Vorstellung *f*; ***the people were asked to form a mental ~ of the man*** die Leute wurden gebeten, sich den Mann vorzustellen; **to paint a ~ of sth** ein Bild von etw *dat* zeichnen; **to paint a gloomy/rosy ~ of sth** etw in düsteren/rosigen Farben ausmalen ❼ (*embodiment*) ■**the ~ of sth** der Inbegriff [*o* die Verkörperung] einer S. *gen*; ***he looks the very ~ of health*** er strotzt nur so vor Gesundheit ❽ (*situation*) Bild *nt*; ***the ~ is brighter than six months ago*** es sieht besser aus als noch vor sechs Monaten; **the broad** [*or* AM *usu* **big**] **~** die allgemeine Situation ▸ PHRASES: **sb's face is a ~** jd macht ein komisches Gesicht; ***my boss's face was a ~ when I said I was joining his rival*** du hättest das Gesicht von meinem Chef sehen sollen, als ich im sagte, dass ich zur Konkurrenz gehe; **one** [*or* **a**] **~ is worth a thousand words** (*saying*) ein Bild sagt mehr als tausend Worte *prov*; **as pretty as a ~** bildschön; **to be** [*or* **look**] **a ~** (*approv fam*) wie gemalt aussehen; **to be in the ~** (*informed*) im Bilde [*o* auf dem neuesten Stand] sein; (*involved*) beteiligt sein; (*in the public sphere*) im Rampenlicht stehen; **to be out of the ~** (*uninformed*) nicht im Bilde sein; (*not involved*) unbeteiligt sein; (*not on the scene*) von der Bildfläche verschwunden sein; ***he drifted out of the ~*** er geriet in Vergessenheit; ***keep the press out of the ~ as long as possible*** haltet die Presse so lange wie möglich raus; **to get the ~** etw verstehen [*o fam* kapieren]; **to keep sb in the ~ [about sb/sth]** jdn [über jdn/etw] auf dem Laufenden halten; **to put sb in the ~** jdn auf den neuesten Stand bringen **II.** *vt* ■**to ~ sth** sich *dat* etw vorstellen; (*depict*) etw darstellen; ***he ~d himself as a visionary*** er sah sich als einen Visionär **III.** *vi* ■**to ~ to oneself how …** sich *dat* vorstellen, wie …

picture book *n* (*for children*) Bilderbuch *nt*; (*for adults*) Buch *nt* mit Illustrationen

picture editor *n* Bildredakteur(in) *m(f)* **picture frame** *n* Bilderrahmen *m* **picture gallery** *n* [Kunst]galerie *f* **picture-goer** *n* Kinogänger(in) *m(f)* **Picture-in-Picture** [,pɪktʃe'ɪn'pɪktʃəʳ, AM ,pɪktʃɚɪn'pɪktʃɚ] *n modifier* TV Bild-im-Bild- **picture library** *n* Bildarchiv *nt* **picture-perfect** ['pɪktʃɚ,pɜːrfekt] *adj inv* bildschön; *day, view* wie gemalt *nach n*; *house* Traum-; *village* schmuck **picture postcard** *n* Ansichtskarte *f* **picture-postcard** *adj inv* idyllisch, Bilderbuch-; ***it was a ~ village*** es war ein Dorf wie aus einem Bilderbuch **picture puzzle** *n* Puzzle *nt* **picture rail** *n* Bilderleiste *f* **picture researcher** *n* Bildbeschaffer(in) *m(f)* **picture show** *n* [Gemälde]ausstellung *f*

picturesque [,pɪktʃᵊr'esk] *adj scenery* malerisch, pittoresk *geh*; *language* bildhaft

picturesquely [,pɪktʃᵊr'eskli] *adv* malerisch, pittoresk *geh*

picturesqueness [,pɪktʃᵊr'esknəs] *n no pl* Idylle *f* **picture tube** *n* Bildröhre *f* **picture window** *n* Panoramafenster *nt*

piddle ['pɪdl] (*fam!*) **I.** *n* (*esp childspeak*) ❶ *no pl* (*urine*) Pipi *nt fam*, Pisse *f derb* ❷ *usu sing esp* BRIT (*action*) Pinkeln *nt fam*, Pissen *nt derb*; ***Kate was desperate for a ~*** Kate musste ganz dringend *fam* **II.** *interj* (*expresses irritation*) Mist! *fam*, Scheiße! *derb* **III.** *vi* pinkeln *fam*, pissen *derb*

piddling ['pɪdlɪŋ] *adj* (*pej fam!*) lächerlich *pej*

pidgin ['pɪdʒɪn] **I.** *n* LING Pidgin *nt fachspr* **II.** *adj attr, inv* Pidgin-; **~ German** gebrochenes Deutsch

pidgin English *n no pl* Pidginenglisch *nt fachspr* (*gebrochenes Englisch*)

pie [paɪ] *n* FOOD Pastete *f* ▸ PHRASES: **a ~ in the sky** Luftschlösser *ntpl*; ***that's just a ~ in the sky*** das sind nur Luftschlösser; **easy as ~** kinderleicht

piebald ['paɪbɔːld] **I.** *adj inv* scheckig, gescheckt **II.** *n* Schecke *f o m*

piece [piːs] **I.** *n* ❶ (*bit*) Stück *nt*; (*part*) Teil *nt o m*; **a ~ of bread/cake/pizza** eine Scheibe Brot/ein Stück *nt* Kuchen/ein Stück *nt* Pizza; **a ~ of broken glass** eine Glasscherbe; **[all] in one ~** unbeschädigt, heil, in einem Stück; **to break/tear a ~ off [sth]** ein Stück [von etw *dat*] abbrechen/abreißen; **to break/smash/tear sth in** [*or* **into**] [*or* **to**] **~s** etw in Stücke brechen/schlagen/reißen; **to come to ~s** (*break apart*) in seine Einzelteile zerfallen; (*for disassembly*) zerlegbar sein; **to go** [*or* **fall**] **to ~s** (*fig*) *person* zusammenbrechen, durchdrehen *fam*; *marriage* zerbrechen, sich *akk* auflösen; **to pick** [*or* **tear**] [*or* BRIT *also* **pull**] **sb/sth to ~s** (*fig fam*) jdn/etw in der Luft zerreißen; ***the moment she'd left, they began to pull her to ~s*** sie hatte kaum die Tür hinter sich geschlossen, als sie anfingen sich das Maul über sie zu zerreißen *fam*; **to take sth to ~s** BRIT etw zerlegen [*o* auseinander nehmen]; ■**~ by ~** Stück für Stück; ■**in ~s** *glass, vase* in Scherben ❷ (*item*) Stück *nt*; **~ of baggage** [*or* **luggage**] Gepäckstück *nt*; **~ of clothing** Kleidungsstück *nt*; **~ of equipment** Ausrüstungsgegenstand *m*; **~ of paper** Blatt *nt* Papier; **a ~ of wood** ein Stück *nt* Holz ❸ (*non-physical item*) **a ~ of advice** ein Rat *m*; **a ~ of evidence** ein Beweis *m*, ein Beweisstück *nt*; **a ~ of information** eine Information; **a ~ of legislation** ein Gesetz *nt*, eine Gesetzesvorlage; **~ of luck** Glücksfall *m*; **~ of news** Neuigkeit *f*, Nachricht *f*; **a skilful** [*or* AM **skillful**] **~ of research** ein geschickt recherchierter Beitrag ❹ (*in chess*) Figur *f*; (*in backgammon, draughts*) Stein *m* ❺ ART, LIT, MUS, THEAT Stück *nt*, Werk *nt*; **a ~ of writing** ein literarisches Werk; **a choral ~** eine Komposition für Chor; **an instrumental ~** ein Instrumentalstück *nt* ❻ JOURN Beitrag *m*, Artikel *m* ❼ (*coin*) Stück *nt*; **a 50p ~** ein 50-Pence-Stück *nt*; **~ of eight** (*hist*) mexikanischer [*o* spanischer] Dollar, Achterstück *nt* ❽ (*pej! fam: woman*) Weib *nt pej*, Tussi *f pej sl*; **a ~ of skirt** alles, was Röcke anhat *fam*; **~ of tail** [*or* AM **ass**] (*vulg, sl*) Fotze *f vulg* ❾ (*dated fam: gun*) Schusswaffe *f*; **artillery ~** [Artillerie]geschütz *nt* ❿ AM (*sl: gun*) Knarre *f fam* ▸ PHRASES: **a ~ of the action** *esp* AM ein Stück *nt* des Kuchens; **to be a ~ of cake** (*fam*) kinderleicht sein; **to want a ~ of the cake** ein Stück des Kuchens abhaben wollen; **to give sb a ~**

of one's **mind** *(fam)* jdm [mal gehörig] die Meinung sagen; **to say one's ~** sagen, was man zu sagen hat; **a ~** AM *(fam)* ein Katzensprung *m;* ***the sea is only a ~ away from our hotel*** vom Hotel ist es nur ein Katzensprung bis zum Meer **II.** *vt* ■**to ~ together sth** [*or* **to ~ sth together**] etw zusammensetzen [*o* zusammenfügen]; *(reconstruct)* etw rekonstruieren; ***the prosecution team gradually ~d together the evidence that was to lead to the conviction*** die Staatsanwaltschaft fügte die Beweise, die zur Verurteilung führten, nach und nach zusammen

-piece [piːs] *in compounds with numbers* -teilig; ***he plays in a five-~ band*** er spielt in einer Fünfpersonenband; **one-/two-~ swimsuit** einteiliger/zweiteiliger Badeanzug; **three-~ suite** dreiteilige Couchgarnitur

pièce de résistance <*pl* pièces de résistance> [piˌesdərezɪ'stɑ̃(n)s, AM ˌpjesdəˌreɪziː'-] *n usu sing* Meisterstück *nt*

piecemeal **I.** *adv* *(bit by bit)* Stück für Stück, stück[chen]weise; *(in fits and starts)* unsystematisch **II.** *adj* *(bit by bit)* stück[chen]weise; *(in fits and starts)* unsystematisch **piece price** *n* Stückpreis *m* **piece rate** *n* Akkordlohn *m*

pièces de résistance [piˌesdərezɪ'stɑ̃(n)s, AM ˌpjesdəˌreɪziː'-] *pl of* **pièce de résistance**

piecework *n no pl* Akkordarbeit *f;* **to do ~** im Akkord arbeiten **pieceworker** *n* Akkordarbeiter(in) *m(f)*

pie chart *n* MATH Tortendiagramm *nt* **piecrust** *n* ① *(baked crust)* Kruste *f;* **cheese ~** Käsekruste *f;* *(in open-faced pie)* [Teig]boden *m* ② *no pl* AM *(dough)* Mürbeteig *m*

pied [paɪd] *adj attr, inv* ZOOL gescheckt, gefleckt; **a ~ crow** eine schwarz-weiße Krähe; **a ~ kingfisher** ein bunter Königsfischer

pied à terre <*pl* pieds à terre> [ˌpjeɪdɑː'teəʳ, AM -'ter] *n* Zweitwohnung *f*

Pied Piper *n,* **Pied Piper of Hamelin** *n* LIT ■**the ~** der Rattenfänger von Hameln

pieds à terre [ˌpjeɪdɑː'teəʳ, AM -'ter] *pl of* **pied à terre**

pie-eyed *adj (fam)* [total] blau *fam,* [völlig] besoffen *fam;* ***we got ~*** wir haben uns total besoffen **pieman** *n* Pastetenbäcker *m*

pier [pɪəʳ, AM pɪr] *n* ① NAUT Pier *m o fachspr f,* Hafendamm *m,* [Hafen]mole *f;* *(landing stage)* Landungsbrücke *f* ② ARCHIT *(wall support)* Trumeau *m;* *(pillar)* Pfeiler *m;* **bridge ~** Brückenpfeiler *m*

pierce [pɪəs, AM pɪrs] **I.** *vt (make hole in)* ■**to ~ sth** etw durchstechen; *(penetrate)* in etw *akk* eindringen; *(forcefully)* etw durchstoßen; *(break through)* etw durchbrechen; *(shine through)* durch etw *akk* scheinen; **to have ~d ears** Ohrlöcher haben **II.** *vi* *(drill)* ■**to ~ into sth** sich *akk* in etw *akk* bohren; ■**to ~ through sth** durch etw *akk* eindringen; *(forcefully)* etw durchstoßen

pierced [pɪəst, AM pɪrst] *adj inv* durchbohrt, durchstochen, gepierct *sl*

piercing ['pɪəsɪŋ, AM 'pɪrs-] **I.** *adj* ① *(loud)* durchdringend; *(pej) voice also* schrill ② *(cold)* eisig; **~ cold** Eiseskälte *f;* **~ rain** eisiger Regen; **~ wind** schneidender Wind ③ *(penetrating) eyes, gaze, look* durchdringend, stechend; *question, reply, wit* scharf; *sarcasm* beißend ④ *(liter: deeply felt)* tief; **~ shame** brennende Scham **II.** *n no pl (body-piercing)* Piercing *nt*

piercingly ['pɪəsɪŋli, AM 'pɪrs-] *adv* durchdringend

pierhead ['pɪəhed, AM 'pɪr-] *n usu sing* Pierende *nt*

Pierrot ['pɪərəʊ, AM ˌpiːə'roʊ] *n* THEAT Pierrot *m*

pietà [ˌpiːet'ɑː, AM ˌpiːeɪ'tɑː] *n* REL Pieta *f fachspr*

pietism ['paɪətɪzᵊm] *n no pl* ① *(religious bigotry)* Frömmelei *f,* Muckertum *nt liter* ② HIST *(17th-century religious movement)* ■**P~** der Pietismus

pietistic [ˌpaɪə'tɪstɪk] *adj* ① *(affecting piety)* frömmelnd ② HIST pietistisch

piety ['paɪəti, AM -ət̬i] *n no pl* Pietät *f geh,* Frömmigkeit *f;* *(deep loyalty)* Achtung *f;* **filial ~** Achtung *f* vor den Eltern

piezoelectric [piˌetsəʊɪ'lektrɪk, AM paɪˌiːzoʊ-] *adj inv* TECH piezoelektrisch *fachspr*

piffle ['pɪfl] *n no pl (dated fam)* Quatsch *m fam;* **to talk a lot of ~** ziemlichen Blödsinn verzapfen *fam*

piffling ['pɪflɪŋ] *adj (dated fam)* lächerlich

pig [pɪg] **I.** *n* ① *(animal)* Schwein *nt* ② *(fam: greedy person)* Vielfraß *m fam;* ***you greedy ~!*** du Vielfraß!; **to make a [real] ~ of oneself** fressen wie ein Scheunendrescher *fam* ③ *(pej fam: bad person)* Schwein *nt pej fam;* ***you ~!*** du Schwein!; ■**to be a ~ to sb** sich *akk* jdm gegenüber wie ein Schwein verhalten ④ *(sl: police officer)* Bulle *m fam* ⑤ BRIT *(difficult thing)* ■**to be a ~** vertrackt sein *fam* ▶ PHRASES: **to make a ~'s ear of sth** BRIT *(fam)* etw total versauen *fam;* **to buy** [*or* **get**] **a ~ in a poke** die Katze im Sack kaufen; **and ~s might fly** *(prov: unlikely)* da müsste schon ein Wunder geschehen; *(not believable)* wer's glaubt, wird selig; *(never)* wenn Ostern und Pfingsten auf einen Tag fallen **II.** *vt* <-gg-> ■**to ~ oneself on sth** sich *akk* mit etw *dat* voll stopfen

◆**pig out** *vi (fam)* ■**to ~ out [on sth]** sich *akk* [mit etw *dat*] voll stopfen *fam*

pigeon¹ ['pɪdʒən] *n* Taube *f;* **carrier ~** Brieftaube *f*

pigeon² ['pɪdʒən] *n* ▶ PHRASES: **that's [not] my ~** BRIT das ist [nicht] meine Sache [*o* Angelegenheit]

pigeon-chested *adj inv* ■**to be ~** eine Hühnerbrust haben **pigeon fancier** *n* BRIT, AUS Brieftaubenfreund(in) *m(f)* **pigeon-hole** **I.** *n* [Post]fach *nt,* Ablage *f;* **to check one's ~** in seinem Postfach nachsehen; **to put sb/sth in a ~** *(fig)* jdn/etw in eine Schublade stecken **II.** *vt* ① *(categorize)* ■**to ~ sb/sth** jdn/etw in eine Schublade stecken; ***she was ~d as a leftist*** sie wurde als Linke abgestempelt ② *(defer)* **to ~ a project** ein Projekt auf Eis legen; **to ~ worries** Sorgen [erst einmal] beiseite schieben **pigeon loft** *n* BRIT Taubenschlag *m,* Taubenhaus *nt* **pigeon-toed** *adj inv* mit einwärts gerichteten Füßen *nach n;* ■**to be ~** über den großen Onkel gehen *veraltend fam*

pig farm *n* Schweinemästerei *f,* Schweinefarm *f*

piggery ['pɪgᵊri, AM -əri] *n* ① AGR Schweinezucht *f* ② *no pl (pej: unpleasant behaviour)* Widerwärtigkeit *f;* *(gluttony)* Verfressenheit *f pej fam*

piggish ['pɪgɪʃ] *adj (pej) behaviour, manners* schweinisch *pej fam,* unflätig *pej*

piggy ['pɪgi] *(fam)* **I.** *n (childspeak)* Schweinchen *nt* **II.** *adj esp* BRIT *(pej)* schweinisch *pej fam,* unflätig *pej;* *(in appetite)* verfressen; *(unhygienic)* schweinisch *fam;* ***his new girlfriend is rather ~*** seine neue Freundin sieht aus wie ein Marzipanschweinchen; **~ eyes** Schweinsäuglein *ntpl*

piggyback **I.** *n* ***little Gemma loves ~s*** die kleine Gemma wird liebend gerne huckepack getragen; **to give sb a ~** jdn huckepack nehmen [*o* tragen] **II.** *vi* huckepack machen **III.** *vt* COMPUT ■**to ~ sth** *two circuits, chips* etw huckepack verbinden **piggyback ride** *n* **to give sb a ~** jdn huckepack nehmen [*o* tragen]

piggy bank *n* Sparschwein *nt* **pigheaded** *adj (pej)* stur, starrköpfig **pigheadedly** *adv (pej)* stur, starrköpfig **pigheadedness** *n no pl (pej)* Sturheit *f,* Starrköpfigkeit *f* **pig in the middle** *n* BRIT, **piggy in the middle** *n* BRIT *Spiel, bei dem eine zwischen zwei anderen stehende Person versucht einen Ball zu fangen, den diese sich zuwerfen;* **to be ~** *(fig)* zwischen den Stühlen sitzen **pig iron** *n no pl* Roheisen *nt*

piglet ['pɪglət, AM -lɪt] *n* Ferkel *nt*

pigment ['pɪgmənt] *n* Pigment *nt*

pigmentation [ˌpɪgmən'teɪʃᵊn] *n no pl* Pigmentation *f,* Pigmentierung *f*

pigmented [pɪg'mentɪd, AM -t̬-] *adj inv* pigmentiert

Pigmy *n, adj see* **pygmy**

pig-out *n (pej or hum fam)* Völlerei *f pej o hum fam,* großes Fressen *pej o hum fam* **pigpen** *n* AM Schweinestall *m* **pigskin** **I.** *n* ① *(hide)* Schweinshaut *f* ② *no pl (leather)* Schweinsleder *nt* ③ AM SPORTS *(fam)* Leder *nt (Ball beim American Football)* **II.** *n modifier (bag, belt, gloves, jacket, vest)* Schweinsleder-, schweinsledern **pigsty** *n (pej, also fig)* Schweinestall *m pej, a. fig* **pigswill** *n no pl* Schweinefutter *nt (aus Essensresten);* *(pej: very unpleasant food)* [Schweine]fraß *m pej fam* **pigtail** *n (tied at back)* Pferdeschwanz *m;* *(braided)* Zopf *m;* ■**~s** *pl* Zöpfe *m*

pike¹ [paɪk] *n* ZOOL Hecht *m*

pike² [paɪk] *n* ① MIL, HIST *(weapon)* Spieß *m,* Pike *f* ② NBRIT *(hill)* spitze Erhebung; **Scafell P~** Scafell Pike

pike³ [paɪk] *n* AM Mautstraße *f* ▶ PHRASES: **sth comes down the ~** etw kommt auf uns zu; ***looks like there's a whole lot of trouble coming down the ~*** sieht so aus, als ob da gewaltig Ärger auf uns zukommt

piker ['paɪkəʳ] *n* AUS *(pej fam)* Waschlappen *m pej fam,* Memme *f pej fam*

pikestaff ['paɪkstɑːf] *n* BRIT ▶ PHRASES: **as plain as a ~** glasklar, sonnenklar

pilaf ['pɪlɑːf, AM piː'lɑːf] *n esp* AM, AUS FOOD Pilaw *m,* Pilau *m*

pilaster [pɪ'læstəʳ, AM -ɚ] *n* ARCHIT Pilaster *m fachspr,* Halbpfeiler *m*

pilau ['pɪlaʊ, AM pɪ'lɔː] *n* FOOD *see* **pilaf**

pilau rice *n no pl* FOOD Pilawreis *m*

pilchard ['pɪltʃəd, AM -ɚd] *n* ZOOL Pilchard *m,* Sardine *f;* **a tin of ~s** eine Büchse Sardinen

pile¹ [paɪl] *n* ARCHIT Pfahl *m*

pile² [paɪl] *n no pl* Flor *m*

pile³ [paɪl] **I.** *n* ① *(stack)* Stapel *m;* *(heap)* Haufen *m;* ***there were ~s of books all over the floor*** überall auf dem Boden waren Bücherstapel; ***I'm just working my way through a great ~ of ironing*** ich arbeite mich gerade durch einen großen Berg Bügelwäsche; ***her clothes lay in untidy ~s on the floor*** ihre Kleider lagen in unordentlichen Haufen auf dem Boden ② *(fam: large amount)* Haufen *m;* ***I've got ~s*** [*or* ***a ~***] ***of things to do today*** ich habe heute wahnsinnig viel zu tun *fam;* ***he's got a ~ of money*** er hat einen Haufen; **to make a ~** *(fam)* ein Vermögen verdienen ③ *(esp hum: big building)* großes Haus, Palast *m hum* **II.** *vt* ■**to ~ sth** etw stapeln; ***her plate was ~d high with salad*** auf ihren Teller hatte sie eine Riesenportion Salat gehäuft; **to ~ them high and sell them cheap** BRIT Massenware billig anbieten; ■**to ~ sth on[to]** [*or* **on top of**] **sth** etw auf etw *akk* häufen; *(on a stack)* etw auf etw *akk* stapeln **III.** *vi* ① *(fam: crowd into)* **to ~ into the car/onto the bus/up the stairs** sich *akk* ins Auto zwängen/in den Bus reindrücken/die Treppen raufquetschen *fam* ② *(collide)* ■**to ~ into sth** ineinander rasen; ***20 cars ~d into each other*** 20 Autos sind aufeinander gerast

◆**pile in** *vi* in etw *akk* [hinein]strömen; *(forcefully)* sich *akk* in etw *akk* [hinein]drängen

◆**pile on** *vt* ■**to ~ on ↺ sth** etw anhäufen; **to ~ on the agony** [*or* **it on**] *(fam)* dick auftragen *fam;* ***you're really piling it on with the compliments tonight*** du bist ja heute Abend so großzügig mit Komplimenten *hum*

◆**pile out** *vi* [heraus]strömen; *(forcefully)* sich *akk* [heraus]drängen

◆**pile up** **I.** *vi debts, problems* sich *akk* anhäufen; *(get more frequent)* sich *akk* häufen; ***the magazines have been piling up*** der Zeitschriftenstapel wird immer größer **II.** *vt* ■**to ~ up ↺ sth** etw anhäufen; ***the company ~d up losses*** die Firma machte immer höhere Verluste

piledriver *n* Ramme *f fachspr*

piles [paɪlz] *npl (fam)* Hämorrhoiden *pl*

pile-up *n* ① AUTO *(crash)* Massenkarambolage *f* ② *(accumulation)* Anhäufung *f,* Ansammlung *f,* Berg *m fig;* *(backlog)* Rückstand *m;* **a ~ of data** ein Berg *m* [von] Daten

pilfer ['pɪlfəʳ, AM -ɚ] **I.** *vt* ■**to ~ sth** etw klauen [*o* mitgehen lassen] *fam* **II.** *vi* stehlen, klauen *fam;* ***he was caught ~ing from the shop*** er wurde erwischt, wie er in dem Geschäft etwas mitgehen ließ *fam*

pilferage ['pɪlfᵊrɪdʒ] *n no pl* Mauserei *f,* Stibitzerei *f fam*

pilferer ['pɪlfᵊrəʳ, AM -ɚɚ] *n* kleiner Dieb/kleine Diebin, Langfinger *m*

pilfering ['pɪlfᵊrɪŋ, AM -fɚ-] *n no pl* Bagatelldiebstahl *m form*

pilgrim ['pɪlgrɪm] *n* Pilger(in) *m(f)*

pilgrimage ['pɪlgrɪmɪdʒ] *n* REL Pilgerfahrt *f;* (*esp Christian*) Wallfahrt *f* (**to** nach +*dat*); **to make** [*or* **go on**] **a ~** eine Pilgerfahrt machen, pilgern; (*fig*) ***for many football fans, the ground is a site of ~*** für viele Fußballfans ist das Spielfeld ein Wallfahrtsort

Pilgrim Fathers *npl,* **Pilgrims** *npl* HIST ■**the ~** die Pilgerväter *pl,* die Pilgrim Fathers *pl*

pill [pɪl] *n* ① (*tablet*) Tablette *f;* **to swallow/take a ~** eine Tablette schlucken/nehmen ② (*contraceptive*) ■**the ~** die Pille; **to be on the ~** die Pille nehmen ▶ PHRASES: **to be a hard ~ to swallow** eine bittere Pille sein; **to sweeten** [*or* **sugar**] **the ~** die Sache ein bisschen versüßen

pillage ['pɪlɪdʒ] I. *vt* (*form*) ■**to ~ sth** etw plündern; ***works of art were ~d from many countries in the days of the Empire*** in den Zeiten des Empire wurden aus vielen Ländern Kunstwerke geraubt; **to ~ a shop** [*or* **store**] ein Geschäft [aus]plündern II. *vi* plündern III. *n no pl* (*form*) Plündern *nt,* Plünderungen *fpl*

pillar ['pɪləʳ, AM -ɚ] *n* ① (*column*) Pfeiler *m,* Säule *f;* **~ of flame** Flammensäule *f;* **~ of smoke** Rauchsäule *f* ② (*fig: mainstay*) Stütze *f* ▶ PHRASES: **from ~ to post** hin und her; **to go from ~ to post** von Pontius zu Pilatus gehen

pillar box *n* BRIT Briefkasten *m*

pillbox *n* ① (*for tablets*) Pillendose *f* ② MIL Bunker *m* ③ (*hat*) Pillbox *f o m fachspr*

pillion ['pɪliən, AM -jən] I. *n* (*seat*) Soziussitz *m* II. *adj attr, inv* BRIT, AUS Beifahrer- III. *adv inv* BRIT, AUS **to ride/sit ~** auf dem Beifahrersitz mitfahren/sitzen

pillion passenger *n* BRIT, AUS Sozius, Sozia *m, f*

pillock ['pɪlək] *n* BRIT (*pej fam!*) Idiot(in) *m(f) fam;* **a complete ~** ein Volltrottel *m fam*

pillory ['pɪlᵊri, AM -ɚi] I. *vt* <-ie-> ■**to ~ sb** jdn an den Pranger stellen *a. fig* II. *n* Pranger *m*

pillow ['pɪləʊ, AM -loʊ] I. *n* ① (*for bed*) [Kopf]kissen *nt* ② AM (*cushion*) Kissen *nt* II. *vt* **to ~ one's head on sth** seinen Kopf auf etw *akk* legen

pillowcase *n,* **pillow cover** *n,* **pillowslip** *n* [Kopf]kissenbezug *m* **pillow talk** *n no pl* Bettgeflüster *nt*

pill-popper ['pɪlpɒpəʳ, AM -pɑːpɚ] *n* (*fam*) Pillenschlucker(in) *m(f) fam*

pill-popping *n no pl* [unkontrolliertes] Tablettenschlucken

pilot ['paɪlət] I. *n* ① AVIAT Pilot(in) *m(f);* NAUT Lotse, -in *m, f* ② TV Pilotfilm *f* ③ TECH (*pilot light*) Kontrolllampe *f;* (*flame*) Zündflamme *f* II. *vt* ① AVIAT, NAUT **to ~ an aircraft** ein Flugzeug fliegen; **to ~ a ship** ein Schiff lotsen ② (*fig: guide*) ■**to ~ sth** etw durchbringen; **to ~ a bill through Parliament** einen Gesetzesentwurf durch das Parlament bringen ③ (*test*) ***the test was ~ed in schools*** eine erste Testreihe wurde an Schulen durchgeführt; **to ~ a project** ein Pilotprojekt durchführen III. *adj usu attr, inv* Pilot-; **~ study** Pilotstudie *f;* **a ~ test** ein erster Test

pilot boat *n* Lotsenboot *nt* **pilot episode** *n* Pilotfilm *f* **pilot fish** *n* ZOOL Lotsenfisch *m,* Pilotfisch *m* **pilot lamp** *n* Kontrolllampe *f*

pilotless ['paɪlətləs] *adj inv* führerlos

pilot light *n* ① (*monitoring light*) Kontrolllampe *f* ② (*flame*) Zündflamme *f*

pilot plant *n* Versuchsanlage *f,* Pilotanlage *f* **pilot program** *n* AM, **pilot scheme** *n* BRIT, AUS Testreihe *f;* (*model project*) Pilotprojekt *nt* **pilot's licence,** AM **pilot's license** *n* Flugschein *m,* Pilotenschein *m*

pilsner ['pɪlznəʳ, AM -nɚ] I. *n* Pils[e]ner *nt,* Pils *nt* II. *n modifier* (*of pilsner*) (*beer, tradition*) Pils[e]ner-; **~ beer** Pils[e]ner *nt,* Pils *nt;* **in ~ tradition** nach Pils[e]ner Brauart

pimento [pɪ'mentəʊ, AM -toʊ], AM *usu* **pimiento** [pɪ'mjentoʊ] *n* ① (*sweet red pepper*) [rote] Paprika ② (*spice*) Piment *m o nt,* Nelkenpfeffer *m*

pimp [pɪmp] I. *n* Zuhälter *m* II. *vi* als Zuhälter arbeiten; ■**to ~ for sb** jds Zuhälter *m* sein

pimpernel <*pl* – *or* -s> ['pɪmpənel, AM pɚ] *n* BOT Pimpernelle *f*

pimping ['pɪmpɪŋ] *n no pl* Zuhälterei *f*

pimple ['pɪmpl̩] *n* Pickel *m,* Pustel *f*

pimpled ['pɪmpl̩d] *adj* pickelig

pimply ['pɪmpl̩i] *adj* pickelig

PIN [pɪn] *n abbrev of* **personal identification number** PIN

pin [pɪn] I. *n* ① (*sharp object*) Nadel *f;* **drawing ~** Reißzwecke *f;* **as bright** [*or* **clean**] **as a new ~** blitzblank ② (*for clothing*) [Ansteck]nadel *f;* AM (*brooch*) Brosche *f;* **hat ~** Hutnadel *f;* **tie ~** Krawattennadel *f* ③ MIL (*on grenade*) Sicherungsstift *m* ④ *usu pl* (*hum dated*) Bein *nt;* ***I'm still a bit shaky on my ~s*** ich bin immer noch ziemlich wackelig auf den Beinen ⑤ COMPUT Kontaktstift *m* ▶ PHRASES: **to be on ~s and needles** AM auf glühenden Kohlen sitzen; **to have ~s and needles** das Kribbeln haben *fam;* **you could hear a ~ drop** man konnte eine Stecknadel fallen hören II. *vt* <-nn-> ① (*attach with pin*) ■**to ~ sth** [**up**]**on** [*or* **to**] **sth** etw an etw *dat* befestigen; ***a large picture of the president was ~ned to the office wall*** ein großes Bild des Präsidenten war an die Bürowand geheftet; **to ~ back one's ears** *esp* BRIT (*fig fam*) die Ohren spitzen; **to ~ all one's hopes on sth** (*fig*) seine ganze Hoffnung auf etw *akk* setzen ② (*hold firmly*) ***she was ~ned under a fallen beam from the roof*** sie saß unter einem vom Dach gefallenen Balken fest; **to ~ sb against the door/in a corner/to the floor** jdn gegen die Tür/in eine Ecke drücken/auf dem Boden festhalten ③ (*fix blame unfairly*) ■**to ~ sth on sb** jdm etw zuschieben, etw auf jdn schieben; ***the guilt was ~ned on him alone*** die Schuld wurde allein ihm zugeschoben ④ AM (*dated: in college fraternity*) ■**to ~ a woman** *die feste Freundin mit dem Mitgliedsabzeichen seiner Verbindung beschenken*

◆**pin down** *vt* ① (*define exactly*) ■**to ~ down** ○ **sth** etw genau definieren; (*locate precisely*) etw genau bestimmen ② (*make decide*) ■**to ~ down** ○ **sb** [**to sth**] jdn [auf etw *akk*] festnageln; ***she's very difficult to ~ down*** man wird nicht richtig schlau aus ihr ③ (*hold fast*) ■**to ~ down** ○ **sb** jdn festhalten

◆**pin up** *vt* ■**to ~ sth** ○ **up** etw anstecken; **to ~ up one's hair** die Haare hochstecken; **to ~ up a picture on the wall** ein Bild an die Wand hängen

pinafore ['pɪnəfɔːʳ, AM -fɔːr] *n* ① (*apron*) [große] Schürze ② *esp* BRIT, AUS Trägerkleid *nt,* ärmelloses Kleid

pinafore dress *n esp* BRIT Trägerkleid *nt,* ärmelloses Kleid

pinball *n no pl* Flipper *m;* **to play ~** flippern

pinball machine *n* Flipper *m*

pince-nez <*pl* -> [ˌpɛ̃(n)s'neɪ, *pl* -neɪz] *n* Zwicker *m,* Kneifer *m;* **a pair of ~** ein Zwicker [*o* Kneifer] *m*

pincer ['pɪn(t)səʳ, AM -ɚ] *n* ① *usu pl* ZOOL Schere *f,* Zange *f* ② (*tool*) ■**~s** *pl* [Kneif]zange *f,* [Beiß]zange *f*

pincer movement *n* MIL Zangenbewegung *f*

pinch [pɪn(t)ʃ] I. *vt* ① (*nip*) ■**to ~ sb/sth** jdn/etw kneifen [*o bes* SÜDD, ÖSTERR zwicken]; (*squeeze*) jdn/etw quetschen; ***these shoes ~ my feet*** diese Schuhe drücken mich an den Füßen; ■**to ~ sth in sth** etw in etw *dat* einklemmen ② (*fam: steal*) ■**to ~ sth** etw klauen [*o* mitgehen lassen] *fam* ③ (*fam: get*) ■**to ~ sb** jdn schnappen *fam* ▶ PHRASES: **to ~ pennies** jeden Pfennig zweimal umdrehen II. *vi* kneifen, zwicken; *boots, shoes, slippers* drücken ▶ PHRASES: **to ~ and scrape** sich *dat* die Butter vom Mund absparen III. *n* <*pl* -es> ① (*nip*) Kneifen *nt,* Zwicken *nt;* **to give sb a ~** jdn kneifen; ***he gave her a playful ~ on the bottom*** er kniff sie aus Spaß in den Hintern ② (*small quantity*) Prise *f;* **a ~ of salt/sugar/dried thyme** eine Prise Salz/Zucker/getrockneter Thymian ▶ PHRASES: **to take sth with a ~ of salt** etw mit Vorsicht genießen; **to feel the ~** merken, dass das Geld knapp wird; **at** [*or* AM **in**] **a ~** wenn es nicht anders geht, zur Not

pinchbeck ['pɪn(t)ʃbek] I. *n no pl* Tombak *m* II. *n modifier* (*made of pinchbeck*) aus Tombak *nach n;* **~ jewellery** [*or* AM **jewelry**] Talmischmuck *m*

pinched [pɪn(t)ʃt] *adj* verhärmt

pinch-hit <-tt-> *vi* einspringen

pinch-hitter *n* SPORTS Ersatzspieler(in) *m(f);* AM (*fig*) Ersatz *m,* Lückenbüßer(in) *m(f)*

pin curl *n usu pl* Löckchen *nt*

pincushion *n* Nadelkissen *nt*

pine¹ [paɪn] I. *n* ① (*tree*) Kiefer *f* ② *no pl* (*wood*) Kiefer *f,* Kiefernholz *nt* ③ BRIT (*stone pine*) Pinie *f* ④ *no pl* BRIT (*wood of stone pines*) Pinie *f,* Pinienholz *nt* II. *n modifier* (*board, chair, table*) aus Kiefer[nholz] *nach n;* BRIT (*of stone pine*) aus Pinie[nholz] *nach n;* ***the furniture had a ~ look*** die Möbel waren aus Kiefer-/Pinienimitat; **~ forest** Kiefern-/Pinienwald *m*

pine² [paɪn] *vi* sich *akk* vor Sehnsucht verzehren *liter;* ■**to ~ for sb/sth** sich *akk* nach jdm/etw sehnen

◆**pine away** *vi* sich *akk* vor Sehnsucht verzehren *liter*

pineal ['pɪniəl] *adj* zapfenähnlich

pineal body *n,* **pineal gland** *n* Zirbeldrüse *f,* Epiphyse *f fachspr*

pineapple ['paɪnæpl̩] I. *n* Ananas *f;* **tinned ~s** Dosenananas *f* II. *n modifier* (*juice, ice cream, ring, tart*) Ananas-

pine cone *n* Kiefernzapfen *m;* BRIT (*of stone pine*) Pinienzapfen *m* **pine grove** *n* Kiefernwäldchen *nt;* BRIT (*with stone pines*) Pinienhain *m* **pine kernel** *n* BRIT, AUS Pinienkern *m* **pine needle** *n* Kiefernnadel *f;* BRIT (*of stone pine*) Piniennadel *f* **pine nut** *n* Pinienkern *m* **pine tar** *n* BOT Kiefernharz *nt* **pine tree** *n* Kiefer *f;* BRIT (*stone pine*) Pinie *f* **pine-wood** *n no pl* Kiefernholz *nt;* BRIT (*of stone pine*) Pinienholz *nt*

piney ['paɪni] *adj* Kiefern-; **~ aroma/smell** Kiefernnadelaroma *nt*/-duft *m;* **~ oil** Kiefernnadelöl *nt*

ping [pɪŋ] I. *n* [kurzes] Klingeln; *of glass* Klirren *nt;* (*click*) Klicken *nt* II. *vi* ① (*make sound*) [kurz] klingeln; *glass* klirren; (*click*) klicken ② AM, AUS AUTO *engine* klingeln

Ping-Pong® ['pɪŋˌpɒŋ, AM -ˌpɑːŋ] I. *n no pl* (*fam*) Tischtennis *nt,* Pingpong *nt* II. *n modifier* (*ball, game, player, table, tournament*) Tischtennis-, Pingpong-; **~ paddle** Tischtennisschläger *m*

pinhead *n* ① (*of pin*) Stecknadelkopf *m* ② (*pej fam: simpleton*) Idiot(in) *m(f) fam,* Blödmann *m fam*

pinhole *n* Nadeleinstich *m*

pinion¹ ['pɪnjən] *vt* ■**to ~ sb** jdn festhalten; ***he was ~ed to the wall*** er wurde gegen die Mauer gedrückt

pinion² ['pɪnjən] *n* TECH Ritzel *nt,* kleines Zahnrad; **rack-and-~ assembly** Zahn[radan]trieb *m*

pink¹ [pɪŋk] I. *n* Rosa *nt,* Pink *nt* ▶ PHRASES: **the ~ of condition** die Topform; ***she reached the ~ of condition*** sie erreichte ihre Topform; **to be in the ~** (*esp hum*) vor Gesundheit strotzen II. *adj* ① (*pale red*) rosa, pink; *cheeks* rosig; *face, nose* gerötet ② (*of gay, lesbian power*) rosa; **the ~ pound** [*or* AM **dollar**] *die Kaufkraft der homosexuellen Klientel* ③ (*pej dated: socialist*) rot angehaucht, mit sozialistischen Tendenzen *nach n* ▶ PHRASES: **to see ~ elephants** (*hum*) weiße Mäuse sehen *hum*

pink² [pɪŋk] *n* (*flower*) [Garten]nelke *f*

pink³ [pɪŋk] *vt* ■**to ~ sth** etw durchstechen; (*with pinking shears*) etw auszacken

pink⁴ [pɪŋk] *vi* BRIT AUTO *engine* klingeln

pink-collar *adj attr, inv* AM SOCIOL Frauen-; **~ profession** Frauenberuf *m*

pinkie ['pɪŋki] *n* (*fam*) kleiner Finger

pinking shears *npl* Zickzackschere *f*

pinkish ['pɪŋkɪʃ] *adj* rötlich, [blass]rosa

pinko <*pl* -s *or* -es> ['pɪŋkəʊ, AM -koʊ] *n* (*pej dated fam*) Rote(r) *f(m),* Linke(r) *f(m)*

pink slip *n* AM (*fam*) Kündigungsschreiben *nt,* Kündigung *f,* blauer Brief *fam*

pink-slip <-pp-> *vt* AM (*fam*) ■**to ~ sb** jdn rauswerfen *fam*

pin money *n no pl* (*fam*) Taschengeld *nt* (*das man sich dazuverdient*); **to get** [*or* **earn**] **a little ~** ein bisschen Geld nebenher verdienen

pinnace ['pɪnɪs] *n* NAUT Pinasse *f*

pinnacle ['pɪnəkl] *n* ① *usu pl of a mountain* Berggipfel *m*, Bergspitze *f* ② ARCHIT (*on a building*) Fiale *f fachspr* ③ *usu sing* (*culmination*) Höhepunkt *m*, Gipfel *m*
PIN number ['pɪn,nʌmbəʳ, AM -ɚ] *n short for* **Personal Identification Number** PIN *f*
pinny ['pɪni] *n* BRIT, AUS (*fam*) *short for* **pinafore** Schürze *f* mit Latz
pinpoint I. *vt* ■**to ~ sth** etw [genau] feststellen [*o* bestimmen]; **to ~ the cause of sth** den Grund für etw *akk* feststellen; **to ~ the location** [*or* **source**] **of sth** etw lokalisieren II. *adj attr, inv* sehr genau, haargenau; ~ **accuracy** hohe Genauigkeit; *of missle, shot* hohe Zielgenauigkeit III. *n* winziger Punkt; **a ~ of light** ein winziger Lichtpunkt **pinprick** *n* Nadelstich *m*; (*fig: cause of irritation*) [kleine] Widrigkeit **pinstripe** *n* ① *no pl* (*pattern*) Nadelstreifen *m* ② (*suit*) Nadelstreifenanzug *m* **pinstriped** *adj inv* Nadelstreifen-; ~ **cloth** Stoff *m* mit Nadelstreifen **pinstripe suit** *n* Nadelstreifenanzug *m*
pint [paɪnt] *n* ① (*measurement*) Pint *nt* (*0,568 l*) ② BRIT (*fam: beer*) ≈ eine Halbe [*o* ein Halbes] *fam*; ***can I have a ~ of beer please?*** eine Halbe bitte!; ***he usually goes out for a ~ at lunchtime*** mittags geht er meistens auf ein Bier
pinta ['paɪntə] *n* BRIT (*dated fam*) Pint *nt* Milch
pinto bean ['pɪntəʊbi:n, AM t̬oʊ] *n* gefleckte Feldbohne
pint-size(d) *adj* (*fam*) winzig; (*fig*) unbedeutend, knirpsig; ***he's just a ~ nobody*** er ist bloß ein unbedeutender Wicht
pin-up I. *n* ① (*picture*) [Star]poster *nt o m* ② (*fam: person*) Pin-up-Girl *nt*; ***he's the latest teenage ~*** er ist der neueste Teenagerschwarm II. *adj attr, inv* Pin-up-; ~ **magazine** *Zeitschrift mit vielen Postern zum Aufhängen* **pinwheel** *n* AM (*windmill*) Windmühle *f*
◆**pin with** *vt* ■**to ~ sb with sth** jdn einer S. *gen* beschuldigen
piny *adj see* **piney**
pioneer [,paɪə'nɪəʳ, AM -'nɪr] I. *n* Pionier(in) *m(f)*, Wegbereiter(in) *m(f)* II. *n modifier* Pionier-, bahnbrechend; (*innovative*) innovativ III. *vt* ■**to ~ sth** den Weg für etw *akk* bereiten, für etw *akk* Pionierarbeit leisten; ***our paper was ~ing articles like that last year*** unsere Zeitung hat letztes Jahr als Erste solche Artikel gedruckt
pioneering [,paɪə'nɪərɪŋ, AM -'nɪr-] *adj* bahnbrechend; (*innovative*) innovativ
pious ['paɪəs] *adj* ① REL (*devout*) fromm, [streng]gläubig ② (*iron: well-intentioned*) gut gemeint; ~ **hope** BRIT frommer Wunsch; ~ **intentions** gute Vorsätze; ~ **promises** wohlklingende Versprechungen ③ (*pej: hypocritical*) scheinheilig, heuchlerisch
piously ['paɪəsli] *adv* ① (*devoutly*) fromm, [streng]gläubig ② (*well-intentioned*) guten Glaubens ③ (*hypocritically*) scheinheilig, heuchlerisch
piousness ['paɪəsnəs] *n no pl* REL Frömmigkeit *f*
pip¹ [pɪp] *n* HORT Kern *m*
pip² [pɪp] *n usu pl esp* BRIT Piep *m*
pip³ [pɪp] *n* ▸ PHRASES: **to give sb the ~** BRIT (*dated fam*) jdm auf den Wecker gehen *fam*
pip⁴ <-pp-> [pɪp] *vt* BRIT (*fam*) ■**to ~ sb** jdn [knapp] besiegen [*o* schlagen]; **to ~ sb at the post** jdn um Haaresbreite schlagen *fam*; ***I was ~ped at the post by the other candidate for promotion*** der andere Kandidat schnappte mir die Beförderung vor der Nase weg
pipe [paɪp] I. *n* ① TECH (*tube*) Rohr *nt*; (*small tube*) Röhre *f*; *for gas, water* Leitung *f* ② (*for smoking*) Pfeife *f*; **to light one's ~** sich *dat* eine Pfeife anzünden ③ MUS (*instrument*) Flöte *f*; (*in organ*) [Orgel]pfeife *f*; ■**~s** *pl* Dudelsack *m* ④ COMPUT Pipe-Symbol *nt*, Verkettungszeichen *nt* ▸ PHRASES: **put** [*or* **stick**] **that in your ~ and smoke it** (*fam*) da beißt die Maus keinen Faden ab *prov fam*, damit musst du dich abfinden II. *vt* ① (*transport*) **to ~ gas/oil/water** Gas/Öl/Wasser leiten; ***hot water is ~d to all apartments*** alle Wohnungen werden mit Heißwasser versorgt ② (*speak shrilly*) ■**to ~ sth** etw piepsen; *esp women* etw zwitschern *oft hum*; (*loudly*) etw kreischen III. *vi* piepsen; *esp women* zwitschern *oft hum*; (*loudly*) kreischen
◆**pipe down** *vi* (*fam: be quiet*) den Mund halten *fam*; (*be quieter*) leiser sein
◆**pipe up** *vi* sich *akk* zu Wort melden, den Mund aufmachen
pipe bomb *n* Rohrbombe *f* **pipe cleaner** *n* Pfeifenreiniger *m*
piped music *n no pl* Musik *f* aus der Konserve
pipe dream *n* [Tag]traum *m*; **to be no more than a** [*or* **just a**] ~ nur ein Luftschloss sein
pipe-fitter *n* Installateur(in) *m(f)* (*von Rohrleitungen*) **pipeline** I. *n* Pipeline *f*; **in the ~** (*fig*) in Planung II. *vt* COMPUT ■**to ~ sth** etw im Pipelinesystem verarbeiten **pipeline processing** *n* COMPUT Fließbandverarbeitung *f* **pipelining** *n* COMPUT Pipelining *nt fachspr*, Überlappung *f*
piper ['paɪpəʳ, AM -ɚ] *n* Dudelsackspieler(in) *m(f)* ▸ PHRASES: **he who pays the ~, calls the tunes** (*prov*) wer bezahlt, darf auch bestimmen; **to pay the ~** für die Kosten aufkommen
pipes [paɪps] *npl short for* **bagpipes** Dudelsack *m*
pipe smoker *n* Pfeifenraucher(in) *m(f)*
pipette [pɪ'pet, AM paɪ'-] *n* Pipette *f*, Saugröhrchen *nt*
pipework ['paɪpwɜ:k, AM wɜ:rk] *n no pl* Rohr[leitungs]netz *nt*, Röhrenwerk *nt*
piping ['paɪpɪŋ] I. *n no pl* Paspel *f*; (*on furniture*) Kordel *f*; FOOD Spritzgussverzierung *f* II. *adv* ~ **hot** kochend heiß
pipistrelle [,pɪpɪ'strel] *n* ZOOL Zwergfledermaus *f*
pipit <*pl* – *or* -s> ['pɪpɪt] *n* ORN Pieper *m*
pippin ['pɪpɪn] *n* ① (*apple*) Pippinapfel *m* ② AM (*fam: excellent person*) toller Typ *sl*; (*excellent thing*) tolle Sache *sl*
pipsqueak ['pɪpskwi:k] *n* (*pej fam*) Würstchen *nt pej fam*
pipstrelle bat ['pɪpstrel] *n* ZOOL Zwergfledermaus *f*
piquancy ['pi:kən(t)si] *n no pl* pikanter [*o* würziger] Geschmack, Würze *f*; (*fig: vitality*) Pikanterie *f*; **to add ~ to sth** den Reiz einer S. *gen* erhöhen
piquant ['pi:kənt] *adj* pikant, würzig; (*fig: stimulating*) interessant, faszinierend; (*with sexual overtones*) pikant
piquantly ['pi:kəntli] *adv* interessant, faszinierend; **to speak/talk ~ about sth** etw unterhaltsam erzählen
piqué *n* Piqué *nt fachspr*
pique [pi:k] I. *n no pl* Ärger *m*, Verärgerung *f*; ***he stormed from the room in a fit of ~*** er rannte eingeschnappt aus dem Zimmer II. *vt* ■**to ~ sb** jdn verärgern; **to ~ sb's curiosity/interest** jds Neugier *f*/Interesse *nt* wecken
piqued [pi:kt] *adj* gekränkt, beleidigt, pikiert *geh*
piracy ['paɪ(ə)rəsi, AM 'paɪrə-] *n no pl* ① (*at sea*) Piraterie *f*, Seeräuberei *f*, Freibeuterei *f*; ~ **on the high seas** Piraterie *f* auf hoher See ② (*of copyrights*) Raubkopieren *nt*, Produktpiraterie *f*; **software/Video ~** Software-/Videopiraterie *f*
piranha <*pl* -s *or* -> [pɪ'rɑ:nə, AM pə'rɑ:njə] *n* Piranha *m*
pirate ['paɪ(ə)rət, AM 'paɪrət] I. *n* ① (*buccaneer*) Pirat(in) *m(f)*, Seeräuber(in) *m(f)*, Freibeuter(in) *m(f)* ② (*plagiarizer*) Raubkopierer(in) *m(f)* II. *adj attr, inv video, CD* raubkopiert; ~ **copy** Raubkopie *f* III. *vt* ■**to ~ sth** eine Raubkopie von etw *dat* machen, etw illegal vervielfältigen
pirated ['paɪ(ə)rətɪd, AM 'paɪrət̬-] *adj inv* raubkopiert, illegal vervielfältigt; ~ **copy** Raubkopie *f*
piratical [paɪ(ə)'rætɪkəl, AM paɪ'ræt̬-] *adj* (*form*) Piraten-; ~ **crime** Piraterie *f*; ~ **merchants** verschlagene Händler(innen) *mpl(fpl)*
pirouette [,pɪru'et] I. *n* Pirouette *f* II. *vi* eine Pirouette drehen
Piscean ['paɪsiən] I. *n* ASTROL Fisch *m* II. *adj inv* Fisch-
Pisces <*pl* -> ['paɪsi:z] *n* ASTROL ① *no pl* (*sign*) Fische *mpl*; **under ~** im Sternzeichen Fische ② (*person*) Fisch *m*
piss [pɪs] (*fam!*) I. *n no pl* Pisse *f derb*; **to have** [*or* AM **take**] **a ~** aufs Klo gehen *fam*, pinkeln *fam*, pissen *derb*; **to need a ~** mal [pinkeln] müssen *fam* ▸ PHRASES: **to take the ~** [**out of sb**] BRIT jdn veräppeln *fam*, jdn verarschen *derb* II. *vi* ① (*urinate*) pinkeln *fam*, pissen *derb* ② *impers* BRIT, AUS (*sl: rain*) gießen *fam*, pissen *derb*; ***it was ~ing all afternoon*** es pisste den ganzen Nachmittag *derb* III. *vt* ■**to ~ oneself** in die Hose machen, sich *akk* bepinkeln *fam* [*o derb* bepissen]; (*fig: laugh*) sich *dat* vor Lachen in die Hosen machen *fam*, sich *akk* kaputtlachen *fam*
◆**piss about, piss around** BRIT, AUS I. *vi* (*fam!: be silly*) Blödsinn machen *fam*; (*waste time*) herumtrödeln *fam*; ***stop ~ing about!*** hör auf mit dem Blödsinn! II. *vt* (*fam!*) ■**to ~ sb about** [*or* **around**] (*mess about*) jdm auf die Nerven gehen *fam*; (*waste time*) jds Zeit *f* verschwenden; ***stop ~ing me about*** jetzt komm endlich zur Sache
◆**piss away** *vt* (*fam!*) ■**to ~ away** ↔ **sth** etw wegwerfen; **to ~ one's chances away** sich *dat* seine Chancen versauen *fam*
◆**piss down** *vi impers* BRIT, AUS (*fam!*) gießen *fam*, pissen *derb*; ***how's the weather? — ~ing down right now*** wie ist das Wetter? – es pisst gerade *derb*
◆**piss off** I. *vi* (*fam!*) abhauen *fam*, sich *akk* verpissen *derb*; ~ ***off!*** verpiss dich! *derb*; ***why don't you just ~ off!*** verpiss dich [doch] einfach! *derb* II. *vt* ■**to ~ sb off** jdn ankotzen *derb*, jdm auf die Nerven [*o derb* auf den Sack] gehen
piss artist *n* BRIT (*fam!*) ① (*heavy drinker*) Säufer(in) *m(f)* ② (*botcher*) Penner(in) *m(f) fam* ③ (*glib person*) Schwätzer(in) *m(f)*, Laberer *m fam*
pissed [pɪst] *adj* (*fam!*) ① BRIT, AUS besoffen *fam*, blau *fam*; **to be ~ out of one's head** [*or* **mind**] [*or* **skull**] sternhagelvoll [*o* stockbesoffen] sein *fam*; **to be ~ as a newt** [*or* **fart**] sternhagelvoll [*o* stockbesoffen] sein *fam* ② AM [stink]sauer *fam*
pissed off *adj pred* (*fam!*) [stink]sauer *fam*
pisser ['pɪsɚ] *n* AM (*fam!*) ① (*bad thing*) Scheiß *m derb*; **a ~ of a film/car** ein Scheißfilm/Scheißauto *derb* ② (*good thing*) ■**to be a ~** der Bringer sein *fam*, [sau]geil sein *sl*
pissoir ['pɪswɑ:ʳ, AM pi:'swɑ:r] *n* Pissoir *nt*
piss-poor *adj esp* BRIT (*fam!*) ① (*broke*) sehr arm; ***I'm sick of being ~*** ich bin es leid, ein armer Schlucker zu sein ② (*bad*) erbärmlich [schlecht], Scheiß- *derb* **pisspot** *n* (*fam!*) ① *esp* BRIT (*chamber pot*) Pisspott *m derb* ② AUS (*drunkard*) Säufer(in) *m(f)*
piss-take *n* BRIT (*fam!*) Veräppelung *f fam*, Verarschung *f derb*; **to do a ~ of sb** jdn nachmachen
piss-up *n* BRIT, AUS (*fam!*) Besäufnis *nt* ▸ PHRASES: **sb couldn't organize a ~ in a brewery** jd kann nicht bis drei zählen
pistachio [pɪ'stɑ:ʃiəʊ, AM -'stæʃioʊ] I. *n* Pistazie *f* II. *n modifier* (*ice cream, shell*) Pistazien-
piste [pi:st] *n* Piste *f*
pistil ['pɪstɪl] *n* BOT Stempel *m*, Pistill *nt fachspr*
pistol ['pɪstəl] *n* Pistole *f*; **to hold** [*or* **put**] **a ~ to sb's head** (*fig*) jdm die Pistole an die Brust setzen
pistol shot *n* [Pistolen]schuss *m* **pistol-whip** *vt* AM, AUS (*sl*) ■**to ~ sb** jdn mit dem Knauf einer Pistole schlagen
piston ['pɪstən] *n* TECH Kolben *m*
piston engine *n* TECH Kolbenmotor *m* **piston ring** *n* TECH Kolbenring *m fachspr* **piston stroke** *n* TECH Kolbenhub *m fachspr*
pit¹ [pɪt] I. *n* ① (*in ground*) Grube *f*, [Erd]loch *nt*; (*scar*) Narbe *f*; TECH (*hollow*) Loch *nt*; (*in compact disc*) Einbrenngrube *f fachspr*; MED (*in body*) Grube *f*, Höhle *f*; **in the ~ of the stomach** in der Magengrube ② (*mine*) Bergwerk *nt*, Zeche *f*; **chalk/clay/gravel ~** Kreide-/Lehm-/Kiesgrube *f*; **to go down the ~** [*or* **work in the ~s**] unter Tage arbeiten ③ BRIT (*dated fam: bed*) Falle *f*; ***I'm going to my ~*** ich hau mich in die Falle *fam* ④ (*pej fam: untidy place*) Schweinestall *m fam* ⑤ *esp* BRIT THEAT (*seating area*) Parkett *nt* ⑥ MUS (*orchestral area*) Orchestergraben *m* ⑦ SPORTS ■**the ~s** *pl* die Boxen *fpl* ⑧ STOCKEX Maklerstand *m*; AM Börsensaal *m*, Ring

P

m, Bieterraum *m* ► PHRASES: **to be the ~s** *(fam)* das Letzte sein **II.** *vt* <-tt-> *usu passive* ■**sth is ~ted [with sth]** etw ist [von etw *dat*] zerfurcht; ***his face was ~ted with pockmarks*** sein Gesicht war mit Pockennarben übersät

pit² [pɪt] **I.** *n esp* AM *(stone)* Kern *m;* **hard ~** Stein *m* **II.** *vt* <-tt-> ❶ FOOD ■**to ~ sth** etw entkernen; **to ~ an avocado** eine Avocado entsteinen ❷ ■**to ~ sth against sth** *products* etw gegen etw *akk* ins Rennen schicken; ***a war that ~ted neighbour against neighbour*** ein Krieg, in dem der Nachbar gegen den Nachbarn kämpfte; ■**to ~ oneself against sb/sth** sich mit jdm/etw messen; ***the climbers ~ted themselves against the mountain*** die Kletterer maßen sich an dem Berg

pita [ˈpɪtə, AM ˈpiːt̬ə] *n no pl,* **pita bread** *n no pl* AM Pittabrot *nt*

pit-a-pat [ˌpɪtəˈpæt, AM ˌpɪt̬-] **I.** *adv inv feet* tapsend; *heart, rain* klopfend; ***the rain went ~ on the window*** der Regen klopfte gegen die Fensterscheibe **II.** *n no pl of feet* Getrappel *nt; of the heart, rain* Klopfen *nt; of water* Plätschern *nt;* ***you could hear the ~ of the little girl's feet*** man konnte das kleine Mädchen tapsen hören

pit bull *n,* **pit bull terrier** *n* Pitbull[terrier] *m*

pitch¹ *n* COMPUT ❶ *(characters per inch)* Zeichendichte *f* ❷ *(satellite/antenna movement)* Nicken *nt*

pitch² [pɪtʃ] *n no pl* Pech *nt*

pitch³ [pɪtʃ] **I.** *n* <*pl* -es> ❶ BRIT, AUS SPORTS *(playing field)* [Spiel]feld *nt,* Platz *m;* BRIT *(for camping)* [Zelt]platz *m;* **football ~** Fußballfeld *nt,* Fußballplatz *m* ❷ AM SPORTS *(in baseball)* Wurf *m* ❸ MUS, LING *(tone)* Tonhöhe *f; of voice* Stimmlage *f; of instrument* Tonlage *f; (volume)* Lautstärke *f; (fig)* Ton *m,* Atmosphäre *f;* **to be at fever ~** *(worked-up)* [schrecklich] aufgeregt sein; *children* [völlig] aufgedreht sein; **perfect ~** absolutes Gehör; **to get the ~ right** den richtigen Ton treffen ❹ *(persuasion)* [Verkaufs]gerede *nt;* ***he gave me his ~ about quality and reliability*** er spulte seine Sprüche über Qualität und Zuverlässigkeit ab; **sales ~** Verkaufssprüche *mpl;* **to make a ~ for sth** sich *akk* um etw *akk* bemühen ❺ *esp* BRIT ECON *(sales area)* Platz *m* ❻ *(slope)* Schräge *f,* Neigung *f;* **low/steep ~** flache/steile Schräge [*o* Neigung] **II.** *vt* ❶ *(throw)* ■**to ~ sb/sth** jdn/etw werfen; ***the bouncer picked him up and ~ed him into the street*** der Türsteher hob ihn hoch und warf ihn hinaus; ■**to ~ sb into sth** *(fig)* jdn zu etw *dat* zwingen; **to be ~ed [headlong] into despair** in [tiefe] Verzweiflung gestürzt werden; **to ~ sb into a situation** jdn in eine [bestimmte] Situation bringen ❷ SPORTS *(throw)* ***he has ~ed the last 3 innings*** er spielte in den letzten 3 Runden den Werfer; **to ~ a ball** einen Ball werfen; ***she ~ed a curve ball*** sie schnitt den Ball an ❸ *(set music)* ■**to ~ sth** *instrument* etw stimmen; *song* etw anstimmen; *(be in tune) note* etw treffen; ***the tune was ~ed [too] high/low*** die Melodie war [zu] hoch/tief ❹ *(target)* ■**to ~ sth at** [*or* AM **to**] **sb** etw auf jdn ausrichten; ***we decided to ~ the film at young adults*** wir entschieden, dass die Zielgruppe des Films junge Erwachsene sein sollten ❺ *(advertise, promote)* ■**to ~ sth** etw propagieren [*o sl* puschen] **III.** *vi* ❶ *ship, yacht* schießen; ***the ship ~ed from side to side in the rough sea*** die raue See warf das Schiff von rechts nach links; ***the passengers ~ed forward*** die Passagiere wurden nach vorne geschleudert ❷ AM SPORTS *(in baseball)* werfen; *(in cricket)* [auf den Boden] aufkommen ❸ *(slope)* sich *akk* neigen ❹ *(aim for)* ■**to ~ for sth** etw anstreben [*o* versuchen]; ***he's ~ing for Amnesty International to try and persuade the politicians*** er versucht, Amnesty International dazu zu bewegen, die Politiker zu überzeugen ❺ *(attack)* ■**to ~ into sb** jdn angreifen ❻ *(start)* ■**to ~ into sth** etw [entschlossen] angehen [*o* anpacken]

◆**pitch in** *vi (fam: contribute)* helfen, mit anpacken *fam; (financially)* zusammenlegen; ■**to ~ in with sth** sich *akk* mit etw *dat* einbringen; ***everyone ~ed in with comments*** jeder machte seine Bemerkungen

◆**pitch up** *vi* BRIT *(fam)* auftauchen *fam*

pitch-black *adj inv* pechschwarz **pitchblende** [ˈpɪtʃblend] *n no pl* CHEM Pechblende *f fachspr* **pitch darkness** *n no pl* völlige Dunkelheit

pitched [pɪtʃt] *adj inv* ❶ *(with tar)* geteert ❷ *(sloping)* **~ roof** Dachschräge *f*

pitched battle *n* MIL offene [Feld]schlacht; *(fig: confrontation)* offener Schlagabtausch

pitcher¹ [ˈpɪtʃəʳ, AM -ɚ] *n* ❶ BRIT *(container)* Henkelkrug *m* ❷ *esp* AM *(jug)* Krug *m;* **tea ~** *Krug für kalten, meist süßen Tee*

pitcher² [ˈpɪtʃəʳ, AM -ɚ] *n* SPORTS *(in baseball)* Werfer(in) *m(f),* Pitcher(in) *m(f) fachspr;* **relief ~** Ersatzwerfer(in) *m(f)*

pitchfork **I.** *n (for hay)* Heugabel *f; (for manure)* Mistgabel *f* **II.** *vt (fig)* ■**to ~ sb into sth** jdn unerwartet mit etw *dat* konfrontieren **pitch pine** *n* Pechkiefer *f*

piteous [ˈpɪtiəs, AM -t̬-] *adj* Mitleid erregend, herzzerreißend; **to give a ~ cry** kläglich schreien; **to be a ~ sight** einen bemitleidenswerten Anblick bieten

piteously [ˈpɪtiəsli, AM -t̬-] *adv* Mitleid erregend, herzzerreißend

piteousness [ˈpɪtiəsnəs, AM -t̬-] *n no pl* Mitleiderregen *nt;* ***~ may not be the best way to get people to contribute to charities*** die Mitleidstour ist nicht immer der beste Weg, um Leute zum Spenden zu bewegen *fam*

pitfall *n usu pl* Falle *f,* Fußangel *f; of a language, subject* Hauptschwierigkeit *f*

pith [pɪθ] *n no pl* ❶ *(of orange, grapefruit etc)* weiße Innenhaut; ***he carefully removed the ~*** er entfernte sorgfältig alle weißen Fasern ❷ *(in plants)* Mark *nt* ❸ *(fig: essence)* Kern *m,* Hauptpunkt *m* ❹ *(fig: substance of speech)* Substanz *f;* ***his speech was full of ~*** seine Rede enthielt viele wichtige Gedanken; **sth lacks ~** es mangelt etw *dat* an Substanz

pithead [ˈpɪthed] **I.** *n usu sing* MIN *(entrance)* Zecheneinstieg *m; (buildings)* Übertageanlagen *fpl* **II.** *adj attr, inv* Tagebau-, Übertage-; **~ ballot** Abstimmung *f* der im Tagebau Beschäftigten; **~ building** Schachthaus *nt;* **~ staff** Übertagearbeiter(innen) *mpl(fpl)*

pith helmet *n (esp hist)* Tropenhelm *m*

pithily [ˈpɪθɪli] *adv* prägnant, kurz und treffend

pithiness [ˈpɪθɪnəs] *n no pl* Markigkeit *f,* Prägnanz *f*

pithy [ˈpɪθi] *adj* ❶ *(succinct)* prägnant, kurz und treffend, markig; ***her later books are pithier*** ihre späteren Bücher haben mehr Substanz; **a ~ phrase** ein markiger Satz ❷ *(of citrus fruits)* dickschalig; ***these oranges are very ~*** diese Orangen haben eine dicke weiße Haut

pitiable [ˈpɪtiəbl̩, AM -t̬-] *adj* ❶ *(arousing pity)* bemitleidenswert, herzzerreißend; *(terrible)* schrecklich, furchtbar ❷ *(despicably)* lächerlich, erbärmlich

pitiably [ˈpɪtiəbli, AM -t̬-] *adv (form)* ❶ *(distressingly)* bemitleidenswert; *(terribly)* erschreckend, fürchterlich ❷ *(despicably)* lächerlich, erbärmlich

pitiful [ˈpɪtifᵊl, AM -t̬-] *adj* ❶ *(arousing pity)* bemitleidenswert, herzzerreißend; *(terrible) conditions etc* schrecklich, furchtbar; **~ sight** [*or* **spectacle**] trauriger Anblick; **a ~ state of affairs** unhaltbare Zustände ❷ *(unsatisfactory)* erbärmlich, jämmerlich; **~ excuse** jämmerliche Ausrede; **~ pay** erbärmliche Bezahlung

pitifully [ˈpɪtifᵊli, AM -t̬-] *adv* ❶ *(distressingly)* bemitleidenswert; *(terribly)* erschreckend, fürchterlich ❷ *(despicably)* lächerlich, erbärmlich

pitifulness [ˈpɪtifᵊlnəs, AM -t̬-] *n no pl* Bedauernswerte *nt,* Bemitleidenswerte *nt;* **the ~ of a predicament** das Tragische an einer Zwangslage; **the ~ of a situation** die Tragik einer Situation; **the ~ of a tragedy** die Größe einer Tragödie

pitiless [ˈpɪtiləs, AM -t̬-] *adj* erbarmungslos, unbarmherzig; ***he told us his story in ~ detail*** er ersparte uns kein einziges Detail seiner Geschichte; **the ~ midday sun** die erbarmungslose Mittagshitze; **~ rule** hartes Regime

pitilessly [ˈpɪtiləsli, AM -t̬-] *adv* erbarmungslos, unbarmherzig, ohne Gnade

pitilessness [ˈpɪtiləsnəs, AM -t̬-] *n no pl* Erbarmungslosigkeit *f,* Unbarmherzigkeit *f; (brutality)* Grausamkeit *f*

pitman <*pl* -men> [ˈpɪtmən] *n* Grubenarbeiter *m,* Bergmann *m*

piton [ˈpiːtɒn, AM -tɑːn] *n* SPORTS *(for rock)* Felshaken *m; (for ice)* Eishaken *m*

pit pony *n* BRIT *(hist)* Grubenpony *nt,* Grubenpferd *nt* **pit stop** *n* SPORTS Boxenstop *m; (fig, hum: journey break)* Reiseunterbrechung *f*

pitta [ˈpɪtə, AM ˈpiːt̬ə] *n,* **pitta bread** *n no pl* Pittabrot *nt*

pittance [ˈpɪtᵊn(t)s] *n usu sing (pej)* Hungerslohn *m,* erbärmlich niedriger Lohn; **a mere ~** nur ein Taschengeld *nt;* ***…, but for the company it's a mere ~*** …, aber das Unternehmen bezahlt das aus der Portokasse

pitted [ˈpɪtɪd, AM -t̬-] *adj inv* AM, AUS *prunes etc* entkernt

pitter-patter [ˈpɪtəˌpætəʳ, AM -t̬ɚˌpæt̬ɚ] **I.** *n no pl* Klopfen *nt; of feet, steps* Tapsen *nt,* Trappeln *nt; (fig, hum)* ***do I hear the ~ of tiny feet?*** ist da schon an Nachwuchs gedacht? **II.** *vi* klopfen; *people, feet* tapsen, trappeln **III.** *adv inv* klopfend; *people, feet* tapsend, trappelnd

pituitary [pɪˈtjuːɪtᵊri, AM ˈtuːəteri] *n,* **pituitary gland** *n* ANAT Hirnanhangsdrüse *f,* Hypophyse *f fachspr*

pity [ˈpɪti, AM -t̬-] **I.** *n no pl* ❶ *(compassion)* Mitleid *nt;* **for ~'s sake** um Himmels willen; **to feel** [*or* **have**] **~ for sb, to take ~ on sb** mit jdm Mitleid haben; ■**in** [*or* **with**] **~** mitleidig ❷ *(shame)* ***what a ~!*** wie schade!; **more's the ~** *esp* BRIT leider; ■**to be a ~** schade [*o* bedauerlich] sein; ■**[it's a] ~ that …** [es ist] [wirklich] schade, dass …; ■**the ~ of it is that …** das Traurige daran ist, dass … **II.** *vt* <-ie-> ■**to ~ sb** jdn bedauern, Mitleid mit jdm haben

pitying [ˈpɪtiɪŋ, AM -t̬-] *adj* mitleidig; *(condescending)* herablassend

pityingly [ˈpɪtiɪŋli, AM -t̬-] *adv* mitleidig; *(condescendingly)* herablassend

pivot [ˈpɪvət] **I.** *n* ❶ MECH, TECH *(shaft)* [Dreh]zapfen *m,* Scharnier *nt; (fig: focal point)* Dreh- und Angelpunkt *m* ❷ *(fig: key person)* Schlüsselfigur *f;* ■**to be the ~ of sth** im Zentrum einer S. *gen* stehen **II.** *vi* ❶ *(revolve)* ■**to ~ around sth** *(also fig)* um etw *akk* kreisen *a. fig;* ***lights which ~ on brackets*** Scheinwerfer, die sich auf Trägern drehen; ■**to ~ round** [*or* AM **around**] sich *akk* [um]drehen ❷ *(fig: depend on)* von etw *dat* abhängen; ***this peace process ~s around certain personalities*** der Friedensprozess steht und fällt mit bestimmten Persönlichkeiten

pivotal [ˈpɪvətᵊl, AM -t̬-] *adj* Schlüssel-, Haupt-; **~ figure** Schlüsselfigur *f;* **~ idea** Grundgedanke *m;* **~ role** entscheidende Rolle

pix [pɪks] *npl (fam) short for* **pictures** Fotos *ntpl,* Bilder *ntpl*

pixel [ˈpɪksᵊl] *n* Pixel *nt fachspr,* Bildpunkt *m*

pixie [ˈpɪksi] *n* Kobold *m*

pixilated [ˈpɪksɪleɪtɪd] AM, **pixillated** [-t-] *adj (form)* bizarr, überspannt

pixy [ˈpɪksi] *n* Kobold *m*

pizza [ˈpiːtsə] *n* Pizza *nt;* **deep-pan ~** Pfannenpizza *f;* **French-bread ~** Pizzabaguette *nt*

pizza-face *n (pej sl)* Pickelgesicht *nt fam* **pizza house** *n* BRIT, **pizza parlor** *n* AM Pizzeria *f* **pizza pie** *n* AM *(pizza)* Pizza *f* **pizza place** *n* Pizzeria *f*

pizzazz *n no pl (fam),* **pzazz** [pəˈzæz] *n no pl (fam)* Pfiff *m,* Flair *m; of people* Ausstrahlung *f; of a performance* Schwung *m*

pizzeria [ˌpiːtsəˈriːə] *n* Pizzeria *f*

pizzicato [ˌpɪtsɪˈkɑːtəʊ, AM -toʊ] *inv* MUS **I.** *adj* gezupft, pizzicato *fachspr;* **~ music** Pizzikato *nt fachspr* **II.** *adv* pizzicato *fachspr;* **to play ~** zupfen

pl LING **I.** *n no pl abbrev of* **plural** Pl. **II.** *n modifier abbrev of* **plural: ~ ending** Pluralendung *f*

Pl *n no pl abbrev of* **Place** Pl.

placard [ˈplækɑːd, AM -ɑːrd] *n* Plakat *nt;* *(at*

demonstrations also) Transparent *nt*
placate [plə'keɪt, AM 'pleɪkeɪt] *vt* ■**to ~ sb** (*soothe*) jdn beruhigen; (*appease*) jdn beschwichtigen; ***outraged minority groups will not be ~d by promises*** erzürnte Minderheiten werden sich nicht mit Versprechungen abspeisen lassen
placatory [plə'keɪtᵊri, AM 'pleɪkətɔːri] *adj* (*calming*) beschwichtigend; (*appeasing*) versöhnlich

place [pleɪs]

I. NOUN II. TRANSITIVE VERB
III. INTRANSITIVE VERB

I. NOUN

❶ (*location*) Ort *m;* ***I hate busy ~s*** ich hasse Orte, an denen viel los ist; ***the hotel was one of those big, old-fashioned ~s*** das Hotel war eines dieser großen altmodischen Häuser; ***we're staying at a bed-and-breakfast ~*** wir übernachten in einer Frühstückspension; ***let's go to a pizza ~*** lass uns eine Pizza essen gehen; ***this is the exact ~!*** das ist genau die Stelle!; ***this plant needs a warm, sunny ~*** diese Pflanze sollte an einem warmen, sonnigen Ort stehen; ***Scotland is a very nice ~*** Schottland ist ein tolles Land *fam;* ***that café is a nice ~*** dieses Café ist echt nett *fam;* ***a nice little ~ at the seaside*** ein netter kleiner Ort am Meer; ***please put this book back in its ~*** bitte stell dieses Buch wieder an seinen Platz zurück; ***this is the ~ my mother was born*** hier wurde meine Mutter geboren; ***sorry, I can't be in two ~s at once*** tut mir Leid, ich kann nicht überall gleichzeitig sein; **~ of birth** Geburtsort *m;* **~ of death** Sterbeort *m;* **~ of refuge** Zufluchtsort *m;* **~ of residence** Wohnort *m;* **a ~ in the sun** (*fig*) ein Plätzchen an der Sonne; **~ of work** Arbeitsplatz *m,* Arbeitsstätte *f;* **to go ~s** AM weit herumkommen, viel sehen; **in ~s** stellenweise; ***this plant still exists in ~s*** diese Pflanze kommt noch vereinzelt vor ❷ *no pl* (*appropriate setting*) [geeigneter] Ort; ***this meeting isn't the ~ to discuss individual cases*** diese Konferenz ist nicht der Ort, um Einzelfälle zu diskutieren; ***university was not the ~ for me*** die Universität war irgendwie nicht mein Ding *fam;* ***that bar is not a ~ for a woman like you*** Frauen wie du haben in solch einer Bar nichts verloren ❸ (*home*) ***I'm looking for a ~ to live*** ich bin auf Wohnungssuche; ***we'll have a meeting at my ~/Susan's ~*** wir treffen uns bei mir/bei Susan; ***where's your ~?*** wo wohnst du?; (*fam*) ***your ~ or mine?*** zu dir oder zu mir?; ***they're trying to buy a larger ~*** wir sind auf der Suche nach einer größeren Wohnung ❹ (*fig: position, rank*) Stellung *f;* ***she's got friends in high ~s*** sie hat Freunde in hohen Positionen; ***they have a ~ among the country's leading exporters*** sie zählen zu den führenden Exporteuren des Landes; ***it's not your ~ to tell me what to do*** es steht dir nicht zu, mir zu sagen, was ich zu tun habe; ***I'm not criticizing you — I know my ~*** das ist keine Kritik – das würde ich doch nie wagen!; **to keep sb in their ~** jdn in seine Schranken weisen; **to put sb in his/her ~** [*or* **show sb his/her ~**] jdm zeigen, wo es lang geht *fam* ❺ (*instead of*) ■**in ~ of** stattdessen; ***you can use margarine in ~ of butter*** statt Butter kannst du auch Margarine nehmen; ***I invited Jo in ~ of Les, who was ill*** Les war krank, daher habe ich Jo eingeladen ❻ (*proper position*) ■**to be in ~** an seinem Platz sein; (*fig: completed*) fertig [*o* abgeschlossen] sein; ***the chairs were all in ~*** die Stühle waren alle dort, wo sie sein sollten; (*fig*) ***the arrangements are all in ~ now*** die Vorbereitungen sind jetzt abgeschlossen; (*fig*) ***the new laws are now in ~*** die neuen Gesetze gelten jetzt; (*fig*) ***suddenly all fell into ~*** plötzlich machte alles Sinn; **to be out of ~** nicht an der richtigen Stelle sein; *person* fehl am Platz[e] sein; (*fig*) ***the large desk was totally out of ~ in such a small room*** der große Schreibtisch war in solch einem kleinen Zimmer völlig deplatziert; ***what you've just said was completely out of ~*** was du da gerade gesagt hast, war völlig unangebracht; **to push sth in ~** etw in die richtige Position schieben ❼ MATH (*in decimals*) Stelle *f;* ***to five ~s of decimals*** bis auf fünf Stellen hinter dem Komma ❽ (*job, position*) Stelle *f;* (*in team*) Platz *m;* (*at university*) Studienplatz *m;* ***your ~ is here by my side*** du gehörst an meine Seite; **to take the ~ of sb** jds Platz *m* einnehmen ❾ (*in book*) Stelle *f;* **to find one's ~** die [richige] Stelle wiederfinden; **to keep one's ~** markieren, wo man gerade ist/war; **to lose one's ~** die Seite verblättern[, wo man gerade war]; (*on page*) nicht mehr wissen, wo man gerade ist ❿ (*seat*) Platz *m;* ***is this ~ taken?*** ist dieser Platz noch frei?; **to change ~s with sb** mit jdm die Plätze tauschen; **to keep sb's ~** [*or* **save sb a ~**] jdm den Platz freihalten; **to lay a/another ~** ein/noch ein Gedeck auflegen; **to take one's ~ at table** Platz nehmen ⓫ (*position*) Stelle *f;* ***just put yourself in my ~*** versetzen Sie sich doch mal in meine Lage!; ***if I were in your ~ ...*** ich an deiner Stelle ...; ***what would you do in my ~?*** was würden Sie an meiner Stelle tun? ⓬ (*ranking*) Platz *m,* Position *f;* ***the song went from tenth to second ~ in the charts*** das Lied stieg vom zehnten auf den zweiten Platz in den Charts; ***our team finished in second ~*** unsere Mannschaft wurde Zweiter; **to take** [*or esp* BRIT **get**] **first/second ~** Erste(r)/Zweite(r) werden; **to take first/second ~** (*fig*) an erster/zweiter Stelle kommen; ***their children always take first ~*** ihre Kinder stehen für sie immer an erster Stelle; **in second ~** auf dem zweiten Platz ⓭ SPORTS **to get a ~** sich *akk* platzieren; AM Zweite(r) werden ⓮ AM (*fam: somewhere*) ***I know I left that book some ~*** ich weiß, dass ich das Buch irgendwo gelassen habe
▶ PHRASES: **there is a ~ and time for everything** alles zu seiner Zeit; **all over the ~** (*everywhere*) überall; (*badly organized*) [völlig] chaotisch; (*spread around*) in alle Himmelsrichtungen zerstreut; **in the first ~** (*at first*) zuerst; (*at all*) überhaupt; ***we shouldn't have got married in the first ~!*** wir hätten erst gar nicht heiraten dürfen!; ***but why didn't you say that in the first ~?*** aber warum hast du denn das nicht gleich gesagt?; **in the first/second ~** (*firstly, secondly*) erstens/zweitens; **to give ~ to sb/sth** jdm/etw Platz machen; **to go ~s** (*fam*) auf dem Weg nach oben sein; **to take ~** stattfinden; **a ~ for everything and everything in its ~** (*prov*) jedes Ding hat seinen Platz

II. TRANSITIVE VERB

❶ (*position*) ■**to ~ sth somewhere** etw irgendwohin stellen; (*lay*) etw irgendwohin legen; ***bowls of flowers had been ~d on tables*** auf den Tischen waren Blumenvasen aufgestellt; ***the Chancellor ~d a wreath on the tomb*** der Kanzler legte einen Kranz auf das Grab nieder; ***she ~d her name on the list*** sie setzte ihren Namen auf die Liste; ***he ~d his hand on my shoulder*** er legte mir die Hand auf die Schulter; **to ~ an advertisement in the newspaper** eine Anzeige in die Zeitung setzen; **to ~ sth on the agenda** etw auf die Tagesordnung setzen; **to ~ a bet on sth** auf etw *akk* wetten; **to ~ sb under sb's care** jdn in jds Obhut *f* geben; **to ~ a comma** ein Komma setzen; **to ~ one foot in front of the other** einen Fuß vor den anderen setzen; **to ~ a gun at sb's head** jdn eine Pistole an den Kopf setzen; **to ~ money on sth** Geld auf etw *akk* setzen; ■**to be ~d** *shop, town* liegen ❷ (*impose*) **to ~ an embargo on sb/sth** über jdn/etw ein Embargo verhängen; **to ~ a limit** [*or* **ceiling**] **on sth** etw begrenzen; **to ~ ten pounds/half a million on sth** etw mit zehn Pfund/einer halben Million veranschlagen ❸ (*ascribe*) **to ~ the blame on sb** jdm die Schuld geben; **to ~ one's faith** [*or* **trust**] **in sb/sth** sein Vertrauen in jdn/etw setzen; **to ~ one's hopes on sb/sth** seine Hoffnungen auf jdn/etw setzen; **to ~ importance on sth** auf etw *akk* Wert legen; ***... and she ~d the emphasis on the word 'soon' ...*** und die Betonung lag auf ‚schnell'; ***he ~ed stress on every second syllable*** er betonte jede zweite Silbe ❹ (*arrange for*) **to ~ a call** ein Telefongespräch anmelden; **to ~ sth at sb's disposal** jdm etw überlassen ❺ (*appoint to a position*) ■**to ~ sb/sth somewhere** jdn/etw irgendwo unterbringen [*o* SCHWEIZ platzieren]; **to ~ sb on** [**the**] **alert** jdn in Alarmbereitschaft versetzen; **to ~ sb under arrest** jdn festnehmen; **to ~ sb in charge** [**of sth**] jdm die Leitung [von etw *dat*] übertragen; **to ~ sb in jeopardy** jdn in Gefahr bringen; **to ~ sb under pressure** jdn unter Druck setzen; **to ~ a strain on sb/sth** jdn/etw belasten; **to ~ staff** Personal unterbringen [*o* vermitteln]; **to ~ sb under surveillance** jdn unter Beobachtung stellen; ***the town was ~d under the control of UN peacekeeping troops*** die Stadt wurde unter die Aufsicht der UN Friedenstruppen gestellt ❻ (*recognize*) ■**to ~ sb/sth** *face, person, voice, accent* jdn/etw einordnen ❼ (*categorize, rank*) ■**to ~ sb/sth** jdn/etw einordnen; **to be ~d** SPORTS sich *akk* platzieren; AM unter die ersten zwei kommen; **to be ~d first/second** SPORTS Erste(r)/Zweite(r) werden; ■**to ~ sth above** [*or* **before**] [*or* **over**] **sth** etw über etw *akk* stellen; **sb ~s sth above all other things** etw steht bei jdm an erster Stelle; ***I'd ~ him among the world's ten most brilliant scientists*** für mich ist er einer der zehn hervorragendsten Wissenschaftlern der Welt; ***they ~d the painting in the Renaissance*** sie ordneten das Bild der Renaissance zu ❽ ECON ■**to ~ sth** *goods* etw absetzen; **to ~ an order for sth** etw bestellen; **to ~ an order with a firm** einer Firma einen Auftrag erteilen ❾ *passive* (*good position*) ■**to be well ~d for sth** für etw *akk* eine gute Ausgangsposition haben; ***we're well ~d for the shops*** wir haben es nicht weit zum Einkaufen *fam;* **to be well ~d financially** finanziell gut dastehen; **to be well ~d to watch sth** von seinem Platz aus etw gut sehen können ❿ *passive* (*have at disposal*) ■**to be well ~d for sth** ***how ~d are you for time/money?*** wie sieht es mit deiner Zeit/deinem Geld aus?

III. INTRANSITIVE VERB

SPORTS sich *akk* platzieren; AM *also* (*finish second*) Zweite(r) werden

placebo [plə'siːbəʊ, AM -boʊ] *n* MED Placebo *nt,* Scheinmedikament *nt;* (*fig*) Ablenkungsmanöver *nt*
placebo effect *n* MED Placeboeffekt *m*
place card *n* Tischkarte *f*
placed [pleɪst] *adj inv* platziert, positioniert; ***he was well ~ to watch the cricket match*** er hatte einen guten Platz, um das Kricketmatch zu verfolgen; ***a highly ~ official was arrested*** ein hoher Beamter wurde festgenommen; ***how are you ~ for Tuesday night?*** wie sieht es bei dir mit Dienstagabend aus?
place kick *n* SPORTS Platztritt *m*
placeman <*pl* -men> ['pleɪsmən] *n* BRIT POL (*pej*) Posteninhaber *m,* Futterkrippenpolitiker *m pej*
place mat *n* Set *nt o m,* Platzdeckchen *nt*
placement ['pleɪsmənt] **I.** *n* ❶ (*being placed*) Platzierung *f,* Positionierung *f;* *of building* Lage *f;* ***they were surprised by the ~ of the article in this particular book*** sie waren überrascht, dass der Artikel gerade in diesem Buch erschien; **~ of an order** Bestellung *f* ❷ (*by job service*) Vermittlung *f;* (*job itself*) Stelle *f* **II.** *adj attr, inv* Einstufungs-; **~ examination** [*or* **test**] Einstufungstest *m;* **~ service** Stellenvermittlung *f,* Vermittlungsdienst *m*
place name *n* Ortsname *m*
placenta <*pl* -s *or* -tae> [plə'sentə, *pl* -tiː] *n* MED Plazenta *f*
placentae [plə'sentiː] *pl of* **placenta**
place of interest <*pl* places of interest> *n* Sehenswürdigkeit *f* **place of work** <*pl* places-> *n* Arbeitsplatz *m,* Arbeitsstelle *f* **place of worship** <*pl* places-> *n* Gotteshaus *nt;* (*temple*) Tempel *m*
place setting *n* Gedeck *nt*
placid ['plæsɪd] *adj* ruhig, friedlich; *person also* friedfertig, gelassen
placidity [plə'sɪdəti, AM -əṱi] *n no pl,* **placidness** ['plæsɪdnəs] *n no pl* Friedfertigkeit *f;* (*stillness*) Ruhe *f*
placidly ['plæsɪdli] *adv* ruhig, friedlich; **to say sth**

P

~ etw bedächtig sagen
placings ['pleɪsɪŋz] *npl* SPORTS Platzierung *f*
plagiarism ['pleɪdʒᵊrɪzᵊm, AM -dʒɚ-] *n no pl* Plagiat *nt*, Plagiieren *nt geh*, geistiger Diebstahl
plagiarist ['pleɪdʒᵊrɪst, AM -dʒɚ-] *n* Plagiator(in) *m(f) geh*
plagiarize ['pleɪdʒᵊraɪz, AM -dʒɚ-] **I.** *vt* ■**to ~ sth** etw plagiieren *form*, etw abschreiben **II.** *vi* abschreiben, geistigen Diebstahl begehen *form*; ■**to ~ from sth** aus etw *dat* abschreiben
plague [pleɪg] **I.** *n* ① (*disease*) Seuche *f*; (*dated*) ***a ~ on you!*** verflucht seist du! *veraltet*; ■**the ~** die Pest; **to avoid sb/sth like the ~** jdn/etw wie die Pest meiden ② *of insects* Plage *f*; (*fig*) ***a ~ of journalists descended on the town*** ein Schwarm von Journalisten fiel in die Stadt ein **II.** *vt* ■**to ~ sb** jdn bedrängen, jdm zu schaffen machen; (*irritate*) jdn ärgern; ***he's been plaguing me for an answer*** er drängt mich, ihm eine Antwort zu geben; ■**to ~ sb with sth** jdn mit etw *dat* belästigen [*o* auf die Nerven gehen]; ■**to be ~d with sth** von etw *dat* geplagt werden; ***the team has been ~d with injuries*** in der Mannschaft kommt es in letzter Zeit ständig zu Verletzungen; **to be ~d with bad luck** vom Pech verfolgt sein
plaice <*pl* -> [pleɪs] *n* ZOOL Scholle *f*
plaid [plæd] **I.** *n no pl esp* AM FASHION Schottenmuster *nt*; *see also* **tartan II.** *adj attr, inv* kariert; ~ **skirt** Schottenrock *m*; *see also* **tartan**
plain [pleɪn] **I.** *adj* ① (*simple*) einfach; (*not flavoured*) natur *nach n*; ~ **food** einfaches Essen; ***my father says he likes good ~ food*** mein Vater sagt, er isst gerne einfache Hausmannskost; ~ **omelette** Omelette nature *f*; ~ **paper** (*unlined*) unliniertes Papier; (*of one colour*) einfarbiges Papier; ~ **yoghurt** Naturjoghurt *m o nt* ② (*uncomplicated*) einfach; ~ **folks** [*or* **people**] einfache Leute; ~ **and simple** ganz einfach ③ (*clear*) klar, offensichtlich; ***her meaning was ~*** es war klar, was sie meinte; ***it's ~ that they …*** sie wollen ganz offensichtlich, dass …; ***the sign was ~ enough — we just didn't see it*** das Schild war klar und deutlich – wir haben es nur einfach übersehen; **to be perfectly ~** ganz offensichtlich sein; ***the reason is perfectly ~*** der Grund liegt auf der Hand; **to make sth ~** etw klarstellen; ***have I made myself ~ to you?*** habe ich mich klar ausgedrückt?; ■**to be ~ with sb** jdm gegenüber [ganz] offen sein ④ *attr, inv* (*sheer*) rein, pur; ***it was ~ torture*** es war die reinste Tortur; ***the ~ truth is that …*** die traurige Wahrheit ist, dass … ⑤ (*unattractive*) unscheinbar, unansehnlich; ~ **Jane** Mauerblümchen *nt* ▶ PHRASES: **to be as ~ as the nose on one's face** [*or* BRIT *also* **as a pikestaff**] ganz offensichtlich sein, klar wie Kloßbrühe sein *fam* **II.** *adv* ① (*simply*) ohne großen Aufwand; ***the fish had been grilled and served ~*** der Fisch war gegrillt und kam ohne weitere Zutaten auf den Tisch ② (*fam: downright*) einfach; ~ **awful** einfach furchtbar **III.** *n* ① (*area of flat land*) Ebene *f*; ■**the ~s** *pl* die Ebene, das Flachland *kein pl*; **the Great P~s** die Great Plains (*in den USA*) ② (*in knitting*) rechte Masche
plainchant ['pleɪntʃɑːnt, AM -tʃænt] *n no pl* MUS gregorianischer Gesang, Cantus planus *m fachspr*
plain chocolate *n no pl* [Halb]bitterschokolade *f* **plain clothes** *npl* Zivilkleidung *f kein pl*; **in ~** in Zivil **plain-clothes** *adj attr, inv* Zivil-, in Zivil; **a ~ police officer** ein Polizeibeamter *m*/eine Polizeibeamtin in Zivil **plain-colored** AM, **plain-coloured** *adj inv* einfarbig **plain English I.** *n no pl* **to speak ~** sich *akk* klar [und deutlich] ausdrücken; ■**in ~** mit verständlichen Worten; ***in ~, he's an arse*** auf gut Deutsch: er ist ein Arsch **II.** *adj inv* ~ **campaign** BRIT *Kampagne gegen die unverständliche Amtssprache* **plain flour** *n no pl* BRIT, AUS Mehl *nt* (*ohne Backtriebmittel*) **plain language** *n no pl* Alltagssprache *f*
plainly ['pleɪnli] *adv* ① (*simply*) einfach, schlicht ② (*clearly*) deutlich, klar; (*obviously*) offensichtlich, offenkundig; **to be ~ visible** deutlich zu sehen [*o* zu erkennen] sein
plainness ['pleɪnnəs] *n no pl* ① (*simplicity*) Einfachheit *f*, Schlichtheit *f* ② (*obviousness*) Eindeutigkeit *f*, Klarheit *f* ③ (*unattractiveness*) Unscheinbarkeit *f*, Unansehnlichkeit *f*
plain sailing *n no pl* (*fig*) ■**to be ~** wie geschmiert laufen *fam*; (*on motorway*) freie Fahrt haben; ***this project isn't going to be all ~, you know*** weißt du, dieses Projekt wird nicht ganz ohne Schwierigkeiten über die Bühne gehen **plainsong** *n no pl* MUS gregorianischer Gesang, Cantus planus *m fachspr* **plain speaking** *n no pl* offene [*o* deutliche] Worte **plain-spoken** *adj* ■**to be ~** eine deutliche Sprache sprechen; ***he's very ~*** er ist sehr direkt
plaint [pleɪnt] *n* ① BRIT LAW Klage *f*; *document* Klageschrift *f* ② (*poet: complaint, lamentation*) Wehklage *f poet*
plaintiff ['pleɪntɪf, AM -ṭ-] *n* Kläger(in) *m(f)*
plaintive ['pleɪntɪv, AM -ṭ-] *adj* klagend, traurig; (*wistful*) melancholisch; ~ **cry** klagender Ruf; ~ **voice** traurige Stimme
plaintively ['pleɪntɪvli, AM -ṭ-] *adv* klagend, traurig; (*wistfully*) melancholisch
plaintiveness ['pleɪntɪvnəs, AM -ṭ-] *n no pl* Melancholie *f*, Traurigkeit *f*; ***the ~ of Turkish music*** der klagende Klang türkischer Musik
plait [plæt] *esp* BRIT **I.** *n* (*hair*) Zopf *m*; (*material*) Flechtwerk *nt*; ***the ~ of the leather belt was unusual*** der Ledergürtel war auf eine ungewöhnliche Art geflochten; **French ~** französischer Zopf **II.** *vt* ■**to ~ sth** etw flechten **III.** *vi* flechten
plan [plæn] **I.** *n* ① (*detailed scheme*) Plan *m*; **the best-laid ~s** die ausgefeiltesten Pläne; **five-year ~** Fünfjahresplan *m*; **four-point ~** Vierpunkteplan *m*; **to go according to ~** wie geplant verlaufen; **to make ~s for sth** für etw *akk* Pläne machen; (*for contingencies*) für etw *akk* Vorkehrungen treffen ② (*intention*) Plan *m*, Absicht *f*; ***what are your ~s for this weekend?*** was hast du dieses Wochenende vor?; **to change ~s** umdisponieren; **to have ~s** etw vorhaben ③ (*payment scheme*) Plan *m*, Programm *nt*; **healthcare ~** Krankenversicherungsprogramm *m*; **savings ~** Sparplan *m* ④ (*diagram*) Plan *m*, Verzeichnis *nt*; **street ~** Stadtplan *m* ⑤ (*drawing*) ■**~s** *pl* Pläne *mpl*, Zeichnungen *fpl*; **to draw up ~s** eine Planskizze machen ▶ PHRASES: **~ B** Plan *m* B; **the best-laid ~s of mice and men gang aft agley** SCOT (*prov*) der Mensch denkt und Gott lenkt *prov* **II.** *vt* <-nn-> ■**to ~ sth** ① (*draft*) etw planen ② (*prepare*) etw vorbereiten [*o* organisieren] ③ (*envisage*) etw planen [*o* vorsehen]; ***our meeting wasn't ~ned*** unser Treffen hat sich einfach ergeben ④ (*intend*) etw vorhaben **III.** *vi* ① (*prepare*) planen; **to ~ carefully** sorgfältig planen; ■**to ~ for sth** mit etw *dat* rechnen; **to ~ for one's old age** Vorkehrungen für das Alter treffen ② ■**to ~ on sth** (*expect*) mit etw *dat* rechnen, auf etw *akk* vorbereitet sein; (*intend*) etw vorhaben; ***we were ~ning on a meal together*** wir wollten eigentlich zusammen essen gehen; ***I'd ~ed on going out tonight*** eigentlich hatte ich vor, heute Abend auszugehen
◆**plan ahead** *vi* vorausschauend planen
◆**plan out** *vt* ■**to ~ out** ⇄ **sth** etw [durch]planen
◆**plan up** *vt usu passive* ■**sth is ~ned up** etw ist organisiert
plane¹ [pleɪn] **I.** *n* ① (*surface*) Fläche *f*; MATH Ebene *f*; **inclined ~** MATH schiefe Ebene ② (*level*) Ebene *f*, Niveau *nt*; ***sometimes I think she's on a different ~ from the rest of us*** manchmal habe ich den Eindruck, sie lebt in einer ganz anderen Welt; ■**to be on a similar ~ to/higher ~ than sb/sth** auf dem gleichen Niveau wie/einem höheren Niveau als jd/etw sein ③ (*aircraft*) Flugzeug *nt*; **to board the ~** das Flugzeug besteigen; **by ~** mit dem Flugzeug; ***we'll be travelling by ~*** wir werden fliegen **II.** *vi* gleiten **III.** *adj attr, inv* flach, eben; ~ **angle** MATH gestreckter Winkel *fachspr*
plane² [pleɪn] **I.** *n* Hobel *m* **II.** *vt* ■**to ~ sth** etw hobeln; (*until smooth*) etw abhobeln [*o* glatt hobeln]
plane³ [pleɪn] *n* Platane *f*
plane crash *n* Flugzeugunglück *nt*
planet ['plænɪt] *n* Planet *m*; ~ **Earth** der Planet Erde, die Erde; ~ **Jupiter** der [Planet] Jupiter; ~ **Venus** der Planet Venus, die Venus; **to be on a different ~** (*fig*) in einer anderen Welt sein; ■**the ~** die Erde, unser Planet *m*
planetaria [,plænɪ'teəriə, AM -'teriə] *pl of* **planetarium**
planetarium <*pl* -s *or* -ria> [,plænɪ'teəriəm, AM -'teriəm, *pl* -riə] *n* Planetarium *nt*
planetary ['plænɪtᵊri, AM -teri] *adj inv* planetarisch *geh*; **the ~ motion** die Bewegung der Planeten
plane ticket *n* Flugticket *nt* **plane tree** *n* Platane *f*
plangent ['plændʒᵊnt] *adj* (*liter*) lautstark, schallend
plank [plæŋk] *n* ① (*timber*) Brett *nt*, Latte *f*; (*in house*) Diele *f*; NAUT Planke *f* ② (*fig: element*) Pfeiler *m*, Grundgedanke *m*
planking ['plæŋkɪŋ] *n no pl* Bretter *fpl*; NAUT Planken *fpl*, Beplankung *f*; **floor ~** Diele *f*, Dielenboden *m*; **ship's ~** Schiffsplanken *fpl*
plankton ['plæŋktən] *n no pl* Plankton *nt*
planned economy *n* Planwirtschaft *f* **planned obsolescence** *n no pl* ECON geplanter Verschleiß
Planned Parenthood *n* AM ≈ Pro Familia *f*
planner ['plænəʳ, AM -ɚ] *n* ① (*person*) Planer(in) *m(f)*; **city** [*or* **town**] [*or* **urban**] ~ Städteplaner(in) *m(f)*; **traffic ~** Verkehrsplaner(in) *m(f)* ② COMPUT Planprogramm *nt* ③ (*office diary*) Kalender *m* zur Arbeitsplanung; **desk ~** Tischkalender *m* zur Arbeitsplanung; **wall ~** Wandkalender *m* zur Arbeitsplanung
planning ['plænɪŋ] **I.** *n no pl* Planung *f*; **city** [*or* **town**] [*or* **urban**] ~ Städteplanung *f*; **environmental ~** Umweltplanung *f* **II.** *n modifier* Planungs-; ~ **application** BRIT Bauantrag *m*; **at the ~ stage** in der Planung[sphase]
planning blight *n no pl* BRIT *bezeichnet den Wertverfall von Immobilien in Gegenden, in denen z.B. eine Autobahn geplant ist* **planning permission** *n no pl* BRIT Baugenehmigung *f*
plant [plɑːnt, AM plænt] **I.** *n* ① (*organism*) Pflanze *f*; **indoor ~** Zimmerpflanze *f* ② (*factory*) Werk *nt*, Fabrik *f*, Betrieb *m* ③ *no pl* (*machinery*) Maschinen *fpl*, Maschinenpark *m* ④ BRIT, AUS (*for road-building*) Baumaschinen *fpl*; ***slow — heavy ~ crossing*** Achtung – Baustelle ⑤ *usu sing* (*set-up*) ***he insisted that the money was a ~*** er bestand darauf, dass man ihm das Geld untergeschoben hatte **II.** *n modifier* (*fertilizer, food, growth, specialist, stand*) Pflanzen-; **the ~ kingdom** das Pflanzenreich, die Flora; ~ **life** die Pflanzenwelt **III.** *vt* ■**to ~ sth** ① (*put in earth*) etw pflanzen; ***the garden is densely ~ed*** der Garten ist dicht bepflanzt ② (*lodge*) etw platzieren; ***he ~ed a kiss on her forehead*** er drückte ihr einen Kuss auf die Stirn; ***Foreman ~ed a blow on Clay's chin*** Foreman platzierte einen Schlag auf Clays Kinn; **to ~ oneself on the sofa** (*fam*) sich *akk* aufs Sofa pflanzen *fam* ③ (*circulate*) etw verbreiten; **to ~ doubts about sth** Zweifel an etw *dat* hervorrufen [*o* wachrufen]; **to ~ a rumour** [*or* AM **rumor**] ein Gerücht in die Welt setzen; **to ~ a story** eine Geschichte in Umlauf bringen ④ (*fam: frame*) etw [heimlich] platzieren; ■**to ~ sth on sb** jdm etw unterschieben; **to ~ a secret agent** einen Geheimagenten/eine Geheimagentin einschleusen; **to ~ a bomb** eine Bombe legen; **to ~ a bugging device** ein Abhörgerät anbringen; **to ~ evidence** falsches Beweismaterial platzieren [*o* fabrizieren]; ***evidence was ~ed on innocent people*** gegen unschuldige Menschen wurden belastende Beweise hervorgezaubert ⑤ COMPUT ■**to ~ sth** etw zwischenspeichern
◆**plant out** *vt* **to ~ out geraniums** Geranien umtopfen; **to ~ out seedlings** Sämlinge auspflanzen
plantain¹ ['plæntɪn] *n* FOOD, BOT Kochbanane *f*
plantain² ['plæntɪn] *n* BOT (*weed*) Wegerich *m*
plantation [,plæn'teɪʃᵊn] *n* ① (*estate*) Plantage *f* ② (*plants*) Pflanzung *f*; (*trees*) Schonung *f*
planter ['plɑːntəʳ, AM 'plænṭɚ] *n* ① (*plantation owner*) Plantagenbesitzer(in) *m(f)*, Pflanzer(in) *m(f)* ② (*container*) Pflanzgefäß *nt*, Blumentopf *m*;

(*stand*) Blumenständer *m;* **hanging** ~ Hängeampel *f* ❸ (*machine*) Pflanzmaschine *f;* (*for sowing*) Sämaschine *f*
plant hire *n* BRIT, AUS [Bau]maschinenverleih *m*
planting [ˈplɑːntɪŋ, AM ˈplæn t̬ɪŋ] **I.** *n* Pflanzen *nt* **II.** *adj attr, inv* Pflanz-; ***the ~ season*** die Zeit der Aussaat
plant pot *n esp* BRIT Blumentopf *m*
plaque [plɑːk, plæk, AM plæk] *n* ❶ (*plate*) Tafel *f;* **brass** ~ Messingschild *nt;* **stone** ~ Steintafel *f;* **blue** ~ BRIT *Schild an einem Gebäude, das auf den früheren Wohnort einer bedeutenden Persönlichkeit hinweist;* **commemorative** [*or* **memorial**] ~ Gedenktafel *f* ❷ *no pl* MED [Zahn]belag *m,* Plaque *f fachspr*
plash [plæʃ] (*liter*) **I.** *n* <*pl* -es> *usu sing* Platsch *m; of a stream, waterfall, waves* Plätschern *nt;* ***we heard the ~ as the stone hit the water*** wir hörten, wie es platschte, als der Stein ins Wasser fiel **II.** *vi* platschen
plasm [ˈplæzᵊm] *n* Plasma *nt*
plasma [ˈplæzmə] **I.** *n no pl* MED, PHYS, ASTRON Plasma *nt* **II.** *n modifier* (*cell, count, donation, donor, membrane*) Plasma-
plaster [ˈplɑːstəʳ, AM ˈplæstɚ] **I.** *n no pl* ❶ (*in building*) [Ver]putz *m* ❷ MED (*gypsum*) Gips *m,* Gipsverband *m;* ***he has his leg in ~*** er hat ein Gipsbein ❸ BRIT (*for cuts*) Pflaster *nt;* **sticking** ~ Heftpflaster *nt* **II.** *vt* ■**to ~ sth** ❶ (*mortar*) etw verputzen; (*fig*) ***the rain had ~ed her hair to her head*** durch den Regen klebte ihr das Haar am Kopf; **to ~ a hole** ein Loch zugipsen [*o* vergipsen] ❷ (*fam: put all over*) etw voll kleistern *fam;* ***~ed with mud*** voller Schlamm; **to ~ the walls with posters** die Wände mit Postern bepflastern; (*fig*) ***he had his name ~ed all over the press*** sein Name ging durch die gesamte Presse; ***the story was ~ed all over the front pages*** die Geschichte war überall der Aufmacher
plasterboard *n no pl* Gipskarton *m,* Rigips® *nt*
plaster cast *n* Gipsverband *m;* ART Gipsabguss *m,* Gipsabdruck *m*
plastered [ˈplɑːstəd, AM ˈplæstɚd] *adj pred* (*fam*) blau *fam,* stockbesoffen *fam;* **to get ~** sich *akk* zusaufen *fam*
plasterer [ˈplɑːstᵊrəʳ, AM ˈplæstɚɚ] *n* Gipser(in) *m(f)*
plastering [ˈplɑːstᵊrɪŋ, AM ˈplæstɚ-] *n no pl* [Ver]putz *m;* (*action*) Verputzen *nt;* MED Eingipsen *nt*
plaster of Paris *n no pl* Gips *m*
plastic [ˈplæstɪk] **I.** *n* ❶ (*material*) Plastik *nt kein pl,* Kunststoff *m* ❷ (*industry*) ■**~s** *pl* Kunststoffindustrie *f;* ***the company has moved into ~s*** das Unternehmen stellt jetzt Kunststoffe her ❸ *no pl* (*fam: credit cards*) Plastikgeld *nt fam;* **to pay with cash instead of** ~ bar statt mit Kreditkarte bezahlen **II.** *adj* ❶ *inv* (*of plastic*) Plastik- ❷ (*pej: artificial*) künstlich; (*false also*) unecht; *smile* aufgesetzt; ***the food was horribly ~*** das Essen schmeckte nur nach Chemie ❸ ART (*malleable*) formbar, modellierbar; (*fig: impressionable*) leicht formbar; ***children at that age have very ~ personalities*** Kinder in diesem Alter sind sehr leicht zu beeinflussen
plastic arts *npl* die gestaltenden Künste **plastic bag** *n* Plastiktüte *f* **plastic bomb** *n* Plastikbombe *f* **plastic bullet** *n* Gummigeschoss *nt* **plastic cup** *n* Plastikbecher *m* **plastic explosive** *n* Plastiksprengstoff *m*
Plasticine® [ˈplæstəsiːn] *n no pl* BRIT Plastilin *nt,* Knetgummi *m o nt*
plasticity [plæsˈtɪsəti, AM -ət̬i] *n no pl* Formbarkeit *f*
plastic money *n no pl* Plastikgeld *nt fam* **plastics industry** *n* Kunststoffindustrie *f* **plastic surgeon** *n* Schönheitschirurg(in) *m(f)* **plastic surgery** *n no pl* Schönheitschirurgie *f;* ***she had ~ on her nose*** sie ließ ihre Nase operieren
plate [pleɪt] **I.** *n* ❶ (*dish*) Teller *m;* **tea** ~ BRIT Kuchenteller *m;* **heaped** ~ übervoller Teller; **to pass round the** [**collection**] ~ den Klingelbeutel herumgehen lassen ❷ (*panel*) Platte *f;* **steel** ~ Stahlplatte *f* ❸ (*sign*) Schild *nt,* Tafel *f,* Platte *f;* **brass** ~ Messingschild *nt* ❹ AUTO Nummernschild *nt;* **licence** [*or* AM **license**] [*or* **number**] ~ Nummernschild *nt* ❺ TYPO (*in printing*) [Druck]platte *f* ❻ *no pl* (*metal layer*) Überzug *m;* **chrome** ~ Verchromung *f;* **gold** ~ Vergoldung *f;* **silver** ~ Versilberung *f;* ***the knives and forks are silver ~*** die Messer und Gabeln sind versilbert ❼ *no pl* (*objects made of metal*) Silber und Gold; (*silver cutlery*) Tafelsilber *nt;* (*gold cutlery*) Tafelgold *nt;* ***the thieves got away with £15,000 worth of church ~*** die Diebe stahlen den Kirchenschatz im Wert von 15.000 Pfund ❽ TYPO (*illustration*) [Bild]tafel *f* ▸ PHRASES: **to have a <u>lot</u>** [*or* **so <u>much</u>**] **on one's ~** *esp* BRIT viel zu tun haben; **to have** [**more than**] **<u>enough</u> on one's ~** [mehr als] genug zu tun haben; **to <u>give</u>** [*or* **<u>hand</u>**] **sth to sb on a ~** (*fam*) jdm etw auf einem silbernen Tablett servieren [*o* präsentieren]; ***that gave United the victory on a ~*** dadurch wurde United der Sieg praktisch geschenkt **II.** *vt* ■**to ~ sth** etw überziehen; **to ~ sth with gold/nickel/silver** etw vergolden/vernickeln/versilbern
plateau <*pl* BRIT -x *or* AM, AUS -s> [ˈplætəʊ, AM plæˈtoʊ] *n* ❶ GEOG (*upland*) [Hoch]plateau *nt,* Hochebene *f* ❷ ECON (*flat period*) Stagnation *f;* (*stabilization*) Stabilisierung *f;* **to reach a ~** stagnieren; (*become stable*) sich *akk* einpendeln [*o* stabilisieren]
plateaux [ˈplætəʊz] BRIT *pl of* **plateau**
plated [ˈpleɪtɪd, AM -t̬-] *adj inv* überzogen; **~ with chrome/gold/silver** verchromt/vergoldet/versilbert; **~ jewellery** [*or* AM **jewelry**] plattierter Schmuck
-plated [ˈpleɪtɪd, AM -t̬-] *in compounds* **chrome-~** verchromt; **copper-~** verkupfert; **gold-~** vergoldet
plateful [ˈpleɪtfʊl] *n* Teller *m;* **a ~ of lasagna** ein Teller *m* [voll] Lasagne
plate glass *n no pl* Flachglas *nt fachspr,* Walzglas *nt fachspr* **plate-glass** *adj attr, inv* Flachglas- *nt fachspr;* **~ university** BRIT (*pej*) *neue, frühestens in den 60er Jahren gebaute Universität* **platelayer** *n* BRIT RAIL Streckenarbeiter(in) *m(f)*
platelet [ˈpleɪtlət] *n* [Blut]plättchen *nt*
plate rack *n* Geschirrständer *m* **plate tectonics** *n + sing vb* GEOL Plattentektonik *f kein pl fachspr*
plate-warmer *n* Tellerwärmer *m*
platform [ˈplætfɔːm, AM -fɔːrm] *n* ❶ (*elevated area*) Plattform *f;* (*raised structure*) Turm *m;* **viewing** ~ Aussichtspunkt *m* ❷ (*on station*) Bahnsteig *m;* **railway** ~ Bahnsteig *m* ❸ (*stage*) Podium *nt,* Tribüne *f;* ***a question for the ~*** eine Frage an das Podium; **concert** ~ Konzertbühne *f;* **to mount** [*or* **take**] **the** ~ auf die Bühne gehen; ***speaker after speaker mounted the ~*** ein Sprecher nach dem anderen stellte sich ans Mikrofon; **to share a ~** gemeinsam auftreten ❹ (*opportunity to voice views*) Plattform *f* ❺ (*policies*) [Partei]programm *nt;* ***we campaign on a ~ of low taxation*** in unserem Wahlkampf nimmt die Steuersenkung eine zentrale Stellung ein ❻ (*shoes*) ■**~s** *pl* Plateauschuhe *mpl* ❼ COMPUT Plattform *f*
platform party *n* Podium *nt* **platform shoes** *npl* Plateauschuhe *mpl*
plating [ˈpleɪtɪŋ, AM -t̬-] *n* Überzug *m,* Schicht *f;* **~ of chrome/gold/silver** Verchromung/Vergoldung/Versilberung *f;* ***the statuette had a ~ of gold*** die Figur war vergoldet
platinum [ˈplætɪnəm, AM ˈplætnəm] **I.** *n no pl* Platin *nt* **II.** *n modifier* (*band, necklace, ring*) Platin-
platinum blonde **I.** *n* platinblonde [*o* wasserstoffblonde] Frau **II.** *adj inv* platinblond, wasserstoffblond
platitude [ˈplætɪtjuːd, AM -t̬ətuːd, -tjuːd] *n* (*pej*) Platitüde *f geh,* Plattheit *f;* **to mouth ~s** Platitüden von sich *dat* geben
platitudinous [ˌplætɪˈtjuːdɪnəs, AM -t̬əˈtuːdᵊn-, -tjuːd-] *adj* (*pej form*) nichts sagend, banal, platt
platonic [pləˈtɒnɪk, AM -ˈtɑːn-] *adj* platonisch; **~ love** platonische Liebe
platoon [pləˈtuːn] *n + sing/pl vb* MIL Zug *m*
platter [ˈplætəʳ, AM -t̬ɚ] *n* ❶ (*food selection*) Platte *f;* **a ~ of cheese and biscuits** eine Käseplatte ❷ AM, AUS (*main course*) Teller *m;* **fish** ~ Fischteller *m;* **cold** ~ kalte Platte ❸ COMPUT Platte *f*
platypus <*pl* -es> [ˈplætɪpəs, AM -t̬-] *n* Schnabeltier *nt*
plaudits [ˈplɔːdɪts, AM *esp* ˈplɑː-] *npl* (*form*) Beifall *m kein pl;* **to earn** [*or* **win**] ~ Beifall finden
plausibility [ˌplɔːzɪˈbɪləti, AM ˌplɑːzəˈbɪlət̬i] *n no pl* Plausibilität *f,* Glaubwürdigkeit *f; of an argument* Schlagkraft *f*
plausible [ˈplɔːzɪbl, AM ˈplɑːzə-] *adj* plausibel, einleuchtend; *person* glaubhaft; **~ argument** überzeugendes Argument; **~ excuse** glaubhafte Entschuldigung
plausibly [ˈplɔːzɪbli, AM ˈplɑːzə-] *adv* (*believably*) glaubhaft; (*convincingly*) überzeugend

play [pleɪ]

I. NOUN	II. INTRANSITIVE VERB
III. TRANSITIVE VERB	

I. NOUN

❶ *no pl* (*recreation*) Spiel *nt;* **to be at ~** beim Spiel sein, spielen; **to do sth in ~** etw [nur] zum Spaß tun; ***it's only in ~*** es ist doch nur Spaß ❷ *no pl* SPORTS (*during game*) Spiel *nt;* **rain stopped ~** wegen des Regens wurde das Spiel unterbrochen; **the start/close of ~** der Beginn/das Ende des Spiels; **to be in/out of ~** im Spiel/im Aus sein ❸ AM SPORTS (*move*) Spielzug *m;* **to make a bad/good ~** ein schlechtes/gutes Spiel machen; **a foul ~** ein Foul[spiel] *nt* ❹ THEAT [Theater]stück *nt;* **one-act ~** Einakter *m;* **radio ~** Hörspiel *nt;* **television ~** Fernsehspiel *nt,* Fernsehfilm *m;* **to go to see a ~** ins Theater gehen; **to put on** [*or* **stage**] [*or fam* **do**] **a ~** ein Stück inszenieren ❺ *no pl* (*change*) **the ~ of light** [**on sth**] das Spiel des Lichts [auf etw *dat*]; ***the ~ of emotion across his face revealed his conflict*** seine widerstreitenden Gefühle spiegelten sich in seinem Gesicht wider ❻ (*freedom to move*) Spielraum *m;* **to allow** [*or* **give**] **sth full ~** etw *dat* freien Lauf lassen; TECH Spiel *nt* ❼ *no pl* (*interaction*) Zusammenspiel *nt;* **to bring sth into ~** etw ins Spiel bringen; **to come into ~** eine Rolle spielen; **to bring sth into ~** etw einsetzen ❽ *no pl* (*dated: gambling*) Spielen *nt* ❾ *no pl* (*attention from the media*) Medieninteresse *nt,* Aufmerksamkeit *f* in den Medien; **to get a lot of ~** das Interesse der Medien auf sich *akk* ziehen, Thema Nummer eins sein *fam* ▸ PHRASES: **to <u>make</u> a ~ for sth/sb** sich *akk* an etw/jdn heranpirschen; **to make <u>great</u> ~ of** [*or* **with**] **sth** viel Aufhebens von etw *dat* machen

II. INTRANSITIVE VERB

❶ (*amuse oneself*) spielen; ***can Jenny come out and ~?*** kann Jenny zum Spielen rauskommen?; ■**to ~ with sb/sth** mit jdm/etw spielen; ***do you want to ~ with us?*** willst du mitspielen?; **to ~ on the swings** schaukeln; **to ~ in the sandpit** im Sandkasten spielen ❷ SPORTS spielen; ***Leonora always ~s to win*** Leonora will immer gewinnen; ■**to ~ against sb** gegen jdn spielen; ***they're a difficult team to ~ against*** diese Mannschaft ist ein schwieriger Gegner; **to ~ in attack/defence** in der Offensive/als Verteidiger(in) spielen; **to ~ for a city/team** für eine Stadt/ein Team spielen; **to ~ in the match** am Spiel teilnehmen; **to ~ fair/rough** fair/hart spielen; (*fig*) ***it wasn't really ~ing fair not to tell her*** es war nicht besonders fair, dass du ihr nichts gesagt hast ❸ THEAT *actor* spielen; ***'Hamlet' is ~ing at the Guildhall*** in der Guildhall kommt zur Zeit der ‚Hamlet'; **to ~ to a full house** vor ausverkauftem Haus spielen; ***Macbeth ~ed to full houses*** die Macbeth-Vorstellungen waren immer ausverkauft; ■**to ~ opposite sb** mit jdm [zusammen] spielen ❹ MUS spielen ❺ (*move*) ***the searchlights ~ed across*** [*or* ***over***] ***the facade of the palace*** die [Such]scheinwerfer strichen über die Schlossfassade; ***we watched the light ~ing on the surface of the water*** wir beobachteten des Spiel des Lichts auf dem Wasser; ***she could hear the fountain ~ing in the courtyard outside*** sie hörte den Springbrunnen im Hof plätschern; ***a smile ~ed across*** [*or* ***on***] [*or* ***over***] ***his lips*** ein Lächeln spielte um seine Lippen ⑥ (*gamble*) spielen; **to ~ for fun** zum Spaß [*o* ohne Einsatz] spielen; **to ~ for money** um Geld spielen ⑦ (*fam: be received*) ***how will this ~ with the voters?*** wie wird das bei den Wählern ankommen? ▶ PHRASES: **to ~ to the gallery** (*pej*) billige Effekthascherei betreiben *pej;* (*of a politician*) populistische Stammtischparolen ausgeben *pej;* **to ~ into sb's hands** jdm in die Hände arbeiten; **to ~ for time** versuchen, Zeit zu gewinnen, auf Zeit spielen; **to ~ fast and loose with sth/sb** bei etw *dat*/mit jdm ein falsches Spiel spielen

III. TRANSITIVE VERB

① (*take part in*) ■**to ~ sth** etw spielen; **to ~ cards/darts/tag** Karten/Darts/Fangen spielen; **to ~ house** [*or* **mothers and fathers**] Vater-Mutter-Kind spielen; **to ~ football/golf/tennis** Fußball/Golf/Tennis spielen; **to ~ a match** ein Spiel bestreiten, spielen; **to ~ a round/set** eine Runde/einen Satz spielen; ***Luke ~s centre forward/back*** Luke ist Mittelstürmer/Verteidiger ② (*compete against*) ■**to ~ sb** gegen jdn spielen; ***Sampras will be ~ing Agassi*** Sampras wird gegen Agassi antreten ③ (*execute*) **to ~ a shot** schießen; (*in snooker*) stoßen; ■**to ~ the ball** den Ball spielen; **to ~ a stroke** schlagen ④ (*have*) **to ~ a part** [*or* **role**] eine Rolle spielen; **to ~ an important part on sth** (*fig*) bei etw *dat* eine wichtige Rolle spielen ⑤ (*act as*) ■**to ~ sb/sth** jdn/etw spielen; **to ~ an act/a scene** einen Akt/eine Szene spielen; **to ~ Cupid/God** (*fig*) Amor/Gott spielen; **to ~ the lead** die Hauptrolle spielen; **to ~ host to sb** jds Gastgeber/Gastgeberin sein; **to ~ host to sth** *event* etw ausrichten; ***don't ~ the innocent with me*** tu nicht so unschuldig ⑥ MUS ■**to ~ sth** etw spielen; **to ~ the bagpipes/piano/violin** Dudelsack/Klavier/Geige spielen; **to ~ a solo/symphony** ein Solo/eine Symphonie spielen; **to ~ sth by ear** etw nach Gehör spielen; **to ~ it by ear** (*fig*) improvisieren; **to ~ an encore** eine Zugabe geben; ***~ us a song*** [*or* ***a song for us***] ***then!*** spiel uns ein Lied [vor]! ⑦ (*operate*) ■**to ~ sth** *CD, tape* etw [ab]spielen; **to ~ the radio** Radio hören; **to ~ one's stereo** seine Anlage anhaben; ***they're ~ing African music on the radio*** im Radio kommt gerade afrikanische Musik; ***must you ~ your radio loud?*** musst du dein Radio so laut stellen?; **to ~ a video** sich *dat* ein Video ansehen; (*start ~ing*) eine Videokassette einlegen ⑧ MUS, THEAT (*perform at*) **to play Berlin/London/San Francisco** in Berlin/London/San Francisco spielen; ***the band is ~ing Los Angeles on the 29th*** die Band spielt am 29. in Los Angeles ⑨ (*gamble*) **to ~ the horses** auf Pferde wetten; **to ~ a slot machine** an einem Spielautomaten spielen; **to ~ the stock market** an der Börse spekulieren ⑩ (*perpetrate*) **to ~ a trick** [*or* **joke**] **on sb** jdn hochnehmen *fig fam,* jdn veräppeln *fam;* (*practical joke*) [jdm] einen Streich spielen; ***he's always ~ing tricks*** der ist vielleicht ein Scherzkeks *sl,* er wandte einen Trick an ⑪ (*direct*) ■**to ~ sth on** [*or* **onto**] [*or* **over**] **sth** etw auf etw *akk* richten; ***the rescue team ~ed searchlights over the area*** das Rettungsteam ließ Scheinwerfer über die Gegend schweifen ⑫ CARDS (*put down*) **to ~ an ace/a king** ein Ass/einen König [aus]spielen; **to ~ a trump** einen Trumpf spielen ⑬ (*when fishing*) **to ~ a fish** einen Fisch auszappeln lassen (*durch Nachlassen der Leine*) ▶ PHRASES: **to ~ ball** [**with sb**] (*fam*) [mit jdm] mitziehen [*o* mitspielen]; **to ~ silly buggers** BRIT (*sl*) sich *akk* wie ein Idiot aufführen; **to ~** [**with**] **one's cards close to one's chest** seine Karten nicht offen legen *fig;* **to ~ one's cards right** geschickt taktieren; **to ~ ducks and drakes with sth** BRIT (*money*) etw verprassen; (*plans*) etw durcheinander bringen; **to ~ ducks and drakes with sth** BRIT jdn schlecht behandeln; **to ~ second fiddle** [**to sb**] [im Verhältnis zu jdm] die zweite Geige spielen *fam;* **to ~ the field** sich *akk* umsehen; ***the firm continues to ~ the field and do business with six other companies*** die Firma sondiert das Terrain und verhandelt mit sechs weiteren Firmen; **to ~ the fool** [*or* **clown**] herumalbern, rumspinnen *fam,* sich *akk* zum Narren machen; **to ~ footsie with sb** (*fam*) mit jdm füßeln DIAL; **to ~ the game** BRIT sich *akk* an die [Spiel]regeln halten; **to ~ gooseberry** BRIT das fünfte Rad am Wagen sein; (*chaperone sb*) den Anstandswauwau spielen *hum fam;* **to ~ hardball** *esp* AM andere Saiten aufziehen *fig;* **to ~ havoc with sth** etw durcheinander bringen; **to ~** [**merry**] **hell with sth** etw völlig durcheinander bringen; **to ~ hook(e)y** *esp* AM, AUS blaumachen *fam,* schwänzen *fam;* **to ~ a** [*or* **one's**] **hunch** aus dem hohlen Bauch heraus agieren *fam,* seiner Nase folgen; **to ~ possum** (*pretend to be asleep*) sich *akk* schlafend stellen; (*pretend to be ignorant*) sich *akk* dumm stellen; **to ~ truant** [**from school**] BRIT schwänzen *fam;* **to ~ it cool** den Unbeteiligten spielen; **to ~ dumb** sich *akk* taub stellen; **to ~ sb false** (*form*) jdn hintergehen; **to ~ hard to get** sich *akk* unnahbar zeigen, einen auf unnahbar machen *fam;* **to ~** [**it**] **safe** auf Nummer sicher gehen

◆**play about** *vi see* **play around**

◆**play along I.** *vi* ■**to ~ along with it** gute Mine zum bösen Spiel machen; ■**to ~ along with sth** etw [zum Schein] mitmachen; ■**to ~ along with sb** ***he ~ed along with them for a while in order to find out more about their plans*** er machte eine Zeit lang mit, um mehr über ihre Pläne herauszufinden **II.** *vt* (*pej*) ■**to ~ sb along** jdn hinhalten [*o* vertrösten]

◆**play around** *vi* ① (*mess around*) *children* spielen; ***stop ~ing around!*** hör mir dem Blödsinn auf! *fam* ② (*pej fam: be unfaithful*) fremdgehen *fam;* ■**to ~ around with sb** mit jdm herummachen *sl* ③ (*experiment*) ■**to ~ around with sth** mit etw *dat* [herum]spielen [*o* experimentieren]; (*try out*) etw ausprobieren; **to ~ around with ideas** etw in Gedanken durchspielen ④ (*pej: tamper with*) ■**to ~ around with sth** mit etw *dat* herumspielen [*o* herumexperimentieren] *fam*

◆**play at** *vi* ① (*play game*) ■**to ~ at sth** etw spielen; **to ~ at mothers and fathers/cowboys and indians/cops and robbers** Vater-Mutter-Kind/Indianer/Räuber und Gendarm spielen ② (*pretend*) ■**to ~ at being sb** so tun, als wäre man jd; ***he likes to ~ at being the big boss*** er spielt gerne den Chef ③ (*pej: do*) ■**to ~ at sth** etw treiben *oft iron fam;* ***what are you ~ing at in there?*** was treibt ihr denn da drinnen?; ***we need to find out what exactly they're ~ing at*** wir müssen herausfinden, was für ein Spiel sie spielen

◆**play back** *vt* ■**to ~ back ↔ sth** etw noch einmal abspielen; (*rewind*) etw zurückspulen

◆**play down** *vt* ■**to ~ down ↔ sth** etw herunterspielen; **to ~ down the seriousness of the situation** den Ernst einer Situation herunterspielen

◆**play off I.** *vi* ■**to ~ off for sth** um etw *akk* spielen **II.** *vt* ■**to ~ off ↔ sb against sb** jdn gegen jdn ausspielen

◆**play on** *vi* ① (*exploit*) ■**to ~ on sth** etw ausnutzen, sich *dat* etw zunutze machen; **to ~ on sb' feelings/weakness** jds Gefühle/Schwäche ausnutzen ② (*liter: develop cleverly*) ■**to ~ on sth** mit etw *dat* spielen; **to ~ on a phrase/word** mit einem Ausdruck/einem Wort spielen ③ MUS, SPORTS (*keep playing*) weiterspielen

◆**play out I.** *vt* ① *usu passive* (*take place*) ■**to be ~ed out** *scene* sich *akk* abspielen ② (*act out*) ■**to ~ out ↔ sth** etw umsetzen; **to ~ out a scene** eine Szene [vor]spielen ③ (*play to end*) **to ~ out a play/scene** THEAT ein Stück/eine Szene [zu Ende] spielen; **to ~ out the last few seconds/the rest of the first half** SPORTS die letzten Sekunden/den Rest der ersten Halbzeit spielen; **to ~ out time** das Ergebnis über die Zeit retten; ***he just has to ~ out these last three games*** er muss nur noch die letzten drei Spiele über die Bühne bringen ④ (*blow over*) ■**to ~ itself out** von selbst verschwinden **II.** *vi esp* AM bekannt werden; (*make itself felt*) sich *akk* manifestieren

◆**play through I.** *vt* MUS ■**to ~ through ↔ sth** etw [von Anfang bis Ende] [durch]spielen; **to ~ through a series of pieces** ein Reihe von Stücken spielen **II.** *vi* SPORTS *auf dem Golfplatz eine langsamer spielende Gruppe überholen*

◆**play up I.** *vt* ① (*emphasize*) ■**to ~ up ↔ sth** etw hochspielen ② BRIT (*fam*) ■**to ~ up ↔ sb** (*cause trouble*) jdm zu schaffen machen; (*cause pain*) jdm Schmerzen bereiten ③ BRIT (*fam: annoy*) ■**to ~ up ↔ sb** jdn nerven *fam* **II.** *vi* (*fam*) ① (*flatter*) ■**to ~ up to sb** sich *akk* bei jdm einschmeicheln [*o fam* lieb Kind machen] ② BRIT (*misbehave*) sich *akk* danebenbenehmen *fam;* (*throw a tantrum*) Theater machen *fig fam,* ausflippen *fam; children a.* ungezogen [*o* unartig] sein ③ BRIT, AUS (*malfunction*) verrückt spielen *fam* ④ BRIT, AUS (*hurt*) weh tun *fam*

◆**play upon** *vi* (*form*) *see* **play on**

◆**play with** *vi* ① (*entertain oneself with*) ■**to ~ with sth** mit etw *dat* spielen ② (*play together*) ■**to ~ with sb** mit jdm spielen; ***do you want to ~ with us?*** willst du mitspielen? ③ (*manipulate nervously*) ■**to ~ with sth** mit etw *dat* herumspielen *fam;* **to ~ with one's food** mit dem Essen herumspielen *fam;* ***stop ~ing with your food!*** mit Essen spielt man nicht! ④ (*consider*) **to ~ with an idea** mit einem Gedanken spielen ⑤ (*treat insincerely*) ■**to ~ with sb** (*pej*) mit jdm spielen ⑥ (*have available*) **to have sth to ~ with** etw zur Verfügung haben ▶ PHRASES: **to ~ with fire** mit dem Feuer spielen *fig;* **to ~ with oneself** (*euph: masturbate*) sich *akk* selbst befriedigen; *man* wichsen *vulg,* sich *dat* einen runterholen *derb;* ***go and ~ with yourself!*** fick dich ins Knie! *vulg*

playable ['pleɪəbl] *adj* MUS spielbar; ***... pieces that he wouldn't have considered ~ a year ago ...*** Stücke, die er sich vor einem Jahr nicht zugetraut hätte; SPORTS zu spielen; (*in tennis*) unhaltbar; (*in golf*) ***that golf ball may be ~ for him, but not for me*** er könnte diesen Ball vielleicht schlagen, ich aber nicht

play-act *vi* (*pretend emotion*) Theater spielen *fig;* (*make fuss*) Theater machen *fig* **play-acting** *n no pl* Theater *nt;* (*pretending also*) Schauspielerei *f;* ***he was just indulging in a little ~*** er schauspielerte nur **playback** *n* ① (*pre-recorded version*) Playback *nt,* Wiedergabe *f* ② *no pl* (*replaying*) Wiederholung *f* einer Aufnahme; ***do us a ~ of those last few frames*** zeig uns die letzten Bilder noch einmal; ***you can see it again on ~*** Sie können sich die Aufnahme noch einmal ansehen **playbill** *n* ① (*poster*) Theaterplakat *nt* ② AM Theaterprogramm *nt,* Programmzettel *m* **playboy** *n* (*usu pej*) Playboy *m* **play-by-play commentary** *n* AM SPORTS Livekommentar *m*

Play-Doh® *n no pl* (*plasticine*) Knetmasse *f,* Knete *f fam*

played out *adj* ① (*fam: exhausted*) erschöpft, erledigt *fam;* **to be all** [*or* **totally**] **~** total ausgebrannt sein ② (*outmoded*) *policies* überholt

player ['pleɪəʳ, AM -ɚ] *n* ① SPORTS Spieler(in) *m(f);* **football/tennis ~** Fußball-/Tennisspieler(in) *m(f);* **card ~** Kartenspieler(in) *m(f);* **a key** [*or* **leading**] **~** ein wichtiger Spieler/eine wichtige Spielerin ② (*musical performer*) Spieler(in) *m(f);* **cello ~** Cellist(in) *m(f);* **oboe ~** Oboist(in) *m(f)* ③ (*dated: actor*) Schauspieler(in) *m(f)* ④ (*playback machine*) **cassette ~** Kassettenrecorder *m;* **cd ~** CD-Player *m;* **record ~** Schallplattenspieler *m;* **video ~** Videorecorder *m* ⑤ POL (*participant*) ■**to be a ~** eine Rolle spielen; ***the unions want to be a ~ when the party ...*** die Gewerkschaften wollen ein Mitspracherecht haben [*o fam* [ein Wörtchen] mitreden], wenn die Partei ...; **a key** [*or* **leading**] **~** Schlüsselfigur *f,* führende [*o* zentrale] Figur; **to be a secondary ~** eine untergeordnete Rolle spielen

playfellow *n* (*dated*) Spielkamerad(in) *m(f)*

playful ['pleɪfᵊl] *adj* ① (*not serious*) spielerisch, scherzhaft; ***his teasing is only ~*** Paul neckt dich nur [*o* macht nur Spaß] ② (*frolicsome*) verspielt; ***he was in a ~ mood*** er war zum Spielen/Scherzen aufgelegt

playfully ['pleɪfᵊli] *adv* scherzhaft; (*in play*) spielerisch, im Spiel

playfulness ['pleɪfᵊlnəs] *n no pl* (*joking nature*) *of remark etc* Humor *m;* (*frolicsomeness*) Verspieltheit *f;* ***this really is no time for your ~*** jetzt ist wirklich nicht der Augenblick, um sich so kindisch zu verhalten

playgoer *n* Theaterbesucher(in) *m(f)* **playground** *n* Spielplatz *m;* (*fig: for adults*) ***the ~ of the rich and famous*** der Tummelplatz der Reichen und Berühmten **playgroup** *n* Spielgruppe *f,* Krabbelgruppe *f;* (*kindergarden*) Kindergarten *m* **playhouse** *n* ❶ (*theatre*) Schauspielhaus *nt,* Theater *nt* ❷ (*toy house*) Spielhaus *nt* (*für Kinder*)

playing card *n* Spielkarte *f* **playing field** *n* Sportplatz *m;* **school ~** Schulsportplatz *m*

playlet ['pleɪlət] *n* THEAT kurzes Theaterstück, Dramolett *nt fachspr*

playlist ['pleɪlɪst] RADIO **I.** *n* Titelliste *f,* Programm *nt* **II.** *vt* ■**to ~ sth** etw ins Programm [auf]nehmen

playmaker *n* SPORTS Spielmacher(in) *m(f)* **playmate** *n* ❶ (*for child*) Spielkamerad(in) *m(f)* ❷ (*fam: for adult*) Geliebte(r) *f(m),* Gespiele, -in *m, f iron* ❸ (*in magazine*) Pin-up-Girl *nt* **play-off I.** *n* Play-off *nt* **II.** *n modifier* **~ game** [*or* **match**] Entscheidungsspiel *nt* **play on words** <*pl* plays on words> *n* Wortspiel *nt* **playpen** *n* Laufstall *m* **playroom** *n* Spielzimmer *nt* **playschool** *n* BRIT Kindergarten *m* **playsuit** *n* Spielanzug *m* **plaything** *n* ❶ (*toy*) Spielzeug *nt* ❷ (*pej: exploited person, thing*) *of force, power* Spielball *m fig;* **to treat sb as a ~** jdn wie eine Sache behandeln; (*as sex object*) jdn zu Sexualobject machen; ***he treats his women like ~s*** er spielt nur mit den Frauen **playtime** *n no pl* ❶ (*in school*) Pause *f* ❷ (*for recreation*) Freizeit *f* **playwright** *n* Dramatiker(in) *m(f)*

plaza ['plɑːzə, AM *also* 'plæzə] *n* ❶ (*open square*) Marktplatz *m* ❷ (*to shop*) [**shopping**] **~** Einkaufszentrum *nt*

plc [ˌpiːel'siː] *n esp* BRIT *abbrev of* **public limited company** AG *f*

plea [pliː] *n* ❶ (*appeal*) Appell *m;* (*entreaty*) [flehentliche] Bitte; **to make a ~ for sth** zu etw *dat* aufrufen; **to make a ~ for help/mercy** um Hilfe/Gnade bitten ❷ LAW [Sach]einwand *m,* Einlassung *f;* **to put in a ~** eine Einrede erheben [*o* geltend machen]; **~ of insanity** Einrede *f* der Unzurechnungsfähigkeit; **to enter a ~ of guilty** sich *akk* schuldig bekennen; **to enter a ~ of not guilty** sich *akk* für nicht schuldig erklären ❸ (*form: reason*) Grund *m;* (*pretext*) Ausrede *f,* Vorwand *m*

plea bargaining *n no pl* LAW *Vereinbarung zwischen Staatsanwalt und Angeklagtem, der sich zu einem geringeren Straftatbestand bekennen soll*

plead <pleaded, pleaded *or* SCOT, AM *also* pled, pled> [pliːd] **I.** *vi* ❶ (*implore*) [flehentlich] bitten, flehen; **to ~ for forgiveness/justice/mercy** um Verzeihung/Gerechtigkeit/Gnade bitten; ■**to ~ with sb** [**to do sth**] jdn anflehen[, etw zu tun] ❷ LAW (*as advocate*) plädieren; (*speak for*) ■**to ~ for sb** jdn verteidigen ❸ + *adj* LAW (*answer charge*) **to ~ guilty** sich *akk* schuldig bekennen; **to ~ not guilty** [*or* **innocent**] sich *akk* für nicht schuldig erklären; ***how do you ~?*** bekennen Sie sich schuldig?; ***he ~ed guilty to the charge of indecent assault*** er gestand die sexuelle Nötigung **II.** *vt* ❶ (*beg*) flehen ❷ (*claim*) ■**to ~ sth** etw behaupten [*o* angeben]; ***your best bet is to ~ inexperience*** am besten weisen Sie auf ihre Unerfahrenheit hin; **to ~ one's ignorance** sich *akk* auf Unkenntnis berufen; **to ~ insanity** LAW auf Unzurechnungsfähigkeit plädieren ❸ (*argue for*) **to ~ a/sb's cause** [**with sb**] [jdm] einen/jds Fall vortragen; **to ~ a case** LAW eine Sache vor Gericht vertreten

pleading ['pliːdɪŋ] **I.** *adj* flehend; **~ look** flehentlicher Blick **II.** *n* LAW [vorbereitender] Schriftsatz, Parteivorbringen *nt* vor Gericht

pleadingly ['pliːdɪŋli] *adv* flehentlich

pleasant ['plezᵊnt] *adj* ❶ (*pleasing*) *day, experience, sensation, time* angenehm, schön, hübsch; *chat, smile* nett; ***what a ~ surprise!*** was für eine angemehme Überraschung!; ***have a ~ day/journey!*** einen schönen Tag/eine gute Reise!; ***it was ~ to sit down*** es tat gut, sich zu setzen; **~ weather** schönes Wetter ❷ (*friendly*) freundlich, liebenswürdig; ■**to be ~** [**to sb**] [zu jdm] nett [*o* freundlich] sein

pleasantly ['plezᵊntli] *adv* ❶ (*nicely*) freundlich; **to treat sb ~** jdn freundlich behandeln ❷ (*causing pleasure*) angenehm; **~ surprised** angenehm überrascht ❸ (*nice looking*) hübsch

pleasantness ['plezᵊntnəs] *n no pl* ❶ (*friendliness*) Freundlichkeit *f;* **~ of manner** freundliche [*o* zuvorkommende] Art ❷ (*pleasant look*) Liebreiz *m* ❸ (*enjoyableness*) Angenehme *nt*

pleasantry ['plezᵊntri] *n usu pl* Kompliment *nt;* **an exchange of pleasantries** ein Austausch von höflichen Floskeln [*o iron* Artigkeiten]

please [pliːz] **I.** *interj* ❶ (*in requests*) bitte; ***may I see your passport, ~?*** kann ich bitte ihren Pass sehen?; ***~, David, put the gun down*** David, bitte, nimm die Pistole runter; **pretty ~** (*childspeak*) bitte, bitte ❷ (*when accepting sth*) ja, bitte; ***more potatoes? — ~*** noch Kartoffeln? – gern; ***may I ...? — ~ do*** darf ich ...? – selbstverständlich ❸ BRIT (*to attract attention*) ***~, Miss, I know the answer!*** bitte, ich weiß die Antwort! **II.** *vt* ❶ (*make happy*) ■**to ~ sb** jdm gefallen [*o* eine Freude machen]; ***I'll do it to ~ you*** ich mache es, nur dir zuliebe; ***it ~s me to see ...*** es freut mich, ... zu sehen; **to be hard/easy to ~** schwer/leicht zufrieden zu stellen sein; ***she's notoriously hard to ~*** man kann es ihr kaum recht machen; ■**to ~ oneself** (*fam*) ***oh well, ~ yourself*** bitte, wie du meinst ❷ (*form or iron: be will of*) jdm belieben; ***if it may ~ the court, ...*** wenn es dem Hof genehm ist ... **III.** *vi* ❶ (*be agreeable*) **eager to ~** [unbedingt] gefallen [*o* einen guten Eindruck machen] wollen; ***he's a bit too eager to ~ if you ask me*** er ist ein bisschen übereifrig [*o* zu eifrig], wenn du mich fragst; **sth is sure to ~** etw wird sicher gefallen ❷ (*wish*) **to do as one ~s** machen, was man möchte [*o* will]; ***come whenever you ~*** kommt, wann immer ihr wollt; **~ God!** so Gott will!; **if you ~** (*form: please*) bitte; ***and then, if you ~, she had the cheek to say...*** und dann, mit Verlaub, hatte sie doch die Frechheit zu sagen, ...

pleased [pliːzd] *adj* ❶ (*happy*) froh, erfreut; (*content*) zufrieden; **a ~ smile** ein zufriedenes Lächeln; ■**to be ~ed about sth** sich *akk* über etw *akk* freuen; ■**to be ~ed about sb** sich *akk* für jdn freuen; ■**to be ~ with sth/sb** mit jdm/etw zufrieden sein; ■**to be ~ that ...** froh sein, dass ...; ■**to be ~ with oneself** mit sich *dat* selbst zufrieden sein; ***I'm ~ to report/say that...*** ich bin froh, sagen zu können, dass...; ***I'm very ~ to meet you*** es freut mich, Sie kennen zu lernen; ***my father wasn't exactly ~*** mein Vater war nicht gerade begeistert ❷ (*willing*) ■**to be ~ to do sth** bereit sein, etw zu tun; ***I'm only too ~ to help*** ich helfe wirklich gerne ▶ PHRASES: **to be as ~ as Punch** [**about sth**] sich *akk* wie ein Schneekönig [über etw *akk*] freuen *fam*

pleaser ['pliːzəʳ, AM -ɚ] *n jd, der immer versucht, es anderen recht zu machen*

pleasing ['pliːzɪŋ] *adj* angenehm; ***it's ~ that so many people could come*** es ist schön, dass so viele Leute kommen konnten; **to be ~ to the ear/eye** hübsch klingen/aussehen; **~ manner** zuvorkommende Art; **~ news** erfreuliche Nachricht[en] *f[pl]*

pleasingly ['pliːzɪŋli] *adv* angenehm; ***she's not fat, she's just ~ plump*** sie ist nicht fett, sie hat nur ein paar hübsche Rundungen

pleasurable ['pleʒᵊrəbl] *adj* angenehm

pleasurably ['pleʒᵊrəbli] *adv* ❶ (*enjoyingly*) genießerisch, genüßlich; **to recall sth ~** mit Vergnügen an etw zurückdenken; **to react ~** sich *akk* angenehm berührt zeigen ❷ (*enjoyably*) wohltuend, vergnüglich

pleasure ['pleʒəʳ, AM -ɚ] *n* ❶ *no pl* (*enjoyment*) Freude *f,* Vergnügen *nt;* ***it gives me great ~ to announce the winner*** es ist mir eine große Freude, den Sieger anzukündigen; ***it was such a ~ to meet you*** es hat mich sehr gefreut, Ihre Bekanntschaft zu machen; ***business or ~?*** geschäftlich oder privat?; **to give sb ~** jdm Freude bereiten; **to take ~ in sth/in doing sth** Vergnügen an etw *dat* finden/daran finden, etw zu tun; **with ~** mit Vergnügen ❷ (*source of enjoyment*) Freude *f;* ***Smoking is one of my few ~s*** das Rauchen ist eine meiner wenigen Freuden [im Leben]; [**a**] [*or* **my**] **~** keine Ursache; ***please don't mention it, it was a ~*** nicht der Rede wert, das habe ich doch gern getan; (*form*) ***may I have the ~?*** darf ich bitten?; ***Mrs. Smith requests the ~ of Mrs. Jones' company*** Frau Smith gibt sich die Ehre, Frau Jones einzuladen *form* ❸ (*form: desire*) Wunsch *m;* ***what is your ~, Madame?*** womit kann ich Ihnen dienen?, was wünschen Sie? ❹ BRIT LAW **to be detained at the King's/Queen's ~** in Haft sein

pleasure boat *n* Vergnügungsdampfer *m* **pleasure ground** *n* (*dated*) Vergnügungspark *m* **pleasure principle** *n no pl* Lustprinzip *nt* **pleasure-seeker** ['pleʒəˌsiːkəʳ, AM ʒɚˌsiːkɚ] *n* Vergnügungssüchtige(r) *f(m),* Hedonist(in) *m(f) geh* **pleasure trip** *n* Vergnügungsreise *f*

pleat [pliːt] *n* Falte *f*

pleated ['pliːtɪd, AM -t̬-] *adj* Falten-; **to be ~** Falten haben; **~ skirt** Faltenrock *m*

pleb [pleb] *n usu pl* BRIT (*pej fam*) *short for* **plebeian** Prolet(in) *m(f) pej,* Proll *m pej fam;* ■**the ~s** der Mob *pej*

plebby ['plebi] *adj* BRIT (*pej fam*) proletenhaft *pej,* prollig *pej fam*

plebeian ['pləbiːən, AM 'plɪ-] **I.** *adj* (*pej form*) primitiv, plebejisch *geh o oft iron;* ■**to be ~** unter jds Würde sein; **~ origins** niedrige soziale Herkunft **II.** *n* HIST Plebejer(in) *m(f);* (*fig*) Prolet(in) *m(f) pej;* ■**the ~s** das gemeine Volk

plebiscite ['plebɪsaɪt, AM -əsaɪt] *n* Plebiszit *nt fachspr,* Volksentscheid *m;* **to hold a ~** [**on sth**] das Volk [über etw *akk*] entscheiden lassen

plectra ['plektrə] *n pl of* **plectrum**

plectrum <*pl* -s *or* -tra> ['plektrəm, *pl* -trə] *n* Plektron *nt,* Plektrum *nt*

pled [pled] *vi, vt esp* AM, SCOT *pt, pp of* **plead**

pledge [pledʒ] **I.** *n* ❶ (*promise*) Versprechen *nt,* Zusicherung *f;* **to fulfil** [*or* **honour**] **a ~** ein Versprechen halten; **to give** [*or* **make**] **a ~ to do sth** versprechen, etw zu tun; **to make a ~ that ...** geloben, dass ...; **to sign** [*or* **take**] **the ~** (*hum dated*) dem Alkohol abschwören ❷ (*token*) **a ~ of friendship/good faith/loyalty** ein Unterpfand *nt* [*o* Beweis *m*] der Freundschaft/des Vertrauens/der Treue ❸ (*promise of donation*) Spendenzusage *f* ❹ (*sth pawned*) Pfand *nt;* **to redeem a ~** ein Pfand einlösen ❺ (*state of being pledged*) Verpfändung *f* ❻ AM UNIV (*of fraternity*) *jemand, der die Zusage zur Mitgliedschaft in einer Studentenverbindung erhalten hat, der aber noch nicht initiiert worden ist;* (*of a man*) ≈ Fuchs *m* (*in einer Burschenschaft*) **II.** *vt* ❶ (*solemnly promise*) ■**to ~ sth** etw versprechen; ***I've been ~d to secrecy*** ich bin zur Verschwiegenheit verpflichtet worden; **to ~ allegiance to one's country** den Treueid auf sein Land leisten; **to ~ loyalty** Treue schwören; **to ~ support** Unterstützung zusichern; ■**to ~ to do sth** versprechen, etw zu tun; ■**to ~ that ...** versprechen, dass ... ❷ (*promise to contribute*) **to ~ money** Geld versprechen ❸ (*form: drink health of*) ■**to ~ sb/sth** auf jdn/etw trinken ❹ AM UNIV (*promise to join*) **to ~ a fraternity/sorority** einer Studentenverbindung [*o* Burschenschaft]/[weiblichen] Verbindung beitreten wollen ❺ (*give as security*) ■**to ~ sth** etw verpfänden

Pleistocene ['plaɪstə(ʊ)siːn, AM -stoʊ-] **I.** *n no pl* GEOL ■**the ~** das Pleistozän **II.** *adj inv* GEOL pleistozän; **the ~ epoch** das Pleistozän

plenary ['pliːnᵊri] **I.** *adj inv* ❶ (*attended by all members*) **~ assembly** Vollversammlung *f,* Plenarversammlung *f;* **~ meeting** [*or* **session**] Plenarsitzung *f,* Vollversammlung *f;* **~ session** Plenarsitzung *f,* Plenarversammlung *f* ❷ (*form: unqualified*) unbeschränkt; **~ power** absolute Macht; **~ indulgence** umfassende [*o* völlige] Absolution, Freisprechung *f* von allen Sünden **II.** *n* Vollversammlung *f*

plenipotentiary [ˌplenipə(ʊ)'ten(t)ʃᵊri, AM -poʊ'ten(t)ʃieri] **I.** *n* POL (*dated form*) Bevollmäch-

P

tigte(r) *f(m)*, Regierungsgesandte(r) *f(m)* **II.** *adj inv* POL (*dated form*) bevollmächtigt; ~ **power** Vollmacht *f*

plenitude ['plenɪtju:d, AM tu:d] *n* ❶ (*abundance*) [Über]fülle *f*, Überfluss *m* ❷ *no pl* (*fullness, completeness*) Vollkommenheit *f*; **the ~ of power** Machtfülle *f*

plenteous ['plentiəs, AM ṭi] *adj* (*liter*) reichlich [vorhanden]

plentiful ['plentɪfᵊl, AM -ṭ-] *adj* reichlich *präd*; ***strawberries are ~ in the summer*** im Sommer gibt es reichlich Erdbeeren [*o* Erdbeeren im Überfluss]; ~ **supply** großes [*o* reichhaltiges] Angebot

plentifully ['plentɪfᵊli, AM -ṭ-] *adv* reichlich; **to be ~ stocked** [*or* **supplied**] [**with sth**] [etw] in großen Mengen vorrätig haben

plenty ['plenti, AM -ṭ-] **I.** *n no pl* (*form: abundance*) Reichtum *m*; ***such natural phenomena as famine and ~*** Naturphänomene wie Hunger und Überfluss; **food in ~** Nahrung *f* in Hülle und Fülle; **a land of ~** ein Land *nt*, wo Milch und Honig fließen *prov*; **the land of ~** das Land der unbegrenzten Möglichkeiten; **a time of ~** üppige Jahre; **seven years of ~** REL sieben fette Jahre; **to live in ~** im Überfluss leben **II.** *adv inv* (*fam*) ***I'm ~ warm enough, thank you*** mir ist warm genug, fast schon zu warm, danke; ***the house is ~ big enough*** das Hause ist mehr als groß genug; ~ **more** noch viel mehr; ***there's ~ more beer in the fridge*** es ist noch mehr als genug Bier im Kühlschrank; ***have another sandwich — there are ~ more*** nimm dir noch ein Sandwich – wir haben mehr als genug; ***she has ~ more ideas*** sie hat noch viele Ideen; **there are ~ more where he/she came from** (*pej*) an der nächsten Ecke steht wieder ein Neuer/eine Neue von der Sorte, andere Mütter haben auch schöne Söhne/Töchter *hum*; ~ **good/bad** AM sehr gut/schlecht **III.** *part* ❶ (*more than enough*) mehr als genug; ***there's still ~ of storage space in the attic*** auf dem Dachboden kann man immer noch einiges unterstellen; ***he's had ~ of opportunities to apologize*** er hatte genügend Gelegenheiten, sich zu entschuldigen; ***I spent an hour with them one day and that was ~*** ich verbrachte einmal eine Stunde mit ihnen, und das war mehr als genug; ~ **of money/time** viel Geld/Zeit; ***we've got ~ of time before we need to leave for the airport*** wir haben noch viel Zeit, bevor wir zum Flughafen fahren müssen; ***they've always had ~ of money*** sie hatten immer viel Geld; ~ **of people/reasons** viele Leute/Gründe ❷ (*a lot*) genug; ***do we have problems? yea, we've got ~*** haben wir Probleme? Ja, genug; ~ ***to do/see etc*** viel zu tun/sehen; ***you'll have ~ to keep you busy*** du hast genug zu tun, damit du beschäftigt bist; AM (*fam*) ***this car cost me ~*** dieses Auto hat mich eine Stange Geld gekostet *fam*; ***there's ~ of work to be done*** wir haben [*o* es gibt] viel Arbeit zu erledigen **IV.** *adj inv* DIAL (*fam: much*) viel; ***there was ~ room*** es war genug Platz

plenum ['pli:nəm] *n* (*spec*) Plenum *nt*

pleonasm ['pli:ə(ʊ)næzᵊm, AM -oʊ-] *n no pl* LING Pleonasmus *m*

pleonastic [ˌpli:ə(ʊ)'næstɪk, AM -oʊ'-] *adj* LING pleonastisch

plethora ['pleθᵊrə, AM -ɚə] *n no pl* ■ **a ~ of sth** eine Fülle von etw *dat*; (*oversupply*) ein Übermaß *nt* an etw *dat*; ~ **of books** Bücherschwemme *f*

pleurisy ['plʊərəsi, AM 'plʊr-] *n no pl* MED Rippenfellentzündung *f*, Pleuritis *f fachspr*

'plex [pleks] *n short for* **cineplex** Cineplex *nt* (*großer Kinokomplex*)

Plexiglas® ['pleksɪglæs] *n no pl* AM (*Perspex*) Plexiglas® *nt*

plexus <*pl* -es *or* -> ['pleksəs] *n* ❶ ANAT Plexus *m*; **solar ~** Sonnengeflecht *nt*, Solarplexus *m fachspr* ❷ (*network*) Netzwerk *nt*, Flechtwerk *nt*

pliability [ˌplaɪə'bɪləti, AM -əṭi] *n no pl* Biegsamkeit *f*; (*fig*) *of persoality* Fügsamkeit *f*; (*conformity*) Überangepasstheit *f*

pliable ['plaɪəbl] *adj* biegsam; (*fig: easily influenced*) gefügig, fügsam

pliancy ['plaɪᵊn(t)si] *n no pl* Biegsamkeit *f*; (*fig*) *of personality* Fügsamkeit *f*; (*comforming*) Überangepasstheit *f*

pliant ['plaɪᵊnt] *adj* ❶ (*pliable*) biegsam; ~ **rubber** biegsames Gummi ❷ (*fig: compliant*) fügsam; (*influencable*) nachgiebig; ■ **to be ~** leicht zu beeinflussen sein

pliantly ['plaɪᵊntli] *adv* flexibel

plié ['pli:eɪ, AM pli:'eɪ] *n* Plié *nt*

pliers ['plaɪəz, AM -ɚz] *npl* Zange *f*; **a pair of ~** eine Zange

plight [plaɪt] **I.** *n* Not[lage] *f*; ***the ~ of the starving people*** die Not hungernder Menschen; **to be in a dreadful/sad/sorry ~** in einer schrecklichen/traurigen/erbärmlichen Lage sein **II.** *vt* **to ~ one's troth** (*hum dated: get engaged*) sich *akk* verloben, sich *dat* die Treue schwören *veraltet*; (*form: in marriage service*) jdm die [ewige] Treue schwören

plimsoll ['plɪm(p)sᵊl] *n* BRIT Turnschuh *m*

Plimsoll line *n*, **Plimsoll mark** *n* NAUT Kiellinie *f*

plinth [plɪn(t)θ] *n* Plinthe *f*

Pliocene ['plaɪə(ʊ)si:n, AM -oʊ-] **I.** *n no pl* GEOL ■ **the ~** das Pliozän **II.** *adj inv* GEOL pliozän; **the ~ epoch** das Pliozän

PLO [ˌpi:el'əʊ, AM -'oʊ] *n no pl see* **Palestine Liberation Organization**: ■ **the ~** die PLO

plod [plɒd, AM plɑ:d] **I.** *n* Marsch *m* **II.** *vi* <-dd-> ❶ (*walk slowly*) stapfen; **to ~ along the street/up the hill** die Straße entlang/den Hügel hinauf stapfen; **to ~ through the mud** durch den Schlamm waten ❷ (*work slowly*) ■ **to ~ through sth** sich *akk* durch etw *akk* hindurcharbeiten [*o* hindurchwühlen] [*o* durchkämpfen]

◆**plod along** *vi* ❶ (*walk*) stapfen ❷ (*work*) vor sich *akk* hin arbeiten; ***Alex is just ~ding along at school*** Alex ist ein fleißiger, aber mittlemäßiger Schüler

◆**plod away** *vi* vor sich *akk* hin arbeiten; **to ~ away at sth** etw [freudlos] tun; (*work hard*) schuften *pej fam*; ***for years, he's ~ded away at the same routine job*** seit Jahren macht er dieselbe stumpfe Routinearbeit

◆**plod on** *vi* ❶ (*continue walking*) weiterstapfen ❷ (*continue working*) weiterarbeiten

plodder ['plɒdəʳ, AM 'plɑ:dɚ] *n* Arbeitstier *nt fam*; ■ **to be a ~** stur vor sich *akk* hinarbeiten

plodding ['plɒdɪŋ, AM 'plɑ:d-] *adj* mühsehlig; **a ~ account** ein zäher [*o* mühsam zu lesender] Bericht; *person* schwerfällig

plonk¹ [plɒŋk] *n no pl esp* BRIT, AUS (*fam: wine*) billiger Wein, Gesöff *nt pej fam*; **a bottle of ~** eine Flasche mit billigem, schlechten Wein

plonk² [plɒŋk, AM plɑ:ŋk, plʌŋk] **I.** *n* (*fam: sound*) Ploppen *nt fam* **II.** *adv* (*fam*) dumpf knallend; ***I heard something go ~*** ich hörte, wie etwas dumpf aufschlug [*o fam* plopp machte] **III.** *vt* (*fam*) ❶ (*set down heavily*) ■ **to ~ sth somewhere** etw irgendwo hinknallen *fam* ❷ (*sit heavily*) **to ~ oneself down on a chair/sofa** sich *akk* auf einen Stuhl/ein Sofa fallen [*o fam* plumpsen] lassen

◆**plonk away** *vi* (*fam*) ■ **to ~ away on sth** auf etw *dat* herumklimpern *fam*

◆**plonk down** (*fam*) **I.** *vt* ■ **to ~ down ○ sth** etw hinknallen *fam*; ■ **to ~ oneself down** sich *akk* hinfallen [*o fam* hinplumpsen] lassen **II.** *vi* sich *akk* fallen lassen

◆**plonk out** *vt* (*fam*) **to ~ out a song/tune** [**on sth**] ein Lied/eine Melodie [auf etw *dat*] klimpern *fam*

plonker ['plɒŋkəʳ] *n* BRIT (*sl*) Blödmann *m fam*, Trottel *m fam*

plop [plɒp, AM plɑ:p] **I.** *n* Platsch[er] *m fam*; ***it fell into the water with a ~*** es platschte [*o fam* plumpste] ins Wasser **II.** *adv* platschend **III.** *vi* <-pp-> ❶ (*fall into liquid*) platschen *fam* ❷ (*drop heavily*) plumpsen *fam*

◆**plop down** (*fam*) **I.** *vi* sich *akk* hinfallen [*o fam* hinplumpsen] lassen **II.** *vt* ■ **to ~ down ○ sth** etw hinschmeißen *fam*

plosive ['pləʊsɪv, AM 'ploʊ] LING **I.** *adj inv* plosiv *fachspr* **II.** *n* Plosiv *nt fachspr*, Plosivlaut *m fachspr*

plot [plɒt, AM plɑ:t] **I.** *n* ❶ (*conspiracy*) Verschwörung *f*; **the Gunpowder P~** die Pulververschwörung; **to foil a ~** einen Plan [*o* ein Vorhaben] vereiteln; **to hatch a ~** einen Plan aushecken; ■ **a ~ against sb/sth** eine Verschwörung gegen jdn/etw; **a ~ to overthrow the government** ein Plan, die Regierung zu stürzen ❷ LIT (*story line*) Handlung *f*, Plot *m fachspr*; ~ **line** Handlungsverlauf *m* ❸ (*of land*) Parzelle *f*; **building ~** Bauland *nt*; **garden/vegetable ~** Garten-/Gemüsebeet *nt* ❹ COMPUT graphische Darstellung ► PHRASES: **to lose the ~** (*fam*) den Überblick verlieren; **the ~ thickens** (*hum*) die Lage spitzt sich zu **II.** *vt* <-tt-> ❶ (*conspire*) ■ **to ~ sth** etw [im geheimen] planen *a. hum* ❷ (*mark out*) ■ **to ~ sth** etw [graphisch] darstellen; ***radar operators ~ted the course of the incoming missile*** Radarschirme haben den Kurs der herannahenden Rakete geortet; **to ~ a curve** eine Kurve zeichnen [*o* darstellen]; **to ~ a position** eine Position ausmachen ❸ (*create storyline*) ■ **to ~ sth** *novel, play, scene* sich *dat* die Handlung für etw *akk* ausdenken; ***we've already ~ted the first three episodes*** die Handlung der ersten drei Folgen steht schon **III.** *vi* <-tt-> ■ **to ~ against sb/sth** sich *akk* gegen jdn/etw verschwören; ■ **to ~ to do sth** (*also hum*) planen, etw zu tun; ***they're ~ting to take over the company*** sie ziehen im Hintergrund die Fäden, um die Firma zu übernehmen

◆**plot out** *vt* ■ **to ~ out ○ sth** ❶ *route* etw [grob] planen ❷ *scene, story* etw umreißen

plotter ['plɒtəʳ, AM 'plɑ:ṭɚ] *n* ❶ (*conspirator*) Verschwörer(in) *m(f)* ❷ COMPUT Plotter *m*, Kurvenschreiber *m*

plough [plaʊ], AM **plow I.** *n* Pflug *m*; ***this field is under the ~*** dieses Feld wird bestellt [*o geh* ist unter dem Pflug] ► PHRASES: **put one's hand to the ~** den Stein ins Rollen bringen *fig* **II.** *vt* ❶ AGR **to ~ the field/soil** das Feld/den Boden pflügen; ***they ~ed fertilizer into the field*** sie pflügten den Dünger unter ❷ (*move with difficulty*) **to ~ one's way through sth** sich *dat* seinen Weg durch etw *akk* bahnen; (*fig*) sich *akk* durch etw *akk* [hindurch] wühlen *fig* **III.** *vi* ❶ AGR pflügen ❷ (*move with difficulty*) ■ **to ~ through sth** sich *akk* durch etw *akk* durchkämpfen; (*fig*) sich *akk* durch etw *akk* [hindurch] wühlen *fig*

◆**plough ahead** *vi* weitermachen; ***sales have been ~ing ahead*** die Verkaufszahlen sind [langsam] gestiegen

◆**plough back** *vt* ■ **to ~ back ○ sth** *plants* etw unterpflügen; **to ~ back money/profits** (*fig*) Geld/Profite reinvestieren

◆**plough in** *vt* ■ **to ~ in ○ sth** etw unterpflügen

◆**plough into I.** *vi* ■ **to ~ into sth** in etw *akk* hineinrasen **II.** *vt* ■ **to ~ sth into sth** etw in etw *akk* investieren

◆**plough on** *vi* stur weitermachen (**with** mit +*dat*)

◆**plough up** *vt* **to ~ up fields/land** Felder/Land umpflügen; **to ~ up sb's lawn** jds Rasen umgraben

Plough [plaʊ] *n no pl* ■ **the ~** der Große Wagen

ploughed [plaʊd], AM **plowed** *adj inv* gepflügt; ~ **fields** gepflügte Felder

ploughland, AM **plowland** *n no pl* Ackerland *nt*

ploughman, AM **plowman** *n* Pflüger *m*

ploughman's <*pl* -> *n* BRIT, AUS, **ploughman's lunch** *n* BRIT, AUS *Mittagessen, das aus Brot, Käse und Pickle besteht*

ploughshare, AM **plowshare** *n* Pflugschar *f* ► PHRASES: **to beat one's swords into ~s** (*prov liter*) die Waffen schweigen lassen *prov geh*, die Schwerter zu Pflugscharen machen

plover ['plʌvəʳ, AM -ɚ] *n* Bachstelze *f*

plow *n* AM *see* **plough**

plowed *adj* AM *see* **ploughed**

plowland ['plaʊlənd] *n* AM Ackerland *nt*

plowman <*pl* -men> ['plaʊmən] *n* AM Pflüger *m*

plowshare *n* AM *see* **ploughshare**

ploy [plɔɪ] *n* Plan *m*, Strategie *f*; (*trick*) Trick *m*; **a clever/subtle ~** eine clevere/subtile Strategie; **a ~ to deceive sb** ein Plan, jdn hinters Licht zu führen

pluck [plʌk] **I.** *n* Mut *m*, Schneid *m o* ÖSTERR *f fam*; **to have** [*or* **show**] [**a lot of**] ~ [viel] Schneid [*o* Mumm] haben *fam*, mutig sein **II.** *vt* ① (*pick*) ■**to ~ sth** [**from** [*or* **off**] **sth**] *fruit, flower* etw [von etw *dat*] abpflücken; *grass, dead leaves, loose thread* etw [von etw *dat*] abzupfen ② (*remove*) *feathers* ausrupfen; *hair* entfernen; (*with pincers*) auszupfen; **to ~ a chicken/goose** ein Huhn/eine Gans rupfen; **a ~ed chicken** ein gerupftes Huhn; **to ~ one's eyebrows** sich *dat* die Augenbrauen zupfen ③ (*pull*) ■**to ~ sth/sb** jdn/etw schnell nehmen *akk*; ***he ~ed the letter out of my hand*** er riss mir den Brief aus der Hand; ***she ~ed the ball out of the air*** sie fing den Ball in der Luft; (*pull cautiously*) zupfen; **to ~ sb's sleeve** [*or* **sb by the sleeve**] jdn am Ärmel zupfen ④ (*remove from situation*) ■**to ~ sb from** [*or* **out of**] **sth** jdn aus etw *dat* herausholen ⑤ MUS ■**to ~ sth** etw zupfen ▸ PHRASES: **to ~ sth out of the air** etw [frei] erfinden [*o* aus der Luft greifen] **III.** *vi* ■**to ~ at sth** an etw *dat* zupfen

◆**pluck out** *vt* ■**to ~ out ○ sth** etw auszupfen; *feathers* etw ausrupfen

◆**pluck up** *vt* **to ~ up one's** [*or* **the**] **courage** [**to do sth**] allen Mut zusammennehmen[, um etw zu tun]

pluckiness ['plʌkɪnəs] *n no pl* (*fam*) Mut *m*, Schneid *m o* ÖSTERR *f fam*

plucky ['plʌki] *adj* schneidig

plug [plʌg] **I.** *n* ① (*connector*) Stecker *m*; **to pull the ~ [on sth]** den Stecker [aus etw *dat*] herausziehen; (*fig*) ***the Administration has pulled the ~ on this project*** die Verwaltung hat diesem Projekt ihre Unterstützung aufgekündigt ② (*socket*) Steckdose *f* ③ (*for basin, sink*) Stöpsel *m*; **bath ~** Wannenstöpsel *m* ④ (*stopper*) Pfropfen *m*; *cask* Spund *m*; (*bung*) Zapfen *m*; *of cotton wool* Wattekügelchen *nt* ⑤ (*fam: publicity*) ■**a ~ [for sb/sth]** eine Werbung [für jdn/etw]; **to give sb/sth a ~** Werbung für jdn/etw machen ⑥ (*spark plug*) Zündkerze *f* ⑦ (*chunk*) **~ of tobacco** Priem *m* **II.** *vt* <-gg-> ① (*stop up*) **to ~ a hole/leak** ein Loch/Leck stopfen; ■**to ~ sth with sth** etw mit etw *dat* [zu]stopfen ② (*publicize*) ■**to ~ sth** etw anpreisen ③ AM (*sl: shoot*) ■**to ~ sb/sth** jdn/etw treffen (*mit einer Gewehr-, Pistolenkugel*); **to ~ sb in the arm/leg** jdm in den Arm/ins Bein schießen

◆**plug away** *vi* verbissen [*o* hart] arbeiten (**at** an +*dat*), sich abmühen (**at** mit +*dat*)

◆**plug in I.** *vt* ■**to ~ in ○ sth** etw einstöpseln [*o* anschließen] **II.** *vi* angeschlossen werden

◆**plug into I.** *vt* ① (*connect electrically*) ■**to ~ sth into sth** etw an etw *akk* anschließen; (*into the plug a.*) etw in etw *akk* einstöpseln ② *usu passive* (*have connections with*) ■**to be ~ged into sth** ein Teil von etw *dat* sein; (*have contacts*) Verbindungen [*o* Kontakte] zu etw *dat* haben **II.** *vi* ■**to ~ into sth** ① ELEC an etw *akk* angeschlossen werden ② COMPUT angeschlossen sein; **to ~ into a network** an ein Netz angeschlossen sein ③ (*fig*) sich *akk* eingliedern, sich *akk* in etw *akk* integrieren lassen

◆**plug up** *vt* ■**to ~ up ○ sth [with sth]** etw mit etw *dat* zustopfen

plughole *n* Abfluss *m* ▸ PHRASES: **to go down the ~** den Bach runtergehen *fam*

plug-in ['plʌgɪn] *n* Plug-in *nt* (*Erweiterung für ein existierendes Softwareprogramm*)

plug-ugly I. *adj* potthässlich *fam* **II.** *n* AM (*sl: thug*) Schläger *m*, Gorilla *m fig fam*

plum [plʌm] **I.** *n* ① (*fruit*) Pflaume *f*; **damson ~** Zwetsche *f* ② (*tree*) **~ [tree]** Pflaumenbaum *m* ③ (*good opportunity*) gute Gelegenheit, Chance *f* ④ (*colour*) Pflaumenblau *nt* **II.** *n modifier* (*juice, pit, tart*) Pflaumen-; **~ jam** Pflaumenmus *nt*; (*of damson plum*) Zwetschenmus *nt* **III.** *adj* ① *inv* (*colour*) pflaumenfarben; **~[-coloured] shirt** pflaumenfarbenes Hemd ② <plummer, plummest> *attr* (*exceptionally good*) traumhaft *fam*; ***the ~mest site in the city*** die attraktivste Lage in der Stadt; **~ job** Traumberuf *m*, Traumjob *m fam*; **~ part** Traumrolle *f*

plumage ['plu:mɪdʒ] *n no pl* Federkleid *nt*

plumb[1] [plʌm] **I.** *vt* ① (*determine depth*) ■**to ~ sth** etw [aus]loten; **to ~ the depth** die Tiefe loten ② (*fig: fathom*) ■**to ~ sth** etw ergründen ▸ PHRASES: **to ~ the depths** einen Tiefpunkt erreichen; ***Roy ~ed the depths of despair when ... left him*** Roy war völlig am Boden zerstört, als ...; (*hum*) ***they must really be ~ing the depths if ...*** sie müssen wirklich sehr verzweifelt sein, wenn ... **II.** *adj pred, inv* gerade, im Lot *fachspr*; **to be out of ~** schief sein, nicht im Lot [*o* außer Lot] sein *fachspr* **III.** *adv* ① (*fam: exactly*) genau; ***he hit me ~ on the nose*** er hat mich mitten [*o* direkt] auf die Nase gehauen ② AM (*fam: completely*) **~ crazy** total verrückt *fam* **IV.** *n* Lot *nt*

plumb[2] [plʌm] *vt* ***our house isn't ~ed properly*** die Installationen in unserem Haus sind schlecht gemacht; ■**to ~ sth into sth** etw an etw *akk* anschließen; ■**to be ~ed for sth** die nötigen Anschlüsse für etw *akk* haben

◆**plumb in** *vt* ■**to ~ in ○ sth** *washing machine, dishwasher* etw anschließen [*o* installieren]

plumbago [plʌm'beɪgəʊ, AM -goʊ] *n* ① (*graphite*) Graphit *nt* ② (*plant*) Bleiwurz *m*

plumber ['plʌməʳ, AM -ɚ] *n* Klempner(in) *m(f)*, Installateur(in) *m(f)*, Sanitär(in) *m(f)* SCHWEIZ

plumber's friend *n*, **plumber's helper** *n* AM (*plunger*) Saugpumpe *f* (*für verstopfte Abwasserleitungen im Haushalt*) **plumber's snake** *n* Drahtbürste *f*

plumbing ['plʌmɪŋ] **I.** *n no pl* Wasserleitungen *fpl* **II.** *adj attr, inv* **~ contractor** beauftragter Installateur/beauftragte Installateurin; **a ~ fixture** Installationszubehör *nt*; **~ work** Installationsarbeiten *fpl*

plumb line *n* Lot *nt* **plum-colored** AM, **plum-coloured** *adj inv* pflaumenfarben

plume [plu:m] **I.** *n* ① (*large feather*) Feder *f*; **ostrich ~** Straußenfeder *f*; **tail ~** Schwanzfeder *f*; (*as ornament*) Federbusch *m* ② (*cloud*) **~ of smoke** Rauchwolke *f*; **~ of dust** Staubwolke *f*; **~ of steam** Dunstglocke *f* ▸ PHRASES: **to be dressed in** [*or* **to wear**] **borrowed ~s** (*pej liter*) sich *akk* mit fremden Federn schmücken **II.** *vt* ① (*dated: preen*) ■**to ~ oneself** sich *akk* aufplustern ② (*pej liter: pride oneself*) ■**to ~ oneself on sth** sich *akk* mit etw *dat* brüsten

plumed [plu:md] *adj attr, inv* mit Federn geschmückt; **~ headdress** mit Federn verzierter Kopfschmuck

plummet ['plʌmɪt] **I.** *vi* ① (*plunge*) fallen, [herunter]stürzen; (*with loud noise*) [herunter]donnern; **to ~ to earth/the ground** auf die Erde/zu Boden stürzen; **to ~ out of** [*or* **from**] **the sky** abstürzen ② (*be reduced*) *prices* [stark] sinken [*o* fallen], absacken; ***house prices have ~ed*** die Häuserpreise sind in den Keller gefallen; ***morale has absolutely ~ed*** die Stimmung ist auf den Nullpunkt gesunken **II.** *n* Lot *nt*

plummy ['plʌmi] *adj* ① (*resembling plum*) pflaumenartig ② (*of plum colour*) pflaumenfarben ③ (*exceptionally desirable*) toll *fam*; **~ job** Traumjob *m fam* ④ (*rich-toned*) sonor; (*high-brow*) affektiert *pej*; **~ voice** sonore Stimme

plump [plʌmp] **I.** *adj* (*rounded*) rund; (*euph*) *person* rundlich, füllig, mollig; **~ arms** rundliche Arme; **~ cheeks** runde Wangen [*o fam* Bäckchen]; **~ chicken** Masthuhn *nt*; **~ and juicy grapes** runde [*o* volle] und saftige Trauben; **pleasingly** [*or* AM *also* **pleasantly**] **~** rund und gesund **II.** *adv* (*fam*) **to sit down ~** sich *akk* hinplumpsen lassen *fam*, he sat down ~ *on the bed*, mit einem Plumps ließ er sich aufs Bett fallen *fam*; **sth drops down ~** etw plumpst runter *fam* **III.** *vi* ■**to ~ for sb/sth** sich *akk* für jdn/etw entscheiden **IV.** *vt* **to ~ a cushion/pillow** ein Kissen/Kopfkissen aufschütteln

◆**plump down** (*fam*) **I.** *vt* ■**to ~ down ○ sth** etw hinplumpsen lassen *fam*; ***Joan ~ed her bags down next to her*** Joan ließ ihre Taschen mit einem Plumps neben sich fallen *fam*; **to ~ oneself down in a chair/on the sofa** sich *akk* in einen Stuhl/aufs Sofa fallen [*o fam* hinplumpsen] lassen **II.** *vi* **to ~ down in a chair/on the sofa** sich *akk* auf einen Stuhl/ein Sofa fallen [*o fam* hinplumpsen] lassen

◆**plump out** *vi* (*dated: gain weight*) zulegen *fam*, zunehmen

◆**plump up** *vt* **to ~ up a cushion/pillow** ein Kissen/Kopfkissen aufschütteln

plumply ['plʌmpli] *adv* drall, stramm

plumpness ['plʌmpnəs] *n no pl* Fülligkeit *f*; *fruit* Größe *f*

plum pudding *n* BRIT (*dated*) Plumpudding *m*

plunder ['plʌndəʳ, AM -dɚ] **I.** *vt* ■**to ~ sth** *gold, treasure* etw plündern; *church, palace, village* etw [aus]plündern; (*fig*) *the planet, environment* etw ausbeuten **II.** *vi* plündern **III.** *n no pl* ① (*booty*) Beute *f* ② (*act of plundering*) Plünderung *f*; *of planet* Ausbeutung *f*

plunderer ['plʌndᵊrəʳ, AM -dɚɚ] *n* Plünderer(in) *m(f)*

plunge [plʌndʒ] **I.** *n* ① (*drop*) Sprung *m*; (*fall*) Sturz *m*, Fall *m*; (*dive*) **to make a ~** tauchen; ***a sixty-foot ~ into the sea*** sechzig Fuß unter der Meeresoberfläche ② (*swim*) **~ [in the pool]** Schwimmen [im Pool] *nt kein pl* ③ (*sharp decline*) Sturz *m*; ***there has been a ~ in the value of the dollar today*** der Wert des Dollar ist heute dramatisch gefallen; **the ~ of the dollar** der Sturz des Dollar; **a ~ in profits** dramatisch sinkende Profite; **a ~ in value** dramatischer Wertverlust ▸ PHRASES: **to take the ~** einen Schritt wagen, ins kalte Wasser springen *fig* **II.** *vi* ① (*fall*) stürzen; ***Niagara Falls ~s 55.5 metres*** die Niagarafälle stürzen 55,5 m in die Tiefe; ■**to ~ into sth** sich *akk* in etw *akk* stürzen; ***we ~d into the sea*** wir sprangen ins Meer; **to ~ to one's death** in den Tod stürzen ② (*decrease dramatically*) dramatisch sinken [*o* fallen] ③ (*dash*) stürzen; ■**to ~ into sth** in etw *akk* stürzen; ***she ~d forward*** sie warf sich nach vorne ④ (*fig: begin abruptly*) ■**to ~ into sth** sich *akk* in etw *akk* [hinein]stürzen *fig* **III.** *vt* ① (*immerse*) ■**to ~ sth into sth** etw in etw *akk* eintauchen; (*in cooking*) etw in etw *akk* geben ② (*thrust*) **to ~ a dagger/knife/needle into sb** jdn mit einem Dolch/einem Messer/einer Nadel stechen ③ (*suddenly cause*) ■**to ~ sth/sb into sth** etw/jdn in etw *akk* hineinstürzen *fig*; ***the blackout plunged the town into darkness*** der Stromausfall tauchte die Stadt in Dunkelheit

◆**plunge in I.** *vi* ① (*dive in*) eintauchen ② (*fig: get involved*) sich *akk* einmischen; (*do without preparation*) ins kalte Wasser springen *fig*; ***Tom took a deep breath and ~d in with a bid of $500*** Tom holte einmal tief Luft und warf ein Angebot von $500 in den Raum **II.** *vt* ■**to ~ sth in** *knife* etw reinstechen

plunger ['plʌndʒəʳ, AM -ɚ] *n* Saugpumpe *f*

plunging neckline [ˌplʌndʒɪŋ'-] *n* Dekolletee *nt*

plunk [plʌnk] *n, adv, vt* AM *see* **plonk**[2]

pluperfect [ˌplu:'pɜ:fɪkt, AM -'pɜ:r-] **I.** *adj inv* LING Plusquamperfekt-; **a ~ form** eine Plusquamperfektform, eine Form im Plusquamperfekt; **the ~ tense** das Plusquamperfekt **II.** *n* LING ■**the ~** das Plusquamperfekt, die Vorvergangenheit

plural ['plʊərᵊl, AM 'plʊrᵊl] **I.** *n* ■**the ~** der Plural, die Mehrzahl; **in the ~** im Plural, in der Mehrzahl; **first/second/third person ~** erste/zweite/dritte Person Plural **II.** *adj inv* ① LING Plural-, pluralisch; **~ form** Pluralform *f*; **~ usage** pluralischer Gebrauch *m* ② (*pluralistic*) pluralistisch ③ (*multiple*) mehrfach *attr*; **~ citizenship** mehrere Staatsbürgerschaften

pluralism ['plʊərᵊlɪzᵊm, AM 'plʊrᵊl-] *n no pl* Pluralismus *m geh*

pluralist ['plʊərᵊlɪst, AM 'plʊrᵊl-] **I.** *n* Pluralist(in) *m(f) geh* **II.** *adj* pluralistisch *geh*

pluralistic [ˌplʊərᵊl'ɪstɪk, AM ˌplʊrᵊl'-] *adj* pluralistisch *geh*; **~ society** pluralistische Gesellschaft

plurality [plʊə'ræləti, AM plʊ'ræl-] *n* ① *no pl* (*variety*) ■**a ~ of sth** eine Vielfalt an etw *dat*; **~ of opinions** Meinungsvielfalt *f* ② AM POL (*of votes*) Mehrheit *f*; **to have** [*or* **win**] **a ~** eine Mehrheit gewinnen; AM einfache Mehrheit ③ *no pl* (*plural condition*) Pluralität *f geh*

pluralize ['plʊərᵊlaɪz, AM 'plʊrᵊl-] *vt* LING **sth is able/not able to be ~d** etw hat einen/keinen Plu-

P

ral [*o* kann/kann nicht in den Plural gesetzt werden]; ***you can't* ~ *it*** es hat keine Mehrzahl

plus [plʌs] **I.** *prep* plus +*dat*, zuzüglich +*dat* **II.** *n* <*pl* -es *or pl* -ses> Plus *nt kein pl fam;* MATH *also* Pluszeichen *nt;* (*advantage also*) Pluspunkt *m* **III.** *adj inv* ① *attr* (*above zero*) plus; ~ **8** [plus] acht; ~ **two degrees** zwei Grad plus [*o* über Null] ② *pred* (*or more*) mindestens; **20/30/250** ~ mindestens 20/30/250, 20/30/250 oder mehr; ***it'll take us six* ~ *hours to get there*** wir werden gut [*o* mindestens] sechs Stunden brauchen, um dorthin zu gelangen; ***her eldest son must be 20* ~** ihr ältester Sohn muss über 20 sein ③ (*slightly better than*) **A** ~ ≈ Eins plus *f* ④ (*positive*) **the** ~ **side** [**of sth**] das Positive an etw *dat;* **the** ~ **side of the account** FIN die Habenseite des Kontos

plus factor *n* Plus *nt kein pl*, Pluspunkt *m* **plus fours** *npl* (*dated*) Knickerbockers *pl*

plush [plʌʃ] **I.** *adj* ① (*luxurious*) exklusiv; ~ **restaurant** Nobelrestaurant *nt* ② (*made of plush*) Plüsch-; ~ **upholstery** Plüschbezug *m* **II.** *n* Plüsch *m*

plushness [ˈplʌʃnəs] *n no pl* ① (*luxuriousness*) Eleganz *f* ② (*softness*) Plüschige *nt*

plushy [ˈplʌʃi] *adj* nobel, elegant

plus point *n* BRIT Pluspunkt *m*

plus sign *n* Pluszeichen *nt*

Plutarch [ˈpluːtɑːk, AM tɑːrk] *n no pl* LIT, HIST Plutarch *m*

Pluto [ˈpluːtəʊ, AM -t̬oʊ] *n* Pluto *m*

plutocracy [pluːˈtɒkrəsi, AM -ˈtɑːkrə-] *n* Plutokratie *f geh;* (*fig: wealthy elite*) die oberen Zehntausend

plutocrat [ˈpluːtə(ʊ)kræt, AM -t̬ə-] *n* ① (*rich and powerful person*) Plutokrat(in) *m(f) geh* ② (*pej, hum: very wealthy person*) Krösus *m oft hum*

plutocratic [ˌpluːtə(ʊ)ˈkrætɪk, AM -t̬oʊˈkræt̬-] *adj* plutokratisch *geh;* **to have a** ~ **lifestyle** das Leben der Reichen und Mächtigen [*o geh* eines Plutokraten] führen

plutonium [pluːˈtəʊniːəm, AM -ˈtoʊ-] *n no pl* Plutonium *nt*

ply¹ [plaɪ] *n no pl* ① (*thickness*) Stärke *f*, Dicke *f;* **several plies of the material** verschiedene Stärken des Materials ② (*layer*) Schicht *f;* **four-~ plywood** vierschichtiges Sperrholz ③ (*strand*) **two-~ rope** zweilagiges Seil; **three-~ wool** dreifädige Wolle ④ *no pl* (*fam: plywood*) Schichtholz *nt*, Sperrholz *nt*

ply² <-ie-> [plaɪ] **I.** *vt* ① (*work steadily*) **to** ~ **a trade** ein Gewerbe betreiben; **to** ~ **one's work** seiner Arbeit nachgehen ② (*manipulate*) ■**to** ~ **sth** etw benutzen [*o* schwingen] *oft hum fam* ③ (*sell*) **to** ~ **drugs** mit Drogen handeln; **to** ~ **one's wares** seine Waren anpreisen [*o* anbieten] ④ (*supply continuously*) ■**to** ~ **sb with sth** jdn mit etw *dat* versorgen; **to** ~ **sb with whisky** jdn mit Whisky abfüllen *fam;* **to** ~ **sb with advice** jdn mit Ratschlägen überschütten; **to** ~ **sb with questions** jdn mit Fragen löchern ⑤ (*travel over*) **to** ~ **an ocean** einen Ozean regelmäßig überqueren; **to** ~ **a route** eine Strecke regelmäßig befahren **II.** *vi* ① BRIT ECON **to** ~ **for business** [*or* **trade**] für sich *akk* Werbung machen ② (*travel*) **to** ~ **between two cities** *ship, train* zwischen zwei Städten verkehren

plywood [ˈplaɪwʊd] *n no pl* Schichtholz *nt*, Sperrholz *nt*

pm *n abbrev of* **premium** Prämie *f*

pm *adv*, **p.m.** [ˌpiːˈem] *adv inv abbrev of* **post meridian:** ***one*** ~ ein Uhr mittags, dreizehn Uhr; ***eight*** ~ acht Uhr abends, zwanzig Uhr

PM [ˌpiːˈem] *n* ① BRIT *abbrev of* **Prime Minister** Premierminister(in) *m(f)* ② *abbrev of* **post-mortem**

PMS [ˌpiːemˈes] *n* MED *abbrev of* **premenstrual syndrome** PMS *nt*

PMT [ˌpiːemˈtiː] *n* ① BRIT MED, PSYCH *abbrev of* **premenstrual tension** ② *abbrev of* **photomechanical transfer** fotomechanische Übertragung

pneumatic [njuːˈmætɪk, AM nuːˈmæt̬-, njuː-] *adj inv* pneumatisch; ~ **brakes** pneumatische Bremsen; ~ **tyre** Luftreifen *m*

pneumatically [njuːˈmætɪkəli, AM nuːˈmæt̬-, njuː-] *adv inv* pneumatisch; **to be operated** ~ mit Luftdruck betrieben werden

pneumatic drill *n* Presslufthammer *m*

pneumonia [njuːˈməʊniːə, AM nuːˈmoʊnjə, njuː-] *n no pl* Lungenentzündung *f*, Pneumonie *f fachspr;* **double** ~ doppelseitige Lungenentzündung; **to catch** [*or* **get**] ~ eine Lungenentzündung bekommen

PO [ˌpiːˈəʊ, AM -ˈoʊ] *n abbrev of* **Post Office**

POA [ˌpiːəʊˈeɪ] *n no pl, + sing/pl vb* BRIT *abbrev of* **Prison Officers' Association** *Verband der Justizvollzugsbeamten*

poach¹ [pəʊtʃ, AM poʊtʃ] *vt* ■**to** ~ **sth** etw pochieren, etw dünsten; **to** ~ **an egg** ein Ei pochieren

poach² [pəʊtʃ, AM poʊtʃ] **I.** *vt* ① (*catch illegally*) **to** ~ **animals/game** Tiere/Wild wildern ② (*steal*) ■**to** ~ **sth** sich *dat* etw unrechtmäßig aneignen; ***Jeff always* ~*es my ideas*** Jeff stiehlt mir immer meine Ideen ③ (*lure away*) ■**to** ~ **sb** [**from sb**] jdn [jdm] abwerben **II.** *vi* ① (*catch illegally*) wildern ② (*steal*) stehlen ③ (*encroach*) auf die Pirsch [*o* Jagd] gehen *oft hum* ▸ PHRASES: **to** ~ **on sb's territory** [*or* **preserves**] in fremden Revieren jagen *fig*

poached egg *n* pochiertes Ei

poacher¹ [ˈpəʊtʃəʳ, AM ˈpoʊtʃɚ] *n* Dünster *m;* **egg** ~ Eierkocher *m* (*für pochierte Eier*)

poacher² [ˈpəʊtʃəʳ, AM ˈpoʊtʃɚ] *n* Wilderer *m*

poaching [ˈpəʊtʃɪŋ, AM ˈpoʊtʃ-] *n no pl* ① HUNT Wilderei *f* ② (*taking unfairly*) Wegnehmen *nt*, Abjagen *nt; of workers* Abwerben *nt* von Arbeitskräften

PO Box *n abbrev of* **Post Office Box:** ~ ***3333*** Postfach 3333

pock [pɒk, AM pɑːk] *n usu pl* Pockennarbe *f*

pocked [pɒkt, AM pɑːkt] *adj* ① *face* pockennarbig; ~ **face** pockenvernarbtes Gesicht ② (*with holes*) ■**to be** ~ **with sth** von etw *dat* durchlöchert sein

pocket [ˈpɒkɪt, AM ˈpɑː-] **I.** *n* ① (*in clothing*) Tasche *f;* **back/breast/inside** ~ Gesäß-/Brust-/Innentasche *f;* **coat/jacket/trouser** ~ Mantel-/Jacken-/Hosentasche *f;* **patch** ~ aufgenähte [*o* aufgesetzte] Tasche; **from** [*or* **out of**] **one's** ~ aus der Tasche ② (*on bag, in car*) Fach *nt;* ***the outside* ~ *of her rucksack*** das Außenfach [*o* die Außentasche] ihres Rucksacks; **the side** ~ **of the driver's door** das Seitenfach der Fahrertür; **zip** ~ Reißverschlusstasche *f* ③ (*fig: financial resources*) Geldbeutel *m fig;* **out-of-~ expenses** Auslagen *fpl;* **to have deep ~s** eine dicke Brieftasche haben *fig;* **to pay for sth out of one's own** ~ etw aus eigener Tasche bezahlen; **to be in** ~ Geld übrig haben, Plus machen *fam;* **to be out of** ~ Geld verlieren; ***we ended up $300 in/out of* ~** am Ende hatten wir $300 Gewinn/Verlust gemacht ④ (*small area*) Insel *f fig;* ~ **of greenery** Grünfläche *f;* ~ **of resistance** vereinzelter Widerstand, Widerstandsnest *nt;* ~ **of turbulence** AVIAT Turbulenz *f* ⑤ SPORTS (*on snooker table*) Loch *nt* ▸ PHRASES: **to put one's pride in one's** ~ seinen Stolz überwinden; **to have sb in one's** ~ jdn in der Hand haben; **to have sth in one's** ~ etw in der Tasche haben *fig fam;* **to line one's ~s** sich *dat* die Taschen füllen *fig fam;* **to live in sb's** ~ (*pej*) jdm auf der Pelle sitzen *fam;* **to put one's hand in one's** ~ bezahlen, in die Tasche greifen *fig fam* **II.** *vt* ① (*put in one's pocket*) ■**to** ~ **sth** etw in die Tasche stecken; **to** ~ **one's change** sein Wechselgeld wegstecken *fam* ② (*keep sth for oneself*) ■**to** ~ **sth** etw behalten [*o fam pej* einstecken] ③ SPORTS (*in snooker, billiards*) **to** ~ **a ball** einen Ball ins Loch spielen ▸ PHRASES: **to** ~ **one's pride** seinen Stolz überwinden **III.** *n modifier* (*pocket-sized*) *knife, phone, calculator* Taschen-; ~ **battleship** (*hist*) Westentaschenkreuzer *m* (*schwer bewaffnetes kleines Panzerschiff*); ~ **dictionary** Taschenwörterbuch *nt;* ~ **edition** Taschenbuchausgabe *f;* **a** ~ **Venus** (*dated*) Kindfrau *f*

pocketbook *n* AM ① (*woman's handbag*) Handtasche *f* ② (*paperback*) Taschenbuch *nt* ③ (*fig: ability to pay*) Brieftasche *f fig;* **to vote with one's** ~ aus finanziellen Erwägungen heraus wählen **pocket calculator** *n* Taschenrechner *m* **pocket camera** *n* Pocketkamera *f* **pocket diary** *n* Taschenkalender *m* **pocketful** *n* ~**s of candy** Taschen voller [*o* voll mit] Süßigkeiten; **a** ~ [*or* ~**s**] **of money** (*fig*) Unmengen *fpl* von Geld **pocket-handkerchief I.** *n* (*dated*) Taschentuch *f* **II.** *adj* BRIT winzig; ~ **garden** winziger Garten **pocketknife** *n* Taschenmesser *nt* **pocket money** *n no pl* Taschengeld *nt;* (*fig: small amount of money*) ein Taschengeld *nt fig fam* **pocket-size(d)** *adj* im Taschenformat *nach n;* ~ **television** Fernseher im Taschenformat; ~ **kid** (*fig*) Winzling *m fam* **pocket veto** *n* AM (*Presidential veto*) aufschiebendes Veto **pocket watch** *n* Taschenuhr *f*

pockmark *n* Pockennarbe *f*

pockmarked *adj* ① *face* pockennarbig; ~ **face** pockenvernarbtes Gesicht ② (*with holes*) ■**to be** ~ **with sth** von etw *dat* durchlöchert sein

p.o.'d *adj* (*fam*) *abbrev of* **pissed off** angewidert; ■**to be** ~ die Schnauze voll haben *fam*

pod [pɒd, AM pɑːd] *n* ① (*seed container*) Hülse *f; pea, vanilla* Schote *f* ② (*on aircraft*) Gondel *f;* (*to hold jet*) Düsenaggregat *nt*, Triebwerksgondel *f* (*unter der Tragfläche*)*; missile* ~ Raketengeschoss *nt*

podginess [ˈpɒdʒɪnəs, AM ˈpɑːdʒ-] *n no pl* Körperfülle *f*, Molligkeit *f*

podgy [ˈpɒdʒi, AM ˈpɑːdʒi] *adj* (*esp pej*) dick *fam*, fett *pej fam*, speckig *pej fam;* ~ **face** Mondgesicht *nt hum fam*

podia [ˈpəʊdiə, AM ˈpoʊ-] *n pl of* **podium**

podiatrist [pə(ʊ)ˈdaɪətrɪst, AM ˈpəˈ-] *n esp* AM, AUS (*chiropodist*) Fußspezialist(in) *m(f)*

podiatry [pə(ʊ)ˈdaɪətri, AM ˈpəˈ-] *n no pl esp* AM, AUS (*chiropody*) Fußheilkunde *f*

podium <*pl* -dia> [ˈpəʊdiəm, AM ˈpoʊ-, *pl* -diə] *n* Podium *nt;* **winner's** ~ Siegerpodest *nt*

poem [ˈpəʊɪm, AM ˈpoʊəm] *n* (*also fig*) Gedicht *nt;* **epic/lyric/narrative** ~ episches/lyrisches/dramatisches Gedicht; **love/war** ~ Liebesgedicht/Kriegsgedicht *nt*

poesy [ˈpəʊɪzi, AM ˈpoʊəsi] *n no pl* (*liter or old*) Dichtkunst *f*, Poesie *f*

poet [ˈpəʊɪt, AM ˈpoʊət] *n* Dichter(in) *m(f)*

poetaster [ˌpəʊɪˈtæstəʳ, AM ˈpoʊətæstɚ] *n* Schreiberling *m pej*, Dichterling *m pej*

poetess <*pl* -es> [ˌpəʊɪˈtes, AM ˈpoʊɪt̬ɪs] *n see* **poet** Dichterin *f*

poetic(al) [pəʊˈetɪk(əl), AM poʊˈet̬-] *adj* ① (*relating to poetry*) dichterisch; ***Dryden's* ~ *works*** Drydens Lyrik [*o* dichterisches Werk]; ~ **language** Dichtersprache *f;* **to have a** ~ **temperament** Sinn für Poesie [*o* ein poetisches Gemüt] haben ② (*like poetry*) poetisch

poetically [pəʊˈetɪkəli, AM poʊˈet̬-] *adv* dichterisch, poetisch; ***he put it very* ~** er drückte sich sehr poetisch aus, er redet wie ein Dichter; **to be** ~ **gifted** eine dichterische [*o* schriftstellerische] Begabung haben

poetic justice *n no pl* ausgleichende Gerechtigkeit

poetic licence *n no pl* dichterische Freiheit

poet laureate *n* (*fig*) Poeta laureatus *m* **Poet Laureate** <*pl* -s *or* **Poets Laureate**> *n* BRIT Poeta laureatus *m*

poetry [ˈpəʊɪtri, AM ˈpoʊə-] *n no pl* ① (*genre*) Dichtung *f*, Lyrik *f;* ***she writes* ~** sie schreibt Gedichte; **epic/lyric/narrative** ~ epische/lyrische/dramatische Dichtung; **love** ~ Liebesdichtung/Liebeslyrik *f;* **war** ~ Kriegsdichtung *f;* **Goethe's/Milton's** ~ Goethes/Miltons Dichtung [*o* Lyrik] *f* ② (*poetic quality*) Poesie *f;* ***she was* ~ *in motion*** es war eine Freude, ihr zuzuschauen, sie hatte wunderschöne Bewegungen

poetry reading *n* Dichterlesung *f*

po-faced [ˌpəʊˈfeɪst] *adj* BRIT, AUS ① (*pej: humourless*) todernst, sauertöpfisch *pej fam;* (*bad tempered*) mürrisch, griesgrämig *fam;* ***the film is serious but not*** ~ der Film ist ernst, aber nicht düster ② (*expressionless*) ausdruckslos, mit unbewegter Miene [*o* unbewegtem Gesicht] *nach n*

pogey [ˈpoʊgi] *n no pl* CAN (*pej: social welfare*) Sozialhilfe *f;* (*unemployment benefit*) Arbeitslosengeld *nt*

pogo stick [ˈpəʊgəʊ,-, AM ˈpoʊgoʊ-] *n* Springstab

m, Springstock m

pogrom ['pɒgrəm, AM 'poʊ-] n Pogrom nt

poignancy ['pɔɪnjən(t)si] n no pl Eindringlichkeit f; *his words had a particular ~ for me* seine Worte waren sehr bewegend für mich [o berührten mich tief]

poignant ['pɔɪnjənt] adj bewegend, ergreifend; (distressing) erschütternd; memories melancholisch

poignantly ['pɔɪnjəntli] adv eindringlich, bewegend

poinsettia [ˌpɔɪn(t)'setiə, AM -seṭ-] n Weihnachtsstern m

point [pɔɪnt]

I. NOUN II. INTRANSITIVE VERB
III. TRANSITIVE VERB

I. NOUN

1 (sharp end) Spitze f; of a star Zacke f; of deer Ende nt fachspr, Sprosse f fachspr; **the ~ of the chin** die Kinnspitze; **knife/pencil ~** Messer-/Bleistiftspitze f; **to hold sb at gun-/knife-~** jdn mit vorgehaltener Pistole/vorgehaltenem Messer bedrohen **2** (dot) Punkt m; **~ of light** Lichtpunkt m **3** (punctuation mark) Punkt; (in Hebrew) Vokalzeichen nt **4** (decimal point) Komma; **decimal ~** Dezimalpunkt m **5** (position) Stelle f, Punkt m; *... at London and all ~s west* ... in London und allen Orten westlich davon; **~ of contact** Berührungspunkt m; **~ of departure** [or **starting ~**] Ausgangspunkt m a. fig; **~ of entry** (border) Ort m der Einreise; (bullet wound) Einschussstelle f; **to reach the ~ of no return** den Punkt erreichen, an dem man nicht mehr zurück kann; **at this ~** an dieser Stelle **6** (particular time) Zeitpunkt m; *this seems like a good ~* dies scheint ein günstiger Zeitpunkt zu sein; *she was on the ~ of collapse* sie stand kurz vor dem Zusammenbruch; *I was completely lost at one ~* an einer Stelle hatte ich mich komplett verlaufen; *when it comes to the ~ that ...* wenn es einmal so weit kommt, dass ...; *they tickled him to the ~ of torture* sie kitzelten ihn so sehr, dass es fast zur Folter wurde; *at no ~ did I think our relationship wouldn't work out* zu keinem Zeitpunkt hatte ich daran gezweifelt, dass es zwischen uns nicht klappen würde; **to be** [or **lie**] **at the ~ of death** an der Schwelle des Todes stehen geh, im Sterben liegen; **at this/that ~ in time** zu dieser/jener Zeit; **at that ~** zu diesem Zeitpunkt; (then) in diesem Augenblick; **from that ~ on ...** von da an ... **7** (about to do) **to be on the ~ of doing sth** [gerade] im Begriff sein, etw zu tun; *I was on the ~ of ringing you myself actually* ich wollte dich auch gerade anrufen!; *she was on the ~ of telling him the truth when ...* sie wollte ihm gerade die Wahrheit sagen, als ...; *I was on the ~ of handing in my resignation* beinahe hätte ich gekündigt **8** (argument, issue) Punkt m; *ok ok, you've made your ~!* ja, ich hab's jetzt verstanden! fam; *you made some interesting ~s in your speech* Sie haben in Ihrer Rede einige interessante Punkte angesprochen; *what ~ are you trying to make?* worauf wollen Sie hinaus?; *you have a ~ there* da ist was dran fam; *she does have a ~ though* so ganz Unrecht hat sie nicht; *she made the ~ that ...* sie wies darauf hin, dass ...; (stress) sie betonte, dass ...; *my ~ was that ...* ich wollte sagen, dass ...; *my ~ exactly* das sag' ich ja fam; *ok, ~ taken* ok, ich hab' schon begriffen fam; *that's a ~* das ist ein Argument sl; *I take your ~* einverstanden; *I can see your ~* ich weiß, was du sagen willst; **the ~ under dispute** der strittige Punkt; **~ of detail** Detailfrage f; **to make** [or **raise**] **a ~ in favour of/against sth** ein Argument für etw akk/gegen etw akk einbringen; **to drive home the ~** seinen Standpunkt klarmachen; **~ of honour** Ehrensache f; **~ of law** Rechtsfrage f; **a 5-~ plan** ein Fünfpunkteplan m; **to make/prove one's ~** seinen Standpunkt deutlich machen; **~ by ~** Punkt für Punkt **9** no pl (most important idea) ■**the ~** der springende Punkt; *the ~ is ...* der Punkt ist nämlich der, ...; *more to the ~, however, ...* wichtiger jedoch ist ...; *your arguments were very much to the ~* deine Argumente waren wirklich sehr sachbezogen; *that's beside the ~* [or *not the ~*]*!* darum geht es doch gar nicht!; **to come** [or **get**] **to the ~** auf den Punkt [o zur Sache] kommen; **to get the ~ of sth** etw verstehen; **to keep** [or **stick**] **to the ~** beim Thema bleiben; **to make a ~ of doing sth** [großen] Wert darauf legen, etw zu tun; **to miss the ~ of sth** nicht verstehen [o begreifen], worum es geht **10** no pl (purpose) Sinn m, Zweck m; *but that's the whole ~!* aber das ist doch genau der Punkt!; *what's the ~ of waiting for them?* warum sollten wir auf sie warten?; *there's no ~ of talking about it any longer* es hat keinen Zweck, sich noch länger darüber zu unterhalten; *I really don't see the ~ of going to this meeting* ich weiß wirklich nicht, warum ich zu dieser Besprechung gehen sollte; *but that's the whole ~ of doing it!* aber deswegen machen wir es ja gerade!; *what's the ~ anyway?* was soll's? **11** (stage in process) Punkt m; *from that ~ on ...* von diesem Moment an ...; *the high ~ of the evening ...* der Höhepunkt des Abends ...; *things have reached a ~ where I just can't bear it any longer* ich bin an einen Punkt angelangt, wo ich es einfach nicht mehr aushalten kann; *it got to the ~ where no one knew what was going on* irgendwann wusste dann keiner mehr, was Sache war; *... when it came to the ~ ...* ... als es soweit war, ...; (conditional) ... wenn es darauf ankäme, ...; *we'll start again tomorrow from the ~ where we left off today* wir werden morgen dort da weitermachen, wo wir heute aufgehört haben; *I was on the ~ of leaving him* ich war kurz davor, ihn zu verlassen; **up to a ~** bis zu einem gewissen Grad [o Maße] **12** (important characteristic) Merkmal nt; *being single does have its ~s* single zu sein hat auch seine Vorteile; **bad/good ~s** schlechte/gute Seiten; *the book has its ~s* das Buch hat auch seine guten Seiten; **sb's strong ~s** jds Stärken pl; **sb's weak ~s** jds Schwächen **13** (in sports) Punkt m; *San Francisco has scored 31 ~s* San Francisco hat 31 Punkte erzielt; **a win on ~s** ein Sieg m nach Punkten; **to win on ~s** nach Punkten siegen **14** (unit) STOCKEX Punkt m; (with prices) [Prozent]punkt m; **to have risen seven ~s** sieben Punkte gestiegen sein **15** (for diamonds) 0,01 Karat **16** (on compass) Strich m; (on thermometer) Grad m **17** (in bridge) Punkt m **18** BOXING Kinnspitze f **19** (in ballet) Spitze f; **to dance on ~s** auf Spitzen tanzen **20** BRIT, AUS (socket) Steckdose f **21** AUTO ■**~s** pl Unterbrecherkontakte mpl **22** BRIT RAIL ■**~s** pl Weichen fpl **23** (promontory) Landspitze f **24** TYPO Punkt m; *the small letters are in 6 ~* die kleinen Buchstaben haben Schriftgröße 6 Punkt **25** (cricket) Position in der Nähe des Schlagmannes **26** (extremities) ■**~s** pl of horse, dog Extremitäten pl **27** (punch line) of a story Pointe f ► PHRASES: **to be a good case in ~** [für etw akk] ein gutes Beispiel sein; **to not put too fine a ~ on sth** nicht um den heißen Brei herumreden fam; *not to put too fine a ~ on it, ...* ehrlich gesagt ...; **sb makes a ~ of doing sth** für jdn ist es wichtig, etw zu tun; *I know the door was locked because I made a point of checking it* ich weiß, dass die Tür abgeschlossen war, weil ich extra nochmal nachgesehen habe

II. INTRANSITIVE VERB

1 (with finger) deuten, zeigen; ■**to ~ at** [or **to**] **sth/sb** [mit dem Finger] auf etw/jdn zeigen; *it's rude to ~ at people* man zeigt nicht mit dem Finger auf Leute **2** (be directed) weisen; *there was an arrow ~ing to the door* ein Pfeil wies den Weg zur Tür; *the needle was ~ing to 'empty'* die Nadel zeigte auf ‚leer'; **to ~ east/west** nach Osten/Westen weisen [o zeigen] **3** (indicate) ■**to ~ to sth** auf etw akk hinweisen [o hindeuten]; *all the signs ~ his reinstatement* alles deutet darauf hin, dass er wieder eingestellt wird **4** (use as evidence) ■**to ~ to sth** auf etw akk verweisen **5** HUNT dog vorstehen

III. TRANSITIVE VERB

1 (aim) ■**to ~ sth at sb/sth** weapon etw [auf jdn/etw] richten; stick, one's finger mit etw dat auf jdn/etw zeigen; **to ~ the finger** [**at sb**] (fig) sich akk [über jdn] beschweren **2** (direct) **to ~ sb in the direction of sth** jdn den Weg zu etw dat beschreiben; *could you ~ me in the direction of he bus station, please?* könnten Sie mir bitte sagen, wie ich zum Busbahnhof komme?; **to ~ the way** [**to sth**] (fig) den Weg [für etw akk] ebnen **3** (extend) **to ~ one's toes** die Zehen strecken **4** (building) ■**to ~ sth** etw verfugen [o ausfugen] **5** HUNT ■**to ~ sth** dog etw anzeigen **6** (punctuate) ■**to ~ sth** interpunktieren fachspr; (in Hebrew) etw vokalisieren; **to ~ a psalm** einen Psalm mit Deklamationszeichen versehen

◆**point out** vt **1** (show) ■**to ~ out** ◌ **sth/sb** [**to sb**] [jdn] auf etw/jdn hinweisen; (with finger) [jdn] etw/jdn zeigen; *if you see her, please ~ her out to me* wenn du sie siehst, zeige sie mir bitte **2** (inform) ■**to ~ out** ◌ **sth** [**to sb**] [jdn] auf etw akk aufmerksam machen [o hinweisen]; ■**to ~ out that ...** darauf aufmerksam machen, dass ...

◆**point up** vi (form) ■**to ~ up** ◌ **sth** etw hervorheben [o unterstreichen]; (show) etw zeigen [o veranschaulichen]

point-and-click adj inv COMPUT Anklick- **point-and-shoot** adj inv PHOT Autofokus-, mit Autofokus nach n **point-blank** I. adv inv **1** (at very close range) aus nächster Nähe; **to fire** [**a weapon**] **~** aus nächster Nähe schießen **2** (bluntly) geradewegs, unumwunden; *she asked me ~ to help her* sie bat mich unverblümt um Hilfe II. adj attr **1** (very close) nah; **to shoot sb/sth at ~ range** auf jdn/etw aus nächster Nähe schießen **2** (blunt) unverhohlen; **~ question** unverblümte Frage **point duty** n NBRIT Verkehrsregelung f; *he has ~ on New Year's Eve* er ist am Silvesterabend für die Verkehrsregelung eingeteilt

pointed ['pɔɪntɪd, AM -ṭɪd] adj **1** (with sharp point) spitz **2** (emphatic) pointiert geh; **~ criticism** scharfe Kritik; **~ question** unverblümte Frage; **~ remark** spitze Bemerkung; **~ reminder** eindrückliche Erinnerung

pointedly ['pɔɪntɪdli, AM -ṭɪdli] adv bewusst; *he ~ ignored her* er übersah sie absichtlich

pointer ['pɔɪntəʳ, AM -ɚ] n **1** (on dial) Zeiger m **2** (rod) Zeigestock m **3** usu pl (fam: tip) Tipp m fam; (instructions) Hinweis m; *can you give me a few ~s as to the best way to tackle the problem?* kannst du mir ein paar Tipps geben, wie das Problem am besten zu lösen ist? **4** (indicator) Gradmesser m fig **5** (dog) Vorstehhund m; (breed) Pointer m **6** COMPUT (variable) Hinweisadresse f

pointer file n COMPUT Verweisungsdatei f

Pointers ['pɔɪntəz, AM -ṭɚz] npl ASTRON ■**the ~** Sterne im Großen Bären, die in Verlängerung zum Nordpol zeigen

pointillism ['pɔɪntɪlɪzᵊm, AM 'pwæntəlɪ-] n no pl ART Pointillismus m fachspr

pointillist ['pɔɪntɪlɪst, AM 'pwæntəlɪ-] ART I. n Pointillist(in) m(f) fachspr II. adj inv pointillistisch fachspr

pointing ['pɔɪntɪŋ, AM ṭɪŋ] n no pl ARCHIT **1** (activity) Verputzen nt **2** (plaster) Putz m

pointless ['pɔɪntləs] adj sinnlos, zwecklos; remark überflüssig; *Anelli finds this all rather ~* Anelli findet das alles ziemlich sinnlos; *it's ~ arguing with him* es hat keinen Zweck, mit ihm zu diskutieren

pointlessly ['pɔɪntləsli] adv sinnlos; *I tried, rather ~, to change her mind* ich versuchte ohne großen Erfolg, sie umzustimmen

pointlessness ['pɔɪntləsnəs] n no pl Sinnlosigkeit f

point man n AM Kontaktmann m

point of honour <pl points of honour> n Ehrensache f kein pl **point of law** <pl points-> n Rechtsfrage f **point of order** <pl points-> n [**on a**] **~, Mr Chairman** ein Antrag zur Geschäftsordnung, Herr Vorsitzender; **to raise a** ~ die Debatte mit einer Anfrage nach Verletzung der Geschäftsordnung unterbrechen **point of sale** <*pl* points-> *n* Verkaufsstelle *f* **point of view** <*pl* points-> *n* Ansicht *f*, Einstellung *f*; ***try and look at the situation from her*** ~ versuche, die Situation aus ihrer Sicht zu betrachten; **from a student's** ~ aus studentischer Sicht; **from a purely practical** ~ rein praktisch betrachtet **point shoe** *n* Ballettschuh *m* **pointsman** *n* BRIT ① RAIL Weichensteller(in) *m(f)* ② ADMIN (*with point duty*) Verkehrspolizist(in) *m(f)* **point system** *n* Punktesystem *nt* **point to point** *n* COMPUT (*communications network*) Punkt zu Punkt **point-to-point** *n*, **point-to-point race** *n* SPORTS Jagdrennen *nt* **point work** *n* Spitzentanz *m*; **to do** ~ **work** auf der Spitze tanzen

pointy [ˈpɔɪnti, AM -t̬i] *adj* spitz

pointy head *n* AM (*hum fam: egghead*) Eierkopf *m oft pej*

poise [pɔɪz] **I.** *n no pl* Haltung *f*; **to lose/regain one's** ~ die Fassung verlieren/wiedergewinnen **II.** *vt usu passive* ① (*balance*) ■**to** ~ **sth** etw balancieren; ***he ~ed himself on the very edge of the seat*** er balancierte auf der Stuhlkante; ***my pencil was ~d over the page, ready to take down her words*** ich hielt meinen Bleistift gezückt, um ihre Worte niederzuschreiben; **to be ~d to jump** sprungbereit sein; (*hover*) ■**to be ~d** schweben ② (*fig*) ■**to be ~d to do sth** (*about to*) nahe daran sein, etw zu tun; ***the company is ~d to launch its new advertising campaign*** die Firma wird ihre Werbekampagne in nächster Zeit starten

poised [pɔɪzd] *adj* beherrscht, souverän *geh*

poison [ˈpɔɪzᵊn] **I.** *n* Gift *nt*; (*fig*) ***that woman is pure ~!*** diese Frau ist voller Gift!; **rat** ~ Rattengift *nt*; **to lace sth with** ~ etw mit Gift präparieren; **to take** ~ Gift nehmen ► PHRASES: **one man's <u>meat</u> is another man's** ~ (*prov*) über Geschmack lässt sich nicht streiten *prov*; **what's** [*or* **name**] **<u>your</u>** ~? (*hum*) was möchtest du trinken? **II.** *vt* ① (*give poison to*) ■**to** ~ **sb/an animal** jdn/ein Tier vergiften; ***try the spinach, it won't ~ you*** probiere mal den Spinat, es wird dich wohl nicht umbringen ② (*spoil*) ■**to** ~ **sth** etw vergiften *fig*; **to** ~ **sb's mind against sb/sth** jdn gegen jdn/etw einnehmen

poisoned [ˈpɔɪzᵊnd] *adj* vergiftet; ~ **arrow** Giftpfeil *m*; ~ **chalice** Giftbecher *m*, Schierlingsbecher *m geh*; (*fig*) ***the new party leader had been handed a ~ chalice*** der neue Parteiführer hatte die Katze im Sack gekauft

poisoner [ˈpɔɪzᵊnəʳ, AM -ɚ] *n* Giftmischer(in) *m(f)*

poison gas *n no pl* Giftgas *nt*; ~ **attack** Giftgasangriff *m*

poisoning [ˈpɔɪzᵊnɪŋ] *n* ① *no pl* (*act*) Vergiften *nt* ② (*condition*) Vergiftung *f*; (*individual case*) Fall *m* von Vergiftung; **barbiturate** ~ Schlafmittelvergiftung *f*; **blood/lead** ~ Blut-/Bleivergiftung *f*; **food** ~ Lebensmittelvergiftung *f*

poison ivy *n no pl* Giftsumach *m*

poisonous [ˈpɔɪzᵊnəs] *adj* ① (*containing poison*) giftig; ~ **mushroom** Giftpilz *m*; ~ **plant** Giftpflanze *f*; ~ **snake** Giftschlange *f* ② (*malicious*) giftig *fig*, boshaft; ***he is a ~ little man*** er ist ein kleiner Giftzwerg *pej fam*; ~ **allegation** böswillige Anspielung; ~ **atmosphere** vergiftete Atmosphäre; ~ **remark** spitze [*o* giftige] Bemerkung

poison-pen letter *n* verleumderischer Brief

poke¹ [pəʊk, AM poʊk] *n* ① *esp* SCOT (*bag*) Beutel *m* ② AM (*fam: purse*) Portemonnaie *nt*, Portmonee *nt* ③ COMPUT Direktspeicheranweisung *f* ► PHRASES: **to buy a <u>pig</u> in a** ~ (*pej*) die Katze im Sack kaufen *fig*

poke² [pəʊk, AM poʊk] **I.** *n* ① (*jab*) Stoß *m*; **to give sb a** ~ jdm einen Stoß versetzen ② (*vulg sl: sex*) Fick *m vulg* ► PHRASES: **it's better than a** ~ **in the <u>eye</u> with a burnt** [*or* **pointed**] **stick** besser als nichts, man kann's schlimmer erwischen **II.** *vt* ① (*prod*) ■**to** ~ **sb/sth** jdn/etw anstoßen; (*with umbrella, stick*) jdn/etw stechen; **to** ~ **sb in the arm/ribs** jd in den Arm/die Rippen knuffen; **to** ~ **a hole in sth** ein Loch in etw *akk* bohren; **to** ~ **holes in an argument** ein Argument in der Luft zerreißen ② ■**to** ~ **sth into/through sth** (*prod with*) etw in/durch etw *akk* stecken; (*thrust*) etw in/durch etw *akk* stoßen ③ (*stir*) **to** ~ [**up**] **a fire** ein Feuer schüren ④ (*extend*) **to** ~ **one's head up/through the window** den Kopf in die Höhe/durch das Fenster strecken; ***Cathy ~d her head round the door*** Cathy steckte ihren Kopf zur Tür herein ⑤ AM (*fam: hit*) ■**to** ~ **sb** [**on the nose**] jdn [auf die Nase] schlagen [*o fam* hauen] ► PHRASES: **to** ~ **<u>fun</u> at sb** sich *akk* über jdn lustig machen; **to** ~ **one's <u>nose</u> into sb's business** (*fam*) seine Nase in jds Angelegenheiten stecken; ***stop poking your nose into my business!*** halt dich da raus! *fam* **III.** *vi* ① (*jab repeatedly*) ■**to** ~ **at sth/sb** an etw/jdm herumfummeln *fam*; **to poke at sth with one's finger/a stick** mit einem Finger/Stock an etw *akk* stoßen; **to** ~ **at one's food** in seinem Essen herumstochern ② (*break through*) ■**to** ~ **through** durchscheinen

◆**poke about, poke around** *vi* (*fam*) ■**to** ~ **about** [*or* **around**] herumstöbern *fam*; (*without permission*) herumschnüffeln *fam*; ***she's always poking about in her bag looking for her keys*** immer kramt sie in ihrer Tasche und sucht ihre Schlüssel

◆**poke out I.** *vi* ■**to** ~ **out** [**of sth**] [aus etw *dat*] hervorgucken [*o* SÜDD, ÖSTERR herausschauen] **II.** *vt* ① (*stick out*) **to** ~ **one's head out** den Kopf herausstecken; **to** ~ **one's tongue out** die Zunge herausstrecken ② (*remove*) ■**to** ~ **out** ↔ **sth** etw herausschieben; **to** ~ **out sb's eyes** jdm die Augen ausstechen

◆**poke round** *vi* BRIT *see* **poke around**

◆**poke up I.** *vi* hervorragen; ■**to** ~ **up over sth** über etw *dat* herausragen; ***you can just see the roof poking up over the trees*** du kannst noch gerade das Dach über den Bäumen sehen **II.** *vt* **to** ~ **up a fire** ein Feuer schüren

poker¹ [ˈpəʊkəʳ, AM ˈpoʊkɚ] *n* (*card game*) Poker *m o nt*; **a game of** ~ eine Runde Poker

poker² [ˈpəʊkəʳ, AM ˈpoʊkɚ] *n* (*fireplace tool*) Schürhaken *m*

poker face *n* Pokerface *nt* **poker-faced** *adj* ausdruckslos; **to sit/be** ~ seine Miene nicht verziehen **poker machine** *n* AUS (*slot machine*) Spielautomat *m*

pokey [ˈpəʊki, AM ˈpoʊki] **I.** *adj see* **poky II.** *n* ① AM (*dated sl: prison*) Bau *m fam*, Kittchen *nt fam*; ***he'll get three years in ~ if he's caught*** wenn man ihn schnappt, muss er drei Jahre sitzen *fam* ② AUS *see* **pokie**

pokie [ˈpəʊki] *n* AUS (*fam*) Spielautomat *m*

poky [ˈpəʊki, AM ˈpoʊki] *adj* (*pej*) ① (*small*) winzig ② AM (*slow*) lahm, träge

pol [pɑːl] *n* (*sl*) Politiker(in) *m(f)*

Polack [ˈpoʊlæk] *n* AM (*pej! sl*) Polack[e], -in *m, f pej sl*

Poland [ˈpəʊlənd, AM ˈpoʊ-] *n* Polen *nt*

polar [ˈpəʊləʳ, AM ˈpoʊlɚ] *adj attr, inv* ① (*near pole*) polar; ~ **explorer** Polarforscher(in) *m(f)*; ~ **ice caps** polare Eiskappen; ~ **region** Polargebiet *nt* ② (*opposite*) gegensätzlich, polar *geh*; ~ **extremes** extreme Gegensätze *mpl*; ~ **opposites** diametrale Gegensätze *geh*; ~ **opposition** frontale Gegenposition

polar air *n no pl* polare Kaltluft **polar bear** *n* Eisbär *m* **polar circle** *n* Polarkreis *m* **polar front** *n* METEO Polarfront *f* **polar ice** *n no pl* Polareis *nt*

polarity [pə(ʊ)ˈlærɪti, AM poʊˈlerət̬i] *n* SCI Polarität *f*; (*fig also*) Gegensätzlichkeit *f*

polarity therapy *n* Polaritätstherapie *f*

polarization [ˌpəʊlᵊraɪˈzeɪʃᵊn, AM ˌpoʊlɚɪ-] *n no pl* Polarisierung *f*

polarize [ˈpəʊlᵊraɪz, AM ˈpoʊlə-] **I.** *vt* ■**to** ~ **sb/sth** jdn/etw polarisieren **II.** *vi* sich *akk* polarisieren; ***public opinion has ~d*** die öffentliche Meinung hat sich in zwei Fronten gespalten

polar lights *npl* Polarlicht *nt*

Polaroid® [ˈpəʊlᵊrɔɪd, AM ˈpoʊlə-] **I.** *n* ① (*camera*) Polaroidkamera® *f*, Sofortbildkamera *f* ② (*photo*) Polaroidfoto® *nt* ③ (*sunglasses*) ■~**s** *pl* entspiegelte Sonnenbrille **II.** *n modifier* (*camera, picture*) Polaroid-

polar zone *n* Polarzone *f*

pole¹ [pəʊl, AM poʊl] *n* Stange *f*; (*pointed at one end*) Pfahl *m*; **electricity** ~ Hochspannungsmast *m*; **fishing** ~ *esp* AM Angelrute *f*; **flag**~ Fahnenmast *m*; **telegraph** ~ Telegrafenmast *m* ► PHRASES: **to <u>be</u> up the** ~ BRIT übergeschnappt sein *fam*

pole² [pəʊl, AM poʊl] *n* ① GEOG, ELEC Pol *m*; **the magnetic** ~ der Magnetpol; **the North/South P~** der Nord-/Südpol; **the minus/positive** ~ der Minus-/Pluspol ② (*extreme*) Extrem *nt*; **to be ~s apart** Welten voneinander entfernt sein; ***my sister and I are ~s apart*** meine Schwester und mich trennen Welten

Pole [pəʊl, AM poʊl] *n* Pole, -in *m, f*

poleaxe [ˈpəʊlæks, AM ˈpoʊl-] **I.** *n* Schlächterbeil *nt* **II.** *vt* ■**to** ~ **sb** ① (*strike powerfully*) jdn zusammenschlagen ② (*shock strongly*) jdn schockieren [*o fam* [völlig] umhauen]; ***he was completely ~d when …*** er war wie vor den Kopf gestoßen, als …

polecat [ˈpəʊlkæt, AM ˈpoʊl-] *n* ① BRIT (*wild cat*) Iltis *m* ② AM (*dated: skunk*) Stinktier *nt*; (*fig: person also*) Stinkstiefel *m pej fam*

polemic [pəˈlemɪk] **I.** *n* Polemik *f* **II.** *adj* polemisch

polemical [pəˈlemɪkᵊl] *adj* polemisch

polemicist [pəˈlemɪsɪst] *n* Polemiker(in) *m(f)*

polemics [pəˈlemɪks] *npl + sing vb* Polemik *f*

pole position *n no pl* SPORTS Poleposition *f fachspr*; (*fig*) ***this company is boasting the ~ in the frozen food business*** die Firma rühmt sich, die Nummer eins auf dem Markt für Tiefkühlprodukte zu sein; **to be in** ~ die Poleposition haben; (*fig*) an der Spitze stehen **Pole Star** *n no pl* ASTRON Polarstern *m*; (*fig liter: guiding principle*) Leitgedanke *m* **pole vault I.** *n* Stabhochsprung *m kein pl* **II.** *n modifier* (*equipment, champion, mat*) Stabhochsprung-; ~ **record** Rekord *m* im Stabhochsprung **pole vaulter** *n* Stabhochspringer(in) *m(f)*

police [pəˈliːs] **I.** *npl* ① (*force*) ■**the** ~ die Polizei *kein pl*; ***the ~ are investigating …*** die Polizei untersucht …; ***he's a member of the*** ~ er ist bei der Polizei; **to call the** ~ die Polizei rufen ② (*police officers*) Polizisten, -innen *mpl, fpl*; **to put more** ~ **on the beat** das Polizeiaufgebot verstärken **II.** *vt* ① (*guard*) ■**to** ~ **sth** etw überwachen ② (*regulate*) ■**to** ~ **sb/sth/oneself** jdn/etw/sich selbst kontrollieren ③ AM MIL ■**to** ~ **sth** *an event* irgendwo Wache halten **III.** *n modifier* (*helmet, patrol, uniform*) Polizei-; **to be in** ~ **custody** in Polizeigewahrsam sein; ~ **investigation** polizeiliche Untersuchung; **to ask for** ~ **protection** Polizeischutz anfordern

police action *n* MIL Polizeiaktion *f* **police blotter** *n* AM (*charge sheet*) Polizeiprotokoll *nt* **police car** *n* Polizeiauto *nt* **police commissioner** *n* Polizeipräsident(in) *m(f)*; **the Metropolitan P~ C~** der Chef/die Chefin der Londoner Polizei **police constable** *n* BRIT Polizeiwachtmeister(in) *m(f)* **police court** *n* ≈Amtsgericht *nt* **police department** *n* Polizeidienststelle *f* **police dog** *n* Polizeihund *m* **police escort** *n* Polizeieskorte *f*; **under** ~ unter Polizeischutz **police force** *n* ① *no pl* (*the police*) ■**the** ~ die Polizei ② (*unit of police*) Polizeieinheit *f* **police informer** *n* Informant(in) *m(f)* [der Polizei], Polizeispitzel(in) *m(f) pej* **police inspector** *n* Polizeikommissar(in) *m(f)* **police intervention** *n no pl* Polizeieinsatz *m* **police magistrate** *n* Polizeirichter(in) *m(f)* **policeman** *n* Polizist *m*; **a ~'s beat** das Revier eines Polizisten **police officer** *n* Polizeibeamte(r) *m*, Polizeibeamte [*o* -in] *f* **police precinct** *n* Polizeibezirk *m*, [Polizei]revier *nt* **police presence** *n no pl* Polizeipräsenz *f*, Polizeiaufgebot *nt*; ***we will maintain ~ at all points*** wir werden überall Polizeiposten aufstellen **police raid** *n* Razzia *f* **police record** *n* ① (*dossier*) Polizeiakte *f* ② (*history of convictions*) Vorstrafenregister *nt*; **to have a long** ~ ein langes Vorstrafenregister haben **police scientist** *n* polizeiliche(r) Untersuchungsbeamte(r), -beamtin *m, f* **police state** *n* (*pej*) Polizeistaat *m* **police**

station *n* Polizeiwache *f* **policewoman** *n* Polizistin *f*
policing [pəˈliːsɪŋ] *n no pl* polizeiliche Betreuung *f*, Aufrechterhaltung *f* von Recht und Ordnung
policy¹ [ˈpɒləsi, AM ˈpɑː-] *n* ① (*plan*) Programm *nt*, Strategie *f*; (*principle*) Grundsatz *m*; ***Europe needs a common defence*** ~ Europa braucht eine gemeinsame Verteidigungspolitik; ***the school has a ~ on drug abuse*** die Schule vertritt eine klare Linie bei Drogenmissbrauch; ***what's your party's ~ on immigration?*** welche Linie vertritt Ihre Partei in der Immigrationsfrage?; ***my ~ is to tell the truth whenever possible*** mein Grundsatz ist es, nach Möglichkeit die Wahrheit zu sagen; **to work out a** ~ eine Strategie entwickeln ② *no pl* Politik *f*; **a change in** ~ ein Richtungswechsel *m* in der Politik; **company** ~ Firmenpolitik *f*; **domestic** ~ Innenpolitik *f*; **economic** ~ Wirtschaftspolitik *f*; **to make** [*or* **set**] ~ [**on sth**] Richtlinien *fpl* für etw *akk* festlegen
policy² [ˈpɒləsi, AM ˈpɑː-] *n* (*in insurance*) Police *f*, Polizze *f* ÖSTERR; **to take out a** ~ eine Versicherung abschließen
policy adviser *n* Strategieberater(in) *m(f)*
policyholder *n* Versicherungsnehmer(in) *m(f)*
policy-making *n no pl* Festsetzen *nt* von Richtlinien **policy number** *n* Versicherungsnummer *f*, Polizzennummer *f* ÖSTERR **policy statement** *n* Aussage *f*
polio [ˈpəʊliəʊ, AM ˈpoʊlioʊ] *n*, **poliomyelitis** [ˌpəʊliə(ʊ)maɪəˈlaɪtɪs, AM ˌpoʊlioʊˌmaɪəˈlaɪt̬əs] *n* (*spec*) Kinderlähmung *f*, Polio[myelitis] *f fachspr*
polio vaccine *n* Polioimpfstoff *m*
polish [ˈpɒlɪʃ, AM ˈpɑː-] **I.** *n* ① (*substance*) Politur *f*; **furniture/silver** ~ Möbel-/Silberpolitur *f*; **shoe** ~ Schuhcreme *f* ② *usu sing* (*act*) Polieren *nt kein pl*; **to give sth a** ~ etw polieren ③ (*fig: refinement*) [gesellschaftlicher] Schliff; ***this is a musical with ~ and wit*** dieses Musical hat Witz und Eleganz **II.** *vt* ① (*rub*) ■**to ~ sth** etw polieren; **to ~ shoes/silver** Schuhe/Silber putzen ② (*fig: refine*) ■**to ~ sth** etw überarbeiten [*o fig* aufpolieren]
◆**polish off** *vt* ① (*eat up*) ■**to ~ off** ○ **sth** *food* etw verdrücken *fam* ② (*deal with*) ■**to ~ off** ○ **sth** etw schnell erledigen [*o* vom Tisch schaffen]; ***I ~ed the report off in a couple of hours*** ich habe den Bericht in ein paar Stunden runtergerissen *fam* ③ (*defeat easily*) ■**to ~ off** ○ **sb** jdn vom Platz fegen
◆**polish up** *vt* ■**to ~ up** ○ **sth** etw aufpolieren; (*fig*) etw auffrischen *fig*; **to ~ up one's French** sein Französisch auffrischen
Polish [ˈpəʊlɪʃ, AM ˈpoʊ-] **I.** *n* Polnisch *nt* **II.** *adj* polnisch; ***her grandparents were ~*** ihre Großeltern stammten aus Polen
polished [ˈpɒlɪʃt, AM ˈpɑː-] *adj* ① (*gleaming*) glänzend *attr* ② (*showing great skill*) formvollendet; ~ **performance** großartige Leistung ③ (*refined*) gebildet; ~ **manners** geschliffene Manieren
polisher [ˈpɒlɪʃəʳ, AM ˈpɑːlɪʃɚ] *n* ① (*person*) Polierer(in) *m(f)*; **silver** ~ Silberputzer(in) *m(f)* ② (*tool*) **floor** ~ Bohner[besen] *m*; **electric floor** ~ Bohnermaschine *f*
politburo [ˈpɒlɪtˌbjʊərəʊ, AM ˈpɑːlɪtbjʊroʊ] *n* (*hist*) Politbüro *nt hist*
polite [pəˈlaɪt] *adj* ① (*courteous*) höflich; **to make** ~ **conversation** höfliche Konversation machen; ~ **refusal** höfliche Ablehnung ② (*cultured*) vornehm; ~ **society** gehobene [*o* feine] Gesellschaft
politely [pəˈlaɪtli] *adv* höflich; ~ **but firmly** höflich aber bestimmt
politeness [pəˈlaɪtnəs] *n no pl* Höflichkeit *f*
politesse [ˌpɒlɪˈtes, AM ˌpɑː-] *n no pl* Politesse *f veraltet*, Höflichkeit *f*
politic [ˈpɒlətɪk, AM ˈpɑː-] *adj* ① (*prudent*) [taktisch] klug; ***it would not be ~ for you to be seen there*** es wäre nicht besonders klug, wenn man Sie dort sähe ② POL **the body** ~ die Nation, der Staat
political [pəˈlɪtɪkəl, AM -ˈlɪt̬ə-] *adj* ① (*of politics*) politisch; **a** ~ **animal** ein politikinteressierter Mensch; **to make** ~ **capital out of sth** aus etw *dat* politisches Kapital schlagen; ~ **leaders** politische Größen *fpl*; ~ **platform** politische Bühne; **to commit** ~ **suicide** politischen Selbstmord begehen ② *esp* AM (*pej: tactical*) taktisch
political action committee *n* politisches Aktionskomitee (*zum Auftreiben von Wahlkampfgeldern*)
political asylum *n no pl* politisches Asyl; **to request** [*or* **seek**]/**grant** [*or* **offer**] ~ politisches Asyl beantragen/gewähren **political correctness** *n no pl* politische Korrektheit
politically [pəˈlɪtɪkəli, AM -ˈlɪt̬ə-] *adv* ① (*of politics*) politisch; ~ **aware** politisch gebildet; **to be** ~ **informed** in der Politik auf dem Laufenden sein; **to be** ~ **naive** keine Ahnung von Politik haben; ~ **speaking** politisch gesehen ② *esp* AM (*pej: self-interestedly*) taktisch; ***Patrick thinks ~ and acts to benefit himself*** Patrick ist ein Taktierer und handelt nur zu seinem Vorteil
politically correct *adj* politisch korrekt
political party *n* [politische] Partei **political prisoner** *n* politische(r) Gefangene(r) *f(m)* **political science** *n no pl* Politologie *f*, Politikwissenschaft *f*
politician [ˌpɒlɪˈtɪʃən, AM ˌpɑːlə-] *n* ① Politiker(in) *m(f)* ② *esp* AM (*pej: self-interested person*) Taktierer(in) *m(f)*
politicization [pəˌlɪtɪsaɪˈzeɪʃən, AM ˌlɪt̬əsɪˈ-] *n no pl* Politisierung *f*
politicize [pəˈlɪtɪsaɪz, AM -ˈlɪt̬ə-] **I.** *vt* ■**to ~ sth/sb** etw/jdn politisieren *geh*; ***the whole issue has become increasingly ~d*** die ganze Angelegenheit wurde immer mehr zu einem Politikum *geh*; ***the party tried to ~ the unemployed*** die Partei versuchte, die Arbeitslosen politisch zu mobilisieren; **to become ~d** sich *akk* politisch engagieren **II.** *vi* politisieren *geh*, sich *akk* politisch engagieren
politicking [ˈpɒlətɪkɪŋ, AM ˈpɑː-] *n no pl* (*esp pej fam*) Politisieren *nt geh*
politico <*pl* -os> [pəˈlɪtɪkəʊ, AM ˈlɪt̬ɪkoʊ] *n* (*pej fam*) politischer Sektierer/politische Sektiererin *pej*, Weltverbesserer, -in *m, f fig, pej*
politics [ˈpɒlətɪks, AM ˈpɑː-] *npl* ① + *sing vb* Politik *f kein pl*; **global/local** ~ Welt-/Lokalpolitik *f kein pl*; **to be in** ~ in der Politik sein; **to go into** ~ in die Politik gehen; **to talk** ~ politisieren *geh* ② + *pl vb* (*political beliefs*) politische Ansichten *fpl* ③ + *sing vb* (*within group*) Vetternwirtschaft *f kein pl pej*; **office** ~ Büroklüngelei *f pej*; **to play** ~ Winkelzüge machen ④ + *sing vb* BRIT (*political science*) Politologie *f kein pl*, Politikwissenschaft *f kein pl*
polity <*pl* -ties> [ˈpɒləti, AM ˈpɑːlət̬i] *n* ① (*constitution*) Regierungsform *f*, politisches System ② (*organized society*) Staatswesen *nt*, Gemeinwesen *nt*
polka [ˈpɒlkə, AM ˈpoʊ(l)kə] **I.** *n* Polka *f* **II.** *vi* Polka tanzen
polka dot *n usu pl* Tupfen *m* **polka-dot** *adj attr* getupft; **a** ~ **bow tie** eine getupfte Fliege
poll [pəʊl, AM poʊl] **I.** *n* ① (*voting*) Abstimmung *f*; (*public survey*) Erhebung *f*; **a** [**public**] **opinion** ~ eine [öffentliche] Meinungsumfrage; ***the latest opinion ~ gives the Democrats a clear lead*** einer neueren Meinungsumfrage zufolge liegen die Demokraten klar in Führung; **to conduct** [*or* **carry out**] [*or* **take**] **a** ~ eine Umfrage machen ② (*voting places*) ■**the ~s** *pl* die Wahllokale *ntpl*; **to go to the ~s** wählen [gehen] ③ (*result of vote*) [Wähler]stimmen *fpl*; **to head the** ~ in Führung liegen ④ (*number of votes cast*) Wahlbeteiligung *f*; **a heavy/light** ~ eine hohe/geringe Wahlbeteiligung **II.** *vt* ① (*canvass in poll*) ■**to ~ sb** jdn befragen; ***half the people ~ed said ...*** die Hälfte der befragten Leute gab an, dass ... ② (*receive*) ■**to ~ sth** ***the party ~ed 67% of the vote*** die Partei hat 67 % der Stimmen erhalten ③ AGR (*remove horns*) ■**to ~ an animal** ein Tier kappen *fachspr* ④ COMPUT ■**to ~ sth** etw abrufen
pollack <*pl* – *or* -s> [ˈpɒlæk, AM ˈpɑː-] *n* (*fish*) Pollack *m*
pollard [ˈpɒləd, AM ˈpɑːlɚd] **I.** *n* ① (*tree*) gekappter Baum ② (*animal*) hornloses Tier **II.** *vt* **to ~ a tree/an animal** einen Baum/ein Tier kappen
pollen [ˈpɒlən, AM ˈpɑː-] *n no pl* Blütenstaub *m*, Pollen *m*
pollen count *n* Pollenflug *m kein pl*
pollinate [ˈpɒləneɪt, AM ˈpɑː-] *vt* BOT ■**to ~ sth** etw bestäuben
pollination [ˌpɒləˈneɪʃən, AM ˌpɑː-] *n no pl* BOT Bestäubung *f*
polling [ˈpəʊlɪŋ, AM ˈpoʊl-] *n no pl* ① (*election*) Wahl *f*; (*referendum*) Abstimmung *f* ② COMPUT Sendeaufruf *m*
polling booth *n* BRIT, AUS Wahlkabine *f* **polling card** *n* BRIT, AUS Wahlbenachrichtigung *f form* **polling day** *n no art* BRIT, AUS Wahltag *m* **polling place** *n* AM, **polling station** *n* BRIT, AUS Wahllokal *nt*
pollock *n see* **pollack**
pollster [ˈpəʊlstəʳ, AM ˈpoʊlstɚ] *n* Meinungsforscher(in) *m(f)*
poll tax *n* ① (*tax*) Kopfsteuer *f* ② BRIT (*hist: council tax*) Kommunalsteuer *f*, Gemeindesteuer *f*
pollutant [pəˈluːtənt] *n* Schadstoff *m*
pollute [pəˈluːt] *vt* ① (*contaminate*) ■**to ~ sth** etw verschmutzen; **to ~ the atmosphere/environment** die Luft/Umwelt verschmutzen ② (*fig: corrupt*) ■**to ~ sth** etw besudeln *fig, pej*; **to ~ sb's mind** jds Charakter verderben
polluted [pəˈluːtɪd, AM -t̬ɪd] *adj* ① (*contaminated*) verschmutzt; ~ **air** verpestete Luft; ~ **environment** verschmutzte Umwelt; ~ **river/soil** verseuchter Fluss/Boden ② (*fig: corrupted*) befleckt, verdorben; **a society ~ by racism** eine durch Rassenhass moralisch verkommene Gesellschaft
polluter [pəˈluːtəʳ, AM -t̬ɚ] *n* Umweltverschmutzer(in) *m(f)*
polluter pays principle *n no pl* Verursacherprinzip *nt*
pollution [pəˈluːʃən] *n no pl* ① (*polluting*) Verschmutzung *f*; **air** ~ Luftverschmutzung *f*; ~ **of the environment, environmental** ~ Umweltverschmutzung *f*; **water** ~ Wasserverschmutzung *f* ② (*pollutants*) Schadstoffe *mpl*; **a cloud of** ~ eine Schadstoffwolke; **toxic** ~ Verseuchung *f* mit giftigen Substanzen ③ (*corruption*) Besudelung *f fig, pej*
Pollyanna [ˌpɒliˈænə, AM ˌpɑː-] *n esp* AM, AUS überoptimistischer Mensch; ***I see grounds for cautious optimism, but I don't want to be a ~*** ich sehe Grund zu vorsichtigem Optimismus, möchte aber nicht zu euphorisch sein
polo [ˈpəʊləʊ, AM ˈpoʊloʊ] **I.** *n* ① *no pl* SPORTS Polo *nt* ② (*shirt*) Polohemd *nt* **II.** *n modifier* (*player, equipment, field*) Polo-; ~ **game** [*or* **match**] Polospiel *nt*
polonaise [ˌpɒləˈneɪz, AM ˌpɑː-] **I.** *n* (*dance, music*) Polonaise *f*, Polonäse *f* **II.** *adj after n* auf polnische Art; **carp** ~ Karpfen polnisch [*o* auf polnische Art]
polo neck *n* Rollkragen *m* **polo-necked** *adj attr, inv* Rollkragen-; ~ **jumper** [*or* **sweater**] Rollkragenpullover *m* **polo pony** *n* Polopferd *nt* **polo shirt** *n* Polohemd *nt*
poltergeist [ˈpɒltəgaɪst, AM ˈpoʊltɚ-] *n* Poltergeist *m*
poltroon [pɒlˈtruːn, AM pɑːl] *n* (*liter or old*) Feigling *m*, Memme *f*
poly [ˈpɒli] *n* BRIT (*fam*) *short for* **polytechnic** Fachhochschule *f*
polyamide [ˌpɒliˈæmaɪd, AM ˌpɑː-] *n no pl* CHEM Polyamid *nt*
polyandry [ˈpɒliændri, AM ˈpɑːliˌæn-] *n no pl* Polyandrie *f fachspr*, Vielmännerei *f*
polyanthus <*pl* -> [ˌpɒliˈænθəs, AM ˌpɑːliˈ] *n* BOT Schlüsselblume *f*
poly bag *n* BRIT (*fam*) Plastiktüte *f*, Plastiktasche *f*
polychlorinated biphenyl [pɒlɪˌklɔːrɪneɪtɪdbaɪˈfenɪl, AM pɑːlɪˌklɔːrɪneɪt̬ɪdbaɪˈfenəl] *n no pl* CHEM *see* **PCB** Polychlorbiphenyl *nt fachspr*
polychrome [ˈpɒlɪkrəʊm, AM ˈpɑːlɪkroʊm] **I.** *adj* polychrom *fachspr*; ~ **printing** Farbdruck *m* **II.** *n* ART (*statue*) polychrome Statue *fachspr*; (*sculpture*) polychrome Skulptur *fachspr*
polychronic [ˌpɒlɪˈkrɒnɪk, AM ˌpɑːlɪˈkrɑːnɪk] *adj* ~ **personality** [*or* **type**] *Persönlichkeitstyp, der viele Dinge gleichzeitig machen kann*

P

polyclinic [ˌpɒlɪˈklɪnɪk, AM ˌpɑː-] *n* Poliklinik *f*

polyester [ˌpɒliˈestəʳ, AM ˌpɑːliˈestɚ] **I.** *n no pl* (*polymer*) Polyester *m* **II.** *n modifier* (*material*) Polyester-; ~ **shirt/trousers** Hemd *nt*/Hose *f* aus Polyester

polyethylene [ˌpɑːliˈeθəliːn] *n no pl* AM CHEM (*polythene*) Polyäthylen *nt fachspr*

polygamist [pəˈlɪɡəmɪst] *n* Polygamist(in) *m(f) geh*

polygamous [pəˈlɪɡəməs] *adj inv* polygam *geh*

polygamy [pəˈlɪɡəmi] *n no pl* Polygamie *f geh*

polyglot [ˈpɒlɪɡlɒt, AM ˈpɑːlɪɡlɑːt] **I.** *adj* (*form*) vielsprachig, polyglott *geh;* ~ **Bible** mehrsprachige Bibel, Polyglottenbibel *f fachspr;* ~ **city** polyglotte Stadt **II.** *n* (*form*) Polyglotte(r) *f(m) geh*

polygon [ˈpɒlɪɡən, AM ˈpɑːlɪɡɑːn] *n* Vieleck *nt,* Polygon *nt fachspr*

polygonal [pəˈlɪɡənəl] *adj inv* vieleckig, polygonal *fachspr*

polygraph [ˈpɒlɪɡrɑːf, AM ˈpɑːlɪɡræf] *n esp* AM Lügendetektor *m,* Polygraph *m fachspr*

polyhedron [ˌpɒlɪˈhiːdrən, AM ˌpɑː-] *n* MATH Polyeder *nt fachspr*

polymath [ˈpɒlɪmæθ, AM ˌpɑː-] *n* (*approv form*) universell Gebildete(r)

polymer [ˈpɒlɪməʳ, AM ˈpɑːlɪmɚ] *n* CHEM Polymer *nt fachspr*

polymeric [ˌpɒlɪˈmerɪk, AM ˌpɑː-] *adj inv* CHEM polymer *fachspr*

polymorphic [ˌpɒlɪˈmɔːfɪk, AM ˌpɑːlɪˈmɔːr-] *n,* **polymorphous** [ˌpɒlɪˈmɔːfəs, AM ˌpɑːlɪˈmɔːr-] *adj inv* (*form or spec*) polymorph *fachspr,* vielgestaltig; ~ **perversity** PSYCH polymorphe Perversion *fachspr*

Polynesia [ˌpɒlɪˈniːʒə, AM ˌpɑːlə-] *n* Polynesien *nt*

Polynesian [ˌpɒlɪˈniːʒən, AM ˌpɑːlə-] **I.** *adj* polynesisch **II.** *n* ① (*native of Polynesia*) Polynesier(in) *m(f)* ② (*language group*) polynesische Sprachen *fpl*

polyp [ˈpɒlɪp, AM ˈpɑː-] *n* MED, ZOOL Polyp *m*

polyphonic [ˌpɒlɪˈfɒnɪk, AM ˌpɑːlɪˈfɑː-] *adj inv* MUS polyphon *fachspr;* ~ **music** polyphone Musik

polyphony [pəˈlɪfəni] *n no pl* MUS Polyphonie *f fachspr*

polypropylene [ˌpɒliˈprɒpɪliːn, AM ˌpɑːliˈproʊpə] *n no pl* CHEM Polypropylen *nt fachspr*

polypus <*pl* -pi *or* -es> [ˈpɒlɪpəs, AM ˌpɑː-, *pl* -paɪ] *n* (*old*) *see* **polyp**

polystyrene [ˌpɒlɪˈstaɪ(ə)riːn] BRIT, AUS **I.** *n no pl* Styropor® *nt* **II.** *n modifier* Styropor-; ~ **chips** Styroporschnitzel *ntpl;* ~ **insulation tile** Isolierplatte *f* aus Styropor

polysyllabic [ˌpɒlɪsɪˈlæbɪk, AM ˌpɑː-] *adj inv* mehrsilbig, polysyllabisch *fachspr*

polysyllable [ˌpɒlɪˈsɪləbl, AM ˌpɑː-] *n* LING mehrsilbiges Wort, Polysyllabum *nt fachspr*

polytechnic [ˌpɒlɪˈteknɪk, AM ˌpɑː-] **I.** *n esp* BRIT Fachhochschule *f* **II.** *n modifier* ~ **degree/lecturer/student** Abschluss *m*/Dozent(in) *m(f)*/Student(in) *m(f)* an einer Fachhochschule

polytheism [ˈpɒlɪθiːɪzəm, AM ˈpɑː-] *n no pl* REL Polytheismus *m fachspr*

polytheistic [ˌpɒlɪθiːˈɪstɪk, AM ˌpɑː-] *adj inv* REL polytheistisch *fachspr*

polythene [ˈpɒlɪθiːn] BRIT, AUS **I.** *n no pl* CHEM Polyäthylen *nt fachspr* **II.** *n modifier* (*sheet, wrap*) Polyäthylen-; ~ **bag** Plastiktüte *f,* Plastiktasche *f*

polyunsaturated [ˌpɒliʌnˈsætʃərettɪd, AM ˌpɑːliʌnˈsætʃəreɪt̬-] *adj inv* CHEM mehrfach ungesättigt

polyunsaturated fats *n,* **polyunsaturates** [ˌpɒliʌnˈsætʃəreɪts, AM ˌpɑːliʌnˈsætʃə-] *npl* CHEM (*fatty acids*) mehrfach ungesättigte Fettsäuren; (*fats*) Fette mit einem hohen Anteil an mehrfach ungesättigten Fettsäuren

polyurethane [ˌpɒlɪˈjʊərəθeɪn, AM ˌpɑːlɪˈjʊrə-] *n no pl* CHEM Polyurethan *nt fachspr*

polyvalent [ˌpɒlɪˈveɪlənt, AM ˌpɑː-] *adj inv* CHEM polyvalent *fachspr*

pom [pɒm] AUS, NZ **I.** *n* (*pej! sl*) *abwertende Bezeichnung für Briten* **II.** *n modifier* (*pej! sl*) ~ **bastard** Britenschwein *nt pej derb*

pomade [pə(ʊ)ˈmeɪd, AM pɑːˈ-] (*dated*) **I.** *n no pl* Pomade *f veraltend* **II.** *vt* **to** ~ **sb's hair** jdm Pomade ins Haar streichen *veraltend*

pomander [pəˈmændəʳ, AM ˈpoʊmændɚ] *n* Duftkissen *nt*

pomegranate [ˈpɒmɪɡrænɪt, AM ˈpɑːmˌɡrænɪt] *n* Granatapfel *m*

Pomerania [ˌpɒməˈreɪniə, AM ˌpɑː-] *n* (*hist*) Pommern *nt hist*

Pomeranian [ˌpɒməˈreɪniən, AM ˌpɑː-] **I.** *adj* (*hist*) pommer[i]sch *hist* **II.** *n* ① (*hist: person*) Pommer(in) *m(f) hist* ② (*dog*) Spitz *m*

pommel [ˈpɒməl, AM ˈpʌm-] **I.** *n* ① (*on saddle*) Sattelknopf *m* ② (*on sword handle*) Schwertknauf *m* **II.** *vt esp* AM *see* **pummel**

pommel horse *n* (*in gymnastics*) Pferd *nt*

pommie, pommy [ˈpɒmi] AUS, NZ **I.** *n* (*pej! sl*) *abwertende Bezeichnung für Briten* **II.** *n modifier* (*pej! sl*) ~ **bastard** Britenschwein *nt pej derb*

PoMo [ˈpoʊmoʊ] *n modifier short for* **postmodernism** postmodern, der Postmoderne *nach n*

pomp [pɒmp, AM pɑːmp] *n no pl* Pomp *m,* Prunk *m;* **with** ~ **and circumstance** mit Glanz und Gloria

pompadour [ˈpɒmpədʊəʳ, AM ˈpɑːmpədɔːr] *n* Dutt *m;* AM (*quiff*) [Haar]tolle *f*

Pompeii [pɒmˈpeɪi, AM pɑːmˈ] *n no pl* Pompeji *nt*

Pompey [ˈpɒmpi, AM ˈpɑːm] *n no pl* HIST Pompeius *m*

pompom [ˈpɒmpɒm, AM ˈpɑːmpɑːm] *n* ① (*bobble*) Quaste *f,* Pompon *m* ② (*flower*) Pompondahlie *f*

pom-pom [ˈpɒmpɒm] *n* BRIT MIL automatische Flugzeugabwehrkanone

pomposity [pɒmˈpɒsəti, AM pɑːmˈpɑːsət̬i] *n no pl* Selbstgefälligkeit *f,* Aufgeblasenheit *f*

pompous [ˈpɒmpəs, AM ˈpɑːm-] *adj* ① (*self-important*) *person* selbstgefällig; ***he is a*** **~ *ass*** er ist ein aufgeblasener Wichtigtuer *pej* ② (*pretentious*) *language* schwülstig *pej,* geschraubt *pej*

pompously [ˈpɒmpəsli, AM ˈpɑːm-] *adv manner* aufgeblasen *pej; choice of words* geschraubt *pej*

pompousness [ˈpɒmpəsnəs, AM ˈpɑːm-] *n no pl* Selbstgefälligkeit *f,* Aufgeblasenheit *f pej*

'pon [pɒn, AM pɑːn] *prep* DIAL (*poet*) *see* **upon:** ~ ***my soul!*** bei meiner Seele!

ponce [pɒn(t)s] **I.** *n* ① BRIT, AUS (*pej fam: effeminate man*) Mimose *f oft pej,* Softie *m oft pej sl* ② BRIT (*fam: pimp*) Zuhälter *m* **II.** *vi* ■ **to** ~ **about** [*or* **around**] ① BRIT, AUS (*behave effeminately*) herumtänzeln *fam* ② BRIT (*muck about*) herumlungern *fam,* herumhängen *fam*

poncho [ˈpɒntʃəʊ, AM ˈpɑːntʃoʊ] *n* FASHION Poncho *m*

poncy [ˈpɒn(t)si] *adj* BRIT, AUS (*pej fam*) affig *pej fam*

pond [pɒnd, AM pɑːnd] *n* ① (*body of water*) Teich *m;* **fish** ~ Fischteich *m* ② (*hum: Atlantic ocean*) ■ **the** ~ der große Teich *hum*

ponder [ˈpɒndəʳ, AM ˈpɑːndɚ] **I.** *vt* ■ **to** ~ **sth** etw durchdenken **II.** *vi* nachdenken; ***he appeared to be*** **~*ing deeply*** er schien tief in Gedanken versunken; ■ **to** ~ **on** [*or* **over**] **sth** über etw *akk* nachdenken, sich *dat* über etw *akk* Gedanken machen; ■ **to** ~ **whether/why ...** sich *akk* fragen, ob/warum ...

ponderous [ˈpɒndərəs, AM ˈpɑːn-] *adj* (*pej*) ① (*heavy and awkward*) mühsam, beschwerlich ② (*laborious*) schwerfällig

ponderously [ˈpɒndərəsli, AM ˈpɑːn-] *adv* ① (*heavily and awkwardly*) mühsam ② (*tediously*) schwerfällig

pone [poʊn] *n* AM [**corn**] ~ Maisbrot *nt*

pong [pɒŋ] BRIT, AUS **I.** *n* (*fam*) Mief *m pej fam;* ***what a*** **~*!*** was für ein Mief! *pej fam;* ***there was a*** **~ *of old cigar smoke in the room*** das Zimmer miefte nach kaltem Zigarrenrauch *pej fam* **II.** *vi* (*fam*) ■ **to** ~ **of sth** nach etw *dat* miefen *pej fam*

pongy [ˈpɒŋi] *adj* BRIT, AUS (*pej fam*) muffig *meist pej*

pontiff [ˈpɒntɪf, AM ˈpɑːnt̬ɪf] *n* REL (*form*) ■ **the** ~ der Papst; **the sovereign** [*or* **supreme**] ~ der Oberhirte *geh;* **the supreme ~, His Holiness John Paul II** das Oberhaupt der katholischen Kirche, Seine Heiligkeit Johannes Paul II

pontifical [pɒnˈtɪfɪkəl, AM pɑːnˈ-] REL **I.** *adj* päpstlich; ~ **mass** Papstmesse *f* **II.** *n* (*form*) ① (*vestments*) ■ ~**s** *pl* Pontifikalien *ntpl fachspr* ② (*book of liturgy*) Pontifikale *nt fachspr*

pontificate **I.** *vi* (*pej*) ■ **to** ~ **about** [*or* **on**] **sth** sich *akk* über etw *akk* auslassen **II.** *n* [pɒnˈtɪfɪkət, AM pɑːnˈ-] REL (*form*) Pontifikat *m o nt fachspr*

pontoon [pɒnˈtuːn, AM pɑːnˈ-] *n* ① (*floating device*) Ponton *m* ② *no pl* BRIT (*blackjack*) Siebzehnundvier *nt*

pontoon bridge *n* Pontonbrücke *f*

pony [ˈpəʊni, AM ˈpoʊni] **I.** *n* ① (*small horse*) Pony *nt* ② (*fam: racehorse*) ■ **the ponies** *pl* die Rennpferde *ntpl;* ***Roger has lost his week's wages betting on the ponies again*** Roger hatte wieder mal bei der Pferdewette seinen ganzen Wochenlohn verloren ③ (*fam: small glass*) Schnapsglas *nt,* Stamperl *nt* SÜDD, ÖSTERR ④ AM (*fam: crib*) Eselsbrücke *f sl,* Pons *m* DIAL *sl,* Schmierer *m* ÖSTERR *sl* ⑤ BRIT (*fam: £25*) 25 Pfund **II.** *vi* <-ie-> AM (*sl: pay* [*one's account*]) blechen *fam*

◆**pony up** **I.** *vt* ■ **to** ~ **up sth for sth** (*sl*) etw für etw *akk* blechen müssen *fam* **II.** *vi* (*dated fam*) ■ **to** ~ **up for sth** für etw *akk* blechen *fam*

ponytail *n* Pferdeschwanz *m;* (*braided*) Zopf *m*

pony-trekking *n no pl* Ponyreiten *nt;* **to go** ~ Pony reiten

poo *n* BRIT, AUS (*childspeak*) *see* **pooh**

pooch <*pl* -es> [puːtʃ] *n* (*esp hum fam*) Hündchen *nt,* Hundetier *nt meist hum fam*

poodle [ˈpuːdl] *n* ① Pudel *m;* **miniature** ~ Zwergpudel *m* ② BRIT (*pej, hum*) Handlanger *m pej,* Büttel *m pej;* ■ **to be sb's** ~ jds Handlanger sein *pej*

poof¹ [pʊf] *n* BRIT, AUS (*pej! sl*) Tunte *f meist pej fam*

poof² [pʊf] *interj* (*fam*) hui!

poofter [ˈpʊftəʳ] *n* BRIT, AUS (*pej! sl*) Tunte *f meist pej fam*

poofy <-ier, -iest> [ˈpʊfi, AM ˈpuːfi] *adj* BRIT (*pej fam*) schwuchtelhaft *pej sl,* tuntenhaft *pej sl*

pooh [puː] (*fam*) **I.** *n usu pl* (*childspeak*) Aa *nt kein pl Kindersprache;* **to do a** ~ Aa machen *Kindersprache* **II.** *vi* (*childspeak*) Aa machen *Kindersprache* **III.** *interj* ① (*in disgust*) pfui!, igitt!; **~*! what a ghastly smell!*** pfui, wie das hier stinkt! ② (*in impatience*) ach was

pooh-pooh [puːˈpuː] *vt* (*fam*) ■ **to** ~ **sth** etw abtun

pool¹ [puːl] **I.** *n* ① (*natural*) Tümpel *m;* **rock** ~ Wassertümpel *m* ② (*of liquid*) Lache *f;* ~ **of blood** Blutlache *f;* ~ **of oil** Öllache *f;* (*fig*) ***... the shrubbery illuminated in a*** **~ *of moonlight*** ... die Büsche, die in Mondlicht gebadet waren ③ (*construction*) Becken *nt;* **ornamental** ~ Zierteich *m;* [**swimming**] ~ Schwimmbecken *nt;* (*private*) Swimmingpool *m;* (*public*) Schwimmbad *nt* **II.** *vi liquid* sich *akk* stauen

pool² [puːl] **I.** *n* ① (*spec*) Pool *m fachspr;* **car** ~ Autopool *m;* **gene** ~ Erbmasse *f;* **typing** ~ (*dated*) Schreibpool *m* ② *no pl* SPORTS Poolbillard *nt;* **to shoot** ~ *esp* AM (*fam*) Poolbillard spielen ③ (*in card games*) Jackpot *m;* AM (*in gambling*) Wetteinsatz *m;* **the office** ~ der Wetteinsatz im Büro ④ BRIT ■ ~**s** *pl,* ■ **the** ~**s** Toto *nt o m;* **football** ~**s** Fußballtoto *nt o m;* **to do the** ~**s** Toto spielen ⑤ AM FIN Kombinierung mehrerer Hypotheken und anderer Sicherheiten im Kreditgeschäft ► PHRASES: **that is dirty** ~ AM (*fam*) das ist unfair **II.** *vt* ■ **to** ~ **sth** etw zusammenlegen; **to** ~ **money** Geld zusammenlegen

pool hall *n,* **pool room** *n* Billardzimmer *nt* **pool shark** *n* AM (*fam: expert pool player*) Poolhai *m pej fam* **pool table** *n* Poolbillardtisch *m*

poon tang [ˈpuːntæŋ] *n no pl* AM (*sl!*) Geschlechtsverkehr *m*

poop¹ [puːp] *n* (*of ship*) Heck *nt;* ~ **deck** Hüttendeck *nt*

poop² [puːp] *n no pl* AM (*fam*) [Insider]informationen *fpl;* ***did you get all the*** **~ *on the candidates?*** hast du über die Kandidaten etwas herausbekommen?

poop³ [puːp] **I.** *n no pl* (*euph or esp childspeak*) Aa *nt Kindersprache,* Kacka *f Kindersprache;* ■**to do a ~** Aa [*o* Kacka] machen *Kindersprache;* **dog ~** Hundedreck *m fam* **II.** *vi* (*fam*) Aa [*o* Kaka] machen *Kindersprache;* ***he ~ed in his pants*** er hat in die Hose gekackt *fam*

pooped [pu:pt] *adj usu pred esp* AM, AUS (*fam*) erledigt; ***I'm ~!*** bin ich geschafft!; **to be too ~ to pop** AM fix und fertig sein *fam*

pooper scooper ['pu:pəˌsku:pəʳ, AM -pɚˌsku:pɚ] *n,* **poop scoop** *n* Schaufel *f* zum Entfernen von Hundedreck

poop out *vi* AM, AUS (*fam*) ① (*become tired*) schlappmachen *fam* ② (*not persevere*) sich *akk* geschlagen geben

poop sheet *n* AM JOURN (*fam: information sheet*) Infoblatt *nt*

poor [pɔ:ʳ, AM pʊr] **I.** *adj* ① (*lacking money*) arm; **~ *man's caviar*** der Kaviar des armen Mannes; **a ~ area/family/country** eine arme Region/Familie/ein armes Land ② (*inadequate*) unzureichend, mangelhaft; ***their French is still quite ~*** ihr Französisch ist noch ziemlich bescheiden; ***margarine is a ~ substitute for butter*** Margarine ist ein minderer Ersatz für Butter; ■**to be ~ at sth** schlecht in etw *dat* sein; **to give a ~ account of oneself** sich *akk* von seiner schlechtesten Seite zeigen; **~ attendance** geringer Besucherandrang; **a ~ excuse** eine faule Ausrede; ***he must be a ~ excuse for a carpenter if ...*** er muss ein ziemlich mieser Tischler sein, wenn ...; **~ eyesight/hearing** schlechtes Seh-/Hörvermögen; **to cut a ~ figure** [**as sth**] (*dated*) eine schlechte Figur [als etw] machen; **~ harvest** schlechte Ernte; **to be in ~ health** in schlechtem gesundheitlichen Zustand sein; **to make a ~ job of** [**doing**] **sth** bei etw *dat* schlechte Arbeit leisten; **to be a ~ loser** ein schlechter Verlierer/eine schlechte Verliererin sein; **~ memory** schlechtes Gedächtnis; **to be a ~ sailor** seeuntauglich sein; **to come a ~ second** [**in sth**] [bei etw *dat*] weit abgeschlagen an zweiter Stelle landen; **~ showing** armselige Vorstellung; **~ soil** karger Boden; **~ visibility** schlechte Sicht ③ *attr* (*deserving of pity*) arm; ***you ~ thing!*** du armes Ding! ④ *pred* (*lacking*) ■**to be ~ in sth** arm an etw *dat* sein; ***Iceland is ~ in natural resources*** Island hat kaum Bodenschätze ⑤ *attr* (*hum dated: humble*) bescheiden; **in my ~ opinion** meiner unmaßgeblichen Meinung nach ▸ PHRASES: [**as**] **~ as a church mouse** (*dated*) [so] arm wie eine Kirchenmaus; **to take a ~ view of sth** etw missbilligen [*o* nicht gerne sehen] **II.** *n* ■**the ~** *pl* die Armen *pl*

poor box *n* Almosenbüchse *f* **poorhouse** *n* (*hist*) Armenhaus *nt hist* **Poor Law** *n* BRIT (*hist*) Armengesetzgebung *f* (*im England des 19. Jahrhunderts*)

poorly ['pɔ:li, AM 'pʊr-] **I.** *adv* ① (*not rich*) arm; ■**to be ~ off** arm [dran] sein *fam;* **~ dressed** ärmlich gekleidet ② (*inadequately*) schlecht; **~ dressed** schlecht gekleidet; **to think ~ of sb/sth** (*dated*) eine schlechte Meinung von jdm/etw haben **II.** *adj pred* **to feel ~** sich *akk* schlecht fühlen; BRIT, AUS ***the doctor described his condition as ~*** die Ärztin beschrieb seinen Zustand als kritisch

poorness ['pɔ:nəs, AM 'pʊr-] *n no pl* ① (*inadequacy*) Dürftigkeit *f,* Mangelhaftigkeit *f;* **the ~ of his judgment** sein mangelndes Urteilsvermögen ② (*poverty*) Armut *f*

poor relation *n* arme(r) Verwandte(r) *f(m);* (*fig*) Stiefkind *nt fig;* **to treat sb like a ~** jdn stiefmütterlich behandeln **poor-spirited** *adj* verängstigt, verschüchtert

pop¹ [pɒp, AM pɑ:p] **I.** *n* ① (*noise*) Knall *m;* ***there were a few ~s*** es knallte ein paar Mal ② *no pl* (*dated fam: effervescent drink*) Limonade *f,* Brause *f veraltend;* **a bottle of** [**fizzy**] **~** eine Flasche Limonade; **orange ~** Orangenlimonade *f* ③ *usu sing* AM, AUS COMM ■**a ~** pro Stück; ***she gives lectures and gets paid $5000 a ~*** sie hält Vorlesungen und bekommt 5000 Dollar pro Veranstaltung **II.** *adv* **to go ~** (*make noise*) einen Knall machen; (*toy gun*) peng machen; (*burst*) explodieren **III.** *vi* <-pp-> ① (*make noise*) knallen; ***my ears always ~ as the plane comes in to land*** in meinen Ohren knackt es immer, wenn das Flugzeug im Landeanflug ist; **to let the cork ~** den Korken knallen lassen ② (*burst*) platzen ③ (*go quickly*) ■**to ~ out** hinausgehen; ***Paula must have ~ped out for a minute*** Paula wird kurz rausgegangen sein; ■**to ~ over** vorbeikommen; ***why don't you ~ over and see us this afternoon?*** warum kommst du heute Nachmittag nicht mal eben vorbei?; **to ~ upstairs** die Treppen hinaufspringen ▸ PHRASES: **sb's eyes** [**nearly**] **~** [**out of his/her head**] jdm fallen [beinahe] die Augen heraus **IV.** *vt* <-pp-> ① (*burst*) ■**to ~ sth** etw platzen lassen; **to ~ corn** Popcorn machen ② (*put quickly*) ***~ the pizza in the oven*** schieb' die Pizza in den Ofen; ***she ~ped the children into bed*** sie steckte die Kinder ins Bett; **to ~ one's clothes on/off** sich *dat* etw überstreifen/etw ausziehen ③ AM (*fam*) ■**to ~ sb** (*shoot*) jdn abknallen; (*hit*) jdn schlagen ▸ PHRASES: **to ~ one's clogs** BRIT (*fam*) den Löffel abgeben *fam;* **to ~ pills** Pillen schlucken; **to ~ the question** die entscheidende Frage stellen; ***Harry still hasn't ~ed the question*** Harry hat ihr noch immer keinen Heiratsantrag gemacht

◆**pop in** *vi* vorbeischauen; ***my neighbour often ~s in for a cup of coffee*** mein Nachbar kommt oft auf eine Tasse Kaffee vorbei; **to keep ~ping in and out** dauernd rein und rauslaufen

◆**pop into** *vi* **to ~ into a shop** [nochmal] schnell bei einem Geschäft vorbeischauen [*o* vorbeigehen]

◆**pop off I.** *vi* ① (*hum fam: die*) abkratzen *derb* ② (*fam: leave*) abhauen *fam;* **to ~ off home** nach Hause düsen *fam* **II.** *vt* COMPUT ■**to ~ off sth** etw wegnehmen

◆**pop on** *vt* COMPUT ■**to ~ on sth** etw hervorholen

◆**pop out** *vi* ① (*come out*) herausspringen ② (*leave*) kurz weg sein; ■**to ~ out for sth** schnell etw besorgen; ***I'll just ~ out for a coffee*** ich gehe mal eben einen Kaffee holen

◆**pop up** *vi* ① (*appear unexpectedly*) auftauchen; **to ~ up out of nowhere** aus dem Nichts auftauchen ② (*in pop-up book*) sich *akk* aufrichten; ***the pictures ~ up when you spread the pages open*** die Bilder falten sich auf, wenn man die Seiten öffnet ③ AM SPORTS (*hit a short fly ball*) einen Ball im Flug berühren

pop² [pɒp, AM pɑ:p] **I.** *n no pl* (*music*) Pop *m* **II.** *n modifier* (*group, music, singer, song, star, video*) Pop- **III.** *adj attr* ① (*popular*) populär; ***Dario Fo is a ~ poet*** Dario Fo ist ein Poet des Volkes; **~ culture** Popkultur *f;* **~ film-making** populäre Filmkunst ② (*also pej: popularized*) populär-; **~ psychology** populärwissenschaftliche Psychologie

pop³ [pɒp, AM pɑ:p] *n esp* AM (*esp childspeak fam*) Paps *m fam,* Papa *m fam*

pop⁴ *n no pl abbrev of* **population** Bev. *f*

pop art *n no pl* Pop-Art *f* **pop charts** *npl* Pop-Charts *pl* **pop concert** *n* Popkonzert *nt* **popcorn** *n no pl* Popcorn *nt* **pop culture** *n no pl* Popkultur *f* **pop-down menu** *n* Pop-down-Menü *nt,* Hervorholmenü *nt,* Einblendmenü *nt*

pope [pəʊp, AM poʊp] *n* Papst, Päpstin *m, f*

Popemobile ['pəʊpmə(ʊ)bi:l, AM 'poʊpmoʊ-] *n* Papstmobil *nt,* Papamobil *nt*

popery ['pəʊpᵊri, AM 'poʊ-] *n no pl* (*old or pej*) Papismus *m pej geh,* Pfaffentum *nt pej veraltend*

pop-eyed *adj inv* ① (*with surprise*) mit Stielaugen *fam;* ■**to be ~** Stielaugen bekommen ② (*with bulging eyes*) mit hervortretenden Augen [*o* Glupschaugen] *nach n,* glupschäugig *präd* **pop fly** *n* SPORTS *bezeichnet im Baseball einen Ball, der leicht zu fangen ist* **pop group** *n* Popgruppe *f* **pop-gun** *n* Spielzeugpistole *f*

popinjay ['pɒpɪndʒeɪ, AM 'pɑ:p-] *n* (*old*) Geck *m veraltend,* Lackaffe *m pej fam,* Dandy *m meist pej*

popish ['pəʊpɪʃ, AM 'poʊ-] *adj inv* (*pej old*) papistisch *pej geh,* streng katholisch

poplar ['pɒpləʳ, AM 'pɑ:plɚ] *n* Pappel *f*

poplin ['pɒplɪn, AM 'pɑ:p-] **I.** *n no pl* Popelin *m,* Popeline *f* **II.** *n modifier* (*dress, shirt, shawl*) Popelin-

pop music *n no pl* Popmusik *f*

poppa ['pɑ:pə] *n* AM (*esp childspeak: father*) Papa *m fam,* Papi *m fam,* Paps *m fam*

poppadom *n,* **poppadum** ['pɒpədəm, AM 'pɑ:-] *n* FOOD Papadam *m o nt* (*hauchdünner frittierter Teigfladen aus Linsenmehl*)

popper ['pɒpəʳ] *n* BRIT (*fam*) Druckknopf *m*

poppet ['pɒpɪt, AM 'pɑ:-] *n esp* BRIT, AUS (*fam*) Schatz *m fam;* (*form of address also*) Schätzchen *nt fam;* ***be a ~ and fetch me my dressing gown*** sei so lieb und bring mir mal meinen Morgenmantel

pop psychology *n no pl* populärwissenschaftliche Psychologie

poppy ['pɒpi, AM 'pɑ:-] *n* Mohn *m kein pl,* Mohnblume *f*

poppycock *n no pl* (*pej dated fam*) Quatsch *m fam,* Unsinn *m fam,* Blödsinn *m fam* **Poppy Day** *n* BRIT *Sonntag, der dem 11. November am nächsten kommt, an dem insbesondere der Gefallenen der beiden Weltkriege gedacht wird* **poppy seed** *n* Mohnsamen *m,* Mohn *m kein pl*

pops [pɑ:ps] *n + sing vb* AM (*esp childspeak fam: dad*) Papa *m fam,* Papi *m fam,* Paps *m fam*

Popsicle® ['pɑ:psɪkḷ] *n* AM (*ice lolly*) Eis *nt* am Stiel

popsie *n* BRIT (*dated*) *see* **popsy**

pop singer *n* Popsänger(in) *m(f)* **pop song** *n* Popsong *m* **pop star** *n* Popstar *m*

popsy ['pɒpsi] *n* BRIT (*dated*) Mieze *f veraltend sl,* [flotte] Biene *veraltend sl*

populace ['pɒpjələs, AM 'pɑ:pjəlɪs] *n no pl* SOCIOL ■**the ~** die breite Masse [der Bevölkerung], das Volk; **the general ~** die Durchschnittsbevölkerung

popular ['pɒpjələʳ, AM 'pɑ:pjəlɚ] *adj inv* ① (*widely liked*) beliebt, populär; ***the new scheme has proved enormously ~*** das neue System kommt sehr gut an; ***you won't be very ~ if you burn the sausages*** du wirst dich nicht grade beliebt machen, wenn du die Würstchen verbrennst; (*iron, hum*) ***I bet you were ~ when your parents got their phone bill!*** ich wette, deine Eltern haben sich sehr bei dir bedankt, als sie ihre Telefonrechnung gesehen haben! *iron, hum;* ■**to be ~ with sb** bei jdm beliebt sein; **a ~ brand** eine beliebte [*o* bekannte] Marke ② *attr* (*not high-brow*) populär; **~ music** Unterhaltungsmusik *f;* **the ~ press** die Massenmedien *ntpl;* **~ science** Populärwissenschaft *f* ③ *attr* (*widespread*) weit verbreitet, allgemein verbreitet; ***it is a ~ belief that ...*** viele glauben, dass ...; **a ~ saying** ein geflügeltes Wort ④ *attr* (*of the people*) Volks-; ***the socialists can no longer be sure of the ~ vote*** die Sozialisten können sich nicht mehr auf die Unterstützung der breiten Massen verlassen; **by ~ request** auf allgemeinen Wünsch; **~ revolt** [*or* **uprising**] Volksaufstand *m,* Massenunruhen *pl;* **~ support** Unterstützung *f* durch breite Schichten der Bevölkerung

popularity [ˌpɒpjə'lærəti, AM ˌpɑ:pjə'lerət̬i] *n no pl* Beliebtheit *f,* Popularität *f;* ***movie-going in America is enjoying an upsurge of ~*** das Interesse an Kinobesuchen hat in den USA rapide zugenommen; ***how do you account for Tom's amazing ~ with women?*** wie erklärst du dir, dass Tom bei den Frauen so gut ankommt?

popularization [ˌpɒpjəlᵊraɪ'zeɪʃᵊn, AM ˌpɑ:pjəlɚɪ'-] *n no pl* ① (*making liked*) Beliebtwerden *nt people;* ***TV has been responsible for the ~ of landscape gardening*** das Fernsehen hat Landschaftsgärtnerei populär gemacht ② (*making accessible*) [allgemeine] Verbreitung, Popularisierung *f geh;* ***the ~ of air travel took place mainly in the 1960s*** Flugreisen wurden eigentlich erst in den 60er-Jahren der breiten Öffentlichkeit zugänglich

popularize ['pɒpjəlᵊraɪz, AM 'pɑ:pjələ-] *vt* ① (*make liked*) ■**to ~ sb/sth** jdn/etw populär machen; **to ~ an artist** einem Künstler/einer Künstlerin zum Durchbruch verhelfen ② (*make accessible*) ■**to ~ sth** etw breiteren Kreisen zugänglich machen

popularizer ['pɒpjəlᵊraɪzəʳ, AM 'pɑ:pjələraɪzɚ] *n* ① (*of activity*) *jd, der etw populär macht* ② (*of academic subject*) *jd, der etw allgemein verständlich darstellt*

popularly ['pɒpjələli, AM 'pɑ:pjəlɚ-] *adv* ① (*commonly*) allgemein; ***it is ~ assumed that ...*** es ist

P

eine weit verbreitete Annahme, dass ...; **to be ~ known as sth** *city* etw allgemein genannt werden; *person* allgemeinhin als etw bekannt sein; **as is ~ believed** wie man allgemein annimmt; **to be ~ thought of as sth** allgemein für etw *akk* gehalten werden ② (*by the people*) vom Volk; **to be ~ elected** vom Volk gewählt sein

populate ['pɒpjəleɪt, AM 'pɑ:p-] *vt* ① *usu passive* (*inhabit*) ■**to be ~d** bevölkert sein; *island* bewohnt sein (**by/with** von +*dat*); ***the river is ~d mainly by smaller species of fish*** in dem Fluss sind vor allem kleinere Fischarten heimisch; **a very sparsely/densely ~d area** eine sehr dünn/dicht besiedelte Gegend ② (*provide inhabitants*) ■**to ~ sth** etw besiedeln; ***Eastern Canada was initially ~d by the French*** in Ostkanada ließen sich ursprünglich die Franzosen nieder; **to ~ a stream with trout** in einem Bach Forellen ansiedeln ③ COMPUT ■**to ~ sth** etw bestücken

populated board *n* COMPUT bestückte Leiterplatte

population [ˌpɒpjə'leɪʃᵊn, AM ˌpɑ:p-] I. *n* ① *usu sing* (*inhabitants*) Bevölkerung *f kein pl;* (*of particular place*) Einwohnerschaft *f kein pl;* ***there's been a rise in the prison ~*** die Zahl der in Haft befindlichen Personen ist gestiegen; **the entire ~ of the area** die gesamte [orts]ansässige Bevölkerung; **the American/urban ~** die amerikanische/städtische Bevölkerung; **the civilian ~** die Zivilbevölkerung ② *no pl* (*number of people*) Einwohnerzahl *f;* ***a ~ of 1.2 million*** 1,2 Millionen Einwohner ③ BIOL Population *f fachspr,* Bestand *m;* **the deer ~** der Hirschbestand; **the dolphin ~** die Delphinpopulation, der Delphinbestand; **the fish ~** die Fischvorkommen *ntpl,* der Fischbestand ④ (*in statistics*) Grundgesamtheit *f* II. *n modifier* (*group, problems*) Bevölkerungs-, Einwohner-; **~ change** Veränderung *f* der Bevölkerung; **~ increase** Bevölkerungswachstum *nt,* Bevölkerungszunahme *f;* **~ decrease** sinkende Einwohnerzahlen, Bevölkerungsschwund *m;* **world ~** Weltbevölkerung *f*

population control *n no pl* Geburtenkontrolle *f*

population density *n no pl* Bevölkerungsdichte *f* **population explosion** *n* Bevölkerungsexplosion *f*

populism ['pɒpjəlɪzᵊm, AM 'pɑ:p-] *n no pl* Populismus *m geh*

populist ['pɒpjəlɪst, AM 'pɑ:p-] (*esp pej*) I. *adj inv* populistisch *geh* II. *n* Populist(in) *m(f) geh*

populous ['pɒpjələs, AM 'pɑ:p-] *adj* (*form*) bevölkerungsreich; *region, area* dicht besiedelt; ***China is the world's most ~ country*** China ist das Land mit der höchsten Bevölkerungsdichte

pop-up ['pɒpʌp, AM 'pɑ:p] I. *adj attr, inv* ① *book, card, computer* Popup- ② *toaster* Automatic- II. *n* ① (*in a book*) Auffaltungskarton, m ② COMPUT Popup *nt*

p.o.q. [ˌpi:əʊ'kju:] *vi* AUS (*fam*) abzischen *fam*

porcelain ['pɔ:sᵊlɪn, AM 'pɔ:r-] I. *n no pl* Porzellan *nt;* **Meissen ~** Meißener Porzellan II. *n modifier* (*bowl, factory, plate*) Porzellan-

porch <*pl* -es> [pɔ:tʃ, AM pɔ:rtʃ] *n* ① (*without walls*) Vordach *nt;* (*with walls*) Vorbau *m;* *of a church* Portal *nt* ② AM (*veranda*) Veranda *f*

porcine ['pɔ:saɪn, AM 'pɔ:r] *adj* schweineähnlich, Schweine-, wie ein Schwein *nach n*

porcupine ['pɔ:kjəpaɪn, AM 'pɔ:r-] *n* Stachelschwein *nt*

pore¹ [pɔ:ʳ, AM pɔ:r] *n* Pore *f*

pore² [pɔ:ʳ, AM pɔ:r] *vi* ■**to ~ over sth** über etw *dat* brüten; **to ~ over books** über Büchern hocken *fam;* **to ~ over a map/newspaper** eine Landkarte/Zeitung eingehend studieren

pork [pɔ:k, AM pɔ:rk] I. *n no pl* Schweinefleisch *nt* II. *n modifier* (*fat, meat, roast*) Schweine-, Schweins-; **~ escalope** [*or* AM **cutlet**] Schweineschnitzel *nt;* **~ sausage** Schweinswurst *f*

pork-barrel *adj attr, inv* AM POL (*pej sl*) *bezeichnet die Vergabe von Regierungsgelder für kommunale Projekte, um damit Wählerstimmen zu gewinnen*

pork butcher *n* BRIT Schweinemetzger(in) *m(f)*

pork chop *n* Schweinekotelett *nt*

porker ['pɔ:kəʳ, AM 'pɔ:rkɚ] *n* Mastschwein *nt*

porkie ['pɔ:ki] *n usu pl* BRIT (*hum rhyming sl*) Lüge[ngeschichte] *f;* ***have you been telling them ~s again?*** hast du ihnen wieder einmal einen Bären aufgebunden? *fam*

pork pie *n* BRIT ① (*food*) Schweinefleischpastete *f* ② (*hum rhyming sl*) *see* **porkie** **pork scratchings** *npl* BRIT, **pork rinds** *npl* AM [Speck]grieben *fpl* (*als Snack*), Grammeln *fpl* ÖSTERR

porky ['pɔ:ki, AM 'pɔ:rki] I. *adj* (*pej fam*) fett; ***hey, look at that ~ little boy*** hey, schau dir mal den kleinen Fettsack an *pej fam* II. *n* ① AM (*fam*) Stachelschwein *nt* ② BRIT (*hum rhyming sl*) *see* **porkie**

porky-pie *n* BRIT (*hum rhyming sl*) *see* **porkie**

porn [pɔ:n, AM pɔ:rn] (*fam*) I. *n no pl short for* **pornography** Porno *m;* **hard-core ~** harter Porno; **soft ~** Softporno *m* II. *adj attr short for* **pornographic** Porno-; **~ film** [*or* **movie**] Pornofilm *m,* Pornostreifen *m;* **~ magazine** Pornoheft *nt*

porno ['pɔ:nəʊ, AM 'pɔ:rnoʊ] *adj attr* (*fam*) *short for* **pornographic** Porno-; *see also* **porn**

pornographer [pɔ:'nɒgrəfəʳ, AM pɔ:r'nɑ:grəfɚ] *n* Pornograf(in) *m(f) geh*

pornographic [ˌpɔ:nə'græfɪk, AM ˌpɔ:r-] *adj inv* ① (*containing pornography*) pornografisch, Porno-; **~ literature** Pornoliteratur *f* ② (*obscene*) obszön, schmutzig

pornography [pɔ:'nɒgrəfi, AM pɔ:r'nɑ:g-] *n no pl* Pornografie *f;* **hard-core ~** harter Porno; **soft-core ~** Softporno *m*

porny ['pɔ:ni, AM 'pɔ:rni] *adj* (*fam*) *short for* **pornographic** pornografisch, Porno-

porosity [pɔ:'rɒsəti, AM -'rɑ:sət̬i] *n no pl* (*form*) Porosität *f,* Porigkeit *f*

porous ['pɔ:rəs] *adj* ① (*permeable*) porös ② (*not secure*) durchlässig; **~ information/security system** undichtes Informations-/Sicherheitssystem

porpoise ['pɔ:pəs, AM 'pɔ:r-] *n* ZOOL Tümmler *m*

porridge ['pɒrɪdʒ, AM 'pɔ:r-] *n no pl* ① (*boiled oats*) Porridge *m o nt,* Haferbrei *m* ② BRIT (*fam: time in prison*) ***five years ~*** fünf Jahre Knast *fam;* **to do ~** [hinter Gittern [*o* im Knast]] sitzen *fam*

porridge oats *npl* BRIT Haferflocken *fpl*

port¹ [pɔ:t, AM pɔ:rt] *n* ① (*harbour*) Hafen *m;* **~ of embarkation** Einschiffungshafen *m;* **fishing/naval ~** Fischerei-/Seehafen *m;* **to come into ~** [in den Hafen] einlaufen; **to leave ~** auslaufen ② (*town*) Hafenstadt *f* ③ COMPUT Anschlussstelle *f,* Port *m fachspr* ▶ PHRASES: **it's any ~ in a storm** (*prov*) in der Not frisst der Teufel Fliegen *prov*

port² [pɔ:t, AM pɔ:rt] I. *n no pl* AVIAT, NAUT Backbord *nt* ÖSTERR *a. m;* **to turn to ~** nach Backbord drehen II. *n modifier* AVIAT, NAUT Backbord-; **on the ~ bow** Backbord voraus; **the ~ side** die Backbordseite; **on the ~ side** backbord

port³ [pɔ:t, AM pɔ:rt] *n* ① COMPUT Anschluss *m,* Schnittstelle *f,* Port *m fachspr;* ***have you got a ~ for a joystick on your computer?*** kannst du einen Joystick an deinen Computer anschließen?; **terminal ~** Port *m fachspr* ② NAUT (*porthole*) Bullauge *nt,* Luke *f* ③ NAUT, MIL (*gun port*) Geschützpforte *f*

port⁴ [pɔ:t, AM pɔ:rt] *n no pl* (*wine*) Portwein *m;* **ruby/tawny ~** Ruby/Tawny Port *m*

port⁵ [pɔ:t] *n* AUS (*fam: travelling bag*) Reisetasche *f*

portability [ˌpɔ:tə'bɪləti, AM ˌpɔ:rt̬ə'bɪlət̬i] *n no pl* ① (*to be carried*) Tragbarkeit *f;* ***the advantage of the smaller model is its greater ~*** das kleinere Modell hat den Vorteil, dass man es besser tragen kann ② COMPUT Übertragbarkeit *f*

portable ['pɔ:təbl̩, AM 'pɔ:r-] I. *adj inv* ① (*to be carried*) tragbar, portabel *geh;* **~ computer** tragbarer Computer; **~ radio** Kofferradio *nt,* tragbares Radiogerät; **~ TV set** tragbarer Fernseher, Portable *m o nt fachspr;* **~ typewriter** Kofferschreibmaschine *f,* Reiseschreibmaschine *f* ② COMPUT übertragbar, kompatibel II. *n* ■**a ~** ein tragbarer Computer, ein Portable

portable pension *n* FIN [auf eine andere Firma] übertragbarer Rentenanspruch

portacabin *n* BRIT *see* **Portakabin®**

Portacrib® ['pɔ:rt̬əˌkrɪb] *n* AM (*carrycot*) Babytrag[e]tasche *f*

portage ['pɔ:tɪdʒ, AM 'pɔ:r-] *n* ① *no pl* TRANSP, NAUT (*carrying*) Transport *m* über Land ② *no pl* (*costs*) Transportkosten *pl* ③ (*place*) Portage *f*

Portakabin® ['pɔ:təˌkæbɪn] *n* BRIT Wohncontainer *m*

portal ['pɔ:tᵊl, AM 'pɔ:rt̬-] *n* ① (*form*) Portal *nt;* **the ~s of heaven** die Himmelspforten *fpl poet* ② COMPUT Portal *nt*

Portaloo® ['pɔ:təˌlu:, AM 'pɔ:rt̬-] *n* BRIT, **Portapotty** ['pɔ:rt̬əˌpɑ:t̬i] *n* AM (*fam*) Miet-WC *nt*

port authority *n* Hafenbehörde *f*

port charges *npl,* **port dues** *npl* Hafengebühr[en] *f[pl]*

portcullis <*pl* -es> [ˌpɔ:t'kʌlɪs, AM ˌpɔ:rt'-] *n* Fallgitter *nt,* Fallgatter *nt*

porte cochère [ˌpɔ:tkɒ'ʃeəʳ, AM ˌpɔ:rtekɑ:'ʃer] *n* Toreinfahrt *f,* Wagenauffahrt *f*

portend [pɔ:'tend, AM pɔ:r'-] *vt* (*form*) ■**to ~ sth** auf etw *akk* hindeuten; **to ~ calamity** Unheil ankündigen

portent ['pɔ:tent, AM 'pɔ:r-] *n* (*form*) Vorzeichen *nt,* Omen *nt;* ***this could be a ~ of worse weather to come*** das könnte auf eine Wetterverschlechterung hindeuten; ***worrying economic ~s for the coming year*** beunruhigende Hinweise auf die Wirtschaftsentwicklung des kommenden Jahres

portentous [pɔ:'tentəs, AM pɔ:r'tent̬-] *adj inv* ① (*form: highly significant*) bedeutungsvoll; (*ominous*) unheilvoll; (*grave*) schicksalhaft; **a ~ step** ein verhängnisvoller Schritt ② (*pej: pompous*) hochtrabend *pej*

portentously [pɔ:'tentəsli, AM pɔ:r'tent̬-] *adv* (*form*) ① (*ominously*) unheilvoll ② (*pej: pompously*) gewichtig

porter¹ ['pɔ:təʳ, AM 'pɔ:rt̬ɚ] *n* ① (*baggage-carrier*) Gepäckträger *m;* (*on expedition*) Träger *m* ② *no pl* (*beer*) Porter *nt*

porter² ['pɔ:təʳ, AM 'pɔ:rt̬ɚ] *n* ① *esp* BRIT (*doorkeeper*) Portier, Portiersfrau *m, f;* **the college ~** der Pförtner/die Pförtnerin des College[s]; **hall/night ~** Empfangs-/Nachtportier *m;* **hotel ~** Hotelportier *m;* **~'s lodge** Pförtnerloge *f* ② AM RAIL (*on sleeping car*) [Schlafwagen]schaffner(in) *m(f)*

porterage ['pɔ:tərɪdʒ, AM 'pɔ:rt̬ɚ-] *n no pl* ① (*action*) ***in this kind of terrain, ~ is the best option*** in solchem Terrain ist es am besten Träger anzustellen; ***nowadays most rail and air travellers do their own ~*** heutzutage tragen die meisten Bahn- und Flugreisenden ihr Gepäck selbst ② (*cost*) Trägerlohn *m*

porterhouse *n* AM, AUS, **porterhouse steak** *n* AM, AUS Porterhouse-Steak *nt*

port facilities *npl* Hafenanlage *f*

portfolio [ˌpɔ:t'fəʊliəʊ, AM ˌpɔ:rt'foʊlioʊ] *n* ① (*case*) Aktenmappe *f,* Aktentasche *f* ② (*of drawings, designs*) Mappe *f;* **to build up a ~** eine Mappe anlegen ③ FIN (*financial investments*) Portefeuille *nt fachspr,* Wechselbestand *m,* Wertpapierbestand *m,* Aktienportfeuille *nt fachspr* ④ POL (*ministerial position*) Portefeuille *nt fachspr,* Geschäftsbereich *m;* **minister without ~** Minister(in) *m(f)* ohne Geschäftsbereich [*o fachspr* Portefeuille]

porthole *n* NAUT Bullauge *nt,* Luke *f;* AVIAT Kabinenfenster *nt*

portico <*pl* -es *or* -s> ['pɔ:tɪkəʊ, AM 'pɔ:rt̬ɪkoʊ] *n* Säulengang *m,* Portikus *m fachspr*

portion ['pɔ:ʃᵊn, AM 'pɔ:r-] I. *n* ① (*part*) Teil *m;* **a large ~ of time** ein Großteil der Zeit ② (*share*) Anteil *m;* ***I accept my ~ of the blame*** ich bekenne mich zu meinem Teil der Schuld ③ (*serving*) Portion *f;* (*piece*) Stück *nt;* **child's ~** Kinderportion *f;* **a huge ~** eine Riesenportion ④ LAW Ausstattung *f* eines Kindes mit Vermögen II. *vt* ■**to ~ out** ↔ **sth** etw aufteilen [*o* verteilen]; ***we'll have to ~ the money out between the six of us*** wir werden uns das Geld zu sechst teilen müssen; **to ~ out blame** (*fig*) [die] Schuld zuweisen

portly ['pɔ:tli, AM 'pɔ:r-] *adj* (*esp hum*) korpulent, [wohl] beleibt

portmanteau [pɔ:t'mæntəʊ, AM pɔ:rt'mæntoʊ] I. *n* <*pl* -s *or* -x> (*dated*) Reisekoffer *m* II. *adj attr,* *inv* umfassend, weit gespannt; ~ **word** Schachtelwort *nt*

port of call <*pl* ports of call> *n* ① NAUT Anlaufhafen *m* ② (*place to stop*) Anlaufstelle *f* **port of departure** <*pl* ports-> *n* NAUT Abgangshafen *m* **port of entry** <*pl* ports-> *n* NAUT Einlaufhafen *m*

portrait ['pɔːtrɪt, AM 'pɔːr-] *n* ① (*picture*) Porträt *nt*, Bildnis *nt;* **to paint a ~ of sb** [*or* **sb's ~**] jds Porträt malen; **to have one's ~ painted** sich *akk* porträtieren lassen; **to sit for one's ~** jdm [für sein Porträt] Modell sitzen ② (*fig: description*) Bild *nt*, Porträt *nt fig;* **to paint a vivid ~ of sth** ein lebendiges Bild einer S. *gen* zeichnen ③ *no art* TYPO (*format*) Hochformat *nt*

portraitist ['pɔːtrɪtɪst, AM 'pɔːrtrɪṭ-] *n*, **portrait painter** *n* Porträtist(in) *m(f)*, Porträtmaler(in) *m(f)*

portraiture ['pɔːtrɪtʃəʳ, AM 'pɔːrtrɪtʃɚ] *n no pl* Porträtmalerei *f*

portray [pɔː'treɪ, AM pɔːr'-] *vt* ① (*paint*) ■**to ~ sb** jdn porträtieren ② (*describe*) ■**to ~ sb/sth** jdn/etw darstellen [*o* porträtieren]

portrayal [pɔː'treɪəl, AM pɔːr'-] *n* Porträt *nt fig*, Darstellung *f;* (*in literature*) Schilderung *f*

Port Salut [ˌpɔːsə'luː, AM ˌpɔːrsæl'uː] *n no pl* Port Salut *m* (*französischer Weichkäse*)

Portugal ['pɔːtʃəgᵊl, AM 'pɔːr-] *n* Portugal *nt*

Portuguese [ˌpɔːtʃə'giːz, AM ˌpɔːr-] **I.** *n* ① <*pl* -> (*person*) Portugiese, -in *m, f* ② *no pl* (*language*) Portugiesisch *nt* **II.** *adj* ① (*of Portugal*) portugiesisch; ***her husband is ~*** ihr Mann kommt aus Portugal; **a ~ woman** eine Portugiesin ② (*of language*) *course, teacher* Portugiesisch-

Portuguese man-of-war *n*, **Portuguese man-o'-war** *n* ZOOL Staatsqualle *f*, Röhrenqualle *f*

port wine *n no pl* Portwein *m*

POS, p.o.s. *n* ECON ① *abbrev of* **point of sale** Verkaufsstelle *m*, Verkaufsort *m* ② (*in shop*) *abbrev of* **point of sale** Kasse *f*

pose [pəʊz, AM poʊz] **I.** *n* ① (*bodily position*) Haltung *f*, Pose *f;* **to adopt** [*or* **assume**] [*or* **strike**] **a ~** eine Pose einnehmen; **to hold a ~** eine Pose beibehalten, in einer Haltung verharren ② *usu sing* (*pretence*) Getue *nt fig*, Gehabe *nt pej;* ***it's all a ~*** das ist alles bloß Show *fam* **II.** *vi* ① (*adopt position*) posieren, eine Haltung einnehmen; ■**to ~ for sb** für jdn Modell sitzen [*o* stehen]; **to ~ for one's photograph** sich fotografieren lassen; **to ~ nude/topless** sich *akk* nackt/ohne Oberteil fotografieren lassen; ***the actress is known for posing topless*** die Schauspielerin ist als Oben-ohne-Model bekannt ② (*pretend*) ■**to ~ as sth** sich *akk* als etw ausgeben; ***he's just posing!*** das ist doch alles nur Bluff! ③ (*behave affectedly*) sich *akk* geziert [*o* affektiert] benehmen **III.** *vt* ① (*cause*) ■**to ~ sth** etw aufwerfen; ***it does ~ the problem of where/ how/ when …*** es stellt sich dann natürlich das Problem, wo/wie/wann …; **to ~ difficulties** Schwierigkeiten mit sich *dat* bringen; **to ~ a threat to sb/sth** eine Bedrohung für jdn/etw darstellen ② (*ask*) **to ~ a question** eine Frage stellen ③ (*for picture*) ■**to ~ sb** jdn Positur einnehmen [*o* posieren] lassen

poser ['pəʊzəʳ, AM 'poʊzɚ] *n* (*fam*) ① (*problem*) schwierige [*o* knifflige] Frage ② (*pej: person*) Angeber(in) *m(f);* ***you look like a real ~ in your fancy sports car*** in deinem tollen Sportwagen siehst du ja ziemlich schickimicki aus! *pej fam*

poseur [pəʊ'zɜːʳ, AM poʊ'zɜːr] *n* (*pej*) Angeber(in) *m(f)*

posey ['pəʊzi, AM 'poʊ-] *adj* BRIT (*pej fam*) protzig *pej*, großspurig *pej*

posh [pɒʃ, AM pɑːʃ] (*fam*) **I.** *adj* ① (*stylish*) vornehm, piekfein; **~ area** vornehme Gegend; **~ car** Luxusschlitten *m fam;* **~ hat** todschicker Hut *fam;* **~ hotel** vornehmes [*o* feudales] Hotel; **~ restaurant** feines Restaurant; **~ shop** schicker Laden ② *esp* BRIT (*upper-class*) vornehm; **~ accent** vornehmer Akzent; **a ~ woman** eine feine Dame **II.** *adv* BRIT vornehm; ***stop acting so ~!*** sei nicht so überkandidelt!; ***she talks dead ~*** sie spricht so furchtbar gestelzt

posing pouch *n esp* BRIT Suspensorium *nt fachspr*

posit ['pɒzɪt, AM 'pɑː-] *vt* (*form*) ■**to ~ sth** etw postulieren *geh*, auf etw *dat* basieren

position [pə'zɪʃᵊn] **I.** *n* ① (*place*) Platz *m*, Stelle *f*; *building* Lage *f;* ***the house has a good ~ overlooking the valley*** man hat vom Haus aus einen guten Blick über das Tal; ***the sofa is in a different ~ now*** jetzt steht das Sofa woanders; **to take up a ~** sich *akk* platzieren ② (*appointed place*) Platz *m;* **to be in ~** an seinem/ihrem Platz sein; **to get** [*or* **move**] **into ~** seinen/ihren Platz einnehmen; ***the dancers moved into ~*** die Tänzer nahmen ihre Position[en] ein; **to move sth into ~** etw zurechtrücken; **to move out of ~** seinen/ihren Platz verlassen ③ (*in navigation*) Position *f*, Standort *m* ④ (*posture*) Stellung *f*, Lage *f;* **yoga ~** Yogahaltung *f;* **lying/sitting ~** liegende/sitzende Stellung, liegend/sitzend; **to change one's ~** eine andere Stellung einnehmen ⑤ SPORTS (*in team*) [Spieler]position *f;* ***his ~ is in midfield*** er ist Mittelstürmer ⑥ (*rank*) Position *f*, Stellung *f;* **the ~ of women in society** die gesellschaftliche Stellung der Frau; **to jockey** [*or esp* BRIT **jostle**] **for ~** um eine Position rangeln *fam* ⑦ BRIT, AUS (*in race, competition*) Platz *m;* ***she finished the race in third ~*** sie belegte bei dem Rennen am Schluss den dritten Platz ⑧ (*job*) Stelle *f*, Position *f;* **a ~ of responsibility** ein verantwortungsvoller Posten; **a ~ of trust** eine Vertrauensstellung; **a teaching ~** eine Stelle als Lehrer/Lehrerin; **to apply for a ~** sich *akk* um eine [Arbeits]stelle bewerben ⑨ *usu sing* (*situation*) Situation *f*, Lage *f;* ***put yourself in my ~*** versetz dich in meine Lage; ■**to be in a/no ~ to do sth** in der Lage/nicht in der Lage sein, etw zu tun; **to put sb in an awkward ~** jdn in eine unangenehme Lage bringen; **financial ~** Vermögensverhältnisse *pl* ⑩ *usu sing* (*form: opinion*) Haltung *f*, Standpunkt *m;* ***what's the company's ~ on recycling?*** welchen Standpunkt vertritt die Firma in der Frage des Recycling?; ***his ~ is that …*** er steht auf dem Standpunkt, dass …; ***a party's ~ on defence*** die Position einer Partei zur Frage der Verteidigung; **to take the ~ that …** die Meinung vertreten, dass … ⑪ *usu pl* MIL Stellung *f* ⑫ STOCKEX [Wertpapier]position *f*, Stellung *f;* **to take a ~ in a share** Aktien für eigene Rechnung kaufen; **bear ~** Baisseposition *f;* **bull ~** Hausse-Engagement *nt*, Hausseposition *f;* **to close a ~** eine Position schließen [*o* glattstellen]; **to cover a ~** eine Position abdecken; **long ~** Hausse-Engagement *nt*, Long-Position *f;* **short ~** Baisse-Engagement *nt*, Short-Position *f* **II.** *vt* ■**to ~ sb/sth** jdn/etw platzieren; ***I ~ed myself as far away from him as possible*** ich habe mich so weit wie möglich von ihm weggesetzt; **to ~ guns/troops** MIL Gewehre in Stellung bringen/Truppen positionieren

positional [pə'zɪʃᵊnᵊl] *adj inv esp* SPORTS Stellungs-, positionell *fachspr;* **a ~ change** ein Stellungswechsel

positive ['pɒzətɪv, AM 'pɑːzəṭ-] **I.** *adj inv* ① (*certain*) sicher, bestimmt; ***are you sure …? — absolutely ~!*** bist du sicher, dass …? – aber klar [doch]!; ***are you sure you're coming tonight? — ~!*** und du kommst heute Abend ganz bestimmt? – ganz bestimmt!; ■**to be ~ about sth** sich *dat* einer S. *gen* sicher sein; ■**to be ~ that …** sicher sein, dass …; **a ~ proof** [*or* **proof ~**] ein sicherer Beweis ② (*optimistic*) positiv; **~ attitude** optimistische [*o* positive] Einstellung; **~ criticism** konstruktive Kritik; **~ development** positive [*o* viel versprechende] Entwicklung; **~ feedback** positive Reaktion; ***I gave her some ~ feedback on it*** ich habe ihr eine positive Rückmeldung dazu gegeben; **~ person/thinking** positiver Mensch/positives Denken; **a ~ response** eine positive Antwort; **to think ~** positiv denken ③ *inv* MED positiv; **to be HIV ~** HIV-positiv sein ④ *attr, inv* (*complete*) wirklich, absolut; ***she was a ~ joy to have around*** es war wirklich eine Freude, sie hier zu haben; **a ~ disadvantage/miracle** ein echter Nachteil/ein echtes Wunder ⑤ *inv* MATH (*above zero*) positiv; **a ~ quantity** eine positive Menge ⑥ *inv* ELEC (*carried by protons*) Plus-, positiv **II.** *n* Stärke *f*, Pluspunkt *m*

positive discrimination *n* BRIT affirmative [*o* bestätigende] Diskriminierung *geh;* **a policy of ~** der Grundsatz, wieblichen Bewerbern bei gleicher Qualifikation den Vorzug zu geben

positive display *n* COMPUT schwarz auf weiß Anzeige

positively ['pɒzətɪvli, AM 'pɑːzəṭ-] *adv* ① (*definitely*) bestimmt; *say, promise* fest ② (*optimistically*) positiv ③ *inv* (*fam: completely*) völlig, absolut; ***Nicky ~ glows with health*** Nicky strotzt [ja] richtig vor Gesundheit; ***rich? — they're ~ loaded!*** reich? – die schwimmen geradezu im Geld! *fam;* **to be ~ rude** regelrecht grob sein

positiveness ['pɒzətɪvnəs, AM 'pɑːzəṭ-] *n no pl* ① (*certainty*) Bestimmtheit *f* ② (*optimism*) Zuversicht *f;* **the ~ of sb's criticism/development/response** jds konstruktive Kritik/positive Entwicklung/positive Antwort

positive vetting *n* BRIT Sicherheitsüberprüfung *f*

positivism ['pɒzɪtɪvɪzᵊm, AM 'pɑːzɪṭ-] *n no pl* PHILOS Positivismus *m fachspr*

positivist ['pɒzɪtɪvɪst, AM 'pɑːzɪṭ-] **I.** *n* PHILOS Positivist(in) *m(f) fachspr* **II.** *adj* positivistisch *fachspr*

positivistic [ˌpɒzɪtɪ'vɪstɪk, AM ˌpɑːzɪṭɪ] *adj inv* positivistisch

positron ['pɒzɪtrɒn, AM 'pɑːzɪtrɑːn] *n* PHYS, ELEC Positron *nt fachspr*

poss [pɒs, AM pɑːs] *adj pred, inv* (*fam*) *short for* **possible** möglich

posse ['pɒsi, AM 'pɑːsi] *n* ① (*group of people*) Gruppe *f*, Schar *f;* **a whole ~ of armed policemen/reporters** ein ganzes Aufgebot an bewaffneten Polizeikräften/Reportern ② (*sl: group of friends*) Clique *f fam* ③ (*hist: summoned by sheriff*) [Hilfs]trupp *m*

possess [pə'zes] *vt* ① (*own, have*) ■**to ~ sth** etw besitzen; **to ~ charm** Charme haben [*o* besitzen]; **to ~ dignity** voller Würde sein; **to ~ magical powers** über magische Kräfte verfügen; **to ~ special skills** besondere Fähigkeiten besitzen ② LAW (*carry illegally*) ■**to ~ sth** etw [illegal] besitzen; ***he was sentenced to six months' imprisonment for ~ing heroin*** er wurde wegen Heroinbesitzes zu sechs Monaten Haft verurteilt; ***they've been charged with ~ing guns and explosives*** sie sind wegen Waffen- und Sprengstoffbesitzes angeklagt worden ③ (*fam: cause*) ■**to ~ sb** ***what ~ed you?*** was ist denn [bloß] in dich gefahren?; ***whatever ~ed him to …*** wie ist er bloß auf den Gedanken gekommen, … ④ *usu passive* (*control*) **to be ~ed by demons/the Devil** von Dämonen/vom Teufel besessen sein; **to be ~ed by the urge to do sth** von dem Drang besessen sein, etw tun zu müssen; **like [some|one/a man/woman ~ed** wie ein Besessener/eine Besessene ⑤ *passive* (*form: have*) ■**to be ~ed of sth** etw besitzen [*o* haben]; **to be ~ed of a sense of humour** Humor haben ► PHRASES: **to ~ oneself in patience** sich *akk* in Geduld üben

possession [pə'zeʃᵊn] *n* ① *no pl* (*having*) Besitz *m;* **to be in full ~ of one's faculties** im Vollbesitz seiner geistigen Kräfte sein; ■**to be in sb's ~** sich *akk* in jds Besitz befinden; ■**to be in the ~ of sb** in jds Besitz sein; ***he was found in ~ of explosives*** man fand Sprengstoff bei ihm; **to come into ~ of sth** (*form*) in den Besitz einer S. *gen* kommen; ***how did this painting come into your ~?*** wie ist dieses Gemälde in Ihre Hände gelangt?; **to gain** [*or* **take**] **~ [of sth]** LAW etw in Besitz nehmen; **to have sth in one's ~** (*form*) etw in seinem Besitz haben ② *usu pl* (*something owned*) Besitz *m kein pl* ③ POL (*area of land*) Besitzung[en] *f[pl] geh*, Landbesitz *m kein pl* ④ *no pl* SPORTS **to regain ~ [of the ball]** wieder in den Ballbesitz gelangen ► PHRASES: **~ is nine tenths** [*or* BRIT *also* **points**] **of the law** der Eigentümer hat das letzte Wort

possessive [pə'zesɪv] *adj* ① (*not sharing*) eigen; ***he's a bit ~ about his clothes*** was seine Kleidung angeht, ist er etwas eigen ② (*jealous*) besitzergreifend; ■**to be ~ towards** [*or* **about**] **sb** ***he's very ~ towards his wife*** was seine Frau angeht, ist er sehr besitzergreifend ③ LING (*showing possession*) besitzanzeigend, possessiv *fachspr;* **the ~ singular of a noun** der Genitiv Singular der Substantive

possessively [pəˈzesɪvli] *adv* besitzergreifend

possessiveness [pəˈzesɪvnəs] *n no pl* Besitzgier *f;* (*towards people*) Besitzansprüche *mpl*

possessive pronoun *n* besitzanzeigendes Fürwort, Possessivpronomen *nt fachspr*

possessor [pəˈzesəʳ, AM -ɚ] *n usu sing* (*form or hum*) Besitzer(in) *m(f);* **to be the proud ~ of sth** der stolze Besitzer eine S. *gen* sein

posset [ˈpɒsɪt, AM ˈpɑː] *n* FOOD, HIST *Getränk aus heißer Milch, Alkohol und Gewürzen*

possibility [ˌpɒsəˈbɪləti, AM ˌpɑːsəˈbɪləṭi] *n* ❶ (*event or action*) Möglichkeit *f;* **there's a ~ that ...** es kann sein, dass ..., möglicherweise ...; **there is every** [*or* **a strong**] **~ that ...** es ist sehr wahrscheinlich, dass ..., höchstwahrscheinlich ...; **to consider/examine the possibilities** alle Möglichkeiten durchdenken; **to consider the ~ of sth** etw in Erwägung ziehen ❷ *no pl* (*likelihood*) Möglichkeit *f,* Wahrscheinlichkeit *f;* ***is there any ~*** [***that***] **...?** besteht irgendeine Möglichkeit, dass ...?; ***there's not much ~ of that happening*** die Wahrscheinlichkeit, dass das passiert, ist sehr gering; ***it's not beyond the bounds of ~ that ...*** es ist nicht völlig auszuschließen, dass ... ❸ (*potential*) ■ **possibilities** *pl* Möglichkeiten *fpl;* **to have possibilities** entwicklungsfähig sein; ***the old cottage definitely has possibilities*** das alte Landhaus lässt sich durchaus etwas daraus machen

possible [ˈpɒsəbl̩, AM ˈpɑːs-] **I.** *adj inv* ❶ *usu pred* (*feasible*) möglich; ***it's just not ~*** das ist einfach nicht machbar; ***is it ~ to book tickets in advance?*** kann man die Karten auch im Voraus reservieren?; ***would it be ~ to ...*** könnten wir vielleicht ...; **the best/cheapest ~ ...** der/die/das allerbeste/allerbilligste ...; **as clean/early/good as ~** so sauber/früh/gut wie möglich; **as much/soon as ~** so viel/bald wie möglich; **if ~** wenn möglich ❷ (*that could happen*) möglich, vorstellbar, denkbar; ***I never thought it ~, but ...*** ich habe es nie für möglich gehalten, aber ...; ***anything's ~*** alles ist möglich; **to make sth ~** etw ermöglichen **II.** *n* Kandidat(in) *m(f);* (*sth to consider*) **to be a ~** in Frage kommen

possibly [ˈpɒsəbli, AM ˈpɑːs-] *adv inv* ❶ (*feasibly*) ***I kept the speech as short as I ~ could*** ich habe die Rede so kurz gehalten, wie ich nur konnte; ***he can't ~ have drunk all that on his own!*** das kann er doch unmöglich alles allein getrunken haben!; **to do all that one ~ can** alles Menschenmögliche tun ❷ (*perhaps*) möglicherweise, vielleicht; ***I might ~ be a little late*** ich werde mich möglicherweise ein wenig verspäten; **very** [*or* **quite**] **~** durchaus möglich; (*more likely*) sehr wahrscheinlich ❸ (*in polite use*) möglicherweise; ***could I ~ ask you to ...?*** dürfte ich Sie vielleicht bitten, ...; ***could you ~ speak up a little?*** würde es Ihnen etwas ausmachen, ein wenig lauter zu sprechen?; ***another chocolate? — no, really, I couldn't ~*** noch ein Stück Schokolade? – danke, aber das wäre wirklich zu viel

possum <*pl* – *or* -s> [ˈpɒsəm, AM ˈpɑːs-] *n* Opossum *nt,* Beutelratte *f*

post [pəʊst, AM poʊst] **I.** *n* ❶ (*pole*) Pfosten *m,* Pfahl *m;* **concrete/iron/wooden ~** Beton-/Eisen-/Holzpfosten *m* ❷ (*in horse race*) ■ **the ~** (*finishing post*) der Zielpfosten, das Ziel; (*starting post*) der Startpfosten *m* ❸ (*fam: goalpost*) [Tor]pfosten *m;* **to hit the ~** den Pfosten treffen; ***the ball hit the ~*** der Ball prallte gegen den Pfosten **II.** *vt* ❶ (*give notice*) ■ **to ~ sth** etw [durch Aushang] bekannt geben; **to ~ sth on the** [**Inter**]**net** etw über das Internet bekannt geben; **to ~ sth on the notice-board** etw am schwarzen Brett aushängen; **to be ~ed missing** MIL als vermisst gemeldet sein ❷ FIN **to ~ an entry** einen Posten buchen

◆**post up** *vt* ■ **to ~ up ↔ sth** *message* etw anschlagen [*o* aushängen]; **to ~ up an announcement on the notice-board** eine Mitteilung am schwarzen Brett anschlagen

post- [pəʊst, AM poʊst] *in compounds* nach-/Nach-, post-/Post-

postage [ˈpəʊstɪdʒ, AM ˈpoʊ-] *n no pl* Porto *nt,* Postgebühren *fpl* **postage and packing** *n no pl* BRIT, AUS Porto und Verpackung **postage meter** *n* AM (*franking machine*) Frankiermaschine *f* **postage paid** *adj inv* [porto]frei; **~ envelope** Freiumschlag *m;* **~ reply card** frankierte Rückantwortkarte **postage rate** *n* Porto *nt,* Postgebühren *fpl* **postage stamp** *n* (*form*) Briefmarke *f,* Postwertzeichen *nt form*

postal [ˈpəʊstəl, AM ˈpoʊ-] *adj attr, inv* Post-, postalisch *geh;* **~ worker** Postangestellte(r) *f(m);* **to go ~** (*fam*) durchdrehen, ausflippen *fam*

postal ballot *n* BRIT POL Briefwahl *f* **postal charges** *npl* Postgebühren *fpl* **postal code** *n* BRIT, AUS Postleitzahl *f* **postal order** *n esp* BRIT Postanweisung *f* **postal vote** *n* BRIT POL Briefwahl *f*

postbag *n* BRIT ❶ (*letters*) Zuschriften *fpl;* (*by readers*) Leserzuschriften *fpl;* (*by viewers*) Zuschauerzuschriften *fpl;* (*by listeners*) Hörerzuschriften *fpl;* **to have an enormous** [*or* **a heavy**] **~ on a subject** zahllose [*o* Unmengen von] Zuschriften zu einem Thema bekommen ❷ (*bag*) Postsack *m* **postbox** *n esp* BRIT, AUS Briefkasten *m* **postcard** *n* Postkarte *f;* **to drop** [*or* **send**] **sb a ~** jdm eine [Post]karte schicken

post-chaise <*pl* -s> [ˈpəʊsʃeɪz, AM ˈpoʊs] *n* HIST Postchaise *f*

post-classical [ˌpəʊstˈklæsɪkəl, AM ˌpoʊst] *adj inv* nachklassisch

postcode *n* BRIT, AUS Postleitzahl *f*

post-coital *adj attr, inv* postkoital *geh,* nach dem Koitus *nach n geh*

postcolonial [ˌpəʊs(t)kəˈləʊniəl, AM ˌpoʊs(t)kəˈloʊ-] *adj inv* postkolonial **postdate** *vt* ❶ (*give later date*) ■ **to ~ sth** etw vordatieren; **~d cheque** [*or* AM **check**]/**letter** vordatierter Scheck/Brief ❷ (*happen after*) ■ **to ~ sth** sich *akk* später ereignen **postdoctoral** *adj* im Anschluss an die Promotion *nach n*

poster [ˈpəʊstəʳ, AM ˈpoʊstɚ] *n* ❶ (*advertisement*) [Werbe]plakat *nt* ❷ (*large picture*) Poster *nt*

poster child *n* ■ **to be a ~ for sth** ein Aushängeschild *nt* für etw *akk* sein

poster color AM, **poster colour** *n* Plakatfarbe *f*

poste restante [ˌpəʊstˈrestɑːnt, AM ˌpoʊstresˈtɑːnt] **I.** *n usu sing* Aufbewahrungs- und Abholstelle *f* für postlagernde Briefe und Sendungen; (*on envelopes*) **'~'** ,postlagernd' **II.** *n modifier* **sb's ~ address** die Adresse, an die man jdm postlagernd schreiben kann **III.** *adv inv* postlagernd, poste restante

posterior [pɒsˈtɪəriəʳ, AM pɑːˈstɪriɚ] **I.** *n* (*hum*) Hinterteil *nt hum,* Hintern *m fam* **II.** *adj attr, inv* (*form*) ❶ (*later in time*) spätere(r,s) ❷ (*towards the back*) hintere(r,s)

posterity [pɒsˈterəti, AM pɑːˌsterəṭi] *n no pl* (*form*) Nachwelt *f geh;* **to preserve sth for ~** etw der Nachwelt erhalten

postern [ˈpɒstən, AM ˈpoʊstɚn] *n* (*old: at back*) Hintertür *f;* (*at side*) Seitentür *f,* Nebentür *f*

poster paint *n* Plakatfarbe *f* **post-feminism** *n no pl* Postfeminismus *m geh*

post-feminist **I.** *adj inv* postfeministisch *geh* **II.** *n* Postfeminist(in) *m(f) geh*

post-free BRIT **I.** *adj inv* portofrei, gebührenfrei; **~ reply card** frankierte Rückantwortkarte; **~ service** gebührenfreie Zustellung **II.** *adv* portofrei, gebührenfrei

postgrad **I.** *n* (*fam*) *short for* **postgraduate** Postgraduierte(r) *f(m) fachspr,* Student(in) *m(f)* im Aufbaustudium (*nach Erreichen des ersten akademischen Grades*) **II.** *adj attr, inv* (*fam*) *short for* **postgraduate** weiterführend, Postgraduierten- *fachspr,* Aufbau-; *see also* **postgraduate** **postgraduate** **I.** *n* Postgraduierte(r) *f(m) fachspr,* Student(in) *m(f)* im Aufbaustudium (*nach Erreichen des ersten akademischen Grades*) **II.** *adj attr, inv* weiterführend, Postgraduierten- *fachspr,* Aufbau-; **~ research** weiterführende Forschungsarbeiten; **~ studies** Aufbaustudium *nt* **Postgraduate Certificate in Education** *n* BRIT *in Großbritannien für Lehramtskandidaten/-kandidatinnen vorgeschriebenes einjähriges Referendariat nach Ablegen des ersten Examens* **post-haste** *adv inv* (*dated form*) schnellstens, eilends; ***may I suggest you pay that bill ~*** darf ich Ihnen raten, die Rechnung baldigst zu begleichen? *form* **posthumous** [ˈpɒstjəməs, AM ˈpɑːstʃə-] *adj inv* (*form*) post[h]um *form; child* nachgeboren; **a ~ award/novel** ein post[h]um verliehener Preis/veröffentlichter Roman **posthumously** [ˈpɒstjəməsli, AM ˈpɑːstʃə-] *adv inv* (*form*) post[h]um *form;* ***his last novel was published ~*** sein letzter Roman wurde nach seinem Tode veröffentlicht; **to be awarded ~** post[h]um verliehen werden

postie [ˈpəʊsti] *n* BRIT (*fam*) Briefträger(in) *m(f),* Postbote, -in *m, f*

post-Impressionist [ˌpəʊstɪmˈpreʃənɪst, AM ˌpoʊst] *adj inv* nachimpressionistisch

post-industrial *adj inv* postindustriell *geh*

posting [ˈpəʊstɪŋ, AM ˈpoʊ-] *n esp* BRIT ❶ (*appointment to job*) Versetzung *f;* MIL Abkommandierung *f;* **overseas ~** Versetzung *f* nach Übersee ❷ (*location*) Ort, an den jd versetzt wird; MIL ***we moved from one ~ to another all through our childhood*** während meiner Kindheit zogen wir von einer Einheit zur anderen um

Post-it® *n,* **Post-it Note®** *n* Post-it® *nt,* Haftnotiz *f*

postlude [ˈpəʊstljuːd, AM ˈpoʊstluːd, -ljuːd] *n* MUS Nachspiel *nt*

postman *n* Postbote *m,* Briefträger *m* **postman's knock** *n* BRIT *Kinderspiel, bei dem mit Küssen für imaginäre Briefe bezahlt wird* **postmark** **I.** *n* Poststempel *m;* **date as ~** Datum des Poststempels **II.** *vt usu passive* ■ **to be ~ed** abgestempelt sein; **to be ~ed Manchester/the thirtieth of September** in Manchester/am dreißigsten September abgestempelt sein; ***the envelope hadn't been ~ed*** auf dem Umschlag war kein Poststempel **postmaster** *n* Leiter *m* einer Postdienststelle **postmaster general** [ˌpəʊsmɑːstəˈdʒenərəl, AM ˌpoʊsmæstɚ] *n* BRIT (*hist*) Postminister *m*

post meridiem [ˌpəʊs(t)məˈrɪdiəm, AM ˌpoʊ-] *adv inv see* **p.m.**

postmillennial [ˌpəʊs(t)mɪˈleniəl, AM ˌpoʊs(t)-] *adj* nach der Jahrtausendwende *nach n*

postmistress *n* Leiterin *f* einer Postdienststelle

post-modern *adj inv* postmodern *geh* **postmodernism** *n no pl* Postmoderne *f geh* **postmodernist** **I.** *n* Postmodernist(in) *m(f) geh* **II.** *adj inv* postmodernistisch *geh* **post-mortem** [ˌpəʊs(t)ˈmɔːtem, AM ˌpoʊs(t)ˈmɔːrṭəm] **I.** *n* ❶ MED (*examination*) Obduktion *f,* Autopsie *f;* **to carry out** [*or* **conduct**] [*or* **perform**] **a ~** eine Autopsie vornehmen ❷ (*fam: discussion*) Nachbesprechung *f,* Manöverkritik *f hum* ❸ COMPUT Post-Mortem-Fehlersuche *f* **II.** *adj attr, inv* (*done after death*) nach dem Tod *nach n,* postmortal *fachspr;* **~ report** Obduktionsbericht *m* **postmortem examination** *n* MED Obduktion *f,* Autopsie *f; see also* **post-mortem** **postnatal** *adj inv* nach der Geburt *nach n,* postnatal *fachspr;* **~ blues** Wochenbettdepression *f;* **~ care** Versorgung *f* nach der Geburt; **~ depression** postnatale Depression *fachspr;* **the ~ period** die Zeit nach der Geburt **postnuptial** *adj inv* nach der Hochzeit *nach n;* ZOOL nach der Paarungszeit *nach n* **postnuptial agreement** *n* Ehevertrag *m*

Post Office *n* ■ **the ~** die Post *kein pl* **post office** *n* ❶ (*for postal services*) Postamt *nt,* Post *f kein pl;* ■ **at the ~** auf der Post; (*have account etc*) bei der Post; **to go to the ~** zur [*o* auf die] Post gehen ❷ AM (*postman's knock*) *Kinderspiel, bei dem imaginäre Briefe mit Küssen bezahlt werden*

postoperative *adj inv* MED postoperativ *fachspr;* **~ care** [medizinische] Versorgung nach einer Operation; **the immediate ~ period** die Zeit unmittelbar nach der Operation

post-paid **I.** *adj inv* portofrei, gebührenfrei, frei[gemacht]; **~ reply card** frankierte Rückantwortkarte; **~ service** gebührenfreie Zustellung **II.** *adv* gebührenfrei, portofrei; ***it went ~*** die Zustellung war ge-

bührenfrei
post-partum [ˌpəʊst'pɑːtəm, AM ˌpoʊst'pɑːr] *adj inv* MED post partum *fachspr,* postpartal *fachspr,* nach der Geburt auftretend *attr*
postpone [pəʊs(t)'pəʊn, AM poʊs(t)'poʊn] *vt* ■**to ~ sth** etw verschieben [*o* aufschieben]; **to ~ a meeting** eine Sitzung vertagen; **to ~ sth for a week/until** [*or* **to**] **Thursday** etw um eine Woche/auf Donnerstag verschieben
postponement [pəʊs(t)'pəʊnmənt, AM poʊs(t)'poʊ-] *n* ① (*delay*) Verschiebung *f;* ***we were disappointed by yet another ~ of our trip*** wir waren enttäuscht, dass wir unsere Reise noch einmal verschieben mussten ② *no pl* (*deferment*) Aufschub *m;* (*of a court case*) Vertagung *f;* **~ of payment** Zahlungsaufschub *m;* **to apply for a ~** LAW eine Vertagung [der Gerichtsverhandlung] beantragen
postprandial [ˌpəʊs(t)'prændiəl, AM ˌpoʊs(t)'-] *adj inv* (*hum*) Verdauungs-, nach dem Essen *nach n;* **~ walk** [*or* **stroll**] Verdauungsspaziergang *m* **post-production I.** *n* FILM, RADIO, TV Post Production *f fachspr;* ***after filming ends, ~ will take about six months*** nach Abschluss der Dreharbeiten dauert es etwa sechs Monate, bis der Film fertig ist **II.** *adj attr, inv* nach den Dreharbeiten *nach n*
postroom *n* BRIT Poststelle *f*
postscript ['pəʊs(t)skrɪpt, AM 'poʊ-] *n* ① (*to a letter*) Postskript[um] *nt;* **to add a ~ to a letter** ein Postskript[um] anfügen ② (*to piece of writing*) Nachwort *nt* ③ (*sequel*) Fortsetzung *f;* ***and did the matter end there, or was there a ~?*** und war die Geschichte damit zu Ende, oder gab es ein Nachspiel? **postseason I.** *n esp* AM SPORTS Nachsaisonspiel *nt* **II.** *adj esp* AM Nachsaison-; **~ game** Nachsaisonspiel *nt*
post-traumatic *adj* posttraumatisch **post-traumatic stress disorder** *n no pl* posttraumatisches Stresssyndrom *fachspr* **post-traumatic stress syndrome** *n* posttraumatisches Belastungssyndrom
postulate (*form*) **I.** *vt* ['pɒstjəleɪt, AM 'pɑːstʃə-] ■**to ~ sth** etw postulieren *geh;* ■**to ~ that ...** die These vertreten, dass ... **II.** *n* ['pɒstjələt, AM 'pɑːstʃəlɪt] Postulat *nt geh*
postural ['pɒstʃərəl, AM 'pɑːs] *adj inv* Haltungs-, Stellungs-, Lagerungs-
posture ['pɒstʃəʳ, AM 'pɑːstʃə] **I.** *n* ① *no pl* (*natural*) [Körper]haltung *f;* (*pose also*) Stellung *f,* Pose *f;* **to have a good/bad ~** eine gute/schlechte Haltung haben; **in a very awkward ~** in einer sehr merkwürdigen Haltung [*o* Stellung]; **in a kneeling/an upright ~** in kniender/aufrechter Stellung; **to adopt** [*or* **assume**] [*or* **get into**] **a ~** eine Pose einnehmen ② *no pl* (*attitude*) Haltung *f* (**on** zu +*dat*); **to adopt a defensive ~** eine defensive Haltung einnehmen **II.** *vi* (*pej*) sich *akk* in Pose werfen
posturing ['pɒstʃərɪŋ, AM 'pɑːstʃə-] *n no pl* (*pej*) Gehabe *nt pej,* Getue *nt pej;* **intellectual ~** intellektuelles Getue *pej;* **macho ~** Machogehabe *nt pej*
postwar *adj inv* Nachkriegs-, der Nachkriegszeit *präd;* **~ era** Nachkriegsära *f;* **~ Europe** Nachkriegseuropa *nt;* **the immediate ~ period** die unmittelbare Nachkriegszeit; **the ~ rationing** die Rationierung[en] *f[pl]* in der Nachkriegszeit
postwoman *n* Postbotin *f,* Briefträgerin *f*
post-work [ˌpəʊs(t)'wɜːk, AM ˌpoʊs(t)'wɜːrk] *adj attr* nach der Arbeit *nach n;* ***on a Friday afternoon we often go for a ~ drink*** freitags nachmittags gehen wir oft nach der Arbeit noch was trinken
posy ['pəʊzi, AM 'poʊ-] *n* Sträußchen *nt;* **~ of anemones/flowers** Anemonen-/Blumensträußchen *nt*
pot¹ *n short for* **potentiometer**
pot² [pɒt, AM pɑːt] *n no pl* (*sl*) Pot *nt sl;* **to smoke ~** Pot rauchen
pot³ [pɒt, AM pɑːt] **I.** *n* ① (*for cooking*) Topf *m;* **~s and pans** Töpfe und Pfannen ② (*container*) Topf *m;* (*glass*) Glas *nt;* **coffee/tea ~** Kaffee-/Teekanne *f;* **jam/mustard ~** BRIT Marmeladen-/Senfglas *nt;* **paint ~** Farbtopf *m* ③ (*amount*) **a ~ of coffee/tea** eine Kanne Kaffee/Tee; ***make a fresh ~*** [***of tea***] mach noch mal Tee; **two ~s of sour cream/yoghurt** BRIT zwei Becher *mpl* saure Sahne/Joghurt; **a ~ of moisturizing cream** BRIT ein Tiegel *m* Feuchtigkeitscreme; **a ~ of paint** BRIT ein Topf *m* Farbe ④ (*for plants*) Blumentopf *m;* **terracotta ~** Terrakottatopf *m* ⑤ (*clay container*) Keramikgefäß *nt* ⑥ (*sl: trophy*) Pokal *m* ⑦ (*fam: a lot*) ■**~s** *pl* jede Menge; **to have ~s of money** steinreich sein, jede Menge [*o* massenhaft] Geld haben; ***she's got ~s of money*** sie hat Geld wie Heu *fam* ⑧ (*potty*) Töpfchen *nt,* Topf *m* ⑨ *usu sing* (*esp hum: potbelly*) Wampe *f pej fam* ⑩ *esp* BRIT (*potshot*) Schuss *m* aufs Geratewohl; **to take a ~ at sb/sth** aufs Geratewohl auf jdn/etw schießen; (*fig*) jdn/etw aufs Korn nehmen ⑪ (*in billiard, snooker*) Stoß *m;* (*in cards*) Pott *m;* (*jackpot*) Topf *m* ▸ PHRASES: **~ of gold at the end of the rainbow** ein unerfüllter Wunsch; ***she's still searching for that ~ of gold*** sie jagt immer noch ihrem Traum hinterher; **it's [a case of] the ~ calling the kettle black** ein Esel schimpft den anderen Langohr; **to go to ~** (*fam*) vor die Hunde gehen *fam,* auf den Hund kommen *fam; country, economy, business* den Bach runtergehen *fam; hopes* sich *akk* zerschlagen; *plan* ins Wasser fallen *fig;* **to let sth go to ~** etw verwildern lassen; **to keep the ~ boiling** sich/jdn über Wasser halten **II.** *vt* <-tt-> ① (*put in pot*) ■**to ~ sth** [**up**] *plants* etw eintopfen [*o* in einen Topf pflanzen]; *food* etw in Töpfe [*o* einen Topf] füllen ② (*shoot*) ■**to ~ sth** etw abschießen [*o fam* abknallen] ③ SPORTS (*in billiards, snooker*) **to ~ the black/green** die schwarze/grüne Kugel einlochen **III.** *vi* ■**to ~ at sth** auf etw *akk* schießen
◆**pot on** *vt* **to ~ a plant on** BRIT eine Pflanze [in einen größeren Topf] umtopfen
potable ['pəʊtəbl, AM 'poʊt̬-] *adj* (*form*) trinkbar; **~ water** [sauberes] Trinkwasser
potage [pɒt'ɑːʒ, AM poʊ'tɑːʒ] *n no pl* (*old*) [dicke] Suppe
potash ['pɒtæʃ, AM 'pɑːt-] *n no pl* Pottasche *f,* Kaliumkarbonat *nt fachspr*
potassium [pə'tæsiəm] *n no pl* CHEM Kalium *nt*
potassium chloride *n no pl* CHEM Kaliumchlorid *nt fachspr* **potassium cyanide** *n no pl* CHEM Kaliumzyanid *nt fachspr,* Zyankali *nt* **potassium permanganate** *n no pl* CHEM Kaliumpermanganat *nt fachspr*
potato <*pl* -es> [pə'teɪtəʊ, AM -t̬oʊ] *n* Kartoffel *f,* Erdapfel *m* ÖSTERR; **baked ~** Ofenkartoffel *f;* **fried/roasted ~es** Brat-/Röstkartoffeln *fpl;* **mashed ~es** Kartoffelbrei *m,* Kartoffelpüree *nt;* **to dig up** [*or* **lift**] **~es** Kartoffeln ausgraben [*o* ernten]
potato beetle *n,* **potato bug** *n* AM Kartoffelkäfer *m* **potato chip** *n* AM, AUS, **potato crisp** *n usu pl* BRIT Kartoffelchip *m* **potato dumpling** *n* Kartoffelkloß *m,* Erdäpfelknödel *m* ÖSTERR **potato masher** *n* Kartoffelstampfer *m* **potato peeler** *n* Kartoffelschäler *m,* Kartoffelmesser *nt* **potato salad** *n no pl* Kartoffelsalat *m*
potbellied *adj inv* dickbäuchig, mit einer Wampe *nach n;* **starving ~ children** hungernde Kinder mit aufgeblähten Bäuchen **potbelly** *n* dicker Bauch, Wampe *f fam;* (*sign of illness*) Blähbauch *m* **potbelly stove** *n* Kanonenofen *m* **potboiler** *n* (*pej: music*) rein kommerzielles Stück; (*novel*) rein kommerzieller Roman **pot-bound** *adj inv plant* eingewachsen
poteen [pɒt'iːn] *n* IRISH *illegal gebrannter irischer Schnaps*
potency ['pəʊtən(t)si, AM 'poʊ-] *n no pl* ① (*strength*) Stärke *f; of evil, temptation, a spell* Macht *f; of a drug, poison* Wirksamkeit *f; of a weapon* Durchschlagskraft *f* ② (*sexual*) Potenz *f*
potent ['pəʊtənt, AM 'poʊ-] *adj* ① (*strong*) mächtig, potent *geh; antibiotic, drink, poison* stark; *argument* schlagkräftig; *symbol* aussagekräftig; *weapon* durchschlagend ② (*sexual*) potent
potentate ['pəʊtənteɪt, AM 'poʊ-] *n* (*esp pej liter*) Potentat(in) *m(f) pej geh*
potential [pə(ʊ)'ten(t)ʃəl, AM poʊ'-] **I.** *adj inv* potenziell *geh,* möglich; ***she is a ~ Olympic gold medallist*** sie ist eine Anwärterin auf Olympisches Gold; **~ buyer** potenzieller Käufer/potenzielle Käuferin; **~ customer** potenzieller Kunde/potenzielle Kundin; **~ dangers** potenzielle Gefahren; **~ market** potenzieller Markt **II.** *n no pl also* ELEC Potenzial *nt geh;* **the growth ~ of the company** das Wachstumspotenzial des Unternehmens; **share with a growth ~** [*or* **with a ~ for growth**] Aktie *f* mit Wachstumspotential; **untapped ~** ungenutztes [*o* nicht ausgeschöpftes] [*o* brachliegendes] Potenzial; **to achieve** [*or* **fulfil**] **one's ~** sein volles Potenzial ausschöpfen; **to have the ~ to do sth** das Zeug dazu haben, etw zu tun; **to have [a lot of] ~** *building, idea* [vollkommen] ausbaufähig sein; *person* [sehr] begabt sein, [großes] Talent haben; *song* viel versprechend sein; ***this room has got a lot of ~*** aus diesem Raum lässt sich eine ganze Menge machen
potential difference *n* ELEC Potenzialunterschied *m*
potentiality [pə(ʊ)ˌten(t)ʃi'æləti, AM poʊˌten(t)ʃi'ælət̬i] *n no pl* (*form: ability*) Potenzial *nt geh,* Möglichkeiten *fpl;* (*capacity*) Leistungsfähigkeit *f;* **~ of danger** Gefahrenpotenzial *nt;* **~ for development** Entwicklungsmöglichkeiten *fpl;* **~ for growth** Wachstumschancen *fpl*
potentially [pə(ʊ)'ten(t)ʃəli, AM poʊ'-] *adv inv* potenziell *geh;* **~ disastrous/successful** möglicherweise verheerend/erfolgreich; **sth is ~ fatal** etw kann tödlich sein
potentiometer [pəˌten(t)ʃi'ɒmɪtəʳ, AM -'ɑːmɪt̬ə] *n* Potenziometer *m*
potently ['pəʊtəntli, AM 'poʊ-] *adv* mächtig; **to demonstrate** [**most**] **~ that ...** [nur zu] deutlich zeigen, dass ...
pothead ['pɒthed, AM 'pɑːt-] *n* (*sl*) Kiffer(in) *m(f) sl*
pother ['pɒðəʳ, AM 'pɑːðə] *n* (*liter*) Wirbel *m;* **to make a ~** viel Wirbel machen
pot-herb *n* Küchenkraut *nt* **potholder** *n esp* AM, AUS Topflappen *m* **pothole** *n* ① (*in road*) Schlagloch *nt;* **to hit a ~** über ein Schlagloch fahren; (*fig*) ***the road to economic recovery is full of ~s*** der Weg zur wirtschaftlichen Erholung ist voller Hindernisse ② (*underground hole*) Höhle *f* **potholed** *adj inv street* voller Schlaglöcher *nach n,* mit Schlaglöchern übersät **potholer** *n esp* BRIT *jd, der als Hobby Höhlen erforscht* **potholing** *n esp* BRIT Höhlenforschung *f* als Hobby **pot-hook** *n* ① (*for pot*) Kesselhaken *m* ② (*in writing*) unbeholfener Schnörkel **pot-hunter** *n* (*sl*) Preisjäger(in) *m(f) fam*
potion ['pəʊʃən, AM 'poʊ-] *n* Trank *m;* **love/magic ~** Liebes-/Zaubertrank *m;* (*esp pej: medicine*) Mittelchen *nt hum o pej*
pot luck *n no pl* Zufallstreffer *m;* **to take ~** nehmen, was es gerade gibt; ***I took ~ and got on the first available flight*** ich nahm aufs Geratewohl den nächsten freien Flug; **to take ~ with sth** mit etw *dat* vorlieb nehmen **pot luck dinner** *n,* AM *also* **pot luck supper** *n Abendessen, zu dem die Gäste verschiedene Gerichte mitbringen und miteinander teilen* **pot plant** *n esp* BRIT, AUS Topfpflanze *f*
potpourri [ˌpəʊ'pʊəri, AM ˌpoʊpʊ'riː] *n* ① *no pl* (*mixture*) Potpourri *nt* ② (*pot*) Potpourrigefäß *nt* ③ (*medley*) bunte Mischung, Potpourri *nt;* MUS Medley *nt geh*
pot roast *n* Schmorbraten *m* **potshot** *n* (*with gun*) blinder Schuss, Schuss *m* ins Blaue; (*fig: verbal attack*) scharfe Kritik, Seitenhieb *m;* **to take a ~ at sb/sth** [aufs Geratewohl] auf jdn/etw schießen; (*fig*) Seitenhiebe gegen jdn/etw austeilen
potted ['pɒtɪd, AM 'pɑːt̬-] *adj attr, inv* ① (*in a pot*) Topf-; **~ palm** Zimmerpalme *f;* **~ plant** Topfpflanze *f* ② (*preserved*) eingelegt; **~ shrimps** eingelegte Krabben ③ BRIT (*fam: shorter*) gekürzt; **~ biography** Kurzbiografie *f;* **~ version** gekürzte Ausgabe
potter¹ ['pɒtəʳ, AM 'pɑːt̬ə] *n* Töpfer(in) *m(f)*
potter² ['pɒtəʳ, AM 'pɑːt̬ə] *esp* BRIT **I.** *n no pl* (*stroll*) Bummel *m;* (*around town*) Stadtbummel *m*

P

II. *vi* ❶ (*unhurriedly*) bummeln, schlendern ❷ (*do nothing in particular*) vor sich *akk* hin werkeln *fam*
◆**potter about** *esp* BRIT, **potter around** *esp* BRIT, **potter round** *vi* BRIT ❶ (*go unhurriedly*) herumschlendern; (*in car*) dahinzuckeln *fam;* **to ~ around the village** im Dorf umherschlendern, durchs Dorf bummeln ❷ (*do nothing in particular*) vor sich *akk* hin werkeln *fam;* **to ~ about** [*or* **around**] [*or* **round**] **in the kitchen** in der Küche werkeln [*o* hantieren] *fam*

potter's wheel *n* Töpferscheibe *f*

pottery [ˈpɒtᵊri, AM ˈpɑːt̬ɚi] *n* ❶ *no pl* (*activity*) Töpfern *nt* ❷ (*objects*) Keramik *f kein pl,* Töpferwaren *fpl* ❸ (*factory*) Töpferei *f*

pottiness [ˈpɒtɪnəs] *n no pl* BRIT (*fam*) Verrücktheit *f*

potting compost [ˈpɒtɪŋkɒmpɒst, AM ˈpɑːt̬ɪŋkɑːmpoʊ ːst] *n no pl* Blumenerde *f* **potting shed** *n esp* BRIT Gartengeräteschuppen *m*

potty [ˈpɒti, AM ˈpɑːt̬i] I. *adj esp* BRIT (*fam*) verrückt; ***I must have been ~ to ...*** ich war wohl nicht ganz bei Trost, als ich ...; ■**to be ~ about sb/sth** nach jdm/etw verrückt sein; **to drive sb ~** jdn zum Wahnsinn treiben; **to go ~** (*get angry*) ausflippen *sl;* (*become eccentric*) nicht mehr richtig ticken *fam* II. *n* Töpfchen *nt*

potty-trained *adj inv* ■**to be ~** sauber sein; ***is Sammy ~ yet?*** geht der Sammy schon aufs Töpfchen?

potty-training *n no pl* Sauberkeitserziehung *f*

pouch <*pl* -es> [paʊtʃ] *n* ❶ (*small bag*) Beutel *m;* ***food sealed in foil ~es*** in Folie eingeschweißte Lebensmittel; **leather/tobacco ~** Leder-/Tabaksbeutel *m* ❷ ZOOL (*of kangaroo, koala*) Beutel *m;* (*of hamster*) Tasche *f* ❸ (*under eyes*) ■**~es** *pl* Tränensäcke *mpl*

pouf¹ [puːf] *n* Puff *m*

pouf² *n esp* BRIT, AUS (*pej sl*) *see* **poof**

pouffe *n see* **pouf ¹**

poulterer [ˈpəʊltᵊrəʳ] *n* BRIT Geflügelhändler(in) *m(f)*

poultice [ˈpəʊltɪs, AM ˈpoʊl-] *n* MED Breiumschlag *m,* Breipackung *f*

poultry [ˈpəʊltri, AM ˈpoʊ-] *n* ❶ *pl* (*birds*) Geflügel *nt kein pl* ❷ *no pl* (*meat*) Geflügel[fleisch] *nt*

poultry farm *n* Geflügelfarm *f* **poultry farming** *n no pl* Geflügelzucht *f*

pounce [paʊn(t)s] *vi* ❶ (*jump*) lospringen; *attacker, animal* einen Satz machen; *bird of prey* niederstoßen ❷ (*fig: seize opportunity*) *police, journalist* zuschlagen, zuschnappen *fam; interrogator* sich *akk* auf sein Opfer stürzen *fig*
◆**pounce on, pounce upon** *vi* ❶ (*spring forward*) ■**to ~ on** [*or* **upon**] **sb/sth** sich *akk* auf jdn/etw stürzen, über jdn/etw herfallen, auf jdn/etw losgehen; *police* jdn fassen; *criminal* jdn überfallen; **to ~ on its prey** [sich *akk*] auf seine Beute stürzen; *bird of prey* auf seine Beute niederstoßen ❷ (*grab quickly*) ■**to ~ on** [*or* **upon**] **sth** [hastig] nach etw *dat* greifen; ***she ~d on the money as soon as I offered it to her*** kaum hatte ich es ihr angeboten, schon grabschte sie nach dem Geld ❸ (*fig: take advantage of*) ■**to ~ on sth** etw aufgreifen, sich *akk* auf etw *akk* stürzen *fig;* **to ~ on an idea** sich *akk* auf eine Idee stürzen; **to ~ on an opportunity** eine Gelegenheit sofort beim Schopfe packen

pound¹ [paʊnd] *n* Pfund *nt;* (*coin*) Pfundmünze *f;* ■**the ~** das [englische] Pfund; **five-~ note** Fünfpfundschein *m;* **~ for ~** BRIT, AUS auf Heller und Pfennig

pound² [paʊnd] *n* ≈ Pfund *nt* (*454 g*); ***I'd like three ~s of bananas*** ich hätte gern drei Pfund Bananen; **by the ~** pfundweise, pro Pfund; **to sell sth by the ~** im Pfund verkauft werden ► PHRASES: **to get one's ~ of flesh from sb** gnadenlose Forderungen an jdn stellen, keine Gnade kennen

pound³ [paʊnd] I. *vt* ❶ (*hit repeatedly*) ■**to ~ sth** auf etw *akk* hämmern, auf etw *dat* herumtrommeln; **to ~ the door** gegen die Tür hämmern; **to ~ the piano** [*or* **keyboard**] in die Tasten hauen; **to ~ the typewriter** auf der Schreibmaschine herumhämmern ❷ MIL (*bombard*) **to ~ the enemy positions/town** die feindlichen Stellungen/Stadt bombardieren; ***the town was ~ed to rubble*** die Stadt wurde in Schutt und Asche gelegt; (*fig*) ***the storm ~ed southern France*** der Sturm peitschte über Südfrankreich hinweg ❸ *esp* BRIT *esp* FOOD (*crush*) ■**to ~ sth** etw zerstampfen ❹ (*fam: walk along repeatedly*) herumlaufen; **to ~ the beat** *policeman* auf Streife gehen ► PHRASES: **to ~ one's ear** AM (*hum*) schlafen; **to ~ the pavement** AM Arbeit suchen II. *vi* ❶ (*strike repeatedly*) hämmern; ***we watched the huge waves ~ing against the shore*** wir beobachteten, wie die gewaltigen Wellen sich an der Küste brachen; **to ~ on the door/wall** an [*o* gegen] die Tür/Wand hämmern; **to ~ on the table** auf den Tisch hämmern ❷ (*run noisily*) stampfen; ■**to ~ up to sb** auf jdn zustürmen ❸ (*beat*) *pulse* schlagen; *heart also* pochen; ***I could feel my heart ~ing*** ich konnte fühlen, wie mir das Herz bis zum Halse schlug
◆**pound away** *vi* ■**to ~ away at** [*or* **on**] **sth** auf etw *dat* [herum]hämmern; **to ~ away on the computer/typewriter** auf der Computertastatur/der Schreibmaschine herumhämmern; **to ~ away on a piano** heftig in die Tasten hauen
◆**pound out** I. *vt* **to ~ out a letter/tune** einen Brief/eine Melodie herunterhämmern II. *vi* dröhnen

poundage [ˈpaʊndɪdʒ] *n* BRIT Gebühr *f* [pro Pfund]; (*comission*) Provision *f* [pro Pfund]

-pounder [ˈpaʊndəʳ, AM -ɚ] *in compounds with numbers* -pfünder

pounding [ˈpaʊndɪŋ] I. *n* ❶ *no pl* (*noise*) *of guns* Knattern *nt; of heart* Schlagen *nt;* (*in head*) Pochen *nt; of music, drum* Dröhnen *nt; of waves* Brechen *nt;* ***I could hear the ~ of my heart as I stepped onto the stage*** ich konnte mein eigenes Herz klopfen hören, als ich auf die Bühne stieg ❷ (*attack*) Beschuss *m kein pl;* (*from air*) Bombardement *nt;* **to take a ~** unter schweren Beschuss geraten, heftig bombardiert werden; (*fig*) ziemlich unter Beschuss geraten *fig,* heftig [*o* scharf] kritisiert werden ❸ (*defeat*) Niederlage *f;* (*in election, match*) Schlappe *f* II. *adj drum, music* dröhnend; *head, heart* pochend

pound note *n* Pfundnote *f* **pound sign** *n* Pfundzeichen *nt,* Pfundsymbol *nt* **pound sterling** *n* Pfund *nt* [Sterling]

pour [pɔːʳ, AM pɔːr] I. *vt* ❶ (*cause to flow*) ■**to ~ sth into/onto sth** etw in/auf etw *akk* gießen; *flour, rice, paint* etw in/auf etw *akk* schütten; ***~ about two kilos of salt into the water softener*** dem Wasserenthärter etwa zwei Kilogramm Salz zugeben; ■**to ~ sth onto sb/oneself** (*accidently*) etw über jdn/sich kippen; ■**to ~ sb/oneself sth** [*or* **sth for sb/oneself**] jdm/sich etw einschenken; (*as refil*) jdm/sich etw nachschenken; ***~ yourself a drink*** nimm dir was zu trinken ❷ (*fig: give in large amounts*) ■**to ~ sth into sth** *money, resources* etw in etw *akk* fließen lassen [*o fig fam* pumpen]; *energies* etw in etw *akk* stecken ► PHRASES: **to ~ money down the drain** das Geld zum Fenster hinauswerfen *fig;* **to ~ oil on troubled waters** Öl auf die Wogen gießen *fig;* **to ~ scorn on sth/sb** etw/jdn mit Spott überhäufen; **to ~ scorn on an idea/theory** eine Idee/Theorie verreißen II. *vi* ❶ (*fill glasses, cups*) eingießen, einschenken; ***shall I ~?*** soll ich einschenken? ❷ (*flow*) ■**to ~ into/out of sth** in etw *akk*/aus etw *dat* fließen [*o* strömen]; ***the sunlight came ~ing into the room*** das Sonnenlicht durchströmte den Raum; ***donations are ~ing into the appeal office*** Spenden gehen in großer Zahl beim Spendenbüro ein; ***smoke was ~ing from a pipe*** Rauch quoll aus einem Rohr; **to be ~ing with sweat** schweißgebadet sein ❸ *impers* (*rain*) **it's ~ing** [**with rain**] es gießt in Strömen, es schüttet *fam*
◆**pour away** *vt* ■**to ~ away ↔ sth** etw weggießen; *solid substances* etw wegschütten
◆**pour down** *vi impers* **it's ~ing down** [**with rain**] es gießt in Strömen, es schüttet *fam*
◆**pour forth** I. *vi* (*form*) *liquid* ausströmen; *gas, vapour also* ausgestoßen werden; *smoke* herausquellen, hervorquellen; (*fig*) *crowds, tourists, troops* herausströmen II. *vt* (*form*) ■**to ~ forth ↔ sth** etw ausstoßen
◆**pour in** *vi* hereinströmen, hineinströmen; *letters, donations* massenweise eintreffen
◆**pour off** *vt* ■**to ~ off ↔ sth** etw weggießen; *pasta or vegetable water* etw abgießen; *solid substances* etw wegschütten
◆**pour out** I. *vt* ❶ (*serve from a container*) ■**to ~ out ↔ sth** *liquids* etw ausgießen; *solids* etw ausschütten; **to ~ out a cup of tea** eine Tasse Tee einschenken ❷ (*fig: recount*) ■**to ~ out ↔ sth** *feelings, words* etw hervorstoßen; **to ~ out the whole story** mit der ganzen Geschichte herausrücken; ■**to ~ out ↔ sth to sb** jdn mit etw *dat* überschütten *fig;* **to ~ out one's problems/thoughts/worries** sich *dat* Probleme/Gedanken/Sorgen von der Seele reden ❸ (*produce quickly*) ■**to ~ out sth** etw ausstoßen ► PHRASES: **to ~ one's heart out to sb** jdm sein Herz ausschütten II. *vi* ❶ (*come out*) ausströmen; *smoke* herausquellen, hervorquellen ❷ (*be expressed*) *words etc* herauskommen *fig*

pouring [ˈpɔːrɪŋ] *adj attr, inv* strömend *attr;* **the ~ rain** der strömende Regen

pout [paʊt] I. *vi* einen Schmollmund machen; (*sulk*) schmollen II. *vt* **to ~ one's lips** die Lippen spitzen III. *n* Schmollmund *m*

poutine [puːˈtiːn] *n* CAN FOOD *Pommes Frites mit gebröckeltem Frischkäse und brauner Soße*

pouting [ˈpaʊtɪŋ, AM -t̬-] *adj attr, inv* ***the gorgeous ~ Tanya*** die umwerfende Tanya mit dem Kussmund; **~ lips** gespitzte Lippen; **~ mouth** Schmollmund *m*

poverty [ˈpɒvəti, AM ˈpɑːvɚt̬i] *n no pl* ❶ (*state of being poor*) Armut *f;* **to live in** [**abject**] **~** in [entsetzlicher] Armut leben; **extreme/grinding ~** drückende/bittere Armut; **intellectual/spiritual ~** geistige/seelische Armut; **to alleviate ~** die Armut lindern ❷ (*form: lack*) Mangel *m* (**of** an +*dat*) ► PHRASES: **when ~ comes in at the door, love flies out of the window** (*prov*) wenn die Armut zur Tür hereinkommt, fliegt die Liebe zum Fenster hinaus

poverty line *n* ■**the ~** die Armutsgrenze; **to live below the ~** unter der Armutsgrenze leben **poverty-stricken** *adj* bitterarm, bettelarm; **the ~ countryside** die armen ländlichen Gegenden **poverty trap** *n* BRIT Armutsfalle *f;* **to be caught in the ~** in der Armutsfalle sitzen

POW [ˌpiːəʊˈdʌbljuː, AM -oʊˈ-] *n,* BRIT *also* **PoW** *n* (*hist*) *abbrev of* **prisoner of war** KG

pow [paʊ] *interj* (*fam: esp in children's comics*) peng, zack

powder [ˈpaʊdəʳ, AM -ɚ] I. *n* ❶ *no pl* Pulver *nt;* **baking ~** Backpulver *nt;* **curry ~** Currypulver *nt;* **to crush** [*or* **grind**] **sth to a ~** etw zu Pulver zermahlen ❷ *no pl* (*make-up*) Puder *m;* ***dust the face lightly with ~*** pudern Sie sich ganz leicht das Gesicht; **to cover oneself with talcum ~** sich *dat* den Körper pudern; **loose ~** loser Puder ❸ *no pl* (*snow*) Pulverschnee *m* ❹ BRIT (*washing powder*) Waschpulver *nt;* **biological ~** Bio-Waschmittel *nt* II. *vt* ■**to ~ sth/sb/oneself** etw/jdn/sich pudern; ■**to be ~ed with sth** mit etw *dat* bestreut [*o* bestäubt] sein; **~ed with snow** wie mit Puderzucker bestäubt; **~ with dandruff** mit Schuppen übersät; **to ~ one's nose** sich *dat* die Nase pudern; (*euph, hum: go to the lavatory*) ***would you get me another drink while I go and ~ my nose?*** würdest du mir noch einen Drink bestellen, während ich mal kurz verschwinde? *fam*

powder blue [ˌpaʊdəˈbluː, AM -ɚˈ] I. *n no pl* Himmelblau *nt* II. *adj attr* himmelblau

powder compact *n* Puderdose *f*

powdered [ˈpaʊdəd, AM -ɚd] *adj inv* ❶ (*in powder form*) Pulver-, pulverisiert; **~ coffee** Pulverkaffee *m;* **~ egg** Trockenei *nt;* **~ milk** Trockenmilch *f,* Milchpulver *nt* ❷ (*covered with powder*) gepudert

powder keg *n* Pulverfass *nt* **powder magazine** *n* (*hist*) Pulverkammer *f,* Pulvermagazin *nt*

powder puff *n* Puderquaste *f* **powder room** *n*

(*dated*) Damentoilette *f* **powder snow** *n no pl* Pulverschnee *m*

powdery ['paʊdᵊri, AM -ɚi] *adj* pulvrig; (*finer*) pudrig; ~ **chalk** bröck[e]lige [*o* brös[e]lige] Kreide

power ['paʊəʳ, AM -ɚ] **I.** *n* ❶ *no pl* (*ability to control*) Macht *f*; (*influence*) Einfluss *m*; **black/gay ~ movement** schwarze Bürgerrechtsbewegung/Schwulenbewegung *f*; **to have ~ over sb/sth** Macht über jdn/etw haben; (*influence*) Einfluss auf jdn/etw haben; ***he seems to have a mysterious ~ over her*** sie scheint ihm auf eine rätselhafte Art verfallen zu sein; **to be in sb's ~** völlig unter jds Einfluss stehen; **to have sb in one's ~** jdn in seiner Gewalt haben ❷ *no pl* (*political control*) Macht *f*; **absolute ~** absolute Macht; **executive/legislative ~** die exekutive/legislative Gewalt; **to be in/out of ~** an der Macht/nicht an der Macht sein; **to come to ~** an die Macht kommen; **to fall from ~** die Macht abgeben müssen; **to restore sb to ~** jdn wieder an die Macht bringen; **to be returned to ~** wieder [*o* erneut] an die Macht kommen; **to seize ~** die Macht ergreifen [*o* übernehmen] ❸ (*country*) [Führungs]macht *f*; **industrial/military ~** Industriemacht/Militärmacht *f*; **naval** [*or* **sea**] **~** Seemacht *f*; **nuclear ~** Atommacht *f*; **the West's leading ~s** die westlichen Führungsmächte; **world ~** Weltmacht *f* ❹ (*powerful person, group*) Macht *f*, Kraft *f*; ***she is an increasingly important ~ in the company*** sie wird innerhalb des Unternehmens zunehmend wichtiger; ***Mother Teresa was a ~ for good*** Mutter Teresa hat viel Gutes bewirkt; **the ~s of darkness** (*liter*) die Mächte der Finsternis *liter* ❺ *no pl* (*right*) Berechtigung *f*, Befugnis *f*; ***it is*** [***with***|***in my ~ to order your arrest*** ich bin dazu berechtigt, Sie unter Arrest zu stellen; **to have the ~ of veto** das Vetorecht haben ❻ (*rights*) ■**~s** *pl* Kompetenz[en] *f[pl]*; **to act beyond one's ~s** seine Kompetenzen überschreiten; **to give sb full ~s to do sth** jdn bevollmächtigen, etw zu tun ❼ *no pl* (*ability*) Vermögen *nt*, Macht *f*; ***it is beyond my ~ to …*** es steht nicht in meiner Macht, …; ***the doctors will soon have it within their ~ to …*** die Ärzte werden bald in der Lage sein, …; **to do everything in one's ~** alles in seiner Macht Stehende tun; **to have the ~ to do sth** die Fähigkeit haben, etw zu tun, etw tun können; ***they have the ~*** [*or* ***have it in their ~***] ***to destroy us*** sie haben die Macht, uns zu zerstören ❽ (*abilities*) ■**~s** *pl* Vermögen *nt kein pl*, Fähigkeiten *fpl*; **~s of absorption** Absorptionsvermögen *nt*; **~s of concentration** Konzentrationsfähigkeit *f*; **~s of endurance** Durchhaltevermögen *nt*; **to be at the height** [*or* **peak**] **of one's ~s** auf dem Höhepunkt seiner Leistungsfähigkeit sein; **intellectual/mental ~s** intellektuelle/geistige Fähigkeiten; **~s of oberservation** Beobachtungsfähigkeit *f*; **~s of persuasion** Überzeugungskraft *f* ❾ *no pl* (*strength*) Kraft *f*, Stärke *f*; (*of the sea, wind*) Gewalt *f*; (*of a nation, political party*) Stärke *f*, Macht *f*; **the explosive ~ of a bomb** die Sprengkraft einer Bombe; **the economic ~ of a country** die Wirtschaftsmacht eines Landes; **the ~ of an explosion** die Gewalt einer Explosion; **military ~** militärische Stärke ❿ *no pl* (*emotional force*) Intensität *f*; *of words* Macht *f*; ***she is a poet of immense ~*** sie ist eine Dichterin von unglaublicher Ausdruckskraft ⓫ *no pl* (*electricity*) Strom *m*, Elektrizität *f*; **source of ~** Energiequelle *f*, Energielieferant *m*; **hydroelectric ~** Wasserkraft *f*; **nuclear ~** Atomenergie *f*; **solar ~** Solarenergie *f*, Sonnenenergie *f*; **to cut off the ~** den Strom abstellen; **to disconnect the ~** den Strom abschalten ⓬ *no pl* (*mechanical force*) Kraft *f*; *of eletrical appliance* Leistung *f*; **water ~** Wasserkraft *f*; ***this machine runs on diesel ~*** diese Maschine wird von einem Dieselmotor angetrieben ⓭ *no pl* (*magnifying strength*) Stärke *f*; ***what's the magnification ~ of your binoculars?*** wie stark ist Ihr Fernglas? ⓮ *no pl* MATH Potenz *f*; ***two to the ~*** [***of***] ***four*** [*or* ***to the fourth ~***] zwei hoch vier ▶ PHRASES: **more ~ to your elbow** [*or* AM **to you**]**!** nur zu!, viel Erfolg!; **to do sb a ~ of good** jdm wirklich gut tun; **a ~ behind the throne** eine graue Eminenz; **the ~s that be** die Mächtigen; ***it's up to the ~s that be to decide what …*** sollen die da oben doch entscheiden, was … *fam* **II.** *n modifier* ❶ (*of electricity*) (*source, supply*) Strom-; **~ failure** [*or* **loss**] Stromausfall *m*; **~ industry** Energiewirtschaft *f*; **~ output** elektrische Leistung, Stromleistung *f*; **~ switch** [Strom]schalter *m* ❷ (*concerning political power*) (*block, game, structure*) Macht-; **~ politics** Machtpolitik *f*; **~ struggle** Machtkampf *m*; **~ vacuum** Machtvakuum *nt* **III.** *vi* ❶ (*fam: move forcefully*) sausen *fam*, rasen ❷ (*work hard*) sich *akk* mächtig ins Zeug legen *fam* **IV.** *vt* ■**to ~ sth** etw antreiben; ***trucks are usually ~ed by diesel engines*** LKWs haben normalerweise Dieselantrieb

◆**power down** *vt* ELEC, TECH ■**to ~ down** ⊂ **sth** etw abschalten; **to ~ down a computer** einen Computer herunterfahren

◆**power up I.** *vt* ❶ ELEC, TECH ■**to ~ up** ⊂ **sth** etw einschalten [*o* anschalten]; **to ~ up a computer** einen Computer hochfahren ❷ (*fig: energize*) ■**to ~ up** ⊂ **sb** jdn aufbauen [*o* motivieren] **II.** *vi* ❶ TECH, COMPUT hochfahren ❷ (*fig: gain energy*) Kräfte sammeln; (*to confront sth/sb*) sich *akk* rüsten; ***the baseball team is ~ing up for the new season*** die Baseballmannschaft trainiert zur Zeit fleißig für die neue Saison

power-assisted *adj attr, inv* Servo-; **~ brakes** Servobremsen *fpl*; **~ steering** Servolenkung *f* **power base** *n* POL Stütze *f*, Hochburg *f fig* **powerboat** *n* Rennboot *nt* **power brakes** *npl* Servobremsen *fpl* **power breakfast** *n* (*fam*) Arbeitsfrühstück *nt* **power broker** *n* einflussreicher Politiker/einflussreiche Politikerin; *of a party* Parteigröße *f* **power cable** *n* Stromkabel *nt* **power cut** *n* BRIT, AUS (*accidental*) Stromausfall *m*; (*deliberate*) Stromsperre *f* **power dive** *n* Sturzflug *m* **power-dive** <-ed *or* AM *also* -dove, -ed *or* AM *also* -dove> *vi* einen Sturzflug machen **power dressing** *n no pl Kleidung, die berufliche Autorität unterstreicht* **power drill** *n* Bohrmaschine *f* **power-driven** *adj inv* Motor-; (*by electricity*) elektrisch, Elektro-

-powered ['paʊəd, AM -ɚd] *in compounds battery-, nuclear-, solar-*, -betrieben

powerful ['paʊəfᵊl, AM -ɚ-] *adj* ❶ (*mighty*) mächtig; (*influential*) einflussreich ❷ (*physically strong*) stark, kräftig; *swimmer* kraftvoll; **~ arms/legs** kräftige Arme/Beine; **~ voice** kraftvolle Stimme ❸ (*having physical effect*) stark; **~ bite/blow** kraftvoller [*o* kräftiger] Biss/Schlag; **~ drug** starkes Medikament; **~ explosion** heftige Explosion; **~ kick** kräftiger [*o* heftiger] Tritt; **~ smell** durchdringender Geruch; **~ storm/wind** starker [*o* heftiger] Sturm/Wind ❹ (*compelling*) *effect, influence* stark; **~ argument** schlagkräftiges [*o* überzeugendes] Argument; **~ evidence** überzeugender Beweis; **~ gaze** fester [*o* durchdringender] Blick; **~ incentive** [*or* **stimulus**] mächtiger [*o* starker] Anreiz; **to have a ~ presence** eine starke Ausstrahlung haben ❺ (*emotionally moving*) mitreißend; *literature, music also* ausdrucksvoll; *speech also* bewegend; *language, painting* ausdrucksstark; **~ emotions** starke [*o* überwältigende] Gefühle; **~ drama/novel** packendes Drama/packender Roman ❻ TECH, TRANSP leistungsstark, leistungsfähig; **~ car/computer/motor** leistungsfähiger Wagen/Computer/Motor; **~ light** starkes [*o* helles] Licht ❼ (*with high magnification*) *lens, microscope, telescope* stark

powerfully ['paʊəfᵊli, AM -ɚ-] *adv* ❶ (*strongly*) stark; (*very much*) sehr; **to be ~ influenced by sth/sb** sehr stark von jdm/etw beeinflusst sein ❷ (*using great force*) kraftvoll, mit Kraft; *argue* schlagkräftig

powerfully-built *adj* kräftig gebaut

power hood *n* AM elektrisches Schiebedach

powerhouse *n* treibende Kraft, Motor *m fig*; (*of ideas, suggestions*) unerschöpfliche Quelle; **to be an academic ~** eine Hochburg der Wissenschaft sein; **to be an economic ~** eine führende Wirtschaftsmacht sein

powerless ['paʊələs, AM -ɚ-] *adj* machtlos (**against** gegen +*akk*); (*without authority*) *monarchy* ohne Machtbefugnis; ■**to be ~ to do sth** unfähig [*o* nicht in der Lage] sein, etw zu tun

powerlessness ['paʊələsnəs, AM -ɚ-] *n no pl* Machtlosigkeit *f*

power line *n* Stromkabel *nt* **power loom** *n* Webmaschine *f*, maschineller Webstuhl **power lunch** *n* (*fam*) Arbeitsessen *nt* **power mower** *n* (*electric*) elektrischer Rasenmäher; (*petrol-driven*) Benzinrasenmäher *m* **power of attorney** <*pl* powers of attorney> *n* LAW ❶ *no pl* (*right*) Handlungsvollmacht *f*; **to give ~ to sb** jdm Handlungsvollmacht erteilen; **to have ~** die Vollmacht haben ❷ (*document*) Bevollmächtigung *f*; **general commercial ~** Prokura *f fachspr* **power outage** *n* AM (*power cut*) Stromausfall *m*; (*deliberate*) Stromsperre *f* **power pack** *n* ELEC ❶ (*source*) Leistungsaggregat *nt* ❷ (*transformer*) Netzgerät *nt*, Netz[anschluss]teil *nt* **power plant** *n* ❶ *esp* AM Kraftwerk *nt*; *see also* **power station** ❷ TECH (*engine*) Triebwerk *nt*, Antriebsmaschine *f*; (*equipment*) Triebwerkanlage *f*, Antriebsaggregat *nt fachspr* **power player** *n jd, der seine Macht für politische oder wirtschaftliche Ziele einsetzt* **power point** *n* BRIT, AUS Steckdose *f* **power rating** *n* Leistung *f*, Leistungsstärke *f* **power saw** *n* Motorsäge *f* **power series** *n* MATH Potenzreihe *f* **power set** *n* MATH Potenzmenge *f* **power sharing I.** *n no pl* POL [Auf]teilen *nt* der Macht **II.** *n modifier* **~ agreement** Übereinkunft, bei der die Macht unter den verschiedenen Parteien aufgeteilt wird **power station** *n* Kraftwerk *nt*; **coal-fired ~** Kohlekraftwerk *nt*; **nuclear ~** Atomkraftwerk *nt* **power steering** *n no pl* Servolenkung *f* **power supply** *n* Stromversorgungseinheit *f* **power tool** *n* Motorwerkzeug *nt*; (*electric*) Elektrowerkzeug *nt*, elektrisch angetriebenes Werkzeug **power train** *n* TECH Kraftübertragung *f*

power-up [paʊəʳʌp, AM paʊɚ-] *n* COMPUT Hochfahren *nt*

power walking *n no pl* Walking *nt*

powwow ['paʊwaʊ] *n* Pow-Wow *nt* (*indianische Versammlung*); (*fig fam*) Versammlung *f*, Treffen *nt*; **a family ~** ein Familienrat

pox [pɒks, AM pɑːks] *n no pl* (*dated fam*) ■**the ~** die Syphilis

poxy ['pɒksi] *adj* BRIT (*fam*) verflixt *fam*, verdammt *fam*; (*stupid*) blöd *fam*; **a ~ three pounds an hour** lächerliche 3 Pfund in der Stunde; **a ~ little village** eine gottverlassene, kleine Ortschaft

pp *npl* (*form*) *abbrev of* **pages** S.; ***see ~ 101–123 for more information*** s. a. S. 101–123

pp, p.p. (*form*) *abbrev of* **per pro**[**curation**] i.A.; **to ~ a letter** einen Brief i.A. von jdm unterschreiben

PPE [,piːpiː'iː] *n no pl* UNIV *abbrev of* **philosophy, politics and economics** Philosophie, politische Wissenschaften und Wirtschaft

PPS¹ [,piːpiː'es] *n* BRIT *abbrev of* **Parliamentary Private Secretary** *Abgeordnete(r), die/der einem/einer Minister(in) zuarbeitet*

PPS² [,piːpiː'es] *adv inv see* **post-postscriptum** PPS

PR [,piː'ɑːʳ, AM -'ɑːr] **I.** *n no pl* ❶ *abbrev of* **public relations** PR ❷ *abbrev of* **proportional representation II.** *n modifier* (*decision, department, firm*) PR-; **a ~ campaign/exercise** eine PR-Kampagne/PR-Maßnahme; **~ man** PR-Mann *m*

practicability [,præktɪkə'bɪləti, AM -ət̬i] *n no pl* (*form*) Durchführbarkeit *f*

practicable ['præktɪkəbl̩] *adj* (*form*) durchführbar, machbar, praktikabel; **~ idea** Idee, die [auch] umsetzbar ist; **~ solution** praktikable Lösung; **~ timetable** realistischer Zeitplan

practicably ['prætɪkəbli] *adv* praktikabel; **~ reasonable** [*or* **possible**] im Rahmen des Möglichen

practical ['præktɪkᵊl] **I.** *adj* ❶ (*not theoretical*) praktisch; ***what does his decision mean in ~ terms?*** was soll diese Entscheidung denn nun konkret bedeuten?; **~ experience** praktische Erfahrung, Praxiserfahrung *f*; **to offer ~ advice** praktische [*o* realisierbare] Vorschläge anbieten; **~ use/**

P

application praktischer Nutzen/praktische Anwendung; **for all ~ purposes** de facto, tatsächlich, in Wirklichkeit; **the ~ side of things** die Praxis ② (*suitable*) praktisch; **~ clothing/equipment** praktische Kleidung/Ausrüstung; **~ footwear** praktisches Schuhwerk; ■**to be ~ for sth** sich zu etw *dat* eignen ③ (*approv: good at doing things*) praktisch [veranlagt]; ***she has a lot of interesting ideas, but she's not very*** ~ sie hat eine Menge interessanter Ideen, kann sie aber in der Praxis nicht so richtig umsetzen; ***we need someone ~ who ...*** wir brauchen einen Praktiker, der ...; **to have a ~ attitude** praxisorientiert sein ④ (*possible*) realisierbar, praktikabel; **~ method/technique** [in der Praxis] anwendbare Methode/Technik ⑤ (*fam: virtual*) praktisch; ***it's a ~ certainty that ...*** es ist praktisch sicher, dass ...; ***the car was a ~ write-off*** der Wagen sah so ziemlich nach Totalschaden aus **II.** *n* praktische Prüfung; **biology/chemistry ~** praktische Biologie-/Chemieprüfung

practicality [ˌpræktɪˈkæləti, AM -əṭi] *n* ① *no pl* (*feasibility*) Durchführbarkeit *f,* Machbarkeit *f;* (*practical gain*) praktischer Nutzen; **to lack ~** in der Praxis kaum durchführbar sein ② (*not theoretically*) ■**the practicalities** *pl* die praktische Seite ③ *no pl* (*usability*) Nützlichkeit *f;* ***I bought these shoes for their ~ not their appearance*** ich habe diese Schuhe gekauft, weil sie praktisch sind und nicht wegen ihres Aussehens ④ (*approv*) *of a person* praktische Veranlagung; ***he's got no sense of ~ at all*** er ist ohne jeden Sinn für die praktischen Dinge des Lebens

practical joke *n* Streich *m;* **to play a ~ on sb** jdm einen Streich spielen **practical joker** *n* Witzbold *m,* Spaßvogel *m*

practically [ˈpræktɪkəli, AM -kli] *adv inv* ① (*almost*) praktisch; ***we're ~ home*** wir sind fast zu Hause; ***she ~ forced me to drive her home*** sie hat mich geradezu gezwungen, sie nach Hause zu fahren; **~ all/no one/nothing** praktisch alle/keiner/nichts; **~ everybody** praktisch jeder; **~ impossible/useless** praktisch unmöglich/zwecklos ② (*not theoretically*) praktisch; ***is there anything we can do ~ to help?*** können wir Ihnen auch ganz konkret helfen?; **~ based** [*or* **oriented**] praxisorientiert; **to be ~ minded** praktisch denken [*o* veranlagt sein]; **~ speaking** praktisch betrachtet, von der praktischen Seite her **practical nurse** *n* AM (*auxiliary nurse*) Hilfsschwester *f*

practice [ˈpræktɪs] **I.** *n* ① *no pl* (*preparation*) Übung *f;* ***it will take a lot of ~*** ich werde noch viel üben müssen; ***I've had plenty of ~ at answering difficult questions*** ich bin es gewohnt, schwierige Fragen zu beantworten; ■**to be out of/in ~** aus der/in Übung sein ② (*training session*) [Übungs]stunde *f;* SPORTS Training *nt;* **choir ~** Chorprobe *f;* **driving ~** Fahrstunde *f;* **football/hockey ~** Fußball-/Hockeytraining *nt* ③ *no pl* (*actual performance*) Praxis *f;* ■**in ~** in der Praxis; **to put sth into ~** etw [in die Praxis] umsetzen; **to put a method/theory into ~** eine Methode/Theorie anwenden; **to put a plan into ~** einen Plan verwirklichen [*o* ausführen] ④ *no pl* (*usual procedure*) Praxis *f;* **code of ~** Verhaltenskodex *m;* **to be accepted** [*or* **normal**] [*or* **standard**] **~** üblich sein; (*to be good/bad ~*) ratsam/inakzeptabel sein; ***it is very bad ~ to ...*** es zeugt von schlechten Geschäftspraktiken, wenn man ... ⑤ (*regular activity*) Praktik *f,* Gewohnheit *f;* (*custom*) Sitte, f; **business/working ~s** Geschäfts-/Arbeitspraktiken *fpl;* **a cruel ~** eine grausame Sitte; **traditional religious ~s** traditionelle religiöse Praktiken; **to make a ~ of sth** etw zu einer Gewohnheit werden lassen ⑥ (*business*) Praxis *f;* **dental/medical/veterinary ~** Zahnarzt-/Arzt-/Tierarztpraxis *f;* **legal ~** [Rechtsanwalts]kanzlei *f;* **private ~** [Privat]praxis *f* ⑦ *no pl* (*work*) Praktizieren *nt;* **to go into private ~** eine eigene Praxis aufmachen; ■**to be in ~** praktizieren ▸ PHRASES: **~ makes perfect** (*prov*) Übung macht den Meister! *prov* **II.** *n modifier* (*game, shot*) Probe-; SPORTS Trainings-; **a ~ session** ein Training **III.** *vt* AM *see* **practise**

practiced *adj* AM *see* **practised**

practice master *n* Rechtspfleger *m* (*im High Court*) **practice teacher** *n* AM (*student teacher*) ≈Referendar(in) *m(f)*

practicing *adj attr, inv* AM *see* **practising**

practicum credit [ˈpræktɪkʌm,-] *n* AM *schulischer Nachweis über eine praktische Arbeit oder Feldforschung*

practise [ˈpræktɪs], AM **practice I.** *vt* ① (*rehearse*) ■**to ~ [doing] sth** etw üben; (*improve particular skill*) an etw *dat* arbeiten; **to ~ one's backhand** die Rückhand trainieren; **to ~ the flute/piano/violine** Geige/Klavier/Flöte üben; **to ~ one's German/English** Deutsch/Englisch üben; (*verbally*) mehr Deutsch/English sprechen; **to ~ a sonata/song** eine Sonate/ein Lied proben ② (*do regularly*) ■**to ~ sth** etw [üblicherweise] machen [*o* tun], etw praktizieren; ***I have started practising meditation*** ich habe angefangen zu meditieren; ***foot-binding is no longer ~d in China*** in China ist es nicht mehr üblich, den Mädchen die Füße zu binden; **to ~ austerity** ein einfaches Leben führen, bescheiden leben; **to ~ birth control** verhüten; **to ~ black magic/sorcery/voodoo** schwarze Magie/Zauberei/Voodoozauber betreiben; **to ~ cannibalism** Kannibalismus praktizieren; **to ~ celibacy/monogamy/poligamy** zölibatär/monogam/polygam leben; **to ~ a custom** einen Brauch befolgen; **to ~ deceit** [*or* **deception**] [gewohnheitsmäßig] betrügen; **to ~ discrimination** diskriminieren; **to ~ a religion** eine Religion ausüben; **to ~ safe sex** sicheren [*o* Safer] Sex praktizieren; **to ~ thrift** sparsam leben ③ (*work in*) ■**to ~ sth** etw praktizieren; ***she ~d medicine for twenty years*** sie war zwanzig Jahre lang als Ärztin tätig; **to ~ dentistry** als Zahnarzt/Zahnärztin praktizieren; **to ~ law** als Anwalt/Anwältin praktizieren; **to ~ medicine** als Arzt/Ärztin praktizieren, den Arztberuf ausüben ▸ PHRASES: **to ~ what one <u>preaches</u>** nach den Grundsätzen leben, die man anderen predigt; **to not ~ what one <u>preaches</u>** Wasser predigen und Wein trinken *prov* **II.** *vi* ① (*improve skill*) üben; SPORTS trainieren ② (*work in a profession*) praktizieren, als etw tätig sein; ***he trained as a lawyer but he's no longer practising*** er ist Anwalt, übt seinen Beruf aber nicht mehr aus; **to ~ as a doctor** praktizierender Arzt/praktizierende Ärztin sein; **to ~ as a lawyer** praktizierender Anwalt/praktizierende Anwältin sein

practised [ˈpræktɪst], AM **practiced** *adj* ① (*experienced*) erfahren; ■**to be ~ in sth** in etw *dat* geübt [*o* erfahren] sein; ■**to be ~ at doing sth** sich *akk* mit etw *dat* auskennen, Übung in etw *dat* haben; **~ ear/eye** geübtes Ohr/Auge; **~ hand** geübte Hand; **~ liar** gekonnter Lügner/gekonnte Lügnerin ② (*form: obtained by practice*) gekonnt; ***she performed the song with ~ skill*** sie trug das Lied absolut gekonnt vor; **~ deceit** gekonnte Täuschung; **~ skill** große Fertigkeit

practising [ˈpræktɪsɪŋ], AM **practicing** *adj attr, inv* praktizierend; **~ Christians/Muslims** praktizierende Christen/Muslime

practitioner [prækˈtɪʃənəʳ, AM -ɚ] *n* (*form*) ■**to be a ~ [of sth]** [etw] praktizieren; *of a job, profession* etw ausüben; ***the ~s of many professions are now able to work in any EC country*** Angehörige zahlreicher Berufsgruppen können nun in jedem Land der EG arbeiten; **dental ~** praktizierender Zahnarzt/praktizierende Zahnärztin; **legal ~** praktizierender Rechtsanwalt/praktizierende Rechtsanwältin; **medical ~** praktischer Arzt/praktische Ärztin

praesidium [priˈsɪdiəm] *n + sing/pl vb see* **presidium**

praetor [ˈpriːtəʳ, AM tɚ] *n* Prätor *m*

praetorian guard [prɪˌtɔːriənˈgɑːd, AM ˈgɑːrd] *n* Prätorianer *m*

pragmatic [prægˈmætɪk, AM -ṭ-] *adj person, attitude* pragmatisch; *idea, reason* vernünftig

pragmatically [prægˈmætɪkəli, AM -ṭ-] *adv* pragmatisch

pragmatism [ˈprægmətɪzəm] *n no pl* Pragmatismus *m*

pragmatist [ˈprægmətɪst] *n* Pragmatiker(in) *m(f)*

prairie [ˈpreəri, AM ˈpreri] *n* [Gras]steppe *f;* (*in North America*) Prärie *f*

prairie chicken *n* Präriehuhn *nt* **prairie dog** *n* Präriehund *m* **prairie oyster** *n* Prärieauster *f* **prairie schooner** *n* AM Planwagen *m* **prairie wolf** *n* AM Präriewolf *m*

praise [preɪz] **I.** *vt* ① (*express approval*) ■**to ~ sb/sth** jdn/etw loben [*o* rühmen] [*o geh* preisen]; ■**to ~ sb for sth** jdn für etw *akk* loben; **a widely ~d documentary** eine viel gepriesene Dokumentation; **to ~ sb/sth to the skies** jdn/etw in den Himmel heben [*o fam* über den grünen Klee loben] ② (*worship*) **to ~ God/the Lord** Gott/den Herrn preisen *geh;* ***hymns are sung to ~ God*** Hymnen werden zum Lobpreis Gottes gesungen; ***~ the Lord!*** gelobt sei der Herr! **II.** *n no pl* ① (*approval*) Lob *nt;* ***a poem in ~ of older women*** ein Lobgedicht auf die reiferen Frauen; ***that's high ~, coming from her*** aus ihrem Mund ist das ein großes Kompliment; ***~ from Rachel is ~ indeed*** ein Lob aus Rachels Munde! das will etwas heißen!; **to have nothing but ~ for sb/sth** jdn/etw nur loben können; ***I have nothing but ~ for her*** ich bin von ihr begeistert; **to heap** [*or* **shower**] **~ on sb, to shower sb with ~** jdn mit Lob überschütten; **to sing the ~ of sb/sth** über jdn/etw ein Loblied singen *fig;* **to sing one's own ~s** sich *akk* selbst loben; **to win ~ for sth** für etw *akk* [großes] Lob ernten; **sth wins sb ~** etw bringt jdm Lob ein ② (*form: worship*) Lobpreis *m geh;* **a hymn of ~** ein Loblied; **to give ~ to God/the Lord** Gott/den Herrn preisen *geh;* **~ be!** (*dated*) dem Himmel sei Dank! *veraltend*

praiseworthy [ˈpreɪzˌwɜːði, AM -ˌwɜːr-] *adj* lobenswert

praline [ˈprɑːliːn, AM *also* ˈpreɪ-] *n* ① *no pl* (*filling*) Nougat *m o nt* ② *no pl* AM (*roasted almonds*) gebrannte Mandeln ③ (*chocolate*) Nougatpraline *f*

pram [præm] *n* BRIT, AUS Kinderwagen *m*

prance [prɑːn(t)s, AM præn(t)s] *vi person* stolzieren; (*horse*) tänzeln; ***she ~d into the office*** sie kam einfach ins Büro [herein]spaziert; ■**to ~ around** [*or* **about**] herumhüpfen; *children* umhertollen

prang [præŋ] **I.** *vt esp* BRIT, AUS (*fam*) ■**to ~ sth** etw ramponieren *fam* **II.** *n* BRIT, AUS (*fam*) Bums *m fam,* Rums *m fam;* ***there was a ~ at the crossroads this morning*** an der Kreuzung hat es heute Morgen ordentlich gekracht *fam;* **to have a ~** in einen Unfall verwickelt sein; (*cause an accident*) einen Unfall bauen *fam*

prank [præŋk] *n* Streich *m;* **childish ~s** kindische Faxen; **to play a ~ on sb** jdm einen Streich spielen, jdn verulken

prankster [ˈpræŋkstəʳ, AM -ɚ] *n* Scherzbold *m*

prat [præt] **I.** *n* ① BRIT (*fam*) Dummkopf *m pej fam,* Trottel *m pej fam;* ***he looked a right ~ in that pink suit*** in dem pinkfarbenen Anzug sah er einfach idiotisch aus *pej;* **to make a ~ of oneself** sich *akk* zum Narren machen ② (*sl: buttocks*) Hintern *m fam* **II.** *vi* <-tt-> BRIT (*fam*) ■**to ~ about** [*or* **around**] herumspinnen *fam*

prate [preɪt] *vi* (*pej form*) schwadronieren *geh o oft pej,* [große] Reden schwingen *iron*

pratfall [ˈprætfɔːl] *n* ① *esp* AM (*fall*) Plumps *m* aufs Hinterteil; **to take a ~** sich *akk* auf den Hintern setzen *fam* ② (*fig: humiliation*) Reinfall *m*

prattle [ˈprætl, AM -ṭ-] **I.** *vi* ① (*talk foolishly*) plappern; ■**to ~ away** ununterbrochen plappern ② (*talk at length*) schwafeln *pej,* labern *pej fam;* ■**to ~ on** immer weiterreden; ■**to ~ on about sth** von nichts anderem als etw *dat* reden **II.** *n no pl* ① (*foolish talk*) Geplapper *nt* ② (*inconsequential talk*) Geschwafel *nt pej,* Gelabere *nt pej fam*

prattler [ˈprætləʳ, AM -ṭlɚ] *n* (*pej*) Schwafelkopf *m pej fam,* Schwafler(in) *m(f) pej*

prawn [prɔːn, AM *esp* prɑːn] **I.** *n* Garnele *f,* Krabbe *f fam;* **giant ~** Riesengarnele *f* ▸ PHRASES: **to come the <u>raw</u> ~ with sb** AUS (*fam*) jdn übers Ohr hauen wollen *fam;* ***don't come the raw ~ with me*** versuch jetzt nicht, mich für dumm zu verkaufen *fam*

II. *n modifier* (*recipe, salad, shell*) Garnelen-, Krabben- *fam*

prawn cocktail *n* Krabbencocktail *m* **prawn cracker** *n* Krabbenchip *m*, Kroepoek *m*

pray [preɪ] **I.** *vi* ❶ REL beten; ***let us*** ~ lasset uns beten; ■**to** ~ **for sb** für jdn beten; ■**to** ~ **for sth** für [*o* um] etw *akk* beten; ***we ~ for God's blessing on their marriage*** wir erbitten Gottes Segen für diese Hochzeit; **to** ~ **to God** [zu Gott] beten; ***she ~ed to God to keep her children safe from harm*** sie bat Gott, ihre Kinder vor allem Übel zu bewahren; **to** ~ **to be absolved/forgiven/healed** um Absolution/Vergebung/Heilung bitten ❷ (*fig: hope*) ■**to** ~ **for sth** für etw *akk* beten, auf etw *akk* hoffen; ***we're hoping and ~ing for rain*** wir hoffen und beten, dass es Regen gibt; **to** ~ **[to God] that …** [hoffen und] beten, dass …, [zu Gott] beten, dass … ❸ LAW **to** ~ **in aid of sth** sich *akk* auf etw *akk* berufen **II.** *vt* (*form*) ■**to** ~ **sth** um etw *akk* bitten; ~ ***God they've come to no harm!*** hoffentlich ist ihnen nichts passiert!, gebe Gott, dass ihnen nichts passiert ist! *veraltend* **III.** *adv* ❶ (*old form: please*) ~ ***take a seat*** nehmen Sie doch bitte Platz *form* ❷ (*iron form*) ***and who, ~, are you?*** und mit wem habe ich die Ehre? *oft iron;* ***and what, ~, is that supposed to mean?*** und was, bitte, soll das heißen?

prayer ['preəʳ, AM 'prer] *n* ❶ (*request to a god*) Gebet *nt;* **evening/morning** ~ Abend-/Morgengebet *nt;* (*for children*) Gute-Nacht-Gebet *nt;* **family** ~ Gebet *nt* in der Familie, Familiengebet *nt;* ~ **for forgiveness** Bitte *f* um Vergebung; **to answer sb's ~[s]** jds Gebet[e] erhören *akk;* **to say a** ~ ein Gebet *nt* sprechen; **to say a** ~ **for sb** für jdn beten; **to say one's ~s** sein Gebet verrichten *form* ❷ *no pl* (*action of praying*) Gebet *nt*, Beten *nt;* ■**to be at** ~ [gerade] beten; **to kneel/clasp one's hands in** ~ zum Gebet niederknien/die Hände falten ❸ (*fig: hope*) Hoffnung *f;* **to not have a** ~ (*fam*) kaum Aussichten [*o* Chancen] haben; ***she hasn't a ~ of winning the competition*** ihre Chancen, den Wettkampf zu gewinnen, sind gleich Null ❹ (*service*) ■**~s** *pl* Andacht *f;* **evening/morning ~s** Abend-/Morgenandacht *f* ❺ LAW Klageantrag *m*

prayer beads *npl* Perlen *fpl* des Rosenkranzes; (*rosary*) Rosenkranz *m* **prayer book** *n* Gebetbuch *nt* **prayer mat** *n* Gebetsteppich *m* **prayer meeting** *n* Gebetsstunde *f*, Andacht *f* **prayer rug** *n* Gebetsteppich *m* **prayer service** *n* Andacht *f* **prayer wheel** *n* Gebetsmühle *f*

praying mantis *n* ZOOL Gottesanbeterin *f*

pre- [priː] *in compounds* prä-

pre-accession country *n* EU Beitrittskandidat *m* **Pre-Accession Lending Facility** *n* EU Vor-Beitritts-Fazilität *f*

preach [priːtʃ] **I.** *vi* ❶ (*give a sermon*) predigen; ■**to** ~ **to sb** vor jdm predigen [*o* eine Predigt halten] ❷ (*pej: lecture*) ■**to** ~ **at** [*or* **to**] **sb** jdm eine Predigt halten *fig;* ***she's always ~ing at me about keeping my room tidy*** sie predigt mir immer, dass ich mein Zimmer in Ordnung halten soll ► PHRASES: **to** ~ **to the converted** offene Türen einrennen *fig* **II.** *vt* ❶ (*give*) **to** ~ **a sermon** eine Predigt halten; (*proclaim*) **to** ~ **the Gospel** das Evangelium verkünden ❷ (*advocate*) ■**to** ~ **sth** etw predigen *fig;* **to** ~ **austerity/peace** Enthaltsamkeit/Frieden predigen *fam;* **to** ~ **communism** den Kommunismus propagieren; **to** ~ **a doctrine** eine Doktrin verkünden; **to practise** [*or* AM **practice**] **what one ~es** sich *dat* an die eigene Nase fassen

preacher ['priːtʃəʳ, AM -ɚ] *n* ❶ (*priest*) Geistliche(r) *f(m)*, Pfarrer(in) *m(f)* ❷ *esp* AM Prediger(in) *m(f)*

preachify <-ie-> ['priːtʃɪfaɪ] *vi* (*pej fam*) ❶ (*preach*) [einschläfernd] predigen, eine langatmige Predigt halten ❷ (*moralize*) Moralpredigten halten

preachy <-ier, -iest> ['priːtʃi] *adj* (*fam*) predigerhaft

pre-adolescent [ˌpriːædə'lesᵊnt] *adj inv person* im Vorpubertätsalter *nach n;* ~ **gawkiness** jugendliche Ungeschicktheit

preamble ['priːæmbl] *n* (*form*) ❶ (*introduction*) Einleitung *f*, Vorwort *nt;* (*to a lecture*) einleitende Worte, Einführung *f* ❷ *no pl* (*fig: introductory material*) Einleitung *f*, Vorbemerkung[en] *f[pl];* ***I like to get straight down to business, without a lot of*** ~ ich möchte ohne lange Worte direkt zum Geschäftlichen kommen

preamp [priː'æmp] *n* ELEC, RADIO (*fam*) *short for* **preamplifier** Vorverstärker *m*

preamplifier [priː'æmplɪfaɪəʳ, AM -əfaɪɚ] *n* ELEC, RADIO Vorverstärker *m*

prearrange [ˌpriːə'reɪndʒ] *vt usu passive* ■**to** ~ **sth** etw vorplanen [*o* vorbereiten]; ■**to** ~ **sth with sb** etw vorher mit jdm absprechen

prearranged [ˌpriːə'reɪndʒd] *adj inv* vorher vereinbart [*o* abgesprochen]; ~ **meeting/signal** vereinbartes Treffen/Signal; ~ **visit** vereinbarter Besuch

prebend ['prebənd] *n* ❶ (*stipend*) Präbende *f*, Pfründe *f* ❷ (*prebendary*) Pfründner(in) *m(f)*

prebendary ['prebᵊndᵊri, AM -deri] *n* Pfründner(in) *m(f)*

prebuilt [ˌpriː'bɪlt] *adj inv* AM (*prefabricated*) vorgefertigt

precancerous [ˌpriː'kæn(t)sᵊrəs] *adj inv* MED ~ **cell/growth** Krebszelle *f*/Krebstumor *m* im Frühstadium

precarious [prɪ'keəriəs, AM -'ker-] *adj* (*hazardous*) gefährlich, prekär *geh;* (*insecure*) *hold, balance* unsicher; *peace* unstabil; ***he makes a rather ~ living*** seine Einkommensverhältnisse sind ziemlich ungesichert; ~ **financial position** prekäre finanzielle Lage; **to be in a** ~ **position** sich *akk* in einer gefährlichen [*o* prekären] Lage befinden

precariously [prɪ'keəriəsli, AM -'ker-] *adv* gefährlich; (*insecurely*) unsicher; ***her suitcase was ~ balanced on the tiny luggage rack*** ihr Koffer hing gefährlich schief in dem winzigen Gepäcknetz; ***he lived rather ~ from one day to the next*** er lebte von der Hand in den Mund

precariousness [prɪ'keəriəsnəs, AM -'ker-] *n no pl* Gefährlichkeit *f;* (*insecurity*) Unsicherheit *f*, Labilität *f;* ***the ~ of the new democracies*** die prekäre Situation der neuen Demokratien; **to be made aware of the** ~ **of one's authority/health/position** sich *dat* bewusst werden, wie gefährdet die eigene Autorität/Gesundheit/Position ist

precast [ˌpriː'kɑːst, AM 'priːkæst] *adj inv* vorgefertigt; ~ **concrete** Fertigbeton *m;* ~ **concrete slab** vorgefertigte Betonplatte

precaution [prɪ'kɔːʃᵊn, AM *esp* -'kɑː-] *n* ❶ (*to prevent sth*) Vorkehrung *f;* **fire ~s** Brandschutzmaßnahmen *mpl;* **to take the** ~ **of doing sth** etw sicherheitshalber [*o* vorsichtshalber] tun; **to take ~s [against sth]** [Sicherheits]vorkehrungen [gegen etw *akk*] treffen; **as a** ~ sicherheitshalber, vorsichtshalber, zur Vorsicht; **as a** ~ **against sth** als Vorsorgemaßnahme [*o* Vorsichtsmaßnahme] gegen etw *akk* ❷ (*euph*) ■**~s** *pl* Verhütungsmittel *ntpl;* **to take ~s** verhüten

precautionary [prɪ'kɔːʃᵊnᵊri, AM -'kɑːʃᵊneri] *adj inv* Vorsichts-; ~ **measure/step** Vorsichtsmaßnahme *f;* ***he took the ~ step of writing his address on his luggage*** er versah sein Gepäck vorsichtshalber mit Adressaufschriften

precede [priː'siːd, AM prɪ'-] *vt* ❶ (*in time*) ■**to** ~ **sth** etw *dat* vorausgehen ❷ (*in space*) ■**to** ~ **sb/sth** jdm/etw vorangehen [*o* vorausgehen]; ■**sb/sth is ~d by sb/sth** jd/etw geht jdm/etw voran; ***we were ~d into the hall by the chancellor*** der Rektor schritt uns voraus in die Halle; ***if the instruction is ~d by an asterisk, …*** wenn ein Sternchen vor der Anweisung steht, …; ■**to** ~ **sth by** [*or* **with**] **sth** etw mit etw *dat* einleiten [*o* beginnen]

precedence ['presɪdᵊn(t)s, AM -ədən(t)s] *n no pl* ❶ (*priority*) Priorität *f*, Vorrang *m;* **to give** ~ **to sb/sth** jdm/etw den Vorrang geben [*o* Priorität einräumen]; **to take** ~ **[over sth/sb]** Priorität [*o* Vorrang] [gegenüber jdm/etw] haben; ***caring for my children takes ~ over everything else*** die Versorgung meiner Kinder ist das Allerwichtigste für mich ❷ (*form: order of priority*) Rangordnung *f;* ***the order of ~ for titled nobility is …*** die Hierarchie der Adelstitel lautet …; **to take** ~ **over sb** ranghöher als jd sein, im Rang über jdm stehen

precedent ['presɪdᵊnt, AM -əd-] *n* ❶ (*example*) vergleichbarer Fall, Präzedenzfall *m geh;* **to set** [*or* **establish**] **a** ~ einen Präzendenzfall schaffen, ein Beispiel setzen; **without** ~ noch nie da gewesen, ohne Beispiel; ***this situation is entirely without ~*** so etwas hat es noch nie gegeben ❷ LAW Präzedenzfall *m*, Präjudiz *nt fachspr;* ***is there any ~ in a case like this?*** gibt es dafür irgendeinen Präzedenzfall?; ***there is no ~ for an annulment being granted in a case like this*** in einem solchen Fall hat es noch nie eine Annullierung gegeben; **to set a** ~ einen Präzedenzfall schaffen ❸ *no pl* (*past procedure*) Tradition *f;* **to break with** ~ **[by doing sth]** [durch etw *akk*] mit der Tradition brechen

preceding [priː'siːdɪŋ, AM prɪ'-] *adj attr, inv* vorhergehend, vorangegangen; **the** ~ **article/paragraph/chapter** der vorherige Artikel/Paragraph/das vorherige Kapitel; **the** ~ **day** der vorige Tag [*o* Tag davor]; **the** ~ **letter/vowel** der Buchstabe/Vokal davor; **the** ~ **page** die vorige Seite; **the** ~ **summer/winter** der vorige [*o* letzte] Sommer/Winter; **the** ~ **year** das Jahr davor

precentor [ˌpriː'sentəʳ, AM ţɚ] *n* REL Vorsänger(in) *m(f)*, Präzentor(in) *m(f) fachspr*

precept ['priːsept] *n* ❶ (*form: rule*) Regel *f;* (*principle*) Prinzip *nt*, Grundsatz *m;* **common ~s of decency** allgemeine Anstandsregeln ❷ LAW gerichtliche Anordnung

pre-Christian [ˌpriː'krɪstʃᵊn] *adj inv* vorchristlich

precinct ['priːsɪŋ(k)t] *n* ❶ (*boundaries*) ■**~s** *pl* [*or* ~] (*form*) Bereich *m*, Umgebung *f*, Gelände *nt;* **the ~s of a castle/palace** der Schlossbezirk/Palastbezirk; **the cathedral** ~ das Domgelände; **within the ~s of the monastery/the museum ~s** auf dem Gelände des Klosters/des Museums ❷ BRIT (*restricted traffic zone*) verkehrsberuhigte Zone; **pedestrian** ~ Fußgängerzone *f;* **shopping** ~ Einkaufszone *f* ❸ AM (*police district*) Bezirk *m*, Polizeirevier *nt;* (*electoral district*) Wahlbezirk *m*

preciosity [ˌpresi'ɒsəti, AM ˌpreʃi'ɑːsəţi] *n no pl* (*pej*) Affektiertheit *f*

precious ['preʃəs] **I.** *adj* ❶ (*of great value*) wertvoll, kostbar; ■**to be** ~ **to sb** jdm viel bedeuten; ~ **commodity** kostbarer [*o* wertvoller] Rohstoff; ~ **memory/moment** kostbare Erinnerung/kostbarer Moment; **a** ~ **possession** ein wertvoller Besitz; **to waste** ~ **time** wertvolle Zeit verschwenden ❷ (*pej: affected*) *manner, style* manieriert *geh*, geziert; *person* affektiert *geh;* ■**to be** ~ **about sth** viel Aufhebens [*o* großes Getue] um etw *akk* machen ❸ *attr, inv* (*iron fam: with annoyance*) heiß geliebt *iron;* ***if it weren't for your ~ short cut, …*** wenn wir nicht deine heiß geliebte Abkürzung genommen hätten, … *iron;* ***a ~ lot he cares about it!*** es kümmert ihn herzlich wenig [*o fam* einen Dreck]! **II.** *adv* (*fam*) ~ **little** herzlich wenig; ***there's ~ little chance of that happening*** die Chance, dass so etwas passiert, ist wohl minimal; **to be** ~ **little help** wohl kaum eine große Hilfe sein; ~ **few** nur eine Handvoll

preciously ['preʃəsli] *adv* (*pej*) affektiert *geh*, geziert

precious metal *n* Edelmetall *nt*

preciousness ['preʃəsnəs] *n no pl* ❶ (*value*) Kostbarkeit *f* ❷ (*pej*) Affektiertheit *f*

precious stone *n* Edelstein *m*

precipice ['presɪpɪs, AM -sə-] *n* (*steep drop*) Abgrund *m;* (*cliff face*) Steilhang *m*, Abhang *m;* **to stand at the edge of the** ~ am Abgrund stehen; **to fall over a** ~ in einen Abgrund stürzen; **to push sb over the** ~ **into financial ruin/mental breakdown** (*fig*) jdn in den finanziellen Ruin stürzen/in den Wahnsinn treiben

precipitant [prɪ'sɪpɪtᵊnt] *n* ❶ (*cause*) Auslöser *m* ❷ PSYCH Vorläufer *m*

precipitate **I.** *vt* [prɪ'sɪpɪteɪt] ❶ (*form: trigger*) ■**to** ~ **sth** etw auslösen; ***the affair ultimately ~d his downfall*** die Affäre versetzte ihm schließlich den Todesstoß; **to** ~ **a political crisis/a war** eine politische Krise/einen Krieg auslösen ❷ *usu passive* (*form: throw*) ■**to** ~ **sb/sth somewhere** jdn/etw

P

irgendwohin schleudern (3) (*force suddenly*) ■ **to ~ sb/sth into sth** jdn/etw in etw *akk* stürzen; **to ~ sb into action** jdn zwingen, aktiv zu werden; **to ~ sb/sth into crisis** jdn/etw in eine Krise stürzen (4) *usu passive* CHEM etw ausfällen *fachspr* **II.** *vi* [prɪˈsɪpɪteɪt] ■ **to ~ [out]** CHEM ausfallen *fachspr;* METEO einen Niederschlag bilden **III.** *adj* [prɪˈsɪpɪtət, AM -tɪt] (*form*) übereilt, hastig; ■ **to be ~** übereilt handeln, vorschnell sein; **to act with ~ haste** voreilig [*o* vorschnell] handeln **IV.** *n* [prɪˈsɪpɪteɪt, AM -tɪt] Satz *m;* GEOL, MED Sediment *nt fachspr;* CHEM [Aus]fällung *f fachspr;* METEO Niederschlag *m;* **to form a ~** sich *akk* setzen; CHEM eine Ausfällung bilden; METEO einen Niederschlag bilden

precipitately [prɪˈsɪpɪtətli, AM -tɪt-] *adv* hastig, überstürzt, übereilt; **to act ~** voreilig handeln; **to begin/end ~** abrupt beginnen/enden; **to decide ~** eine übereilte [*o* überstürzt eine] Entscheidung treffen

precipitation [prɪˌsɪpɪˈteɪʃᵊn] *n no pl* (1) (*form: haste*) Hast *f,* Eile *f;* **to act with ~** übereilt handeln (2) (*forming into a solid*) Setzen *nt;* GEOL, MED Sedimentieren *nt;* CHEM Ausfällung *f fachspr,* Ausfällen *nt fachspr;* METEO Niederschlag *m* (3) (*triggering*) **the ~ of a conflict/crisis** das Auslösen eines Konflikts/einer Krise

precipitous [prɪˈsɪpɪtəs, AM -t̬-] *adj* (1) (*very steep*) steil, abschüssig, steil abfallend *attr;* ■ **to be ~** steil [*o* abschüssig] sein, steil abfallen; **~ slope** Steilhang *m* (2) (*fig: abrupt*) abrupt; **a ~ fall/decline** ein abrupter [*o* plötzlicher] Fall/Rückgang; ***there has been a ~ fall in car sales*** die Autoverkäufe sind schlagartig zurückgegangen (3) (*form: precipitate*) voreilig, übereilt

precipitously [prɪˈsɪpɪtəsli, AM -t̬-] *adv* (1) (*steeply*) steil; ***the cliff face fell away ~ to the raging sea below*** die Vorderfront der Klippe fiel jäh zu der tosenden See hin ab (2) (*fig: abruptly*) abrupt; **to drop ~** schlagartig abfallen; **to rise ~** sprunghaft ansteigen

précis [ˈpreɪsiː] **I.** *n* <*pl* -> Zusammenfassung *f,* Précis *nt geh;* **~ of a statement** Kurzfassung *f* einer Aussage **II.** *vt* (*form*) ■ **to ~ sth** etw [kurz] zusammenfassen

precise [prɪˈsaɪs] *adj* (1) (*exact*) genau, präzise; **~ details** genaue Einzelheiten; **~ instructions** präzise [*o* exakte] Angaben; **at the ~ moment** genau in dem Moment; **to be ~** um genau zu sein (2) (*approv: careful*) sorgfältig, genau; *movement* [ziel]sicher; *pronunciation, spelling* korrekt; ■ **to be ~ about doing sth** etw sehr genau nehmen; ***he has always been very ~ about recording expenditures*** er hat über seine Ausgaben immer peinlich genau Buch geführt

precisely [prɪˈsaɪsli] *adv* (1) (*exactly*) genau, präzise, exakt; ***at eight o'clock ~*** um Punkt acht Uhr; ***£14,20 ~*** genau 14.20 Pfund (2) (*just*) genau; **~!** genau!; ***I know ~ what you mean*** ich weiß [haar]genau, was Sie meinen; ***that is ~ what the government is trying to avoid*** das versucht die Regierung doch gerade zu vermeiden; **to do ~ the opposite** genau das Gegenteil machen; **to do ~ that** genau das tun; **~ because** eben [*o* gerade] wegen (3) (*approv: carefully*) sorgfältig

precision [prɪˈsɪʒᵊn] **I.** *n no pl* (1) (*accuracy*) Genauigkeit *f,* Präzision *f,* Exaktheit *f;* **with absolute/mathematical ~** mit absoluter/mathematischer Genauigkeit (2) (*approv: meticulous care*) Sorgfalt *f* **II.** *adj attr, inv* exakt, präzise; **~ drilling** exakte Bohrung; **~ timing** präzise Zeitplanung, genaues Timing

precision instruments *n,* **precision tools** *npl* Präzisionsinstrumente *ntpl*

précis-writing [ˈpreɪsiː,-, AM -t̬-] *n* das Schreiben eines Précis *geh*

preclude [prɪˈkluːd] *vt* (*form*) ■ **to ~ sth** etw ausschließen [*o* unmöglich machen]; ***the planning regulations ~ all construction other than in natural stone*** die Bauvorschriften lassen als Baumaterial nur Naturstein zu; ■ **to ~ sb from doing sth** (*form*) jdn davon abhalten [*o* daran hindern], etw zu tun

preclusion [prɪˈkluːʒᵊn] *n no pl* (*form*) Hindernis *nt,* Hinderungsgrund *m*

precocious [prɪˈkəʊʃəs, AM -ˈkoʊ-] *adj* (1) (*developing early*) frühreif; **~ skill** früh entwickelte Fertigkeit; **~ talent** frühe Begabung (2) (*pej: maturing too early*) altklug; **a ~ little brat** ein altkluges kleines Gör *pej fam*

precociously [prɪˈkəʊʃəsli, AM -ˈkoʊ-] *adv* (1) (*at early stage*) früh; **at a ~ young age** in sehr jungen Jahren; **~ developed/giften** früh entwickelt/begabt; **~ mature** frühreif (2) (*pej*) altklug

precociousness [prɪˈkəʊʃəsnəs, AM -ˈkoʊ-] *n no pl* (*form*), **precocity** [prɪˈkɒsəti, AM -ˈkɑːsət̬i] *n no pl* (*form*) (1) (*early development*) Frühreife *f* (2) (*pej: maturing too early*) Altklugheit *f*

precognition [ˌpriːkɒgˈnɪʃᵊn, AM -kɑːgˈ-] *n no pl* Vorausahnung *f,* Präkognition *f fachspr;* **to give sb a ~** jdm die Zukunft zeigen

precognitive [ˌpriːˈkɒgnətɪv, AM -ˈkɑːgnət̬-] *adj inv* präkognitiv *fachspr;* **to have ~ abilities** in die Zukunft sehen können, präkognitive Fähigkeiten haben

pre-Columbian [ˌpriːkəˈlʌmbiən] *adj* präkolumbianisch

preconceived [ˌpriːkənˈsiːvd] *adj* (*esp pej*) vorgefasst; **a ~ idea** [*or* **notion**] eine vorgefasste Meinung

preconception [ˌpriːkənˈsepʃᵊn] *n* (*esp pej*) vorgefasste Meinung; ■ **~s about** [*or* **of**] **sth/sb** feste [*o* genaue] Vorstellungen von jdm/etw

precondition [ˌpriːkənˈdɪʃᵊn] *n* Vorbedingung *f,* Voraussetzung *f*

precook [ˌpriːˈkʊk] *vt* ■ **to ~ sth** etw vorkochen

precooked [ˌpriːˈkʊkt] *adj inv* vorgekocht

precursor [ˌpriːˈkɜːsəʳ, AM prɪˈkɜːrsɚ] *n* (*form*) (1) (*forerunner*) Vorläufer *m;* (*preparing way for sth*) Wegbereiter *m* (2) (*harbinger*) Vorbote *m;* ***a ~ to pneumonia*** das erste Zeichen einer Lungenentzündung

predate [ˌpriːˈdeɪt] *vt* (*form*) ■ **to ~ sth** etw *dat* zeitlich vorausgehen, älter als etw sein

predator [ˈpredətəʳ, AM -t̬ɚ] *n* (1) (*animal*) Raubtier *nt;* (*bird*) Raubvogel *m;* (*fish*) Raubfisch *m;* ***there are no ~s on the fox*** der Fuchs hat keine natürlichen Feinde (2) (*pej: person*) Profiteur(in) *m(f) pej;* (*vulture*) Aasgeier *m fig, pej fam* (3) (*company*) *Unternehmen, das darauf aus ist, ein anderes zu übernehmen*

predatory [ˈpredətᵊri, AM -tɔːri] *adj* (1) (*preying*) Raub-, räuberisch; **~ animal** Raubtier *nt;* **~ bird** Raubvogel *m;* **~ fish** Raubfisch *m;* **~ instincts** Raubtierinstinkte *mpl* (2) (*esp pej: exploitative*) raubtierhaft, rücksichtslos; (*greedy*) [raff]gierig (3) (*in business*) expansionistisch *geh* (4) (*pej: sexually obtrusive*) lüstern, geil *oft pej*

predatory pricing *n no pl* COMM Einsatz *m* von Dumpingpreisen **predatory pricing policy** *n no pl* COMM Verdrängungswettbewerb *m*

predecease [ˌpriːdɪˈsiːs, AM -diːˈ-] *vt* LAW (*form*) ■ **to ~ sb** vor jdm sterben

predecessor [ˌpriːdɪˈsesəʳ, AM ˈpredəsesɚ] *n* Vorgänger(in) *m(f)*

predestinate [ˌpriːˈdestɪneɪt, AM -tə-] *vt* (*liter*) ■ **to ~ sth** etw vor[her]bestimmen

predestination [ˌpriːdestrˈneɪʃᵊn] *n no pl* REL Vor[her]bestimmung *f,* Prädestination *f fachspr*

predestine [ˌpriːˈdestɪn] *vt* ■ **to ~ sth** etw vor[her]bestimmen [*o geh* prädestinieren]

predestined [ˌpriːˈdestɪnd] *adj inv* vor[her]bestimmt; ***it was a ~ disaster*** das musste einfach schief gehen *fam;* **to be ~ to fail** zum Scheitern verurteilt sein; **to feel ~ to become sth** sich *akk* zu etw *dat* berufen fühlen

predetermination [ˌpriːdɪˌtɜːmɪˈneɪʃᵊn, AM -ˌtɜːrməˈ-] *n no pl* (*form*) Vor[her]bestimmung *f;* PHILOS Prädetermination *f*

predetermine [ˌpriːdɪˈtɜːmɪn, AM -ˈtɜːrmən] *vt usu passive* (*form*) ■ **to ~ sth** etw vor[her]bestimmen; **at a ~d signal** auf ein verabredetes Zeichen hin; **at a ~d time** zu einem vorher festgelegten Zeitpunkt

predetermined [ˌpriːdɪˈtɜːmɪnd, AM ˈtɜːrmənd] *adj inv* vorherbestimmt

predeterminer [ˌpriːdɪˈtɜːmɪnəʳ, AM -ˈtɜːrmənɚ] *n* LING Predeterminer *m fachspr* (*grammatikalischer Oberbegriff für Vervielfältigungszahlwörter wie z. B. doppelt, zwei-, dreifach usw., indefinite Zahladjektive und Indefinitpronomen*)

predicament [prɪˈdɪkəmənt] *n* Notlage *f;* **financial ~** prekäre Finanzlage; **legal ~** verzwickte Rechtslage; **to be** [*or* **find oneself**] **in a ~** sich *akk* einer misslichen Lage befinden; ***I'm in a bit of ~ because …*** ich sitze in der Zwickmühle, weil …; ***he found himself in a real ~*** er steckte wirklich in der Klemme *fam;* **to get oneself into a ~** sich *akk* in Schwierigkeiten bringen

predicate I. *n* [ˈpredɪkət, AM -kɪt] LING, COMPUT Prädikat *nt fachspr;* LING *also* Satzaussage *f fachspr* **II.** *vt* [ˈpredɪkeɪt] (*form*) (1) (*assert*) ■ **to ~ that …** behaupten, dass … (2) *usu passive* (*base*) ■ **to be ~d on** [*or* **upon**] **sth** auf etw *dat* basieren

predicative [prɪˈdɪkətɪv, AM -t̬-] *adj inv* LING prädikativ *fachspr*

predicator [ˈpredɪkeɪtəʳ, AM t̬ɚ] *n* LING Prädikator *m*

predict [prɪˈdɪkt] *vt* ■ **to ~ sth** etw vorhersagen [*o* voraussagen]; *sb's future etc* etw prophezeien; ■ **to ~ that …** vorhersagen [*o* voraussagen] [*o* im Voraus sagen], dass …; **to ~ the future/the outcome/the winner** die Zukunft/den Ausgang/den Gewinner vorhersagen [*o* voraussagen]; **to ~ the weather** das Wetter vorhersagen; ***the storms are ~ed to reach London tomorrow morning*** laut Vorhersage erreichen die Unwetter morgen Vormittag London

predictability [prɪˌdɪktəˈbɪləti, AM -ət̬i] *n no pl* Vorhersagbarkeit *f*

predictable [prɪˈdɪktəbl̩, AM -t̬-] *adj* (1) (*foreseeable*) vorhersehbar, voraussagbar (2) (*pej: not very original*) berechenbar; ***her answer was so ~*** es war von vornherein klar, was sie antworten würde

predictably [prɪˈdɪktəbli, AM -t̬-] *adv* erwartungsgemäß; (*without fail*) zuverlässig

prediction [prɪˈdɪkʃᵊn] *n* (1) (*forecast*) Vorhersage *f,* Voraussage *f,* Prophezeiung *f;* ECON, POL Prognose *f;* **to make a ~ about sth** etw vorhersagen; ECON, POL eine Prognose zu etw *dat* abgeben (2) *no pl* (*act of predicting*) Vorhersagen *nt;* **the methods of weather ~** die Methoden der Wettervorhersage

predictive [prɪˈdɪktɪv] *adj inv* **~ accuracy** [*or* **value**] Vorhersagegenauigkeit *f;* **~ speech/words** prophetische Rede/Worte

predictor [prɪˈdɪktəʳ, AM ɚ] *n* Anzeige *f*

predigested [ˌpriːdaɪˈdʒestɪd] *adj inv* (1) (*simplified*) [leicht] verständlich; ***if I wanted my news ~, I'd …*** wenn ich die Nachrichten vorgekaut haben wollte, würde ich … *fam* (2) *food* vorverdaut

predilection [ˌpriːdɪˈlekʃᵊn, AM ˌpredᵊlˈek-] *n* (*form*) Vorliebe *f,* Schwäche *f,* Faible *nt* (**for** für +*akk*); **to have a ~ for sth** etw gern haben

predispose [ˌpriːdɪˈspəʊz, AM -ˈspoʊz] *vt* (1) (*form: influence*) ■ **to ~ sb to** [*or* **towards**] **sth** jdn zu etw *dat* neigen lassen; ■ **to be ~d to** [*or* **towards**] **sth** zu etw *dat* neigen; ■ **to ~ sb to do sth** jdn zu etw tendieren lassen (2) (*make susceptible*) ■ **to ~ sb to** [*or* **towards**] **sth** jdn zu etw *dat* prädisponieren *geh,* jdn für etw *akk* anfällig [*o* empfänglich] machen; ***smoking ~s you to lung cancer*** wer raucht, bekommt leichter Lungenkrebs; ***his childhood ~d him to a life of crime*** angesichts seiner Kindheit war ihm eine Verbrecherlaufbahn regelrecht vorbestimmt; ■ **to be ~d to** [*or* **towards**] **sth** für etw *akk* anfällig [*o geh* prädisponiert] sein

predisposition [ˌpriːdɪspəˈzɪʃᵊn] *n* (1) (*form: tendency*) Neigung *f;* ■ **a ~ to** [*or* **towards**] **sth/sb** eine Neigung zu etw/jdm; ■ **to have a ~ in favour** [*or* AM **favor**] **of sth/sb** zu etw/jdm neigen, eine Vorliebe für etw/jdn haben; ■ **to have a ~ against sth/sb** eine Abneigung gegen etw/jdn haben (2) MED (*susceptibility*) ■ **a ~ to** [*or* **towards**] **sth** eine Anfälligkeit [*o fachspr* Prädisposition] für etw *akk;* **a ~ to asthma/bronchitis** eine Asthma-/Bronchitisanfälligkeit

predominance [prɪˈdɒmɪnən(t)s, AM -ˈdɑːmə-] *n no pl* (1) (*greater number*) zahlenmäßige Überlegenheit; ***there is a ~ of people with an arts degree***

on the council Personen mit einem geisteswissenschaftlichen Abschluss sind in dem Rat in der Überzahl ❷ (*predominant position*) Vorherrschaft *f;* **to have ~ [in sth]** die Vorherrschaft [bei etw *dat*] haben, [bei etw *dat*] dominieren [*o* in der Übermacht sein]

predominant [prɪˈdɒmɪnənt, AM -ˈdɑːmə-] *adj inv* vorherrschend, beherrschend; ■**to be ~** führend sein, dominieren; **a ~ characteristic** [*or* **feature**] eine hervorstechende [*o* auffällige] Eigenschaft; **to have a ~ role** eine führende Rolle spielen; ***dancers have a ~ role in this performance*** den Tänzern kommt bei dieser Vorstellung eine tragende Rolle zu

predominantly [prɪˈdɒmɪnəntli, AM -ˈdɑːmə-] *adv inv* überwiegend

predominate [prɪˈdɒmɪneɪt, AM -ˈdɑːmə-] *vi* ❶ (*be most important*) vorherrschen ❷ (*be more numerous*) überwiegen; ***in the Cotswolds, stone buildings ~ over brick ones*** in den Cotswolds gibt es mehr Häuser aus Naturstein als Backsteinhäuser

predominately [prɪˈdɒmɪnətli, AM ˈdɑːmɪnɪt] *adv see* **predominantly** überwiegend *attr*

pre-eclampsia [ˌpriːɪˈklæmpsiə] *n no pl* MED Präeklampsie *f fachspr,* Eklampsismus *m fachspr,* Schwangerschaftstoxikose *f* [mit Organschäden]

pre-election [ˌpriːɪˈləkʃᵊn] *adj attr, inv* vor der Wahl *nach n*

preemie [ˈpriːmiː] *n* AM (*fam*) *short for* **premature baby** Frühchen *nt*

pre-eminence [ˌpriːˈemɪnən(t)s] *n no pl* (*form*) Überlegenheit *f,* überragende Bedeutung; ***she achieved ~ as a director with her first movie*** mit ihrem ersten Film erwies sie sich als hervorragende Regisseurin; **sb's intellectual ~** jds intellektuelle [*o* geistige] Überlegenheit

pre-eminent [ˌpriːˈemɪnənt] *adj* (*form*) herausragend, überragend; **to be ~ in one's field** eine Koryphäe auf seinem Gebiet sein

pre-eminently [ˌpriːˈemɪnəntli] *adv* (*form*) hauptsächlich, vor allem; **a ~ critical attitude** eine überwiegend kritische Haltung

pre-empt [ˌpriːˈem(p)t] *vt* ❶ (*form: act in advance*) ■**to ~ sb/sth** jdm/etw zuvorkommen ❷ (*form: appropriate in advance*) ■**to ~ sth** etw mit Beschlag belegen ❸ AM LAW **to ~ public land** staatlichen Grundbesitz aufgrund eines Vorkaufsrechts erwerben

pre-emption [ˌpriːˈem(p)ʃᵊn] *n no pl* ❶ LAW (*purchase*) Vorkaufsrecht *nt;* STOCKEX Bezugsrecht *nt;* **~ clause** Bezugsrechtsklausel *f;* **right of ~** Vorkaufsrecht *nt; of shareholders* Bezugsrecht *nt* ❷ (*form: pre-empting*) Ausüben *nt* des Vorkaufsrechts, Vorkauf *m* ❸ MIL präventive Kriegsführung; **war of ~** Präventivkrieg *m*

pre-emptive [ˌpriːˈem(p)tɪv] *adj inv* ❶ (*preventive*) vorbeugend, Präventiv-; **~ measure** Präventivmaßnahme *f* ❷ LAW, ECON zum Vorkauf berechtigend, Päventiv-, Vorkaufs-, Bezugs-; **~ right** Vorkaufsrecht *nt;* (*of shareholders*) Bezugsrecht *nt;* **~ strike against a takeover bid** Präventivstreik *m* gegen ein Übernahmeangebot ❸ MIL (*forestalling the enemy*) präventiv; **~ attack** [*or* **strike**] Erstschlag *m;* **~ war** Präventivkrieg *m*

preen [priːn] **I.** *vi* ❶ *bird* sich *akk* putzen ❷ (*pej*) *person* sich *akk* herausputzen [*o pej* auftakeln] ❸ (*esp pej: congratulate oneself*) **to ~ and posture** sich *akk* stolz präsentieren [*o* in die Brust werfen] **II.** *vt* ❶ (*of bird*) ■**to ~ one's feathers** sein Gefieder putzen ❷ (*pej: groom*) ■**to ~ oneself** sich *akk* herausputzen [*o pej* auftakeln] ❸ (*esp pej: congratulate*) ■**to ~ oneself** sich *akk* stolz präsentieren [*o* in die Brust werfen]; ***politicians like nothing more than an opportunity to ~ themselves*** Politiker lieben nichts mehr als eine Gelegenheit zur Selbstdarstellung; ■**to ~ oneself on** [*or* **for**] **sth** sich *akk* mit etw *dat* brüsten

pre-exist [ˌpriːɪgˈzɪst] (*form*) **I.** *vi* vorher existieren; PHILOS, REL präexistieren *fachspr* **II.** *vt* ■**to ~ sth/sb** vor etw/jdm existieren [*o* vorhanden sein], jdm/etw vorausgehen

pre-existence [ˌpriːɪgˈzɪstᵊn(t)s] *n no pl* vorherige Existenz; PHILOS, REL Präexistenz *f fachspr*

pre-existent [ˌpriːɪgˈzɪstᵊnt] *adj inv* vorher vorhanden; (*contract*) vorherbestehend *attr*

prefab [ˈpriːfæb] (*fam*) **I.** *n short for* **prefabricated house** Fertighaus *nt* **II.** *adj inv short for* **prefabricated** vorgefertigt

prefabricate [ˌpriːˈfæbrɪkeɪt] *vt* ■**to ~ sth** etw vorfertigen; **to ~ a building/house** genormte Fertigteile für ein Gebäude/Haus herstellen

prefabricated [ˌpriːˈfæbrɪkeɪtɪd, AM -t̬-] *adj inv* vorgefertigt

prefabrication [ˌpriːfæbrɪˈkeɪʃᵊn] *n no pl* Vorfertigung *f*

preface [ˈprefɪs] **I.** *n* ❶ (*introduction*) Einleitung *f; to a novel, play, collection of poems* Vorwort *nt* (**to** zu +*dat*) ❷ (*fig: preceding event*) ■**as a ~** als Einstieg; (*to entertainment etc*) zur Einstimmung; **a ~ to peace** eine Vorstufe zum Frieden **II.** *vt* ❶ (*provide with preface*) ■**to ~ sth** eine Einleitung [*o* einleitende Worte] zu etw *dat* verfassen; ■**to be ~d by sth** durch etw *akk* eingeleitet werden; ■**to ~ sth with sth** etw mit etw *dat* einleiten; **to ~ a book** ein Buch mit einem Vorwort versehen; **to ~ a speech/reply with sth** einer Rede/Antwort etw vorausschicken; ***she ~d all her replies with a giggle*** sie kicherte jedesmal, bevor sie etwas entgegnete ❷ (*lead up to*) ■**to ~ sth** etw einleiten; *disaster etc* zu etw *dat* führen

prefatory [ˈprefətᵊri, AM -tɔːri] *adj inv* (*form*) einleitend *attr,* zur Einleitung *nach n;* **after a few ~ remarks/words** nach ein paar einleitenden Bemerkungen/Worten

prefect [ˈpriːfekt] *n* ❶ (*official*) Präfekt(in) *m(f)* ❷ *esp* BRIT, AUS SCH *Schüler, der die Jüngeren beaufsichtigen muss*

prefecture [ˈpriːfektʃəʳ, AM tʃɚ] *n* Präfektur *f*

prefer <-rr-> [prɪˈfɜːʳ, AM priːˈfɜːr] *vt* ❶ (*like better*) ■**to ~ sth/sb** etw/jdn vorziehen [*o* bevorzugen]; ***do you ~ hot or cold weather?*** mögen Sie lieber heißes oder kaltes Wetter?; ***she ~s it if you …*** es ist ihr lieber, wenn du …; (*form*) ***I would ~ that the concert be cancelled*** mir wäre [es] lieber, das Konzert würde abgesagt; ■**to ~ sth/sb to sth/sb** jdn/etw jdm/etw vorziehen; ***she ~s Daniel to his brother*** sie mag Daniel lieber als seinen Bruder; ■**to ~ doing sth** [**to doing sth**] etw lieber [als etw] tun; ***he ~s watching rugby to playing it*** er sieht sich lieber ein Rugbyspiel an, als selbst Rugby zu spielen; ■**to ~ to do sth** etw lieber tun; ■**to ~ sb to do sth** es vorziehen, dass jd etw tut; ***I'd ~ you not to smoke, please*** ich möchte Sie bitten, hier nicht zu rauchen ❷ BRIT LAW **to ~ charges** [**against sb**] Anklage [gegen jdn] erheben, Klage [gegen jdn] einreichen

preferable [ˈprefᵊrəbl̩] *adj inv* besser; ***surely a diplomatic solution is ~ to war*** eine diplomatische Lösung ist einem Krieg sicherlich vorzuziehen; ***wouldn't it be ~ to …?*** wäre es nicht besser, …?

preferably [ˈprefᵊrəbli] *adv inv* am besten, vorzugsweise

preference [ˈprefᵊrᵊn(t)s] *n* ❶ *no pl* (*priority*) Priorität *f,* Vorzug *m;* ***I phoned Mary in ~ to Liz because …*** ich habe lieber Mary als Liz angerufen, weil …; **in order of ~** nach Prioritäten; **to give ~ to sb/sth** [*or* **sb/sth ~**] jdm/etw den Vorzug geben [*o* Priorität einräumen]; **to be given ~** Vorrang haben, vorrangig behandelt werden; **to give ~ to sb/sth** [*or* **give sb/sth ~**] **over sb/sth** jdm/etw vor jdm/etw den Vorzug geben; ***why do you never give me ~ over your work?*** warum ist dir deine Arbeit immer wichtiger als ich?; **for ~** wenn ich die Wahl hätte, wenn es nach mir ginge ❷ *no pl* (*greater liking*) Vorliebe *f* (**for** für +*akk*); ***her ~ is for comfortable rather than smart clothes*** sie kleidet sich lieber bequem als schick; **sexual ~** sexuelle Neigung ❸ (*preferred thing*) Vorliebe *f;* ***what are your ~s in music?*** welche Musik hören Sie am liebsten?; ***which is your personal ~?*** was ist Ihnen persönlich lieber?; ■**to have a ~ for sth** eine Vorliebe für etw *akk* haben, etw bevorzugen; ***red or white wine? — I have no ~*** Rotwein oder Weißwein? – ich mag beides; **to express a ~** sagen, was man [lieber] mag ❹ FIN [Gläubiger]begünstigung *f;* **special ~s** Sonderkonditionen *fpl*

preference share *n* BRIT, **preference stock** *n* BRIT Vorzugsaktie *f*

preferential [ˌprefᵊˈren(t)ʃᵊl] *adj attr* Vorzugs-, Präferenz-; **~ rates** Sonderraten *fpl;* **~ tariff** Präferenzzoll *m,* Vorzugszoll *m;* **~ terms** Sonderkonditionen *fpl;* **~ treatment** Vorzugsbehandlung *f;* **to get** [*or* **be given**] [*or* **receive**] **~ treatment** eine Sonderbehandlung erhalten, bevorzugt behandelt werden

preferentially [ˌprefᵊˈren(t)ʃᵊli] *adv* bevorzugt

preferment [prɪˈfɜːmənt, AM ˈfɜːr] *n* Beförderung *f,* Vorankommen *nt*

preferred [prɪˈfɜːd, AM priːˈfɜːrd] *adj attr, inv* bevorzugt, Lieblings-; **the ~ choice** die erste Wahl; **sb's ~ drink** jds Lieblingsgetränk; **~ route** Lieblingsroute *f;* **~ venue** bevorzugter Treffpunkt

preferred share *n* AM, **preferred stock** *n* AM (*preference share*) Vorzugsaktie *f;* **cumulative ~** kumulative Vorzugsaktie; **participating ~** Aktie *f* mit Gewinnbeteiligung

prefigure [priːˈfɪgəʳ, AM -gjɚ] *vt* (*form*) ■**to ~ sth** etw anzeigen; **to ~ a change** eine Veränderung ankündigen

prefix **I.** *n* <*pl* -es> [ˈpriːfɪks] ❶ LING Präfix *nt,* fachspr, Vorsilbe *f* ❷ (*something prefixed*) Namensvorsatz *m;* **to add sth as a ~** etw voranstellen; ***the Institute was granted the ~ 'Royal' in 1961*** das Institut erhielt 1961 die Erlaubnis, das Wort 'Royal' vor seinen Namen zu setzen ❸ (*title*) Anrede *f;* (*Dr etc.*) Titel *m* ❹ BRIT (*dialling code*) Vorwahl *f* ❺ PHYS Vorsatz *m* ❻ COMPUT Vorspann *m* **II.** *vt* [ˌpriːˈfɪks, AM ˈpriːfɪks] ■**to ~ sth to sth** [*or* **sth with sth**] etw einer S. *dat* voranstellen; BRIT (*in phone numbers*) **~ *83 to the existing number*** [*or* ***the existing number with 83***] wählen sie zusätzlich zu der Nummer die 83 vor

pre-flight [ˌpriːˈflaɪt] *adj inv* vor dem Flug **pre-flight checks** *npl* letzte Kontrollen vor dem Flug

preform [ˌpriːˈfɔːm, AM ˈfɔːrm] *vt* ■**to ~ sth** etw vorbilden

preggers [ˈpregəz, AM -ɚz] *adj pred, inv esp* BRIT (*fam*) schwanger

pregnancy [ˈpregnən(t)si] *n* Schwangerschaft *f;* ZOOL Trächtigkeit *f*

pregnancy test *n* Schwangerschaftstest *m;* **to do a ~** einen Schwangerschaftstest machen

pregnant [ˈpregnənt] *adj inv* ❶ (*with child*) *woman* schwanger; *animal* trächtig; ***she's eight months ~*** sie ist im achten Monat [schwanger]; ***my sister is ~ with twins*** meine Schwester erwartet Zwillinge; ■**to be ~ by sb** ein Kind von jdm bekommen; **heavily** [*or* AM *hum fam* **very**] **~** hochschwanger; **to become** [*or* **get**] **~ [by sb]** [von jdm] schwanger werden; **to get sb ~** jdn schwängern, jdm ein Kind machen *fam* ❷ (*fig: meaningful*) bedeutungsvoll; (*tense*) spannungsgeladen; ***she sensed that the situation was ~ with danger*** sie spürte, dass die Situation große Gefahren in sich barg; **~ with meaning** bedeutungsschwanger; **~ pause/remark** bedeutungsvolle Pause/Bemerkung; **to be ~ with possibilities for sth** zahlreiche Möglichkeiten für etw *akk* bieten

preheat [ˌpriːˈhiːt] *vt* ■**to ~ sth** etw vorheizen (**to** auf +*akk*)

prehensile [prɪˈhen(t)saɪl, AM priːˈhen(t)sɪl] *adj inv* ZOOL Greif-; **~ tail** Greifschwanz *m*

prehistoric [ˌprɪ(h)ɪˈstɒrɪk, AM -hɪˈstɔːr-] *adj inv* ❶ (*before written history*) prähistorisch *geh,* vorgeschichtlich; **~ man** der prähistorische Mensch; **a ~ monster** ein urzeitliches Monster; **~ remains** prähistorische Überreste, Überreste aus vorgeschichtlicher Zeit [*o* aus der Frühzeit]; **in ~ times** in prähistorischer Zeit ❷ (*pej fam: outdated*) steinzeitlich *pej, fig,* völlig veraltet; **~ methods** Steinzeitmethoden *fpl pej, fig;* **~ management structures** völlig überholte Managementmethoden; **~ views** völlig veraltete Ansichten

prehistory [ˌpriːˈhɪstᵊri] *n no pl* Prähistorie *f geh,* Vorgeschichte *f;* **human ~** die Vorgeschichte der

P

Menschheit

pre-industrial [ˌpriːɪnˈdʌstriəl] *adj inv* vorindustriell; **in ~ times** in der Zeit vor der industriellen Revolution

preinvasive [ˌpriːɪnˈveɪsɪv] *adj* nicht invasiv *fachspr*

prejudge [ˌpriːˈdʒvdʒ] *vt* ■**to ~ sb/sth** vorschnell ein Urteil über jdn/etw fällen, eine vorgefasste Meinung über jdn/etw haben; **to ~ the issue** ein vorschnelles Urteil fällen

prejudg(e)ment [ˌpriːˈdʒvdʒmənt] *n* ❶ (*premature conclusion*) Vorurteil *nt*, vorgefasste Meinung; **to make a ~ [about sb/sth]** ein vorschnelles Urteil [über jdn/etw] fällen ❷ *no pl* (*premature judging*) vorschnelles Urteilen

prejudice [ˈpredʒədɪs] **I.** *n* ❶ (*preconceived opinion*) Vorurteil *nt* ❷ *no pl* (*bias*) Vorurteil *nt* (**against** gegen +*akk*), Voreingenommenheit *f* (**against** gegen +*akk*); **racial ~** Rassenvorurteil *nt*; **~ against homosexuals/women** Vorurteil *nt* gegen Homosexuelle/Frauen ❸ *no pl* LAW [Rechts]nachteil *m*, Schaden *m*, Benachteiligung *f*; **without ~** ohne Schaden für die eigenen Rechte, frei bleibend, ohne Verbindlichkeit; **without ~ to sth** unbeschadet einer S. *gen* **II.** *vt* ❶ (*harm*) ■**to ~ sb/sth** jdn/etw schädigen; **to ~ sb's chances** jds Chancen beeinträchtigen; **to ~ an outcome [***or* **result]** ein Ergebnis [*o* Resultat] beeinträchtigen ❷ (*bias*) ■**to ~ sb [against/in favour** [*or* AM **favor**] **of sb/sth]** jdn [gegen/für jdn/etw] einnehmen; **to ~ a case** LAW den Ausgang eines Prozesses beeinflussen; **to ~ a witness** LAW einen Zeugen/eine Zeugin beeinflussen

prejudiced [ˈpredʒədɪst] *adj* voreingenommen; ***he is racially ~*** er hat Rassenvorurteile; ***he was such a ~ man*** er steckte voller Vorurteile; ■**to be ~ about sth/sb** Vorurteile gegenüber etw/jdm haben; ■**to be ~ against sb/sth** Vorurteile gegen jdn/etw haben, jdm/etw gegenüber voreingenommen sein; ■**to be ~ in favour** [*or* AM **favor**] **of sb/sth** gegenüber jdm/etw positiv eingestellt sein; **~ attitude/opinion** vorgefasste Einstellung/Meinung; **~ judgment** vorgefasstes Urteil; **~ witness** befangener Zeuge/befangene Zeugin

prejudicial [ˌpredʒəˈdɪʃəl] *adj* (*form*) abträglich; ■**to be ~ to sb/sth** jdm/etw abträglich sein; **to have a ~ effect on sth** eine nachteilige Wirkung auf etw *akk* haben; **to be ~ to sb's health/safety** jds Gesundheit/Sicherheit beeinträchtigen; ***these chemicals are ~ to health*** diese Chemikalien sind gesundheitsschädlich

pre-K *n short for* **pre-kindergarten** ≈Krabbelgruppe *f* (*vor dem Kindergarten*)

prelate [ˈprelɪt] *n* Prälat *m*

prelim [ˈpriːlɪm] *n* (*fam*) ❶ (*preliminary examination*) *short for* **preliminary** Vorprüfung *f* ❷ SPORTS *short for* **preliminary** Vorrunde *f* ❸ TYPO ■**~s** *pl short for* **preliminary pages** Titelei *f* ❹ (*fam*) *short for* **preliminary announcement** erste [*o* vorläufige] Bekanntmachung

preliminary [prɪˈlɪmɪnəri, AM -əneri] **I.** *adj attr, inv* einleitend; (*preparatory*) vorbereitend; **~ arrangements** Vorbereitungen *fpl*; **a ~ draft/step** ein erster Entwurf/Schritt; **a ~ drawing/estimate** eine erste Skizze/Schätzung; **~ hearing** Voruntersuchung *f*; **~ results** erste [*o* vorläufige] Ergebnisse; **a ~ selection/stage/study** eine Vorauswahl/Vorstufe/Vorstudie; **~ sketch** Vorstudie *f*, Rohskizze *f*; **~ talks** Vorgespräche *ntpl* **II.** *n* ❶ (*introduction*) Einleitung *f*; (*preparation*) Vorbereitung *f*; **after a few polite preliminaries** nach einigen einleitenden Höflichkeitsfloskeln; **as [***or* **by way of] a ~** als Einleitung ❷ SPORTS (*heat*) Vorrunde *f* ❸ (*form: preliminary exam*) Vorprüfung *f* ❹ PUBL ■**preliminaries** *pl* Titelei *f*

preliminary matter *n no pl*, **preliminary pages** *npl* Titelei *f*

preliterate [priːˈlɪtərət, AM -ˈlɪt̬ət] *adj inv* vorschriftlich, ohne Schrift *nach n*; **a ~ culture** eine Kultur ohne schriftliche Zeugnisse; **~ tribes** Stämme, die keine Schrift kennen

prelude [ˈpreljuːd, AM *also* ˈpreɪluːd] **I.** *n* ❶ *usu sing* (*preliminary*) Vorspiel *nt*, Auftakt *m*; ***the changes are a ~ to wide-ranging reforms*** die Veränderungen werden weit reichende Reformen einleiten; **a ~ to the negotiations** ein Auftakt zu den Verhandlungen ❷ MUS Prélude *nt fachspr*, Präludium *nt fachspr*; **Chopin's ~s** die Préludes von Chopin **II.** *vt* ■**to ~ sth** etw einleiten; ***the incident might ~ more violence*** der Vorfall könnte vielleicht noch mehr Gewalt provozieren

pre-lunch drink *n* Aperitif *m*

premarital [ˌpriːˈmærɪtəl, AM -ˈmerət̬əl] *adj inv* vorehelich *attr*; **~ pregnancy** Schwangerschaft *f* vor der Ehe; **~ sex** vorehelicher Geschlechtsverkehr

premarket trading *n* vorbörslicher Handel

premature [ˈprematʃəʳ, AM ˌpriːməˈtʃʊr, -ˈtʊr] *adj* ❶ (*too early*) verfrüht, vorzeitig; **~ aging/death** vorzeitiges Altern/vorzeitiger Tod; **~ announcement/criticism/decision** voreilige Ankündigung/Kritik/Entscheidung; **~ departure/resignation** vorzeitige Abreise/Kündigung ❷ MED **~ baby** Frühgeburt *f*, Frühchen *nt*; **to be ~** zu früh geboren werden [*o* zur Welt kommen], eine Frühgeburt sein; ***he was born six weeks ~*** er kam sechs Wochen zu früh; **~ twins** zu früh geborene Zwillinge

prematurely [ˈprematʃəli, AM ˌpriːməˈtʃʊr-] *adv* ❶ (*too early*) verfrüht, vorzeitig; **to make sb go ~ grey** jdn vorzeitig ergrauen lassen; **to age ~** vorzeitig altern; **to decide ~** eine übereilte Entscheidung treffen; **to depart/resign ~** vorzeitig abreisen/kündigen; **to die/leave ~** frühzeitig sterben/gehen ❷ MED **to be born ~** zu früh geboren werden [*o* zur Welt kommen], eine Frühgeburt sein

pre-med [ˌpriːˈmed] *adj no pl short for* **pre-medication** Prämedikation *f fachspr*, Narkosevorbereitung *f*, Vornarkose *f*

pre-medication [ˌpriːmedɪˈkeɪʃən] *n* ❶ MED Prämedikation *f fachspr*, Narkosevorbereitung *f*, Vornarkose *f* ❷ LAW Vorbedacht *m*, Überlegung *f*

premeditated [ˌpriːˈmedɪteɪtɪd, AM -t̬-] *adj inv* vorsätzlich, geplant; **~ act** überlegtes Vorgehen; **~ attack** vorsätzlicher [*o* geplanter] Angriff; **~ crime/murder** vorsätzlich begangenes Verbrechen/vorsätzlicher Mord

premeditation [ˌpriːmedɪˈteɪʃən] *n no pl* (*form*) [wohldurchdachtes] Planen; **with/without ~** mit/ohne Absicht; *of a crime* mit/ohne Vorsatz

premenstrual [ˌpriːˈmen(t)struəl, AM -strəl] *adj attr, inv* prämenstruell

premenstrual syndrome *n*, **premenstrual tension** *n no pl* BRIT prämenstruelles Syndrom

premie [ˈpriːmi] *n* AM (*fam*) *short for* **premature baby** Frühchen *nt*

premier [ˈpremiəʳ, AM prɪˈmɪr] **I.** *n* Premierminister(in) *m(f)*, Premier *m*; CAN, AUS Ministerpräsident(in) *m(f)* **II.** *adj attr, inv* führend; **the ~ port** der bedeutendste [*o* wichtigste] Hafen; **the ~ sport arena** das bedeutendste Stadion

première [ˈpremieəʳ, AM prɪˈmɪr] **I.** *n* Premiere *f*, Uraufführung *f*; **world ~** Weltpremiere *f*, Welturaufführung *f* **II.** *vt* ■**to ~ sth** etw uraufführen **III.** *vi* **to ~ in New York/London** in New York/London uraufgeführt werden

Premier League *n* BRIT ■**the ~** die Premier League, ≈ die erste Liga

premiership [ˈpremieəʃɪp, AM prɪˈmɪr-] *n* ❶ (*office*) Amt *nt* des Premierministers/der Premierministerin ❷ (*period of office*) Amtszeit *f* [*o* Amtsperiode *f*] als Premierminister/Premierministerin

Premiership [ˈpremieəʃɪp] *n* BRIT SPORTS ■**the ~** die Saison der Premier League

premillennial [ˌpriːmɪˈleniəl] *adj* vor der Jahrtausendwende *nach n*

premise **I.** *n* [ˈpremɪs] Prämisse *f geh*, Voraussetzung *f*; ■**on [***or* **with] the ~ that …** unter der Voraussetzung, dass …; **to start from the ~ that …** von der Voraussetzung [*o geh* Prämisse] ausgehen, dass … **II.** *vt* [prɪˈmaɪz, AM ˈpremɪs] (*form*) ❶ (*base*) ■**to ~ sth on [***or* **upon] sth** etw auf etw *akk* [auf]bauen; ■**to be ~d on sth** auf etw *dat* basieren [*o* beruhen]; **to ~ one's argument on sth** sein Argument auf etw *akk* aufbauen [*o* gründen] ❷ AM (*preface*) ■**to ~ sth** etw einleiten

premises [ˈpremɪsɪz] *npl* ❶ (*building[s]*) Gebäude *nt*; (*building[s] and site*) [bebautes] Gelände; (*rooms*) Räumlichkeiten *fpl*; **business ~** Geschäftsgebäude *nt*, Geschäftsräume *mpl*; **school ~** Schulgelände *nt*; **residential ~** Privatgrund *m* mit Wohnhaus; **off the ~** außerhalb des Gebäudes/Geländes; **on the ~** (*in the building*) im Gebäude, in den Räumlichkeiten; (*on the site*) auf dem Gelände; **to be made on the ~** an Ort und Stelle [*o* [direkt] vor Ort] hergestellt werden ❷ (*personal property*) Land *nt*, Grundstück *nt* ❸ (*things referred to*) Vorstehendes, Vorangehendes, Obenerwähntes

premiss *n esp* BRIT (*form*) *see* **premise**

premium [ˈpriːmiəm] **I.** *n* ❶ (*insurance payment*) [Versicherungs]prämie *f*; **insurance ~** Versicherungsbeitrag *m*, Versicherungsprämie *f*; **life insurance ~s** Lebensversicherungsprämie *f*; **additional ~** Beitragszuschlag *m*, Prämienzuschlag *m* ❷ (*extra charge*) Zuschlag *m*; (*rate above a previous rate*) Aufschlag *m* (**on** auf +*akk*), Aufgeld *nt*; **exchange ~** Agio *nt*, Aufgeld *nt*; **to attract a ~** teurer sein, mehr kosten; **to be [sold]** [*or* **sell**] **at a ~** zu einem höheren Preis verkauft werden; ***organic vegetables will always sell at a ~*** Biogemüse wird immer teurer sein; **at a 5% ~** für einen Aufschlag von 5%; **shares sold at a ~** Aktienverkauf *m* über Pari [*o* mit Agio] ❸ (*bonus*) Prämie *f*, Bonus *m*; **to earn a ~ for sth** eine Prämie für etw *akk* bekommen; **~ on a salary** Bonus *m* [*o* Prämie *f*] zusätzlich zum Gehalt ❹ *no pl* AM (*petrol*) Super[benzin] *nt* ❺ (*amount paid to a landlord*) Abstandssumme *f* ► PHRASES: **to place** [*or* **put**] **a ~ [up]on sth** auf etw *akk* besonderen Wert legen; **to be at a ~** [sehr] wertvoll [*o* kostbar] sein; ***free time is at a ~ for working parents*** Freizeit ist für berufstätige Eltern ein kostbares Gut **II.** *adj attr, inv* ❶ (*high*) hoch; **~ price** hoher Preis; **~ rent** hohe Miete ❷ (*top-quality*) Spitzen-; **the ~ brand** die führende Marke; **~ fruit** erstklassige Früchte, Früchte *pl* der Klasse 1 A; **~ product** Spitzenprodukt *nt*; **~ sausages** Qualitätswürste *fpl*, erstklassige Würste

premium bond *n* BRIT Prämienaktie *f*, Lotterieaktie *f*; ■**~** *pl* Sparprämienanleihen *fpl* **premium gas** *n* AM, **premium gasoline** *n* AM Super[benzin] *nt*

premium income *n* Prämienaufkommen *nt*

premium offer *n* Werbegeschenk *nt*

premmie [ˈpriːmiː] *n* AUS (*fam*) *short for* **premature baby** Frühchen *nt*

premonition [ˌpreməˈnɪʃən] *n* [böse] Vorahnung, [schlechtes] Vorgefühl; ***this ~ of defeat …*** die dunkle Ahnung einer bevorstehenden Niederlage…; **~ of disaster/danger** Vorahnung einer Katastrophe/drohenden Gefahr; **~ of death** Todesahnung *f*; **to have a ~ [that …]** [so] eine Vorahnung haben[, dass …]

premonitory [prɪˈmɒnɪtəri, AM ˈmɑːnətɔːri] *adj* warnend *attr*; **~ feeling** ungutes Gefühl

prenatal [ˌpriːˈneɪtəl, AM -t̬əl] *adj attr, inv* AM, AUS vorgeburtlich, pränatal *fachspr*; **~ care** vorgeburtliche Betreuung, Geburtsvorbereitung *f*

prenuptial [ˌpriːˈnʌp(t)ʃəl] *adj inv* vor der Heirat [*o* Hochzeit] *nach n*; **~ contract** [*or* **agreement**] Ehevertrag *m*

preoccupation [priːˌɒkjəˈpeɪʃən, AM -ˌɑːkjuː-] *n* ❶ (*dominant concern*) Sorge *f*; **main ~** Hauptsorge *f* ❷ *no pl* (*state of mind*) ■**[a] ~ with sth** gedankliches Kreisen um etw *akk*, ständige [gedankliche] Beschäftigung mit etw *dat*, Absorbiertsein *nt* von etw *dat*; **a ~ with death/work** die ständige Beschäftigung mit dem Tod/mit der Arbeit; **to have a ~ with sth** von etw *dat* besessen sein; **to have a ~ with sex** sexbessessen sein

preoccupied [ˌpriːˈɒkjəpaɪd, AM priːˈɑːkjuː-] *adj* ❶ (*distracted*) gedankenverloren; (*absorbed*) nachdenklich; ***my mind has*** [*or* ***I have***] ***been so ~ lately*** ich hatte in letzter Zeit so viel im Kopf; ***she is quite ~ at the moment*** sie hat im Moment zu viel um die Ohren; ■**to be ~ with sb/sth** sich *akk* mit jdm/etw stark beschäftigen, unablässig an etw/jdn denken; ***he is so ~ with his own problems that …*** er ist so von seinen Problemen in Anspruch ge-

nommen, dass … ② (*worried*) besorgt; ~ **frown** besorgtes Stirnrunzeln
preoccupy <-ie-> [ˌpriːˈɒkjəpaɪ, AM priːˈɑːkjuː-] *vt* ■**to ~ sb** jdn [sehr stark] beschäftigen; **to ~ sb's mind** [*or* **thoughts**] jdn stark beschäftigen, jdm ständig im Kopf herumgehen
preordain [ˌpriːɔːˈdeɪn, AM -ɔːrˈ-] *vt usu passive* (*form*) ■**to be ~ed** vorherbestimmt sein; **a ~ed path** [*or* **route**] [*or* **direction**] ein vorgezeichneter Weg; **to be ~ed to fail** zum Scheitern verurteilt sein; **sb/sth is ~ to succeed** der Erfolg ist jdm/etw sicher
prep¹ [prep] *n no pl* (*fam*) ① (*preparation*) Vorbereitung *f* ② BRIT (*homework*) Hausaufgaben *fpl,* Hausarbeiten *fpl;* **history ~** Geschichtshausaufgaben *fpl,* Hausaufgaben *fpl* in Geschichte ③ BRIT (*time for homework*) Hausaufgabenstunde *f;* (*at school*) Übungs- und Lernstunde *f* ④ AM (*prep school*) *private Vorbeitungsschule auf das College*
prep² [prep] *n* LING *abbrev of* **preposition** Präp.
pre-pack [ˌpriːˈpæk] *vt esp* BRIT ■**to ~ sth** etw abpacken
pre-package [ˌpriːˈpækɪdʒ] *vt esp* AM, AUS ■**to ~ sth** etw abpacken
pre-packaged [ˌpriːˈpækɪdʒd] *adj inv esp* AM, AUS abgepackt
pre-packed [ˌpriːˈpækt] *adj inv esp* BRIT abgepackt
prepaid [ˌpriːˈpeɪd] *adj inv* im Voraus bezahlt, bereits bezahlt; ***$20 ~, $25 at the door*** $20 im Vorverkauf, $25 an der Abendkasse; ~ **reply envelope** frankierter Rückumschlag; ~ **envelope/postcard** freigemachter Umschlag/freigemachte Postkarte
prepaid reply *n* frankierte Rückantwortkarte
preparation [ˌprepᵊrˈeɪʃᵊn, AM -əˈreɪ-] **I.** *n* ① *no pl* (*getting ready*) Vorbereitung *f; of food* Zubereitung *f;* **to do a lot of/very little ~** [**for sth**] sich *akk* sehr gut/kaum [auf etw *akk*] vorbereiten; **in ~ for sth** als Vorbereitung auf etw *akk;* ***the church was being decorated in ~ for the wedding*** die Kirche wurde für die Hochzeit dekoriert ② (*measures*) ■**~s** *pl* Vorbereitungen *fpl* (**for** für +*akk*); (*precautions*) Vorkehrungen *fpl;* **~s for a flight** Flugvorbereitungen *fpl;* **~s for a journey/voyage** Reisevorbereitungen *fpl;* **~s for war** Kriegsvorbereitungen *fpl;* **to make** [**one's**] **~s for sth** Vorbereitungen für etw *akk* treffen ③ (*substance*) Präparat *nt,* Mittel *nt;* **beauty ~** Schönheitsmittel *nt;* **pharmaceutical ~** Arzneimittel *nt,* pharmazeutisches Präparat **II.** *n modifier* (*time, work*) Vorbereitungs-; ~ **stage** Vorbereitungsstadium *nt*
preparatory [prɪˈpærətᵊri, AM -ˈperətɔːri] *adj inv* vorbereitend *attr;* ~ **course** Vorbereitungskurs *m;* ~ **meeting** Vorbereitungstreffen *nt;* ~ **stage** Vorbereitungsstadium *nt;* ~ **work** vorbereitende Arbeiten *fpl,* Vorbereitung *f;* **to be ~** [**to sth**] als Vorbereitung [auf [*o* für] etw *akk*] dienen; ***a taskforce was formed ~ to the conference*** es wurde eine Taskforce gegründet, um die Konferenz vorzubereiten
preparatory school *n* AM (*form: mixed private school*) *private Vorbeitungsschule auf das College;* BRIT (*for public school*) *private Vorbereitungsschule auf eine Public School*
prepare [prɪˈpeəʳ, AM -ˈper] **I.** *vt* ① (*get ready*) ■**to ~ sth/sb/oneself** [**for sth**] etw/jdn/sich [auf etw *akk*] vorbereiten; ***you need to ~ yourself for a long wait*** Sie sollten sich auf eine lange Wartezeit einstellen; ***I hadn't ~d myself for such a shock*** auf einen solchen Schock war ich nicht gefasst; **to ~ a site** ein Grundstück erschließen; **to ~ the way** [**for sb/sth**] den Weg [für jdn/etw] bereiten ② (*make*) ■**to ~ sth** etw zubereiten [*o* vorbereiten]; ***our products are ~d in the most hygienic conditions*** unsere Produkte werden unter strengen hygienischen Bedingungen hergestellt; **~d by hand** selbst gemacht; **to ~ breakfast/dinner/lunch** das Frühstück/Abendessen/Mittagessen machen **II.** *vi* ■**to ~ for sth** sich *akk* auf etw *akk* vorbereiten, sich *akk* für etw *akk* rüsten; ***we should ~ for a time of troubles*** wir sollten uns auf schwierige Zeiten gefasst machen; ■**to ~ to do sth** sich *akk* darauf vorbereiten, etw zu tun; **to ~ for take-off** sich *akk* zum Start bereit machen; **to ~ to enter/leave** sich *akk* anschicken, hineinzugehen/wegzugehen; **to ~ to fight** sich *akk* für den Kampf rüsten, sich *akk* auf den Kampf vorbereiten; **to ~ to speak** anheben zu sprechen
prepared [prɪˈpeəd, AM -ˈperd] *adj* ① *pred* (*ready*) bereit, fertig *fam;* ***I'm not ~*** ich bin noch nicht so weit; ■**to be ~ for sb/sth** auf jdn/etw vorbereitet sein; ***be ~!*** allzeit bereit!; ***they were ~ for the worst*** sie waren auf das Schlimmste gefasst; **to be ~ for a journey** reisefertig sein ② *pred* (*willing*) ■**to be ~ to do sth** bereit sein, etw zu tun; ***I am not ~ to stand by and do nothing*** ich denke nicht daran, untätig zuzusehen ③ (*arranged previously*) vorbereitet; ***his speech was obviously ~*** seine Rede hatte er offensichtlich schon vorher abgefasst; ***the room had been especially ~*** das Zimmer war extra zurechtgemacht worden; ~ **meal** Fertiggericht *nt;* ~ **statement** vorbereitete Erklärung
preparedness [prɪˈpeədnəs, AM -ˈperd-] *n no pl* (*form*) Bereitschaft *f;* ~ **for conflict/battle** Konfliktbereitschaft/Kampfbereitschaft *f;* **sb's ~ for an exam** jds Vorbereitung *f* auf ein Examen; **the nation's military ~** die militärische Einsatzbereitschaft der Nation
prepay <-paid, -paid> [ˌpriːˈpeɪ] *vt* ■**to ~ sth** etw im Voraus bezahlen; ***the cost of postage had been prepaid*** die Zustellungsgebühr war bereits bezahlt
prepayment [ˌpriːˈpeɪmənt] *n* Vorauszahlung *f,* Bezahlung *f* im Voraus **prepayment penalty** *n* Vorfälligkeitsentschädigung *f*
preponderance [ˌpriːˈpɒndᵊrᵊn(t)s, AM -ˈpɑːn-] *n no pl* (*form*) [überwiegende] Mehrheit; (*fact of being in majority*) zahlenmäßiges Übergewicht; ***there is a ~ of women in part-time work*** Frauen sind bei Teilzeitarbeitsstellen in der Überzahl
preponderant [ˌpriːˈpɒndᵊrᵊnt, AM -ˈpɑːn-] *adj inv* (*form*) vorherrschend *attr;* ■**to be ~** [**in sth**] [bei etw *dat*] eine vorherrschende Rolle spielen; (*in numbers*) [bei etw *dat*] überwiegen [*o* in der Mehrheit sein]; ~ **influence** entscheidender Einfluss; ~ **role** herausragende Rolle
preponderantly [ˌpriːˈpɒndᵊrᵊntli, AM -ˈpɑːn-] *adv inv* (*form*) überwiegend, mehrheitlich
preponderate [ˌpriːˈpɒndᵊreɪt, AM -ˈpɑːndə-] *vi* (*form*) überwiegen, in der Überzahl sein; ***a garden where white flowers ~*** ein Garten, in dem weiße Blumen bestimmend sind
preposition [ˌprepəˈzɪʃᵊn] *n* Verhältniswort *nt,* Präposition *f*
prepositional [ˌprepəˈzɪʃᵊnᵊl] *adj inv* LING präpositional, Verhältnis-; ~ **phrase** Präpositionalgefüge *nt fachspr;* ~ **word** Verhältniswort *nt,* Präposition *f*
prepositional verb *n* Präpositionalverb *nt fachspr,* präpositionales Verb *fachspr*
prepossessing [ˌpriːpəˈzesɪŋ] *adj usu neg* einnehmend, anziehend; **to be not very ~** nicht sehr ansprechend sein; *person* nicht sehr einnehmend sein
preposterous [prɪˈpɒstᵊrəs, AM -ˈpɑːstɚ-] *adj* absurd, unsinnig, widersinnig; ~ **accusation** absurder [*o* unsinniger] Vorwurf
preposterously [prɪˈpɒstᵊrəsli, AM ˈpɑːstɚ] *adv* absurd[erweise]
prepped [prept] *adj* AM *person* vorbereitet; **to get ~** sich *akk* auf etw *akk* gefasst machen
preppie, preppy [ˈprepi] AM **I.** *n Schüler(in) einer privaten „prep school", der/die großen Wert auf gute Kleidung und das äußere Erscheinungsbild legt* **II.** *adj appearance* adrett; *clothes, look* popperhaft *meist pej fam;* ***it's a ~ neighborhood*** die Nachbarschaft ist ziemlich etepetete *fam*
pre-printed [ˌpriːˈprɪntɪd, AM t̬ɪd] *adj inv* vorgedruckt
prep school *n* (*fam*) ① BRIT (*private school*) *vorbereitende Privatschule für die Aufnahme an einer „Public School"* ② AM (*preparatory school*) *vorbereitende* [*Privat*]*schule für die Aufnahme an einem College* **prep-time** *n no pl* AM Vorbereitungszeit *f* (*für den Unterricht*)
pre-publication [ˌpriːpʌblɪˈkeɪʃᵊn] PUBL **I.** *adj attr, inv* vor der Veröffentlichung *nach n;* ~ **promotion** Werbekampagne *f* vor einer Veröffentlichung **II.** *n* Vorveröffentlichung *f*
prepuce [ˈpriːpjuːs] *n* ANAT (*spec: foreskin*) [Penis]vorhaut *f,* Präputium *nt penis fachspr;* (*spec: clitoral foreskin*) Vorhaut *f* der Klitoris, Präputium *nt clitoridis fachspr*
prequel [ˈpriːkwəl] *n usu sing* FILM, LIT, THEAT *die Vorgeschichte eines bereits bekannten Films, Buchs, oder erzählenden Werks*
Pre-Raphaelite [ˌpriːˈræfiᵊlaɪt] ART **I.** *n* Präraffaelit *m fachspr* **II.** *adj inv* präraffaelitisch *fachspr;* ~ **works** Werke der Präraffaeliten, präraffaelitische Werke; **to have ~ looks** präraffaelitisch aussehen
prerecord I. *vt* [ˌpriːrɪˈkɔːd, AM -ˈkɔːrd] ■**to ~ sth** *music, speech* etw vorher aufzeichnen [*o* aufnehmen]; **a ~ed cassette** eine bespielte Kassette; ~ **message** Bandansage *f* (*z. B. beim Anrufbeantworter*) **II.** *n* [ˌpriːˈrekɔːd, AM -ˈkɔːrd] Voraufzeichnung *f*
prerequisite [ˌpriːˈrekwɪzɪt] *n* (*form*) [Grund]voraussetzung *f,* Vorbedingung *f* (**of/to** für +*akk*)
prerogative [prɪˈrɒgətɪv, AM -ˈrɑːgət̬-] *n usu sing* (*form*) ① (*right*) Recht *nt;* (*privilege*) Vorrecht *nt,* Privileg *nt;* **the ~ of the rich** das Privileg der Reichen; **the Royal P~** das [königliche] Hoheitsrecht [*o veraltet* Prärogativ]; **to exercise** [*or* **use**] **one's ~** [**to do sth**] sein Recht ausüben [, etw zu tun] ② (*responsibility*) Zuständigkeit *f;* **to remain the ~ of sb** jds Vorrecht bleiben; ***foreign policy will remain the ~ of the central authorities*** Außenpolitik bleiben allein in der Hand der zentralen Regierung
Pres [prez] *n short for* **President** Präs.
presage [ˈpresɪdʒ, AM prɪˈseɪdʒ] *vt* (*form*) ■**to ~ sth** (*predict*) etw ankündigen [*o* anzeigen]; (*intuit*) etw ahnen, eine Vorahnung einer S. *gen* haben; **to ~ a fine day** einen schönen Tag verheißen
presbyope [ˌpresbiˈəʊp, AM -ˈoʊp] *n* MED Presbyoper *m fachspr,* [alters]weitsichtige Person
presbyopia [ˌpresbiˈəʊpiə, AM -ˈoʊp-] *n* MED Presbyopie *f fachspr,* [Alters]weitsichtigkeit *f*
Presbyterian [ˌprezbɪˈtɪəriən, AM -ˈtɪr-] **I.** *n* Presbyterianer(in) *m(f)* **II.** *adj inv* presbyterianisch
presbytery [ˈprezbɪtᵊri, AM -teri] *n* REL ① (*sanctuary*) Altarraum *m,* Presbyterium *nt fachspr* ② (*administrative body*) Kirchenvorstand *m,* Presbyterium *nt fachspr* ③ (*Catholic priest's residence*) Pfarrhaus *nt,* Pfarre *f*
preschool [ˈpriːskuːl] **I.** *n* AM, AUS Kindergarten *m* **II.** *adj attr, inv* vorschulisch, Vorschul-; ~ **age** Vorschulalter *nt;* ~ **children** Kinder *ntpl* im Vorschulalter; ***is your child of ~ age?*** ist ihr Kind im Vorschulalter?
preschooler [ˈpriːskuːləʳ, AM -ɚ] *n* AM, AUS Kind *nt* im Vorschulalter
prescience [ˈpresiəns, AM ˈpreʃᵊns] *n no pl* Vorherwissen *nt,* Voraussicht *f*
prescient [ˈpresiənt, AM ˈpreʃᵊnt] *adj* (*form*) vorausschauend, vorhersehend
prescribe [prɪˈskraɪb] *vt* ① (*medical*) ■**to ~ sth** [**for sb**] [*or* [**sb**] **sth**] [jdm] etw verschreiben; ■**to be ~d sth** etw verschrieben bekommen; ***I've been ~d painkillers*** man hat mir ein schmerzstillendes Mittel verschrieben; **to ~ sth for headache/a cough** etw gegen Kopfschmerzen/Husten verschreiben [*o* verordnen]; **a widely ~d drug** ein häufig verschriebenes Medikament ② (*recommend*) ■**to ~ sth** [**to sb**] *a special diet* [jdm] etw verordnen; *fresh air, exercise* [jdm] etw empfehlen ③ (*form: state*) ■**to ~ sth** etw vorschreiben; **~d by law** gesetzlich vorgeschrieben; **internationally ~d standards** international vorgeschriebene Normen; **the ~d time** die vorgeschriebene Zeit; ***the law ~s that …*** es ist gesetzlich vorgeschrieben, dass … ④ LAW **to ~ rights** Gewohnheitsrechte *pl* geltend machen, Rechte *pl* aufgrund von Ersitzung geltend machen
prescription [prɪˈskrɪpʃᵊn] *n* ① (*medical*) Rezept *nt* (**for** für +*akk*), Verschreibung *f;* **repeat ~** Wiederholungsrezept *nt;* **on ~** auf Rezept; **to be only available on ~** verschreibungspflichtig [*o* rezeptpflichtig] sein ② (*form: rule*) Vorschrift *f* (**for** für +*akk*); (*instruction*) Belehrung *f meist pej;* ***she would prefer guidance to ~*** ihr wäre Anleitung

statt Belehrungen lieber ③ LAW Erwerb *m* durch ständigen Genuss, Ersitzung *f*

prescription charge *n* BRIT Rezeptgebühr *f*

prescription drug *n*, **prescription medicine** *n* verschreibungspflichtiges [*o* rezeptpflichtiges] Arzneimittel

prescriptive [prɪˈskrɪptɪv] *adj* (*pej form*) normativ *geh;* ~ **guidelines** bindende Richtlinien; LING präskriptiv *fachspr*

prescriptive grammar *n no pl* LING präskriptive Grammatik *fachspr*

pre-season [ˌpriːˈsiːzᵊn] **I.** *n* SPORTS, TOURIST Zeit *f* vor Saisonbeginn; SPORTS Vorbereitungszeit *f* **II.** *adj attr, inv* vor Saisonbeginn *nach n;* ~ **match** Vorbereitungsspiel *nt*

pre-select [ˌpriːsɪˈlekt] *vt* ■**to** ~ **sb/sth** jdn/etw vorher auswählen; ***the candidates have been ~ed*** die Kandidaten wurden im Voraus bestimmt

presence [ˈprezᵊn(t)s] *n* ① *no pl* (*attendance*) Anwesenheit *f;* (*occurrence*) Vorhandensein *nt;* (*form*) ***your ~ is requested*** Sie sind eingeladen; **to make one's ~ felt** sich *akk* bemerkbar machen; **in sb's ~**, **in the ~ of sb** in jds Gegenwart [*o* Anwesenheit] *f;* **in the ~ of a third party** Dritten gegenüber; **in the ~ of two witnesses** in Gegenwart [*o* im Beisein] zweier Zeugen/Zeuginnen; **in my ~** in meiner Gegenwart ② (*approv: dignified bearing*) Haltung *f,* Auftreten *nt;* **to have ~** *of person* ein gutes Auftreten haben ③ (*supernatural*) Gegenwart *f kein pl;* **to feel sb's ~** jds Gegenwart [förmlich] spüren können ④ (*representation*) Präsenz *f kein pl;* **military/police ~** Militär-/Polizeipräsenz *f*

presence of mind *n no pl* (*approv*) Geistesgegenwart *f;* **to have the ~ to do sth** die Geistesgegenwart besitzen [*o* geistesgegenwärtig [genug] sein], etw zu tun; **to keep one's ~** geistesgegenwärtig handeln [*o* sein], einen kühlen [*o* klaren] Kopf bewahren

present¹ [ˈprezᵊnt] **I.** *n* ① *no pl* (*now*) ■**the** ~ die Gegenwart; **to live for the ~** im Hier und Jetzt leben; ■**at ~** zurzeit, im Moment; ***that's all*** [*or* ***that will be all***] ***for the ~*** das ist vorläufig [*o* zunächst einmal] alles; **to be set** [*or* **take place**] **in the ~** in der Gegenwart spielen ② LING Gegenwart *f,* Präsens *nt* ► PHRASES: **there's no time like the ~** (*prov*) was du heute kannst besorgen, das verschiebe nicht auf morgen *prov* **II.** *adj* ① *attr, inv* (*current*) derzeitig, jetzig, gegenwärtig; **sb's ~ address** jds derzeitige Adresse; **in the ~ case** im vorliegenden Fall[e]; **the ~ generation** die heutige Generation; **at the ~ moment** [*or* **time**] zum jetzigen [*o* gegenwärtigen] Zeitpunkt ② *inv, usu pred* (*in attendance*) anwesend; ■**to be ~** [**at sth**] [bei etw *dat*] anwesend [*o geh* zugegen] sein; ***how many people will be ~ at the ceremony?*** wie viele Personen werden an der Feier teilnehmen?; (*existing*) vorhanden; ***are there certain chemicals ~ in the air?*** sind in der Luft bestimmte Chemikalien enthalten?; ~ **company excepted** Anwesende ausgenommen; **all those ~** alle Anwesenden

present² **I.** *n* [ˈprezᵊnt] (*gift*) Geschenk *nt,* Präsent *nt a. hum geh;* ***as a retirement ~ she was given a week's vacation to the Caribbean*** zur Pensionierung schenkte man ihr eine Woche Urlaub in der Karibik; **a birthday/Christmas/wedding ~** ein Geburtstags-/Weihnachts-/Hochzeitsgeschenk *nt;* **to get sth as a ~** etw geschenkt bekommen; **to give sth to sb** [*or* **sb sth**] **as a ~** jdm etw schenken; **to make sb a ~ of sth** jdm etw schenken [*o geh* zum Geschenk machen] **II.** *vt* [prɪˈzent] ① (*give formally*) ■**to ~ sth** [**to sb/sth**] *gift* [jdm/etw] etw schenken; *award, medal, diploma* [jdm/etw] etw überreichen [*o* verleihen]; ■**to ~ sb with sth** *gift* jdm etw schenken [*o geh* zum Geschenk machen]; *award, medal, diploma* jdm etw überreichen [*o* verleihen]; ***he is going to ~ the town with a new hospital*** er wird der Stadt ein neues Krankenhaus stiften; **to ~ sb with a challenge** jdn vor eine Herausforderung stellen; **to ~ one's compliments** jds Komplimente an jdn weitergeben; ***please ~ my compliments to the chef*** mein Kompliment an den Koch; **to ~ sb with [the] facts** jdm die Fakten vor Augen führen; **to be ~ed with different options** verschiedene Wahlmöglichkeiten geboten bekommen; **to ~ sb with an ultimatum** jdm ein Ultimatum stellen ② (*offer*) ■**to ~ sth** [**to sb/sth**] [jdm/etw] etw bieten; (*exhibit*) [jdm/etw] etw darlegen [*o* zeigen]; ***she ~ed her passport at the check-point*** sie zeigte ihren Reisepass am Kontrollpunkt vor; **to ~ one's apologies** (*form*) sich *akk* entschuldigen lassen; **to ~ a contrast to sth** einen Gegensatz zu etw *dat* darstellen; **to ~ one's credentials** sich *akk* [als jd] ausweisen; **to ~ a united front** *organization, people* sich *akk* geeint zeigen; **to ~ a paper/report** eine Arbeit/einen Bericht vorlegen; **to ~ proof of payment** einen Zahlungsnachweis erbringen ③ (*put forward*) ■**to ~ sth** etw darlegen; **to ~ an argument** ein Argument anführen; **to ~ a critique of sth** Kritik an etw *dat* äußern [*o* üben]; **to ~ a petition** eine Petition vorbringen; **to ~ a plan/theory** einen Plan/eine Theorie darlegen; **to ~ a proposal** einen Vorschlag unterbreiten; **to ~ one's thoughts/view** seine Gedanken/Ansichten darlegen ④ (*cause*) **to ~ difficulties for sb** jdm Schwierigkeiten bereiten; **to ~ a problem for sb** [*or* **sb with a problem**] jdn vor ein Problem stellen, ein Problem für jdn darstellen ⑤ (*form: introduce formally*) ■**to ~ sb** [**to sb**] jdn [jdm] vorstellen; ***may I ~ Professor Carter?*** darf ich Professor Carter vorstellen?; ***allow me to ~ Mrs Richards to you*** darf ich Ihnen Frau Richards vorstellen? ⑥ (*show to public*) ■**to ~ sth** [**to sb**] [*or* [**sb**] **sth**] *of cinema, theatre* etw aufführen [*o* zeigen]; *of company, firm* etw [für jdn] präsentieren ⑦ BRIT, AUS RADIO, TV (*host*) ■**to ~ sth** etw präsentieren; **to ~ a programme** eine Sendung moderieren ⑧ (*deliver formally*) ■**to ~ sth** etw vorlegen; **to ~ a bill** ECON einen Wechsel vorlegen; LAW einen Gesetzentwurf einbringen ⑨ LAW ■**to ~ sth** *complaint, evidence* etw vorbringen ⑩ (*appear*) ■**to ~ oneself** erscheinen, sich *akk* einfinden *geh;* ■**to ~ itself** *idea, opportunity* sich *akk* ergeben; ***the opportunity to work in Boston ~ed itself quite out of the blue*** die Gelegenheit, in Boston zu arbeiten, kam aus heiterem Himmel ⑪ MIL **to ~ arms** das Gewehr präsentieren; ~ ***arms!*** präsentiert das Gewehr! ► PHRASES: **to ~ one's compliments** (*dated form: greeting*) sich *akk* empfehlen *geh o veraltet;* (*also hum fam: taking leave*) sich *akk* empfehlen [lassen]; ***Mr Barney ~s his compliments*** Herr Barney lässt sich empfehlen *geh o veraltet* **III.** *vi* [prɪˈzent] MED ■**to ~ with sth** etw aufzeigen; ***the patient ~ed with a serious case of T.B.*** der Patient zeigte ernste Anzeichen von Tuberkulose

present³ *n* LAW ■**these ~s** vorliegende Urkunde

presentable [prɪˈzentəbl] *adj person* vorzeigbar, *hum* gesellschaftsfähig; *thing* ansehnlich; ***I can't answer the door — I'm not ~*** ich kann nicht an die Tür, so wie ich aussehe!; **to look ~** vorzeigbar aussehen, sich *akk* sehen lassen können; **to make oneself** [**look**] **~** sich *akk* zurechtmachen [*o* SÜDD herrichten] *fam;* **to make sth ~** etw herrichten [*o* in einen präsentablen Zustand bringen]

presentation [ˌprezᵊnˈteɪʃᵊn] *n* ① (*giving*) Präsentation *f; of a theory* Darlegung *f; of a dissertation, thesis* Vorlage *f; of gifts* Überreichung *f,* Übergabe *f;* (*awarding*) Verleihung *f* ② (*lecture, talk*) Präsentation *f* (**on** zu +*dat*), Vortrag *f* (**on** über +*akk*) ③ *no pl* (*display*) *of photographs, works* Ausstellung *f* ④ (*exhibition, theatre*) Inszenierung *f*

presentation copy *n* PUBL Widmungsexemplar *nt,* Dedikationsexemplar *nt geh*

present continuous *n* LING Verlaufsform *f* [des] Präsens; **to be in the ~** in der Verlaufsform [des] Präsens stehen **present-day** *adj usu attr* heutig *attr;* ~ **facilities** heutige [*o* moderne] Einrichtungen; ~ **London** das heutige London

presenteeism [ˌprezenˈtiːɪzəm] *n no pl länger am Arbeitsplatz bleiben, als nötig, um positiv aufzufallen*

presenter [prɪˈzentəʳ] *n* BRIT, AUS RADIO, TV Moderator(in) *m(f)*

presentiment [prɪˈzentɪmənt] *n* (*form*) Vorahnung *f* (**of** +*gen*); **to have a ~ of sth** eine Vorahnung [*o* ein ungutes Gefühl] in Bezug auf etw *akk* haben; **to have a ~ of danger** eine Gefahr vorausahnen

presently [ˈprezᵊntli] *adv inv* ① (*soon*) bald, gleich, in Kürze; **to do sth ~** etw bald [*o geh* in Kürze] erledigen ② *esp* BRIT, AUS (*now*) zurzeit, derzeit, gegenwärtig

present participle *n* LING Partizip *nt* Präsens **present perfect** *n* LING Perfekt *nt,* vollendete Gegenwart; **to be in the ~** im Perfekt stehen **present progressive** *n* LING Verlaufsform *f* [des] Präsens; *see also* **present continuous** **present simple** *n* LING einfache Form des Präsens; **to be in the ~** in der einfachen Form des Präsens stehen **present tense** *n* LING Präsens *nt,* Gegenwartsform *f;* **to be/write in the ~** im Präsens stehen/schreiben **present value** *n* FIN Barwert *m,* Zeitwert *m,* Gegenwartswert *m;* **the ~ of an annuity of $100** der Kapitalwert einer Jahresrente von 100 Dollar

preservation [ˌprezəˈveɪʃᵊn, AM -ɚˈ-] **I.** *n no pl* ① (*upkeep*) Erhaltung *f;* **the ~ of listed buildings** die Erhaltung unter Denkmalschutz stehender Gebäude; **state of ~** Erhaltungszustand *m;* **to be in an excellent/a poor state of ~** noch außerordentlich gut/nicht mehr gut erhalten sein; **historic ~** AM Erhaltung *f* historischer Stätten, Denkmalschutz *m* ② (*conservation*) Bewahrung *f; of order* Aufrechterhaltung *f;* (*protection*) Schutz *m; of* [*national*] *interests* Wahrung *f;* **the ~ of the countryside** der Erhalt der ländlichen Landschaftsstriche ③ FOOD Konservierung *f,* Einmachen *nt,* Einkochen *nt,* Einwecken *nt;* **food ~** Lebensmittelkonservierung *f* **II.** *adj attr, inv* Konservierungs-; ~ **method** Konservierungsmethode *f*

preservationist [ˌprezəˈveɪʃᵊnɪst, AM -ɚˈ-] *n* Verfechter(in) *m(f)* der Denkmal[s]pflege

preservation order *n* BRIT, AUS *Erlass, der etwas unter Denkmalschutz stellt;* **to have a ~ on it/them** unter Denkmalschutz stehen; **to issue a ~ on sth** etw unter Denkmalschutz stellen **preservation specialist** *n* Denkmal[s]pfleger(in) *m(f);* (*curator, keeper*) Konservator(in) *m(f);* (*restorer*) Restaurator(in) *m(f)*

preservative [prɪˈzɜːvətɪv, AM -ˈzɜːrvət̬-] *n* Konservierungsmittel *nt,* Konservierungsstoff *m;* **free from artificial** [*or* **with no added**] **~s** ohne Konservierungsstoffe

preserve [prɪˈzɜːv, AM -ˈzɜːrv] **I.** *vt* ■**to ~ sth** ① (*maintain*) etw erhalten; **to do sth to ~ one's sanity** etw tun, damit man nicht verrückt wird *fam;* **to ~ the appearance of sth** den Schein einer S. *gen* wahren; **to ~ the character of sth** den Charakter einer S. *akk* erhalten; **to ~ customs/tradition** Bräuche/die Tradition bewahren; **to ~ one's sense of humour** sich *dat* seinen Humor bewahren; **to ~ the peace/the status quo** den Frieden/den Status quo bewahren; **to ~ one's right to do sth** sich *dat* das Recht vorbehalten, etw zu tun ② (*conserve*) etw konservieren; *wood* etw [mit Holzschutzmittel] behandeln; *fruit and vegetables* etw einmachen [*o* einkochen] [*o* einwecken]; **to ~ gherkins in cider vinegar** Gurken in Apfelessig einlegen ③ (*protect*) etw schützen; **to ~ the environment** die Umwelt schützen **II.** *n* ① *usu pl* (*food*) Eingemachte(s) *nt kein pl;* ***a jar of ~s*** ein Glas *nt* Eingemachtes; **apricot/strawberry ~** eingemachte Aprikosen/Erdbeeren ② (*domain*) Domäne *f;* ***the gardening is Jo's ~*** für die Gartenarbeit ist Jo zuständig; **to be the ~ of the rich** den Reichen vorbehalten sein; (*responsibility*) Wirkungsbereich *m; of a department* Ressort *nt;* (*property*) Besitztum *nt;* ***she regards that cupboard as her own ~*** sie betrachtet dieses Schränkchen als ihr ganz privates Eigentum ③ *esp* AM (*reserve*) Reservat *nt;* **game ~** Wildpark *m;* **nature/wildlife ~** Naturschutzgebiet *nt*

preserved [prɪˈzɜːvd, AM -ˈzɜːrvd] *adj* ① (*maintained*) konserviert; ~ **building** erhaltenes Gebäude; **to be badly/well ~** nicht [mehr] gut/sehr gut erhalten sein ② FOOD eingemacht, eingelegt, eingeweckt; ~ **fruit/vegetables** eingemachtes Obst/Gemüse; ~ **food** konservierte Lebensmittel

preserver [prɪˈzɜːvəʳ, AM ˈzɜːrvɚ] *n* ① *(protector, saviour)* [Be]wahrer(in) *m(f)*, Erhalter(in) *m(f)* ② *(agent)* Konservierungsmittel *nt*

preset [priːˈset] **I.** *vt* <-set, -set> ■**to ~ sth** *machine* etw vorher einstellen; *(arrange in advance)* etw vorher absprechen; COMPUT etw voreinstellen; **to ~ an agenda** [vorher] eine Tagesordnung festlegen; *(fig: predetermine)* etw vorherbestimmen **II.** *adj inv* [vorher] eingestellt; ~ **button** *(for recording)* Aufnahmeknopf *m; (for setting time)* [Ein]stellschalter *m;* **on a ~ course** auf einem vorgegebenen Kurs; **at a ~ price** zu einem festgelegten Preis; **at a ~ time** zu einer vorher festgelegten Zeit, zu einem vorher festgelegten Zeitpunkt

preshrunk [ˌpriːˈʃrʌŋk] *adj inv clothes* vorgewaschen

preside [prɪˈzaɪd] *vi* ① *(be in charge) of meeting, rally* den Vorsitz haben; ■**to ~ at sth** bei etw *dat* den Vorsitz haben, etw *dat* vorsitzen; ■**to ~ over sth** etw leiten, etw *dat* präsidieren; **to ~ over a case** LAW bei einer Verhandlung den Vorsitz haben [*o* führen]; **to ~ over a change/dissolution** für eine Änderung/Auflösung verantwortlich sein, bei einer Änderung/Auflösung die Federführung haben; **to ~ over a meeting/rally/seminar** einer Sitzung/Versammlung/einem Seminar vorsitzen [*o* präsidieren] ② *(dominate)* ■**to ~ over sth** *(iron, hum)* etw beherrschen *fig*, über etw *akk* hinausragen; *(hum)* ***Ma and Grandma were presiding over lunch*** Mutter und Großmutter gaben bei Tisch den Ton an *hum*

presidency [ˈprezɪdᵊn(t)si] *n* ① *(office)* Präsidentschaft *f;* **to assume the ~** das Amt des Präsidenten/der Präsidentin antreten; **to stand for the ~** für das Amt des Präsidenten/der Päsidentin kandidieren ② *(tenure)* Präsidentschaft *f;* **during his/her ~** während seiner/ihrer Amtszeit als Präsident/ Präsidentin; *(of company)* Aufsichtsratsvorsitz *m*

president [ˈprezɪdᵊnt] *n* ① *(head of state)* Präsident(in) *m(f);* **Madam/Mr P~** Frau Präsidentin/Herr Präsident ② *(head) of society* Präsident(in) *m(f); of company, corporation* [Vorstands [*o* Aufsichtsrats]]vorsitzende(r) *f(m);* **vice-~** Vizepräsident(in) *m(f)*

president-elect <*pl* presidents-> *n* gewählter Präsident/gewählte Präsidentin *(vor der Amtseinführung)*

presidential [ˌprezɪˈden(t)ʃᵊl] *adj* ① *inv, usu attr* POL *(of president)* Präsidenten-; *(of office)* Präsidentschafts-; ~ **ambitions** Ambitionen *fpl* auf die Präsidentschaft; ~ **aspirations** [das] Streben nach der Präsidentschaft; ~ **authority** Amtsgewalt *f* des Präsidenten/der Präsidentin; ~ **contender** [*or* **hopeful**] Präsidentschaftskandidat(in) *m(f);* ~ **election** Präsidentschaftswahl *f;* ~ **primary** Vorwahl *f* für die Präsidentschaft; ~ **race** Rennen *nt* um die Präsidentschaft ② *attr, inv (of head of organization)* ~ **address** Ansprache *f* des/der Vorsitzenden [*o* des Präsidenten/der Präsidentin]

presidential aide *n* POL Berater(in) *m(f)* des Präsidenten/der Präsidentin **presidential palace** *n* POL Präsidentenpalast *m* **presidential year** *n* AM POL Jahr *nt* der Präsidentschaftswahlen, Wahljahr *nt* *(für die Präsidentschaft)*

presiding judge *n* LAW Gerichtspräsident(in) *m(f)*, Vorsitzende(r) *f(m)* des Gerichts

presidium [prɪˈsɪdiəm] *n + sing/pl vb* POL [Partei]präsidium *nt*, [Partei]vorstand *m;* **the P~ of the Supreme Soviet** *(hist)* das Präsidium des Obersten Sowjet

press [pres] **I.** *n* <*pl* -es> ① *(push)* Druck *m;* **at the ~ of a button** auf Knopfdruck; **to give sth a ~** [auf] etw *akk* drücken ② *(ironing)* Bügeln *nt kein pl;* **to give sth a ~** etw bügeln ③ *(instrument)* Presse *f;* **garlic ~** Knoblauchpresse *f;* **trouser ~** Hosenpresse *f;* **wine ~** Weinpresse *f*, Kelter *f* ④ *(news media, newspapers)* ■**the ~** + *sing/pl vb* die Presse; ***the story has been all over the ~*** die Geschichte wurde in allen Zeitungen gebracht; **freedom of the ~** Pressefreiheit *f;* **to be in** [*or* AM **on**] **~** im Druck sein; **to go to ~** *newspaper, book* in Druck gehen; *editorial staff* Redaktionsschluss haben; **to hold the ~**[**es**] den Druck verzögern; **to inform the ~** [**about sth**] [mit etw *dat*] an die Presse gehen; **to leak sth to the ~** etw der Presse zuspielen; **in the ~** in der Presse ⑤ *(publicity)* Presse *f;* **to have a bad/good ~** eine schlechte/gute Presse bekommen, schlechte/gute Kritiken bekommen ⑥ *(publishing house)* Verlag *m*, Verlagshaus *nt* **II.** *vt* ① *(push)* ■**to ~ sth** [auf] etw *akk* drücken; ***to speak to an operator, ~ 'O' now*** um mit der Vermittlung zu sprechen, wählen Sie jetzt die ‚0'; ***Sammy ~ed his nose against the window pane*** Sammy drückte die Nase gegen die Fensterscheibe; **to ~ a bell/button/switch** auf eine Klingel/einen Knopf/einen Schalter drücken; **to ~ on the brake pedal** auf das Bremspedal treten [*o fam* steigen]; ■**to ~ sth** ↔ **down** etw herunterdrücken; ■**to ~ sth into sth** etw in etw *akk* hineindrücken ② *(flatten)* ■**to ~ sth** etw zusammendrücken; **to ~ flowers** Blumen pressen ③ *(extract juice from)* ■**to ~ sth** etw auspressen; **to ~ grapes** Weintrauben keltern ④ *(iron)* ■**to ~ sth** etw bügeln [*o* SCHWEIZ glätten] [*o* NORDD *a.* plätten] ⑤ *(manufacture)* ■**to ~ sth** *CD, record* etw pressen ⑥ *(fig: urge, impel)* ■**to ~ sb** jdn bedrängen [*o* unter Druck setzen]; ■**to ~ sb to do sth** jdn bedrängen, etw zu tun; ■**to ~ sb for sth** jdn zu etw *dat* drängen, jdn dazu drängen, etw zu tun; ■**to ~ sb on sb/sth** jdn über jdn/zu etw *dat* befragen; ***they are ~ing demands on the country's leaders*** sie versuchen massiv, ihre Forderungen bei den führenden Vertretern des Landes durchzusetzen; ■**to ~ sb/sth into sth** jdn/etw zu etw *dat* bringen [*o* zwingen]; *of person also* jdn zu etw *dat* nötigen; **to ~ sb for an answer/decision** jdn zu einer Antwort/Entscheidung drängen; **to ~ sb into a role** jdn in eine Rolle hineindrängen; **to ~ sb into service** jdn [gezwungenermaßen] in Dienst nehmen, jdn einspannen *fam;* **to ~ sb/sth into service** [**as sth**] jdn/etw [als etw] einsetzen [*o fam* einspannen] ⑦ *(forcefully promote)* ■**to ~ sth** etw forcieren; **to ~ one's case** seine Sache durchsetzen wollen; **to ~ one's claim** auf seiner Forderung beharren; **to ~ one's point** beharrlich seinen Standpunkt vertreten, auf seinem Standpunkt herumreiten *fam* ⑧ *(insist on giving)* ■**to ~ sth** [**up**]**on sb** *gift, offer* jdm etw aufdrängen ⑨ *usu passive (face difficulty)* ■**to be ~ed** unter Druck stehen; ***they'll be hard ~ed to complete the assignment*** wenn sie den Auftrag ausführen wollen, müssen sie sich aber ranhalten ⑩ LAW *(bring)* **to ~ charges** Anklage erheben (**against** gegen +*akk*)

► PHRASES: **to ~ home** ↔ **sth** etw durchzusetzen versuchen; **to ~ home one's advantage** seinen Vorteil ausnutzen **III.** *vi* ① *(push)* drücken; ***~ down firmly on the lever*** drücken Sie fest auf den Hebel; ***stop ~ing! you'll all get your turn*** hört auf zu drängeln! es kommen alle an die Reihe; **to ~ against a door** sich *akk* gegen eine Tür stemmen; **to ~ hard** fest drücken ② *(be urgent)* drängen, dringlich sein *geh;* **time is ~ing** die Zeit drängt

◆**press ahead** *vi* ■**to ~ ahead** [**with sth**] [mit etw *dat*] weitermachen, etw vorantreiben [*o geh* forcieren], etw mit Nachdruck betreiben; **to ~ ahead with the negotiations/talks** mit den Verhandlungen/Gesprächen fortfahren

◆**press for I.** *vi* ■**to ~ for sth** auf etw *akk* drängen; **to ~ for reform** um eine Reform kämpfen **II.** *vt* ① *(forcefully persuade)* ■**to ~ sb for sth** jdn zu etw *dat* drängen; **to ~ sb for an explanation** jdm eine Erklärung abfordern ② *usu passive (have barely enough)* **to be** [**hard**] **~ed** [**for sth**] [mit etw *dat*] [sehr [*o* SÜDD arg]] knapp dran sein *fam;* **to be** [**hard**] **~ed for an answer** um eine Antwort verlegen sein; **to be ~ed for cash** [*or* **money**] in Geldnot [*o* Geldnöten] sein, knapp bei Kasse sein *fam;* **to be ~ed for space** zu wenig Platz haben; **to be ~ed for time** unter Zeitdruck stehen

◆**press on I.** *vi* ■**to ~ on** [**with sth**] [mit etw *dat*] [zügig] weitermachen [*o geh* fortfahren]; **to ~ on with one's journey** seine Reise fortsetzen; **to ~ on with one's plans** seine Pläne vorantreiben; **to ~ on with one's work** sich *akk* bei der Arbeit ranhalten *fam;* **to ~ on regardless** trotzdem [*o geh* dessenungeachtet] weitermachen **II.** *vt* ■**to ~ sth on sb** jdm etw aufdrängen [*o fam* aufdrücken]

◆**press upon** *vt see* **press on II**

press agency *n* Presseagentur *f* **press agent** *n* Presseagent(in) *m(f)* **press attaché** *n* Presseattaché *m* **press baron** *n* Pressezar *m* **press box** *n* *(room)* Pressekabine *f; (area)* Pressetribüne *f* **press-button** *adj, n see* **push-button** **press campaign** *n* Pressekampagne *f*, Pressefeldzug *m;* **to initiate** [*or* **launch**] [*or* **start**] **a ~** eine Pressekampagne [*o* einen Pressefeldzug] starten **press card** *n* Presseausweis *m* **press clipping** *n* Zeitungsausschnitt *m* **press conference** *n* Pressekonferenz *f;* **to attend a ~** an einer Pressekonferenz teilnehmen; **to carry/hold/schedule a ~** eine Pressekonferenz übertragen/abhalten/ansetzen **press corps** *n no pl* Pressevertreter(innen) *mpl(fpl)*, Pressekorps *nt* **press coverage** *n* ① *(scale of reporting)* Berichterstattung *f (in der Presse)* ② *(footage)* [Fernseh]übertragung *f;* **live ~** Live-Übertragung *f* **press cutting** *n* Zeitungsausschnitt *m* **press deadline** *n* **to meet a ~** einen Presseschlusstermin einhalten

pressed [prest] *adj* ① *(flattened)* gepresst, Press-; ~ **steel** Pressstahl *m;* **to be ~ up close against sb/sth** auf Tuchfühlung mit jdm/sth stehen/sitzen/liegen ② FOOD *(crushed, squeezed)* gepresst; **freshly ~ orange juice** frisch gepresster Orangensaft

press gallery *n* Pressetribüne *f* **press-gang I.** *n* *(hist)* Werber *mpl fachspr veraltet* **II.** *vt* ■**to ~ sb into doing sth** jdn [dazu] zwingen, etw zu tun; ***we ~ed Simon into playing football*** wir haben Simon regelrecht zum Fußballspielen gezwungen

pressie [ˈprezi] *n* BRIT, AUS *(fam)* Geschenk *nt*

pressing [ˈpresɪŋ] **I.** *adj (urgent) issue, matter, bills, engagements* dringend, dringlich; *requests* nachdrücklich **II.** *n (manufacture of CD, record)* Pressung *f; (series made together)* Auflage *f*

pressman *n* Zeitungsmann, Zeitungsfrau *m, f sl*, Pressevertreter(in) *m(f)* **press office** *n* Pressestelle *f* **press officer** *n* Pressereferent(in) *m(f)* **press photographer** *n* Pressefotograf(in) *m(f)* **press release** *n* Pressemitteilung *f*, Pressemeldung *f*, Presseverlautbarung *f;* **to issue** [*or* **put out**] **a ~** eine Pressemitteilung herausgeben **press report** *n* Pressebericht *m* **press reporter** *n* [Presse]berichterstatter(in) *m(f)* **press secretary** *n* Pressesprecher(in) *m(f)* **press-stud** *n* BRIT, AUS Druckknopf *m* **press-up** *n* BRIT Liegestütz *m*

pressure [ˈpreʃəʳ, AM -ɚ] **I.** *n* ① *no pl (physical force)* Druck *m;* ***massage with gentle ~*** mit leichten Druckbewegungen massieren; **to apply ~** Druck ausüben; ***apply ~ to the bleeding wound*** drücken Sie die Wunde ab; **to put ~ on sth** auf etw *akk* drücken ② PHYS Druck *m;* ***under deep-sea ~es*** bei Tiefseedruck; **to store gas at a particular ~** Gas unter einem bestimmten Druck lagern ③ *no pl (stress)* Druck *m*, Stress *m*, Belastung *f; (stronger)* Überlastung *f;* **the ~ of work** die Arbeitsbelastung; *(stronger)* die Arbeitsüberlastung; **to be under ~ to do sth** unter Druck stehen, etw zu tun, etw dringend tun müssen; **to handle ~** Belastungen [*o* Druck] aushalten; ***she is very good at handling ~*** sie kann sehr gut mit Stress umgehen; **there is a lot of ~ on sb** jd hat Stress [*o* ist im Stress] [*o* steht unter Druck] ④ *no pl (insistence)* Druck *m;* ***~ to abandon the new motorway is increasing*** die Forderungen, die neuen Autobahnpläne zu verwerfen, werden lauter; ~ **of public opinion** Druck *m* der öffentlichen Meinung; **to do sth under ~** etw gezwungenermaßen [*o* unter Druck] tun; **to do sth under ~ from sb** etw auf jds Drängen *nt* hin tun; **to put ~** [*or* **bring ~ to bear**] **on sb** [**to do sth**] *(form)* jdn unter Druck setzen[, damit er/sie etw tut] ⑤ *(demands, stress)* ■**~s** *pl* Druck *m kein pl*, Belastung[en] *f[pl]*; ***he's got a lot of ~s on him just now*** er ist im Moment starken Belastungen ausgesetzt **II.** *vt esp* AM ■**to ~ sb to do** [*or* **into doing**] **sth** jdn dazu drängen [*o* unter Druck setzen], etw zu tun

pressure cabin *n* AVIAT [Über]druckkabine *f* **pressure cooker** *n* Dampfkochtopf *m,* Schnellkochtopf *m;* (*fig*) ***this job is like being in a ~ all day long*** bei diesem Job steht man den ganzen Tag unter Druck **pressure gauge** *n* Druckmesser *m,* Manometer *nt fachspr* **pressure group** *n* POL Pressuregroup *f* **pressure point** *n* ❶ (*sensitive area*) Druckpunkt *m* ❷ (*fig: time*) kritischer [*o* heikler] Punkt; (*area*) kritische [*o* heikle] Zone **pressure sore** *n* MED wunde [*o* wund gelegene] Stelle **pressure suit** *n* AVIAT Druckanzug *m* **pressure tactics** *npl* Druckmittel *ntpl;* (*negotiating*) aggressive Verhandlungsmethoden *fpl;* **to resort to ~** auf Druckmittel zurückgreifen; **to use ~** Druckmittel [zur Überzeugung] einsetzen, mit harten Bandagen kämpfen **pressure vessel** *n* Druckbehälter *m*

pressurization [ˌpreʃᵊraɪˈzeɪʃᵊn, AM -əɪˈ-] *n no pl* Druckausgleich *m;* **the ~ of a cabin** die Haltung des Normaldrucks in einer Kabine

pressurize [ˈpreʃᵊraɪz, AM -ʃɚ-] *vt* ❶ (*control air pressure*) ■**to ~ sth** etw druckfest [*o* auf Normaldruck] halten ❷ (*persuade by force*) ■**to ~ sb to do** [*or* **into doing**] **sth** jdn [massiv] dazu drängen, etw zu tun, auf jdn [massiven] Druck ausüben, damit er/sie etw tut; ***the protests were an attempt to ~ the government into agreeing*** durch die Demonstrationen erhoffte man sich, die Regierung zum Einlenken zu bringen

pressurized [ˈpreʃəraɪzd] *adj* komprimiert, Druck-

prestige [presˈtiːʒ, AM -ˈtiː(d)ʒ] **I.** *n no pl* Prestige *nt,* Ansehen *nt;* **loss of ~** Prestigeverlust *m;* **to acquire ~ [with sth]** sich *dat* [mit etw *dat*] Geltung verschaffen; **to hurt sb's ~** jds Ansehen *nt* schaden **II.** *n modifier* angesehen, renommiert *geh;* **~ hotel** vornehmes Hotel, Luxushotel *nt*

prestige value *n* Prestigewert *m*

prestigious [presˈtɪdʒəs] *adj* angesehen, renommiert *geh,* Prestige-; **to have a ~ career** eine außergewöhnliche Karriere machen; **to have a ~ reputation** einen ausgezeichneten [*o geh* exzellenten] Ruf haben, großes Ansehen besitzen; **to be [very] ~** [einen hohen] Prestigewert haben

presto [ˈprestəʊ, AM toʊ] MUS **I.** *adj inv* schnell, presto *fachspr* **II.** *n* <*pl* -os> Presto *nt fachspr*

prestressed [ˌpriːˈstrest] *adj inv* TECH vorgespannt; **~ concrete** Spannbeton *m*

presumable [prɪˈzjuːməbl̩, AM -ˈzuː-] *adj* vermutlich

presumably [prɪˈzjuːməbli, AM -ˈzuː-] *adv inv* vermutlich; **~, *they're on their way here*** ich nehme mal an, dass sie auf dem Weg hierher sind

presume [prɪˈzjuːm, AM -ˈzuː-] **I.** *vt* (*suppose, believe*) ■**to ~ sth** etw annehmen [*o* vermuten]; ***you are Dr Smith, I ~?*** ich nehme an, Sie sind Dr. Smith?; **~d dead** mutmaßlich tot [*o* verstorben]; **to be ~d innocent** als unschuldig gelten; **I ~ so/not** ich denke [*o* glaube] ja/nein; ***are we walking to the hotel? — I ~ so*** laufen wir zum Hotel? – ich denke schon; ■**to ~ that ...** annehmen [*o* vermuten], dass ...; ***I'd ~d that your train would be on time*** ich bin davon ausgegangen, dass dein Zug rechtzeitig ankommen würde; ■**to be ~d [to be [*or* do]] sth** für etw *akk* gehalten werden; ***she's ~d to have shot him in cold blood*** man sagt ihr nach, sie hätte ihn kaltblütig erschossen **II.** *vi* ❶ (*be rude*) anmaßend [*o geh* vermessen] sein ❷ (*take advantage of*) ■**to ~ on** [*or* **upon**] **sth** etw über Gebühr in Anspruch nehmen [*o* ausnützen] [*o* strapazieren], etw überbeanspruchen; **to ~ on sb's good nature** jds Gutmütigkeit ausnützen; **to ~ on sb's time** jds Zeit in Anspruch nehmen; ***could I ~ on your time for a moment?*** hätten Sie wohl einen Moment Zeit für mich? ❸ (*dare*) ■**to ~ to do sth** sich *dat* erlauben [*o* herausnehmen], etw zu tun; ***she would never ~ to question my authority*** sie würde sich nie anmaßen, meine Autorität in Frage zu stellen; **to ~ to claim that ...** sich *akk* zu der Behauptung versteigen, dass ...; ***I don't wish to ~, but shouldn't you apologize to her?*** ich will ja nicht aufdringlich sein, aber solltest du dich nicht bei ihr entschuldigen?

presumedly [prɪˈzjuːmɪdli, AM -ˈzuː-] *adv* **~ [so]** vermutlich [ja [*o* schon]]; **~ not** vermutlich nicht

presuming [prɪˈzjuːmɪŋ, AM -ˈzuː-] *adj* (*dated: arrogant*) *person, tone of voice* anmaßend; (*impertinent*) *action, behaviour, person* dreist, unverschämt

presumption [prɪˈzʌmpʃᵊn] *n* ❶ (*assumption*) Annahme *f,* Vermutung *f;* **~ of death** LAW Todesvermutung *f;* **the ~ of innocence** LAW die Unschuldsvermutung; **to be based on the ~ that ...** auf der Annahme basieren, dass ...; **the ~ is that ...** man vermutet [*o* es wird angenommen], dass ...; **to make a ~** eine Vermutung anstellen, etw annehmen; **under the ~ that ...** unter der Annahme [*o* davon ausgehend], dass ... ❷ *no pl* (*form: arrogance*) Vermessenheit *f geh,* Überheblichkeit *f*

presumptive [prɪˈzʌmptɪv] *adj attitude, reasoning* vermutlich, mutmaßlich; **~ diagnosis** Verdachtsdiagnose *f*

presumptive evidence *n* LAW Indizienbeweis *m,* Primafaciebeweis *m fachspr*

presumptuous [prɪˈzʌmptʃuəs, AM -tʃuːəs] *adj* (*arrogant*) *person, behaviour* anmaßend, großspurig; *attitude* vermessen *geh,* überheblich; (*forward*) dreist, unverschämt; ***I hope I won't be considered ~ if I ...*** ich hoffe, Sie nehmen es mir nicht übel, wenn ich...

presumptuously [prɪˈzʌmptʃuəsli, AM -tʃuːəs-] *adv* (*arrogantly*) dreist, unverschämt; **to act ~** sich *akk* dreist [*o* unverschämt] benehmen; **to ~ assume that ...** (*arrogantly*) dreisterweise davon ausgehen, dass ...; (*forwardly*) überheblicherweise davon ausgehen, dass ...

presumptuousness [prɪˈzʌmptʃuəsnəs, AM -tʃuːəs-] *n no pl* Überheblichkeit *f;* (*arrogance also*) Vermessenheit *f geh*

presuppose [ˌpriːsəˈpəʊz, AM -ˈpoʊz] *vt* (*form*) ■**to ~ sth** etw voraussetzen, etw zur Voraussetzung haben; ■**to ~ that ...** voraussetzen, dass ...

presupposition [ˌpriːsʌpəˈzɪʃᵊn] *n* Voraussetzung *f,* Annahme *f;* **to be based on false ~s** von falschen [*o* irrigen] Voraussetzungen ausgehen, auf falschen [*o* irrigen] Annahmen basieren

prêt-à-porter [ˌpretɑːˈpɔːteɪ, AM -pɔːrˈteɪ] **I.** *n no pl* Konfektion *f,* Prêt-à-porter *nt kein pl selten* **II.** *adj attr* Konfektions-; **~ department** Abteilung *f* mit Konfektionsware; **~ fashions** Konfektionsmode *f*

pretax [ˌpriːˈtæks] *adj inv* unversteuert, vor Abzug der Steuern *nach n,* vor [der] Versteuerung *nach n,* Brutto-; **~ earnings** Bruttoeinnahmen *fpl;* **~ income** Bruttoeinkommen *nt;* **~ loss/profit** [*or* **margin**] Verlust *m*/Gewinn *m* vor Abzug der Steuern, Bruttoverlust *m*/Bruttogewinn *m;* **~ yield** Rendite *f* vor Steuern

pre-teen [ˌpriːˈtiːn] *adj attr ca. zwischen dem zehnten und zwölften Lebensjahr;* **~ children** *Kinder im Alter von zehn bis zwölf*

pretence [prɪˈten(t)s], AM **pretense** [ˈpriːt-] *n no pl* ❶ (*false behaviour, insincerity*) Vortäuschung *f,* Vorspiegelung *f;* **under the ~ of friendship** unter dem Deckmantel der Freundschaft; **under** [*or* **by**] **false ~s** *also* LAW unter Vorspiegelung falscher Tatsachen; **to give up a ~ of sth** etw nicht länger vortäuschen; **to keep up a ~ of sth** etw vortäuschen, den [An]schein einer S. *gen* vermitteln; ***they kept up a ~ of normality*** sie wahrten den Anschein der Normalität; ***the army has given up any ~ of neutrality*** die Armee hat ihre vorgetäuschte Neutralität aufgegeben; **to make a ~ of doing sth** [nur] so tun, als ob man etw tut; **to make no ~ of sth** etw nicht verhehlen, keinen Hehl aus etw *dat* machen, mit etw *dat* nicht hinter dem Berg halten; **to make no ~ of doing sth** nicht vorgeben, etw zu tun; ***I had made no ~ of being interested in her*** ich hatte ihr keinerlei Hoffnungen gemacht ❷ (*story, excuse*) Vorwand *m;* **under the ~ of doing sth** unter dem Vorwand, etw zu tun ❸ (*claim*) **to make no ~ to sth** keinen Anspruch auf etw *akk* erheben; ***I make no ~ to having any athletic skill*** ich behaupte gar nicht, sportlich zu sein ❹ (*imagination*) Vorstellungskraft *f,* Fantasie *f;* **~ *is engaged in by young children in order to learn*** kleine Kinder lernen mit Hilfe ihrer Fantasie

pretend [prɪˈtend] **I.** *vt* ❶ (*behave falsely*) ■**to ~ sth** etw vorgeben [*o* vortäuschen]; **to ~ surprise** so tun, als ob man überrascht wäre [*o* als sei man überrascht]; ■**to ~ that ...** vorgeben [*o* vortäuschen], dass ...; **to ~ that one is asleep** sich *akk* schlafend stellen; ■**to ~ to be/do sth** vorgeben, etw zu sein/zu tun; **to ~ to be interested** Interesse vortäuschen, so tun, als sei man interessiert ❷ (*imagine*) ■**to ~ to be sb/sth** so tun, als sei man jd/etw [*o* als ob man jd/etw wäre]; ***as a child, I used to ~ I was Robin Hood*** als Kind habe ich immer Robin Hood gespielt; ■**to ~ that ...** so tun, als ob ...; ***I'll just ~ that I didn't hear that*** ich tue einfach so, als hätte ich das nicht gehört **II.** *vi* ❶ (*feign*) sich *dat* etw vormachen; ***let's not ~ any more*** machen wir uns doch nicht länger etwas vor; ***relax, I'm only ~ing*** immer mit der Ruhe, ich hab' doch nur Spaß gemacht *fam;* ■**to ~ to sb** jdm etw vormachen ❷ (*form: claim*) ■**to ~ to sth** etw für sich *akk* in Anspruch nehmen; ***I don't ~ to remember all the details*** ich behaupte nicht, mich an alle Einzelheiten zu erinnern **III.** *adj attr* (*fam: in deception, game*) Spiel-; ***this doll is Katie's ~ baby*** mit dieser Puppe spielt Katie Baby

pretended [prɪˈtendɪd] *adj attr* vorgetäuscht, geheuchelt, gespielt

pretender [prɪˈtendəʳ, AM -ɚ] *n* ■**a ~ to sth** *to position, title* ein Anwärter/eine Anwärterin auf etw *akk,* ein Prätendent/eine Prätendentin auf etw *akk geh;* **~ to the throne** Thronanwärter(in) *m(f)*

pretense *n no pl esp* AM *see* **pretence**

pretension [prɪˈten(t)ʃᵊn] *n* ❶ *usu pl* (*claim*) Anspruch *m* (**to** auf +*akk*); (*aspiration*) Ambition *f;* ***his ~s to his father's wealth ...*** mit den Ansprüchen, die er auf das Vermögen seines Vaters stellt, ...; **of modest ~s** mit geringen Ambitionen; **to have ~s to being/doing sth** [für sich *akk*] den Anspruch erheben, etw zu sein/zu tun ❷ *no pl* (*pej*) *see* **pretentiousness**

pretentious [prɪˈten(t)ʃəs] *adj* (*pej: boastful*) *person* angeberisch *fam,* großspurig *pej;* (*pompous*) *manner, speech, style* hochtrabend *pej,* hochgestochen *pej fam;* (*ostentatious*) protzig *meist pej fam,* großkotzig *pej sl; house, style* pompös, bombastisch

pretentiously [prɪˈten(t)ʃəsli] *adv* (*pej: ostentatious*) *attitude* protzig *meist pej fam,* großkotzig *pej sl;* (*boastfully*) *person* angeberisch *fam,* großspurig *pej*

pretentiousness [prɪˈten(t)ʃəsnəs] *n no pl* (*arrogance*) Überheblichkeit *f,* Anmaßung *f;* (*boastfulness*) Angeberei *f fam,* Großspurigkeit *f pej*

preterit(e) [ˈpretᵊrɪt, AM -t̬ɚɪt] LING **I.** *n* Präteritum *nt,* Imperfekt *nt* **II.** *adj attr* Präteritums-; **~ form** Präteritum *nt,* Imperfekt *nt,* Verbform *f* im Präteritum [*o* Imperfekt]

preternatural [ˌpriːtəˈnætʃᵊrᵊl, AM -t̬ɚˈnætʃɚᵊl] *adj* (*form*) ❶ (*exceptional*) außergewöhnlich ❷ (*supernatural*) übernatürlich

preternaturally [ˌpriːtəˈnætʃᵊrᵊli, AM -t̬ɚˈnætʃɚ-] *adv* (*form*) außergewöhnlich

pretext [ˈpriːtekst] *n* Vorwand *m* (**for** für +*akk*); **on** [*or* **under**] **the ~ of doing sth** unter dem Vorwand, etw zu tun; **to give sth as a ~** etw als Vorwand [*o* Ausrede] benutzen

prettify <-ie-> [ˈprɪtɪfaɪ, AM -t̬-] *vt* ■**to ~ sth** *room etc* etw verschönern

prettily [ˈprɪtɪli, AM -t̬-] *adv* (*charmingly*) reizend; (*pleasingly*) nett, hübsch; **to sing ~** schön singen; **to speak ~** (*dated*) sich *akk* gepflegt ausdrücken

prettiness [ˈprɪtɪnəs, AM -t̬-] *n no pl of person* hübsches [*o* nettes] Aussehen; **the ~ of her smile** ihr nettes Lächeln; *of place* Schönheit *f; of manners* Artigkeit *f*

pretty [ˈprɪti, AM -t̬i] **I.** *adj* ❶ (*attractive*) *person* hübsch; *thing* nett; **to be not just a ~ face** (*hum, iron*) nicht nur gut aussehen, sondern auch was im Kopf haben *sl;* **not a ~ sight** kein schöner Anblick ❷ (*dated or iron: not good*) schön *iron,* prima *iron fam;* **that's a ~ mess** das ist ja ein schönes Durcheinander *iron;* **a ~ state of affairs** eine schöne Geschichte *iron* ► PHRASES: **to reach** [*or* **come to**] [*or* **be at**] **a ~ pass** schon weit gekommen sein *fig;* **to cost/pay a ~ penny** eine schöne [*o* hübsche] Stange Geld kosten/[be]zahlen *fam* **II.** *adv inv* (*fam*) ① (*fairly*) ziemlich; **to be ~ certain** [*or* **sure**] [sich *dat*] ziemlich sicher sein; **~ difficult** reichlich [*o* ziemlich] schwierig; (*very*) ganz; **~ good** (*fam*) ganz gut; **~ damn good/quick** (*fam*) verdammt gut/schnell *fam* ② (*almost*) **~ well everything** beinah alles; **~ well all the ...** so ziemlich alle ...; **~ much** [*or* **nearly**] [*or* **well**] fast, nahezu; **~ nearly finished** so gut wie fertig ► PHRASES: **to be sitting ~** gut dastehen, seine Schäfchen im Trockenen haben *oft pej fam;* **~ please!** bitte bitte! **III.** *vt* **to ~ oneself ⊂ up** sich *akk* zurechtmachen [*o* schön machen] [*o* SÜDD herrichten] *fam;* **to ~ up ⊂ sth** [**with sth**] (*enhance*) etw [mit etw *dat*] verschönern; (*enliven*) etw [mit etw *dat*] aufpeppen *sl* [*o fam* aufmotzen]

pretty much *adv* (*sl*) ziemlich

pretzel ['pretsᵊl] *n* Brezel *f* ÖSTERR *a. nt;* (*dried*) Salzstange *f*

prevail [prɪ'veɪl] *vi* ① (*triumph*) *justice, good* siegen; *person* sich *akk* durchsetzen, die Oberhand gewinnen; ***did greed ~ over generosity?*** war die Gier größer als der Großmut? ② (*induce*) **to ~ on** [*or* **upon**] **sb to do sth** jdn dazu bewegen [*o* bringen], etw zu tun ③ (*exist, be widespread*) *custom* weit verbreitet sein; *opinion* geläufig sein

prevailing [prɪ'veɪlɪŋ] *adj attr, inv wind* vorherrschend; *weather* derzeit herrschend; **under the ~ circumstances** unter den gegebenen Umständen, bei den derzeit herrschenden Bedingungen; **under ~ law** nach geltendem Recht [und Gesetz]; **~ mood** momentane Stimmung; **~ opinion** aktuelle Meinungslage

prevailing wind *n* vorherrschender Wind; **~ westerly winds** vorherrschend westliche Winde

prevalence ['prevᵊlən(t)s, AM -vəl-] *n no pl* (*common occurence*) *of crime, disease* weite Verbreitung, Häufigkeit *f; of bribery, of drugs* Überhandnehmen *nt;* (*predominance*) Vorherrschen *nt*

prevalent ['prevᵊlənt, AM -vəl-] *adj* (*common*) vorherrschend *attr; disease* weit verbreitet; *opinion* geläufig, weit verbreitet; (*frequent*) besonders häufig; **to be ~** besonders häufig vorkommen

prevaricate [prɪ'værɪkeɪt, AM -'ver-] *vi* (*form*) Ausflüchte machen; **to ~** [**over sth**] sich *akk* [in Bezug auf etw *akk*] ausweichend verhalten; ***Jane is prevaricating over whether to buy a new house*** Jane kann sich einfach nicht zu dem Kauf eines neuen Hauses entscheiden

prevarication [prɪ,værɪ'keɪʃᵊn, AM -,ver-] *n no pl* (*form*) Ausflüchte *fpl,* Ausweichmanöver *nt meist pl;* **to be an expert at ~** nie um Ausflüchte verlegen sein

prevent [prɪ'vent] *vt* **to ~ sth** etw verhindern; MED etw *dat* vorbeugen; **to ~ accidents/confusion/panic** Unfälle/Verwirrung/Panik vermeiden; **to ~ crime** Verbrechen verhüten; **to ~ sb/sth** [**from**] **doing sth** jdn/etw daran hindern [*o* davon abhalten], etw zu tun; ***there's nothing to ~ us from doing it*** davon kann uns überhaupt nichts abhalten; **to ~ a bomb from exploding/a disease from spreading** verhindern, dass eine Bombe explodiert/dass sich eine Krankheit ausbreitet

preventable [prɪ'ventəbl̩, AM -ţ-] *adj* vermeidbar

preventative [prɪ'ventətɪv, AM -ţəţɪv] *adj inv see* **preventive**

prevention [prɪ'ven(t)ʃᵊn] *n no pl of disaster* Verhinderung *f; of accident* Vermeidung *f; of crime* Verhütung *f;* **society for the ~ of cruelty to animals/children** Tierschutz-/Kinderschutzverein *m* ► PHRASES: **~ is better than cure** BRIT (*prov*), AM **an ounce of ~ is worth a pound of cure** (*prov*) vorbeugen ist besser als heilen *prov*

preventive [prɪ'ventɪv, AM -ţ-] *adj inv* vorbeugend, präventiv *geh,* Präventiv-; **to be ~** zur Vorbeugung dienen; **~ maintenance** vorsorgliche Wartung; **~ measures** Präventivmaßnahmen *fpl*

preventive maintenance *n* Wartung *f* (*als Schutz- oder Präventivmaßnahme*) **preventive medicine** *n* Präventivmedizin *f*

preview ['pri:vju:] **I.** *n of a film, play* Vorpremiere *f,* Voraufführung *f;* **sneak ~** Vorpremiere *f; of a trailer* Vorschau *f; of an exhibition* Vorbesichtigung *f,* Vernissage *f geh; of new products* Vor[ab]besichtigung *f* **II.** *vt* **to ~ sth** ① (*detail in advance*) *film, theatre, tv* etw vorab ankündigen; *book* etw vorab besprechen [*o geh* rezensieren]; *report* etw vorab besprechen ② (*see in advance*) *film, theatre* etw schon vorher [*o* in einer Vorpremiere] sehen; (*read in advance*) etw schon vorher lesen; TYPO das Layout einer S. *gen* kontrollieren **III.** *vi* eine Voraufführung geben; ***Miller's new play is ~ing at the Theatre Royal*** das Theatre Royal gibt eine Voraufführung von Millers neuem Stück

previous ['pri:viəs] *adj attr, inv* ① (*former*) vorig, vorausgegangen; (*prior*) vorherig; ***all the singer's ~ engagements ...*** alle bisherigen Auftritte des Sängers ...; **~ conviction** Vorstrafe *f;* **no ~ experience required** keine Vorkenntnisse erforderlich; **~ holder/owner** Vorbesitzer(in) *m(f),* voriger [*o* früherer] Besitzer/vorige [*o* frühere] Besitzerin ② (*preceding*) vorig, vorhergehend; ***could you please repeat the ~ question?*** könnten Sie die letzte Frage bitte wiederholen?; **on the ~ day** am Tag davor [*o* zuvor]; **the ~ evening/week** der Abend/die Woche zuvor; **the ~ speaker** der Vorredner/die Vorrednerin; **the ~ summer** im vorigen Sommer; **on my ~ visit to Florida** bei meinem letzten Besuch in Florida; **the ~ ten years** die vergangenen [*o* letzten] zehn Jahre

previously ['pri:viəsli] *adv inv* (*beforehand*) zuvor, vorher; (*formerly*) früher; ***she was ~ employed as a tour guide*** sie arbeitete früher als Reiseleiterin; **~ unknown/unreleased** bisher unbekannt/unveröffentlicht; **to have met sb ~** jdn schon kennen

previous question *n* POL Vorfrage *f* (*ob eine Abstimmung ohne weitere Debatte durchgeführt werden soll*); **to call for a ~** eine Vorfrage für eine Abstimmung fordern

prewar [,pri:'wɔ:ʳ, AM -'wɔ:r] *adj inv* Vorkriegs-; **~ period** Vorkriegszeit *f*

pre-wash <*pl* -es> [,pri:'wɒʃ, AM 'wɑ:ʃ] *n* vor dem Waschen

prey [preɪ] **I.** *n no pl* ① (*food*) Beute *f,* Beutetier *nt;* **to be ~ to sb/sth** jds Beute/die Beute einer S. *gen* sein ② (*fig: victim*) Beute *f fig;* ECON Opfer *nt* [einer Übernahme]; **to be easy ~ for sb** leichte Beute für jdn sein *fig;* **to be** [*or* **fall**] **~ to sb/sth** jds Opfer/das Opfer einer S. *gen* sein/werden; ***he had fallen ~ to a swindler*** er war einem Schwindler aufgesessen; **to be ~ to all sorts of fears** von allen möglichen Ängsten befallen werden **II.** *vi* ① (*kill*) **to ~ on** [*or* **upon**] **sth** Jagd [*o* Beute] auf etw *akk* machen ② (*exploit*) **to ~ on** [*or* **upon**] **sb** jdn ausnutzen; (*abuse*) jdn ausnehmen [*o sl* abzocken]; **to ~ on old people** sich *dat* alte Menschen als Opfer [aus]suchen ► PHRASES: **to ~ on sb's mind** jdm keine Ruhe lassen, an jdm nagen, jdn quälen *fig*

prezzie ['prezi] *n* BRIT, AUS (*fam*) Geschenk *nt*

priapic [praɪ'æpɪk] *adj* phallisch *geh,* Phallus-; **~ symbol** Phallussymbol *nt*

price [praɪs] **I.** *n* ① (*money*) Preis *m;* (*monetary sum*) [Geld]preis *m;* ***what ~ are apples this week?*** was kosten diese Woche die Äpfel?; ***~s have been on the rise*** die Preise sind gestiegen; ***for a ~ of £200 ...*** für 200 Pfund ...; **asking ~** STOCKEX Briefkurs *m;* **closing/opening ~** STOCKEX Schlusskurs *m*/Eröffnungskurs *m;* **computer ~s** Preise *mpl* für Computer, Computerpreise *mpl;* **the ~ of oil** der Ölpreis; **to fetch a bad/good/high/low ~** einen schlechten/guten/hohen/niedrigen Preis erzielen; **to name** [*or* **quote**] **a ~** einen Preis angeben [*o* nennen]; **at** [*or* **for**] **a ~** zum entsprechenden Preis, für entsprechendes Geld; **to buy sth at** [*or* **for**] **a ~** einen horrenden Preis für etw *akk* bezahlen; **at any ~** um jeden Preis; (*fig*) koste es, was es wolle *fig;* **beyond ~** unerschwinglich, unbezahlbar ② (*forfeit*) Preis *m kein pl fig;* ***what ~ fame?*** wie viel ist dir der Ruhm wert?; ***one's privacy is the ~ one has to pay for fame*** Ruhm geht auf Kosten der Privatsphäre; ***I'll do it for a ~*** das kostet dich aber was *sl;* **that's too high a ~** [**to pay**] **for ...** das ist ein zu hoher Preis für ...; **to pay a** [**heavy** [*or* **steep**]/**small**] **~** einen [hohen/geringen] Preis zahlen *fig;* **to pay the ~** Opfer *ntpl* bringen; **at** [*or* **for**] **a ~** (*not without difficulty*) um einen hohen Preis *fig,* unter Inkaufnahme von Opfern; **not at any ~** um keinen Preis ► PHRASES: **to have** [*or* **put**] [*or* **set**] **a ~ on sb's head** eine Belohnung auf jdn [*o* auf jds Kopf] aussetzen, steckbrieflich gesucht werden **II.** *vt* **to ~ sth** ① (*mark with price*) etw auszeichnen; (*set value*) den Preis für etw *akk* festsetzen; **to ~ oneself/sth out of the market** durch [die eigene] schlechte Preispolitik an Wettbewerbsfähigkeit verlieren; **to be ~d at $10/£50** $10/£50 kosten; **to be reasonably ~d** einen angemessenen Preis haben, angemessen im Preis sein ② (*inquire about cost*) die Kosten für etw *akk* erfragen

price ceiling *n* FIN Preisobergrenze *f,* oberste Preisgrenze; **to raise the ~** die oberste Preisgrenze anheben **price-conscious** *adj* preisbewusst **price control** *n* Preiskontrolle *f* **price cut** *n* Preissenkung *f* **price cutting** *n* [plötzliche] Preissenkung **price differential** *n* Preisgefälle *nt;* STOCKEX Kursgefälle *nt* **price-earnings ratio** *n* STOCKEX Kursgewinnverhältnis *nt* **price fixing** *n no pl* Preisabsprache *f,* Preisvereinbarung *f* **price fluctuation** *n* Preisschwankung *f,* Preisfluktuation *f* **price freeze** *n* Preisstopp *m* **price index** *n* Preisindex *m* **price label** *n* Preisschild *nt*

priceless ['praɪsləs] *adj* ① (*invaluable*) unbezahlbar, von unschätzbarem Wert *nach n;* **to be ~** von unschätzbarem Wert [*o* unbezahlbar] sein ② (*fig fam: funny*) *remark, situation* köstlich; *of person* unbezahlbar *hum;* **to be ~** *person, remark, situation* [zu] köstlich sein, zum Piepen [*o* Totlachen] sein *fam; person* [einfach] unbezahlbar sein

price list *n* Preisliste *f* **price maintenance, price support** *n* Kursstützung *f* **price range** *n* Preislage *f,* Preisklasse *f* **price ring** *n* Preiskartell *nt* **price-sensitive** *adj information* preisempfindlich, preissensibel **price stability** *n* Preisstabilität *f* **price sticker** *n* Preisaufkleber *m* **price tag** *n,* **price ticket** *n* ① (*label*) Preisschild *nt* ② (*fam: cost*) Preis *m* (**for** für +*akk*); ***these suits have designer names and a ~ to match*** das sind Designer-Anzüge zum [dem]entsprechenden Preis **price war** *n* Preiskrieg *m*

pricey ['praɪsi] *adj* (*fam*) kostspielig, teuer, [ein bisschen [*o* ziemlich]] happig *fam*

pricing ['praɪsɪŋ] *n no pl* Preisgestaltung *f,* Preisfestlegung *f*

prick [prɪk] **I.** *n* ① (*act of piercing*) Stechen *nt;* (*pierced hole, mark*) Stich *m;* (*fig: sharp pain*) Stich *m fig;* **a ~ of anxiety/resentment** ein Anflug *m* von Angst/Groll ② (*vulg: penis*) Schwanz *m vulg* ③ (*vulg: idiot*) Scheißkerl *m derb,* Arsch *m vulg,* Arschloch *nt vulg* **II.** *vt* **to ~ sb/sth** jdn/etw stechen; **to ~ one's finger** sich *dat o akk* in den Finger stechen; **to ~ a potato with a fork** eine Kartoffel mit einer Gabel einstechen ► PHRASES: **to ~ one's/the balloon** [*or* **bubble**] *esp* BRIT alles wie eine Seifenblase zerplatzen lassen; ***I'm sorry to ~ your bubble, but ...*** tut mir Leid, dir alles kaputt zu machen, aber ... *fam;* **to ~ sb's conscience** jdm Gewissensbisse [*o* ein schlechtes Gewissen] bereiten [*o* verursachen]

◆**prick out** *vt* **to ~ out ⊂ sth** ① HORT etw auspflanzen [*o* setzen] ② (*draw, decorate*) *design, pattern, shape* etw punktieren

◆**prick up I.** *vt* **to ~ up one's ears** die Ohren spitzen **II.** *vi* **sb's ears ~ up** [**at sth**] jd spitzt die Ohren [bei etw *dat*]

prickle ['prɪkl̩] **I.** *n* ① (*thorn*) *of plant* Dorn *m; of animal* Stachel *m* ② (*sensation*) *by beard, wool* Kratzen *nt;* (*fig*) Kribbeln *nt a. fig fam;* **to feel a ~ of excitement** vor [lauter] Aufregung ganz kribb[e]lig sein *fam* **II.** *vi of beard, wool* jucken, kratzen; (*fig*) kribbeln *fig,* prickeln *fig* **III.** *vt* **to ~ sb** *wool sweater etc* jdn kratzen

prickly ['prɪkli] *adj* ① (*thorny*) stachelig

❷ (*scratchy*) kratzig; ***woollen jumpers are so*** ~ Wollpullover kratzen immer so ❸ (*fam: easily offended*) *person* [leicht] reizbar; (*stronger*) bissig, kratzbürstig; a ~ **subject** [*or* **issue**] ein heikeles Thema

prickly heat *n* MED Frieselausschlag *m,* Hitzeausschlag *m,* Miliaria *f fachspr* **prickly pear** *n* ❶ (*plant*) Feigenkaktus *m* ❷ (*fruit*) Kaktusfeige *f*

prick-tease **I.** *vt* (*vulg*) ■**to** ~ **a man** einen Mann [zum Spaß] aufgeilen [*o fam* scharf machen] [*o fam* anmachen] [und dann abblitzen lassen] *derb* **II.** *vi* (*fam!*) [zum Spaß] Männer aufgeilen [*o fam* scharf machen] [*o fam* anmachen] [und dann abblitzen lassen] *derb*

prick-teaser *n* (*pej fam!*) **to be a** ~ Männer [zum Spaß] aufgeilen [*o fam* scharf machen] [*o fam* anmachen] [und dann abblitzen lassen] *derb*

pricy *adj see* **pricey**

pride [praɪd] **I.** *n* ❶ *no pl* (*arrogance*) Hochmut *m,* Überheblichkeit *f;* (*satisfaction*) Stolz *m;* **to feel great** ~ besonders stolz sein; **to take** ~ **in sb/sth** stolz auf jdn/etw sein; **to take** [**great**] ~ **in doing sth** [großen] Wert auf etw *akk* legen; (*self-respect*) Stolz *m;* **to have too much** ~ **to do sth** zu stolz sein, um etw zu tun, sich *dat* zu schade sein, [um] etw zu tun *pej;* **to hurt** [*or* **wound**] **sb's** ~ jds Stolz verletzen ❷ *no pl* (*object of satisfaction*) Stolz *m;* **the** ~ **of one's/sb's collection** das Glanzstück in der eigenen/jds Sammlung; **to be sb's** ~ **and joy** jds ganzer Stolz sein; **to have** [*or* **take**] ~ **of place** einen Ehrenplatz einnehmen ❸ (*animal group*) Rudel *nt;* **a** ~ **of lions** ein Rudel *nt* Löwen ▶ PHRASES: ~ **comes** [*or* **goes**] **before a** __**fall**__ (*prov*) Hochmut kommt vor dem Fall *prov;* **to** __**swallow**__ **one's** ~ seinen Stolz überwinden **II.** *vt* ■**to** ~ **oneself on** [*or* **upon**] **sth** auf etw *akk* [besonders] stolz sein, sich *akk* mit etw *dat* rühmen; ■**to** ~ **oneself on** [*or* **upon**] **doing sth** [besonders] stolz darauf sein, etw zu tun; ***he ~s himself that he's never ...*** er kann von sich mit Stolz behaupten, dass er noch nie im Leben ...

priest [priːst] *n* Priester *m,* Geistlicher *m*

priestess <*pl* -es> [ˌpriːˈstes, AM ˈpriːstɪs] *n* Priesterin *f,* Geistliche *f*

priesthood [ˈpriːsthʊd] *n no pl* ❶ (*position, office*) Priestertum *nt;* **to enter the** ~ Priester/Priesterin werden; **to leave the** ~ das Priesteramt niederlegen ❷ (*body of priests*) Priesterschaft *f*

priestly [ˈpriːstli] *adj* priesterlich, Priester-; ~ **blessing** priesterlicher Segen; ~ **caste** Priesterkaste *f*

prig [prɪg] *n* (*pej: moralist*) Tugendbold *m pej;* (*pedant*) Erbsenzähler *m pej fam;* ***why must you always be such a ~?*** warum bist du bloß so schrecklich kleinkariert? *pej fam*

priggish [ˈprɪgɪʃ] *adj* (*pej: self-righteous*) tugendhaft, selbstgefällig *pej;* (*prudish*) kleinkariert, übertrieben tugendhaft

priggishness [ˈprɪgɪʃnəs] *n no pl* Dünkel *m,* Eingebildetheit *f*

prim <-mm-> [prɪm] *adj* (*pej: stiffly formal*) steif, spröde; (*prudish*) prüde; (*neat*) *house* mustergültig, untadelig; *clothes* streng; **to be** ~ **and proper** etepetete sein *fam*

prima ballerina [ˌpriːməbælᵊrˈiːnə, AM -əˈriː-] *n* Primaballerina *f*

primacy [ˈpraɪməsi] *n no pl* (*form*) Vorrang *m,* Primat *m o nt geh*

prima donna [ˌpriːməˈdɒnə, AM -ˈdɑːnə] **I.** *n* (*also fig*) Primadonna *f;* **to behave like a right** ~ sich *akk* aufführen wie eine Primadonna **II.** *n modifier* arrogant *pej,* primadonnenhaft *pej*

prima donna-ish [ˌpriːməˈdɒnəɪʃ, AM -ˈdɑːn-] *adj* (*pej fam*) primadonnenhaft *pej*

primaeval *adj esp* BRIT *see* **primeval**

prima facie [ˌpraɪməˈfeɪʃi] *adj attr, inv* LAW (*form*) auf den ersten Blick *nach n;* ~ **case** Rechtsfall *m* mit klarem Sachverhalt [*o* Tatbestand]; **to have a** ~ **case** genügend Beweise haben; ~ **evidence** glaubhafter Beweis, Anscheinsbeweis *m fachspr,* Primafaciebeweis *m fachspr*

primal [ˈpraɪmᵊl] *adj inv* ursprünglich, Ur-

primal scream *n* PSYCH Urschrei *m* **primal therapy** *n* PSYCH Urschreitherapie *f,* Primärtherapie *f*

primarily [praɪˈmerᵊli] *adv inv* vorwiegend, hauptsächlich, in erster Linie

primary [ˈpraɪmᵊri, AM -meri] **I.** *adj inv* ❶ (*principal*) primär *geh,* Haupt-; ~ **concern** Hauptanliegen *nt;* **to have** ~ **jurisdiction** zuständig sein; ***the FBI still has ~ jurisdiction*** die Zuständigkeit liegt zunächst beim FBI; ~ **responsibility** Hauptverantwortlichkeit *f* ❷ (*not derivative*) roh gewonnen, Roh-; ~ **source materials** Rohmaterialien *ntpl* ❸ *esp* BRIT, AUS (*education*) Grundschul[s]- **II.** *n* AM POL (*election*) Vorwahl *f*

primary care *n no pl* medizinische Grundversorgung

primary care physician *n* AM Allgemeinarzt, -ärztin *m, f* **primary color** AM, **primary colour** *n* Grundfarbe *f* **primary education** *n no pl esp* BRIT Grundschul[aus]bildung *f* **primary election** *n* AM POL (*candidate selection*) Vorwahl *f* **primary health care** *n no pl* medizinische Grundversorgung **primary market** *n* Primärmarkt *m*

primary school *n esp* BRIT Grundschule *f*

primary stress *n no pl* LING Hauptakzent *m* **primary teacher** *n* BRIT Grundschullehrer(in) *m(f)*

primary tooth *n* Milchzahn *m*

primate [ˈpraɪmeɪt] *n* ❶ ZOOL (*mammal*) Primat *m* ❷ REL (*priest*) Primas *m fachspr*

primatologist [ˌpraɪməˈtɒlədʒɪst, AM -ˈtɑːl-] *n* SCI Primatologe, -in *m, f fachspr,* Primatenforscher(in) *m(f)*

primatology [ˌpraɪməˈtɒlədʒi, AM -ˈtɑːl-] *n no pl* SCI Primatologie *f fachspr,* Primatenforschung *f*

prime [praɪm] **I.** *adj attr, inv* ❶ (*main*) wesentlich, Haupt-; **of** ~ **importance** von äußerster Wichtigkeit; ~ **objective** oberstes Ziel; ~ **suspect** Hauptverdächtige(r) *f(m)* ❷ (*best*) erstklassig; ~ **cuts of meat** Fleischstücke *ntpl* bester Qualität; **a** ~ **example** ein ausgezeichnetes [*o* vortreffliches] Beispiel **II.** *n no pl* ❶ (*time of greatest success*) Blütezeit *f fig;* **the** ~ **of life** das beste Alter; **in the** ~ **of one's youth** in der Blüte der Jugend *geh;* **to be in one's** ~ im besten Alter sein, in der Blüte seiner Jahre stehen *geh;* **to be past one's** ~ die besten Jahre hinter sich *dat* haben, [schon] bessere Zeiten gesehen haben *fam* ❷ AM FIN Prime Rate *f,* Leitzins *m* [für erste Adressen] ❸ MATH Primzahl *f* **III.** *vt* ❶ (*prepare*) ■**to** ~ **sb** jdn vorbereiten; ■**to be** ~**d to do sth** bereit [*o* darauf vorbereitet] sein, etw zu tun; ■**to** ~ **oneself to do sth** sich *akk* darauf vorbereiten [*o* einstellen], etw zu tun ❷ TECH, MIL ■**to** ~ **sth** (*for exploding*) etw scharf machen; (*for firing*) etw schussbereit machen; (*undercoat*) *canvas, metal, wood* etw grundieren; **to** ~ **an engine** Anlasskraftstoff [in einen Motor] einspritzen; **to** ~ **a pump** eine Pumpe mit Wasser füllen (*um sie betriebsbereit zu machen*) ❸ *usu passive* MED, BIOL ■**to** ~ **sth** etw stärken; ***the immune system is ~d to attack diseased cells*** das Immunsystem ist darauf ausgerichtet, kranke Zellen anzugreifen ❹ (*brief*) ■**to** ~ **sb** jdn instruieren

prime meridian *n* GEOG Nullmeridian *m* **prime minister** *n* Premierminister(in) *m(f),* Ministerpräsident(in) *m(f)* **prime mover** *n* treibende Kraft; *also* PHILOS bewegende Kraft, Triebfeder *f;* **to be a** ~ **in sth** die treibende Kraft einer S. *gen* sein **prime number** *n* Primzahl *f*

primer[1] [ˈpraɪməʳ, AM -ɚ] *n* (*paint*) Grundierfarbe *f;* (*coat*) Grundierung *f*

primer[2] [ˈpraɪməʳ, AM ˈprɪmɚ] *n* ❶ SCH (*dated*) Fibel *f* ❷ COMPUT Elementarbuch *nt*

prime rate *n* AM Leitzins *m* für erste Adressen

prime time *n* Hauptsendezeit *f*

primeval [ˌpraɪˈmiːvᵊl] *adj* urzeitlich, Ur-; ~ **desire** Urverlangen *nt;* ~ **forest** Urwald *m*

primigravida <*pl* -s *or* -dae> [ˌpriːmɪˈgrævɪdə, *pl* -diː] *n* (*spec*) MED Primigravida *f fachspr,* Erstschwangere *f*

primipara <*pl* -rae> [praɪˈmɪpᵊrə, AM -ərə, *pl* -riː] *n* (*spec*) MED Primipara *f fachspr,* Erstgebärende *f*

primiparous [praɪˈmɪpᵊrəs, AM -ərəs] *adj usu attr* (*spec*) MED primipar *fachspr,* erstgebärend *attr*

primitive [ˈprɪmɪtɪv, AM -t̬-] **I.** *adj* ❶ (*early stage*) primitiv; ZOOL urzeitlich; ~ **mammal** Säugetier *nt* aus der Urzeit; (*unsophisticated, unreasoned*) *society, tribe, behaviour, emotion* primitiv ❷ (*pej: simple*) primitiv *pej* ❸ ART naiv; ~ **style** naiver [Kunst]stil ❹ ECON frühzeitlich; ~ **economy** frühzeitliche Wirtschaftsform; (*pej*) primitiv *pej* **II.** *n* COMPUT Grundroutine *f,* Elementarroutine *f;* (*in graphics*) Grafikelement *nt*

primitively [ˈprɪmɪtɪvli, AM -t̬-] *adv* primitiv

primitiveness [ˈprɪmɪtɪvnəs, AM -t̬-] *n no pl* (*in development*) Primitivität *f;* (*simplicity*) Einfachheit *f*

primitivism [ˈprɪmɪtɪvɪzᵊm, AM ɪt̬ɪ] *n no pl* ❶ (*uncivilizedness*) Rohheit *f,* Unkultur *f* ❷ (*school of art*) Primitivismus *m fachspr*

primly [ˈprɪmli] *adv* (*stiffly, formally*) steif, spröde, [übertrieben] sittsam; (*prudishly*) prüde; (*neatly*) mustergültig, untadelig; ~ **dressed** sittsam [*o* streng] gekleidet

primness [ˈprɪmnəs] *n no pl* Sprödigkeit *f,* [Über]korrektheit *f*

primogeniture [ˌpraɪməʊˈdʒenɪtʃəʳ, AM -oʊˈdʒenɪtʃɚ] *n no pl* (*spec*) LAW ❶ (*being first-born*) Primogenitur *f fachspr,* Erstgeburt *f* ❷ (*right of succession*) Primogenitur *f fachspr,* Erstgeburtsrecht *nt*

primordial [praɪˈmɔːdiəl, AM -ˈmɔːr-] *adj* (*form*) ❶ ASTRON (*primeval*) Ur-, ursprünglich, primordial *fachspr;* ~ **dust** Urstaub *m;* ~ **gas** Urgas *nt;* ~ **rain forest** ursprünglicher Regenwald ❷ (*basic, fundamental*) Ur-, ureigen *attr;* ~ **feelings** Urinstinkte *mpl,* ureigene Instinkte *mpl*

primp [prɪmp] **I.** *vi* sich *akk* zurechtmachen, sich *akk* herausputzen **II.** *vt* ■**to** ~ **sth/oneself** etw/sich *akk* zurechtmachen

primrose [ˈprɪmrəʊz, AM -roʊz] *n* [gelbe] Schlüsselblume

primula [ˈprɪmjələ] *n* Primel *f*

primus® [ˈpraɪməs] *n,* **primus stove®** *n* Campingkocher *m*

prince [prɪn(t)s] *n* ❶ (*royal*) Prinz *m;* (*head of principality*) Fürst *m* ❷ (*fig: one of best*) herausragende Erscheinung; **to be a** ~ [**among sb**] eine herausragende Persönlichkeit [unter jdm] sein

Prince Charming *n* (*hum fam*) Märchenprinz *m*

Prince Consort *n* Prinzgemahl *m*

princeling [ˈprɪnslɪŋ] *n* (*esp pej*) Prinzchen *nt*

princely [ˈprɪn(t)sli] *adj* (*approv*) fürstlich; **a** ~ **income/salary** ein fürstliches Einkommen/Gehalt; **for the** ~ **sum of ...** (*iron, hum: very small*) für die gewaltige Summe von ... *iron, hum*

Prince of Darkness *n* (*liter*) Fürst *m* der Finsternis *liter*

Prince of Wales *n* Prinz *m* von Wales

princess <*pl* -es> [prɪnˈses, AM ˈprɪn(t)sɪs] *n* Prinzessin *f;* **P~ Royal** die Princess Royal (*Titel für die älteste Tochter der regierenden Monarchin*)

principal [ˈprɪn(t)səpᵊl] **I.** *adj attr, inv* ❶ (*most important*) Haupt-, hauptsächlich; ~ **character** FILM, THEAT Hauptdarsteller(in) *m(f);* LIT zentrale Figur [*o* Gestalt], Hauptfigur *f;* ~ **export** Hauptexportartikel *m;* ~ **ingredient** Hauptbestandteil *m;* ~ **reason** Hauptgrund *m;* **one of the** ~ **towns** eine der bedeutendsten [*o* wichtigsten] Städte ❷ FIN (*original sum*) Kapital-; ~ **amount/investment** Kapitalbetrag *m*/-anlage *f* ❸ (*law of agency*) Auftraggeber(in) *m(f)* **II.** *n* ❶ AM, AUS (*head person*) *in a school* Direktor(in) *m(f),* Schulleiter(in) *m(f); in a company* Vorgesetzte(r) *f(m),* Chef(in) *m(f); in a play* Hauptdarsteller(in) *m(f); in an orchestra* Solist(in) *m(f);* (*duellist*) Duellant(in) *m(f);* (*person responsible for crime*) Hauptschuldige(r) *f(m)* ❷ (*client of lawyer*) Klient(in) *m(f),* Mandant(in) *m(f)* ❸ *usu sing* (*of investment*) Kapitalsumme *f;* (*of loan*) Kreditsumme *f* ❹ ECON für eigene Rechnung kaufender Händler/kaufende Händlerin

principal boy *n* BRIT THEAT *meist von einer weiblichen Darstellerin gespielte junge männliche Hauptrolle in britischen Weihnachtsaufführungen* **principal clause** *n* Hauptsatz *m*

principality [ˌprɪn(t)sɪˈpæləti, AM -səˈpælət̬i] *n* Fürstentum *nt*

principally ['prɪn(t)səpli] *adv inv* hauptsächlich, vorwiegend, in erster Linie

principle ['prɪn(t)səpl̩] *n* ① (*basic concept*) Prinzip *nt;* **basic** [*or* **guiding**] ~ Grundprinzip *nt,* Leitsatz *m;* **on Socialist ~s** nach sozialistischen Prinzipien ② (*fundamental*) Grundlage *f;* **the elementary ~s of physics** die Grundgesetze *ntpl* der Physik; **to function** [*or* **operate**] **on a ~** nach einem Prinzip funktionieren ③ (*approv: moral code*) Prinzip *nt,* Grundsatz *m; **it's the ~ of the thing*** es geht [dabei] ums Prinzip; ***cheating is against my ~s*** Betrug verstößt gegen meine Prinzipien; **to be a man of ~** ein Mann mit Prinzipien [*o* Grundsätzen] sein; **to stick to one's ~s** an seinen Prinzipien festhalten ④ CHEM Grundbestandteil *m* ▶ PHRASES: **on** [*or* **as a matter of**] ~ aus Prinzip; **in** ~ im Prinzip

principled ['prɪn(t)səpl̩d] *adj* ① (*moral*) prinzipientreu; **a ~ man** ein Mann *m* mit Prinzipien [*o* Grundsätzen]; **to take a ~ stand against sth** aus Überzeugung gegen etw *akk* Stellung beziehen ② *inv* (*based on rules*) fundiert

print [prɪnt] **I.** *n* ① (*lettering*) Gedruckte(s) *nt;* **bold ~** Fettdruck *m;* **in large ~** in Großschrift; **the small** [*or* **fine**] **~** das Kleingedruckte; **to write sth in ~** etw in Druckschrift schreiben ② *no pl* (*printed form*) Druck *m;* **to appear in ~** veröffentlicht [*o* gedruckt] werden; **to be in/out of ~** erhältlich/vergriffen sein; **to get into ~** erscheinen, gedruckt werden; **to go out of ~** nicht mehr gedruckt [*o* aufgelegt] werden; **to put sth into ~** etw in Druck geben; **to rush sth into ~** etw schnell veröffentlichen ③ (*printed media*) ■**the ~s** *pl* die Presse *kein pl;* ■**in ~** in der Presse ④ (*photo*) Abzug *m,* Kopie *f;* (*film*) Kopie *f;* (*reproduction*) Kopie *f;* (*copy of artwork*) Druck *m* ⑤ (*pattern*) [Druck]muster *nt;* **floral ~** Blumenmuster *nt* ⑥ (*footprint*) Fußabdruck *m;* (*fam: fingerprint*) Fingerabdruck *m;* **to leave ~s** Fingerabdrücke hinterlassen; **to take sb's ~s** jds Fingerabdrücke nehmen **II.** *n modifier* (*concerning media*) (*industry, sales, worker*) Druck-; **~ maker** Grafiker(in) *m(f);* **~ scandal** Presseskandal *m;* **~ union** Druckergewerkschaft *f* **III.** *vt* ■**to ~ sth** ① TYPO etw drucken; **to ~ a magazine/newspaper** eine Zeitschrift/Zeitung herausgeben ② PUBL etw veröffentlichen; (*in magazine, newspaper*) etw abdrucken; **to be ~ed in hardback** in gebundener Ausgabe erscheinen; **to ~ a special issue** eine Sonderausgabe herausbringen; **to ~ only lies** nur Lügen drucken; **to ~ the truth about sb/sth** die Wahrheit über jdn/etw veröffentlichen ③ COMPUT etw ausdrucken ④ PHOT etw abziehen, von etw *dat* einen Abzug machen ⑤ (*on fabric*) etw bedrucken; **~ed by hand** handbedruckt; **to ~ a pattern on sth** etw mit einem Muster bedrucken, ein Muster auf etw *akk* [auf]drucken ⑥ (*write by hand*) etw in Druckschrift [*o* Druckbuchstaben] schreiben; ***please ~ your name below your signature*** schreiben Sie bitte ihren Namen in Druckbuchstaben unter ihre Unterschrift **IV.** *vi* ① (*be in preparation*) sich *akk* im Druck befinden; ***the book is ~ing*** das Buch ist im Druck ② (*make copy*) drucken; **to ~ in black and white/colour** in schwarzweiß/Farbe drucken ③ (*write in unjoined letters*) in Druckschrift [*o* Druckbuchstaben] schreiben; **to ~ clearly/sloppily** deutlich/unleserlich schreiben

◆**print off** *vt* ■**to ~ off** ○ **sth** etw drucken; **to ~ off a photograph** ein Foto abziehen, von einem Foto einen Abzug machen

◆**print out** *vt* ■**to ~ out** ○ **sth** etw ausdrucken

printable ['prɪntəbl̩, AM -t̬ə-] *adj inv* druckfähig, druckbar; *manuscript* druckfertig

printed circuit *n,* **printed circuit board** *n* ELEC Leiterplatte *f* **printed matter** *n no pl* Drucksache *f* **printed word** *n no pl* ■**the ~** das gedruckte Wort

printer ['prɪntəʳ, AM -t̬ɚ] *n* ① (*person*) Drucker(in) *m(f);* **to be sent to the ~** zum Druck gehen ② (*machine*) Drucker *m;* **bubble-jet ~** Tintenstrahldrucker *m;* **laser ~** Laserdrucker *m*

printer cable *n* Druckerkabel *nt* **printer's error** *n* Druckfehler *m*

printing ['prɪntɪŋ, AM -t̬-] **I.** *n* ① *no pl* (*act*) Drucken *nt* ② (*print run*) Auflage *f;* ***the book is already in the fifth ~*** das Buch erscheint bereits in der fünften Auflage ③ *no pl* (*handwriting*) Druckschrift *f* **II.** *n modifier* (*equipment, industry*) Druck-; **~ costs** Druckkosten *pl;* **~ shop** Druckerei *f,* grafischer Betrieb

printing house *n* Druckerei *f* **printing ink** *n* Druckerschwärze *f,* Druckfarbe *f* **printing-office** *n* [Buch]druckerei *f* **printing press** *n* Druckerpresse *f*

print journalism *n no pl* Zeitungsjournalismus *m*

printmaker ['prɪntmeɪkəʳ, AM -ɚ] *n* Grafiker(in) *m(f)* **printmaking** ['prɪntmeɪkɪŋ] *n no pl* ① (*technique*) grafische Herstellung, Grafik *f* ② (*art*) grafische Künste *fpl* **printout** *n* Ausdruck *m;* **computer ~** Computerausdruck *m* **print quality** *n no pl* Druckqualität *f* **print run** *n* ① TYPO Auflage *f,* Auflagenhöhe *f* ② COMPUT Drucklauf *m* **print shop** *n* ① (*factory*) Druckmaschinensaal *m* ② (*copy store*) Druckerei *f* ③ (*shop*) Grafikhandlung *f* **printwheel** *n* (*dated*) Typenrad *nt* **printworks** *n + sing/pl vb* [Textil]druckerei *f,* Kattundruckerei *f*

prior[1] ['praɪəʳ, AM -ɚ] **I.** *adv* ■**~ to sth** vor etw *dat;* ***what did you do ~ to getting this acting role?*** was haben Sie gemacht, bevor Sie diese Schauspielrolle erhielten? **II.** *adj attr, inv* ① (*earlier*) frühere(r,s), vorherige(r,s); ***she has denied ~ knowledge of the meeting*** sie hat geleugnet, von dem Treffen schon früher gewusst zu haben; **~ engagement** vorher getroffene Verabredung; **~ arrest** LAW frühere Festnahme; **~ conviction** LAW Vorstrafe *f* ② (*having priority*) vorrangig; **~ claim** LAW vorrangiger Anspruch, bevorrechtigte Forderung **III.** *n* AM (*prior conviction*) Vorstrafe *f*

prior[2] ['praɪəʳ, AM -ɚ] *n* (*of abbey/priory*) Prior *m*

prioress <*pl* -es> ['praɪərəs, AM -ɚɪs] *n* (*of abbey/priory*) Priorin *f*

prioritization [praɪˌɒrɪtaɪ'zeɪʃᵊn, AM -ˌɔːrət̬ɪ'-] *n no pl* ① (*ordering*) Ordnung *f* nach der Priorität ② (*preference*) Einräumung *f* einer Vorrangstellung; ***this order deserves ~*** dieser Auftrag hat Vorrang

prioritize [praɪ'ɒrɪtaɪz, AM -'ɔːrə-] *esp* AM **I.** *vt* ■**to ~ sth** ① (*order*) etw der Priorität nach ordnen ② (*give preference to*) etw *dat* [den] Vorrang einräumen, etw vorrangig behandeln **II.** *vi* Prioritäten setzen

priority [praɪ'ɒrəti, AM -'ɔːrət̬i] **I.** *n* ① (*deserving greatest attention*) vorrangige Angelegenheit; **first/top ~** Angelegenheit *f* von höchster Priorität; ***my first ~ is to find somewhere to live*** für mich ist es vorrangig, eine Wohnung zu finden; **to get one's priorities right** [*or* **straight**] seine Prioritäten richtig setzen; **to set priorities** Prioritäten setzen, Schwerpunkte festlegen ② *no pl* (*great importance*) Priorität *f,* Dringlichkeit *f;* **first/top ~** höchste Priorität, größte Dringlichkeit; **to have high ~** dringend anstehen ③ *no pl* (*precedence*) Vorrang *m,* Vorzug *m,* Priorität *f;* **to give ~ to sb/sth** jdm/etw den Vorzug geben, jdn/etw vorrangig behandeln; **to have** [*or* **take**] **~** Vorrang [*o* Priorität] haben ④ *no pl* (*right of way*) Vorfahrt *f,* Vorfahrtsrecht *nt* **II.** *n modifier* ① (*urgent*) (*task*) vordringlich; **~ mail** AM Expresszustellung *f* ② (*preferential*) vorrangig; **~ treatment** Vorzugsbehandlung *f*

priory ['praɪəri, AM 'praɪri] *n* Priorat *nt*

prise [praɪz] *esp* BRIT, AUS, AM **prize** *vt* ■**to ~ sth open** etw [mit einem Hebel] aufbrechen [*o* aufstemmen]; **to ~ sb's hand open** jds Hand [mit Gewalt] öffnen

◆**prise apart** *vt* ■**to ~ apart** ○ **sth** etw auseinanderstemmen

◆**prise away** *vt* ■**to ~ away** ○ **sth** etw wegbrechen [*o* abreißen]; ■**to ~ sb away from sth** jdn von etw *dat* wegreißen; ■**to ~ sth away from sth** etw aus etw *dat* herausbrechen

◆**prise off** *vt* ■**to ~ off** ○ **sth** etw [mit Gewalt] entfernen

◆**prise out** *vt* ■**to ~ sth out of sb** etw aus jdm herausbekommen *fam;* **to ~ a secret out of sb** jdm ein Geheimnis entlocken

prism ['prɪzᵊm] *n* Prisma *nt*

prismatic [prɪz'mætɪk, AM -t̬ɪk] *adj inv* ① (*shape*) prismatisch, prismenförmig ② (*formed by a prism*) Prismen-; **~ colours** Spektralfarben *fpl*

prison ['prɪzᵊn] **I.** *n* ① (*also fig: jail*) Gefängnis *nt a. fig;* **maximum-security ~** Hochsicherheitsgefängnis *nt;* **minimum-security ~** *Besserungsanstalt mit Arbeitsprogrammen, Freigang und niedrigen Sicherheitsstandards;* **to be in ~** im Gefängnis sitzen, einsitzen *fam;* **to escape from ~** aus dem Gefängnis ausbrechen [*o* fliehen]; **to go to ~** ins Gefängnis kommen; **to put sb in ~** jdn einsperren *fam;* **to send sb to ~** jdn ins Gefängnis schicken; **to throw sb into ~** jdn ins Gefängnis werfen *fam* ② *no pl* (*time in jail*) Haft *f* **II.** *n modifier* (*facility, guard, routine*) Gefängnis-; **the ~ life** das Leben im Gefängnis; **~ work** Gefangenenarbeit *f*

prison break *n* Gefängnisausbruch *m* **prison camp** *n* (*for POWs*) [Kriegs]gefangenenlager *nt;* (*for political prisoners*) Gefangenenlager *nt,* Straflager *nt* **prison cell** *n* Gefängniszelle *f* **prison chapel** *n* Gefängniskapelle *f* **prison chaplain** *n* Gefängnisgeistlicher *m* **prison compound** *n* (*buildings and land*) Gefängnisanlage *f;* (*yard*) Gefängnishof *m*

prisoner ['prɪzᵊnəʳ, AM -ɚ] *n* (*also fig*) Gefangene(r) *f(m) a. fig,* Häftling *m,* Sträfling *m;* (*fig*) ***I'm a ~ of my past*** ich bin meiner Vergangenheit gefangen; **category B ~** Häftling *m* der zweithöchsten Gefährlichkeitsstufe; **category C ~** *relativ ungefährlicher Häftling, der trotzdem nicht als Freigänger beschreiben werden kann;* **category D ~** Freigänger(in) *m(f);* **political ~** politischer Häftling; **to hold** [*or* **keep**] **sb ~** jdn gefangen halten; **to take sb ~** jdn gefangen nehmen ▶ PHRASES: **take no ~s!** keine Kompromisse!

prisoner of conscience *n* politischer Häftling **prisoner of war** <*pl* prisoners of war> *n* Kriegsgefangene(r) *f(m)* **prisoner of war camp** *n* [Kriegs]gefangenenlager *nt* **prisoner of war interrogator** *n* Vernehmungsoffizier *m*

prison governor *n* BRIT Gefängnisdirektor(in) *m(f)* **prison guard** *n* Gefängniswärter(in) *m(f),* Gefängnisaufseher(in) *m(f)* **prison inmate** *n* Gefängnisinsasse, -in *m, f,* Häftling *m* **prison riot** *n* Gefängnisaufstand *m,* Gefängnisrevolte *f* **prison sentence, prison term** *n* Gefängnisstrafe *f,* Freiheitsstrafe *f;* **to serve a ~** eine Freiheitsstrafe verbüßen **prison warden** *n* AM Gefängnisdirektor(in) *m(f)* **prison warder** *n* BRIT, AUS Gefängnisaufseher(in) *m(f)* **prison yard** *n* Gefängnishof *m*

priss <*pl* -es> [prɪs] *n* AM (*pej sl*) Zicke *f pej sl,* Zimtziege *f pej fam*

prissily ['prɪsɪli] *adv* (*pej*) zickig *pej fam;* **to act ~** zickig sein

prissy ['prɪsi] *adj* (*pej*) *person* zickig *pej fam,* zimperlich *pej; dress, hairstyle* brav *pej*

pristine ['prɪstiːn] *adj* (*approv: original*) ursprünglich; *nature* unberührt; (*perfect*) tadellos, makellos; **in ~ condition** in tadellosem Zustand

prithee ['prɪðiː] *interj* (*old*) bitte[!]

privacy ['prɪvəsi, AM 'praɪ-] *n no pl* ① (*personal realm*) Privatsphäre *f,* Intimsphäre *f,* Privatleben *nt;* **in the ~ of one's home** in den eigenen vier Wänden *fam;* **right to ~** Recht *nt* auf [Achtung der] Privatsphäre; **to have no ~** keine Privatsphäre [*o* kein Privatleben] haben; **to disturb sb's ~** jdn in seiner Privatsphäre stören; **to invade sb's ~** in jds Privatsphäre eindringen ② (*time alone*) Zurückgezogenheit *f,* Abgeschiedenheit *f;* **to desire** [*or* **yearn for**] **~** sich *akk* nach Ruhe sehnen; **to give sb ~** jdn alleine lassen ③ (*secret*) Geheimhaltung *f;* ■**in ~** unter Geheimhaltung; **in strict ~** streng vertraulich

private ['praɪvɪt, AM -vət] **I.** *adj* ① *inv* (*personal*) privat, Privat-; **~ initiative/life** Privatinitiative *f*/-leben *nt;* **~ joke** Insiderwitz *m fam;* **to speak in some ~ language** in seiner eigenen Sprache reden; **sb's ~ opinion** jds persönliche Meinung; **~ papers** persönliche Papiere ② (*not open to public*) privat,

Privat-; *discussion, meeting* nicht öffentlich; ~ **beach/club/collection** Privatstrand *m*/-klub *m*/ -sammlung *f*; ~ **function** Privatveranstaltung *f*, private Feier; ~ **funeral** Beerdigung *f* in aller Stille; ~ **land** Privatgrund *m*; ~ **wedding ceremony** Hochzeitsfeier *f* im engsten Familienkreis ❸ (*confidential*) vertraulich; **to keep sth** ~ etw für sich *akk* behalten ❹ (*not social*) zurückhaltend, introvertiert; **to be a very ~ sort of person** ein sehr verschlossener [*o* in sich *akk* gekehrter] Mensch sein ❺ (*secluded*) abgelegen; (*undisturbed*) ungestört ❻ *inv* (*not governmental*) privat, Privat-; ~ **business** Privatwirtschaft *f*; ~ **financing** Privatfinanzierung *f*; ~ **funds** private Gelder; ~ **hospital** Privatklinik *f* ❼ (*not as official*) **as a ~ person** als Privatperson **II.** *n* ❶ *no pl* (*not in public*) ■**in** ~ privat, im Privatleben; LAW unter Ausschluss der Öffentlichkeit; **to speak** [*or* **talk**] **to sb in** ~ jdn [*o* mit jdm] unter vier Augen sprechen ❷ (*fam: genitals*) ■**~s** *pl* Geschlechtsteile *ntpl* ❸ (*soldier*) Gefreiter *m*, einfacher Soldat

private citizen *n* Privatperson *f* **private detective** *n* Privatdetektiv(in) *m(f)*; **to hire a** ~ einen Privatdetektiv/eine Privatdetektivin engagieren

private enterprise *n* ❶ *no pl* (*free enterprise*) Privatwirtschaft *f*, freie Marktwirtschaft ❷ (*a business*) Privatunternehmen *nt*

privateer [ˌpraɪvəˈtɪəʳ, AM -ˈtɪr] *n* (*hist*) ❶ (*armed ship*) Kaperschiff *nt*, Freibeuter *m* ❷ (*person*) Kaper *m*, Freibeuter *m* **private eye** *n* (*fam*) Privatdetektiv(in) *m(f)*, Schnüffler(in) *m(f)* *pej fam* **private first class** <*pl* privates first class> *n* MIL Obergefreite(r) *f(m)*; **to promote sb to** ~ jdn zum/zur Obergefreiten befördern **private income** *n no pl* private Einkünfte, Privateinkommen *nt*; *see also* **private means private investigator** *n* Privatdetektiv(in) *m(f)* **private lessons** *npl* Privatstunden *fpl*, Privatunterricht *m kein pl*; **to get/give/take** ~ Privatunterricht bekommen/geben/nehmen

privately [ˈpraɪvɪtli, AM -vət-] *adv* ❶ (*not in public*) privat; **to celebrate** ~ im kleinen Kreis feiern; **to speak ~ with sb** mit jdm unter vier Augen sprechen ❷ (*secretly*) heimlich, insgeheim; ~ ***he was worried*** insgeheim machte er sich Sorgen ❸ (*personally*) persönlich; **to benefit ~ from sth** von etw *dat* persönlich profitieren, aus etw *dat* persönlichen Nutzen ziehen

privately-owned business, privately-owned company *n* privates Unternehmen, Unternehmen *nt* in Privatbesitz

private means *npl* Privatvermögen *nt kein pl*; **to have** ~ Privatvermögen besitzen; **to live off of** ~ von seinem privaten Vermögen leben **private parts** *npl* (*fam*) Geschlechtsteile *ntpl*, Genitalien *ntpl*; **to cover one's** ~ seine Blöße bedecken *geh* **private practice** *n* MED Privatpraxis *f*; LAW eigene Anwaltskanzlei **private property** *n no pl* (*property*) Privateigentum *nt*, Privatbesitz *m*; (*land*) Privatgrund *m*; **~, *no tresspassing!*** kein Durchgang, Privatgrundstück! **private school** *n* Privatschule *f* **private secretary** *n* Privatsekretär(in) *m(f)* **private sector I.** *n no pl* ECON Privatwirtschaft *f*, privater Sektor **II.** *n modifier* (*funds, funding*) Privat-; ~ **business** privatwirtschaftliches Unternehmen; ~ **market** privater Markt; ~ **profits** private Gewinne **private tutor** *n* Privatlehrer(in) *m(f)* **private view, private viewing** *n* Vorabbesichtigung *f*, Vernissage *f*

privation [praɪˈveɪʃᵊn] *n* (*form*) ❶ *no pl* Armut *f*, Not *f* ❷ (*hardship*) Entbehrung *f*, Einschränkung *f*; **to suffer ~s** Entbehrungen leiden

privatization [ˌpraɪvɪtaɪˈzeɪʃᵊn, AM -vətɪ-] *n no pl* Privatisierung *f*

privatize [ˈpraɪvɪtaɪz, AM -və-] *vt* ■**to ~ sth** etw privatisieren

privet [ˈprɪvɪt] *n* Liguster *m*

privet hedge *n* Ligusterhecke *f*

privilege [ˈprɪvᵊlɪdʒ] **I.** *n* ❶ (*special right*) Privileg *nt*, Vorrecht *nt*; **to enjoy** [*or* **have**] **a** ~ ein Vorrecht besitzen [*o* Privileg genießen] ❷ (*honour*) Ehre *f*; (*iron*) Vergnügen *nt iron*; ■**it is a ~ to do sth** jdm eine Ehre sein, etw zu tun; ***it's a ~ to meet you, Mr Rauh*** es ist mir eine Ehre, Sie kennen zu lernen, Herr Rauh; **to have the ~ of doing sth** die Ehre haben, etw tun zu dürfen ❸ *no pl* (*advantage*) Sonderrecht *nt*, Privileg *nt*; **to be a man of wealth and** ~ reich und privilegiert sein; **to enjoy** [*or* **have**] **certain ~s** gewisse Sonderechte besitzen [*o* genießen]; **diplomatic** ~ diplomatische Immunität; **parliamentary** ~ BRIT Immunität *f* eines Abgeordneten/einer Abgeordneten ❹ LAW **attorney-client** ~ Aussageverweigerungsrecht *nt* des Anwalts/der Anwältin, Anwaltsgeheimnis *nt* ❺ COMPUT Zugriffsrecht *nt* **II.** *vt usu passive* ❶ (*give privileges to*) ■**to ~ sb** jdn privilegieren [*o* bevorrechtigen]; ***I am ~d to be able to present to you Robin Williams*** ich habe die besondere Ehre, Ihnen Robin Williams vorstellen zu dürfen ❷ (*exempt from*) ■**to be ~d from sth** von etw *dat* befreit [*o* ausgenommen] sein

privileged [ˈprɪvᵊlɪdʒd] *adj* ❶ (*with privileges*) privilegiert, bevorrechtigt; ~ **class** privilegierte Klasse [*o* Schicht]; **the ~ few** die kleine Gruppe von Privilegierten; ~ **status** Sonderstatus *m* ❷ *inv* LAW ~ **communication/information** vertrauliche Mitteilung/Information ❸ *diplomat* immun

privily [ˈprɪvɪli] *adv inv* (*old: hidden, secretly*) heimlich, insgeheim *liter*

privy [ˈprɪvi] **I.** *adj inv* (*form*) ■**to be ~ to sth** in etw *akk* eingeweiht sein **II.** *n* ❶ (*old: toilet*) Abort *m selten* ❷ LAW Mitinteressent(in) *m(f)*, Beteiligte(r) *f(m)*

Privy Council *n* BRIT Geheimer Staatsrat, Kronrat *m* **Privy Councillor** *n* BRIT Mitglied *nt* des geheimen Staatsrats **privy seal** *n* BRIT Kleines Siegel, Geheimsiegel *nt*

prize¹ [praɪz] **I.** *n* ❶ (*sth won*) Preis *m*; (*in lottery*) Gewinn *m*; (*in competition*) Preis *m*, Auszeichnung *f*; **to carry off** [*or* **win**] **a** ~ einen Preis gewinnen; **to receive a** ~ einen Preis erhalten; **to take a ~ for sth** einen Preis für etw *akk* bekommen ❷ (*reward*) Lohn *m*; NAUT Prise *f*, Beute *f*; ***the competitors were struggling for the ~ of market dominance*** die Konkurrenten kämpften um die Vorherrschaft auf dem Markt ❸ (*beautiful thing*) Kostbarkeit *f* ▸ PHRASES: **there are no ~s for guessing** dreimal darfst du raten *a. iron* **II.** *adj attr, inv* ❶ (*dated or iron fam: first-rate*) erster Güte *nach n a. iron*, erstklassig *a. iron*; ~ **idiot** Vollidiot(in) *m(f)* *pej sl* ❷ (*prizewinning*) preisgekrönt, prämiiert; ~ **horse** Siegerpferd *nt* **III.** *vt usu passive* ■**to ~ sth** etw schätzen; ■**to ~ sth above sth** etw über etw *dat* stellen; ***she ~s money above all*** für sie ist Geld am wichtigsten; **sb's ~d possession** jds wertvollster Besitz; **to ~ sth highly** etw hoch schätzen

prize² *vt* AM *see* **prise**

prize court *n* LAW Prisengericht *nt* **prizefight** *n* Profiboxkampf *m*, Preisboxkampf *m* **prizefighter** *n* Profiboxer(in) *m(f)*, Berufsboxer(in) *m(f)*, Preisboxer(in) *m(f)* **prizefighting** *n no pl* Profiboxen *nt*, Preisboxen *nt* **prize-giving** *n* Preisverleihung *f* **prize list** *n* Gewinnerliste *f* **prize money** *n no pl* Geldpreis *m*; SPORTS Preisgeld *nt* **prize-ring** *n* [Box]ring *m* **prize-winner** *n* Gewinner(in) *m(f)*, Preisträger(in) *m(f)* **prizewinning** *adj attr, inv* preisgekrönt

pro¹ [prəʊ, AM proʊ] (*fam*) **I.** *n* Profi *m*; **tennis** ~ Tennisprofi *m*; **to handle sth like a** ~ etw wie ein Profi machen **II.** *adj attr, inv* Profi-; ~ **sports** Profisport *m*

pro² [prəʊ, AM proʊ] **I.** *adv* dafür **II.** *n* Pro *nt*; ■**the ~s of sth** die Vorteile *mpl* einer S. *gen*; **the ~s and cons of sth** das Pro und Kontra [*o* Für und Wider] einer S. *gen*; **to weigh the ~s and cons of sth** die Vor- und Nachteile einer S. *gen* gegeneinander abwägen **III.** *prep* (*in favour of*) für **IV.** *adj inv* pro-; **a measure's ~ arguments** die Argumente *ntpl* für eine Maßnahme

pro- [prəʊ, AM proʊ] *in compounds* pro-; **~-environment** umweltfreundlich

proactive [ˌprəʊˈæktɪv, AM ˌproʊˈækt̬-] *adj* initiativ *geh*; ***some firms should be taking a more ~ attitude towards exporting*** manche Firmen sollten, was den Export betrifft, mehr Eigeninititative zeigen; ~ **strategy** Offensivstrategie *f*

proactively [ˌprəʊˈæktɪvli, AM ˌproʊˈækt̬-] *adv* initiativ *geh*

pro-am [ˌprəʊˈæm, AM ˌproʊˈ-] *adj inv short for* **professional-amateur** für Profis und Amateure *nach n*; ~ **tournament** Turnier *nt* der Profis gegen Amateure

probabilistic [ˌprɒbəbᵊlˈɪstɪk, AM ˌprɑː-] *adj inv* SCI, PHILOS Wahrscheinlichkeits-, probabilistisch *fachspr*

probability [ˌprɒbəˈbɪləti, AM ˌprɑːbəˈbɪlət̬i] *n* Wahrscheinlichkeit *f*; ***the ~ is that little will come of the environmental summit*** wahrscheinlich wird der Umweltgipfel kaum neue Ergebnisse bringen; ***it looks like peace is now a ~*** der Friede scheint jetzt in greifbarer Nähe; ***the ~ of her making a full recovery is quite good*** ziemlich wahrscheinlich wird sie wieder ganz gesund; **high/strong** ~ hohe/große Wahrscheinlichkeit; **in all** ~ aller Wahrscheinlichkeit nach, höchstwahrscheinlich

probability distribution *n no pl* Wahrscheinlichkeitsverteilung *f*, Zufallsverteilung *f* **probability theory** *n no pl* Wahrscheinlichkeitstheorie *f*

probable [ˈprɒbəbl, AM ˈprɑːb-] **I.** *adj* wahrscheinlich **II.** *n* POL, ECON Kandidat(in) *m(f)*; SPORTS ***they are ~s for the competition*** sie werden wahrscheinlich am Wettkampf teilnehmen

probable cause *n no pl* AM LAW hinreichender [Tat]verdacht; **to arrest sb on** ~ jdn aufgrund eines hinreichenden Tatverdachts verhaften

probably [ˈprɒbəbli, AM ˈprɑːb-] *adv* wahrscheinlich

probate [ˈprəʊbeɪt, AM ˈproʊ-] **I.** *n no pl* ❶ LAW gerichtliche Testamentsbestätigung [und Erbscheinerteilung]; **to grant ~ of a will** ein Testament gerichtlich bestätigen; **to grant sb** ~ jdm einen Erbschein ausstellen ❷ AUS (*tax*) Erbschaftssteuer *f* **II.** *vt* AM ■**to ~ sth** etw gerichtlich bestätigen; **to ~ an estate** einen Nachlass feststellen; **to ~ a will** ein Testament eröffnen und als rechtswirksam bestätigen lassen

probate court *n* AM Nachlassgericht *nt*; **to settle a matter in** ~ eine Angelegenheit über das Nachlassgericht regeln

probation [prə(ʊ)ˈbeɪʃᵊn, AM proʊˈ-] *n no pl* ❶ (*trial period*) Probezeit *f*; **to be on** ~ Probezeit haben ❷ LAW Bewährung *f*; **to be** [**out**] **on** ~ auf Bewährung [draußen] sein; **to get** ~ Bewährung bekommen; **to be let out on** ~ auf Bewährung aus dem Gefängnis entlassen werden; **to put** [*or* **place**] **sb on** ~ jdn unter Bewährung stellen; **to revoke sb's** ~ jds Bewährungsstrafe aufheben ❸ AM SCH, UNIV (*disciplinary period*) Besserungsfrist *f*; **to place sb on** ~ jdm eine Besserungsfrist einräumen

probationary [prə(ʊ)ˈbeɪʃᵊnᵊri, AM proʊˈbeɪʃᵊneri] *adj inv* Probe-; LAW Bewährungs-; ~ **period** Probezeit *f*; LAW Bewährungsfrist *f*

probationer [prə(ʊ)ˈbeɪʃᵊnəʳ, AM proʊˈbeɪʃᵊnɚ] *n* ❶ (*ex-convict*) auf Bewährung Freigelassene(r) *f(m)* ❷ (*employee*) Angestellte(r) *f(m)* auf Probe

probation officer *n* Bewährungshelfer(in) *m(f)*

probe [prəʊb, AM proʊb] **I.** *vi* ❶ (*investigate*) forschen; (*pester*) bohren *pej fam*; ■**to ~ for sth** nach etw *dat* forschen [*o* suchen]; **to ~ for inconsistencies** nach Ungereimtheiten suchen; ■**to ~ into sth** einer S. *dat* auf den Grund gehen; ***we will ~ into the circumstances surrounding her death*** wir werden uns eingehend mit den Umständen ihres Todes befassen; **to ~ into sb's past/private life** in jds Vergangenheit/Privatleben herumschnüffeln *pej fam* ❷ (*physically search*) Untersuchungen durchführen **II.** *vt* ■**to ~ sth** ❶ (*investigate*) etw untersuchen [*o* erforschen]; **to ~ a mystery** ein Geheimnis ergründen; **to ~ public opinion** versuchen, die öffentliche Meinung zu erfahren; **to ~ a scandal** einem Skandal auf den Grund gehen ❷ MED etw untersuchen **III.** *n* ❶ (*investigation*) Untersuchung *f*; **~ into a murder/scandal** Untersuchung *f* eines Mordes/Skandals; **~ into sb's past/private life** Herumschnüffeln *nt* in jds Vergangenheit/Privatleben *pej fam* ❷ MED Sonde *f*; **to insert a** ~ eine Sonde einführen; AEROSP [Raum]sonde *f*

probing ['prəʊbɪŋ, AM 'proʊ-] **I.** *adj attr* prüfend; *question* bohrend; ~ **fingers** suchende Finger; ~ **glance** forschender Blick **II.** *n* (*investigation*) Untersuchung *f*, Prüfung *f*; MED Untersuchung *f*; ***they did some ~ into her private life*** sie stellten Nachforschungen über ihr Privatleben an; ~ **into sb's activities** eine Überprüfung der Aktivitäten einer Person *geh*

probity ['prəʊbəti, AM 'proʊbət̬i] *n no pl* (*form*) Rechtschaffenheit *f*, Redlichkeit *f*, Integrität *f*

problem ['prɒbləm, AM 'prɑːb-] **I.** *n* ① (*difficulty*) Schwierigkeit *f*, Problem *nt*; ***it's not my ~!*** das ist [doch] nicht mein Problem!; ***and you think you've got ~s!*** deine Probleme möchte ich haben!; ***stay out of my ~s!*** halte dich aus meinen Angelegenheiten raus!; ***he had no ~ in getting the job*** er bekam die Arbeit ohne Probleme; (*fam*) **no** ~ (*sure*) kein Problem; (*don't mention it*) keine Ursache; ***what's your ~?*** was ist [mit dir] los?; **family/financial/personal ~s** familiäre/finanzielle/persönliche Probleme; **main** ~ Hauptproblem *nt*; **to face a** ~ vor einem Problem stehen; **to get involved in sb's ~s** sich *akk* in jds Probleme einmischen; **to have ~s at home/school/work** daheim/in der Schule/bei der Arbeit Probleme haben; **to have a ~ with sb/sth** mit jdm/etw ein Problem haben; **to pose** [*or* **present**] **a** ~ [**for sb**] [für jdn] ein Problem sein; **to solve/tackle a** ~ ein Problem lösen/angehen [*o* in Angriff nehmen] ② (*task*) Aufgabe *f*, Problem *nt*; ***that's her ~!*** das ist ihre Sache! ③ MED Problem *nt*; **drinking/drug/weight** ~ Alkohol-/Drogen-/Gewichtsproblem *nt*; **to have ~s with drinking** ein Alkoholproblem haben, [zu viel] trinken; **to have a drugs** ~ [*or* **a** ~ **with drugs**] ein Drogenproblem haben; **health ~s** gesundheitliche Probleme ④ MATH [Rechen]aufgabe *f*, Problem *nt* **II.** *n modifier* (*area, family, play*) Problem-; ~ **day** schwerer Tag

problematic [ˌprɒblə'mætɪk, AM ˌprɑːblə'mæt̬] *n usu pl* Problem *nt*, Problematik *f*; ■**the ~s of unrestrained capitalism** das Problematische am uneingeschränkten Kapitalismus

problematic(al) [ˌprɒblə'mætɪk(əl), AM ˌprɑːblə'mæt̬-] *adj* ① (*difficult*) problematisch ② (*questionable*) fragwürdig

problematically [ˌprɒblə'mætɪkəli, AM ˌprɑːblə'mæt̬-] *adv* problematisch

problem child *n* Problemkind *nt*, Sorgenkind *nt*

problem diagnosis *n* COMPUT Fehlererkennung *f*

problem person *n* schwierige Person

problem-solving *n no pl* Problemlösen *nt*

problem-solving ability, problem-solving skill *n* Fähigkeit *f*, Probleme zu lösen

pro bono [ˌprəʊ'bəʊnəʊ] *adj attr, inv* AM LAW kostenlos; **on a** ~ **basis** unentgeltlich; ~ **lawyer** kostenloser Rechtsanwalt/kostenlose Rechtsanwältin; ~ **legal services** kostenlose Rechtsleistungen

probosces [prə(ʊ)'bɒsiːz, AM proʊ'bɑː-] *n pl of* **proboscis**

proboscis <*pl* -sces> [prə(ʊ)'bɒsɪs, AM proʊ'bɑː-, *pl* -siːz] *n* ① ZOOL Rüssel *m* ② (*hum: person's nose*) Rüssel *m hum fam*

proboscis monkey *n* Nasenaffe *m*

procedural [prə'siːdʒərəl, AM -dʒər-əl] *adj inv* verfahrenstechnisch; LAW prozessual, verfahrensrechtlich, Verfahrens-; COMPUT Prozedur-, verfahrensorientiert

procedure [prə(ʊ)'siːdʒəʳ, AM prə'siːdʒɚ] *n* ① (*particular course of action*) Verfahren *nt*, Vorgehensweise *f*; ***what is the correct ~ for dealing with such patients?*** wie sollte man mit solchen Patienten umgehen?; **standard** ~ übliche Vorgehensweise; **operating** ~ TECH Fertigungsverfahren *nt*; **to follow** ~ sich *akk* an die übliche Vorgehensweise halten ② (*operation*) Vorgang *m*, Prozedur *f* ③ LAW Verfahren *nt*, Prozess *m*; **court** ~ Gerichtsverfahren *nt* ④ COMPUT Prozedur *f*

proceed [prə(ʊ)'siːd, AM proʊ'-] *vi* (*form*) ① (*make progress*) fortschreiten, vorangehen; ***preparations were ~ing smoothly*** die Vorbereitungen gingen reibungslos voran ② (*advance*) vorrücken; **to ~ to university** auf die Universität wechseln, mit dem Studium beginnen ③ (*continue*) fortfahren, weiterfahren SÜDD, SCHWEIZ; ***his lawyer will know how to ~ from here*** sein Anwalt weiß, wie weiter zu verfahren ist; ■**to ~ with** [*or* **in**] **sth** mit etw *dat* fortfahren; ***the detective decided to ~ with the investigation*** der Kriminalbeamte entschied sich, die Ermittlungen fortzuführen; ***shall we ~ with our planning?*** sollen wir mit unserer Planung weitermachen? ④ ■**to ~ from sth** (*come from*) von etw *dat* kommen; (*be caused by*) von etw *dat* herrühren; ***does hard drug use ~ from marijuana use?*** führt der Konsum von Marihuana zum Konsum harter Drogen? ⑤ (*form: drive*) [weiter]fahren; (*walk*) [weiter]gehen; ***please ~ to building 4*** fahren Sie bitte bis zu Gebäude 4 weiter; ~ ***with caution!*** vorsichtig [weiter]fahren!; **to ~ down** [*or* **along**] **a street** eine Straße entlang fahren ⑥ (*continue speaking*) fortfahren [zu sprechen]; ***may I ~?*** darf ich weitersprechen? ⑦ (*go on*) ■**to ~ to do sth** sich *akk* anschicken, etw zu tun ⑧ LAW ■**to ~ against sb** gegen jdn gerichtlich vorgehen [*o* einen Prozess anstrengen]

proceeding [prə(ʊ)'siːdɪŋ, AM proʊ'-] *n* ① (*action*) Vorgehen *nt kein pl*; (*manner*) Vorgehensweise *f* ② LAW (*legal action*) ■**~s** *pl* Verfahren *nt*; **court ~s** Gerichtsverfahren *nt*; **criminal/disciplinary ~s** Strafprozess *m*, Straf-/Disziplinarverfahren *nt*; **to institute** [*or* **start**] [*or* **take**] **~s against sb** ein Verfahren gegen jdn einleiten, gegen jdn gerichtlich vorgehen ③ (*event*) ■**~s** *pl* Veranstaltung *f*; **to open ~s** eine Veranstaltung eröffnen ④ ADMIN (*report*) ■**~s** *pl* Bericht *m*; (*minutes*) Protokoll *nt*

proceeds ['prəʊsiːdz, AM 'proʊ-] *npl* Einnahmen *fpl*; ~ **of a fund-raising event** Erlös *m* einer Benefizveranstaltung

process[1] ['prəʊses, AM 'prɑː-] **I.** *n* <*pl* -es> ① (*set of actions*) Prozess *m*; ~ **of ageing** Alterungsprozess *m*; **by a ~ of elimination** durch Auslese; **by a ~ of trial and error** durch [stetes] Ausprobieren, auf dem Weg der Empirie *geh*; **digestive** ~ Verdauungsvorgang *m* ② (*method*) Verfahren *nt*; **a new ~ for treating breast cancer** eine neue Methode zur Behandlung von Brustkrebs; **to develop a new** ~ ein neues Verfahren entwickeln ③ *no pl* (*going on*) Verlauf *m*; ■**in** ~ im Gange; **in the** ~ dabei; ■**to be in the ~ of doing sth** dabei sein, etw zu tun ④ ANAT Fortsatz *m* ⑤ (*summons*) gerichtliche Verfügung; **to serve sb a** ~ [*or* **a ~ on sb**] jdn vorladen **II.** *vt* ① (*deal with*) ■**to ~ sth** etw bearbeiten; **to ~ an application/a document/the mail** einen Antrag/ein Dokument/die Post bearbeiten; **to ~ sb's papers** [*or* **paperwork**] jds Papiere durcharbeiten; ■**to ~ sb** jdn abfertigen ② COMPUT **to ~ data/information** Daten/Informationen verarbeiten ③ (*fig: comprehend*) ■**to ~ sth** etw verstehen [*o* [geistig] verarbeiten] ④ (*treat*) ■**to ~ sth** etw bearbeiten [*o* behandeln]; **to ~ beans for freezing/canning** Bohnen zum Einfrieren/Einmachen verarbeiten; **to ~ food** Nahrungsmittel haltbar machen [*o* konservieren]; **to ~ raw materials** Rohstoffe [weiter]verarbeiten; **to ~ milk** Milch sterilisieren ⑤ PHOT **to ~ a film** einen Film entwickeln

process[2] [prə(ʊ)'ses, AM prə'-] *vi* (*form*) [in einer Prozession] mitgehen

process chart *n* Arbeitsablaufdiagramm *nt*; COMPUT Verfahrensdiagramm *nt*

processed cheese *n no pl* Schmelzkäse *m*

processed food *n* ① (*specifically treated*) behandelte Lebensmittel ② (*industrially processed*) industriell verarbeitete Nahrungsmittel

process engineering *n no pl* Verfahrenstechnik *f*

processing ['prəʊsesɪŋ, AM 'prɑː-] *n no pl* ① (*dealing with*) *of application* Bearbeitung *f*; **the ~ of a claim for insurance** Schadensbearbeitung der Versicherung *f* ② (*treatment*) TECH Weiterverarbeitung *f*, Veredelung *f*; FOOD Konservierung *f*, Behandlung *f*; *of milk* Sterilisierung *f* ③ COMPUT Verarbeitung *f*; ~ **of data** Datenverarbeitung *f* ④ PHOT Entwicklung *f*; **one-hour** ~ Entwicklung *f* in einer Stunde

procession [prə'seʃən] *n* ① (*line*) Umzug *m*; REL Prozession *f*; ~ **of cars** Autokorso *m*; **funeral** ~ Trauerzug *m*, Leichenzug *m*; **wedding** ~ Hochzeitszug *m*; ■**in** ~ hintereinander; **to go** [*or* **march**] [*or* **walk**] **in** ~ einen Umzug machen; REL eine Prozession machen ② (*fig: group*) Schlange *f*, Reihe *f*; **a non-stop ~ of visitors** ein nicht abreißender Besucherstrom

processional [prə'seʃənəl] **I.** *adj attr, inv* Prozessions-; ~ **route** Prozessionsweg *m* **II.** *n* (*book*) Prozessionsbuch *nt*; (*hymn*) Prozessionshymne *f*

processor ['prəʊsesəʳ, AM 'prɑːsesɚ] *n* ① (*company*) [Weiter]verarbeitungsbetrieb *m*, Veredelungsbetrieb *m*, Verarbeiter *m* ② (*machine*) **food** ~ Küchenmaschine *f* ③ COMPUT Prozessor *m*; **word** ~ Textverarbeitungscomputer *m*

process printing *n no pl* Vierfarbendruck *m*

process-server *n* Zusteller(in) *m(f)* einer gerichtlichen Verfügung; **to act as a** ~ eine gerichtliche Verfügung zustellen

pro-choice [ˌprəʊ'tʃɔɪs, AM ˌproʊ'-] *adj inv esp* AM für das Recht auf Abtreibung; ~ **advocate** Verfechter(in) *m(f)* des Rechts auf Abtreibung; ~ **conservative** AM konservativer Abtreibungsbefürworter/konservative Abtreibungsbefürworterin; **the ~ movement** die Abtreibungsbefürworter *pl*; ■**to be** ~ für das Recht auf Abtreibung sein

proclaim [prə(ʊ)'kleɪm, AM proʊ'-] *vt* ■**to ~ sth** ① (*form: announce*) etw verkünden [*o* erklären]; **to ~ one's independence** seine Unabhängigkeit erklären; **to ~ sb king/queen** jdn zum König/zur Königin ausrufen; **to ~ oneself king/queen** sich *akk* zum König/zur Königin erklären; **to ~ one's loyalty** seine Loyalität bekunden; **to ~ a republic/a state of emergency** eine Republic/den Notstand ausrufen; **to ~ a victory** einen Sieg verkünden ② (*liter: signify*) etw zum Ausdruck bringen; ■**to ~ sb sth** ***his vast knowledge ~s him an expert*** seine umfassenden Kenntnisse weisen ihn als Experten aus

proclamation [ˌprɒklə'meɪʃən, AM ˌprɑːk-] *n* ① (*form: act of proclaiming*) Verkündigung *f*, öffentliche Bekanntmachung, Proklamation *f geh*; ~ **of the republic** Ausrufung *f* der Republik; **to make** [*or* **issue**] **a** ~ einen Aufruf ergehen lassen ② (*decree*) Erlass *m*; **royal** ~ königlicher Erlass; **to issue** [*or* **make**] **a** ~ einen Erlass herausgeben ③ (*liter: sign*) Ausdruck *m* (**of** +*gen*)

proclivity [prə(ʊ)'klɪvəti, AM proʊ'klɪvət̬i] *n* (*form*) Hang *m kein pl*, Neigung *f* (**for** zu +*dat*), Schwäche *f* (**for** für +*akk*); **sexual proclivities** sexuelle Neigungen [*o* Vorlieben]

proconsul [prəʊ'kɒnsəl, AM proʊ'kɑːn] *n* ① HIST (*in ancient Rome*) Prokonsul *m* ② (*in a modern colony*) Statthalter *m*

procrastinate [prə(ʊ)'kræstɪneɪt, AM proʊ'kræstə-] *vi* (*form*) zögern, zaudern

procrastination [prə(ʊ)ˌkræstɪ'neɪʃən, AM proʊˌkræstə'-] *n no pl* (*form*) Zögern *nt*, Zaudern *nt*

procrastinator [prə(ʊ)'kræstɪneɪtəʳ, AM proʊ'kræstəneɪt̬ɚ] *n* (*form*) Zögerer *m*, Zauderer *m*

procreate ['prəʊkrieɪt, AM 'proʊ-] **I.** *vi* sich *akk* fortpflanzen **II.** *vt* (*also fig*) ■**to ~ sb/sth** jdn/etw zeugen *a. fig*; ■**to ~ sth** etw hervorbringen

procreation [ˌprəʊkri'eɪʃən, AM ˌproʊ-] *n no pl* Fortpflanzung *f*; (*fig*) Erzeugung *f*, Hervorbringen *nt*

procreative ['prəʊkrieɪtɪv, AM 'proʊkrieɪt̬-] *adj inv* ■**to be** ~ sich *akk* fortpflanzen

Procrustean [prəʊ'krʌstiən, AM proʊ'] *adj* Prokrustes- *geh*; ~ **bed** Prokrustesbett *nt*

proctologist [prɒk'tɒlədʒɪst, AM prɑːk'tɑːl-] *n* MED Proktologe, -in *m, f fachspr*

proctology [prɒk'tɒlədʒi, AM prɑːk'tɑːl-] *n no pl* MED Proktologie *f fachspr*

proctor ['prɒktəʳ, AM 'prɑːktɚ] **I.** *n* ① AM (*for exam*) [Prüfungs]aufsicht *f*; *see also* **invigilator** ② BRIT UNIV Disziplinarbeamte(r) *m*, Disziplinarbeamte [*o* -in] *f* ③ LAW Aufsichtsbeamte(r) *f(m)* einer Universität **II.** *vi* AM Aufsicht führen; *see also* **invigilate III.** *vt* AM **to ~ an exam** eine Prüfung beaufsichtigen; *see also* **invigilate**

procurable [prə'kjʊərəbl, AM proʊ'kjʊr-] *adj* erhältlich, beschaffbar; **to be easily** ~ leicht zu bekommen sein

procurator ['prɒkjʊ(ə)reɪtəʳ, AM 'prɑːkjəreɪt̬ə] *n* ❶ *(representative)* Bevollmächtigte(r) *f(m)*; **to appoint a ~** einen Bevollmächtigten/eine Bevollmächtigte ernennen ❷ SCOT *(attorney)* Anwalt, Anwältin *m, f*

procurator fiscal *n* SCOT Staatsanwalt, Staatsanwältin *m, f*; *(for lesser offences)* Amtsanwalt, Amtsanwältin *m, f*

procure [prə'kjʊəʳ, AM proʊ'kjʊr] *(form)* **I.** *vt* ❶ *(obtain)* ■**to ~ sth** etw beschaffen [*o* besorgen]; ■**to ~ sb sth** jdm etw besorgen [*o* beschaffen]; **to ~ sb's release** jds Freilassung erreichen [*o geh* erwirken] ❷ *(form: pimp)* ■**to ~ sb** jdn verkuppeln; **to ~ women for prostitution** Zuhälterei betreiben **II.** *vi (form)* Zuhälterei treiben; **to be suspected of procuring** der Zuhälterei verdächtigt werden

procurement [prə'kjʊəmənt, AM proʊ'kjʊr-] *n (form)* ❶ *(acquisition)* Beschaffung *f*, Besorgung *f*; **~ of military supplies** Beschaffung *f* von militärischem Nachschub ❷ *no pl (system)* Beschaffungswesen *nt*; **public ~** öffentliches [*o* staatliches] Beschaffungswesen ❸ *of prositutes* Kuppelei *f*, Zuhälterei *f*

procurer [prə'kjʊərəʳ, AM proʊ'kjʊrə] *n (form)* Zuhälter *m*, Kuppler *m pej*

procuress <*pl* -es> [prə'kjʊəres, AM proʊ'kjʊrɪs] *n (form)* Kupplerin *f pej*

prod [prɒd, AM prɑːd] **I.** *n* ❶ *(tool)* Ahle *f*; **cattle ~** [elektrischer] Viehtreibstab ❷ *(poke)* Schubs *m fam*, [leichter] Stoß; **to give sb a ~** jdm einen Stoß versetzen, jdn schubsen *fam* ❸ *(fig: incitation)* Anstoß *m fig*; *(reminder)* Gedächtnisanstoß *m*; ***he needs an occasional ~*** manchmal muss man seinem Gedächtnis nachhelfen; **to give sb a ~** jdm auf die Sprünge helfen ► PHRASES: **to be on the ~** AM Streit suchen **II.** *vt* <-dd-> ■**to ~ sb** ❶ *(poke)* jdn stoßen [*o fam* anstupsen]; ***I felt someone ~ me in the back*** ich spürte einen Stups in den Rücken *fam*; **to ~ a cake with a fork** mit einer Gabel in einem Kuchen herumstochern; **to ~ a horse with a stick** ein Pferd mit einem Stock vorwärts treiben ❷ *(fig: encourage)* jdn antreiben [*o* anspornen]; ■**to ~ sb into doing sth** jdn dazu drängen, etw zu tun; **to ~ sb into action** jdn auf Trab bringen *fam* **III.** *vi* <-dd-> stoßen; *with a fork* stochern

proddy ['prɒdi] *n* BRIT, AUS *(fam)* Protestant(in) *m(f)*

prodigal ['prɒdɪgᵊl, AM 'prɑːd-] *adj* verschwenderisch; ■**to be ~ of sth** etw verschwenden

prodigality [,prɒdɪ'gæləti, AM ,prɑːdɪ'gæləṯi] *n* ❶ *no pl (wastefulness)* Verschwendungssucht *f* ❷ *(instance)* Verschwendung *f* ❸ *(lavishness)* Üppigkeit *f*, Fülle *f*

prodigally ['prɒdɪgᵊli, AM 'prɑːd-] *adv* verschwenderisch

prodigal son *n* REL ■**the ~** der verlorene Sohn *a. fig*; **the return of the ~** die Rückkehr des verlorenen Sohnes

prodigious [prə'dɪdʒəs] *adj (form)* ❶ *(enormous)* gewaltig, ungeheuer ❷ *(wonderful)* wunderbar, erstaunlich

prodigiously [prə'dɪdʒəsli] *adv* ❶ *(enormously)* gewaltig; **to drink/eat ~** [sehr] ausgiebig trinken/essen ❷ *(wonderfully)* wunderbar; **~ gifted artist** begnadeter Künstler/begnadete Künstlerin

prodigy ['prɒdɪdʒi, AM 'prɑːd-] *n* ❶ *(person)* außergewöhnliches Talent; **child ~** Wunderkind *nt*; **tennis ~** Tenniswunder *nt fam*; **mathematical ~** Mathematikgenie *nt* ❷ *(accomplishment)* Wunder *nt*; ■**to be a ~ of sth** ein Wunder an etw *dat* sein

produce I. *vt* [prə'djuːs, AM -'duːs] ❶ *(make)* ■**to ~ sth** etw herstellen [*o* produzieren]; **to ~ antibodies/red blood cells** Antikörper/rote Blutkörperchen produzieren; **to ~ coal/oil** Kohle/Erdöl fördern; **to ~ electricity** Strom erzeugen; **to ~ ideas/thoughts** Ideen/Gedanken entwickeln; **to ~ an illusion** eine falsche Vorstellung erwecken; **to ~ a meal** eine Mahlzeit zubereiten; **to ~ noise** Lärm verursachen; **to ~ a novel/report** einen Roman/Bericht schreiben [*o* verfassen]; **to ~ an odour** einen Geruch absondern; **to ~ a painting/a sculpture** ein Gemälde/eine Skulptur schaffen; **to ~ a shadow** einen Schatten werfen; **to ~ a state of hypnosis** einen Hypnosezustand herbeiführen; **to ~ statics/sparks** atmosphärische Störungen/Funken verursachen [*o* hervorrufen]; **to ~ wheat** Weizen produzieren ❷ *(bring about)* ■**to ~ sth** etw bewirken [*o* hervorrufen]; **to ~ a change** eine Änderung bewirken; **to ~ an echo** ein Echo hervorrufen; **to ~ an effect** eine Wirkung erzielen; **to ~ hysteria/uncertainty** Hysterie/Unsicherheit hervorrufen; **to ~ profits/revenue** Gewinne/Erträge erzielen [*o* einbringen]; **to ~ results** zu Ergebnissen führen; **to ~ a shift in public opinion** die öffentliche Meinung ändern ❸ ZOOL *(give birth to)* ■**to ~ sb/sth** jdn/etw zur Welt bringen; **to ~ kittens/puppies/young** [Katzen]junge/Welpen/Junge bekommen; **to ~ offspring** Nachwuchs bekommen, für Nachwuchs sorgen *hum* ❹ FILM, MUS ■**to ~ sth** *film, programme* etw produzieren; THEAT *play, opera* etw inszenieren; **to ~ top artists** Spitzenkünstler(innen) *mpl(fpl)* produzieren; **to ~ a CD/record** eine CD/Schallplatte produzieren ❺ *(show)* ■**to ~ sth** etw hervorholen; **to ~ a gun/a knife/a weapon** eine Pistole/ein Messer/eine Waffe ziehen; **to ~ identification/one's passport** seinen Ausweis/Pass zeigen; **to ~ a present** ein Geschenk hervorzaubern; **to ~ a receipt** eine Quittung vorlegen ❻ LAW **to ~ an alibi/a witness** ein Alibi/einen Zeugen/eine Zeugin beibringen; **to ~ evidence/proof** den Beweis/Nachweis erbringen **II.** *vi* [prə'djuːs, AM -'duːs] ❶ *(bring results)* Ergebnisse erzielen; ECON einen Gewinn erwirtschaften ❷ *(give output)* produzieren; *mine* fördern ❸ *(be fertile) humans* Nachwuchs bekommen; *plant* Früchte tragen; *land* ertragreich sein ❹ FILM einen Film produzieren; THEAT ein Stück inszenieren **III.** *n* ['prɒdjuːs, AM 'prɑːduːs, 'proʊ-] *no pl* ❶ AGR Erzeugnisse *ntpl*, Produkte *ntpl*; **dairy ~** Milchprodukte *ntpl*, Molkereiprodukte *ntpl*; **French ~** [*or* **~ of France**] französische Erzeugnisse ❷ AM *(fruit and vegetables)* Obst *nt* und Gemüse *nt* **IV.** *n* ['prɒdjuːs, AM 'prɑːduːs, 'proʊ-] *modifier* AM *(market, order, purveyor)* Obst- und Gemüse-; **~ section** Obst- und Gemüseabteilung *f*

producer [prə'djuːsəʳ, AM -'duːsə] *n* ❶ *(manufacturer)* Hersteller *m*, Produzent *m*; AGR Erzeuger *m* ❷ FILM, TV Produzent(in) *m(f)*; THEAT Regisseur(in) *m(f)*; MUS [Musik]produzent(in) *m(f)*

product ['prɒdʌkt, AM 'prɑː-] *n* ❶ *(sth produced)* Produkt *nt*, Erzeugnis *nt*; **dairy ~s** Milchprodukte *ntpl*; **food ~s** Nahrungsmittel *ntpl*; **to be a ~ of one's environment** *(fig)* ein Produkt seiner Umgebung sein; **to be a ~ on one's mind** *(hum)* nur in jds Vorstellung existieren; **to be a ~ of the 1960s/one's time** ein Kind der 60er-Jahre/seiner Zeit sein ❷ *(result)* Ergebnis *nt*, Folge *f* ❸ MATH Produkt *nt*

product cycle *n* Produktzyklus *m*, Lebensdauer *f* eines Produkts

product development I. *n no pl* Produktentwicklung *f* **II.** *n modifier (costs, engineer, laboratory)* [Produkt]entwicklungs-; **~ department** Abteilung *f* für Produktentwicklung

production [prə'dʌkʃᵊn] **I.** *n* ❶ *no pl (process)* Produktion *f*, Herstellung *f*; *of coal* Förderung *f*; *of energy* Erzeugung *f*; **~ of agricultural products** Erzeugung *f* landwirtschaftlicher Produkte; **to be [no longer] in ~** [nicht mehr] hergestellt werden; **to go into ~** *(factory)* die Produktion aufnehmen; *(product)* in Produktion [*o* Fertigung] gehen ❷ *no pl (yield)* Produktion *f*; **drop in ~** Produktionsrückgang *m*; **agricultural ~** landwirtschaftliche Produktion; **industrial ~** Industrieproduktion *f* ❸ *no pl* FILM, TV, RADIO, MUS Produktion *f*; THEAT Inszenierung *f*; **to do the ~ [on a record]** [eine Schallplatte] produzieren; **to get into ~** in das Produzieren einsteigen *fam*; **to go into ~** produziert werden ❹ *(finished film, etc)* Produktion *f*; *(version of play/opera)* Inszenierung *f* ❺ *no pl (form: presentation)* Vorweisen *nt*, Vorlegen *nt*; ***entry is permitted on ~ of a ticket*** Einlass nur gegen Vorlage einer Karte; **upon ~ of your documents** bei Vorlage Ihrer Papiere ► PHRASES: **to make a ~ [number] of sth** aus etw *dat* ein Drama machen **II.** *n modifier* ❶ *(of factory) (output, worker)* Produktions-, Fertigungs-; **~ schedule** Fertigungsplan *m* ❷ FILM *(company, quality, studio)* Produktions-

production capacity *n no pl* Produktionskapazität *f*, Fertigungskapazität *f* **production costs** *npl* Produktionskosten *pl*, Herstellungskosten *pl* **production director** *n* RADIO Sendeleiter(in) *m(f)* **production line** *n* Fließband *nt*, Fertigungsstraße *f* **production manager** *n* Produktionsleiter(in) *m(f)* **production time** *n* Produktionszeit *f*, Fertigungszeit *f* **production volume** *n* Fertigungsvolumen *nt*, Produktionsmenge *f*

productive [prə'dʌktɪv] *adj* ❶ *(with large output)* produktiv; *land, soil* fruchtbar, ertragreich; *mine, well* ergiebig; **~ conversation** *(fig)* fruchtbares Gespräch; **~ discussion** ergiebige [*o* produktive] Diskussion; **~ meeting** ergiebiges Treffen; **~ period of a writer** schöpferische [*o* produktive] Phase eines Schriftstellers/einer Schriftstellerin; **sb's ~ years** jds Schaffenszeit ❷ *(profitable) business* rentabel; **~ capital** arbeitendes [*o* Gewinn bringendes] Kapital ❸ *(efficient)* leistungsfähig; **~ employee** produktiver Mitarbeiter/produktive Mitarbeiterin ❹ *(useful)* sinnvoll; ***would it be ~ to ask him why?*** hat es Sinn, ihn nach dem Grund zu fragen?; **~ exercise** sinnvolle [*o* gute] Übung ❺ *pred (causative)* ■**to be ~ of sth** etw hervorbringen [*o* erzeugen] ❻ LING häufig

productively [prə'dʌktɪvli] *adv* produktiv; **to use one's time ~** seine Zeit effektiv nutzen; **to work more ~** effizienter arbeiten

productivity [,prɒdʌk'tɪvəti, AM ,proʊdʌk'tɪvəṯi] *n no pl* ❶ *(output)* Produktivität *f*; **high/low ~** hohe/niedrige Produktivität ❷ *(effectiveness)* Effektivität *f*, Effizienz *f*; **to boost ~** die Effizienz erhöhen ❸ *(profitability)* Rentabilität *f* ❹ ECON *(rate of return of capital)* Ertragskraft *f*

productivity bonus *n* Leistungszulage *f*, Produktivitätsprämie *f*; **to earn [*or* receive] a ~** eine Leistungszulage erhalten **productivity incentive** *n* Leistungsanreiz *m*, Produktivitätsanreiz *m* **productivity level, productivity rate** *n* Produktivitätsrate *f*

product line *n* Produktlinie *f*, Produktpalette *f*

product mix *n* Sortiment *nt*

product-mix *adj attr, inv* **~ projections** Vorausplanung *f* der Produkte in einer Produktlinie **product placement** *n* Productplacement *nt fachspr* **product range** *n* Produktpalette *f*, Sortiment *nt*; *of plant* Fertigungsspektrum *nt*

prof [prɒf, AM prɑːf] *n (hum fam) short for* **professor** Prof *m fam*, Prof *fam*

profanation [,prɒfə'neɪʃᵊn, AM ,prɑː-] *n* Entweihung *f*, Profanierung *f geh*

profane [prə'feɪn, AM *esp* proʊ'-] **I.** *adj* ❶ *(blasphemous)* gotteslästerlich, frevelhaft; **~ language** lästerliche Sprache ❷ *(form: secular)* weltlich, profan *geh* **II.** *vt* ■**to ~ sth** etw entweihen

profanity [prə'fænəti, AM proʊ'fænəṯi] *n* ❶ *no pl (blasphemy)* Gotteslästerung *f* ❷ *(swearing)* Fluch *m* ❸ *(word)* vulgärer Ausdruck, Kraftausdruck *m*; **to utter a ~** eine ordinäre Bemerkung machen ❹ *(behaviour)* Lasterhaftigkeit *f*, Verderbtheit *f*

profess [prə'fes, AM *also* proʊ'-] *vt* ■**to ~ sth** ❶ *(claim)* etw erklären [*o geh* bekunden]; *(insistingly)* etw beteuern; **to ~ little enthusiasm** wenig Begeisterung zeigen; **to ~ love for sb** seine Liebe zu jdm gestehen; ■**to ~ oneself sth** sich *akk* als etw bezeichnen; ***she ~ed herself a communist*** sie bekannte sich zum Kommunismus; **to ~ oneself satisfied with sth** sich *akk* über etw *akk* zufrieden äußern; ***I never ~ed myself satisfied with my looks*** ich war mit meinem Aussehen noch nie zufrieden; ■**to ~ to be sth** behaupten, etw zu sein ❷ *(affirm)* sich *akk* zu etw *dat* bekennen; **to ~ one's faith** sich *akk* zu seinem Glauben bekennen

professed [prə'fest, AM *also* proʊ'-] *adj attr, inv* ❶ *(openly declared) Marxist, communist* erklärt; ***he is my ~ enemy*** er ist mein erklärter Feind ❷ *(al-*

leged) angeblich ❸ *(with vows)* ~ **nun** Nonne *f*, die die Gelübde abgelegt hat

professedly [prəˈfesɪdli, AM *also* proʊˈ-] *adv* ❶ *(admittedly)* zugegebenermaßen, erklärtermaßen; ***he was ~ tired*** er gab zu, müde zu sein ❷ *(allegedly)* angeblich

profession [prəˈfeʃᵊn] *n* ❶ *(field of work)* Beruf *m;* **teaching** ~ Lehrberuf *m;* **the oldest** ~ **in the world** das älteste Gewerbe der Welt; **to enter a** ~ einen Beruf ergreifen; **by** ~ von Beruf ❷ *(body of workers)* Berufsstand *m;* **the medical** ~ die Ärzteschaft ❸ *(claim)* Bekundung *f*, Erklärung *f;* ~ **of faith** Glaubensbekenntnis *nt;* ~ **of love/loyalty** Liebes-/Loyalitätserklärung *f*

professional [prəˈfeʃᵊnᵊl] **I.** *adj* ❶ *(of a profession)* beruflich, Berufs-; ***are you meeting with me in a personal or ~ capacity?*** ist ihr Treffen mit mir privater oder geschäftlicher Natur?; ***he is a ~ troubleshooter*** er ist ein professioneller Krisenmanager; ~ **career** berufliche Laufbahn [*o* Karriere]; **to be a** ~ **courtesy** zu den beruflichen Gepflogenheiten gehören; ~ **dress** Berufskleidung *f;* ~ **experience** Berufserfahrung *f;* ~ **interest** berufliches Interesse; ~ **jargon/journal/literature** Fachjargon *m*/-zeitschrift *f*/-literatur *f;* ~ **misconduct** standeswidriges Verhalten, Berufspflichtverletzung *f;* ~ **name** Künstlername *m;* ~ **qualifications** berufliche Qualifikationen ❷ *(not tradesman)* freiberuflich, akademisch; ~ **man/woman** Akademiker(in) *m(f);* ~ **people** Angehörige *mpl* der freien [*o* akademischen] Berufe; ~ **types** *(fam)* Akademiker(innen) *mpl(fpl)* ❸ *(expert)* fachmännisch, fachlich; ***is that your personal or ~ opinion?*** ist das Ihre private Meinung oder Ihre Meinung als Fachmann; ~ **advice** fachmännischer Rat ❹ *(approv: businesslike)* professionell, fachmännisch; **to maintain** ~ **conduct** professionell auftreten; **to do a** ~ **job** etw fachmännisch erledigen; ~ **manner** professionelles Auftreten; **in a** ~ **manner** fachmännisch; **to look** ~ professionell aussehen ❺ *(not amateur)* Berufs-; SPORTS Profi-; ~ **career** Profilaufbahn *f*, Profikarriere *f;* ~ **dancer/gambler/soldier** Berufstänzer(in) *m(f)*/-spieler(in) *m(f)*/-soldat(in) *m(f);* ~ **player** Profispieler(in) *m(f);* **in** ~ **sports** im Profisport; **to be a** ~ **writer** von Beruf Schriftsteller(in) *m(f)* sein; **to go** [*or* **turn**] ~ Profi werden; SPORTS ins Profilager [über]wechseln *fam* ❻ *(fam: habitual)* notorisch; ~ **liar** notorischer Lügner/notorische Lügnerin, Lügenbold *m fam*, professioneller Ehestifter/professionelle Ehestifterin **II.** *n* ❶ *(not an amateur)* Fachmann, Fachfrau *m, f;* SPORTS Profi *m* ❷ *(not a tradesman)* Akademiker(in) *m(f)*, Angehörige(r) *f(m)* der freien [*o* akademischen] Berufe

professional foul *n* absichtliches Foul; **to commit a** ~ absichtlich ein Foul begehen **professional help** *n no pl* professionelle Hilfe

professionalism [prəˈfeʃᵊnᵊlɪzᵊm] *n no pl* ❶ *(skill and experience)* Professionalität *f*, Routiniertheit *f;* *(attitude)* professionelle Einstellung; **to handle sth with** ~ mit etw *dat* professionell [*o* fachmännisch] umgehen; **to handle oneself with** ~ sich *akk* professionell verhalten ❷ SPORTS Profitum *nt*

professionally [prəˈfeʃᵊnᵊli] *adv* ❶ *(by a professional)* von einem Fachmann/einer Fachfrau; **to do sth** ~ etw fachmännisch erledigen; **to get sth done** ~ etw von einem Fachmann/einer Fachfrau machen lassen ❷ *(not as an amateur)* berufsmäßig; **to do sth** ~ etw beruflich betreiben; **to play tennis** ~ Tennisprofi sein

professor [prəˈfesəʳ, AM -ɚ] *n* ❶ *(at university)* Professor(in) *m(f);* ~ **of history/mathematics** Professor(in) *m(f)* für Geschichte/Mathematik; AM *(teacher at university)* Dozent(in) *m(f)* ❷ *(affirmer)* Bekenner(in) *m(f)*

professor emeritus [prəˈfesəʳɪˌmerɪtəs, AM -ɚɪˌmerəţəs] *n* Professor emeritus, emeritierter Professor/emeritierte Professorin

professorial [ˌprɒfɪˈsɔːriəl, AM ˌproʊfə-] *adj inv* Professoren-; ~ **manner** professorales Gehabe *pej;* ~ **post** Professorenstelle *f*

professorship [prəˈfesəʃɪp, AM -ɚ-] *n* Professur *f*, Lehrstuhl *m;* **to apply for a** ~ sich *akk* um eine Professur bewerben; **to get a** ~ eine Professur erhalten

proffer [ˈprɒfəʳ, AM ˈprɑːfɚ] *vt (form)* ■**to** ~ **sth** etw anbieten; **to** ~ **sb one's hand** jdm seine Hand reichen; **to** ~ **an observation/opinion** eine Beobachtung/Meinung vorbringen; **to** ~ **thanks** Dank aussprechen

proficiency [prəˈfɪʃᵊn(t)si] *n no pl* Tüchtigkeit *f*, Können *nt;* ~ **at the computer** Computerkenntnisse *fpl;* **his** ~ **in computer programming** sein Können als Programmierer; ~ **at one's job** Tüchtigkeit *f* im Beruf; ~ **in a language** Sprachkenntnisse *fpl;* **to test sb's** ~ **in math** jds Kenntnisse in Mathematik testen; ~ **in writing** schriftstellerisches Können; **to show** ~ sein Können [*o* seine Fertigkeiten] unter Beweis stellen

proficiency exam, proficiency test *n* Leistungstest *m*

proficient [prəˈfɪʃᵊnt] *adj* fähig, tüchtig; **to be** ~ **in a language** eine Sprache beherrschen; **to be a** ~ **liar** gut lügen können; **to be** ~ **at swimming** gut schwimmen können

profile [ˈprəʊfaɪl, AM ˈproʊ-] **I.** *n* ❶ *(side view)* Profil *nt;* **to draw/photograph sb in** ~ jdn im Profil zeichnen/fotografieren ❷ *(description)* Porträt *nt fig;* *(restricted in scope)* Profil *nt* ❸ *(public image)* **to raise sb's** ~ jdn hervorheben; **to raise sth's** ~ etw bewusst[er] machen; **to raise an issue's** ~ **with the public** eine Thematik in der Öffentlichkeit stärker bewusst machen; **to be in a high-**~ **position** eine bedeutende Position innehaben ► PHRASES: **to keep a low** ~ sich *akk* zurückhalten [*o* bedeckt halten] **II.** *vt* ■**to** ~ **sb** ❶ *(write)* jdn porträtieren *fig* ❷ *(draw)* jdn im Profil zeichnen, eine Profilzeichnung von jdm anfertigen

profiler [ˈprəʊfaɪləʳ, AM ˈproʊfaɪlɚ] *n* Profiler(in) *m(f) fachspr (Fachmann für die Erstellung eines psychologischen Profils eines gesuchten Täters);* *(program)* Profilerprogramm *nt*

profiling [ˈprəʊfaɪlɪŋ, AM ˈproʊ-] *n* Profiling *nt fachspr (Erstellung eines Persönlichkeitsprofils)*

profit [ˈprɒfɪt, AM ˈprɑː-] **I.** *n* ❶ *(money earned)* Gewinn *m*, Profit *m;* **gross/net** ~ Brutto-/Reingewinn *m;* **pretax** ~ Gewinn *m* vor Steuern; **to make a** ~ Gewinn [*o* Profit] machen [*o* erzielen]; **to run at a** ~ Gewinn abwerfen; **to sell sth at a** ~ etw mit Gewinn verkaufen ❷ *(advantage)* Nutzen *m*, Vorteil *m;* ***what ~ is there in it for me?*** was habe ich davon? [*o fam* springt für mich dabei heraus?]; ***there's no ~ to be gained from these endless discussions*** diese endlosen Diskussionen führen zu nichts **II.** *vi* ❶ *(gain financially)* profitieren, Gewinn machen; ■**to** ~ **by** [*or* **from**] **sth** von etw *dat* profitieren, aus etw *dat* Gewinn ziehen ❷ *(benefit)* profitieren; ■**to** ~ **by** [*or* **from**] **sth** von etw *dat* profitieren, aus etw *dat* Nutzen ziehen; **to** ~ **enormously** erheblich profitieren, großen Nutzen ziehen **III.** *vt* ■**to** ~ **sb** jdm nützlich sein [*o* nützen], jdm von Nutzen [*o* Vorteil] sein

profitability [ˌprɒfɪtəˈbɪləti, AM ˌprɑːfɪţəˈbɪləţi] *n no pl* Rentabilität *f*, Wirtschaftlichkeit *f;* **measurement of** ~ Rentabilitätsberechnung *f*

profitable [ˈprɒfɪtəbl̩, AM ˈprɑːfɪţ-] *adj* ❶ *(in earnings)* Gewinn bringend, rentabel, profitabel; ~ **business** einträgliches Geschäft; ~ **investment** lohnende [*o* gewinnbringende] Investition ❷ *(advantageous)* nützlich, vorteilhaft; **to make** ~ **use of one's time** seine Zeit sinnvoll nutzen, mit seiner Zeit etw Sinnvolles anfangen

profitably [ˈprɒfɪtəbli, AM ˈprɑːfɪţ-] *adv* ❶ *(at a profit)* gewinnbringend, rentabel ❷ *(advantageously)* nutzbringend, vorteilhaft; **to spend one's time** ~ seine Zeit sinnvoll nutzen

profit and loss account *n* Gewinn- und Verlustrechnung *f* **profit and loss statement** *n* Gewinn- und Verlustrechnung *f* **profit centre** *n* Profitcenter *nt*

profiteer [ˌprɒfɪˈtɪəʳ, AM ˌprɑːfɪˈtɪr] **I.** *n (pej)* Profitjäger(in) *m(f) pej*, Geschäftemacher(in) *m(f) pej* **II.** *vi* ❶ *(make excessive profit)* riesige Gewinne erzielen; *(make unfair profit)* sich *akk* bereichern ❷ *(earn money on black market)* Schwarzhandel treiben

profiteering [ˌprɒfɪˈtɪərɪŋ, AM ˌprɑːfɪˈtɪr-] *n no pl* ❶ *(profit-seeking)* Geschäftemacherei *f pej* ❷ *(selling at too high prices)* Wucher *m pej*

profiterole [prɒfˈɪtᵊrəʊl, AM prəˈfɪtəroʊl] *n* Profiterole *f*

profitless [ˈprɒfɪtləs, AM ˈprɑː] *adj* unergiebig, unrentabel; *talk, argument* zwecklos

profit-making *adj inv* Gewinn bringend, rentabel; **non** ~ gemeinnützig **profit margin** *n* Gewinnspanne *f*, Gewinnmarge *f* **profit-orientated** [-ˌɔːrienteɪtɪd] BRIT, **profit-oriented** [-ˌɔːrientɪd, AM -ţ-] *adj esp* AM gewinnorientiert; ■**to be** ~ auf Gewinn ausgerichtet sein **profit-seeking** *adj inv* gewinnorientiert, profitorientiert **profit sharing** *n no pl* Gewinnbeteiligung *f*, Ergebnisbeteiligung *f;* ~ **loan stock** BRIT Gewinnschuldverschreibung *f* **profit taking** *n no pl* Gewinnmitnahme *f*, Gewinnrealisierung *f*

profligacy [ˈprɒflɪgəsi, AM ˈprɑːf-] *n no pl (form)* ❶ *(lack of restraint)* Sittenlosigkeit *f*, Lasterhaftigkeit *f* ❷ *(wastefulness)* Verschwendung *f;* *(extravagance)* Verschwendungssucht *f*

profligate [ˈprɒflɪgət, AM ˈprɑːflɪgɪt] **I.** *adj (form)* ❶ *(wasteful)* verschwenderisch ❷ *(without moral)* lasterhaft, ausschweifend **II.** *n* ❶ *(wasteful person)* Verschwender(in) *m(f)* ❷ *(immoral person)* lasterhafter Mensch; *(rake)* Wüstling *m pej*

pro forma [ˌprəʊˈfɔːmə, AM ˌproʊˈfɔːr-] *(form)* **I.** *adj* Pro-forma- **II.** *adv* pro forma **III.** *n* Pro-forma-Rechnung *f* **IV.** *vt* ■**to** ~ **sth** etw pro forma schicken

pro forma invoice *n* Pro-forma-Rechnung *f*

profound [prəˈfaʊnd] *adj* ❶ *(extreme)* tief gehend; *change* tief greifend; *effect* nachhaltig; *impression* tief; *interest* lebhaft, stark; *sleep* fest, tief; *sight* tief; ~ **ignorance** völlige Unwissenheit ❷ *(strongly felt)* tief, heftig; *compassion, gratification, gratitude* tief empfunden; *respect, reverence, veneration, love* groß; ~ **anger** tief sitzende Wut; ~ **distress** großes Leid ❸ *(intellectual)* tiefsinning, tiefgründig; *(iron)* ***that was very ~ of you*** das war sehr tiefsinnig von dir *iron;* ~ **knowledge** umfassendes [*o geh* profundes] Wissen; ~ **thoughts** tief schürfende Gedanken; ~ **truth/wisdom** tiefe Wahrheit/Weisheit

profoundly [prəˈfaʊndli] *adv* ❶ *(extremely)* zutiefst; ~ **deaf** hochgradig schwerhörig; ~ **grateful** überaus dankbar; ~ **religious** tief religiös; ~ **wise** sehr weise; **to change** ~ sich *akk* tief greifend verändern; **to** ~ **influence sb** jdn nachhaltig [*o* stark] beeindrucken ❷ *(intellectually)* tiefschürfend, tiefgründig

profundity [prəˈfʌndəti, AM proʊˈ-] *n (form)* ❶ *no pl (great depth)* Tiefe *f;* **the** ~ **of his knowledge** sein umfangreiches Wissen ❷ *no pl (intellectual depth)* Tiefgründigkeit *f*, Tiefsinnigkeit *f* ❸ *(deep remark)* Weisheit *f;* ■**profundities** *pl* tiefsinnige Gedanken

profuse [prəˈfjuːs] *adj* überreichlich; *bleeding, perspiration* stark; *praise, thanks* überschwenglich; **to be** ~ **in one's apologies** sich *akk* wieder und wieder entschuldigen; **to be** ~ **in hospitality** überaus gastfreundlich sein; **to be** ~ **in one's praise of sth** etw überschwenglich loben

profusely [prəˈfjuːsli] *adv* überschwänglich, übermäßig; **to apologize** ~ sich *akk* vielmals entschuldigen; **to bleed/sweat** ~ stark bluten/schwitzen; **to thank sb** ~ jdm überschwänglich danken

profusion [prəˈfjuːʒᵊn] *n no pl (form)* Überfülle *f;* **in** ~ in Hülle und Fülle

progenitor [prə(ʊ)ˈdʒenɪtəʳ, AM proʊˈdʒenəţɚ] *n (form: ancestor)* Vorfahr(in) *m(f)*, Ahn(in) *m(f) geh;* *(predecessor)* Vorläufer(in) *m(f);* *(intellectual ancestor)* geistiger Vater/geistige Mutter

progeny [ˈprɒdʒəni, AM ˈprɑː-] *n* + *sing/pl vb (form)* Nachkommenschaft *f*, Nachkommen *mpl*

progesterone [prə(ʊ)ˈdʒestᵊrəʊn, AM proʊˈdʒestəroʊn] *n no pl* Gelbkörperhormon *nt*, Progesteron *nt fachspr*

prognoses [prɒgˈnəʊsiːz, AM prɑːgˈnoʊ-] *n (form) pl of* **prognosis**

prognosis <*pl* -ses> [prɒɡ'nəʊsɪs, AM prɑːɡ'noʊ-, *pl* -siːz] *n* (*prediction*) Prognose *f*, Vorhersage *f*, Voraussage *f*; MED Prognose *f*; **to make a ~** eine Prognose stellen [*o* Voraussage machen]

prognostic [prɒɡ'nɒstɪk, AM prɑːɡ'nɑːs] *adj inv esp* MED prognostisch, Prognose-

prognosticate [prɒɡ'nɒstɪkeɪt, AM prɑːɡ'nɑːs-] *vt* ■**to ~ sth** etw voraussagen [*o* vorhersagen] [*o geh* prognostizieren]

prognostication [prəɡˌnɒstɪ'keɪʃᵊn, AM prɑːɡˌnɑːs-] *n* (*form*) ① *no pl* (*action*) Prognostizierung *f fachspr*, Voraussage *f*, Vorhersage *f* ② (*instance*) Prophezeiung *f*

prognosticator [prɒɡ'nɒstɪkeɪtəʳ, AM prɑːɡ'nɑːstɪkeɪt̬ɚ] *n* ① SCI, SOCIOL Prognostiker(in) *m(f)* ② ASTROL Wahrsager(in) *m(f)*

program ['prəʊɡræm, AM 'proʊ-] **I.** *n* ① COMPUT Programm *nt*; **to write a ~** ein Programm schreiben ② *esp* AM, AUS *see* **programme** ▶ PHRASES: **to get with the ~** (*fam*) sich *akk* sammeln **II.** *vt* <-mm-> ① COMPUT ■**to ~ sth** etw programmieren ② *esp* AM, AUS *see* **programme**

program director *n* AM Programmdirektor(in) *m(f)*

programer *n* AM *see* **programmer**

programmable [prə(ʊ)'ɡræməbl̩, AM 'proʊ-] *adj* programmierbar

programme ['prəʊɡræm], AM **program** ['proʊ-] **I.** *n* ① RADIO, TV Programm *nt*, Sendefolge *f*; (*single broadcast*) Sendung *f* ② (*list of events*) Programm *nt*; THEAT (*for all plays*) Spielplan *m*; (*for one play*) Programmheft *nt* ③ (*plan*) Programm *nt*, Plan *m*; ***what's on the ~ for today?*** was steht heute auf dem Programm?; **fitness/modernization ~** Fitness-/Modernisierungsprogramm *nt* **II.** *vt* <-mm-> ① (*instruct*) ■**to ~ sth** etw programmieren; **to ~ a VCR** einen Videorecorder programmieren [*o* einstellen] ② *usu passive* (*mentally train*) ■**to ~ sb to do sth** jdn darauf programmieren, etw zu tun; ***I'm ~d to wake up at seven*** ich wache automatisch um sieben Uhr auf; ■**to ~ oneself to do sth** sich *dat* etw angewöhnen

programmer ['prəʊɡræməʳ], AM **programer** ['proʊɡræmɚ] *n* ① (*operator*) Programmierer(in) *m(f)* ② (*component*) Programmiergerät *nt* ③ COMPUT **computer ~** Programmierer(in) *m(f)*

programming ['prəʊɡræmɪŋ, AM 'proʊ] *n no pl* ① COMPUT Programmieren *nt*, Programmierung *f* ② RADIO, TV Programm[e] *nt*[*pl*], Programmgestaltung *f*

programming language *n* Programmiersprache *f*

progress **I.** *n* ['prəʊɡres, AM 'prɑːɡ-] *no pl* ① (*onward movement*) Vorwärtskommen *nt*; **to make slow/good ~** langsam/gut vorwärts [*o* voran] kommen ② (*development*) Fortschritt *m*; **~ *was slow in the early stages of the project*** in seinem Anfangsstadium kam das Projekt nur schleppend voran; **to make [good/slow] ~** [gute/langsame] Fortschritte machen ③ (*to be going*) **to be in ~** im Gange sein; ADMIN in Bearbeitung sein; ***the talks are in ~*** die Gespräche laufen [gerade] ④ *no art* (*general improvement*) Fortschritt *m* **II.** *vi* [prə(ʊ)'ɡres, AM prə'-] ① (*develop*) Fortschritte machen; ***how's the work ~ing?*** wie geht's mit der Arbeit voran?; ***the patient seems to be ~ing well*** der Patient scheint gute Fortschritte zu machen ② (*move onward*) *in space* vorankommen; *in time* fortschreiten; ***we started talking about literature then ~ed to politics*** wir begannen über Literatur zu sprechen und kamen dann auf Politik

progress-chaser [-tʃeɪsəʳ] *n* BRIT Terminjäger(in) *m(f)*

progression [prə(ʊ)'ɡreʃᵊn, AM prə'-] *n no pl* ① (*development*) Entwicklung *f*; **~ of a disease** Entwicklung einer Krankheit; **a natural ~** eine natürliche Entwicklung ② MATH (*series*) Reihe *f*; ***in the ~ 1,2,3,4 …, 5 is the next number*** in der Reihe 1,2,3,4 … ist 5 die nächste Zahl

progressionist [prə(ʊ)'ɡreʃᵊnɪst, AM prə'-] *n* ① (*advocate of socio-political progress*) Progressist(in) *m(f) geh* ② (*adherant of a philosophy*) Fortschrittler(in) *m(f)*

progressive [prə(ʊ)'ɡresɪv, AM prə'-] **I.** *adj* ① (*gradual*) fortschreitend; (*gradually increasing*) zunehmend; **a ~ change/increase/decline** eine allmähliche Veränderung/Zunahme/ein allmählicher Verfall; **a ~ disease** eine fortschreitende Krankheit ② (*reformist*) progressiv; **~ party** fortschrittliche Partei ③ (*forward-looking*) fortschrittlich, progressiv; **~ education** moderne Ausbildung ④ MUS (*avant-garde*) progressiv; **~ jazz** progressiver Jazz ⑤ LING (*verb form*) **~ form** Verlaufsform *f* **II.** *n* ① (*reformist*) Progressive(r) *f(m)* ② LING ■**the ~** die Verlaufsform

progressively [prə(ʊ)'ɡresɪvli, AM prə'-] *adv* zunehmend; ***my eyesight has got ~ worse over the years*** mein Sehvermögen hat sich im Lauf der Zeit immer mehr verschlechtert

progressive tax *n* Progressivsteuer *f fachspr*

progress report *n* Entwicklungsbericht *m*; (*on work*) Tätigkeitsbericht *m*

prohibit [prə(ʊ)'hɪbɪt, AM proʊ'-] *vt* ■**to ~ sth** ① (*forbid*) etw verbieten [*o* untersagen]; **to be ~ed by law** gesetzlich verboten sein; ***parking strictly ~ed*** Parken verboten; ■**to ~ sb from doing sth** jdm verbieten [*o* untersagen], etw zu tun ② (*prevent*) etw verhindern

prohibition [ˌprəʊ(h)ɪ'bɪʃᵊn, AM ˌproʊ-] *n* ① (*ban*) Verbot *nt* (**of/on** gegen +*akk*); **~ on smoking** Rauchverbot *nt* ② *no pl* (*banning*) Verbieten *nt*; **to be under ~** gesetzlich verboten sein ③ (*hist: US alcohol ban*) ■**P~** *no art* die Prohibition *hist* ④ (*High Court order*) Zuständigkeitsentziehung *f* durch ein höheres Gericht

prohibitive [prəʊ'hɪbətɪv, AM proʊ'hɪbət̬-] *adj* ① (*too expensive*) *price* unerschwinglich ② (*prohibiting*) **~ legislation** Verbotsgesetzgebung *f*; **~ measures** Verbotsmaßnahmen *fpl*

prohibitively [prəʊ'hɪbətɪvli, AM proʊ'hɪbət̬-] *adv* **~ expensive** unverschämt teuer *fam*

project **I.** *n* ['prɒdʒekt, AM 'prɑː-] ① (*undertaking*) Projekt *nt*, Vorhaben *nt*; **research ~** Forschungsprojekt *nt* ② (*plan*) Plan *m* **II.** *n* ['prɒdʒekt, AM 'prɑː-] *modifier* (*coordinator, costs, deadline, director, leader, team*) Projekt-; **~ planning** Projektplanung *f* **III.** *vt* [prə(ʊ)'dʒekt, AM prə'-] ① (*forecast*) ■**to ~ sth** etw vorhersagen; *profit, expenses, number* etw veranschlagen; ***revenue from tourism is ~ed to grow by 15% next year*** Einnahmen durch Tourismus sollen nächstes Jahr um 15% ansteigen ② (*propel*) ■**to ~ sth** etw schleudern; **to ~ one's mind into the future** sich *akk* in die Zukunft hineinversetzen; **to ~ one's voice** (*fig*) laut und deutlich sprechen ③ (*onto screen*) ■**to ~ sth** [**onto sth**] *slides, film* etw [auf etw *akk*] projizieren ④ PSYCH (*attribute to*) ■**to ~ sth onto sb** etw auf jdn projizieren; ■**to ~ oneself onto sb** von sich *dat* auf andere schließen ⑤ (*display*) ■**to ~ sth** etw darstellen; **to ~ a tougher image** ein härteres Image vermitteln; ■**to ~ oneself** sich *akk* selbst zur Geltung bringen **IV.** *vi* [prə(ʊ)'dʒekt, AM prə'-] ① (*protrude*) hervorragen; ■**to ~ over sth** über etw *akk* [hinaus]ragen; ***the hotel's dining room ~ [out] over the sea*** der Speisesaal des Hotels ragt über das Meer; **a ~ing nail/branch** ein abstehender Nagel/Ast ② THEAT (*throw voice*) laut und deutlich sprechen

project analysis *n* ECON Projektanalyse *f*

projected [prə(ʊ)'dʒektɪd, AM prə'-] *adj inv* ① (*forecast*) vorhergesagt; *expenses* veranschlagt ② (*planned*) geplant

project engineer *n* ECON Projektingenieur(in) *m(f)*

projectile [prə(ʊ)'dʒektaɪl, AM prə'dʒektᵊl] *n* (*thrown object*) Wurfgeschoss *nt*; (*bullet, shell*) Geschoss *nt*, Projektil *nt geh*; (*missile*) Rakete *f*

projection [prə(ʊ)'dʒekʃᵊn, AM prə'-] *n* ① (*forecast*) Prognose *f*; *of expenses* Voranschlag *m* ② (*protrusion*) Vorsprung *m* ③ *no pl* (*on screen*) Vorführung *f*; (*projected image*) Projektion *f* ④ *no pl* PSYCH (*unconscious transfer*) Projektion *f*; **the ~ of feelings onto sb** die Projektion von Gefühlen auf jdn; (*mental image*) Projektion *f* ⑤ *no pl* (*presentation*) Darstellung *f*, Präsentation *f*

projectionist [prə(ʊ)'dʒekʃᵊnɪst, AM prə'-] *n* Filmvorführer(in) *m(f)*

projection room *n* Vorführraum *m*

projective [prəʊ'dʒektɪv, AM proʊ] *adj inv* projektiv, Projektions-

project management *n* Projektmanagement *nt*, Projektleitung *f* **project manager** *n* Projektmanager(in) *m(f)*

projector [prə(ʊ)'dʒektəʳ, AM prə'dʒektɚ] *n* Projektor *m*, Vorführgerät *nt*

prolapse ['prəʊlæps, AM 'proʊ-] *n* MED Prolaps *m fachspr*, Vorfall *m*

prolapsed ['prəʊlæpst, AM 'proʊ-] *adj* MED prolabiert *fachspr*

prole [prəʊl, AM proʊl] (*pej or hum*) **I.** *n short for* **proletarian** Prolet(in) *m(f)* **II.** *adj inv short for* **proletarian** proletarisch, proletenhaft

proletarian [ˌprəʊlɪ'teəriən, AM ˌproʊlə'ter-] **I.** *n* Proletarier(in) *m(f)* **II.** *adj inv* proletarisch

proletariat [ˌprəʊlɪ'teəriət, AM ˌproʊlə'ter-] *n no pl* Proletariat *nt*; **the industrial ~** das industrielle Proletariat

pro-life [ˌprəʊ'laɪf, AM ˌproʊ'-] *adj inv* **~ demonstration** Demonstration *f* gegen Abtreibung; **~ poster** Poster *nt* gegen Abtreibung

pro-lifer [ˌprəʊ'laɪfəʳ, AM ˌproʊ'laɪfɚ] *n* (*usu pej*) Abtreibungsgegner(in) *m(f)*

proliferate [prəʊ'lɪfᵊreɪt, AM proʊ'lɪfə-] *vi* stark zunehmen; (*animals*) sich *akk* stark vermehren

proliferation [prəʊˌlɪfᵊr'eɪʃᵊn, AM proʊˌlɪfə'reɪ-] *n no pl* starke Zunahme; (*of animals*) starke Vermehrung

prolific [prə(ʊ)'lɪfɪk, AM proʊ'-] *adj* ① (*productive*) produktiv ② (*producing many offspring*) fruchtbar ③ *pred* (*abundant*) ■**to be ~** in großer Zahl vorhanden sein

prolix ['prəʊlɪks, AM proʊ'lɪks] *adj* (*pej form*) weitschweifig

prolixity [prəʊ'lɪksəti, AM proʊ'lɪksət̬i] *n no pl* Weitschweifigkeit *f*

prologue ['prəʊlɒɡ], AM *also* **prolog** ['proʊlɑːɡ] *n* ① (*introduction*) Vorwort *nt*; THEAT Prolog *m* ② (*fig fam: preliminary event*) Vorspiel *nt*; **to be a ~ to sth** ein Vorspiel zu etw *dat* sein

prolong [prə(ʊ)'lɒŋ, AM proʊ'lɑːŋ] *vt* ■**to ~ sth** etw verlängern; **to ~ the agony** die Qual hinauszögern

prolongation [ˌprə(ʊ)lɒŋ'ɡeɪʃᵊn, AM ˌproʊlɑːŋ'-] *n no pl* Verlängerung *f*

prolonged [prə(ʊ)'lɒŋd, AM proʊ'lɑː-] *adj* [lang] anhaltend, langwierig *pej*; **~ applause** anhaltender Applaus; **a ~ debate** eine langwierige Debatte

prom [prɒm, AM prɑːm] *n* ① AM (*school dance*) *Ball am Ende des Jahres in einer amerikanischen High School* ② BRIT (*concert*) Konzert *nt*, *Aufführung im Theater oder Konzert, wobei die Sitze im Parkett entfernt werden, um mehr Platz zu schaffen*; **the P~s** *Konzertreihe in London in der Alberthall, deren Parkettsitze dafür entfernt werden, so dass die meisten Zuschauer stehen* ③ BRIT (*seaside walkway*) [Strand]promenade *f*

promenade [ˌprɒmə'nɑːd, AM ˌprɑː-] **I.** *n* ① (*walkway*) [Strand]promenade *f* ② (*form or dated: walk*) Spaziergang *m*; (*in vehicle*) Spazierfahrt *f* **II.** *vi* (*dated*) promenieren

promenade concert *n* BRIT Konzert *nt*; *see also* **prom 2** **promenade deck** *n* Promenadendeck *nt*

Promethean [prə(ʊ)'miːθiən, AM proʊ'-] *adj* prometheisch *geh*

prominence ['prɒmɪnən(t)s, AM 'prɑːmə-] *n* ① *no pl* (*projecting nature*) Auffälligkeit *f* ② *no pl* (*conspicuousness*) Unübersehbarkeit *f*; **to give sth ~** [*or* **~ to sth**] etw in den Vordergrund stellen ③ *no pl* (*importance*) Bedeutung *f*; **to gain** [*or* **come to**] [*or* **rise to**] **~** bekannt werden ④ (*projection*) Vorsprung *m*; **a rocky ~** ein Felsvorsprung *m*; **a solar ~** ASTRON Sonnenprotuberanz *f*

prominent ['prɒmɪnənt, AM 'prɑːmə-] *adj* ① (*pro-

jecting) vorstehend *attr;* ~ **chin** vorspringendes Kinn; ~ **teeth** vorstehende Zähne ❷ (*conspicuous*) auffällig; **to put sth in a** ~ **position** etw deutlich sichtbar hinstellen ❸ (*distinguished*) prominent; ■**to be** ~ **in sth** eine herrausragende Position in etw *dat* einnehmen; **a** ~ **position** eine führende Position

prominently ['prɒmɪnəntli, AM 'prɑːmə-] *adv* auffallend *attr,* deutlich sichtbar; ***her name stands out ~ amongst those who signed the petition*** ihr Name ist der bekannteste von allen Unterzeichnern der Petition

promiscuity [ˌprɒmɪ'skjuːəti, AM ˌprɑːmɪ'skjuːət̬i] *n no pl* Promiskuität *f geh*

promiscuous [prə'mɪskjuəs] *adj* (*pej*) promisk, promiskuitiv *geh;* ~ **behaviour** [*or* AM **behavior**] häufiger Partnerwechsel; ~ **sex** Sex *m* mit häufig wechselnden Partnern

promiscuously [prə'mɪskjuəsli] *adv* promisk, promiskuitiv *geh*

promise ['prɒmɪs, AM 'prɑː-] **I.** *vt* ❶ (*pledge*) ■**to** ~ **sb sth** [*or* **sth to sb**] jdm etw versprechen; ■**to** ~ **to do sth** versprechen, etw zu tun; ■**to** ~ [**sb**] **that ...** [jdm] versprechen, dass ...; ■**to** ~ **oneself sth** sich *dat* etw versprechen; (*intend*) sich *dat* etw schwören ❷ (*have the potential*) ■**to** ~ **to be sth** versprechen, etw zu sein; ***the men's final ~s to be an exciting match*** das Finale der Männer verspricht ein spannendes Spiel zu werden ▸ PHRASES: **to** ~ **sb the earth/moon** jdm das Blaue vom Himmel versprechen *fam* **II.** *vi* ❶ (*pledge*) versprechen; ***I ~!*** ich verspreche es!; **to do sth as** ~ etw wie versprochen tun ❷ (*be promising*) **to** ~ **well** viel versprechen **III.** *n* ❶ (*pledge*) Versprechen *nt;* ***and that's a ~!*** großes Ehrenwort!, versprochen!; **~s, ~s!** Versprechen, nichts als Versprechen!; **to break/keep one's** ~ [**to sb**] sein Versprechen [gegenüber jdm] brechen/halten; **to make a** ~ ein Versprechen geben [*o* machen]; ***I'm not making any ~s*** ich kann [aber] nichts versprechen ❷ *no pl* (*potential*) **to have got** ~ viel versprechend sein; **to show** ~ aussichtsreich sein; (*person*) viel versprechend sein; **a** ~ **of fine weather/success** eine Aussicht auf gutes Wetter/Erfolg; **a young person of** ~ eine viel versprechende junge Person; **to show** [**great**] ~ [sehr] viel versprechend sein ▸ PHRASES: **a** ~ **is a** ~ versprochen ist versprochen

Promised Land *n no pl* (*also fig*) ■**the** ~ das Gelobte Land

promising ['prɒmɪsɪŋ, AM 'prɑː-] *adj* viel versprechend; **a** ~ **career** eine Erfolg versprechende Karriere

promisingly ['prɒmɪsɪŋli, AM 'prɑː-] *adv* viel versprechend

promissory note [ˌprɒmɪsᵊri'nəʊt, AM 'prɑːmɪsɔːriˌnoʊt] *n* Solawechsel *m,* Schuldschein *m*

promo ['prəʊməʊ, AM 'proʊmoʊ] **I.** *n* ❶ (*fam*) *short for* **promotional film** Werbevideo *nt* ❷ AM, AUS *short for* **promotion** Werbung *f* **II.** *adj inv short for* **promotional** Werbe-

promontory ['prɒməntᵊri, AM 'prɑːməntɔːri] *n* GEOG Vorgebirge *nt,* Kap *nt; see also* **headland**

promote [prə'məʊt, AM -'moʊt] *vt* ❶ (*raise in rank*) ■**to** ~ **sb** [**to sth**] jdn [zu etw *dat*] befördern; ***he was ~ed to the rank of sergeant*** er wurde zum Feldwebel befördert ❷ SPORTS ■**to be ~d** *team* aufsteigen ❸ AM SCH ■**to be ~d** versetzt werden ❹ (*encourage*) ■**to** ~ **sth** etw fördern; ***regular exercise ~s good health*** regelmäßige Bewegung ist gut für die Gesundheit; **to** ~ **awareness of sth** etw ins Bewusstsein rufen ❺ (*advertise*) ■**to** ~ **sth** für etw *akk* werben; **to** ~ **a new book/product** für ein neues Buch/Produkt Werbung machen ❻ POL **to** ~ **a bill** eine Gesetzesvorlage einbringen

promoter [prə'məʊtəʳ, AM -'moʊt̬ɚ] *n* ❶ (*encourager*) Förderer, -in *m, f* ❷ (*organizer*) Veranstalter(in) *m(f)* ❸ ECON *of a company* Gründer(in) *m(f)* ❹ POL jd, der eine Gesetzesvorlage einbringt

promotion [prə'məʊʃᵊn, AM -'moʊ-] *n* ❶ *no pl* (*in rank*) Beförderung *f* (**to** zu +*dat*); **to get** ~ befördert werden ❷ (*raise in status*) Beförderung *f* ❸ SPORTS (*of team*) Aufstieg *m;* ~ **race** Kampf *m* um den Aufstieg ❹ (*advertising campaign*) Werbekampagne *f;* **sales** ~ Werbung *f* ❺ *of company* Gründung *f*

promotional [prə'məʊʃᵊnᵊl, AM -'moʊ-] *adj* Werbe-; ~ **literature** Verkaufsliteratur *f*

promotional material *n* Werbematerial *nt*

prompt [prɒm(p)t, AM prɑːm(p)t] **I.** *vt* ❶ (*spur*) ■**to** ~ **sth** etw veranlassen; ***her speech has ~ed an angry response from both parties*** ihre Rede hat auf beiden Seiten verärgerte Reaktionen hervorgerufen; ■**to** ~ **sb** [**to do sth**] jdn [dazu] veranlassen, etw zu tun; ***what ~ed you to say that?*** was hat dich dazu veranlasst, das zu sagen? ❷ THEAT (*remind of lines*) ■**to** ~ **sb** jdm soufflieren ❸ COMPUT ■**to** ~ **sb** [**to do sth**] jdn auffordern [etw zu tun] **II.** *adj* ❶ (*swift*) prompt; ■**to be** ~ **in** [*or* **about**] **doing sth** etw schnell [*o* zügig] tun; ~ **action** sofortiges Handeln; ~ **delivery** unverzügliche Lieferung; ~ **reply** prompte Antwort ❷ (*punctual*) pünktlich **III.** *adv inv* pünktlich; ***classes start at ten o'clock ~*** der Unterricht beginnt Punkt zehn Uhr **IV.** *n* ❶ COMPUT Befehlsaufforderung *f,* Prompt *m fachspr* ❷ THEAT (*reminder*) Stichwort *nt* ❸ THEAT (*fam: prompter*) Souffleur, Souffleuse *m, f*

prompt box *n* THEAT Souffleurkasten *m*

prompter ['prɒm(p)təʳ, AM 'prɑːm(p)tɚ] *n* THEAT Souffleur, Souffleuse *m, f*

prompting ['prɒm(p)tɪŋ, AM 'prɑːm-] *n* ❶ *no pl* (*urging*) Drängen *nt;* ***she volunteered to do it off her own bat, without any ~ from us*** sie hat es von sich aus angeboten, ohne dass wir sie darum bitten mussten ❷ (*reminding*) Vorsagen *nt;* THEAT Soufflieren *nt;* ***it was only at the ~ of his wife, that he remembered the date*** erst als seine Frau ihn daran erinnerte, fiel ihm die Verabredung wieder ein; **the ~s of conscience** die Stimme des Gewissens

promptitude ['prɒm(p)tɪtjuːd, AM 'prɑːm(p)tɪtuːd, -tjuːd] *n no pl* (*form*) Promptheit *f*

promptly ['prɒm(p)tli, AM 'prɑːm-] *adv* ❶ (*quickly*) prompt ❷ (*fam: immediately afterward*) gleich danach, unverzüglich ❸ (*in time*) pünktlich; **to leave ~ at one** Punkt eins [*o* pünktlich um eins] gehen

promptness ['prɒm(p)tnəs, AM 'prɑːm-] *n no pl* Promptheit *f*

prompt note *n* Mahnung *f*

promulgate ['prɒmᵊlgeɪt, AM 'prɑːm-] *vt* (*form*) ❶ (*spread*) ■**to** ~ **sth** etw verbreiten ❷ LAW (*proclaim*) **to** ~ **a law/decree** ein Gesetz/Urteil verkünden

promulgation [ˌprɒmᵊl'geɪʃᵊn, AM ˌprɑːməl'-] *n no pl* (*form*) ❶ (*spread*) Verbreitung *f* ❷ LAW (*proclamation*) Verkündung *f*

pron *n abbrev of* **pronoun**

prone [prəʊn, AM proʊn] *adj* ❶ (*disposed*) ■**to be** ~ **to sth** zu etw *dat* neigen; ■**to be** ~ **to do sth** dazu neigen, etw zu tun ❷ *inv* (*form*) **to be** [*or* **lie**] ~ auf dem Bauch liegen; ~ **position** in Bauchlage

proneness ['prəʊnnəs, AM 'proʊn-] *n no pl* Neigung *f* (**to** zu +*dat*)

prong [prɒŋ, AM prɑːŋ] *n* Zacke *f,* Zinke *f; of antler* Ende *nt,* Sprosse *f fachspr*

-pronged [prɒŋd, AM prɑːŋd] *in compounds* -zackig; **a three-~ fork** eine dreizackige Gabel; **a four-~ strategy** eine Vier-Punkte-Strategie

pronominal [prə(ʊ)'nɒmɪnᵊl, AM proʊ'nɑːmə-] *adj* LING Pronominal- *fachspr*

pronoun ['prəʊnaʊn, AM 'proʊ-] *n* Pronomen *nt,* Fürwort *nt*

pronounce [prə'naʊn(t)s] **I.** *vt* ❶ (*speak*) ■**to** ~ **sth** etw aussprechen ❷ (*announce*) **to** ~ **a verdict/decision** einen Urteilsspruch/eine Entscheidung verkünden; **to** ~ **sentence on sb** das Urteil über jdn verkünden ❸ (*declare*) ■**to** ~ **sb/sth sth** + *n or adj* jdn/etw zu etw *dat* erklären; ***the jury ~d him guilty*** die Geschworenen erklärten ihn für schuldig; ***he ~d them man and wife*** er erklärte sie zu Mann und Frau; ■**to** ~ **that ...** verkünden, dass ... **II.** *vi* ■**to** ~ **on** [*or* **upon**] **sth** zu etw *dat* Stellung nehmen

pronounceable [prə'naʊn(t)səbl̩] *adj* aussprechbar

pronounced [prə'naʊn(t)st] *adj* deutlich; ***she has a ~ limp*** sie hinkt sehr stark; **a** ~ **accent** ein ausgeprägter [*o* starker] Akzent; ~ **views** klare Vorstellungen

pronouncement [prə(ʊ)'naʊn(t)smənt, AM prə'-] *n* Erklärung *f;* **to make a** ~ **on sth** eine Erklärung zu etw *dat* abgeben

pronto ['prɒntəʊ, AM 'prɑːntoʊ] *adv inv* (*fam*) fix *fam;* ***do it ~!*** aber dalli!

pronunciation [prəˌnʌn(t)si'eɪʃᵊn] *n usu no pl* Aussprache *f;* ***what is the correct ~ of this word?*** wie wird dieses Wort richtig ausgesprochen?

proof [pruːf] **I.** *n* ❶ *no pl* (*confirmation*) Beweis *m* (**of** für +*akk*); **to have** ~ **of sth** einen Beweis für etw *akk* haben, etw beweisen können; ~ **of purchase** Kaufbeleg *m;* **the burden of** ~ LAW die Beweislast ❷ (*piece of evidence*) Beweis *m;* **~s of sb's guilt** Beweise für jds Schuld ❸ (*proving argument*) Beweis *m* (**of/for** für +*akk*) ❹ TYPO (*trial impression*) Korrekturfahne *f;* PHOT Probeabzug *m* ❺ MATH Beweis *m* ❻ *no pl* (*degree of strength*) Volumenprozent *nt,* Vol.-% *nt; of alcohol* Alkoholgehalt *m* ❼ ECON ~ **of debt** Anmeldung *f* einer Konkursforderung ▸ PHRASES: **the** ~ **of the pudding is in the eating** (*prov*) Probieren geht über Studieren *prov;* **to put sth/sb to the** ~ etw/jdn auf die Probe stellen **II.** *adj inv* ■**to be** ~ **against sth** gegen etw *akk* unempfindlich [*o geh* gefeit] sein; **to be** ~ **against temptation** gegen Versuchungen immun sein; ~ **against wind and weather** wetterfest sein; **to be** ~ **against burglars** einbruchssicher sein **III.** *vt* ■**to** ~ **sth** ❶ (*treat*) etw imprägnieren; (*make waterproof*) etw wasserdicht machen ❷ TYPO (*proofread*) etw Korrektur lesen ❸ (*rise*) *dough* etw gehen lassen ❹ TYPO, PUBL einen Korrekturabzug von etw *dat* anfertigen

-proof [pruːf] *in compounds* -sicher; **bullet~** kugelsicher; **charm~** (*fig*) gegen Charme gefeit; **inflation~ pension** ECON inflationssichere Pension

proof positive *n no pl* eindeutiger Beweis

proofread <-read, -read> **I.** *vt* ■**to** ~ **sth** etw Korrektur lesen **II.** *vi* Korrektur lesen

proofreader *n* Korrektor(in) *m(f),* Korrekturleser(in) *m(f)*

proofreading **I.** *n no pl* Korrekturlesen *nt* **II.** *adj attr, inv* Korrektur-; **at the** ~ **stage** im Korrekturstadium

prop¹ [prɒp, AM prɑːp] *n usu pl* ❶ (*for play, film*) Requisite *f* ❷ (*theatre worker*) ■**P~s** *pl* Requisiteur(in) *m(f)*

prop² [prɒp, AM prɑːp] *n* ❶ *short for* **proprietor** Inhaber(in) *m(f)* ❷ *short for* **propeller** Propeller *m* ❸ AM POL *short for* **proposition** [Gesetzes]vorlage *f*

prop³ [prɒp, AM prɑːp] **I.** *n* ❶ (*support*) Stütze *f;* (*fig*) Halt *m* ❷ SPORTS (*rugby forward*) *Rugbyspieler, der am äußeren Ende der ersten Reihe zum Einsatz kommt* **II.** *vt* <-pp-> ■**to** ~ **sth against sth** etw gegen etw *akk* lehnen; ■**to** ~ **sth on sth** etw auf etw *akk* stützen; **to** ~ **sth open** etw offen halten

◆**prop up** *vt* ■**to** ~ **sth** ⟳ **up** etw aufbocken; ■**to** ~ **oneself up** sich *akk* abstützen; **to** ~ **up the industry** (*fig*) die Industrie stützen ▸ PHRASES: **to** ~ **up the bar** sich *dat* einen hinter die Binde kippen [*o* gießen] *fam*

propaganda [ˌprɒpə'gændə, AM ˌprɑːp-] **I.** *n no pl* (*usu pej*) Propaganda *f* **II.** *n modifier* (*campaign, material*) Propaganda-

propagandist [ˌprɒpə'gændɪst, AM ˌprɑːp-] **I.** *n* (*usu pej*) Propagandist(in) *m(f)* **II.** *adj* propagandistisch; **a** ~ **film** ein Propagandafilm *m*

propagandize [ˌprɒpə'gændaɪz, AM ˌprɑːp-] **I.** *vi* propagieren **II.** *vt* ■**to** ~ **sth** etw propagieren

propagate ['prɒpəgeɪt, AM 'prɑː-] **I.** *vt* ❶ (*breed*) ■**to** ~ **sth** etw züchten; (*plants*) etw vermehren; ■**to** ~ **oneself** sich *akk* vermehren ❷ (*form: disseminate*) ■**to** ~ **sth** etw verbreiten; **to** ~ **a lie** eine Lüge verbreiten **II.** *vi* sich *akk* fortpflanzen; *plants* sich *akk* vermehren

propagating error *n* COMPUT mitlaufender Fehler

propagation [ˌprɒpə'geɪʃᵊn, AM ˌprɑː-] *n no pl* ❶ (*reproduction*) Fortpflanzung *f;* **the** ~ **of plants** die Vermehrung von Pflanzen ❷ (*spread*) *of ru-*

mour, lie Verbreitung *f*

propagator ['prɒpəgeɪtəʳ, AM 'prɑːpəgeɪt̬ə] *n* ❶ (*person*) Propagator(in) *m(f) geh* ❷ HORT (*box*) Keimungsbehälter *m*

propane ['prəʊpeɪn, AM 'proʊ-] **I.** *n no pl* Propan *nt* **II.** *n modifier* (*gas, heater, tank, torch*) Propan-; ~ **stove** Propangasofen *m*

propel <-ll-> [prə'pel] *vt* ■**to** ~ **sth** etw antreiben; (*fig*) ***the country was being ~ led towards civil war*** das Land wurde in den Bürgerkrieg getrieben

propellant [prə'pelənt] *n* ❶ (*fuel*) Treibstoff *m* ❷ (*gas*) Treibgas *nt*

propeller [prə'peləʳ, AM -ə] *n* Propeller *m*

propeller blade *n* Propellerblatt *nt* **propeller shaft** *n* Antriebswelle *f*

propelling pencil *n* BRIT, AUS Drehbleistift *m*

propensity [prə(ʊ)'pen(t)səti, AM prə'pen(t)sət̬i] *n no pl* (*form*) Neigung (**for** zu +*dat*); ■**to have a ~ for sth** eine Neigung zu etw *dat* haben, zu etw *dat* neigen; **to have a ~ to do sth** dazu neigen, etw zu tun

proper ['prɒpəʳ, AM 'prɑːpə] **I.** *adj inv* ❶ (*real*) echt, richtig; **a ~ meal** eine anständige Mahlzeit ❷ (*correct*) richtig; ***she likes everything to be in its ~ place*** sie hat gern alles an seinem angestammten Platz; **in the ~ sense of the word** im wahrsten Sinne des Wortes; **the ~ tools/equipment** das richtige Werkzeug/die richtige Ausrüstung; **to put sth to its ~ use** etw zweckentsprechend benutzen ❸ (*socially respectable*) anständig ❹ *after n, inv* (*form: itself*) selbst *nach n;* ***they're not the party ~*** sie stellen nicht die Partei selbst dar ❺ BRIT (*fam: total*) absolut; ***you've got yourself into a ~ mess there!*** da hast du dich ja in schöne Schwierigkeiten gebracht! **II.** *adv* BRIT (*fam*) ❶ (*very*) richtig *fam;* ***they felt ~ daft when they were caught in the act*** sie kamen sich richtig doof vor, als sie auf frischer Tat ertappt wurden ❷ (*usu hum: genteelly*) vornehm; **to talk ~** vornehm sprechen

proper fraction *n* MATH echter Bruch

properly ['prɒpəli, AM 'prɑːpə-] *adv inv* ❶ (*correctly*) richtig; **to be dressed ~** korrekt gekleidet sein; **~ speaking** genau [*o* streng] genommen ❷ (*socially respectably*) anständig; ***he very ~ refused*** er hat sich zu Recht geweigert; **to behave ~** sich *akk* korrekt benehmen ❸ BRIT (*thoroughly*) ganz schön *fam;* ***they were ~ disgusted*** sie waren ganz schön angewidert

proper name *n,* **proper noun** *n* Eigenname *m*

propertied ['prɒpətid, AM 'prɑːpət̬id] *adj inv* begütert *attr;* **the ~ classes** die besitzenden Klassen

property ['prɒpəti, AM 'prɑːpət̬i] *n* ❶ *no pl* (*things owned*) Eigentum *nt;* ***that desk is school ~*** dieser Schreibtisch gehört der Schule; **personal ~** Privateigentum *nt;* **other people's ~** Fremdeigentum *nt form* ❷ *no pl* (*owned buildings*) Immobilienbesitz *m;* (*owned land*) Grundbesitz *m;* **private ~** Privatbesitz *m;* **a man of ~** (*form or hum*) ein begüterter Mann ❸ (*piece of real estate*) Immobilie *f* ❹ (*attribute*) Eigenschaft *f;* ***herbs have medicinal properties*** Kräuter haben heilende Kräfte ❺ THEAT (*dated: prop*) Requisite *f* ► PHRASES: **to be [a] hot ~** sehr gefragt sein

property developer *n* ECON Bauunternehmer(in) *m(f)*, der/die zum Wiederverkauf baut oder renoviert **property development** *n* Grundstückserschließung *f* **property insurance** *n no pl* Gebäudeversicherung *f* **property man** *n,* **property manager** *n* THEAT Requisiteur *m* **property market** *n no pl* Immobilienmarkt *m* **property mistress** *n* THEAT Requisiteurin *f* **property room** *n* THEAT Requisitenkammer *f* **property speculation** *n no pl* Immobilienspekulation *f* **property tax** *n* AM (*on land*) ≈ Grundsteuer *f;* (*general*) Vermögenssteuer *f*

prophecy ['prɒfəsi, AM 'prɑː] *n* ❶ (*prediction*) Prophezeiung *f* ❷ *no pl* (*ability*) Weissagen *nt*

prophesy <-ie-> ['prɒfəsaɪ, AM 'prɑː] **I.** *vt* ■**to ~ sth** etw prophezeien; ■**to ~ that ...** prophezeien, dass ...; ■**to ~ whether/what/when/who ...** vorhersagen, ob/was/wann/wer ... **II.** *vi* Prophezeiungen machen

prophet ['prɒfɪt, AM 'prɑː] *n* ❶ (*religious figure*) Prophet *m;* **an Old Testament ~** ein Prophet des alten Testamentes ❷ (*foreteller*) Prophet(in) *m(f);* **a ~ of doom** Unheilsverkünder(in) *m(f)*, Schwarzseher(in) *m(f) fig* ❸ (*precursor*) Vorkämpfer(in) *m(f)*

prophetess <*pl* -es> [ˌprɒfɪ'tes, AM 'prɑːfɪt̬əs] *n* Prophetin *f*

prophetic [prə(ʊ)'fetɪk, AM prə'-] *adj* prophetisch; ***his words proved to be ~*** seine Voraussagen trafen ein

prophetically [prə(ʊ)'fetɪkəli, AM prə'-] *adv* prophetisch

prophylactic [ˌprɒfɪ'læktɪk, AM ˌproʊfə'-] **I.** *adj inv* MED prophylaktisch *fachspr,* vorbeugend *attr* **II.** *n* ❶ (*medicine*) Prophylaktikum *nt fachspr* ❷ *esp* AM (*condom*) Präservativ *nt*

prophylactically [ˌprɒfɪ'læktɪkəli, AM ˌproʊfə'-] *adv* MED prophylaktisch *fachspr*

prophylaxis [ˌprɒfɪ'læksɪs, AM ˌproʊfə'-] *n no pl* MED Prophylaxe *f fachspr*

propinquity [prə(ʊ)'pɪŋkwəti, AM proʊ'pɪŋkwət̬i] *n no pl* (*form*) ❶ (*proximity*) Nähe *f* ❷ (*similarity, kinship*) Verwandtschaft *f*

propitiate [prə'pɪʃieɪt, AM proʊ'-] *vt* (*form*) ■**to ~ sb** jdn besänftigen; **to ~ the gods** die Götter versöhnlich stimmen

propitiation [prəˌpɪʃi'eɪʃən, AM proʊ'-] *n no pl* Besänftigung *f*

propitiatory [prə'pɪʃiətəri, AM proʊ'pɪʃiətɔːri] *adj* (*form*) besänftigend *attr;* **a ~ gesture** eine versöhnliche Geste

propitious [prə'pɪʃəs] *adj* (*form*) günstig

propitiously [prə'pɪʃəsli] *adv* (*form*) günstig

propjet ['prɒpdʒet, AM 'prɑːp-] *n* (*plane*) Turbo-Prop-Flugzeug *nt;* (*engine*) Turbo-Prop-Triebwerk *nt*

proponent [prə(ʊ)'pəʊnənt, AM prə'poʊ-] *n* Befürworter(in) *m(f);* **to be a ~ of sth** ein Befürworter einer S. *gen* sein

proportion [prə'pɔːʃən, AM -'pɔːr-] *n* ❶ (*part*) Anteil *m* ❷ *no pl* (*relation*) Proportion *f*, Verhältnis *nt;* **in ~ to sb/sth** im Verhältnis zu jdm/etw; **to be in/out of ~ [to sth]** im/in keinem Verhältnis zu etw *dat* stehen; **to be in/out of ~ [to each other]** in den Proportionen [zueinander] stimmen/nicht stimmen; ***I'm all out of ~ in this picture*** auf diesem Bild stimmen die Proportionen überhaupt nicht ❸ (*in drawing*) ■**~s** *pl* Proportionen *pl* ❹ (*balance*) Verhältnis *nt;* **to have/keep a sense of ~** bei etw *dat* den richtigen Maßstab anlegen; **to blow sth out of [all] ~** etw maßlos übertreiben; **to keep sth in ~** etw im richtigen Verhältnis sehen ❺ (*size*) ■**~s** *pl* Ausmaße *pl;* **a building of gigantic ~s** ein Gebäude von gewaltigen Ausmaßen; **to assume** [*or* **take on**] **massive/exaggerated ~s** massive/übertriebene Ausmaße annehmen

proportional [prə'pɔːʃənəl, AM -'pɔːr-] *adj* proportional; ■**to be ~ to sth** proportional zu etw *dat* sein; **inversely ~** umgekehrt proportional

proportionality [prəˌpɔːʃən'æləti, AM -ˌpɔːrʃən'ælət̬i] *n no pl* Verhältnismäßigkeit *f;* **the principle of ~** Grundsatz *m* der Verhältnismäßigkeit

proportionally [prə'pɔːʃənəli, AM -'pɔːr-] *adv* proportional; ■**~ to sth** proportional [*o* im Verhältnis] zu etw *dat*

proportional representation *n no pl* Verhältniswahlsystem *nt*

proportionate [prə'pɔːʃənət, AM -'pɔːrʃənɪt] *adj* proportional; *see also* **proportional**

proportionately [prə'pɔːʃənətli, AM -'pɔːrʃənɪt-] *adv* proportional; *see also* **proportionally**

proportioned [prə'pɔːʃənd, AM -'pɔːr-] *adj* **beautifully/finely ~** ebenmäßig/anmutig proportioniert; **perfectly ~** vollendet proportioniert; **well ~** wohlproportioniert; **to be generously ~** (*hum*) sehr beleibt sein

proposal [prə'pəʊzəl, AM -'poʊ-] *n* ❶ (*suggestion*) Vorschlag *m;* **to put forward a ~** einen Vorschlag unterbreiten ❷ (*offer of marriage*) Antrag *m;* **a marriage ~** [*or* **a ~ of marriage**] ein Heiratsantrag *m*

propose [prə'pəʊz, AM -'poʊz] **I.** *vt* ❶ (*suggest*) ■**to ~ sth** etw vorschlagen; ■**to ~ doing sth** vorschlagen, etw zu tun; ■**to ~ that ...** vorschlagen, dass ... ❷ (*intend*) ■**to ~ to do/doing sth** beabsichtigen, etw zu tun; ***I do not ~ to reveal details*** ich habe nicht die Absicht Einzelheiten preiszugeben; ***how do you ~ tackling this problem?*** wie wollen Sie dieses Problem angehen? ❸ (*nominate*) ■**to ~ sb** jdn vorschlagen; **to ~ sb as a candidate** jdn als Kandidaten aufstellen ❹ (*put forward*) **to ~ a motion** einen Antrag stellen; **to ~ a toast** einen Toast ausbringen **II.** *vi* ■**to ~ [to sb]** [jdm] einen [Heirats]antrag machen ► PHRASES: **man ~s, God disposes** (*prov*) der Mensch denkt, Gott lenkt

proposed [prə'pəʊzd, AM -'poʊ-] *adj inv* geplant, beabsichtigt

proposer [prə'pəʊzəʳ, AM -'poʊzə] *n* (*of motion*) Antragsteller(in) *m(f);* (*of candidate*) Vorschlagende(r) *f(m)*

proposition [ˌprɒpə'zɪʃən, AM ˌprɑːp-] **I.** *n* ❶ (*assertion*) Aussage *f;* PHILOS These *f;* LING Proposition *f fachspr* ❷ (*proposal*) Vorschlag *m;* **business ~** geschäftliches Angebot; **paying ~** lohnendes Geschäft ❸ (*matter*) Unternehmen *nt;* **a difficult ~** ein schwieriges Unterfangen ❹ (*person*) Wahl *f;* ***he's a better ~*** er ist die bessere Wahl ❺ (*offer of sex*) [eindeutiges] Angebot *euph* **II.** *vt* ■**to ~ sb** jdm ein eindeutiges Angebot machen *euph*

propound [prə'paʊnd] *vt* (*form*) ■**to ~ sth** etw darlegen; **to ~ an argument/a theory** ein Argument/eine Theorie darlegen

proprietary [prə'praɪətəri, AM -teri] *adj* ❶ ECON, LAW (*with legal right*) urheberrechtlich geschützt, Marken-; **~ article** Markenartikel *m;* **~ drug** patentrechtlich geschütztes Arzneimittel; **a ~ name** ein gesetzlich geschützter Name ❷ (*ownerlike*) Besitz ergreifend; ***he looked around with a ~ air*** er sah sich mit einem Ausdruck um, als würde ihm alles gehören

proprietary company *n* SA, AUS Gesellschaft *f* mit beschränkter Haftung

proprietor [prə'praɪətəʳ, AM proʊ'praɪət̬ə] *n* Inhaber(in) *m(f)*, Eigentümer(in) *m(f);* **~ of a business** Geschäftsinhaber(in) *m(f)*

proprietorial [prəˌpraɪə'tɔːriəl] *adj* Besitzer-; **to be ~ about sth/sb** etw/jdn als seinen Besitz betrachten

proprietorship [prə'praɪətəʃɪp, AM -t̬ə-] *n* ❶ (*possession*) Besitz *m* ❷ LAW Eigentumsrecht *nt* an Grundbesitz

proprietress <*pl* -es> [prə'praɪətrɪs, AM proʊ'-] *n* Inhaberin *f; of land* Eigentümerin *f*, Besitzerin *f*

propriety [prə'praɪəti, AM -ət̬i] *n* ❶ *no pl* (*decency*) Anstand *m* ❷ *no pl* (*correctness*) Richtigkeit *f* ❸ (*standards of conduct*) ■**the proprieties** *pl* höfliche Umgangsformen; **to observe the proprieties** die Regeln der Höflichkeit wahren

propshaft ['prɒpʃæft, AM 'prɑːp-] *n* AUTO Gelenkwelle *f*, Antriebswelle *f*

props man *n,* **props master** *n* THEAT Requisiteur *m* **props mistress** *n* THEAT Requisiteurin *f*

propulsion [prə'pʌlʃən] *n no pl* Antrieb *m*

pro rata [ˌprə(ʊ)'rɑːtə, AM ˌproʊ'reɪt̬ə] **I.** *adj inv* (*form*) anteilmäßig; **~ payment** anteilmäßige Bezahlung **II.** *adv* (*form*) anteilmäßig

pro-rate [ˌproʊ'reɪt] *vt* AM ■**to ~ sth** etw anteilmäßig aufteilen [*o* verteilen]

proration [ˌprə(ʊ)'reɪʃən, AM ˌproʊ'-] *n* anteilmäßige Aufteilung

pro-rector [ˌprə(ʊ)'rektəʳ, AM ˌproʊ'rektə] *n* Prorektor(in) *m(f)*

prorogation [prəʊrəʊ'geɪʃən, AM proʊroʊ'] *n esp* POL Vertagung *f*

prorogue [prəʊ'rəʊg, AM proʊ'roʊg] *vt esp* POL ■**to ~ sth** etw vertagen

prosaic [prə(ʊ)'zeɪɪk, AM proʊ'-] *adj* nüchtern, prosaisch *geh*

prosaically [prəʊ'zeɪɪkli, AM proʊ'] *adv* nüchtern, trocken *fig,* prosaisch *geh*

proscenium <*pl* -s *or* -nia> [prə(ʊ)'siːniəm, AM proʊ'-, *pl* -niə] *n* THEAT Proszenium *nt fachspr;* ~

[arch] Bühnenrahmen *m*
prosciutto [prə(ʊ)'ʃuːtəʊ, AM proʊ'ʃuːt̬oʊ] *n no pl* Parmaschinken *m*
proscribe [prə(ʊ)'skraɪb, AM proʊ'-] *vt (form)* ■**to ~ sth** etw verbieten
proscription [prə(ʊ)'skrɪpʃən, AM proʊ'-] *n no pl (form)* Verbot *nt*
proscriptive [prə(ʊ)'skrɪptɪv, AM proʊ'-] *adv (form)* restriktiv *geh*
prose [prəʊz, AM proʊz] **I.** *n no pl* Prosa *f* **II.** *n modifier (passage, poem, writer)* Prosa-; **~ comedy/story** Komödie/Geschichte in Prosa; **~ style** Stil *m*
prosecutable [ˌprɒsɪ'kjuːtəbl, AM ˌprɑːsɪ'kjuːt̬-] *adj* strafbar
prosecute ['prɒsɪkjuːt, AM 'prɑːs-] **I.** *vt* ❶ LAW ■**to ~ sb [for sth]** jdn [wegen einer S. *gen*] strafrechtlich verfolgen [*o* belangen]; ***shoplifters will be ~d*** Ladendiebstahl wird zur Anzeige gebracht ❷ *(form: carry on)* **to ~ an enquiry** [*or* AM **inquiry**]/**investigation** eine Untersuchung/Ermittlung durchführen; **to ~ studies** Studien verfolgen **II.** *vi* ❶ *(bring a charge)* Anzeige erstatten, gerichtlich vorgehen ❷ *(in court)* für die Anklage zuständig sein
prosecuting ['prɒsɪkjuːtɪŋ, AM 'prɑːsɪkjuːt̬-] *adj attr* Anklage-; **~ attorney** Staatsanwalt, Staatsanwältin *m, f*
prosecution [ˌprɒsɪ'kjuːʃən, AM ˌprɑː-] *n* ❶ *no pl (legal action)* strafrechtliche Verfolgung; **to be liable to ~** sich *akk* strafbar machen; **to face ~** sich *akk* vor Gericht verantworten müssen ❷ *(case)* Anklage[erhebung] *f* (**for** wegen +*gen*), Gerichtsverfahren *nt* (**for** gegen +*akk*) ❸ *no pl (legal team)* ■**the ~** die Anklagevertretung; **witness for the ~** Belastungszeuge, -in *m, f,* Zeuge/Zeugin der Anklage ❹ *no pl (form: pursuance)* Verfolgen *nt; of inquiry, investigation* Durchführung *f;* **~ of a policy** das Verfolgen einer Politik
prosecutor ['prɒsɪkjuːtəʳ, AM 'prɑːsɪkjuːt̬ɚ] *n* Ankläger(in) *m(f),* ≈ Staatsanwalt, Staatsanwältin *m, f*
proselyte ['prɒsəlaɪt, AM 'prɑːs-] *n* REL *(form)* Neubekehrte(r) *f(m),* Proselyt(in) *m(f)*
proselytize ['prɒsəlɪtaɪz, AM 'prɑːsə-] **I.** *vt* ■**to ~ sb** jdn bekehren **II.** *vi* Leute bekehren
proselytizer ['prɒsəlɪtaɪzəʳ, AM 'prɑːsəlɪtaɪzɚ] *n* Bekehrer(in) *m(f)*
prosodic [prə'sɒdɪk, AM proʊ'sɑːd] *adj inv* LIT das Silbenmaß betreffend, prosodisch *fachspr*
prosody ['prɒsədi, AM 'prɑːs-] *n no pl* ❶ LING Prosodie *f fachspr* ❷ LIT Verslehre *f*
prospect **I.** *n* ['prɒspekt, AM 'prɑː-] ❶ *(idea)* Aussicht *f* (**of** auf +*akk*); ***I have to meet my boss tomorrow and I don't relish the ~*** ich habe morgen ein Gespräch mit meinem Chef und könnte dankend darauf verzichten; ■**to ~ of doing sth** die Aussicht, etw zu tun ❷ *(likelihood)* Aussicht *f,* Wahrscheinlichkeit *f* (**of** auf +*akk*); ***what are the ~s of success in this venture?*** wie steht es um die Erfolgsaussichten bei diesem Unternehmen? ❸ *(opportunities)* ■**~s** *pl* Aussichten *pl,* Chancen *pl;* ***her ~s are good*** ihre Aussichten stehen gut; **employment ~s** Aussichten auf Arbeit ❹ *(liter: extensive view)* Aussicht *f* (**of** auf +*akk*, **over** über +*akk*) ❺ *(potential customer)* potenzieller Kunde/potenzielle Kundin; *(potential employee)* aussichtsreicher Kandidat/aussichtsreiche Kandidatin **II.** *vi* [prə'spekt, AM 'prɑː-] nach Bodenschätzen suchen; **to ~ for gold** nach Gold suchen
prospective [prə'spektɪv] *adj inv* voraussichtlich; **~ candidate** möglicher Kandidat/mögliche Kandidatin; **~ customer** potenzieller Kunde/potenzielle Kundin; **~ dividend** zu erwartende Dividende; **~ P/E ratio** voraussichtliches Kurs-Gewinn-Verhältnis
prospective press *n* ECON zu erwartende Dividende
prospector [prə'spektəʳ, AM 'prɑːspektɚ] *n* MIN Prospektor(in) *m(f) fachspr;* **gold ~** Goldsucher(in) *m(f)*
prospectus [prə'spektəs] *n* ❶ *(booklet)* Prospekt *m;* **university ~** Studienführer *m* ❷ FIN Emissionsprospekt *m,* Subskriptionsprospekt *m*
prosper ['prɒspəʳ, AM 'prɑː-] *vi* ❶ *(financially)* florieren ❷ *(physically)* gedeihen
prosperity [prɒs'perəti, AM prɑː'sperət̬i] *n no pl* Wohlstand *m,* Prosperität *f geh;* **a period of peace and ~** eine Zeit des Friedens und Wohlstands; **in times of ~** in Zeiten allgemeinen Wohlstandes
prosperous ['prɒspərəs, AM 'prɑːspɚ-] *adj* ❶ *(well off)* wohlhabend, reich; **~ business** gut gehendes [*o* florierendes] Geschäft; **~ economy** blühende [*o* florierende] Wirtschaft ❷ *(successful)* erfolgreich
prosperously ['prɒspərəsli, AM 'prɑːspɚ-] *adv* florieren; **to live ~** im Wohlstand leben
prostaglandin [ˌprɒstə'glændɪn, AM ˌprɑːs] *n* BIOL, CHEM Prostaglandin *nt fachspr*
prostate ['prɒsteɪt, AM 'prɑːs-] **I.** *n* Prostata *f,* Vorsteherdrüse *f* **II.** *n modifier* Prostata-; **~ gland** Prostata *f,* Vorsteherdrüse *f*
prosthesis <*pl* -ses> ['prɒsθɪsɪs, AM 'prɑːsθə-, *pl* -siːz] *n* Prothese *f*
prosthetic [prɒs'θetɪk, AM prɑːs'θet̬-] *adj inv* prothetisch
prostitute ['prɒstɪtjuːt, AM 'prɑːstətuːt, -tjuːt] **I.** *n* Prostituierte(r) *f(m)* **II.** *vt* ❶ *(sexually)* ■**to ~ oneself** sich *akk* prostituieren ❷ *(debase)* ■**to ~ sth** etw vermarkten; **to ~ one's talents** seine Talente verschleudern; **to ~ oneself** sich *akk* selbst verraten
prostitution [ˌprɒstɪ'tjuːʃən, AM ˌprɑːstə'tuː-] *n no pl* Prostitution *f*
prostrate **I.** *adj* ['prɒstreɪt, AM 'prɑː-] ❶ *(face downward)* ausgestreckt; **to lie ~ on sth** ausgestreckt auf etw *dat* liegen ❷ *(overcome)* überwältigt; ■**to be ~ with sth** von etw *dat* überwältigt sein; **to be ~ with grief** von Trauer übermannt sein **II.** *vt* [prɒs'treɪt, AM 'prɑːstreɪt] ■**to ~ oneself** sich *akk* zu Boden werfen
prostrated [prɒs'treɪtɪd, AM 'prɑːstreɪt̬-] *adj pred, inv* ■**to be ~ by sth** *grief, exhaustion* von etw *dat* übermannt sein; *illness* von etw *dat* geschwächt sein
prostration [prɒs'treɪʃən, AM prɑː'streɪ-] *n* ❶ *(lying position)* in Liegestellung *f nach n* ❷ *no pl (exhaustion)* Erschöpfung *f*
prostyle ['prəʊstaɪl, AM 'proʊ-] *n* Prostylos *m fachspr*
prosy ['prəʊzi, AM 'proʊ-] *adj (pej)* langatmig
protagonist [prəʊ'tægənɪst, AM proʊ'-] *n* ❶ *(main character)* Protagonist(in) *m(f)* ❷ *(advocate)* Verfechter(in) *m(f)* (**of** von +*dat*)
protean [prəʊ'tiːən, AM 'proʊtiːən] *adj (liter)* proteisch *geh*
protect [prə'tekt] *vt* ❶ *(safeguard)* ■**to ~ sb/sth** jdn/etw schützen; ■**to ~ oneself** sich *akk* selbst schützen; ■**to ~ sb/sth against sb/sth** jdn/etw gegen jdn/etw schützen; ■**to ~ sb/sth from sb/sth** jdn/etw vor jdm/etw schützen; *from danger* jdn/etw vor jdm/etw beschützen; **to ~ one's interests** seine Interessen wahren ❷ ECON *(shield from competition)* **to ~ farmers/industry** die Bauern/die Industrie durch Protektionismus schützen
protected [prə'tektɪd] *adj species* geschützt
protected sex *n no pl* kondomgeschützter Sex
protection [prə'tekʃən] *n* ❶ *(defence)* Schutz *m* (**against** gegen +*akk*, **for** für +*akk*); *of interests* Wahrung *f;* **police ~** Polizeischutz *m;* **to be under sb's ~** unter jds Schutz stehen ❷ *no pl (paid to criminals)* Schutzgeld *nt;* **to pay ~** Schutzgeld zahlen
protection factor *n* Lichtschutzfaktor *m*
protectionism [prə'tekʃənɪzəm] *n no pl* Protektionismus *m*
protectionist [prə'tekʃənɪst] **I.** *adj inv (pej)* protektionistisch **II.** *n* Protektionist(in) *m(f)*
protection money *n no pl* Schutzgeld *nt* **protection racket** *n* Erpressung *f* von Schutzgeld; *(organization)* Erpresserorganisation *f*
protective [prə'tektɪv] *adj* ❶ *(affording protection)* Schutz-; **~ clothing** Schutzkleidung *f;* **~ colouring** [*or* AM **coloring**] Tarnfarbe *f* ❷ *(wishing to protect)* fürsorglich; ■**to be ~ of** [*or* **towards**] **sb/sth** jdm/etw gegenüber fürsorglich sein
protective custody *n no pl* Schutzhaft *m*
protectively [prə'tektɪvli] *adv* schützend; *(with care)* beschützend
protectiveness [prə'tektɪvnəs] *n no pl* Beschützerinstinkt *m*
protective tariff *n* Schutzzoll *m*
protector [prə'tektəʳ, AM -ɚ] *n* ❶ *(person)* Beschützer *m* ❷ *(device)* Schutzvorrichtung *f* ❸ HIST *(regent)* ■**P~** Protektor *m*
protectorate [prə'tektərət, AM -ɚət] *n* Protektorat *nt*
protectress <*pl* -es> [ˌprə'tektrɪs, AM ˌpro] *n* Beschützerin *f;* REL Schutzgottheit *f*
protégé *n,* **protégée** ['prɒtɪʒeɪ, AM 'proʊt̬ə-] *n* Protegé *m geh,* Schützling *m*
protein ['prəʊtiːn, AM 'proʊ-] **I.** *n* ❶ *no pl (collectively)* Eiweiß *nt* ❷ *(specific substance)* Protein *nt* **II.** *n modifier (content)* Eiweiß-; **~ deficiency** Eiweißmangel *m;* **~ source** Proteinquelle *f*
protein shake *n* Proteindrink *m*
pro tem [ˌprəʊ'tem, AM ˌproʊ'-] *adv inv short for* **pro tempore** befristet, vorübergehend
pro tempore [ˌprəʊ'tempəriː, AM ˌproʊ'-] *adv inv* befristet, vorübergehend
protest **I.** *n* ['prəʊtest, AM 'proʊ-] ❶ *(strong complaint)* Protest *m;* **to make** [*or* **register**] **a ~** eine Beschwerde einreichen; **to do sth in ~ [against sth]** etw aus Protest [gegen etw *akk*] tun; **to do sth under ~** etw unter Protest tun ❷ *(demonstration)* Protestkundgebung *f* ❸ *(legal document)* Protest *m* ❹ FIN Wechselprotest *m* **II.** *vi* [prə(ʊ)'test, AM proʊ'-] protestieren; ■**to ~ against sth/sb** gegen etw/jdn protestieren **III.** *vt* [prə(ʊ)'test, AM proʊ'-] ❶ *(assert)* ■**to ~ sth** etw beteuern; ■**to ~ that ...** beteuern, dass ...; **to ~ one's innocence** seine Unschuld beteuern ❷ AM *(object to)* ■**to ~ sth** gegen etw *akk* protestieren ❸ FIN **to ~ a bill** Wechselprotest einlegen
Protestant ['prɒtɪstənt, AM 'prɑːt̬ə-] **I.** *n* Protestant(in) *m(f)* **II.** *adj inv* protestantisch; *(in Germany)* evangelisch; **the ~ church** die evangelische Kirche
Protestantism ['prɒtɪstəntɪzəm, AM 'prɑːt̬ə-] *n no pl* Protestantismus *m*
Protestant work ethic *n* protestantische Arbeitsmoral
protestation [ˌprɒtes'teɪʃən, AM ˌprɑːt̬es'-] *n usu pl* ❶ *(strong objection)* Protesterklärung *f* ❷ *(strong affirmation)* Beteuerung *f*
protester [prə'testəʳ, AM -ɚ] *n (objector)* Protestierende(r) *f(m); (demonstrator)* Demonstrant(in) *m(f)*
protest march *n* Protestmarsch *m*
protestor *n see* **protester**
protest song *n* Protestlied *nt* **protest vote** *n* Proteststimme *f*
Proteus ['prəʊtiuːs, AM 'proʊt̬iəs] *n* Proteus *m*
protocol ['prəʊtəkɒl, AM 'proʊt̬əkɔːl] *n* ❶ *no pl (system of rules)* Protokoll *nt;* **breach of ~** Protokollverstoß *m* ❷ *(international agreement)* Protokoll *nt;* **the Geneva ~** das Genfer Protokoll
proton ['prəʊtɒn, AM 'proʊtɑːn] *n* PHYS Proton *nt fachspr*
protoplasm ['prəʊtə(ʊ)plæzəm, AM 'proʊt̬ə-] *n no pl* BIOL Protoplasma *nt fachspr*
prototype ['prəʊtə(ʊ)taɪp, AM 'proʊt̬ə-] *n* Prototyp *m* (**for** für +*akk*)
prototypical [ˌprəʊtəʊ'tɪpɪkəl, AM ˌproʊt̬ə'] *adj inv* prototypisch *geh*
protozoan <*pl* -s *or* -zoa> [ˌprəʊtə(ʊ)'zəʊən, *pl* -zəʊə, AM ˌproʊt̬ə'zoʊ-, *pl* -zoʊə] *n* BIOL Protozoon *m fachspr,* Urtierchen *nt*
protract [prəʊ'trækt, AM proʊ'-] *vt (form)* ■**to ~ sth** etw in die Länge ziehen
protracted [prəʊ'træktɪd, AM proʊ'-] *adj* langwierig; **~ negotiations** langwierige Verhandlungen
protraction [prəʊ'trækʃən, AM proʊ'-] *n* ❶ *no pl (prolonging)* Ausdehnung *f* ❷ *(muscle action)* Streckung *f*
protractor [prəʊ'træktəʳ, AM proʊ'træktɚ] *n* ❶ MATH Winkelmesser *m* ❷ ANAT *(muscle)* Streckmuskel *m*
protrude [prəʊ'truːd, AM proʊ'-] **I.** *vi jaw* vorstehen; *branch, ears* abstehen; ■**to ~ from sth** aus etw *dat* hervorragen **II.** *vt* ■**to ~ sth** etw vorstrecken [*o* herausstrecken]

protruding [prəʊ'tru:dɪŋ, AM proʊ'-] *adj attr* ~ **jaw** vorstehendes Kinn; ~ **ears** abstehende Ohren; ~ **eyes** vortretende Augen

protrusion [prəʊ'tru:ʒən, AM proʊ'-] *n* ❶ *no pl* (*sticking out*) Vorstehen *nt* ❷ (*bump*) Vorsprung *m*

protuberance [prəʊ'tju:bərən(t)s, AM proʊ'tu:b-, -tju:b-] *n* (*form*) Beule *f*

protuberant [prəʊ'tju:bərənt, AM proʊ'tu:b-] *adj* (*form*) vorstehend; ~ **eyes** vortretende Augen

proud [praʊd] **I.** *adj* ❶ (*pleased*) stolz; ■ **to be ~ of sth/sb** stolz auf etw/jdn sein; ■ **to be ~ to do sth** stolz sein, etw zu tun; ■ **to be ~ that ...** stolz [darauf] sein, dass ...; ***it was a ~ moment for me*** es war ein erhebender Moment für mich ❷ (*having self-respect*) stolz; ***theirs was a small but ~ country*** sie waren ein kleines aber stolzes Land ❸ (*pej: arrogant*) eingebildet; **as ~ as a peacock** stolz wie ein Pfau ❹ BRIT (*protrude*) **to stand ~** [**of sth**] [von etw *dat*] abstehen **II.** *adv* **to do sb ~** BRIT, AUS (*dated: treat well*) jdn verwöhnen; AM (*please by doing well*) jdn mit Stolz erfüllen

proud flesh *n no pl* MED wildes Fleisch

proudly ['praʊdli] *adv* ❶ (*with pride*) stolz ❷ (*pej: haughtily*) hochnäsig *fam*

provable ['pru:vəbl] *adj* beweisbar, nachweisbar; **a ~ claim** eine beweisbare Tatsache; **a ~ theory** eine nachweisbare Theorie

prove <-ed, -ed *or* AM *usu* proven> [pru:v] **I.** *vt* ❶ (*establish*) ■ **to ~ sth** etw beweisen; **to ~ the truth of sth** die Richtigkeit von etw *dat* nachweisen; **to ~ a point** beweisen, dass man Recht hat ❷ (*show*) ■ **to ~ oneself sb/sth** sich *akk* als etw erweisen; ■ **to ~ oneself sth** sich *dat* selbst etw beweisen; ***during the rescue she ~ed herself to be a highly competent climber*** während der Rettungsaktion erwies sie sich als sehr geübte Kletterin **II.** *vi* ❶ + *n, adj* sich *akk* erweisen; ***working with children ~d to require more patience than he'd expected*** mit Kindern zu arbeiten erforderte mehr Geduld, als er gedacht hatte; **to ~ successful** sich *akk* als erfolgreich erweisen ❷ BRIT (*rise*) *dough* gehen lassen

proven ['pru:vən] **I.** *vt, vi esp* AM *pp of* **prove II.** *adj* ❶ (*tested*) nachgewiesen; **a ~ liar** ein bekannter Lügner; **a ~ remedy** ein erprobtes Heilmittel ❷ SCOT LAW **not ~** unbewiesen

provenance ['prɒvənən(t)s, AM 'prɑ:vənən(t)s] *n no pl* (*form*) Herkunft *f*, Provenienz *f geh*; **to be of unknown ~** unbekannter Herkunft sein

Provençal [,prɒvɑ̃(n)'sɑ:l, AM ,proʊvɑ:n'-] **I.** *n* ❶ (*language*) Provenzalisch *nt* ❷ (*person*) Provenzale, -in *m, f* **II.** *adj* provenzalisch

provender ['prɒvɪndər, AM 'prɑ:vəndɚ] *n no pl* ❶ AGR (*dated: dry fodder*) [Trocken]futter *nt* ❷ (*hum: sustenance*) Futter *nt hum fam*

provenience [prə'vi:njən(t)s] *n* AM (*provenance*) Herkunft *f*, Provenienz *f geh*

proverb ['prɒvɜ:b, AM 'prɑ:vɜ:rb] *n* ❶ (*saying*) Sprichwort *nt* ❷ (*fig: well-known for*) ■ **to be a ~ for sth** für etw *akk* berühmt [*o pej* berüchtigt] sein; ***she's a ~ for lateness*** ihre Unpünktlichkeit ist geradezu sprichwörtlich ❸ REL ■ **P~s** + *sing vb* Sprüche *ntpl*; **the book of P~s** die Sprüche Salomos

proverbial [prə(ʊ)'vɜ:biəl, AM prə'vɜ:r-] *adj* ❶ (*from a proverb*) sprichwörtlich ❷ (*fig: well-known*) sprichwörtlich

proverbially [prə(ʊ)'vɜ:biəli, AM prə'vɜ:r-] *adv* sprichwörtlich

provide [prə(ʊ)'vaɪd, AM prə'-] **I.** *vt* ■ **to ~ sth** etw zur Verfügung stellen [*o* bereitstellen]; ***we will not be able to ~ the same standard of teaching if there are funding cuts*** wir werden dieses Unterrichtsniveau nicht aufrechterhalten können, wenn der Etat gekürzt wird; **to ~ employment** Arbeitsplätze schaffen; **to ~ evidence/an explanation** Beweise/eine Erklärung liefern; **to ~ information about sb/sth** Informationen über jdn/etw geben; **to ~ inspiration** inspirieren; **to ~ proof** einen Nachweis erbringen; **to ~ a thrill** für Nervenkitzel sorgen; ■ **to ~ sb/sth with sth** [*or* **sth for sb/sth**] (*supply*) jdn/etw mit etw *dat* versorgen; (*offer*) jdm/etw etw bieten [*o* geben]; **to ~ ammunition for sb/sth** [*or* **sb/sth with ammunition**] (*fig*) jdm/etw Munition liefern *fig*; ***by being late he ~d ammunition for his boss to use against him*** durch sein Zuspätkommen lieferte er seinem Chef Material, das dieser gegen ihn verwenden konnte; **to ~ a backdrop for sth** den Hintergrund für etw *akk* liefern; **to ~ a reference for sb** jdm eine Referenz geben; **to ~ sanctuary/shelter for sb/sth** jdm/etw Zuflucht/Schutz bieten; **to ~ treatment for sb/sth** jdn/etw behandeln **II.** *vi* ❶ (*form: anticipate*) ■ **to ~ for sth** für etw *akk* vorsorgen [*o* Vorsorge treffen]; ■ **to ~ against sth** Vorkehrungen gegen etw *akk* treffen, sich *akk* vor etw *dat* schützen ❷ (*look after*) ■ **to ~ for sb/oneself** für jdn/sich selbst sorgen ❸ (*form: enable*) ■ **to ~ for sth** etw ermöglichen; *law* etw erlauben; ***current legislation ~s for the detention of suspects*** die gegenwärtige Gesetzgebung erlaubt die Inhaftierung von Verdächtigen ❹ LAW (*form: stipulate*) ■ **to ~ that ...** festlegen [*o* bestimmen] [*o* vorsehen], dass ...; ***section 17 ~s that all decisions must be circulated in writing*** Artikel 17 schreibt vor, dass alle Entscheidungen schriftlich weitergeleitet werden müssen

provided [prə(ʊ)'vaɪdɪd, AM prə'-] **I.** *adj inv* mitgeliefert, beigefügt; ***instructions on installation are ~ with the software*** Installationsanweisungen liegen der Software bei **II.** *conj see* **providing** (**that**)

providence ['prɒvɪdən(t)s, AM 'prɑ:və-] *n no pl* Vorsehung *f*; **by** [*or* **through**] **an act** [*or* **stroke**] **of ~** durch eine Fügung des Schicksals; **divine ~** göttliche Vorsehung; **to tempt ~** das Schicksal herausfordern

provident ['prɒvɪdənt, AM 'prɑ:və-] *adj* (*approv form*) ❶ (*foresighted*) vorausschauend, weitsichtig; **to be a ~ person** ein vorausblickender Mensch sein ❷ ECON Unterstützungs-, Fürsorge- ❸ (*thrifty*) sparsam

providential [,prɒvɪ'den(t)ʃəl, AM ,prɑ:və'-] *adj* (*form*) günstig, glücklich; ***it was ~, my meeting you ...*** ein Glück, dass ich dich getroffen habe ...

providentially [,prɒvɪ'den(t)ʃəli, AM ,prɑ:və'-] *adv* (*form*) glücklicherweise

providently ['prɒvɪdəntli, AM 'prɑ:və-] *adv* (*approv form*) vorausschauend, weitsichtig

provider [prə(ʊ)'vaɪdər, AM prə'vaɪdɚ] *n* ❶ (*supplier*) Lieferant(in) *m(f)* ❷ (*breadwinner*) Ernährer(in) *m(f)*

providing (**that**) [prə(ʊ)'vaɪdɪŋ, AM prə'-] *conj* (*as long as*) sofern, falls; ~ ***we find the money to finance our business, we have a good chance of opening up a new market*** wir haben gute Chancen einen neuen Markt zu erschließen, vorausgesetzt, wir bekommen das Geld für die Finanzierung

Provie ['prəʊvi] *n* BRIT (*fam*) *short for* **Provo** Mitglied *nt* der provisorischen IRA

province ['prɒvɪn(t)s, AM 'prɑ:-] *n* ❶ (*territory*) Provinz *f*; ■ **the P~** BRIT Nordirland *nt* ❷ *no pl* (*area of knowledge*) [Fach]gebiet *nt*; (*area of responsibility*) Zuständigkeitsbereich *m*; **to be within/outside the ~ of sth** für etw *akk* zuständig/nicht zuständig sein

provinces ['prɒvɪn(t)sɪz, AM 'prɑ:-] *npl* ■ **the ~** (*outside capital*) die Provinz *kein pl*; AM (*outside major cities*) die Vororte

provincewide ['prɒvɪn(t)s,waɪd, AM 'prɑ:-] *adj inv* provinzweit, überall in der Provinz *nach n*

provincial [prə(ʊ)'vɪn(t)ʃəl, AM prə'-] **I.** *adj* ❶ (*of a province*) Provinz-; ~ **city/government** Provinzstadt *f*/-verwaltung *f* ❷ (*pej: unsophisticated*) provinziell *pej*; ~ **attitude** provinzielle Einstellung **II.** *n* ❶ (*province inhabitant*) Provinzbewohner(in) *m(f)* ❷ (*pej: unsophisticated person*) Provinzler(in) *m(f) pej*

provincialism [prə(ʊ)'vɪn(t)ʃəlɪzəm, AM prə'-] *n no pl* ❶ (*pej: narrow-mindedness*) Provinzialismus *m pej* ❷ (*localism*) Provinzialismus *m*

proving flight *n* MIL, AVIAT Testflug *m* **proving ground** *n* Versuchsgelände *nt*; (*fig*) ***these elections were a ~ for his popularity with his voters*** diese Wahlen waren ein Stimmungsbarometer für seine Beliebtheit bei den Wählern

provision [prə(ʊ)'vɪʒən, AM prə'-] **I.** *n* ❶ *no pl* (*providing*) Versorgung *f*, Bereitstellung *f*; (*financial precaution*) Vorkehrung *f*; **to make ~ for sb/sth** für jdn/etw Vorsorge treffen ❷ (*something supplied*) Vorrat *m* (**of** an +*dat*) ❸ (*stipulation*) Auflage *f*; **with the ~ that ...** unter der Bedingung, dass ... **II.** *vt* (*form*) ■ **to ~ sb/sth** jdn/etw versorgen **III.** *vi* vorsorgen; ■ **to ~ against sth** gegen etw *akk* Vorkehrungen treffen

provisional [prə(ʊ)'vɪʒənəl, AM prə'-] **I.** *adj* ❶ (*temporary*) vorläufig; ~ **government** Übergangsregierung *f*; ~ **solution** provisorische Lösung ❷ BRIT (*of the IRA*) ■ **P~** *inoffizieller Flügel der IRA* **II.** *n* BRIT ■ **P~** Mitglied *nt* der provisorischen IRA

provisional licence *n* BRIT, AUS Führerschein *m* auf Probe

provisionally [prə(ʊ)'vɪʒənəli, AM prə'-] *adv* vorläufig, zeitweilig

provisions [prə(ʊ)'vɪʒənz, AM prə'-] *npl* Vorräte *mpl*; **to be low on ~** [nur noch] wenig Vorräte haben

proviso [prə(ʊ)'vaɪzəʊ, AM prə'vaɪzoʊ] *n* Auflage *f*, Bedingung *f*; LAW Vorbehaltsklausel *f*; ■ **with** [*or* **on**] **the ~ that ...** unter der Bedingung, dass ...

Provo ['prəʊvəʊ] *n* BRIT (*fam*) *short for* **Provisional** Mitglied *nt* der provisorischen IRA

provocation [,prɒvə'keɪʃən, AM ,prɑ:-] *n* Provokation *f*; **to be under** [**severe**] **~** [stark] provoziert werden

provocative [prə'vɒkətɪv, AM -'vɑ:kət̬-] *adj* ❶ (*provoking*) provokativ *geh* ❷ (*sexually arousing*) provokant *geh*, provozierend *attr*

provocatively [prə'vɒkətɪvli, AM -'vɑ:kət̬-] *adv* ❶ (*provokingly*) provokativ *geh* ❷ (*sexually arousing*) provokant *geh*, provozierend *attr*

provoke [prə'vəʊk, AM -'voʊk] *vt* ❶ (*vex*) ■ **to ~ sb** [**into doing sth**] jdn [zu etw *dat*] provozieren; **to ~ sb to fury** jdn in Rage bringen ❷ (*give rise to*) ■ **to ~ sth** *worries, surprise, outrage* etw hervorrufen [*o geh* provozieren]

provoking [prə'vəʊkɪŋ, AM -'voʊk-] *adj* provozierend *attr*; *question* provokativ *geh*; *statement* provokant *geh*

provost ['prɒvəst, AM 'proʊvoʊst] *n* ❶ BRIT UNIV Hochschulleiter(in) *m(f)*; AM [hoher] Verwaltungsbeamte(r), [hohe] Verwaltungsbeamte [*o* -in] ❷ SCOT (*mayor*) Bürgermeister(in) *m(f)*; *see also* **Lord Provost**

prow [praʊ] *n* NAUT Bug *m*

prowess ['praʊɪs] *n no pl* (*esp form*) Können *nt*; **sexual/sporting ~** sexuelle/sportliche Leistungsfähigkeit

prowl [praʊl] **I.** *n* (*fam*) Streifzug *m*; **to be on the ~** auf einem Streifzug sein, umherstreifen; (*fig*) ***after the severe famine, death is now on the ~*** nach der schweren Hungersnot geht jetzt der Tod um **II.** *vt* ■ **to ~ sth** etw durchstreifen **III.** *vi* ■ **to ~** [**around**] umherstreifen, herumstreifen; *suspect* sich *akk* herumtreiben

prowl car *n* AM (*patrol car*) Streifenwagen *m*

prowler ['praʊlər, AM -ɚ] *n* Herumtreiber(in) *m(f) fam*

prox. [prɒks, AM 'prɑ:ksəmoʊ] *short for* **proximo** [des] nächsten Monats

proxemics [prɒk'si:mɪks, AM prɑ:k'-] *n* + *sing vb* PSYCH *Wissenschaft, die sich mit gesellschaftlich konditionierten räumlichen Beziehungsfragen beschäftigt*

proximity [prɒk'sɪməti, AM prɑ:k'sɪmət̬i] *n no pl* Nähe *f*; ■ **to be in ~ to sb/sth** sich *akk* nahe bei jdm/etw befinden; **in close ~ to sb/sth** in unmittelbarer Nähe zu jdm/etw befinden

proximity fuse, AM *also* **proximity fuze** *n* MIL, TECH Annäherungszünder *m*

proximo ['prɒksɪməʊ, AM 'prɑ:ksɪmoʊ] *adj pred* FIN, ECON (*dated*) [des] nächsten Monats

proxy ['prɒksi, AM 'prɑ:-] *n* ❶ (*person*) Bevollmächtigte(r) *f(m)*; *to sign* Zeichnungsbevollmächtigte(r); **to do sth by ~** etw in Vertretung tun ❷ (*document*) Vollmachtsurkunde *f*

Prozac® ['prəuzæk, AM 'prou] *n no pl* MED Prozac® *nt*
prude [pru:d] *n* prüder Mensch; **to be a** ~ prüde sein
prudence ['pru:dᵊn(t)s] *n no pl* Vorsicht *f,* Besonnenheit *f;* **to show** ~ Vorsicht an den Tag legen
prudent ['pru:dᵊnt] *adj* vorsichtig, umsichtig; *action* klug; ~ **man rule** FIN *Standard für Anlagebeschränkungen zugunsten bestimmter geschützter Vermögen;* ~ **step** weiser Schritt
prudently ['pru:dᵊntli] *adv* vorsichtig, umsichtig
prudery ['pru:dᵊri, AM -ɚi] *n* Prüderie *f*
prudish ['pru:dɪʃ] *adj* prüde
prudishly ['pru:dɪʃli] *adv* prüde
prudishness ['pru:dɪʃnəs] *n no pl* Prüderie *f*
prune¹ [pru:n] *vt* HORT ■**to** ~ **sth** etw [be]schneiden [*o* stutzen]; (*fig*) etw reduzieren; *costs* etw kürzen; **to** ~ **back branches** Zweige zurückschneiden; **to** ~ **down a hedge/a tree** eine Hecke/einen Baum zurückschneiden; **to** ~ **staff** das Personal reduzieren
prune² [pru:n] *n* ❶ (*plum*) Dörrpflaume *f* ❷ (*fam: person*) Miesmacher(in) *m(f) pej fam,* Miesepeter *m fam*
pruner ['pru:nəʳ, AM ɚ] *n* Gartenmesser *nt*
pruning ['pru:nɪŋ] **I.** *adj* Schneide-; ~ **tool** Gartengerät *nt* zum Zurückschneiden von Ästen **II.** *n no pl* HORT Zurückschneiden *nt,* Stutzen *nt*
pruning hook *n* HORT Schneidehaken *m* **pruning knife** *n* Gartenmesser *nt* **pruning saw** *n* Astsäge *f,* Baumsäge *f* **pruning shears** *npl* AM (*secateurs*) Gartenschere *f,* Heckenschere *f*
prurience ['prʊəriən(t)s, AM 'prʊr-] *n no pl* (*pej form: obsession*) *with sexual matters* Lüsternheit *f; with unpleasantness* Abartigkeit *f,* Perversität *f*
prurient ['prʊəriənt, AM 'prʊr-] *adj* (*pej form*) lüstern; *inclination* abartig *pej*
pruriently ['prʊəriəntli, AM 'prʊr-] *adv* (*pej form*) anzüglich; (*obsessed with sex*) lüstern
prurigo [prʊə'raɪgəʊ, AM prʊ'raɪgoʊ] *n no pl* MED Prurigo *f fachspr*
pruritus [prʊə'raɪtəs, AM prʊ'raɪṱ-] *n no pl* MED Pruritus *m fachspr,* Juckreiz *m*
Prussia ['prʌʃə] *n* HIST Preußen *nt*
Prussian ['prʌʃən] **I.** *n* (*hist*) Preuße, -in *m, f* **II.** *adj inv* HIST preußisch
prussic acid *n no pl* (*dated*) Blausäure *f*
pry¹ <-ie-> [praɪ] *vi* neugierig sein; ***I don't wish to ~, but …*** ich möchte ja nicht aufdringlich sein, aber …; ■**to** ~ **about** [*or* **around**] herumschnüffeln *fam;* ■**to** ~ **into sth** sich *akk* in etw *akk* einmischen, seine Nase in etw *akk* stecken *fam*
pry² <-ie-> [praɪ] *vt esp* AM (*prise*) ■**to** ~ **sth open** etw aufbrechen; **to** ~ **a secret out sb** jdm ein Geheimnis entlocken
prying ['praɪɪŋ] *adj* (*pej*) neugierig; ~ **eyes** neugierige Blicke
PS [,pi:'es] *n* ❶ *abbrev of* **postscript** PS *nt* ❷ *abbrev of* **private secretary**
Ps. *n abbrev of* **psalm**
psalm [sɑ:m] *n* REL Psalm *m*
psalm-book *n* REL Psalter *m,* Psalmenbuch *nt*
psalmist ['sɑ:mɪst] *n* REL Psalmist *m*
psalmody ['sælmədi, AM 'sɑ:lm-] *n* REL Psalmodie *f,* Psalmengesang *m*
psalter ['sɔ:ltəʳ, AM ṱɚ] *n* REL Psalter *m,* Buch *nt* der Psalmen
PSBR [,pi:esbi:'ɑ:ʳ] *n* BRIT ECON, FIN *abbrev of* **public sector borrowing requirement** Kreditbedarf der öffentlichen Hand
psephological [,sefə'lɒdʒɪkᵊl, AM ,si:fə'lɑ:] *adj inv* Wahlforschungs-
psephologist [sɪ'fɒlədʒɪst, AM si:'fɑ:] *n* Wahlforscher(in) *m(f)*
psephology [(p)sɪ'fɒlədʒi, AM si:'fɑ:l-] *n no pl* Wahlanalyse *f,* Wahlforschung *f*
pseud [sju:d] BRIT **I.** *n* (*pej*) Angeber(in) *m(f),* Möchtegern *m fam* **II.** *adj inv* (*pej*) angeberisch
pseud- [sju:d, AM su:d] *in compounds,* **pseudo-** ['sju:dəʊ, AM 'su:doʊ] *in compounds* pseudo-
pseudo ['sju:dəʊ, AM 'su:doʊ] **I.** *adj* ❶ (*false*) Pseudo-, Möchtegern-; ~**-intellectual** Pseudointellektuelle(r) *f(m)* ❷ (*insincere*) heuchlerisch, verlogen **II.** *n* Heuchler(in) *m(f)*
pseudo- *in compounds* Pseudo-, pseudo-
pseudonym ['sju:dənɪm, AM 'su:dᵊn-] *n* Pseudonym *nt*
pseudonymous [sju:'dɒnɪməs, AM su:'dɑ:-] *adj inv* ~ **novels** unter einem Pseudonym geschriebene Romane
pseudoscience *n* Pseudowissenschaft *f*
pseudy ['sju:di] *adj attr, inv* BRIT (*pej fam*) Pseudo-*pej;* ~ **sentences** Pseudosprüche *mpl*
psi [psaɪ, AM saɪ] *n* ❶ (*Greek letter*) Psi *nt* ❷ *no pl* (*psychokinesis*) Psi *nt*
psilocybin [,saɪlə(ʊ)'saɪbɪn, AM ,sɪlə'-] *n no pl* Psilocybin *nt* (*Art von Halluzinogen*)
psittacism ['sɪtəsɪzᵊm, AM 'sɪṱə-] *n no pl* ❶ PSYCH Psittazismus *m fachspr* (*krankhaftes Wiederholen unverstandener Wörter oder Sätze*) ❷ (*pej form: unreflecting repetition of words, ideas*) Nachplappern *nt pej fam*
psittacosis [,(p)sɪtə'kəʊsɪs, AM ,sɪtə'koʊ-] *n no pl* MED Psittakose *f fachspr*
psoriasis [(p)sə'raɪəsɪs, AM sə'-] *n no pl* Schuppenflechte *f,* Psoriasis *f fachspr*
psst [pst] *interj* (*fam*) pst
PST [,pi:es'ti:] *n* ❶ *abbrev of* **Pacific Standard Time** pazifische Zeit ❷ CAN *abbrev of* **Provincial Sales Tax** *Mehrwertsteuer auf Provinzebene*
psych [saɪk] *vt* (*fam*) ❶ (*psychoanalyse*) ■**to** ~ **sb** jdn psychiatrisch behandeln ❷ (*prepare*) ■**to** ~ **oneself/sb up** sich *akk*/jdn [psychisch] aufbauen
◆**psych out** *vt* (*fam*) ❶ (*intimidate*) ■**to** ~ **out** ↔ **sb** jdn psychologisch schwächen ❷ (*analyse*) ■**to** ~ **sth** ↔ **out** etw analysieren
psych- [saɪk] *in compounds* Psycho-
psyche¹ [saɪk] *vt see* **psych**
psyche² ['saɪki] *n* Psyche *f*
psyched [saɪkt] *adj pred* (*sl: excited*) aufgedreht *fam,* aufgeputscht, überdreht *pej fam*
psychedelia [,saɪkɪ'di:liə, AM -kə'-] *n no pl* psychedelische Gegenstände
psychedelic [,saɪkɪ'delɪk, AM -kə'-] *adj* ❶ (*kaleidoscopic*) psychedelisch ❷ (*hallucinogenic*) psychedelisch, bewusstseinsverändernd
psychiatric [,saɪki'ætrɪk] *adj inv* psychiatrisch
psychiatrically [,saɪki'ætrɪkᵊli] *adv inv* psychiatrisch
psychiatric hospital *n* psychiatrisches Krankenhaus, psychiatrische Klinik **psychiatric nurse** *n* psychiatrischer Pfleger/psychiatrische Pflegerin
psychiatrist [saɪ'kaɪətrɪst] *n* Psychiater(in) *m(f)*
psychiatry [saɪ'kaɪətri] *n no pl* Psychiatrie *f;* **to practice** ~ als Psychiater/Psychiaterin tätig sein
psychic ['saɪkɪk] **I.** *n* Medium *nt,* Mensch *m* mit medialen Fähigkeiten **II.** *adj* ❶ (*supernatural*) übernatürlich, telepathisch; ~ **abilities** telepathische Fähigkeiten ❷ (*of the mind*) psychisch, seelisch; ~ **illness** psychische Erkrankung
psychical ['saɪkɪkᵊl] *adj* ❶ (*supernatural*) übernatürlich ❷ (*of the mind*) psychisch
psychically ['saɪkɪkᵊli] *adv* psychisch; **to be** ~ **connected** geistig miteinander verbunden sein
psycho ['saɪkəʊ, AM -koʊ] (*fam*) **I.** *n* Psychopath(in) *m(f);* AM (*fig fam*) Spinner *m* **II.** *adj* psychopathisch **III.** *adv* (*fam*) **to go** ~ ausrasten *fam*
psycho- ['saɪkəʊ, AM -koʊ] *in compounds* Psycho-
psychoanalysis [,saɪkəʊə'næləsɪs, AM -koʊə'-] *n no pl* Psychoanalyse *f*
psychoanalyst [,saɪkəʊ'ænᵊlɪst, AM -koʊ'ænə-] *n* Psychoanalytiker(in) *m(f)*
psychoanalytic(al) [,saɪkəʊ,ænᵊl'ɪtɪk(ᵊl), AM -koʊ,ænə'lɪṱ-] *adj* psychoanalytisch
psychoanalyze [,saɪkəʊ'ænᵊlaɪz, AM -koʊ'ænə-] *vt* ■**to** ~ **oneself/sb** sich *akk*/jdn psychoanalysieren
psychobabble ['saɪkəʊ,bæbl̩, AM -koʊ,-] *n no pl* (*pej fam*) Psychogeschwätz *nt pej sl*
psychobiography [,saɪkəʊbaɪ'ɒgrəfi, AM -koʊbaɪ'ɑ:grəfi] *n* Psychographie *f*
psychobiology [,saɪkəʊbaɪ'ɒlədʒi, AM -koʊbaɪ'ɑ:l-] *n no pl Wissenschaft, die die biologischen Grundlagen des Verhaltens erforscht*
psychodrama ['saɪkəʊ,drɑ:mə, AM -koʊ,-] *n* ❶ *no pl* PSYCH Psychodrama *nt* ❷ TV, MEDIA Psychodrama *nt*
psychodynamic [,saɪkəʊdaɪ'næmɪk, AM koʊ] *adj inv* psychodynamisch
psychodynamics [,saɪkəʊdaɪ'næmɪks, AM -koʊ-] *n + sing vb* Psychodynamik *f*
psychokinesis [,saɪkəʊkaɪ'ni:sɪs, AM -koʊkɪ'-] *n no pl* Psychokinese *f*
psychokinetic [,saɪkəʊkɪ'netɪk, AM -koʊ-] *adj* psychokinetisch
psycholinguistic [,saɪkəʊlɪŋ'gwɪstɪk, AM koʊ] *adj inv* psycholinguistisch
psycholinguistics [,saɪkəʊlɪŋ'gwɪstɪks, AM koʊ] *n + sing vb* Psycholinguistik *f*
psychological [,saɪkə'lɒdʒɪkᵊl, AM -'lɑ:dʒ-] *adj* ❶ (*of the mind*) psychisch; ~ **boost** seelischer Auftrieb; ~ **effect** Auswirkung *f* auf die Psyche; ~ **well-being** seelisches Wohlbefinden ❷ (*of psychology*) psychologisch; ~ **test** psychologischer Test, Psychotest *m* ❸ (*not physical*) psychisch; ***my headaches are purely*** ~ meine Kopfschmerzen sind rein psychischer Natur
psychologically [,saɪkə'lɒdʒɪkᵊli, AM -'lɑ:dʒ-] *adv* ❶ (*mental*) psychisch; ~ **disturbed** psychisch gestört ❷ PSYCH psychologisch
psychological moment *n* **the right/wrong** ~ der psychologisch richtige/falsche Moment **psychological profile** *n* MED, PSYCH, LAW psychologisches Profil; (*offender profile*) Täterprofil *nt* **psychological warfare** *n* psychologische Kriegführung; **to employ** ~ **against sb** (*fig*) jdn psychisch unter Druck setzen
psychologist [saɪ'kɒlədʒɪst, AM -'kɑ:l-] *n* Psychologe, -in *m, f*
psychology [saɪ'kɒlədʒi, AM -'kɑ:l-] *n* ❶ *no pl* (*science*) Psychologie *f* ❷ (*thought processes*) Psychologie *f;* ~ **of the crowd** Massenpsychologie *f*
psychometrics [,saɪkə(ʊ)'metrɪks, AM -koʊ'-] *n + sing vb* Psychometrie *f*
psychopath ['saɪkə(ʊ)pæθ, AM -kə-] *n* ❶ (*violent person*) Psychopath(in) *m(f) pej fam* ❷ PSYCH, MED Psychopath(in) *m(f)*
psychopathic [,saɪkə(ʊ)'pæθɪk, AM -kə'-] *adj* ❶ (*violent*) psychopathisch *pej fam* ❷ PSYCH, MED psychopathisch
psychopathology [,saɪkə(ʊ)pæθ'ɒlədʒi, AM -koʊpæθ'ɑ:l-] *n no pl* Psychopathologie *f*
psychopathy [saɪ'kɒpəθi, AM -'kɑ:p-] *n no pl* Psychopathie *f*
psychoses *n pl of* **psychosis**
psychosexual [,saɪkəʊ'sekʃʊəl, AM -koʊ'sekʃu-] *adj* psychosexuell; ~ **disorders** psychosexuelle Störungen
psychosis <*pl* -ses> [saɪ'kəʊsɪs, AM -'koʊ-, *pl* -si:z] *n* Psychose *f*
psychosocial [,saɪkəʊ'səʊʃᵊl, AM koʊ'soʊ] *adj inv* psychosozial
psychosomatic [,saɪkə(ʊ)sə(ʊ)'mætɪk, AM -koʊsoʊ'mæṱ-] *adj* psychosomatisch; ~ **disorder/illness** psychosomatische Störung/Erkrankung
psychotherapist [,saɪkə(ʊ)'θerəpɪst, AM -koʊ'-] *n* Psychotherapeut(in) *m(f)*
psychotherapy [,saɪkə(ʊ)'θerəpi, AM -koʊ'-] *n no pl* Psychotherapie *f*
psychotic [saɪ'kɒtɪk, AM -'kɑ:ṱ-] **I.** *adj* psychotisch **II.** *n* Psychotiker(in) *m(f)*
psychotropic [,saɪkəʊ'trəʊpɪk, AM koʊ'troʊp] *adj inv* MED, CHEM wesensverändernd [wirksam], psychotrop *fachspr*
pt *n* ❶ *abbrev of* **part** ❷ *abbrev of* **pint** ❸ *abbrev of* **point**
PT [,pi:'ti:] *n no pl* ❶ (*dated*) *abbrev of* **physical training** Leibesübungen *fpl veraltet* ❷ MED *abbrev of* **physical therapy** Physiotherapie *f*
PTA [,pi:ti:'eɪ] *n abbrev of* **parent-teacher association**
ptarmigan ['tɑ:mɪgən, AM 'tɑ:r-] *n* Schneehuhn *nt*
PT boat *n* AM MIL (*hist: MTB*) Torpedoboot *nt*
Pte *n* ECON (*in Singapore*) *abbrev of* **private limited company** GmbH *f*

P

pterodactyl [ˌterə(ʊ)ˈdæktɪl, AM -əˈdæktəl] *n* ZOOL Pterodaktylus *m*

pto [ˌpiːtiːˈəʊ, AM -ˈoʊ] *abbrev of* **please turn over** bw.

PTO [ˌpiːtiːˈəʊ, AM -ˈoʊ] *n esp* AM *abbrev of* **parent-teacher organization** ≈ Elternbeirat *m*

Ptolemaic [ˌtɒləˈmeɪɪk, AM ˌtɑːlə-] *adj inv* ptolemäisch

Ptolemy [ˈtɒləmi, AM ˈtɑːlə] *n* HIST ① *(astronomer)* Ptolemäus *m* ② *(ruler)* Ptolemaois *m* ③ *(dynasty)* Ptolemäer *mpl*

ptomaine poisoning [ˌtəʊmeɪn-, AM ˌtoʊ-] *n (dated)* Leichenvergiftung *f*

P2P [ˌpiːtəˈpiː] *n modifier abbrev of* **peer to peer** P2P *fachspr;* ~ **computing** P2P-Computing *nt fachspr (Webkommunikation ohne zentralen Verbindungsserver durch ein Programm, das die vernetzten Rechner der Benutzer selbst zu Servern umwandelt)*

Pty AUS, NZ, SA *abbrev of* **proprietary company** Gesellschaft *f* mit beschränkter Haftung

pub[1] [pʌb] *n (fam) short for* **public house** Kneipe *f fam*

pub[2] [pʌb] *n short for* **publication** Publikation *f*

pub crawl *n esp* BRIT *(fam)* Kneipentour *f fam;* **to go on a** ~ eine Sauftour machen *fam*

puberty [ˈpjuːbəti, AM -bɚt̬i] *n no pl* Pubertät *f*

pubes[1] [pjuːbz] *npl (fam)* Schamhaare *ntpl,* Schambehaarung *f kein pl*

pubes[2] [ˈpjuːbiːz] *n pl of* **pubis**

pubescent [pjuːˈbesᵊnt] *adj inv* heranwachsend *attr,* pubertierend *attr geh*

pubic [ˈpjuːbɪk] *adj attr, inv* Scham-; ~ **area/hair** Schamgegend *f*/-behaarung *f*

pubis <*pl* -bes> [ˈpjuːbɪs, *pl* -biːz] *n* ANAT Schambein *nt*

public [ˈpʌblɪk] **I.** *adj inv* ① *(of the people) opinion* öffentlich; ~ **approval** allgemeine Zustimmung; **in the** ~ **interest** im Interesse der Öffentlichkeit ② *(for the people) library* öffentlich; ~ **baths** *esp* BRIT öffentliches Bad; ~ **institution** öffentliche Einrichtung ③ *(not private)* öffentlich; ~ **announcement/hearing** öffentliche Bekanntmachung/Anhörung; **to go** ~ **with sth** etw öffentlich bekannt geben [*o* bekannt machen]; **to make sth** ~ etw öffentlich bekannt geben; *(esp in writing)* etw veröffentlichen ④ *(state)* öffentlich, staatlich; ~ **building** öffentliches Gebäude ⑤ STOCKEX ***the company is going*** ~ das Unternehmen wird in eine Aktiengesellschaft umgewandelt; ~ **offering** öffentliches Zeichnungsangebot; ~ **placing** AM öffentliche Plazierung **II.** *n + sing/pl vb* ① *(the people)* ▪**the** ~ die Öffentlichkeit, die Allgemeinheit; **a member of the** ~ jd aus der Öffentlichkeit; **the general** ~ die allgemeine Öffentlichkeit; **the American/British/Canadian** ~ die amerikanische/britische/kanadische Öffentlichkeit; **the Great British P**~ BRIT *(hum fam)* die breite britische Öffentlichkeit ② *(patrons)* Anhängerschaft *f; of newspapers* Leser *mpl; of TV* Zuschauer *mpl,* Publikum *nt* ③ *(not in private)* Öffentlichkeit *f;* **in** ~ in der Öffentlichkeit, öffentlich

public accountant *n* AM *(licensed by state)* Buchprüfer(in) *m(f); (chartered)* ≈ Wirtschaftsprüfer(in) *m(f)* **public address** *n,* **public address system** *n* Lautsprecheranlage *f* **public affairs I.** *npl* öffentliche Angelegenheiten **II.** *n modifier* für öffentliche Angelegenheiten *nach n*

publican [ˈpʌblɪkən] *n* BRIT, AUS Kneipenbesitzer(in) *m(f) fam,* Kneipier *m veraltend*

public appearance *n* POL, ART öffentlicher Auftritt **public appointment** *n* POL, ADMIN öffentliche Bestellung **public assistance** *n* AM staatliche Fürsorge

publication [ˌpʌblɪˈkeɪʃᵊn] *n* ① *no pl (publishing)* Veröffentlichung *f* ② *(published work)* Publikation *f*

publication date *n* Erscheinungsdatum *nt*

public bar *n* BRIT [Steh]ausschank *m* **public comfort station** *n* AM *(euph: public toilet)* öffentliche Toilette, öffentliches WC **public company** *n* BRIT Aktiengesellschaft *f* **public convenience** *n* BRIT, AUS *(euph form)* öffentliche Toilette, öffentliches WC **public conveyance** *n (old)* öffentliches Verkehrsmittel **public debt** *n* Staatsverschuldung *f,* Verschuldung *f* der öffentlichen Hand **public domain** *n* ① *(government property)* öffentliches Eigentum, Staatsbesitz *m* ② *(not subject to copyright)* Gemeingut *nt;* **to be in the** ~ zum Allgemeingut gehören **public domain software** *n* COMPUT urheberrechtlich nicht geschützte Software **public enemy** *n* Staatsfeind *m* **public enemy number one** *n* Staatsfeind Nummer Eins *m; (fig)* sehr großes Problem **public expenditure** *n,* **public expense** *n* Staatsausgaben *pl* **public eye** *n* ▪**in the** ~ im Licht *nt* der Öffentlichkeit **public figure** *n* Figur *f* des öffentlichen Lebens **public funds** *npl* öffentliche Gelder **public good** *n* **to act for the** ~ im Interesse der Allgemeinheit handeln **public health** *n no pl* Volksgesundheit *f veraltend* **public-health** *adj attr, inv* volksgesundheitlich **public health service** *n* [staatliches] Gesundheitssystem **public holiday** *n* gesetzlicher Feiertag **public house** *n* BRIT *(form)* Kneipe *f fam* **public housing** *n* AM, AUS sozialer Wohnungsbau **public information officer** *n* Pressesprecher(in) *m(f)* **public inquiry** *n* LAW öffentliche Untersuchung **public interest** *n* öffentliches Interesse; **to be in the** ~ **interest** im öffentlichen Interesse liegen **public issue** *n* STOCKEX öffentliche Emission

publicist [ˈpʌblɪsɪst] *n* ① *(agent)* Publizist(in) *m(f)* ② *(pej: attention-seeker)* **self-**~ Selbstdarsteller(in) *m(f)*

publicity [pʌbˈlɪsəti, AM -ət̬i] **I.** *n no pl* ① *(promotion)* Publicity *f,* Reklame *f;* **bad/good** ~ schlechte/gute Publicity ② *(attention)* Aufsehen *nt,* Aufmerksamkeit *f,* Publicity *f;* **the glare of** ~ das Licht der Öffentlichkeit; **to attract** [*or* **generate**] ~ Aufsehen erregen ► PHRASES: **any** ~ **is good** ~ *(saying)* jede Art von Publicity ist gute Publicity **II.** *adj* Publicity-, Werbe-; ~ **material** Werbematerial *nt*

publicity agent *n* Werbeagent(in) *m(f)* **publicity campaign** *n* Werbekampagne *f* **publicity department** *n* Werbeabteilung *f* **publicity hound** *n* publicitygeiler Mensch **publicity-shy** <more ~, most ~> [pʌbˈlɪsətiʃaɪ, AM ət̬i] *adj* Publicity scheu **publicity stunt** *n* Werbegag *m fam*

publicize [ˈpʌblɪsaɪz] *vt* ▪**to** ~ **sth** etw bekannt [*o geh* publik] machen; *(advertise)* für etw *akk* Werbung machen

public law *n* öffentliches Recht **public library** *n* öffentliche Bibliothek **public life** *n* öffentliches Leben, Öffentlichkeit *f* **public limited company** *n* BRIT Aktiengesellschaft *f* **public loan** *n* Staatsanleihe *f*

publicly [ˈpʌblɪkli] *adv inv* ① *(not privately)* öffentlich ② *(by the state)* staatlich; **to be** ~ **owned** sich *akk* im Staatseigentum befinden

public nuisance *n* ① *(act)* öffentliches Ärgernis ② *(fam: person)* Störenfried *m* **public office** *n* öffentliches Amt; **to hold** ~ ein öffentliches Amt innehaben **public opinion** *n* öffentliche Meinung **public opinion poll** *n* Meinungsumfrage *f* **public ownership** *n no pl* Staatsbesitz *m;* **to be in** ~ sich *akk* im Staatseigentum befinden **public property** *n no pl* Staatseigentum *nt* **public prosecutor** *n* Staatsanwalt, Staatsanwältin *m, f* **public purse** *n esp* BRIT, AUS Staatskasse *f,* öffentliche Hand, Staatssäckel *m fam* **Public Record Office** *n* BRIT Staatsarchiv *nt* **public records** *npl* staatliche Archive

public relations I. *npl* MEDIA, POL Public Relations *pl,* Öffentlichkeitsarbeit *f kein pl* **II.** *n modifier (campaign, department, manager, team)* Public-Relations-; ~ **consultant** PR-Berater(in) *m(f);* ~ **expert** PR-Experte, -in *m, f;* ~ **gesture** Imageaufbesserungsmaßnahme *f iron;* ~ **work** PR-Arbeit *f* **public-relations exercise** *n* POL, MEDIA *(pej)* Imageaufbesserungsmaßnahme *f iron* **public-relations officer** *n* POL, MEDIA Öffentlichkeitsreferent(in) *m(f)* **public school** *n* BRIT Privatschule *f;* AM, AUS, SCOT staatliche Schule **public sector** *n* öffentlicher Sektor **public sector borrowing requirement** *n* BRIT Kreditbedarf *m* der öffentlichen Hand **public servant** *n* ① *(state employee)* Angestellte(r) im öffentlichen Dienst *f(m)* ② AUS, NZ *(state administrator)* Staatsbeamte(r) *m,* Staatsbeamte [*o* -in] *f* **public service I.** *n* ① *(domain)* öffentlicher Dienst; AUS, NZ *(state administration)* Staatsdienst *m;* **to work in** ~ im öffentlichen Dienst beschäftigt sein ② *no pl (common good)* Dienst *m* an der Allgemeinheit **II.** *n modifier* öffentlich; ~ **announcement** öffentliche Bekanntgabe; ~ **employee** öffentliche Bedienstete/öffentlicher Bediensteter; ~ **job programme** BRIT Arbeitsbeschaffungsprogramm *nt* der öffentlichen Hand **public service corporation** *n* AM öffentlicher Versorgungsbetrieb **public-spirited** *adj (approv)* von Gemeinsinn zeugend *attr;* ***she's a very*** ~ ***person*** sie hat viel Gemeinsinn **public telephone** *n esp* BRIT öffentlicher Fernsprecher **public toilet** *n esp* BRIT öffentliche Toilette **public transport** *n* BRIT, **public transportation** *n esp* AM öffentliche Verkehrsmittel **public trial** *n* LAW öffentliche Verhandlung **public utility** *n* ECON Leistungen *fpl* der öffentlichen Versorgungsbetriebe; *(company)* öffentlicher Versorgungsbetrieb **public works** *npl* öffentliche [*o* staatliche] Bauprojekte

publish [ˈpʌblɪʃ] *vt* ① *(produce)* **to** ~ **an article/a result** einen Artikel/ein Ergebnis veröffentlichen; **to** ~ **a book/magazine/newspaper** ein Buch/Magazin/eine Zeitung herausgeben ② REL *(before marriage)* **to** ~ **the banns** das Aufgebot bestellen

publisher [ˈpʌblɪʃəʳ, AM -ɚ] *n* MEDIA ① *(company)* Verlag *m;* ~ **of books/magazines** Buch-/Zeitschriftenverlag *m* ② *(person)* Verleger(in) *m(f)* ③ AM *(newspaper owner)* Herausgeber(in) *m(f)*

publishing [ˈpʌblɪʃɪŋ] **I.** *n no pl, no art* Verlagswesen *nt* **II.** *adj attr, inv* Verlags-; ~ **empire** Verlagsimperium *nt*

publishing house *n* Verlag *m,* Verlagshaus *nt*

pub lunch *n Mittagessen, das in einem Pub serviert wird*

puce [pjuːs] **I.** *n no pl* Braunrot *nt* **II.** *adj* braunrot

puck [pʌk] *n* SPORTS Puck *m*

pucker [ˈpʌkəʳ, AM -ɚ] **I.** *vt* ▪**to** ~ **sth** etw *akk* in Falten legen; **to** ~ **[up] one's lips** seine Lippen spitzen; **to** ~ **[up] one's eyebrows** seine Augenbrauen runzeln **II.** *vi* ▪**to** ~ **[up]** *cloth* sich *akk* kräuseln; *lips* sich *akk* spitzen; *eyebrows* sich *akk* runzeln

puckish [ˈpʌkɪʃ] *adj* spitzbübisch

pud [pʊd] *n* BRIT *(fam) abbrev of* **pudding 1**

pudding [ˈpʊdɪŋ] *n* ① BRIT *(dessert course)* Süßspeise *f,* Nachspeise *f* ② *no pl* AM *(blancmange)* Pudding *m* ③ *esp* BRIT *(with suet pastry)* [Fleisch]pastete *f;* **black** ~ ≈ Blutwurst *f*

pudding basin *n* BRIT Puddingform *f (meist aus Keramik)* **pudding-basin haircut** *n* FASHION Topfschnitt *m,* Pilzkopf *m* **pudding club** *n* ► PHRASES: **to be in the** ~ BRIT *(hum dated fam)* einen Braten in der Röhre haben *derb* **pudding-head** *n (dated fam)* Dummkopf *m fam*

puddle [ˈpʌdl] *n* Pfütze *f*

pudenda [pjuːˈdendə] *npl (form)* Genitalien *pl*

pudginess [ˈpʌdʒɪnəs] *n no pl esp* AM Rundlichkeit *f*

pudgy [ˈpʌdʒi] *adj esp* AM rundlich; *face* schwammig; *person* pummelig

puerile [ˈpjʊəraɪl, AM ˈpjuːəɪl] *adj* kindlich, kindisch *pej*

puerility [pjʊəˈrɪləti, AM pjuːəˈrɪlət̬i] *n no pl* ① *(childlikeness)* kindliches Wesen ② *(pej: childishness)* Albernheit *f,* Infantilität *f geh*

puerperal fever [pjuˈɜːpᵊrᵊlˈfiːvəʳ, AM ˈɜːrpᵊrᵊlˈfiːvɚ] *n no pl* MED Kindbettfieber *nt*

Puerto Rican [ˌpwɜːtə(ʊ)ˈriːkən, AM ˌpwert̬ə-] **I.** *n* Puertorikaner(in) *m(f)* **II.** *adj* puertorikanisch

Puerto Rico [ˌpwɜːtə(ʊ)ˈriːkəʊ, AM ˌpwert̬əˈriːkoʊ] *n* Puerto Rico *nt*

puff [pʌf] **I.** *n* ① *(fam: short blast)* Windstoß *m; of breath* Atemstoß *m; of vapour* Wolke *f;* **a** ~ **of air/wind** ein Luft-/Windstoß *m;* **a** ~ **of dust/smoke** eine Staub-/Rauchwolke ② AM, CAN *(quilt)* Federbett *nt; see also* **eiderdown** ③ *no pl* BRIT *(fam:*

breath) Puste *f fam;* ■**to be out of** ~ außer Puste sein ④ (*drag*) Zug *m;* **to take ~s on** [*or* **at**] **a cigar/cigarette** an einer Zigarre/Zigarette ziehen ⑤ (*pastry*) Blätterteig *m;* (*savoury snack*) [Mais]flips *pl,* [Erdnuss]flips *pl* ⑥ (*fam: praise*) Lobeshymne *f fig, hum,* Lobgesang *m fig, hum* **II.** *vi* ① (*breathe heavily*) schnaufen; ***he was ~ing after his jog*** nach seinem Dauerlauf war er außer Atem ② (*smoke*) **to ~ at** [*or* **on**] **a cigar/cigarette** eine Zigarre/Zigarette paffen *fam;* **to ~ on a pipe** eine Pfeife paffen *fam* **III.** *vt* ① (*smoke*) **to ~ a cigar/cigarette** eine Zigarre/Zigarette paffen ② (*fam: praise*) ■**to ~ sth** etw aufbauschen

◆**puff away** *vi* ■**to ~ away** [**on** [*or esp* BRIT **at**] **sth**] *cigarette* [etw] paffen

◆**puff out** *vt* ① (*expand*) ■**to ~ out ↔ sth** etw aufblähen; *feathers* etw aufplustern ② BRIT (*exhaust*) ■**to ~ out ↔ sb** jdn erschöpfen; ***after the walk we were totally ~ed out*** nach dem Spaziergang waren wir vollkommen aus der Puste *fam*

◆**puff up** **I.** *vt* ① (*make swell*) ■**to ~ up ↔ sth** etw [an]schwellen lassen ② (*fig*) ■**to ~ oneself up** *person* sich *akk* aufblasen; **to be ~ed up with pride** ganz aufgeblasen sein **II.** *vi* [an]schwellen

puff adder *n* Puffotter *f* **puffball** *n* BOT Bovist *m*

puffed [pʌft] *adj pred esp* BRIT (*fam*) [völlig] außer Puste *fam*

puffed sleeves *npl* Puffärmel *mpl*

puffer train *n* BRIT (*childspeak dated*) Puff-Puff-Zug *m Kindersprache*

puffery [ˈpʌfəri, AM -əi] *n no pl* (*fam*) überschwengliches Lob

puffin [ˈpʌfɪn] *n* ZOOL Papageientaucher *m*

puffiness [ˈpʌfɪnəs] *n no pl* [Auf]geblähtheit *f,* [Auf]gedunsenheit *f*

puff pastry *n no pl* Blätterteig *m* **puff piece** *n* AM JOURN Lobschrift *f,* Lobeshymne *f fig* **puff sleeves** *npl* Puffärmel *mpl*

puffy [ˈpʌfi] *adj* geschwollen, verschwollen

pug [pʌg] *n* Mops *m*

pugilism [ˈpjuːdʒɪlɪzəm] *n* ① SPORTS (*dated: boxing*) Boxsport *m,* Boxen *nt;* (*fight*) Faustkampf *m geh* ② (*fam: enjoying hitting*) Prügellust *f*

pugilist [ˈpjuːdʒɪlɪst] *n* ① (*dated: boxer*) Boxkämpfer *m,* Faustkämpfer *m geh* ② (*fam: one who enjoys hitting*) Schläger *m fam*

pugnacious [pʌgˈneɪʃəs] *adj* (*form*) kampflustig, streitlustig

pugnaciousness [pʌgˈneɪʃəsnəs] *n no pl* (*form*) Streitlust *f*

pugnacity [pʌgˈnæsəti, AM -əṭi] *n no pl* (*form*) Kampflust *f*

pug-nose *n* Stupsnase *f*

puke [pjuːk] **I.** *vt* (*fam!*) ■**to ~ sth ↔** [**up**] etw [aus]kotzen *sl* **II.** *vi* (*sl*) ■**to ~** [**up**] kotzen *sl,* spucken DIAL *fam;* **sb/sth makes sb** [**want to**] ~ (*fig*) jd findet jdn/etw zum Kotzen *sl;* ***go away! you make me ~*** verschwinde! du kotzt mich an *sl* **III.** *n no pl* (*sl*) Kotze *f sl*

pukka [ˈpʌkə] *adj* (*dated fam: genuine*) echt, original; (*of good quality*) ausgezeichnet

Pulitzer Prize [ˌpʊlɪtsəˈpraɪz] *n* [der] Pulitzerpreis

pull [pʊl] **I.** *n* ① (*tug*) Zug *m,* Ziehen *nt* ② *no pl* (*force*) Zugkraft *f* ③ *no pl* (*fam: influence*) Einfluss *m* ④ (*handle*) [Hand]griff *m;* **curtain ~** Vorhangzugstange *f* ⑤ *no pl* (*effort*) Anstrengung *f* ⑥ *no pl* (*attraction*) *of an event, a thing* Anziehung *f,* Anziehungskraft *f; of a person* Anziehungskraft *f* ⑦ BRIT, AUS (*sl: seek partner*) ■**to be on the ~** auf Aufriss sein *sl;* ***Sally was out on the ~ again last night!*** Sally war gestern Abend mal wieder auf Männerfang ⑧ (*on a cigarette*) Zug *m;* (*on a bottle*) Schluck *m* ⑨ (*in baseball, golf*) Fehlschuss/-schlag *m;* (*in cricket*) *besonders gekonnter Schlag von einer Seite zur anderen* **II.** *vt* ① (*draw*) ■**to ~ sth** etw ziehen; **to ~ a cart/plough** einen Wagen/Pflug ziehen; **to ~ a lever/rope** an einem Hebel/Seil ziehen ② (*of clothes*) **to ~ sth over one's head** sich *dat* etw über den Kopf ziehen [*o fam* überziehen] ③ MED **to ~ a tooth** einen Zahn ziehen ④ MED (*strain*) ■**to ~ sth** *muscle, tendon* sich *dat* etw zerren ⑤ (*fam: take out*) **to ~ a gun/knife** eine Pistole/ein Messer ziehen; **to ~ a gun/knife on sb** jdn mit einer Pistole/einem Messer bedrohen ⑥ (*attract*) ■**to ~ sb** *crowd* jdn anziehen; BRIT, AUS (*sl: sexually*) jdn aufreißen *sl* ⑦ (*involve*) ■**to ~ sb into sth** jdn in etw *akk* hineinziehen; ***he was ~ed into the argument against his wishes*** er wurde gegen seinen Wunsch in die Diskussion verwickelt ⑧ (*help through*) ■**to ~ sb through sth** jdn durch etw *akk* durchbringen; ***the doctor ~ed him through the illness*** der Arzt half ihm, die Krankheit durchzustehen ⑨ (*draw beer*) **to ~** [**sb/oneself**] **a pint** BRIT jdm/sich *dat* ein Bier zapfen ⑩ (*grimace*) **to ~ a face** [**at sb**] [jdm] eine Grimasse schneiden ⑪ (*in baseball, golf*) ■**to ~ sth** etw verpatzen [*o fam* vermasseln]; **to ~ a shot** einen Schlag/Schuss verpatzen; **to ~ the ball** (*in cricket*) *den Ball gekonnt von einer Seite auf die andere spielen* ⑫ COMPUT *data* etw herausnehmen ▶ PHRASES: **to ~ sth out of the** <u>**bag**</u> [*or* <u>**hat**</u>] etw *akk* aus dem Hut zaubern; **to ~ the** <u>**carpet**</u> [*or* <u>**rug**</u>] **from under sb** jdm den Boden unter den Füßen wegziehen; **to ~ sb's** <u>**leg**</u> (*fam*) jdn auf den Arm nehmen; **~ the other** <u>**leg**</u> [*or* <u>**one**</u>] [**it's got bells on**] BRIT (*fam*) das kannst du deiner Oma erzählen *fam;* **to ~ the** <u>**plug**</u> (*fam*) den Hahn zudrehen; **to ~ one's** <u>**punches**</u> (*fam*) sich *akk* zurückhalten; **to ~** [**all**] **the** <u>**stops**</u> **out** sich *akk* ins Zeug legen; **to ~** <u>**strings**</u> Beziehungen spielen lassen; **to ~ one's** <u>**weight**</u> (*fam*) seinen [An]teil beitragen [*o* leisten], sich *akk* einsetzen; **to ~ a** <u>**fast**</u> **one** (*sl*) einen [gerissenen] Trick anwenden **III.** *vi* ① (*draw*) ziehen; ***you ~ and I'll push*** du ziehst und ich schiebe; ■**to ~ at sth** an etw *dat* ziehen ② (*struggle on*) sich *akk* anstrengen; ***you can hear the engine ~ing, the hill's too steep for the little car*** man kann hören wie der Motor arbeitet, die Steigung ist zu viel für das kleine Auto ③ (*drive in*) ■**to ~ into sth** in etw *akk* hineinfahren [*o* einbiegen]; ***the car ~ed into the driveway*** das Auto fuhr in die Einfahrt ④ BRIT (*sl: attract sexually*) jdn aufreißen *sl;* ***so, did you ~ last night?*** und, hast du letzte Nacht jemanden aufgerissen? ⑤ (*smoke*) **to ~ at** [*or* **on**] **a cigar/cigarette** an einer Zigarre/Zigarette ziehen ⑥ (*fam: support*) ■**to ~ for sb** jdn anfeuern

◆**pull about** *vt* ■**to ~ sb/sth ↔ about** jdn/etw herumzerren

◆**pull ahead** *vi* (*overtake*) überholen; (*move away from*) in Führung gehen, sich *akk* an die Spitze setzen; (*make a career*) weiterkommen *fam*

◆**pull apart** *vt* ① (*break*) ■**to ~ sth ↔ apart** etw zerlegen [*o fam* auseinander nehmen] ② (*separate*) ■**to ~ sb/sth ↔ apart** jdn/etw auseinander ziehen; *fighting parties* jdn/etw trennen ③ (*criticize*) ■**to ~ sth ↔ apart** *book, play* etw zerpflücken [*o* verreißen]

◆**pull around** **I.** *vt* ■**to ~ sb around** jdn herumzerren [*o* herumschubsen]; ■**to ~ sth around** etw herumzerren **II.** *vi* sich *akk* erholen

◆**pull aside** *vt* ■**to ~ sb aside** jdn zur Seite [*o* beiseite] nehmen

◆**pull away** **I.** *vi* ■**to ~ away from sb/sth** (*leave*) sich *akk* von jdm/etw wegbewegen; (*leave behind*) jdn/etw zurücklassen; SPORTS *runner* sich *akk* vom Feld absetzen; (*recoil*) vor jdm/etw zurückweichen **II.** *vt* ■**to ~ away ↔ sb/sth** jdn/etw wegreißen; ■**to ~ sth ↔ away from sb/sth** jdm/etw etw wegnehmen

◆**pull back** **I.** *vi* ① (*recoil*) zurückschrecken ② MIL sich *akk* zurückziehen ③ (*back out*) ■**to ~ back** [**from sth**] [von etw *dat*] einen Rückzieher machen; (*from policies*) sich *akk* [von etw *dat*] distanzieren **II.** *vt* ① (*draw back*) ■**to ~ back ↔ sth** etw zurückziehen; **to ~ back the bedsheets** die Bettlaken zurückschlagen; **to ~ back the curtains** die Vorhänge aufziehen ② (*score*) ■**to ~ back ↔ sth** etw [wieder] aufholen; **to ~ back a goal** ein Tor aufholen

◆**pull down** *vt* ① (*move down*) ■**to ~ down ↔ sth** etw herunterziehen ② (*demolish*) ■**to ~ down ↔ sth** *building* etw abreißen ③ (*hold back*) ■**to ~ sb ↔ down** jdn [moralisch] runterziehen *fam* ④ AM (*fam: earn*) ■**to ~ down ↔ sth** etw verdienen [*o fam* kassieren]

◆**pull in** **I.** *vi* TRANSP ① (*arrive*) einfahren ② (*move over*) [wieder] einscheren **II.** *vt* ① (*attract*) ■**to ~ sth ↔ in** *fans, crowd* etw anziehen ② (*fam: arrest*) ■**to ~ in ↔ sb** jdn einkassieren *fam* ③ BRIT (*fam: earn*) ■**to ~ in ↔ sth** etw kassieren *fam* ④ (*suck in*) **to ~ one's stomach** [*or* **belly**] **in** den Bauch einziehen

◆**pull off** **I.** *vt* ① (*take off*) ■**to ~ off ↔ sth** etw [schnell] ausziehen ② (*fam: succeed*) ■**to ~ off ↔ sth** etw durchziehen *fam;* **to ~ off a deal** ein Geschäft zustande bringen; **to ~ off an order** einen Auftrag an Land ziehen; **to ~ off a victory** einen Sieg davontragen ③ (*leave*) **to ~ off a road** von einer Straße abfahren **II.** *vi* losfahren, abfahren

◆**pull on** **I.** *vi* ■**to ~ on sth** an etw *dat* ziehen **II.** *vt* ■**to ~ on ↔ sth** etw [schnell] anziehen [*o fam* überziehen]

◆**pull out** **I.** *vi* ① (*move out*) *vehicle* ausscheren; **to ~ out from behind sth** hinter etw *dat* ausscheren; **to ~ out of a road** von einer Straße abfahren; **to ~ out onto a road** in eine Straße einfahren ② (*leave*) ausfahren; ***the train was just ~ing out of the station*** der Zug fuhr gerade aus dem Bahnhof ③ (*withdraw*) aussteigen *fam,* einen Rückzieher machen *fam;* ■**to ~ out of sth** sich *akk* aus etw *dat* zurückziehen, aus etw *dat* aussteigen *fam;* ***she knew she had to ~ out of the relationship*** sie wusste, dass sie die Beziehung beenden musste ④ MIL abziehen **II.** *vt* ① MIL **to ~ out troops** Truppen abziehen ② (*get out*) ■**to ~ sth out of sth** etw aus etw *dat* [heraus]ziehen [*o fam* herausholen] ③ (*take out*) ■**to ~ out ↔ sth** etw herausziehen; *hair* etw herausreißen; ***he ~ed a box out from under the table*** er zog eine Kiste unter dem Tisch hervor ④ BRIT (*withdraw*) ■**to ~ out ↔ sth** *money* etw abheben ⑤ COMPUT ■**to ~ out ↔ sth** etw auswählen [*o fam* herausziehen]

◆**pull over** **I.** *vt* ① (*make fall*) ■**to ~ over ↔ sb/sth** jdn/etw umreißen; (*when falling*) jdn/etw mit sich *dat* reißen ② (*stop*) ■**to ~ over ↔ sb/sth** jdn/etw anhalten; ***the police ~ed me over last night*** letzte Nacht hat mich die Polizei rausgewunken **II.** *vi vehicle* zur Seite fahren

◆**pull round** BRIT **I.** *vi* sich *akk* erholen **II.** *vt* ■**to ~ sth round** etw [her]umdrehen

◆**pull through** **I.** *vi* (*survive*) durchkommen *fam* **II.** *vt* ■**to ~ sb/sth through** [**sth**] jdn/etw [durch etw *akk*] durchbringen *fam*

◆**pull to** *vt* **to ~ a door/a window to** eine Tür/ein Fenster zuziehen

◆**pull together** **I.** *vt* ① (*regain composure*) ■**to ~ oneself together** sich *akk* zusammennehmen [*o fam* zusammenreißen] ② (*organize*) ■**to ~ sth together** etw auf die Beine stellen *fig fam* **II.** *vi* zusammenarbeiten, an einem Strang ziehen *fig fam*

◆**pull under** *vt* ■**to ~ sb under** jdn herunterziehen [*o fam* runterziehen]

◆**pull up** **I.** *vt* ① (*raise*) ■**to ~ up ↔ sth** etw hochziehen; **to ~ up blinds** die Rolläden hochziehen ② (*sit down*) **to ~ up a chair** einen Stuhl heranziehen ③ (*fam: reprimand*) ■**to ~ sb up** jdn zurechtweisen ④ ELEC **to ~ up a line** eine Leitung unter Spannung setzen ▶ PHRASES: **to ~ one's** <u>**socks**</u> **up** (*fam*) sich *akk* zusammenreißen [*o* am Riemen reißen] *fam* **II.** *vi vehicle* [heranfahren und] anhalten

pullback [ˈpʊlbæk] *n* MIL Truppenrückzug *m* **pull date** *n* AM (*sell-by date*) [Mindest]haltbarkeitsdatum *nt* **pull-down menu** *n* COMPUT Pulldown-Menü *nt,* Balkenmenü *nt*

pullet [ˈpʊlɪt] *n* Junghenne *f*

pulley [ˈpʊli] *n* TECH Flaschenzug *m*

pull-in *n* BRIT Raststätte *f*

pulling power *n* Anziehungskraft *f*

Pullman [ˈpʊlmən] *n* RAIL (*dated*) Pullmanwaggon *m*

pull-out **I.** *n* ① MIL Rückzug *m* ② MEDIA [Sonder]beilage *f* **II.** *adj* herausziehbar; **~ bed/table** Ausziehbett *nt*/-tisch *m*

pullover [ˈpʊləʊvəʳ, AM -oʊvɚ] *n esp* BRIT Pullover

m
pull-tab *n* AM (*ring-pull*) Aufreißring *m*, Dosenring *m* **pull-up** *n* ① (*exercise*) Klimmzug *m* ② BRIT (*service area*) Raststätte *f*
pulmonary ['pʌlmənᵊri, AM -neri] *adj inv* Lungen-, Pulmonal- *fachspr*; ~ **disease/embolism** Lungenerkrankung *f*/-embolie *f*
pulmonary artery *n* Lungenarterie *f*, Pulmonalarterie *f fachspr* **pulmonary vein** *n* Lungenvene *f*, Pulmonalvene *f fachspr*
pulp [pʌlp] **I.** *n* ① (*mush*) Brei *m*, breiige Masse; **to beat sb to a** ~ (*fig fam*) jdn zu Brei schlagen *fig sl*; **to mash sth to a** ~ etw zu Brei kneten; **to reduce sb to [a]** ~ (*fig*) jdn einschüchtern ② (*in papermaking*) [Papier]brei *m* ③ FOOD Fruchtfleisch *nt kein pl* **II.** *n modifier* ① (*pej: trashy*) Schund- *pej*; ~ **fiction** [*or* **literature**] Schundliteratur *f*; ~ **magazine** Groschenheft *nt*; ~ **novel** Schundroman *m* ② (*in papermaking*) Papier-; ~ **mill** Papiermühle *f* **III.** *vt* ■**to** ~ **sth** ① (*mash*) etw zu Brei verarbeiten; *food* zerstampfen ② (*destroy printed matter*) etw einstampfen
pulpit ['pʊlpɪt] *n* ① REL (*platform*) Kanzel *f*; (*preachers collectively*) ■**the P**~ die Kanzel ② NAUT Kanzel *f*
pulpwood *n no pl* Industrieholz *nt*
pulpy ['pʌlpi] *adj* breiig, matschig, breiweich *a. fig*; *fruit* saftig, fleischig
pulsar ['pʌlsɑːʳ, AM -sɑːr] *n* ASTRON Pulsar *m*
pulsate [pʌl'seɪt, AM 'pʌlseɪt] *vi* pulsieren; (*with noise*) *building, loudspeaker* vibrieren; (*move rhythmically*) sich *akk* rhythmisch bewegen; ***she could feel his artery pulsating*** sie konnte das Pulsieren seiner Arterie fühlen; ***rue St. Denis is the pulsating heart of street life in Montreal*** die Rue St. Denis ist das pulsierende Zentrum des Straßenlebens in Montreal
pulsation [pʌl'seɪʃᵊn] *n* Pulsieren *nt*
pulse¹ [pʌls] **I.** *n* ① (*heartbeat*) Puls *m*; **strong/weak** ~ starker/schwacher Puls; **to take sb's** ~ jds Puls fühlen ② (*vibration*) [Im]puls *m*; **a** ~ **of light/sound** ein Licht-/Klangimpuls *m* ③ (*fig: mood*) **to take** [*or* **feel**] **the** ~ **of sth** etw sondieren *geh*; **to have/keep one's finger on the** ~ am Ball sein/bleiben; ***she's someone with her finger on the ~ of current affairs*** sie ist am Puls der Zeit ④ ELEC Impuls *m* **II.** *n modifier* (*rate*) Puls- **III.** *vi* pulsieren **IV.** *vt* ELEC ■**to** ~ **sth** etw *dat* einen Impuls geben
pulse² [pʌls] *n* FOOD Hülsenfrucht *f*
pulse amplitude modulation *n* ELEC Impulsamplitudenmodulation *f*
pulverization [ˌpʌlvᵊraɪ'zeɪʃᵊn, AM -rɪ'-] *n no pl* ① (*reduction*) Pulverisierung *f* ② SPORTS (*fig fam*) [vernichtende] Niederlage
pulverize ['pʌlᵊraɪz, AM -və-] *vt* ① (*crush*) ■**to** ~ **sth** etw pulverisieren ② (*fam: damage*) ■**to** ~ **sth** etw zermalmen [*o fam* demolieren] ③ (*fig fam: thrash*) ■**to** ~ **sb** jdn zu Brei schlagen *fig fam*, jdn fertig machen *fam*; SPORTS jdn vernichtend schlagen
puma ['pjuːmə] *n* Puma *m*
pumice ['pʌmɪs] *n*, **pumice stone** *n no pl* GEOL Bimsstein *m*
pummel <BRIT -ll- *or* AM *usu* -l-> ['pʌmᵊl] *vt* ① (*hit*) ■**to** ~ **sb** auf jdn einprügeln ② (*fig: defeat*) ■**to** ~ **sb** jdn fertig machen *fam* ③ (*criticize*) ■**to** ~ **sb/sth** jdn/etw niedermachen *fam*
pummeling AM, **pummelling** ['pʌmᵊlɪŋ] *n* ① (*beating*) Prügel *fpl* ② (*fig: criticism*) Verriss *m*
pump¹ [pʌmp] *n* ① BRIT, AUS (*for gymnastics*) Gymnastikschuh *m*; (*for dancing*) Tanzschuh *m*; (*for ballet*) Balletschuh *m* ② AM, AUS (*court shoe*) Pumps *m*
pump² [pʌmp] **I.** *n* Pumpe *f*; **fuel/petrol/water** ~ Treibstoff-/Benzin-/Wasserpumpe *f* **II.** *vt* ■**to** ~ **sth** etw pumpen; ***blood is ~ed round the body*** das Blut wird durch den Körper gepumpt; **to** ~ **the brakes** mehrmals kurz auf das Bremspedal treten; **to** ~ **iron** (*fam*) Gewichte heben [*o* stemmen]; **to** ~ **one's fists** mit den Fäusten [in die Luft] schlagen; **to** ~ **ideas/money/resources into sth** Ideen/Geld/Mittel in etw *akk* pumpen [*o* stecken] *fam*; ■**to** ~ **sb for sth** (*fig*) etw aus jdm herausholen; **to** ~ **sb for news** jdn aufragen [*o* ausquetschen] *fig fam*; ■**to** ~ **sth out of sb** (*fig*) etw aus jdm herausholen; ***they tried to ~ the information out of him*** sie versuchten ihm die Informationen zu entlocken
◆**pump away I.** *vi* [kräftig] pumpen **II.** *vt* **to** ~ **oil/water away** Öl/Wasser abpumpen
◆**pump in** *vt* ■**to** ~ **in** ○ **sth** etw in etw *akk* pumpen *a. fig*; **to** ~ **money in sth** Geld in etw *akk* stecken *fam*
◆**pump out** *vt* ■**to** ~ **out** ○ **sth** ① (*remove*) etw herauspumpen; *stomach, room, container* etw auspumpen ② (*fam: blast out*) von sich *dat* geben ③ (*pej fam: churn out*) etw herunterleiern *fam*
◆**pump up** *vt* ① (*inflate*) ■**to** ~ **sth** ○ **up** etw aufpumpen ② (*force up*) **to** ~ **up gas/oil** Gas/Öl fördern; **to** ~ **up water** Wasser hochpumpen ③ MUS (*fam: increase*) ■**to** ~ **sth** ○ **up** etw aufdrehen *fam*; **to** ~ **up the bass/volume** den Bass/die Lautstärke aufdrehen ④ (*fig fam: fill with enthusiasm*) ■**to** ~ **sb** ○ **up** jdn in Stimmung bringen; ***I'm really ~ed up for today's game*** ich bin so richtig in Stimmung für das Spiel heute
pump-action *adj attr* ~ **container** Behälter *m* ohne Treibgas; ~ **toothpaste tube** Zahnpasta[dosier]spender *m*
pumped [pʌmpt] *adj pred* (*sl*) begeistert
pumpernickel ['pʌmpəˌnɪkl, AM -pɚ'-] *n no pl* Pumpernickel *nt*
pumping ['pʌmpɪŋ] **I.** *n no pl* Pumpen *nt* **II.** *adj attr, inv* Pump-; ~ **machine** [*or* **device**] Pumpe *f*
pumping station *n* Pumpstation *f*, Pumpwerk *nt*, Wasserhebewerk *nt*
pumpkin ['pʌmpkɪn] **I.** *n* ① (*vegetable*) [Garten]kürbis *m* ② AM (*fig: term of endearment for child*) Schatz *m*, Mäuschen *nt* **II.** *n modifier* (*bread, muffin, soup*) Kürbis-; ~ **head** Dummkopf *m pej*, Tölpel *m pej*; ~ **pie** AM Kürbiskuchen *m*; ~ **seed** AM (*fam: drug*) Meskalin *nt*; (*kernel*) Kürbiskern *m*; (*fish*) Sonnenbarsch *m*, Butterfisch *m*
pump priming *n* ① MECH Ansaugenlassen *nt* der Pumpe ② *esp* AM ECON, HIST Ankurbelung *f* der Wirtschaft, konjunkturelle Starthilfe (*insbesondere durch Staatsaufträge, erstmals nach der Depression der dreißiger Jahre*) **pump-room** *n* ① (*storage area*) Pumpenhaus *nt* ② TOURIST (*at spas*) Kurhaus *nt*, Trinkhalle *f* ③ (*fig fam: bar*) Kneipe *f fam*
pun [pʌn] **I.** *n* Wortspiel *nt*; **no** ~ ***intended*** das soll kein Wortspiel sein **II.** *vi* <-nn-> Wortspiele machen
punch¹ [pʌn(t)ʃ, AM pʌntʃ] **I.** *n hot or cold* Punsch *m*; *cold* Bowle *f* **II.** *n modifier* (*glasses, set*) Punsch-, Bowlen-; ~ **ladle** Bowlenlöffel *m*
punch² [pʌn(t)ʃ, AM pʌntʃ] **I.** *n* <*pl* -es> ① (*hit*) [Faust]schlag *m*, Hieb *m*, Stoß *m*; (*in boxing*) Punch *m kein pl fachspr*, Schlagkraft *f kein pl*; **to pack a hard** ~ einen harten Schlag haben; **to beat sb to the** ~ (*also fig fam*) jdm den entscheidenden Schlag zuvorkommen [*o a.* jdm *fig* Schritt voraus sein]; **to give sb a** ~ jdn boxen, jdm einen [Faust]schlag/Hieb versetzen; **to give sb a** ~ **on the chin** jdm einen Kinnhaken geben; **to give sb a** ~ **on** [*or* AM **in**] **the nose/in the stomach** jdn auf die Nase schlagen/in den Bauch boxen; **to land a** [**knockout**] ~ einen [K.-o.-]Treffer landen [*o* erzielen]; **to land a** ~ **to the head/nose** den Kopf/die Nase treffen ② (*perforation*) Stanzen *nt kein pl*, Lochen *nt kein pl*, Punzen *nt kein pl* ③ (*piercing tool*) Stanzwerkzeug *nt*, Lochstanze *f*, Locheisen *nt*; (*for leather, metal*) Punze *f*; [**hole**] ~ (*for paper*) Locher *m*; [**ticket**] ~ Lochzange *f*; (*stamping tool*) [Präge]stempel *m* ④ (*strong effect*) Durchschlagskraft *f kein pl*; *of arguments* Überzeugungskraft *f kein pl*; ***his performances usually pack a big*** ~ seine Auftritte sind gewöhnlich ein durchschlagender Erfolg; (*power*) *of a speech* Schwung *m*, Lebendigkeit *f*; *of music* Schwung *m*, Schmiss *m*; **a piece with** ~ ein Stück *nt* mit Schwung; **a rhythm with** ~ ein schwungvoller [*o fam* fetziger] Rhythmus; *of criticism* Biss *m fam*; *of a presentation* Pep *m fam*; **to lack** ~ keinen Schwung [*o* Pep] haben **II.** *vt* ① (*hit*) ■**to** ~ **sb/sth** jdn/gegen etw *akk* [mit der Faust] schlagen; **to** ~ **the air** mit den Händen [*o* Armen] in der Luft herumfuchteln; **to** ~ **sb in the eye/nose** jdm aufs Auge/auf die Nase schlagen; **to** ~ **sb in the stomach** jdn in den Bauch boxen; **to** ~ **sb black and blue** jdn grün und blau schlagen; **to** ~ **sb unconscious** jdn bewusstlos schlagen ② *esp* AM (*strike*) ■**to** ~ **sth** *buttons* etw drücken; *keyboard* auf etw *akk* hauen [*o* hämmern] ③ (*stamp*) ■**to** ~ **sth** *coin, ring* etw stempeln; (*pierce*) *metal, leather* etw [aus]stanzen [*o* punzen]; *paper* etw lochen; **to** ~ **holes in a belt** Löcher in einen Gürtel stanzen; **to** ~ **a ticket** eine Fahrkarte entwerten [*o* knipsen]; **to** ~ **the** [**time**] **clock** [die Kontrolluhr] stechen ④ AM, CAN AGR (*drive*) **to** ~ **cattle/a herd** Vieh/eine Herde treiben
◆**punch in I.** *vi* [bei Arbeitsbeginn] die Kontrolluhr stechen **II.** *vt* ■**to** ~ **in** ○ **sth** *data, phone number* etw eintippen [*o fachspr* [über die Tastatur] eingeben]
◆**punch out I.** *vi* [bei Arbeitsende] die Kontrolluhr stechen **II.** *vt* ① (*type out*) ■**to** ~ **out** ○ **sth** etw tippen; ***I ~ed out an angry letter on my typewriter*** ich haute einen wütenden Brief in meine Schreibmaschine ② (*extract information: from a computer*) **to** ~ **out data** Daten [über die Tastatur] abrufen ③ (*sl: hit repeatedly*) ■**to** ~ **out** ○ **sb** jdn zusammenschlagen ④ (*make holes*) ■**to** ~ **out** ○ **sth** *patterns, shapes* etw ausstanzen
◆**punch up** *vt* ① (*register*) ■**to** ~ **up** ○ **sth** etw eintippen [*o* eingeben]; **to** ~ **up data** *on a computer* Daten aufrufen ② AM (*brighten up*) ■**to** ~ **sth** ○ **up** [**with sth**] *presentation, speech* etw [mit etw *dat*] aufpeppen
Punch [pʌn(t)ʃ, AM pʌntʃ] *n* Kasper *m*, Kasperle *nt*; ~ **and Judy** [**show**] Kasperletheater *nt*; **to be as pleased as** ~ (*fig fam*) sich *akk* freuen wie ein Schneekönig *fig fam*; **to be as proud as** ~ (*fig fam*) mächtig stolz [*o* stolz wie ein Spanier] sein *fig*
punchbag ['pʌnʃbæg, AM 'pʌntʃ] *n* BRIT ① (*for boxers*) Sandsack *m* ② (*person*) Opfer *nt fig* **punch ball** *n* SPORTS ① BRIT (*punching bag*) Punchingball *m fachspr* ② AM (*rubber ball*) Gummiball *m*; (*ball game*) mit der Faust gespielter Baseball (*dabei werden statt der Schläger die Fäuste benutzt – wird auf der Straße gespielt*) **punch bowl** *n* Punschschüssel *f*, Punschterrine *f*, Bowle *f*, Bowlengefäß *nt*
punch-card *n* COMPUT (*hist*) Lochkarte *f hist*, Hollerithkarte *f fachspr hist* **punch-clock** *n* Stechuhr *f* **punch-drunk** *adj inv* ① (*of boxers*) hirngeschädigt; **to be** ~ Hirnschäd[igung]en haben ② (*unstable*) wackelig [auf den Beinen] ③ (*fig: dazed*) ■**to be** ~ benommen [*o* benebelt] sein ④ (*fig: overwhelmed*) [tief] erschüttert, ganz mitgenommen *fig*
punching bag *n* AM SPORTS Punchingball *m fachspr*, Sandsack *m*
punching doll *n* Watschenmann *m* ÖSTERR *fam*, Stehaufmännchen *nt*
punch line *n* Pointe *f*, Knalleffekt *m fig* **punch-tape** *n* COMPUT (*hist*) Lochstreifen *m hist* **punch-up** *n* BRIT Schlägerei *f*, Prügelei *f*; **to get into a** ~ *voluntarily* eine Schlägerei anfangen; *involuntarily* in eine Schlägerei geraten; **to have a** ~ sich *akk* prügeln
punchy ['pʌn(t)ʃi, AM -tʃi] *adj* ① (*effective*) eindrucksvoll, [ausdrucks]stark, peppig *fam*; **a** ~ **rhythm** ein schwungvoller [*o fam* fetziger] Rhythmus; **a** ~ **speech** eine mitreißende [*o* zündende] Rede ② AM (*fam: unstable*) wackelig [auf den Beinen] ③ AM (*fam: dazed*) benommen, benebelt ④ AM (*fam: stupid*) blöd[e]
punctilious [pʌŋk'tɪliəs] *adj* (*also pej form*) ① (*thorough*) *in observing rules* [peinlich] genau, penibel *a. pej*, pedantisch *pej*; ■**to be** ~ **about sth** es mit etw *dat* peinlich genau nehmen ② (*formal*) *in clothing* [übertrieben] festlich *a. pej*, korrekt; *in conduct* [übertrieben] förmlich *a. pej*, [sehr] steif *pej*, korrekt, [form]vollendet
punctiliously [pʌŋk'tɪliəsli] *adv* (*also pej form*) ① (*thoroughly*) [peinlich] genau, penibel *a. pej*, pedantisch *pej* ② (*correctly*) *in clothing* [übertrieben] festlich *a. pej*, korrekt; *in conduct* [übertrieben] förmlich *a. pej*, [sehr] steif *pej*

punctiliousness [pʌŋk'tɪliəsnəs] *n no pl* (*also pej form*) ① (*thoroughness*) [peinliche] Genauigkeit, Penibilität *f a. pej,* Pedanterie *f pej* ② (*correctness*) *in clothing* [übertriebene] Festlichkeit *a. pej,* Korrektheit *f; in conduct* [übertriebene] Förmlichkeit *a. pej,* [übermäßige] Steifheit *pej,* Korrektheit *f,* vollendete Form

punctual ['pʌŋktʃuəl] *adj* pünktlich; ■**to be ~ in doing sth** etw pünktlich tun; **to be ~ for an appointment** pünktlich zu einem Termin erscheinen

punctuality [,pʌŋktʃu'æləti, AM -əṭi] *n no pl* Pünktlichkeit *f*

punctually ['pʌŋktʃuəli] *adv* pünktlich

punctuate ['pʌŋktʃueɪt] *vt* ■**to ~ sth** ① LING (*mark*) *written matter* etw mit Satzzeichen versehen [*o fachspr* interpunktieren] ② (*fig form: accentuate*) etw unterstreichen [*o* betonen] *fig* ③ (*intersperse*) etw [hier und da] einfügen [*o* einstreuen]; (*interrupt*) etw [immer wieder] unterbrechen; ***he ~s his conversation with snatches of songs*** er untermalt seine Worte mit Songeinlagen; ***his speech was ~d by applause*** seine Rede wurde immer wieder von Beifall unterbrochen

punctuation [,pʌŋktʃu'eɪʃən] *n no pl* Zeichensetzung *f,* Interpunktion *f fachspr*

punctuation mark *n* Satzzeichen *nt,* Interpunktionszeichen *nt fachspr*

puncture ['pʌŋktʃəʳ, AM -ɚ] **I.** *vt* ■**to ~ sth** ① (*pierce*) *cardboard, leather* etw durchstechen [*o* durchbohren]; ***the animal's fangs ~d her skin*** die Zähne des Raubtiers bohrten sich in ihre Haut; **to ~ a hole in sth** ein Loch in etw *akk* bohren; **a ~d organ** MED Perforation eines Organs *fachspr* ② (*fig: make collapse*) *dream, hope* etw zerstören [*o* zunichte machen] *fig, pej; mood* etw verderben; **to ~ a fallacy** mit einem Irrtum aufräumen *fig, pej;* **to ~ a myth** einen Mythos entzaubern; ***any inflated egos tend to be quickly ~d here*** wer allzu eingenommen von sich selbst ist, wird hier meist schnell zurechtgestutzt **II.** *vi* (*burst*) *tyre* ein Loch bekommen; *plastic* einreißen **III.** *n* Loch *nt* [im Reifen], Reifenpanne *f;* **a slow ~** BRIT eine undichte Stelle; **to have a ~** eine Reifenpanne [*o fam* einen Platten] haben **IV.** *n modifier* ① TRANSP Flick-; **~ patch** Flicken *m;* **~ repair kit** *on bikes, cars* Flickzeug *nt; on cars* Reifenreparatursatz *m* ② MED **~ wound** leichte Stichwunde; (*of an insect*) Stich *m*

pundit ['pʌndɪt] *n* ① REL (*scholar*) Pandit *m fachspr* (*Ehrentitel indischer Gelehrter, hauptsächlich von Brahmanen geführt*) ② ECON, POL (*also pej: authority*) Experte, -in *m, f,* Koryphäe *f,* Guru *m hum, pej* ③ (*pej: commentator*) autoritärer Kritiker/autoritäre Kritikerin *pej*

pungency ['pʌndʒən(t)si] *n of smell, taste* Schärfe *f;* (*fig*) *of criticism, wit* Schärfe *f kein pl a. pej; of comments, remarks* Bissigkeit *f kein pl*

pungent ['pʌndʒənt] *adj* ① (*also pej: strong*) *smell* scharf, stechend *pej,* beißend *pej; taste* scharf, pikant ② (*fig: biting*) *wit, words* scharf; **~ criticism** scharfe [*o* beißende] Kritik; *comment, remark* bissig; (*pointed*) *comment, expression* treffend; *style* pointiert, scharfzüngig

pungently ['pʌndʒəntli] *adv* beißend, ätzend

punish ['pʌnɪʃ] *vt* ① (*penalize*) ■**to ~ sb** jdn bestrafen [*o geh* strafen]; ■**to ~ sth** *crime, offence* etw bestrafen [*o geh* ahnden]; ***murder, in some states, can be ~ed with the death penalty*** auf Mord steht in manchen Staaten die Todesstrafe; **to ~ sb heavily/severely** jdn hart/streng bestrafen; **to ~ sb with a fine** jdn mit einer Geldstrafe belegen ② (*treat roughly*) ■**to ~ sb/sth** jdn/etw strapazieren [*o* stark beanspruchen] [*o fig* arg mitnehmen]; (*treat badly*) ■**to ~ sb** jdn malträtieren; *in a fight* jdn übel zurichten; ■**to ~ sth** etw malträtieren [*o fam* ramponieren] ③ (*exert oneself*) ■**to ~ oneself** sich *akk* [ab]quälen [*o* [ab]schinden] ④ (*fig fam: consume*) ■**to ~ sth** *food* etw verputzen [*o* wegputzen] *fig fam; drink* etw zischen *fig fam;* **to ~ a beer** ein Bier zischen; **to ~ a bottle of whisky** eine Flasche Whiskey köpfen *fig fam*

punishable ['pʌnɪʃəbl] *adj inv* LAW strafbar; ***murder is ~ by life imprisonment*** Mord wird mit lebenslanger Haft bestraft; **~ offence** strafbare Handlung *fachspr;* **~ offender** Straffällige(r) *f(m) fachspr*

punishing ['pʌnɪʃɪŋ] **I.** *adj attr* (*fig*) ① (*heavy*) *pace, workload* Mords-, mörderisch *fig fam;* **~ blow** Mordsschlag *m;* **~ storms** mörderische Stürme ② (*brutal*) mörderisch *fig fam,* gnadenlos; **~ air strikes** gnadenlose Luftangriffe ③ (*tough*) hart, schwer, anstrengend; **a ~ schedule** ein anstrengender [*o* alle Kräfte beanspruchender] Terminplan; **a ~ race** ein schweres [*o* hartes] Rennen **II.** *n* TECH (*severe handling*) starke [*o* harte] Beanspruchung, Strapazierung *f;* (*rough treatment*) Malträtierung *f;* **to take a ~** *device, equipment* stark beansprucht werden; (*be damaged*) malträtiert [*o fam* ramponiert] werden, leiden [müssen] *fig; boxer* Prügel beziehen *fig fam,* eine Packung kriegen *fig fam*

punishingly ['pʌnɪʃɪŋli] *adv* extrem, mörderisch, gnadenlos; **a ~ fast pace** ein extrem [*o* gnadenlos] schnelles Tempo; **a ~ heavy workload** ein extrem [*o* mörderisch] hohes Arbeitspensum

punishment ['pʌnɪʃmənt] *n* ① (*penalty*) Bestrafung *f,* Strafe *f;* **capital ~** Todesstrafe *f;* **corporal ~** körperliche Züchtigung, Prügelstrafe *f;* **full** [*or* **maximum**] **~** Höchststrafe *f;* **minimum ~** Mindeststrafe *f;* **to administer a ~** (*form*) eine Strafe verhängen; LAW **to award a ~** (*form*) eine Strafe zuerkennen; **to escape ~** der Strafe entgehen; **to incur a ~** sich *akk* strafbar machen; **to inflict a ~** eine Strafe verhängen *fachspr;* **to mete out ~** Strafe zumessen *fachspr;* **to mitigate the ~** die Strafe mildern *fachspr;* **as a ~** [**for sth**] als Strafe [für etw *akk*] ② TECH (*severe handling*) starke [*o* harte] Beanspruchung, Strapazierung *f;* (*rough treatment*) harte [*o* grobe] Behandlung; **to take ~** *in boxing* Prügel beziehen *fam,* schwer einstecken müssen *fig fam* ③ (*strain*) Strapaze *f,* Belastung *f,* Schlauch *m fig fam;* **to take a lot of ~** *device, equipment* stark beansprucht [*o* strapaziert] werden ► PHRASES: **let** [*or* **make**] **the ~ fit the crime** (*prov*) [die Dinge] nicht mit zweierlei Maß messen

punitive ['pju:nətɪv, AM -ṭɪv] *adj* (*form*) ① (*penalizing*) Straf-; **to take ~ action** [*or* **measures**] [**against sb**] eine Strafaktion [gegen jdn] unternehmen, Strafmaßnahmen [gegen jdn] treffen; **~ damages** LAW *in case of libel, slander* verschärfter Schaden[s]ersatz, Schaden[s]ersatz *m* mit Strafwirkung *fachspr;* **~ detention** BRIT [kurzfristige] Jugendhaft *fachspr;* **~ expedition** MIL Strafexpedition *f fachspr;* **~ justice** LAW Strafgerichtsbarkeit *f,* Strafjustiz *f;* ***they are seeking ~ justice*** sie wollen vor Gericht ihr Recht einklagen; **~ law** Strafgesetz *nt;* **~ sanctions** Strafsanktionen *fpl* ② ECON, FIN (*severe*) streng, rigoros, einschneidend; **~ measures** einschneidende Maßnahmen; **~ taxation** strenge [*o* rigorose] Besteuerung ③ FIN (*extreme*) unverhältnismäßig [*o* übermäßig] [hoch]; **~ import duties** übermäßig hohe Einfuhrzölle

punitively ['pju:nətɪvli, AM -ṭɪv-] *adj* ① (*severely*) empfindlich, spürbar; **to tax imports ~** FIN Importe streng [*o* rigoros] besteuern; **to act ~ against sb** LAW strafrechtlich gegen jdn vorgehen *fachspr* ② (*extremely*) unerhört, unverschämt, verboten *fam*

Punjab [,pʌn'dʒɑ:b, AM pʌn'-] *n no pl* GEOG Pandschab *nt o veraltet f*

Punjabi [pʌn'dʒɑ:bi:] **I.** *n* ① (*person*) Pandschabbewohner(in) *m(f)* ② (*language*) Pandschabi *nt* **II.** *adj inv* pandschabisch

punk [pʌŋk] **I.** *n* ① *esp* AM (*pej sl: worthless person*) Dreckskerl *m sl,* Mistkerl *m fam* ② AM (*pej sl: young*] *male criminal*) [kleiner] [Jung]ganove *fam* ③ *esp* AM (*pej sl: troublemaker*) Randalierer(in) *m(f) fam,* Rabauke *m fam* ④ AM (*pej sl: novice*) Grünschnabel *m fig, pej fam; also in addressing* Anfänger(in) *m(f) pej fam* ⑤ AM (*pej sl: dull person*) Blödmann *m fam,* Dummkopf *m pej* ⑥ (*pej: young rebel*) Punker(in) *m(f)* ⑦ *no pl* (*anarchist movement*) Punk *m* ⑧ *no pl* (*music*) Punk[rock] *m;* (*fan*) Punkrocker(in) *m(f),* Punker(in) *m(f)* **II.** *n modifier* (*clothes, group, song*) Punk[er]-; **~ band** Punkband *f;* **~ haircut** Punkerfrisur *f;* **the ~ scene** die Punkszene

punk rock *n no pl* Punk[rock] *m* **punk rocker** *n* Punkrocker(in) *m(f),* Punker(in) *m(f)*

punnet ['pʌnɪt] *n* BRIT, AUS [Obst]körbchen *nt*

punster ['pʌnstəʳ, AM -ɚ] *n* Spaßvogel *m,* Witzbold *m fam;* (*for woman also*) Nudel *f fam*

punt¹ [pʌnt] SPORTS **I.** *vt* **to ~ the ball** *in Am football* einen Befreiungsschlag ausführen *fachspr; in rugby* einen Falltritt ausführen *fachspr* **II.** *n* (*kick*) *in Am football* Befreiungsschlag *m fachspr; in rugby* Falltritt *m fachspr*

punt² [pʌnt] **I.** *vt* NAUT staken *fachspr;* **to ~ a boat** [**through the reeds**] einen Stechkahn [durch das Schilf] staken *fachspr* **II.** *vi* NAUT staken *fachspr;* **to go ~ing** Stechkahn fahren; ***we ~ed up the river*** wir stakten flussaufwärts **III.** *n* NAUT flaches [viereckiges] Boot, Stechkahn *m fachspr*

punt³ [pʌnt] **I.** *vi* ① (*bet against bank*) *at card game* gegen die Bank setzen [*o* den Bankhalter spielen] ② (*bet*) *at horse races* wetten, [auf ein Pferd] setzen ③ (*gamble on stocks*) [an der Börse] spekulieren; **to ~ in the stock market** an der Börse spekulieren **II.** *n* Wette *f;* **to make** [*or* **place**] **a ~ on sth** Geld auf etw *akk* setzen, auf etw *akk* wetten

punt⁴ [pʌnt] *n* Irisches Pfund

punter¹ ['pʌntəʳ] *n* BRIT ① (*gambler*) [Glücks]spieler(in) *m(f),* Zocker(in) *m(f) sl; in lotter, pools* Tipper(in) *m(f); at horse races* [kleiner] Wetter/[kleine] Wetterin (*das Wetten wird berufsmäßig betrieben*); *on stocks* [Börsen]spekulant(in) *m(f)* ② (*fam: customer*) Kunde, -in *m, f,* Käufer(in) *m(f); of a casino* Besucher(in) *m(f);* **the average ~** (*fam*) Otto Normalverbraucher *fam;* **to attract** [*or* **pull in**] [**the**] **~s** [die] Kundschaft [*o* Käufer] anlocken; (*user*) *newspaper reader* Leser(in) *m(f)* ③ (*fam: prostitute's customer*) Freier *m sl*

punter² ['pʌntəʳ, AM -ɚ] *n* Stechkahnfahrer(in) *m(f)*

puny ['pju:ni] *adj* ① (*pej: sickly*) *person* schwächlich, mick[e]rig ② (*small*) *person* winzig *pej* ③ (*fig, pej: lacking in power*) schwach; **a ~ argument** ein schwaches [*o* wenig überzeugendes] Argument; **a ~ attempt** ein schüchterner Versuch; **a ~ excuse** eine windige [*o* billige Ausrede] [*o* haltlose] Ausrede ④ (*minor*) belanglos, unerheblich, unmaßgeblich; **a ~ objection** ein belangloser [*o* unerheblicher] Einwand; **a ~ opinion** eine unmaßgebliche Meinung

pup [pʌp] **I.** *n* ① (*baby dog*) junger Hund, Welpe *m;* ■**to be in** [*or* **with**] **~** trächtig sein ② (*baby animal*) *of a fox, otter, seal* Junge(s) *nt* ③ BOT (*young plant*) Schößling *m fachspr* ④ (*fig, pej: inexperienced young man*) Grünschnabel *m oft pej,* junger Spund *fam;* (*brash young man*) junger Schnösel *m pej fam;* **conceited ~** Fatzke *m pej fam* ⑤ AM (*fig, pej sl: stupid person*) Blödmann *m derb,* Dummkopf *m pej* ⑥ AM (*fig, pej sl: penis*) Schwanz *m fig, pej sl* ⑦ BRIT COMM, ECON (*fig, pej sl: bad investment*) Fehlinvestition *f,* Pleite *f pej fam,* Niete *f pej* ► PHRASES: **to be in ~** AM (*pej sl*) einen dicken Bauch haben *pej fam;* **to sell sb a ~** jdn über den Tisch ziehen, jdm etw andrehen *fig, pej fam;* **to be sold a ~** übers Ohr gehauen werden **II.** *vi* <-pp-> [Junge] werfen

pupa <*pl* -s *or* -pae> ['pju:pə, *pl* -pi:] *n* BIOL ① (*covering*) Puppe *f fachspr* ② (*stage*) Puppenstadium *nt fachspr; see also* **pupal stage**

pupae ['pju:pi:] *n pl of* **pupa**

pupal ['pju:pəl] *adj inv* BIOL Puppen- *fachspr*

pupal stage *n* BIOL Puppenstadium *nt fachspr*

pupate ['pju:peɪt] *vi* BIOL sich *akk* verpuppen *fachspr*

pupil¹ ['pju:pəl] *n* ① (*school child*) Schüler(in) *m(f);* ***he is a second-year ~*** er ist in der zweiten Klasse ② (*follower*) Schüler(in) *m(f);* **a ~ of Titian** ein Tizianschüler/eine Tizianschülerin ③ LAW (*ward*) Mündel *nt fachspr;* SCOT Minderjährige(r) *f(m)* (*Mädchen bis 12, Jungen bis 14*)

pupil² ['pju:pəl] *n* ANAT Pupille *f*

pupil-teacher ratio *n* Lehrer-Schüler-Verhältnis *nt,* Klassenstärke *f*

puppet ['pʌpɪt] **I.** *n* ① (*theatre doll*) [Hand]puppe *f;* (*on strings*) Drahtpuppe *f,* Gliederpuppe *f,* Marionette *f;* **finger ~** Fingerpuppe *f;* **glove** [*or* **hand**] **~**

Handpuppe *f* ❷ (*pej, fig: controlled by another*) Marionette *f pej;* **to be sb's ~ on a string** (*fig*) von jdm am Gängelband geführt werden *fig fam* **II.** *n modifier* (*maker, play*) Puppen-; (*play, strings*) Marionetten-

puppeteer [ˌpʌpɪˈtɪəʳ, AM -əˈtɪr] *n* ❶ THEAT (*entertainer using puppets*) Puppenspieler(in) *m(f);* (*theater operator*) Betreiber(in) *m(f)* eines Figurentheaters ❷ (*pej: manipulator*) **to be the ~ of sth** der Drahtzieher/die Drahtzieherin einer S. *gen* sein

puppet government *n* Marionettenregierung *f* **puppet player** *n* Puppenspieler(in) *m(f)* **puppet regime** *n* Marionettenregierung *f*

puppetry [ˈpʌpɪtri] *n no pl* Puppenspiel *nt*

puppet show *n* Puppenspiel *nt,* Marionettentheater *nt,* Figurentheater *nt* **puppet state** *n* Marionettenstaat *m* **puppet theater** AM, **puppet theatre** *n* Puppentheater *nt,* Figurentheater *nt*

puppy [ˈpʌpi] *n* ❶ (*baby dog*) junger Hund, Welpe *m* ❷ (*baby animal*) Junge(s) *nt* ❸ (*dated or fig, usu pej fam: inexperienced young man*) Grünschnabel *m oft pej,* junger Spund *fam* ❹ AM (*fig, pej sl: weak person*) Waschlappen *m,* Weichei *nt fig, pej fam* ❺ AM (*fig fam: thing*) Dings *nt fam*

puppy-dog *n* ❶ (*childspeak: young dog*) Hündchen *nt* ❷ (*fig, hum: enamoured innocent*) verliebter Kater *fig, hum* **puppy fat** *n no pl* (*fam*) Babyspeck *m hum fam* **puppy love** *n no pl* (*fam*) erste Liebe, Jugendliebe *f,* Jugendschwärmerei *f*

pup tent *n* MIL Schutzzelt *nt;* (*for one person*) Einmannzelt *nt;* (*for two people*) Zweimannzelt *nt*

purchasable [ˈpɜːtʃəsəbl̩, AM ˈpɜːr-] *adj inv* (*also fig, pej*) käuflich *a. fig, pej; at a shop* erhältlich; *house, real estate* zum Kauf [aus]stehen

purchase [ˈpɜːtʃəs, AM ˈpɜːr-] **I.** *vt* ❶ (*form: buy*) ■**to ~ sth** etw kaufen [*o geh* erstehen] ❷ FIN, LAW (*form: acquire*) ■**to ~ sth** etw [käuflich] erwerben *geh;* **to ~ sb's debt/loan** jds Restschuld/Restdarlehen übernehmen *fachspr* ❸ (*pej: by bribery*) ■**to ~ sth** *carreer, success* sich *dat* etw erkaufen *pej* ❹ NAUT (*lift up*) **to ~ the anchor** den Anker hieven [*o* lichten]; **to ~ a rope** [*or* **cable**] ein Tau einholen **II.** *n* (*form*) ❶ (*something to be bought*) [Handels]ware *f,* Kaufobjekt *nt;* (*something bought*) Kauf *m,* Ankauf *m,* Einkauf *m;* ■**~s** *pl* COMM, FIN Wareneingänge *mpl;* LAW *real property* gekaufte Sache *fachspr;* **to make a ~** einen Kauf tätigen; *bulky goods* eine Anschaffung machen ❷ (*act of buying*) Kauf *m;* **compulsory ~** BRIT LAW Enteignung *f fachspr* ❸ FIN, LAW (*acquisition*) Erwerb *m kein pl;* **~ of a debt/loan** Übernahme *f* einer Restschuld/eines Restdarlehens ❹ (*old: return*) *from rent* [jährlicher] Mietertrag; *from land* [jährlicher] Pachtertrag ❺ *no pl* (*spec: hold*) Halt *m;* TECH (*grip*) Haftung *f fachspr;* ***these tyres don't provide much ~ on the road*** diese Reifen haben keine ausreichende Bodenhaftung; (*fig*) ***I just couldn't get a ~ on what he was saying*** ich hatte einfach keine Ahnung, worauf er hinaus wollte ❻ TECH (*power*) Hebelwirkung *f,* Hebelkraft *f fachspr; device* [einfaches] Hebezeug *fachspr;* (*fig*) Einfluss *m* **III.** *n modifier* COMM Kauf-, Einkaufs-, [Waren]eingangs-; **~ account** Wareneingangskonto *nt fachspr,* Einkaufskonto *nt;* **~ budget/discount** Einkaufsbudget *nt*/Einkaufsrabatt *m;* **~ invoice** Eingangsrechnung *f,* Lagerrechnung *f fachspr;* **~ price** [Ein]kauf[s]preis *m,* Anschaffungspreis *m;* **~ receipt** Quittung *f;* (*from a cash machine*) Kassenbon *m,* Kassenzettel *m*

purchase book *n* FIN Wareneingangsbuch *nt,* Eingangsjournal *nt fachspr* **purchase ledger** *n* FIN Kreditorenjournal *nt fachspr* **purchase order** *n* Bestellung *f,* Kaufauftrag *m;* **to place** [*or* **make**] **a ~** [**with sb/a company**] etw [bei jdm/einer Firma] bestellen [*o* in Auftrag geben]

purchaser [ˈpɜːtʃəsəʳ, AM ˈpɜːrtʃəsɚ] *n* ❶ (*buyer*) Käufer(in) *m(f),* Abnehmer(in) *m(f);* FIN, LAW Erwerber(in) *m(f);* **first ~** Ersterwerber(in) *m(f) fachspr* ❷ (*purchasing agent*) Einkäufer(in) *m(f)*

purchase tax *n* ECON Kaufsteuer *f*

purchasing [ˈpɜːtʃəsɪŋ, AM ˈpɜːr-] *n no pl* (*form*) Erwerb *m geh,* [Ein]kaufen *nt,* [Ein]kauf *m;* **~ of goods** Wareneinkauf *m*

purchasing agent *n* Einkäufer(in) *m(f);* (*manager*) Einkaufsleiter(in) *m(f)* **purchasing department** *n* Einkaufsabteilung *f,* Einkauf *m kein pl fachspr* **purchasing manager** *n* Einkaufsleiter(in) *m(f)* **purchasing order** *n* Kaufauftrag *m,* Bestellung *f;* **to place** [*or* **make**] **a ~** [**with sb/a company**] etw [bei jdm/einer Firma] bestellen [*o* in Auftrag geben] **purchasing power** *n no pl* Kaufkraft *f*

purdah [ˈpɜːdə, AM ˈpɜːr-] *n no pl* ❶ (*seclusion*) *hinduistisch-muslimische Praxis, nach der Frauen im Inneren eines Hauses den Blicken fremder Männer durch Zwischenwände bzw. Vorhänge entzogen werden;* ***the women in the village live in strict ~*** die Frauen des Dorfes leben streng abgeschirmt ❷ (*state of wearing veil*) Verschleierung *f;* ■**out of ~** unverschleiert; **to be in ~** einen Schleier tragen; **to go into ~** (*fig*) *thing* aus dem Blickfeld verschwinden; *person* sich *akk* zurückziehen ❸ (*screen*) Vorhang *m,* Zwischenwand *f*

pure [pjʊəʳ, AM pjʊr] *adj* ❶ (*unmixed*) rein, pur; **~ alcohol** reiner [*o fachspr* absoluter] Alkohol; **~ chocolate** unverfälschte Schokolade; **~ cotton** reine Baumwolle; **~ gold** reines [*o* pures] Gold, Feingold *nt fachspr;* **~ orange juice/honey** reiner Orangensaft/Honig; ***I have ~ Irish ancestry*** ich bin rein irischer Abstammung; ZOOL (*purebred*) reinrassig *fachspr;* **~ German shepherd** reinrassiger deutscher Schäferhund ❷ (*clean*) *air, water* sauber, klar ❸ (*fig: utter*) rein, pur, wahr; ***the film was ~ Disney*** der Film war Disney pur; ***that's ~ guesswork*** das sind bloße Vermutungen; ***the hot bath was ~ bliss*** das heiße Bad war eine wahre Wohltat; ***that was ~ hell for us*** das war die reinste Hölle für uns; **~ chance** reiner Zufall; **a ~ delight** eine reine [*o* wahre] Freude; **~ insanity** glatter Wahnsinn, kompletter Schwachsinn *fam;* **for ~ joy** aus reinem [*o* nur zum] Vergnügen; **~ luck** reines Glück, reiner Zufall; **~ and utter rubbish** ausgemachter Blödsinn; **~ and simple** schlicht und einfach ❹ (*free of evil*) unschuldig, rein; **~ feelings** reine Gefühle; **to be ~ in heart** ein reines Herz haben *geh;* **~ intentions** ehrliche [*o geh* lautere] Absichten; **~ motives** uneigennützige Motive ❺ (*non-sexual*) rein *geh,* keusch ❻ (*virginal*) rein *geh,* unberührt ❼ MUS (*in tune*) rein ❽ LING (*single sounded*) monophthongisch *fachspr;* **a ~ vowel** ein Monophthong *m fachspr* ❾ (*abstract*) rein, theoretisch; **~ geometry** projektive [*o* synthetische] Geometrie *fachspr;* **~ mathematics** reine [*o* abstrakte] Mathematik *fachspr;* **~ reason** reine Vernunft; ***as ~ reason that makes perfect sense*** rein theoretisch ist das vollkommen klar

pure blood *n* reinrassiges Tier **purebred** **I.** *n* reinrassiges Tier **II.** *adj inv* reinrassig

purée [ˈpjʊəreɪ, AM pjʊˈreɪ] **I.** *vt* <puréed, puréeing> ■**to ~ sth** etw pürieren **II.** *n no pl* Püree *nt;* **tomato ~** passierte Tomaten *fpl*

purely [ˈpjʊəli, AM ˈpjʊr-] *adv* ❶ (*completely*) rein, ausschließlich; ***any resemblance to any person, living or dead, is ~ coincidental*** jede Ähnlichkeit mit lebenden oder verstorbenen Personen ist rein zufällig; **a ~ vegetarian diet** eine rein vegetarische Kost ❷ (*merely*) bloß, lediglich; **~ and simply** schlicht und einfach ❸ (*free of evil*) unschuldig ❹ (*virtuously*) keusch; **to live ~** keusch leben

purgation [pɜːˈgeɪʃᵊn, AM pɜːr-] *n* ❶ MED (*bowel movement*) Darmentleerung *f,* Stuhlentleerung *f; by using a drug* Abführen *nt fachspr* ❷ REL Reinigung *f,* Läuterung *f;* LAW (*old*) Rechtfertigung *f,* Purgation *f veraltet o fachspr;* REL (*hist*) *by an oath, ordeal* Reinigung *f* [durch Eideshelfer] *hist,* Purgation *f hist o fachspr*

purgative [ˈpɜːgətɪv, AM ˈpɜːrgət̬-] **I.** *n* MED Abführmittel *nt,* Laxativum *nt fachspr* **II.** *adj* ❶ MED abführend, Abführ- ❷ (*fig liter*) befreiend

purgatorial [ˌpɜːgəˈtɔːriəl, AM ˌpɜːrgə-] *adj* höllisch

purgatory [ˈpɜːgətᵊri, AM ˈpɜːrgətɔːri] *n no pl* ❶ REL ■**P~** das Fegefeuer [*o geh* Purgatorium]; **to be in P~** im Fegefeuer sein ❷ (*fig: unpleasant experience*) die Hölle; ***this is sheer ~!*** das ist die reinste Hölle!; **to go through ~** Höllenqualen ausstehen

purge [pɜːdʒ, AM pɜːrdʒ] **I.** *vt* ❶ (*also fig: cleanse*) ■**to ~ sb/sth of sth** jdn/etw von etw *dat* reinigen *a. fig;* **to ~ metal of dross** Metall von Schlacke reinigen; **to ~ oneself/sb of a suspicion** sich *akk*/jdn von einem Verdacht reinigen; ■**to ~ sth of sth** (*fig*) *organization* etw von etw *dat* säubern; ■**to ~ oneself/sb of sth** *guilt, suspicion* sich *akk*/jdn von etw *dat* rein waschen; ***most government officials have been ~d of charges of corruption*** die meisten Regierungsangestellten sind von Korruptionsvorwürfen freigesprochen worden; REL (*fig*) ■**to ~ sb/sth of sth** jdn/etw von etw *dat* befreien [*o* rein waschen] *fig;* ***Roman Catholics go to confession to ~ their souls of sin*** Katholiken gehen zur Beichte, um ihre Seele von Sünden rein zu waschen ❷ POL (*get rid of*) ■**to ~ sth of** [*or* **from**] **sb/sth** *organization* etw von jdm/etw säubern; ***the new state governor has promised to ~ the police force of corruption*** der neue Gouverneur hat versprochen, die Polizei von korrupten Elementen zu säubern; ■**to ~ sb** (*also euph*) *unwanted members* jdn liquidieren *euph* ❸ LAW (*wipe out*) **to ~ an offence** ein Verbrechen sühnen; **to ~ one's contempt** [*or* **a contempt of court**] sich *akk* für Missachtung des Gerichts entschuldigen ❹ MED (*empty*) **to ~** [**the bowels**] Stuhlgang haben, den Darm entleeren, abführen; ■**to ~ sb** jdn abführen lassen, jdm Abführmittel geben ❺ COMPUT ■**to ~ sth** etw löschen **II.** *vi* MED **to binge and ~** sich *akk* vollstopfen und [anschließend] erbrechen **III.** *n* ❶ (*cleaning out*) Reinigung *f,* Säuberung *f* ❷ POL (*getting rid of*) Säuberung[saktion] *f* ❸ (*dated: laxative*) Abführmittel *nt*

purification [ˌpjʊərɪfɪˈkeɪʃᵊn, AM ˌpjʊrə-] **I.** *n no pl* ❶ (*cleansing*) Reinigung *f* ❷ REL (*spiritual cleansing*) Reinigung *f,* Läuterung *f* **II.** *n modifier* ❶ (*for cleansing*) Reinigungs- ❷ REL (*cleansing of sins*) Reinigungs-; **to undergo a ~ ritual** sich *akk* einem Reinigungsritual unterziehen

purifier [ˈpjʊərɪfaɪəʳ, AM ˈpjʊrəfaɪɚ] *n* ❶ CHEM, TECH (*apparatus*) Reiniger *m,* Reinigungsanlage *f* ❷ (*agent*) Reinigungsmittel *nt,* reinigendes Mittel

purify [ˈpjʊərɪfaɪ, AM ˈpjʊrə-] *vt* ❶ (*cleanse*) ■**to ~ sth** [**of** [*or* **from**] **sth**] *air, metal, water* etw [von etw *dat*] reinigen [*o* säubern] ❷ REL (*cleanse morally*) ■**to ~ sth** etw reinigen [*o* läutern]; **to ~ one's mind** seinen Geist reinigen [*o* läutern]; ■**to ~ oneself of** [*or* **from**] **sth** sich *akk* von etw *dat* befreien; (*free from guilt*) etw entlasten

purism [ˈpjʊərɪzᵊm, AM ˈpjʊr-] *n no pl* ❶ (*usu pej: school of thought*) *in language, style* Purismus *m oft pej* ❷ (*French art form*) ■**P~** der Purismus

purist [ˈpjʊərɪst, AM ˈpjʊr-] *n* Purist(in) *m(f)*

puritan [ˈpjʊərɪtᵊn, AM ˈpjʊr-] **I.** *n* ❶ (*Protestant*) Puritaner(in) *m(f);* ■**the P~s** *pl* die Puritaner *pl* ❷ (*fig, usu pej: strict person*) Puritaner(in) *m(f) fig, a. pej,* Tugendwächter(in) *m(f) oft pej,* Frömmler(in) *m(f) pej;* ***don't be such a ~*** sei nicht so prüde *pej* **II.** *adj attr* ❶ (*of Puritans*) puritanisch ❷ (*fig, usu pej: strict*) puritanisch *fig, a. pej,* sittenstreng, prüde *fig, pej*

puritanical [ˌpjʊərɪˈtænɪkᵊl, AM ˌpjʊrɪ-] *adj* (*usu pej*) puritanisch, sittenstreng, prüde *pej*

puritanically [ˌpjʊərɪˈtænɪkᵊli, AM ˌpjʊrɪ-] *adv* puritanisch, sittenstreng

Puritanism [ˈpjʊərɪtᵊnɪzᵊm, AM ˈpjʊr-] *n no pl* Puritanismus *m*

purity [ˈpjʊərəti, AM ˈpjʊrɪt̬i] **I.** *n no pl* ❶ (*cleanness*) Sauberkeit *f* ❷ (*freedom from admixture*) Reinheit *f* ❸ REL (*moral goodness*) Reinheit *f;* (*innocence*) Unschuld *f,* Keuschheit *f,* Unberührtheit *f* ❹ MUS (*true sound*) Reinheit *f,* Klarheit *f;* ***her singing has ~, clarity and strength*** sie singt rein, klar und kraftvoll **II.** *n modifier* CHEM *standard, test* Reinheits-; **~ degree** Reinheitsgrad *m fachspr;* **~ campaign** POL Sauberkeitskampagne *f*

purl [pɜːl, AM pɜːrl] **I.** *n* linke Masche; **a row of ~** eine links gestrickte Reihe **II.** *adj attr, inv* linke(r,s); **~ stitch** linke Masche **III.** *vt* ■**to ~ sth** etw links stricken; ***knit one, ~ one*** eine Masche rechts, eine links stricken **IV.** *vi* links stricken

purloin [pɜːˈlɔɪn, AM pɚˈ-] *vt* (*form*) ■**to ~ sth** etw entwenden *form;* (*hum fam: pinch*) etw mitgehen lassen *hum fam*

purple [ˈpɜːpl̩, AM ˈpɜːrpl̩] **I.** *adj* ① (*red/blue mix*) violett; (*more red*) lila[farben]; (*crimson*) purpurn, purpurrot; ~ **grapes** dunkle Trauben ② (*darkly coloured*) hochrot; **to go** [*or* **become**] ~ [**in the face**] hochrot [im Gesicht] anlaufen ③ (*fig, approv: brilliant*) *patch* glänzend, Glanz-, brillant ④ (*fig, usu pej: elaborate*) *passage, patch* überreich ausgeschmückt, blumig *oft pej; prose, style* überladen, blumig *fig, pej* **II.** *n* ① (*blue/red mix*) Violett *nt;* (*more red*) Lila *nt;* (*crimson*) Purpur *m kein pl;* **dark** ~ dunkles Lila [*o* Violett]; **light** ~ helles Lila [*o* Violett] ② (*robe*) Purpur *m kein pl* ③ (*fig: high position*) ■**the** ~ *in society* der [Hoch]adel, die höchsten Kreise; *in church* die Kardinalswürde [*o* Bischofswürde]; **to raise sb to the** ~ (*fig*) jdn in den Kardinalsrang [*o* Bischofsrang] erheben ▶ PHRASES: **to hit a ~ patch** (*be lucky*) eine Glückssträhne haben; (*be successful*) eine Erfolgssträhne haben; **to be born in** [*or* **to**] **the** ~ (*of aristocracy*) blaues Blut in den Adern haben *prov;* (*of high society*) zu den höchsten Kreisen gehören *geh;* (*of royalty*) von königlichem Geblüt sein *geh* **III.** *vt* ■**to ~ sth** etw violett [*o* lila] [ein]färben; (*crimson*) etw purpurn [*o* purpurrot] [ein]färben **IV.** *vi* violett [*o* lila] werden; (*crimson*) purpurn [*o* purpurrot] werden; **to ~ with rage** vor Wut hochrot anlaufen

purple heart *n* BRIT Amphetamintablette *f* **Purple Heart** *n* AM Verwundetenabzeichen *nt* (*in der US-amerikanischen Armee*)

purpleness [ˈpɜːpl̩nəs, AM ˈpɜːrpl̩-] *n no pl* violette Färbung; (*crimson*) purpurne Färbung

purplish [ˈpɜːpl̩ɪʃ, AM ˈpɜːrpl̩-] *adj* [leicht] violett [*o* lila]

purport [pəˈpɔːt, AM pɜːrˈpɔːrt] **I.** *vi* (*form*) ① (*claim*) ■**to ~ to do sth** vorgeben, etw tun zu wollen; ***they ~ to look after our interests*** sie nehmen angeblich unsere Interessen wahr; ***he is ~ed to be a spy*** man sagt ihm nach, er sei ein Spion ② (*convey meaning*) ■**to ~ that …** bedeuten [*o* besagen] [*o* zum Inhalt haben], dass …; ***his speech ~ed that …*** seiner Rede war zu entnehmen, dass … **II.** *n* (*form*) ① (*meaning*) Inhalt *m,* Sinn *m,* Tenor *m geh* ② (*object*) Zweck *m,* [erklärte] Absicht, Intention *f geh*

purpose [ˈpɜːpəs, AM ˈpɜːr-] **I.** *n* ① (*reason*) Grund *m;* **to do sth for financial/humanitarian ~s** etw aus finanziellen/humanitären Gründen tun ② (*goal*) Absicht *f,* Ziel *nt,* Zielsetzung *f,* Zweck *m,* Sinn *m;* ***the ~ of this organization is to help homeless people*** Zweck dieser Organisation ist es, Obdachlosen zu helfen; **to give sb a ~ in** [*or* **their lives**] **life** jds Leben einen Sinn geben; **to have a ~ in life** ein Lebensziel haben; **to be** [*or* **talk**] **at cross ~s** sich *akk* [unabsichtlich] missverstehen, aneinander vorbeireden; **to all intents and ~s** in jeder Hinsicht; **for that** [*or* **this**] **very** ~ eigens zu diesem Zweck; ***I came to Brighton for the express ~ of seeing you*** ich bin einzig und allein nach Brighton gekommen, um Sie zu sehen; **on** ~ absichtlich, vorsätzlich *pej,* mit Absicht [*o* Bedacht] [*o pej* Vorsatz]; **to the** ~ zweckdienlich ③ (*resoluteness*) Entschlossenheit *f,* Zielbewusstheit *f;* **lack of** ~ mangelnde Entschlossenheit, Unentschlossenheit *f;* **singleness of** ~ Zielstrebigkeit *f;* **strength of** ~ Entschlusskraft *f;* ***you need more ~ in your life, young woman!*** Sie müssen Ihr Leben mehr in die Hand nehmen, junge Frau! ④ (*intention*) Zweck *m;* **to answer** [*or* **serve**] **a** ~ einem Zweck entsprechen [*o* dienen] ⑤ (*effect*) Erfolg *m,* Nutzen *m;* **for** [**all**] **practical ~s** im Endeffekt, praktisch [genommen]; **to put** [*or* **turn**] **sth to good** ~ *energy, money* etw nutzbringend verwenden [*o* einsetzen]; **to be to little** ~ von geringem Nutzen [*o* nicht sehr erfolgreich] sein; **to be to no** ~ nutzlos [*o* erfolglos] sein; ***all her efforts turned out to be to no ~*** alle ihre Bemühungen waren letztlich erfolglos; ***it's to no ~ to vacuum*** es bringt sowieso nichts, Staub zu saugen **II.** *vi* (*form*) ■**to ~ to do sth** (*intend*) vorhaben [*o* beabsichtigen], etw zu tun; (*resolve*) beschließen [*o geh* den Entschluss fassen], etw zu tun

purpose-built *adj inv* ① (*manufactured*) *part of machinery* spezialgefertigt, Spezial- ② (*erected*) speziell gebaut [*o* errichtet], Zweck-; ~ **facilities** Zweckbauten *mpl*

purposeful [ˈpɜːpəsfᵊl, AM ˈpɜːr-] *adj* ① (*single-minded*) zielbewusst, zielstrebig ② (*resolute*) entschlossen ③ (*meaningful*) *existence* sinnvoll ④ (*useful*) zweckdienlich ⑤ (*intentional*) absichtlich, vorsätzlich *pej,* mit Absicht [*o pej* Vorsatz] *nach n;* ***each move was ~*** jeder Schritt geschah mit Absicht

purposefully [ˈpɜːpəsfᵊli, AM ˈpɜːr-] *adv* ① (*single-mindedly*) zielstrebig, zielbewusst ② (*resolutely*) entschlossen; **to act** ~ entschlossen handeln ③ (*intentionally*) absichtlich, vorsätzlich *pej,* mit Absicht [*o pej* Vorsatz]

purposefulness [ˈpɜːpəsfᵊlnəs, AM ˈpɜːr] *n no pl* Zielstrebigkeit *f,* Entschlossenheit *f;* (*usefulness*) Zweckhaftigkeit *f*

purposeless [ˈpɜːpələs, AM ˈpɜːr-] *adj* ① (*lacking goal*) ziellos ② (*lacking meaning*) zwecklos, sinnlos; **to lead a ~ life** ein sinnloses Leben führen ③ (*useless*) unzweckmäßig

purposelessly [ˈpɜːpələsli, AM ˈpɜːr-] *adv* ① (*without goal*) ziellos ② (*without meaning*) zwecklos, sinnlos ③ (*without use*) unzweckmäßig

purposelessness [ˈpɜːpələsnəs, AM ˈpɜːr-] *n no pl* ① (*aimlessness*) Ziellosigkeit *f* ② (*meaninglessness*) Zwecklosigkeit *f,* Sinnlosigkeit *f* ③ (*uselessness*) Unzweckmäßigkeit *f*

purposely [ˈpɜːpəsli, AM ˈpɜːr-] *adv* ① (*intentionally*) absichtlich, mit Absicht, bedacht, bewusst ② (*expressly*) ausdrücklich, gezielt

purposive [ˈpɜːpəsɪv, AM ˈpɜːr] *adj inv* zielstrebig, entschlossen

purposively [ˈpɜːpəsɪvli, AM ˈpɜːr] *adv inv* entschlossen; (*intentionally*) absichtsvoll

purr [pɜːʳ, AM pɜːr] **I.** *vi* ① (*cat*) schnurren ② (*fig: person*) schnurren ③ (*engine*) surren, schnurren, summen **II.** *n* ① (*cat's sound*) Schnurren *nt kein pl;* **to give** [*or* **make**] **a** ~ schnurren ② (*engine noise*) Surren *nt kein pl,* Schnurren *nt kein pl,* Summen *nt kein pl*

purse [pɜːs, AM pɜːrs] **I.** *n* ① BRIT (*for money*) Portmonee *nt,* Geldbeutel *m,* Geldbörse *f;* **change** ~ Geldbeutel *m* für Wechselgeld [*o* Kleingeld]; **common** [*or* **joint**] ~ (*fig*) gemeinsame Kasse ② AM (*handbag*) Handtasche *f* ③ SPORTS (*prize money*) Preisgeld *nt;* (*in boxing*) Börse *f* ④ (*financial resources*) **public** ~ Staatskasse *f;* **to be beyond one's** ~ jds finanzielle Möglichkeiten übersteigen; ***this is beyond my ~*** das kann ich mir nicht leisten ▶ PHRASES: **to hold the ~ strings** den Geldbeutel [*o* die Haushaltskasse] verwalten; **to loosen/tighten the ~ strings** den Geldhahn aufdrehen/zudrehen *fig* **II.** *vt* **to ~ one's lips/mouth** die Lippen schürzen/den Mund spitzen; (*sulkily*) die Lippen aufwerfen/einen Schmollmund machen **III.** *vi* ***under stress her lips would ~ slightly*** wenn sie angespannt war, verzog sich ihr Mund ein wenig

purser [ˈpɜːsəʳ, AM ˈpɜːrsɚ] *n* AVIAT Purser *m;* NAUT Zahlmeister(in) *m(f) fachspr*

purserette [ˈpɜːsəret, AM ˈpɜːr-] *n* AVIAT Purserette *f*

pursuance [pəˈsjuːən(t)s, AM pɚˈsuː-] *n no pl* (*form*) ① (*seeking after*) *of freedom, ideal, truth* Streben *nt* ② (*execution*) *of a plan* Verfolgung *f,* Ausführung *f; of instructions* Befolgung *f,* Ausführung *f; of duties* Erfüllung *f* ③ (*accordance*) Übereinstimmung *f;* **in ~ of the terms** [**of a contract**] LAW gemäß den Bestimmungen [eines Vertrages]

pursuant [pəˈsjuːənt, AM pɚˈsuː-] *adv inv* LAW (*form*) ■**~ to sth** laut [*o* gemäß] einer S. *dat;* ***she acted ~ to an order of her government*** sie befolgte eine Anweisung ihrer Regierung; ~ **to the contract** gemäß dem [*o* laut] Vertrag; ~ **to the statute** nach dem Gesetz *fachspr*

pursue [pəˈsjuː, AM pɚˈsuː] *vt* ① (*follow*) ■**to ~ sb/sth** jdn/etw verfolgen, jdm/etw auf den Fersen sein *fam* ② (*fig: seek to achieve*) ■**to ~ sth** etw verwirklichen [*o* erreichen] wollen; **to ~ one's goals** [*or* **aims**] seine Ziele verfolgen ③ (*fig, pej: repeatedly attack*) ■**to ~ sb** jdn verfolgen *fig, pej;* ***misfortune seems to ~ him*** er scheint vom Pech verfolgt zu sein ④ (*investigate*) ■**to ~ sth** etw weiterverfolgen, einer S. *dat* nachgehen; **to ~ a theory/an idea** eine Theorie/eine Idee weiterverfolgen ⑤ (*engage in*) ■**to ~ sth** etw betreiben; **to ~ a career** einen Beruf ausüben [*o* einem Beruf nachgehen]; **to ~ a hobby** ein Hobby betreiben, einem Hobby nachgehen; **to ~ a policy/strategy** eine Politik/Strategie betreiben [*o* verfolgen]; **to ~ one's studies** seinem Studium nachgehen; **to ~ a trade** ein Gewerbe betreiben ⑥ (*fig: admire*) ■**to ~ sb** *film star* jdn [schwärmerisch] verehren [*o fig* anhimmeln]

pursuer [pəˈsjuːəʳ, AM pɚˈsuːɚ] *n* Verfolger(in) *m(f)*

pursuit [pəˈsjuːt, AM pɚˈsuːt] *n* ① (*chase*) Verfolgung[sjagd] *f; of knowledge, fulfillment* Streben *nt* (**of** nach +*dat*); (*hunt*) Jagd *f a. pej* (**of** nach +*dat*); ***he began writing books in ~ of happiness and satisfaction*** er fing an Bücher zu schreiben, um Glück und Erfüllung zu finden; **to be in ~ of sb/sth** jdn/etw verfolgen; **to be in hot ~ of sb** jdm dicht auf den Fersen sein; **right of hot** ~ LAW Verfolgungsrecht *nt,* Recht *nt* auf Nacheile *fachspr* (*danach kann ein fremdes Handelsschiff im Falle eines Unrechts auf hoher See verfolgt werden*) ② (*activity*) Aktivität *f,* Beschäftigung *f,* Betätigung *f;* ***she wants to engage in social ~s*** sie möchte sich sozial engagieren; **indoor/outdoor ~s** Innen-/Außenaktivitäten *fpl;* **leisure ~s** Freizeitaktivitäten *fpl*

purulent [ˈpjʊərʊlənt, AM ˈpjʊrə-] *adj* MED eitrig, purulent *fachspr;* **to become** ~ eitern

purvey [pəˈveɪ, AM pɚˈ-] *vt* (*form*) ① (*trade*) ■**to ~ sth** *food* mit etw *dat* handeln ② (*provide*) ■**to ~ sth to sb** *food* jdm etw liefern, jdn mit etw *dat* versorgen ③ (*supply*) ■**to ~ sth** *service* etw anbieten; *information* etw liefern [*o* zur Verfügung stellen]; (*spread*) *news* etw verbreiten

purveyance [pəˈveɪən(t)s, AM pɚˈ-] *n no pl* ① (*trading*) *in food* Handel *m* ② (*form: supplying*) Lieferung *f,* Beschaffung *f*

purveyor [pəˈveɪəʳ, AM pɚˈveɪɚ] *n* (*form*) ① (*trader*) *in food* Händler(in) *m(f)* ② (*supplier*) Lieferant(in) *m(f),* Versorger(in) *m(f),* Beschaffer(in) *m(f);* ***radio stations are ~s of music and information*** Radiosender versorgen die Öffentlichkeit mit Musik und Informationen; ~ **to Her Majesty the Queen** [*or* **the Royal Household**] Hoflieferant *m*

purview [ˈpɜːvjuː, AM ˈpɜːr-] *n* (*form*) ① LAW (*scope*) *of a law* Geltungsbereich *m,* verfügender Teil, gesetzgeberische Absicht; *of jurisdiction* Zuständigkeitsbereich *m;* **to fall outside/within sb's** ~ nicht in/in jds Zuständigkeit fallen ② (*domain*) Aufgabenbereich *m,* Ressort *nt,* Zuständigkeitsbereich *m;* **to be** [*or* **come**] [*or* **lie**] **under** [*or* **within**] **sb's** ~ in jds Ressort [*o* Aufgabenbereich] [*o* Zuständigkeit] fallen ③ (*sphere*) Wirkungskreis *m,* Wirkungsbereich *m*

pus [pʌs] *n no pl* Eiter *m*

push [pʊʃ]

I. NOUN	**II.** TRANSITIVE VERB
III. INTRANSITIVE VERB	

I. NOUN

<*pl* -es> ① (*shove*) Stoß *m;* (*slight push*) Schubs *m fam;* ***my car won't start — can you give me a ~?*** mein Auto springt nicht an, kannst du mal anschieben?; **to give sb/sth a** ~ jdm/etw einen Stoß versetzen; ***he gave the girl on the swing a ~*** er schubste das Mädchen auf der Schaukel an ② (*press*) Druck *m;* **at the ~ of a button** auf Knopfdruck *a. fig* ③ (*fig: motivation*) Anstoß *m;* ***she needs a little ~ to get motivated*** man muss sie ein bisschen anstoßen, um sie zu motivieren ④ (*concerted effort*) Anstrengung[en] *f[pl],* Kampagne *f;* ***the company plans to make a big ~ into Europe***

das Unternehmen will eine große Kampagne zur Erschließung des europäischen Marktes starten; **to make a ~ for sth** etw anstreben; **to make a ~ to do sth** Anstrengungen unternehmen, etw zu tun ❺ *(publicity)* **to get** [*or* **be given**] **a ~** gepusht werden *sl;* ***the company is giving passion fruit a ~ this month*** die Firma macht diesen Monat Werbung für Passionsfrüchte ❻ *(military attack)* Vorstoß *m* ▶ PHRASES: **if/when it comes to the ~, if/when ~ comes to shove** *(fam)* wenn es hart auf hart kommt; **to get** [*or* **be given**] **the ~** *(fam: boy/girlfriend)* den Laufpass kriegen *fam;* *(be fired)* gefeuert werden *fam;* **to give sb the ~** *(fam: break up)* mit jdm Schluss machen *fam;* *(fire)* jdn rausschmeißen *fam;* **at a ~** BRIT im Notfall; ***at a ~, I could make 7.30*** wenn ich mich sehr beeile, könnte ich es bis 7.30 Uhr schaffen

II. TRANSITIVE VERB

❶ *(shove)* ■**to ~ sb** jdn schieben; *(in a crowd)* [jdn] drängeln; *(violently)* jdn stoßen [*o* schubsen]; ***he ~ed his way through the herd of cattle*** er kämpfte sich durch die Viehherde; **to ~ sth to the back of one's mind** *(fig)* etw verdrängen ❷ *(move forcefully)* ■**to ~ sth** etw schieben; *(give a push)* etw stoßen; ***she ~ed the drawer hard*** sie drückte fest gegen die Schublade; ***he ~ed his plate away from him*** er schob seinen Teller weg; ***she ~ed her hair out of her eyes*** sie strich sich die Haare aus den Augen; ***he ~ed the ball over the bar*** er stieß den Ball über die Latte; **to ~ the door open/shut** eine Tür auf-/zuschieben; *(violently)* eine Tür auf-/zustoßen; **to ~ things to the limit** *(fig)* etw bis zum Äußersten [*o* auf die Spitze] treiben; **to ~ sth down sb's throat** *(fig)* jdm etw aufdrängen ❸ *(manoeuvre)* ■**to ~ sb towards sth** jdn in eine Richtung drängen; **to ~ the nation toward recovery** die Nation auf den Weg des wirtschaftlichen Aufschwungs bringen; **to ~ sb out of the running** *(also fig)* jdn aus dem Rennen werfen ❹ *(impose)* ■**to ~ sth** [**on sb**] [jdm] etw aufdrängen [*o* aufzwingen] ❺ *(pressure)* ■**to ~ sb to do sth** jdn [dazu] drängen, etw zu tun; *(force)* jdn zwingen, etw zu tun; *(persuade)* jdn überreden, etw zu tun; ■**to ~ sb into doing sth** jdn dazu drängen, etw zu tun; **to ~ a share** STOCKEX jdn drängen, eine Aktie zu kaufen ❻ *(press)* ■**to ~ sth** auf etw *akk* drücken; ***he ~ed the money into my hand*** er drückte mir das Geld in die Hand; **to ~ a button** auf einen Knopf drücken; **to ~ the doorbell** klingeln; **to ~ one's point home** seinen Standpunkt verdeutlichen ❼ *(be persistent)* ■**to ~ sb** jdn drängen; ***when I ~ed him, he admitted that …*** als ich ihn in die Enge trieb, gab er zu, dass …; ***why do you keep ~ing me? I've said no*** warum nervst du mich ständig? ich habe nein gesagt *fam* ❽ *(demand a lot)* ■**to ~ oneself** sich *dat* alles abverlangen; **to not ~ oneself** sich *akk* nicht überanstrengen *iron;* **to ~ sb to his/her limit** jdn bis zum Äußersten treiben; ***sometimes you ~ me to the point of violence!*** manchmal treibst du mich echt zur Weißglut! *fam* ❾ *(find sth difficult)* ■**to be** [**hard**] **~ed to do sth** *esp* BRIT [große] Schwierigkeiten haben, etw zu tun ❿ *esp* BRIT *(be short of)* **to be ~ed for money/time** wenig Geld/Zeit haben; ***I'm rather ~ed for cash*** ich bin ziemlich knapp bei Kasse; ***she looks rather ~ed*** sie sieht ziemlich gehetzt aus ⓫ *(sl: promote)* ■**to ~ sth** etw propagieren; ECON etw pushen *sl* ⓬ *(sl: sell illegal drugs)* ■**to ~ sth** mit etw *dat* dealen, etw pushen *sl;* **to ~ drugs to sb** Drogen an jdn verkaufen ⓭ *(approach)* **to be ~ing 30/40** *(age)* auf die 30/40 zugehen; *(drive at)* fast 30/40 fahren ⓮ *(fam: overdo)* **to ~ sth too far** etw übertreiben; ***that's ~ing it a bit*** das ist etwas übertrieben ▶ PHRASES: **to ~ one's luck** den Bogen überspannen *fig;* **to ~ one's nose into sth** *(fig)* seine Nase in etw *akk* stecken

III. INTRANSITIVE VERB

❶ *(exert force)* drängel[l]n; *(press)* drücken; *(move)* schieben; ***I'm sorry, I didn't mean to ~ in front of you*** Entschuldigung, ich wollte mich nicht vordrängeln; **"~"** *(on a door)* „Drücken"; **to ~ hard** mit Kraft [*o fam* feste] drücken; **to ~ and pull** [*or* **shove**] hin- und herschieben ❷ *(manoeuvre through)* sich *akk* durchdrängen; MIL vorstoßen; ■**to ~ into sth** sich *dat* Zugang zu etw *dat* verschaffen; ■**to ~ past sb** sich *akk* an jdm vorbeidrängen; ■**to ~ by** [**sth/sb**] sich *akk* [an jdm/etw] vorbeidrängen ❸ *(bear down)* pressen ❹ *(support)* ■**to ~ for sb** jdn unterstützen; *(wish luck)* jdm die Daumen drücken

◆**push about** *vt* ❶ *(move around)* ■**to ~ about** ↔ **sth** etw herumschieben [*o* herumstoßen]; ■**to ~ sb about** *(in a wheelchair)* jdn herumfahren ❷ *(fig, pej: bully)* ■**to ~ sb about** jdn herumkommandieren; *(violently)* jdn herumstoßen [*o fam* herumschubsen]; *(fig)* ***you can't ~ me about like that*** so kannst du mit mir nicht umspringen

◆**push ahead I.** *vi* ❶ *(approv, fig: continue despite trouble)* ■**to ~ ahead** [**with sth**] *plans, projects* [mit etw *dat*] weiterkommen *fig* ❷ *(approv, fig: take the lead)* sich *akk* bis zur Spitze vorarbeiten [*o* an die Spitze kämpfen]; *(in a race)* sich *akk* an die Spitze setzen ❸ *(continue travelling)* [noch] weiterfahren ❹ MIL *(advance)* weiter vorrücken [*o* vorstoßen] **II.** *vt* ■**to ~ sth ahead** etw [energisch] vorantreiben [*o* weiterverfolgen]

◆**push along I.** *vi (fig fam: leave [one's host])* sich *akk* [wieder] auf den Weg [*o fam* die Socken] machen, [wieder] weg [*o* los] müssen *fam* **II.** *vt* ■**to ~ sth along** etw vorantreiben [*o* [energisch] weiterverfolgen]

◆**push around** *vt* ❶ *(move around)* ■**to ~ sth** ↔ **around** etw herumschieben; *(violently)* etw herumstoßen; ■**to ~ sb around** *(in a wheelchair)* jdn herumfahren ❷ *(fig, pej: bully)* ■**to ~ sb** ↔ **around** jdn herumkommandieren; **to ~ a child about** ein Kind herumstoßen [*o* herumschubsen] *fig fam*

◆**push aside** *vt* ❶ *(move away)* ■**to ~ sb/sth aside** jdn/etw zur Seite schieben [*o* beiseite schieben]; *(violently)* jdn/etw zur Seite stoßen [*o* beiseite stoßen] ❷ *(fig, pej: reject)* ■**to ~ sb aside** *spouse* jdn links liegen lassen, jdm die kalte Schulter zeigen; *applicant* jdn unberücksichtigt lassen [*o* übergehen] ❸ *(fig, usu pej: not think about)* ■**to ~ sth aside** *problem* etw verdrängen; *thought* von etw *dat* loskommen

◆**push back** *vt* ❶ *(move backwards)* ■**to ~ sth back** etw zurückschieben; ■**to ~ sb back** jdn zurückdrängen ❷ *(fig: delay)* **to ~ back a date** ein Datum verschieben; ■**to ~ sb back** jdn zurückwerfen ❸ *(fig, pej: ignore)* ■**to ~ sth back** etw verdrängen

◆**push down** *vt* ❶ *(knock down)* ■**to ~ down** ↔ **sb/sth** jdn/etw umstoßen [*o fam* umschubsen] ❷ *(press down)* ■**to ~ down** ↔ **sth** *lever* etw hinunterdrücken [*o fam* runterdrücken] ❸ ECON *(fig, pej: cause decrease)* ■**to ~ down** ↔ **sth** *prices* etw [nach unten] drücken; *value* etw mindern

◆**push forward I.** *vt* ❶ *(approv, fig: advance)* ■**to ~ forward** ↔ **sth** *development, process* etw [ein großes Stück] voranbringen [*o* vorwärts bringen] ❷ *(present forcefully)* ■**to ~ sth** ↔ **forward** etw in den Vordergrund stellen [*o* schieben]; ***he always tries to ~ his own ideas forward*** er versucht immer, seine eigenen Ideen herauszustellen; **to ~ forward a claim** eine Forderung geltend machen ❸ *(draw attention)* ■**to ~ oneself forward** sich *akk* vordrängen [*o* in den Vordergrund stellen] [*o* schieben] *fig* **II.** *vi* ❶ *(continue)* ■**to ~ forward** [**with sth**] [mit etw *dat*] weitermachen ❷ *(continue travelling)* weiterfahren

◆**push in I.** *vt* ❶ *(destroy)* ■**to ~ in** ↔ **sth** etw eindrücken ❷ *(fig, also pej: force in)* **to ~ one's way in** sich *akk* hineindrängen **II.** *vi* ❶ *(fig, also pej: force way in)* sich *akk* hineindrängen, sich *dat* Zugang verschaffen ❷ *(fig, pej: jump queue)* sich *akk* vordränge[l]n; ***that man there just ~ed in in front of me*** der Mann da hat sich gerade vor mich gedrängelt! *fam*

◆**push off I.** *vi* ❶ *(fig, also pej fam: leave)* losziehen, sich *akk* verziehen *fam,* abschieben *fam;* ***well, I have to ~ off now*** also, ich muss jetzt los *fam* ❷ NAUT *(set sail)* abstoßen, ablegen *fachspr* **II.** *vt* NAUT abstoßen *fachspr;* **to ~ off a boat** [**from the quayside**] ein Boot [von der Kaimauer] abstoßen

◆**push on I.** *vi* ❶ *(continue despite trouble)* ■**to ~ on with sth** *plan, project* mit etw *dat* weiterkommen ❷ *(take the lead)* sich *akk* bis zur Spitze vorarbeiten [*o* an die Spitze kämpfen]; *(in a race)* sich an die Spitze setzen ❸ *(continue travelling)* [noch] weiterfahren **II.** *vt* ■**to ~ sth** ↔ **on** etw [energisch] vorantreiben [*o* weiterverfolgen]

◆**push out I.** *vt* ❶ *(force out)* ■**to ~ sb/sth** ↔ **out** *person, cat, dog* jdn/etw hinausjagen [*o* nach draußen jagen] ❷ *(dismiss)* ■**to ~ sb** ↔ **out** jdn hinauswerfen; ■**to ~ sb out** *(reject)* jdn ausstoßen ❸ ECON *(produce)* ■**to ~ out** ↔ **sth** etw ausstoßen [*o* produzieren] [*o fam* raushauen] ▶ PHRASES: **to ~ the boat out** [**on sth**] BRIT *(fam: celebrate)* [etw] ganz groß feiern *fam;* *(spend money)* viel Geld [für etw *akk*] hinlegen [*o* berappen] *fam* **II.** *vi* HORT *buds, flowers* sprießen; *buds, seed* treiben; *buds, trees* austreiben *veraltend geh; bushes, trees* ausschlagen *veraltend geh*

◆**push over** *vt* ■**to ~ sth over** etw umwerfen [*o* umstoßen]; ■**to ~ sb over** jdn umstoßen [*o* zu Boden werfen]

◆**push round** *vt, vi* BRIT *see* **push around**

◆**push through I.** *vi (manoeuvre through)* ■**to ~ through sth** sich *akk* durch etw *akk* drängen; ***we ~ed through the undergrowth*** wir bahnten uns einen Weg durch das Unterholz **II.** *vt* ❶ POL *(make pass)* ■**to ~ through** ↔ **sth** *bill, motion* etw durchdrücken *fam;* ***we are trying to ~ this deal through as quickly as possible*** wir versuchen, dieses Geschäft so schnell wie möglich durchzuziehen ❷ *(help to succeed)* ■**to ~ sb through sth** ***the school manages to ~ most of its students through their exams*** die Schule bringt die meisten ihrer Schüler durch die Prüfungen

◆**push to** *vt* ■**to ~ sth to** *door* etw zumachen

◆**push up I.** *vt* ❶ *(move higher)* **to ~ a bike up a hill** ein Fahrrad den Hügel hinaufschieben; ■**to ~ sb** ↔ **up** jdn hochheben ❷ ECON *(cause increase)* ■**to ~ up** ↔ **sth** *demand* etw steigern; *prices* etw hochtreiben [*o* in die Höhe treiben] ▶ PHRASES: **to be ~ing up** [**the**] **daisies** *(euph, hum)* sich *dat* die Radieschen von unten besehen *euph, hum* **II.** *vi* ❶ *(fig: grow) weeds* [nach oben] kommen, schießen *fig* ❷ *(fig fam: move)* [rüber]rücken [*o* rutschen] *fam,* Platz machen; **~ up!** rück mal rüber! *fam*

pushbar *n* Riegel *m,* Querholz *nt* **pushbike** *n* BRIT, AUS *(fam)* [Fahr]rad *nt,* Drahtesel *m fig, hum fam;* **to ride a ~** Rad fahren **push-button I.** *adj inv* ❶ *(automated)* Druckknopf-, [Druck]tasten-, [voll]automatisch; **a ~ control panel/telephone** ein Tastenfeld/Tastentelefon *nt;* **a ~ home** ein vollautomatischer Haushalt ❷ *(using complex weapons)* mit modernsten Waffensystemen [*o* modernster Elektronik] *nach n;* **~ warfare** Krieg *m* mit modernsten Waffensystemen **II.** *n* Druckknopf *m,* [Druck]taste *f* **push-button switch** *n* Druckschalter *m* **push-button telephone** *n* Drucktastentelefon *nt* **push-cart** *n* ❶ *(barrow)* Handkarren *m,* Schubkarren *m,* Gepäckkarren *m* ❷ *(trolley)* Einkaufswagen *m* **pushchair** *n* BRIT [Kinder]sportwagen *m*

pusher [ˈpʊʃəʳ, AM -ɚ] *n (pej)* Dealer(in) *m(f),* Pusher(in) *m(f) sl;* **drug ~** Drogendealer(in) *m(f)*

pushily [ˈpʊʃɪli] *adv (fig, pej fam)* ❶ *(aggressively)* aggressiv, rücksichtslos ❷ *(obnoxiously)* in aufdringlicher [*o* penetranter] Weise

pushiness [ˈpʊʃɪnəs] *n no pl (fig)* ❶ *(ambition)* Tatkraft *f,* Unternehmungsgeist *m* ❷ *(pej fam: aggressiveness)* Aggressivität *f,* Rücksichtslosigkeit *f* ❸ *(pej fam: obnoxiousness)* Aufdringlichkeit *f,* Penetranz *f*

pushing [ˈpʊʃɪŋ] **I.** *n no pl* Gedränge[l] *nt;* **~ and shoving** [großes] [Geschiebe und] Gedränge **II.** *adj (fig)* ❶ *(ambitious)* tatkräftig, dynamisch ❷ *(pej: forceful)* aggressiv, rücksichtslos ❸ *(pej: obnoxious)* aufdringlich, penetrant

pushover *n* ❶ *(approv, fig fam: easy success)* Kinderspiel *nt kein pl,* kinderleichte Sache; ***the test will be a ~ for her*** den Test macht sie mit links ❷ *(fig, pej fam: easily defeated opponent)* leichter Gegner/leichte Gegnerin; ***the other applicants are ~s for her*** ihre Mitbewerber haben gegen sie nichts drin *fam;* *(fig, pej fam: easily influenced)* Umfaller(in) *m(f) fig, pej fam,* leicht rumzukriegender [*o* zu bequatschender] Mensch *fam;* **to be a real ~** echt leicht rumzukriegen [*o* bequatschen] sein *fam;* **to be a ~ for sb/sth** auf jdn/etw hereinfallen **pushpin** *n* AM Reißzwecke *f,* Reißnagel *m* **push-pull** [ˌpʊʃˈpʊl] *adj inv* im Gegentakt *nach n;* ELEC Gegentakt- **push start I.** *vt* ❶ *(jump start)* **to ~ a car** ein Auto anschieben ❷ *(fig: begin improvement)* **to ~ the economy** der Wirtschaft auf die Beine helfen, die Wirtschaft ankurbeln *fig* **II.** *n* ❶ *(jump start) of a car* Anschieben *nt kein pl;* **to give sb a ~** *(fig)* jdm auf die Sprünge helfen *fig fam* ❷ *(fig: helpful prompt)* Starthilfe *f;* **to give a ~ to the economy** der Wirtschaft eine Konjunkturspritze geben *fig*

Pushtu [ˈpʌʃtuː] LING **I.** *n* Puschtu *nt,* Paschto *nt* **II.** *adj inv* Puschtu-, Paschto-

push-up *n* Liegestütz *m;* **to do ~s** Liegestütze machen

pushy [ˈpʊʃi] *adj (fig fam)* ❶ *(ambitious)* tatkräftig, dynamisch ❷ *(pej: aggressive)* aggressiv, rücksichtslos ❸ *(pej: obnoxious)* aufdringlich, penetrant

pusillanimity [ˌpjuːsɪləˈnɪməti, AM -ət̬i] *n no pl* *(form)* Kleinmütigkeit *f geh,* Verzagtheit *f geh,* Feigheit *f*

pusillanimous [ˌpjuːsɪˈlænɪməs, AM -ˈlænə-] *adj (form)* kleinmütig *geh,* verzagt *geh,* ängstlich

pusillanimously [ˌpjuːsɪˈlænɪməsli, AM -ˈlænə-] *adv (form)* zaghaft *geh,* ängstlich, feige

puss <*pl* -es> [pʊs] *n* ❶ *(fam)* Mieze[katze] *f fam* ❷ AM *(fig, also pej fam: female)* Puppe *f,* Biene *f fig, a. pej* ❸ IRISH, SCOT, AM *(sl: face)* Visage *f fam;* *(mouth)* Fresse *f derb,* Klappe *f fam,* Maul *nt fam;* ***shut your ~!*** halt's Maul! *derb;* **to smack sb in the ~** jdm in die Fresse hauen *derb*

pussy [ˈpʊsi] *n* ❶ *(cat)* Mieze[katze] *f fam* ❷ *no pl (fig, pej vulg: woman's genitals)* Muschi *f vulg;* *(fig, pej vulg: copulation)* Fick *m vulg;* **to have some ~** ficken *vulg,* vögeln *vulg* ❸ AM *(fig, pej sl: effeminate male)* Waschlappen *m pej fam,* Schlappschwanz *m fig, pej fam*

pussycat *n* ❶ *(childspeak: cat)* Mieze[katze] *f fam* ❷ AM *(fig, also pej fam: female)* Puppe *f fam,* Biene *f fig, a. pej sl* ❸ AM *(fig, pej fam: mild-mannered male)* Softie *m fig, pej fam;* *(fig, pej sl: effeminate male)* Waschlappen *m pej fam,* Schlappschwanz *m fig, pej fam;* *(fig, pej fam: timid male)* Angsthase *m fig, pej fam* ❹ AM *(fig fam: non-threatening person)* [im Grunde völlig] harmloser Mensch; ***he's a real ~*** er tut wirklich keiner Fliege was [zuleide] *fig fam;* *(fig fam: thing not threatening)* [im Grunde völlig] harmlose Sache **pussyfoot** *vi (fig, pej fam)* ❶ *(move cautiously)* schleichen *fig, pej fam;* ▪**to ~ around** [*or* **about**] herumschleichen *fam* ❷ *(be evasive)* sich *akk* [herum]drücken *fig, pej fam;* ▪**to ~ around** [*or* **about**] herumreden *fam;* ***we've been ~ing around far too long*** wir haben uns zu lange um die Sache herumgedrückt **pussy willow** *n* Salweide *f,* Palmweide *f,* Weidekätzchen *nt*

pustule [ˈpʌstjuːl, AM -tʃuːl] MED **I.** *n* Eiterbläschen *nt,* Pustel *f,* Pustula *f fachspr* **II.** *vi* eitern

put <-tt-, put, put> [pʊt]

I. TRANSITIVE VERB II. INTRANSITIVE VERB III. NOUN

I. TRANSITIVE VERB

❶ *(place)* ▪**to ~ sth somewhere** etw irgendwohin stellen [*o* setzen]; *(lay down)* etw irgendwohin legen; *(push in)* etw irgendwohin stecken; ***they ~ a horseshoe above/over their door*** sie brachten ein Hufeisen über ihrer Tür an; ***he was ~ up against the wall*** man stellte ihn an die Wand; ***he looked at the pile of work his boss had ~ before him*** er sah sich den Haufen Arbeit an, den seine Chefin ihm hingelegt hatte; ***you've got to ~ the past behind you*** du musst die Vergangenheit vergangen sein lassen [*o* begraben]; ***she put the letter ~ down the toilet*** sie warf den Brief in die Toilette; ***~ your clothes in the closet*** häng deine Kleider in den Schrank; ***he ~ his hands in his pockets*** er steckte die Hände in die Taschen; ***she ~ some milk in her coffee*** sie gab etwas Milch in ihren Kaffee; **to ~ the ball in the net** *(tennis)* den Ball ins Netz schlagen; *(fball)* den Ball ins Netz spielen; ***this ~s me in a very difficult position*** das bringt mich in eine schwierige Situation; ***I ~ my complete confidence in him*** ich setze mein volles Vertrauen auf ihn [*o* in ihn]; **to ~ oneself in sb's place** [*or* **position**] [*or* **shoes**] sich *akk* in jds Situation versetzen; ***~ the cake into the oven*** schieb den Kuchen in den Backofen; ***they ~ the plug into the socket*** sie steckten den Stecker in die Steckdose; ***he ~ salt into the sugar bowl by mistake*** er hat aus Versehen Salz in die Zuckerdose gefüllt; ***they ~ him into a cell*** sie brachten ihn in eine Zelle; **to ~ sth into storage** etw einlagern; **to ~ a child into care** ein Kind in Pflege geben; **to ~ sb into a home** jd in ein Heim stecken; **to ~ sb in[to] prison** jdn ins Gefängnis bringen; **to ~ fear into sb's heart** jdn ängstigen, jdm Angst machen; **to ~ an idea in[to] sb's head** jdn auf eine Idee bringen; ***whatever ~ that idea into your head?*** wie kommst du denn darauf?; **to ~ one's ideas into practice** seine Ideen in die Praxis umsetzen; ***Sam will eat anything you ~ in front of him*** Sam isst alles, was man ihm vorsetzt; ***~ the soup spoons next to the knives*** leg die Suppenlöffel neben die Messer; ***we should ~ my mum next to Mrs. Larson*** wir sollten meine Mutter neben Frau Larson setzen; ***she ~ her coffee cup on the table*** sie stellte ihre Kaffeetasse auf den Tisch; ***do you know how to ~ a saddle on a horse?*** weißt du, wie man ein Pferd sattelt?; ***I ~ clean sheets on the bed*** ich habe das Bett frisch bezogen; ***he ~ his head on my shoulder*** er legte seinen Kopf auf meine Schulter; ***you can't ~ a value on friendship*** Freundschaft lässt sich nicht mit Geld bezahlen; **to ~ the emphasis on sth** den Schwerpunkt auf etw *akk* legen, etw betonen; ***a price of £10,000 was ~ on the car*** das Auto wurde mit 10.000 Pfund veranschlagt; ***she ~ her arm round him*** sie legte ihren Arm um ihn; ***he ~ his head round the door*** er steckte den Kopf zur Tür herein; ***he ~ his finger to his lips to call for silence*** er hielt seinen Finger vor die Lippen und bat um Ruhe; **to ~ a glass to one's lips** ein Glas zum Mund führen; ***she ~ the shell to her ear*** sie hielt sich die Muschel ans Ohr; **to ~ sb to bed** jdn ins Bett bringen; ***he was ~ under the care of his aunt*** er wurde in die Obhut seiner Tante gegeben; ***I didn't know where to ~ myself*** Ich wusste nicht wohin mit mir; **to stay ~** *person* sich nicht von der Stelle rühren; *object* liegen/stehen/hängen bleiben; *hair* halten; ***~ it there!*** *(congratulating)* gratuliere!; *(concluding a deal)* abgemacht!; **to ~ the shot** SPORTS Kugel stoßen ❷ *(invest)* **to ~ effort/energy/money/time into sth** Mühe/Energie/Geld/Zeit in etw *akk* stecken [*o* investieren]; ***we ~ most of the profits towards research*** wir verwenden den Großteil der Gewinne für die Forschung; ***everyone could ~ £3 towards a new coffee machine*** jeder könnte £3 zum Kauf einer neuen Kaffeemaschine dazugeben; **to ~ money into an account** Geld auf ein Konto einzahlen; ***she ~ money on a horse*** sie setzte auf ein Pferd; ***we ~ back all our profits into the company*** all unsere Gewinne fließen in die Firma zurück ❸ *(impose)* **to ~ the blame on sb** jdm die Schuld geben; **to ~ sb to great cost** [*or* **expense**] jdn viel kosten, jdn große Ausgaben verursachen; **to ~ demands upon sb** von jdm etwas verlangen; **to ~ an embargo on sth** ein Embargo über etw *akk* verhängen; **to ~ an embargo on trade** ein Handelsembargo verhängen; **to ~ faith** [*or* **trust**] **in sth** sein Vertrauen in etw *akk* setzen; **to ~ the heat** [*or* **screws**] **on sb for sth** *(sl)* jdm wegen einer S. *gen* die Hölle heiß machen *fam;* **to ~ sb under oath** jdn vereidigen; **to ~ a premium on sth** etw hoch einschätzen; **to ~ pressure on sb** jdn unter Druck setzen; **to ~ sb under pressure** [*or* **strain**] jdn unter Druck setzen; **to ~ a restriction** [*or* **limitation**] **on sth** etw einschränken; **to ~ a spell** [*or* **curse**] **on sb** jdn verwünschen [*o* verfluchen]; ***the children were ~ on their best behaviour*** den Kindern wurde gesagt, dass sie sich ja gut zu benehmen haben; **to ~ a tax on sth** etw besteuern [*o* mit einer Steuer belegen]; **to ~ sb/sth to the test** jdn/etw auf die Probe stellen; *(put a strain on)* jdn/etw strapazieren; **to ~ sb on trial** jdn vor Gericht bringen; **to ~ sb to a lot of trouble** jdm viel Mühe bereiten [*o* machen] ❹ *(present)* **to ~ a case to** [*or* **before**] **a judge** einen Fall vor Gericht bringen; **to ~ sth to a discussion** etw zur Diskussion stellen; **to ~ an idea** [*or* **a suggestion**] **to sb** jdm etw vorschlagen; **to ~ one's point of view** seinen Standpunkt darlegen; **to ~ a problem to sb** jdm ein Problem darlegen; **to ~ a proposal before a committee** einem Ausschuss einen Vorschlag unterbreiten; **to ~ a question to sb** jdm eine Frage stellen; **to ~ sth to a vote** etw zur Abstimmung bringen ❺ *(include)* ▪**to ~ sth in[to] sth** etw in etw *akk o dat* aufnehmen, etw in etw *akk* einfügen; **to ~ sth on the agenda** etw auf die Tagesordnung setzen; FOOD *(add)* ***~ some more salt in*** füge noch etwas Salz hinzu ❻ *(indicating change of condition)* ***she always ~s her guests at ease right away*** sie schafft es immer, dass ihre Gäste sich sofort wohlfühlen; **to ~ sb at risk** [*or* **in danger**] jdn in Gefahr bringen; **to ~ sb in a good/bad mood** jds Laune heben/verderben; **to ~ one's affairs in order** seine Angelegenheiten in Ordnung bringen; **to ~ a plan into operation** einen Plan in die Tat umsetzen; **to ~ sth out of order** etw kaputtmachen *fam;* **to ~ sb/an animal out of his/its misery** jdn/ein Tier von seinen Qualen erlösen; **to ~ sb to death** jdn hinrichten; **to ~ sb to flight** jdn in die Flucht schlagen; **to ~ sb to shame** jdn beschämen; **to ~ a stop** [*or* **an end**] **to sth** etw beenden; **to ~ sb under arrest** jdn unter Arrest stellen; **to ~ sb under hypnosis** jdn hypnotisieren; **to ~ sth right** etw in Ordnung bringen; **to ~ sb straight** jdn korrigieren ❼ *(express)* ▪**to ~ sth** etw ausdrücken; ***let me ~ it this way*** lass es mich so sagen; ***how should I ~ it?*** wie soll ich mich ausdrücken?; ***to ~ it bluntly*** um es deutlich zu sagen; ***to ~ it mildly, we were shocked at your behaviour*** wir waren, gelinde gesagt, geschockt über dein Verhalten; ***that's ~ting it mildly*** das ist ja noch milde ausgedrückt; ***as Shakespeare ~ it*** wie Shakespeare schon sagte; ***she didn't know how to ~ her thoughts into words*** sie wusste nicht, wie sie ihre Gedanken in Worte fassen sollte; ***~ting Shakespeare into modern English is difficult*** Shakespeare in zeitgenössisches Englisch zu übertragen ist schwierig; ***she really ~s passion into her performance*** sie steckt viel Leidenschaftlichkeit in ihren Vortrag; **to ~ one's feelings into words** seine Gefühle ausdrücken; **to ~ a verb into the past tense** ein Verb in die Vergangenheit setzen ❽ *(write)* **to ~ a cross/tick next to sth** etw ankreuzen/abhaken; **to ~ one's signature to sth** seine Unterschrift unter etw setzen; ***please ~ your signature here*** bitte unterschreiben Sie hier ❾ *(estimate, value)* ***I wouldn't ~ him among the best film directors*** ich würde ihn nicht zu den besten Regisseuren zählen; ***she ~s her job above everything else*** für sie geht ihr Beruf allem anderen vor, sie stellt ihren Beruf vor allem anderen; **to ~ sb/sth in a category** jdn/etw in eine Kategorie einordnen; **to ~ sb/sth on a level** [*or* **par**] **with sb/sth** jdn/etw auf eine Stufe mit jdm/etw stellen; **to ~ a value of £10,000 on sth** den Wert einer Sache *gen* auf £10,000 schätzen; **to ~ sb/sth at sth** jdn/etw auf etw *akk* schätzen; ***I'd ~ him at about 50*** ich schätze ihn auf ungefähr 50 ❿ *(direct)* ▪**to ~ sb onto sth/sb** jdn auf etw/jdn aufmerksam machen; ***the phone book ~ me onto the dentist*** durch das Telefonbuch kam ich auf den Zahnarzt; ***they ~***

three people on the job sie setzen drei Leute ein für diesen Job; **to ~ sb to do sth** [*or* **doing sth**] jdn abordnen, etw zu tun ⓫ (*see someone off*) ■**to ~ sb on sth** jdn zu etw *dat* bringen; ***he ~ his girlfriend on the airplane*** er brachte seine Freundin zum Flugzeug; **to ~ sb onto the bus** jdn zum Bus bringen; **to ~ sb in a taxi** jdn in ein Taxi setzen ⓬ (*install*) ■**to ~ sth into sth** MECH etw in etw *akk* einsetzen; **to ~ heating/a kitchen into a house** eine Heizung/Küche in einem Haus installieren; ***we ~ a new hard-drive on our computer*** wir haben eine neue Festplatte in unseren Computer eingebaut ⓭ MED (*prescribe*) ■**to ~ sb on sth** jdm etw verschreiben; ***the doctor has ~ her on a strict diet*** der Arzt hat ihr eine strenge Diät verordnet

II. INTRANSITIVE VERB

NAUT **to ~ to sea** in See stechen

III. NOUN

STOCKEX Verkaufsoption *f*

◆**put about** I. *vt* ❶ (*scatter within*) ■**to ~ sth about sth** etw in etw *dat* verteilen; ***she ~ the balloons about the room*** sie verteilte die Ballons im Zimmer ❷ (*spread rumour*) ■**to ~ sth about** etw verbreiten [*o* herumerzählen]; ***he has been ~ting it about that I'm having an affair*** er hat überall herumerzählt, dass ich eine Affäre habe ❸ BRIT (*fam: be promiscuous*) ■**to ~ it** [*or* **oneself**] **about** mit jedem/jeder ins Bett gehen ❹ (*fam: be extroverted*) ■**to ~ oneself about** sich in Szene setzen II. *vi* NAUT wenden, stagen *fachspr,* umlegen *fachspr*

◆**put across** *vt* ❶ (*make understood*) ■**to ~ sth across** etw vermitteln [*o fam* rüberbringen]; ■**to ~ sth across to sb** jdm etw sagen; ***how are we going to ~ a new product across to the public?*** wie werden wir ein neues Produkt an den Mann bringen? ❷ (*fam: trick*) ■**to ~ sth across sb** jdn hintergehen [*o fam* reinlegen]; ***that salesman ~ one across me*** dieser Händler hat mich letztes Mal reingelegt

◆**put aside** *vt* ❶ (*save*) ■**to ~ aside ○ sth** etw auf die Seite [*o* beiseite] legen; ***I had the dress ~ aside until tomorrow*** ich habe das Kleid bis morgen zurücklegen lassen; **to ~ some money aside** [*or* **on one side**] etwas Geld zurücklegen ❷ (*postpone*) ■**to ~ aside ○ sth** *activity* mit etw *dat* aufhören; *book etc.* etw beiseite legen ❸ (*fig: abandon*) ■**to ~ aside ○ sth** etw aufgeben; *plan* etw über Bord werfen *fam;* **to ~ aside disagreements/animosity/anger** Streit/Feindlichkeiten/Wut begraben

◆**put away** *vt* ❶ (*tidy up*) ■**to ~ away ○ sth** etw wegräumen [*o* aufräumen]; (*in storage place*) etw einräumen; ***~ your money away — I'm paying for this!*** steck dein Geld wieder ein — du bist eingeladen!; ***don't forget to ~ the car away*** vergess' nicht, das Auto wegzustellen ❷ (*set aside*) ■**to ~ away ○ sth** *book, game, glasses* etw beiseite legen ❸ (*save*) ■**to ~ away ○ sth** *money, savings* etw zurücklegen ❹ (*fam: eat a lot*) ■**to ~ away ○ sth** etw in sich *akk* hineinstopfen *fam* ❺ (*fam: have institutionalized*) ■**to ~ sb away** (*in an old people's home*) jdn in Pflege [*o* ins Altenheim] geben; (*in prison*) jdn einsperren; **to ~ sb away for life** jdn lebenslänglich einsperren ❻ AM (*fam: kill*) ■**to ~ sb away** jdn umlegen *fam*

◆**put back** *vt* ❶ (*replace*) ■**to ~ back ○ sth** etw zurückstellen [*o* zurücklegen]; ***~ that book back in|to| the shelf, please*** stell das Buch bitte wieder in das Regal ❷ (*re-assemble*) ■**to ~ sth back together** wieder zusammensetzen [*o* zusammenbauen]; ■**to ~ sth back on** *clothes* etw wieder anziehen ❸ (*postpone*) ■**to ~ back ○ sth** etw verschieben; *time, clock* etw zurückstellen; ***the economic crisis has ~ us back at least two months*** die Wirtschaftskrise hat uns bestimmt zwei Monate zurückgeworfen ❹ SCH (*not progress*) ■**to ~ sb back** jdn eine Klasse zurückstufen ❺ *esp* BRIT (*fam: drink a lot*) ■**to ~ back ○ sth** etw trinken [*o fam* picheln]

◆**put behind** *vt* ❶ (*put in the past*) ■**to ~ sth behind oneself** etw hinter sich *dat* lassen ❷ (*delay*) ■**to ~ sb behind** jdn in Verzug bringen; (*in fulfilling a task*) jdn zurückwerfen

◆**put by** *vt* ■**to ~ by ○ sth** etw zurücklegen; *money a.* etw auf die hohe Kante legen; ***he's got a bit ~ by*** er hat was auf der hohen Kante

◆**put down** I. *vt* ❶ (*set down*) ■**to ~ sth ○ down** etw ablegen [*o* abstellen]; **to not be able to ~ a book down** (*fig*) ein Buch nicht aus der Hand legen können ❷ (*put to bed*) **to ~ a child down** jdn ins Bett bringen; ***I think I'll ~ little Jane down for her nap*** ich bringe die kleine Jane ins Bett, damit sie ein bisschen schläft ❸ (*lower*) ■**to ~ sth ○ down** *arm, feet* etw herunternehmen; **to ~ down the car roof** das Dach runterkurbeln; **to ~ down the [tele]phone** [*or* **the receiver**] [den Hörer] auflegen; ■**to ~ sb ○ down** jdn runterlassen ❹ (*drop off*) ■**to ~ down ○ sb** jdn rauslassen [*o* absetzen]; ***this bus will ~ you down right at the train station*** dieser Bus hält direkt am Bahnhof ❺ (*spread*) **to ~ down poison** Gift auslegen; **to ~ down roots** (*also fig*) Wurzeln schlagen *a. fig* ❻ (*write*) ■**to ~ down ○ sth** etw aufschreiben; ***we'll ~ your name down on the waiting list*** wir setzen Ihren Namen auf die Warteliste; ***~ the date of the party down in your diary*** schreib das Datum der Party in deinen Kalender; **to ~ sth down on paper** etw aufschreiben; (*sign up for*) ■**to ~ sb down for sth** jdn für etw *akk* eintragen; **to ~ one's name down for sth** sich *akk* für etw *akk* in eine Liste eintragen ❼ ECON (*leave as deposit*) ■**to ~ sth down** *money* etw anzahlen; **to ~ down a deposit** eine Anzahlung machen ❽ (*stop*) ■**to ~ down ○ sth** *rebellion* etw niederschlagen; *crime* etw besiegen; *rumour* etw zum Verstummen bringen; ■**to ~ down ○ sb** *rebels* jdn niederwerfen; *critics* jdn zum Schweigen bringen ❾ (*deride*) ■**to ~ down ○ sb/oneself** jdn/sich *akk* schlecht machen ❿ (*assume to be*) ■**to ~ sb down as sb/sth** jdn [fälschlicherweise] für jdn/etw halten; ***I'd ~ her down as about 40*** ich würde sie auf etwa 40 schätzen ⓫ (*have killed*) ■**to ~ an animal down** ein Tier einschläfern lassen ⓬ (*give as cause*) ■**to ~ sth down to sth** den Grund für etw *akk* bei etw *dat* sehen, etw auf etw *akk* zurückführen; **to ~ sth down to experience** etw als Erfahrung mitnehmen II. *vi* AVIAT landen

◆**put forth** *vt* ■**to ~ forth ○ sth** *argument, idea* etw vorbringen; *theory* etw propagieren

◆**put forward** *vt* ❶ (*propose*) ■**to ~ sth ○ forward** *idea, plan* etw vorbringen; **to ~ forward a proposal** [*or* **a suggestion**] einen Vorschlag machen [*o geh* unterbreiten]; **to ~ a candidate forward** einen Kandidaten vorschlagen ❷ (*make earlier*) ■**to ~ sth ○ forward to …** etw vorverlegen auf … ❸ (*set later*) **to ~ the clock/time forward** die Uhr vorstellen

◆**put in** I. *vt* ❶ (*place in*) ■**to ~ in ○ sth** etw hineinsetzen/-legen/-stellen ❷ (*add*) ■**to ~ in ○ sth** *food, ingredients* etw hinzufügen; *plants* etw [ein]pflanzen; (*in speech*) etw hinzufügen; ***he put in the remark, that …*** er warf ein, dass …; ***"we all know that!", she ~ in impatiently*** „das wissen wir doch alle!" sagte sie ungeduldig; **to ~ in a comma/full stop** ein Komma/einen Punkt setzen ❸ (*install*) ■**to ~ sth ○ in** etw installieren; ***we had a new central heating system ~ in*** bei uns wurde eine neue Zentralheizung installiert ❹ (*elect*) ■**to ~ sb/sth ○ in** jdn/etw einsetzen ❺ (*enter, submit*) ■**to ~ sb/sth ○ in for sth** *exam, school, competition* jdn/etw für etw anmelden; **to ~ in an order for sth** etw bestellen ❻ FIN (*deposit*) ■**to ~ sth ○ in** etw einzahlen; (*for a birthday present*) etw beisteuern ❼ (*invest*) ■**to ~ in ○ sth** *time, work* etw investieren; ***I ~ in an hour on the tennis court*** ich habe eine Stunde Tennis gespielt; ***I ~ in a good day's work today*** ich habe heute ein ordentliches Arbeitspensum erreicht; **to ~ in a [phone] call to sb** jdn anrufen ❽ (*cause to be*) **to ~ sb/sth in jeopardy** jdn/etw in Gefahr bringen; **to ~ sb in a rage** jdn wütend machen; ***this ~s me in a very difficult position*** das bringt mich in eine sehr schwierige Situation; ***he was able to ~ them in a good mood*** er konnte sie aufheitern ❾ (*evaluate as*) ■**to ~ sb/sth in sth** jdn/etw in etw *akk* einordnen; ***it can't be ~ in the same category as a Rolls Royce*** man kann es nicht auf eine Stufe mit einem Rolls Royce stellen; ***I would ~ her in her 50s*** ich würde sie auf um die 50 schätzen II. *vi* ❶ NAUT anlegen, vor Anker gehen; **to ~ into the dock** am Dock anlegen, vor Anker gehen; **to ~ into Hamburg/harbour** in Hamburg/im Hafen einlaufen ❷ ■**to ~ in for sth** *job* sich *akk* um etw *akk* bewerben; *pay rise, transfer* etw beantragen

◆**put off** *vt* ❶ (*delay*) ■**to ~ off ○ sth** etw verschieben; **to ~ guests off** Gäste ausladen; **to ~ sth off for a week** etw um eine Woche verschieben; (*avoid*) ***we've been ~ting off the decision about whether to have a baby*** wir haben die Entscheidung, ob wir ein Kind haben wollen, vor uns her geschoben ❷ (*fob off*) ■**to ~ sb off** jdn vertrösten; ***you're not going to ~ me off with excuses*** ich lasse mich von dir nicht mit Ausreden abspeisen ❸ (*deter*) ■**to ~ sb off** jdn abschrecken; ***his description really ~ me off*** seine Beschreibung hat mir wirklich die Lust genommen; ■**to ~ sb off sth** jdm etw verleiden; ***he was really trying to ~ me off*** er wollte es mir richtig mies machen; ***I didn't think the film was very good, but don't let that ~ you off going*** ich fand den Film nicht besonders gut, aber lass dich dadurch nicht abschrecken; ***his tone ~s people off*** sein Ton verschreckt die Leute; **to ~ sb right off sb/sth** jdn sofort gegen jdn/etw einnehmen ❹ (*distract*) ■**to ~ sb off** jdn ablenken; ***once she's made up her mind to do something, nothing will ~ her off*** wenn sie sich einmal entschlossen hat, etwas zu tun, wird sie nichts davon abbringen; ■**to ~ sb off sth** jdn von etw *dat* ablenken; (*prevent*) jdn von etw *dat* abbringen; ***you're ~ting me right off*** du bringst mich völlig raus; **to ~ sb off their stride** (*fig*) jdn aus dem Konzept bringen; **to be ~ off a scent** [*or* **trail**] die Spur verlieren; **to ~ sb off the track** jdn von der Fährte bringen ❺ BRIT TRANSP (*drop off*) ■**to ~ off sb** jdn aussteigen lassen; (*forcibly*) jdn hinauswerfen ❻ ELEC (*turn off*) ■**to ~ off ○ sth** etw ausmachen [*o* ausschalten]

► PHRASES: **never ~ off until tomorrow what you can do today** (*prov*) was du heute kannst besorgen, das verschiebe nicht auf morgen *prov*

◆**put on** *vt* ❶ (*wear*) ■**to ~ on ○ sth** *clothes, shoes* etw anziehen; **to ~ on one's thinking cap** gründlich nachdenken; **to ~ on a happy face** ein fröhliches Gesicht machen; **to ~ on a frown** (*fig*) die Stirn runzeln; **to ~ on make-up** Make-up auflegen; ***I'll ~ on a plaster for you*** ich mach dir ein Pflaster drauf *fam;* **to ~ on a smile** (*fig*) lächeln, ein Lächeln aufsetzen; ***why are you ~ting on that silly voice?*** warum redest du so albern?; ***there's no need to ~ on that injured expression*** du brauchst nicht so gekränkt zu schauen ❷ (*pretend*) ■**to ~ sth ○ on** etw vorgeben; ***it's all ~ on*** es ist alles nur Schau; ***I can't tell whether he's really upset, or if he's just ~ting it on*** ich weiß nicht, ob er wirklich gekränkt ist, oder ob er nur so tut; **to ~ on an air of innocence/display of anger** eine unschuldige/böse Miene aufsetzen ❸ (*turn on*) ■**to ~ on ○ sth** etw einschalten [*o* anmachen]; **to ~ on the brakes** bremsen; **to ~ the kettle on** das Wasser für den Tee/Kaffee aufsetzen; **to ~ on the light** das Licht anschalten; **to ~ on Mozart** Mozart auflegen ❹ (*provide*) ■**to ~ sth ○ on** etw bereitstellen; ***additional buses had to be ~ on after the concert*** nach dem Konzert mussten zusätzliche Busse eingesetzt werden; (*fam*) ***she ~ on a fantastic spread for her birthday*** sie zauberte für ihren Geburtstag ein wahres Festmahl; **to ~ on an exhibition** eine Ausstellung veranstalten; **to ~ on a play** ein Theaterstück aufführen; **to ~ sth on the market** etw auf den Markt bringen; **to ~ sth on the menu** etw auf die Karte setzen; **to ~ on a party** eine Party geben; **to ~ on a protest** eine Protestkundgebung veranstalten ❺ (*increase*) ***ten pence*** was ~ on the price of cigarettes der Preis von Zigaretten wurde um zehn Pence erhöht; (gain weight) to ~ on a few pounds ein paar Pfund zunehmen; to ~ on weight zunehmen ❻ (bet) to ~ money on a horse Geld auf ein Pferd setzen; to ~ a bet on a race beim Rennen setzen; (fig) I wouldn't ~ my money on it darauf würde ich nichts geben ❼ (start cooking) ■to ~ on ○ sth etw aufsetzen [o aufstellen]; I'll just ~ the potatoes on ich setze schnell die Kartoffeln auf; to ~ the dinner on mit dem Kochen anfangen, anfangen zu kochen ❽ (allow to speak on phone) to ~ sb on [the telephone [or line]] jdm den Hörer weitergeben

◆put out I. vt ❶ (place outside) to ~ the cat/dog out die Katze/den Hund nach draußen bringen [o fam rausbringen]; ■to ~ sb out (ask to leave) jdn vor die Tür setzen; to ~ the washing out [to dry] die Wäsche draußen aufhängen; to ~ sb/sth out of business jdn/etw verdrängen, jdn/etw aus dem Geschäft drängen; to ~ sb out of a job jdn entlassen; to ~ sb/sth out of one's mind [or head] jdn/etw vergessen; I just can't ~ her out of my mind sie geht mir einfach nicht aus dem Kopf ❷ (extend) ■to ~ out ○ sth hand, foot etw ausstrecken; she ~ her head out of the window sie lehnte den Kopf aus dem Fenster; to ~ out feelers (also fig) die Fühler ausstrecken; to ~ out one's hand die Hand ausstrecken; to ~ out one's tongue die Zunge herausstrecken; to ~ out the welcome mat for sb (fig) jdm einen freundlichen Empfang bereiten ❸ MEDIA (publish, circulate) ■to ~ out ○ sth etw veröffentlichen ❹ (produce) ■to ~ out ○ sth etw herstellen [o produzieren]; HORT (sprout) leaves, roots etw austreiben ❺ (place ready) ■to ~ sth out [for sb/sth] cutlery, plate, dish [jdm/etw] etw hinstellen [o hinlegen] [o hinsetzen] ❻ (contract out) ■to ~ out ○ sth etw vergeben [o ausser Haus geben]; the contract was ~ out to the competition der Auftrag ging an die Konkurrenz ❼ (inconvenience) ■to ~ sb out jdm Umstände machen; would it ~ you out if we came tomorrow? wäre es dir recht, wenn wir morgen kommen?; ■to ~ oneself out for sb sich akk jds wegen Umstände machen ❽ (bother) ■to be ~ out by sth über etw akk verärgert sein ❾ (extinguish) ■to ~ out ○ sth fire etw löschen; candle, cigarette etw ausmachen; (turn off) lights etw ausschalten [o ausmachen] ❿ (hurt) ■to ~ out ○ sth knee, shoulder sich akk an etw dat verletzen; he ~ his back out er hat seinen Rücken verrenkt; to ~ sb's eyes out jdn die Augen ausstechen ⓫ (knock out) ■to ~ sb out jdn narkotisieren; the medication really ~ me out die Medikamente haben mich total benommen gemacht ⓬ (eliminate) to ~ sb out of the competition jdn aus dem Rennen werfen II. vi ❶ NAUT (set sail) in See stechen; the ship ~ out of London harbout das Schiff lief aus dem Londoner Hafen aus ❷ AM (vulg: have sex) es treiben sl, es machen fam; ■to ~ out for sb es mit jdm treiben sl

◆put over vt ❶ (make understood) ■to ~ sth over etw verständlich machen [o fam rüberbringen] ❷ (fool) ■to ~ sth over on sb sich dat mit jdm einen Scherz erlauben, jdn veräppeln fam

◆put past vt ■to not ~ sth past sb jdm etw zutrauen; I wouldn't ~ it past him to sue his own mother ich würde es ihm durchaus zutrauen, seine eigene Mutter zu verklagen

◆put through vt ❶ (insert through) ■to ~ sth through sth etw durch etw akk schieben; (pierce) etw durch etw akk stechen; he ~ his hand through the hole in the fence er steckte seine Hand durch das Loch im Zaun; she ~ her arm through his sie hakte sich bei ihm unter ❷ TELEC (connect) ■to ~ sb through jdn durchstellen; ■to ~ sb through to sb jdn mit jdm verbinden; to ~ a call through to sb einen Anruf an jdn weiterleiten ❸ (cause to undergo) to ~ a car through the carwash ein Auto in die Waschanlage bringen; to ~ sb through hell jdm das Leben zur Hölle machen ❹ (support) to ~ sb through college/school jdn zum College/zur Schule schicken; we spent over $100,000 ~ting our daughter through college wir haben $100,000 für den Collegebesuch unserer Tochter ausgegeben; to ~ oneself through college/school sich dat den Collegebesuch/Schulbesuch selbst finanzieren ❺ (carry through) ■to ~ through ○ sth bill, plan, proposal etw durchbringen; claim weiterleiten

◆put to vt ❶ (suggest) ■to ~ it to sb that ... jdm unterstellen, dass ...; I ~ it to you that you were in the building at the time of the murder ich behaupte, dass Sie zur Tatzeit in dem Gebäude waren ❷ (assign) ■to ~ sth to sth date, name sich akk an etw akk erinnern; I can't ~ a name to his face ich komme nicht auf seinen Namen; I couldn't ~ a precise date to it ich kann mich nicht an das genaue Datum erinnern ❸ (apply, devote) to ~ one's mind to sth sich akk auf etw akk konzentrieren ❹ AGR (mate) to ~ a cow to a bull eine Kuh mit einem Bullen decken

◆put together vt ❶ (assemble) ■to ~ together ○ sth etw zusammensetzen; machine, model, radio etw zusammenbauen; to ~ together a [jigsaw]puzzle puzzeln; to ~ sth back together etw wieder zusammensetzen; machine, model, radio etw wieder zusammenbauen ❷ (place near) ■to ~ sth together etw zusammenschieben; let's ~ these tables together lass uns diese Tische zusammenschieben ❸ (make) ■to ~ together ○ sth etw zusammenstellen; to ~ together a joint venture sich in einem Joint-venture zusammentun; to ~ together a dinner/snack ein Mittagessen/einen Imbiss fertig machen; to ~ together a list eine Liste aufstellen; to ~ together a plan einen Plan entwerfen [o ausarbeiten] ❹ MATH (add) to ~ 10 and 15 together 10 und 15 zusammenzählen [o addieren]; (fig) she earns more than all the rest of us ~ together sie verdient mehr als wir alle zusammengenommen ❺ FOOD (mix) ■to ~ together ○ sth etw mischen ▶ PHRASES: to ~ two and two together zwei und zwei zusammenzählen

◆put up I. vt ❶ (hang up) ■to ~ sth up decorations, curtains, notice etw aufhängen; to ~ up a flag/sail eine Flagge/ein Segel hissen [o aufziehen] ❷ (raise) ■to ~ sth up etw hochheben; ~ your hand up if you know the answer hebt die Hand hoch, wenn ihr die Antwort wisst; ~ 'em up! (surrender) Hände hoch!; (to fight) mach schon, schlag doch zu!; to ~ up a drip MED einen Tropf anbringen; to ~ up one's dukes (dated) seine Fäuste hochnehmen; to ~ one's feet up die Füße hochlegen; to ~ one's hair up sich dat das Haar aufstecken; (open) etw öffnen [o aufmachen]; to ~ up the car window das Autofenster zumachen; to ~ up an umbrella einen Schirm öffnen [o aufklappen]; why don't you ~ up your hood? warum nimmst du nicht deine Kapuze? ❸ (build) ■to ~ up ○ sth etw bauen; to ~ up a fence einen Zaun errichten; to ~ up a tent ein Zelt aufstellen [o aufschlagen] ❹ (increase) ■to ~ up ○ sth numbers, price, sales, bloodpressure etw erhöhen [o hoch treiben] ❺ (offer) ■to ~ up ○ sth Summe etw bezahlen; the money was ~ up by an anonymous donor das Geld wurde von einem anonymen Spender aufgebracht; to ~ up bail eine Kaution zahlen; to ~ up capital Kapital aufbringen; to ~ one's child up for adoption sein Kind zur Adoption freigeben; to ~ sth up for rent etw vermieten; to ~ up a reward eine Belohnung aussetzen; to ~ sth up for sale etw zum Verkauf anbieten ❻ (give shelter) ■to ~ up ○ sb jdn unterbringen; we're ~ting up my sister for the weekend/a while meine Schwester bleibt [o wohnt] das Wochenende über/eine Weile bei uns ❼ (propose) ■to ~ up ○ sb/sth jdn/etw vorschlagen; he ~ up the argument that ... er hat argumentiert, dass ...; to ~ up a candidate einen Kandidaten/eine Kandidatin vorschlagen [o aufstellen]; to ~ sb up for election jdn zur Wahl stellen; to ~ up a proposal etw vorschlagen ❽ (cause to do) ■to ~ sb up to sth jdn zu etw dat verleiten; to a fight, criminal offence jdn zu etw dat anstiften; she must have ~ him up to it sie muss ihn dazu verleitet haben ❾ (resist) to ~ up opposition [or objections] widersprechen; no one has yet ~ up any objections to the proposal bis jetzt hat sich noch niemand gegen den Vorschlag ausgesprochen; to ~ up a struggle [or fight] kämpfen; the villagers did not ~ up any resistance die Dorfbewohner leisteten keinen Widerstand II. vi (stay) to ~ up in a hotel/at sb's place in einem Hotel/bei jdm unterkommen; to ~ up in a hotel/at sb's place for the night die Nacht in einem Hotel/bei jdm verbringen

◆put upon vi usu passive (form: take advantage of) ■to ~ upon sb jdn ausnutzen; ■to be ~ upon by sb von jdm ausgenutzt werden

◆put up with vi ■to ~ up with sth/sb sich akk mit etw/jdm abfinden; I don't know why she ~s up with him ich weiß nicht, wie sie es mit ihm aushält; they have a lot to ~ up with sie haben viel zu ertragen; I'm not ~ing up with this any longer ich werde das nicht länger dulden

putative ['pju:tətɪv, AM -t̬ət̬ɪv] adj attr, inv (form) ❶ (reputed) efficiency, superiority angeblich ❷ (supposed) father, leader, offender mutmaßlich

putatively ['pju:tətɪvli, AM -t̬ət̬ɪv-] adv inv (form) angeblich

put-down n ❶ (landing) of an aircraft Landung f ❷ (fam: disparagement) verächtliche [o herabsetzende] Bemerkung, Verächtlichmachung f kein pl, Herabsetzung f kein pl; (embarrassment) peinliche Bemerkung, Peinlichkeit f; (snub) brüskierende Bemerkung, Brüskierung f; to give sb a ~ jdn heruntermachen [o in Verlegenheit bringen] [o brüskieren]

put-off n ❶ (delay) Verschiebung f, Aufschub m ❷ (fam: excuse) Ausrede f, Ausflucht f, Vorwand m; to give sb a ~ jdm mit einer Ausrede kommen fam

put-on n AM (fam) ❶ (act of teasing) Veräppelung f kein pl fig fam, Neckerei f, Scherz m ❷ (affected manner) Theater nt fig fam, Schau f fig fam, Getue nt fam, Theater nt fam

put option n STOCKEX Verkaufsoption f

putrefaction [ˌpju:trɪ'fækʃᵊn, AM -ə'-] n no pl (form) ❶ (decay) MED of a body Verwesung f, Putrefaktion f fachspr, Putreszenz f fachspr; BIOL of organic matter Fäulnis f, Fäulnisprozess m, Zersetzung f, Verrottung f, Putrefaktion f fachspr, Putreszenz f fachspr ❷ (fig: corruption) of a culture, morals Verfall m fig, Zersetzung f fig

putrefy <-ie-> ['pju:trɪfaɪ, AM -trə-] vi (form) MED body verwesen, putreszieren fachspr; BIOL organic matter [ver]faulen, sich akk zersetzen, verrotten, vermodern, putreszieren fachspr; (fig: become corrupt) verfallen, verkommen, verrotten fig

putrid ['pju:trɪd] adj (form) ❶ (decayed) MED corpse verwest, putrid fachspr; BIOL organic matter verfault, verrottet; water faul, mod[e]rig; ~ infection MED Fäulnisbakterieninfektion f ❷ (foul) smell faulig, übelriechend ❸ (fig: corrupt) verworfen, verdorben ❹ (fig: objectionable) behaviour widerlich, abstoßend; (fam: horrible) grässlich, scheußlich; that was a pretty ~ trick! das war ein ziemlich übler Trick! ❺ (fig: worthless) effort, achievement armselig, erbärmlich, miserabel

putsch <pl -es> [pʊtʃ] n Putsch m, Staatsstreich m, Umsturz[versuch] m; army ~ Militärputsch m

putt [pʌt] SPORTS I. vt ■to ~ sth etw putten [o einlochen]; let's go and ~ a few holes! lass uns ein paar Bälle einlochen! II. vi putten, einlochen, einen Putt schlagen III. n Putt m

puttee ['pʌti, AM pʌt'i:] n ❶ MIL (hist: strip of cloth) worn by soldier Wickelgamasche f hist ❷ AM (legging) worn by rider [Leder]gamasche f

putter[1] ['pʌtəʳ, AM -t̬ɚ] n SPORTS ❶ golf club Putter m ❷ (golfer) Einlocher(in) m(f); to be a good ~ gut putten, einen guten Putt schlagen

putter[2] ['pʌt̬ɚ] vi AM ❶ (busy oneself) geschäftig sein, werkeln SÜDD, hantieren; to ~ in the garden im Garten werkeln; to ~ in the kitchen in der Küche hantieren; to ~ with a bike an einem Fahrrad herumbasteln ❷ (move slowly) [herum]trödeln ❸ (idle) die Zeit mit Nichtstun verbringen, [lustlos] herumhängen fam

putting ['pʌtɪŋ, AM -t̬-] I. *n no pl* SPORTS *in golf* Putten *nt*, Einlochen *nt* II. *adj attr, inv* zum Putten *nach n*; ~ **iron** Putter *m*

putting green *n* SPORTS ① *(grassy area)* Grün *nt* ② *(practising area)* Übungsgrün *nt*

putty ['pʌti, AM -t̬i] I. *n no pl* [Dichtungs]kitt *m*, Spachtel[kitt] *m*, Dichtungsmasse *f*; [**glaziers'**] ~ Glaserkitt *m*, Fensterkitt *m*; [**plasterers'**] ~ Kalkbrei *m*, Kalkteig *m* ▶ PHRASES: **to be like ~ in sb's hands** Wachs in jds Händen sein II. *vt* <-ie-> [ver]kitten, [ver]spachteln

putty-knife *n of a glazier* Kittmesser *nt*; *of a plasterer* Spachtelmesser *nt*, Spachtel *m o f*

put-up *adj inv (fam)* abgemacht, abgekartet *fam*; ~ **job** abgekartetes Spiel *fam*, abgekartete Sache *fam*, Schiebung *f fig, pej fam* **put-upon** *adj (fam)* vereinnahmt, ausgenutzt, missbraucht *fig*; **to feel ~** sich *akk* ausgenutzt fühlen

putz <*pl* -es> [pʌtz] *n* AM *(sl)* ① *(fool)* Blödmann *m fam*, Dussel *m fam* ② *(penis)* Schwanz *m vulg, sl*

puzzle ['pʌzl̩] I. *n* ① *(test of ingenuity)* Rätsel *nt*, Fragespiel *nt*, Denksportaufgabe *f*; **crossword ~** Kreuzworträtsel *nt*; **jigsaw ~** Puzzle *nt* ② *(test of patience)* Geduldsspiel *nt*, Puzzlespiel *nt* ③ *(question)* Rätsel *nt*, schwieriges Problem; **to be a ~** ein Rätsel [*o* rätselhaft] sein; **to be a ~ to sb** jdm ein Rätsel sein, jdn vor ein Rätsel stellen ④ *(mystery)* Rätsel *nt*, Geheimnis *nt*; **to solve a ~** ein Rätsel lösen, hinter ein Geheimnis kommen ⑤ *(confusion)* Verwirrung *f*, Fassungslosigkeit *f* II. *vt* ■**to ~ sb** jdn vor ein Rätsel stellen [*o* verwirren] [*o* verdutzen]; ***it ~s me why she said that*** es ist mir ein Rätsel, warum sie das gesagt hat III. *vi* ■**to ~ about sth** über etw *akk* nachgrübeln [*o* rätseln]

◆**puzzle out** I. *vt* ■**to ~ out** ↔ **sth** ① *(find out) answer, solution* etw herausfinden [*o* herausbekommen] [*o fam* herauskriegen]; **to ~ out a message** eine Botschaft entschlüsseln [*o* enträtseln] ② *(work out) plan, strategy* etw austüfteln [*o* ausknobeln] *fam* II. *vi* herausfinden; ***I can't ~ out how he did it*** ich kann mir nicht erklären, wie er das geschafft hat

◆**puzzle over** I. *vi* ■**to ~ over sth** über etw *akk* nachgrübeln [*o* rätseln] II. *vt* **to ~ one's head over sth** sich *dat* den Kopf über etw *akk* zerbrechen

puzzled ['pʌzl̩d] *adj* ① *(helpless) expression* ratlos, verständnislos; ~ **look** fragender Blick; ***she's ~ about what would be the best thing to do*** sie weiß nicht so richtig, was das Beste für sie wäre ② *(confused)* verwirrt, fassungslos ③ *(surprised)* [sehr] überrascht, verdutzt, verblüfft ④ *(disconcerted) expression* irritiert, befremdet

puzzlement ['pʌzl̩mənt] *n no pl* ① *(helplessness)* Ratlosigkeit *f*, Verständnislosigkeit *f* ② *(confusion)* Verwirrung *f*, Fassungslosigkeit *f* ③ *(surprise)* Verblüffung *f*, [große] Überraschung; **much to my ~** zu meiner großen Überraschung ④ *(disconcertment)* Irritation *f*, Befremden *nt*

puzzler ['pʌzləʳ, AM -ɚ] *n* ① *(usu fam: question)* Rätsel *f*, Geheimnis *nt*, schwieriges Problem, harte Nuss *fig fam* ② *(fig: difficult person)* Rätsel *nt fig* ③ *(thinker)* Puzzler(in) *m(f)*, Puzzlespieler(in) *m(f)*

puzzling ['pʌzlɪŋ] *adj* ① *(mysterious) mechanism, story* rätselhaft, geheimnisvoll ② *(difficult) question, situation* schwierig ③ *(confusing)* verwirrend ④ *(surprising) outcome, success* verblüffend, [sehr] überraschend; ~ **trick** verblüffender Trick

PVC [,pi:vi:'si:] CHEM I. *n abbrev of* **polyvinyl chloride** PVC *nt* II. *adj attr abbrev of* **polyvinyl chloride** PVC-, aus PVC *nach n*

PV technology *n abbrev of* **photovoltaic technology** Photovoltaik *f kein pl*

pw *adv* BRIT *abbrev of* **per week** wöchentlich, die Woche

PWA [,pi:,dʌblju'eɪ] *n* AM *abbrev of* **person with AIDS** Aidskranke(r) *f(m)*

PX [,pi:'eks] *n* AM MIL *abbrev of* **post exchange** P.X.-Laden *m (eigens für Angehörige der US-Armee im Ausland)*

pygmy ['pɪgmi:] I. *n (pej)* ① *(short person)* Zwerg(in) *m(f)*, Liliputaner(in) *m(f)* ② *(fig, pej: insignificant person)* Zwerg(in) *m(f) fig, pej*, Wicht *m fig, pej*; **political ~** politischer Zwerg II. *adj attr, inv* Zwerg-; ZOOL *(chimpanzee, rabbit)* Zwerg-; ~ **lamp** ELEC Zwerglampe *f fachspr*

Pygmy ['pɪgmi:] I. *n* Pygmäe *m* II. *adj inv* Pygmäen-, pygmäisch; **a ~ man/woman** ein Pygmäenmann/eine Pygmäenfrau

pyjama [pɪ'dʒɑ:mə, AM pə'-] *adj attr, inv* Pyjama-, Schlafanzug-; ~ **bottom**[**s**] [*or* **trousers**] Pyjamahose *f*; ~ **top** [*or* **jacket**] Pyjamaoberteil *nt*; ~ **party** Pyjamaparty *f*

pyjamas [pɪ'dʒɑ:məz, AM pə'-] *npl* Pyjama *m*, Schlafanzug *m*; **in** [**one's**] ~ im Pyjama [*o* Schlafanzug]; **a pair of ~** ein Pyjama *m* [*o* Schlafanzug *m*]

pylon ['paɪlɒn, AM -lɑ:n] *n* ① ELEC *(power lines pole)* freitragender Stahlmast [*o* Leitungsmast]; [**electricity**] ~ Hochspannungsmast *m*; AVIAT *(finlike device)* Außen[bord]lastträger *m (für Zusatztanks, Bomben etc)* ② AVIAT *(guidance pole) in gliding* Orientierungsturm *m*, Wendepunkt *m*, Wendemarke *f*

PYO [,pi:waɪ'əʊ, AM -'oʊ] I. *n abbrev of* **pick your own** Selberpflücken *nt*, Selberernten *nt* II. *adj attr, inv abbrev of* **pick your own** *raspberries, strawberries* zum Selberpflücken *nach n*; *carrots, mushrooms, vegetables* zum Selberernten *nach n*

pyorrhea [,paɪə'ri:ə] *n* AM, **pyorrhoea** [-'rɪə] *n no pl* MED Eiterfluss *m*, Pyorrhö *f fachspr*

pyramid ['pɪrəmɪd] *n* ① *(geometry)* Pyramide *f* ② *(Egyptian tombs)* Pyramide *f*; **the Great P~** die Große Pyramide; **the ancient ~s** die [alten] Pyramiden ③ *(billiard game)* ■**~s** *pl* [Pool]billard *nt kein pl*

pyramidal [pɪ'ræmɪdᵊl] *adj inv* pyramidenförmig, pyramidenartig, pyramidal *fachspr*

pyramid scheme *n* AM STOCKEX [sofortige] Wiederanlage nicht realisierter Spekulationsgewinne *fachspr*, Anhäufung *f* von Spekulationsgewinnen **pyramid selling** *n no pl* ECON, LAW Vertrieb *m* nach dem Schneeballprinzip, Schneeballsystem *nt (der Vertrieb läuft über eine Kette von Vertretern und Untervertretern)* **pyramid structure** *n* AM ECON Verschachtelungsstruktur *f*, verschachtelte Struktur

pyre ['paɪəʳ, AM -ɚ] *n* Scheiterhaufen *m*

Pyrenean [,pɪrə'ni:ən] *adj inv* pyrenäisch

Pyrenees [,pɪrə'ni:z] *npl* ■**the ~** die Pyrenäen *pl*

Pyrex® ['paɪ(ə)reks, AM 'paɪreks] I. *n* Pyrex-Glas®, Hartglas *nt* II. *n modifier (baking dish, pan, bowl)* Pyrex-®, aus Pyrex-Glas® [*o* Hartglas] *nach n*

pyrite ['paɪəraɪt, AM 'paɪraɪt] *n* MIN *see* **pyrites** Pyrit *m*, Eisenkies *m*

pyrites [paɪ(ə)'raɪti:z, AM paɪ'-] *n + sing vb* GEOL Pyrit *m fachspr*, [Schwefel]kies *m*, [Eisen]kies *m*; [**iron**] ~ Eisenkies *m*

pyromania [,paɪ(ə)rə(ʊ)'meɪniə, AM ,paɪroʊ'-] *n no pl* PSYCH krankhafter Brandstiftungstrieb, Pyromanie *f fachspr*

pyromaniac [,paɪ(ə)rə(ʊ)'meɪniæk, AM ,paɪroʊ'-] *n* PSYCH Brandstifter (in) *m(f)* [aus krankhafter Veranlagung], Feuerteufel *m fig fam*, Pyromane, -in *m, f fachspr*

pyrotechnic [,paɪ(ə)rə(ʊ)'teknɪk, AM ,paɪroʊ'-] *adj attr, inv* ① *(fireworks)* pyrotechnisch, Feuerwerks-; ~ **display** Feuerwerk *nt* ② MIL *(ammunition)* ~ **bomb/charge** pyrotechnische Bombe/Ladung; *for signalling* Leucht-; ~ **cartridge** Leuchtpatrone *f*; ~ **pistol** Leuchtpistole *f* ③ *(fig: sensational) musical performance, rhetoric* brillant, glänzend; ~ **recital** brillanter [*o* glänzender] Vortrag; *wit* sprühend

pyrotechnics [,paɪ(ə)rə(ʊ)'teknɪks, AM ,paɪroʊ'-] *n sing* ① *(art of making fireworks)* Pyrotechnik *f*, Feuerwerkerei *f* ② *(firework display)* Feuerwerk *nt* ③ *(fig: sensational display) of musical performance, rhetoric* Feuerwerk *nt*, Brillanz *f*; **musical ~** musikalisches Feuerwerk, musikalische Brillanz; **verbal ~** brillante Wortwahl, rednerische Brillanz

pyrrhic ['pɪrɪk] *adj inv* ~ **victory** Pyrrhussieg *m*; ~ **defeat** Scheinniederlage *f*

Pyrrhic victory [,pɪrɪk'vɪktᵊri] *n* Pyrrhussieg *m*

Pythagoras [paɪ'θægᵊrəs, AM pɪ'θægəᵊs] *n no pl* Pythagoras *m*; ~' **theorem** der Satz des Pythagoras

Pythagorean [paɪ,θægᵊr'i:ən, AM pɪ,θægə'ri:ən] I. *adj inv* pythagoräisch II. *n* Pythagoräer *m*

python <*pl* -s *or* -> ['paɪθᵊn, AM -θɑ:n] *n* Python *m*, Pythonschlange *f*

pyx <*pl* -es> [pɪks] *n* REL Pyxis *f*, Hostienkelch *m*

pzazz [pə'zæz] *n no pl (fam) see* **pizzazz**

Q

Q <*pl* 's>, **q** <*pl* 's *or* -s> [kju:] *n* Q *nt*, q *nt*; ~ **for Queenie** [*or* AM **as in Queen**] Q für Quelle

Q¹ [kju:] *n* ① *abbrev of* **Queen** Königin *f* ② SCH, UNIV *abbrev of* **question** Frage *f* ③ ECON *abbrev of* **quarter** Quartal *nt*

Q² *n* REL *(gospel source)* Logienquelle *f* Q *(dient als Symbol für Stellen bei Matthäus und Lukas, die nicht bei Markus vorhanden sind)*

Q and A section *n* SCH, UNIV *(question and answer part)* Übungsaufgaben *fpl*, Übungen *fpl*

QC [,kju:'si:] *n* BRIT *abbrev of* **Queen's Counsel**

QED¹ [,kju:i:'di:] *n* MATH *abbrev of* **quod erat demonstrandum** q.e.d.

QED² [,kju:i:'di:] *n (fig: and that's the solution)* ganz einfach, so geht das

qt *n* AM *abbrev of* **quart**

q.t. [,kju:'ti:] *n (fam)* **on the ~** im Stillen, in aller Stille, insgeheim; **to meet sb on the ~** jdn heimlich treffen

Q-Tip® ['kju:tɪp] *n* AM Wattestäbchen *nt*

qu *n* AM *abbrev of* **question**

qua [kweɪ, kwɑ] *prep* LAW *(form)* [in der Eigenschaft] als, qua *geh*; **art ~ art** Kunst [in ihrer Eigenschaft] als Kunst [*o* solche]

quack¹ [kwæk] I. *n* ① *(duck's sound)* Quaken *nt* ② *(childspeak: duck)* ■**~-~** Quakente *f Kindersprache* II. *vi* quaken, quak machen *fam*

quack² [kwæk] *(pej)* I. *n* MED *(fake doctor)* Quacksalber(in) *m(f) pej*; BRIT, AUS *(sl: doctor)* Doktor *m fam* II. *adj attr, inv (pej)* ~ **doctor** Kurpfuscher(in) *m(f) pej*, Quacksalber(in) *m(f) pej*; ~ **medicine** [*or* **remedy**] Mittelchen *nt pej*; ~ **treatment** Quacksalberei *f pej*, Kurpfuscherei *f pej*

quackery ['kwækᵊri] *n no pl* MED *(pej)* Kurpfuscherei *f pej*, Quacksalberei *f pej*; **to practice ~** Kurpfuscherei [*o* Quacksalberei] betreiben

quack-quack ['kwæk,kwæk] *n (childspeak: duck)* Quakente *f Kindersprache*

quad¹ [kwɒd, AM kwɑ:d] *n* ① *(fam) abbrev of* **quadruplet** Vierling *m* ② *abbrev of* **quadrangle** *(block of buildings)* [Häuser]block *m*, Geviert *nt*; *(on a campus)* Hof, [viereckiger] Innenhof; *(on school grounds)* viereckiger Schulhof

quad² [kwɒd, AM kwɑ:d] I. *n* ① MEDIA *(space) in printing* Geviert *nt* ② PHYS *(energy unit)* Quad *nt* ③ ELEC, TELEC *(cable)* Vierer *m*, Viererkabel *nt* ④ MED *(fam: paralysed person)* Tetraplegiker(in) *m(f)* ⑤ COMPUT *(sheet of paper)* Quartblatt *nt* II. *adj* vierfach

quadrangle ['kwɒdræŋgl̩, AM 'kwɑ:-] *n (form)* ① *(figure)* Viereck *nt*, Karree *nt* ② *(square) of buildings* [Häuser]block *m*, Geviert *nt*; BRIT *on a campus* von Gebäuden umschlossener viereckiger Hof *(z. B. in Oxford)*; *of a court* [viereckiger] Innenhof; *on school grounds* viereckiger Schulhof ③ AM GEOG *in surveying* Landkartenviereck *nt fachspr*

quadrangular [kwɒd'ræŋgjələʳ, AM kwɑ:'dræŋgjəlɚ] *adj inv* viereckig

quadrant ['kwɒdrᵊnt, AM 'kwɑ:-] *n* ① MATH *(quarter) of a circle* Viertelkreis *m*, Viertelebene *f*, Quadrant *m fachspr*; **one ~ of a circle** ein Viertelkreis *m*; *of two axes* Viertelebene *f*, Quadrant *m fachspr*; *of a sphere* Viertelkugel *f*; ASTRON Viertel *nt*, Quadrant *m fachspr*; **the first ~ of the moon** das erste Viertel des Mondes ② ASTRON, NAUT *(instrument)* Quadrant *m fachspr*

quadraphonic [,kwɒdrə'fɒnɪk, AM ,kwɑ:drə'fɑ:n-] *adj inv* MUS, COMPUT quadrophon[isch]; ~ **sound sys-**

tem Quadroanlage *f*

quadratic [kwɒdˈrætɪk, AM kwɑːˈdræṭ-] **I.** *adj inv* quadratisch, zweiten Grades *nach n;* ~ **curve** Kurve *f* zweiten Grades; ~ **equation** quadratische Gleichung, Gleichung *f* zweiten Grades **II.** *n* quadratische Gleichung, Gleichung *f* zweiten Grades

quadrilateral [ˌkwɒdrɪˈlætərəl, AM ˌkwɑːdrɪˈlæṭɚ-] **I.** *adj inv* vierseitig **II.** *n* (*shape*) Viereck *nt*

quadrille [kwəˈdrɪl] *n* Quadrille *f*

quadripartite [ˌkwɒdrɪˈpɑːtaɪt, AM ˌkwɑːdrɪˈpɑːr-] *adj* (*form*) vierteilig, Vier[er]-; ~ **agreement** Viermächteabkommen *nt,* Viererabkommen *nt;* ~ **conference** Viermächtekonferenz *f,* Viererkonferenz *f;* **the** ~ **division of Berlin** POL, HIST die Teilung Berlins in vier Teile; ~ **pact** Viererpakt *m;* ~ **plan** Vierpunkteplan *m*

quadriplegia [ˌkwɒdrɪˈpliːdʒə, AM ˌkwɑːdrɪˈ-] *n no pl* MED Tetraplegie *f fachspr,* Lähmung *f* aller vier Gliedmaßen

quadriplegic [ˌkwɒdrɪˈpliːdʒɪk, AM ˌkwɑːdrɪˈ-] MED **I.** *adj inv* tetraplegisch *fachspr* **II.** *n* Tetraplegiker(in) *m(f) fachspr; see also* **quadriplegia**

quadrophonic *adj esp* BRIT, AUS *see* **quadraphonic**

quadruped [ˈkwɒdrʊped, AM ˈkwɑːdrə-] **I.** *adj* ZOOL vierfüßig **II.** *n* Vierfüßer *m,* Tetrapode *m*

quadruple [ˈkwɒdrʊpl, AM kwɑːˈdruː-] **I.** *vt* ■**to** ~ **sth** etw vervierfachen **II.** *vi* sich *akk* vervierfachen **III.** *adj* vierfach *attr;* ~ **the amount/number** die vierfache Menge/Anzahl; ~ **alliance** POL Viererbündnis *nt,* Viererbund *m;* **Q**~ **Alliance** HIST Quadrupelallianz *f fachspr;* ~ **time** [*or* **beat**] MUS Vierertakt *m,* Viervierteltakt *m* **IV.** *adv* vierfach [ausgelegt]

quadruplegic *adj, n* AUS MED *see* **quadriplegic**

quadruplet [ˈkwɒdrʊplət, AM kwɑːˈdruːplɪt] *n* ❶ (*fourth offspring*) Vierling *m;* **identical/fraternal** ~**s** eineiige/zweieiige Vierlinge ❷ MUS (*fugue*) Quadrupelfuge *f fachspr*

quaff [kwɒf, AM kwɑːf] (*hum, dated*) **I.** *vt* ■**to** ~ **sth** etw [in großen Zügen] trinken [*o akk* in sich *fam* hineinschütten], *fam* [hinein]kippen **II.** *vi* zechen *veraltet,* [in großen Zügen [*o* Mengen]] trinken

quaffable [ˈkwɒfəbl, AM ˈkwɑːf-] *adj* (*dated or hum*) *wine* süffig *fam*

quagmire [ˈkwɒgmaɪəʳ, AM ˈkwægmaɪɚ] *n* ❶ (*muddy ground*) aufgeweichter Boden, Sumpf[boden] *m,* Morast[boden] *m;* ***at the end of the match the pitch was a real*** ~ nach dem Spiel war der Platz völlig aufgeweicht ❷ (*fig: difficult situation*) Sumpf *m fig,* Morast *m fig,* Patsche *f fig;* **to be caught in a** ~ in der Patsche sitzen; **a** ~ **of corruption** ein Morast der Korruption; **a** ~ **of violence** ein Sumpf der Gewalt ❸ (*fig: mess*) Wust *m fig,* Chaos *nt fig;* **a** ~ **of details/instructions** ein Wust *m* von Einzelheiten/Instruktionen

quail¹ <*pl* -s *or* -> [kweɪl] *n* ❶ (*bird*) Wachtel *f* ❷ AM (*fig, pej sl: girl*) Mieze *f fig, pej fam*

quail² [kweɪl] *vi* bangen *geh,* verzagen *geh,* den Mut verlieren [*o* sinken lassen]; ***she*** ~***ed with fear*** ihr war Angst und Bange; ***he*** ~***ed before the consequences*** ihm bangte vor den Konsequenzen

quaint [kweɪnt] *adj* ❶ (*charming*) reizend, entzückend, wunderschön; *landscape, village* idyllisch, malerisch, pittoresk *geh; cottage, pub* urig ❷ (*also pej: strangely old-fashioned*) *customs, way of speaking* altmodisch [*o* altertümlich] [anmutend] *a. pej; expression, name* altmodisch [*o* altertümlich] [klingend] *a. pej* ❸ (*usu pej: strange*) *person* eigenartig, sonderbar, wunderlich, schrullig, verschroben *oft pej;* ~ **old man** alter Sonderling, *pej* Kauz; ~ **old woman** schrullige [*o* wunderliche] Alte; *customs, ideas, sight* eigenartig, eigentümlich, sonderbar, seltsam, kurios *oft pej;* **a** ~ **sense of humour** ein seltsamer [*o* eigenartiger] Sinn für Humor; *views* eigentümlich, verschroben *oft pej* ❹ (*pleasantly unusual*) *encounter, sound* wundersam

quaintly [ˈkweɪntli] *adv* ❶ (*charmingly*) reizend, entzückend, wunderschön; **to be** ~ **decorated** wunderschön geschmückt sein ❷ (*also pej: old-fashionedly*) altmodisch, altertümlich *a. pej;* **to be** ~ **worded** altmodisch [*o* in einem altertümlich anmutenden Stil] formuliert sein ❸ (*usu pej: strangely*) merkwürdig, seltsam, eigentümlich *oft pej;* ***he was*** ~ ***dressed*** er war eigentümlich gekleidet; ***she's*** ~ ***helpful*** sie ist auf eine wunderliche Art hilfsbereit

quaintness [ˈkweɪntnəs] *n no pl* ❶ (*charm*) Reiz *m; of landscape, village* idyllischer [*o* malerischer] Charakter, das Idyllische [*o* Malerische]; *of pub* Urigkeit *f,* das Urige ❷ (*usu pej: strangeness*) *of a person* Schrulligkeit *f,* Verschrobenheit *f oft pej; of customs, ideas, sight* Merkwürdigkeit *f,* Eigentümlichkeit *f,* Kuriosität *f oft pej; of views* Eigentümlichkeit *f,* Verschrobenheit *f oft pej; of way of speaking* Eigenartigkeit *f,* Seltsamkeit *f oft pej*

quake [kweɪk] **I.** *n* (*fam*) [Erd]beben *nt,* Erschütterung *f* **II.** *vi* ❶ (*move*) *earth* beben; ***they felt the ground*** ~ sie fühlten, dass die Erde bebte ❷ (*fig: shake*) zittern, [er]beben, sich *akk* schütteln; **to** ~ **at the prospect** [*or* **thought**] bei der Aussicht [*o* dem Gedanken] erbeben *fig;* ***her voice*** ~***d with emotion*** ihre Stimme bebte vor Erregung *fig*

Quaker [ˈkweɪkəʳ, AM -ɚ] **I.** *n* Quäker(in) *m(f);* ■**the** ~**s** *pl* die Quäker *mpl* **II.** *adj attr* ❶ (*meeting of Quakers*) Quäker-; ~ [*or* ~**s'**] **meeting** schweigende Quäkerversammlung ❷ (*fam: gathering*) schweigende Versammlung [*o fam* Runde]

Quakerism [ˈkwækərɪzəm] *n no pl* Quäkerreligion *f,* Religion *f* der Quäker

qualification [ˌkwɒlɪfɪˈkeɪʃən, AM ˌkwɑːl-] *n* ❶ (*skill*) Qualifikation *f;* (*document*) Abschlusszeugnis *nt;* ***do you have any teaching*** ~***s?*** haben Sie Unterrichtserfahrung?; ***he left school with no*** ~***s*** er verließ die Schule ohne einen Abschluß ❷ *no pl* (*completion of training*) Abschluss *m* seiner Ausbildung; *from school* [Schul]abschluss *m; from university* [Studien]abschluss *m;* ***after his*** ~ ***as a doctor he went to Africa*** nach Abschluss seiner ärztlichen Ausbildung ging er nach Afrika ❸ (*restriction*) Einschränkung *f,* Vorbehalt *m;* ~ **of an offer** COMM Einschränkung *f* eines Angebots; **without any** ~ ohne jede Einschränkung ❹ (*change*) [Ab]änderung *f,* Modifikation *f;* ***after certain*** ~***s, the proposal was accepted*** nach einigen Abänderungen wurde der Vorschlag angenommen; **subject to** ~**s** COMM Änderungen vorbehalten ❺ (*condition*) [notwendige] Voraussetzung *f* (**for/of** für +*akk*); ~ **for citizenship** Voraussetzung *f* für den Erwerb der Staatsbürgerschaft; ~ **for an examination** AM UNIV Zulassung zu einer Prüfung *f;* ~ **for public office** Voraussetzung *f* [*o* Vorbedingung *f*] für ein öffentliches Amt; ~ **procedure** AM UNIV Zulassungsverfahren *nt* ❻ (*eligibility*) Berechtigung *f;* ~ **for election** Wahlberechtigung *f;* STOCKEX (*for directorship*) Pflichtaktienkapital *nt* [eines Vorstandsmitglieds]; ~ **for dividend** Dividendenberechtigung *f* ❼ SPORTS (*preliminary test*) Qualifikation *f,* Ausscheidung *f* ❽ LING (*modification*) nähere Bestimmung

qualified [ˈkwɒlɪfaɪd, AM ˈkwɑːl-] *adj* ❶ (*competent*) qualifiziert, befähigt, geeignet, ausgebildet; **highly** ~ hochqualifiziert; **well** ~ gut geeignet ❷ (*certified*) ausgebildet, -meister [*o* -meisterin]; ~ **mason** Maurermeister(in) *m(f);* ~ **radiologist** ausgebildeter Radiologe/ausgebildete Radiologin; (*at university*) graduiert; (*by the state*) staatlich anerkannt [*o* zugelassen], diplomiert; ~ **medical practitioner** approbierter praktischer Arzt/approbierte praktische Ärztin; ***Tim is now a*** ~ ***architect*** Tim ist jetzt Diplomarchitekt; **to be** ~ **to practise as a doctor/lawyer** approbiert/als Anwalt zugelassen sein; ***he is not*** ~ ***to teach this course*** er hat nicht die für die Erteilung dieses Kurses erforderlichen Qualifikationen ❸ (*restricted*) bedingt, eingeschränkt, mit Einschränkungen *nach n;* ~ **acceptance** COMM bedingte Annahme [eines Wechsels], bedingtes [*o* eingeschränktes] Akzept *fachspr;* ~ **approval/reply** Zustimmung *f*/Antwort *f* unter Vorbehalt; ~ **as to time** zeitlich beschränkt; ~ **endorsement** COMM eingeschränktes Indossament, Indossament *nt* ohne Obligo *fachspr;* ~ **majority** COMM, ECON qualifizierte Mehrheit; **in a** ~ **sense** mit Einschränkungen; **to make a** ~ **statement** eine Erklärung unter Einschränkungen abgeben; **to be a** ~ **success** kein uneingeschränkter [*o* voller] Erfolg sein, ein mäßiger Erfolg sein ❹ (*eligible*) berechtigt, imstande; **to be** ~ **to vote** wahlberechtigt [*o* stimmberechtigt] sein; ***I don't feel*** ~ ***to speak for her*** ich sehe mich nicht imstande, für sie zu sprechen ❺ ECON, FIN ~ **accounts** berichtigter Jahresabschluss; ~ **auditors' report** [*or* AM **audit report**] [*or* **opinion**] eingeschränkter Bestätigungsvermerk

qualifier [ˈkwɒlɪfaɪəʳ, AM ˈkwɑːlɪfaɪɚ] *n* ❶ (*restriction*) Einschränkung *f;* (*condition*) Bedingung *f* ❷ SPORTS (*test*) Qualifikationsspiel *nt,* Qualifikationskampf *m,* Ausscheidungsspiel *nt,* Ausscheidungskampf *m;* (*person*) Qualifikant(in) *m(f);* ■**to be a** ~ sich *akk* qualifiziert haben ❸ LING (*modifier*) nähere Bestimmung

qualify <-ie-> [ˈkwɒlɪfaɪ, AM ˈkwɑːl-] **I.** *vt* ❶ (*make competent*) ■**to** ~ **sb for sth** jdn für etw *akk* qualifizieren [*o* zu etw *dat* befähigen]; ***your course on cookery doesn't*** ~ ***you as an expert chef*** dein Kochkurs macht dich noch keinen Meisterkoch ❷ (*make eligible*) ■**to** ~ **sb** [**for sth**] jdm das Recht [*o* den Anspruch] [auf etw *dat*] geben; ***being a single parent qualifies you for extra benefits*** als alleinerziehender Elternteil hat man Anspruch auf Sonderleistungen; ■**to** ~ **sb to do sth** jdn berechtigen etw zu tun ❸ (*restrict*) ■**to** ~ **sth** *criticism, judgement* etw einschränken [*o* modifizieren] [*o* unter Vorbehalt äußern]; **to** ~ **an opinion/remark** eine Meinung/Bemerkung unter Vorbehalt [*o* einschränkend] äußern; **to** ~ **a statement** eine Erklärung [*o* Feststellung] einschränken ❹ LING (*modify*) ■**to** ~ **sth** *adjective, noun* etw näher bestimmen **II.** *vi* ❶ (*complete training*) die Ausbildung abschließen; UNIV das Studium abschließen; ***Chris has just qualified as a doctor*** Chris hat gerade seinen Doktor in Medizin gemacht; **to** ~ **as an officer** ein Offizierspatent erwerben ❷ (*prove competence*) ■**to** ~ [**for sth**] sich *akk* [für etw *akk*] qualifizieren [*o* als geeignet erweisen], seine Eignung [für etw *akk*] nachweisen; **to** ~ **for the semi-final** SPORTS sich *akk* für das Halbfinale qualifizieren ❸ (*meet requirements*) ■**to** ~ [**for sth**] *citizenship, membership, an office* [für etw] die [nötigen] Voraussetzungen [*o* Bedingungen] erfüllen; (*be eligible*) *benefits, a job* für etw *akk* in Frage kommen; ***he barely qualified*** er hat die Voraussetzungen [*o* Bedingungen] gerade noch erfüllt; **to** ~ **for a scholarship** den Qualifikationsnachweis für ein Stipendium erbringen

◆**qualify as** *vi* LAW ■**to** ~ **as sth** seine Ausbildung als etw abschließen

◆**qualify for** *vi* LAW ■**to** ~ **for sth** zu etw berechtigt sein

qualifying [ˈkwɒlɪfaɪɪŋ, AM ˈkwɑːl-] **I.** *n no pl* ❶ (*meeting requirement*) Qualifizierung *f* ❷ (*restricting*) Einschränkung *f,* Modifizierung *f* ❸ SPORTS (*preliminary testing*) Qualifizierung *f* **II.** *adj attr, inv* ❶ (*restrictive*) einschränkend, modifizierend ❷ (*testing standard*) Qualifikations-, Eignungs-; ~ **examination** [*or* **test**] Eignungsprüfung *f;* SCH, UNIV Aufnahmeprüfung *m,* Aufnahmetest *m;* ~ **heat** [*or* **round**] SPORTS Qualifikationsrunde *f,* Ausscheidungsrunde *f;* ~ **match** [*or* **game**] SPORTS Qualifikationsspiel *nt,* Ausscheidungsspiel *nt;* ~ **period** LAW Anwartschaftszeit *f,* Wartezeit *f;* ~ **shares** FIN, LAW Pflichtaktien *pl;* ~ **test** [*or* **exam**] SCH, UNIV Aufnahmetest *m,* Aufnahmeprüfung *f* ❸ LING (*modifying*) *adjective, adverb* bestimmend

qualifying period *n* FIN *for bonds, deposits* Sperrfrist *f fachspr;* COMM, LAW *for insurance benefits* Wartezeit *f,* Karenzzeit *f fachspr;* ECON, LAW *for pension claims* Anwartschaftszeit *f fachspr* **qualifying shares** *npl* FIN, STOCKEX Pflichtaktien *fpl* [eines Vorstandsmitglieds]

qualitative [ˈkwɒlɪtətɪv, AM ˈkwɑːlɪteɪṭɪv] *adj inv* qualitativ, Qualitäts-, gütemäßig; ~ **classification** Einteilung *f* [*o* Wert] nach Güte, gütemäßige Klassifizierung; ~ **difference** Qualitätsunterschied *m*

qualitative analysis *n* CHEM qualitative Analyse *fachspr;* **to perform** [a] ~ **on sth** eine qualitative Analyse von etw *dat* durchführen **qualitative**

Q

distribution *n* MATH qualitative Verteilung *fachspr*
qualitatively ['kwɒlɪtətɪvli, AM 'kwɑːlɪteɪṭ-] *adj* qualitativ
quality ['kwɒləti, AM 'kwɑːləṭi] **I.** *n* ① *(standard)* Qualität *f*, Güte *f*, Wert *m;* MECH, TECH Gütegrad *m fachspr;* ~ **of life** Lebensqualität *f;* **of high/low** ~ von hoher/minderer Qualität, hochwertig/minderwertig; **first/second** ~ erste/zweite Qualität [*o* Wahl] [*o* Klasse]; **to vary in** ~ sich *akk* qualitätsmäßig unterscheiden ② *(character)* Art *f*, Beschaffenheit *f*, Natur *f;* ***the unique ~ of their relationship*** die Einzigartigkeit ihrer Beziehung ③ *(feature)* Eigenschaft *f*, Merkmal *nt;* **artistic** ~ künstlerisches Merkmal; **managerial qualities** Führungsqualitäten *fpl*, Führungseigenschaften *fpl;* ***the school has many excellent qualities*** die Schule hat viele Vorzüge; ***this cheese has a rather rubbery ~ to it*** dieser Käse hat etwas ziemlich Gummiartiges an sich ④ *(dated or hum: high rank)* Rang *m*, hohes Ansehen; **to be a person of** ~ jd von Rang [und Namen] sein **II.** *n modifier* [qualitativ] hochwertig, Qualitäts-; ~ **control** COMPUT Qualitätskontrolle *f;* ~ **goods/products** Qualitätswaren *fpl*/Qualitätserzeugnisse *ntpl;* *(fam)* ***that's a real ~ job you've done there*** das hast du wirklich toll gemacht *fam*
quality control *n usu sing* Qualitätskontrolle *f*, Qualitätsüberwachung *f*, Qualitätssicherung *f*, Güteprüfung *f*, Fertigungskontrolle *f* **quality daily** *n*, **quality newspaper** *n*, **quality paper** *n* seriöse [*o* angesehene] [Tages]zeitung **quality press** *n no pl* seriöse Presse **quality time** *n no pl die Zeit, die man dafür aufbringt, familiäre Beziehungen zu entwickeln und zu pflegen*
qualm [kwɑːm] *n* ① *(doubt)* ■**~s** *pl* Bedenken *pl*, Zweifel *m meist pl*, Skrupel *m meist pl;* **to feel** [**no**] [*or* **have**] **~s** [**about doing sth**] [keine] Bedenken [*o* Skrupel] haben [etw zu tun] ② *(uneasiness)* ungutes [*o* unangenehmes] Gefühl; **without the slightest** ~ ohne die geringsten [*o* jeden] Skrupel ③ *(feeling of faintness)* [plötzliche] Schwäche, Schwächeanfall *m* ④ *(feeling of sickness)* [plötzliche] Übelkeit, [plötzliches] Unwohlsein
quandary ['kwɒndᵊri, AM 'kwɑːn-] *n usu sing* ① *(indecision)* Unentschiedenheit *f*, Unentschlossenheit *f;* **to be in a** ~ sich *akk* nicht entscheiden können, unentschlossen sein; ***we're in a ~ over*** [*or* ***about***] ***where to spend Christmas*** wir wissen nicht, wo wir Weihnachten feiern sollen ② *(difficult situation)* [große] Verlegenheit, verzwickte Lage, verfahrene Situation; ***I've got myself into a ~*** ich habe mich in eine äußerst schwierige Lage hineinmanövriert; **to put sb in a** ~ jdn in große Verlegenheit bringen; **legal** ~ schwierige Rechtslage, rechtlicher Problemfall
quango ['kwæŋgəʊ] *n* BRIT *(usu pej) acr for* **quasi-autonomous non-governmental organization** halbautonome nichtstaatliche Organisation
quanta ['kwɒntə, AM 'kwɑːnṭə] *n pl of* **quantum**
quantifiable ['kwɒntɪfaɪəbḷ, AM 'kwɑːnṭə-] *adj inv* mengenmäßig messbar [*o* bestimmbar], quantifizierbar *fachspr;* COMPUT in Zahlen ausdrückbar
quantification [ˌkwɒntɪfɪ'keɪʃᵊn, AM ˌkwɑːnṭə-] *n* mengenmäßige Messung [*o* Bestimmung], Quantifizierung *f fachspr*
quantifier ['kwɒntɪfaɪəʳ, AM 'kwɑːnṭəfaɪɚ] *n* ① *(particle) in logic* Quantor *m fachspr*, Quantifikator *m fachspr* ② MATH *(expression)* Klammerausdruck *m fachspr* ③ LING *(modifier)* Zahlwort *nt*, Numeral *nt fachspr* ④ COMPUT Quantor *m*
quantify <-ie-> ['kwɒntɪfaɪ, AM 'kwɑːnṭ-] *vt* ■**to ~ sth** etw mengenmäßig messen [*o* bestimmen] [*o fachspr* quantifizieren]; **to ~ the effect of sth** COMPUT die Auswirkungen von etw in Zahlen ausdrücken
quantitative ['kwɒntɪtətɪv, AM 'kwɑːnṭəteɪṭɪv] *adj* quantitativ *geh*, mengenmäßig; **a ~ analysis/study** eine quantitative Analyse/Studie
quantitatively ['kwɒntɪtətɪvli, AM 'kwɑːnṭəteɪṭ-] *adv* quantitativ *geh*, mengenmäßig
quantity ['kwɒntəti, AM 'kwɑːnṭəti] **I.** *n* ① *(amount)* Menge *f*, Quantität *f;* ***you can buy the paper plates in quantities of 10, 100, and 1000*** Sie können Papierteller in Stückzahlen von 10, 100 oder 1000 kaufen; **a large/small ~ of apples/flour** eine große/kleine Menge Äpfel/Mehl ② *(large amount)* Menge *f*, große Menge[n] *f[pl]*, Unmenge[n] *f[pl]*; **to buy in** ~ ECON in großen Mengen [*o fachspr* en gros] kaufen ③ *(huge amount)* ■**quantities** *pl* große Menge[n] *f[pl]*, Unmenge[n] *f[pl]*; ***they drank quantities of beer at the party*** sie tranken Unmengen von Bier bei der Party ④ MATH *(magnitude)* [direkt messbare] Größe **II.** *n modifier* in großen Mengen *nach n;* ECON en gros *nach n;* ~ **theory** ECON Quantitätstheorie *f*
quantity discount *n* ECON Mengenrabatt *m*
quantity surveyor *n* BRIT ARCHIT, FIN Kalkulator(in) *m(f) fachspr*, Kostenplaner(in) *m(f)*
quantum <*pl* -ta> ['kwɒntəm, AM 'kwɑːnṭ-, *pl* -ṭə] *n* ① *(form: amount)* Menge *f*, Anzahl *f*, Quantum *nt geh* (**of** an +*dat*) ② *(portion)* [An]teil *m* ③ PHYS *(unit)* Quant[um] *nt fachspr;* ~ **of action** Wirkungsquant[um] *nt*, Plancksche Konstante *fachspr;* ~ **of energy** Energiequant[um] *nt;* ~ **of light** Lichtquant[um] *nt*, Strahlungsquant[um] *nt*, Photon *nt fachspr* ④ COMPUT Quantum *nt* ⑤ LAW Schadenhöhe *f*, Entschädigungssumme *f*
quantum jump *n*, **quantum leap** *n* ① PHYS *(transition)* Quantensprung *m fachspr*, Quantenübergang *m fachspr* ② *(fig: advance)* gewaltiger Sprung *fig*, riesiger Fortschritt **quantum mechanics** *n + sing vb* Quantenmechanik *f kein pl*
quarantine ['kwɒrᵊntiːn, AM 'kwɔːr-] **I.** *n* Quarantäne *f;* **to place sb under** ~ jdn unter Quarantäne stellen; **to be in** ~ in Quarantäne sein **II.** *vt* ■**to ~ sb/an animal** jdn/ein Tier unter Quarantäne stellen
quark [kwɑːk, AM kwɑːrk] *n* PHYS Quark *nt*
quarrel ['kwɒrᵊl, AM 'kwɔːr-] **I.** *n* ① *(argument)* Streit *m*, Auseinandersetzung *f*, Zank *m;* **a ~/~s over border territory** ein Grenzstreit/Grenzstreitigkeiten; **to have a** ~ sich *akk* streiten [*o* zanken], Streit [*o* eine Auseinandersetzung] haben; **to patch up a** [*or* **the**] ~ *(fig)* einen [*o* den] Streit beilegen *fig;* **to pick** [*or* **start**] **a ~ with sb** einen Streit anfangen [*o fig* vom Zaun brechen] ② *(cause of complaint)* Einwand *m*, Gegengrund *m;* **to have no ~ with sth** *decisions, methods, verdict* keinen Einwand gegen etw *akk* haben, nichts gegen etw *akk* einzuwenden haben **II.** *vi* <-ll-> ① *(argue)* sich *akk* streiten [*o* zanken]; ***stop ~ling, you two!*** hört auf zu streiten, ihr beiden!; ■**to ~ about** [*or* **over**] **sth** [sich *akk*] über [*o* um] etw *akk* streiten; ***what did you ~ about?*** worüber habt ihr gestritten?; ***they seemed to ~ about money*** sie schienen sich um Geld zu streiten; ■**to ~ with sb** [sich *akk*] mit jdm streiten ② *(disagree with)* ■**to ~ with sth** etw an etw *dat* aussetzen; ***you can't ~ with that*** daran gibt es nichts auszusetzen
quarrelsome ['kwɒrᵊlsəm, AM 'kwɔːr-] *adj (pej)* streitsüchtig, zänkisch
quarry¹ ['kwɒri, AM 'kwɔːri] **I.** *n* ① *(rock pit)* Steinbruch *m;* **marble** ~ Marmor[stein]bruch *m;* **slate** ~ Schieferbruch *m;* *(fig)* Fundgrube *f fig*, Quelle *f fig* ② *(square stone)* Quader[stein] *m* **II.** *vt* <-ie-> ■**to ~ sth** ① *(obtain) marble, stone* etw brechen [*o* abbauen] ② *(fig: make visible) contradictions, secrets* etw zutage fördern *fig* ③ *(fig: gather) data, information* etw zusammentragen [*o* erarbeiten]
quarry² ['kwɒri, AM 'kwɔːri] *n* ① *(hunted animal)* gejagtes [*o* verfolgtes] Wild, Jagdbeute *f* ② *(pursued person) criminal* gejagte [*o* verfolgte] Person; *(fig: victim)* Opfer *nt fig*, Beute *f fig*
quarryman *n* Steinbrucharbeiter *m*, Brecher *m fachspr*
quart [kwɔːt, AM kwɔːrt] *n* Quart *nt (1,14 l in England, 0,95 l in Amerika)*; **a ~ of beer/water** ein Quart *nt* Bier/Wasser ► PHRASES: [**to try**] **to put a ~ into a pint pot** BRIT *(saying)* etwas Unmögliches [zu] tun [versuchen]; ***it's like putting a ~ into a pint pot*** das ist ein Ding der Unmöglichkeit
quarter ['kwɔːtəʳ, AM 'kwɔːrṭɚ] **I.** *n* ① *(one fourth)* Viertel *nt;* ***the bottle was a ~ full*** es war noch ein Viertel in der Flasche; **for a ~ of the price** [*or* **for ~ the price**] zu einem Viertel des Preises; **a ~** [**of a pound**] **of tea** ein Viertel[pfund] Tee; **three ~s** drei Viertel; **to divide sth into ~s** etw in vier Teile teilen ② *(time)* Viertel *nt;* **a ~ of a century** ein Vierteljahrhundert *nt;* **a ~ of an hour** eine Viertelstunde; **an hour and a ~** eineinviertel Stunden; **a ~ to** [*or* AM **of**]/**past** [*or* AM **after**] **three** Viertel vor/nach drei ③ *(1/4 of year)* Quartal *nt;* AM *(school term)* Quartal *nt;* **paid by the ~** vierteljährlich bezahlt ④ *(1/4 of a game)* Viertel *nt* ⑤ AM *(25 cents)* Vierteldollar *m;* ■**~s** *pl ein Spiel, bei dem ein Vierteldollar in ein Glas Bier geschnippt wird* ⑥ *(area)* Gegend *f;* *(neighbourhood)* Viertel *nt* ⑦ *(unspecified place)* Seite *f;* *(place)* Stelle *f;* ***help came from an totally unexpected ~*** Hilfe kam von völlig unerwarteter Seite; **in certain ~s** in gewissen Kreisen; **from high ~s** von höherer Stelle ⑧ *(mercy)* Gnade *f kein pl*, Erbarmen *nt kein pl;* **to ask/cry for ~** um Gnade bitten/flehen; ***no ~ was asked for and none given*** es wurde auf beiden Seiten schonungslos gekämpft; **to give ~** Erbarmen haben ⑨ *(lodgings)* ■**~s** *pl* Wohnung *f;* MIL Quartier *nt*, Unterkunft *f;* **married ~s** Familienunterkunft *f;* **servants' ~s** Dienstbotenwohnung *f;* **to be confined to ~s** MIL Stubenarrest haben ⑩ *(area of compass)* [Himmels]richtung *f;* **from the north/west ~** aus nördlicher/westlicher Richtung ⑪ NAUT *(part of ship)* **on the port ~** backbord; **on the starboard ~** steuerbord ► PHRASES: **at close ~s with sb** in jds Nähe; ***they fought at close ~s*** sie kämpften Mann gegen Mann **II.** *vt* ① *(cut into four)* ■**to ~ sth** etw vierteln; ■**to ~ sb** HIST jdn vierteilen ② *(give housing)* ■**to ~ sb somewhere** jdn irgendwo unterbringen; ■**to be ~ed with sb** bei jdm untergebracht [*o* einquartiert] werden; ■**to ~ oneself on sb** sich *akk* bei jdm einquartieren **III.** *adj inv* Viertel-; ~ **hour** Viertelstunde *f;* ~ **pound** Viertelpfund *nt*
quarterback *n* AM ① SPORTS *(in American Football)* Quarterback *m fachspr*, offensiver Rückraumspieler ② *(leader)* Gruppenleiter(in) *m(f)*, Teamchef(in) *m(f)* ► PHRASES: **to be a Monday morning ~** ein alter Besserwisser sein **quarter day** *n* BRIT Quartalstag *m* [für fällige Zahlungen]; *for rent* Mietzahltag *m;* FIN *for interest* Zinstag *m*, Zinstermin *m;* MIL *for pay* Zahltag *m*, Löhnungstag *m* **quarterdeck** *n* NAUT Quarterdeck *nt fachspr*, Achterdeck *nt fachspr*, Hinterdeck *nt* **quarterfinal** *n* SPORTS Viertelfinale *nt;* ■**the/in the ~s** das/im Viertelfinale
quarter-finalist *n* Viertelfinalist(in) *m(f)*
quartering ['kwɔːtᵊrɪŋ, AM 'kwɔːrṭɚ-] *n* ① *no pl (dividing into fourths)* Vierteln, nt, [Auf]teilen *nt* in Viertel [*o* gleiche Teile] ② *no pl (lodging)* Unterbringung *f*, Beherbergung *f;* MIL Einquartierung *f fachspr* ③ *(divisions)* ■**~s** *pl in heraldry* Wappenfelder *pl*
quarterly ['kwɔːtᵊli, AM 'kwɔːrṭɚ-] **I.** *adv* vierteljährlich, quartal[s]weise; **to be paid ~** vierteljährlich gezahlt werden **II.** *adj* vierteljährlich, Vierteljahres-, Quartals-; ~ **journal** [*or* **magazine**] Vierteljahr[e]s[zeit]schrift; ~ **payment** vierteljährliche Zahlung, Quartalszahlung *f* **III.** *n* AM ECON Vierteljahr *nt*
quartermaster ['kwɔːtəˌmɑːstəʳ, AM 'kwɔːrṭɚˌmæstɚ] *n* ① MIL *(army officer)* Quartiermeister *m* ② NAUT *(steersman) in merchant marine* Quartermeister *m*, Steu[e]rer *m;* *rank in navy* Steuermannsmaat *m*
Quartermaster General <*pl* Quartermasters General> *n* MIL Generalquartiermeister *m*
quarter note *n* MUS Viertelnote *f* **quarter-tone** *n* MUS Viertelton *m*
quartet *n*, **quartette** [kwɔː'tet, AM kwɔːr'-] *n* MUS Quartett *nt;* **string ~** Streichquartett *nt*
quartile ['kwɔːtaɪl, AM 'kwɔːr-] *n* MATH, ECON *in statistics* Quartil *nt*, Viertel[s]wert *m*
quarto ['kwɔːtəʊ, AM 'kwɔːrṭoʊ] *n* ① TYPO Quart[format] *nt* ② COMPUT Quarto *nt*
quartz [kwɔːts, AM kwɔːrts] **I.** *n no pl* Quarz *m*, Kiesel *m;* **rose ~** Rosenquarz *m* **II.** *n modifier* Quarz-; ~ **crystal** MIN Bergristall *m;* TECH Quarzkristall *m;* ~ **glass** Quarzglas *nt*
quartz clock *n* Quarzuhr *f* **quartz iodine lamp** *n*, **quartz lamp** *n* Quarz[halogen]lampe *f;*

MED künstliche Höhensonne

quartzite ['kwɔːtsaɪt, AM 'kwɔːrt] *n no pl* MIN Quarzit *m*

quasar ['kweɪzɑːʳ, AM -zɑːr] *n* ASTRON Quasar *m*

quash [kwɒʃ, AM kwɑːʃ] *vt* ■**to ~ sth** ① *(destroy) bones, a hand, people* etw zermalmen; *(fig) hopes, plans* etw zerstören [*o* zunichte machen] *fig* ② *(fig: suppress) rebellion, revolt* etw [gewaltsam] unterdrücken [*o fig* niederschlagen] [*o fig* niederwerfen]; **to ~ an objection** einen Einwand zurückweisen [*o fig* abschmettern]; **to ~ rumours** Gerüchte zum Verstummen bringen *fig;* **to ~ a suggestion** einen Vorschlag ablehnen [*o* verwerfen] [*o fig* abschmettern]; **to ~ a bill** POL eine Gesetzesvorlage zu Fall bringen [*o* ablehnen] ③ LAW *(annul)* etw aufheben [*o* annullieren]; **to ~ a conviction/decision/sentence** einen Schuldspruch/Beschluss/ein Urteil aufheben *fachspr;* **to ~ an indictment** *in a criminal case* ein Verfahren einstellen, freisprechen *fachspr;* **to ~ a law** ein Gesetz für ungültig erklären [*o* außer Kraft setzen] *fachspr;* **to ~ the proceedings** *in a civil case* das Verfahren einstellen [*o* niederschlagen] *fachspr;* **to ~ a writ** eine gerichtliche [*o* richterliche] Anweisung aufheben [*o* für nichtig erklären] *fachspr*

quasi ['kweɪzaɪ, AM -saɪ] *adj attr, inv* Quasi-; **to be a ~ member** ein Quasimitglied sein

quasi- ['kweɪzaɪ, AM -saɪ] *in compounds* ① *(resembling) (religion, science)* Quasi-; *(philosophical, spiritual)* quasi-; *(official)* halb-; *(legislative)* -ähnlich; LAW *(partner, partnerhip)* Schein-; **~ contract** vertragsähnliches [Schuld]verhältnis *fachspr;* **~ contractual relationship** vertragsähnliches Rechtsverhältnis *fachspr;* **~ crime** verbrechensähnliches Delikt; **~ judicial functions** quasigerichtliche [*o* quasirichterliche] Aufgaben *fachspr;* **~ optical** PHYS quasioptisch *fachspr* ② *(pej: seeming) (intellectual, scientific)* pseudo- *pej*

quaternary [kwəˈtɜːnəri, AM 'kwɑːt̬ɚneri] *adj inv* quartär

quatrain ['kwɒtreɪn, AM 'kwɑː-] *n* LIT Vierzeiler *m,* Quatrain *nt o m fachspr*

quaver ['kweɪvəʳ, AM 'kweɪvɚ] **I.** *vi* ① *(shake) person, voice* zittern, beben; ***the little boy ~ed with fear*** der kleine Junge zitterte vor Angst; ***her voice ~ed*** ihre Stimme bebte ② *(utter)* mit zitternder Stimme sprechen ③ MUS *(sing)* trillern *fam,* mit Tremolo singen *fachspr,* tremolieren *fachspr;* *(sound) on organ, piano, string instrument* mit Tremolo spielen *fachspr,* tremolieren *fachspr* **II.** *n* ① *(shake)* Zittern *nt kein pl,* Beben *nt kein pl;* **a ~ in one's voice** ein Beben *nt* in der Stimme ② BRIT, AUS MUS *(note)* Achtelnote *f fachspr;* *(sound)* Tremolo *nt fachspr*

quavery ['kweɪvəri] *adj* zitternd, bebend

quay [kiː, AM *also* keɪ] *n* Kai *m,* Hafendamm *m,* Kaje *f* NORDD; NAUT **along the ~** längsseits des Kais, *fachspr* Kai

quayside **I.** *n* Kai *m,* Hafendamm *m,* Kaje *f* NORDD; **the bars at** [*or* **on**] **the ~** die Bars am Hafen **II.** *n modifier* Kai-, Hafen-

queasily ['kwiːzɪli] *adv* [über]empfindlich, [leicht] gereizt; ***his stomach tends to react ~*** sein Magen reagiert leicht mit Übelkeit

queasiness ['kwiːzɪnəs] *n no pl* ① *(sickness)* Übelkeit *f;* **a ~ in one's stomach** ein flaues Gefühl im Magen ② *(irritability)* [Über]empfindlichkeit *f*

queasy ['kwiːzi] *adj* ① *(easily upset) person, stomach* [über]empfindlich; **to be ~** [*or* **have a ~ stomach**] empfindlich sein, einen empfindlichen Magen haben ② *(upset)* übel *nach n,* schlecht *nach n fam;* ***he feels ~*** ihm ist übel; **a ~ feeling** ein Gefühl der Übelkeit [*o* flaues Gefühl im Magen]; **to have a ~ stomach** Magenbeschwerden haben ③ *(fig: uneasy)* **a ~ conscience** ein schlechtes Gewissen; **with a ~ conscience** mit Gewissensbissen; **to feel ~** [*or* **have a ~ feeling**] **about sth** ein ungutes [*o fig fam* mulmiges] Gefühl bei etw *dat* haben, sich *akk* bei etw *dat* nicht wohl fühlen

queen [kwiːn] **I.** *n* ① *(female monarch)* Königin *f;* **the ~ of England** die englische Königin, die Königin von England; ***Marie Antoinette was ~ to Louis XVI*** Marie Antoinette war die Gemahlin von Ludwig XVI; **the Q~ of Heaven** die Himmelskönigin ② *(fig: top lady)* Königin *f fig;* **beauty ~** Schönheitskönigin *f;* **carnival ~** Karnevalskönigin *f;* **Q~ of the May** Maikönigin *f;* **Venus, ~ of love** Venus, Göttin der Liebe ③ *(card)* **~ of hearts/diamonds** Herzkönigin/Karokönigin *f;* *(chess piece)* Dame *f* ④ *(pej fam: flamboyant gay man)* Schwuchtel *f pej sl,* Tunte *f oft pej sl;* **drag ~** Transvestit *m* **II.** *vt* ① *(make queen)* ■**to ~ sb** jdn [zur Königin] krönen ② *(chess)* **to ~ a pawn** einen Bauern in eine Dame verwandeln ③ *(fig, pej: behave affectedly)* **to ~ it** die große [*o* feine] Dame spielen *fig, pej;* *(behave dominatingly)* sich *akk* aufspielen *fig, pej;* **to ~ it over sb** sich *akk* gegenüber jdm aufspielen, jdn von oben herab behandeln *fig, pej*

Queen Anne's lace *n no pl esp* AM HORT wilde Möhre *fachspr* **queen ant** *n* Ameisenkönigin *f* **queen bee** *n* ① ZOOL *(fertile female)* Bienenkönigin *f fachspr* ② *(fig: leader)* tonangebende Frau *fig,* Frau *f* in exponierter Stellung [*o* herausragender Position]; *(fig, pej)* sich *akk* [überall] wichtig machende [*o* als etwas Besonderes aufspielende] Frau *pej* **queen dowager** *n* Königinwitwe *f*

queenly ['kwiːnli] *adj* ① *(belonging to a queen)* königlich; *(befitting a queen)* königlich, einer Königin geziemend *nach n geh;* **~ raiment** *(poet)* königliches Gewand *liter* ② *(like a queen)* königlich, wie eine Königin *nach n,* majestätisch; **to have a ~ appearance** aussehen wie eine Königin; **a ~ stance** eine königliche Haltung; **to give a ~ wave** majestätisch winken

Queen Mother *n* Königinmutter *f*

Queensberry rules [ˌkwiːnzbəriˈruːlz, AM beri'] *npl* BOXING Queensberry-Regeln *fpl*

Queen's Counsel *n* BRIT LAW Kronanwalt/Kronanwältin *m/f fachspr* **Queen's English** *n no pl* BRIT Standardenglisch *nt,* reines [*o* gutes] Englisch; **to speak the ~** die [englische] Hochsprache sprechen **Queen's evidence** *n no pl* BRIT LAW Aussage *f* des Kronzeugen/der Kronzeugin *fachspr;* **to turn ~** als Kronzeuge/Kronzeugin auftreten [*o* aussagen] *fachspr* **queenside** **I.** *n no pl (chess)* Damenflügel *m* **II.** *adj inv* auf dem [*o* über den] Damenflügel **queen-size** *adj,* **queen-sized** *adj* übergroß, mit Übergröße; **~ bed** französisches Bett, Bett *nt* mit Übergröße *(ca. 150 cm breit und 200 cm lang)* **Queen's Speech** *n* BRIT POL Thronrede *f fachspr,* Parlamentseröffnungsrede *f (von der Königin zur Eröffnung einer parlamentarischen Sitzungsperiode verlesene Regierungserklärung)* **queen wasp** *n* Wespenkönigin *f*

queer [kwɪəʳ, AM kwɪr] **I.** *adj* ① *(strange)* seltsam, merkwürdig, komisch; **a ~ fish** *(fig)* ein seltsamer Vogel [*o* komischer Kauz] *fig;* **to be** [**a bit**] **~ in the head** nicht [ganz] richtig im Kopf sein; **to have ~ ideas** [*or* **notions**] schräge Ideen [*o* merkwürdige Vorstellungen] haben; **to have a ~-sounding name** einen merkwürdig klingenden Namen haben ② *(usu pej: homosexual)* schwul *fam* ③ *(suspicious)* merkwürdig; ***there's something ~ about that house*** irgendetwas stimmt nicht mit diesem Haus ④ BRIT *(fam or dated: not well)* unwohl, schwach, komisch; *(giddy)* schwind[e]lig, schwumm[e]rig *fam;* ***suddenly she came over all ~*** plötzlich wurde ihr ganz komisch; **to feel rather ~** sich *akk* ziemlich daneben fühlen *sl* ▶ PHRASES: **to be in Q~ Street** BRIT *(old sl: in trouble)* in der Bredouille [*o* Tinte] [*o* in Schwulitäten] sein *fam;* *(in financial trouble)* in Geldnöten [*o* Zahlungsschwierigkeiten] sein **II.** *n (pej fam: homosexual)* Schwule(r) *m oft pej fam;* *female* Lesbe *f oft pej fam;* *male* warmer Bruder *pej fam* **III.** *vt (spoil)* ■**to ~ sth** *bargain, deal* etw verderben [*o fam* vermasseln] ▶ PHRASES: **to ~ sb's pitch** AUS, BRIT *(fig, pej fam)* jdm einen Strich durch die Rechnung machen [*o* die Tour vermasseln] [*o* die Suppe versalzen] *fig, pej fam*

queer-bashing *n* Verprügeln *nt* [*o fam* Aufmischen *nt*] von Schwulen

queerly ['kwɪəli, AM 'kwɪr] *adv* sonderbar, seltsam

quell [kwel] *vt* ① *(suppress)* ■**to ~ sth** *opposition, protest* etw [gewaltsam] unterdrücken [*o* ersticken]; *rebellion, revolt* etw niederschlagen [*o* niederwerfen] ② *(fig: subdue)* **to ~ one's anger** seinen Zorn bezwingen [*o* zügeln] *fig;* **to ~ one's passions** seine Leidenschaften bändigen [*o* zügeln] *fig;* *(overcome)* **to ~ one's fear** seine Angst überwinden ③ *(fig: quiet)* ■**to ~ sb** jdn beschwichtigen [*o* besänftigen]; **to ~ sb's anxieties/doubts/fears** jds Befürchtungen/Zweifel/Ängste zerstreuen; **to ~ sb's anger** jds Zorn besänftigen; **to ~ sb's feelings/passion** jds Gefühle/Leidenschaft bändigen [*o* zügeln]

quench [kwen(t)ʃ] *vt* ① *(also fig: put out)* ■**to ~ sth** *fire, flames* etw löschen; **to ~ sb's ardour/enthusiasm** *(fig)* jds Eifer/Begeisterung dämpfen ② *(also fig: satisfy)* ■**to ~ sth** etw befriedigen; **to ~ one's thirst** [**for knowledge**] seinen [Wissens]durst löschen [*o* stillen] *a. fig*

querulous ['kwerʊləs, AM -rjəl-] *adj* ① *(peevish)* missmutig, übellaunig, gereizt, unleidlich *veraltend;* **in a ~ voice** in gereiztem Ton ② *(complaining)* nörg[e]lig, queng[e]lig *fam,* ständig jammernd [*o* lamentierend]; **a ~ child/old man** ein quengeliges Kind/nörgeliger alter Mann; **a ~ person** ein Querulant/eine Querulantin

querulously ['kwerʊləsli, AM -rjəl-] *adv (peevishly)* gereizt; **to answer ~** gereizt antworten; **to discuss sth ~** etw in gereiztem Ton diskutieren; *(complainingly)* in queng[e]ligem [*o* nörg[e]ligem] [*o* lamentierendem] Ton

query ['kwɪəri, AM 'kwɪri] **I.** *n* ① *(also fig: question)* [zweifelnde] Frage, Rückfrage *f,* Zweifel *m fig;* **to have a ~ about** [*or* **concerning**] **sth** eine [Rück]frage zu etw *dat* haben; **to have a ~ for sb** eine [Rück]frage an jdn haben; **to put a ~** eine [Rück]frage stellen, nachfragen; **to raise a ~** eine Frage aufwerfen, Zweifel anmelden; **to settle a ~** eine [Rück]frage beantworten; **~, *when was the contract signed?*** Frage, wann wurde der Vertrag unterzeichnet?; **~, *if this would be acceptable*** die Frage ist, ob dies annehmbar wäre ② TYPO *(question mark) on printer's proof* [anzweifelndes] Fragezeichen *fachspr* ③ COMPUT Abfrage *f* **II.** *vt* <-ie-> *(form)* ① *(question)* ■**to ~ sth** etw in Frage stellen [*o* in Zweifel ziehen] [*o* bezweifeln]; ■**to ~ whether ...** bezweifeln, dass ...; ***"but is that really the case?" he queried*** „aber ist das wirklich so?", fragte er ② AM *(put questions to)* ■**to ~ sb** jdn befragen ③ TYPO *(mark)* ■**to ~ sth** *on printer's proof* etw mit einem [anzweifelnden] Fragezeichen versehen

quest [kwest] **I.** *n (also fig)* Suche *f* (**for** nach +*dat*); **a ~ for a treasure** eine Schatzsuche; **the ~ for the Holy Grail** die Suche nach dem Heiligen Gral; **~ for truth** Wahrheitssuche *f;* **in ~ of sth** auf der Suche nach etw *dat;* **to go in ~ of sb/sth** *(old liter)* sich *akk* auf die Suche nach jdm/etw begeben *geh* **II.** *vi (liter)* ■**to ~ after** [*or* **for**] **sb/sth** nach jdm/etw suchen

question ['kwestʃən] **I.** *n* ① *(inquiry)* Frage *f;* ***don't ask so many ~s*** frag nicht so viel; ***what a ~*** [***to ask***]! was für eine Frage!; ***they'll do what you tell them to do and no ~s asked*** sie machen das, was du ihnen sagst und stellen keine dummen Fragen; [***that's a***] ***good ~!*** [das ist eine] gute Frage!; **to put** [*or* **direct**] **a ~ to sb** jdm eine Frage stellen; **to beg the ~** die Frage aufwerfen; **in answer to your ~** um Ihre Frage zu beantworten; **a direct/indirect ~** LING direkte/indirekte Frage; **to pop the ~** jdm einen [Heirats]antrag machen ② *no pl (doubt)* Zweifel *m;* ***is there any ~ as to the feasibility?*** gibt es irgendwelche Zweifel darüber, ob das machbar ist?; ***there's no ~ about it*** keine Frage; **the time/place in ~** LAW besagte Zeit/besagter Ort; **to be beyond ~** außer Zweifel stehen; **to be open to ~** umstritten sein; **to call sth into ~** etw bezweifeln; **to come into ~** in Zweifel gezogen [*o* angezweifelt] werden; **without ~** zweifellos ③ *(matter)* Frage *f;* ***it's a ~ of life or death*** es geht um Leben und Tod; ***there's no ~ of a general strike*** von einem Streik kann keine Rede sein; **to raise a ~** eine Frage aufwerfen; **to be out of the ~** nicht in Frage kommen ④ SCH, UNIV *(test problem)* Frage *f,* Aufgabe *f;* **to do a ~** eine Frage [*o* Aufgabe] bearbeiten ❺ COMPUT Frage *f* **II.** *vt* ❶ (*ask*) ■**to ~ sb about sth** jdn über etw *akk* befragen ❷ (*interrogate*) ■**to ~ sb [about sth]** jdn [zu etw *dat*] verhören ❸ (*doubt*) ■**to ~ sth** etw bezweifeln [*o* in Zweifel ziehen]; *facts, findings* etw anzweifeln, an etw *akk* zweifeln ❹ SCH (*test*) **to ~ sb on sth** jdn in etw *akk* prüfen

questionable ['kwestʃənəbl] *adj* ❶ (*uncertain*) fraglich, zweifelhaft, ungewiss; **a ~ assumption/decision** eine zweifelhafte Behauptung/Entscheidung; **a ~ future** eine ungewisse Zukunft; ***it is ~ how reliable those statements are*** es ist fraglich, wie glaubwürdig diese Aussagen sind ❷ (*not respectable*) fragwürdig, zweifelhaft, bedenklich; **to do ~ business** bedenkliche Geschäfte machen; **a person of ~ character/reputation** eine Person von zweifelhaftem Charakter/Ansehen; **in a ~ company** in zweifelhafter Gesellschaft; **to live in a ~ neighbourhood** in einer anrüchigen Gegend wohnen; **a ~ offer/profit** ein fragwürdiges Angebot/fragwürdiger Gewinn; **to pursue ~ plans** bedenkliche Pläne verfolgen; **~ traditions** fragwürdige Traditionen *fpl*; ***some of his jokes were in ~ taste*** manche seiner Witze waren von etwas zweideutiger Natur

question-and-answer session [ˌkwestʃənən(d)'ɑːn(t)səˌseʃᵊn, AM -'æn(t)sɚ-] *n* Diskussionsrunde *f*; *with the press* Pressekonferenz *f*; ***the spokesman held a ~ with the press*** der Sprecher stellte sich den Fragen der Presse

questioner ['kwestʃənəʳ, AM -ɚ] *n* Fragesteller(in) *m(f)*

questioning ['kwestʃənɪŋ] **I.** *n no pl* Befragung *f*; LAW *by police* Verhör *nt*, Vernehmung *f fachspr*; **to be brought in for ~** ins Verhör genommen werden *fachspr*; **to be taken in [***or* **held for] ~** zwecks Verhör [*o* Vernehmung] in Haft genommen werden *fachspr*; ***the applicant was subjected to persistent ~*** der Bewerber wurde einer intensiven Befragung unterzogen **II.** *adj* fragend, forschend; **to have a ~ mind** einen forschenden Geist besitzen; **a ~ look** ein fragender Blick; **in a ~ voice** in fragendem Ton

questioningly ['kwestʃənɪŋli] *adv* fragend

question mark *n* ❶ TYPO (*symbol*) Fragezeichen *nt* ❷ (*fig: doubt*) Fragezeichen *nt fig*; ***there seems to hang a [big] ~ over his future*** seine Zukunft muss man wohl mit einem [großen] Fragezeichen versehen **question master** *n* BRIT Moderator (in) [bei einer Quizsendung] *m*, Quizmaster *m*

questionnaire [ˌkwestʃə'neəʳ, AM -'ner] **I.** *n* Fragebogen *m* **II.** *n modifier* [anhand] eines Fragebogens [*o* von Fragebögen] *nach n*; **~ analysis/construction** die Analyse/Erstellung von Fragebogen; **~ surveys** COMM, ECON Umfragen *fpl* anhand von Fragebögen

question time *n* Zeit *f* für Fragen, Diskussionszeit *f*; POL *in parliament* Fragestunde *f*

queue [kjuː] **I.** *n* BRIT, AUS ❶ (*line*) Schlange *f*, Reihe *f*; **a ~ of cars** eine Autoschlange [*o* Autokolonne]; **a ~ of people** eine Menschenschlange [*o* Warteschlange]; **to join the ~** sich *akk* mit anstellen; (*fig*) mit von der Partie sein *fig*; **to jump the ~** sich *akk* vordränge[l]n; *driver* aus der Kolonne ausscheren, aus der Reihe tanzen *fig*; **to stand [***or* **wait] in a ~** Schlange stehen, in einer Reihe warten, anstehen, sich *akk* anstellen; ***there was a long ~ for the toilets*** vor den Toiletten stand eine lange Schlange ❷ ECON (*of documents*) Unterlagenstapel *m*; ***his order went to the end of the ~*** seine Bestellung [*o* wanderte an das Ende des Stapels] landete zuunterst; **mortgage ~** Hypothekenwarteliste *f* ❸ (*number*) [ganze] Anzahl [*o* Reihe] ❹ (*old: braid of hair*) [Haar]zopf *m* ❺ COMPUT Warteschlange *f* **II.** *vi* anstehen, Schlange stehen, sich *akk* anstellen **III.** *vt* COMPUT ■**to ~ sth** etw in die Warteschlange einreihen

◆**queue up** *vi* BRIT ■**to ~ up [for sth]** *meat, tickets* sich *akk* [nach etw *dat*] anstellen, [nach etw *dat*] anstehen [*o* Schlange stehen]

queue-jumping *n no pl* BRIT Vordränge[l]n *nt*; *by driver* Kolonnenspringen *nt*

quibble ['kwɪbl] **I.** *n* ❶ (*pej: petty argument*) spitzfindiges [*o fig, pej* haarspalterisches] Argument, Spitzfindigkeit *f pej*; (*petty arguments*) Spitzfindigkeit *f pej*, Haarspalterei *f fig, pej*, Wortklauberei *f fig, pej* ❷ (*also pej: minor criticism*) Krittelei *f pej*, kleine [*o pej* kleinliche] Kritik, [kleiner] Kritikpunkt (**about/over/with** an +*dat*) **II.** *vi* ■**to ~ about [***or* **over] [***or* **with] sth** sich *akk* über [*o* um] etw *akk* streiten; ***no one would ~ with that*** das würde niemand bestreiten

quibbler ['kwɪbləʳ, AM -ɚ] *n* ❶ (*pej: petty arguer*) Streithahn *m fig, pej*, Querulant(in) *m(f) pej* ❷ (*over-critical person*) kleinlicher Kritiker/kleinliche Kritikerin *pej*, Nörgler(in) *m(f) pej*, Kritikaster *m pej*

quibbling ['kwɪblɪŋ] **I.** *n* (*pej*) Zankerei *f pej*, Streiterei *f pej*; ***quit your ~!*** hört auf zu streiten! **II.** *adj* (*pej: petty*) kleinlich *pej*, spitzfindig *pej*, haarspalterisch *fig, pej*; (*quarrelsome*) streitsüchtig

quiche <*pl* -> [kiːʃ] *n* Quiche *f*

quick [kwɪk] **I.** *adj* ❶ (*also fig: fast*) schnell, rasch, sofortig; **to be ~ about sth** sich *akk* mit etw *dat* beeilen, schnell mit etw *dat* machen; **~ as lightning [***or* **a flash]** schnell wie der Blitz *fig*; **a ~ decision** eine schnelle [*o* rasche] [*o* sofortige] Entscheidung; **to have a ~ drink/meal** [noch] schnell [*o* mal eben] etw trinken/essen; MIL **~ march** Eilmarsch *m fachspr*; ***~ march!*** im Gleichschritt, marsch! *fachspr*; **a ~ one** (*fig fam: drink*) ein Schluck *m* auf die Schnelle *fam*; (*sex*) ein Quickie *m fam*, eine schnelle Nummer *fig fam*; **to have a ~ one** (*fig fam*) *drink* einen auf die Schnelle kippen *fam*; *sex* eine schnelle Nummer schieben *fam*; **in ~ succession** in schneller [*o* rascher] [Ab]folge, schnell [*o* kurz] nacheinander; **to have a ~ temper** (*fig, pej*) ein rasch aufbrausendes Temperament haben, sich *akk* schnell aufregen; ***my boss needs a ~ answer*** mein Chef braucht eine rasche Antwort; ■**to be ~ to do sth** (*fig, usu pej*) rasch mit etw *dat* bei der Hand sein; ***he is always ~ to criticize*** mit Kritik ist er rasch bei der Hand ❷ (*short*) kurz; **to give sb a ~ call** jdn kurz anrufen; **to have a ~ look at sth** sich *dat* etw kurz ansehen; **to ask sb a ~ question** jdn [noch] kurz etw fragen, jdm eine kurze Frage stellen; **the ~est way** der kürzeste Weg; ***could I have a ~ word with you?*** könnte ich Sie kurz sprechen? ❸ (*hurried*) noch schnell [*o* kurz]; **to say a ~ goodbye/hello** noch schnell auf Wiedersehen/hallo sagen; **to give sb a ~ hug** jdn noch kurz umarmen ❹ (*alert*) [geistig] gewandt [*o* beweglich], intelligent, klug, scharfsinnig; **to have a ~ mind** ein kluger Kopf sein, einen scharfen Verstand [*o* wachen Geist] haben; **~ wit** Aufgewecktheit *f*; *in replying* Schlagfertigkeit *f fig*; ***she's a ~ girl*** sie ist ein aufgewecktes Mädchen; ***he's too ~ for me*** mit ihm kann ich nicht mithalten ► PHRASES: **to be ~ with child** (*old*) hochschwanger sein **II.** *adv* schnell, rasch; **as ~ as possible** so schnell wie möglich; **to get rich ~** schnell reich werden **III.** *interj* schnell **IV.** *n* ❶ (*sensitive part*) **to bite/cut nails to the ~** die Nägel bis auf das Nagelbett abbeißen/schneiden; **to cut sb to the ~** (*fig*) jdn bis ins Mark treffen *fig* ❷ (*liter: living persons*) **the ~ and the dead** die Lebenden und die Toten

quick-acting *adj* schnell wirksam; ■**to be ~** schnell [*o* sofort] wirken **quick-change artist** *n* THEAT Verwandlungskünstler(in) *m(f) fachspr*; (*fig*) Lebenskünstler(in) *m(f) fig*

quicken ['kwɪkᵊn] **I.** *vt* ❶ (*make faster*) ■**to ~ sth** etw beschleunigen; **to ~ one's steps/the pace** seine Schritte/das Tempo beschleunigen ❷ (*fig: awaken*) ■**to ~ sth** etw anregen [*o fig* wecken]; **to ~ sb's curiosity/interest** jds Neugier/Interesse wecken; **to ~ the imagination** die Fantasie anregen [*o fig geh* beflügeln] **II.** *vi* ❶ (*increase speed*) schneller werden; ***her heart ~ed*** ihr Herz schlug schneller; ***his pulse ~ed*** sein Pulsschlag erhöhte sich ❷ (*old or fig: become alive*) [wieder] aufleben [*o* aufblühen] *fig*, zu neuem Leben erwachen *fig*; *spirit* sich regen *fig*

◆**quicken up** **I.** *vt* **to ~ up the speed** die Geschwindigkeit beschleunigen **II.** *vi* schneller werden

quickfire *adj inv* Schnellfeuer-; **~ dialogue** Schlagabtausch *m*, Wortgefecht *nt fig*; **~ gun** MIL Schnellfeuergewehr *nt*; **to shoot ~ questions at sb** (*fig*) jdn mit Fragen bombardieren; **~ round** Schnellraterunde *f* **quick fix** *n* Notbehelf *m*, Notlösung *f*, Provisorium *nt* **quick-fix** *adj* Not-, notdürftig *attr*, behelfsmäßig *attr*, provisorisch *attr*; **~ solution** Notlösung *f*, provisorische Lösung **quick-freeze** <-froze, -frozen> *vt* ■**to ~ sth** etw tiefgefrieren **quick-frozen** *adj inv* tiefgefroren *attr*

quickie ['kwɪki] **I.** *n* ❶ (*fam: fast thing*) kurze Sache; ***this meeting will have to be a ~*** diese Besprechung müssen wir kurz halten *fam*; **to make it a ~** es [*o* die Sache] kurz machen ❷ (*fam: fast drink*) Schluck *m* [*o fig fam* einen] auf die Schnelle; **to have a ~** einen auf die Schnelle kippen *fig fam* ❸ (*fam: quick sex*) Quickie *m fam*, schnelle Nummer *fig fam* ❹ (*fam*) LAW Blitzscheidung *f* **II.** *adj* (*also pej fam*) Schnell-, schnell [erledigt [*o fig fam* hingehauen]]; **a ~ paper** ein schnell hingehauenes Referat; ***the movie was a ~ production*** der Film war eine Schnellproduktion; **a ~ divorce** eine schnelle und unkomplizierte Scheidung [*o* Scheidung im Schnellverfahren]

quickie divorce *n* LAW Blitzscheidung *f*

quicklime *n no pl* ungelöschter [*o* gebrannter] Kalk, Löschkalk *m*

quickly ['kwɪkli] *adv* schnell, rasch; **to read/work ~** schnell lesen/arbeiten; **to act ~** rasch handeln; ***he said goodbye ~*** er sagte noch schnell auf Wiedersehen; ***we'll have to walk ~*** wir müssen uns beeilen

quickness ['kwɪknəs] *n no pl* ❶ (*speed*) Schnelligkeit *f* ❷ (*fig, pej: temper*) Hitzigkeit *f fig, pej*; **~ of temper** rasch aufbrausendes Temperament [*o* Wesen] *fig, pej* ❸ (*approv: alertness*) Intelligenz *f*, [geistige] Beweglichkeit, schnelle Auffassungsgabe; **~ of mind** scharfer [*o* wacher] Verstand *fig*

quicksand *n no pl* GEOL Treibsand *m fachspr*; (*fig*) ***they ran into moral ~*** sie gerieten moralisch in die Bredouille **quicksilver** *n no pl* (*old*) *see* **mercury** Quecksilber *nt* **quickstep** **I.** *n no pl* ❶ (*dancing*) ■**the ~** der Quickstep ❷ MUS Quickstep *m*; ***the group played the ~*** die Band spielte einen Quickstep **II.** *vi* <-pp-> Quickstep tanzen **quick-tempered** *adj* [rasch] aufbrausend, hitzköpfig **quick-witted** *adj* (*alert*) aufgeweckt; (*quick in replying*) schlagfertig; **a ~ reply** eine schlagfertige Antwort

quid¹ <*pl* -> [kwɪd] *n* BRIT (*fam: money*) Pfund *nt*; ***could you lend me twenty ~, mate?*** kannst du mir zwanzig Piepen leihen? *fam*; ■**to be ~s in** (*fig*) dick drin sein, ein dickes Geschäft machen *fig fam*; **to not be the full ~** AUS (*fig, pej*) nicht ganz dicht [*o* bei Trost] sein *fig, pej fam*

quid² [kwɪd] *n* Stück *nt* Kautabak, Priem *m*

quid pro quo [ˌkwɪdprəʊ'kwəʊ, AM -proʊ'kwoʊ] *n* (*form*) ECON, LAW Gegenleistung *f*

quiescence [kwiː'esᵊn(t)s, kwaɪ'-, AM *esp* kwaɪ'-] *n no pl* (*form*) Ruhe *f*, Stille *f*

quiescent [kwiː'esᵊnt, kwaɪ'-, AM *esp* kwaɪ'-] *adj* (*form*) ruhig, still; COMPUT ruhig

quiet [kwaɪət] **I.** *adj* <-er, -est *or* more ~, most ~> ❶ (*not loud*) *voice, appliance, machine* leise; **to speak in a ~ voice** leise sprechen ❷ (*silent*) ruhig; ***please be ~*** Ruhe bitte!; **quiet ~** BRIT (*after lunch*) Nachmittagsruhe, f; **to keep ~** ruhig sein; ***they were told to keep ~*** ihnen wurde gesagt, dass sie still sein sollen; ***give the baby a bottle to keep her ~*** gibt mal dem Baby die Flasche, damit es nicht schreit; ***the new teacher can't keep the children ~*** der neue Lehrer hat die Kinder nicht im Griff; **a ~ corner/place** eine ruhige Ecke/ein ruhiger Platz; **in ~ contemplation** in stiller Betrachtung ❸ (*not talkative*) still; *person* schweigsam; *child* ruhig; ***you've been very ~ all evening — is anything the matter?*** du warst den ganzen Abend sehr ruhig – ist irgendwas?; **to keep ~ about sth** über etw *akk* Stillschweigen bewahren; ***if she knows something, she's keeping very ~ about it*** wenn sie etwas davon weiß, so sagt sie nichts darüber; **to keep sb ~** jdn zum Schweigen bringen ❹ (*secret*) heimlich; **to feel a ~ satisfaction** eine stille Genugtuung empfinden; **to have a ~ word with sb** mit jdm ein Wörtchen im Vertrauen reden *fam;* ***can I have a ~ word with you?*** könnte ich Sie [mal] unter vier Augen sprechen?; **to keep sth ~** etw für sich *akk* behalten ❺ (*not ostentatious*) schlicht; *clothes* dezent; *colour* gedämpft; ***they wanted a ~ wedding*** sie wollten eine Hochzeit in kleinem Rahmen ❻ (*not exciting*) geruhsam; ***it's a ~ peaceful little village*** es ist ein beschaulicher und friedlicher kleiner Ort; (*not busy*) *street, town* ruhig ▸ PHRASES: **anything for a ~ life!** seine Ruhe haben wollen; **as ~ as a mouse** mucksmäuschenstill, fam **II.** *n no pl* ❶ (*silence*) Stille *f;* ***let's have some ~!*** Ruhe bitte! ❷ (*lack of excitement*) Ruhe *f;* **peace and ~** Ruhe und Frieden; ***I just want peace and ~ for five minutes*** ich will nur fünf Minuten lang meine Ruhe haben; ***I go camping for some peace and ~*** ich gehe zelten, weil ich ein wenig Ruhe und Stille finden möchte ▸ PHRASES: **on the ~** heimlich; **to get married on the ~** in aller Stille heiraten **III.** *vt esp* AM ■**to ~ sb/sth** jdn/etw besänftigen; **to ~ children** Kinder zur Ruhe bringen **IV.** *vi esp* AM sich *akk* beruhigen

◆**quiet down** *vi vt* AM *see* **quieten down**

quieten ['kwaɪətᵊn] **I.** *vi* ❶ (*become quiet*) sich *akk* beruhigen ❷ (*become calm*) ruhiger werden **II.** *vt* ❶ (*make quiet*) ■**to ~ sb** jdn beruhigen; ***she went out to ~ the shouting children*** sie ging hinaus, um die kreischenden Kinder zur Ruhe zu ermahnen ❷ (*calm*) ■**to ~ sth** etw beruhigen; **to ~ sb's fears** jds Ängste zerstreuen; **to ~ tension** Spannung lösen

◆**quieten down I.** *vi* ❶ (*become quiet*) leiser werden; ***all right kids, I want everyone to ~ down please*** also, Kinder, nun seid mal bitte ein bisschen leiser! ❷ (*become calm*) sich *akk* beruhigen **II.** *vt* ■**to ~ down** ⊂ **sb** ❶ (*make less noisy*) jdn zur Ruhe bringen; ***go and ~ those children down*** gehen Sie und sagen diesen Kindern, sie sollen ein bisschen leise sein ❷ (*calm* [*down*]) jdn beruhigen

quietism ['kwaɪətɪzᵊm] *n no pl* PHILOS (*form*) Quietismus *m fachspr*

quietist ['kwaɪətɪst] REL **I.** *n* Quietist(in) *m(f)* **II.** *adj inv* quietistisch

quietly ['kwaɪətli] *adv* ❶ (*not loudly*) leise; ***he is a ~ spoken, thoughtful man*** er ist ein nachdenklicher Mann, der mit leiser Stimme spricht ❷ (*silently*) still; ***it's a fair cop — I'll come ~*** erwischt! – ich werde kein Theater machen und mitkommen *fam;* **to sit ~** still sitzen; **to wait ~** ruhig warten ❸ (*unobtrusively*) unauffällig; ***the plan has been ~ dropped*** der Plan wurde stillschweigend fallen gelassen; **to chuckle/laugh ~ to oneself** in sich *akk* hineinkichern/-lachen; **to be ~ confident** insgeheim überzeugt sein

quietness ['kwaɪətnəs] *n no pl* Ruhe *f;* (*silence*) Stille *f*

quietude ['kwaɪətju:d, AM *esp* -tu:d] *n no pl* (*form*) Ruhe *f,* Frieden *m;* **the ~ of the countryside** die Beschaulichkeit des Landlebens

quietus <*pl* -es> [kwar'i:təs, AM ţəs] *n* [befreiender] Tod, [erlösendes] Ende

quiff [kwɪf] *n* [Haar]tolle *f,* Stirnlocke *f*

quill [kwɪl] *n* ❶ (*feather*) Feder *f* ❷ (*of porcupine*) Stachel *m* ❸ (*pen*) Federkiel *m;* (*fig, hum*) Feder *f fig*

quill pen *n* Federkiel *m*

quilt [kwɪlt] **I.** *n* Steppdecke *f;* **patchwork ~** Patchworkdecke *f,* Quilt *m* **II.** *vt* ■**to ~ sth** etw [ab]steppen

quilted ['kwɪltɪd] *adj* gesteppt; **~ bedspread** Patchworkdecke *f,* Patchworküberwurf *m;* **~ dressing gown** gesteppter Morgenmantel; **~ jacket** Steppjacke *f*

quilting ['kwɪltɪŋ] *n no pl* Quilten *nt*

quilting bee *n* Quiltkränzchen *nt,* Quiltrunde *f*

quim [kwɪm] *n* BRIT (*vulg sl*) Möse *f vulg,* Fotze *f vulg*

quin [kwɪn] *n* BRIT (*fam*) *short for* **quintuplet** Fünfling *m*

quince [kwɪn(t)s] **I.** *n* Quitte *f;* (*tree also*) Quittenbaum *m* **II.** *n modifier* (*jam, jelly, tart*) Quitten-

quincentenery [ˌkwɪnsen'ti:nᵊri, AM kwɪn'sentəneri] *n* Fünfhundertjahrfeier *f;* **sth celebrates its ~** etw feiert sein fünfhundertjähriges Bestehen

quinine ['kwɪni:n, AM 'kwaɪnaɪn] *n no pl* Chinin *nt*

quinquennial [kwɪŋ'kweniəl, AM kwɪn'] *adj inv* fünfjährlich, alle fünf Jahre durchgeführt

quinquereme ['kwɪnkwəri:m] *n* NAUT, HIST Fünfdecker *m fachspr*

quinsy ['kwɪnzi] *n* Halsentzündung *f*

quint [kwɪnt] *n* AM (*fam*) *short for* **quintuplet** Fünfling *m*

quintessence [kwɪn'tesᵊn(t)s] *n no pl* Quintessenz *f geh;* (*imbodiment*) Inbegriff *m;* **to be the ~ of sth** etw verkörpern

quintessential [ˌkwɪntɪ'sen(t)ʃᵊl] *adj inv* (*form*) essentiell *geh,* wesentlich; ***this is the ~ English village*** dies ist der Inbegriff eines englischen Dorfes; ***the ~ Corsican meal*** korsische Küche pur

quintessentially [ˌkwɪntɪ'sen(t)ʃᵊli] *adv inv* (*form*) von Grund auf, durch und durch

quintet(te) [kwɪn'tet] *n* ❶ MUS Quintett *nt* ❷ COMPUT Fünf-Bit-Byte *nt*

quintuple ['kwɪntju:pḷ, AM kwɪn'tu:] **I.** *vi* sich *akk* verfünffachen **II.** *vt* ■**to ~ sth** etw verfünffachen

quintuplet [kwɪn'tju:plət, AM -'tʌplɪt] *n* Fünfling *m*

quip [kwɪp] **I.** *n* Bonmot *nt,* witzige [*o* geistreiche] Bemerkung **II.** *vi* <-pp-> witzeln

quire [kwaɪəʳ, AM kwaɪɚ] *n* TYPO ❶ (*24 sheets*) 24 Bogen Papier; **a book in ~s** ein Buch in Lagen, ein [noch] nicht gebundenes Buch ❷ (*single sheet*) Bogen *m*

quirk [kw3:k, AM kw3:rk] *n* ❶ (*odd habit*) Marotte *f,* Schrulle *f* ❷ (*oddity*) Merkwürdigkeit *f kein pl;* **by some strange** [*or* **an odd**] **~ of fate** durch eine [merkwürdige] Laune des Schicksals, wie das Leben eben manchmal so spielt

quirkiness ['kw3:kɪnəs, AM 'kw3:r] *n no pl* ❶ (*characteristic*) Schrulle *f* ❷ (*whimsicalness*) Schrulligkeit *f,* Schnurrigkeit *f,* kurioses [*o* marottenhaftes] Wesen ❸ (*wittiness*) geistreiche [*o* treffsichere] Art ❹ (*shrewdness*) Findigkeit *f,* trickreiche [*o* fintenreiche] Reaktionen *fpl*

quirky ['kw3:ki, AM 'kw3:rki] *adj* schrullig *fam*

quisling ['kwɪzlɪŋ] *n* Kollaborateur(in) *m(f),* Quisling *m veraltend*

quit <-tt-, quit *or* quitted, quit *or* quitted> [kwɪt] **I.** *vi* ❶ (*resign*) *worker* kündigen; *manager, official* zurücktreten; **to threaten to ~** mit einem Rücktritt drohen ❷ (*leave rented flat*) kündigen; **to give sb notice to ~** jdm kündigen ❸ COMPUT (*exit*) aussteigen ❹ (*give up*) aufgeben; AM (*fam: stop*) **~!** hör [damit] auf! **II.** *vt* ❶ *esp* AM (*stop*) ■**to ~ sth** mit etw *dat* aufhören; ***will you ~ that!*** wirst du wohl damit aufhören!; ■**to ~ doing sth** aufhören etw zu tun; ***~ wasting my time*** hör auf meine Zeit zu verschwenden; **to ~ smoking** (*as a habit*) das Rauchen aufgeben; (*put cigarette out*) zu rauchen aufhören ❷ (*give up*) ■**to ~ sth** etw aufgeben; **to ~ one's job** kündigen ❸ (*leave*) ■**to ~ sth** *building, place* etw verlassen; **to ~ London/one's home town** London/seine Heimatstadt verlassen; **to ~ a flat/room** eine Wohnung/einen Raum kündigen ❹ COMPUT (*end*) **to ~ the program** aus dem Programm aussteigen **III.** *adj pred, inv* (*rid*) ■**to be ~ of sth/sb** jdn/etw loswerden

quite [kwaɪt] *adv inv* ❶ (*fairly*) ziemlich *fam;* ***we had ~ a pleasant evening in the end*** schließlich war es doch noch ein recht netter Abend; ***I'm feeling ~ a bit better, thank you*** es geht mir schon viel besser, danke; ***that was ~ something!*** das war echt nicht schlecht!; (*fam*) ***that girl's ~ something!*** das Mädchen ist wirklich klasse! *fam;* ***I had to wait ~ a time*** ich musste ganz schön lange warten *fam;* **~ a distance away** ziemlich [*o fam* ganz schön] weit weg ❷ (*completely*) ganz, völlig; ***that's ~ out of the question*** das ist völlig ausgeschlossen; ***her new book is not ~ as good as her last one*** ihr neues Buch ist nicht ganz so gut wie ihr letztes; ***I don't ~ know what to say*** ich weiß nicht so recht, was ich sagen soll; ***I didn't ~ catch what he said*** ich habe nicht ganz mitbekommen, was er gesagt hat *fam;* ***I'm not ~ sure*** ich bin nicht ganz sicher; **~ different** ganz [*o* völlig] verschieden; **~ frankly** [*or* **honestly**] ganz ehrlich; **~ honestly, ...** ehrlich gesagt ...; **to be ~ frank** [*or* **honest**] um ganz ehrlich zu sein; **~ sure** ganz [*o* völlig] sicher; **~ wrong** völlig falsch

quits [kwɪtz] *adj pred, inv* quitt *fam;* (*fam*) **to be ~** [**with sb**] [mit jdm] quitt sein *fam;* **to call it ~** es gut sein lassen; ***let's just call it ~*** lassen wir es dabei bewenden

quitter ['kwɪtəʳ, AM -ţɚ] *n esp* AM *jdm, der schnell aufgibt;* **to be a ~** schnell aufgeben; ***I'm no ~*** ich werfe doch nicht gleich die Flinte ins Korn *fam;* ***are you calling me a ~?*** willst du sagen, dass ich gleich aufgebe?

quiver¹ ['kwɪvəʳ, AM -ɚ] **I.** *n* (*shiver*) Zittern *nt kein pl;* ***a ~ went down my spine*** mir lief ein kalter Schauder über den Rücken *geh;* **to send a ~ of excitement/fear through sb** jdn vor Erregung/Angst erschaudern lassen *geh* **II.** *vi* zittern; **to ~ with rage** vor Wut beben [*o* zittern]

quiver² ['kwɪvəʳ, AM -ɚ] *n* (*arrow holder*) Köcher *m*

qui vive [ˌki:'vi:v] *n* ▸ PHRASES: **on the ~** auf dem Quivive, auf der Hut

quixotic [kwɪk'sɒtɪk, AM -'sɑ:ţɪk] *adj* (*liter*) *personality* schwärmerisch; *idea, suggestion, vision* unrealistisch; *attempt* naiv; ***he's ~*** er ist ein Don Quichotte

quixotically [kwɪk'sɒtɪkᵊli, AM -'sɑ:ţɪk-] *adv* (*liter: idealistically*) schwärmerisch; (*unrealistically*) unrealistisch; (*naively*) naiv

quiz [kwɪz] **I.** *n* <*pl* -es> ❶ (*question game*) Quiz *nt,* Ratespiel *nt* ❷ AM SCH, UNIV (*test*) [kurze] Prüfung, Abfragen *nt kein pl;* **to start the class with a short ~** den Unterricht mit einer kleinen Prüfung beginnen; **pop ~** Ex[temporale] *f,* Stegreifübung *f veraltend* **II.** *n modifier* ❶ (*question*) Quiz-; **~ night** BRIT Quizabend *m;* **~ team** Rateteam *nt* ❷ AM SCH, UNIV (*question, results*) Prüfungs- **III.** *vt* ■**to ~ sb** ❶ (*question*) jdn befragen (**about** zu +*dat*) ❷ AM SCH, UNIV jdn prüfen (**on** über +*akk*)

quizmaster *n* Quizmaster *m* **quiz show** *n* Quizsendung *f*

quizzical ['kwɪzɪkᵊl] *adj* ❶ (*questioning*) fragend; **~ expression** zweifelnder [*o* fragender] Gesichtsausdruck; **~ look** fragender Blick ❷ (*teasing*) spöttisch, schelmisch

quizzically ['kwɪzɪkᵊli] *adv* ❶ (*questioningly*) fragend, zweifelnd ❷ (*teasingly*) spöttisch, schelmisch

quoin [kwɔɪn] *n* ARCHIT [vorspringende] Ecke; (*quoin stone*) Eckstein *m*

quoit [kwɔɪt] *n* ❶ (*dolmen*) Dolmen *m,* Steintischgrab *nt* ❷ ■**~s** *pl* (*game*) Wurfringspiel *nt;* **deck ~** *Wurfringspiel, das auf dem Deck eines Kreuzfahrtschiffs gespielt wird*

quokka ['kwɒkə, AM 'kwɑ:-] *n* [kleines] Wallaby

Quonset hut® ['kwɑ:n(t)sɪt,-] *n* AM Nissenhütte *f veraltend; see also* **Nissen hut**

quorate ['kwɔ:reɪt, AM 'kwɔ:rɪt] *adj inv* handlungsfähig; LAW beschlussfähig

quorum ['kwɔ:rəm] *n* ❶ (*in a society, gathering*) Quorum *nt geh* ❷ ECON, LAW beschlußfähige Anzahl; **to have a ~** beschlussfähig sein

quota ['kwəʊtə, AM 'kwoʊţə] *n* ❶ (*fixed amount*) Quote *f;* **export ~** Exportanteil *m,* Ausfuhrkontingent *nt;* **import ~** Einfuhrkontingent *nt;* **production ~** Produktionsquote *f* ❷ (*fig: proportion*) Quantum *nt,* Menge *f;* ***no more for me, thanks, I've had my ~*** für mich nichts mehr, danke, ich habe bereits mein Quantum

quotable ['kwəʊtəbl, AM 'kwoʊţə-] *adj* ❶ (*suitable for quoting*) zitierbar ❷ POL (*on the record*) für die Öffentlichkeit bestimmt

quotation [kwə(ʊ)'teɪʃᵊn, AM kwoʊ-] *n* ❶ (*from book, person*) Zitat *nt;* ■**a ~ from sb/sth** ein Zitat *nt* von jdm/aus etw *dat* ❷ *no pl* (*quoting*) Zitieren *nt* ❸ (*estimate*) Kostenvoranschlag *m;* ***I can give you a ~ tomorrow*** morgan kann ich Ihnen ein An-

Q

gebot machen ④ STOCKEX (*price of stock*) [Kurs]notierung *f*; ***what's today's ~ on BASF's shares?*** wie stehen die BASF-Aktien heute?

quotation marks *npl* Anführungszeichen *ntpl*; **to close/open ~s** Anführungszeichen oben/unten setzen

quote [kwəʊt, AM kwoʊt] **I.** *n* ① (*fam: quotation*) Zitat *nt* ② (*fam: quotation marks*) ■ **~s** *pl* Gänsefüßchen *ntpl fam* ③ (*fam: estimate*) Kostenvoranschlag *m*, [Preis]angebot *nt*; **to give sb a ~** jdm ein Angebot machen ▶ PHRASES: ~ [unquote] ***Mr Brown stated that, ~, …*** Hr. Brown meinte, ich zitiere …; (*implying disbelief*) ***they are ~, 'just good friends'*** sie sind – in Anführungszeichen – ‚nur gute Freunde' **II.** *vt* ① (*say words of*) ■ **to ~ sth/sb** jdn/etw zitieren; ■ **to ~ sb on sth** jdn zu etw *dat* zitieren; ***but don't ~ me on that!*** aber sag's nicht weiter! *fam* ② (*give*) ■ **to ~ a price** einen Preis nennen; ***the architect has ~d £3000 for it*** der Architekt hat dafür 3000 Pfund Sterling verlangt; **to ~ sb a price** jdm ein Angebot machen ③ STOCKEX etw notieren; ***shares ~d on the stock exchange*** Aktien, die an der Börse notiert sind ④ (*name*) ■ **to ~ sth** etw nennen; ***~ me one organization that …*** nenne mir eine Organisation, die … **III.** *vi* zitieren; **to ~ from memory** auswendig [*o* aus dem Kopf] zitieren; ■ **to ~ from sb** jdn zitieren; ■ **to ~ from sth** aus etw *dat* zitieren; ***he's always quoting from the Bible*** er bringt immer Zitate aus der Bibel

quote marks *npl* Anführungszeichen *ntpl*

quoth [kwəʊθ, AM kwoʊθ] *vt* (*old or hum*) ***"o woe, alas" ~ he*** „nun denn", sprach er *veraltet liter*

quotidian [kwə(ʊ)ˈtɪdiən, AM kwoʊ-] *adj inv* (*form*) [all]täglich; ***television has become part of ~ existence*** das Fernsehen ist zu einem festen Bestandteil des Alltags geworden

quotient [ˈkwəʊʃᵊnt, AM ˈkwoʊ-] *n also* MATH Quotient *m*

Qur'an *n see* **Koran**

q.v. [ˌkjuːˈviː] *abbrev of* **quod vide** s.d.

qwerty keyboard [ˌkwɜːtiˈ-, AM ˌkwɜːrt̬iˈ-] *n*, **QWERTY keyboard** *n* QWERTY-Tastatur *f* (*englische Standard-Computertastatur*)

R

r, R <*pl* -'s *or* -s> [ɑːʳ, AM ɑːr] *n* r, R *nt*

r *adv abbrev of* **right** re.

R¹ **I.** *n no pl* ① (*Queen*) *abbrev of* **Regina** Regina; ***Elizabeth ~*** Elizabeth Regina ② (*King*) *abbrev of* **Rex** Rex; ***George ~*** George Rex ③ *abbrev of* **river** I 1 **II.** *adj* ① *abbrev of* **right** re. ② *abbrev of* **Royal** königl.

R² [ɑːʳ] *adv* AM FILM *abbrev of* **Restricted**: **rated ~** nicht für Jugendliche unter 16 Jahren, nicht jugendfrei

R & D *n* COMPUT *abbrev of* **research and development**: **~ department** Forschungs- und Entwicklungsabteilung *f*

rabbi [ˈræbaɪ] *n* Rabbiner *m*; **Chief R~** Oberrabbiner *m*

rabbinical [rəˈbɪnɪkᵊl] *adj inv* rabbinisch

rabbit [ˈræbɪt] **I.** *n* ① (*animal*) Kaninchen *nt*; **a pet** [*or* **tame**] **~** ein Hauskaninchen *nt*; **to run like a frightened** [*or* **scared**] **~** wie ein erschrecktes Kaninchen davonlaufen; **wild ~** Wildkaninchen *nt*; **to breed like ~s** (*pej*) sich *akk* wie die Karnickel vermehren *pej* ② *no pl* (*meat*) Hase *m kein pl* ▶ PHRASES: **to pull a ~ out of the hat** einen Trumpf aus dem Ärmel schütteln *fam* **II.** *vi* BRIT, AUS (*pej fam*) quasseln *oft pej fam* (**about** über +*akk*), schwafeln *pej fam*; ***for goodness sake stop ~ing!*** jetzt hör' doch endlich mal mit dem Geschwafel auf! *fam*

rabbit burrow *n* Kaninchenbau *m* **rabbit food** *n* (*hum fam*) Hasenfutter *nt fam*, Grünfutter *nt fam* **rabbit fur** *n no pl* Kaninchenfell *nt* **rabbit hole** *n* Kaninchenbau *m* **rabbit hutch** *n* Kaninchenstall *m*, Hasenstall *m* **rabbit pie** *n* Hasenauflauf *m* **rabbit punch** *n* Nackenschlag *m*, Genickschlag *m* **rabbit skin** *n* Kaninchenfell *nt* **rabbit stew** *n no pl* Haseneintopf *m* **rabbit warren** *n* Kaninchenbau *m*; (*fig*) Labyrinth *nt fig*

rabble [ˈræbl] *n no pl* (*pej*) ① (*disorderly group*) ungeordneter Haufen *pej fam* ② (*mob*) ■ **the ~** der Mob *pej*, der Pöbel *pej*

rabble-rouser *n* Aufwiegler(in) *m(f)*, Aufwiegler(in) *m(f)*; ***Johnson was unpopular with the management because he was a well-known ~*** Johnson war bei der Führungsspitze unbeliebt, weil er die Anderen aufhetzte

rabble-rousing *adj inv* Hetz-, [auf]hetzerisch; **~ speech/oratory** Hetzrede *f*; **to make ~ speeches** Hetzreden halten, agitieren

Rabelaisian [ˌræbəˈleɪziən, AM ˈleɪʒᵊn] *adj inv* ① (*by Rabelais*) Rabelaissch ② (*in the manner of Rabelais*) Rabelaisisch

rabid [ˈræbɪd] *adj* ① (*esp pej: fanatical*) fanatisch; **a ~ critic** ein scharfer Kritiker/eine scharfe Kritikerin; **a ~ feminist** eine fanatische Feministin; **a ~ nationalist** ein radikaler Nationalist/eine radikale Nationalistin ② *inv* (*having rabies*) tollwütig

rabidly [ˈræbɪdli] *adv* (*esp pej*) fanatisch; **a ~ nationalistic newspaper** eine radikale nationalistische Zeitung

rabies [ˈreɪbiːz] **I.** *n + sing vb* Tollwut *f*; **to carry ~** Tollwut übertragen **II.** *n modifier* (*case, danger, warning*) Tollwut-; **~ injection** [*or* **shot**] Tollwutimpfung *f*

RAC <*pl* -> [ˌɑːreɪˈsiː] *n abbrev of* **Royal Automobile Club**: ■ **the ~** der RAC

raccoon [rəˈkuːn, ræ-, AM *esp* ræ-] **I.** *n* Waschbär(in) *m(f)* **II.** *n modifier* (*coat, fur, hat*) Waschbären-

race¹ [reɪs] **I.** *n* ① (*competition*) Rennen *nt*; **car/dog/horse ~** Auto-/Hunde-/Pferderennen *nt*; **cycle/motorcycle ~** Rad-/Motorradrennen *nt*; **cross-country/100-metre/obstacle ~** Gelände-/Hundertmeter-/Hindernislauf *m*; **egg-and-spoon ~** Eierlaufen *nt kein pl*; **pancake ~** Pfannkuchenrennen *nt* (*findet in England am Faschingsdienstag statt*); **road/track ~** Straßen-/Bahnrennen *nt*; **sack ~** Sackhüpfen *nt kein pl*; **three-legged ~** Dreibeinlauf *m*; **to go in for** [*or* **take part in**] **a ~** an einem Wettlauf teilnehmen; **to have** [*or* **run**] **a ~** einen Wettlauf machen; ***let's have a ~*** komm, wir laufen um die Wette; **to keep** [*or* **stay**] **in the ~** im Rennen bleiben *a. fig*; **to win/lose a ~** einen Wettkampf gewinnen/verlieren ② (*fig: contest*) Rennen *nt*; (*competition*) Wettkampf *m fig*; **a ~ against time** [*or* **the clock**] ein Wettlauf gegen die Uhr; ***the two are involved in a ~ for promotion*** die Zwei liefern sich ein Kopf-an-Kopf-Rennen um die Beförderung; **presidential ~** Präsidentenwahlkampf *m*; **the space ~** der Wettlauf im All *fig* ③ *no pl* (*rush*) Hetze *f*, Hektik *f*; ***it's always a ~ to get out of the house on time in the mornings*** in der Früh ist es immer eine Hetzerei, damit man rechtzeitig aus dem Haus kommt *pej fam* ④ SPORTS ■ **~s** *pl*, ■ **the ~s** das Pferderennen; **a day at the ~s** ein Tag *m* beim Pferderennen ⑤ (*fast-flowing water*) *river* Stromschnelle *f*; *sea* Strömung *f*; **mill ~** Mühl[en]bach *m* ⑥ COMPUT Zeitbedingung *f* **II.** *vi* ① (*compete*) *people, animals* Rennen laufen; *vehicles* Rennen fahren; ***I enjoy running for fun, but I refuse to ~*** ich laufe gern zum Vergnügen, aber ich weigere mich, an Wettläufen teilzunehmen; ■ **to ~ with sb** mit jdm um die Wette laufen; ■ **to ~ against sb** gegen jdn antreten ② (*rush*) rennen; ***the boys came racing across the playground*** die Jungen kamen über den Schulhof gerannt; ***she ~d for the bus*** sie rannte, um den Bus zu erreichen; **to ~ along** [*or* **down**] **the street** die Straße entlangrennen; **to ~ into the house** in das Haus rennen; **to ~ up the stairs** die Treppe hinaufrennen ③ (*pass quickly*) ■ **to ~ by** [*or* **past**] schnell vergehen; ***the summer seems to have ~d by*** der Sommer ist wie im Nu vergangen *fam* ④ (*beat fast*) *heart* heftig schlagen; *pulse* rasen **III.** *vt* ① ■ **to ~ sb** (*in competition*) gegen jdn antreten; (*for fun*) mit jdm ein Wettrennen machen; ***come on, I'll ~ you home*** los, wir laufen um die Wette bis nach Hause ② (*enter for races*) **to ~ a greyhound/horse** einen Greyhound/ein Pferd Rennen laufen lassen; **to ~ a car** an einem Autorennen teilnehmen ③ (*rev up*) **to ~ the car engine** den Motor hochjagen *sl* ④ (*transport fast*) ■ **to ~ sb somewhere** jdn schnellstmöglich irgendwohin bringen; ***the ambulance ~d the injured to hospital*** der Krankenwagen brachte den Verletzten mit Blaulicht ins Krankenhaus

race² [reɪs] *n* ① (*ethnic grouping*) Rasse *f*; **~ relations** Beziehungen *pl* zwischen den Rassen; **to be of mixed ~** gemischtrassig sein ② (*species*) **the human ~** die menschliche Rasse; (*of animals, plants*) Spezies *f*; ***crops which are resistant to different ~s of pest*** Getreidesorten, die gegen verschiedene Krankheiten resistent sind ③ + *sing/pl vb* (*people*) Volk *nt*; (*fig*) Gruppe *f*; ***the British are an island ~*** die Briten sind ein Inselvolk; **the French/Russian ~** die Franzosen/die Russen

racecard *n* Rennprogramm *nt* **race conflict** *n no pl* Rassenkonflikt *m* **racecourse** *n* Rennbahn *f* **racegoer** *n* Besucher(in) *m(f)* von Rennen; **sb is a keen ~** jd besucht gern Pferderennen **race hatred** *n no pl* Rassenhass *m* **racehorse** *n* Rennpferd *nt*; **a string of ~s** eine Gruppe von Rennpferden **race meet** *n* AM, **race meeting** *n* Rennen *nt*; **the ~ meeting at Ascot** das Pferderennen in Ascot

racer [ˈreɪsəʳ, AM -ɚ] *n* ① (*runner*) [Renn]läufer(in) *m(f)*; (*horse*) Rennpferd *nt* ② (*boat*) Rennboot *nt*; (*cycle*) Rennrad *nt*; (*car*) Rennwagen *m*; (*yacht*) Rennjacht *f*

race relations *npl* Beziehungen *fpl* zwischen den Rassen **race relations officer** *n* Beauftragte(r) *f(m)* für Rassenfragen *f(m)* **race riot** *n* Rassenunruhen *fpl* **racetrack** *n* ① (*racecourse*) Rennbahn *f*; *esp* AM (*for horses also*) Rennstrecke *f* ② (*racing complex*) Rennplatz *m*

racial [ˈreɪʃᵊl] *adj inv* ① (*to do with race*) rassisch, Rassen-; ***they lived in ~ harmony*** die verschiedenen Volksgruppen lebten in Frieden miteinander; **~ equality** Rassengleichheit *f*; **~ groups** rassische Gruppierungen *fpl*; **~ hatred** Rassenhass *m*; **~ minority** rassische Minderheit; **~ supremacy** Vormachtstellung *f* einer Rasse ② (*motivated by racism*) rassistisch; ***the attack was ~*** der Angriff war rassistisch motiviert; **~ discrimination/segregation** Rassendiskriminierung *f*/-trennung *f*; **~ prejudice** Vorurteile *ntpl* gegen eine Rasse

racialism [ˈreɪʃᵊlɪzᵊm] *n no pl* BRIT Rassismus *m*

racialist [ˈreɪʃᵊlɪst] BRIT **I.** *n* Rassist(in) *m(f)* **II.** *adj* rassistisch

racially [ˈreɪʃᵊli] *adv* ① (*ethnically*) rassisch; **~ mixed child** gemischtrassiges Kind; **a ~ mixed class/group** eine gemischtrassige Klasse/Gruppe ② (*by racism*) **~ motivated** rassistisch motiviert; **~ prejudiced** mit rassischen Vorurteilen

racial slur *n* rassistische Bemerkung

racily [ˈreɪsɪli] *adv* flott *fam*

raciness [ˈreɪsɪnəs] *n no pl* Draufgängertum *nt*; ***he was attractive, sporty-looking with a hint of ~*** er war attraktiv, sportlich und draufgängerisch

racing [ˈreɪsɪŋ] *n no pl* ① (*in horse racing: event*) Pferderennen *nt*; (*sport*) Pferderennsport *m*; **to go ~** an einem Pferderennen teilnehmen ② (*conducting races*) Rennen *nt*; **dog/greyhound ~** Hunde-/Greyhoundrennen *nt*; **motor/motorcycle ~** Auto-/Motorradrennen *nt*; **stock-car ~** Stock-Car-Rennen *nt*

racing bicycle *n*, **racing bike** *n* (*fam*) Rennrad *nt* **racing car** *n* Rennwagen *m* **racing driver** *n* Rennfahrer(in) *m(f)* **racing pigeon** *n* Brieftaube *f* **racing stable** *n* Rennstall *m* **racing start** *n* ECON Wettbewerbsvorteil *m*; **to have a ~** [**over sb**] einen Wettbewerbsvorteil [gegenüber jdm] haben **racing yacht** *n* Rennjacht *f*

racism [ˈreɪsɪzᵊm] *n no pl* Rassismus *m*; **institutionalized ~** behördlich sanktionierter Rassismus;

overt ~ offener Rassismus, unverhohlen rassistische Einstellung

racist ['reɪsɪst] **I.** *n* Rassist(in) *m(f)* **II.** *adj* rassistisch; ~ **attack** rassistisch motivierter Angriff; ~ **remark** rassistische Bemerkung

rack¹ [ræk] *n no pl* ~ **and ruin** Verfall *m;* **to go to ~ and ruin** verkommen, vor die Hunde gehen *fam;* ***the economy has gone to ~ and ruin*** die Wirtschaft is total heruntergekommen

rack² [ræk] *vt* **to ~ [off] wine/beer** Wein/Bier abfüllen

rack³ [ræk] **I.** *n* ① *(for storage)* Regal *nt;* **clothes** ~ AM Kleiderständer *m;* **luggage** ~ Gepäcknetz *nt;* **magazine/newspaper** ~ Zeitschriften-/Zeitungsständer *m;* **plate/toast** ~ Abtropf-/Toastständer *m;* **roof** ~ [Dach]gepäckträger *m;* **soap** ~ Seifenschale *f;* **towel** ~ Handtuchhalter *m;* **vegetable** ~ Gemüsekorb *m;* **wine** ~ Weinregal *nt;* **metal** ~ Metallständer *m;* **wire** ~ Drahtgestell *nt;* **wooden** ~ Holzregal *nt;* **~s of dresses/children's clothes** Ständer *mpl* mit Kleidern/Kinderkleidung; **off the** ~ AM von der Stange; ***I never buy dresses off the*** ~ ich kaufe nie Kleider von der Stange ② *(for torture)* Folterbank *f;* **to be on the** ~ *(fig)* Höllenqualen ausstehen *fam;* ***he was on the ~, following accusations of fraud*** als man ihm Bestechung vorwarf, durchlitt er wahre Höllenqualen; **to put sb on the** ~ *(fig)* jdn auf die Folter spannen ③ *(bar with teeth)* Zahnstange *f;* **~-and-pinion gearing** Zahnstangengetriebe *nt* ④ FOOD *(joint)* ~ **of lamb** Lammrippchen *ntpl* ⑤ COMPUT Rahmen *m* **II.** *vt* ① *(hurt)* ■**to ~ sb** jdn quälen [*o* plagen]; ***at the end, his cancer ~ed his body*** am Ende zerfraß der Krebs seinen Körper; **to be ~ed with doubts/pain** von Zweifeln/Schmerzen gequält [*o* geplagt] werden; **to be ~ed with guilt** von Gewissensbissen gequält werden, unter Gewissensbissen leiden ② *(afflict)* ■**to ~ sth** etw erschüttern; ***the violence that has ~ed the region*** die Welle der Gewalt, von der die Region heimgesucht wurde; ■**to be ~ed by** [*or* **with**] **sth** von etw *dat* erschüttert werden *fig* ▶ PHRASES: **to ~ one's brains** sich *dat* den Kopf zerbrechen [*o fam* zermartern], sich *dat* das Hirn zermartern *fam*

◆**rack up** *vt esp* AM ■**to ~ up** ↔ **sth** etw zu verzeichnen haben; ***the show has ~ed up 450 performances*** die Show hat es auf 450 Vorstellungen gebracht; **to ~ up losses** Verluste hinnehmen müssen

racket¹ ['rækɪt] **I.** *n* ① SPORTS Schläger *m,* Racket *nt;* **badminton** ~ Badmintonschläger *m,* Federballschläger *m;* **squash/tennis** ~ Squash-/Tennisschläger *m* ② *(game)* ■**~s** *pl* Racketball *nt kein pl* **II.** *n modifier (handle, strings)* Schläger-; ~ **abuse** Werfen *nt* des Schlägers; ~ **case** Schutzhülle *f* für den Schläger; ~ **press** Spanner *m*

racket² ['rækɪt] **I.** *n (fam)* ① *no pl (din)* Krach *m,* Lärm *m;* ***there was such a ~ going on outside, that …*** es war draußen so laut, dass …; ***stop that ~!*** hör(t) auf mit dem Krach!, jetzt ist aber Schluss mit dem Radau! *fam;* **to make** [*or* **kick up**] **a** ~ Krach machen *fam,* lärmen ② *(pej: dishonest scheme)* unsauberes Geschäft; ***telephone chat lines are a bit of a*** ~ Chat Lines sind ziemliche Halsabschneiderei *pej fam;* **drug-smuggling** ~ Drogengeschäft *nt;* **protection** ~ Schutzgelderpressung *f;* **to run a** ~ ein [einträgliches] Geschäft betreiben ③ *(hum: business)* Geschäft *nt;* **the advertising/insurance** ~ die Werbe-/Versicherungsbranche **II.** *vi* lärmen, Krach machen

racketeer [ˌrækɪ'tɪəʳ, AM -ə'tɪr] *n* Gauner(in) *m(f),* Betrüger(in) *m(f),* Gangster *m pej*

racketeering [ˌrækɪ'tɪərɪŋ, AM -ə'tɪr-] *n no pl* dunkle Machenschaften *pej*

racking ['rækɪŋ] *adj* fürchterlich, quälend *attr;* **a ~ headache** rasende Kopfschmerzen *mpl;* **a ~ toothache** entsetzliche Zahnschmerzen *mpl;* **a ~ pain** furchtbare [*o* quälende] Schmerzen *mpl*

rack rent *n* ECON ① *(high rent)* überhöhte Miete [*o* Pacht], Wuchermiete *f pej,* Wahnsinnsmiete *f pej fam* ② *(full yearly renty)* [volle] Jaresmiete [*o* Jahrespacht]

raconteur [ˌrækɒn'tɜːʳ, AM -ɑːn'tɜːr] *n* Geschichtenerzähler(in) *m(f),* Erzähler(in) *m(f)* von Anekdoten

racoon *n see* **raccoon**

racquet *n see* **racket¹**

racy ['reɪsi] *adj* ① *(risqué) behaviour, novel* anzüglich; **to tell ~ stories** schlüpfrige Geschichten erzählen *pej* ② *(sexy) clothing* gewagt; ~ **swimsuit** tiefausgeschnittener Badeanzug ③ *(lively and vigorous) person, image* draufgängerisch; *wine, car, yacht* rassig

rad [ræd] *adj inv* AM *(sl: wonderful)* toll *fam*

RADA ['rɑːdə] *n no pl, no art acr for* **Royal Academy of Dramatic Art** RADA *f,* Köngigliche Schauspielakademie

radar ['reɪdɑːʳ, AM -dɑːr] **I.** *n no pl* Radar *m o nt* **II.** *n modifier (screen, signal, station)* Radar-; ~ **contact** Radarerfassung *f;* ~ **operator** Bediener(in) *m(f)* eines Radargerätes; ~ **scanner** Radarsuchgerät *nt*

radar screen *n* **sth is on sb's ~** *(sb is aware of sth)* etw ist auf jds Festplatte gespeichert, jd hat etw auf dem Schirm

radar trap *n* Radarfalle *f;* **to be caught in a ~ trap** in eine Radarfalle geraten

raddle ['rædl] *n no pl* Rötel *m*

radial ['reɪdiəl] **I.** *adj inv* ① *(radiating)* strahlenförmig; ~ **road system** sternförmig angeordnetes Straßennetz ② TECH radial *fachspr,* Radial- *fachspr;* ~ **engine** Sternmotor *m;* ~ **symmetry** Radialsymmetrie *f fachspr* **II.** *n* Gürtelreifen *m*

radially ['reɪdiəli] *adj inv* sternförmig; BOT strahlig

radial tyre *n* Gürtelreifen *m*

radiance ['reɪdiən(t)s] *n no pl* ① *(glowing beauty)* Strahlen *nt;* ***the ~ of her smile*** ihr strahlendes Lächeln ② *(heat and light)* Leuchten *nt; of sun* strahlendes Licht

radiant ['reɪdiənt] *adj* ① *(happy)* strahlend *attr fig;* ***the bride looked ~*** die Braut strahlte vor Glück; **to be ~ with happiness/pride** vor Glück/Stolz strahlen; **a ~ smile** ein strahlendes Lächeln; ***he gave a ~ smile when he heard the news*** er strahlte, als er die Nachricht hörte ② *(splendid) weather, day* wunderschön, strahlend *attr fig* ③ *attr* PHYS *(shining)* Strahlungs-; ~ **energy** Strahlungsenergie *f;* ~ **heat** Strahlungswärme *f;* **the ~ heat of the sun** die gleißende Hitze der Sonne *geh;* ~ **heater** Heizsonne *f*

radiantly ['reɪdiəntli] *adv* strahlend *a. fig*

radiate ['reɪdieɪt] **I.** *vi* ① *(spread out)* ■**to ~ [from sth]** strahlenförmig [von etw *dat*] ausgehen; *roads* strahlenförmig [von etw *dat*] wegführen; ***flows of lava ~d from the volcano's crater*** Lavaströme flossen aus dem Vulkankrater in alle Richtungen ② *(be given off)* ■**to ~ from sth** von etw *dat* abstrahlen; *light, energy, bad vibes* etw austrahlen; ***a single beam of light ~d from the lighthouse*** vom Leuchtturm war ein einzelner Lichtstrahl zu sehen **II.** *vt (also fig)* ■**to ~ sth** etw ausstrahlen [*o* aussenden]; ***he was radiating joy and happiness*** er strahlte vor lauter Glück und Freude *fam;* ***she ~d health*** sie strotzte regelrecht vor Gesundheit; **to ~ energy/light** Energie/Licht ausstrahlen [*o* abgeben]; **to ~ heat** Hitze abstrahlen [*o* abgeben]

radiation [ˌreɪdi'eɪʃᵊn] *n no pl* ① *(radiated energy)* Strahlung *f;* **electromagnetic/radioactive/ultraviolet** ~ elektromagnetische/radioaktive/ultraviolette Strahlung; **harmful** ~ schädliche Strahlen *mpl;* **microwave** ~ Mikrowellenstrahlen *mpl* ② *(emitting)* Abstrahlen *nt;* **the ~ of heat/energy [from sth]** das Abstrahlen von Hitze/Energie [von etw *dat*] ③ *(conversion of electrical signals)* Ausstrahlung *f*

radiation burn *n* MED Strahlenverbrennung *f* **radiation sickness** *n no pl* Strahlenkrankheit *f* **radiation therapy** *n* Strahlentherapie *f*

radiator ['reɪdieɪtəʳ, AM -t̬ə] **I.** *n* ① *(heating device)* Heizkörper *m,* Radiator *m selten* ② *(to cool engine)* Kühler *m* **II.** *n modifier (fluid, parts)* Kühler-; ~ **cap** Kühlerverschlussdeckel *m;* ~ **grill[e]** Kühlergrill *m*

radical ['rædɪkᵊl] **I.** *adj* ① POL radikal; ~ **activist** radikaler Aktivist/radikale Aktivistin; ~ **bookshop/newspaper** radikaler Buchladen/radikale Zeitung; ~ **feminist** radikale Feministin; **the ~ left/right** die radikale [*o* äußerste] Linke/Rechte; ~ **views** radikale [*o* extreme] Ansichten; **the ~ wing of the party** der radikale Parteiflügel ② *(fundamental)* fundamental, total; ***we need to take a ~ look at our operating procedures*** wir müssen unsere Vorgehensweise nochmals eingehend überprüfen; **to make some ~ changes** tiefgreifende [*o* weitreichende] Veränderungen vornehmen; ~ **difference** grundlegender [*o* fundamentaler] Unterschied; ~ **measures** tiefgreifende [*o* grundlegende] Maßnahmen; **a ~ restructuring of a company** eine völlige Umstrukturierung einer Firma; **a ~ transformation** ein grundlegender Wandel ③ MED radikal; ~ **surgery** Radikaloperation *f;* **to undergo ~ surgery** sich *akk* einer Totaloperation unterziehen **II.** *n* ① *(person)* Radikale(r) *f(m);* **left-wing** ~ radikale(r) Linke(r) *f(m);* **right-wing** ~ radikale(r) Rechte(r) *f(m)* ② CHEM Radikal *nt*

radicalism ['rædɪkᵊlɪzᵊm] *n no pl* Radikalismus *m*

radically ['rædɪkᵊli] *adv* radikal, völlig; *(fundamentally)* grundlegend; ~ **new ideas** völlig neue Ideen; **to change sth ~** etw von Grund auf ändern

radicle ['rædɪkl] *n* ① BOT Keimwurzel *f* ② ANAT Wurzel *f*

radii ['reɪdiaɪ] *n pl of* **radius**

radio ['reɪdiəʊ, AM -oʊ] **I.** *n* ① *(receiving device)* Radio *nt* SÜDD, ÖSTERR, SCHWEIZ *a. m;* **car** ~ Autoradio *nt;* **portable** ~ tragbares Radio[gerät]; **transistor** ~ Transistorgerät *nt;* **to turn** [*or* **switch**] **the ~ on/off** das Radio auf-/abdrehen; ***the ~ was turned up to full volume*** das Radio spielte mit voller Lautstärke ② *(transmitter and receiver)* Funkgerät *nt;* **ship's ~** Schiffsfunk ~ *m;* **on** [*or* **over**] **the ~** über Funk ③ *no pl (broadcasting)* Radio *nt,* [Rund]funk *m;* ***he's got a job in ~*** er arbeitet beim Radio; **to listen to the ~** Radio hören; ***did you hear the news on the ~ this morning?*** hast du heute morgen die Radionachrichten gehört?; **on the ~** im Radio; ***what's on the ~?*** was kommt im Radio? *fam;* *(in names of stations)* **R~ Bristol/Moscow** *esp* BRIT Radio Bristol/Moskau ④ *no pl (medium)* Funk *m;* **to receive a message by ~** einen Funkspruch empfangen **II.** *n modifier* ① *(of communications) (frequency, receiver, signal)* Funk-; ~ **beam** Funkleitstrahl *m;* ~ **navigation** Funknavigation *f;* ~ **telephone** Funktelefon *nt;* ~ **waves** Funkwellen *pl* ② *(of broadcasting) (broadcast, commercial, network)* Radio-; ~ **commentator** Rundfunkkommentator(in) *m(f)* **III.** *vt* ① *(call on radio)* ■**to ~ sb/sth** jdm/etw funken; *base, shore* jdn/etw anfunken ② *(send by radio)* ■**to ~ sth** etw funken [*o* über Funk mitteilen]; ***we ~ed our position to the Coastguard*** wir gaben unsere Position über Funk an die Küstenwache durch **IV.** *vi* funken, sich *akk* über Funk melden; **to ~ for help/assistance** über Funk Hilfe/Unterstützung anfordern

radioactive [ˌreɪdiəʊ'æktɪv, AM -oʊ'-] *adj* radioaktiv; ~ **cloud** radioaktive Wolke; ~ **decay** Zerfall *m* radioaktiven Materials; ~ **dust/fallout** radioaktiver Staub/Niederschlag; ~ **isotope/material** radioaktives Isotop/Material; ~ **waste** radioaktiver Abfall, Atommüll *m*

radioactivity [ˌreɪdiəʊæk'tɪvəti, AM -oʊæk'tɪvət̬i] *n no pl* Radioaktivität *f*

radio alarm *n,* **radio alarm clock** *n* Radiowecker *m* **radio announcer** *n* Rundfunk-/Radiosprecher(in) *m(f)* **radio beacon** *n* Funkfeuer *nt,* Funkbake *f fachspr* **radio broadcast** *n* Radiosendung *f,* Rundfunksendung *f* **radiocarbon** *n no pl* PHYS Radiokarbon *nt* **radiocarbon dating** *n no pl* Radiokarbonmethode *f* **radio cassette recorder** *n* Radiorecorder *m* **radio communication** *n* TELEC ① *no pl (connection)* Funkverbindung *f* ② ■**~s** *pl (communication)* Funkverkehr *m* **radio contact** *n* Funkkontakt *m* **radio-controlled** *adj inv* ferngesteuert, ferngelenkt; **a ~ car** ein Auto mit Fernsteuerung **radio engineer** *n* Rundfunktechniker(in) *m(f)*

radiogram ['reɪdiə(ʊ)græm, AM -oʊ-] *n* ① *short for* **radio telegram** Funktelegramm *nt* ② BRIT (*dated*) *short for* **radiogramophone** Musiktruhe *f veraltet*

radiogramophone [ˌreɪdiəʊˈɡræməfəʊn] *n* BRIT (*dated*) Musiktruhe *f veraltet*

radiograph [ˈreɪdiə(ʊ)ɡrɑːf, AM -oʊɡræf] *n* Röntgenbild *nt,* Röntgenaufnahme *f*

radiographer [ˌreɪdiˈɒɡrəfəʳ, AM -ˈɑːɡrəfɚ] *n* Röntgenassistent(in) *m(f)*

radiography [ˌreɪdiˈɒɡrəfi, AM -ˈɑːɡrə-] **I.** *n* Röntgenographie *f* **II.** *n modifier* ***I was sent to the ~ unit*** ich wurde zum Röntgen geschickt

radio ham *n* Funkamateur(in) *m(f)*

radioisotope [ˌreɪdiəʊˈaɪsətəʊp, AM oʊˈaɪsətoʊp] *n* CHEM Radioisotop *n fachspr*

radiological [ˌreɪdiəʊˈlɒdʒɪkəl, AM oʊˈlɑː] *adj inv* PHYS, MED radiologisch *fachspr,* Röntgen-

radiologist [ˌreɪdiˈɒlədʒɪst, AM -ˈɑːlə-] *n* Radiologe, -in *m, f*

radiology [ˌreɪdiˈɒlədʒi, AM -ˈɑːlə-] *n no pl* Radiologie *f*

radio operator *n* Funker(in) *m(f)* **radio play** *n* Hörspiel *nt* **radio programme** *n* ① (*broadcast*) Rundfunkprogramm *nt,* Radioprogramm *nt,* Programm *nt* im Radio ② (*dated: radio channel*) [Radio]sender *m*

radioscopy [ˌreɪdiˈɒskəpi, AM -ˈɑːskə-] *n no pl* MED Radioskopie *f fachspr*

radio set *n* Radioapparat *m,* Rundfunkgerät *nt* **radio show** *n* Radioshow *f* **radio silence** *n no pl* Funkstille *f* **radio station** *n* ① (*radio channel*) Radiosender *m;* **commercial/independent/local ~** kommerzieller/unabhängiger/lokaler Radiosender; **pirate ~** Piratensender *m;* **to tune in to a ~** einen Sender einschalten ② (*building*) Rundfunkstation *f* **radio-telephone** *n* Funktelefon *nt* **radiotelephony** *n no pl* Funktelefonie *f* **radio telescope** *n* Radioteleskop *nt* **radiotherapy** *n no pl* Strahlentherapie *f* **radio transmitter** *n* Funkgerät *nt* **radio wave** *n* Radiowelle *f*

radish <*pl* -es> [ˈrædɪʃ] *n* Rettich *m;* **black ~** schwarzer Rettich; **red ~** Radieschen *nt;* **white ~** Rettich *m*

radium [ˈreɪdiəm] *n no pl* Radium *nt*

radium therapy *n,* **radium treatment** *n* Radiumtherapie *f*

radius <*pl* -dii> [ˈreɪdiəs, *pl* -diaɪ] *n* ① MATH Radius *m* ② (*distance from centre*) Radius *m;* ***within a ~ of 10 miles*** in einem Umkreis von 10 Meilen; **~ of action** Aktionsradius *m,* Wirkungsbereich *m* ③ ANAT Speiche *f*

radon [ˈreɪdɒn, AM dɑːn] *n no pl* CHEM Radon *nt*

RAF [ˌɑːrˈeɪˈef, AM ˌɑːr-] *n abbrev of* **Royal Air Force:** ■**the ~** die R.A.F.; **~ base** R.A.F.-Stützpunkt *m*

Rafferty's rule [ˈræfətiz-] *n* AUS (*sl*) Saftladen *m sl*

raffia [ˈræfiə] **I.** *n no pl* Raphia[bast] *m* **II.** *n modifier* (*basket, hat, mat*) Raphia-; **~ work** (*of activity*) Raphiabastarbeit *f;* (*of result*) Arbeiten aus Raphiabast

raffish [ˈræfɪʃ] *adj* ① (*rakish*) flott *fam,* verwegen ② (*disreputable*) *area, place* verrufen, mit schlechtem Ruf *nach n;* ***she seems to have had a ~ past*** sie scheint ja eine Frau mit zweifelhafter Vergangenheit zu sein

raffishness [ˈræfɪʃnəs] *n no pl* Verwegenheit *f*

raffle [ˈræfl] **I.** *n* Tombola *f,* Verlosung *f;* **prize in a ~** Preis *m* bei der Tombola **II.** *vt* ■**to ~ sth** etw verlosen

◆**raffle off** *vt* ■**to ~ off** ◌ **sth** etw verlosen

raffle ticket *n* Los *nt* (*für die Tombola*)

rafia *n see* **raffia**

raft¹ [rɑːft, AM ræft] **I.** *n* (*vessel*) Floß *nt;* **rubber ~** Schlauchboot *nt;* **inflatable ~** aufblasbares Schlauchboot **II.** *vi* an einem Rafting teilnehmen **III.** *vt* ■**to ~ sth** etw auf einem Floß transportieren

raft² [rɑːft, AM ræft] *n esp* AM (*large number*) ■**a ~ of sth** eine [ganze] Menge einer S. *gen;* **a ~ of papers** ein Riesenstapel an Unterlagen *fam;* ***we have designed a whole ~ of measures to improve the system*** wir haben einen ganzen Maßnahmenkatalog erstellt, um das System zu verbessern

rafter¹ [ˈrɑːftəʳ, AM ˈræftɚ] *n* ARCHIT Dachsparren *m* ► PHRASES: **to make the ~s ring** Krach machen, dass sich die Balken biegen *fam*

rafter² [ˈrɑːftəʳ, AM ˈræftɚ] *n* (*sb using a raft*) Rafter(in) *m(f)*

rafting [ˈrɑːftɪŋ, AM ˈræft-] *n no pl* Rafting *nt;* **white-water ~** Wildwasserrafting *nt*

rag¹ [ræɡ] *n* ① (*old cloth*) Lumpen *m;* (*for cleaning*) Lappen *m,* ÖSTERR Fetzen *m;* (*for dust*) Staubtuch *nt,* Staublappen *m* ② (*worn-out clothes*) ■**~s** *pl* Lumpen *mpl pej,* Fetzen *mpl pej fam;* **to be dressed in ~s** in Lumpen herumlaufen *pej* ③ (*fig: remnants*) ■**~s** *pl* Reste *mpl;* **the ~s of one's pride/self-esteem** das letzte bisschen Stolz/Selbstachtung ④ (*pej fam: newspaper*) Käseblatt *nt pej fam,* Schmierblatt *nt* ÖSTERR *pej fam,* Schundblatt *nt pej;* **local ~** Lokalblättchen *nt pej fam* ► PHRASES: **to be like a red ~ to a bull** [**to sb**] [jdm] ein rotes Tuch sein; **to go from ~s to riches** vom Tellerwäscher zum Millionär werden; **to be in ~s and tatters** in zerschlissenen Lumpen herumlaufen *pej;* **to feel like a wet ~** (*fam*) sich *akk* wie ein nasser Sack fühlen *fam;* **to be in ~s** zerlumpt sein; **to be on the ~** AM (*sl*) die Regel haben

rag² [ræɡ] **I.** *n* BRIT (*students' fund-raising event*) *studentische karnevalistische Veranstaltung, um Spenden für wohltätige Zwecke zu sammeln;* **~ day/week** *Zeit, in der die Studenten nach Aufführungen für wohltätige Zwecke sammeln* **II.** *vt* <-gg-> (*fam*) ■**to ~ sb** jdn aufziehen (**about** wegen +*gen*) **III.** *vi* <-gg-> AM (*sl*) ■**to ~ on sb** jdn nerven *sl;* (*scold*) auf jdm herumhacken *fam*

rag³ [ræɡ] *n* Ragtime *m*

raga [ˈrɑːɡə] *n* MUS Raga *m*

ragamuffin [ˈræɡəˌmʊfɪn] *n* (*fam or dated*) Dreckspatz *m fam;* ***you little ~*** du kleiner Schmutzfink *fam*

rag and bone man *n* BRIT (*dated*) Lumpensammler *m veraltet* **ragbag** **I.** *n* Sammelsurium *nt* **II.** *adj attr, inv* **~ collection** bunte Mischung, Sammelsurium *nt* **rag book** *n Bilderbuch mit Stoffseiten* **rag doll** *n* Stoffpuppe *f*

rage [reɪdʒ] **I.** *n* ① *no pl* (*violent anger*) Wut *f,* Zorn *m;* **to react with ~ to sth** wütend auf etw *akk* reagieren; **in ~** wutentbrannt, zornig; ***she screamed at them in ~*** sie schrie sie voller Zorn Jungen an ② (*fit of anger*) **a towering ~** rasende [*o* unbändige] Wut, Tobsuchtsanfall *m;* **to be in a ~** wütend sein, toben; **to get in a ~** sich *akk* aufregen (**about** über +*akk*) ③ (*mania*) ***why this sudden ~ for Australian films?*** warum sind australische Filme plötzlich so modern?; **to be** [**all**] **the ~** der letzte Schrei sein *fam* ④ AUS (*fam: lively event*) Knüller *m fam;* ***the party was a ~*** auf der Party ging's echt ab *sl,* das war eine Wahnsinnsparty *sl* **II.** *vi* ① (*express fury*) toben; ■**to ~ at sb** jdn anschreien; ■**to ~ at sth** sich *akk* über etw *akk* aufregen; ■**to ~ against sth** gegen etw *akk* wettern *fam,* heftig gegen etw *akk* aufbegehren *geh;* ***he ~d against fate*** er haderte heftig mit dem Schicksal *geh* ② (*continue violently*) *argument, debate* toben; *battle, war, storm* toben; *epidemic, fire* wüten; ***the fire is raging through the forest*** die Feuerwand rast durch den Wald; ***a hurricane was raging in the west*** ein Hurrikan fegte über den Westen des Landes

ragga [ˈræɡə] *n* Ragga *m* (*Musikstil, Kombination aus Reggae und Rap*)

raggamuffin [ˈræɡəˌmʌfɪn] *n* ① (*child*) [schmutziges] Gassenkind ② (*person in rags*) Gossenköter *m fig derb,* Vogelscheuche *f fig* ③ *no pl* (*music*) Ragamuffin *m*

ragged [ˈræɡɪd] *adj* ① (*torn*) *clothes* zerlumpt, zerfetzt, zerissen; *cuffs, hem* ausgefranzt ② (*wearing worn clothes*) *children* zerlumpt; **~ appearance** verlottertes Erscheinungsbild *pej;* **~ tramp** abgerissener Landstreicher ③ (*jagged*) **~ coastline** zerklüftete Küste; ***the leaves of this plant have ~ edges*** die Blätter dieser Pflanze haben gezackte Ränder; (*irregular*) abgehackt; ***the patient's breathing was ~ and uneven*** der Patient atmete stoßweise und unregelmäßig ④ (*disorderly*) *people, group* unorganisiert; *esp in sports* stümperhaft; *rooms* unordentlich; *hair* zottig; ***a ~ line of people*** ein Menschenhaufen ⑤ COMPUT ausgefranst ► PHRASES: **to run sb ~** (*fam*) jdn schlauchen *fam*

raggedly [ˈræɡɪdli] *adv* ① (*in torn clothes*) abgerissen; ***the old tramp was ~ dressed*** der alte Penner kam völlig zerlumpt daher *fam* ② (*in a disorganized manner*) chaotisch ③ (*irregularly*) unregelmäßig; ***the patient was breathing ~*** der Patient atmete stoßweise

raggedness [ˈræɡɪdnəs] *n no pl* ① (*torn condition*) Abgerissenheit *f* ② (*shaggy appearance*) zerlumptes Aussehen; ***she was shocked by his ~*** sie war schockiert, wie abgerissen er aussah ③ (*irregularity*) Unregelmäßigkeit *f* ④ (*disorderliness*) Uneinheitlichkeit *f*

ragged robin *n* Kuckuckslichtnelke *f*

raging [ˈreɪdʒɪŋ] *adj* ① GEOG (*flowing fast*) reißend *attr;* ***the rains had turned the stream into a ~ torrent*** die Regenfälle hatten den Bach in einen reißenden Strom verwandelt; **the ~ floodwaters** die reißenden Fluten ② (*burning fiercely*) *fire* lodernd *attr;* **a ~ inferno** ein flammendes Inferno ③ METEO (*very violent*) tobend *attr;* **a ~ blizzard/gale** ein tobender Schneesturm/Sturm; **the ~ sea** die tosende See; **a ~ storm** ein heftiges Unwetter ④ (*severe*) rasend; **a ~ fever** wahnsinniges Fieber *fam;* **a ~ headache/toothache** rasende Kopf-/Zahnschmerzen *mpl;* **to have a ~ temperature** sehr hohes Fieber haben; **~ thirst** schrecklicher Durst ⑤ (*fam: extreme*) äußerst; **a ~ bore** ein totaler Langweiler *fam;* **a ~ success** ein voller Erfolg

raglan [ˈræɡlən] *adj inv* ① (*material*) Raglan-; **~ sleeve** Raglanärmel *m* ② (*with raglan sleeves*) **~ blouse/jacket/pullover** Bluse *f*/Jacke *f*/Pullover *m* mit Raglanärmeln

raglan-sleeved *adj inv* mit Raglanärmeln *nach n*

rag mag *n* BRIT *Studentenzeitung mit oft derben Witzen und Cartoons* **ragman** *n* AM Altwarenhändler *m,* Gebrauchtwarenhändler *m*

ragout [ræɡˈuː] *n no pl* Ragout *nt;* **~ of veal** Kalbsragout *nt*

rag rug *n* Flickenteppich *m,* Fleckerlteppich *m* SÜDD, ÖSTERR **rags-to-riches** *adj inv* **to tell a ~ story** die Geschichte vom Tellerwäscher erzählen, der zum Millionär wurde **ragtag** **I.** *n* Pöbel *m kein pl pej,* Gesindel *nt kein pl pej,* das gemeine Volk *kein pl veraltend fam;* **~ and bobtail** Hinz und Kunz *pej fam,* Krethi und Plethi *pej geh* **II.** *adj* pöbelhaft; ***a ~ crowd gathered outside the factory gates*** eine lärmende und pöbelnde Menge sammelte sich vor den Fabriktoren **ragtime** **I.** *n no pl* Ragtime *m* **II.** *n modifier* (*band, composer, concert*) Ragtime-; **~ music** Ragtime *m;* **~ beat** Ragtimerhythmus *m* **rag trade** *n* (*sl*) ■**the ~** die Fetzenindustrie *pej fam;* ***her dad's in the ~*** ihr Vater hat irgendwas mit Klamotten zu tun *sl,* ihr Vater ist im Fetzengeschäft *pej fam*

ragwort <*pl* – *or* -s> [ˈræɡwɜːt, AM wɜːrt] *n* BOT [Jakobs]kreuzkraut *nt*

rah-rah [ˈrɑːrɑː] *adj attr* AM (*fam: showing great enthusiasm*) überschwänglich; (*uncritical*) überenthusiastisch *pej*

raid [reɪd] **I.** *n* ① (*military attack*) Angriff *m;* **air/bombing ~** Luft-/Bombenangriff *m;* **a daring ~** ein kühner Angriff; **a ~ on Belgrade/London** ein Angriff *m* auf Belgrad/London; **to carry out** [*or* **make**] [*or* **stage**] **a ~** einen Angriff machen ② (*robbery*) Überfall *m;* **bank ~** Banküberfall *m;* **a ~ on a post office/security van** ein Überfall *m* auf ein Postamt/einen Geldtransporter; (*fig, hum*) ***I'm going to have to make a ~ on my savings*** ich werde mein Sparkonto plündern müssen *hum fam* ③ (*by police*) Razzia *f* ④ STOCKEX (*takeover bid*) *Drücken der Kurse durch Aktienverkäufe;* **dawn ~** aggressives Überraschungsmanöver; **bear ~** Baissemanöver *nt,* Baissierangriff *m* **II.** *vt* ■**to ~ sth/sb** ① MIL (*attack*) etw/jdn überfallen; (*bomb*) etw/jdn bombardieren; **to ~ a town** eine Stadt plündern ② (*by police*) eine Razzia in etw *dat*/bei jdm durchführen; ***police ~ed the bar looking for drugs*** die Polizei führte eine Drogenrazzia in einer Bar durch ③ (*steal from*) etw/jdn ausplündern; (*fig*) **to ~ a bank/post**

office eine Bank/ein Postamt *nt* überfallen; **to ~ the fridge/larder/orchard** den Kühlschrank/die Speisekammer/den Obstgarten plündern *hum;* **to ~ sb's handbag/purse** jds Handtasche/Geldbörse plündern *hum;* **to ~ one's moneybox** [*or* **piggy-bank**] sein Sparschwein plündern [*o* schlachten] *hum* **III.** *vi* ① (*steal*) einen Diebstahl begehen; ***during the riots people were looting and ~ing*** während der Aufstände plünderten und stahlen die Menschen ② MIL (*make incursions*) einfallen

raider ['reɪdəʳ, AM -ɚ] *n* ① (*attacker*) Angreifer(in) *m(f)* ② (*robber*) Einbrecher(in) *m(f);* (*bank*) Bankräuber(in) *m(f)* ③ (*pej*) [**corporate**] ~ Firmenaufkäufer(in) *m(f);* STOCKEX Raider *m,* agressiver Aktienaufkäufer/aggressive Aktienaufkäuferin (*mit Übernahmeabsicht*)

raiding party *n* Überfallkommando *nt,* Stoßtrupp *m*

rail¹ [reɪl] *vi* ■**to ~ against** [*or* **at**] **sth** gegen etw *akk* wettern, über etw *akk* schimpfen

rail² [reɪl] *n* (*bird*) Ralle *f*

rail³ [reɪl] **I.** *n* ① *no pl* (*transport system*) Bahn *f;* **by ~** mit der Bahn, per Bahn ② (*railway track*) Schiene *f;* **to leave** [*or* **go off**] [*or* **run off**] **the ~s** entgleisen ③ (*on stairs*) Geländer *nt;* (*on fence*) Stange *f;* (*on ship*) Reling *f;* ***hold onto the ~*** halten Sie sich am Geländer fest; ***special ~s for the disabled*** spezielle Haltegriffe für Behinderte ④ (*to hang things on*) [**hanging**] ~ Halter *m,* Stange *f;* **clothes ~** Kleiderstange *f;* **curtain ~** Vorhangstange *f,* Gardinenstange *f;* **picture/towel ~** Bilder-/Handtuchhalter *m;* **off the ~** von der Stange; ***I never buy dresses off the ~*** ich kaufe nie Kleider von der Stange ⑤ (*at racecourse*) ■**the ~s** Absperrung *f,* Umzäunung *f;* **on the ~s** auf der Außenbahn ► PHRASES: **to <u>get</u> sth <u>back</u> on the ~s** etw wieder in den Griff bekommen *fam;* **to <u>go off</u> the ~s** *people* aus der Bahn geworfen werden; *things* aus den Fugen geraten **II.** *n modifier* (*pass, strike, worker*) Bahn-; **~ ticket** Fahrschein *m;* **~ travel** Bahnfahrt *f*

◆**rail in** *vt* ■**to ~ in** ↔ **sth** etw einzäunen

◆**rail off** *vt* ■**to ~ off** ↔ **sth** etw abzäunen [*o* absperren]

railcar ['reɪlkɑːʳ] *n* BRIT RAIL Triebwagen *m* **railcard** *n* BRIT Bahnkarte *f;* **family ~** Familienpass *m;* **young person's ~** Juniorenticket *nt* **rail fare** *n* Fahrpreis *m* **rail freight** *n no pl* Bahnfracht *f;* (*load of goods*) Bahntransport *m* **railhead** *n* ① (*end of track*) Gleisstutzen *m,* Gleisabschluss *m* ② (*depot*) Kopfbahnhof *m*

railing ['reɪlɪŋ] *n* ① (*fence*) Geländer *nt;* **iron/wood ~** Eisen-/Holzgeländer *nt* ② (*on a ship*) Reling *f*

raillery ['reɪlᵊri] *n no pl* Necken *nt,* Neckerei *f*

rail link *n* Bahnverbindung *f* **rail network** *n* Bahnnetz *nt,* Schienennetz *nt* **rail passenger** *n* Bahnreisende(r) *f(m)*

railroad I. *n* AM ① (*train track*) Schienen *fpl,* Gleise *ntpl;* (*stretch of track*) Strecke *f* ② (*railway system*) [Eisen]bahn *f kein pl* **II.** *n modifier* AM (*bridge, tunnel*) [Eisen]bahn-; **~ accident** Eisenbahnunglück *nt;* **~ worker** Bahnarbeiter(in) *m(f)* **III.** *vt* ■**to ~ sb** jdn zwingen; ■**to have been ~ed into sth** gezwungen worden sein, etw zu tun; ■**to ~ sth** etw durchpeitschen *fig, pej fam*

railroad car *n* AM (*for people*) Waggon *m;* (*for goods*) Güterwagen *m* **railroad switch** *n* AM Weiche *f* **railroad tie** *n* AM [Bahn]schwelle *f* **railroad track** *n* Schienen *fpl* **railroad train** *n* Zug *m*

rail system *n* Bahnnetz *nt* **rail traffic** *n no pl* Bahnverkehr *m*

railway ['reɪlweɪ] **I.** *n esp* BRIT ① (*train tracks*) Gleise *ntpl,* Schienen *fpl* ② (*rail system*) ■**the ~**[**s**] [Eisen]bahn *f;* ***he worked on the ~***[***s***] ***for forty years*** er hat vierzig Jahre bei der Bahn gearbeitet; **the trans-continental/Trans-Siberian ~** die transkontinentale/Transsibirische Eisenbahn **II.** *n modifier* (*museum, tunnel*) [Eisen]bahn-; **~ accident** Eisenbahnunglück *nt;* **~ worker** Bahnarbeiter(in) *m(f);* **~ yard** Rangierbahnhof *m,* Verschiebebahnhof *m*

railway bridge *n* ① (*carrying railway line*) Eisenbahnbrücke *f* ② (*over railway*) Brücke *f* über einen Bahndamm **railway carriage** *n* Personenwagen *m* **railway cutting** *n* Durchstich *m* **railway embankment** *n* Bahndamm *m* **railway engine** *n* Lokomotive *f* **railway line** *n* ① (*train track*) Bahnlinie *f* ② (*stretch of track*) Bahnstrecke *f,* Bahnabschnitt *m* **railwayman** *n* Eisenbahner *m* **railway porter** *n* Gepäckträger *m* (*bei der Bahn*) **railway station** *n* Bahnhof *m* **railway timetable** *n* Fahrplan *m* **railway track** *n* Gleis *nt* **railway train** *n* Zug *m* **railway truck** *n* Güterwagen *m*

raiment ['reɪmənt] *n no pl* (*old*) Gewand *nt* ÖSTERR, SÜDD *sonst geh*

rain [reɪn] **I.** *n* ① *no pl* (*precipitation*) Regen *m;* ***~ is forecast for tomorrow*** morgen soll es regnen; ***~ stopped play*** das Spiel wurde wegen Regens abgebrochen; **in case of ~** falls es regnet; **gentle** [*or* **light**] **~** leichter Regen, Nieselregen *m;* **heavy ~** heftige [*o* starke] Regenfälle; **pouring ~** strömender Regen; **steady ~** Landregen *m,* Dauerregen *m;* **torrential ~** sintflutartige Regenfälle; **in the ~** im Regen; **to be** [*or* **get**] **caught in the ~** in den Regen kommen; **out of the ~** ins Trockene ② (*rainy season*) ■**the ~s** *pl* Regenzeit *f* ► PHRASES: **to not have enough <u>sense</u> to come in out of the ~** strohdumm sein; **~ before <u>seven</u>, fine before eleven** BRIT (*prov*) heut' Regen, morgen Sonnenschein; **come ~ or <u>shine</u>** bei jedem Wetter, ob's regnet oder schneit *fig,* was auch geschieht **II.** *n modifier* (*cloud, shower, water*) Regen- **III.** *vi impers* regnen; ***it's ~ing heavily*** es gießt in Strömen ► PHRASES: **to ~ <u>cats</u> and dogs** (*fam*) [wie aus Kübeln] gießen *fam,* [wie aus Eimern] schütten *fam* **IV.** *vt* (*fig*) ■**to ~ sth on sb** jdn mit etw *dat* überhäufen *fig,* überschütten; ***he ~ed blows on him*** er ließ die Schläge nur so auf ihn niederprasseln; **to ~ abuse on sb** jdn mit Beschimpfungen überhäufen

◆**rain down I.** *vi* hinabregnen; ***bombs and shells ~ed down on the city*** ein wahrer Bomben- und Granatenhagel ging auf die Stadt nieder **II.** *vt* (*fig*) ■**to ~ down** ↔ **sth on sb** etw auf jdn niederprasseln lassen *fig;* ***he ~ed blows down on him*** er ließ die Schläge auf ihn niederprasseln; **to ~ down questions on sb** jdn mit Fragen überhäufen

◆**rain off** BRIT, **rain out** *vt passive* AM ■**to be ~ed off** [*or* **out**] wegen Regens abgesagt werden

rainbow ['reɪnbəʊ, AM -boʊ] **I.** *n* Regenbogen *m;* **to shimmer with** [**all**] **the colours** [*or* AM **colors**] **of the ~** in allen Regenbogenfarben schillern **II.** *n modifier* (*colours*) Regenbogen-; **~ assortment** bunte Auswahl, breite Palette

rainbow coalition *n ein Bündnis verschiedener Minderheitengruppierungen* **rainbow trout** *n* Regenbogenforelle *f*

rain check *n esp* AM ① (*fam*) **to take a ~ on sth** später auf etw *akk* zurückkommen, etw verschieben ② SPORTS *Ersatzticket für Sportveranstaltungen, die wegen Regen abgesagt werden müssen* ③ COMM (*dated*) *Gutschein für ausverkaufte, reduzierte Waren* **rain cloud** *n* Regenwolke *f* **raincoat** *n* Regenmantel *m* **raindrop** *n* Regentropfen *m* **rainfall** *n no pl* ① (*period of rain*) Niederschlag *m;* **heavy/light ~** starke/leichte Niederschläge ② (*quantity of rain*) Niederschlagsmenge *f;* **the average ~** die durchschnittliche Niederschlagsmenge; **high/low ~** hoher/geringer Niederschlag **rain forest** *n* Regenwald *m;* **tropical ~** tropischer Regenwald **rain gage** AM, **rain gauge** *n* Regenmesser *m*

raininess ['reɪnɪnəs] *n no pl* Regenwetter *nt*

rainless ['reɪnləs] *adj inv* niederschlagsfrei, ohne Regen *nach n*

rainout *n* ① AM (*cancellation*) *Ausfall einer Veranstaltung wegen Regen* ② (*fallout*) radioaktiver Niederschlag **rainproof** *adj* wasserdicht; **~ coat/hat** wasserabweisender Mantel/Hut **rainstorm** *n* starke Regenfälle **rainswept** *adj* regengepeitscht

rainy ['reɪni] *adj* regnerisch; **a ~ day** ein verregneter Tag; (*fig*) schlechte Zeiten; **~ weather** Regenwetter *nt;* **a ~ week** eine verregnete Woche

raise [reɪz] **I.** *n* AM, AUS (*rise*) Gehaltserhöhung *f,* Lohnerhöhung *f* **II.** *vt* ① (*lift*) ■**to ~ sth** etw heben; **to ~ an anchor** einen Anker lichten; **to ~ one's arm/hand/leg** den Arm/die Hand/das Bein heben; **to ~ the baton** den Taktstock heben; **to ~ the blinds/the window shade** die Jalousien/das Springrollo hochziehen; **to ~ one's eyebrows** die Augenbrauen hochziehen; **to ~ one's eyes** die Augen erheben *geh,* aufblicken, hochblicken; **to ~ one's fist to sb** die Faust gegen jdn erheben; **to ~ a flag/a sail** eine Flagge/ein Segel hissen; **to ~ the glass** das Glas erheben; **to ~** [**up**] **a ship** ein Schiff heben ② (*cause to rise*) **to ~ a drawbridge** eine Zugbrücke hochziehen; **to ~ the landing gear** AVIAT das Fahrgestell einfahren ③ (*rouse*) ■**to ~ sb** jdn [auf]wecken; **to ~ sb from the dead** jdn wieder zum Leben erwecken ④ (*stir up*) **to ~ dust** Staub aufwirbeln ⑤ (*increase*) ■**to ~ sth** etw erhöhen; ***press this button to ~ the volume*** drücken Sie auf diesen Knopf, wenn Sie lauter stellen möchten; **to ~ sb's awareness** jds Bewusstsein *nt* schärfen; **to ~ public awareness** [*or* **consciousness of the masses**] das öffentliche Bewusstsein schärfen; **to ~ oneself to one's full height** sich *akk* zu seiner vollen Größe aufrichten; **to ~ the speed limit** das Tempolimit erhöhen; **to ~ one's voice** seine Stimme erheben; (*speak louder*) lauter sprechen ⑥ (*in gambling*) ***I'll ~ you*** ich erhöhe den Einsatz [*o* [gehe mit und] erhöhe]; ***I'll ~ you $50*** ich erhöhe Ihren Einsatz um 50 Dollar ⑦ MATH **to ~ sth to the power of ten** etw hoch zehn nehmen; ***ten ~d to the power of six*** zehn hoch sechs ⑧ (*improve*) ■**to ~ sth** etw anheben; **to ~ the morale** die Moral heben; **to ~ the quality** die Qualität verbessern; **to ~ sb's spirits** jdm Mut machen; **to ~ the standard** einen höheren Maßstab anlegen; **to ~ the tone** *esp* BRIT (*hum*) das Niveau heben ⑨ (*promote*) **to ~ sb to the peerage** jdn in den Adelsstand erheben; **to ~ sb in rank** jdn befördern ⑩ (*arouse*) ■**to ~ sth** etw auslösen; **to ~ a cheer/a laugh/a murmur** Jubel/Gelächter/Gemurmel hervorrufen; ***the announcement ~d a cheer*** die Ankündigung wurde mit lautem Jubel begrüßt; ***Joe couldn't ~ a laugh in the audience*** Joe konnte das Publikum nicht zum Lachen bringen; **to ~ a commotion** Unruhe verursachen; **to ~ doubts** Zweifel aufkommen lassen [*o* wecken]; **to ~ fears** Ängste auslösen [*o* hervorrufen]; **to ~ havoc** ein Chaos anrichten; ***this scheme will ~ havoc with the staff*** dieser Plan wird zu einem Aufruhr unter den Angestellten führen; **to ~ hopes** Hoffnungen wecken; ***don't ~ your hopes too high*** mach dir nicht allzu große Hoffnungen; **to ~ a ruckus** zu Krawallen [*o* Ausschreitungen] führen; **to ~ a rumpus** (*fam*) Krach schlagen *fam;* **to ~ suspicions** Verdacht erregen; ***our suspicions were ~ed*** wir schöpften Verdacht; **to ~ a welt** Striemen hinterlassen ⑪ (*moot*) ■**to ~ sth** etw vorbringen; ***I want to ~ two problems with you*** ich möchte zwei Probleme mit Ihnen erörtern; **to ~ an issue/a question** ein Thema/eine Frage aufwerfen; **to ~ an objection** *also* LAW einen Einwand erheben ⑫ (*to write out*) **to ~ an invoice** eine Rechnung ausstellen ⑬ FIN ■**to ~ sth** etw beschaffen; **to ~ capital/money** Kapital/Geld aufbringen [*o fam* auftreiben]; **to ~ funds for charities** Spenden für wohltätige Zwecke sammeln ⑭ (*form: erect*) **to ~ a building/a monument** ein Gebäude/ein Monument errichten ⑮ (*bring up*) **to ~ children** Kinder aufziehen [*o* großziehen]; ***she was ~d by her grandparents*** sie wuchs bei ihren Großeltern auf ⑯ *esp* AM **to ~ animals** (*breed*) Tiere züchten; (*look after*) Tiere aufziehen; **to ~ an animal by hand** ein Tier mit der Flasche aufziehen; **to ~ livestock** Vieh züchten, Viehzucht betreiben ⑰ AGR ■**to ~ sth** *crops* etw anbauen ⑱ (*end*) **to ~ an embargo/sanctions/the siege** ein Embargo/Sanktionen/die Belagerung aufheben ⑲ (*contact*) ■**to ~ sb** (*by telephone*) jdn [telefonisch] erreichen; (*by radio*) jdn [über Funk] erreichen ► PHRASES: **to ~ <u>Cain</u>** [*or* **<u>hell</u>**] (*fam*) Krach schlagen *fam;* **to ~ <u>eyebrows</u>** einiges Erstaunen

R

hervorrufen; **to ~ the roof** ausrasten *sl; **the audience ~d the roof*** das Publikum tobte vor Begeisterung

raisin ['reɪzɪn] *n* Rosine *f*

raising agent *n* Treibmittel *nt,* Backtriebmittel *nt*

raison d'être <*pl* raisons d'etre> [ˌreɪzɔ̃(n)'deɪtr(ə), AM -zoʊn'det] *n* Daseinsberechtigung *f*

Raj [rɑːʒ] *n no pl* ■**the** [**British**] **~** *die britische Kolonialzeit in Indien*

rajah ['rɑːdʒə] *n* Radscha *m*

rake [reɪk] **I.** *n* ❶ *(garden tool)* Harke *f,* Rechen *m;* **garden ~** Rechen *m;* **lawn** [*or* **grass**] **~** Laubrechen *m;* **steel ~** Stahlrechen *m;* **wooden ~** Holzrechen *m;* **bug-~, flea-~** *(fig sl)* Kamm *m* ❷ *(incline)* Neigung *f* ❸ *(pej: dissolute man)* Lebemann *m,* Windhund *m pej* **II.** *vt* ❶ *(treat)* **to ~ the soil** den Boden harken [*o* lockern] ❷ *(gather up)* ■**to ~ sth** etw [zusammen]rechen; **to ~ leaves/the lawn** Laub/den Rasen rechen ❸ *(sweep)* ■**to ~ sth** *with the eyes* etw durchstreifen; *with gunfire* etw beharken; *with a searchlight* etw absuchen ❹ *(comb)* **to ~ one's fingers through one's hair** sich *dat* mit den Fingern durchs Haar fahren **III.** *vi* ■**to ~ through sth** etw durchsuchen; **to ~ through a cupboard** einen Schrank durchsuchen; **to ~ through a pile of washing** einen Wäscheberg durchwühlen

◆**rake about, rake around** *vi* ■**to ~ about** [*or* **around**] **in sth** in etw *dat* herumstöbern; **to ~ about** [*or* **around**] **in a drawer** eine Schublade durchwühlen

◆**rake in** *vt* ❶ *(work in)* ■**to ~ in** ⊃ **sth** etw rechen; ***spread the seed thinly and ~ it in lightly*** streuen Sie die Saat dünn aus und mischen Sie sie dann mit dem Rechen leicht unter das Erdreich ❷ *(fam: of money)* ■**to ~ in** ⊃ **sth** etw zusammenbringen, etw kassieren *fam* [*o pej* einstreichen]; **to ~ it in** [*or* **in cash**] Geld scheffeln *fam*

◆**rake out** *vt* ■**to ~ sth** ⊃ **out** etw herausholen [*o fam* herauskramen]

◆**rake over** *vt* ■**to ~ sth** ⊃ **over** ❶ *(treat)* etw harken ❷ *(fig: revive)* etw aufwühlen *fig;* **to keep raking over sth** immer wieder mit etw *dat* anfangen ► PHRASES: **to ~ over the ashes** [*or* [**old**] **coals**] BRIT alte Geschichten wieder ausgraben; **to ~ sb over the coals** AM jdn regelrecht runterputzen *fam*

◆**rake up** *vt* ■**to ~ up** ⊃ **sth** ❶ *(gather up)* etw zusammenrechen; *(fig)* etw einstreichen; **to ~ up the leaves** das Laub zusammenrechen ❷ *(fig: revive)* etw aufwärmen *fam;* ***she's always raking up the past*** ständig muss sie die alten Geschichten wieder aufwärmen; **to ~ up a quarrel** einen Streit schüren ❸ *(get together)* ***see if you can ~ up a few costumes for the carnival*** sieh zu, ob du ein paar Faschingskostüme auftreiben kannst; **to ~ up a few people** ein paar Leute zusammentrommeln *fam*

raked [reɪkt] *adj inv* geneigt, mit einer Schräge *nach n;* **~ funnel/mast** schräger Schornstein/Mast; **a steeply ~ ramp** eine steil ansteigende Rampe

rake-off ['reɪkɒf, AM -ɑːf] *n (fam)* Anteil *m; esp* ECON Provision *f*

rakish ['reɪkɪʃ] *adj* ❶ *(jaunty)* flott, keck, frech; ***he wore his hat at a ~ angle*** er hatte seinen Hut frech aufgesetzt ❷ *(dissolute)* ausschweifend; **~ behaviour** freizügiges Verhalten; **~ charm** verwegener Charme

rakishly ['reɪkɪʃli] *adv* ❶ *(dissolutely)* ausschweifend; ***he lived ~*** er war ein richtiger Lebemann ❷ *(jauntily)* flott, keck; **to tip one's hat ~ to one side** seinen Hut frech zur Seite hin aufsetzen

rakishness ['reɪkɪʃnəs] *n no pl* ❶ *(dissoluteness)* ausschweifendes Verhalten ❷ *(jauntiness)* Verwegenheit *f*

rally ['ræli] **I.** *n* ❶ *(motor race)* Rallye *f;* **the Paris-Dakar ~** die Rallye Paris-Dakar ❷ SPORTS *(in tennis)* Ballwechsel *m* ❸ *(meeting)* [Massen]versammlung *f,* Treffen *nt,* Zusammenkunft *f;* **vintage car ~** Oldtimertreffen *nt;* **county ~** Bezirkstreffen *nt;* **a ~ of 2000 people** eine Versammlung von 2000 Menschen; **Scout ~** Pfadfindertreffen *nt;* **annual ~** Jahrestreffen *nt;* **election ~** Wahlversammlung *f;* **peace ~** Friedenskundgebung *f;* **to hold a ~** [**against sth**] eine Kundgebung [gegen etw *akk*] abhalten; **to stage a ~** eine Kundgebung abhalten ❹ ECON *(recovery)* Erholung *f; (increase in value)* Aufschwung *m* **II.** *vt* <-ie-> ■**to ~ sth** etw sammeln; **to ~ forces/troops** Streitkräfte/Truppen sammeln; **to ~ support** Unterstützung gewinnen; **to ~ supporters** Anhänger mobilisieren; ■**to ~ sb against/in favour** [*or* AM **favor**] **of sth** jdn gegen/für etw *akk* mobilisieren; ■**to ~ sb around** [*or* **round**] **sb** jdn um jdn scharen; ***father's death rallied the family around mother*** nach Vaters Tod scharte sich die Familie um Mutter **III.** *vi* <-ie-> ❶ *(support)* ■**to ~ behind** [*or* **to**] **sb** sich *akk* geschlossen hinter jdn stellen; ■**to ~ round** sich *akk* jds annehmen, sich *akk* um jdn kümmern; ■**to ~ around** [*or* **round**] **sth/sb** etw/jdn unterstützen; **to ~ around the flag** Patriotismus [*o* sich patriotisch] zeigen ❷ MED sich *akk* erholen; SPORTS sich *akk* fangen *fam;* FIN, STOCKEX sich *akk* erholen, anziehen

rally-cross *n no pl* BRIT Cross Rallye *f* **rally driver** *n* Rallyefahrer(in) *m(f)*

rallying call *n,* **rallying cry** *n (also fig)* Schlachtruf *m*

ralph [rælf] *n no pl* AM *(sl: vomit)* Kotze *f derb*

RAM [ræm] *n* COMPUT *acr for* **Random Access Memory** RAM *m o nt,* Direktzugriffsspeicher *m*

ram [ræm] **I.** *n* ❶ *(implement)* Rammbock *m,* Ramme *f;* **battering ~** Sturmbock *m,* Rammbock *m* ❷ TECH Presskolben *m,* Stoßheber *m* ❸ *(sheep)* Widder *m,* Schafbock *m* ❹ ASTROL **the sign of the ~** das Sternzeichen Widder **II.** *vt* <-mm-> ❶ *(hit)* ■**to ~ sth** etw rammen ❷ *(push in)* ■**to ~ sth into sth** ***he ~med the sweets into his mouth*** er stopfte sich die Süßigkeiten in den Mund; ***he ~med his pipe into his mouth*** er stopfte sich die Pfeife ins Gesicht; ■**to ~ sth into sb** *(fig)* jdm etw eintrichten *fig fam* [*o* einschärfen]; ***it's time someone ~med a bit of sense into you*** es ist höchste Zeit, dass dir mal jemand Vernunft beibringt ❸ *(push down)* **to ~ down the soil** den Boden feststampfen ❹ *(slam in)* **to ~ sth home** *bolt* etw zuknallen; **to ~ sth home to sb** jdm etw deutlich vor Augen führen; **to ~ one's point home** seinen Standpunkt [mit Vehemenz] klar machen ► PHRASES: **to ~ sth down sb's throat** jdm etw eintrichtern *fig fam;* ***his mother is always ~ming his failed marriage down his throat*** seine Mutter hält ihm andauernd seine verkorkste Ehe vor **III.** *vi* <-mm-> ■**to ~ into sth** gegen etw *akk* prallen; *(with car also)* gegen etw *akk* fahren

◆**ram in** *vt* ■**to ~ sth** ⊃ **in** etw hineinzwängen [*o fam* reinquetschen]

◆**ram through** *vt (fam)* ■**to ~ sth** ⊃ **through** *proposal* etw durchdrücken [*o* durchboxen] *fam*

Ramadan [ˌræmə'dæn, AM -'dɑːn] *n no pl* Ramadan *m*

ramble ['ræmbl̩] **I.** *n* Wanderung *f,* Spaziergang *m;* **to go for a ~** eine Wanderung [*o* einen Spaziergang] machen **II.** *vi* ❶ *(walk)* wandern, umherstreifen (**through** durch +*akk*); **to go rambling** einen Spaziergang machen ❷ *(spread)* sich *akk* ranken, klettern ❸ *(meander) stream* sich *akk* winden [*o* schlängeln] ❹ *(be incoherent)* faseln *fam,* unzusammenhängendes Zeug reden *pej; (be too detailed)* vom Hundersten ins Tausendste kommen; ***sorry, I'm rambling — let me get back to the point*** Verzeihung, ich schweife ab – lassen Sie mich wieder zurück zum Thema kommen

◆**ramble on** *vi* schwafeln *fam;* ■**to ~ on about sth** etw stundenlang erzählen

rambler ['ræmblər, AM -ɚ] *n* ❶ *(walker)* Wanderer(in) *m(f)* ❷ HORT, BOT *(rose)* Kletterrose *f* ❸ *(incoherent talker)* Schwafler(in) *m(f) fam*

rambling ['ræmblɪŋ] **I.** *n* ■**~s** *pl* Gefasel *nt kein pl pej* **II.** *adj* ❶ *(sprawling) building* weitläufig ❷ BOT, HORT rankend *attr,* Kletter-; **a ~ plant** eine Kletterpflanze ❸ *(incoherent)* unzusammenhängend, zusammenhanglos; **a rather ~ discussion** eine ziemlich zusammenhangslose Diskussion; **a ~ letter** ein unzusammenhängender Brief; **~ talk** unsinniges Gefasel *fam*

Rambo ['ræmbəʊ, AM -boʊ] *n* Rambo *m fam*

Ramboesque [ˌræmbəʊ'esk, AM -boʊ'-] *adj* rambohaft *fam,* wie Rambo *nach n*

rambunctious [ræm'bʌŋ(k)ʃəs] *adj esp* AM *(fam)* lärmend *attr; character* plump *pej; horse* wild

ramekin ['ræmɪkɪn, AM -mə-] *n* [kleine] Auflaufform

ramen ['rɑːmen] *n no pl (Japanese noodles)* Ramen-Nudeln *fpl*

ram extrusion *n* TECH Sinter-Extrusion *f fachspr*

ramification [ˌræmɪfɪ'keɪʃən] *n usu pl (consequences)* Auswirkung *f,* Konsequenz *f; (subdivision of a structure)* Verzweigung *f;* ***have you considered the ~s of your suggestion?*** haben Sie alle möglichen Konsequenzen Ihres Vorschlags bedacht?

ramify <-ie-> ['ræmɪfaɪ] *vi* sich *akk* verzweigen

ramp [ræmp] *n* ❶ *(slope)* Rampe *f;* AVIAT Gangway *f* ❷ BRIT *(speed deterrent)* Schwelle *f,* Bodenwelle *f* ❸ AM *(slip road)* Auffahrt *f,* Ausfahrt *f* ❹ ECON Schieberei *f,* Schiebergeschäft *nt*

rampage I. *n* ['ræmpeɪdʒ] Randale *f,* Ausschreitungen *fpl;* **to go on a ~** Randale machen, randalieren; **on the ~** angriffsbereit, angriffslustig **II.** *vi* [ræm'peɪdʒ] randalieren, wüten; ***the demonstrators ~ed through the town*** die Demonstranten zogen randalierend durch die Stadt

rampaging [ræm'peɪdʒɪŋ] *adj inv* tobend *attr; mob* randalierend *attr; (fig)* grassierend *attr,* rasch um sich greifend; **~ inflation** galoppierende Inflation

rampant ['ræmpənt] *adj* ❶ *(unrestrained)* ungezügelt; **~ inflation** galoppierende Inflation; **~ nationalism/racism** zügelloser Nationalismus/Rassismus; **to encounter ~ prejudice** sich *akk* mit zahllosen [*o* unzähligen] Vorurteilen konfrontiert sehen ❷ *(spreading)* ■**to be ~** grassieren, um sich *akk* greifen ❸ *inv, after n (rearing)* sprungbereit; **a lion ~** ein [drohend] aufgerichteter Löwe

rampart ['ræmpɑːt, AM -pɑːrt] *n* [Schutz]wall *m,* Befestigungswall *m;* **earth ~** Erdwall *m*

ram-raid BRIT **I.** *n Einbruch, bei dem die Schaufensterscheibe eines Geschäfts mit einem Auto zertrümmert wird* **II.** *vt* ■**to ~ sth** *mit einem Auto die Schaufenster eines Geschäfts zertrümmern und anschließend das Geschäft ausrauben* **ram-raider** *n* BRIT *Dieb, der bei einem Einbruch ein Auto als Rammbock einsetzt* **ramrod** *n* Ladestock *m;* ***he stood as stiff as a ~*** er stand so steif da als hätte er einen Besenstiel verschluckt; **to stand ~-stiff** [*or* **-straight**] in Hab-Acht-Stellung stehen **ramshackle** ['ræmʃækl̩] *adj* ❶ *(dilapidated)* klapp[e]rig, wackelig; *building* baufällig ❷ *(fig, pej: disorganized)* chaotisch, systemlos

ran [ræn] *pt of* **run**

ranch [rɑːn(t)ʃ, AM ræntʃ] **I.** *n* <*pl* -es> Farm *f;* **cattle ~** Rinderfarm *f;* **sheep ~** Schaffarm *f* **II.** *n modifier* Farm-; **~ hand** Farmarbeiter(in) *m(f);* **~ mink** Zuchtnerz *m* **III.** *vi* Viehwirtschaft treiben **IV.** *vt* **to ~ cattle** Rinder züchten; **to ~ mink** Nerze züchten; **to ~ salmon** Lachse züchten, eine Lachszucht betreiben

rancher ['rɑːn(t)ʃər, AM 'ræntʃɚ] *n* ❶ *(ranch owner)* Viehzüchter(in) *m(f)* ❷ *(ranch worker)* Farmarbeiter(in) *m(f)*

ranch house *n* ❶ *(farm house)* Farmhaus *nt* ❷ AM *(one-level house)* Bungalow *m*

ranching ['rɑːn(t)ʃɪŋ, AM 'ræntʃ-] *n no pl, no art* Viehwirtschaft *f*

ranch-style house *n* AM Bungalow *m*

rancid ['ræn(t)sɪd] *adj* ranzig; **to go ~** ranzig werden

rancor *n* AM, AUS *see* **rancour**

rancorous ['ræŋkərəs] *adj* bitter; **a ~ dispute/feud** eine bittere Auseinandersetzung/Fehde; **a ~ quarrel** ein erbitterter Streit; **a ~ tone** ein giftiger [*o* bösartiger] Ton

rancour ['ræŋkər], AM **rancor** [-ɚ] *n no pl (bitterness)* Verbitterung *f,* Groll *m* (**towards** gegenüber +*dat*); *(hatred)* Hass *m*

rand [rænd] *n* FIN Rand *m*

R and B *n abbrev of* **rhythm and blues** R & B *m*
R and D *n abbrev of* **research and development** Forschung *f* und Entwicklung *f*
randiness ['rændɪnəs] *n no pl (fam)* Geilheit *f fam*
random ['rændəm] **I.** *n no pl* ① *(aimlessly)* **at ~** willkürlich, wahllos; **to choose at ~** auf Gutglück wählen; **to open a book at ~** ein Buch irgendwo aufschlagen; **to talk at ~** irgendetwas daherreden, einfach drauflosreden *fam;* **to wander at ~ through the streets** ziellos durch die Straßen wandern ② *(by chance)* **at ~** zufällig, per Zufallsprinzip **II.** *adj* zufällig, wahllos; **a ~ choice of sth** eine willkürliche Auswahl an [*o* von] etw *dat;* **a ~ sample** eine Stichprobe; **a ~ selection** eine willkürliche Auswahl; ***we asked a ~ selection of people what they thought*** wir fragten irgendwelche x-beliebigen Leute nach ihrer Meinung
random breath test *n* AUS [stichprobenartig durchgeführter] Alkoholtest *(bei Autofahrern)* **random error** *n* unvorhersehbarer Fehler; *esp* ECON Zufallsfehler *m*
randomly ['rændəmli] *adv* zufällig, wahllos, willkürlich; **~ chosen/selected** zufällig gewählt/ausgesucht; **~ variable** beliebig veränderbar
RANDR [ˌɑːrən(d)'ɑːr] *n no pl* AM MIL *abbrev of* **rest and recuperation** Ruhe und Erholung
R and R ① AM *(fam) abbrev of* **rest and recreation** Spaß *m* und Spiel *nt;* MIL Diensturlaub *m* für Armeeangehörige ② *abbrev of* **rock and roll** ③ *abbrev of* **rescue and resuscitation**
randy ['rændi] *adj (fam)* geil *fam;* **to feel ~** scharf sein *fam*
ranee *n see* **rani**
rang [ræŋ] *pt of* **ring**
range¹ [reɪndʒ] **I.** *n* ① *no pl (limit)* Reichweite *f;* *(area)* Bereich *m;* ***that is beyond my price ~*** das übersteigt meine finanziellen Möglichkeiten; **to be out of ~** außer Reichweite sein; **to be beyond** [*or* **out of**] [*or* **outside**] **sb's ~ of competence/experience** außerhalb jds Kompetenz-/Erfahrungsbereiches *m* liegen; **hearing ~** Hörweite *f;* TECH Tragweite *f* des Tons; **to be beyond** [*or* **out of**] [*or* **outside**]/**in sb's ~ of hearing** für jdn außer/in Hörweite sein; **~ of knowledge** Wissensgebiet *nt; of a specialist* Fachgebiet *nt;* **temperature ~** Temperaturbereich *m;* **narrow ~** enger Spielraum; ***the value of sterling fluctuated within a narrow ~ yesterday*** der Wert des englischen Pfundes war gestern geringfügigen Schwankungen unterworfen ② *(series of things)* Reihe *f;* **narrow/wide ~ of sth** kleine/große Auswahl an etw *dat;* **a wide ~ of pinions** eine große Meinungsvielfalt ③ *(selection)* Angebot *nt,* Sortiment *nt;* ***our full ~ of cars is on display in our showroom*** die ganze Palette unserer Automodelle ist in unserem Ausstellungsraum zu sehen; **autumn** [*or* AM **fall**]/**spring ~** Herbst-/Frühjahrskollektion *f* ④ MUS *of a voice* Stimmumfang *m; of an instrument* Tonumfang *m* ⑤ *(distance)* Entfernung *f; of a gun* Schussweite *f; of a missile* Reichweite *f;* ***you can't miss the target at this close ~*** auf diese geringe Entfernung kannst du das Ziel nicht verfehlen; **at point-blank ~** aus [aller]nächster Nähe; **out of/within ~** außer/in Schussweite ⑥ MIL *(practice area)* **firing** [*or* **shooting**] **~** Schießplatz *m;* **missile ~** Raketenbasis *f;* **rifle ~** Schießstand *m* ⑦ COMPUT Wertebereich *m* **II.** *vi* ① *(vary)* schwanken; *temperature, price* sich *akk* bewegen, schwanken; ***dress sizes ~ from petite to extra large*** die Kleidergrößen gehen von S bis XL *fam* ② *(roam)* umherstreifen, umherschweifen *geh;* ***the walkers ~ through the hills all day*** die Spaziergänger wandern den ganzen Tag in den Bergen ③ *(deal with)* ■**to ~ over sth** *discussion* sich *akk* auf etw *akk* erstrecken; ■**to ~ from sth to sth** von etw *dat* bis etw *dat* reichen; **a wide-ranging investigation** eine umfassende Ermittlung; **a wide-ranging survey** eine breit angelegte Umfrage **III.** *vt* ① *(arrange)* ■**to ~ sb** jdn in Reih und Glied aufstellen; ■**to ~ oneself** sich *akk* aufreihen [*o* aufstellen]; ***the crowd ~ed itself along the route of the procession*** die Menschenmenge reihte sich entlang des Prozessionsweges auf; ■**to ~ oneself with sb** *(fig)* sich *akk* auf jds Seite schlagen *fam;* ■**to ~ sb against sth** *(fig)* jdn gegen etw *akk* aufwiegeln [*o* aufbringen] ② *(count among)* ■**to ~ sb among** [*or* **with**] **sth** jdn zu etw *dat* zählen ③ COMPUT ■**to ~ sth** etw ausrichten [*o* verschieben]
range² [reɪndʒ] *n* ① GEOG *(of mountains)* Hügelkette *f,* Bergkette *f* ② AM *(pasture)* Weide *f,* Weideland *nt*
range³ [reɪndʒ] *n* [Koch]herd *m;* **kitchen ~** Küchenherd *m*
-range [reɪndʒ] *in compounds (of distance)* **long-~** Langstrecken-; **medium-~** Mittelstrecken-; **short-~** Kurzstrecken-; *(of time)* **short-/medium-/long-~ weather forecast** die Wettervorhersage für heute und morgen/für die nächsten Tage/für die nächste Zeit
ranged [reɪndʒd] *adj* ■**to be ~d against sb/sth** gegen jdn/etw [ein]gestellt sein; ***on really bad days, it seems like everything is ~d against you*** an schwarzen Tagen sieht es manchmal so aus, als hätte man die ganze Welt gegen sich
range finder *n* Entfernungsmesser *m*
rangeland *n* AM offenes Grasland
ranger ['reɪndʒəʳ, AM -ɚ] *n* Aufseher(in) *m(f);* AM *(mounted soldier)* Ranger(in) *m(f);* BRIT *(Girl Guide)* Pfadfinderin *f;* **forest ~** Förster(in) *m(f);* **park ~** Parkaufseher(in) *m(f)*
Ranger Guide *n* Pfadfinderin *f*
rangy ['reɪndʒi] *adj* hochaufgeschossen, hochgewachsen
rani ['rɑːniː] *n* ① *(ruler)* Rani *f* ② *(raja's wife)* Rani *f*
rank¹ [ræŋk] **I.** *n* ① *no pl* POL *(position)* Position *f,* [hohe [*o* leitende]] Stellung; **to pull ~** den Vorgesetzten herauskehren *fam;* POL Rang *m;* **a top ~ of government** ein Spitzenposten in der Regierung ② MIL Dienstgrad *m,* Rang *m;* ■**the ~s** *pl (non-officers)* einfache Soldaten *mpl;* **to close ~s** die Reihen schließen; *(fig)* sich *akk* zusammenschließen; **to join the ~s** in die Armee eintreten; **to join the ~s of sth** sich *akk* in etw *akk* einreihen; ***John has joined the ~s of the unemployed*** John ist dem Heer der Arbeitslosen beigetreten; **to be promoted to the ~ of captain** zum Hauptmann befördert werden; **to rise from** [*or* **through**] **the ~s** sich *akk* zum Offizier hochdienen; *(fig)* sich *akk* hocharbeiten ③ *(membership)* ■**the ~s** Mitglieder *ntpl;* ***there is great concern about safety among the ~s of racing drivers*** unter Rennfahrern herrscht große Sorge über die Sicherheit; **party ~s** Parteimitglieder ④ *(row)* Reihe *f;* **cab** [*or* **taxi**] **~** Taxistand *m;* **the front ~ of sth** die vorderste Reihe einer S. *gen;* **serried ~s of sth** ganze Reihen von etw *dat* **II.** *adj attr, inv (absolute)* absolut, ausgesprochen; **a ~ amateur** ein absoluter Amateur; **a ~ beginner** ein blutiger Anfänger/eine blutige Anfängerin; **~ cowardice** reine Feigheit; **~ injustice** zum Himmel schreiende Ungerechtigkeit; **~ insubordination** pure Aufsässigkeit; MIL schiere Gehorsamsverweigerung; **~ negligence** extreme Vernachlässigung; **a ~ novice** ein absoluter Neuling; **a ~ outsider** ein totaler Außenseiter/eine totale Außenseiterin; **~ stupidity** reine [*o* schiere] Dummheit **III.** *vi* ① *(hold a position)* ■**to ~ above sb** einen höheren Rang als jd einnehmen, im Rang über jdm stehen ② *(be classified as)* ***he currently ~s second in the world as a tennis player*** er steht derzeit als Tennisspieler auf Platz zwei der Weltrangliste; ***she ~s among the theatre's greatest actors*** sie gehört mit zu den größten Theaterschauspielern **IV.** *vt* ① *(classify)* ■**to ~ sth/sb** jdn/etw einstufen; ■**to ~ sb among sb/sth** jdn zu jdm/etw zählen; ■**to ~ sb/sth alongside sb/sth** jdn/etw auf die gleiche Stufe mit jdm/etw stellen ② *(arrange)* ■**to ~ sth** etw anordnen; **to ~ sb/sth in order of size** jdn/etw der Größe nach aufstellen
rank² [ræŋk] *adj* ① *(growing thickly) of a plant* üppig wuchernd, wild wachsend ② *(overgrown)* verwildert, überwuchert ③ *(rancid)* stinkend *attr;* ■**to be ~ with sth** nach etw *dat* stinken; ***his body was ~ with sweat*** er stank nach Schweiß; **~ smell/odour** [*or* AM **odor**] übler Geruch/Gestank
rank and file **I.** *n* ① *(non-officers)* einfache Soldaten ② *(non-leaders)* Basis *f,* das einfache Volk *hum fam; of a party* [Partei]basis *f* **II.** *n modifier* einfache(r,s); **~ citizens** einfache Bürger, Menschen wie du und ich *fam;* **~ workers** einfache Arbeiter
ranker ['ræŋkəʳ, AM -ɚ] *n* BRIT MIL ① *(officer)* Fachoffizier *m* ② *(soldier)* einfacher Soldat
ranking officer *n* AM ranghoher Offizier **ranking order** *n* ① *(classification)* Rangordnung *f; of preference* Beliebtheitsskala *f* ② *(scale of importance)* Rangordnung *f,* Hierarchie *f*
rankle ['ræŋkḷ] *vi* ■**to ~ with sb** jdm zu schaffen machen, jdn wurmen *fam;* ■**it ~s that ...** es tut weh, dass ..., es geht jdm nach, dass ...
rankness ['ræŋknəs] *n no pl* ① *(growth)* Üppigkeit *f;* **the ~ of the vegetation** das üppige [Pflanzen]wachstum ② *(smell)* ranziger Geruch
rank order *n* ① *(classification)* Rangordnung *f;* *(fig)* Beliebtheitsgrad *m* ② *(scale of importance)* Rangordnung *f,* Hierarchie *f*
ransack ['rænsæk] *vt* ① *(search)* ■**to ~ sth** *cupboard* etw durchwühlen ② *(plunder)* ■**to ~ sth** etw plündern; *(rob)* etw ausrauben; *(also fig, hum)* über etw *akk* herfallen *fam,* etw plündern *fig*
ransom ['ræn(t)sᵊm] **I.** *n* Lösegeld *nt;* **to demand a ~** [ein] Lösegeld fordern; **to hold sb to** [*or* AM **for**] **~** jdn als Geisel [fest]halten; *(fig)* jdn erpressen ▸ PHRASES: **a king's ~** ein Vermögen, eine Riesensumme *fam* **II.** *n modifier (amount, demand, pickup)* Lösegeld-; **~ money** Lösegeld *nt* **III.** *vt* ■**to ~ sb** jdn auslösen [*o* frei kaufen]
rant [rænt] **I.** *n* ① *no pl (angry talk)* Geschimpfe *nt,* Gezeter *nt fam* ② *(tirade)* Schimpfkanonade *f;* **to go into a ~ about** [*or* **against**] **sb/sth** eine Tirade gegen jdn/etw loslassen *geh,* gegen jdn/etw wettern *fam* **II.** *vi* [vor sich *akk* hin] schimpfen, schwadronieren *veraltend;* **to ~ and rave** herummeckern *fam,* herumnörgeln *fam;* ■**to ~ about sb/sth** gegen jdn/etw wettern *fam,* sich *akk* über jdn/etw auslassen; ■**to ~ on about sb/sth** ewig weiter über jdn/etw wettern *fam;* ■**to ~ that ...** sich *akk* darüber auslassen, dass ...
ranting ['ræntɪŋ] *n* ① *no pl (talking angrily)* Geschimpfe *nt;* **mindless ~** leeres Gerede, dummes Geschwätz *fam* ② *(angry talk)* ■**~s** *pl* wütendes Gerede
rap¹ [ræp] **I.** *n* ① *(knock)* Klopfen *nt kein pl,* Pochen *nt kein pl* ② *(fam: rebuke)* Anpfiff *m fam,* Anschiss *m sl* ③ AM *(sl: criticism)* Verriss *m fam;* **to get a ~** [**in the papers**] [in den Zeitungen] verrissen werden ④ AM *(sl: punishment)* Gefängnisstrafe *f,* Knast *m sl;* ***he got a bum ~ from the judge*** er wurde vom Richter zu Knast verdonnert; **to beat the ~** nicht hinter Gittern landen *fam,* dem Knast entgehen *fam;* **to take the ~ for sb** für jdn den Kopf hinhalten *fam* ⑤ *(fam: a jot)* **sb does not care a ~ about** [*or* **for**] **sth** etw ist jdm [völlig] egal [*o fam* schnuppe] ▸ PHRASES: **to get** [*or* **be given**] **a ~ on** [*or* **over**] **the knuckles** eins auf die Finger [*o* auf den Deckel] bekommen *fam;* **to give sb a ~ on** [*or* **over**] **the knuckles** jdm auf die Finger klopfen *fam* **II.** *vt* <-pp-> ① *(strike)* ■**to ~ sth** an [*o* auf] etw *akk* klopfen ② *(fig: criticize)* ■**to ~ sb** jdn scharf kritisieren ③ *(fam: find guilty of a crime)* ■**to ~ sb** [**for sth/for doing sth**] jdn [einer S. *gen*] für schuldig befinden, jdn [zu etw *dat*] verknacken ▸ PHRASES: **to be ~ped on the knuckles, to get one's knuckles ~ped** eins auf die Finger kriegen *fam;* **to ~ sb on** [*or* **over**] **the knuckles** jdm auf die Finger klopfen *fam*
rap² [ræp] **I.** *n* ① *no pl* MUS *(music)* Rap *m* ② *no pl* MUS *(spoken interlude)* Rap *m* ③ *(sl: conversation)* Plausch *m kein pl* DIAL, SÜDD, Plauderei *f* **II.** *n modifier* ① MUS **~ musician** Rapmusiker(in) *m(f);* **~ music** Rapmusik *f* ② PSYCH *(dated)* **~ session** *(group therapy)* Gruppensitzung *f,* Gesprächsrunde *f* **III.** *vi* MUS rappen
◆**rap out** *vt* ① *(say sharply)* **to ~ out instructions** lauthals Anweisungen geben; **to ~ out orders** Befehle bellen [*o* brüllen] ② *(beat)* **to ~ out a rhythm** einen Rhythmus klopfen [*o* schlagen]

R

rapacious [rəˈpeɪʃəs] *adj (form)* ① *(grasping)* habgierig; ~ **appetite** Wolfshunger *m;* **a ~ landlord/businessman** ein raffgieriger Vermieter/Geschäftsmann ② *(plundering)* plündernd *attr;* ~ **soldiers** plündernde Soldaten

rapaciously [rəˈpeɪʃəsli] *adv (form)* habgierig

rapaciousness [rəˈpeɪʃəsnəs] *n no pl (form)* Habgier *f*

rapacity [rəˈpæsəti, AM -t̬i] *n no pl* Habgier *f*

rape[1] [reɪp] **I.** *n* ① *no pl (sexual assault)* Vergewaltigung *f;* **to commit** ~ eine Vergewaltigung begehen ② *no pl (fig: destruction)* Zerstörung *f;* **the ~ of the countryside** die Verschandelung der Landschaft ③ *no pl (liter, poet: kidnapping)* Raub *m,* Entführung *f* **II.** *n modifier (victim)* Vergewaltigungs-; ~ **case** Vergewaltigung *f;* ~ **charge** Anklage wegen Vergewaltigung **III.** *vt* ■**to ~ sb** jdn vergewaltigen **IV.** *vi* eine Vergewaltigung begehen

rape[2] [reɪp] *n no pl* BOT, AGR Raps *m;* **oilseed** ~ Raps[öl]pflanze *f*

rapeseed oil *n* Rapsöl *nt*

rapid [ˈræpɪd] *adj* ① *(quick)* schnell; ~ **change/growth/expansion** rascher Wandel/rasches Wachstum/rasche Expansion; ~ **improvement** schnelle Verbesserung; ~ **increase/rise** rapider [*o* steiler] Anstieg; **to have made a ~ recovery** sich *akk* schnell erholt haben; ~ **progress** rascher Fortschritt; **to make ~ strides** große Forschritte machen, gut vorankommen ② *(sudden)* plötzlich

rapid eye movement sleep *n no pl* REM-Phase *f (des Schlafes)* **rapid fire** *n no pl* Schnellfeuer *nt* **rapid-fire** *adj attr* Schnellfeuer-, schnell aufeinander folgend; **~-fire jokes** ein wahres Feuerwerk an Witzen

rapidity [rəˈpɪdəti, AM -t̬i] *n no pl* ① *(suddenness)* Plötzlichkeit *f* ② *(speed)* Geschwindigkeit *f,* Schnelligkeit *f*

rapidly [ˈræpɪdli] *adv* schnell, rasch; **to speak** ~ schnell sprechen

Rapid Reaction Force *n* MIL schnelle Eingreiftruppe

rapids [ˈræpɪdz] *npl* Stromschnellen *fpl;* **to shoot the ~s** die Stromschnellen hinunterfahren

rapid transit system *n* ≈ S-Bahn *f* **rapid transit train** *n* ≈ S-Bahnzug *m*

rapier [ˈreɪpiər, AM -ər] **I.** *n* Rapier *nt* **II.** *n modifier (wit)* scharf **III.** *adj attr (fig)* schlagfertig, scharfzüngig; *see also* **rapier-like**

rapier-like *adj attr* schlagfertig, scharfzüngig; **to have a ~ tongue** eine scharfe Zunge haben, schlagfertig sein

rapist [ˈreɪpɪst] *n* Vergewaltiger *m*

rappel <-ll-> [ræpˈel] *vi* AM *(abseil)* sich *akk* abseilen

rapper [ˈræpər, AM -ər] *n* ① *(artist)* Rapper(in) *m(f)* ② *(fan)* Rapper(in) *m(f),* Fan *m* von Rapmusik

rapport [ræpˈɔːr, AM -ˈɔːr] *n no pl* Übereinstimmung *f,* Harmonie *f;* ***there is absolutely no ~ in the team*** das Team harmoniert einfach nicht; **a close/good ~ between sb and sb** ein enges/gutes Verhältnis zwischen jdm und jdm; **to have a ~ with sb** ein gutes Verhältnis zu jdm haben

rapprochement [ræpˈrɒʃmɑ̃(ŋ), AM ˌræprɔːʃˈmɑ̃(ŋ)] *n (form)* Annäherung *f*

rapt [ræpt] *adj* ① *(engrossed)* versunken, selbstvergessen; ***they held the audience completely*** ~ sie hielten das Publikum völlig in Atem; **with ~ attention** gespannt, mit ungeteilter Aufmerksamkeit ② AUS *(fam) see* **wrapped**

rapture [ˈræptʃər, AM -ər] *n* ① *no pl (bliss)* Verzückung *f,* Entzücken *nt;* ***his supporters greeted his speech with*** ~ seine Anhänger begrüßten seine Rede mit wahren Begeisterungsstürmen ② *(expression of joy)* ■**~s** *pl* **to be in ~s about** [*or* **over**] **sth** entzückt [*o* außer sich *dat* vor Freude] über etw *akk* sein; **to go into ~s** [richtig] ins Schwärmen geraten

rapturous [ˈræptʃərəs, AM -əs] *adj* ① *(delighted)* entzückt, hingerissen; ~ **facial expression** hingerissener Gesichtsausdruck; ~ **smile** verzücktes Lächeln ② *(enthusiastic)* begeistert; ~ **applause** stürmischer Applaus; **a ~ reception/welcome** eine begeistertere Aufnahme/ein begeisterter Empfang

rapturously [ˈræptʃərəsli, AM -əs-] *adv* ① *(delightedly)* verzückt, entzückt ② *(enthusiastically)* begeistert, hingerissen; ***the audience received the play*** ~ das Publikum nahm das Stück mit Begeisterung auf

rare[1] [reər, AM rer] *adj* ① *(uncommon)* rar, selten; ***it's ~ to find these birds in England*** diese Vögel findet man in England nur selten; **a ~ breed/species** eine seltene Rasse/Spezies ② *(thin)* dünn; ~ **air** dünne Luft ▸ PHRASES: **to be a ~ bird** ein komischer Vogel sein *fig fam;* **to have a ~ old time** *(dated)* eine schöne Zeit verbringen; **to have a ~ old time doing sth** *(dated)* viel Mühe haben, etw zu tun

rare[2] [reər, AM rer] *adj meat* nicht durch[gebraten] *präd,* blutig

rarebit [ˈreəbɪt, AM ˈrer-] *n* **buck** ~ *überbackene Käseschnitte mit Ei;* **Welsh** ~ *überbackene Käseschnitte*

rarefied [ˈreərɪfaɪd, AM ˈrerə-] *adj* ① *(of air)* dünn ② *(fig: select)* exklusiv

rarefy [ˈreərɪfaɪ, AM ˈrerə-] *vt* ■**to ~ sth** etw verdünnen

rarely [ˈreəli, AM ˈrer-] *adv* selten, nicht oft

rarified *adj see* **rarefied**

raring [ˈreərɪŋ, AM ˈrer-] *adj* ■**to be ~ to do sth** großes Verlangen haben [*o fam* ganz wild darauf sein], etw zu tun; **to be ~ to go** startbereit sein, in den Startlöchern sitzen *fig fam*

rarity [ˈreərəti, AM ˈrerət̬i] *n* Rarität *f,* Seltenheit *f;* **to be something of a ~** eine Rarität sein

rarity value *n no pl* Seltenheitswert *m*

rascal [ˈrɑːskəl, AM ˈræs-] *n* ① *(scamp)* Schlingel *m;* *(child)* Frechdachs *m;* **old/little** ~ alter/kleiner Schlawiner *fam* ② *(dated: dishonest person)* Schurke, -in *m, f veraltend*

rascally [ˈrɑːskəli, AM ˈræs-] *adv* ① *(mischievous)* frech; ~ **children** kleine Schlingel ② *(dishonest)* gemein, niederträchtig, schurkisch *veraltend*

rash [ræʃ] **I.** *n* <*pl* -es> ① *(skin condition)* Ausschlag *m;* **nettle** ~ Nesselausschlag *m,* Nesselsucht *f;* **to come out** [*or* AM **break out**] **in a ~** einen Ausschlag bekommen ② *no pl (spate)* ■**a ~ of sth** Unmengen *fpl* von etw *dat* **II.** *adj* übereilt, hastig, vorschnell; ***it was very ~ of you*** das war sehr unbesonnen von dir; **a ~ decision** ein überstürzter [*o* übereilter] Entschluss; **in a ~ moment** in einem unbedachten Augenblick

rasher [ˈræʃər, AM -ər] *n* ~ [**of bacon**] Speckscheibe *f*

rashly [ˈræʃli] *adv* unbedacht, unbesonnen, übereilt

rashness [ˈræʃnəs] *n no pl* Unbedachtheit *f,* Unbesonnenheit *f;* **in a moment of ~** in einem unbedachten Augenblick

rasp [rɑːsp, AM ræsp] **I.** *n* ① *(tool)* Raspel *f,* Grobfeile *f* ② *(noise)* schneidendes Geräusch **II.** *vt* ■**to ~ sth** ① *(file)* etw feilen ② *(rub roughly)* etw wegschaben; *skin* etw aufreiben **III.** *vi* ① *(of a noise)* kratzen ② *(talk roughly)* krächzen, schnarren ▸ PHRASES: **to ~ on sb** [*or* **sb's nerves**] jdm auf die Nerven gehen *fam*

raspberry [ˈrɑːzbəri, AM ˈræzˌberi] **I.** *n* ① *(fruit)* Himbeere *f* ② *(fam: disapproving noise)* verächtliches Schnauben; **to blow a ~** verächtlich prusten; **to get a ~** Buhrufe *mpl* bekommen; **to give sb the ~** jdn auspfeifen **II.** *n modifier (cake, jam, syrup, vinegar)* Himbeer-; ~ **bush** Himbeerstrauch *m;* ~ **cane** Himbeerzweig *m*

rasping [ˈrɑːspɪŋ, AM ˈræs-] *adj* krächzend; **a ~ voice** eine krächzende Stimme; ~ **breath** rasselnder Atem

raspy [ˈrɑːspi, AM ˈræspi] *adj* rau, krächzend

Rasta [ˈræstə, AM ˈrɑː-] *n (fam) short for* **Rastafarian** Rasta *m*

Rastafarian [ˌræstəˈfeəriən, AM ˌrɑːstəˈfer-] **I.** *n* Rastafari *m* **II.** *adj inv* Rasta-; ~ **music** Rastamusik *f*

Rastafarianism [ˌræstəˈfeəriənɪzəm, AM ˌrɑːstəˈfer-] *n no pl religiöse Bewegung der Rastafari*

raster [ˈræstər, AM -ər] *n* TV, COMPUT Raster *nt*

rat [ræt] **I.** *n* ① *(rodent)* Ratte *f;* **to put out a ~ trap** eine Rattenfalle aufstellen; **to have ~s** Ratten haben ② *(fam: person)* Ratte *f pej fam;* ***he's a real ~*** er ist eine ganz miese Ratte **II.** *vi* <-tt-> ① *(inform on)* ■**to ~ on sb** [**to sb**] jdn [an jdn] verraten [*o fam* verpfeifen] ② *(let down)* ■**to ~ on sb** jdn im Stich lassen; **to ~ on a deal** sich *akk* nicht an eine Abmachung halten; **to ~ on one's promise** sein Versprechen brechen

ratable *adj see* **rateable**

rat-arsed BRIT *(sl),* AM **rat-assed** *adj (sl)* sturzbesoffen *sl,* sternhagelvoll *sl*

ratatouille [ˌrætəˈtwiː, AM -ˈtuːi] *n no pl* Ratatouille *f o nt*

ratbag *n* BRIT, AUS *(fam)* Fiesling *m,* Miststück *nt fam*

ratchet [ˈrætʃɪt] *n* TECH Ratsche *f,* Sperrklinke *f fachspr*

◆**ratchet up** *vt (fam)* ■**to ~ up** ⊂ **sth** etw Schritt für Schritt verstärken [*o fam* hochkurbeln] [*o fam* hochfahren]

ratchet wheel *n* TECH Sperrrad *nt fachspr*

rate [reɪt] **I.** *n* ① *(speed)* Geschwindigkeit *f;* **at a fast/slow ~** schnell/langsam; **at a tremendous ~** rasend schnell; **at one's own ~** in seinem eigenen Rhythmus [*o* Tempo] ② *(measure)* Maß *nt,* Menge *f;* ***in the winter months there is usually a rise in the ~ of absenteeism*** in den Wintermonaten kommt es gewöhnlich zu einer Zunahme der Ausfälle; **growth/inflation ~** Wachstums-/Inflationsrate *f;* **mortality ~** Sterblichkeitsrate *f,* Sterblichkeitsziffer *f;* **unemployment ~** Arbeitslosenrate *f,* Arbeitslosenzahlen *fpl* ③ *(payment)* Satz *m;* ***we agreed a ~ with the painter before he started work*** wir haben einen Stundensatz mit dem Maler vereinbart, bevor er mit der Arbeit begann; **the going ~** die übliche Bezahlung ④ *(premium payable)* Zinssatz *m;* *(excise payable)* Steuersatz *m;* **fixed/variable ~** fester/variabler Zinssatz; **high/low ~ of interest/taxation** [*or* **interest/taxation ~**] hoher/niedriger Zins-/Steuersatz; ***interest ~s have risen again*** die Zinsen sind wieder gestiegen; ***the country has a high taxation ~*** in dem Land sind die Steuern sehr hoch ⑤ FIN *(amount of interest paid)* Rate *f;* **~ of return** Rendite *f* ⑥ FIN *(value of a currency)* Kurs *m,* Wechselkurs *m;* **cross ~** Kreuzkurs *m;* **exchange ~** [*or* **~ of exchange**] Wechselkurs *m;* **to calculate costs on a fixed exchange ~** die Kosten berechnen anhand eines festen Wechselkurses; **forward ~** Devisenterminkurs *m* ⑦ BRIT, AUS *(dated: local tax)* ■**~s** *pl* Haus- und Grundsteuern *fpl* ⑧ COMPUT Rate *f* ▸ PHRASES: **at a ~ of knots** *(fam)* in null Komma nichts *fam;* **at any ~** *(whatever happens)* auf jeden Fall; *(at least)* zumindest, wenigstens; ***I don't think they liked my idea — at any ~, they didn't show much enthusiasm*** ich glaube nicht, dass sie meine Idee gut fanden – zumindest zeigten sie keine große Begeisterung; **at this ~** unter diesen Umständen **II.** *vt* ① *(regard)* ■**to ~ sb/sth** jdn/etw einschätzen; ***how do you ~ the new government?*** was halten Sie von der neuen Regierung?; ***she is ~d very highly by the people she works for*** die Leute, für die sie arbeitet, halten große Stücke auf sie; ***she ~s him among her closest friends*** sie zählt ihn zu ihren engsten Freunden; ■**to ~ sb as sth** ***how do you ~ him as a footballer?*** was hältst du von ihm als Fußballer? *fam;* *(fam)* ***what do you think of her as a singer? — I don't really ~ her*** wie findest du sie als Sängerin? – nicht so toll *fam* ② *(be worthy of)* **to ~ a mention** der Rede wert [*o* erwähnenswert] sein ③ BRIT, AUS *(dated: value)* ■**to ~ sth** den besteuerbaren Wert einer S. *gen* schätzen, etw veranlagen; ***they ~ the property in this area very heavily*** Immobilienbesitz in dieser Gegend wird sehr hoch besteuert ④ COMPUT ■**to ~ sth** etw abschätzen **III.** *vi* ■**to ~ as sth** als etw gelten; ***that ~s as the worst film I've ever seen*** das war so ziemlich der schlechteste Film, den ich jemals gesehen habe

-rate [reɪt] *in compounds* ① *(good)* -klassig; **first-~** erstklassig, hervorragend ② *(mediocre)* **second-/third-~** zweit-/drittklassig, mittelmäßig; **to produce second-/third-~ goods** zweit-/drittklassige

Waren herstellen

rateable ['reɪtəbl̩] *adj inv* BRIT ECON (*dated*) steuerpflichtig; ~ **value** Einheitswert *m*, steuerbarer Wert

rate-cap <-pp-> *vt* BRIT ADMIN (*hist*) ■**to ~ sth** einer S. *dat* eine finanzielle Obergrenze setzen, etw finanziell beschränken **rate-capping** *n no pl* BRIT ADMIN (*hist*) finanzielle Beschneidung, finanzielle Einschnitte *mpl* **rate of return** <*pl* rates-> *n* FIN, ECON [Rein]gewinn *m* **rate of sales** <*pl* rates-> *n* ECON Absatz *m kein pl;* **the ~ of sth booms** etw findet reißenden Absatz **ratepayer** *n* BRIT [Gemeinde]steuerzahler(in) *m(f)*

rather ['rɑːðəʳ, AM 'ræðɚ] **I.** *adv inv* ① (*somewhat*) ziemlich; ***it's ~ cold/ difficult*** es ist ziemlich kalt/ schwer; ***I've ~ foolishly lost their address*** ich habe dummerweise ihre Adresse verlegt; ***I ~ doubt …*** ich bin nicht ganz sicher, ob …; **to be ~ more expensive than sb was expecting** um einiges teurer sein als erwartet ② (*very*) ziemlich, recht; ***I was ~ pleased to be invited to the wedding*** ich war hocherfreut darüber, dass ich zur Hochzeit eingeladen war; ***he's ~ a nice man*** er ist ziemlich nett; **it's ~ a shame that …** es ist wirklich schade, dass …; **to be ~ ill** ziemlich krank sein ③ (*on the contrary*) eher; ***no, I'm not tired — ~ the opposite in fact*** nein, ich bin nicht müde – ganz im Gegenteil ④ (*in preference to*) ***I'd like to stay at home this evening ~ than going out*** ich möchte heute abend lieber zu Hause bleiben und nicht ausgehen; ***I've got to have two teeth out next week — ~ you than me*** mir werden nächste Woche zwei Zähne gezogen – besser dir als mir ⑤ (*more exactly*) genauer [*o* besser] gesagt; ***he's my sister's friend really, ~ than mine*** eigentlich ist er der Freund meiner Schwester, und nicht so sehr meiner **II.** *interj esp* BRIT (*dated*) na klar [doch] *fam*

ratification [ˌrætɪfɪ'keɪʃən, AM ˌræt̬ə-] *n no pl* Ratifizierung *f geh*, Genehmigung *f*

ratify <-ie-> ['rætɪfaɪ, AM -t̬ə-] *vt* LAW ■**to ~ sth** etw ratifizieren; **to ~ an amendment/contract** einen Änderungsantrag/Vertrag sanktionieren

rating ['reɪtɪŋ, AM -t̬-] *n* ① *no pl* (*assessment*) Einschätzung *f;* ***what's your ~ of our chances of winning?*** wie schätzt du unsere Gewinnchancen ein? ② (*regard*) Einstufung *f;* ***the government's ~ in the opinion polls sank to an all-time low*** die Regierung hatte in Meinungsumfragen noch nie so schlecht abgeschnitten ③ (*audience*) ■**~s** *pl* [Einschalt]quoten *fpl*, Zuschauerzahlen *fpl* ④ *esp* BRIT MIL (*sailor*) Matrose *m*

ratio ['reɪʃiəʊ, AM -oʊ] *n* ECON, COMPUT Verhältnis *nt;* **price-dividend ~** Preis-Dividenden-Rate *f;* **price-earnings ~** Kurs-Gewinn-Verhältnis *nt*

ratio analysis *n* ECON Kennzahlenanalyse *f*

ration ['ræʃən] **I.** *n* ① (*fixed amount*) Ration *f;* **butter/milk/sugar ~** Butter-/Milch-/Zuckerration *f;* **~ of food** Essensration *f;* **~ book** (*hist*) Bezugsscheinbuch *nt hist;* **~ card** (*hist*) Bezugsschein *m hist;* **daily ~** Tagesration *f;* **a full/short ~** eine ganze/halbe Ration; **to be [put] on short ~s** auf halbe Ration gesetzt werden; **more than one's ~ of sth** (*fig*) jede Menge *fam;* **combat ~** MIL Feldration *f* ② (*food supplies*) ■**~s** *pl* [Lebensmittel]marken *fpl* **II.** *vt* ■**to ~ sth** etw rationieren; ***my children would watch television all day long, but I ~ it*** meine Kinder würden den ganzen Tag vor dem Fernseher sitzen, aber ich erlaube ihnen nur ganz bestimmte Fernsehzeiten; ■**to ~ sth to sth** etw auf etw *akk* beschränken; ***I ~ myself to three cups of coffee a day*** ich habe mir ein Limit von drei Tassen Kaffee pro Tag gesetzt; ■**to ~ sb** jdn kurz halten *fam*

◆**ration out** *vt* ■**to ~ sth** ◯ **out** etw [in Rationen] austeilen [*o* aufteilen]

rational ['ræʃənəl] *adj* rational; ***she was too upset to be ~*** sie war zu aufgeregt, um vernünftig denken zu können; **a ~ approach** ein rationaler Ansatz; **a ~ argument** ein vernünftiges Argument; **the most ~ course of action** die sinnvollste Vorgehensweise; **a ~ explanation** eine rationale Erklärung

rationale [ˌræʃə'nɑːl, AM -'næl] *n* Gründe *mpl;* ■**the ~ behind sth** die Hintergründe *mpl* einer S. *gen;* **sth lacks any ~** etw entbehrt jeder Grundlage; **to provide a ~ for sth** einen [vernünftigen] Grund für etw *akk* nennen

rationalism ['ræʃənəlɪzəm] *n no pl* ① PHILOS Rationalismus *m* ② (*belief in reason*) Rationalismus *m geh*

rationalist ['ræʃənəlɪst] **I.** *n* ① PHILOS Rationalist(in) *m(f)* ② (*believer in reason*) Rationalist(in) *m(f) geh* **II.** *adj* ① PHILOS rationalistisch ② (*believing in reason*) rationalistisch *geh*

rationalistic [ˌræʃənəl'ɪstɪk] *adj* ① PHILOS rationalistisch ② (*believing in reason*) rationalistisch *geh*

rationality [ˌræʃən'æləti, AM -ət̬i] *n no pl* ① (*clear reasoning*) Rationalität *f geh*, Vernunft *f* ② (*sensibleness*) Vernünftigkeit *f*

rationalization [ˌræʃənəlaɪ'zeɪʃən, AM -lɪ'-] *n no pl* ① (*logical explanation*) vernünftige Erklärung; PSYCH Rationalisierung *f* ② (*improve efficiency*) Rationalisierung *f*

rationalize ['ræʃənəlaɪz] **I.** *vt* ① (*explain*) ■**to ~ sth** etw [vernünftig] erklären; (*give reasons*) etw begründen ② (*make efficient*) ■**to ~ sth** etw rationalisieren **II.** *vi* rationalisieren, Rationalisierungsmaßnahmen *fpl* durchführen

rationally ['ræʃənəli] *adv* ① (*sensibly*) vernünftig ② (*using reason*) rational; **~, *he knows that she won't ever go back to him, but emotionally he can't accept it*** vom Kopf her weiß er, dass sie nie zu ihm zurückkehren wird, aber gefühlsmäßig kann er es nicht akzeptieren

rationing ['ræʃənɪŋ] *n no pl* Rationierung *f;* **food/fuel ~** Lebensmittel-/Treibstoffrationierung *f*

rat poison *n* Rattengift *nt* **rat race** *n* erbarmungsloser Konkurrenzkampf; **to get out of the ~** dem Konkurrenzkampf Ade sagen; **to join the ~** sich *akk* ins Heer der arbeitenden Bevölkerung einreihen, in die Tretmühle einsteigen

rattan [rə'tæn] *n* Rattan *nt*

rattle ['rætl̩, AM -t̬l̩] **I.** *n* ① *no pl* (*sound*) Klappern *nt;* (*of chains*) Rasseln *nt;* (*of hail*) Prasseln *nt* ② MUS Rassel *f;* **[baby's] ~** Klapper *f*, Rassel *f;* **[football] ~** Ratsche *f* ③ (*of a rattlesnake*) Klapper *f* **II.** *vi* ① (*make noise*) klappern; *keys* rasseln; *hail* prasseln; *engine* knattern; *bottles* [*in a crate*] klirren; *coins* klingen ② (*move noisily*) rattern ③ (*talk*) ■**to ~ away** [los]plappern *fam;* ■**to ~ on** [drauflos]quasseln *fam* **III.** *vt* ① (*jangle*) ■**to ~ sth** *windows* etw zum Klirren bringen; *keys* mit etw *dat* rasseln; *crockery* mit etw *dat* klappern [*o* klirren] ② (*make nervous*) ■**to ~ sb** jdn durcheinander bringen [*o fam* aus dem Konzept bringen]

◆**rattle off** *vt* ■**to ~ off** ◯ **sth** etw herunterrattern [*o fam* herunterrasseln]

◆**rattle through** *vi* ■**to ~ through sth** ① (*do quickly*) etw ruckzuck [*o* im Nu] erledigen *fam* ② (*say quickly*) etw herunterrasseln *fam*

rattler ['rætləʳ, AM -t̬lɚ] *n* ① (*fam: rattlesnake*) Klapperschlange *f* ② (*old vehicle*) [alte] Klapperkiste *fam*, [alte] Rostlaube *fam*

rattlesnake *n* Klapperschlange *f* **rattletrap I.** *n* (*fam*) [alte] Klapperkiste *fam*, [alte] Rostlaube *fam* **II.** *adj attr, inv* (*fam*) klapp[e]rig

rattling ['rætlɪŋ, AM -t̬l-] **I.** *adj inv* ① (*making a noise*) klappernd *attr; car, engine* ratternd *attr; windows* klirrend *attr; keys* rasselnd *attr* ② *inv* (*fast*) [rasend] schnell, geschwind DIAL; **at a ~ pace** im Eiltempo **II.** *adv inv* ***that was a ~ good story*** das war eine wirklich tolle Geschichte

ratty ['ræti, AM -t̬-] *adj* (*fam*) ① BRIT (*ill-tempered*) gereizt ② (*shabby*) *house, chair* verlottert; *hair* verknotet

raucous ['rɔːkəs, AM 'rɑː-] *adj* ① (*loud and harsh*) rauh, heiser; **the ~ call of the crows** die krächzenden Rufe der Krähen; **~ laughter** heiseres Lachen; (*boisterous*) kreischendes Gelächter ② (*noisy*) lärmend *attr,* wild; **~ crowd** johlende Menge

raucously ['rɔːkəsli, AM 'rɑː-] *adv* krächzend *attr,* rauh; (*boisterously*) wild

raucousness ['rɔːkəsnəs, AM 'rɑː-] *n no pl* Lärm *m;* (*boisterousness*) wilde Ausgelassenheit; **the ~ of the discos** der Diskolärm

raunchily ['rɔːn(t)ʃɪli, AM 'rɑːntʃ-] *adv* provokant; *dressed* aufreizend; *look* lüstern

raunchiness ['rɔːn(t)ʃɪnəs, AM 'rɑːntʃ-] *n no pl* vulgäre Art, Vulgarität *f geh*

raunchy ['rɔːn(t)ʃi, AM 'rɑːntʃi] *adj* vulgär, scharf *fam;* **~ conversation** schlüpfriges Gespräch; **~ film** scharfer Film *fam;* **~ video** heißes Video *fam*

ravage ['rævɪdʒ] *vt* ■**to ~ sth** etw verwüsten [*o* vernichten], verheerende Schäden an etw *dat* anrichten; **to ~ a face** ein Gesicht verunstalten [*o geh* schwer zeichnen]

ravages ['rævɪdʒɪz] *npl of a fire* Wüten *nt kein pl; of time, a disease* Spuren *fpl;* ***their business plans were ruined by the ~ of inflation*** ihre Geschäftspläne wurden durch die verheerenden Auswirkungen der Inflation zunichte gemacht; **the ~ of war** die Verwüstungen des Krieges

rave [reɪv] **I.** *n* BRIT (*fam*) Party *f*, Fete *f fam*, Rave *m o nt* (*mit Technomusik*); **an all-night ~** eine Party, die die ganze Nacht dauert **II.** *n modifier* BRIT Rave-; **~ music** Rave *m;* **~ scene** Raverszene *f* **III.** *adj attr* begeistert, enthusiastisch; **to receive ~ reviews** von den Kritikern hoch gelobt werden, glänzende Kritiken bekommen **IV.** *vi* ① (*talk wildly*) toben, wüten; ■**to ~ against sb/sth** gegen jdn wettern *fam;* ■**to ~ on [about] sth** sich *akk* [maßlos] über etw *akk* aufregen; ■**to ~ [on] at sb** jdm die Hölle heiß machen *fam*, jdm den Marsch blasen *sl;* ■**to ~ that …** seinem Unmut darüber Luft machen, dass …; **to rant and ~** auf hundertachtzig sein *fam*, toben ② (*fam: praise*) schwärmen; **to ~ about sth** von etw *dat* schwärmen

ravel <BRIT -ll- *or* AM *usu* -l-> ['rævəl] **I.** *vi* sich *akk* verwickeln; *thread* sich *akk* verheddern **II.** *vt* ■**to ~ sth** etw verwickeln; *thread* etw verheddern

raven ['reɪvən] **I.** *n* Rabe *m* **II.** *adj attr* (*liter*) rabenschwarz; **~ locks** rabenschwarze Locken

ravening ['rævənɪŋ] *adj inv* (*liter*) [beute]hungrig; **a pack of ~ wolves** ein Rudel hungriger Wölfe; **to be pursued by ~ journalists** (*fig*) von sensationsgierigen Journalisten verfolgt werden

ravenous ['rævənəs] *adj* (*very hungry*) ausgehungert; (*predatory*) räuberisch; ***I'm ~*** ich habe einen Bärenhunger; **~ appetite** unbändiger Appetit; **~ hunger** Riesenhunger *m*

ravenously ['rævənəsli] *adv* [heiß]hungrig, völlig ausgehungert; ***I'm ~ hungry*** ich habe einen Bärenhunger

rave party *n* Raveparty *f; see also* **rave I**

raver ['reɪvəʳ, AM -ɚ] *n* (*fam*) ① (*uninhibited person*) **to be a ~** einen lockeren Lebenswandel führen; ***at weekends she's a right little ~*** am Wochenende lässt sie's immer ordentlich krachen ② BRIT (*rave party-goer*) Raver(in) *m(f)*

rave-up ['reɪvʌp] *n* BRIT (*fam*) ausgelassene Party

ravine [rə'viːn] *n* Schlucht *f*, Klamm *f*

raving ['reɪvɪŋ] **I.** *n* ① *no pl* (*delirium*) wirres Gerede ② (*ramblings*) ■**~s** *pl* Hirngespinste *ntpl*, Fantastereien *fpl* **II.** *adj attr, inv* absolut, total *fam;* ***she's a ~ beauty*** sie ist eine wahre Schönheit; **a ~ idiot** ein kompletter Idiot *fam;* **a ~ lunatic** ein total Verrückter/eine total Verrückte *fam;* **a ~ nightmare** ein echter Alptraum; **a ~ success** ein Wahnsinnserfolg *fam* **III.** *adv* völlig; **[stark] ~ mad/crazy** völlig verrückt; **to go [stark] ~ mad** völlig durchdrehen [*o* ausrasten] *fam*

ravioli [ˌrævi'əʊli, AM -'oʊ-] *n* Ravioli *fpl*

ravish ['rævɪʃ] *vt* ① (*delight*) ■**to ~ sb** jdn entzücken; **sein ■to be ~ed by sb/sth** von jdm/etw hingerissen sein ② (*old: rape*) ■**to ~ sb** jdn vergewaltigen

ravishing ['rævɪʃɪŋ] *adj* ① (*beautiful*) hinreißend, bildschön; *countryside* atemberaubend ② (*delicious*) köstlich, wundervoll

ravishingly ['rævɪʃɪŋli] *adv* entzückend, hinreißend

ravishment ['rævɪʃmənt] *n* ① (*dated: rape*) Schändung *f veraltet*, Vergewaltigung *f* ② (*enrapture*) Entzücken *nt*, Hingerissensein *nt*

raw [rɔː, AM *esp* rɑː] **I.** *adj inv* ① (*unprocessed*) roh, unbehandelt; **~ material** Rohstoff *m;* **~ sewage** ungeklärte Abwässer; **~ silk** Rohseide *f* ② (*uncooked*)

R

roh; **in their ~ state** im Rohzustand, in ungekochtem Zustand ❸ *(of information)* Roh-; **~ data** Rohdaten *pl;* **~ evidence** unbestätigter Hinweis; **~ figures** Schätzzahlen *fpl,* Schätzungen *fpl* ❹ *(inexperienced)* unerfahren; **a ~ beginner/recruit** ein blutiger Anfänger/eine blutige Anfängerin ❺ *(unbridled)* rein; **~ energy** pure Energie; **~ power** rohe Kraft ❻ *(outspoken)* offen; **a ~ drama** ein offenes Drama ❼ *(sore)* wund; *(fig) nerves, emotions* blank, empfindlich ❽ *(cold)* rauh; **a ~ wind** ein rauer Wind ▶ PHRASES: **to get** [*or* **be given**] **a ~ deal** unfair behandelt werden, zu kurz kommen; **to expose a ~ nerve** [*or* **spot**] einen wunden Punkt berühren; **to come the ~ prawn** AUS unschuldig tun **II.** *n* ❶ *(fam: naked)* **in the ~** nackt ❷ *(hiding nothing)* **in the ~** ungeschönt, ohne jede Beschönigung ▶ PHRASES: **to touch sb on the ~** BRIT, AUS jdn an einer empfindlichen Stelle treffen, einen wunden Punkt bei jdm berühren

raw-boned *adj* abgemagert, knochig **rawhide** *n no pl* ungegerbtes Leder

Rawlplug® [ˈrɔːl,-] *n* BRIT Dübel *m*

rawness [ˈrɔːnəs, AM *esp* ˈrɑː-] *n no pl* ❶ *(harshness)* Rauheit *f;* **the ~ of the weather** das raue Wetter ❷ *(soreness)* Wundsein *nt*

ray¹ [reɪ] *n* ❶ *(beam)* Strahl *m;* **light ~s** Lichtstrahlen *mpl;* **the sun's ~s** die Strahlen der Sonnen ❷ *(trace)* Spur *f;* **not even the smallest ~ of comfort** ohne jeglichen Komfort; **a ~ of hope** ein Hoffnungsschimmer *m* ❸ PHYS *(radiation)* Strahlung *f;* **radioactive ~s** radioaktive Strahlung, radioaktive Strahlen *mpl* ▶ PHRASES: **a ~ of sunlight** ein Lichtstreif am Horizont, ein Hoffnungsschimmer; **a ~ of sunshine** ein [wahrer] Sonnenschein *fig fam*

ray² [reɪ] *n (fish)* Rochen *m;* **manta ~** Manta[rochen] *m;* **sting ~** Stachelrochen *m*

rayon [ˈreɪɒn, AM -ɑːn] FASHION **I.** *n no pl* ❶ *(fibre)* Kunstseide *f,* Viskose *f,* Reyon *m o nt veraltet* ❷ *(cloth)* Viskose *f* **II.** *n modifier (blouse, dress)* Viskose-

raze [reɪz] *vt* ■**to ~ sth** etw [völlig] zerstören; MIL etw schleifen; **to ~ sth to the ground** etw dem Erdboden gleichmachen

razor [ˈreɪzəʳ, AM -zɚ] **I.** *n* Rasierapparat *m,* Rasierer *m fam; (cutthroat)* Rasiermesser *nt;* **electric ~** Elektrorasierer *m,* Trockenrasierer *m* **II.** *n modifier* Rasier-; **~ case** Rasierapparatetui *nt;* **~ kit** Rasierzeug *nt fam;* **~ shave** Rasur *f* mit dem Elektrorasierer; **~ slash** Schnittverletzung *f (durch Rasiermesser)* **III.** *vt* **to ~ hair** Haare [ab]rasieren

razorback *n* ❶ *(rorqual)* Finnwal *m* ❷ AM *(hog)* [halbwildes] spitzrückiges Schwein ❸ *(narrow ridge)* schmaler Grat **razorbill** *n* ORN Tordalk *m* **razor blade** *n* Rasierklinge *f* **razor cut** *n* FASHION Messerschnitt *m* **razor-cut** *vt* **to ~ hair** das Haar millimeterkurz [ab]rasieren, einen Messerschnitt machen **razor edge** *n* ❶ *(sharp edge)* Grat *m; of a knife, sword* Schneide *f* ❷ *(fig: mentally sharp state)* Scharfsinn *m kein pl,* messerscharfer Verstand ❸ *(fig: cutting edge)* ■**the ~** der [aller]letzte Schrei *fig* ❹ *(tiny difference)* minimaler Unterschied ▶ PHRASES: **to be** [**balanced**] **on a ~** auf [des] Messers Schneide stehen **razor knife** *n* AM Teppichmesser *nt,* Kartonmesser *nt,* Cutter *m fam* **razor's edge** *n see* **razor edge** **razor sharp** *adj pred,* **razor-sharp** *adj attr* ❶ *(sharp)* scharf wie ein Rasiermesser [*o* eine Rasierklinge]; **~ teeth** messerscharfe Zähne ❷ *(fig: intelligent) person* [äußerst] scharfsinnig; **~ brain** [*or* **mind**] [messer]scharfer Verstand **razor thin** *adj pred,* **razor-thin** *adj attr* hauchdünn **razor wire** *n no pl* Nato-Draht *m fam*

razz [ræz] *vt esp* AM *(sl)* ■**to ~ sb** jdn nerven [*o* ärgern] *fam*

razzamatazz [ˈræzəmətæz] *n no pl* ❶ *(commotion)* Trubel *m,* Rummel *m fam* ❷ *(pej: humbug)* Zirkus *m pej fam,* Zinnober *m pej sl*

razzle [ˈræzl] *n no pl* BRIT *(fam)* **to be** [**out**] **on the ~** einen draufmachen *fam,* auf den Putz hauen *fam*

razzle-dazzle [,ræzlˈdæzl] *n no pl esp* AM Trubel *m,* Rummel *m fam,* Tamtam *nt pej fam;* **to go on the ~** eine Sause machen *sl,* einen draufmachen *fam*

razzmatazz [ˈræzmətæz] *n no pl see* **razzamatazz**

RBT [,ɑːbiːˈtiː] *n* AUS *abbrev of* **random breath test**

RC [,ɑːˈsiː, AM ,ɑːr-] *n* ❶ REL *abbrev of* **Roman Catholic** r.-k., röm.-kath. ❷ *(organization) abbrev of* **Red Cross** RK *nt* ❸ ARCHIT *abbrev of* **reinforced concrete**

RCMP [,ɑːsiːemˈpiː, AM ,ɑːr-] *n + pl vb* CAN *abbrev of* **Royal Canadian Mounted Police** *berittene Polizeieinheit*

Rd *n abbrev of* **road** Str.

RDF [,ɑːdiːˈef, AM ,ɑːr-] *n* ❶ *abbrev of* **radio direction-finder** *Gerät zur Funkpeilung* ❷ AM MIL *abbrev of* **rapid deployment force** schnelle Eingreiftruppe ❸ *abbrev of* **refuse-derived fuel** BRAM *m,* Brennstoff *m* aus Müll

re¹ [riː] MUS re *nt*

re² [riː] *prep* bezüglich *+gen geh,* in Bezugnahme auf *+akk;* ***I spoke to her ~ your accident*** ich habe mit ihr wegen Ihres Unfalls gesprochen; *(in letter)* Betr[eff] *dated,* betrifft; **~*: your letter of 03.15.01*** Ihr Schreiben vom 15.03.01

Re *n no pl* CHEM *abbrev of* **rhenium** Re *nt*

RE [,ɑːˈiː] *n* BRIT ❶ *+ pl vb* MIL *abbrev of* **Royal Engineers** Pionierkorps der britischen Armee ❷ *no pl* REL, SCH *abbrev of* **religious education** Religionslehre *f*

reach [riːtʃ] **I.** *n* <*pl* -es> ❶ *(act of reaching)* **to make a ~ for sb/sth** nach jdm/etw greifen; *(fig)* ***it takes quite a ~ of the imagination to...*** es bedarf schon einer gehörigen Portion Vorstellungskraft, um ... ❷ *of sb's arm* Reichweite *f;* BOXING Reichweite *f;* **a long/short ~** lange/kurze Arme *mpl;* **to be out of** [*or* **beyond**]**/within** [*or* **in**] [**sb's**] **~** sich *akk* [nicht] in jds Reichweite *f* befinden; ***the apples were on a branch just out of*** [***my***] **~** die Äpfel hingen an einem Ast, an den ich nicht herankam; ***he's so tall that even the top shelf is within his ~*** er ist so groß, dass er sogar an das oberste Regal [heran]kommt; ***I like to keep a notebook and pencil within*** [***arm's***] **~** ich habe immer etwas zum Schreiben parat; ***keep out of ~ of children*** für Kinder unzugänglich aufbewahren!; **to be within easy** [*or* **arm's**] **~** in greifbarer Nähe sein; **to be within** [**easy**] **~ of** [**a place**] [ganz] in der Nähe sein ❸ *no pl (range of power)* Reichweite *f* ❹ TV, RADIO [Sende]bereich *m* ❺ ■**~es** *pl (stretch of land)* Gebiet *nt; (stretch of river)* [Fluss]abschnitt *m;* **the lower/upper ~es** das untere/obere Gebiet; **the farthest** [*or* **outermost**] **~es** die entlegensten Bereiche; **the higher ~es of government** *(fig)* die oberen Regierungskreise ▶ PHRASES: **sb's ~ exceeds his/her grasp** diese Trauben hängen zu hoch für jdn; **to be out of** [*or* **beyond**]**/within** [*or* **in**] [**sb's**] **~** *(unattainable/attainable)* nicht im Rahmen/im Rahmen des Möglichen liegen; ***I came within ~ of solving the crossword, but ...*** ich war kurz davor, das Kreuzworträtsel zu lösen, aber dann ...; *(financially)* jds finanzielle Möglichkeiten übersteigen/für jdn finanziell möglich sein **II.** *vi* ❶ *(attempt to grab)* greifen; ■**to ~ for sth** nach etw *dat* greifen ❷ *(be able to touch)* fassen [können]; ***could you get that book for me, please — I can't ~*** könntest du mir bitte das Buch geben – ich komme nicht dran *fam* ❸ *(extend)* ■**to ~ to sth** an etw *akk* heranreichen; ***the snow ~ed almost to the children's knees*** der Schnee ging den Kindern fast bis zu den Knien ▶ PHRASES: **~ for the sky** [*or* **skies**]! AM *(dated sl)* Hände hoch!; **to ~ for the stars** *(fig)* nach den Sternen greifen **III.** *vt* ❶ *(arrive at)* **to ~ a place** einen Ort erreichen; ***how long will it take this letter to ~ Italy?*** wie lange braucht dieser Brief bis nach Italien?; ■**to ~ sb** jdn erreichen; ***the news of your accident has only just ~ed me*** ich habe die Nachricht von deinem Unfall gerade erst erhalten; **to ~ one's destination** an seinem Bestimmungsort ankommen; **to ~ land** Land erreichen; **to ~ the finishing line** [*or* **the tape**] die Ziellinie überqueren, durch's Ziel laufen *fam;* AM **to ~ base** SPORTS das Base [*o* Mal] erreichen ❷ *(attain)* ■**to ~ sth** etw erreichen; ***the temperature is expected to ~ 25°C today*** heute soll es bis zu 25°C warm werden; ***she had ~ed the nadir of her existence*** sie war an einem absoluten Tiefpunkt [in ihrem Leben] angelangt; ***the diplomats appear to have ~ed an impasse in their negotiations*** die Diplomaten scheinen bei ihren Verhandlungen nicht mehr weiterzukommen; **to ~ adulthood** [*or* **maturity**]**/one's majority** erwachsen/volljährig werden; **to ~ an agreement/consensus** eine Übereinkunft/Übereinstimmung erzielen; **to ~ a certain altitude/velocity** eine bestimmte Höhe/Geschwindigkeit erreichen; **to ~ the conclusion/decision that ...** zu dem Schluss/zu der Entscheidung kommen, dass ...; **to ~** [**a**] **deadlock** in einer Sackgasse landen *fig;* **to ~ fever pitch** den Siedepunkt erreichen; **to ~ one's goal** sein Ziel erreichen; **to ~ manhood/womanhood** zum Mann/zur Frau werden; **to ~ orgasm** zum Orgasmus kommen; **to ~ the point of no return** einen Punkt erreichen, an dem es kein Zurück [mehr] gibt; **to ~ one's prime/puberty** ins beste Alter/in die Pubertät kommen; **to ~ a settlement** zu einer Einigung gelangen; **to ~ the turning point** zum Wendepunkt kommen; **to ~ a verdict** zu einem Urteil gelangen ❸ *(extend to)* ■**to ~ sth** ***her hair ~es her waistline*** ihre Haare reichen ihr bis zur Taille ❹ *(contact with hand)* **to be able to ~ sth** an etw *akk* [heran]reichen können; ***our daughter can ~ the door handle now*** unsere Tochter kommt jetzt schon an den Türgriff ran ❺ *(pass)* ■**to ~ sb sth** jdm etw [herüber]reichen ❻ *(communicate with)* ■**to ~ sb** jdn erreichen; *(phone)* jdn [telefonisch] erreichen ❼ TV, RADIO **to ~ an audience** ein Publikum erreichen ❽ *(influence)* ■**to ~ sb** jdn erreichen *fig,* zu jdm vordringen *fig*

◆**reach across** *vi/vt see* **reach over**

◆**reach down I.** *vi* ❶ *(stretch arms downward)* hinuntergreifen, hinunterlangen *fam,* nach unten greifen ❷ *(extend downward)* hinabreichen; ***her hair ~es down to her waist*** das Haar geht [*o* reicht] ihr bis zur Taille **II.** *vt* ■**to ~ sth down** [**for sb**] [*or* **to ~** [**sb**] **down sth**] [jdm] etw hinunterreichen

◆**reach out I.** *vt* **to ~ out** ↔ **one's hand** [**for sth**] die Hand [nach etw *dat*] ausstrecken **II.** *vi* die Hand ausstrecken

◆**reach out to** *vi* ■**to ~ out to sb** ❶ *(appeal to for help)* sich *akk* [Hilfe suchend] an jdn wenden ❷ *(offer help)* für jdn da sein *fam*

◆**reach over I.** *vi* hinübergreifen, hinüberlangen *fam;* ***she ~ed over and took his hand in hers*** sie streckte die Hand aus und nahm seine Hand in ihre **II.** *vt* ■**to ~ over sth** über etw *akk* [hinüber]greifen [*o fam* hinüberlangen]

◆**reach up** *vi* ❶ *(stretch arms upward)* nach oben greifen, hinauflangen *fam* ❷ *(extend upward)* hinaufreichen

reachable [ˈriːtʃəbl] *adj* erreichbar

react [riˈækt] *vi* ❶ *(respond)* reagieren; ■**to ~ against sth** etw *dat* widersprechen; *law* etw *dat* zuwiderhandeln; **to ~ quickly/strongly** schnell/heftig reagieren; **to be slow to ~** langsam reagieren; ■**to ~ to sb/sth** auf jdn/etw reagieren; **to ~ to a stimulus** auf einen Reiz reagieren ❷ MED ■**to ~ to sth** auf etw *akk* reagieren [*o* ansprechen]; ■**to ~ on sth** eine Reaktion bei etw *dat* hervorrufen ❸ CHEM ■**to ~ with sth** mit etw *dat* reagieren

reactant [riˈæktᵊnt, AM -tənt] *n* CHEM Reaktionspartner *m*

reaction [riˈækʃᵊn] *n* ❶ *(response)* Reaktion *f* (**to** auf *+akk*); ***what was his ~ when you told him you were leaving him?*** wie reagierte er, als du ihm sagtest, du würdest ihn verlassen?; ***there has been a widespread ~ against the government's proposed tax increases*** die von der Regierung vorgesehenen Steuererhöhungen stoßen weitgehend auf Ablehnung; **chain ~** Kettenreaktion *f* ❷ *(reflexes)* ■**~s** *pl* Reaktionsfähigkeit *f kein pl,* Reaktionsvermögen *nt kein pl;* **to have quick ~s** ein gutes Reaktionsvermögen haben ❸ MED Reaktion *f;* **to cause a ~ in** [**certain**] **people** bei [bestimmten] Personen eine Reaktion hervorrufen; **to have an allergic ~ to sth** auf etw *akk* allergisch reagieren ④ CHEM, PHYS Reaktion *f;* **nuclear ~** Kernreaktion *f* ⑤ *no pl* POL (*pej form*) Reaktion *f pej;* **the forces of ~** die reaktionären Kräfte ⑥ (*opposite response*) [Gegen]reaktion *f;* **action and ~** Wirkung *f* und Gegenwirkung *f,* Aktion *f* und Reaktion *f*

reactionary [ri'ækʃᵊnᵊri, AM -eri] **I.** *adj* POL (*pej*) reaktionär *pej* **II.** *n* POL (*pej*) Reaktionär(in) *m(f) pej*

reactivate [ri'æktɪveɪt, AM -tə-] **I.** *vt* ■**to ~ sth** etw reaktivieren; ***there are plans to ~ the old railway line*** es gibt Pläne, die alte Eisenbahnstrecke wieder in Betrieb zu nehmen; **to ~d memories for sb** Erinnerungen in jdm wach rufen **II.** *vi* wieder aktiv werden; *virus* wieder ausbrechen

reactive [ri'æktɪv] *adj* ① (*showing response*) gegenwirkend ② (*acting in response*) ■**to be ~** als Gegenreaktion erfolgen ③ PSYCH, MED reaktiv *fachspr,* durch einen Reiz ausgelöst, Abwehr-; **~ disease** [*or* **illness**] reaktive Krankheit ④ CHEM reaktiv, reaktionsfähig; **~ gas** reaktives Gas ⑤ ELEC Blind-; **~ current** Blindstrom *m*

reactor [ri'æktəʳ, AM -tɚ] *n* ① (*sb or sth that reacts*) **to be a quick/slow ~** schnell/langsam reagieren ② NUCL Reaktor *m;* **nuclear ~** Kernreaktor *m* ③ CHEM Reaktionsapparat *m* ④ MED *jd, der auf ein Medikament reagiert;* **to be a non-~** nicht reagieren, keine Wirkung zeigen ⑤ ELEC Induktor *m*

reactor core *n* NUCL Reaktorkern *m*

read¹ [ri:d] **I.** *n usu sing* ① BRIT, AUS (*act of reading*) Lesen *nt;* **to have a quiet ~** (*fam*) in Ruhe lesen; **to have a ~ of sth** in etw *akk* hineinschauen *fam,* einen Blick in etw *akk* werfen ② (*fam: book*) **good/bad ~** spannende/langweilige Lektüre; **to be a good ~** sich *akk* gut lesen [lassen] ③ AM (*interpretation*) Lesart *f* **II.** *vt* <read, read> ① (*understand written material*) ■**to ~ sth** etw lesen; *handwriting* etw entziffern; **to ~ sth avidly** etw leidenschaftlich gern lesen; **to ~ sth voraciously** etw geradezu verschlingen; **to ~ a map** eine Karte lesen ② MUS **to ~ music** Noten lesen ③ (*speak aloud*) **to ~ sth aloud** [*or* **out loud**] etw laut vorlesen; ■**to ~ sb sth** [*or* **sth to sb**] jdm etw vorlesen ④ (*discern*) **to ~ an emotion** ein Gefühl erraten; **to ~ sb's face** in jds Gesicht lesen; **to ~ sth in sb's face** jdm etw vom Gesicht ablesen ⑤ (*interpret*) interpretieren, deuten; ***if I've ~ the situation aright, ...*** wenn ich die Situation richtig verstehe, ... ⑥ (*substitute*) ■**to ~ sth for sth** statt etw etw heißen; ***on page 19, for Blitish, please ~ British*** auf Seite 19 muss es statt Blitish British heißen ⑦ (*proof-read*) ■**to ~ sth** etw Korrektur lesen; **to ~ a proof** Korrektur lesen ⑧ POL, LAW **to ~ a bill/measure** eine Gesetzesvorlage/gesetzliche Verfügung lesen ⑨ (*inspect and record*) ■**to ~ sth** etw ablesen; **to ~ a meter** einen Zählerstand ablesen ⑩ (*show information*) ■**to ~ sth** etw anzeigen; ***the thermometer is ~ing 40°C in the shade*** das Thermometer zeigt 40°C im Schatten an ⑪ BRIT UNIV (*form*) ■**to ~ sth** *chemistry, English, history* etw studieren ⑫ COMPUT **to ~ a card** eine Karte [ein]lesen; **to ~ data** Daten lesen; **~/write head** Lese-/Schreibkopf; **~ only** nur zum Lesen; **~ only memory** Festwertspeicher *m* ⑬ RADIO, TELEC ■**to ~ sb** jdn verstehen; (*fig: understand sb's meaning*) jdn verstehen; ***do you ~ me? — loud and clear*** können Sie mich verstehen? – laut und deutlich; ***I don't ~ you*** ich verstehe nicht, was du meinst ⑭ (*prophesy*) **to ~ sb's palm** jdm aus der Hand lesen; **to ~ the tea-leaves** aus dem Kaffeesatz lesen; **to ~ sth in the cards** etw in den Karten lesen ▸ PHRASES: **to ~ sb like a book** in jdm lesen können wie in einem [offenen] Buch; **to ~ sb a lecture** (*form*) jdm die Leviten lesen *fam;* **~ my lips!** hör' [mal] ganz genau zu!; **to ~ sb's lips** jdm von den Lippen lesen; **to ~ sb's mind** [*or* **thoughts**] jds Gedanken lesen; **to ~ sb the Riot Act** jdm gehörig die Leviten lesen *fam;* **to ~ the runes** BRIT die Zeichen der Zeit erkennen **III.** *vi* <read, read> ① (*understand written material*) lesen; **to ~ avidly** leidenschaftlich gern lesen; **to ~ voraciously** Bücher geradezu verschlingen; ■**to ~ about** [*or* **of**] **sb/sth** über jdn/etw lesen ② (*speak aloud*) **to ~ aloud** [*or* **out loud**] [**to sb**] [jdm] laut vorlesen ③ (*create impression*) **to ~ well** *book, letter, article, magazine* sich *akk* gut lesen ④ (*have wording*) lauten; ***there was a sign ~ing "No Smoking"*** auf einem Schild stand „Rauchen verboten" ⑤ THEAT, FILM **to ~ for a part** sich *akk* in eine Rolle einlesen ⑥ *esp* BRIT UNIV (*form*) ■**to ~ for sth** etw studieren; **to ~ for the Bar** Jura studieren ▸ PHRASES: **to ~ between the lines** zwischen den Zeilen lesen

◆**read back** *vt* ■**to ~ back** ◯ **sth** etw nochmals gründlich durchlesen

◆**read down** *vt* **to ~ down a list** eine Liste verlesen

◆**read in** *vt* COMPUT **to ~ in data** Daten einlesen

◆**read into** *vt* (*interpret*) **to ~ a meaning/significance into sth** eine Bedeutung in etw *akk* hineininterpretieren; **to ~ too much into sth** zu viel in etw *akk* hineininterpretieren

◆**read off** *vt* ■**to ~ off** ◯ **sth** ① (*note exactly*) *measurements, technical readings* etw ablesen ② (*enumerate*) etw herunterlesen

◆**read out** *vt* ① (*read aloud*) ■**to ~ out** ◯ **sth** etw laut vorlesen [*o form* verlesen]; ■**to ~ out sth to sb** jdm etw laut vorlesen ② COMPUT **to ~ out data** Daten auslesen ③ *esp* AM (*expel*) **to ~ sb out of a body/an organization** jdn aus einem Gremium/einer Organisation ausschließen

◆**read over, read through** *vt* ■**to ~ over** [*or* **through**] ◯ **sth** etw [schnell] durchlesen [*o* überfliegen]

◆**read up I.** *vt* ■**to ~ sb/sth** ◯ **up** sich *akk* über jdn/etw informieren **II.** *vi* nachlesen; ■**to ~ up on** [*or* **about**] **sb/sth** sich *akk* über jdn/etw informieren

read² [red] **I.** *vtvi pt, pp of* **read II.** *adj* ▸ PHRASES: **to take sth as ~** etw als selbstverständlich voraussetzen; ***we will take the minutes as ~*** wir setzen das Protokoll als bekannt voraus

readability [ˌri:də'bɪləti, AM -əṭi] *n no pl* Lesbarkeit *f*

readable ['ri:dəbl̩] *adj* ① (*legible*) lesbar, leserlich ② (*enjoyable to read*) lesenswert; **highly ~** sehr lesenswert ③ (*easy to read*) [gut] lesbar

readdress [ˌri:ə'dres] *vt* ① (*write new address*) **to ~ an envelope/a letter/a parcel** einen Umschlag/einen Brief/ein Paket umadressieren ② (*reexamine*) **to ~ an issue/a problem** sich *akk* einer Frage/einem Problem erneut zuwenden

reader ['ri:dəʳ, AM -ɚ] *n* ① (*person who reads*) Leser(in) *m(f);* **to be an avid ~ of sth** etw leidenschaftlich gern lesen ② (*person who reads aloud*) Vorleser(in) *m(f)* ③ (*in library*) Leser(in) *m(f)* ④ PUBL **publisher's ~** [Verlags]lektor(in) *m(f)* ⑤ (*proof-corrector*) Lektor(in) *m(f)* ⑥ (*book of extracts*) Aufsatzsammlung *f;* SCH Lesebuch *nt;* UNIV Reader *m* ⑦ BRIT UNIV ≈Dozent(in) *m(f);* ***he is a ~ in history at Liverpool*** er ist Dozent für Geschichte in Liverpool ⑧ (*device*) Leser *m;* **microfilm/microfiche ~** Mikrofilm-/Mikrofichelesegerät *nt*

readership ['ri:dəʃɪp, AM -dɚ-] *n + sing/pl vb* ① (*readers*) Leserschaft *f,* Leserkreis *m* ② BRIT UNIV Dozentenstelle *f*

readily ['redɪli] *adv* ① (*willingly*) bereitwillig ② (*easily*) einfach, ohne weiteres

readiness ['redɪnəs] *n no pl* ① (*willingness*) Bereitwilligkeit *f,* Bereitschaft *f;* **to declare one's ~ to do sth** sich *akk* bereit erklären, etw zu tun ② (*preparedness*) Bereitschaft *f;* ***the scaffolding has been put up in ~ for the repair work*** das Gerüst wurde für die Ausbesserungsarbeiten bereit gehalten ③ (*quickness*) Schnelligkeit *f*

reading ['ri:dɪŋ] **I.** *n* ① *no pl* (*activity*) Lesen *nt; of a legal document* Verlesen *nt;* **~ and writing** Lesen *nt* und Schreiben *nt* ② *no pl* (*material to be read*) Lesestoff *m;* **to catch up on one's ~** den Stoff nachholen ③ *no pl* (*with indication of quality*) **to make** [**good/bad**] **~** eine [gute/schlechte] Lektüre sein; **bedtime ~** Bettlektüre *f;* **compulsory** [*or* **required**] **~** Pflichtlektüre *f;* **light/heavy ~** leichte/[sehr] schwierige Lektüre ④ (*form: literacy*) Belesenheit *f;* **to be of wide ~** sehr belesen sein ⑤ (*recital*) Lesung *f;* **poetry ~** Dichterlesung *f* ⑥ REL Lesung *f;* **~s from the Bible** Lesungen *pl* aus der Bibel ⑦ (*interpretation*) *of a literary work, a passage, a sentence* Deutung *f,* Interpretation *f; of a situation, the facts* Einschätzung *f* ⑧ (*amount shown*) Anzeige *f;* **meter ~** Zählerstand *m;* **to take a ~ of sth** etw ablesen ⑨ POL Lesung *f;* **to give a bill its first/second/third ~** über ein Gesetz in erster/zweiter/dritter Lesung beraten ⑩ COMPUT Ablesewert *m* **II.** *n modifier* (*relating to reading*) Lese-; **~ material** Lesestoff *m,* Lektüre *f;* **~ speed** Lesegeschwindigkeit *f;* **~ skills** Lesefähigkeit *f kein pl,* Fähigkeit *f* zu lesen

reading age *n* **to have a ~ of seven** wie eine Siebenjährige lesen [können] **reading book** *n* Lesebuch *nt* **reading glasses** *npl* Lesebrille *f* **reading knowledge** *n no pl* ***I've got a good ~ of French*** ich kann Französisch gut lesen **reading lamp** *n* Leselampe *f* **reading list** *n* Lektüreliste *f,* Leseliste *f* **reading public** *n* Leserschaft *f* **reading room** *n* Lesesaal *m*

readjust [ˌri:ə'dʒʌst] **I.** *vt* ■**to ~ sth** ① (*correct*) etw [wieder] neu anpassen; ***he ~ed his tie*** er rückte seine Krawatte zurecht ② TECH *machine* etw neu einstellen **II.** *vi* ① (*adjust again*) *objects, machines* sich *akk* neu einstellen; *clock* sich *akk* neu stellen ② (*readapt*) ■**to ~ to sth** sich *akk* wieder an etw *akk* gewöhnen

readjustment [ˌri:ə'dʒʌstmənt] *n* ① TECH Neueinstellung *f,* Korrektur *f* ② POL Neuorientierung *f,* Neuausrichtung *f* ③ ECON Anpassung *f,* Neuregelung *f*

read-only *adj* COMPUT Nur-Lese-, Fest- **read-only memory** *n* COMPUT Festspeicher *m,* ROM *m o nt* **read-out** *n* COMPUT [Sicht]anzeige *f* **read-through** *n* THEAT Durchlesen *nt* (*von Rollentexten*) **read-write head** *n* COMPUT Schreib-Lese-Kopf *m*

ready ['redi] **I.** *adj* ① *pred* (*prepared*) fertig, bereit; ***are you ~? — I'm ~ if you are*** bist du bereit? – ich bin fertig, wenn du soweit bist; **to be ~** [**for sth**] [für etw *akk*] bereit sein; **to get** [*or* **make**] **~** [**for sth**] sich *akk* [für etw *akk*] fertig machen; ***I hope you have made ~ for the trip*** ich hoffe, du bist reisefertig; ■**to be ~ to do sth** bereit sein, etw zu tun; ***the waiter asked, "are you ~ to order?"*** der Ober fragte: „haben Sie schon gewählt?"; **to get ~ to get out/leave** sich *akk* zum Ausgehen/Weggehen fertig machen; **to get** [*or* **make**] **sth ~** etw fertig machen; **to get a meal ~** ein Essen vorbereiten; **to get sb ~** [**for sth**] jdn [auf etw *akk*] vorbereiten; **to be ~ and waiting** bereit sein ② (*willing*) ■**to be ~ to do sth** bereit sein, etw zu tun; ■**to be ~ with sth** etw gerne [*o* bereitwillig] geben; ***he is always ~ with compliments*** er verteilt gerne Komplimente ③ (*on verge of*) ■**to be ~ to do sth** kurz davor stehen, etw zu tun; ***he looked ~ to collapse*** er sah aus, als würde er gleich zusammenbrechen ④ (*immediately available*) verfügbar; **~ supply** sofort verfügbarer Nachschub; **~ to hand** zur Hand, griffbereit ⑤ *attr* (*esp approv: quick*) prompt, schnell; **to find ~ acceptance** bereitwillig aufgenommen werden; **~ access** schneller Zugang; **~ mind** wacher Verstand; **to have a ~ reply** immer eine Antwort parat haben; **to have a ~ tongue** [*or* **wit**] schlagfertig sein; **to be too ~ to do sth** etw allzu schnell tun ⑥ (*fam: desirous*) ■**to be ~ for sth** etw wollen; (*in need of*) etw brauchen; **to be ~ for a drink** etw zum Trinken brauchen [*o* trinken müssen]; **to be ~ for a fight** kämpfen wollen ▸ PHRASES: **~, steady, go!** BRIT SPORTS auf die Plätze, fertig, los! **II.** *n* (*money*) ■**readies** [*or* **the ~**] *pl* BRIT (*fam*) Bare(s) *nt kein pl fam;* **to be short of the ~** nicht flüssig [*o* knapp bei Kasse] sein *fam* ▸ PHRASES: **at the ~** bereit; ***he stood by the phone, pencil at the ~*** er stand mit gezücktem Bleistift am Telefon **III.** *vt* <-ie-> ■**to ~ sb/sth** [**for sth**] jdn/etw [für etw *akk*] bereit machen

ready cash *n see* **ready money** **ready-made** *adj* ① (*ready for use*) gebrauchsfertig; FOOD fertig; **~ meal** Fertiggericht *nt* ② FASHION Konfektions-; **~ clothing/suit** Konfektionskleidung *f*/-anzug *m* ③ (*available immediately*) vorgefertigt; **to have a ~**

R

answer/excuse eine Antwort/Entschuldigung parat haben **ready-mixed** *adj inv* gebrauchsfertig
ready money *n no pl* (*fam*) Bare(s) *nt fam,* Bargeld *nt* **ready reckoner** *n* BRIT Rechentabelle *f*
ready-to-wear *adj* Konfektions-; ~ **clothes** Konfektionskleidung *f*
reaffirm [ˌriːəˈfɜːm, AM -ˈfɜːrm] *vt* **to ~ sth** etw bestätigen; **to ~ one's belief/one's intentions** seine Überzeugung/seine Absichten erneut beteuern; **to ~ one's commitment/support** seine Einsatzbereitschaft/Unterstützung nochmals betonen; **to ~ one's opposition** seinen Widerstand nochmals zum Ausdruck bringen
reaffirmation [ˌriːæfɜːˈmeɪʃən, AM -fɜːrˈ-] *n no pl* [wiederholte] Bestätigung
reafforest [ˌriːəˈfɒrɪst, AM -ˈfɔːr-] *vt* BRIT, AUS ECOL *see* **reforest**
reafforestation [ˌriːəˌfɒrɪˈsteɪʃən, AM -ˌfɔːr-] *n no pl* BRIT, AUS ECOL *see* **reforestation**
reagent [riːˈeɪdʒənt] *n* CHEM Reagens *nt,* Reagenz *nt*
real [rɪəl, AM riːl] **I.** *adj* ① (*not imaginary*) wirklich, real; *things* dinglich, Sach-; *land* unbeweglich; **in ~ life** im wirklichen Leben; **the ~ world** die wirkliche Welt ② (*genuine*) echt; ***she is a ~ godsend*** sie ist wahrhaft ein Geschenk des Himmels; **~ beauty** wahre Schönheit; **~ danger** echte Gefahr; **made of ~ leather/silver** aus echtem Leder/Silber gefertigt; **~ pleasure** wahre Freude; ***it's a ~ pleasure to meet you*** ich bin sehr erfreut, Sie kennen zu lernen; **to be one's ~ self** sich *akk* so geben, wie man ist, ganz man selbst sein; **~ threat** wirkliche [*o* reale] Bedrohung ③ (*for emphasis*) **~ bargain** echt günstiges Angebot [*o fam* Schnäppchen] *nt;* **to be a ~ dump** die reinste Müllkippe sein *fam* ④ FOOD unbehandelt; **~ coffee** Bohnenkaffee *m* ⑤ (*hum: proper*) **a ~ man** ein richtiger Mann; **a ~ gentleman** ein wahrer Gentleman ⑥ (*fam: utter*) **a ~ disaster** eine echte Katastrophe *fam* ⑦ *attr* FIN, ECON effektiv, real, Real-; **~ earnings** [*or* **income**] Realeinkommen *nt,* effektives Einkommen; **in ~ terms** effektiv; **~ wages** Reallohn *m* ⑧ MATH **~ number** reelle Zahl; **~ quantity** reale Menge ⑨ PHOT **~ image** reales [*o* echtes] Bild ▶ PHRASES: **to be the ~ McCoy** (*fam*) der/die/das einzig Wahre sein *fam;* **the ~ thing** (*not fake*) das Echte [*o* Wahre]; (*true love*) die wahre Liebe; **to look like the ~ thing** echt aussehen; **get ~!** *esp* AM (*fam*) mach dir doch nichts vor!; **for ~** (*fam*) echt, wahr; ***is this letter a joke or is it for ~?*** ist dieser Brief ein Scherz oder [ist er] ernst gemeint? **II.** *adv esp* AM (*fam*) wirklich *fam,* total *sl,* echt *sl;* ***this lemonade is ~ good!*** diese Limonade schmeckt wirklich toll!
real ale *n no pl esp* BRIT FOOD Real Ale *nt,* echtes Ale
real estate *n no pl esp* AM, AUS ARCHIT Immobilien *fpl;* **a piece of ~** ein Immobilienobjekt *nt* **real estate agent** AM, AUS, **real estate broker** *n* AUS ARCHIT Immobilienmakler(in) *m(f); see also* **estate agent** **real estate developer** *n* AM Immobilienhändler(in) *m(f)*
realign [ˌriːəˈlaɪn] *vt* ① (*align again*) **to ~ sth** etw neu ordnen; **to ~ books** Bücher umsortieren; **to ~ a joint** eine Nahtstelle richten ② POL **to ~ one's policies** sein Parteiprogramm neu ausrichten; **to ~ with the opposition** sich *akk* der Opposition anschließen
realignment [ˌriːəˈlaɪnmənt] *n* ① (*new alignment*) Neuordnung *f,* Neuaufstellung *f;* TECH [neuerliches] Fluchten; AUTO [neuerliche] Spureinstellung ② POL Neuordnung *f,* Neugruppierung *f*
real income *n,* **real wages** *npl* ECON Realeinkommen *nt* **real interest rate** *n* Realzins *m*
realism [ˈrɪəlɪzəm, AM ˈriː-] *n no pl* ① (*attitude*) Wirklichkeitssinn *m,* Realitätssinn *m,* Realismus *m* ② ART, LIT Realismus *m* ③ PHILOS Realismus *m*
realist [ˈrɪəlɪst, AM ˈriː-] **I.** *n* ① (*realistic person*) Realist(in) *m(f)* ② ART, LIT Realist(in) *m(f),* Vertreter(in) *m(f)* des Realismus **II.** *n modifier* ART, LIT realistisch; **~ painter** Maler(in) *m(f)* des Realismus, realistischer Maler/realistische Malerin
realistic [ˌrɪəˈlɪstɪk, AM ˌriːəˈ-] *adj* ① (*practical*) realistisch; ***I wish Jason were more ~*** ich wünschte, Jason hätte etwas mehr Sinn für die Realität; ■ **to be ~ about sth** etw [ganz] realistisch sehen ② ART, LIT realistisch
realistically [ˌrɪəˈlɪstɪkli, AM ˌriːəˈ-] *adv* realistisch
reality [riˈæləti, AM -ət̬i] *n* ① *no pl* (*the actual world*) Realität *f,* Wirklichkeit *f;* **to be in/out of touch with ~** den Sinn für die Realität haben/verloren haben; **to bear little resemblance to ~** wenig mit der Realität zu tun haben; **to come back to ~** auf den Boden der Tatsachen zurückkehren; **to escape from ~** vor der Realität flüchten; **to face** [*or* **confront**] **~** den Tatsachen ins Auge sehen, sich *akk* der Realität stellen; **to lose touch with ~** den Sinn für die Realität verlieren; **the ~ of the situation is that …** die tatsächliche Situation sieht so aus, dass … ② (*fact*) Tatsache *f;* **harsh ~** harte Tatsache; **to become a ~** wahr werden, sich *akk* verwirklichen; **to make one's ambition/goal/plan a ~** seine Ambitionen/sein Ziel/seinen Plan in die Tat umsetzen; **to make sb's dream a ~** jds Traum wahr werden lassen ③ *no pl* ART, LIT Realität *f; of a portrayal, painting* Naturtreue *f* ▶ PHRASES: **in ~** in Wirklichkeit, tatsächlich
reality check *n* (*fam*) Augenöffner *m fig fam;* ■ **to do a ~** der Wahrheit ins Auge blicken
realizable [ˌrɪəˈlaɪzəbl, AM ˌriːəˈ-] *adj* ① (*able to happen*) realisierbar, umsetzbar ② FIN realisierbar *fachspr,* veräußerbar
realization [ˌrɪəlaɪˈzeɪʃən, AM ˌriːəlɪˈ-] *n* ① (*awareness*) Erkenntnis *f;* ***the ~ was dawning that …*** allmählich dämmerte ihnen, dass …; **sobering ~** ernüchternde Erkenntnis ② *no pl* (*fulfilment*) Realisierung *f,* Verwirklichung *f,* Ausführung *f;* ECON *also* Durchführung *f;* **the ~ of a project** die Ausführung eines Planes ③ *no pl* FIN Realisierung *f fachspr,* Veräußerung *f;* **~ of assets** Veräußerung *f* von Vermögenswerten; **~ of profits** Gewinnerzielung *f*
realize [ˈrɪəlaɪz, AM ˈriːə-] *vt* ① (*be aware of*) ■ **to ~ sth** sich *dat* einer S. *gen* bewusst [*o* über etw *akk* im Klaren] sein; (*become aware of*) etw erkennen [*o* begreifen], sich *dat* einer S. *gen* bewusst werden, sich *dat* etw klar machen, sich *dat* über etw *akk* im Klaren sein; ***you're standing on my foot — sorry, I didn't ~*** du stehst auf meinem Fuß – entschuldige, das habe ich gar nicht gemerkt; ***I ~ how difficult it's going to be*** mir ist klar, wie schwierig das sein wird; ■ **to ~ that …** bemerken [*o* erkennen], dass … ② (*make real*) ■ **to ~ sth** etw realisieren [*o* verwirklichen]; (*come true*) *fears* sich *akk* bewahrheiten; **to ~ one's potential** sich *akk* verwirklichen; **to ~ a wish** einen Wunsch erfüllen ③ ART, LIT **to ~ a film/play** einen Film/ein Stück [künstlerisch] umsetzen ④ FIN ■ **to ~ sth** etw veräußern [*o fachspr* realisieren], etw zu Geld machen *fam;* **to ~ assets** Vermögenswerte veräußern; **to ~ a price/profit** einen Preis/Gewinn erzielen; FIN **~d profit** erzielter Gewinn
real life **I.** *n* reales Leben **II.** *n modifier* ■ **real-life** real; **to be based on a ~ story** auf einer wahren Begebenheit beruhen
reallocate [ˌriːˈæləkeɪt] *vt* ■ **to ~ sb/sth** [**to sb/sth**] [*or* [**sb/sth**] **sb/sth**] jdn/etw [jdm/etw *dat*] neu zuteilen [*o* zuweisen]
really [ˈrɪəli, AM ˈriːə-] **I.** *adv* ① (*in fact*) wirklich; ***the film was ~ quite good/ quite good ~*** der Film war wirklich ziemlich gut/recht gut ② (*used to stress sth*) tatsächlich, wirklich; ***I ~ don't think that this is of any importance to us*** ich glaube wirklich nicht, dass das eine Rolle für uns spielt; ***the film was ~ good*** der Film war echt stark *fam* ③ (*seriously*) ernsthaft; ***did you ~ believe that …*** haben Sie im Ernst geglaubt, dass … ▶ PHRASES: **to be ~ something** schon etwas [Tolles] sein *fam;* ***wow! your new car is ~ something!*** Mann! dein neues Auto macht ganz schön was her! *fam* **II.** *interj* ① (*indicating surprise, disbelief*) wirklich, tatsächlich; ***I'm getting married to Fred — ~? when?*** Fred und ich werden heiraten – nein, wirklich? wann denn? ② (*indicating annoyance*) also wirklich, [also] so was; ***well, ~! I think he might have called us!*** nein, wirklich! ich finde, er hätte uns [wenigstens] anrufen können! ③ AM (*indicating agreement*) in der Tat
realm [relm] *n* ① (*dated liter: kingdom*) [Königreich *nt;* **in the coin of the ~** in der Landeswährung; **in defence of the ~** (*form*) in Verteidigung des Landes; **Defence of the R~ Act** BRIT Ermächtigungsgesetz *nt* zur Verteidigung des Königreiches; **peer of the ~** Peer *m,* Mitglied *nt* des britischen Oberhauses ② (*sphere of interest*) Bereich *m;* **to** [**not**] **be within the ~**[**s**] **of possibility** [nicht] im Bereich des Möglichen liegen
real number *n* MATH reelle Zahl
realpolitik [reɪˈɑːlpɒlɪˌtiːk, AM -poʊlɪ-] *n no pl, no art* Realpolitik *f*
real property *n no pl* BRIT Grundbesitz *m,* Immobilien *fpl* **real tennis** *n no pl* BRIT *ursprüngliche Form des Tennis* **real time** **I.** *n* Echtzeit *f,* Realtime *f* **II.** *n modifier* COMPUT ■ **real-time** Realzeit-, Echtzeit-; **~ application** Anwendung *f* im Echtzeitbetrieb; **~ control program** Echtzeitsteuerprogramm *nt*
realtor [ˈriːltəʳ] *n* AM Grundstücksmakler(in) *m(f),* Immobilienmakler(in) *m(f)*
realty [ˈrɪəlti, AM ˈriːəlti] *n no pl* Immobilien *fpl,* Grundbesitz *m;* LAW Rechte an Grund und Boden
ream¹ [riːm] *n* ① (*500 sheets*) [altes] Ries *veraltet* ② (*fam*) ■ **~s** *pl* Bände *mpl*
ream² [riːm] *vt* ① (*widen*) **to ~ a bore/a hole** ein Bohrloch/ein Loch größer machen ② AM **to ~ fruit** Obst auspressen ③ AM (*vulg sl*) ■ **to ~ sb** jdn in den Arsch ficken *vulg* ▶ PHRASES: **to ~ sb's ass** [*or* **butt**] AM (*vulg sl*) jdn zusammenscheißen *vulg*
◆**ream out** *vt* AM (*fam*) ■ **to ~ out** ⊂ **sb** jdn zusammenstauchen [*o* rüffeln] *fam,* jdm den Kopf waschen *fam*
reamed [riːmd] *adj* (*fam!*) verarscht *derb*
reamer [ˈriːməʳ, AM -ə˞] *n* Reibahle *f*
reanimate [riˈænɪmeɪt] *vt* ① (*revive*) ■ **to ~ sb** jdn wiederbeleben ② (*give fresh activity to*) ■ **to ~ sth** [neuen] Schwung in etw *akk* bringen, etw [neu] beleben; ■ **to ~ sb** jdm neuen Schwung [*o* Elan] geben
reanimation [ˌriːænɪˈmeɪʃən] *n no pl* Reanimation *f fachspr,* Wiederbelebung *f;* (*fig*) *of an artist, actor, singer* Come-back *nt*
reap [riːp] *vt* ① (*gather*) **to ~ the crops** ernten; **to ~ a field** ein Feld abernten ② (*fig: receive*) ■ **to ~ sth** etw ernten *fig;* ***only years later he ~ed the rewards of his earlier investments*** erst Jahre später machten sich seine früheren Investitionen für ihn bezahlt; **to ~ the benefits** [*or* **rewards**] [**of sth**] [für etw *akk*] entlohnt werden; **to ~ profits** Gewinne realisieren ▶ PHRASES: **to ~ the fruits of one's labours** die Früchte seiner Arbeit ernten; **to ~ the bitter harvest** [*or* **fruits**] [**of sth**] den Preis [für etw *akk*] bezahlen müssen *fig,* [für etw *akk*] büßen müssen; **to ~ a rich harvest from sth** reichlich von etw *dat* profitieren; **he who sows the wind shall ~ the whirlwind** (*prov*) wer Wind sät, wird Sturm ernten *prov;* **to ~ what one has sown** ernten, was man gesät hat
reaper [ˈriːpəʳ, AM -ə˞] *n* ① (*dated: person*) Mäher(in) *m(f) veraltet,* Schnitter(in) *m(f) veraltet liter* ② (*dated: machine*) Mähmaschine *f* ▶ PHRASES: **the Grim R~** der Sensenmann *euph*
reaper-binder *n* AGR (*dated*) Mähbinder *m*
reaping hook *n* AGR (*dated*) Sichel *f*
reappear [ˌriːəˈpɪəʳ, AM -ˈpɪr] *vi* wieder auftauchen; *moon, sun* wieder zum Vorschein kommen
reappearance [ˌriːəˈpɪərən(t)s, AM -ˈpɪr-] *n* Wiederauftauchen *nt kein pl,* erneutes Erscheinen
reapply <-ie-> [ˌriːəˈplaɪ] **I.** *vi* ■ **to ~ for sth** sich *akk* nochmals um etw *akk* bewerben; LAW etw erneut beantragen **II.** *vt* ① (*apply differently*) **to ~ a principle/rule** ein Prinzip/eine Regel anders anwenden ② (*spread again*) ■ **to ~ sth** etw erneut auftragen
reappoint [ˌriːəˈpɔɪnt] *vt* ■ **to ~ sb** jdn wieder einstellen
reappointment [ˌriːəˈpɔɪntmənt] *n* Wiederernennung *f,* Wiederanstellung *f*

reappraisal [ˌriːəˈpreɪzᵊl] *n* ❶ (*new assessment*) Neubewertung *f*, Neubeurteilung *f* ❷ FIN Neuschätzung *f*

reappraise [ˌriːəˈpreɪz] *vt* ❶ (*assess again*) ■**to ~ sb/sth** jdn/etw neu bewerten; **to ~ a situation** eine Situation neu beurteilen ❷ FIN ■**to ~ sth** den Wert einer S. *gen* neu schätzen

rear¹ [rɪəʳ, AM rɪr] **I.** *n* ❶ (*back*) ■**the ~** der hintere Teil; ***we went to the ~ of the house*** wir gingen hinter das Haus ❷ MIL Nachhut *f* ❸ ANAT (*fam: buttocks*) Hintern *m fam*; **a kick in the ~** ein Tritt *m* in den Hintern; **to be a pain in the ~** einem [fürchterlich] auf den Wecker gehen *fam* ► PHRASES: **to bring up the ~ [of sth]** die Nachhut [einer S. *gen*] bilden **II.** *adj attr, inv* ❶ (*backward*) hintere(r,s), Hinter-; **~ entrance** Hintereingang *m*; **~ legs** *of an animal* Hinterbeine *ntpl* ❷ AUTO Heck-; **~ axle/wheel** Hinterachse *f*/-rad *nt*; **~ seat** Rücksitz *m*; **~ window** Heckscheibe *f*

rear² [rɪəʳ, AM rɪr] **I.** *vt* ❶ *usu passive* (*bring up*) **to ~ an animal** ein Tier aufziehen; **to ~ a child** ein Kind großziehen [*o* aufziehen] ❷ (*breed*) **to ~ livestock** Vieh züchten; **to hand-~ an animal** ein Tier aufziehen ❸ (*cultivate*) **to ~ crops/plants** Getreide/Pflanzen anbauen ❹ (*raise*) **to ~ one's head** den Kopf heben ❺ (*form: erect*) **to ~ a structure** ein Gebäude errichten ► PHRASES: **to ~ its [ugly] head** (*pej*) seine [hässliche] Fratze zeigen *pej* **II.** *vi* ❶ (*rise up on hind legs*) *horse, pony* sich *akk* aufbäumen ❷ (*rise high*) ■**to ~ above [or over] sth** *building, mountain* sich *akk* über etw *akk* erheben, etw überragen

◆**rear up** *vi* ❶ (*rise up on hind legs*) *horse* sich *akk* aufbäumen; *four-legged animal* sich *akk* aufrichten ❷ (*rise high*) *building, mountain* sich *akk* erheben ❸ (*exhibit anger*) sich *akk* auf die Hinterbeine stellen

rear admiral *n* MIL Konteradmiral(in) *m(f)* **rear echelon** *n* MIL rückwärtiger Stab **rear end** *n* ❶ (*back end*) hinteres Ende ❷ (*euph fam: buttocks*) Hinterteil *nt fam*; **to work one's ~ off** (*sl*) sich *akk* abrackern *fam* **rear-end** *vt* (*fam*) ■**to rear-end sb** jds Wagen von hinten rammen; **to ~ a vehicle** auf das Heck eines Wagens auffahren **rear-engined** *adj* mit Heckantrieb *nach n*; ■**to be ~** Heckantrieb haben

rearguard [ˈrɪəgɑːd, AM ˈrɪrgɑːrd] *n no pl* MIL Nachhut *f*

rearguard action *n* MIL Nachhutgefecht *nt*; **to fight a ~** (*fig*) versuchen zu retten, was zu retten ist

rear lamp, rear light *n esp* BRIT Rücklicht *nt*

rearm [ˌriːˈɑːm, AM -ˈɑːrm] **I.** *vt* ■**to ~ sb** jdn wieder aufrüsten **II.** *vi* sich *akk* wieder bewaffnen

rearmament [riˈɑːməmənt, AM -ˈɑːr-] *n no pl* Wiederbewaffnung *f*; *of a country* Wiederaufrüstung *f*

rearmost [ˈrɪəməʊst, AM ˈrɪrmoʊst] *adj attr, inv* ■**the ~ …** der/die/das hinterste …

rearrange [ˌriːəˈreɪndʒ] *vt* ■**to ~ sth** ❶ (*arrange differently*) etw umstellen [*o* umräumen]; ***he ~d his limbs into a more comfortable position*** er nahm eine bequemere Position ein ❷ (*change*) ■**to ~ sth [for sth]** etw [zeitlich] [auf etw *akk*] verlegen; **to ~ the order of sth** die Reihenfolge von etw ändern

rearrangement [ˌriːəˈreɪndʒmənt] *n* Umstellen *nt kein pl*; **~s of a molecule's structure** Veränderungen *fpl* an der Struktur eines Moleküls

rear view mirror *n* AUTO Rückspiegel *m*

rearward [ˈrɪəwəd, AM ˈrɪrwəd] **I.** *adj* hintere(r,s), rückwärtige(r,s) **II.** *adv* nach hinten **III.** *n* (*liter*) Rückseite *f*; ■**to [or in] [or at] [or on] the ~ of sb/sth** hinter jdm/etw

rear-wheel drive *n* AUTO Hinterradantrieb *m*

reason [ˈriːzᵊn] **I.** *n* ❶ (*cause*) Grund *m* (**for** für +*akk*); ***the ~ [that] I'm asking is that …*** der Grund, warum ich frage, ist, dass …; ***for ~s best known to herself, she's decided to …*** aus Gründen, die nur sie allein kennt, hat sie beschlossen, …; ***the ~ why …*** der Grund, warum …; **for ~s of health** aus gesundheitlichen Gründen; **not guilty by ~ of insanity** LAW nicht schuldig wegen Unzurechnungsfähigkeit; **to have every/good/no ~ to do sth** allen/guten/keinen Grund haben, etw zu tun; ***give me one good ~ why …*** nenne mir einen guten Grund, warum …; **for no particular ~** aus keinem besonderen Grund; **for personal ~s** aus persönlichen Gründen; **for some ~** aus irgendeinem Grund ❷ *no pl* (*good cause*) Grund *m*; **to do sth with ~** etw aus gutem Grund tun; ***she was furious, and with ~*** sie war wütend, und das aus gutem Grund ❸ (*premise*) Voraussetzung *f* ❹ *no pl* (*power to think*) Denkvermögen *nt*; **the power of ~** logisches Denkvermögen ❺ (*common sense*) Vernunft *f*; ***you can choose your own gift, within ~*** wenn es im Rahmen bleibt, kannst du dir dein Geschenk selbst aussuchen; **the Age of R~** das Zeitalter der Vernunft; **to reach the age of ~** vernünftig werden; **to be [or go] beyond all ~** vollkommen unsinnig sein; **to see [or listen to] ~** auf die Stimme der Vernunft hören; ***they tried to persuade him, but he wouldn't listen to ~*** sie versuchten, ihn zu überreden, aber er ließ sich einfach nichts sagen; **it stands to ~ that …** es ist logisch, dass … ❻ (*sanity*) Verstand *m*; **to lose one's ~** den Verstand verlieren ► PHRASES: **for ~s of state** aus Gründen der Staatsräson; **by ~ of sth** aufgrund [*o* wegen] einer S. *gen* **II.** *vi* ❶ (*form judgments*) ■**to ~ from sth** von etw *dat* ausgehen; ***~ing from past experience, she was convinced that …*** aufgrund ihrer [früheren] Erfahrung war sie davon überzeugt, dass … ❷ (*persuade*) ■**to ~ with sb** vernünftig mit jdm reden; ***the police ~ed with the hijackers to at least let the children go*** die Polizei versuchte, die Kidnapper zu überreden, wenigstens die Kinder freizulassen; ■**to ~ with sb that …** jdm klarmachen, dass … **III.** *vt* ❶ (*use logic*) ■**to ~ that …** schlussfolgern, dass … ❷ (*persuade*) ■**to ~ sb into [doing] sth** jdn zu etw *dat* überreden; ■**to ~ sb out of [doing] sth** jdm etw ausreden

◆**reason out** *vt* ■**to ~ out** ⊂ **sth** etw folgern

reasonable [ˈriːzᵊnəbl̩] *adj* ❶ (*sensible*) *person, answer* vernünftig; ***her story is ~*** ihre Geschichte klingt ganz vernünftig; **~ force** Kraft *f* der Vernunft ❷ (*understanding*) *person* einsichtig, verständig; ***be ~!*** sei [doch] vernünftig! ❸ (*justified*) angebracht; ***it's only ~ that we allow you this*** es ist nur recht und billig, dass wir Ihnen dies gestatten; **beyond [a] ~ doubt** ohne [jeden] berechtigten Zweifel ❹ (*decent*) relativ gut, [ganz] passabel; ***the meal was ~*** das Essen war in Ordnung; **~ chance** reelle Chance; **~ compromise** akzeptabler [*o* vernünftiger] Kompromiss; **~ offer** akzeptables Angebot ❺ (*inexpensive*) annehmbar; **~ prices** reelle [*o fam* zivile] Preise

reasonableness [ˈriːzᵊnəbl̩nəs] *n no pl* ❶ (*quality of being sensible*) Vernünftigkeit *f* ❷ (*quality of being moderate*) Angemessenheit *f*, Vertretbarkeit *f*

reasonably [ˈriːzᵊnəbli] *adv* ❶ (*in a sensible manner*) vernünftig ❷ (*justifiably*) **to ~ believe** vernünftigerweise glauben ❸ (*fairly*) ziemlich, ganz; **~ good** ziemlich gut, ganz passabel *fam*; **to be ~ lucky** einigermaßen Glück haben ❹ (*inexpensively*) **~ priced** preiswert, günstig

reasoned [ˈriːzᵊnd] *adj* **well/poorly ~** gut/schlecht durchdacht

reasoning [ˈriːzᵊnɪŋ] **I.** *n no pl* logisches Denken, Logik *f*; **to follow sb's ~** jds Gedankengang [*o* Argumentation] folgen; **the ~ behind sth** die Logik hinter etw *dat* **II.** *n modifier* **~ ability [or power]** logisches Denkvermögen

reassemble [ˌriːəˈsembl̩] **I.** *vi* sich *akk* wieder versammeln, wieder zusammentreten **II.** *vt* ■**to ~ sth** etw wieder zusammenbauen

reassembly [ˌriːəˈsembli] *n no pl* nochmaliger Zusammenbau, nochmalige Montage

reassert [ˌriːəˈsɜːt, AM ˈsɜːrt] *vt* ■**to ~ sth** ❶ (*state again*) etw erneut zum Ausdruck bringen, etw [nochmals] hervorstreichen ❷ (*claim*) etw geltend machen; ***by his victory the Prime Minister has ~ed his shattered authority*** mit seinem Sieg hat der Premierminister seine angeschlagene Autorität wieder gestärkt

reassess [ˌriːəˈses] *vt* ■**to ~ sth** etw neu bewerten [*o* beurteilen]; FIN, ECON etw veranlagen, etw neu schätzen

reassessment [ˌriːəˈsesmənt] *n* Neubewertung *f*, Neubeurteilung *f*, Neuveranlagung *f*, Neuschätzung *f*

reassign [ˌriːəˈsaɪn] *vt* ❶ (*reappoint*) **to ~ sb to a different post** jdn versetzen, jdm eine andere Stelle zuteilen; **to ~ sb to a different task** jdm eine andere Aufgabe zuweisen ❷ (*distribute differently*) **to ~ resources/work** Ressourcen/Arbeit neu verteilen

reassignment [ˌriːəˈsaɪnmənt] *n* ❶ (*reappointment*) Versetzung *f* ❷ (*redistribution*) Neuverteilung *f*

reassume [ˌriːəˈsjuːm, AM ˈsuːm] *vt* ■**to ~ sth** *attitude, posture* etw wieder annehmen; *office, activity* etw wieder aufnehmen; **to ~ control** die Kontrolle wieder übernehmen; *position, place* etw wieder einnehmen

reassurance [ˌriːəˈʃʊərᵊn(t)s, AM -ˈʃʊr-] *n* ❶ *no pl* (*action*) Bestärkung *f*; ***I was in desperate need of some ~*** ich brauchte dringend etwas, das mir den Rücken stärkte ❷ (*statement*) Versicherung *f*, Beteuerung *f*; ***despite her father's ~s she was still frightened of the dark*** obwohl ihr Vater ihr beruhigend zuredete, hatte sie immer noch Angst im Dunkeln ❸ ECON Rückversicherung *f*

reassure [ˌriːəˈʃʊəʳ, AM -ˈʃʊr] *vt* ■**to ~ sb** ❶ (*soothe*) jdn [wieder] beruhigen; ***he ~d me that my cheque would arrive soon*** er versicherte mir, dass mein Scheck bald eintreffen würde; ***I was nervous on my first day at college, but I was ~d to see some friendly faces*** an meinem ersten Tag im College war ich nervös, aber es machte mir Mut, einige freundliche Gesichter zu sehen ❷ ECON (*insure*) jdn rückversichern

reassuring [ˌriːəˈʃʊərɪŋ, AM -ˈʃʊr-] *adj* beruhigend

reassuringly [ˌriːəˈʃʊərɪŋli, AM -ˈʃʊr-] *adv* beruhigend

reawaken [ˌriːəˈweikᵊn] **I.** *vt* ■**to ~ sth** etw wieder erwecken, etw erneut wachrufen **II.** *vi* wieder erwachen, wachgerufen werden

rebarbative [rɪˈbɑːbətɪv, AM ˈbɑːrbət̬ɪv] *adj* (*form*) widerwärtig, abschreckend

rebate [ˈriːbeɪt] *n* ❶ (*refund*) Rückzahlung *f*, Rückvergütung *f*; **tax ~** Steuerrückzahlung *f* ❷ (*discount*) [Preis]nachlass *m*

rebel I. *n* [ˈrebᵊl] ❶ (*against government*) Rebell(in) *m(f)*, Aufständische(r) *f(m)* ❷ (*against authority*) Rebell(in) *m(f)* **II.** *n* [ˈrebᵊl] *modifier* ❶ POL (*army, guerrillas, forces*) aufständisch, rebellierend ❷ (*sociol*) rebellisch **III.** *vi* <-ll-> [rɪˈbel] ❶ (*oppose*) ■**to ~ [against sb/sth]** [gegen jdn/etw] rebellieren, sich *akk* [gegen jdn/etw] erheben ❷ (*show repugnance*) rebellieren; ***his conscience ~led at the thought of keeping the stolen money*** sein Gewissen plagte ihn bei dem Gedanken, das gestohlene Geld zu behalten

rebellion [rɪˈbeliən, AM -jən] *n* ❶ *no pl* (*resistance to government*) Rebellion *f*; (*resistance to authority*) Rebellion *f fig*, heftiger Widerstand; **open ~** offene Rebellion; ■**to be in ~ [against sth]** [gegen etw *akk*] rebellieren, sich *akk* [gegen etw *akk*] auflehnen ❷ (*instance of this*) [Rebellen]aufstand *m*

rebellious [rɪˈbeliəs, AM -jəs] *adj* ❶ (*insubordinate*) *child* aufsässig, widerspenstig ❷ POL rebellierend, aufständisch ❸ (*unmanageable*) *hair* widerspenstig

rebelliously [rɪˈbeliəsli, AM -jəs-] *adv* rebellisch

rebelliousness [rɪˈbeliəsnəs, AM -jəs-] *n no pl* Aufsässigkeit *f*, Widerspenstigkeit *f*

rebel yell *n* AM (*hist*) [*Kampf*]*schrei konföderierter Soldaten im Amerikanischen Bürgerkrieg*

rebirth [ˌriːˈbɜːθ, AM -ˈbɜːrθ] *n no pl* ❶ (*reincarnation*) Wiedergeburt *f*, Reinkarnation *f*; **to experience ~** wieder geboren werden ❷ (*enlightenment*) Wiedergeburt *f fig* ❸ (*revival*) Wiederaufleben *nt*, Renaissance *f geh*

reboot [ˌriːˈbuːt] COMPUT **I.** *vt* **to ~ a computer system** einen Computer neu starten **II.** *vi* rebooten *fachspr*, erneut booten [*o* starten] **III.** *n* Rebooten *nt kein pl fachspr*, Warmstart *m*

reborn [ˌriːˈbɔːn, AM -ˈbɔːrn] *adj* ① (*rejuvenated*) **to feel** ~ sich *akk* wie neu geboren fühlen ② REL wieder geboren

rebound **I.** *vi* [rɪˈbaʊnd, AM ˈriːbaʊnd] ① (*bounce back*) abprallen, zurückprallen; ■**to ~ off sth** von etw *dat* abprallen ② (*recover in value*) *stocks* wieder stark an Wert gewinnen [*o* nach oben schnellen], wieder ansteigen ③ (*have negative effect*) ■**to ~ on** [*or* **upon**] **sb** auf jdn zurückfallen, sich *akk* negativ für jdn auswirken **II.** *n* [ˈriːbaʊnd] ① *no pl* (*ricochet*) Abprallen *nt*, Zurückprallen *nt* ② (*in basketball*) Rebound *m* ③ (*increase*) *of profits* Ansteigen *nt* ► PHRASES: **on the** ~ (*after bouncing*) als Abpraller; (*in basketball*) als Rebound; (*while in distress*) unter einer gescheiterten Beziehung leidend

rebuff [rɪˈbʌf] **I.** *vt* ■**to ~ sb/sth** jdn/etw [schroff] zurückweisen [*o* abweisen], jdn/etw abblitzen lassen *fam* **II.** *n* Zurückweisung *f*; **to meet with** [*or* **suffer**] **a** ~ zurückgewiesen werden, sich *dat* eine Abfuhr holen *fam*

rebuild <rebuilt, rebuilt> [ˌriːˈbɪld] *vt* ■**to ~ sth** ① (*build again*) etw wieder aufbauen; **to ~ one's life** (*fig*) sein Leben ändern [*o* neu ordnen] ② TECH etw umbauen; **to ~ an engine** einen Motor [vollständig] überholen ③ (*restructure*) etw umstrukturieren [*o* neu organisieren]

rebuke [rɪˈbjuːk] **I.** *vt* ■**to ~ sb [for sth]** jdn [für etw *akk*] rügen [*o* zurechtweisen] **II.** *n* ① (*reproof*) Zurechtweisung *f*; **to receive a stern** ~ streng zurechtgewiesen werden ② *no pl, no art* (*censure*) Verweis *m*, Tadel *m*

rebus <*pl* -es> [ˈriːbəs] *n* Bilderrätsel *nt*, Rebus *m o nt*

rebut <-tt-> [rɪˈbʌt] *vt* ■**to ~ sth** etw widerlegen; LAW etw ablehnen

rebuttal [rɪˈbʌtᵊl, AM -t̬-] *n* Widerlegung *f*; **to issue a** ~ einen Gegenbeweis anführen

rec [rek] *n modifier short for* **recreation** Freizeit-; ~ **sports** Freizeitsport *m kein pl*

recalcitrance [rɪˈkælsɪtrən(t)s] *n no pl* Aufsässigkeit *f*

recalcitrant [rɪˈkælsɪtrənt] **I.** *adj* ① (*defiant*) aufmüpfig, unbequem; *child* aufsässig ② (*not responsive*) widerspenstig, hartnäckig ③ (*resisting restraint*) *animal* störrisch **II.** *n* Widerspenstige(r) *f(m)*

recall **I.** *vt* [rɪˈkɔːl] ① (*remember*) ■**to ~ sth** sich *akk* an etw *akk* erinnern; ■**to ~ how/that/what/when …** sich *akk* [daran] erinnern, wie/dass/was/wann …; ■**to ~ doing sth** sich *akk* [daran] erinnern, etw getan zu haben; **to distinctly/faintly/vividly ~ sth** sich *akk* genau/nur schwach/lebhaft an etw *akk* erinnern ② (*call back to mind*) ■**to ~ sth** an etw *akk* erinnern; ***his paintings ~ the style of Picasso*** seine Gemälde erinnern an den Stil Picassos ③ COMPUT ■**to ~ sth** *data* etw aufrufen [*o* abrufen] ④ (*order to return*) ■**to ~ sb** jdn zurückrufen [*o* zurückbeordern]; **to ~ an ambassador** einen Botschafter abberufen; **to ~ sb to the present** (*fig*) jdn in die Gegenwart zurückholen ⑤ SPORTS **to ~ a player** einen Spieler [in die Mannschaft] zurückholen ⑥ (*request to return*) **to ~ a product** ein Produkt zurückrufen ⑦ (*revoke*) ■**to ~ sth** etw zurücknehmen; **to ~ an action/a decision** eine Handlung/eine Entscheidung rückgängig machen; **to ~ a bid** ein Gebot zurückziehen **II.** *n* [rɪˈkɔːl, AM ˈriːkɔːl] ① (*instance of recalling*) Zurückrufung *f* ② AM (*dismissal*) *of an elected offical* Abberufung *f*, Absetzung *f* ③ ECON *of a product* Rückruf *m* ④ *no pl* (*ability to remember*) **powers of** ~ Erinnerungsvermögen *nt*; **to have total** ~ ein absolutes Erinnerungsvermögen besitzen ⑤ COMPUT Aufruf *m* ► PHRASES: **to be lost beyond** ~ für immer verloren sein

recant [rɪˈkænt] **I.** *vi* widerrufen **II.** *vt* ■**to ~ sth** etw widerrufen; **to ~ one's belief/faith** seiner Überzeugung/seinem Glauben abschwören

recantation [ˌriːkænˈteɪʃᵊn] *n* Widerruf *m*

recap[1] [ˈriːkæp] **I.** *vt* <-pp-> *short for* **recapitulate**: ■**to ~ sth** etw [kurz] zusammenfassen [*o geh* rekapitulieren] **II.** *vi* <-pp-> *short for* **recapitulate** [kurz] zusammenfassen, rekapitulieren *geh* **III.** *n short for* **recapitulation** [kurze] Zusammenfassung, Rekapitulation *f geh*

recap[2] [ˈriːkæp] *vt* AM AUTO **to ~ tyres** Reifen runderneuern

recapitulate [ˌriːkəˈpɪtjəleɪt, AM -ˈpɪtʃe-] **I.** *vt* ■**to ~ sth** etw [kurz] zusammenfassen **II.** *vi* [kurz] zusammenfassen, rekapitulieren *geh*

recapitulation [ˌriːkəˌpɪtjəˈleɪʃᵊn, AM -ˌpɪtʃeˈ-] *n* ① (*summary*) [kurze] Zusammenfassung, Rekapitulation *f geh* ② MUS, THEAT, FILM Reprise *f*

recapture [ˌriːˈkæptʃəʳ, AM -tʃɚ] **I.** *vt* ① (*capture again*) **to ~ an animal** ein Tier wieder einfangen; **to ~ an escapee** einen Flüchtigen wieder ergreifen; **to ~ a town** MIL eine Stadt zurückerobern [*o* wiedererobern] ② (*fig: reexperience*) ■**to ~ sth** etw noch einmal erleben; (*recreate*) etw wieder lebendig werden [*o* neu aufleben] lassen; **to ~ an emotion** ein Gefühl wieder aufleben lassen; **to ~ the past/one's youth** die Vergangenheit/seine Jugendjahre heraufbeschwören; **to ~ a style** einen Stil wiederbeleben **II.** *n* MIL Rückeroberung *f*, Wiedereroberung *f*, Wiedereinnahme *f*

recast <recast, recast> [ˌriːˈkɑːst, AM -ˈkæst] *vt* ① (*change form*) **to ~ a metal object** einen Metallgegenstand in eine andere Form gießen ② (*arrange differently*) ■**to ~ sth** etw neu arrangieren; (*rewrite*) *play, novel* etw umschreiben ③ THEAT, FILM (*cast again*) **to ~ a film/a play** die Rollen in einem Film/einem Stück neu besetzen; **to ~ a role** eine Rolle neu besetzen [*o* umbesetzen]

recce [ˈreki] **I.** *n esp* BRIT MIL (*fam*) *short for* **reconnaissance** Auskundschaftung *f kein pl*; **to be on ~** auf Spähpatrouille sein; (*by plane*) auf einem Aufklärungsflug sein; **to do a ~** (*fig*) die Lage peilen *sl* **II.** *vt esp* BRIT MIL (*fam*) *short for* **reconnoitre**: ■**to ~ sth** etw auskundschaften [*o* erkunden] **III.** *vi short for* **reconnoitre** das Terrain sondieren *a. fig*, sich *akk* umsehen

recede [rɪˈsiːd] *vi* ① (*move farther away*) *sea, tide* zurückgehen; *fog* sich *akk* auflösen ② (*appear farther off*) **to ~ into the distance** in der Ferne verschwinden ③ (*fig: diminish*) weniger werden; *memories* verblassen; *prices, hopes* sinken ④ (*stop growing*) *hair* aufhören zu wachsen; (*go bald*) kahl[köpfig] werden, eine Glatze bekommen

receding chin *n* fliehendes Kinn **receding hairline** *n* einsetzende Stirnglatze

receipt [rɪˈsiːt] **I.** *n* ① *no pl* (*act of receiving*) Eingang *m*, Erhalt *m*; **to acknowledge ~** den Erhalt bestätigen; **on ~** bei Erhalt [*o* Empfang]; ***goods will be delivered on ~ of payment*** die Warensendung erfolgt nach Zahlungseingang; **payable on ~** zahlbar bei Erhalt; **to be in ~ of sth** (*form*) im Besitz einer S. *gen* sein; **to be in ~ of a letter** einen Brief erhalten haben; **to be in ~ of stolen goods** LAW im Besitz von Diebesgut sein ② (*statement acknowledging payment*) Quittung *f*; (*statement acknowledging acquisition*) Empfangsbestätigung *f* ③ (*money*) ■**~s** *pl* Einnahmen *fpl* ④ AM, DIAL (*dated: recipe*) Rezept *nt* **II.** *vt* **to ~ a bill** eine Rechnung quittieren, den Erhalt einer Rechnung bestätigen

receipt book *n* Quittungsbuch *nt* **receipt stamp** *n* (*on letter*) Eingangsstempel *m*; (*on receipt*) Quittungsstempel *m*

receivable [rɪˈsiːvəbl] **I.** *adj pred, inv* ECON offen, ausstehend; **accounts ~** Außenstände *pl*; **bills ~** Wechselforderungen *fpl* **II.** *n* FIN ■**~s** *pl* Außenstände *pl*, ausstehende Zahlungen, Forderungen *fpl*

receive [rɪˈsiːv] **I.** *vt* ① (*get*) ■**to ~ sth** etw erhalten [*o* bekommen]; ***he ~d his education at Eton and Oxford*** er wurde in Eton und Oxford ausgebildet; ***they ~d a visit from the police*** die Polizei stattete ihnen einen Besuch ab; **to ~ asylum/citizenship/a loan from sb** Asyl/die Staatsbürgerschaft/einen Kredit von jdm [gewährt] bekommen; **to ~ a clean bill of health** eine gute Gesundheit attestiert bekommen; **to ~ credit for sth** für etw *akk* Anerkennung erhalten; **to ~ custody of one's children** das Sorgerecht für seine Kinder zugesprochen bekommen; **to ~ Communion** die heilige Kommunion empfangen; **to ~ the last rites** die Letzte Ölung bekommen; **to ~ a pay increase** mehr Gehalt bekommen; **to ~ a pension/a salary** Rente/[ein] Gehalt beziehen; **to ~ a rebuke/a tongue-lashing** eine Abfuhr/eine Abreibung bekommen *fam*; **to ~ a scolding** ausgeschimpft werden; **to ~ a standing ovation** stehende Ovationen erhalten; **to ~ recognition** Anerkennung finden; **to ~ treatment** behandelt werden; **to ~ a hearty** [*or* **warm**] **welcome** herzlich empfangen werden ② (*be awarded*) ■**to ~ sth** etw erhalten [*o* [verliehen] bekommen]; **to ~ a degree** einen akademischen Grad erhalten; **to ~ a knighthood** in den Adelsstand erhoben werden; **to ~ a prize** [*or* **a reward**] einen Preis [verliehen] bekommen, mit einem Preis ausgezeichnet werden ③ (*get in writing*) ■**to ~ sth** etw erhalten; (*take delivery of*) etw annehmen [*o* entgegennehmen]; **to ~ authorization** die Genehmigung erhalten; **to ~ clearance for sth** die Freigabe für etw *akk* bekommen; **to ~ official notification of sth** offiziell über etw *akk* informiert werden; **to ~ one's orders** seine Befehle erhalten; **to ~ an ultimatum** ein Ultimatum gestellt bekommen ④ *esp* BRIT LAW **to ~ stolen goods** Hehlerei mit Diebesgut betreiben; **to be convicted of receiving stolen property** der Hehlerei überführt werden ⑤ RADIO, TV ■**to ~ sth** etw empfangen; **to ~ sb loud and clear** jdn laut und deutlich hören ⑥ (*form*) **to ~ an idea** eine Idee formulieren; **to ~ an impression** einen Eindruck gewinnen ⑦ (*consent to hear*) ■**to ~ sb/sth** jdn/etw anhören; REL jdn/etw erhören; **to ~ sb's confession/an oath** jdm die Beichte/einen Eid abnehmen; **to ~ a petition** ein Gesuch entgegennehmen ⑧ (*be receptacle for*) etw auffangen; **to ~ blood** das Blut auffangen ⑨ (*suffer*) ■**to ~ sth** *blow, shock* etw erleiden ⑩ (*react to*) ■**to ~ sth** etw aufnehmen; ***his speech was well ~d*** seine Rede wurde positiv aufgenommen; ***her suggestions were coldly ~*** ihre Vorschläge trafen auf Ablehnung ⑪ (*welcome*) ■**to ~ sb** jdn begrüßen; ***the returning soldiers were ~d as heroes*** die zurückkehrenden Soldaten wurden als Helden gefeiert [*o* empfangen] ⑫ (*admit to membership*) **to ~ sb into an organization** jdn in eine Organisation aufnehmen ⑬ (*form: provide space for*) ■**to ~ sb** jdn unterbringen [*o* aufnehmen]; ■**to ~ sth** etw unterbringen; **to ~ stock** das Vieh unterbringen ► PHRASES: **to ~ [no] quarter** [nicht] verschont werden **II.** *vi* (*in tennis*) den Ball bekommen ► PHRASES: **it is more blessed to give than to ~** (*prov*) geben ist seliger denn nehmen *prov*

received [rɪˈsiːvd] *adj attr, inv* allgemein akzeptiert; ~ **opinion** landläufige Meinung

received pronounciation, **received standard** *n no pl* BRIT LING Britische Standardaussprache

receiver [rɪˈsiːvəʳ, AM -ɚ] *n* ① (*telephone component*) Hörer *m* ② RADIO, TV Receiver *m*, Empfänger *m* ③ *also* ECON (*person*) Empfänger(in) *m(f)* ④ *esp* BRIT, AUS *of stolen goods* Hehler(in) *m(f)* ⑤ (*in bankruptcy cases*) **the official ~** der [gerichtlich bestellte] Konkursverwalter/die [gerichtlich bestellte] Konkursverwalterin; **to be put in the hands of the ~** liquidiert werden

receivership [rɪˈsiːvəʃɪp] *n no pl* Konkursverwaltung *f*, Zwangsverwaltung *f*; **to be in ~** unter Konkursverwaltung stehen; **to go into ~** in Konkurs gehen, Konkurs machen

receiving blanket *n* AM (*dated*) Babydecke *f* **receiving end** *n no pl* **to be on** [*or* **at**] **the ~ of sth** derjenige sein, der bei etw *dat* am Ende die Prügel einsteckt *fig* **receiving line** *n* Empfangsreihe *f* (*zur offiziellen Begrüßung*) **receiving order** *n* BRIT ECON Konkurseröffnungsbeschluss *m* **receiving set** *n* RADIO (*dated*) Empfangsgerät *nt*

recency [ˈriːsənsi] *n no pl* Neuheit *f*

recent [ˈriːsᵊnt] *adj* kürzlich; ~ **developments** die neuesten [*o* jüngsten] Entwicklungen; ~ **events** die jüngsten Ereignisse; **in/from the ~ past** in/aus der jüngsten Vergangenheit; **in ~ times** in der letzten Zeit; ~ **trends** die neuesten Trends

recently [ˈriːsᵊntli] *adv* kürzlich, vor kurzem, neulich; ***have you seen any good films ~?*** hast du in letzter Zeit irgendwelche guten Filme gesehen?

receptacle [rɪ'septəkḷ] *n* [Sammel]behälter *m*

reception [rɪ'sepʃən] *n* ❶ *no pl* (*receiving*) Aufnehmen *nt* ❷ (*response*) Aufnahme *f*; ***his speech received an enthusiastic/a frosty*** ~ seine Rede wurde begeistert/sehr zurückhaltend aufgenommen; **chilly/cool/warm** ~ eisiger/kühler/herzlicher Empfang ❸ *no pl* RADIO, TV Empfang *m* ❹ *no pl* (*receiving people*) Empfang *m*, Aufnahme *f* ❺ *no pl* (*formal welcoming*) offizieller Empfang ❻ (*social occasion*) Empfang *m*; **to give a** ~ einen Empfang geben; **wedding** ~ Hochzeitsempfang *m* ❼ *no pl, no art* (*area for greeting guests*) Rezeption *f*, Empfang *m*; **at** [*or* **in**] ~ am Empfang, an der Rezeption ❽ BRIT SCH *see* **reception class**

reception area *n* TOURIST Rezeption *f*, Empfang *m*

reception centre *n* BRIT Aufnahmelager *nt*, Sammellager *nt* **reception class** *n* BRIT SCH erste Klasse; **to be in the** ~ in die erste Klasse gehen **reception desk** *n* TOURIST Rezeption *f*, Empfang *m* **reception hall** *n* Empfangshalle *f*

receptionist [rɪ'sepʃənɪst] *n* (*in hotels*) Empfangschef *m*; (*female*) Empfangsdame *f*; (*with offices*) Vorzimmerdame *f*, Empfangssekretärin *f*; (*in hospitals*) Herr *m*/Dame *f* an der Anmeldung

reception order *n* BRIT Einweisungsbescheid *m* (*in eine psychiatrische Klinik*) **reception room** *n* ❶ (*in hotel*) Aufenthaltsraum *m*; (*room for receiving visitors*) Empfangshalle *m* ❷ BRIT (*form: in private home*) Wohnzimmer *nt* **reception teacher** *n* BRIT SCH Grundschullehrer(in) *m(f)*

receptive [rɪ'septɪv] *adj* ▪**to be** ~ **to sth** empfänglich [*o* offen] für etw *akk* sein

receptiveness [rɪ'septɪvnəs], **receptivity** [ˌriːsep'tɪvəti, AM -t̬i] *n no pl* Empfänglichkeit *f*, Aufnahmebereitschaft *f*

receptor [rɪ'septəʳ, AM -ɚ] *n* BIOL Rezeptor *m*

recess ['riːses, rɪ'ses] I. *n* <*pl* -es> ❶ LAW, PARL, POL [Sitzungs]pause *f*, Parlamentsferien *pl*; **to go into** ~ sich *akk* in die Sommerpause begeben; **to be in** ~ in der Sommerpause sein; **to be recalled from** ~ aus der Sommerpause zurückgerufen werden ❷ *esp* AM, AUS SCH Pause *f* ❸ ARCHIT Nische *f* ❹ (*fig: secret places*) ▪~**es** *pl* Winkel *mpl fig*; **the deepest** [*or* **innermost**] ~**es** die verborgensten Winkel II. *vt* ❶ ARCHIT **to** ~ **a fitment** eine Nische aussparen ❷ (*suspend*) **to** ~ **proceedings** die Verhandlung vertagen III. *vi esp* AM, AUS [eine] Pause machen; LAW, POL sich *akk* vertagen

recessed [rɪ'sest] *adj inv* eingelassen, eingebaut; ~ **lights** versenkte Lichter

recession [rɪ'seʃən] *n* ECON Rezession *f*, Konjunkturrückgang *m*; **times of** ~ Zeiten *fpl* der Rezession; **to be in** ~ einen Konjunkturrückgang erleben, von einer Rezession betroffen sein

recessional [rɪ'seʃənəl] I. *adj* ECON ~ **times** Zeiten *fpl* der Rezession II. *n* MUS, REL Schlusschoral *m* III. *n modifier* Schluss-; ~ **hymn** Schlusschoral *m*

recessive [rɪ'sesɪv] *adj* BIOL rezessiv

recharge [ˌriː'tʃɑːdʒ, AM -'tʃɑːrdʒ] I. *vt* **to** ~ **a battery** eine Batterie [neu] aufladen; **to** ~ **a gun** ein Gewehr nachladen; **to** ~ **one's batteries** (*fig*) neue Kräfte tanken II. *vi battery* sich *akk* [neu] aufladen; (*fig*) *person* neue Kräfte tanken

rechargeable [ˌriː'tʃɑːdʒəbḷ, AM -'tʃɑːrdʒ-] *adj inv* [wieder] aufladbar

rechargeable battery *n* wieder aufladbare Batterie

recheck [ˌriː'tʃek] *vt* ▪**to** ~ **sth** etw nochmals [über]prüfen [*o* kontrollieren] [*o* checken] *fam*

recherché [rə'ʃeəʃeɪ, AM -'ʃer-] *adj* (*form: exotic*) *menu, wine* ausgesucht, erlesen; (*obscure*) *topic, book* ausgefallen

rechristen [ˌriː'krɪsən] *vt* ▪**to** ~ **sb/sth** jdn/etw umtaufen [*o* umbenennen]; ***Hermione was*** ~***ed Sally by her friends*** Hermione wurde von ihren Freunden in Sally umbenannt; ▪**to** ~ **sb** REL jdn noch einmal taufen

recidivism [rə'sɪdɪvɪzəm, AM -'sɪdə-] *n no pl* Rückfälligkeit *f*; **rate of** ~ Rückfallquote *f*

recidivist [rə'sɪdɪvɪst, AM -'sɪdə-] I. *n* Rückfalltäter(in) *m(f)*, Wiederholungstäter(in) *m(f)* II. *adj inv* rückfällig

recipe ['resɪpi] *n* ❶ (*in cooking*) Rezept *nt* (**for** für +*akk*); **to follow a** ~ etw nach Rezept zubereiten ❷ (*for producing sth*) **a** ~ **for growth/happiness/profit** ein Rezept für Wachstum/Fröhlichkeit/Gewinn; **a** ~ **for success** ein Erfolgsrezept *nt*; ***lifting the arms embargo would be a*** ~ ***for bloodshed*** mit dem Aufheben des Waffenembargos wäre ein Blutvergießen vorprogrammiert

recipe book *n* Rezeptbuch *nt*, Kochbuch *nt*

recipient [rə'sɪpiənt] *n* Empfänger(in) *m(f)*; **to be the** ~ **of sb's attentions** die Person sein, der jds Aufmerksamkeiten gelten; ~ **of the Nobel Prize** Empfänger(in) *m(f)* des Nobelpreises; ~ **of an organ transplant** Organempfänger(in) *m(f)*; **welfare** ~ Sozialhilfeempfänger(in) *m(f)*

reciprocal [rə'sɪprəkəl] I. *adj inv* ❶ (*mutual*) beidseitig; *favour, help* gegenseitig; ***the feeling is*** ~ das Gefühl beruht auf Gegenseitigkeit ❷ (*reverse*) umgekehrt; ***her natural generosity was matched by his*** ~ ***stinginess*** ihre natürliche Großzügigkeit und seine entsprechende Knauserigkeit passten gut zusammen ❸ MATH, LING reziprok; ~ **pronoun/verb** reziprokes Pronomen/Verb ❹ ECON gegenseitig, wechsel-; ~ **holdings** gegenseitige Beteiligung; ~ **trade** zweiseitiger Handel II. *n* MATH reziproker Wert *fachspr*, Kehrwert *m*

reciprocally [rə'sɪprəkəli] *adv* gegenseitig, wechselseitig; LING reziprok

reciprocate [rə'sɪprəkeɪt] I. *vt* **to** ~ **help/a favour** sich *akk* für die Hilfe/einen Gefallen revanchieren; **to** ~ **love/trust** Liebe/Vertrauen erwidern [*o* zurückgeben] II. *vi* sich *akk* revanchieren (**with** mit +*dat*)

reciprocating [rə'sɪprəkeɪtɪŋ, AM -t̬-] *adj attr, inv* TECH sich *akk* hin- und herbewegend; **a** ~ **piston** ein auf- und abgehender Kolben

reciprocating engine *n* TECH Kolbenmotor *m*

reciprocation [rəˌsɪprə'keɪʃən] *n no pl* Erwiderung *f*; ***she helped him and in*** ~ ***he found her an inexpensive apartment*** sie half ihm, und als Revanche dafür fand er eine billige Wohnung für sie; TECH Hin und Her *nt*; *of pistons* Auf und Ab *nt*

reciprocity [resɪ'prɒsəti, AM -'prɑːsət̬i] *n no pl* Gegenseitigkeit *f*, Wechselseitigkeit *f*, Reziprozität *f fachspr*; ~ **agreement** Gegenseitigkeitsabkommen *nt*

recirculate [ˌriː,sɜːkjəleɪt, AM -'sɜːr-] I. *vi air, water* ständig zirkulieren II. *vt* **to** ~ **a journal/memo** eine Zeitschrift/Mitteilung erneut in Umlauf bringen; ***used envelopes are*** ~***d in this office*** in diesem Büro werden benutzte Briefumschläge wiederverwendet

recital [rɪ'saɪtəl] *n* ❶ (*performance*) *of poetry, music* Vortrag *m*; *of dance* Aufführung *f*, Recital *nt fachspr*; **piano** ~ Klavierkonzert *nt*; **vocal** ~ Liederabend *m*; **to give a** ~ ein Konzert geben ❷ (*description*) Schilderung *f*, Bericht *m*; *of facts, details* Aufzählung *f*; ***she gave us a long, boring*** ~ ***of all her troubles*** sie gab uns eine lange und langweilige Schilderung all ihre Schwierigkeiten ❸ ▪~**s** *pl* LAW (*introduction*) einleitender Teil

recitation [ˌresɪ'teɪʃən] *n* LIT Rezitation *f*, Vortrag *m*; **to give a** ~ **of sth** etw rezitieren [*o* vortragen]

recitative [ˌresɪtəti:v] *n* MUS Rezitativ *nt*

recite [rɪ'saɪt] I. *vt* ❶ (*say aloud*) **to** ~ **a lesson/an oath** eine Lesung/einen Eid rezitieren [*o* vortragen]; **to** ~ **a monologue/poem** einen Monolog/ein Gedicht [auswendig] aufsagen; **to** ~ **the rosary** den Rosenkranz beten ❷ (*tell*) **to** ~ **one's adventures/a story** seine Abenteuer/eine Geschichte vortragen ❸ (*enumerate*) **to** ~ **arguments/complaints/details** Argumente/Beschwerden/Einzelheiten aufzählen; **to** ~ **dates/facts/names** Namen/Daten/Fakten hersagen II. *vi* rezitieren, vortragen

reckless ['rekləs] *adj* (*not cautious*) unbesonnen, leichtsinnig; *disregard, speed* rücksichtslos; ***he drinks with*** ~ ***abandon*** er trinkt völlig maßlos; ~ **of consequences/danger** ungeachtet der Konsequenzen/Gefahr; LAW grob fahrlässig; ~ **driving** rücksichtslose Fahrweise; **to be** ~ **with sb's feelings/money** leichtsinnig mit jds Gefühlen/Geld umgehen

recklessly ['rekləsli] *adv* unbesonnen, leichtsinnig; *drive, disregard* rücksichtslos

recklessness ['rekləsnəs] *n no pl* Leichtsinn *m*; *of sb's driving* Rücksichtslosigkeit *f*; *of speed* Gefährlichkeit *f*; *in sports* Gewagtheit *f*; LAW [grobe] Fahrlässigkeit

reckon ['rekən] I. *vt* ❶ (*calculate*) ▪**to** ~ **sth** etw berechnen [*o* ausrechnen]; ***the inflation rate is now*** ~***ed to be 10%*** die Inflationsrate wird momentan mit 10% angegeben ❷ (*judge*) ▪**to** ~ **sb** [**to be**] **sth** jdn für etw *akk* halten; ***she*** ~***s him*** [***to be***] ***a talented pianist*** sie hält ihn für einen talentierten Pianisten; ▪**to be** ~**ed** [**to be**] **sth** als etw gelten; ***she was widely*** ~***ed the best actress*** sie galt als die beste Schauspielerin weit und breit; ***I don't*** ~ ***much to*** [***or of***] ***their chances of winning*** bei ihnen rechne ich nicht wirklich mit Gewinnchancen; ▪**to** ~ **sb among sth** jdn zu etw *dat* zählen; ***she is*** ~***ed to be among the greatest professional ice scaters of all time*** sie zählt zu den größten Profischlittschuhläuferinnen aller Zeiten; ***I*** ~ ***that you won't see her again*** ich denke nicht, dass du sie je wieder sehen wirst II. *vi* (*fam*) ❶ (*believe*) meinen; ***can you fix my car today? — I*** ~ ***so/not*** können Sie mein Auto heute reparieren? – ich denke schon/glaube nicht ❷ ▪**to** ~ **on sth/sb** (*need*) auf etw/jdn zählen; (*hope*) mit etw/jdm rechnen; ***I don't*** ~ ***on him ever coming back*** ich rechne nicht damit, dass er jemals zurückkommt ❸ (*take into account*) ▪**to** ~ **with sth/sb** mit etw/jdm rechnen; ***I didn't*** ~ ***with having to re-type the whole document*** ich habe noch nicht damit gerechnet, das ganze Schriftstück noch mal tippen zu müssen; ***Margaret was a woman to be*** ~***ed with*** Margaret war eine Frau, mit der man rechnen musste; ▪**to** ~ **without sth/sb** mit etw/jdm nicht rechnen; ***they wanted to build a nuclear power station in our little town, but they*** ~***ed without us*** sie wollten in unserer kleinen Stadt ein Kernkraftwerk bauen, aber da haben sie die Rechnung ohne den Wirt gemacht

◆**reckon in** *vt* **to** ~ **in** ↻ **overtime/tax** Überstunden/Steuern [mit] einrechnen

◆**reckon up** *vt* **to** ~ **a bill/costs/an estimate** ↻ **up** eine Rechnung/Kosten/einen Kostenvoranschlag zusammenrechnen

reckoner ['rekənəʳ, AM -ɚ] *n* MATH Rechentabelle *f*

reckoning ['rekənɪŋ] *n* ❶ *no pl* (*calculation*) Berechnung *f*; ***your*** ~ ***is out*** [***or off***] ***by £10*** du hast dich um £10 verrechnet; **by sb's** ~ nach jds Rechnung ❷ (*opinion*) **to be out in one's** ~ falsch liegen, sich *akk* verrechnet haben *fig fam*; ***in life, people will take you very much at your own*** ~ im Leben wird man so beurteilt, wie man sich selbst einschätzt ❸ (*vengeance*) Abrechnung *f*; **the day of** ~ der Tag der Abrechnung ❹ (*old: bill*) [Ab]rechnung *f*

reclaim [rɪ'kleɪm] *vt* ❶ (*claim back*) ▪**to** ~ **sth** etw zurückverlangen; LAW etw zurückfordern; **to** ~ **one's luggage** sein Gepäck abholen ❷ (*make usable*) **to** ~ **land** Land urbar machen [*o* kultivieren]; **to** ~ **land from the sea** dem Meer Land abgewinnen; **to** ~ **waste material** Abfälle wieder verwerten ❸ (*form: reform*) ***the organization is dedicated to*** ~***ing drug addicts and alcoholics*** der Verband ist darin engagiert, Drogen- und Alkoholabhängige von ihrer Sucht zu befreien; **to** ~ **sb from alcoholism/smoking** jdn vom Alkoholismus/Rauchen abbringen

reclaimable [rɪ'kleɪməbḷ] *adj* geltend zu machen[d], reklamierbar

reclamation [ˌreklə'meɪʃən] *n no pl* ❶ (*demanding*) Rückforderung *f*; (*receiving*) Rückgewinnung *f*; ~ **of expenses** Kostenrückerstattung *f* ❷ *of land, resources* Kultivierung *f*, Urbarmachung *f*; **land** ~ Landgewinnung *f*; ~ **of waste materials** Wiedergewinnung *f* von Altmaterialien ❸ (*form: redemption*) *person* Besserung *f*, Bekehrung *f*

recline [rɪ'klaɪn] I. *vi person* sich *akk* zurücklehnen; **to** ~ **on a bed/sofa/in a chair** sich *akk* auf einem Bett/Sofa/in einem Stuhl ausruhen; *chair* verstellbar sein **II.** *vt* **to ~ one's chair/seat** die Rückenlehne seines Stuhls/Sitzes nach hinten stellen; **to ~ one's head against** [*or* **on**] **sth** den Kopf an etw *akk* lehnen

recliner [rɪˈklaɪnəʳ, AM -ə˞] *n* [verstellbarer] Lehnstuhl

reclining chair, reclining seat *n* [verstellbarer] Lehnstuhl; (*in a bus, car, plane*) Liegesitz *m*

recluse [rɪˈkluːs, AM *usu* ˈrekluːs] *n* Einsiedler(in) *m(f)*; **to live** [*or* **lead**] **the life of a ~** ein Einsiedlerleben führen; ***she has lead the life of a ~ since her husband died*** seit dem Tod ihres Mannes lebt sie sehr zurückgezogen

reclusive [rɪˈkluːsɪv] *adj* einsiedlerisch, zurückgezogen

recognition [ˌrekəgˈnɪʃᵊn] *n no pl* ① (*act, instance*) [Wieder]erkennung *f*; **to change beyond** [*or* **out of all**] **~** nicht wiederzuerkennen sein ② (*appreciation*) Anerkennung *f*; ***the company never gave her any ~ for her work*** niemand in der Firma erkannte ihre Arbeit an; ***they gave him a gold watch in ~ of his years of service*** sie gaben ihm eine goldene Uhr als Anerkennung seiner Dienstjahre; **to achieve ~** Anerkennung finden ③ (*acknowledgement*) Anerkennung *f*; [**diplomatic**] **~** [diplomatische] Anerkennung ④ COMPUT [Wieder]erkennung *f*

recognizable [ˌrekəgˈnaɪzəbl̩, AM ˈrekəgnaɪ-] *adj* erkennbar; ***despite everything he's still ~ as himself*** trotz allem ist er er selbst geblieben

recognizably [ˌrekəgˈnaɪzəbli, AM ˈrekəgnaɪ-] *adv* erkennbar

recognizance [rɪˈkɒgnɪzᵊn(t)s, AM -ˈkɑːg-] *n* LAW schriftliche Verpflichtung (*vor Gericht*); **to enter into a ~** ein Sicherheitsversprechen abgeben; **to be released on one's own ~** gegen ein Kautionsversprechen freigelassen werden

recognize [ˈrekəgnaɪz] *vt* ① ■**to ~ sb/sth** (*identify*) *person, symptoms* jdn/etw erkennen; ***I never would have ~d her*** ich hätte sie niemals erkannt; (*know again*) *person, place* jdn/etw wieder erkennen ② (*demonstrate appreciation*) ■**to ~ sth** etw anerkennen; ■**to ~ sb** jdm Anerkennung zollen ③ *esp* POL, ECON (*acknowledge*) ■**to ~ sth/sb** etw/jdn anerkennen; **to ~ a country/regime/state** ein Land/Regime/einen Staat anerkennen; **to ~ a union** eine Gewerkschaft anerkennen; ***he refuses to ~ the fact that he's getting older*** er weigert sich, die Tatsache anzuerkennen, dass er älter wird; ■**to be ~d as sth** als etw gelten ④ LAW (*allow to speak*) ■**to ~ sb** jdm das Wort erteilen ⑤ COMPUT ■**to ~ sth** etw [wieder]erkennen

recognized [ˈrekəgnaɪzd] *adj attr* anerkannt; **~d agent** zugelassener Vertreter/zugelassene Vertreterin; **~d professional body** anerkannter Berufsverband

recoil I. *vi* [rɪˈkɔɪl] ① (*spring back*) zurückspringen; (*draw back*) zurückweichen; **to ~ in disgust** zurückschaudern; **to ~ in horror** zurückschrecken; (*mentally*) ■**to ~ at** [*or* **from**] **sth** vor etw *dat* zurückschrecken; ***she ~ed at the idea of paying $70 for a theatre ticket*** ihr graut bei dem Gedanken, $70 für eine Theaterkarte zu bezahlen ② (*fig: have bad effect*) ■**to ~ on** [*or* **upon**] **sb/oneself** auf jdn/einen zurückfallen; ***his evil plan ~ed on himself*** sein teuflischer Plan rächte sich an ihm selbst ③ (*be driven backwards*) *gun* einen Rückstoß haben; *rubber band, spring* zurückschnellen **II.** *n* [ˈriːkɔɪl] Rückstoß *m*

recollect [ˌrekᵊˈlekt, AM -əˈ-] **I.** *vt* ■**to ~ sth/sb** sich *akk* an etw/jdn erinnern; ***do you ~ where she went?*** kannst du dich [daran] erinnern, wo sie hingegangen ist?; ***he does not ~ seeing her at the party*** er entsinnt sich nicht, sie auf der Party gesehen zu haben **II.** *vi* sich *akk* erinnern

recollection [ˌrekᵊˈlekʃᵊn, AM -əˈ-] *n* ① (*memory*) Erinnerung *f*; **to have no ~ of sth** sich *akk* an etw *akk* nicht erinnern können; ***I have no ~ of having requested this catalogue*** ich kann mich nicht daran erinnern, diesen Katalog bestellt zu haben ② *no pl* (*ability to remember*) **power of ~** Erinnerungsvermögen *nt*; ***to the best of my ~ I have never seen her before*** soweit ich mich erinnern kann, habe ich sie nie zuvor gesehen

recommence [ˌriːkəˈmens] **I.** *vt* ■**to ~ sth** etw wieder beginnen **II.** *vi fighting* wieder beginnen [*o* anfangen]

recommend [ˌrekəˈmend] *vt* ■**to ~ sth/sb** etw/jdn empfehlen; **to highly/strongly ~ sth** etw wärmstens empfehlen; ***the city has much to ~ it*** es spricht viel für die Stadt; ***I ~ sending her flowers*** ich empfehle, ihr Blumen zu schicken; ***she has been ~ed for promotion*** sie ist für eine Beförderung vorgeschlagen worden; ***the doctor ~s [that] I take more exercise*** der Arzt rät, dass ich mich mehr bewege

recommendable [ˌrekəˈmendəbl̩] *adj* empfehlenswert

recommendation [ˌrekəmenˈdeɪʃᵊn] *n* ① (*suggestion*) Empfehlung *f*; **letter of ~** Empfehlungsschreiben *nt*; **to do sth on sb's ~** etw auf jds Empfehlung hin tun ② (*advice*) Empfehlung *f*, Rat *m*; **to follow sb's ~** jds Rat folgen; **to make a ~ on sth** etw empfehlen

recommended [ˌrekəˈmendɪd] *adj* empfohlen; **to come highly ~** einen ausgezeichneten Ruf haben

recommended daily allowance *n esp* AM **the ~ of Vitamin A/B12** die empfohlene Tagesdosis an Vitamin A/B12 **recommended price, recommended retail price** *n* unverbindliche Preisempfehlung **recommended speed** *n* Richtgeschwindigkeit *f*

recompense [ˈrekəmpen(t)s] **I.** *n no pl* ① (*reward*) Belohnung *f*; **as a ~** als [*o* zur] Belohnung; **in ~ for** als Belohnung für ② (*retribution*) Entschädigung *f*, Ersatz *m* (**for** für +*akk*) **II.** *vt* ■**to ~ sb** (*pay back*) jdm eine Entschädigung zahlen; (*for damages*) jdn entschädigen (**for** für +*akk*)

recon [ˈriːkɑːn] *n no pl* AM MIL (*fam*) *short for* **reconnaissance** Aufklärung *f*; ***who's on ~ in this sector?*** wer ist im Aufklärungseinsatz in diesem Sektor?

reconcile [ˈrekᵊnsaɪl] *vt* ① (*make friends*) ■**to ~ sb** jdn versöhnen; ***my brother and I were finally ~d with*** [*or* **to**] ***each other*** mein Bruder und ich haben uns schließlich versöhnt ② (*make compatible*) **to ~ a conflict** einen Streit schlichten; **to ~ differences** Meinungsverschiedenheiten beilegen; ***it's difficult to ~ different points of view*** es ist schwierig, verschiedene Standpunkte unter einen Hut zu bringen; ■**to ~ sth and** [*or* **with**] **sth** etw mit etw *dat* vereinbaren [*o* abstimmen] [*o* in Einklang bringen]; **to ~ accounts/one's checkbook** AM FIN Konten/sein Scheckbuch abgleichen ③ (*accept*) ■**to ~ oneself to sth** sich *akk* mit etw *dat* abfinden; **to be ~d to sth** an etw *akk* gewöhnt sein; ***he slowly became ~d to living a solitary life*** langsam gewöhnte er sich daran, ein einsames Leben zu führen

reconcilement *n* AM, **reconciliation** *n* ECON Abstimmung *f*; **bank ~** Abstimmung zwischen dem Konto einer Bank und einem Kundenkonto; **~ statement** Erklärung von Kontenabstimmungsdifferenzen

reconciliation [ˌrekᵊnsɪliˈeɪʃᵊn] *n* ① (*of good relations*) Aussöhnung *f*, Versöhnung *f* (**with** mit +*dat*) ② *no pl* (*making compatible*) Beilegung *f*; ***the ~ of their differences was at this point no longer possible*** die Beilegung ihrer Meinungsverschiedenheiten war zu diesem Zeitpunkt nicht mehr möglich; ***the ~ of the facts with the theory is not always easy*** das Vereinbaren von Fakten mit der Theorie ist nicht immer einfach

reconciliatory [ˌrekᵊnsɪliˈeɪtᵊri] *adj* versöhnlich

recondite [ˈrekᵊndaɪt] *adj* (*form*) *information, fact* abstrus

recondition [ˌriːkᵊnˈdɪʃᵊn] *vt* **to ~ an engine/a ship** einen Motor/ein Schiff [general]überholen; **a ~ed engine** ein Austauschmotor *m*

reconnaissance [rɪˈkɒnɪsᵊn(t)s, AM -ˈkɑːnə-] **I.** *n* MIL Aufklärung *f*; **to be on ~** auf Spähpatrouille sein; ***they made a ~ before planning the attack*** sie führten einen Aufklärungseinsatz durch, bevor sie den Angriff planten **II.** *adj attr, inv* MIL Aufklärungs-; **~ flight/mission/satellite** Aufklärungsflug/-einsatz/-satellit *m*; **~ patrol** Spähpatrouille *f*; **~ plane** Aufklärungsflugzeug *nt*, Aufklärer *m*

reconnoiter [ˌriːkəˈnɔɪt̬ə˞] AM, **reconnoitre** [ˌrekəˈnɔɪtəʳ] **I.** *vt* MIL **to ~ a coast/enemy territory** eine Küste/feindliches Gebiet auskundschaften [*o* erkunden] **II.** *vi* MIL das Gelände erkunden [*o* auskundschaften] **III.** *n* (*fam*) Aufklärungseinsatz *m*

reconquer [ˌriːˈkɒŋkəʳ, AM ˈkɑːŋkə˞] *vt* ■**to ~ sb/sth** etw/jdn zurückerobern

reconquest [ˌriːˈkɒŋkwest, AM ˈkɑːŋ] *n* Rückeroberung *f*, Wiedereroberung *f*

reconsider [ˌriːkᵊnˈsɪdəʳ, AM -ə˞] **I.** *vt* ■**to ~ sth** etw [noch einmal] überdenken; *facts* etw neu erwägen; *case* etw wieder aufnehmen **II.** *vi* sich *dat* etw [noch einmal] überlegen

reconsideration [ˌriːkᵊnˌsɪdəˈreɪʃᵊn] *n no pl* Überdenken *nt*; ***our recommendations were returned for ~*** unsere Empfehlungen wurden uns zur nochmaligen Beratung zurückgeschickt

reconstitute [ˌriːˈkɒnstɪtjuːt, AM -ˈkɑːnstətuːt, -tjuːt] *vt* ■**to ~ sth** ① FOOD *milk, orange juice* etw aus Konzentrat zubereiten ② (*reorganize*) etw wieder herstellen; ***the Health Council has been ~d as the Health Authority*** der Gesundheitsrat wurde als Gesundheitsbehörde neu eingerichtet ③ COMPUT etw rekonstituieren [*o* wiederherstellen]

reconstituted [ˌriːˈkɒnstɪtjuːtɪd, AM -ˈkɑːnstətuːtɪd, -tjuːt̬-] *adj attr, inv milk, orange juice* aus einem Konzentrat zubereitet

reconstitution [ˌriːˌkɒnstɪˈtjuːʃᵊn, AM ˌkɑːnstɪˈtuː] *n* ① (*change*) Umbildung *f*, Neugestaltung *f* ② (*restitution*) Wiederherstellung *f*

reconstruct [ˌriːkᵊnˈstrʌkt] *vt* ① (*build again*) ■**to ~ sth** etw wieder aufbauen [*o* rekonstruieren]; **to ~ an army/economy/a government** eine Armee/Wirtschaft/Regierung wieder herstellen ② (*reorganize*) **to ~ a company/public transport system** eine Firma/ein öffentliches Verkehrssystem umstrukturieren; **to ~ one's life** [im Leben] noch einmal von vorn anfangen; ***after the divorce, it took him almost a year to ~ his life*** nach der Scheidung brauchte er fast ein Jahr, um sein Leben wieder in den Griff zu bekommen ③ (*in an investigation*) **to ~ a crime/events** ein Verbrechen/Ereignisse rekonstruieren

reconstruction [ˌriːkᵊnˈstrʌkʃᵊn] *n* ① *no pl* (*rebuilding*) Rekonstruktion *f*; *of a country* Wiederaufbau *m*; **economic ~** Wiederaufbau *m* der Wirtschaft ② (*reorganization*) *system* Neustrukturierung *f*, Neuaufbau *m*; **~ of a company** Sanierung *f* eines Unternehmens ③ *of crime, events* Rekonstruktion *f*

Reconstruction [ˌriːkᵊnˈstrʌkʃᵊn] *n* AM (*hist*) ■**the ~** *Phase der wirtschaftspolitischen Neuordnung nach dem Sezessionskrieg (1861–1865) zwischen den Nord- und Südstaaten Amerikas*

reconstructive surgery *n no pl* MED rekonstruktive [*o* plastische] Chirurgie

record I. *n* [ˈrekɔːd, AM -ə˞d] ① (*information*) Aufzeichnungen *fpl*, Unterlagen *fpl*; (*document*) Akte *f*; *of attendance* Liste *f*; (*minutes*) Protokoll *nt*, Niederschrift *f*; ***this summer has been the hottest on ~*** dieser Sommer war der heißeste, der jemals verzeichnet wurde; ***the coach went on ~ as saying …*** der Trainer äußerte sich öffentlich dahingehend, dass …; **to be a matter of** [**public**] **~** [offiziell] belegt [*o* dokumentiert] sein; **to keep ~s** (*register*) Buch führen; (*list*) eine Liste führen; *historian* Aufzeichnungen machen; **to keep a** [**private**] **~ of sth** sich *dat* etw notieren; **for the ~** (*for the minutes*) für das Protokoll; (*as a matter of form*) der Ordnung halber ② *no pl* (*past history*) Vorgeschichte *f*; *of achievements* bisherige Leistungen; ***this applicant has the best ~*** dieser Bewerber hat die besten Voraussetzungen; ***he's got a clean ~*** er hat sich nichts zuschulden kommen lassen; (*no convictions*) er ist nicht vorbestraft; ***given Mr. Smith's ~ as a good***

credit risk, we can give him the loan in Anbetracht der Tatsache, dass Herr Smith sich in der Vergangenheit bereits als kreditwürdig erwiesen hat, können wir ihm das Darlehen geben; **police ~** Vorstrafen *fpl;* **safety ~** Sicherheitszeugnis *nt;* **criminal ~** Vorstrafenregister *nt;* **dental ~** zahnärztliche Unterlagen *pl;* **to have an excellent ~** *worker, employee* ausgezeichnete Leistungen vorweisen können; **to have a good/bad ~** einen guten/schlechten Ruf haben; **medical ~** Krankenblatt *nt* ❸ *(music)* [Schall]platte *f;* **hit ~** Hit *m fam;* **to change/play/put on a ~** eine Platte umdrehen/spielen/auflegen; **to make** [*or* **cut**] **a ~** eine [Schall]platte aufnehmen ❹ SPORTS Rekord *m;* **Olympic ~** olympischer Rekord; **world ~** Weltrekord *m;* **to break** [*or* **beat**] **a ~** einen Rekord brechen; **to set** [*or* **establish**] **a ~** einen Rekord aufstellen ❺ LAW *(court report)* [Gerichts]protokoll *nt,* Gerichtsakte *f;* **a court of ~** ein ordentliches Gericht ❻ COMPUT [Daten]satz *m* ► PHRASES: **to put** [*or* **set**] **the ~ straight** für Klarheit sorgen, alle Missverständnisse aus dem Weg räumen; **to say sth on/off the ~** etw offiziell/inoffiziell sagen; **strictly off the ~** ganz im Vertrauen, streng vertraulich **II.** *adj* [ˈrekɔːd, AM -ɚd] *inv* Rekord-; **~ crop/turnout/year** Rekordernte *f*/-beteiligung *f*/-jahr *nt;* **to reach a ~ high/low** ein Rekordhoch *nt*/Rekordtief *nt* erreichen; **to do sth in ~ time** etw in Rekordzeit erledigen **III.** *vt* [rɪˈkɔːd, AM -ˈkɔːrd] ❶ *(store)* ■**to ~ sth** *facts, events* etw aufzeichnen [*o* festhalten]; ***the temperature fell today, with -14°C being ~ed in some places*** die Temperaturen fielen heute, stellenweise wurden -14°C gemessen; **to ~ a birth/a death/a marriage** LAW eine Geburt/einen Todesfall/eine Heirat registrieren [*o* [ins Register] eintragen]; **to ~ one's feelings/ideas/thoughts** seine Gefühle/Ideen/Gedanken niederschreiben; **to ~ sth in the minutes of a meeting** etw in einem Sitzungsprotokoll vermerken ❷ *(register)* **to ~ rotations/the speed/the temperature** Umdrehungen/die Geschwindigkeit/die Temperatur anzeigen [*o* messen]; ***the needle ~ed 50 mph*** die Nadel zeigte 80 km/h ❸ *(for later reproduction)* ■**to ~ sth** FILM, MUS etw aufnehmen; *event* etw dokumentieren; **to ~ a speech** eine Rede aufzeichnen **IV.** *vi* [rɪˈkɔːd, AM -ˈkɔːrd] *(on tape, cassette)* Aufnahmen machen; *person* eine Aufnahme machen; *machine* aufnehmen; ***the VCR is ~ing*** der Videorecorder nimmt gerade auf

record-breaker *n (performance)* Rekordleistung *f,* Rekordergebnis *nt; (person)* Rekordler(in) *m(f) fam*

record-breaking *adj attr, inv* Rekord-; **a ~ year** ein Rekordjahr *nt* **record changer** *n* Plattenwechsler *m* **record collection** *n* [Schall]plattensammlung *f* **record company** *n* [Schall]plattenfirma *f*

recorded [rɪˈkɔːdɪd, AM -ˈkɔːrd-] *adj inv* ❶ *(appearing in records)* verzeichnet, dokumentiert, belegt; ***the level of ~ crime has decreased by 5% this year*** die Zahl der registrierten Verbrechen ist dieses Jahr um 5% zurückgegangen; **throughout ~ history** seit der Geschichtsschreibung ❷ *(stored electronically)* aufgenommen, aufgezeichnet; **a ~ message** eine aufgezeichnete Nachricht

recorded delivery *n* BRIT Einschreiben *nt;* **by ~** per Einschreiben

recorder [rɪˈkɔːdəʳ, AM -ˈkɔːrdɚ] *n* ❶ *(record-keeper)* Registriergerät *nt* ❷ *(machine)* Rekorder *m* ❸ MUS *(instrument)* Blockflöte *f* ❹ BRIT LAW *(judge)* Anwalt, Anwältin *m, f* in Richterfunktion, nebenamtlicher Richter/nebenamtliche Richterin ❺ COMPUT Aufnahmegerät *nt*

record holder *n* Rekordhalter(in) *m(f)*

recording [rɪˈkɔːdɪŋ, AM -ˈkɔːrd-] *n* ❶ *no pl (process)* Aufnahme *f,* Aufzeichnen *nt* ❷ *(of sound)* Aufnahme *f; (of programme)* Aufzeichnung *f* ❸ ECON *(in a register etc)* Eintragung *f,* Registrierung *f*

recording angel *n* REL ■**the ~** *Engel, der die guten und schlechten Taten eines Menschen vermerkt* **recording artist** *n Musiker, dessen Musikstücke produziert werden* **recording contract** *n* Plattenvertrag *m* **recording session** *n* Aufnahme *f* **recording studio** *n* Aufnahme-/Tonstudio *nt*

record label *n (dated)* [Schall]plattenfirma *f,* Plattenlabel *nt* **record library** *n* Plattenverleih *m; archives* Phonothek *f; (collection)* Plattensammlung *f* **record player** *n* [Schall]plattenspieler *m* **record token** *n (dated)* [Schall]plattengutschein *m*

recount¹ I. *vt* [ˌriːˈkaʊnt] ■**to ~ sth** *(count again)* etw nachzählen; **to ~ votes** Stimmen noch einmal auszählen **II.** *vi* [ˌriːˈkaʊnt] POL eine erneute Stimmenauszählung durchführen **III.** *n* [ˈriːkaʊnt] POL erneute Stimmenauszählung

recount² [rɪˈkaʊnt] *vt (tell)* ■**to ~ sth** etw [ausführlich] erzählen; ***he often ~ed how he had played for Manchester United when he was 19*** er hat oft erzählt, wie er für Manchester United gespielt hat, als er 19 war

recoup [rɪˈkuːp] **I.** *vt* ❶ *(regain)* **to ~ costs/one's investment** Kosten/seine Investition wieder einbringen [*o* hereinbekommen]; **to ~ one's losses** seine Verluste wettmachen; **to ~ one's strength** wieder zu Kräften kommen ❷ *(reimburse)* ■**to ~ sb for sth** jdn für etw *akk* entschädigen **II.** *vi* sich *akk* erholen; ■**to ~ from** [*or* **after**] **sth** sich *akk* von [*o* nach] etw *dat* erholen; ***she'll need some time to ~ after her sickness*** sie wird etwas Zeit brauchen, um sich nach ihrer Krankheit zu erholen

recourse [rɪˈkɔːs, AM -ˈkɔːrs] *n no pl* Zuflucht *f;* ECON Regress *m;* **to have ~ to sb** sich *akk* an jdn wenden können; **to have ~ to sth** Zuflucht zu etw *dat* nehmen können; **to decide to have ~ to the courts to obtain money due** auf gerichtlichem Wege Forderungen geltend machen; ■**without ~ to sth/sb** ohne etw/jdn in Anspruch zu nehmen; ***it is hoped that the dispute will be settled without ~ to litigation*** man hofft, dass sich der Streit außergerichtlich beilegen lässt; ■**without ~** FIN ohne Regress

recover [rɪˈkʌvəʳ, AM -ɚ] **I.** *vt* ❶ *(get back)* ■**to ~ sth** *one's health* etw zurückerlangen; *sth lent* etw zurückbekommen; *one's appetite* etw wiedergewinnen; *stolen goods* etw sicherstellen; **to ~ one's balance/composure** sein Gleichgewicht/seine Selbstbeherrschung wieder finden; **to ~ consciousness** das Bewusstsein wiedererlangen, wieder zu Bewusstsein kommen; **to ~ one's costs** seine Kosten decken; **to ~ data/a directory/file** COMPUT Daten/ein Verzeichnis/eine Datei wiederherstellen; **to ~ one's health** wieder gesund werden; **to ~ one's hearing/sight** wieder hören/sehen können; **to ~ one's strength** wieder zu Kräften kommen; **to be fully ~ed** völlig genesen sein; ■**to ~ oneself** sich *akk* wieder fangen [*o* fassen]; FIN **to ~ one's disbursement** seine Auslagen vergütet bekommen; **to ~ money** Geld wieder hereinholen ❷ *(obtain)* **to ~ coal/ore** Kohle/Erz gewinnen; **to ~ compensation/damages** LAW *(legally)* eine Entschädigung/Schadenersatz erhalten; **to ~ possession** den Besitz wiedererlangen **II.** *vi* sich *akk* erholen; ■**to ~ from** [*or* **after**] **sth** sich *akk* von [*o* nach] etw *dat* erholen; ***the economy has ~ed after the slump*** die Wirtschaft hat sich nach der Rezession wieder erholt

re-cover [ˌriːˈkʌvəʳ, AM -ɚ] *vt* **to ~ a chair/sofa** einen Stuhl/ein Sofa neu beziehen

recoverable [rɪˈkʌvᵊrəbl] *adj inv* FIN eintreibbar; ECON *also* erstattungsfähig; COMPUT wiederherstellbar; **~ ACT** Rückerstattungsanspruch auf vorausgezahlte Körperschaftssteuer; **~ amount** Zeitwert *m;* **~ costs** erstattungsfähige Kosten; **~ damage/loss** ersetzbarer Schaden/Verlust

recovery [rɪˈkʌvᵊri, AM -ɚi] *n* ❶ *no pl* MED *(action)* Erholung *f,* Gesundung *f geh,* Genesung *f geh; of sight/hearing* Wiedererlangung *f;* **to be on the road to ~** sich *akk* auf dem Weg[e] der Besserung befinden; **to show signs of ~** [erste] Zeichen einer Besserung zeigen; ECON [Anzeichen für] einen Aufschwung erkennen lassen; **to be beyond** [*or* **past**] **~** nicht mehr zu retten sein; ***the coal industry in this area is beyond ~*** für die Kohleindustrie gibt es in dieser Region keine Zukunftsperspektive ❷ *(instance) medical* Erholung *f,* Genesung *f geh;* **to make a full/quick/slow ~ from sth** sich *akk* völlig/schnell/langsam von etw *dat* erholen; ***hope you make a speedy ~!*** ich hoffe, dass du schnell wieder gesund wirst!; *economic* Aufschwung *m,* Erholung *f,* Wiederbelebung *f;* **economic ~** wirtschaftlicher Aufschwung ❸ *no pl (getting back)* Wiedererlangung *f,* Zurückgewinnung *f;* FIN Wiedererlangung *f,* Rückgewinnung *f; of a body/an object* Bergung *f;* **cost ~** Kostendeckung *f;* **~ of damages** Erlangung *f* eines Schaden[s]ersatzes; **~ of debts** Eintreibung *f* von Schulden; **investment ~** Rückgewinnung *f* von investiertem Kapital ❹ *(recovered item)* Fundstück *nt* ❺ AM *(in American football)* **to make a ~** den Ball wieder unter Kontrolle bekommen ❻ COMPUT Wiederaufnahme *f*

recovery room *n* Aufwachraum *m* **recovery service** *n* Abschleppdienst *m* **recovery shares** *npl* FIN im Aufschwung begriffene Aktien **recovery ship** *n* Bergungsschiff *nt* **recovery vehicle** *n* Abschleppwagen *m*

recreate [ˌriːkriˈeɪt] *vt* ■**to ~ sth** ❶ *(create again)* etw wieder herstellen [*o geh* erschaffen]; ***will we ever be able to ~ the spontaneous enthusiasm for this cause?*** werden wir jemals in der Lage sein, die spontane Begeisterung für diese Angelegenheit wiederzuerlangen?; ***the garden was ~d here*** der Garten ist hier erneut angelegt worden; *of friendship* etw wieder beleben ❷ *(reproduce)* etw nachstellen; ***they tried to ~ the events*** sie versuchten die Ereignisse nachzustellen

recreation¹ [ˌriːkriˈeɪʃᵊn] *n* ❶ *no pl (creation again)* Wiedergestaltung *f;* ***they felt that a ~ of their love was now impossible*** sie fühlten, dass eine Wiederbelebung ihrer Liebe zu diesem Zeitpunkt nicht mehr möglich war ❷ *(reproduction)* Nachstellung *f;* ***this is not the actual event — it's only a ~*** dies ist nicht das tatsächliche Ereignis – es ist nur nachgestellt

recreation² [ˌrekriˈeɪʃᵊn] *n* ❶ *(hobby)* Freizeitbeschäftigung *f,* Hobby *nt* ❷ *no pl (fun)* Erholen *nt,* Entspannen *nt;* **to do sth for ~** etw zur Erholung tun ❸ *(in school)* Pause *f*

recreational [ˌrekriˈeɪʃᵊnᵊl] *adj* Freizeit-, Erholungs-; **~ activities/facilities** Freizeitaktivitäten/-einrichtungen *fpl;* **~ drug** weiche Droge; **~ therapy** PSYCH Rekreationstherapie *f*

recreational drug *n* Freizeitdroge *f*

recreational vehicle *n* AM Caravan *m,* Wohnwagen *m*

recreation center *n* AM Freizeitzentrum *nt* **recreation ground** *n* BRIT Freizeitgelände *nt* **recreation room** *n* Aufenthaltsraum *m,* Freizeitraum *m*

recreative [ˌrekriˈeɪtɪv, AM -t̬-] *adj* erholsam, entspannend

recriminate [rəˈkrɪmɪneɪt, AM -ˈkrɪmə-] *vi* gegenseitige Anschuldigungen vorbringen

recrimination [rəˌkrɪmɪˈneɪʃᵊn, AM -ˌkrɪmə-] *n usu pl* Gegenbeschuldigung *f;* LAW Gegenklage *f;* **mutual ~s** gegenseitige Beschuldigungen

recriminatory [rəˈkrɪmɪnətᵊri, AM -ənətɔːri] *adj remarks, atmosphere* von gegenseitigen Beschuldigungen erfüllt

rec room [ˈrekˌruːm] *n* AM Aufenthaltsraum *m,* Freizeitraum *m*

recrudescence [ˌriːkruːˈdesᵊn(t)s] *n no pl (form)* erneutes Auftreten, Wiederauftreten *nt; of violence, a virus* erneuter Ausbruch; MED Rekrudeszenz *f fachspr,* Wiederaufleben *nt*

recruit [rɪˈkruːt] **I.** *vt* ❶ ■**to ~ sb** *(persuade to join) employees* jdn einstellen; **to ~ members** Mitglieder werben; **to ~ soldiers** Soldaten rekrutieren; **to ~ volunteers** Freiwillige finden; *(fam: get help from)* jdn heranziehen; ***she ~ed her friends to help her move*** sie zog ihre Freunde heran, um ihr beim Umziehen zu helfen ❷ *(form)* ■**to ~ sth** etw rekrutieren; ***we ~ed our data processing department from the local college*** unsere EDV-Abteilung setzt sich aus Abgängern des örtlichen Colleges zusammen **II.** *vi army* Rekruten anwerben; *company* Neu-

R

einstellungen vornehmen; *club, organization* neue Mitglieder werben **III.** *n* MIL Rekrut(in) *m(f)*; *to party, club* neues Mitglied; *staff* neu eingestellte Arbeitskraft; ***new ~s are being given four weeks of training before beginning at the office*** die Neuen müssen sich einer vierwöchigen Schulung unterziehen, bevor sie im Büro anfangen

recruiting [rɪ'kruːtɪŋ] **I.** *n no pl* MIL Rekrutierung *f*; (*in business*) [An]werben *nt* [von Arbeitskräften], [Personal]rekrutierung *f* **II.** *adj attr, inv* (*in army*) Rekrutierungs-; (*in business*) Einstellungs-; ~ **agent** [Personal]anwerber(in) *m(f)*; ~ **centre** Rekrutierungsstelle *f*; ~ **office** (*in a company*) Anstellungsbüro *nt*; (*in the army*) Rekrutierungsbüro *nt*; ~ **officer** Werbeoffizier *m*; ~ **tactics** Strategie *f* zur Personalanwerbung

recruitment [rɪ'kruːtmənt] **I.** *n no pl of soldiers* Rekrutierung *f*; *of employees* Neueinstellung *f*; *of members, volunteers* Anwerbung *f*; **graduate** ~ Anwerbung *f* von Hochschulabgängern, -innen *mpl, fpl* **II.** *adj attr, inv* Anwerbungs-; ~ **agency** Personal[vermittlungs]agentur *f*; ~ **drive** Anwerbungskampagne *f*

rectal ['rektᵊl] *adj inv* MED Mastdarm-, rektal *fachspr*, Rektum- *fachspr*; ~ **examination** rektale Untersuchung; ~ **thermometer** Rektalthermometer *nt*; ~ **suppository** Rektalzäpfchen *nt*

rectally ['rektᵊli] *adv* MED rektal *fachspr*; **to take sb's temperature** ~ jds Temperatur rektal messen

rectangle ['rektæŋgl] *n* Rechteck *nt*

rectangular [rek'tæŋgjələʳ, AM -lɚ] *adj inv* rechteckig; ~ **coordinates** rechtwinklige Koordinaten

rectification [ˌrektɪfɪ'keɪʃᵊn, AM -tə-] *n* ① *no pl of mistake, situation* Berichtigung *f*, Korrektur *f*; *of statement* Richtigstellung *f* ② ELEC *of current* Gleichrichtung *f*

rectifier ['rektɪfaɪəʳ, AM -təfaɪɚ] *n* ① ELEC (*conversion device*) Gleichrichter *m* ② CHEM (*distiller*) Rektifikator *m*

rectify <-ie-> ['rektɪfaɪ, AM -tə-] *vt* ① (*set right*) ■**to** ~ **sth** etw korrigieren [*o* verbessern]; *omission* etw nachholen; **to** ~ **a statement** eine Aussage richtig stellen [*o* berichtigen] ② ELEC, COMPUT ■**to** ~ **sth** etw gleichrichten; **to** ~ **current** Strom gleichrichten ③ CHEM (*refine*) **to** ~ **liquor** [*or* **a spirit**] Spirituosen rektifizieren

rectilinear [ˌrektɪ'lɪniəʳ, AM -ɚ] *adj inv* g[e]radlinig

rectitude ['rektɪtjuːd, AM -tətuːd, -tjuːd] *n no pl* (*form*) Rechtschaffenheit *f*

recto ['rektəʊ, AM -toʊ] *n* TYPO (*right hand page*) rechte Seite (*eines Buches*); (*cover page*) Rekto *nt fachspr*

rector ['rektəʳ, AM -tɚ] *n* ① BRIT REL (*parish priest*) Pfarrer *m* ② SCOT UNIV (*student rep.*) Rektor(in) *m(f)*; AM (*head of school*) Rektor(in) *m(f)*

rectory ['rektᵊri] *n* Pfarrhaus *nt*

rectum <*pl* -ta *or* -s> ['rektəm, *pl* -tə] *n* MED Rektum *nt fachspr*, Mastdarm *m*

recumbent [rɪ'kʌmbənt] *adj* (*liter*) liegend, ruhend; **to be** ~ liegen; *plant* kleinwüchsig sein

recuperate [rɪ'kjuːpᵊreɪt, AM -'kuːpə-] **I.** *vi* **to** ~ **from the flu/injuries/an operation** sich *akk* von der Grippe/Verletzungen/einer Operation erholen; ***no one knows if the almost bankrupt steel industry will*** ~ niemand weiß, ob sich die fast bankrotte Stahlindustrie erholen wird **II.** *vt* ■**to** ~ **sth** etw wettmachen; **to** ~ **losses** Verluste wieder gutmachen

recuperation [rɪˌkjuːpᵊr'eɪʃᵊn, AM -ˌkuːpə'reɪ-] *n no pl* Erholung *f*; MED Gesundung *f geh*, Genesung *f geh* (**from** von +*dat*); **powers of** ~ Heilkräfte *fpl*; ***the human body's powers of ~ are amazing*** die Heilkräfte des menschlichen Körpers sind erstaunlich

recuperative [rɪ'kjuːpᵊrətɪv, AM -'kuːpəᵊtɪv] *adj inv* heilsam, erholsam

recur <-rr-> [rɪ'kɜːʳ, AM -'kɜːr] *vi* ① (*happen again*) *event* wieder passieren, sich *akk* wiederholen; *opportunity* sich *akk* wieder bieten; *pain, symptoms* wieder auftreten; *problem, theme* wieder auftauchen ② (*come to mind*) ■**to** ~ **to sb** jdm wieder einfallen; ***his words of goodbye kept ~ ring to me*** seine Abschiedsworte kamen mir immer wieder

recurrence [rɪ'kʌrᵊn(t)s, AM -'kɜːr-] *n* Wiederholung *f*, erneutes Auftreten; ***the doctor told him to go to the hospital if there was a ~ of his symptoms*** der Arzt wies ihn an, ins Krankenhaus zu gehen, falls die Symptome wiederkehrten

recurrent [rɪ'kʌrənt, AM -'kɜːr-] *adj attr, inv,* **recurring** [rɪ'kɜːrɪŋ] *adj attr, inv* sich wiederholend; *dream, nightmare, theme* [ständig] wiederkehrend; *bouts, problems* häufig [*o* wiederholt] auftretend; ~ **costs** laufende Kosten

recurring decimal *n* MATH periodischer Dezimalbruch

recusant ['rekjʊzᵊnt] **I.** *n* ① HIST *Person, die sich dem Anspruch der anglikani- schen Staatskirche verweigert* ② (*fig*) Verweigerer, -in *m, f* **II.** *adj inv* ① HIST den anglikanischen Gottesdienst verweigernd ② (*fig*) renitent, verweigernd

recyclable [rɪ'saɪkləbl] *adj* recycelbar, wieder verwertbar

recycle [rɪ'saɪkl] *vt* ① (*covert into sth new*) **to** ~ **glass/paper/plastic** Glas/Papier/Plastik recyceln [*o* recyclieren] [*o* wieder aufbereiten] ② (*fig: use again*) ■**to** ~ **sth** etw wieder verwenden; ***critics claimed he just ~d material from his previous books*** die Kritiker behaupteten, dass er einfach nur das Material aus seinen vorherigen Büchern wieder verwendet hat

recycled [rɪ'saɪkl̩d] *adj attr* recycelt, wiederverwertet; (*fig*) wiederverwendet

recycled paper *n no pl* Recyclingpapier *nt*, Umweltschutzpapier *nt*

recycling [rɪ'saɪklɪŋ] **I.** *n no pl* ① (*of glass, plastic etc*) Recycling *nt*, Wiederverwertung *f*, Wiederaufbereitung *f* ② FIN Rückschleusung *f* von Geldern **II.** *adj attr, inv* Recycling-; ~ **bin** Wertstoff[sammel]behälter *m*, Wertstofftonne *f*; ~ **container** Wertstoffcontainer *m*, Sammelcontainer *m*; ~ **plant** Recyclinganlage *f*

recycling center AM, **recycling centre** *n* BRIT Wertstoffsammelstelle *f*

red [red] **I.** *adj* <-dd-> ① (*colour*) rot ② (*fig: flushing*) **to be/go** [*or* **turn**] ~ rot sein/werden; ***she's gone bright ~ with embarrassment/ shame/ anger*** sie wurde ganz rot vor Verlegenheit/Scham/ Wut; **to be/turn** ~ **as a beetroot** [*or* AM **beet**] puterrot [*o* rot wie eine Tomate] sein/werden; ***there were lots of ~ faces on the committee when the accusations were made public*** es gab eine Menge hochroter Köpfe im Komitee, als die Anschuldigungen veröffentlicht wurden ③ (*bloodshot*) *eyes* rot, gerötet; ***she knew he had been drinking last night because his eyes were totally*** ~ sie wusste, dass er letzte Nacht getrunken hatte, weil seine Augen ganz rot unterlaufen waren; (*from crying*) rot geweint ④ POL (*Socialist*) rot; *Communist* kommunistisch **II.** *n* ① (*colour*) Rot *nt*; (*shade*) Rotton *m*; ***the pictures were painted in blues and ~s*** die Gemälde waren in Blau- und Rottönen gehalten ② (*clothes/fabric*) Rot *nt*; [**dressed**] **all in** ~ ganz in Rot gekleidet ③ *no pl* FIN **to be in the** ~ in den roten Zahlen sein; **to be out of the** ~ aus den roten Zahlen heraus sein ④ POL (*pej fam: left-winger*) Rote(r) *f(m) fam* ▶ PHRASES: **to see** ~ rot sehen *fig*

Red [red] POL **I.** *n* (*pej fam*) Rote(r) *f(m)* **II.** *adj inv* rot; *Communist* kommunistisch

red admiral *n* Admiral *m* **red alert** *n* höchste Alarmbereitschaft; **to be on** ~ in höchster Alarmbereitschaft sein **Red Army** *n no pl* MIL ■**the** ~ die Rote Armee **Red Army Faction** *n* POL Rote-Armee-Fraktion *f* **red blood cell** *n* MED rotes Blutkörperchen **red-blooded** *adj* heißblütig **redbreast** *n* ORN Rotkehlchen *nt* **red-brick** *adj attr, inv* aus rotem Ziegelstein [*o* Backstein] **red-brick university** *n* BRIT *im späten 19./frühen 20.Jahrhundert gegründete Universität, die weniger traditionell und elitär ausgelegt ist als etwa Oxford und Cambridge* **red cabbage** *n* ① *no pl* (*dish*) Rotkohl *m*, SÜDD *a.* Rotkraut *nt*, Blaukraut *nt* SÜDD, ÖSTERR, Blaukabis *m* SCHWEIZ, Rotkabis *m* SCHWEIZ ② (*head*) Rotkohl[kopf] *m* **redcap** *n* ① BRIT MIL (*sl: policeman*) Militärpolizist *m* ② AM (*dated: at railway*) Gepäckträger *m* **red carpet I.** *n no pl* (*usu fig*) roter Teppich *a. fig*; **to roll out the** ~ **for sb** den roten Teppich für jdn ausrollen *a. fig* **II.** *adj attr, inv* **to be given the** ~ **treatment** mit allen Ehren [*o fam* mit großem Bahnhof] empfangen werden **red cent** *n no pl* AM **to not give a** [*or* **one**] ~ **for sth** keinen roten Heller für etw *akk* geben **Red China** *n* (*fam*) Rotchina *nt* **redcoat** *n* BRIT ① (*hist*) MIL Rotrock *m*, britischer Soldat ② (*at Butlin's® holiday camp*) *Animateur(in) im englischen Butlin's® Ferienclub* **red corpuscle** *n* MED rotes Blutkörperchen **Red Crescent** *n* ■**the** ~ der Rote Halbmond **Red Cross** *n* ■**the** ~ das Rote Kreuz **redcurrant I.** *n* [rote] Johannisbeere **II.** *n modifier* Johannisbeer-; ~ **jelly** Johannisbeergelee *nt* **red deer** *n* ① (*animal*) Rothirsch *m* ② *no pl* (*species*) Rotwild *nt*

redden ['redᵊn] **I.** *vi face, eyes* sich *akk* röten; *person* rot werden, erröten *geh*; *leaves, sky, water* sich *akk* rot färben; **to** ~ **with embarrassment** vor Verlegenheit erröten *geh* **II.** *vt* ■**to** ~ **sth** etw rot färben; **to** ~ **sb's cheeks** jds Wangen erröten lassen *geh*

reddish ['redɪʃ] *adj* rötlich

redecorate [ˌriː'dekəreɪt] **I.** *vt* ■**to** ~ **sth** (*by painting*) etw neu streichen; (*by wallpapering*) etw neu tapezieren **II.** *vi* renovieren

redecoration [ˌriːdekə'reɪʃᵊn] *n* Renovierung *f*; (*with paint*) Neuanstrich *m*; (*with wallpaper*) Neutapezieren *nt*

redeem [rɪ'diːm] *vt* ① (*compensate for*) ■**to** ~ **sth** *fault, mistake* etw wettmachen [*o* wieder gutmachen] ② (*save*) **to** ~ **one's good name/reputation** seinen guten Namen/Ruf wiederherstellen; ***he tried to ~ himself in her eyes by giving her a huge bunch of flowers*** er versuchte, sie mit einem riesigen Strauß Blumen wieder versöhnlich zu stimmen; ■**to** ~ **sb** REL jdn erlösen; (*dated form: buy freedom*) jdn auslösen ③ FIN (*convert*) **to** ~ **a bond/coupon/savings certificate** einen Pfandbrief/Gutschein/Sparbrief einlösen; (*from pawnshop*) ■**to** ~ **sth** etw [gegen Zahlung] zurückerhalten; **to** ~ **a bond** eine Obligation verkaufen ④ FIN (*pay off*) ■**to** ~ **sth** etw ab[be]zahlen; **to** ~ **one's debts** seine Schulden abtragen; **to** ~ **a mortgage/debt** eine Hypothek/Schulden tilgen [*o* ablösen] ⑤ (*fulfil*) ■**to** ~ **sth** etw erfüllen; **to** ~ **a promise** ein Versprechen einlösen

redeemable [rɪ'diːməbl] *adj inv* ① (*financially*) *coupon, savings certificate, voucher* einlösbar; *mortgage* tilgbar; *loan* rückzahlbar; ~ **government stock** rückkaufbare Staatspapiere; ~ **preference share** rückzahlbare Vorzugsaktie; ~ **security** rückzahlbares Wertpapier ② (*by compensation*) ■**to be** ~ *faux pas, fault* wieder gutzumachen sein

Redeemer [rɪ'diːməʳ, AM -mɚ] *n* REL ■**the** ~ der Erlöser [*o* Retter] [*o* Heiland]

redeeming [rɪ'diːmɪŋ] *adj attr* ausgleichend; ***the only ~ feature of the dull film was the soundtrack*** das einzig Positive an dem langweiligen Film war die Filmmusik; ***he has absolutely no ~ qualities*** er hat aber auch gar nichts Gewinnendes an sich

redefine [ˌriːdɪ'faɪn] *vt* ■**to** ~ **sb/sth** [**as sth**] jdn/etw neu definieren [als etw]

redemption [rɪ'dem(p)ʃᵊn] *n no pl* ① (*from blame/guilt*) Wiedergutmachung *f*, Ausgleich *m*; REL (*from sin*) Erlösung *f* ② (*rescue*) **to be beyond** [*or* **past**] ~ nicht mehr zu retten sein ③ FIN (*conversion*) *of a bond, coupon, voucher* Einlösen *nt*; *of a debt, loan, mortgage* Tilgung *f*, Abzahlung *f*, Rückzahlung *f*; ~ **before due date** Rückzahlung vor Fälligkeit

redemption date *n* FIN Tilgungstermin *m* **redemption value** *n* FIN Rückzahlungswert *m* **redemption yield** *n* FIN Tilgungserlös *m*, Aktienrendite *f*

redemptive [rɪ'dem(p)tɪv] *adj* heilend *attr*, rettend *attr*

redeploy [ˌriːdɪ'plɔɪ] *vt* ■**to** ~ **sb/sth** *workers*, *staff, troops* jdn/etw verlegen; **to ~ soldiers/ troops** Soldaten/Truppen verlegen

redeployment [ˌriːdɪˈplɔɪmənt] *n of workers, staff, troops* Verlegung *f*

redevelop [ˌriːdɪˈveləp] *vt* ■**to ~ sth** *neighbourhood, area* etw sanieren; *machine* etw neu entwickeln

redevelopment [ˌriːdɪˈveləpmənt] I. *n* Sanierung *f*; **neighbourhood ~** Sanierung *f* einer Wohngegend II. *n modifier* (*fund, loan*) Sanierungs-; **~ area** Sanierungsgebiet *nt*; **~ project** Sanierungsprojekt *nt*

red-eye *n* AM (*sl*) 1 (*flight*) Nachtflug *m* 2 (*dated: whisky*) Fusel *m fam* 3 (*in photos*) *Rotfärbung der Augen auf Blitzlichtfotos* **red-faced** *adj* rotgesichtig; **to be ~ with anger/embarrassment/shame** vor Wut/Verlegenheit/Scham einen [hoch]roten Kopf haben **red flag** *n* 1 (*indicating danger*) Warnflagge *f*, Signalflagge *f* 2 (*of socialist revolution*) Rote Fahne **red giant** *n* ASTRON roter Riese **red-haired** *adj inv* rothaarig **red-handed** *adj* **to catch sb ~** jdn auf frischer Tat ertappen **redhead** *n* Rothaarige(r) *f(m)*, Rotschopf *m* **red-headed** *adj* 1 (*person*) rothaarig 2 (*bird*) mit roter Haube *nach n*; **~ woodpecker** Rotkopfspecht *m* **red herring** *n* 1 (*fish*) Räucherhering *m* 2 (*sth misleading*) Ablenkungsmanöver *nt*; ***the police investigated many clues, but they were all ~s*** die Polizei ging etlichen Hinweisen nach, aber es waren alles falsche Spuren 3 AM ECON vorläufiger Emissionsprospekt **red-hot** *adj* 1 (*glowing*) **to be ~** [rot] glühen; (*fig: very hot*) glühend heiß sein 2 (*fam: emotional*) heiß *fam*; ***he plays some ~ jazz!*** er spielt heißen Jazz!; ***there was ~ anger in his eyes*** seine Augen glühten vor Wut; **a ~ mama** AM (*sl*) eine heiße Torte *sl* 3 (*brand new*) *news, data* brandaktuell, brandheiß *fam*

redial [ˌriːˈdaɪəl, AM -ˈdaɪ(ə)l] I. *vt* <BRIT -ll- *or* AM *usu* -l-> ■**to ~ sb** jdn wieder [*o* erneut] anrufen; **to ~ a number** eine Nummer nochmals wählen II. *vi* <BRIT -ll- *or* AM *usu* -l-> [die Telefonnummer] erneut wählen, wieder anrufen III. *n no pl* Wahlwiederholung *f*

Red Indian *n* (*pej! dated*) Indianer(in) *m(f)* **red ink** *n no pl* AM COMM Verlust *m*; **to be drowning in ~** rote Zahlen schreiben *fig*; **to go into ~** in die roten Zahlen geraten

redirect [ˌriːdɪˈrekt] *vt* **to ~ one's energy to sth** seine Energie anderweitig für etw *akk* einsetzen; **to ~ one's interests** seine Interessen neu ausrichten; **to ~ a letter/package** einen Brief/ein Paket nachsenden; **to ~ resources** Mittel umverteilen; **to ~ traffic** Verkehr umleiten; ■**to ~ sth** COMPUT etw umleiten

rediscover [ˌriːdɪsˈkʌvəʳ, AM -ɚ] *vt* ■**to ~ sth** etw wieder entdecken

rediscovery [ˌriːdɪˈskʌvᵊri] *n* Wiederentdeckung *f*

redistribute [ˌriːdɪˈstrɪbjuːt] *vt* **to ~ land/resources/wealth** Land/Mittel/Vermögen umverteilen [*o* neu verteilen]; ***one manager was fired and his work ~d among the others*** ein Manager wurde gefeuert und seine Arbeit anderen zugeteilt

redistribution [ˌriːdɪstrɪˈbjuːʃᵊn] *n no pl* Umverteilung *f*, Neuverteilung *f*; **~ of risk** Risikoumverteilung *f*; **~ of wealth** Verögensumverteilung *f*

red-letter day *n ein besonderer Tag, den man sich im Kalender rot anstreichen muss* **red light** *n* rote Ampel; **to run** [*or* **jump**] [*or* **drive through**] **a ~** bei Rot über eine Ampel fahren **red-light district** *n* Rotlichtviertel *nt* **redline** [ˈredlaɪn] *vt* ■**to ~ sb** jdn ausgrenzen **red meat** *n no pl* dunkles Fleisch (*wie Rind, Lamm und Reh*) **redneck** *n esp* AM (*pej fam*) *weißer Arbeiter aus den am. Südstaaten, oft mit reaktionären Ansichten*

redness [ˈrednəs] *n no pl* Röte *f*

redo <-did, -done> [ˌriːˈduː] *vt* 1 (*do again*) ■**to ~ sth** etw noch einmal machen; *task* mit etw *dat* von vorn beginnen 2 (*redecorate*) **to ~ an apartment/house/room** eine Wohnung/ein Haus/Zimmer renovieren

redolent [ˈredᵊlənt] *adj pred* (*form*) ■**to be ~ with** [*or* **of**] **sth** 1 (*smelling*) nach etw *dat* duften; (*iron*) ***the training room was ~ of unwashed socks*** im Trainingsraum duftete es nach ungewaschenen Socken 2 (*suggestive*) [stark] an etw *akk* erinnern; ***such slogans are ~ of the cold war*** solche Slogans erinnern stark an den Kalten Krieg

redouble [ˌriːˈdʌbl] I. *vt* ■**to ~ sth** etw verdoppeln; **to ~ one's efforts** seine Anstrengungen verdoppeln II. *vi* sich *akk* verdoppeln

redoubt [rɪˈdaʊt] *n* 1 MIL (*fort*) Redoute *f hist* 2 (*fig: stronghold*) Bastion *f*

redoubtable [rɪˈdaʊtəbl̩] *adj person* Respekt einflößend; (*hum*) gefürchtet; **~ opponent** gefürchtete Gegner/gefürchtete Gegnerin

redound [rɪˈdaʊnd] *vi* (*form*) 1 (*contribute*) **to ~ to sb's advantage/honour** jdm zum Vorteil/zur Ehre gereichen *geh*; ***her financial support of the artist ~ed to her credit*** ihre finanzielle Unterstützung für den Künstler wurde ihr hoch angerechnet 2 (*come back*) ■**to ~ on** [*or* **upon**] **sb** [negativ] auf jdn zurückfallen

red pepper I. *n* 1 (*fresh*) rote(r) Paprika 2 *no pl* (*powdered*) Paprikagewürz *nt*; (*Cayenne*) Cayennepfeffer *m* II. *n modifier* rote Paprika-; **~ flakes** getrocknete rote Paprikastraspeln; **~ stripes** rote Paprikastreifen

redraft [ˌriːˈdrɑːft, AM -ˈdræft] I. *vt* **to ~ a contract/law/proposal** einen Vertrag/ein Gesetz/einen Vorschlag neu entwerfen; **to ~ a map** eine Karte überarbeiten II. *n* Neuentwurf *m*, überarbeiteter Entwurf

red rag *n* ► PHRASES: **to be like a ~ to a bull to sb** wie ein rotes Tuch für jdn sein

redress I. *vt* [rɪˈdres] ■**to ~ sth** *mistake* etw wieder gutmachen; *situation* etw bereinigen; *grievance* etw beseitigen; ***most managers and politicians are men — how can women ~ the imbalance?*** die meisten Manager und Politiker sind Männer – wie können Frauen das Ungleichgewicht beheben? II. *n* [rɪˈdres, AM ˈriːdres] *no pl* Wiedergutmachung *f*, Abhilfe *f*; **to have no ~** unumstößlich feststehen; *of an imbalance* Behebung *f*; *of a grievance* Beseitigung *f*; LAW **legal ~** Rechtshilfe *f*; **to seek ~** einen Regressanspruch geltend machen

Red Riding Hood *n* Rotkäppchen *nt* **Red Sea** *n* ■**the ~** das Rote Meer **redshank** <*pl* – *or* -s> *n* ORN Rotschenkel *m* **redskin** *n* (*pej! dated*) Indianer(in) *m(f)*, Rothaut *f pej* **Red Square** *n* Roter Platz **redstart** <*pl* -s *or* -> *n* ORN Rotschwänzchen *nt* **red tape** *n no pl* 1 (*tape*) rotes Band [mit dem Dokumente verschnürt werden] 2 (*fig: rules*) Bürokratie *f*, Bürokratismus *nt pej*, Amtsschimmel *m pej*; ***my passport application is stuck in ~*** mein Passantrag steckt irgendwo in den Mühlen der Verwaltung fest

reduce [rɪˈdjuːs, AM *esp* -ˈduːs] I. *vt* 1 (*make less*) ■**to ~ sth** etw verringern [*o* reduzieren]; **to ~ sb's authority/duties/responsibilities** jds Autorität/Aufgaben/Verantwortlichkeiten einschränken; *price* etw heruntersetzen; ***after the scandal, the officer was ~d in rank*** nach dem Skandal wurde der Offizier degradiert; **to ~ a backlog** einen Rückstand aufholen; **to ~ speed/velocity** die Geschwindigkeit verringern; **to ~ taxes** Steuern senken; **to ~ wages** Löhne kürzen; ***we must ~ expenditures by 10% in the second quarter*** wir müssen die Ausgaben im zweiten Quartal um 10% reduzieren; ***the television was ~d from £500 to £350 in the sales*** der Fernseher war von £500 auf £350 heruntergesetzt; ***my wage has been ~d to £160*** mein Lohn wurde auf £160 gekürzt; ***the judge ~d his sentence to 1 year in jail*** der Richter setzte sein Strafmaß auf 1 Jahr Gefängnis herab 2 (*make smaller*) **to ~ a drawing/photo** eine Zeichnung/ein Foto verkleinern; **to ~ a fraction** MATH einen Bruch kürzen [*o fachspr* reduzieren]; **to ~ liquids/a sauce** Flüssigkeiten/eine Soße einkochen lassen; ***~ the sauce to*** [*or* ***by***] ***half over a medium flame*** die Soße bis zur halben Menge bei mittlerer Hitze einkochen lassen 3 (*bring down*) **to ~ sth to ashes** [*or* **rubble**] [*or* **ruins**] etw in Schutt und Asche legen; ***Allied bombing ~d the city to ruins*** alliierte Bombenangriffe legten die Stadt in Schutt und Asche; ■**to ~ sb to sth** [*or* **doing sth**] jdn dazu treiben, etw zu tun; ***when he lost his job, they were ~d to begging help from his parents*** als er seine Arbeit verlor, waren sie gezwungen, seine Eltern um Hilfe zu bitten; **to ~ sb to obedience/submission** jdn zum Gehorsam/zur Unterwerfung bringen; **to ~ sb to the ranks** MIL jdn [in den Mannschaftsdienstgrad] degradieren; **to ~ sb to tears** jdn zum Weinen bringen 4 MED (*repair*) **to ~ a dislocated arm/joint** einen ausgekugelten Arm/ein Gelenk einrenken II. *vi* AM abnehmen; **to be reducing** eine Diät machen

reduced [rɪˈdjuːst, AM *esp* -ˈduːst] *adj attr* 1 (*in price*) reduziert, heruntergesetzt; **~ fare** ermäßigter Fahrpreis; **~ wage** gekürzter Lohn 2 (*in number, size, amount*) reduziert, verringert; **to be** [*or* **live**] **in ~ circumstances** in verarmten Verhältnissen leben; **~ risk** niedriges Risiko; **on a ~ scale** in kleinerem Umfang; **~ [jail] sentence** herabgesetzte [Gefängnis]strafe

reduced time *n no pl* Kurzarbeit *f*; **to be [put] on ~** kurzarbeiten [müssen]

reducer [rɪˈduːsɚ, -ˈdjuː-] *n* AM *Person, die eine Diät macht*

reducible [rɪˈdjuːsɪbl̩, AM ˈduː] *adj inv, pred* ■**to be ~ to sth** auf etw reduzierbar sein, sich *akk* auf etw zurückführen lassen

reduction [rɪˈdʌkʃᵊn] *n* 1 *no pl* (*action*) Reduzierung *f*, Reduktion *f*, Verringerung *f*; *in taxes* Senkung *f*; *of staff* Abbau *m*; *in price* Ermäßigung *f*, Herabsetzung *f*; **cost/price ~** Kosten-/Preissenkung *f* 2 (*decrease*) Reduzierung *f*, Verminderung *f*; **~ in rank** Degradierung *f*; **~ in taxes** Steuersenkung *f*; *in production, output* Drosselung *f*; *authorities* Schwächung *f*; *in expense, salary* Reduzierung *f*, Senkung *f*; **a ~ in traffic** ein verringertes Verkehrsaufkommen; **~ in wages** Lohnkürzung *f* 3 *of drawing, photo* Verkleinerung *f* 4 (*simplification*) Vereinfachung *f*

reductionism [rɪˈdʌkʃᵊnɪzᵊm] *n no pl* (*pej*) Reduktionismus *m pej geh*

reductive [rɪˈdʌktɪv] *adj* reduzierend, Reduktions-

redundancy [rɪˈdʌndən(t)si] *n* 1 *no pl* BRIT, AUS (*downsizing*) Personalfreisetzung *f euph*, Entlassung *f* (*aus Arbeitsmangel oder Rationalisierungsgründen*); (*unemployment*) Arbeitslosigkeit *f*; ***he is terrified of ~*** er hat Angst, seinen Arbeitsplatz zu verlieren; (*person*) Arbeitslose[r] *f(m)*; **voluntary ~** freiwilliges Ausscheiden 2 BRIT, AUS ECON (*instance*) Entlassung *f*; ***the depression means 10,000 redundancies in the East*** der Konjunkturrückgang bedeutet 10.000 Entlassungen im Osten 3 *no pl* LING Redundanz *f* 4 LING (*instance*) Überflüssigkeit *f* 5 COMPUT Redundanz *f*

redundancy payment *n* BRIT, AUS ECON Entlassungsabfindung *f*, Abfindung[szahlung] *f*, Entlassungsgeld *nt*

redundant [rɪˈdʌndənt] *adj* 1 (*superfluous*) überflüssig; LING redundant 2 BRIT, AUS (*unemployed*) arbeitslos; (*fig*) überflüssig; **to make sb ~** jdn entlassen 3 COMPUT redundant

reduplicate [rɪˈdjuːplɪkeɪt, AM -ˈduːplə-, -ˈdjuː-] *vi* LING reduplizieren

reduplication [rɪˌdjuːplɪˈkeɪʃᵊn, AM -ˌduːpləˈ-, -ˈdjuː-] *n* LING Reduplikation *f*

red wine *n* Rotwein *m* **redwing** <*pl* – *or* -s> *n* ORN Rotdrossel *f* **redwood** *n* BOT 1 (*tree*) Mammutbaum *m* 2 *no pl* (*wood*) Redwood *nt*, Rotholz *nt*

re-echo <-oes, -oing, -oed> [ˌriːˈekəʊ, AM oʊ] I. *vt* ■**to ~ sb/sth** jdn/etw echoartig wiederholen II. *vi* widerhallen

reed [riːd] I. *n* 1 BOT (*plant*) Schilf[gras] *nt*; **to be slim as a ~** dünn wie eine Bohnenstange sein *fam* 2 BRIT (*straw*) Stroh *nt* (*zum Decken von Strohdächern*) 3 MUS (*of an instrument*) Rohrblatt *nt* 4 MUS (*reed instrument*) Rohrblattinstrument *nt* ► PHRASES: **to be a broken ~** ein schwankendes Rohr sein II. *n modifier* (*curtain*) aus Schilfrohr; **~ basket** Korb *m* aus Schilfrohr

reed instrument *n* Rohrblattinstrument *nt*; **a dou-**

R

ble-~ ein [Rohrblatt]instrument *nt* mit doppeltem Rohrblatt

re-edit [ˌriːˈedɪt] *vt* ■**to ~ sth** etw überarbeitet herausgeben

reed organ *n* Harmonium *nt*

re-educate [ˌriːˈedʒʊkeɪt] *vt* ■**to ~ sb** jdn umerziehen

re-education [ˌriːˌedʒʊˈkeɪʃᵊn] *n no pl* ① *esp* POL Umerziehung *f*; ***between your age and mine a ~ has taken place*** zwischen unseren Jahrgängen hat ein Prozeß des Umlernens stattgefunden ② SCH Umschulung *f*

reedy [ˈriːdi] *adj* ① (*full of reeds*) schilfig, schilfbedeckt ② *voice* durchdringend, grell ③ (*thin*) *person* dünn

reef [riːf] **I.** *n* ① GEOG Riff *nt*; **coral ~** Korallenriff *nt*; (*of gold ore*) [Gold]ader *f* ② (*of a sail*) Reff *nt* **II.** *vt* **to ~ the sails** die Segel reffen

reefer [ˈriːfəʳ, AM -fɚ] *n* ① *no pl* (*sl: marijuana*) Pot *nt fam* ② (*sl: joint*) Joint *m fam* ③ (*jacket*) [kurze] Seemannsjacke

reefer jacket *n* [kurze] Seemannsjacke

reef knot *n* Reffknoten *m*; (*square knot*) Kreuzknoten *m*

reek [riːk] **I.** *n* Gestank *m*, [übler] Geruch **II.** *vi* ① (*smell bad*) übel riechen [*o* stinken]; **to ~ of alcohol/garlic/manure** übel nach Alkohol/Knoblauch/Dünger riechen [*o* stinken] ② (*fig: be pervaded with*) stinken *fig fam*; **to ~ of corruption/favoritism/racism** nach Korruption/Vetternwirtschaft/Rassismus stinken

reel¹ [riːl] **I.** *n* ① (*device*) Rolle *f*; (*for film, yarn, tape*) Spule *f*; (*for fishing line*) Angelrolle *f*; **~-to-~ tape [station]** Magnetbandgerät *nt* mit zwei Rollen ② (*unit*) **~ of film** Filmrolle *f*; **~ of thread** Fadenspule *f*; **~ of yarn** BRIT Garnrolle *f* **II.** *vt* **to ~ thread** Faden *m* aufspulen

◆**reel in** *vt* **to ~ in ↔ a fish** einen Fisch einholen; **to ~ in the line** die Angelschnur einrollen; ■**to ~ sb in** (*fig fam*) jdn angeln *fam*

◆**reel off** *vt* ■**to ~ off ↔ sth** etw herunterrasseln *fam*; **to ~ off the same programme/speech/text** immer wieder das gleiche Programm/die gleiche Rede/den gleichen Text abspulen *fig*

◆**reel out** *vt* **to ~ out ↔ a fishing line/a hose** eine Angelschnur/einen Schlauch ausrollen; **to ~ out a thread** einen Faden abspulen

reel² [riːl] **I.** *n* ① (*dance*) Reel *m* ② MUS Reel *m* **II.** *vi* ① (*sway*) *person* torkeln, taumeln; *ground* sich *akk* drehen; **to send sb ~ing** jdn taumeln lassen; ***the next punch sent the boxer ~ing against the ropes*** der nächste Schlag ließ den Boxer gegen die Seile taumeln ② (*be shaken*) schaudern; ***they are still ~ing with shock*** sie sind noch benommen von dem Schock; (*be in a whirl*) sich *akk* drehen; ***my mind is ~ing*** in meinem Kopf dreht sich alles ③ (*dance*) [einen] Reel tanzen

◆**reel back** *vi* taumeln, zurücktaumeln; ***she hit him so hard that he ~ed back*** sie traf ihn so hart, dass er nach hinten taumelte; ***he ~ed back in shock*** er prallte entsetzt zurück

re-elect [ˌriːɪˈlekt] *vt* ■**to ~ sb** jdn wieder wählen

re-election [ˌriːɪˈlekʃᵊn] *n* Wiederwahl *f*; **to seek** [*or* **stand for**] [*or* AM **run for**] **~** sich *akk* zur Wiederwahl stellen

re-emerge [ˌriːɪˈmɜːdʒ, AM ˈmɜːrdʒ] *vi* wieder hervorkommen; (*fig*) wieder auftauchen; ***he ~d some time later*** er ist später wieder aufgetaucht

re-enact [ˌriːɪˈnækt] *vt* ① (*act out*) ■**to ~ sth** etw wiederholen; *battle, event* etw nachstellen; *play* etw neu aufführen [*o* inszenieren]; **to ~ a crime** ein Verbrechen nachvollziehen ② LAW **to ~ a law** ein Gesetz wieder in Kraft setzen

re-enactment [ˌriːɪˈnæktmənt] *n* ① (*acting out*) Wiederaufführung *f*, Neuinszenierung *f*, Wiederholung *f* ② LAW Wiederinkraftsetzung *f*

re-enter [ˌriːˈentəʳ, AM -t̬ɚ] **I.** *vt* ① (*go in again*) **to ~ the [earth's] atmosphere** wieder in die [Erd]atmosphäre eintreten; **to ~ a bus/car** in einen Bus/ein Auto wieder einsteigen; **to ~ a country** in ein Land wieder einreisen; **to ~ a driveway/parking lot** in eine Einfahrt/einen Parkplatz wieder einfahren; **to ~ a house/store** in ein Haus/Geschäft wieder hineingehen; **to ~ a room** ein Zimmer wieder betreten ② (*enrol*) ■**to ~ sth** sich *akk* wieder an etw *dat* beteiligen; **to ~ a club** einem Verein wieder beitreten; **to ~ a competition** an einem Wettbewerb wieder teilnehmen; **to ~ Parliament** wieder ins Parlament einziehen; **to ~ politics** sich *akk* wieder an der Politik beteiligen, wieder am politischen Geschehen teilnehmen; **to be ~ed for** [*or* **in**] **a competition** für einen Wettkampf wieder aufgestellt werden ③ COMPUT (*type in*) **to ~ sth** etw nochmals eingeben; **to ~ data** Daten neu eingeben **II.** *vi* ① (*go in*) ■**to ~ through** [*or* **by**] **sth** durch etw *akk* wieder eintreten ② (*join*) wieder Mitglied werden [*o* beitreten]

re-entry [ˌriːˈentri] *n* ① *no pl* (*going in*) Wiedereintritt *m*; (*in a car*) Wiedereinstieg *m*; (*into a country*) Wiedereinreise *f*; **~ to the atmosphere** Wiedereintritt *m* in die Atmosphäre ② LAW Wiederinbesitznahme *f* ③ COMPUT Rücksprung *m*

re-entry shock *n no pl* Kulturschock *m* bei Rückkehr

re-erect [ˌriːɪˈrekt] *vt usu passive* ■**to ~ sth** etw wieder aufbauen [*o* errichten]

re-establish [ˌriːɪˈstæblɪʃ] *vt* ■**to ~ sth** *custom, department* etw wieder einrichten [*o* einführen]; **to ~ contact/order/peace** Kontakt/Ordnung/Frieden wieder herstellen; **to ~ contact with sb** Kontakt zu jdm wieder herstellen; **to ~ a system** ein System wieder einführen; **to ~ oneself** [*or* **one's presence**] [**in a field**] sich *akk* [auf einem Gebiet] wieder behaupten [*o* durchsetzen]

re-establishment [ˌriːɪˈstæblɪʃmənt] *n* Wiederherstellung *f*, Wiedereinführung *f*; *state, enterprise* Neu[be]gründung *f*

re-evaluate [ˌriːɪˈvæljueɪt] *vt* ■**to ~ sb/sth** jdn/etw wieder schätzen; **to ~ one's life** sein Leben erneut abwägen; **to ~ a patient** einen Patienten neu beurteilen

reeve [riːv] *n* HIST Vogt *m*

re-examination [ˌriːɪɡˌzæmɪˈneɪʃᵊn] *n* ① (*test*) Nachprüfung *f*, Wiederholungsprüfung *f* ② LAW nochmalige Untersuchung; *witness, culprit* nochmaliges Verhör, erneute Zeugenvernehmung

re-examine [ˌriːɪɡˈzæmɪn] *vt* ① (*check again*) ■**to ~ sth** *evidence, facts* etw überprüfen; **to ~ priorities** Prioritäten erneut überprüfen ② SCH, UNIV (*test*) ■**to be ~ed** noch einmal geprüft werden; **to ~ a witness** LAW einen Zeugen/eine Zeugin erneut [*o* nochmals] vernehmen

re-export **I.** *vt* [ˌriːɪkˈspɔːt, -ek-, AM -ˈspɔːrt] ■**to ~ sth** *clothing, cars, raw materials* etw wieder ausführen **II.** *n* [ˌriːˈekspɔːt, AM -spɔːrt] ECON Wiederausfuhr *f*, Reexport *m geh*

ref [ref] *n* ① (*fam*) *abbrev of* **referee** Schieri *m fam* ② *abbrev of* **reference** AZ ③ ECON *abbrev of* **reference** Zeugnis *nt*, Referenz *f*

refectory [rɪˈfektᵊri, AM -tɚi] *n of a school* Speisesaal *m*; *of a university* Mensa *f*; *of a monastery* Refektorium *nt*

refer <-rr-> [rɪˈfɜːʳ, AM -ˈfɜːr] **I.** *vt* ① (*to an authority/expert*) ■**to ~ sb/sth to sb/sth** jdn/etw an jdn/etw überweisen; ***the patient was ~red to a specialist*** der Patient wurde an einen Facharzt überwiesen; (*to hospital*) ■**to ~ sb** jdn verlegen; **to ~ a case to sb/sth** LAW jdm/etw einen Fall übertragen; **to ~ a cheque** FIN einen Scheck zurückschicken; **to ~ a decision to sb** jdm eine Entscheidung übergeben; **to ~ a problem to sb** ein Problem an jdn weiterleiten ② (*for guidance*) ■**to ~ sb to sb/sth** jdn an jdn/auf etw *akk* verweisen; ***the reader is ~red to the Bible*** der Leser möge die Bibel [zum Vergleich] heranziehen; **to ~ sb to an article** jdn auf einen Artikel hinweisen [*o* verweisen] ③ (*send*) **to ~ an application/a letter/a request** eine Bewerbung/einen Brief/eine Bitte weiterleiten **II.** *vi* ① (*allude*) ■**to ~ to sb/sth** auf jdn/etw hinweisen; ***who are you ~ring to?*** wen meinst du?, von wem sprichst du?; ***it's you I am ~ring to*** dich meine ich; ***he always ~s to his wife as 'the old woman'*** er spricht von seiner Frau immer als ‚der Alten'; **~ring to your letter/phone call, …** Bezug nehmend auf Ihren Brief/Anruf … ② (*concern*) ■**to ~ to sb/sth** jdn/etw betreffen; *law, rule* für jdn/etw *akk* gelten; *criticism* sich *akk* auf jdn/etw beziehen ③ (*consult*) ■**to ~ to sb** sich *akk* an jdn wenden, jdn hinzuziehen [*o geh* konsultieren]; ■**to ~ to sth** auf etw *akk* zurückgreifen, etw zu Hilfe nehmen; ***he ~red to a history book*** er schlug in einem Geschichtsbuch nach; **to ~ to one's notes** seine Aufzeichnungen zu Hilfe nehmen

◆**refer back** **I.** *vt* ① LAW, ADMIN (*send back*) ■**to ~ sb/sth back to sb/sth** *case, plan, proposal* jdn/etw an jdn/etw zurückverweisen ② (*direct attention*) ■**to ~ sb back to sth** jdn auf etw *akk* zurückverweisen; ***the reader is constantly ~red back to the introduction*** der Leser wird ständig auf die Einleitung zurückverwiesen **II.** *vi* sich *akk* beziehen (**to** auf +*akk*)

referee [ˌrefᵊrˈiː, AM -əˈriː] **I.** *n* ① (*umpire*) Schiedsrichter *m*; **to play to the ~'s whistle** sich *akk* an die Spielregeln halten ② (*arbitrator*) Schlichter(in) *m(f)*; (*decision maker*) Schiedsrichter(in) *m(f)*, Sachverständige(r) *f(m)* ③ BRIT (*endorser*) Referenz *f*; **to act as ~** als Referenz dienen; **to give sb as ~** jdn als Referenz angeben **II.** *vt* **to ~ a match** bei einem Spiel Schiedsrichter sein, ein Spiel pfeifen *fam* **III.** *vi* die Leitung eines Spiels übernehmen, Schiedsrichter sein

reference [ˈrefᵊrᵊn(t)s] **I.** *n* ① (*to an authority*) Rücksprache *f*; (*to a book, article*) Verweis *m*; ***I cut out the article for future ~*** ich schnitt den Artikel heraus, um ihn später verwenden zu können; **to make ~ to sb** mit jdm Rücksprache halten; **to make ~ to sth** etw erwähnen ② (*responsibility*) **terms of ~** Aufgabenbereich *m*, Zuständigkeiten *fpl* ③ (*allusion*) *indirect* Anspielung *f*; *direct* Bemerkung *f*; (*direct mention*) Erwähnung *f*, Bezugnahme *f*; ***with ~ to what was said at the last meeting, …*** mit Bezug [*o* unter Bezugnahme] auf das Gesagte bei der letzten Sitzung, …; **with particular ~ to sth** unter besonderer Berücksichtigung einer S. *gen*; **to make a ~ to sb/sth** auf jdn/etw anspielen; **to make a passing ~ to sb/sth** nebenbei auf jdn/etw zu sprechen kommen, jdn/etw nebenbei erwähnen; **in** [*or* **with**] **~ to sb/sth** mit Bezug [*o* Bezug nehmend] auf jdn/etw; ***I am writing to you in ~ to your letter of March 15*** mit diesem Schreiben nehme ich Bezug auf Ihren Brief vom 15. März ④ (*citation*) Verweis *m*; **list of ~s** Anhang *m*, Glossar *nt*; **~ mark** Verweiszeichen *nt*; (*information*) Hinweis *m*; **for future ~** [als Hinweis] für die Zukunft; ***for future ~ please note that we do need your account number*** für die Zukunft bitten wir Sie, zur Kenntnis zu nehmen, dass wir Ihre Kontonummer benötigen ⑤ (*in correspondence*) Aktenzeichen *nt*; **to use** [*or* **quote**] **~** das Aktenzeichen angeben ⑥ (*in library*) Ansicht *f*; ***the books in that section of the library are for ~ only*** die Bücher in diesem Teil der Bibliothek sind nur zum Nachschlagen gedacht ⑦ (*recommendation*) Empfehlungsschreiben *nt*, [Arbeits]zeugnis *nt*, Referenz *f geh*; **to have bad/good ~s** schlechte/gute Referenzen haben; **to ask a company for trade/bank ~s** ein Unternehmen um Handelsauskünfte/Bankreferenzen ersuchen; **to write sb a glowing ~** jdm ein glänzendes [Arbeits]zeugnis ausstellen; **letter of ~** Zeugnis *nt*, Referenz *f*; **to give sb a ~** jdm eine Referenz [*o* ein [Arbeits]zeugnis] ausstellen; **to take up ~s** Referenzen einholen ⑧ COMPUT (*starting point value*) Bezugspunkt *m* ⑨ LAW (*person*) Referenz *f*; (*passing of problem*) *Vorlage einer Frage an einen Schiedsrichter oder Sachverständigen* **II.** *vt* ■**to ~ sth** ① (*allude to*) auf etw *akk* anspielen ② COMPUT auf etw *akk* zugreifen

reference book *n* Nachschlagewerk *nt* **reference library** *n* Präsenzbibliothek *f* **reference mark** *n* Verweiszeichen *nt* **reference number** *n* (*in letters*) Aktenzeichen *nt*; (*on goods*) Artikelnummer *f* **reference publishing** *n no pl* Verlegen *nt* von Nachschlagewerken **reference sec-**

tion *n* Präsenzabteilung *f*
referenda [ˌrefᵊr'endə, AM -ə'r-] *n* POL *pl of* **referendum**
referendum <*pl* -s *or* -da> [ˌrefᵊr'endəm, AM -ə'r-, *pl* -də] *n* POL Referendum *nt geh*, Volksentscheid *m;* **to be decided in** [*or* **by**] **a ~** durch ein Referendum entschieden werden; **to hold a ~** ein Referendum abhalten
referral [rɪ'fɜːrᵊl] *n* ① (*case*) Überweisung *f;* (*to the hospital*) Einweisung *f*, Einlieferung *f* ② *no pl* (*action*) Einweisung *f*
refill I. *n* ['riːfɪl] Auffüllen *nt*, Nachfüllen *nt; for fountain pen* Nachfüllpatrone *f; for ballpoint* Nachfüllmine [*o* Ersatzmine] *f; for lipstick* Nachfüllstift *m; for notebook* Nachfüllblätter *ntpl;* **a ~ for/on medication/a prescription** eine Neuverordnung einer Behandlung/eines Rezeptes; **to give sb a ~** (*with drink, coffee*) jdm etw nachschenken II. *vt* [ˌriː'fɪl] **to ~ a cup/glass** eine Tasse/ein Glas wieder füllen
refinance *vt* ■**to ~ sth** etw umfinanzieren; (*take over existing loan*) etw refinanzieren
refine [rɪ'faɪn] I. *vt* ① (*from impurities*) **to ~ metal/oil/sugar** Metall/Öl/Zucker raffinieren ② (*fig: improve*) ■**to ~ sth** etw verfeinern; ■**to ~ sb** jdm Benimm [*o* Manieren] beibringen *fam;* ■**to ~ oneself** an sich *dat* arbeiten, sich *akk* bilden; **to ~ one's behaviour** sein Benehmen kultivieren; **to ~ one's style** LIT seinen Stil verbessern II. *vi* ■**to ~ on sth** etw verfeinern, an etw *dat* feilen *fig;* **to ~ on a method** eine Methode verfeinern
refined [rɪ'faɪnd] *adj* ① (*processed*) raffiniert; **~ foods** aufbereitete Nahrungsmittel; **~ metal** veredeltes Metall; **~ oil** raffiniertes Öl; **~ sugar** Raffinade *f* ② (*approv: sophisticated*) [hoch] entwickelt, verfeinert; **highly ~** hoch entwickelt; **a ~ film** ein anspruchsvoller Film; **~ methods** ausgeklügelte Methoden; **~ tastes** feiner Geschmack ③ (*well-mannered*) *person* gebildet, kultiviert
refinement [rɪ'faɪnmənt] *n* ① *no pl* (*processing*) Raffinieren *nt*, Raffination *f; of metal* Veredelung *f;* **the ~ of raw opium** die Aufbereitung von Rohopium ② (*improvement*) Verbesserung *f;* **with all the latest ~s** mit den neuesten technischen Raffinessen; *of ideas, methods* Überarbeitung *f*, Verbesserung *f;* ***the hypothesis does need some ~*** an der Hypothese muss noch überarbeitet werden *fam* ③ *no pl* (*good manners*) Gebildetheit *f*, Kultiviertheit *f*
refinery [rɪ'faɪnᵊri, AM -ɚi] *n* Raffinerie *f;* **oil/sugar ~** Öl-/Zuckerraffinerie *f*
refit I. *vi* <BRIT -tt- *or* AM *usu* -t-> [ˌriː'fɪt] NAUT überholt werden II. *vt* <BRIT -tt- *or* AM *usu* -t-> [ˌriː'fɪt] **to ~ a factory** eine Fabrik neu ausstatten; **to ~ a ship** ein Schiff überholen III. *n* ['riːfɪt] NAUT Überholung *f*
reflate [ˌriː'fleɪt] I. *vt* **to ~ a currency** eine Währung [bewusst] inflationieren; **to ~ the economy** die Wirtschaft ankurbeln II. *vi* [bewusst] inflationieren
reflation [ˌriː'fleɪʃᵊn] *n* Reflation *f*, Konjunkturbelebung *f*, Ankurbelung *f* der Wirtschaft
reflationary [ˌriː'fleɪʃᵊnᵊri, AM -eri] *adj inv* reflationär; **~ measures** [*or* **moves**] reflationäre Maßnahmen
reflect [rɪ'flekt] I. *vt* ① (*throw back*) ■**to be ~ed in sth** sich *akk* in etw *dat* spiegeln; ***he saw himself ~ed in the shop window*** er sah sein Spiegelbild im Schaufenster; **to ~ heat/light/sound** Hitze/Licht/Schall reflektieren ② (*show*) ■**to ~ sth** *hard work, multiculturalism, one's views* etw zeigen [*o* zum Ausdruck bringen]; *honesty, generosity* für etw *akk* sprechen; ***his refusal to accept the bribe ~s his integrity*** es spricht für seine Integrität, dass er ein Bestechungsgeld abgelehnt hat; **to ~ [great] credit on sb/sth** jdm [viel] Ehre machen ③ (*think*) ■**to ~ that ...** denken, dass ...; ***she ~ed that this was probably the last time she would see him*** sie dachte bei sich, dass dies vielleicht das letzte Mal war, dass sie ihn sah II. *vi* ① *light, mirror* reflektieren ② (*ponder*) nachdenken, reflektieren *geh;* **to ~ closely** [*or* **carefully**] [*or* **seriously**] gründlich nachdenken; ■**to ~ on** [*or* **upon**] **sb/sth** über jdn/etw nachdenken ③ (*make impression*) ■**to ~ on** [*or* **upon**] **sth** etw in einem Licht erscheinen lassen; ***will the accident ~ on his ability to do his job?*** wird der Unfall seine Arbeitsfähigkeit beeinträchtigen?; ■**to ~ on** [*or* **upon**] **sb** ein Licht auf jdn werfen; **to ~ badly/well on** [*or* **upon**] **sb/sth** gegen/für jdn/etw sprechen; ***it ~ed badly on his character*** es warf ein schlechtes Licht auf seinen Charakter
reflecting [rɪ'flektɪŋ] *adj attr, inv* reflektierend; **~ telescope** Spiegelteleskop *nt*
reflection [rɪ'flekʃᵊn] *n* ① (*relecting*) Reflexion *f;* **heat/light ~** Hitze-/Lichtreflexion *f;* **sound ~** Hall *m;* **sound ~ effect** Halleffekt *m* ② (*mirror image*) Spiegelbild *nt* ③ (*fig: sign*) Ausdruck *m;* ***his unhappiness is a ~ of ...*** seine Unzufriedenheit ist ein Zeichen für ...; **~ of a lack of breeding/education** Zeichen *nt* für mangelnde Erziehung/Bildung; **to be a fair** [*or* **accurate**] **~ of sth** etw richtig widerspiegeln [*o* wiedergeben] ④ *no pl* (*consideration*) Betrachtung *f*, Überlegung *f* (**on/about** über +*akk*); **on** [*or* **after**] **~** nach reiflicher Überlegung ⑤ (*thought, comment*) Betrachtung *f;* **~s on** [*or* **about**] **life** Betrachtungen *fpl* über das Leben ⑥ (*discredit*) ■**to be a ~ on sb/sth** ein Licht auf jdn/etw werfen; **to cast a ~ upon sb's abilities** jds Fähigkeiten in Frage stellen; ***it's no ~ on your character*** [*or* ***personality***] es geht nicht gegen Sie persönlich
reflective [rɪ'flektɪv] *adj* ① *glass, clothing* reflektierend ② *person* nachdenklich
reflectively [rɪ'flektɪvli] *adv* nachdenklich
reflectiveness [rɪ'flektɪvnəs] *n no pl* ① PHYS Reflexionsvermögen *nt* ② (*thoughfulness*) Nachdenklichkeit *f;* (*ability to consider things*) Wohlüberlegtheit *f*
reflector [rɪ'flektəʳ, AM -ɚ] *n* ① (*device*) Reflektor *m; on a bicycle, car* Rückstrahler *m*, Katzenauge *nt* ② (*telescope*) Spiegelteleskop *nt* ③ AM (*on road*) Reflektor *m*
reflex ['riːfleks] I. *n* <*pl* -es> Reflex *m;* **conditioned ~** bedingter Reflex; **to test sb's ~es** jds Reflexe prüfen II. *n modifier* (*text, point*) Reflex-; **~ sneeze** reflexartiges Niesen
reflex action *n* Reflexhandlung *f* **reflex angle** *n* MATH überstumpfer Winkel **reflex camera** *n* Spiegelreflexkamera *f*
reflexion *n esp* BRIT *see* **reflection**
reflexive [rɪ'fleksɪv] I. *adj* AM ① (*involuntary*) reflexartig ② *inv* LING reflexiv II. *n* LING Reflexiv *nt*
reflexively [rɪ'fleksɪvli] *adv* ① (*involuntarily*) reflexartig ② *inv* LING reflexiv
reflexive pronoun *n* Reflexivpronomen *nt* **reflexive verb** *n* reflexives Verb
reflexology [ˌriːflek'sɒlədʒi, AM -'sɑːl-] *n no pl* Reflexologie *f*
reflex response *n* Reflexhandlung *f*
refloat [ˌriː'fləʊt, AM 'floʊt] *vt* ■**to ~ sth** etw [wieder] flottmachen
reflux <*pl* -es> ['riːflʌks] *n* Rückfluss *m;* ***tides have a flux and ~*** Gezeiten haben eine Flut und eine Ebbe
reforest [ˌriː'fɒrɪst, AM -'fɔːr-] *vt esp* AM **to ~ land/an area** Land/ein Gebiet aufforsten
reforestation [ˌriːfɒrɪ'steɪʃᵊn, AM -fɔːrɪ'-] I. *n no pl esp* AM Aufforstung *f* II. *adj attr, inv* **~ programme/project** Aufforstungsprogramm *nt*/-projekt *nt*
reforge [ˌriː'fɔːdʒ, AM -'fɔːrdʒ] *vt* ■**to ~ sth** etw wiederherstellen; **to ~ a new identity** sich *dat* ein neues Leben aufbauen
reform [rɪ'fɔːm, AM -'fɔːrm] I. *vt* ■**to ~ sth** *institution, system* etw reformieren; **to ~ a criminal/drug addict** einen Kriminellen/Drogenabhängigen/eine Kriminelle/Drogenabhängige bessern; ■**to ~ oneself** sich *akk* bessern II. *vi person* sich *akk* bessern; ***for years I was an alcoholic but I ~ed*** ich war jahrelang Alkoholiker, aber ich bin davon losgekommen III. *n* Reform *f; of self, a criminal* Besserung *f;* **~s to the system** Reformen *fpl* am System; ■**to be beyond ~** nicht reformierbar sein; **far-reaching** [*or* **sweeping**] [*or* **wide-ranging**] **~** weitreichende Reform; **social ~** Sozialreform *f;* **to cry out for ~** nach Reform schreien IV. *n modifier* (*measures, programme*) Reform-
re-form [ˌriː'fɔːm, AM -'fɔːrm] I. *vt* ■**to ~ sth** etw umformen [*o* umgestalten] II. *vi clouds* eine neue Form annehmen; *police, troops* sich *akk* neu formieren; *committee, management* sich *akk* wieder [*o* erneut] bilden
reformat <-tt-> [ˌriː'fɔːmæt, AM -'fɔːrm-] *vt* COMPUT ■**to ~ sth** etw neu formatieren; **to ~ a disk** eine Diskette neu formatieren
reformation [ˌrefə'meɪʃᵊn, AM -ɚ'-] *n institution* Reformierung *f; person* Besserung *nt;* **to undergo a ~** sich *akk* bessern
Reformation [ˌrefə'meɪʃᵊn, AM -ɚ'-] *n* ■**the ~** die Reformation
reformative [rɪ'fɔːmətɪv, AM 'fɔːrmət̬ɪv] *adj* auf Reform *f* ausgerichtet *nach n*
reformatory [rɪ'fɔːmətᵊi, AM -'fɔːrmətɔːri] I. *n* AM Besserungsanstalt *f veraltet*, Jugendhaftanstalt *f* II. *adj attr, inv* reformatorisch, Reform-; **~ punishment** Strafe *f* zur Besserung; **to give sb a ~ speech** jdm eine Strafpredigt halten
reformed [rɪ'fɔːmd, AM -'fɔːrmd] *adj attr* gebessert; **~ alcoholic** trockener Alkoholiker/trockene Alkoholikerin; **~ criminal** resozialisierte[r] Kriminelle[r]; **~ drug addict/gambler** geheilter Drogenabhängiger/Spieler/geheilte Drogenabhängige/Spielerin; **a ~ person** ein neuer [*o* anderer] Mensch
reformer [rɪ'fɔːməʳ, AM -'fɔːrmɚ] *n* Reformer(in) *m(f);* **social ~** Sozialreformer(in) *m(f);* REL Reformator *m*
reformism [rɪ'fɔːmɪzᵊm, AM 'fɔːrm] *n no pl* (*reforms happening*) [stille] Reformen; (*intenion to implement reforms*) Wille *m* zur Reform
reformist [rɪ'fɔːmɪst, AM -'fɔːrm-] I. *n* Reformist(in) *m(f)* II. *adj* reformistisch
Reform Judaism *n no pl* Reformjudentum *nt* **reform school** *n* Besserungsanstalt *f veraltet*, Erziehungsheim *nt*
refract [rɪ'frækt] *vt* PHYS **to ~ a ray of light** einen Lichtstrahl brechen; ***one can see light ~ed in water*** man kann sehen, wie sich das Licht im Wasser bricht
refracting telescope *n* Refraktor *m*
refraction [rɪ'frækʃᵊn] *n no pl* Refraktion *f fachspr*, Brechung *f;* **light ~** Lichtbrechung *f;* **~ of light** Brechung *f* des Lichtes
refractive [rɪ'fræktɪv] *adj* brechend, Refraktions-, Brechungs-; **~ error** Refraktionsfehler *m*, Brechungsfehler *m*
refractory [rɪ'fræktᵊri, AM -ɚi] *adj person* starrsinnig *geh*, stur; *disease* hartnäckig; *metal* hitzebeständig
refrain¹ [rɪ'freɪn] *n* (*in a song*) Refrain *m;* (*in a poem*) Kehrreim *m;* (*comment*) häufiger Ausspruch; **constant ~** ständiger Spruch, ewige Leier *pej fam*
refrain² [rɪ'freɪn] *vi* sich *akk* zurückhalten, Abstand nehmen *geh;* ■**to ~ from sth** LAW etw unterlassen; ***please ~ from smoking*** (*on a sign*) „Bitte nicht rauchen!"; ***kindly ~ from smoking/talking*** wir bitten, das Rauchen/Sprechen zu unterlassen; ■**to ~ oneself** sich *akk* zurückhalten; **to ~ from laughing** sich *dat* das Lachen verkneifen
refresh [rɪ'freʃ] *vt* ① (*reinvigorate*) ■**to ~ sb** *sleep, a holiday* jdn erfrischen [*o* beleben]; **to ~ oneself** sich *akk* erfrischen; **~ *yourselves!*** (*with drink*) nehmen Sie doch eine Erfrischung!; (*with food*) stärken Sie sich! ② (*cool*) ■**to ~ sb/oneself** jdn/sich *akk* abkühlen; ■**to ~ sth** *food* etw abschrecken ③ (*fig*) **to ~ one's knowledge/skills** sein Wissen/seine Kenntnisse auffrischen; **to ~ one's memory** seinem Gedächtnis auf die Sprünge helfen; **screen ~** COMPUT Bildwiederholung *f* ④ AM (*refill*) **to ~ sb's coffee/glass/lemonade** jds Kaffee/Glas/Limonade nachfüllen ⑤ COMPUT (*update*) ■**to ~ sth** etw wiederauffrischen
refreshed [rɪ'freʃt] *adj* ① (*rejuvenated*) erholt, belebt; **to feel ~** sich *akk* erholt fühlen ② (*cooled*) erfrischt, abgekühlt; **to feel ~** sich *akk* erfrischt fühlen

refresher [rɪˈfreʃəʳ, AM -ɚ] *n* ① *(course)* Auffrischungskurs *m;* **one-day ~** eintägiger Auffrischungskurs ② *(drink)* Erfrischung *f* ③ BRIT LAW *(fee)* zusätzliches Honorar *(für einen Anwalt bei längerer Prozessdauer)*

refresher course *n* Auffrischungskurs *m*

refreshing [rɪˈfreʃɪŋ] *adj* ① *(rejuvenating) air, colour, drink* erfrischend; **to taste ~** erfrischend schmecken ② *(pleasing)* [herz]erfrischend; **a ~ change** eine willkommene Abwechslung; **a ~ thought** ein wohl tuender Gedanke

refreshingly [rɪˈfreʃɪŋli] *adv* erfrischend *fig,* wohl tuend; **~ honest/unusual** wohl tuend ehrlich/ungewöhnlich

refreshment [rɪˈfreʃmənt] **I.** *n* ① *(rejuvenation)* Erfrischung *f,* Belebung *f* ② ■**~s** *pl (drink)* Erfrischungen *fpl; (food)* Snacks *mpl;* **light ~s** Erfrischungsgetränke und Snacks; **a little ~** ein [kleiner] Imbiss **II.** *n modifier* Erfrischungs-; **~ bar** Büfett *nt;* **~ concession** Schankerlaubnis *f,* Schankkonzession *f;* **~ stand** Getränkestand *m*

refried beans *npl* FOOD mexikanisches Bohnenpüree

refrigerant [rɪˈfrɪdʒərənt, AM -ərənt] *n* Kühlmittel *nt*

refrigerate [rɪˈfrɪdʒəreɪt, AM -əreɪt] **I.** *vt* ■**to ~ sth** *food, drink* etw im Kühlschrank aufbewahren **II.** *vi* **~ after opening** nach dem Öffnen kühl aufbewahren

refrigerated [rɪˈfrɪdʒəreɪtɪd, AM -əreɪt̬ɪd] *adj* ① *(in transport)* Kühl-; **~ lorry** Kühlwagen *m;* **~ ship** Kühlschiff *nt* ② *(chilled) food* gekühlt; *(frozen)* tiefgekühlt; **~ meat/vegetables** Tiefkühlfleisch/-gemüse *nt*

refrigeration [rɪˌfrɪdʒərˈeɪʃən, AM -əˈreɪ-] *n no pl* Kühlung *f*

refrigerator [rɪˈfrɪdʒəreɪtəʳ, AM -əreɪt̬ɚ] *n* Kühlschrank *m*

refrigerator-freezer *n* AM Kühl- und Gefrierkombination *f*

refuel <BRIT -ll- *or* AM *usu* -l-> [ˌriːˈfjuːəl] **I.** *vi plane* auftanken **II.** *vt* **to ~ an airplane/a lorry** ein Flugzeug/einen Lastwagen auftanken; **to ~ controversy/speculation** *(fig)* die Kontroverse/Spekulation anheizen

refueling, AM **refuelling** [ˌriːˈfjuːəlɪŋ] **I.** *n* Auftanken *nt* **II.** *adj attr, inv* **~ stop** Zwischenstopp *m* zum Auftanken

refuge [ˈrefjuːdʒ] *n* ① *(secure place)* Zuflucht *f,* Zufluchtsort *m;* **game ~** Wildreservat *nt;* **mountain ~** Unterstand *m* in den Bergen; **women's ~** Frauenhaus *nt;* **to take** [*or* **seek**] **~ in sth** in etw *dat* Zuflucht suchen ② *(from reality)* **to seek ~ in sth** in etw *dat* Zuflucht suchen; **to take ~ in sth** sich *akk* in etw *akk* flüchten; **to take ~ in drink/drugs/religion** Zuflucht im Trinken/in Drogen/in der Religion nehmen

refugee [ˌrefjʊˈdʒiː] **I.** *n* Flüchtling *m;* **economic ~** Wirtschaftsflüchtling *m;* **political ~** politischer Flüchtling; **to conceal/harbour ~s** Flüchtlinge verstecken/beherbergen **II.** *n modifier (tribunal)* Flüchtlings-; **~ status** Rechtsstellung *f* als [anerkannter] Flüchtling

refugee camp *n* Flüchtlingslager *nt*

refund I. *vt* [ˌriːˈfʌnd] **to ~ expenses/money** Auslagen/Geld zurückerstatten; ■**to ~ sb sth** jdm etw *akk* zurückerstatten **II.** *n* [ˈriːfʌnd] Rückzahlung *f;* ***I'd like a ~ on this shirt, please*** ich hätte gern mein Geld für dieses Hemd zurück; **to demand a ~** eine Rückzahlung fordern; **to be due a ~** Anrecht *nt* auf eine Rückzahlung haben; ***I'm due a ~*** mir steht eine Rückzahlung zu; **to obtain** [*or* **get**] **a ~** eine Rückzahlung erhalten

refundable [ˌriːˈfʌndəbl] *adj inv* zurückzahlbar, zurückerstattbar; ***all your expenses on the business trip are ~*** all Ihre Ausgaben für die Geschäftsreise werden erstattet; **a ~ sum of £30** ein Pfand *nt* von £30; **~ deposit** Kaution *f*

refurbish [ˌriːˈfɜːbɪʃ, AM -ˈfɜːrb-] *vt* ■**to ~ sth** etw aufpolieren; *furniture* etw verschönern; **to ~ a house** ein Haus renovieren

refurbished [ˌriːˈfɜːbɪʃt, AM -ˈfɜːrb-] *adj attr house* renoviert; *interior of car* aufpoliert; *furniture* verschönert

refurbishment [ˌriːˈfɜːbɪʃmənt, AM -ˈfɜːrb-] *n house* Renovierung *f; interior of car* Aufpolierung *f; furniture* Verschönerung *f;* **to carry out ~s** Renovierungsarbeiten durchführen

refurnish [ˌriːˈfɜːnɪʃ, AM -ˈfɜːrn-] *vt* ■**to ~ sth** etw neu einrichten; **to ~ a room** ein Zimmer neu möblieren

refusal [rɪˈfjuːzəl] *n* Ablehnung *f; of offer* Zurückweisung *f; of invitation* Absage *f; of food, visa* Verweigerung *f;* **~ of an application/planning permission** Ablehnung *f* eines Antrags/einer Baugenehmigung; **the right of ~ to guests** das Recht, Gästen den Zutritt zu verweigern; **to shake one's head in ~** ablehnend den Kopf schütteln; **to have first ~ on a house/land** das Vorkaufsrecht für ein Haus/Land haben; **to promise first ~ on sth** das Vorkaufsrecht für etw *akk* einräumen; **a flat** [*or* **blunt**] [*or* **point-blank**] **~** eine klare Absage; **to meet with** [*or* **receive**] **a ~** eine Absage erhalten

refuse[1] [rɪˈfjuːz] **I.** *vi* ablehnen; *horse* verweigern; ***I ~ to be ordered about*** ich lasse mich nicht herumkommandieren; **to ~ to eat/pay/talk** sich *akk* weigern zu essen/bezahlen/sprechen **II.** *vt* ■**to ~ sth** etw ablehnen; ■**to ~ sb** jdn zurückweisen; ■**to ~ sb sth** jdm etw *akk* verweigern; **to ~ admittance** den Zutritt verweigern; **to ~ compensation** Schadenersatzansprüche *mpl* ablehnen [*o* abweisen]; **to ~ consent** die Zustimmung verweigern; **to ~ sb credit** jdm keinen Kredit gewähren; **to ~ a fence/obstacle** *horse* ein Hindernis verweigern; ***the horse ~d the obstacle*** das Pferd hat am Hindernis verweigert; **to ~ all** [**offers of**] **help** jegliche Hilfe ablehnen; **to ~ an offer** ein Angebot ausschlagen; **to ~ a request** eine Bitte abschlagen

refuse[2] [ˈrefjuːs] *n (form)* Abfall *m;* **garden/kitchen ~** Garten-/Küchenabfälle *mpl*

refuse bin *n* Mülltonne *f* **refuse chute** *n* Müllschlucker *m* **refuse collection** *n no pl* Müllabfuhr *f* **refuse collector** *n (form)* Müllwerker *m geh,* Müllmann *m* **refuse-derived fuel** *n no pl* Müllbrennstoff *m* **refuse disposal** *n no pl* Müllbeseitigung *f* **refuse dump** *n* Mülldeponie *f* **refuse incineration** *n no pl* Müllverbrennung *f* **refuse incineration plant** *n* Müllverbrennungsanlage *f*

refusenik [rɪˈfjuːznɪk] *n* POL ① *(hist)* Flüchtling *(ursprünglicher Ausdruck für russische Juden, denen die Emigration aus einem Land verweigert wird)* ② *(protestor)* Verweigerer, -in *m, f pej*

refutable [ˈrefjʊtəbl, AM rɪˈfjuːt̬-] *adj* widerlegbar, falsifizierbar *geh*

refutation [ˌrefjʊˈteɪʃən] *n* Widerlegung *f;* ■**~ of an accusation/charge/evidence** Widerlegung *f* einer Anschuldigung/eines Vorwurfs/eines Beweises; **~ of an argument/a theory** Widerlegung *f* eines Arguments/einer Theorie; **~ of the prosecution's case** Entkräftung *f* der Vorwürfe der Staatsanwaltschaft

refute [rɪˈfjuːt] *vt* ■**to ~ sth** ① *(disprove)* etw widerlegen [*o* entkräften]; **to ~ an assertion** [*or* **contention**] eine Behauptung widerlegen [*o* entkräften]; **to ~ a charge** [*or* **an allegation**] einen Vorwurf entkräften; **to ~ a statement/testimony** eine Aussage/Zeugenaussage entkräften ② *(deny)* etw widerlegen; **to ~ an argument/theory/thesis** ein Argument/eine Theorie/eine These widerlegen

reg[1] [reg] *n usu pl* **rules and ~s** *(sl)* Verordnungen *fpl,* Vorschriften *fpl*

reg[2] [redʒ] *n* BRIT *(fam) short for* **registration number**

regain [rɪˈgeɪn] *vt* ■**to ~ sth** ① *(get again)* etw wiederbekommen [*o* zurückbekommen]; **to ~ the championship/cup** den Meisterschaftstitel/Cup zurückgewinnen [*o* zurückholen]; **to ~ consciousness** das Bewusstsein wiedererlangen; **to ~ one's footing** wieder Stand [*o* Halt] finden; **to ~** [**lost**] **ground** [verlorenen] Boden zurückgewinnen; **to ~ one's health** wieder gesund werden; **to ~ a position** eine Position wiedererlangen; **to ~ possession of sth** wieder in den Besitz einer S. *gen* gelangen; **to ~ a region/territory** MIL eine Region/ein Gebiet zurückgewinnen; **to ~ one's self-control** [*or* **composure**] seine Selbstbeherrschung wiedergewinnen; **to ~ lost time** verlorene Zeit wieder einholen; **to ~ the use of one's legs/fingers** seine Beine/Finger wieder gebrauchen können; **to ~** [**one's**] **vigour** [*or* **strength**] seine Kraft zurückgewinnen ② *(form, liter: reach again)* etw wieder erreichen; ***we'll drive on little roads for a while, and ~ the main road later*** wir benutzen eine Zeit lang Nebenstraßen, und kommen später auf die Hauptstraße zurück

regal [ˈriːgəl] *adj* königlich, majestätisch; **~ bearing** majestätische Haltung; **~ manner** vornehme Art, Vornehmtun *nt pej,* vornehmes Gehabe *pej;* **~ splendour** königlicher Prunk

regale [rɪˈgeɪl] *vt* ■**to ~ sb with sth** *stories, jokes* jdn mit etw *dat* aufheitern; *food, drink* jdn mit etw *dat* verwöhnen

regalia [rɪˈgeɪliə, AM -ljə] *n + sing/pl vb* Kostüme *ntpl,* Aufmachung *f kein pl hum; (of royalty)* Insignien *pl;* **the Queen's ~** die Insignien der Königin; **in full ~** in voller Montur *hum;* **military ~** volle Uniform; **to appear in ~** in vollem Staat erscheinen

regally [ˈriːgəli] *adv* königlich; **to behave ~** sich *akk* majestätisch benehmen

regard [rɪˈgɑːd, AM -ˈgɑːrd] **I.** *vt* ① *(consider)* betrachten; ■**to ~ sb/sth as sth** *+ n, adj* jdn/etw als etw *akk* betrachten; ***her parents always ~ed her as the cleverest of their children*** für ihre Eltern war sie immer das klügste ihrer Kinder; ***she is ~ed as a talented actress*** sie wird für eine talentierte Schauspielerin gehalten; ■**to ~ sth with sth** etw mit etw *dat* betrachten; ***local people ~ this idea of a motorway through their village with horror*** für die Anwohner ist die Vorstellung einer Autobahn durch ihr Dorf schrecklich; **to ~ sb with great respect** jdn sehr schätzen; **to ~ sb highly** jdn hoch schätzen; *(be considerate of)* große Rücksicht auf jdn nehmen; **to not ~ sb's needs/situation/wishes** jds Bedürfnisse/Situation/Wünsche nicht berücksichtigen ② *(look at)* ■**to ~ sb/sth** jdn/etw betrachten; **to ~ sb/sth curiously/strangely** jdn/etw neugierig/befremdet betrachten ③ *(concerning)* **as ~s** ***the excessive noise from your neighbours, on that point we may be able to help you*** was den enormen Lärm, den Ihre Nachbarn machen, angeht, so können wir Ihnen in diesem Punkt wahrscheinlich helfen **II.** *n* ① *(consideration)* Rücksicht *f;* ***he has no ~ for other people's feelings*** er nimmt keine Rücksicht auf die Gefühle von anderen; **without** [*or* **with no**] **~ for sb/sth** ohne Rücksicht auf jdn/etw; **without ~ to race or colour** egal welcher [*o* ungeachtet der] Rasse und Hautfarbe; **to pay ~ to sth** auf etw *akk* Rücksicht nehmen; **to pay no ~ to a warning** eine Warnung in den Wind schlagen ② *(respect)* Achtung *f* (**for** vor *+dat*); **to hold sb/sth in high** [*or* **the highest**] **~** Hochachtung vor jdm/etw haben; ***the work of the theatre is held in the highest ~*** die Arbeit des Theaters wird hoch geschätzt; **to hold sb/sth in low ~** jdn/etw gering schätzen; **to lose one's ~ for sb** seine Achtung vor jdm verlieren ③ *(gaze)* Starren *nt;* ***she became aware of his ~*** sie merkte, dass er sie anstarrte ④ *(aspect)* **in this** [*or* **that**] **~** in dieser Hinsicht ⑤ *(concerning)* ■**with** [*or* **in**] **~ to ...** in Bezug auf ...; ***I am writing to you with ~ to your letter of 15 March*** mit diesem Schreiben nehme ich Bezug [*o* beziehe ich mich] auf Ihr Schreiben vom 15. März; ***there is no problem as ~s the financial arrangements*** es gibt kein Problem, was die finanziellen Vereinbarungen angeht; ***having ~ to the fire regulations, ...*** der Brandschutzverordnung entsprechend, ...

regardful [rɪˈgɑːdfəl, AM -ˈgɑːrd-] *adj pred* ■**to be ~ of sth** auf etw *akk* Rücksicht nehmen; ***when travelling you should be ~ of local customs*** wenn man reist, sollte man die örtlichen Gebräuche beachten

regarding [rɪˈgɑːdɪŋ, AM -ˈgɑːrd-] *prep* bezüglich

+*gen,* betreffend, was ... anbetrifft, im Hinblick auf; ~ ***your inquiry*** bezüglich Ihrer Anfrage

regardless [rɪˈgɑːdləs, AM -ˈgɑːrd-] *adv inv* trotzdem; ***I want the account, ~ of what we have to do to get it*** ich möchte die Aufzeichnung, egal was wir tun müssen, um sie zu bekommen; **~ of age/consequences/danger** trotz [*o* ungeachtet] des Alters/der Konsequenzen/der Gefahr; **~ of the expense** ungeachtet der [*o* ohne Rücksicht auf die] Kosten; **~ of sb's opposition** gegen jds Widerstand; **to press on ~** trotzdem weitermachen; ***press on ~!*** Augen zu und durch!

regards [rɪˈgɑːdz, AM -ˈgɑːrdz] *npl* Grüße *mpl;* **kind** [*or* **best**] **~** (*in a letter*) viele Grüße; **to give** [*or* **convey**] **sb's ~ to sb** jdm jds Grüße ausrichten [*o* übermitteln]; ***please give my ~ to your mother*** bitte grüße deine Mutter von mir; **to send sb one's ~** jdn grüßen lassen

regather [rɪˈgæðəʳ, AM -ɚ] **I.** *vi troops* sich *akk* wieder sammeln **II.** *vt* **to ~ one's thoughts** sich *akk* sammeln *fig*

regatta [rɪˈgætə, AM -ˈgɑːt̬ə] *n* Regatta *f;* **the Henley R~** die Henley-Regatta

regency [ˈriːdʒᵊn(t)si] **I.** *n* Regentschaft *f;* (*period of rule*) Regentschaft[szeit] *f;* **the R~ of the Empire** die Herrschaft des britischen Empire **II.** *adj attr, inv* Régence-; **~ architecture** Régence[bau]stil *m;* **~ furniture** Régencemöbel *pl;* **R~ style** Régencestil *m*

regenerate [rɪˈdʒenᵊreɪt, AM -əreɪt] **I.** *vt* ▪**to ~ sth** ① (*revive*) etw erneuern; **to ~ [inner] cities** [Innen]städte *fpl* neu gestalten; **to ~ enthusiasm/an issue/a movement** Begeisterung *f*/ein Problem/eine Bewegung neu aufleben lassen; **to ~ sb/sb's spirit** REL jdn/jds Geist erneuern ② ELEC etw rückkoppeln ③ (*grow again*) *claw, tissue* etw neu bilden; ***a lizard can ~ its tail*** bei einer Eidechse wächst der Schwanz wieder nach ④ COMPUT etw regenerieren **II.** *vi* BIOL sich *akk* regenerieren *geh; tissue* sich *akk* neu bilden

regeneration [rɪˌdʒenᵊrˈeɪʃᵊn, AM -əˈreɪ-] *n no pl* ① (*improvement*) Erneuerung *f,* Regeneration *f;* **~ of cities/a region** Erneuerung *f* von Städten/einer Region; **urban ~** Stadtsanierung *f; of issue* Neubildung *f; of spirit* Erholung *f;* REL Erneuerung *f* ② ELEC Rückkoppelung *f* ③ BIOL (*regrowth*) Regeneration *f geh,* Neubildung *f;* **~ of cells/skin/tissue** Regeneration *f* von Zellen/der Haut/des Gewebes; **skin ~** Regeneration *f* der Haut ④ COMPUT Regeneration *f*

regenerative [rɪˈdʒenᵊrətɪv, AM -ɚt̬ɪv] *adj inv* ① (*improving*) erneuernd, aufbauend; *spiritually* erneuernd ② BIOL (*causing growth*) regenerierend; **~ activity of the cells** regenerative Funktion der Zellen; **~ cream** Aufbaucreme *f*

regenerative medicine *n no pl* Reproduktionsmedizin *f fachspr* (*auf die Gentechnik gestützter medizinischer Forschungszweig*)

regent [ˈriːdʒᵊnt] **I.** *n* Regent(in) *m(f)* **II.** *adj after n* **Prince R~** Prinzregent *m*

reggae [ˈregeɪ] **I.** *n no pl* Reggae *m* **II.** *n modifier* (*group, CD, concert, singer*) Reggae-

regicide [ˈredʒɪsaɪd] *n* (*person*) Königsmörder(in) *m(f);* (*act*) Ermordung *f* eines Königs; (*crime*) Königsmord *m;* **attempted ~** versuchter Königsmord

regime [reɪˈʒiːm, AM rə'-] *n* ① (*government*) Regime *nt;* **the Hitler/Stalin ~** das Hitler-/Stalinregime; **totalitarian ~** totalitäres Regime ② (*in management*) Führung *f,* Leitung *f* ③ (*procedure*) Behandlungsweise *f*

regimen [ˈredʒɪmən, AM -dʒə-] *n* ① (*plan for health*) Gesundheitsplan *m,* [*entsprechend ärztlichen Anweisungen*]; ***the doctor put him on a strict ~*** der Arzt verordnete ihm eine strenge gesunde Lebensweise; **drug ~** Medikamentenverordnung *f* ② (*routine*) geregelter Tagesablauf

regiment **I.** *n* [ˈredʒɪmənt, AM -dʒə-] + *sing/pl vb* ① (*in military*) Regiment *nt;* **the 8th ~** das achte Regiment ② (*group of people*) Schar *f;* **a whole ~ of people** eine ganze Schar von Leuten; **a ~ of youths** eine Schar Jugendlicher **II.** *vt* [ˈredʒɪment, AM -dʒə-] ① MIL **to ~ troops** Truppen in Gruppen einordnen ② (*regulate*) ▪**to ~ sb** jdn kontrollieren; ▪**to ~ sth** etw reglementieren; ***their behaviour was strictly ~ed*** ihr Verhalten war genau reglementiert

regimental [ˌredʒɪˈmentᵊl, AM -əˈment̬ᵊl-] **I.** *adj* ① *inv* (*of a regiment*) Regiments-; **~ club** Regimentskasino *nt;* **~ commander** Regimentskommandant *m;* **~ uniform** Regimentsuniform *f* ② (*strict*) reglementiert, starr **II.** *n* ▪**~s** *pl* Uniform *f*

regimental colour *n* BRIT Regimentsfarbe *f*

regimentation [ˌredʒɪmenˈteɪʃᵊn, AM -əmən'-] *n* Reglementierung *f*

regimented [ˈredʒɪmentɪd, AM -əment̬ɪd] *adj* reglementiert; **~ school/society** straff organisierte Schule/Gesellschaft

region [ˈriːdʒᵊn] *n* ① (*geographical*) Region *f;* **the Birmingham ~** die Region um Birmingham; **desert ~** Wüstengebiet *nt;* **mountain ~** Bergregion *f* ② (*administrative*) [Verwaltungs]bezirk *m,* Provinz *f* ③ (*of the body*) Gegend *f;* **in the ~ of the head** im Bereich des Kopfes; **the stomach ~** die Magengegend ④ (*approximately*) ▪**in the ~ of ...** etwa bei ..., im Bereich von ..; ***the cost would be in the ~ of £500*** die Kosten belaufen sich auf ca. 500 Pfund ⑤ COMPUT Region *f,* Bereich *m*

regional [ˈriːdʒᵊnᵊl] **I.** *adj inv* regional; **~ accent/dialect** regionaler Akzent/Dialekt; **~ economic integration** EU regionale wirtschaftliche Integration; **~ loyalties** regionale Bindungen; **~ newspaper** Lokalzeitung *f;* **~ sales manager** regionaler Verkaufsleiter; **R~ Tourist Board** BRIT regionales Fremdenverkehrsamt **II.** *n* ▪**the ~s** *pl* SPORTS regionaler Wettbewerb

regionalism [ˈriːdʒᵊnᵊlɪzᵊm] *n* ① *no pl* Regionalismus *m* ② LING Regionalismus *m; word* nur regional verwendeter Ausdruck

regionalist [ˈriːdʒᵊnᵊlɪst] **I.** *n* Regionalist(in) *m(f)* **II.** *adj inv* ① (*opposed to centralist*) dezentral; *person* provinziell *pej* ② (*peculiar to a particular region*) regional

regionally [ˈriːdʒᵊnᵊli] *adv inv* regional

register [ˈredʒɪstəʳ, AM -ɚ] **I.** *n* ① (*official list*) Register *nt,* Verzeichnis *nt;* **~ of births, marriages and deaths** Personenstandsregister *nt;* **bridal ~** Hochzeitstisch *m;* **class ~** Klassenbuch *nt;* **electoral ~** Wählerverzeichnis *nt;* **~ of electors** [*or* **voters**] Wählerverzeichnis *nt;* **hotel ~** Gästebuch *nt;* **~ of members** [*or* **shareholders**] BRIT Aktienbuch *nt* ② (*device*) Registriergerät *nt;* AM (*till*) Kasse *f* ③ (*range*) Volumen *nt,* Stimmumfang *m;* (*part of span*) Stimmlage *f;* **higher/lower ~** höhere/tiefere Stimmlage ④ LING Register *nt fachspr,* Sprachebene *f;* **informal ~** informelles Register; **transactional ~** Transaktionsregister *nt* ⑤ (*of fire place*) Klappe *f;* (*of heater*) Lüftungsschieber *m* ⑥ (*in printing*) [Inhalts]verzeichnis *nt* ⑦ (*of book*) Lesezeichen *nt* ⑧ COMPUT Register *nt* **II.** *vt* ① (*report*) ▪**to ~ sb/sth** jdn/etw registrieren [*o* eintragen]; **to ~ a birth/death** eine Geburt/einen Tod anmelden [*o* eintragen lassen]; **to ~ a car** ein Auto zulassen; ***she ~ed the car in her name*** sie meldete das Auto auf ihren Namen an; **to ~ a copyright/trademark** ein Urheberrecht/Warenzeichen eintragen; **to ~ an invention** eine Erfindung patentieren lassen; **to ~ luggage** BRIT Gepäck aufgeben; **to ~ a voter** einen Wähler registrieren ② (*measure*) ▪**to ~ sth** etw anzeigen; **to ~ heat/light/movement/rain fall** Hitze/Licht/Bewegung/Regen registrieren ③ (*at post office*) **to ~ a letter/parcel** einen Brief/ein Päckchen per Einschreiben schicken ④ (*notice*) ▪**to ~ sth** sich *dat* etw merken ⑤ (*show*) **to ~ disappointment/shock/surprise** sich *akk* enttäuscht/schockiert/überrascht zeigen; **to ~ protest** Protest zum Ausdruck bringen ⑥ COMPUT ▪**to ~ sth** (*react to stimulus*) auf etw *akk* ansprechen **III.** *vi* ① (*person*) sich *akk* melden; *to vote* sich *akk* eintragen; *at university* sich *akk* einschreiben [*o* immatrikulieren]; ***the bridal couple ~ed at a popular department store*** das Hochzeitspaar stellte einen Hochzeitstisch in einem beliebten Warenhaus auf; **to ~ with the authorities/police** sich *akk* behördlich/polizeilich melden; **to ~ for a course** [*or* **class**] einen Kurs [*o* eine Klasse] belegen; (*at university*) sich *akk* für einen Kurs einschreiben; **to ~ for the draft** *esp* AM sich *akk* zum Wehrdienst melden; **to ~ at a hotel** sich *akk* in einem Hotel anmelden; **to ~ as unemployed** sich *akk* arbeitslos melden ② *machine, measuring device* angezeigt werden; ***the earthquake was too small to ~ on the Richter scale*** das Erdbeben war zu klein, um auf der Richterskala angezeigt zu werden ③ (*fam: be understood*) ankommen *fam;* ***I did mention the address but I'm not sure that it ~ed [with him]*** ich habe die Adresse genannt, aber ich bin nicht sicher, ob sie bei ihm angekommen ist ④ (*show*) sich *akk* zeigen; ***a smile slowly ~ed on his face*** ein Lächeln zeigte sich langsam auf seinem Gesicht ⑤ COMPUT (*superimpose images*) Register halten

registered [ˈredʒɪstəd, AM -ɚd] *adj inv* registriert, gemeldet; **~ charity** eingetragene [*o* offiziell anerkannte] Hilfsorganisation; **~ childminder** professionelle Tagesmutter; **~ Democrat/Republican** AM POL demokratisches/republikanisches Parteimitglied; **~ nurse** *esp* AM examinierte [*o* staatlich anerkannte] Krankenschwester; **~ patent** eingetragenes Patent; **~ trademark** eingetragenes Warenzeichen; **~ vehicle** amtlich zugelassenes Fahrzeug; **~ voter** eingetragener Wähler

registered bond *n* FIN Namensschuldverschreibung *f* **registered capital** *n* FIN genehmigtes Kapital **Registered General Nurse** *n* BRIT examinierte [*o* staatlich geprüfte] Krankenschwester **registered letter** *n* eingeschriebener Brief, Einschreiben *nt;* **to send sth to sb by ~** jdm etw *akk* per Einschreiben schicken **registered mail** *n* AM, **registered post** *n no pl* BRIT, AUS Einschreibesendung *f* **registered security** *n usu pl* ECON Namensaktie *f* **registered share** *n* Namensaktie *f*

register office *n* BRIT Standesamt *nt; see also* **registry office**

registrar [ˌredʒɪˈstrɑːʳ, AM ˈredʒɪstrɑːr] *n* ① (*for the state*) Standesbeamte(r) *m,* Standesbeamte [*o* -in] *f;* **district ~** Standesbeamte(r) *f(m)* eines Grichtbezirkes ② LAW (*in civil cases*) Gerichtsbeamte(r) *f(m),* Rechtspfleger(in) *m(f)* ③ UNIV (*office*) Studentensekretariat *nt; person* höchste(r) Verwaltungsbeamte(r)/höchste Verwaltungsbeamtin ④ ECON Registrator(in) *m(f),* Registerführer(in) *m(f),* Archivar(in) *m(f);* **company ~** Unternehmensregistrator(in) *m(f),* Führer(in) *m(f)* des Gesellschaftsregisters; **R~ of Companies** Leiter(in) *m(f)* der britischen Gesellschaftsregisterbehörde ⑤ BRIT, AUS (*at hospital*) Assistenzarzt, Assistenzärztin *m, f*

registration [ˌredʒɪˈstreɪʃᵊn] *n* ① (*action*) Anmeldung *f;* (*at university*) Einschreibung *f;* **car ~** Autozulassung *f;* **voter ~** Wählereintragung *f* ② LAW (*official notation*) Eintragung *f,* Registrierung *f,* Erfassung *f;* **~ fee** Anmeldegebühr *f;* **land ~** Grundbucheintragung *f;* **~ number** Eintragungsnummer *f,* Registrierungsnummer *f* ③ AUTO (*certificate*) Kraftfahrzeugbrief *m;* (*number*) Kraftfahrzeugkennzeichen *nt* **registration document** *n* BRIT Kraftfahrzeugbrief *m*

registration fee *n* Anmeldegebühr *f;* UNIV Einschreibegebühr *f* **registration form** *n* Anmeldeformular *nt* **registration number** *n* Kraftfahrzeugkennzeichen *nt*

registry [ˈredʒɪstri] *n* BRIT Standesamt *nt;* **business ~** Handelsregister *nt;* **electoral ~** Wahlaufsichtsbehörde *f;* **land ~** Katasteramt *nt*

registry office *n* BRIT Standesamt *nt;* **to marry at the ~** standesamtlich heiraten

regress [rɪˈgres] *vi* (*lose ability*) sich *akk* verschlechtern, Rückschritte machen; (*deteriorate*) *person* sich *akk* zurückentwickeln; *society* sich *akk* rückläufig entwickeln; PSYCH regredieren *fachspr;* ***she ~ed to the mental age of a five-year-old child*** sie fiel auf den geistigen Entwicklungsstand einer Fünfjährigen zurück

regression [rɪˈgreʃᵊn] *n no pl* ① MED (*physical*) Regression *f fachspr,* Verschlechterung *f;* (*mental*) Zurückentwicklung *f;* ***her ~ into her depression*** ihr Rückfall in die Depression ② MATH Regression *f*

regressive [rɪˈgresɪv] *adj* ① (*becoming worse*)

R

rückschrittlich ❷ (*tax type*) regressiv; ~ **tax/taxation** regressive Steuer/Besteuerung ❸ (*in philosophy*) rückläufig

regret [rɪ'gret, re-] **I.** *vt* <-tt-> ■**to** ~ **sth** etw bedauern; ***they ~ted pouring paint on the neighbour's car*** es tat ihnen Leid, dass sie Farbe auf das Auto des Nachbarn geschüttet hatten; ***it is to be ~ted that there are less registrations for the event this year*** es ist leider so, dass es weniger Anmeldungen für die diesjährige Veranstaltung gibt; ***we ~ any inconvenience to passengers*** die Passagiere werden um Verständnis gebeten **II.** *vi* <-tt-> ■**to** ~ **to do sth** bedauern, etw tun zu müssen; ***the airline ~s to announce the cancellation of flight BA 205 to Madrid*** die Fluggesellschaft bedauert, die Streichung des Fluges BA 205 nach Madrid bekannt geben zu müssen; ***I ~ to have to inform you that …*** leider muss ich Ihnen mitteilen, dass … **III.** *n* Bedauern *nt kein pl;* ***my only ~ is that …*** das Einzige, was ich bedaure, ist, dass …; **a pang of** ~ ein Anflug *m* von Reue; **to have** [*or* **feel**] **a pang of** ~ Reue empfinden; **much to sb's** ~ sehr zu jds Bedauern; ***we think, much to our ~, that we will not be able to visit you next year*** es tut uns sehr Leid, aber wir glauben, dass wir euch nächstes Jahr nicht besuchen werden können; **much to my** ~ zu meinem großen Bedauern; **to express** ~ **at** [*or* **for**] **sth** seinem Bedauern über etw *akk* Ausdruck verleihen, sein Bedauern über etw *akk* aussprechen; **to have no ~s about sth** etw nicht bereuen; **to send one's ~s** sich *akk* entschuldigen [lassen]

regretful [rɪ'gretfᵊl, re-] *adj* bedauernd; ■**to be** ~ **about sth** etw bedauern; **a** ~ **feeling** ein Gefühl *nt* des Bedauerns; **to say a** ~ **goodbye** schweren Herzens auf Wiedersehen sagen; ~ **smile** wehmütiges Lächeln; **to sound** ~ sein Bedauern zum Ausdruck bringen

regretfully [rɪ'gretfᵊli, re-] *adv* mit Bedauern; ***I left New York ~*** schweren Herzens verließ ich New York

regrettable [rɪ'gretəbl̩, re-, AM -t̬ə-] *adj* bedauerlich; ***it is deeply ~ that the government refuses to listen to our ideas*** es ist äußerst enttäuschend, dass die Regierung sich weigert, sich unsere Ideen anzuhören; **a deeply** ~ **mistake** ein äußerst bedauerlicher Fehler

regrettably [rɪ'gretəbli, re-, AM -t̬əbli] *adv* leider, bedauerlicherweise; ~ **slow/unwilling** bedauerlich langsam/unwillig

regroup [ˌri:'gru:p] **I.** *vt* **to** ~ **books/members/pupils** Bücher/Mitglieder/Schüler neu gruppieren [*o* umgruppieren]; **to** ~ **one's forces** die Streitkräfte neu formieren **II.** *vi troops, demonstrators* sich *akk* neu formieren [*o* gruppieren]

regt *n abbrev of* **Regiment** Reg.

regular ['regjələʳ, AM -ɚ] **I.** *adj* ❶ (*routine*) regelmäßig; ***she's a ~ church-goer*** sie geht regelmäßig zur Kirche; ***he's a ~ contributor*** er spendet regelmäßig; ~ **appearances** regelmäßiges Erscheinen; **to make** ~ **appearances on TV** regelmäßig im Fernsehen auftreten; **to do sth on a** ~ **basis** etw regelmäßig tun; ***we met on a ~ basis*** wir trafen uns regelmäßig; ~ **check-up** regelmäßige Kontrolluntersuchung; ~ **customer** [*or* **patron**] Stammkunde, -in *m, f;* ~ **exercise** regelmäßiges Training; **to take** ~ **exercises** *esp* BRIT regelmäßig trainieren; ~ **guest** Stammgast *m;* **a man/woman of** ~ **habits** ein Mann/eine Frau mit festen Gewohnheiten; ~ **income** geregeltes Einkommen; ~ **meetings** regelmäßige Treffen; **to have** ~ **meetings** sich *akk* regelmäßig treffen; ~ **price** regulärer Preis; ~ **procedure** übliche Vorgehensweise; ~ **reader** Stammleser(in) *m(f);* ~ **working hours** reguläre Arbeitszeiten ❷ (*steady in time*) ~ **beat** regelmäßiger Takt; ~ **breathing** regelmäßiges Atmen; **to keep** ~ **hours** sich *akk* an feste Zeiten halten; ~ **intervals** regelmäßige Abstände; **to eat** ~ **meals** regelmäßig essen; ~ **service** regelmäßige [Bus-/Flug-/Zug]verbindung; **to be** ~ MED (*of digestive system*) eine regelmäßige Verdauung haben; (*of menstruation*) einen regelmäßigen Zyklus haben ❸ (*well-balanced*) regelmäßig; *surface* gleichmäßig; GEOM symmetrisch; ~ **features** regelmäßige [*o geh* ebenmäßige] Gesichtszüge; ~ **quadrilateral** gleichseitiges Viereck; ~ **teeth** regelmäßige [*o* gerade] Zähne ❹ (*not unusual*) üblich, normal; (*not special*) normal; ***it's a pretty dress but too ~*** es ist ein schönes Kleid, aber nicht ausgefallen genug; ***her ~ secretary was off for a week*** ihre fest angestellte Sekretärin hatte eine Woche frei; ***my ~ doctor was on vacation*** mein Hausarzt hatte Urlaub; ~ **gas** AM Normalbenzin *nt* ❺ (*correct*) korrekt, ordentlich; ~ **work arrangements** geordnetes [*o* ordentliches] Arbeitsverhältnis; **to do things the** ~ **way** etwas so machen, wie es sich gehört ❻ *attr, inv* AM (*size*) ~ **fries** normale Portion Pommes Frites; (*of clothing*) ~ **size** Normalgröße *f* ❼ LING regelmäßig; ~ **conjugation** regelmäßige Konjugation; ~ **verb** regelmäßiges Verb ❽ (*approv: nice*) nett, umgänglich; **a** ~ [**sort of**] **fellow** [*or* AM **guy**] ein umgänglicher Typ ❾ *attr, inv* (*esp hum fam: real, absolute*) regelrechte(r,s) *fam,* richtige(r,s) *fam;* ***this child is a ~ charmer/ nuisance*** dieses Kind ist ein richtiger Charmeur/Plagegeist ❿ *soldier, officer* Berufs-; ~ **troops** Berufsheer *nt* ⓫ REL ~ **clergy** Ordensgeistlichkeit *f* ► PHRASES: **as** ~ **as clockwork** auf die Minute pünktlich **II.** *n* ❶ (*customer*) Stammgast *m* ❷ MIL Berufssoldat *m*

regular army *n* Berufsheer *nt*

regularity [ˌregjə'lærəti, AM -'lerət̬i] *n no pl* (*in time*) Regelmäßigkeit *f,* Gleichmäßigkeit *f;* ***the magazine appears with improved ~*** das Magazin erscheint jetzt regelmäßiger; (*in shape*) Ebenmäßigkeit *f*

regularization [ˌregjəlᵊraɪ'zeɪʃᵊn, AM -rɪ'-] *n no pl* ❶ (*standardization*) Einheitlichkeit *f* ❷ (*normalization*) Normalisierung *f*

regularize ['regjəlᵊraɪz, AM -lər-] **I.** *vt* ■**to** ~ **sth** ❶ (*make consistent*) *a language, work hours* etw standardisieren [*o* vereinheitlichen] ❷ (*normalize*) *status, relationship* etw normalisieren **II.** *vi breathing, heart beat* sich *akk* regulieren

regularly ['regjələli, AM -ɚli] *adv* ❶ (*evenly*) regelmäßig; ~ **spaced intervals** regelmäßige Abstände; **to breathe** ~ gleichmäßig atmen ❷ (*frequently*) regelmäßig *pej;* ***accidents ~ occur at this bend*** an dieser Kurve kommt es ständig zu Unfällen ❸ (*equally*) gleichmäßig; ~ **divided** gleichmäßig aufgeteilt ❹ AM COMM, ECON (*normally*) regulär; ***the cameras are ~ priced at $500*** die Kameras kosten normalerweise $500

regulate ['regjəleɪt] *vt* ■**to** ~ **sth** ❶ (*supervise*) etw regeln [*o* steuern]; ■**to** ~ **whether/how/when …** festlegen, ob/wie/wann …; **~d industry** öffentlich gebundene Unternehmen; **to** ~ **the use of additives/alcohol/radiation** den Gebrauch von Zusätzen/Alkohol/Strahlungen regeln ❷ (*adjust*) etw regulieren; **to** ~ **the clock** [**from winter time to summer time**] die Uhr [von Winter- auf Sommerzeit] umstellen; **to** ~ **the flow of input/supplies/water** den Eingaben-/Versorgungs-/Wasserfluss regeln; **to** ~ **the temperature** die Temperatur regulieren [*o* einstellen]

regulation [ˌregjə'leɪʃᵊn] **I.** *n* ❶ (*rule*) Vorschrift *f,* Bestimmung *f* (**on** über +*akk*); LAW Regelung *f,* Regulierung *f;* **in accordance with the ~s** vorschriftsmäßig; **EU-~** EU-Vorschrift *f;* **fire ~s** Brandschutzbestimmungen *fpl;* **health ~s** Gesundheitsverordnungen *fpl;* **rules and ~s** Regeln und Bestimmungen; **safety ~s** Sicherheitsvorschriften *fpl,* Sicherheitsbestimmungen *fpl;* **traffic ~s** Verkehrsregeln *fpl;* **against** [*or* **contrary to**] **the ~s** gegen die Vorschriften, vorschriftswidrig; **under the ~s** laut Vorschrift ❷ *no pl* (*supervision*) Überwachung *f;* **government** ~ staatliche Überwachung **II.** *adj inv* vorgeschrieben; ***it's ~ to wear suits at the office*** das Tragen von Anzügen im Büro ist vorgeschrieben; **the** ~ **pin-stripe suit** der obligatorische Nadelstreifenanzug; ~ **uniform** MIL Dienstuniform *f;* SCH Schuluniform *f*

regulative ['regjələtɪv, AM leɪt̬ɪv] *adj* regulativ

regulator ['regjəleɪtəʳ, AM -t̬ɚ] *n* Regulator *m,* aufsichtsführende Person

regulatory ['regjələtᵊri, AM -tɔ:ri] *adj inv* ECON Aufsichts-, Kontroll-; LAW regulativ, regelnd; ~ **agency** [*or* **body**] [*or* **organization**] Aufsichtsbehörde *f;* ~ **enzymes/hormones** Regulierungsenzyme/-hormone *ntpl;* ~ **powers** (*measures*) ordnungspolitische Instrumente; (*power to use measures*) Aufsichts- und Kontrollbefugnisse *fpl*

regurgitate [rɪ'gɜ:dʒɪteɪt, AM -'gɜ:rdʒə-] *vt* ■**to** ~ **sth** ❶ (*throw up*) *food* etw wieder hochwürgen ❷ (*pej: repeat*) *facts, information* etw nachplappern

regurgitation [rɪˌgɜ:dʒʊ'teɪʃᵊn, AM ˌgɜ:rdʒə] *n no pl* ❶ *of food* Herauswürgen *nt* ❷ (*fig: repetition*) Wiederkäuen *nt pej*

rehab ['ri:hæb] *n* (*fam*) *abbrev of* **rehabilitation** Reha *f;* ■**to be in** ~ auf Reha sein *fam*

rehabilitate [ˌri:hə'bɪlɪteɪt, AM -lə-] *vt* ■**to** ~ **sb** ❶ (*have therapy*) jdn rehabilitieren; **to** ~ **a criminal** einen Kriminellen resozialisieren; **to** ~ **victims of accidents** Unfallopfer wieder ins normale Leben eingliedern ❷ (*restore reputation*) jdn rehabilitieren, jds Ruf wiederherstellen

rehabilitation [ˌri:həˌbɪlɪ'teɪʃᵊn, AM -bɪlə'-] **I.** *n no pl* ❶ *of criminals* Resozialisierung *f; of drug addicts* Rehabilitation *f geh; of victims* Wiedereingliederung *f* ins normale Leben ❷ (*of reputation*) Rehabilitation *f geh;* **to be given a** ~ rehabilitiert werden ❸ (*renovation*) Instandsetzung *f,* Sanierung *f;* ~ **of buildings/flats** Instandsetzung *f* von Gebäuden/Wohnungen **II.** *n modifier* (*facility, method, therapist, programme*) Rehabilitations-

rehabilitation center AM, **rehabilitation centre** *n* Rehabilitationszentrum *nt;* **drug** ~ Entziehungsanstalt *f*

rehash I. *vt* [ˌri:'hæʃ] ■**to** ~ **sth** ❶ (*pej fam: offer as new*) etw aufwärmen *pej, fig fam* ❷ (*discuss*) etw wiederkäuen *pej, fig,* etw noch einmal durchgehen; **to** ~ **events** Ereignisse noch einmal durchsprechen **II.** *n* <*pl* -es> ['ri:hæʃ] (*fam*) Aufguss *m,* Abklatsch *m pej fam;* ~ **of Elvis Presley** Elvis-Presley-Verschnitt *m*

rehearsal [rɪ'hɜ:sᵊl, AM -'hɜ:r-] *n* ❶ THEAT Probe *f;* ■**to be in** ~ *play* geprobt [*o* einstudiert] werden; **wedding** ~ Hochzeitsprobe *f;* ~ **dinner** AM *Familienessen nach der Hochzeitsprobe;* **to have** [*or* **hold**] **a** ~ proben; MIL Truppenübung *f* ❷ (*recital*) **a** ~ **of arguments/complaints/criticisms** eine Aufzählung von Argumenten/Beschwerden/Kritiken

rehearse [rɪ'hɜ:s, AM -'hɜ:rs] **I.** *vt* ❶ DANCE, THEAT, MUS (*practise*) **to** ~ **a play/scene** ein Stück/eine Szene proben; **to** ~ **one's lines** seinen Text vorsprechen; ***the actors appeared to be well ~d*** die Schauspieler schienen ihre Rollen gut einstudiert zu haben; (*in thought*) etw [in Gedanken] durchgehen ❷ (*prepare*) ■**to** ~ **sb** jdn vorbereiten; ***the PM appeared to have been carefully ~d by advisors*** der Ministerpräsident schien von seinen Beratern genauestens instruiert worden zu sein ❸ (*repeat*) ■**to** ~ **sth** *arguments, old theories* etw aufwärmen *fig* **II.** *vi* proben

reheat [ˌri:'hi:t] *vt* ■**to** ~ **sth** *food* etw aufwärmen

rehouse [ˌri:'haʊz] *vt usu passive* ■**to** ~ **sb** jdn umsiedeln [*o* umquartieren]

Reich [reɪk, reɪx] *n* (*hist*) Reich *nt hist;* **the Second** ~ das deutsche Kaiserreich (*1871–1918*); **the Third** ~ das Dritte Reich (*1933–1945*)

reify ['reɪɪfaɪ, AM 'ri:ə] *vt* (*form*) ■**to** ~ **sth** etw konkretisieren *geh*

reign [reɪn] **I.** *vi* ❶ (*be king/queen*) regieren, herrschen; (*be head of state*) regieren; **to** ~ **over a country** ein Land regieren ❷ (*be dominant*) dominieren; ■**to** ~ **over sb/sth** jdn/etw beherrschen; ***chaos ~ed over the city*** in der Stadt herrschte Chaos; **confusion/peace/silence ~s** es herrscht Verwirrung/Frieden/Stille; **to** ~ **supreme** [absolut] herrschen; ***love ~s supreme in her heart*** ihr Herz ist voller Liebe **II.** *n* Herrschaft *f;* **the** ~ **of Henry VIII** die Herrschaft Heinrichs VIII; **during the** ~ **of Queen Victoria** unter der Herrschaft von Königin Victoria; ~ **of terror** Schreckensherrschaft *f*

reigning ['reɪnɪŋ] *adj inv* SPORTS ~ **champion** der

gegenwärtige Champion

reimburse [ˌriːɪmˈbɜːs, AM -ˈbɜːrs] *vt* ■**to ~ sb** jdn entschädigen *geh;* **to ~ sth** etw ersetzen; **to ~ expenses** Auslagen [rück]erstatten [*o* vergüten]

reimbursement [ˌriːɪmˈbɜːsmənt, AM -ˈbɜːrs-] *n* Rückzahlung *f; of expenses* Erstattung *f geh; of loss* Entschädigung *f*

reimpose [ˌriːɪmˈpəʊz, AM ˈpoʊz] *vt* ■**to ~ sth** *embargo* etw wieder verhängen; *law* etw wieder auferlegen; *charges* etw wieder einführen

rein [reɪn] **I.** *n usu pl* (*for horse*) Zügel *m;* BRIT (*for children*) Laufgurt *m;* (*fig*) ***who's at the ~s in that company?*** wer hält in dieser Firma die Zügel?; **to draw ~** die Zügel anziehen; **to assume the ~s of government** die Regierung übernehmen ► PHRASES: **to give free ~ to sb** [*or* **sb a free ~**] jdm freie Hand lassen; **to keep a tight ~ on sb/sth** [*or* **sb/sth on a tight ~**] jdn/etw an der kurzen Leine [*o* kurz] halten; **to keep one's emotions/imagination on a tight ~** seine Gefühle/Phantasie im Zaum halten; **to hand over the ~s** die Kontrolle übergeben **II.** *vt* **to ~ a horse in** [*or* **back**] [*or* **to ~ in** [*or* **back**] **a horse**] ein Pferd zügeln; (*fig*) ■**to ~ sb in** [*or* **back**] jdn an die Kandare nehmen *fig;* ■**to ~ in** [*or* **back**] ↻ **sth** etw im Zaum halten; **to ~ in** [*or* **back**] **power** Macht einschränken [*o* beschneiden]; **to ~ in** [*or* **back**] **spending** Ausgaben einschränken

reincarnate [ˌriːɪnkɑːˈneɪt, AM -ˈkɑːr-] *usu passive* **I.** *vi* ■**to be ~d** wiedergeboren werden **II.** *vt* (*fig*) ■**to ~ sth** etw wieder zum Leben erwecken *fig;* ***they have ~d the old Mini Cooper*** sie haben den alten Mini Cooper wiederauferstehen lassen

reincarnated [ˌriːɪnkɑːˈneɪtɪd, AM -ˈkɑːrneɪṭɪd] *adj attr, inv* wieder geboren; (*fig*) ***he became a ~ film star*** er kam als Filmstar erneut zu Ruhm

reincarnation [ˌriːɪnkɑːˈneɪʃᵊn, AM -kɑːr-] *n* ❶ (*rebirth*) Reinkarnation *f geh,* Wiedergeburt *f;* (*fig*) *product* Nachbau *m* ❷ *no pl* (*philosophy*) Reinkarnation[slehre] *f*

reindeer <*pl* -> [ˈreɪndɪəʳ, AM -dɪr] *n* Rentier *nt*

reinforce [ˌriːɪnˈfɔːs, AM -ˈfɔːrs] *vt* ❶ (*strengthen*) ■**to ~ sth** etw verstärken; ***that just ~s what I've been saying*** das unterstreicht genau das, was ich gesagt habe; **to ~ an argument with sth** ein Argument mit etw *dat* untermauern; **to ~ concrete** Beton armieren; **to ~ evidence** Beweis bestätigen; **to ~ findings** Ergebnisse bestätigen; **to ~ an impression** einen Eindruck verstärken; **to ~ sb's opinion** jds Meinung bestätigen; **to ~ sb's prejudices** [*or* **bias**] jds Vorurteile bestätigen ❷ (*in military*) **to ~ a border/one's position/troops** eine Grenze/seine Position/Truppen verstärken; ***Buchanan did not ~ Anderson at Ft. Sumter*** Buchanan gab Anderson im Fort Sumter keine Verstärkung

reinforced concrete *n no pl* Stahlbeton *m*

reinforcement [ˌriːɪnˈfɔːsmənt, AM -ˈfɔːrs-] *n* ❶ *no pl wall, highway* Verstärkung *f,* Armierung *f fachspr;* **steel ~** Stahlträger *m meist pl; of troops, policy* Verstärkung *f* ❷ PSYCH (*reward*) Belohnung *f* ❸ ■**~s** *pl* (*troops*) Verstärkungstruppen *fpl;* (*equipment*) Verstärkung *f*

reinstate [ˌriːɪnˈsteɪt] *vt* ❶ (*at job*) ■**to ~ sb** jdn wieder einstellen; **to ~ sb in a position** jdn in eine Position wieder einsetzen ❷ (*re-establish*) ■**to ~ sth** *death penalty, sales tax* etw wieder einführen; **to ~ law and order** die öffentliche Ordnung wiederherstellen; **to ~ a policy** eine Politik wieder einführen

reinstatement [ˌriːɪnˈsteɪtmənt] *n no pl* ❶ *of a worker* Wiedereinstellung *f* ❷ *of law, tax* Wiedereinführung *f*

reinsurance [ˌriːɪnˈʃʊərᵊns, AM ˈʃʊr] *n no pl* Rückversicherung *f*

reinsure [ˌriːɪnˈʃʊəʳ, AM -ˈʃʊr] **I.** *vt* ■**to ~ sth** *a risk* etw rückversichern **II.** *vi* rückversichern

reintegrate [ˌriːˈɪntɪgreɪt, AM -ṭə-] *vt* **to ~ a criminal into society** einen Kriminellen resozialisieren; **to ~ a patient** einen Patienten wieder [in die Gesellschaft] eingliedern

reintegration [ˌriːɪntrˈgreɪʃᵊn, AM -ṭə-] *n of a criminal* Resozialisierung *f; of a patient* Wiedereingliederung *f*

re-introduce [ˌriːɪntrəˈdjuːs, AM *esp* -ˈduːs] *vt* ■**to ~ sth** etw wieder einführen; **to ~ the death penalty** die Todesstrafe wieder einführen; **to ~ an animal into the wild** ein Tier in die Wildnis zurückführen

re-introduction [ˌriːɪntrəˈdʌkʃᵊn] *n* Wiedereinführung *f*

reinvent [ˌriːɪnˈvent] *vt* ■**to ~ sth** etw neu erfinden; ■**to ~ oneself** *artist* sich *akk* neu erschaffen [*o* ein neues Image geben]; **to ~ the wheel** (*iron*) noch einmal bei Null [*o* Adam und Eva] anfangen, das Rad noch einmal erfinden *fig*

reinvest [ˌriːɪnˈvest] FIN **I.** *vt* ■**to ~ sth [in sth]** etw [in etw *akk*] reinvestieren **II.** *vi* ■**to ~ [in sth]** [in etw *akk*] reinvestieren

reissue [ˌriːˈɪʃuː, AM -juː] **I.** *vt* **to ~ a novel/recording** einen Roman/eine Aufnahme neu herausgeben [*o* auflegen] **II.** *n* Neuauflage *f,* Neuausgabe *f*

reiterate [riˈɪtᵊreɪt, AM -ˈɪṭər-] *vt* ■**to ~ sth** etw wiederholen

reiteration [riˌɪtᵊrˈeɪʃᵊn, AM -ˌɪṭəˈr-] *n* Wiederholung *f;* **explicit ~** ausdrückliche Wiederholung

reject I. *vt* [rɪˈdʒekt] ❶ (*decline*) ■**to ~ sth** etw ablehnen [*o* zurückweisen]; **to ~ an application/a request** eine Bewerbung/Bitte ablehnen; **to ~ an article/a manuscript** einen Artikel/ein Manuskript ablehnen; **to ~ a bill/motion** einen Gesetzesvorschlag/Antrag ablehnen; **to ~ a candidate** [*or* **applicant**] einen Bewerber ablehnen; **to ~ a claim** eine Forderung [*o* einen Anspruch] zurückweisen; **to ~ a complaint/protest** einen Vorwurf/Protest zurückweisen; **to ~ a compromise/demand/proposal** einen Kompromiss/eine Forderung/einen Vorschlag ablehnen; **to ~ an excuse** eine Entschuldigung nicht annehmen; **to ~ the minutes** das Protokoll beanstanden; **to ~ an offer/a plan/a plea** ein Angebot/einen Plan/ein Gesuch ablehnen; **to ~ a religion** eine Religion ablehnen, nicht an eine Religion glauben ❷ (*snub*) ■**to ~ sb** jdn abweisen [*o* zurückweisen]; **to feel ~ed** sich *akk* als Außenseiter fühlen; ***she felt as though her parents had ~ed her*** sie hatte das Gefühl, von ihren Eltern verstoßen worden zu sein ❸ MED **to ~ a drug** ein Medikament nicht vertragen; **to ~ a transplant** ein Transplantat abstoßen ❹ (*not accept*) ■**to ~ sth** *token, bill, coin, card* etw nicht annehmen **II.** *n* [ˈriːdʒekt] (*product*) Fehlerware *f,* Ausschussware *f;* (*person*) Außenseiter(in) *m(f)*

rejection [rɪˈdʒekʃᵊn] *n* ❶ (*dismissing*) Ablehnung *f,* Absage *f;* ECON Zurückweisung *f,* Abweisung *f;* **fear of ~** Furcht *f* vor Ablehnung; **letter of ~, ~ letter** Absage *f,* Absageschreiben *nt;* **to meet with ~** auf Ablehnung stoßen; ***he was met with ~*** man brachte ihm Ablehnung entgegen; **~ slip** Absage *f* (*eines Verlags*); *of goods* Aussortierung *f* ❷ MED Abstoßung *f* ❸ COMPUT Zurückweisung *f*

reject shop *n* Ramschladen *m fam*

rejig <-gg-> [ˌriːˈdʒɪg] *vt* BRIT, AUS (*fam*), **rejigger** [ˌriːˈdʒɪgəʳ] *vt* AM (*fam*) ■**to ~ sth** etw umgestalten [*o* neu gestalten], etw umkrempeln *fam;* **to ~ the furniture** die Möbel umstellen

rejoice [rɪˈdʒɔɪs] *vi* sich *akk* freuen; ***I ~d to see that she had made a quick recovery*** ich war erfreut zu sehen, dass sie schnell wieder gesund wurde; ■**to ~ at sth** sich *akk* an etw *dat* erfreuen *geh;* **to ~ in sb's enthusiasm/spontaneity** sich *akk* an jds Begeisterung/Spontaneität erfreuen; ***~ in the Lord!*** freut euch im Herrn!; ■**to ~ in doing sth** genießen, etw zu tun; **to ~ in the name of …** (*hum, iron*) sich *akk* des Namens … erfreuen *hum, iron*

rejoicing [rɪˈdʒɔɪsɪŋ] *n no pl* Freude *f* (**at** über +*akk*); ***there was much ~ at the good news*** die Freude über die guten Nachrichten war groß; **cause for ~** Anlass *m* zur Freude; **an occasion for general ~** ein Anlass zu allgemeinem Jubel

rejoin¹ [riːˈdʒɔɪn] *vt* (*reunite with*) ■**to ~ sb/sth** sich *akk* mit jdm/etw wieder vereinigen; ***she ~ed her husband in Toronto*** in Toronto traf sie wieder mit ihrem Ehemann zusammen; **to ~ the motorway** [*or* AM **highway**] wieder auf die Autobahn fahren; **to ~ a political party** wieder in eine Partei eintreten; **to ~ one's regiment** sich *akk* seinem Regiment wieder anschließen

rejoin² [rɪdʒɔɪn] *vt* (*reply*) ■**to ~ sth** etw erwidern *geh*

rejoinder [rɪˈdʒɔɪndəʳ, AM -ə-] *n* Erwiderung *f geh;* **~ to** [*or* **for**] **a question** Antwort *f* auf eine Frage; **amusing/sharp/witty ~** witzige/spitze/schlagfertige Erwiderung

rejuvenate [rɪˈdʒuːvᵊneɪt, AM -və-] *vt* ■**to ~ sb** ❶ (*energize*) jdn revitalisieren *geh,* jdm jugendliche Frische geben; **to feel ~d** (*after a rest, holiday*) sich *akk* frisch und munter fühlen ❷ (*make younger, modernize*) jdn verjüngen; ***since he fell in love, he has felt ~d*** seit er sich verliebt hat, fühlt er sich Jahre jünger; **to ~ a factory/firm/town** eine Fabrik/Firma/Stadt modernisieren

rejuvenation [rɪˌdʒuːvᵊnˈeɪʃᵊn, AM -vəˈneɪ-] *n no pl* (*enlivening*) Revitalisierung *f geh; of youthful feelings* Verjüngung *f; of company, factory* Modernisierung *f*

rekindle [ˌriːˈkɪndl̩] *vt* ❶ (*light again*) **to ~ a fire** ein Feuer wieder entfachen ❷ (*fig*) ■**to ~ sth** etw wieder entfachen *fig;* **to ~ a friendship/romance** eine Freundschaft/Romanze wieder aufleben lassen; **to ~ sb's hope/passion** jds Hoffnung/Leidenschaft wieder erwecken; **to ~ sb's interest** jds Interesse wieder wecken; **to ~ memories** Erinnerungen wieder erwecken

relapse I. *n* [ˈriːlæps] MED Rückfall *m;* (*in economy*) Rückschlag *m;* **to have/suffer a ~** einen Rückfall haben/erleiden **II.** *vi* [rɪˈlæps] ❶ MED (*after improvement*) einen Rückfall haben; ECON *economy* einen Rückschlag erleiden; **to ~ into alcoholism/drug abuse** wieder dem Alkoholismus/Drogenkonsum verfallen ❷ (*to previous state*) **to ~ into coma/sleep** in ein Koma/einen Schlaf verfallen; **to ~ into silence** in Schweigen verfallen

relate [rɪˈleɪt] **I.** *vt* ❶ (*show relationship*) ■**to ~ sth with sth** etw mit etw *dat* in Verbindung [*o* Zusammenhang] bringen ❷ (*narrate*) ■**to ~ sth** etw erzählen; ■**to ~ sth to sb** jdm etw berichten, jdm über etw *akk* Bericht erstatten; **strange to ~** so unglaublich es klingt; **to ~ an anecdote/stories/tales** eine Anekdote/Geschichten/Märchen erzählen [*o* wiedergeben] **II.** *vi* ❶ (*fam: get along*) sich *dat* zugetan sein; ■**to ~ to sb/sth** eine Beziehung [*o* Zugang] zu jdm/etw finden; ***my father cannot ~ to the idea of working with computers*** mein Vater kann sich nicht mit dem Gedanken anfreunden, mit Computern zu arbeiten; ***can you ~ to country music?*** hast du etwas für Countrymusic übrig?; **to find it hard** [*or* **difficult**] **to ~ to sth** sich *akk* nur schwer mit etw *dat* abfinden können ❷ (*be about*) ■**to ~ to sb/sth** von jdm/etw handeln; (*be relevant to*) auf jdn/etw zutreffen, mit jdm/etw zu tun haben, sich *akk* auf jdn/etw beziehen; ***chapter nine ~s to the effect of inflation*** in Kapitel neun geht es um die Auswirkungen der Inflation; ***I fail to see how your proposal ~s to me*** es ist mir nicht klar, inwiefern Ihr Vorschlag mich betrifft

related [rɪˈleɪtɪd, AM -ṭɪd] *adj inv* ❶ (*connected*) verbunden; ***we discussed inflation, unemployment and ~ issues*** wir diskutierten über Inflation, Arbeitslosigkeit und damit zusammenhängende Themen; **~ subject matter** einschlägiges Material; **to be directly ~ to sth** in direktem Zusammenhang mit etw *dat* stehen ❷ (*in family*) verwandt; *species, language* verwandt; **to be ~ by blood** blutsverwandt sein; **to be ~ by marriage** durch Heirat verwandt sein; [**closely**] **~ species** [eng] miteinander verwandte Arten; **closely/distantly ~** nah/entfernt verwandt; **to be ~ to sb** mit jdm verwandt sein

relating to *prep* in Zusammenhang mit +*dat,* in Bezug auf +*akk*

relation [rɪˈleɪʃᵊn] *n* ❶ *no pl* (*correspondence*) Verbindung *f,* Bezug *m;* **in** [*or* **with**] **~ to** in Bezug auf; ***I haven't understood what this question is in ~ to*** ich verstehe nicht, worauf sich diese Frage bezieht; **to bear no ~** keinerlei Beziehung haben; (*in appearance*) **to bear no ~ to sb** jdm überhaupt nicht ähnlich sehen ❷ (*relative*) Verwandte(r) *f(m);*

is Hans any ~ to you? ist Hans irgendwie mit dir verwandt?; ~ **by marriage** angeheirateter Verwandter/angeheiratete Verwandte; **closest living ~** nächster lebender Verwandter/nächste lebende Verwandte; **to have ~s in a country** in einem Land Verwandte haben ❸ (*between people, countries*) ■ **~s** *pl* Beziehungen *fpl*, Verhältnis *nt* (**between** zwischen +*dat*); **to enjoy friendly ~s with sb** freundschaftliche Kontakte mit jdm pflegen; **to break off/restore diplomatic ~s** die diplomatischen Beziehungen abbrechen/wiederherstellen; **to have sexual ~s with sb** ein intimes Verhältnis mit jdm haben; **to break off ~s with sb/sth** den Kontakt zu jdm/etw abbrechen

relational [rɪˈleɪʃᵊnᵊl] *adj inv* relational *geh*

relationship [rɪˈleɪʃᵊnʃɪp] *n* ❶ (*connection*) Beziehung *f*; **to establish a ~ between sth and sth** zwischen etw *dat* und etw *dat* eine Verbindung herstellen ❷ (*in family*) Verwandtschaftsverhältnis *nt*, verwandtschaftliche Beziehung; **family ~** familiäre Beziehung ❸ (*association*) Verhältnis *nt*, Beziehung *f* (**to/with** zu +*dat*); **business ~** Geschäftsbeziehung *f*; **to have a love-hate ~ with sb** für jdn eine Hassliebe empfinden; **patient-doctor ~** Patient-Arzt-Verhältnis *nt;* **to find it difficult to have ~s with people** Kontaktschwierigkeiten haben; **to have a bad/good ~ with sb/sth** zu jdm/etw ein schlechtes/gutes Verhältnis haben; (*romantic*) Beziehung *f*, Verhältnis *nt veraltend;* **a six-year ~** eine sechsjährige Beziehung; ■ **to be in a ~ with sb** mit jdm eine feste Beziehung haben

relative [ˈrelətɪv, AM *also* -t̬ɪv] **I.** *adj inv* ❶ (*connected to*) relevant; ■ **to be ~ to sth** (*important*) relevant für etw *akk* sein *geh;* (*relevant*) sich *akk* auf etw *akk* beziehen ❷ (*corresonding*) jeweilige(r,s); **the ~ advantages** die jeweiligen Vorteile; **~ merits** jeweilige Vorzüge; ■ **to be ~ to sth** von etw *dat* abhängen; ***petrol consumption is ~ to a car's speed*** der Benzinverbrauch hängt von der Geschwindigkeit des Autos ab ❸ (*comparative*) relative(r,s), vergleichbare(r,s); (*not absolute*) *age, evil, happiness* relativ; **to live in ~ comfort** in relativem Wohlstand leben; **~ to sb** verglichen mit jdm **II.** *adv* ■ **~ to** sich *akk* beziehend auf; ***~ to the country, city air is quite polluted*** auf das Land bezogen, ist die Stadtluft ziemlich verschmutzt **III.** *n* Verwandte(r) *f(m)*, Angehörige(r) *f(m);* **blood ~** Blutsverwandte(r) *f(m);* **~ by marriage** angeheirateter Verwandter/angeheiratete Verwandte; **distant ~** entfernter Verwandter/entfernte Verwandte

relative clause *n* Relativsatz *m* **relative density** *n* PHYS, SCI relative Dichte **relative humidity** *n no pl* METEO relative Feuchtigkeit

relatively [ˈrelətɪvli, AM *also* -t̬ɪvli] *adv inv* relativ; **~ few people** relativ wenige Leute; **~ little** relativ wenig; **~ speaking** relativ gesehen

relative pronoun *n* Relativpronomen *nt*

relativism [ˈrelətɪvɪzᵊm, AM t̬ɪ] *n no pl* Relativismus *m*

relativist [ˈrelətɪvɪst, AM t̬ɪ] **I.** *n* Relativist(in) *m(f)* **II.** *adj inv* relativistisch

relativistic [ˌrelətɪˈvɪstɪk, AM t̬ɪˈ] *adj inv* ❶ PHYS relativistisch ❷ *see* **relativist II** relativistisch

relativity [ˌreləˈtɪvəti, AM -əti] *n no pl* ❶ (*condition*) Relativität *f geh* ❷ (*theory*) **[Einstein's] Theory of R~** [Einsteins] Relativitätstheorie *f*

relaunch [rɪˈlɔːn(t)ʃ, AM *esp* -ˈlɑːn-] **I.** *vt* ❶ AEROSP **to ~ a rocket** eine Rakete erneut starten ❷ ECON **to ~ a product** ein Produkt erneut auf den Markt bringen **II.** *n* [ˈriːlɔːn(t)ʃ, AM *esp* -lɑːn-] ❶ AEROSP, TRANSP **~ of a rocket** Zweitstart *m* einer Rakete; **~ of a ship** zweiter Stapellauf eines Schiffes ❷ ECON **~ of a brand/a product** Wiedereinführung *f* einer Marke/eines Produkts

relax [rɪˈlæks] **I.** *vi* sich *akk* entspannen; **~!** entspann dich!; (*don't worry*) beruhige dich!; **to ~ with a cup of tea** sich *akk* bei einer Tasse Tee entspannen **II.** *vt* **to ~ one's efforts** in seinen Bemühungen nachlassen; **to ~ one's grip** [*or* **hold**] **on sth** seinen Griff um etw *akk* lockern; **to ~ one's tight hold on sth** (*fig*) seine Kontrolle über etw *akk* lockern; **to ~ one's muscles** (*by resting*) die Muskeln entspannen; (*by massage or movement*) die Muskeln lockern; **to ~ rules** [*or* **regulations**]/**supervision** Vorschriften/die Kontrolle lockern; **to ~ security** die Sicherheitsmaßnahmen einschränken

relaxant [rɪˈlæksᵊnt] *n* ❶ (*drug*) Relaxans *nt fachspr* ❷ (*relaxing substance or activity*) Entspannungsmittel *nt;* ***fishing is a very good ~*** Angeln ist sehr entspannend

relaxation [ˌriːlækˈseɪʃᵊn] **I.** *n* ❶ (*recreation*) Entspannung *f;* ***Yoga is one of my favourite ~s*** Yoga ist eine meiner liebsten Entspannungsmethoden; ***do you find ~ in knitting?*** kannst du dich beim Stricken entspannen? ❷ (*liberalizing*) **~ of discipline** Nachlassen *nt* der Disziplin; **~ of laws** Liberalisierung *f* von Gesetzen; **~ in** [*or* **of**] **the rules** Lockerung *f* der Vorschriften **II.** *adj attr* Entspannungs-; **~ exercise** [*or* **technique**] Entspannungsübung *f*

relaxed [rɪˈlækst] *adj* ❶ (*at ease*) entspannt; **to feel ~** sich *akk* entspannt fühlen ❷ (*easy-going*) locker, gelassen; **~ atmosphere** lockere [*o* entspannte] Atmosphäre; **~ manner** [*or* **style**] lässige Art; **to have a ~ manner** sich *akk* lässig geben; **to be ~ about sth** etw gelassen sehen; **to take a ~ approach to sth** gelassen an etw *akk* herangehen

relaxing [rɪˈlæksɪŋ] *adj* entspannend, erholsam; **~ day** Tag *m* zum Ausspannen; **~ holidays** [*or* AM **vacation**] erholsame Ferien; **~ place** Ort *m* der Erholung

relay [ˈriːleɪ] **I.** *vt* ❶ (*communicate*) ■ **to ~ sth to sb** jdm etw mitteilen; **to ~ a message** eine Meldung weiterleiten; **to ~ the news to sb** jdm die Neuigkeiten weitererzählen ❷ COMPUT, TV ■ **to ~ sth** etw [weiter]übertragen; **to ~ TV pictures** Fernsehbilder übertragen **II.** *n* ❶ (*group*) Ablösung *f; of workers* Schicht *f;* ***to break the record for playing chess non-stop, he needed ~s of opponents*** um den Rekord im Dauerschachspielen brechen zu können, benötigte er ständig neue Gegner; **to organize into ~s** in Schichten einteilen; **to work in ~s** in Schichten arbeiten ❷ SPORTS **~** [**race**] Staffellauf *m* ❸ ELEC (*device*) Relais *nt*

re-lay <-laid, -laid> [ˌriːˈleɪ] *vt* **to ~ a carpet** einen Teppich neu verlegen; **to ~ a floor** einen Boden neu auslegen

relay race *n* (*running*) Staffellauf *m;* (*swimming*) Staffelschwimmen *nt* **relay team** *n* Staffel *f*

release [rɪˈliːs] **I.** *vt* ❶ (*set free*) ■ **to ~ sb/an animal** jdn/ein Tier freilassen; ***the zoo keepers ~d the lions from their cage*** die Zoowärter ließen die Löwen aus dem Käfig; ■ **to ~ sb** jdn freigeben [*o* freistellen] ❷ LAW ■ **to ~ sb** jdn [aus der Haft] entlassen [*o* frei lassen]; **to ~ sb on bail** jdn gegen Kaution auf freien Fuß setzen; **to ~ sb on parole** jdn bedingt aus der Haft entlassen; **to ~ sb from prison** jdn aus dem Gefängnis entlassen; **to ~ sb on probation** jdn auf Bewährung entlassen; **to be ~d early for good behaviour** [*or* AM **behavior**] wegen guter Führung vorzeitig entlassen werden ❸ (*fig: free from suffering*) ■ **to ~ sb from sth** jdn von etw *dat* befreien ❹ (*move sth from fixed position*) ■ **to ~ sth** etw lösen; **to ~ the brake** die Bremse lösen; **to ~ the shutter** PHOT den Auslöser betätigen ❺ (*detonate, drop*) **to ~ a bomb** eine Bombe abwerfen; **to ~ a missile** eine Rakete abschießen ❻ (*allow to escape*) **to ~ gas/steam** Gas/Dampf freisetzen; **to ~ sth into the atmosphere** etw in die Atmosphäre entweichen lassen; ***steam was ~d*** Dampf entwich ❼ (*relax pressure*) ■ **to ~ sth** etw loslassen; **to ~ one's grip** [*or* **hold**] seinen Griff lockern ❽ (*make public, circulate*) ■ **to ~ sth** etw verbreiten [*o* in Umlauf bringen] [*o* der Öffentlichkeit zugänglich machen]; (*issue*) etw veröffentlichen [*o* herausbringen]; ■ **to ~ sth to sb** jdm etw aushändigen; **to ~ a film/a CD** einen Film/eine CD herausbringen; **to ~ a statement** eine Erklärung abgeben; **to be ~d** erscheinen, auf den Markt kommen ❾ ECON **to ~ dues** überfällige Bestellungen abwickeln ❿ (*put on market*) ■ **to ~ sth** etw zum Verkauf freigeben, etw herausbringen ⓫ COMPUT (*release block of memory*) ■ **to ~ sth** etw freigeben **II.** *n no pl* ❶ (*setting free*) Entlassung *f;* **~ of a hostage** Freilassung *f* einer Geisel; **~ from prison** Entlassung *f* aus dem Gefängnis ❷ ECON (*from work*) Freistellung *f;* **day ~** BRIT Freistellung zur beruflichen Fortbildung ❸ (*mechanism*) Auslöser *m;* **brake/clutch ~** Brems-/Kupplungsausrückmechanismus *m;* **~ cord** Reißleine *f;* **steam ~** Dampfventil *nt* ❹ (*action*) *of a handbrake* Lösen *nt* ❺ (*items on hold*) *of funds, goods* Freigabe *f* ❻ (*relaxation*) Entspannung *f; of tension* Nachlassen *nt;* (*freeing from unpleasant feeling*) Erleichterung *f;* **merciful ~** (*euph*) Erlösung *f euph;* **to experience a feeling of ~** ein Gefühl der Erleichterung verspüren ❼ (*escape of gases etc.*) Entweichen *nt* ❽ *no pl* (*publication*) Veröffentlichung *f* ❾ (*information document*) Verlautbarung *f;* **press ~** Pressemitteilung *f*, Presseverlautbarung *f* ❿ (*new CD etc.*) Neuerscheinung *f;* (*new film*) neuer Film; ***her latest ~ is a song about hopeless love*** sie hat zuletzt ein Lied über hoffnunglose Liebe herausgebracht; **to go on ~** *film* [in den Kinos] anlaufen ⓫ COMPUT (*version*) Version *f* ⓬ LAW Verzicht *m*, Aufgabe *f*

relegate [ˈrelɪgeɪt, AM -lə-] *vt usu passive* ❶ (*lower in status*) ■ **to ~ sb/sth to sth** jdn/etw auf etw *akk* verweisen; ***the story was ~d to the middle pages of the paper*** die Story wurde in den Mittelteil der Zeitung verschoben; ■ **to ~ sb out of sth** jdn aus etw *dat* verbannen *geh;* **to ~ sb to the background** jdn in den Hintergrund drängen; **to ~ sb to a secondary role** jdn in eine untergeordnete Position abdrängen ❷ BRIT SPORTS **to ~ a team** eine Mannschaft absteigen lassen; **to be ~d from a higher to a lower division** aus einer höheren Liga in eine niedrigere absteigen

relegation [ˌrelɪˈgeɪʃᵊn, AM -əˈ-] *n no pl* ❶ BRIT SPORTS Abstieg *m*, Relegation *f geh;* **to face ~** abstiegsgefährdet sein; **~ struggle** Abstiegskampf *m* ❷ (*demotion*) [Zurück]verweisung *f*, Verbannung *f* (**to** auf +*akk*)

relent [rɪˈlent] *vi people* nachgeben; *wind, rain* nachlassen

relentless [rɪˈlentləs] *adj* (*unwilling to compromise*) unnachgiebig; (*without stopping*) unablässig; **~ persecution** gnadenlose Verfolgung; **~ pressure** unaufhörlicher Druck; **~ pressure to succeed** ständiger Erfolgsdruck; **~ pursuit** gnadenlose Verfolgung[sjagd]; **~ pursuit of sth** unaufhörliches Streben nach etw *dat;* **~ summer heat** anhaltende sommerliche Hitze; ■ **to be ~ in doing sth** etw unermüdlich tun

relentlessly [rɪˈlentləsli] *adv* unaufhörlich; (*tirelessly*) unermüdlich; (*continuously*) beständig

relet <-tt-> [ˌriːˈlet] *vt* BRIT ■ **to ~ sth** etw wieder [*o* neu] vermieten

relevance [ˈreləvən(t)s] *n no pl*, **relevancy** [ˈreləvən(t)si] *n no pl* ❶ (*appropriateness*) Relevanz *f geh*, Bedeutsamkeit *f* (**to** für +*akk*); ***I don't quite understand the ~ of your question*** ich weiß nicht so recht, worauf Sie mit Ihrer Frage hinauswollen; **to have** [*or* **bear**] **~ to sth** Bezug auf etw *akk* haben ❷ (*significance*) Bedeutung *f* (**to** für +*akk*); **to have ~ for sb/sth** für jdn/etw relevant [*o* von Bedeutung] sein ❸ COMPUT Relevanz *f*

relevant [ˈreləvənt] *adj* ❶ (*appropriate*) relevant, entsprechend; *department, personnel* zuständig; ***for further information please refer to the ~ leaflet*** weitere Informationen entnehmen Sie bitte der entsprechenden Broschüre; **to be** [**hardly**] **~ to sth** für etw *akk* [kaum] von Bedeutung [*o* Belang] sein; ***the question is not ~ to the case*** die Frage gehört nicht zur Sache; **~ documents** zweckdienliche Unterlagen; ***please bring all the ~ documents*** bitte bringen Sie die nötigen Papiere mit; **~ evidence** sachdienliches Beweismaterial; **~ question** angebrachte Frage ❷ (*important*) wichtig, bedeutend; **highly ~** höchst bedeutungsvoll ❸ (*appropriate to modern life*) gegenwartsbezogen; **to remain ~** seine Aktualität bewahren

reliability [rɪˌlaɪəˈbɪləti, AM -əti] *n no pl* ❶ (*dependability*) Zuverlässigkeit *f* ❷ (*trustworthiness*) Vertrauenswürdigkeit *f*

reliable [rɪˈlaɪəbl̩] *adj* ① (*dependable*) verlässlich, zuverlässig; ~ **memory** gutes Gedächtnis ② (*credible*) glaubwürdig; ~ **authority** verlässliche [*o* glaubwürdige] Quelle; ~ **criterion** sicheres Kriterium; ~ **evidence** glaubwürdiger Beweis; **to have sth on ~ evidence from a good source** etw aus zuverlässiger Quelle erfahren haben; ~ **figures/statistics** verlässliche [*o* glaubwürdige] Zahlen/Statistiken; ~ **source** sichere [*o* zuverlässige] Quelle; ~ **testimony** verlässliche Zeugenaussage ③ (*trustworthy*) vertrauenswürdig, seriös

reliably [rɪˈlaɪəbli] *adv* verlässlich; **to be ~ informed that ...** aus sicherer Quelle wissen, dass ...

reliance [rɪˈlaɪən(t)s] *n no pl* ① (*dependence*) Verlass *m* (**on** auf +*akk*); ***the region's ~ on tourism is unwise*** es ist unklug, dass die Region sich nur auf den Tourismus verlässt; **sb cannot avoid ~ on sth** jd ist auf etw *akk* angewiesen; **to place ~ on sth** sich *akk* auf etw *akk* verlassen ② (*trust*) Vertrauen *nt;* **to place ~ on sb/sth** Vertrauen in jdn/etw setzen

reliant [rɪˈlaɪənt] *adj* ■**to be ~ on sb/sth** von jdm/etw abhängig sein; ■**to be ~ on sb/sth to do sth** abhängig davon [*o* darauf angewiesen] sein, dass jd/etw etw tut

relic [ˈrelɪk] *n* ① (*object*) Relikt *nt,* Überbleibsel *nt,* Überrest *m;* **Iron Age ~s** Überreste *mpl* aus der Eisenzeit ② (*pej: survival from past*) Relikt *nt;* (*hum: sth old-fashioned*) altmodisches Ding *hum,* Ding *nt* von anno dazumal *hum;* ~ **of the past** Relikt *nt* der Vergangenheit ③ (*saintly remains etc.*) Reliquie[n] *f[pl]*

relief¹ [rɪˈliːf] **I.** *n* ① *no pl* (*assistance for poor*) Hilfsgüter *ntpl;* (*help*) Hilfe *f,* Unterstützung *f;* **shipment of ~** Hilfsgütersendung *f;* **to be on ~** AM (*fam*) von der Sozialhilfe leben; **disaster/famine ~** Katastrophen-/Hungerhilfe *f* ② (*diminution*) Entlastung *f;* ~ **of hunger/suffering** Linderung *f* von Hunger/Leid; **tax ~** Steuerermäßigung *f* ③ (*release from tension*) Erleichterung *f;* ***that's*** [*or* ***what***] ***a ~!*** was für eine Erleichterung!; ***you can imagine my ~*** du kannst dir vorstellen, wie erleichtert ich war; ***it was such a ~ to hear that Glen had been found safe and well*** mir fiel ein Stein vom Herzen, als ich hörte, dass man Glen sicher und wohlauf gefunden hatte; **sense of ~** Gefühl *nt* der Erleichterung; **to feel an incredible sense of ~** sich *akk* unglaublich erleichtert fühlen; **a sigh of ~** ein Seufzer *m* der Erleichterung; **to breathe a sigh of ~** erleichtert aufatmen; **light** [*or* **comic**] ~ THEAT befreiende Komik; **to be greeted with ~** mit Erleichterung aufgenommen werden; **much to my** [*or* **to my great**] ~ zu meiner großen Erleichterung ④ (*substitute*) Ersatz *m,* Vertretung *f* ⑤ MIL (*liberation*) ~ **of a country/a town** Entsatz *m* eines Landes/einer Stadt ⑥ LAW (*remedy*) Klagebegehren *nt* **II.** *n modifier* Ersatz-, Vertretungs-; ~ **driver** Ersatzfahrer(in) *m(f)*

relief² [rɪˈliːf] *n* ① (*three-dimensional representation*) Reliefdruck *m* ② (*sculpture*) Relief *nt;* **bronze ~** Bronzerelief *nt* ③ *no pl* (*sharpness of image*) Kontrast *m;* ■**to be in ~ against sth** sich *akk* von etw *dat* abheben; **to stand out in sharp** [*or* **bold**] ~ sich *akk* deutlich von etw *dat* [*o* gegen etw *akk*] abheben; **to throw sth into ~** etw hervortreten lassen

relief agency *n* Hilfsorganisation *f* **relief map** *n* Reliefkarte *f* **relief road** *n* BRIT Umgehungsstraße *f* **relief supply** *n* Notversorgung *f;* ~ **of water** Wassernotversorgung *f* **relief train** *n* Sonderzug *m* **relief worker** *n* Mitarbeiter(in) *m(f)* einer Hilfsorganisation; (*in third-world countries*) Entwicklungshelfer(in) *m(f)*

relieve [rɪˈliːv] *vt* ① (*assist*) ■**to ~ sb** jdm [in einer Notsituation] helfen; ■**to ~ sth** etw lindern; **to ~ the famine** die Hungersnot lindern ② (*take burden from*) ■**to ~ sb of sth** jdm etw abnehmen; (*hum: steal*) jdn um etw *akk* erleichtern *hum;* ***she was ~d of financial pressures*** sie war von finanziellen Sorgen befreit ③ (*take over*) ■**to ~ sb** jdn ablösen; **to ~ sb of a position** jdn eines Amtes entheben *geh* ④ MIL (*break a siege*) **to ~ a city** eine Stadt befreien [*o fachspr* entsetzen] ⑤ (*weaken negative feelings*) ■**to ~ sth** etw erträglicher machen; **to ~ one's anxiety** seine Angst [teilweise] überwinden; ***the good news ~d my anxiety*** die guten Nachrichten beruhigten mich; **to ~ boredom** gegen die Langeweile angehen; **to ~ one's feeling[s] of frustration** seiner Enttäuschung Luft machen; **to ~ the pressure** den Druck verringern; **to ~ the tension** die Spannung abbauen ⑥ (*alleviate*) **to ~ the pain/the suffering** den Schmerz/das Leid lindern ⑦ (*improve*) ■**to ~ sth** etw bessern; **to ~ pressure on sth** etw entlasten ⑧ (*euph dated: urinate*) **to ~ oneself** sich *akk* erleichtern *euph*

relieved [rɪˈliːvd] *adj* erleichtert; ***I'm so ~ to find you*** ich bin so froh, dich zu sehen; **to be ~ at sth** über etw *akk* erleichtert sein; **to be ~ to hear/see sth** etw mit Erleichterung hören/sehen; **to feel ~** sich *akk* erleichtert fühlen

reliever [rɪˈliːvəʳ, AM -ɚ] *n* Ersatzspieler(in) *m(f),* Auswechselspieler(in) *m(f)*

relight <-lit *or* AM -lighted, -lit *or* AM -lighted> [ˌriːˈlaɪt] *vt* **to ~ a cigarette** eine Zigarette wieder anzünden

religion [rɪˈlɪdʒᵊn] *n* ① *no pl* (*faith in god(s)*) Religion *f;* (*set of religious beliefs*) Glaube *m* ② (*system of worship*) Kult *m;* **to practise** [*or* AM **practice**] **a ~** eine Religion praktizieren [*o* ausüben]; ***he practises the Jewish ~*** er ist praktizierender Jude ③ (*fig: sth done with devotion*) Kult *m;* **to make a ~ of sth** einen Kult mit etw *dat* treiben ④ (*also hum: personal set of beliefs*) Glaube *m,* Überzeugung *f;* ***it's against his ~ to do the gardening*** es verstößt gegen seine Prinzipien, die Gartenarbeit zu verrichten *hum*

religiosity [rɪˌlɪdʒiˈɒsəti, AM ˈɑːsət̬i] *n no pl* Religiosität *f*

religious [rɪˈlɪdʒəs] *adj* ① (*of religion*) religiöse(r,s), Religions-; ~ **bigotry** Frömmelei *f;* ~ **creed/organization** Glaubensbekenntnis *nt*/-gemeinschaft *f;* ~ **denomination** [religiöses] Bekenntnis, Konfession *f;* ~ **education/practice** Religionsunterricht *m*/-ausübung *f;* ~ **equality** Gleichstellung *f* der Religionen; ~ **fanatic** religiöser Fanatiker/religiöse Fanatikerin; ~ **zealot** religiöser Eiferer/religiöse Eiferin; ~ **fervour** [*or* AM **fervor**] [*or* **zeal**] religiöser Eifer; ~ **festival** religiöses Fest; ~ **freedom** [*or* **liberty**] Religionsfreiheit *f,* Glaubensfreiheit *f;* ~ **holiday** religiöser Feiertag; ~ **observance** religiöse Pflicht; ~ **persecution** Verfolgung *f* aufgrund der Religionszugehörigkeit; ~ **service** Gottesdienst *m;* ~ **retreat** (*place for religious meditation*) religiöser Einkehrort; (*for Roman Catholics*) Exerzitien *ntpl;* ~ **tradition/upbringing** religiöser Brauch/religiöse Erziehung ② (*pious*) religiös, fromm; **deeply ~** tief religiös ③ (*fig: meticulous*) gewissenhaft; ***to be very ~ about doing sth*** eifrig darauf bedacht sein, etw zu tun

religiously [rɪˈlɪdʒəsli] *adv* ① (*concerning religion*) religiös ② (*fig: done conscientiously*) gewissenhaft

religious right *n no pl* ■**the ~** die religiöse Rechte

reline [ˌriːˈlaɪn] *vt* ■**to ~ sth** ① *drapes* neu [aus]füttern ② *painting* doublieren *fachspr* ③ TECH neu belegen

relinquish [rɪˈlɪŋkwɪʃ] *vt* (*form*) ■**to ~ sth** ① (*abandon*) etw aufgeben; **to ~ one's belief/a claim/a plan** seine Überzeugung/einen Anspruch/einen Plan aufgeben; **to ~ a chair/a seat** einen Vorsitz/einen Sitz aufgeben; **to ~ one's seat** seinen Sitz aufgeben [*o geh* zur Disposition stellen]; **to ~ the leadership** auf die Führung verzichten, die Führung abgeben; **to ~ a right** auf ein Recht verzichten; ■**to ~ sth to sb** jdm etw überlassen; *responsibility* jdm etw übertragen ② (*lose*) **to ~ one's hold on reality** den Bezug zur Realitiät verlieren; **to ~ the lead** die Führung verlieren ③ (*weaken grip*) **to ~ one's grip** [*or* **hold**] seinen Griff lockern

relinquishment [rɪˈlɪŋkwɪʃmənt] *n* Aufgabe *f;* *of claim, territory* Verzicht *m*

reliquary [ˈrelɪkwᵊri, AM -əkweri] *n* Reliquiar *nt*

relish [ˈrelɪʃ] **I.** *n* ① *no pl* (*enjoyment*) Genuss *m;* ■**with ~** genüsslich; ■**to have no ~ for doing sth** kein Vergnügen dabei empfinden, etw zu tun; ***I have no ~ for hunting and killing animals*** es macht mir keinen Spaß, zu jagen und Tiere zu töten ② (*chunky sauce*) Relish *nt;* **tomato and onion ~** Tomaten-Zwiebel-Relish *nt* **II.** *vt* ■**to ~ sth** etw genießen; ■**to ~ doing sth** etw sehr gern tun; ***I don't ~ telling her*** [***that***] ... es ist mir nicht gerade eine große Freude, ihr sagen zu müssen, dass ...; **to ~ the thought that ...** sich *akk* darauf freuen, dass ...; **to ~ the prospect of doing sth** sich *akk* darauf freuen, etw zu tun

relive [ˌriːˈlɪv] *vt* **to ~ a traumatic experience** eine traumatische Erfahrung nochmals durchleben; **to ~ the past** die Vergangenheit noch einmal erleben

rellie [ˈreli] *n* AUS (*fam*) *short for* **relative** Verwandte(r) *f(m)*

reload [ˌriːˈləʊd, AM -ˈloʊd] **I.** *vt* (*load again*) **to ~ a gun/a pistol** ein Gewehr/eine Pistole nachladen; **to ~ a camera** eine Kamera neu laden *fam,* einen neuen Film in eine Kamera einlegen; **to ~ a ship** ein Schiff wieder beladen; **to ~ software** Software neu laden **II.** *vi* (*load again*) *weapon* nachladen

relocate [ˌriːlə(ʊ)ˈkeɪt, AM -ˈloʊ-] **I.** *vi* umziehen; ***the company has ~d from London to Liverpool*** die Firma hat ihren Sitz von London nach Liverpool verlegt **II.** *vt* ■**to ~ sb** jdn versetzen; ■**to ~ sth** etw verlegen

relocation [ˌriːlə(ʊ)ˈkeɪʃᵊn, AM -loʊˈ-] *n* ① *of a company* Verlegung *f;* *of a person* Versetzung *f* ② COMPUT Verschiebung *f*

reluctance [rɪˈlʌktᵊn(t)s] *n no pl* Widerwillen *m,* Widerstreben *nt;* ■**with ~** widerwillig, ungern; **to accept sth with ~** etw widerwillig akzeptieren [*o* annehmen]

reluctant [rɪˈlʌktᵊnt] *adj* widerwillig, widerstrebend; ■**to be ~ to do sth** sich *akk* dagegen sträuben, etw zu tun, etw nur ungern tun; **to feel ~ to do sth** etw ungern tun; ***many parents feel ~ to talk openly with their children*** vielen Eltern widerstrebt es, offen mit ihren Kindern zu sprechen; **to be a ~ participant in sth** sich *akk* gegen eine Teilnahme an etw *dat* sträuben, an etw *dat* nur ungern teilnehmen

reluctantly [rɪˈlʌktᵊntli] *adv* widerwillig; ***I say it ~ but ...*** ich sage es ungern, aber ...; **to accept sth ~** etw widerstrebend akzeptieren; **to agree ~** widerwillig zustimmen

rely [rɪˈlaɪ] *vi* ① (*have confidence in*) ■**to ~ on** [*or* **upon**] **sb/sth** sich *akk* auf jdn/etw verlassen; ***British weather can never be relied upon*** auf das britische Wetter ist kein Verlass; ■**to ~ on** [*or* **upon**] **sb/sth to do** [*or* **doing**] **sth** sich *akk* darauf verlassen [*o* darauf vertrauen], dass jd/etw etw tut; ***don't ~ on that lot winning the match*** sei nicht so sicher, dass die da das Spiel gewinnen ② (*depend on*) ■**to ~ on** [*or* **upon**] **sb/sth** von jdm/etw abhängen; ■**to ~ on** [*or* **upon**] **sb/sth doing sth** darauf angewiesen sein, dass jd/etw etw tut

REM¹ [ˌɑːriːˈem, rem] *abbrev of* **Rapid Eye Movement** REM

REM² COMPUT (*in BASIC*) *short for* **remark** REM

remade [ˌriːˈmeɪd] *pt, pp of* **remake**

remain [rɪˈmeɪn] *vi* ① (*stay*) bleiben; **to ~ in bed** im Bett bleiben; **to ~ behind** zurückbleiben; **to ~ where one is** [da] bleiben, wo man ist, auf seinem Platz bleiben ② + *n, adj* (*not change*) bleiben; ***the epidemic has ~ed unchecked*** die Epidemie hält unvermindert an; **to ~ friends** Freunde bleiben; **to ~ aloof** Distanz wahren; **to ~ anonymous/unnamed** anonym/ungenannt bleiben; **to ~ cool** einen kühlen Kopf bewahren, cool bleiben *sl;* **to ~ faithful** [*or* **loyal**] [**to sb**] [jdm] treu bleiben [*o* die Treue halten]; **to ~ open** *shop* geöffnet bleiben; **to ~ silent** [*or* **quiet**] Stillschweigen bewahren *geh;* **to ~ seated** sitzen bleiben; **to ~ unclaimed** nicht beansprucht werden; **to ~ undecided** sich *akk* nicht entscheiden können; **to ~ unpunished** ungestraft davonkommen; **to ~ untreated** nicht behandelt [*o* versorgt] werden ③ (*survive, be left over*) übrig bleiben; *person* überleben; ***is there any food ~ing?*** ist noch etwas zu essen übrig?; ***much ~s to be done***

es muss noch vieles getan werden; **the fact ~s that ...** das ändert nichts an der Tatsache, dass ...; **it** [**only**] **~s for me to ...** mir bleibt nur noch übrig, zu ...; **it ~s to be seen** [**who/what/how ...**] es bleibt abzuwarten[, wer/was/wie ...]

remainder [rɪˈmeɪndəʳ, AM -ɚ] **I.** *n no pl* ① (*residue, rest*) Rest *m*; ***for the ~ of his life*** für den Rest seines Lebens; ■**~s** *pl* Restauflage *f* ② MATH (*number*) Rest *m*; ***9 divided by 4 is two ~ 1*** 9 dividiert durch 4 ist zwei Rest 1 **II.** *vt usu passive* ■**to ~ sth** etw verramschen; **to ~ books** Bücher billig verkaufen [*o fam* verramschen]

remaining [rɪˈmeɪnɪŋ] *adj attr, inv* übrig, restlich; ***the two ~ lectures*** die letzten beiden Vorträge; **our only ~ hope** unsere letzte Hoffnung

remains [rɪˈmeɪnz] *npl* ① (*leftovers*) Überbleibsel *ntpl,* Überreste *mpl;* **the ~ of a 12th-century monastery** die Überreste eines Klosters aus dem 12. Jahrhundert ② (*form: corpse*) sterbliche Überreste *geh;* **animal/human ~** tierische/menschliche Überreste

remake I. *vt* <-made, -made> [ˌriːˈmeɪk] **to ~ a film** einen Film neu drehen, einen Stoff neu verfilmen **II.** *n* [ˈriːmeɪk] Neuverfilmung *f,* Remake *nt;* **to do a ~** ein Remake machen, eine Neuverfilmung drehen

remand [rɪˈmɑːnd, AM -ˈmænd] **I.** *vt usu passive* (*form*) ■**to ~ sb on sth** jdn wegen einer S. *gen* in Untersuchungshaft nehmen; **to ~ on bail** auf Kaution freilassen; **to ~ sb in custody** jdn in Untersuchungshaft behalten; **to ~ sb to prison** jdn ins Untersuchungsgefängnis bringen **II.** *n no pl* **custodial ~** Untersuchungshaft *f;* **to be on ~** in Untersuchungshaft sitzen *fam;* **to hold** [*or* **keep**] **sb on ~** jdn in Untersuchungshaft behalten

remand centre *n* BRIT, AUS Untersuchungsgefängnis *nt,* Untersuchungshaftanstalt *f;* (*for youths*) Jugendstrafanstalt *f* **remand home** *n* BRIT, AUS Untersuchungshaftanstalt *f* (*für Jugendliche*)

remark [rɪˈmɑːk, AM -ˈmɑːrk] **I.** *vt* äußern, bemerken; **sb once ~ed** [**that**] ... jd hat einmal gesagt, dass ... **II.** *vi* eine Bemerkung machen; ■**to ~ on sb/sth** sich *akk* über jdn/etw äußern; **it has often been ~ed upon that ...** es ist oft darauf hingewiesen worden, dass ... **III.** *n* ① (*comment*) Bemerkung *f,* Äußerung *f;* **to make** [*or* **pass**] **~s about sb/sth** Bemerkungen über jdn/etw machen ② COMPUT (*in BASIC*) Kommentar *m*

remarkable [rɪˈmɑːkəbl̩, AM -ˈmɑːrk-] *adj* ① (*approv: extraordinary*) bemerkenswert, erstaunlich; *ability* beachtlich; ***it's ~ for a woman of her age to be so alert*** es ist beachtlich, dass eine Frau in ihrem Alter geistig noch so rege ist ② (*surprising*) merkwürdig; ■**to be ~ for sth** sich *akk* durch etw *akk* auszeichnen; **~ coincidence** merkwürdiger Zufall; **it's ~** [**that**] ... es ist erstaunlich, dass ..., erstaunlicherweise ...

remarkably [rɪˈmɑːkəbli, AM -ˈmɑːrk-] *adv* ① (*strikingly*) bemerkenswert, auffällig; ***this is a ~ noisy city*** diese Stadt ist besonders laut ② (*surprisingly*) überraschenderweise, erstaunlicherweise

remarriage [ˌriːˈmærɪʤ, AM *esp* -ˈmer-] *n* Wiederverheiratung *f* (**to** mit +*dat*)

remarry <-ie-> [ˌriːˈmæri, AM *esp* -ˈmeri] **I.** *vt* ■**to ~ sb** jdn wieder heiraten; **to ~ each other** noch einmal heiraten **II.** *vi* sich *akk* wieder verheiraten

remaster [ˌriːˈmɑːstəʳ, AM -ˈmæstɚ] *vt* MUS ■**to ~ sth** das Mastertape von etw *dat* neu aufnehmen; **to ~ a recording** das Mastertape einer Aufnahme [technisch] verbessern; **~ed edition of sth** [verbesserte] Neuaufnahme einer S. *gen*

remediable [rɪˈmiːdiəbl̩] *adj* (*form*) ① (*curable*) heilbar ② (*rectifiable*) behebbar; *damage* wieder gutzumachen ③ LAW anfechtbar

remedial [rɪˈmiːdiəl] *adj* (*form*) ① (*relief*) Hilfs-; **~ action** Hilfsmaßnahme *f* ② SCH Förder-; **~ education** Förderunterricht *m;* **~ reading** Lesen *nt* für Leseschwache ③ MED Heil-; **~ exercises** [*or* **training**] Heilgymnastik *f*

remedial lessons *npl,* **remedial teaching** *n esp* BRIT, AUS Förderunterricht *m*

remedy [ˈremədi] **I.** *n* ① (*medicinal agent*) Heilmittel *nt* (**for** gegen +*akk*); ■**to be beyond** [*or* **past**] **~** unheilbar sein ② (*solution*) Mittel *nt* (**for** zu +*dat*), Lösung *f* (**for** für +*akk*) ③ (*legal redress*) Abhilfe *f;* [**legal**] **~** Rechtsmittel *nt* **II.** *vt* (*form*) ■**to ~ sth** etw in Ordnung bringen; LAW etw *dat* Abhilfe *f* schaffen, etw wiedergutmachen; **to ~ a mistake** einen Fehler berichtigen; **to ~ poverty** die Armut beseitigen

remember [rɪˈmembəʳ, AM -ɚ] **I.** *vt* ① (*recall*) ■**to ~ sb/sth** sich *akk* an jdn/etw erinnern; (*memorize*) ■**to ~ sth** sich *dat* etw merken; ***I find it easy to ~ people's faces*** ich kann mir Gesichter von Leuten gut merken; ***I never ~ her birthday*** ich denke nie an ihren Geburtstag; ■**to be ~ed for sth** für etw *akk* bekannt sein; ***she will be ~ed for her courage*** ihr Mut wird für immer im Gedächtnis bleiben; ***he was ~ed as being a very outgoing and helpful person*** man erinnerte sich an ihn als an einen sehr offenen und hilfsbereiten Menschen; ■**to ~ doing sth** sich *akk* daran erinnern, etw getan zu haben; ■**to ~ sb/sth doing sth** sich *akk* daran erinnern, dass jd/etw etw getan hat; ■**to ~ oneself** sich *akk* benehmen [*o fam* zusammenreißen] ② (*commemorate*) ■**to ~ sb/sth** einer Person/einer S. *gen* gedenken ③ (*give a present*) ■**to ~ sb** jdn beschenken; ■**to ~ sb with sth** jdm etw hinterlassen [*o* vermachen] ④ (*form: greetings*) ■**to ~ sb to sb** jdn von jdm grüßen; ***please ~ me to your parents*** bitte grüß deine Eltern von mir!; ■**to be ~ed to sb** (*esp form*) jdn grüßen lassen, jdm Grüße bestellen **II.** *vi* ① (*recall*) sich *akk* erinnern; ***I can't ~*** ich kann mich nicht erinnern; ***it was a night to ~*** es war eine Nacht, die man nicht vergisst; ***it's on the tip of my tongue — I'll ~ in a minute*** es liegt mir auf der Zunge – es fällt mir gleich wieder ein; ■**to ~** [**that**] ... sich *akk* daran erinnern, [dass] ...; ■**to ~ what/who/why ...** sich *akk* daran erinnern, was/wer/warum ...; ***can you ~ what her telephone number is?*** weißt du ihre Telefonnummer noch?; **please** [*or* **will you**] **~ that ...** denk bitte daran, dass ...; **please** [*or* **will you**] **~ to do sth** denk bitte daran, etw zu tun ② (*fam: indicating prior knowledge*) ***we had tea in the little cafe — you ~ the one next to the bookshop*** wir tranken Tee in dem kleinen Cafe – du weißt schon, das neben der Buchhandlung; ***Henry the Eighth, you will ~, executed three of his wives*** Heinrich der Achte hat, wie Sie wissen, drei seiner Frauen hinrichten lassen

remembrance [rɪˈmembrᵊn(t)s] *n* (*form*) ① *no pl* (*act of remembering*) Gedenken *nt geh;* ■**in ~ of sb/sth** zum Gedenken an jdn/etw ② (*a memory/recollection*) Erinnerung *f* (**of** an +*akk*)

Remembrance Day *n* BRIT, CAN *see* **Remembrance Sunday** ≈ Volkstrauertag *m* (*britischer Gedenktag für die Gefallenen der beiden Weltkriege*) **Remembrance Service** *n* BRIT *Gedenkgottesdienst am Remembrance Day* **Remembrance Sunday** *n* BRIT *Sonntag vor Remembrance Day, an dem an die Gefallenen der beiden Weltkriege erinnert wird*

remind [rɪˈmaɪnd] *vt* ■**to ~ sb** jdn erinnern; ***that*** [*or* ***which***] ***~s me!*** das erinnert mich an etwas!, dabei fällt mir etwas ein!; ■**to ~ sb to do sth** jdn daran erinnern, etw zu tun; ■**to ~ sb** [**that**] jdn daran erinnern, dass ...; ■**to ~ sb about sth** jdn an etw *akk* erinnern; ■**to ~ sb of sb/sth** jdn an jdn/etw erinnern

reminder [rɪˈmaɪndəʳ, AM -ɚ] *n* ① (*prompting recall*) Mahnung *f;* **to give sb a gentle ~** [**that**] ... jdn freundlich darauf hinweisen, dass ...; **to send sb a ~** jdm eine Mahnung schicken; **as a ~ to oneself that ...** um sich *akk* daran zu erinnern, dass ... ② (*awakening memories*) Erinnerung *f* (**of** an +*akk*); **stark ~** unübersehbares Mahnmal

reminisce [ˌremɪˈnɪs, AM -əˈ-] *vi* (*form*) in Erinnerungen schwelgen; ■**to ~ about sb/sth** von jdm/etw erzählen

reminiscence [ˌremɪˈnɪsᵊn(t)s, AM -əˈ-] *n* (*form*) ① *no pl* (*reflection on past*) Erinnerung *f* ② (*memory*) Erinnerung *f* (**of/about** an +*akk*), Reminiszenz *f geh* (**of/about** an +*akk*) ③ LIT (*form: book of memoirs*) ■**~s** *pl* Erinnerungen *pl,* Memoiren *pl;* **to write/publish one's ~s** seine Memoiren schreiben/veröffentlichen

reminiscent [ˌremɪˈnɪsᵊnt, AM -əˈ-] *adj* ① (*suggestive, evocative*) ■**to be ~** [**of sb/sth**] Erinnerungen [an jdn/etw] hervorrufen, sich *akk* an jdn/etw erinnern ② (*recalling the past*) **to be in a ~ mood** in Erinnerungen schwelgen

reminiscently [ˌremɪˈnɪsᵊntli, AM -əˈ-] *adv* sich *akk* erinnernd; ***they smiled ~ as they recalled how they had once been in love*** sie lächelten in Erinnerung daran, wie verliebt sie einmal gewesen waren

remiss [rɪˈmɪs] *adj pred* (*form*) nachlässig; ***you have been ~ in your duties*** du hast deine Pflichten vernachlässigt

remission [rɪˈmɪʃᵊn] *n no pl* ① BRIT (*reduction in sentence*) Straferlass *m;* ***he was given three months' ~ for good behaviour*** wegen guter Führung wurden ihm drei Monate [Gefängnis] erlassen ② (*cancellation of debt etc.*) Erlass *m;* **~ of debt/fee** Schulden-/Gebührenerlass *m;* ECON **~ of taxes** Steuerrückzahlung *f* ③ (*form: lessening of pain*) Nachlassen *nt; of symptoms* Remission *f fachspr;* ***her cancer has been in ~ for several years*** seit einigen Jahren hat sie keine Krebssymptome mehr gehabt ④ *no pl* (*form: pardon*) Vergebung *f*

remit I. *vt* <-tt-> [rɪˈmɪt] (*form*) ① (*shorten prison sentence*) **to ~ a sentence** eine Strafe erlassen; ***his prison sentence was ~ted to two years*** seine Gefängnisstrafe wurde auf zwei Jahre verkürzt ② (*tender money*) **to ~ money** [**to sb**] [jdm] Geld überweisen ③ (*pass on*) ■**to ~ sth** etw weiterleiten; **to ~ a case to sb/sth** jdm/etw einen Fall übertragen **II.** *n* [ˈriːmɪt] *no pl* Aufgabengebiet *nt;* **the ~ of an inquiry** der Zweck einer Befragung

remittance [rɪˈmɪtᵊn(t)s] *n* (*form*) Überweisung *f;* **~ man** ECON (*hist*) *Emigrant, der aus seinem Heimatland finanzielle Unterstützung erhält*

remittance slip *n* BRIT FIN Überweisungsbeleg *m,* Einzahlungsschein *m*

remittent [rɪˈmɪtᵊnt] *adj* MED (*form*) ■**to be ~** nachlassen, remittieren *fachspr;* **~ fever** Wechselfieber *nt*

remix MUS **I.** *vt* [ˌriːˈmɪks] ① (*mix tracks again*) **to ~ songs** einen Remix von Liedern machen ② (*re-record*) **to ~ songs** Lieder neu aufnehmen **II.** *n* <*pl* -es> [ˈriːmɪks] Remix *m*

remnant [ˈremnənt] *n* Rest *m;* ■**~s** Überreste *mpl; of a meal* Reste *mpl; of a body* Leichenreste *mpl*

remnant sale *n* Resteverkauf *m*

remodel <BRIT -ll- *or* AM *usu* -l-> [ˌriːˈmɒdᵊl, AM -ˈmɑːdᵊl] *vt* ■**to ~ sth** etw umgestalten

remold *vt* AM *see* **remould**

remonstrance [rɪˈmɒn(t)strᵊn(t)s, AM -ˈmɑːn-] *n* (*form*) ① (*reproachful protest*) Vorwurf *m,* Vorhaltung[en] *f*[*pl*] ② (*complaint, protest*) Protest *m,* Einspruch *m;* **to make a ~ against sth** gegen etw *akk* Einspruch erheben

remonstrate [ˈremənstreɪt, AM rɪˈmɑːn(t)s-] *vi* (*form*) protestieren, sich *akk* beschweren; ■**to ~ against sb/sth** sich *akk* über jdn/etw beschweren; ■**to ~ with sb about sth** jdm wegen einer S. *gen* Vorhaltungen machen

remorse [rɪˈmɔːs, AM -ˈmɔːrs] *n no pl* (*form*) Reue *f;* **feeling** [*or* **twinge**] **of ~** Schuldgefühl[e] *nt*[*pl*], Gefühl *nt* der Reue; **in a fit of ~** in einem Anfall von Reue; **sign of ~** Anzeichen *nt* von Reue; **to be filled with ~** zutiefst bereuen; **to feel ~ for** [*or* **about**] **sth** etw bereuen; **to show ~** Reue zeigen; ■**without ~** erbarmungslos; ***the defendant was without ~*** der Angeklagte zeigte keine Reue

remorseful [rɪˈmɔːsfᵊl, AM -ˈmɔːrs] *adj* (*form: filled with regret*) reuevoll *geh; sinner* reuig *geh;* (*apologetic*) schuldbewusst; **to be ~ for sth** etw bereuen

remorsefully [rɪˈmɔːsfᵊli, AM -ˈmɔːrs] *adv* (*form*) reumütig *geh,* voller Reue

remorseless [rɪˈmɔːsləs, AM -ˈmɔːrs] *adj* (*form*) ① (*relentless*) unerbittlich ② (*callous*) gnadenlos, unbarmherzig; **~ attack** brutaler Überfall; **~ cruelty**

gnadenlose Grausamkeit; ~ **judge** unbarmherzig strenger Richter; ■**to be ~ in sth** unerbittlich in etw *dat* sein

remorselessly [rɪˈmɔːsləsli, AM ˈmɔːrs] *adv* erbarmungslos, unerbittlich

remortgage [ˌriːˈmɔːgɪdʒ, AM -ˈmɔːr] **I.** *vt* ❶ (*mortgage again*) ■**to ~ sth** etw erneut hypothekarisch belasten ❷ (*alter conditions*) ■**to ~ sth** die Hypothek für etw *akk* neu festsetzen **II.** *vi* ❶ (*mortgage again*) erneut eine Hypothek aufnehmen ❷ (*alter conditions*) die Hypothek neu festsetzen **III.** *n* Zweithypothek *f*

remote <-er, -est *or* more ~, most ~> [rɪˈməʊt, AM -ˈmoʊt] *adj* ❶ (*distant in place*) fern, [weit] entfernt; (*far from conurbations*) abgelegen; ~ **area** abgelegene [*o* abgeschiedene] Gegend; **to be ~ from everyday** [*or* **normal**] **life** (*fig*) realitätsfern sein ❷ (*distant in time*) lang vergangen; ~ **ancestors** Urahnen *mpl;* ~ **geological times** frühe geologische Epochen; ~ **past/future** ferne Vergangenheit/Zukunft ❸ (*standoffish*) distanziert, unnahbar ❹ (*slight*) gering; ~ **chance/likelihood** geringe Chance/Wahrscheinlichkeit; ~ **resemblance** entfernte Ähnlichkeit; **not to have the ~st idea about sth** von etw *dat* nicht die geringste Ahnung haben ❺ COMPUT ernfernt, fern-, Fern- ❻ LAW *damage, allegation* abgelegen, vage

remote access *n no pl* Fernabfrage *f*

remote control *n* ❶ (*control from distance*) Fernsteuerung *f* ❷ (*device*) Fernbedienung *f* **remote-controlled** *adj inv* ferngesteuert; ~ **television** Fernsehen *nt* mit Fernbedienung

remotely [rɪˈməʊtli, AM -ˈmoʊt-] *adv inv* ❶ (*far away*) entfernt; **to be ~ placed** fernab liegen, abgeschnitten sein; ~ **related** entfernt [miteinander] verwandt; ~ **situated** abgelegen ❷ (*in any way*) irgendwie; ***we're not even ~ interested in your proposal*** wir sind nicht im Mindesten an Ihrem Vorschlag interessiert

remoteness [rɪˈməʊtnəs, AM -ˈmoʊt-] *n no pl* ❶ (*inaccessibility*) Abgelegenheit *f* ❷ (*aloofness*) Distanziertheit *f;* **air of ~** unnahbare Art ❸ LAW Ferne *f,* Entlegenheit *f;* ~ **of damage** Nichtzurechenbarkeit *f* eines Schadens

remould, AM **remold I.** *vt* [ˌriːˈməʊld, AM -ˈmoʊld] ■**to ~ sth** etw neu gestalten; **to ~ one's image** sein Image aufpolieren *fam;* **to ~ a tyre** [*or* **wheel**] einen Reifen runderneuern **II.** *n* [ˈriːməʊld, AM -moʊld] *of a tyre* Runderneuerung *f*

remount [ˌriːˈmaʊnt] *vt* **to ~ a bicycle/horse/motorbike** wieder auf ein Fahrrad/Pferd/Motorrad steigen

removable [rɪˈmuːvəbl̩] *adj inv* ❶ (*cleanable*) *ink* abwaschbar; ~ **stain** auswaschbarer Fleck ❷ (*detachable*) *sleeves* abnehmbar, zum Abnehmen *nach n* ❸ COMPUT auswechselbar

removal [rɪˈmuːvəl] *n* ❶ *esp* BRIT (*changing address*) Umzug *m;* ~ **man** BRIT Möbelpacker(in) *m(f);* **to do ~s** Umzüge übernehmen ❷ *no pl* (*expulsion*) Beseitigung *f,* Abschaffung *f; of a dictator* Absetzung *f;* (*abolition*) *of customs duties* Abschaffung *f;* (*fire from job*) Entlassung *f,* Absetzung *f;* ~ **from power** [**of the government**] Absetzung *f* [der Regierung] ❸ *no pl* (*cleaning*) Entfernung *f* ❹ *no pl* (*taking off*) Abnahme *f,* Entfernung *f* ❺ COMPUT Beseitigung *f* ❻ LAW (*move to new court*) Verweisung *f* [an ein anderes Gericht]

removal expenses *n* BRIT Umzugskosten *pl* **removal firm** *n* BRIT Umzugsfirma *f*

removalist [rɪˈmuːvəlɪst] *n* AUS Umzugsspediteur *m*

removal van *n* BRIT Möbelwagen *m*

remove [rɪˈmuːv] **I.** *vt* ❶ (*take away*) ■**to ~ sth** etw entfernen [*o* wegräumen]; ***she angrily asked him to ~ himself from the room*** sie forderte ihn wütend auf, den Raum zu verlassen; **to ~ a mine** MIL eine Mine räumen; **to ~ a roadblock** eine Straßensperre beseitigen; **to ~ a wrecked vehicle** ein Autowrack abschleppen ❷ (*get rid of*) ■**to ~ sth** etw entfernen; (*cancel*) etw streichen; ***he is having the stitches ~d today*** heute bekommt er die Fäden gezogen; **to ~ the cork from a bottle** eine Flasche entkorken; **to ~ a dent** eine Delle ausbeulen; **to ~ sth from an embargo** etw von einem Embargo ausnehmen; **to ~ an entry/a name** einen Eintrag/einen Namen streichen; **to ~ the film from the camera** den Film aus der Kamera nehmen; **to ~ hair/warts** Haare/Warzen entfernen; **to ~ handcuffs** Handschellen abnehmen; **to ~ one's make-up/a stain** sein Make-up/einen Fleck entfernen; **to ~ sb's doubts** [*or* **suspicions**]/**fears** (*fig*) jds Zweifel/Ängste ausräumen [*o* beseitigen] ❸ (*take off clothes*) ■**to ~ sth** etw ausziehen; **to ~ a tie** eine Krawatte ablegen ❹ (*form: dismiss*) **to ~ sb** [**from office**] jdn [aus dem Amt] entlassen **II.** *n* (*form*) Distanz *f,* Entfernung *f;* **to be at one ~ from sth** ganz nah an etw *dat* sein; ***we are at one ~ from war*** wir stehen kurz vor einem Krieg; **several** [*or* **many**] **~s** [**away**] **from sth** von etw *dat* meilenweit entfernt

removed [rɪˈmuːvd] *adj* ❶ (*form: not close*) **first cousin once/twice ~** Cousin/Cousine ersten/zweiten Grades ❷ (*distant*) entfernt; **to be** [**far**] **~ from sb/sth** von jdm/etw [weit] entfernt sein

remover [rɪˈmuːvəʳ, AM -ɚ] *n* ❶ BRIT (*sb doing home removals*) Möbelpacker *m* ❷ (*cleaning substance*) Reinigungsmittel *nt;* **nail-varnish ~** Nagellackentferner *m;* **stain ~** Fleckenentferner *m*

remunerate [rɪˈmjuːnəreɪt, AM -nər-] *vt* (*form*) ■**to ~ sb for sth** jdn für etw *akk* bezahlen [*o geh* entlohnen]

remuneration [rɪˌmjuːnəˈreɪʃən, AM -nəˈreɪ-] *n* ECON ❶ (*form: action*) Vergütung *f geh,* Entgelt *nt,* Remuneration *f* ÖSTERR (**for** für +*akk*) ❷ (*money*) Bezahlung *f,* Lohn *m,* Honorar *nt*

remunerative [rɪˈmjuːnərətɪv, AM -nəreɪţɪv] *adj* ECON (*form*) einträglich, lukrativ *geh*

renaissance [rəˈneɪsən(t)s, AM ˌrenəˈsɑːn(t)s] *n* Wiedergeburt *f fig,* Renaissance *f*

Renaissance [rəˈneɪsən(t)s, AM ˌrenəˈsɑːn(t)s] *n* ■**the ~** die Renaissance; ~ **art** Kunst *f* der Renaissance; ~ **music/painting** Renaissancemusik *f*/-malerei *f*

Renaissance Man *n* Alleskönner *m,* Allroundtalent *nt fam* (*besonders in der Kunst und den Wissenschaften*)

renal [ˈriːnəl] *adj inv* Nieren-; ~ **dialysis** Dialyse *f;* ~ **failure/transplant** Nierenversagen *nt*/-transplantation *f;* ~ **specialist** Nierenspezialist(in) *m(f);* ~ **unit** Abteilung *f* für Nierenkrankheiten, Dialysezentrum *nt*

rename [ˌriːˈneɪm] *vt* ■**to ~ sth** etw umbenennen; COMPUT etw neu benennen

renascent [rɪˈneɪsənt, AM *esp* ˈnæ-] *adj* (*form*) wieder erwachend *attr geh;* ~ **fervour** [*or* AM **fervor**] **for doing sth** wieder aufkeimender Eifer, etw zu tun

rend <rent *or* AM *also* rented, rent *or* AM *also* rented> [rend] *vt* ❶ (*esp liter old: separate violently*) ■**to ~ sth** etw zerreißen; ***a terrifying scream ~s the air*** ein furchtbarer Schrei zerreißt die Luft; **to ~ sth asunder** [*or* **apart**] etw in Stücke reißen; **to ~ one's garments into pieces** seine Kleider zerreißen ❷ (*drag out*) **to ~ sb free** [**of sth**] jdn [aus etw *dat*] herauszerren ❸ (*split into parts*) ■**to ~ sth** etw spalten *fig;* ***the former Yugoslavia was rent by civil war in the early '90s*** das ehemalige Jugoslawien wurde zu Beginn der 90er-Jahre durch einen Bürgerkrieg gespalten

render [ˈrendəʳ, AM -ɚ] *vt* (*form*) ❶ (*cause to become*) ■**to ~ sb/sth +** *adj* jdn/etw … werden lassen [*o* machen]; ***she was ~ed unconscious by the explosion*** sie wurde durch die Explosion ohnmächtig; **to ~ sb speechless** jdn sprachlos machen ❷ (*interpret*) ■**to ~ sth** etw wiedergeben; **to ~ a song** ein Lied vortragen ❸ (*offer*) **to ~ aid** [*or* **assistance**] Hilfe leisten; **to ~** [**faithful**] **service** [treue] Dienste leisten; **to ~ services to the Crown** der Krone [*o* dem König/der Königin] dienen ❹ (*submit*) ■**to ~ sth** etw vorlegen; **to ~ an account** eine Rechnung vorlegen; **to ~ an account of sth to sb/sth** jdm/etw Rechenschaft über etw *akk* ablegen; **to ~ a report on sth to sb/sth** jdm/etw einen Bericht über etw *akk* vorlegen; LAW **to ~ a decision** eine Entscheidung bekannt geben; **to ~ a judgement** [*or* **verdict**] ein Urteil verkünden ❺ (*translate*) ■**to ~ sth** etw übersetzen; **to ~ a phrase into English** einen Satz ins Englische übersetzen [*o* übertragen] ❻ (*put plaster on wall*) **to ~ sth in plaster** etw mit Mörtel bewerfen [*o* verputzen]

◆**render down** *vt* **to ~ fat down** Fett auslassen

rendering [ˈrendərɪŋ, AM -ɚ-] *n* ❶ (*performance of art work*) Interpretation *f; song* Vortrag *m; of a part* Darstellung *f* ❷ (*translation*) Übertragung *f,* Übersetzung *f* ❸ (*account*) Schilderung *f;* ~ **of what happened** LAW Schilderung *f* des Tathergangs

rendezvous [ˈrɒndɪvuː, AM ˈrɑːndeɪ-] **I.** *n* <*pl* -> ❶ (*meeting*) Rendezvous *nt,* Stelldichein *nt veraltend o hum,* Treffen *nt,* Verabredung *f* ❷ (*meeting place*) Treffpunkt *m,* Treff *m fam;* **a ~ for artists** ein Künstlertreff *m* **II.** *vi* sich *akk* heimlich treffen

rendition [renˈdɪʃən] *n* Wiedergabe *f; of a song* Interpretation *f,* Version *f*

renegade [ˈrenɪgeɪd, AM -nə-] **I.** *n* Abtrünnige(r) *f(m) pej,* Renegat(in) *m(f) pej geh* **II.** *adj attr priest, province* abtrünnige(r,s); ~ **soldier** Deserteur(in) *m(f)*

renege [rɪˈniːg, AM -ˈnɪg] *vi* **to ~ on a deal** sich *akk* nicht an ein Abkommen halten; **to ~ on a promise** ein Versprechen nicht halten [*o* brechen]

renew [rɪˈnjuː, AM *esp* -ˈnuː] *vt* ❶ (*resume*) ■**to ~ sth** etw erneuern; **to ~ an attack on sb** jdn erneut angreifen; **to ~ one's efforts to do sth** seine Bemühungen, etw zu tun, wieder aufnehmen; **to ~ old friendships** alte Freundschaften erneuern [*o* auffrischen]; **to ~ a relationship with sb/sth** eine Beziehung zu jdm/etw wieder aufnehmen; **to ~ relations** [*or* **one's contact**] **with sb** die Beziehungen zu jdm wieder aufnehmen; **to ~ pressure** erneut Druck ausüben ❷ ECON ■**to ~ sth** etw verlängern, etw erneuern; *bill of exchange* etw prolongieren ❸ (*revalidate*) **to ~ a book/membership/visa** ein Buch/eine Mitgliedschaft/ein Visum verlängern lassen; **to ~ an insurance policy** eine Versicherung erneuern; **to ~ a subscription** ein Abonnement erneuern; **to ~ one's television licence** BRIT die Fernsehgebühren wieder entrichten ❹ (*grant continued validity*) **to ~ a passport** einen Pass verlängern ❺ (*repair*) ■**to ~ sth** etw reparieren; (*to mend in places*) etw ausbessern

renewable [rɪˈnjuːəbl̩, AM *esp* -ˈnuː-] *adj inv* ❶ *energy sources* erneuerbar; ~ **energy** erneuerbare Energie ❷ *contract, documents, passport* verlängerbar

renewal [rɪˈnjuːəl, AM *esp* -ˈnuː-] *n* ❶ (*extension*) *of a passport* Verlängerung *f* ❷ (*process of renewing*) Erneuerung *f;* ~ **of an acquaintence with sb** Wiederaufnahme *f* einer Beziehung zu jdm ❸ MECH Austausch *m* ❹ (*urban regeneration*) Erneuerung *f,* Entwicklung *f*

renewed [rɪˈnjuːd, AM *esp* -ˈnuːd] *adj inv* erneuert *attr;* ~ **interest** wieder erwachtes Interesse; ~ **relationship** wieder aufgenommene Beziehung; **to receive ~ support** erneut Unterstützung erhalten

rennet [ˈrenɪt] *n,* **rennin** [ˈrenɪn] *n no pl* FOOD Lab *nt*

renounce [rɪˈnaʊn(t)s] *vt* ■**to ~ sth** ❶ (*formally give up*) etw aufgeben; *right* auf etw *akk* verzichten; **to ~ arms/force/the use of violence** auf Waffen/Gewalt/die Anwendung von Gewalt verzichten; **to ~ one's citizenship** seine Staatsbürgerschaft aufgeben; **to ~ one's family** seine Familie aufgeben; **to ~ one's faith/religion** seinem Glauben/seiner Religion abschwören; **to ~ the world** (*liter*) der Welt entsagen *liter* ❷ (*deny sb's authority*) **to ~ sb's authority** die Autorität einer Person *gen* ablehnen; **to ~ allegiance to the king** (*hist*) dem König die Gefolgschaft verweigern

renovate [ˈrenəveɪt] *vt* **to ~ a flat** [*or* AM **apartment**]/**a house** eine Wohnung/ein Haus renovieren

renovation [ˌrenəˈveɪʃən] *n* (*small and large scale*) Renovierung *f;* (*large scale only*) Sanierung *f;* ~

work Renovierungsarbeiten *fpl;* **to make ~s** Renovierungsarbeiten durchführen; **to be closed for ~** wegen Renovierungsarbeiten geschlossen sein; **to be under ~** gerade renoviert werden

renown [rɪˈnaʊn] *n no pl (form, liter)* Ruhm *m,* guter Ruf; **great ~** hohes Ansehen; **to win ~ [as sth]** sich *dat* Ansehen [als etw] verschaffen, zu Ansehen [*o* Berühmtheit] gelangen; **of ~** von Ansehen; ***she was a woman of ~*** sie war eine angesehene Frau

renowned [rɪˈnaʊnd] *adj (form, liter)* berühmt; ■**to be ~ as sth** als etw berühmt sein; ■**to be ~ for sth** für etw *akk* berühmt sein

rent[1] [rent] I. *n* Riss *m* II. *pt, pp of* **rend**

rent[2] [rent] I. *n (for accommodation, business premises or objects)* Miete *f;* *(esp for land and business)* Pacht *f;* *(for accommodation and especially business premises)* Mietzins *m* SÜDD, ÖSTERR, SCHWEIZ; **~ ceiling** Höchstmiete *f;* **~ control** Mietpreisbindung *f;* **~ controls** Mietgesetze *ntpl;* **~-a-room** AM Mietraum *m;* **~-a-room company** Zimmervermittlung *f;* **monthly ~ of £55** Monatsmiete *f* von 55 £; **to pay ~** Miete bezahlen; **to raise ~s** [*or* AM **the ~**] die Mieten erhöhen; **to be behind with the ~** mit der Miete in Verzug [*o* im Rückstand] sein; ■**for ~** AM zu vermieten; **flats** [*or* AM **apartments**] **for ~** Wohnungen zu vermieten II. *vt* ■**to ~ sth** ① *(let) flat, house, office* etw vermieten ② *(hire)* etw mieten; **to ~ land** Land pachten; **to ~ sth from sb** etw von jdm mieten III. *vi* vermietet werden; ■**to ~ at sth** gegen [*o* für] etw *akk* zu mieten sein

◆**rent out** *vt* ■**to ~ out** ↔ **sth** etw vermieten; *land* etw verpachten; ■**to ~ sth out to sb** etw an jdn vermieten

rent-a- [ˈrentə] *in compounds (hum)* **~crowd** mobilisierte Massen **rent-a-car** *n* Mietwagen *m,* Leihwagen *m* **rent-a-cop** *n* AM *(pej fam)* Aushilfspolizist(in) *m(f)*

rental [ˈrentᵊl] I. *n* Miete *f;* **property ~** Pachtgebühr *f;* **video and television ~** Leihgebühr *f* für Video- und Fernsehgeräte II. *adj attr* Miet-; **~ agency** Verleih *m,* Verleihfirma *f;* **~ library** *esp* AM Leihbücherei *f*

rental company *n* Verleih *m;* **car ~** Autovermietung *f,* Autoverleih *m*

rent arrears *npl* Mietrückstände *mpl* **rent boy** *n* BRIT *(fam)* Strichjunge *m sl,* Stricher *m pej derb* **rent-free** *adj* mietfrei

rentier [ˈrɑːntieɪ, AM ˌrɑːnˈtjeɪ] *n (esp pej form)* Rentier *m;* **~ class** *von Mieteinkommen lebende Gesellschaftsschicht*

rent strike *n* Mietstreik *m*

rent tribunal *n* Schiedsgericht *nt* für Mietstreitigkeiten

renumber [ˌriːˈnʌmbəʳ, AM bɚ] *vt* ■**to ~ sth** etw umnummerieren, etw neu beziffern

renunciation [rɪˌnʌn(t)siˈeɪʃᵊn] *n no pl* Verzicht *m* (**of** auf *+akk*); **letter of ~** Abtretungsformular für Bezugsrechte; **~ of a peerage** Verzicht *m* auf einen Adelstitel; **~ of the throne/violence** Thron-/Gewaltverzicht *m*

reoccupy <-ie-> [ˌriːˈɒkjəpaɪ, AM ˈɑːkjə] *vt* ■**to ~ sth** ① MIL etw wiederbesetzen ② *(building)* etw wieder benutzen; *(flat)* etw wieder bewohnen

reoccur <-rr-> [ˌriːəˈkɜːʳ, AM -ˈkɜːr] *vi* sich *akk* wiederholen; *cancer, ulcers* erneut auftreten

reoccurrence [ˌriːəˈkʌrən(t)s, AM -ˈkɜːr-] *n* nochmaliges Vorkommen; ***the ~ of attacks on foreigners is causing serious concern*** die wiederholten Überfälle auf Ausländer sind Anlass zu ernster Besorgnis

reopen [ˌriːˈəʊpᵊn, AM -ˈoʊ-] I. *vt* ① *(open again)* **to ~ a door/window** eine Tür/ein Fenster wieder aufmachen; **to ~ a shop** ein Geschäft wieder eröffnen ② *(start again)* **to ~ a case** LAW einen Fall wieder eröffnen; **to ~ negotiations** die Verhandlungen wieder aufnehmen II. *vi* wieder eröffnen

reorder [ˌriːˈɔːdəʳ, AM -ˈɔːrdɚ] I. *n* Nachbestellung *f;* **to send** [*or* **put in**] **a ~** nachbestellen II. *vt* ■**to ~ sth** ① *(order again)* etw nachbestellen ② *(rearrange)* etw umordnen; **to ~ priorities** Prioritäten neu festlegen

reorganization [riːˌɔːgᵊnaɪˈzeɪʃᵊn, AM -ˌɔːrgᵊnɪˈ-] *n* Reorganisation *f,* Umstrukturierung *f,* Sanierung *f;* LAW Neuordnung *f*

reorganize [riːˈɔːgᵊnaɪz, AM -ˈɔːr-] I. *vt* ■**to ~ sth** etw umorganisieren [*o* reorganisieren]; LAW etw neu ordnen; **to ~ a company/department** eine Firma/Abteilung reorganisieren II. *vi* reorganisieren, eine Umstrukturierung vornehmen

reorient [ˌriːˈɔːriənt] I. *vt* ■**to ~ sth** etw neu ausrichten; ***as the company started making losses they had to ~ their staff*** als die Firma anfing, Verluste zu machen, musste sie entsprechende neue Direktiven an ihre Belegschaft ausgeben; ■**to ~ sb** PSYCH jdm helfen, sich *akk* wieder [im Leben] zurechtzufinden II. *vi* sich *akk* einleben; ■**to ~ to sth** sich *akk* an etw *akk* anpassen; ■**to ~ oneself** [**to sth**] sich *akk* [in etw *dat*] zurechtfinden

reorientation [riːˌɔːriənˈteɪʃᵊn, AM -rienˈ-] *n* ① *(new direction)* Umorientierung *f* ② *(personal adjustment)* Eingewöhnung *f*

rep [rep] I. *n* ① *(fam: salesperson) short for* **representative** Vertreter(in) *m(f),* Klinkenputzer *m pej fam* ② *no pl* THEAT *(fam) short for* **repertory company/theatre** *(single)* Repertoireensemble *nt,* Repertoiretheater *nt;* *(in general)* Repertoiretheater *nt* II. *vi* <-pp-> *(fam)* Klinken putzen *pej fam*

repaid [ˌriːˈpeɪd, rɪˈ-] *pt, pp of* **repay**

repaint [ˌriːˈpeɪnt] I. *vt* ■**to ~ sth** etw neu streichen II. *vi* neu bemalen

repair [rɪˈpeəʳ, AM -ˈper] I. *vt* ① *(restore)* ■**to ~ sth** etw reparieren; **to ~ a road** eine Straße ausbessern; **to ~ a puncture** eine Reifenpanne beheben; **to ~ a tyre** [*or* AM **tire**] einen Reifen flicken; **to ~ the ravages wrought by war** die Kriegsschäden beseitigen ② *(put right)* ■**to ~ sth** etw [wieder] in Ordnung bringen; **to ~ the damage** den Schaden wieder gutmachen; **to ~ a friendship** eine Freundschaft kitten *fam* ③ *(dated: retire)* ■**to ~ to sth** sich *akk* zu etw *dat* begeben *geh* II. *n* ① *(overhaul)* Reparatur *f;* ■**~s** *pl* Reparaturarbeiten *fpl,* Instandsetzungsarbeiten *fpl form* (**to** an *+dat*); *(specific improvement)* Reparaturstelle, ausgebesserte Stelle *f;* ***my car is in the garage for ~s*** mein Auto ist zur Reparatur in der Werkstatt; ***the motorway will be under ~ until January*** an der Autobahn werden bis Januar Ausbesserungsarbeiten durchgeführt; **in need of ~** reparaturbedürftig; **~ service** Reparaturdienst *m;* **to do** [*or* **carry out**] **~s** Reparaturen durchführen; **to make ~s to sth** etw ausbessern; **beyond ~** irreparabel ② *(state)* Zustand *m;* **to be in good/bad ~** in gutem/schlechtem Zustand sein; **state of ~** BAU baulicher Zustand; **to be in an excellent/a terrible state of ~** in einem ausgezeichneten/schlimmen Zustand sein; **to keep sth in** [**very**] **good ~** etw [sehr gut] instand halten

repairable [rɪˈpeərəbl̩, AM -ˈper-] *adj* reparabel; ***the watch is not ~*** die Armbanduhr kann nicht [mehr] repariert werden

repairer [rɪˈpeərəʳ, AM ˈperɚ] *n* Reperaturwerkstatt *f;* *(of ships)* Reperaturwerft *f*

repair kit *n* Flickzeug *nt kein pl;* **bicycle ~** Fahrradflickzeug *nt* **repairman** *n (for domestic installations)* Handwerker *m;* *(for cars)* Mechaniker *m;* **computer ~** Computerfachmann *m;* **tv ~** Fernsehtechniker *m;* **watch ~** Uhrmacher *m* **repair shop** *n* Reparaturwerkstatt *f*

repaper [ˌriːˈpeɪpəʳ, AM -ɚ] *vt* ■**to ~ sth** etw neu tapezieren

reparable [ˈrepᵊrəbl̩] *adj* reparabel; **~ loss** LAW ersetzbarer Schaden

reparation [ˌrepᵊrˈeɪʃᵊn, AM -əˈreɪ-] *n (form)* Entschädigung *f;* ■**~s** *pl (for war victims)* Wiedergutmachung *f kein pl;* *(for a country)* Reparationen *pl;* **to make ~ to sb** jdn entschädigen, jdm eine Entschädigung zahlen

repartee [ˌrepɑːˈtiː, AM -ɑːrˈ-] *n no pl* schlagfertige Antwort

repast [rɪˈpɑːst, AM -ˈpæst] *n (form, liter)* Mahl *nt geh*

repatriate [riːˈpætrieɪt, AM -ˈpeɪ-] *vt* ■**to ~ sb** jdn [in sein Heimatland] zurückschicken [*o geh* repatriieren]; **to ~ prisoners of war/refugees** Kriegsgefangene/Flüchtlinge repatriieren

repatriation [riːˌpætriˈeɪʃᵊn, AM rɪˌpeɪ-] *n no pl* Repatriierung *f geh,* Wiedereinbürgerung *f,* Rückführung *f;* **~ camp** Rückführungslager *nt*

repay[1] <-paid, -paid> [ˌriːˈpeɪ] *vt* ■**to ~ sth** etw zurückzahlen; **to ~ debts/a loan** Schulden/ein Darlehen tilgen; **to ~ sth with labour** [*or* AM **labor**] etw abarbeiten; ■**to ~ sb** jdm Geld zurückzahlen; **to ~ money to sb** jdm Geld zurückzahlen

repay[2] <-paid, -paid> [rɪˈpeɪ-] *vt* ■**to ~ sb for sth** jdm etw vergelten, sich *akk* bei jdm für etw *akk* revanchieren; **to ~ a kindness** sich *akk* für eine Gefälligkeit erkenntlich zeigen; ■**to ~ sth by sth** etw mit etw *dat* vergelten; ***the government repaid his contributions to party funds by awarding him a peerage*** die Regierung dankte ihm für seine Spenden an die Partei, indem sie ihm einen Adelstitel verlieh; ■**to ~ sth with sth** etw mit etw *dat* belohnen [*o geh* vergelten]; ***the team repaid their manager's faith with a series of wins*** das Team bedankte sich beim Manager für sein Vertrauen mit einer Siegesserie; **sth ~s one's attention/interest/time** *esp* BRIT etw ist jds Aufmerksamkeit/Interesse/Zeit wert; ***you should read this article — it would ~ your interest*** du solltest diesen Artikel lesen – es lohnt sich

repayable [ˌriːˈpeɪəbl̩] *adj inv* ECON rückzahlbar

repayment [ˌriːˈpeɪmənt] *n of a loan* Rückzahlung *f,* Tilgung *f,* Rückerstattung *f;* **mortgage ~** Hypothekenrückzahlung *f;* ***he fell behind with his mortgage ~*** er war im Rückstand mit seinen Hypothekentilgungen; **immediate** [*or* **prompt**] **~** sofortige Rückzahlung; **to spread ~s** die Rückzahlung in Raten aufteilen

repayment mortgage *n* ECON Tilgungshypothek *f*

repeal [rɪˈpiːl] I. *vt* **to ~ a decree/a law** ein Urteil/ein Gesetz aufheben [*o* außer Kraft setzen] II. *n no pl of a decree, law* Aufhebung *f*

repeat [rɪˈpiːt] I. *vt* ① *(say again)* ■**to ~ sth** etw wiederholen; **to ~ a/the question** eine/die Frage wiederholen; **~ *after me*** bitte mir nachsprechen; ***it can't be ~ed too often that …*** es kann nicht oft genug gesagt werden, dass …; ■**to ~ oneself** sich *akk* wiederholen ② *(communicate)* etw weitersagen; **don't ~ this but …** sag es nicht weiter, [aber] …; **to ~ a secret to sb** jdm ein Geheimnis weitererzählen ③ *(emphasizing)* ***I am not, ~ not, going to allow you to hitchhike by yourself*** ich werde dir nicht, ich betone nicht, erlauben, allein zu trampen ④ *(recite)* **to ~ a poem** ein Gedicht aufsagen ⑤ *(do again)* ■**to ~ sth** etw wiederholen [*o* noch einmal machen]; ***history ~s itself*** die Geschichte wiederholt sich; ***this is an offer never to be ~ed*** dies ist ein einmaliges Angebot; **to ~ a class/a year** eine Klasse/ein Schuljahr wiederholen; **to ~ an offence** LAW eine Straftat wiederholen; **to ~ an order** nachbestellen II. *vi* ① *(recur)* sich *akk* wiederholen; ***the same pattern is ~ing over and over again*** es läuft immer wieder nach dem gleichen Muster ab ② *(fam: taste)* ■**sth ~s on sb** etw stößt jdm auf; ***cucumber always ~s on me*** Gurke stößt mir immer auf III. *n* ① *(recurrence)* Wiederholung *f;* **~ performance** LAW Nachahmungstat *f* ② TV *(reshowing of programme)* Wiederholung *f* IV. *adj attr* Wiederholungs-; **~ business** Stammkundschaft *f;* **~ pattern** sich *akk* wiederholendes Muster; *(on material, carpets etc.)* Rapport *m fachspr*

repeated [rɪˈpiːtɪd, AM -t̬-] *adj inv* wiederholte(r,s); **despite ~ attempts** trotz wiederholter Versuche

repeatedly [rɪˈpiːtɪdli, AM -t̬-] *adv inv* wiederholt; *(several times)* mehrfach

repeater [rɪˈpiːtəʳ, AM ˈt̬ɚ] *n* ① *(weapon)* Repetiergewehr *nt,* Mehrlader *m* ② *(watch, clock)* Repetieruhr *f*

repeating [rɪˈpiːtɪŋ, AM ˈt̬ɪŋ] *adj attr, inv also* MATH sich wiederholend

repeat order *n* Nachbestellung *f;* **to place a ~** eine Nachbestellung aufgeben **repeat performance** *n* ① *(repetition of show)* Wiederholungsvorstellung *f* ② (*pattern*) Wiederholung *f;* LAW Nachahmungstat *f*

repel <-ll-> [rɪˈpel] *vt* ① (*ward off*) ■**to ~ sb** jdn zurückweisen [*o* abweisen]; ■**to ~ sth** etw abweisen; ***this coat ~s moisture*** dieser Mantel ist Wasser abweisend ② MIL (*form: repulse*) ■**to ~ sb/sth** jdn/etw abwehren; **to ~ an attack** einen Angriff abwehren ③ PHYS ■**to ~ sth** *magnets* etw abstoßen ④ (*disgust*) ■**sb is ~led by sth** etw stößt jdn ab; **to be ~led by the sight of sb/sth** vom Anblick einer Person/einer S. *gen* abgestoßen werden

repellent [rɪˈpelᵊnt] **I.** *n* Insektenspray *nt;* **insect/mosquito ~** Insekten-/Mückenspray *nt* **II.** *adj* abstoßend, widerwärtig; ***I find this idea ~*** diese Vorstellung ist mir zuwider

repent [rɪˈpent] **I.** *vi* (*form*) bereuen; ■**to ~ of sth** etw bereuen; **to ~ of one's sins** seine Sünden bereuen; ■**to ~ doing sth** bereuen, etw getan zu haben **II.** *vt* ■**to ~ sth** etw bereuen; **to ~ one's sins** seine Sünden bereuen

repentance [rɪˈpentən(t)s, AM -tᵊn(t)s] *n no pl* Reue *f;* **lack of ~** Mangel *m* an Reue; **to show ~** Reue zeigen

repentant [rɪˈpentənt, AM -tᵊnt] *adj* (*form*) reuig *geh;* **to feel ~** Reue fühlen, reumütig sein

repercussion [ˌriːpəˈkʌʃᵊn, AM -pəˈ-] *n usu pl* Auswirkung *f meist pl;* **far-reaching ~s** weit reichende Konsequenzen

repertoire [ˈrepətwɑːʳ, AM -pətwɑːr] *n* Repertoire *nt;* **~ of songs/stories** Repertoire *nt* an Liedern/Geschichten; **large** [*or* **wide**] **~** großes Repertoire

repertory [ˈrepətᵊri, AM -ətɔːri] *n no pl* ① (*repeated performances*) ■**to be in ~** *play* auf dem Spielplan stehen; ***Macbeth is in ~ at the Royal Shakespeare Company*** Macbeth gehört zum Repertoire der Royal Shakespeare Company ② (*theatre*) Repertoiretheater *nt;* ***she's working in ~*** sie spielt in einem Repertoiretheater

repertory company *n* Repertoireensemble *nt*

repertory theater AM, **repertory theatre** *n* ① (*theatre company*) Repertoiretheater *nt;* **Manchester's ~** Manchesters Repertoiretheater ② *no pl* (*theatre*) Repertoiretheater *nt*

repetition [ˌrepɪˈtɪʃᵊn, AM -əˈ-] *n* ① (*say again*) Wiederholung *f;* **mere ~ of sth** bloße Wiederholung einer S. *gen;* **sth is full of ~** etw ist voll von Wiederholungen ② (*do again*) Wiederholung *f*

repetitious [ˌrepɪˈtɪʃəs, AM -əˈ-] *adj,* **repetitive** [rɪˈpetətɪv, AM -t̬ət̬ɪv] *adj* sich *akk* wiederholend *attr,* monoton *pej;* **~ factory work** monotone Fabrikarbeit; **boringly ~** stumpfsinnig

repetitive motion injury *n* Repetitive Strain Injury *f,* RSI-Syndrom *nt*

repetitive strain injury *n* Repetitive strain injury *f,* LSI *f* (*chronische Beschwerden durch einseitige Belastung*)

repetitive stress syndrome *n no pl* Überlastungssyndrom *nt,* Überlastungserscheinung *f* durch gleichbleibende Beanspruchung

rephrase [ˌriːˈfreɪz] *vt* ■**to ~ sth** etw neu formulieren

repine [rɪˈpaɪn] *vi* (*form, liter*) unzufrieden sein; ***we're in a terrible situation but it won't do us any good to ~*** wir sind in einer schlimmen Lage, aber Jammern bringt uns auch nicht weiter

replace [rɪˈpleɪs] *vt* ① (*take the place of*) ■**to ~ sb/sth** [**with sb/sth**] jdn/etw [durch jdn/etw] ersetzen ② (*put back*) ■**to ~ sth** etw [an seinen Platz] zurücklegen [*o* zurückstellen]; **to ~ the receiver** [**on the hook**] den Hörer wieder auflegen ③ (*substitute*) ■**to ~ sth** etw ersetzen; **to ~ a dressing** [*or* **bandage**] einen Verband wechseln; **to ~ a loss** einen Schaden ersetzen ④ COMPUT ■**to ~ sth** etw austauschen

replaceable [rɪˈpleɪsəbl] *adj inv* ersetzbar

replacement [rɪˈpleɪsmənt] **I.** *n* ① (*substitute*) Ersatz *m;* (*person*) Vertretung *f* ② *no pl* (*substitution*) Ersetzung *f;* ***the ~ of pencil and paper with computers is not yet complete*** Stift und Papier wurden noch nicht völlig von Computern verdrängt **II.** *adj attr* Ersatz-; **~ hip/knee joint** künstliches Hüft-/Kniegelenk

replant [ˌriːˈplɑːnt, AM ˈplænt] *vt* ■**to ~ sth** ① *trees, plants* etw neu pflanzen; (*plant sth again*) etw umpflanzen ② *land* etw neu bepflanzen

replay **I.** *vt* [ˌriːˈpleɪ] ① (*game*) **to ~ a match** [*or* **game**] ein Spiel wiederholen ② (*recording*) **to ~ a video** ein Video nochmals abspielen; **to ~ sth over and over again in one's mind** (*fig*) etw in Gedanken immer wieder durchspielen **II.** *n* [ˈriːpleɪ] ① (*match*) Wiederholungsspiel *nt;* **the semi-final ~** das Wiederholungsspiel im Halbfinale; **~ of a final/match** Wiederholung *f* eines Endspiels/Spiels ② (*recording*) Wiederholung *f;* **instant** [*or* BRIT *also* **action**] **~** Instant-Replay *nt;* **slow-motion ~** Wiederholung *f* in Zeitlupe; **television ~** Fernsehwiederholung *f* ③ COMPUT Wiedergabe *f*

ReplayTV® [ˌriːpleitiːˈviː] *n* ReplayTV® *nt fachspr,* TV-Server *m fachspr,* digitales TV-Aufnahmegerät, digitaler Videorekorder

replenish [rɪˈplenɪʃ] *vt* ① (*form: fill*) **to ~ a glass** ein Glas wieder füllen; **to ~ petrol** [*or* AM **gas**] auftanken; **to ~ supplies** Vorräte [wieder] auffüllen; **to ~ coal stocks with imports from abroad** die Kohlenvorräte durch Importe aus dem Ausland aufstocken ② COMPUT ■**to ~ sth** etw wieder aufladen

replenishment [rɪˈplenɪʃmənt] *n no pl* (*form*) *of stocks, supplies* Auffüllung *f*

replete [rɪˈpliːt] *adj pred* (*form*) ① (*no longer hungry*) *person* satt, gesättigt, voll *fam;* **to feel ~** satt sein ② (*provided*) ■**to be ~ with sth** mit etw *dat* großzügig ausgestattet sein

repletion [rɪˈpliːʃᵊn] *n no pl* (*form*) ① (*satisfying of hunger*) Sättigung *f* ② (*filling of something*) Füllen *nt*

replica [ˈreplɪkə] *n* Kopie *f; painting* Replik *f geh;* ***he is a ~ of his father*** er ist seinem Vater wie aus dem Gesicht geschnitten; **~ of a car/ship** Auto-/Schiffsmodell *nt*

replicate [ˈreplɪkeɪt] **I.** *vt* (*form*) ■**to ~ sth** etw nachbilden [*o geh* reproduzieren]; **to ~ an experiment** ein Experiment wiederholen; ■**to ~ oneself** BIOL sich *akk* replizieren *fachspr* **II.** *vi* (*form*) BIOL sich *akk* replizieren *fachspr*

replication [ˌreplɪˈkeɪʃᵊn, AM -lə-] *n* (*form*) ① (*exact copy*) Kopie *f,* Reproduktion *f geh;* (*model*) Nachbildung *f;* **~ of the original** Originalkopie *f;* **~ of a ship** Schiffsmodell *nt* ② BIOL Replikation *f fachspr;* **~ of cells** Zellreplikation *f* ③ COMPUT Replikation *f*

reply [rɪˈplaɪ] **I.** *vi* <-ie-> ① (*respond*) antworten, erwidern; **to ~ in the affirmative/negative** die Frage bejahen/verneinen; **to ~ to letters/a question** Briefe/eine Frage beantworten ② (*fig: react*) ■**to ~ to sth** auf etw *akk* reagieren ③ LAW (*answer claims*) Stellung *f* nehmen, entgegnen **II.** *n* ① (*answer*) Antwort *f;* (*verbal also*) Erwiderung *f,* Replik *f geh;* **~ to a question** Antwort *f* auf eine Frage; **to make** [*or* **give**] **a ~** [**to sth**] [auf etw *akk*] antworten ② (*reaction*) Reaktion *f* (**to** auf +*akk*); ***we advertised the job but received very few replies*** wir haben die Stelle ausgeschrieben, bekamen aber nur sehr wenige Zuschriften; ■**as a ~ to sth** als Reaktion auf etw *akk* ③ LAW (*speech*) Gegenplädoyer *nt* des Staatsanwaltes oder des Anwaltes des Klägers

reply coupon *n* BRIT Antwortcoupon *m* **reply-paid** *adj* BRIT **~ envelope** Freiumschlag *m;* **to make a letter ~** einen Brief freimachen

repo [ˈriːpəʊ, AM -poʊ] *n* ① LAW (*fam*) *abbrev of* **repossession** Zwangsenteignung *f;* **to do a ~** eine Zwangsenteignung durchführen; **~ man** Gerichtsvollzieher *m* ② ECON (*fam*) *abbrev of* **repurchase agreement** Rückkaufvereinbarung *f*

repoint [ˌriːˈpɔɪnt] *vt* ■**to ~ sth** etw neu ausfugen [*o* verfugen]

repopulate [ˌriːˈpɒpjəleɪt, AM ˈpɑːpjə] *vt* ■**to ~ sth** etw neu besiedeln

report [rɪˈpɔːt, AM -ˈpɔːrt] **I.** *n* ① (*news*) Meldung *f* (**on** über +*akk*); **newspaper ~** Zeitungsbericht *m,* Zeitungsmeldung *f;* **~s in the newspaper/press** Zeitungs-/Presseberichte *mpl* ② (*formal statement*) Bericht *m* (**on** über +*akk*); ***the project leader gave a progress ~ on what had been achieved so far*** der Projektleiter erstattete Bericht über die bisher gemachten Fortschritte; [**school**] **~** BRIT Schulzeugnis *nt;* **stock market/weather ~** Börsen-/Wetterbericht *m;* **annual/financial ~** [**of a company**] Jahres-/Rechenschaftsbericht *m* [einer Firma]; **weekly/yearly ~** wöchentlicher/jährlicher Bericht; **to give** [*or* **make**] [*or* **submit**] **a ~** einen Bericht vorlegen ③ (*unproven claim*) Gerücht *nt;* **according to ~s …** Gerüchten zufolge … ④ (*form: sound of gunshot*) Knall *m;* **~ of a gun** Knallen *nt* eines Gewehrs; **sharp ~** durchdringender Knall **II.** *vt* ① (*communicate information*) ■**to ~ sth** [**to sb**] [jdm] etw berichten [*o* melden]; ***the assassination was ~ed in all the cities*** über den Mordanschlag wurde in allen Städten berichtet; ***he was ~ed missing in action*** er wurde als vermisst gemeldet; **to ~ casualties** Verluste melden; **to ~ a crime/break-in/theft** [**to the police**] ein Verbrechen/einen Einbruch/einen Diebstahl anzeigen [*o* [der Polizei] melden]; **to ~ information to the authorities** Informationen an die Behörden weiterleiten; **to ~ having seen sth** aussagen, dass man etw gesehen hat; ***several people ~ed having seen the stolen car*** mehrere Leute gaben an, das gestohlene Auto gesehen zu haben ② (*denounce*) ■**to ~ sb** jdn melden; ***the foreman ~ed the lorry driver to the boss*** der Vorarbeiter meldete den Lastwagenfahrer beim Chef; **to ~ sb to the police** jdn anzeigen ③ (*claim*) ■**sb/sth is ~ed to be sth** jd/etw soll etw sein; ***the new management are ~ed to be more popular among the staff*** es heißt, dass die neue Geschäftsleitung bei der Belegschaft beliebter sei ④ (*give account*) ■**to ~ sth** etw wiedergeben; ***I heard that the account ~ed in the press is completely false*** ich habe gehört, der Bericht in der Presse sei völlig falsch **III.** *vi* ① (*make public*) Bericht erstatten; ■**to ~ on sb/sth to sb** [*or* **to sb on sb/sth**] (*once*) jdm über jdn/etw Bericht erstatten; (*ongoing*) jdn über jdn/etw auf dem Laufenden halten; ***I want you to ~ on progress every Friday*** ich möchte, dass sie mir jeden Freitag über die gemachten Fortschritte Bericht erstatten; ■**to ~** [**that**] … mitteilen, [dass] … ② ADMIN (*be accountable to sb*) ■**to ~ to sb** jdm unterstehen; ***you will ~ directly to the boss*** Sie sind direkt dem Chef unterstellt ③ (*arrive at work*) **to ~ for duty/work** sich *akk* zum Dienst/zur Arbeit melden; **to ~ sick** *esp* BRIT sich *akk* krank melden ④ (*present oneself formally*) ■**to ~ to** [*or* **at**] **somewhere/sb** sich *akk* irgendwo/bei jdm melden, irgendwo/bei jdm vorsprechen; ***some foreigners have to ~ to the police station once a month*** manche Ausländer müssen sich einmal im Monat bei der Polizei melden

◆**report back** **I.** *vt* (*communicate results*) ■**to ~ back sth** [**to sb**] [jdm] über etw *akk* berichten [*o* Bericht erstatten] **II.** *vi* Bericht erstatten; ■**to ~ back on sth** über etw *akk* Bericht erstatten; ■**to ~ back to sb** jdm Bericht erstatten

reportage [ˌrepɔːˈtɑːʒ, AM rɪˈpɔːrt̬ɪdʒ] *n no pl* Reportage *f*

report card *n* AM [Schul]zeugnis *nt*

reported [rɪˈpɔːtɪd, AM -ˈpɔːrt̬-] *adj inv* gemeldete(r,s); ***there has been a ~ hijack in Tel Aviv*** einer Meldung zufolge, hat in Tel Aviv eine Entführung stattgefunden

reportedly [rɪˈpɔːtɪdli, AM -ˈpɔːrt̬-] *adv inv* wie verlautet *geh;* ***New York is ~ a very exciting place to live*** angeblich ist es sehr aufregend in New York zu wohnen; ***the minister ~ said that …*** Berichten zufolge hat der Minister erklärt, dass …

reported speech *n no pl* indirekte Rede

reporter [rɪˈpɔːtəʳ, AM -ˈpɔːrt̬ə] *n* Reporter(in) *m(f)*

repose [rɪˈpəʊz, AM -ˈpoʊz] **I.** *vi* (*form*) ① (*rest*) sich *akk* ausruhen ② (*lie*) liegen; ***the necklace ~d in its case*** die Halskette lag in der Schatulle ③ (*be buried*) ruhen *geh* **II.** *vt* (*form*) **to ~ hope/trust in sb/sth** Hoffnung/Vertrauen auf jdn/etw setzen **III.** *n no pl* (*form*) Ruhe *f;* **in ~** in [der] Ruhe, im Ruhezustand

repository [rɪˈpɒzɪtᵊri, AM -ˈpɑːzɪtɔːri] *n* (*form*)

① (*place*) Aufbewahrungsort *m;* (*fig*) ***my diary is a ~ for all my secret thoughts*** in meinem Tagebuch bewahre ich all meine geheimen Gedanken auf ② (*container*) Behältnis *nt;* (*fig*) Quelle *f fig;* **~ of information** Informationsquelle *f*

repossess [ˌriːpəˈzes] *vt* ■**to ~ sth** etw wieder in Besitz nehmen

repossession [ˌriːpəˈzeʃᵊn] *n* Wiederinbesitznahme *f;* **mortgage ~** Zwangsenteignung *f*

reprehensible [ˌreprɪˈhen(t)səbl̩] *adj* (*form*) verurteilenswert; **~ act** verwerfliche Tat; **morally ~** moralisch verwerflich

reprehensibly [ˌreprɪˈhen(t)səbli] *adv* (*form*) verurteilenswert; ***he had behaved ~*** sein Verhalten war zu missbilligen

represent [ˌreprɪˈzent] *vt* ① (*act on behalf of*) ■**to ~ sb/sth** jdn/etw repräsentieren [*o* vertreten]; POL der Abgeordnete für jdn/etw sein, jdn/etw vertreten; **to be poorly/strongly/well ~ed** schwach/stark/gut vertreten sein ② LAW ■**to ~ sb** jdn vertreten, der Vertreter von jdm sein ③ (*depict*) ■**to ~ sth** etw darstellen [*o* zeigen] ④ (*be a symbol of*) ■**to ~ sth** etw symbolisieren, für etw *akk* stehen ⑤ (*state*) ■**to ~ sth [to sb]** (*form*) [jdm gegenüber] etw vorbringen; ***we ~ed our demands to the boss*** wir unterbreiteten dem Chef unsere Forderungen; ■**to ~ oneself as sth** (*form*) sich *akk* als etw darstellen; ***he ~s himself as an expert*** er gibt sich als Experte aus ⑥ (*be the result of*) ■**to ~ sth** etw darstellen; ***this book ~s ten years of research*** dieses Buch ist das Ergebnis von zehn Jahren Forschung ⑦ (*be typical of*) ■**to ~ sth** etw widerspiegeln; ***what she said ~ed the feelings of many of those present*** mit dem, was sie sagte, brachte sie die Gefühle vieler Anwesender zum Ausdruck ⑧ COMPUT ■**to ~ sth** etw repräsentieren [*o* vertreten]

re-present *vt* ■**to ~ sth** *cheque* etw nochmals vorlegen

representation [ˌreprɪzenˈteɪʃᵊn] *n* ① *no pl* (*acting on behalf of a person*) [Stell]vertretung *f;* POL, LAW Vertretung *f;* (*political system*) Volksvertretung *f;* **legal ~** gesetzliche Vertretung ② (*something that depicts*) Darstellung *f* ③ (*statement*) Erklärung *f,* Zusicherung *f,* Angabe *f* ④ *no pl* (*act of depicting*) Darstellung *f;* **the ~ of women in art** die Darstellung der Frau in der Kunst ⑤ COMPUT Darstellung *f*
▶ PHRASES: **to make ~s** (*form*) Vorhaltungen machen, Vorstellungen erheben; **to make a ~** [*or* **~s**] **to sb about sth** (*form*) wegen einer S. *gen* bei jdm vorstellig werden *geh,* sich wegen einer S. *gen* an jdn wenden

representational [ˌreprɪzenˈteɪʃᵊnᵊl] *adj* ART gegenständlich

representative [ˌreprɪˈzentətɪv, AM -t̬ət̬ɪv] **I.** *adj* ① POL repräsentativ; **~ democracy/government** parlamentarische Demokratie/Regierung ② (*like others*) *cross-section, result* repräsentativ ③ (*typical*) typisch; ■**to be ~ of sb/sth** für jdn/etw typisch sein **II.** *n* ① (*person*) [Stell]vertreter(in) *m(f);* ECON Vertreter(in) *m(f);* **company ~** Firmenvertreter *m* ② POL [Volks]vertreter(in) *m(f),* Abgeordnete(r) *f(m),* Repräsentant(in) *m(f);* **elected ~** gewählter Vertreter/gewählte Vertreterin ③ AM (*member of House of Representatives*) Mitglied *nt* des Repräsentantenhauses, Abgeordnete(r) *f(m)* ④ COMPUT Vertreter(in) *m(f),* Beauftragte(r) *f(m)*

repress [rɪˈpres] *vt* ■**to ~ sth** etw unterdrücken; **to ~ laughter/one's tears/a thought** das Lachen/seine Tränen/einen Gedanken unterdrücken

repressed [rɪˈprest] *adj* ① (*hidden*) unterdrückt; PSYCH verdrängt; **~ emotions/feelings** verdrängte Emotionen/Gefühle ② (*unable to show feelings*) gehemmt, verklemmt *fam*

repression [rɪˈpreʃᵊn] *n no pl* ① POL Unterdrückung *f,* Repression *f geh;* **political ~** politische Unterdrückung ② PSYCH Verdrängung *f*

repressive [rɪˈpresɪv] *adj* repressiv *geh;* **~ regime** unterdrückerisches Regime

repressiveness [rɪˈpresɪvnəs] *n no pl* unterdrückerisches Wesen; *of an organization* repressives Vorgehen

reprieve [rɪˈpriːv] **I.** *vt* ■**to ~ sb** jdn begnadigen; LAW jdm [Straf]vollstreckungsaufschub *m* gewähren; (*fig*) ■**to ~ sb/sth** jdn/etw verschonen; ***the government has ~d the hospitals threatened with closure*** die Regierung hat die von der Schließung bedrohten Krankenhäuser [noch einmal] verschont **II.** *n* ① LAW (*official order*) Begnadigung *f;* **to be granted** [*or* **given**] **a ~** begnadigt werden ② LAW (*delay of punishment*) [Straf]vollstreckungsaufschub *m* ③ (*fig: respite*) Gnadenfrist *f fig,* Schonfrist *f fig*

reprimand [ˈreprɪmɑːnd, AM -əmænd] **I.** *vt* ■**to ~ sb [for sth]** ① (*rebuke*) jdn [für etw *akk* [*o* wegen einer S. *gen*]] rügen [*o* tadeln] [*o* zurechtweisen] ② LAW jdm [für etw *m*] einen Verweis *akk* erteilen, jdn [wegen einer S. *gen*] verwarnen **II.** *n* ① (*rebuke*) Rüge *f;* **to give sb a ~ [for sth]** jdm [für etw *akk*] eine Rüge erteilen; **to give sb a ~ for doing sth** jdn rügen, weil er/sie etw getan hat ② LAW Verweis *m,* Verwarnung *f*

reprint I. *vt* [ˌriːˈprɪnt] ■**to ~ sth** etw nachdrucken [*o* neu auflegen] **II.** *vi* [ˌriːˈprɪnt] nachgedruckt werden **III.** *n* [ˈriːprɪnt] Nachdruck *m,* Neuauflage *f*

reprisal [rɪˈpraɪzᵊl] *n* Vergeltungsmaßnahme *f;* **to take ~s against sb** Vergeltungsmaßnahmen gegenüber jdm ergreifen; ■**as a** [*or* **in**] **~ for sth** als Vergeltung für etw *akk;* **for/without fear of ~s** aus/ohne Angst vor Vergeltungsmaßnahmen

reprise [rɪˈpriːz] *n* MUS Reprise *f fachspr*

repro [ˈriːprəʊ, AM -oʊ] **I.** *n* ART, COMPUT (*fam*) *short for* **reproduction** Repro *f o nt* **II.** *n modifier* ART (*fam*) (*table, chair*) Repro-; **~ Georgian table** Repro *f o nt* eines Tisches im georgianischen Stil; **~ proof** Reproabzug *m;* ***is it genuine? — no, it's ~*** ist das echt? – nein, das ist nachgemacht

reproach [rɪˈprəʊtʃ, AM -ˈproʊtʃ] **I.** *vt* ■**to ~ sb** jdm Vorwürfe machen; ■**to ~ sb for doing sth** jdm wegen einer S. *gen* Vorwürfe machen; ■**to ~ sb with sth** jdm etw vorwerfen; ■**to ~ oneself** sich *dat* Vorwürfe machen **II.** *n* <*pl* -es> ① *no pl* (*criticism*) Vorwurf *m;* ■**to be a ~ to sb/sth** ein schlechtes Bild auf jdn/etw werfen; ***the recent drop in passenger numbers should be a ~ to the airline*** die Fluglinie sollte auf den jüngsten Rückgang der Passagierzahlen reagieren; **a look of ~** ein vorwurfsvoller Gesichtsausdruck; **to be above** [*or* **beyond**] **~** über jeden Tadel erhaben sein ② (*expression of criticism*) Vorwurf *m*

reproachful [rɪˈprəʊtʃfᵊl, AM -ˈproʊtʃ-] *adj* vorwurfsvoll

reproachfully [rɪˈprəʊtʃfᵊli, AM -ˈproʊtʃ-] *adv* vorwurfsvoll

reprobate [ˈreprə(ʊ)beɪt, AM -rəbeɪt] *n* (*form or hum*) Gauner *m fam,* Halunke *m fam*

reprocess [ˌriːˈprəʊses, AM -ˈprɑː-] *vt* ■**to ~ sth** ECOL, TECH etw wiederaufbereiten

reprocessing [ˌriːˈprəʊsesɪŋ, AM -ˈprɑː-] *n no pl* ECOL, TECH Wiederaufbereitung *f*

reprocessing plant *n* ECOL, TECH Wiederaufbereitungsanlage *f*

reproduce [ˌriːprəˈdjuːs, AM *esp* -ˈduːs] **I.** *vi* ① (*produce offspring*) sich *akk* fortpflanzen; (*multiply*) sich *akk* vermehren; **to ~ sexually/asexually** sich *akk* geschlechtlich/ungeschlechtlich fortpflanzen ② (*be copied*) sich *akk* kopieren lassen **II.** *vt* ① (*produce offspring*) ■**to ~ oneself** sich *akk* fortpflanzen; (*multiply*) sich *akk* vermehren ② (*produce a copy*) ■**to ~ sth** etw reproduzieren; (*in large numbers*) etw vervielfältigen ③ (*repeat sth*) ■**to ~ sth** etw wiederholen ④ (*recreate*) ■**to ~ sth** etw neu erstehen lassen; **to ~ an atmosphere** eine Atmosphäre wiedergeben

reproducible [ˌriːprəˈdjuːsɪbl̩, AM ˈduː] *adj* reproduzierbar

reproduction [ˌriːprəˈdʌkʃᵊn] **I.** *n* ① *no pl* (*producing offspring*) Fortpflanzung *f;* (*multiplying*) Vermehrung *f* ② *no pl* (*copying*) Reproduktion *f,* Vervielfältigung *f* ③ (*repeating*) Wiederholung *f* ④ (*quality of sound*) Wiedergabe *f;* ***my new hi-fi system gives marvellous ~*** meine neue Hi-Fi-Anlage hat eine fantastische [Klang]wiedergabe ⑤ (*copy*) Reproduktion *f,* Kopie *f; of construction* Nachbau *m;* **facsimile ~** Faksimileausgabe *f* ⑥ COMPUT Kopieren *nt* **II.** *n modifier* ① (*concerning the production of offspring*) (*process, rate*) Fortpflanzungs-; **~ instinct** Fortpflanzungstrieb *m* ② (*copying an earlier style*) (*chair, desk, furniture*) nachgebaute(r,s); **~ furniture** Stilmöbel *pl*

reproductive [ˌriːprəˈdʌktɪv] *adj inv* Fortpflanzungs-; **~ behaviour** [*or* AM **behavior**]/**organs** Fortpflanzungsverhalten *nt*/-organe *ntpl*

reprogram <-mm- *or* AM *also* -m-> [ˌriːˈprəʊgræm, AM -ˈproʊ-] *vt* COMPUT ■**to ~ sth** etw umprogrammieren [*o* neu programmieren]

reproof¹ [rɪˈpruːf] *n* (*form*) ① (*words expressing blame*) Tadel *m geh;* **to get** [*or* **receive**] **a** [**sharp**] **~ for sth** für etw *akk* [streng] getadelt werden *geh* ② *no pl* (*blame*) Vorwurf *m;* **to look at sb with ~** jdn vorwurfsvoll ansehen

reproof² [ˌriːˈpruːf] *vt* ■**to ~ sth** etw neu imprägnieren

reprove [rɪˈpruːv] *vt* (*form*) ■**to ~ sb** jdn zurechtweisen *geh*

reproving [rɪˈpruːvɪŋ] *adj* (*form*) tadelnd, vorwurfsvoll; **to look ~** vorwurfsvoll dreinblicken

reprovingly [rɪˈpruːvɪŋli] *adv* missbilligend, tadelnd

reptile [ˈreptaɪl] *n* Reptil *nt*

reptile house *n* Reptilienhaus *nt*

reptilian [repˈtɪliən] *adj inv* ① (*of reptiles*) Reptilien-, reptilienartig ② (*pej: unpleasant*) *person* unangenehm; **~ stare** stechender Blick

republic [rɪˈpʌblɪk] *n* Republik *f*

republican [rɪˈpʌblɪkən] **I.** *n* Republikaner(in) *m(f)* **II.** *adj inv* republikanisch

Republican [rɪˈpʌblɪkən] **I.** *n* ① AM POL Republikaner(in) *m(f)* ② (*supporter of Irish Republicanism*) Republikaner(in) *m(f)* **II.** *adj inv* ① AM POL republikanisch ② (*concerning Republicanism in Ireland*) republikanisch

republicanism [rɪˈpʌblɪkənɪzᵊm] *n no pl* POL Republikanismus *m,* republikanische Gesinnung

Republicanism [rɪˈpʌblɪkənɪzᵊm] *n no pl* ① AM POL Republikanismus *m* ② (*belief in united Ireland*) Republikanismus *m*

Republican Party AM **I.** *n no pl* ■**the ~** die republikanische Partei **II.** *n modifier* (*funding, headquarters, policy*) der republikanischen Partei *nach n;* **~ leaders** Führung *f* der republikanischen Partei; **~ member** Mitglied *nt* der republikanischen Partei

republication [ˌriːˌpʌblɪˈkeɪʃᵊn] *n no pl* Neuveröffentlichung *f,* Neuauflage *f*

republish [ˌriːˈpʌblɪʃ] *vt usu passive* ■**to ~ sth** etw wieder [*o* erneut] veröffentlichen

repudiate [rɪˈpjuːdieɪt] *vt* (*form*) ■**to ~ sth** etw zurückweisen, etw nicht anererkennen, sich *akk* gegen etw *akk* verwahren *geh;* **to ~ an accusation/a claim** eine Anschuldigung/eine Forderung zurückweisen; **to ~ an agreement/a contract** eine Vereinbarung/einen Vertrag nicht anerkennen; **to ~ a suggestion** einen Vorschlag ablehnen

repudiation [rɪˌpjuːdiˈeɪʃᵊn] *n no pl* Zurückweisung *f; of a suggestion* Ablehnung *f;* LAW Erfüllungsverweigerung *f; of a treaty* Nichtanerkennung *f*

repugnance [rɪˈpʌgnən(t)s] *n no pl* (*form*) Abscheu *m o f;* **to fill sb with ~** jdn mit Abscheu erfüllen

repugnant [rɪˈpʌgnənt] *adj* (*form*) widerlich; ■**to be ~ to sb** jdm zuwider sein, jdn anwidern; ***it is ~ for these essential services to rely on charity*** es ist skandalös, dass diese wichtigen Einrichtungen auf Almosen angewiesen sind; **~ behaviour** [*or* AM **behavior**] abstoßendes Verhalten; **~ smell** widerlicher Geruch

repulse [rɪˈpʌls] **I.** *vt* ① MIL ■**to ~ sb/sth** jdn/etw abwehren; **to ~ an offensive** eine Offensive zurückschlagen ② (*reject*) ■**to ~ sb/sth** jdn/etw zurückweisen; **to ~ sb's friendship/an offer** jds Freundschaft/ein Angebot zurückweisen ③ (*disgust*) ■**to ~ sb** jdn abstoßen [*o* anwidern] **II.** *n* (*form*) Abwehr *f*

repulsion [rɪˈpʌlʃᵊn] *n no pl* ① (*disgust*) Abscheu *m,* Ekel *m;* **to fill sb with ~** jdn mit Abscheu [*o*

Ekel] erfüllen ❷ PHYS Abstoßung *f*, Repulsion *f* *fachspr;* **magnetic** ~ magnetische Abstoßung

repulsive [rɪˈpʌlsɪv] *adj* abstoßend

repurchase [ˌriːˈpɜːtʃəs, AM -ˈpɜːr-] *vt* ■**to** ~ **sth** etw zurückkaufen [*o* rückkaufen]; ~ **agreement** Rückkaufvereinbarung *f*

repurchase price *n* Rückkaufspreis *m*

reputable [ˈrepjətəbl̩, AM -t̬-] *adj* angesehen, achtbar; ~ **company** seriöse Firma

reputably [ˈrepjətəbli, AM -t̬-] *adv* angesehen, achtbar; ~ **established firm** seriöse alteingesessene Firma

reputation [ˌrepjəˈteɪʃᵊn] *n no pl* ❶ *(general estimation)* Ruf *m;* **to have a bad/good** ~ einen schlechten/guten Ruf haben; **to have a** ~ **for sth** für etw *akk* bekannt sein; **to have a** ~ **as sth** einen Ruf als etw haben; ***he has a*** ~ ***as an acknowledged expert*** er steht im Ruf, ein anerkannter Experte zu sein; **to establish** [*or* **gain**] [*or* **acquire**] **a** ~ **as sth** sich *dat* einen Ruf als etw erwerben; **to make a** ~ **for oneself** [**as sth**] sich *dat* [als etw] einen Namen machen; **to live up to one's** ~ seinem Ruf gerecht werden ❷ *(being highly regarded)* Ansehen *nt*, guter Ruf; **to destroy/ruin sb's** ~ jds Ansehen [*o* guten Ruf] zerstören/ruinieren ❸ *(being known for sth)* Ruf *m;* ***she has the*** ~ ***of being a good doctor*** sie gilt als gute Ärztin; **to know sb/sth by** ~ jdn/etw vom Hörensagen kennen

repute [rɪˈpjuːt] *n no pl* Ansehen *nt;* **of** ~ angesehen; ***she's a doctor of*** ~ sie ist eine angesehene Ärztin; **sth of ill** [*or* **evil**]**/good** ~ etw von zweifelhaftem/gutem Ruf; ***there are several bars of ill*** ~ ***down by the docks*** unten bei den Docks gibt es etliche verrufene Bars; **of great** [*or* **high**] [*or* **some**] ~ hoch angesehen, von hohem Ansehen *nach n;* **to be held in high** ~ [**by sb**] [bei jdm] einen guten Ruf genießen [*o* hoch angesehen sein]; ***he was held in high*** ~ ***by his colleagues*** er wurde von seinen Kollegen sehr geschätzt

reputed [rɪˈpjuːtɪd, AM -t̬-] *adj* ❶ *inv (believed)* angenommen, vermutet; ***she is widely*** ~ ***to be 25 years younger than her husband*** es wird allgemeinhin angenommen, dass sie 25 Jahre jünger ist als ihr Mann ❷ *attr, inv (supposed)* mutmaßlich; ***he was employed because of his*** ~ ***skill in dealing with the press*** er wurde wegen seines angeblichen Geschicks im Umgang mit der Presse eingestellt

reputedly [rɪˈpjuːtɪdli, AM -t̬-] *adv inv* angeblich; ***he is*** ~ ***extremely rich*** es wird gemutmaßt, dass er ungeheuer reich ist

request [rɪˈkwest] **I.** *n* ❶ *(act of asking)* Bitte *f* (**for** um +*akk*), Anfrage *f* (**for** nach +*dat*); **to make a** ~ **for sth** um etw *akk* bitten; **at sb's** ~ auf jds Bitte [*o* Wunsch] hin; **on** ~ auf Anfrage [*o* Wunsch] ❷ *(formal entreaty)* Antrag *m;* **to submit a** ~ **that ...** beantragen, dass ... ❸ RADIO *(requested song etc.)* [Musik]wunsch *m* **II.** *vt* ❶ *(ask for)* ■**to** ~ **sth** *(form)* um etw *akk* bitten; ***I*** ~***ed a taxi for 8 o'clock*** ich bestellte ein Taxi für 8 Uhr; ***visitors are*** ~***ed not to walk on the grass*** die Besucher werden gebeten, den Rasen nicht zu betreten; **as** ~**ed** wie gewünscht ❷ RADIO *(ask for song)* ■**to** ~ **sth** [sich *dat*] etw wünschen

request programme *n* BRIT, **request show** *n* AM RADIO Wunschprogramm *nt* **request stop** *n* BRIT Bedarfshaltestelle *f*

requiem [ˈrekwiəm] *n*, **requiem mass** *n* ❶ *(church service)* Requiem *nt*, Totenmesse *f* ❷ *(piece of music)* Requiem *nt*

require [rɪˈkwaɪəʳ, AM -ɚ] *vt* ❶ *(need)* ■**to** ~ **sth** etw brauchen; ***the house*** ~***s painting*** das Haus müsste mal gestrichen werden *fam;* ***this decision*** ~***s much careful thought*** diese Entscheidung bedarf gründlicher Überlegung; ■**to be** ~**d for sth** für etw *akk* erforderlich sein; ***what qualifications are*** ~***d for this position?*** welche Qualifikationen werden für diese Stelle verlangt? ❷ *(demand)* ■**to** ~ **sth** [**of sb**] etw [von jdm] verlangen ❸ *(officially order)* ■**to** ~ **sb to do sth** von jdm verlangen, etw zu tun; ***regulations*** ~ ***all visitors to sign in at the porter's lodge*** nach den Bestimmungen muss sich jeder Besucher beim Portier eintragen; ***the rules*** ~ ***that ...*** die Vorschriften besagen, dass ... ❹ *(wish to have)* ■**to** ~ [*or* **be requiring**] **sth** *(form)* etw wünschen; ***"will you be requiring anything else, sir?", asked the waiter*** „wünschen Sie sonst noch etwas, mein Herr?", fragte der Kellner

required [rɪˈkwaɪəd, AM -ɚd] *adj attr, inv* erforderlich; **to do sth in the** ~ **time** etw in der festgesetzten [*o* vorgeschriebenen] Zeit tun

required reading *n* Pflichtlektüre *f*

requirement [rɪˈkwaɪəmənt, AM -ɚmənt] *n* ❶ *(necessary condition)* Voraussetzung *f* (**for** für +*akk*); ***it is a legal*** ~ ***that ...*** es ist gesetzlich vorgeschrieben, dass ...; ***my*** ~***s from life are a well-paid job and a fast car*** ich erwarte vom Leben einen gut bezahlten Job und ein schnelles Auto; **minimum** ~ Grundvoraussetzung *f;* **to meet the** ~**s** die Voraussetzungen erfüllen; ***I do hope that the new computer will meet your*** ~***s*** ich hoffe, der neue Computer wird Ihren Anforderungen gerecht ❷ ECON *(specific need)* Erfordernis *f*, Bedarf *m;* **the** ~**s of a market** [*or* **market** ~**s**] Marktbedarf *m;* **public sector borrowing** ~ Kreditbedarf der öffentlichen Hand; **budgetary** ~**s** Budgeterfordernisse *fpl*

requisite [ˈrekwɪzɪt] **I.** *adj attr, inv (form)* erforderlich **II.** *n usu pl* Notwendigkeit *f;* ***a good book is a*** ~ ***for long journeys*** ein gutes Buch ist auf langen Reisen ein Muss; **toilet** ~**s** Toilettenartikel *mpl*

requisition [ˌrekwɪˈzɪʃᵊn] **I.** *vt* ❶ *(repossess)* ■**to** ~ **sth** [**from sb**] etw [von jdm] beschlagnahmen ❷ ECON *(request supplies)* ■**to** ~ **sth** etw anfordern ❸ LAW ■**to** ~ **sth** etw beschlagnahmen, requirieren **II.** *n* ❶ *no pl (official request)* Ersuchen *nt*, Aufforderung *f;* ~ **on title** LAW Ersuchen um Auskunft über Grundstückseigentumsnachweis ❷ *(written request)* Anforderung *f*, Antrag *m* (**for** auf +*akk*); **to make a** ~ **for sth** etw anfordern

requite [rɪˈkwaɪt] *vt (form)* ■**to** ~ **sth** etw erwidern

reran [ˌriːˈræn] *vt pt of* **rerun**

reread <-read, -read> [ˌriːˈriːd, *pt, pp* -ˈred] *vt* ■**to** ~ **sth** etw noch einmal lesen

reredos <*pl* -> [ˈrɪərədɒs, AM ˈrɪrdɑːs] *n* REL Altarwand *f*

re-release [ˌriːrɪˈliːs] *vt* ■**to** ~ **sth** etw wieder auflegen

reroute [ˌriːˈruːt, AM *also* -ˈraʊt] *vt* ■**to** ~ **sth** etw umsteuern; **to** ~ **a demonstration/a flight/a phonecall** eine Demonstration/einen Flug/ein Telefongespräch umleiten

rerun I. *vt* <-ran, -run> [ˌriːˈrʌn] ■**to** ~ **sth** etw wiederholen; **to** ~ **an election/a race** eine Wahl/ein Rennen wiederholen; **to** ~ **a film** einen Film noch einmal zeigen; **to** ~ **a play** ein Stück noch einmal aufführen **II.** *n* [ˈriːrʌn] ❶ FILM, TV *(repeated programme)* Wiederholung *f* ❷ *(fig: repeat of)* Wiederholung *f; of an event, situation* Wiederkehr *f*

resale [ˈriːseɪl] *n* Wiederverkauf *m*, Weiterverkauf *m;* ***these samples are free and not for*** ~ diese Proben sind umsonst und nicht für den Weiterverkauf vorgesehen

resale price *n* Wiederverkaufspreis *m* **resale price maintenance** *n* BRIT Preisbindung *f* der zweiten Hand, vertikale Preisbindung **resale value** *n* Wiederverkaufswert *m*

resat [ˌriːˈsæt] *vt pt of* **resit**

reschedule [ˌriːˈʃedjuːl, AM -ˈskedʒuːl] *vt* ❶ *(rearrange time)* **to** ~ **a date** einen Termin verschieben; **to** ~ **an event** eine Veranstaltung verlegen ❷ *(postpone payment)* ■**to** ~ **sth** *debts* etw stunden

rescind [rɪˈsɪnd] *vt (form)* ■**to** ~ **sth** *esp* LAW etw aufheben [*o* widerrufen]; ECON etw annulieren [*o* rückgängig machen] [*o* für nichtig erklären]; **to** ~ **a contract** von einem Vertrag zurücktreten

rescission [rɪˈsɪʒᵊn] *n esp* LAW *(form)* Aufhebung *f*, Anullierung *f geh;* ~ **of contract** Rücktritt *m* vom Vertrag; ~ **of sale** Wandelung *f*

rescue [ˈreskjuː] **I.** *vt* ■**to** ~ **sb/sth** *(save)* jdn/etw retten; *(free)* jdn/etw befreien; **to** ~ **a hostage/a prisoner** eine Geisel/einen Gefangenen befreien; **to** ~ **sb from danger** jdn aus einer Gefahr retten; **to** ~ **sb/sth from a fire** jdn/etw aus einem Feuer retten **II.** *n* ❶ *(act of saving)* Rettung *f* ❷ *no pl (being saved)* Rettung *f;* **to come** [*or* **go**] **to sb's** ~ jdm zu Hilfe kommen **III.** *n modifier (attempt, helicopter)* Rettungs-; ~ **bid** Rettungsversuch *m;* ~ **mission** Rettungsmission *f*, Rettungseinsatz *m;* ~ **operation** Rettungsarbeiten *fpl*, Bergungsarbeiten *fpl;* ~ **package** Notpaket *nt;* ~ **team** Rettungsmannschaft *f*

rescuer [ˈreskjuːəʳ, AM -ɚ] *n* Retter(in) *m(f)*

reseal [ˌriːˈsiːl] *vt* ■**to** ~ **sth** FOOD etw wieder [luftdicht] verschließen; **to** ~ **a bottle/a letter/a packet** eine Flasche/einen Brief/ein Paket wieder versiegeln

resealable [ˌriːˈsiːləbl̩] *adj inv* wieder verschließbar

research I. *n* [rɪˈsɜːtʃ, AM ˈriːsɜːrtʃ] ❶ *no pl (study)* Forschung *f* (**into/in/on** über +*akk*); **cancer** ~ Krebsforschung *f;* **medical/scientific** ~ medizinische/wissenschaftliche Forschung ❷ *no pl (study of)* Erforschung *f* (**into/in/on** +*gen*); ~ **in human genetics** Forschungen *fpl* auf dem Gebiet der Humangenetik; **to carry out** [*or* **conduct**] [*or* **pursue**] ~ [**into** [*or* **in**] [*or* **on**] **sth**] [etw er]forschen ❸ *(studies)* ■~**es** *pl* Untersuchungen *fpl* (**in** über +*akk*) **II.** *n* [rɪˈsɜːtʃ, AM ˈriːsɜːrtʃ] *modifier (centre, programme, project, unit, work)* Forschungs-; ~ **assistant** wissenschaftlicher Mitarbeiter/wissenschaftliche Mitarbeiterin; ~ **institute/facility** Forschungsinstitut *nt*/Forschungsanstalt *f;* ~ **scientist** Forscher(in) *m(f);* ~ **team** Forschungsteam *nt*, Forscherteam *nt* **III.** *vi* [rɪˈsɜːtʃ, AM -ˈsɜːrtʃ] forschen; ■**to** ~ **into** [*or* **in**] **sth** etw erforschen [*o* untersuchen] **IV.** *vt* [rɪˈsɜːtʃ, AM -ˈsɜːrtʃ] ■**to** ~ **sth** ❶ SCI etw erforschen ❷ JOURN etw recherchieren; **a well-**~**ed article** ein gut recherchierter Artikel

research and development I. *n* ❶ *(investigative activities)* Forschung *f* und Entwicklung *f* ❷ *(department)* Forschungs- und Entwicklungsabteilung *f* **II.** *n modifier (department, programme, unit)* Forschungs- und Entwicklungs-; ~ **budget** Forschungs- und Entwicklungsetat *m;* ~ **grant** *(for student)* Forschungsstipendium *nt; (for institutes, scientists)* Zuschuss *m*

researcher [rɪˈsɜːtʃəʳ, AM -ˈsɜːrtʃɚ] *n* Forscher(in) *m(f)*

research fellow *n* Forschungsstipendiat(in) *m(f)*
research fellowship *n* Forschungsstipendium *nt*

resection [ˌriːˈsekʃᵊn] *n* MED Resektion *f fachspr*

reselect [ˌriːsɪˈlekt] *vt usu passive* ■**to** ~ **sb/sth** ❶ *(choose for the first time)* jdn/etw neu auswählen; *candidate* jdn/etw neu aufstellen ❷ *(choose for another time)* jdn/etw erneut auswählen; *candidate* jdn erneut aufstellen; **to be** ~**ed as a candidate** wieder als Kandidat aufgestellt werden

reselection [ˌriːsɪˈlekʃᵊn] *n esp* POL ❶ *(first election)* Neuaufstellung *f* ❷ *(repeated election)* Wiederaufstellung *f*

resell <-sold, -sold> [ˌriːˈsel] **I.** *vt* ■**to** ~ **sth** [**to sb**] [*or* [**sb**] **sth**] etw [jdm [*o* an jdn]] wieder verkaufen **II.** *vi* ■**to** ~ [**to sb**] [an jdm] weiter verkaufen

resemblance [rɪˈzemblən(t)s] *n no pl* Ähnlichkeit *f;* **family** ~ Familienähnlichkeit *f;* **to bear a** ~ **to sb/sth** Ähnlichkeit mit jdm/etw haben, jdm/etw ähnlich sehen; ***this account bears no*** ~ ***to the truth*** diese Darstellung hat nichts mit der Wahrheit zu tun; ***there isn't much*** ~ ***between them*** sie haben nicht viel Ähnlichkeit miteinander

resemble [rɪˈzembl̩] *vt* ■**to** ~ **sb/sth** jdm/etw ähneln [*o* ähnlich sehen]; ***after the earthquake the city*** ~***d a battlefield*** nach dem Erdbeben glich die Stadt einem Schlachtfeld

resent [rɪˈzent] *vt* ■**to** ~ **sb/sth** sich *akk* [sehr] über jdn/etw ärgern; ■**to** ~ **doing sth** etw [äußerst] ungern tun, es hassen, etw zu tun *fam;* ■**to** ~ **sb's doing sth** jdm übelnehmen [*o* verübeln], dass jd etw tut

resentful [rɪˈzentfᵊl] *adj* ❶ *(feeling resentment)* verbittert, verärgert; ■**to be** ~ **of sb/sth** sich *akk* über jdn/etw ärgern; ***he had felt*** ~ ***towards his stepmother for many years*** er hatte seiner Stiefmutter gegenüber jahrelang Groll empfunden

R

❷ (*showing resentment*) nachtragend

resentfully [rɪˈzentfəli] *adv* verbittert, verärgert; ***she looked at him*** ~ sie sah ihn böse an

resentfulness [rɪˈzentfəlnəs] *n no pl* Verbitterung *f,* Groll *m*

resentment [rɪˈzentmənt] *n* Verbitterung *f,* Groll *m;* **to feel** [*or* **harbour**] [**a**] ~ **against** [*or* **at**] [*or* **towards**] **sb** einen Groll gegen jdn hegen

reservation [ˌrezəˈveɪʃən, AM -zəˈ-] *n* ❶ *usu pl* (*doubt*) Bedenken *ntpl;* **to have ~s about sth** wegen einer S. *gen* Bedenken haben; **with/without ~**[**s**] mit/ohne Vorbehalt [*o* vorbehaltlos] ❷ TOURIST Reservierung *f;* **flight/hotel/table** ~ Flug-/Hotel-/Tischreservierung *f;* **to make a** ~ eine Reservierung vornehmen *geh,* reservieren ❸ *no pl* TOURIST Reservierung *f;* ~ **of seats** Sitzplatzreservierung *f* ❹ (*area of land*) Reservat *nt* ❺ LAW Einschränkung *f,* Vorbehalt *m*

reserve [rɪˈzɜːv, AM -ˈzɜːrv] **I.** *n* ❶ *no pl* (*form: doubt*) Zurückhaltung *f;* **with** ~ mit Vorbehalt; **without** ~ ohne Vorbehalt, vorbehaltlos ❷ (*store*) Reserve *f,* Vorrat *m;* **oil ~s** Ölreserven *fpl;* **to have/keep sth in** ~ etw in Reserve haben/halten; ***she keeps a little money in*** ~ sie hat etwas Geld auf der hohen Kante *fam;* **to put sth on** ~ [**for sb**] etw [für jdn] reservieren; **to put a book on ~ for sb** jdm ein Buch zurücklegen ❸ (*area*) Reservat *nt;* **wildlife** ~ Naturschutzgebiet *nt* ❹ SPORTS Ersatzspieler(in) *m(f);* ■ **~s** Reservemannschaft *f* ❺ MIL Reserve *f;* ■ **the ~**[**s**] die Reserve ❻ (*lowest price at auction*) Mindestgebot *nt* ❼ *no pl* (*self-restraint*) Reserviertheit *f,* Zurückhaltung *f* **II.** *vt* ❶ (*keep*) **to ~ the leftovers/the rest** die Überbleibsel/den Rest aufheben ❷ (*save*) ■ **to ~ sth** [**for sth**] etw [für etw *akk*] reservieren [*o* zurückhalten] [*o* aufheben]; ***the best brandy is ~d for special occasions*** der beste Brandy ist für besondere Anlässe bestimmt; ■ **to ~ sth for sb** etw für jdn reservieren; **to ~ judgment** [**on sth**] seine Meinung [zu etw *dat*] nicht [gleich] kundtun; **to ~ the right to do sth** sich *dat* das Recht vorbehalten, etw zu tun ❸ (*arrange for own use*) **to ~ a room/table/ticket** ein Zimmer/einen Tisch/eine Karte vorbestellen [*o* reservieren]; ***if you get there early, ~ me a seat*** halte mir einen Platz frei, wenn du früher da bist ❹ LAW ■ **to ~ sth** [sich *dat*] etw vorbehalten [*o* zurückbehalten]; **to ~ one's defence** sich *dat* Einwendungen vorbehalten; **to ~ judgement** die Urteilsverkündung aussetzen; **to ~ the right to do sth** sich *dat* das Recht vorbehalten, etw zu tun

reserve currency *n* Leitwährung *f,* Reservewährung *f*

reserved [rɪˈzɜːvd, AM -ˈzɜːr-] *adj* ❶ (*booked*) reserviert, vorbestellt; ~ **seat/table** reservierter Sitzplatz/Tisch ❷ (*restrained*) *person* reserviert, zurückhaltend; *smile* verhalten

reserve price *n* ECON Vorbehaltspreis *m;* (*at auctions*) Mindestpreis *m*

reservist [rɪˈzɜːvɪst, AM -ˈzɜːr-] *n* MIL Reservist(in) *m(f)*

reservoir [ˈrezəvwɑːr, AM -əvwɑːr] *n* ❶ (*large lake*) Wasserreservoir *nt,* Speichersee *m* ❷ (*fig: supply of*) Reservoir *nt fig,* Fundus *m*

reset <-tt-, -set, -set> [ˌriːˈset] *vt* ❶ (*set again*) **to ~ a clock/a timer** eine Uhr/einen Wecker neu stellen ❷ MED **to ~ a broken bone** einen gebrochenen Knochen [ein]richten ❸ COMPUT (*set to initial state*) ■ **to ~ sth** etw in Grundstellung bringen; (*set to zero*) etw auf Null stellen; **to ~ a computer/a system** einen Computer/ein System neu starten

reset button *n* COMPUT, ELEC Reset-Knopf *m,* Reset-Taste *f,* Rückstelltaste *f*

resettle [ˌriːˈset|, AM -t̬-] **I.** *vi* sich *akk* neu niederlassen **II.** *vt* ■ **to ~ sb** jdn umsiedeln

resettlement [ˌriːˈset|mənt, AM -t̬|-] *n no pl* Umsiedlung *f*

reshape [ˌriːˈʃeɪp] *vt* ■ **to ~ sth** ❶ (*return to original shape*) etw [wieder] in Form bringen; ~ ***the pullover while wet*** ziehen Sie den Pullover noch nass in Form ❷ (*give new form*) etw umformen [*o* umgestalten]

reshuffle [ˌriːˈʃʌf|] **I.** *vt* POL **to ~ a cabinet/an organization** ein Kabinett/eine Organisation umbilden **II.** *n* POL Umbildung *f;* **cabinet** ~ Kabinettsumbildung *f*

reside [rɪˈzaɪd] *vi* (*form*) ❶ (*be living*) wohnen, residieren *geh,* wohnhaft sein *form* ❷ (*form: be kept*) aufbewahrt werden ❸ (*form: have the right*) ***the power to sack employees ~s in the Board of Directors*** nur der Vorstand hat das Recht, Angestellte zu entlassen

residence [ˈrezɪdən(t)s] *n* ❶ (*form: domicile*) Wohnsitz *m;* ■ **to be in** ~ ansässig sein; **to take up ~ in a country** sich *akk* in einem Land niederlassen ❷ *no pl* (*act of residing*) Wohnen *nt;* ■ **to be in** ~ wohnen; *monarch* residieren ❸ (*building*) Wohngebäude *nt; of a monarch* Residenz *f* ❹ UNIV (*for research*) Forschungsaufenthalt *m;* (*for teaching*) Lehraufenthalt *m;* ***he will remain in ~ for the remainder of the academic year*** sein Lehraufenthalt dauert noch bis zum Ende des Studienjahres

residence hall *n* AM (*hall of residence*) [Studenten]wohnheim *nt* **residence permit** *n* Aufenthaltserlaubnis *f,* Aufenthaltsgenehmigung *f*

residency [ˈrezɪdən(t)si] *n no pl* (*form*) Wohnsitz *m;* **permanent** ~ ständiger Wohnsitz; **to take up ~ abroad** seinen Wohnsitz ins Ausland verlegen

resident [ˈrezɪdənt] **I.** *n* ❶ (*person living in a place*) Bewohner(in) *m(f); of a town* Bewohner(in) *m(f); of hotel* [Hotel]gast *m;* **local** ~ Anwohner(in) *m(f)* ❷ POL ~ ***of Canada*** wohnhaft in Canada; ***is she a ~ of Canada?*** lebt sie in Canada? **II.** *adj* ❶ *inv* (*stay*) ansässig, wohnhaft; **to be ~ in a town/country** in einer Stadt/einem Land leben ❷ *attr, inv* (*living where one is employed*) im Haus lebend *nach n;* ~ **doctor** Arzt/Ärztin im Haus ❸ (*employed in a particular place*) hauseigen; ***she is the university's ~ expert on Italian literature*** sie ist an der Universität die Expertin für italienische Literatur ❹ COMPUT ständig vorhanden, resident

residential [ˌrezɪˈden(t)ʃəl] *adj inv* ❶ (*housing area*) Wohn-; ~ **district** Wohngebiet *nt* ❷ (*job requiring person to live in*) mit Wohnung im Haus *nach n;* ***my job is*** ~ ich wohne an meinem Arbeitsplatz ❸ (*used as a residence*) Wohn-; ~ **establishment** Wohnheim *nt;* ~ **hotel** Hotel *nt* für Dauergäste ❹ (*concerning residence*) Aufenthalts-

residual [rɪˈzɪdjuəl, AM -ˈzɪdʒ-] *adj inv* ❶ (*remaining*) restlich, übrig; ~ **moisture/warmth** Restfeuchtigkeit *f*/-wärme *f;* ~ **opposition** vereinzelter Widerstand; ~ **value** Restwert *m* ❷ COMPUT Rest-, rest-

residual income *n* BRIT Nettogehalt *nt*

residuary [rɪˈzɪdjʊəri, AM ˈzɪdʒʊeri] *adj inv* ❶ LAW restlich; ~ **estate** Restnachlass ❷ CHEM rückständig

residue [ˈrezɪdjuː, AM -əduː, -djuː] *n usu sing* ❶ (*form: remainder*) Rest *m* ❷ CHEM Rückstand *m* ❸ LAW restlicher Nachlass ❹ ECON Restbetrag *m*

residuum <*pl* -dua *or* -s> [rɪˈzɪdjʊəm, AM ˈzɪdʒ] *n* ❶ (*spec: residue*) Rückstand *m,* Rest *m,* Residuum *nt geh* ❷ SOCIOL Bodensatz *m fig,* unterstes Unten

resign [rɪˈzaɪn] **I.** *vi* ❶ (*leave one's job*) kündigen; **to ~ from a job** einen Job kündigen; **to ~ from an office/post** von einem Amt/einem Posten zurücktreten ❷ CHESS aufgeben **II.** *vt* ❶ (*give up*) ■ **to ~ sth** etw aufgeben; **to ~ an office/a post** ein Amt/einen Posten niederlegen ❷ CHESS **to ~ a hopeless position** das Spiel aufgeben ❸ (*accept*) **to ~ oneself to a fact/one's fate/the inevitable** sich *akk* mit einer Tatsache/seinem Schicksal/dem Unvermeidlichen abfinden

resignation [ˌrezɪgˈneɪʃən] *n* ❶ (*official letter*) Kündigung *f;* **to hand** [*or* **give**] [*or* **send**] **in one's** ~ seine Kündigung einreichen ❷ *no pl* (*act of resigning*) Kündigung *f; from post, office* Rücktritt *m,* Amtsniederlegung *f* ❸ *no pl* (*acceptance*) Resignation *f;* ***they received the news with*** ~ sie nahmen die Nachricht schicksalsergeben auf

resigned [rɪˈzaɪnd] *adj* resigniert; ■ **to be ~ to sth** sich *akk* mit etw *dat* abgefunden haben; ~ **expression/look** resignierter Ausdruck/Blick

resignedly [rɪˈzaɪnɪdli] *adv* resigniert

resilience [rɪˈzɪliən(t)s, AM -jən(t)s] *n no pl,* **resiliency** [rɪˈzɪliən(t)si, AM -jən-] *n no pl* ❶ (*ability to regain shape*) Elastizität *f* ❷ (*ability to recover*) Widerstandskraft *f,* Zähigkeit *f,* Durchhaltevermögen *nt*

resilient [rɪˈzɪliənt, AM -jənt] *adj* ❶ (*able to keep shape*) *material* elastisch ❷ (*fig: able to survive setbacks*) unverwüstlich *fig,* zäh *fig; health* unverwüstlich; ***she's a ~ girl*** sie ist hart im Nehmen *fam;* ***he seems to be ~ to stress*** er scheint mit Stress gut zurecht zu kommen

resin [ˈrezɪn] *n no pl* Harz *nt;* **fir/pine** ~ Tannen-/Kiefernharz *nt;* **industrial/plastic** ~ Industrie-/Kunst[stoff]harz *nt*

resinous [ˈrezɪnəs] *adj* harzig

resist [rɪˈzɪst] **I.** *vt* ❶ (*fight against*) ■ **to ~ sth** etw *dat* Widerstand leisten; **to ~ arrest** LAW sich *akk* der Verhaftung widersetzen ❷ (*refuse to accept*) ■ **to ~ sth** sich *akk* gegen etw *akk* wehren, sich *akk* etw *dat* widersetzen ❸ (*be unaffected by*) ■ **to ~ sth** etw *dat* widerstehen; **to ~ corrosion** korrosionsbeständig sein; **to ~ a disease/an infection** gegen eine Krankheit/eine Infektion resistent sein ❹ (*not give into*) ■ **to ~ sb/sth** jdm/etw widerstehen; ***she couldn't ~ laughing*** sie musste einfach loslachen *fam;* **to ~ a desire/a temptation** einem Verlangen/einer Versuchung widerstehen **II.** *vi* ❶ (*fight an attack*) sich *akk* wehren, Widerstand leisten ❷ (*refuse sth*) widerstehen **III.** *n* COMPUT Abdeckmittel *nt*

resistance [rɪˈzɪstən(t)s] *n* ❶ *no pl* (*military opposition*) Widerstand *m* (**to** gegen +*akk*) ❷ (*organization*) ■ **the R~** der Widerstand; **the** [**French**] **R~** die [französische] Résistance ❸ (*refusal to accept*) Widerstand *m* (**to** gegen +*akk*); **to offer no ~** [**to sb/sth**] [jdm/etw] keinen Widerstand leisten; **to put up** [**a**] **determined** [*or* **stiff**] ~ erbitterten Widerstand leisten ❹ *no pl* (*ability to withstand illness*) Widerstandskraft *f;* ~ **to a disease/an infection** Resistenz *f* gegen eine Krankheit/eine Infektion ❺ *no pl* (*force*) Widerstand *m;* **air/wind** ~ Luft-/Windwiderstand *m* ❻ *no pl* PHYS, ELEC, COMPUT Widerstand *m* ❼ LAW Widerstand *m* ▸ PHRASES: **to take the path** [*or* BRIT *usu* **line**] **of least** ~ den Weg des geringsten Widerstands gehen

resistance fighter *n* Widerstandskämpfer(in) *m(f)* **resistance movement** *n* Widerstandsbewegung *f*

resistant [rɪˈzɪstənt] *adj* ❶ (*refusing to accept*) ablehnend; ■ **to be ~ to sth** etw *dat* ablehnend gegenüberstehen ❷ (*hardened against damage*) resistent; ■ **to be ~ to sth** gegen etw *akk* resistent [*o* immun] sein; ~ **to corrosion** korrosionsbeständig

-resistant [rɪˈzɪstənt] *in compounds* + *n*-beständig; **corrosion-/heat-/rust-~** korrosions-/hitze-/rostbeständig; **disease-~** krankheitsresistent; **flame-~** feuerfest; **stain-~** Schmutz abweisend; **water-/dirt-~** Wasser/Schmutz abweisend

resister [rɪˈzɪstər, AM ɚ] *n* Gegner(in) *m(f),* Widerstandleistende(r) *f(m)*

resistor [rɪˈzɪstər, AM -ɚ] *n* ELEC, COMPUT Widerstand *m*

resit *esp* BRIT **I.** *vt* <-tt-, -sat, -sat> [ˌriːˈsɪt] SCH, UNIV **to ~ an examination** eine Prüfung wiederholen **II.** *n* [ˈriːsɪt] SCH, UNIV Wiederholungsprüfung *f*

reskill *vt* ■ **to ~ sb** jdn umschulen

resolute [ˈrezəluːt, AM -zə-] *adj* (*form*) entschlossen; ■ **to be ~ in sth** hartnäckig in etw *dat* sein; ~ **belief** fester [*o* unbeirrbarer] Glaube; ~ **character** entschlossener Charakter; ~ **person** energische [*o* resolute] Person; ~ **stand** fester Standpunkt

resolutely [ˈrezəluːtli, AM -zə-] *adv* resolut, entschlossen; **to ~ refuse to do sth** sich *akk* hartnäckig weigern, etw zu tun

resoluteness [ˈrezəluːtnəs, AM -zə-] *n no pl* (*approv*) Resolutheit *f,* Entschlossenheit *f*

resolution [ˌrezəˈluːʃən, AM -əˈluː-] *n* ❶ *no pl* (*approv: determination*) Resolutheit *f,* Entschlossenheit *f* ❷ *no pl* (*form: solving of*) Lösung *f; of crises* Überwindung *f;* ~ **of a difficulty/dilemma** Lösung *f* eines Problems/Dilemmas; ~ **of a question** Klärung *f* einer Frage ❸ POL (*proposal*) Beschluss *m,* Resolution *f geh;* **to lay down** [*or* **propose**] **a ~** [**that ...**]

eine Resolution einbringen[, dass ...]; **to pass/reject a ~ [to do sth]** eine Resolution [etw zu tun] verabschieden/ablehnen ④ (*decision*) Entscheidung *f;* (*intention*) Vorsatz *m;* **to make a ~** eine Entscheidung treffen; **joint ~** AM gemeinsame Entschließung [*o* Resolution] ⑤ *no pl* CHEM, TECH Aufspaltung *f* ⑥ *no pl* COMPUT, PHOT, TV (*picture quality*) Auflösung *f*

resolvable [rɪˈzɒlvəbl̩, AM -ˈzɑːlv-] *adj* lösbar

resolve [rɪˈzɒlv, AM -ˈzɑːlv] **I.** *vt* ① (*solve*) ■**to ~ sth** etw lösen [*o* klären]; **to ~ a problem** ein Problem lösen ② (*settle*) **to ~ one's differences** seine Differenzen beilegen; ***the crisis ~d itself*** die Krise legte sich von selbst ③ (*separate*) ■**to ~ sth into sth** etw in etw *akk* zerlegen ④ (*form: decide*) ■**to ~ that ...** beschließen, dass ... **II.** *vi* ① (*decide*) ■**to ~ to do sth** beschließen, etw zu tun; ■**to ~ on doing sth** beschließen [*o* sich *akk* entschließen], etw zu tun ② (*separate into*) sich *akk* auflösen **III.** *n* (*form*) Entschlossenheit *f*

resolved [rɪˈzɒlvd, AM -ˈzɑːlvd] *adj pred* entschlossen; ■**to be ~ to do sth** [fest] entschlossen sein, etw zu tun

resonance [ˈrezᵊnən(t)s] *n* ① *no pl* (*echo*) [Nach]hall *m*, Resonanz *f geh;* **~ of an instrument/of laughter/of thunder** der [Nach]hall eines Instruments/von Gelächter/von Donner ② (*form*) Erinnerung *f;* **to have ~s for sb** für jdn mit Erinnerungen behaftet sein ③ COMPUT Resonanz *f*

resonant [ˈrezᵊnənt] *adj* [wider]hallend; ■**to be ~ with sth** von etw widerhallen; **to be ~ with memories** (*fig*) Erinnerungen aufkommen lassen

resonate [ˈrezᵊneɪt] **I.** *vi* ① (*resound*) hallen; ***the hall ~d with laughter*** der Saal hallte von Gelächter wider ② (*fig: be important*) ■**to ~ with sth** etw ausstrahlen *fig;* ***the building ~s with historic significance*** das Gebäude hat eine geschichtsträchtige Aura; ■**to ~ with sb** bei jdm Echo [*o* Widerhall] finden ③ *esp* AM (*fig: share an understanding*) einer Meinung sein; ■**to ~ with sth** mit etw *dat* im Einklang sein **II.** *vt* ■**to ~ sth** mit etw *dat* Resonanzen erzeugen

resonator [ˈrezᵊneɪtəʳ, AM -t̬ɚ] *n* MUS Resonator *m*

resort [rɪˈzɔːt, AM -ˈzɔːrt] **I.** *n* ① (*place for holidays*) Urlaubsort *m;* **health/holiday** [*or* AM *also* **vacation**] **~** Kur-/Ferienort *m* ② *no pl* (*employment*) Einsatz *m*, Anwendung *f;* ***he should have won easily without ~ to such underhand methods*** er hätte leicht gewinnen können, auch ohne auf solch zweifelhafte Methoden zurückgreifen zu müssen; **without ~ to violence** ohne Gewaltanwendung; **as a last ~** als letzten Ausweg [*o* letzte Möglichkeit]; ***you're my last ~!*** du bist meine letzte Hoffnung! ③ LAW **court of last ~** Gericht *nt* letzter Instanz; **lender of the last ~** Kreditgeber *m*/Kreditgeberin *f* der letzten Instanz **II.** *vi* ■**to ~ to sth** auf etw *akk* zurückgreifen, etw anwenden; ***when she didn't answer I ~ed to standing outside and calling up to her*** als sie nicht antwortete, blieb mir nichts anderes übrig, als draußen zu stehen und zu ihr hoch zu rufen; **to ~ to alcohol** sich *akk* dem Alkohol zuwenden

resound [rɪˈzaʊnd] *vi* ① (*resonate*) [wider]hallen; ***a gong ~ed*** ein Gong ertönte ② (*fig: cause sensation*) Furore machen; ***the rumour ~ed through the whole world*** das Gerücht ging um die ganze Welt

resounding [rɪˈzaʊndɪŋ] *adj pred* ① (*very loud*) schallend; **~ applause** tosender Applaus; **~ laughter** schallendes Gelächter ② (*emphatic*) unglaublich; **~ defeat** schwere Niederlage; **~ success** durchschlagender Erfolg

resoundingly [rɪˈzaʊndɪŋli] *adv* ① (*very loudly*) schallend ② (*emphatically*) unglaublich

resource [rɪˈzɔːs, AM ˈriːsɔːrs] **I.** *n* ① *usu pl* (*asset*) Ressource *f* ② (*source of supply*) ■**~s** *pl* Ressourcen *fpl;* **energy ~s** Energieressourcen *fpl;* **natural ~s** Bodenschätze *mpl* ③ (*wealth*) ■**~s** *pl* [finanzielle] Mittel; ***the cost of the new project is easily within our ~s*** die Kosten für das neue Projekt liegen durchaus im Rahmen unserer finanziellen Möglichkeiten ④ (*approv form: resourcefulness*) Ideenreichtum *m*, Einfallsreichtum *m* ⑤ COMPUT Betriebsmittel *nt* **II.** *vt* ■**to ~ sth with sth** etw mit etw *dat* ausstatten

resourced [rɪˈzɔːst, AM ˈriːsɔːrst] *adj* ① (*wealthy*) wohlhabend ② (*financed*) finanziert; **under-~** unterfinanziert

resourceful [rɪˈzɔːsfᵊl, AM ˈriːsɔːr-] *adj* (*approv*) ideenreich, einfallsreich

resourcefully [rɪˈzɔːsfᵊli, AM ˈriːsɔːr-] *adv* (*approv*) clever, geschickt

resourcefulness [rɪˈzɔːsfᵊlnəs, AM ˈriːsɔːr-] *n no pl* (*approv*) Einfallsreichtum *m*, Ideenreichtum *m*

resource room *n* SCH, UNIV Informationsraum *m*

respect [rɪˈspekt] **I.** *n* ① *no pl* (*esteem*) Respekt *m*, Achtung *f* (**for** vor +*dat*); **to have great ~ for sth** große Achtung vor etw *dat* haben; ***I have great ~ for his ideas*** ich schätze seine Ideen sehr; **to have great ~ for sb, to hold sb in great ~** große Achtung vor jdm haben; **to show ~ for sb/sth** jdm/etw Respekt [*o* Achtung] erweisen; **to command ~** eine Respektsperson sein, sich *dat* Respekt verschaffen; **to earn** [*or* **gain**] [*or* **win**] **the ~ of sb** [*or* **sb's ~**] sich *dat* jds Respekt verdienen ② *no pl* (*consideration*) Rücksicht *f;* **to have** [*or* **show**] **~ for sb/sth** Rücksicht auf jdn/etw nehmen; **to have no ~ for sth** etw nicht respektieren; **to show a lack of ~ for sth** einen Mangel an Respekt gegenüber etw *dat* zeigen; **out of ~ for sb's feelings** aus Rücksicht auf jds Gefühle ③ (*form: polite greetings*) ■**~s** *pl* Grüße *mpl;* ***please convey my ~s to your parents*** bitte grüße deine Eltern von mir; **to pay one's ~s [to sb]** jdm einen Besuch abstatten; **to pay one's last ~s to sb** jdm die letzte Ehre erweisen ► PHRASES: **in <u>all</u>/<u>many</u>/<u>some</u> ~s** in allen/vielen/einigen Punkten; **in <u>every</u> ~** in jeglicher Hinsicht; **<u>in</u> ~ of** [*or* **<u>with</u> ~ to**] **sth** (*form*) in [*o* mit] Bezug auf etw *akk*, bezüglich +*gen*, hinsichtlich +*gen;* ***I am writing with ~ to your letter of 15 June*** ich schreibe Ihnen Bezug nehmend auf Ihren Brief vom 15. Juni; **in <u>most</u> ~s** in den meisten Punkten, in vielerlei Hinsicht; **in <u>this</u> ~** in dieser Hinsicht; **with <u>great</u>** [*or* **the <u>greatest</u>** [**of**]] [*or* **the <u>utmost</u>**] **~ [to sb]** mit größtem Respekt [jdm gegenüber]; **with all <u>due</u> ~** bei allem nötigen Respekt **II.** *vt* ① (*esteem*) ■**to ~ sb/sth** jdn/etw respektieren; LAW jdn/etw anerkennen [*o* berücksichtigen], Hochachtung vor jdm/etw haben; **to ~ sb's decision/opinions** jds Entscheidung/Ansichten respektieren; ■**to ~ oneself** Selbstachtung haben ② (*show consideration towards*) **to ~ sb's decision/opinions/wishes** jds Entscheidung/Ansichten/Wünsche respektieren; **to ~ sb's feelings/privacy/rights** jds Gefühle/Privatsphäre/Rechte respektieren

respectability [rɪˌspektəˈbɪləti, AM -ət̬i] *n no pl* Ansehen *nt*, Respektabilität *f geh;* **to gain** [*or* **achieve**] **~** Ansehen gewinnen

respectable [rɪˈspektəbl̩] *adj* ① (*decent*) anständig, ehrbar; **~ area** anständige Gegend; **~ behaviour** [*or* AM **behavior**] anständiges [*o* korrektes] Benehmen ② (*presentable*) anständig, ordentlich; **~ clothes** anständige Kleidung ③ (*acceptable*) *salary, sum* anständig *fam*, ordentlich *fam*, ansehnlich ④ (*deserving respect*) respektabel; **~ person** angesehene Person ⑤ (*hum: be dressed*) **to be ~** angezogen sein, etw anhaben; **to make oneself ~** sich *dat* was anziehen *fam*

respectably [rɪˈspektəbli] *adv* ① (*in a respectable manner*) anständig, ordentlich ② (*reasonably well*) passabel *fam*

respected [rɪˈspektɪd] *adj* angesehen; **to be well ~** hoch angesehen sein

respecter [rɪˈspektəʳ, AM -ɚ] *n* Anhänger(in) *m(f);* ■**to be no ~ of sth** etw *dat* keine Beachtung schenken; ***air pollution is no ~ of national frontiers*** Luftverschmutzung macht an Landesgrenzen nicht Halt

respectful [rɪˈspektfᵊl] *adj* respektvoll; **to be ~ of sth** etw respektieren [*o* achten], etw *dat* Respekt entgegenbringen

respectfully [rɪˈspektfᵊli] *adv* respektvoll; **R~ yours** hochachtungsvoll, Ihr(e)

respecting [rɪˈspektɪŋ] *prep* (*form*) bezüglich

respective [rɪˈspektɪv] *adj attr, inv* jeweilig

respectively [rɪˈspektɪvli] *adv inv* beziehungsweise

respiration [ˌrespᵊrˈeɪʃᵊn, AM -pəˈreɪ-] *n no pl* (*form or spec*) Atmung *f;* **artificial ~** künstliche Beatmung; **to give sb artifical ~** jdn künstlich beatmen

respirator [ˈrespᵊreɪtəʳ, AM -pəreɪt̬ɚ] *n* ① MED (*breathing equipment*) Beatmungsgerät *nt;* **to put sb on a ~** jdn an ein Beatmungsgerät anschließen ② (*air-filtering mask*) Atem[schutz]gerät *nt*

respiratory [rɪˈspɪrətᵊri, AM ˈrespᵊrətɔːri] *adj attr, inv* (*form*) Atem-; **~ complaint/failure** Atembeschwerden *fpl*/-stillstand *m;* **~ disease** Atemwegserkrankung *f*

respiratory system *n* Atmungssystem *nt*

respire [rɪˈspaɪəʳ, AM -ɚ] *vi* BIOL, MED (*spec*) atmen, respirieren *fachspr*

respite [ˈrespaɪt, AM -pɪt] *n no pl* (*form*) ① (*pause*) Unterbrechung *f*, Pause *f;* ***the injection provided only a temporary ~ from the pain*** die Spritze befreite nur vorübergehend von den Schmerzen; **without ~** pausenlos, ohne Pause ② (*delay*) Aufschub *m*

respite care *n* BRIT *zeitweilige Pflege von bedürftigen Personen*

resplendence [rɪˈsplendən(t)s] *n no pl* (*form*) Pracht *f*

resplendent [rɪˈsplendənt] *adj* (*form or liter*) prächtig, prachtvoll; ***I saw her, ~ in a red cocktail dress*** ich sah sie, eine strahlende Erscheinung in einem roten Cocktailkleid

resplendently [rɪˈsplendəntli] *adv* (*form or liter*) prachtvoll, prächtig

respond [rɪˈspɒnd, AM -ˈspɑːnd] **I.** *vt* ■**to ~ that ...** erwidern, dass ... **II.** *vi* ① (*answer*) antworten; ■**to ~ to sth** auf etw *akk* antworten; **to ~ to a letter/a question** auf einen Brief/eine Frage antworten, einen Brief/eine Frage beantworten ② (*react*) reagieren; ■**to ~ to sth** auf etw *akk* reagieren; ***how did she ~ to the news?*** wie hat sie auf die Neuigkeit reagiert?; **to ~ to the controls** der Steuerung gehorchen ③ MED (*react*) **to ~ to treatment** auf eine Behandlung ansprechen

respondent [rɪˈspɒndənt, AM -ˈspɑːn-] *n* ① (*person who answers*) Befragte(r) *f(m)* ② LAW Angeklagte(r) *f(m)*, Berufungsbeklagte(r) *f(m);* (*person answering petition*) [Scheidungs]beklagte(r) *f(m)*

response [rɪˈspɒn(t)s, AM -ˈspɑː-] *n* ① (*answer*) Antwort *f* (**to** auf +*akk*); **to have/receive a ~** eine Antwort haben/bekommen; **to make no ~** keine Antwort geben ② (*act of reaction*) Reaktion *f;* **to meet with a bad/good ~** eine schlechte/gute Resonanz finden; ***her proposals have met with an enthusiastic ~*** ihre Vorschläge wurden begeistert aufgenommen; ***his comments provoked an angry ~ from the government*** seine Bemerkungen riefen eine wütende Reaktion seitens der Regierung hervor; **in ~ to sth** in Erwiderung auf etw *akk;* ***I am writing in ~ to your advertisement*** ich schreibe auf Ihre Anzeige hin ③ *no pl* (*sign of reaction*) Reaktion *f* ④ (*part of church service*) Responsorium *nt*

responsibility [rɪˌspɒn(t)səˈbɪləti, AM -ˌspɑːn(t)səˈbɪlət̬i] *n* ① *no pl* Verantwortung *f* (**for** für +*akk*); **to claim ~ for sth** sich *akk* für etw *akk* verantwortlich erklären; **to take** [*or* **accept**] **full ~ for sth** die volle Verantwortung für etw *akk* übernehmen ② (*duty*) Verantwortlichkeit *f*, Zuständigkeit *f;* ***it's her ~ to ensure the project finishes on time*** es liegt in ihrer Verantwortung, dass das Projekt rechtzeitig abgeschlossen wird; ***who has ~ here?*** wer ist hier zuständig?; **to have a ~ to sb/sth** jdm/etw gegenüber eine Verpflichtung haben ③ *no pl* (*being responsible*) Verantwortung *f;* **sense of ~** Verantwortungsbewusstsein *nt;* **to act on one's own ~** auf eigene Verantwortung handeln; **to carry a lot of ~** eine große Verantwortung tragen

responsible [rɪˈspɒn(t)səbl̩, AM -ˈspɑː-] *adj* ① (*accountable*) verantwortlich; ■**to be ~ for sth** für etw *akk* verantwortlich sein; LAW für etw *akk* haften; **to**

hold sb ~ [for sth] jdn [für etw *akk*] verantwortlich machen; LAW jdn [für etw *akk*] haftbar machen ② (*in charge*) verantwortlich, zuständig; ■**to be ~ for sb/sth** für jdn/etw verantwortlich sein; **to be ~ to sb** jdm gegenüber verantwortlich sein ③ (*sensible*) verantwortungsbewusst ④ (*requiring responsibility*) *job, task* verantwortungsvoll; **a ~ job** eine verantwortungsvolle Stellung

responsibly [rɪˈspɒn(t)səbli, AM -ˈspɑː-] *adv* verantwortungsbewusst

responsive [rɪˈspɒn(t)sɪv, AM -ˈspɑː-] *adj* gut reagierend; ***I always found him very ~*** ich fand ihn immer sehr entgegenkommend; ***we had a wonderfully ~ audience for last night's performance*** das Publikum ging bei der Vorstellung gestern Abend sehr gut mit *fam;* ***the new car has a very ~ engine*** das neue Auto hat einen Motor, der sehr gut anspringt; **to be ~ to treatment** auf eine Behandlungsmethode ansprechen

responsively [rɪˈspɒn(t)sɪvli, AM -ˈspɑː-] *adv* [gut] ansprechend; ***he reacted very ~ to your praise*** er zeigte sich sehr empfänglich für deine Lobrede

responsiveness [rɪˈspɒn(t)sɪvnəs, AM -ˈspɑː-] *n no pl* gute Reaktionsfähigkeit; MED Ansprechen *nt;* ***we are studying the ~ of this condition to ultrasound treatment*** wir untersuchen, wie dieses Leiden auf eine Ultraschallbehandlung anspricht

rest¹ [rest] *n + sing/pl vb* ■**the ~** der Rest; ***the ~ is silence*** der Rest ist Schweigen

rest² [rest] **I.** *n* ① (*period of repose*) [Ruhe]pause *f;* **to have a ~** eine Pause machen [*o* einlegen]; **to need a ~** eine Pause brauchen; ***I feel like I need a ~ from all my problems*** ich könnte eine Verschnaufpause von allen meinen Problemen gebrauchen ② *no pl* (*repose*) Erholung *f;* **for a ~** zur Erholung ③ MUS Pause *f;* (*symbol*) Pausenzeichen *nt* ④ (*support*) Stütze *f,* Lehne *f;* (*in billiards*) Führungsqueue *m o nt;* **arm/foot/book ~** Arm-/Fuß-/Buchstütze *f* ▶ PHRASES: **to come to ~** zur Ruhe kommen; **to give sth a ~** etw ruhen lassen; **to give it a ~** (*fam*) es sein lassen *fam,* damit aufhören; **to be at ~** (*not moving*) sich *akk* im Ruhezustand befinden; (*dead*) ruhen *euph* **II.** *vt* ① (*repose*) **to ~ one's eyes/legs** seine Augen/Beine ausruhen; **to ~ oneself** sich *akk* ausruhen ② (*support*) ■**to ~ sth against/[up]on sth** etw gegen/an etw *akk* lehnen; ***she ~ed her head on my shoulder*** sie lehnte den Kopf an meine Schulter ③ AM LAW (*conclude evidence*) **to ~ one's case** seine Beweisführung abschließen **III.** *vi* ① (*cease activity*) [aus]ruhen, sich *akk* ausruhen; **to not ~ until …** [so lange] nicht ruhen, bis … ② (*not to mention sth*) **to let sth ~** etw ruhen lassen; (*fam*) ***let it ~!*** lass' es doch auf sich beruhen!; ***why won't you let me come with you? — oh, let it ~!*** warum darf ich nicht mitkommen? – ach, hör doch endlich auf! ③ (*form: remain*) ruhen; ***the problem cannot be allowed to ~*** das Problem darf nicht aufgeschoben werden; ***it ~s on her to decide*** die Entscheidung liegt bei ihr ④ (*be supported*) ruhen; ***the child's head ~ed in her lap*** der Kopf des Kindes ruhte in ihrem Schoß; ■**to ~ against sth** an etw *dat* lehnen ⑤ (*depend on*) ■**to ~ on sth** auf etw *dat* ruhen; (*be based on*) auf etw *dat* beruhen; ***the prosecution's case ~s almost entirely on circumstancial evidence*** die Anklage gründet sich fast ausschließlich auf Indizienbeweise; ■**to ~ on [*or* with] sb** auf jdm ruhen, jdm obliegen *geh;* ***the final decision ~s with the planning committee*** die endgültige Entscheidung ist Sache des Planungskomitees ⑥ (*form or liter: alight on*) ■**to ~ [up]on sb/sth** *gaze* auf jdm/etw ruhen ▶ PHRASES: **to ~ on one's laurels** sich *akk* auf seinen Lorbeeren ausruhen; **~ in peace** ruhe in Frieden; ***may he/she ~ in peace*** möge er/sie in Frieden ruhen; **[you can] ~ assured [*or* easy] [that …]** seien Sie versichert, dass …; **to be ~ing** BRIT (*fam*) arbeitslos sein

◆**rest up** *vi* AM ausruhen

restart [ˌriːˈstɑːt, AM ˈstɑːrt] **I.** *vt* ■**to ~ sth** etw wieder in Gang bringen [*o* setzen], mit etw *dat* erneut anfangen; *motor* etw wieder anlassen; *machine* etw wieder anwerfen; *activity, talk* etw wieder aufnehmen **II.** *vi* wieder anfangen [*o* beginnen]; *machine* wieder starten **III.** *n usu sing* ① (*continuation*) Wiederaufnahme *f;* *factory* Wiederinbetriebnahme *f* ② (*recommencement*) Neubeginn *m* ③ (*re-opening*) Wiedereröffnung *f*

restate [ˌriːˈsteɪt] *vt* ■**to ~ sth** etw noch einmal [mit anderen Worten] sagen [*o* neu formulieren]

restatement [ˌriːˈsteɪtmənt] *n no pl* Neuformulierung *f,* Umformulierung *f*

restaurant [ˈrestərɔ̃(ŋ), AM -tərɑːnt] **I.** *n* Restaurant *nt,* Gaststätte *f* **II.** *n modifier* (*owner, staff*) Gaststätten-; **~ food** Essen *nt* in der Gaststätte; **~ prices** Gaststättenpreise *mpl,* Restaurantpreise *mpl*

restaurant car *n* BRIT Speisewagen *m,* Zugrestaurant *nt form* **restaurant chain** *n* Restaurantkette *f*

restaurateur [ˌrestɒrəˈtɜːʳ, AM -təəˈtɜːr] *n* Gastwirt(in) *m(f),* Gastronom(in) *m(f)*

rest cure *n* Erholungskur *f* **rest day** *n* Ruhetag *m*

rested [ˈrestɪd] *adj* erholt; **to feel ~** sich *akk* erholt fühlen

restful [ˈrestfəl] *adj* erholsam; *sound* beruhigend; *atmosphere* entspannt; *place* friedlich; **to be ~ to the eyes** eine Erholung für die Augen sein

restfulness [ˈrestfəlnəs] *n no pl* Erholsamkeit *f*

rest home *n* Altersheim *nt*

resting place *n* ① (*euph: burial place*) **sb's [final [*or* last]] ~** jds [letzte] Ruhestätte *f euph* ② (*place to relax*) Rastplatz *m,* Ruheplatz *m*

restitution [ˌrestɪˈtjuːʃən, AM *esp* -ˈtuː-] *n no pl* ① (*return*) Rückgabe *f;* *of sb's rights* Wiederherstellung *f;* *of money* [Zu]rückerstattung *f;* *of a house, estates etc.* [Zu]rückgabe *f;* **export ~** Exporterstattung *f* ② (*compensation*) Entschädigung *f;* (*financial usu*) Schaden[s]ersatz *m;* **to make ~ [to sb] for sth** [jdm] für etw *akk* Ersatz leisten

restive [ˈrestɪv] *adj* ① (*restless and impatient*) unruhig, nervös ② (*stubborn*) widerspenstig; **a ~ horse** ein störrisches Pferd

restively [ˈrestɪvli] *adv* unruhig

restiveness [ˈrestɪvnəs] *n no pl* ① (*restlessness*) Rastlosigkeit *f;* (*nervousness*) Unruhe *f,* Nervosität *f* ② (*stubbornness*) Widerspenstigkeit *f*

restless [ˈrestləs] *adj* ① (*agitated*) unruhig ② (*uneasy*) rastlos; **to get ~** anfangen, sich *akk* unwohl zu fühlen ③ (*wakeful*) ruhelos; **a ~ night** eine schlaflose Nacht

restlessly [ˈrestləsli] *adv* unruhig

restlessness [ˈrestləsnəs] *n no pl* ① (*agitation*) Unruhe *f* ② (*impatience*) Rastlosigkeit *f*

restock [ˌriːˈstɒk, AM -ˈstɑːk] **I.** *vt* ■**to ~ sth [with sth]** etw wieder [mit etw *dat*] auffüllen; **to ~ the bar with soft drinks** die Bar wieder mit alkoholfreien Getränken auffüllen; **to ~ a lake** den See wieder mit Fischen besetzen **II.** *vi* Vorräte erneuern

restocking fee [ˌriːˈstɒkɪŋˌfiː, AM -ˈstɑːk-] *n* Umtauschgebühr *f*

restoration [ˌrestərˈeɪʃən, AM -təˈreɪ-] **I.** *n* ① *no pl* (*act of restoring*) Restaurieren *nt* ② (*instance of restoring*) Restaurierung *f* ③ *no pl* (*re-establishment*) Wiederherstellung *f;* **the ~ of the death penalty** die Wiedereinführung der Todesstrafe; **~ of health** Wiederherstellung *f* der Gesundheit; **the ~ of law and order** die Wiederherstellung der [öffentlichen] Ordnung ④ *no pl* (*form: return to owner*) Rückgabe *f;* **the full ~ of the misappropriated funds** die volle Rückerstattung der fehlgeleiteten Gelder ⑤ *no pl* (*return to position*) Wiedereinsetzung *f* (**to** in +*akk*) **II.** *n modifier* (*costs*) Restaurierungs-; **~ work** Restaurierungsarbeiten *fpl*

Restoration [ˌrestərˈeɪʃən, AM -təˈreɪ-] HIST **I.** *n* ■**the R~** die Restauration **II.** *n modifier* **~ architecture/art** die Architektur/Kunst der Restaurationszeit; **~ house** Haus *nt* aus der Restaurationszeit

restorative [rɪˈstɒrətɪv, AM -ˈstɔːrət̬ɪv] **I.** *n* Stärkungsmittel *nt* **II.** *adj* stärkend *attr;* **~ powers [of sth]** (*strengthening*) kräftigende Wirkung [von etw *dat*]; (*healing*) heilende Wirkung [von etw *dat*]

restore [rɪˈstɔːʳ, AM -ˈstɔːr] *vt* ① (*renovate*) ■**to ~ a building/painting** ein Gebäude/Gemälde restaurieren ② (*re-establish*) ■**to ~ sth** etw wiederherstellen; **to ~ sb's faith in sth** jdm sein Vertrauen in etw *akk* zurückgeben; **to ~ sb to health** jds Gesundheit [*o* jdn] wiederherstellen; **to ~ a law** ein Gesetz wiedereinführen; **to ~ [law and] order** die [öffentliche] Ordnung wiederherstellen; **to ~ sb to life** jdn ins Leben zurückbringen; **to ~ sb's sight** jds Sehvermögen wiederherstellen ③ (*form: return to owner*) ■**to ~ sth to sb** jdm etw zurückgeben; ■**to ~ sb to sb** jdn [zu] jdm zurückbringen ④ (*reinstate*) ■**to ~ sb to sth** jdn wieder in etw *akk* einsetzen; **to ~ sb to their former position** jdn in seine/ihre frühere Position wiedereinsetzen; **to ~ sb to power** jdn wieder an die Macht bringen

restorer [rɪˈstɔːrəʳ, AM -ˈstɔːrə˞] *n* ① ARCHIT, ART (*person*) Restaurator(in) *m(f)* ② (*hair growth treatment*) **hair ~** Haarwuchsmittel *nt*

restrain [rɪˈstreɪn] *vt* ① (*physically check*) ■**to ~ sb** jdn zurückhalten; (*forcefully*) jdn bändigen; ■**to ~ sb from [doing] sth** jdn davon abhalten, etw zu tun ② (*hold back*) ■**to ~ sth** etw zurückhalten; ■**to ~ oneself** sich *akk* beherrschen; **to ~ an impulse to do sth** einen Drang, etw zu tun, unterdrücken; ***she ~ed her impulse to smile*** sie unterdrückte ein Lächeln ③ (*keep under control*) ■**to ~ sth** etw einschränken, beschränken, [*o* geh] restringieren; **to ~ arms sales** den Waffenverkauf mit Restriktionen belegen; **to ~ inflation** die Inflation aufhalten

restrained [rɪˈstreɪnd] *adj* beherrscht; ***she was ~, despite the anger that welled up inside her*** sie war sehr beherrscht trotz des Zorns, der in ihr aufstieg; **~ criticism** verhaltene Kritik; **~ manners** gepflegte Manieren; **~ policy** zurückhaltende Politik

restraining influence *n* beruhigender Einfluss; **to act as a ~ on sb** einen beruhigenden Einfluss auf jdn ausüben **restraining order** *n* LAW einstweilige Verfügung *fachspr;* **to obtain a ~** eine einstweilige Verfügung erwirken

restraint [rɪˈstreɪnt] *n* ① *no pl* (*self-control*) Beherrschung *f;* **to exercise ~** Zurückhaltung üben *f;* **to laugh without ~** frei und unbeschwert lachen ② ECON (*restriction*) Einschränkung *f,* Beschränkung *f;* **~s on imports** Einfuhrbeschränkungen *fpl;* **a ~ on the press** eine Beschneidung der Pressefreiheit; **pay [*or* wage] ~** *esp* BRIT Lohnstopp *m* ③ LAW **to place/keep sb under ~** jdn in Gewahrsam nehmen/behalten

restraint of trade *n* ECON ① (*obligation to maintain secrecy*) Geheimhaltungspflicht *f* ② (*trading restriction*) Wettbewerbsbeschränkung *f,* Handelsbeschränkung *f*

restrict [rɪˈstrɪkt] *vt* ① (*limit*) ■**to ~ sth** etw beschränken [*o* einschränken]; *number* etw begrenzen; ■**to ~ sb to sth** ***we will have to ~ managers to half an hour's lunch break*** wir müssen die Mittagspause für Manager auf eine halbe Stunde beschränken; ■**to ~ oneself to sth** sich *akk* auf etw beschränken; **to ~ freedom of speech** die Redefreiheit beschneiden; **to ~ the sale of cigarettes** den Verkauf von Zigaretten mit Restriktionen belegen; **to ~ vision [*or* visibility]** die Sicht einschränken ② (*deprive of right*) ■**to ~ sb from sth** jdm etw untersagen ③ (*confine*) ■**to ~ sb to sth** jdn in etw *akk* einsperren; **to be ~ed to barracks** Kasernenarrest haben

restricted [rɪˈstrɪktɪd] *adj* ① (*limited*) *choice, vocabulary* begrenzt; *view* eingeschränkt ② (*subject to limitation*) eingeschränkt; *view, number* beschränkt; ■**to be ~ to sb/sth** auf jdn/etw beschränkt sein; *privilege* jdm/etw vorbehalten sein *geh;* **~ area** MIL Sperrgebiet *nt;* (*with speed limits*) verkehrsberuhigte Zone; **~ document** geheimes Dokument; **~ entry** beschränkte Zufahrt ③ (*spatially confined*) eng

restriction [rɪˈstrɪkʃən] *n* ① (*limit*) Begrenzung *f,* Beschränkung *f,* Einschränkung *f,* Restriktion *f;* **speed ~** Geschwindigkeitsbegrenzung *f;* **~ on trade** Handelsbeschränkung *f;* **to be subject to ~s** Beschränkungen [*o geh* Restriktionen] unterliegen; **to impose [*or* place] a ~ on sth** etw mit Restriktionen belegen; **to lift ~s** Restriktionen aufheben ② *no pl* (*action of limiting*) Einschränken *nt* ③ COMPUT

Einschränkung *f*

restrictive [rɪˈstrɪktɪv] *adj* (*esp pej*) einschränkend, einengend; *measure* restriktiv; ~ **trade practices** wettbewerbsbeschränkende Handelspraktiken

restrictive practice *n* BRIT unwirtschaftliche Arbeitspraktiken **restrictive trade practices** *npl* wettbewerbsbeschränkende Geschäftspraktiken

restring <-strung, -strung> [rɪˈstrɪŋ] *vt* **to ~ an instrument** ein Instrument neu besaiten; **to ~ pearls** Perlen neu aufziehen; **to ~ a tennis racket** einen Tennisschläger neu bespannen

rest room *n esp* AM (*toilet*) Toilette *f*

restructure [ˌriːˈstrʌktʃəʳ, AM -ɚ] *vt* ECON ■**to ~ sth** etw umstrukturieren [*o* restrukturieren] [*o* reorganisieren]

restructuring [ˌriːˈstrʌktʃəʳrɪŋ, AM -ɚɪŋ] *n* Restrukturierung *f,* Umstrukturierung *f;* **to undergo ~** umstrukturiert werden

restructuring plan *n* Reorganisationsprogramm *nt,* Sanierungsplan *m*

restrung [rɪˈstrʌŋ] *vt pt, pp of* **restring**

rest stop *n* AM (*lay-by*) Raststätte *f*

result [rɪˈzʌlt] **I.** *n* ① (*consequence*) Folge *f;* ■**with the ~ that …** mit dem Ergebnis [*o* so], dass …; ■**as a ~ of sth** als Folge [*o* wegen] einer S. *gen;* **~s of an accident** Unfallfolgen *fpl* ② (*outcome*) Ergebnis *nt;* ***the ~ of the match was 4 to 2*** das Spiel ist 4 zu 2 ausgegangen; **election ~s** Wahlergebnisse *ntpl;* **end ~** Endergebnis *nt;* **football ~s** Fußballergebnisse *ntpl;* **~s of a test** Testresultate *ntpl;* **with no** [*or* **without**] **~** ergebnislos ③ ECON (*corporate performance*) ■**~s** *pl* Ergebnisse *ntpl;* ***Smith's annual ~s will be published on Friday*** der Jahresbericht von Smith wird am Freitag veröffentlicht; (*for year*) Jahresergebnis *nt* ④ (*satisfactory outcome*) ■**~s** *pl* Erfolg *m,* Resultat *nt;* **to get/see ~s** Erfolge erzielen/sehen; **to have good ~s with sth** gute Ergebnisse mit etw *dat* erzielen ⑤ BRIT (*fam: a win*) Sieg *m* ⑥ MATH *of a calculation, a sum* Resultat *nt,* Ergebnis *nt* ⑦ COMPUT Ergebnis *nt* **II.** *vi* ① (*ensue*) resultieren, sich *akk* ergeben; ***chaos ~ed*** es kam zu einem Chaos, es entstand ein Chaos; ■**to ~ from sth** aus etw *dat* resultieren, sich *akk* aus etw *dat* ergeben, auf etw *akk* hinauslaufen ② (*cause*) ■**to ~ in sth** etw zur Folge haben, zu etw *akk* führen

resultant [rɪˈzʌltᵊnt] *adj attr, inv* (*form*), **resulting** [rɪˈzʌltɪŋ] *adj attr, inv* resultierend *attr,* sich daraus ergebend *attr*

resume [rɪˈzjuːm, AM *esp* -ˈzuːm] **I.** *vt* ① (*start again*) ■**to ~ sth** etw wiederaufnehmen; **to ~ a journey** eine Reise fortsetzen; **to ~ work** die Arbeit wiederaufnehmen; ■**to ~ doing sth** fortfahren, etw zu tun ② (*form: reoccupy*) etw wieder einnehmen; **to ~ one's seat** sich *akk* wieder auf seinen Platz begeben **II.** *vi* wieder beginnen; (*after short interruption*) weitergehen

résumé [ˈrezjuːmeɪ, AM ˈrezʊ-] *n* ① (*summary*) Zusammenfassung *f,* Resümee *nt geh;* **to give** [**sb**] **a ~ of sth** [jdm] eine Zusammenfassung über etw *akk* geben, etw [für jdn] zusammenfassen ② AM, AUS (*curriculum vitae*) Lebenslauf *m*

resumption [rɪˈzʌm(p)ʃᵊn] *n* ① *no pl* (*act*) *of a game, negotiations, talks* Wiederaufnahme *f* ② (*instance*) Wiederbeginn *m kein pl;* ***there have been several ~s of hostilities during the negotiations*** während der Verhandlungen kam es immer wieder zu Feindseligkeiten

resurface [ˌriːˈsɜːfɪs, AM -ˈsɜːr-] **I.** *vi* ① (*rise to surface*) *submarine, diver* wieder auftauchen ② (*reappear*) wieder zum Vorschein kommen [*o fam* auftauchen]; (*fig*) *memories, topic* aufkommen **II.** *vt* ■**to ~ sth** die Oberfläche einer S. *gen* erneuern; **to ~ a road** den Straßenbelag erneuern

resurgence [ˌriːˈsɜːdʒᵊn(t)s, AM -ˈsɜːr-] *n no pl* (*form*) Wiederaufleben *nt;* **to enjoy a ~ in popularity** *band* ein Comeback erleben

resurgent [ˌriːˈsɜːdʒᵊnt, AM -ˈsɜːr-] *adj usu attr* (*form*) wiederauflebend *attr*

resurrect [ˌrezᵊrˈekt, AM -əˈrekt] *vt* ① (*revive*) ■**to ~ sth** etw wieder aufleben lassen; **to ~ a fashion** eine Mode wiederbeleben; **to ~ an idea** eine Idee wieder aufleben lassen ② (*bring back to life*) **to ~ sb** [**from the dead**] jdn [von den Toten] auferstehen lassen; **to ~ the dead** die Toten wieder zum Leben erwecken

Resurrection [ˌrezᵊrˈekʃᵊn, AM -əˈrek-] *n no pl* ■**the ~** (*raising of Christ*) die Auferstehung; (*at Last Judgment*) die Wiederauferstehung

resurrection [ˌrezᵊrˈekʃᵊn, AM -əˈrek-] *n no pl* Wiederbelebung *f;* **the ~ of a law** die Wiedereinführung eines Gesetzes

resuscitate [rɪˈsʌsɪteɪt, AM -ˈsʌsə-] *vt* ① MED ■**to ~ sb** jdn wiederbeleben ② (*fig*) ■**to ~ sth** etw [neu] beleben; **to ~ a play/poem** ein Stück/Gedicht aus der Versenkung hervorholen *fig*

resuscitation [rɪˌsʌsɪˈteɪʃᵊn, AM -səˈ-] *n* ① MED (*revival*) Wiederbelebung *f;* **mouth-to-mouth ~** Mund-zu-Mund-Beatmung *f* ② COMM (*reanimation*) Belebung *f;* **~ of the economy** Belebung *f* der Wirtschaft

retail [ˈriːteɪl] **I.** *n no pl* Einzelhandel *m,* Kleinhandel *m,* Detailhandel *m* SCHWEIZ; **experience in ~** Einzelhandelserfahrung *f* **II.** *n modifier* (*customer, goods, shop*) Einzelhandels-; **~ dealer** Einzelhändler(in) *m(f);* **~ sales** Umsatzzahlen *fpl* im Einzelhandel **III.** *vt* ■**to ~ sth** etw im Einzelhandel verkaufen **IV.** *vi* ■**to ~ at** [*or* **for**] **sth** ***this model of computer is ~ing at £650*** im Einzelhandel kostet dieses Computermodell 650 Pfund **V.** *adv inv* im Einzelhandel; **to buy/sell sth ~** etw im Einzelhandel einkaufen/verkaufen

retail banking *n* Privatkundengeschäft *nt*

retailer [ˈriːteɪləʳ, AM -ɚ] *n* Einzelhändler(in) *m(f)*

retail outlet *n* Einzelhandelsgeschäft *nt,* Verkaufsstelle *f* [für Endabnehmer] **retail price** *n* Einzelhandelspreis *m,* Ladenpreis *m,* Endpreis *m;* ***this product sells at a ~ price of …*** im Einzelhandel kostet dieses Produkt … **retail price(s) index** *n* BRIT ECON ■**the ~** der Einzelhandelspreisindex

retain [rɪˈteɪn] *vt* ① (*keep*) ■**to ~ sth** etw behalten; **to ~ sb's attention** jds Aufmerksamkeit halten; **to ~ the championship** SPORTS Meister/Meisterin bleiben; **to ~ one's composure** die Haltung bewahren; **to ~ control of sth** etw weiterhin in der Gewalt haben; **to ~ one's dignity/independence** seine Würde/Unabhängigkeit wahren; **to ~ the right to do sth** LAW sich *akk* das Recht vorbehalten, etw zu tun; **to ~ a title** SPORTS einen Titel behalten ② (*not alter*) ■**to ~ sth** etw beibehalten, bei etw *dat* bleiben ③ (*not lose*) ■**to ~ sth** etw speichern; ***limestone ~s water*** Kalkstein nimmt viel Wasser auf ④ (*remember*) ■**to ~ sth** sich *dat* etw merken; ***I am able to ~ names easily*** ich kann Namen gut behalten ⑤ (*hold in place*) ■**to ~ sth** etw zurückhalten; ***the wall of this dam ~s 5,000,000 cubic metres of water*** die Wand dieses Dammes hält 5.000.000 Kubikmeter Wasser ⑥ (*secure services of*) **to ~ a lawyer** [*or* AM **attorney**] einen Anwalt [durch Zahlung eines Vorschusses] verpflichten

retained earnings *npl* FIN, ECON (*corporate income*) Gewinnrücklagen *fpl; of a business, company, firm* thesaurierter Gewinn *fachspr*

retainer [rɪˈteɪnəʳ, AM -ɚ] *n* ① LAW (*fee*) Vorschuss *m;* ECON Honorarvorschuss *m* ② (*dated: servant*) Faktotum *nt veraltend*

retaining [rɪˈteɪnɪŋ] *adj attr, inv* Halte-, Sicherungs-, Sperr-; *wall* Stütz-; *water* Stau-

retaining fee *n see* **retainer** *esp* LAW Anwaltsvorschuss *m* **retaining wall** *n* Stützmauer *f*

retake **I.** *vt* <-took, -taken> [ˌriːˈteɪk] ■**to ~ sth** ① (*take again*) etw wiederholen; **to ~ an exam** eine Prüfung wiederholen ② (*regain*) etw wiedergewinnen; **to ~ the lead** SPORTS sich *akk* wieder an die Spitze setzen; (*in a race*) wieder die Führung übernehmen; **to ~ a town** MIL eine Stadt zurückerobern ③ (*film again*) **to ~ a scene** eine Szene nochmals drehen **II.** *n* [ˈriːteɪk] ① *esp* BRIT (*repeated exam*) Wiederholungsprüfung *f* ② (*filming again*) Neuaufnahme *f;* ***it took seven ~s to get the scene right*** er drehte die Szene siebenmal, um sie richtig hinzukriegen

retaken [ˌriːˈteɪkᵊn] *vt pp of* **retake**

retaliate [rɪˈtælieɪt] *vi* Vergeltung üben, sich *akk* rächen; *for insults* sich *akk* revanchieren (**to** für +*akk*); ***the terrorists ~d against the government with a bomb attack*** die Terroristen schlugen mit einem Bombenanschlag gegen die Regierung zurück

retaliation [rɪˌtæliˈeɪʃᵊn] *n no pl* Vergeltung *f,* Vergeltungsmaßnahme *f;* (*in fighting*) Vergeltungsschlag *m;* **in ~ for sth** als Vergeltung für etw *akk;* ***the bomb attack was in ~ for the arrest of two terrorists*** der Bombenanschlag war ein Vergeltungsschlag für die Verhaftung von zwei Terroristen

retaliatory [rɪˈtæliətᵊri, AM -tɔːri] *adj attr, inv* Vergeltungs-; **~ measures** Vergeltungsmaßnahmen *fpl*

retard **I.** *vt* [rɪˈtɑːd, AM -ˈtɑːrd] (*form*) ■**to ~ sth** etw verzögern [*o* verlangsamen]; **to ~ the development of a country** die Entwicklung eines Landes aufhalten; **to ~ economic growth** das Wirtschaftswachstum bremsen **II.** *n* [ˈriːtɑːrd] AM (*pej! fam*) Idiot *m pej;* ***get out of my way, ~!*** aus dem Weg, du Blödmann!

retardant [rɪˈtɑːdənt, AM -ˈtɑːr-] *n* CHEM Verzögerungsmittel *nt;* **growth ~** Wachstumsverzögerungsmittel *nt;* **fire ~** Feuerhemmer *m*

-retardant [rɪˈtɑːdənt, AM -ˈtɑːr-] *in compounds* TECH **heat-~ properties** hitzehemmende Eigenschaften; **fire-~ materials** feuerhemmende Materialien

retardation [ˌriːtɑːˈdeɪʃᵊn, AM -tɑːrˈ-] *n no pl* (*form*) Verzögerung *f;* **growth ~** Wachstumsverzögerung *f;* **mental ~** (*dated or pej!*) geistige Retardation *geh*

retarded [rɪˈtɑːdɪd, AM -ˈtɑːr-] (*dated or pej!*) **I.** *adj* zurückgeblieben; **emotionally ~** emotional gehemmt; **mentally ~** geistig zurückgeblieben **II.** *n* ■**the** [**mentally**] **~** + *pl vb* [geistig] Zurückgebliebene *pl,* die [geistig] Zurückgebliebenen *pl*

retarder [rɪˈtɑːdəʳ, AM -ˈtɑːrdɚ] *n* CHEM Verzögerungsmittel *nt*

retch [retʃ] *vi* würgen; **to make sb ~** jdn zum Würgen bringen

retd *adj after n, inv abbrev of* **retired** a.D.

retell <-told, -told> [ˌriːˈtel] *vt* ■**to ~ sth** etw wieder [*o* nochmals] erzählen; ***she told and retold herself that she wouldn't give in*** sie sagte sich immer wieder, daß sie nicht klein beigeben würde; ***the film ~s the story of Anne Frank*** der Firm erzählt die Geschichte der Anne Frank

retention [rɪˈten(t)ʃᵊn] *n no pl* ① (*keeping*) Beibehaltung *f; of funds, payments* Einbehaltung *f,* Zurückbehaltung *f;* **~ of power** Machterhalt *m;* **~ of a title** SPORTS Verteidigung *f* eines Titels ② (*preservation*) Erhaltung *f;* **~ of rights** Wahrung *f* von Rechten; **staff ~** ECON Personalerhaltung *f* ③ (*not losing*) Speicherung *f;* MED Retention *f fachspr;* ***she suffers from water ~*** sie leidet unter Wasseransammlungen im Gewebe; **~ of heat** Hitzespeicherung *f* ④ (*form: memory*) Gedächtnis *nt;* **powers of ~** Merkfähigkeit *f* ⑤ *esp* LAW (*securing sb's services*) **~ of a lawyer** Mandat *nt* [nach geleisteter Vorauszahlung]

retentive [rɪˈtentɪv, AM -t̬-] *adj* aufnahmefähig; **to have a ~ memory** ein sehr gutes Gedächtnis haben

rethink **I.** *vt* <-thought, -thought> [ˌriːˈθɪŋk] ■**to ~ sth** etw überdenken; ■**to ~ how/why/whether …** überdenken, wie/warum/ob … **II.** *vi* <-thought, -thought> [ˌriːˈθɪŋk] überlegen **III.** *n* [ˈriːθɪŋk] *no pl* Überdenken *nt;* **to have a ~** etw noch einmal überdenken

rethought [ˌriːˈθɔːt, AM *esp* -ˈθɑːt] *vt pt, pp of* **rethink**

reticence [ˈretɪsᵊn(t)s, AM ˈret̬ə-] *n no pl* Zurückhaltung *f;* (*taciturnity*) Wortkargheit *f*

reticent [ˈretɪsᵊnt, AM ˈret̬ə-] *adj* (*form*) zurückhaltend; (*taciturn*) wortkarg; ■**to be ~** [**about sth/sb**] [in Bezug auf etw/jdn] nicht sehr gesprächig sein; ***he is very ~ about his past*** über seine Vergangenheit schweigt er sich aus

reticently [ˈretɪsᵊntli, AM ˈret̬ə-] *adv* (*form*) zurückhaltend

reticulate [rɪˈtɪkjələt, AM -lɪt] *adj inv,* **reticulated**

R

[rɪˈtɪkjələtɪd, AM -t̬-] *adj inv* BOT, ZOOL netzartig, retikular *fachspr*

reticulation [rɪˌtɪkjəˈleɪʃᵊn] *n* TECH Geflecht *nt*

retina <*pl* -s *or* -nae> [ˈretɪnə, AM -ᵊnə, *pl* -niː] *n* Netzhaut *f*, Retina *f fachspr*

retinal [ˈretɪnəl, AM -ᵊnəl] *adj attr, inv* ANAT Netzhaut-; ~ **detachment** Netzhautablösung *f*

retinue [ˈretɪnjuː, AM -tᵊnuː, -njuː] *n* + *sing/pl vb* Gefolge *nt kein pl*

retire [rɪˈtaɪəʳ, AM -ɚ] **I.** *vi* ❶ (*stop working*) in den Ruhestand treten; *worker* in Rente gehen; *civil servant* in Pension gehen; *self-employed person* sich *akk* zur Ruhe setzen; *soldier* aus der Armee ausscheiden; SPORTS seine Karriere beenden; **to ~ from business** sich *akk* aus dem Geschäftsleben zurückziehen; **to ~ from a company** aus einer Firma ausscheiden ❷ SPORTS ausscheiden; ***he ~d injured*** [*or* ***hurt***] er schied verletzungsbedingt aus ❸ (*form: withdraw*) sich *akk* zurückziehen; LAW ***the jury ~d to consider the verdict*** die Jury zog sich zur Urteilsfindung zurück ❹ (*form: go to bed*) sich *akk* zu Bett begeben *geh* **II.** *vt* ❶ (*cause to stop working*) ■**to ~ sb** jdn in den Ruhestand versetzen; *worker* jdn verrenten ❷ (*pull back*) **to ~ troops** Truppen zurückziehen ❸ (*fam: stop using*) ■**to ~ sth** etw ausrangieren ❹ FIN **to ~ a loan** eine Anleihe zurückzahlen; **to ~ a note** [*or* **bill**] [**from circulation**] eine Banknote aus dem Verkehr ziehen

retired [rɪˈtaɪəd, AM -ɚd] *adj inv* (*not working any longer*) im Ruhestand *präd; worker* in Rente *präd; civil servant* pensioniert; ***he is a ~ soldier*** er ist ein ehemaliger Soldat

retiree [rɪˌtaɪ(ə)ˈriː, AM rɪˈtaɪriː] *n* AM Ruheständler(in) *m(f)*; (*retired worker*) Rentner(in) *m(f)*; (*retired civil servant*) Pensionär(in) *m(f)*

retirement [rɪˈtaɪəmənt, AM -ɚ-] **I.** *n* ❶ (*from job*) Ausscheiden *nt* aus dem Arbeitsleben; *of a civil servant* Pensionierung *f; of a soldier* Verabschiedung *f* ❷ *no pl esp* SPORTS (*ceasing to compete*) Ausscheiden *nt* ❸ *no pl* (*after working life*) Ruhestand *m;* ■**on ~** bei Eintritt in den Ruhestand; **to be in ~** im Ruhestand sein; **to come out of ~** wieder zur Arbeit zurückkehren; **to go into ~** *worker* in Rente gehen; *self-employed person* sich *akk* zur Ruhe setzen; *civil servant* sich *akk* pensionieren lassen; **to take early ~** (*as a worker*) in Frührente gehen; (*as a civil servant*) sich *akk* frühzeitig pensionieren lassen ❹ *no pl* (*form: seclusion*) Zurückgezogenheit *f*; **to live in ~** zurückgezogen leben ❺ LAW das Sichzurückziehen [der Jury] **II.** *n modifier* Pensions-, Renten-; ~ **benefit** Altenhilfe *f*; ~ **pay** (*for worker*) [Alters]rente *f*; (*for civil servant*) [Alters]ruhegeld *nt*; ~ **plan** Altersversorgungsschema *nt*; ~ **village** Rentnerdorf *nt*

retirement age *n of a worker* Rentenalter *nt; of a civil servant* Pensionsalter *nt* **retirement community** *n* betreutes Wohnen **retirement home** *n* Altenheim *nt* **retirement pension** *n* Altersversorgung *f*; (*for worker*) [Alters]rente *f*; (*for civil servant*) [Alters]ruhegeld *nt*, Pension *f*

retiring [rɪˈtaɪərɪŋ, AM -ɚ-] *adj* ❶ *attr, inv* (*stopping work*) ausscheidend ❷ (*reserved*) zurückhaltend

retold [ˌriːˈtəʊld] *vt pp, pt of* **retell**

retook [ˌriːˈtʊk] *vt pt of* **retake**

retool [ˌriːˈtuːl] ECON **I.** *vt* ■**to ~ sth** etw mit neuen Maschinen bestücken; **to ~ an assembly line** ein Montageband neu ausrüsten **II.** *vi* sich *dat* neue Maschinen anschaffen

retort [rɪˈtɔːt, AM -ˈtɔːrt] **I.** *vt* ■**to ~ that …** scharf erwidern, dass …; ***"no need to be so rude," she ~ed*** „kein Grund so unhöflich zu sein", gab sie zurück **II.** *vi* scharf antworten **III.** *n* scharfe Anwort [*o* Erwiderung]; ***he made an angry ~*** er antwortete verärgert und mit scharfen Worten

retouch [ˌriːˈtʌtʃ] *vt* ■**to ~ sth** etw retuschieren

retrace [rɪˈtreɪs] *vt* ■**to ~ sth** etw zurückverfolgen; *in mind* etw [geistig] nachvollziehen; **to ~ one's steps** denselben Weg zurückgehen

retract [rɪˈtrækt] **I.** *vt* ■**to ~ sth** ❶ (*withdraw*) etw zurückziehen; **to ~ an offer/a statement** ein Angebot/eine Behauptung zurücknehmen ❷ (*draw back*) etw zurückziehen; (*into body*) etw einziehen; ***the cat ~ed its claws*** die Katze zog ihre Krallen ein; ***the pilot ~ed the undercarriage*** der Pilot zog das Fahrgestell ein **II.** *vi* ❶ (*withdraw words*) einen Rückzieher machen *fam* ❷ (*be drawn back*) eingezogen werden

retractable [rɪˈtræktəbl̩] *adj inv* einziehbar

retraction [rɪˈtrækʃᵊn] *n* (*form*) Zurücknahme *f kein pl*

retrain [rɪˈtreɪn] **I.** *vt* ❶ (*train for work*) ■**to ~ sb** jdn umschulen; **to ~ staff** das Personal umschulen ❷ COMPUT ■**to ~ sth** etw resynchronisieren **II.** *vi* umgeschult werden

retraining [rɪˈtreɪnɪŋ] *n no pl* Umschulung *f*

retread I. *vt* [ˌriːˈtred] AUTO **to ~ a tyre** [*or* AM **tire**] einen Reifen runderneuern **II.** *n* [ˈriːtred] runderneuerter Reifen

retreat [rɪˈtriːt] **I.** *vi* ❶ MIL sich *akk* zurückziehen, den Rückzug antreten ❷ (*move backwards*) zurückweichen; (*become smaller*) *flood waters* zurückgehen, fallen; *ice* schmelzen; *shares* fallen; ***when she came towards me shouting I ~ed behind my desk*** als sie schreiend auf mich zukam, bin ich hinter meinen Schreibtisch geflüchtet ❸ (*withdraw*) sich *akk* zurückziehen; (*hide*) sich *akk* verstecken; ■**to ~ into oneself** sich *akk* in sich selbst zurückziehen; **to ~ into a fantasy world** sich *akk* in eine Fantasiewelt flüchten; **to ~ into the shade** sich *akk* in den Schatten zurückziehen ❹ (*fail to uphold*) einen Rückzieher machen; **to ~ from one's beliefs** seine Überzeugungen ändern; **to ~ from one's principles** von seinen Prinzipien abweichen; **to ~ from one's promises/proposals** seine Versprechen/Vorschläge zurücknehmen **II.** *n* ❶ MIL (*withdrawal*) Rückzug *m;* ■**to be in ~** sich *akk* auf dem Rückzug befinden; ***enemy soldiers are now in full ~*** die feindlichen Soldaten haben jetzt den totalen Rückzug angetreten; **to sound a ~** zum Rückzug blasen ❷ *no pl* (*withdrawal*) Abwendung *f*, Abkehr *f* (**from** von +*dat*) ❸ (*private place*) Zufluchtsort *m;* ***she's gone off to a Buddhist ~ in the mountains*** sie hat sich zu den Buddhisten in die Berge zurückgezogen ❹ (*period of seclusion*) Zeit *f* der Ruhe und Abgeschiedenheit; **to go on ~** REL in Klausur gehen ❺ (*failure to uphold*) Abweichung *f*; **to mark** [*or* **signal**] **a ~ from sth** eine Abweichung von etw *dat* darstellen

retreating [rɪˈtriːtɪŋ, AM -t̬-] *adj attr, inv* MIL sich im Rückzug befindend *attr*

retrench [rɪˈtren(t)ʃ, AM -ˈtrentʃ] **I.** *vi* (*form*) sich *akk* einschränken, sparen **II.** *vt* ❶ (*reduce costs*) **to ~ one's expenditure** seine Ausgaben reduzieren ❷ AUS (*make redundant*) ■**to ~ sth** etw einsparen; **to ~ personnel** Personal abbauen

retrenchment [rɪˈtren(t)ʃmənt, AM -ˈtrentʃ-] *n* ❶ ECON (*form: financial cut*) Kürzung *f*, Senkung *f*, Abbau *m*, Einschränkung *f* ❷ *no pl* (*reducing spending*) Einschränken *nt* ❸ AUS (*dismissal from employment*) Stellenstreichung *f*; ~ **of personal** Personalabbau *m*

retrial [ˌriːˈtraɪəl, AM ˈriːtraɪ(ə)l] *n* LAW Wiederaufnahmeverfahren *nt;* ***the ~ of Atkinson's case is scheduled for April*** der Fall Atkinson wird im April wieder aufgenommen

retribution [ˌretrɪˈbjuːʃᵊn, AM -rə-] *n no pl* (*form*) Vergeltung *f*; ~ ***overtook him*** die Strafe holte ihn schnell ein; ■**in ~ for sth** als Vergeltung für etw *akk*; **divine ~** die gerechte Strafe Gottes; **to escape ~** seiner Strafe entgehen

retributive [rɪˈtrɪbjʊtɪv, AM -t̬-] *adj attr* (*form*) Vergeltungs-; ~ **justice** ausgleichende Gerechtigkeit

retrievable [rɪˈtriːvəbl̩] *adj* ❶ (*available*) [wieder] beschaffbar, beizubringen[d] ❷ (*replacable*) ersetzbar

retrieval [rɪˈtriːvəbl̩] *n no pl* ❶ (*regaining*) Wiedererlangen *nt;* ***he had little hope for the ~ of the stolen painting*** er hatte wenig Hoffnung, dass das gestohlene Gemälde wieder auftauchen würde ❷ (*rescuing*) Rettung *f*; (*of wreckage*) Bergung *f*; **to be beyond** [*or* **past**] ~ hoffnungslos verloren sein ❸ COMPUT **data/information** ~ (*obtaining*) Daten-/Informationsabruf *m;* (*getting back*) Retrieval *nt fachspr*, Daten-/Informationsrückgewinnung *f*, Wiederauffinden *nt*

retrieve [rɪˈtriːv] *vt* ■**to ~ sth** ❶ (*get back*) etw wiederfinden; ***so far, the police have ~d very little of the stolen jewellery*** bis jetzt konnte die Polizei nur wenig von dem gestohlenen Schmuck aufspüren; **to ~ forgotten memories** sich *akk* wieder erinnern können ❷ (*fetch*) etw heraus-/herunter-/zurückholen; ***my hat blew off in the wind but I managed to ~ it*** der Wind hatte meinen Hut wurde weggeblasen, aber ich konnte ihn noch fangen ❸ (*rescue*) etw retten; (*from wreckage*) etw bergen; **to ~ the situation** die Situation retten ❹ COMPUT **to ~ data/information** Daten/Informationen abrufen ❺ (*by dog*) etw apportieren

retriever [rɪˈtriːvəʳ, AM -ɚ] *n* Retriever *m*

retro [ˈretrəʊ, AM -roʊ] *adj* Retro-; ~ **60s fashions** Retromode *f* der Sechziger; ***the restaurant is called '1830' and its design is suitably ~*** das Restaurant heißt ‚1830' und ist dieser Zeit entsprechend aufgemacht

retro- [ˈretrəʊ, AM -troʊ] *in compounds* Rück-, rück-

retroactive [ˌretrəʊˈæktɪv, AM -roʊˈ-] *adj inv* rückwirkend; ***your pay rise is ~ to January of last year*** Ihre Gehaltserhöhung gilt rückwirkend ab Januar des letzten Jahres; ~ **law** rückwirkendes Gesetz

retroactively [ˌretrəʊˈæktɪvli, AM -roʊˈ-] *adv* rückwirkend

retrochoir [ˈretrəʊˌkwaɪəʳ, AM -roʊˌkwaɪɚ] *n* Chorraum *m*

retrograde [ˈretrə(ʊ)greɪd, AM -rəgreɪd] *adj* ❶ (*form: regressive*) *development* rückläufig; ~ **policy** rückschrittliche Politik; ~ **step** Rückschritt *m* ❷ GEOL, ASTRON rückläufig, retrograd *fachspr*

retrogress [ˌretrə(ʊ)ˈgres, AM ˈretrəgres] *vi* (*form*) sich *akk* zurückentwickeln

retrogression [ˌretrə(ʊ)ˈgreʃᵊn, AM -rəˈ-] *n no pl* (*form*) Rückentwicklung *f*

retrogressive [ˌretrə(ʊ)ˈgresɪv, AM ˈretrəgre-] *adj* (*form*) *policy, reforms* rückschrittlich; *development* rückläufig

retrorocket [ˈretrəʊˌrɒkɪt, AM -roʊˌrɑːk-] *n* AVIAT Bremsrakete *f*

retrospect [ˈretrə(ʊ)spekt, AM -rə-] *n no pl* **in ~** im Rückblick [*o* Nachhinein], rückblickend

retrospection [ˌretrə(ʊ)ˈspekʃᵊn, AM -rəˈ-] *n no pl, no def art* Rückblick *m*, Retrospektion *f geh;* ***too much ~ makes me sad*** es macht mich traurig, wenn ich zu viel über Vergangenheit nachdenke

retrospective [ˌretrə(ʊ)ˈspektɪv, AM -rəˈ-] **I.** *adj* ❶ (*looking back*) rückblickend; ~ **mood** nachdenkliche Stimmung ❷ *esp* LAW (*form*) rückwirkend; ~ **pay award** rückwirkende Lohn-/Gehaltserhöhung **II.** *n* Retrospektive *f*

retrospectively [ˌretrə(ʊ)ˈspektɪvli, AM -rəˈ-] *adv* ❶ (*with hindsight*) im Nachhinein ❷ *esp* LAW (*form: retroactively*) rückwirkend, retrospektiv *fachspr*

retrovirus <*pl* -es> [ˈretrə(ʊ)vaɪ(ə)rəs, AM -roʊvaɪrəs] *n* MED Retrovirus *nt fachspr*

retry <-ie-> [ˌriːˈtraɪ] **I.** *vt* LAW ■**to ~ sb** gegen jdn neu verhandeln; **to ~ a case** einen Prozess [*o* ein Verfahren] wieder aufnehmen **II.** *vi* COMPUT wieder eingeben, neu eingeben

retsina [retˈsiːnə] *n no pl* Retsina *m*

retune [ˌriːˈtjuːn, AM *esp* -ˈtuːn] **I.** *vt* ■**to ~ sth** ❶ MUS (*tune again*) etw stimmen; **to ~ a piano** ein Klavier stimmen ❷ RADIO, TV (*readjust*) etw einstellen **II.** *vi* einstellen; **to ~ to another frequency** eine andere Frequenz einstellen

return [rɪˈtɜːn, AM -ˈtɜːrn] **I.** *n* ❶ (*to a place/time*) Rückkehr *f* (**to** zu +*dat*), Wiederkehr *f geh;* ~ **home** Heimkehr *f*; **after his ~ from the war, …** nachdem er aus dem Krieg zurückgekehrt war, …; ~ **to school** Schulbeginn *m* ❷ (*reoccurrence*) *of an illness* Wiederauftreten *nt* ❸ (*giving back*) Rückgabe *f*; ~ **of goods** (*by post etc.*) Warenrücksendung *f*; (*handed back*) Rückgabe *f*; **by ~** [**of post**] BRIT, AUS postwendend ❹ (*recompense*) Gegenleistung *f;* ***a small ~ for your kindness*** ein kleines Zeichen der Dankbarkeit für Ihre Zuvorkommenheit; ***in ~ for***

your cooperation we will give you a free gift als Anerkennung für Ihre Mitarbeit erhalten Sie ein Geschenk von uns ⑤ BRIT, AUS (*ticket*) Hin- und Rückfahrkarte *f*; **day** ~ Tagesfahrkarte *f*; **first-class/second-class** ~ Hin- und Rückfahrkarte *f* erster/zweiter Klasse; **weekend** ~ Wochenendkarte *f* ⑥ SPORTS (*stroke*) Rückschlag *m*; ~ **of serve** Return *m* ⑦ ECON (*proceeds*) Gewinn *m*, Ertrag *m*, Rendite *f*; ~**s on capital** Rendite *f*; **law of diminishing ~s** Gesetzmäßigkeit *f* vom abnehmenden Ertragszuwachs ⑧ POL (*election*) Wahl *f* [eines Parlamentsabgeordneten]; **his ~ to power** seine Wiederwahl ⑨ AM POL ■**the ~s** *pl* die Wahlergebnisse ⑩ ECON (*returned goods*) ■**~s** *pl* Rücksendungen *fpl*, Retourwaren *fpl*, Remittenden *mpl* ⑪ *no pl* COMPUT (*key on keyboard*) Return[-Taste *f*], Eingabetaste *f* ⑫ FIN **[income] tax** ~ [Einkommens]steuererklärung *f* ⑬ (*end of line indication*) Zeilenbruch *m* ⑭ COMPUT (*instruction*) Rücksprung *m* ▶ PHRASES: **many happy ~s [of the day]** herzlichen Glückwunsch zum Geburtstag; **to do sth by** ~ BRIT etw sofort tun **II.** *adj attr, inv postage, flight, trip* Rück- **III.** *vi* ① (*come/go back*) zurückkehren, zurückkommen; (*fig*) ***is there any hope that peace will ~?*** besteht die Hoffnung, dass es je wieder Frieden geben wird?; **to ~ home** (*come back home*) nach Hause kommen; (*go back home*) nach Hause gehen; (*after long absence*) heimkehren; ■**to ~ from somewhere** von irgendwo zurückkommen [*o* zurückkehren]; ■**to ~ to somewhere** irgendwohin zurückkehren; ~ **to sender** zurück an Absender ② (*reoccur*) *pain, illness* wiederkommen ③ (*revert to*) ■**to ~ to sth** etw wieder aufnehmen; ***she ~ed to making her own clothes*** sie nähte sich ihre Kleider wieder selbst; ***she longed to ~ to her gardening*** sie sehnte sich danach, wieder im Garten zu arbeiten; **to ~ to office** [*or* **power**] wiedergewählt werden; **to ~ to a problem** sich *akk* einem Problem wieder zuwenden; **to ~ to a subject** auf ein Thema zurückkommen; **to ~ to a task** sich *akk* einer Aufgabe wieder widmen; **to ~ to one's old ways** in seine alten Gewohnheiten zurückfallen; **to ~ to normal** *things* sich wieder normalisieren; *person* wieder zu seinem alten Ich zurückfinden **IV.** *vt* ① (*give back*) ■**to ~ sth** etw zurückgeben; ***when are you going to ~ the money you owe me?*** wann zahlst du mir das Geld zurück, das du mir schuldest?; ■**to ~ sth to sb/sth** (*in person*) jdm/etw etw zurückgeben; (*by post*) jdm/etw etw zurückschicken; **to ~ goods** Waren zurücksenden; **to ~ sth to its place** etw an seinen Platz zurückstellen ② (*reciprocate*) ■**to ~ sth** etw erwidern; **to ~ a blow/a salute/a wave** zurückschlagen/-grüßen/-winken; **to ~ sb's call** jdn zurückrufen; **to ~ a compliment/a greeting** ein Kompliment/einen Gruß erwidern; **to ~ a favour** sich *akk* revanchieren; ***let me ~ your favour*** jetzt tue ich *dir* einen Gefallen; **to ~ fire** das Feuer erwidern; **to ~ good for evil** Böses mit Gutem vergelten; **to ~ sb's love** jds Liebe *f* erwidern ③ (*place back*) ■**to ~ sth somewhere** etw irgendwohin zurückstellen [*o* zurücklegen]; **to ~ animals to the wild** Tiere auswildern ④ POL ■**to ~ sb** BRIT jdn wählen; **to ~ sb to power** [*or* **office**] jdn wieder ins Amt wählen; **~ing officer** Wahlleiter(in) *m(f)* ⑤ FIN **to ~ a profit** einen Gewinn einbringen [*o* abwerfen] ⑥ LAW (*pronounce*) **to ~ a verdict of guilty/not guilty** einen Schuldspruch/Freispruch aussprechen ⑦ TENNIS **to ~ a volley** einen Volley annehmen

returnable [rɪ'tɜ:nəbl̩, AM -'tɜ:rn-] *adj* ① (*recyclable*) wiederverwendbar, Mehrweg-; ~ **bottle** Mehrwegflasche *f*; ~ **bottle with deposit** Pfandflasche *f* ② (*accepted back*) umtauschbar; ***these items are not*** ~ diese Waren sind vom Umtausch ausgeschlossen

returnee [rɪˌtɜ:'ni, AM ˌtɜ:r] *n esp* POL Rückkehrer(in) *m(f)*, Rückkehrwillige(r) *f(m)*

returner [rɪ'tɜ:nəʳ, AM ˌtɜ:rnə] *n* Zurückkehrende(r) *f(m)*; *job* Wiedereinsteiger(in) *m(f)*

returning [rɪ'tɜ:nɪŋ, AM -'tɜ:rn-] *adj attr* rückkehrend; ~ **soldier** heimkehrender Soldat

returning officer *n* NBRIT, CAN POL Wahlleiter(in) *m(f)*

return key *n* Eingabetaste *f* **return mail** *n* AM, AUS **to do sth by** ~ etw postwendend [*o* umgehend] tun **return match** *n* Rückspiel *nt* **return on investment** *n* AM (*yield*) Kapitalrendite *f*, Ertrag aus investiertem Kapital, Investitionsrentabilität *f* **return receipt** *n* AM Rückschein *m* **return ticket** *n* ① BRIT, AUS (*ticket there and back*) Hin- und Rückfahrkarte *f*; AVIAT Hin- und Rückflugticket *nt*, Hin- und Rückflugschein *m* ② AM (*ticket for return*) Rückfahrkarte *f*

reunification [ˌri:ju:nɪfɪ'keɪʃən, AM ri:ˌju:nə-] *n no pl* Wiedervereinigung *f*

reunify <-ie-> [ˌri:'ju:nɪfaɪ, AM nə] *vt* ■**to ~ sth** wiedervereinigen

reunion [ˌri:'ju:niən, AM -njən] *n* ① (*gathering*) Treffen *nt*, Zusammenkunft *f*; **family** ~ Familientreffen *nt* ② *no pl* (*form: bringing together*) Wiedervereinigung *f*; (*coming together*) Wiedersehen *nt*; ***he had a tearful ~ with his parents*** als er seine Eltern endlich wiedersah, flossen viele Tränen; **the ~ of East and West Germany** die Wiedervereinigung Deutschlands, die deutsche Wiedervereinigung; ~ **of people** Zusammenführung *f* von Menschen

reunite [ˌri:ju:'naɪt] **I.** *vt* ■**to ~ sb with sb** jdn mit jdm [wieder] zusammenbringen; **to ~ families** Familien wieder zusammenführen; **to ~ a party** eine Partei einigen **II.** *vi* sich *akk* wieder vereinigen; *people* wieder zusammenkommen

reusable [ˌri:'ju:zəbl̩] *adj* (*in the same shape*) wiederverwendbar; (*reprocessed*) wiederverwertbar; ~ **plastic** wiederverwertbares Plastik

reuse [ˌri:'ju:z] *vt* ① (*use again*) ■**to ~ sth** etw wiederverwenden; ***the tape can be erased and ~d*** das Band kann gelöscht und neu bespielt werden ② (*recycle by processing*) **to ~ waste material** Abfall wiederverwerten

Rev. *n abbrev of* **Reverend**

rev[1] [rev] *n* (*fam*) *short for* **revolution** Drehzahl *f*; ■**~s** *pl* Umdrehungen *fpl* [pro Minute]

rev[2] <-vv-> [rev] **I.** *vt* **to ~ [up] an engine** einen Motor auf Touren bringen [*o fam* hochjagen]; (*noisily*) einen Motor aufheulen lassen **II.** *vi* ■**to ~ [up]** *engine* auf Touren kommen; (*make noise*) aufheulen; (*fig*) *person* aufdrehen

revaluation [ri:ˌvælju'eɪʃən] *n* ① (*value again*) Neubewertung *f* ② (*change in value*) *of a currency* Aufwertung *f*

revalue [ˌri:'vælju:] *vt* ■**to ~ sth** etw neu bewerten; **to ~ an asset** ein Vermögen neu schätzen lassen; **to ~ a currency** eine Währung aufwerten

revamp [ˌri:'væmp] *vt* (*fam*) ■**to ~ sth** etw aufpeppen *fam*; *room* etw aufmöbeln *fam*; ***the words have been ~ed but the song's still no good*** der Text hat zwar jetzt mehr Pep, aber der Song ist noch immer nicht gut; **to ~ a department** eine Abteilung auf Vordermann bringen; **to ~ one's image/a play** sein Image/ein Theaterstück aufpolieren *fam*

RevCan *n* CAN (*fam*) ≈ Finanzamt *nt*

rev counter *n* Drehzahlmesser *m*

Revd *n abbrev of* **Reverend**

reveal [rɪ'vi:l] *vt* ① (*allow to be seen*) ■**to ~ sth** etw zeigen [*o* zum Vorschein bringen]; ***her veil only ~ed her eyes*** der Schleier ließ nur ihre Augen frei; ***a gap in the clouds ~ed the Atlantic far below*** durch die aufgerissenen Wolken konnte man weit unten den Atlantik sehen; **to ~ a talent** ein Talent erkennen lassen ② (*disclose*) ■**to ~ sth** etw enthüllen [*o* offen legen]; *particulars* etw preisgeben; ***the reporter has refused to ~ his sources*** der Reporter weigerte sich, seine Quellen preiszugeben; ■**to ~ that ...** enthüllen, dass ...; (*admit*) zugeben, dass; ■**to ~ how/where/why ...** verraten, wie/wo/warum ...; ***she later ~ed why she had been so reluctant to come forward*** sie erklärte später, warum sie so gezögert hatte, sich zu melden; **to ~ sb's identity** jds Identität zu erkennen geben; **to ~ a secret** ein Geheimnis verraten ③ REL (*make known*) ■**to ~ sth [to sb]** [jdm] etw offenbaren ④ COMPUT ■**to ~ sth** etw aufdecken

revealing [rɪ'vi:lɪŋ] *adj* ① (*displaying body*) freizügig; **a ~ dress** ein gewagtes Kleid ② (*divulging sth*) *account, comment, interview* aufschlussreich; ***his scathing review was all too ~ of his own envy of the author's success*** seine beißende Kritik zeigt nur allzu deutlich, dass er auf den Erfolg des Autors einfach neidisch ist

revealingly [rɪ'vi:lɪŋli] *adv* ① (*physically revealing*) freizügig ② (*openly*) offen; **to speak ~ about sth** offen über etw *akk* sprechen

reveille [rɪ'væli, AM 'revəli] *n no pl* MIL Reveille *f veraltet*, Wecksignal *nt*; **to play** [*or* **sound**] ~ zum Wecken blasen

revel <BRIT -ll- *or* AM *usu* -l-> ['revəl] *vi* (*liter or hum*) feiern; ■**to ~ in sth** seine wahre Freude an etw *dat* haben

revelation [ˌrevəl'eɪʃən] *n* ① *no pl* (*act of revealing*) Enthüllung *f*, Aufdeckung *f* ② (*sth revealed*) Enthüllung *f*; ***his wife divorced him after the ~ that he was having an affair*** seine Frau ließ sich von ihm scheiden, nachdem herausgekommen war, dass er ein Verhältnis hatte; **~s about sb's private life** Enthüllungen über jds Privatleben ③ *no pl* REL (*supernatural revealing*) Offenbarung *f*; **divine** ~ göttliche Offenbarung ▶ PHRASES: **to be a ~ for** [*or* **to**] **sb** jdn umhauen *fam*

Revelations [ˌrevəl'eɪʃənz] *npl no art* REL die Offenbarung [des Johannes]; **the Book of** ~ das Buch der Offenbarung

revelatory [ˌrevə'leɪtəri] *adj* offenbarend, aufschlussreich

reveler ['revələʳ], AM **reveller** [-ɚ] *n* Feiernde(r) *f(m)*

revelry ['revəlri] *n* ① *no pl* (*noisy merry-making*) [ausgelassenes] Feiern; **sounds of ~** Partygeräusche *ntpl* ② *usu pl* (*festivity*) [ausgelassene] Feier

revenge [rɪ'vendʒ] **I.** *n no pl* ① (*retaliation*) Rache *f* (**on** an +*dat*); SPORTS Revanche *f*; ■**in ~ for sth** als Rache für etw *akk*; **to exact** [*or* **take**] **[one's] ~ [on sb] [for sth]** sich *akk* [an jdm] [für etw *akk*] rächen; **to get one's ~** sich *akk* rächen; SPORTS sich *akk* revanchieren ② (*desire for retaliation*) Rachedurst *m*; **to do sth out of ~** etw aus Rache tun ▶ PHRASES: ~ **is sweet** (*prov*) Rache ist süß *prov* **II.** *n modifier* (*attack, bombing, raid*) aus Rache *nach n*; ~ **killing** Vergeltungsmord *m* **III.** *vt* ■**to ~ sth** etw rächen; ■**to ~ oneself** [*or* **be revenged**] **[up]on sb** (*liter or old*) sich *akk* an jdm rächen; SPORTS sich *akk* bei jdm revanchieren

revengeful [rɪ'vendʒfəl] *adj* rachsüchtig; ~ **act** Racheakt *m*

revengefully [rɪ'vendʒfəli] *adv* rachsüchtig

revenue ['revənju:, AM *esp* -vənu:] *n* ① *no pl* (*income*) Einkünfte *fpl* (**from** aus +*dat*); **the firm's ~** die Firmeneinnahmen *fpl* ② *no pl* (*of a state*) öffentliche Einnahmen, Staatseinkünfte *fpl* ③ (*instances of income*) ■**~s** *pl* **sales ~s** Verkaufseinnahmen *fpl*; **state ~s** Staatseinkünfte *fpl*; **tax ~s** Steueraufkommen *nt*

Revenue Canada *n* CAN ≈ Finanzamt *nt*

revenue sharing *n no pl* AM Finanzausgleich *m*

revenue stamp *n* AM Steuermarke *f*

reverb [rɪ'vɜ:b, AM -'vɜ:rb] *n* ELEC, MUS ① *no pl* (*effect*) Hall[effekt] *m* ② (*device*) Hallerzeuger *m*

reverberate [rɪ'vɜ:bəreɪt, AM -'vɜ:rbər-] *vi* ① (*echo*) widerhallen, nachhallen; ■**to ~ through[out] sth** durch etw *akk* [hindurch]hallen; ***the narrow street ~d with the sound of workmen's drills*** der Lärm der Bohrarbeiten ließ die enge Straße vibrieren; ***the sound of the explosion ~ed around the canyon*** der Knall der Explosion erfüllte das ganze Tal ② (*be recalled*) ■**to ~ through[out]** [*or* **[a]round**] **sth** ***his terrible childhood experiences ~d throughout the whole of his life*** die schlimmen Kindheitserfahrungen wirkten sein ganzes Leben lang nach ③ (*be widely heard*) ■**to ~ through[out]** [*or* **[a]round**] **sth** durch etw *akk* gehen; ***news of the disaster ~d through the company*** die Nachricht von der Katastrophe ging wie ein Lauffeuer durch die Firma

reverberation [rɪˌvɜ:bər'eɪʃən, AM -ˌvɜ:rbə'reɪ-] *n*

(*form*) ❶ *no pl* (*echoing*) Widerhallen *nt,* Nachhallen *nt* ❷ *usu pl* (*an echo*) Widerhall *m,* Nachhall *m* ❸ *usu pl* (*long-lasting effects*) Nachwirkungen *fpl*

revere [rɪˈvɪəʳ, AM -ˈvɪr] *vt* (*form*) ■**to ~ sb [for sth]** jdn [für etw *akk*] verehren; ■**to ~ sth** etw achten; **to ~ somebody's work** jds Arbeit hoch schätzen

reverence [ˈrevərən(t)s] *n no pl* Verehrung *f* (**for** für +*akk*); **to feel** [*or* **have**] **~ for sb** jdn hoch schätzen [*o* verehren]; **to pay** [*or* **show**] **~ to sb/sth** jdm/etw Ehrfurcht bezeigen *geh;* **to treat sth/sb with ~** etw/jdn ehrfürchtig behandeln

reverend [ˈrevərənd] *n* ≈ Pfarrer *m,* ≈ Pastor *m;* ***the R~ James Fraser*** Herr Pfarrer James Fraser; **the Most/Right/Very R~ John Jones** Erzbischof/Bischof/Dekan John Jones

Reverend Mother *n* ■**the ~** die Mutter Oberin

reverent [ˈrevərənt] *adj* ehrfürchtig, ehrfurchtsvoll; **~ behaviour** [*or* AM **behavior**] ehrerbietiges Benehmen

reverential [ˌrevəˈren(t)ʃəl] *adj* (*form*) ehrfürchtig, ehrfurchtsvoll

reverently [ˈrevərəntli] *adv* (*form*) ehrfürchtig, ehrfurchtsvoll; ***you ought to behave more ~ in church!*** Sie sollten in der Kirche mehr Ehrfurcht zeigen!

reverie [ˈrevəri, AM -əri] *n* ❶ (*liter: daydream*) Träumerei *f* (**about** über +*akk*) ❷ *no pl* (*liter: daydreaming*) Tagträumen *nt;* **to be [lost] in ~** traumverloren sein, in Träumereien versunken sein; **to fall into [a state of] ~** ins Träumen kommen ❸ MUS (*instrumental piece*) Reverie *f fachspr*

revers <*pl* -> [rɪˈvɪəʳ, AM -ˈvɪr] *n usu pl* Revers *nt o* ÖSTERR *m*

reversal [rɪˈvɜːsəl, AM -ˈvɜːr-] *n* ❶ (*changing effect*) Wende *f;* **~ of a trend** Trendwende *f* ❷ (*changing situation*) Umkehrung *f;* **role ~** Rollentausch *m* ❸ (*misfortune*) Rückschlag *m;* **a financial/political/military ~** ein finanzieller/politischer/militärischer Rückschlag; **to suffer a ~** einen Rückschlag erleiden ❹ (*annulment*) Aufhebung *f,* Widerruf; **~ of a verdict** Urteilsaufhebung *f* ❺ ECON (*financial downturn*) Rückschlag *m;* STOCKEX *usu* Umschwung *m*

reverse [rɪˈvɜːs, AM -ˈvɜːrs] **I.** *vt* ❶ *esp* BRIT, AUS (*move sth backwards*) **to ~ a car/truck** ein Auto/einen Lkw zurücksetzen, mit einem Auto/Lkw rückwärts fahren ❷ (*change to opposite*) ■**to ~ sth** etw umkehren; ***now our situations are ~d*** jetzt ist unsere Situation umgekehrt; **to ~ the charges** ein R-Gespräch führen; **to ~ a judgement** LAW ein Urteil aufheben; **to ~ the order of sth** die Reihenfolge von etw *dat* vertauschen; **to ~ a vasectomy** MED eine Vasektomie rückgängig machen ❸ (*turn sth over*) ■**to ~ sth** etw umdrehen; **to ~ a coat** eine Jacke wenden **II.** *vi esp* BRIT, AUS (*move backwards*) rückwärts fahren; (*short distance*) zurücksetzen; ■**to ~ into/out of sth** rückwärts in etw *akk* hinein-/aus etw *dat* herausfahren; ***she ~d into her father's car*** beim Zurücksetzen fuhr sie in das Auto ihres Vaters; **to ~ into a parking space** rückwärts einparken **III.** *n* ❶ *no pl* (*opposite*) ■**the ~** das Gegenteil; ***no, quite the ~!*** nein, ganz im Gegenteil!; **to do the ~ of what sb expects** das Gegenteil tun von dem, was jd erwartet; **to do sth in ~** etw umgekehrt tun ❷ (*gear*) Rückwärtsgang *m;* **to get** [*or* **put**] **a vehicle in[to] ~** den Rückwärtsgang [eines Fahrzeugs] einlegen; **to go into ~** in den Rückwärtsgang schalten; (*fig*) rückläufig sein; ***the trend towards home ownership has gone into ~*** der Trend zum Hauseigentum ist rückläufig ❸ (*misfortune*) Rückschlag *m;* **a damaging ~** eine vernichtende Niederlage; **to suffer a ~** eine Niederlage erleiden ❹ (*back*) ■**the ~** die Rückseite; *of coin, medal also* Kehrseite *f* **IV.** *adj* umgekehrt; **~ direction** entgegengesetzte Richtung; **to do sth in ~ order** etw in umgekehrter Reihenfolge tun

reverse-charge call *n* BRIT R-Gespräch *nt;* **to make/place a ~ [to sb]** ein R-Gespäch [mit jdm] führen/anmelden **reverse discrimination** *n no pl Diskriminierung von Mehrheiten und damit einhergehende bevorzugte Behandlung von Minderheiten oder benachteiligten Gruppen* **reverse gear** *n* Rückwärtsgang *m;* **to get** [*or* **put**] **a vehicle in[to] ~** den Rückwärtsgang [eines Fahrzeugs] einlegen; **to go into ~** den Rückwärtsgang einlegen **reverse takeover** *n* ECON gegenläufige Übernahme [*o* Fusion] (*Übernahme einer größeren Gesellschaft durch ein kleinere*)

reversibility [rɪˌvɜːsəˈbɪləti, AM ˌvɜːrsəˈbɪləṭi] *n no pl* Umkehrbarkeit *f,* Reversibilität *f geh*

reversible [rɪˈvɜːsəbl, AM -ˈvɜːr-] *adj* ❶ (*inside out*) zum Wenden *nach n;* **~ cloth** Doubleface *nt o m;* **~ coat** Wendejacke *f* ❷ (*alterable*) umkehrbar, reversibel *geh;* ***the new manager hoped that the decline in the company's fortunes would be ~*** der neue Leiter hoffte, dass der Niedergang der Firma sich abwenden ließe

reversing light *n* BRIT Rückfahrscheinwerfer *m*

reversion [rɪˈvɜːʃən, AM -ˈvɜːrʒən] *n no pl* ❶ (*form: return to earlier position*) Umkehr *f* (**to** zu +*dat*); (*to bad state*) Rückfall (**to** in +*akk*) ❷ LAW Rückfallsrecht *nt fachspr;* **~ of property to the state** Heimfall *m* von Besitz an den Staat; **right of ~** Anwartschaftsrecht *nt*

reversionary [rɪˈvɜːʃənəri, AM ˈvɜːrʒəneri] *adj inv* LAW anwartschaftich, Erwartungs-; *estate* Heimfallsvermögen *nt fachspr;* **~ interest** aussichtsreiche Erwartung

revert [rɪˈvɜːt, AM -ˈvɜːrt] *vi* ❶ (*go back*) ■**to ~ to sth** zu etw *dat* zurückkehren; *bad state* in etw *akk* zurückfallen; ***if left untouched, this heath would ~ to woodland*** wenn man sie unberührt ließe, würde sich diese Heide wieder zu Wald werden; ***he has ~ed to type*** er ist wieder ganz der Alte; **to ~ to a method** auf eine Methode zurückgreifen; **to ~ to a question** auf eine Frage zurückkommen ❷ LAW (*become sb's property*) ■**to ~ to sb** an jdn zurückfallen

review [rɪˈvjuː] **I.** *vt* ■**to ~ sth** ❶ (*examine*) etw [erneut] [über]prüfen [*o geh* revidieren]; (*reconsider*) etw überdenken; **to ~ a contract** einen Vertrag einer Revision unterziehen; **to ~ a decision** eine Entscheidung überdenken; **to ~ discounts** Preisnachlässe neu überdenken; **to ~ salaries** die Gehälter revidieren ❷ (*look back over*) auf etw *akk* zurückblicken; ***let's ~ what has happened so far*** führen wir uns vor Augen, was bis jetzt passiert ist ❸ (*read again*) **to ~ one's notes** seine Notizen noch einmal durchgehen ❹ (*produce a criticism*) etw besprechen; **to ~ a book/film/play** ein Buch/einen Film/ein Stück rezensieren ❺ MIL **to ~ the troops** eine Parade abnehmen ❻ AM (*study again*) etw wiederholen ❼ COMPUT etw überprüfen **II.** *n* ❶ (*assessment*) Überprüfung *f,* Revision *f geh;* ***the party is conducting a ~ of its campaign strategy*** die Partei überdenkt gerade die Strategie ihrer Wahlkampagne; ■**to be under ~** überprüft werden; **a thorough ~ of the facts** eine gründliche Überprüfung der Tatsachen; **~ of a sentence** LAW Überprüfung *f* eines Urteils; **to carry out a ~ of sth** eine Überprüfung einer S. *gen* durchführen; **to come under** [*or* **up for**] **~** überprüft [*o* erneut geprüft] werden; LAW *case* wieder aufgenommen werden; **to be subject to ~** nachgeprüft werden; ***this decision is subject to ~ — it can be revoked at any time*** dieser Beschluss gilt unter Vorbehalt – er kann jederzeit zurückgezogen werden ❷ *esp* ECON (*summary*) Überblick *m* (**of** über +*akk*); **~ of the market** Marktbericht *m;* **month/year under ~** Berichtsmonat *m*/Berichtsjahr *nt;* **financial ~** Finanzprüfung *f;* **rent ~** Mieterhöhung *f;* **wage** [*or* **salary**] **~** Gehaltsrevision *f;* ***she had a salary ~ last April*** ihr Gehalt wurde letzten April revidiert ❸ (*criticism*) *of a book, play* Kritik *f,* Rezension *f;* **film ~** Filmbesprechung *f;* **to get a bad/good ~** eine schlechte/gute Kritik bekommen ❹ MEDIA Magazin *nt;* **arts ~** Kunstmagazin *nt* ❺ MIL Truppenschau *f,* Parade *f;* **to hold a ~** eine Parade abhalten ❻ THEAT Revue *f* **III.** *n modifier* BRIT **~ section** JOURN Nachrichtenteil *m;* **~ programme** RADIO, TV Magazin *nt*

reviewer [rɪˈvjuːəʳ, AM -ɚ] *n* Kritiker(in) *m(f); of plays, literature also* Rezensent(in) *m(f)*

revile [rɪˈvaɪl] *vt* (*form*) ■**to ~ sb/sth** jdn/etw verunglimpfen *geh;* ■**to ~ sb for sth** jdn wegen einer S. *gen* beschimpfen

revise [rɪˈvaɪz] **I.** *vt* ■**to ~ sth** ❶ (*reread*) etw überarbeiten; **to ~ a book** ein Buch redigieren ❷ (*reconsider*) etw überdenken [*o geh* revidieren]; **to ~ one's opinion** seine Meinung ändern ❸ BRIT, AUS (*increase/decrease*) ■**to ~ sth upwards/downwards** *estimates, number* etw nach oben/unten korrigieren ❹ BRIT, AUS (*study again*) etw wiederholen ❺ COMPUT etw überarbeiten [*o* revidieren] **II.** *vi* BRIT, AUS den Stoff wiederholen; **to ~ for an exam** auf eine Prüfung lernen

revised [rɪˈvaɪzd] *adj attr, inv* ❶ (*reread*) revidiert; **~ edition** überarbeitete Ausgabe ❷ (*reconsidered*) abgeändert

revision [rɪˈvɪʒən] *n* ❶ *no pl* (*act of revising*) Revision *f,* Überarbeitung *f;* ■**for ~** zur Revision ❷ (*reconsidered version*) Neufassung *f;* **~ of a book** überarbeitete Ausgabe; **~ of a contract** Neufassung *f* eines Vertrages ❸ (*alteration*) Änderung *f;* **to make a ~ [to sth]** eine Änderung [an etw *dat*] vornehmen ❹ *no pl* BRIT, AUS (*studying a subject again*) Wiederholung *f* [des Stoffs]; **~ for an exam** Prüfungsvorbereitung *f;* **to do ~** den Stoff wiederholen

revisionism [rɪˈvɪʒənɪzəm] *n no pl* POL Revisionismus *m fachspr*

revisionist [rɪˈvɪʒənɪst] POL **I.** *n* Revisionist(in) *m(f) fachspr* **II.** *adj* revisionistisch *fachspr*

revisit [ˌriːˈvɪzɪt] *vt* ■**to ~ a place/sb** einen Ort/jdn wieder [*o* nochmals] besuchen

revitalize [ˌriːˈvaɪtəlaɪz, AM -ṭəl-] *vt* ■**to ~ sb** jdn neu beleben [*o geh* revitalisieren]; **to ~ trade** die Wirtschaft wieder beleben [*o* ankurbeln]

revival [rɪˈvaɪvəl] *n* ❶ *no pl* (*restoration to life*) Wiederbelebung *f* ❷ *no pl* (*coming back*) Wiederaufleben *f,* Revival *nt,* Comeback *nt; of a custom, fashion also* Renaissance *f;* ***recently, there has been some ~ of interest in ancient music*** seit kurzem besteht wieder Interesse an alter Musik; **the ~ of an idea** das Wiederaufleben eines Gedankens; **economic ~** wirtschaftlicher Aufschwung; **to undergo a ~** eine Renaissance erleben; *person* ein Comeback feiern ❸ (*new production*) Neuauflage *f; of a film* Neuverfilmung *f; of a play* Neuaufführung *f;* **musical ~** Revival *nt* eines Songs ❹ REL Erweckung *f;* **to hold a ~** eine Erweckungsveranstaltung abhalten

revivalism [rɪˈvaɪvəlɪzəm] *n no pl* ❶ (*revitalization*) Wiederbelebung *f,* Neubelebung *f,* Erneuerung *f* ❷ REL [religiöse] Erweckungsbewegung

revivalist [rɪˈvaɪvəlɪst] **I.** *n* REL Anhänger(in) *m(f)* einer [religiösen] Erweckungsbewegung **II.** *adj inv* ❶ (*renewing*) Erneuerungs-, erneuernd ❷ REL der Erweckungsbewegung *nach n;* **the ~ movement** die Erweckungsbewegung

revival meeting *n* AM REL (*dated*) Erweckungsversammlung *f*

revive [rɪˈvaɪv] **I.** *vt* ❶ (*bring back to life*) ■**to ~ sb** jdn wiederbeleben; **to ~ flowers** Blumen [wieder] aufpäppeln *fam* ❷ (*give new energy*) ■**to ~ sb** jdn beleben; ■**to ~ oneself** sich *akk* fit machen *fam* ❸ (*resurrect*) ■**to ~ sth** etw wieder aufleben lassen; **to ~ the economy** die Wirtschaft ankurbeln [*o* beleben]; **to ~ sb's hopes** jdm neue Hoffnungen machen; **to ~ an idea** eine Idee wieder aufgreifen; **to ~ interest in sb/sth** das Interesse an jdm/etw wieder wecken; **to ~ a political movement** eine politische Bewegung zu neuem Leben erwecken; **to ~ sb's spirits** jds Stimmung wieder heben ❹ MUS, THEAT ■**to ~ sth** etw wieder aufführen; **to ~ a musical** ein Musical wieder auf die Bühne bringen **II.** *vi* ❶ (*be restored to consciousness*) wieder zu sich *dat* kommen ❷ (*be restored to health*) *person, animal, plant* sich *akk* erholen ❸ (*be resurrected*) sich *akk* erholen; *economy also* wieder aufblühen; *custom, tradition* wieder aufleben; *confidence, hopes* zurückkehren; *suspicions* wieder aufkeimen; ***their flagging spirits soon ~d when Jack produced a bottle of whisky*** ihre sinkende Laune besserte sich zusehends, als Jack ein Flasche Whisky auspackte

revivify <-ie-> [ˌriːˈvɪvɪfaɪ] *vt* (*form*) ■**to ~ sth** etw wiederbeleben; **to ~ a political party** wieder

Schwung in eine politische Partei bringen

revocation [ˌrevəʊˈkeɪʃᵊn, AM vəˈ] *n* Widerruf *m,* Aufhebung *f*

revoke [rɪˈvəʊk, AM -ˈvoʊk] *vt (form)* ■**to ~ sth** etw aufheben, rückgängig machen; LAW etw annullieren [*o* widerrufen]; **to ~ a decision** eine Entscheidung widerrufen; **to ~ a licence** [*or* AM **license**] eine Lizenz entziehen; **to ~ an order** einen Auftrag zurückziehen; **to ~ a sentence** ein Urteil aufheben

revolt [rɪˈvəʊlt, AM -ˈvoʊlt] **I.** *vi* rebellieren, revoltieren; ■**to ~ against sb/sth** gegen jdn/etw rebellieren, sich *akk* gegen jdn/etw auflehnen **II.** *vt* ■**to ~ sb** jdn abstoßen; ***the way he eats ~s me*** die Art, wie er isst, widert mich an; ■**to be ~ed by sth** von etw *dat* angeekelt sein **III.** *n* ❶ *(rebellion)* Revolte *f,* Aufstand *m;* **~ against the government** Regierungsputsch *m;* **armed ~** bewaffneter Aufstand; **to crush** [*or* **put down**] **a ~** einen Aufstand niederschlagen; **to incite** [*or* **stir up**] **a ~** eine Revolte anzetteln; **to start a ~** eine Revolte anfangen ❷ *no pl* *(insurrection)* ■**to be in ~** [**against sb/sth**] [gegen jdn/etw] rebellieren; **to rise in ~** [**against sb/sth**] einen Aufstand [gegen jdn/etw] machen, sich *akk* [gegen jdn/etw] erheben

revolting [rɪˈvəʊltɪŋ, AM -ˈvoʊ-] *adj* abstoßend; ■**it is ~ that …** es ist widerlich, dass …; **~ smell** ekelhafter [*o* widerlicher] Geruch; **~ person** widerliche Person; **to look/smell/taste ~** ekelhaft aussehen/riechen/schmecken

revoltingly [rɪˈvəʊltɪŋli, AM -ˈvoʊ-] *adv* abstoßend; *dirty* widerlich

revolution [ˌrevᵊlˈuːʃᵊn, AM -əˈluː-] *n* ❶ *(overthrow)* Revolution *f;* **the American/French/Russian R~** die Amerikanische/Französische/Russische Revolution; **the green ~** die grüne Revolution ❷ *(fig: complete change)* Revolution *f,* [umwälzende] Neuerung ❸ ASTRON Umlauf *m,* Rotation *f geh;* ***the moon makes one ~ of the Earth in approximately 29,5 days*** der Mond umkreist die Erde in ungefähr 29.5 Tagen ❹ TECH Umdrehung *f;* **~s per minute** Drehzahl *f,* Umdrehungen *fpl* pro Minute

revolutionary [ˌrevᵊlˈuːʃᵊnᵊri, AM -əˈluːʃᵊneri] **I.** *n* Revolutionär(in) *m(f)* **II.** *adj* revolutionär *a. fig; (fig)* umwälzend, bahnbrechend; **the American R~ War** der Amerikanische Revolutionskrieg

revolutionize [ˌrevᵊlˈuːʃᵊnaɪz, AM -əˈluː-] *vt* ■**to ~ sth** etw revolutionieren

revolve [rɪˈvɒlv, AM -ˈvɑːlv] **I.** *vi* sich *akk* drehen; ■**to ~ around** [*or* BRIT **round**] **sth** sich *akk* um etw *akk* drehen *a. fig; (fig)* ***he thinks everything ~s around him*** er glaubt, alles drehe sich nur um ihn; **to ~ on an axis** sich *akk* um eine Achse drehen **II.** *vt* ■**to ~ sth** etw drehen

revolver [rɪˈvɒlvəʳ, AM -ˈvɑːlvɚ] *n* Revolver *m*

revolving [rɪˈvɒlvɪŋ, AM -ˈvɑːl-] *adj attr, inv* rotierend, Dreh-; **~ chair** Drehstuhl *m;* **~ credit** FIN Revolvingkredit *m fachspr*

revolving door *n* Drehtür *f*

revue [rɪˈvjuː] *n* Revue *f;* **satirical ~** Kabarett *nt*

revulsion [rɪˈvʌlʃᵊn] *n no pl* Abscheu *f;* ■**~ against** [*or* **at**] [*or* **towards**] **sth** Abscheu *f* gegen etw *akk,* Ekel *m* vor etw *dat;* ■**in ~** mit Abscheu, angeekelt; **to fill sb with ~** jdn mit Abscheu [*o* Ekel] erfüllen; **to be filled with ~** mit Abscheu [*o* Ekel] erfüllt sein

reward [rɪˈwɔːd, AM -ˈwɔːrd] **I.** *n* ❶ *(recompense)* Belohnung *f; for merit, service* Anerkennung *f* (**for** für +*akk*); *(for return of sth lost)* Finderlohn *m;* ■**in** [*or* **as a**] **~** als Belohnung; ***the ~s of motherhood outweigh the anguish*** die Freuden der Mutterschaft wiegen die damit verbundenen Schmerzen auf ❷ *(money)* Belohnung *f,* Entgelt *nt form;* **to offer a ~** eine Belohnung aussetzen **II.** *vt* ❶ *(give a reward)* ■**to ~ sb** [**for/with sth**] jdn [für etw *akk*/mit etw *dat*] belohnen ❷ *(form: repay)* ■**to ~ sth/sb** [**with sth**] etw/jdn [mit etw *dat*] belohnen; ***I'd like to ~ your loyalty by taking you out to dinner*** als Zeichen der Anerkennung Ihrer Loyalität möchte ich Sie gerne zum Essen einladen; **to ~ sb's generosity/kindness** sich *akk* für jds Großzügigkeit/Liebenswürdigkeit revanchieren ❸ *(form: be worth)* ■**to ~ sth** etw wert sein [*o* verdienen]; ■**to be ~ed** belohnt werden; **to ~ sb's attention** jds Aufmerksamkeit verdienen

rewarding [rɪˈwɔːdɪŋ, AM -ˈwɔːrd-] *adj* befriedigend; **a ~ experience** eine lohnende Erfahrung; **a ~ work** eine dankbare Aufgabe

rewind I. *vt* <-wound, -wound> [ˌriːˈwaɪnd] **to ~ a cable** eine Kabel aufwickeln; **to ~ a cassette/tape** eine Kassette/ein Band zurückspulen; **to ~ a watch** eine Uhr aufziehen **II.** *vi* <-wound, -wound> [ˌriːˈwaɪnd] *cassette, tape* zurückspulen **III.** *n* [ˈriːwaɪnd] *of a cassette, tape* Zurückspulen *nt* **IV.** *n* [ˈriːwaɪnd] *modifier* (*button, control*) Rückspul-

rewire [ˌriːˈwaɪəʳ, AM -ɚ] *vt* ■**to ~ sth** ❶ *(replace wiring system)* **to ~ a building/house** ein Gebäude/Haus neu verkabeln ❷ *(insert wires)* **to ~ a plug** einen Stecker neu anschließen

reword [ˌriːˈwɜːd, AM -ˈwɜːrd] *vt* ■**to ~ sth** etw umschreiben [*o* umformulieren]; **to ~ a contract** einen Vertrag neu abfassen

rework [ˌriːˈwɜːk, AM -ˈwɜːrk] *vt* ■**to ~ sth** etw überarbeiten; **to ~ a speech** eine Rede umschreiben; **to ~ a theme** ein Thema neu verarbeiten

reworking [ˌriːˈwɜːkɪŋ, AM -ˈwɜːrk-] *n* Überarbeitung *f; of existing material* Wiederaufbereitung *f*

rewound [ˌriːˈwaʊnd] *vt/vi pt, pp of* **rewind**

rewrite <-wrote, -written> **I.** *vt* [ˌriːˈraɪt] ■**to ~ sth** etw neu schreiben; *(revise)* etw überarbeiten; *(recast)* etw umschreiben; **to ~ history** die Geschichte neu schreiben; *(fig)* ***you can't ~ history*** Vergangenes lässt sich nicht ändern; **to ~ the rules** [*or* **the rule book**] *(fig)* die Regeln neu schreiben *fig,* neue Maßstäbe setzen **II.** *n* [ˈriːraɪt] ❶ *(revision)* Überarbeitung *f;* ***the producer demands a ~ of the script*** der Produzent verlangt, dass das Skript umgeschrieben wird ❷ COMPUT erneuter Schreibvorgang

RFC [ˌɑːˈefˈsiː] *n* BRIT *abbrev of* **rugby football club**

RGN [ˌɑːʳdʒiːˈen] *n* BRIT *abbrev of* **registered general nurse** examinierte [*o* staatlich anerkannte] Krankenschwester

rhapsodic [ræpˈsɒdɪk, AM -ˈsɑːd-] *adj (form)* ❶ *(expressing enthusiasm) speech* ekstatisch; *style* enthusiastisch ❷ MUS rhapsodisch *fachspr*

rhapsodize [ˈræpsədaɪz] *vi (form)* [überschwenglich] schwärmen; ■**to ~ about** [*or* **over**] **sth/sb** von etw/jdm schwärmen

rhapsody [ˈræpsədi] *n* ❶ *(piece of music)* Rhapsodie *f* ❷ *(form: great enthusiasm)* Schwärmerei *f;* **to go into rhapsodies** [**about** [*or* **over**] **sth**] [über etw *akk*] ins Schwärmen geraten

rhea <*pl* – *or* -s> [ˈriːə] *n* ORN Nandu *m*

Rhenish [ˈrenɪʃ] **I.** *adj inv* rheinisch, rheinländisch **II.** *n no pl* FOOD Rheinwein *m*

rheostat [ˈriːə(ʊ)stæt, AM ˈriːoʊ-] *n* TECH Regelwiderstand *m,* Rheostat *m fachspr*

rhesus <*pl* -es> [ˈriːsəs] *n* Rhesus *m*

rhesus factor *n no pl* Rhesusfaktor *m* **rhesus monkey** *n* Rhesusaffe *m* **rhesus-negative** *adj inv* Rhesus negativ **rhesus-positive** *adj inv* Rhesus positiv

rhetoric [ˈretᵊrɪk, AM ˈret̬ɚ-] *n no pl* ❶ *(persuasive language)* Redegewandtheit *f* ❷ *(bombastic language)* Phrasendrescherei *f pej;* **empty ~** leere Worte ❸ *(effective use of language)* Rhetorik *f geh,* Redekunst, f; **the art of ~** die Rhetorik [*o* Redekunst]

rhetorical [rɪˈtɒrɪkᵊl, AM -ˈtɔːr-] *adj* ❶ *(relating to rhetoric)* rhetorisch ❷ *(overdramatic) gesture* übertrieben dramatisch; *commitment* plakativ *geh*

rhetorically [rɪˈtɒrɪkᵊli, AM -ˈtɔːr-] *adv* ❶ *(not expecting answer)* rhetorisch ❷ *(overdramatically) speak, write* schwülstig *pej*

rhetorical question *n* rhetorische Frage

rhetorician [ˌretᵊrˈɪʃᵊn, AM ˌret̬əˈr-] *n* Rhetoriker(in) *m(f)*

rheumatic [ruːˈmætɪk, AM -t̬-] **I.** *adj* rheumatisch; *joint also* rheumakrank; ***he is ~*** er hat Rheuma; **to suffer from a ~ condition** an Rheuma leiden; **~ hip** rheumatische Hüfte; **~ pain** rheumatischer Schmerz, Rheumaschmerz *m* **II.** *n* ❶ *(person)* Rheumatiker(in) *m(f)* ❷ *(fam)* ■**~s** *usu + sing vb* Rheuma *nt kein pl;* **to have the ~s** Rheuma haben

rheumatic fever *n no pl* rheumatisches Fieber

rheumatism [ˈruːmətɪzᵊm] *n no pl* Rheuma *nt,* Rheumatismus *m*

rheumatoid arthritis [ˌruːmətɔɪd] *n no pl* MED rheumatoide Arthritis *fachspr*

rheumatology [ruːməˈtɒlədʒi, AM ˈtɑːlə] *n no pl* MED Rheumatologie *f fachspr*

rheumy [ˈruːmi] *adj* wässerig, feucht

Rh factor *n no pl* MED *abbrev of* **rhesus factor** Rh-Faktor *m*

Rhine [raɪn] *n no pl* GEOG ■**the ~** der Rhein

Rhineland *n no pl* GEOG ■**the ~** das Rheinland

rhinestone *n* Rheinkiesel *m*

rhino [ˈraɪnəʊ, AM -noʊ] *n (fam) short for* **rhinoceros** Nashorn *nt,* Rhinozeros *nt*

rhinoceros <*pl* -es *or* -> [raɪˈnɒsᵊrəs, AM -ˈnɑːsɚ-] *n* Nashorn *nt,* Rhinozeros *nt*

rhinoplasty [ˈraɪnə(ʊ)plæsti, AM -noʊ-] *n* Rhinoplastik *f fachspr (chirurgische Korrektur der Nase)*

rhizome [ˈraɪzəʊm, AM -zoʊm] *n* BOT Wurzelstock *m,* Rhizom *nt fachspr*

Rhodes [rəʊdz, AM roʊdz] *n no pl* Rhodos *nt*

Rhodesia [rə(ʊ)ˈdiːʒə, AM roʊˈ-] *n no pl (hist)* Rhodesien *nt hist*

Rhodesian [rə(ʊ)ˈdiːʒən, AM roʊˈ-] *(hist)* **I.** *n* Rhodesier(in) *m(f) hist* **II.** *adj inv* rhodesisch *hist*

Rhodes Scholar *n* UNIV Rhodes-Stipendiat(in) *m(f)* *(mit einem Stipendium der Universität von Oxford für Studenten aus den Commonwealthländern, Deutschland und den USA)*

Rhodes Scholarship *n* UNIV Rhodes-Stipendium *nt* *(Stipendium der Universität von Oxford für Studenten aus den Commonwealthländern, Deutschland und den USA)*

rhododendron [ˌrəʊdəˈdendrən, AM ˌroʊ-] *n* Rhododendron *m*

rhombi [ˈrɒmbaɪ, AM ˈrɑːm-] *n pl of* **rhombus**

rhomboid [ˈrɒmbɔɪd, AM ˈrɑːm] *n* Rhomboid *nt*

rhombus <*pl* -es *or* -bi> [ˈrɒmbəs, AM ˈrɑːm-, *pl* -baɪ] *n* Rhombus *m,* Raute *f*

Rhône [rəʊn, AM roʊn] *n no pl* GEOG ■**the ~** die Rhone

rhubarb [ˈruːbɑːb, AM -bɑːrb] **I.** *n* ❶ *no pl* FOOD, BOT Rhabarber *m* ❷ *no pl esp* BRIT *(fam: noise)* Rhabarber *nt* ❸ *no pl* BRIT *(fam: nonsense)* Blödsinn *m fam* ❹ AM *(sl: dispute)* Krach *m* **II.** *n modifier* Rhabarber-; **~ flan** Rhabarberkuchen *m;* **~ pie** gedeckter Rhabarberkuchen; **~ plant** Rhabarber *m,* Rhabarberpflanze *f;* **~ season** Rhabarberzeit *f;* **~ stalk** Rhabarberstängel *m;* **~ tart** Rhabarbertorte *f*

rhyme [raɪm] **I.** *n* ❶ *no pl (identity in sound)* Reim *m;* ■**in ~** gereimt, in Reimform ❷ *(poem)* Reim[vers] *m* ❸ *(word)* Reimwort *nt* ▶ PHRASES: **without ~ or reason** ohne [jeden] Sinn und Verstand **II.** *vi* ■**to ~** [**with sth**] *poem, song, words* sich *akk* [auf etw *akk*] reimen **III.** *vt* **to ~ words** Wörter reimen

rhyme scheme *n* LIT Reimschema *nt*

rhyming [ˈraɪmɪŋ] *adj inv* Reim-; **~ couplet** Reimpaar *nt;* **~ verse** Reimvers *m*

rhyming slang *n no pl* LING Rhyming Slang *m (aus dem Cockney in Großbritannien bekannter regionaler Sprachgebrauch, bei dem das eigentliche Wort durch ein sich reimendes Wort ersetzt wird, z.B. ‚porky pie' statt ‚lie')*

rhythm [ˈrɪðᵊm] *n* Rhythmus *m,* Takt *m;* ***she didn't give the German player the opportunity to establish any ~*** sie gab der deutschen Spielerin keine Gelegenheit, zu ihrem Spiel zu finden; **the ~ of nature** der Rhythmus der Natur; **the ~ of the seasons** der Wechsel der Jahreszeiten; **sense of ~** Rhythmusgefühl *nt;* **biological ~** biologischer Rhythmus

rhythm and blues *n no pl* Rhythm and Blues *m*

rhythmic(al) [ˈrɪðmɪk(ᵊl)] *adj* rhythmisch

rhythmically [ˈrɪðmɪkᵊli] *adv* rhythmisch; **to breathe deeply and ~** tief und gleichmäßig atmen; **to dance ~** nach dem Rhythmus tanzen

rhythm method *n* MED Knaus-Ogino-Methode *f*

rhythm section *n* MUS Rhythmusgruppe *f*
rib [rɪb] **I.** *n* ❶ ANAT Rippe *f;* **to break a ~** sich *dat* eine Rippe brechen; **to dig** [*or* **poke**] **sb in the ~s** jdm einen Stoß in die Rippen versetzen ❷ FOOD ■**~s** Rippchen *nt;* **prime ~** Hochrippe *f* ❸ *of a boat, roof* Spant *m* ❹ *of a lute, violin* Zarge *f* ❺ *of an umbrella* Speiche *f* ❻ (*in aerofoil*) Stab *m,* Stange *f* ❼ *of an insect's wing, a leaf* Rippe *f* ❽ *of land, rock* Grat *m,* Erhebung *f* ❾ *no pl* (*in knitting*) Rippung *f* ❿ *esp* AM (*fam: joke*) Scherz *m* **II.** *vt* <-bb-> ❶ *usu passive* (*mark with ridges*) ■**to ~ sth** etw mit Speichen versehen ❷ (*fam: tease*) ■**to ~ sb** [**about sth**] jdn [wegen einer S. *gen*] aufziehen [*o* necken]
RIBA [ˌɑːaɪbiː'eɪ] *n no pl, + sing/pl vb* BRIT *abbrev of* **Royal Institute of British Architects**
ribald ['rɪbᵊld, 'raɪ-] *adj* (*dated*) unanständig
ribaldry ['rɪbᵊldri, 'raɪ] *n no pl* (*dated*) Ferkeleien *fpl*
riband ['rɪbənd] *n* (*old*) *see* **ribbon** [Zier-]Band *nt;* **the Blue R~** das Blaue Band
ribbed [rɪbd] *adj inv* FASHION gerippt, Ripp-; **~ tights** gerippte Strumpfhose
ribbing ['rɪbɪŋ] *n* ❶ *no pl* FASHION Rippung *f* ❷ *usu sing* (*fam: teasing*) Necken *nt kein pl;* **to get a ~** aufgezogen werden
ribbon ['rɪbᵊn] *n* ❶ (*strip of fabric*) Band *nt;* (*fig*) Streifen *m;* **a ~ of road** ein Straßenband *nt* ❷ MIL Ordensband *nt* ❸ (*rag*) ■**in ~s** in Fetzen; **to cut sb/sth to ~s** jdn/etw zerfetzen [*o* in Stücke reißen]; (*fig*) jdn/etw in der Luft zerreißen ❹ *of a typewriter* Farbband *nt*
ribbon development *n* BRIT, AUS Zeilenbauweise *f* (*Bebauung entlang stadtauswärts führenden Straßen*)
rib cage *n* ANAT Brustkorb *m*
riboflavin [ˌraɪbə(ʊ)'fleɪvɪn, AM 'raɪbəfleɪ-] *n no pl* BIOL, CHEM Riboflavin *nt fachspr*
ribonucleic acid [ˌraɪbə(ʊ)njuːˌkliːɪk'-, AM -boʊnuː,-] *n no pl* BIOL, CHEM Ribonukleinsäure *f fachspr*
rib-tickler *n* (*fam*) urkomischer Witz; ***this is a real ~*** das ist ein echt guter Witz *fam*
rib-tickling *adj* (*fam*) urkomisch
rib-ticklingly *adv* (*fam*) urkomisch
rice [raɪs] **I.** *n no pl* Reis *m;* **brown ~** Naturreis *m;* **white ~** [weißer] Reis **II.** *vt* AM **to ~ potatoes/vegetables** Kartoffeln/Gemüse passieren [*o* durch ein Sieb treiben]
rice bowl *n* Reisschüssel *f;* **the ~ of China/India** (*fig*) die Reiskammer Chinas/Indiens **rice field** *n* Reisfeld *nt* **rice-growing** *n no pl* Reisanbau *m* **rice paddy** *n* Reisfeld *nt* **rice paper** *n no pl* Reispapier *nt* **rice pudding** *n no pl* Milchreis *m*
ricer ['raɪsəʳ, AM -ɚ] *n esp* AM FOOD [Kartoffel]presse *f*
rich [rɪtʃ] **I.** *adj* ❶ (*wealthy*) reich; **~ nation** reiches Land; **~ pickings** reiche [Aus]beute; *for pickpockets* leichte Beute; **to get ~ quick** schnell zu Reichtum kommen [*o* reich werden]; **to become** [*or* **grow**] **~** reich werden ❷ (*abounding*) reich; ■**to be ~ in sth** reich an etw *dat* sein; ***it was a journey ~ in incident*** es war eine Reise voller Zwischenfälle; **~ deposits of minerals** reiche Mineralienvorkommen; **~ in detail** sehr detailliert; **~ in ideas** ideenreich; **~ source** unerschöpfliche Quelle; **~ in vitamins** vitaminreich ❸ (*very fertile*) *land* fruchtbar, reich; *earth, soil also* fett; **~ harvest** reiche Ernte; **~ vegetation** üppige Vegetation ❹ (*opulent*) *carvings, furniture* prachtvoll; **~ buildings** Prachtbauten *mpl* ❺ (*valuable*) **~ offerings** reiche Gaben; **~ reward** großzügige Belohnung ❻ (*of food*) gehaltvoll; (*hard to digest*) schwer; **a ~ meal** ein opulentes Mahl ❼ *drink* schwer, vollmundig ❽ (*intense*) **~ colour** [*or* AM **color**] satte [*o* kräftige] Farbe; **~ flavour** [*or* AM **flavor**] reiches Aroma; **~ smell** schwerer Duft; **~ taste** voller Geschmack; **~ tone** voller [*o* satter] Klang ❾ AUTO **~ mixture** fettes Gemisch *fachspr* ❿ (*interesting*) reich; *life also* erfüllt; **~ experience** wertvolle Erfahrung; **~ history** bedeutende Vergangenheit ⓫ MIN **~ mine** ergiebige Mine; **~ mineral deposit** fündiger Erzgang ⓬ *pred* (*fam: causing amusement*) *criticism, remark* lächerlich; ***that's ~ coming from him!*** das muss gerade er sagen!, das ist ein starkes Stück von ihm! *fam* **II.** *n* ■**the ~** *pl* die Reichen *pl*
riches ['rɪtʃɪz] *npl* ❶ (*material wealth*) Reichtümer *mpl;* (*fig: success*) Erfolge *mpl;* **to accumulate ~** Reichtümer anhäufen; **to hoard ~** Reichtümer horten ❷ (*resources*) Vorkommen *ntpl;* **oil ~** Ölvorkommen *ntpl*
richly ['rɪtʃli] *adv* ❶ (*lavishly*) prachtvoll, prächtig; **~ decorated** reich verziert ❷ (*generously*) **~ illustrated** reich bebildert; **~ rewarded** reich belohnt ❸ (*plentifully*) reichhaltig; ***they have a ~ stocked wine cellar*** sie haben einen gut bestückten Weinkeller ❹ (*fully*) **to be ~ deserved** [*or* **earned**] wohlverdient sein
richness ['rɪtʃnəs] *n no pl* ❶ (*wealth*) Reichtum *m;* **~ of detail** (*fig*) Detailgenauigkeit *f* ❷ (*fattiness*) Reichhaltigkeit *f* ❸ (*intensity*) Stärke *f; of a colour* Sattheit *f*
Richter scale ['rɪktə,-, AM -tɚ,-] *n* ■**the ~** die Richterskala
rick¹ [rɪk] **I.** *n* Heuhaufen *m,* Dieme *f* NORDD, Schochen *m* SÜDD, ÖSTERR **II.** *vt* AGR **to ~ hay** Heu schobern [*o* ÖSTERR schöbern]; **to ~ wood** Holz aufschichten [*o* stapeln]
rick² [rɪk], AM *also* **wrick** MED **I.** *n* Verzerrung *f* **II.** *vt* (*fam*) **to ~ one's back/neck** sich *dat* eine Zerrung im Rücken/Nacken zuziehen
rickets ['rɪkɪts] *npl + sing/pl vb* MED Rachitis *f*
rickety ['rɪkəti, AM -t̬i] *adj* ❶ (*likely to collapse*) wackelig; **a ~ bus** ein klapp[e]riger Bus; **a ~ chair** ein wack[e]liger Stuhl; **~ wooden stairs** morsche Holzstufen ❷ (*decrepit*) *person* alt und klapp[e]rig; (*tottering*) gebrechlich ❸ (*suffering from rickets*) rachitisch
ricksha(w) ['rɪkʃɔː, AM *esp* -ʃɑː] *n* Rikscha *f*
ricochet ['rɪkəʃeɪ] **I.** *n* ❶ *no pl* (*action*) Abprallen *nt kein pl,* Abprall *m kein pl* ❷ (*a rebounding ball*) Abpraller *m; bullet* Querschläger *m;* **to be hit** [*or* **struck**] **by a ~** von einem Querschläger getroffen werden **II.** *vi* ■**to ~** [**off sth**] [von etw *dat*] abprallen
ricotta [rɪ'kɒtə, AM -'kɑːt̬ə] *n no pl* Ricotta *m*
rictus <*pl* -es> ['rɪktəs] *n* [Gesichts]verzerrung, f
rid <-dd-, rid *or old* ridded, rid *or old* ridded> [rɪd] *vt* ■**to ~ sth/sb of sth** etw/jdn von etw *dat* befreien; ***he ~ himself of all worry during his weekend vacation*** bei seinem Wochenendurlaub ließ er [endlich einmal] all seine Sorgen hinter sich; ■**to be ~ of sb/sth** jdn/etw los sein; **to get ~ of sb/sth** jdn/etw loswerden; ***the cream got ~ of my skin rash*** durch die Creme bin ich meinen Hautausschlag losgeworden
riddance ['rɪdᵊn(t)s] *n* (*fam*) *no pl* Loswerden *nt* ▶ PHRASES: **good ~** [**to bad rubbish**] Gott sei Dank [, dass wir den/die/das los sind]; **to bid sb good ~** jdn dahin wünschen, wo der Pfeffer wächst *fam*
ridden ['rɪdᵊn] *pp of* **ride**
-ridden ['rɪdᵊn] *in compounds* -geplagt; **debt-~** von einem Schuldenberg erdrückt; **disease-~** von Krankheiten gebeutelt; **fear-~** angsterfüllt; **guilt-~** schuldgeplagt; **insect-~** von Insekten heimgesucht; **scandal-~** skandalgebeutelt *fam*
riddle¹ ['rɪdl] **I.** *n* Rätsel *nt a. fig;* **to solve a ~** ein Rätsel lösen; **to speak** [*or* **talk**] **in ~s** (*fig*) in Rätseln sprechen **II.** *vi* in Rätseln sprechen **III.** *vt* ■**to ~ sth** etw enträtseln; ***can you ~ me this?*** kannst du mir dieses Rätsel erklären?
riddle² ['rɪdl] **I.** *vt usu passive* ■**to ~ sth** ❶ (*perforate*) etw durchlöchern, Löcher in etw *akk* machen; (*fig: permeate*) etw durchdringen; **to ~ sth/sb with bullets** etw/jdn mit Kugeln durchlöchern [*o* durchsieben] ❷ (*sift through sieve*) etw [aus]sieben **II.** *n* [Schüttel]sieb *nt*
riddled ['rɪdld] *adj pred, inv* durchlöchert; (*fig: permeated*) durchsetzt; **to be ~ with errors** (*fig*) vor Fehlern strotzen; **to be ~d with loopholes** (*fig*) äußerst lückenhaft sein; ***tax law is ~d with loopholes*** im Steuerrecht gibt es viele Schlupflöcher
ride [raɪd] **I.** *n* ❶ (*journey*) Fahrt *f* (**on** mit *+dat*); (*on a horse*) Ritt *m;* **bus ~** Busfahrt *f;* **motorcycle ~** Motorradfahrt *f;* **bumpy ~** holperige Fahrt; **to go for a ~** eine Fahrt machen; (*with horse*) ausreiten ❷ AM (*person*) Fahrer(in) *m(f)* ❸ (*trip costing nothing*) Mitfahrgelegenheit *f;* **to give sb a ~** jdn [im Auto] mitnehmen ❹ AM (*fam: motor vehicle*) fahrbarer Untersatz *fam* ❺ (*quality*) Fahrweise *f;* ***this is a great car to take on longer trips because of its smooth ~*** dieser Wagen eignet sich wunderbar für längere Strecken, weil er sich so angenehm fährt ❻ (*path*) [Reit]weg *m* ❼ (*at a fair*) [Karussell]fahrt *f* ❽ (*vulg: sex*) Fick *m vulg* ▶ PHRASES: **to take sb for a ~** (*fam*) jdn übers Ohr hauen *fam* **II.** *vt* <rode, ridden> ❶ (*sit on*) **to ~ a bicycle/motorcycle** [Fahr]rad/Motorrad fahren; ***I ~ my bicycle to work*** ich fahre mit dem Fahrrad zur Arbeit; **to ~ a bobsled** Bob fahren; **to ~ a horse** ein Pferd reiten; ***they rode their horses into town*** sie ritten auf ihren Pferden in die Stadt ein ❷ (*as passenger*) **to ~ the bus/train** Bus/Zug fahren; **to ~ the merry-go-round** Karussell fahren ❸ (*traverse*) **to ~ an area** eine Gegend durchqueren, ein Gebiet befahren; ***the ship rode the waves*** das Schiff durchpflügte die Wellen *liter;* ***they rode the waves at the beach*** sie surften am Strand; **to ~ the rapids** die Stromschnellen befahren; **to ~** [**the crest of**] **a wave of popularity** (*fig*) auf einer Welle der Beliebtheit schwimmen ❹ (*take part on race*) **to ~ a race** an einem Rennen [*o* Wettlauf] teilnehmen ❺ (*take the lift*) **to ~ a lift** [*or* AM **elevator**] mit einem Aufzug [*o* Lift] fahren ❻ (*prevent blow*) **to ~ a blow** einen Schlag abfangen ❼ (*vulg sl: have sex with*) ■**to ~ sb** jdn vögeln *derb* [*o vulg* ficken] ❽ AM (*pester*) ■**to ~ sb** jdn antreiben *fam;* ***your boss is riding you much too hard at the moment*** dein Chef nimmt dich momentan viel zu hart ran *fam* ❾ *usu passive* (*full of*) **to be ridden with anger** wutentbrannt [*o* zornentbrannt] sein; **to be ~den with guilt** von [schweren] Schuldgefühlen geplagt werden ▶ PHRASES: **to ~ the brakes** (*fam*) auf die Tube drücken *sl,* rasen *fam* **III.** *vi* <rode, ridden> ❶ (*as a sport*) reiten; **to ~ to hounds** *esp* BRIT an einer Parforcejagd [*o* Fuchsjagd] teilnehmen ❷ (*travel on animal*) reiten; ■**to ~ by** [*or* **past**] vorbeireiten, vorüberreiten ❸ (*travel on vehicle*) fahren; ***I rode home from work on the bus*** ich fuhr mit dem Bus von der Arbeit nach Hause; **to ~ in a sports car** in einem Sportwagen mitfahren; **to ~ on a motorbike** auf einem Motorrad fahren ❹ (*have said character*) laufen; **to ~ smoothly** *car* sich *akk* angenehm fahren ▶ PHRASES: **to be riding for a fall** (*fam*) in sein Unglück [*o* Verderben] rennen; **to ~ high** obenauf sein; ***now that he's managing director, he's really riding high*** jetzt wo er leitender Direktor ist, ist er wirklich obenauf; **to ~ roughshod over sb** rücksichtslos über jdn hinweggehen, jdn unterbuttern *sl;* **to let sth ~** (*fam*) etw laufen lassen *fam*
◆**ride on** *vi* ■**to ~ on sth** von etw *dat* abhängen; ***the future of the company ~s on the success of the talks*** die Zukunft des Unternehmens hängt vom Erfolg der Gespräche ab
◆**ride out** *vt* ■**to ~ out** ↔ **sth** etw überstehen; **to ~ out a crisis** eine Krise durchstehen
◆**ride up** *vi T-shirt, skirt* nach oben rutschen, hochrutschen
rider ['raɪdəʳ, AM -ɚ] *n* ❶ *of a horse* Reiter(in) *m(f); of a vehicle* Fahrer(in) *m(f)* ❷ (*form: amendment*) Zusatzklausel *f,* Zusatzvereinbarung *f* ❸ POL (*to a bill*) Nachtrag *m,* [Gesetzes]novelle *f;* BRIT LAW (*to a verdict*) zusätzliche Empfehlung
riderless ['raɪdələs, AM -dɚ-] *adj inv horse* reiterlos; *vehicle* fahrerlos
ridge [rɪdʒ] *n* ❶ GEOG Grat *m;* **mountain ~** Gebirgskamm *m* ❷ *of a roof* Dachfirst *m* ❸ METEO **~ of high/low pressure** Hoch-/Tiefdruckkeil *m* ▶ PHRASES: **to have been around the ~s** AUS viel erlebt haben
ridged [rɪdʒd] *adj inv soles* geriffelt; *rock, sand, surface* zerfurcht
ridge pole *n* Firststange *f* **ridgeway** *n* Gratweg *m*
ridicule ['rɪdɪkjuːl] **I.** *n no pl* Spott *m,* Hohn *m;* **object of ~** Zielscheibe *f* des Gespötts; ***he was regarded as an object of ~ because of his eccen-***

tric ideas concerning sexuality seine exzentrischen Vorstellungen über Sexualität machten ihn zum Gespött der Leute; **to lay oneself open to ~** sich *akk* lächerlich machen; **to hold sb/sth up to ~** sich *akk* über jdn/etw lustig machen **II.** *vt* ■**to ~ sb/sth** jdn/etw verspotten

ridiculous [rɪˈdɪkjələs] **I.** *adj* ❶ (*comical*) lächerlich, albern; ***you look ~ in that old hat*** mit diesem alten Hut siehst du ziemlich albern aus; **to make oneself look ~** sich *akk* lächerlich machen ❷ (*inane*) absurd, hirnverbrannt *fam;* ***don't be so ~!*** mach keine Witze! ❸ BRIT (*approv sl: incredible*) unglaublich **II.** *n no pl* ■**the ~** das Absurde; **from the sublime to the ~** vom Erhabenen zum Lächerlichen

ridiculously [rɪˈdɪkjələsli] *adv* ❶ (*laughably*) lächerlich; **to behave** [*or fam* **act**] **~** sich *akk* zum Narren machen ❷ (*unbelievably*) unglaublich, wahnsinnig; **~ easy** unglaublich [*o fam* total] einfach

ridiculousness [ˈrɪdɪkjələsnəs] *n no pl* Lächerlichkeit *f,* Lachhaftigkeit *f*

riding [ˈraɪdɪŋ] **I.** *n* ❶ *no pl* (*sport*) Reiten *nt* ❷ BRIT (*path*) Reitweg *m* ❸ CAN POL (*constituency*) ≈ Wahlkreis *m,* Wahlbezirk *m* **II.** *adj attr, inv* Reit-; **~ holiday** [*or* AM **vacation**] Reitferien *pl*

riding boot *n* Reitstiefel *m* **riding breeches** *npl* Reithose *f* **riding crop** *n* Reitgerte *f* **riding habit** *n* (*dated*) Reitkleid *nt veraltet* **riding hat** *n* Reitkappe *f* **riding lamp** *n,* **riding light** *n* NAUT Ankerleuchte *f* **riding school** *n* Reitschule *f* **riding whip** *n* Reitpeitsche *f*

rife [raɪf] *adj inv pred* (*form*) ❶ (*widespread*) weit verbreitet ❷ (*full of*) voller (**with** +*gen*); ***the office was ~ with rumours*** im Büro kursierten jede Menge Gerüchte

riff I. *vt* ■**to ~ on sth** ❶ (*play jazz music*) auf etw *dat* Riffs spielen ❷ (*sl: make fun of*) etw auf die Schippe nehmen *fam* **II.** *n* ❶ MUS Riff *m fachspr* ❷ (*pej: repeated theme*) Leier *f fig, pej fam*

riffle [ˈrɪfl] **I.** *vt* ❶ (*leaf through*) **to ~ the pages of a book** ein Buch durchblättern ❷ (*ruffle*) **to ~ sb's hair** *wind* jdm das Haar zerzausen ❸ (*shuffle*) **to ~** [**playing**] **cards** Karten mischen **II.** *vi* **to ~ through a book** ein Buch durchblättern **III.** *n* ❶ *usu sing* (*search*) Durchsuchung *f* ❷ (*rustle of paper*) Rascheln *nt kein pl* ❸ CARDS Mischen *nt kein pl* ❹ *esp* AM *of a stream* seichte Stelle, seichter Abschnitt

riff-raff [ˈrɪfræf] *n no pl, + sing/pl vb* (*pej*) Gesindel *nt kein pl pej*

rifle¹ [ˈraɪfl] **I.** *n* ❶ (*gun*) Gewehr *nt* ❷ (*troops*) ■**~s** *pl* Schützen, -innen *mpl, fpl* **II.** *n modifier* (*bullet, fire, grenade*) Gewehr-; **~ ammunition** Gewehrmunition *f*

rifle² [ˈraɪfl] **I.** *vi* ■**to ~ through sth** etw durchwühlen; **to ~ through a bag/papers** eine Tasche/Papiere durchwühlen **II.** *vt* ■**to ~ sth** etw plündern; **to ~ the safe** den Safe plündern [*o fam* ausräumen]

rifle butt *n* Gewehrkolben *m* **rifleman** *n* Schütze *m* **rifle range** *n* ❶ (*for practice*) Schießstand *m* ❷ (*shooting distance*) ■**within ~** in Schussweite [eines Gewehrs]

riflery [ˈraɪflri] *n no pl* AM Gewehrschießen *nt*

rifle shot *n* ❶ (*shot*) Gewehrschuss *m* ❷ *no pl* (*distance*) Schussweite *f* ❸ (*person*) Gewehrschütze, -in *m, f;* **a skilled ~** ein geübter Gewehrschütze/eine geübte Gewehrschützin

rift [rɪft] **I.** *n* ❶ (*open space*) Spalt *m;* ***a ~ in the clouds appeared*** die Wolken rissen für einen kurzen Augenblick auf ❷ GEOL [Erd]spalt *m* ❸ (*fig: disagreement*) Spaltung *f* (**between** zwischen +*dat*); (*in friendship*) Bruch *m;* **to heal a ~** eine Kluft überbrücken **II.** *vi* GEOL ■**to ~ away** sich *akk* abspalten **III.** *vt* ■**to ~ sth** etw spalten

rift valley *n* GEOG Grabenbruch *m fachspr*

rig¹ [rɪg] **I.** *vt* <-gg-> *esp* ECON ■**to ~ sth** etw manipulieren; **to ~ an election/results** eine Wahl/Ergebnisse manipulieren; **to ~ the market/prices** den Markt/Preise manipulieren; **~ging of ballots** [*or* **ballot-~ging**] Wahlmanipulation *f* **II.** *n* (*old*) Scheinmanöver *nt,* Schwindel *m*

rig² [rɪg] **I.** *n* ❶ NAUT Takelage *f fachspr,* Takelung *f fachspr* ❷ (*apparatus*) Vorrichtung *f;* **hi-fi ~** Hi-Fi-Anlage *f;* **lighting ~** Beleuchtungsanlage *f* ❸ (*for fishing tackle*) [Vorfach]montage *f fachspr* ❹ (*drilling/oil rig*) **drilling ~** Bohrinsel *f;* **gas/oil ~** Gas-/Ölbohrinsel *f* ❺ (*fam*) FASHION Outfit *nt sl;* **in full ~** in voller Montur *fam* ❻ *esp* AM TRANSP (*semi-trailer*) [mehrachsiger] Sattelschlepper **II.** *vt* <-gg-> ❶ NAUT **to ~ a boat/ship/yacht** ein Boot/ein Schiff/eine Jacht takeln *fachspr;* **to ~ sails/shrouds/stays** Segel/Wanten/Stags anschlagen *fachspr* ❷ AVIAT **to ~ an aircraft** ein Flugzeug aufrüsten *fachspr* ❸ (*set up*) ■**to ~ sth** etw [behelfsmäßig] zusammenbauen

◆**rig out** *vt* (*fam*) ■**to ~ out** ⊂ **oneself/sb** sich/jdn ausstaffieren; *esp woman* sich *akk* auftakeln *pej o hum*

◆**rig up** *vt* ■**to ~ up** ⊂ **sth** ❶ NAUT etw auftakeln *fachspr* ❷ (*set up hastily*) etw [behelfsmäßig] aufbauen [*o* aufstellen], etw improvisieren

rigger¹ [ˈrɪgəʳ, AM -ɚ] *n* ❶ NAUT Takler(in) *m(f) fachspr* ❷ (*scaffolder*) Gerüstbauer(in) *m(f)* ❸ (*on oil rig*) Arbeiter(in) *m(f)* auf einer Bohrinsel

rigger² [ˈrɪgəʳ, AM -ɚ] *n* Manipulant(in) *m(f);* FIN Kurstreiber(in) *m(f)*

rigging¹ [ˈrɪgɪŋ] *n no pl* ❶ NAUT Auftakeln *nt fachspr;* (*ropes and wires*) Takelung *f fachspr,* Takelage *f fachspr* ❷ AVIAT Aufrüstung *f fachspr*

rigging² [ˈrɪgɪŋ] *n no pl* (*manipulating*) Manipulation *f;* **ballot ~** Wahlmanipulation *f*

right [raɪt]

I. ADJECTIVE	II. ADVERB
III. NOUN	IV. TRANSITIVE VERB
V. INTERJECTION	

I. ADJECTIVE

❶ (*morally justified*) richtig; ***it was ~ of you to come and see me*** es war richtig von dir, mich aufzusuchen; ***you're ~ to be annoyed*** du bist zu Recht verärgert; ***it is only ~ that men and women should be paid the same*** es ist nur gerecht, dass Männer und Frauen gleich bezahlt werden; ***it is/seems only ~ and proper that …*** es ist/scheint nur recht und billig, dass …; **to do the ~ thing** das Richtige tun ❷ (*correct*) *answer, direction, order* richtig; *time* genau; ***is your watch ~?*** geht deine Uhr richtig?; ***do you know what the ~ time is?*** kannst du mir bitte die genaue Uhrzeit sagen?; ***were you given the ~ change?*** hat man dir richtig herausgegeben?; **to get sth ~** etw richtig machen; ***you got three answers ~*** du hast drei Antworten richtig; ***did you get that calculation ~?*** hast du da richtig gerechnet? ❸ *pred* (*correct in opinion*) ***am I ~ in thinking that …*** gehe ich recht in der Annahme, dass …; ***you were ~ about him*** was ihn angeht, haben Sie Recht gehabt ❹ (*interrogative*) oder?; ***you're planning to leave on Monday, ~?*** Sie haben doch vor, am Montag abzufahren, oder? ❺ (*correct for situation*) **the ~ way round** [*or* AM **around**] richtig herum ❻ (*best*) richtig; ***he's the ~ person for the job*** er ist der Richtige für den Job; ***he thought the time was ~*** er hielt den Zeitpunkt für passend [*o* angebracht] *geh;* **to be on the ~ lines** auf dem richtigen Weg sein; **to be in the ~ place at the ~ time** (*approv*) zur rechten Zeit am rechten Ort sein ❼ (*socially acceptable, influential*) richtig; ***he likes to be seen in the ~ clubs*** er lässt sich gerne in den richtigen Clubs sehen; ***she knows the ~ people*** sie kennt die richtigen Leute ❽ *pred* (*in correct state*) richtig, in Ordnung *präd;* ***something isn't quite ~ with the brakes*** irgend etwas stimmt [da] mit den Bremsen nicht ganz *fam;* **to put sth ~** etw richtig stellen; **to put a clock ~** eine Uhr richtig einstellen; **to put a machine ~** eine Maschine in Ordnung bringen [*o* reparieren]; **to put matters ~** Tatsachen richtig stellen ❾ (*not left*) rechte(r,s); **~ foot/hand/side** rechter Fuß/rechte Hand/rechte Seite; (*fam*) ***I would give my ~ hand to meet the President*** ich würde alles dafür geben, wenn ich nur einmal den Präsidenten treffen könnte; **a ~ hook** SPORTS ein rechter Haken; **to make a ~ turn** rechts abbiegen ❿ (*located on east side*) auf der Ostseite [*o* rechten Seite] liegend ⓫ *attr esp* BRIT (*fam: complete*) völlig; ***he's a ~ idiot*** er ist ein Vollidiot [*o* totaler Idiot] *fam* ⓬ (*conservative*) *groupings* rechte(r,s) ▶ PHRASES: **to be not** [**quite**] **~ in the head** (*fam*) nicht [ganz] richtig im Kopf sein; **to be/be not in one's ~ mind** [ganz]/nicht [ganz] bei Verstand sein; **to be as ~ as rain** (*fam*) sich *akk* ganz in Ordnung [*o* gut] [*o* kerngesund] fühlen; **to put** [*or* **set**] **sb ~** (*make healthy*) jdn gesundmachen; (*fam: make understand*) jdm etw klarmachen, jdn eines Besseren belehren; **a ~ one** BRIT (*fam*) Dummkopf *m fam;* ***we've got a ~ one here!*** hier haben wir ja einen richtigen Knallkopf! *fam*

II. ADVERB

❶ (*completely*) völlig, ganz *fam;* ***the car ran ~ out of fuel*** im Autotank war bald überhaupt kein Benzin mehr; ***she walked ~ past me without noticing me*** sie lief direkt an mir vorbei, ohne mich zu bemerken ❷ (*all the way*) ganz; (*directly*) genau; ***I filled the bath ~ up to the top*** ich habe die Badewanne [bis zum Rand] voll laufen lassen; ***we tried to go ~ to the top of the mountain*** wir versuchten ganz bis zum Gipfel zu kommen; ***she came up ~ behind me*** plötzlich stand sie direkt hinter mir ❸ (*fam: immediately*) gleich; ***he'll be ~ back*** er ist gleich zurück; ***I'll be ~ with you*** ich bin gleich bei dir; *clerk, store* einen Augenblick, ich komme sofort [zu Ihnen]; **~ now** gleich jetzt, im Moment ❹ (*correctly*) richtig; **to guess ~** richtig raten ❺ (*properly*) gut; **to go ~** gut [aus]gehen; ***things have been going ~ for me*** es läuft gut für mich ❻ (*eastwards*) rechts; **to go** [*or* **turn**] **~** [nach] rechts abbiegen ❼ BRIT (*form: in title*) ■**R~** ehrenwert; ***the R~ Honourable Sarah Bast, MP*** die sehr Ehrenwerte Sarah Bast, Mitglied des Parliaments ▶ PHRASES: **~ away** [*or* BRIT *also fam* **off**] sofort, [jetzt] gerade; **to be ~ behind sb** voll hinter jdm stehen; **~ through** durch und durch

III. NOUN

❶ *no pl* (*goodness*) Recht *nt;* ***the difference between ~ and wrong*** der Unterschied zwischen Recht und Unrecht ❷ (*morally correct thing*) das Richtige, das Rechte; ***they discussed the ~s and wrongs of the issue*** sie diskutierten über das Für und Wider der Angelegenheit ❸ (*claim*) Recht *nt;* ***you have the ~ to call a lawyer*** Sie haben das Recht, einen Anwalt anzurufen; ***it's my ~ as a doctor not to reveal this information*** es ist mein Recht als Arzt, diese Informationen nicht preiszugeben; **preemptive ~** ECON Bezugsrecht *nt;* **~ of asylum** Asylrecht *nt;* **~ of free speech** Recht *nt* auf freie Meinungsäußerung; **women's ~s** die Frauenrechte *ntpl,* die Rechte *ntpl* der Frau[en]; **to have the ~ to do sth** das Recht haben, etw zu tun; ***what ~ have you got to criticize me?*** was gibt dir das Recht, mich zu kritisieren?; **to know one's ~s** seine Rechte kennen; **to stand up for one's ~s** für seine Rechte einstehen; **to be within one's ~s** [**to do sth**] das Recht haben[, etw zu tun] ❹ (*authority, ownership*) ■**~s** *pl* Rechte *ntpl* (**to** an +*dat*); **~s of a book** Rechte *ntpl* an einem Buch; **fishing ~s** Fischereirechte *ntpl* ❺ *no pl* (*right side*) Rechte *f;* **on** [*or* **to**] **the ~** rechts, auf der rechten Seite, zur Rechten *liter* ❻ (*turn*) **to make** [*or* **take**] [*or* AM *fam* **hang**] **a ~** [nach] rechts abbiegen ❼ (*road*) **the first/second ~** die erste/zweite [Straße] rechts; ***take the second ~*** fahren Sie die zweite rechts [rein] *fam* ❽ (*fist*) Rechte *f;* (*blow*) rechter Haken ❾ + *sing/pl vb* POL ■**the R~** die Rechte ❿ + *sing/pl vb* (*political section*) **the far ~** die Rechtsextremen; **on the ~** im rechten Lager ▶ PHRASES: **in one's own ~** aus eigener Kraft; **to be in the ~** im Recht sein; **to put** [*or* **set**] **sth to ~s** etw in Ordnung bringen; **to put** [*or* **set**] **the world to ~s** die Welt verbessern; **by ~s** von Rechts wegen; **by ~ of sth** aufgrund einer S. *gen*

R

IV. TRANSITIVE VERB

① (*restore to correct position*) ■**to ~ sth** etw aufrichten; (*restore to correct condition*) etw in Ordnung bringen; ***the boat will ~ itself if it capsizes*** das Boot balanciert sich von selbst wieder aus, wenn es kentert ② (*rectify*) **to ~ a mistake/wrong** einen Fehler/ein Unrecht wieder gutmachen

V. INTERJECTION

① (*fam: states accord*) richtig, in Ordnung; (*dated*) ~ ***you are!*** in Ordnung!; BRIT ***too ~!*** wohl [*o* nur zu] wahr! ② (*fam: filler word*) also; ***so we were on our way to work, ~, and all of a sudden we heard this loud explosion*** also, wir waren auf dem Weg zur Arbeit und plötzlich hörten wir diese laute Explosion ③ (*fam: as introduction*) ~, ***you lot, can we begin?*** also, ihr Lieben, können wir anfangen? ④ AUS (*fam: expresses reassurance*) nur keine Sorge

right angle *n* rechter Winkel **right-angled** *adj inv* rechtwinklig; ~ **triangle** BRIT, AUS rechtwinkliges Dreieck

righteous [ˈraɪtʃəs] (*form*) **I.** *adj* ① (*virtuous*) *person* rechtschaffen ② (*justifiable*) *anger, indignation* berechtigt, gerechtfertigt ③ (*pej, iron: self-righteous*) selbstgerecht *pej* **II.** *n* ■**the ~** *pl* die Gerechten *pl*

righteously [ˈraɪtʃəsli] *adv* (*usu iron, pej*) selbstgerecht; **to ~ maintain that …** selbstgerecht behaupten, dass …

righteousness [ˈraɪtʃəsnəs] *n no pl* Rechtschaffenheit *f*

right field *n esp* AM (*in baseball*) *der rechte Teil des Spielfeldes neben dem Spieler am Abschlag;* (*player*) rechter Außenfeldspieler/rechte Außenfeldspielerin

rightful [ˈraɪtfᵊl] *adj attr, inv* rechtmäßig; ~ **claimant** Anspruchsberechtigte(r) *f(m);* ~ **owner** rechtmäßiger Eigentümer/rechtmäßige Eigentümerin; ~ **share** rechtmäßiger Anteil

rightfully [ˈraɪtfᵊli] *adv inv* rechtmäßig

right hand *n* ① ANAT Rechte *f*, rechte Hand ② (*direction*) rechte Seite; **on the ~ of the street** auf der rechten Straßenseite ③ (*position*) **to stand at sb's ~** zu jds Rechten stehen ④ (*assistant*) rechte Hand **right-hand** *adj attr, inv* ① (*on the right*) rechte(r,s); **on the ~ side** auf der rechten Seite ② (*with the right hand*) mit der Rechten *nach n;* ~ **punch** Schlag *m* mit der Rechten, rechter Haken **right-hand drive I.** *n no pl* Rechtslenkung *f* **II.** *n modifier* ~ **car** Wagen *m* mit Rechtslenkung **right-handed** *adj inv* rechtshändig **right-hander** *n* ① (*person*) Rechtshänder(in) *m(f)* ② (*in boxing*) rechter Haken **right-hand man** *n* (*fig approv*) ■**sb's ~** jds rechte Hand

rightism [ˈraɪtɪzᵊm, AM -t̬-] *n no pl* POL rechtsgerichtete Ideologie

rightist [ˈraɪtɪst, AM -t̬-] **I.** *n* POL Rechte(r) *f(m)* **II.** *adj* rechtsgerichtet

rightly [ˈraɪtli] *adv inv* ① (*correctly*) richtig; **to ~ assess sth** etw richtig einschätzen; **to remember ~** sich *akk* genau erinnern ② (*justifiably*) zu Recht; **quite ~** völlig zu Recht; [**whether**] **~ or wrongly** [ob] zu Recht oder zu Unrecht ③ (*suitably*) ~ **dressed** passend gekleidet

right-minded *adj* (*approv*) vernünftig; **every ~ person** jeder vernünftige Mensch

rightness [ˈraɪtnəs] *n no pl* Richtigkeit *f;* ***he is convinced of the ~ of his actions*** er ist davon überzeugt, dass er das Richtige tut

right of establishment *n* LAW Niederlassungsrecht *nt* **right of way** <*pl* rights-> *n* ① *no pl* (*right to pass*) Durchgangsrecht *nt* ② (*path*) Wegerecht *nt* ③ AUTO, AVIAT, NAUT Vorfahrt *f* **right-on** *adj* ① (*usu pej: in fashion*) linientreu ② (*approv sl: excellent*) super *sl*, klasse *fam* **rights department** *n* Rechtsabteilung *f* **rights issue** *n* BRIT STOCKEX Bezugsrechtsemission *f fachspr* **right-thinking** *adj* (*approv*) vernünftig **right-to-life** *adj inv* Antiabtreibungs- **right triangle** *n* AM rechtwinkliges Dreieck **right whale** *n* ZOOL Glattwal *m* **right wing** *n + sing/pl vb* POL, SPORTS ■**the ~** der rechte Flügel; **to be on the ~** POL dem rechten Flügel angehören **right-wing** *adj* POL rechts *präd*, rechte(r,s) **right-winger** *n* POL Rechte(r) *f(m)*

righty [ˈraɪt̬i] *n* AM (*fam*) Rechtshänder(in) *m(f)*

rigid [ˈrɪdʒɪd] **I.** *adj* ① (*inflexible*) starr, steif; **to be ~ with fear/pain** gelähmt vor Angst/Schmerzen sein; **to be bored ~** BRIT (*fam*) zu Tode gelangweilt sein ② (*fig: unalterable*) *routine, rules, principles* starr; (*overly stringent*) streng, hart; ~ **censorship** strenge Zensur **II.** *n* BRIT Lkw *m*

rigidity [rɪˈdʒɪdəti, AM -əti] *n no pl* ① (*inflexibility*) Starrheit *f*, Steifheit *f; of concrete* Härte *f* ② (*pej: intransigence*) Starrheit *f*, Unbeugsamkeit *f*

rigidly [ˈrɪdʒɪdli] *adv* ① (*not flexibly*) starr ② (*esp pej: strictly*) streng; **to ~ adhere to sth** eisern an etw *dat* festhalten

rigmarole [ˈrɪgmᵊrəʊl, AM -roʊl] *n usu sing* (*pej*) ① (*procedure*) Prozedur *f;* ***what a ~!*** was für ein Umstand!; **to go through the** [**whole**] **~** die [ganze] Prozedur noch einmal wiederholen ② (*rambling story*) Gelabere *nt pej*

rigor *n* AM *see* **rigour**

rigor mortis [ˌrɪgəˈmɔːtɪs, AM -gɚˈmɔːrt̬-] *n no pl* MED Leichenstarre *f*

rigorous [ˈrɪgᵊrəs, AM -gɚ-] *adj* ① (*approv: thorough*) [peinlich] genau, präzise; ~ **testing** gründliches Testen ② (*disciplined*) strikt, streng; ***she is a ~ vegetarian*** sie lebt strikt vegetarisch; ~ **discipline** strenge Disziplin ③ (*physically demanding*) hart; ~ **training** hartes Training ④ (*harsh*) ~ **climate/weather** raues Klima/Wetter

rigorously [ˈrɪgᵊrəsli, AM -gɚ-] *adv* ① (*approv: thoroughly*) [peinlich] genau, präzise; ***he ~ notes down every penny he spends*** er führt ganz genau Buch über seine Ausgaben ② (*strictly*) strikt; **to ~ adhere to rules** Regeln strikt einhalten ③ (*severely*) hart; **to train ~** hart trainieren

rigour [ˈrɪgəʳ], AM **rigor** [-ɚ] *n* ① *no pl* (*approv: thoroughness*) Genauigkeit *f*, Präzision *f* ② *no pl* (*strictness*) Strenge *f*, Härte *f* ③ (*demanding conditions*) ■**~s** *pl* Härten *fpl;* **the ~s of the winter** die Härten des Winters

rig-out [ˈrɪgaʊt] *n esp* BRIT (*dated fam*) Putz *m kein pl veraltet*, Klamotten *fpl fam*

rile [raɪl] *vt* (*fam*) ① (*annoy*) ■**to ~ sb** jdn ärgern; ***don't let her ~ you*** lass dich nur nicht von ihr provozieren!; **to get sb ~d** jdn verärgern ② AM **to ~ water** Wasser verschmutzen [*o* trüben]

rill [rɪl] *n* ① (*small stream*) kleiner Bach, Rinnsal *nt* ② (*shallow cut*) Rille *f*

rim [rɪm] **I.** *n* ① (*brim*) *of a cup, plate* Rand *m* ② (*boundary*) Rand *m;* ~ **of a lake** Seeufer *nt;* **on the Pacific ~** am Rande des Pazifiks; **the ~ of the solar system** der Rand des Sonnensystems ③ *of a wheel* Felge *f*, Radkranz *m* ④ *usu pl* (*spectacle frames*) Fassung *f* ⑤ (*stain*) Rand *m;* ~ **of dirt** Schmutzrand *m* **II.** *vt* <-mm-> ■**to ~ sth** etw umgeben; (*frame*) etw umrahmen; ***the garden was ~med with a wall*** der Garten war von einer Mauer umgeben; ***the lake was ~med by trees*** der See war von Bäumen gesäumt

rime¹ [raɪm] (*liter*) **I.** *n no pl* [Rau]reif *m* **II.** *vt* ■**to ~ sth** etw mit [Rau]reif bedecken

rime² *n* (*old*) *see* **rhyme**

rim job *n* (*vulg*) *orale Stimulierung im Bereich des Afters*

rimless [ˈrɪmləs] *adj inv* randlos; ~ **glasses** [*or* **spectacles**] randlose Brille

-rimmed [rɪmd] *in compounds* -randig, -gerandet; ***he wears gold~ spectacles*** er trägt eine Brille mit Goldrand; ***he blinked red~ eyes*** er blinzelte aus rotgeränderten Augen

rind [raɪnd] **I.** *n no pl* Schale *f;* (*of a tree*) [Baum]rinde *f;* **bacon ~** [Speck]schwarte *f;* **cheese ~** Käserinde *f;* [**grated**] **lemon ~** [geriebene] Zitronenschale; **whale ~** Fettschicht *f* eines Wals **II.** *vt* **to ~ a tree** einen Baum entrinden

ring¹ [rɪŋ] **I.** *n* ① (*jewellery*) Ring *m;* **diamond ~** Diamantring *m* ② (*circular object*) Ring *m;* **metal/onion ~** Metall-/Zwiebelring *m* ③ ASTRON Ring *m;* **the ~s of Saturn** die Ringe des Saturn ④ (*marking*) Rand *m;* ***the wet glass left a ~ on the table*** das nasse Glas hinterließ einen Rand auf dem Tisch; **to have ~s around one's eyes** Ringe unter den Augen haben ⑤ BRIT (*cooking device*) Kochplatte *f* ⑥ (*arena*) Ring *m;* **boxing ~** Boxring *m;* **circus ~** Manege *f* ⑦ *+ sing/pl vb* (*circle of people*) Kreis *m* ⑧ *+ sing vb* (*circle of objects*) Kreis; **to sit in a ~ around sb** im Kreis um jdn herumsitzen ⑨ *+ sing/pl vb* (*clique*) Ring *m*, Kartell *nt*, Syndikat *nt;* (*at an auction*) Händlerring *m* bei einer Auktion; **drug/spy ~** Drogen-/Spionagering *m* ⑩ CHEM ringförmige atomare Struktur ⑪ (*circular course*) Kreis *m;* ***they ran around in a ~*** sie liefen [*o* rannten] im Kreis herum ⑫ STOCKEX (*trading floor*) Börsenstand *m* ⑬ COMPUT (*data list*) Ring *m;* (*topology of network*) Ringtopologie *f* ► PHRASES: **to <u>run</u> ~s [a]round sb** jdn in die Tasche stecken *fam* **II.** *vt* ① *usu passive* (*surround*) ■**to ~ sb/sth** jdn/etw umringen; ***armed police ~ the hijacked plane*** bewaffnete Polizisten kreisen das entführte Flugzeug ein; ***the harbour is ~ed by rocks and reefs*** der Hafen ist von Felsen und Riffen umgeben ② BRIT (*draw*) ■**to ~ sth** etw einkreisen ③ BRIT (*put ring on*) **to ~ a bird** einen Vogel beringen; **to ~ a bull/a pig** einen Stier/ein Schwein mit einem Nasenring versehen ④ (*falsify*) Chassis- oder Motornummer *f* an etw *dat* betrügerisch verändern

ring² [rɪŋ] **I.** *n* ① (*act of sounding bell*) Klingeln *nt kein pl;* **to give a ~** klingeln; ***he gave a ~ at the door*** er klingelte [*o* läutete] an der Tür ② (*sound made*) Klingeln *nt kein pl*, Läuten *nt kein pl;* ***there was a ~ at the door*** es hat geklingelt [*o* geläutet] ③ *usu sing esp* BRIT (*telephone call*) **to give sb a ~** jdn anrufen ④ (*loud sound*) Klirren *nt kein pl;* **the ~ of iron on stone** das Klirren von Eisen auf Stein ⑤ *usu sing* (*quality*) Klang *m;* ***your name has a familiar ~*** Ihr Name kommt mir bekannt vor; ***his story had the ~ of truth*** seine Geschichte hörte sich glaubhaft an ⑥ (*set of bells*) Glockenspiel *nt; of a church* Läut[e]werk *nt* **II.** *vi* <rang, rung> ① (*produce bell sound*) *telephone* klingeln, läuten; (*cause bell sound*) klingen ② (*summon*) läuten; ■**to ~ for sth** nach etw *dat* läuten ③ (*have humming sensation*) klingen; ***my ears are still ~ing from the explosion*** mir klingen noch die Ohren von der Explosion ④ (*reverberate*) **to ~ with** [*or* **to**] **a sound** von einem Klang widerhallen; ***the room rang with laughter*** der Raum war von Lachen erfüllt; (*fig*) ***his voice rang with anger*** seine Stimme bebte vor Zorn ⑤ (*appear*) **to ~ false/true** unglaubhaft/glaubhaft klingen; **to ~ hollow** hohl klingen *pej* ⑥ *esp* BRIT (*call on telephone*) anrufen; **to ~ for an ambulance/a taxi** einen Krankenwagen/ein Taxi rufen; **to ~ home** zu Hause anrufen; ■**to ~ back** zurückrufen ► PHRASES: **sth ~s in sb's <u>ears</u>** [*or* **<u>head</u>**] etw klingt jdm im Ohr **III.** *vt* <rang, rung> ① (*make sound*) **to ~ a bell** eine Glocke läuten; **to ~ the alarm** Alarm auslösen ② (*of a church*) **to ~ the hour** die Stunde schlagen; **to ~ a peal** die Glocken läuten ③ *esp* BRIT (*call on telephone*) ■**to ~ sb** jdn anrufen; ■**to ~ sb back** jdn zurückrufen ► PHRASES: **to ~ a <u>bell</u>** Assoziationen hervorrufen; ***the name rang a bell*** der Name kam mir irgendwie bekannt vor; **to ~ the <u>changes</u> [on sth]** für Abwechslung [bei etw *dat*] sorgen

◆**ring around** *vi* BRIT herumtelefonieren

◆**ring down** *vt* ① THEAT **to ~ down** ⊂ **the curtain** den Vorhang herunterlassen; **to ~ down the curtain on sth** (*fig*) etw abschließen, einen Schlussstrich unter etw *akk* ziehen ② TELEC ■**to ~ sb** ⊂ **down** einen Rundruf machen

◆**ring in I.** *vi* BRIT sich *akk* telefonisch melden; **to ~ in sick** sich *akk* telefonisch krankmelden **II.** *vt* ■**to ~ in** ⊂ **sb** nach jdm klingeln; ■**to ~ in** ⊂ **sth** etw einläuten; **to ~ in the New Year** das neue Jahr einläuten

◆**ring off** *vi* BRIT auflegen

◆**ring out I.** *vi* ertönen; ***a cry of warning rang***

out ein Warnruf ertönte **II.** *vt* ■**to ~ out** ○ **sth** etw ausläuten; ***the bells are ~ing out the old year*** die Glocken läuten das alte Jahr aus; ■**to ~ out** ○ **sb** jdm durch ein Klingelzeichen zu verstehen geben, dass er/sie nicht mehr gebraucht wird
◆**ring round** *vi* BRIT herumtelefonieren
◆**ring up I.** *vt* ① *esp* BRIT (*telephone*) ■**to ~ up** ○ **sb** jdn anrufen ② COMM **to ~ up an amount** einen Betrag [in die Kasse] eintippen ③ THEAT **to ~ up** ○ **the curtain on a performance** den Vorhang zu einer Vorstellung hochgehen lassen; **to ~ up** ○ **the curtain on a new epoch** (*fig*) ein neues Zeitalter einläuten **II.** *vi* BRIT anrufen
ring binder *n* Ringbuch *nt* **ring dove** *n* Ringeltaube *f*
ringer[1] [ˈrɪŋəʳ, AM -ɚ] *n* ① *esp* AM SPORTS (*fam*) *Spieler, der unerlaubt an einem Wettkampf teilnimmt oder gegen das Reglement eingewechselt wird;* (*in horseracing*) Ringer *m* (*vertauschtes Pferd*) ② (*impostor*) Schwindler(in) *m(f)* ③ (*person*) Glöckner(in) *m(f)* ▸ PHRASES: **to be a dead ~ for sb** (*fam*) jdm aufs Haar gleichen
ringer[2] [ˈrɪŋəʳ] *n* ① AUS, NZ (*shearer*) [Schaf]scherer(in) *m(f)* ② AUS (*stockman*) Farmarbeiter(in) *m(f);* (*employed in droving*) Viehtreiber(in) *m(f)*
ring finger *n* Ringfinger *m* **ring-in** *n* AUS (*fam*) Quereinsteiger(in) *m(f)*
ringing [ˈrɪŋɪŋ] **I.** *adj attr, inv* ① (*resounding*) schallend; **~ cheer** lauter Jubel; **~ crash** ohrenbetäubendes Krachen ② (*unequivocal*) eindringlich **II.** *n no pl* Klingeln *nt*
ringleader *n* Anführer(in) *m(f)*
ringlet [ˈrɪŋlɪt] *n usu pl* Locke *f;* **in ~s** in Locken, lockig
ringmaster *n* Zirkusdirektor *m* **ring-pull I.** *n* Aufreißring *m,* Dosenring *m* **II.** *n modifier* (*can*) Aufreißring- **ring road** *n* BRIT, AUS Ringstraße *f,* Umgehungsstraße *f* **ringside I.** *n* ■**the ~** (*in boxing*) die Sitzreihe am Boxring; (*in a circus*) die Sitzreihe an der Manege **II.** *n modifier* **~ seat** (*in boxing*) Ringplatz *m;* (*in a circus*) Manegenplatz *m;* **to have a ~ seat** [*or* **view**] (*fig*) einen Logenplatz haben **ring-tailed** *adj inv* ZOOL mit beringtem Schwanz *nach n* **ring tone** *n* Klingelton *m* **ringtoss** *n no pl* Wurfringspiel *nt,* Wurfringe *mpl;* **to play ~** Wurfringe werfen **ringworm** *n no pl* MED Flechte *f*
rink [rɪŋk] *n* Bahn *f;* **ice ~** Eisbahn *f,* Schlittschuhbahn *f;* **rollerskating ~** Rollschuhbahn *f*
rinky-dink [ˈrɪŋkidɪŋk] *adj* AM (*fam: amateurish*) *business, operation* dilettantisch; (*shoddy*) *bike, recorder* schäbig
rinse [rɪns] **I.** *n* ① (*action*) Spülung *f;* **to give a bottle/one's mouth a ~** eine Flasche/sich *dat* den Mund ausspülen; **to give clothes/one's hair a ~** Kleidungsstücke/sich *dat* die Haare spülen; **to give dishes/one's hands a ~** das Geschirr/sich *dat* die Hände abspülen; **cold/hot ~** Kalt-/Heißspülen *nt* ② (*for mouth*) Mundspülung *f* ③ (*conditioner*) [Haar]spülung *f;* (*for tinting hair*) Tönung *f* **II.** *vt* ■**to ~ sth** etw spülen; **to quickly ~ one's hands** sich *dat* kurz die Hände abspülen; **to ~ laundry** Wäsche spülen; **to ~ one's mouth** sich *dat* den Mund ausspülen; **to ~ the suds from the dishes** den Schaum vom Geschirr abspülen **III.** *vi* spülen; **to ~ thoroughly** gründlich spülen
◆**rinse off I.** *vt* ■**to ~ off** ○ **sth** etw abspülen **II.** *vi* [ab]spülen
◆**rinse out** *vt* ■**to ~ out** ○ **sth** etw ausspülen
riot [ˈraɪət] **I.** *n* ① (*disturbance*) Krawall *m,* Unruhen *fpl,* Ausschreitungen *pl;* (*uproar*) Aufstand *m a. fig,* Aufruhr *m a. fig;* **race ~** Rassenunruhen *fpl;* **to trigger a ~** Unruhen auslösen ② *no pl* (*fig approv: display*) **a ~ of colour[s]** eine Farbenpracht ③ *no pl* (*fig: outburst*) **a ~ of emotions** ein Gefühlsausbruch *m* ④ *no pl* (*fam: entertaining person, thing*) **to have a ~ of a time** eine tolle Zeit haben *fam;* **to be a ~** zum Schießen [*o* Schreien] sein *fam* ▸ PHRASES: **to run ~** (*behave uncontrollably*) *people* Amok laufen; *emotions* verrückt spielen; *artist* sich *akk* in [wilden] Farb-/Klangorgien ergehen; (*spread uncontrollably*) *prejudices* um sich *akk* greifen; *weeds* wuchern; ***my imagination ran*** ~ die Fantasie ist mit mir durchgegangen **II.** *vi* ① (*act violently*) randalieren, Krawall *m* machen ② (*fig: behave uncontrollably*) wild feiern
riot act *n* ▸ PHRASES: **to read sb the ~** jdm die Leviten lesen
rioter [ˈraɪətəʳ, AM -t̬ɚ] *n* Aufständische(r) *f(m),* Aufrührer(in) *m(f),* Unruhestifter(in) *m(f),* Randalierer(in) *m(f)*
riot gear *n no pl* Schutzanzug *m*
rioting [ˈraɪətɪŋ, AM -t̬-] *n no pl* Randalieren *nt,* Krawalle *mpl*
riotous [ˈraɪətəs, AM -t̬-] *adj* ① (*involving disturbance*) aufständisch ② (*boisterous*) ausschweifend; **a ~ party** eine wilde Party ③ (*vivid*) **a ~ display** eine hemmungslose Zurschaustellung
riotously [ˈraɪətəsli, AM -t̬-] *adv* ① (*uncontrollably*) **to behave ~** völlig außer Rand und Band sein, sich *akk* aufführen wie die Wilden ② (*approv*) unglaublich *fam;* **~ funny** unglaublich komisch *fam,* urkomisch; ***it is ~ funny*** es ist einfach zum Schreien
riotousness [ˈraɪətəsnəs, AM -t̬-] *n no pl* Bereitschaft *f* auf die Barrikaden zu gehen
riot police *n + sing/pl vb* Bereitschaftspolizei *f*
riot shield *n* Schutzschild *m*
rip[1] [rɪp] *n* GEOG, NAUT Kabbelung *f fachspr*
rip[2] [rɪp] **I.** *n* ① (*tear*) Riss *m* ② *usu sing* (*act*) Zerreißen *nt;* (*with knife*) Zerschlitzen *nt* **II.** *vt* <-pp-> ■**to ~ sth** etw zerreißen; ***I ~ped my shirt on a nail*** ich bin an einem Nagel hängen geblieben und habe mir das Hemd aufgeschlitzt; **to ~ sth into shreds** etw zerfetzen [*o* in Fetzen reißen]; **to ~ sth open** etw aufreißen; (*with knife*) etw aufschlitzen; **to ~ open a seam** einen Saum auftrennen; ■**to ~ sth apart** etw auseinander reißen **III.** *vi* <-pp-> ① (*tear*) reißen; *seams of clothing* platzen ② (*rush*) ■**to ~ through sth** durch etw *akk* fegen; ***the tornado ~ped through town*** der Wirbelsturm fegte durch die Stadt
◆**rip into** *vi* (*fam*) ■**to ~ into sb** über jdn herfallen; (*fig*) auf jdn losgehen
◆**rip off** *vt* ① (*take off fast*) ■**to ~ off** ○ **sth** etw abreißen; ***they ~ped off their clothes*** sie rissen sich die Kleider vom Leib ② (*fam: overcharge*) ■**to ~ off** ○ **sb** jdn übers Ohr hauen *fam* ③ (*fam: steal*) ■**to ~ off** ○ **sth** etw mitgehen lassen *fam;* **to ~ off ideas** Ideen klauen *fam;* ■**to ~ off** ○ **sb** jdn beklauen *fam*
◆**rip out** *vt* ■**to ~ sth** ○ **out** etw herausreißen
◆**rip up** *vt* ■**to ~ up** ○ **sth** etw zerreißen; **to ~ the carpets up** den Teppichboden herausreißen
RIP [ˌɑːraɪˈpiː, AM ˌɑːr-] *abbrev of* **rest in peace** R.I.P.
riparian [raɪˈpeəriən, AM rɪˈper-] LAW **I.** *adj inv* Ufer-; **~ state** Uferstaat *m* **II.** *n Eigentümer von Uferland an einem Fluss;* ***he is a ~*** sein Grundstück liegt direkt am Flussufer
ripcord [ˈrɪpkɔːd, AM -kɔːrd] *n* Reißleine *f*
ripe [raɪp] *adj* ① (*ready to eat*) *fruit, grain* reif ② (*matured*) *cheese, wine* ausgereift ③ (*intense*) *flavour, smell* beißend ④ ZOOL *insect, fish* reif für die Eiablage *präd* ⑤ *pred* (*prepared*) ■**to be ~ for sth** reif für etw *akk* sein ⑥ *pred* (*full of*) ■**to be ~ with sth** von etw *dat* erfüllt sein ⑦ *attr* (*advanced*) fortgeschritten; **to live to a ~ old age** ein hohes [*o* reifes] Alter erreichen; **~ in years** in fortgeschrittenem Alter ⑧ (*hum dated*) anrüchig; **~ joke** obszöner Witz ▸ PHRASES: **the time is ~** die Zeit ist reif [*o* gekommen]
ripen [ˈraɪpᵊn] **I.** *vi* [heran]reifen *a. fig;* ***my plans are ~ing*** meine Pläne nehmen Gestalt an **II.** *vt* **to ~ fruit** eine Frucht reifen [*o* reif werden] lassen
ripeness [ˈraɪpnəs] *n no pl* Reife *f*
rip-off *n* (*fam*) Wucher *m kein pl pej;* (*fraud*) Schwindel *m,* Beschiss *m kein pl derb;* ***that's just a ~ of my idea!*** da hat doch bloß einer meine Idee geklaut! *fam*
riposte [rɪˈpɒst, AM -ˈpoʊst] **I.** *n* ① (*usu approv liter: reply*) [schlagfertige] Antwort ② (*in fencing*) Riposte *f fachspr* **II.** *vt* (*usu approv*) ■**to ~ that …** [schlagfertig] kontern, dass … **III.** *vi* ripostieren *fachspr*
ripping [ˈrɪpɪŋ] *adj* BRIT (*dated fam*) großartig, spitzenmäßig *sl,* famos *veraltend*
ripple [ˈrɪpl̩] **I.** *n* ① (*in water*) leichte Welle, Kräuselung *f;* (*fig*) ***~s of the crisis are continuing to spread*** die Krise schlägt weiterhin [ihre] Wellen ② (*sound*) Raunen *nt kein pl;* **a ~ of applause** ein kurzer Applaus; **a ~ of laughter** ein leises Lachen ③ (*feeling*) Schauer *m;* **a ~ of excitement** ein Schauer der Erregung ④ (*reaction*) Wirkung *f;* ***news of the war hardly caused a ~*** die Berichte über den Krieg verhallten nahezu wirkungslos ⑤ *no pl* ELEC Brummstrom *m,* Brummspannung *f* ⑥ *no pl* (*ice cream*) **chocolate/raspberry ~** [*Vanille*]*eiscreme, die marmorartig mit Schokoladen-/Himbeersirup durchzogen ist* **II.** *vi* ① (*form waves*) *water* sich *akk* kräuseln ② (*flow with waves*) [kleine] Wellen schlagen, plätschern ③ (*move with waves*) *grain* wogen; ***his muscles ~d under his skin*** man sah das Spiel seiner Muskeln [unter der Haut] ④ (*spread*) *feeling* sich *akk* breit machen; *sound* ertönen, erschallen **III.** *vt* ① (*produce wave in*) **to ~ the water** das Wasser kräuseln ② (*make wavy*) **to ~ grain** Getreide wogen lassen; **to ~ muscles** die Muskeln spielen lassen
ripple effect *n* Nachwirkungen *fpl*
rip-roaring *adj attr* (*fam*) *match* sagenhaft, mitreißend; *person* Aufsehen erregend
rip tide *n* GEOG, NAUT Kabbelung *f fachspr*
rise [raɪz] **I.** *n* ① (*upward movement*) *of theatre curtain* Hochgehen *nt kein pl,* Heben *nt kein pl; of the sun* Aufgehen *nt kein pl* ② (*in fishing*) Steigen *nt kein pl* ③ MUS *of a pitch, sound* Erhöhung *f* ④ (*in society*) Aufstieg *m;* **~ to power** Aufstieg *m* an die Macht; **meteoric ~** kometenhafter Aufstieg ⑤ (*hill*) Anhöhe *f,* Erhebung *f;* (*in a road*) [Straßen]kuppe *f* ⑥ (*height*) *of an arch, incline, step* Höhe *f;* (*in trousers*) Schritt *m* ⑦ (*increase*) Anstieg *m kein pl,* Steigen *nt kein pl;* ***the team's winning streak has triggered a ~ in attendance*** die Erfolgsserie der Mannschaft hat die Zuschauerzahlen ansteigen lassen; [**pay**] **~** BRIT Gehaltserhöhung *f,* Lohnerhöhung *f;* **temperature ~** Temperaturanstieg *m;* **to be on the ~** im Steigen begriffen sein; ***inflation is on the ~*** die Inflation steigt ⑧ (*origin*) *of a brook* Ursprung *m,* the river Cam has its ~ *in a place called Ashwell,* der Fluss Cam entspringt an einem Ort namens Ashwell ▸ PHRASES: **to get** [*or* **take**] **a ~ out of sb** (*fam*) jdn [total] auf die Palme bringen *fam;* **to give ~ to sth** etw verursachen, Anlass zu etw *akk* geben; **to give ~ to a question** eine Frage aufwerfen **II.** *vi* <rose, risen> ① (*ascend*) steigen; *curtain* aufgehen, hochgehen; ***the curtain is rising*** der Vorhang geht auf [*o* hebt sich] ② (*become visible*) *moon, sun* aufgehen ③ (*move towards water surface*) *fish* an die Oberfläche kommen ④ (*become higher in pitch*) *voice* höher werden ⑤ (*improve position*) aufsteigen; **to ~ to fame** berühmt werden; **to ~ in the hierarchy** in der Hierarchie aufsteigen; **to ~ in the ranks** im Rang steigen; **to ~ through the ranks** befördert werden; **to ~ in sb's esteem** in jds Ansehen *nt* steigen ⑥ (*from a chair*) sich *akk* erheben; LAW ***all ~*** bitte erheben Sie sich ⑦ (*get out of bed*) aufstehen ⑧ *esp* BRIT (*form: adjourn*) enden, schließen; ***the meeting rose at 6p.m.*** die Besprechung endete um 18.00 Uhr ⑨ (*be reborn*) auferstehen; **to ~ from the dead** von den Toten auferstehen; **to ~ again** wiederauferstehen ⑩ (*blow*) *wind* aufkommen; ***they noticed that the wind was rising*** sie bemerkten, dass der Wind stärker wurde ⑪ (*originate*) *river* entspringen ⑫ (*rebel*) sich *akk* auflehnen; ■**to ~ against sb/sth** sich *akk* gegen jdn/etw auflehnen ⑬ (*incline upwards*) *ground* ansteigen ⑭ (*be higher than surroundings*) sich *akk* erheben; ***the mountains ~ above the woods*** die Berge ragen über den Wäldern empor ⑮ (*stand on end*) *hair* zu Berge stehen; ***his hair rose*** ihm standen die Haare zu Berge ⑯ (*be constructed*) *building* entstehen; ***we were impressed by the skyscrapers rising above the plain*** wir waren beeindruckt von den Wolkenkratzern, die sich über der

R

Ebene erhoben ⑰ FOOD *yeast, dough* aufgehen ⑱ (*appear*) *blister, bump, weal* sich *akk* bilden ⑲ (*get nauseated*) *stomach* sich *akk* umdrehen [*o* heben] ⑳ (*increase*) [an]steigen; (*in height*) *river, sea* steigen; ***house prices have ~n sharply*** die Immobilienpreise sind stark gestiegen ㉑ *of emotion* sich *akk* erhitzen; ***tempers were rising at the meeting*** die Gemüter erhitzten sich auf der Besprechung; ***he felt panic ~ in him*** er fühlte Panik in sich aufsteigen ㉒ (*become louder*) *voice* lauter werden, sich *akk* erheben; ***murmurs of disapproval rose from the crowd*** die Menge ließ ein missbilligendes Gemurmel hören ㉓ *mood, spirit* steigen; ***my spirits ~ whenever I think of my next holiday*** immer wenn ich an meinen nächsten Urlaub denke, steigt meine Laune ㉔ *barometer, thermometer* steigen ► PHRASES: **to ~ to the bait** anbeißen; ***they offered a good salary, but I didn't ~ to the bait*** sie boten mir ein gutes Gehalt an, aber ich habe mich nicht ködern lassen; **~ and shine!** aufstehen!, los, raus aus den Federn!

◆**rise above** *vi* ■**to ~ above sth** ① (*protrude*) *skyscrapers* sich *akk* über etw *dat* erheben ② (*be superior to*) über etw *dat* stehen [*o* erhaben sein]; **to ~ above difficulties/poor conditions** Schwierigkeiten/Notlagen überwinden

◆**rise to** *vi* ■**to ~ to sth** auf etw *akk* reagieren; **to ~ to the challenge** [*or* **occasion**] sich *akk* der Herausforderung stellen; **to ~ to provocation** sich *akk* provozieren lassen

◆**rise up** *vi* ① (*mutiny*) ■**to ~ up [against sb/sth]** sich *akk* [gegen jdn/etw] auflehnen ② (*be visible*) aufragen ③ (*become present in mind*) aufsteigen; ***a feeling of nervousness rose up in him*** ein Gefühl der Nervosität stieg in ihm auf; **to ~ up in sb's mind** jdm in den Sinn kommen

risen [ˈrɪzᵊn] *pp of* **rise**

riser [ˈraɪzəʳ, AM -ɚ] *n* ① (*person*) **early ~** Frühaufsteher(in) *m(f)*; **late ~** Spätaufsteher(in) *m(f)*, Langschläfer(in) *m(f)* ② ARCHIT *of a step* Setzstufe *f fachspr*, Futterstufe *f fachspr* ③ AM (*platform*) ■**~s** *pl* Tribüne *f* ④ (*pipe*) Steigrohr *nt*, Steigleitung *f*

risible [ˈrɪzəbl] *adj* (*pej form*) lächerlich; **~ excuse** lächerliche Ausrede

rising [ˈraɪzɪŋ] **I.** *adj attr, inv* ① (*increasing in status*) *author, politician* aufstrebend ② (*getting higher*) **~ floodwaters** steigendes Hochwasser; **~ sun** aufgehende Sonne ③ (*increasing*) *costs* steigend; *wind* aufkommend; *fury* wachsend ④ (*advancing to adulthood*) heranwachsend; **the ~ generation** die kommende Generation ⑤ (*angled upwards*) *ground* [auf]steigend ⑥ LING **~ intonation** Anhebung *f* der Stimme **II.** *n* Aufstand *m*, Erhebung *f*

rising damp *n no pl* BRIT Grundmauerfeuchte *f fachspr* **rising sign** *n* ASTROL Aszendent *m* **rising star** *n* Aufsteiger(in) *m(f)*, aufgehender Stern

risk [rɪsk] **I.** *n* ① (*hazard*) Risiko *nt*; ■**at the ~ of doing sth** auf die Gefahr hin, etw zu tun; ***at the ~ of seeming rude, I'm afraid I have to leave now*** auch wenn es vielleicht unhöflich erscheinen mag, ich fürchte, ich muss jetzt gehen; **fire ~** Brandgefahr *f*; **~ to health** Gesundheitsrisiko *nt*, Gefahr *f* für die Gesundheit; **at the ~ of one's life** unter Einsatz seines Lebens; **at owner's ~** auf Gefahr des Eigentümers; **safety** [*or* **security**] **~** Sicherheitsrisiko *nt*; **bad** [*or* **high**]**/good** [*or* **low**] **~** hohes/geringes Risiko; ***the company is quite a good ~*** das Unternehmen hat eine recht gute Bonität; ***he is a bad ~*** bei ihm besteht ein hohes Schadensrisiko; **financial ~** finanzielles Risiko; **negligible ~** vernachlässigbares Risiko; **at one's own ~** auf eigenes Risiko; **to be worth the ~** das Risiko wert sein; **to take** [*or* **run**] **a ~** ein Risiko eingehen, etw riskieren; ■**to be at ~** einem Risiko ausgesetzt sein; ***they are a minority at ~*** sie sind eine gefährdete Minderheit ② (*insurance policy*) Risiko *nt*, Gefahr *f*, Gefährdung *f*; **fire ~** Feuergefahr *f* **II.** *n modifier* (*analysis, factor*) Risiko- **III.** *vt* ■**to ~ sth** etw riskieren [*o* aufs Spiel setzen]; ■**to ~ doing sth** riskieren [*o* es wagen], etw zu tun; **to ~ one's life** [*or fam* **neck**] sein Leben [*o fam* Kopf und Kragen] riskieren; **to ~ life and limb** Leib und Leben riskieren

risk capital *n no pl* ECON Risikokapital *nt* **risk-free** *adj* (*approv*) risikolos, unriskant **risk management** *n no pl* Risikomanagement *nt* **risk manager** *n* Riskmanager(in) *m(f)*

risky [ˈrɪski] *adj* riskant; (*daring*) gewagt

risotto [rɪˈzɒtəʊ, AM -ˈzɑːt̬oʊ] *n* Risotto *m*

risqué [ˈrɪskeɪ, AM rɪˈskeɪ] *adj* gewagt

rissole [ˈrɪsəʊl, AM -soʊl] *n* FOOD Rissole *f*

rite [raɪt] *n usu pl* Ritus *m*; **funeral ~** Bestattungsritual *nt*; **last ~s** Sterbesakramente *ntpl*; **to administer last ~s** die Sterbesakramente erteilen

rite of passage <*pl* rites-> *n* REL Übergangsritus *m*

ritual [ˈrɪtjuəl, AM -tʃu-] **I.** *n* Ritual *nt*, Ritus *m*; **one's daily/evening/morning ~** das tägliche/abendliche/morgendliche Ritual; **mating ~** ZOOL Balzritual *nt*; **religious ~** religiöse Riten **II.** *adj attr* rituell, Ritual-; **~ bath** rituelle Waschung

ritualistic [ˌrɪtjuᵊlˈɪstɪk, AM -tʃuᵊlˈ-] *adj* rituell

ritualistically [ˌrɪtjuᵊlˈɪstɪkᵊli, AM -tʃuᵊlˈ-] *adv* rituell

ritualize [ˈrɪtjuᵊlaɪz, AM ˈrɪtʃ] *vt* ■**to ~ sth** ein Ritual aus etw *dat* machen, etw ritualisieren

ritualized [ˈrɪtjuᵊlaɪzd, AM -tʃu-] *adj* ritualisiert

ritually [ˈrɪtjuᵊli, AM ˈrɪtʃ] *adv* ritualgemäß, rituell

ritual murder *n* Ritualmord *m*

ritzy [ˈrɪtsi] *adj* (*dated fam*) nobel

rival [ˈraɪvᵊl] **I.** *n* Rivale, -in *m, f*; ECON, COMM Konkurrenz *f*, Konkurrent(in) *m(f)*; **arch ~** Erzrivale, -in *m, f*; **bitter ~s** scharfe Rivalen; **closest** [*or* **nearest**] **~** größter [*o* schärfster] Rivale/größte [*o* schärfste] Rivalin **II.** *n modifier* rivalisierend *attr*, konkurrierend *attr*; **~ brand** Konkurrenzmarke *f*; **~ camp/team** gegnerisches Lager/gegnerische Mannschaft; **~ factions** rivalisierende Gruppen **III.** *vt* <BRIT -ll- *or* AM *usu* -l-> ■**to ~ sb/sth** mit jdm/etw konkurrieren, es mit jdm/etw aufnehmen; ■**to be ~led by sth/sb** von etw/jdm übertroffen werden

rivalry [ˈraɪvᵊlri] *n* ① *no pl* (*competition*) Rivalität *f* (**among** unter +*dat*); *esp* ECON, SPORTS Konkurrenz *f*, Wettbewerb *m* (**for** um +*akk*) ② (*incidence*) Rivalität *f*; **friendly ~** freundschaftlicher Wettstreit; **to revive old rivalries** alte Rivalitäten wieder aufleben lassen

riven [ˈrɪvᵊn] *adj inv* (*liter*) gespalten

river [ˈrɪvəʳ, AM -ɚ] **I.** *n* ① (*water*) Fluss *m*; ***they took a walk by the ~*** sie machten einen Spaziergang entlang dem Flussufer; **the R~ Amazon** der Amazonas; **the R~ Thames** die Themse; **down ~** stromabwärts; **up ~** stromaufwärts; **down by the ~** unten am Fluss ② (*quantity*) Strom *m*; ***~s of sweat ran down his back*** der Schweiß rann ihm in Strömen den Rücken hinunter **II.** *n modifier* Fluss-; **~ fishing** Fischen *nt* am Fluss; **~ industry** Industrie *f* am Fluss; **~ pollution** Verschmutzung *f* des Flusses; **~ system** Flusssystem *nt*; **~ traffic** Flussschifffahrt *f*; **~ water** Wasser *nt* des Flusses, Flusswasser *nt*

river bank *n* GEOG Flussufer *nt* **river basin** *n* GEOG Flussbecken *nt* **river bed** *n* GEOG Flussbett *nt* **river blindness** *n no pl* MED *durch Insekten übertragene Tropenkrankheit, die Erblindung verursachen kann* **river boat** *n* Flussschiff *nt* **river fish** *n* Flussfisch *m* **river navigation** *n no pl* NAUT Navigation *f* auf Binnengewässern **river police** *n no pl, + sing/pl vb* Wasserschutzpolizei *f* **riverside** **I.** *n* [Fluss]ufer *nt* **II.** *n modifier* Ufer-; **~ area** Uferzone *f*

rivet [ˈrɪvɪt] **I.** *n* Niete *f* **II.** *vt* ① (*join*) ■**to ~ sth [together]** etw [zusammen]nieten ② (*fix firmly*) ■**to ~ sb/sth** jdn/etw fesseln; **to be ~ed to the spot** wie angewurzelt stehen bleiben ③ (*engross*) ■**to ~ sb** jdn fesseln; ■**to be ~ed by** [*or* **on**] **sth** von etw *dat* gefesselt sein; ***my attention was ~ed by my grandmother's stories*** ich war von Großmutters Geschichten ganz gefesselt; ***the attention of the crowd was ~ed on the fire*** die Menge schaute gebannt auf das Feuer

riveter [ˈrɪvɪtəʳ, AM ɪt̬ɚ] *n* ① (*person*) Nieter *m*, Nietschläger *m* ② (*machine*) Nietmaschine *f*

riveting [ˈrɪvɪtɪŋ, AM -t̬-] *adj* (*fam*) fesselnd

riviera [ˌrɪviˈeərə, AM -ˈerə] *n* Riviera *f*

rivulet [ˈrɪvjələt, AM -lɪt] *n* Bächlein *nt*; (*fig*) ***~s of sweat ran down his face*** der Schweiß lief ihm in Rinnsalen übers Gesicht

RM [ˌɑːˈem] *npl* BRIT *abbrev of* **Royal Marines** *britische Marineinfantrie*

RN [ˌɑːrˈen] *n* ① BRIT MIL *abbrev of* **Royal Navy** ② AM *abbrev of* **registered nurse** examinierte [*o* staatlich anerkannte] Krankenschwester

RNA [ˌɑːrenˈeɪ] *n no pl* SCI, MED *abbrev of* **ribonucleic acid** RNS *f*

RNLI [ˌɑːrenelˈaɪ] *n* BRIT *abbrev of* **Royal National Lifeboat Institution** ≈ DLRG *f*

roach¹ <*pl* -> [rəʊtʃ, AM roʊtʃ] *n* Rotauge *nt*

roach² <*pl* -es> [rəʊtʃ, AM roʊtʃ] *n* (*fam*) ① AM ZOOL Küchenschabe *f*, Kakerlak *m* ② (*sl: of a cannabis cigarette*) *eingedrehter Pappfilter eines Joints*

road [rəʊd, AM roʊd] *n* ① (*way*) Straße *f*; ***is this the ~ to Burlington?*** ist das die Straße nach Burlington?; ***all ~s into the town were blocked by snow*** sämtliche Zufahrtsstraßen in die Stadt waren völlig zugeschneit; **on this/the other side of the ~** auf dieser/der anderen Straßenseite; **back** [*or* BRIT *also* **minor**] **~** Nebenstraße *f*; **busy ~** stark befahrene Straße; **dirt ~** Feldweg *m*; **impassable ~** unpassierbare Straße; **main ~** Hauptstraße *f*; **to cross the ~** die Straße überqueren ② *no pl* (*street name*) Straße *f*; ***I live in 77 Mill R~*** ich wohne in der Mill Road [Nr.] 77 ③ MIN Tunnel *m*, Förderstrecke *f* ④ AM (*railroad*) Eisenbahn *f* ⑤ BRIT (*railway track*) Schiene *f* ⑥ (*fig: course*) Weg *m*; **to be on the ~ to recovery** sich *akk* auf dem Wege der Besserung befinden; **to be on the right ~** auf dem richtigen Weg sein ⑦ *usu pl* NAUT Reede *f* ► PHRASES: **~ to Damascus** prägendes, einschneidendes Erlebnis; ***meeting Martin Luther King was a ~ to Damascus for many people*** die Begegnung mit Martin Luther King war für viele Menschen ein Erlebnis, das ihr Leben entscheidend geprägt hat; **to come to the end of the ~** zu Ende sein; ***my relationship with Ann has come to the end of the ~*** mit Ann ist Schluss *fam*; **the ~ to hell is paved with good intentions** (*saying*) der Weg zur Hölle ist mit guten Absichten gepflastert *hum*; **all ~s lead to Rome** (*saying*) alle Wege führen nach Rom *prov*; **to be on the ~** (*performing at different venues*) auf Tournee sein; (*travelling by road*) unterwegs sein; (*fit for driving*) straßentauglich sein; **to get out of the** [*or* **one's**] **~** AM (*fam*) Platz machen; **to take** [**to**] **the ~** sich *akk* auf den Weg machen, losfahren; **one for the ~** (*fam: drink*) eine(n,s) für unterwegs *fam*; **by ~** mit dem Auto/Bus/LKW; **to face a bumpy ~** einen steinigen Weg vor sich *dat* haben

road accident *n* Verkehrsunfall *m* **roadblock** *n* Straßensperre *f* **road construction** *n no pl* Straßenbau *m* **road crew** **I.** *n* THEAT, MUS Tourneecrew *f* **II.** *n modifier* (*members*) Tourneecrew-; **~ pay** Bezahlung *f* der Tourneecrew **road fund licence** *n* BRIT Steuerplakette *f* **road haulage** *n no pl* BRIT Güterverkehr *m* (*auf den Straßen*) **road haulage industry** *n no pl* BRIT Güterverkehrsindustrie *f* **road hog** *n* (*pej fam*) Rowdy *m pej fam* **roadholding** *n no pl* AUTO Straßenlage *f* **roadhouse** *n esp* AM (*dated*) Raststätte *f*

roadie [ˈrəʊdi, AM ˈroʊdi] *n* (*fam*) Roadie *m fam*

road kill *n no pl esp* AM AUTO ① (*animal*) totgefahrene Tiere ② (*action*) Überfahren eines Tieres *nt*

roadman *n* BRIT Straßenarbeiter *m* **road map** *n* Straßenkarte *f* **road metal** *n no pl* BRIT Schotter *m* **road movie** *n* Roadmovie *nt sl* **road pricing** *n no pl esp* BRIT Erhebung einer Straßen[be]nutzungsgebühr [*o* Maut] [*o* SÜDD, ÖSTERR Mautgebühr] **road rage** *n no pl* aggressives Verhalten im Straßenverkehr, Verkehrsrowdytum *nt* **roadrunner** [-ˌrʌnəʳ, AM -ˌrʌnɚ] *n* Erdkuckuck *m* **road safety** **I.** *n no pl* Verkehrssicherheit *f* **II.** *n modifier* (*evaluation, statistics*) Verkehrssicherheits-; **~ expert** Verkehrssicherheitsexperte, -in *m, f*; **~ research** Untersuchung *f* zum Thema Verkehrssicherheit **road sense** *n no pl* BRIT verantwortungsvolles Verhalten im Straßenverkehr **roadshow** *n* ① RADIO, TV Direktübertragung *f* vom Dreh-/Aufnahmeort ② POL Kampagne *f* ③ MUS, THEAT Tournee *f;* (*people*) Musikgruppe *f*/Theatertruppe *f* auf Tournee **roadside I.** *n no pl* Straßenrand *m;* **at** [*or* **by**] [*or* **on**] **the ~** am Straßenrand **II.** *n modifier* Straßen-, am Straßenrand gelegen; **~ shop** Laden *m* an der Straße; **~ stop** Rastplatz *m* **road sign** *n* Verkehrsschild *nt* **roadstead** *n* NAUT Ankerplatz *m*

roadster ['rəʊdstəʳ, AM 'roʊdstɚ] *n* ① (*car*) Roadster *m* (*offener, zweisitziger Sportwagen*) ② (*bicycle*) Tourenrad *nt*

road surface *n* Straßenbelag *m* **road sweeper** *n* Straßenkehrer(in) *m(f),* Straßenfeger(in) *m(f)* SÜDD **road system** *n* Straßennetz *nt* **road tax** *n no pl* BRIT Kraftfahrzeugsteuer *f* **road test** *n* AUTO ① (*trial drive*) Testfahrt *f* ② AM (*examination*) praktische Fahrprüfung **road-test** *vt* AUTO **to ~ a car** ein Auto probefahren **road toll** *n* ① AM (*fee*) Straßen[be]nutzungsgebühr *f,* Maut *f* SÜDD, ÖSTERR, Mautgebühr *f* ÖSTERR ② AUS Zahl *f* der Verkehrstoten **road traffic** *n no pl* Straßenverkehr *m* **road transport** *n no pl* BRIT Güterverkehr *m* **road trip** *n* AM Geschäftsreise *f;* **to be on a ~** auf Geschäftsreise sein **road user** *n* Verkehrsteilnehmer(in) *m(f)* **road vehicle** *n* Kraftfahrzeug *nt* **road warrior** *n* Verkehrsrowdy *m,* Raser(in) *m(f)* **roadway** *n no pl* Fahrbahn *f* **roadwork** *n* ① ■ **~s** *pl* BRIT, AUS, ■ **~** *no pl* AM TRANSP Straßenbauarbeiten *fpl* ② *no pl* SPORT Bewegungstraining *nt* (*im Freien*) **roadworthy** *adj esp* BRIT **~ bicycle/car** verkehrstüchtiges Fahrrad/Auto

roam [rəʊm, AM roʊm] **I.** *vi* ① (*travel aimlessly*) **to ~ about/around/over/through** umherstreifen, umherziehen ② *mind, thoughts* abschweifen ③ COMPUT roamen **II.** *vt* **to ~ the streets** durch die Straßen ziehen *fam; dog* herumstreunen; **to ~ the Internet** [im Internet] surfen **III.** *n* [Herum]wandern *nt kein pl*

roamer ['rəʊməʳ, AM 'roʊmɚ] *n* (*fam*) Herumtreiber(in) *m(f) pej o hum fam,* Vagabund(in) *m(f)*

roaming ['rəʊmɪŋ, AM 'roʊm-] **I.** *adj inv* [umher]streifend, sich *pej* herumtreibend *akk; animals* streunend **II.** *n no pl* TELEC Roaming *nt* (*per Handy Auslandsgespräche führen*)

roan¹ [rəʊn, AM roʊn] **I.** *adj horse, calf* rötlichgrau **II.** *n* Rotschimmel *m*

roan² [rəʊn, AM roʊn] *n no pl* Schafleder *nt*

roar [rɔːʳ, AM rɔːr] **I.** *n* ① (*bellow*) *of a lion, person* Brüllen *nt kein pl,* Gebrüll *nt kein pl* ② (*loud noise*) *of an aircraft, a cannon* Donnern *nt kein pl; of an engine* [Auf]heulen *nt kein pl,* Dröhnen *nt kein pl; of a fire* Prasseln *nt kein pl; of thunder* Rollen *nt kein pl,* Grollen *nt kein pl; of waves* Tosen *nt kein pl; of wind* Heulen *nt kein pl* ③ (*laughter*) schallendes Gelächter **II.** *vi* ① (*bellow*) *lion, person* brüllen; ■ **to ~ at sb** jdn anbrüllen ② (*make a loud noise*) *aircraft, cannon* donnern; *engine* [auf]heulen, dröhnen; *fire* prasseln; *thunder* rollen, grollen; *waves* tosen; *wind* heulen; ***she looked up as a plane ~ed overhead*** sie sah auf, als ein Flugzeug über sie hinwegdonnerte ③ (*laugh*) schallend lachen, brüllen vor Lachen; **to ~ with laughter** in schallendes Gelächter ausbrechen ④ (*make noise in breathing*) *horse* keuchen **III.** *vt* ■ **to ~ sth** etw brüllen

♦**roar by, roar past** *vi* vorbeidonnern *fam*

♦**roar on** *vt* ■ **to ~ on** ⊂ **sb** jdn anfeuern

roaring ['rɔːrɪŋ] *adj attr, inv* ① (*noisy*) *animal, crowd, person* brüllend; *inanimate object* lärmend; *aircraft, cannon* donnernd; *engine, wind* heulend; *fire* prasselnd; *traffic, waves* tosend; *thunder* rollend; **~ inferno** (*fig*) entsetzliches Inferno ② (*fam: for emphasis*) **~ business** Bombengeschäft *nt fam;* **to be a ~ success** ein Bombenerfolg sein *fam;* **to do a ~ trade** ein Bombengeschäft machen *fam;* **~ drunk** sturzbetrunken *fam*

roaring forties *n* METEO ■ **the ~** *stürmische Klimazone am 40. Breitengrad* **roaring twenties** *n* (*fam*) ■ **the ~** die wilden Zwanziger

roast [rəʊst, AM roʊst] **I.** *vt* ① (*heat*) ■ **to ~ sth** etw rösten; ■ **to ~ sb** (*fig*) jdn rösten [*o* verbrennen]; **to ~ chestnuts/coffee beans** Kastanien/Kaffeebohnen rösten; **to ~ meat** Fleisch braten; **to ~ ore** Erz rösten ② *esp* BRIT (*torture*) ■ **to ~ sb** jdn brennen (*mit glühenden Zigaretten o. ä.*) ③ (*criticize*) ■ **to ~ sb** mit jdm hart ins Gericht gehen **II.** *vi* braten *a. fig;* ***hundreds of people were lying in the sun ~ing*** hunderte von Menschen ließen sich in der Sonne braten; ■ **to be ~ing** (*fig*) [vor Hitze] fast umkommen *fam* **III.** *adj attr, inv* Brat-; **~ beef** Roastbeef *nt;* **~ chicken** Brathähnchen *nt;* **~ coffee** Röstkaffee *m;* **~ potatoes** Ofenkartoffeln *fpl* **IV.** *n* ① FOOD Braten *m* ② *no pl* (*process*) Rösten *nt* ③ (*coffee*) Röstung *f* ④ AM (*party*) Grillparty *f*

roasted ['rəʊstɪd, AM 'roʊ-] *adj attr, inv* gebraten; **~ chestnuts** geröstete Kastanien

roaster ['rəʊstəʳ, AM 'roʊstɚ] *n* ① (*device*) Röstapparat *m,* Röster *m; for metal ore* Röstofen *m* ② (*oven*) Bratofen *m,* Bratröhre *f* ③ (*person*) Sonnenanbeter(in) *m(f)* ④ (*chicken*) Brathähnchen *nt;* (*pig*) Spanferkel *nt*

roasting ['rəʊstɪŋ, AM 'roʊ-] **I.** *adj attr, inv* ① (*for roasting*) zum Braten *nach n* ② (*being roasted*) **~ coffee** Röstkaffee *m* ③ (*fam: hot*) knallheiß *fam* **II.** *n* ① *no pl* (*action of cooking*) Braten *nt* ② *usu sing* (*fam: criticism*) Standpauke *f;* **to give sb a ~** jdm eine Standpauke halten; **to give sth a ~** etw verreißen

roasting pan *n* AM, **roasting tin** *n* BRIT Bratpfanne *f*

rob <-bb-> [rɒb, AM rɑːb] *vt* ① (*steal from*) ■ **to ~ sb** [**of sth**] jdn [um etw *akk*] bestehlen; (*violently*) jdm [etw] rauben; **to ~ a bank** eine Bank ausrauben ② *usu passive* (*fam: overcharge*) ■ **to ~ sb** jdn ausnehmen *fam* ③ (*deprive*) ■ **to ~ sb of sth** jdn um etw *akk* bringen ► PHRASES: **to ~ Peter to pay Paul** (*saying*) das eine Loch stopfen und ein anderes aufmachen *fig* (*sich Geld leihen, um Schulden bezahlen zu können*)

robber ['rɒbəʳ, AM 'rɑːbɚ] *n* Räuber(in) *m(f);* **bank ~** Bankräuber(in) *m(f)*

robber baron *n* ① (*hist: noble*) Räuberbaron *m* ② *esp* AM (*pej*) Raffzahn *m pej fam,* Geldhai *m pej*

robbery ['rɒbᵊri, AM 'rɑːbɚi] *n* ① *no pl* (*action*) Raubüberfall *m;* **~ with violence** BRIT, AUS LAW, **armed ~** AM bewaffneter Raubüberfall ② (*theft*) Raub *m,* Raubüberfall *m;* **bank ~** Bankraub *m;* **armed ~** bewaffneter Raubüberfall; **to commit a ~** einen Raubüberfall verüben ③ (*fam: overcharging*) **daylight** [*or* AM **highway**] **~** Nepp *m pej fam,* Halsabschneiderei *f pej fam*

robe [rəʊb, AM roʊb] **I.** *n* ① (*long garment*) langes Kleid, Abendkleid *nt* ② *usu pl* (*formal gown*) Robe *f,* Talar *m* ③ (*dressing gown*) Morgenmantel *m,* Bademantel *m* **II.** *vt* ■ **to ~ sb** jdn ankleiden; ■ **to ~ sb/sth in sth** jdn/etw in etw *akk* kleiden *a. fig liter* **III.** *vi* sich *akk* anziehen [*o veraltend* ankleiden]

robed [rəʊbd, AM roʊbd] *adj inv* (*form*) gekleidet; *judge* mit einer Robe bekleidet; ***she was ~ in blue*** sie war ganz in Blau gekleidet; **a white-~ figure** eine Gestalt in [einem] weißen Gewand

robin ['rɒbɪn, AM 'rɑːb-] *n, liter* **robin redbreast** *n* ① (*European bird*) Rotkehlchen *nt* ② AM (*American bird*) Wanderdrossel *f*

robot ['rəʊbɒt, AM 'roʊbɑːt] *n* ① (*machine*) Roboter *m a. fig* ② SA (*traffic light*) Ampel *f*

robotic [rə(ʊ)'bɒtɪk, AM roʊ'bɑːt̬-] *adj* ① *device* Roboter-; **~ arm** Roboterarm *m* ② (*pej*) *person* roboterhaft

robotic dancing *n* SPORTS, MUS *Tanz mit roboterhaften Bewegungen*

robotics [rə(ʊ)'bɒtɪks, AM roʊ'bɑːt̬-] *n + sing vb* Robotertechnik *f kein pl,* Robotik *f kein pl fachspr*

robust [rə(ʊ)'bʌst, AM roʊ'-] *adj* ① (*healthy*) kräftig, robust; **~ appetite** gesunder Appetit; **to be in ~ health** bei guter Gesundheit [*o* kerngesund] sein ② (*sturdy*) *material* robust, widerstandsfähig ③ ECON stabil; **~ finances** stabile Finanzlage ④ (*down-to-earth*) *approach, attitude, view* bodenständig ⑤ (*physical*) hart; **~ exercise** hartes Training ⑥ (*full-bodied*) *food* deftig, kräftig; *wine* robust, kernig

robustly [rə(ʊ)'bʌstli, AM roʊ'-] *adv* ① (*healthily*) **~ healthy** kerngesund ② (*sturdily*) ***he walked ~ up the hill*** mit energischen Schritten ging er den Berg hinauf ③ (*determinedly*) *argue, defend, express* entschlossen, energisch ④ (*physically*) hart; **to exercise ~** hart trainieren

robustness [rə(ʊ)'bʌstnəs, AM roʊ'-] *n no pl* ① (*vitality, sturdiness*) Widerstandsfähigkeit *f,* Robustheit *f* ② ECON (*stability*) Stabilität *f* ③ (*determination*) Entschlossenheit *f* ④ COMPUT (*ability to function*) Gutmütigkeit *f*

rock¹ [rɒk, AM rɑːk] *n* ① *no pl* (*mineral material*) Stein *m* ② (*sticking out of ground*) Fels[en] *m;* (*sticking out of sea*) Riff *nt;* (*boulder*) Felsbrocken *m;* **to be** [**as**] **solid as a ~** (*hard*) hart wie Stein [*o* steinhart] sein; (*approv, fig: reliable*) wie ein Fels in der Brandung sein *fig;* ***our team's defense has been as solid as a ~ all year*** auf unsere Verteidigung war das ganze Jahr über absolut Verlass; ***their marriage is solid as a ~*** ihre Ehe ist durch nichts zu erschüttern ③ GEOL Gestein *nt* ④ (*Gibraltar*) ■ **the R~** der Felsen von Gibraltar ⑤ AM, AUS (*a stone*) Stein *m;* (*fig: served with ice*) ■ **on the ~s** on the rocks, mit Eis ⑥ (*fig: firm support*) Fels *m* in der Brandung *fig* ⑦ *no pl* BRIT (*candy*) Zuckermasse *f;* **stick of ~** Zuckerstange *f* ⑧ (*fam: diamond*) Klunker *m fam* ⑨ (*fam: piece of crack cocaine*) Crack *nt kein pl* ⑩ (*vulg sl: testicles*) ■ **~s** Eier *ntpl derb* ⑪ *usu pl* (*source of danger*) Gefahr *f;* **to head for the ~s** in sein Verderben rennen ⑫ AM (*dated fam: money*) ■ **~s** *pl* Kohle *f kein pl fam,* Kies *m kein pl fam* ► PHRASES: **to be between a ~ and a hard place** zwischen den Stühlen sitzen *fig;* **to get one's ~s off** (*fam!*) bumsen *vulg;* **on the ~s** (*fam: in disastrous state*) am Ende *fam; relationship, marriage* in die Brüche gegangen, kaputt *fam;* ***the company is on the ~s*** das Unternehmen ist vom Pleitegeier bedroht

rock² [rɒk, AM rɑːk] **I.** *n* ① *no pl* Rockmusik *f* ② (*movement*) Schaukeln *nt kein pl,* Wiegen *nt kein pl* ③ (*dance*) Rock 'n' Roll *m kein pl* **II.** *vt* ① (*cause to move*) ■ **to ~ sb/sth** jdn/etw schaukeln; (*gently*) jdn/etw wiegen; **to ~ sb to sleep** jdn in den Schlaf wiegen ② (*sway*) ■ **to ~ sth** etw erschüttern ③ (*shock*) ■ **to ~ sb/sth** jdn/etw erschüttern *fig* ► PHRASES: **to ~ the boat** (*fam*) für Aufregung sorgen, Staub aufwirbeln *fig* **III.** *vi* ① (*move*) schaukeln; **to ~ back and forth** hin und her schaukeln ② (*dance*) rocken *fam;* (*play music*) Rock[musik] spielen ③ (*be excellent*) ***he really ~s!*** er ist ein Supertyp! *fam;* ***that's his third goal of the game — he ~s!*** das ist sein drittes Tor bei diesem Spiel — er ist einfach ein Ass! *fam;* ***this party really ~s!*** diese Party bringt's! *fam*

♦**rock out** *vi* (*fam*) abrocken *sl*

rockabilly [,rɒkə'bɪli, AM ,rɑːk-] *n no pl* Rockabilly *m*

rock and roll I. *n no pl* Rock and Roll *m,* Rock 'n' Roll *m* **II.** *n modifier* (*concert, group, lyrics, music, musician*) Rock-'n'-Roll- **rock band** *n* Rockband *f,* Rockgruppe *f* **rock bottom** *n* Tiefpunkt *m;* **to be at** [*or* **hit**] [*or* **reach**] **~** am Tiefpunkt [angelangt] sein; *person also* am Boden zerstört sein; ***sales have reached ~*** der Absatz hat einen Tiefpunkt erreicht **rock-bottom** *n modifier* Niedrigst-; **~ prices** Tiefstpreise *mpl,* Niedrigstpreise *mpl,* Schleuderpreise *mpl* **rock bun** *n* BRIT, AUS, **rock cake** *n* BRIT, AUS [kleiner] Rosinenkuchen **rock candy** *n* AM ① (*candy*) Zuckerstange *f* ② (*boiled sugar*) Zuckerhut *m* **rock climber** *n* Bergsteiger(in) *m(f)* **rock climbing** *n no pl* Rock Climbing *nt fachspr,* Klettern *nt* **rock concert** *n* Rockkonzert *nt* **rock crystal** *n no pl* Bergkristall *m*

rocker ['rɒkəʳ, AM 'rɑːkɚ] *n* ① (*musician*) Rockmusiker(in) *m(f);* (*fan*) Rockfan *m;* (*song*) Rocksong *m;* **punk ~** Punker(in) *m(f)* ② BRIT (*dated: in '60s motorcycle cult*) Rocker(in) *m(f)* ③ (*chair*) Schaukelstuhl *m;* (*rocking horse*) Schaukelpferd *nt* ④ (*curved bar*) *of a chair* [Roll]kufe *f; of a cradle* [Wiegen]kufe *f* ⑤ TECH Wippe *f fachspr,* Schwinge *f fachspr;* (*in dynamo*) Kipphebel *m fachspr,* Schwinghebel *m fachspr* ► PHRASES: **to be off one's ~** (*fam*) nicht mehr alle Tassen im Schrank haben

R

fam, [komplett] übergeschnappt sein *fam*
rockery ['rɒkᵊri, AM 'rɑːkᵊi] *n* Steingarten *m*
rocket¹ ['rɒkɪt, AM 'rɑːk-] **I.** *n* ① *(projectile)* [Feuerwerks]rakete *f;* **anti-tank ~** Panzerabwehrrakete *f* ② *(engine)* Raketentriebwerk *nt* ③ *(missile)* [Marsch]flugkörper *m;* *(for space travel)* Rakete *f* ④ *no pl* BRIT *(fam: reprimand)* Anpfiff *m fam,* Anschiss *m derb;* **to give sb a ~** jdn zusammenstauchen *fam;* **to get a ~** einen Anschiss bekommen *derb* **II.** *vi* ■**to ~ [up]** *costs, prices* hochschnellen, in die Höhe schnellen; ***the firework ~ed into the sky*** die Feuerwerksrakete schoss in den Himmel; ***their team ~ed to the top of the League*** ihr Team nahm einen kometenhaften Aufstieg und setzte sich an die Tabellenspitze; ■**to ~ away** [wie ein geölter Blitz] davonschießen; **to ~ to fame** über Nacht berühmt werden **III.** *vt* ① *(make move fast)* ■**to ~ sb somewhere** jdn irgendwohin katapultieren; ***the TGV ~ed us from Paris to Lyon*** wir jagten mit dem TGV von Paris nach Lyon; ***the film ~ed her to the top*** der Film machte sie über Nacht berühmt ② *(attack)* ■**to ~ sb/sth** jdn/etw mit Raketen beschießen
rocket² ['rɒkɪt, AM 'rɑːk-] *n no pl* BOT Rauke *f*
rocket fuel *n* Raketentreibstoff *m* **rocket launcher** *n* MIL Raketenabschussrampe *f* **rocket-launching site** *n* AEROSP Raketenabschussbasis *f* **rocket-propelled** *adj inv* raketengetrieben, mit Raketenantrieb *nach n* **rocket ship** *n* AM AEROSP Raketenschiff *nt*
rock face *n* Felswand *f* **rockfall** *n* Steinschlag *m kein pl* **rock festival** *n* Rockfestival *nt* **rock garden** *n esp* AM Steingarten *m* **rock group** *n* Rockgruppe *f* **rock hard** *adj pred, inv* steinhart
rocking ['rɒkɪŋ, AM 'rɑːk] *adj inv* schaukelnd, schwankend, Schaukel-
rocking chair *n* Schaukelstuhl *m* **rocking horse** *n* Schaukelpferd *nt*
rockmelon *n* AUS Cantaloupemelone *f* **rock music** *n no pl* Rockmusik *f* **rock 'n' roll** *n, n modifier see* **rock and roll rock plant** *n* BOT, HORT Steingartenpflanze *f* **rock pool** *n* Felsenbecken *nt,* Felsenbucht *f* **rock salt** *n no pl* Steinsalz *nt* **rockslide** *n* Steinschlag *m kein pl* **rock solid** *adj* ① *(hard)* steinhart ② *(stable) table* [absolut] stabil ③ *(steadfast) person* unerschütterlich **rock star** *n* Rockstar *m*
rocky¹ ['rɒki, AM 'rɑːki] *adj* ① *(characterized by rocks)* felsig ② *(full of rocks) soil* steinig ▶ PHRASES: **to be on a ~ path** [*or* **road**] einen steinigen Weg gehen *fig*
rocky² ['rɒki, AM 'rɑːki] *adj* ① *(tottering)* wackelig *fam* ② *(full of difficulties)* schwierig; **~ start** schwieriger Beginn; **~ future** unsichere Zukunft; **~ relationship** problematische [*o* wackelige] Beziehung
Rocky Mountain spotted fever *n* MED *durch Zecken übertragene Infektionskrankheit*
rococo [rə(ʊ)'kəʊkəʊ, AM rə'koʊkoʊ] **I.** *adj* Rokoko-; **~ architecture** Rokokoarchitektur *f* **II.** *n no pl* Rokoko *nt*
rod [rɒd, AM rɑːd] *n* ① *(bar)* Stange *f* ② *(staff)* Stab *m,* [Holz]stock *m;* *(symbol of authority)* Zepter *nt* ③ *(tree shoot)* Reis *nt* ④ *(for punishing)* Rute *f;* *(cane)* Rohrstock *m* ⑤ *(vulg sl: penis)* Schwanz *m vulg* ⑥ *(for fishing)* [Angel]rute *f;* *(angler)* Angler(in) *m(f)* ⑦ *esp* BRIT *(hist: linear measure)* Rute *f hist (5,5 yards);* *(square measure)* Quadratrute *f hist* ⑧ AM *(fam: gun)* Schießeisen *nt fam,* Kanone *f fam* ⑨ ANAT *(cell in eye)* Stäbchen *nt* ▶ PHRASES: **to make a ~ for one's own back** BRIT sich *dat* selbst eine Grube graben [*o veraltend* eine Rute aufbinden]; **spare the ~ and spoil the child** *(saying)* wer die Rute spart, verzieht das Kind; **to rule sb/sth with a ~ of iron** jdn/etw mit eiserner Hand regieren; **to give sb a ~ to beat sb with** jdm eine Waffe in die Hand geben *fig*
rode [rəʊd, AM roʊd] *pt of* **ride**
rodent ['rəʊdᵊnt, AM 'roʊ-] **I.** *n* Nagetier *nt* **II.** *adj* nagend, Nage-
rodent operative *n* BRIT Kammerjäger(in) *m(f)*
rodeo [rə(ʊ)'deɪəʊ, AM 'roʊdioʊ] **I.** *n* ① *(for cowboys)* Rodeo *nt;* *(for motorcyclists)* Motorrad-/Autorodeo *nt* ② *(cattle round-up)* Zusammentreiben *nt* des Viehs ③ *(enclosure) umzäunter Sammelplatz für das Zusammentreiben des Viehs* **II.** *vi* an einem Rodeo [*o* Wettkampf] teilnehmen
roe¹ [rəʊ, AM roʊ] *n no pl of female fish* Rogen *m;* *of male fish* Milch; **hard ~** Rogen *m;* **soft ~** Milch *f*
roe² <*pl* -s *or* -> [rəʊ, AM roʊ] *n* Reh *nt*
roebuck *n* Rehbock *m* **roe deer** *n* Reh *nt*
roentgen ['rɒntjən, AM 'rentgən] *n* SCI, MED Röntgen *nt fachspr*
rogation [rəʊ'geɪʃᵊn, AM roʊ] REL **I.** *n* Fürbitte[n] *f[pl],* Bittlitanei *f* **II.** *n modifier* Bitt-
Rogation Days *npl* REL Bittage *mpl* **Rogation Sunday** *n* REL [der] Sonntag Rogate **Rogationtide** *n* REL die drei Bettage *mpl* vor Christi Himmelfahrt
roger ['rɒdʒəʳ, AM 'rɑːdʒɚ] **I.** *interj* verstanden!, roger! *sl* **II.** *vt* BRIT, AUS *(vulg sl)* ■**to ~ sb** jdn bumsen *vulg* **III.** *vi* BRIT, AUS bumsen *vulg*
rogue [rəʊg, AM roʊg] **I.** *n (pej)* Gauner(in) *m(f) pej,* Schurke, -in *m, f pej;* *(rascal)* Spitzbube *m pej;* *(hum)* Schlingel *m,* Schelm *m* **II.** *n modifier* ① ZOOL aggressiver Einzelgänger; **~ elephant** aggressiver Einzelgänger[elefant] ② *(without scruples) company, organization* skrupellos; **~ state** Schurkenstaat *m;* **~ regime** Unrechtsregime *nt,* Terrorregime *nt* **III.** *vt* **to ~ a crop** Getreide [her]ausreißen
roguery ['rəʊgᵊri, AM 'roʊgɚi] *n (pej)* ① *(dishonesty)* Gaunerei *f* ② *(mischief)* Unfug *m kein pl,* Unsinn *m kein pl*
rogues' gallery *n (fam)* Verbrecherkartei *f,* Verbrecheralbum *nt fam*
roguish ['rəʊgɪʃ, AM 'roʊ-] *adj* ① *(dishonest)* schurkisch ② *(mischievous)* schalkhaft, schelmisch; **~ smile/twinkle** spitzbübisches Lächeln/Aufblitzen der Augen
roguishly ['rəʊgɪʃli, AM 'roʊ-] *adv* ① *(dishonestly)* wie ein Schuft ② *(mischievously)* spitzbübisch; **to smile ~** spitzbübisch lächeln
roguishness ['rəʊgɪʃnəs, AM 'roʊ-] *n no pl* ① *(dishonesty)* Unredlichkeit *f* ② *(mischief)* Verschmitztheit *f;* ***there is a slight ~ about him*** er hat so etwas Spitzbübisches an sich
ROI [ˌɑːrəʊ'aɪ, AM ˌɑːroʊ'-] *n* FIN *abbrev of* **return on investment** Ertrag *m* aus investiertem Kapital, Kapitalrendite *f,* Investitionsrentabilität *f*
roil [rɔɪl] *vi (liter) liquid* sich *akk* trüben, aufgerührt werden, zerfließen; *(fig)* ***his mind was ~ing*** er war innerlich aufgewühlt; ***a kind of fear ~ed in her*** eine Angst stieg in ihr auf
roister ['rɔɪstəʳ, AM ɚ] *vi* lärmen, poltern, sich *akk* lautstark bemerkbar machen
role [rəʊl, AM roʊl] *n* ① FILM, THEAT, TV Rolle *f;* **to have the leading ~ in a play** die Hauptrolle in einem Stück spielen; **principal** [*or* **starring**] **~** Hauptrolle *f;* **supporting ~** Nebenrolle *f;* **to play a ~** eine Rolle spielen ② *(function)* Rolle *f,* Funktion *f;* ***he has a ~ in that village as a tough guy*** er gilt in dem Dorf als ziemlich harter Bursche; **to play a ~** eine Rolle spielen; **to take on a ~** eine Rolle übernehmen
role model *n* Rollenbild *nt* **role play** *n,* **role playing** *n no pl* Rollenspiel *nt* **role-play I.** *vt* **to ~ sb** in einem Rollenspiel jds Rolle übernehmen **II.** *vi* an einem Rollenspiel teilnehmen **role player** *n* Teilnehmer(in) *m(f)* an einem Rollenspiel **role reversal** *n* Rollentausch *m kein pl*
rolfing ['rɒːlfɪŋ, AM 'rɑːlf-] *n no pl* Rolfing *nt (eine Art Bindegewebsmassage)*
roll [rəʊl, AM roʊl] **I.** *n* ① *(cylinder)* Rolle *f;* **film ~** [*or* **~ of film**] Filmrolle *f;* **a ~ of paper** eine Rolle Papier; **toilet ~,** AM *usu* **~ of toilet paper** Rolle *f* Toilettenpapier ② *(cylindrical mass)* Rolle *f;* **~ of fat** Speckrolle *f,* Speckwulst *m;* **~ of hair** Haarrolle *f* ③ *(food with filling) of meat* Roulade *f* ④ AM, AUS *(money)* Bündel *nt* Banknoten ⑤ *(roller)* Rolle *f;* *(for dough, pastry)* Nudelholz *nt;* *(for machinery)* Walze *f* ⑥ *(movement)* Rolle *f;* ***the dog went for a ~ in the grass*** der Hund wälzte sich im Gras ⑦ SPORTS Rolle *f* ⑧ *no pl* AUTO, AVIAT, NAUT Schlingern *nt* ⑨ *no pl (form of landscape)* **~ of the landscape** hügelige Landschaft ⑩ *usu sing (noise)* Grollen *nt kein pl;* **a ~ of thunder** ein Donnergrollen *nt* ⑪ MUS **drum ~, ~ of the drum** Trommelwirbel *m* ⑫ *(bread)* Brötchen *nt;* **cheese ~** Käsebrötchen *nt,* Käsesemmel *f* SÜDD; **buttered ~** Butterbrötchen *nt* ⑬ *(list)* [Namens]liste *f;* *(numbers on list)* [Zahlen]liste *f;* **to call** [*or* **take**] **the ~** die Anwesenheit überprüfen ⑭ *(document)* Register *nt* ▶ PHRASES: **to have a ~ in the hay** [*or* **sack**] **with sb** *(fam)* mit jdm ins Heu gehen *hum;* **to be on a ~** *(fam)* eine Glückssträhne haben *fam* **II.** *vt* ① *(make move around axis)* ■**to ~ sb/sth** jdn/etw rollen; **to ~ one's eyes** die Augen verdrehen ② *(make turn over)* ■**to ~ sb/sth** jdn/etw drehen; ***~ him onto his side*** dreh ihn auf die Seite ③ *(shape)* ■**to ~ sth** etw rollen; ***he ~ed the clay into a ball in his hands*** er formte den Ton in seinen Händen zu einer Kugel ④ AM *(fam)* **to ~ one's car** sich *akk* überschlagen ⑤ *(games)* **to ~ a die** [*or* **dice**] würfeln; **to ~ a two/six** eine Zwei/Sechs würfeln ⑥ *(push)* ■**to ~ sth** etw rollen; *(when heavier)* etw schieben ⑦ *(start)* **to ~ a device/machine** ein Gerät/eine Maschine in Gang bringen; **~ *the camera!*** Kamera an! ⑧ *(form into cylinder)* ■**to ~ sth** etw aufrollen; ***the hedgehog ~ed itself into a ball*** der Igel rollte sich zu einer Kugel zusammen; **to ~ a cigarette** sich *dat* eine Zigarette drehen ⑨ *(flatten)* ■**to ~ sth** *grass* etw walzen ⑩ LING **to ~ one's r's** das R rollen ⑪ AM *(fam: rob)* ■**to ~ sb** jdn beklauen *fam (vor allem hilflose Personen)* ▶ PHRASES: **all ~ed into one** *(approv)* alles in einem; **to ~ one's own** *(fam)* sich *dat* [s]eine Zigarette [selbst] drehen **III.** *vi* ① *(move around an axis)* rollen ② *(turn over)* [sich *akk*] herumrollen; ***the dog ~ed over onto its back*** der Hund rollte sich auf den Rücken ③ *(wallow) animal, person* sich *akk* wälzen ④ *(oscillate)* schlingern ⑤ *(stagger)* taumeln; **to ~ into/out of a pub** in eine/aus einer Kneipe wanken *fam* ⑥ *(move on wheels)* rollen; ***the truck ~ed to a stop just before the barricade*** der Lastwagen kam gerade noch vor dem Hindernis zum Stehen ⑦ *(elapse)* ■**to ~ by** *years* vorbeiziehen *fig* ⑧ *(flow) drop of liquid, tears* rollen, kullern ⑨ *(undulate)* wogen, wallen; ***a wave of cigarette smoke ~ed towards me*** ein Schwall von Zigarettenrauch schlug mir entgegen ⑩ *(operate) camera* laufen, die Kamera laufen lassen ⑪ *(curl up)* **to ~ into a ball** sich *akk* zu einem Ball [*o* einer Kugel] zusammenrollen ⑫ *(reverberate)* widerhallen; ***the drums ~ed*** ein Trommelwirbel ertönte ⑬ *(be uttered effortlessly) words* leicht über die Lippen kommen ▶ PHRASES: **to have sb ~ing in the aisles** *(fam)* jdn dazu bringen, sich *akk* vor Lachen zu kugeln; **to ~ over in one's grave** sich *akk* im Grabe umdrehen; **to ~ with the punches** AM *(fam)* die Dinge geregelt bekommen *fam*
◆**roll about** *vi* herumrollen; **to ~ about with laughter** *(fig)* sich *akk* vor Lachen kugeln
◆**roll back I.** *vt* ■**to ~ back ◌ sth** ① *(reverse direction of)* etw zurückrollen [*o* zurückschieben]; **to ~ back advances** *(fig)* Fortschritte umkehren; **to ~ back the frontiers of the state** *(fig)* den Einfluss des Staates einschränken; **to ~ back rights** *(fig)* Rechte zurücknehmen ② AM *(lower)* **to ~ back ◌ costs/prices/wages** Kosten/Preise/Löhne senken **II.** *vi* zurückrollen; ECON sinken
◆**roll down I.** *vt* **to ~ down ◌ one's sleeves** die Ärmel herunterkrempeln; **to ~ down ◌ a window** ein Fenster herunterkurbeln **II.** *vi tears* hinunterrollen
◆**roll in** *vi (fam)* ① *(be received) gifts, offers* [massenhaft] eingehen; *money* reinkommen *fam* ② *(arrive)* hereinplatzen *fam* ▶ PHRASES: **to be ~ing in money** [*or* **it**] *(fam)* im Geld schwimmen
◆**roll off I.** *vt* ■**to ~ off ◌ sth** ***he quickly ~ed off some copies on the duplicating machine*** er ließ schnell ein paar Kopien durch den Kopierer laufen; ***I'll ~ you off a couple of dozen prints*** ich mach' dir ein paar Dutzend Kopien **II.** *vi* herunterrollen; *(fig)* ***the newspapers ~ed off the presses***

die Zeitungen rollten von den Druckerpressen

◆**roll on** I. *vi* ❶ (*continue*) weitergehen; *time* verfliegen ❷ BRIT, AUS (*fam: expresses wish*) ~ ***on the weekend!*** wenn doch nur schon Wochenende wäre! II. *vt* ■**to ~ on** ○ **sth** etw aufwalzen; **to ~ on paper** Papier glätten [*o fachspr* kalandern] [*o fachspr* kalandrieren]

◆**roll out** I. *vt* ■**to ~ out** ○ **sth** ❶ (*flatten*) **to ~ out dough** Teig ausrollen ❷ AM ECON (*unveil*) **to ~ out a new product** ein neues Produkt herausbringen ❸ (*unroll*) etw ausrollen; **to ~ out the red carpet** (*also fig*) den roten Teppich ausrollen *a. fig* II. *vi* AM ECON *new product* herauskommen

◆**roll over** I. *vi* herumrollen; *bicycle, car* umkippen; *person* sich *akk* umdrehen II. *vt* ■**to ~ over** ○ **sb/sth** jdn/etw umdrehen; FIN **to ~ over debt** umschulden; **to ~ over credit** [*or* **a debt**] bei Fälligkeit einen Kredit erneuern [*o* umschulden]

◆**roll up** I. *vt* ❶ (*turn*) **to ~ up one's sleeves** [*or* **to ~ one's sleeves up**] (*also fig*) die Ärmel hochkrempeln *a. fig;* **to ~ up a window** [*or* **to ~ a window up**] ein Fenster hochkurbeln ❷ (*coil*) ■**to ~ up** ○ **sth** etw aufrollen; **to ~ a string up** eine Schnur aufwickeln ❸ MIL **to ~ up** ○ **an enemy line** eine gegnerische Front aufrollen ❹ ECON ■**to ~ up** ○ **sth** einen Kredit verlängern, wobei die ausstehenden Zinsen dem Kreditbetrag hinzugeschlagen werden; **~ed-up coupons** Zinsscheine, deren Zinsertrag nicht ausbezahlt, sondern dem Nennbetrag hinzugeschlagen werden II. *vi* ❶ (*fam: arrive*) aufkreuzen *fam; crowds* hereinströmen ❷ BRIT, AUS (*participate*) ~ ***up!*** hereinspaziert! ❸ (*fam: make cigarette*) sich *dat* eine drehen *fam*

rollback ['rəʊlbæk, AM 'roʊl-] *n esp* AM (*reduction*) *of taxes* Minderung *f*

roll bar *n* AUTO Überrollbügel *m fachspr* **roll-call** *n* Namensaufruf *m kein pl*

rolled gold *esp* BRIT, AUS I. *n no pl* Dubleegold *nt* II. *n modifier* ~ **jewellery** vergoldeter Schmuck **rolled oats** *npl* Haferflocken *fpl* **rolled-up** *adj* zusammengerollt; ~ **sleeves** hochgekrempelte Ärmel

roller ['rəʊləʳ, AM 'roʊlɚ] *n* ❶ TECH Walze *f* ❷ (*for paint*) Rolle *f*, Roller *m* ❸ (*for hair*) Lockenwickler *m* ❹ MED Rollbinde *f* ❺ (*wave*) Brecher *m* ❻ (*tumbling bird*) Racke *f* ❼ (*pigeon*) Tümmler *m* ❽ (*canary*) Harzer Roller *m* ❾ (*for horse*) Sattel-/Packgurt *m*

roller bandage *n* MED Rollbinde *f* **roller bearing** *n* TECH Rollenlager *nt* **Rollerblade®** I. *n* SPORTS Rollerblade® *m* II. *vi* Rollerblade® *fahren* **roller blind** *n esp* BRIT, AUS Rollo *nt* **roller-coast** *vi* [rasch] wechseln **roller coaster** *n* Achterbahn *f;* (*fig*) [ständiges] Auf und Ab *nt;* (*fig*) ***he's been on an emotional ~ for the past few weeks*** in den letzten Wochen fahren seine Gefühle mit ihm Achterbahn **roller-coaster** I. *n modifier* (*attendant, car, frame*) Achterbahn-; (*fig*) achterbahnmäßig; ~ **ride** Achterbahnfahrt *f;* ~ **safety** Sicherheit *f* einer Achterbahn II. *vi* [rasch] wechseln **roller derby** *n* AM SPORTS Rollschuhderby *nt* **roller skate** *n* Rollschuh *m* **roller-skate** *vi* Rollschuhlaufen [*o* fahren] **roller skater** *n* Rollschuhläufer(in) *m(f)* **roller skating** *n no pl* Rollschuhfahren/-laufen *nt* **roller skating rink** *n* Rollschuhbahn *f* **roller towel** *n* Handtuchspender *m*

rollick ['rɒlɪk, AM 'rɑ:l-] I. *vi* herumtollen II. *n* ❶ (*merrymaking*) [ausgelassenes] Feiern ❷ (*escapade*) Eskapade *f*

rollicking¹ ['rɒlɪkɪŋ, AM 'rɑ:l-] *adj attr* (*approv*) ~ **party** ausgelassenes Fest; ~ **film** lustiger Film; ~ **fun** Riesenspaß *m*, Mordsspaß *m fam;* **to have a ~ good time** mal so richtig auf den Putz hauen

rollicking² ['rɒlɪkɪŋ] *n usu sing* BRIT (*fam*) Anpfiff *m fam*, Anschiss *m derb*

rolling ['rəʊlɪŋ, AM 'roʊ-] *adj attr, inv* ❶ (*not immediate*) allmählich; **a ~ extension of the tax** eine allmähliche Anhebung der Steuer ❷ (*moderately rising*) *countryside, hills* sanft ansteigend ❸ (*undulating*) *gait, step* wankend, schwankend

rolling mill *n* ❶ (*machine*) Walzmaschine *f* ❷ (*factory*) Walzwerk *nt* **rolling pin** *n* Teigroller *m*, Nudelholz *nt* **rolling stock** *n no pl* ❶ RAIL (*vehicles used*) Waggons *mpl* im Einsatz, rollendes Material ❷ AM TRANSP Fuhrpark *m*, Fahrzeugpark *m* **rolling stone** *n* unsteter Geselle/unstete Gesellin *fam*, Vagabund(in) *m(f)* ► PHRASES: **a ~ gathers no moss** (*prov dated*) wer immer umherzieht, wird es nie zu etwas bringen

rollmop ['rəʊlmɒp, AM 'roʊlmɑ:p] *n* Rollmops *m*

roll-neck *n* FASHION Rollkragen *m;* (*sweater*) Rollkragenpullover *m* **roll of honour** *n* BRIT, AUS Gedenktafel *f* **roll-on** I. *adj attr* Roll-on-; ~ **deodorant** Deoroller *m* II. *n* ❶ (*deodorant*) Deoroller *m* ❷ BRIT (*corset*) Korselett *nt* **roll-on roll-off ferry** *adj attr* TRANSP Roll-on-roll-off-Fähre *f* **rollover** *n* ❶ FIN Umschuldung *f* ❷ (*fam: overturning of a vehicle*) Umschlagen *nt*, Umkippen *nt* **roll-over credit** *n* Roll-over-Kredit *m* **roll-top desk** *n* Sekretär *m* **roll-up** *n* BRIT, **roll-your-own** *n* AM, AUS Selbstgedrehte *f fam*

Rolodex® ['rəʊlə(ʊ)deks, AM 'roʊloʊ-] *n* Rolodex® *m;* **to be in sb's ~** (*fig*) in jds Kartei stehen, auf jds Verteiler stehen

roly-poly [ˌrəʊli'pəʊli, AM ˌroʊli'poʊ-] I. *n* ❶ *no pl esp* BRIT FOOD ≈ Strudel *m* (*gebacken oder gedämpft*) ❷ AUS BOT (*tumbleweed*) Steppenläufer *m*, Steppenhexe *f* II. *adj* (*hum fam*) rundlich; *baby* moppelig *fam; child* pummelig

roly-poly pudding *n no pl esp* BRIT ≈ Strudel *m* (*gebacken oder gedämpft*)

ROM [rɒm, AM rɑ:m] *n no pl* COMPUT *abbrev of* **Read Only Memory** ROM *m o nt*

romaine [rə(ʊ)'meɪn, AM rə'-] *n* Romagna-Salat *m*, römischer Salat

roman ['rəʊmən, AM 'roʊ-] TYPO I. *adj inv* Antiqua- *fachspr;* ~ **type** Antiquaschrift *f* II. *n no pl* Antiqua *f fachspr;* **in ~** in Antiqua

Roman ['rəʊmən, AM 'roʊ-] I. *adj inv* römisch; ~ **architecture** römische Architektur; **the ~ Empire** das römische Reich II. *n* Römer(in) *m(f)* ► PHRASES: **when in Rome do as the ~s do** (*prov*) man muss sich den jeweiligen Gepflogenheiten des Landes anpassen

roman a clef <*pl* romans a clef> [rəʊˌmɑ̃:nɑ:'kleɪ, AM 'roʊ-] *n* Schlüsselroman *m*

Roman alphabet *n* lateinisches Alphabet **Roman candle** *n Feuerwerkskörper, der bunte Funken hervorbringt* **Roman Catholic** I. *adj* römisch-katholisch II. *n* Katholik(in) *m(f)* **Roman Catholic Church** *n* römisch-katholische Kirche **Roman Catholicism** *n no pl* Katholizismus *m*

romance [rə(ʊ)'mæn(t)s, AM roʊ'-] I. *n* ❶ *no pl* (*romanticism*) Romantik *f;* (*love*) romantische Liebe; ***he loves the ~ of travelling on a steam train*** er liebt romantische Zugfahrten mit einem Dampflokzug; **the ~ of the night** der Zauber der Nacht ❷ (*love affair*) Romanze *f*, Liebesaffäre *f;* (*fig*) ***America's long-running ~ with Hollywood seems to be over*** das ständige Liebäugeln der Amerikaner mit Hollywood scheint vorüber zu sein; **secret ~** heimliche Liebschaft; **whirlwind ~** heftige Liebesaffäre ❸ (*movie*) Liebesfilm *m;* (*remote from reality*) Fantasiegeschichte *f;* (*book*) Liebesroman *m;* (*medieval tale*) Ritterroman *m* ❹ MUS Romanze *f*, lyrisches Instrumentalstück II. *vt* ❶ (*dated: court*) ■**to ~ sb** jdn umwerben ❷ (*fam: flatter*) ■**to ~ sb** jdn anschwärmen *fam* ❸ (*glamourize*) ■**to ~ sth** etw romantisieren III. *vi* schwärmen; ■**to ~ about sth** von etw *dat* schwärmen

Romance [rə(ʊ)'mæn(t)s, AM roʊ'-] LING I. *n* romanische Sprachen II. *adj attr, inv* romanisch; ~ **language** romanische Sprache; ~ **philologist** Philologe, -in *m, f* für romanische Sprachen

romancer [rəʊ'mæntsəʳ, AM roʊ'mænsɚ] *n* ❶ (*fabricator*) Phantast(in) *m(f)*, Aufschneider(in) *m(f)* ❷ (*romance writer*) Autor(in) *m(f)* von Romanzen

Romanesque [ˌrəʊməⁿ'esk, AM ˌroʊ-] ARCHIT I. *adj inv* romanisch II. *n no pl* ■**the ~** die Romanik

Romania [rʊ'meɪniə, AM roʊ'-] *n* Rumänien *nt*

Romanian [rʊ'meɪniən, AM roʊ'-] I. *adj* rumänisch II. *n* ❶ (*person*) Rumäne, -in *m, f* ❷ *no pl* (*language*) Rumänisch *nt*

Roman law *n no pl* LAW das römische Recht **Roman nose** *n* römische Nase **Roman numeral** *n* römische Ziffer

Romano- [rə(ʊ)'mɑ:nəʊ, AM roʊ'mɑ:noʊ] *in compounds* römisch-; **~-Germanic** römisch-germanisch

romantic [rə(ʊ)'mæntɪk, AM roʊ'-] I. *adj* romantisch; **a ~ attitude to the past** eine verklärte Einstellung zur Vergangenheit II. *n* Romantiker(in) *m(f);* **hopeless** [*or* **incurable**] ~ hoffnungsloser Romantiker/hoffnungslose Romantikerin

Romantic [rə(ʊ)'mæntɪk, AM roʊ'-] ART, LIT I. *adj inv* romantisch II. *n* Romantiker(in) *m(f)*

romantically [rə(ʊ)'mæntɪkəli, AM roʊ'-] *adv* romantisch; (*fig*) ***he always views things ~*** er sieht die Dinge immer durch die rosarote Brille

romanticism *n*, **Romanticism** [rə(ʊ)'mæntɪsɪzəm, AM roʊ'-] *n no pl* ART, LIT Romantik *f*

romanticist [rə(ʊ)'mæntɪsɪst, AM roʊ'-] *n* ART, LIT Romantiker(in) *m(f)*

romanticize [rə(ʊ)'mæntɪsaɪz, AM roʊ'-] I. *vt* ■**to ~ sth** etw romantisieren II. *vi* romantisieren; ■**to ~ about sth** etw verklärt darstellen

Romany ['rɒməni, AM 'rɑ:m-] I. *n* ❶ *no pl* (*language*) Romani *nt* ❷ (*gypsy*) Roma *pl* II. *adj* Roma-

Rome [rəʊm, AM roʊm] *n* Rom *nt* ► PHRASES: ~ **was not built in a day** (*saying*) Rom ist [auch] nicht an einem Tag erbaut worden *prov*

Romeo ['rəʊmiəʊ, AM 'roʊmioʊ] *n* ❶ (*pej hum: lover*) Romeo *m iron*, Herzensbrecher *m* ❷ RADIO (*the letter R*) Romeo *nt*

romp [rɒmp, AM rɑ:mp] I. *vi* ❶ (*play*) *children, young animals* tollen; ■**to ~ around** [*or* **about**] herumtollen ❷ (*fam: go easily*) ■**to ~ through sth** mit etw *dat* spielend fertig werden, etw mit Links machen; ***don't worry, you'll ~ through!*** keine Sorge, du schaffst das schon!; **to ~ home** [*or* **in**] [*or* **to victory**] BRIT SPORTS spielend gewinnen ❸ (*fam: have sex*) bumsen *vulg*, vögeln *vulg* II. *n* ❶ (*play*) Tollerei *f kein pl* ❷ (*book, film, play*) Klamauk *m kein pl* ❸ (*fam*) SPORTS leichter Sieg ❹ (*fam: erotic activity*) **sex ~** Sexspiel[chen] *nt meist pej*

rompers ['rɒmpəz, AM 'rɑ:mpɚz] *npl*, **romper suit** *n* Strampler *m*, Strampelanzug *m*

rondo ['rɒndəʊ, AM 'rɑ:ndoʊ] *n* MUS Rondo *nt*

röntgen *n* SCI *see* **roentgen**

roo [ru:] *n* AUS (*fam*) *short for* **kangaroo** Känguruh *nt*

rood [ru:d] *n* REL Kruzifix *nt*

rood screen *n* ARCHIT Lettner *m fachspr*

roof [ru:f] I. *n* ❶ (*top of house*) Dach *nt;* ■**on the ~** auf dem/das Dach; **to live under one** [*or* **the same**] **~ as sb** mit jdm unter einem Dach wohnen; **without a ~ over one's head** ohne [ein] Dach über dem Kopf ❷ (*attic*) Dachboden *m;* ■**in the ~** auf dem/den Dachboden ❸ (*ceiling*) *of a cave* Decke *f; of mouth* Gaumen *m; of a tree* Krone *f* ❹ (*upper limit*) Obergrenze *f*, [oberes] Limit ► PHRASES: **to go through** [*or* **hit**] **the ~** an die Decke gehen *fig fam;* **to raise** [*or* BRIT *also* **lift**] **the ~** die Wände zum Wackeln bringen *fig fam* II. *vt* ■**to ~ sth** etw überdachen

◆**roof in, roof over** *vt usu passive* ■**to ~ sth** ○ **in** [*or* **over**] etw überdachen

roofer ['ru:fəʳ, AM -ɚ] *n* Dachdecker(in) *m(f)*

roof garden *n* Dachgarten *m*

roofing ['ru:fɪŋ] I. *n no pl* ❶ (*material*) Material *nt* zum Dachdecken ❷ (*job*) Dachdecken *nt* II. *n modifier* Dach-; ~ **company** Dachdeckerfirma *f;* ~ **material** Bedachungsmaterial *nt*

roofless ['ru:fləs] *adj inv* unüberdacht, ohne Dach *präd*

roof rack *n* Dachgepäckträger *m* **rooftop** I. *n* Dach *nt* ► PHRASES: **to proclaim** [*or* **shout**] **sth from the ~s** etw an die große Glocke hängen *fig* II. *n modifier* (*terrace*) Dach-; ~ **view** Aussicht *f* vom Dach [*o* von der Dachterrasse] aus **rooftop party** *n* Dachparty *f*

rook¹ [rʊk] I. *n* (*bird*) Krähe *f* II. *vt* (*fam or dated*) ■**to ~ sb** jdn übers Ohr hauen *fam* [*o* betrügen]; ***they ~ed him of £100*** sie haben ihm 100 Pfund

R

aus der Tasche gezogen *fig fam*
rook² [rʊk] *n* CHESS Turm *m*
rookery [ˈrʊkəri, AM -ɚi] *n* Krähenkolonie *f*
rookie [ˈrʊki] **I.** *n esp* AM, AUS (*fam*) Neuling *m;* MIL Rekrut(in) *m(f)* **II.** *n modifier* -neuling; ~ **baseball** Baseballneuling *m;* ~ **cop** Polizeineuling *m*
room [ru:m] **I.** *n* ❶ *no pl* (*space*) Platz *m,* Raum *m;* ***there were so many people in the lift that there wasn't ~ to move*** in dem Aufzug waren so viele Menschen, dass man sich überhaupt nicht mehr rühren konnte; **plenty of ~** viel Platz; **to have ~ for sb/sth** für jdn/etw Platz haben; **to make ~ for sb/sth** für jdn/etw Platz machen; **to take up ~** Raum einnehmen ❷ (*scope*) Raum *m;* ***her cooking has got better but there is still ~ for improvement*** ihre Kochkünste haben sich gebessert, sind aber noch verbesserungswürdig; ~ **for manoeuvre** [*or* AM **to maneuver**] Bewegungsspielraum *m* ❸ (*building section*) Zimmer *nt,* Raum *m;* ■**~s** *pl* Räumlichkeiten *fpl form;* **~*s to let*** [*or* AM ***for rent***] Zimmer zu vermieten, Zimmer frei; ~ **and board** AM Unterkunft *f* und Verpflegung; **cheap/cosy/dreary ~** billiges/gemütliches/trostloses Zimmer; **double/single ~** Doppel-/Einzelzimmer *nt;* **in the next ~** ein Zimmer weiter, [im Zimmer] nebenan; **to book a ~** ein Zimmer buchen [*o* reservieren] ❹ (*people present*) alle Anwesenden; ***the whole ~ turned around and stared at him*** alle, die im Zimmer waren, drehten sich um und starrten ihn an ▸ PHRASES: **there's not enough ~ to swing a cat** [*or* AM *usu* **to turn around in**] es gibt nicht mal genug Platz, um die Arme auszustrecken **II.** *vi esp* AM wohnen; ■**to ~ with sb** mit jdm zusammen wohnen **III.** *vt* ■**to ~ sb** jdn unterbringen
room clerk *n* AM Hotelangestellte(r) *f(m)*
-roomed [ru:md, rʊmd] *in compounds* -zimmerig; **a four~ house** ein Haus mit vier Zimmern
roomer [ˈru:mɚ] *n* AM Untermieter(in) *m(f)*
roomful [ˈru:mfʊl] *n usu sing* **a ~ of boxes/people** ein Zimmer *nt* voller Kisten/Leute
rooming house *n* AM (*boarding house*) Pension *f*
rooming-in *n no pl* AM MED Rooming-in *nt*
room-mate *n,* AM *usu* **roommate** *n* ❶ (*sharing room*) Zimmergenosse, -in *m, f* ❷ AM (*sharing flat or house*) Mitbewohner(in) *m(f)* **room service** *n no pl* Zimmerservice *m* **room temperature** *n no pl* Raumtemperatur *f,* Zimmertemperatur *f;* ***red wine should be served at ~*** Rotwein sollte bei Zimmertemperatur getrunken werden
roomy [ˈru:mi] *adj* (*approv*) geräumig
roost [ru:st] **I.** *n* Rastplatz *m;* (*for sleep*) Schlafplatz *m* **II.** *vi* rasten ▸ PHRASES: **to come back** [*or* **home**] **to ~** sich *akk* rächen *fig*
rooster [ˈru:stəʳ, AM -ɚ] *n* AM, AUS (*cockrel*) Hahn *m*
root [ru:t] **I.** *n* ❶ (*embedded part*) Wurzel *f;* (*of a celery*) Knolle *f;* (*of a tulip*) Zwiebel *f;* **the ~ of a nail** die Nagelwurzel; **shallow ~s** flache Wurzeln; **to send out** [*or* **take**] **~s** Wurzeln schlagen ❷ (*fig: basic cause*) Wurzel *f,* Ursprung *m;* (*essential substance*) Kern *m kein pl;* ***the high crime rate has its ~s in unemployment and poverty*** die hohe Kriminalitätsrate wurzelt in Arbeitslosigkeit und Armut; **the ~ of all evil** die Wurzel allen Übels, der Ursprung alles Bösen; **to get to the ~ of the matter** zum Kern der Sache kommen; **to lie at the ~ of a problem** der Kern eines Problems sein ❸ (*fig*) ■**~s** *pl* (*origins*) Wurzeln *fpl,* Ursprung *m;* **historical ~s** geschichtliche Wurzeln ❹ LING Stamm *m,* Stammwort *nt,* Wurzelwort *nt,* Etymon *nt fachspr* ❺ MATH Wurzel *f;* ***the ~ of 64 is 8*** die Wurzel aus 64 ist 8; **cube ~** Kubikwurzel *f;* **square ~** Quadratwurzel *f* ❻ AUS, NZ, IRISH (*vulg sl: act of sex*) Fick *m vulg;* (*sexual partner*) Fick *m vulg* ❼ COMPUT (*starting node*) Stamm *m* ▸ PHRASES: **~ and branch** mit Stumpf und Stiel; **to put down** [**new**] **~s** [neue] Wurzeln schlagen **II.** *vt* ❶ (*plant*) **to ~ cuttings/a plant** Stecklinge/eine Pflanze einpflanzen ❷ AUS, NZ, IRISH (*vulg sl: have sex*) ■**to ~ sb** jdn ficken *vulg* ❸ (*exhaust*) ■**to ~ sb** jdn ermüden [*o* entkräften]; **to ~ sb's efforts** jds Anstrengungen zunichte machen **III.** *vi* ❶ *plant* wurzeln, Wurzeln schlagen ❷ *esp* AM (*fam: support*) ■**to ~ for sb** jdm die Daumen drücken *fam;* **to ~ for a team** eine Mannschaft anfeuern ❸ (*search*) ■**to ~ for sth** nach etw *dat* wühlen; ■**to ~ through sth** etw durchstöbern
♦**root about, root around** *vi* (*fam*) herumwühlen; ■**to ~ about** [*or* **around**] **in sth** in etw *dat* herumwühlen; ■**to ~ about** [*or* **around**] **for sth** nach etw *dat* wühlen
♦**root on** *vt* AM (*fam*) ■**to ~ sb on** jdn anfeuern
♦**root out** *vt* ❶ BOT **to ~ out a plant/weeds** eine Pflanze/Unkraut ausgraben [*o* mit der Wurzel ausreißen] ❷ (*eliminate*) ■**to ~ out** ⊂ **sb/sth** jdn/etw ausrotten ❸ (*find*) ■**to ~ out** ⊂ **sth** etw aufstöbern
♦**root up** *vt see* **root out 1, 3**
root beer *n no pl* AM *colaartiges alkoholfreies Getränk aus verschiedenen Pflanzenwurzeln* **root canal** *n* MED Wurzelkanal *m* **root cause** *n* Grundursache *f,* Wurzel *f fig* **root cellar** *n* AM Gemüsekeller *m* **root crop** *n* BOT (*of beets, carrots*) Wurzel *f;* (*of celery, potatoes*) Knolle *f* **root directory** *n* COMPUT Stammverzeichnis *nt*
rooted [ˈru:tɪd, AM -t̬-] *adj inv* verwurzelt; **to be** [**firmly**] **~ in sth** *distrust, problems* in etw *dat* [tief] verwurzelt sein ▸ PHRASES: **to be ~ to the spot** wie angewurzelt dastehen
rootless [ˈru:tləs] *adj inv* ❶ (*without home*) heimatlos ❷ BOT wurzellos
rootlessness [ˈru:tləsnəs] *n no pl* ❶ (*having no home*) Heimatlosigkeit *f,* Nomadenleben *nt* ❷ BOT Wurzellosigkeit *f*
root sign *n* MATH Wurzelzeichen *nt*
roots music *n* MUS *Musikrichtung mit Ursprüngen in traditioneller Musik*
rootstock *n* BOT Wurzelstock *m* **root vegetable** *n* BOT (*beets, carrots*) Wurzel *f,* Wurzelgemüse *nt;* (*celery, potatoes*) Knolle *f,* Knollengewächs *nt*
rope [rəʊp, AM roʊp] **I.** *n* ❶ (*cord*) Seil *nt,* Strick *m;* NAUT Tau *nt;* **to be on the ~** angeseilt sein, am Seil hängen ❷ AM (*lasso*) Lasso *nt* ❸ (*capital punishment*) ■**the ~** der Strang ❹ BOXING ■**the ~s** *pl* Seile *ntpl* ❺ (*string*) **~ of garlic** Knoblauchzopf *m;* **~ of pearls** Perlenkette *f* ▸ PHRASES: **to be on the ~s** (*in boxing*) in den Seilen hängen; (*fig*) in der Klemme stecken [*o* sitzen]; **to learn the ~s** sich *akk* [in etw *akk*] einarbeiten; **to show** [*or* **teach**] **sb the ~s** jdn [in etw *akk*] einweisen **II.** *vt* ■**to ~ sb** jdn anseilen; ***the climbers ~d themselves together*** die Kletterer hängten sich ans Seil; ■**to ~ sth to sth** etw an etw *dat* festbinden; **to ~ calves** Kälber mit dem Lasso [ein]fangen
♦**rope down** *vi* sich *akk* abseilen
♦**rope in** *vt* (*fam*) ■**to ~ in** ⊂ **sb** jdn einspannen
♦**rope into** *vt* ■**to ~ sb into doing sth** jdn dazu kriegen, etw zu tun *fam*
♦**rope off** *vt* **to ~ off** ⊂ **an area** ein Gebiet [mit Seilen/einem Seil] absperren
♦**rope up** *vi* ❶ (*connect*) sich *akk* anseilen ❷ (*climb up*) angeseilt hinaufklettern
rope bridge *n* Seilbrücke *f* **rope dancer** *n* THEAT Seiltänzer(in) *m(f)* **rope ladder** *n* Strickleiter *f* **rope line** *n* Absperrung *f;* **to work a ~** ein Bad in der Menge nehmen **rope-walker** *n* (*dated*) Seiltänzer(in) *m(f)* **rope-walking** *n no pl* (*dated*) Seiltanzen *nt* **ropeway** *n* RAIL Kabelbahn *f*
ropey *adj,* **ropy** [ˈrəʊpi, AM ˈroʊ-] *adj* ❶ (*rope-like*) seilartig ❷ BRIT, AUS (*pej fam: ill*) elend; **to feel ~** sich *akk* elend fühlen; **~ welfare system** marodes Wohlfahrtssystem; **~ tyres** schlechte Reifen
Roquefort® [ˈrəʊkfɔːʳ, AM ˈroʊkfɚt] **I.** *n no pl* Roquefort® *m* **II.** *n modifier* (*cheese, crumbs, quiche, sauce*) Roquefort-; **~ dressing** Roquefort-Dressing *nt*
ro-ro [ˈrəʊrəʊ] *adj* BRIT TRANSP *short for* **roll-on-roll-off** Ro-Ro *nt*
Rorschach test [ˈrɔ:ʃɑ:k,, AM ˈrɔ:r-] *n* PSYCH Rorschachtest *m fachspr*
rort [rɔ:t] **I.** *n* AUS (*fam: trick*) Betrug *m kein pl,* Beschiss *m kein pl derb* **II.** *vt* AUS (*fam*) **to ~ a public service** eine staatliche Dienstleistungsstelle hintergehen; **to ~ the state** den Staat bescheißen *derb*
rosary [ˈrəʊzəri, AM ˈroʊ-] *n* Rosenkranz *m;* **to say the ~** den Rosenkranz beten
rose¹ [rəʊz, AM roʊz] **I.** *n* ❶ (*flower*) Rose *f;* (*bush*) Rosenbusch *m;* (*tree*) Rosenbäumchen *nt;* **the Wars of the ~s** die Rosenkriege; **red ~s** rote Rosen ❷ (*nozzle*) Brause *f* ❸ *no pl* (*colour*) Rosa *nt,* Rosenrot *nt liter* ❹ *usu pl* (*complexion*) rosige Wangen; ***a brisk walk will put the ~s*** [***back***] ***into your cheeks*** bei einem flotten Spaziergang kriegst du wieder etwas Farbe [im Gesicht] ▸ PHRASES: **not a bed of** [*or* **not all**] **~s** nicht immer [nur] rosig; ***being an actress is not all ~*** als Schauspielerin ist man [auch] nicht immer auf Rosen gebettet; **to come up** [*or* **out**] [**smelling of**] **~s** bestens laufen *fam* **II.** *adj inv* rosa **III.** *vt* (*liter*) **to ~ sb's cheeks** jds Wangen röten [*o* Farbe verleihen]
rose² [rəʊz, AM roʊz] *pt of* **rise**
rosé [ˈrəʊzeɪ, AM roʊˈ-] *n no pl* FOOD Rosé *m*
roseate [ˈrəʊziət, AM ˈroʊzi:t] *adj* (*poet*) rosenfarben
rosebud *n* Rosenknospe *f* **rose bush** *n* Rosenstrauch *m* **rose-colored** AM, **rose-coloured** *adj attr, inv* rosarot *a. fig;* **to look at** [*or* **see**] [*or* **view**] **sth through ~ glasses** [*or* BRIT, AUS *also* **spectacles**] (*fig*) etw durch eine rosarote Brille sehen *fig* **rose garden** *n* Rosengarten *m* **rose hip** **I.** *n* Hagebutte *f* **II.** *n modifier* (*syrup, wine*) Hagebutten-; **~ tea** Hagebuttentee *m*
rosella [rəʊˈzelə] *n* AUS ❶ ORN *australische Papageienart* ❷ ZOOL (*sheep*) *Schaf, das die Wolle verliert*
rosemary [ˈrəʊzməri, AM ˈroʊzmeri] *n no pl* Rosmarin *m*
rose petal *n* Rosen[blüten]blatt *nt* **rose-tinted** *adj attr, inv see* **rose-colored**
rosette [rə(ʊ)ˈzet, AM roʊˈ-] *n* Rosette *f*
rose water *n no pl* Rosenwasser *nt* **rose window** *n* ARCHIT Fensterrose *f*
rosé wine *n* Roséwein *m*
rosewood *n no pl* Rosenholz *nt*
Rosh Hashana *n,* **Rosh Hashanah** [ˌrɒʃhæˈʃɑ:nə, AM ˌroʊʃhəˈʃɔ:nə] *n* REL Rosh Hashanah *nt* (*jüdisches Neujahr*)
rosin [ˈrɒzɪn, AM ˈrɑ:zən] **I.** *n no pl* Kolophonium *nt fachspr* **II.** *vt* **to ~ a violin bow/string** einen Geigenbogen/eine Geigensaite mit Kolophonium einreiben
RoSPA [ˈrɒspə] *n no pl, + sing/pl vb* BRIT *acr for* **Royal Society for the Prevention of Accidents** *königliche Gesellschaft zur Verhütung von Unfällen*
roster [ˈrɒstəʳ, AM ˈrɑ:stɚ] **I.** *n esp* AM, AUS ❶ (*list*) Liste *f;* (*plan*) Plan *m;* **duty ~** Dienstplan *m* ❷ SPORTS Spielerliste *f* **II.** *vt usu passive* ■**to ~ sb/sth** jdn/etw auf die Liste [*o* den Dienstplan] setzen
rostra [ˈrɒstrə, AM ˈrɑ:s-] *n pl of* **rostrum**
rostrum <*pl* -s *or* -tra> [ˈrɒstrəm, AM ˈrɑ:s-, *pl* -trə] *n* ❶ (*raised platform*) Tribüne *f,* Podium *nt;* (*for public speaker also*) Rednerpult *nt;* (*for conductor*) Dirigentenpult *nt* ❷ ZOOL Rostrum *nt fachspr*
rosy [ˈrəʊzi, AM ˈroʊ-] *adj* rosig *a. fig;* **~ cheeks** rosige Wangen; **~ prospects** (*fig*) rosige Aussichten *fig;* **to paint a ~ picture of sth** (*fig*) etw in den rosigsten Farben ausmalen *fig*
rosy-cheeked *adj attr* mit rosigen Wangen *nach n*
rot [rɒt, AM rɑ:t] **I.** *n no pl* ❶ (*process*) Fäulnis *f* ❷ (*decayed matter*) Verfaultes *nt,* Verwestes *nt* ❸ BRIT (*process of deterioration*) ■**the ~** der Verfall; ***the ~ set in when he started taking drugs*** es ging mit ihm bergab, als er anfing, Drogen zu nehmen ❹ BOT Fäule *f* ❺ (*in sheep*) Leberfäule *f* ❻ (*fam or dated*) Blödsinn *m fam;* **to talk ~** Blödsinn reden *fam* **II.** *interj* (*fam or dated*) Blödsinn! *fam,* so ein Quatsch! *fam* **III.** *vi* <-tt-> ❶ (*decay*) verrotten; *teeth, meat* verfaulen; *woodwork* vermodern; **to leave sb to ~ in jail** (*fig*) jdn im Gefängnis verrotten lassen *fig* ❷ (*deteriorate*) *institution, society* verkommen ❸ BRIT (*dated fam: joke*) Quatsch erzählen *fam* **IV.** *vt* <-tt-> ❶ (*cause to decay*) ■**to ~ sth** etw vermodern lassen ❷ BRIT (*dated fam: tease*) ■**to ~ sb** jdn verulken

◆rot away I. *vi* verfaulen II. *vt* ■**to ~ away** ⊂ **sth** etw verfaulen lassen

rota ['rəʊtə, AM 'roʊṭə] *n* ① *esp* BRIT (*list*) Liste *f*; (*plan*) Plan *m*; **cleaning** ~ Putzplan *m*; **daily/weekly** ~ Tages-/Wochenplan *m* ② REL ■**the R~** die Rota *fachspr*

Rotarian [rəʊ'teəriən, AM roʊ'teri] I. *n* Rotarier(in) *m(f)*, Mitglied *nt* des Rotary Clubs II. *adj inv* den Rotary Club betreffend, Rotary-

rotary ['rəʊtəri, AM 'roʊṭəi] I. *adj inv* kreisend, rotierend, Dreh-; ~ **blade** rotierendes Messer; ~ **motion** Drehbewegung *f*; ~ **press** Rotationspresse *f*; ~ **pump** Rotationspumpe *f* II. *n* ① TECH Rotationsmaschine *f* ② AM TRANSP Kreisverkehr *m*

rota system *n* BRIT Dienstplan *m*

rotate [rə(ʊ)'teɪt, AM 'roʊteɪt] I. *vi* ① (*revolve*) rotieren; ■**to ~ around sth** um etw *akk* rotieren, sich *akk* um etw *akk* drehen ② (*alternate*) wechseln; ***the job of washing the dishes constantly ~s*** mit dem Abwasch ist reihum jeder einmal dran *fam* II. *vt* ① (*cause to turn*) ■**to ~ sth** etw drehen ② (*alternate*) **to ~ duties** Aufgaben turnusmäßig [abwechselnd] [*o* reihum] verteilen; **to ~ troops** Truppen auswechseln ③ AGR **to ~ crops** [*or* **fields**] im Fruchtwechsel anbauen ④ AUTO **to ~ tyres** [*or* AM **tires**] Reifen turnusmäßig wechseln ⑤ COMPUT (*move data*) ■**to ~ sth** etw rotieren

rotating [rəʊ'teɪtɪŋ, AM roʊ'teɪṭɪŋ] *adj inv* rotierend, Rotations-; ~ **presidency** POL turnusmäßig wechselnde Präsidentschaft; ~ **chair** [*or* **chairmanship**] ADMIN nach dem Rotationsprinzip wechselnder Vorsitz

rotation [rə(ʊ)'teɪʃən, AM roʊ'-] *n* ① (*movement*) Rotation *f*, Umdrehung *f*; **crop** ~ AGR Fruchtwechsel *m*; **the earth's** ~ die Erdumdrehung; **to adjust the speed of** ~ die Drehzahl einstellen; **in** ~ im Wechsel [*o* Turnus] ② COMPUT Rotation *f fachspr*

rotatory ['rəʊtətəri, AM 'roʊṭətɔ:ri] *adj* rotierend, Rotations-

rote [rəʊt, AM roʊt] *n no pl* (*usu pej*) **to learn sth by** ~ etw auswendig lernen

rote learning *n no pl* (*usu pej*) Auswendiglernen *nt*

rotgut ['rɒtgʌt, AM 'rɑ:t] *n no pl* (*fam*) Fusel *m sl*

rotisserie [rəʊ'tɪsəri, AM roʊ'tɪsəi] *n* ① (*restaurant*) Rotisserie *f* ② (*appliance*) Drehgrill *m*

rotor ['rəʊtəʳ, AM 'roʊṭəʳ] *n* TECH Rotor *m fachspr*

rotten ['rɒtən, AM 'rɑ:-] I. *adj* ① (*decayed*) verfault; *fruit* verdorben; *tooth* faul; *wood* modrig ② (*corrupt*) korrupt, völlig verdorben *fig* ③ (*fam: very bad*) mies *fam*; ***I'm a ~ cook*** ich bin ein hundsmiserabler Koch *fam*; **to feel** ~ sich *akk* mies fühlen *fam* ④ (*fam: nasty*) *trick, joke* gemein II. *adv* (*fam*) total *fam*; **to be spoiled** ~ *child* völlig verzogen sein

rottenness ['rɒtənnəs, AM 'rɑ:t] *n no pl* ① (*decay*) Fäulnis *f*, Moder *m*; *wood* Morschheit *f* ② (*corruptness*) Verderbtheit *f*, Bodenlosigkeit *f fig* ③ (*fam: badness*) *food* Verdorbenheit *f*, Ungenießbarkeit *f* ④ (*fam: unpleasantness*) Elend *nt*; ***the ~ of this attitude has been agreed upon*** das Untragbare dieser Einstellung ist allgemein anerkannt

rotter ['rɒtəʳ, AM 'rɑ:ṭəʳ] *n esp* BRIT (*dated fam*) Fiesling *m pej fam*

Rottweiler ['rɒtwaɪləʳ, AM 'rɑ:twaɪləʳ] *n* Rottweiler *m*

rotund [rə(ʊ)'tʌnd, AM roʊ'-] *adj* ① (*plump*) *person* massig ② BRIT (*fig, pej*) *literary style* bombastisch *oft pej*; *speech* hochtrabend *pej* ③ (*spherical*) kreisförmig

rotunda [rə(ʊ)'tʌndə, AM roʊ'-] *n* ARCHIT Rotunde *f fachspr*

rouble ['ru:bl] *n* Rubel *m*

roué ['ru:eɪ, AM *esp* ru:'eɪ] *n* Lebemann *m pej*

rouge [ru:ʒ] I. *n no pl* ① (*makeup*) Rouge *nt* ② (*polish*) Polierrot *nt fachspr* II. *vt* **to ~ one's cheeks** Rouge auflegen III. *vi* Rouge auflegen

rough [rʌf] I. *adj* ① (*uneven*) rau; *ground, terrain* uneben; *landscape* rau, unwirtlich; *road* holprig; ~ **fur/hair** struppiges Fell/Haar; ~ **skin** raue Haut ② (*not soft*) *accent, sound, voice* rau, hart; (*in taste*) *wine* sauer; *brandy* hart ③ (*harsh*) rau, hart; ~ **area** raue Gegend; ~ **play** raues [*o* hartes] Spiel; ~ **sea** raue See; ~ **weather** raues [*o* stürmisches] Wetter ④ (*fam: difficult*) hart, schwer; ■**to be ~ on sb** für jdn schwer [*o* hart] sein; **to give sb a ~ time** jdm das Leben ganz schön schwer machen ⑤ BRIT (*fam: ill*) **to look** ~ mitgenommen aussehen *fam*; **to feel** ~ sich *akk* elend fühlen ⑥ (*plain*) *furniture* unbearbeitet ⑦ (*makeshift*) einfach, primitiv ⑧ (*unrefined*) rau, ungehobelt; ~ **ways** ungehobelte Manieren ⑨ (*imprecise*) grob; ~ **calculation/estimate** grobe [*o* ungefähre] Kalkulation/Schätzung; **to give sb a ~ idea of sth** jdm eine ungefähre Vorstellung von etw *dat* geben; ~ **work** Rohfassung *f* ► PHRASES: **to give sb the ~ edge** [*or* **side**] **of one's tongue** (*fam*) jdm gegenüber einen rauen Ton anschlagen *fam*; **to give sb a ~ ride** [*or* **time**] jdm gehörig den Marsch blasen *fam* II. *adv* (*fam*) rau ► PHRASES: **to sleep** ~ BRIT im Freien schlafen III. *n* ① *esp* BRIT (*pej: person*) Rohling *m pej* ② *no pl* (*in golf*) ■**the** ~ das Rough *fachspr* ③ (*sketch*) Entwurf *m*, Konzept *nt*; **in** ~ skizzenhaft ④ *gem* ungeschliffen, Roh- ► PHRASES: **to be a diamond in the** ~ AM rau, aber herzlich sein; **to take the ~ with the smooth** die Dinge nehmen, wie sie kommen IV. *vt* (*fam*) **to ~ it** [ganz] primitiv leben [*o pej* hausen]

◆rough down *vt* ■**to ~ down** ⊂ **sth** etw formen

◆rough in *vt* **to ~ in a drawing** eine Zeichnung [grob] skizzieren

◆rough out *vt* ■**to ~ out** ⊂ **sth** einen groben Entwurf von etw *dat* machen, etw [grob] umreißen

◆rough up *vt* ① (*fam: beat up*) ■**to ~ up** ⊂ **sb** jdn aufmischen *fam* ② (*make ruffled*) ■**to ~ up** ⊂ **sth** etw aufrauen; **to ~ up the water** das Wasser aufwühlen

roughage ['rʌfɪdʒ] *n no pl* ① (*fiber*) Ballaststoffe *mpl* ② (*fodder*) Raufutter *nt*

rough and ready *adj pred*, **rough-and-ready** *adj attr* behelfsmäßig; *plan also* provisorisch; (*unrefined*) *person* raubeinig; ***there was no luxury but we lived in ~ comfort*** es war kein Luxus, aber wir hatten alles, was wir brauchten **rough and tumble** I. *n* Rauferei *f*, wildes Gerangel *a. fig*; ***the ~ of politics*** das wilde Gerangel in der Politik II. *adj attr, inv* ~ **atmosphere** raue Atmosphäre **roughbook** *n* Schmierheft *nt* **roughcast** I. *n no pl* (*in construction*) Rauputz *m fachspr*, Anwurf *m fachspr* II. *adj* ① (*in construction*) roh verputzt ② (*unrefined*) *person* ungehobelt III. *vt* <-cast, -cast> **to ~ a wall** eine Wand roh verputzen **rough cut** *n* FILM Rohschnitt *m kein pl fachspr* **rough diamond** *n* ungeschliffener Diamant; BRIT, AUS (*fig*) ***he's a ~*** er ist rau, aber herzlich

roughen ['rʌfən] I. *vt* ■**to ~ sth** etw aufrauen II. *vi* *skin, voice* rauh werden; *society* verrohen; *weather* stürmisch [*o* rau] werden

rough ground *n* brachliegendes Grundstück **rough-hew** <-hewed, -hewn *or* -hewed> *vt* **to ~ stone/wood** Stein/Holz grob behauen [*o* bearbeiten] **rough-hewn** *adj carving, pillar* grob; (*fig*) *person, style* ungehobelt **rough house** *n usu sing esp* AM (*fam*) Radau *m fam* **rough-house** I. *vi* ① (*be boisterous*) Radau machen *fam* ② BRIT (*have a fight*) sich *akk* prügeln ③ AM (*have playful fight*) sich *akk* raufen II. *vt* ■**to ~ sb** jdn grob behandeln [*o* hart anfassen]; (*playfully*) sich *akk* mit jdm raufen **rough justice** *n*, **rough luck** *n* Ungerechtigkeit *f*; ■**it is ~ on sb/sth, that…** es ist ungerecht gegenüber jdm/etw, dass…

roughly ['rʌfli] *adv* ① (*harshly*) grob, roh ② (*without refinement*) ~ **built** roh [*o* grob] zusammengezimmert ③ (*approximately*) grob; **to calculate** ~ grob kalkulieren [*o* überschlagen]; ~ **speaking** ganz allgemein gesagt; ~ **similar** [*or* **the same**] ungefähr gleich; ~ **about** ungefähr, schätzungsweise

roughneck I. *n* ① *esp* AM, AUS (*fam: rude person*) Rohling *m pej*, Grobian *m pej* ② (*oil rig worker*) Bohrarbeiter(in) *m(f)* II. *vi* auf einer Bohrinsel arbeiten

roughness ['rʌfnəs] *n no pl* ① (*not smoothness*) Rauheit *f*; *of ground, terrain* Unebenheit *f* ② (*harshness*) Rauheit *f*; *of a game also* Härte *f*

rough paper *n* BRIT Konzeptpapier *nt* **roughshod** I. *adj horse* scharf beschlagen II. *adv* **to ride a horse** ~ ein unbeschlagenes Pferd reiten; **to ride ~ over sb** (*fig*) jdn unterdrücken [*o fam* unterbuttern] **rough-spoken** *adj* sprachlich ungewandt [*o* unbeholfen] **rough trade** *n* (*sl*) ① (*male prostitution*) *Prostitution von Homosexuellen, meist mit sadistischen Praktiken* ② (*male prostitute*) *Strichjunge, der sich für gewalttätige Sexualpraktiken anbietet*

roulette [ru:'let] I. *n* ① *no pl* Roulette *nt* ② (*wheel*) Roulette[rad] *nt* II. *vt* **to ~ paper/postage stamps** Papier/Briefmarken [mit einem Rollrädchen] perforieren

roulette chips *npl* Roulettechips *mpl*

round [raʊnd] I. *adj* <-er, -est> ① (*circular*) rund; ~ **arch** Rundbogen *m*; ~ **arms/legs** rund[lich]e [*o* dicke] Arme/Beine; ~ **cheeks** runde Backen; ~ **eyes** Kulleraugen *ntpl*; ~ **face** rundliches Gesicht; ~ **peg** Runddübel *m*; ~ **table** runder Tisch; ~ **vowel** gerundeter Vokal ② *inv* (*even number*) rund; **a ~ dozen** ein rundes Dutzend; **to make sth a ~ hundred** (*bring up*) etw auf hundert aufrunden; (*bring down*) etw auf hundert abrunden; **in ~ figures** aufgerundet, abgerundet II. *adv inv esp* BRIT ① (*in circular motion*) **to go** [*or* **turn**] ~ sich *akk* umdrehen; *wheel* sich *akk* drehen; ***the children turned ~ and ~ until they made themselves dizzy*** die Kinder drehten sich so lange im Kreis, bis ihnen schwindlig wurde; ***sorry, you'll have to go ~*** tut mir Leid, aber Sie müssen außen herumgehen ② (*here and there*) **to run** ~ herumrennen *fam* ③ (*to a specific place*) **to come** ~ vorbeikommen *fam*; **to go ~** *virus, rumours* umgehen; ***there aren't enough pencils to go ~*** es sind nicht genügend Stifte für alle vorhanden; **to go ~ to Mary's/Peter's** bei Mary/Peter vorbeischauen *fam*; **to show sb ~** jdn herumführen ④ (*surrounding*) rundherum; ***the house has trees all ~*** das Haus ist von Bäumen umgeben; ***everyone for a mile ~ heard the explosion*** jeder im Umkreis von einer Meile hörte die Explosion; **in the mountains ~ about** in den Bergen ringsherum; **all year ~** das ganze Jahr hindurch ⑤ (*towards other direction*) **the other way ~** anders herum; **the right/wrong way ~** richtig/falsch herum; **to have sth on** [*or* **be wearing sth**] **the wrong way ~** etw falsch [*o* links] herum anhaben; **to turn ~** *person* sich *akk* umdrehen; (*go back*) umdrehen, kehrtmachen ⑥ (*circa*) ungefähr; ~ **about 4 o'clock** gegen 4 Uhr; ~ **about 20 people** ungefähr 20 Personen ⑦ (*in girth*) ***the pyramid is 50 metres high and 100 metres ~*** die Pyramide ist 50 Meter hoch und hat einen Umfang von 100 Metern III. *prep* ① (*surrounding*) um +*akk*, um +*akk* … herum; ***he put his arms ~ her*** er legte seine Arme um sie; ***there are trees all ~ the house*** um das ganze Haus herum stehen Bäume ② (*circling*) um +*akk*; ***the Moon goes ~ the earth*** der Mond kreist um die Erde; ***they walked ~ the lake*** sie liefen um den See herum ③ (*curving to other side of*) um +*akk*; ***drive ~ the corner and take the second road on the left*** fahren Sie um die Ecke und nehmen sie die zweite Straße zur Linken; **to be just ~ the corner** gleich um die Ecke sein ④ (*at points at*) um +*akk* … herum; ***they sat ~ the table*** sie saßen um Tisch (herum) ⑤ (*within*) um +*akk*; ***she looked ~ the house*** sie sah sich im Haus um; ***she walked ~ the room*** sie lief im Zimmer herum; ***from all ~ the world*** aus aller Welt ⑥ (*about*) um ungefähr; ***I heard a strange noise ~ 12:15*** um ungefähr 12.15 Uhr hörte ich ein seltsames Geräusch ► PHRASES: **to be/go ~ the bend/twist** den Verstand verloren haben/verlieren, wahnsinnig geworden sein/werden; **to center/revolve ~ sth** sich *akk* um etw *akk* konzentrieren/drehen; **to get ~ sth** um etw *akk* herumkommen; ***there seems to be no way ~ this problem*** es führt wohl kein Weg um dieses Problem herum; **to lie/sit/stand ~** herumliegen/-sitzen/-stehen IV. *n* ① (*for all*) Runde *f*; ***this ~ is on me!*** diese Runde geht auf mich!; **a ~ of sandwiches** BRIT ein belegtes Brot; **a ~ of toast** eine

R

Scheibe Toast ② (*series*) Folge *f;* ***when we were young, life was just one long ~ of parties*** als wir jung waren, war unser Leben eine einzige Folge von Partys; **to be a ~ of pleasure** ein einziges Vergnügen sein; **~ of talks** Gesprächsrunde *f* ③ (*salvo*) **~ of applause** Beifall *m;* **to get a big ~ of applause** stürmischen Beifall bekommen ④ (*route*) ■ **~s** *pl* **to be [out] on [***or* **make] one's ~s** seine Runden drehen; *doctor* Hausbesuche machen; ***I've made the ~s of all the agents, but nobody has any tickets left*** ich habe alle Verkaufsstellen abgeklappert, aber es waren keine Karten mehr zu bekommen *fam;* **to go [***or* **do] the ~s** die Runde machen; *flu* umgehen ⑤ *esp* BRIT, AUS (*delivery route*) Runde *f;* **to have a milk ~** die Milch ausliefern; **to do a paper ~** Zeitungen austragen ⑥ (*routine*) Trott *m pej;* ***my daily ~ includes going for a jog in the morning*** zu meinem Tagesablauf gehört mein täglicher Morgenlauf ⑦ SPORTS Runde *f;* **a ~ of golf** eine Runde Golf; **to be [***or* **get] [***or* **make it] through to the next ~** in die nächste Runde kommen ⑧ (*song*) Kanon *m* ⑨ (*of ammunition*) Ladung *f;* **to fire a ~** eine Ladung Munition abfeuern **V.** *vt* ① (*make round*) ■ **to ~ sth** etw umrunden ② (*go around*) **to ~ the corner** um die Ecke biegen **VI.** *vi* ① (*become round*) rund werden ② (*turn against*) ■ **to ~ on sb** jdn anfahren; **to ~ on one's critics** über seine Kritiker herfallen; **to ~ on one's pursuers** seine Verfolger angreifen

◆**round down** *vt* ■ **to ~ down** ⊂ **sth** *number, sum* etw abrunden

◆**round off** *vt* ■ **to ~ off** ⊂ **sth** ① (*finish*) etw abrunden; ***to ~ things off we'd like to thank our sponsors*** zum Abschluss möchten wir noch unseren Sponsoren danken; **to ~ off her education ...** zum Abschluss ihrer Ausbildung ... ② (*smooth out*) etw abrunden ③ MATH etw [auf]runden [*o* [ab]runden]

◆**round out** *vt* ■ **to ~ out** ⊂ **sth** *story* etw abrunden

◆**round up** *vt* ① (*increase*) **to ~ up a figure** eine Zahl aufrunden ② (*gather*) ■ **to ~ up** ⊂ **sb** jdn zusammentrommeln *fam;* ■ **to ~ up** ⊂ **sth** etw zusammentragen; **to ~ up cattle** eine Rinderherde zusammentreiben; **to ~ up support** Unterstützung holen

roundabout ['raʊndəˌbaʊt] **I.** *n* ① BRIT, AUS (*traffic*) Kreisverkehr *m* ② BRIT (*for funfair*) Karussell *nt;* **to ride the ~** Karussell fahren **II.** *adj* umständlich; **to take a ~ approach** umständlich an etw *akk* herangehen; **to take a ~ route** einen Umweg machen; **to give a ~ statement** eine unklare Aussage machen; **to ask sb in a ~ way** jdn durch die Blume fragen

round brackets *npl* runde Klammern; **to give sth in ~** etw in runden Klammern angeben; **to put sth in ~** etw in runde Klammern setzen **round dance** *n* Rundtanz *m;* (*in past times*) Reigen *m*

rounded ['raʊndɪd] *adj* rund; **~ belly/cheeks** runder Bauch/runde Backen; **~ edges** abgerundete Ecken; **~ vowel** runder Vokal

roundel ['raʊndᵊl] *n* AVIAT, MIL Hoheitszeichen *nt*

roundelay ['raʊndɪleɪ, AM -də-] *n* Rundgesang *m*

rounders ['raʊndəz, AM -dəz] *npl + sing vb* BRIT SPORTS *ein dem Baseball ähnliches Spiel*

round-eyed *adj* mit großen Augen *nach n;* ***she was ~ with amazement*** sie starrte ungläubig vor Erstaunen **round figure** *n* runde Zahl; ***how much is it in ~s?*** wie viel ist das so grob über den Daumen gepeilt? **Roundhead** *n* HIST Rundkopf *m*

roundhouse *n* RAIL Lokomotivschuppen *m*

round lot *n* AM STOCKEX voller Börsenschluss

roundly ['raʊndli] *adv* (*form*) gründlich; **to boo sb ~** jdn gehörig auspfeifen; **to criticize sb ~** jdn heftig kritisieren; **to defeat sb ~** jdn haushoch besiegen

round-necked *adj inv* mit rundem Ausschnitt *nach n*

roundness ['raʊndnəs] *n no pl* Rundheit *f*

round number *n* runde Zahl **round robin** *n* ① (*letter*) Petition *f* (*mit oft kreisförmig angeordneten Unterschriften*); **to sign a ~** eine Petition unterzeichnen ② (*competition format*) *Wettkampf, in dem jeder gegen jeden antritt* **round-shouldered** *adj* mit runden Schultern *nach n;* **to be ~** runde Schultern haben **roundsman** *n* BRIT Austräger(in) *m(f);* ***last summer I worked as a ~ for a milk company*** letzten Sommer arbeitete ich als Milchmann **round-table** *adj attr, inv* **~ conference/discussion** Konferenz *f*/Gespräch *nt* am runden Tisch; **to host a ~ discussion** eine Diskussion am runden Tisch leiten **round-the-clock** **I.** *adj attr, inv* rund um die Uhr *präd, nach n;* **~ coverage** Berichterstattung *f* rund um die Uhr; **~ surveillance** Dauerüberwachung *f;* **to keep a ~ vigil on sb** jdn rund um die Uhr überwachen **II.** *adv inv* rund um die Uhr; **to be open ~** *shops* durchgehend geöffnet haben; **to work ~** rund um die Uhr arbeiten **round-the-world** *adj attr, inv* rund um die Welt *nach n;* **~ flight** Flug *m* rund um die Welt; **~ journey [***or* **trip] [***or* **voyage]** Weltreise *f* **round trip** **I.** *n* Rundreise *f* **II.** *adv inv* AM **to fly ~** ein Rückflugticket haben; **to travel ~** hin- und zurückreisen **roundtrip flight** *n esp* AM Hin- und Rückflug *m* **roundtrip ticket** *n esp* AM AVIAT Rückflugticket *nt;* TRAIN, BUS Rückfahrkarte *f* **roundup** *n* ① (*gathering*) Versammlung *f;* *of criminals, suspects* Festnahme *f;* *of cattle* Zusammentreiben *nt* ② (*summary*) Zusammenfassung *f;* **a ~ of today's news** eine Zusammenfassung der wichtigsten Tagesmeldungen **roundworm** *n* Spulwurm *m*

rouse [raʊz] *vt* ① (*waken*) ■ **to ~ sb** jdn wecken; **to ~ sb out of their apathy** jdn aus seiner/ihrer Apathie reißen; **to ~ oneself from a pleasant daydream** sich *akk* aus einem angenehmen Tagtraum reißen ② (*activate*) ■ **to ~ sb to do sth** jdn dazu bewegen, etw zu tun; **to ~ sb to action** jdn zum Handeln bewegen; **to ~ sb's admiration** jds Bewunderung *f* hervorrufen; **to ~ sb's ire** (*liter*) jds Zorn *m* erregen

rouseabout ['raʊzəˌbaʊt] *n* AUS Hilfsarbeiter(in) *m(f)*

rousing ['raʊzɪŋ] *adj* mitreißend; **~ cheer/reception** stürmischer Beifall/Empfang; **a ~ speech** eine mitreißende Rede; **to receive a ~ welcome** überschwänglich empfangen werden

roust [raʊst] *vt* ■ **to ~ sb** jdn wecken; (*fig*) jdn aufscheuchen *fam*

roustabout ['raʊstə'baʊt] *n* Hilfsarbeiter(in) *m(f)*

rout¹ [raʊt] **I.** *vt* (*form: defeat*) ■ **to ~ sb** jdn besiegen; **to ~ the enemy [***or* **put the enemy to ~]** den Feind in die Flucht schlagen **II.** *n* ① (*defeat*) Niederlage *f,* Schlappe *f fam* ② (*disorderly retreat*) ungeordneter Rückzug; ***the retreat quickly turned into a ~*** der Rückzug endete rasch im Chaos ③ LAW (*riot*) Zusammenrottung *f,* Auflauf *m*

rout² [raʊt] **I.** *vi pigs* herumwühlen **II.** *vt* ① (*root*) **to ~ the ground** die Erde umwühlen ② TECH ■ **to ~ sth** etw ausfräsen

◆**rout out** *vt* ■ **to ~ out** ⊂ **sb/sth** jdn/etw herausjagen; (*find*) jdn/etw aufstöbern; ***the pigs were ~ing out truffles*** die Schweine suchten nach Trüffeln; **to ~ sb out of bed** jdn aus dem Bett holen

route [ruːt, AM *usu* raʊt] **I.** *n* ① (*way*) Strecke *f,* Route *f;* *of a parade* Verlauf *m;* **the ~ to success** der Weg zum Erfolg; **to map out a ~** eine Route festlegen ② TRANSP Linie *f;* **bus ~** Buslinie *f;* **shipping ~** Schifffahrtsweg *m;* **domestic ~s** Inlandsflüge *mpl* ③ AM (*delivery path*) Runde *f;* **to have a paper ~** Zeitungen austragen ④ AM (*road*) Route *f* ⑤ MATH Leitweg *m* **II.** *vt* ■ **to ~ sth** etw schicken; *deliveries* etw liefern; ***we're not going to ~ our buses through that part of town any more*** unsere Busse werden diesen Stadtteil nicht mehr anfahren

route march *n* MIL Geländemarsch *m;* **to go on a ~** einen Geländemarsch absolvieren

routine [ruː'tiːn] **I.** *n* ① (*habit*) Routine *f;* ***he gave me the old ~ of having had his wallet stolen*** er kam wieder mit der alten Leier, dass seine Geldbörse gestohlen worden war; **to do sth as a matter of ~** etw routinemäßig tun; **daily ~** tägliche Routine; **set [***or* **fixed] ~** feste Routine; **to go into a ~** (*fig*) immer dieselbe Leier bringen *fam* ② (*dancing*) Figur *f;* (*gymnastics*) Übung *f* ③ THEAT Nummer *f;* **to go through [***or* **over] a ~** eine Rolle noch einmal durchgehen; **to practise a ~** eine Rolle proben ④ COMPUT Programm *nt,* Routine *f* **II.** *adj* ① (*regular*) routinemäßig; **~ medical checkup** Routineuntersuchung *f;* **~ enquiry/inspection/search** Routinebefragung/-untersuchung/-durchsuchung *f;* **~ maintenance** laufende Wartung; **to be ~** Routine sein; ***don't worry, this medical is just ~*** machen Sie sich keine Sorgen, diese Untersuchung ist nur Routine; **to become ~** zur Gewohnheit werden ② (*pej: uninspiring*) routinemäßig; **~ performance** durchschnittliche Leistung; **~ tasks** Routine *f;* **~ work** Routinearbeit *f;* **to be ~ and boring** alltäglich und langweilig sein

routinely [ruː'tiːnli] *adv* routinemäßig; ***health and safety rules are ~ flouted on the building site*** Gesundheits- und Sicherheitsvorkehrungen werden auf der Baustelle für gewöhnlich übergangen

routing number *n* AM (*sort code*) Bankleitzahl *f*

roux <*pl* -> [ruː] *n* FOOD Mehlschwitze *f,* Einbrenne *f* SÜDD, ÖSTERR

rove [rəʊv, AM roʊv] **I.** *vi person* umherwandern; *gaze* [umher]schweifen **II.** *vt* **to ~ the countryside** durchs Land ziehen; **to ~ the world** durch die Welt ziehen

rover ['rəʊvəʳ, AM 'roʊvɚ] *n* Vagabund(in) *m(f)*

roving ['rəʊvɪŋ, AM 'roʊv-] *adj* umherstreifend *attr;* **~ ambassador** Botschafter(in) *m(f)* für mehrere Vertretungen; **~ band of thieves** umherziehende Diebesbande; **~ musicians** umherziehende Musiker

roving commission *n* BRIT weitläufiges Mandat; **to have a ~** ein weitläufiges Mandat besitzen **roving eye** *n* (*hum dated*) **to have a ~** ein Auge riskieren **roving reporter** *n* rasender Reporter/rasende Reporterin *fam*

row¹ [rəʊ, AM roʊ] *n* ① (*line*) Reihe *f;* **~s and ~s of cars** lange Autoschlangen; **a ~ of chairs** eine Stuhlreihe; **~ of houses** Häuserreihe *f;* **~s of people** Menschenschlangen *fpl;* **to move up a few ~s** ein paar Reihen aufrücken; **to stand in a ~** in einer Reihe stehen; **in ~s** reihenweise ② (*street*) Straße *f* ③ (*in succession*) **in a ~** hintereinander; **four times in a ~** viermal hintereinander ④ (*line of characters*) Zeile *f;* (*on a punched card*) Lochzeile *f* ⑤ COMPUT (*set of data elements*) Sprosse *f*

row² [raʊ] **I.** *n esp* BRIT, AUS ① (*quarrel*) Streit *m,* Krach *m fam;* **political ~** politische Auseinandersetzung; **to get into a ~ [with sb]** [mit jdm] Streit [*o fam* Krach] bekommen; **to have a ~** Streit [*o fam* Krach] haben, streiten ② (*noise*) Lärm *m,* Krach *m kein pl;* **to make [***or* **kick up] a ~** Krach schlagen *fam* **II.** *vi esp* BRIT (*fam*) sich *akk* streiten; ■ **to ~ about [***or* **over] sth** sich *akk* wegen einer S. *gen* streiten; ■ **to ~ with sb** sich *akk* mit jdm streiten

row³ [rəʊ, AM roʊ] **I.** *vi* rudern **II.** *vt* **to ~ a boat** ein Boot rudern; **to ~ sb across a lake/river** jdn über einen See/Fluss rudern **III.** *n usu sing* Rudern *nt kein pl;* **to go for a ~** rudern gehen

rowan ['rəʊən, AM 'roʊən] *n* Eberesche *f*

rowanberry ['rəʊənˌberi, AM 'roʊən-] *n* Vogelbeere *f*

rowboat ['rəʊbəʊt, AM 'roʊboʊt] *n* AM (*rowing boat*) Ruderboot *nt*

rowdily ['raʊdɪli] *adv* (*pej*) rowdyhaft; **to behave very ~** sich *akk* sehr rüpelhaft benehmen

rowdiness ['raʊdɪnəs] *n no pl* (*pej*) Rüpelhaftigkeit *f*

rowdy ['raʊdi] (*pej*) **I.** *adj* laut, rüpelhaft; **~ behaviour** rüpelhaftes Benehmen; **~ party** wilde Party **II.** *n* Krawallmacher *m,* Rowdy *m*

rowdyism ['raʊdiɪzᵊm] *n no pl* (*pej*) Rowdytum *nt;* (*noisy*) Randalieren *nt*

rower ['rəʊəʳ, AM 'roʊɚ] *n* Ruderer, Ruderin *m, f*

row house *n* AM (*terraced house*) Reihenhaus *nt*

rowing ['rəʊɪŋ, AM 'roʊ-] *n no pl* Rudern *nt*

rowing boat *n* BRIT Ruderboot *nt* **rowing club** *n* Ruderklub *m* **rowing machine** *n* Rudergerät *nt*

rowlock ['rɒlək, AM 'rɑː-] *n* Dolle *f*

royal ['rɔɪəl] **I.** *adj* <-er, -est> ① *inv* (*of a monarch*) königlich; **~ decree/visit** königlicher Erlass/Besuch; **~ insignia/yacht** königliche Insignien/Jacht; ~ **palace** Königspalast *m* ❷ (*fig*) fürstlich; ~ **feast** fürstliches Mahl; **to be in ~ spirits** prächtig gelaunt sein; ~ **welcome** fürstlicher Empfang ❸ *esp* AM (*fam: big*) gewaltig; ***you're a ~ pain in the butt!*** du gehst mir ganz gewaltig auf die Nerven!; **a ~ mess** eine Riesensauerei **II.** *n* (*fam*) Angehörige(r) *f(m)* der königlichen Familie

Royal Air Force *n no pl, + sing/pl vb* BRIT ■**the ~** die Königliche Luftwaffe **royal assent, Royal Assent** *n* Zustimmung *f* der Königin/des Königs, königliche Genehmigung **royal blue I.** *n* Königsblau *nt* **II.** *adj* königsblau; ~ **eyes** strahlend blaue Augen **royal family** *n + sing/pl vb* königliche Familie **royal flush** *n* CARDS Royal Flush *m* **Royal Highness** *n* **Your/His/Her ~** Eure/Seine/Ihre Königliche Hoheit

royalist ['rɔɪəlɪst] **I.** *n* Royalist(in) *m(f)* **II.** *adj* royalistisch

royal jelly *n no pl* Gelée royale *nt*

royally ['rɔɪəli] *adv* königlich

Royal Navy *n no pl, + sing/pl vb* BRIT ■**the ~** die Königliche Marine **royal pardon, Royal pardon** *n* königliche Begnadigung, Begnadigung *f* [auf Anordnung Ihrer/Seiner Majestät] **royal prerogative** *n* BRIT königliches Vorrecht **Royal Shakespeare Company** *n no pl, + sing/pl vb* ■**the ~** die Royal Shakespeare Company

Royal Society *n no pl, + sing/pl vb* ■**the ~** die Königlich Britische Akademie der Naturwissenschaften

royalty ['rɔɪəlti] *n* ❶ *no pl, + sing/pl vb* (*sovereignty*) Königshaus *nt;* **to treat sb like ~** jdn fürstlich behandeln ❷ (*money paid to an inventor*) Lizenzgebühr *f,* Patentgebühr *f;* (*to the landowner*) Nutzungsgebühr *f;* (*to a writer*) Tantiemen *fpl,* Autorenhonorar *nt;* PUBL ■**royalties** *pl* Tantiemen *pl*

royalty check AM, **royalty cheque** *n* BRIT Honorarscheck *m* **Royal Ulster Constabulary** *n no pl, + sing/pl vb* BRIT ■**the ~** *die Polizeibehörde Nordirlands*

rozzer ['rɒzəʳ] *n* BRIT (*fam*) Polyp *m fam,* Bulle *m sl*

RP [ˌɑː'piː, AM ˌɑːr-] *n no pl* LING *abbrev of* **received pronunciation** Britische Standardaussprache

RPB [ˌɑːpiː'biː, AM ˌɑːr-] *n abbrev of* **recognized professional body** anerkannter Berufsverband

RPI [ˌɑːpiː'aɪ] *n* ECON *abbrev of* **retail price index** Einzelhandelspreisindex *m*

rpm <*pl* -> [ˌɑːpiː'em, AM ˌɑːr-] *n* ❶ AUTO, AVIAT *abbrev of* **revolutions per minute** U/min ❷ *no pl* BRIT PUBL *abbrev of* **resale price maintenance**

rr *n* AM *abbrev of* **rural route** ungeteerte ländliche Strasse

RR *n* AM *abbrev of* **railroad**

RRP [ˌɑːɑː'piː] *n* BRIT PUBL *abbrev of* **recommended retail price**

RSC [ˌɑːes'siː] *n no pl, + sing/pl vb abbrev of* **Royal Shakespeare Company**: ■**the ~** die Royal Shakespeare Company

RSI [ˌɑːes'aɪ, AM ˌɑːr-] *n* MED *abbrev of* **repetitive strain injury**

RSPB [ˌɑːespiː'biː] *n no pl, + sing/pl vb* BRIT *abbrev of* **Royal Society for the Protection of Birds** Bund *m* für Vogelschutz

RSPCA [ˌɑːesˌpiːsiː'eɪ] *n no pl, + sing/pl vb* BRIT *abbrev of* **Royal Society for the Prevention of Cruelty to Animals** ≈ Tierschutzverein *m*

RSVP [ˌɑːesviː'piː, AM ˌɑːr-] *abbrev of* **répondez s'il vous plaît** u.A.w.g.

RTA [ˌɑːtiː'eɪ, AM ˌɑːr] *n* BRIT *abbrev of* **road traffic accident** Verkehrsunfall *m*

Rt Hon *adj attr, inv abbrev of* **Right Honourable**: **the ~ …** der sehr ehrenwerte …

rub [rʌb] **I.** *n* Reiben *nt kein pl;* **to give sth a ~** *hair* etw trocken rubbeln; *material* etw polieren; *bruise* etw reiben ▸ PHRASES: **to get** [*or* **have**] **the ~ of the green** Glück haben; **there's the ~** (*dated liter*) da liegt der Hase im Pfeffer **II.** *vt* <-bb-> ■**to ~ sth** etw einreiben; *furniture* etw behandeln; (*polish*) etw polieren; ■**to ~ oneself** [**up**] **against sth** sich *akk* an etw *akk* reiben; **to ~ one's eyes sleepily** sich *dat* verschlafen die Augen reiben; **to ~ one's hands together** sich *dat* die Hände reiben; **to ~ noses** die Nasen aneinander reiben; **to ~ a stain** einen Fleck wegreiben; **to ~ sth clean** etw sauber wischen; **to ~ the blackboard clean** die Tafel wischen ▸ PHRASES: **to ~ shoulders** [*or* AM **elbows**] **with sb** (*fam*) mit jdm Kontakt [*o* Umgang] haben, mit jdm in Berührung kommen; **to ~ sb** [BRIT, AUS **up**] **the wrong way** bei jdm anecken *fam* **III.** *vi* <-bb-> reiben; *shoes, collar* scheuern; ***the branches ~bed against each other in the wind*** die Äste schlugen im Wind aneinander

◆**rub along** *vi* BRIT (*fam*) ■**to ~ along** [**together**] mehr schlecht als recht [miteinander] auskommen; **to ~ along okay** [**together**] ganz gut [miteinander] auskommen

◆**rub down** *vt* **to ~ down a surface** [**with sth**] eine Fläche [mit etw *dat*] abreiben; (*clean*) eine Fläche [mit etw *dat*] abwischen; ■**to ~ down** ↔ **sb** jdn abfrottieren; **to ~ down a dog** einen Hund trocken reiben; **to ~ down a horse** ein Pferd striegeln; **to ~ sth down with sandpaper** etw mit Sandpapier abschmirgeln

◆**rub in** *vt* ❶ (*spread*) ■**to ~ sth** ↔ **in** etw einreiben ❷ (*fam: keep reminding*) ■**to ~ it in** auf etw *dat* herumreiten *fam;* ***don't ~ it in!*** jetzt reite doch nicht ständig darauf rum! ▸ PHRASES: **to ~ sb's nose in it** [*or* **the dirt**] jdm etw unter die Nase reiben *fam*

◆**rub off I.** *vi* ❶ (*become clean*) wegreiben; *stains* rausgehen; ***does this paint ~ off easily?*** lässt sich diese Farbe leicht entfernen? ❷ (*fam: affect*) ■**sth ~s off on sb** etw färbt auf jdn ab **II.** *vt* ■**to ~ off** ↔ **sth** etw wegwischen; ***there's no way to ~ this dye off my trousers, is there?*** diese Farbe kriege ich nicht mehr aus meiner Hose, oder?; **to ~ dirt off** Schmutz abreiben

◆**rub out I.** *vt* ❶ (*erase*) ■**to ~ out** ↔ **sth** etw ausradieren ❷ AM (*sl: murder*) ■**to ~ out** ↔ **sb** jdn abmurksen *sl* **II.** *vi stain* herausgehen; (*erase*) sich *akk* ausradieren lassen

rubber[1] ['rʌbəʳ, AM -ɚ] **I.** *n* ❶ *no pl* (*elastic substance*) Gummi *m o nt;* **to be made of ~** aus Gummi sein ❷ BRIT, AUS (*eraser*) Radiergummi *m* ❸ *esp* AM (*sl: condom*) Gummi *m sl* ❹ AM (*shoes*) ■**~s** *pl* Überschuhe *mpl* (*aus Gummi*), Galoschen *fpl veraltend* **II.** *n modifier* (*ball, gloves*) Gummi-; ~ **hose** Gummischlauch *m;* ~ **seal** Gummidichtung *f;* ~ **suit** Tauchanzug *m;* ~ **truncheon** Gummiknüppel *m*

rubber[2] ['rʌbəʳ, AM -ɚ] *n* CARDS Robber *m*

rubber band *n* Gummiband *nt* **rubber boot** *n* Gummistiefel *m* **rubber bullet** *n* Gummigeschoss *nt* **rubber cement** *n no pl* Gummilösung *f*

rubber check *n* AM, **rubber cheque** *n* (*sl*) FIN ungedeckter Scheck **rubber dinghy** *n* Schlauchboot *nt* **rubber industry** *n* Gummiindustrie *f*

rubberize ['rʌbəraɪz] *vt* ■**to ~ sth** etw gummieren; **~d tubing** gummierte Rohrleitung

rubberneck I. *n* Gaffer(in) *m(f) pej fam* **II.** *vi* gaffen *fam*

rubbernecker ['rʌbənekəʳ, AM 'rʌbɚnekɚ] *n* (*sl: sb who gawks*) Schaulustige(r) *f(m),* Gaffer(in) *m(f) pej* **rubber plant** *n* Gummibaum *m* **rubber plantation** *n* Kautschukplantage *f* **rubber-stamp I.** *vt* (*often pej*) ■**to ~ sth** etw genehmigen; **to ~ a decision** eine Entscheidung bestätigen; **to ~ a vacation** einen Urlaub bewilligen **II.** *n* Stempel *m;* (*fig*) Genehmigung *f;* **to put one's ~ on sth** etw bewilligen **rubber tree** *n* Kautschukbaum *m*

rubbery ['rʌbəri] *adj* ❶ (*rubber-like*) gummiartig; *meat* zäh; **to taste ~** wie Gummi schmecken ❷ (*fam: weak*) *legs* wackelig *fam*

rubbing ['rʌbɪŋ] *n no pl* ❶ (*action*) Reiben *nt;* (*polishing*) Polieren *nt;* (*using a towel*) Frottieren *nt* ❷ ART *Durchreiben eines Reliefs auf ein Blatt Papier mit Bleistift, Kreide oder Wachsmalstift*

rubbing alcohol *n no pl esp* AM, AUS (*surgical spirit*) Wundbenzin *nt*

rubbish ['rʌbɪʃ] **I.** *n no pl esp* BRIT ❶ (*waste*) Müll *m;* **to take** [*or* **put**] **the ~ out** den Müll rausbringen ❷ (*fig fam: nonsense*) Unsinn *m,* Quatsch *m fam;* ***his ideas are a load of*** [***old***] ~ seine Ideen sind völliger Schwachsinn; **to be ~** Quatsch sein; ***the film was ~*** der Film war völliger Schrott; **to talk ~** Blödsinn reden *fam* ❸ (*fam: junk*) Gerümpel *nt* **II.** *vt* BRIT, AUS (*fam*) ■**to ~ sth** etw als Unsinn abtun **III.** *adj* BRIT (*fam*) ■**to be ~ at sth** in etw *dat* sehr schlecht sein; ***I'm ~ at maths*** in Mathe bin ich eine absolute Null

rubbish bag *n* Mülltüte *f,* Müllsack *m* ÖSTERR **rubbish bin** *n* Abfalleimer *m* **rubbish chute** *n* Müllschlucker *m* **rubbish collection** *n* Müllabfuhr *f* **rubbish container** *n* Müllcontainer *m* **rubbish dump** *n* Mülldeponie *f*

rubbishy ['rʌbɪʃi] *adj esp* BRIT, AUS (*fam*) mies *fam;* ■**to be ~** Mist sein *fam;* ~ **film** mieser Film

rubble ['rʌbl] *n no pl* ❶ (*smashed rock*) Trümmer *pl;* **to reduce sth to ~** (*fig*) etw in Schutt und Asche legen ❷ (*not bricks*) Bauschutt *m;* **to fill sth with ~** etw mit Bauschutt auffüllen

rub-down *n no pl* Abreiben *nt;* **to give sb a ~** jdn abfrottieren

rube [ruːb] *n* AM (*pej fam*) Landei *nt pej fam,* Tölpel *m pej*

rubella [ruː'belə] *n no pl* MED (*spec*) Röteln *pl*

Rubicon ['ruːbɪkən] *n no pl* ■**the ~** der Rubikon ▸ PHRASES: **to cross the ~** den Rubikon überschreiten

rubicund ['ruːbɪkənd, AM -kʌnd] *adj* (*dated liter or hum*) rötlich; *complexion* rosig

ruble ['ruːbl̩] *n esp* AM *see* **rouble**

rubout ['rʌbaʊt] *n* (*sl*) Mord *m* (*im Verbrechermilieu*)

rubric ['ruːbrɪk] *n* ❶ (*form: instruction*) Anweisungen *fpl;* **under the ~** unter der Rubrik ❷ COMPUT Rubrik *f,* Überschrift *f*

ruby ['ruːbi] **I.** *n* Rubin *m* **II.** *n modifier* (*ring, necklace, bracelet*) Rubin- **III.** *adj inv* rubinrot

ruby port *n dunkelroter, nur wenige Jahre gelagerter Portwein* **ruby wedding** *n 40. Hochzeitstag*

RUC [ˌɑːjuː'siː, AM ˌɑːr-] *n no pl, + sing/pl vb abbrev of* **Royal Ulster Constabulary**

ruche [ruːʃ] *n* Rüsche *f*

ruched [ruːʃt] *adj inv* gerüscht; ~ **collar** Rüschenkragen *m*

ruck [rʌk] **I.** *n* ❶ + *sing/pl vb* (*average crowd*) die breite Masse; **to rise above the ~** sich *akk* über den Durchschnitt erheben ❷ SPORTS (*in rugby*) offenes Gedränge ❸ BRIT (*fam: brawl*) laute Auseinandersetzung ❹ (*fold*) Falte *f;* **to be caught up in ~s** sich *akk* in Falten legen **II.** *vt* ■**to ~ up** ↔ **sth** *clothes* etw [zer]knittern **III.** *vi* Falten werfen; ***this jumper continuously ~s up at the bottom*** dieser Pullover rutscht ständig hoch

rucksack ['rʌksæk] *n* BRIT Rucksack *m;* **frame ~** Rucksack *m* mit Traggestell

ruckus ['rʌkəs] *n esp* AM (*fam*) Krawall *m;* **to make a ~** Krawall machen

ruction ['rʌkʃən] *n* (*fam*) Zoff *m fam,* Streit *m*

ructions ['rʌkʃəns] *npl esp* BRIT, AUS (*fam*) Krach *m kein pl fam;* ***there'll be ~ if I'm not home by midnight*** wenn ich um Mitternacht nicht zu Hause bin, kriege ich Ärger

rudder ['rʌdəʳ, AM -ɚ] *n* [Steuer]ruder *nt*

rudderless ['rʌdələs, AM -ɚ-] *adj* ohne Ruder *präd, nach n;* (*fig*) führerlos; ~ **boat** (*also fig*) ruderloses Boot; ~ **plane** steuerloses Flugzeug

ruddiness ['rʌdinəs] *n no pl* Röte *f; of complexion* gesunde Gesichtsfarbe

ruddy ['rʌdi] **I.** *adj* ❶ (*approv: red*) rot; (*liter*) rötlich; ~ **cheeks** gerötete Wangen; ~ **complexion** rötliche Gesichtsfarbe, gesunde Röte; ~ **light** rötliches Licht ❷ *attr, inv* BRIT, AUS (*dated fam: bloody*) verdammt *sl;* ***~ hell!*** verdammt nochmal! *sl;* ***you're a ~ fool*** du bist ein verdammter Idiot **II.** *adv inv* BRIT, AUS (*dated fam: bloody*) verdammt *sl;* ***it's ~ cold*** es ist saukalt

rude [ruːd] *adj* ❶ (*impolite*) unhöflich; ***it is ~ to stare*** es ist unhöflich, zu starren; ■**to be ~ to sb** zu jdm unfreundlich sein; ~ **behaviour** unverschämtes Benehmen; ~ **gesture** unflätige Geste *geh;* **to tell a ~ joke** einen unanständigen Witz erzählen; ~ **man** Rüpel *m;* ~ **manners** ungehobelte Manieren; **to**

R

make a ~ **noise** einen fahren lassen *sl* ② *attr* (*sudden*) unerwartet; ***it was a*** ~ ***shock to us*** es war ein großer Schock für uns; ~ **awakening** böses Erwachen; ~ **surprise** böse Überraschung ③ (*liter: crude*) primitiv; ~ **shelter** notdürftige Unterkunft; ~ **tool** einfaches Werkzeug ④ *attr* (*robust*) **to be in** ~ **health** kerngesund sein

rudely [ˈruːdli] *adv* ① (*impolitely*) unhöflich; ***he pushed past me*** ~ er drängte sich rüde an mir vorbei ② (*suddenly*) unerwartet; ***the news*** ~ ***pushed her into the glare of worldwide publicity*** die Nachrichten rückten sie urplötzlich ins Licht der weltweiten Öffentlichkeit ③ (*liter: crudely*) primitiv; ~ **constructed** einfach gebaut; ~ **made** primitiv hergestellt

rudeness [ˈruːdnəs] *n no pl* ① (*impoliteness*) Unhöflichkeit *f;* (*obscenity*) Unanständigkeit *f* ② (*liter: crudeness*) Primitivität *f; of a tool* Einfachheit *f*

rudimentary [ˌruːdɪˈmentᵊri, AM -dᵊ-] *adj* (*form*) ① (*basic*) elementar; ~ **knowledge** Grundkenntnisse *pl* ② (*not highly developed*) primitiv; ~ **equipment** primitive Ausrüstung; ~ **method** einfache Methode; ~ **system** primitives System

rudiments [ˈruːdɪmənts, AM -də-] *npl* ■**the** ~ die Grundlagen *pl;* **to learn** [*or* **pick up**] **the** ~ **of sth** die Grundlagen einer S. *gen* erlernen

rue [ruː] *vt* (*liter or dated*) ■**to** ~ **sth** etw bereuen; **to** ~ **the day** [**that**] ... den Tag verwünschen, an dem ...

rueful [ˈruːfᵊl] *adj* (*liter*) reuevoll *geh;* **a** ~ **glance** ein reuiger Blick *geh*

ruefully [ˈruːfᵊli] *adv* (*liter*) reuevoll *geh*

ruff [rʌf] *n on clothing, of animal* Halskrause *f*

ruffian [ˈrʌfiən] *n* (*dated or hum*) Schlingel *m hum*

ruffle [ˈrʌfl] **I.** *vt* ① (*agitate*) ■**to** ~ **sth** etw durcheinander bringen; *hair* etw zerzausen; ***the birds*** ~***d their feathers*** [***up***] ***in alarm*** die Vögel plusterten sich beunruhigt auf; ***the strong gust*** ~***d the surface of the water*** die starke Böe kräuselte die Oberfläche des Wassers ② (*fig: upset*) ■**to** ~ **sth** etw aus der Ruhe bringen; ***nothing ever*** ~***s her self-confidence*** ihr Selbstbewusstsein lässt sich durch nichts erschüttern; **to be** [**easily**] ~**d** sich *akk* schnell aus der Ruhe bringen lassen ► PHRASES: **to** ~ **sb's feathers** [*or* **feelings**] jdn auf die Palme bringen *fam* **II.** *n* Rüsche *f;* **lace** ~**s** Spitzenrüschen *fpl*

ruffled [ˈrʌfld] *adj inv* FASHION gerüscht, mit Rüschen nach *n*

rufous [ˈruːfəs] *adj* rotbraun

rug [rʌg] *n* ① (*carpet*) Teppich *m;* **to pull the** ~ [**out**] **from under sb**['**s feet**] (*fig*) jdm den Teppich unter den Füßen wegziehen ② AM (*sl: hairpiece*) Haarteil *nt*

rugby [ˈrʌgbi] **I.** *n no pl* Rugby *nt* **II.** *n modifier* (*ball, field, shirt*) Rugby-

rugby football *n no pl* (*form*) Rugby *nt* **Rugby League** *n no pl* Rugbyliga *f* **rugby tackle** **I.** *n* *Stoppen des Ballträgers* **II.** *vt* ■**to rugby-tackle sb** jdn zu Boden werfen **Rugby Union** *n no pl* Rugbyunion *f*

rugged [ˈrʌgɪd] *adj* ① (*uneven*) *terrain, ground* uneben; *cliff, mountain, rocks* zerklüftet; *landscape, country, coast* wild ② (*robust*) kräftig; *looks, features* markant ③ (*solid*) fest; ~ **constitution** unverwüstliche Konstitution; ~ **honesty** unerschütterliche Ehrlichkeit; ~ **individualism** unbeugsamer Individualismus ④ (*difficult*) hart; ~ **climb** schwierige Kletterpartie; ~ **life** hartes Leben ⑤ (*sturdy*) kräftig; ~ **vehicle** robustes Fahrzeug

ruggedly [ˈrʌgɪdli] *adv* ① (*robustly*) markig ② (*unbendingly*) unbeugsam; ~ **honest** unerschütterlich ehrlich ③ (*sturdily*) kräftig; ~ **built** robust gebaut

ruggedness [ˈrʌgɪdnəs] *n no pl* ① (*surface*) Rauheit *f* ② (*sturdiness*) Robustheit *f* ③ (*scenery*) Unverfälschtheit *f*

rugger [ˈrʌgəʳ] *n no pl* BRIT (*fam*) Rugby *nt*

rug rat *n* (*sl*) kleine Rotznase *fam*

ruin [ˈruːɪn] **I.** *vt* (*destroy*) ■**to** ~ **sb/sth** jdn/etw zerstören; ***cheap imported goods are*** ~***ing many businesses*** durch billige Importware gehen viele Geschäfte zugrunde; **to** ~ **a child** ein Kind verderben; **to** ~ **sb's day** jdm den Tag vermiesen [*o* verderben]; **to** ~ **a dress** ein Kleid ruinieren; **to** ~ **one's eyesight** sich *dat* die Augen verderben; **to** ~ **one's future** seine Zukunft ruinieren; **to** ~ **the harvest** die Ernte kaputtmachen; **to** ~ **one's health** seine Gesundheit ruinieren; **to** ~ **sb's holiday** jdm den Urlaub verderben; **to** ~ **sb's hopes** jds Hoffnungen zunichte machen; **to** ~ **sb's plans** jds Pläne *mpl* durchkreuzen; **to** ~ **sb's reputation** jds Ruf *m* ruinieren **II.** *n* ① (*destroyed building*) Ruine *f;* **to fall into** ~**s** zu einer Ruine verfallen ② ■~**s** *pl of building* Ruinen *pl; of reputation* Reste *pl; of career, hopes* Trümmer *pl;* **the** ~**s of Carthage** die Ruinen *pl* von Karthago; **to be** [*or* **lie**] **in** ~**s** eine Ruine sein; (*after bombing, fire*) in Schutt und Asche liegen; (*fig*) zerstört sein ③ *no pl* (*bankruptcy*) Ruin *m,* AUS *nt;* **to be on the edge** [*or* **brink**] [*or* **verge**] **of** ~ am Rande des Ruins stehen; **to face** [**financial**] ~ vor dem [finanziellen] Ruin stehen ④ (*downfall*) Untergang *m;* ***alcohol was my*** ~ Alkohol hat mich zerstört; **the** ~ **of my hopes** das Ende meiner Hoffnungen; **to be on the road to** ~ sich *akk* auf dem Weg nach unten befinden; **to be** [*or* **lie**] **in/fall into** ~[**s**] vollkommen zerstört sein/werden; *see also* **rack**

ruination [ˌruːɪˈneɪʃᵊn] *n no pl* Ruin *m;* ■**to be the** ~ **of sb** jds Ruin *m* sein

ruined [ˈruːɪnd] *adj inv* ■**to be** ~ ruiniert sein; ~ **castle/house** verfallenes Schloss/Haus; **a** ~ **city** eine Stadt, die in Ruinen liegt; ~ **life** ruiniertes Leben

ruinous [ˈruːɪnəs] *adj* ruinös; ***the cost was*** ~ die Kosten waren enorm hoch; ***smoking is*** ~ ***to the health*** Rauchen schadet der Gesundheit; **to have a** ~ **effect on sth** etw zerstören

ruinously [ˈruːɪnəsli] *adv* ruinös; ~ **expensive** enorm teuer

rule [ruːl] **I.** *n* ① (*instruction*) Regel *f;* ***where in the*** ~***s does it say that?*** wo steht das?; ***those are the*** ~***s*** so sind nun mal die Regeln; ***this is a club*** ~ das ist im Klub hier so üblich; ***it is a*** ~ ***that ...*** es ist eine Regel, dass ...; **company** ~ Betriebsvorschriften *fpl;* **to know the** ~**s of a game** die Spielregeln kennen; ~**s and regulations** Regeln und Bestimmungen; **set of** ~**s** Regeln *pl;* **traffic** ~**s** Verkehrsregeln *fpl;* **to bend** [*or* **stretch**] **the** ~**s** die Regeln beugen; **to break a** ~ eine Regel brechen; **to follow** [*or* **obey**] [*or form* **observe**] **a** ~ eine Regel befolgen [*o* einhalten]; **to play** [**it**] [*or* **go**] [*or* **do things**] **by the** ~**s** sich *akk* an die Spielregeln halten; **according to the** ~**s** nach den Regeln, den Regeln entsprechend; **to be against the** ~**s** gegen die Regeln verstoßen ② *no pl* (*control*) Herrschaft *f;* **the** ~ **of law** die Rechtsstaatlichkeit; **one-party** ~ Einparteienherrschaft *f;* **the period of Fascist** ~ die faschistische Herrschaft ③ (*form or dated: measuring device*) Lineal *nt* ④ (*condition*) Regel *f;* ~ **of 72** 72er Regel ⑤ (*line*) Linie *f* ⑥ LAW (*court decision*) gerichtliche Entscheidung ► PHRASES: ~ **of thumb** Faustregel *f;* **to be the** ~ die Regel sein; **to make sth a** ~ etw zur Regel machen; **to run the** ~ **over sth** überprüfen, ob etw in Ordnung ist; **as a** [**general**] ~ normalerweise, in der Regel; *see also* **exception** **II.** *vt* ① (*govern*) ■**to** ~ **sth/sb** etw/jdn regieren; **to** ~ **a country with a rod of iron** ein Land mit eisener Faust regieren ② (*control*) ■**to** ~ **sth** etw beherrschen; ***she*** ~***s her household with an iron hand*** sie führt ihren Haushalt mit einer eisernen Hand; **to** ~ **sb's thinking** jds Denken *nt* beherrschen ③ (*draw*) **to** ~ **a line** eine Linie ziehen ④ (*decide*) ■**to** ~ **sth** (*to give an official decision*) etw entscheiden [*o* anordnen] [*o* bestimmen]; ■**to** ~ **that ...** entscheiden, dass ...; ***the courts have*** ~***d his brave action*** [***to be***] ***illegal*** die Gerichte entschieden, dass seine mutige Tat illegal war ► PHRASES: **to** ~ **the roost** der Herr im Haus sein, die Hosen anhaben *hum fam* **III.** *vi* ① (*control*) herrschen; *king, queen* regieren ② LAW ■**to** ~ **on sth** in etw *dat* entscheiden; ***only the appeal court can*** ~ ***on this point*** nur das Berufungsgericht kann in diesem Punkt entscheiden; **to** ~ **for** [*or* **in favour of**]/**against sb** zugunsten von jdm/gegen jdn entscheiden ③ ECON (*be current*) gelten ► PHRASES: **X** ~[**s**], **OK!** BRIT, AUS (*hum fam*) X ist der/die Größte!

◆**rule off** *vt* ■**to** ~ **off** ⊃ **sth** etw ausmessen; **to** ~ **off a margin** einen Rand ziehen

◆**rule out** *vt* ■**to** ~ **out** ⊃ **sth** etw ausschließen; ***we've*** ~***d him out as a suspect*** er kommt für uns als Verdächtiger nicht in Frage

rule book *n* Regelheft *nt,* Vorschriftenbuch *nt; of organization* Satzung *f* ► PHRASES: **to throw the** ~ **at sb** jdn wegen jeder Kleinigkeit kritisieren

ruled [ruːld] *adj inv* liniert; ~ **paper** liniertes Papier

ruler [ˈruːləʳ, AM -ɚ] *n* ① (*person*) Herrscher(in) *m(f);* ~ **of the country** Staatschef(in) *m(f)* ② (*device*) Lineal *nt*

ruling [ˈruːlɪŋ] **I.** *adj attr, inv* ① (*governing*) herrschend; **the** ~ **hierarchy** die vorherrschende Hierarchie; **the** ~ **party** die Regierungspartei ② (*primary*) hauptsächlich; ~ **ambition/passion** größter Wunsch/größte Leidenschaft ③ ECON *price, commodity* geltend, laufend **II.** *n* LAW Entscheidung *f;* **the final** ~ die letzt[endlich]e Entscheidung; **to give** [*or* **hand down**] **a** ~ eine Entscheidung fällen

ruling class *n + sing/pl vb,* **ruling classes** *npl* ■**the** ~ die herrschende Klasse

rum¹ [rʌm] *n* (*drink*) Rum *m*

rum² <-mm-> [rʌm] *adj* BRIT (*dated*) komisch; **a** ~ **character** ein komischer Kauz; **a** ~ **do** eine seltsame Angelegenheit

Rumania [ruˈmeɪniə, AM roʊˈ] *n no pl see* **Romania** Rumänien *nt*

rumba [ˈrʌmbə] *n* Rumba *m;* **to do** [*or* **dance**] **the** ~ Rumba tanzen; **to play a** ~ einen Rumba spielen

rumble [ˈrʌmbl] **I.** *n* ① (*sound*) Grollen *nt kein pl; of stomach* Knurren *nt;* ~**s of discontent** Anzeichen *ntpl* von Unzufriedenheit; **the** ~ **of thunder** das Grollen des Donners ② *esp* AM, AUS (*fam*) Schlägerei *f* **II.** *vi* rumpeln; *stomach* knurren; *thunder* grollen **III.** *vt* BRIT (*fam*) ■**to** ~ **sth** etw durchschauen [*o fam* auffliegen]; **to** ~ **a plot** eine Verschwörung aufdecken; **to** ~ **a scheme** einen Plan durchschauen

◆**rumble on** *vi* weiterreden; (*continue*) weitergehen

rumble seat *n* AM Notsitz *m* **rumble strip** *n* Fahrbahnschwelle *f*

rumbling [ˈrʌmblɪŋ] **I.** *n* ① (*indication*) ■~**s** *pl* [erste] Anzeichen *ntpl;* ~***s of discontent among the staff*** Anzeichen von Unzufriedenheit unter den Angestellten ② (*sound*) Grollen *nt;* **the** ~ **of distant guns** das Donnern entfernter Geschütze; **the** ~ **of thunder** das Grollen des Donners **II.** *adj inv* grollend *attr*

rumbustious [rʌmˈbʌstiəs] *adj esp* BRIT (*fam*) wild; ~ **behaviour** ungehobeltes Benehmen; ~ **child** wildes Kind

ruminant [ˈruːmɪnənt, AM -mə-] **I.** *n* ZOOL Wiederkäuer *m* **II.** *adj attr, inv* wiederkäuend; ~ **animal** Wiederkäuer *m*

ruminate [ˈruːmɪneɪt, AM -mə-] *vi* ① (*form: meditate*) ■**to** ~ **about** [*or* **over**] [*or* **on**] **sth** über etw *akk* nachgrübeln ② *cows* wiederkäuen

rumination [ˌruːmɪˈneɪʃᵊn, AM -məˈ-] *n* ① (*form: thought*) Grübelei *f;* (*thinking*) Grübeln *nt,* Nachsinnen *nt geh* ② *cows* Wiederkäuen *nt kein pl*

ruminative [ˈruːmɪnətɪv, AM -məneɪt̬ɪv] *adj* (*form*) grübelnd *attr;* ~ **look** nachdenklicher Blick

ruminatively [ˈruːmɪnətɪvli, AM məˌneɪt̬ɪv] *adv* nachdenklich

rummage [ˈrʌmɪdʒ] **I.** *vi* ■**to** ~ **through** [*or* **in**] **sth** etw durchstöbern; **to** ~ **through a drawer/sb's pockets** eine Schublade/jds Taschen *fpl* durchwühlen **II.** *n* Durchstöbern *nt;* **to have a** ~ **around** [*or* **about**] [**sth**] etw durchstöbern

rummage sale *n esp* AM Flohmarkt *m*

rummy [ˈrʌmi] *n no pl* CARDS Rommé *nt;* **to play** ~ Rommé spielen

rumor [ˈruːmɚ] AM, **rumour** [ˈruːməʳ] BRIT, AUS **I.** *n* Gerücht *nt;* ~ ***has it*** [***that***] ... es geht das Gerücht um, dass ...; **to circulate** [*or* **spread**] **a** ~ **that ...** das Gerücht verbreiten, dass ...; **to confirm/deny a** ~ ein Gerücht bestätigen/dementieren **II.** *vt* *passive* ■**sb is ~ed to be sth** jd soll Gerüchten zufolge [*o* angeblich] etw sein; ***the president is ~ed to be seriously ill*** der Präsident soll angeblich ernsthaft krank sein; ***it is ~ed that …*** es wird gemunkelt, dass …

rumored ['ru:məd] AM, **rumoured** ['ru:məd] *adj attr, inv* BRIT, AUS angebliche(r,s); ***the painting was purchased for a ~ £3m*** das Bild wurde angeblich für 3 Millionen Pfund gekauft

rumour mill *n* Gerüchteküche *f*

rumour-monger ['ru:mə,mʌŋgəʳ, AM -mə,mʌŋgə] *n* (*pej*) Gerüchtemacher(in) *m(f)*, Klatschbase *f pej*

rump [rʌmp] *n* ❶ *of an animal* Hinterbacken *fpl* ❷ (*beef*) Rumpsteak *nt* ❸ (*hum: buttocks*) Hinterteil *nt fam* ❹ (*remaining group*) Rest *m*; ***the council was reduced to a ~ of 10*** der Rat wurde auf 10 Mitglieder reduziert; **the ~ of an amount** der Restbetrag

rumpie *n short for* **rural, umpwardly-mobile professional** *junger, vom Land stammender Aufsteiger oder karrierebewußter Mensch*

rumple ['rʌmpl] *vt* ■**to ~ sth** etw zerknittern; **to ~ sb's hair** jdm das Haar zerzausen

rumpled ['rʌmpld] *adj* in Unordnung *präd*; **~ bed** zerwühltes Bett; **~ hair** zerzaustes Haar; **~ suit** zerknitterter Anzug; **to look ~** zerknittert aussehen

rump steak *n* Rumpsteak *nt*

rumpus ['rʌmpəs] *n no pl* (*fam*) Krawall *m*, Krach *m* ▸ PHRASES: **to raise** [*or* **kick up**] [*or* **cause**] **a ~** einen Heidenlärm machen

rumpus room *n* AM, AUS Spielzimmer *nt*

run [rʌn]

I. NOUN — II. INTRANSITIVE VERB — III. TRANSITIVE VERB

I. NOUN

❶ (*jog*) Lauf *m*; ***the burglar made a ~ for the door*** [*or* ***for it***] der Einbrecher nahm Reißaus *fam*; **to let the dog out for** [*or* **let the dog have**] **a ~** den Hund hinauslassen [*o* ÖSTERR *fam* äußerln führen]; **to break into a ~** zu laufen beginnen; **to go for** [*or* **do**] **a ~** laufen gehen; ***I go for*** [*or* ***do***] ***a 5 mile ~ before breakfast*** ich laufe vor dem Frühstück 5 Meilen; **to set off/come in at a ~** weg-/hereinlaufen; ***he took the ditch at a ~*** er nahm Anlauf und sprang über den Graben; (*fig*) ***with his main rival out injured, he has a clear ~ at the title*** da sein Hauptrivale verletzt ist, hat er keine Konkurrenten beim Kampf um den Titel ❷ (*journey*) Strecke *f*; ***the ~ down to the coast only takes half an hour*** man braucht nur eine halbe Stunde zur Küste; ***on the London–Glasgow ~*** auf der Strecke London–Glasgow; **to go for a ~ in the car** (*dated*) eine Spritztour machen *fam*; **bombing ~** Bombardierungsstrecke *f* ❸ (*period*) Dauer *f*; **~ of bad/good luck** Pech-/Glückssträhne *f*; **a long ~ of bad weather** eine lange Schlechtwetterperiode ❹ (*trend*) Verlauf *m*; **in the normal ~ of things** normalerweise ❺ THEAT Laufzeit *f*; ***after a short ~ on Broadway*** nach kurzer Laufzeit am Broadway; **dry** [*or* **dummy**] [*or* **practice**] **~** Generalprobe *f* ❻ (*production*) Auflage *f*; ***the company is planning a first ~ of 10,000 red teddy bears*** die Firma plant eine Anfangsproduktion von 10.000 roten Teddybären ❼ ECON (*as test*) *of a machine* Durchlauf *m*, Maschinenlauf *m*; **a cheque ~** Ausstellung von Schecks durch Computer; **a computer ~** Arbeitsgang [*o* Durchlauf] eines Computers; **test ~** Probelauf *m* ❽ *usu sing* (*demand*) Run *m*, Ansturm *m*; ***a sudden ~ on the dollar has lowered its value*** die plötzliche Nachfrage nach dem Dollar ließ den Kurs sinken; **a ~ on a bank** Ansturm auf die Bank; **a ~ on the pound** Panikverkäufe des Pfundes ❾ (*type*) Art *f*; ***their food is not the usual ~ of hotel cooking*** ihr Essen hebt sich von der üblichen Hotelküche ab ❿ (*enclosed area*) Gehege *nt*; **chicken ~** Hühnerhof *m* ⓫ SPORTS (*point*) Treffer *m*; (*sailing*) Vorwindkurs *m*; (*in cricket, baseball*) Run *m*; **to score 4 ~s** vier Treffer erzielen; **to score a home ~** einen Homerun erzielen ⓬ *esp* AM (*ladder*) Laufmasche *f* ⓭ (*fam: diarrhoea*) **to have the ~s** Dünnpfiff haben *sl* ▸ PHRASES: **to give sb a ~ for their money** jdn etw für sein Geld tun lassen; **to have a** [**good**] **~ for one's money** etw für sein Geld haben; **in the long ~** auf lange Sicht gesehen; **in the short ~** kurzfristig; **to have the ~ of sth** etw zur Verfügung haben; ***while she's away, I have the ~ of the house*** während sie weg ist, hat sie mir das Haus überlassen; **on the ~** (*escaped*) auf der Flucht; (*extremely busy*) auf Trab *fam*; ***when I am rushed in the mornings, I eat breakfast on the ~*** wenn ich morgens in Eile bin, dann esse ich mein Frühstück auf dem Weg

II. INTRANSITIVE VERB

<ran, run> ❶ (*move fast*) laufen, rennen; ***he ran up/down the hill*** er rannte den Hügel hinauf/hinunter; ***he ran along/down the street*** er rannte die Straße entlang/hinunter; ***he ran into/out of the house*** er rannte in das Haus/aus dem Haus; ***people came ~ning at the sound of shots*** Menschen kamen gelaufen, als sie Schüsse hörten; **to ~ for the bus** dem Bus nachlaufen; **to ~ for cover** schnell in Deckung gehen; **to ~ for it** sich *akk* aus dem Staub machen; **to ~ for one's life** um sein Leben rennen; **to ~ for help** um Hilfe laufen; **to ~ for the police** die Polizei benachrichtigen; **to ~ on the spot** auf der Stelle laufen; **to go ~ning** laufen gehen; ■**to ~ at sb** jdn angreifen ❷ (*operate*) fahren, verkehren; *engine* laufen; *machine* in Betrieb sein; ***are there a lot of trains ~ning between London and York?*** verkehren viele Züge zwischen London und York?; ***they had the new computer system up and ~ning within an hour*** sie hatten das neue Computerprogramm innerhalb einer Stunde installiert und am Laufen; (*fig*) ***work is ~ning smoothly at the moment*** die Arbeit geht im Moment glatt von der Hand; **to keep the economy ~ning** die Wirtschaft am Laufen halten ❸ (*travel*) laufen; (*go*) verlaufen; *ski* gleiten; ***the route ~s through the mountains*** die Strecke führt durch die Berge; ***a shiver ran down my back*** mir lief ein Schauder über den Rücken *geh*; **to ~ off the road** von der Straße abkommen; **to ~ onto the rocks** [*or* **aground**] [*or* **ashore**] auflaufen, auf Grund laufen ❹ (*grow*) *plants* sich *akk* schlingen; ***the vine ~s up the wall and along the fence*** die Weinreben schlingen sich die Wand hinauf und den Zaun entlang ❺ (*extend*) ***there's a beautiful cornice ~ning around all the ceilings*** ein wunderschönes Gesims verläuft um alle Decken ❻ (*last*) [an]dauern; ***the film ~s for two hours*** der Film dauert zwei Stunden, der Film geht zwei Stunden *fam*; ***how much longer does this course ~?*** wie lange dauert dieser Kurs noch?; ***a magazine subscription usually only ~s for one year*** ein Zeitschriftenabonnement läuft normalerweise nur ein Jahr; ***I've had that tune ~ning in my head all day*** diese Melodie geht mir schon den ganzen Tag im Kopf herum; ***this show will ~ and ~*** diese Show wird ewig laufen ❼ (*be*) ***inflation is ~ning at 10%*** die Inflationsrate beträgt 10%; (*amount to*) ■**to ~ into** [*or* **to**] **sth** sich *akk* auf etw *akk* belaufen, gehen; ***he has an income ~ning into six figures*** er hat ein Einkommen, das sich auf sechsstellige Zahlen beläuft ❽ (*flow*) fließen; ***I could feel trickles of sweat ~ning down my neck*** ich fühlte, wie mir die Schweißtropfen den Hals herunterliefen; ***their bodies were ~ning with sweat*** ihre Körper waren schweißüberströmt; ***when the sand has ~ through the egg timer, it'll be five minutes*** wenn der Sand durch die Eieruhr gelaufen ist, dann sind fünf Minuten vorbei; ***the river ~s*** [***down***] ***to the sea*** der Fluss mündet in das Meer; ***there was a strong tide/heavy sea ~ning*** die Flut/die See war hoch; ***don't cry, or your make-up will ~*** weine nicht, sonst verwischt sich dein Make-up; ***the colour of the dress has ~*** das Kleid hat abgefärbt; ***my nose is ~ning*** meine Nase läuft; ***if the paint is wet, the colours will ~ into each other*** wenn die Farbe naß ist, fließen die Farben ineinander ❾ POL (*enter an election*) kandidieren; **to ~ for President** für das Präsidentenamt kandidieren, sich *akk* für das Amt des Präsidenten bewerben; ■**to ~ against sb** gegen jdn kandidieren ❿ (*in tights*) ***oh no, my tights have ~*** oh nein, ich habe eine Laufmasche im Strumpf ⓫ (*proceed*) verlaufen; ***can you give me an idea of how the discussion ran?*** kannst du mir den Verlauf der Diskussion schildern? ⓬ NAUT fahren; **to ~ before the wind** vor dem Wind segeln ⓭ (*to be in force*) *price, value of commodity* gelten, gültig sein ▸ PHRASES: **to make sb's blood ~ cold** jds Blut *nt* in den Adern gefrieren lassen; **to ~ with blood** blutüberströmt sein; ***the streets were ~ning with blood*** in den Straßen floss überall Blut; **to ~ round** [*or* AM **around**] **in circles** sich *akk* im Kreise drehen; **to ~ in the family** in der Familie liegen; **feelings are ~ning high** die Gefühle gehen hoch; **to ~ amok** Amok laufen; **to ~ deep** ***differences between the two sides ~ deep*** die Unterschiede zwischen den beiden Seiten sind sehr groß; **to ~ dry** *river* austrocknen; **to ~ low** *supplies* [langsam] ausgehen; **to ~ short** knapp werden; **to ~ short of sth** etw nicht mehr haben; ***we're beginning to ~ short of money*** uns geht langsam das Geld aus; **to ~ wild** *animals* frei herumlaufen; *plants* wuchern; *children* alles machen dürfen; (*pej*) ***she lets her kids ~ wild*** [*or* ***~ riot***] sie setzt ihren Kindern keinerlei Grenzen; **to let one's imagination ~ wild** seiner Fantasie freien Lauf lassen

III. TRANSITIVE VERB

<ran, run> ❶ (*move fast*) **to ~ a dead heat/a mile/a race** ein totes Rennen/eine Meile/ein Rennen laufen ❷ (*enter in race*) **to ~ a candidate** einen Kandidaten aufstellen; **to ~ a horse** ein Pferd laufen lassen ❸ (*drive*) ***he ran his car into a tree last night*** er fuhr letzte Nacht mit seinem Auto gegen einen Baum; **to ~ sb home** jdn nach Hause fahren; **to ~ sb to the station** jdn zum Bahnhof bringen ❹ (*pass*) ***she ran her eyes/finger down the list*** sie ließ die Augen/den Finger über die Liste gleiten; ***~ this rope round the tree*** wickle dieses Seil um den Baum; ***she ran a vacuum cleaner over the carpet*** sie saugte den Teppich ab; **to ~ one's fingers through one's hair** sich *dat* mit den Fingern durchs Haar fahren ❺ (*operate*) ■**to ~ sth** *machine* etw bedienen; **to ~ a computer program** ein Computerprogramm laufen lassen; **to ~ the engine** den Motor laufen lassen; **to ~ additional trains** zusätzliche Züge einsetzen; **to ~ the dishwasher/washing machine** die Spülmaschine/Waschmaschine laufen lassen ❻ (*manage*) ■**to ~ sth** *business* etw leiten; *farm* etw betreiben; ***how did he end up ~ning the city?*** wie wurde er Bürgermeister der Stadt?; ***don't tell me how to ~ my life!*** erklär mir nicht, wie ich mein Leben leben soll!; ***some people ~ their lives according to the movements of the stars*** manche Leute richten ihr Leben nach dem Verlauf der Sterne aus; **to ~ a company** ein Unternehmen leiten; **to ~ a government/household** eine Regierung/einen Haushalt führen; **to ~ a store** ein Geschäft haben ❼ (*conduct*) **to ~ a course** einen Kurs anbieten; **to ~ an experiment/a test** ein Experiment/einen Test durchführen ❽ (*let flow*) ■**to ~ sth** *water* etw laufen lassen; ***he ran a little cold water into the bath*** er ließ etwas kaltes Wasser in die Badewanne laufen; **to ~** [**sb**] **a bath** [*or* **to ~ a bath** [**for sb**]] [jdm] ein Bad einlaufen lassen ❾ (*in newspaper*) **to ~ a story about sth** über etw *akk* berichten; **to ~ an article/a series** einen Artikel/eine Serie bringen *fam* ❿ (*smuggle*) ■**to ~ sth** etw schmuggeln; **to ~ sth across the border** etw über die Grenze schmuggeln ⓫ (*not heed*) **to ~ a blockade** eine Blockade durchbrechen; **to ~ a red light** eine rote Ampel überfahren ⓬ (*incur*) **to ~ a risk** ein Risiko eingehen; ***you ~ the risk when gambling of losing your entire stake*** wenn du spielst, riskierst du, deinen gesamten Einsatz zu verlieren ⓭ (*perform small tasks*) **to ~ errands** [**for sb**]

[für jdn] Botengänge machen ► PHRASES: **to let sth ~ its course** etw seinen Lauf nehmen lassen; **to ~ sb to earth** [*or* **ground**] jdn aufspüren; **to ~ one's eye over sth** etw überfliegen; **to be ~ off one's feet** alle Hände voll zu tun haben *fam;* **to ~ a fever** [*or* **temperature**] Fieber haben; **to ~ oneself into the ground** sich *akk* völlig verausgaben; **to ~ a mile** BRIT sich *akk* aus dem Staub machen *fam;* **to ~ the show** verantwortlich sein; **to ~ sb close** nur knapp von jdm geschlagen werden; **to ~ sb ragged** jdn schaffen *fam*

◆**run about** *vi see* **run around**

◆**run across** *vi* ■**to ~ across sb** jdn zufällig treffen; **to ~ across a problem** auf ein Problem stoßen

◆**run after** *vi* ■**to ~ after sb/sth** jdm/etw hinterherlaufen; ***they ran after the taxi*** sie liefen dem Taxi nach; ***she has spent her life ~ning after fame and fortune*** ihr ganzes Leben lang strebt sie schon nach Ruhm und Reichtum; ***he's always ~ning after women*** er läuft immer den Frauen hinterher

◆**run along** *vi* (*dated fam*) ■**~!** troll dich!; ***~ along now, children — go and play outside*** nun geht mal schön, Kinder – geht und spielt draußen

◆**run around** *vi* ① (*bustle*) herumrennen *fam* ② (*run freely*) herumlaufen; **to ~ around the streets** auf den Straßen herumlaufen ③ (*spend time with*) ■**to ~ around with sb** sich *akk* mit jdm herumtreiben *fam* ④ (*fam: have affair with*) ■**to ~ around with sb** etwas mit jdm haben *fam* ⑤ COMPUT, TYPO umlaufen

◆**run away** *vi* ① (*leave*) *person* weglaufen; *liquid* abfließen; ■**to ~ away from sb** jdn verlassen; **to ~ away from home** von zu Hause weglaufen ② (*avoid*) ■**to ~ away from sth** etw *dat* ausweichen; **to ~ away from a situation** einer Situation aus dem Wege gehen ③ (*leave, elope*) weglaufen; **to ~ away together** gemeinsam durchbrennen *fam;* ■**to ~ away with sb** mit jdm durchbrennen *fam* ④ (*control*) ■**to ~ away with sb** mit jdm durchgehen; ***don't let the idea of winning all that money ~ away with you*** verrenne dich bloß nicht in die Idee, dieses ganze Geld zu gewinnen ⑤ (*imagine*) **to ~ away with the idea that …** auf den Gedanken [*o* die Idee] kommen, dass … ⑥ (*fig: easily win*) ■**to ~ away with sth** etw spielend gewinnen; ***she ran away with four first prizes*** mühelos erzielte sie vier erste Preise

◆**run by** *vt* ■**to ~ sth by sb** jdm etw erzählen; ***let me ~ this by you and see what you think*** ich möchte dir das erzählen und wissen, was du denkst

◆**run down** I. *vt* ① (*fam: criticize*) ■**to ~ down** ⊂ **sb/sth** jdn/etw runtermachen *fam;* ***he's always ~ning himself down*** er macht sich immer selbst schlecht ② BRIT (*reduce*) ■**to ~ down** ⊂ **sth** etw reduzieren; **to ~ down production** die Produktion drosseln; **to ~ down one's savings** seine Ersparnisse aufwenden; **to ~ down supplies** Lieferungen einschränken ③ (*hit*) ■**to ~ down** ⊂ **sb** jdn überfahren; **to ~ down a boat** ein Boot rammen ④ (*exhaust*) ■**to ~ oneself down** sich *akk* auslaugen *fam;* ***since he took that extra job, he's really ~ himself down*** seitdem er diese zusätzliche Arbeit angenommen hat, ist er wirklich abgespannt; **to ~ down a car battery** eine Autobatterie völlig leer machen ⑤ (*find*) ■**to ~ down** ⊂ **sb/sth** jdn/etw ausfindig machen II. *vi* ① BRIT (*become reduced*) reduziert werden; ***the fishing industry is ~ning down but the government does nothing*** die Fischindustrie geht den Bach runter, aber die Regierung unternimmt nichts dagegen ② (*lose power*) *battery* leer werden

◆**run in** I. *vt* ① (*fam: arrest*) ■**to ~ in** ⊂ **sb** jdn einlochen *sl* ② BRIT, AUS (*break in*) **to ~ in an engine/a car** [*or* **to ~ an engine/a car in**] einen Motor/ein Auto einfahren II. *vi* COMPUT mit reduzierter Kraft laufen

◆**run into** *vi* ① (*hit*) ■**to ~ into sb/sth** in jdn/etw hineinrennen; ***he ran into a tree on his motorbike*** er fuhr mit seinem Motorrad gegen einen Baum; **to ~ into a car** auf ein Auto auffahren; ***the car behind ran into me*** das Auto hinter mir ist auf mich aufgefahren ② (*bump into*) ■**to ~ into sb** jdm über den Weg laufen; ■**to ~ into sth** (*fig*) auf etw *akk* stoßen; **to ~ into an ambush** in einen Hinterhalt geraten; **to ~ into debt** sich *akk* in Schulden stürzen; **to ~ into difficulties** auf Schwierigkeiten stoßen; **to ~ into opposition** auf Widerstand stoßen; **to ~ into bad weather** in schleches Wetter geraten ③ (*reach*) ***the repairs will probably ~ into thousands of pounds*** die Reparaturen werden sich wahrscheinlich auf Tausende von Pfund belaufen; ***the number of books we produce ~s into the 100,000 range*** die Anzahl der von uns produzierten Bücher geht in die Hunderttausende

◆**run off** I. *vi* ① (*fam: leave*) abhauen *fam;* ■**to ~ off with sb/sth** mit jdm/etw durchbrennen *fam;* ***my partner's ~ off with all the cash*** mein Partner hat sich mit dem ganzen Geld aus dem Staub gemacht ② (*break off*) *path, track* abbiegen; ***do you see that narrow path up there that ~s off to the left?*** siehst du den schmalen Weg da oben, der nach links abgeht? ③ (*drain*) *liquid* ablassen; **to let excess rainwater ~ off** überflüssiges Regenwasser ablaufen lassen II. *vt* ① (*produce*) ■**to ~ off** ⊂ **sth** [**for sb**] etw [für jdn] machen; **to ~ off a copy** eine Kopie herunterziehen ② (*lose weight*) **to ~ off one's pounds** [*or* **to ~ one's pounds off**] seine Pfunde [durch Laufen] abtrainieren

◆**run on** I. *vi* ① (*continue talking*) weiterreden; (*continue*) ***the game ran on for too long*** das Spiel zog sich zu lange hin; ***the list of crimes he committed ran on and on for three pages*** die Liste der Verbrechen, die er begangen hatte, umfasste drei Seiten ② (*pass by*) *time* vergehen; ***time's ~ning on — let's hurry up!*** die Zeit wird knapp – beeilen wir uns! ③ (*power with*) ■**to ~ on sth** mit etw *dat* betrieben werden ④ TYPO ohne Absatz drucken II. *vt* TYPO ■**to ~ sth ~ on** etw fortdrucken

◆**run out** I. *vi* ① (*finish*) ausgehen; ***the milk has ~ out*** die Milch ist alle; ***time/ money is ~ning out*** die Zeit/das Geld wird knapp; ■**to ~ out of sth** etw nicht mehr haben; ***I'm slowly ~ning out of patience*** langsam geht mir die Geduld aus; **to ~ out of cash/time** kein Geld/keine Zeit mehr haben; **to ~ out of food** nichts mehr zu essen haben ② (*expire*) *passport* ablaufen; *licence* auslaufen ③ (*leave*) ■**to ~ out on sb** jdn verlassen; **to ~ out on a restaurant bill** die Zeche prellen ④ SPORTS ***they ran out easy winners in the end*** zum Schluss gewannen sie doch noch problemlos ► PHRASES: **to ~ out of steam** an Schwung verlieren; ***the peace talks seem to have ~ out of steam*** aus den Friedensgesprächen scheint die Luft draußen zu sein; **sb ~s out of steam** jdm geht die Luft aus II. *vt* ① (*pass out*) **to ~ out a rope/line** [*or* **to ~ a rope/line out**] ein Seil/eine Schnur ausrollen; **to ~ out a rope to sb** jdm ein Seil zuwerfen ② (*in cricket*) ■**to ~ out** ⊂ **sb** *einen Schlagmann zum Ausscheiden bringen, während er seinen Lauf macht* ► PHRASES: **to ~ sb out of town** *esp* AM (*fam*) jdn aus der Stadt jagen

◆**run over** I. *vt* ■**to ~ over** ⊂ **sb/sth** jdn/etw überfahren II. *vi* ① (*exceed*) **to ~ over time** überziehen ② (*overflow*) *water, bath, sink* überlaufen ③ (*review*) ■**to ~ over sth** etw durchgehen; ***she quickly ran over her speech before going onstage*** vor ihrem Auftritt ging sie ihre Rede noch einmal kurz durch

◆**run past** *vt see* **run by**

◆**run through** I. *vt* ■**to ~ sb through** [**with sth**] jdn [mit etw *dat*] durchbohren II. *vi* ① (*examine*) ■**to ~ through sth** [**with sb**] etw [mit jdm] durchgehen; **to ~ through a list** eine Liste durchgehen ② (*practise*) ■**to ~ through** ⊂ **sth** etw durchspielen; **to ~ through a speech** eine Rede [noch einmal] durchgehen ③ (*exist*) ■**to ~ through sth** sich *akk* durch etw *akk* ziehen; ***melancholy ~s through all her stories*** all ihre Geschichten sind von Melancholie geprägt; ***racism ~s right through society*** Rassismus zieht sich durch alle Gesellschaftsschichten; ***the rumour ran through the town*** das Gerücht ging in der Stadt um ④ (*spend, consume*) ■**to ~ through sth** etw verbrauchen; (*use*) etw benutzen; ***he ~s through a pack of cigarettes a day*** er raucht eine Schachtel Zigaretten am Tag; **to ~ through a fortune** ein Vermögen durchbringen

◆**run to** *vi* ■**to ~ to sth** für etw *akk* ausreichen; ***I'm afraid my cooking skills don't ~ to fancy cakes and desserts*** ich glaube kaum, dass meine Kochkünste für anspruchsvolle Kuchen und Desserts ausreichen; ***the new encyclopedia ~s to several thousand pages*** die neue Enzyklopädie umfasst mehrere tausend Seiten

◆**run up** I. *vt* ① (*increase*) ■**to ~ up** ⊂ **sth** *prices* etw in die Höhe treiben; **to ~ up** ⊂ **a debt** Schulden machen; ***without realizing it, I had already ~ my debt up to £5000*** ohne dass ich es merkte, hatten sich meine Schulden bereits auf 5000 Pfund erhöht; ***she stayed two weeks at the hotel and ran up a bill which she couldn't pay*** sie blieb zwei Wochen im Hotel und hatte schließlich eine Rechnung, die sie nicht bezahlen konnte ② (*produce*) ■**to ~ up** ⊂ **sth** [**for sb**] etw [für jdn] machen; **to ~ up a dress** ein Kleid nähen ③ BRIT, AUS (*raise*) ■**to ~ up** ⊂ **sth** etw hochziehen; **to ~ up a flag** eine Fahne hissen II. *vi* ■**to ~ up against sth** auf etw *akk* stoßen; **to ~ up against opposition/problems** auf Widerstand/Probleme stoßen

◆**run with** *vi* ■**to ~ with sth** etw fortführen; ***the board has agreed to ~ with the project for 6 months*** der Vorstand hat zugestimmt, das Projekt 6 Monate weiterlaufen zu lassen

runabout *n* ① (*car*) [kleiner] Stadtflitzer *fam,* [offener] Kleinwagen [*o* Sportwagen], Roadster *m;* (*boat*) leichtes Motorboot, Rennboot *nt* ② (*tramp*) Herumtreiber(in) *m(f) pej fam,* Vagabund(in) *m(f) pej*

runaround *n no pl* (*fig*) **to get the ~** im Dunkeln [*o* Ungewissen] gelassen werden, keine klare Auskunft bekommen; **to give sb the ~** jdm keine klare Auskunft geben, jdn von Pontius zu Pilatus schicken

runaway I. *adj attr, inv* ① (*out of control*) *economy, vehicle* außer Kontrolle geraten; *prices* galoppierend ② (*escaped*) *animal, prisoner, slave* entlaufen; *horse* durchgegangen; *criminal* flüchtig; ***a mother was looking for her ~ daughter*** eine Mutter suchte nach ihrer Tochter, die von zuhause weggelaufen war; **~ child** kleiner Ausreißer/kleine Ausreißerin *fam* ③ (*enormous*) **~ success** [*or* **hit**] Riesenerfolg *m fam* II. *n* ① (*person*) Ausreißer(in) *m(f) fam* ② COMPUT Weglaufen *nt*

run-down I. *n* [ˈrʌndaʊn] ① (*report*) zusammenfassender Bericht (**of/on** über +*akk*); ***let me give you a ~ of yesterday's events*** lassen Sie mich die wichtigsten Ereignisse des gestrigen Tages zusammenfassen ② *no pl* (*reduction*) Kürzung *f;* **~ of staff** Personalabbau *m,* Stellenabbau *m* II. *adj* [ˌrʌnˈdaʊn] ① (*dilapidated*) verwahrlost, heruntergekommen *fam; building* baufällig ② (*worn out*) abgespannt; **to look ~** erledigt [*o* fertig] aussehen *fam*

rune [ruːn] *n* ① (*letter*) Rune *f* ② (*mark*) Geheimzeichen *nt* ③ (*charm*) Zauberwort *nt,* Zauberformel *f*

rung[1] [rʌŋ] *n* Sprosse *f;* (*fig*) Stufe *f fig*

rung[2] [rʌŋ] *pp of* **ring**

runic [ˈruːnɪk] *adj* ① (*of runes*) runisch, Runen-; **~ inscription** Runeninschrift *f* ② (*mysterious*) geheimnisvoll; **~ rhyme** Zauberreim *m*

run-in [ˈrʌnɪn] *n* ① (*fam: argument*) Streit *m,* Krach *m fam;* **to have a ~ with sb** Krach [*o* einen Zusammenstoß] mit jdm haben *fam* ② (*prelude*) Vorlauf *m,* Vorbereitungsphase *f;* SPORTS Einlauf *m*

runner [ˈrʌnəʳ, AM -ɚ] *n* ① (*person*) Läufer(in) *m(f);* (*horse*) Rennpferd *nt* ② AUS (*plimsoll*) Turnschuh *m* ③ (*messenger*) Bote, -in *m, f,* Laufbursche *m* ④ (*pej: smuggler*) Schmuggler(in) *m(f);* **drug ~** Drogenkurier(in) *m(f);* **gun ~** Waffenschmuggler(in) *m(f)* ⑤ (*skid*) Kufe *f;* (*rail*) Laufschiene *f* ⑥ BOT (*stem*) Ausläufer *m* ⑦ (*carpet*) Läufer *m* ⑧ LAW (*sl: criminal*) *Mitglied einer Taschendiebbande, das mit dem Diebesgut davonrennt* ► PHRASES: **to do** [*or* AM **pull**] **a ~** (*sl*) die Fliege machen *sl*

runner bean *n* BRIT Stangenbohne *f* **runner-up** *n* Zweite(r) *f(m),* Zweitplazierte(r) *f(m),* Vizemeister(in) *m(f);* **the runners-up** die weiteren Plätze; **to be the ~** den zweiten Platz belegen

running [ˈrʌnɪŋ] **I.** *n no pl* ❶ *(not walking)* Laufen *nt,* Rennen *nt;* **road ~** Laufen *nt* auf Asphalt ❷ *(management) of a business* Leitung *f; of a machine* Bedienung *f,* Überwachung *f;* ***she has control of the day-to-day ~ of the business*** sie führt die laufenden Geschäfte des Unternehmens ▸ PHRASES: **to be in/out of the ~** *(as a competitor)* mit/nicht mit im Rennen sein; *(as a candidate)* noch/nicht mehr mit im Rennen sein; **to make** [*or* **take** [**up**]] **the ~ in sth** bei etw *dat* das Rennen machen; **to put sb out of the ~** jdn aus dem Rennen werfen **II.** *adj* ❶ *after n (in a row)* nacheinander *nach n,* hintereinander *nach n;* **five days ~** fünf Tage hintereinander [*o* in Folge] ❷ *(ongoing)* [fort]laufend; **to have a ~ battle with sb** laufend [*o* andauernd] Streit mit jdm haben ❸ *(operating)* betriebsbereit; ***the machines are back to ~ condition*** die Maschinen sind wieder betriebsbereit ❹ *attr, inv (flowing)* fließend; **~ waters** fließende Gewässer

running back *n* FBALL Angriffsspieler(in) *m(f)* **running board** *n* Trittbrett *nt* **running catch** *n (baseball, cricket)* Fangen *nt* eines [geschlagenen] Balls im Lauf, im Lauf gefangener Ball; **to make a ~** einen Ball im Lauf fangen **running commentary** *n* fortlaufender Bericht, laufender Kommentar; RADIO [Rund]funkreportage *f;* RADIO, TV Live-Bericht *m,* Live-Berichterstattung *f;* **to give a ~ on** [*or* **about**] **sth** fortlaufend über etw *akk* berichten **running costs** *npl* Betriebskosten *pl,* Festkosten *pl,* laufende Kosten *pl,* allgemeine Unkosten *pl; of a car* Unterhaltskosten *pl* **running joke** *n* running Gag *m (immer wiederkehrender Scherz)* **running jump** *n* Sprung *m* mit Anlauf; **to make** [*or* **take**] **a ~** mit Anlauf springen ▸ PHRASES: **to take a ~** BRIT *(fam)* die Platte putzen *fam* **running knot** *n* NAUT Schifferknoten *m,* Laufknoten *m fachspr,* Schlippknoten *m fachspr* **running mate** *n esp* AM POL Bewerber(in) *m(f)* um die Vizepräsidentschaft **running order** *n* Sendefolge *f;* ***what is the ~ of these commercials?*** in welcher Abfolge werden diese Werbespots gesendet? **running partner** *n* Laufpartner(in) *m(f)* **running shoe** *n* Laufschuh *m* **running shorts** *npl* kurze Laufhose **running sore** *n* nässende [*o* eiternde] Wunde **running start** *n* ❶ SPORTS *(in jump)* Anlauf *m* [zum Absprung]; *(in race)* fliegender Start ❷ *(advantage)* anfänglicher Vorteil **running stitch** *n* Vorstich *m,* Heftstich *m* **running time** *n* Laufzeit *f;* ***this movie has about a 60-minute ~*** dieser Film hat eine Laufzeit von etwa 60 Minuten **running track** *n* Rennbahn *f; (with cinders)* Aschenbahn *f; (with tartan)* Tartanbahn *f* **running translation** *n* Simultanübersetzung *f* **running water** *n no pl* fließendes Wasser **running yield** *n* FIN Umlaufrendite *f*

runny [ˈrʌni] *adj nose* laufend *attr; dough, jam, sauce* dünnflüssig; ***I've got a ~ nose*** mir läuft die Nase; **~ cheese** geschmolzener Käse

run-off *n* ❶ *(in an election)* Stichwahl *f* ❷ *(in a race)* Entscheidungslauf *m,* Entscheidungsrennen *nt* ❸ *(of rainfall)* Abfluss *m; (of a blast furnace)* Abstich *m* **run-of-the-mill** *adj* durchschnittlich, mittelmäßig **run-on sentence** *n* fortlaufender Satz **run-out** *n* SPORTS Auslauf *m*

runs [rʌnz] *npl (fam)* ▪**the ~** Durchfall *m;* **to have the ~** Dünnschiss [*o* die Scheißerei] haben *derb*

runt [rʌnt] *n* ❶ *(animal) of a litter* zurückgebliebenes Jungtier, Kümmerer *m fachspr; (cattle)* Zwergochse *m,* Zwergrind *nt* ❷ *(pej sl: person)* Wicht *m pej,* Kümmerling *m pej*

run-through *n* ❶ *(examination)* Durchgehen *nt,* Überfliegen *nt;* **to give a file a ~** eine Akte durchgehen; **to have a ~ of a letter** einen Brief überfliegen ❷ *(outline)* kurze Zusammenfassung, Kurzbericht *m;* **~ of sb's medical history** zusammenfassende Krankengeschichte einer Person *gen* ❸ THEAT Durchlaufprobe *f fachspr* **run to settlement** *n* ECON Termingeschäft mit Erfüllungsfrist bis zur tatsächlichen Lieferung der Ware **run-up** *n* ❶ SPORTS Anlauf *m* [zum Absprung] ❷ *esp* BRIT *(fig: prelude)* Vorlauf *m,* Endphase *f* der Vorbereitungszeit; ***everyone is very busy during the ~ to publication*** in den letzten Tagen vor der Veröffentlichung ist jeder sehr beschäftigt; ***the debates are expected to get more and more heated as the ~ to the election gets underway*** es wird erwartet, dass die Debatten hitziger werden, je näher die Wahlen heranrücken ❸ AM *(increase)* [An]steigen *nt,* Anziehen *nt;* **~ on exchange rates/prices** Kurs-/Preisanstieg *m* **runway** *n* AVIAT Piste *f,* Start- und Landebahn *f,* Rollbahn *f;* SPORTS Anlaufbahn *f* **runway lights** *npl* Start- und Landebahnfeuer *ntpl fachspr,* Start- und Landebahnbefeuerung *kein pl fachspr*

rupee [ruːˈpiː, AM ˈruːpiː] *n* Rupie *f*

rupture [ˈrʌptʃəʳ, AM -ɚ] **I.** *vi* zerreißen, [auseinander] brechen; MED *(have hernia) person* sich *dat* einen Bruch heben; *(tear muscle)* sich *dat* einen Muskelriss zuziehen; *appendix* durchbrechen, rupturieren *fachspr; artery, blood vessel* platzen; *muscle* reißen **II.** *vt (also fig)* ▪**to ~ sth** etw zerreißen *a. fig;* **to ~ an artery/a blood vessel** eine Arterie/ein Blutgefäß zum Platzen bringen; ***I think you have ~d a blood vessel*** ich glaube, bei Ihnen ist ein Blutgefäß geplatzt; **to ~ a nation's unity** die Einheit einer Nation sprengen; **to ~ a relationship** eine Beziehung abbrechen; **to ~ ties** Bande zerreißen *liter* **III.** *n (also fig)* Zerreißen *nt a. fig,* Zerbrechen *nt a. fig,* Bruch *m a. fig;* **~ of diplomatic relations** Abbruch *m* diplomatischer Beziehungen; MED *(hernia)* Bruch *m; (torn muscle)* [Muskel]riss *m; of an artery, blood vessel* Platzen *nt;* **to give oneself a ~** *(have hernia)* sich *dat* einen Bruch heben; *(tear muscle)* sich *dat* einen Muskelriss zuziehen

ruptured [ˈrʌptʃəd, AM -ɚd] *adj (also fig)* zerrissen *a. fig,* [ab]gebrochen *a. fig; appendix* durchgebrochen; *artery, blood vessel* geplatzt; *muscle* gerissen

rural [ˈrʊərᵊl, AM ˈrʊr-] *adj* ländlich, Land-; **~ exodus/population** Landflucht *f*/-bevölkerung *f;* **~ life/tranquillity** das Leben/die Ruhe auf dem Land

rural delivery *n,* **rural free delivery** *n* AM *(dated)* Abhol- und Zustelldienst *m* auf dem Land

ruse [ruːz] *n* List *f,* Kniff *m,* Kunstgriff *m*

rush¹ [rʌʃ] *n* BOT Binse *f;* **~ mat** Binsenmatte *f;* **to not be worth a ~** *(fig, pej)* keinen Pfifferling wert sein *pej fam*

rush² [rʌʃ] **I.** *n* ❶ *(hurry)* Eile *f;* ***slow down! what's the ~?*** mach langsam! wozu die Eile?; **to be in a ~** in Eile sein, es eilig haben; **to leave in a ~** sich *akk* eilig auf den Weg machen ❷ *(rapid movement)* Losstürzen *nt,* Losstürmen *nt,* Ansturm *m* (**for** auf +*akk*); *(press)* Gedränge *nt,* Gewühl *nt; (demand)* lebhafter Andrang, stürmische [*o* rege] Nachfrage; ***at the outbreak of the fire there was a mad ~ for the emergency exits*** als das Feuer ausbrach, stürmte alles wie wild auf die Notausgänge zu; ***I hate driving during the afternoon ~*** ich hasse das Autofahren im nachmittäglichen Verkehrsgewühl; ***there's been a ~ for tickets*** es gab eine stürmische Nachfrage nach Karten; **the Christmas ~** der Weihnachtstrubel; **~ of customers** Kundenandrang *m;* **to make a ~ at sb** sich *akk* auf jdn stürzen ❸ *(also fig: surge)* Schwall *m,* Woge *f; of emotions* [plötzliche] Anwandlung, Anfall *m;* ***the memory of who he was came back to him with a ~*** mit einem Schlag fiel ihm wieder ein, wer er war; ***she became light-headed as a result of a sudden ~ of blood to the head*** ihr wurde schwindlig, nachdem ihr auf einmal das Blut in den Kopf geschossen war; **a ~ of air** ein Luftstoß *m;* **a ~ of dizziness** ein Schwindelanfall; **a ~ of sympathy** eine Woge des Mitgefühls; **a ~ of tears** ein plötzlicher Tränenausbruch; **a ~ of water** ein Wasserschwall ❹ *(migration)* **gold ~** Goldrausch *m* ❺ *(in Am football)* Lauf[spiel]angriff *m,* Durchbruchsversuch *m,* Durchstoßversuch *m* **II.** *vi* ❶ *(hurry)* eilen, hetzen; ***stop ~ing!*** hör auf zu hetzen!; ***she's ~ing to help the others*** sie eilt den anderen zu Hilfe; ***we ~ed to buy tickets for the show*** wir besorgten uns umgehend Karten für die Show; ***we shouldn't ~ to blame them*** wir sollten sie nicht voreilig beschuldigen; ▪**to ~ about** [*or* **around**] herumhetzen; ▪**to ~ in** hineinstürmen, hineinstürzen; **to ~ into sb's mind** *(fig)* jdm plötzlich in den Sinn kommen [*o* durch den Kopf schießen]; ▪**to ~ out** hinauseilen, hinausstürzen; *water* herausschießen; ▪**to ~ through sth** *work* etw eilig [*o* hastig] erledigen; ▪**to ~ towards sb** auf jdn zueilen [*o* zustürzen]; **to ~ up the hill/the stairs** den Berg/die Treppe hinaufeilen; **to ~ into sb's mind** jdm plötzlich in den Sinn kommen [*o* durch den Kopf schießen] ❷ *(hurry into)* ▪**to ~ into sth** *decision, project* etw überstürzen [*o* übereilen]; ***we shouldn't ~ into things*** wir sollten die Dinge nicht überstürzen; **to ~ into a marriage** überstürzt heiraten; **to ~ into a war** einen Krieg vom Zaun brechen ❸ *(in Am football)* einen Lauf[spiel]angriff [*o* Durchbruchsversuch] unternehmen; ***he has ~ed for over 100 yards*** er hat den Ball über 100 Yards im Lauf nach vorn getragen **III.** *vt* ❶ *(send quickly)* ▪**to ~ sb/sth** [**to a place**] jdn/etw schnell [an einen Ort] bringen; ***she was ~ed to hospital*** sie wurde auf schnellstem Weg ins Krankenhaus gebracht; ***the United Nations has ~ed food to the famine zone*** die Vereinten Nationen haben eilends Lebensmittel in die Hungerregion geschickt ❷ *(pressure)* ▪**to ~ sb** [**into sth**] jdn [zu etw *dat*] treiben [*o* drängen]; ***they tried to ~ me into joining*** sie versuchten, mich zu einem schnellen Beitritt zu bewegen; ***he ~ed her into marrying him*** er drängte sie zu einer schnellen Heirat; ***don't ~ me!*** dräng mich nicht! ❸ *(do hurriedly)* **to ~ one's food** [*or* **supper**] das Essen hinunterschlingen, hastig essen; **to ~ a job** eine Arbeit hastig [*o* in aller Eile] erledigen; ***let's not ~ things*** lass uns nichts überstürzen; ▪**to ~ sth through** [**sth**] etw schnell [durch etw *akk*] durchbringen; ***the new government ~ed several bills through Parliament*** die neue Regierung peitschte mehrere Gesetzesvorlagen durch das Parlament ❹ *(charge)* ▪**to ~ sb** sich *akk* auf jdn stürzen, über jdn herfallen; ▪**to ~ sth** etw stürmen; **to ~ the enemy's defences** die feindlichen Verteidigungsstellungen stürmen; **to ~ the stage** auf die Bühne stürmen ❺ BRIT *(sl: overcharge)* ▪**to ~ sb** jdn schröpfen [*o* neppen] *fam;* ***how much did they ~ you for that?*** wie viel haben sie dir dafür abgeknöpft? *fam* ▸ PHRASES: **to** [**not**] **~ one's fences** BRIT die Sache [nicht] überstürzen

◆**rush in** *vi* vorschnell handeln; **to ~ in with solutions** vorschnell Lösungen präsentieren ▸ PHRASES: **fools ~ in** [**where angels fear to tread**] *(prov)* blinder Eifer schadet nur *prov*

◆**rush out** *vt* ▪**to ~ out** ↻ **sth** etw schnell auf den Markt bringen

rushed [rʌʃt] *adj* gehetzt; **~ decisions** übereilte Entscheidungen

rush hour *n* Hauptverkehrszeit *f* **rush-hour commute** *n* Pendeln *nt* im Berufsverkehr **rush-hour traffic** *n no pl* Berufsverkehr *m,* Stoßverkehr *m*

rushing [ˈrʌʃɪŋ] *adj inv* dahineilend *attr;* **~ river** reißender Fluss; **~ wind** brausender Wind

rushing game *n (in Am football)* Laufspiel *nt,* Durchbruch *m,* Durchstoß *m*

rush job *n* eilige Arbeit [*o* Sache]; ***the book was a bit of a ~*** das Buch wurde etwas schnell zusammengeschrieben *fam* **rushlight** *n* HIST *Kerze aus in Talg getauchtes Binsenmark* **rush order** *n* Eilauftrag *m*

rusk [rʌsk] *n* ❶ *(crisp bread)* Zwieback *m* ❷ *(cake)* Sandkuchen *m*

russet [ˈrʌsɪt] **I.** *n* [rostbrauner] Winterapfel *m,* Boskop *m,* berosteter Apfel *fachspr* **II.** *adj (esp liter)* rotbraun, gelbbraun, rotgelb **III.** *n no pl* Rotbraun *nt,* Gelbbraun *nt,* Rotgelb *nt*

Russia [ˈrʌʃə] *n* Russland *nt*

Russian [ˈrʌʃᵊn] **I.** *adj* russisch **II.** *n* ❶ *(person)* Russe, -in *m, f* ❷ *(language)* Russisch *nt*

Russian dressing *n no pl* altrussische Salatsoße **Russian roulette** *n no pl* russisches Roulette **Russian salad** *n* Russischer Salat

rust [rʌst] **I.** *n no pl* ❶ *(decay)* Rost *m* ❷ *(colour)*

R

Rostbraun *nt* ❸ BOT, HORT Rost *m,* Brand *m* **II.** *vi* rosten; ■**to ~ away/through** ver-/durchrosten **III.** *vt* ■**to ~ sth** etw rostig machen [*o* rosten lassen]; (*fig*) etw einrosten lassen *fig*

rust-colored AM, **rust-coloured** *adj* rostfarben

rustic ['rʌstɪk] *adj* ❶ (*of the country*) ländlich, rustikal; **to give sth a ~ appearance** etw *dat* ein rustikales Aussehen verleihen; **~ furniture** Bauernmöbel *pl* ❷ (*simple*) grob [zusammen]gezimmert; (*fig*) schlicht, einfach; **~ finish** schlichte Ausführung

rusticity [rʌs'tɪsəti, AM -əṭi] *n no pl* ❶ (*of the country*) Ländlichkeit *f,* ländlicher Charakter ❷ (*simplicity*) Einfachheit *f,* Schlichtheit *f*

rustiness ['rʌstɪnəs] *n no pl* Rostigkeit *f;* (*fig*) Eingerostetsein *nt;* ***I struggled in Italy because of the ~ of my Italian*** in Italien hatte ich mit meinem Italienisch Schwierigkeiten, da ich ganz aus der Übung war; ***some more workout will help you to combat ~*** gegen deine eingerosteten Glieder hilft dir etwas mehr Konditionstraining

rustle ['rʌsl] **I.** *vi* ❶ (*make sound*) *leaves, paper* rascheln; *silk* rauschen, knistern ❷ LAW (*steal*) Vieh *nt* stehlen **II.** *vt* ■**to ~ sth** ❶ (*make noise*) **to ~ paper** mit Papier rascheln, Papier rascheln lassen ❷ *esp* AM, AUS (*steal*) **to ~ cattle/horses/sheep** Vieh/Pferde/Schafe stehlen **III.** *n of paper, leaves* Rascheln *nt; of silk* Rauschen *nt,* Knistern *nt*

◆**rustle up** *vt* (*fam*) ■**to ~ up ⊂ sth** ❶ (*prepare*) *beverage, meal* etw schnell [*o fam* mal eben] machen; ***I'll ~ up a salad for your supper*** ich mach' dir schnell einen Salat zum Abendessen ❷ (*gather*) etw auftreiben [*o* organisieren] *fam;* **to ~ up some wood for a fire** etwas Holz für ein Feuer auftreiben; **to ~ up votes** Stimmen zusammenkriegen *fam*

rustler ['rʌslə^r, AM -ələ-] *n esp* AM, AUS Viehdieb(in) *m(f);* **cattle ~** Rinderdieb(in) *m(f);* BRIT *also* **sheep ~** Schafdieb(in) *m(f)*

rustling ['rʌslɪŋ] **I.** *n* ❶ (*noise*) *of paper, leaves* Rascheln *nt; of silk* Rauschen *nt,* Knistern *nt* ❷ (*stealing*) [Vieh]diebstahl *m* **II.** *adj inv leaves, paper* raschelnd *attr; silk* rauschend *attr;* knisternd *attr;* **to make a ~ noise** (*paper*) rascheln; (*silk*) rauschen, knistern

rustproof **I.** *adj inv* rostbeständig; **~ coating** Rostschutzanstrich *m;* **~ paint** Rostschutzfarbe *f* **II.** *vt* ■**to ~ sth** etw rostbeständig machen

rusty ['rʌsti] *adj* ❶ (*covered in rust*) rostig, verrostet ❷ (*fig: out of practice*) eingerostet *fig;* **to be/get ~** [ganz] aus der Übung sein/kommen; ***my Spanish is a bit ~*** ich bin mit meinem Spanisch etwas aus der Übung

rut¹ [rʌt] *n* [Rad]spur *f,* [Wagen]spur *f;* (*furrow*) Furche *f;* (*fig*) ausgefahrenes [*o* altes] Gleis *fig,* Trott *m fig;* **to make** [*or* **wear**] **a ~** [**in sth**] (*vehicle*) [auf etw *dat*] eine [Rad]spur [*o* [Wagen]spur] hinterlassen; (*plough*) [in etw *akk*] eine Furche machen ▶ PHRASES: **to <u>be</u>** [**stuck**] **in a ~** in einen [immer gleichen] Trott geraten sein, sich *akk* in ausgefahrenen Gleisen bewegen; ***the company is in a ~*** die Firma geht ausgetretene Wege; ***I feel I'm*** [***stuck***] ***in a ~*** ich habe das Gefühl, in einer Tretmühle zu sein; **to <u>get</u> into a ~** in einen immer gleichen Trott geraten [*o* verfallen]; **to <u>get</u> out of a ~** aus einem immer gleichen Trott herauskommen

rut² [rʌt] *n no pl* Brunst *f;* HUNT Brunft *f;* **to be in ~** brunsten, brünstig sein; HUNT brunften, brünftig sein

rutabaga [ˌruːṭə'beɪgə] *n* AM Steckrübe *f,* Kohlrübe *f*

ruthless ['ruːθləs] *adj cold, punishment* unbarmherzig; *remark, treatment* mitleid[s]los; *dictatorship, fight* erbarmungslos, gnadenlos; *action, behaviour* rücksichtslos, skrupellos; *criticism* schonungslos; *decision, measure* hart; **to be ~ in enforcing the law** das Gesetz unbarmherzig [*o* gnadenlos] durchsetzen; **to be ~ in shortening a text** einen Text erbarmungslos [*o* ohne Rücksicht auf Verluste] kürzen *hum*

ruthlessly ['ruːθləsli] *adv* unbarmherzig, erbarmungslos; ***the kidnapper acted ~*** der Kidnapper ging skrupellos vor; **to criticize sb ~** jdn schonungslos kritisieren

ruthlessness ['ruːθləsnəs] *n no pl of a person* Unbarmherzigkeit *f,* Erbarmungslosigkeit *f; of sb's behaviour* Rücksichtslosigkeit *f; of an action* Skrupellosigkeit *f*

rutted ['rʌtɪd, AM -ṭɪd] *adj inv field* durchfurcht; *road, track* ausgefahren

rutting ['rʌtɪŋ, AM -ṭɪŋ] *adj inv* brünstig, Brunst-; HUNT brünftig, Brunft-; **~ season** Brunstzeit *f;* HUNT Brunftzeit *f;* **~ stags** Brunfthirsche *mpl*

RV [ˌɑːr'viː] *n* AM *abbrev of* **recreational vehicle**

Rwanda [ru'wændə, AM -'ɑːn-] *n* Ruanda *nt*

Rwandan [ru'wændən, AM -'ɑːn-] **I.** *n* Ruander(in) *m(f)* **II.** *adj* ruandisch

Rx [ˌɑː'reks, AM ˌɑːr'-] *n* AM, AUS *abbrev of* **prescription**

rye¹ [raɪ] *n no pl* Roggen *m*

rye² [raɪ] *n* ❶ *short for* **rye whiskey** Roggenwhiskey *m* ❷ *short for* **rye bread** Roggenbrot *nt*

rye bread *n no pl* Roggenbrot *nt* **rye flour** *n no pl* Roggenmehl *nt* **ryegrass** *n* Raigras *nt,* Raygras *nt,* Weidelgras *nt* **rye whiskey** *n* Roggenwhiskey *m*

S

S <*pl* 's>, **s** <*pl* 's *or* -s> [es] *n* S *nt,* s *nt;* **~ for** [*or* AM *also* **as in**] **Sugar** S für Samuel; *see also* **A 1.**

S **I.** *n no pl* ❶ GEOG *abbrev of* **south** S ❷ AM SCH, UNIV *abbrev of* **satisfactory** **II.** *adj* ❶ GEOG *abbrev of* **south, southern** S ❷ FASHION *abbrev of* **small** S

s <*pl* -> *abbrev of* **second** s, sek., Sek.

-'s **I.** *in compounds* ❶ (*plural form*) **seven 6's** sieben Sechsen; **a line of m's** eine Zeile m; **the 40's** die 40er ❷ (*possessive genitive*) **the cat's tail** der Schwanz der Katze; **today's paper** die Zeitung von heute ❸ (*local genitive*) ***the boys are at Alison's*** die Jungs sind bei Alison; **at the greengrocer's** beim Gemüsehändler **II.** (*fam*) ❶ (*is*) ***Bernard's not here today*** Bernard ist heute nicht da ❷ (*has*) ***she's gone home*** sie ist nach Hause gegangen ❸ (*fam: does*) ***what's he think of the new car?*** was hält er von dem neuen Auto? ❹ (*us*) ***let's go*** gehen wir

SA [ˌes'eɪ] **I.** *n no pl abbrev of* **South Africa** Südafrika *nt* **II.** *adj attr, inv abbrev of* **South African** südafrikanisch

sabbatarian [ˌsæbə'teəriən, AM 'teri] **I.** *n* Sabbatarier(in) *m(f),* Sabbatist(in) *m(f)* **II.** *adj inv* **he is a ~** ***lay preacher*** er ist ein Leienprediger und Sabbatist

Sabbath ['sæbəθ] *n* Sabbat *m;* **to break/observe** [*or* **keep**] **the ~** den Sabbat entheiligen/heiligen

sabbatical [sə'bætɪkəl, AM -'bæṭ-] **I.** *n* UNIV [einjährige] Freistellung, [einjähriger] Forschungsurlaub, Sabbatjahr *nt;* **to take a ~** sich *akk* [für ein Jahr] freistellen lassen, einen [einjährigen] Forschungsurlaub nehmen; **to have a** [*or* **be on**] **~** [für ein Jahr] freigestellt sein, einen [einjährigen] Forschungsurlaub haben **II.** *adj inv* ❶ REL Sabbat- ❷ UNIV **~ term** Freisemester *nt,* Forschungssemester *nt*

sabbatical leave *n no pl* UNIV Freistellung *f,* Forschungsurlaub *m;* **to be on ~** freigestellt sein, einen Forschungsurlaub haben **sabbatical year** *n* ❶ REL Sabbatjahr *nt,* Ruhejahr *nt* ❷ UNIV [einjährige] Freistellung, Forschungsjahr *nt,* Sabbatjahr *nt*

saber *n* AM *see* **sabre**

Sabin vaccine [ˌseɪbɪn'-] *n* Sabinscher Impfstoff, Poliomyelitis-Impfstoff *m*

sable ['seɪbl] **I.** *n no pl* ❶ ZOOL Zobel *m;* (*marten*) [Fichten]marder *m* ❷ (*fur*) Zobel *m,* Zobelfell *nt* ❸ (*clothing*) Zobelpelz *m* **II.** *n modifier* (*farm, fur, stole*) Zobel-

sabotage ['sæbətɑː(d)ʒ, AM -tɑːʒ] **I.** *vt* ■**to ~ sth** etw sabotieren; **to ~ a ceasefire** eine Waffenruhe sabotieren [*o* [gezielt] zu vereiteln suchen]; **to ~ sb's chances of success** jds Erfolgsaussichten zunichte machen; **to ~ efforts/plans** Versuche/Pläne sabotieren [*o* [gezielt] hintertreiben]; **to ~ a facility/a nuclear power station** einen Sabotageakt [*o* Anschlag] auf eine Einrichtung/ein Atomkraftwerk verüben; **to ~ machinery** Maschinen [durch Beschädigung] lahm legen **II.** *n* Sabotage *f;* **act of ~** Sabotageakt *m;* **economic/industrial ~** Wirtschafts-/Industriesabotage *f;* **to commit ~** Sabotage begehen

saboteur [ˌsæbə'tɜː^r, AM -'tɜːr] *n* Saboteur(in) *m(f)*

sabre ['seɪbə^r, AM -ə-] **I.** *n esp* BRIT, AUS ❶ (*sword*) Säbel *m* ❷ SPORTS Säbel *m* **II.** *adj* SPORTS Säbel-; **~ event** Säbelfechtkampf *m;* **~ fencing** Säbelfechten *nt*

sabre-rattling *n* (*pej*) Säbelrasseln *nt pej* **sabre saw** *n esp* AM [tragbare elektrische] Stichsäge **sabre-toothed cat** *n,* **sabre-toothed tiger** *n* Säbelzahntiger *m*

sac [sæk] *n* BOT, ZOOL Beutel *f,* Sack *m;* **air ~** Luftsack *m;* **amniotic ~** Fruchtblase *f;* **lachrymal ~** Tränensack *m;* **synovial ~** Schleimbeutel *m*

saccharin ['sækərɪn] *n no pl* Saccharin *nt,* Süßstoff *m*

saccharine ['sækəraɪn, -ɪn, AM -ərɪn, -əraɪn] *adj* Saccharin-; (*fig, pej*) süßlich *fig, pej; love story* schwülstig; *poem* honigsüß; *song* schmalzig

sacerdotal [ˌsæsə'dəʊtəl, AM ə'doʊt] *adj inv* REL priesterlich, Priester-

sachet ['sæʃeɪ, AM sæʃ'eɪ] *n* [kleiner] Beutel, [kleines] Kissen; **potpourri ~** Duftkissen *nt;* **free ~ of shampoo** Probepäckchen *nt* Shampoo; **~ of sugar** Zuckertütchen *nt*

sack¹ [sæk] **I.** *n* ❶ (*bag*) Beutel *m,* Tüte *f;* **paper ~** Papiertüte *f;* **plastic ~** Plastikbeutel *m,* Plastiktragetasche *f* ❷ *no pl* AM, AUS (*fam: bed*) **to be bad/good in the ~** schlecht/gut im Bett sein *fam;* **to jump into** [*or* **hit**] **the ~** sich *akk* in die Falle hauen *fam* ❸ *no pl* (*dismissal*) Laufpass *m fam;* **to get the ~** rausgeschmissen [*o* an die Luft gesetzt] werden *fam,* rausfliegen *fam;* **to give sb the ~** jdn rausschmeißen [*o* an die Luft setzen] *fam* **II.** *vt* ■**to ~ sb** jdn rausschmeißen [*o* an die Luft setzen] *fam*

sack² [sæk] **I.** *n no pl* Plünderung *f;* **the ~ of Rome** die Plünderung Roms **II.** *vt* ■**to ~ sth** etw plündern

◆**sack out** *vi* AM, CAN (*fam: go to sleep*) sich *akk* in die Falle hauen *fam;* (*fall asleep*) einpennen *fam*

sackcloth *n no pl* Sackleinen *nt,* Sackleinwand *f* ▶ PHRASES: **to be in** [*or* **wear**] [*or* **go around in**] **~ and <u>ashes</u>** in Sack und Asche gehen **sackful** *n* Sack *m kein pl;* **three ~s of apples** drei Sack Äpfel; **a whole ~ of news** (*fig*) ein ganzer Sack voll Neuigkeiten

sacking ['sækɪŋ] *n* ❶ *no pl* (*material*) Sackleinen *nt* ❷ (*dismissal*) Entlassung *f,* Rausschmiss *m fam;* **mass ~** Massenentlassung *f* ❸ (*looting*) Plünderung *f*

sackload *n* Sack *m kein pl;* **two ~s of cement** drei Sack Zement; **a whole ~ of surprises** (*fig*) ein ganzer Sack voll Überraschungen; *see also* **sackful**

sack race *n* Sackhüpfen *nt*

sacral ['seɪkrəl] *adj inv* ❶ ANAT Sakral- ❷ REL sakral

sacral vertebra *n* ANAT Kreuzbeinwirbel *m,* Sakralwirbel *m fachspr*

sacrament ['sækrəmənt] *n* REL Sakrament *nt;* ■**the ~** (*in Roman Catholic Church*) die [heilige] Kommunion; (*in Protestant Church*) das [heilige] Abendmahl; **to take** [*or* **receive**] **the ~** die [heilige] Kommunion [*o* das [heilige] Abendmahl] empfangen

sacramental [ˌsækrə'mentəl, AM -ṭəl] *adj* sakramental; **~ wine** liturgisch geweihter [*o fachspr* konsekrierter] Wein; (*in Roman Catholic Church*) Messwein *m*

sacred ['seɪkrɪd] *adj* ❶ (*holy*) *place* heilig; *tradition* geheiligt ❷ (*pertaining to religion*) *poetry, music* geistlich, sakral *geh,* Kirchen- ❸ (*venerable*) ehrwürdig; **~ memory** ehrendes Andenken [*o* Gedenken] ❹ (*solemnly binding*) *duty* heilig; **~ promise** feierliches Versprechen; ***you have my ~ promise — I will always remain faithful to you*** ich verspreche dir hoch und heilig – ich werde dir immer treu sein; **to hold a promise ~** ein Versprechen als absolut bindend ansehen ❺ (*inviolable*) *right* unverletzlich; *promise* unverbrüchlich ❻ (*also hum: sacrosanct*) heilig *a. hum,* unantastbar; ***his daily routine is absolutely ~ to him*** seine tägliche

Routine ist ihm absolut heilig; ***he holds nothing ~*** ihm ist nichts heilig
sacred cow *n* (*fig, also pej*) heilige Kuh *fig, a. pej*
sacredness ['seɪkrɪdnəs] *n no pl* Heiligkeit *f*
sacrifice ['sækrɪfaɪs, AM -rə-] **I.** *vt* ❶ (*kill*) ■**to ~ sb/sth [to sb]** jdn/etw [jdm] opfern; **to ~ people to the gods** den Göttern Menschenopfer [dar]bringen; (*fig*) ***our company risks sacrificing its good will on the altar of profit*** unsere Firma läuft Gefahr, ihren guten Ruf auf dem Altar des Profits zu opfern ❷ (*give up*) ■**to ~ sth [for sb]** etw [für jdn] opfern [*o* aufgeben]; ***many women ~ promising careers for their family*** viele Frauen geben ihrer Familie zuliebe eine viel versprechende Karriere auf; **to ~ a knight** CHESS einen Springer opfern; **to ~ one's free time** seine Freizeit opfern **II.** *vi* **to ~ to the gods** den Göttern opfern [*o* Opfer bringen] **III.** *n* ❶ (*offering to a god*) Opfer *nt* ❷ (*sth given up*) Opfer *nt;* **at great personal ~** unter großem persönlichen Verzicht [*o* großen persönlichen Opfern]; **to make ~s** Opfer bringen, Verzicht leisten ► PHRASES: **to make the ultimate** [*or* **supreme**] **~ for sb/sth** für jdn/etw das höchste Opfer bringen [*o* sein Leben geben]
sacrificial [ˌsækrɪ'fɪʃᵊl, AM -rə'-] *adj inv* Opfer-; **~ rites** Opferriten *mpl*
sacrificial lamb *n,* **sacrificial victim** *n* (*also fig*) Opferlamm *nt a. fig;* **to make sb a ~** jdn zum Opferlamm machen
sacrificially [ˌsækrɪ'fɪʃᵊli, AM -rə'-] *adv inv* als Opfer; **to kill sb/an animal ~** jdn/ein Tier als Opfergabe töten; **to offer sb/an animal ~** jdn/ein Tier als Opfer darbringen
sacrilege ['sækrɪlɪdʒ, AM -rə-] *n* Sakrileg *nt geh,* Entweihung *f,* Frevel *m;* (*fig*) Verbrechen *nt fig;* ***it would be a ~ to put a neon sign on that beautiful old building*** es wäre ein Verbrechen, an diesem schönen alten Gebäude eine Leuchtreklame anzubringen; **to consider sth ~** etw als ein Sakrileg betrachten
sacrilegious [ˌsækrɪ'lɪdʒəs, AM -rə'-] *adj* frevelhaft, gotteslästerlich, sakrilegisch *geh;* (*fig*) verbrecherisch, verwerflich; ***killing innocent people is ~*** es ist ein Verbrechen, unschuldige Menschen zu töten; **~ act** frevelhafte Tat
sacrilegiously [ˌsækrɪ'lɪdʒəsli, AM -rə'-] *adv* frevelhaft, frevlerisch, gotteslästerlich; (*fig*) verbrecherisch, schändlich; **to act ~** schändlich [*o* verbrecherisch] handeln
sacristan ['sækrɪstᵊn] *n* REL Sakristan *m,* Küster *m,* Kirchendiener *m*
sacristy ['sækrɪsti] *n* Sakristei *f*
sacrosanct ['sækrə(ʊ)sæŋ(k)t, AM -roʊ-] *adj* (*esp hum*) sakrosankt *geh,* hochheilig *meist hum; principle* geheiligt *meist hum; right, treaty* unverletzlich; ***my weekends are ~*** meine Wochenenden sind mir heilig
sacrum ['seɪkrəm] *n* Kreuzbein *nt,* Sakrum *nt fachspr*
SAD *n abbrev of* **seasonal affective disorder** jahreszeitlich bedingte Depression
sad <-dd-> [sæd] *adj* ❶ (*unhappy*) traurig, betrübt, bekümmert; ***they were ~ to hear that you were sick*** es machte sie traurig, zu hören, dass du krank seist; ***the old lady felt ~ because her pet had died*** die alte Dame war traurig, weil ihr Haustier gestorben war; **to look ~** betrübt aussehen; **to make sb ~** jdn betrüben [*o* traurig machen] ❷ (*unsatisfactory*) traurig, bedauerlich, schade; ***it's so ~ [that] you can't remember his address*** es ist jammerschade, dass du dich nicht an seine Adresse erinnern kannst; ***it's a ~ comment on our society that many old people die of cold each winter*** es ist ein Armutszeugnis für unsere Gesellschaft, dass jeden Winter viele alte Menschen den Kältetod sterben; ***the ~ fact is we cannot afford a new car*** die traurige Tatsache ist, dass wir uns kein neues Auto leisten können; **~ to say** bedauerlicherweise ❸ (*depressing*) *news* traurig; *incident* betrüblich; *weather* trist ❹ (*deplorable*) bedauernswert, bemitleidenswert, beklagenswert, bedauerlich; (*hum, pej*) jämmerlich, erbärmlich, elend; ***he's a ~ case*** er ist ein bedauernswerter Fall; ***give those flowers some water — they're looking a bit ~*** gib den Blumen da etwas Wasser – sie sehen etwas mitgenommen aus; **what a ~ person — still living with his parents at the age of 45** was für ein Jammerlappen – lebt mit 45 Jahren immer noch bei seinen Eltern; **a ~ relaxation of morals** eine beklagenswerte Lockerung der Sitten ► PHRASES: **to be ~der but wiser** (*saying*) durch Schaden klug geworden sein
sadden ['sædᵊn] *vt usu passive* ■**to ~ sb** jdn traurig machen [*o* betrüben]; ***it ~s me to think that we'll never see her again*** der Gedanke, sie nie wiederzusehen, stimmt mich traurig; **to be deeply ~ed** tieftraurig [*o* zutiefst betrübt] sein
saddle ['sædl] **I.** *n* ❶ (*seat*) Sattel *m;* **to be in the ~** (*riding*) im Sattel sein [*o* sitzen]; (*fig: in charge*) im Amt [*o* an der Macht] sein, im Sattel sitzen *fig* ❷ FOOD Rücken *m,* Rückenstück *nt;* **~ of lamb/venison** Lamm-/Rehrücken *m* ❸ GEOG [Berg]sattel *m* **II.** *vt* ❶ (*put saddle on*) **to ~ a horse** ein Pferd satteln ❷ (*fig, pej fam: burden*) ■**to ~ sb/oneself with sth** jdm/sich etw aufhalsen *fam;* **to be ~d with sth** etw am Hals haben *fam;* **to ~ oneself with a loan** sich *dat* einen Kredit auf den Hals laden *fam*
◆**saddle up** **I.** *vt* **to ~ up a horse** ein Pferd [auf]satteln **II.** *vi* aufsatteln
saddle-bag *n* Satteltasche *f* **saddle block** *n* AM, **saddle block anesthesia** *n* AM Sattelblockanästhesie *f fachspr,* Reithosenanästhesie *f fachspr* **saddlecloth** *n* Satteldecke *f* **saddle horse** *n* Reitpferd *nt*
saddler ['sædləʳ, AM -ɚ] *n* Sattler *m*
saddlery ['sædləri, AM -ɚi] *n no pl* Sattlerei *f*
saddle shoes *npl* AM Sportschuhe *mpl* (*aus hellem Leder, mit farblich davon abgesetztem Einsatz*) **saddle soap** *n no pl* Sattelseife *f,* milde Lederseife **saddle sore** *n of a horse, rider* wund geriebene [*o* gescheuerte] Stelle; *of a horse* Sattelwunde *f fachspr* **saddle-sore** *adj horse* [am Rücken] wund gerieben [*o* gescheuert]; *rider* wundgeritten
saddo *n* (*pej sl*) Idiot *m*
Sadducee ['sædjʊsiː, AM 'sædʒʊ] *n* Sadduzäer *m*
sadism ['seɪdɪzᵊm, AM *also* 'sæd-] *n no pl* Sadismus *m*
sadist ['seɪdɪst, AM *also* 'sæd-] *n* Sadist(in) *m(f)*
sadistic [sə'dɪstɪk] *adj* sadistisch **sadistically** [sə'dɪstɪkli] *adv* sadistisch
sadly ['sædli] *adv* ❶ (*unhappily*) traurig, betrübt, bekümmert; **to shake one's head ~** traurig den Kopf schütteln ❷ (*regrettably*) bedauerlicherweise, leider; **~, *they have no more tickets*** leider haben sie keine Karten mehr ❸ (*badly*) arg; ***her garden looks ~ neglected*** ihr Garten sieht ganz schön verwahrlost aus; ***you will be ~ missed by us all*** wir werden dich alle schmerzlich vermissen ❹ (*completely*) völlig; ***they are ~ lacking tactfulness*** ihnen fehlt jedes Taktgefühl; **to be ~ mistaken** völlig daneben liegen *fam*
sadness ['sædnəs] *n no pl* Traurigkeit *f* (**about/at** über +*akk*); ***his death filled me with great ~*** sein Tod erfüllte mich mit tiefer Trauer
sadomasochism [ˌseɪdə(ʊ)'mæsəkɪzᵊm, AM ˌsædoʊ'-] *n no pl* Sadomasochismus *m*
sadomasochist [ˌseɪdə(ʊ)'mæsəkɪst, AM ˌsædoʊ'-] *n* Sadomasochist(in) *m(f)* **sadomasochistic** [ˌseɪdə(ʊ)mæsə'kɪstɪk, AM ˌsædoʊ-] *adj inv* sadomasochistisch
sae *n,* **SAE** [ˌeseɪ'iː] *n acr for* **stamped addressed envelope, self-addressed envelope** frankierter Rückumschlag
safari [sə'fɑːri] *n* Safari *f*
safari jacket *n* Safarijacke *f* **safari park** *n* Safaripark *m* **safari suit** *n* Safarianzug *m*
safe [seɪf] **I.** *adj* ❶ (*secure*) sicher, ungefährlich; *medicine* unbedenklich; **~ *journey!*** gute Reise!; ***it's ~ to enter the building now*** man kann das Gebäude jetzt gefahrlos betreten; ***do you think it will be ~ to leave her in the car by herself?*** meinst du, es kann nichts passieren, wenn wir sie allein im Auto lassen?; **~ distance** Sicherheitsabstand *m;* **to drive at a ~ speed** mit angepasster Geschwindigkeit fahren; **~ vaccine** gut verträglicher Impfstoff ❷ (*protected*) sicher; ***your secret's ~ with me*** bei mir ist dein Geheimnis sicher aufgehoben; ***we're ~ from attack now*** wir sind jetzt vor einem Angriff sicher; **to keep sth in a ~ place** etw sicher aufbewahren; **to feel ~** sich *akk* sicher fühlen; **to put sth somewhere ~** etw an einen sicheren Ort tun ❸ (*certain*) [relativ] sicher; ***it's a pretty ~ assumption that she's going to marry him*** es ist so gut wie sicher, dass sie ihn heiraten wird; ***it's a ~ bet that his condition will get worse*** man kann davon ausgehen, dass sich sein Zustand verschlechtern wird; ***black shoes are always a ~ bet*** mit schwarzen Schuhen kann man nie etwas falsch machen; **~ method/source** sichere Methode/Quelle ❹ (*avoiding risk*) vorsichtig; **to make the ~ choice** auf Nummer Sicher gehen *fam;* **~ driver** vorsichtiger Fahrer/vorsichtige Fahrerin; **ten years of ~ driving** zehn Jahre unfallfreies Fahren; **~ estimate** vorsichtige Schätzung; **~ play** Spiel *nt* auf Sicherheit; **~ player** auf Sicherheit bedachter Spieler/bedachte Spielerin ❺ (*dependable*) sicher, verlässlich, zuverlässig; **~ adviser** verlässlicher Berater/verlässliche Beraterin; **~ car** verkehrssicheres Auto; **~ driver** sicherer Fahrer/sichere Fahrerin; **~ road** gut ausgebaute Straße ❻ POL **~ constituency/seat** sicherer Wahlkreis/Sitz ❼ SPORTS **to win by a ~ margin** mit sicherem [*o* großem] Vorsprung gewinnen ► PHRASES: **to be in ~ hands** in guten Händen sein; **to be as ~ as houses** BRIT *deal, job* bombensicher sein *fam;* **[just [*or* in order]] to be on the ~ side** [nur] um sicherzugehen [*o* zur Sicherheit]; **it is better to be ~ than sorry** (*prov*) Vorsicht ist besser als Nachsicht *prov;* **~ and sound** gesund und wohlbehalten; **to play it ~** Vorsicht walten lassen, auf Nummer Sicher gehen *fam* **II.** *n* Geldschrank *m,* Tresor *m,* Safe *m*
safeblower *n,* **safebreaker** *n* BRIT, AUS Tresorknacker(in) *m(f) fam,* Safeknacker(in) *m(f) fam*
safe-conduct *n* freies [*o* sicheres] Geleit; (*document*) Geleitbrief *m,* Schutzbrief *m;* **to be granted ~** freies [*o* sicheres] Geleit gewährt bekommen; **to demand ~** freies [*o* sicheres] Geleit fordern; **to issue sb with a ~** jdm einen Geleitbrief [*o* Schutzbrief] ausstellen **safecracker** *n* AM Tresorknacker(in) *m(f) fam,* Safeknacker(in) *m(f) fam* **safe deposit** *n* Tresor[raum] *m,* Stahlkammer *f* **safe-deposit box** *n* Tresorfach *nt,* [Bank]schließfach *nt,* [Bank]safe *m*
safeguard ['seɪfgɑːd, AM -gɑːrd] **I.** *vt* (*form*) ■**to ~ sb/sth against** [*or* **from**] **sth** jdn/etw vor etw *dat* schützen; **to ~ a computer system against viruses** ein Computersystem gegen Viren sichern; **to ~ the environment** die Umwelt schützen; **to ~ sb's interests/rights** jds Interessen/Rechte wahren **II.** *n* Schutz *m* (**against** vor +*dat*), Vorsichtsmaßnahme *f* (**against** gegen +*akk*); TECH Sicherung *f,* Schutzvorrichtung *f;* ■**~s** LAW Sicherheitsklauseln *fpl,* Sicherungsklauseln *fpl;* **~ clause** ECON Schutzklausel *f;* **~ for consumers** Verbraucherschutz *m*
safe house *n of terrorists* geheimer Unterschlupf; (*house*) Haus *nt* für konspirative Treffen; (*flat*) konspirative Wohnung; *of secret agents* sicheres Versteck **safekeeping** *n no pl* [sichere] Aufbewahrung [*o* Verwahrung], Gewahrsam *m;* **to be in sb's ~** in jds Gewahrsam [*o* Obhut] sein; **to give sth to sb** [*or* **leave sth with sb**] **for ~** jdm etw *akk* in Verwahrung geben [*o* anvertrauen]
safely ['seɪfli] *adv* ❶ (*securely*) sicher, gefahrlos; ***the house was ~ locked up*** das Haus war sicher verschlossen; ***the children are ~ tucked up in bed*** die Kinder liegen wohlvermummt im Bett; ***the bomb was ~ defused*** die Bombe wurde gefahrlos entschärft; ***you can ~ take six tablets a day*** Sie können bedenkenlos sechs Tabletten täglich einnehmen ❷ (*avoiding risk*) vorsichtig, besonnen; *drive* **~!** fahr vorsichtig!; ***we'll have to proceed ~*** wir müssen besonnen vorgehen ❸ (*without harm*) *person* wohlbehalten; *object* heil; ***the parcel arrived ~*** das Paket kam heil an; **to land ~** sicher landen

S

④ (*with some certainty*) mit ziemlicher Sicherheit; ***one can ~ say that they will come tomorrow*** man kann mit ziemlicher Sicherheit davon ausgehen, dass sie morgen kommen

safeness ['seɪfnəs] *n no pl* Sicherheit *f; of a machine* Betriebssicherheit *f;* **feeling of ~** Gefühl *nt* der Sicherheit

safe period *n* unfruchtbare Tage; **to calculate one's ~** die unfruchtbaren Tage bestimmen **safe sex** *n no pl* Safersex *m* **safe-sex campaign** *n* Kampagne *f* für Safersex

safety ['seɪfti] *n no pl* ① (*condition of being safe*) Sicherheit *f;* ***they all ran for ~ behind trees*** sie rannten alle, um sich hinter den Bäumen in Sicherheit zu bringen; ***I prefer to watch on TV from the ~ of my own armchair*** ich sehe es mir lieber, von meinem sicheren Sessel aus, im Fernsehen an; **place of ~** sicherer Ort; **with no thought for his own ~** ohne an seine eigene Sicherheit zu denken; **to be concerned for the ~ of sb** um jds Sicherheit besorgt sein; **to guarantee** [*or* **assure**] **sb's ~** für jds Sicherheit garantieren; **to leap to ~** sich *akk* mit einem Sprung in Sicherheit bringen; **to winch sb to ~** jdn mit einer Seilwinde in Sicherheit bringen; **for your** [**comfort and**] **~** zu Ihrer [Bequemlichkeit und] Sicherheit; **for ~**[**'s sake**] sicherheitshalber, aus Sicherheitsgründen ② (*freedom from harm*) Sicherheit *f; of a medicine* Unbedenklichkeit *f* ③ (*safety catch*) *of a gun* Sicherung *f,* Sicherungshebel *m* ④ (*in Am football*) Sicherheits-Touchdown *m,* Safety *m fachspr;* (*player*) Rückraumspieler *m* ▸ PHRASES: **there's ~ in numbers** (*saying*) in der Gruppe ist man sicherer

safety belt *n on a car, plane* Sicherheitsgurt *m,* Anschnallgurt *m;* NAUT Rettungsgürtel *m* **safety bond** *n* ECON Kaution *f* **safety cage** *n* Sicherheits[fahrgast]zelle *f* **safety catch** *n of a gun* Sicherung *f,* Sicherungshebel *m;* ***is the ~ on?*** ist die Waffe gesichert?; **to release the ~ of a gun** eine Pistole entsichern **safety check** *n* Sicherheitskontrolle *f,* Sicherheitsüberprüfung *f* **safety-conscious** *adj* sicherheitsbewusst **safety curtain** *n* THEAT eiserner Vorhang **safety-deposit box** *n* Tresorfach *nt,* [Bank]schließfach *nt,* [Bank]safe *m* **safety device** *n* Sicherheitsvorrichtung *f* **safety factor** *n* Sicherheitsfaktor *m* **safety feature** *n* Sicherheitsmerkmal *nt* **safety first** *interj* Sicherheit geht vor! **safety-first** *adj attitude, policy* sicherheitsbetont, sicherheitsorientiert **safety gate** *n* Sicherheitsschranke *f* **safety glass** *n no pl* Sicherheitsglas *nt* **safety glasses** *npl* Schutzbrille *f* **safety harness** *n* Sicherheitsgurt *m* (*für Kinder*) **safety helmet** *n* Schutzhelm *m* **safety island** *n* AM Verkehrsinsel *f* **safety lamp** *n* Grubenlampe *f* **safety lock** *n* ① (*on gun*) Sicherung *f,* Sicherungshebel *m* ② (*secure lock*) Sicherheitsschloss *nt* **safety margin** *n* Sicherheitsabstand *m;* ECON, STOCKEX Sicherheitsspanne *f*/-spielraum *m,* Sicherheitsmarge *f fachspr* **safety match** *n* Sicherheitszündholz *nt* **safety measures** *npl* Sicherheitsmaßnahmen *fpl* **safety net** *n* ① (*protective net*) Sprungnetz *nt,* Sicherheitsnetz *nt* ② (*fig*) soziales Netz, Absicherung *f;* ***the government provides a ~ of payments to the unemployed*** die Regierung sichert die Arbeitslosen mit einem Netz von Leistungen ③ COMPUT Sicherheitsvorrichtung *f* **safety pin** *n* ① (*covered pin*) Sicherheitsnadel *f* ② (*on grenade*) Sicherungssplint *m* ③ NAUT Sicherungsbolzen *m* **safety razor** *n* Rasierapparat *m,* Nassrasierer *m fam* **safety record** *n* ① TECH Sicherheitsprotokoll *nt* ② AVIAT Unfallregister *nt;* ***I won't fly an airline that has a bad ~*** ich werde nicht mit einer Fluggesellschaft fliegen, die in der Vergangenheit [überdurchschnittlich] viele Unfälle zu verzeichnen hatte **safety regulations** *npl* Sicherheitsvorschriften *fpl* **safety school** *n* *Universität, bei der man sicher einen Studienplatz bekommt* **safety valve** *n* Sicherheitsventil *nt;* (*fig*) Ventil *nt fig* **safety zone** *n* AM Verkehrsinsel *f*

safflower ['sæflaʊəʳ, AM -ɚ] *n* Färberdistel *f,* Saflor *m*

safflower oil *n* Distelöl *nt,* Safloröl *nt*

saffron ['sæfrən] **I.** *n no pl* Safran *m* **II.** *adj* safrangelb

saffron bun *n* Safranbrötchen *nt* **saffron rice** *n no pl* Safranreis *m*

sag [sæg] **I.** *vi* <-gg-> ① (*droop*) [herab]hängen; *bed, roof, rope* durchhängen; *plate, shelf* sich *akk* durchbiegen; ***his shoulders ~ged and he walked with a stoop*** er ging gebeugt mit herabhängenden Schultern; ***I noticed that my breasts began to ~ when I turned 40*** mit 40 bemerkte ich, dass ich einen Hängebusen bekam ② (*fig: weaken*) *courage* sinken; ***her spirits ~ged*** ihre Stimmung wurde gedrückt; ***my interest began to ~*** mein Interesse ließ nach ③ (*fig: decline*) nachgeben, sich *akk* abschwächen; *support* nachlassen; ***the value of the dollar is likely to ~*** der Dollarkurs wird sich wahrscheinlich abschwächen; ***the pound ~ged*** das Pfund gab nach **II.** *n no pl* ① (*droop*) Durchhängen *nt;* ***what is causing the ~ in the roof?*** wie kommt es, dass das Dach durchhängt? ② (*fig: fall*) [Ab]sinken *nt,* Abschwächung *f;* STOCKEX geringfügige Kursschwäche; ***I think there'll be a ~ in market prices*** ich glaube, die Börsenkurse werden sich abschwächen; ***as a result of the revelations there has been an immediate ~ in public support*** infolge der Enthüllungen ließ die Unterstützung durch die Öffentlichkeit sofort nach

saga ['sɑːgə] *n* ① LIT (*medieval story*) Saga *f;* (*long family novel*) Familienroman *m* ② (*pej: long involved story*) Geschichte *f pej,* Story *f pej fam;* ***he made me listen to the whole sorry ~ of his lost cat*** ich musste mir das ganze Gejammer über seine entlaufene Katze anhören; **a ~ of corruption** eine Kette von Korruptionsfällen

sagacious [sə'geɪʃəs] *adj* (*form*) klug, gescheit; *comment, remark* scharfsinnig; ***you certainly do have a ~ mind*** du bist wirklich ein kluger Kopf

sagaciously [sə'geɪʃəsli] *adv* (*form*) klug; **to comment/remark ~** scharfsinnig kommentieren/bemerken

sagacity [sə'gæsəti, AM -əṱi] *n no pl* (*form*) Klugheit *f,* Scharfsinn *m;* **a statesman's ~** staatsmännische Klugheit

sag bag *n* Knautschsack *m,* Knautsch[sitz]kissen *nt*

sage[1] [seɪdʒ] (*liter*) **I.** *adj inv advice, decision* weise, klug **II.** *n* (*also hum*) Weise(r) *f(m)*

sage[2] [seɪdʒ] *n no pl* Salbei *m;* **~ tea** Salbeitee *m*

sage-and-onion stuffing *n* Salbei- und Zwiebelfüllung *f* **sage-green** *adj* graugrün

sagely ['seɪdʒli] *adv* (*liter*) weise, klug; **to comment ~** klug anmerken [*o* kommentieren]; **to decide ~** weise entscheiden

sagging ['sægɪŋ] *adj* ① (*drooping*) *shoulders* herabhängend *attr; bed, roof, rope* durchhängend *attr;* **~ breasts** Hängebusen *m* ② (*fig: declining*) *demand* sinkend *attr; support* nachlassend *attr*

sagging market *n* STOCKEX geringfügig nachgebende Kurse

saggy ['sægi] *adj* durchhängend; (*of body parts*) schlaff

Sagittarian [ˌsædʒɪ'teəriən, AM -ə'teri-] *n* ASTROL Schütze *m*

Sagittarius [ˌsædʒɪ'teəriəs, AM -ə'teri-] *n* ASTROL Schütze *m*

sago ['seɪgəʊ, AM -goʊ] *n no pl* Sago *m*

Sahara [sə'hɑːrə, AM 'herə] *n,* **Sahara Desert** *n no pl* ■**the ~** die Sahara

sahib [sɑːb, AM 'sɑːɪb] *n* IND Sahib *m*

said [sed] **I.** *pp, pt of* **say** **II.** *adj attr, inv* LAW besagt; ***where were you on the ~ evening?*** wo waren Sie an besagtem Abend?

sail [seɪl] **I.** *n* ① *no pl* (*journey*) Segelfahrt *f,* [Segel]törn *m;* **to come** [*or* **go**] **for a ~** eine Segelfahrt machen ② (*material*) Segel *nt;* **to hoist/lower the ~s** die Segel setzen/einholen; **under ~** unter Segel, auf der Fahrt ③ (*of windmill*) Flügel *m* ▸ PHRASES: **to set ~** in See stechen, auslaufen; **to set ~ for/from France** nach/von Frankreich absegeln **II.** *vi* ① (*by ship*) fahren, reisen; (*by yacht*) segeln; ***we ~ed up/down the river*** wir segelten flussaufwärts/-abwärts; **to ~ against/before the wind** gegen den/vor dem Wind segeln; **to ~ around the world** die Welt umsegeln; **to ~ by** [*or* **past**] vorbeisegeln; (*fig*) wie im Flug vergehen ② (*start voyage*) auslaufen; ***their ship ~s for Bombay next Friday*** ihr Schiff läuft nächsten Freitag nach Bombay aus ③ (*move effortlessly*) gleiten; **to ~ along** dahingleiten; ***the clouds went ~ing by quickly*** die Wolken zogen rasch vorüber; ***the ball went ~ing over the wall*** der Ball segelte über die Mauer *fam;* ***she was ~ing along on her bike*** sie rollte mit ihrem Fahrrad dahin ④ (*move vigorously*) rauschen, segeln *fam;* ***she ~ed into the room*** sie kam ins Zimmer gerauscht [*o fam* gesegelt]; ***he wasn't looking where he was going, and just ~ed straight into her*** er passte nicht auf, wohin er ging und rauschte geradewegs mit ihr zusammen; **to ~ on to victory** dem Sieg entgegeneilen ⑤ (*fig: attack*) ■**to ~ into sb** jdn attackieren; **to ~ into one's opponents** über seine Gegner herfallen *fam;* ***he ~ed into his wife for spending so much money every month*** er herrschte seine Frau an, weil sie jeden Monat so viel Geld ausgab ⑥ (*do easily*) ■**to ~ through sth** etw mit Leichtigkeit [*o* spielend] schaffen; ***he's ~ing through school*** er schafft die Schule mit links; ***I ~ed through my first pregnancy*** bei meiner ersten Schwangerschaft verlief alles glatt ▸ PHRASES: **to ~ close to** [*or* **near**] **the wind** sich *akk* hart an der Grenze des Erlaubten bewegen; **to ~ against the wind** Wind von vorn bekommen *fig* **III.** *vt* ① (*navigate*) **to ~ a ship** ein Schiff steuern; **to ~ a yacht** eine Yacht segeln ② (*travel*) **to ~ the Pacific** den Pazifik befahren [*o* durchsegeln]

sailboard *n* Surfbrett *nt* **sailboat** *n* AM Segelboot *nt* **sailcloth** *n no pl* Segeltuch *nt* **sailfish** *n* Fächerfisch *m*

sailing ['seɪlɪŋ] *n* ① (*going for a sail*) Segeln *nt;* ***what a great day for ~!*** was für ein toller Tag zum Segeln!; ***perfect weather for ~*** ideales Segelwetter ② SPORTS Segelsport *m,* Segeln *nt;* ***~ is a hobby of mine*** Segeln ist eines meiner Hobbies ③ (*departure*) Abfahrt *f*

sailing boat *n* BRIT, AUS Segelboot *nt* **sailing club** *n* Segelclub *m,* Segelverein *m* **sailing dinghy** *n* [kleines] Segelboot, Dingi *nt* **sailing ship** *n,* **sailing vessel** *n* Segelschiff *nt*

sailmaker *n* Segelmacher(in) *m(f)*

sailor ['seɪləʳ, AM -ɚ] *n* ① (*member of ship's crew*) Matrose *m,* Seemann *m* ② (*person who sails*) Segler(in) *m(f)* ▸ PHRASES: **to be a bad/good ~** leicht/nicht leicht seekrank werden, nicht seefest/seefest sein

sailor suit *n* Matrosenanzug *m*

sailplane *n* Segelflugzeug *nt*

saint [seɪnt, sᵊnt] *n* ① (*holy person*) Heilige(r) *f(m);* **to make sb a ~** jdn heilig sprechen; **S~ Peter** der heilige Petrus; **S~ Paul's Cathedral** Paulskathedrale *f* ② (*fig fam: very good person*) Heilige(r) *f(m) fig fam;* ***she must be a real ~ to stay with him all these years*** sie muss wirklich ein Engel in Person sein, wenn sie all die Jahre bei ihm geblieben ist; **to be no ~** (*hum*) nicht gerade ein Heiliger/eine Heilige sein *hum*

sainted ['seɪntɪd, AM -ṱɪd] *adj inv* ① (*canonized*) heilig gesprochen ② (*holy*) geheiligt; *place* geweiht ③ (*dead*) selig; **my ~ mother** meine selige Mutter

sainthood ['seɪnthʊd] *n no pl* ① (*character*) Heiligkeit *f;* (*status*) Stand *m* der Heiligkeit; **to confer ~ on sb** jdn heilig sprechen [*o* in den Stand der Heiligkeit erheben] ② (*group*) die [Gemeinschaft der] Heiligen *pl*

saintliness ['seɪntlɪnəs] *n no pl* Heiligkeit *f,* Frömmigkeit *f*

saintly ['seɪntli] *adj* heilig, fromm; (*pej*) frömmlerisch *pej;* ***her ~ manner concealed a devious mind*** hinter ihrer Frömmlerei verbarg sich ein hinterhältiges Wesen

saint's day *n* Heiligenfest *nt,* Namenstag *m* eines/einer Heiligen; ***what are you getting her for her ~?*** was schenkst du ihr zum Namenstag?

saith [seθ] *vi vt* (*old*) *3rd pers sing pres of* **say**

sprach *veraltet*
sake¹ [seɪk] *n* ① (*purpose*) **for the ~ of sth** [*or* **for sth's ~**] um einer S. *gen* willen; ***you're only arguing for the ~ of arguing*** du streitest dich nur um des Streitens willen; **for economy's ~** aus wirtschaftlichen Gründen; **for the ~ of peace** um des [lieben] Friedens willen ② (*benefit*) **for the ~ of sb** [*or* **for sb's ~**] jdm zuliebe; ***please do it, for my ~*** tu es bitte mir zuliebe; ***I hope for both of our ~s that you're right!*** ich hoffe für uns beide, dass du Recht hast; **to stay together for the ~ of the children** der Kinder wegen zusammenbleiben ► PHRASES: **for Christ's** [*or* **God's**] **~** (*pej! fam!*) Himmelherrgott noch mal! *pej sl;* ***for Christ's ~, turn that music off!*** nun stell doch [in Gottes Namen] endlich diese Musik ab!; **for goodness** [*or* **heaven's**] [*or* **Pete's**] [*or* **pity's**] **~** um Gottes [*o* Himmels] willen
sake², saki ['sɑːki] *n* Sake *m*
salaam [sə'lɑːm] **I.** *vi* ■**to ~ to sb** jdn mit [einem] Salam begrüßen **II.** *n* Salam *m* (*muslimischer Friedensgruß*); ***he made a ~ of greeting*** er grüßte mit einem Salam **III.** *interj* Salam!
salable ['seɪləbl̩] *adj esp* AM (*saleable*) verkäuflich
salacious [sə'leɪʃəs] *adj* (*pej*) *joke, poem* obszön, schlüpfrig *pej; comment* anzüglich *pej; person* geil, lüstern *pej*
salaciously [sə'leɪʃəsli] *adv* (*pej*) obszön; **to act ~** sich *akk* aufreizend verhalten *pej*
salaciousness [sə'leɪʃəsnəs] *n no pl* (*pej*) Obszönität *f pej; of a comment, joke* Anzüglichkeit *f,* Schlüpfrigkeit *f pej; of a person* Geilheit *f,* Lüsternheit *f pej*
salad ['sæləd] *n* Salat *m;* **to make** [*or* **toss**] **a ~** einen Salat [an]machen
salad bar *n* Salatbar *f;* ***help yourself to the ~*** bedienen Sie sich an der Salatbar **salad bowl** *n* Salatschüssel *f* **salad cream** *n* BRIT [Salat]mayonnaise *f* **salad days** *npl* (*dated*) ■**sb's ~** jds Zeit der jugendlichen Unerfahrenheit; ***I met her in my ~*** ich traf sie, als ich noch jung und unerfahren war **salad dressing** *n* Dressing *nt* **salad fork** *n* Salatgabel *f* **salad oil** *n* Salatöl *nt* **salad plate** *n* Salatplatte *f*
salamander ['sæləmændəʳ, AM -ɚ] *n* Salamander *m*
salami [sə'lɑːmi] *n* Salami *f*
sal ammoniac [ˌsælə'məʊniæk, AM -'moʊ-] *n* Ammoniaksalz *nt,* Salmiak *m*
salaried ['sælərid] *adj inv* bezahlt, besoldet, fest angestellt; **~ civil-service employee** Besoldungsempfänger(in) *m(f);* **~ employee** Gehaltsempfänger(in) *m(f);* **~ partner** Partner(in) *m(f)* mit festem Gehalt; **~ post** Angestelltenposten *m,* Stelle *f* mit festem Gehalt; **~ staff** Gehaltsempfänger *mpl,* Festangestellte *mpl*
salary ['sæləri] *n* Gehalt *nt;* **annual ~** Jahresgehalt *nt;* **to earn** [*or* **get**] [*or* **be on**] **a decent ~** ein anständiges Gehalt verdienen [*o* beziehen]; **to put up** [*or* **raise**] **sb's ~** jds Gehalt erhöhen [*o* aufbessern]
salary cap *n* Spitzenverdienst *m* **salary cut** *n* Gehaltskürzung *f* **salary earner** *n* Gehaltsempfänger(in) *m(f)* **salary increase** *n* Gehaltserhöhung *f;* **to award a ~ to sb** jdm eine Gehaltserhöhung gewähren **salary raise** *n* AM, **salary rise** *n* BRIT Gehaltserhöhung *f;* **to get** [*or* **be given**] **a ~** eine Gehaltserhöhung [*o* Gehaltsaufbesserung] bekommen **salary scale** *n* Gehaltsskala *f,* Gehaltstabelle *f*
sale [seɪl] *n* ① (*act of selling*) Verkauf *m;* **~ and purchase agreement** Kaufvertrag *m;* **~ and repurchase scheme** FIN Wertpapierpensionsgeschäft *nt;* **~ by auction** Auktion *f;* **~ by private treaty** Grundstückskauf *m* unter Ausschluss von Versteigerung; **~ by sample** Kauf *m* nach Probe; **~ by tender** Verkauf *m* durch Submision; **~ on approval** Kauf *m* auf Probe; **~ or return** Kauf *m* mit Rückgaberecht, Verkauf *m* auf Kommissionsbasis; **~s abroad** Auslandsumsatz *m;* **to make a ~** ein Verkaufsgeschäft abschließen; ■**for ~** zu verkaufen; **to put sth up for ~** etw zum Verkauf anbieten; ■**to be on ~** erhältlich [*o* im Handel] sein ② (*amount sold*) Absatz *m;* ***the company is expecting a record ~ of the new model*** die Firma rechnet bei dem neuen Modell mit einem Rekordumsatz; **~*s of cars were up/down this week*** die Verkaufszahlen für Autos gingen diese Woche nach oben/unten ③ (*at reduced prices*) Ausverkauf *m;* ***I bought this in a ~*** das habe ich im Ausverkauf gekauft; **to be in the** [*or* AM **on**] **~** im Angebot sein; ■**the ~s** *pl* der Schlussverkauf *kein pl;* **charity ~** Wohltätigkeitsbasar *m;* **clearance ~** Räumungsverkauf *m;* **in** [*or* **at**] **the January/summer ~s** im Winter-/Sommerschlussverkauf; **end-of-season ~** Saisonschlussverkauf *m;* **to hold a ~** einen Ausverkauf veranstalten ④ (*auction*) Versteigerung *f,* Auktion *f* ⑤ *pl* (*department*) ■**S~s** Verkaufsabteilung *f*
saleable ['seɪləbl̩] *adj* verkäuflich, marktgängig; **to be easily ~** sich *akk* gut verkaufen, gut gehen *fam;* **to not be very ~** sich *akk* schlecht verkaufen, schlecht gehen *fam*
sale and leaseback *n* Verkauf *m* mit anschließender Vermietung an den Verkäufer **sale goods** *npl* Ausverkaufsartikel *mpl* **sale or return** *n* BRIT Kauf *m* mit Rückgaberecht **sale price** *n* Verkaufspreis *m* **saleroom** *n esp* BRIT Auktionsraum *m,* Auktionslokal *nt* **sales activity** *n* Absatzaktivität *f* **sales analysis** *n* Verkaufsanalyse *f,* Umsatzanalyse *f* **sales area** *n* ① (*in shop*) Verkaufsfläche *f* ② (*region*) Verkaufsgebiet *nt* **sales assistant** *n* BRIT, AUS (*form*) Verkäufer(in) *m(f)* **sales campaign** *n* Verkaufskampagne *f,* Verkaufsaktion *f* **sales clerk** *n* AM Verkäufer(in) *m(f)* **sales department** *n* Verkaufsabteilung *f,* Abteilung Verkauf **sales director** *n* Verkaufsdirektor(in) *m(f)* **sales drive** *n* Verkaufskampagne *f,* Verkaufsaktion *f;* **to launch a ~** eine Verkaufskampagne starten **sales figures** *npl* Verkaufsziffern *fpl,* Verkaufszahlen *fpl,* Absatzzahlen *fpl* **sales force** *n* Verkaufsstab *m,* Vertreterstab *m,* Verkaufspersonal *nt* **sales forecast** *n* Absatzprognose *f* **salesgirl** *n* (*dated*) Verkäuferin *f* **sales invoice** *n* Verkaufsrechnung *f* **saleslady** *n* Verkäuferin *f* **sales ledger** *n* Warenausgangsbuch *nt,* Debitorenbuch *nt* **sales literature** *n* Verkaufsprospekte *mpl* **salesman** *n* Verkäufer *m,* Handelsvertreter *m,* [Handlungs]reisender *m;* **door-to-door ~** Hausierer *m* **sales manager** *n* Verkaufsleiter(in) *m(f)* **salesmanship** *n no pl* (*technique*) Verkaufstechnik *f;* (*skill*) Verkaufsgeschick *nt,* Geschäftstüchtigkeit *f* **salesperson** *n* Verkäufer(in) *m(f);* **car ~** Autoverkäufer(in) *m(f)* **sales pitch** *n* (*also pej fam*) ① (*high-pressure approach*) mit [allem] Nachdruck geführtes Verkaufsgespräch; ***he made his ~ for the new line of shoes*** er machte sich in seinem Verkaufsgespräch für die neue Schuhkollektion stark; ***he's got a good ~*** er führt ein Verkaufsgespräch rhetorisch geschickt ② (*specific approach*) Verkaufstaktik *f,* Verkaufsargument *nt,* Verkaufsmasche *f pej* **sales potential** *n* Absatzchancen *fpl;* ***a product with considerable ~*** ein Produkt *nt* mit beträchtlichen Absatzchancen **sales projection** *n* Absatzprognose *f* **sales promotion** *n* Verkaufsförderung *f* **sales rep** *n* (*fam*), **sales representative** *n* Vertreter(in) *m(f)* **sales resistance** *n* Kaufunlust *f* **sales revenue** *n* Umsatzerlös *m* **salesroom** *n* Verkaufsraum *m;* (*auction*) Auktionsraum *m,* Auktionslokal *nt* **sales slip** *n* AM (*receipt*) Kassenbeleg *m* **sales talk** *n no pl* Verkaufsgespräch *nt;* (*pej*) Verkaufsmasche *f pej;* ***these figures can't be genuine — that's just ~*** diese Zahlen können nicht stimmen – hier geht es nur darum, etwas zu verkaufen **sales tax** *n no pl esp* AM [allgemeine] Umsatzsteuer **saleswoman** *n* Verkäuferin *f*
salient ['seɪliənt, AM -ljənt] *adj inv* ① (*important*) bedeutend; **the ~ facts** die wichtigsten Fakten; **the ~ points** die Hauptpunkte ② (*prominent*) herausragend, hervorstechend ③ (*pointing outwards*) [her]vortretend, hervorstehend
saline ['seɪlaɪn, AM -liːn] **I.** *adj* salzig; **~ deposits** Salzablagerungen *fpl* **II.** *n* Salzlösung *f;* MED Kochsalzlösung *f*
saline drip *n* MED Tropfinfusion *f* **saline solution** *n* Salzlösung *f*
salinity [sə'lɪnɪti, AM -ət̬i] *n no pl* Salzgehalt *m*
saliva [sə'laɪvə] *n no pl* Speichel *m;* **~ test** Speichelprobe *f*
salivary ['sælɪvəri, AM -əveri] *adj inv* Speichel-; **~ chemicals** Speichelinhaltsstoffe *pl*
salivary gland *n* Speicheldrüse *f*
salivate ['sælɪveɪt, AM -lə-] *vi* Speichel produzieren; ***the thought of all that delicious food made me ~*** (*fig*) beim Gedanken an all das köstliche Essen lief mir das Wasser im Mund zusammen
Salk vaccine ['sɔːlk,-] *n* Polioimpfstoff *m,* Salkvakzine *f kein pl fachspr*
Sallies ['sæliz] *npl* AUS (*fam*) ■**the ~** die Heilsarmee *kein pl*
sallow¹ <-er, -est *or* more ~, most ~> ['sæləʊ, AM -oʊ] *adj* blassgelb; **~ complexion** fahle Gesichtsfarbe; **~ skin** bleiche Haut
sallow² ['sæləʊ, AM -oʊ] *n* BOT Salweide *f*
sallowness ['sæləʊnəs, AM -oʊnəs] *n no pl* Blässe *f*
sally ['sæli] **I.** *n* ① MIL **to make a ~** einen Ausfall machen ② (*fig: excursion, attempt*) Ausflug *m fig,* Versuch *m* ③ (*dated: remark*) witzige Bemerkung **II.** *vi* <-ie-> (*form, liter*) ■**to ~ forth** [*or* **out**] [**to do sth**] aufbrechen [*o* sich *akk* aufmachen][, um etw zu tun]
Sally Army *n no pl* BRIT (*fam*) ■**the ~** die Heilsarmee
salmon ['sæmən] **I.** *n* <*pl* – *or* -s> ① *no pl* (*fish*) Lachs *m;* **smoked ~** Räucherlachs *m* ② (*individual fish*) Lachs *m* **II.** *n modifier* (*croquettes, mousse, patty, steak*) Lachs-; **~ farm** Lachszucht *f* **III.** *adj* lachsfarben
salmonella [ˌsælmə'nelə] *n no pl* Salmonelle[n] *f*
salmonella poisoning *n no pl* Salmonellenvergiftung *f*
salmon ladder *n* Lachsleiter *f,* Lachstreppe *f* **salmon pink** *adj pred, inv* lachsfarben **salmon-pink I.** *adj attr* lachsfarben **II.** *n* Lachsrosa *nt* **salmon trout** *n* Lachsforelle *f*
salon ['sælɔ̃ː(ŋ), AM sə'lɑːn] *n* ① (*dated: reception room*) Salon *m,* Empfangszimmer *nt* ② (*establishment*) Geschäft *nt;* **beauty ~** Schönheitssalon *m;* **hairdressing ~** Frisiersalon *m* ③ (*hist: of people*) Kreis *m;* **literary ~** literarischer Salon
salon music *n* (*pej*) Salonmusik *f*
saloon [sə'luːn] *n* ① BRIT (*sedan* [*car*]) Limousine *f* ② *esp* AM (*dated: public bar*) Saloon *m,* Kneipe *f fam* ③ (*dated: public room*) Saal *m;* (*in hotel, on ship*) Salon *m;* **billiard ~** Billardhalle *f;* **dining ~** BRIT [Luxus]speisewagen *m*
saloon bar *n* BRIT, AUS (*dated*) *eleganterer Teil einer Bar*
salopettes [ˌsælə'pets] *npl* FASHION Skioverall *m*
salsa ['sælsə, AM 'sɑːl-] *n no pl* ① (*spicy sauce*) Salsasoße *f* ② (*music*) Salsamusik *f;* (*dance*) Salsatanz *m*
salsa verde ['sælsəveəʳdə, AM 'sɑːlsəverdə] *n* Salsa Verde *f*
salsify ['sælsɪfi, AM -sə-] *n no pl* Haferwurz *f;* **black ~** Schwarzwurzel *f;* (*as dish*) Schwarzwurzelgemüse *nt*
salt [sɔːlt] **I.** *n* ① *no pl* (*seasoning*) Salz *nt;* **celery/garlic/onion ~** Sellerie-/Knoblauch-/Zwiebelsalz *nt;* **grains of ~** Salzkörner *ntpl;* **a pinch of ~** eine Prise Salz ② (*chemical compound*) Salz *nt* ③ (*granular substance*) Salz *nt;* **bath ~** Badesalz *nt* ④ (*dated: ammonium carbonate*) **smelling ~s** Riechsalz *nt* ⑤ *no pl* (*fig: wit, freshness*) Würze *f fig* ⑥ (*dated fam: sailor*) **old ~** alter Seebär *hum fam* ► PHRASES: **the ~ of the earth** rechtschaffene Leute; REL das Salz der Erde *liter;* **to take sth with a grain** [*or* **pinch**] **of ~** etw mit Vorsicht genießen *fam;* **to rub ~ in sb's wound** Salz in jds Wunde streuen; **to be worth one's ~** sein Geld wert sein; **to sit above/below the ~** am oberen/unteren Ende der gesellschaftlichen Rangordnung angesiedelt sein **II.** *n modifier* ① MED Salz-; **~ solution** Kochsalzlösung *f;* **~ baths** Salzbäder *ntpl* ② (*cured with salt*) **~ fish/meat** gepökelter Fisch/gepökeltes Fleisch ③ (*fig*) **~ tears** bittere Tränen **III.** *vt* ① (*season*

S

food) ■**to ~ sth** etw salzen ② (*preserve*) ■**to ~ sth** [**down**] etw in Salz einlegen ③ (*sprinkle*) ■**to ~ sth** etw mit Salz bestreuen; **to ~ the roads** Salz [auf die Straßen] streuen ④ (*fig: add sth illicit*) ■**to ~ sth** etw frisieren *fam*; **to ~ the books** FIN die Bücher frisieren *fam* ⑤ (*fig: add interest*) ■**to ~ sth with sth** etw mit etw *dat* würzen *fig*

◆**salt away** *vt* ■**to ~ away** ⊂ **sth** etw beiseite schaffen *fig fam*

salt-and-pepper *adj inv beard, hair* [grau] meliert

salt cellar *n* Salzstreuer *m*

salted ['sɔːltɪd, AM -t̬ɪd] *adj* gesalzen; **~ peanuts** gesalzene Erdnüsse

salt flats *npl* Salzwüste *f* **salt-free** *adj inv* salzlos; **~ diet** salzfreie Diät **salt glaze** *n* (*in pottery*) Salzglasur *f*

saltine [ˌsɔːl'tiːn] *n* AM *gesalzener, quadratischer Kräcker*

saltiness ['sɔːltɪnəs] *n no pl* ① (*flavour*) Salzigkeit *f* ② (*raciness*) Dreistigkeit *f*

salting ['sɔːltɪŋ] *n usu pl* BRIT Watt *nt*

salt lake *n* Salzsee *m* **salt lick** *n* ① (*deposit*) Salzablagerung *f* ② (*for animals*) Salzblock *m*, Salzlecke *f fachspr* **salt marsh** *n* Salzsumpf *m* **salt mine** *n* Salzmine *f*, Salzbergwerk *nt* **salt pan** *n* Salzpfanne *f* **saltpeter** AM, **saltpetre** *n no pl* Salpeter *m* **saltshaker** *n* AM, AUS Salzstreuer *m* **salt water** *n no pl* Salzwasser *nt* **salt-water** *adj attr, inv* Salzwasser-; **~ fish** Meeresfisch *m*; **~ lake** Salzsee *m*

salty ['sɔːlti] *adj* ① *taste* salzig ② (*risqué*) gesalzen *sl*; **~ joke** unanständiger Witz

salubrious [sə'luːbriəs] *adj* ① (*of place*) vornehm; **a ~ part of town** ein angesehener Stadtteil ② (*healthy*) gesund

salut [sɑ'luː] *interj* prost *fam*

salutary ['sæljətəri, AM -teri] *adj* heilsam

salutation [ˌsælјə'teɪʃən] *n* ① (*dated form: greeting*) Gruß *m* ② (*in letter*) Anrede *f*

salute [sə'luːt] **I.** *vt* ① (*form: greet*) ■**to ~ sb** jdn grüßen; (*welcome*) jdn begrüßen ② MIL ■**to ~ sb** vor jdm salutieren; **to ~ the flag** vor der Fahne salutieren ③ (*praise*) ■**to ~ sb** [**for sth**] jdn [für etw *akk*] würdigen; ***I ~ their efforts to stem the tide of poverty in this country*** ich verneige mich vor ihren Bemühungen, die Flut der Armut in diesem Land einzudämmen **II.** *vi* MIL salutieren **III.** *n* ① (*gesture*) Gruß *m*; ***she raised her arms in a ~*** sie erhob ihre Arme zum Gruß *liter* ② MIL Salut *m*, [militärischer] Gruß; **to give a ~** salutieren; **to take the ~** die Parade abnehmen ③ (*firing of guns*) Salut[schuss] *m*

salvage ['sælvɪdʒ] **I.** *vt* ■**to ~ sth** ① (*rescue*) *cargo* etw bergen ② (*preserve*) etw retten; **to ~ one's reputation** seinen Ruf wahren **II.** *n no pl* ① (*rescue*) Bergung *f* ② (*goods saved from wreck*) Bergungsgut *nt*, geborgenes Gut ③ LAW (*right*) Recht *nt* auf Bergelohn **III.** *n modifier* Bergungs-; **~ operation** Bergungsaktion *f*

salvageable ['sælvɪdʒəbl̩] *adj* ■**to be ~** zu retten sein

salvage company *n* Bergungsunternehmen *nt* **salvage value** *n* Wert *m* der geretteten Sachen **salvage vessel** *n* Bergungsschiff *nt* **salvage yard** *n* AM Schrottplatz *m*

salvation [sæl'veɪʃən] *n no pl* ① (*rescue*) Rettung *f*; **to be beyond ~** nicht mehr zu retten sein; **to work out one's own ~** (*form*) sich *akk* um die eigene Rettung bemühen ② (*sth that saves*) Rettung *f*, Rettungsmittel *nt*; ***that was my ~*** das war meine Rettung ③ REL Erlösung *f*

Salvation Army *n no pl* Heilsarmee *f*

Salvationist ['sæl'veɪʃənɪst] **I.** *n* Mitglied *nt* der Heilsarmee **II.** *adj inv* Heilsarmee-

salve [sælv, AM sæv] **I.** *n* ① (*ointment*) Heilsalbe *f* ② (*fig: sth that soothes*) Linderung *f*, Balsam *m geh*; **as a ~ to one's conscience** um sein Gewissen zu beruhigen **II.** *vt* (*soothe*) ■**to ~ sth** etw lindern; **to ~ one's conscience** sein Gewissen beruhigen

salver ['sælvəʳ, AM -ɚ] *n* (*form*) Tablett *nt*

salvo <*pl* -s *or* -es> ['sælvəʊ, AM -oʊ] *n* ① MIL Salve *f*; **to fire a ~** eine Salve abfeuern ② (*fig: verbal attack*) Salve *f fig* ③ (*round of applause*) donnernder Applaus; **~ of laughter** Lachsalve *f*

sal volatile [ˌsælvə(ʊ)'lætəli, AM -voʊ'læt̬-] *n no pl* (*spec*) Riechsalz *nt*

SAM¹ [sæm] *n* MIL *acr for* **surface-to-air missle** Boden-Luft-Rakete *f*

SAM² *n* COMPUT *abbrev of* **serial access memory** serieller Zugriffsspeicher

Samaritan [sə'mærɪtən, AM -merə-] *n* ① REL **the good ~** der barmherzige Samariter ② (*kindly person*) Samariter(in) *m(f)*, barmherziger Mensch ③ BRIT (*organization*) ■**the ~s** *pl* die Telefonseelsorge *kein pl*

samba ['sæmbə, AM 'sɑːm-] **I.** *n* Samba *f o m* **II.** *vi* Samba tanzen

Sambo <*pl* -os *or* -oes> ['sæmbəʊ, AM boʊ] *n* (*pej*) Neger *m pej*

same [seɪm] **I.** *adj attr, inv* ① (*exactly similar*) ■**the ~** der/die/das Gleiche; (*identical*) der-/die-/dasselbe; ***I've got the ~ taste in clothes as my sister*** ich habe bei Kleidung den gleichen Geschmack wie meine Schwester; ***she brought up her children in the ~ way as her mother did*** sie erzog ihre Kinder genauso, wie ihre Mutter es getan hatte; ***she's the ~ age as me*** sie ist genauso alt wie ich; ***it all amounts to the ~ thing*** es läuft alles auf dasselbe hinaus; **~ difference** (*fam*) ein und dasselbe; **to go the ~ way** [**as sb**] den gleichen Weg [wie jd] gehen ② (*not another*) ■**the ~** der/die/das Gleiche; ***we sleep in the ~ room*** wir schlafen im gleichen Zimmer; ***our teacher always wears the ~ pullover*** unser Lehrer trägt stets denselben Pullover; ***he's still the ~ old grouch*** er ist noch immer der gleiche alte Miesepeter *fam*; ***I'm not in the ~ league*** (*fig*) da kann ich nicht mithalten; **in the ~ breath** im gleichen [*o* selben] Atemzug; **at the ~ time** gleichzeitig, zur gleichen Zeit; (*nevertheless*) trotzdem; **by the ~ token** (*fig*) ebenso; ***I don't think that prices will go up but, by the ~ token, I don't see them going down much lower either*** ich glaube nicht, dass die Preise steigen werden, aber ebenso wenig glaube ich, dass sie stark sinken werden ③ (*monotonous*) eintönig; ***at every meeting you see the ~ old faces*** bei jedem Treffen sieht man die gleichen alten Gesichter; ***it's the ~ old story — the rich get richer and the poor get poorer*** es ist die alte Geschichte – die Reichen werden immer reicher und die Armen immer ärmer ▶ PHRASES: **to be in the ~ boat** (*fig*) im gleichen [*o* in einem] Boot sitzen *fam*; **lightning never strikes in the ~ place twice** (*saying*) der Blitz schlägt nicht zweimal an derselben Stelle ein **II.** *part* ■**the ~** der-/die-/dasselbe; ***after all those years you look exactly the ~*** du hast dich in all diesen Jahren überhaupt nicht verändert; ***people say I look just the ~ as my sister*** die Leute sagen, ich sähe genauso aus wie meine Schwester; ***they realized that things would never be the same again*** es wurde ihnen klar, dass nichts mehr so sein würde wie früher; **to be all the ~** alle[s] gleich sein; ***men are all the ~*** die Männer sind alle gleich; ***it's all the ~ to me*** das macht für mich keinen Unterschied; **to be one and the ~** ein und der-/die-/dasselbe sein; ***I was amazed to discover they are one and the ~ person*** ich war überrascht festzustellen, dass sie ein und dieselbe Person sind; ■**not the ~** nicht der-/die-/das Gleiche; ***our old house wasn't the ~ without David*** unser altes Haus war ohne David nicht mehr das, was es [einmal] war ▶ PHRASES: **all the ~** trotzdem; ***all the ~ we had a good time*** wir hatten dennoch eine schöne Zeit; ***thanks all the ~*** trotzdem vielen Dank; **~ here** (*fam*) ich auch; ***I thought that film was awful! — ~ here!*** ich fand den Film schrecklich! – ganz meine Meinung; **~ to you** danke, gleichfalls **III.** *adv* ■**the ~** gleich; ***these two machines are operated the ~*** diese beiden Maschinen werden auf dieselbe Art bedient; ***I feel just the ~ as you do*** mir geht es genauso wie dir; ***I need some time to myself, ~ as anybody else*** (*fam*) ich brauche Zeit für mich selbst, genau wie jeder andere auch

same-day settlement *n* STOCKEX Tag-gleiche Abrechnung

sameness ['seɪmnəs] *n no pl* (*identity*) Gleichheit *f*; (*uniformity*) Gleichförmigkeit *f*

same-sex union [ˌseɪmseks'juːnjən] *n* gleichgeschlechtliche Ehe

samey ['seɪmi] *adj* BRIT, AUS (*pej fam*) gleich; ***his paintings all look a bit ~*** seine Bilder sehen alle irgendwie gleich aus

Samoan [sə'məʊən, AM 'moʊən] **I.** *adj inv* samoanisch **II.** *n* Samoaner(in) *m(f)*

samosa [sə'məʊsə, AM -'moʊ-] *n mit Kartoffeln oder Hackfleisch gefüllte indische Teigtasche*

samovar ['sæməvɑːʳ, AM -vɑːr] *n* Samowar *m*

sampan ['sæmpæn] *n* Sampan *m*

sample ['sɑːmpl, AM 'sæ-] **I.** *n* ① (*small quantity*) Probe *f*, Muster *nt*; **~s of work** Arbeitsproben *fpl*; **fabric ~s** Stoffmuster *ntpl*; **free ~** Gratisprobe *f*; MED Probe *f*; **blood/tissue/urine ~** Blut-/Gewebe-/Urinprobe *f* ② (*representative group*) *of people* Querschnitt *m*; *of things* Stichprobe *f*; **a random ~ of voters** POL stichprobenartig ausgewählte Wähler **II.** *vt* ■**to ~ sth** ① (*try*) etw [aus]probieren; *of food* etw kosten [*o* probieren]; **to ~ the delights/pleasures of sth** die Genüsse/Freuden einer S. *gen* kosten *fig geh* ② (*survey*) etw stichprobenartig untersuchen ③ MUS (*record*) etw mischen [*o fachspr* sampeln] ④ COMPUT etw abtasten **III.** *n modifier* Muster-, Probe-; **~ questions** Musterfragen *fpl*; **~ bottle** Probefläschchen *nt*

sample book *n* Musterbuch *nt*, Musterheft *nt*

sampler ['sɑːmpləʳ, AM 'sæmplɚ] *n* ① (*embroidery*) Stickerei *f* ② AM (*collection*) *of different products* Probe *f*, Probeset *nt* ③ MUS (*recording equipment*) Mischpult *nt*, Sampler *m* ④ COMPUT (*of signals*) Abtaster *m*; (*of audio signals*) Abfrageschalter *m*

sampling ['sɑːmplɪŋ, AM 'sæm-] *n* ① (*surveying*) Stichprobenerhebung *f*; (*spot check*) Stichprobenverfahren *nt*, Befragung *f* eines repäsentativen Querschnitts ② *no pl* (*testing*) stichprobenartige Untersuchung; *of a product* Probeentnahme *f*; **acceptance ~** Qualitätskontrolle *f* mittels Stichproben ③ *no pl* MUS (*sound engineering technique*) Mischen *nt*, Sampeln *nt*

Samson ['sæmsən] *n no pl* MYTH, ART Samson *m*

samurai ['sæmʊraɪ, AM -əraɪ], **Samurai** **I.** *n* <*pl* -> MIL (*hist*) Samurai *m* **II.** *n modifier* MIL (*hist*) Samurai-; **~ sword** Samuraischwert *nt*

sanatoria [ˌsænə'tɔːriə] *n pl of* **sanatorium**

sanatorium <*pl* -s *or* -ria> [ˌsænə'tɔːriəm, *pl* -riə] *n* Sanatorium *nt*

sanctification [ˌsæŋ(k)tɪfɪ'keɪʃən] *n no pl* REL Weihung *f*, Heiligung *f geh*

sanctified ['sæŋ(k)tɪfaɪd] *adj inv, attr* geweiht, geheiligt *geh*

sanctify <-ie-> ['sæŋ(k)tɪfaɪ] *vt* ① REL (*consecrate*) ■**to ~ sth/sb** etw/jdn weihen [*o geh* heiligen] ② REL (*divinely justify*) ■**to ~ sth/sb** etw/jdn rechtfertigen ③ (*form: sanction*) ■**to ~ sth** etw sanktionieren *geh*

sanctimonious [ˌsæŋ(k)tɪ'məʊniəs, AM -'moʊ-] *adj* (*pej*) scheinheilig

sanctimoniously [ˌsæŋ(k)tɪ'məʊniəsli, AM -'moʊ-] *adv* (*pej*) scheinheilig

sanctimoniousness [ˌsæŋ(k)tɪ'məʊniəsnəs, AM -'moʊ-] *n no pl* (*pej*) Scheinheiligkeit *f*

sanction ['sæŋ(k)ʃən] **I.** *n* ① *no pl* (*approval*) Sanktion *f geh*, Zustimmung *f*; **to give one's ~ to sth** zu etw *dat* seine Zustimmung geben ② (*to enforce compliance*) Strafmaßnahme *f*; LAW, POL Sanktion *f*; **economic/trade ~s** Wirtschafts-/Handelssanktionen *fpl*; **to impose/lift ~s** Sanktionen verhängen/aufheben **II.** *vt* ■**to ~ sth** ① (*allow*) etw sanktionieren *geh* ② (*impose penalty*) etw unter Strafe stellen

sanctions-busting *n no pl* Sanktionsverstoß *m*

sanctity ['sæŋ(k)təti, AM -ət̬i] *n no pl* ① REL Heiligkeit *f* ② (*inviolability*) Unantastbarkeit *f*, Heiligkeit *f geh*; **the ~ of life** die Unantastbarkeit des Lebens

sanctuary ['sæŋ(k)tʃʊəri, AM -tʃueri] *n* ① (*holy place*) Heiligtum *nt*; (*near altar*) Altarraum *m* ② *no*

pl (*refuge*) Zuflucht *f;* **to find/seek** ~ Zuflucht finden/suchen ③ (*peaceful haven*) Zufluchtsort *m* ④ (*for animals*) Schutzgebiet *nt;* **wildlife** ~ Wildschutzgebiet *nt;* (*animal shelter*) Tierpflegestation *f*
sanctum ['sæŋ(k)təm] *n* REL Sanktuarium *nt;* **inner** ~ Allerheiligste *nt;* (*fig*) Heiligtum *nt fig,* Allerheiligste *nt fig*
sand [sænd] **I.** *n* ① *no pl* (*substance*) Sand *m;* **grains of** ~ Sandkörner *ntpl;* **coarse/fine** ~ grober/feiner Sand; **to be built on** ~ (*fig*) *idea, plan* auf Sand gebaut sein; **to drive** [*or* **run**] **sth into the** ~ etw zum Stillstand bringen ② (*expanse*) ■~**s** *pl* (*beach*) Sandstrand *m;* (*of desert*) Sand *m kein pl;* (*sandbank*) Sandbank *f;* **sinking** ~**s** Treibsand *m* ③ GEOL (*stratum*) Sand[stein]schicht *f* ▶ PHRASES: **the** ~**s of time** (*liter*) die [dahinfließende] Zeit; ***the ~s of time were running out for them*** die Zeit lief ihnen davon **II.** *n modifier* (*beach, sculpture*) Sand- **III.** *vt* ■**to** ~ **sth** ① (*with sandpaper*) etw [ab]schmirgeln; (*smooth*) etw abschleifen ② (*sprinkle*) etw mit Sand bestreuen
◆**sand down** *vt* ■**to** ~ **down** ↔ **sth** etw abschleifen; (*with sandpaper*) etw abschmirgeln; **to** ~ **down a door/window frame** eine Tür/einen Fensterrahmen abschleifen
sandal ['sændəl] *n* Sandale *f;* **a pair of** ~**s** ein Paar *nt* Sandalen
sandalled ['sændəld] *adj inv* Sandal entragend, mit Sandalen versehen
sandalwood *n no pl* Sandelholz *nt*
sandbag I. *n* Sandsack *m* **II.** *vt* <-gg-> ① (*protect*) ■**to** ~ **sth** etw mit Sandsäcken schützen; ***they ~ged the doors*** sie stapelten Sandsäcke vor den Türen auf ② (*hit*) ■**to** ~ **sb** jdn niederschlagen **III.** *vi* sich *akk* zurückhalten **sandbank** *n* Sandbank *f* **sandbar** *n* [schmale] Sandbank **sandblast** *vt* ■**to** ~ **sth** etw sandstrahlen **sandblasting** *n no pl* Sandstrahlen *nt* **sandbox** *n* AM (*sandpit*) Sandkasten *m* **sandboy** *n* ▶ PHRASES: **to be as happy as a** ~ sehr vergnügt [*o fam* kreuzfidel] sein **sand bunker** *n* SPORTS Bunker *m* **sandcastle** *n* Sandburg *f* **sand dune** *n* Sanddüne *f*
sander ['sændəʳ, AM -ɚ] *n* Sandpapierschleifmaschine *f*
sand flea *n* Sandfloh *m*
sanding machine *n* Sandpapierschleifmaschine *f*
sandman *n no pl* (*childspeak*) ■**the** ~ der Sandmann, das Sandmännchen **sand martin** *n* Uferschwalbe *f* **sandpail** *n* AM Sandeimer *m* **sandpaper I.** *n no pl* Sandpapier *nt,* Schmirgelpapier *nt;* **coarse/fine** ~ grobes/feines Sandpapier **II.** *vt* ■**to** ~ **sth** etw abschmirgeln **sandpiper** *n* ORN Strandläufer *m* **sandpit** *n esp* BRIT Sandkasten *m* **sand shark** *n* Sandhai *m* **sandshoe** *n* ① (*for beach*) Strandschuh *m* ② AUS (*sneaker*) Freizeitschuh *m* **sandstone** *n no pl* Sandstein *m* **sandstorm** *n* Sandsturm *m* **sand trap** *n* AM SPORTS Bunker *m*
sandwich ['sænwɪdʒ, AM -(d)wɪtʃ] **I.** *n* <*pl* -es> Sandwich *m o nt;* **cheese** ~ Käsesandwich *m o nt;* **hero** [*or* **submarine**] ~ AM Riesensandwich *m o nt fam* ▶ PHRASES: **to be one** ~ **short of a picnic** (*hum fam*) völlig übergeschnappt sein *fam* **II.** *n modifier* (*sandwich form*) *cake* Schicht-; ~ **cookie** AM Doppelkeks *m* **III.** *vt* ① (*fit together*) ■**to** ~ **sth together** etw aufeinander schichten ② (*squeeze*) ■**to** ~ **sb** jdn einklemmen; ***on the train I was ~ed between two very large men*** ich war im Zug zwischen zwei riesigen Männern eingequetscht; **to** ~ **sth in between sth** (*fig*) etw [zwischen etw *dat*] dazwischenschieben; ***she managed to ~ the repairs in between breakfast and starting work*** es gelang ihr, die Reparaturarbeiten zwischen Frühstück und eigenem Arbeitsbeginn dazwischenzuschieben
sandwich bar *n* BRIT, AUS Snackbar *f* **sandwich board** *n* Reklametafel *f* (*mittels verbindendem Schulterriemen von einer Person auf Brust und Rücken als doppelseitiges Werbeplakat getragen*) **sandwich box** *n* Frühstücksbox *f* **sandwich cake** *n* BRIT Schichtkuchen *m* (*mit cremiger Füllung*) **sandwich counter** *n Tresen, an dem aus schließlich Sandwiches verkauft werden* **sandwich course** *n* BRIT UNIV *Ausbildung, bei der theoretische und praktische Abschnitte abwechseln* **sandwich filling** *n* Sandwichbelag *m* **sandwichman** *n* Plakatträger *m,* Sandwichmann *m hum*
sandy ['sændi] *adj* ① (*containing sand*) sandig ② (*of texture*) körnig ③ (*of colour*) sandfarben
sand yacht *n* Strandsegler *m*
sane [seɪn] *adj* ① *person* geistig gesund; LAW zurechnungsfähig; (*hum*) normal *fam;* ***no ~ person would …*** niemand, der auch nur einigermaßen bei Verstand ist, würde …; **to keep sb** ~ jdn bei Verstand halten ② *action* vernünftig
sang [sæŋ] *pt of* **sing**
sanger ['sæŋgəʳ] *n* AUS (*fam*) Sandwich *nt*
sangfroid [ˌsɑ̃(ŋ)'frwɑː] *n no pl* (*form*) Selbstbeherrschung *f*
sangria ['sæŋ'griːə] *n no pl* Sangria *f*
sanguinary [sæŋ'gwɪnəri, AM neri] *adj* (*old*) blutrünstig, grausam; (*fig*) blutig *fig*
sanguine ['sæŋgwɪn] *adj* ① (*form: hopeful*) zuversichtlich; **to be** ~ **about sth** etw für wahrscheinlich halten ② (*liter: blood-red*) blutrot
sanitarium <*pl* -s *or* -ria> [ˌsænɪ'teriəm] *n* AM Sanatorium *nt*
sanitary ['sænɪtəri, AM -teri] *adj* ① (*relating to health conditions*) hygienisch; (*installations*) sanitär *attr;* ~ **conditions** hygienische Verhältnisse; ~ **facilities** sanitäre Anlagen ② (*hygienic*) hygienisch
sanitary fittings *npl* BRIT sanitäre Anlagen **sanitary napkin** *n* AM, **sanitary pad** *n,* **sanitary towel** *n* BRIT Damenbinde *f* **sanitary protection** *n no pl* Monatshygiene *f*
sanitation [ˌsænɪ'teɪʃən] *n no pl* ① (*health conditions*) Hygiene *f;* (*toilets*) sanitäre Anlagen ② (*water disposal*) Abwasserkanalisation *f;* **the** ~ **department** das Amt für Stadtreinigung; (*provision of clean water*) Frischwasserversorgung *f*
sanitation worker *n* AM Müllarbeiter(in) *m(f)*
sanitization [ˌsænɪtaɪ'zeɪʃən, AM -tɪ'-] *n no pl* ① *esp* AM (*making sanitary*) [hygienische] Reinigung ② (*pej: making acceptable*) Säuberung *f fig geh*
sanitize ['sænɪtaɪz] *vt* ■**to** ~ **sth** ① *esp* AM (*make clean*) etw desinfizieren ② (*pej: make acceptable*) etw säubern *fig geh* ③ (*expurgate, make less offensive*) etw zensieren
sanitized ['sænɪtaɪzd] *adj* gesäubert *fig geh;* ~ **report** zensierter Bericht
sanity ['sænəti, AM -əṭi] *n no pl* ① (*mental health*) gesunder Verstand; LAW Zurechnungsfähigkeit *f;* (*hum*) Verstand *m fam;* **to doubt/question sb's** ~ an jds Verstand zweifeln/jds Verstand in Frage stellen; **to lose/preserve one's** ~ seinen Verstand verlieren/bei Verstand bleiben ② (*sensibleness*) Vernünftigkeit *f;* ***maybe she can bring some ~ into this crazy situation*** vielleicht kann sie ein wenig Vernunft in diese verrückte Situation bringen
sank [sæŋk] *pt of* **sink**
Sanskrit ['sænskrɪt] LING **I.** *n no pl* Sanskrit *nt* **II.** *adj* Sanskrit-; ~ **alphabet** sanskritisches Alphabet
Santa *n,* **Santa Claus** [ˌsæntə'klɔːz, AM -ṭə'klɑːz] *n* ① *no pl* (*Father Christmas*) Weihnachtsmann *m;* (*on 06.12.*) Nikolaus *m* ② (*person dressed as Santa Claus*) [verkleideter] Weihnachtsmann; (*in Germany, on 06.12.*) [verkleideter] Nikolaus
Santa's grotto *n* BRIT *Platz, an dem Kinder Geschenke vom Weihnachtsmann bekommen*
sap¹ [sæp] *n no pl* ① (*of tree*) Saft *m* ② (*fig: vitality*) Lebenskraft *f;* (*hum, fig: sexual vigour*) [Liebes]trieb *m*
sap² [sæp] **I.** *n* MIL (*hist: trench*) Sappe *f veraltet;* (*tunnel*) Tunnel *m* **II.** *vt* <-pp-> ① (*drain*) ■**to** ~ **sb of sth** jdm etw nehmen; **to** ~ **sb's confidence** jds Selbstvertrauen zerstören; **to** ~ **sb's energy/power/strength** an jds Energie/Kräften zehren *geh* ② (*undermine*) ■**to** ~ **sth** etw unterhöhlen **III.** *vi* MIL (*hist*) untergraben
sap³ [sæp] *n* (*sl*) Trottel *m pej fam;* ***he's a ~ for any new machine*** er muss immer gleich jede neue Maschine haben
sapient ['seɪpiənt] *adj* (*form*) weise *geh*
sapling ['sæplɪŋ] *n* junger Baum
sapper ['sæpəʳ] *n* MIL Pionier *m;* BRIT *Soldat der Royal Engineers*
Sapphic ['sæfɪk] *adj* ① *inv* LIT (*liter: of verse form*) sapphisch ② (*form or hum: of Lesbianism*) lesbisch, sapphisch *selten geh*
sapphire ['sæfaɪəʳ, AM -ɪəɚ] **I.** *n* Saphir *m* **II.** *adj* saphirfarben; ~ **blue** saphirblau **III.** *n modifier* (*cufflinks, earrings, necklace, tiepin*) Saphir-
sapping ['sæpɪŋ] *adj pred* ermüdend
sappy ['sæpi] *adj* AM, AUS (*fam*) ① (*gullible*) leichtgläubig ② (*emotional*) [sehr] emotional
SAQ [eseɪ'kjuː] *n* CAN *abbrev of* **Société des alcools du Québec** *von der Provinzregierung Québec geführte Ladenkette, die alkoholische Getränke verkauft*
Saracen ['særəsən] *n* Sarazene, -in *m, f*
sarcasm ['sɑːkæzəm, AM 'sɑːr-] *n no pl* Sarkasmus *m;* **biting** [*or* **heavy**] ~ beißender Sarkasmus ▶ PHRASES: ~ **is the lowest form of wit** (*saying*) Sarkasmus ist die niedrigste Form der Schlagfertigkeit
sarcastic [sɑː'kæstɪk, AM sɑːr'-] *adj person, remark* sarkastisch; ~ **tongue** scharfe Zunge
sarcastically [sɑː'kæstɪkli, AM sɑːr'-] *adv* sarkastisch
sarcoma <*pl* -s *or* -mata> [sɑː'kəʊmə, *pl* -mətə, AM sɑːr'koʊ-, *pl* -məṭə] *n* MED Sarkom *nt*
sarcomata [sɑː'kəʊmətə, AM sɑːr'koʊ-] *n pl of* **sarcoma**
sarcophagi [sɑː'kɒfəgaɪ, -dʒaɪ, AM sɑːr'kɑːf-] *n pl of* **sarcophagus**
sarcophagus <*pl* -es *or* -gi> [sɑː'kɒfəgəs, AM sɑːr'kɑːf-, *pl* -gaɪ, -dʒaɪ] *n* Sarkophag *m*
sardine [sɑː'diːn, AM sɑːr'-] *n* ① (*fish*) Sardine *f;* **to be squashed like** ~**s** wie die Ölsardinen zusammengepfercht sein ② (*game*) Versteckspiel *nt*
Sardinia [sɑː'dɪniə, AM sɑːr] *n no pl* GEOG Sardinien *nt*
Sardinian [sɑː'dɪniən, AM sɑːr] **I.** *adj inv* sardi[ni]sch **II.** *n* ① (*person*) Sarde, -in *m, f,* Sardinier(in) *m(f)* ② *no pl* (*language*) Sardi[ni]sch *nt*
sardonic [sɑː'dɒnɪk, AM sɑːr'dɑː-] *adj* höhnisch; ~ **laughter** sardonisches Gelächter *geh;* **a** ~ **smile** ein süffisantes Lächeln *geh*
sardonically [sɑː'dɒnɪkəli, AM sɑːr'dɑː-] *adv* höhnisch
saree *n see* **sari**
sarge [sɑːdʒ, AM sɑːrdʒ] *n* (*fam*) ① MIL *short for* **sergeant** Feldwebel *m* ② (*police*) *short for* **sergeant** Sergeant *m*
sari ['sɑːri] *n* Sari *m*
sarky ['sɑːki] *adj* BRIT, AUS (*fam*) sarkastisch
sarnie ['sɑːni] *n* BRIT (*fam*) Sandwich *m o nt*
sarong [sə'rɒŋ, AM -'rɔːŋ] *n* Sarong *m*
sarsaparilla [ˌsɑːsəpər'ɪlə, AM ˌsɑːrsəpə'r-] **I.** *n* ① (*plant*) Sarsaparille *f* ② (*drink*) *Getränk mit Sarsaparillegeschmack* **II.** *adj* Sarsaparille-
sartorial [sɑː'tɔːriəl, AM sɑːr'-] *adj inv, attr* (*form: relating to clothing*) Kleidung[s]-; (*relating to tailoring*) Schneider-; ~ **elegance** elegante Kleidung
SAS [ˌeseɪ'es] *n* ① BRIT *abbrev of* **Special Air Service** ② COMPUT *abbrev of* **single attachment station** SAS *f*
SASE [ˌeseɪes'iː] *n* AM *abbrev of* **self-addressed stamped envelope** addressierter und frankierter Rückumschlag
sash¹ <*pl* -es> [sæʃ] *n* Schärpe *f*
sash² <*pl* -es> [sæʃ] *n* (*in windows*) Fensterrahmen *m;* (*in doors*) Türrahmen *m*
sashay ['sæʃeɪ, AM sæ'ʃeɪ] *vi esp* AM ■**to** ~ **somewhere** irgendwohin stolzieren
sash cord *n* Gewichtsschnur *f* (*an Schiebefenstern*)
sashimi [sæ'ʃiːmi] *n* (*Japanese thinly sliced raw fish*) Sashimi *nt*
sash window *n* Schiebefenster *nt*
sasquatch <*pl* -es> *n,* **Sasquatch** ['sæskwɒtʃ, AM -kwɑːtʃ] *n ein großes, behaartes menschenähn-*

S

liches Wesen, das angeblich in den Bergen von Nordwestkanada lebt

sass [sæs] *esp* AM **I.** *n no pl* (*fam*) Frechheit *f* **II.** *vt* (*fam*) ■**to ~ sb** zu jdm frech sein

Sassenach ['sæsənæk, -æx] **I.** *n* <*pl* -es> SCOT (*esp pej*) Engländer(in) *m(f)* **II.** *adj inv* SCOT (*esp pej*) englisch

sassy ['sæsi] *adj esp* AM (*fam*) ❶ (*impudent*) frech, ungezogen ❷ (*lively*) spritzig *fam*

sat [sæt] *pt, pp of* **sit**

Sat *n abbrev of* **Saturday** Sa. *m*

Satan ['seɪtᵊn] *n no pl* Satan *m* ▶ PHRASES: **~ finds work for idle hands** (*saying*) Müßiggang ist aller Laster Anfang *prov*

satanic [sə'tænɪk] *adj* satanisch *geh*, teuflisch; **~ abuse** teuflischer Missbrauch; **~ cult/rite** Satanskult *m*/-ritus *m*

Satanism ['seɪ'tᵊnɪzᵊm] *n no pl* Satanismus *m*

Satanist ['seɪ'tᵊnɪst] *n* Satanist(in) *m(f)*

satay ['sæteɪ, AM sɑː'teɪ] *n no pl gegrillte, mit Erdnusssoße servierte Fleischspieße aus Indonesien*

SATB [ˌesertiː'biː] *n abbrev of* **soprano, alto, tenor, bass¹**

satchel ['sætʃᵊl] *n* [Schul]ranzen *m*

satcom ['sætkɒm, AM -kɑːm] *n no pl abbrev of* **satellite communications** Satellitenkommunikation *f*

sate [seɪt] *vt* (*form*) **to ~ one's desire/hunger/thirst** seinen Hunger/Durst/seine Begierde stillen; ■**to ~ sb** [**with sth**] jdn [mit etw *dat*] zufrieden stellen

sated ['seɪtɪd, AM -t̬ɪd] *adj inv* ■**to be ~ with sth** *food* gesättigt sein; *luxury* übersättigt sein; (*sexually*) ***they were ~ with each other*** sie hatten sich gegenseitig erfüllt

sateen [sæt'iːn] *n no pl* FASHION [Baumwoll]satin *m*

satellite ['sætᵊlaɪt, AM 'sæt̬-] **I.** *n* ❶ ASTRON Trabant *m* ❷ AEROSP, TECH Satellit *m*; **communications/spy/weather ~** Kommunikations-/Spionage-/Wettersatellit *m* ❸ (*form: hanger-on*) Anhänger(in) *m(f)* ❹ COMPUT (*system*) Satellit *m* **II.** *n modifier* (*launch, technology*) Satelliten-; **~ broadcasting** Satellitenrundfunk *m*; **~ communication/transmission** Satellitenkommunikation/-übertragung *f*

satellite broadcasting *n no pl* Satellitenübertragung *f*; RADIO Satellitenfunk *m*; TV Satellitenfernsehen *nt* **satellite country** *n* POL Satellitenstaat *m* **satellite dish** *n* Satellitenantenne *f*, Satellitenschüssel *f fam* **satellite office** *n* Satellitenbüro *nt* **satellite picture** *n* Satellitenfoto *nt* **satellite state** *n* Satellitenstaat *m* **satellite tax** *n* Satellitensteuer *f* **satellite television** *n no pl* Satellitenfernsehen *nt* **satellite town** *n* Trabantenstadt *f*

sati ['sɑːti] *n no pl* Sati *f*

satiate ['seɪʃieɪt] *vt usu passive* **to ~ one's curiosity** die Neugier[de] stillen; **to ~ a demand/market** ECON eine Nachfrage/einen Markt befriedigen; **to ~ one's hunger/thirst** den Hunger/Durst stillen

satiation [ˌseɪʃi'eɪʃᵊn] *n no pl* Sättigung *f*

satiety [sə'taɪəti, AM -ət̬i] *n no pl* (*form*) Sättigung *f*

satin ['sætɪn, AM -tᵊn] **I.** *n* Satin *m* **II.** *n modifier* (*blouse, dress, gloves*) Satin-

satin finish paint *n*, **satin paint** *n* seidenmatte Farbe **satinwood** *n no pl* Satinholz *nt*

satiny ['sætɪni, AM -tᵊni] *adj* seidig; **~ skin** samtige Haut

satire ['sætaɪəʳ, AM -aɪə˞] *n* LIT ❶ *no pl* (*genre*) Satire *f*; **political ~** politische Satire ❷ (*example of genre*) Satire *f* (**on** auf +*akk*)

satirical [sə'tɪrɪkᵊl] *adj* (*literature, film*) satirisch; (*mocking, joking*) ironisch

satirically [sə'tɪrɪkᵊli] *adv* (*literature, film*) satirisch; (*mocking, joking*) ironisch

satirist ['sætᵊrɪst, AM 'sæt̬ə˞-] *n* Satiriker(in) *m(f)*

satirize ['sætᵊraɪz, AM 'sæt̬ə-] *vt* ■**to ~ sth/sb** etw/jdn satirisch darstellen

satisfaction [ˌsætɪs'fækʃᵊn, AM ˌsæt̬-] *n no pl* ❶ (*fulfilment*) Zufriedenheit *f*, Befriedigung *f*; **sb derives** [*or* **obtains**] **~ from** [*or* **out of**] [**doing**] **sth** etw bereitet jdm [große] Befriedigung; ■**to do sth to sb's ~** etw zu jds Zufriedenheit tun; **~ *guaranteed or your money back!*** Geld-zurück-Garantie bei Unzufriedenheit!; **sth has its ~s** etw verschafft Befriedigung ❷ (*sth producing fulfilment*) Genugtuung *f geh*; ■**to be a ~** [**to sb**] [jdm] eine Genugtuung sein; **to my great ~** zu meiner großen Genugtuung ❸ (*state of being convinced*) Zufriedenheit *f*; ■**to the ~ of sb** zu jds Zufriedenheit; **to the ~ of the court** zur Zufriedenstellung des Gerichts ❹ (*compensation*) Schadensersatz *m*; **to demand ~** Schadensersatz fordern [*o* verlangen] (**from** von +*dat*) ❺ (*hist form: challenge to a duel*) **to demand ~** Genugtuung fordern ❻ LAW (*acceptance of money/goods*) Befriedigung *f* eines Anspruches; (*payment*) Zufriedenstellung *f*; **in ~ of a claim/debt** in Erfüllung eines Anspruchs/in Begleichung einer Schuld; **accord and ~** vergleichsweise Erfüllung; **memorandum of ~** Löschungsbewilligung *f*

satisfactorily [ˌsætɪs'fæktᵊrᵊli, AM ˌsæt̬-] *adv* zufriedenstellend, befriedigend

satisfactory [ˌsætɪs'fæktᵊri, AM ˌsæt̬-] *adj* zufriedenstellend, befriedigend; MED zufriedenstellend; **~ condition** zufrieden stellender Zustand; **highly ~** (*approv*) äußerst zufrieden stellend

satisfied ['sætɪsfaɪd, AM 'sæt̬-] *adj* zufrieden; ■**to be ~ with sth/sb** mit etw/jdm zufrieden sein; **a ~ customer** ein zufriedener Kunde/eine zufriedene Kundin

satisfy <-ie-> ['sætɪsfaɪ, AM 'sæt̬-] **I.** *vt* ❶ (*meet needs*) ■**to ~ sb** jdn zufrieden stellen; **to ~ sb's curiosity** jds Neugier befriedigen [*o* stillen]; **to ~ a need/passion/an urge** ein Bedürfnis/eine Leidenschaft/ein Verlangen befriedigen ❷ (*fulfil*) **to ~ a demand** ECON eine Nachfrage befriedigen; **to ~ requirements** Anforderungen genügen ❸ (*comply with*) **to ~ a condition/criteria/a demand/requirements** eine Bedingung/Kriterien/eine Forderung/Anforderungen erfüllen ❹ (*convince*) ■**to ~ sb that ...** jdn überzeugen, dass ...; ***she satisfied the court that she was innocent*** sie überzeugte das Gericht von ihrer Unschuld; ■**to be satisfied as to** [*or* **of**] **sth** von etw *dat* überzeugt sein ❺ (*pay off*) **to ~ one's creditors** seine Gläubiger(innen) *mpl(fpl)* befriedigen; **to ~ a debt** eine Schuld begleichen; **to ~ a loan** einen Kredit tilgen ▶ PHRASES: **to ~ the examiners** BRIT SCH, UNIV (*form*) eine Prüfung bestehen **II.** *vi* (*form*) befriedigen, befriedigend sein

satisfying ['sætɪsfaɪɪŋ, AM 'sæt̬-] *adj* zufrieden stellend, befriedigend

satsuma [ˌsæt'suːmə, AM 'sætsəmɑː] *n* BRIT, AM Satsuma *f*

satsuma plum *n* AUS Satsumapflaume *f*

saturate ['sætʃᵊreɪt, AM -əreɪt] *vt* ❶ (*make wet*) ■**to be ~d** [**with sth**] [von etw *dat*] durchnässt sein; *soil* [von etw *dat*] aufgeweicht sein; *with liquid* [mit etw *dat*] getränkt sein ❷ (*fig: fill to capacity*) ■**to ~ sth** etw [völlig] auslasten; CHEM etw sättigen ❸ (*fig: over-supply*) **to ~ the market** den Markt sättigen ❹ (*fig: imbue*) **to be ~d in tradition** der Tradition verhaftet sein ❺ (*fig: cover intensively*) ■**to ~ sth** *area* etw durchkämmen

saturated ['sætʃᵊreɪtɪd, AM -əreɪt̬ɪd] *adj* ❶ (*soaking wet*) durchnässt; *soil* aufgeweicht ❷ CHEM gesättigt

saturated fat *n* CHEM gesättigtes Fett **saturated market** *n* gesättigter Markt **saturated solution** *n* CHEM gesättigte Lösung

saturation [ˌsætʃᵊr'eɪʃᵊn, AM -ə'-] *n no pl* CHEM, ECON, COMPUT Sättigung *f*

saturation advertising *n* Sättigungswerbung *f* **saturation bombing** *n* MIL Flächenbombardement *nt* **saturation point** *n* Sättigungspunkt *m*; **to reach ~** [*or* AM **the ~**] den Sättigungsgrad erreichen

Saturday ['sætədeɪ, AM -t̬ə˞-] *n* Samstag *m*, Sonnabend *m* NORDD; *see also* **Tuesday**

Saturday night special *n* AM (*fam*) kleine Handfeuerwaffe **Saturday staff** *n no pl* BRIT Samstagsschicht *f*

Saturn ['sætən, AM -t̬ə˞n] *n no pl* ASTRON Saturn *m*

Saturnalia <*pl* – *or* -s> [ˌsætə'neɪliə, AM -t̬ə˞-] *n* ❶ (*Roman festival*) Saturnalien *pl* ❷ (*liter: wild party*) Saturnalien *pl selten geh*, ausgelassenes Fest

saturnine ['sætənaɪn, AM -t̬ə˞-] *adj* (*liter: of features*) finster, düster; **~ look** düstere Miene; (*of manner*) schwermütig, melancholisch

satyr ['sætəʳ, AM 'seɪt̬ə˞] *n* ❶ (*mythical figure*) Satyr *m* ❷ (*liter: man*) Satyr *m*, lüsterner Mann

sauce [sɔːs, AM *esp* sɑːs] **I.** *n* ❶ (*liquid*) Soße *f*; **mushroom/tomato ~** Pilz-/Tomatensoße *f* ❷ (*of fruit*) **apple ~** Apfelmus *nt*, Apfelkompott *m* ❸ AM (*pej sl: alcohol*) Alkohol *m*; **to be on the ~** [zu viel] saufen *derb*; **to hit the ~** sich *dat* die Hucke vollsaufen *sl* ❹ (*fam: impertinence*) Unverschämtheit *f*, Frechheit *f* ▶ PHRASES: **what's ~ for the goose is ~ for the gander** (*prov*) was dem einen recht ist, ist dem anderen billig *prov* **II.** *vt* ❶ (*dated fam: be cheeky*) ■**to ~ sb** zu jdm frech sein ❷ (*fam: add interest*) ■**to ~ sth up** etw würzen *fig* ❸ *usu passive* (*with sauce*) ■**to ~ sth** etw mit Soße anrichten [*o* servieren]; ■**to be ~d** mit Sauce zubereitet/serviert werden

sauce-boat *n* Sauciere *f*

sauced [sɔːst, AM *esp* sɑːst] *adj* AM (*fam*) besoffen *sl*

saucepan *n* Kochtopf *m*

saucer ['sɔːsəʳ, AM 'sɑːsə˞, -'sɔː-] *n* Untertasse *f*; **to have eyes like ~s** große Augen haben

saucier ['səʊsieɪ, AM 'sɑːs-] *n* Saucier *m*, Soßenkoch, Soßenköchin *m, f*

saucily ['sɔːsɪli, AM *esp* 'sɑːs-] *adv* (*dated*) frech

sauciness ['sɔːsɪnəs, AM *esp* 'sɑːs-] *n no pl* (*dated*) ❶ (*impertinence*) Frechheit *f* ❷ BRIT (*smuttiness*) Freizügigkeit *f*

saucy ['sɔːsi, AM *esp* 'sɑːsi] *adj* ❶ (*impertinent*) frech ❷ BRIT (*pej: smutty*) freizügig; **~ underwear** Reizwäsche *f* ❸ *esp* AM (*approv fam: lively*) lebhaft

Saudi ['saʊdi] **I.** *n* (*male*) Saudi *m*; (*female*) Saudi-Araberin *f* **II.** *adj inv* saudisch

Saudi Arabia *n no pl* Saudi-Arabien *nt*

Saudi Arabian **I.** *n* Saudi-Araber(in) *m(f)* **II.** *adj inv* saudisch, saudi-arabisch

sauerkraut ['saʊəkraʊt, AM 'saʊə˞-] *n no pl* Sauerkraut *nt*

sauna ['sɔːnə, 'saʊnə, AM 'saʊnə, 'sɔːnə] *n* ❶ (*facility*) Sauna *f* ❷ (*activity*) Saunagang *m*; **to have a ~** in die Sauna gehen, saunieren

saunter ['sɔːntəʳ, AM 'sɑːnt̬ə˞] **I.** *vi* ■**to ~ somewhere** (*stroll*) irgendwo bummeln *fam*; (*amble*) irgendwo[hin] schlendern; ***they ~ed down to the beach*** sie schlenderten zum Strand hinunter; **to ~ along** herumschlendern **II.** *n usu sing* Bummel *m*

sausage ['sɒsɪdʒ, AM 'sɑːs-] *n* ❶ *no pl* FOOD Wurst *f*; (*small*) Würstchen *nt* ❷ BRIT (*fam: addressing child*) Dummerchen *nt fam* ▶ PHRASES: **not a ~** BRIT (*hum dated fam*) rein gar nichts *fam*

sausage dog *n* BRIT (*fam*) Dackel *m* **sausage machine** *n* ❶ (*for manufacture*) Wurstmaschine *f* ❷ BRIT (*pej fam: sth uniform*) Fabrik *f fig* **sausage meat** *n no pl* Wurstfüllung *f*, Wurstteig *m* **sausage roll** *n* BRIT, AUS ≈ Bratwurst *f* im Schlafrock

sauté ['səʊteɪ, AM sɔː'teɪ] **I.** *vt* <sautéed *or* sautéd> ■**to ~ sth** etw [kurz] [an]braten [*o fachspr* sautieren] **II.** *n* (*in ballet*) Sauté *nt* **III.** *adj attr, inv* [kurz] [an]gebraten, sautiert *fachspr*; **~ potatoes** Bratkartoffeln *fpl*

sauve qui peut [ˌsəʊvkiː'pɜː, AM ˌsoʊv-] *n* (*liter*) [allgemeine] Panik

savage ['sævɪdʒ] **I.** *adj* ❶ (*primitive*) wild; **~ animal** wildes Tier ❷ (*fierce*) brutal; **a ~ attack/blow** ein scharfer Angriff/Schlag; **~ fighting** heftige Kämpfe ❸ (*fam: mood*) **in a ~ mood** übel gelaunt ▶ PHRASES: **to soothe the ~ breast** das aufgebrachte Gemüt beruhigen **II.** *n* ❶ (*pej: barbarian*) Barbar(in) *m(f) pej* ❷ (*usu pej: primitive person*) Wilde(r) *f(m) pej*; **the noble ~** der/die edle Wilde **III.** *vt* ■**to ~ sb** jdn anfallen; (*fig*) jdn attackieren

savagely ['sævɪdʒli] *adv* brutal; ***"what do you want?" he demanded ~*** „was wollen Sie?" fragte er brüsk

savageness ['sævɪdʒnəs] *n no pl* Brutalität *f*

savagery ['sævɪdʒᵊri] *n no pl* Brutalität *f*

savanna(h) [sə'vænə] *n* Savanne *f*

save [seɪv] **I.** *vt* ① (*rescue*) ■**to ~ sth/sb [from sth]** etw/jdn [vor etw *dat*] retten; **to ~ the day** [*or* **situation**] die Situation retten; **to ~ sb's life** jds Leben retten; (*iron, hum*) ***thanks for helping me with that report — you ~d my life!*** danke, dass du mir mit dem Bericht geholfen hast – du hast mir das Leben gerettet! *hum;* **to ~ one's marriage** die Ehe retten; ■**to ~ sb from himself/herself** jdn vor sich *dat* selbst schützen; **to ~ the match** SPORTS das Spiel retten; **to ~** [*or* **hide**] **one's own skin** (*usu pej*) die eigene Haut retten; **to ~ sb's soul** REL jds Seele retten ② (*keep for future use*) ■**to ~ sth** etw aufheben; ***I ~ all my old letters in case I want to read them again*** ich hebe all meine alten Briefe auf, falls ich sie wieder einmal lesen möchte; **to ~ money** Geld sparen ③ (*collect*) ■**to ~ sth** etw sammeln; **to ~ coins/stamps** Münzen/Briefmarken sammeln ④ (*avoid wasting*) **to ~ one's breath** sich *dat* seine Worte sparen; ***I don't know why I bother speaking to him — I might as well ~ my breath*** ich weiß nicht, wieso ich überhaupt mit ihm rede — ich kann mir meine Worte genauso gut sparen; **to ~ one's energy/strength** seine Energie sparen/mit seinen Kräften haushalten; **to ~ time** Zeit sparen; ***he's saving himself for the big match*** er schont sich für das große Spiel; ***she's saving herself for the right man*** sie spart sich für den richtigen Mann auf ⑤ (*reserve*) ■**to ~ sb sth** [*or* **to ~ sth for sb**] jdm etw aufheben; ***I'll be home late — can you ~ me some dinner?*** ich werde spät heimkommen — kannst du mir was vom Abendessen aufheben?; ***~ a dance for me*** reserviere mir einen Tanz; ***~ me a place at your table, will you?*** halte mir doch bitte einen Platz an deinem Tisch frei, ja?; ***~ my seat — I'll be back in five minutes*** halte meinen Platz frei – ich bin in fünf Minuten wieder da ⑥ (*spare from doing*) ■**to ~ sb [doing] sth** jdm etw ersparen; ***thanks for your help — it ~d me a lot of work*** danke für deine Hilfe — das hat mir viel Arbeit erspart; ***her advice ~d us a great deal of trouble*** ihr Rat hat uns eine Menge Ärger erspart ⑦ COMPUT **to ~ data** Daten sichern; ***it isn't enough to ~ one's files on the hard disk — one should also copy them onto floppy disks*** es reicht nicht, seine Dateien auf der Festplatte zu speichern – man sollte sie noch zusätzlich auf Diskette sichern ⑧ SPORTS **to ~ a goal** ein Tor verhindern; **to ~ a penalty kick** einen Strafstoß abwehren ▶ PHRASES: **to ~ sb's bacon** [*or* **neck**] jds Hals retten; **to ~ face** das Gesicht wahren; **not to be able to do sth to ~ one's life** etw beim besten Willen nicht tun können; ***Samantha is tone deaf — she can't carry a tune to ~ her life*** Samantha hat kein Gehör für Tonhöhen – sie kann beim besten Willen keine Melodie halten; **a stitch in time ~s nine** (*prov*) was du heute kannst besorgen, das verschiebe nicht auf morgen *prov* **II.** *vi* ① (*keep [money] for the future*) sparen; ***I ~ with the Cooperative Bank*** ich habe ein Sparkonto bei der Cooperative Bank; **to ~ for a new car/holiday/house** für ein neues Auto/einen Urlaub/ein Haus sparen ② (*conserve sth*) ■**to ~ on sth** bei etw *dat* sparen; ***it was a warm winter, so we ~d on electricity*** es war ein warmer Winter, da haben wir Strom gespart **III.** *n* (*in football*) Abwehr *f;* ***the goalkeeper made a great ~ in the last minute of the match*** der Torhüter bot eine großartige Parade in der letzten Spielminute *fachspr* **IV.** *prep* (*form*) außer +*dat;* ***they found all the documents ~ one*** sie fanden alle Dokumente bis auf ein[e]s; ■**~ for ...** außer *dat* ...; ***the house was in good shape ~ for the roof*** das Haus war bis auf das Dach in gutem Zustand

◆**save up I.** *vt* **to ~ up money** Geld sparen; ***she's ~d up enough loyalty coupons to get a set of wine glasses*** sie hat genügend Rabattmarken gesammelt, um ein Weingläserset zu bekommen **II.** *vi* sparen; ■**to ~ up [for** [*or* **to do**] **sth]** [auf [*o* für] etw *akk*] sparen; ***she's saving up to go on a world cruise*** sie spart für eine Weltreise

save as you earn *n* BRIT *Sparprogramm, das steuerliche Vorteile bringt*

saveloy ['sævəlɔɪ] *n* BRIT Zervelatwurst *f*

saver ['seɪvə^r^, AM -ɚ] *n* ① (*person saving money*) Sparer(in) *m(f);* (*investor*) Anleger(in) *m(f)* ② (*train fare*) Sparticket *nt*

-saver ['seɪvə^r^, AM -ɚ] *in compounds* -sparer; **energy~** Energiespargerät *nt;* **face~** Ausrede *f* (*um das Gesicht zu wahren*); **sth is a money-/space-/time~** etw spart Geld/Platz/Zeit

saving ['seɪvɪŋ] **I.** *n* ① *usu pl* (*money*) Erspartes *nt kein pl;* ■**~s** *pl* Ersparnisse *fpl* ② *no pl* (*result of economizing*) Ersparnis *f;* (*act*) Einsparung *f;* ***the ~ in time was minimal*** die Zeitersparnis war [nur] minimal ③ *no pl* (*rescue, preservation*) Rettung *f;* ■**to be the ~ of sb** jds Rettung sein ④ LAW Ausnahme *f* **II.** *adj* rettend; ***the film's one ~ grace is the photography*** das einzig Versöhnende an dem Film sind seine Bilder **III.** *prep see* **save IV**

-saving ['seɪvɪŋ] *in compounds* -sparend; **face~ gesture** Geste, durch die man sein Gesicht wahrt; **energy~ light bulb** Energie sparende Glühbirne

saving clause *n* AM (*in taxation law*) Vorbehaltsklausel *f*

savings account *n* Sparkonto *nt* **savings and loan association** *n* AM ≈ Bausparkasse *f* **savings bank** *n* FIN Sparkasse (*, die nicht auf Profitbasis arbeitet und auch für kleine Einlagen Zinsen bietet*) **savings bond** *n* ① AM (*earning interest*) Sparbrief *m* ② BRIT (*premium bond*) Prämienaktie *f* **savings bonds** *npl* AM Sparschuldverschreibungen *fpl* **savings book** *n* Sparbuch *nt* **savings certificate** *n* BRIT FIN Schuldverschreibung *f,* Staatspapier *nt* **savings deposit** *n* Einzahlung *f*

savior ['seɪvjɚ] AM, **saviour** [-jə^r^] *n* Retter(in) *m(f);* ■**the S~** REL der Erlöser

savoir-faire [ˌsævwɑː'feə^r^, AM -wɑːrfer] *n no pl* Gewandtheit *f*

savor *n* AM *see* **savour**

savoriness *n* AM *see* **savouriness**

savory[1] ['seɪv^ə^ri] *n* (*herb*) Bohnenkraut *nt*

savory[2] *n* AM *see* **savoury**

savour ['seɪvə^r^, AM -ɚ] **I.** *n* ① (*taste*) Geschmack *m* ② (*quality*) Reiz *m* **II.** *vt* ■**to ~ sth** etw auskosten [*o* genießen]; ***I was ~ing my first sip of cold beer*** ich ließ mir den ersten Schluck kaltes Bier schmecken **III.** *vi* (*form*) ■**to ~ of sth** den Anschein von etw *dat* haben, nach etw *dat* schmecken *fig fam*

savouriness ['seɪv^ə^rɪnəs] *n no pl* ① (*appetizing quality*) Schmackhaftigkeit *f* ② (*social acceptibility*) ***there have always been whispers about the ~ of his reputation*** es hat schon immer Gerüchte um seinen Ruf gegeben

savoury ['seɪv^ə^ri] **I.** *adj* ① (*not sweet*) pikant; (*salty*) salzig ② (*appetizing*) appetitanregend; **~ smell/taste** appetitanregender Geruch/Geschmack ③ (*socially acceptable*) **to have a ~ reputation** angesehenen sein, einen guten Ruf haben **II.** *n* BRIT [pikantes] Häppchen

savoy [sə'vɔɪ] *n,* **savoy cabbage** *n no pl* Wirsing *m,* Savoyerkohl *m*

savvy ['sævi] **I.** *adj* (*fam: shrewd*) ausgebufft *sl* **II.** *n no pl* (*fam*) Köpfchen *nt fam;* (*practical knowledge*) Können *nt;* ***she's got a lot of ~*** sie hat eine Menge Ahnung *fam* **III.** *vi* (*dated fam*) verstehen, kapieren *fam*

saw[1] [sɔː, AM *esp* sɑː] *pt of* **see**

saw[2] [sɔː, AM *esp* sɑː] *n* (*dated*) Sprichwort *nt,* Spruch *m*

saw[3] [sɔː, AM *esp* sɑː] **I.** *n* Säge *f;* **chain ~** Kettensäge *f;* **power ~** Motorsäge *f;* **circular ~** Kreissäge *f* **II.** *vt* <-ed, sawn *or esp* AM -ed> ■**to ~ sth** etw [zer]sägen; **to ~ a tree down** einen Baum umsägen [*o* fällen] ▶ PHRASES: **to ~ the air** (*pej*) in der Luft herumfuchteln *fam;* **to ~ wood** (*sl*) schnarchen, sägen *fig fam* **III.** *vi* ① (*operate a saw*) sägen ② (*pej: play stringed instrument*) ■**to ~ at sth** auf etw *dat* [herum]sägen *fam*

◆**saw off** *vt* ■**to ~ off** ↻ **sth** etw absägen

◆**saw up** *vt* ■**to ~ up** ↻ **sth** etw zersägen

sawdust *n no pl* Sägemehl *nt* **saw-edged** *adj* gezähnt **sawed-off** *adj* AM *see* **sawn-off** **sawfish** *n* Sägefisch *m* **saw frame** *n* Sägegatter *nt* **sawhorse** *n* Sägebock *m* **sawmill** *n* Sägemühle *f*

sawn [sɔːn, AM *esp* 'sɑːn] *pp of* **saw**

sawn-off *adj attr, inv* ① (*with shortened barrel*) **~ shotgun** abgesägte Schrotflinte ② (*dated sl: short person*) **~ person** abgesägter Riese *sl* ③ (*fam: of clothes*) abgeschnitten

sawtoothed *adj* gezähnt

sawyer ['sɔːjə^r^, AM 'sɑːjɚ] *n* Säger *m;* (*in sawmill*) Sägewerker *m*

sax <*pl* -es> [sæks] *n short for* **saxophone** Saxophon *nt*

saxifrage <*pl* – *or* -s> ['sæksɪfrɪdʒ, AM -sə-] *n* BOT Steinbrech *m*

Saxon ['sæks^ə^n] **I.** *n* ① (*person*) Sachse, Sächsin *m, f* ② (*hist: member of Germanic people*) [Angel]sachse, [Angel]sächsin *m, f* ③ *no pl* (*language*) Sächsisch *nt* **II.** *adj* ① (*of Saxony*) sächsisch ② (*hist: in England*) [angel]sächsisch

Saxony ['sæks^ə^ni] *n no pl* Sachsen *nt*

saxophone ['sæksəfəʊn, AM -foʊn] *n* Saxophon *nt*

saxophonist ['sæksəfəʊnɪst, AM -foʊn-] *n* Saxophonist(in) *m(f)*

sax player *n* (*fam*) Saxophonspieler(in) *m(f)*

say [seɪ]

I. TRANSITIVE VERB	II. INTRANSITIVE VERB
III. NOUN	IV. ADJECTIVE
V. INTERJECTION	

I. TRANSITIVE VERB

<said, said> ① (*utter*) ■**to ~ sth** etw sagen; ***how do you ~ your name in Japanese?*** wie spricht man deinen Namen auf Japanisch aus?; ***I'm sorry, what did you ~?*** Entschuldigung, was hast du gesagt?; **to ~ sth to sb's face** jdm etw ins Gesicht sagen; **when all is said and done** letzten Endes; ***when all is said and done, you can only do your best*** letzten Endes kann man sich nur bemühen, sein Bestes zu geben ② (*state*) ■**to ~ sth** etw sagen; ***what did they ~ about the house?*** was haben sie über das Haus gesagt?; ***what did you ~ to him?*** was hast du ihm gesagt?; ***"the department manager is at lunch," he said apologetically*** „der Abteilungsleiter ist beim Mittagessen", meinte er bedauernd; ***another cup of tea? — I wouldn't ~ no*** (*fam*) noch eine Tasse Tee? – da würde ich nicht Nein sagen; **to ~ goodbye to sb** jdm auf Wiedersehen sagen, sich *akk* von jdm verabschieden; ***if Europe fails to agree on this, we can ~ goodbye to any common foreign policy*** (*fam*) wenn Europa sich hierauf nicht einigen kann, können wir jegliche gemeinsame Außenpolitik vergessen; **to ~ the least** um es [einmal] milde auszudrücken; ***he's rather unreliable to ~ the least*** er ist ziemlich unzuverlässig, und das ist noch schmeichelhaft ausgedrückt; **you can ~ that again!** (*fam*) das kannst du laut sagen *fam;* **to have anything/nothing/something to ~ [to sb]** [jdm] irgendetwas/nichts/etwas zu sagen haben; ***I've got something to ~ to you*** ich muss Ihnen etwas sagen; **to ~ yes/no to sth** etw annehmen/ablehnen; **having said that, ...** abgesehen davon ... ③ (*put into words*) ■**to ~ sth** etw sagen; ***what are you ~ing, exactly?*** was willst du eigentlich sagen?; ***that was well said*** das war gut gesagt; (*sl*) **~ what?** echt? *fam;* ***he talked for nearly an hour, but actually he said very little*** er redete beinahe eine Stunde lang, aber eigentlich sagte er sehr wenig; ***needless to ~ [that] he disagreed with all the suggestions, as usual*** natürlich war er, wie immer, mit keinem der Vorschläge einverstanden; **to have a lot/nothing to ~ for oneself** viel/nicht viel reden; ***what have you got to ~ for yourself?*** was hast du zu deiner Rechtfertigung zu sagen?; **~ no more!** alles klar!; **to ~ nothing of sth** ganz zu schweigen von etw *dat;* ***it would be an enormous amount of work, to ~ nothing of the cost*** es wäre ein enormer Arbeitsaufwand, ganz abgesehen von den Kosten ④ (*think*) ***it is said [that] he's over 100*** er soll über 100 Jahre alt sein;

S

she is a firm leader, too firm, some might ~ sie ist eine strenge Führungskraft, zu streng, wie manche vielleicht sagen würden; ~ ***what you like, I still can't believe it*** du kannst sagen, was du willst, aber ich kann es noch immer nicht glauben; ■**to ~ sth to oneself** sich *dat* etw sagen; ***she said to herself, "what a fool I am!"*** „was bin ich doch für eine Idiotin", sagte sie zu sich selbst (5) (*recite aloud*) ■**to ~ sth** etw aufsagen; **to ~ a prayer** ein Gebet sprechen (6) (*give information*) ■**to ~ sth** etw sagen; ***the sign says ...*** auf dem Schild steht ...; ***can you read what that notice ~s?*** kannst du lesen, was auf der Mitteilung steht?; ***it ~s on the bottle to take three tablets a day*** auf der Flasche heißt es, man soll drei Tabletten täglich einnehmen; ***my watch ~s 3 o'clock*** auf meiner Uhr ist es 3 [Uhr] (7) (*indicate*) **to ~ something/a lot about sb/sth** etwas/eine Menge über jdn/etw aussagen; ***the way he drives ~s a lot about his character*** sein Fahrstil sagt eine Menge über seinen Charakter aus; **to ~ something for sb/sth** für jdn/etw sprechen; ***it ~s a lot for her determination that she practises her cello so often*** dass sie so oft Cello übt, zeigt ihre Entschlossenheit; **there's little/a lot to be said for sth** es spricht wenig/viel für etw *akk;* ***there's a lot to be said for living alone*** es spricht viel dafür, alleine zu leben (8) (*convey inner/artistic meaning*) ■**to ~ sth** etw ausdrücken; ***the look on his face said he knew what had happened*** der Ausdruck auf seinem Gesicht machte deutlich, dass er wusste, was geschehen war; ***the expression on her face when she saw them said it all*** ihr Gesichtsausdruck, als sie sie sah, sagte alles (9) (*fam: suggest*) ■**to ~ sth** etw vorschlagen; ***I ~ we start looking for a hotel now*** ich schlage vor, wir suchen uns jetzt ein Hotel; ***what do you ~ we sell the car?*** was hältst du davon, wenn wir das Auto verkaufen? (10) (*tell, command*) ■**to ~ when/where etc.** sagen, wann/wo usw.; ***he said to meet him here*** er sagte, dass wir ihn hier treffen sollen; ***she said to call her back when you get home*** sie sagte, du sollst sie zurückrufen, wenn du wieder zu Hause bist; **to ~ when** sagen, wenn es genug ist [*o* reicht] (11) (*for instance*) **[let's] ~ ...** sagen wir [mal] ...; (*assuming*) nehmen wir an, angenommen; ***try and finish the work by, let's ~, Friday*** versuchen Sie die Arbeit bis, sagen wir mal, Freitag fertig zu machen; [***let's***] ~ [***that***] ***the journey takes three hours, that means you'll arrive at 2 o'clock*** angenommen die Reise dauert drei Stunden, das heißt, du kommst um 2 Uhr an ► PHRASES: **to ~ amen to sth** Amen zu etw *dat* sagen; ***I'll ~ amen to that*** ich bin dafür; **to ~ cheese** ‚cheese' sagen; **to be unable to ~ boo to a goose** ein Hasenfuß sein *iron, pej fam;* ***he's so shy he couldn't ~ boo to a goose*** er ist so schüchtern, er könnte keiner Fliege etwas zuleide tun; **before sb could ~ Jack Robinson** bevor jd auf drei zählen konnte; **to ~ uncle** AM (*esp childspeak*) sich *akk* geschlagen geben, aufgeben; **to ~ the word** Bescheid geben; ***just ~ the word, and I'll come and help*** sag nur ein Wort und ich komme zu Hilfe; **you don't ~ [so]!** was du nicht sagst!; **you said it!** (*fam*) du sagst es!

II. INTRANSITIVE VERB

<said, said> (1) (*state*) sagen; ***where was he going? — he didn't ~*** wo wollte er hin? – das hat er nicht gesagt; ***is it possible? — who can ~?*** ist das möglich? – wer kann das schon sagen?; ***I appreciate the gesture more than I can ~*** ich kann gar nicht sagen, wie ich die Geste schätze; ***I can't ~ for certain, but ...*** ich kann es nicht mit Sicherheit behaupten, aber ...; **hard to ~** schwer zu sagen; **I can't ~** das kann ich nicht sagen [*o* weiß ich nicht]; **it's not for sb to ~** es ist nicht an jdm, etw zu sagen; ***I think we should delay the introduction, but of course it's not for me to ~*** ich denke wir sollten die Einführung hinausschieben, aber es steht mir natürlich nicht zu, das zu entscheiden; **not to ~ ...** um nicht zu sagen ... (2) (*believe*) sagen; ***is Spanish a difficult language to learn? — they ~ not*** ist Spanisch schwer zu lernen? – angeblich nicht (3) (*to be explicit*) **... that is to ~ ...** ... das heißt ...; ***our friends, that is to ~ our son's friends, will meet us at the airport*** unsere Freunde, genauer gesagt, die Freunde unseres Sohnes, werden uns am Flughafen treffen; **that is not to ~** das soll nicht heißen; ***he's so gullible, but that is not to ~ that he is stupid*** er ist so leichtgläubig, aber das soll nicht heißen, dass er dumm ist ► PHRASES: **how ~ you?** LAW wie lautet Ihr Urteil?

III. NOUN

no pl Meinung *f;* **to have one's ~** seine Meinung sagen; ***can't you keep quiet for a minute and let me have my ~?*** könnt ihr mal eine Minute ruhig sein, damit ich auch mal zu Wort kommen kann? *fam;* **to have a/no ~ in sth** bei etw *dat* ein/kein Mitspracherecht haben

IV. ADJECTIVE

attr (*form*) ■**the said ...** der/die/das erwähnte [*o* genannte] ...

V. INTERJECTION

(1) AM (*fam: to attract attention*) sag mal ... *fam;* ~, ***how about going out tonight?*** sag mal, was hältst du davon, wenn wir heute Abend ausgehen? *fam;* **I ~!** BRIT (*dated*) Donnerwetter! *fam;* ***I ~, what a splendid hat you're wearing!*** Donnerwetter, das ist ja ein toller Hut, den du da trägst! *fam* (2) (*to show surprise, doubt etc*) ***I*** [***mean to*** [*or* ***must***]] ***~!*** [also] ich muss [schon] sagen!; (*fam: for emphasis*) ***I'll ~!*** und wie!, das kann man wohl sagen! *fam;* (*sl: to express doubt*) **~s you!** das glaubst aber auch nur du! *fam;* **~s who?** wer sagt das? (3) AM (*expresses positive reaction*) sag mal *fam;* ~, ***that's really a great idea!*** Mensch, das ist ja echt eine tolle Idee! *fam*

saying ['seɪɪŋ] *n* (1) *no pl* (*act*) Sprechen *nt;* ***there's no ~ what she may be up to*** es lässt sich nicht sagen, was sie wohl als nächstes tun wird; **it goes without ~** es versteht sich von selbst (2) (*adage*) Sprichwort *nt;* **as the ~ goes** wie es so schön heißt *oft iron* (3) (*collected wisdom*) ■**the ~s of sb** die Aussprüche einer Person *gen*

say-so *n no pl* (*fam*) (1) (*approval*) Genehmigung *f,* Erlaubnis *f;* **to have sb's ~** jds Genehmigung [*o* Einverständnis] haben (2) (*assertion*) Behauptung *f;* ***don't just believe it on my ~*** glaub' es doch nicht einfach nur, weil ich es sage

S-bend ['es,bend] *n* S-Kurve *f;* MECH S-Biegung *f*

scab [skæb] **I.** *n* (1) (*of wound*) Kruste *f,* Schorf *m,* Grind *m* DIAL (2) (*pej fam: strikebreaker*) Streikbrecher(in) *m(f)* (3) (*pej fam: disliked person*) Halunke *m pej* (4) *no pl* (*plant disease*) Schorf *m;* (*animal disease*) Räude *f* **II.** *vi* (*fam*) (1) (*act as blackleg*) als Streikbrecher/Streikbrecherin arbeiten (2) BRIT (*cadge*) schnorren *sl*

scabbard ['skæbəd, AM -ərd] *n* [Schwert]scheide *f*

scabbed [skæbd] *adj* schorfig

scabby ['skæbi] *adj* (1) (*having scabs*) schorfig (2) (*having the scab disease*) räudig (3) (*pej fam: reprehensible*) schäbig

scabies ['skeɪbi:z] *n no pl* Krätze *f*

scabious <*pl* -> ['skeɪbiəs] *n* BOT Skabiose *f*

scabrous ['skeɪbrəs, AM *esp* 'skæb-] *adj* (1) (*covered with scabs*) schorfig (2) (*pej liter: salacious*) unanständig (3) (*pej: unpleasant*) schäbig

scads [skædz] *npl* AM, AUS (*fam*) ■**~ of ...** eine Menge [*o fam* ein Haufen] ...; **~ of money** ein Haufen Geld; **~ of people** jede Menge Leute

scaffold ['skæfəʊld, AM -fəld] **I.** *n* (1) (*hist: for executions*) Schafott *nt;* **to die on the ~** auf dem Schafott sterben (2) (*rare: scaffolding*) Gerüst *nt* **II.** *vt* **to ~ a building** ein Gebäude mit einem Gerüst versehen

scaffolding ['skæfəldɪŋ] *n no pl* [Bau]gerüst *nt;* **to put up ~** ein Gerüst aufschlagen [*o* aufstellen]

scalable ['skeɪləbl] *adj* (1) (*mountain*) ersteigbar (2) (*size*) größenvariabel

scalawag ['skæləwæg] *n* AM (*scallywag*) Schlingel *m hum*

scald [skɔ:ld, AM *esp* skɑ:ld] **I.** *vt* (1) (*burn*) ■**to ~ sb/oneself** jdn/sich *akk* verbrühen (2) (*clean*) ■**to ~ sth** etw auskochen; ~ ***the needles to sterilize them*** koche die Nadeln ab, um sie zu sterilisieren (3) (*heat*) ■**to ~ sth** etw erhitzen; **to ~ the fruit** das Obst dünsten; **to ~ milk** Milch abkochen ► PHRASES: **like a ~ed cat** wie ein geölter Blitz *fam* **II.** *n* (1) MED Verbrühung *f* (2) HORT Brand *m kein pl*

scalding ['skɔ:ldɪŋ, AM *esp* 'skɑ:ld-] *adj* (1) *liquid* kochend, siedend; **~ hot** kochend [*o* siedend] heiß (2) (*fig: extreme*) **~ criticism** scharfe [*o* heftige] Kritik

scale¹ [skeɪl] **I.** *n* (1) (*on skin*) Schuppe *f* (2) *no pl* (*mineral coating*) Ablagerung *f* (3) (*spec: dental plaque*) Zahnstein *m kein pl* ► PHRASES: **the ~s fall from sb's eyes** (*liter*) jdm wie Schuppen von den Augen fallen **II.** *vt* (1) (*remove scales*) **to ~ a fish** einen Fisch abschuppen (2) (*remove tartar*) **to ~ teeth** Zahnstein entfernen **III.** *vi skin* sich *akk* schuppen; *paint* abblättern

scale² [skeɪl] *n* (1) *usu pl* (*weighing device*) Waage *f;* **bathroom/kitchen/letter ~** Personen-/Küchen-/Briefwaage *f;* **a pair of ~s** (*form*) eine [Balken]waage; **to tip** [*or* **turn**] **the ~s** [**at sth**] [etw] auf die Waage bringen; ***he tipped the ~ at 210 pounds*** er wog er 210 Pfund; **to tip the ~s** (*fig*) den [entscheidenden] Ausschlag geben (2) ASTROL ■**the ~s** *pl* Waage *f kein pl* ► PHRASES: **to throw sth into the ~** etw in die Waagschale werfen

scale³ [skeɪl] **I.** *n* (1) (*system of gradation*) Skala *f;* (*of map*) Maßstab *m;* ***how would you rate his work on a ~ of 1 to 5?*** wie würden Sie seine Arbeit auf einer Skala von 1 bis 5 beurteilen?; ***what ~ is this map?*** welchen Maßstab hat diese Karte?; **~ of values** Wert[e]skala *f;* **a sliding ~** ECON eine Gleitskala; ***remuneration is on a sliding ~*** die Bezahlung ist gestaffelt (2) *no pl* ■**to be in** [*or* **to**] **~** *building, drawing* maßstab[s]getreu [*o* maßstab[s]gerecht] sein; **to build/draw sth to ~** etw maßstab[s]getreu [*o* maßstab[s]gerecht] bauen/zeichnen (3) (*relative degree/extent*) Umfang *m;* **on a national ~** auf nationaler Ebene; **on a large/small ~** im kleinen/großen [Rahmen] (4) *no pl* (*size*) Ausmaß *nt;* **advantages of ~** ECON bedeutende Vorteile (5) MUS Tonleiter *f;* **to play/practice ~s** Tonleitern spielen/üben **II.** *vt* ■**to ~ sth** (1) (*climb*) etw erklimmen *geh;* **to ~ a fence** auf einen Zaun klettern; **to ~ a mountain** einen Berg besteigen; (*fig*) ***she has already ~d the heights of her profession*** sie hat bereits den Höhepunkt ihrer Karriere erreicht (2) TECH, ARCHIT etw maßstab[s]getreu zeichnen; (*make*) etw maßstab[s]getreu anfertigen

◆**scale back** *vt* ■**to ~ back** ○ **sth** etw reduzieren [*o* einschränken]

◆**scale down I.** *vt* ■**to ~ down** ○ **sth** etw reduzieren; ECON etw einschränken [*o* drosseln], etw verringern [*o* herabsetzen]; ***my company is scaling down its operations in the Middle East*** meine Firma schränkt ihre Tätigkeiten im mittleren Osten ein; (*make smaller in proportion*) etw [vom Maßstab her] verkleinern **II.** *vi* verkleinern; ***the company may be scaling down*** die Firma könnte ihr Volumen verringern

◆**scale up I.** *vt* ■**to ~ up** ○ **sth** etw erweitern; *transportation system etc* etw ausbauen; ECON etw erhöhen [*o* heraufsetzen] **II.** *vi* expandieren

scale drawing *n* maßstab[s]getreue Zeichnung

scale model *n* maßstab[s]getreues Modell

scaliness ['skeɪlɪnəs] *n no pl* (1) ZOOL Schuppenbildung *f* (2) MED Schuppigkeit *f* (3) MECH Verkalkung *f*

scaling ladder ['skeɪlɪŋ,-, AM -ə-] *n* (*hist*) Sturmleiter *f*

scallion ['skæliən, AM -jən] *n* (*spring onion*) Frühlingszwiebel *f;* (*shallot*) Schalotte *f*

scallop ['skæləp, AM *esp* 'skɑ:-] **I.** *n* (1) (*edible shellfish*) Kammmuschel *f;* (*esp in gastronomy*) Jakobsmuschel *f* (2) ■**~ [shell]** (*plate*) Muschelschale *f;* ZOOL Schalenhälfte *f* der Kammmuschel **II.** *vi* AM Muscheln sammeln

scalloped ['skæləpt, AM *esp* 'skɑ:-] *adj inv, attr* ① FASHION *edge* bogenförmig ② (*shape of scallop shell*) muschelförmig
scalloped potatoes *npl Kartoffelgericht, bei dem die Kartoffeln in dünne Scheiben geschnitten und dann in Milch und Käse überbacken werden*
scallywag ['skæliwæg] *n* (*fam*) Schlingel *m hum*
scalp [skælp] **I.** *n* ① (*head skin*) Kopfhaut *f* ② (*hist*) Skalp *m;* (*fig: victory*) [Sieges]trophäe *f;* ***he's out for the doctor's*** ~ (*want revenge*) er steht mit dem Arzt auf Kriegsfuß **II.** *vt* ① (*hist: remove head skin*) ■**to** ~ **sb** jdn skalpieren; (*hum, iron*) jdn kahlscheren ② AM, AUS (*fam: resell*) ■**to** ~ **sth** etw zu einem Wucherpreis weiterverkaufen ③ AM (*iron fam: defeat*) ■**to** ~ **sb** jdn haushoch schlagen *fam* **III.** *vi* STOCKEX auf schnellen Gewinn spekulieren
scalpel ['skælpᵊl] *n* Skalpell *nt*
scalper ['skælpəʳ, AM -ɚ] *n* AM, AUS (*fam*) Wucherer, Wucherin *m, f,* Absahner(in) *m(f);* (*ticket seller*) [Karten]schwarzhändler(in) *m(f);* STOCKEX Spekulant(in) *m(f)* in Terminkontrakten
scalping ['skælpɪŋ] *n* STOCKEX kleine Gewinnmitnahmen
scaly ['skeɪli] *adj* ① ZOOL, MED schuppig; ~ **skin** schuppige Haut ② TECH verkalkt
scam [skæm] *n* (*fam*) Betrug *m;* **banking** ~ Bankbetrug *m*
scamp¹ [skæmp] *n* (*fam*) Schlingel *m hum*
scamp² [skæmp] *vt* (*dated*) ■**to** ~ **sth** etw schlampig erledigen
scamper ['skæmpəʳ, AM -ɚ] **I.** *vi* ■**to** ~ **somewhere** irgendwohin flitzen *fam;* ***the children*** ~***ed off into the garden*** die Kinder schossen in den Garten hinaus *fam* **II.** *n no pl* Flitzen *nt fam*
scampi ['skæmpi] *npl* Scampi *pl*
scan [skæn] **I.** *vt* <-nn-> ① (*scrutinize*) ■**to** ~ **sth** etw absuchen (**for** nach +*dat*) ② (*glance through*) ■**to** ~ **sth** etw überfliegen ③ COMPUT ■**to** ~ **sth** etw einlesen [*o fachspr* einscannen]; **to** ~ **a text** einen Text einlesen [*o fachspr* einscannen]; ***she had to have her brain*** ~***ned*** sie musste sich einer Computertomographie des Schädels unterziehen ④ (*rotate*) **to** ~ **a beam/light/spotlight over sth** über etw *akk* einen Strahl/ein Licht/ein Scheinwerferlicht gleiten lassen ⑤ LIT ■**to** ~ **sth** etw bestimmen; **to** ~ **a verse** ein Versmaß festlegen **II.** *vi* <-nn-> ① (*glance through*) *through a booklet, article* [flüchtig] durchsehen ② LIT (*conform to verse*) das korrekte Versmaß haben; ***this line doesn't*** ~ diese Zeile hat nicht das richtige Versmaß **III.** *n* ① (*glancing through*) [flüchtige] Durchsicht ② MED Abtastung *f,* Scan *m;* **brain** ~ Computertomographie *f* des Schädels; **ultrasound** ~ Ultraschalluntersuchung *f* ③ (*image*) Scannerergebnis *nt*
scandal ['skændᵊl] *n* ① (*cause of outrage*) Skandal *m;* **political** ~ politischer Skandal; **to cause** [*or* **create**] **a** ~ einen Skandal verursachen [*o* auslösen]; **a** ~ **breaks** ein Skandal kommt zu Tage; **to cover** [*or* **hush**] **up a** ~ einen Skandal vertuschen; **to expose** [*or* **uncover**] **a** ~ einen Skandal enthüllen [*o* aufdecken] ② *no pl* (*gossip*) Skandalgeschichte *f;* **to spread** ~ Skandalgeschichten verbreiten ③ *no pl* (*outrage*) Empörung *f;* **to be cause for** ~ für Empörung sorgen ④ (*sth shocking*) Skandal *m;* (*disgrace*) Schande *f;* ***the way they treat their children is a*** ~ es ist schockierend, wie sie ihre Kinder behandeln
scandalize ['skændᵊlaɪz, AM -də-] *vt* ■**to** ~ **sb** jdn schockieren; ■**to be** ~**d by sth** von etw *dat* schockiert sein; (*offended*) über etw *akk* empört sein
scandalmonger ['skændᵊlˌmʌŋgəʳ, AM -ˌmɑ:ŋgɚ] *n* (*pej*) Lästermaul *nt sl*
scandalous ['skændᵊləs] *adv* ① (*causing scandal*) skandalös ② (*disgraceful*) skandalös, unerhört; (*shocking*) schockierend; ***it's*** ~ ***that ...*** es ist skandalös, dass ...
scandalously ['skændᵊləsli] *adv* ① (*in scandalous manner*) skandalös ② (*disgracefully*) skandalös, unerhört; (*shockingly*) schockierend
scandal sheet *n* (*pej*) Boulevardblatt *nt,* Skandalblatt *nt*
Scandinavia [ˌskændɪ'neɪviə] *n no pl* Skandinavien *nt*
Scandinavian [ˌskændɪ'neɪviən] **I.** *adj inv* skandinavisch **II.** *n* Skandinavier(in) *m(f)*
scanner ['skænəʳ, AM -ɚ] *n* COMPUT, MED Scanner *m,* Abtaster *m*
scansion ['skænʃᵊn] *n no pl* LIT ① (*act of scanning*) Bestimmung *f* des Versmaßes, Skansion *f fachspr;* (*action*) Skandieren *nt* ② (*rhythm*) metrische Gliederung, Metrik *f fachspr*
scant [skænt] **I.** *adj attr* ① (*not enough*) unzureichend, ungenügend; ***he retold the story with*** ~ ***regard for the truth*** er wiederholte die Geschichte, ohne dabei der Wahrheit große Bedeutung beizumessen; ~ **attention** mangelnde Aufmerksamkeit; **to pay** ~ **attention to sth** etw kaum beachten; ~ **evidence** unzureichende Beweise ② (*almost*) **a** ~ **litre/metre** ein knapper Liter/Meter **II.** *vt* ① (*neglect*) ■**to** ~ **sth/sb** etw/jdn vernachlässigen ② *esp* AM (*be grudging with*) ■**to** ~ **sth** mit etw *dat* hadern *geh*
scantily ['skæntɪli, AM -t̬li] *adv* spärlich; ~ **clad** (*alluringly*) freizügig gekleidet
scanty ['skænti, AM -t̬i] *adj* ① (*very small*) knapp; ~ **bathing suit** knapper Badeanzug ② (*barely sufficient*) unzureichend, ungenügend; ~ **evidence** unzulänglicher Beweis; ~ **information** unzureichende Information
scapegoat ['skeɪpgəʊt, AM -goʊt] **I.** *n* Sündenbock *m;* ■**to be a** ~ **for sb/sth** für jdn/etw der Sündenbock sein; **to make a** ~ **of sb** jdn zum Sündenbock machen; **to use sb as a** ~ jdn als Sündenbock benutzen **II.** *vt* ■**to** ~ **sb** [**for sth/for doing sth**] jdm [für etw *akk*] die Schuld geben
scapula <*pl* -s *or* -lae> ['skæpjələ, *pl* -li:] *n* ANAT Schulterblatt *nt*
scar [skɑ:ʳ, AM skɑ:r] **I.** *n* ① MED Narbe *f;* ~ **tissue** Narbengewebe *nt;* **emotional/mental/psychological** ~ (*fig*) seelische/geistige/psychische Narbe; **to bear a** ~ eine Narbe tragen; ***every village bears the*** ~***s of war*** jeder Ort ist vom Krieg gezeichnet; **to leave a** ~ eine Narbe hinterlassen ② GEOL blanker [*o* nackter] Fels **II.** *vt* <-rr-> ■**to be** ~**red** [**by sth**] [von etw *dat*] gezeichnet sein; **to be** ~**red for life** fürs [ganze] Leben gezeichnet sein; ***his experiences in the army left him deeply*** ~***red*** seine Erfahrungen bei der Armee hinterließen tiefe Wunden bei ihm **III.** *vi* vernarben; ■**to** ~ [**over**] eine Narbe bilden
scarab ['skærəb, AM 'sker-] *n* ① ZOOL Skarabäus *m,* Pillendreher *m* ② (*hist: Egyptian gem*) Skarabäus *m,* Skarabäengemme *f*
scarce [skeəs, AM skers] *adj* knapp; (*rare*) rar; **to make oneself** ~ (*fam*) sich *akk* rar machen *fam;* (*disappear*) sich *akk* aus dem Staub machen *fam*
scarcely ['skeəsli, AM 'skers-] *adv* ① *inv* (*barely*) kaum; ***I had*** ~ ***sat down when ...*** ich hatte mich gerade hingesetzt, als ...; ***she can*** ~ ***afford to pay the rent*** sie kann das Geld für die Miete kaum aufbringen ② (*certainly not*) ***he would*** ~ ***have said a thing like that*** er hätte so etwas wohl kaum behauptet
scarcity ['skeəsəti, AM 'skersət̬i] *n no pl* Knappheit *f;* ~ **value** Seltenheitswert *m*
scare [skeəʳ, AM sker] **I.** *n* ① (*fright*) Schreck[en] *m;* **to get** [*or* **have**] **a** ~ einen Schreck[en] bekommen; **to give sb a** ~ jdm einen Schreck[en] einjagen ② (*public panic*) Hysterie *f;* ***a few*** ~***s about food poisoning*** einige panikartige Reaktionen in bezug auf Lebensmittelvergiftungen; **bomb** ~ Bombendrohung *f* **II.** *adj attr, inv* Panik-; ~ **story** Schauergeschichte *f;* ~ **tactic** Panikmache *f* **III.** *vt* ■**to** ~ **sb** jdm Angst machen, jdn erschrecken; ***the two boys*** ~***d the old man into handing over his wallet*** die beiden Jungs bedrohten den alten Mann so, dass er ihnen seine Brieftasche gab; **to** ~ **sb out of doing sth** jdn so ängstigen, dass er etw nicht tut ► PHRASES: **to** ~ **the life** [*or* **the living daylights**] **out of sb** jdn zu Tode erschrecken; **to** ~ **the pants off sb** jdn unglaublich erschrecken; **to** ~ **sb shitless** (*vulg*) jdn höllisch erschrecken *fam;* **to** ~ **sb stiff** [*or* **witless**] [*or* **out of his wits**] [*or* **to death**] jdn zu Tode ängstigen **IV.** *vi* erschrecken; **to** ~ **easily** leicht erschrecken, schreckhaft sein
◆**scare away, scare off** *vt* ■**to scare sb** ↻ **away** [*or* **off**] ① (*frighten into leaving*) jdn verscheuchen ② (*discourage*) jdn abschrecken
◆**scare up** *vt* AM (*fam*) ■**to** ~ **up** ↻ **sth** etw auftreiben *fam*
scarecrow ['skeəkrəʊ, AM 'skerkroʊ] *n* Vogelscheuche *f*
scared [skeəd, AM skerd] *adj* verängstigt; ■**to be** ~ **of sth/sb** vor etw/jdm Angst haben; ■**to be** ~ **to do** [*or* **of doing**] **sth** Angst davor haben, etw zu tun; ■**to be** ~ **that ...** [be]fürchten [*o* Angst haben], dass ...; ***I was*** ~ ***that you might not be there*** ich befürchtete, du könntest vielleicht nicht da sein; **to be** ~ **to death** [*or* **stiff**] [*or* **witless**] [*or* **out of one's wits**] Todesängste ausstehen; **to be** ~ **of one's own shadow** sich *akk* vor seinem eigenen Schatten fürchten; **to be** ~ **shitless** (*vulg*) sich *dat* vor Angst in die Hosen scheißen *derb;* **to run** ~ panisch reagieren
scaredy ['skeədi, AM 'skerdi] *n,* **scaredy cat** *n* (*childspeak pej*) Angsthase *m fam,* Schisser *m sl*
scaremonger ['skeəˌmʌŋgəʳ, AM 'skerˌmɑ:ŋgɚ] *n* Panikmacher(in) *m(f)*
scaremongering ['skeəˌmʌŋgᵊrɪŋ, AM 'skerˌmɑ:ŋgɚ-] **I.** *n no pl* (*usu pej*) Panikmache *f pej* **II.** *adj attr* Panik-; ~ **tactics** Panikmache *f*
scarf¹ <*pl* -s *or* scarves> [skɑ:f, AM skɑ:rf] *n* Schal *m;* **silk** ~ Seidentuch *nt;* **wool** ~ Wollschal *m*
scarf² [skɑ:f, AM skɑ:rf] **I.** *vt* (*join*) ■**to** ~ **sth** *metal* etw zusammenlaschen; *timber* etw zusammenblatten **II.** *n* (*joint*) Verlaschung *f; of timber* Blattverbindung *f,* Blattfuge *f*
scarf³ [skɑ:f, AM skɑ:rf] *vt* AM (*fam*) ■**to** ~ **sth** [**down/up**] etw [runter-/auf]futtern *fam,* sich *dat* was reinziehen *sl*
◆**scarf up** *vt* AM (*fam*) ■**to** ~ **sth** ↻ **up** etw auffuttern *fam*
scarf ring *n* Halstuchring *m*
scarifier ['skærɪfaɪəʳ, AM 'skerɪfaɪɚ] *n* (*for lawn*) Gerät *nt* zum Rasenauflockern; (*for soil*) Gerät *nt* zum Bodenauflockern
scarify¹ <-ie-> ['skærɪfaɪ, AM 'sker-] *vt* ① (*make incisions*) **to** ~ **the ground** den Boden auflockern; **to** ~ **skin** Haut [an]ritzen ② (*fig: hurt feelings*) ■**to** ~ **sb** jdn verletzen
scarify² ['skærɪfaɪ, AM 'sker-] *vt* (*fam: scare*) ■**to** ~ **sb** jdn [sehr] ängstigen
scarifying ['skærɪfaɪɪŋ, AM 'sker-] *adj* (*fig*) ① (*hurtful*) schmerzhaft ② (*fam: terrifying*) beängstigend
scarily ['skeərɪli, AM 'sker-] *adv* beängstigend
scarlatina [ˌskɑ:lə'ti:nə, AM ˌskɑ:r-] *n no pl* MED Scharlach *m*
scarlet ['skɑ:lət, AM 'skɑ:r-] **I.** *n no pl* Scharlachrot *nt* **II.** *adj* scharlachrot
scarlet fever *n no pl* MED Scharlach *m,* Scharlachfieber *nt* **scarlet runner** *n* BOT, FOOD Feuerbohne *f* **scarlet woman** *n* (*pej dated*) leichtlebige Frau *veraltet*
scarp [skɑ:p, AM skɑ:rp] *n* Steilhang *m;* MIL innere Grabenböschung, Eskarpe *f*
scarper [skɑ:pəʳ] *vi* BRIT, AUS (*sl*) abhauen *fam,* sich *akk* verziehen *sl*
scarves [skɑ:vz, AM skɑ:rvz] *n pl of* **scarf**
scary ['skeəri, AM 'skeri] *adj* ① (*frightening*) Furcht erregend ② (*uncanny*) unheimlich
scat¹ [skæt] *interj* (*fam*) ■~! verschwinde, hau ab *fam*
scat² [skæt] *n no pl* HUNT (*droppings*) Kot *m*
scat³ [skæt] *n no pl* MUS Scat *m*
scathe [skeɪð] *vt usu passive* ■**to be** ~**d** [**by sth**] [von etw *dat*] verletzt werden; ***she escaped barely*** ~***d*** sie ist mit ein Paar Schrammen davongekommen
scathing ['skeɪðɪŋ] *adj* versengend; ~ **criticism** scharfe Kritik; ~ **remark** bissige Bemerkung; ■**to be** ~ **about sb/sth** jdn/etw verletzend herabsetzen
scathingly ['skeɪðɪŋli] *adv* vernichtend
scatological [ˌskætə'lɒdʒɪkᵊl, AM -t̬ə'lɑ:dʒ-] *adj* (*form*) skatologisch
scatology [skæt'ɒlədʒi, AM skə'tɑ:l-] *n no pl* Skatologie *f*

scat singer *n* MUS Scatsänger(in) *m(f)*
scat singing *n no pl* MUS Scatgesang *m*
scatter ['skætəʳ, AM -t̬ɚ] **I.** *vt* ■**to ~ sth** etw verstreuen; ***I ~ed grass seed all over the lawn*** ich streute Grassamen über den ganzen Rasen; ■**to ~ sth with sth** etw mit etw *dat* bestreuen; PHYS etw streuen; **to be ~ed to the four winds** (*form*) in alle Winde zerstreut sein **II.** *vi crowd, protesters* sich *akk* zerstreuen; **to ~ to the four winds** (*form*) sich *akk* in alle vier Himmelsrichtungen zerstreuen **III.** *n* ❶ (*small amount*) [vereinzeltes] Häufchen; ***a ~ of hailstones still lay on the drive*** ein paar vereinzelte Hagelkörner lagen immer noch in der Einfahrt ❷ *no pl* PHYS, COMPUT Streuung *f*
◆**scatter about, scatter around** *vt* ■**to ~ sth about** [*or* **around**] etw [überall] verstreuen; ■**to be ~ed about** [*or* **around**] [überall] verstreut sein
scatterbrain *n* zerstreute Person; ***I'm such a ~*** ich bin total zerstreut **scatterbrained** *adj* zerstreut
scatter cushion *n* BRIT, AUS Sofakissen *nt*
scattered ['skætəd, AM -t̬ɚd] *adj* ❶ (*strewn about*) verstreut; ***beer cans were left ~ on the grass*** Bierdosen lagen verstreut auf dem Rasen herum; ***my family is ~ all over the world*** meine Familie ist über die ganze Welt verstreut ❷ (*far apart*) weit verstreut; ***a few ~ villages*** ein paar verstreute Dörfer ❸ (*sporadic*) vereinzelt; **~ showers** vereinzelten Regenschauern
scattering ['skætᵊrɪŋ, AM -t̬ɚ-] *n* ❶ (*amount*) vereinzeltes Häufchen; ***a ~ of people were still strolling around the park*** noch ein paar Leute gingen vereinzelt im Park spazieren ❷ (*act of strewing*) Streuen *nt* ❸ *no pl* PHYS Streuung *f*
scatter rug *n* [kleiner] Teppich
scatty ['skæti] *adj* BRIT, AUS (*fam*) schusselig *fam;* **to drive sb ~** jdn wahnsinnig machen *fam*
scavenge ['skævɪndʒ] **I.** *vi* ❶ (*search*) stöbern; (*collect*) ergattern *fam;* ***just look at all those people scavenging on the rubbish tip*** guck' dir nur mal all die Leute an, die die Abfallhalde durchwühlen *fam* ❷ (*feed*) Aas fressen ❸ COMPUT unerlaubt durchsuchen **II.** *vt* ■**to ~ sth** etw aufstöbern
scavenger ['skævɪndʒəʳ, AM -ɚ] *n* ❶ (*animal*) Aasfresser *m* ❷ (*person*) *jd, der nach ausrangierten, aber noch verwendbaren Sachen sucht;* (*pej*) Aasgeier *m pej fam*
scavenger hunt *n Spiel, bei dem die Teilnehmer verschiedene Gegenstände in der freien Natur sammeln und nach Hause bringen müssen*
SCE [ˌesiː'iː] *n abbrev of* **Scottish Certificate of Education** [*höherer*] *Schulabschluss in Schottland*
scenario [sɪ'nɑːriəʊ, AM sə'nerioʊ] *n* ❶ (*imaginary sequence*) Szenario *nt;* **nightmare ~** Alptraumvision *f;* **in the worst-case ~** im schlimmsten Fall ❷ THEAT, LIT Szenario *nt,* Szenarium *nt*
scene [siːn] *n* ❶ THEAT, FILM (*of drama*) Szene *f;* **nude ~** Nacktszene *f* ❷ THEAT, FILM (*setting*) Schauplatz *m;* (*scenery*) Kulisse *f;* ***the ~ is set in 19th-century Venice*** Ort der Handlung ist das Venedig des 19. Jahrhunderts; **change of ~** Kulissenwechsel *m,* Szenenwechsel *m;* (*fig*) Kulissenwechsel *m,* Tapetenwechsel *m fig fam;* **behind the ~s** (*also fig*) hinter den Kulissen *a. fig* ❸ (*locality of event*) Schauplatz *m;* LAW Tatort *m;* ***the police were on the ~ within minutes*** die Polizei war binnen Minuten am Tatort; **the ~ of the crime** der Schauplatz des Verbrechens ❹ (*real-life event*) Szene *f;* ***there were ~s of great joy as …*** es spielten sich große Freudenszenen ab, als …; **a ~ of horrifying destruction** ein schreckliches Bild der Verwüstung; ART Szene *f;* ***he paints street ~s*** er malt Straßenszenen ❺ (*view of landscape*) Aussicht *f* ❻ (*milieu*) Szene *f;* ***opera isn't really my ~*** die Oper ist nicht ganz mein Fall; **art/drugs/jazz ~** Kunst-/Drogen-/Jazzszene *f;* **to appear on** [*or* **burst upon**] **the ~** plötzlich auftauchen; ***rap music burst upon the ~ in the early 1980s*** Rapmusik erschien in den frühen 80ern plötzlich auf der Bildfläche *fam;* **to depart** [*or* **disappear**] [*or* **vanish**] **from the ~** von der Bildfläche verschwinden *fam* ❼ (*public display*) Szene *f;* (*by child*) Theater *nt fig;* ***please don't make a ~ here in the restaurant*** bitte mach' hier im Restaurant keine Szene ▶ PHRASES: **to <u>set</u> the ~** den Rahmen abstecken *fig;* **to <u>steal</u> the ~** die Szene dominieren
scene-of-crime *adj,* **scenes-of-crime** *adj* BRIT Tatort- **scene painter** *n* Bühnenmaler(in) *m(f)*
scenery ['siːnᵊri, AM -nɚi] *n no pl* ❶ (*landscape*) Landschaft *f;* **beautiful/breathtaking/spectacular ~** wunderschöne/atemberaubende/spektakuläre Landschaft; **to blend into the ~** (*also pej*) sich *akk* in die Landschaft einfügen, mit der Landschaft verschmelzen *fig;* ***a secret agent has to be able to blend into the ~*** ein Geheimagent muss sich ganz unauffällig verhalten können ❷ THEAT, FILM Bühnenbild *nt*
scene-shifter *n* THEAT Bühnenarbeiter(in) *m(f),* Kulissenschieber(in) *m(f) hum fam* **scene-stealer** *n* BRIT *jd, der sich in den Mittelpunkt rückt*
scenic ['siːnɪk] *adj* ❶ *inv, attr* THEAT Bühnen-; ***a career in ~ design*** eine Laufbahn als Bühnenbildnerin ❷ *landscape* landschaftlich [schön]; (*hum*) ländlich; **~ attractions** landschaftliche Attraktionen
scenic railway *n* landschaftlich attraktive Bahnlinie
scent [sent] **I.** *n* ❶ (*aroma*) Duft *m;* ***the evening air was full of the ~ of roses*** die Abendluft war erfüllt von Rosenduft ❷ (*animal smell*) Fährte *f;* ■**to be on the ~ of sth/sb** (*also fig*) etw/jdm auf der Fährte sein *a. fig;* **to put** [*or* **throw**] **sb off the ~** (*also fig*) jdn abschütteln [*o fam* loswerden] ❸ *no pl* BRIT (*perfume*) Parfüm *nt* **II.** *vt* ❶ (*smell*) ■**to ~ sb/sth** jdn/etw wittern ❷ (*detect*) ■**to ~ sth** etw ahnen; **to ~ danger** Gefahr ahnen; ■**to ~ that …** ahnen, dass … ❸ (*apply perfume*) ■**to ~ sth** etw parfümieren
scent bottle *n* Parfümfläschchen *nt*
scented ['sentɪd, AM -t̬ɪd] *adj* (*with aroma*) duftend; (*perfumed*) parfümiert
scent gland *n* ZOOL Duftdrüse *f*
scentless ['sentləs] *adj inv* geruchlos
scent mark *n,* **scent marking** *n* Duftmarke *f*
scepter *n* AM *see* **sceptre**
sceptic ['skeptɪk], AM **skeptic I.** *n* ❶ (*sb who doubts*) Zweifler(in) *m(f)* ❷ (*atheist*) Atheist(in) *m(f);* (*sb who doubts the existence of God*) Glaubenszweifler(in) *m(f)* ❸ (*sb inclined to doubt*) Skeptiker(in) *m(f)* ❹ PHILOS (*hist*) Skeptiker(in) *m(f)* **II.** *adj see* **sceptical**
sceptical ['skeptɪkᵊl], AM **skeptical** *adj* skeptisch; ■**to be ~ about sth/sb** etw/jdm gegenüber skeptisch sein; ***many experts remain ~ about this*** viele Experten bezweifeln das; **to remain ~** skeptisch bleiben
sceptically ['skeptɪkᵊli], AM **skeptically** *adv* skeptisch
scepticism ['skeptɪsɪzᵊm], AM **skepticism** *n no pl* Skepsis *f;* **with a degree of ~** mit einer gewissen Skepsis; **healthy ~** gesunde Skepsis; **to greet sth with ~** etw *dat* mit Skepsis begegnen [*o* aufnehmen]; **to treat sth with ~** etw mit Skepsis behandeln
sceptre ['septəʳ], AM **scepter** [-ɚ] *n* Zepter *nt*
schadenfreude ['ʃɑːdᵊnˌfrɔɪdə] *n no pl* Schadenfreude *f*
schedule ['ʃedjuːl, AM 'skedʒuːl] **I.** *n* ❶ (*timetable*) [Zeit-/Fahr]plan *m;* **bus/train ~** Bus-/Zugfahrplan *m;* **flight ~** Flugplan *m;* **teaching ~** Lehrplan *m;* **to draw up** [*or* **plan**] **a ~** einen Plan erstellen; **to keep to a ~** an einen Zeitplan halten ❷ (*plan of work*) Terminplan *m,* Zeitplan *m;* (*plan of event*) Programm *nt;* ***everything went according to ~*** alles lief nach Zeitplan; **ahead of ~** früher als geplant ❸ (*official listing/form*) Aufstellung *f,* Liste *f;* **~ B** FIN Einkommenssteuergruppe *f* B, [zu versteuernde] Einkünfte aus der Forstwirtschaft; **~ D** FIN Einkommenssteuergruppe *f* D ❹ (*routine*) [Arbeits-/Tages]ablauf *m* ❺ FIN Verzeichnis der Zinssätze; **tax ~s** BRIT Steuerklassen *fpl;* **~ of fees** Gebührenordnung *f;* **~ of redemption** Tilgungsplan *m* **II.** *vt* ■**to ~ sth** ❶ (*list officially*) etw festlegen [*o* aufführen] ❷ (*plan*) etw ansetzen [*o* anberaumen]; **to ~ a meeting** eine Besprechung ansetzten; ***they've ~d him to speak at three o'clock*** sie haben seine Rede für drei Uhr geplant; ***the restoration work is ~d to begin early next year*** die Restaurationsarbeiten sollen Anfang nächsten Jahres beginnen
scheduled ['ʃedjuːld, AM 'skedʒuːld] *adj attr, inv* ❶ (*as planned*) geplant; TRANSP planmäßig; **~d repayments** planmäßige Tilgungen ❷ BRIT (*listed*) denkmalgeschützt; **a ~ building** ein Gebäude, das unter Denkmalschutz steht
scheduler ['ʃedjuːləʳ, AM 'skedʒuːlɚ] *n* ❶ MEDIA Programmplaner(in) *m(f)* ❷ COMPUT (*program*) Ablaufsteuerungsprogramm *nt,* Zeitplanungsprogramm *nt* ❸ COMPUT (*software*) Terminplaner *m,* Scheduler *m*
schema <*pl* schemata *or* -s> ['skiːmə] *n* PHILOS [Denk]figur *f,* [Denk]schema *nt*
schematic [skiː'mætɪk, AM -'mæt̬-] **I.** *adj* ❶ *diagram* schematisch; **~ drawing** schematische Zeichnung ❷ (*simplistic*) simplistisch *geh* **II.** *n* COMPUT Schema *nt*
schematically [skiː'mætɪkli, AM -mæt̬-] *adv* ❶ *diagram* schematisch ❷ (*simplistically*) simplistisch *geh*
scheme [skiːm] **I.** *n* ❶ (*pej: plot*) [finsterer] Plan; LAW, POL Verschwörung *f;* ***they've devised a ~ to defraud the government of millions of dollars*** sie haben einen Plan geschmiedet, die Regierung um Millionen von Dollar zu betrügen; **a hare-brained ~** ein verrückter Plan ❷ *esp* BRIT (*official plan*) Projekt *nt;* ***a play ~ for 7- to 11-year olds*** ein Spieleprogramm für die 7- bis 11jährigen; ECON Plan *m,* Programm *nt,* Vorhaben *nt,* Projekt *nt;* **~ of arrangement** Vergleichsvorschlag *m;* **pension ~** Altersversorgung *f* ❸ (*overall pattern*) Gesamtbild *nt fig;* **colour ~** Farb[en]zusammenstellung *f;* ***it fit into his ~ of things*** das passt in seine Betrachtungsweise; **the great** [*or* **overall**] **~ of things** (*also hum*) der große [Welten]plan, der hinter allem steht *a. hum* ▶ PHRASES: **the best-laid ~s of <u>mice</u> and men [gang aft agley]** die ausgeklügeltsten Pläne der Menschen [gehen oft schief] **II.** *vi* ❶ (*pej: plan deviously*) planen, einen Plan schmieden *fam;* **to scheme for sb's downfall** Pläne für jds Sturz schmieden; ***he was scheming to get the top job from the moment he joined the firm*** seit seinem ersten Tag in der Firma war es seine Absicht, den wichtigsten Posten zu ergattern ❷ SA (*fam: suppose*) ■**to ~ that …** annehmen, dass … **III.** *vt* (*pej*) ■**to ~ sth** etw aushecken *fam;* ***what are you scheming now?*** was heckst du nun schon wieder aus? *fam*
schemer ['skiːməʳ, AM -ɚ] *n* (*pej*) Intrigant(in) *m(f) geh*
scheming ['skiːmɪŋ] **I.** *adj inv, attr* (*pej*) intrigant *geh;* (*in clever way*) raffiniert; **a ~ person** jd, der gerne intrigiert **II.** *n no pl* Intrigieren *nt*
scherzo ['skeətsəʊ, AM -'skertsoʊ] *n* MUS Scherzo *nt*
schilling ['ʃɪlɪŋ] *n* FIN Schilling *m*
schism ['skɪzᵊm] *n* ❶ (*division*) Spaltung *f* ❷ REL (*hist*) Kirchenspaltung *f,* Schisma *nt fachspr*
schismatic [skɪz'mætɪk, AM -mæt̬-] REL **I.** *adj* schismatisch **II.** *n* Schismatiker(in) *m(f)*
schist [ʃɪst] *n no pl* Schiefer *m*
schistosomiasis [ˌʃɪstə(ʊ)sə'maɪəsɪs, AM -təsoʊ'maɪə-] *n no pl* MED (*spec*) Bilharziose *f*
schizo ['skɪtsəʊ, AM -soʊ] **I.** *n* (*pej sl*) Schizophrene(r) *f(m)* **II.** *adj* (*pej sl*) schizophren; (*fig*) verrückt *fig fam*
schizoid ['skɪtsɔɪd] *adj* ❶ PSYCH schizoid *fachspr* ❷ (*fam: crazy*) schizomäßig *sl*
schizophrenia [ˌskɪtsə(ʊ)'friːniə, AM -sə'-] *n no pl* ❶ MED Bewusstseinsspaltung *f,* Schizophrenie *f fachspr;* **paranoid ~** paranoide Schizophrenie ❷ (*fam: of behaviour*) Schizophrenie *f geh,* schizophrenes Verhalten *geh*
schizophrenic [ˌskɪtsə(ʊ)'frenɪk, AM -sə'-] **I.** *adj inv* schizophren **II.** *n* Schizophrene(r) *f(m)*
schizophrenically [ˌskɪtsə(ʊ)'frenɪkᵊli, AM -sə'-] *adv* schizophren
schlep(p) [ʃlep] *esp* AM **I.** *vt* (*fam*) ■**to ~ sth/sb** etw/jdn schleppen *fam;* ***why do I have to ~ my***

little sister along? wieso muss ich meine kleine Schwester überallhin mitschleppen? *fam* **II.** *vi* (*fam*) ■**to ~ somewhere** sich *akk* irgendwohin schleppen; ***I've just spent the afternoon ~ing around town*** ich bin gerade den ganzen Nachmittag durch die Stadt gelatscht *sl* **III.** *n* (*fam*) weiter Weg

schlepper ['ʃlepə˞] *n* AM Blödmann *m derb*

schlock [ʃlɒk, AM ʃlɑːk] *n no pl esp* AM (*pej fam*) Schund *m pej fam*

schlockmeister ['ʃlɒkˌmaɪstə˞, AM 'ʃlɑːkˌmaɪstə˞] *n esp* AM (*fam*) Ramschhändler(in) *m(f)*

schlocky ['ʃlɒki, AM 'ʃlɑːki] *adj esp* AM (*pej fam*) schundig *pej fam*

schlump [ʃlʌmp] *n* AM (*fam: inept person*) Trottel *m pej fam;* (*slovenly person*) Lotterheini *m pej fam,* Schlumpel *m o f* DIAL *fam*

schmal(t)z [ʃmɔːlts, AM ʃmɑːlts] *n no pl* MUS, LIT (*pej fam*) Schmalz *m fam*

schmal(t)zy ['ʃmɔːltsi, AM 'ʃmɑː-] *adj* MUS, LIT (*pej fam*) schmalzig *fam*

schmear [ʃmiːr] **I.** *n* AM (*fam: bribe*) Bestechung *f;* (*money*) Schmiergeld[er] *nt[pl] fam* **II.** *vt* AM (*fam*) ■**to ~ sb [up]** jdn schmieren *fam*

schmo [ʃmɔʊ] *n* <*pl* -es> (*fam*) Trottel *m pej fam*

schmooze [ʃmuːz] *vi* AM (*sl: chat*) plaudern; ■**to ~ [with sb]** [mit jdm] plaudern [*o* Konversation machen] (*meist, um sich einen Vorteil zu verschaffen*); ■**to ~ sb** sich *akk* an jdn heranmachen

schmoozer ['ʃmuːzə˞] *n* AM (*fam*) *jd, der sich durch Konversation Vorteile verschafft*

schmoozing ['ʃmuːzɪŋ] *n* AM (*fam*) Kontaktpflege *f* unter den Mitarbeitern (*z.B. Kaffeepausen, Gespräche auf dem Gang, usw.*)

schmuck [ʃmʌk] *n* (*pej fam*) Schwachkopf *m pej*

schnapps [ʃnæps, AM ʃnɑːps] *n no pl* Schnaps *m*

schnitzel ['ʃnɪtsᵊl] *n* Schnitzel *nt*

schnook [ʃnʊk] *n* AM (*pej fam*) Trottel *m pej fam*

schnorkel *n* AUS *see* **snorkel**

scholar ['skɒlə˞, AM 'skɑːlə˞] *n* UNIV ① (*academic*) Gelehrte(r) *f(m);* **distinguished ~** nahmhafte(r) Gelehrte(r); **Greek ~** des Griechischen Kundige(r) *f(m)* *geh* ② (*good learner*) Student(in) *m(f);* ***I'm not much of a ~ myself*** ich persönlich bin kein großer Lerner ③ (*holder of scholarship*) Stipendiat(in) *m(f)*

scholarly ['skɒləli, AM 'skɑːlə˞-] *adj* ① (*academic*) wissenschaftlich; **~ article** wissenschaftlicher Artikel ② (*erudite*) gelehrt; **a ~ woman/man** eine gebildete Frau/ein gebildeter Mann

scholarship ['skɒləʃɪp, AM 'skɑːlə˞-] *n* ① *no pl* (*academic achievement*) Gelehrsamkeit *f;* ***her book is a work of great ~*** ihr Buch ist eine großartige wissenschaftliche Arbeit ② (*financial award*) Stipendium *nt;* **to win** [*or* **be awarded**] **a ~** ein Stipendium erhalten

scholarship holder *n* Stipendiat(in) *m(f)*

scholastic [skə'læstɪk] *adj inv* (*relating to education*) Bildungs-; (*academic*) wissenschaftlich; **~ standards** der Bildungsstandard

scholastically [skə'læstɪkᵊli] *adv* wissenschaftlich

scholasticism [skə'læstɪsɪzᵊm] *n no pl* REL, PHILOS (*hist*) Scholastik *f*

school¹ [skuːl] **I.** *n* ① (*for children*) Schule *f;* **graduate/undergratuate ~** AM *hohe/niedrige Stufe innerhalb des Hochschulsystems;* **primary** [*or* AM **elementary**] **~** Grundschule *f;* **public ~** AM staatliche Schule; BRIT Privatschule *f;* **secondary ~** ≈ weiterführende [*o* höhere] Schule; ■**to be in ~** in der Schule sein; **to attend** [*or* **go to**] **~** zur Schule gehen, die Schule besuchen; **to begin** [*or* **start**] **~** eingeschult werden; **to leave ~** von der Schule [ab]gehen; (*with diploma*) die Schule beenden [*o* abschließen]; **to teach ~** AM [an der Schule] unterrichten; ■**to be at ~ with sb** mit jdm zusammen zur Schule gehen ② (*school premises*) Schule *f,* Schulgebäude *nt* ③ *no pl* (*activity*) [Schul]unterricht *m;* ***~ starts at 9 am*** die Schule fängt um 9 Uhr morgens an ④ (*pupils and staff*) **the whole ~** + *sing vb, Brit:* + *pl vb* die ganze Schule ⑤ AM (*fam: university*) Universität *f* ⑥ (*university division*) Fakultät *f;* (*smaller division*) Institut *nt,* Seminar *nt* ⑦ (*for learning one subject*) Schule *f;* **dancing/driving ~** Tanz-/Fahrschule *f;* **the ~ of hard knocks** (*fig*) die Schule der bitteren Erfahrungen; **the ~ of life** die Schule des Lebens *fig* ⑧ ART, PHILOS Schule *f;* ***the Impressionist ~ of painting*** die Schule des Impressionismus ▶ PHRASES: **to tell tales out of ~** aus der Schule plaudern; **to be one of the old ~** von der alten Schule sein **II.** *vt* ■**to ~ sb** ① (*educate*) jdn erziehen ② (*train*) jdn schulen; ***you must ~ yourself to be tolerant*** du musst dich in Toleranz üben; ***her children are well ~ed in correct behaviour*** ihre Kinder wissen sich korrekt zu benehmen; **to ~ a dog** einen Hund dressieren **III.** *n modifier* (*library, nurse, song*) Schul-; **~ cafeteria** Schülercafeteria *f;* **~ paper** Schülerzeitung *f;* **~ principal** Schuldirektor(in) *m(f);* **~ zone** Schulgebiet *nt*

school² [skuːl] **I.** *n* ZOOL Schule *f;* (*shoal*) Schwarm *m;* **~ of fish** Fischschwarm *m* **II.** *vi* ZOOL Schwarm bilden

school age *n* Schulalter *nt,* schulpflichtiges Alter

school-age *adj attr, inv* schulpflichtig; **~ children** schulpflichtige Kinder **school bag** *n* Schultasche *f* **school board** *n* AM Schulbehörde *f* **schoolbook** *n* Schulbuch *nt* **schoolboy I.** *n* Schuljunge *m,* Schüler *m* **II.** *adj attr, inv* schuljungenhaft; **~ humour** Schuljungenhumor *m* **school bus** *n* Schulbus *m* **schoolchild** *n* Schulkind *nt* **school colours** *npl* Schulfarben *pl* (*Farben, die die jeweilige Schule repräsentieren*) **school curriculum** *n* Lehrplan *m* **schooldays** *npl* Schulzeit *f kein pl* **school district** *n* AM Schuldistrikt *m* **schoolfees** *npl* Schulgeld *nt kein pl* **schoolgirl I.** *n* Schulmädchen *nt,* Schülerin *f* **II.** *adj attr, inv* schulmädchenhaft **schoolhouse** *n esp* AM (*dated*) Schulhaus *nt,* Schulgebäude *nt*

schoolie ['skuːli] *n* AUS (*fam*) Schullehrer(in) *m(f)*

schooling ['skuːlɪŋ] *n no pl* (*education*) Ausbildung *f;* (*for young people*) Schulbildung *f*

school inspector *n* BRIT Schulinspektor(in) *m(f)*

schoolkid *n* (*fam*) Schulkind *nt* **school leaver** *n* BRIT, AUS Schulabgänger(in) *m(f)* **school-leaving age** *n* BRIT, AUS Schulabgangsalter *nt* **school-leaving certificate** *n* BRIT Abschlusszeugnis *nt* **school magazine** *n* Schulzeitung *f,* Schülerzeitung *f* **schoolmarm** ['skuːlmɑːm, AM -mɑːrm] *n* ① AM (*dated: woman*) Lehrerin *f* ② (*pej: fussy, severe woman*) Schulmeisterin *f pej;* ***don't be such a ~*** sei nicht so schulmeisterlich *fam* **schoolmarmish** ['skuːlmɑːmɪʃ, AM -mɑːrm-] *adj* (*pej*) schulmeisterlich **schoolmaster** *n* (*dated*) Lehrer *m* **schoolmate** *n* Schulfreund(in) *m(f),* Schulkamerad(in) *m(f)* **schoolmistress** *n* (*dated*) Lehrerin *f*

school of thought <*pl* schools-> *n* ≈ Denkmodell *nt;* ***there are two opposing schools of thought on this question*** es gibt zwei gegensätzliche Ansätze im Hinblick auf diese Frage **school report** *n* [Schul]zeugnis *nt* **schoolroom** *n* Klassenzimmer *nt*

school system *n* Schulsystem *nt*

schoolteacher *n* Lehrer(in) *m(f)* **school uniform** *n* Schuluniform *f* **schoolwork** *n no pl* Schularbeiten *pl* **schoolyard** *n* Schulhof *m*

school year *n* Schuljahr *nt*

schooner ['skuːnə˞, AM -ə˞] *n* ① NAUT Schoner *m* ② AM TRANSP (*hist*) **prairie ~** Planwagen *m* ③ AM, AUS (*tall beer glass*) [großes] Bierglas; **~ of sherry** BRIT doppelter Sherry

schtook *n see* **shtuck**

schuss [ʃʌs] *vi* SKI Schuss fahren

schwa [ʃwɑː] *n* LING Schwa *nt*

sciatic [saɪ'ætɪk, AM -ţɪk] *adj inv* MED Ischias-; **~ nerve** Ischiasnerv *m;* **~ pain** Ischiasschmerzen *mpl*

sciatica [saɪ'ætɪkə, AM -ţɪkə] *n no pl* MED Hüftschmerz *m,* Ischias *m o nt fachspr;* ***she suffers from ~*** sie hat Ischiasbeschwerden

science ['saɪən(t)s] **I.** *n* ① *no pl* (*study of physical world*) [Natur]wissenschaft *f;* **the marvels** [*or* **wonders**] **of modern ~** die Wunder der modernen Wissenschaft; **applied/pure ~** angewandte/reine Wissenschaft ② (*discipline*) Wissenschaft *f;* ***physics and chemistry are ~s*** Physik und Chemie sind Naturwissenschaften ③ (*body of knowledge*) Wissenschaft *f;* **the ~ of climatology** die Klimatologie **II.** *n modifier* (*class, experiment, reporter, teacher*) Wissenschafts-; **~ laboratory** wissenschaftliches Labor; **~ museum** Wissenschaftsmuseum *nt*

science fiction I. *n no pl* LIT, FILM Sciencefiction *f* **II.** *adj inv, attr* Sciencefiction-; **~ novel** Sciencefictionroman *m* **science park** *n esp* BRIT Technologiepark *m*

scientific [ˌsaɪən'tɪfɪk] *adj* ① (*relating to exact science*) naturwissenschaftlich; **~ approach** [naturwissenschaftlicher Ansatz; **~ theory** [natur]wissenschaftliche Theorie; **~ method** wissenschaftliche Methode ② (*relating to science*) wissenschaftlich; **~ breakthrough** wissenschaftlicher Durchbruch; **~ community** Wissenschaftsgemeinde *f* ③ (*fam: systematic*) systematisch

scientifically [ˌsaɪən'tɪfɪkᵊli] *adv* wissenschaftlich; ***this has not been ~ proven*** dies ist [bisher] nicht wissenschaftlich erwiesen

scientifically-minded *adj* wissenschaftlich veranlagt

scientist ['saɪəntɪst] *n* Wissenschaftler(in) *m(f);* ***he is employed as a research ~ at NASA*** er arbeitet als Forscher bei der NASA

Scientology® [ˌsaɪən'tɒlədʒi] *n no pl* REL Scientology *nt,* Scientologysekte *f*

sci fi ['saɪˌfaɪ] *n* LIT, FILM *short for* **science fiction** Sciencefiction *f*

Scilly Isles ['sɪliˌaɪlz] *npl* GEOG ■**the ~** die Scillyinseln *fpl*

scimitar ['sɪmɪtə˞, AM -əţə˞] *n* Krummschwert *nt*

scintilla [sɪn'tɪlə] *n no pl* Fünkchen *nt fig;* **not a ~ of doubt** nicht der geringste Zweifel; **not a ~ of truth** kein Fünkchen Wahrheit

scintillate ['sɪntɪleɪt, AM -ţᵊl-] *vi* ① (*form: be witty*) vor Geist/Witz sprühen *geh* ② ASTRON funkeln, szintillieren *fachspr*

scintillating ['sɪntɪleɪtɪŋ, AM -ţᵊleɪţ-] *adj* sprühend *fig geh;* **~ wit** sprühender Witz *geh*

scion ['saɪən] *n* ① (*form*) Nachkomme *m,* Spross *m geh* ② HORT Spross *m,* Schößling *m*

scirocco *n see* **sirocco**

scissor ['sɪzə˞, AM -ə˞] **I.** *vt* ① (*cut*) ■**to ~ sth** etw schneiden ② (*movement of legs*) **to ~ one's legs** die Beine scherenartig auseinander bewegen ③ COMPUT ■**to ~ sth** etw beschneiden **II.** *n modifier* (*blade, case*) Scheren-

scissor jump *n* SPORTS Scherensprung *m* **scissor kick** *n* (*in swimming*) Scherenschlag *m*

scissors ['sɪzəz, AM -ə˞z] *npl* Schere *f;* **a pair of ~** eine Schere; **a ~ and paste job** (*pej*) ein Zusammenschnitt *m*

sclerosis [sklə'rəʊsɪs, AM sklɪ'roʊ-] *n no pl* MED Sklerose *f*

sclerotic [sklə'rɒtɪk, AM sklɪ'rɑːţ-] *adj inv* ① MED sklerotisch ② (*fig, pej: inflexible*) erstarrt; **to bring growth to a ~ economy** die stagnierende Wirtschaft in Schwung bringen

scoff¹ [skɒf, AM skɑːf] **I.** *vi* spotten; (*laugh*) lachen; ■**to ~ at sth/sb** sich *akk* über etw/jdn lustig machen **II.** *n* Spott *m*

scoff² [skɒf, AM skɑːf] *vt esp* BRIT (*fam: eat*) ■**to ~ sth** etw verschlingen; ■**to ~ sth down/up** etw hinunterschlingen *fam*

scoffer ['skɒfə˞, AM 'skɑːfə˞] *n* Spötter(in) *m(f)*

scold [skəʊld, AM skoʊld] **I.** *vt* ■**to ~ sb** jdn ausschimpfen; ***the president was ~ed publicly*** der Präsident wurde öffentlich kritisiert **II.** *n* (*dated: woman*) zänkisches Weib *pej fam,* Xanthippe *f pej*

scolding ['skəʊldɪŋ, AM 'skoʊld-] *n* Schimpfen *nt;* **to get a ~** furchtbar ausgeschimpft werden

sconce [skɒns, AM skɑːns] *n* Wandleuchter *m*

scone [skɒn, AM skoʊn] *n* Scone *m* (*brötchenartiges Buttergebäck, das lauwarm mit einer Art dicker Sahne und Marmelade gegessen wird*)

scoop [skuːp] **I.** *n* ① (*utensil*) Schaufel *f,* Schippe *f* NORDD, MITTELD; (*ladle*) Schöpflöffel *m;* **coal ~** Kohlenschaufel *f;* **ice-cream ~** Eisportionierer *m;* **measuring ~** Messlöffel *m* ② (*amount*) Löffel *m;* *of ice cream* Kugel *f* ③ JOURN Knüller *m fam* **II.** *vt*

S

❶ *(move)* ■**to ~ sth** *sand, dirt* etw schaufeln; *(ladle) ice cream, pudding* etw löffeln ❷ JOURN ■**to ~ sb** jdn ausstechen; ***we were ~ed by a rival paper*** eine konkurrierende Zeitung kam uns zuvor ❸ *(win/get)* ■**to ~ sth** etw gewinnen; ***the film ~ed half of the awards at the festival*** der Film sahnte die Hälfte der Preise auf dem Festival ab *fam;* **to ~ the pool** BRIT, AUS *(fam)* den ganzen Gewinn einstreichen *fam*

◆**scoop out** *vt* ■**to ~ out** ↔ **sth** etw ausschaben

◆**scoop up** *vt* ■**to ~ up** ↔ **sth** etw hochheben; ***she ~ed the children up into her arms*** sie nahm ihre Kinder schnell in die Arme; ***I ~ed up the water with my hands*** ich habe das Wasser mit den Händen abgeschöpfen

scoop neck *adj* U-Ausschnitt *m* **scoop net** *n (for fishing)* Streichnetz *nt*

scoot [skuːt] *vi (fam)* rennen, springen DIAL *fam;* ***I'll have to ~ or …*** ich muss schnell machen, sonst … *fam;* ***would you mind ~ing across the street and getting me a paper?*** könntest du mal kurz über die Straße springen und mir eine Zeitung besorgen? *fam;* ■**to ~ over** AM zur Seite rutschen; ~ ***over a bit*** rutsch' mal ein Bisschen rüber *fam*

scooter [ˈskuːtəʳ, AM -t̬ɚ] *n* [Tret]roller *m;* **motor ~** Motorroller *m*

scope [skəʊp, AM skoʊp] *n no pl* ❶ *(range)* Rahmen *m;* ***that problem is beyond the ~ of my lecture*** diese Problematik sprengt den Rahmen meines Vortrages; ***we would now like to broaden the ~ of the enquiry*** wir würden nun gerne den Rahmen der Befragung erweitern; ***his study was very narrow in ~*** seine Studie war von sehr eingeschränkter Sichtweise ❷ *(possibility)* Möglichkeit *f;* *(freedom to act)* Spielraum *m;* **considerable/limited ~** beachtliche/begrenzte Möglichkeiten

scorch [skɔːtʃ, AM skɔːrtʃ] **I.** *vt* ❶ *(burn)* ■**to ~ sth** etw versengen ❷ *(sl: ignore, reject)* **to ~ an idea/a plan** eine Idee/einen Plan ablehnen **II.** *vi* ❶ *(become burnt)* versengt werden; ***don't stand too near the fire or your clothes will ~*** stell' dich nicht zu dicht ans Feuer, sonst versengst du deine Kleider ❷ *(dated fam: go fast)* ■**to ~ somewhere** irgendwohin rasen *fam;* ***the sports car ~ed past*** der Sportwagen raste vorbei *fam* **III.** *n* <*pl* -es> versengte Stelle; **a ~ mark** ein Brandfleck *m*

scorched [skɔːtʃt, AM skɔːr-] *adj* ❶ *(by explosion, fire etc)* versengt; **~ earth policy** MIL, POL Politik *f* der verbrannten Erde ❷ *(by the sun)* verdörrt

scorcher [ˈskɔːtʃəʳ, AM ˈskɔːrtʃɚ] *n (fam)* sehr heißer Tag; ***it's a real ~ today!*** es ist heute wirklich affenheiß! *fam*

scorching [ˈskɔːtʃɪŋ, AM ˈskɔːr-] *adj* sengend; **~ heat** sengende Hitze; ***it's ~ hot outside*** es ist glühend heiß draußen

score [skɔːʳ, AM skɔːr] **I.** *n* ❶ *(of points)* Punktestand *m;* *(of game)* Spielstand *m;* ***at half time, the ~ stood at two all*** zur Halbzeit stand es zwei zu zwei; **final ~** Endstand *m;* **to keep** [BRIT **the**] **~** die Punkte [*o* den Spielstand] mitschreiben ❷ SCH Punktzahl *f,* Ergebnis *nt;* **an IQ ~ of 110** ein IQ von 110 ❸ *(act of getting point)* Treffer *m* ❹ *(esp form: twenty)* zwanzig; ***he lived to be three ~*** [***years***] er wurde sechzig Jahre alt; ***the play has only been performed a ~ of times*** das Stück wurde nur an die zwanzig Mal aufgeführt; ■**~s** *pl* Dutzende *ntpl;* ***there have been ~s of injuries*** es hat Dutzende von Verletzten gegeben; **by the ~** reihenweise *fam* ❺ *(fam: reason)* Grund *m;* ***there's nothing to worry about on that ~*** darüber brauchst du dir nicht den Kopf zu zerbrechen ❻ *(dispute)* Streit[punkt] *m;* ***it's time these old ~s were forgotten*** es ist an der Zeit, diese alten Streitereien zu vergessen; **to settle a ~** eine Rechnung begleichen *fig* ❼ MUS Partitur *f* ❽ *(for musical/film)* [Titel]musik *f* ▶ PHRASES: **to <u>know</u> the ~** wissen, wie der Hase läuft *fam;* **<u>what's</u> the ~?** *(fam)* wie sieht's aus? *fam* **II.** *vt* ❶ *(gain)* **to ~ a goal** ein Tor schießen; **to ~ a point** einen Punkt machen ❷ *(achieve result)* ■**to ~ sth** etw erreichen [*o* erzielen]; ***she ~d 18 out of 20*** sie erreichte 18 von 20 möglichen Punkten; ***two of the machines we tested ~d high marks*** zwei der getesteten Maschinen erzielten hohe Wertungen; **to ~ a hit** einen Treffer landen *fam;* ***nearly every shot ~d a hit*** nahezu jeder Schuss war ein [voller] Treffer; **to ~ points** *(fig)* sich *dat* einen Vorteil verschaffen; **to ~ a triumph** einen Triumph erzielen; **to ~ a victory** einen Sieg erringen ❸ *(mark, cut)* ■**to ~ sth** etw einkerben; **to ~ the surface of sth** die Oberfläche einer S. *gen* verkratzen ❹ *(fam: obtain, esp illegally)* ■**to ~ sth** etw beschaffen; **to ~ drugs** sich *dat* Stoff beschaffen *sl* ❺ *(orchestrate)* ■**to ~ sth** etw orchestrieren ❻ *(get cheaply, easily)* ■**to ~ sth** [**from sb**] etw [von jdm] abstauben *sl* **III.** *vi* ❶ *(make a point)* einen Punkt machen [*o* erzielen] ❷ *(achieve result)* abschneiden; **to ~ well/badly** gut/schlecht abschneiden ❸ *(record)* aufschreiben ❹ *(approv fam: gain advantage)* punkten *fig fam;* ***that's where you ~ over your opponents*** darin liegt dein Vorteil gegenüber deinen Mitbewerbern; ***this new CD player really ~s in terms of sound quality*** dieser neue CD-Spieler ist in punkto Klangqualität eindeutig überlegen ❺ *(sl: make sexual conquest)* eine Eroberung machen; ■**to ~ with sb** jdn aufreißen *sl,* bei jdm zum Schuss kommen *fig sl* ❻ *(sl: obtain illegal drugs)* [sich *dat*] Stoff beschaffen *sl*

◆**score off** *vt* ❶ *(cross off)* ■**to ~ off** ↔ **sth** etw ausstreichen ❷ *(fam: outshine sb)* **to ~** [**points**] **off sb** jdn in den Schatten stellen

◆**score out** *vt* ■**to ~ out** ↔ **sth** etw durchstreichen; ***he ~d out two names on the list*** er strich zwei Namen von der Liste

scoreboard *n* SPORTS Anzeigetafel *f* **scorecard** *n* SPORTS Spielstandskarte *f* **scorekeeper** *n* SPORTS Punktezähler(in) *m(f)*

scoreless [ˈskɔːˈləs, AM ˈskɔːr-] *adj inv* SPORTS torlos

scorer [ˈskɔːrəʳ, AM ˈskɔːrɚ] *n* SPORTS ❶ *(scorekeeper)* Punktezähler(in) *m(f)* ❷ *(player who scores)* Torschütze, -in *m, f;* **to be** [**the**] **top ~** die meisten Punkte machen; *(in football)* die meisten Tore schießen

scorn [skɔːn, AM skɔːrn] **I.** *n* ❶ *(contempt)* Verachtung *f;* ***why do you always pour ~ on my suggestions?*** warum machst du meine Vorschläge immer lächerlich?; **to feel** [*or* **have**] **~ for sb** für jdn Verachtung empfinden ❷ *(object of contempt)* ■**to be the ~ of sb** von jdm verachtet werden **II.** *vt* ❶ *(feel contempt)* ■**to ~ sb/sth** jdn/etw verachten ❷ *(refuse)* ■**to ~ sth** etw ablehnen [*o* ausschlagen] ▶ PHRASES: **hell hath no <u>fury</u> like a woman ~ed** *(saying)* die Hölle kennt keinen schlimmeren Zorn als den einer verlachten Frau **III.** *vi (form)* ■**to ~ to do sth** es ablehnen, etw zu tun; ***normally she would have ~ed to be associated with him*** normalerweise würde sie es verschmäht haben, mit ihm in Verbindung gebracht zu werden *veraltend geh*

scornful [ˈskɔːnfəl, AM ˈskɔːrn-] *adj* verächtlich; **~ attitude** verächtliche Einstellung; ■**to be ~ of** [*or* **about**] **sth** etw verachten, verhöhnen

scornfully [ˈskɔːnfəli, AM ˈskɔːrn-] *adv* verächtlich; *laugh* spöttisch

Scorpio [ˈskɔːpiəʊ, AM ˈskɔːrpioʊ] *n* Skorpion *m;* ***he is a ~*** er ist Skorpion

scorpion [ˈskɔːpiən, AM ˈskɔːr-] *n* Skorpion *m*

Scot [skɒt, AM skɑːt] *n* Schotte, -in *m, f;* **Mary, Queen of ~s** Maria Stuart

scotch [skɒtʃ, AM skɑːtʃ] *vt* ■**to ~ sth** ❶ *(stop) belief, idea* etw richtig stellen; **to ~ a rumour** [*or* AM **rumor**] ein Gerücht aus der Welt schaffen ❷ *(frustrate)* etw zunichte machen; ***the weather ~ed our plans*** das Wetter hat uns einen Strich durch die Rechnung gemacht *fam*

Scotch [skɒtʃ, AM skɑːtʃ] **I.** *n* <*pl* -es> ❶ *no pl (drink)* Scotch *m;* **a bottle/glass of ~** eine Flasche/ein Glas *nt* Scotch ❷ *(glass of)* Scotch *m;* **a double ~** ein doppelter Scotch; **a ~ on the rocks** ein Scotch *m* mit Eis ❸ *(dated: people)* ■**the ~** *pl* die Schotten **II.** *adj inv (old)* schottisch

Scotch broth *n no pl Eintopf aus Rindfleisch oder Hammel, Graupen und Gemüse* **Scotch egg** *n hart gekochtes Ei in Wurstbrät* **Scotchman** *n (dated)* Schotte *m* **Scotch mist** *n no pl* ❶ *(fog)* [dichter] Nebel ❷ *no pl* BRIT *(hum, iron: something imaginary)* [pure] Einbildung *f* **Scotch tape®** *n no pl* AM, AUS Tesa[film]® *m* **Scotch terrier** *n* Scotchterrier *m,* schottischer Terrier **Scotch whisky** *n no pl* Scotch *m* **Scotchwoman** *n (dated)* Schottin *f*

scot-free *adv inv* ❶ *(without punishment)* straflos, straffrei; **to get away** [*or* **off**] **~** straffrei davonkommen ❷ *(unchallenged)* unbehelligt; *(unharmed)* ungeschoren; **to come away** [*or* **get off**] **~** ungeschoren davonkommen

Scotland [ˈskɒtlənd, AM ˈskɑːt-] *n* Schottland *nt*

Scotland Yard *n + sing/pl vb* Scotland Yard *m*

Scots [skɒts, AM skɑːts] **I.** *adj* schottisch **II.** *n no pl* Schottisch *nt*

Scots fir *n* ❶ *(tree)* Kiefer *f,* Föhre *f* DIAL ❷ *no pl (wood)* Kiefernholz *nt,* Kiefer *f* **Scotsman** *n* Schotte *m* **Scots pine** *n* ❶ *(tree)* Kiefer *f,* Föhre *f* DIAL ❷ *no pl (wood)* Kiefernholz *nt,* Kiefer *f* **Scotswoman** *n* Schottin *f*

Scotticism [ˈskɒtɪsɪzəm, AM ˈskɑːt̬ɪ-] *n* LING schottischer Ausdruck

Scottie [ˈskɒti, AM ˈskɑːti] *n,* **Scottie dog** *n (fam)* Scotchterrier *m,* schottischer Terrier

Scottish [ˈskɒtɪʃ, AM ˈskɑːt̬-] **I.** *adj* schottisch **II.** *n* ■**the ~** *pl* die Schotten *pl*

Scottish terrier *n* schottischer Terrier, Scotchterrier *m*

scoundrel [ˈskaʊndrəl] *n (dishonest person)* Schuft *m pej,* Halunke *m pej;* *(stronger)* Schurke *m pej*

scour¹ [ˈskaʊəʳ, AM -ɚ] *vt* ■**to ~ sth** [**for sb/sth**] *town, area* etw [nach jdm/etw] absuchen [*o fam* abklappern]; *newspaper* etw [nach jdm/etw] durchforsten [*o* durchkämmen]

scour² [ˈskaʊəʳ, AM -ɚ] **I.** *n no pl* Scheuern *nt,* Schrubben *nt fam;* **to give sth a good ~** etw gründlich reinigen **II.** *vt* ■**to ~ sth** ❶ *(clean)* etw scheuern [*o fam* schrubben] ❷ *(erode) river* etw auswaschen; *wind* etw abtragen

◆**scour about, scour around** *vi* ■**to ~ about** [*or* **around**] [**for sth**] [nach etw *dat*] herumsuchen *fam;* **to ~ about for an idea/a present** sich *dat* den Kopf nach einer Idee/einem Geschenk zerbrechen

◆**scour away, scour off** *vt* ■**to ~ sth** ↔ **away** [*or* **off**] ❶ *(remove)* etw wegscheuern [*o* abscheuern]; **to ~ away stains** Flecken entfernen ❷ *(erode)* etw erodieren; *water* etw auswaschen; *wind* etw abtragen

◆**scour out** *vt* ■**to ~ out** ↔ **sth** ❶ *(clean)* etw ausscheuern ❷ GEOL etw auswaschen

◆**scour round** *vi* BRIT *see* **scour about**

scourer [ˈskaʊərəʳ, AM -ɚɚ] *n* Topfreiniger *m,* Topfkratzer *m*

scourge [skɜːdʒ, AM skɜːrdʒ] **I.** *n* ❶ *usu sing (cause of suffering)* Geißel *f geh,* Plage *f;* **~ of famine** Hungersplage *f* ❷ *(fig: critic)* Kritiker(in) *m(f);* **to be the ~ of sth/sb** etw/jdn scharf kritisieren, mit jdm hart ins Gericht gehen ❸ *(whip)* Peitsche *f;* REL Geißel *f* **II.** *vt* ❶ *usu passive (inflict suffering on)* ■**to be ~d by sb/sth** von jdm/etw geplagt [*o geh* heimgesucht] sein ❷ *(hist: whip)* ■**to ~ sb** jdn [aus]peitschen [*o hist* geißeln]

scouring [ˈskaʊərɪŋ, AM -ɚ-] *n no pl* ❶ *(cleaning)* Scheuern *nt,* Schrubben *nt fam* ❷ *(eroding) river* Auswaschen *nt; wind* Abtragen *nt*

scouring pad *n esp* AM, AUS Topfreiniger *m,* Topfkratzer *m* **scouring powder** *n no pl* Scheuermittel *nt*

Scouse [skaʊs] BRIT **I.** *adj (fam)* Liverpooler; **~ accent** Liverpooler Akzent *m* **II.** *n (fam)* ❶ *(person)* Liverpooler(in) *m(f)* ❷ *no pl (dialect)* Liverpooler Dialekt

Scouser [ˈskaʊsəʳ] *n* BRIT *(fam)* Liverpooler(in) *m(f)*

scout [skaʊt] **I.** *n* ❶ *(boy scout)* Pfadfinder *m;* AM *(girl scout)* Pfadfinderin *f;* **~'s honour** [*or* AM **honor**] Pfadfinderehrenwort *nt;* *(fig)* großes Indianerehrenwort *fam* ❷ *(organization)* ■**the ~s** [*or* **S~s**] *pl* die Pfadfinder *pl* ③ *(soldier)* Kundschafter(in) *m(f)*, Späher(in) *m(f)*; *(aircraft, ship)* Aufklärer *m* ④ *(talent searcher)* Talentsucher(in) *m(f)* ⑤ *no pl (search)* **to have a ~ around [for sth]** sich *akk* [nach etw *dat*] umsehen ⑥ BRIT *(at Oxford University colleges)* Collegebedienstete(r) *f(m) (der Studenten der Universität Oxford)* ⑦ AM *(dated fam: fellow)* Kerl *m fam*; ***he's a good ~*** er ist ein feiner Kerl *fam* **II.** *vi* ① *(reconnoitre)* kundschaften, auf Erkundung gehen ② *(search)* ■**to ~ for sb/sth** nach jdm/etw Ausschau halten; **to ~ for clues** nach Hinweisen suchen; **to ~ for players** nach Spielern/Spielerinnen suchen; **to ~ for new talent** nach neuen Talenten suchen, auf Talentsuche sein **III.** *vt* ① *(reconnoitre)* ■**to ~ sth** etw auskundschaften ② *(talent-spot)* ■**to ~ sth for sb/sth** in etw *dat* nach jdm/etw Ausschau halten

◆**scout about, scout around** *vi* ■**to ~ about** [*or* **around**] **[for sth]** sich *akk* [nach etw *dat*] umsehen

◆**scout out** *vt* ① *(find by searching)* ■**to ~ out ⇄ sth/sb** etw/jdn aufspüren [*o fam* aufstöbern] ② *(find out)* ■**to ~ out ⇄ sth** *information* etw auskundschaften [*o* erkunden]

◆**scout round** *vi* BRIT *see* **scout about**

◆**scout up** *vt* AM ■**to ~ sth/sb ⇄ up** etw/jdn aufspüren

Scout [skaʊt] *n see* **scout I 1**

scout camp *n*, **Scout camp** *n* Pfadfinderlager *nt*; **to go to** [*or* **on**] **~** ins Pfadfinderlager gehen; **at** [*or* **on**] **~** im Pfadfinderlager **scout hut** *n* BRIT, **Scout hut** *n* BRIT Pfadfinderheim *nt*

scouting, Scouting ['skaʊtɪŋ, AM -t̬ɪŋ] **I.** *n no pl (being a Scout)* Pfadfindersein *nt*; *(Scout system)* Pfadfinderei *f fam* **II.** *adj attr, inv* Pfadfinder-

scout leader *n*, **Scout leader** *n* Pfadfinderführer(in) *m(f)* **scoutmaster** *n*, **Scoutmaster** *n* Pfadfinderführer *m* **Scout Movement** *n no pl* ■**the ~** die Pfadfinderbewegung **scout troop** *n*, **Scout troop** *n + sing/pl vb* Pfadfindergruppe *f* **scout uniform** *n*, **Scout uniform** *n* Pfadfinderuniform *f*

scowl [skaʊl] **I.** *n* mürrischer [*o* missmutiger] [Gesichts]ausdruck; ***he wore a permanent ~ on his face*** er schaute immer mürrisch drein; **to look at sb with a ~** jdn mürrisch [*o* missmutig] ansehen **II.** *vi* mürrisch [*o* missmutig] [drein]blicken; ■**to ~ at sb** jdn mürrisch [*o* missmutig] ansehen

scowling ['skaʊlɪŋ] *adj attr, inv* missmutig, mürrisch; *(grim)* finster

Scrabble® ['skræbl] *n no pl* Scrabble® *nt*; **a game of ~** eine Runde [*o* Partie] Scrabble

scrabble ['skræbl] *vi* ① *(grope)* [herum]wühlen; ■**to ~ for sth** nach etw *dat* [herum]wühlen *fam*; ■**to ~ through sth** in etw *akk* herumwühlen; **to ~ in the mud/dirt for sth** im Schlamm/Dreck nach etw *dat* wühlen ② *(claw for grip)* ■**to ~ for sth** nach etw *dat* greifen; ***he hung from the rock ledge, desperately scrabbling with his toes for a foothold*** er hing am Felsvorsprung und suchte verzweifelt mit seinen Füßen nach Halt ③ *(scratch) animal* scharren ④ *(scramble, crawl quickly)* ■**to ~ across sth** über etw *akk* krabbeln; ■**to ~ along sth** etw entlangkrabbeln; ■**to ~ up sth** etw hochklettern; *insects* etw hochkrabbeln ⑤ *(try to get)* ■**to ~ for sth** *children* sich *akk* um etw *akk* streiten [*o* balgen], um etw *akk* kämpfen

◆**scrabble about, scrabble around,** BRIT *also* **scrabble round** *vi* ① *(search)* [herum]suchen; ***she ~d around in her bag*** sie wühlte in ihrer Tasche ② *(struggle to achieve)* sich *akk* abmühen

scrag <-gg-> [skræg] *vt (dated fam)* ■**to ~ sb** BRIT *(treat roughly)* jdn verdreschen *fam* [*o sl* vermöbeln]; *(in Rugby)* jdn in einen [*o* den] Würgegriff nehmen; AM *(kill)* jdn abmurksen *sl*

scrag end *n no pl* BRIT *(of mutton)* Hals *m*

scraggly ['skræglɪ] *adj esp* AM, AUS unordentlich; **~ hair** zott[el]iges Haar; **~ plants** wild wachsende Pflanzen

scraggy ['skrægi] *adj* ① *(pej: thin and bony)* dürr; *(stronger)* klapperdürr *fam*; **~ neck** hagerer Hals ② *(pej) meat* mager

scram <-mm-> [skræm] *vi (fam)* abhauen *fam*, verschwinden *fam*, sich *akk* verziehen *fam*; **~!** zieh Leine! *fam*, hau ab! *fam*

scramble ['skræmbl] **I.** *n* ① *no pl (scrambling)* Kletterpartie *f* **(over/through/up** über/durch/auf +*akk*) ② *no pl (rush)* Gedrängel *nt fam* **(for** um +*akk*); *(scrap)* Gerangel *nt fam* **(for** um +*akk*); *(chase)* Jagd *f* **(for** nach +*dat*) ③ *no pl (struggle)* Kampf *m* **(for** um +*akk*); **the S~ for Africa** HIST der Kampf um Afrika ④ BRIT *(motorcycle race)* Moto-Cross-Rennen *nt* **II.** *vi* ① *(climb)* klettern; *(over difficult terrain also)* kraxeln *bes* SÜDD, ÖSTERR *fam*; **to ~ through a hedge** *(push oneself through)* sich *akk* durch eine Hecke zwängen; **to ~ down the hillside** den Hang hinunterklettern [*o fam* hinunterkraxeln]; **to ~ up the hillside** den Hang hinaufklettern [*o fam* hinaufkraxeln] ② *(move hastily and awkwardly)* hasten; **to ~ into one's clothes** sich *dat* schnell etwas überziehen *fam*, in seine Kleider steigen *fam*; **to ~ for the exit** zum Ausgang stürzen; **to ~ to one's feet** sich *akk* hochrappeln *fam*; **to ~ out of sb's way** jdm hastig freie Bahn machen *fam* ③ *(compete)* ■**to ~ for sth** sich *akk* um etw *akk* reißen; *(struggle)* sich *akk* um etw *akk* rangeln; *(push)* sich *akk* zu etw *dat* drängeln [*o fam* vordrängeln]; **to ~ for the exit** sich *akk* zum Ausgang drängeln; **to ~ for the best seats** sich *akk* um die besten Plätze rangeln ④ *(take off quickly) aircraft* sofort losfliegen [*o* aufsteigen] **III.** *vt* ① *(beat and cook)* ■**to ~ sth** *eggs* etw verrühren [*o fam* verquirlen]; **to ~ eggs** Rühreier machen ② *(fam)* **to ~ sb's brains** jdn durcheinander bringen [*o fam* meschugge machen] ③ *(encode)* ■**to ~ sth** etw verschlüsseln ④ *(take off quickly)* ■**to ~ sth** *aircraft* etw sofort starten ⑤ COMPUT ■**to ~ sth** etw verwürfeln

◆**scramble together, scramble up** *vt* ■**to ~ sth ⇄ together** [*or* **up**] etw zusammenraffen; *money, ingredients* etw zusammenbekommen

scrambled egg *n no pl*, **scrambled eggs** *npl* Rührei *nt*, Rühreier *ntpl* DIAL

scrambler ['skræmbləʳ, AM -ɚ] *n* ① TECH *(device)* Verschlüsselungsgerät *nt* ② BRIT *(motorcycle)* Geländemotorrad *nt* ③ COMPUT *(for data stream)* Verwürfler *m*; *(for speech/signals)* Verwürfler *m*, Scrambler *m*

scrambling ['skræmblɪŋ] *n no pl* BRIT Moto-Cross-Rennen *nt*

scrap[1] [skræp] **I.** *n* ① *(small piece, amount)* Stück[chen] *nt*; ***there wasn't a ~ of food left on her plate*** sie ließ nicht ein Krümelchen auf ihrem Teller übrig; ***this does not make a ~ of difference!*** das macht doch nicht den geringsten Unterschied!; **~ of cloth/paper** Stoff-/Papierfetzen *m*; **a few ~s of conversation** ein paar Gesprächsfetzen; **a few ~s of English** ein paar Brocken Englisch; **a few ~s of evidence** ein paar mickrige Beweisstücke *fam*; **not a ~ of evidence** nicht der geringste Beweis; **a few ~s of information** ein paar bruchstückhafte Informationen; **not a ~ of truth** kein Körnchen *nt* Wahrheit; **not a ~** kein bisschen ② *(leftover pieces of food)* **~s** *pl* Speisereste *mpl*, Essensabfälle *mpl* ③ BRIT *(fig fam: small child)* Ding *nt fam*; ***poor little ~*** armes, kleines Ding [*o* SÜDD Hascherl] *fam* ④ *no pl (leftover material)* Altmaterial *nt*; *(old metal)* Schrott; ECON **~ value** Restbuchwert *m*; **to sell sth for ~** etw als Schrott verkaufen **II.** *vt* <-pp-> ■**to ~ sth** ① *(get rid of)* etw wegwerfen [*o fam* ausrangieren]; *(use for scrap metal)* etw verschrotten ② *(fam: abandon)* etw aufgeben; *(abolish)* etw abschaffen

scrap[2] [skræp] **I.** *n (fam: fight)* Gerangel *nt fam*, Balgerei *f*; *(verbal)* Streit *m*; **to have a ~ [with sb]** sich *akk* [mit jdm] in der Wolle haben [*o* liegen] *fam* **II.** *vi* <-pp-> ■**to ~ [over sth] [with sb]** ① *(fight)* sich *akk* [mit jdm] [um etw *akk*] balgen [*o fam* rangeln]; *(verbal)* sich *akk* [mit jdm] [um etw *akk*] streiten ② *(compete fiercely)* [mit jdm] [um etw *akk*] konkurrieren

scrapbook *n* [Sammel]album *nt*; COMPUT Album *nt*; **to keep a ~** ein [Sammel]album führen **scrap dealer** *n* Schrotthändler(in) *m(f)*

scrape [skreɪp] **I.** *n* ① *no pl (for cleaning)* [Ab]kratzen *nt*, [Ab]schaben *nt*; **to give a potato a ~** eine Kartoffel schälen; **to give one's boots a ~** seine Schuhe abstreifen ② *(graze on skin)* Abschürfung *f*; *(scratch)* Kratzer *m*, Schramme *f*; **to give sth a ~ [on sth]** sich *dat* etw [an etw *dat*] aufschürfen ③ *(sound)* Kratzen *nt* ④ *(fig fam: difficult situation)* Not *f*, Klemme *f fam*, Schwulitäten *fpl fam*; **to be in a ~** in der Klemme [*o* Bredouille] sein [*o* stecken] *fam*; **to get into a ~** in Schwulitäten kommen *fam*; **to get sb out of a ~** jdm aus der Bredouille [*o* Klemme] helfen *fam* ⑤ *(near disaster)* Gefahrensituation *f*; ***despite this ~ with disaster, he refused to give up racing*** obwohl er nur knapp an einer Katastrophe vorbeigeschrammt ist, weigerte er sich, mit dem Rennfahren aufzuhören *fam*; ***he had several fairly narrow ~s with death while mountaineering*** beim Bergsteigen ist er schon ein paar Mal knapp dem Tod entronnen **II.** *vt* ① *(remove outer layer)* ■**to ~ sth** etw [ab]schaben; *(remove excess dirt)* etw [ab]kratzen; ***he must have been hungry, he's ~d his plate completely clean*** so, wie er seinen Teller ratzebutz leer gegessen hat, muss er sehr hungrig gewesen sein; **to ~ one's shoes** die Schuhe abstreifen ② *(graze)* **to ~ sth [against** [*or* **on**] **sth]** sich *dat* etw [an etw *dat*] aufschürfen; *(scratch, rub against)* ■**to ~ sth** *car* etw verkratzen [*o* verschrammen]; *(with harsh noise)* ***he just ~s the bow of his violin over the strings*** er kratzt mit seinem Geigenbogen über die Saiten *hum* ③ *(fig: just manage to obtain)* ■**to ~ sth** etw nur mit Ach und Krach schaffen *fam*; **to ~ a living [together]** *(fam)* gerade [mal] so hinkommen [*o* über die Runden kommen] *fam*; **to ~ a living doing sth** sich *akk* mit etw *dat* über Wasser halten ④ BRIT *(brush)* **to ~ one's hair [back]** sein Haar straff [zurück]kämmen [*o* [zurück]bürsten] ► PHRASES: **to ~ [the bottom of] the barrel** das Letzte zusammenkratzen *fam* **III.** *vi* ① ■**to ~ against** [*or* **on**] **sth** *(rub)* an etw *dat* reiben; *(brush)* etw streifen; *(scratch)* an etw *dat* kratzen ② *(pej: on string instrument)* ■**to ~ away [on sth]** [auf etw *dat*] herumkratzen *hum fam* ③ *(economize)* sparen ④ *(barely)* **to ~ into college/university** es mit Ach und Krach auf die Fachhochschule/Uni[versität] schaffen *fam*; **to ~ home** BRIT, AUS mit Ach und Krach gewinnen *fam* ► PHRASES: **to bow and ~** [katz]buckeln *pej*

◆**scrape along** *vi see* **scrape by**

◆**scrape away** *vt* ■**to ~ away ⇄ sth** etw abkratzen

◆**scrape by** *vi* mit Ach und Krach [*o* Hängen und Würgen] durchkommen *fam*; ***the family has to ~ by on £50 a week*** die Familie muss mit 50 Pfund in der Woche auskommen; **to ~ by on the dole** BRIT mit dem Arbeitslosengeld gerade so über die Runden kommen *fam*

◆**scrape in** *vi* BRIT ① *(just manage to win)* mit Ach und Krach gewinnen *fam* ② *(just succeed in getting into sth)* hineinrutschen *fam*

◆**scrape off** *vt* ■**to ~ off ⇄ sth [from sth]** *dirt, mud* etw [von etw *dat*] abkratzen

◆**scrape out** *vt* ■**to ~ out ⇄ sth** etw auskratzen

◆**scrape through** *vi* gerade [mal] so durchkommen [*o* durchrutschen] *fam*; **to ~ through an exam** gerade so [*o* mit Hängen und Würgen] durch eine Prüfung kommen *fam*; **to ~ through college/high school/university** die Fachhochschule/die High School/die Uni[versität] gerade mal so schaffen *fam*

◆**scrape together** *vt* ■**to ~ together ⇄ sth/people** etw/Leute zusammenbekommen [*o fam* zusammenkriegen]; **to ~ money together** Geld zusammenkratzen *fam*; **to ~ a team together** eine Mannschaft zusammenstellen

◆**scrape up** *vt* ■**to ~ up ⇄ sth** ① *(scrape together)* etw zusammenbekommen [*o fam* zusammenkriegen] ② *(pick up)* etw wegmachen; ■**to ~ up ⇄ sth off sth** etw von etw *dat* [ab]kratzen; **to ~ up snow** Schnee schippen; **to ~ up leaves** Blätter zusammenfegen

S

scraper ['skreɪpər, AM -ɚ] *n* (*tool*) *for paint, wallpaper* Spachtel *m o f; for windscreens* Kratzer *m; for shoes, boots* Abkratzer *m;* (*grid*) Abstreifer *m*

scraperboard *n no pl* BRIT ART Schabpapier *nt fachspr*

scrap heap *n cars* Schrotthaufen *m;* **to be on the ~** (*fig*) zum alten Eisen zählen [*o* gehören] *fam; plan, idea* verworfen werden; **to be thrown on** [*or form* **consigned to**] **the ~** zum alten Eisen geworfen werden *fam*

scrapie ['skreɪpi] *n no pl* Scrapie *f,* Scrapiekrankheit *f*

scraping ['skreɪpɪŋ] **I.** *adj attr, inv* kratzend **II.** *n* ① *no pl* (*sound*) Kratzen *nt* ② (*small amount*) Rest[e] *m[pl]* ③ (*bits peeled off*) ■**~s** *pl* Schabsel *pl; vegetable* Schalen *fpl*

scrap iron *n no pl* Alteisen *nt,* Schrott *m* **scrap merchant** *n* BRIT Schrotthändler(in) *m(f)* **scrap metal** *n no pl* Schrott *m* **scrap paper** *n no pl* Schmierpapier *nt*

scrappily ['skræpɪli] *adv* (*unsystematically*) unsystematisch; (*unevenly*) uneinheitlich

scrappy[1] ['skræpi] *adj* (*haphazard*) zusammengestückelt; (*lacking consistency*) unausgewogen, inkonsistent *geh;* (*incomplete*) *knowledge, education, report* lückenhaft; (*unsystematic*) unsystematisch; (*uneven in quality*) *handwriting* uneinheitlich, krakelig *fam*

scrappy[2] ['skræpi] *adj* AM kampflustig, rauflustig; *dog* angriffslustig

scrap value *n no pl* Schrottwert *m* **scrap yard** *n* Schrottplatz *m*

scratch [skrætʃ] **I.** *n* <*pl* -es> ① (*cut on skin*) Kratzer *m,* Schramme *f;* **to be covered in ~es** völlig zerkratzt [*o* verschrammt] sein ② (*mark on surface*) Kratzer *m,* Schramme *f* ③ *no pl* (*to relieve itching*) Kratzen *nt;* **to have** [*or* **give oneself**] **a scratch** sich *akk* kratzen ④ *no pl* (*acceptable standard*) **to not be up to ~** zu wünschen übrig lassen; **to bring sth/sb up to ~** etw/jdn auf Vordermann [*o sl* Zack] bringen *fam;* **to come up to ~** den Anforderungen entsprechen, nichts zu wünschen übrig lassen ⑤ (*beginning state*) **to learn sth from ~** etw von Grund auf lernen; **to start** [**sth**] **from ~** [mit etw *fam*] bei null anfangen, ganz von vorne anfangen; **to bake/cook sth from ~** etw selber [*o* nach Hausmacherart] backen/kochen ⑥ COMPUT Arbeitsbereich *m* **II.** *adj attr, inv* ① (*hastily got together*) improvisiert; **a ~ team** eine zusammengewürfelte Mannschaft ② (*without handicap*) ohne Vorgabe *nach n* **III.** *vt* ① (*cut slightly*) ■**to ~ sth** etw zerkratzen [*o* zerschrammen]; ■**to ~ sb** jdn kratzen ② (*mark by scraping*) ■**to ~ sth** etw verkratzen [*o* zerkratzen]; ***people have been ~ing their names on this rock for years*** seit Jahren schon ritzen die Leute ihren Namen in den Stein; ***the dog ~ed a small hole in the ground*** der Hund scharrte ein kleines Loch in den Boden ③ (*relieve an itch*) ■**to ~ oneself** sich *akk* kratzen; ■**to ~ sth** an etw *dat* kratzen [*o* herumkratzen] *fam;* **to ~ one's arm** sich *akk* am Arm kratzen; **to ~ one's head** sich *akk* am Kopf kratzen; (*fig*) sich *dat* den Kopf zerbrechen ④ (*exclude from competition*) **to ~ sb from a list** jdn aus einer [Starter]liste streichen; **to ~ a horse from a race** ein Pferd aus dem Rennen nehmen; **to ~ sb from a team** [*or* **side**] jdn aus der Mannschaft nehmen ⑤ (*erase, remove*) ■**to ~ sth** etw streichen; ***you can ~ that idea*** diese Idee kannst du vergessen; **to ~ sb's name off a list** jds Namen *m* aus einer Liste streichen ⑥ AM (*fam: cancel*) ■**to ~ sth** etw aufgeben [*o fam* abblasen] ⑦ (*write hastily*) ■**to ~ sth** etw [hin]kritzeln; ■**to ~ sth on sth** etw auf etw *akk* kritzeln ► PHRASES: **you ~ my back and I'll ~ yours** eine Hand wäscht die andere *prov;* **~ a … and you'll find a …** [**underneath**] in jedem/jeder … steckt ein/eine …, hinter jedem/jeder … verbirgt sich ein/eine …; ***~ a rabid nationalist and you're likely to find a racist underneath*** in jedem fanatischen Nationalisten steckt mit ziemlicher Sicherheit ein Rassist **IV.** *vi* ① (*use claws, nails*) kratzen; *bird, chicken* scharren; ***she ~ed at me with her nails*** sie ging mit den Fingernägeln auf mich los ② (*relieve an itch*) sich *akk* kratzen ③ (*cause itchy feeling*) kratzen ④ BRIT (*write badly*) *pen, nib* kratzen ⑤ (*withdraw from race*) zurücktreten, nicht antreten ⑥ MUS scratchen

◆**scratch about, scratch around** *vi* ① *animals* herumscharren; ■**to ~ about** [*or* **around**] **for sth** nach etw *dat* scharren ② (*fig: search hard*) herumsuchen *fam;* ■**to ~ about** [*or* **around**] **for sth** nach etw *dat* suchen *fam;* **to ~ around** [*or* **about**] **for a bite to eat** nach etwas Essbarem suchen

◆**scratch out** *vt* ① (*strike out*) ■**to ~ out ⊂ sth** etw auskratzen; **to ~ sb's eyes out** jdm die Augen auskratzen *fam;* **to ~ out a line** eine Zeile durchstreichen; **to ~ out a word** ein Wort ausstreichen ② (*write hurriedly*) ■**to ~ sth ⊂ out** etw hinkritzeln ③ (*fam: labor to get*) ■**to ~ out sth** etw aufbauen

◆**scratch round** *vi* BRIT *see* **scratch about**

scratch-and-sniff picture *n* Rubbel-Duft-Bild *nt*

scratch card *n* Rubbelkarte *f,* Rubbellos *nt*

scratchmark *n* Kratzspur *f,* Kratzer *m* **scratch pad** *n* AM, AUS ① (*notepad*) Notizblock *m* ② COMPUT Notizblockspeicher *m fachspr* **scratch paper** *n no pl* AM (*scrap paper*) Schmierpapier *nt;* (*for draft notes*) Konzeptpapier *nt*

scratchy ['skrætʃi] *adj* ① (*scratched*) verkratzt ② (*irritating to skin*) *pullover* kratzig; ■**to be ~** kratzen ③ BRIT (*that writes badly*) *pen, nib* kratzend; ■**to be ~** kratzen ④ *handwriting* krak[e]lig *pej fam; drawing, plan, sketch* kritz[e]lig *pej fam* ⑤ (*fig fam: irritable*) kratzbürstig, kratzig *fam*

scrawl [skrɔːl, AM *esp* skrɑːl] **I.** *vt* ■**to ~ sth** etw [hin]kritzeln; **to ~ a note to sb** jdm eine Nachricht hinkritzeln; **to ~ one's signature** seine Unterschrift [hin]kritzeln [*o fam* hinschmieren]; ■**to ~ sth on sth** etw auf etw *akk* kritzeln **II.** *n* ① *no pl* (*untidy writing*) Gekritzel *nt pej,* Gekrakel *nt pej fam,* Klaue *f pej fam* ② (*of note, message*) Gekritzel *nt pej,* Gekrakel *nt pej fam,* Krakelei *f pej fam*

scrawny ['skrɔːni, AM *esp* 'skrɑːni] *adj human, animal* dürr; *vegetation* dürftig, mager

scream [skriːm] **I.** *n* ① (*loud shrill cry*) Schrei *m;* **a ~ of fear/for help** ein Aufschrei/Hilfeschrei *m;* **a piercing ~** ein gellender [*o* durchdringender] Schrei; ■**~s** (*continuous shouting*) Geschrei *nt kein pl oft pej* ② (*of an animal*) Gekreisch[e] *nt kein pl* ③ *no pl of an engine, siren* Heulen *nt; of a jet plane* Dröhnen *nt* ④ *no pl* (*fam: sth or sb very funny*) **to be a ~** zum Schreien [*o* Brüllen] sein *fam* **II.** *vi* ① (*cry out loudly*) *with fear, pain, rage* schreien; (*with joy, delight*) kreischen; ■**to ~ at sb** jdn anschreien; **to ~ for help** [gellend] um Hilfe schreien; **to ~ with laughter** vor Lachen brüllen; **to ~ in terror** vor Schreck schreien ② *animals* schreien ③ *engine, siren* heulen; *jet plane* dröhnen; ***a fire engine ~ed past*** ein Feuerwehrauto fuhr mit heulenden Sirenen vorbei ④ (*travel fast noisily*) ■**to ~ past** vorbeibrausen, vorbeidüsen *fam,* mit heulenden Motoren vorbeirasen ⑤ (*fig: express oneself vociferously*) ■**to ~ about sth** um etw *akk* ein großes Trara [*o* viel Geschrei] machen *fam* ⑥ *esp* BRIT (*clash horribly*) ■**to ~ at sth** sich *akk* mit etw *dat* beißen *fam;* ■**to ~ at each other** *colours* sich *akk* beißen *fam* ⑦ (*fam: glaringly obvious*) ■**to be ~ing at sb** jdm ins Auge springen **III.** *vt* ① (*cry loudly*) ■**to ~** [**out**] **sth** etw schreien [*o bes* SÜDD FAM brüllen]; **to ~ abuse at sb** jdm Beschimpfungen an den Kopf werfen; **to ~ one's head off** [*or* **the place down**] (*fam*) sich *dat* die Kehle [*o* Lunge] aus dem Hals schreien *fam;* **to ~ oneself hoarse** sich *akk* heiser schreien ② (*fig: express forcefully*) ■**to ~ sth** etw lauthals schreien; ***'Royal Plane Disaster' ~ed the headlines next day*** (*print in large*) ‚Königliches Flugzeugunglück' schrien einem die Schlagzeilen am nächsten Tag groß entgegen

◆**scream out** *vi* (*fam: demand*) ■**to ~ out for sth** nach etw *dat* schreien [*o* verlangen]; ■**to ~ out at sb** (*be very noticeable*) *colour, mistake* jdm ins Auge stechen

screaming ['skriːmɪŋ] **I.** *adj attr, inv* ① (*crying loudly*) *person* schreiend; *engine* heulend; **a ~ brat** ein Schreihals *m* ② *headline* reißerisch *pej* **II.** *n no pl of people* Geschrei *nt oft pej,* Gebrüll *nt oft pej; of animals* Gekreisch[e] *nt; of an engine* Heulen *nt*

screamingly ['skriːmɪŋli] *adv* ***his life was just a ~ dull routine*** sein Leben war eine einzige öde Routine; **~ funny** zum Schreien komisch *fam,* urkomisch *fam;* **to be ~ obvious** ganz offensichtlich sein

scree [skriː] *n no pl* Geröll *nt,* Schotter *m*

screech [skriːtʃ] **I.** *n* <*pl* -es> *of a person* Schrei *m; of an animal* Kreischen *nt kein pl; of brakes, tyres* Quietschen *nt kein pl;* **a ~ of laughter** ein [gellendes] Auflachen *nt;* **to give a ~ of pain** vor Schmerz aufschreien; **to stop with a ~ of tyres** mit quietschenden Reifen zum Stillstand kommen **II.** *vi person* schreien; *animal* kreischen; *brakes, tyres* quietschen; **to ~ with delight** vor Vergnügen quietschen; **to ~ to a halt** mit quietschenden Reifen zum Stillstand kommen; **to ~ with laughter** vor Lachen kreischen; **to ~ with pain** vor Schmerzen schreien **III.** *vt* ■**to ~ that …** schreien [*o* kreischen], dass …

screech owl *n* Kreischeule *f*

screed [skriːd] *n* ① (*speech, writing*) Roman *m;* (*book*) Wälzer *m fam;* **to write ~s** [**and ~s**] einen ganzen Roman [*o* ganze Romane] schreiben ② TECH (*layer of plaster*) Estrich *m*

screen [skriːn] **I.** *n* ① (*in a cinema, for slides*) Leinwand *f;* (*of television, computer*) Bildschirm *m;* (*for radar, sonar*) Schirm *m;* **~ dump** Bildschirmausdruck *m;* **radar ~** Radarschirm *m;* **on ~** am Bildschirm ② *no pl* ■**the ~** (*cinema*) das Kino; (*fam: television*) das Fernsehen; **the big ~** die Leinwand, das Kino; **the silver ~** (*dated*) *das Kino der 30er und 40er Jahre;* **the small ~** der Bildschirm, das Fernsehen ③ (*panel for privacy*) Trennwand *f;* (*decorative*) Wandschirm *m,* Paravent *m;* (*for protection*) Schutzschirm *m;* (*against insects*) Fliegengitter *nt;* (*fire screen*) Ofenschirm *m* ④ BRIT (*along a motorway*) Lärmschutzwand *f;* (*in a church*) Lettner *m;* **glass ~** Glaswand *f;* **a ~ of trees** (*fig*) eine Wand von Bäumen ⑤ (*on car*) Windschutzscheibe *f* ⑥ *no pl esp* AM (*fig: sth that conceals*) Tarnung *f* ⑦ (*test*) Kontrolle *f;* **health ~** Vorsorgeuntersuchung *f;* **security ~** Sicherheitskontrolle *f* ⑧ (*sieve*) [Gitter]sieb *nt* **II.** *n modifier* FILM Kino-, Film- **III.** *vt* ① (*conceal*) ■**to ~ sth** [**from sth**] etw [gegen etw *akk*] abschirmen; **to ~ sth from view** etw vor Einblicken schützen ② (*shield*) ■**to ~ sb/sth** [**from sth**] jdn/etw [vor etw *dat*] schützen; ■**to ~ sb/sth** [**from sth/sb**] (*fig: protect*) jdn/etw [vor etw/jdm] beschützen ③ (*examine closely*) ■**to ~ sb** jdn überprüfen; MIL jdn einer Auswahlprüfung unterziehen; ■**to ~ sb for sth** MED jdn auf etw *akk* hin untersuchen; (*test*) ■**to ~ sth** etw überprüfen; (*with answerphone*) **to ~ one's calls** nur bei bestimmten Anrufen das Telefon abnehmen ④ (*show*) ■**to ~ sth** etw vorführen; TV etw senden ⑤ (*put through a sieve*) ■**to ~ sth** etw [durch]sieben; (*fig*) **to ~ candidates** Bewerber sieben [*o* aussondern] ⑥ COMPUT (*display*) ■**to ~ sth** etw vorführen

◆**screen off** *vt* ■**to ~ off ⊂ sth** [**from sth**] etw [von etw *dat*] abtrennen

◆**screen out** *vt* ① (*prevent from entering*) ■**to ~ out ⊂ sth** etw abhalten ② (*exclude selectively*) ■**to ~ out ⊂ sb** jdn aussieben; ■**to ~ out ⊂ sth** etw herausfiltern

screenager ['skriːnˌeɪdʒər, AM -dʒɚ] *n* (*sl*) internet- o computersüchtiger Teenager

screen door *n* AM, AUS *Eingangstür mit Fliegengitter* **screen dump** *n* COMPUT Dumpen *nt* des Bildschirms *fachspr*

screening ['skriːnɪŋ] *n* ① (*a showing in a cinema*) Filmvorführung *f* ② *no pl* (*process of showing*) *of films* Vorführen *nt; of TV programmes* Ausstrahlung *f,* Senden *nt;* ***the series has had repeated ~s*** die Serie ist mehrmals wiederholt worden ③ *no pl* (*testing*) Überprüfung *f* ④ MED (*examination*) Untersuchung *f;* (*X-ray*) Röntgenuntersuchung *f,* Röntgen *nt kein pl,* Durchleuchtung *f*

screen name *n* Codename *m*

screenplay *n* Drehbuch *nt* **screen print** *n* Sieb-

druck *m* **screen printing** *n no pl* Siebdruckverfahren *nt* **screen rights** *npl* Filmrechte *pl* **screen saver** *n* Bildschirmschoner *m* **screen test** *n* FILM, TV Probeaufnahmen *fpl* **screen-test** *vt* ▪**to ~ sb** von jdm Probeaufnahmen machen
screenwriter *n* Drehbuchautor(in) *m(f)*
screw [skru:] **I.** *n* ① (*metal fastener*) Schraube *f;* **to loosen/tighten [up] a ~** eine Schraube lockern/anziehen ② *no pl* (*turn*) Drehung *f;* **to give sth a ~** (*with one's fingers*) an etw *dat* drehen; (*with a screwdriver*) etw anziehen ③ (*propeller*) Schraube *f* ④ *no pl* (*vulg sl: sex*) Fick *m vulg;* **to have a ~** bumsen *sl,* vögeln *derb,* ficken *vulg* ⑤ *no pl* (*vulg sl: sexual partner*) Fick *m vulg* ⑥ (*sl: prison guard*) [Gefängnis]wärter(in) *m(f),* Schließer(in) *m(f)* ⑦ *no pl* SPORTS Effet *m;* **to put ~ on the ball** dem Ball [einen] Effet geben, den Ball anschneiden ⑧ BRIT (*dated: twisted paper*) Tütchen *nt* ▶ PHRASES: **to have a ~ loose** (*hum fam*) nicht ganz dicht sein *pej fam;* ***he must have a ~ loose!*** bei ihm muss eine Schraube locker sein! *fam;* **to put the ~s on sb** (*fam*) jdm [die] Daumenschrauben anlegen; **to tighten the ~[s] [on sb]** den Druck [auf jdn] verstärken, [jdm] die Daumenschrauben anziehen **II.** *vt* ① (*with a screw*) ▪**to ~ sth [on]to sth** etw an etw *akk* schrauben, etw an etw *dat* festschrauben ② (*by twisting*) **to ~ sth tight** etw fest zudrehen; ▪**to ~ sth into sth** etw in etw *akk* schrauben; ▪**to ~ sth on[to] sth** etw auf etw *akk* schrauben; **to ~ a nut tight** eine [Schrauben]mutter anziehen ③ (*fam: cheat*) ▪**to ~ sb** jdn reinlegen *fam;* ▪**to ~ sb for sth** jdn um etw *akk* bescheißen *sl,* jdm etw abzocken *sl* ④ (*vulg sl: have sex with*) ▪**to ~ sb** jdn bumsen *sl* [*o derb* vögeln] [*o vulg* ficken] ⑤ (*fam!: expressing anger or contempt*) **~ it!** Mist! *fam,* Scheiße! *derb;* **~ you/them!** du kannst/die können mich mal! *sl* ⑥ (*twist*) ***he somehow managed to ~ his face into an expression of polite interest*** irgendwie schaffte er es, sein Gesicht freundlich zu verziehen; **to ~ sth into a ball** etw zu einem Knäuel [zusammen]knüllen **III.** *vi* (*vulg sl: have sex*) bumsen *sl,* vögeln *derb,* ficken *vulg*
◆**screw about** *vi vt see* **screw around I 2, II 2**
◆**screw around I.** *vi* ① (*vulg sl: be promiscuous*) herumbumsen *sl,* herumvögeln *derb* ② (*fam!: mess around*) [he]rummachen *fam;* ▪**to ~ around with sth** an etw *dat* [he]rummachen *fam;* **to ~ around with the computer** am Computer [he]rumspielen *fam* **II.** *vt* ① (*twist suddenly*) **to ~ one's head/neck around** den Kopf/Hals verdrehen ② (*fam!*) ▪**to ~ sb around** (*take the piss*) jdn verarschen *derb;* (*cause trouble*) jdm das Leben sauer machen *fam*
◆**screw down** *vt* ▪**to ~ down ○ sth** ① (*with screws*) etw festschrauben ② (*by twisting*) etw fest zudrehen; **to ~ a nut down tight** eine [Schrauben]mutter anziehen
◆**screw in I.** *vt* ▪**to ~ in ○ sth** etw einschrauben [*o* eindrehen] **II.** *vi* sich *akk* einschrauben [*o* eindrehen] lassen
◆**screw off I.** *vt* ▪**to ~ off ○ sth** etw abschrauben **II.** *vi* sich *akk* abschrauben lassen
◆**screw on I.** *vt* ▪**to ~ on ○ sth** ① (*with screws*) etw anschrauben ② (*by twisting*) etw aufschrauben; **to ~ a lid/top on a jar/pot** einen Deckel/Verschluss auf ein Glas/einen Topf schrauben; **to ~ sth on tight** etw fest zudrehen ▶ PHRASES: **to have one's head ~ed on [right** [*or* **the right way**]] (*fam*) seine fünf Sinne beisammen haben *fam,* nicht auf den Kopf gefallen sein *fam* **II.** *vi* ① (*with screws*) angeschraubt werden ② (*by twisting*) aufgeschraubt werden
◆**screw out** *vt* ▪**to ~ sth out of sb** *money* etw aus jdm herauspressen *fam; truth* etw aus jdm herausquetschen *fam*
◆**screw round** *vt* BRIT **to ~ one's head/neck round** den Kopf/Hals verdrehen
◆**screw together I.** *vt* ▪**to ~ together ○ sth** etw zusammenschrauben **II.** *vi* zusammengeschraubt werden
◆**screw up I.** *vt* ① (*with screws*) ▪**to ~ up ○ sth** etw zuschrauben ② (*by turning*) ▪**to ~ up ○ sth** etw zudrehen; **to ~ sth up tight** etw fest zudrehen; **to ~ a nut/screw up tightly** eine Mutter/Schraube anziehen ③ (*twist and crush*) ▪**to ~ up ○ sth** etw zusammenknüllen; **to ~ sth up in[to] a ball** etw zu einem Knäuel [zusammen]knüllen ④ (*twist into a shape*) **to ~ up one's eyes** blinzeln; **to ~ up one's face/mouth** das Gesicht/den Mund verziehen; ***she ~ed up her mouth into a pout*** sie zog einen Schmollmund ⑤ (*sl*) ▪**to ~ up ○ sth** (*spoil*) etw vermasseln *fam;* (*fail, do badly*) etw verpatzen [*o* vermasseln] [*o* verhauen] *fam;* **to ~ it/things up** Mist bauen *fam* ⑥ (*sl: make anxious, neurotic*) ▪**to ~ up ○ sb** jdn verkorksen *fam;* ***his mother's death has really ~ed him up*** der Tod seiner Mutter hat ihn ganz aus der Bahn geworfen **II.** *vi* ① (*tighten*) sich *akk* zuschrauben lassen; *nut* sich *akk* anziehen lassen ② (*sl: fail, make a mess*) ▪**to ~ up [on sth]** [bei etw *dat*] Mist bauen *fam* [*o sl* Murks machen]
screwball *n* ① AM (*in baseball*) angeschnittener Ball ② *esp* AM (*fam: person*) Spinner(in) *m(f) pej fam* **screw cap** *n* Schraubdeckel *m,* Schraubverschluss *m* **screwdriver** *n* ① (*tool*) Schraubenzieher *m* ② (*cocktail*) Screwdriver *m* **screwdriver economy** *n* ECON *Wirtschaftsform, in der Produkte montiert und vermarktet werden, deren Einzelteile woanders hergestellt worden sind*
screwed [skru:d] *adj pred* (*sl*) ① (*stymied*) festgefahren; (*in a hopeless situation*) geliefert *sl,* aufgeschmissen *sl;* ***we're ~*** wir sind geliefert *sl* ② BRIT (*dated: drunk*) voll *fam,* blau *fam*
screwed-up *adj* (*fam: neurotic*) neurotisch; (*messed up*) verkorkst *fam;* ▪**to get [all] ~ about sth** wegen einer S. *gen* völlig durchdrehen *fam*
screw-on *adj attr, inv* aufschraubbar; **~ cap/lid/top** Schraubverschluss *m;* **~ lens** aufschraubbare Linse **screw top** *n* Schraubverschluss *m,* Drehverschluss *m* **screw-top** *adj,* **screw-topped** *adj inv* mit Schraubverschluss [*o* Drehverschluss] *nach n*
screwy ['skru:i] *adj* (*fam*) verrückt, verdreht *pej fam;* (*dangerously mad*) *idea* hirnrissig *fam*
scribble ['skrɪbl] **I.** *vt* ▪**to ~ sth** etw [hin]kritzeln; ▪**to ~ sth on sth** etw auf etw *akk* kritzeln **II.** *vi* ① (*make marks, write*) kritzeln; **to ~ in a book/on the wall** in ein Buch/an die Wand kritzeln ② (*hum: write*) schreiben, schriftstellern *fam* **III.** *n* ① (*mark, words*) Gekritzel *nt kein pl pej,* Geschmier[e] *nt kein pl pej fam;* **illegible ~s** unleserliches Gekritzel *pej* ② *no pl* (*handwriting*) Klaue *f pej sl*
scribbler ['skrɪblə^r, AM -ɚ] *n* (*pej or hum*) Schreiberling *m pej*
scribbling block *n,* **scribbling pad** *n* Schreibblock *m,* Notizblock *m*
scribbly gum ['skrɪbligʌm] *n* AUS *australischer Gummibaum*
scribe [skraɪb] *n* ① (*copyist*) Schreiber *m,* Kopist *m* ② (*teacher of religious law*) Schriftgelehrte(r) *m*
scrimmage ['skrɪmɪdʒ] *n* ① SPORTS (*in US football*) Gedränge *nt fachspr* ② (*confused fight*) Gerangel *nt kein pl fam;* (*in a doorway*) Gedränge *nt kein pl*
scrimp [skrɪmp] *vi* sparen; **to ~ and save** knausern *pej fam;* ▪**to ~ on sth** an etw *dat* sparen
scrip [skrɪp] *n* FIN ① (*share certificate*) Interimsschein *m fachspr,* Scrip *m fachspr,* Zwischenschein *m* ② *no pl* (*share certificates*) Interimsscheine *mpl fachspr,* Scrips *mpl fachspr*
scrip holder *n* BRIT Inhaber(in) *m(f)* eines Interimsscheines **scrip issue** *n* FIN (*share*) Interimsaktie *f fachspr;* (*distribution*) Ausgabe *f* von Gratisaktien **scrip share** *n* FIN Gratisaktie *f*
script [skrɪpt] **I.** *n* ① (*text of film*) Drehbuch *nt,* Skript *nt;* (*of play*) Regiebuch *nt;* (*of broadcast*) Skript *nt;* **to keep** [*or* **stick**] **to the ~** FILM, TV sich *akk* ans Drehbuch halten; (*fig*) sich *akk* an die Absprache halten; **to read from a ~** ablesen ② (*style of writing*) Schrift *f;* TYPO *also* Schriftart *f;* **in Arabic/Cyrillic ~** in arabischer/kyrillischer Schrift; **italic ~** Kursivschrift *f* ③ BRIT, AUS (*exam*) Examensarbeit *f,* Prüfungsarbeit *f* ④ AUS (*prescription*) Rezept *nt* ⑤ COMPUT Script *nt* **II.** *vt* ▪**to ~ sth** das Drehbuch zu etw *dat* schreiben
scripted ['skrɪptɪd] *adj inv* vorbereitet
script-girl *n* Skriptgirl *nt*
scriptorium <*pl* -ria *or* -s> [skrɪp'tɔ:riəm] *n* HIST Schreib- und Studierzimmer *nt* [eines Klosters], Skriptorium *nt geh*
scriptural ['skrɪptʃ^ər^əl, AM -tʃɚ-] *adj* biblisch
scripture *n,* **Scripture** ['skrɪptʃə^r, AM -tʃɚ] *n* ① *no pl* (*the Bible*) die Bibel, die Schrift; **passages of ~** Bibeltexte *mpl,* Bibelstellen *fpl;* **[Holy] S~** die [Heilige] Schrift ② (*sacred writings*) ▪**the ~s** [*or* **the S~s**] *pl* die heiligen Schriften *pl;* (*the Bible*) die Bibel, die Heilige Schrift; **the Hindu/Buddhist/Muslim ~s** die heiligen Schriften der Hindus/Buddhisten/Moslems
scriptwriter *n* FILM, TV Drehbuchautor(in) *m(f);* RADIO Rundfunkautor(in) *m(f)*
scrivener ['skrɪv^ən^ə^r, AM ɚ] *n* (*hist*) Amtsschreiber *m*
scrofula ['skrɒfjʊlə, AM 'skrɑ:fjə] *n no pl* (*hist*) MED Skrofeln *fpl,* Skrofulose *f*
scroll [skrəʊl, AM skroʊl] **I.** *n* ① (*roll of paper*) [Schrift]rolle *f* ② ARCHIT Schnecke *f fachspr* **II.** *vi* COMPUT scrollen *fachspr,* blättern; **to ~ up/down** zurück-/vorrollen, zurück-/vorscrollen *fachspr;* **to ~ [to the] right/left** nach rechts/links scrollen *fachspr;* **to ~ through sth** etw durchscrollen *fachspr*
Scrooge [skru:dʒ] *n* (*pej*) Geizhals *m pej,* Geizkragen *m pej fam*
scrota ['skrəʊtə, AM -oʊt̬ə] *n pl of* **scrotum**
scrotum <*pl* -s *or* -ta> ['skrəʊtəm, *pl* -tə, AM -oʊt̬-, *pl* -t̬ə] *n* Hodensack *m,* Skrotum *nt fachspr*
scrounge [skraʊndʒ] (*fam*) **I.** *n no pl* (*pej or hum*) **to be on the ~** am Schnorren sein *pej fam,* schnorren; **to be on the ~ for money/cigarettes** Geld/Zigaretten schnorren *fam* **II.** *vt* (*pej*) ▪**to ~ sth [off** [*or* **from**] **sb]** etw [von jdm] schnorren *pej fam* **III.** *vi* (*pej*) ▪**to ~ [off** [*or* **from**] **sb]** [bei jdm] schnorren *pej fam*
◆**scrounge around** *vi* (*fam*) ▪**to ~ around [for sth]** [nach etw *dat*] herumsuchen [*o* herumstöbern] *fam*
◆**scrounge up** *vt* AM, AUS (*fam*) **to ~ up a meal** ein Essen zusammenbekommen *fam;* **to ~ up money** Geld zusammenkratzen *fam*
scrounger ['skraʊndʒə^r, AM -ɚ] *n* (*pej fam*) Schnorrer(in) *m(f) pej fam*
scrub¹ [skrʌb] *n no pl* ① (*trees and bushes*) Gestrüpp *nt* ② (*area*) Busch *m,* Buschland *nt*
scrub² [skrʌb] **I.** *n* **to give sth a [good] ~** etw [gründlich] [ab]schrubben *fam* **II.** *vt* <-bb-> ① (*clean*) ▪**to ~ sth** etw [ab]schrubben *fam;* ▪**to ~ sb clean** [*or* **down**] jdn abschrubben *fam;* **to ~ a saucepan clean** einen Topf blank scheuern ② (*fam: cancel, abandon*) ▪**to ~ sth** etw fallen lassen; *project* etw abblasen *fam* ③ COMPUT ▪**to ~ sth** etw löschen **III.** *vi* <-bb-> schrubben *fam;* ▪**to ~ at sth** an etw *dat* herumschrubben *fam*
◆**scrub off** *vt* ▪**to ~ off ○ sth [from sth]** etw [von etw *dat*] abschrubben *fam*
◆**scrub out** *vt* ▪**to ~ out ○ sth** *mistake* etw beseitigen
◆**scrub round** *vi* BRIT (*fam: avoid*) ▪**to ~ round sth** etw umgehen
◆**scrub up** *vi* MED sich *dat* [gründlich] die Hände schrubben *fam*
scrubber ['skrʌbə^r, AM -ɚ] *n* ① (*scrub brush*) Schrubber *m;* (*smaller one*) Scheuerbürste *f* ② BRIT (*pej sl*) Flittchen *nt pej fam*
scrubbing brush *n,* AM *also* **scrub brush** *n* Schrubber *m;* (*smaller one*) Scheuerbürste *f*
scrubby ['skrʌbi] *adj vegetation* struppig; *area* Busch-, mit Buschwerk bewachsen
scruff [skrʌf] *n* ① (*of neck*) Genick *nt;* **by the ~ of the/sb's neck** am Genick ② BRIT (*fam: woman*) Schlampe *f pej fam;* (*man*) vergammelter Typ *pej fam*
scruffily ['skrʌfɪli] *adv* gammelig *oft pej fam*
scruffiness ['skrʌfɪnəs] *n no pl* Schmudd[e]ligkeit *f,* verwahrlostes Aussehen
scruffy ['skrʌfi] *adj clothes* gammelig *oft pej fam,*

S

schmuddelig *pej fam; person* vergammelt *pej fam,* gammelig *pej fam; area, place* heruntergekommen *fam,* verlottert *pej*

scrum [skrʌm] **I.** *n* ① *(in rugby)* Gedränge *nt fachspr* ② BRIT *(fam: disorderly crowd)* Getümmel *nt* **II.** *vi* <-mm-> *(in rugby)* ■**to ~ down** ein Gedränge bilden *fachspr*

scrum half *n (in rugby)* Gedrängehalbspieler(in) *m(f) fachspr*

scrummage ['skrʌmɪdʒ] *n (in rugby)* Gedränge *nt fachspr*

scrummager ['skrʌmɪdʒəʳ, AM -ɚ] *n (in rugby)* Gedrängespieler(in) *m(f) fachspr*

scrummy ['skrʌmi] *adj* BRIT *(esp childspeak fam)* lecker, leckerschmecker *Kindersprache*

scrump [skrʌmp] *vt* BRIT *(fam)* ■**to ~ sth** etw klauen *fam*

scrumptious ['skrʌm(p)ʃəs] *adj (fam)* lecker

scrumpy ['skrʌmpi] *n no pl* BRIT *starker Cidre*

scrunch [skrʌn(t)ʃ] **I.** *n no pl* Knirschen *nt* **II.** *vi (make noise)* knirschen; *(with the mouth)* geräuschvoll kauen **III.** *vt* ① *(crunch)* ***we ~ed the gravel/snow [under our feet]*** der Kies/Schnee knirschte unter unseren Füßen ② *(crush up)* ■**to ~ sth** etw zerknüllen; *see also* **scrunch up I 1**

◆**scrunch up I.** *vt* ① *(crush small)* ■**to ~ up** ↻ **sth** etw zerknüllen [*o* zusammenknüllen] ② *(squeeze up)* **to ~ up one's face** das Gesicht verziehen; **to ~ up one's hair** die Haare zusammenbinden; **to ~ up one's shoulders** seine [*o* die] Schultern einziehen; ■**to ~ oneself up** sich *akk* klein machen **II.** *vi* zusammenrücken

scrunchy ['skrʌn(t)ʃi] **I.** *adj gravel, snow* knirschend; *apple* knackig **II.** *n* Haarband *nt,* Haargummi *m*

scruple ['skru:pl] **I.** *n* ① *no pl (moral responsibility)* Skrupel *m meist pl,* Gewissensbisse *mpl,* Bedenken *nt meist pl;* **to be [entirely] without ~** [völlig] skrupellos sein, keiner[lei] Skrupel haben ② *(principles)* ■**~s** *pl* Skrupel *mpl,* Bedenken *ntpl;* **moral ~s** moralische Bedenken; **to have [no] ~s about doing sth** [keine] Skrupel [*o* Bedenken] haben, etw zu tun **II.** *vi* Bedenken [*o* Skrupel] haben; ■**to not ~ to do sth** keine Bedenken [*o* Skrupel] haben, etw zu tun

scrupulous ['skru:pjələs] *adj* ① *(extremely moral)* gewissenhaft; **to be too ~ to do sth** zu viele Skrupel haben, etw zu tun ② *(extremely careful)* [peinlich] genau; ■**to be ~ about/in sth** es mit etw *dat* sehr genau nehmen; **~ cleanliness** peinlichste Sauberkeit; **~ fairness/honesty** kompromisslose Gerechtigkeit/Ehrlichkeit

scrupulously ['skru:pjələsli] *adv* gewissenhaft; **~ honest** auf unbedingte Ehrlichkeit bedacht; **~ clean** peinlich sauber; **to ~ avoid doing sth** peinlich darauf bedacht sein, etw nicht zu tun; ***he ~ avoided any reference to the incident*** er war sehr darauf bedacht, dass der Vorfall unerwähnt blieb

scrupulousness ['skru:pjələsnəs] *n no pl* Skrupelhaftigkeit *f,* Bedenklichkeit *f*

scrutineer [ˌskru:tɪ'nɪəʳ, AM -tᵊn'ɪr] *n esp* BRIT, AUS Wahlprüfer(in) *m(f)*

scrutinize ['skru:tɪnaɪz, AM -tᵊn-] *vt* ■**to ~ sth** etw [genau] untersuchen [*o* prüfen]; **to ~ a text** einen Text [genau] studieren; **to ~ sb's face/sb** jdn [genau] mustern

scrutiny ['skru:tɪni, AM -tᵊni] *n no pl* [genaue] [Über]prüfung [*o* Untersuchung]; **to bear [*or* stand [up to]] ~** einer [genauen] [Über]prüfung [*o* Untersuchung] standhalten; **to come under [*or* be subjected to] [close] ~** einer [genauen] [Über]prüfung [*o* Untersuchung] unterzogen werden

scuba ['sku:bə] *n* Tauchgerät *nt*

scuba diver *n* Sporttaucher(in) *m(f)* **scuba diving** *n no pl* Sporttauchen *nt;* **to go ~** sporttauchen

scud <-dd-> [skʌd] *vi* eilen, flitzen *fam; clouds* [schnell] ziehen

scud missile *n* Scud Missile *f*

scuff [skʌf] **I.** *vt* ① *(mark)* ■**to ~ sth** etw verschrammen; *(wear away)* etw abwetzen ② *(drag along the ground)* **to ~ one's feet** schlurfen **II.** *vi* ① *(wear away)* sich *akk* abwetzen ② *(shuffle)* schlurfen

◆**scuff up** *vt* ■**to ~ up** ↻ **sth** etw aufscharren; **to ~ up dust/leaves** Staub/Blätter aufwirbeln

scuffed [skʌft] *adj (worn away)* abgewetzt; *(marked)* zerschrammt

scuffle ['skʌfl] **I.** *n* ① *(short fight)* Handgemenge *nt,* Handgreiflichkeiten *pl* ② *(sound, movement)* Schlurfen *nt* **II.** *vi* ■**to ~ [with sb]** sich *akk* [mit jdm] balgen [*o* raufen]

scuff mark *n* Schramme *f*

scull [skʌl] **I.** *vi* rudern, skullen *fachspr* **II.** *n* SPORTS Skullboot *nt fachspr*

scullery ['skʌlᵊri, AM -ɚi] *n esp* BRIT Spülküche *f*

scullery maid *n (hist)* Küchenmagd *f*

sculling ['skʌlɪŋ] *n no pl* SPORTS Rudern *nt,* Skullen *nt fachspr*

sculpt [skʌlpt] **I.** *vt* ■**to ~ sth** *(create)* etw [heraus]meißeln; *(in clay)* etw modellieren; *(reshape, work)* etw formen; *model* etw modellieren; ***the wind has ~ed strange patterns in the sand*** der Wind hat den Sand in seltsame Muster geformt; **to ~ sth from stone** etw aus Stein meißeln; **to ~ sth in wax** etw in Wachs modellieren; **to have beautifully/finely ~ed features** *(fig)* schön/fein geformte Züge haben **II.** *vi* bildhauern *fam*

sculptor ['skʌlptəʳ, AM -ɚ] *n* Bildhauer(in) *m(f)*

sculptress <*pl* -es> ['skʌlptrɪs] *n* Bildhauerin *f*

sculptural ['skʌlptʃᵊrᵊl, AM -ɚᵊl] *adj works of art* bildhauerisch, plastisch; *facial features, form, feel* plastisch; **~ works** Skulpturen *fpl*

sculpture ['skʌlptʃəʳ, AM -ɚ] **I.** *n* ① *no pl (art)* Bildhauerei *f* ② *(object)* Skulptur *f,* Plastik *f;* **bronze ~** Bronzeplastik *f* **II.** *vt* ■**to ~ sth** *(make with a chisel)* etw [heraus]meißeln; *(in clay)* etw modellieren; *(reshape, work)* etw formen; *model* etw modellieren; *see also* **sculpt III.** *vi* bildhauern *fam*

sculptured ['skʌlptʃəd, AM ɚd] *adj inv* skulpturartig, plastisch geformt

scum [skʌm] *n no pl* ① *(foam)* Schaum *m; (residue)* Rand *m; (layer of dirt)* Schmutzschicht *f* ② *(pej: evil people)* Abschaum *m pej; (insult for man)* Mistkerl *m pej fam; (for woman)* Miststück *nt pej fam;* **to be ~** Abschaum sein *pej;* **[to be] the ~ of the earth** der Abschaum der Menschheit [sein] *pej,* zum Abschaum der Menschheit gehören *pej*

scumbag *n (pej sl: man)* Mistkerl *m pej fam; (stronger)* Dreckskerl *m pej derb; (woman)* Miststück *nt pej fam*

scummy ['skʌmi] *adj (with a foamy layer)* schaumig, mit Schaum bedeckt; *(fam: dirty)* schmutzig; *(fig)* schmierig *fig, pej;* ***I wish you wouldn't leave the bath in such a ~ state*** es wäre mir lieb, wenn du die Badewanne nicht immer mit einem Schaumrand hinterlassen würdest; **a ~ pond** ein Teich *m* mit einer Schleimschicht

scupper ['skʌpəʳ] *vt* BRIT ■**to ~ sth** ① *(sink deliberately)* etw versenken ② *(fam: thwart)* etw vereiteln; ***the whole project will be ~ed if we can't find more money*** das ganze Projekt ist dahin, wenn wir nicht mehr Geld zusammenbekommen *fam;* **to ~ sb's plan** jds Plan *m* über den Haufen werfen *fam*

scuppers ['skʌpəz, AM -ɚz] *npl* NAUT Speigatt *nt fachspr*

scurf [skɜ:f, AM skɜ:rf] *n no pl* Schuppen *fpl*

scurrility [skʌr'ɪləti, AM skə'rɪləṭi] *n no pl (pej form)* ① *(personality)* Skurrilität *f geh* ② *(indecency)* Unflätigkeit *f* ③ *(indecent remark)* unflätige [*o* zotige] Bemerkung

scurrilous ['skʌrələs, AM 'skɜ:r-] *adj (pej form: damaging to sb's reputation)* verleumderisch; **~ remarks/attacks** ehrenrührige Bemerkungen/Angriffe; *(insulting)* unflätig *pej geh,* zotig *pej;* **~ terms** unflätige Ausdrücke *pej geh*

scurrilously ['skʌrələsli, AM 'skɜ:r-] *adv (pej: maliciously)* auf niederträchtige Weise; *(obscenely)* auf unflätige Weise *geh*

scurry ['skʌri, AM 'skɜ:ri] **I.** *vi* <-ie-> *small animal* huschen; *person* rennen, eilen; *(with small steps)* trippeln; ***we all scurried for shelter when the storm began*** als der Sturm losbrach, suchten wir uns alle eilends einen Unterschlupf **II.** *n no pl (hurry)* Hasten *nt,* Eilen *nt; (small steps)* Getrappel *nt;* ***we heard a ~ of feet/footsteps*** wir hörten das Getrappel von Füßen/Schritten

scurvy ['skɜ:vi, AM 'skɜ:rvi] **I.** *n no pl* Skorbut *m* **II.** *adj attr (old)* gemein, übel; **~ knave/trick** gemeiner Schurke/Trick

scuse [skju:z] *vt (fam) short for* **excuse: ~ me** 'tschuld[i]gung *fam*

scut [skʌt] *n* ZOOL Blume *f fachspr*

scuttle¹ ['skʌtl, AM -ṭl] *vi person* eilen, hasten, wuseln DIAL, flitzen *fam; small creature* huschen

scuttle² ['skʌtl, AM -ṭl] *vt* ■**to ~ sth** ① *(sink)* etw versenken ② *(put an end to)* etw zunichte machen

scuttle³ ['skʌtl, AM -ṭl] *n* **coal ~** Kohleneimer *m;* **~s full of coal** Eimer *pl* voll Kohle, eimerweise Kohle

scuzzy ['skʌzi] *adj* AM *(fam: disreputable)* vergammelt *pej fam; (disgusting)* widerlich *pej,* grauslich *bes* SÜDD, ÖSTERR *fam*

scythe [saɪð] **I.** *n* Sense *f* **II.** *vt* ① *(with a scythe)* ■**to ~ sth** etw [mit der Sense] [ab]mähen; **to ~ the corn** das Korn [mit der Sense] schneiden ② *(with swinging blow)* ■**to ~ sth/sb [down]** etw/jdn niedermähen [*o* niedermachen] *fam* **III.** *vi* ■**to ~ through sth** durch etw *akk* rasen [*o* preschen]; **to ~ through the defences** durch die Abwehr preschen

SDI [ˌesdi:'aɪ] *n* ① *abbrev of* **Strategic Defense Initiative** SDI ② *abbrev of* **selective dissemination of information** SDI *f*

SDLP [ˌesdi:ˌel'pi:] *n* IRISH *abbrev of* **the Social and Democratic Labour Party** sozialistische Partei Nordirlands

SDP [ˌesdi:'pi:] *n no pl, + sing/pl vb* BRIT *abbrev of* **Social Democratic Party**

SDRs [ˌesdi:'ɑ:z, AM -'ɑ:rz] *n* FIN *abbrev of* **special drawing rights** SZR *ntpl,* Sonderziehungsrechte *ntpl*

SE [ˌes'i:] **I.** *n abbrev of* **south-east** SO *m* **II.** *adj abbrev of* **south-eastern** SO

sea [si:] *n* ① *no pl (salt water surrounding land)* ■**the ~** das Meer, die See; **at the bottom of the ~** auf dem Meeresboden [*o* Meeresgrund]; **the open ~** das offene Meer, die hohe See; **to be at ~** auf See sein; **to go to ~** zur See gehen; **across [*or* over] the ~** *(from one side to the other)* übers Meer; *(beyond)* jenseits des Meeres, in Übersee; **beyond the ~** jenseits des Meeres, in Übersee; **by ~** auf dem Seeweg, mit dem [*o geh* per] Schiff; **by [*or* beside] the ~** am Meer, an der See; **out to ~** auf das Meer; **to put [out] to ~** auslaufen, in See stechen *geh* ② *pl* **the high ~s** die hohe See ③ *(specific area)* See *f kein pl,* Meer *nt;* **the ~ of Azov** das Asowsche Meer; **the Dead ~** das Tote Meer; **the seven ~s** die sieben Meere ④ *(state of sea)* Seegang *m kein pl;* **a calm/high/rough ~** ein ruhiger/hoher/schwerer Seegang; **choppy/heavy ~s** kabbelige *fachspr/* schwere See ⑤ *(waves)* ■**~s** *pl* Wellen *fpl,* Wogen *fpl geh* ⑥ ASTRON Mondfleck *m* ⑦ *(fig: wide expanse)* Meer *nt fig geh;* **a ~ of faces** ein Meer *nt* von Gesichtern *geh;* **a ~ of flames/people** ein Flammen-/Menschenmeer *nt* ▶ PHRASES: **to be [all] at ~** [ganz] ratlos sein, nicht mehr weiter wissen

SEA [ˌesi:'eɪ] *n abbrev of* **Single European Act** EEA *f*

sea air *n no pl* Seeluft *f* **sea anemone** *n* Seeanemone *f* **sea bass** <*pl* -> *n* Seebarsch *m* **sea bathing** *n no pl* BRIT Baden *nt* im Meer **seabed** *n no pl* ■**the ~** der Meeresboden, der Meeresgrund **seabird** *n* Seevogel *m* **seaboard** *n* Küste *f;* **the Eastern/Atlantic ~ of the United States** die Ostküste/Atlantikküste der Vereinigten Staaten **seaborne** *adj attr, inv* See-; **~ goods** Seefrachtgüter *ntpl;* **~ trade** Seehandel *m;* **~ invasion force** MIL von See angreifende Landungsstreitkräfte **sea breeze** *n* Seewind *m,* Meeresbrise *f* **sea-calf** *n* Seehund *m* **sea captain** *n* [Schiffs]kapitän(in) *m(f)* **sea cargo** *n* Seefracht *f* **sea change** *n* große Veränderung **sea chest** *n* Seekiste *f* **sea coast** *n* Seeküste *f,* Meer[es]küste *f* **sea creature** *n* Meerestier *nt* **sea cucumber** *n* Seegurke *f,* Meergurke *f,* Seewalze *f* **sea dog** *n* ① *(sailor)*

Seebär *m hum fam* ❷ (*seal*) Seehund *m* **sea eagle** *n* Seeadler *m* **sea elephant** *n* Seeelefant *m* **seafarer** ['si:ˌfeərəʳ, AM -ˌferɚ] *n* (*liter*) Seefahrer *m veraltend,* Seemann *m* **seafaring** ['si:ˌfeərɪŋ, AM -ˌfer-] *adj attr, inv* (*esp liter*) seefahrend; ~ **man** Seefahrer *m veraltend,* Seemann *m;* ~ **nation** Seefahrernation *f* **seafish** *n* Meeresfisch *m,* Seefisch *m* **seafood** *n no pl* Meeresfrüchte *pl* **seafood restaurant** *n* Fischrestaurant *nt* **sea freight** *n no pl* Seefracht *f* **seafront** *n* (*promenade*) Strandpromenade *f;* (*beach*) Strand *m* **seagoing** *adj attr, inv vessel* Hochsee-, hochseetüchtig; **a** ~ **life** ein Seefahrtsleben *nt,* ein Seemannsleben *nt* **sea-green** **I.** *n no pl* Meergrün *nt* **II.** *adj* meergrün **seagull** *n* Möwe *f* **seahorse** *n* Seepferdchen *nt*

seal[1] [si:l] *n* ZOOL Seehund *m,* Robbe *f*

seal[2] [si:l] **I.** *n* ❶ (*insignia*) Siegel *nt;* **given under my hand and** ~ von mir unterzeichnet und versiegelt ❷ (*stamp*) Siegel *nt,* Siegelstempel *m* ❸ (*to prevent opening*) *on letters* Siegel *nt; on goods* Verschluss *m;* (*from customs man*) Plombe *f;* (*on doors*) Siegel *nt,* Plombe *f;* ***the police put ~s on the doors*** die Polizei versiegelte [*o* verplomben] die Türen ❹ (*air-, watertight join*) Verschluss *m* ❺ (*fig: guarantee*) **sb's** ~ **of approval** jds Zustimmung *f* ► PHRASES: **to** __**set**__ [*or* __**put**__] **the** ~ **on sth** etw besiegeln **II.** *vt* ■**to** ~ **sth** ❶ (*stamp*) etw siegeln [*o* mit einem Siegel versehen] ❷ (*prevent from being opened*) etw [fest] verschließen; (*with a seal*) etw versiegeln; (*for customs*) etw plombieren; (*with adhesive*) etw zukleben ❸ (*make airtight*) etw luftdicht verschließen; (*make watertight*) etw wasserdicht verschließen; *door, window, gaps* etw abdichten; (*cover with sealing fluid*) etw versiegeln; **to** ~ **a joint** einen Balken abdichten ❹ (*block access to*) etw versiegeln [*o* verschließen]; **to** ~ **a frontier** [*or* AM **border**] **/port** eine Grenze/einen Hafen schließen ❺ (*confirm and finalize*) etw besiegeln; ***we won't celebrate until the contract has been signed, ~ed and delivered*** wir feiern erst, wenn der Vertrag auch wirklich unter Dach und Fach ist; **to** ~ **an agreement with a handshake** eine Vereinbarung durch Handschlag besiegeln; **to** ~ **sb's fate** jds Schicksal *nt* besiegeln

◆**seal down** *vt* ■**to** ~ **down** ↻ **sth** etw fest verschließen; (*with adhesive*) etw richtig zukleben

◆**seal in** *vt* ■**to** ~ **in** ↻ **sth** etw einschließen; ***fry the meat quickly on both sides to ~ the flavour in*** man brate das Fleisch nur kurz auf beiden Seiten an, um den Geschmack zu erhalten

◆**seal off** *vt* ■**to** ~ **off** ↻ **sth** etw abriegeln [*o* absperren]

◆**seal up** *vt* ■**to** ~ **up** ↻ **sth** ❶ (*close*) etw [fest] verschließen; (*with a seal*) etw versiegeln; (*with adhesive*) etw zukleben ❷ (*close permanently*) etw verschließen; *shaft, mine* etw zuschütten ❸ *door, window, gaps* etw abdichten

sealant ['si:lənt] *n* (*for surfaces*) Dichtungsmittel *nt;* (*for gaps*) Dichtungsmaterial *nt,* Kitt *m*

sealed [si:ld] *adj inv* ❶ (*firmly closed*) [fest] verschlossen; ***my lips are*** ~ (*fig*) meine Lippen sind versiegelt; ~ **bid** Angebot *nt* in verschlossenem Umschlag; ~ **container/train** verplombter Container/Zug; ~ **envelope** verschlossener Briefumschlag; ~ **orders** versiegelte Order ❷ (*airtight*) luftdicht verschlossen; (*watertight*) wasserdicht verschlossen; (*covered with sealing fluid*) versiegelt

sealed-beam unit *n* Scheinwerfereinsatz *m*

sea legs *npl* Seebeine *pl fachspr;* **to get** [*or* **find**] **one's** ~ NAUT sich *dat* Seebeine wachsen lassen *fachspr,* seefest werden *fachspr*

sealer ['si:ləʳ, AM lɚ] *n* ❶ TECH (*sealant*) Mittel [*o* Versiegeln] zum Abdichten *nt* ❷ HUNT (*hunter*) Robbenfänger *m*

sea level *n no pl* Meeresspiegel *m;* **above/below** ~ über/unter dem Meeresspiegel [*o fachspr* Normalnull]; **at** ~ auf Meereshöhe

sealing ['si:lɪŋ] *n no pl* HUNT Robbenjagd *f,* Robbenfang *m*

sealing wax *n no pl* Siegelwachs *nt,* Siegellack *m* **sea lion** *n* Seelöwe *m* **sea loch** *n* Meeresarm *m* **Sea Lord** *n* BRIT Seelord *m* (*Rang innerhalb der britischen Admiralität*)

seal ring *n* Siegelring *m* **sealskin** **I.** *n no pl* Robbenfell *nt,* Seehundfell *nt* **II.** *n modifier* (*coat, gloves*) Seal-, Seehund-; ~ **hat** Seehundmütze *f,* Mütze *f* aus Seehundfell

seam [si:m] **I.** *n* ❶ (*join in garment*) Naht *f;* **to burst at the ~s** an den Nähten [auf]platzen; **to be bursting** [*or* **bulging**] **at the ~s** (*fig*) aus allen Nähten platzen *fig fam;* **to come** [*or* **fall**] **apart at the ~s** aus den Nähten gehen; (*fig*) *marriage* scheitern; *plan* fehlschlagen ❷ (*line of junction*) Naht *f;* NAUT Fuge *f;* **welded** ~ Schweißnaht *f* ❸ (*mineral layer*) Schicht *f,* Flöz *nt fachspr;* ~ **of coal/iron ore** Kohlen-/Eisenerzflöz *nt;* ~ **of marble** Marmorschicht *f;* (*fig*) Fundgrube *f* ❹ (*liter: wrinkle of skin*) Furche *f,* Runzel *f;* (*scar*) Narbe *f* **II.** *vt* ❶ (*stitch with seam*) ■**to** ~ **sth** etw zusammennähen ❷ *usu passive* (*liter: mark with lines*) ■**to be ~ed** [**with sth**] [mit [*o* von] etw *dat*] durchzogen sein; ***his face was ~ed with wrinkles*** sein Gesicht war zerfurcht

seaman *n* (*sailor*) Seemann *m;* (*rank*) Matrose *m;* **able** [*or* **able-bodied**] ~ BRIT Vollmatrose *m;* **leading** ~ BRIT Erster Matrose; **ordinary** ~ BRIT Leichtmatrose *m*

seamanlike *adj* (*approv*) seemännisch

seamanship ['si:mənʃɪp] *n no pl* seemännisches Geschick, Seemannschaft *f fachspr*

seamed [si:md] *adj inv* Naht-, mit Naht *nach n;* ~ **stockings** Nahtstrümpfe *mpl*

sea mile *n* (*old*) Seemeile *f* **sea mist** *n* Küstennebel *m*

seamless [si:mləs] *adj* ❶ *inv* (*without a seam*) nahtlos; *garment, robe* ohne Nähte ❷ (*fig: smooth*) nahtlos *fig,* problemlos; ~ **transition** nahtloser Übergang

seamstress <*pl* -es> ['sem(p)strɪs, AM 'si:m(p)-] *n* Näherin *f*

seamy ['si:mi] *adj* ❶ (*run down*) heruntergekommen ❷ (*dodgy*) *district, night-spot* zwielichtig, verrufen; **the** ~ **side of life** die Schattenseite des Lebens

séance ['seɪɑ̃:(nt)s, AM 'seɪɑ:n(t)s] *n* Séance *f geh,* spiritistische Sitzung

seaplane *n* Wasserflugzeug *nt* **seaport** *n* Seehafen *m* **sea power** *n* ❶ *no pl* (*naval strength*) Stärke *f* zu Wasser ❷ (*state with strong navy*) Seemacht *f*

sear [sɪəʳ, AM sɪr] *vt* ❶ (*scorch*) ■**to** ~ **sth** etw verbrennen; (*singe*) etw versengen ❷ (*cause painful sensation*) ■**to** ~ **sth** ***a pain ~ed his chest*** ein Schmerz durchzuckte seine Brust; ***the fiery liquid ~ed his throat*** die feurige Flüssigkeit brannte ihm in der Kehle ❸ *usu passive* (*fig: remain*) **to be ~ed into sb's consciousness/memory** in jds Bewusstsein/Gedächtnis eingebrannt sein ❹ FOOD (*fry quickly*) ■**to** ~ **sth** etw kurz [an]braten ❺ (*cauterize*) ■**to** ~ **sth** *wound* etw ausbrennen ❻ *usu passive* (*fig: make unable to feel*) ■**to be ~ed by sth** durch etw *akk* abgestumpft sein

search [sɜ:tʃ, AM sɜ:rtʃ] **I.** *n* ❶ (*for object, person*) Suche *f* (**for** nach +*dat*); **a land and sea** ~ eine Suche zu Land und zu Wasser; **careful** [*or* **exhaustive**] [*or* **thorough**] ~ gründliche Suche; **after a long** ~ nach langer Suche; ■**in** ~ **of sth** auf der Suche nach etw *dat;* **to go off in** ~ **of sth** sich *akk* auf die Suche nach etw *dat* machen ❷ (*for drugs, stolen property, etc*) *of a building, house* Durchsuchung *f; of a person* Leibesvisitation *f;* **to make a** ~ **of sth** etw absuchen ❸ COMPUT Suchlauf *m;* **to do a** ~ **for sth** etw [*o* nach etw *dat*] suchen, einen Suchlauf nach etw *dat* durchführen **II.** *vi* suchen; ■**to** ~ **for sb/sth** nach jdm/etw suchen; ■**to** ~ **for** [*or* **after**] **sth** (*form*) nach etw *dat* suchen; **to** ~ **for peace/spiritual enlightenment/the truth** nach Frieden/geistiger Erleuchtung/der Wahrheit suchen; **to** ~ **high and low** [**for sth**] überall [nach etw *dat*] suchen; ■**to** ~ **through sth** etw durchsuchen **III.** *vt* ❶ (*try to find sb/sth in*) ■**to** ~ **sth** [**for sb/sth**] *building, bag* etw [nach jdm/etw] durchsuchen; *place, street* etw [nach jdm/etw] absuchen; **to** ~ **a file/a text for errors** COMPUT eine Datei/einen Text nach Fehlern absuchen; **to** ~ **sth from top to bottom** etw von oben bis unten durchsuchen ❷ LAW ■**to** ~ **sb** [**for sth**] jdn [nach etw *dat*] durchsuchen ❸ (*fig: examine carefully*) ■**to** ~ **sth** [**for sth**] etw [nach etw *dat*] absuchen; **to** ~ **one's conscience/heart** sein Gewissen/Herz prüfen; **to** ~ **one's memory** sein Gedächtnis durchforschen ► PHRASES: ~ __**me!**__ (*fam*) was weiß ich!? *fam,* woher soll ich das wissen!? *fam*

◆**search out** *vt* ■**to** ~ **out** ↻ **sb/sth** jdn/etw ausfindig machen [*o* aufspüren] [*o fam* aufstöbern]

search engine *n* COMPUT Suchmaschine *f*

searcher ['sɜ:tʃəʳ, AM 'sɜ:rtʃɚ] *n* Suchende(r) *f(m),* Sucher(in) *m(f);* ■**the ~s** *pl* der Suchtrupp, die Suchmannschaft

search function *n* COMPUT Suchfunktion *f*

searching ['sɜ:tʃɪŋ, AM 'sɜ:rtʃɪŋ] *adj gaze, look* forschend, prüfend, durchdringend; *inquiry* eingehend, gründlich; *question* tief schürfend, tief gehend

searchingly [sɜ:tʃɪŋli, AM sɜ:rtʃ-] *adv* forschend, prüfend; **to examine sth** ~ etw eingehend prüfen

searchlight *n* Suchscheinwerfer *m* **search operation** *n* Suchaktion *f* **search party** *n* Suchtrupp *m,* Suchmannschaft *f;* **to send out a** ~ einen Suchtrupp [*o* eine Suchmannschaft] losschicken **search warrant** *n* Durchsuchungsbefehl *m*

searing ['sɪəʳrɪŋ, AM 'sɪr-] *adj attr* ❶ (*scorching*) *heat* sengend ❷ (*painfully burning*) *pain* brennend, scharf ❸ (*fig: intense*) *description* eindringlich; *passion* glühend *geh; emotion, tale* leidenschaftlich; *attack, criticism* scharf, schonungslos

searingly ['sɪəʳrɪŋli, AM 'sɪr-] *adv* (*fig*) äußerst; ~ **critical** schonungslos kritisch

seascape *n* ❶ (*picture*) Seestück *nt* ❷ (*view*) Blick *m* auf das Meer **sea serpent** *n* Seeschlange *f* **sea shanty** *n esp* BRIT Seemannslied *nt* **seashell** *n* Muschel *f* **seashore** *n no pl* (*beach*) Strand *m;* (*land near sea*) [Meeres]küste *f* **seasick** *adj* seekrank **seasickness** *n no pl* Seekrankheit *f* **seaside** *esp* BRIT **I.** *n no pl* ■**the** ~ die [Meeres]küste; ■**at the** ~ am Meer; **to go to the** ~ ans Meer [*o* an die See] fahren **II.** *adj attr, inv* See-; **a** ~ **holiday** Ferien *pl* am Meer; ~ **resort** Seebad *nt;* ~ **town** Küstenstadt *f*

season ['si:zᵊn] **I.** *n* ❶ (*period of year*) Jahreszeit *f;* **the** ~ **of Advent/Lent** die Advents-/Fastenzeit; **the Christmas/Easter** ~ die Weihnachts-/Osterzeit; **the compliments of the** ~ frohes Fest; **the** ~ **of good will** die Zeit der Nächstenliebe; **~s greetings** fröhliche Weihnachten und ein glückliches neues Jahr; **the dry/rainy/monsoon** ~ die Trocken-/Regen-/Monsunzeit; **the festive** ~ BRIT die Feiertage *mpl* (*Weihnachten*) ❷ (*period of ripeness*) Saison *f;* ***oysters are in/out of ~ at the moment*** zur Zeit gibt es/gibt es keine Austern; **apple/strawberry** ~ Apfel-/Erdbeerzeit *f;* **flowering** ~ Blüte *f* ❸ ZOOL fruchtbare Zeit; **to be in** ~ brünstig sein; *dog* läufig sein; *cat* rollig sein *fam;* **mating** ~ Paarungszeit *f* ❹ (*business period*) Saison *f,* Hauptzeit *f;* **at the height of the** ~ in der [*o* zur] Hochsaison; **holiday** ~ Ferienzeit *f;* **summer** ~ Sommersaison *f;* **busy** [*or* **high**] ~ Hochsaison *f;* **low** ~ (*before height*) Vorsaison *f;* (*after height*) Nachsaison *f;* **in/out of** ~ während/außerhalb der Saison ❺ SPORTS Saison *f;* **baseball/cricket/football** ~ Baseball-/Kricket-/Fußballsaison *f;* **fishing/hunting** ~ Angel-/Jagdzeit *f;* **close/open** ~ (*hunting*) Schon-/Jagdzeit *f;* (*fishing*) Zeit *f,* in der das Angeln verboten/erlaubt ist; **in/out of** ~ (*hunting*) während/außerhalb der Jagdzeit; (*fishing*) während/außerhalb der Angelzeit ❻ (*period of entertainment*) Saison *f;* THEAT Spielzeit *f* ❼ (*period for society events*) Saison *f;* **the London** ~ die Londoner Saison ❽ BRIT (*fam: season ticket*) Dauerkarte *f,* Zeitkarte *f;* SPORTS Saisonkarte *f;* THEAT Abonnement *nt* **II.** *vt* ❶ (*add flavouring*) ■**to** ~ **sth** [**with sth**] etw [mit etw *dat*] würzen; **lightly/heavily ~ed** leicht/stark gewürzt; ***the stew's done, but it needs to be ~ed*** der Eintopf ist fertig, aber er muss noch abgeschmeckt werden ❷ (*dry out*) **to** ~ **wood** Holz ablagern lassen

S

③ (*mature*) **to ~ tobacco/wine** Tabak/Wein [aus]reifen lassen **III.** *vi* ① FOOD würzen, abschmecken; **to ~ to taste** nach Geschmack würzen ② (*dry out*) *wood* [ab]lagern ③ (*mature*) *tobacco, wine* [aus]reifen

seasonable ['si:zᵊnəbl] *adj* ① (*expected for time of year*) der Jahreszeit angemessen; **~ temperatures** der Jahreszeit entsprechende Temperaturen ② (*liter: appropriate and timely*) angebracht, passend

seasonal ['si:zᵊnᵊl] *adj* ① (*connected with time of year*) jahreszeitlich bedingt, saisonbedingt; **~ adjustment** Saisonbereinigung *f;* **~ job/work** Saisonarbeitsplatz *m*/-arbeit *f;* **~ unemployment** saisonbedingte Arbeitslosigkeit ② (*grown in a season*) Saison-; **~ fruit/vegetables** Früchte *fpl*/Gemüse *ntpl* der Saison

seasonal affective disorder *n no pl* PSYCH saisonale Affektstörung

seasonality [ˌsi:zᵊn'ælɪti, AM -ət̬i] *n no pl* Saisonabhängigkeit *f*

seasonally ['si:zᵊnᵊli] *adv* saisonbedingt, saisonal; **~ adjusted unemployment figures** saisonbereinigte Arbeitslosenzahlen

seasonal work *n* Saisonarbeit *f* **seasonal worker** *n* Saisonarbeiter(in) *m(f)*

seasoned ['si:zᵊnd] *adj* ① *usu attr* (*experienced*) erfahren ② (*properly dried*) *timber* abgelagert ③ (*spiced*) gewürzt

seasoning ['si:zᵊnɪŋ] *n* ① *no pl* (*salt and pepper*) Würze *f* ② (*herb or spice*) Gewürz *nt* ③ *no pl* (*drying out*) Ablagern *nt*

season ticket *n* Dauerkarte *f,* Zeitkarte *f;* SPORTS Saisonkarte *f;* THEAT Abonnement *nt,* Abonnementskarte *f* **season ticket holder** *n* (*for train, bus*) Inhaber(in) *m(f)* einer Zeitkarte; (*for sports*) Besitzer(in) *m(f)* einer Saisonkarte; (*for theatre, opera*) Abonnent(in) *m(f)*

seat [si:t] **I.** *n* ① (*sitting place*) [Sitz]platz *m;* (*in a car*) Sitz *m;* (*in bus, plane, train*) Sitzplatz *m;* (*theatre*) Platz *m;* ***is this ~ free/taken?*** ist dieser Platz frei/besetzt?; **back ~** Rücksitz *m;* **garden ~** [Garten]bank *f;* **to book** [*or* **reserve**] **a ~** (*for concert, film, play*) eine Karte reservieren lassen; (*on bus, train*) einen Platz reservieren lassen; **to keep** [*or* AM **save**] **a ~ for sb** jdm einen Platz freihalten; **to take** [*or* **have**] **a seat** sich *akk* [hin]setzen, Platz nehmen *geh;* ***please take your ~*** bitte nehmen Sie Platz; **bums on ~s** BRIT, AUS (*fam*), **fannies in the ~s** AM (*fam*) zahlendes Publikum ② *usu sing* (*part to sit on*) *of a chair* Sitz *m; of trousers, pants* Hosenboden *m* ③ (*form: buttocks*) Gesäß *nt,* Hinterteil *nt,* Hintern *m fam* ④ POL Sitz *m;* ***he was elected to a ~ on the local council*** er wurde in den Stadtrat gewählt; **a ~ in Congress/Parliament/the Senate** ein Sitz *m* im Kongress/Parlament/Senat; **marginal/safe ~** knappes/sicheres Mandat; **to lose/win a ~** einen Sitz verlieren/gewinnen; **to take one's ~** BRIT seinen Sitz [im Parlament] einnehmen ⑤ STOCKEX Börsenmitgliedschaft *f* ⑥ (*location*) Sitz *m; of an event* Schauplatz *m;* (*centre*) *of a company* Sitz *m;* **~ of government** Regierungssitz *m;* **~ of learning** (*form*) Stätte *f* der Gelehrsamkeit *geh* ⑦ BRIT (*aristocrat's country residence*) [Wohn]sitz *m;* **country ~** Landsitz *m;* **royal ~** Residenz *f* ⑧ (*style of riding horse*) Sitz *m;* **to have a good ~** eine gute [Reit]haltung haben ⑨ TECH Ventilsitz *m* ▸ PHRASES: **by the ~ of one's pants** aus dem Gefühl [*o fam* Bauch] heraus **II.** *vt* ① (*provide seats*) ■**to ~ sb** jdn setzen, jdm einen Platz anweisen *form;* ■**to ~ oneself** (*form*) sich *akk* setzen ② (*seating capacity*) **to ~ 2500** *room, stadium, theatre* 2500 Menschen fassen; ***his car ~s five*** in seinem Auto haben fünf Leute Platz ③ TECH (*fix in base*) ■**to ~ sth** etw einpassen

-seat [si:t] *in compounds* -sitzig; **a 500-seat theatre** ein Theater *nt* mit 500 Plätzen

seat belt *n* Sicherheitsgurt *m;* **to fasten** [*or* **do up**] **one's ~** den Sicherheitsgurt anlegen, sich *akk* anschnallen; **to unfasten** [*or* **undo**] **one's ~** sich *akk* abschnallen; **to be wearing a ~** angeschnallt sein

seated ['si:tɪd, AM 'si:t̬ɪd] *adj inv* sitzend; ■**to be ~** [**somewhere**] [irgendwo] sitzen; ***please be ~ everybody*** (*form*) bitte nehmen Sie [alle] Platz *geh;* **to be ~ opposite sb** jdm gegenüber sitzen; **to remain** [*or* **stay**] **~** sitzen bleiben

-seater ['si:təʳ, AM 'si:t̬ɚ] *in compounds* -sitzer; ***they are planning to build a twenty thousand-~ stadium*** man hat vor, ein Stadion mit 20.000 Sitzplätzen zu bauen; **two-~** [**car/plane**] Zweisitzer *m;* ***the car is a four-~*** der Wagen ist ein Viersitzer

seating ['si:tɪŋ, AM 'si:t̬-] *n no pl* ① (*seats*) Sitzgelegenheiten *fpl;* **~ for 6/2000** Sitzplätze *mpl* für 6/2000 Personen ② (*sitting arrangement*) Sitzordnung *f*

seating arrangements *npl* Sitzordnung *f;* **to do the ~** die Sitzordnung festlegen **seating capacity** *n no pl* Sitzgelegenheiten *fpl;* **a ~ of 2000** 2000 Sitzplätze *mpl* **seating plan** *n* Sitzordnung *f,* Sitzplan *m*

SEATO ['si:təʊ, AM -t̬oʊ] *n no pl acr for* **Southeast Asia Treaty Organization** SEATO *f*

seat-of-the-pants [ˌsi:tɒvðə'pænts, AM ˌsi:t̬ɑ:v-] *adj attr, inv* (*fam*) instinktive(r,s), gefühlsmäßige(r,s); ***she has a ~ ability to find the best way out of a crisis*** sie findet instinktiv immer den besten Weg aus einer Krise

sea trout *n* ZOOL Lachsforelle *f* **sea urchin** *n* Seeigel *m* **sea wall** *n* (*defence against sea*) Deich *m,* Damm *m;* (*pier*) Kai *m*

seaward ['si:wəd, AM -wɚd] **I.** *adv* seewärts; **to drift ~** aufs Meer hinaus treiben **II.** *adj inv* ① (*facing towards sea*) seewärtig, dem Meer zugewandt; **~ side** Seeseite *f* ② (*moving towards sea*) auf das Meer hinaus *nach n;* **to make a ~ tack** seewärts kreuzen **III.** *n no pl* **to ~** auf das Meer hinaus

seawards ['si:wədz, AM -wɚdz] *adv* seewärts

seawater *n no pl* Meerwasser *nt* **seaway** *n* ① (*channel for large ships*) Wasserstraße *f,* Kanal *m* ② (*route*) Seeweg *m* **seaweed** *n no pl* Seegras *nt,* [See]tang *m* **seaworthiness** *n no pl* Seetauglichkeit *f,* Seetüchtigkeit *f* **seaworthy** *adj* seetauglich, seetüchtig

sebaceous gland [sɪ'beɪʃəsˌglænd, AM səˌbeɪ-] *n* ANAT Talgdrüse *f*

sebum ['sibəm] *n no pl* MED Talg *m*

sec [sek] *n short for* **second** Sek.; ***I'll be with you in a ~!*** (*fam*) Sekunde, ich komme gleich!

SEC *n* AM *abbrev of* **Securities & Exchange Commission** Aufsichtsbehörde für den US-Finanz- und Wertpapiersektor

secant ['si:kᵊnt] *n* MATH (*ratio*) Sekans *m;* (*line*) Sekante *f*

secateurs [ˌsekə'tɜ:z, AM 'sekətɚz] *npl esp* BRIT Gartenschere *f,* Baumschere *f*

secede [sɪ'si:d] *vi* POL ■**to ~** [**from sth**] sich *akk* [von etw *dat*] abspalten [*o* lossagen]

secession [sɪ'seʃᵊn] *n no pl* Abspaltung *f,* Sezession *f geh*

secessionist [sɪ'seʃᵊnɪst] **I.** *n* Sezessionist(in) *m(f)* **II.** *adj inv* sezessionistisch

seclude [sɪ'klu:d] *vt* ■**to ~ sb/sth** [**from sth**] jdn/etw [von etw *dat*] abschließen [*o* absondern]; **to ~ oneself** [**from sth**] sich *akk* [aus etw *dat*] zurückziehen

secluded [sɪ'klu:dɪd] *adj spot, house* abgelegen; *area* abgeschieden; **to live a ~ life** zurückgezogen leben

seclusion [sɪ'klu:ʒᵊn] *n no pl* ① (*quiet and privacy*) Zurückgezogenheit *f,* Einsamkeit *f; of a place* Abgelegenheit *f,* Abgeschiedenheit; **in ~** zurückgezogen, isoliert ② (*keeping separate*) Absonderung *f;* **in total ~** in völliger Abgeschlossenheit

seclusion cell *n,* **seclusion room** *n* Einzelzelle *f*

second¹ ['sekᵊnd] **I.** *adj inv* ① *usu attr* (*next after first*) zweite(r,s); ***Brian's going first, who wants to be ~?*** Brian ist Erster, wer möchte der Nächste sein?; ***he was the ~ person to qualify*** er hat sich als Zweiter qualifiziert; **the ~ time** das zweite Mal; **the ~ week of August** die zweite Augustwoche; **every ~ week** jede zweite Woche, alle zwei Wochen ② (*next after winner*) zweite(r,s); **to be/come** [*or* **finish**] **~** Zweite(r) sein/werden; **~ place** zweiter Platz; **to be in ~ place** auf Platz zwei sein; **~ prize** zweiter Preis; **to take ~ place** (*fig*) zweitrangig sein ③ (*not first in importance, size*) zweit-; **Germany's ~ city** Deutschlands zweitwichtigste Stadt; ■**the ~ ... + superl** der/die/das zweit-; **the ~ biggest town** die zweitgrößte Stadt; **to be ~ only to sb/sth** gleich nach jdm/etw kommen *fam;* **to be ~ to none** unübertroffen sein ④ *attr* (*another*) zweite(r,s), Zweit-; **~ car** Zweitwagen *m;* **~ language** zweite Sprache; **to be a ~ Mozart** ein zweiter Mozart sein; **to give sb a ~ chance** jdm eine zweite [*o* noch eine] Chance geben; **to get a ~ chance** eine zweite Chance bekommen; **to be sb's ~ home** jds zweites Zuhause sein; **to ask for a ~ opinion** eine zweite Meinung einholen; **to have ~ thoughts** seine Meinung ändern, es sich *dat* noch einmal [*o* anders] überlegen; **without a ~ thought** ohne lange zu überlegen; **to do sth a ~ time** etw noch einmal tun ▸ PHRASES: **to play ~ fiddle to sb** in jds Schatten stehen; **to be ~ nature to sb** jdm in Fleisch und Blut übergegangen sein; **to get one's ~ wind** neuen Aufschwung bekommen *geh* **II.** *n* ① BRIT UNIV ≈ Zwei *f;* **an upper/a lower ~** eine Zwei plus/minus ② *no pl* AUTO zweiter Gang; **to change** [**down**] **to** [*or* **into**] **~** in den zweiten Gang [runter]schalten ③ (*extra helping*) ■**~s** *pl* Nachschlag *m kein pl;* ***are there ~s, by any chance?*** kann ich noch eine Portion [*o fam* etwas] haben? ④ BRIT (*fam: dessert*) ■**~s** *pl* Nachtisch *m kein pl;* ***what's for ~s?*** was gibt's zum Nachtisch? ⑤ (*imperfect item*) Ware *f* zweiter Wahl ⑥ (*assistant in boxing or duel*) Sekundant(in) *m(f);* **~s out** [*or* **away**] **— *round two*** Ring frei – zweite Runde ⑦ (*musical interval*) Sekunde *f;* **major/minor ~** große/kleine Sekunde ⑧ (*seconder*) *of a motion* Befürworter(in) *m(f)* **III.** *adv inv* zweitens **IV.** *vt* ① (*support formally in debate*) ■**to ~ sth** *proposal* etw unterstützen [*o* befürworten]; ***I'll ~ that*** (*fam*) ganz meine Meinung ② (*form: back up*) ■**to ~ sth** *action* etw unterstützen; **to ~ a motion** LAW einen Antrag unterstützen [*o* befürworten] ③ ECON ■**to ~ sb** jdn abstellen, jdn zeitweilig versetzen ④ LAW, POL **to ~ a candidate** einen Kandidat/eine Kandidatin unterstützen [*o* befürworten]

second² ['sekᵊnd] *n* ① (*sixtieth of a minute*) Sekunde *f;* **with** [**only**] **~s to spare** in [aller]letzter Sekunde ② (*very short time*) Sekunde *f,* Augenblick *m;* ***you go on, I'll only be a ~*** geh du weiter, ich komme gleich nach; ***if I could have your attention for a ~ or two*** dürfte ich für einen Augenblick um Ihre Aufmerksamkeit bitten; **a couple of** [*or* **a few**] **~s** ein paar Sekunden *fam;* **for a split ~** [*or* **fraction of a ~**] für einen Bruchteil einer Sekunde; **to do sth in ~s** etw in Sekundenschnelle machen ③ MATH Sekunde *f*

second³ [sɪ'kɒnd] *vt usu passive* BRIT, AUS ■**to be ~ed** abgestellt werden; *officer* abkommandiert werden

secondarily ['sekᵊndᵊrᵊli, AM -der-] *adv inv* in zweiter Linie, nebenbei

secondary ['sekᵊndᵊri, AM -deri] **I.** *adj inv* ① (*not main*) zweitrangig, sekundär *geh;* **~ aim** sekundäres Ziel; **~ character** Nebenrolle *f;* **to be of ~ importance** von untergeordneter Bedeutung sein; **to play a ~ role** eine untergeordnete Rolle spielen; ■**to be ~ to sth** gegenüber etw *dat* zweitrangig sein ② (*education*) höher; **~ education** höhere Schulbildung; **~ modern school** BRIT ≈ Hauptschule *f;* (*more advanced*) ≈ Realschule *f* ③ MED Sekundär-; **~ infection** Sekundärinfektion *f* ④ ECON weiterverarbeitende(r,s) **II.** *n* ① MED Metastase *f fachspr,* Tochtergeschwulst *f* ② (*secondary school*) höhere [*o* weiterführende] Schule ③ *no pl* (*education*) ≈ Hauptschule *f;* (*more advanced level*) ≈ Realschule *f*

secondary education *n no pl* (*education*) höhere Schulbildung (*jede Schulbildung vom 11. bis 16. bzw. 18. Lebensjahr*); (*system*) höheres Schulwesen **secondary market** *n* Sekundärmarkt *m*

secondary mod *n* BRIT (*fam or hist*) *short for*

secondary modern school ≈ Hauptschule *f;* (*more advanced level*) ≈ Realschule *f* **secondary modern school** *n* BRIT ≈ Hauptschule *f;* (*more advanced level*) ≈ Realschule *f* **secondary picketing** *n no pl Aufstellen von Streikposten vor nur indirekt beteiligten Firmen*
secondary school *n* ❶ (*school*) höhere [*o* weiterführende] Schule ❷ *no pl* (*education*) ≈ Hauptschule *f;* (*more advanced level*) ≈ Realschule *f*
secondary sexual characteristic *n* sekundäres Geschlechtsmerkmal
secondary stocks *npl* AM STOCKEX Nebenwerte *mpl*
second best *adj* zweitbeste(r,s); ■**to be** ~ Zweitbeste(r) sein; **to come off** ~ (*fig*) den Kürzeren ziehen *fam;* **to feel** ~ sich *akk* minderwertig fühlen; **to settle for** [*or* **be content with**] ~ sich *akk* mit weniger zufrieden geben [*o* begnügen]; **to refuse to settle for** ~ sich *akk* nicht mit halben Sachen zufrieden geben **second chamber** *n* POL zweite Kammer **second childhood** *n* zweite Kindheit **second class** I. *n* ❶ *no pl* (*mail*) gewöhnliche Post; **to put** ~ **on a letter** einen Brief normal frankieren; (*in travel*) zweite Klasse ❷ UNIV **high/low** ~ *guter/mittelmäßiger Universitätsabschluss* II. *adv inv* ❶ TRANSP **to travel** ~ zweiter Klasse reisen ❷ BRIT (*by second-class mail*) auf dem gewöhnlichen Postweg; **to send sth** ~ etw auf dem gewöhnlichen Postweg verschicken
second-class *adj inv* ❶ TRANSP zweiter Klasse *nach n;* ~ **carriage** Wagen *m* zweiter Klasse ❷ (*pej: inferior*) zweitklassig *pej;* ~ **service/treatment** Zweiter-Klasse-Service *m*/-Behandlung *f* **second-class citizen** *n* Bürger(in) *m(f)* zweiter Klasse **second-class degree** *n* UNIV **high/low** ~ *guter/mittelmäßiger Universitätsabschluss* **second-class mail** *n* ❶ BRIT gewöhnliche Post ❷ AM (*mail for printed matter*) Zeitungssendungen *fpl,* Zeitschriftensendungen *fpl*
Second Coming *n* Wiederkunft *f geh;* ■**the** ~ die Wiederkunft Christi **second cousin** *n* Cousin *m*/Cousine *f* zweiten Grades **second-degree burn** *n* Verbrennung *f* zweiten Grades
seconde [sɪ'kɒnd] *n* (*in fencing*) Sekond *f fachspr*
seconder [ˌsekəndəʳ, AM -ɚ] *n* Unterstützer, in *m;* *of a motion* Befürworter(in) *m(f)*
second floor *n* BRIT, AUS zweiter Stock; AM, AUS erster Stock **second gear** *n no pl* zweiter Gang **second-guess** *vt esp* AM ❶ (*forecast*) ■**to** ~ **sth** etw vorhersagen [*o* voraussagen] [*o* prophezeien]; ■**to** ~ **sb** vorhersagen, was jd tun/sagen wird ❷ (*criticize with hindsight*) ■**to** ~ **sb/sth** jdn/etw im Nachhinein kritisieren **second-guesser** [ˌsekən(d)'gesəʳ, AM -ɚ] *n* (*pej*) Besserwisser(in) *m(f)* (*der nachträglich alles kritisiert*) **second-hand** I. *adj* ❶ *inv* (*used*) gebraucht; *clothes* secondhand; ~ **car** Gebrauchtwagen *m;* ~ **clothes** Secondhandkleidung *f* ❷ *attr, inv* (*for second-hand goods*) Gebraucht-, Secondhand-; ~ **bookshop** Antiquariat *nt;* ~ **car dealer**[**s**] Gebrauchtwagenhändler(in) *m(f);* ~ **dealer** Altwarenhändler(in) *m(f);* ~ **shop** Secondhandladen *m,* Secondhandshop *m* ❸ *inv* (*obtained from sb else*) *information, experience, knowledge* aus zweiter Hand *nach n* II. *adv inv* ❶ (*in used condition*) gebraucht ❷ (*from third party*) aus zweiter Hand; **to hear** [*or* **learn**] **about sth** ~ etw aus zweiter Hand erfahren III. *n* COMPUT Gebrauchtgerät *nt* **second hand** *n* Sekundenzeiger *m* **secondhand smoke** *n no pl* Passivrauch *m* **second-hand smoker** *n* Passivraucher(in) *m(f)* **second-hand smoking** *n no pl* AM Passivrauchen *nt* **second honeymoon** *n* zweite Flitterwochen **second-in-command** *n* stellvertretender Geschäftsführer/stellvertretende Geschäftsführerin; MIL stellvertretender Kommandeur **second language** *n* erste Fremdsprache **second lieutenant** *n* Leutnant *m*
secondly ['sekəndli] *adv inv* zweitens, zum Zweiten
secondment [sɪ'kɒn(d)mənt] *n* BRIT, AUS ❶ *no pl* (*temporary transfer*) zeitweilige Versetzung; MIL Abkommandierung *f,* Abstellung *f;* **to be on** ~ zeitweilig versetzt sein ❷ (*period of secondment*) Versetzungszeit *f;* **to be on a one-year** ~ für ein Jahr versetzt werden
second name *n* ❶ (*surname*) Nachname *m,* Familienname *m* ❷ (*second forename*) zweiter Vorname
second person *n no pl* LING zweite Person; **the** ~ **singular/plural** die zweite Person Singular/Plural
second-rate *adj inv* (*pej*) zweitklassig *pej,* zweitrangig, mittelmäßig **second sight** *n no pl* zweites Gesicht; **to have** ~ das zweite Gesicht haben, hellsehen können **second string** *n* Ersatz *m; person* Ersatzperson *f,* zweite Garnitur *fig, pej*
secrecy ['si:krəsi] *n no pl* ❶ (*act of keeping secret*) Geheimhaltung *f* ❷ (*ability of keeping secret*) Verschwiegenheit *f;* (*secretiveness*) Heimlichtuerei *f pej* (**about** um +*akk*); ■**in** ~ im Geheimen; **in strict** ~ unter strenger Geheimhaltung; **to be shrouded in** ~ geheim gehalten werden; **to swear sb to** ~ jdn zur Geheimhaltung verpflichten
secret ['si:krət] I. *n* ❶ (*undisclosed act, information*) Geheimnis *nt;* **a closely guarded** [*or* **well-kept**] ~ ein streng gehütetes Geheimnis; **open** ~ offenes Geheimnis; **to keep a** ~ ein Geheimnis [be]wahren [*o* für sich *akk* behalten]; ■**in** ~ im Geheimen, insgeheim; **to do sth in** ~ etw heimlich tun; **to have no ~s from sb** vor jdm keine Geheimnisse haben; **to let sb in on a** ~ jdm ein Geheimnis anvertrauen, jdn in ein Geheimnis einweihen; **to make no** ~ **of sth** aus etw *dat* kein Geheimnis machen; **it's no** ~ **that ...** es ist kein Geheimnis, dass ... ❷ (*fig: special knack*) Geheimnis *nt fig;* **the** ~ **of success** das Geheimnis des Erfolgs, der Schlüssel zum Erfolg ❸ (*fig: hidden thing*) Geheimnis *nt fig;* **the ~s of the universe** die Geheimnisse [*o* Rätsel] des Universums II. *adj* ❶ (*known to few people*) geheim, Geheim-; (*hidden*) verborgen; ~ **door** Geheimtür *f;* ~ **recipe** Geheimrezept *nt;* **to keep sth** ~ [**from sb**] etw [vor jdm] geheim halten ❷ (*doing sth secretly*) heimlich; ~ **admirer** heimlicher Verehrer/heimliche Verehrerin
secret agent *n* Geheimagent(in) *m(f)*
secretaire [ˌsekrɪ'teəʳ] *n* Sekretär *m*
secretarial [ˌsekrə'teəriəl, AM -'teriəl] *adj* als Sekretär, Sekretariats-, Büro-; ~ **course** Sekretärinnenkurs *m;* ~ **staff** Bürokräfte *fpl*
secretariat [ˌsekrə'teəriət, AM -'teriət] *n* Sekretariat *nt*
secretary ['sekrətəri, AM -teri] *n* ❶ (*office assistant*) Sekretär(in) *m(f);* **private** ~ Privatsekretär(in) *m(f)* ❷ ECON Assistent(in) *m(f)* der Geschäftsführung; **company** ~ BRIT *ranghöchster Angestellter einer Kapitalgesellschaft* ❸ BRIT (*assistant ambassador*) ~ [**of embassy**] Botschaftsrat, Botschaftsrätin *m, f;* **first** ~ erster Botschaftsrat/erste Botschaftsrätin ❹ BRIT POL Staatssekretär(in) *m(f);* AM Minister(in) *m(f)*
Secretary ['sekrətəri, AM -teri] *n* Minister(in) *m(f);* **Defence** ~ BRIT Verteidigungsminister(in) *m(f);* **Education** ~ BRIT Minister(in) *m(f)* für Bildung und Erziehung; ~ **of Health and Human Services** AM Minister(in) *m(f)* für Gesundheit und Soziales
secretary bird *n* ORN Sekretär *m* **Secretary General** <*pl* Secretaries General> *n* Generalsekretär(in) *m(f)* **Secretary of State** <*pl* Secretaries of State> *n* ❶ BRIT (*head of government department*) Minister(in) *m(f);* ~ **for Defence** Verteidigungsminister(in) *m(f);* ~ **for the Environment** Umweltminister(in) *m(f)* ❷ AM (*minister for foreign affairs*) Außenminister(in) *m(f)*
secretaryship ['sekrətəriʃɪp, AM teri] *n* Sekretärsposten *m,* Sekretärssamt *nt;* POL Amtszeit *f* eines Ministers
secret ballot *n* geheime Abstimmung [*o* Wahl]
secrete[1] [sɪ'kri:t] *vt* BIOL, MED ■**to** ~ **sth** etw absondern
secrete[2] [sɪ'kri:t] *vt* (*form*) ■**to** ~ **sth** etw verbergen [*o* verstecken]
secretion [sɪ'kri:ʃən] *n* ❶ BIOL, MED (*secreted substance*) Sekret *nt;* (*secreting*) Absonderung *f* ❷ *no pl* (*hiding*) Absonderung *f*
secretive ['si:krətɪv, AM -t̬ɪv] *adj behaviour* geheimnisvoll; *character* verschlossen; (*when acting*) geheimnistuerisch *pej fam;* ■**to be** ~ [**about sth**] [in Bezug auf etw *akk*] geheimnisvoll tun
secretively ['si:krətɪvli, AM -t̬ɪvli] *adv* geheimnisvoll; **to behave** ~ geheimnistuerisch sein *pej fam,* geheimnisvoll tun *fam*
secretiveness ['si:krətɪvnəs, AM -t̬ɪv-] *n no pl* Geheimnistuerei *f pej fam*
secretly ['si:krətli] *adv* heimlich; **to** ~ **admire sth** etw im Stillen bewundern; **to** ~ **hope/wish** insgeheim hoffen/wünschen
secret police *n* + *pl vb* Geheimpolizei *f* **secret service** *n usu sing* Geheimdienst *m* **Secret Service** *n no pl* AM ■**the** ~ der Secret Service **secret service agent** *n* Geheimagent(in) *m(f)* **secret service man** *n* Geheimagent *m* **secret society** *n* Geheimbund *m* **secret weapon** *n* (*also fig*) Geheimwaffe *f a. fig*
sect [sekt] *n* ❶ (*dissenting religious group*) Sekte *f* ❷ (*denomination*) Konfession *f,* Religionsgemeinschaft *f*
sectarian [sek'teəriən, AM -'teri-] I. *adj* ❶ (*relating to dissenting religious group*) sektiererisch, Sekten-; ~ **killing** Sektenmord *m* ❷ (*relating to denomination*) konfessionell [bedingt]; ~ **differences** Konfessionsunterschiede *mpl;* ~ **violence** religiöse Unruhen II. *n* Anhänger(in) *m(f)* einer Sekte, Sektierer(in) *m(f)*
sectarianism [sek'teəriənɪzəm, AM -'teri-] *n no pl* Sektierertum *nt*
section ['sekʃən] I. *n* ❶ (*component part*) Teil *nt; of a road* Teilstrecke *f,* Teilstück *nt; of a railway* Streckenabschnitt *m; of a pipeline* Teilstück *nt;* TECH [Bau]teil *nt* ❷ (*segment of fruit*) Stück *nt,* Schnitz *m,* Spalte *f bes* ÖSTERR ❸ (*subdivision*) *of an act* Paragraph *m; of a book* Abschnitt *m; of a document* Absatz *m* ❹ (*part of newspaper*) Teil *m;* **sports** ~ Sportteil *m* ❺ (*part of an area*) Bereich *m; of a railway carriage* Abteil *nt;* **non-smoking** ~ (*in restaurant*) Nichtraucherbereich *m;* (*in railway carriage*) Nichtraucherabteil *nt* ❻ (*group of people*) Teil *m;* ~ **of the population** Teil *m* der Bevölkerung; **the non-parliamentary** ~ **of the party** die außerparlamentarische Fraktion der Partei ❼ (*department*) Abteilung *f;* **the reference** ~ **of the library** die Nachschlageabteilung der Bibliothek ❽ (*group of instruments*) Gruppe *f;* **brass/woodwind** ~ Blech-/Holzbläser *mpl* ❾ (*military unit*) Abteilung *f* ❿ BIOL (*thin slice for examination*) Schnitt *m* ⓫ (*display of internal structure*) Schnitt *m;* **horizontal/vertical** ~ Horizontal-/Vertikalschnitt *m;* **in** ~ im Schnitt ⓬ (*surgical cut*) Schnitt *m;* [**Caesarian**] ~ Kaiserschnitt *m* II. *vt* ❶ (*to separate*) ■**to** ~ **sth** etw [unter]teilen [*o* zerlegen] ❷ (*cut*) ■**to** ~ **sth** etw zerschneiden; BIOL etw segmentieren *fachspr;* MED etw inzidieren *fachspr* ❸ BRIT (*psych*) ■**to** ~ **sb** jdn in eine psychiatrische Klinik einweisen; **to** ~ **sb under the Mental Health Act** jdn zwangseinweisen
◆**section off** *vt* ■**to** ~ **off** ↻ **sth** etw abteilen
sectional ['sekʃənəl] I. *adj inv* ❶ (*usu pej: limited to particular group*) partikular *geh,* partikulär *geh;* ~ **interests** Gruppeninteressen *pl* ❷ (*done in section*) Schnitt-; ~ **drawing** Schnittzeichnung *f* ❸ *esp* AM (*made in sections*) zusammensetzbar; ~ **furniture** Anbaumöbel *pl;* ~ **sofa** zerlegbares Sofa II. *n* AM Anbaumöbel *pl*
sectionalism ['sekʃənəlɪzəm] *n no pl* Partikularismus *m geh*
sector ['sektəʳ, AM -tɚ] I. *n* ❶ (*part of economy*) Sektor *m,* Bereich *m;* **the private/public** ~ der private/öffentliche Sektor ❷ (*area of land*) Sektor *m,* Zone *f;* **the American/British/French/Soviet** ~ (*hist*) der Amerikanische/Britische/Französische/Sowjetische Sektor *hist* ❸ MATH Sektor *m* ❹ COMPUT Sektor *m* II. *vt* COMPUT ■**to** ~ **sth** etw sektorieren [*o* in Sektoren unterteilen]
sectoral ['sektərəl] *adj inv* einen Teil betreffend, Sektoren-; ~ **integration** gebietsweise Integration; ~ **interests** partielle Interessen
secular ['sekjələʳ, AM -lɚ] *adj* ❶ (*non-religious*)

S

weltlich, säkular *geh* (2) *inv* (*non-monastic*) welt[geist]lich; ~ **priest** Weltgeistliche(r) *f(m)*

secularism ['sekjələrɪzəm] *n no pl* (1) (*non-involvement of religion*) Trennung *f* von Staat und Kirche (2) (*rejection of religion*) Weltlichkeit *f*, Säkularismus *m geh*

secularist ['sekjələrɪst] **I.** *n* Kirchengegner(in) *m(f)*, Säkularist(in) *m(f) geh* **II.** *adj* säkularistisch *geh*

secularization [ˌsekjələraɪ'zeɪʃən, AM lə] *n no pl* (1) HIST, REL Säkularisation *f* (2) (*decline of religion*) Verweltlichung *f*

secularize ['sekjələraɪz, AM -ləraɪz] *vt* ■**to** ~ **sth** etw verweltlichen [*o geh* säkularisieren]

secure [sɪ'kjʊər, AM -'kjʊr] **I.** *adj* <-r, -st *or* more ~, the most ~> (1) (*certain, permanent*) sicher; ~ **job** sicherer Arbeitsplatz; **financially** ~ finanziell abgesichert (2) *usu pred* (*safe, confident*) sicher; **to feel** ~ sich *akk* sicher [*o* geborgen] fühlen (3) (*safely guarded*) bewacht; (*safe against interception*) abhörsicher; ~ **against theft** diebstahlsicher; ~ **mental hospital/unit** geschlossene psychiatrische Klinik/Abteilung; ■**to be** ~ **against** [*or* **from**] **sth** vor etw *dat* sicher sein; **to make sth** ~ **against attack** etw gegen Angriffe sichern (4) *usu pred* (*fixed in position*) fest; *door* fest verschlossen; ***check that the door is*** ~ schau nach, ob die Tür auch wirklich zu ist; **to make a boat** ~ ein Boot festmachen **II.** *vt* (1) (*obtain*) ■**to** ~ **sth** sich *dat* etw sichern, etw garantieren; ■**to** ~ **sth for sb** [*or* **sb sth**] jdm etw sichern; *job, order* jdm etw verschaffen (2) (*make safe*) ■**to** ~ **sth** etw [ab]sichern; **to** ~ **one's future/position** (*fig*) seine Zukunft/Position absichern; **to** ~ **sb/sth against** [*or* **from**] **sth** jdn/etw vor etw *dat* schützen (3) (*fasten*) ■**to** ~ **sth** [**to sth**] etw [an etw *dat*] befestigen [*o* festmachen]; **to** ~ **a door/a window** eine Tür/ein Fenster fest schließen (4) (*guarantee repayment of*) ■**to** ~ **sth** etw absichern; **to** ~ **a loan** für einen Kredit Sicherheit stellen; **to** ~ **a loan against** [*or* **on**] **sth** einen Kredit durch etw *akk* abdecken

secured creditor *n* gesicherter Gläubiger/gesicherte Gläubigerin **secured loan** *n* gesichertes [*o* gedecktes] Darlehen

securely [sɪ'kjʊəli, AM -'kjʊr-] *adv* (1) (*firmly*) fest; **to** ~ **fasten/lock/tie sth** etw fest zumachen/verriegeln/binden (2) (*safely*) sicher; **to** ~ **lock away sth** etw sicher verwahren; ***prisoners must be held*** ~ Gefangene müssen streng bewacht werden; **to remain** ~ **in control** unangefochten die Kontrolle behalten

securities *npl* STOCKEX (*stock or share*) Wertpapiere *ntpl*, Effekten *pl*; **to make a market in** ~ Kauf- und Verkaufsaufträge bestimmter Wertpapiere entgegennehmen; **S~ and Investment Board** BRIT *britische Börsenaufsichtsbehörde;* **S~ and Exchange Commission** AM *amerikanische Börsenaufsichtsbehörde;* **blue-chip** ~ Spitzenpapier *nt;* **long-dated/medium-dated/short-dated** ~ langfristige/mittelfristige/kurzfristige Anleihen

securities account *n* Depot *nt;* ~ **holder** Depotinhaber(in) *m(f)* **securities broker** *n* Wertpapiermakler(in) *m(f)* **securities clearing** *n* Effektenclearing *nt* **securities dealer** *n* FIN Wertpapierhändler(in) *m(f)*, Effektenhändler(in) *m(f)* **securities exchange** *n* FIN Wertpapierbörse *f* **securities market** *n* FIN, STOCKEX Wertpapiermarkt *m*, Wertpapierbörse *f;* **unlisted** ~ Markt *m* für nicht notierte Wertpapiere

security [sɪ'kjʊərəti, AM -'kjʊrət̬i] *n* (1) *no pl* (*protection, safety*) Sicherheit *f;* **maximum-~ prison/wing** Hochsicherheitsgefängnis *nt*/-trakt *m;* **lax/tight** ~ lasche/strenge Sicherheitsvorkehrungen; **national** ~ nationale Sicherheit; **to be in charge of** ~ für die Sicherheit verantwortlich sein; **to tighten** ~ die Sicherheitsmaßnahmen verschärfen (2) *no pl* (*guards*) Sicherheitsdienst *m*, Wachdienst *m;* **to call** ~ den Sicherheitsdienst rufen (3) *no pl* (*permanence, certainty*) Sicherheit *f;* **job** ~ Sicherheit *f* des Arbeitsplatzes; ~ **of tenure** Kündigungsschutz *m;* **financial** ~ finanzielle Sicherheit (4) *no pl* (*confidence*) [innere] Sicherheit, Geborgenheit *f* (5) *usu sing* (*safeguard*) Sicherheit *f*, Schutz *m* (**against** gegen +*akk*) (6) *no pl* (*guarantee of payment*) Sicherheit *f*, Kaution *f;* **to lend money on/without** ~ Geld gegen Sicherheit/ohne Sicherheit leihen; **to stand** ~ **for sb** für jdn bürgen; **to use sth as** ~ [**for sth**] etw als Sicherheit [für etw *akk*] verwenden (7) FIN (*investment*) Wertpapier *nt;* **convertible** ~ Wandelanleihe *f;* **fixed-interest** ~ festverzinsliches Wertpapier; **unlisted** ~ Freiverkehrswert *m;* **listed** [*or* **quoted**] ~ börsennotiertes Wertpapier; ■ **securities** *pl* Effekten *pl fachspr* (8) (*as guarantor*) Bürgschaft *f*, Garantie *f;* **to stand** ~ **for sb** für jdn Bürgschaft leisten [*o* bürgen] (9) (*being secret*) Geheimhaltung *f*, Diskretion *f*

security alert *n* Sicherheitsalarm *m* **security blanket** *n* (1) (*child's comforter*) Kuscheldecke *f* (2) BRIT (*information blackout*) Nachrichtensperre *f* **security check** *n* Sicherheitsüberprüfung *f*, Sicherheitskontrolle *f;* **to run a** ~ eine Sicherheitskontrolle durchführen **security clearance** *n* (1) *no pl* (*official permission*) Unbedenklichkeitserklärung *f* (2) (*pass*) Passierschein *m* **security cordon** *n* [Sicherheits]kordon *m geh;* **to throw a** ~ **around** [*or* **surrounding**] **sb/sth** um jdn/etw einen [Sicherheits]kordon ziehen **Security Council** *n* Sicherheitsrat *m* **security deposit** *n* AM Kaution *f* **security forces** *npl* MIL Sicherheitskräfte *pl* **security guard** *n* Sicherheitsbeamte(r) *m*, Sicherheitsbeamte [*o* -in] *f*, Sicherheitsbedienstete(r) *f(m)*, Wachmann, Wachfrau *m, f* **security measure** *n*, **security precaution** *n* Sicherheitsmaßnahme *f* **security risk** *n* Sicherheitsrisiko *nt* **security van** *n* Geldtransporter *m*

sedan [sɪ'dæn] *n* AM, AUS Limousine *f*

sedan chair *n* Sänfte *f*

sedate [sɪ'deɪt] **I.** *adj person* ruhig, gelassen; *pace* gemächlich; (*pej*) *village, place* verschlafen *fig* **II.** *vt* MED ■**to** ~ **sb** jdn ruhig stellen, jdm ein Beruhigungsmittel geben; ***she was heavily ~d*** sie stand unter dem Einfluss starker Beruhigungsmittel

sedately [sɪ'deɪtli] *adv* ruhig; **to walk** ~ gemächlich dahinspazieren

sedation [sɪ'deɪʃən] *n no pl* MED Ruhigstellung *f;* **to be under** ~ ruhig gestellt sein, unter dem Einfluss von Beruhigungsmitteln stehen

sedative ['sedətɪv, AM -t̬ɪv] **I.** *adj* beruhigend; ~ **effect** beruhigende Wirkung **II.** *n* Beruhigungsmittel *nt*, Sedativum *nt fachspr*

sedentary ['sedəntəri, AM -teri] *adj* sitzend; ***my lifestyle is too*** ~ ich sitze einfach zu viel; **to do a** ~ **job** im Sitzen arbeiten

sedge [sedʒ] *n no pl* Riedgras *nt*, Segge *f*

sedge warbler *n* ORN Seggenrohrsänger *m*, Schilfrohrsänger *m*

sediment ['sedɪmənt, AM *also* -ə-] *n* (1) *no pl* (*dregs at bottom*) Sediment *nt;* (*in river*) Ablagerung *f;* (*in wine*) [Boden]satz *m* (2) (*deposited substance*) Sediment *nt*, Ablagerung *f*

sedimentary [ˌsedɪ'mentəri] *adj* Sediment-, sedimentär; ~ **layer/rock** Sedimentschicht *f*/-gestein *nt;* ~ **deposits** sedimentäre Ablagerungen

sedimentation [ˌsedɪmen'teɪʃən] *n no pl* Ablagerung *f*, Sedimentation *f fachspr*

sedition [sɪ'dɪʃən] *n no pl* Aufwiegelung *f*, Volksverhetzung *f*

seditious [sɪ'dɪʃəs] *adj* aufwieglerisch, hetzerisch

seduce [sɪ'djuːs, AM *also* -duːs] *vt* ■**to** ~ **sb** (1) (*persuade to have sex*) jdn verführen (2) (*win over*) jdn verführen [*o* gewinnen]; ■**to** ~ **sb into doing sth** jdn dazu verleiten, etw zu tun

seducer [sɪ'djuːsər, AM -duːsɚ] *n* Verführer *m*

seduction [sɪ'dʌkʃən] *n* (1) *no pl* (*persuasion into sex*) Verführung *f;* **arts of** ~ Verführungskünste *fpl* (2) (*act of seducing particular person*) Verführung *f* (3) *no pl* (*leading astray*) Verführung *f*, Verleitung *f* (4) *usu pl* (*seductive quality*) Verlockung *f geh;* **the** ~ **of money** der Lockruf des Geldes

seductive [sɪ'dʌktɪv] *adj* (1) (*sexy*) verführerisch (2) (*attractive, persuasive*) *argument, offer* verführerisch, verlockend *geh*

seductively [sɪ'dʌktɪvli] *adv* verführerisch

seductiveness [sɪ'dʌktɪvnəs] *n no pl* (1) (*sexiness*) *of a person* verführerische Art; **to feel confident of one's** ~ sich *dat* seiner verführerischen Reize bewusst sein (2) (*attractiveness*) Attraktivität *f;* ***he resisted the*** ~ ***of the offer*** er widerstand dem verlockenden Angebot

seductress <*pl* -es> [sɪ'dʌktrɪs] *n* Verführerin *f*

sedulous ['sedjʊləs, AM 'sedʒələs] *adj* (*liter*) eifrig, unermüdlich, beharrlich; *worker* emsig, fleißig

sedulously ['sedjʊləsli, AM 'sedʒə-] *adv* eifrig, geflissentlich

see¹ <saw, seen> [siː]

I. TRANSITIVE VERB

(1) (*perceive with eyes*) ■**to** ~ **sb/sth** jdn/etw sehen; ***I've never seen anything quite like this before*** so etwas habe ich ja noch nie gesehen; ***have you ever seen this man before?*** haben Sie diesen Mann schon einmal gesehen?; ***he's seen where you live*** er weiß jetzt, wo du wohnst; ***I can't*** ~ ***much without my glasses*** ohne Brille sehe ich nicht sonderlich viel; ***there's nothing to*** ~ (*after accident*) hier gibt's nichts zu sehen!; ***I saw it happen*** ich habe gesehen, wie es passiert ist; ***it has to be seen to be believed*** man muss es gesehen haben[, sonst glaubt man es nicht]; ***I'll believe it when I*** ~ ***it*** das glaube ich auch erst, wenn ich es mit eigenen Augen gesehen habe; ■**to** ~ **sb do** [*or* **doing**] **sth** sehen, wie jd etw tut; ***I saw her coming*** ich habe sie kommen sehen; ***the woman was seen to enter the bank*** die Frau wurde gesehen, wie sie die Bank betrat; ***I can't believe what I'm seeing — is that your car?*** ich glaube, ich spinne! ist das dein Auto?; ***she didn't want to be seen visiting the doctor*** sie wollte nicht, dass jemand mitbekommt, dass sie zum Arzt geht; ***I've never seen my brother eating mushrooms*** ich habe meinen Bruder noch nie Pilze essen sehen; ***can you*** ~ ***where …*** siehst du, wo …; **to** ~ **sth with one's own eyes** etw mit eigenen Augen sehen; **for all the world to** ~ in aller Öffentlichkeit (2) (*watch as a spectator*) ■**to** ~ **sth** *film, play* [sich *dat*] etw [an]sehen; ***this film is really worth*** ~***ing*** dieser Film ist echt sehenswert; **to** ~ **sb in a film/in a play/on television** jdn in einem Film/Stück/im Fernsehen sehen (3) (*visit place*) ■**to** ~ **sth** *famous building, place* etw ansehen; ***I'd love to*** ~ ***Salzburg again*** ich würde gerne noch einmal nach Salzburg gehen; **to** ~ **the sights of a town** die Sehenswürdigkeiten einer Stadt besichtigen (4) (*understand*) ■**to** ~ **sth** etw verstehen [*o* begreifen]; (*discern mentally*) etw erkennen; ***I*** ~ ***what you mean*** ich weiß, was du meinst; ***I can't*** ~ ***the difference between … and …*** für mich gibt es keinen Unterschied zwischen … und …; ***I just don't*** ~ ***see why …*** ich begreife [*o* verstehe] einfach nicht, warum …; ***I can't*** ~ ***why I should do it*** ich sehe einfach nicht ein, warum ich es machen sollte; ***I can*** ~ ***you're having trouble with your car*** Sie haben Probleme mit Ihrem Auto?; ***I really can't*** ~ ***what difference it makes to…*** ich weiß wirklich nicht, was es für einen Unterschied machen soll, …; ***I can*** ~ ***it's difficult*** ich verstehe ja, dass es schwierig ist; ***I can*** ~ ***you have been fighting*** ich sehe doch, dass ihr euch gezankt habt; ***I can't*** ~ ***the joke*** ich weiß nicht, was daran komisch sein soll; ***I don't*** ~ ***the point of that remark*** ich verstehe den Sinn dieser Bemerkung nicht; ~ ***what I mean?*** siehst du? (5) (*consider*) ■**to** ~ **sth** etw sehen; ***as I*** ~ ***it …*** so wie ich das sehe …; ***try and*** ~ ***it my way*** versuche es doch mal aus meiner Sicht zu sehen; ***I*** ~ ***myself as a good mother*** ich denke, dass ich eine gute Mutter bin; ***this is how I*** ~ ***it*** so sehe ich die Sache; ***I don't*** ~ ***it that way*** ich sehe das nicht so; **to** ~ **sth in a new** [*or* **a different**] [*or* **another**] **light** etw mit anderen Augen sehen; **to** ~ **reason** [*or* **sense**] Vernunft annehmen; **to** ~ **things differently** die Dinge anders sehen; **to make sb** ~ **sth** jdn etw klarmachen; **to** ~ **oneself obliged to do sth** sich *akk* dazu gezwungen sehen, etw zu tun (6) (*learn, find out*) ■**to** ~ **sth**

etw feststellen; *I ~ [that] …* wie ich sehe, …; ***I'll ~ what I can do/who it is*** ich schaue mal, was ich tun kann/wer es ist; ***let me ~ if I can help you*** mal sehen, ob ich Ihnen helfen kann; ***that remains to be seen*** das wird sich zeigen ⑦ (*meet socially*) ■**to ~ sb** jdn sehen; (*by chance*) jdn [zufällig] treffen [*o* sehen]; ***we're ~ing friends at the weekend*** wir treffen uns am Wochenende mit Freunden; **to ~ a lot** [*or* **much**] **of sb** jdn häufig sehen; ***I haven't seen much of him recently*** ich sehe ihn in letzter Zeit [auch] nur [noch] selten; ***I haven't seen her around much in the last few weeks*** in den letzten Wochen habe ich sie [auch nur] selten gesehen; ***I shall be ~ing them at eight*** ich treffe sie um acht; ***I'll ~ you around*** bis dann!; ***~ you!*** [*or* BRIT ***be ~ing you!***] (*fam*) bis bald! *fam;* ***~ you later!*** (*fam: when meeting again later*) bis später!; (*goodbye*) tschüs! *fam;* ***~ you on Monday*** bis Montag!; **to go and ~ sb** jdn besuchen [gehen] ⑧ (*have meeting with*) ■**to ~ sb** jdn sehen; (*talk to*) jdn sprechen; (*receive*) jdn empfangen; ***I demand to ~ the manager*** ich möchte mit dem Geschäftsführer sprechen!; ***Mr Miller can't ~ you now*** Mr Miller ist im Moment nicht zu sprechen; ***the doctor will ~ you now*** Sie können jetzt reingehen, der Herr Doktor ist jetzt frei; **to ~ a doctor/a solictor** zum Arzt/zu einem Anwalt gehen, einen Arzt/einen Anwalt aufsuchen *geh* ⑨ (*have relationship with*) ■**to be ~ing sb** mit jdm zusammen sein *fam;* ***I'm not ~ing anyone at the moment*** ich habe im Moment keine Freundin/keinen Freund; ***are you ~ing anyone?*** hast du einen Freund/eine Freundin? ⑩ (*envisage, foresee*) ■**to ~ sth** sich *dat* etw vorstellen; ***I ~ a real chance of us meeting again*** ich glaube wirklich, dass wir uns wiedersehen; ***I can't ~ him getting the job*** ich kann mir nicht vorstellen, dass er den Job bekommt; ***can you ~ her as a teacher?*** kannst du dir sie als Lehrerin vorstellen?; ***do you ~ …*** kannst du dir vorstellen, …; ***I can't ~ myself as a waitress*** ich glaube nicht, dass Kellnern was für mich wäre; **to ~ it coming** es kommen sehen ⑪ (*witness, experience*) ■**to ~ sth** etw [mit]erleben; ***1997 saw a slackening off in the growth of the economy*** 1997 kam es zu einer Verlangsamung des Wirtschaftswachstums; ***he won't ~ 50 again*** er ist gut über 50; ***I've seen it all*** mich überrascht nichts mehr; ***now I've seen everything!*** ist denn das zu fassen!; ***I've seen it all before*** das kenne ich alles schon!; ■**to ~ sb do sth** [mit]erleben, wie jd etw tut; ***his parents saw him awarded the winner's medal*** seine Eltern waren mit dabei, als ihm die Siegermedaille überreicht wurde; ***I can't bear to ~ people being mistreated*** ich ertrag es nicht, wenn Menschen misshandelt werden; **to ~ the day when …** den Tag erleben, an dem …; **to ~ life** das Leben kennenlernen; **to live to ~ sth** etw erleben; ***I shall not live to ~ it*** das werde ich wohl nicht mehr miterleben ⑫ (*accompany*) ■**to ~ sb** jdn begleiten; **to ~ sb into bed** jdn ins Bett bringen; **to ~ sb to the door** [*or* **out**]/**home** jdn zur Tür/nach Hause bringen [*o geh* begleiten]; **to ~ sb into a taxi** jdn zum Taxi bringen; ***I saw her safely into the house*** ich brachte sie sicher zum Haus ⑬ (*inspect*) **sb wants to ~ sth** *licence, passport* jd möchte etw sehen; *references, records* jd möchte etw [ein]sehen; ***the policeman asked to ~ my driving licence*** der Polizist wollte meinen Führerschein sehen; ***let me ~ that*** lass' mich das mal sehen ⑭ *in imperative* (*refer to*) ■**~ …** siehe …; ***~ below/page 23/overleaf*** siehe unten/Seite 23/nächste Seite ⑮ (*perceive*) ■**to ~ sth in sb/sth** etw in jdm/etw sehen; ***I don't know what she ~s in him*** ich weiß nicht, was sie an ihm findet ⑯ (*ensure*) **to ~ sb right** BRIT, AUS (*fam: help*) jdm helfen [*o* behilflich sein]; (*pay or reimburse*) aufpassen [*o* dafür sorgen], dass jd sein Geld [wieder] bekommt; ■**to ~ that sth happens** dafür sorgen, dass etw passiert; ***~ that this doesn't happen again*** sieh zu, dass das nicht noch einmal passiert ⑰ (*view*) ■**to ~ sth** *house for sale* [sich *dat*] etw ansehen ⑱ (*in poker*) ■**to ~ sb** ***I'll ~ you*** ich halte ▸ PHRASES: **let's ~ the colour of your money first** erst will ich dein Geld sehen! *fam;* **to have seen better days** schon [einmal] bessere Tage gesehen haben; **you couldn't ~ him/her for dust** man sah nur noch seine/ihre Staubwolke *fam;* **if … you won't ~ the dust of him/her** wenn …, wird er/sie die Fliege machen wie nichts *sl;* **he/she can't ~ further than** [*or* **beyond**] **the end of his/her nose** er/sie sieht nicht weiter als seine/ihre Nasespitze [reicht] *fam;* **to not have seen hide nor hair of sb** jdn nicht mal von hinten gesehen haben *fam;* **I'll ~ him/her in hell first** das wäre das Letzte, was ich täte!; **to ~ the last** [*or* BRIT, AUS **the back**] **of sb** [endlich] jdn los sein *fam;* **to ~ the last** [*or* BRIT, AUS **the back**] **of sth** endlich etw überstanden haben; **sb ~s the light** (*understand*) jdm geht ein Licht auf *fam;* (*become enlightened*) jdm gehen die Augen auf *fam;* (*be converted*) jd [er]schaut das Licht [Gottes] *geh;* **to ~ the light of day** (*first appear*) das Licht der Welt erblicken *geh o a. hum;* **to [go and] ~ a man about a dog** hingehen, wo auch der Kaiser zu Fuß hingeht *euph, hum fam;* **to ~ stars** Sterne sehen *fam;* **to be ~ing things** sich *dat* etw einbilden, Halluzinationen haben; **to ~ one's way [clear] to doing sth** es [sich *dat*] einrichten, etw zu tun; **to not ~ the wood** [*or* AM **the forest**] **for the trees** den Wald vor [lauter] Bäumen nicht sehen *hum*

II. INTRANSITIVE VERB

① (*use eyes*) sehen; ***I can't ~ very well without my glasses*** ohne Brille kann ich nicht sehr gut sehen; ***… but ~ing is believing*** … doch ich habe es mit eigenen Augen gesehen!; **as far as the eye** [*or* **you**] **can ~** so weit das Auge reicht ② (*look*) sehen; ***let me ~!*** lass' mich mal sehen!; ***~ for yourself!*** sieh doch selbst!; (*in theatre etc.*) ***can you ~?*** können Sie noch sehen?; ***there, ~, Grandad's mended it for you*** schau mal, Opa hat es dir wieder repariert! ③ (*understand, realize*) ***… — oh, I ~!*** … – aha!; ***I ~*** ich verstehe; ***you ~! it wasn't that difficult was it?*** na siehst du, das war doch gar nicht so schwer!; ***~, I don't love you anymore*** ich liebe dich einfach nicht mehr, ok? *fam;* ***you ~, …*** weißt du/wissen Sie, …; ***well, you ~, all these rooms are going to decorated*** alle Zimmer werden natürlich noch renoviert; ***~?!*** siehst du?!; ***as far as I can ~*** so wie ich das sehe …; ***I ~ from your report …*** Ihrem Bericht entnehme ich, …; ***so I ~*** …das sehe [*o* merke] ich ④ (*dated: as protest*) ***now, ~ here, I only bought this ticket a month ago*** also, dieses Ticket habe ich erst vor einem Monat gekauft! ⑤ (*find out*) nachsehen; (*in the future*) herausfinden; ***wait and ~*** abwarten und Tee trinken *fam;* ***well, we'll ~*** schau ma mal! *fam;* ***let me ~*** lass' mich mal überlegen; ***you'll ~*** du wirst schon sehen!; ***you'll soon ~ for yourself*** du wirst es schon bald selbst sehen! ▸ PHRASES: **to not ~ eye to eye [with sb]** nicht derselben Ansicht sein [wie jd]; **to ~ fit to do sth** es für angebracht halten, etw zu tun; **to ~ red** rotsehen *fam;* **to make sb ~ red** jdn zur Weißglut treiben *fam*

◆**see about** *vi* ① (*fam: deal with*) ■**to ~ about sth** sich *akk* um etw *akk* kümmern; ***I've come to ~ about the TV*** ich soll mir den Fernseher ansehen; ***I've come to ~ about the rent*** ich komme wegen der Miete; ■**to ~ about getting sth done** sich *akk* darum kümmern, dass etw getan wird; ***I think we'd better ~ about getting home*** ich glaube, wir sehen jetzt besser zu, dass wir nach Hause kommen ② (*consider*) ***I'll ~ about it*** ich will mal sehen ▸ PHRASES: **we'll ~ about that!** (*fam*) das werden wir ja sehen!

◆**see in** I. *vi* hineinsehen II. *vt* ■**to ~ sb in** jdn hineinbringen; **to ~ the New Year in** das neue Jahr begrüßen

◆**see into** *vi* ① (*look into*) ■**to ~ into sth** in etw *akk* hineinsehen ② (*find out about*) **to ~ into the future** in die Zukunft schauen ③ (*investigate*) ■**to ~ into sth** etw *dat* auf den Grund gehen ④ (*interpret*) **to ~ too much into sth** etw *dat* zu viel Bedeutung zumessen

◆**see off** *vt* ① (*say goodbye*) ■**to ~ off** ↔ **sb** jdn verabschieden; **to ~ sb off at the airport/station** jdn zum Flughafen/Bahnhof bringen ② (*drive away*) ■**to ~ off** ↔ **sb** jdn verjagen, jdm Beine machen *fam* ③ (*get the better of*) ■**to ~ off** ↔ **sb/sth** mit jdm/etw fertig werden *fam;* **to ~ off a challenger** einen Herausforderer/eine Herausforderin in die Tasche stecken *fam*

◆**see out** I. *vt* ① (*escort to door*) ■**to ~ out** ↔ **sb** jdn hinausbegleiten [*o* hinausbringen]; ***I can ~ myself out, thanks*** danke, ich finde alleine hinaus; **to ~ sb to the door** jdn zur Tür bringen ② ■**to ~ out** ↔ **sth** (*continue to end of*) etw durchstehen; (*last until end of*) etw überleben [*o* überstehen]; ***she decided to ~ out the remainder of her contract*** sie beschloss, bis zum Ende ihres Vertrages zu bleiben; **to ~ out the winter** den Winter überstehen II. *vi* hinaussehen

◆**see over** *vi* BRIT, AUS ■**to ~ over sth** *building* etw besichtigen; *exhibition* sich *dat* etw ansehen

◆**see round** *vi* BRIT, AUS sich *akk* umsehen; *see also* **see over**

◆**see through** I. *vi* ① (*look through*) ■**to ~ through sth** durch etw *akk* hindurchsehen [*o* DIAL durchgucken] ② (*not be deceived by*) ■**to ~ through sb/sth** jdn/etw durchschauen II. *vt* ① (*sustain*) ■**to ~ sb through** jdm über die Runden helfen *fam;* (*comfort*) jdm beistehen; ***we've got enough coffee to ~ us through until the end of the week*** unser Kaffee reicht noch bis Ende der Woche; ***will £20 be enough to ~ you through?*** reichen dir 20 Pfund?; **to ~ sb through a difficult time** jdm über eine schwierige Zeit hinweghelfen ② (*continue to the end of*) ■**to ~ sth through** etw zu Ende bringen

◆**see to** *vi* ■**to ~ to sb/sth** sich *akk* um jdn/etw kümmern; ***that cut of yours needs ~ing to*** deine Wunde solltest du mal jemanden zeigen; ***ok, I'll ~ to it*** ok, ich kümmere mich drum; ■**to ~ to it that …** dafür sorgen, dass …

◆**see up** I. *vi* hinaussehen II. *vt* ■**to ~ sb** ↔ **up** (*escort*) jdn hinaufbringen

see² [siː] *n* (*of bishop or archbishop*) [Erz]bistum *nt;* (*Catholic*) [Erz]diözese *f;* **the Holy S~** der Heilige Stuhl

seed [siːd] I. *n* ① (*source of a plant*) Same[n] *m; of grain* Korn *nt;* ■**~s** *pl* AGR Saat *f kein pl,* Saatgut *nt kein pl;* **to sow ~s** Samen [aus]säen ② *no pl* (*seeds*) Samen *mpl;* **carrot/parsley/poppy ~** Karotten-/Petersilien-/Mohnsamen *mpl;* **to go** [*or* **run**] **to ~** Samen bilden [*o* tragen]; *salad, vegetables* schießen ③ (*fig: small beginning of sth*) Keim *m fig;* **to sow the ~s of sth** etw säen *fig,* den Keim zu etw *dat* legen ④ *no pl* (*liter: semen*) Samen *m* ⑤ *no pl* (*old: offspring*) Nachkommenschaft *f;* **the ~ of Abraham/Moses** die Kinder Abrahams/Moses ⑥ (*seeded player*) Platzierte(r) *f(m);* **top** [*or* **number one**] **~** Erstplatzierte(r) *f(m)* ⑦ COMPUT Startwert *m* ▸ PHRASES: **to go** [*or* **run**] **to ~** herunterkommen *fam* II. *vt* ① (*sow with seed*) **to ~ a bed/field** ein Beet/Feld besäen ② (*drop its seed*) ■**to ~ itself** sich *akk* aussäen ③ (*help start*) ■**to ~ sth** etw bestücken [*o* ausstatten]; **to ~ a project with the necessary funds** ein Projekt mit den nötigen Mitteln versehen ④ (*remove seeds from*) ■**to ~ sth** etw entkernen ⑤ *usu passive* SPORTS **to be ~ed** gesetzt [*o* platziert] sein

seed bank *n* AGR, BOT Samenbank *f* **seed bed** *n* ① (*area of ground*) Samenbeet *nt* ② (*fig*) Grundlage *f* **seedcake** *n* Kümmelkuchen *m* **seedcorn** *n no pl* ① BRIT (*grain for planting*) Samenkorn *nt* ② (*fig: starting point*) Keim *m fig* ③ ECON Startkapital *nt*

seeded [ˈsiːdɪd] *adj inv* ① (*with seeds removed*) entkernt ② (*containing seeds*) mit Kernen *nach n;* **~ grapes** Trauben *fpl* mit Kernen ③ (*ranked in tournament*) gesetzt, platziert

seediness [ˈsiːdɪnəs] *n no pl* ① (*disreputableness*) Zwielichtigkeit *f* ② (*unwell feeling*) Katzenjammer *m fam*

seedless ['si:dləs] *adj inv* kernlos

seedling ['si:dlɪŋ] *n* Sämling *m*, Setzling *m*

seed money *n no pl* AM, AUS (*start-up money*) Startkapital *nt* **seed potato** *n* Saatkartoffel *f*

seedsman *n* Samenhändler *m*

seedtime *n* AGR Saatzeit *f*

seedy [si:di] *adj* ① (*dirty and dubious*) *district, hotel* zwielichtig; *character, reputation* zweifelhaft; *clothes, appearance* abgerissen, schäbig ② *usu pred* (*slightly unwell*) unwohl; **sb feels ~** jd fühlt sich *akk* ganz flau ③ (*full of seeds*) *bread* mit ganzen Getreidekörnern *nach n*; *fruits* voller Kerne *nach n*

seeing ['si:ɪŋ] *conj* ~ **that ...**, ~ **as [how] ...** da ...

Seeing-Eye dog® *n* AM, AUS Blindenhund *m*

seek <sought, sought> [si:k] **I.** *vt* ① (*form: look for*) ■**to ~ sb/sth** jdn/etw suchen ② (*try to obtain or achieve*) ■**to ~ sth** etw erstreben; **to ~ asylum/refuge/shelter** Asyl/Zuflucht/Schutz suchen; **to ~ damages/redress** Schadenersatz/Entschädigung beantragen; **to ~ election** sich *akk* zur Wahl stellen; **to ~ employment** [*or* **a job**] eine Stelle suchen; **to ~ one's fortune** sein Glück suchen; **to ~ justice/revenge** nach Gerechtigkeit/Rache streben ③ (*ask for*) ■**to ~ sth** etw erbitten *geh*; **to ~ advice from sb** bei jdm Rat suchen, jdn um Rat bitten; **to ~ approval from sb** jds Zustimmung einholen; **to ~ permission from sb** jdn um Erlaubnis bitten **II.** *vi* ① (*form: search*) suchen; REL ~ ***and ye shall find*** suchet, so werdet ihr finden; (*hum*) wer such[e]t, der findet *prov*; ■**to ~ for** [*or liter* **after**] **sb/sth** nach jdm/etw suchen ② (*form: attempt*) ■**to ~ to do sth** danach trachten *geh* [*o* [ver]suchen], etw zu tun

◆**seek out** *vt* ■**to ~ out ↔ sb/sth** jdn/etw ausfindig machen; *opinion, information* etw herausfinden; **to ~ out new talent** auf Talentsuche sein

seeker [si:kəʳ, AM -kɚ] *n* Suchende(r) *f(m)*; **asylum ~** Asylsuchende(r) *f(m)*; (*more formally*) Asylbewerber(in) *m(f)*; **job ~** Arbeitssuchende(r) *f(m)*; **to be a publicity ~** die Öffentlichkeit suchen; **~ after truth** Wahrheitssucher(in) *m(f) geh*

-seeking [ˌsi:kɪŋ] *in compounds* -suchend; **to be adventure-~** abenteuerlustig sein; **to be attention-~** im Mittelpunkt stehen wollen; **to be pleasure-~** vergnügungssüchtig sein

seem [si:m] *vi* ① + *n*, *adj* (*appear to be*) scheinen; ***he ~s a very nice man*** er scheint ein sehr netter Mann zu sein; ***you ~ very quiet today*** du wirkst heute sehr still; ***he's sixteen, but he ~s younger*** er ist sechzehn, wirkt aber jünger; ***that ~s a good idea to me*** ich halte das für eine gute Idee; ***they ~ to be ideally suited*** sie scheinen hervorragend zusammenzupassen; ■**to ~ as if** [*or* **as though**] [*or fam* **like**] ... so scheinen [*o* aussehen], als ob ...; ***you ~ as if you don't want to get involved*** es sieht so aus, als wolltest du nicht darin verwickelt werden; ***it ~s like ages since we last saw you*** es kommt mir wie eine Ewigkeit vor, seit wir dich das letzte Mal gesehen haben; ***it ~ed like a good idea at the time*** damals hielt ich das für eine gute Idee; ***I can't ~ to get this right*** wie's aussieht, kriege ich das nie hin *fam*; **sth is not all what it ~s** etw ist anders, als es zu sein scheint; ***what ~s to be the problem?*** wo liegt denn das Problem?; ***I'm sorry, I ~ to have dented your car*** es tut mir Leid, wie es aussieht, habe ich eine Delle in Ihr Auto gefahren ② (*appear*) ■**it ~s [that] ...** anscheinend ...; ***it now ~s likely that the event will be cancelled*** es scheint jetzt ziemlich wahrscheinlich, dass die Veranstaltung abgesagt wird; ***it ~s to me that he isn't the right person for the job*** ich finde, er ist nicht der Richtige für den Job; ***I'm just telling you how it ~s to me*** ich sage dir nur, wie ich es sehe; ■**it ~s as if** [*or* **as though**] [*or fam* **like**] ... es scheint [*o* hat den Anschein], als ob ...; ***I'm in a bad way — so it ~s!*** ich bin nicht gut drauf – den Eindruck habe ich auch!; ***it ~s so*** [es] scheint so; ***it ~s not*** anscheinend nicht; ***there ~s to have been some mistake*** da liegt anscheinend ein Irrtum vor; ***there ~ed to be no point in continuing*** es schien zwecklos weiterzumachen

seeming ['si:mɪŋ] *adj attr, inv* (*form*) scheinbare(r,s)

seemingly ['si:mɪŋli] *adv inv* scheinbar

seemly ['si:mli] *adj* (*old*) schicklich *geh*

seen [si:n] *pp of* **see**

seep [si:p] *vi* sickern; (*fig*) *information, truth* durchsickern *fig*

seepage ['si:pɪdʒ] *n no pl* ① (*process of seeping*) *of oil, water* Aussickern *nt*; (*fig*) *of information* Durchsickern *nt fig*; *of persons* Abwandern *nt* ② (*lost fluid*) versickernde Flüssigkeit; **~ water** Sickerwasser *nt*

seer ['si:əʳ, AM si:ɚ] *n* (*liter*) Seher *m*; (*fig*) Prophet *m fig*

seersucker ['sɪəˌsʌkəʳ, AM 'sɪrˌsʌkɚ] *n no pl* Seersucker *m* (*leichter kreppartiger Leinenstoff*)

see-saw ['si:sɔ:, AM *also* -sɑ:] **I.** *n* ① (*for children*) Wippe *f* ② (*fig: vacillating situation*) Auf und Ab *nt* **II.** *vi* ① (*play*) wippen ② (*fig*) sich *akk* auf und ab bewegen; *prices* steigen und fallen; *mood* schwanken **III.** *adj attr, inv* schwankende(r,s); **~ effect in temperatures** [ständige] Temperaturschwankungen

seethe [si:ð] *vi* ① (*fig: be very angry*) kochen *fam*; **to ~ with anger** vor Wut kochen [*o* schäumen] *fam* ② (*move about violently*) *river, sea* schäumen; *liquid* brodeln, kochen ③ (*be crowded*) wimmeln; **to ~ with people/tourists** von Menschen/Touristen wimmeln

seething [si:ðɪŋ] *adj attr, inv* ① (*fig: violently felt*) kochend, überschäumend; **~ anger** rasende Wut; **~ discontent** schwelende Unzufriedenheit ② (*bubbling*) *liquid* brodelnd; **~ water** kochendes Wasser ③ (*swarming*) *crowd* wimmelnd

see-through *adj* ① (*transparent*) durchsichtig ② (*of very light material*) durchscheinend, transparent; **~ blouse** durchscheinende Bluse

segment ['segmənt] **I.** *n* ① (*part, division*) Teil *m*; *of a population* Gruppe *f*; *of an orange* Schnitz *m*, Spalte *f bes* ÖSTERR ② RADIO, TV (*allocated time*) Sendezeit *f* ③ MATH Segment *nt* ④ (*of a worm*) Segment *nt*, Glied *nt*, Ring *m* ⑤ ECON Geschäftsbereich *m* ⑥ COMPUT [Programm]segment *nt* **II.** *vt* ■**to ~ sth** etw zerlegen [*o geh* segmentieren]; COMPUT etw segmentieren [*o* in Abschnitte unterteilen]; **to ~ the market/population** den Markt/die Bevölkerung aufspalten **III.** *vi* sich *akk* teilen; ■**to ~ into sth** sich *akk* in etw *akk* teilen

segmentation [ˌsegmen'teɪʃᵊn] *n no pl* Segmentierung *f geh*; BIOL Zellteilung *f*

segregate ['segrɪgeɪt, AM -rə-] *vt* ■**to ~ sb** jdn absondern; **to ~ different races/the sexes** verschiedene Rassen/die Geschlechter trennen

segregated ['segrɪgeɪtɪd, AM -rəgeɪtɪd] *adj inv* nur für Weiße oder Schwarze; **~ school** Schule mit Rassentrennung; **racially ~ system** auf Rassentrennung basierendes System; ■**to be ~ from sb/sth** von jdm/etw getrennt sein

segregation [ˌsegrɪ'geɪʃᵊn, AM -rə'-] *n no pl* Trennung *f*; **racial ~** Rassentrennung *f*

segregationist [ˌsegrɪ'geɪʃᵊnɪst, AM -rə'-] **I.** *adj* ■**to be ~** die Rassentrennung befürworten; **~ system** auf der Rassentrennung beruhendes System **II.** *n* Anhänger(in) *m(f)* der Rassentrennung

segue ['segweɪ] *n* Überblendung *f* von Musikstücken; **to make a ~** (*fig*) einen Schritt machen

seismic ['saɪzmɪk] *adj* ① GEOL seismisch *fachspr*, Erdbeben-; **~ waves** Erdbebenwellen *fpl* ② (*extremely damaging*) verheerend; (*distressing*) erschütternd

seismograph ['saɪzmə(ʊ)grɑ:f, AM -məgræf] *n* Seismograph *m*

seismologist [saɪz'mɒlədʒɪst, AM -'mɑ:-] *n* Seismologe, -in *m, f*

seismology [saɪz'mɒlədʒi, AM -'mɑ:-] *n no pl* Seismologie *f*

seize [si:z] **I.** *vt* ① (*grab*) ■**to ~ sth** etw ergreifen [*o* packen]; ■**to ~ sb** jdn packen; **to ~ sb by the arm/throat/wrist** jdn am Arm/an der Kehle/beim Handgelenk packen; **to ~ sth with both hands** etw mit beiden Händen greifen ② *usu passive* (*fig: overcome*) ■**to be ~d with sth** von etw *dat* ergriffen werden; **to be ~d with desire** von Begierde gepackt werden; **to be ~d with panic** von Panik erfasst werden ③ (*make use of*) **to ~ the initiative/an opportunity** die Initiative/eine Gelegenheit ergreifen; **to ~ an opportunity with both hands** eine Gelegenheit mit beiden Händen ergreifen ④ (*capture*) ■**to ~ sth** etw einnehmen [*o* erobern]; **to ~ a criminal** einen Verbrecher festnehmen; **to ~ a fortress/harbour/town** eine Festung/einen Hafen/eine Stadt einnehmen [*o* erobern]; **to ~ a hostage** eine Geisel nehmen; **to ~ power** die Macht ergreifen; (*more aggressively*) die Macht an sich *akk* reißen ⑤ (*confiscate*) ■**to ~ sth** etw beschlagnahmen **II.** *vi* ■**to ~ on** [*or* **upon**] **sth** *idea* etw aufgreifen; **to ~ on an excuse** zu einer Ausrede greifen

◆**seize up** *vi engine, machine* stehen bleiben; *brain* aussetzen; *economy* zum Erliegen kommen

seizure ['si:ʒəʳ, AM -ʒɚ] *n* ① *no pl* (*taking*) Ergreifung *f*; **~ of power** Machtergreifung *f*; **~ of enemy territory/a town** Einnahme *f* von feindlichem Gebiet/einer Stadt; **~ of drugs/property** Beschlagnahmung *f* von Drogen/Eigentum ② MED (*fit*) Anfall *m*; (*dated: stroke*) Schlaganfall *m*; (*fig, hum*) Schlag *m fig fam*; **epileptic ~** epileptischer Anfall ③ *usu sing* MECH Stillstand *m* ④ LAW Einziehung *f*, Pfändung *f*, Konfiszierung *f*

seldom ['seldəm] *adv* selten; **~ if ever** fast nie, äußerst selten, so gut wie nie *fam*

select [sɪ'lekt, AM sə-] **I.** *adj* ① (*high-class*) *hotel, club* exklusiv ② (*carefully chosen*) ausgewählt, auserlesen; *band, team* auserwählt; *fruit, cuts of meat* ausgesucht; **a ~ few** einige Auserwählte **II.** *vt* ① (*choose*) ■**to ~ sth** etw aussuchen; ■**to ~ sb** jdn auswählen [*o geh* auserlesen]; **to ~ a captain/player/team** SPORTS einen Kapitän/einen Spieler/eine Mannschaft aufstellen; ■**to ~ sb for sth** jdn für etw *akk* auswählen ② COMPUT ■**to ~ sth** etw auswählen **III.** *vi* ■**to ~ from sth** aus etw *dat* [aus]wählen

◆**select out** *vt* ■**to ~ out ↔ sb** jdn auswählen; ■**to ~ out ↔ sth** etw aussuchen

select committee *n* Sonderausschuss *m*, Sonderkommission *f* (**on** für +*akk*)

selection [sɪ'lekʃᵊn, AM sə-] *n* ① *no pl* (*choosing*) Auswahl *f*; BIOL Selektion *f geh*; **to make one's ~** seine Wahl treffen ② *no pl* (*being selected*) Wahl *f*; (*for candidacy*) Aufstellung *f* ③ *usu sing* (*range*) Auswahl *f*, Sortiment *nt*; **a good ~ of books** eine gute Auswahl an Büchern ④ (*set of selected extracts*) Auswahl *f*, Auslese *f*; **a ~ of modern poetry** eine Auswahl moderner Lyrik ⑤ (*chosen player*) Spieler[aus]wahl *f*

selection committee *n* POL Auswahlkomitee *nt*

selection process *n* Auswahlverfahren *nt*, Selektionsverfahren *nt geh*

selective [sɪ'lektɪv, AM sə-] *adj* ① (*careful about chosing*) wählerisch; *reader, shopper* kritisch, anspruchsvoll; ■**to be ~ about sth** bei etw *dat* wählerisch sein; **to have a ~ memory** (*pej, hum*) ein selektives Erinnerungsvermögen haben *pej, hum* ② (*choosing the best*) ausgewählt; **~ breeding** Zuchtwahl *f* ③ (*discriminately affecting*) *process, agent* gezielt; **to be ~ in effect** gezielt wirken ④ COMPUT wahlweise, selektiv, trennscharf

selectively [sɪ'lektɪvli, AM sə-] *adv* selektiv; **to order ~** gezielt bestellen; ■**to quote ~** selektiv zitieren *geh*

selectiveness [sɪ'lektɪvnəs, AM sə-] *n no pl*, **selectivity** [ˌsɪlek'tɪvəti, AM səˌlek'tɪvᵊt̬i] *n no pl* ① (*careful choice*) [sorgfältiges] Auswählen ② (*discriminately affect*) *process, agent* Gezieltheit *f*

selector [sɪ'lektəʳ, AM sə'lektɚ] *n* ① (*chooser*) Auswählende(r) *f(m)*; SPORTS *jd, der die Mannschaft aufstellt* ② (*switch*) Wählschalter *m*; BRIT (*in car*) Schalthebel *m*; **~ lever** Automatikschalthebel *m* ③ COMPUT Selektor *m*, Wähler *m*

selenium [sɪ'li:niəm, AM sə] *n no pl* CHEM Selen *nt*

self <*pl* selves> [self] *n* ① (*personality*) ■**one's ~** das Selbst [*o* Ich]; ***I was just being my usual cheerful ~*** ich war wie immer fröhlich; **to be [like] one's former** [*or* **old**] [*or* **normal**] **~** wieder ganz der/die Alte sein; **to find one's true ~** sein wahres

Ich finden, sich *akk* selbst finden ② *no pl* (*pej form: personal welfare*) das eigene Wohl; (*advantage*) das eigene Ego *pej;* **regard for** ~ Sorge *f* um das eigene Wohlergehen; **with no thought of** ~ ohne an sich *akk* selbst zu denken; **to put** ~ **above all else** das eigene Ego über alles stellen; **to think only of** [*or* **be all for**] [*or* **care about**] ~ nur an sich *akk* selbst denken ► PHRASES: **one's good** ~ (*iron*) jds gutes Ich; ***how is your good ~?*** wie geht es Ihnen?; **unto thine own** ~ **be true** (*saying*) bleib dir selbst treu, tue recht und scheue niemand *prov veraltend*

self-abasement [-əˈbeɪsmənt] *n no pl* Selbsterniedrigung *f;* **to kneel in** ~ in Demut niederknien **self-absorbed** *adj* (*pej*) mit sich *dat* selbst beschäftigt **self-absorption** *n no pl* Ichbezogenheit *f* **self-abuse** *n no pl* ① (*harm*) Selbstzerstörung *f;* **to practise** ~ sich *akk* selbstzerstörerisch verhalten ② (*old: masturbation*) Selbstbefriedigung *f* **self-accusation** *n no pl* Selbstanklage *f* **self-acting** *adj inv* automatisch; ~ **machine** vollautomatische Maschine **self-addressed envelope** *n* adressierter Rückumschlag; **to send** [*or* **include**] **a** ~ einen adressierten Rückumschlag beifügen **self-adhesive** *adj inv stamps, envelopes, labels* selbstklebend **self-adjusting** *adj inv* selbstregelnd, selbsteinstellend, selbstjustierend **self-advertisement** *n no pl* Eigenwerbung *f* **self-aggrandizement** *n no pl* (*esp pej*) Selbstverherrlichung *f* **self-appointed** *adj inv manager, experts, critic* selbsternannt **self-assembly** *esp* BRIT **I.** *n no pl* Selbstmontage *f* **II.** *n modifier* (*kitchen, furniture*) zur Selbstmontage *nach n;* ~ **model airplane** Modellflugzeug *nt* zum Selbstbauen **self-assertion** *n no pl* Selbstbewusstsein *nt,* Durchsetzungsvermögen *nt* **self-assertive** *adj* ■ **to be** ~ sich *akk* behaupten [*o* durchsetzen] **self-assessment** *n no pl* ① (*judgment*) Selbsteinschätzung *f* ② FIN **system of** ~ System *nt* der Selbsteinschätzung (*für die Einkommenssteuer von Selbständigen*) **self-assurance** *n no pl* Selbstvertrauen *nt,* Selbstsicherheit *f* **self-assured** *adj* selbstbewusst, selbstsicher **self-aware** *adj* selbstkritisch **self-awareness** *n no pl* Selbsterkenntnis *f*

self-catering BRIT, AUS **I.** *n no pl* Selbstverpflegung *f;* **to go for** ~ sich *akk* selbst verpflegen **II.** *n modifier* ~ **apartment** AM [*or* **flat** BRIT] [*or* **accommodations**] Ferienwohnung *f;* ~ **holiday** Urlaub *m* in Selbstverpflegung **self-censorship** *n no pl* Selbstkontrolle *f; of writer* Selbstzensur *f;* **to practise** ~ Selbstkontrolle üben **self-centered** AM, **self-centred** *adj* (*pej*) selbstbezogen *pej,* egozentrisch *pej;* ~ **person** Egozentriker(in) *m(f);* ■ **the** ~ *pl* die Egozentriker *pl* **self-centredness** *n no pl* Ichbezogenheit *f,* Egozentrizität *f geh* **self-certification** *n no pl* BRIT (*form*) ① MED selbsterstellte Krankmeldung *f* ② FIN Selbsteinschätzung *f* **self-certification form** *n* ① MED Krankmeldung *f* ② FIN Steuererklärung *f* **self-closing** *adj inv* von selbst schließend *attr* **self-colored** AM, **self-coloured** *adj inv* uni, einfarbig **self-complacent** *adj* selbstzufrieden; ~ **attitude** Laisser-faire-Haltung *f* **self-composed** *adj* beherrscht; **to remain** ~ gelassen [*o fam* cool] bleiben **self-conceit** *n no pl* Einbildung *f,* Arroganz *f* **self-conceited** *adj* eingebildet, arrogant **self-condemnation** *n no pl* Selbstverdammung *f* **self-confessed** *adj attr, inv* selbsterklärt; ***she's a ~ thief*** sie bezeichnet sich selbst als Diebin; ***she had a ~ fear of heights*** sie gab zu, dass sie Höhenangst hatte **self-confidence** *n no pl* Selbstvertrauen *nt;* **to have** [**a tremendous amount of**] ~ [eine gehörige Portion] Selbstvertrauen haben; **to improve on one's** ~ sein Selbstvertrauen stärken; **to undermine one's/sb's** ~ sein/jds Selbstvertrauen schwächen **self-confident** *adj* selbstsicher, selbstbewusst **self-confidently** *adv* selbstbewusst, selbstsicher; **to act** [*or* **behave**] ~ selbstsicher auftreten **self-congratulation** *n no pl* Selbstgefälligkeit *f* **self-congratulatory** *adj tone, remark* selbstgefällig; ■ **to be** ~ **about sth** sich *dat* etwas auf etw *akk* einbilden **self-conscious** *adj* gehemmt, verlegen; **a** ~ laugh ein verlegenes Lachen **self-consciously** *adv* gehemmt; ***he ~ glanced into the mirror every few minutes*** alle paar Minuten schaute er verstohlen in den Spiegel; **to hope** ~ **that …** bei sich *dat* hoffen, dass … **self-consciousness** *n no pl* Gehemmtheit *f,* Verlegenheit *f,* Befangenheit (**in** in +*dat*); **to lose one's** ~ seine Hemmungen verlieren **self-contained** *adj inv* ① (*complete*) selbstgenügsam; ~ **community** autarke Gemeinschaft ② (*separate*) ~ **apartment** separate Wohnung ③ (*taciturn*) verschlossen, unnahbar **self-contempt** *n no pl* Selbstverachtung *f;* **to express** ~ Selbstverachtung zum Ausdruck bringen **self-contradictory** *adj* (*form*) paradox *geh,* widersprüchlich; ~ **statement** widersprüchliche Aussage; ***I find your argument ~*** ich meine, dass Sie sich selbst widersprechen **self-control** *n no pl* Selbstbeherrschung *f;* **incredible** ~ unglaubliche Selbstdisziplin; **to exercise** ~ Selbstdisziplin üben; **to lose/regain one's** ~ die Fassung verlieren/wiedergewinnen **self-controlled** *adj* beherrscht, souverän *geh* **self-correcting** *adj inv* selbstkorrigierend **self-critical** *adj* selbstkritisch **self-criticism** *n no pl* Selbstkritik *f;* **to practise** ~ selbstkritisch sein

self-deceit, **self-deception** *n no pl* Selbstbetrug *m;* **pure** [*or* **sheer**] ~ reiner Selbstbetrug; **to resort to** ~ sich *dat* selbst etwas vormachen **self-declared** *adj attr, inv* selbsternannt **self-defeating** *adj* aussichtslos; ~ **attempt** verzweifelter Versuch **self-defence**, AM **self-defense** *n no pl* Selbstverteidigung *f;* ***in ~, I have to say that …*** zu meiner Verteidigung muss ich sagen, dass …; **a course** [*or* **class**] **in** ~ ein Selbstverteidigungskurs *m;* **to kill sb in** ~ jdn in Notwehr töten; **to use sth in** ~ etw zur Selbstverteidigung benutzen **self-delusion** *n* Selbstbetrug *m* **self-denial** *n no pl* Selbsteinschränkung *f,* Selbstzucht *f;* **to practise** ~ Verzicht üben **self-deprecating** *adj* (*form*) selbstironisch; ~ **humour/manner** Selbstironie *f* **self-deprecatingly** *adv* (*form*) selbstironisch; **to say sth** ~ etw in aller Bescheidenheit sagen **self-deprecation** *n no pl* (*form*) Selbstironie *f* **self-deprecatory** *adj* (*form*) *see* **self-deprecating** **self-depreciation** *n no pl* (*form*) Selbstironie *f* **self-depreciatory** *adj* (*form*) *see* **self-deprecating** **self-destruct** *vi* sich *akk* selbst zerstören; *materials* zerfallen; *missile* [zer]bersten; *tape* sich *akk* löschen **self-destruct button** *n* der rote Knopf, Selbstauslöser *m* ► PHRASES: **to hit the** ~ den roten Knopf drücken **self-destruction** *n no pl* Selbstzerstörung *f;* **to be capable of** ~ sich *akk* selbst zerstören können **self-destructive** *adj* selbstzerstörerisch **self-determination** *n no pl* POL Entschlusskraft *f,* Selbstbestimmung *f;* **the right of** [*or* **to**] ~ das Recht auf Selbstbestimmung **self-development** *n no pl of a person* Selbstentfaltung *f* **self-discipline** *n no pl* Selbstdisziplin *f;* ■ **to have the** ~ **to do sth** die Selbstdisziplin haben, etw zu tun **self-disciplined** *adj* selbstdiszipliniert **self-discovery** *n no pl* Selbsterfahrung *f;* **a journey of** ~ eine Reise ins Ich; **national** ~ nationale Identitätsfindung **self-disgust** *n no pl* Selbstekel *m* **self-doubt** *n no pl* Selbstzweifel *mpl;* **moments of** ~ Augenblicke *mpl* des Selbstzweifels; **to be filled with** ~ voller Selbstzweifel sein; **to be plagued by ~s** von Selbstzweifeln gequält werden **self-dramatization** *n no pl* Dramatisieren *nt* der eigenen Person **self-drive** BRIT **I.** *adj attr, inv* Selbstfahrer-; ~ **hire car** Mietwagen *m;* **to provide a** ~ **car** einen Mietwagen zur Verfügung stellen **II.** *n no pl* Selbstfahren *nt* **self-educated** *adj inv* autodidaktisch; ***he's ~*** er ist ein Autodidakt; ~ **person** Autodidakt(in) *m(f)* **self-effacement** *n no pl* Zurückhaltung *f* **self-effacing** *adj* zurückhaltend, bescheiden **self-effacingly** *adv* zurückhaltend, bescheiden **self-employed I.** *adj inv* selbständig; ***he is ~*** er ist selbständig; ~ **builder** Bauunternehmer(in) *m(f);* ~ **lawyer** Anwalt *m*/Anwältin *f* mit eigener Kanzlei **II.** *n* ■ **the** ~ *pl* die Selbständigen **self-employment** *n no pl* Selbständigkeit *f* **self-esteem** *n no pl* Selbstwertgefühl *nt;* **to have no/high/low** ~ kein/hohes/geringes Selbstwertgefühl haben; **to boost/destroy one's** ~ sein Selbstwertgefühl stärken/zerstören **self-evident** *adj* offensichtlich, selbstverständlich; ■ **it is** ~ **that …** es liegt auf der Hand, dass … **self-evidently** *adv* offensichtlich **self-examination** *n no pl* Selbstprüfung *f,* Selbsterforschung *f* **self-explanatory** *adj* unmittelbar verständlich, selbsterklärend **self-expression** *n no pl* Selbstdarstellung *f*

self-financing I. *n* ECON Eigenfinanzierung *f,* Selbstfinanzierung *f* **II.** *adj inv* ***fees will have to treble to make the courses ~*** die Gebühren müssen verdreifacht werden, damit sich die Kurse selbst finanzieren können; ■ **to be** ~ sich *akk* selbst finanzieren; ~ **project** Projekt *nt* in eigener Trägerschaft **self-flattery** *n no pl* Selbstschmeichelei *f* **self-fulfilled** *adj* zufrieden; ***I became ~*** ich war mit mir zufrieden **self-fulfilling** *adj inv* ■ **to be** ~ sich *akk* selbst bewahrheiten; ~ **prophecy** Self-fulfilling Prophecy *f geh,* sich selbst erfüllende Prophezeiung **self-fulfillment** AM, **self-fulfilment** *n no pl* Selbstverwirklichung *f;* **great** ~ große Erfüllung; **to achieve/seek** ~ Erfüllung erreichen/suchen **self-governing** *adj inv* selbstverwaltet; ~ **school** Privatschule *f;* ~ **trust** Fonds *m* in privater Trägerschaft **self-government** *n no pl* Selbstverwaltung *f;* **regional** ~ regionale Selbstverwaltung **self-hate**, **self-hatred** *n no pl* Selbsthass *m* **self-help I.** *n no pl* Selbsthilfe *f;* **to provide** ~ Selbsthilfe vermitteln **II.** *n modifier* Selbsthilfe-; ~ **group** Selbsthilfegruppe *f* **self-help group** *n* + *sing/pl vb* Selbsthilfegruppe *f* (**for** für +*akk*); **to form a** ~ eine Selbsthilfegruppe gründen **self-image** *n* Selbstbild *nt* **self-importance** *n no pl* Selbstgefälligkeit *f* **self-important** *adj* selbstgefällig **self-importantly** *adv* selbstgefällig; ***she often behaves rather ~ in public*** sie zieht in der Öffentlichkeit immer eine ziemliche Schau ab **self-imposed** *adj inv* selbst verordnet; ***her exile is ~*** sie hat sich ihr Exil selbst auferlegt; ~ **deadline** selbst gesetzter Termin **self-improvement** *n no pl* [selbständige] Weiterbildung **self-incriminating** *adj* sich *akk* selbst belastend **self-induced** *adj inv* selbst verursacht; ~ **hysteria** gesteigerte Hysterie; ~ **vomiting** selbst herbeigeführtes Erbrechen **self-indulgence** *n* ① *no pl* (*hedonism*) Luxus *m;* **to afford** ~ es sich *dat* gut gehen lassen ② (*act*) Hemmungslosigkeit *f* **self-indulgent** *adj* genießerisch; ***I know it's ~ of me, but I'll just have another chocolate*** ich weiß, dass ich mich nicht beherrschen kann, aber ich nehme mir einfach noch eine Praline **self-inflicted** *adj inv* selbst zugefügt [*o* beigebracht]; ***the mental anguish she is feeling is ~*** den seelischen Schmerz, den sie empfindet, hat sie sich selbst zugefügt; ~ **wound** selbst zugefügte Verletzung **self-interest** *n no pl* Eigeninteresse *f;* **to act from** [*or* **out of**] ~ eigennützig [*o* aus Eigennutz] handeln **self-interested** *adj attitudes, aims* eigennützig

selfish [ˈselfɪʃ] *adj* selbstsüchtig; ***you need to learn how to be more ~ once in a while*** du musst lernen, öfter an dich selbst zu denken; ~ **motive** eigennütziges Motiv

selfishly [ˈselfɪʃli] *adv* selbstsüchtig, eigennützig

selfishness [ˈselfɪʃnəs] *n no pl* Selbstsucht *f*

self-justification *n* Rechtfertigung *f;* **attempt at** ~ Versuch *m,* sich zu rechtfertigen **self-justifying** *adj inv* sich selbst rechtfertigend **self-knowledge** *n no pl* Selbsterkenntnis *f*

selfless [ˈselfləs] *adj* selbstlos

selflessly [ˈselfləsli] *adv* selbstlos

selflessness [ˈselfləsnəs] *n no pl* Selbstlosigkeit *f*

self-loader [-ˈləʊdəʳ, AM -ˈloʊdɚ] *n* Selbstladegewehr *nt* **self-loading** [-ˈləʊdɪŋ, AM -ˈloʊ-] *adj inv* selbstladend; ~ **gun** Selbstladegewehr *nt* **self-love** *n no pl* Eigenliebe *f,* Selbstliebe *f* **self-made** *adj inv* Selfmade-; ~ **man** Selfmademan *m* **self-made man** *n* ECON Selfmademan *m* **self-management** *n no pl* ① (*of self*) Selbstmanagement *nt* ② POL Selbstverwaltung *f* **self-mastery** *n no pl* Selbstbe-

S

herrschung *f* **self-mockery** *n no pl* Selbstspott *m* **self-mocking** *adj* sich *akk* selbst verspottend **self-motivated** *adj* eigenmotiviert **self-mutilation** *n no pl* Selbstverstümmelung *f* **self-neglect** *n no pl* Selbstvernachlässigung *f*, Sichgehenlassen *nt* **self-obsessed** *adj* selbstsüchtig **self-opinionated** *adj* starrköpfig **self-parody** *n no pl* Selbstironie *f* **self-perpetuating** *adj* endlos andauernd *attr,* nicht enden wollend *attr* **self-pity** *n no pl* Selbstmitleid *nt;* **to wallow in** ~ in Selbstmitleid schwelgen **self-pitying** *adj* (*pej*) selbstbemitleidend; ■**to be** ~ sich *akk* selbst bemitleiden; ~ **tirade** Tirade *f* des Selbstmitleids **self-portrait** *n* Selbstbildnis *nt;* **a** ~ **by Rembrandt** ein Selbstporträt *nt* von Rembrandt; **to draw/paint a** ~ sich *akk* selbst porträtieren **self-possessed** *adj* selbstbeherrscht **self-possession** *n no pl* Selbstbeherrschung *f;* **to have** ~ beherrscht sein; **to recover one's** ~ seine Beherrschung wiedererlangen **self-preservation** *n no pl* Selbsterhaltung *f;* **instinct for** ~ Selbsterhaltungstrieb *m* **self-proclaimed** *adj inv* selbsternannt **self-professed** *adj inv* selbsternannt **self-propelled** *adj inv* selbstangetrieben; ~ **vehicle** Fahrzeug *nt* mit Eigenantrieb **self-protection** *n no pl* Selbstschutz *m;* **for** ~ zum Selbstschutz **self-raising, self-raising flour** *n no pl* BRIT, AUS *Mehl, dem Backpulver beigemischt ist* **self-realization** *n no pl* Selbstverwirklichung *f* **self-reflection** *n no pl* Selbstbetrachtung *f* **self-regard** *n no pl* Rücksicht *f* auf sich *akk* selbst **self-regulating, self-regulatory** *adj inv* selbstregulierend; *organization* sich selbst regulierend **self-regulation** *n no pl* ECON Selbstverwaltung *f; of an industry* Selbststeuerung *f* **self-regulatory** *adj* ECON selbstverwaltend **Self-Regulatory Organization** *n* ECON Selbstüberwachungsorgan *nt* **self-reliance** *n no pl* (*approv*) Selbstvertrauen *nt;* **to build sb's** ~ jds Selbstvertrauen stärken **self-reliant** *adj* selbständig, eigenständig **self-reproach** *n no pl* Selbstvorwurf *m* **self-respect** *n no pl* Selbstachtung *f;* **to lose all** ~ jede Selbstachtung verlieren; **to take away sb's** ~ jdn seiner Selbstachtung berauben **self-respecting** *adj attr* ❶ (*having self-respect*) Selbstachtung besitzend; ~ **government** ernst zu nehmende Regierung ❷ (*esp hum: good*) anständig, ehrenhaft; **no** ~ **person** niemand, der was auf sich hält **self-restraint** *n no pl* Selbstbeherrschung *f;* **to display** [*or* **exercise**] [*or* **exhibit**] [*or* **show**] ~ Selbstbeherrschung an den Tag legen **self-righteous** *adj* selbstgerecht **self-righteously** *adv* selbstgerecht **self-righteousness** *n no pl* Selbstgerechtigkeit *f* **self-rising flour** *n no pl* AM *Mehl, dem Backpulver beigemischt ist* **self-rule** *n no pl* Selbstverwaltung *f;* **to move to** ~ zur Selbstverwaltung übergehen

self-sacrifice *n no pl* Selbstaufopferung *f;* **to require** [*or* **demand**] ~ Opferbereitschaft verlangen **self-sacrificing** *adj* hingebungsvoll; **to become** ~ opferbereit werden **self-same** *adj attr, inv* ■**the** ~ ... genau derselbe/dieselbe/dasselbe ... **self-satisfaction** *n no pl* Selbstzufriedenheit *f;* **to feel** ~ mit sich *dat* [selbst] zufrieden sein **self-satisfied** *adj* selbstzufrieden, selbstgefällig **self-sealing** *adj inv* ❶ (*sealing itself*) ~ **envelope** selbstklebender Umschlag ❷ TECH selbstdichtend; *fuel tank* schusssicher **self-seeking** (*form*) **I.** *n no pl* Selbstsucht *f;* **to accuse sb of** ~ jdm Selbstsucht vorwerfen **II.** *adj* selbstsüchtig **self-service I.** *n no pl* Selbstbedienung *f* **II.** *n modifier* (*restaurant*) Selbstbedienungs-; ~ **cafeteria** Cafeteria *f* mit Selbstdienung; ~ **laundry** Selbstbedienungswaschautomat *m;* ~ **store** [*or* **shop**] Selbstbedienungsladen *m,* SB-Laden *m* **self-serving** *adj* (*form*) selbstsüchtig **self-starter** *n* ❶ (*dated*) Starter *m,* Anlasser *m* ❷ (*person*) Senkrechtstarter(in) *m(f)* **self-styled** *adj attr* sogenannte(r,s); ~ **expert** sogenannter Experte/sogenannte Expertin **self-sufficiency** *n no pl* Selbstversorgung *f;* **economic** ~ Autarkie *f geh* **self-sufficient** *adj* selbstversorgend, autark *geh;* **a** ~ **creature** ein selbständiges Wesen; **to be** ~ **in food** sich *akk* selbst mit Nahrung versorgen **self-supporting** *adj inv* ❶ (*independent*) finanziell unabhängig; ■**to be** ~ sich *akk* selbst finanzieren; ***the vast majority of students here are*** ~ die große Mehrheit der Studenten hier finanziert ihr Studium selbst ❷ ARCHIT selbsttragend *fachspr;* ~ **mast** freistehender Mast **self-sustaining** *adj* selbststärkend; (*financially*) [sich] selbstunterhaltend **self-tanner** [ˌselfˈtænəʳ, AM -ɚ] *n* Selbstbräuner *m* **self-tanning formula** [ˌselftænɪŋ'-] *n,* **self-tanning lotion** *n* Selbstbräunungscreme *f* **self-tapping screw** *n* Treibschraube *f* **self-taught** *adj inv* ❶ (*educated*) selbsterlernt; ~ **person** Autodidakt(in) *m(f)* ❷ (*acquired*) autodidaktisch; ***almost all of her knowledge is*** ~ sie hat sich fast ihr gesamtes Wissen selbst beigebracht **self-test** COMPUT **I.** *n* Selbsttest *m;* **to do** [*or* **perform**] **a** ~ einen Selbsttest machen **II.** *vi* einen Selbsttest machen **self-will** *n no pl* Eigenwilligkeit *f,* Eigensinn *m* **self-willed** [-ˈwɪld] *adj* starrköpfig, dickköpfig **self-winding watch** *n* Armbanduhr *f* mit Selbstaufzug **self-worth** *n no pl* Selbstwert *m;* **to derive one's** ~ **from one's work** seinen Selbstwert aus seiner Arbeit beziehen; **to feel** ~ sich *akk* wertvoll fühlen

sell [sel] **I.** *vt* <sold, sold> ❶ (*for money*) ■**to** ~ **sth to sb** [*or* **sb sth**] jdm etw verkaufen; ***we'll be*** ~***ing the tickets at £50 each*** wir verkaufen die Karten für 50 Pfund das Stück; ***I sold him my car for £600*** ich verkaufte ihm mein Auto für 600 Pfund; **to** ~ **sth** [**for sb**] **on consignment** AM etw [für jdn] in Zahlung nehmen; **to** ~ **sth** [**to sb**] **on credit** [jdm] etw auf Kredit verkaufen; **to** ~ [**sb**] **sth at a loss/profit** [jdm] etw mit Verlust/Gewinn verkaufen; **to** ~ [**sb**] **sth at a price** [jdm] etw zu einem Preis verkaufen; **to** ~ **property** Besitz veräußern; **to** ~ **sb into slavery/prostitution** jdn in die Sklaverei/Prostitution verkaufen; **to** ~ **sth wholesale/retail** etw im Großhandel/Einzelhandel verkaufen; **to** ~ **sth as is** etw ohne Mängelgewähr verkaufen ❷ (*persuade*) ■**to** ~ **sth** [**to** [*or* **on**] **sb**] [*or* **sb** [**on**] **sth**] jdn für etw *akk* gewinnen; ***she's really sold on the idea of buying a new car*** sie ist echt begeistert von der Idee, ein neues Auto zu kaufen; ■**to** ~ **oneself** sich *akk* verkaufen *fam,* Anklang finden; **to** ~ **an idea/a proposal to sb** jdm eine Idee/einen Vorschlag schmackhaft machen *fam;* ***how do you plan to*** ~ ***her on your proposal?*** wie wollen Sie sie für Ihren Vorschlag gewinnen? ► PHRASES: **to** ~ **one's body** [*or* **oneself**] seinen Körper verkaufen; **to** ~ **sb a pup** BRIT, AUS [*or* AM **a bill of goods**] jdm etw andrehen *pej fam;* **to** ~ **sb down the river** jdn im Regen stehen lassen *fam;* **to** ~ **one's soul** [**to the devil**] [dem Teufel] seine Seele verkaufen; **to** ~ **oneself short** das eigene Licht unter den Scheffel stellen, sich *akk* unter Wert verkaufen; **to** ~ **sth short** etw schlecht machen **II.** *vi* <sold, sold> ❶ (*give for money*) verkaufen; ***I don't care what you offer me, I'm not*** ~***ing*** mir ist es egal, was Sie mir bieten, ich verkaufe nicht ❷ (*attract customers*) sich *akk* verkaufen; ■**to** ~ **for** [*or* **at**] **sth** für etw *akk* zu haben sein; **to** ~ **well/badly** sich *akk* gut/schlecht verkaufen, gut/schlecht gehen *fam* ❸ STOCKEX **to** ~ **short** leerverkaufen ► PHRASES: **to** ~ **like hot cakes** wie warme Semmeln weggehen **III.** *n* ❶ *no pl* Ware *f;* **to be a hard** [*or* **tough**]/**soft sell** schwer/leicht verkäuflich sein ❷ (*promotion*) Werbung *f* ❸ (*fam: letdown*) Herunterlassen *nt* ❹ ECON Verkauf *m,* Verkaufstaktik *f,* Verkaufsstrategie *f;* STOCKEX ■**to be a** ~ *shares* zum Verkauf stehen; **to give a product the hard** ~ ein Produkt aggressiv verkaufen; ***he tried to give me the hard*** ~ er versuchte auf aggressive Art, mich zum Kauf zu bewegen; **soft** ~ diskreter [*o* zurückhaltender] Verkauf

◆**sell off** *vt* ■**to** ~ **off** ⊂ **sth** etw verkaufen; ECON etw abstoßen; **to** ~ **sth off cheap/at half price** etw billig/zum halben Preis verkaufen

◆**sell out I.** *vi* ❶ *entire stock* ausverkaufen; ***I'm sorry, we've sold out*** es tut mir leid, aber wir sind ausverkauft; **to** ~ **out of a brand/goods** eine Serie/Waren vollständig absetzen [*o* ausverkaufen] ❷ (*be completely booked*) *performances* ausverkauft sein ❸ FIN (*sell business*) seine Firma verkaufen; ■**to** ~ **out to sb** an jdn verkaufen ❹ (*do what others want*) ■**to** ~ **out to sb** sich *akk* jdm [*o* an jdn] verkaufen; ***they've sold out to the road transport lobby*** sie haben sich ganz in den Dienst der Straßentransportlobby gestellt ❺ (*betray*) sich *dat* selbst untreu werden; ■**to** ~ **out on sb** jdn übers Ohr hauen *fam* **II.** *vt* ❶ ■**to be sold out** *entire stock* ausverkauft sein ❷ (*pej fam: betray*) ■**to** ~ **out** ⊂ **sb/sth** jdn/etw verraten; **to** ~ **out one's country** sein Land verraten ❸ (*sell*) ■**to** ~ **out** ⊂ **sth** etw veräußern; **to** ~ **out one's interests/shares** seine Anteile/Aktien verkaufen [*o* abstoßen]

◆**sell up** BRIT, AUS **I.** *vi* [eine Firma komplett] verkaufen; ***this is a terrible location for a store — they'll be forced to*** ~ ***up in a year*** dies ist kein guter Standort für einen Laden – in einem Jahr werden sie ihn aufgeben müssen **II.** *vt* ■**to** ~ **up** ⊂ **sth** etw verkaufen; **to** ~ **up a business/property** eine Firma/Besitz verkaufen

sellable [ˈseləbl̩] *adj* [gut] verkäuflich; ***what is your store's most*** ~ ***item?*** welches Produkt Ihres Geschäftes lässt sich am besten verkaufen?; ***I'm convinced that my idea is*** ~ ich bin mir sicher, dass sich meine Idee verkaufen lässt

sell-by date *n esp* BRIT Mindesthaltbarkeitsdatum *nt;* **past the** ~ nach Ablauf des Mindesthaltbarkeitsdatums; **to be past one's** ~ (*hum fam*) seine besten Jahre hinter sich *dat* haben

seller [ˈseləʳ, AM -ɚ] *n* ❶ (*person*) Verkäufer(in) *m(f);* **flower** ~ Blumenverkäufer(in) *m(f)* ❷ (*product*) Verkaufsschlager *m*

seller's market, sellers' market *n* Verkäufermarkt *m*

selling [ˈselɪŋ] *n no pl* Verkaufen *nt;* **buying and** ~ Kaufen und Verkaufen *nt,* An- und Verkauf *m*

selling point *n* Kaufattribut *nt* **selling price** *n* Kaufpreis *m,* Verkaufspreis *m;* **to lower the** ~ den Kaufpreis senken

sell-off *n* ❶ *of shares* Verkauf *m;* **to trigger** [*or* **spark**] [*or* **cause**] **a** ~ **of shares** den Verkauf von Aktien verursachen [*o* auslösen] ❷ (*privatization*) Aktienverkauf *m*

Sellotape® [ˈselə(ʊ)teɪp] *n no pl* BRIT Tesafilm® *m;* **a roll of** ~ eine Rolle Tesafilm

sellotape [ˈselə(ʊ)teɪp] *vt* BRIT ■**to** ~ **sth** etw mit Tesafilm befestigen; ***she*** ~***d the torn pages back into the book*** sie klebte die ausgerissenen Seiten mit Tesafilm wieder ins Buch ein; **to** ~ **a message to a door** eine Nachricht mit Tesafilm an einer Tür befestigen

sell-out I. *n* ❶ (*approv: sales*) Ausverkauf *m;* ***the concert was a*** ~ das Konzert war ausverkauft ❷ (*betrayal*) Auslieferung *f* **II.** *n modifier* ❶ (*sales*) ausverkauft; ~ **crowd** ausverkauftes Haus; ~ **season** Ausverkauf *m* ❷ (*deceptive*) *character* betrügerisch

seltzer [ˈseltsəʳ] AM, **seltzer water** *n no pl* AM Selters *f*

selvage [ˈselvɪdʒ] *n esp* AM *see* **selvedge**

selvedge [ˈselvɪdʒ] *n* Salband *nt/*-leiste *f,* Webrand *m/*-kante *f*

selves [selvz] *n pl of* **self**

semantic [sɪˈmæntɪk] *adj inv unit* semantisch *fachspr*

semantically [sɪˈmæntɪkli] *adv inv* semantisch *fachspr;* ~ **related** semantisch verbunden

semanticist [sɪˈmæntɪsɪst, AM t̬ə] *n* Semantiker(in) *m(f)*

semantics [sɪˈmæntɪks] *npl* ❶ + *sing vb* (*science*) Semantik *f kein pl fachspr* ❷ (*meaning*) *of word, sentence, text* Bedeutung *f*

semaphore [ˈseməfɔːʳ, AM -fɔːr] **I.** *n* ❶ *no pl* (*system of communication*) Semaphor *nt o* ÖSTERR *m fachspr,* Winkeralphabet *nt* ❷ (*apparatus*) Semaphor *nt o* ÖSTERR *m fachspr,* Signalmast *m* ❸ COMPUT (*coordination of jobs*) Semaphor *m* **II.** *vt* ■**to** ~ **sth** [**to sb**] [jdm] etw signalisieren

semaphore signal *n* Semaphorsignal *nt fachspr;* **to send** ~**s** Semaphorsignale aussenden

semblance [ˈsembləŋ(t)s] *n no pl* (*form*) Erscheinungsbild *nt,* Anschein *m;* ***Mike has the job of***

creating some vague ~ of organization out of this chaos Mike hat die Aufgabe, so etwas wie Ordnung in dieses Chaos zu bringen; ~ **of normality** [*or* **normal life**] Anschein *m* von Normalität; *in spite of her disability, she has been able to maintain a ~ of normal life* trotz ihrer Behinderung schafft sie es, ein einigermaßen normales Leben zu führen

semen ['si:mən] *n no pl* Sperma *nt*

semester [sɪ'mestəʳ, AM sə'mestɚ] *n esp* AM, AUS Semester *nt*; ~ **of college** Collegesemester *nt*; **summer/winter** ~ Sommer-/Wintersemester *nt*; **to take eight/ten ~s** acht/zehn Semester brauchen

semi <*pl* -s> ['semi] *n* (*fam*) 1 BRIT, AUS (*house*) Doppelhaushälfte *f* 2 AM, AUS (*truck*) Sattelschlepper *m* 3 SPORTS Halbfinale *nt*; **to make it to the ~s** es bis ins Halbfinale schaffen

semi-autobiographical *adj inv novel* halbautobiographisch **semi-automatic** *adj inv* 1 MIL ~ **weapons** halbautomatische Waffen 2 TECH halbautomatisch; ~ **gearbox** halbautomatische Schaltung **semibold** TYPO I. *adj inv* halbfett *fachspr* II. *n no pl* halbfette Schrift *fachspr* **semibreve** ['semibri:v] *n esp* BRIT, AUS MUS halbe Note **semicircle** *n* Halbkreis *m*; **to form a ~** einen Halbkreis bilden; **to gather around in a ~** sich *akk* in einem Halbkreis aufstellen **semicircular** *adj inv formation* halbkreisförmig; **to be placed in a ~ arrangement** halbkreisförmig angeordnet sein **semicolon** *n* Semikolon *nt*, Strichpunkt *m* **semiconducting** *adj inv* ELEC halbleitend; ~ **compound** Halbleiter *m* **semiconductor** *n* Halbleiter *m* **semi-conscious** *adj inv* halb bewusstlos; *feeling, memory* teilweise unbewusst; ■**to be ~** halb bei Bewusstsein sein **semi-consciousness** *n no pl* **to regain ~** das Bewusstsein teils wiedererlangen **semi-cylinder** *n* MATH Halbzylinder *m fachspr* **semi-darkness** *n no pl* Halbdunkel *nt*; **in ~** im Halbdunkel[n] **semi-detached** I. *n* Doppelhaushälfte *f*; **to live in a ~** in einer Doppelhaushälfte leben II. *adj inv* Doppelhaus- **semi-detached house** *n* Doppelhaushälfte *f* **semi-final** *n* Halbfinale *nt*; **to advance to** [*or* **get through to**] [*or* **reach**] **the ~** das Halbfinale erreichen, ins Halbfinale einziehen; **to be eliminated in the ~** im Halbfinale ausscheiden **semi-finalist** *n* SPORTS Halbfinalist(in) *m(f)*; **to meet the ~** auf den Halbfinalisten treffen **semi-finished** *adj inv product* halbfertig **semi-literate** *adj inv person* halbgebildet; *text* schlecht geschrieben

seminal ['semɪnəl, AM -mən-] *adj* 1 (*form: important*) *role* tragend *geh*; *work, article* bedeutend 2 *attr, inv* ANAT Samen-; ~ **discharge** Samenerguss *m*

seminal fluid *n* Samenflüssigkeit *f* **seminal vesicle** *n* ANAT Samenblase *f fachspr*

seminar ['semɪnɑ:ʳ, AM -ənɑ:r] *n* 1 UNIV Seminar *nt*; **to attend a ~** ein Seminar besuchen 2 (*workshop*) Seminar *nt*, Kursus *m*; ~ **on communication skills** Rhetorikkurs *m*; **training ~** Übung *f*; **to give** [*or* **hold**] **a ~ on sth** ein Seminar über etw *akk* abhalten

seminarian [ˌsemi'neəriən, AM 'neri] *n* Seminarist *m*

seminar room *n* Seminarraum *m*

seminary ['semɪnəri, AM -neri] *n* Priesterseminar *nt*

semi-official *adj inv* halboffiziell; ~ **press release** halboffizielle Pressemeldung

semiotic [ˌsemi'ɒtɪk, AM 'ɑ:t̬ɪk] *adj inv* semiotisch

semiotics [ˌsemi'ɒtɪks, AM ˌsi:mi'ɑ:t̬ɪks] *n + sing vb* LING Semiotik *f kein pl fachspr*

semi-permanent *adj inv* halbpermanent **semi-permeable** *adj inv* TECH halbdurchlässig **semi-precious** *adj inv* ~ **stone** [*or* **gem**] Halbedelstein *m* **semi-pro** (*fam*), **semi-professional** I. *adj inv* Amateur-; ~ **league** Amateurliga *f*; ~ **musician** Amateurmusiker(in) *m(f)* II. *n* Amateur(in) *m(f)* **semiquaver** *n esp* BRIT, AUS Sechzehntel[note] *f* **semi-retired** *adj inv* ~ **senior partner** Seniorpartner/Seniorpartnerin, der/die sich weitgehend aus dem Berufsleben zurückgezogen hat **semi-retirement** *n no pl* ≈Vorruhestand *m* **semi-rural** *adj inv* halb ländlich **semi-skilled** *adj inv* angelernt; ~ **work** Anlerntätigkeit *f*; ~ **worker** angelernte Arbeitskraft **semi-skimmed milk** *n no pl* Halbfettmilch *f* **semi-sweet** *adj inv* leicht gezuckert; ~ **biscuits** Kräcker *mpl*, Salzgebäck *nt*; ~ **chocolate** Halbbitterschokolade *f*; ~ **wine** lieblicher Wein

Semite ['si:maɪt, AM 'sem-] *n* Semite, -in *m, f*

Semitic [sə'mɪtɪk, AM -t̬ɪk] *adj inv* semitisch; ~ **empire** das Reich der Semiten

semitone *n* Halbton[schritt] *m* **semi-trailer** *n* AM, AUS 1 (*truck*) Sattelschlepper *m* 2 (*trailer*) Anhänger *m* (*für Sattelschlepper*) **semi-tropical** *adj see* **subtropical** **semi-urban** *adj inv* halb städtisch **semivowel** *n* Halbvokal *m fachspr*

semolina [ˌsemᵊl'i:nə, AM -ə'li:-] *n no pl* Gries *m*; **durum wheat ~** Hartweizengries *m*

sempiternal [ˌsempɪ'tɜ:nᵊl, AM 'tɜ:r] *adj inv* ewig, immerwährend

sempstress ['sem(p)strɪs] *n see* **seamstress**

Semtex® ['semteks] *n no pl* Semtex *nt* (*schwer nachweisbarer Sprengstoff*)

Sen *n* POL *abbrev of* **senator**

SEN [ˌesi:'en] *n* BRIT *abbrev of* **State Enrolled Nurse** staatlich geprüfte Krankenschwester

senate ['senɪt] I. *n no pl, + sing/pl vb* POL, LAW, UNIV Senat *m*; **the US S~** der US-Senat; **the French S~** der oberste Gerichtshof Frankreichs II. *n modifier* POL ~ **hearing** Senatsanhörung *f*; **S~ Democrat** Demokrat/Demokratin im US-Senat

senator ['senətəʳ, AM -t̬ɚ] *n* 1 (*member*) Senator(in) *m(f)* 2 (*title*) ■**S~** Senator

senatorial [ˌsenə'tɔ:riəl] *adj inv esp* AM (*form*) Senats-; ~ **candidate** Senatskandidat(in) *m(f)*; ~ **committee** Senatsausschuss *m*

send <sent, sent> [send] I. *vt* 1 (*forward*) ■**to ~ [sb] sth** [*or* **to ~ sth to sb**] jdm etw [zu]schicken; **to ~ sth by airmail/post** etw per Luftpost/mit der Post schicken; **to ~ cash/a cheque** Bargeld/einen Scheck schicken; **to ~ one's comments about sth** etw kommentieren; **to ~ flowers/a telegram to sb** jdm Blumen/ein Telegramm schicken; **to ~ invitations** Einladungen verschicken; **to ~ sb a message/warning** jdm eine Nachricht/Warnung zukommen lassen; **to ~ a signal to sb** jdm etw signalisieren; **to ~ word [to sb] [that ...]** (*form, liter*) [jdm] Mitteilung machen[, dass ...] *geh*; *she sent word with her secretary that ...* sie ließ durch ihre Sekretärin mitteilen, dass ... 2 (*pass on*) ■**to ~ sb sth** [*or* **to ~ sth to sb**] jdm etw übermitteln [lassen]; *be sure to ~ my compliments to the chef* ein Kompliment an den Küchenchef [*o* die Küche]; *Maggie ~s her love and hopes you'll feel better soon* Maggie lässt dich grüßen und wünscht dir gute Besserung; *be sure to ~ them my regrets* bitte entschuldige mich bei ihnen; *she sent a message with John to say that she couldn't come* sie ließ durch John ausrichten, dass sie nicht kommen konnte; **to ~ one's regards** [*or* **respects**] [*or* **greetings**] Grüße übermitteln [lassen] 3 (*dispatch*) ■**to ~ sb somewhere** jdn irgendwohin schicken; ■**to ~ sb to do sth** jdn schicken, etw zu tun; ■**to ~ sb as sth** *representative* jdn als etw *akk* schicken; ■**to ~ sb for sth** jdn nach etw *dat* [los]schicken; **to ~ sb to prison** jdn ins Gefängnis stecken; **to ~ reinforcements** Verstärkung schicken; **to ~ sb on a trip** jdn auf eine Reise schicken 4 (*transmit*) ■**to ~ sth** etw senden [*o* übertragen]; **to ~ a message in Morse code** eine Nachricht morsen; **to ~ a signal** ein Signal aussenden 5 (*propel*) ■**to ~ sth somewhere** etw irgendwohin bewegen; *the force of the blast sent shock waves in all directions* durch die Wucht der Explosion breitete sich in allen Richtungen eine Druckwelle aus 6 (*cause*) ■**to ~ sb in sth** jdn in etw *akk* versetzen; *her jokes sent me into fits of laughter* über ihre Witze musste ich schallend lachen; *watching television always ~s me to sleep* beim Fernsehen schlafe ich immer ein; ■**to ~ sb/sth doing sth** dazu führen, dass jd/etw etw tut; *the dry weather has sent vegetable prices soaring* durch das trockene Wetter sind die Gemüsepreise in die Höhe geschnellt; *the news sent him running back to the house* die Nachricht ließ ihn wieder ins Haus laufen; **to ~ sb into a panic** jdn in Panik versetzen; **to ~ shivers down sb's spine** jdm Schauer über den Rücken jagen 7 BRIT (*make*) **to ~ sb crazy** [*or* **mad**]/**wild** jdn verrückt/wild machen 8 (*fam: affect*) ■**to ~ sb** jdn emotional treffen ▶ PHRASES: **to ~ sb to Coventry** jdn schneiden; **to ~ sb flying** jdn zu Boden schicken; **to ~ sb packing** (*fam*) sagen, dass jd verschwinden soll *fam* II. *vi* *we have to ~ to Ireland to get a replacement* wir müssen Irland informieren, um einen Ersatz zu bekommen; *is there any way we can ~ to warn him?* können wir ihm irgendwie eine Warnung zukommen lassen?

◆**send ahead** *vt* ■**to ~ ahead** ◌ **sth** etw vorausschicken; **to ~ one's luggage/a trunk ahead** sein Gepäck/einen Koffer aufgeben

◆**send away** I. *vi* ■**to ~ away for sth** sich *dat* etw zuschicken lassen; **to ~ away for a brochure** eine Broschüre anfordern II. *vt* ■**to ~ sb away** jdn wegschicken; ■**to ~ sb away somewhere** jdn irgendwohin schicken

◆**send back** *vt* ■**to ~ back** ◌ **sth** etw zurückschicken

◆**send down** I. *vt* 1 BRIT UNIV ■**to ~ sb down** jdn relegieren *geh* [*o* von der Hochschule verweisen] 2 BRIT LAW ■**to ~ down** ◌ **sb** jdn verurteilen; *he was sent down for five years* er wurde zu fünf Jahren Gefängnis verurteilt; **to ~ sb down for theft** jdn wegen Diebstahls zu einer Gefängnisstrafe verurteilen 3 (*reduce level*) ■**to ~ down** ◌ **sth** etw senken; **to ~ down a currency** eine Währung sinken lassen; **to ~ down sb's temperature** jds Fieber *nt* senken II. *vi* ■**to ~ down for sth** nach etw *dat* schicken

◆**send for** *vi* 1 (*summon*) ■**to ~ for sb** jdn rufen, nach jdm schicken; **to ~ for a doctor** einen Arzt rufen 2 (*ask*) ■**to ~ for sth** *a brochure* etw anfordern; **to ~ for help** Hilfe holen; *don't worry, you'll be fine — I've sent for help* keine Angst, es geht dir bald besser – Hilfe ist unterwegs

◆**send forth** *vt* 1 (*liter: dispatch*) ■**to ~ forth** ◌ **sb** jdn fortschicken; *who has sent you forth on this journey?* wer hat euch auf diese Reise geschickt? 2 (*form: emit*) ■**to ~ forth** ◌ **sth** etw aussenden [*o* abgeben]

◆**send in** I. *vt* 1 (*submit*) ■**to ~ in** ◌ **sth** *a bill* etw einsenden [*o* einreichen]; **to ~ in a comment/report** einen Kommentar/Bericht einschicken; **to ~ in an order** eine Bestellung aufgeben; **to ~ in a resignation** ein Rücktrittsgesuch einreichen 2 (*dispatch*) ■**to ~ in** ◌ **sb/sth** jdn/etw einsetzen; **to ~ in reinforcements** Verstärkung einsetzen II. *vi* **to ~ in for information** Informationen anfordern

◆**send off** I. *vt* 1 (*post*) ■**to ~ off** ◌ **sth** etw abschicken; **to ~ off a letter** einen Brief abschicken; **to ~ off a parcel** ein Paket aufgeben 2 BRIT, AUS SPORTS ■**to ~ off** ◌ **sb** jdn des Platzes verweisen; **to get sent off** einen Platzverweis bekommen 3 (*dismiss*) ■**to ~ off** ◌ **sb** jdn wegschicken 4 (*dispatch*) ■**to send off** ◌ **sb somewhere** jdn irgendwohin fortschicken II. *vi* ■**to ~ off for sth** sich *dat* etw zuschicken lassen, etw anfordern; **to ~ off for a brochure** eine Broschüre anfordern

◆**send on** *vt* ■**to ~ on** ◌ **sth** *letters* etw nachsenden

◆**send out** I. *vi* ■**to ~ out for sth** etw telefonisch bestellen; **to ~ out for pizza** Pizza bestellen II. *vt* 1 (*emit*) ■**to ~ out** ◌ **sth** etw aussenden [*o* abgeben]; *the chimney is ~ing out billows of smoke* aus dem Schornstein steigen Rauchwolken auf; **to ~ out heat** Hitze abgeben; **to ~ out a signal** ein Signal aussenden 2 (*post*) ■**to ~ out** ◌ **sth [to sb]** etw [an jdn] verschicken 3 (*dispatch*) ■**to ~ out** ◌ **sb** jdn aussenden; **to ~ out a search party** einen Spähtrupp aussenden

◆**send up** *vt* 1 (*bring up*) ■**to ~ up** ◌ **sth** etw zuschicken; *I've asked for some samples to be sent up from the stores* ich habe um die Zusendung einiger Muster aus dem Lager gebeten 2 AM (*incarcerate*) ■**to ~ up** ◌ **sb** jdn inhaftieren; *how many years were you sent up for?* wie viele Jahre

S

warst du im Gefängnis? ❸ (*fam: parody*) ■**to ~ up** ↔ **sb** jdn nachäffen *fam* ❹ (*force up*) ■**to ~ up** ↔ **sth** etw ansteigen lassen; **to ~ up prices** Preise ansteigen lassen; **to ~ up sb's temperature** jds Fieber in die Höhe treiben

sender ['sendəʳ, AM -ə˞] *n* Einsender(in) *m(f)*, Absender(in) *m(f)*; **return to ~ — not known at this address** Empfänger unbekannt verzogen

send-off *n* Verabschiedung *f*; **to give sb a ~** jdn verabschieden; ***they gave him quite a ~ when he left for the navy*** sie gaben für ihn eine Abschiedsparty, als er zur Navy ging **send-up** *n* (*fam*) Parodie *f*; **to do a ~ of sb/sth** jdn/etw parodieren

Senegalese [ˌsenɪgə'li:z] **I.** *adj inv* senegalesisch **II.** *n* <*pl* -> Senegalese, -in *m, f*

senescence [sɪ'nesᵊn(t)s, AM sə'-] *n no pl* Alter *nt*, Altern *nt*

senescent [sɪ'nesᵊnt, AM sə'-] *adj inv* alternd; **~ people** alternde Menschen

senile ['si:naɪl] *adj* senil; **to go ~** senil werden

senile dementia *n no pl* senile Demenz

senility [sɪ'nɪləti, AM sə'nɪləṭi] *n no pl* Senilität *f*

senior ['si:niəʳ, AM -njə˞] **I.** *adj inv* ❶ (*form: older*) älter ❷ *attr* (*chief*) Ober-; **~ executive** Vorstandsvorsitzende(r) *f(m)* ❸ *employee* vorgesetzt; ■**to be ~ to sb** jds Vorgesetzte(r) *f(m)* sein; ***she's ~ to me*** sie ist meine Vorgesetzte ❹ *attr* SCH Senior- (*Einteilung der Schüler in Altersklassen in britischen und amerikanischen Schulen*); **~ part of a school** Oberstufe *f*; **~ pupil** Oberstufenschüler(in) *m(f)* ❺ (*after name*) ***the Wisemans S~*** die alten Wisemans **II.** *n* ❶ (*older person*) Senior(in) *m(f)*; ***she's my ~ by three years*** sie ist drei Jahre älter als ich ❷ (*employee*) Vorgesetzte(r) *f(m)* ❸ AM (*pensioner*) Rentner(in) *m(f)* ❹ (*pupil*) Oberstufenschüler(in) *m(f)* (*in Großbritannien und USA Bezeichnung für Schüler einer Highschool oder einer Collegeabgangsklasse*)

senior citizen *n* ■**~s** *pl* ältere Menschen **senior citizen centre** *n* Altenzentrum *nt* **senior class** *n + sing/pl vb* AM Abschlussklasse *f* **senior debts** *npl* vorrangige Schulden **senior high school** *n + sing/pl vb* AM (*Schulform nach der Junior High School, die die Stufen 10, 11 und 12 enthält*)

seniority [ˌsi:ni'ɒrəti, AM si:'njɔ:rəṭi] **I.** *n no pl* ❶ (*age*) Alter *nt* ❷ (*rank*) Dienstalter *nt*; **by virtue of ~** aufgrund des Dienstalters; **to be promoted by ~** nach Dienstalter befördert werden **II.** *n modifier* Alters-; **~ system** Altersabstufung *f*

senior management *n + sing/pl vb* Topmanagement *nt* **senior nursing officer** *n* BRIT, AUS Oberschwester *f* **senior officer** *n* ❶ (*boss*) Vorgesetzte(r) *f(m)* ❷ MIL Reserveoffizier(in) *m(f)* **senior prom** *n* AM SCH *Abschlussball der Abschlussklasse in der Senior High School;* **to take sb to the ~** mit jdm zum Abschlussball gehen

senior statesman *n* erfahrener Staatsmann [*o* Politiker] **senior stateswoman** *n* erfahrene Politikerin

sensation [sen'seɪʃᵊn] *n* ❶ (*physical*) Gefühl *nt*; **~ of heat/cold** Hitze-/Kälteempfindung *f*; **~ of pain** Schmerzempfinden *nt*; **burning ~** brennendes Gefühl, Brennen *nt* ❷ (*mental*) Gefühl *nt*; **to have the ~ that ...** das Gefühl haben, dass ...; ***I had the odd ~ that ...*** ich hatte das komische Gefühl, dass ... ❸ (*stir*) Sensation *f*; **to be an overnight ~** einschlagen wie eine Bombe; **to cause** [*or* **create**] [*or* **make**] [*or* **produce**] **a ~** Aufsehen erregen, Schlagzeilen machen

sensational [sen'seɪʃᵊnᵊl] *adj* sensationell; (*very good also*) fantastisch; (*shocking also*) spektakulär, Aufsehen erregend; ***she looks ~ in her new dress*** sie sieht umwerfend aus in ihrem neuen Kleid; **~ disclosure** sensationelle Enthüllung; **~ newspaper** Sensationsblatt; **~ trial** spektakulärer Prozess

sensationalism [sen'seɪʃᵊnᵊlɪzᵊm] *n no pl* (*pej*) *of the media* Sensationsmache *f pej*

sensationalist [sen'seɪʃᵊnᵊlɪst] *adj* (*pej*) Sensations-; **~ journalism** Sensationsjournalismus *m*; **~ newspaper** Sensationsblatt *nt*

sensationalize [ˌsen'seɪʃᵊnᵊlaɪz] *vt* ■**to ~ sth** etw aufbauschen

sensationally [sen'seɪʃᵊnᵊli] *adv* ❶ (*excitingly*) fantastisch, sensationell ❷ (*very*) unwahrscheinlich, extrem; ***the book sold ~ well*** das Buch verkaufte sich unwahrscheinlich gut; **~ popular/successful** enorm beliebt/erfolgreich

sense [sen(t)s] **I.** *n* ❶ *no pl* (*judgement*) Verstand *m*; ***I hope they'll have the* [*good*] *~ to shut the windows before they leave*** ich hoffe, sie sind so klug, die Fenster zu schließen, bevor sie gehen; **to make** [**good**] **~** sinnvoll sein; ***planning so far ahead makes no ~*** es hat keinen Sinn, so weit im Voraus zu planen; **to see the ~ in sth** den Sinn in etw *dat* sehen; **to talk ~** sich *akk* verständlich ausdrücken; **there's no ~ in doing sth** es hat keinen Sinn, etw zu tun; ***there's no ~ in waiting*** es ist zwecklos zu warten ❷ (*reason*) ■**one's ~s** *pl* jds gesunder Menschenverstand; ***it's time you came to your ~s*** es wird Zeit, dass du zur Vernunft kommst; **to bring sb to their ~s** jdn zur Vernunft bringen; **to take leave of one's ~s** den Verstand verlieren ❸ (*faculty*) Sinn *m*; **~ of hearing** Gehör *nt*; **~ of sight** Sehvermögen *nt*; **~ of smell/taste/touch** Geruchs-/Geschmacks-/Tastsinn *m*; **the five ~s** die fünf Sinne; **sixth ~** sechster Sinn ❹ (*feeling*) Gefühl *nt*; ***did you get any ~ of how they might react?*** kannst du dir irgendwie denken, wie sie reagieren werden?; ■**to have a ~ that ...** das Gefühl haben, dass ...; ***I had a sudden ~ that I was needed at home*** ich spürte auf einmal, dass ich zu Hause gebraucht wurde; **~ of beauty** Schönheitssinn *m*; **~ of belonging** Zusammengehörigkeitsgefühl *nt*; **~ of direction** Orientierungssinn *m*; **~ of duty** Pflichtgefühl *nt*; **~ of justice/reality** Gerechtigkeits-/Realitätssinn *m*; **a ~ of security** ein Gefühl *nt* der Sicherheit; **a ~ of social responsibility** ein Gefühl *nt* für soziale Verantwortung; **~ of time** Zeitgefühl *nt* ❺ (*meaning*) Bedeutung *f*, Sinn *m*; ***she's pretty hot, in more ~s than one*** sie ist ganz schön heiß, in mehr als einer Hinsicht; **the broad/narrow ~ of a word/term** die weite/enge Bedeutung eines Wortes/Begriffes; **in the broad**[**est**] **~ of the term** im weitesten Sinne des Wortes; **figurative/literal ~** übertragene/wörtliche [*o* ursprüngliche] Bedeutung; **to make ~** einen Sinn ergeben; ***this passage doesn't make ~*** diese Passage ist unverständlich; **to make ~** [**out**] **of sth** sich *dat* auf etw *akk* einen Reim machen; ***I've read the letter twice, but I can't make any ~ of it*** ich habe den Brief zweimal gelesen, aber ich kann mir keinen Reim darauf machen ❻ (*way*) Art *f*; **in a ~** in gewisser Weise; ***we are in no ~ obliged to agree to this*** wir sind in keiner Weise verpflichtet, dem zuzustimmen; **in every ~** in jeder Hinsicht ❼ (*aptitude*) **to have a ~ of fun** Spaß verstehen können; ***it was just a joke — where's your ~ of fun?*** das war doch nur ein Scherz – verstehst du keinen Spaß?; **to have a ~ of humour** Sinn für Humor haben ❽ TECH **~ of rotation** Drehrichtung *f*, Drehsinn *m* **II.** *vt* ■**to ~ sb/sth** jdn/etw wahrnehmen; ■**to ~ that ...** spüren, dass ...; ***he ~d that his guests were bored*** er spürte, dass seine Gäste sich langweilten; ***could you ~ what was likely to happen?*** hattest du eine Ahnung von dem, was passieren konnte?; ■**to ~ sth** COMPUT etw prüfen; **to ~ sb's anger** jds Wut *f* spüren; **to ~ danger** Gefahr wittern

senseless ['sen(t)sləs] *adj* ❶ (*pointless*) *violence, waste* sinnlos; **~ killing** sinnloses Töten ❷ (*foolish*) *argument* töricht; **~ remark** unsinnige Bemerkung ❸ *inv* (*unconscious*) besinnungslos; **to beat** [*or* **knock**] **sb ~** jdn k.o. schlagen

sense of fun *n no pl* BRIT **to have a ~** Sinn für Humor haben, Spaß verstehen **sense of humour** BRIT, AUS, AM **sense of humor** *n no pl* Sinn *m* für Humor; **a wry ~** ein trockener Sinn für Humor; **to have a ~** Sinn für Humor haben, Spaß verstehen **sense of occasion** *n no pl* BRIT, AUS Gefühl *nt*, dass etwas Besonderes stattfindet **sense organ** *n* Sinnesorgan *nt*

sensibility [ˌsen(t)sɪ'bɪləti, AM -sə'bɪləṭi] *n* ❶ *no pl* (*sensitiveness*) Einfühlungsvermögen *nt* ❷ *no pl* (*understanding*) Verständnis *nt*, Sicht *f* der Dinge; ***the author has applied a modern ~ to the social ideals of an earlier age*** der Autor betrachtet die sozialen Ideale einer früheren Zeit aus einer modernen Sicht ❸ (*delicate sensitivity*) ■**sensibilities** *pl* Gefühle *ntpl*; ***to understand American sensibilities ...*** um zu verstehen, was in den Amerikanern vorgeht,...; **the sensibilities of others** die Gefühle *ntpl* anderer

sensible ['sen(t)sɪbl̩, AM -əbl̩] *adj* ❶ (*rational*) vernünftig; ***I think the ~ thing to do is ...*** ich meine, es ist am besten, ...; ***that seems ~*** das erscheint mir vernünftig; ***it would be ~ to take an umbrella*** Sie nehmen besser einen Schirm mit; **~ decision** weise Entscheidung; **~ person** kluger Mensch ❷ (*suitable*) *clothes* angemessen, passend ❸ (*form: aware*) ■**to be ~ of sth** sich *dat* einer S. *gen* bewusst sein; **to be ~ of difficulties/a fact** sich *dat* [der] Schwierigkeiten/einer Tatsache bewusst sein; **to be ~ of the fact that ...** sich *dat* darüber im Klaren sein, dass ...

sensibly ['sen(t)sɪbli, AM -əbli] *adv* ❶ (*rationally*) vernünftig; **to behave ~** sich *akk* gut benehmen ❷ (*suitably*) angemessen; **~ dressed** passend gekleidet

sensitive ['sen(t)sɪtɪv, AM -sət-] *adj* ❶ (*kind*) verständnisvoll; ■**to be ~ to sth** für etw *akk* Verständnis haben; ***the plan will be ~ to special needs*** der Plan wird besondere Bedürfnisse berücksichtigen; ***we are ~ to the needs and expectations of our customers*** wir sind aufgeschlossen für die Bedürfnisse und Erwartungen unserer Kunden ❷ (*precarious*) heikel; **~ subject** [*or* **issue**] heikles Thema, Reizthema *nt*; **~ time** kritischer Zeitpunkt ❸ (*touchy*) empfindlich; ■**to be ~ to** [*or* **about**] **sth** empfindlich auf etw *akk* reagieren; ***he was very ~ about his scar*** er war sehr empfindlich im Hinblick auf seine Narbe ❹ (*secret*) vertraulich; **~ documents** vertrauliche [*o* geheime] Unterlagen ❺ (*responsive*) empfindlich (**to** gegenüber *+dat*); **to be ~ to cold** kälteempfindlich sein; *teeth* empfindlich auf Kälte reagieren; **~ chord** sanfter Akkord; **~ feelings** verletzliche Gefühle; **~ skin** empfindliche Haut ❻ TECH *appliances* hoch empfindlich ❼ PHOT empfindlich

sensitively ['sen(t)sɪtɪvli, AM -sət-] *adv* verständnisvoll; **to handle sth ~** etw verständnisvoll angehen; ***this is a very delicate situation and it needs to be handled ~*** dies ist eine sehr heikle Situation, und man muss hier Fingerspitzengefühl beweisen

sensitiveness ['sen(t)sɪtɪvnəs, AM -sət-] *no pl*, **sensitivity** [ˌsen(t)sɪ'tɪvəti, AM -sə'tɪvəṭi] *n* ❶ *no pl* (*understanding*) Verständnis *nt*; **human ~** Menschlichkeit *f* ❷ (*touchiness*) ■**sensitivities** *pl* Empfindsamkeit *f*, Sensibilität *f* (**about** gegenüber *+dat*) ❸ *no pl* (*confidentiality*) Vertraulichkeit *f*; **~ of information** Vertraulichkeit *f* der Informationen; ***such is the ~ of the information that only two people are allowed to know it*** die Informationen sind so streng vertraulich, dass nur zwei Leute sie kennen dürfen ❹ (*reaction*) Überempfindlichkeit *f* (**to** gegen *+akk*); **~ to cold** Kälteempfindlichkeit *f*; **~ to light** Licht[über]empfindlichkeit *f*

sensitize ['sen(t)sɪtaɪz, AM -sə-] *vt* ❶ (*make aware*) ■**to ~ sb to sth** jdn für etw *akk* sensibilisieren; **to ~ sb to a problem** jdn auf ein Problem aufmerksam machen ❷ (*make sensitive*) ■**to ~ sb** jdn sensibilisieren [*o* empfindlich machen]

sensor ['sen(t)səʳ, AM -ə˞] *n* Sensor *m*, Messwertgeber *m*; **heat ~** Hitzesensor *m*

sensorimotor [ˌsensᵊri'məʊtəʳ, AM 'moʊtə˞] *adj attr, inv* ANAT, BIOL sensorimotorisch *fachspr*

sensory ['sen(t)sᵊri] *adj inv* sensorisch; **~ perception** Sinneswahrnehmung *f*

sensory nerve *n* Sinneszelle *f* **sensory organ** *n* Sinnesorgan *nt*

sensual ['sen(t)sjuəl, AM -(t)ʃuəl] *adj* sinnlich; **~ experience** sinnliche Erfahrung; **~ mouth** sinnlicher Mund

sensualist ['sen(t)sjuəlɪst, AM -(t)ʃuəl-] *n* sinnlicher Mensch

sensuality [ˌsen(t)sjuˈæləti, AM -(t)ʃuˈæləţi] *n no pl* Sinnlichkeit *f*

sensually [ˈsensjʊəli, AM ʃuəli] *adv* sinnlich, genussvoll

sensuous [ˈsen(t)sjʊəs, AM -(t)ʃuəs] *adj* ① *see* **sensual** ② (*of senses*) sinnlich

sensuously [ˈsen(t)sjʊəsli, AM -(t)ʃuəs-] *adv* sinnlich; ~ **appealing** anziehend

sensuousness [ˈsen(t)sjʊəsnəs, AM -(t)ʃuəs-] *n no pl* Sinnlichkeit *f*, Sinnenhaftigkeit *f*

sent [sent] *pp, pt of* **send**

sentence [ˈsentən(t)s] **I.** *n* ① (*court decision*) Urteil *nt;* (*punishment*) Strafe *f;* **death** ~ [*or* ~ **of death**] Todesstrafe *f;* **jail** [*or* **prison**] ~ Gefängnisstrafe *f;* **life** ~ lebenslängliche Haftstrafe; **a heavy/light** ~ eine hohe/niedrige Strafe; **to get a three-month** ~ eine Haftstrafe von drei Monaten bekommen; **to pronounce** [*or* **pass**] [**a**] ~ **on sb** über jdn ein [*o* das] Urteil fällen; **to serve a** ~ eine Strafe verbüßen [*o fam* absitzen] ② (*word group*) Satz *m;* ~ **structure** Satzbau *m* **II.** *vt* ■**to** ~ **sb to sth** jdn zu etw *dat* verurteilen; ***the judge ~d her to three years in prison*** der Richter verurteilte sie zu drei Jahren Gefängnis

sententious [senˈtən(t)ʃəs] *adj* (*pej form: moralizing*) moralisierend *pej*, moralistisch *pej;* (*affectedly formal*) salbungsvoll *pej;* ~ **book/document** moralisierendes Buch/Dokument *pej;* ~ **person/speech** salbungsvolle Person/Rede *pej*

sententiously [senˈtən(t)ʃəsli] *adv* (*pej form*) moralisierend *pej*, moralistisch *pej;* ~ **written documents** moralistisch verfasste Dokumente

sentience [ˈsenʃəns] *n no pl* Empfindung *f*

sentient [ˈsentiənt, ˈsen(t)ʃənt] *adj* (*form: having feelings*) fühlend *attr;* (*sensitive*) empfindsam, sensibel; ~ **being** empfindsames Wesen

sentiment [ˈsentɪmənt, AM -ţə-] *n* (*form*) ① *usu pl* (*attitude*) Ansicht *f*, Meinung *f;* ***my ~s exactly!*** ganz meine Meinung!; **to put ~s into action** Ansichten in die Tat umsetzen; **~s of love** Zuneigungsbekundungen *fpl;* **~s of support** Hilfsbereitschaftsbekundungen *fpl;* **to share sb's ~s** jds Ansichten teilen ② *no pl* (*general opinion*) **popular/public** ~ allgemeine/öffentliche Meinung; **to echo/express a** ~ eine Ansicht bekräftigen/äußern; STOCKEX **market** ~ Börsenstimmung *f*, Börsenklima *nt* ③ *no pl* (*excessive emotion*) Sentimentalität *f a. pej*, Rührseligkeit *f*, Gefühlsduselei *f pej fam;* **to appeal to** ~ an das Gefühl appellieren

sentimental [ˌsentɪˈmentəl, AM -ţəˈmenţəl] *adj* ① (*emotional*) *mood, person* gefühlvoll, empfindsam; ■**to be** ~ **about sth** an etw *dat* hängen; **to have a** ~ **attachment to sth** eine gefühlsmäßige Bindung an etw *akk* haben; ~ **value** ideeller Wert ② (*pej: overly emotional*) *person* sentimental *a. pej*, rührselig; *music, style* kitschig *pej; song* schmalzig *pej*, schnulzig *pej; story* rührselig *pej*

sentimentalism [ˌsentɪˈmentəlɪzəm, AM -ţəˈmenţəl-] *n no pl* (*pej form*) Sentimentalität *f oft pej*

sentimentalist [ˌsentɪˈmentəlɪst, AM -ţəˈmenţəl-] *n* (*pej form*) Gefühlsmensch *m*, sentimentaler Mensch *a. pej*

sentimentality [ˌsentɪmenˈtæləti, AM -ţəmenˈtæləţi] *n no pl* (*pej*) Sentimentalität *f oft pej*

sentimentalize [ˌsentɪˈmentəlaɪz, AM -ţəˈmenţə-] *vt* ■**to** ~ **sth** etw gefühlvoll darstellen

sentimentally [ˌsentɪˈmentəli, AM -ţəˈmenţəli] *adv* gefühlvoll, sentimental *a. pej*

sentinel [ˈsentɪnəl, AM -ţ-] *n* (*esp liter or old*) ① (*sentry*) [Wach]posten *m*, Wächter(in) *m(f);* **to stand** ~ [**at sth**] [über etw *dat o akk*] Wache halten [*o* wachen]; **a** ~ **of democracy** (*fig*) ein Wächter [*o* Hüter]/eine Wächterin [*o* Hüterin] der Demokratie *fig* ② AM (*newspaper*) *Bestandteil von Zeitungsnamen;* **the Fitchburg S~** der ‚Fitchburg Sentinel' ③ COMPUT Markierung *f*

sentry [ˈsentri] *n* Wache *f*, Wachposten *m;* **to relieve a** ~ eine Wache ablösen; **to stand** ~, **to be on** ~ **duty** Wache stehen, Wachdienst haben

sentry box *n* Wachhäuschen *nt* **sentry duty** *n* Wachdienst *m;* **to have** [*or* **be on**] ~ Wachdienst haben, Wache stehen **sentry-go** *n* BRIT Wachdienst *m;* **to be on** ~ Wachdienst haben, Wache stehen

sepal [ˈsepəl, AM *Brit also* ˈsiːpəl] *n* BOT Kelchblatt *nt*

separable [ˈsepərəbl] *adj* ① (*form: able to separate*) [ab]trennbar; ***political rights are not ~ from other rights*** politische Rechte können nicht von anderen Rechten getrennt werden; ECON ~ **net assets** trennbares Nettovermögen ② LING trennbar

separate I. *adj* [ˈsepərət, AM -ɚɪt] (*not joined*) getrennt, separat; (*independent*) einzeln *attr*, gesondert *attr*, verschieden *attr;* ~ **bedrooms** getrennte Schlafzimmer; **to retain a** ~ **entity** eine Einheit für sich *akk* bleiben; **a** ~ **piece of paper** ein extra Blatt Papier *fam;* **to go** ~ **ways** eigene Wege gehen; **to keep sth** ~ etw auseinander halten **II.** *n* [ˈsepərət, AM -ɚɪt] ■**~s** *pl* ≈ Einzelteile *ntpl;* **ladies' ~s** Röcke, Blusen, Hosen **III.** *vt* [ˈsepəreɪt, AM -əreɪt] ■**to** ~ **sb/sth** jdn/etw trennen; ***they look so alike I can't ~ them in my mind*** sie sehen sich so ähnlich, ich kann sie einfach nicht auseinander halten; ***you can't ~ ethics from politics*** du kannst doch die Ethik nicht von der Politik abspalten; **to** ~ **egg whites from yolks** Eigelb vom Eiweiß trennen **IV.** *vi* [ˈsepəreɪt, AM -əreɪt] ① (*become detached*) sich *akk* trennen; CHEM sich *akk* scheiden ② (*of cohabiting couple*) sich *akk* trennen, auseinander gehen; (*divorce*) sich *akk* scheiden lassen; ***she is ~d from her husband*** sie lebt von ihrem Mann getrennt

◆**separate off** *vt* ■**to** ~ **off** ⊂ **sth** [**from sth**] etw [von etw *dat*] abtrennen; ***the flood has ~d off the village from the rest of the world*** die Überschwemmung hat das Dorf vom Rest der Welt abgeschnitten

◆**separate out** *vt* ■**to** ~ **out** ⊂ **sth** [**from sth**] etw [von etw *dat*] absondern; **to** ~ **out the good from the bad** die Guten von den Schlechten trennen

separate cover *n* (*form*) gesonderter Umschlag; **to send sth under** ~ etw mit separater Post schicken

separated [ˈsepəreɪtɪd, AM ţɪd] *adj inv* getrennt; (*of couples*) getrennt lebend

separately [ˈsepərətli, AM -ɚɪt-] *adv* (*apart*) getrennt; (*individually*) gesondert, einzeln

separateness [ˈsepərətnəs, AM ɚɪt] *n no pl* Distanz *f;* (*of countries*) Isolation *f*

separate school *n* CAN *Bezeichnung für eine römisch-katholische Schule in Ontario*

separation [ˌsepərˈeɪʃən, AM -əˈreɪ-] *n* ① (*act of separating*) Trennung *f;* (*state*) Getrenntsein *nt;* **racial** ~ Rassentrennung *f* ② (*living apart*) [eheliche] Trennung ③ CHEM Scheidung *f;* TECH Abtrennung *f* ④ AM ECON (*leaving a job*) Aufgabe *f* einer Stellung

separation anxiety *n* Trennungsangst *f*

separatism [ˈsepərətɪzəm] *n no pl* Separatismus *m*

separatist [ˈsepərətɪst] **I.** *n* Separatist(in) *m(f)* **II.** *adj* separatistisch

separator [ˈsepəreɪtər, AM -əreɪţɚ] *n* ① TECH Separator *m fachspr* ② COMPUT Trennzeichen *nt*

sepia [ˈsiːpiə] *adj* sepia[farben]

sepoy [ˈsiːpɔɪ] *n* HIST Sepoy *m*

sepsis [ˈsepsɪs] *n no pl* MED Blutvergiftung *f*, Sepsis *f fachspr*

Sept. *n abbrev of* **September** Sept.

September [sepˈtembər, AM -bɚ] *n* September *m; see also* **February**

septet [sepˈtet] *n* + *pl/sing vb* ① MUS Septett *nt* ② COMPUT Sieben-Bit-Byte *nt*

septic [ˈseptɪk] *adj* septisch *fachspr;* **to go** [*or* **become**] ~ eitern

septicaemia [ˌseptɪˈsiːmiə], AM **septicemia** [-təˈ-] *n no pl* MED Blutvergiftung *f*

septic tank *n* Klärbehälter *m*, Faulbehälter *m*

septuagenarian [ˌseptjuədʒəˈneəriən, AM -tuədʒəˈneri-] *n* Siebzigjährige(r) *f(m);* **to be a** ~ ein Siebziger/eine Siebzigerin sein

septuplet [sepˈtjuːplət, AM sepˈtʌplɪt] *n* Siebenling *m;* **to have ~s** Siebenlinge bekommen

sepulcher *n* AM *see* **sepulchre**

sepulchral [sɪˈpʌlkrəl, AM sə-] *adj* (*liter: of burial, tombs*) Grab-; (*gloomy*) düster; ~ **silence** Grabesstille *f;* [**in a**] ~ [*or* **tone**] [mit] Grabesstimme *f*

sepulchre [ˈsepəlkər], AM **sepulcher** [-kɚ] *n* (*old: tomb*) Grab *nt*, Grabstätte *f;* (*monument*) Grabmal *nt;* **the Holy S~** das Heilige Grab

sequel [ˈsiːkwəl] *n* ① (*continuation*) Fortsetzung *f; of a novel, film* Folge *f;* **the** ~ **of an earlier success** die Fortsetzung eines früheren Erfolges ② (*fig: follow-up*) Nachspiel *nt;* ***there was a dramatic ~ to last week's scandalous revelations*** es gab ein dramatisches Nachspiel zu den skandalösen Enthüllungen der letzten Woche

sequence [ˈsiːkwən(t)s] *n* ① (*order of succession*) Reihenfolge *f;* (*connected series*) Abfolge *f;* ■**to be in/out of** ~ innerhalb/außerhalb der Reihenfolge sein; **a** ~ **of events** eine Reihe von Ereignissen; **to be in chronological** ~ in chronologischer Reihenfolge sein ② (*part of film*) Sequenz *f;* **the opening/closing** ~ (*spec*) Anfangs-/Schlussszene *f* ③ MATH Reihe *f;* MUS Sequenz *f*

sequencer [ˈsiːkwənsər, AM ɚ] *n* ELEC Sequenzer *m*

sequencing [ˈsiːkwən(t)sɪŋ] *n no pl* Sequenzbildung *f;* ~ **of letters** Aufeinanderfolge *f* von Buchstaben

sequential [sɪˈkwen(t)ʃəl] *adj* COMPUT (*form*) [aufeinander] folgend *attr*, sequenziell *fachspr*

sequentially [sɪˈkwen(t)ʃəli] *adv* (*form*) [aufeinander] folgend; COMPUT sequenziell *fachspr*

sequester [sɪˈkwestər, AM -ɚ] *vt usu passive* ① LAW (*temporarily confiscate*) ■**to** ~ **sth** etw beschlagnahmen [*o geh* konfiszieren], *geh* sequestrieren; **to** ~ **an estate/sb's property** ein Grundstück/jds Vermögen beschlagnahmen ② AM (*isolate*) ■**to** ~ **sb** jdn absondern [*o* isolieren]

sequestered [sɪˈkwestəd, AM -ɚd] *adj* (*liter: isolated*) *location, place* abgeschieden *geh;* (*withdrawn, secluded*) *life* zurückgezogen

sequestrate [ˈsiːkwəstreɪt, AM *Brit also* sɪˈkwes-] *vt* ① LAW (*temporarily confiscate*) ■**to** ~ **sth** etw beschlagnahmen [*o geh* konfiszieren]; *see also* **sequester** ② AM (*isolate*) ■**to** ~ **sb** jdn absondern [*o* isolieren]

sequestration [ˌsiːkwesˈtreɪʃən, AM -kwəˈstreɪ-] *n no pl* ① LAW (*temporary confiscation*) Beschlagnahme *f*, Einziehung *f*, Sequestration *f fachspr* ② AM (*isolation*) Absonderung *f*, Isolation *f;* **to keep in** ~ abgesondert [*o* isoliert] halten

sequin [ˈsiːkwɪn] *n* Paillette *f*

sequined [ˈsiːkwɪnd] *adj* mit Pailletten besetzt; **a** ~ **dress** ein paillettenbesetztes Kleid

sequoia [sɪˈkwɔɪə] *n* BOT Sequoia *f*, Mammutbaum *m*

sera [ˈsɪərə, AM ˈsɪrə] *n pl of* **serum**

seraglio [seˈrɑːliəʊ, AM sɪˈræljoʊ] *n* ① (*harem*) Harem *m* ② (*hist: Turkish palace*) Serail *nt*

seraph <*pl* -im *or* -s> [ˈserəf, *pl* -fɪm] *n* Seraph *m*

seraphic [səˈræfɪk] *adj* (*approv liter*) seraphisch *geh o a. fig*, engelhaft, engelgleich *geh;* ~ **smile** verzücktes Lächeln

seraphically [səˈræfɪkli] *adv* (*approv liter*) seraphisch *geh o a. fig*, engelhaft, engelgleich *fig;* **to smile** ~ verzückt lächeln

seraphim [ˈserəfɪm] *n pl of* **seraph**

Serb [sɜːb, AM sɜːrb], **Serbian** [ˈsɜːbiən, AM ˈsɜːrb-] **I.** *adj inv* serbisch **II.** *n* ① (*person*) Serbe, -in *m, f* ② *no pl* (*language*) Serbisch *nt*

Serbia [ˈsɜːbiə, AM ˈsɜːrb-] *n* Serbien *nt*

serenade [ˌserəˈneɪd] **I.** *n* ① (*classical music*) Serenade *f* ② (*music of lover*) Ständchen *nt;* **to sing** [*or* **play**] **sb a** ~ jdm ein Ständchen bringen **II.** *vt* (*sing*) ■**to** ~ **sb** jdm ein Ständchen bringen; (*play music*) für jdn Musik spielen

serendipitous [ˌserənˈdɪpətəs, AM -ənˈdɪpəţəs] *adj* (*form*) glücklich, glücklich getroffen *präd*

serendipity [ˌserənˈdɪpəti, AM -ənˈdɪpəţi] *n no pl* (*form*) glücklicher Zufall

serene <-r, -st *or* more ~, most ~> [səˈriːn] *adj* (*calm*) ruhig; (*untroubled*) gelassen; ~ **sea** ruhige See; ~ **sky** klarer Himmel

serenely [sə'ri:nli] *adv* gelassen

serenity [sə'renɪti, AM -ət̬i] *n no pl* (*calmness*) Ruhe *f*; (*untroubled state*) Gelassenheit *f*

serf [sɜ:f, AM sɜ:rf] *n* (*hist*) Leibeigene(r) *f(m) hist*

serfdom ['sɜ:fdəm, AM 'sɜ:rf-] *n no pl* (*hist*) Leibeigenschaft *f hist*

serge [sɜ:dʒ, AM sɜ:rdʒ] *n no pl* (*fabric type*) Serge *f fachspr*

sergeant ['sɑ:dʒᵊnt, AM 'sɑ:r-] *n* ❶ (*military officer*) Sergeant *m*, Unteroffizier *m* ❷ (*police officer*) [**police**] ~ ≈ Polizeimeister(in) *m(f)*

sergeant major *n* Oberfeldwebel *m*

serial ['sɪəriəl, AM 'sɪri-] **I.** *n* MEDIA, PUBL Fortsetzungsgeschichte *f*; **TV** ~ TV-Serie *f* **II.** *adj* ❶ (*broadcasting, publishing*) Serien-; ~ **rights** Rechte *ntpl* zur Veröffentlichung in Fortsetzungen; *of publishing* Fortsetzungs- ❷ (*repeated*) Serien- ❸ COMPUT seriell, in Reihe

serialization [ˌsɪəriᵊlaɪ'zeɪʃᵊn, AM ˌsɪriᵊlɪ'-] *n* Veröffentlichung *f* in Fortsetzungen

serialize ['sɪəriᵊlaɪz, AM 'sɪriəlaɪz] *vt usu passive* ■**to** ~ **sth** *in newspapers* etw in Fortsetzungen veröffentlichen; *on tv, radio* etw in Fortsetzungen senden

serial killer *n* Serienmörder(in) *m(f)*

serially ['sɪəriəli, AM 'sɪri] *adv* nacheinander; (*of books, etc.*) in Fortsetzungen *nach n*, als Serie *nach n*

serial monogamy *n* (*hum*) Reihe *f* von monogamen Beziehungen; **to be into** ~ *ein Mensch sein, der eine Reihe von monogamen Beziehungen hintereinander hat* **serial murder** *n* Serienmord *m* **serial murderer** *n* Serienmörder(in) *m(f)* **serial number** *n* Seriennummer *f*

series <*pl* -> ['sɪəri:z, AM 'sɪri:z] *n* ❶ (*set of events*) Reihe *f*; (*succession*) Folge *f*; **a** ~ **of scandals** eine Reihe Skandale ❷ SPORTS Serie *f* ❸ RADIO, TV Serie *f*; **comedy/TV** ~ Comedy-Serie *f*/Fernsehserie *f* ❹ PUBL Reihe *f* (**on** über +*akk*) ❺ (*line of products*) *of machines, vehicles* Serie *f* ❻ ELEC Reihe *f*; ■**in** ~ in Reihe [geschaltet]

serif ['serɪf] *n* Serife *f*

seriocomic [ˌsɪəriəʊ'kɒmɪk, AM 'sɪrioʊ'kɑ:m-] *adj* tragikomisch *geh*, halb ernst, halb komisch

serious ['sɪəriəs, AM 'sɪriəs] *adj* ❶ (*earnest*) *person* ernst; (*solemn, not funny*) *comment, situation* ernst; ***please don't laugh — I'm being*** ~ bitte lach nicht – ich mein' das ganz ernst; **to wear a** ~ **expression** ernst blicken [*o fam* dreinschauen]; ~ **matter** ernste Angelegenheit; **a** ~ **threat** eine ernsthafte Bedrohung ❷ (*grave*) *accident, crime, offence, setback* schwer; (*dangerous*) gefährlich; (*not slight*) [*medical*] *condition, problem* ernst; *allegation* schwerwiegend; *argument, disagreement* ernsthaft; ~ **trouble** ernsthafte Schwierigkeiten *fpl* ❸ *attr* (*careful*) ernsthaft; **to give sth a** ~ **thought** ernsthaft über etw *akk* nachdenken ❹ *pred* (*determined*) ernst; ■**to be** ~ **about sb/sth** es mit jdm/etw ernst meinen; ***is she*** ~ ***about going to live abroad?*** ist das ihr Ernst, im Ausland leben zu wollen? ❺ (*fam: substantial*) gründlich *fam*, mächtig *fam*; ***she's planning on doing some*** ~ ***drinking tonight*** sie hat vor, heute Abend gründlich einen drauf zu machen; **to have some** ~ **difficulty** mächtig[e] Schwierigkeiten haben *fam*; **a** ~ **haircut** ein extremer Kurzhaarschnitt; (*excellent*) super *fam*, bombig *fam*; ***that's a*** ~ ***jacket, man!*** eh, das ist eine starke Jacke! *fam* ❻ (*significant*) bedeutend; (*thought-provoking*) tiefgründig; *literature, writer* anspruchsvoll

seriously ['sɪəriəsli, AM 'sɪriəs-] *adv* ❶ (*in earnest*) ernst; (*not lightly*) ernst; **to take sb/sth** ~ jdn/etw ernst nehmen ❷ (*gravely, badly*) schwer; (*dangerously*) ernstlich; ~ **ill/wounded** schwer krank/verletzt ❸ (*really*) ernsthaft, im Ernst, allen Ernstes; ***no,*** ~, **...** nein, [ganz] im Ernst, ...; ***I'm*** ~ ***concerned about my father's health*** ich bin ernstlich um die Gesundheit meines Vaters besorgt; ***it would be*** ~ ***wrong of him to leave her*** es wäre wirklich ganz falsch von ihm, sie zu verlassen; ***you don't*** ~ ***expect me to iron your shirt!*** du erwartest doch nicht im Ernst von mir, dass ich dein Hemd bügle! ❹ (*fam: very, extremely*) äußerst; ~ **funny** urkomisch

seriousness ['sɪəriəsnəs, AM 'sɪriəs-] *n no pl* ❶ (*serious nature*) *of person* Ernst *m*; (*critical state*) *of problem, threat* Ernst *m*; *of situation* Ernsthaftigkeit *f*, Schwere *f* ❷ (*sincerity*) Ernsthaftigkeit *f*, Ernst *m*; *of offer* Seriosität *f geh*; **in all** ~ ganz im Ernst

sermon ['sɜ:mən, AM 'sɜ:r-] *n* ❶ (*religious speech*) Predigt *f* (**on** über +*akk*); **to deliver** [*or* **preach**] **a** ~ eine Predigt halten ❷ (*pej: moral lecture*) [Moral]predigt *f oft pej*; **to deliver** [*or* **give sb**] **a** ~ jdm eine [Moral]predigt halten *pej*

sermonize ['sɜ:mənaɪz, AM 'sɜ:r-] *vi* (*pej: lecture*) moralisieren *oft pej*; (*preach*) predigen *fam*

serotonin [ˌserə'təʊnɪn, AM -'toʊ-] *n* BIOL, CHEM Serotonin *nt*

serpent ['sɜ:pᵊnt, AM 'sɜ:r-] *n* (*old*) Schlange *f*

serpentine ['sɜ:pᵊntaɪn, AM 'sɜ:r-] *adj* (*liter*) ❶ (*snake-like*) schlangenförmig; (*twisting, winding*) *movement* sich *akk* windend [*o* schlängelnd] *attr*; *path, river* gewunden; *road* kurvenreich; *garden, park* verschlungen ❷ (*fig: complicated, subtle*) gewunden *fig*; (*cunning*) tückisch; ~ **explanation** gewundene Erklärung *fig*

serrated [sə'reɪtɪd, AM 'sereɪt̬ɪd] *adj inv* gezackt; ~ **knife** Sägemesser *nt*; **knife with a** ~ **edge** Messer *nt* mit Wellenschliff

serried ['serɪd] *adj* (*liter*) dicht; ~ **ranks** dicht gedrängte Reihen *fpl*

serum <*pl* -s *or* sera> ['sɪərəm, AM 'sɪr-, *pl* -rə] *n* MED (*watery part of blood*) [Blut]serum *nt*; (*infection-fighting agent*) [Heil]serum *nt*

servant ['sɜ:vᵊnt, AM 'sɜ:r-] *n* ❶ (*household helper*) Diener *m*, Bediensteter *m*; (*female*) Dienerin *f*, Bedienstete *f*, Dienstmädchen *nt* ❷ (*for public*) Angestellte(r) *f(m)* (*im öffentlichen Dienst*); **public** ~, ~ **of the State** Staatsdiener(in) *m(f)*, Staatsbeamte(r) *m*, Staatsbeamte [*o* -in] *f*

serve [sɜ:v, AM sɜ:rv] **I.** *n* (*in tennis, etc*) Aufschlag *m*; (*in volleyball*) Angabe *f* **II.** *vt* ❶ (*in hotel, restaurant, shop*) ■**to** ~ **sb** jdn bedienen; ***are you being*** ~***d, madam?*** werden Sie schon bedient, gnädige Frau? ❷ (*present food, drink*) ■**to** ~ **sth** etw servieren [*o geh* auftragen]; (*make ready to eat*) etw anrichten; ***what's a good wine to*** ~ ***with this dish?*** welchen Wein kann man zu diesem Gericht reichen?; ***dinner is*** ~***d*** es ist angerichtet; **to** ~ **alcohol** Alkohol ausschenken; **to** ~ **a meal** ein Essen servieren ❸ (*be enough for*) ■**to** ~ **sb** für jdn reichen; ***all recipes will*** ~ ***4 to 5 people*** alle Rezepte ergeben 4 bis 5 Portionen ❹ (*work for*) ■**to** ~ **sth** einer S. *dat* dienen; (*stronger*) einer S. *dat* treue Dienste erweisen; ***she*** ~***d the church faithfully for many years*** sie war jahrelang im Dienst der Kirche aktiv; **to** ~ **sb's interests** jds Interessen dienen; **to** ~ **the public** im Dienste der Öffentlichkeit stehen ❺ (*complete due period*) ■**to** ~ **sth** etw ableisten; **to** ~ **one's apprenticeship** seine Lehrzeit absolvieren; **to** ~ **five years as president** eine fünfjährige Amtszeit als Präsident/Präsidentin durchlaufen; **to** ~ **time/a sentence** LAW eine Haftstrafe verbüßen [*o fam* absitzen]; **to** ~ **terms in office** Amtszeiten *fpl* durchlaufen ❻ (*provide for*) ■**to** ~ **sth** etw versorgen ❼ (*perform a function*) **to** ~ **a purpose** einen Zweck erfüllen; ***this does not*** ~ ***any useful purpose*** das hat keinen praktischen Wert; ***if my memory*** ~***s me right*** wenn ich mich recht erinnere ❽ SPORTS **to** ~ **the ball** Aufschlag haben; (*in volleyball*) Angabe haben ❾ LAW (*formally deliver*) ■**to** ~ **sb with sth**, ■**to** ~ **sth on** [*or* **upon**] **sb** jdm etw zustellen; **to** ~ **sb with papers** jdm Papiere zustellen; **to** ~ **sb with a subpoena** [*or* **summons**] [*or* **writ**] LAW jdn vorladen ▶ PHRASES: **to** ~ **time** [**for sth**] (*fam*) eine Haftstrafe [wegen einer S. *gen*] absitzen *fam*; **this** ~**s him right** (*fam*) das geschieht ihm recht **III.** *vi* ❶ (*provide food, drink*) servieren; ~ ***hot or cold*** kalt oder warm servieren ❷ (*work for*) dienen; ■**to** ~ **as sth** als etw fungieren; ***she*** ~***d as an interpreter*** sie fungierte als Dolmetscherin; ■**to** ~ **on sth** etw *dat* angehören; **to** ~ **in the army** in der Armee dienen; **to** ~ **on a committee** einem Ausschuss angehören; **to** ~ **on the council** im Stadtrat sein; **to** ~ **on a jury** Geschworene(r) *f(m)* sein ❸ (*function*) ■**to** ~ **as** [*or* **for**] **sth** als etw dienen; ***are these boxes sturdy enough to*** ~ ***as tables?*** sind diese Kisten stabil genug, um als Tische zu dienen?; **to** ~ **as a reminder/warning** als Erinnerung/Mahnung dienen ❹ (*be acceptable*) seinen Zweck erfüllen, gehen *fam*; (*suffice*) genügen; (*be of use*) helfen; ***this old penknife will*** ~ dieses alte Taschenmesser tut's *fam* ❺ (*in tennis, etc*) aufschlagen; (*in volleyball*) angeben

◆**serve out** *vt* ❶ (*in restaurant, pub*) ■**to** ~ **out** ↔ **sth** etw servieren; *drink* etw ausschenken; *food* etw ausgeben ❷ (*complete a due period*) ■**to** ~ **out sth** etw ableisten; **to** ~ **out a jail sentence** eine Gefängnisstrafe absitzen *fam*; **to** ~ **out a term of office** eine Amtszeit beenden

◆**serve up** *vt* ■**to** ~ **up** ↔ **sth** etw servieren [*o* auftischen]; ***I'm about to*** ~ ***up!*** das Essen kommt gleich!

server ['sɜ:vəʳ, AM 'sɜ:rvɚ] *n* ❶ (*utensil*) Vorlegebesteck *nt*; (*spoon*) Vorlegelöffel *m*; (*fork*) Vorlegegabel *f*; **salad** ~**s** Salatbesteck *nt* ❷ (*person*) Servierer(in) *m(f)* ❸ (*central computer*) Server *m* ❹ (*in tennis*) Aufschläger(in) *m(f)* ❺ REL Ministrant(in) *m(f)* ❻ LAW **process-**~ Zustellungsbeamte(r) *f(m)*

service ['sɜ:vɪs, AM 'sɜ:r-] **I.** *n* ❶ *no pl* (*help for customers*) Service *m*; (*in hotels, restaurants, shops*) Bedienung *f*; **customer** ~ Kundendienst *m*; **to be at sb's** ~ (*hum*) jdm zu Diensten stehen *hum*; **to offer** ~ Hilfe anbieten ❷ (*act of working*) Dienst *m*, Dienstleistung *f* ❸ (*form: assistance*) Unterstützung *f*; (*aid, help*) Hilfe *f*; (*being useful*) Gefälligkeit *f*, [guter] Dienst; ■**to be of** ~ [**to sb**] [jdm] von Nutzen sein [*o* nützen]; ***I'm just glad to have been of*** ~ es freut mich, dass ich mich ein wenig nützlich machen konnte; **to need the** ~**s of a surveyor** einen Gutachter/eine Gutachterin brauchen; **to do sb a** ~ jdm einen Dienst erweisen; **to see some** [*or* **give good**] ~ (*fig*) viel im Einsatz sein; ***these boots have seen some*** ~***!*** diese Stiefel sind ziemlich strapaziert worden! ❹ (*public or government department*) Dienst *m*; **civil/diplomatic** ~ öffentlicher/diplomatischer Dienst ❺ (*system for public*) Dienst *m*; (*organization for public*) Beratungsdienst *m*, Beratungsstelle *f*; **ambulance** ~ Rettungsdienst *m*; **bus/train** ~ Bus-/Zugverbindung *f*; **counselling** ~ psychologischer Beratungsdienst; **health** ~ Gesundheitsdienst *m*; **prison** ~ Strafvollzug *m*; [**public**] **transport** ~ [öffentliches] Transportwesen ❻ (*operation*) Betrieb *m*; **postal** ~ Postwesen *nt*, Post *f fam*; **to operate a** [**normal/reduced**] ~ *bus, train* eine [normale/eingeschränkte] Verbindung unterhalten [*o* betreiben] ❼ (*roadside facilities*) ■~**s** *pl* Raststätte *f* ❽ (*tennis, etc*) Aufschlag *m*; **to lose one's** ~ seinen Aufschlag abgeben ❾ (*armed forces*) Militär *nt*; ■**the** ~**s** das Militär *nt kein pl*; **to spend time** [*or* **be**] **in the** ~ beim Militär sein; **to be** [**un**]**fit for** ~ militär[un]tauglich sein; **military** ~ Militärdienst *m*; **a career in the** ~**s** eine militärische Laufbahn ❿ (*religious ceremony*) Gottesdienst *m*, Messe *f*; **funeral** ~ Trauergottesdienst *m*; **morning/evening** ~ Frühmesse *f*/Abendandacht *f*; **to go to** [*or* **attend**] **a** ~ zu einem Gottesdienst gehen, einen Gottesdienst besuchen; **to hold a** ~ einen Gottesdienst [ab]halten ⓫ *esp* BRIT (*maintenance check*) Wartung *f*; AUTO Inspektion *f*; ~ **contract** Wartungsvertrag *m*; **to take one's car in for a** ~ sein Auto zur Inspektion bringen ⓬ (*set of crockery*) Service *nt*; **tea** ~ Teeservice *nt* ▶ PHRASES: **to be in** ~ (*employed as servant*) in Stellung sein; (*be in use, in operation*) im Einsatz sein **II.** *vt* ■**to** ~ **sth** etw überholen [*o* überprüfen]; *appliances* etw warten

serviceable ['sɜ:vɪsəbl, AM 'sɜ:r-] *adj* strapazierfähig

service area *n* ❶ (*on motorway*) Raststätte *f* ❷ RADIO, TV Sendegebiet *nt* **service bus, service car** *n* AUS, NZ Linienbus *m* **service center** AM, **ser-**

vice centre *n* BRIT ① AM (*on freeway*) Raststätte *f* ② (*for repairs*) Reparaturwerkstatt *f;* (*garage*) Werkstatt *f* **service charge** *n* ① (*in a restaurant*) Bedienungsgeld *nt,* Bedienung *f,* Bedienungszuschlag *m* ② (*cleaning charge*) Reinigungskosten *pl* ③ AM (*bank charges*) Bearbeitungsgebühr *f* **service contract** *n* ① (*employment*) Arbeitsvertrag *m,* Beschäftigungsvertrag *m* ② (*warranty*) Garantie *f,* Garantieschein *m* **service department** *n* Kundendienstabteilung *f;* ECON allgemeine Kostenstelle **service elevator** *n* AM (*service lift*) *for employees* Personallift *m,* Personalaufzug *m; for goods* Warenaufzug *m,* Lastenaufzug *m* **service entrance** *n* Personaleingang *m* **service handbook** *n* Wartungshandbuch *nt* **service industry** *n* Dienstleistungsindustrie *f;* (*company*) Dienstleistungsbetrieb *m* **service lift** *n for employees* Personallift *m,* Personalaufzug *m; for goods* Warenaufzug *m,* Lastenaufzug *m* **serviceman** *n* Militärangehöriger *m* **service manual** *n* Wartungshandbuch *nt* **service personnel** *n* Militärpersonal *nt* **service provider** *n* Anbieter(in) *m(f)* von Dienstleistungen **service road** *n* (*subsidiary road*) Nebenstraße *f;* (*access road*) Zufahrtsstraße *f;* (*for residents only*) Anliegerstraße *f* **service sector** *n* Dienstleistungsindustrie *f* **service station** *n* Tankstelle *f* **servicewoman** *n* MIL Militärangehörige *f*

servicing ['sɜːvɪsɪŋ, AM 'sɜːr-] *n no pl esp* AM Wartung *f*

serviette [ˌsɜːvi'et, AM ˌsɜːr-] *n esp* BRIT Serviette *f*

servile ['sɜːvaɪl, AM 'sɜːr-] *adj* (*pej*) *manner* unterwürfig *pej,* duckmäuserisch *pej; obedience* sklavisch *pej*

servility [sɜː'vɪləti, AM sɜːr'vɪləṭi] *n no pl* (*pej form*) Unterwürfigkeit *f pej*

serving ['sɜːvɪŋ, AM 'sɜːr-] **I.** *n of food* Portion *f* (**of** +*gen*) **II.** *adj attr, inv* ① (*person working*) dienend; **the longest-~ minister** der am längsten im Amt befindliche Minister/die am längsten im Amt befindliche Ministerin ② (*imprisoned*) [ein]sitzend, inhaftiert; **a short-~ prisoner** ein Häftling, der/die eine kurze Gefängnisstrafe absitzt

serving bowl *n* [Servier]schüssel *f* **serving spoon** *n* Vorlegelöffel *m* **serving tray** *n* [Servier]tablett *nt*

servitude ['sɜːvɪtjuːd, AM 'sɜːrvətuːd, -tjuːd] *n no pl* (*form*) Sklaverei *f,* Knechtschaft *f geh;* **penal ~** LAW Zwangsarbeit *f,* Zuchthaus *nt;* **to be sold into ~** in die Sklaverei verkauft werden

servo ['sɜːvəʊ, AM 'sɜːrvoʊ] *n* AUTO, TECH ① *short for* **servomechanism** Servomechanismus *m* ② *short for* **servomotor** Servomotor *m*

servomechanism *n* ① AUTO, TECH Servomechanismus *m* ② COMPUT Folgesteuerungsmechanismus *m*

servomotor *n* AUTO, TECH Servomotor *m*

sesame ['sesəmi] **I.** *n no pl* Sesam *m* **II.** *n modifier paste, roll* Sesam-

sesame oil *n* Sesamöl *nt* **sesame seed** *n* Sesamkorn *nt*

sessile ['sesaɪl, AM 'sesɪl] *adj inv* ① BIOL (*immobile*) festsitzend, sesshaft, sessil *fachspr* ② BOT (*without a stalk or peduncle*) stiellos, ungestielt

session ['seʃən] *n* ① (*formal meeting of organization*) Sitzung *f;* (*period for meetings*) Sitzungsperiode *f;* **parliamentary ~** parlamentarische Sitzungsperiode; (*term of office*) Legislaturperiode *f;* **to meet in ~** zu einer Sitzung zusammenkommen ② (*period for specific activity*) Stunde *f,* Session *f;* STOCKEX Börsensitzung *f;* ***the press was allowed a short photo ~*** man gewährte der Presse kurz Zeit, um Aufnahmen zu machen; **recording ~** Aufnahme *f;* **training ~** Trainingsstunde *f;* **to sign up for a ~** sich *akk* für eine Sitzung eintragen ③ (*fam: bout of drinking*) Sauftour *f fam* ④ MUS Session *f;* **~ musician** Sessionmusiker(in) *m(f)* ⑤ AM, SCOT (*period for classes*) SCH Unterricht *m;* UNIV Seminar *nt;* (*teaching year*) SCH Schuljahr *nt;* UNIV Vorlesungszeit *f;* (*of two terms*) Semester *nt;* (*of three terms*) Trimester *nt;* **afternoon ~** Nachmittagsunterricht *m*

sestina <*pl* – s *or* -ne> [se'stiːnə] *n* LIT Sestine *f*

set [set]

I. ADJECTIVE	**II.** NOUN
III. TRANSITIVE VERB	**IV.** INTRANSITIVE VERB

I. ADJECTIVE

① *pred* (*ready*) bereit; ■**to be** [**all**] **~** [**for sth**] [für etw *akk* [*o* zu etw *dat*]] bereit [*o* vorbereitet] sein, startklar sein *fam;* **to get ~** [**to do sth**] sich *akk* fertig machen[, etw zu tun]; ***at the beginning of the race the starter says "ready, get ~, go!"*** zu Beginn des Rennens sagt der Ansager „auf die Plätze, fertig, los!" ② (*fixed*) bestimmt, fest[gesetzt]; **~ expression** [*or* **phrase**] feststehender Ausdruck; **~ meal/menu** Tageskarte *f;* **~ smile** aufgesetztes Lächeln; BRIT (*unlikely to change*) **to look ~ …** so aussehen, als ob …; ***the weather looks ~ fair for the rest of the week*** das Wetter bleibt wahrscheinlich für den Rest der Woche beständig ③ *attr, inv* (*assigned*) vorgegeben, bestimmt; **~ task** vorgeschriebene Aufgabe; SCH Aufgabe *f;* **~ book/text** Standardbuch *nt*/Standardtext *m* ④ (*determined*) ■**to be ~ on sth** zu etw *dat* entschlossen sein; **to be ~ on marrying sb** entschlossen sein, jdn zu heiraten ▶ PHRASES: **to be ~ in one's ways** in seinen Gewohnheiten festgefahren sein *fig*

II. NOUN

① THEAT Bühnenbild *nt,* Bühnenausstattung *f;* FILM Szenenaufbau *m;* (*film location*) Drehort *m;* **on the ~** am Drehort ② ANAT Stellung *f;* **the ~ of sb's jaw** jds Kieferstellung *f* ③ (*hair arrangement*) Legen *nt;* **shampoo and ~** Waschen und Legen ④ (*collection, group*) *of stamps, stickers, spoons* Kollektion *f,* Sammlung *f; of games, etc* Set *nt,* Satz *m;* **chemistry ~** Chemiekasten *m;* **chess ~** Schachspiel *nt;* **~ of encyclopaedias** Enzyklopädiereihe *f;* **~ of glasses** Satz *m* Gläser; **~ of golf clubs** Satz *m* Golfschläger; **~ of stamps** Satz *m* Briefmarken; **~ of teeth** Gebiss *nt;* **tool ~** Werkzeugsatz *m;* **~ of twins** Zwillingspaar *nt;* **boxed ~** Kasten *m;* **to collect a ~** eine Kollektion sammeln ⑤ + *pl/sing vb* (*group of people*) Gruppe *f,* [Personen]kreis *m,* Clique *f fam;* **the smart ~** die [klugen] Köpfchen *ntpl fam;* ***she's got in with a very arty ~*** sie verkehrt in einer sehr künstlerisch angehauchten Clique ⑥ MATH [Zahlen]reihe *f* ⑦ (*television receiver*) [Fernseh]gerät *nt;* (*redio receiver*) Radiogerät *nt;* **to adjust one's ~** das Gerät richtig einstellen; ***do not adjust your ~*** ändern Sie nichts an der Einstellung Ihres Geräts ⑧ SPORTS Satz *m;* **to win a ~** einen Satz gewinnen ⑨ (*musical performance*) Stück *nt;* **to play a ~** ein Stück spielen ⑩ COMPUT (*related data items*) Gruppe *f,* Satz *m* ⑪ (*width of typeface*) Set *nt o m*

III. TRANSITIVE VERB

<set, set> ① (*place*) ■**to ~ sb/sth** jdn/etw stellen; ***the cat ~ a dead mouse in front of us*** die Katze legte uns eine tote Maus vor; ***in this game you have to ~ the bricks one on top of the other*** bei diesem Spiel musst du einen Klotz auf den anderen setzen; **to ~ the groceries on a chair** die Lebensmittel auf einen Stuhl stellen; **a house that is ~ on a steep cliff** ein Haus, das auf einer steilen Klippe liegt ② *usu passive* FILM, LIT, THEAT ■**to be ~** (*take place in*) spielen; ***'West Side Story' is ~ in New York*** ,West Side Story' spielt in New York; ***the film 'Gone with the Wind' is ~ against the background of the American Civil War*** der Film ,Vom Winde verweht' spielt sich vor dem Hintergrund des amerikanischen Bürgerkriegs ab ③ (*cause to be, start*) **to ~ a boat afloat** ein Boot zu Wasser lassen; **to ~ sth on fire** etw in Brand setzen; **to ~ sth in motion** etw in Bewegung bringen [*o* setzen], etw ins Rollen bringen *fam;* **to ~ changes in motion** Neuerungen *fpl* in Gang bringen [*o* in die Wege leiten]; ***these changes will ~ the country on the road to economic recovery*** diese Änderungen werden das Land zum wirtschaftlichen Aufschwung führen; ■**to ~ sb/sth doing sth** jdn/etw veranlassen [*o fam* dazu bringen], etw zu tun; ***his remarks ~ me thinking*** seine Bemerkungen gaben mir zu denken; **to ~ sb loose** [*or* **free**] jdn freilassen [*o* auf freien Fuß setzen] ④ (*adjust*) ■**to ~ sth** etw einstellen; (*prepare*) etw herrichten; **to ~ the alarm for 7.00 a.m.** den Wecker auf 07.00 Uhr stellen; **to ~ the stage** THEAT die Bühne herrichten; **to ~ the table** den Tisch decken; **to ~ a thermostat/timer** ein Thermostat/einen Zeitmesser einstellen; **to ~ a trap** eine Falle aufstellen; **to ~ a clock/watch** eine Uhr/[Armband]uhr stellen ⑤ (*arrange, establish*) ■**to ~ sth** etw festsetzen [*o* angeben]; **to ~ the budget** das Budget festlegen; **to ~ a date/time** einen Termin/eine Zeit ausmachen; ***they still haven't ~ a date for their wedding*** sie haben immer noch keinen Termin für die Hochzeit bestimmt; **to ~ a deadline for sb** jdm eine Frist setzen; **to ~ an example to sb** jdm ein Beispiel geben; **to ~ oneself a goal** sich *dat* ein Ziel setzen; **to ~ a limit/norm** eine Grenze/Norm setzen; **to ~ the margin** den Rand einstellen; **to ~ the pace** das Tempo angeben [*o* bestimmen]; **to ~ the policy** die [Geschäfts]politik festlegen; **to ~ a price** [**on sth**] einen Preis [für etw *akk*] festsetzen; ***the price for this painting has been ~ at £ 125,000*** der Preis für dieses Gemälde ist auf 125 000 Pfund festgesetzt worden; **to ~ a record** einen Rekord aufstellen ⑥ ANAT ■**to ~ sth** etw einrenken; **to ~ a broken bone** einen gebrochenen Knochen richten; **to ~ one's face/jaw** jds Gesicht versteinert sich; ***his face was ~ in determination*** sein Gesicht war starr vor Entschlossenheit ⑦ (*arrange*) **to ~ sb's hair** jds Haar legen; **to have one's hair ~** sich *dat* die Haare legen lassen ⑧ (*adorn*) ■**to ~ sth with sth** etw mit etw *dat* besetzen; **to ~ a watch with sapphires** eine Uhr mit Saphiren besetzen ⑨ (*insert*) ■**to ~ sth in** [*or* **into**] **sth** etw in etw *akk* einarbeiten [*o* einfügen]; ***she was wearing a bracelet with rubies ~ into it*** sie trug ein Armband mit eingearbeiteten Rubinen ⑩ (*make oppose*) ■**to ~ sth against sth** etw etw *dat* gegenüberstellen; (*incite*) etw gegen etw *akk* aufwiegeln; **to ~ the advantages against the disadvantages** die Vorteile den Nachteilen gegenüberstellen; ■**to ~ sb against sb/sth** jdn gegen jdn/etw aufbringen; **to ~ members of one family against each other** Zwietracht zwischen Familienmitgliedern säen; (*not favour*) ■**to be** [**dead**] **~ against sb/sth** [völlig] gegen jdn/etw sein ⑪ MUS **to ~ sth to music** etw vertonen; **to ~ a poem/words to music** ein Gedicht/einen Text vertonen ⑫ *esp* BRIT, AUS (*assign*) **to ~ a homework** Hausaufgaben *pl* [auf]geben; **to ~ a task** eine Aufgabe stellen; **to ~ sb to work** jdn an die Arbeit setzen ⑬ COMPUT ■**to ~ sth** (*give variable a value*) etw setzen; (*define value*) etw einstellen; (*give bit value 1*) etw setzen ⑭ TYPO (*compose*) **to ~ a text** einen Text setzen ▶ PHRASES: **to ~ course for sth** auf etw *akk* Kurs nehmen; **to ~ eyes on sb/sth** jdn/etw sehen; **to ~ foot in** [*or* **on**] **sth** etw betreten; **to ~ one's mind at ease** sich *akk* beruhigen; **to ~ one's mind to** [*or* **on**] **sth** (*concentrate on*) sich auf etw *akk* konzentrieren; (*approach with determination*) etw entschlossen angehen; ***if you would only ~ your mind to it, I'm sure you could do it*** ich bin sicher, dass du es schaffen kannst, wenn du dich nur anstrengst; **to ~ sail for/from …** losfahren nach/von …; **to ~ the scene** [*or* **stage**] **for sth** (*create conditions*) die Bedingungen für etw *akk* schaffen; (*facilitate*) den Weg für etw *akk* frei machen; ***the scene is ~ for the summit next week*** alles ist unter Dach und Fach für das Gipfeltreffen nächste Woche; **to ~ the world** [*or* **the Thames**] **ablaze** [*or* **on fire**] [*or* **alight**] die Welt aus den Angeln heben; **to ~ sth right** etw in Ordnung bringen [*o fam* ausbügeln]; **to ~ sb straight** [**about sth**] jdn [über etw *akk*] aufklären

IV. INTRANSITIVE VERB

<set, set> ① (*grow together*) *bones, limbs* zusammenwachsen ② (*become firm*) *concrete, jelly* fest [*o* hart] werden; ***leave the jelly in the fridge to ~*** lass das Gelee im Kühlschrank, damit es fest wird

S

③ [*sink*] *moon, sun* untergehen

◆**set about** *vi* ① (*begin, start work upon*) ■**to ~ about sth** etw anfangen, sich *akk* an etw *akk* machen; ■**to ~ about doing sth** sich *akk* daranmachen, etw zu tun ② (*fam: attack*) ■**to ~ about sb** [**with sth**] jdn [mit etw *dat*] angreifen, [mit etw *dat*] über jdn herfallen

◆**set against** *vt* ■**to ~ sth against sth** etw einer S. *dat* gegenüberstellen, etw von etw *dat* absetzen

◆**set apart** *vt* ① (*distinguish*) ■**to ~ sb/sth apart** jdn/etw abheben [*o* unterscheiden]; ***his intelligence ~ him apart from other children*** seine Intelligenz hob ihn von anderen Kindern ab ② (*reserve*) ■**to ~ apart** ○ **sth** etw reservieren; ***these clothes have been ~ apart to use as costumes*** diese Kleidungsstücke sind als Kostüme gedacht

◆**set aside** *vt* ■**to ~ aside** ○ **sth** ① (*keep for special use*) etw auf die Seite legen; *time* etw einplanen; **to ~ aside money** Geld beiseite legen ② (*ignore*) etw außer Acht lassen; **to ~ one's differences aside** die Differenzen beiseite schieben [*o* außer Acht lassen] ③ LAW (*annul*) *conviction* etw aufheben ④ (*put to side*) etw beseite legen; **to ~ aside clothes** Kleider zurücklegen; **to ~ the glasses aside** die Gläser beiseite setzen

◆**set back** *vt* ① (*delay*) ■**to ~ back** ○ **sb/sth** jdn/etw zurückwerfen; ***the opening of the new swimming pool has been ~ back by a few weeks*** die Eröffnung des neuen Schwimmbades hat sich um einige Wochen verzögert ② (*position*) ■**to ~ back** ○ **sth** [**from sth**] etw [von etw *dat*] zurücksetzen; ***our house is ~ back from the road*** unser Haus ist ein Stück von der Straße zurückgesetzt ③ (*fam: cost*) ■**to ~ sb back** jdn einiges [*o fam* eine [schöne] Stange Geld] kosten; ***that coat must have ~ you back a fair bit!*** dieser Mantel muss dich ja einiges gekostet haben!

◆**set down** *vt* ① (*land*) **to ~ a plane down** ein Flugzeug landen ② (*drop off*) ■**to ~ down** ○ **sb** jdn absetzen ③ (*write down*) ■**to ~ down** ○ **sth** etw aufschreiben [*o* niederschreiben]; **to ~ down one's thoughts** seine Gedanken niederschreiben [*o* festhalten] ④ (*esteem*) ■**to ~ down** ○ **sb as sth** jdn als etw *akk* einschätzen, jdn für etw *akk* halten ⑤ *usu passive* LAW (*arrange trial*) ■**to ~ sth** ○ **down** etw anberaumen

◆**set forth** I. *vt* (*form*) ■**to ~ forth** ○ **sth** etw darlegen II. *vi* (*liter*) aufbrechen

◆**set in** *vi* einsetzen; ***complications have ~ in since the operation*** nach der Operation haben sich Komplikationen eingestellt; ***exhaustion ~ in and the climbers were forced to give up*** Erschöpfung machte sich bemerkbar und die Kletterer waren gezwungen, aufzugeben

◆**set off** I. *vi* (*begin journey*) aufbrechen, sich *akk* auf den Weg machen; (*in car*) losfahren; ***we ~ off early for the glaciers*** wir machten uns früh auf den Weg zu den Gletschern; ■**to ~ off on sth** zu etw *dat* aufbrechen; ***they've just ~ off on a round-the-world trip*** sie haben gerade eine Weltreise angetreten II. *vt* ① ■**to ~ off** ○ **sth** (*initiate*) etw auslösen; (*detonate*) etw zünden; **to ~ off an alarm/a blast** einen Alarm/eine Explosion auslösen; **to ~ off an explosive** eine Sprengladung zur Explosion bringen ② (*cause to do*) ■**to ~ off** ○ **sb** [**doing sth**] jdn zu etw *dat* bringen, jdn dazu bringen, etw zu tun; ***that joke always ~s me off laughing*** bei diesem Witz muss ich immer lachen ③ ■**to ~ off** ○ **sth** (*enhance*) etw hervorheben; (*attractively contrast*) etw unterstreichen; ***she ~ off her suntan by wearing a white dress*** ihr weißes Kleid brachte ihre Bräune noch mehr zur Geltung ④ ■**to ~ off** ○ **sth against sth** (*offset*) etw als Ausgleich für etw *akk* nehmen; (*write off*) etw gegen etw *akk* aufrechnen [*o* anrechnen]; ***she is able to ~ off her expenses against her tax liability*** sie kann ihre Ausgaben von der Steuer absetzen ⑤ ECON ■**to ~ sth ~ against sth** etw gegen etw *dat* verrechnen, etw einer S. *dat* anrechnen

◆**set on** I. *vt* ① (*be determined*) ■**to be ~ on sth** zu etw *dat* entschlossen sein; **to be ~ on marrying sb** entschlossen sein, jdn zu heiraten ② (*cause to attack*) ■**to ~ sb/an animal on sb** jdn/ein Tier auf jdn ansetzen; **to ~ the dogs on sb** die Hunde auf jdn hetzen II. *vi* ■**to ~ on sb** jdn anfallen [*o* angreifen]

◆**set out** I. *vt* ■**to ~ out** ○ **sth** ① (*lay out, display*) etw auslegen; (*arrange*) etw aufstellen ② (*explain*) etw darlegen [*o* darstellen] II. *vi* ① (*begin journey*) aufbrechen, sich *akk* auf den Weg machen; (*in car*) losfahren; ***they ~ out for the station ten minutes ago*** sie haben sich vor 10 Minuten auf [den Weg] zum Bahnhof gemacht; ■**to ~ out on sth** zu etw *dat* aufbrechen ② (*intend*) ■**to ~ out with sth** *aim, idea, plan* mit etw *dat* antreten; ■**to ~ out to do sth** sich *dat* vornehmen [*o* beabsichtigen], etw zu tun

◆**set to** *vi* ① (*begin work*) sich *akk* daranmachen [*o fam* ranhalten]; ***if we all ~ to, we should be able to finish the job in a week*** wenn wir uns alle ranhalten, dann können wir das in einer Woche erledigen ② (*fam: begin fighting*) **to ~ to with feet/fists** mit Füßen/Fäusten drauflosкämpfen [*o fam* loslegen]

◆**set up** *vt* ① (*erect*) **to ~ up a camp** ein Lager aufschlagen; **to ~ up a tripod** ein Stativ aufbauen ② (*establish*) ■**to ~ up** ○ **sth** *business, school* etw einrichten; *fund, public enquiry* etw arrangieren; (*cause*) *reaction* etw hervorrufen [*o* auslösen]; ■**to ~ oneself up as sb/sth** sich *akk* als jdn/etw etablieren [*o* niederlassen]; ***she ~ herself up as an interior designer*** sie etablierte sich als Innenarchitektin; **to ~ up a committee** einen Ausschuss bilden; **to ~ up a corporation** eine [Handels]gesellschaft gründen; **to ~ up a dictatorship** eine Diktatur errichten ③ (*claim to be*) ■**to ~ oneself up as sth** sich *akk* als etw ausgeben; (*make pretensions to be sth*) sich *akk* als etw aufspielen ④ (*make healthy*) ■**to ~ up** ○ **sb** jdn wiederherstellen; ***a few days in the country will surely ~ you up*** ein paar Tage auf dem Land werden dir sicher gut tun ⑤ (*provide*) ■**to ~ up** ○ **sb** [**with sth**] jdn [mit etw *dat*] versorgen; ***his father ~ him up in the family business*** sein Vater brachte ihn im Familienbetrieb unter; **to ~ sb up for life** jdn für sein ganzes Leben versorgen ⑥ (*fam: deceive*) ■**to ~ up** ○ **sb** jdn reinlegen [*o fam* übers Ohr hauen]; (*frame*) jdm etw anhängen *fam*

◆**set upon** *vi* ■**to ~ upon sb** jdn überfallen [*o fig* bestürmen]; ■**to ~ an animal upon sb** ein Tier auf jdn hetzen

set-aside *n* ① HORT stillgelegte Fläche ② POL Flächenstillegung *f* **setback** *n* Rückschlag *m;* **to be** [*or* **prove**] **a ~ in sth** sich *akk* als Rückschlag für etw *akk* erweisen; **to experience** [*or* **suffer**] [*or* **receive**] [*or* **encounter**] **a ~** einen Rückschlag erleiden **set designer** *n* Bühnenbildner(in) *m(f);* (*for film/tv*) [Film]ausstatter(in) *m(f)* **set-in sleeve** *n* FASHION eingesetzter Ärmel **set-off** *n* LAW Aufrechnung *f* [im Prozess] **set piece** *n* FILM, LIT, THEAT Standardszene *f* **set point** *n* SPORTS Satzball *m;* **to convert a ~** einen Satzball verwandeln; **to lose a ~** einen Satzball verlieren; **to overcome a ~** einen Satzball abwehren **setsquare** *n* AUS, BRIT [Zeichen]dreieck *nt*

sett [set] *n* ① (*burrow of a badger*) Bau *m* ② (*granite paving block*) Pflasterstein *m*

settee [set'iː] *n* Sofa *nt,* Couch *f*

setter ['setəʳ, AM 'seţɚ] *n* Setter *m*

set theory *n* Mengenlehre *f*

setting ['setɪŋ, AM 'seţɪŋ] *n usu sing* ① (*location*) Lage *f;* (*immediate surroundings*) Umgebung *f;* (*for a wedding*) Rahmen *m* ② (*in film, novel, play*) Schauplatz *m* ③ (*adjustment on appliance*) Einstellung *f;* **to adjust the ~** die Einstellung anpassen ④ (*place at table*) Gedeck *nt* ⑤ (*frame for jewel*) Fassung *f* ⑥ MUS Vertonung *f* ⑦ (*fixing/arranging*) Einstellung *f* ⑧ TYPO (*composing text*) Setzen *nt*

setting lotion *n* [Haar]festiger *m*

settle ['setl, AM 'seţl] I. *vi* ① (*get comfortable*) es sich *dat* bequem machen; ***we ~d in front of the television*** wir machten es uns vor dem Fernseher bequem *fam* ② (*calm down*) *person* sich *akk* beruhigen; *anger, excitement* sich *akk* legen; *weather* beständig werden ③ AUS, BRIT (*apply oneself*) ■**to ~ to sth** sich *akk* etw *dat* widmen; **to ~ to work** sich *akk* an die Arbeit machen ④ (*end dispute*) sich *akk* einigen ⑤ (*decide on*) ■**to ~ on sth** sich *akk* für etw *akk* entscheiden; (*agree on*) sich *akk* auf etw *akk* einigen; **to ~ on a name** sich *akk* für einen Namen entscheiden; ■**to ~ for sth** mit etw *dat* zufrieden sein; ***I'll ~ for chicken and chips*** ich nehme Hähnchen mit Pommes frites ⑥ (*form: pay*) begleichen *geh;* ■**to ~ with sb** mit jdm abrechnen [*o fam* Kasse machen] ⑦ (*take up residence*) sich *akk* niederlassen; ***after they got married, they ~d in Brighton*** nach ihrer Hochzeit zogen sie nach Brighton ⑧ (*get used to*) ■**to ~ into sth** sich *akk* an etw *akk* gewöhnen; ***it took Ed a long time to ~ into living in London*** es dauerte lange, bis sich Ed an das Leben in London gewöhnt hatte ⑨ (*alight on surface*) sich *akk* niederlassen; (*build up*) sich *akk* anhäufen [*o* ansammeln]; (*sink*) [ab]sinken; *particles in liquid* sich *akk* senken; *house, wall* sich *akk* setzen; ***do you think the snow will ~?*** glaubst du, dass der Schnee liegen bleibt?; ***a peaceful expression ~d on her face*** (*fig*) ein friedlicher Ausdruck legte sich auf ihr Gesicht; **to let dust/sediment ~** Staub/Ablagerungen sich *akk* setzen lassen II. *vt* ① (*calm down*) ■**to ~ sb/sth** jdn/etw beruhigen; **to ~ the children for the night** die Kinder für die Nacht zurechtmachen; **to ~ one's stomach** seinen Magen beruhigen ② (*decide, agree upon*) ■**to ~ sth** etw entscheiden; (*deal with*) etw regeln; (*in writing*) etw [schriftlich] festlegen; ***it's been ~d that we'll spend Christmas at home*** wir haben vereinbart, Weihnachten Zuhause zu verbringen; ■**to ~ when/where/why …** entscheiden, wann/wo/warum …; **to ~ the details of a contract** die Einzelheiten eines Vertrags aushandeln ③ (*bring to conclusion*) ■**to ~ sth** etw erledigen; (*resolve*) etw beilegen; ***that ~s that*** damit hat sich das erledigt, und damit hat sich's! *fam;* **to ~ one's affairs** (*form*) seine Angelegenheiten regeln [*o* in Ordnung bringen]; **to ~ an argument** [*or* **a dispute**]/**differences** einen Streit/Unstimmigkeiten beilegen; **to ~ a crisis/a problem** eine Krise/ein Problem lösen; **to ~ a grievance** einen Missstand beseitigen; **to ~ a lawsuit** einen Prozess durch einen Vergleich beilegen; **to ~ a matter** eine Angelegenheit regeln; **to ~ a strike** einen Streik beenden ④ (*pay*) ■**to ~ sth** etw begleichen *geh;* ■**to ~ sth on sb** (*bequeath*) jdm etw hinterlassen [*o* vererben] [*o fam* vermachen]; **to ~ an account** ein Konto ausgleichen; **to ~ money/property on sb** jdm Geld/Besitz übertragen ⑤ (*colonize*) **to ~ a place** einen Ort besiedeln ⑥ ECON **to ~ a property in trust** Eigentum einer Treuhänderschaft übertragen [*o* überschreiben]; **~d property** in Treuhänderschaft überschriebenes Eigentum ► PHRASES: **to ~ an account** [*or* **a score**] [*or* **old scores**] [**with sb**] [mit jdm] abrechnen *fig*

◆**settle back** *vi* sich *akk* zurücklehnen; **to ~ back in a chair** sich *akk* in einem Sessel bequem zurücklegen

◆**settle down** I. *vi* ① (*get comfortable*) es sich *dat* bequem [*o* gemütlich] machen ② (*adjust*) sich *akk* eingewöhnen [*o* einleben]; ***we've just about ~d down to a steady routine with the baby*** mit dem Baby hat sich mittlerweile eine gewisse Routine eingespielt ③ (*calm down*) sich *akk* beruhigen; ***the teacher told the children to ~ down*** der Lehrer ermahnte die Kinder zur Ruhe ④ (*adopt steady lifestyle*) sich *akk* [häuslich] niederlassen II. *vt* ■**to ~ oneself down** es sich *dat* bequem [*o* gemütlich] machen; ***he ~d himself down with a newspaper*** er machte es sich mit der Zeitung bequem

◆**settle in** I. *vi people* sich *akk* eingewöhnen [*o* einleben]; *things* sich *akk* einpendeln II. *vt* ■**to ~ in** ○ **sb** jdm helfen, sich *akk* einzugewöhnen [*o* einzuleben]

◆**settle on** *vt* ■**to ~ sth on sth** jdm etw vermachen; ***he ~d his house on his children*** er vermachte seinen Kindern sein Haus

◆**settle up** *vi* abrechnen; ■**to ~ up with sb** mit jdm abrechnen

settled ['setl̩d, AM 'seṭ-] *adj* ① *pred* (*comfortable, established*) *of people* eingewöhnt, eingelebt; *of things* eingependelt; ■**to be ~** sich *akk* eingewöhnt [*o* eingelebt] haben; **to feel ~** sich *akk* heimisch fühlen ② (*calm*) ruhig ③ (*with steady lifestyle*) geregelt, beständig

settlement ['setl̩mənt, AM 'seṭ-] *n* ① (*resolution*) Übereinkunft *f;* (*agreement*) Vereinbarung *f;* LAW Vergleich *m;* ***they reached an out-of-court ~*** sie einigten sich außergerichtlich; **the ~ of a conflict** die Lösung eines Konflikts; **the ~ of a matter** die Regelung einer Angelegenheit; **pay ~** *esp* BRIT Tarifvereinbarung *f,* Tarifabschluss *m;* **the ~ of a question** die Klärung einer Frage; **the ~ of a strike** die Schlichtung eines Streiks; **to negotiate** [*or* **reach**] **a ~** [**with sb**] [mit jdm] eine Einigung erzielen ② FIN, ECON Bezahlung *f,* Begleichung *f geh,* Abrechnung *f* ③ (*colony*) Siedlung *f;* (*colonization*) Besiedlung *f;* (*people*) Ansiedlung *f;* **the ~ of the American West** die Besiedlung des Westens Amerikas ④ *no pl* (*subsidence*) Absinken *nt* ⑤ LAW (*passing land to trustees*) Verfügung *f* über Grundbesitz, der für nachfolgende Begünstigte durch einen Trust verwaltet wird ▸ PHRASES: **to make a ~ on sb** jdm eine Schenkung machen

settlement days *npl* ① ECON, FIN Abrechnungstage *pl* ② STOCKEX Liquidationstermine *pl*

settler ['setl̩əʳ, AM 'setl̩ə˞] *n* Siedler(in) *m(f)*

set-to *n* (*fam*) Streit *m;* **to have a ~** [**with sb**] [mit jdm] Streit haben **set-up** *n* ① (*way things are arranged*) Aufbau *m;* ***when I started my new job, it took me a while to get used to the ~*** als ich meine neue Stelle antrat, dauerte es eine Weile, bis ich mich an die Situation gewöhnte; (*arrangement*) Einrichtung *f;* ***"nice little ~ you've got here," he said as we showed him round the house*** „nette Bude habt ihr hier", sagte er, als wir ihm das Haus zeigten ② (*fam: act of deception*) abgekartetes Spiel *fam*

seven ['sevᵊn] I. *adj* sieben II. *n* Sieben *f;* ***I think the movie starts at ~*** ich glaube, der Film fängt um sieben [Uhr] an; **~ of clubs** Kreuz-Sieben *f*

seven deadly sins *npl* sieben Todsünden *fpl*

sevenfold ['sevᵊnfəʊld, AM -foʊld] I. *adj* siebenfache(r,s) II. *adv* siebenfach; **to increase ~** um das Siebenfache ansteigen

seventeen ['sevᵊnti:n] I. *adj* siebzehn II. *n* Siebzehn *f*

seventeenth ['sevᵊnti:n(t)θ] I. *adj* siebzehnte(r,s); **~ competitor** siebzehnter Teilnehmer/siebzehnte Teilnehmerin; **to be in ~ place** auf dem siebzehnten Platz liegen; **to come** [*or* **go**] [*or* **finish**] **~** Siebzehnte(r) *f(m)* werden II. *n* ① (*date*) ■**the ~** [**of a month**] der Siebzehnte [eines Monats] ② (*fraction*) Siebzehntel *nt;* **a ~ of a company** ein Siebzehntel *nt* einer Firma; **to cut sth into ~s** etw in Siebzehntel [*o* siebzehn Teile] schneiden

seventh ['sevᵊn(t)θ] I. *adj* siebte(r,s); **to be** [*or* **come**] [*or* **finish**] **~** Siebte(r) *f(m)* werden ▸ PHRASES: **to be in ~ heaven** im siebten Himmel sein II. *n* ① (*date*) ■**the ~** [**of a month**] der Siebte [eines Monats] ② (*fraction*) Siebtel *nt;* **to divide sth into ~s** etw in Siebtel [*o* sieben Teile] teilen

Seventh-Day Adventist [,sevᵊn(t)θdeɪ'ædvəntɪst] I. *n* Adventist(in) *m(f)* vom Siebenten Tag II. *adj* Siebenten-Tags-Adventisten-; **~ church** Kirche der Adventisten vom Siebten Tag

seventies ['sevᵊntiz, AM -ṭ-] *npl* ■**the ~** (*temperature*) *siebzig Grad Fahrenheit;* **to reach** [*or* **approach**] **the ~** um die siebzig Grad Fahrenheit erreichen; (*decade*) die Siebziger, die siebziger Jahre; **in the ~** in den siebziger Jahren [*o fam* Siebzigern]; (*age range*) die Siebziger; **a man/woman in his/her ~** ein Mann/eine Frau in den Siebzigern

seventieth ['sevᵊntiəθ, AM -ṭi-] I. *adj* siebzigste(r,s); **~ customer** siebzigster Kunde/siebzigste Kundin II. *n* ① (*ordinal number*) Siebzigste(r,s); **to be ranked ~** den siebzigsten Rang belegen ② (*fraction*) Siebzigstel *nt*

seventy ['sevᵊnti, AM -ṭ-] I. *adj* siebzig II. *n* Siebzig *f*

seventy-eight *n Schallplatte mit 78 Umdrehungen in der Minute*

seven-year itch *n* (*hum fam*) verflixtes siebtes Jahr *fam;* **to have the ~** im verflixten siebten Jahr sein *fam*

sever ['sevəʳ, AM -ə˞] *vt* ■**to ~ sth** etw abtrennen; (*cut through*) etw durchtrennen; ***electricity cables have been ~ed by the storm*** Stromkabel sind beim Sturm durchtrennt worden; **to ~ links/relationships/ties with sb** (*fig*) die Verbindungen/Beziehungen/Bande mit jdm lösen

several ['sevᵊrᵊl] I. *adj inv* ① (*some*) einige, mehrere; (*various*) verschiedene; ***I've seen 'Gone with the Wind' ~ times*** ich habe ‚Vom Winde verweht' ein paar Mal gesehen; ***the author of ~ books*** der Autor mehrerer Bücher; ***we saw ~ students*** wir sahen einige Studenten; **to have ~ reasons for doing sth** verschiedene Gründe haben, warum man etw tut ② *attr* (*form, liter: respective*) einzeln; (*separate*) getrennt; (*distinct*) verschieden; ***they decided to go their ~ ways*** sie beschlossen, getrennte Wege zu gehen; ***the two levels of government sort out their ~ responsibilities*** die beiden Regierungsebenen ordnen ihre unterschiedlichen Aufgaben II. *part* ein paar; ***you can take one of these brochures if you want to — we've got ~*** Sie können eine dieser Broschüren mitnehmen, wenn Sie wollen – wir haben ein paar davon; ***I offered him one piece of candy but he took ~*** ich bot ihm ein Bonbon an, aber er nahm mehrere; ■**~ of sth/sb** ein paar von etw/jdm; ***~ of us want to go to the movies tonight — do you want to come too?*** einige von uns wollen heute Abend ins Kino gehen – möchtest du mitkommen?; ***~ of the new books out are really worth reading*** einige der neuen Bücher sind es wirklich wert, dass man sie liest

severally ['sevᵊrᵊli] *adv inv* (*form, liter: respectively*) einzeln; (*separately*) getrennt, gesondert; **~ operated** gesondert betrieben; **~ owned** von mehreren Eigentümern, -innen *mpl, fpl* besessen

severance ['sevᵊrən(t)s] I. *n no pl* (*form*) ① (*act of ending*) Abbruch *m* (**of** +*gen*); **the ~ of aid** [**to sb/sth**] die Kürzung der Zuwendungen *fpl* [an jdn/etw] ② (*separation*) Trennung *f* ③ (*payment by employer*) Abfindung *f* ④ LAW (*ending of tenancy*) Auflösung *f* des Mietbesitzes [*o* gemeinsamen Eigentums] ⑤ (*ending of employment*) Entlassung *f* II. *n modifier* Abfindungs-; **~ agreement/deal/package** Abfindungsübereinkunft *f,* Abfindungsabkommen *nt*

severance pay *n no pl* Abfindung *f,* [Entlassungs]abfindung *f*

severe [sə'vɪəʳ, AM -'vɪr] *adj* ① (*very serious*) schwer, schlimm; (*intense*) heftig, stark; **~ blow/concussion** schwerer Schlag/schwere Gehirnerschütterung; **~ cutbacks in** [**public**] **spending** drastische Kürzungen der [öffentlichen] Ausgaben; **~ headache** heftige Kopfschmerzen; **~ injury** schwere Verletzung; **~ pain** starker Schmerz; **to be under ~ strain** unter starkem Druck stehen ② (*harsh*) hart; (*strict*) streng; METEO (*harsh*) rau; (*extreme*) heftig, stark; ***his indecision was a ~ test of her patience*** seine Unentschlossenheit strapazierte ihre Geduld bis aufs Äußerste; (*violent*) gewaltig; ■**to be ~ with sb** streng mit jdm sein; **~ cold** eisige Kälte; **~ criticism/punishment/sentence** harte Kritik/Strafe/hartes Urteil; **~ frost/winter** strenger Frost/Winter; **~ judge** strenger Richter/strenge Richterin; **~ reprimand** scharfer Tadel; **~ storm** heftiger Sturm; **~ tone** barscher Ton ③ (*very plain*) *building, dress* schlicht

severely [sə'vɪəli, AM -'vɪr-] *adv* ① (*seriously*) schwer; **~ disabled/injured** schwer behindert/schwer verletzt ② (*harshly*) hart; (*extremely*) heftig, stark; **to be ~ restricted** enorm eingeschränkt [*o* beschränkt] sein; (*strictly*) streng; **to be ~ punished** hart bestraft werden ③ (*in a plain manner*) schlicht; ***she had her hair ~ pulled back from her face*** sie hatte das Haar streng aus dem Gesicht zurückgekämmt; **to dress ~** sich *akk* schlicht kleiden; **to frown ~** streng die Stirn runzeln

severity [sə'verəti, AM -əṭi] *n no pl* ① (*seriousness*) Schwere *f;* (*of situation, person*) Ernst *m* ② (*harshness*) Härte *f;* (*strictness*) Strenge *f; of criticism* Schärfe *f;* (*extreme nature*) Rauheit *f;* **~ of the climate** Rauheit des Klimas ③ (*plainness*) Schlichtheit *f*

sew <sewed, sewn *or* sewed> [səʊ, AM soʊ] I. *vt* ■**to ~ sth** [**on sth**] etw [an etw *akk*] nähen; ***I made this skirt by simply ~ing two pieces of material together*** ich habe für diesen Rock einfach zwei Stoffteile aneinander genäht; **hand/machine ~n** hand-/maschinengenäht; **to ~ a button on** einen Knopf annähen; **to ~ on a patch** einen Flicken aufnähen II. *vi* nähen; ***she taught me to ~*** sie hat mir das Nähen beigebracht

◆**sew up** *vt* ■**to ~ sth** ↻ **up** ① (*repair*) etw zunähen; ***the doctor ~ed the wound up*** der Arzt nähte die Wunde; **to ~ up a hole** ein Loch zunähen ② (*fam: complete successfully*) etw zum Abschluss bringen; ***it's going to take another week or two to ~ up this deal*** man wird noch eine oder zwei Wochen brauchen, um den Deal perfekt zu machen ③ (*fam: make sure of winning*) sich *dat* etw sichern; ***the team had the match ~n up by half-time*** die Mannschaft hatte schon zur Halbzeit den Sack zugemacht *fam;* ***the Democrats appear to have the election ~n up*** die Demokraten scheinen die Wahl bereits für sich entschieden zu haben ④ (*gain control of*) sich *akk* einer Sache *gen* bemächtigen, etw einsacken *fam;* **to ~ up the market** den Markt unter seine Kontrolle bringen

sewage ['su:ɪdʒ] *n no pl* Abwasser *nt;* **raw** [*or* **untreated**] **~** ungeklärte Abwässer; ***raw ~ is being pumped into the sea*** Abwässer werden ungeklärt ins Meer gepumpt; **to treat ~** Abwasser aufbereiten

sewage farm *n,* **sewage plant** *n* ECOL Rieselfeld *nt* **sewage system** *n* Kanalisation *f* **sewage treatment plant** *n,* **sewage works** *n + sing/pl vb* BRIT ECOL Rieselfeld *nt*

sewer¹ ['sʊəʳ, AM 'su:ə˞] *n* Abwasserkanal *m,* Kloake *f;* **open ~s** oberirdische Abwasserkanäle, offene Kanalisation ▸ PHRASES: **to have a mind like a ~** ein Gemüt wie ein Fleischerhund haben

sewer² ['səʊəʳ, AM 'soʊə˞] *n* Näher(in) *m(f)*

sewerage ['sʊərɪdʒ, AM 'su:ə˞-] *n no pl* Kanalisation *f;* **~ system** Kanalisation *f; see also* **sewage**

sewer gas *n* Faulgas *nt* **sewer pipe** *n* Abwasserrohr *nt* **sewer rat** *n* Kanalratte *f* **sewer services** *npl* BRIT [kommunale] Abwasserentsorgung

sewing ['səʊɪŋ, AM 'soʊ-] I. *n no pl* ① (*activity*) Nähen *nt;* ***I'm not very good at ~*** ich kann nicht besonders gut nähen ② (*things to sew*) Näharbeit *f* II. *adj attr, inv* Näh-; **~ class** Nähunterricht *m,* Nähkurs *m*

sewing basket *n* Nähkorb *m* **sewing machine** *n* Nähmaschine *f* **sewing needle** *n* Nähnadel *f*

sewn [səʊn, AM soʊn] *pp of* **sew**

sex [seks] I. *n* <*pl* -es> ① (*gender*) Geschlecht *nt;* **the battle of the ~es** (*fig*) der Kampf der Geschlechter; **members of the male/female ~** Angehörige des männlichen/weiblichen Geschlechts; **the fair**[**er**] **~** (*dated*) das schöne Geschlecht *hum fam;* **the opposite ~** das andere Geschlecht; **the weaker ~** das schwache Geschlecht *hum fam* ② *no pl* (*intercourse*) Sex *m,* Geschlechtsverkehr *m;* **~ and drugs and rock and roll** Sex, Drogen und Rock and Roll; **group ~** Gruppensex *m;* **~ before/outside marriage** Sex vor/außerhalb der Ehe; **extramarital/premarital ~** außerehelicher/vorehelicher Geschlechtsverkehr; **casual ~** gelegentlicher Sex; **gay ~** homosexueller Geschlechtsverkehr; **unprotected ~** ungeschützter Geschlechtsverkehr; **unsafe ~** ungeschützter Sex; **to have ~** Sex haben; **to have ~ with sb** mit jdm schlafen ③ (*euph: genitals*) Geschlechtsteil[e] *nt*[*pl*], Scham *f* II. *vt* (*determine gender of*) ■**to ~ sb/an animal** jds Geschlecht *nt*/das Geschlecht eines Tieres bestimmen III. *n modifier* (*partner, hormone, life*) Sexual-;

S

(*problems*) sexuell; ~ **differences** Geschlechtsmerkmale *ntpl;* **explicit ~ scenes** eindeutige Sexszenen

◆**sex up** *vt* (*fam*) ■**to ~ up** ⊃ **sth** etw sexyer machen *fam*

sexagenarian [,seksədʒɪ'neəriən, AM -'ner-] **I.** *n* Sechzigjährige(r) *f(m)* **II.** *adj attr* sechzigjährig *attr,* in den Sechzigern *nach n*

sex aid *n* Mittel *nt* zur sexuellen Stimulation **sex appeal** *n no pl* Sexappeal *m* **sex change** *n,* **sex change operation** *n* Geschlechtsumwandlung *f* **sex discrimination** *n no pl* Diskriminierung *f* aufgrund des Geschlechts **sex drive** *n* Sexualtrieb *m,* Geschlechtstrieb *m;* **to have a high/low ~** einen starken/schwachen Geschlechtstrieb haben

sexed [sekst] *adj* **to be highly ~** einen starken Geschlechtstrieb haben

sex education *n no pl* Sexualerziehung *f,* Sexualkunde *f* **sex-equality law** *n* Gesetz *nt* zur Gleichstellung der Geschlechter **sex hormone** *n* Geschlechtshormon *nt*

sexily ['seksɪli] *adv* (*fam*) sexy; **to dress ~** sich *akk* sexy kleiden

sex industry *n* ■**the ~** die Sexindustrie

sexism ['seksɪzᵊm] *n no pl* Sexismus *m;* ***it's blatant ~ that the company has no female directors*** es ist der blanke Sexismus, dass keine Frauen in der Firmendirektion sitzen; **overt/covert ~** offener/verborgener Sexismus

sexist ['seksɪst] **I.** *adj* (*pej*) sexistisch; ~ **language** sexistische Sprache **II.** *n* Sexist(in) *m(f)*

sex kitten *n* (*esp hum*) Betthäschen *nt hum sl,* Mieze *f sl*

sexless ['seksləs] *adj* ❶ (*without gender*) geschlechtslos ❷ (*without physical attractiveness*) unerotisch ❸ (*without sexual desire*) sexuell desinteressiert

sex life *n* Sexualleben *nt* **sex-linked** *adj* geschlechtsspezifisch **sex maniac** *n* (*also hum, iron*) Sexbesessene(r) *f(m)* **sex object** *n* Sexualobjekt *nt* **sex offender** *n* Sexualtäter(in) *m(f)*

sexologist [sek'sɒlədʒɪst, AM -'ɑːlə-] *n* Sexologe, -in *m, f*

sex organ *n* Geschlechtsorgan *nt*

sexploitation [,seksplɔɪ'teɪʃᵊn] *n no pl der Sexualbereich als kommerzielles Phänomen*

sexpot *n* (*fam*) Sexbombe *f sl* **sex role** *n* Geschlechtsrolle *f,* Geschlechterrolle *f;* **male/female ~** männliches/weibliches Rollenverhalten **sex shop** *n* Sexshop *m* **sex-starved** *adj* sexhungrig **sex symbol** *n* Sexsymbol *nt*

sextant ['sekstənt] *n* Sextant *m*

sextet(te) [sek'stet] *n* ❶ (*group*) Sextett *nt* ❷ (*piece of music*) Sextett *nt;* **a ~ for strings, oboe and flute** ein Sextett für Streicher, Oboe und Flöte ❸ COMPUT Sechs-Bit-Byte *nt,* Sextett *nt*

sex therapist *n* Sexual[psycho]therapeut(in) *m(f)* **sex therapy** *n no pl* Sexual[psycho]therapie *f*

sexton ['sekstᵊn] *n* Küster *m,* Friedhofswärter *m*

sex tourism *n no pl* Sextourismus *m*

sextuplet ['sekstjʊplet, AM sek'stʌplɪt] *n* Sechsling *m*

sexual ['sekʃʊəl, AM -ʃuəl] *adj* ❶ (*referring to gender*) geschlechtlich, Geschlechts-; ~ **discrimination** Diskriminierung *f* [*o* Benachteiligung *f*] aufgrund des Geschlechts, sexuelle Benachteiligung; ~ **equality** Gleichheit *f* [*o* Gleichstellung *f*] der Geschlechter; ~ **stereotypes** sexuelle Klischeevorstellungen *fpl* ❷ (*erotic*) sexuell; ~ **attraction** sexuelle Anziehung; ~ **climax** sexueller Höhepunkt, Orgasmus *m;* ~ **desire** sexuelles Verlangen; ~ **pervert** sexuell Abartige(r) *f(m);* ~ **promiscuity** sexuelle Freizügigkeit; ~ **relations** sexuelle Beziehungen; ~ **relationship** sexuelle Beziehung; ~ **stimulation** sexuelle Erregung

sexual abuse *n no pl* sexueller Missbrauch **sexual aid** *n* Mittel *nt* zur sexuellen Stimulation **sexual assault** *n* sexueller Übergriff *f* **sexual harassment** *n no pl* sexuelle Belästigung **sexual hygiene** *n no pl* Intimhygiene *f,* Intimpflege *f* **sexual intercourse** *n no pl* Geschlechtsverkehr *m,* Intimverkehr *m*

sexuality [,sekʃu'æləti, AM -t̬i] *n no pl* Sexualität *f*

sexually ['sekʃʊəli, AM -ʃuəli] *adv* ❶ (*referring to gender*) geschlechtlich; ~ **stereotyped behaviour** [*or* AM **behavior**] geschlechtsspezifisches Verhalten; ~ **segregated school** Schule *f* mit Geschlechtertrennung ❷ (*erotically*) sexuell; ***the film director was told not to be so ~ explicit*** der Filmdirektor wurde angewiesen, auf eindeutige Sexszenen zu verzichten; ~ **aroused** sexuell erregt; ~ **attractive** sexy; ~ **suggestive** anzüglich

sexually transmitted disease *n* Geschlechtskrankheit *f*

sexual organ *n* Geschlechtsorgan *nt* **sexual orientation** *n* sexuelle Veranlagung **sexual politics** *npl Sexualität als Machtmittel im Geschlechterkampf* **sexual preference** *n* sexuelle Neigung, sexuelle Vorliebe **sexual reproduction** *n no pl* geschlechtliche Fortpflanzung **sexual revolution** *n* sexuelle Revolution

sexy ['seksi] *adj* ❶ (*fam: physically appealing*) sexy ❷ (*fam: aroused*) erregt ❸ (*fig: exciting*) aufregend, heiß *fam,* angesagt *fam;* ~ **issue** heißes Thema

SF [,es'ef] *n no pl abbrev of* **science fiction**

sh *interj,* **shh** [ʃ] *interj* pst!

Shabbat [ʃə'bæt] *n no pl* Sabbat *m*

shabbily ['ʃæbɪli] *adv* ❶ (*poorly*) ~ **dressed** ärmlich gekleidet ❷ (*unfairly*) schäbig, gemein; **to treat sb ~** sich jemandem gegenüber schäbig verhalten

shabbiness ['ʃæbɪnəs] *n no pl* Schäbigkeit *f*

shabby ['ʃæbi] *adj* ❶ (*worn*) schäbig ❷ (*poorly dressed*) ärmlich gekleidet ❸ (*unfair*) schäbig; ~ **excuse** fadenscheinige Ausrede; ~ **trick** billiger [*o* schäbiger] Trick

shabby-genteel *adj* arm aber edel

shack [ʃæk] **I.** *n* Bretterbude *f,* Hütte *f* **II.** *vi* (*fam*) ■**to ~ up together** zusammenziehen; ■**to ~ up with sb** mit jdm zusammenziehen

shacked up *adj pred, inv* ■**to be ~ with sb** mit jdm zusammenleben

shackle ['ʃækl] *vt* ❶ (*chain*) ■**to ~ sb** jdn [mit Ketten] fesseln ❷ (*fig: restrict*) ■**to ~ sb/sth** jdn/etw behindern [*o* hemmen]; ***the government is ~d by its own debts*** der Regierung sind durch eigene Schulden die Hände gebunden; **to be ~d by convention/outmoded attitudes** an Konventionen/überholten Ansichten haften

shackles ['ʃæklz] *npl* ❶ (*fetters*) Fesseln *fpl,* Ketten *fpl* ❷ (*fig: restrictions*) Fesseln *fpl,* Zwänge *mpl;* **the ~ of censorship** die Beschränkungen durch die Zensur; **the ~ of convention** gesellschaftliche Zwänge; **to shake off one's ~** seine Fesseln abstreifen

shad [ʃæd] *n* ZOOL Alse *f*

shade [ʃeɪd] **I.** *n* ❶ *no pl* (*area out of sunlight*) Schatten *m;* **an area/a patch of ~** ein schattiger Ort/ein schattiges Plätzchen; **in** [*or* **under**] **the ~** im Schatten (**of** +*gen*) ❷ *no pl* (*darker area of picture*) Schatten *m,* Schattierung *f,* Farbtönung *f;* (*quantity of black*) Bildschwarz *nt;* **light and ~** Licht und Schatten; (*fig*) Licht- und Schattenseiten; (*in music*) Kontraste *fpl* ❸ (*lampshade*) [Lampen]schirm *m* ❹ AM (*roller blind*) Rollladen *m* ❺ (*variation of colour*) Tönung *f,* Farbton *m;* ***the kitchen is painted an unusual ~ of yellow*** die Küche ist in einem ungewöhnlichen Gelb[ton] gestrichen; **~s of grey** Grautöne *mpl,* Zwischentöne *mpl;* **pastel ~s** Pastellfarben *fpl* ❻ (*variety*) Nuance *f;* **~[s] of meaning** Bedeutungsnuancen *fpl;* ***they are trying to satisfy all ~s of public opinion*** man versucht, allen Spielarten der öffentlichen Meinung gerecht zu werden ❼ (*a little*) ■**a ~** ein wenig; ***don't you think those trousers are a ~ too tight?*** ob die Hose nicht eine Idee zu stramm sitzt?; ***I suggest you move the sofa this way just a ~*** ich schlage vor, Sie schieben das Sofa leicht in diese Richtung; **a ~ under/over three hours** knapp unter/über drei Stunden ❽ (*fam: sunglasses*) ■**~s** *pl* Sonnenbrille *f* ❾ *pl* (*fam*) **~s of the Beatles!** die Beatles lassen grüßen! *fam* ❿ (*liter: ghost*) Schatten *m,* Seele *f* ⓫ (*poet: darkness*) ■**~s** *pl* Dunkel *nt kein pl;* **the ~s of night** das Schattenreich der Nacht *liter* ▶ PHRASES: **to leave** [*or* **put**] **sb/sth in the ~** jdn/etw in den Schatten stellen **II.** *vt* ❶ (*protect from brightness*) ■**to ~ sth/sb** etw/jdn [vor der Sonne] schützen; ***an avenue ~d by trees*** eine von Bäumen beschattete Allee; **to ~ one's eyes** seine Augen beschirmen ❷ (*in picture*) ■**to ~ sth** etw schattieren [*o* schraffieren] ❸ BRIT (*win narrowly*) ■**to ~ sth** bei etw *dat* mit hauchdünnem Vorsprung siegen; ***the game became close, but she ~d it*** das Spiel wurde eng, aber sie schaffte es doch noch **III.** *vi* ❶ (*alter colour*) ■**to ~ [off] into sth** allmählich in etw *akk* übergehen; ***the sky ~d from pink into dark red*** die Farbe des Himmels spielte von Rosa in Dunkelrot hinüber *geh* ❷ (*fig: gradually become*) ■**to ~ [away] into sth** allmählich in etw *akk* übergehen, allmählich etw *dat* weichen ❸ (*fig: be very similar*) ■**to ~ into sth** kaum von etw *dat* zu unterscheiden sein; ***their views ~ into those of the extreme left of the party*** ihre Ansichten waren denen der Parteilinken sehr stark angenähert

◆**shade in** *vt* ■**to ~ sth** ⊃ **in** etw dunkel [ein]färben [*o* schraffieren]

shaded ['ʃeɪdɪd] *adj* ❶ (*in shadow*) schattig, beschattet ❷ (*with shading*) dunkel getönt

shade tree *n* AM, AUS Schatten spendender Baum, Schattenspender *m*

shading ['ʃeɪdɪŋ] *n no pl* Schattierung *f*

shadow ['ʃædəʊ, AM -oʊ] **I.** *n* ❶ (*produced by light*) Schatten *m;* **to be in ~** im Schatten sein [*o* liegen]; **to cast a ~ on** [*or* **over**] **sth/sb** [s]einen Schatten auf etw/jdn werfen; (*fig*) ***her father's illness cast a ~ over the birth of the baby*** die Geburt ihres Babys war von der Krankheit ihres Vaters überschattet; ***memories of the war still cast a long/dark ~ over relations between the two countries*** die Erinnerung an den Krieg warf noch immer einen langen/dunklen Schatten auf die Beziehungen beider Länder; **to follow sb like a ~** jdm wie ein Schatten folgen; **to throw a ~ across sth** einen Schatten auf etw *akk* werfen; **in** [*or* **under**] **the ~ of sth** im Schatten von etw *dat;* **into the/out of ~s** in den/aus dem Schatten ❷ (*under eye*) Augenring *m,* Augenschatten *m;* ***she had dark ~s under her eyes*** sie hatte dunkle Ringe unter den Augen ❸ (*on X-ray*) Schatten *m* ❹ (*smallest trace*) Hauch *m,* Anflug *m;* ***there isn't even a ~ of doubt*** es besteht nicht der leiseste [*o* geringste] Zweifel ❺ (*secret follower*) Schatten *m,* Beschatter(in) *m(f);* (*constant follower*) ständiger Begleiter/ständige Begleiterin; ***Nina was her big sister's ~*** Nina wich ihrer großen Schwester nicht von der Seite ❻ (*trainee observing employee*) *Auszubildender, der einem bestimmten Angestellten zugeordnet ist und durch Beobachtung von ihm lernt* ❼ TELEK Schatten *m* ▶ PHRASES: **to be a ~ of one's former self** [nur noch] ein Schatten seiner selbst sein; **to be afraid** [*or* **frightened**] [*or* **scared**] **of one's own ~** sich *akk* vor seinem eigenen Schatten fürchten; **to be a pale ~ of sb/sth** im Vergleich zu jdm/etw schlecht abschneiden; **to be under** [*or* **in**] **sb's ~** in jds Schatten *m* stehen; **to be/live in** [*or* **under**] **the ~ of sth** von etw *dat* bedroht sein; **a ~ hangs over sb/sth** ein Schatten liegt auf jdm/etw; **to wear oneself to a ~** sich *akk* kaputtmachen [*o* gesundheitlich ruinieren] **II.** *vt* ❶ (*overshadow*) ■**to ~ sth** etw verdunkeln [*o* überschatten]; ***a glade ~ed by trees*** eine von Bäumen beschattete Lichtung ❷ (*follow secretly*) ■**to ~ sb/sth** jdn/etw beschatten; ***his every move was ~ed by a private detective*** er wurde auf Schritt und Tritt von einem Privatdetektiv beschattet ❸ SPORTS (*stay close to*) ■**to ~ sb** jdn decken [*o* bewachen] ❹ FIN (*be closely linked to*) ■**to ~ sth** mit etw *dat* verknüpft sein, mit etw *dat* einhergehen ❺ (*at work*) ■**to ~ sb** sich *akk* ständig an jdn halten **III.** *adj attr, inv* BRIT, AUS Schatten-; ~ **cabinet** Schattenkabinett *nt;* **S~ Foreign Minister** Außenminister(in) *m(f)* im Schattenkabinett

shadow-box *vi* schattenboxen **shadow-boxing** *n no pl* Schattenboxen *nt;* (*fig*) Spiegelfechterei *f*

Shadow Cabinet *n* POL ■**the ~** das Schattenkabinett **shadow puppet** *n* Schattenspielfigur *f*

shadowy [ˈʃædəʊi, AM -oʊi] *adj* ❶ (*out of sun*) schattig; (*dark*) dämmerig, düster; ~ **figure** schemenhafte Figur; (*fig*) rätselhaftes Wesen; ***King Arthur is a somewhat ~ figure*** König Artus ist historisch nicht recht fassbar; ~ **outline** Schattenriss *m;* ~ **photograph** verblasste Fotographie ❷ (*dubious*) zweifelhaft, fragwürdig

shady [ˈʃeɪdi] *adj* ❶ (*in shade*) schattig ❷ (*fam: dubious*) fragwürdig; ~ **character** fragwürdiger [*o* zweifelhafter] Charakter

shaft [ʃɑːft, AM ʃæft] **I.** *n* ❶ (*hole*) Schacht *m;* **lift** [*or* AM **elevator**] ~ Aufzugsschacht *m;* **ventilation** [*or* **air**] ~ Lüftungsschacht *m;* **well** ~ Brunnenschacht *m;* **to sink a** ~ einen Schacht abteufen ❷ (*of tool*) Schaft *m;* (*of weapon*) Schaft *m;* ~ **of an arrow** Pfeilschaft *m* ❸ (*in engine*) Welle *f* ❹ (*ray*) Strahl *m;* ~ **of sunlight** Sonnenstrahl *m* ❺ (*esp liter: witty remark*) treffende Bemerkung, schlagende Antwort; ***John came out with an unexpected ~ of wisdom*** John wartete mit einer erstaunlich klugen Pointe auf; **a scornful** ~ Pfeil *m* des Spottes; **a** ~ **of wit** Seitenhieb *m,* geistreiche Spitze; ***he demolished their arguments with devastating ~s of wit*** er zerpflückte ihre Argumente mit vernichtenden satirischen Ausfällen ❻ (*poet: arrow*) Pfeil *m* ❼ AM (*fam: unfair treatment*) **to get** [*or* **be given**] **the** ~ leer ausgehen, nicht bekommen, was einem zusteht **II.** *vt* ■ **to** ~ **sb** jdn betrügen [*o* über den Tisch ziehen]; ***we were ~ed on that deal*** wir sind bei dem Deal regelrecht abgezockt worden *fam;* ■ **to** ~ **sb out of sth** jdn um etw *akk* betrügen

shag[1] [ʃæg] BRIT, AUS **I.** *n* ❶ (*sl: act*) **to have a** ~ [**with sb**] mit jdm eine Nummer schieben *sl;* ***he just came up to me and said, "fancy a ~?"*** er kam einfach zu mir her und sagte, „wie wär's mit 'ner kleinen Bett-Einlage?" ❷ (*sl: sex partner*) Bettgenosse, -in *m, f* **II.** *vi* <-gg-> (*sl*) bumsen *derb* **III.** *vt* <-gg-> (*sl*) ■ **to** ~ **sb** jdn vögeln *derb;* ***he was later discovered ~ging one of the waitresses in the shrubbery*** er wurde später dabei erwischt, wie er es einer der Kellnerinnen im Gebüsch besorgte *sl*

shag[2] [ʃæg] **I.** *adj attr, inv* ~ **carpet** [*or* **rug**] Veloursteppich *m;* ~ **pile** Flor *m* **II.** *n no pl* Shag *m*

shag[3] [ʃæg] *n* ORN Krähenscharbe *f* ▶ PHRASES: **like a** ~ **on a rock** AUS (*sl*) völlig allein

shagged out [ʃægdˈaʊt] *adj pred* BRIT, AUS (*sl, fam!*) ausgepumpt *fam*

shaggy [ˈʃægi] *adj* ❶ (*hairy*) struppig, zottelig; **the** ~ **coat of a sheep** das Zottelfell eines Schafes; **a lion's** ~ **mane** die Zottelmähne eines Löwen; ~ **rug** Langflorteppich *m* ❷ (*unkempt*) zottig, zerzaust; ~ **hair** Zottelhaar *nt*

shaggy dog story *n* Witz *m* ohne Pointe

Shah [ʃɑː] *n* (*hist*) Schah *m*

shake [ʃeɪk] **I.** *n* ❶ (*action*) Schütteln *nt kein pl;* ***she gave the box a ~*** sie schüttelte die Schachtel; **to say sth with a** ~ **of one's head** etw mit einem Kopfschütteln sagen ❷ (*nervousness*) ■ **the ~s** *pl* das große Zittern *kein pl;* **to get/have the ~s** (*fam*) Muffensausen [*o* einen Flattermann] [*o* den Tatterich] kriegen/haben *fam* ❸ *esp* AM (*fam: milk shake*) Shake *m* ▶ PHRASES: **in two ~s** [**of a lamb's** [*or* **duck's**] **tail**] (*fam*) sofort, im Handumdrehen; **to be no great ~s as** [*or* **at**] **sth** als etw [*o* bei etw *dat*] nicht besonders gut sein **II.** *vt* <shook, shaken> ❶ (*vibrate*) ■ **to** ~ **sb/sth** jdn/etw schütteln; ***she shook her hair loose from its ribbon*** sie schüttelte das Band von ihrem Haar ab; ~ ***well before using*** vor Gebrauch gut schütteln; ■ **to** ~ **oneself** sich *akk* schütteln; ■ **to** ~ **sth over sth** etw über etw *akk* streuen; **to** ~ **buildings** *detonation* Gebäude erschüttern; **to** ~ **one's fist** [**at sb**] [jdm] mit der Faust drohen; ***the demonstrators shook their fists*** die Demonstranten schwangen die Fäuste; **to** ~ **hands** einander die Hände schütteln; **to** ~ **hands with sb, to** ~ **sb by the hand** jdm die Hand schütteln; **to** ~ **one's head** den Kopf schütteln; **to** ~ **one's hips** die Hüften schwingen; **to** ~ **sb awake** jdn wachrütteln ❷ (*undermine*) ■ **to** ~ **sth** etw erschüttern [*o* ins Wanken bringen]; ***after six defeats in a row the team's confidence has been badly ~n*** nach sechs Niederlagen in Folge ist das [Selbst]vertrauen des Teams schwer angeschlagen ❸ (*shock*) ■ **to** ~ **sb** jdn erschüttern; ***the news has ~n the whole country*** die Nachricht hat das ganze Land schwer getroffen ❹ (*fam: get rid of*) ■ **to** ~ **sth** etw loswerden [*o fig* abschütteln] [*o geh* überwinden] ▶ PHRASES: **to** ~ **a leg** (*fam*) sich *akk* beeilen; **more than you can** ~ **a stick at** (*fam*) jede Menge *fam* **III.** *vi* <shook, shaken> ❶ (*quiver*) beben; ■ **to** ~ **with sth** vor etw *dat* beben [*o* zittern]; ***the child's body shook with sobs*** das Kind bebte vor Schluchzen am ganzen Körper; ***his voice shook with emotion*** seine Stimme zitterte vor Rührung; **to** ~ **violently** heftig beben ❷ (*shiver with fear*) zittern, beben ❸ (*fam: agree*) ■ **to** ~ **[on sth]** sich *dat* [in einer Sache] die Hand reichen; ***they shook on the deal*** sie besiegelten den Deal per Handschlag ▶ PHRASES: **to** ~ **in one's boots** [*or* **shoes**] vor Angst schlottern; **to** ~ **like a leaf** [*or* BRIT, AUS **like jelly**] wie Espenlaub zittern

◆**shake down** (*fam*) **I.** *vt* AM ■ **to** ~ **down** ○ **sb/sth** jdn/etw [gründlich] ausnehmen [*o* schröpfen] *fam* **II.** *vi* ❶ (*achieve harmony*) *person* sich *akk* einleben [*o* eingewöhnen]; *situation* sich einpendeln ❷ BRIT (*spend the night*) auswärts übernachten; ***can I ~ down with you for a couple of nights?*** kann ich mich für ein paar Nächte bei dir einquartieren?

◆**shake off** *vt* ❶ (*remove*) ■ **to** ~ **off** ○ **sth** etw abschütteln ❷ (*get rid of*) ■ **to** ~ **off** ○ **sth** etw überwinden [*o* loswerden]; ■ **to** ~ **off** ○ **sb** jdn loswerden; *pursuer* jdn abschütteln; **to** ~ **off a cold** eine Erkältung loswerden; **to** ~ **off a habit** eine Angewohnheit ablegen; **to** ~ **off an illness** eine Krankheit besiegen; **to** ~ **off an image/a reputation** ein Image/einen Ruf loswerden; **to** ~ **off restraints** sich *akk* von Beschränkungen befreien

◆**shake out** *vt* ■ **to** ~ **sth** ○ **out** etw ausschütteln

◆**shake up** *vt* ❶ (*mix*) ■ **to** ~ **sth** ○ **up** etw mischen ❷ (*shock*) ■ **to** ~ **sb** ○ **up** jdn aufwühlen; (*give salutary shock*) jdn aufrütteln [*o* zur Besinnung bringen]; ***I think she was quite ~n up by the accident*** ich glaube, der Unfall hat sie ziemlich mitgenommen ❸ (*significantly alter*) ■ **to** ~ **sth** ○ **up** etw umkrempeln; (*significantly reorganize*) etw umstellen [*o* neu formieren]

shakedown [ˈʃeɪkdaʊn] AM **I.** *n* (*fam*) ❶ (*tests and trials*) Erprobung *f; machinery* Testlauf *m; aircraft* Testflug *m; vehicle* Testfahrt *f* ❷ (*extortion*) *by tricks* Abzocken *nt sl; by threats* Erpressung *f* ❸ (*police search*) Razzia *f* ❹ (*bed*) Notbett *nt* **II.** *adj attr, inv* ❶ (*settling down*) Eingewöhnungs- ❷ (*trial*) Test-, Probe-; ~ **flight** Testflug *m*

shaken [ˈʃeɪkᵊn] **I.** *vi/vt pp of* **shake II.** *adj* erschüttert, aufgewühlt; ***the child seemed nervous and visibly ~*** das Kind schien nervös und sichtlich erregt

shakeout [ˈʃeɪkaʊt] *n* ❶ ECON *wettbewerbsbedingte Veränderung der Firmenstruktur;* ~ **of staff** Personalabbau *m,* Gesundschrumpfen *nt* ❷ (*on a stock market*) Glattstellung *f*

shaker [ˈʃeɪkəʳ, AM -ɚ] *n* ❶ (*for mixing liquids*) Mixbecher *m;* **cocktail** ~ Cocktailshaker *m* ❷ (*dispenser*) **salt/pepper** ~ Salz-/Pfefferstreuer *m* ❸ (*for dice*) Würfelbecher *m*

Shakespearean, Shakespearian [ʃeɪkˈspɪəriən, AM -ˈspɪr-] **I.** *adj* Shakespeare- **II.** *n* (*expert*) Shakespearekenner(in) *m(f)*

shake-up [ˈʃeɪkʌp] *n* Veränderung *f,* Umstellung *f,* Umstrukturierung *f;* **management** ~ personelle Veränderungen *fpl* im Management; ***the firm would clearly benefit from a thorough ~ in*** [*or* ***of***] ***its public relations department*** die Firma könnte bei einer völligen Umbesetzung ihrer Werbeabteilung nur gewinnen

shakily [ˈʃeɪkɪli] *adv* ❶ (*unsteadily*) wack[e]lig; *voice, hands* zittrig ❷ (*uncertainly*) unsicher; ***their relationship has survived if somewhat ~*** ihre Beziehung hat überdauert, wenn auch etwas angeschlagen

shakiness [ˈʃeɪkɪnəs] *n no pl* ❶ (*unsteadiness*) Wack[e]ligkeit *f; voice, hands* Zittrigkeit *f* ❷ (*precariousness*) Instabilität *f,* Unsicherheit *f*

shako [ˈʃeɪkəʊ, AM koʊ] *n* FASHION Tschako *m*

shaky [ˈʃeɪki] *adj* ❶ (*unsteady*) *hands, voice, handwriting* zittrig; *ladder, table* wack[e]lig; ***his voice was a bit ~ on the high notes*** bei den hohen Tönen war seine Stimme leicht brüchig; **to be** ~ **on one's feet** unsicher auf den Beinen sein; **to feel a bit** ~ (*physically*) noch etwas wack[e]lig auf den Beinen sein; (*emotionally*) beunruhigt sein ❷ (*fig: unstable*) *basis, foundation* schwankend, unsicher; *economy, government* instabil; ***his English is rather ~*** sein Englisch ist etwas holprig; **on** ~ **ground** auf unsicherem Boden; **to get off to a** ~ **start** mühsam in Gang kommen

shale [ʃeɪl] *n no pl* Schiefer *m*

shale oil *n* Schieferöl *nt*

shall [ʃæl, ʃᵊl] *aux vb* ❶ *usu* BRIT (*future*) ■ **I ~ ...** ich werde ...; ■ **we ~ ...** wir werden ... ❷ *esp* BRIT (*ought to, must*) ■ **I/he/she ~ ...** ich/er/sie soll ...; ■ **you ~ ...** du sollst ...; ■ **we/you/they ~ ...** wir/ihr/sie sollen ... ❸ (*expressing what is mandatory*) ***it ~ be unlawful ...*** es ist verboten, ...

shallot [ʃəˈlɒt, AM -ˈlɑːt] *n* Schalotte *f*

shallow [ˈʃæləʊ, AM -oʊ] *adj* ❶ (*not deep*) seicht, flach; ~ **bath** Bad *nt* mit wenig Wasser; ~ **ditch** flacher Graben; **the** ~ **end** der seichte Rand; ~ **grave** flaches Grab; ~ **pan** flache Pfanne; ~ **pool** Planschbecken *nt,* Kinderbecken *nt;* ~ **roots** Flachwurzeln *fpl* ❷ (*light*) ~ **breathing** flacher Atem ❸ (*superficial*) oberflächlich; ~ **film/play** seichter Film/seichtes Theaterstück

shallow-fry *vt* ■ **to** ~ **sth** etw in wenig Öl braten

shallowly [ˈʃæləʊli, AM -oʊli] *adv* ❶ (*not deeply*) seicht; ***he's been breathing ~ for several hours now*** sein Atem geht seit Stunden flach ❷ (*superficially*) oberflächlich

shallowness [ˈʃæləʊnəs, AM -loʊ-] *n no pl* ❶ (*shallow depth*) Seichtheit *f;* ***the ~ of her breathing concerned the doctors*** die Ärzte waren wegen ihres flachen Atems besorgt ❷ (*superficiality*) Seichtheit *f,* Oberflächlichkeit *f*

shallows [ˈʃæləʊz, AM -loʊz] *npl* ■ **the** ~ die Untiefe *f;* ■ **in the** ~ im seichten Wasser, im flachen Gewässer

shalom [ʃæˈlɒm, AM ʃɑːˈloʊm] *interj* Schalom

shalt [ʃælt, ʃᵊlt] *aux vb* (*dated*) ***thou ~ not kill*** du sollst nicht töten; (*hum*) ***he's one of those people who believes that thou ~ not serve red wine with fish*** er gehört zu den Menschen die glauben, dass es eine Sünde ist, Rotwein zu Fisch zu reichen

sham [ʃæm] (*pej*) **I.** *n* ❶ *usu sing* (*fake thing*) Trug *m kein pl,* Täuschung *f kein pl,* Betrug *m kein pl;* ***she appears to be rich with her fine clothes, but it's only a ~*** sie sieht reich aus in ihren schönen Kleidern, aber das ist nur Schein; ***the American dream is a ~*** der amerikanische Traum ist nur ein schöner Schein ❷ *no pl* (*pretence*) Verstellung *f;* ***I have no time for all this ~*** ich habe keine Zeit für so ein Theater ❸ (*imposter*) Schwindler(in) *m(f)* **II.** *adj inv* falsch, gefälscht; ~ **deal** Scheingeschäft *nt;* ~ **sympathy** geheuchelte Sympathie; ~ **marriage** Scheinehe *f* **III.** *vt* <-mm-> ■ **to** ~ **sth** etw vortäuschen [*o* simulieren] **IV.** *vi* <-mm-> sich *akk* verstellen; ***he isn't really upset — he's just ~ming*** er ist nicht wirklich gekränkt – er tut nur so

shaman [ˈʃæmən, AM ˈʃɑː-] *n* ❶ (*ethnic priest*) Schamane *m* ❷ (*guru*) Guru *m*

shamanism [ˈʃæmənɪzᵊm, AM ˈʃɑː-] *n no pl* Schamanismus *m*

shamanistic [ʃæmənˈɪstɪk, AM ʃɑː-] *adj inv* schamanistisch

shamble [ˈʃæmbl] *vi* (*walk*) watscheln; (*shuffle*) schlurfen; **with a shambling gait** mit einem watschelnden Gang

shambles [ˈʃæmblz] *n + sing vb* (*fam*) ■ **a** ~ heilloses Durcheinander; ***the flat was a ~*** in der Wohnung herrschte ein wüstes Durcheinander; ***the morning after the party the house was a total*** [*or* ***complete***] ~ am Morgen nach dem Fest war das Haus ein einziges Schlachtfeld; **to be in a** ~ sich *akk*

in einem chaotischen Zustand befinden; **to degenerate into a ~** in ein wüstes Chaos ausarten; **to be reduced to a ~** nur noch ein einziges Chaos sein
shambolic [ʃæmˈbɒlɪk] *adj* BRIT (*fam*) chaotisch
shambolically [ʃæmˈbɒlɪkli] *adv* BRIT (*fam*) chaotisch
shame [ʃeɪm] **I.** *n no pl* ❶ (*feeling*) Scham *f*, Schamgefühl *nt*; ***have you no ~?*** schämst du dich nicht?, hast du kein Schamgefühl?; **~ *on you!*** (*also hum*) schäm dich!; **to hang/bow one's head in ~** beschämt den Kopf senken/hängen lassen; **to be filled with a deep sense of ~** sich zutiefst schämen; **to die of ~** vor Scham sterben; **to feel no ~** sich *akk* nicht schämen; **to put sb to ~** jdn beschämen; ***your cooking puts mine to ~*** deine Kochkünste lassen meine dilettantisch erscheinen ❷ (*disgrace*) Schmach *f geh*, Schande *f*; ***the ~ of the scandal was so great that he shot himself a few weeks later*** der Skandal war für ihn eine derart unerträgliche Schmach, dass er sich wenige Wochen später erschoss; ***to my ~, I said nothing*** zu meiner Schande muss ich gestehen, dass ich geschwiegen habe; **to bring ~ on sb** Schande über jdn bringen ❸ (*a pity*) Jammer *m*; ***it would be a ~ to spoil the party*** es wäre doch das Letzte, den Leuten den Spaß zu verderben *fam*; ***what a ~!*** wie schade!; **what a ~ that sth/sb ...** wie schade, dass etw/jd ...; **it's a [great] ~ that ...** es ist jammerschade, dass ...; **it's a crying ~ that ...** es ist empörend, dass ... **II.** *interj esp* BRIT pfui!; ***cries of ~*** Buhrufe *mpl* **III.** *vt* ❶ (*make ashamed*) ■**to ~ sb** jdn beschämen; ***the number of people out of work has ~d the government into taking action*** ihre Beschämung über die Zahl der Arbeitslosen hat die Regierung zum Handeln veranlasst; ***she's trying to ~ her husband out of his drinking*** sie versucht, ihren Mann vom Trinken abzubringen ❷ (*bring shame on*) ■**to ~ sb/sth** jdm/etw Schande machen; ***the city is ~d by the large number of homeless people living on its streets*** die große Zahl von Obdachlosen, die auf den Straßen leben, ist eine Schande für die Stadt ❸ (*put to shame*) ■**to ~ sb/sth** jdn/etw weit übertreffen; ***she ~s me with her efficiency*** mit ihrer Tüchtigkeit kann ich nicht mithalten; ***our neighbour's garden ~s ours*** gegen den Garten unseres Nachbarn sieht der unsrige alt aus *fam*
shamefaced [ʃeɪmˈfeɪst, AM ˈʃeɪmfeɪst] *adj* verschämt, betreten
shamefacedly [ʃeɪmˈfeɪstli, AM ˈʃeɪmfeɪ-] *adv* schamhaft, verlegen, betreten
shameful [ˈʃeɪmfᵊl] *adj* ❶ (*causing shame*) schimpflich; **~ defeat** schmachvolle Niederlage ❷ (*disgraceful*) empörend, schandbar; ■**it's ~ that ...** es ist eine Schande, dass ...
shamefully [ˈʃeɪmfᵊli] *adv* schändlich; ***I'm ~ behind with my work*** ich bin mit meiner Arbeit schmählich im Rückstand; **to be ~ neglected** sträflich vernachlässigt werden
shamefulness [ˈʃeɪmfᵊlnəs] *n no pl* ❶ (*humiliating nature*) Schmach *f* ❷ (*disgracefulness*) Schändlichkeit *f*, Anstößigkeit *f*
shameless [ˈʃeɪmləs] *adj* schamlos; **a ~ hussy** ein schamloses Flittchen *pej fam*; ■**to be ~ about sth** sich *akk* wegen einer S. *gen* nicht schämen
shamelessly [ˈʃeɪmləsli] *adv* schamlos
shamelessness [ˈʃeɪmləsnəs] *n no pl* Schamlosigkeit *f*
shammy [ˈʃæmi] *n* (*fam*), **shammy leather** *n no pl* (*fam*) Sämischleder *nt*, Wildleder *nt*
shampoo [ʃæmˈpuː] **I.** *n* ❶ *no pl* (*for hair*) Shampoo *nt* ❷ (*type*) Shampoo *nt*; **a carpet/car ~** ein Teppich-/Autoshampoo ❸ (*wash*) ***my hair needs a ~*** ich muss mir die Haare waschen; **a ~ and set** Waschen und Legen **II.** *vt* **to ~ hair** Haare shamponieren; **to ~ a sofa** ein Sofa mit einem Shampoo reinigen
shamrock [ˈʃæmrɒk, AM -rɑːk] *n* weißer Feldklee; ■**the ~** der Shamrock (*Kleeblatt als Symbol Irlands*)
shandy [ˈʃændi] *n esp* BRIT, AUS Radler *nt bes* SÜDD, Alsterwasser *nt* NORDD
shanghai [ʃæŋˈhaɪ] *n* AUS Schleuder *f*
Shangri-La [ʃæŋgriˈlɑː] *n no art* Paradies *nt*; **shopper's ~** Einkaufsparadies *nt*
shank [ʃæŋk] *n* ❶ (*of tool*) Schaft *m*, Griff *m* ❷ (*dated: leg*) Bein *nt*; (*under knee*) Unterschenkel *m*; (*shin*) Schienbein *nt*
shank's mare *n*, **shank's pony** *n no pl* (*fam*) Schusters Rappen *m*; **to use ~** auf Schusters Rappen reiten
shan't [ʃɑːnt, AM ʃænt] = **shall not** *see* **shall**
shanty[1] [ˈʃænti, AM -t̬i] *n* [Elends]hütte *f*, Baracke *f*
shanty[2] [ˈʃænti, AM -t̬i] *n* Seemannslied *nt*
shanty town *n* Elendssiedlung *f*, Barackensiedlung *f*
shape [ʃeɪp] **I.** *n* ❶ (*outline*) Form *f*; BIOL Gestalt *f*; MATH Figur *f*, Form *f*; **circular/triangular ~** Kreis-/Dreiecksform *f*; **to be different ~s** eine unterschiedliche Form haben; **to be oval/square in ~** eine ovale/quadratische Form haben; **all ~s and sizes** alle Formen und Größen; ***we sell all ~s and sizes of teddy bears*** wir verkaufen alle möglichen Teddybären; **to come in all ~s and sizes** völlig verschieden voneinander sein; **to lose its ~** die Form verlieren; **to take ~** Form annehmen; ***the vase began to take ~ in the potter's hands*** die Vase nahm unter den Händen des Töpfers Gestalt an; ***in order to tempt Faust, the devil took the ~ of a man*** um Faust zu versuchen, nahm der Teufel Menschengestalt an; ***life on earth takes many ~s*** das Leben auf der Erde ist sehr vielfältig; ■**in the ~ of sth** in Form [*o* Gestalt] einer S. *gen*; **in any ~ or form** (*fig*) in jeder Form; **out of ~** verformt; *metal* verbogen ❷ *no pl* (*nature*) Form *f*, Art *f*; ***technological developments have changed the ~ of the industry*** technologische Entwicklungen haben die Branche in ihrer ganzen Art verändert; **to show the ~ of things to come** das Gepräge der Zukunft tragen ❸ *no pl* (*condition*) **to be in bad [*or* poor]/good ~** *things* in schlechtem/gutem Zustand sein; *people* in schlechter/guter Verfassung sein; SPORTS nicht in Form/in Form sein; **to be in great ~** in Hochform sein; **to be out of ~** nicht in Form sein; **to be in no ~ to do sth** [gesundheitlich] nicht in der Verfassung sein, etw zu tun; **to get into ~** in Form kommen; **to get sb/oneself into ~** jdn/sich in Form bringen; **to get sth into ~** etw wieder auf die Reihe kriegen *sl*; **to knock [*or* whip] sth into ~** etw in Ordnung bringen; **to knock [*or* whip] sb into ~** jdn zurechtstutzen *fam* **II.** *vt* ❶ (*mould*) ■**to ~ sth** etw [aus]formen; ■**to ~ sth into sth** etw zu etw *dat* formen; ■**to ~ sth out of sth** etw aus etw *dat* formen; (*from clay*) etw aus etw *dat* modellieren ❷ (*influence*) ■**to ~ sb/sth** jdn/etw prägen; ***we are all ~d by the times in which we live*** wir sind alle geprägt von der Zeit, in der wir leben; **to ~ sb's character/personality** jds Charakter *m*/Persönlichkeit *f* formen; **to ~ one's destiny** sein Schicksal [selbst] gestalten; **to ~ a policy** eine Politik [*o* einen politischen Kurs] bestimmen ❸ (*style*) **to ~ sb's hair** jds Haar *nt* stylen ❹ (*tailor*) ■**to ~ sth** etw entwerfen; ***the skirt has been ~d so that it hangs loosely*** der Rock ist so geschnitten, dass er lose fällt **III.** *vi* sich *akk* entwickeln
◆**shape up** *vi* ❶ (*develop*) sich *akk* entwickeln; ***the election is shaping up to be a close contest*** die Wahl entwickelt sich zu einem Kopf-an-Kopf-Rennen; ■**to ~ up as sth** sich *akk* als etw herausstellen [*o* erweisen]; **to ~ up well** sich *akk* gut entwickeln; ***Colin has ~d up well in his new job*** Colin hat sich in seinem neuen Job gut gemacht *fam* ❷ (*fam: improve*) Fortschritte machen; **to ~ up one's act** *esp* AM *performance* mehr Leistung zeigen; *behaviour* sich *akk* besser benehmen; ***if the company doesn't soon ~ up its act it will go out of business*** wenn die Firma nicht endlich etwas zustande bringt, war sie die längste Zeit im Geschäft *fam* ▸ PHRASES: **~ up or ship out!** (*fam*) entweder Sie bringen endlich was oder Sie gehen! *fam*
shaped [ʃeɪpt] *adj inv* ❶ (*in shape*) geformt; **~ like a heart** herzförmig; **to be ~ like a sausage** wurstförmig sein; **oddly/perfectly ~** seltsam/vollkommen geformt ❷ (*likely to become*) ■**to be ~ like sth/sb** wie etw/jd aussehen; **to be ~ like a winner** ein Siegertyp sein
-shaped [ʃeɪpt] *in compounds* -förmig; **an L-/S-~ bend** eine L-/S-Kurve; **egg-~** eiförmig
shapeless [ˈʃeɪpləs] *adj* ❶ (*not shapely*) unförmig; **a ~ dress** ein Kleid *nt* ohne Form; **a ~ mass** eine unförmige Masse ❷ (*without shape*) formlos; ***his ideas are interesting but rather ~*** seine Ideen sind interessant, aber ziemlich vage
shapelessly [ˈʃeɪpləsli] *adv* formlos; ***her clothes hung ~ on her*** die Kleider hingen ihr lose am Körper
shapelessness [ˈʃeɪpləsnəs] *n no pl* Formlosigkeit *f*, Unstrukturiertheit *f*
shapely [ˈʃeɪpli] *adj* (*approv*) wohlgeformt; **~ legs** schöne Beine; **a ~ woman** eine gut gebaute Frau
shard [ʃɑːd, AM ʃɑːrd] *n* Scherbe *f*; **~ of metal** Metallsplitter *m*
share [ʃeəʳ, AM ʃer] **I.** *n* ❶ (*part*) Teil *m*, Anteil *m*; *of food* Portion *f*; ***she's not doing her ~ of the work*** sie macht ihren Teil der Arbeit nicht; ***he should take his ~ of the blame for what happened*** er sollte die Verantwortung für seine Mitschuld am Geschehen übernehmen; **the lion's ~ of sth** der Löwenanteil von etw *dat*; **~ of the market** Marktanteil *m*; **~ of the vote** Stimmenanteil *m*; **to go ~s on sth** sich *dat* die Kosten für etw *akk* teilen; **to have one's ~ of sth** (*also fig*) seinen Teil von etw *dat* abbekommen haben; ***they've had their ~ of trouble in the past*** sie hatten einst auch ihr Päckchen zu tragen *dat*; **to have more than one's ~ of sth** mehr von etw *dat* haben, als einem zusteht; **to have had one's fair ~ of sth** (*iron*) etw reichlich abbekommen haben; **to have had more than one's fair ~** (*iron*) etw mehr als genug haben *fam*; ■**a ~ in sth** ein Anteil *m* an etw *dat*; **to give sb a ~ in sth** jdn an etw *dat* beteiligen [*o* teilhaben lassen]; **to have a ~ in sth** an etw *dat* teilhaben ❷ *usu pl* (*in company*) Anteil *m*, Aktie *f*; **stocks and ~s** Wertpapiere *ntpl*, Effekten *pl*; **earnings per ~** Gewinn *m* pro Aktie; **A ~** A-Aktie *f*; **ordinary [*or* BRIT equity] ~** Stammaktie *f*; **deferred ordinary ~** Nachzugsaktie *f*; **listed [*or* quoted] ~** börsennotierte Aktie; **unlisted [*or* unquoted] ~** nicht notierte Aktie; **index of ~s** BRIT Aktienindex *m* **II.** *vi* ❶ (*with others*) teilen; ***you must learn to ~*** du musst lernen zu teilen; ***we don't mind sharing if there aren't enough copies for everyone*** wir teilen gern, falls es nicht genügend Exemplare für alle gibt; ***there aren't enough rooms for the children to have one each, so they have to ~*** es sind nicht genügend Zimmer für jedes Kind vorhanden – sie müssen sie sich eben teilen; **~ and ~ alike** gerecht teilen; ■**to ~ with sb** mit jdm teilen ❷ (*have part of*) ■**to ~ in sth** an etw *dat* teilhaben; ***as he found the money he should ~ in the reward*** da er das Geld gefunden hat, sollte er etwas von der Belohnung abbekommen; **to ~ in sb's joy/sorrow/triumph** die Freude/den Kummer/den Triumph mit jdm teilen ❸ (*participate*) ■**to ~ in sth** an etw *dat* beteiligt sein **III.** *vt* ❶ (*divide*) ■**to ~ sth** etw teilen; ***shall we ~ the driving?*** sollen wir uns beim Fahren abwechseln?; **to ~ the expenses** sich *dat* die Kosten teilen; **to ~ resources** Mittel gemeinsam nutzen; **to ~ responsibility** Verantwortung gemeinsam tragen; ■**to ~ sth among [*or* between] sb** etw unter jdm verteilen; ■**to ~ sth with sb** etw mit jdm teilen; ***I ~d a flat with Sue when we were at university*** als wir an der Uni waren, hatte ich mit Sue eine gemeinsame Wohnung ❷ (*have in common*) ■**to ~ sth** etw gemeinsam haben; **to ~ a birthday** am gleichen Tag Geburtstag haben; **to ~ [common] characteristics** Gemeinsamkeiten haben; **to ~ sb's concern** jds Besorgnis *f* teilen; **to ~ an experience** eine gemeinsame Erfahrung haben; **to ~ an interest** ein gemeinsames Interesse haben; **to want to ~ one's life with sb** sein Leben mit jdm teilen wollen; **to ~ sb's sorrow** jds Kummer *m* teilen; **to ~ sb's view [*or* belief]** jds Ansicht [*o* Meinung] teilen ❸ (*communicate*) ■**to ~ sth with sb** *information, news* etw an jdn weitergeben; **to ~ one's problems/thoughts**

with sb jdm seine Probleme/Gedanken anvertrauen; **to ~ a joke** einen Witz zum Besten geben; **to ~ a secret [with sb]** jdn in ein Geheimnis einweihen ► PHRASES: **a problem ~d is a problem halved** (*prov*) geteiltes Leid ist halbes Leid *prov*

◆**share out** *vt* ■**to ~ sth** ○ **out** etw aufteilen

share-based investment fund *n* Aktienfonds *m* **share capital** *n* Aktienkapital *nt*, Stammkapital *nt*; **authorized ~** genehmigtes Grundkapital; **issued ~** emittiertes Grundkapital **share certificate** *n* STOCKEX Aktienzertifikat *nt*, Anteilschein *m* **sharecropper** *n* AM *Pächter einer kleinen Farm, der die Pacht teilweise in Naturalien begleicht* **sharecropping** *n no pl* AM *Bewirtschaftung kleiner Farmen durch Pächter, die ihre Pacht mit einem Teil der Ernte bezahlen*

shared [ʃeəd, AM ʃerd] *adj inv* ① (*not singly owned*) Gemeinschafts-; **~ ownership** Gemeinschaftsbesitz *m* ② (*common*) gemeinsam

share dealing *n no pl* Aktienhandel *m* **shareholder** *n* Aktionär(in) *m(f)*, Anteilseigner(in) *m(f)* **shareholder's equity** *n* BRIT Eigenkapital *nt* **shareholding** *n* Aktienbesitz *m*, Aktienanteil *m* **share index** *n* STOCKEX Aktienindex *m* **share issue** *n* STOCKEX Aktienausgabe *f*, Aktienemission *f* **share option** *n* Aktienoption *f*, Aktienbezugsrecht *nt* **shareout** *n* ECON Verteilung *f* **share-out** *n* (*distribution*) Verteilung *f*; (*division*) Aufteilung *f*; **~ of the profits/tasks** Gewinn-/Aufgabenverteilung *f* **share price** *n* Aktienkurs *m*; **~s rise/fall** Aktienkurse steigen/fallen **share price index** *n* STOCKEX Aktienindex *m* **share register** *n* Aktienbuch *nt* **share splitting** *n* Aktiensplitting *nt* **shareware** *n no pl* COMPUT Shareware *f*

sharia(h) [ʃə'ri:ə] *n no pl* Scharia *f*

shark <*pl* -s *or* -> [ʃɑ:k, AM ʃɑ:rk] *n* ① (*fish*) Hai[fisch] *m*; **man-eating ~** menschenfressender Hai ② (*pej fam: person*) **local property ~** Immobilienhai *m*

shark fence *n Netz zum Schutz gegen Haie* **sharkskin** *n no pl* FASHION *glänzendes Gewebe aus Kunstfaser* **sharkspotter** *n* AUS *Hubschrauber, der zum Schutz der Schwimmer vor Haien den Strand überfliegt*

sharp [ʃɑ:p, AM ʃɑ:rp] **I.** *adj* ① (*cutting*) *blade, knife* scharf ② (*pointed*) *end, point* spitz; **~ features** kantige Gesichtszüge; **~ nose** spitze Nase; **~ pencil** spitzer Bleistift ③ (*acute*) **~ angle** spitzer Winkel; **~ bend** [*or* **curve**] scharfe Kurve; **to make a ~ right turn** [*or* **turn to the right**] scharf rechts abbiegen ④ (*severe*) *attack, rebuff, rebuke* scharf; ***the terrorist attack was a ~ reminder of how dangerous the world can be*** der terroristische Überfall erinnerte in drastischer Weise daran, wie gefährlich die Welt sein kann; **~ blow** heftiger [*o* starker] Schlag; **~ criticism** beißende Kritik; **to have a ~ tongue** eine scharfe [*o* spitze] Zunge haben, scharfzüngig sein; ■**to be ~ with sb** unfreundlich zu jdm sein, jdm eine schroffe Antwort geben ⑤ (*stabbing*) stechend; **~ pain** stechender Schmerz; **~ stab [of pain]** [schmerzhaftes] Stechen ⑥ (*sudden*) plötzlich; (*marked*) drastisch; **~ deterioration** drastische Verschlechterung; **~ downturn/upturn** starker Abschwung/Aufschwung; **~ drop** [*or* **fall**] [*or* **decline**] starker [*o* drastischer] Rückgang; **~ rise** [*or* **increase**] starker [*o* drastischer] Anstieg ⑦ (*clear-cut*) scharf, deutlich, klar; ***her pro-European views are in ~ contrast to those of many of her colleagues*** ihre proeuropäischen Ansichten sind denen vieler ihrer Kollegen diametral entgegengesetzt; **a ~ television picture** ein scharfes Fernsehbild; **to bring sth into ~ focus** etw klar und deutlich herausstellen ⑧ (*perceptive*) raffiniert, scharfsinnig; **~ eyes/ears** scharfe Augen/Ohren; **to have a ~ eye for sth** etw sofort erkennen; **~ mind** scharfer Verstand; **to keep a ~ watch** [*or* **eye**] **on sb/sth** jdn/etw immer im Auge behalten, jdn/etw genau beobachten ⑨ (*fam: trendy*) elegant; ***a ~-suited business executive*** ein sorgfältig gekleideter Manager; **to be a very ~ dresser** immer sehr schick angezogen sein ⑩ (*piquant*) *taste* scharf [gewürzt] ⑪ (*penetrating*) schrill; **a ~ noise** ein schrilles Geräusch; **~ voice** schrille Stimme ⑫ (*cold*) schneidend; **a ~ frost** ein durchdringender Frost ⑬ MUS **C ~** Cis *nt*; **F ~** Fis *nt*; **G ~** Gis *nt*; **D ~** Dis *nt*; ■**to be ~** zu hoch intonieren ► PHRASES: **the ~ end** (*fam: cutting edge*) das Zentrum des Geschehens; BRIT (*of ship*) Bug *m* **II.** *adv* ① *inv* (*exactly*) genau; ***the performance will start at 7.30 ~*** die Aufführung beginnt um Punkt 7.30 Uhr ② (*suddenly*) **to pull up ~** *car* scharf ranfahren *fam*; **to turn ~ right/left** scharf rechts/links abbiegen ③ MUS zu hoch; ***she sang ~ at the top notes*** bei den oberen Tönen sang sie zu hoch **III.** *n* MUS Kreuz *nt*

sharpen ['ʃɑ:pᵊn, AM 'ʃɑ:rp-] *vt* ■**to ~ sth** ① (*make sharp*) etw schärfen; **to ~ a pencil** einen Bleistift spitzen; **to ~ scissors** eine Schere schleifen; **to ~ a knife** ein Messer schärfen [*o* schleifen] [*o* wetzen] ② (*intensify*) etw verschärfen [*o* verstärken]; **to ~ one's appetite** den Appetit anregen; **to ~ competition** den Wettbewerb verschärfen; **to ~ a debate** eine Debatte verschärfen [*o fam* anheizen] ③ (*make more distinct*) etw scharf einstellen; ***how do you ~ the focus on this camera?*** wie stellt man bei dieser Kamera die Bildschärfe ein? ④ (*improve*) etw schärfen; **to ~ one's mind** den Verstand schärfen; **to ~ the senses** die Sinne schärfen; **to ~ one's skills** an seinem Können feilen ⑤ MUS etw um einen Halbton erhöhen

◆**sharpen up** **I.** *vt* ■**to ~ sth** ○ **up** ① (*improve*) etw verbessern; **to ~ up one's act** *esp* BRIT *performance* bei etw *dat* mehr Leistung zeigen; *behaviour* sich *akk* besser benehmen; ***if the company doesn't soon ~ up its act it will go out of business*** wenn die Firma nicht endlich etwas zustande bringt, war sie die längste Zeit im Geschäft; ***my sister told me to ~ up my act*** meine Schwester wollte, dass ich mich endlich am Riemen reiße ② (*make sharper*) etw schärfen [*o* schleifen] **II.** *vi* besser werden, zulegen

sharpener ['ʃɑ:pᵊnəʳ, AM 'ʃɑ:rpᵊnɚ] *n* **pencil ~** Bleistiftspitzer *m*; **knife ~** Messerschleifgerät *nt*

sharper ['ʃɑ:pəʳ, AM 'ʃɑ:rpɚ] *n* (*fam: cheat*) Betrüger(in) *m(f)*; (*at cards*) Falschspieler(in) *m(f)*

sharp-eyed *adj* scharfsichtig **sharp-featured** *adj* mit scharfen Gesichtszügen *nach n*; ■**to be ~** scharfe Gesichtszüge haben

sharpish ['ʃɑ:pɪʃ] *adv* BRIT (*fam*) schnellstmöglich; ***I think we'd better get out of here pretty ~*** ich glaube, wir sollten so schnell wie möglich von hier verschwinden

sharply ['ʃɑ:pli, AM 'ʃɑ:rp-] *adv* ① (*having an edge*) **~ pointed** scharf [zu]gespitzt ② (*severely*) scharf; **to criticize sb/sth ~** jdn/etw scharf kritisieren; **to cross-examine sb ~** jdn einem scharfen Kreuzverhör unterziehen; **a ~ worded letter** ein Brief in schneidenden Tönen ③ (*abruptly*) abrupt; (*suddenly*) plötzlich; ***she looked up ~*** sie blickte unvermittelt auf; ***I had to brake ~ to avoid running into the car in front*** ich musste voll auf die Bremse treten, um einen Aufprall auf den Wagen vor mir zu vermeiden; **to bend ~ to the left** eine scharfe Linksbiegung machen ④ (*markedly*) drastisch; **to deteriorate ~** sich *akk* drastisch verschlechtern ⑤ (*clearly*) klar, deutlich; ***men contrasted ~ with women on the issues they felt to be important*** Männer und Frauen unterschieden sich krass nach dem, was für sie wichtig war; **~ differing** deutlich unterschiedlich, stark divergierend; **to be ~ divided on sth** über etw *akk* sehr unterschiedlicher Meinung sein; **~ focused** scharf eingestellt ⑥ (*perceptively*) scharfsinnig; ***her ears are ~ attuned to her baby's cry*** sie hört sofort, wenn ihr Baby schreit; **a ~ observant comment** eine scharfsinnige Bemerkung ⑦ (*fashionably*) **~ dressed** elegant gekleidet

sharpness ['ʃɑ:pnəs, AM 'ʃɑ:rp-] *n no pl* ① (*of blade, edge, angle, point, curve*) Schärfe *f* ② (*of pain*) Heftigkeit *f*, Stärke *f*, Intensität *f* ③ (*acerbity*) Schärfe *f*, Härte *f* ④ (*markedness*) Stärke *f*, Heftigkeit *f* ⑤ (*clarity*) Schärfe *f* ⑥ (*perceptiveness*) Intelligenz *f*, Scharfsinn *m*; **~ of mind** Geistesschärfe *f*, scharfer Verstand ⑦ (*stylishness*) Eleganz *f*, Schick *m* ⑧ (*of taste*) Würzigkeit *f*, Würze *f*

sharp-nosed pliers *n* Spitzzange *f* **sharp practice** *n no pl* üble Geschäftspraktiken, Tricks *mpl* **sharpshooter** *n* Scharfschütze *m* **sharp-sighted** *adj* ① (*very observant*) scharfsichtig ② (*fig: alert*) scharfsinnig **sharp-tempered** *adj* leicht erregbar **sharp-tongued** *adj* scharfzüngig **sharp-witted** *adj* scharfsinnig

shat [ʃæt] *vi esp* BRIT *pt, pp of* **shit**

shatter ['ʃætəʳ, AM -t̬ɚ] **I.** *vi* zerspringen, zerbrechen; ***the glass ~ed into a thousand tiny pieces*** das Glas zerbrach in tausend winzige Stücke **II.** *vt* ① (*smash*) ■**to ~ sth** etw zertrümmern [*o* zerschmettern]; *health, nerves* etw zerrütten ② (*fig*) ■**to ~ sth** etw vernichten; **to ~ the calm** die Ruhe zerstören; **to ~ sb's dreams/illusions** jds Träume/Illusionen *fpl* zunichte machen; **to ~ the world record** den Weltrekord brechen ③ BRIT (*fam: exhaust*) ■**to ~ sb** jdn entkräften, jdn schlauchen; ***walking all this way in the heat has absolutely ~ed me*** ich bin ganz zerschlagen, nachdem ich bei dieser Hitze den ganzen Weg gelaufen bin

shattered ['ʃætəd, AM -t̬ɚd] *adj* (*fam*) ① (*upset*) am Boden zerstört; ***the family are just too ~ to want to talk to the press*** die Familie ist viel zu aufgelöst, um mit der Presse reden zu wollen ② BRIT (*exhausted*) völlig erschöpft, fix und fertig *präd fam*

shattering ['ʃætᵊrɪŋ, AM -t̬ɚ-] *adj* (*fam*) ① (*very upsetting*) erschütternd, aufwühlend ② (*destructive*) vernichtend, tödlich ③ BRIT (*exhausting*) aufreibend, stressig *fam*

shatterproof ['ʃætəpru:f, AM -t̬ɚ-] *adj inv* bruchsicher; **~ windscreen** splitterfreie Windschutzscheibe

shave [ʃeɪv] **I.** *n* Rasur *f*; ***I need a ~*** ich muss mich rasieren; **a close ~** eine Glattrasur [*o* gründliche Rasur]; **to have a ~** sich *akk* rasieren ► PHRASES: **a close ~** ein knappes Entkommen; **to have a close ~** mit knapper Not entkommen, gerade noch davonkommen **II.** *vi* sich *akk* rasieren; **to ~ under one's arms** sich *dat* die Achselhaare rasieren **III.** *vt* ① (*remove hair*) ■**to ~ sth/sb** etw/jdn rasieren; **to ~ one's legs** sich *dat* die Beine rasieren ② (*decrease by stated amount*) ■**to ~ sth** etw verringern, etw kürzen; ***our prices have been ~d by 5%*** unsere Preise wurden um 5 % herabgesetzt

◆**shave off** *vt* ① (*remove completely*) ■**to ~ off** ○ **sth** *hair, moustache* etw abrasieren; **to ~ off one's beard** sich *dat* den Bart abnehmen ② (*slice off*) ■**to ~ off** ○ **sth** etw abhobeln ③ (*decrease*) ■**to ~ sth off [sth]** [*or* **off sth [from sth]**] etw [von etw *dat*] abziehen; ***the new high speed trains will ~ 25 minutes off the journey time*** mit den neuen Hochgeschwindigkeitszügen verringert sich die Reisezeit um 25 Minuten

shaven ['ʃeɪvᵊn] *adj inv* rasiert; **~ head** kahl geschorener Kopf

shaven-headed *adj inv* kahl geschoren

shaver ['ʃeɪvəʳ, AM -ɚ] *n* Rasierapparat *m*

shaver outlet *n* AM, **shaver point** *n* BRIT Steckdose *f* für den Rasierapparat

Shavian ['ʃeɪviən] *adj inv* LIT ① (*by G.B. Shaw*) Shawsch ② (*referring to G.B. Shaw*) Shawisch, auf Shaw bezüglich

shaving ['ʃeɪvɪŋ] **I.** *adj attr, inv* Rasier- **II.** *n usu pl* Hobelspan *m*

shaving brush *n* Rasierpinsel *m* **shaving cream** *n* Rasiercreme *f* **shaving foam** *n no pl* Rasierschaum *m* **shaving kit** *n* Rasierzeug *nt kein pl* **shaving mirror** *n* Rasierspiegel *m* **shaving soap** *n*, **shaving stick** *n* BRIT Rasierseife *f*

shawl [ʃɔ:l, AM *esp* ʃɑ:l] *n* Schultertuch *nt*

she [ʃi:, ʃi] **I.** *part* ① (*female person, animal*) sie; ■**~ who ...** (*particular person*) diejenige, die ...; ***~ who told me this wasn't there herself*** diejenige, die mir das erzählt hat, war selber nicht anwesend; (*any person*) wer; ***~ who rocks the cradle rules the world*** die Hand an der Wiege regiert die Welt ② (*inanimate thing*) es; (*for moon*) er; (*for country*) es; (*for ship with name*) sie; (*for ship with no name*) es ③ (*of unspecified sex*) es, nimm' dein Kind nur mit, wenn du weißt, dass es dich nicht ablenkt; ***that's a cute dog! what's ~ called?*** was für ein süßer Hund! wie heißt er denn? ④ Aus, NZ (*fam: it*) es ► Phrases: **who's ~, the cat's mother?** Brit (*fam*) und wer soll sie sein? *fam;* (*expressing that she is putting on airs*) für wen hält sie sich denn? **II.** *n usu sing* ■ **a ~** (*person*) eine Sie; (*animal*) ein Weibchen *nt*

she- [ʃi:] *in compounds with animal names* (*-bear, -wolf*) weiblich

s/he [ʃi:əʳhi:, Am -əhi:] *part* er/sie

sheaf <*pl* sheaves> [ʃi:f] *n* Bündel *nt; of corn* Garbe *f*

shear <-ed, -ed *or* shorn> [ʃɪəʳ, Am ʃɪr] **I.** *vt* ① (*remove fleece*) **to ~ a sheep** ein Schaf scheren ② (*hum fam: cut hair short*) ■ **to ~ sb** jds Haare *pl* kurz scheren; ***he's been shorn*** er ist die Treppe hinuntergefallen *hum* **II.** *vi* tech abbrechen

◆**shear off I.** *vt* ① (*cut off*) **to ~ off wool** Wolle abscheren ② *usu passive* (*tear off*) ***the wing of the plane had been ~ed off*** die Tragfläche des Flugzeugs wurde abgerissen **II.** *vi* abbrechen

shearer [ˈʃɪərəʳ, Am ˈʃɪrɚ] *n* ① (*for sheep*) [Schaf]scherer *m* ② tech (*for metal*) Metallschneider *m*

shearing [ˈʃɪərɪŋ, Am ˈʃɪr-] *n no pl* Schur *f*

shears [ʃɪəz, Am ʃɪrz] *npl* tech [große] Schere; *metal* Metallschere *f,* Blechschere *f;* [**garden**] **~** Gartenschere *f*

shearwater [ˈʃɪəˌwɔ:təʳ, Am ˈʃɪrwɑ:t̬ɚ] *n* orn Sturmtaucher *m*

sheath [ʃi:θ] *n* ① (*for knife, sword*) Scheide *f* ② (*casing*) Hülle *f,* Ummantelung *f;* (*case*) Futteral *nt;* **nerve ~s** med Nervenhüllen ③ Brit (*condom*) Kondom *nt* ④ fashion **~** [**dress**] enges Kleid

sheathe [ʃi:ð] *vt* ① (*put into sheath*) **to ~ a knife/sword** ein Messer/Schwert in die Scheide stecken ② (*cover*) ■ **to ~ sth in** [*or* **with**] **sth** etw mit etw *dat* umhüllen [*o* überziehen]; **to be ~d in** [*or* **with**] **ice** eisbedeckt sein

sheathing [ˈʃi:ðɪŋ] *n* Überzug *m*

sheath knife *n* Dolch *m*

sheaves [ʃi:vz] *n pl of* **sheaf**

shebang [ʃɪˈbæŋ] *n no pl esp* Am (*fam*) Drum und Dran *nt,* Krempel *m hum sl;* ***the wedding's next week, but my parents are taking care of the whole ~*** die Hochzeit ist nächste Woche, aber meine Eltern schmeißen voll die ganze Fete *sl;* **the whole ~** der ganze Kram *fam;* **to take care of the whole ~** den ganzen Laden schmeißen *fam*

she'd [ʃi:d] ① = **she would** *see* **would** ② = **she had** *see* **have I, II**

shed[1] [ʃed] *n* Schuppen *m;* **garden ~** Gartenhäuschen *nt;* **lambing ~** Stall *m* für Lämmer; **lean-to ~** Schuppen *m* mit einem Pultdach; **tool ~** Geräteschuppen *m*

shed[2] <-dd-, shed, shed> [ʃed] **I.** *vt* ① (*cast off*) ■ **to ~ sth** etw abstoßen, etw ablegen; **to ~ its antlers** das Geweih abwerfen; **to ~ one's disguise** sich *akk* zu erkennen geben; **to ~ hair** Haare verlieren; **to ~ leaves** Blätter abwerfen; **to ~ a few pounds/kilos** ein paar Pfund/Kilo abnehmen; **to ~ one's skin** sich häuten; **to ~ one's winter coat** das Winterfell verlieren ② (*get rid of*) ■ **to ~ sth** etw ablegen; **to ~ one's insecurity/inhibitions** seine Unsicherheit/Hemmungen verlieren [*o* loswerden]; **to ~ jobs** Stellen streichen ③ (*generate*) **to ~ blood/tears** Blut/Tränen vergießen; **to ~ light** Licht verbreiten ④ Brit (*drop accidentally*) ***a lorry has ~ a load of gravel across the road*** ein LKW hat eine Ladung Kies auf der Straße verloren **II.** *vi snakes* sich häuten; *cats* haaren

she-devil *n* Teufelin *f*

sheen [ʃi:n] *n no pl* (*approv*) ① (*gloss*) Glanz *m,* Schimmer *m* ② (*fig: aura*) Patina *f*

sheep <*pl* -> [ʃi:p] *n* Schaf *nt;* **flock of ~** Schafherde *f;* **to be** [**like**] **~** *people* sich *akk* wie Schafe verhalten ► Phrases: **to separate** [*or* **tell**] [*or* **sort out**] **the ~ from the goats** die Schafe von den Böcken trennen

sheepdip *n* agr Desinfektionsbad *nt* für Schafe

sheepdog *n* Schäferhund *m* **sheep farm** *n* Schaffarm *f* **sheep farming** *n no pl* Schafzucht *f* **sheepfold** *n* Schafhürde *f*

sheepish [ˈʃi:pɪʃ] *adj* unbeholfen, belämmert *fam;* **~ smile** verlegenes Lächeln

sheepishly [ˈʃi:pɪʃli] *adv* verlegen, betreten

sheepishness [ˈʃi:pɪʃnəs] *n no pl* Verlegenheit *f,* Schüchternheit *f*

sheepshearing *n* Schafschur *f* **sheepskin** *n* Schaffell *nt,* Schafpelz *m* **sheepskin coat** *n* Schafpelzmantel *m* **sheep station** *n* Aus große Schaffarm

sheer[1] [ʃɪəʳ, Am ʃɪr] **I.** *adj* ① (*utter*) bloß, pur, rein, schier; ***the ~ size of the thing takes your breath away*** schon allein die Größe von dem Ding ist atemberaubend; **~ accident** purer Zufall; **~ blather** reines Gewäsch; **~ bliss** eine wahre Wonne; **~ boredom** schiere [*o* pure] Langeweile; **~ coincidence** reiner [*o* purer] Zufall; **~ despair** blanke [*o* schiere] Verzweiflung; **~ drudgery** reine Schinderei; **~ lunacy** purer Wahnsinn; **~ misery** blankes Elend; **~ nonsense** [*or* **rubbish**] blanker Unsinn; **~ willpower** pure Willenskraft ② (*vertical*) steil; **~ cliff** steile Klippe; **~ drop** steiles Gefälle ③ (*thin*) *material* hauchdünn; (*diaphanous*) durchscheinend **II.** *adv inv* (*liter*) steil, jäh

sheer[2] [ʃɪəʳ, Am ʃɪr] *vi* ■ **to ~ off** [*or* **away**] ① naut abscheren, abgieren ② (*avoid*) ausweichen; **to ~ away from an unpleasant topic** einem unangenehmen Thema aus dem Weg gehen

sheet [ʃi:t] **I.** *n* ① (*for bed*) Laken *nt;* **between the ~s** (*sexually*) im Bett *fam* ② (*of paper*) Blatt *nt;* (*of heavy paper*) Bogen *m;* **information ~** [Informations]blatt *nt;* **a ~ of instructions** Merkblatt *nt;* **a ~ of paper** ein Blatt *nt* Papier ③ (*of material*) Platte *f;* **~ of glass** Glasplatte *f;* **polythene ~** Polyethylenplatte *f* ④ (*large area*) ***the rain is coming down in ~s*** es regnet in Strömen; **~ of flame** Flammenwand *f;* **~ of ice** Eisschicht *f;* **~ of water** ausgedehnte Wasserfläche ⑤ (*set of stamps*) Bogen *m;* **souvenir ~** Gedenkblock *m* **II.** *vi rain* prasseln; ***the rain was ~ing against the windows*** der Regen prasselte gegen die Fenster; **to ~ down** *rain* in Strömen regnen

sheeting [ˈʃi:tɪŋ, Am -t̬ɪŋ] *n no pl* ① (*for bedsheets*) Betttuchstoff *m* ② (*thin material*) Verkleidungsmaterial *nt;* (*casing*) Verschalung *f;* **plastic ~** Plastiküberzug *m*

sheet lightning *n no pl* Wetterleuchten *nt* **sheet metal** *n* Blech *nt* **sheet music** *n* Noten *fpl,* Notenblätter *ntpl*

sheik(h) [ʃeɪk, ʃi:k, Am *esp* ʃi:k] *n* ① (*Arab leader*) Scheich *m* ② (*religious leader*) Scheich *m*

sheikhdom [ˈʃeɪkdəm, ʃi:k-, Am *esp* ˈʃi:k-] *n* Scheichtum *nt*

sheila [ˈʃi:lə] *n* Aus (*pej! sl*) Puppe *pej sl*

shekel [ˈʃekᵊl] *n* ① (*Israeli currency*) Schekel *m* ② (*hum sl*) ■ **~s** *pl* (*money*) Zaster *m kein pl*

shelf <*pl* shelves> [ʃelf] *n* ① (*for storage*) [Regal]brett *nt,* Bord *nt;* (*set of shelves*) Regal *nt;* **to buy sth off the ~** etw ab Lager kaufen; *clothing* etw von der Stange kaufen; **to stack** [*or* **stock**] **shelves** Regale einräumen ② geol (*horizontal portion of rock*) Schelf *m o nt* ► Phrases: **to be** [**left**] **on the ~** (*fam: worker*) zum alten Eisen gehören; (*girl*) eine alte Jungfer sein, sitzen geblieben sein; **to leave/put sth on the ~** etw auf die lange Bank schieben

shelf life *n no pl* Haltbarkeit *f;* comput Dauer *f* der Lagerfähigkeit; **to have a short ~** eine kurze Haltbarkeit haben; (*fig*) bald wieder in Vergessenheit geraten **shelf space** *n no pl* Regalfläche *f*

shell [ʃel] **I.** *n* ① (*exterior case*) *of an egg, nut* Schale *f; of a tortoise, turtle* Panzer *m;* (*mother of pearl*) Perlmutt *nt; of pea* Hülse *f,* Schote *f; of insect wing* Flügeldecke *f;* ***to pick up ~s on the beach*** Muscheln am Strand sammeln; **crab ~** Krebsschale *f;* **snail ~** Schneckenhaus *nt* ② (*of building*) Mauerwerk *nt;* (*unfinished building*) Rohbau *m;* (*damaged building*) Ruine *f; of vehicle* Karosserie *f;* **the burnt-out ~ of a car** ein ausgebranntes Autowrack ③ (*for artillery*) Granate *f* ④ Am (*cartridge*) Patrone *f* ⑤ (*boat*) Rennruderboot *nt* ⑥ food [**pastry**] **~** [Mürbteig]boden *m* ⑦ comput (*software*) Shell *f* ► Phrases: **to bring sb out of their ~** jdn aus der Reserve locken; **to come out of one's ~** aus sich *dat* herausgehen; **to go** [**back**] [*or* **crawl** [**back**]] [*or* **retreat**] **into one's ~** sich *akk* in sein Schneckenhaus zurückziehen **II.** *vt* ■ **to ~ sth** ① (*remove shell*) etw schälen; **to ~ nuts** Nüsse knacken; **to ~ peas** Erbsen enthülsen ② (*bombard*) etw [mit Granaten] bombardieren **III.** *vi* **to ~ easily** sich *akk* leicht schälen lassen

◆**shell out** (*fam*) **I.** *vt* ■ **to ~ sth** ↻ **out** für etw *akk* blechen *fam;* ***you'll have to ~ out a few thousand for your engine*** du wirst ein paar Tausender für deinen Motor hinlegen müssen *fam* **II.** *vi* ① (*pay*) ■ **to ~ out for sth/sb** für etw/jdn bezahlen ② comput ■ **to ~ out from sth** von etw *dat* zur Shell wechseln

she'll [ʃi:l] = **she shall, she will** *see* **will**[1], **shall**

shellac [ʃəˈlæk] *n* Schellack *m*

shellacking [ʃəˈlækɪŋ] *n usu sing* Am, Aus (*sl*) [eine Tracht] Prügel; **to give sb a ~** jdm [eine Tracht] Prügel verabreichen; **to take a ~** Prügel einstecken [*o* beziehen]

shellfire *n no pl* Geschützfeuer *nt,* Granatenbeschuss *m;* **to come under heavy ~** unter schweren Beschuss geraten **shellfish** <*pl* -> *n* Schalentier *nt*

shelling [ˈʃelɪŋ] *n no pl* (*bombardment*) Bombardierung *f;* (*shellfire*) Geschützfeuer *nt*

shell-like *n* Brit (*hum*) ***may I have a word in your ~ ear?*** wenn Sie mir huldvoll Ihr Ohr leihen würden? *hum* **shellproof** *adj* bombensicher **shell shock** *n no pl* Kriegsneurose *f* **shell-shocked** *adj* ① (*after battle*) kriegsneurotisch ② (*fam: dazed*) schockiert, völlig geschockt *fam;* ■ **to be ~** wie vom Blitz getroffen sein **shell suit** *n* Trainingsanzug *m* (*mit Wasser abweisender Nylonoberfläche*)

shelter [ˈʃeltəʳ, Am -ɚ] **I.** *n* ① *no pl* Schutz *m;* **to find ~** Schutz finden; ***we found ~ in an abandoned house*** in einem verlassenen Haus fanden wir Schutz; **to give** [*or* **provide**] **~ from sth** vor etw *dat* Schutz bieten; **to take ~** Schutz suchen ② (*structure*) Unterstand *m;* (*sth to sit in*) Häuschen *nt;* **bus ~** Häuschen *nt* an der Bushaltestelle; (*hut*) Schutzhütte *f;* mil Unterstand *m;* **air raid ~** Luftschutzraum *m;* (*building for the needy*) Heim *nt,* Unterkunft *f;* **a ~ for the homeless** ein Obdachlosenheim *nt;* **a ~ for battered wives** ein Frauenhaus *nt* **II.** *vi* Schutz suchen; **to ~ under the eaves** sich *akk* unter einen Dachvorsprung stellen; **to ~ under a tree** sich *akk* unter einen Baum flüchten; **to ~ under an umbrella** sich *akk* unter einem Schirm verstecken; ■ **to ~ from sth/sb** vor etw/jdm Schutz suchen **III.** *vt* ① (*protect*) ■ **to ~ sth/sb** [**from sth**] etw/jdn [vor etw *dat*] schützen ② Am (*from tax*) **to ~ income from tax** Einkommen steuerlich nicht abzugsfähig machen

sheltered [ˈʃeltəd, Am -ɚd] *adj* ① (*against weather*) geschützt ② (*pej: overprotected*) behütet ③ Am (*tax-protected*) steuerfrei

sheltered accomodation *n,* **sheltered housing** *n no pl* Heim *nt* **sheltered workshop** *n* Behindertenwerkstatt *f*

shelve[1] [ʃelv] *vt* ■ **to ~ sth** ① (*postpone*) etw aufschieben [*o* auf später verschieben]; pol etw vertagen; **to ~ a bill** die Beratung über einen Gesetzesentwurf verschieben ② (*erect shelves*) etw mit Regalen ausstatten

shelve[2] [ʃelv] *vi* geol abfallen

shelves [ʃelvz] *n pl of* **shelf**

shelving [ˈʃelvɪŋ] *n no pl* Regale *ntpl;* **adjustable ~** variable Regale *ntpl*

shenanigans [ʃɪˈnænɪgənz] *npl* (*pej fam*) ① (*fraud*) Betrug *m kein pl,* Betrügereien *fpl;* (*trickery*) Gaunereien *fpl,* krumme Dinger *ntpl fam* ② (*pranks*) [derbe] Späße *pl,* Streiche *pl*

shepherd [ˈʃepəd, Am -ɚd] **I.** *n* Schäfer(in) *m(f),* Schafhirte, -in *m, f;* (*fig*) [Seelen]hirte *m;* **the Lord is my ~** der Herr ist mein Hirte **II.** *vt* ① (*look after*) **to ~ sheep** Schafe hüten ② (*drive*) **to ~ a herd into sth** eine Herde in etw *akk* treiben ③ (*guide*) **to ~ sb**

towards the door jdn zur Tür führen [o begleiten]
shepherdess <pl -es> [ˌʃepəˈdes, AM ˈʃepədɪs] n Schäferin f, Schafhirtin f
shepherd's pie n *Auflauf aus Hackfleisch und Kartoffelbrei*
sherbet n, **sherbert** [ˈʃɜːbət, AM ˈʃɜːr-, -bɚt] n ① no pl BRIT, AUS (*sweet powder*) Brausepulver nt ② AM (*sorbet*) Sorbet[t] m o nt
sherd [ʃɜːd, AM ʃɜːrd] n *see* **potsherd** [Ton]scherbe f
sheriff [ˈʃerɪf] n ① AM (*law officer*) Sheriff m ② BRIT (*county official*) Grafschaftsvogt, Grafschaftsvögtin m, f ③ SCOT (*judge*) Amtsrichter(in) m(f) ④ LAW [**High**] **S~** *oberster Verwaltungsbeamter einer Grafschaft mit gerichtlichen Aufgaben*
Sherpa <pl – or -s> [ˈʃɜːpə, AM ˈʃɜːr-] n Sherpa m
sherry [ˈʃeri] n Sherry m
sherry glass n Sherryglas nt
she's [ʃiːz, ʃɪz] = she is, she has *see* **be, have I, II**
Shetland Islands npl, **Shetlands** [ˈʃetləndz] npl ■**the ~** die Shetlandinseln pl
Shetland pony n Shetlandpony nt
shew [ʃəʊ, AM ʃoʊ] vt (*dated*) *see* **show**
Shia <pl – or -s> [ˈʃiːə] n ① no pl (*branch of Islam*) Schia f ② (*muslim*) Schiit(in) m(f)
shiatsu [ʃiˈætsu, AM -ˈɑːt-] n no pl Shiatsu nt
shibboleth [ˈʃɪbəleθ, AM -bə-] n (*form*) ① (*pej: outmoded doctrine*) Klischee nt; **outworn ~** überholte [o veraltete] Ansicht, alter Zopf *fam* ② (*password*) Losungswort nt, Schibboleth nt
shicer [ˈʃaɪsəʳ] n AUS Schwindler(in) m(f), Betrüger(in) m(f)
shield [ʃiːld] I. n ① (*defensive weapon*) [Schutz]schild m ② (*with coat of arms*) [Wappen]schild m o nt ③ (*protective device*) Schutz m kein pl, Schutzvorrichtung f; (*screen*) Schutzschirm m, Schutzschild m; ELEC Abschirmung f; MIN Schutzdach nt ④ (*fig: protection*) Schutz m kein pl (**against** gegen +akk); ***the ozone layer acts as a ~ protecting the earth from the sun's radiation*** die Ozonschicht schirmt die Erde vor der Sonneneinstrahlung ab ⑤ SPORTS Trophäe f, Abzeichen nt (*in Form eines Wappenschildes*) ⑥ AM (*police officer's badge*) Polizeiabzeichen nt II. vt ① (*protect*) ■**to ~ sth/sb** [**from sth/sb**] etw/jdn [vor etw/jdm] beschützen; **to ~ one's eyes** die Augen schützen [o abschirmen]; **to ~ sb from criticism** jdn vor Kritik schützen ② COMPUT ■**to ~ sth** etw abschirmen
shield-bearer n (*hist*) Schildknappe m *hist*
shift [ʃɪft] I. vt ① (*move*) ■**to ~ sth** etw [weg]bewegen; (*move slightly*) *furniture* etw verschieben; ***we ~ed all the furniture into the spare bedroom*** wir haben die ganzen Möbel in das freie Zimmer gebracht; **to ~ sth out of the way** etw aus dem Weg räumen [o wegräumen] ② (*transfer elsewhere*) **to ~ the blame** die Schuld abwälzen; **to ~ the blame onto sb** die Schuld auf jdn abwälzen, jdm die Schuld zuschieben; **to ~ the emphasis** die Betonung [o Gewichtung] verlagern [o verändern]; **to ~ one's ground** seinen Standpunkt ändern; **to ~ one's weight** das Gewicht verlagern ③ esp AM MECH **to ~ gears** schalten ④ BRIT, AUS (*fam: get rid of*) ■**to ~ sth** etw entfernen [o *fam* wegmachen]; **to ~ stains** Flecken entfernen [o *fam* rausmachen] ⑤ BRIT, AUS (*fam: sell*) ■**to ~ sth** etw verkaufen ⑥ COMPUT ■**to ~ sth** etw umschalten II. vi ① (*move*) sich akk bewegen; (*change position*) die [o seine] Position verändern; ***it won't ~*** es lässt sich nicht bewegen; ***she ~ed uneasily from one foot to the other*** sie trat unruhig von einem Fuß auf den anderen; ***the wind is ~ing to the east*** der Wind dreht nach Osten; ***the balance of power has ~ed in China's favour*** das Gleichgewicht der Kräfte hat sich zugunsten Chinas verlagert; ***media attention has ~ed recently onto environmental issues*** die Medien haben ihr Interesse neuerdings den Umweltthemen zugewandt; ***his eyes kept ~ing to the clock*** seine Augen wanderten ständig zur Uhr ② esp AM AUTO ■**to ~ up/down** hinauf-/hinunterschalten; **to ~ into reverse** den Rückwärtsgang einlegen ③ BRIT (*sl: move over*) ***would you ~*** mach mal bitte Platz *fam*, rutsch mal rüber *fam* ④ (*dated: fend*) **to ~ for oneself** für sich akk selbst sorgen, allein zurechtkommen ⑤ BRIT (*fam: move very fast*) schnell fahren; ***that car can really ~!*** dieses Auto zieht wirklich gut III. n ① (*alteration*) Wechsel m, Änderung f; ***there was an abrupt ~ of economic policy in November*** im November kam es zu einem plötzlichen Kurswechsel in der Wirtschaftspolitik; ***a ~ in the temperature is expected tonight*** heute Nacht soll die Temperatur umschlagen; ***a fundamental ~ in people's attitudes to drinking and driving has taken place*** die Einstellung der Leute gegenüber Alkohol am Steuer hat sich grundlegend geändert; **a ~ in the balance of power** eine Verlagerung im Gleichgewicht der Kräfte; **a ~ in opinion** ein Meinungsumschwung m ② LING Lautverschiebung f; **consonant/vowel ~** Konsonanten-/Vokalverschiebung f ③ (*period of work*) Schicht f; **day/night ~** Tag-/Nachtschicht f; **to be on the night ~** Nachtschicht haben; **to work in ~s** Schicht arbeiten, Schichtdienst machen ④ + sing/pl vb (*people working a shift*) Schicht f ⑤ (*type of dress*) Hänger m
shiftily [ˈʃɪftɪli] adv (*evasively*) ausweichend; (*suspiciously*) verdächtig
shiftiness [ˈʃɪftɪnəs] n no pl Unaufrichtigkeit f, Verschlagenheit f; *of person, character* Fragwürdigkeit f
shifting [ˈʃɪftɪŋ] adj attr, inv sich akk verändernd, veränderlich; **~ values** Wertewandel m
shifting cultivation n no pl AGR Fruchtfolge f
shifting sands npl Treibsand m kein pl
shift key n *of a typewriter* Umschalter m; COMPUT Shift-Taste f, Umschalttaste f
shiftless [ˈʃɪftləs] adj (*pej: idle*) träge; (*lacking purpose*) ziellos
shift work n no pl Schichtarbeit f, Schichtdienst m
shift-worker n Schichtarbeiter(in) m(f)
shifty [ˈʃɪfti] adj verschlagen, falsch, hinterhältig; **~ eyes** unsteter Blick; **to look ~** verdächtig aussehen
shifty-eyed adj ■**to be ~** unstet [o rastlos] umherblicken; ***she avoided the ~ man*** sie vermied den Mann, der ständig seine Blicke umherschweifen ließ
shifty-looking adj verdächtig aussehend *attr*
Shiism [ˈʃiːɪzəm] n no pl Schiismus m
Shiite [ˈʃiːaɪt] I. n Schiit(in) m(f) II. adj inv schiitisch
shill [ʃɪl] n AM (*fam*) Zugpferd nt *fig*
shilling [ˈʃɪlɪŋ] n (*hist*) Schilling m (*alte britische Münze im Wert von 5 Pence*)
shilly-shally <-ie-> [ˈʃɪliˌʃæli] vi (*pej fam*) unentschlossen sein, schwanken
shimmer [ˈʃɪməʳ, AM -ɚ] I. vi schimmern; **~ing heat haze** flimmernde [o flirrende] Hitze II. n *usu sing* Schimmer m, Schimmern nt
shimmy [ˈʃɪmi] I. n ① (*dance*) ■**the ~** der Shimmy; **to do the ~** den Shimmy tanzen ② no pl TECH Flattern nt II. vi <-ie-> ① (*dance the shimmy*) den Shimmy tanzen; (*walk with sway*) *sich beim Gehen in den Hüften wiegen*; ***she shimmied through the door*** mit einem eleganten Hüftschwung ging sie durch die Tür ② TECH (*shake*) *wheel* flattern; (*vibrate*) *wheel* vibrieren
shin [ʃɪn] I. n ① (*of leg*) Schienbein nt; **to kick sb on the ~** jdm gegen das Schienbein treten ② no pl (*of beef*) Hachse f; **a ~ of beef** eine Rinderhachse II. vi <-nn-> ■**to ~ down** [**sth**] [rasch] [etw] hinunterklettern; ■**to ~ up** [**sth**] [rasch] [auf etw akk] hinaufklettern
shin bone n Schienbein nt, Schienbeinknochen m
shindig [ˈʃɪndɪg] n (*fam*), **shindy** [ˈʃɪndi] n (*fam*) ① (*loud party*) [wilde] Party [o *fam* Fete] ② (*argument*) erregte Auseinandersetzung, Krach m *fam*; **to kick up a ~** lautstark protestieren, Krach schlagen *fam*
shine [ʃaɪn] I. n no pl Glanz m ▶ PHRASES: [**come**] **rain or ~** komme, was da wolle; **to take a ~ to sb** jdn ins Herz schließen II. vi <shone or shined, shone or shined> ① (*give off light*) *moon, sun* scheinen; *stars* glänzen, leuchten; *gold, metal* glänzen; *light* leuchten, scheinen; ***the floodlights shining on the Parthenon*** das Flutlicht, das den Parthenon anstrahlt; ***the light shone in my eyes*** das Licht schien mir in die Augen; ***their bodies were shining with sweat*** ihre Körper glänzten vor Schweiß; ***he polished the brass till it shone*** er polierte das Messing, bis es glänzte ② (*fig: be gifted*) glänzen, brillieren; ***she ~s at science*** sie ist hervorragend in Naturwissenschaften ③ (*fig: show happiness*) ***her eyes shone with happiness*** ihre Augen strahlten vor Glück; (*be obvious*) ***her honesty and sincerity ~ out of her*** sie strahlt Ehrlichkeit und Aufrichtigkeit aus III. vt <shone or shined, shone or shined> ① (*point light*) **to ~ a beam of light at sth/sb** etw/jdn anstrahlen; **to ~ a light down a well** in einen Brunnen hinunterleuchten; **to ~ a torch** [or AM **flashlight**] **into sth** in etw akk hineinleuchten; **to ~ a torch** [or AM **flashlight**] **on**[**to**] **sth/sb** etw/jdn mit einer Taschenlampe anstrahlen ② (*polish*) ■**to ~ sth** etw polieren; **to ~ shoes** Schuhe polieren
◆**shine out** vi ① (*be easily seen*) [auf]leuchten ② (*fig: excel, stand out*) herausragen
◆**shine through** vi gut sichtbar sein, auffallen; ■**to ~ through sth** durch etw akk [hin]durchscheinen
shiner [ˈʃaɪnəʳ, AM -ɚ] n (*fam*) blaues Auge, Veilchen nt *fam*
shingle [ˈʃɪŋgl] n ① no pl (*pebbles*) Kies m; **~ beach** Kiesstrand m ② (*tile*) Schindel f
shingle roof n Schindeldach nt
shingles [ˈʃɪŋglz] npl + sing vb MED Gürtelrose f, Zoster m *fachspr*
shingly [ˈʃɪŋgli] adj kiesig, Kies-; **~ beach** Kiesstrand m
shininess [ˈʃaɪnɪnəs] n no pl Glanz m, Glänzen nt
shining [ˈʃaɪnɪŋ] adj ① (*gleaming*) glänzend ② (*with happiness*) strahlend; **~ eyes** strahlende Augen ③ (*outstanding*) hervorragend; **~ example** leuchtendes [o glänzendes] Beispiel ▶ PHRASES: **a knight in ~ armour** ein edler Ritter
shinny <-ie-> [ˈʃɪni] vi AM, AUS (*shin*) klettern; ■**to ~ up/down sth** etw hinauf-/hinunterklettern
shin splints npl + sing/pl vb *Entzündung der Schienbein- und Zehenstreckmuskeln*
Shinto [ˈʃɪntəʊ, AM -toʊ] n, **Shintoism** [ˈʃɪntəʊɪzəm, AM -toʊ-] n no pl Schintoismus m
shinty [ˈʃɪnti] n SPORTS *Variante des Hockeyspiels*
shiny [ˈʃaɪni] adj glänzend; (*very clean*) *surface, metal* [spiegel]blank; **~ bright** hell leuchtend *attr*, hell glänzend *attr*; **a ~ bright silver dollar** ein blanker Silberdollar; ■**to be ~** glänzen
ship [ʃɪp] I. n Schiff nt; **~'s papers** Schiffspapiere pl; **passenger ~** Passagierschiff nt; **merchant ~** Handelsschiff nt; **naval ~** Schiff nt der Marine; **sailing ~** Segelschiff nt; **to board a ~** an Bord eines Schiffes gehen; **to jump ~** ohne Erlaubnis abheuern; ■**by ~** mit dem Schiff; (*goods*) per Schiff II. vt <-pp-> ■**to ~ sth** ① (*send by boat*) etw verschiffen, etw per Schiff versenden; **to ~ freight** [or **merchandise**] Frachtgut [o Waren] verschiffen ② (*transport*) etw transportieren [o befördern]
◆**ship in** vt ■**to ~ sth** ↔ **in** etw einschiffen, etw per Schiff einführen
◆**ship off** vt ① (*send by ship*) ■**to ~ off** ↔ **sb/sth** jdn/etw verschiffen; **to ~ off goods** Waren per Schiff verschicken ② (*fam: send away*) ■**to ~ off** ↔ **sb** jdn wegschicken; ***the children had already been ~ped off to stay with their grandparents*** die Kinder hatte man bereits zu den Großeltern geschickt
◆**ship out** I. vt ■**to ~ out sth** [or **to ~ sth out**] etw per Schiff senden [o schicken] II. vi (*fam*) sich akk verziehen *fam*
shipboard adj attr, inv Bord-; **~ activities** Veranstaltungen fpl an Bord [eines Schiffes]; **a ~ romance** eine Liebesaffäre während einer Schiffsreise **shipbuilder** n ① (*person*) Schiff[s]bauer(in) m(f) ② (*business*) Schiff[s]baufirma f, Werft f **shipbuilding** n no pl Schiffbau m **ship canal** n Schifffahrtskanal m **ship chandler** n ① (*person*) Schiffsausrüster(in) m(f) ② (*business*) Schiffsausrüster m **shipload** n Schiffsladung f **shipmate** n

S

Schiffskamerad(in) *m(f)*

shipment ['ʃɪpmənt] *n* ① *(consignment)* Sendung *f*, Ladung *f* ② *no pl (dispatching)* Transport *m*, Versand *m*

ship-owner *n* ① *(inland navigation)* Schiffseigner(in) *m(f)* ② *(ocean navigation)* Reeder(in) *m(f)*

shipper ['ʃɪpəʳ, AM -ɚ] *n* ① *(person)* Spediteur(in) *m(f)*, Befrachter(in) *m(f)* ② *(business)* Spediteur *m*; **wine** ~ Weinlieferant *m*

shipping ['ʃɪpɪŋ] *n no pl* ① *(ships)* Schiffe *ntpl* [eines Landes]; ***this stretch of water is heavily used by*** ~ dies ist eine stark befahrene Wasserstraße; **weather forecast for** ~ Seewetterbericht *m* ② *(transportation of goods)* Versand *m*, Transport *m*; *(by ship)* Verschiffung *f*

shipping agency *n* Schiffsagentur *f*; *(courier)* Zustelldienst *m*, Kurierdienst *m*; *(for packages also)* Paketdienst *m* **shipping agent** *n* ① *(courier)* Zustelldienst *m*, Kurierdienst *m* ② *(shipper)* Schiffsagent(in) *m(f)*; *(company also)* Seehafenspediteur *m* **shipping and handling** *n no pl* Porto *nt* und Versand *m* **shipping clerk** *n* Expedient(in) *m(f)* **shipping company** *n* Reederei *f* **shipping expenses** *npl* Versandkosten *pl* **shipping lane** *n* Schifffahrtsweg *m* **shipping line** *n* Schifffahrtslinie *f* **shipping master** *n* Seeamtsleiter(in) *m(f)*; *(shipping agent)* Schiffsmakler(in) *m(f)* **shipping office** *n* ① *(of shipping master)* Seemannsamt *nt*, [staatlich überwachtes] Heuerbüro *nt* ② *(of shipping agent)* Schiffsmaklerbüro *nt*, Schiffsagentur *f* ③ *(courier)* Kurierdienst *m*; *(for packages also)* Paketdienst *m* **shipping terminal** *n* Einschiffungshafen *m*

ship's biscuit *n no pl esp* BRIT Schiffszwieback *m* **ship's captain** *n* Schiffskapitän(in) *m(f)* **ship's chandler** *n* ① *(person)* Schiffsausrüster(in) *m(f)* ② *(business)* Schiffsausrüster *m* **ship's chaplain** *n* Schiffsgeistliche(r) *m* **ship's crew** *n + sing/pl vb* Schiffsmannschaft *f*, Schiffsbesatzung *f*, Crew *f*

shipshape *adj pred (fam)* aufgeräumt; **to get sth** ~ etw aufräumen ► PHRASES: ~ **and Bristol fashion!** BRIT *(dated)* in tadellosem Zustand, tadellos!

ship's log *n* Logbuch *nt*, Schiffstagebuch *nt*; **to write up the** ~ das Logbuch führen

ship-to-shore *adj inv* ~ **attack** Beschießung *f* der Küste von See aus; ~ **radio** Seefunk *m* **shipway** *n* NAUT Stapel *m*, Helling *f* **shipwreck** I. *n* ① *(accident)* Schiffbruch *m*; ***the danger of*** ~ ***is much greater in fog*** die Gefahr, Schiffbruch zu erleiden, ist bei Nebel weitaus größer ② *(remains)* [Schiffs]wrack *nt* II. *vt usu passive* ■**to be** ~**ed** ① NAUT Schiffbruch erleiden ② *(fig: fail)* Schiffbruch erleiden, scheitern **shipwrecked** *adj inv* schiffbrüchig; **a** ~ **sailor** ein schiffbrüchiger Seemann **shipwright** ['ʃɪpraɪt] *n* Schiffszimmermann **shipyard** *n* [Schiffs]werft *f*

shire ['ʃaɪəʳ] *n* BRIT *(hist)* Grafschaft *f*

shire county *n* BRIT ländliche Grafschaft **shire horse** *n* Shire[horse] *nt (schweres englisches Zugpferd)*

shirk [ʃɜːk, AM ʃɜːrk] *(pej)* I. *vt* ■**to** ~ **sth** etw meiden; **to** ~ **one's responsibilities** sich *akk* seiner Verantwortung entziehen II. *vi* ■**to** ~ **from sth** etw meiden, sich *akk* etw *dat* entziehen

shirker ['ʃɜːkəʳ, AM 'ʃɜːrkɚ] *n (pej)* Drückeberger(in) *m(f) fam*; ***she is no*** ~ ***of a tough decision*** sie scheut vor unangenehmen Entscheidungen nicht zurück

shirt [ʃɜːt, AM ʃɜːrt] *n (with buttons)* Hemd *nt*; *(without buttons)* Pulli *m*; **silk** ~ Seidenhemd *nt*; **short-/long-sleeved** ~ kurzärmeliges/langärmeliges Hemd ► PHRASES: **to give sb the** ~ **off one's back** sein letztes Hemd für jdn hergeben *fam*; **to have the** ~ **off sb's back** jdm das Hemd über den Kopf ziehen *fam*; **keep your** ~ **on!** *(stay calm)* reg dich ab!; *(have patience)* einen Moment bitte!; **to lose one's** ~ sein ganzes Geld verlieren; **to put one's** ~ **on sth** BRIT sich *dat* einer S. *gen* sicher sein, auf etw *akk* wetten *fam*

shirt collar *n* Hemdkragen *m* **shirtdress** ['ʃɜːtˌdres, AM 'ʃɜːrt-] *n* Hemdkleid *nt* **shirt front** *n* Hemdbrust *f*

shirting ['ʃɜːtɪŋ, AM 'ʃɜːrt̬-] *n no pl* Hemdenstoff *m*

shirt pocket *n* Hemdtasche *f* **shirtsleeve** *n usu pl* Hemdsärmel *m*, Hemdärmel *m* ÖSTERR; **to be in** ~**s** in Hemdsärmeln sein ► PHRASES: **to roll up one's** ~**s** die Ärmel hochkrempeln *fam* **shirtsleeved** *adj inv* in Hemdsärmeln *nach n* **shirt tail** *n usu pl* Hemd[en]schoß *m* **shirtwaist** *n esp* AM Hemdbluse *f* **shirtwaister** *n* Hemdblusenkleid *nt*

shirty ['ʃɜːti] *adj* BRIT, AUS *(pej fam)* verärgert, sauer *sl*; ***don't get*** ~ ***with me!*** sei nicht so griesgrämig! *fam*

shish kebab ['ʃiːʃkɪˌbæb, AM 'ʃɪʃkəˌbɑːb] *n* Schaschlik *nt*

shit [ʃɪt] *(fam!)* I. *n* ① *no pl (faeces)* Scheiße *f derb*, Kacke *f derb*; **dog** ~ Hundescheiße *f derb*, Hundekacke *f fam*; **to have** [*or* AM **take**] **a** ~ scheißen *derb* ② *(diarrhoea)* ■**the** ~**s** *pl* Dünnschiss *m kein pl derb*, Durchfall *m kein pl* ③ *no pl (nonsense)* Scheiße *m derb*, Quatsch *m fam*; **a load of** ~ ein einziger Mist *derb*, ein Haufen *m* Scheiße *derb* ④ *no pl (flak)* Anschiss *m sl*; ***Nicky gets a lot of*** ~ ***from his parents*** Nicky muss sich von seinen Eltern ganz schön was anhören *fam* ⑤ *no pl (unfairness)* Ungerechtigkeit *f*; ***Jackie doesn't take any*** ~ ***from anyone*** Jackie lässt sich von niemandem was gefallen *fam* ⑥ *no pl* AM *(anything)* ***he doesn't know*** ~ ***about what's going on*** er hat keinen blassen Schimmer, was los ist *fam* ⑦ *no pl esp* AM *(things)* Zeug *nt kein pl fam*; ***quit doing that*** ~ hör auf, so einen Quatsch zu machen *fam* ⑧ *(pej!: contemptible person)* Scheißkerl *m fam*, Arschloch *nt derb*; **little** ~ kleines Arschloch ⑨ *no pl (cannabis)* Haschisch *nt* ► PHRASES: **to have** ~ **for brains** nur Stroh im Kopf haben *fam*; **to be up** ~[**s**] **creek** [**without a paddle**] [tief] in der Scheiße stecken *derb*; **big** ~! scheißegal! *derb*; **to get one's** ~ **together** *esp* AM *(fam!)* besser werden, sich *akk* zusammenreißen; **to have one's** ~ **together** *esp* AM *(approv)* etw zustande bringen; **to beat** [*or* **kick**] [*or* **knock**] **the** ~ **out of sb** jdn zu Hackfleisch machen *derb*, jdm die Eier polieren *derb*; **eat** ~! AM leck mich am Arsch! *derb*; **go eat** ~! verpiss dich! *derb*; [**the**] ~ **flies** [*or* **hits the fan**] es gibt Ärger; ***if Dad finds out how much money you've spent, the*** ~ ***will really hit the fan*** wenn Papa rausfindet, wie viel Geld du ausgegeben hast, dann kannst du dich auf was gefasst machen *fam*; **to frighten** [*or* **scare**] **the** ~ **out of sb** jdn zu Tode erschrecken; **to give sb the** ~**s** AUS jdn ärgern; **to not give a** ~ **about sth/sb** sich *akk* einen Dreck um etw/jdn scheren *derb*; ***I couldn't give a*** ~ [***about***] ***what happens to her now*** es ist mir scheißegal, was jetzt mit ihr passiert *derb*; **to shoot the** ~ AM plaudern; **no** ~! tatsächlich? *a. iron* II. *interj* Scheiße *derb* III. *vi* <-tt-, shit *or* shitted *or* BRIT *also* shat, shit *or* shitted *or* BRIT *also* shat> scheißen *derb*; **to need to** ~ dringend müssen *fam*; ■**to** ~ **on sb** *esp* AM *(fig sl)* jdn wie Dreck behandeln *fam* IV. *vt* <-tt-, shit *or* shitted *or* BRIT *also* shat, shit *or* shitted *or* BRIT *also* shat> ① *esp* AM *(scare)* **to** ~ **bricks** [*or* **a brick**] zu Tode erschrocken sein, sich *dat* vor Angst in die Hosen machen *fam*; ■**to** ~ **oneself** sich *dat* in die Hosen machen *fam* ② *(vulg sl: bullshit)* ■**to** ~ **sb** jdn verarschen *derb* V. *adv* **to be** ~ **out of luck** *(fam!)* ein Scheißpech haben *derb*

shitbag *n (pej! sl)* Scheißkerl *m derb*

shite [ʃaɪt] BRIT I. *n* ① *no pl (fam!: shit)* Scheiße *f derb*, Kacke *f derb* ② *no pl (fam!: rubbish)* Scheiße *f derb*; **a pile of** ~ ein Haufen *m* Scheiße *derb* ③ *(pej! fam!: person)* Scheißkerl *m derb*, Arschloch *nt derb* II. *interj (fam!)* Scheiße *derb*

shit-eating grin *n* AM *(fam!)* überhebliches [*o* arrogantes] Lächeln; **to have** [*or* **wear**] **a** ~ überheblich lächeln **shitface** *n (pej! fam!)* Arschloch *nt derb*, Scheißkerl *m derb* **shit-faced** *adj (fam!)* stockbesoffen *fam* **shithead** *n (pej! fam!)* Scheißkerl *m pej derb*, Mistkerl *m pej derb* **shithole** *n (pej! fam!)* Loch *nt fam*, Bruchbude *f sl* **shithouse** *n (fam!)* ① *(outhouse)* Scheißhaus *nt derb* ② *(pej: disgusting place)* Loch *nt fam*, Bruchbude *f sl*; ***those unofficial casinos are complete*** ~***s*** diese inoffiziellen Casinos sind die letzten Bruchbuden *fam* ► PHRASES: **to be in the** ~ in der Scheiße stecken *derb* **shitkickers** *npl* Springerstiefel *mpl*

shitless ['ʃɪtləs] *adj inv* ► PHRASES: **to be bored** ~ *(fam!)* sich sträflich [*o* zu Tode] langweilen

shitlist *n* AM *(pej! fam!)* schwarze Liste *fam*; ***he's on my*** ~ bei mir ist er unten durch **shitload** *n no pl (fam!)* Haufen *m fam*; **to be in a** ~ **of trouble** jede Menge [*o* einen Haufen] Ärger haben *fam* **shit stirrer** *n* BRIT *(fam!)* Denunziant(in) *m(f)* **shit stirring** *n no pl* BRIT *(fam!)* Denunzierung *f*

shitty ['ʃɪti, AM -t̬-] *adj (fam!)* ① *(nasty)* beschissen *derb* ② *(ill)* beschissen *derb*; **to feel** ~ sich *akk* beschissen fühlen

shiver ['ʃɪvəʳ, AM -ɚ] I. *n* ① *(shudder)* Schauder *m*, Schauer *m*; ***a*** ~ ***went up and down my spine*** mir lief es kalt den Rücken hinunter; ***a*** ~ ***ran through the leaves*** die Blätter erzitterten; **to feel a** ~ erschaudern ② MED ■**the** ~**s** *pl* Schüttelfrost *m kein pl*; **to give sb the** ~**s** *(fig fam)* jdn das Fürchten lehren II. *vi* zittern; **to** ~ **with cold** frösteln; ***he*** ~***ed with cold in his thin cotton shirt*** ihn fröstelte in seinem dünnen Baumwollhemd; **to** ~ **like a leaf** [*or* **jelly**] wie Espenlaub zittern

shivery ['ʃɪvəri, AM -ɚi] *adj* fröstelnd; **to be/feel** ~ frösteln

shivoo [ʃɪ'vuː] *n* AUS *(fam)* Party *f*, Fete *f fam*

shlep <-pp-> *vt/vi* AM *(fam)* see **schlep(p)**

shoal¹ [ʃəʊl, AM ʃoʊl] *n* ① *(of fish)* Schwarm *m*; ■**in** ~**s** in Schwärmen ② *(many)* ■~**s of ...** *pl* Massen von ... [*o* Unmengen]; ■**in** ~**s** in Scharen, massenweise

shoal² [ʃəʊl, AM ʃoʊl] I. *n* ① *(area of shallow water)* seichte Stelle ② *(sand bank)* Sandbank *f* II. *vi water* flacher werden

shock¹ [ʃɒk, AM ʃɑːk] I. *n* ① *(unpleasant surprise)* Schock *m*; ***be prepared for a*** ~ mach dich auf etwas Schlimmes gefasst; ***she slowly recovered from the*** ~ ***of losing her husband*** sie erholte sich nur langsam von dem Schock, den der Verlust ihres Mannes für sie bedeutete; ***it was a*** ~ ***to see her look so ill*** es war erschreckend, sie so krank zu sehen; ***this gave me a*** ~ das hat mir einen Schock versetzt; **the** ~ **of one's life** der Schock seines Lebens; **to give sb the** ~ **of their life** jdn zu Tode erschrecken; **look of** ~ entsetzter Blick; **a** ~ **to the system** eine schwierige Umstellung; **to come as a** ~ ein Schock [*o* schwerer Schlag] sein; **to get a** ~ einen Schock bekommen ② *(fam: electric shock)* Elektroschock *m*, elektrischer Schlag ③ *no pl (serious health condition)* Schock[zustand] *m*; ***the survivors were taken to hospital suffering from*** ~ die Überlebenden wurden mit einem Schock ins Krankenhaus eingeliefert; **in** [**a state of**] ~ in einem Schockzustand; **to be in** [**a state of**] ~ unter Schock stehen ④ *no pl (impact)* Aufprall *m*, Stoß *m* ⑤ *usu pl (fam: shock absorber)* Stoßdämpfer *m* ► PHRASES: ~, **horror!** *(iron)* oh Schreck, oh Graus! *hum* II. *vt* ■**to** ~ **sb** jdn schockieren; ***it*** ~***s him to hear women talking about sex*** es schockiert ihn, Frauen über Sex reden zu hören; **to** ~ **sb deeply** [*or* **profoundly**] jdn zutiefst erschüttern III. *vi* schockieren; *(deeply)* erschüttern; ***the play is intended to*** ~ das Stück soll schockieren [*o* provozieren] IV. *adj attr, inv esp* BRIT, AUS *(surprising)* überraschend, unerwartet; ~ **defeat** völlig unerwartete Niederlage; *(frightening)* erschreckend; ***another*** ~ ***fall in the value of the euro*** wieder ein erschreckender Kursverlust des Euro

shock² [ʃɒk, AM ʃɑːk] *n* ~ **of hair** [Haar]schopf *m*

shockable ['ʃɒkəbl, AM 'ʃɑːk-] *adj (fam)* ■**to be** ~ leicht zu schockieren [*o* erschüttern] sein; **to be easily** ~ leicht aus der Fassung zu bringen sein

shock absorber *n* AUTO Stoßdämpfer *m*

shocked [ʃɒkt, AM ʃɑːkt] *adj* schockiert, entsetzt; ***we were*** ~ ***to see smoke pouring out of a hole in our roof*** wir waren entsetzt, als wir sahen, wie Rauch aus einem Loch in unserem Dach drang; **a** ~ **silence** erschrockenes Schweigen

shocker ['ʃɒkəʳ, AM 'ʃɑːkɚ] *n (fam)* ① *(shocking*

thing) Schocker *m fam;* ***the Sun's headline was a deliberate ~*** die Schlagzeile der Sun sollte schockieren ② (*very bad thing*) Katastrophe *f;* ***the match was a ~*** das Match war katastrophal [*o* schrecklich] ③ (*crazy person*) abgedrehter Typ *sl;* **to be a ~** die Leute schockieren *fam*

shock-headed *adj inv* strubbelig; ■**to be ~** strubbelige Haare [*o* einen Strubbelkopf] haben

shocking ['ʃɒkɪŋ, AM 'ʃɑ:k-] *adj* ① (*distressing*) schockierend; **~ accident** entsetzlicher Unfall; **~ news** schockierende Nachricht ② *esp* AM (*surprising*) völlig überraschend ③ (*offensive*) schockierend; **~ affront** unerhörte Beleidigung; **~ crime** abscheuliches Verbrechen; **~ scene** anstößige Szene ④ *esp* BRIT (*fam: appallingly bad*) schrecklich, furchtbar; ***my memory is ~*** ich habe ein furchtbar schlechtes Gedächtnis; ***what ~ weather!*** was für ein scheußliches Wetter!; **to be in a ~ state** in sehr schlechter Verfassung sein

shockingly ['ʃɒkɪŋli, AM 'ʃɑ:k-] *adv* ① (*distressingly*) erschreckend; ***the animals had been ~ mistreated*** die Tiere waren schrecklich misshandelt worden; ***stories of battered children are ~ familiar*** Geschichten über misshandelte Kinder sind uns leider nur allzu vertraut; **~ realistic** erschreckend realistisch ② (*extremely*) extrem; ***they charge ~ high prices*** sie verlangen unverschämt hohe Preise; **~ bad** furchtbar schlecht

shocking pink I. *n no pl* Bonbonrosa *nt* II. *adj inv* bonbonrosa

shockproof *adj inv* ① (*undamageable*) bruchsicher, stoßsicher; **~ watch** stoßfeste Uhr ② (*not producing electric shock*) berührungssicher **shock tactics** *npl* Stoßtaktik *f* **shock therapy** *n,* **shock treatment** *n* Schocktherapie *f,* Schockbehandlung *f* **shock troops** *npl* Stoßtruppen *fpl* **shock wave** *n* ① PHYS Druckwelle *f* ② (*fig*) Welle *f* der Erschütterung; ***the news sent ~s through the financial world*** die Nachricht erschütterte die Finanzwelt

shod [ʃɒd, AM ʃɑ:d] I. *pt, pp of* **shoe** II. *adj inv* beschuht; **~ in boots** in Stiefeln; ***he went riding, ~ in leather boots*** er ritt in Lederstiefeln aus; **to be well-/poorly ~** gute/schlechte Schuhe tragen

shoddily ['ʃɒdɪli, AM 'ʃɑ:d-] *adv* (*pej*) ① (*slipshod*) schlampig *fam;* **to be ~ made** schlecht gemacht sein *fam* ② (*inconsiderately*) schäbig; **to treat sb ~** jdn schäbig behandeln

shoddiness ['ʃɒdɪnəs, AM 'ʃɑ:d-] *n no pl* (*pej*) ① (*bad quality*) schlechte Qualität; *of goods* Minderwertigkeit *f* ② (*lack of respect*) Schäbigkeit *f*

shoddy ['ʃɒdi, AM 'ʃɑ:di] *adj* (*pej*) ① (*poorly produced*) schlecht [*o fam* schlampig] [gearbeitet]; **~ goods** schlechte [*o* minderwertige] Ware; **~ little house** schäbiges Häuschen; **~ workmanship** schlechte Verarbeitung ② (*inconsiderate*) schäbig, schofelig *fam*

shoe [ʃu:] I. *n* ① (*for foot*) Schuh *m;* **a pair of ~s** ein Paar *nt* Schuhe; **flat ~s** flache Schuhe; **high-heeled ~s** Schuhe *mpl* mit hohen Absätzen; **training ~s** Turnschuhe *mpl;* **to do** [*or* **lace**] **up** [*or* AM *also* **tie**] **one's ~s** die Schuhe zubinden; **to put on/take off one's ~s** seine Schuhe anziehen/ausziehen; **to repair ~s** Schuhe reparieren ② (*horseshoe*) Hufeisen *nt* ③ TRANSP [**brake**] **~** [Brems]backe *f* ▶ PHRASES: **it's dead <u>men's</u> ~s** *jd muss auf den Tod eines Menschen warten, um an eine Position oder an Besitztümer zu kommen;* **to <u>fill</u>** [*or* **<u>step</u> into**] **sb's ~s** in jds Fußstapfen *pl* treten; **I wouldn't <u>like</u> to be in your/her ~s** ich möchte nicht in deiner/ihrer Haut stecken; **to <u>put</u> oneself in sb's ~s** sich *akk* in jds Lage *f* versetzen; **to <u>shake</u>** [*or* **<u>quake</u>**] **in one's ~s** vor Angst schlottern; **if I <u>were</u> in your ~s** (*fam*) wenn ich du wäre, an deiner Stelle; ***if I were in your ~s, I'd write to her*** an deiner Stelle würde ich ihr schreiben II. *vt* <shod *or* AM *also* shoed, shod *or* AM *also* shoed> **to ~ a horse** ein Pferd beschlagen

shoeblack *n esp* BRIT Schuhputzer(in) *m(f)* **shoebox** *n* Schuhkarton *m* **shoebrush** *n* Schuhbürste *f* **shoehorn** I. *n* Schuhlöffel *m* II. *vt usu passive* ■**to ~ sb/sth into sth** jdn/etw in etw *akk* hineinzwängen [*o* hineinquetschen] **shoelace** *n usu pl* Schnürsenkel *m,* Schuhband *nt* SÜDD, ÖSTERR, Schuhbändel *nt* SCHWEIZ; **to tie** [*or* **do up**] **one's ~s** sich *dat* die Schuhe zubinden **shoeless** *adj inv* unbeschuht **shoemaker** *n* Schuster(in) *m(f),* Schuhmacher(in) *m(f)* **shoe polish** *n no pl* Schuhcreme *f* **shoe-repair shop** *n* Schusterwerkstatt *f* **shoeshine** *n esp* AM Schuhputzen *nt kein pl;* **to have a ~** sich *dat* die Schuhe putzen lassen **shoeshine boy** *n esp* AM Schuhputzer *m* **shoe shop** *n,* **shoe store** *n* Schuhgeschäft *nt* **shoe size** *n* Schuhgröße *f* **shoestring** *n usu pl* AM Schnürsenkel *m,* Schuhband *nt* SÜDD, ÖSTERR, Schuhbändel *nt* SCHWEIZ ▶ PHRASES: **to <u>do</u> sth on a ~** (*fam*) etw mit wenig Geld machen; **to <u>start</u> on a ~** klein anfangen **shoestring budget** *n* **to be on a ~** mit wenig Geld auskommen müssen; **to do sth on a ~** etw mit wenig Geld machen **shoestring company** *n* finanzschwache Firma **shoestring potatoes** *npl* fritierte Kartoffeln **shoe tree** *n* Schuhspanner *m*

shone [ʃɒn, AM ʃoʊn] *pt, pp of* **shine**

shonky ['ʃɒŋki] *adj* AUS (*fam*) minderwertig

shoo [ʃu:] (*fam*) I. *interj* (*to child*) husch [husch] II. *vt* ■**to ~ sb/sth** jdn/etw wegscheuchen [*o* verscheuchen]; ***she ~ed the cat out of the kitchen*** sie verscheuchte die Katze aus der Küche

◆**shoo away** *vt* ■**to ~ sb/sth ⊂ away** jdn/etw wegscheuchen [*o* verscheuchen]

shoo-in ['ʃu:ɪn] *n* AM (*fam*) ① (*sure win*) sicherer Sieg; ***the elections should be a ~ for the Republicans*** der Wahlsieg der Republikaner ist so gut wie sicher ② (*person*) *jd, der sicher gewinnt* ③ (*obvious choice*) Favorit(in) *m(f)* (*ein als sicher geltender Kandidat/eine als sicher geltende Kandidatin*)

shook [ʃʊk] *n pt of* **shake**

shoot [ʃu:t] I. *n* ① (*on plant*) Trieb *m;* **tender/young ~** zarter/junger Trieb; **green ~s** (*fig*) erste [hoffnungsvolle] Anzeichen ② (*hunt*) Jagd *f;* **to go on a ~** auf die Jagd gehen ③ PHOT Aufnahmen *fpl;* **to do a ~** Aufnahmen machen II. *interj* (*euph: shit*) Scheibenkleister! *fam* III. *vi* <shot, shot> ① (*discharge weapon*) schießen; ***don't move or I'll ~*** nicht bewegen oder ich schieße; **to ~ to kill** mit Tötungsabsicht schießen; **to ~ on sight** auf Sicht schießen; ■**to ~ at sth/sb** auf etw/jdn schießen ② SPORTS schießen ③ + *adv, prep* (*move rapidly*) ***the car shot along the street*** das Auto jagte die Straße entlang; **to ~ to fame** über Nacht berühmt werden; **to ~ forwards** nach vorne preschen; ■**to ~ past** [*or* **by**] *car* vorbeischießen; ■**to ~ past sth/sb** an etw/jdm vorbeischießen ④ (*film*) filmen, drehen; (*take photos*) fotografieren; **to ~ on location** am Schauplatz drehen ⑤ AM (*aim*) ■**to ~ for** [*or* **at**] **sth** nach etw *dat* streben, etw anstreben ⑥ (*say it*) **~!** schieß/schießen Sie los! *fam* ▶ PHRASES: **to ~ from the <u>hip</u>** kein Blatt vor den Mund nehmen; **to shoot for the <u>moon</u>** AM nach den Sternen greifen IV. *vt* <shot, shot> ① (*fire*) ■**to ~ sth** *bow, gun* mit etw *dat* schießen; *arrow* etw abschießen; **to ~ a bullet** eine Kugel abfeuern ② (*hit*) ■**to ~ sb/an animal** jdn/ein Tier anschießen; **to ~ sb/an animal** [**dead**] jdn/ein Tier erschießen; ***you should be shot for that*** (*fam*) dafür gehörst du erschossen! *fam;* **to be shot in the head/leg** am Kopf/ins Bein getroffen werden ③ PHOT **to ~ a film** einen Film drehen; **to ~ a picture** ein Foto machen; ***these scenes were shot in the studio*** diese Aufnahmen wurden im Studio gemacht ④ (*direct*) **to ~ a glance at sb** einen schnellen Blick auf jdn werfen; **to ~ questions at sb** jdn mit Fragen bombardieren ⑤ (*pass quickly over*) ■**to ~ sth** ***he shot three sets of traffic lights*** er raste über drei Ampelanlagen hinweg; **to ~ [the] rapids** [mit einem Boot] Stromschnellen befahren ⑥ (*score*) **to ~ a goal** ein Tor schießen ⑦ *esp* AM (*fam: play*) **to ~ baskets** Basketball spielen; **to ~ pool/craps** Poolbillard/Craps spielen (*eine Art Würfelspiel*) ⑧ (*sl: inject illegally*) **to ~ heroin** sich *dat* Heroin spritzen ▶ PHRASES: **to ~ one's <u>bolt</u>** sein Pulver verschießen; **to ~ the <u>breeze</u>** [*or* **the <u>shit</u>**] AM (*fam!*) einfach daherreden *fam;* **to ~ <u>darts</u> at sb** AM (*fam*) jdm böse Blicke zuwerfen; **to ~ a <u>line</u> to sb** vor jdm prahlen; **to ~ one's <u>load</u>** [*or* AM **<u>wad</u>**] (*pej! vulg*) ejakulieren; **to ~ the <u>works</u>** AM (*fam*) aufs Ganze gehen

◆**shoot back** *vi* zurückschießen [*o* -feuern] *fig*

◆**shoot down** *vt* ① (*kill*) ■**to ~ down ⊂ sb** jdn erschießen ② AVIAT, MIL ■**to ~ down ⊂ sb/sth** jdn/etw abschießen ③ (*fam: refute*) ■**to ~ down ⊂ sb/sth** jdn/etw niedermachen *fam;* ***Jane was able to ~ their argument down in flames*** Jane konnte ihre Argumente in der Luft zerreißen *fam*

◆**shoot off** I. *vt usu passive* **to ~ off an arm/a leg** ein Arm/ein Bein wegschießen; **to ~ a hat off** einen Hut herunterschießen ▶ PHRASES: **to ~ one's <u>mouth</u> off** (*sl*) sich *dat* das Maul zerreißen *derb* II. *vi vehicle* schnell losfahren; *people* eilig aufbrechen

◆**shoot out** I. *vi* ① (*emerge suddenly*) ■**to ~ out [of sth]** plötzlich [aus etw *dat*] herauskommen [*o* hervorschießen]; ***they were shot out of the car*** sie wurden aus dem Auto geschleudert ② (*gush forth*) ■**to ~ out [of sth]** *water* [aus etw *dat*] herausschießen; *flames* [aus etw *dat*] hervorbrechen II. *vt* ① (*extend*) ■**to ~ out ⊂ sth** ***he shot out a hand to catch the cup*** er streckte blitzschnell die Hand aus, um die Tasse aufzufangen; ***the chameleon shot out its tongue*** das Chamäleon ließ seine Zunge hervorschnellen ② (*have gunfight*) ■**to ~ it out** etw [mit Schusswaffen] ausfechten

◆**shoot up** I. *vi* ① (*increase rapidly*) schnell ansteigen, emporschnellen; *skyscraper* in die Höhe schießen ② (*fam: grow rapidly*) *child* schnell wachsen ③ (*sl: inject narcotics*) [sich *akk*] spritzen, sich *dat* Rauschgift spritzen, sich *dat* einen Schuss verpassen *sl,* drücken *sl* II. *vt* ■**to ~ up ⊂ sth** ① (*pepper with shots*) **to ~ up a town** in einer Stadt wild herumschießen ② (*inject illegally*) sich *dat* etw spritzen; **to ~ up heroin** drücken *sl*

shooter ['ʃu:tə', AM -t̬ɚ] *n* ① BRIT (*fam: gun*) Schießeisen *nt fam* ② SPORTS (*in netball*) [Tor]schütze, -in *m, f;* (*in basketball*) Korbschütze, -in *m, f*

shooting ['ʃu:tɪŋ, AM -t̬-] I. *n* ① (*attack with gun*) Schießerei *f;* ***there have been a number of ~s*** es gab einige Schießereien; (*from more than one side*) Schusswechsel *m;* (*killing, execution*) Erschießung *f* ② *no pl* (*firing guns*) Schießen *nt* ③ *no pl* (*sport*) Jagen *nt;* **grouse ~** Moorhuhnjagd *f,* Jagd *f* auf Moorhühner; **to go ~** auf die Jagd gehen ④ *no pl* FILM Drehen *nt,* Shooting *nt fachspr;* ***we lost a whole day's ~*** wir haben einen ganzen Drehtag verloren II. *adj attr, inv* **~ pain** stechender Schmerz

shooting box *n* Jagdhütte *f* **shooting gallery** *n* ① (*for target practice*) Schießstand *m* ② (*sl: for narcotics users*) *Ort, an dem man sich Rauschgift spritzt* **shooting iron** *n* AM (*sl*) Schießeisen *nt fam* **shooting jacket** *n* Jägerjacke *f* **shooting lodge** *n* Jagdhütte *f* **shooting range** *n* Schießstand *m* **shooting script** *n* Drehbuch *nt* **shooting season** *n* Jagdzeit *f* **shooting star** *n* ① (*meteor*) Sternschnuppe *f* ② (*person*) Shootingstar *m,* Senkrechtstarter(in) *m(f)* **shooting stick** *n* Jagdstock *m* **shooting war** *n* Krieg *m,* kriegerische Auseinandersetzung

shoot-out *n* Schießerei *f*

shop [ʃɒp, AM ʃɑ:p] I. *n* ① (*store*) Geschäft *nt,* Laden *m;* ***his latest novel will be in the ~s by Christmas*** sein neuester Roman wird bis Weihnachten erscheinen; **baker's ~** *esp* BRIT Bäckerei *f;* **betting ~** BRIT Wettbüro *nt;* **book ~** Buchladen *m;* **record ~** Schallplattengeschäft *nt;* **sweet** [*or* AM **candy**] **~** Süßwarenladen *m;* **to go to the ~s** einkaufen gehen; **to set up ~** (*open a shop*) ein Geschäft eröffnen [*o fam* aufmachen]; (*start out in business*) ein Unternehmen eröffnen; *lawyer* eine Kanzlei eröffnen; **to set up ~ as a baker** eine Bäckerei eröffnen; **to set up ~ on one's own** sich *akk* selbstständig machen; **to shut** [*or* AM **close**] **up ~** sein Geschäft [*o* Unternehmen] schließen; ***she shut up ~ as a software consultant*** sie hörte auf, als Softwareberaterin zu arbeiten; ***the only lawyer in town shut up ~*** der einzige Anwalt der Stadt schloss seine Kanzlei ② BRIT, AUS (*shopping*) Einkauf *m;* **to do the ~** einkaufen [gehen]; **to do the weekly ~** die wöchentlichen Einkäufe erledigen ③ (*workshop*) Werkstatt *f;* **engineering ~** BRIT Konstruktionsbüro *nt;* **repair ~** [Reparatur]werkstatt *f;* **closed** [*or* AM **union**] **~** gewerkschaftspflichtiger Betrieb ▶ PHRASES: **to be all over the ~** BRIT (*fam*) ein [völliges] Durcheinander sein; **to talk ~** über die Arbeit reden **II.** *vi* <-pp-> einkaufen; **to ~ at the market** auf dem Markt einkaufen; **to ~ at Marks and Spencers** bei Marks and Spencers einkaufen; **to ~ till you drop** (*hum*) eine Shoppingorgie veranstalten *hum;* ■**to ~ for sth** etw einkaufen; **to ~ for bargains** auf Schnäppchenjagd sein *fam* **III.** *vt* <-pp-> ① BRIT (*sl: inform*) ■**to ~ sb to sb** jdn bei jdm verpfeifen *fam* ② (*go shopping somewhere*) ■**to ~ sth** *certain shop* irgendwo einkaufen gehen

◆**shop around** *vi* sich *akk* umsehen

shopaholic *n* Einkaufssüchtige(r) *f(m)*

◆**shop around** *vi* ① (*visit shops*) einen Einkaufsbummel machen ② (*compare offers*) Preise vergleichen

shop assistant *n* Verkäufer(in) *m(f)*

shop-bought [ˈʃɒpbɔːt, AM ˈʃɑːpbɑːt] *adj inv* gekauft (*und nicht selbst gemacht*) **shopbreaking** *n no pl esp* BRIT Einbruch *m* in einen Laden [*o* ein Geschäft] **shopfitter** *n* Ladenausstatter(in) *m(f)* **shopfittings** *npl* Ladeneinrichtung *f* **shop floor** *n* ① (*work area*) Produktionsstätte *f* ② + *sing/pl vb* (*manual workers*) ■**the ~** die Belegschaft **shopfront** *n* Ladenfront *f* **shop girl** *n* (*dated*) Verkäuferin *f* **shopkeeper** *n* Ladeninhaber(in) *m(f)* **shopkeeping** *n no pl* Führen *nt* eines Geschäfts **shoplift I.** *vt* ■**to ~ sth** etw stehlen (*in einem Geschäft*) **II.** *vi* Ladendiebstahl begehen **shoplifter** *n* Ladendieb(in) *m(f)* **shoplifting** *n no pl* Ladendiebstahl *m*

shopper [ˈʃɒpəʳ, AM ˈʃɑːpɚ] *n* Käufer(in) *m(f);* **Christmas ~s** Weihnachtseinkäufer *pl;* **~s' charter** BRIT ECON Verbraucherschutzgesetz *nt*

shopping [ˈʃɒpɪŋ, AM ˈʃɑːp-] *n no pl* ① (*buying in shops*) Einkaufen *nt;* ***the department store is open for late night ~ on Wednesdays*** das Kaufhaus hat am Mittwoch lange geöffnet; **Christmas ~** Weihnachtseinkäufe *pl;* **~ days** verkaufsoffene Tage; **to do the ~** einkaufen [gehen]; **to go ~** einkaufen gehen ② (*purchases*) Einkäufe *mpl;* **bags of ~** volle Einkaufstaschen

shopping area *n* Geschäftsviertel *nt* **shopping bag** *n* ① Einkaufstasche *f;* **plastic ~** Plastiktragetasche *f;* **string ~** Einkaufsnetz *nt* ② AM (*carrier bag*) Tragetasche *f* **shopping basket** *n* Einkaufskorb *m* **shopping cart** *n* AM Einkaufswagen *m* **shopping center** AM, **shopping centre** *n* Einkaufszentrum *nt* **shopping channel** *n* Werbesender *m* **shopping list** *n* ① (*of goods to be purchased*) Einkaufsliste *f* ② (*fig: agenda*) geplanter Maßnahmenkatalog **shopping mall** *n esp* AM, AUS überdachtes Einkaufszentrum **shopping street** *n* Geschäftsstraße *f* **shopping trip** *n* Einkaufstrip *m* **shopping trolley** *n* BRIT Einkaufswagen *m*

shop-soiled *adj inv* BRIT, AUS leicht beschädigt **shop steward** *n* Gewerkschaftsvertreter(in) *m(f)* **shop talk** *n no pl* Fachsimpelei *f fam* **shopwalker** *n* BRIT [Kaufhaus]abteilungsleiter(in) *m(f)* **shop window** *n* ① (*display area*) Schaufenster *nt,* Auslage *f* ② (*fig: showcase*) Schaufenster *nt* **shopworn** *adj* ① *inv* AM (*shop-soiled*) leicht beschädigt ② (*fig: overused*) abgedroschen

shore¹ [ʃɔːʳ, AM ʃɔːr] *n* ① (*coast*) Küste *f; of a river, lake* Ufer *nt;* (*beach*) Strand *m;* **polluted ~** verschmutzter Strand; **off** [**the**] **~** vor der Küste; **on ~** (*on land*) an Land; (*towards land*) auf die Küste/das Ufer zu ② (*fig: country*) ■**~s** *pl* Land *nt;* ***the first to visit these ~s*** der/die Erste, der dieses Land besucht

shore² [ʃɔːʳ, AM ʃɔːr] **I.** *n* Strebe *f,* Strebebalken *m* **II.** *vt* ■**to ~ sth up** [*or* **to ~ up sth**] etw abstützen; (*fig*) etw aufbessern; **to ~ up the image of sth** das Image einer S. *gen* aufpolieren

shore leave *n no pl* Landurlaub *m* **shoreline** *n* Küstenlinie *f* **shore patrol** *n* Küstenpatrouille *f*

shorn [ʃɔːn, AM ʃɔːrn] *pp of* **shear**

short [ʃɔːt, AM ʃɔːrt] **I.** *adj* ① (*not long*) kurz; ***Jo's ~ for Josephine*** Jo ist die Kurzform von Josephine ② (*not tall*) klein ③ (*not far*) kurz; **~ distance** kurze Strecke; **a ~ haul** eine kurze Strecke [*o* Fahrt]; **a ~ hop** ein Katzensprung *m;* **at ~ range** aus kurzer Entfernung ④ (*brief*) kurz; **to have a ~ memory** ein kurzes Gedächtnis haben; **at ~ notice** kurzfristig; **in the ~ term** kurzfristig, in nächster Zeit; **~ trip** Kurztrip *m;* **~ and sweet** kurz und schmerzlos ⑤ (*not enough*) ***we're £15 ~ to pay the bill*** uns fehlen 15 Pfund, um die Rechnung bezahlen zu können; ***we're still one person ~ to make up a quiz team*** uns fehlt noch eine Person für ein Quiz-Team; **to be ~** [**of cash**] (*fam*) knapp bei Kasse sein; ***we're a bit ~ of coffee*** wir haben nur noch wenig Kaffee; **to be ~ of breath** außer Atem sein; **to be ~ of space** wenig Platz haben, räumlich beengt sein; **to be in ~ supply** schwer zu beschaffen sein, knapp sein; **to be ~ of time** wenig Zeit haben; ■**to be ~ on sth** von etw *dat* wenig haben; **to be ~ on brains** nur wenig im Kopf haben ⑥ LING **~ vowel** kurzer Vokal, Kurzvokal *m* ⑦ *pred* (*not friendly*) ■**to be ~** [**with sb**] [jdm gegenüber] kurz angebunden sein ⑧ STOCKEX **~ position** Baisseposition *f* ▶ PHRASES: **the ~ answer is 'no'** die Antwort ist kurz und bündig ‚nein'; **to not be ~ of a bob or two** BRIT, AUS (*fam*) reich sein; **to have a ~ fuse** sich *akk* schnell aufregen; ***he has a ~ fuse*** bei ihm brennt leicht die Sicherung durch *fam;* **to have sb by the ~ hairs** [*or* **by the ~ and curlies**] *esp* BRIT (*sl*) jdn in der Hand haben; **to get** [*or* **be given**] **~ shrift** kurz abgefertigt werden; **to make ~ shrift of sth** mit etw *dat* kurzen Prozess machen, etw schnell erledigen; **to draw** [*or* **get**] **the ~ straw** den Kürzeren ziehen; **to make ~ work of sb** mit jdm kurzen Prozess machen; **to make ~ work of sth** etw schnell erledigen **II.** *n* ① FILM Kurzfilm *m* ② ELEC (*fam*) Kurzer *m* ③ BRIT (*fam: alcoholic drink*) Kurzer *m* **III.** *adv* **to cut sth ~** etw abkürzen; ***I had to cut our holiday ~*** ich musste unseren Urlaub unterbrechen; ***they never let the children go ~*** sie ließen es den Kindern an nichts fehlen; **to fall ~ of sth** etw nicht erreichen, hinter etw *dat* zurückbleiben; *of expectations* etw *dat* nicht entsprechen; **to go** [*or* AM *usu* **be**] **~** [**of sth**] etw zu wenig haben; **to stop sb ~** jdn unterbrechen; **to stop sth ~** etw abbrechen; ***she stopped ~ of accusing him of lying*** beinahe hätte sie ihm vorgeworfen, dass er log ▶ PHRASES: **to be caught** [*or* **taken**] **~** BRIT (*hum fam*) dringend [aufs Klo] müssen *fam;* **in ~** kurz gesagt

shortage [ˈʃɔːtɪdʒ, AM ˈʃɔːrt̬-] *n* Knappheit *f kein pl,* Mangel *m kein pl* (**of** an +*dat*); **water ~** Wassermangel *m*

short and curlies ▶ PHRASES: **to grab sb by the ~** BRIT (*hum fam*) jdn faszinieren **short-arse** *n* BRIT (*pej! sl*) Zwerg *m; see also* **shorty short back and sides** *n* BRIT (*hair cut*) Topfschnitt *m fam* **shortbread** *n no pl* Shortbread *nt* (*Buttergebäck*); **~ finger** ein Stück *nt* Shortbread (*biskuitförmig*) **shortcake** *n* ① (*biscuit*) Shortbread *nt* (*Buttergebäck*) ② *esp* AM (*layer cake*) Kuchen *m* mit Belag; (*with fruit*) [Torten]boden *m* **short-change** *vt* ■**to ~ sb** ① (*after purchase*) jdm zu wenig Wechselgeld herausgeben ② (*fig fam: treat unfairly*) jdm zu wenig Geld bezahlen **short circuit** *n* Kurzschluss *m* **short-circuit I.** *vi* einen Kurzschluss haben **II.** *vt* ■**to ~ sth** ① ELEC etw kurzschließen ② (*fig: shorten*) etw abkürzen [*o* verkürzen] **shortcoming** *n usu pl* Mangel *m; of person* Fehler *m; of system* Schwäche *f,* Unzulänglichkeit *f* **shortcrust** *n,* **shortcrust pastry** *n no pl* Mürbeteig *m* **short cut** *n* Abkürzung *f;* ***there are no ~s to success*** (*fig*) es gibt keinen einfachen Weg zum Erfolg **short-dated** *n* FIN kurzfristig [zahlbar]; **~ bill** Wechsel *m* auf kurze Sicht, kurzfristiger Wechsel; **~ bonds** Kurzläufer *mpl* **short division** *n Verkürzung des Rechenwegs beim Dividieren*

shorten [ˈʃɔːtᵊn, AM ˈʃɔːr-] **I.** *vt* (*make shorter*) ■**to ~ sth** etw kürzen; **to ~ a name** einen Namen abkürzen **II.** *vi* ① (*become shorter*) kürzer werden ② (*reduce odds*) ***the odds have ~ed on the German team winning the European Championship*** die Chancen des deutschen Teams, die Europameisterschaft zu gewinnen, sind gestiegen

shortening [ˈʃɔːtᵊnɪŋ, AM ˈʃɔːr-] *n no pl* AM, AUS Backfett *nt*

shortfall *n* ① (*shortage*) Mangel *m kein pl;* **~ in food supply** Nahrungsmittelknappheit *f* ② FIN (*deficit*) Fehlbetrag *m,* Defizit *nt;* **~ in trade** Handelsdefizit *nt* **short fuse** *n* (*fam*) cholerisches Temperament; ***he has a ~*** er wird leicht wütend, bei ihm brennt schnell die Sicherung durch *fam* **shorthand I.** *n no pl* Kurzschrift *f,* Stenografie *f;* ■**~ for sth** (*fig*) eine Abkürzung für etw *akk;* **to do ~** stenografieren; **to take sth down in ~** etw [mit]stenografieren **II.** *n modifier* (*class, notes*) Kurzschrift-, Steno-; **~ letter** Kürzel *nt;* **~ pad** Steno[gramm]block *m* **shorthanded** *adj* unterbesetzt; ■**to be ~** zu wenig Personal haben **shorthand typist** *n* BRIT, AUS Stenotypist(in) *m(f)* **short haul** *n* ① (*transport*) Nahtransport *m* ② (*fig: short distance*) Katzensprung *m kein pl* **short-haul** *adj attr* ① (*covering a short distance*) Nahverkehrs-, Kurzstrecken-; **~ flight** Kurzstreckenflug *m;* **~ route** Kurzstrecke *f;* **~ trip** kurze Fahrt ② (*short-term*) Kurzzeit-; **~ effort** kurze Anstrengung **shorthorn** *n* Kurzhornrind *nt,* Shorthorn *nt*

shortie [ˈʃɔːti, AM ˈʃɔːrti] *n* (*fam*) *see* **shorty** Kleiner *m hum fam,* Kurzer *hum fam*

shortish [ˈʃɔːtɪʃ, AM ˈʃɔːrt̬-] *adj inv* ① (*in length*) ziemlich kurz ② (*in duration*) recht kurz; **a ~ film** ein eher kurzer Film

short list *n* Liste *f* der aussichtsreichsten Bewerber/Bewerberinnen; **to be on the ~** in der engeren Wahl sein; **to draw up a ~** eine Liste der aussichtsreichsten Bewerber/Bewerberinnen anfertigen **short-list** *vt* ■**to ~ sb/sth** jdn/etw in die engere Wahl ziehen **short-lived** [-ˈlɪvd, AM -laɪvd, -lɪvd] *adj* kurzlebig; **~ happiness/triumph** kurzes Glück/kurzer Triumph; ■**to be ~** von kurzer Dauer sein

shortly [ˈʃɔːtli, AM ˈʃɔːrt-] *adv inv* ① (*soon*) in Kürze, bald; **~ after .../afterwards** kurz nachdem .../danach ② (*curtly*) kurz angebunden

shortness [ˈʃɔːtnəs, AM ˈʃɔːrt-] *n no pl* ① (*in length, brevity*) Kürze *f* ② (*insufficiency*) Knappheit *f;* MED Insuffizienz *f;* **~ of supplies** Lieferengpass *m;* **~ of breath** Atemnot *f,* Atembeschwerden *pl*

short order *n* AM ① (*order*) Bestellung *f* (*eines Schnellgerichts*) ② (*food*) Schnellgericht *nt* **short-order cook** *n* AM Koch *m*/Köchin *f* in einem Schnellrestaurant **short-order dish** *n* AM Schnellgericht *nt* **short-range** *adj* ① MIL Kurzstrecken-; **~ missile** Kurzstreckenrakete *f* ② (*short-term*) kurzfristig; **~ estimate/policy** kurzfristige Prognose/Maßnahmen *fpl;* **~ weather forecast** Wettervorhersage *f* für die nächsten Tage

shorts [ʃɔːts, AM ʃɔːrts] *n pl* ① (*short trousers*) kurze Hose, Shorts; **a pair of ~** eine kurze Hose ② AM (*underpants*) Unterhose *f* ③ AM STOCKEX Papiere mit kurzer [*o* bis zu fünfjähriger] Laufzeit

short sale *n* Leerverkauf *m* **short-sighted** *adj* kurzsichtig *a. fig* **short-sightedly** *adv* (*also fig*) kurzsichtig *a. fig,* kurzsichtigerweise *fig* **short-sightedness** *n no pl* Kurzsichtigkeit *f a. fig* **short-sleeved** [-ˌsliːvd] *adj inv* kurzärmelig **short-staffed** [-ˈstɑːft, AM -ˈstæft] *adj* unterbesetzt **short-stay** *adj inv* kurzzeitig, vorübergehend **short story** *n* Kurzgeschichte *f* **short-tempered** [-tˈtempəd, AM -ˈtempɚd] *adj* cholerisch **short-term** *adj* kurzfristig; **on a ~ basis** kurzfristig, auf kurze Sicht; **~ debts** kurzfristige Schulden; **~ forecast** kurzfristige Prognose; **~ gains** rasch zu erzielender Gewinn; **~ loan** kurzfristiger Kredit, kurzfristiges Darlehen; **~ memory** Kurzzeitgedächtnis *nt;* **~ outlook** Aussichten *fpl* für die nächste Zeit; **~ policy** kurzfristige Maßnahmen *fpl;* **~ security** Kurzläufer *m;* **~ support** kurzfristige Kursstützung **short time** *n no pl* Kurzarbeit *f;* **to be on ~** kurzarbeiten **short ton** *n esp* AM *2000 amerikanische*

Pfund, entspricht 907,185 kg **short wave I.** *n* 1 (*radio wave*) Kurzwelle *f* 2 (*radio*) Kurzwellenempfänger *m* **II.** *n modifier* ■**short-wave** (*signal*) Kurzwellen-; ~ **radio** [*or* **receiver**] Kurzwellenempfänger *m* **short-winded** [-ˈwɪndɪd] *adj* kurzatmig

shorty [ˈʃɔːti, AM ˈʃɔːrţi] *n* (*pej fam*) Kleine(r) *f(m) hum fam;* (*sl*) *Kleinkrimineller, der für einen anderen Kriminellen arbeitet*

shot¹ [ʃɒt, AM ʃɑːt] **I.** *n* 1 *of a weapon* Schuss *m;* **to fire a** ~ einen Schuss abgeben [*o* abfeuern] 2 SPORTS (*heavy metal ball*) Kugel *f;* **to put the** ~ kugelstoßen 3 SPORTS (*attempt at scoring*) *tennis, golf* Schlag *m; handball, basketball* Wurf *m; football, icehockey* Schuss *m* 4 *no pl* (*ammunition*) Schrot *m o nt;* **lead** ~ Bleischrot *m o nt;* **round of** ~ Schrotladung *f* 5 (*photograph*) Aufnahme *f;* FILM Einstellung *f;* **to get** [*or* **take**] **a** ~ ein Foto machen [*o* schießen] 6 (*fam: injection*) Spritze *f;* (*fig*) Schuss *m;* ***the campaign needs to be injected with a ~ of professionalism*** ein bisschen mehr Professionalität würde der Kampagne nicht schaden; **a ~ of heroin** ein Schuss *m* Heroin *sl;* **to give sb a** ~ jdm eine Spritze verabreichen 7 (*fam: attempt*) Gelegenheit *f,* Chance *f;* **to give it a** ~, **to have a ~ at it** es mal versuchen *fam;* **to give sth one's best shot** *esp* AM bei etw *dat* sein Bestes geben; **to hope for a ~ at sth** auf eine Chance bei etw *dat* hoffen 8 (*of alcohol*) Schuss *m;* **a ~ of whisky** ein Gläschen *nt* Whisky ▸ PHRASES: ~ **in the arm** Anreiz *m,* Motivation *f;* **to take a ~ in the dark** (*fam*) ins Blaue hinein raten *fam;* **to be a good/poor** ~ ein guter/schlechter Schütze/eine gute/schlechte Schützin sein; **like a** ~ (*fam*) wie der Blitz *fam* **II.** *vt/vi pp, pt of* **shoot**

shot² [ʃɒt, AM ʃɑːt] *adj* 1 (*with colour*) schillernd *attr;* ~ **silk** changierende Seide; **to be ~ with silver** silbrig glänzen 2 *inv* (*fam: worn out*) ausgeleiert *fam;* ***my nerves are*** ~ ich bin mit meinen Nerven am Ende ▸ PHRASES: **to be/get ~ of sb/sth** jdn/etw los sein/loswerden

shot glass *n* Schnapsglas *nt,* Stamperl *nt* ÖSTERR, SÜDD **shotgun** *n* Schrotflinte *f;* **a sawn-off** [*or* **sawed-off**] ~ eine abgesägte Schrotflinte ▸ PHRASES: **to ride** ~ AM (*fam*) vorne sitzen (*im Auto*) **shotgun marriage** (*dated fam*), **shotgun wedding** *n* (*dated fam*) Mussheirat *f;* ***they had a*** ~ sie ‚mussten' heiraten **shot put** *n* SPORTS ■**the** ~ Kugelstoßen *nt kein pl,* Kugelstoßwettbewerb *m* **shot putter** *n* Kugelstoßer(in) *m(f)*

should [ʃʊd] *auxvb* 1 (*expressing advisability*) ■**sb/one ~ ...** jd/man sollte ...; ***if you're annoyed with him, you ~ tell him*** wenn du dich über ihn ärgerst, solltest du ihm das sagen; ***I ~ have written to her*** ich hätte ihr schreiben sollen; ***I recommend that there ~ be an investigation*** ich denke, dass eine Untersuchung hier angebracht wäre; ***it's essential that the project ~ not be delayed any further*** es ist wichtig, dass das Projekt nicht weiter verzögert wird; ***he suggested that I ~ see a doctor*** er meinte, dass ich zu einem Arzt gehen sollte; ***she ~ worry! she hasn't a problem in the world*** (*hum, iron*) was braucht sie sich schon Sorgen zu machen! sie hat doch keinerlei Probleme; ***chocolates! how kind! you really ~n't have!*** Schokolade! das ist aber nett! das war doch nicht nötig! 2 (*asking for advice*) ■~ **I/we ...?** soll ich/sollen wir ...?; ~ ***I apologize to him?*** soll ich mich bei ihm entschuldigen? 3 (*expressing expectation*) ■**sb/one ~ ...** jd/man sollte [*o* müsste] [eigentlich] ...; ***you ~ find this guidebook helpful*** dieser Führer wird dir sicher nützlich sein; ***this shirt's made of very good quality silk — I ~ think it is, considering how much it cost*** dieses Hemd ist aus hochwertiger Seide – das will ich wohl meinen, wenn man bedenkt, was es gekostet hat; ***I don't like to drink more than one bottle of wine in an evening — I ~ think not!*** ich mag pro Abend nicht mehr als eine Flasche Wein trinken – ich meine auch, dass das reicht; ***Colleen wants to see us in her office immediately — this ~ be good!*** wir sollen sofort in Colleens Büro kommen – das kann ja heiter werden! *fam;* ***I ~ be so lucky*** (*fam*) schön wär's! *fam;* ***there ~n't be any problems*** es dürfte wohl keine Probleme geben 4 (*form: expressing a condition*) ■**sb/one** ~ jd/man sollte; ***it seems very unlikely to happen, but if it ~, we need to be well-prepared*** es scheint unwahrscheinlich, aber für den Fall, dass es doch passieren sollte, müssen wir gut vorbereitet sein 5 (*rhetorical*) ■**why ~ sb/one ...?** warum sollte jd/man ...?; ***why ~ anyone want to eat something so horrible?*** warum sollte irgendjemand so etwas Scheußliches essen wollen?; (*exclamatory*) ***I was just getting off the bus when who ~ I see but my old school friend Pat Grantham!*** was glaubst du, wen ich gesehen habe, als ich aus dem Bus ausstieg – niemand anderen als meinen alten Schulfreund, Pat Grantham! 6 (*could*) können; ***it's odd that she ~ think I would want to see her again*** es ist seltsam, dass sie meint, ich wolle sie wiedersehen; ***it's so unfair that she ~ have died so young*** es ist so ungerecht, dass sie so jung sterben musste; ***it worries me that he ~ drive all that way on his own*** *esp* BRIT es beunruhigt mich, dass er die ganze Strecke alleine fährt; ***I suggest that you ~ leave*** *esp* BRIT (*form*) du solltest besser gehen; ***I prefer that Jane ~ do it*** *esp* BRIT (*form*) es wäre mir lieber, wenn Jane es täte; ***for fear that*** [*or form* ***lest***] ***I ~ miss my flight, I was prepared to spend a couple of extra nights in London*** aus Furcht, ich könnte mein Flugzeug verpassen, war ich bereit, einige Nächte zusätzlich in London zu verbringen; ***he took his cap in case it ~ snow*** er nahm seine Mütze für den Fall mit, dass es zu schneien anfing; ***he took his umbrella so that he ~n't get wet*** er nahm seinen Schirm mit, um nicht nass zu werden 7 (*dated form: would*) ■**I/we ~ [...]** ich würde/wir würden [...]; ***I ~ like a whisky before I go to bed*** ich hätte gern einen Whisky, bevor ich schlafen gehe; ***I ~n't expect you to pay, of course*** Sie brauchen natürlich nicht zu zahlen; ***we ~ like to invite you for dinner next week*** wir würden uns freuen, Sie für nächste Woche zum Abendessen einladen zu dürfen *form;* ***I ~n't worry about it if I were you*** ich würde mir deswegen an deiner Stelle keine Sorgen machen

shoulder [ˈʃəʊldəʳ, AM ˈʃoʊldɚ] **I.** *n* 1 (*joint*) Schulter *f;* ~ **joint** Schultergelenk *nt;* **a ~ to cry on** (*fig*) eine Schulter zum Ausweinen; **to dislocate one's** ~ sich *dat* die Schulter ausrenken; **to glance over one's** ~ einen Blick über die Schulter werfen; **to hunch one's ~s** die Schultern hochziehen; **to lay/rest one's head on sb's** ~ den Kopf an jds Schulter *f* legen/lehnen; **to lift a burden from sb's ~s** (*fig*) eine Last von jds Schultern nehmen; **to rest squarely on sb's** ~ (*fig*) *responsibility* schwer auf jds Schultern lasten; **to put one's arm around sb's** ~ den Arm um jds Schulter *f* legen; **to shrug one's ~s** mit den Achseln zucken; **to sling sth over one's** ~ sich *dat* etw über die Schulter werfen; **to stand ~ to ~ with sb** (*fig*) zu jdm halten; **to fight ~ to ~ with sb** (*fig*) Seite an Seite mit jdm kämpfen 2 FASHION (*in clothing*) Schulter *f;* **padded ~s** gepolsterte Schultern 3 (*meat*) Schulter *f,* Schulterstück *nt; of beef* Bug *m;* ~ **of lamb** Lammschulter *f* 4 *of a road* Bankett *nt,* Bankette *f;* **soft/hard** ~ unbefestigtes/befestigtes Bankett 5 (*part*) Vorsprung *m;* ~ **of a mountain** Bergrücken *m* **II.** *vt* 1 (*push*) ■**to ~ sb/sth** jdn/etw [mit den Schultern] stoßen; **to ~ one's way somewhere** sich *akk* irgendwohin drängen; ■**to ~ sb aside** (*fig*) jdn links liegen lassen *fam* 2 (*carry*) ■**to ~ sth** etw schultern; ■**to ~ sb** jdn auf die Schultern nehmen 3 (*accept*) ■**to ~ sth** etw auf sich *akk* nehmen; **to ~ the cost of sth** die Kosten für etw *akk* tragen; **to ~ responsibility** Verantwortung übernehmen

shoulder bag *n* Umhängetasche *f* **shoulder blade** *n* Schulterblatt *nt* **shoulder brace** *n* Stützverband *m* für Schulter **shoulder-high** *inv* **I.** *adj* schulterhoch **II.** *adv* schulterhoch; **to carry sb** ~ jdn auf den Schultern tragen **shoulder holster** *n* Schulterhalfter *f o nt* **shoulder-length** *adj* schulterlang; ~ **hair** schulterlanges Haar **shoulder pad** *n* Schulterpolster *nt o* ÖSTERR *m;* SPORTS *also* Schulterschoner *m* **shoulder patch** *n* Schulterflicken *m;* MIL Schulterklappe *f* **shoulder strap** *n* Riemen *m;* **a dress with thin ~s** ein Trägerkleid *nt*

shouldn't [ˈʃʊdᵊnt] = **should not** *see* **should**

shout [ʃaʊt] **I.** *n* 1 (*loud cry*) Ruf *m,* Schrei *m;* **a ~ from the audience** ein Zuruf *m* aus dem Publikum; ~ **of joy** Freudenschrei *m;* ~ **of laughter** lautes Gelächter; ~ **of pain** Schmerzensschrei *m* 2 BRIT, AUS (*fam: round of drinks*) Runde *f;* ***whose ~ is it?*** wer bezahlt die nächste Runde?; ***it's my*** ~ ich bin dran[, eine Runde zu schmeißen] *fam* ▸ PHRASES: **to give sb a** ~ (*fam*) jdm Bescheid sagen; (*phone*) jdn anrufen **II.** *vi* schreien; ■**to ~ at sb** jdn anschreien; ■**to ~ to sb** jdm zurufen; **to ~ above noise** Lärm überschreien; **to ~ for help** um Hilfe rufen; **to ~ loud** laut jammern ▸ PHRASES: **to give sb sth to ~ about** für jdn ein Grund zum Jubeln sein **III.** *vt* 1 (*yell*) ■**to ~ sth** etw rufen [*o* schreien]; ***her clothes absolutely ~ money*** (*fig*) ihre Kleider sehen sehr teuer aus; **to ~ abuse at sb** jdn lautstark beschimpfen; **to ~ sth from the rooftops** etw laut ausposaunen *fam;* **to ~ slogans** Parolen rufen; **to ~ a warning to sb** jdm eine Warnung zurufen; **to ~ oneself hoarse** sich *akk* heiser schreien 2 AUS (*fam: treat to*) **to ~ [sb] a drink** [jdm] ein Getränk spendieren [*o* ausgeben]

◆**shout down** *vt* ■**to ~ down** ⊂ **sb** jdn niederschreien [*o* niederbrüllen] *fam*

◆**shout out** *vt* ■**to ~ out** ⊂ **sth** etw [aus]rufen

shouting [ˈʃaʊtɪŋ, AM -ţ-] **I.** *n no pl* Schreien *nt,* Geschrei *nt* **II.** *adj* ▸ PHRASES: **in** [*or* **within**] ~ **distance** [**of sth**] in Rufweite [einer S. *gen*]; (*fig*) nahe [an etw *dat*]; ***they are within ~ distance of a solution to their problem*** sie sind nahe an einer Lösung ihres Problems

shouting match *n* (*pej*) Schreiduell *nt;* (*fig*) heftige Kontroverse

shouty [ˈʃaʊti] *adj* (*fam*) *person* laut

shove [ʃʌv] **I.** *n* Ruck *m;* **to give sth a** ~ etw [weg]rücken **II.** *vt* 1 (*push*) ■**to ~ sb** jdn schieben; (*fig*) jdn abdrängen; **to ~ one's way through sth** sich *dat* [mit Gewalt] einen Weg durch etw *akk* bahnen; ■**to ~ sb around** jdn herumstoßen [*o* herumschubsen] *fam;* (*intimidate*) jdn herumkommandieren; ■**to ~ sth aside** etw beiseite schieben 2 (*place*) **to ~ sth into a bag** etw in eine Tasche stecken; **to ~ sth onto the table** etw auf dem Tisch [ab]stellen; (*throw*) etw auf den Tisch schmeißen *fam;* ■**to ~ sth [down] somewhere** etw irgendwo hinstellen ▸ PHRASES: ~ **it** [**up your arse**]! (*vulg*) steck dir das sonst wohin! *sl* **III.** *vi* 1 (*push*) drängen, drängeln *fam* 2 (*fam: move aside*) ■**to ~ along** [*or* **over**] beiseite rücken; ~ ***over, Martha*** rutsch rüber, Martha *fam*

◆**shove down** *vt* BRIT ■**to ~ down** ⊂ **sth** etw hinschreiben

◆**shove off** *vi* 1 (*fam!: go away*) weggehen, abhauen *sl;* ***just ~ off, Chris!*** hau schon ab, Chris! *sl* 2 NAUT (*push away*) [vom Ufer] abstoßen

◆**shove up** *vi* BRIT (*fam*) Platz machen

shovel [ˈʃʌvᵊl] **I.** *n* 1 (*tool*) Schaufel *f; of an earth-moving machine* Baggerschaufel *f* 2 (*shovelful*) **a ~ of coal/dirt/snow** eine Schaufel [voll] Kohle/Erde/Schnee **II.** *vt* <BRIT -ll- *or* AM *usu* -l-> ■**to ~ sth** etw schaufeln *a. fig;* **to ~ food into one's mouth** sich *dat* Essen in den Mund schaufeln **III.** *vi* <BRIT -ll- *or* AM *usu* -l-> schaufeln

shoveler <*pl* – *or* -s> [ˈʃʌvᵊləʳ, AM ɚ] *n* AM ORN *see* **shoveller**

shovelful [ˈʃʊvᵊlfʊl] *n* **a ~ of coal/dirt/snow** eine Schaufel [voll] Kohle/Erde/Schnee

shoveller <*pl* – *or* -s> [ˈʃʌvᵊləʳ, AM ɚ] *n* ORN Löffelente *f*

show [ʃəʊ, AM ʃoʊ]

I. NOUN
II. TRANSITIVE VERB
III. INTRANSITIVE VERB

S

I. NOUN

① *(display)* Bekundung *f,* Demonstration *f;* ~ **of force/strength/unity** Demonstration *f* der Gewalt/Stärke/Einigkeit; ~ **of solidarity** Solidaritätsbekundung *f;* **just** [*or* **only**] **for** ~ nur für die Optik [*o* der Schau wegen]; ***do those lights have a function or are they just for ~?*** haben die Lichter irgendeine nützliche Funktion, oder sollen sie nur Eindruck machen?; ▪**to make** [*or* **put on**] **a ~ of** [**doing**] **sth** so tun, als ob ② *(exhibition)* Schau *f,* Ausstellung *f;* **dog/fashion** ~ Hunde-/Modenschau *f;* **slide** ~ Diavorführung *f,* Diavortrag *m;* **retrospective** ~ Retrospektive *f;* ▪**to be on** ~ ausgestellt sein ③ *(entertainment)* Show *f;* (*on television*) Unterhaltungssendung *f,* Show *f;* **puppet** ~ Puppenspiel *nt,* Marionettentheater *nt;* **quiz** ~ Quizsendung *f,* Quizshow *f;* **radio/stage** ~ Radio-/Bühnenshow *f;* **talent** ~ Talentwettbewerb *m;* **to stage a** ~ THEAT eine Show auf die Bühne bringen ④ *(fam: activity)* Angelegenheit *f;* ***who will run the ~ when she retires?*** wer wird den Laden schmeißen, wenn sie in Pension geht? *fam;* **sb's** [**own**] ~ jds [eigene] Angelegenheit; ***she prefers to be in charge of her own*** ~ sie zieht es vor, unabhängig schalten und walten zu können ⑤ AM *(sl: Major League Baseball)* ▪**the** ~ die Baseballoberliga ► PHRASES: ~ **of hands** [Abstimmung *f* per] Handzeichen *nt;* ***who here has been to Europe? let me see a ~ of hands*** wer von euch war schon in Europa? bitte mal die Hand hochheben; **by** [*or* **on**] **a ~ of hands** durch Handzeichen; **let's get the** [*or* **this**] ~ **on the road** *(fam)* lasst uns die Sache [endlich] in Angriff nehmen; **to put on** [*or* **up**] **a good** ~ sich *akk* bemühen, Einsatz zeigen; **to make** [*or* **put** **on**] **a** ~ eine Schau abziehen *fam;* **to make** [*or* **put on**] **a ~ of doing sth** vortäuschen, etw zu tun; **the ~ must go on** *(prov)* die Show [*o* das Leben] muss weitergehen

II. TRANSITIVE VERB

<showed, shown> ① *(display)* ▪**to ~ sth** etw zeigen [*o* sehen lassen]; **to ~ sb an ability** jdm eine Fähigkeit vorführen; **to ~ a flag** eine Flagge hissen; **to ~ slides** Dias vorführen; **to ~ one's work** ART eine Ausstellung machen, ausstellen ② *(reveal)* ▪**to ~ sth** etw zeigen [*o* erkennen lassen]; ***he started to ~ his age*** man begann ihm sein Alter anzusehen; **to ~ common sense/courage/initiative** gesunden Menschenverstand/Mut/Unternehmungsgeist beweisen; **to ~ genius/originality** Genie/Originalität beweisen; **to ~ promise** viel versprechend sein; **to ~ no signs of improvement** keine Anzeichen einer Besserung aufweisen; **to ~ one's ticket/one's passport** seine Fahrkarte/seinen Pass vorzeigen; ***he ~ed his ticket to the conductor*** er zeigte dem Schaffner seine Fahrkarte ③ *(express)* ▪**to ~ sth** etw zeigen; **to ~ a bias/enthusiasm for sth** eine Vorliebe/Begeisterung für etw *akk* zeigen; **to ~ clemency** Milde walten lassen; **to ~ compassion** [**for sb**] [mit jdm] Mitleid haben; **to ~ compunction** Gewissensbisse haben; **to ~ one's gratitude** sich *akk* als dankbar erweisen; **to ~ sb respect** jdm Respekt erweisen ④ *(expose)* ▪**to ~ sth** etw sehen lassen; ***your shirt's so thin that it ~s your bra*** dein Hemd ist so dünn, dass man deinen BH durchsieht; ***this carpet ~s all the dirt*** bei dem Teppich kann man jedes bisschen Schmutz sehen ⑤ *(point out)* ▪**to ~ sth to sb** jdm etw zeigen; ~ ***me where it hurts*** zeig mir, wo es wehtut; ***she sent us a map which ~ed where her house is*** sie schickte uns eine Karte, auf der ihr Haus zu sehen war; ***on this map, urban areas are ~n in grey*** auf dieser Karte sind die Stadtgebiete grau dargestellt; ***it's ~ing signs of rain*** es sieht nach Regen aus ⑥ *(explain)* ▪**to ~ sb sth** jdm etw zeigen [*o* erklären]; **to ~ sb the way** jdm den Weg zeigen ⑦ *(record)* ▪**to ~ sth** etw anzeigen; *statistics* etw [auf]zeigen; **to ~ a loss/profit** einen Verlust/Gewinn aufweisen ⑧ *(prove)* ▪**to ~ sth** etw beweisen; ***she has shown herself [to be] a highly competent manager*** sie hat sich als sehr kompetente Geschäftsführerin erwiesen; ▪**to ~ sb that …** jdm zeigen [*o* beweisen], dass …; ▪**to ~** [**sb**] **how/why …** [jdm] zeigen, wie/warum …; **to ~ cause** LAW seine Gründe vorbringen; **order to ~ cause** gerichtliche Verfügung; **to ~ one's mettle** zeigen, was in einem steckt ⑨ *(escort)* ▪**to ~ sb somewhere** jdn irgendwohin führen [*o* bringen]; ***I'll ~ myself out*** ich finde schon allein hinaus; ▪**to ~ sb over** [*or* AM *usu* **around**] **a place** jdm einen Ort zeigen; ***they ~ed us over the estate*** sie führten uns auf dem Anwesen herum ⑩ *(project)* **to ~ a film** einen Film zeigen [*o fam* bringen]; ***this film has never been ~n on television*** dieser Film kam noch nie im Fernsehen ► PHRASES: **to ~ one's true colours** Farbe bekennen; **to ~ sb the door** jdm die Tür weisen; **to dare** [**to**] **~ one's face** es wagen, irgendwo aufzukreuzen *fam;* **to ~ one's hand** [*or* **cards**] seine Karten aufdecken; **to have nothing to ~ for it** [*or* **one's efforts**] [am Ende] nichts vorzuweisen haben; ***you've had this job for five years, and what have you got to ~ for your efforts?*** du hast diesen Job nun seit fünf Jahren, und was hast du nun von all der Mühe?; **to ~** [**sb**] **no quarter** *(liter)* kein Erbarmen [mit jdm] haben; **to ~ one's teeth** die Zähne zeigen *fam;* **to ~ the way** [**forward**] den Weg weisen *fig;* **that will ~ sb** *(fam)* das wird jdm eine Lehre sein

III. INTRANSITIVE VERB

<showed, shown> ① *(be visible)* zu sehen sein; ***the trees ~ blue on these photographs*** die Bäume erscheinen auf diesen Fotos blau; ***she's four months pregnant and starting to ~*** sie ist im vierten Monat schwanger und allmählich sieht man es ihr an; **to let sth ~** sich *dat* etw anmerken lassen ② *esp* AM, AUS *(fam: arrive)* auftauchen *fam* ③ *(be shown) film* gezeigt werden, laufen *fam;* ***now ~ing at a cinema near you!*** jetzt in einem Kino in Ihrer Nähe! ④ AM *(in horse racing)* Dritte(r) *f(m)* werden

◆**show around** *vt* AM *see* **show round**

◆**show in** *vt* ▪**to ~ in** ↻ **sb** (*towards speaker*) jdn hereinführen; (*away from speaker*) jdn hineinführen

◆**show off** I. *vt* ▪**to ~ off** ↻ **sb/sth** mit jdm/etw angeben II. *vi* angeben

◆**show out** *vt* ▪**to ~ out** ↻ **sb** jdn hinausführen; ***will you ~ Ms Nester out please?*** würden Sie Frau Nester bitte zur Tür bringen?

◆**show round** *vt* ① *(take on tour)* ▪**to ~ sb round** jdn herumführen; **to ~ sb round the house** jdm das Haus zeigen ② *(pass round)* ▪**to ~ sth round** etw herumzeigen

◆**show through** *vi* durchschimmern; ***her sadness ~ed through*** *(fig)* man merkte ihr ihre Traurigkeit an

◆**show up** I. *vi* ① *(appear)* sich *akk* zeigen; ***the drug does not ~ up in blood tests*** das Medikament ist in Blutproben nicht nachweisbar ② *(fam: arrive)* erscheinen, auftauchen *fam;* **to fail to ~ up** nicht erscheinen [*o fam* aufkreuzen] II. *vt* ① *(make visible)* ▪**to ~ up** ↻ **sth** etw zeigen [*o* zum Vorschein bringen] ② *(expose)* ▪**to ~ up** ↻ **sth** etw aufdecken; ▪**to ~ up** ↻ **sb** jdn entlarven; **to ~ sb up as** [**being**] **a cheat** jdn als Lügner entlarven ③ *(embarrass)* ▪**to ~ up** ↻ **sb** jdn bloßstellen [*o geh* kompromittieren]

show-and-tell *n no pl* AM, AUS *Unterrichtsmethode, bei der Schüler ein Anschauungsobjekt mit in die Schule bringen und den anderen Schülern erklären* **showbiz** ['ʃəʊbɪz, AM 'ʃoʊ-] *n no pl (fam) short for* **show business** Showbiz *nt fam* **showbiz personality** *n (fam)* Prominente(r) *f(m) (aus dem Showgeschäft)* **showboat** AM I. *n* ① *(ship)* Theaterschiff *nt* ② *(fam: show-off)* Angeber(in) *m(f)* II. *adj (fam)* angeberisch *fam* III. *vi (fam)* angeben *fam* **showboating** *n no pl* AM Prahlerei *f,* Angeberei *f fam* **show business** *n no pl* Showbusiness *nt,* Showgeschäft *nt,* Unterhaltungsbranche *f;* **in ~** im Showgeschäft **showcase** I. *n* ① *(container)* Schaukasten *m,* Vitrine *f* ② *(fig: place/opportunity for presentation)* Schau *f,* Schaufenster *nt* II. *vt* ▪**to ~ sth** etw ausstellen; **to ~ one's talent** seine Begabung unter Beweis stellen **showdown** *n* Showdown *m,* Kraftprobe *f;* ▪**a ~ with sb** ein Entscheidungskampf *m* gegen jdn; **to prepare for a ~** [**with sb**] sich *akk* auf einen Showdown [mit jdm] vorbereiten

shower ['ʃaʊəʳ, AM 'ʃaʊɚ] I. *n* ① *(brief fall)* Schauer *m;* ~ **of rain/snow** Regen-/Schneeschauer *m;* **thunder** ~ Gewitterschauer *m;* **hard** [*or* **heavy**] ~ heftiger Schauer; **thundery ~s** gewittrige Schauer *mpl* ② *(spray)* Regen *m;* **to bring a ~ of praise upon sb** *(fig)* jdm viel Lob einbringen; ~ **of sparks** Funkenregen *m* ③ *(for bathing)* Dusche *f;* **to be in the** ~ unter der Dusche sein; **to have** [*or* **take**] **a** ~ duschen ④ AM *(party) Frauenparty vor einer Hochzeit, Geburt etc., bei der Geschenke überreicht werden* II. *vt* ① *(with liquid)* ▪**to ~ sb/sth** etw/jdn bespritzen; **to ~ sb with champagne** jdn mit Champagner bespritzen ② *(fig)* ▪**to ~ sb/sth with sth,** ▪**to ~ sth on sb/sth** (*rain down*) etw auf jdn/etw niederregnen lassen; (*lavish*) jdn/etw mit etw *dat* überhäufen; **to ~ compliments on sb** jdn mit Komplimenten überhäufen; **to ~ sb with presents/praise** jdn mit Geschenken/Lob überhäufen; **to ~ a town with missiles** einen Raketenhagel auf eine Stadt niedergehen lassen, eine Stadt unter Raketenbeschuss nehmen III. *vi* ① *(take a shower)* duschen ② *(spray)* ▪**to ~ down** niederregnen, niederfallen

shower attachment *n* Duschvorrichtung *f* **shower cap** *n* Duschhaube *f* **shower cream** *n* Duschcreme *f* **shower curtain** *n* Duschvorhang *m* **shower gel** *n* Duschgel *nt* **showerhead** *n* Duschkopf *m* **showerproof** *adj* AUS, BRIT Wasser abweisend *attr* **shower tea** *n* AUS *Frauenparty, bei der einer Braut Geschenke überreicht werden*

showery ['ʃaʊəri, AM 'ʃaʊri] *adj* mit vereinzelten Regenschauern *nach n;* ~ **weather** regnerisches Wetter

showgirl *n* Revuegirl *nt* **showground** *n* Veranstaltungsgelände *nt* **show home, show house** *n* BRIT Musterhaus *nt*

showily ['ʃəʊɪli, AM 'ʃoʊ-] *adv* auffällig, protzig *meist pej fam*

showiness ['ʃəʊɪnəs, AM 'ʃoʊ-] *n no pl* Pomp *m,* Protzerei *f*

showing ['ʃəʊɪŋ, AM 'ʃoʊ-] *n usu sing* ① *(exhibition)* Ausstellung *f* ② *(broadcasting)* Übertragung *f* ③ *(performance in competition)* Vorstellung *f;* **to make** [*or* **manage**] **a good/strong/dismal** ~ eine gute/eindrucksvolle/schwache Vorstellung geben

show jumper *n* ① *(horse)* Springpferd *nt* ② *(rider)* Springreiter(in) *m(f)* **show jumping** *n no pl* Springreiten *nt* **showman** *n (esp approv)* Showman *m* **showmanship** ['ʃəʊmənʃɪp, AM 'ʃoʊ-] *n no pl (esp approv)* publikumswirksames Auftreten

shown [ʃəʊn, AM ʃoʊn] *vt vi pp of* **show**

show-off *n* Angeber(in) *m(f)* **showpiece** I. *n* Paradebeispiel *nt* II. *n modifier (hospital, jail)* Vorzeige- **showplace** *n* Ausstellungsgelände *nt,* Besichtigungsstätte *f* **show pony** *n* AUS Blender(in) *m(f)* **showroom** *n* Ausstellungsraum *m* **showstopper** *n* sensationelle Darbietung **showstopping** *adj attr, inv* sensationell; ***his recital of Shakespeare in the middle of the play was a ~ performance*** für seinen Shakespeare-Monolog im Stück erhielt er stürmischen Szenenapplaus **show time** *n no pl* Aufführung[szeit] *f,* Darbietung *f,* Show *f a. iron* **show trial** *n* Schauprozess *m*

showy ['ʃəʊi, AM 'ʃoʊi] *adj* auffällig, protzig *meist pej fam*

shrank [ʃræŋk] *vt vi pt of* **shrink**

shrapnel ['ʃræpnəl] *n no pl* Granatsplitter *pl;* **to be hit by ~** von Granatsplittern getroffen werden

shred [ʃred] I. *n* ① *usu pl (thin long strip)* Streifen *m;* **to leave sb's reputation in ~s** jds Ruf *m* ruinieren; **to be in ~s** zerfetzt sein; **to rip** [*or* **tear**] **sth to ~s** etw in Fetzen reißen; **to tear sb to ~s** *(fig)* jdn in Stücke reißen ② *no pl (tiny bit) of hope* Funke *m;* ***there isn't a ~ of evidence*** es gibt nicht den geringsten Beweis; **without a ~ of clothing** splitt[faser]nackt; **every ~ of credibility** jedes bisschen Glaubwürdigkeit **II.** *vt* <-dd-> ■**to ~ sth** etw zerkleinern; **to ~ a document** ein Dokument vernichten [*o* schredden]; **to ~ vegetables** Gemüse hacken

shredded wheat [ˌʃredɪd'(h)wi:t] *n* AM Weizenschrot *m o nt kein pl*

shredder ['ʃredəʳ, AM -ɚ] *n* Reißwolf *m,* Shredder *m;* **garden ~** Häcksler *m*

shrew [ʃru:] *n* ① (*animal*) Spitzmaus *f* ② (*pej: woman*) Hexe *f pej,* Xanthippe *f pej*

shrewd [ʃru:d] *adj* (*approv*) schlau, klug, gewieft *fam;* **~ comment** kluge [*o* scharfsinnige] Bemerkung; **~ decision** kluge Entscheidung; **~ eye** scharfes Auge; **to make a ~ guess** gut raten; **~ move** geschickter Schachzug

shrewdly ['ʃru:dli] *adv* (*approv*) schlau, klug; ***she ~ predicted the stock market crash*** sie sah den Zusammenbruch des Börsenmarkts scharfsinnig voraus

shrewdness ['ʃru:dnəs] *n no pl* (*approv*) Klugheit *f*

shrewish ['ʃru:ɪʃ] *adj* (*pej*) zänkisch *pej*

shriek [ʃri:k] **I.** *n* [schriller, kurzer] Schrei; *seagull* Kreischen *nt kein pl;* **~ of delight** Freudenschrei *m* **II.** *vi* kreischen; **to ~ with laughter** vor Lachen brüllen; **to ~ in pain** vor Schmerzen schreien **III.** *vt* ■**to ~ sth** etw schreien; **to ~ abuse at sb** jdn lauthals beschimpfen

shrift [ʃrɪft] *n* ▶ PHRASES: **to get short ~ from sb** von jdm wenig Mitleid bekommen; **to give short ~ to sb** jdm wenig Beachtung schenken, jdn kurz abfertigen; **to give short ~ to sth** etw *dat* wenig Beachtung schenken; **to make short ~ of sth** mit etw *dat* kurzen Prozess machen

shrill [ʃrɪl] **I.** *adj* schrill; **~ attack** (*fig*) heftige Attacke, scharfer Angriff **II.** *vi* schrillen

shrillness ['ʃrɪlnəs] *n no pl* schriller Ton

shrilly ['ʃrɪli] *adv* schrill; **to utter/yell sth ~** etw mit schriller Stimme äußern/schreien

shrimp [ʃrɪmp] **I.** *n* ① <*pl* -s *or* -> (*crustacean*) Garnele *f,* Shrimp *m* ② (*pej fam: very short person*) Zwerg *m hum* **II.** *n modifier* (*casserole, dip, dish, soup*) Garnelen-; **~ salad** Shrimpssalat *m*

shrimp cocktail *n* AM Shrimpscocktail *m*

shrine [ʃraɪn] *n* Heiligtum *nt;* (*casket for relics*) Schrein *m a. fig;* (*tomb*) Grabmal *nt;* (*place of worship*) Pilgerstätte *f*

shrink [ʃrɪŋk] **I.** *vi* <shrank *or esp* AM shrunk, shrunk *or* AM *also* shrunken> ① (*become smaller*) schrumpfen; *sweater* eingehen; **to ~ dramatically** (*fig*) drastisch zusammenschrumpfen [*o* sinken] ② (*liter: cower*) sich *akk* ducken; ■**to ~ at sth** bei etw *dat* zusammenzucken ③ (*pull back*) ■**to ~ away** zurückweichen, zurückschrecken; ■**to ~ away from sb/sth** vor jdm/etw zurückschrecken ④ (*show reluctance*) ■**to ~ from [doing] sth** sich *akk* vor etw *dat* drücken *fam;* **to ~ from a difficulty** einer Schwierigkeit aus dem Weg gehen **II.** *vt* <shrank *or* AM *esp* shrunk, shrunk *or* AM *also* shrunken> ■**to ~ sth** etw schrumpfen lassen; ***I shrank another shirt today*** mir ist heute schon wieder ein Hemd eingegangen; **to ~ costs** die Kosten senken **III.** *n* (*fam*) Psychiater(in) *m(f)*

shrinkage ['ʃrɪŋkɪdʒ] *n no pl* ① (*becoming smaller*) Schrumpfen *nt; of a sweater* Eingehen *nt* ② (*decrease*) Schwund *m,* Einbußen *fpl,* Minderung *f* ③ (*fam: shoplifting*) Ladendiebstahl *m*

shrinking ['ʃrɪŋkɪŋ] *adj* schrumpfend *attr*

shrinking violet *n* (*fam*) Mimose *f oft pej*

shrink-wrap I. *n* Plastikfolie *f* **II.** *vt* **to ~ food** Nahrungsmittel in Frischhaltefolie einpacken; **to ~ a book** ein Buch in Folie einschweißen

shrive <shrove, shriven> [ʃraɪv] *vt* (*old*) ■**to ~ sb** jdm die Beichte abnehmen, jdn von seinen Sünden lossprechen

shrivel <BRIT -ll- *or* AM *usu* -l-> ['ʃrɪvəl] **I.** *vi* [zusammen]schrumpfen; *fruit* schrumpeln; *plants* welken; *skin* faltig werden; (*fig*) *profits* schwinden **II.** *vt* ■**to ~ sth** etw zusammenschrumpfen lassen; **to ~ the crops** die Ernte vertrocknen lassen; **to ~ the skin** die Haut faltig werden lassen

◆**shrivel up** *vi* zusammenschrumpfen; *fruit* vertrocknen, schrumpeln; **~led up leaf** verwelktes Blatt ▶ PHRASES: **to want to ~ up and die** in den Boden versinken wollen

shriveled AM, **shrivelled** ['ʃrɪvəld] *adj fruit* verschrumpelt; *leaf* verwelkt; *skin* faltig

shroud [ʃraʊd] **I.** *n* ① (*burial wrapping*) Leichentuch *nt* ② (*covering*) Hülle *f;* **~ of dust** Staubschicht *f;* **~ of fog** Nebelschleier *m;* **a ~ of secrecy** (*fig*) ein Mantel *m* der Verschwiegenheit *fig* **II.** *vt* ■**to ~ sth** etw einhüllen; **~ed in darkness** in Dunkelheit eingehüllt; **~ed in fog** in Nebel gehüllt, nebelverhangen *geh;* **~ed in mystery** (*fig*) geheimnisumwoben *geh,* geheimnisumwittert *geh;* **to ~ sth in scaffolding** etw einrüsten; **to ~ sth in secrecy** (*fig*) etw geheim halten

Shrovetide ['ʃrəʊvtaɪd, AM 'ʃroʊv-] *n* Fastnacht *f,* Karneval *m bes* MITTELD, Fasching *m* SÜDD, ÖSTERR, Fasnacht *f* SCHWEIZ **Shrove Tuesday** [ˌʃrəʊv'tju:zdeɪ, AM ʃroʊv'tu:-, tju:-] *n no art* Fastnachtsdienstag *m,* Faschingsdienstag *m* SÜDD, ÖSTERR, Fasnachtsdienstag *m* SCHWEIZ

shrub [ʃrʌb] *n* Strauch *m,* Busch *m;* **a flowering ~** ein blühender Busch

shrubbery ['ʃrʌbəri] *n no pl* ① (*area planted with bushes*) Gebüsch *nt,* Buschwerk *nt* ② (*group of bushes*) Sträucher *mpl*

shrubby ['ʃrʌbi] *adj* buschig

shrug [ʃrʌg] **I.** *n of one's shoulders* Achselzucken *nt kein pl;* **~ of contempt** verächtliches Achselzucken **II.** *vi* <-gg-> die Achseln zucken **III.** *vt* <-gg-> **to ~ one's shoulders** die Achseln zucken; (*fig*) tatenlos zusehen

◆**shrug aside** *vt* ■**to ~ aside ↔ sth** etw mit einem Achselzucken abtun

◆**shrug off** *vt* ① *see* **shrug aside** ② (*get rid of*) ■**to ~ off ↔ sth** etw loswerden

shrunk [ʃrʌŋk] *vt vi pp, pt of* **shrink**

shrunken ['ʃrʌŋkən] **I.** *adj* geschrumpft; **~ figure** in sich zusammengesunkene Gestalt; **~ profits** niedrigere Gewinne **II.** *vt vi* AM *pp of* **shrink**

shtick [ʃtɪk] *n* AM (*sl*) Trick *m,* Show *f fam;* ***Tom went into his ~ about his mother-in-law again*** Tom zog wieder mal seine Schwiegermuttershow ab *fam*

shtook [ʃtʊk] *no pl* BRIT (*sl*), **shtuck** *n no pl* BRIT (*sl*) Ärger *m,* Stunk *m pej fam;* **to be in ~** Schwierigkeiten bekommen, Stunk haben *pej fam*

shuck [ʃʌk] *vt* AM ① FOOD ■**to ~ sth** *corn* etw schälen; **to ~ beans** Bohnen enthülsen; **to ~ oysters** Austern aus der Schale herauslösen ② (*remove*) **to ~ one's clothes** seine Kleider ausziehen [*o* ablegen]

◆**shuck off** *vt* AM ■**to ~ off ↔ sth** sich *akk* von etw *dat* befreien, etw abschütteln; **to ~ a bad habit off** eine schlechte Angewohnheit ablegen

shucks [ʃʌks] *interj* AM (*fam*) ach Quatsch! *fam;* **~, *I wish I could have gone to the party*** ach Mensch, hätte ich doch nur zur Party gehen können *fam*

shudder ['ʃʌdəʳ, AM -ɚ] **I.** *vi* zittern, erschaudern *geh; ground* beben; ***I ~ to think what would have happened if …*** mir graut vor dem Gedanken, was passiert wäre, wenn …; ***she ~ed at the thought of kissing him*** es schauderte sie bei dem Gedanken, ihn zu küssen; **to ~ with disgust/horror/loathing** vor Ekel/Grauen/Abscheu erschaudern *geh;* **to ~ to a halt** mit einem Rucken zum Stehen kommen; ***the economy has ~ed to a halt*** (*fig*) die Wirtschaft ist zum Erliegen gekommen; **to ~ at the memory of sth** mit Schaudern an etw *akk* zurückdenken **II.** *n* Schauder *m geh,* Schaudern *nt kein pl;* ***Wendy gave a ~ of disgust*** Wendy schüttelte sich vor Ekel; **to send a ~ down one's spine** jdm einen Schauder den Rücken hinunterjagen; **to send a ~ through sb** jdn erschaudern lassen *geh*

shuffle ['ʃʌfl] **I.** *n* ① CARDS Mischen *nt kein pl* (*von Karten*); **to give the cards a ~** die Karten mischen ② (*rearrangement*) Neuordnung *f kein pl;* ***she gave her papers a quick ~*** sie sortierte ihre Papiere rasch neu ③ *esp* AM, AUS, CAN (*shake-up*) **cabinet ~** Kabinettsumbildung *f;* **management ~** personelle Umstrukturierung in der Geschäftsleitung ④ *no pl of feet* Schlurfen *nt* **II.** *vt* ① (*mix*) **to ~ cards** [*or* AM **a deck**] Karten mischen ② (*move around*) ■**to ~ sth [around]** etw hin- und herschieben; **paper-~ing employee** Angestellte(r) *f(m),* die/der nur Papier umschichtet ③ (*drag*) **to ~ one's feet** schlurfen **III.** *vi* ① CARDS Karten mischen ② (*sort through*) ■**to ~ through sth** etw durchblättern ③ (*drag one's feet*) schlurfen; ■**to ~ along** (*fig*) sich *akk* dahinschleppen; ■**to ~ around** unruhig sein, herumzappeln *fam*

◆**shuffle off** *vt* ■**to ~ off ↔ sth** etw abschütteln; **to ~ off a burden** sich *akk* von einer Last befreien; **to ~ off responsibility [onto sb]** Verantwortung [auf jdn] abwälzen ▶ PHRASES: **when we have ~d off this mortal coil** (*quotation from Hamlet*) wenn wir den Drang des Irdischen abgeschüttelt

shuffleboard ['ʃʌflbɔ:d, AM -bɔ:rd] *n no pl* AM, CAN (*shovelboard*) Beilkespiel *nt*

shuffling ['ʃʌflɪŋ] *adj inv* schlurfend

shufti *no pl* BRIT (*dated fam*), **shufty** ['ʃʊfti] *n no pl* BRIT (*dated fam*) Blick *m;* **to have a ~ [at sth]** einen Blick [auf etw *akk*] werfen

shun <-nn-> [ʃʌn] *vt* ■**to ~ sth** etw meiden, etw *dat* ausweichen; ■**to ~ sb** jdm aus dem Weg gehen; **to ~ publicity** die Öffentlichkeit meiden

shunt [ʃʌnt] **I.** *vt* ① RAIL ■**to ~ sth** etw verschieben; **to ~ a train/carriages** einen Zug/Waggons rangieren ② (*fig: move*) ■**to ~ sth** etw abschieben; ■**to ~ sb** jdn schieben; (*get rid of*) jdn abschieben *fam;* ***I spent most of my childhood being ~ed between my parents*** den größten Teil meiner Kindheit wurde ich von einem Elternteil zum anderen geschoben; **to be ~ed to later times** auf einen späteren Zeitpunkt verschoben werden; ■**to ~ sb aside** jdn aufs Abstellgleis stellen *fam* **II.** *n* ① RAIL Rangieren *nt kein pl,* Verschieben *nt kein pl;* **to give a train/carrages a ~** einen Zug/Waggon verschieben ② BRIT AUTO (*fam*) Bums *m fam*

shunter ['ʃʌntəʳ, AM -ɚ] *n* Rangierlok[omotive] *f*

shunting ['ʃʌntɪŋ] *n* Rangieren *nt kein pl,* Verschieben *nt kein pl*

shunting engine *n* Rangierlok[omotive] *f* **shunting station, shunting yard** *n* Rangierbahnhof *m*

shush [ʃʊʃ] **I.** *interj* sch!, pst! **II.** *vt* (*fam*) ■**to ~ sb** jdm sagen, dass er/sie still sein soll **III.** *vi* (*fam*) still sein

shut [ʃʌt] **I.** *adj inv* geschlossen; **~ curtains** zugezogene Vorhänge; **to slam a door ~** eine Tür zuschlagen; **to slide ~** sich *akk* automatisch schließen ▶ PHRASES: **to be [*or* get] ~ of sb/sth** jdn/etw loswerden **II.** *vt* <shut, shut, -tt-> ① (*close*) ■**to ~ sth** etw schließen [*o* zumachen]; **to ~ a book** ein Buch zuklappen; **to ~ one's eyes/ears to sth** seine Augen/Ohren vor etw *dat* verschließen ② COMM (*stop operating*) ■**to ~ sth** etw schließen [*o* zusperren] ③ (*pinch*) **to ~ one's finger/hand in sth** sich *dat* den Finger/die Hand in etw *dat* einklemmen ▶ PHRASES: **~ your face!** (*fam!*) halt die Klappe! *fam;* **~ your gob!** (*fam!*) halt's Maul! *derb,* halt die Fresse! *derb;* **~ it!** (*fam!*) Klappe! *sl;* **~ your mouth!** (*fam!*) halt den Mund! *fam;* **~ your yap!** AM (*fam!*) halt die Schnauze! *fam* **III.** *vi* <shut, shut, -tt-> ① (*close*) schließen, zumachen ② COMM (*stop operating*) schließen, zusperren

◆**shut away** *vt* ■**to ~ away ↔ sb** jdn einschließen [*o* einsperren]; ■**to ~ oneself away** sich *akk* einschließen

◆**shut down I.** *vt* ■**to ~ down ↔ sth** ① (*stop operating*) etw schließen; **to ~ down an airport** einen Flughafen sperren ② (*turn off*) etw abstellen; **to ~ the system down** das System herunterfahren **II.** *vi business, factory* zumachen; *engine* sich *akk* abstellen

◆**shut in** *vt* ■**to ~ in ↔ sb** jdn einschließen [*o* einsperren]; ■**to ~ oneself in** sich *akk* einsperren

◆**shut off** *vt* ① (*isolate*) ■**to ~ off ↔ sb/sth [from sth]** jdn/etw [von etw *dat*] isolieren; (*protect*) jdn/etw [von etw *dat*] abschirmen; **to ~ oneself off [from one's friends]** sich *akk* [von seinen Freunden] zurückziehen ② (*turn off*) ■**to ~ off ↔**

S

sth etw abstellen [*o* ausmachen]; **to ~ off a computer/system** einen Computer/ein System herunterfahren ❸ (*stop sending*) ■**to ~ off ↔ sth** etw einstellen; **to ~ off humanitarian aid** humanitäre Hilfe unterbinden; **to ~ off funds** Geldmittel sperren; **to ~ off signals** Signale verhindern

◆**shut out** *vt* ❶ (*block out*) ■**to ~ out ↔ sth** etw ausschließen; (*fig*) *thoughts* etw verdrängen; ***the double glazing ~s out most of the traffic noise*** die doppelten Fenster halten den größten Teil des Verkehrlärms ab; **to ~ out the light** das Licht abschirmen; **to ~ out the memory of sth** die Erinnerung an etw *akk* ausschalten; **to ~ out pain** Schmerz ausschalten ❷ (*exclude*) ■**to ~ out sb [from** [*or* **of**] **sth]** jdn [von etw *dat*] ausschließen *a. fig;* **to ~ sb out of power** jdn nicht an der Macht teilhaben lassen ❸ SPORTS (*prevent from scoring*) ■**to ~ out ↔ sb** jdn zu Null schlagen

◆**shut up I.** *vt* ❶ (*confine*) ■**to ~ up ↔ sb/an animal [in sth]** jdn/ein Tier [in etw *dat*] einsperren ❷ AUS, BRIT (*close [for day]*) ■**to ~ up ↔ sth** etw schließen; **to ~ up shop** das Geschäft schließen; (*fig: stop business*) seine Tätigkeit einstellen ❸ (*fam: cause to stop talking*) ■**to ~ up ↔ sb** jdn zum Schweigen bringen; **to ~ up a baby** (*fig*) ein Baby beruhigen; **to ~ sb up for good** jdn für immer zum Schweigen bringen **II.** *vi* ❶ AUS, BRIT (*close for day*) [seinen Laden] zuschließen ❷ (*fam: stop talking*) den Mund halten *fam*

shutdown *n* Schließung *f,* Stilllegung *f* **shutdown procedure** *n* Vorgehen *nt* im Fall eines Versagens der Anlage **shuteye** *n no pl esp* AM (*dated fam*) Nickerchen *nt fam;* **to get** [*or* **grab**] **some ~** eine Mütze voll Schlaf nehmen *fam,* ein Nickerchen machen *fam* **shut in** *adj pred,* **shut-in** *adj attr* **a ~ feeling** ein Gefühl *nt* des Eingesperrtseins [*o* der Enge]; **to feel ~** sich *akk* eingesperrt fühlen **shut-in** *n Person, die an das Haus gefesselt ist* **shut-off I.** *n* Abstellvorrichtung *f,* Abschaltmechanismus *m* **II.** *n modifier* Abstell-, Abschalt-; **~ switch** Aus-Schalter *m* **shut-off valve** *n* Sperrventil *nt* **shutout** *n* AM SPORTS Niederlage *f* zu Null [*o* ohne Punkt]

shutter [ˈʃʌtəʳ, AM ˈʃʌt̬ɚ] *n* ❶ PHOT Kameraverschluss *m,* Blende *f;* **to open the ~** die Blende öffnen ❷ *usu pl* (*window cover*) Fensterladen *m;* **to close/open the ~s** die Fensterläden schließen/öffnen; **to pull down/put up the ~s** die Rollläden herunterlassen/hochziehen

shuttered [ˈʃʌtəd, AM ˈʃʌt̬ɚd] *adj inv* ❶ (*with shutters closed*) ■**to be ~** geschlossene Fensterläden haben, die Rollläden heruntergelassen haben ❷ (*having shutters*) mit Fensterläden *nach n*

shutter speed *n* PHOT Belichtungszeit *f;* **high ~** kurze Belichtungszeit

shuttle [ˈʃʌtl̩, AM ˈʃʌt̬l̩] **I.** *n* ❶ (*train*) Pendelzug *m;* (*plane*) Pendelmaschine *f;* **air ~ [service]** Shuttleflug *m;* **space ~** Raumfähre *f* ❷ (*weaving bobbin*) Weberschiffchen *nt;* (*sewing-machine bobbin*) Schiffchen *nt* ❸ (*fam*) Federball *m* **II.** *vt* ■**to ~ sb** jdn hin- und zurückbefördern; ***passengers were ~d by bus from the bus stop to the airport*** die Passagiere wurden mit dem Bus von der Bushaltestelle zum Flughafen gebracht **III.** *vi* hin- und zurückfahren; ***there are trains which ~ from the airport to the city centre*** zwischen dem Flughafen und der Innenstadt verkehren Züge

shuttle bus *n* Zubringerbus *m* **shuttlecock** [-kɒk, AM -kɑːk] *n* Federball *m* **shuttle diplomacy** *n* Reisediplomatie *f;* **to be involved** [*or* **engaged**] **in ~** Reisediplomatie betreiben **shuttle flight** *n* Shuttleflug *m* **shuttle service** *n* Zubringerdienst *m,* Shuttleservice *nt* **shuttle train** *n* Zubringerzug *m*

shy¹ [ʃaɪ] (*dated*) **I.** *vt* <-ie-> (*fam*) ■**to ~ sth at sb/sth** etw auf jdn/etw werfen **II.** *n* (*fam*) Wurf *m;* **to have** [*or* **take**] **a ~ at sth** auf etw *akk* werfen; (*fig*) etw angreifen

shy² [ʃaɪ] **I.** *adj* ❶ (*timid*) schüchtern; **to be ~ of** [*or* **with**] **people** menschenscheu sein; *children* fremdeln; **~ smile** scheues Lächeln; **to be too ~ of doing** [*or* **to do**] **sth** zu schüchtern sein, etw zu tun ❷ *after n, inv* (*lacking*) ***we're only £100 ~ of the total amount*** uns fehlen nur noch 100 Pfund vom Gesamtbetrag **II.** *vi* <-ie-> ❶ *horse* scheuen ❷ (*avoid*) ■**to ~ away from [doing] sth** vor etw *dat* zurückschrecken, etw scheuen

Shylock [ˈʃaɪlɒk, AM lɑːk] *n* ❶ THEAT Shylock *m* ❷ (*fig*) Wucherer, Wucherin *m, f*

shyly [ʃaɪli] *adv* schüchtern; **to smile ~** scheu lächeln

shyness [ˈʃaɪnəs] *n no pl* Schüchternheit *f;* (*esp of horses*) Scheuen *nt*

shyster [ˈʃaɪstəʳ, AM -ɚ] (*fam*) **I.** *n* Gauner(in) *m(f),* Ganove *m* **II.** *adj attr, inv* gaunerhaft, ganovenhaft

SI [ˌesˈaɪ] *adj no pl* SCI *abbrev of* **Système International** SI-

Siamese [ˌsaɪəˈmiːz] **I.** *n* <*pl* -> ❶ (*person*) Siamese, -in *m, f;* (*cat*) Siamkatze *f* ❷ *no pl* (*language*) Siamesisch *nt* **II.** *adj inv* siamesisch

Siamese cat *n* Siamkatze *f* **Siamese twins** *npl* siamesische Zwillinge

sib [sɪb] *n* (*sl*) *short for* **sibling** Geschwister *nt*

Siberia [saɪˈbɪəriə, AM ˈbɪri] *n no pl* GEOG Sibirien *nt*

Siberian [saɪˈbɪəriən, AM -ˈbɪri-] **I.** *n* Sibir[i]er(in) *m(f)* **II.** *adj inv* sibirisch; **~ cold** sibirische Kälte

Siberian tiger *n* sibirischer Tiger

sibilant [ˈsɪbɪlᵊnt, AM ᵊl] *adj esp* LING zischend, Zisch-

sibling [ˈsɪblɪŋ] *n* Geschwister *nt meist pl*

sibling rivalry *n* Geschwisterrivalität *f*

sic [sɪk] **I.** *adv inv* sic **II.** *vt* ■**to ~ sb on sb** jdn auf jdn ansetzen

Sicilian [sɪˈsɪliən] **I.** *n* Sizilianer(in) *m(f)* **II.** *adj inv* sizilianisch

Sicily [ˈsɪsɪli, AM -ᵊli] *n no pl* Sizilien *nt*

sick¹ [sɪk] **I.** *adj* ❶ (*physically*) krank; (*fig: in poor condition*) *machine, engine* angeschlagen; **to be off ~** krankgemeldet sein; **to call in** [*or* **report**] **~** sich *akk* krankmelden; **to fall** [*or* **take**] [*or form* **be taken**] **~** erkranken *geh* ❷ (*mentally*) geisteskrank; (*fig*) krank; ***are you ~ or something?*** (*fam!*) spinnst du oder was? ❸ *pred* (*in stomach*) **to be** [*or* **get**] **~** sich *akk* erbrechen, spucken *fam;* **to feel ~** sich *akk* schlecht fühlen; ***I feel ~*** mir ist schlecht [*o* übel]; ***I feel ~ to my stomach*** mir ist im Magen schlecht; **to make oneself ~** sich *dat* den Magen verderben; (*fig*) ***it makes me ~ to my stomach when I think of …*** mir dreht sich der Magen um, wenn ich daran denke, … ❹ *pred* (*fam: upset*) erschüttert, entsetzt; ***it makes me ~ the way he always complains*** ich kann sein Gejammer nicht mehr hören; ■**to be ~ about** [*or* **at**] [*or* AM **over**] **sth** über etw *akk* entsetzt sein ❺ *pred* (*fam: fed up*) ■**to be ~ of doing sth** es satt haben, etw zu tun; **to be ~ and tired** [*or* **~ to death**] **of sth** etw [gründlich] satt haben; ■**to be ~ of sth/sb** von etw/jdm die Nase voll haben *fam* ❻ (*angry*) [wahnsinnig] wütend; ***it makes me ~ …*** es regt mich auf … ❼ (*fam: cruel and offensive*) geschmacklos; *person* pervers; *mind* abartig; **~ humour** schwarzer Humor; **~ joke** makab[e]rer Witz ▶ PHRASES: **to feel [as] ~ as a <u>dog</u>** AM, AUS sich hundeelend fühlen; ***I was ~ as a dog*** mir ging es hundeelend; **to be ~ at <u>heart</u>** [äußerst] niedergeschlagen sein; **to be ~ as a <u>parrot</u>** BRIT (*hum*) völlig fertig sein; **to be <u>worried</u> ~** (*fam*) krank vor Sorge sein **II.** *n* ❶ (*ill people*) ■**the ~** *pl* die Kranken *pl* ❷ *no pl* BRIT (*fam: vomit*) Erbrochenes *nt* **III.** *vt* BRIT (*fam*) ■**to ~ up ↔ sth** etw erbrechen

sick² [sɪk] *vt* **to ~ a dog on sb** auf jdn einen Hund hetzen

sick bag *n* MED, AVIAT Speibeutel *m,* Spucktüte *f fam* **sickbay** *n* MIL Krankenstation *f,* Krankenraum *m* **sickbed** *n* Krankenbett *nt*

sick building *n* kontaminiertes Gebäude

sick-building syndrome *n* Sick Building Syndrom *nt* (*durch kontaminierte Bürogebäude ausgelöste Krankheit*) **sick call** *n* MED ❶ (*doctor's visit*) Visite *f;* **to be on ~** auf Visite sein ❷ (*in military*) Krankenappell *m* **sick day** *n* ADMIN, MED Krankheitstag *m*

sicken [ˈsɪkᵊn] **I.** *vi* ❶ MED (*become sick*) erkranken; ■**to ~ of sth** (*fig*) einer S. *gen* überdrüssig werden ❷ BRIT MED (*become sick with*) **to ~ for measles/a cold** an Masern/einer Erkältung erkranken **II.** *vt* ■**to ~ sb** (*upset greatly*) jdn krank machen *fam;* (*turn sb's stomach*) jdn anekeln [*o* anwidern]; ■**to be ~ed at** [*or* **by**] **sth** von etw *dat* angeekelt sein

sickening [ˈsɪkᵊnɪŋ] *adj* (*repulsive*) *cruelty, smell* entsetzlich, ekelhaft; *prices, frequency* unerträglich; (*annoying*) [äußerst] ärgerlich; ***it's ~ that I can't go to the party*** es ist wirklich blöd, dass ich nicht auf die Party kann *fam*

sickeningly [ˈsɪkᵊnɪŋli] *adv* (*repulsive*) entsetzlich, ekelhaft; (*fig*) unerträglich; **~ sweet** widerlich süß; ***now it's ~ obvious*** das schreit ja schon zum Himmel *fam*

sick headache *n* Migräneanfall *m*

sickie [ˈsɪki] *n* ❶ (*childspeak fam: sick person*) Kranke(r) *f(m)* ❷ BRIT (*fam: sick leave*) Krankheitstag *m;* **to take a ~** krank machen ❸ (*fam: crazy person*) Geistesgestörte(r) *f(m),* Verrückte(r) *f(m)*

sickle [ˈsɪkl̩] *n* Sichel *f*

sick leave *n no pl* MED Genesungsurlaub *m;* **to be on** [*or* **take**] **~** krankgeschrieben sein

sickle-cell an(a)emia [ˌsɪk|sel-] *n,* **sickle-cell disease** *n* MED *no pl* Sichelzellenanämie *f*

sick list *n* MED Krankenliste *f;* **to be on the ~** krankgemeldet sein

sickly [ˈsɪkli] *adj* ❶ (*not healthy*) kränklich; (*pale*) *complexion, light* blass; ***her face was a ~ colour*** sie war kreidebleich; ■**to be ~** kränkeln; **~ climate** ungesundes Klima ❷ (*causing nausea*) ekelhaft, widerlich; **~ smell/taste** ekelhafter Geruch/Geschmack ❸ (*full of emotion*) schmalzig *pej,* rührselig *pej*

sick-making *adj* BRIT (*fam*) unerhört; ***it's ~ that …*** es ist eine Sauerei, dass … *fam*

sickness <*pl* -es> [ˈsɪknəs] *n* ❶ (*illness*) Krankheit *f;* (*nausea*) Übelkeit *f* ❷ (*fig*) Schwäche *f;* ***the economic ~ of our society*** die wirtschaftliche Anfälligkeit unserer Gesellschaft ❸ *no pl* (*vomiting*) Erbrechen *nt* ❹ *no pl* (*perversness*) Abartigkeit *f*

sickness benefit *n* BRIT, AUS Krankengeld *nt*

sick note *n* Krankmeldung *f*

sicko [ˈsɪkəʊ, AM -oʊ] (*sl*) **I.** *n* Geistesgestörte(r) *f(m),* Verrückte(r) *f(m) fam* **II.** *adj* geistesgestört, verrückt *fam*

sick-out *n geschlossene Krankmeldung der Mitarbeiter einer Firma* **sick parade** *n* BRIT MIL, MED Krankenappell *m* **sick pay** *n no pl* ADMIN, MED Krankengeld *nt* **sickroom** *n* Krankenzimmer *nt*

sicky [ˈsɪki] *n* ▶ PHRASES: **to <u>throw</u> a ~** (*fam!*) blaumachen *fam*

side [saɪd] **I.** *n* ❶ (*vertical surface*) *of a car, box* Seite *f; of a house, wall* [Seiten]wand *f; of a hill, cliff* Hang *m;* ***I have a small table at the ~ of my bed*** ich habe einen kleinen Tisch neben meinem Bett; **~ by ~** Seite an Seite; **to do sth ~ by ~** etw Seite an Seite tun; **to stay at sb's ~** jdm zur Seite stehen ❷ (*flat surface*) *of a coin, record* Seite *f;* ***this ~ up!*** (*on parcel*) oben!; (*page*) Seite *f;* ***please write on one ~ of the paper only*** bitte beschreiben Sie das Papier nur einseitig; **right/wrong ~** *of cloth* rechte/linke Seite ❸ (*edge, border*) *of plate, clearing, field* Rand *m; of table, square* Seite *f; of a river* [Fluss]ufer *nt; of a road* [Straßen]rand *m;* **on all ~s** [*or* **every ~**] auf allen Seiten; ***they were surrounded on all ~s by the children*** sie wurden von allen Seiten von Kindern umringt; **from ~ to ~** von rechts nach links ❹ (*half*) *of bed, house* Hälfte *f; of town, brain, room* Seite *f; of butchered animal* [Tier]hälfte *f;* (*fig: part*) *of deal, agreement* Anteil *m;* ***this is the best pizza I've tasted this ~ of Italy*** das ist die beste Pizza, die ich außerhalb Italiens gegessen habe; ***in Britain, cars drive on the left ~ of the road*** in Großbritannien fahren die Autos auf der linken Straßenseite; (*in time, space*) ***we don't expect to see him this ~ of Christmas*** wir erwarten nicht, ihn vor Weihnachten zu sehen; **to keep one's ~ of a bargain** seinen Anteil eines Geschäftes behalten; **on the right/wrong ~ of 40/50** jung/alt für [*o fam* unter/über] 40/50 aussehen ⑤ (*direction*) Seite *f*; ***move to one ~ please*** bitte treten Sie zur Seite; ***don't just stand to the ~ — help me*** stehen Sie doch nicht nur rum – helfen Sie mir!; **to put sth on** [*or* **to**] **one ~** etw beiseite lassen; **to put money on** [*or* **to**] **one ~** Geld auf die Seite [*o fam* auf die hohe Kante] legen; **to take sb on** [*or* **to**] **one ~** jdn auf die Seite nehmen; **from/on all ~s** [*or* **every ~**] von/auf allen Seiten ⑥ + *sing/pl vb* (*opposing party*) *of dispute, contest* Partei *f*, Seite *f*; **to be on the ~ of sb** [*or* **on sb's ~**] auf jds Seite *f* sein [*o* stehen]; ***whose ~ are you on anyway?*** auf wessen Seite stehst du eigentlich?; ***don't worry, time is on our ~*** keine Angst, die Zeit läuft für dich; **to change** [*or* **switch**] **~s** sich *akk* auf die andere Seite schlagen; **to take ~s** Partei ergreifen; **to take sb's ~** sich *akk* auf jds Seite *f* schlagen *fam* ⑦ + *sing/pl vb* (*team*) Mannschaft *f*, Seite *f*; ***our ~ lost again on Saturday*** unsere Seite hat am Samstag wieder verloren ⑧ (*aspect*) Seite *f*; ***there are at least two ~s to every question*** jede Frage kann von mindestens zwei Seiten beleuchtet werden; ***I've listened to your ~ of the story*** ich habe jetzt deine Version der Geschichte gehört; ***I've looked at life from both ~s*** ich habe das Leben von beiden Seiten kennen gelernt; **to be on the right/wrong ~ of the law** auf der richtigen/falschen Seite des Gesetzes stehen; **to look on the brighter ~ of life** zuversichtlich sein; **sb's good/bad/romantic/funny ~** jds gute/schlechte/romantische/komische Seite ⑨ + *sing/pl vb* (*in family*) **the maternal/paternal ~ of the family** die mütterliche/väterliche Seite der Familie; **the rich/religious/Irish ~ of the family** der reiche/religiöse/irische Teil der Familie; **on one's mother's/father's ~** mütterlicherseits/väterlicherseits ⑩ BRIT (*TV station*) Sender *m*; ***what ~ is 'Coronation Street' on?*** auf welchem Sender läuft ‚Coronation Street'? ⑪ *esp* AM (*served separately*) ***I'd like some sauce on the ~, please*** ich hätte gerne etwas Soße extra; **a ~ of broccoli/rice/french fries** Brokkoli/Reis/Pommes frites als Beilage ▸ PHRASES: **the other ~ of the coin** die Kehrseite der Medaille; **to come down on one ~ of the fence or other** sich *akk* für das eine oder andere entscheiden; **this ~/the other ~ of the grave** im Diesseits/Jenseits; **on the large/small ~** zu groß/klein; **to get/keep on the right ~ of sb** jdn für sich *akk* einnehmen/es sich *dat* mit jdm nicht verderben; **to be on the safe ~** sichergehen; **to stay on the safe ~** vorsichtshalber; **to get on the wrong ~ of sb** es sich *dat* mit jdm verderben; **to let the ~ down** *esp* BRIT Ärger verursachen; **on the ~** nebenbei; **to have a bit on the ~** einen Seitensprung machen; (*long-term*) noch nebenher etwas laufen haben; **to make a little money on the ~** sich *dat* etwas Geld nebenher verdienen; **to have sb on the ~** nebenher mit jdm eine Affäre haben **II.** *n modifier* (*door, window, entrance*) Seiten-; (*job, issue, room, road*) Neben- **III.** *vi* ■**to ~ against sb** sich *akk* gegen jdn stellen; ■**to ~ with sb** zu jdm halten

sidearm *n* an der Seite getragene Waffe **sidebar** *n* AM JOURN Zusatzinformation *f* (*zu einem gegebenen Artikel*) **sideboard** *n* ① (*buffet*) Anrichte *f*, Sideboard *nt*; (*in a bar*) Tresen *m* ② BRIT (*fam: sideburns*) ■**~s** *pl* Koteletten *pl* **sideburns** *npl* Koteletten *pl* **sidecar** *n* AUTO Seitenwagen *m*, Beiwagen *m*

-sided ['saɪdɪd] *in compounds* -seitig; **one-~** einseitig; **many-~ questions** komplizierte [*o* vielschichtige] Fragen; **a steep-~ mountain** ein steilwandiger Berg

side dish *n* FOOD Beilage *f* **side door** *n* Seitentür *f*, Nebeneingang *m*; (*exit*) Nebenausgang *m*; (*fig*) Hintertür *f*; **through the ~** durch die Hintertür **side drum** *n* MUS [kleine] Trommel **side effect** *n* PHARM Nebenwirkung *f* **side entrance** *n*, **side entry** *n* Seiteneingang *m* **side horse** *n* AM (*pommel horse*) Pferd *nt* **side issue** *n* Nebensache *f* **sidekick** *n* (*fam*) ① (*subordinate*) Handlanger *m* ② (*friend*) Kumpan *m fam*, Kumpel *m fam* **sidelight** *n* ① BRIT AUTO Standlicht *nt* ② (*extra information*) Streiflicht *nt*; ***what he said threw an interesting ~ on what had happened*** was er sagte, beleuchtete die Ereignisse von einem interessanten Blickwinkel aus **sideline I.** *n* ① (*secondary job*) Nebenbeschäftigung *f*; (*money*) Nebenerwerb *m*; **to do sth as a ~** etw nebenher tun ② *esp* AM SPORTS (*boundary line*) Begrenzungslinie *f*; (*area near field*) Seitenlinie *f* ③ (*fig*) **on the ~s** auf der Seitenlinie, im Abseits; **to watch from the ~s** etw als unbeteiligter Außenstehender/unbeteiligte Außenstehende beobachten **II.** *vt* ■**to ~ sb** ① SPORTS (*keep from playing*) jdn auf die Ersatzbank verbannen ② (*fig: ignore opinions*) jdn kaltstellen *fam* [*o* ruhig stellen]

sidelong *inv* **I.** *adj* seitlich; ***he gave her a ~ glance*** er warf ihr einen Blick aus dem Augenwinkel zu **II.** *adv* seitlich; ***he glanced at her ~ and smiled*** er sah sie von der Seite an und grinste **side-on** *adv inv* (*hit, collide*) seitlich, von der Seite **side order** *n esp* AM FOOD (*side dish*) Beilage *f* **side plate** *n* [Beilagen]teller *m* **side pocket** *n* Seitentasche *f*

sidereal [saɪ'dɪəriəl, AM -'dɪri-] *adj inv* ASTRON siderisch *fachspr*; **~ clock** siderische Uhr; **~ year** Sternjahr *nt*

side road *n* Seitenstraße *f* **side-saddle I.** *n* Damensattel *m* **II.** *adv inv* **to ride ~** im Damensattel reiten **side salad** *n* Beilagensalat *m* **side shoot** *n* BOT Seitentrieb *m* **sideshow** *n* (*not main show*) Nebenaufführung *f*; (*fig*) Ablenkung *f*; (*exhibition*) Sonderausstellung *f* **side-slip I.** *n* ① (*on ice*) Schleudern *nt* ② (*by airplane*) Slippen *nt*, Seitenrutsch *m* **II.** *vi* <-pp-> *car* schleudern; *airplane* slippen

sidesman *n* BRIT Kirchendiener *m*

side spin *n no pl* SPORTS Drall *m* **side-splitting** *adj* (*fam*) *film, story* urkomisch **sidestep I.** *vt* <-pp-> ■**to ~ sb/sth** jdm/etw ausweichen; **to ~ a question** (*fig*) einer Frage ausweichen **II.** *vi* <-pp-> ausweichen **III.** *n* Schritt *m* zur Seite; (*fig*) Ausweichmanöver *nt*; (*in dancing*) Seitenschritt *m*; (*in sports*) Ausfallschritt *m* **side street** *n* Seitenstraße *f* **sidestroke** *n usu sing* SPORTS Seitenschwimmen *nt*; **to swim a ~** auf der Seite schwimmen **sideswipe I.** *n* ① (*remark*) Seitenhieb *m*; **to take a ~ at sb** jdm einen Seitenhieb versetzen ② (*hit*) Seitenprall *m* **II.** *vt* **to ~ a car** mit einem Auto seitlich zusammenprallen **side table** *n* Beistelltisch *m*, Nebentisch *m*

sidetrack I. *vt* ① (*distract*) ■**to ~ sb** jdn ablenken; **to be** [*or* **get**] **~ed** abgelenkt werden; ***I'm sorry I'm late — I got ~ed*** entschuldige die Verspätung – ich wurde aufgehalten ② (*put on ice*) **to ~ an issue/a plan** eine Angelegenheit/einen Plan auf Eis legen ③ RAIL **to ~ a train** einen Zug rangieren **II.** *n* ① (*distraction*) Abschweifung *f*, Exkurs *m* ② RAIL (*siding*) Rangiergleis *nt*

side trip *n* Tagesausflug *m* **side view** *n* Seitenansicht *f* **sidewalk** *n esp* AM (*pavement*) Bürgersteig *m* **sidewalk artist** *n* AM Straßenkünstler(in) *m(f)* **side wall** *n* ① (*mural part*) Seitenmauer *f*; *room* Seitenwand *f* ② (*side of a tyre*) Seitenwand *f* [eines Reifens] **sideward** *adj inv* seitlich; *see also* **sidewards II sidewards, sideways** *inv* **I.** *adv* ① (*to, from a side*) seitwärts, zur Seite; ***the fence is leaning ~*** der Zaun steht schief; ***could you move ~ to the left?*** könntest du mehr nach links gehen?; ***I had to look ~ to the left and right*** ich musste nach rechts und links zur Seite schauen ② (*facing a side*) seitwärts **II.** *adj* seitlich; ***he gave her a ~ glance*** er sah sie von der Seite an; **~ movement** Seitwärtsbewegung *f*, Bewegung *f* zur Steite **sidewheeler** *n* AM NAUT (*paddle steamer*) Raddampfer *m* **side whiskers** *npl* Koteletten *pl* **side wind** *n* Seitenwind *m* **sidewinder** ['saɪdwaɪndəʳ, AM -ɚ] *n* ① ZOOL (*rattlesnake*) Klapperschlange *f* ② AM (*punch*) Seitenhieb *m*

siding ['saɪdɪŋ] *n* ① RAIL Rangiergleis *nt*; (*dead end*) Abstellgleis *nt* ② *no pl* AM (*wall covering*) Außenverkleidung *f*; **aluminum ~** Aluminiumverkleidung *f*

sidle ['saɪdl] *vi* schleichen; ***she ~d past him*** sie schlich sich an ihm vorbei; ***he ~d off without anyone's noticing it*** er verdrückte sich, ohne dass es jemand bemerkte *fam*; ■**to ~ up** [*or* **over**] sich *akk* anschleichen; ■**to ~ over** [*or* **up**] **to sb** sich *akk* zu jdm hinschleichen

SIDS *n* MED *abbrev of* **sudden infant death syndrome** plötzlicher Kindstod

siege [siːdʒ] *n* MIL Belagerung *f*; **to lay ~ to sth** etw belagern; **to raise the ~** die Belagerung aufheben; **to be under** [*or* **in a state of**] **~** unter Belagerung stehen; ***she was under ~ by photographers*** (*fig*) sie wurde von Fotografen belagert

siege economy *n* Belagerungswirtschaft *f* **siege mentality** *n* Verfolgungswahn *m*

sienna [si'enə] *n no pl* Siena *nt*, Sienaerde *f*

sierra [si'eərə, AM -'erə] *n* Sierra *f*

Sierra Leone [siˌeərəli'əʊn, AM -'erəli'oʊn] *n no pl* Sierra Leone *f*

Sierra Leonean [siˌeərəli'əʊniən, AM -'erəli'oʊn-] **I.** *n* Sierra-Leoner(in) *m(f)* **II.** *adj inv* sierra-leonisch

siesta [si'estə] *n* Siesta *f*; **to close for ~** zur Siesta schließen; **to take a ~** eine Siesta [ab]halten [*o* machen]

sieve [sɪv] **I.** *n* Sieb *nt*; **to put** [*or* **pass**] **sth through a ~** etw [durch]sieben ▸ PHRASES: **to have a memory** [*or* **mind**] **like a ~** ein Gedächtnis wie ein Sieb haben **II.** *vt* **to ~ flour/sand** Mehl/Sand sieben **III.** *vi* (*fig*) **to ~ through a contract** einen Vertrag genau durchgehen

◆**sieve out** *vt* ■**to ~ out** ↔ **sth** etw heraussieben

sift [sɪft] **I.** *n usu sing* Sieben *nt* **II.** *vt* ① (*using sieve*) **~ *some icing sugar over the top of the cake*** bestäuben Sie den Kuchen mit Puderzucker; **to ~ flour/sand** Mehl/Sand sieben; ***she lay on the beach ~ing the sand through her fingers*** sie lag am Strand und ließ den Sand durch ihre Finger rieseln ② (*examine closely*) ■**to ~ sth** etw durchsieben; *evidence, documents* etw [gründlich] durchgehen **III.** *vi* **to ~ through archives** Archive durchsehen; **to ~ through evidence/papers** Beweismaterial/Papiere durchforsten; **to ~ through ruins** Ruinen durchkämmen

◆**sift out** *vt* ■**to ~ out** ↔ **sth** etw aussieben; **to ~ out applicants** (*fig*) Bewerber aussieben [*o* aussondern]

sifter ['sɪftəʳ, AM -ɚ] *n* Sieb *nt*

sigh [saɪ] **I.** *n* Seufzer *m*; **a ~ of relief** ein Seufzer *m* der Erleichterung; **to let out** [*or* **give**] [*or* **heave**] **a ~** einen Seufzer ausstoßen **II.** *vi person* seufzen; *wind* säuseln; ■**to ~ for sb** (*fig form*) sich *akk* nach jdm sehnen; **to ~ with relief** vor Erleichterung [auf]seufzen

sight [saɪt] **I.** *n* ① *no pl* (*faculty of seeing*) Sehleistung *f*, Sicht *f*; ***he's got very good ~*** er sieht sehr gut; **sense of ~** Sehvermögen *nt*; **second ~** das zweite Gesicht ② *no pl* (*range of vision*) Sichtweite *f*; ***don't let the baby out of your ~*** behalte das Baby im Auge; ***land in ~!*** Land in Sicht!; **to come into/be in ~** in Sichtweite kommen/sein; **to disappear from ~** außer Sichtweite verschwinden; **out of ~** nicht in [*o* außer] Sichtweite; **to keep out of ~** sich *akk* nicht sehen lassen; **to put sth out of ~** etw wegräumen [*o* verstecken] ③ (*fig*) Sicht *f*; **in the ~ of God** vor Gott; **in the ~ of the law** vor dem Gesetz; **a house within ~ of the mountains** ein Haus, von dem aus man die Berge sehen kann ④ (*view*) Anblick *m*; ***the question seemed easy at first ~*** auf den ersten Blick schien die Frage einfach zu sein; ***they can't stand the ~ of each other*** sie können einander nicht ertragen; ***she faints at the ~ of blood*** sie wird ohnmächtig, wenn sie Blut sieht; ***get out of my ~!*** (*fam*) geh mir aus den Augen!; **love at first ~** Liebe auf den ersten Blick; **to not be a pretty ~** kein angenehmer Anblick sein; **to be** [*or* **look**] **a ~** (*ridiculous*) lächerlich aussehen; (*terrible*) furchtbar aussehen; **a ~ to behold** (*thing*) ein herrlicher Anblick sein; (*sth, sb funny*) ein Bild [*o* Anblick] für die Götter sein *fam*; **to catch ~ of sb/sth** jdn/etw erblicken; ***if I ever catch ~ of you again ...*** wenn du mir noch einmal unter die Augen kommst, …; to hate [or loathe]/be sick of the ~ of sb/sth den Anblick einer Person/einer S. gen hassen/nicht mehr ertragen; to keep ~ of sth etw im Auge behalten; to know sb by ~ jdn vom Sehen her kennen; to play [music] at [or from] ~ [Musik] vom Blatt spielen; to do sth on ~ etw sofort tun ⑤ no pl (form: viewing) of document, contract Einsicht f; the lawyer requested ~ of the papers der Rechtsanwalt verlangte Einsicht in die Unterlagen ⑥ (attractions) ■ ~s pl Sehenswürdigkeiten fpl; the ~s and sounds of London/Berlin alle Sehenswürdigkeiten von London/Berlin ⑦ (on gun) Visiereinrichtung f, Visier nt; to line up the ~s das Visier ausrichten; to lower one's ~s seine Ziele zurückschrauben; to set one's ~s on sth (fig) sich dat etw zum Ziel machen ⑧ no pl (fam: a lot) food is a darn ~ more expensive than it used to be Essen ist um etliches teurer, als es früher war; he's a ~ better than he was yesterday er ist heute deutlich besser als gestern ▶ PHRASES: to be a ~ for sore eyes (fam) ein willkommener Anblick sein; out of ~, out of mind (prov) aus den Augen, aus dem Sinn; ~ unseen ungesehen; I never buy anything ~ unseen ich kaufe niemals etwas ungesehen; to be within [or in] ~ of sth kurz vor etw dat stehen; to lose ~ of sth etw aus den Augen verlieren; out of ~ außerhalb jeglicher Möglichkeiten; (sl: excellent!) spitze, irre sl; the price of the house is out of ~ der Preis für das Haus ist unbezahlbar; the group's new record is out of ~! die neue Platte der Gruppe ist der Wahnsinn! **II.** vt ① (find) to ~ land/a criminal Land/einen Kriminellen sichten ② (with a gun) ■ to ~ sth etw mit Visier versehen

sight bill n Sichtwechsel m

sighted ['saɪtɪd, AM -t̬-] **I.** adj inv sehend attr **II.** n ■ the ~ pl die Sehenden pl

sighting ['saɪtɪŋ, AM -t̬-] n Sichten nt; at the first ~ of land als zum ersten Mal Land gesichtet wurde

sightless ['saɪtləs] adj inv blind

sight line n Blickdistanz f

sightly ['saɪtli] adj ansehnlich

sight-read **I.** vi MUS vom Blatt spielen **II.** vt ■ to ~ sth etw vom Blatt spielen **sight-reader** n MUS jd, der Musik vom Blatt spielen kann **sight-reading** n MUS Spielen nt vom Blatt; I've never been any good at ~ ich konnte noch nie gut vom Blatt spielen **sight screen** n SPORTS (in cricket) neben dem Spielfeld angebrachter Schirm, vor dessen Hintergrund der Schlagmann die Ballkurve besser verfolgen kann **sightseeing** **I.** n no pl TOURIST Besichtigungen pl, Sightseeing nt; to go ~ auf Besichtigungstour gehen **II.** adj attr, inv Sightseeing-; ~ trip Besichtigungstour f **sightseer** ['saɪtˌsiːəʳ, AM -ə] n Tourist(in) m(f) **sightworthy** adj sehenswürdig

sign [saɪn] **I.** n ① (gesture) Zeichen nt; to make the ~ of the cross sich akk bekreuzigen; a rude ~ eine unverschämte Geste; to give/make a ~ to sb jdm ein Zeichen geben/machen ② (notice) [Straßen-/Verkehrs]schild nt; (signboard) Schild nt; (for shop) Ladenschild nt; danger ~ Gefahrenschild nt; stop ~ Stoppschild nt ③ (symbol) Zeichen nt, Symbol nt; plus ~ Pluszeichen nt ④ (polarity sign) Vorzeichen nt ⑤ ASTROL (of the zodiac) Sternzeichen nt; the ~ of Leo das Sternzeichen des Löwen ⑥ (indication) [An]zeichen nt; (from God) Zeichen nt; the children's restlessness is a ~ that they're getting bored die Unruhe der Kinder ist ein Zeichen dafür, dass ihnen langweilig wird; (trace) Spur f; of an animal Fährte f; the search team could not find any ~ of the climbers die Suchmannschaft konnte keine Spur der Kletterer finden; the least [or slightest] ~ of confidence das geringste Anzeichen von Vertrauen; ~ of life Lebenszeichen nt; a ~ of the times ein Zeichen nt der Zeit; a sure ~ of sth ein sicheres Zeichen für etw akk; to read the ~s die Zeichen erkennen; to show ~s of improvement Anzeichen der Besserung erkennen lassen [o zeigen] ⑦ no pl (sign language) Gebärdensprache f ⑧ (in maths) Zeichen nt **II.** vt ① (with signature) ■ to ~ sth etw unterschreiben; contract, document etw unterzeichnen; book, painting etw signieren; he ~ed himself 'Mark Taylor' er unterschrieb mit ‚Mark Taylor'; ~ your name on the dotted line unterschreiben Sie auf der gestrichelten Linie; to ~ a guest book sich akk ins Gästebuch eintragen; to ~ a ceasefire einen Waffenstillstand unterzeichnen; to ~ a cheque einen Scheck unterzeichnen; to ~ a letter einen Brief unterschreiben [o form unterzeichnen]; to ~ a register sich akk eintragen ② (employ under contract) ■ to ~ sb athlete, musician jdn [vertraglich] verpflichten ③ (gesticulate) ■ to ~ sb to do sth jdm ein Zeichen machen, etw zu tun; he ~ed the waiter to bring him another drink er machte dem Kellner ein Zeichen, ihm noch einen Drink zu bringen ④ (in sign language) ■ to ~ sth etw in der Gebärdensprache ausdrücken ▶ PHRASES: to ~ one's own death warrant (fam) sein eigenes Todesurteil unterschreiben; ~ed, sealed and delivered unter Dach und Fach **III.** vi ① (write signature) unterschreiben; ~ here, please unterschreiben Sie bitte hier; ■ to ~ for [or with] sb/sth athlete, musician sich akk für jdn/etw [vertraglich] verpflichten ② (accept) to ~ for a delivery eine Lieferung gegenzeichnen ③ (use sign language) die Zeichensprache benutzen ④ (make motion) gestikulieren; ■ to ~ to sb jdm ein Zeichen geben ⑤ COMPUT (log in) unterschreiben

◆**sign away** vt ■ to ~ away ↔ sth auf etw akk verzichten; he decided to ~ away ownership of his house away to his sister er entschloss sich dazu, seiner Schwester das Besitzrecht an seinem Haus abzutreten; I'm not going to ~ away my life with a mortgage ich werde mich nicht ein ganzes Leben lang mit einer Hypothek belasten; to ~ away rights auf Rechte [o Ansprüche] verzichten

◆**sign in** **I.** vi sich akk eintragen **II.** vt ■ to ~ sb ↔ in jdn eintragen

◆**sign off** **I.** vi ① RADIO, TV (from broadcast) sich akk verabschieden; (end a letter) zum Schluss kommen; (end work) Schluss machen, aufhören; to ~ off a radio show eine Radiosendung beenden ② BRIT (at unemployment office) sich akk beim Arbeitsamt abmelden ③ AM (fam: support) ■ to ~ off on sth sich akk etw dat verschreiben **II.** vt ■ to ~ off ↔ sb jdn krankschreiben

◆**sign on** **I.** vi ① (for work) sich akk verpflichten; (for a course) ■ to ~ on for sth sich akk für etw akk einschreiben; to ~ on as a soldier sich akk als Soldat verpflichten ② (begin broadcasting) station auf Sendung gehen; disc jockey sich akk melden ③ BRIT (fam: register unemployment) sich akk melden **II.** vt ■ to ~ on ↔ sb jdn verpflichten [o fam anheuern]; shall we ~ you on for a year? sollen wir Sie für ein Jahr einstellen?

◆**sign out** **I.** vi sich akk austragen; to ~ out of a hotel [aus einem Hotel] abreisen; (at work) sich akk abmelden **II.** vt to ~ out books Bücher ausleihen

◆**sign over** vt ■ to ~ over ↔ sth etw übertragen [o überschreiben]; to ~ property over to sb jdm Besitz überschreiben

◆**sign up** **I.** vi (for work) sich akk verpflichten; (for a course) sich akk einschreiben **II.** vt ■ to ~ sb ↔ up jdn verpflichten; to ~ sb up for a course jdn für einen Kurs anmelden; to ~ up a large order einen Großauftrag abschließen

signage ['saɪnɪdʒ] n no pl AM Schilder ntpl (bes Werbung)

signal ['sɪgnᵊl] **I.** n ① (gesture) Zeichen nt, Signal nt (for für +akk) ② (indication) [An]zeichen nt; they are demanding a clear ~ that the issues are being addressed sie verlangen ein klares [An]zeichen dafür, dass die Probleme angegangen wurden ③ (traffic light) Ampel f; (for trains) Signal nt ④ ELEC, RADIO (transmission) Signal nt; (reception) Empfang m ⑤ AM AUTO (indicator) Blinker m **II.** vt <BRIT -ll- or AM usu -l-> ① (indicate) ■ to ~ sth [to sb] [jdm] etw signalisieren; he ~led left, but turned right er blinkte nach links, bog aber nach rechts ab; to ~ impatience Ungeduld zu erkennen geben ② (gesticulate) ■ to ~ sb to do sth jdm signalisieren, etw zu tun **III.** vi <BRIT -ll- or AM usu -l-> signalisieren; TELEC melden; she ~led to them to be quiet sie gab ihnen ein Zeichen, ruhig zu sein; ■ to ~ for sth ein Zeichen nt zu etw dat geben **IV.** adj attr (form) achievement, success bemerkenswert, beachtlich

signal box n RAIL Stellwerk nt

signaler n AM see **signaller**

signalize ['sɪgnəlaɪz] vt (form) ■ to ~ sb from sb jdn von jdm unterscheiden [o abheben]

signaller ['sɪgnələʳ, AM -ə] n ① RAIL Bahnwärter(in) m(f) ② (in military) Fernmelder(in) m(f), Funker(in) m(f)

signally ['sɪgnᵊli] adv eindeutig

signalman n RAIL Bahnwärter m **signal tower** n AM RAIL (signal box) Stellwerk nt

signatory ['sɪgnətᵊri, AM -tɔːri] **I.** n Unterzeichner(in) m(f), Signatar m form; a ~ to a treaty ein Unterzeichner m/eine Unterzeichnerin f eines Vertrages **II.** n modifier (state, power) Signatar-; the ~ countries of an agreement die Signatarstaaten pl eines Abkommens geh

signature ['sɪgnətʃəʳ, AM -tʃə] **I.** n ① (person's name) Unterschrift f; of an artist Signatur f; to give sth one's ~ etw unterschreiben ② (characteristic) Erkennungszeichen nt ③ AM (on prescriptions) Signatur f ④ (in printing) Signatur f ⑤ COMPUT (authentication code) Signatur f **II.** n modifier (music, pattern) Erkennungs-

signature tune n RADIO, TV [Erkennungs]melodie f

signboard n [Firmen]schild nt

signer ['saɪnəʳ, AM ə] n ① (writer of name) Unterzeichner(in) m(f) ② (user of sign language) Benutzer(in) m(f) von Zeichensprache

signet ring ['sɪgnət,-] n Siegelring m

significance [sɪg'nɪfɪkən(t)s, AM 'nɪfə-] n no pl ① (importance) Wichtigkeit f, Bedeutung f; to be of great ~ for sb/sth von großer Bedeutung für jdn/etw sein; to be of no ~ belanglos [o bedeutungslos] sein ② (meaning) Bedeutung f; what's the ~ of that gesture? was bedeutet diese Geste?; to give ~ to sth/sb etw/jdm Bedeutung beimessen

significant [sɪg'nɪfɪkənt, AM 'nɪfə-] adj ① (considerable) beachtlich, bedeutend; (important) bedeutsam; ~ contribution bedeutender Beitrag; ~ date/event wichtiges Datum/Ereignis; ~ decrease beachtlicher Rückgang; ~ difference deutlicher Unterschied; ~ improvement beachtliche Verbesserung; ~ increase beträchtlicher Anstieg; ~ other (fig) Partner(in) m(f); (hum) bessere Hälfte hum fam; ~ part beachtlicher [An]teil; to be historically ~ eine historisch bedeutende Rolle spielen ② (meaningful) bedeutsam; do you think it's ~ that … glaubst du, es hat etwas zu bedeuten, dass …; a ~ look ein viel sagender Blick

significantly [sɪg'nɪfɪkəntli, AM 'nɪfə-] adv ① (considerably) bedeutend, deutlich; it is not ~ different da besteht kein wesentlicher Unterschied; ~ better deutlich besser; ~ cheaper bedeutend billiger; ~ fewer wesentlich weniger; to not be ~ lower kaum niedriger sein; ~ more deutlich mehr; to differ ~ sich akk deutlich unterscheiden; to improve ~ sich akk deutlich verbessern ② (in a meaningful way) bedeutungsvoll; to smile ~ viel sagend lächeln

significant other n (hum, euph) bessere Hälfte fam

signification [ˌsɪgnɪfɪ'keɪʃᵊn, AM -nə-] n Bedeutung f

signify <-ie-> ['sɪgnɪfaɪ, AM -nə-] **I.** vt ■ to ~ sth ① (form: mean) etw bedeuten; in Christianity, the dove signifies the Holy Spirit im Christentum steht die Taube für den Heiligen Geist ② (indicate) etw andeuten [o erkennen lassen]; to ~ agreement/disapproval Einverständnis/Missbilligung signalisieren; to ~ change Änderungen erkennen lassen **II.** vi ① (make known) [etw] zeigen; all those in favour, please ~ alle die dafür sind, sollen bitte ein Zeichen geben ② (form: matter) eine Rolle spielen; it doesn't ~ es macht nichts ③ AM DIAL (exchange insults) sich akk anpöbeln fam

signing ['saɪnɪŋ] n ① no pl of a document Unterzeichnung f ② no pl SPORTS of an athlete Verpflichten nt ③ (athlete) verpflichteter Spieler/verpflichtete

Spielerin ④ (*book signing*) Buchsignierung *f* ⑤ *no pl of a street, town* Beschilderung *f*
sign language *n* Gebärdensprache *f*, Zeichensprache *f* **sign painter** *n* Plakatmaler(in) *m(f)* **signpost I.** *n* Wegweiser *m;* (*fig: advice*) Hinweis *m* **II.** *vt usu passive* **to** ~ **a route** eine Strecke beschildern [*o* ausschildern]; ■**to** ~ **sth** (*fig*) etw aufzeigen [*o* darlegen] **sign-up fee** *n* Einschreibungsgebühr *f* **sign writer** *n* Schriftenmaler(in) *m(f)*, Schildermaler(in) *m(f)*, Plakatmaler(in) *m(f)*
Sikh [si:k] *n* REL Sikh *m*
silage ['saɪlɪdʒ] *n no pl* AGR Silage *f*
silence ['saɪlən(t)s] **I.** *n no pl* (*absolute*) Stille *f;* (*by an individual*) Schweigen *nt;* (*on a confidential matter*) Stillschweigen *nt;* (*calmness*) Ruhe *f;* ~ ***reigned in the church*** in der Kirche herrschte Stille; ~ ***will be considered to mean agreement*** Schweigen wird als Zustimmung gewertet; ***"~!" shouted the teacher*** „Ruhe!" schrie der Lehrer; **a minute** [*or* **moment**] **of** ~ eine Schweigeminute; **to break the** ~ die Stille zerreißen [*o* durchbrechen]; **to break one's** ~ sein Schweigen brechen; **to eat/sit/work in** ~ still essen/sitzen/arbeiten; **to keep one's** ~ Stillschweigen bewahren; **to be reduced to** ~ verstummen; **to reduce sb to** ~ jdn zum Schweigen bringen ► PHRASES: ~ **is golden** (*prov*) Schweigen ist Gold **II.** *vt* ■**to** ~ **sb** jdn zum Schweigen bringen; **to** ~ **one's critics** seine Kritiker mundtot machen; **to** ~ **doubts** Zweifel verstummen lassen
silencer ['saɪlən(t)səʳ, AM -ɚ] *n* ① (*on gun*) Schalldämpfer *m* ② BRIT (*on car*) [Auspuff]schalldämpfer *m*, Auspufftopf *m*
silent ['saɪlənt] *adj* ① (*without noise*) still; (*not active*) ruhig; ***the empty house was completely*** ~ in dem leeren Haus herrschte absolute Stille; **to keep** ~ still sein, sich *akk* still verhalten ② (*not talking*) schweigsam, still; ■**to be** ~ schweigen; **to be** ~ **as the grave** schweigen wie ein Grab; ■**to be** ~ **on** [*or* **about**] **sth** über etw *akk* verschwiegen sein, sich *akk* über etw *akk* ausschweigen; **to fall** ~ in Schweigen verfallen; **to go** ~ verstummen; **to keep** ~ **about sth** sich *akk* über etw *akk* nicht äußern; (*on a confidential matter*) über etw *akk* Stillschweigen bewahren *geh*
silent alarm *n* stummer Alarm; **to trip a** ~ **alarm** einen stummen Alarm auslösen **silent film** *n* Stummfilm *m* **silent letter** *n* LING stummer Laut
silently ['saɪləntli] *adv* (*quietly*) lautlos; (*without talking*) schweigend; (*with little noise*) leise
silent majority *n + sing/pl vb* ■**the** ~ die schweigende Mehrheit **silent partner** *n* AM (*sleeping partner*) stiller Gesellschafter/stille Gesellschafterin **silent treatment** *n* **to get the** ~ mit Schweigen bestraft werden; **to give sb the** ~ jdn mit Schweigen strafen
Silesia [saɪ'li:ziə, AM 'li:ʃə] *n no pl* GEOG Schlesien *nt*
Silesian [saɪ'li:ziən, AM 'li:ʃən] *adj inv* schlesisch
silhouette [ˌsɪlu'et] **I.** *n* (*shadow*) Silhouette *f;* (*picture*) Schattenriss *m;* (*outline*) Umriss *m* **II.** *vt* ■**to be** ~**d against** [*or* **on**] **sth** sich *akk* gegen etw *akk* [*o* von *dat*] abheben; ***the goats high up in the mountains were*** ~***d against the snow*** die Ziegen hoch oben in den Bergen hoben sich vom Schnee ab
silica ['sɪlɪkə] *n no pl* CHEM Kieselerde *f*, Siliziumoxyd *nt fachspr*
silicate ['sɪlɪkət] *n* CHEM Silikat *nt*
silicon ['sɪlɪkən] *n no pl* CHEM Silizium *nt*
silicon chip *n* COMPUT, ELEC Siliziumchip *m*
silicone ['sɪlɪkəʊn, AM -koʊn] *n no pl* CHEM Silikon *nt*
silicone implant *n* Silikonimplantat *nt*
Silicon Valley *n no pl* Silicon Valley *nt*
silicosis [ˌsɪlɪ'kəʊsɪs, AM -'koʊ-] *n no pl* MED Staublunge *f*, Silikose *f fachspr*
silk [sɪlk] **I.** *n* ① (*material*) Seide *f* ② BRIT LAW (*Queen's, King's Counsel*) Kronanwalt, Kronanwältin *m, f;* **to receive** [*or* **take**] ~ Kronanwalt/Kronanwältin werden ③ (*racing colours*) ■~**s** *pl* [Renn]farben *pl* **II.** *n modifier* (*scarf, stockings, tie*) seiden, Seiden-; ~ **dress** seidenes Kleid ► PHRASES: **you can't make a** ~ **purse out of a sow's ear** (*prov*) aus einem Ackergaul kann man kein Rennpferd machen *prov*
silken ['sɪlkᵊn] *adj* (*approv: silk-like*) seiden *liter;* (*dated: made of silk*) seiden; ~ **dress** seidenes Kleid; ~ **hair** seidenes Haar; ~ **voice** (*fig*) seidene [*o* samtige] Stimme
silk hat *n* Zylinder *m*
silkiness ['sɪlkɪnəs] *n no pl of appearance* seidiger Glanz; (*to the touch*) seidige Weichheit; *of voice* Sanftheit *f; of manner* Glätte *f*
silk moth *n* ZOOL Seidenspinner *m* **Silk Road** *n*, **Silk Route** *n no pl* ■**the** ~ die Seidenstraße **silk screen I.** *n* [Seiden]sieb *nt* **II.** *vt* **to** ~ **a T-shirt** ein T-Shirt [im Siebdruckverfahren] bedrucken **silk screen printing** *n no pl* Siebdruckverfahren *nt*, Siebdruck *m* **silk-stocking** *adj attr, inv* AM vornehm **silkworm** *n* ZOOL Seidenraupe *f*
silky ['sɪlki] *adj* (*approv*) seidig; ~ **fur** seidiges Fell; **to be** ~ **smooth** seidenweich sein; ~ **voice** (*fig*) seidige [*o* samtige] Stimme
sill [sɪl] *n* (*of a door*) Türschwelle *f;* (*of a window*) Fensterbank *f*, Fenstersims *m*
silliness ['sɪlɪnəs] *n no pl* Albernheit *f*
silly ['sɪli] **I.** *adj* ① (*foolish*) albern, dumm; ***don't be ~!*** (*make silly suggestions*) red keinen Unsinn!; (*ask silly questions*) frag nicht so dumm!; (*do silly things*) mach keinen Quatsch! *fam;* **a** ~ **idea** eine blöde Idee; **to look** ~ albern aussehen ② *pred* (*senseless*) **to be bored** ~ zu Tode gelangweilt sein *fam;* **to be worried** ~ außer sich *dat* vor Sorge sein; **to knock sb** ~ jdn ohnmächtig schlagen; **to laugh oneself** ~ sich *akk* totlachen *fam* **II.** *n* Dussel *m;* **to be a** ~ sich *akk* kindisch benehmen
silly billy *n esp* BRIT (*fam*) Kindskopf *m;* **to be a** ~ sich *akk* kindisch benehmen **silly season** *n* MEDIA Sommerloch *nt fam*
silo ['saɪləʊ, AM -loʊ] *n* ① AGR Silo *nt* ② MIL [Raketen]silo *nt*
silt [sɪlt] **I.** *n no pl* Schlick *m*, Schlamm *m* **II.** *vi* ■**to** ~ [**up**] verschlicken, verschlammen **III.** *vt* **to** ~ **a canal** einen Kanal verschlammen
silvan ['sɪlvən] *adj inv* (*liter or dated*) Wald-; ~ **glade** Waldlichtung *f*
silver ['sɪlvəʳ, AM -ɚ] **I.** *n no pl* ① (*metal*) Silber *nt* ② (*coins*) Münzgeld *nt*, Kleingeld *nt fam* ③ (*cutlery*) ■**the** ~ das [Tafel]silber **II.** *n modifier* ① (*of silver*) (*mine*) Silber-; (*made of silver*) (*spoon, ring*) silbern; ~ **brooch** Silberbrosche *f* ② (*silver-coloured*) (*dress, car*) silbern; ~ **foil** Silberfolie *f*, Alufolie *f fam;* ~ **hair** silbergraues Haar ► PHRASES: **to be born with a** ~ **spoon in one's mouth** mit einem silbernen Löffel im Mund geboren sein **III.** *vt* ■**to** ~ **sth** *cutlery, candlesticks* etw versilbern; ***the years had*** ~***ed her hair*** die Jahre hatten ihr Haar silbergrau werden lassen
silver birch *n* Weißbirke *f* **silver fir** *n* Weißtanne *f*, Edeltanne *f* **silverfish** <*pl* -> *n* ZOOL Silberfischchen *nt* **silver jubilee** *n* silbernes Jubiläum **silver lining** *n* Lichtblick *m;* **to look for the** ~ die positive Seite sehen ► PHRASES: **every cloud has a** ~ (*saying*) kein Unglück ist so groß, es hat sein Glück im Schoß *prov* **silver medal** *n* SPORTS Silbermedaille *f* **silver paper** *n no pl* Silberpapier *nt* **silver plate** *n no pl* ① (*coating*) Silberüberzug *m*, Versilberung *f* ② (*object*) versilberter Gegenstand **silver-plate** *vt* **to** ~ **a plate** einen Teller versilbern **silver-plated** *adj inv* versilbert **silver screen** *n* FILM ■**the** ~ die Leinwand **silver service** *n no pl Servieren nach allen Regeln der Kunst* **silverside** *n no pl* BRIT, AUS FOOD *Stück vom Rind, das vom oberen, äußeren Teil der Keule geschnitten wird* **silversmith** *n* Silberschmied(in) *m(f)* **silver standard** *n* FIN Silberwährung *f* **silver-tongued** *adj* sprachgewandt **silverware** *n no pl* ① (*articles*) Silberwaren *pl* ② (*cutlery*) Silberbesteck *nt*, Silber *nt* ③ AM (*utensils*) Silberwaren *pl*, Silber *nt* **silver wedding anniversary** *n* silberne Hochzeit
silvery ['sɪlvᵊri] *adj* (*in appearance*) silbrig; (*in sound*) silbern
simian ['sɪmiən] (*form*) **I.** *n* Menschenaffe *m* **II.** *adj inv* ① (*monkey-like*) affenartig; ~ **appearance** affenartiges Aussehen ② (*of monkeys*) Affen-; ~ **disease** Affenkrankheit *f*
similar ['sɪmɪləʳ, AM -ɚ] *adj* ähnlich; ■**to be** ~ **to sb/sth** jdm/etw ähnlich sein; ***my bike is ~ to yours, only it's blue*** mein Fahrrad ist wie deines, nur blau; **to be** ~ **in appearance to sb** jdm ähnlich sehen; **to be** ~ **in size/length/height** ungefähr gleich groß/lang/hoch
similarity [ˌsɪmɪ'lærəti, AM -mə'lerət̬i] *n* Ähnlichkeit *f* (**to** mit +*dat*), Parallele *f;* ***there were no points of ~ between the politicians' arguments*** es gab keine Gemeinsamkeiten in den Argumenten der Politiker
similarly ['sɪmɪləli, AM -lɚli] *adv* (*almost the same*) ähnlich; (*likewise*) ebenso; ~, ***you could maintain ...*** genauso gut könnten Sie behaupten, ...
simile ['sɪmɪli, AM -əli] *n* LIT, LING Gleichnis *nt*
similitude [sɪ'mɪlɪtju:d, AM sə'mɪlətu:d, -tju:d] *n* ① (*similarity*) Ähnlichkeit *f* ② (*comparison*) Vergleich *m*
simmer ['sɪməʳ, AM -ɚ] **I.** *n usu sing* Sieden *nt;* **to bring sth to a** ~ etw zum Sieden bringen; **to keep at a** ~ sieden [*o fam* köcheln] lassen **II.** *vi* ① (*not quite boil*) sieden; (*fig*) ***New York ~ed in the summer heat*** New York brütete in der Sommerhitze; **to** ~ **with anger** vor Wut kochen ② (*fig: build up*) sich *akk* anbahnen **III.** *vt* ■**to** ~ **sth** *food* etw auf kleiner Flamme kochen lassen; **to** ~ **water** Wasser sieden lassen
◆**simmer down** *vi* (*fam: calm down*) sich *akk* abregen *fam;* (*quiet down*) sich *akk* beruhigen
simnel cake ['sɪmnᵊl,-] *n* BRIT marzipanüberzogener Früchtekuchen
simony ['saɪməni] *n no pl* HIST Pfründenschacher *m*, Simonie *f geh*
simper ['sɪmpəʳ, AM -ɚ] **I.** *vi* ■**to** ~ **at sb** jdn albern anlächeln **II.** *n* Gehabe *nt*
simpering ['sɪmpᵊrɪŋ] **I.** *adj smile, manner* albern, geziert **II.** *n* Gehabe *nt*
simple <-r, -st *or* more ~, most ~> ['sɪmpl] *adj* ① (*not elaborate*) *food, dress* einfach, simpel *pej;* ***I want an explanation, but keep it*** ~ ich möchte eine einfache Erklärung ② (*not difficult*) einfach; ***it's not as ~ as that*** das ist nicht ganz so einfach; **in** ~ **English** in einfachem Englisch ③ *attr* (*not complex*) einfach; **a** ~ **life form** eine schlichte Lebensform ④ *attr, inv* (*honest*) schlicht; ***that's the truth, pure and*** ~ das ist die reine Wahrheit; **the** ~ **fact is that ...** Tatsache ist, dass ...; **for the** ~ **reason that ...** aus dem schlichten [*o* einfachen] Grund, dass ... ⑤ (*approv: ordinary*) einfach; ***he was just a ~ fisherman*** er war nur ein einfacher Fischer; **the** ~ **things in life** die einfachen Dinge im Leben ⑥ (*foolish*) naiv
simple fracture *n* MED einfacher Bruch, einfache Fraktur *fachspr* **simple-hearted** *adj* gutherzig; (*honest*) aufrichtig **simple interest** *n no pl* FIN Kapitalzins *m*, einfache Zinsen **simple majority** *n + sing/pl vb* einfache Mehrheit **simple-minded** *adj* (*fam*) ① (*dumb*) einfach, dümmlich ② (*naive*) einfältig, naiv **simple sentence** *n* LING Aussagesatz *m*
simpleton ['sɪmplᵗən, AM -tən] *n* ① (*dated: handicapped*) [geistig] Behinderte(r) *f(m)* ② (*pej fam: not intelligent*) einfältige Person, Einfaltspinsel *m fam*
simplex ['sɪmpleks] *adj inv* (*spec*) Simplex-
simplicity [sɪm'plɪsəti, AM -ət̬i] *n no pl* ① (*plainness*) Einfachheit *f*, Schlichtheit *f* ② (*easiness*) Einfachheit *f;* **to be** ~ **itself** die Einfachheit selbst sein ③ (*humbleness*) Bescheidenheit *f*, Einfachheit *f*
simplification [ˌsɪmplɪfɪ'keɪʃᵊn, AM -plə-] *n* Vereinfachung *f*, Simplifikation *f geh*
simplify <-ie-> ['sɪmplɪfaɪ, AM -plə-] *vt* ■**to** ~ **sth** etw vereinfachen; **to** ~ **matters** um die Angelegenheit zu vereinfachen
simplistic [sɪm'plɪstɪk] *adj* simpel, simplistisch *form;* ***am I being ~?*** sehe ich das zu einfach?
simply ['sɪmpli] *adv* ① (*not elaborately*) einfach ② *inv* (*just*) nur; (*absolutely*) einfach; ***I ~ do my job for the money*** ich mache meinen Job nur we-

S

gen des Geldes; ***I ~ don't know what happened*** ich weiß schlichtweg nicht, was passiert ist; ***you look ~ beautiful in that dress*** du siehst in dem Kleid einfach bezaubernd aus; ***you ~ must try this!*** du musst das einfach versuchen! ③ (*in a natural manner*) einfach, schlicht; (*humbly*) bescheiden, einfach; ***he lived ~ in a small hut*** er lebte sehr bescheiden in einer kleinen Hütte

simulacra [ˌsɪmjəˈleɪkrə] *n* (*form*) *pl of* **simulacrum**

simulacrum <*pl* -s *or* -cra> [ˌsɪmjəˈleɪkrəm, *pl* -krə] *n* (*form*) ① (*representation*) Nachahmung *f* ② (*pretence*) Vorwand *m*, Vortäuschung *f*

simulate [ˈsɪmjəleɪt] *vt* ■**to ~ sth** ① (*resemble*) etw nachahmen [*o* imitieren]; ***in cheap furniture, plastic is often used to ~ wood*** bei billigen Möbeln wird häufig Holzimitat aus Plastik verwendet ② (*feign*) etw vortäuschen; ***she ~d pleasure at seeing him*** sie tat erfreut, ihn zu sehen ③ COMPUT (*on a computer*) etw simulieren [*o* nachvollziehen]

simulated [ˈsɪmjəleɪtɪd, AM -t̬-] *adj inv leather, wood* nachgemacht, imitiert; *sorrow, pleasure* vorgetäuscht, gespielt; (*on computer*) simuliert; ~ **fur** Pelzimitat *nt*

simulation [ˌsɪmjəˈleɪʃᵊn] *n of leather, a diamond* Imitation *f*; *of a feeling* Vortäuschung *f*; COMPUT Simulation *f*, Nachahmung *f*

simulator [ˈsɪmjəleɪtəʳ, AM -t̬ɚ] *n* COMPUT, TECH Simulator *m*; **flight** ~ Flugsimulator *m*

simulcast [ˈsɪmᵊlkɑːst, AM ˈsaɪmᵊlkæst] RADIO, TV **I.** *n esp* AM, AUS zeitgleiche Übertragung **II.** *vt* <-cast, -cast *or* -casted> **to ~ a programme** ein Programm zeitgleich übertragen

simultaneity [ˌsɪmᵊltəˈneɪəti, AM ˌsaɪmᵊltəˈniːəti] *n no pl* Gleichzeitigkeit *f*

simultaneous [ˌsɪmᵊlˈteɪniəs, AM ˌsaɪmᵊlˈteɪnjəs] *adj inv* gleichzeitig, zeitgleich; COMPUT gleichzeitig, Simultan-, simultan-; ■**to be ~ with sth** zeitgleich mit etw *dat* stattfinden

simultaneous equations *npl* Simultangleichungen *pl* **simultaneous interpreter** *n* Simultandolmetscher(in) *m(f)* **simultaneous interpreting** *n no pl* Simultandolmetschen *nt*

simultaneously [ˌsɪmᵊlˈteɪniəsli, AM ˌsaɪmᵊlˈteɪnjəs-] *adv inv* gleichzeitig, simultan *fachspr geh*

simultaneousness [ˌsɪmᵊlˈteɪniəsnəs, AM ˌsaɪmᵊlˈteɪnjəs-] *n no pl* Gleichzeitigkeit *f*, Simultaneität *f geh*

sin [sɪn] **I.** *n* Sünde *f*; ***the sick are being thrown out on the streets — yes, it's a ~!*** die Kranken werden auf die Straße gesetzt – ja, das ist unerhört!; ***is that your work? — yes, for my ~s*** ist das Ihre Arbeit? – ja, leider; ***it would be a ~ not to go out on such a nice day*** (*fig*) es wäre eine Sünde, an so einem schönen Tag nicht rauszugehen; ***he's [as] ugly as ~*** er ist unglaublich hässlich; **a ~ of omission** eine Unterlassungssünde; **to commit/confess a ~** eine Sünde begehen/beichten; **to live in ~** in wilder Ehe leben **II.** *vi* <-nn-> sündigen

sin *n* MATH *abbrev of* **sine**

Sinai [ˈsaɪnaɪ] *n no pl* GEOG ■**the** ~ der Sinai

sina qua non [ˌsɪnikwɑːˈnəʊn, AM -neɪkwɑːˈnoʊn] LAW unerlässliche Voraussetzung

sin bin *n* BRIT, AUS SPORTS (*sl*) Strafbank *f*

since [sɪn(t)s] **I.** *adv inv* ① (*from that point on*) seitdem, seither; ***she went to New York a year ago, and we haven't seen her ~*** sie ist vor einem Jahr nach New York gegangen, seitdem haben wir sie nicht mehr gesehen; **ever** ~ seit dieser Zeit, seitdem ② (*ago*) **long** ~ seit langem, schon lange; **not long** ~ vor kurzem [erst] **II.** *prep* seit; ~ **Saturday/last week** seit Samstag/letzter Woche **III.** *conj* ① (*because*) da, weil ② (*from time that*) seit, seitdem; ***ever ~ she started her new job, …*** seitdem sie mit dem neuen Job angefangen hat, …

sincere [sɪnˈsɪəʳ, AM -ˈsɪr] *adj person* ehrlich, aufrichtig; *congratulations, gratitude* aufrichtig; ***she is ~ in her political beliefs*** sie meint es ernst mit ihrer politischen Überzeugung; ~ **believer** ernsthafter Gläubiger

sincerely [sɪnˈsɪəli, AM -ˈsɪr-] *adv* ① (*in a sincere manner*) ehrlich, aufrichtig; ***I ~ appreciate all your help*** ich weiß eure Hilfe wirklich zu schätzen ② (*ending letter*) **[yours]** ~ [*or* ~ **[yours]**] mit freundlichen Grüßen

sincerity [sɪnˈserəti, AM -ət̬i] *n no pl* Ehrlichkeit *f*, Aufrichtigkeit *f*; ***in all ~, …*** ganz ehrlich, …, offen gesagt, …

sine [saɪn] *n* MATH Sinus *m*

sinecure [ˈsaɪnɪkjʊəʳ, AM -nəkjʊr] *n* Sinekure *f geh*, Pfründe *f*

sine die [ˌsaɪnɪˈdaɪiː, AM -niˈdaɪi] *adv* LAW auf unbestimmte Zeit, ohne Anberaumung eines neuen Termins; **to be adjourned ~** auf unbestimmte Zeit vertagt werden

sine qua non [ˌsɪnikwɑːˈnəʊn, AM -neɪkwɑːˈnoʊn] *n* (*form*) unabdingbare Voraussetzung, notwendige Bedingung, Conditio *f* sine qua non *geh*

sinew [ˈsɪnjuː] *n* ① (*tendon*) Sehne *f* ② (*liter or fig: constituent parts*) ■**~s** *pl* Kräfte *pl*; ***these steel cables are the ~s holding the whole construction together*** diese Stahlseile halten die gesamte Konstruktion zusammen; **the ~s of war** Kampfmittel *ntpl*, Kriegsmaterial *nt*

sinewy [ˈsɪnjuːi] *adj* ① (*muscular*) sehnig ② (*tough*) zäh; *meat* sehnig

sinfonia [sɪnˈfəʊniə, AM ˌsɪnfəˈniːə] *n* MUS ① (*symphony*) Sinfonia *f* ② + *sing/pl vb* (*symphony orchestra*) Sinfonieorchester *nt*, Sinfoniker *mpl*

sinfonietta [ˌsɪnfəʊniˈetə, AM fənˈjetə] *n* MUS ① (*symphony*) Sinfonietta *f* ② + *sing/pl vb* (*symphony orchestra*) kleines Sinfonieorchester

sinful [ˈsɪnfᵊl] *adj* ① (*immoral*) sündig, sündhaft; ***is it ~ to want what other people have?*** ist es eine Sünde, das zu wollen, was andere besitzen?; ~ **thoughts** sündhafte Gedanken ② (*deplorable*) sündhaft; **a ~ waste of money** eine schreckliche Geldverschwendung ③ (*fam: bad for one*) **to be absolutely ~** die reinste Sünde sein *hum, iron*

sinfully [ˈsɪnfᵊli] *adv* sündhaft; ***indulge yourself ~ with ice creams and cakes*** geniessen Sie Eis und Kuchen mit sündigem Vergnügen

sinfulness [ˈsɪnfᵊnəs] *n no pl* Sündhaftigkeit *f*

sing¹ LING **I.** *n abbrev of* **singular** Sg., Sing. **II.** *adj abbrev of* **singular** im Sing. [*o* Sg.] *nach n*; **to be in the ~** im Sing. stehen

sing² <sang *or* AM *also* sung, sung> [sɪŋ] **I.** *vi* ① (*utter musical sounds*) singen; ■**to ~ to** [*or* **for**] **sb** jdm etw vorsingen; ■**to ~ to oneself** vor sich *dat* hinsingen; ■**to ~ of sb/sth** (*poet*) von jdm/etw singen ② (*high-pitched noise*) *kettle* pfeifen; *locusts* zirpen; *wind* pfeifen ③ (*ringing noise*) dröhnen; ***my ears were ~ing*** mir dröhnten die Ohren ④ (*sl: confess*) singen *sl* **II.** *vt* ① (*utter musical sounds*) ■**to ~ sth** etw singen; **to ~ alto/tenor/soprano** Alt/Tenor/Sopran singen; **to ~ the praises of sb/sth** ein Loblied auf jdn/etw singen; **to ~ sb asleep** [*or* **to sleep**] jdn in den Schlaf singen ② (*poet: describe in verse*) ■**to ~ sb/sth** von jdm/etw singen, jdn/etw besingen *poet o veraltend* ▸ PHRASES: **to ~ another** [*or* **a different**] tune (*to be less friendly*) einen anderen Ton anschlagen; (*change opinion*) seine Einstellung [*o* Meinung] ändern

◆**sing along** *vi* mitsingen

◆**sing out I.** *vi* ① (*sing loudly*) laut [*o* aus voller Kehle] singen ② (*fam: call out*) Bescheid geben **II.** *vt* (*fam*) ■**to ~ out** ⊂ **sth** über etw *akk* Bescheid geben

◆**sing up** *vi esp* BRIT, AUS lauter singen

singalong [ˈsɪŋəlɒŋ, AM -lɑːŋ] *n* gemeinsames Liedersingen; **to have a ~** zusammen singen

Singapore [ˌsɪŋəˈpɔːʳ, AM ˈsɪŋəpɔːr] *n* Singapur *nt*

Singaporean [ˌsɪŋəpɔːˈriːən] **I.** *adj* singapurisch, aus Singapur *nach n*; **the ~ economy** die Wirtschaft Singapurs **II.** *n* Singapurer(in) *m(f)*

singe [sɪndʒ] **I.** *vt* ■**to ~ sth** ① (*burn surface of*) etw ansengen; (*burn sth slightly*) etw versengen; **to ~ one's eyebrows** sich *dat* die Augenbrauen versengen ② (*burn off deliberately*) etw absengen; **to have one's hair ~d** sich *dat* die Haare ansengen **II.** *vi* (*burn*) *hair, fur* angesengt werden; (*burn lightly*) versengen **III.** *n* angesengte Stelle, Brandfleck *m*

singer [ˈsɪŋəʳ, AM -ɚ] *n* Sänger(in) *m(f)*; **pop ~** Popsänger(in) *m(f)*

singer-songwriter *n* Liedermacher(in) *m(f)*

singfest *n* AM Treffen *nt* zum gemeinsamen Liedersingen; **family ~** [gemeinsames] Liedersingen im Familienkreis

Singhalese *adj, n see* **Sinhalese**

singing [ˈsɪŋɪŋ] *n no pl* Singen *nt*, Gesang *m*

singing bird *n* Singvogel *m* **singing club** *n* Gesang[s]verein *m* **singing lesson** *n* Gesang[s]stunde *f* **singing society** *n* Gesang[s]verein *m* **singing teacher** *n* Gesang[s]lehrer(in) *m(f)* **singing voice** *n* Singstimme *f*

single [ˈsɪŋgl] **I.** *adj inv* ① *attr* (*one only*) einzige(r,s); ***she didn't say a ~ word all evening*** sie sprach den ganzen Abend kein einziges Wort; ***patience is the ~ most important quality*** Geduld ist die absolut wichtigste Eigenschaft; **with a ~ blow** mit nur einem Schlag; **not a ~ person** [überhaupt] niemand; **not a ~ soul** keine Menschenseele; **every ~ thing** [absolut] alles; **every ~ time** jedes Mal ② (*having one part*) einzelne(r,s); **in ~ figures** im einstelligen [Zahlen]bereich; **~-flowered** BOT einblütig ③ *inv* (*unmarried*) ledig, unverheiratet, solo *fam*; ***she's 35 and still ~*** sie ist 35 und immer noch nicht verheiratet ④ *inv* (*raising child alone*) allein erziehend; ***he is a ~ parent*** er ist allein erziehend; **~ father/mother** allein erziehender Vater/allein erziehende Mutter **II.** *n* ① BRIT, AUS (*one-way ticket*) Einzelfahrkarte *f*, Einzelfahrschein *m*; ***do you want a ~ or a return?*** möchten Sie eine einfache Fahrkarte oder eine Hin- und Rückfahrkarte? ② (*one-unit dollar note*) Eindollarschein *m*, Eindollarnote *f* ③ (*record*) Single *f* ④ SPORTS (*in cricket*) *Schlag für einen Lauf;* (*in baseball*) *Lauf zum ersten Base* ⑤ (*single measure of drink*) Einheit *f* (*eine Maßeinheit eines alkoholischen Getränks*) ⑥ (*single room*) Einzelzimmer *nt* **III.** *vi* SPORTS mit einem Schlag das erste Base erreichen

◆**single out** *vt* ■**to ~ out** ⊂ **sb/sth** (*for positive characteristics*) jdn/etw auswählen; (*for negative reasons*) jdn/etw herausgreifen; ***why were they of all people ~d out for punishment?*** warum wurden eigentlich ausgerechnet sie bestraft?; **to ~ sb out for special treatment** jdm eine Sonderbehandlung zukommen lassen

single bed *n* Einzelbett *nt* **single-breasted** *adj inv* einreihig; ~ **suit** Einreiher *m* **single combat** *n no pl* Einzelkampf *m*; (*duel*) Zweikampf *m*; **to challenge sb to ~** jdn zum Zweikampf herausfordern **single cream** *n* BRIT Sahne *f*, Obers *nt* ÖSTERR (*mit niedrigem Fettgehalt*) **single currency** *n* FIN gemeinsame Währung, Einheitswährung *f* **single-decker** *n* Bus *m* (*mit einem Deck*) **single-engined** *adj* einmotorig **single-entry bookkeeping** *n* einfache Buchführung **Single European Act** *n* Einheitliche Europäische Akte **Single European Market** *n* Europäischer Binnenmarkt **single-family house** *n* Einfamilienhaus *nt* **single-figure** *adj inv* einstellig; ~ **inflation rate** Inflationsrate *f* unter zehn Prozent, einstellige Inflationsrate **single file** *n no pl* **in ~** im Gänsemarsch **single-handed I.** *adv inv* [ganz] allein, ohne Hilfe [von außen], im Alleingang; ***he sailed round the world ~*** er segelte als Einhandsegler um die Welt **II.** *adj inv* allein, ohne Hilfe *nach n*, eigenhändig **single-handedly** *adv inv* [ganz] allein, ohne Hilfe [von außen] **single-hander** *n* ① (*boat*) Einhandsegler *m* ② (*person*) Einhandsegler(in) *m(f)*

singlehood [ˈsɪŋglhʊd] *n no pl* AM Singletum *nt*

single-lane *adj inv* einspurig **single-lens reflex** *n*, **single-lens reflex camera** *n* PHOT einäugige Spiegelreflexkamera **Single Market** *n* EU Binnenmarkt *m* **single-minded** *adj* zielstrebig, zielbewusst; **to be ~ in sth** etw unbeirrbar tun **single-mindedly** *adv* zielstrebig, zielbewusst; (*unwaveringly*) unbeirrbar **single-mindedness** *n*, **singleness of mind** *n no pl* Zielstrebigkeit *f*; (*pursuing sth unwaveringly*) Unbeirrbarkeit *f*

singleness ['sɪŋglnəs] *n no pl* Einzigartigkeit *f;* ~ **of purpose** Zielstrebigkeit *f;* ~ **of view** fest umrissene Meinung

singleness of purpose *n no pl* Zielstrebigkeit *f*

single-parent family *n* Familie *f* mit [nur] einem Elternteil

single-pass assembler *n* COMPUT Assembler *m* mit einem Durchlauf **single room** *n* Einzelzimmer *nt*

singles ['sɪŋglz] **I.** *n* <*pl* -> SPORTS (*in tennis*) Einzel *nt;* (*in golf*) Single *nt;* **men's/ladies'** ~ Herren-/Dameneinzel *nt;* **to play a** ~ **against sb** ein Einzel gegen jdn spielen **II.** *adj attr, inv* SPORTS Einzel-; **ladies'** ~ **champion** Siegerin *f* im Dameneinzel; ~ **match** Einzel *nt*

singles bar *n* Singlekneipe *f,* Singletreff *m*

single-seater *n* Einsitzer *m* **single-sex** *adj inv* nach Geschlechtern getrennt; ~ **school** [**for boys/girls**] reine Jungen-/Mädchenschule **single-sided disk** *n* COMPUT Diskette *f* mit einfacher Schreibdichte **single spacing** *n* COMPUT, TYPO einzeiliger [Zeilen]abstand **single-stage** *adj* einstufig; **a** ~ **rocket** eine einstufige Rakete

singlet ['sɪŋglɪt] *n esp* BRIT, AUS ärmelloses Trikot; (*underwear*) Unterhemd *nt*

single ticket *n* BRIT einfache Fahrkarte, Einzelfahrkarte *f,* Einzelfahrschein *m*

singleton ['sɪŋgltən] *n* CARDS blanke Karte (*einzige Karte einer Farbe*); **to have a** ~ **in hearts** eine Herzkarte blank haben

single-track *adj inv* ❶ RAIL eingleisig ❷ BRIT (*road*) einspurig

singly ['sɪŋgli] *adv inv* einzeln

singsong ['sɪŋsɒŋ, AM -sɑːŋ] **I.** *n* ❶ BRIT, AUS (*singing session*) gemeinsames Liedersingen; **to have a** ~ gemeinsam Lieder singen ❷ *no pl* (*way of speaking*) Singsang *m;* **to speak in a** ~ in einem Singsang sprechen **II.** *adj attr* **to speak in a** ~ **voice** in einem Singsang sprechen; **the Welsh** ~ **voices** der walisische Singsang (*melodischer Klang der Sprache*)

singular ['sɪŋgjələʳ, AM -ɚ] **I.** *adj* ❶ LING (*referring to one person or thing*) Singular-; **to be** ~ im Singular stehen; ~ **ending** Singularendung *f;* ~ **form** Singularform *f;* ~ **noun** Substantiv *nt* im Singular; ~**-only noun** Singularetantum *nt fachspr;* **the third person** ~ die dritte Person Singular ❷ (*form: extraordinary*) einzigartig; **of** ~ **beauty** von einmaliger [*o* einzigartiger] Schönheit; **a** ~ **lack of tact** eine beispiellose Taktlosigkeit ❸ (*form: strange*) eigenartig, sonderbar; **a most** ~ **affair** eine höchst merkwürdige Angelegenheit **II.** *n no pl* LING Singular *m,* Einzahl *f;* **to be in the** ~ im Singular [*o* in der Einzahl] stehen

singularity [ˌsɪŋgjə'lærəti, AM -'lerət̬i] *n no pl* (*form*) Eigenartigkeit *f,* Sonderbarkeit *f;* **the** ~ **of sb's behaviour** jds sonderbares Verhalten

singularly ['sɪŋgjələli, AM -ɚli] *adv* (*form*) ❶ (*extraordinarily*) außerordentlich; ~ **beautiful** einmalig schön; ***he was*** ~ ***lacking in good sense*** ihm fehlte [wirklich] jede Spur guten Geschmacks ❷ (*strangely*) eigenartig, sonderbar

Sinhalese [ˌsɪŋ(h)ə'liːz, AM ˌsɪn-] **I.** *adj inv* singhalesisch **II.** *n* ❶ *no pl* (*language*) Singhalesisch *nt* ❷ <*pl* -> (*person*) Singhalese, -in *m, f*

sinister ['sɪnɪstəʳ, AM -ɚ] *adj* ❶ (*scary*) unheimlich, sinister *geh* ❷ (*fam: ominous*) unheilvoll, drohend; *forces* dunkel

sink <sank *or* sunk, sunk> [sɪŋk] **I.** *n* ❶ (*in kitchen*) Spüle *f,* Spülbecken *nt* ❷ AM (*washbasin*) Waschbecken *nt* ❸ TELEC [Nachrichten]senke *f* **II.** *vi* ❶ (*not float*) untergehen, sinken; ***cork won't*** ~ Kork schwimmt [oben] ❷ (*go downward*) absinken, sich *akk* senken; (*fig*) fallen; ***the sun sank below the horizon*** die Sonne versank hinter dem Horizont; **to** ~ **to the bottom** auf den Boden sinken; (*sediments*) sich *akk* auf dem Boden absetzen; **to** ~ **to the bottom of the table** ans Tabellenende rutschen ❸ (*drop down*) fallen; **to** ~ **to one's knees** auf den Boden sinken ❹ (*decrease*) sinken, fallen; ***the pound sank two cents against the dollar*** das Pfund hat zwei Cent gegenüber dem Dollar verloren; ***the yen sank to a new low against the dollar*** der Yen hat gegenüber dem Dollar einen neuen Tiefstand erreicht ❺ (*get softer*) sich *akk* senken; ***his voice sank to a whisper*** seine Stimme senkte sich zu einem leisen Flüstern ❻ (*decline*) sinken; ***I didn't think he'd*** ~ ***so low*** ich hätte nicht gedacht, dass er so tief sinken würde; ***you are*** ~***ing to his level!*** du begibst dich auf das gleiche niedrige Niveau wie er!; **to** ~ **in sb's estimation** [*or* **esteem**] in jds Achtung *f* sinken ❼ (*decline in health*) ■**to be** ~**ing** [**fast**] [gesundheitlich] stark abbauen; ***Mrs Jones is*** ~***ing fast*** Mrs. Jones' Zustand verschlechtert sich zusehends ▶ PHRASES: **sb's heart** ~**s** (*gets sadder*) jdm wird das Herz schwer; (*becomes discouraged*) jdm rutscht das Herz in die Hose *fam;* **sb's spirits** ~ jds Stimmung sinkt [auf Null]; **to** ~ **like a stone** untergehen wie ein Stein; **to** ~ **without trace** *ship* mit Mann und Maus untergehen *fam; person* von der Bildfläche verschwinden *fam;* **to leave sb/sth to** ~ **or swim** jdn/etw seinem Schicksal überlassen; ***we*** ~ ***or swim together*** wir werden gemeinsam untergehen oder gemeinsam überleben **III.** *vt* ❶ (*cause to submerge*) ■**to** ~ **sth** etw versenken; **to** ~ **a ship** ein Schiff versenken ❷ (*ruin*) ■**to** ~ **sth** etw zunichte machen [*o* ruinieren] ❸ (*dig*) **to** ~ **a shaft** MIN einen Schacht abteufen *fachspr;* **to** ~ **a well** einen Brunnen anlegen ❹ SPORTS **to** ~ **a ball** (*into a hole*) einen Ball einlochen; (*into a pocket*) einen Ball versenken; **to** ~ **the black/red** die schwarze/rote Kugel versenken ❺ BRIT, AUS (*fam: drink*) **to** ~ **a bottle of wine/pint** eine Flasche Wein/ein Pint herunterspülen *fam* ❻ (*lower*) **to** ~ **one's voice to a whisper** seine Stimme zu einem Flüsterton senken ❼ FIN ■**to** ~ **sth into sth** etw in etw *akk* anlegen, etw in etw *akk* investieren ▶ PHRASES: **to** ~ **one's differences** die [gegenseitigen] Differenzen beilegen

◆**sink back** *vi* ❶ (*lean back*) zurücksinken; ***he sank back and was soon lost in reverie*** er lehnte sich zurück und versank bald in Träumereien; **to** ~ **back in a deep armchair/the cushions** in einen tiefen Armsessel/in die Kissen sinken; **to** ~ **back on the sofa** auf das Sofa sinken ❷ (*relapse*) ■**to** ~ **back into sth** [wieder] in etw *akk* [zurück]verfallen; ***I don't want him to*** ~ ***back into his old bad habits*** ich möchte nicht, dass er wieder in seine schlechten Gewohnheiten von früher verfällt

◆**sink down** *vi* ❶ (*descend gradually*) sinken; *sun* versinken ❷ (*go down on the ground*) herabsinken; ***he went to stand up, then sank back down on his chair*** er wollte aufstehen, sank dann aber auf seinen Stuhl zurück

◆**sink in I.** *vi* ❶ (*go into surface*) einsinken ❷ (*be absorbed*) *liquid* einziehen ❸ (*be understood*) bewusst werden; ***the news may take a while to*** ~ ***in*** es kann eine Weile dauern, bis sich die Neuigkeiten gesetzt haben; ***I had to tell him several times before it finally sank in*** ich musste es ihm mehrere Male sagen, bevor er es endlich begriffen hatte **II.** *vt* ❶ (*force into sth*) **to** ~ **one's teeth in sth** *animal* seine Zähne in etw *akk* hineinschlagen; ***he looks as if he'd like to*** ~ ***a knife in your back*** er sieht aus, als würde er dir am liebsten ein Messer in den Rücken rammen ❷ (*invest*) **to** ~ **one's money in sth** sein Geld in etw *akk* stecken *fam*

◆**sink into I.** *vi* ■**to** ~ **into sth** ❶ (*go deeper into*) in etw *dat* einsinken [*o* versinken]; ***I sank into the snow up to my waist*** ich versank bis zur Hüfte im Schnee; ***let the cream*** ~ ***into your skin*** lass die Creme gut einziehen ❷ (*lie back in*) in etw *akk* [hinein]sinken; **to** ~ **into an armchair** in einen Sessel sinken; **to** ~ **into a hot bath** sich *akk* in einem heißen Bad entspannen ❸ (*pass gradually into*) in etw *akk* sinken; ***he sank into deep despair*** er fiel in tiefe Verzweiflung; **to** ~ **into a coma** ins Koma fallen; **to** ~ **into debt** in Schulden geraten; **to** ~ **into** [**a**] **depression** in Depressionen verfallen **II.** *vt* ❶ (*pierce*) **to** ~ **one's teeth into sth** seine Zähne in etw *akk* hineinschlagen; ***I'd love to*** ~ ***my teeth into a nice juicy steak*** ich würde gern in ein schönes, saftiges Steak beißen; ***she sank her spoon into a large bowl of cream*** sie tauchte ihren Löffel in eine große Schale Sahne ❷ (*embed*) ■**to** ~ **sth into sth** etw in etw *akk* einlassen; **to** ~ **a post into the ground** einen Pfosten in den Boden schlagen ❸ FIN **to** ~ **one's money into sth** sein Geld in etw *akk* stecken *fam*

sinkable ['sɪŋkəbl] *adj* versenkbar; ~ **putt** SPORTS *Putt, bei dem der Ball eingelocht werden kann*

sinker ['sɪŋkəʳ, AM -ɚ] *n* Senker *m,* Senkgewicht *nt*

sinking ['sɪŋkɪŋ] *adj attr, inv* ❶ (*not floating*) sinkend ❷ (*emotion*) ***that goal revived the*** ~ ***spirits of the team*** das Tor brachte neuen Schwung in die angeschlagene Mannschaft; **a** ~ **feeling** ein flaues Gefühl [in der Magengegend]; **with a** ~ **heart** resigniert ❸ *attr* (*declining*) sinkend, fallend ▶ PHRASES: **to leave the** ~ **ship** das sinkende Schiff verlassen

sinking fund *n* FIN Tilgungsfonds *m,* Amortisationsfonds *m fachspr*

sink unit *n* Spüle *f*

sinner ['sɪnəʳ, AM -ɚ] *n* Sünder(in) *m(f);* **the repentant** ~ der reuige Sünder/die reuige Sünderin

Sinn Féin [ʃɪn'feɪn] *n no pl,* + *sing/pl vb* Sinn Féin *f*

sinologist [saɪ'nɒlədʒɪst, AM -'nɑːl-] *n* Sinologe, -in *m, f*

sinology [saɪ'nɒlədʒi, AM -'nɑːl-] *n no pl* Sinologie *f*

sin tax *n* AM (*fam*) Genussmittelsteuer *f*

sinuous ['sɪnjuəs] *adj* ❶ (*winding*) gewunden; ***the river winds its*** ~ ***course through the countryside*** der Fluss schlängelt sich [in zahlreichen Windungen] durch die Landschaft; ***a*** ~ ***path*** ein verschlungener Pfad ❷ (*curving and twisting*) geschmeidig

sinuously ['sɪnjuəsli] *adv* gewunden; **to dance** ~ geschmeidig [*o* schlangenartig] tanzen; **to move** ~ **along sth** *snake* sich etw *akk* entlang schlängeln

sinus <*pl* -es> ['saɪnəs] **I.** *n* ANAT Nasennebenhöhle *f,* Sinus *m fachspr* **II.** *n modifier* Nasennebenhöhlen-, Sinus- *fachspr;* ~ **operation** Nasennebenhöhlenoperation *f;* ~ **pain** Schmerzen *pl* im Nasennebenhöhlenbereich; ~ **problems** Probleme mit den Nasennebenhöhlen

sinusitis [ˌsaɪnə'saɪtɪs, AM -t̬-] *n no pl* MED Nasennebenhöhlenentzündung *f,* Sinusitis *f fachspr*

Sioux [suː] **I.** *adj inv* (*tribe*) Sioux-; ~ **Indian** Siouxindianer(in) *m(f)* **II.** *n* ❶ <*pl* -> (*person*) Sioux *m o f* ❷ *no pl* (*language*) Sioux *nt*

sip [sɪp] **I.** *vt* <-pp-> ■**to** ~ **sth** an etw *dat* nippen; (*drink carefully*) etw in kleinen Schlucken trinken **II.** *vi* <-pp-> ■**to** ~ **at sth** an etw *dat* nippen **III.** *n* kleiner Schluck, Schlückchen *nt;* **to drink sth in** ~**s** etw schlückchenweise trinken; **to have** [*or* **take**] **a** ~ einen kleinen Schluck nehmen

siphon ['saɪfᵊn] **I.** *n* ❶ (*bent pipe*) Saugheber *m* ❷ BRIT (*soda siphon*) Siphon *m* **II.** *vt* ■**to** ~ **sth** etw [mit einem Saugheber] absaugen [*o* abpumpen]

◆**siphon off** *vt* ❶ (*remove*) ■**to** ~ **off** ↔ **sth** etw absaugen [*o* abpumpen] ❷ FIN **to** ~ **off money** Gelder abziehen; **to** ~ **off profits** Gewinne abschöpfen

sir [sɜːʳ, səʳ, AM sɜːr, sɚ] *n no pl* ❶ BRIT (*fam: reference to schoolteacher*) ~**!** Herr Lehrer!; ***I told*** ~ ich hab's dem Lehrer erzählt ❷ (*form of address*) Herr *m;* ***can I get you anything,*** ~**?** kann ich Ihnen etwas bringen, mein Herr?; ***can I see your driving licence,*** ~**?** kann ich bitte ihren Führerschein sehen? ❸ (*not at all*) **no,** ~**!** AM (*fam*) keinesfalls!, auf keinen Fall!

Sir [sɜːʳ, səʳ, AM sɜːr, sɚ] *n* ❶ BRIT ***title of knight*** Sir *m* ❷ (*on letters*) **Dear** ~ [*or* **Dear** ~ **or Madam**] [*or* **Dear** ~**s**] Sehr geehrte Damen und Herren

sire [saɪəʳ, AM -ɚ] **I.** *n* ❶ (*horse's father*) Vatertier *nt;* (*designated for breeding*) Deckhengst *m,* Zuchthengst *m* ❷ (*old liter: father*) Vater *m;* (*forefather*) Ahn *m veraltet* ❸ (*old: form of address*) Sire *m,* Majestät *f* **II.** *vt* (*esp hum*) **to** ~ **children** Kinder in die Welt setzen *fam;* **to** ~ **a foal** ein Fohlen zeugen

siren ['saɪ(ə)rən, AM 'saɪrən] *n* ❶ (*warning device*) Sirene *f;* **air-raid** ~ Luftschutzsirene *f;* **police** ~ Polizeisirene *f* ❷ (*in mythology*) Sirene *f a. fig*

siren call *n,* **siren song** *n* Sirenengesang *m fig geh*

sirloin ['sɜːlɔɪn, AM 'sɜːr-] *n no pl* Lendenfilet *nt,* Lendenstück *nt* (*vom Rind*)

sirloin steak *n* Lendensteak *nt,* Beefsteak *nt*
sirocco [sɪ'rɒkəʊ, AM sə'rɑːkoʊ] *n* METEO Schirokko *m*
sirrah ['sɪrə] *n* (*old*) Kerl *m,* Bursche *m veraltend*
sis [sɪs] *n esp* AM (*fam*) *short for* **sister** Schwesterherz *nt hum*
SIS [,esaɪ'es] *n* BRIT *abbrev of* **Secret Intelligence Service** britischer Auslandsgeheimdienst
sisal ['saɪsᵊl] **I.** *n no pl* ① (*tropical plant*) Sisal *m,* Sisalagave *f* ② (*strong fibre*) Sisal *m* **II.** *n modifier* (*hemp, mat, plant*) Sisal-
sissy ['sɪsi] **I.** *n* (*pej fam*) Weichling *m pej,* Waschlappen *m pej fam* **II.** *adj* (*pej fam*) weibisch *pej,* verweichlicht *pej*
sister ['sɪstəʳ, AM -ɚ] **I.** *n* ① (*female sibling*) Schwester *f* ② (*fellow feminist*) Schwester *f;* (*trade unionist*) Kollegin *f* ③ (*nun*) [Ordens]schwester *f;* **S~ Catherine** Schwester Catherine; (*form of address*) ■**S~!** Schwester! *f* ④ BRIT, AUS (*nurse*) [Kranken]schwester *f;* ***S~ Jones*** Schwester Jones *f;* **day ~** Tagesschwester *f* ⑤ AM (*dated fam: form of address to woman*) Schwester *f sl* **II.** *n modifier* (*party, ship*) Schwester-; **~ company** Schwestergesellschaft *f,* Schwesterfirma *f*
sisterhood ['sɪstəhʊd, AM -tɚ-] *n* ① *no pl* (*sisterly bond*) Zusammenhalt *m* unter Schwestern ② *no pl* (*female solidarity*) Solidarität *f* unter Frauen ③ + *sing/pl vb* (*feminists*) ■**the ~** die Frauenbewegung ④ REL (*religious society*) Schwesternorden *m,* Frauenorden *m*
sister-in-law <*pl* sisters-in-law *or* -s> *n* Schwägerin *f*
sisterly ['sɪstᵊli, AM -ɚli] *adj* schwesterlich; ***I felt quite ~ towards him*** er war für mich wie ein Bruder
Sistine ['sistaɪn, AM tiːn] *adj inv* **the ~ Chapel** die Sixtinische Kapelle; **the ~ ceiling** die Decke in der Sixtinischen Kapelle
sit <-tt, sat, sat> [sɪt] **I.** *vi* ① (*seated*) sitzen; ***don't just ~ there!*** sitz doch nicht so tatenlos herum!; **to ~ in an armchair** im Sessel sitzen; **to ~ at the desk/table** am Schreibtisch/Tisch sitzen; **to ~ on the sofa** auf dem Sofa sitzen; ■**to ~ for sb** für jdn Modell sitzen; **to ~ for one's portrait** jdm Porträt sitzen, sich *akk* porträtieren lassen; **to ~ for an exam** *esp* BRIT eine Prüfung ablegen ② (*fam: babysit*) ■**to ~ for sb** für jdn babysitten ③ (*sit down*) sich *akk* hinsetzen; (*to a dog*) ***~!*** Platz!, Sitz!; ***would you all please ~!*** würden Sie sich bitte alle hinsetzen!; ***he sat [down] next to me*** er setzte sich neben mich; ***where would you like us to ~?*** wo sollen wir Platz nehmen? ④ (*perch*) hocken, sitzen ⑤ (*on a nest*) brüten ⑥ (*be located*) liegen; **to ~ in the bottom of a valley** am Fuße eines Tals liegen ⑦ (*remain undisturbed*) stehen; ***that car's been ~ting there for days*** dieses Auto steht schon seit Tagen dort; **to ~ on the shelf/on sb's desk** im [*o* auf dem] Regal stehen/auf jds Schreibtisch liegen ⑧ (*in session*) tagen, eine Sitzung abhalten; *court* zusammenkommen; ***Parliament is ~ting*** das Parlament tagt ⑨ AM (*be in office*) *senator, representative* einen Sitz haben; ■**to ~ for sth** Abgeordnete(r) *f(m)* für etw *akk* sein; ***she ~s for Ashley East*** sie ist Abgeordnete für Ashley East ⑩ (*fit*) passen; *clothes* sitzen ⑪ AM (*be agreeable*) ***the idea didn't ~ well with any of us*** die Idee behagte keinem von uns so recht ▶ PHRASES: **to ~ at sb's feet** jds Schüler/Schülerin sein; **to ~ on the fence** sich *akk* nicht entscheiden können; **to ~ on one's hands** [*or* BRIT *vulg* **arse**] [*or* AM *vulg* **ass**] keinen Finger krumm machen *fam;* **to ~ in judgment on** [*or* **over**] **sb** über jdn zu Gericht sitzen [*o* urteilen]; **to be ~ting pretty** fein heraus sein *fam;* **to ~ tight** (*not move*) sitzen bleiben, sich *akk* nicht rühren; (*not change opinion*) stur bleiben **II.** *vt* ① (*put on seat*) **to ~ a child on a chair** ein Kind auf einen Stuhl setzen ② BRIT (*take exam*) **to ~ an exam** eine Prüfung ablegen
◆**sit about** *esp* BRIT, **sit around** *vi* herumsitzen
◆**sit back** *vi* ① (*lean back in chair*) sich *akk* zurücklehnen ② (*do nothing*) die Hände in den Schoß legen *fig*
◆**sit by** *vi* untätig zusehen, tatenlos dabeistehen
◆**sit down** **I.** *vi* ① (*take a seat*) sich *akk* [hin]setzen; **to ~ down to dinner** sich *akk* zum Essen an den Tisch begeben ② (*be sitting*) sitzen ③ (*fig: take time*) sich *akk* [in Ruhe] hinsetzen; ***I need time to ~ down and think about this*** ich brauche Zeit, um in Ruhe darüber nachzudenken; ■**to ~ down with sb** sich *akk* mit jdm zusammensetzen **II.** *vt* ① (*put in a seat*) ■**to ~ sb down** jdn irgendwohin setzen; (*fig*) sich *dat* jdn vornehmen *fam;* **to ~ a child down** ein Kind [irgendwo] hinsetzen ② (*take a seat*) ■**to ~ oneself down** sich *akk* hinsetzen
◆**sit in** *vi* ① (*attend*) dabeisitzen, dabeisein; **to ~ in on a conference/meeting** einer Konferenz/einem Treffen beisitzen ② (*represent*) ■**to ~ in for sb** jdn vertreten ③ (*hold sit-in*) ein Sit-in [*o* einen Sitzstreik] veranstalten
◆**sit on** *vi* ① (*be member of*) **to ~ on a board/a commitee** einem Ausschuss/Komitee angehören, Mitglied eines Ausschusses/Komitees sein ② (*fam: not action sth*) ■**to ~ on sth** auf etw *akk* nicht reagieren [*o fam* sitzen] ③ (*fam: unaware of value*) ■**to be ~ting on sth** auf etw *dat* sitzen *fig fam;* ***has anybody had the land valued? we could be ~ting on a goldmine here*** hat jemand das Land schätzen lassen? wir könnten hier auf einer Goldmine sitzen ④ (*fam: rebuke*) ■**to ~ on sb** jdm einen Dämpfer verpassen *sl,* jdm den Kopf zurechtrücken *fam;* **to ~ on an idea** (*stop*) eine Idee abwürgen *fam* ⑤ (*feel heavy*) **to ~ on sb's stomach** jdm schwer im Magen liegen
◆**sit out** **I.** *vi* ① (*sit outdoors*) draußen sitzen ② (*not dance*) einen Tanz auslassen **II.** *vt* ■**to ~ out** ↔ **sth** ① (*not participate*) etw auslassen; *in game, competition* bei etw *dat* aussetzen ② (*sit until end*) bei etw *dat* bis zum Ende ausharren [*o* durchhalten]
◆**sit over** *vi* ① (*spend time*) **to ~ over a meal** [lange Zeit] über einer Mahlzeit sitzen ② (*monitor*) ■**to ~ over sb** auf jdn Acht geben, jdn beaufsichtigen
◆**sit round** *vi* BRIT, AUS *see* **sit about**
◆**sit through** *vi* ■**to ~ through sth** etw über sich *akk* ergehen lassen
◆**sit under** *vi* AM ■**to ~ under sb** etw von jdm lernen; **to ~ under a teacher** jds Schüler/Schülerin sein
◆**sit up** **I.** *vi* ① (*sit erect*) aufrecht [*o* gerade] sitzen; **~ *up!*** sitz gerade!; **to ~ up straight** sich *akk* gerade [*o* aufrecht] hinsetzen ② (*fig fam: pay attention*) **to ~ up and take notice** aufhorchen; **to make sb ~ up [and take notice]** jdn aufhorchen lassen ③ (*remain up*) aufbleiben; ***I'll be late, so don't ~ up for me!*** ich komme spät zurück, also warte nicht auf mich! **II.** *vt* ■**to ~ sb up** jdn aufrichten [*o* aufsetzen]
sitar [sɪ'tɑːʳ, AM -'tɑːr] *n* MUS Sitar *m*
sitcom ['sɪtkɒm, AM -kaːm] *n* ① (*fam*) *short for* **situation comedy** Sitcom *f* ② *short for* **single income, two children, oppressive mortgage** (*finanziell schwierige Situation von großstädtischen Berufstätigen, wenn ein Ehepartner wegen der Kinder zu Hause bleibt*)
sit-down *n* ① *no pl esp* BRIT (*fam: rest*) [Verschnauf]pause *f;* **to have a ~** sich *akk* einen Moment hinsetzen, [für] einen Moment verschnaufen ② (*fam: sit-down strike*) Sitzstreik *m,* Sit-in *nt* ③ (*sit-down meal*) eine richtige Mahlzeit **sit-down meal** *n* **a ~** eine richtige Mahlzeit **sit-down strike** *n* Sitzstreik *m,* Sit-in *nt;* **to hold a ~** einen Sitzstreik veranstalten
site [saɪt] **I.** *n* ① (*place*) Stelle *f,* Platz *m,* Ort *m; of crime* Tatort *m;* **~ of a battle** Kampfplatz *m* ② (*plot*) Grundstück *nt;* **archaeological ~** archäologische Fundstätte; **building ~** Baugelände *nt;* **caravan** [*or* AM **camping**] **~** Campingplatz *m;* **greenfield ~** Baugelände *nt* auf der grünen Wiese; **industrial ~** Industriegelände *nt;* **vacant ~** unbebautes Grundstück ③ (*building location*) Baustelle *f;* **on ~** vor Ort; ***no unauthorized persons are allowed on the ~*** Unbefugten ist das Betreten der Baustelle verboten ④ (*on Internet*) [**web**] **~** Webseite *f;* **fan ~** Fanpage *f* **II.** *vt* ■**to ~ sth** einen Standort für etw *akk* bestimmen; ***we ~d our tent under a tree*** wir schlugen unser Zelt unter einem Baum auf; **to be ~d out of town** außerhalb der Stadt liegen; **to be badly ~d** ungünstig gelegen sein
site development *n no pl* Grundstückserschließung *f,* Geländeerschließung *f* **site engineer** *n* Bauingenieur(in) *m(f)* **site office** *n* Büro *nt* der Bauleitung, Bauleitung *f* **Site of Special Scientific Interest** *n* BRIT Naturschutzgelände *nt* **site owner** *n* Grundstückseigentümer(in) *m(f)* **site plan** *n* Lageplan *m*
sit-in *n* Sit-in *nt;* **to hold a ~** ein Sit-in veranstalten
siting ['saɪtɪŋ, AM -t̬-] *n no pl* Standortwahl *f*
sitter ['sɪtəʳ, AM -t̬ɚ] *n* ① (*model for portrait*) Modell *nt* ② (*babysitter*) Babysitter(in) *m(f)* ③ SPORTS ■**a ~** (*fam: easy catch*) ein leichter Ball; (*easy shot*) ein todsicherer [*o* hundertprozentiger] Treffer *fam;* **to miss a ~** eine idiotensichere Chance vergeben *fam*
sitting ['sɪtɪŋ, AM -t̬-] *n* ① (*meal session*) Ausgabe *f;* ***dinner is served in two ~s*** das Essen wird zweimal ausgegeben ② (*session*) Sitzung *f;* *court/tribunal* Gerichtssitzung *f;* (*periods of time*) ■**~s** *pl* Sitzungsperioden *pl;* **in** [*or* **at**] **one ~** in einer Sitzung
sitting duck *n* leicht zu treffendes Ziel; (*fig*) leichte Beute **sitting member** *n* BRIT POL derzeitige(r) Abgeordnete(r) *f(m)* **sitting position** *n no pl* Sitzposition *f* **sitting-room** *n esp* BRIT Wohnzimmer *nt* **sitting target** *n* leicht zu treffendes Ziel; **to be a ~ for sb/sth** (*fig: easy prey*) eine leichte Beute für jdn/etw abgeben **sitting tenant** *n* derzeitiger Mieter/derzeitige Mieterin
situate ['sɪtjueɪt, AM 'sɪtʃ-] *vt* ① (*form: position*) ■**to ~ sth** etw platzieren; *patch, bed* etw anlegen; ***they ~d the garden table under the tree*** sie haben den Gartentisch unter den Baum gestellt ② (*form: place in context*) ■**to ~ sb/sth in sth** jdn/etw im Zusammenhang zu etw sehen
situated ['sɪtjueɪtɪd, AM -tʃueɪt̬-] *adj pred, inv* ① (*located*) gelegen; **to be ~ near the church** in der Nähe der Kirche liegen ② (*in a state*) **to be well/badly ~** [finanziell] gut/schlecht gestellt sein; **to be well ~ to do sth** gute Voraussetzungen besitzen, etw zu tun ③ (*have available*) ■**to be ~ for sth** etw zur Verfügung haben; ***how are you ~ for time?*** wie ist es bei Ihnen mit der Zeit bestellt?
situation [,sɪtju'eɪʃᵊn, AM -tʃu'-] *n* ① (*circumstances*) Situation *f,* Lage *f;* ***he got himself into this ~*** er hat sich selbst in diese Lage gebracht; ***the ~ here is very tense*** die Lage hier ist sehr gespannt; **the economic/political ~** die wirtschaftliche/politische Lage ② (*location*) Lage *f,* Standort *m* ③ (*old: job*) Stelle *f*
situation comedy *n* Situationskomödie *f*
Situationism [,sɪtju'eɪʃᵊnɪzᵊm, AM ,sɪtʃu-] *n no pl* Situationismus *m,* Situationsethik *f*
Situationist [,sɪtju'eɪʃᵊnɪst, AM ,sɪtʃu-] **I.** *n* Situationist(in) *m(f)* **II.** *adj inv* situationistisch
situations vacant *npl* BRIT, AUS Stellenangebote *ntpl*
sit-up *n* SPORTS Sit-up *m* (*Bauchmuskelübung*)
six [sɪks] **I.** *adj* sechs; ***he is over ~ feet tall*** er ist über 1 Meter 80 ▶ PHRASES: **to be ~ feet under** (*hum*) sich *dat* die Radieschen von unten anschauen *hum sl* **II.** *part* sechs; ***there were ~ of us*** wir waren zu sechst; ***of the ~, only one was any good*** von den sechs[en] war nur einer/eine/eines in Ordnung ▶ PHRASES: **~ of one and half a dozen of the other** Jacke wie Hose *fam,* gehupft wie gesprungen *fam;* **to get ~ of the best** BRIT (*dated*) eine Tracht Prügel kassieren; **to give sb ~ of the best** BRIT jdm eine Tracht Prügel verabreichen; **to knock** [*or* **hit**] **sb for ~** BRIT (*amaze*) jdn umhauen *fig fam;* (*defeat completely*) jdn vernichtend schlagen **III.** *n* ① (*number*) Sechs *f;* (*route number*) **the number ~ bus** der Sechser, die Sechs; (*tram, dice*) die Sechs; **to throw a ~** eine Sechs würfeln; (*playing cards*) **the ~ of spades/hearts** die Pik/Herz Sechs ② (*in cricket*) Sechserschlag *m* (*durch einen Schlag sechs Läufe erzielen*) ▶ PHRASES: **to be at ~es and sevens** völlig

durcheinander sein
sixfold I. *adj inv* sechsfach; **a ~ increase** ein Anstieg *m* um das Sechsfache II. *adv inv* um das Sechsfache; **to increase ~** um das Sechsfache ansteigen
six-foot *adj attr, inv* einsachtzig; **an ordinary ~ bed** ein gewöhnliches Zwei-Meter-Bett; **a ~ man** ein Zwei-Meter-Mann **six-footer** *n* (*tall male person*) Zwei-Meter-Mann *m*, [langer] Lulatsch *fam;* (*tall, powerful male*) Hüne *m;* (*tall female*) Zwei-Meter-Frau *f*, Riesin *f;* ■**to be a ~** [fast] zwei Meter groß sein **six-pack** *n* Sechserpackung *f*, Sechserpack *m; of beer* Sixpack *m* **sixpence** *n* ❶ (*former coin*) Sixpencestück *nt* ❷ *no pl* BRIT (*fig: not much*) ***that old thing's not worth ~*** das alte Ding ist keine müde Mark wert *fam* **sixpenny** *adj attr* BRIT (*hist*) zu sechs Pennies *nach n* **six-shooter** *n* sechsschüssiger Revolver
sixteen [ˌsɪk'stiːn] I. *adj* sechzehn; ***she'll be ~ next birthday*** an ihrem nächsten Geburtstag wird sie sechzehn [Jahre] II. *part* sechzehn; ***they had ~ to dinner*** sie hatten sechzehn Personen zum Abendessen da; ***there were ~ of us on the trip*** wir waren mit sechzehn Leuten bei der Tour; **the last ~** TENNIS das Achtelfinale III. *n* Sechzehn *f*
sixteenth [ˌsɪk'stiːnθ] I. *adj* sechzehnte(r,s) II. *part* ■**the ~ …** der/die/das sechzehnte …; **the ~ of April** der sechzehnte April III. *adv inv* als sechzehnte(r,s); ***they finished ~ out of a hundred*** sie wurden Sechzehnter von hundert IV. *n* Sechzehntel *nt* SCHWEIZ *a. m*
sixteenth note *n* AM MUS (*semiquaver*) Sechzehntelnote *f*, Sechzehntel *nt o* SCHWEIZ *a. m*
sixth [sɪksθ, AM -stθ] I. *adj* sechste(r,s); ***Peter's ~ birthday*** Peters sechster Geburtstag; ***this is about the ~ time I've told you*** das sage ich dir jetzt schon zum sechsten Mal; ***your name is ~ on the list*** Ihr Name ist der sechste auf der Liste II. *part* ■**the ~ …** der/die/das sechste …; **the ~ of June** der sechste Juni III. *adv inv* als sechste(r,s); ***they finished ~ out of a hundred*** sie wurden Sechster von hundert IV. *n* Sechstel *nt o* SCHWEIZ *a. m;* ***cut the cake into ~s!*** schneide den Kuchen in sechs Stücke!
sixth form *n* BRIT SCH Abschlussklasse *f* (*das letzte Schuljahr, das mit A-Levels abgeschlossen wird*)
sixth form college *n* BRIT SCH *College, das Schüler auf den A-Level-Abschluss vorbereitet*
sixth former *n* BRIT SCH Schüler(in) *m(f)* der zwölften/dreizehnten Klasse (*Schüler der englischen Oberstufe, die sich auf den A-Level-Abschluss vorbereiten*) **sixth grade** *n* AM SCH sechste Klasse
sixthly ['sɪksθli] *adv inv* sechstens
sixth sense *n no pl* sechster Sinn
sixties ['sɪkstiz] I. *npl* ❶ (*decade*) ■**the ~** die Sechziger, die 60er-Jahre ❷ (*temperature*) ***the temperature was in the high ~*** die Temperatur lag bei guten sechzig Grad Fahrenheit ❸ (*age range*) ■**the ~** die Sechziger; **to be in one's ~** in den Sechzigern sein II. *adj inv* Sechziger-Jahre-, aus den Sechzigern *nach n;* **~ music** Musik *f* aus den Sechzigern
sixtieth ['sɪkstiəθ] I. *adj* sechzigste(r,s); ***Mary's ~ birthday*** Marias sechzigster Geburtstag; ***your name is ~ on the list*** Ihr Name steht an sechzigster Stelle II. *part* ■**the ~** der/die/das sechzigste III. *adv inv* als sechzigste(r,s); ***they finished ~ out of a hundred*** sie wurden Sechzigster von hundert IV. *n* Sechzigstel *nt* SCHWEIZ *a. m*
sixty ['sɪksti] I. *adj* sechzig; ***she'll be ~ next birthday*** sie wird sechzig II. *part* sechzig; ***they had ~ at the wedding reception*** sie hatten sechzig Gäste auf dem Hochzeitsempfang; ***there were ~ of us on the trip*** wir waren mit sechzig Leuten auf der Tour III. *n* Sechzig *f*
sixty-four-thousand-dollar question *n* (*fam*) alles entscheidende Frage, Hunderttausend-Mark-Frage *f hum*
sizable *adj see* **sizeable**
size[1] [saɪz] I. *n no pl* [Grundier]leim *m;* (*textiles*) Schlichte *f fachspr* II. *vt* ■**to ~ sth** etw mit [Grundier]leim bestreichen [*o* grundieren]; **to ~ textiles** Textilien schlichten *fachspr*
size[2] [saɪz] I. *n* ❶ *usu sing* (*magnitude*) Größe *f; amount, debt* Höhe *f;* ***what is the ~ of that window?*** wie groß ist das Fenster?; **a company of that ~** eine Firma dieser Größenordnung; **six inches in ~** sechs Zoll lang; **the ~ of a thumbnail** daumennagelgroß; **to be a good ~** (*quite big*) ziemlich groß sein; (*suitable size*) die richtige Größe haben; **to be the same ~** genauso groß sein; **to increase/decrease in ~** größer/kleiner werden, an Größe gewinnen/verlieren; **to cut sth to ~** etw [auf die richtige Größe] zu[recht]schneiden; **to double in ~** seine Größe verdoppeln; **of a ~** (*dated*) gleich groß; **of any ~** relativ groß; ***the nearest town of any ~ is Plymouth*** die nächst größere Stadt ist Plymouth ❷ (*measurement*) Größe *f;* **a ~ *12 dress*** ein Kleid *nt* [der] Größe 42; ***the shirt is a couple of ~s too big*** das Hemd ist ein paar Nummern zu groß; ***what ~ are you? — I'm a ~ 10*** welche Größe haben Sie? – ich habe Größe 40; **children's ~** Kindergröße *f;* **collar/shoe ~** Kragenweite *f*/Schuhgröße *f;* ***he takes a ~ 17 collar*** er hat Kragenweite 17; **economy ~ pack** Sparpackung *f;* **to try sth for ~** etw anprobieren, ob es passt ▶ PHRASES: **that's about the ~ of it** so könnte man sagen II. *vt* ■**to ~ sth** etw nach Größe ordnen
◆**size up** *vt* ■**to ~ up ○ sb/sth** jdn/etw taxieren [*o* [prüfend] abschätzen]; **to ~ each other up** sich *akk* gegenseitig taxieren
sizeable ['saɪzəbl̩] *adj* ziemlich groß; **a ~ amount** eine beträchtliche [*o* beachtliche] Summe
sizing ['saɪzɪŋ] *n no pl* ❶ (*action*) Grundieren *nt; textiles* Schlichten *nt fachspr* ❷ (*coat of size*) [Grundier]leim *m;* (*for textiles*) Schlichte *f fachspr*
sizzle ['sɪzl̩] I. *vi* brutzeln II. *n no pl* Zischen *nt*, Brutzeln *nt*
sizzler ['sɪzləʳ, AM -ɚ] *n* (*fam*) knallheißer Tag *fam*
sizzling ['sɪzl̩ɪŋ] *adj* (*fam*) ❶ (*very hot*) zischend heiß ❷ (*very exciting, very passionate*) heiß; ***he ran a ~ 10.11secs to win the 100m*** er lief unglaubliche 10.11 Sekunden und gewann die 100m
sizzling hot *adj* (*fam*) knallheiß *fam*
skate[1] [skeɪt] *n* (*flat fish*) Rochen *m*
skate[2] [skeɪt] I. *n* ❶ (*ice skate*) Schlittschuh *m* ❷ (*roller skate*) Rollschuh *m;* (*with stopper*) Rollerskate *m* ▶ PHRASES: **to get** [*or* **put**] **one's ~s on** BRIT (*fam*) einen Zahn zulegen *sl* II. *vi* ❶ (*on ice*) Schlittschuh laufen ❷ (*on roller skates*) Rollschuh fahren; (*on skates with stopper*) Rollerskate fahren ▶ PHRASES: **to be skating on thin ice** sich *akk* auf dünnem Eis bewegen *fig* III. *vt* **to ~ a figure** eine Figur laufen; **to ~ a figure of eight** [*or* AM **figure eight**] eine Acht laufen
◆**skate around** *vi* ■**to ~ around sth** über etw *akk* [bewusst] hinweggehen; **to ~ around a problem** ein Problem ignorieren; **to ~ around a question** einer Frage ausweichen
◆**skate over** *vi* ■**to ~ over sth** etw nur streifen [*o* flüchtig behandeln]
◆**skate round** *vi* BRIT *see* **skate around**
◆**skate through** *vi* ■**to ~ through sth** etw problemlos bewältigen; ***don't worry, you'll ~ through it!*** mach dir keine Sorgen, das schaffst du spielend!; **to ~ through an exam/a test** eine Prüfung/einen Test mit Leichtigkeit schaffen
skateboard ['skeɪtbɔːd, AM -bɔːrd] *n* Skateboard *nt*
skateboarder ['skeɪtˌbɔːdəʳ, AM -ˌbɔːrdɚ] *n* Skateboardfahrer(in) *m(f)*, Skateboarder(in) *m(f)*
skateboarding ['skeɪtˌbɔːdɪŋ, AM -ˌbɔːrd-] *n no pl* Skateboardfahren *nt;* **street ~** Street-Skaten *nt* (*Skateboardfahren auf der Straße*); **vertical ~** Vert-Skaten *nt* (*Skateboardfahren auf Rampen und in Parks*) **skatepark** *n* Skateboardanlage *f*
skater ['skeɪtəʳ, AM -t̬ɚ] *n* ❶ (*on ice*) Schlittschuhläufer(in) *m(f);* **figure ~** Eiskunstläufer(in) *m(f);* **speed ~** Eisschnellläufer(in) *m(f)* ❷ (*on roller skates*) Rollschuhfahrer(in) *m(f) veraltet* ❸ (*on roller blades*) Skater(in) *m(f)*
skating ['skeɪtɪŋ, AM -t̬-] *n no pl* ❶ (*ice*) Schlittschuhlaufen *nt*, Eislaufen *nt;* **figure ~** Eiskunstlauf *m;* **speed ~** Eisschnelllauf *m;* **to go ~** Schlittschuhlaufen [*o* Eislaufen] gehen ❷ (*roller skates*) Rollschuhlaufen *nt;* (*with modern rollerskates*) Rollerskaten *nt;* **to go ~** Rollschuhlaufen/Rollerskaten gehen
skating rink *n* ❶ (*ice skating*) Eisbahn *f*, Schlittschuhbahn *f* ❷ (*roller skating*) Rollschuhbahn *f*
skedaddle [skɪ'dædl̩] *vi* (*fam*) Reißaus nehmen *fam*, türmen *sl*, sich *akk* verdünnisieren *sl*
skeeter ['skiːtəʳ, AM -t̬ɚ] *n* AM, AUS (*fam*) Stechmücke *f*
skeeting ['skiːtɪŋ, AM -t̬-] *n*, **skeet shooting** *n no pl* SPORTS Skeetschießen *nt*, Tontaubenschießen *nt*
skein [skeɪn] *n* ❶ (*coil*) Strang *m;* **a ~ of wool** ein Strang *m* Wolle ❷ (*birds*) Schwarm *m;* **~ of birds** Vogelschwarm *m;* **~ of geese** Gänseschar *f*
skeletal ['skelɪtəl, AM -ət̬əl] *adj* ❶ *inv* (*pertaining to skeleton*) Skelett-; **~ muscle** Skelettmuskel *m;* **~ remains** Gebeine *pl geh*, Gerippe *nt* ❷ (*emaciated*) ausgemergelt, knochendürr *fam* ❸ (*bare outline*) stichpunktartig; **~ account** knapper [Übersichts]bericht
skeleton ['skelɪtən] *n* ❶ (*bones*) Skelett *nt;* **to develop a strong ~** einen kräftigen Knochenbau ausbilden ❷ (*fig: thin person*) [wandelndes] Gerippe *fam;* **to be reduced to a ~** bis auf die Knochen abgemagert sein ❸ (*framework*) *of a boat, plane* Gerippe *nt fig; of a building* Skelett *nt fig* ❹ (*outline sketch*) *of a book, report* Entwurf *m* ▶ PHRASES: **to have ~s in the cupboard** [*or* AM *also* **closet**] eine Leiche im Keller haben *fam*
skeleton form *n* **to be in ~** in Grundzügen bestehen [*o* feststehen] **skeleton key** *n* Dietrich *m*
skeleton service *n* stark eingeschränkter Service, Grundservice *m* **skeleton staff** *n* Rumpfbelegschaft *f*, Minimalbesetzung *f*
skep [skep] *n* ❶ (*beehive*) Bienenkorb *m* ❷ (*old: basket*) Korb *m*
skeptic *n* AM, AUS *see* **sceptic**
skeptical *adj* AM, AUS *see* **sceptical**
skeptically *n* AM, AUS *see* **sceptically**
skepticism *n no pl* AM, AUS *see* **scepticism**
skerrick ['skerɪk] *n* AUS (*fam*) **not a ~** nicht ein bisschen; ***there wasn't a ~ left*** es war nichts übrig geblieben
sketch [sketʃ] I. *n* <*pl* -es> ❶ (*rough drawing*) Skizze *f;* **to make** [*or* **draw**] **a ~ of sth** eine Skizze von etw *dat* machen [*o geh* anfertigen] ❷ (*written piece*) Skizze *f* ❸ (*outline*) Überblick *m*, knappe [zusammenfassende] Darstellung ❹ (*performance*) Sketch *m* II. *vt* ❶ (*rough drawing*) ■**to ~ sb/sth** jdn/etw skizzieren ❷ (*write in outline*) ■**to ~ sth** etw skizzieren [*o* umreißen] III. *vi* Skizzen machen
◆**sketch in** *vt* ■**to ~ in ○ sth** ❶ (*draw in*) etw [andeutungsweise] einzeichnen ❷ (*outline*) etw in groben Zügen darstellen, etw umreißen
◆**sketch out** *vt* ■**to ~ out ○ sth** ❶ (*draw roughly*) etw [in groben Zügen] skizzieren ❷ (*outline*) etw umreißen
sketchbook *n* Skizzenbuch *nt*
sketcher ['sketʃəʳ, AM -ɚ] *n* Skizzenmaler(in) *m(f)*
sketchily ['sketʃɪli] *adv* flüchtig, skizzenhaft
sketching ['sketʃɪŋ] *n no pl* Skizzenzeichnen *nt*, Anfertigen *nt* von Skizzen
sketch map *n* Kartenskizze *f*, Faustskizze *f*
sketchpad *n* Skizzenblock *m*
sketchy ['sketʃi] *adj* ❶ (*not detailed*) flüchtig, oberflächlich; (*incomplete*) lückenhaft; **to have a ~ idea of sth** eine vage Vorstellung von etw *dat* haben ❷ (*not fully realized*) skizzenhaft dargestellt, angedeutet
skew [skjuː] I. *vt* ❶ (*give slant to*) ■**to ~ sth** etw krümmen; TECH etw abschrägen ❷ (*distort*) ■**to ~ sth** etw verdrehen [*o* verzerren] ❸ (*align incorrectly*) ■**to ~ sth** etw schräg ausrichten II. *vi* **to ~ around** sich *akk* drehen; ***the vehicle ~ed right around*** das Fahrzeug geriet ins Schleudern und drehte sich um sich selbst; ***the lines ~ to the left*** die Linien gehen nach links weg; ***we ~ed to the right*** wir schwenkten nach rechts III. *adj pred* schräg, schief IV. *adv inv* schräg, schief V. *n* Schräglauf *m*

S

skewbald ['skju:bɔ:ld, AM -bɑ:ld] *n* Schecke *m o f*
skewer ['skju:əʳ, AM -ɚ] **I.** *n* Spieß *m* **II.** *vt* ① (*pierce*) ■**to ~ sb/sth** jdn/etw aufspießen ② (*pierce with skewer*) ■**to ~ sth** etw anstechen
skew-whiff [ˌskju:'(h)wɪf] BRIT, AUS **I.** *adj pred* (*fam*) schief **II.** *adv* (*fam*) schief
ski [ski:] **I.** *n* Ski *m,* Schi *m;* **a pair of ~s** ein Paar Skier; **on ~s** auf Skiern **II.** *vi* Ski fahren [*o* laufen]; **to ~ down the slope** die Piste herunterfahren
ski-binding *n* Skibindung *f;* **to adjust the ~** die Skibindung einstellen **skibob** *n* Skibob *m* **ski boot** *n* Skischuh *m,* Skistiefel *m* **ski carrier** *n* Skiträger *m* **ski club** *n* Skiclub *m*
skid [skɪd] **I.** *vi* <-dd-> ① (*slide while driving*) rutschen, schlittern; (*skew around*) schleudern; **to ~ to a halt** schlitternd zum Stehen kommmen; **to ~ off the road** von der Straße geschleudert werden; **to ~ on the wet road** auf der nassen Straße ins Rutschen kommen ② (*slide over surface*) ■**to ~ along/across sth** (*in a controlled fashion*) über etw *akk* [hinweg]gleiten; (*out of control*) über etw *akk* rutschen **II.** *n* ① (*slide while driving*) Rutschen *nt,* Schlittern *nt;* (*skewing round*) Schleudern *nt;* **to correct a ~** ein Fahrzeug wieder unter Kontrolle bringen; **to go into a ~** ins Schleudern geraten ② AVIAT (*on aircraft*) Gleitkufe *f* ③ (*set of wooden rollers*) Rolle *f* ► PHRASES: **to put the ~s under sb/sth** BRIT, AUS (*fam*) jdn/etw zu Fall bringen; **to be on the ~s** (*fam*) auf dem absteigenden Ast sein *fam*
skid lid *n* BRIT (*sl*) Sturzhelm *m* **skid mark** *n* Reifenspur *f;* (*from braking*) Bremsspur *f*
ski-doo® [skɪ'du:] *n* CAN Schneemobil *nt* **skid-pan** *n* BRIT Übungsanlage *f* (*für Sicherheitsfahrtraining*) **skid row** *n no pl esp* AM heruntergekommene Gegend, Pennerviertel *nt fam;* **to be on ~** heruntergekommen sein *fam;* **to end up on ~** auf der Straße enden *fam*
skier ['ski:əʳ, AM -ɚ] *n* Skifahrer(in) *m(f),* Skiläufer(in) *m(f)*
skiff [skɪf] *n* ① (*rowing boat*) Skiff *nt* ② (*sailing boat*) Einer *m*
skiffle ['skɪfl] *n no pl* MUS Skiffle *m o nt*
skiffle group *n* Skiffleband *f*
ski flying *n no pl* Skifliegen *nt* **ski goggles** *npl* Skibrille *f*
skiing ['ski:ɪŋ] **I.** *n no pl* Skifahren *nt,* Skilaufen *nt* **II.** *n modifier* (*accident, equipment*) Ski-
skiing holiday *n* Skiurlaub *m* **skiing trip** *n* Skiausflug *m*
ski instructor *n* Skilehrer *m* **ski instructress** *n* Skilehrerin *f*
skijoring ['ski:dʒɔ:rɪŋ] *n no pl* SPORTS Skijoring *nt* (*Art des Skilaufens, bei der die Skifahrer durch ein Motorrad oder ein Pferdegespann gezogen werden*)
ski jump *n* ① (*runway*) Sprungschanze *f* ② *no pl* (*jump*) Skisprung *m;* (*event*) Skispringen *nt* **ski jumper** *n* Skispringer(in) *m(f)* **ski jumping** *n no pl* Skispringen *nt*
skilful ['skɪlfᵊl], AM **skillful** *adj* ① (*adroit*) geschickt; ***I became more ~ at tennis*** ich bin im Tennis besser geworden; **to be ~ at dealing with difficult customers** geschickt im Umgang mit schwierigen Kunden sein ② (*showing skill*) gekonnt, kunstvoll
skilfully ['skɪlfᵊli], AM **skillfully** *adv* geschickt, gekonnt
ski lift *n* Skilift *m*
skill [skɪl] *n* ① *no pl* (*expertise*) Geschick *nt,* Geschicklichkeit *f;* **to involve some ~** einige Geschicklichkeit erfordern; **to show a lot of ~** viel Geschick beweisen ② (*particular ability*) Fähigkeit *f;* (*technique*) Fertigkeit *f;* **communication ~s** Kommunikationsfähigkeit *f;* **language ~s** Sprachkompetenz *f;* **negotiating ~s** Verhandlungsgeschick *nt*
skilled [skɪld] **I.** *adj* ① (*trained*) ausgebildet; (*skilful*) geschickt; **~ in electronics** in Elektronik geschult ② (*requiring skill*) Fach-, qualifiziert; **a highly ~ job** eine hochqualifizierte Tätigkeit; **semi-~ occupation** Anlernberuf *m* **II.** *npl* ■**the ~** qualifiziertes [*o* ausgebildetes] [Fach]personal
skillet ['skɪlɪt] *n* ① BRIT (*saucepan*) Kasserolle *f,* Topf *m* ② AM (*frying pan*) Bratpfanne *f*
skillful *adj* AM *see* **skilful**
skillfully *adv* AM *see* **skilfully**
skim <-mm-> [skɪm] **I.** *vt* ① (*move lightly above*) ■**to ~ sth** etw streifen, über etw *akk* streichen; **to ~ the surface of sth** (*fig*) nur an der Oberfläche von etw *dat* kratzen; (*deal with*) etw nur oberflächlich behandeln; **to ~ the surface of the water** die Wasseroberfläche kaum berühren ② (*bounce off water*) **to ~ stones on the water** Steine über das Wasser hüpfen lassen ③ (*read*) ■**to ~ sth** etw überfliegen ④ FOOD (*remove from surface*) ■**to ~ sth** etw abschöpfen; **to ~ the cream from the milk** die Milch entrahmen **II.** *vi* ■**to ~ over** [*or* **along**] **sth** über etw *akk* hinwegstreifen
◆**skim off** *vt* ① FOOD (*remove from surface*) ■**to ~ off** ◯ **sth** etw abschöpfen; ***the cream has been ~med off the milk*** die Milch ist entrahmt worden ② (*fig: remove from group*) **to ~ off the best people** die besten Leute [irgendwo] abziehen; **to ~ off money** Geld absahnen [*o* abschöpfen]
◆**skim through** *vi* **to ~ through a book** ein Buch überfliegen
skimmed milk *n,* **skim milk** *n no pl* entrahmte Milch, Magermilch *f*
skimmer ['skɪməʳ, AM -ɚ] *n* Schaumlöffel *m*
skimming ['skɪmɪŋ] *n no pl* Kreditkartenbetrug *m*
skimp [skɪmp] **I.** *vt* ■**to ~ sth** etw nachlässig erledigen; **to ~ the work** schlud[e]rig arbeiten **II.** *vi* knausern *fam,* sparen; ■**to ~ on sth** an etw *dat* sparen, mit etw *dat* knaus[e]rig sein *fam*
skimpy ['skɪmpi] *adj* ① (*not big enough*) dürftig, spärlich; **~ meal** karge Mahlzeit ② (*small and tight-fitting*) knapp, winzig [klein]
SKIN [skɪn] *n* (*sl*) *acr for* **Spending the Kids' INheritance** das Verprassen des Vermögens
skin [skɪn] **I.** *n* ① *usu sing* (*on body*) Haut *f;* **to be soaked** [*or* **drenched**] **to the ~** nass bis auf die Haut sein; **to have a thin ~** dünnhäutig sein *fam;* **to have a thick ~** ein dickes Fell haben; **to strip to the ~** sich *akk* nackt ausziehen ② (*animal hide*) Fell *nt;* **lion ~** Löwenfell *nt* ③ (*rind*) *of a fruit, potato* Schale *f; of boiled potato* Pelle *f,* Schale *f; of sausage* [Wurst-]Haut *f,* [Wurst-]Pelle *f; of almonds, tomatoes* Haut *f;* **to slip on a banana ~** auf einer Bananenschale ausrutschen; **to cook potatoes in their ~s** Pellkartoffeln kochen ④ (*outer covering*) *aircraft, ship* [Außen]haut *f* ⑤ *usu sing* (*film on hot liquid*) Haut *f* ⑥ (*sl: neo-nazi*) Skinhead *m* ► PHRASES: **to be all** [*or* **just**] [*or* **nothing but**] **~ and bone[s]** nur noch Haut und Knochen sein *fam;* **it's no ~ off my nose** [*or* **teeth**] [*or* AM *also* **back**] das ist nicht mein Problem; **by the ~ of one's teeth** nur mit knapper Not; **to get under sb's ~** (*irritate or annoy sb*) jdm auf die Nerven gehen [*o* fallen] *fam;* (*move or affect sb*) jdm unter die Haut gehen; **to jump** [*or* **leap**] **out of one's ~** erschreckt hochfahren **II.** *vt* <-nn-> ① (*remove skin*) **to ~ an animal** ein Tier häuten; **to ~ fruits** Obst schälen; **to ~ sb alive** (*fig, hum*) Hackfleisch aus jdm machen *hum fam* ② (*graze*) **to ~ one's elbow/knees** sich *dat* den Ellbogen/die Knie aufschürfen
◆**skin up** *vi* BRIT (*sl*) sich *dat* eine Tüte bauen *sl,* sich *dat* einen [Joint] drehen [*o* ÖSTERR, SÜDD wuzeln] *fam*
skin cancer *n no pl* Hautkrebs *m*
skin complaint *n* MED Hautkrankheit *f* **skin-deep** *adj pred, inv* oberflächlich; ***beauty is only ~*** man darf nicht nur nach den Äußerlichkeiten urteilen **skin disease** *n* Hautkrankheit *f* **skin-diver** *n* SPORTS Taucher(in) *m(f)* (*ohne Anzug*) **skin-diving** *n no pl* Tauchen *nt* (*ohne Anzug*) **skin flick** *n* (*fam*) Porno *m fam* **skinflint** *n* (*pej*) Geizhals *m pej,* Geizkragen *m pej fam*
skinful ['skɪnfʊl] *n no pl* BRIT (*sl*) **to have had a ~** einen sitzen gehabt haben *sl,* voll gewesen sein *sl*
skin game *n* AM ① (*fam: rigged gambling game*) [manipuliertes [*o* betrügerisches]] Glücksspiel ② (*fam: swindle*) Schwindel *m* **skin graft** *n* MED ① (*skin transplant*) Hauttransplantation *f* ② (*skin section*) Hauttransplantat *nt* **skinhead** *n* Skinhead *m*
skink [skɪŋk] *n* Glattechse *f,* Skink *m fachspr*
skinless ['skɪnləs] *adj inv fruits, potatoes* geschält; *fish fillet* enthäutet; *sausage* ohne Haut [*o* Darm] *nach n*
-skinned [skɪnd] *in compounds* -häutig, mit … Haut *nach n;* ***thin ~ fruits*** Früchte mit dünner Haut
skinner [skɪnəʳ, AM ɚ] *n* Kürschner(in) *m(f)*
skinny ['skɪni] *adj* dünn, mager
skinny-dip <-pp-> *vi* (*fam*) im Adams-/Evakostüm baden *hum sl,* nackt baden
skinny-dipping *n no pl* (*fam*) Nacktbaden *nt*
skint [skɪnt] *adj pred* BRIT (*sl*) ■**to be ~** blank [*o* pleite] sein *fam*
skin-tight *adj* hauteng
skip¹ [skɪp] **I.** *vi* <-pp-> ① (*hop*) hüpfen ② BRIT, AUS (*hop with rope*) seilhüpfen, seilspringen ③ (*fig: jump*) *gramophone needle* springen ④ (*fig: omit*) sprgen; ■**to ~ about** hin- und herspringen; ■**to ~ over sth** etw überspringen; ***let's ~ to the interesting bits*** lasst uns direkt zu den interessanten Dingen übergehen; ***I ~ped forward to see how the story ended*** ich übersprang einen Teil, um zu sehen, wie die Geschichte endete; **to ~ from one subject to another** von einem Thema zum nächsten springen ⑤ (*fam: go quickly*) ■**to ~ somewhere** auf einen Sprung irgendwohin gehen/fahren; **to ~ over to France** eine Spritztour nach Frankreich machen; **to ~ across to a shop** kurz bei einem Geschäft vorbeigehen ⑥ TELEC (*transmit radio waves*) [eine Strecke] überspringen **II.** *vt* <-pp-> ① AM (*hop with rope*) **to ~ rope** seilspringen, seilhüpfen ② (*leave out*) ■**to ~ sth** etw überspringen [*o* auslassen] ③ (*not participate in*) ■**to ~ sth** an etw *dat* nicht teilnehmen; [***let's***] **~ *it!*** lass uns da einfach nicht hingehen!; ***oh, ~ it, I can't be bothered!*** oh, bitte nicht, ich habe wirklich keine Lust!; **to ~ breakfast** das Frühstück auslassen; **to ~ classes** den Unterricht schwänzen *fam* ④ (*fam: leave hurriedly*) **to ~ town** aus der Stadt verschwinden *sl* ⑤ AM, AUS (*bounce off water*) **to ~ stones on the lake** Steine über das Wasser springen lassen ⑥ COMPUT (*ignore instruction*) ■**to ~ sth** etw überspringen **III.** *n* Hüpfer *m;* **to give a ~ of joy** einen Freudensprung machen
skip² [skɪp] *n* BRIT, AUS (*rubbish container*) [Müll]container *m*
skip³ [skɪp] *n* (*fam*) *short for* **skipper** Kapitän *m;* (*sailing ship, yacht*) Skipper *m sl*
skip⁴ [skɪp] *n see* **skep**
ski pants *npl* Skihose *f* **ski pass** *n* Skipass *m*
skip-generation family [ˌskɪpdʒenəreɪʃᵊn'fæmɪli] *n Familie, in der die Großeltern die Kinder aufziehen*
ski-plane *n* Kufenflugzeug *nt* **ski pole** *n* Skistock *m*
skipper ['skɪpəʳ, AM -ɚ] **I.** *n* NAUT Kapitän *m* [zur See]; AVIAT [Flug]kapitän *m;* SPORTS [Mannschafts]kapitän *m;* (*form of address*) Kapitän *m* **II.** *vt* ■**to ~ sth** etw befehligen; **to ~ a ship** Kapitän eines Schiffes sein; **to ~ an aircraft** Flugkapitän sein; **to ~ a team** Mannschaftsführer sein
skipping *n no pl* Seilspringen *nt*
skipping rhyme *n* Kinderreim *m* (*zum Seilspringen*) **skipping rope** *n* BRIT, **skip rope** *n* AM Springseil *nt,* Sprungseil *nt,* Hüpfseil *nt fam*
skip protection *n no pl* Antischocksystem *nt*
ski rack *n* Skiträger *m* **ski resort** *n* Wintersportort *m*
skirl [skɜ:l, AM skɜ:rl] *n* durchdringendes [*o* gellendes] Pfeifen
skirmish <*pl* -es> ['skɜ:mɪʃ, AM 'skɜ:r-] **I.** *n* MIL Gefecht *nt,* [tätliche] Auseinandersetzung; (*fig: argument*) Wortgefecht *nt;* **a ~ with an enemy patrol** ein Gefecht *nt* mit einer feindlichen Patrouille **II.** *vi* ■**to ~** [**with sb**] MIL sich *dat* [mit jdm] Gefechte liefern; (*fig: argue*) sich *dat* [mit jdm] heftige Wortgefechte liefern, sich *akk* heftig streiten
skirmisher ['skɜ:mɪʃəʳ, AM 'skɜ:rmɪʃɚ] *n* Kämpfende(r) *f(m);* (*verbal scrap*) Streitende(r) *f(m),* Streit-

hahn *m fam*

skirt [skɜːt, AM skɜːrt] **I.** *n* ❶ (*garment*) Rock *m;* (*part of coat*) Schoß *m* ❷ TECH (*on hovercraft*) Schürzen *fpl* (*am Luftkissenfahrzeug*) ❸ *no pl* (*pej! sl: woman*) Weibsbild *nt pej fam* **II.** *vt* ❶ (*encircle*) ■ **to ~ sth** um etw *akk* herumführen, etw umgeben; (*proceed around edge of*) etw umfahren, um etw *akk* herumfahren; **to ~ a road** um eine Straße herumführen ❷ (*avoid*) ■ **to ~ sth** *questions* etw [bewusst] umgehen

◆**skirt around, skirt round** *vi* BRIT, AUS ❶ (*encircle*) ■ **to ~ around** [*or* **round**] **sth** *path, road* um etw *akk* herumführen, an etw *dat* entlang verlaufen; (*proceed around edge of*) etw umfahren, um etw *akk* herumfahren; ***take the road that ~s around the village*** nimm die Straße, die um das Dorf herumführt ❷ (*avoid*) ■ **to ~ around** [*or* **round**] **sth** *questions* etw [bewusst] umgehen

skirting ['skɜːtɪŋ] *n* BRIT, AUS, **skirting board** *n* BRIT, AUS Fußleiste *f*

ski run *n* Skipiste *f* **ski school** *n* Skischule *f* **ski stick** *n* BRIT Skistock *m* **ski suit** *n* Skianzug *m*

skit [skɪt] *n* [satirischer] Sketch (**on** über +*akk*), [satirische] Parodie (**on** auf +*akk*)

ski touring *n no pl* Skitouren *nt* **ski tow** *n* Schlepplift *m*

skitter ['skɪtəʳ, AM -t̬ə] *vi* umherschwirren, dahinjagen; *papers* flattern; ***we could hear the sound of tiny feet ~ing across the floor*** wir konnten hören, wie ein Paar kleine Füße über den Flur huschten; ■ **to ~ about** *insect, leaves* umherschwirren

skittish ['skɪtɪʃ, AM -t̬-] *adj* ❶ (*nervous*) *horse, person* nervös, unruhig ❷ (*playful*) *person* übermütig, aufgekratzt *fam*

skittishly ['skɪtɪʃli, AM -t̬-] *adv* ❶ (*nervously*) nervös, unruhig ❷ (*playfully*) übermütig, ausgelassen

skittishness ['skɪtɪʃnəs, AM -t̬-] *n no pl* ❶ (*nervousness*) Nervosität *f,* Unruhe *f* ❷ (*playfulness*) Übermütigkeit *f,* Ausgelassenheit *f*

skittle ['skɪtl̩, AM -t̬l̩] *n esp* BRIT ❶ (*target*) Kegel *m* ❷ (*bowling game*) ■ **~s** *pl* Kegeln *nt kein pl*

skittle alley *n* BRIT Kegelbahn *f* **skittle-ball** *n* BRIT [Kegel]kugel *f*

skive [skaɪv] *vi* BRIT (*fam*) sich *akk* drücken *fam;* ***no skiving!*** keine faulen Ausreden!

◆**skive off** *vi* BRIT (*fam*) sich *akk* verdrücken [*o* abseilen] *fam;* **to ~ off school** die Schule schwänzen *sl;* **to ~ off work** sich *akk* vor der Arbeit drücken

skiver ['skaɪvəʳ] *n* BRIT (*fam*) Drückeberger(in) *m(f) fam*

skivvy ['skɪvi] **I.** *n* ❶ BRIT (*low-grade servant*) Dienstmädchen *nt a. pej* ❷ AM (*fam: men's underwear*) ■ **skivvies** *pl* Unterwäsche *f* **II.** *vi* BRIT ■ **to ~** [**for sb**] [für jdn] niedere Arbeiten erledigen; ***I'm not going to ~ for you any more*** ich werde nicht länger die Dienstmagd für dich spielen

skol <-ll-> [skɒl] *vt* AUS (*fam*) **to ~ a beer** ein Bier in einem Zug herunterkippen [*o* [auf] ex trinken] *fam*

skua ['skjuːə] *n* ORN Skua *f,* Raubmöwe *f*

skulduggery [skʌl'dʌgəri, AM -əi] *n no pl* üble Tricks; (*dishonesty*) Hinterlist *f*

skulk [skʌlk] *vi* ❶ (*lurk*) herumschleichen *fam,* herumlungern *fam;* ***he was ~ing around outside the bank*** er schlich unauffällig um die Bank herum ❷ (*move furtively*) schleichen

◆**skulk off** *vi* sich *akk* davonschleichen

skull [skʌl] *n* Schädel *m;* **to be bored out of one's ~** (*fam*) sich *akk* zu Tode langweilen *fam;* **to get sth into one's/sb's** [**thick**] **~** (*fam*) etw in seinen/jds Schädel hineinbekommen *fam*

skull and crossbones <*pl* skulls-> *n* ❶ (*symbol*) Totenkopf *m* ❷ (*pirate flag*) Piratenflagge *f*

skullcap *n* ❶ (*top of skull*) Schädeldecke *f* ❷ REL Scheitelkäppchen *nt; for jews* Kippa[h] *f;* (*for jockeys*) Kopfschutz *m*

skullduggery *n no pl see* **skulduggery**

skunk [skʌŋk] **I.** *n* ❶ (*animal*) Stinktier *nt,* Skunk *m* ❷ (*fig fam: person*) Schweinehund *m fam* ❸ *no pl* (*sl: marijuana*) Shit *m o nt sl* **II.** *vt* ■ **to ~ sb** jdn besiegen

sky [skaɪ] **I.** *n* ❶ (*the sky*) Himmel *m;* **to look up into the ~** zum Himmel aufblicken; **a blue/clear ~** ein blauer/klarer Himmel; **in the ~** am Himmel ❷ (*area above earth*) ■ **skies** *pl* Himmel *m;* **sunny skies** sonniges Wetter; **cloudy skies** bewölkter Himmel; ***we're off to the sunny skies of Spain*** wir fahren ins sonnige Spanien ▶ PHRASES: **the ~'s the limit** alles ist möglich, nach oben ist alles offen; **red ~ at night, shepherd's delight** (*prov*) Abendrot deutet auf gutes Wetter, Abendrot, gut Wetterbot' SÜDD, ÖSTERR; **red ~ in the morning, shepherd's warning** (*prov*) Morgenrot deutet auf schlechtes Wetter, Morgenrot, schlechtes Wetter droht SÜDD; **to praise sb/sth to the skies** jdn/etw in den Himmel heben **II.** *vt* <-ie-> SPORTS **to ~ the ball** den Ball in den Himmel schlagen

sky blue I. *n no pl* Himmelblau *nt* **II.** *adj pred, inv* himmelblau **sky-blue** *adj attr, inv* himmelblau

skybox ['skaɪbɑːks] *n* AM Ehrentribüne *f* **skycap** *n* AM *Gepäckträger an amerikanischen Flughäfen* **skydiver** *n* Fallschirmspringer(in) *m(f)* **skydiving** *n no pl* Fallschirmspringen *nt* **sky-high I.** *adv* (*direction*) [hoch] in die Luft; (*position*) [hoch] am Himmel; **to blow a building ~** etw in die Luft sprengen; **to blow sth ~** (*fig*) etw wie ein Kartenhaus in sich *akk* zusammenfallen lassen; **to go ~** *prices* in die Höhe schnellen **II.** *adj* (*fig*) *prices, premiums* Schwindel erregend hoch **skyjack I.** *vt* **to ~ plane** ein Flugzeug entführen **II.** *n* Flugzeugentführung *f* **skyjacker** *n* Flugzeugentführer(in) *m(f),* Luftpirat(in) *m(f)* **skyjacking** *n* ❶ (*instance*) Flugzeugentführung *f* ❷ *no pl* (*action*) Flugzeugentführungen *fpl* **skylark I.** *n* Feldlerche *f* **II.** *vi* (*dated*) Possen reißen *veraltet* **skylight** *n* Oberlicht *nt; in roof* Dachfenster *nt* **skyline** *n of a city* Skyline *f;* (*horizon*) Horizont *m* **sky pilot** *n* (*fam*) Schwarzrock *m fam* **skyrocket I.** *vi cost, price* in die Höhe schießen; *person* [auf einen Schlag] berühmt werden **II.** *vt* **to ~ sb to fame/to power** jdn [mit einem Schlag] berühmt machen/zur Macht verhelfen **III.** *n* [Feuerwerks]rakete *f* **skyscraper** *n* Wolkenkratzer *m* **sky-surfing** ['skaɪsɜːfɪŋ, AM -sɜːrf-] *n no pl* SPORTS Skysurfing *nt* (*Extremsportart, bei der man mit einem an den Füßen angeschnallten Brett aus dem Flugzeug springt und damit durch die Luft reitet*) **skywalk** *n* Verbindungsbrücke *f* (*zwischen Gebäuden*) **skyward(s)** ['skaɪwəd(z), AM -wəd(z)] **I.** *adv inv* zum [*o geh* gen] Himmel *präd, nach n;* ***he raised his eyes slowly ~*** er richtete die Augen langsam zum Himmel empor; **to go/shoot ~** (*fig*) *prices* in die Höhe gehen/schnellen **II.** *adj attr, inv* himmelwärts, zum [*o geh* gen] Himmel **skywatching** ['skaɪwɒtʃɪŋ, AM -wɑːtʃ-] *n no pl* Himmelsbeobachtung *f*

skyway *n* AM ❶ (*airway*) Flugroute *f* ❷ (*highway*) Autobahnbrücke *f* ❸ (*between buildings*) Verbindungsbrücke *f* (*zwischen Gebäuden*) **sky-writing** *n no pl* Himmelsschrift *f*

slab [slæb] *n* ❶ (*of rock*) Platte *f;* (*of wood*) Tafel *f;* **concrete/marble ~** Beton-/Marmorplatte *f;* **paving ~** Pflasterstein *m;* **a butcher's/fishmonger's ~** BRIT ein Hackklotz *m;* (*in a mortuary*) Tisch *m* ❷ (*of food*) [dicke] Scheibe; **a ~ of cheese/meat** eine Scheibe Käse/Fleisch; **a ~ of cake** ein [großes] Stück Kuchen; **a ~ of chocolate** eine Tafel Schokolade ❸ (*foundation of house*) Plattenfundament *nt*

slack [slæk] **I.** *adj* ❶ (*not taut*) schlaff ❷ (*pej: lazy*) *person* träge; ***discipline has become very ~ lately*** die Disziplin hat in letzter Zeit sehr nachgelassen; **to have a ~ attitude towards sth** etw gegenüber *dat* eine lockere Einstellung haben ❸ (*not busy*) ruhig; *market* flau; ***business is always ~ after Christmas*** nach Weihnachten geht das Geschäft immer schlecht; **~ demand** schwache Nachfrage **II.** *adv* schlaff; **to get ~** schlaff werden, erschlaffen *geh;* **to hang ~** schlaff herunterhängen **III.** *n no pl* ❶ (*looseness*) Schlaffheit *f;* ***the men pulled on the rope to take up the ~*** die Männer zogen am Seil, um es zu spannen; **take** [*or* **pick**] **up the ~** (*fig*) die Differenz ausgleichen; *money* für die Restsumme aufkommen; **to cut sb some ~** AM (*fam*) jdm Spielraum einräumen ❷ (*coal*) [Kohlen]grus *m* **IV.** *vi* bummeln *fam,* faulenzen

◆**slack off I.** *vi* ❶ (*at work*) es langsamer angehen lassen; ***everyone ~s off a bit on Fridays*** jeder lässt es freitags etwas ruhiger angehen ❷ (*move slower*) *person* langsamer gehen; *car* langsamer fahren; *speed, pace* langsamer werden; *demand, intensity* nachlassen, abflauen; *see also* **slacken II 2** ❸ (*fam: be lazy*) bummeln *fam,* faulenzen **II.** *vt* ■ **to ~ off** ⊂⊃ **sth** etw reduzieren; *speed* etw drosseln

◆**slack up** *vi* (*in effort*) es langsamer angehen lassen; (*in speed*) *person* langsamer gehen; *car* langsamer fahren

slacken ['slækᵊn] **I.** *vt* ❶ (*make less tight*) **to ~ the reins/a rope** die Zügel/ein Seil locker lassen; **to ~ one's grip** [*or* **hold**] seinen Griff lockern; **to ~ sail** NAUT die Segel einholen ❷ (*reduce*) **to ~ one's pace** seinen Schritt verlangsamen; **to ~ speed** die Geschwindigkeit drosseln; **to ~ vigilance** unaufmerksam werden; ***we must not ~ our efforts*** wir dürfen in unseren Bemühungen nicht nachlassen **II.** *vi* ❶ (*become less tight*) sich *akk* lockern; ***her grip on the reins ~ed*** sie lockerte die Zügel ❷ (*diminish*) langsamer werden; *demand, intensity* nachlassen, abflauen; ***the car's speed ~ed*** das Auto wurde langsamer; ***their enthusiasm had not ~ed*** ihre Begeisterung war ungebrochen

◆**slacken off I.** *vi* ❶ (*at work*) *person* es langsamer angehen lassen; ***everyone ~s off a bit towards the end of the week*** gegen Ende der Woche lässt es jeder etwas langsamer angehen ❷ (*move slower*) *person* langsamer gehen; *car* langsamer fahren; *speed, pace* langsamer werden; *demand, intensity* nachlassen **II.** *vt* ■ **to ~ off** ⊂⊃ **sth** etw reduzieren; *speed* etw drosseln

◆**slacken up** *vi* (*in effort*) es langsamer angehen lassen; (*in speed*) *person* langsamer gehen; *car* langsamer fahren

slackening ['slækᵊnɪŋ] *n no pl* ❶ (*loosening*) Lockern *nt* ❷ *of speed* Verlangsamung *f; of demand* Nachlassen *nt,* Abflauen *nt;* ***there must be no ~ of our efforts to reach a solution*** wir müssen uns immer weiter bemühen, eine Lösung zu finden

slacker ['slækəʳ, AM -ə] *n* (*fam*) Faulenzer(in) *m(f)*

slack-jawed *adj inv* **to be ~** völlig erstaunt sein

slackly ['slækli] *adv* ❶ (*not tightly*) schlaff, locker; **to hang ~** schlaff herunterhängen ❷ (*pej: lazily*) träge

slackness ['slæknəs] *n no pl* ❶ (*looseness*) Schlaffheit *f,* Durchhängen *nt* ❷ (*lack of activity*) Nachlassen *nt; in demand* Flaute *f* ❸ (*pej: laziness*) Trägheit *f*

slacks [slæks] *npl* Hose *f;* **a pair of ~** eine Hose

slag [slæg] **I.** *n* ❶ *no pl* (*in mining, smelting*) Schlacke *f* ❷ BRIT (*pej fam!: slut*) Schlampe *f pej derb* ❸ *no pl* AUS (*fam: spit*) Spucke *f fam* **II.** *vt* <-gg-> (*fam*) ■ **to ~** [**off**] ⊂⊃ **sb/sth** über jdn/etw herziehen *fam*

slagheap ['slæghiːp] *n* Schlackehügel *m*

slain [sleɪn] **I.** *vi/vt pp of* **slay II.** *n* (*liter*) ■ **the ~** *pl* die Gefallenen *pl;* **a monument to the ~** ein Kriegerdenkmal *nt*

slake [sleɪk] *vt* ■ **to ~ sth** *needs, wants* etw befriedigen; **to ~ one's thirst** seinen Durst stillen

slaked lime *n no pl* Löschkalk *m*

slalom ['slɑːləm] *n* SPORTS Slalom *m*

slam [slæm] **I.** *n* ❶ (*sound*) Knall *m; of door* Zuschlagen *nt* ❷ (*punch*) Schlag *m;* (*push*) harter Stoß ❸ (*fig: insult*) vernichtende Kritik ❹ (*in cards*) Schlemm *m fachspr* **II.** *vt* <-mm-> ❶ (*close*) **to ~ a door** eine Tür zuschlagen [*o fam* zuknallen]; **to ~ the door in sb's face** jdm die Tür vor der Nase zuschlagen ❷ (*hit hard*) ■ **to ~ sth** etw schlagen; ***he ~med the ball into the net*** er schlug den Ball ins Netz; ***she ~med her fist into his face*** sie schlug ihm mit der Faust ins Gesicht ❸ (*fam: criticize*) ■ **to ~ sth/sb** jdn/etw heruntermachen [*o* niedermachen] *fam* **III.** *vi* <-mm-> ❶ (*shut noisily*) zuschlagen, zuknallen *fam;* ***the window ~med shut*** das Fenster schlug zu; **to ~ out of the house** wütend aus dem Haus stürmen ❷ (*hit hard*) **to ~ against a wall** gegen eine Wand schlagen; ***the shutter ~med***

against the wall der Fensterladen schlug gegen die Wand; to ~ **into a car/tree/building** ein Auto/einen Baum/ein Gebäude rammen; to ~ **on** ○ **the brakes** voll auf die Bremsen treten, eine Vollbremsung machen

◆**slam down** *vt* ■ to ~ **down** ○ **sth** etw hinknallen *fam*; ***he ~med his fist down on the table*** er schlug mit der Faust auf den Tisch; to ~ **the phone** [*or* **receiver**] **down** den Hörer auf die Gabel knallen *fam*

slam dunk I. *n* Korbleger *m* II. *vt* ① (*score in basketball*) to ~ **the ball/a basket** einen Korbleger machen ② AM (*fig: defeat*) to ~ **a proposal** einen Vorschlag niederschmettern

slammer ['slæməʳ, AM -ɚ] *n* ① (*sl: prison*) ■ **the** ~ das Kittchen *fam* ② (*tequilla drink*) Slammer *m*

slander ['slɑːndəʳ, AM 'slændɚ] LAW I. *n* ① *no pl* (*action*) üble Nachrede, Verleumdung *f*; **to sue sb for** ~ jdn wegen Verleumdung anzeigen; **a campaign of** ~ **against sth** eine Hetzkampagne gegen etw *akk* ② (*statement*) Verleumdung *f* II. *vt* ■ to ~ **sb/sth** jdn/etw verleumden

slander action *n* LAW Verleumdungsprozess *m*; **to bring a** ~ **against sb** einen Prozess wegen Verleumdung gegen jdn anstrengen

slanderer ['slɑːndᵊrəʳ, AM 'slændɚɚ] *n* Verleumder(in) *m(f)*

slanderous ['slɑːndᵊrəs, AM 'slændɚ-] *adj remark, accusation* verleumderisch

slanderously ['slɑːndᵊrəsli, AM 'slændɚ-] *adv* verleumderisch

slang [slæŋ] I. *n no pl* Slang *m*; **army** ~ Militärjargon *m*; **teenage** ~ Jugendsprache *f* II. *adj attr, inv* Slang-; ~ **expression** [*or* **term**] [*or* **word**] Slangausdruck *m* III. *vt* (*fam*) ■ to ~ **sb** jdn anmeckern *fam*

slanging match *n esp* BRIT, AUS Schlagabtausch *m*

slangy ['slæŋi] *adj* (*fam*) salopp; ~ **expression** salopper Ausdruck

slant [slɑːnt, AM slænt] I. *vi* sich *akk* neigen; ***the evening sun ~ed through the narrow window*** die Abendsonne fiel schräg durch das schmale Fenster ein; to ~ **to the right/outwards/down** sich *akk* nach rechts/vornüber/nach unten neigen II. *vt* ① (*make diagonal*) ■ to ~ **sth** etw ausrichten; to ~ **sth to the right/left** etw nach rechts/links ausrichten; ***she ~s her letters to the left/right*** sie schreibt nach links/rechts ② (*present for*) ■ to ~ **sth** etw zuschneiden; ***we can ~ this in such a way as to make it more interesting to children*** wir können es so gestalten, dass es interessanter für Kinder ist; (*pej: in biased way*) etw zurechtbiegen *fig*; to ~ **a report** einen Bericht frisieren *fam* III. *n* ① (*slope*) Neigung *f*; **to have a** ~ eine Schräge haben, abgeschrägt sein; ***the kitchen floor has a distinct ~ towards the outer wall*** der Küchenboden fällt zur Außenwand hin deutlich ab; **to be on the** [*or* **at a**] ~ sich *akk* neigen, schräg sein ② (*perspective*) Tendenz *f*; ***we gave the story an environmentalist*** ~ wir gaben der Geschichte einen umweltbewussten Anstrich; **a political** ~ eine politische Orientierung; **to have a right-wing** ~ *newspaper, information* rechtsgerichtet sein

slanted ['slɑːntɪd, AM 'slæ-] *adj* ① (*sloping*) geneigt; ~ **eyes** schräg gestellte Augen; ~ **handwriting** geneigte Handschrift ② (*pej: biased*) gefärbt *fig*; ~ **report** frisierter Bericht

slanting ['slɑːntɪŋ, AM 'slæ-] *adj* schräg; ~ **roof** Schrägdach *nt*

slantways ['slɑːntweɪz, AM 'slæ-] *adv esp* AM, **slantwise** ['slɑːntwaɪz, AM 'slæ-] *adv* quer

slap [slæp] I. *n* ① (*with hand*) Klaps *m fam*; **to give sb a** ~ **on the back** jdm [anerkennend] auf den Rücken klopfen; (*fig*) jdn loben; **a** ~ **on the bottom/hand** ein Klaps auf den Hintern/die Hand; **a** ~ **in the face** eine Ohrfeige; (*fig*) ein Schlag ins Gesicht *fig*; **to give sb a** ~ jdm eine Ohrfeige geben; **to be given** [*or* **get**] **a** ~ **on the wrist** (*fig*) eine Verwarnung bekommen ② (*noise*) Klatschen *nt*; **the** ~ **of water against the side of the boat** das Klatschen des Wassers gegen die Bootseite II. *adv inv* (*fam*) genau *fam*; ***the child sat down ~ in the middle of the floor*** das Kind setzte sich mitten auf den Boden; **to run** ~ **into sth** genau in etw *akk* hineinrennen III. *vt* <-pp-> ① (*with hand*) ■ to ~ **sb** jdn schlagen; (*less hard*) jdm einen Klaps geben; to ~ **sb on the bottom/hand** jdn auf den Hintern/die Hand schlagen; to ~ **sb's face** [*or* **sb in the face**] jdn ohrfeigen; to ~ **sb on the back** jdn auf den Rücken schlagen; (*in congratulation*) jdm [anerkennend] auf die Schulter klopfen; to ~ **sb's wrist** [*or* **sb on the wrist**] jdn zurechtweisen ② (*strike*) ■ to ~ **sth against sth** etw gegen etw *akk* schlagen; to ~ **sth on the table/in sb's hands** etw auf den Tisch/jdm in die Hände knallen *fam* ③ (*fam: do quickly*) ***she ~ped a couple pieces of salami between some bread*** sie klatschte ein paar Scheiben Salami zwischen zwei Scheiben Brot; ***he ~ped his bookbag down*** er knallte seine Büchertasche hin ④ (*fam: impose*) ■ to ~ **sth on sb** jdm etw aufhalsen *fam*; to ~ **a fine/tax on sth** eine Geldstrafe/eine Steuer auf etw *akk* draufschlagen *fam* IV. *vi water* schlagen, klatschen; ■ to ~ **against sth** gegen etw *akk* schlagen

◆**slap down** *vt* ① (*put down*) ■ to ~ **sth** ○ **down** etw hinknallen *fam* ② (*silence rudely*) ■ to ~ **sb down** jdn zusammenstauchen *fig fam*

◆**slap on** *vt* (*fam*) ■ to ~ **on** ○ **sth** etw draufklatschen *fam*; to ~ **makeup/paint/suncream on** Make-up/Farbe/Sonnencreme draufklatschen *fam*

slap-bang *adv* BRIT (*fam*) genau *fam*; *see also* **slap II** **slapdash** *adj* (*pej fam*) schlampig, schludrig *fam*; ~ **work** schlampige Arbeit, Schlamperei *f* **slap-happy** *adj inv* (*fam*) ① (*irresponsible*) unbekümmert ② (*giggly*) überdreht *fam* **slaphead** *n* BRIT (*pej sl*) Glatzkopf *m fam* **slapjack** *n* AM ① *usu pl* (*pancake*) Pfannkuchen *m* ② *no pl* (*card game*) Slapjack *nt*

slapper [slæpəʳ] *n* BRIT (*pej sl: promiscuous woman*) Schlampe *f pej fam* **slapstick** I. *n no pl* Slapstick *m* II. *adj attr, inv* Slapstick-; ~ **comedy** Slapstickkomödie *f*; ~ **gag** Slapstickgag *m* **slap-up** *adj attr* BRIT, AUS **a** ~ **meal** ein Essen mit allem Drum und Dran *fam*, ein opulentes Mahl *geh*

slash [slæʃ] I. *vt* ① (*cut deeply*) ■ to ~ **sb/sth** jdn/etw aufschlitzen *fam*; to ~ **a painting/a seat/sb's tyres** [*or* AM **tires**] ein Gemälde/einen Sitz/jds Reifen aufschlitzen; to ~ **one's wrists** sich *dat* die Pulsadern aufschneiden; to ~ **sth to ribbons** [*or* **shreds**] etw zerfetzen *fig*; to ~ **one's way through sth** sich *dat* seinen Weg durch etw *akk* schlagen [*o* bahnen] ② (*fig: reduce*) to ~ **a budget** ein Budget kürzen; to ~ **prices/spending** Preise/Ausgaben senken; to ~ **staff/the workforce** Personal abbauen/die Belegschaft verringern; to ~ **an article/story** einen Artikel/eine Geschichte kürzen II. *vi* (*with a knife*) ■ to ~ **at sb/sth** auf jdn/etw losgehen; (*with a bat*) to ~ **at the ball** wild nach dem Ball schlagen III. *n* <*pl* -es> ① (*cut on person*) Schnittwunde *f*; (*in object*) Schnitt *m* ② (*swinging blow*) Hieb *m*; ***he took a wild ~ at the ball*** er schlug wild nach dem Ball ③ *in prices, costs* Reduzierung *f*; *in budget* Kürzung *f* ④ FASHION (*in clothing*) Schlitz *m* ⑤ (*punctuation mark*) Schrägstrich *m* ⑥ BRIT, AUS (*sl: act of urinating*) Pinkeln *nt fam*; **to go for/have a** ~ pinkeln gehen *fam*

slashed [slæʃt] *adj* geschlitzt; ~ **skirt** geschlitzter Rock; ~ **sleeve** Ärmel *m* mit Schlitz

slasher ['slæʃəʳ, AM -ɚ] *n* (*fam*) Messerstecher *m fam*

slasher book *n Buch mit vielen Schilderungen von Gewalt* **slasher film** *n*, **slasher movie** *n* Gewaltfilm *m*

slashing ['slæʃɪŋ] *adj attr* vernichtend *attr*; ~ **blow** vernichtender Schlag; ~ **attack/criticism** vernichtende Attacke/Kritik

slash mark *n* ① (*cut*) Schnittwunde *f* ② (*punctuation mark*) Schrägstrich *m*

slat [slæt] *n* Leiste *f*; *in grid* Stab *m*; **wooden/plastic** ~ Holz-/Plastiklatte *f*

slate [sleɪt] I. *n* ① *no pl* (*rock*) Schiefer *m* ② (*on roof*) [Dach]schindel *f* ③ (*dated: for writing*) Schiefertafel *f* ④ AM, AUS POL (*list of candidates*) Kandidatenliste *f* ⑤ AM (*of products*) Auswahl *f* ⑥ (*in film production*) Klappe *f* ▶ PHRASES: **to have a clean** ~ eine weiße Weste haben; **to wipe the** ~ **clean** reinen Tisch machen; **to have a** ~ **loose** BRIT eine Schraube locker haben; **to put sth on the** ~ BRIT etw anschreiben II. *n modifier* (*shingle, production*) Schiefer-; ~ **quarry** Schieferbruch *m* III. *adj inv* Schiefer-, schief[e]rig IV. *vt* ① (*cover with slates*) to ~ **a roof** ein Dach decken ② *usu passive* AM, AUS (*assign*) ***she's been ~d to lose her job*** sie wird wahrscheinlich ihren Job verlieren; ***he is ~ed to be the next captain of the football team*** er wird aller Voraussicht nach der nächste Kapitän der Fußballmannschaft; ■ **to be ~d for sth** für etw *akk* vorgesehen sein; (*schedule*) *event* für etw *akk* angesetzt sein; ***the election is ~d for next Thursday*** die Wahl ist auf nächsten Dienstag angesetzt ③ BRIT, AUS (*fam: criticize severely*) ■ to ~ **sb** jdn zusammenstauchen *fam*; to ~ **a book** ein Buch verreißen *fam*

slate blue *adj pred, inv*, **slate-blue** *adj attr, inv* blaugrau **slate-colored** AM, **slate-coloured** *adj inv* schiefergrau **slate gray** AM, **slate grey** I. *n* Schiefergrau *nt* II. *adj inv* schiefergrau **slate pencil** *n* Griffel *m*

slater ['sleɪtəʳ, AM t̬ɚ] *n* Dachdecker(in) *m(f)* (*für Schieferdächer*)

slate roof *n* Schieferdach *nt*

slather ['slæðəʳ, AM -ɚ] *vt* ① *esp* AM (*smear thickly*) ■ to ~ **sth on** [*or* **over**] **sth** *paint, glue* etw dick auf etw *akk* streichen; *bread* etw dick mit etw *dat* bestreichen; ***he ~ed sun cream all over his body*** er cremte seinen ganzen Körper dick mit Sonnencreme ein ② AM (*spend wastefully*) to ~ **one's money around** sein Geld mit vollen Händen ausgeben, mit Geld um sich *akk* werfen

slatted ['slætɪd, AM -t̬-] *adj inv* ~ **blind** Jalousie *f*; ~ **fence** Bretterzaun *m*; ~ **floor** Bretterboden *m*

slattern ['slætən, AM -t̬ɚn] *n* (*pej*) Schlampe *f pej fam*

slatternly ['slætənli, AM -t̬ɚn-] *adj* (*pej*) schlampig, liederlich

slaty ['sleɪti, AM -t̬] *adj* (*in colour*) schieferfarben, dunkelgrau; ~ **colour** [*or* AM **color**] Schieferfarbe *f*; ~ **grey** [*or* AM **gray**] Schiefergrau *nt*; (*in texture*) schieferartig; ~ **rock** schieferartiges Gestein

slaughter ['slɔːtəʳ, AM 'slɑːt̬ɚ] I. *vt* ① (*kill*) ■ to ~ **sb** jdn abschlachten [*o* niedermetzeln]; to ~ **an animal** ein Tier schlachten ② SPORTS (*fig fam*) ■ to ~ **sb** jdn vom Platz fegen *fam* II. *n no pl* ① (*killing*) *of people* Abschlachten *nt*, Gemetzel *nt*; *of animals* Schlachten *nt*; **to fatten an animal for** ~ ein Tier für die Schlachtung mästen ② (*fig fam: in sports*) Schlappe *f fam*

slaughterer ['slɔːtᵊrəʳ, AM 'slɑːt̬ɚɚ] *n* Schlächter(in) *m(f)*

slaughterhouse *n* Schlachthaus *nt*, Schlachthof *m*

Slav [slɑːv] I. *n* Slawe, -in *m, f* II. *adj inv* slawisch

slave [sleɪv] I. *n* ① (*person*) Sklave, -in *m, f*; **to become a real** ~ **of sth** (*fig*) ein wirklicher Sklave von etw *dat* werden ② COMPUT Nebencomputer *m* II. *vi* schuften; ■ to ~ [**away**] **at sth** sich *akk* mit etw *dat* abmühen [*o* herumschlagen]; to ~ **over a hot stove** (*hum*) [den ganzen Tag] am Herd stehen

slave driver *n* Sklaventreiber(in) *m(f)* **slave labor** AM, **slave labour** *n no pl* (*forced work*) Sklavenarbeit *f*; (*fig fam*) Schinderei *f fam*

slaver[1] ['slævəʳ, AM -ɚ] I. *vi* ① (*drool*) *animal* geifern; *person* speicheln, sabbern *sl* ② (*pej: show excitement*) ■ to ~ **over sb/sth** nach jdm/etw gieren; ***she was just ~ing to be introduced to the big cheese himself*** sie konnte es kaum abwarten, dem wichtigsten Mann persönlich vorgestellt zu werden II. *n no pl animal* Geifer *m*; *person* Speichel *m*, Sabber *m sl*

slaver[2] ['sleɪvəʳ, AM -ɚ] *n* (*hist*) ① (*ship*) Galeere *f hist* ② (*trader*) Sklavenhändler(in) *m(f)*

slavery ['sleɪvᵊri, AM -ɚi] *n no pl* Sklaverei *f*; (*fig*) sklavische Abhängigkeit; **to sell sb into** ~ jdn in die Sklaverei verkaufen

slave ship *n* Sklavenschiff *nt* **slave trade** *n*

(*hist*) Sklavenhandel *m* **slave trader** *n* (*hist*) Sklavenhändler(in) *m(f)*
Slavic ['slɑːvɪk] *adj inv* slawisch
slavish ['sleɪvɪʃ] *adj* ❶ (*without originality*) sklavisch; ~ **adherence to the guidelines** sklavische Befolgung der Richtlinien ❷ (*servile*) sklavisch; **to develop a ~ devotion to sth** etw *dat* sklavisch ergeben sein
slavishly ['sleɪvɪʃli] *adv* ❶ (*without change*) sklavisch ❷ (*with dependence*) sklavisch; **to be ~ devoted to sb/sth** jdm/etw unterwürfig ergeben sein
Slavonic [slə'vɒnɪk, AM -'vɑːn-] *adj inv* slawisch
slaw [slɔː, AM slɑː] *n* AM, AUS (*fam*) *short for* **coleslaw** Krautsalat *m*
slay [sleɪ] *vt* ❶ <slew, slain> (*liter or old: kill*) **to ~ a dragon** einen Drachen erlegen *liter;* **to ~ an enemy** einen Feind bezwingen *liter* ❷ <slew, slain> AM (*murder*) ■**to be slain** ermordet werden; **to be found ~** ermordet aufgefunden werden ❸ <-ed, -ed> (*fam: amuse*) ***that guy just ~s me!*** ich könnte mich über den Typ totlachen!
slayer ['sleɪəʳ, AM ɚ] *n* Schlächter(in) *m(f);* ***his ~s were warmly greeted by peasants*** die, die ihn umgebracht hatten, wurden von der Landbevölkerung herzlich in Empfang genommen
slaying ['sleɪɪŋ] *n* AM (*murder*) Mord *m*
SLD [ˌesel'diː] *n no pl, + sing/pl vb* POL *abbrev of* **Social and Liberal Democrats** sozial-liberaldemokratische Partei
sleaze [sliːz] *n* ❶ *no pl* (*immorality*) Korruption *f* ❷ AM (*fam: person*) schmieriger Typ *fam* ❸ (*fam*) Schmutzkampagne *f*
sleazebag *n* (*sl*), **sleazeball** *n* AM (*sl*) schmieriger Typ *fam* **sleaze factor** *n no pl* Korruption *f*
sleazoid ['sliːzɔɪd] **I.** *n esp* AM (*fam*) schmierige Person **II.** *adj esp* AM (*fam*) schmierig
sleazy ['sliːzi] *adj* anrüchig; ~ **area** zweifelhafte Gegend; ~ **bar** Spelunke *f fam;* ~ **affair** unappetitliche Angelegenheit; ~ **person** [*or* **character**] schäbige Person
sled [sled] AM **I.** *n* Schlitten *m* **II.** *vi* <-dd-> **to go ~ding** Schlittenfahren [*o* DIAL Rodeln] gehen **III.** *vt* <-dd-> ■**to ~ sth** etw mit dem Schlitten transportieren
sledge [sledʒ] **I.** *n* ❶ (*for snow*) Schlitten *m* ❷ (*fam: sledgehammer*) Vorschlaghammer *m* **II.** *vi esp* BRIT **to go sledging** Schlittenfahren [*o* DIAL Rodeln] gehen **III.** *vt* **to ~ sth** etw mit dem Schlitten transportieren
sledgehammer *n* Vorschlaghammer *m;* ***he tends to tackle problems with a ~*** (*fig*) er geht an Probleme gerne mit der Holzhammermethode heran ▶ PHRASES: **to use a ~ to crack a nut** mit Kanonen auf Spatzen schießen **sledgehammer blow** *n* ❶ (*hit*) Schlag *m* ❷ (*fig: setback*) Rückschlag *m*
sleek [sliːk] **I.** *adj* ❶ (*glossy*) *fur, hair* geschmeidig; (*streamlined*) elegant; ~ **car** schnittiges Auto ❷ (*fig: in manner*) [aal]glatt ❸ (*well-groomed*) gepflegt; ***he looked incredibly ~*** er sah unglaublich adrett aus **II.** *vt* ■**to ~ sth** etw glätten; *horse* etw striegeln; ***the cat ~ed her fur with her tongue*** die Katze leckte ihr Fell, bis es glänzte; **to ~ one's hair back/down** sich *dat* die Haare zurückstreichen/glätten
sleekly ['sliːkli] *adv* sanft; ***his hair was swept back ~*** sein Haar war glatt zurückgekämmt; **to be ~ groomed** sehr gepflegt sein
sleekness ['sliːknəs] *n no pl* Glattheit *f;* (*of style*) Geschliffenheit *f*
sleep [sliːp] **I.** *n* ❶ *no pl* (*resting state*) Schlaf *m;* ***I must get some ~*** ich brauche etwas Schlaf; ***I didn't get to ~ until 4 a.m.*** ich bin erst um 4 Uhr morgens eingeschlafen; **to fall** [*or* **drift off**] **into a deep ~** in einen tiefen Schlaf fallen; **to go to ~** einschlafen; **to go back to ~** wieder einschlafen; ***go back to ~!*** (*fig*) träume weiter! *fig;* **to lose ~ over sth** wegen einer S. *gen* schlaflose Nächte haben; **to put sb to ~** jdn in Schlaf versetzen; **to put an animal to ~** ein Tier einschläfern; **to send sb to ~** jdn einschlafen lassen *fig;* **to talk/walk in one's ~** im Schlaf sprechen/schlafwandeln ❷ *usu sing* (*nap*) Nickerchen *nt;* **to have a ~** ein Nickerchen machen ❸ *no pl* (*in eyes*) Schlaf *m;* **to rub** [*or* **wipe**] **the ~ from one's eyes** sich *dat* den Schlaf aus den Augen reiben ❹ COMPUT (*system*) bereitstehendes System ▶ PHRASES: **to be <u>able</u> to do sth in one's ~** etw im Schlaf beherrschen **II.** *vi* <slept, slept> schlafen; (*fig: be buried*) ruhen; ~ ***tight!*** schlaf schön!; ***we'll be ~ing at Sally and Steve's on Saturday night*** Samstagnacht werden wir bei Sally und Steve übernachten; **to ~ in a bed/on the floor** in einem Bett/auf dem Boden schlafen; **to ~ like a log** [*or* **baby**] (*fam*) wie ein Stein [*o* Baby] schlafen *fam;* **to ~ late** lang schlafen, ausschlafen; **to ~ sound[ly]** [tief und] fest schlafen; **to ~ rough** BRIT auf der Straße schlafen; ■**to ~ with sb** (*have sex*) mit jdm schlafen; (*share bedroom*) mit jdm das Zimmer teilen ▶ PHRASES: **to ~ with one's <u>eyes</u> open** leicht schlafen; **to ~ on <u>it</u>** eine Nacht darüber schlafen **III.** *vt* **to ~ two/four/ten** zwei/vier/zehn Personen beherbergen können; ***the caravan ~s four comfortably*** in dem Wohnwagen haben vier Personen bequem Platz; **to ~ three to a bed** zu dritt in einem Bett schlafen; **to ~ the night with sb** bei jdm übernachten
◆**sleep around** *vi* (*fam*) sich *akk* herumtreiben *fam,* herumschlafen *fam*
◆**sleep in** *vi* ❶ (*sleep late*) ausschlafen ❷ (*sleep at work*) im Hause wohnen; ***none of the servants ~s in*** keiner der Bedienesteten wohnt im Hause
◆**sleep off** *vt* ■**to ~ off** ⇄ **sth** *a hangover* etw ausschlafen; *a cold, headache* sich *akk* gesund schlafen; **to ~ it off** seinen Rausch ausschlafen
◆**sleep out** *vi* draußen [*o* im Freien] schlafen
◆**sleep over** *vi* über Nacht bleiben, übernachten
◆**sleep through** *vi* weiterschlafen; **to ~ through noise/a storm** trotz des Lärms/eines Sturms weiterschlafen; ***I must have slept through the alarm*** ich muss den Wecker verschlafen haben; **to ~ through a boring film/lecture** einen langweiligen Film/Vorlesung verschlafen
◆**sleep together** *vi* (*have sex*) miteinander schlafen; (*share bedroom*) zusammen [in einem Zimmer] schlafen
sleep debt *n* Schlafdefizit *nt*
sleeper ['sliːpəʳ, AM -ɚ] *n* ❶ (*person*) Schläfer(in) *m(f);* (*pill*) Schlaftablette *f;* (*sofa*) Bettsofa *nt,* ausklappbares Sofa; **to be a heavy/light ~** einen festen/leichten Schlaf haben; **to be a late ~** ein Langschläfer sein ❷ *esp* AM (*pajamas*) ■**~s** *pl* Schlafanzug *m* ❸ (*train*) Zug *m* mit Schlafwagenabteil; (*sleeping car*) Schlafwagen *m;* (*berth*) Schlafwagenplatz *m* ❹ BRIT, AUS (*on railway track*) Schwelle *f* ❺ (*earring*) Kreole *f* ❻ PUBL (*unexpected success*) Sensationserfolg *m;* STOCKEX im Wert unterschätzte Aktie ❼ (*spy*) Sleeper *m* (*inaktiver Spion, der jederzeit für einen Auftrag reaktiviert werden kann*) ❽ (*fam: tip*) Geheimtipp *m* **sleeper plane** *n* MIL Aufklärungsflugzeug *nt,* Aufklärer *m*
sleepily ['sliːpɪli] *adv* schläfrig
sleepiness ['sliːpɪnəs] *n no pl* Schläfrigkeit *f*
sleeping ['sliːpɪŋ] *adj attr, inv* schlafend *attr* ▶ PHRASES: **let ~ <u>dogs</u> <u>lie</u>** (*prov*) schlafende Hunde soll man nicht wecken *prov*
sleeping accomodation *n* Übernachtungsmöglichkeit *f* **sleeping arrangements** *npl* Schlafgelegenheit *f* **sleeping bag** *n* Schlafsack *m* **sleeping car** *n* Schlafwagen *m* **sleeping compartment** *n* Schlafwagenabteil *nt* **sleeping partner** *n* BRIT COMM stiller Teilhaber **sleeping pill** *n* Schlaftablette *f* **sleeping policeman** *n* BRIT Bodenschwelle *f* **sleeping sickness** *n no pl* Schlafkrankheit *f* **sleeping tablet** *n* Schlaftablette *f*
sleepless ['sliːpləs] *adj inv* schlaflos
sleeplessness ['sliːlkəsnəs] *n no pl* Schlaflosigkeit *f*
sleepout *n* AUS *Schlafplatz außer Haus* **sleep-over** *n* Übernachtung *f;* ***why not make it a ~?*** warum bleiben wir nicht über Nacht? **sleep-over party** *n* Party *f* mit Übernachtung **sleepwalk** *vi* schlafwandeln **sleepwalker** *n* Schlafwandler(in) *m(f)* **sleepwalking** *n no pl* Schlafwandeln *nt*
sleepwear *n no pl* Schlafkleidung *f*
sleepy ['sliːpi] *adj* ❶ (*drowsy*) schläfrig; ~ **eyes** müde Augen; **to feel ~** müde sein ❷ (*quiet*) *town, village* verschlafen *fig fam*
sleepyhead ['sliːpihed] *n* (*fam*) Schlafmütze *f hum fam*
sleet [sliːt] **I.** *n no pl* Eisregen *m* **II.** *vi impers* ***it is ~ing*** es fällt Eisregen
sleety ['sliːti, AM -t̬-] *adj* ~ **rain** Eisregen *m*
sleeve [sliːv] *n* ❶ (*on clothing*) Ärmel *m;* **with short/long ~s** mit kurzen/langen Ärmeln; **to roll up one's ~s** seine Ärmel hochkrempeln; (*fig: for hard work*) die Ärmel hochkrempeln ❷ (*for rod, tube*) Muffe *f,* Manschette *f* ❸ (*for record*) [Schallplatten]hülle *f* ❹ (*cover for disk*) Schutzhülle *f* ▶ PHRASES: **to <u>have</u> sth up one's ~** etw im Ärmel [*o* auf Lager] haben
sleeved [sliːvd] *adj inv* FASHION mit Ärmeln *nach n;* **long ~** langärmelig; **short ~** kurzärmelig
sleeveless ['sliːvləs] *adj inv blouse, dress* ärmellos *attr*
sleeve notes *npl* BRIT Begleittext *m*
sleigh [sleɪ] *n* Pferdeschlitten *m*
sleigh bell *n* Schlittenglocke *f* **sleigh ride** *n* Schlittenfahrt *f;* **to go for a ~** eine Schlittenfahrt machen
sleight [slaɪt] *n no pl* (*liter*) Trickserei *f;* ~ **of hand** Fingerfertigkeit *f*
sleight of hand *n no pl* (*in tricks*) Fingerfertigkeit *f;* (*fig*) Trick *m*
slender ['slendəʳ, AM -ɚ] *adj* ❶ *legs, waist* schlank; *railings, poles* schmal ❷ *means, resources* knapp; ~ **majority** knappe Mehrheit
slenderize ['slendəraɪz] AM **I.** *vi* (*fam*) abnehmen **II.** *vt* (*fam*) **to ~ one's figure** seine Figur trimmen; ■**to ~ sb** *colours* jdn schlank machen; **to ~ a budget** (*fig: reduce*) ein Budget kürzen
slenderness ['slendənəs, AM -dɚ-] *n no pl* ❶ (*slimness*) *of legs, waist* Schlankheit *f* ❷ (*smallness*) Knappheit *f;* ***the ~ of her income*** ihr geringes Einkommen
slept [slept] *pt, pp of* **sleep**
sleuth [sluːθ] *n* Detektiv(in) *m(f)*
sleuthing ['sluːθɪŋ] *n no pl* Detektivarbeit *f,* Nachforschungen *fpl*
slew¹ [sluː] *pt of* **slay**
slew² [sluː] *n* AM (*fam*) Haufen *m fam*
slew³ [sluː] BRIT, AUS **I.** *vi* schleudern; ■**to ~ round** herumschleudern **II.** *vt* ■**to ~ sth [round]** *car, vehicle* etw herumreißen; *heavy object* etw herumdrehen **III.** *n* COMPUT schneller Papiervorschub
slewed [sluːd] *adj pred* (*dated sl*) blau *fam*
slice [slaɪs] **I.** *n* ❶ *of bread, ham, meat* Scheibe *f;* ~ **of cake/pizza** ein Stück *nt* Kuchen/Pizza ❷ (*portion*) Anteil *m;* ~ **of a market** Marktanteil *m* ❸ (*tool*) Pfannenwender *m;* **a cake ~** ein Tortenheber *m;* **a fish ~** eine Fischgabel ❹ (*in golf, cricket*) verschlagener Ball ❺ (*in tennis*) Slice *nt* ▶ PHRASES: **a ~ of the <u>cake</u>** ein Stück vom großen Kuchen; **a ~ of <u>life</u>** Milieuschilderung *f* **II.** *vt* ❶ (*cut in slices*) ■**to ~ sth** etw in Scheiben schneiden; **to ~ cake/pizza** Kuchen/Pizza in Stücke schneiden ❷ (*fig: reduce by*) ***he ~d three seconds off the previous record*** er verbesserte den früheren Rekord um drei Sekunden; ***they've ~d two hundred thousand pounds off our budget*** sie haben unser Budget um zweihunderttausend Pfund gestrichen ❸ SPORTS **to ~ the ball** (*in golf, cricket*) den Ball verschlagen; (*in tennis*) den Ball anschneiden ▶ PHRASES: **any <u>way</u>** [*or* AM **no matter how**] **you ~ it** wie man es auch dreht und wendet **III.** *vi* ❶ (*food*) **to ~ easily** [*or* **well**] sich *akk* gut schneiden lassen ❷ (*cut*) ■**to ~ through sth** etw durchschneiden; ***the prow of the yacht ~d through the waves*** (*fig*) der Bug der Jacht pflügte durch die Wellen; ***he ~d through the Liverpool defence and scored*** er durchbrach die Verteidigung der Liverpooler Mannschaft und schoss ein Tor
◆**slice off** *vt* ■**to ~ off** ⇄ **sth** etw abschneiden
◆**slice up** *vt* ■**to ~ up** ⇄ **sth** ❶ (*make slices*) etw in Scheiben schneiden; **to ~ up bread** Brot aufschneiden; **to ~ up cake/pizza** den Kuchen/die

S

Pizza in Stücke schneiden ② (*divide*) *profits* etw aufteilen

sliced [slaɪst] *adj inv* FOOD geschnitten; *bread* aufgeschnitten

slicer ['slaɪsəʳ, AM -ɚ] *n* FOOD (*machine*) Schneidemaschine *f;* (*knife*) Bratenmesser *nt;* **egg ~** Eierschneider *m;* **bread ~** Brotschneidemaschine *f*

slick [slɪk] **I.** *adj* ① (*approv: skillfull*) gekonnt; (*great*) geil *sl;* **a ~ pass** SPORTS ein gekonnter Pass; **~ performance/show** tadellose Aufführung/Show ② (*pej: overly-polished*) *talk, answer, manner* glatt; (*clever*) gewieft; **~ sales talk** cleveres Verkaufsgespräch ③ (*shiny*) *hair* geschniegelt *fam;* AM (*slippery*) *road, floor* glatt, rutschig **II.** *n* ① (*oil slick*) Ölteppich *m* ② AM (*glossy*) Hochglanzmagazin *nt,* Journal *nt* ③ (*tyre*) Slick *m* **III.** *vt* **to ~ back/down one's hair** sich *dat* die Haare nach hinten klatschen/anklatschen *fam*

slicker ['slɪkɚ] *n* AM ① (*city slicker*) feiner Pinkel aus der [Groß]stadt *fam* ② (*raincoat*) Regenmantel *m*

slickly ['slɪkli] *adv* (*polished*) routiniert; (*overly-polished*) *talk, answer* professionell; (*clever*) raffiniert

slickness ['slɪknəs] *n no pl* ① (*deftness*) Routine *f;* **~ of a performance/show** routinierter Ablauf einer Aufführung/Show ② (*pej: glibness*) Gewieftheit *f fam*

slid [slɪd] *pp, pt of* **slide**

slide [slaɪd] **I.** *vi* <slid, slid> ① (*glide*) rutschen; (*smoothly*) gleiten; **to ~ down the hill/bannisters** den Hügel/das Geländer herunterrutschen ② (*move quietly*) **to ~ into a room/along an alley** *person* in ein Zimmer/eine Gasse entlang schleichen; **to ~ out of the room** sich *akk* aus dem Zimmer stehlen ③ (*decline in value*) *currency* sinken ④ (*get into*) **to ~ into chaos** in ein Chaos geraten; **to ~ back into one's old habits** in seine alten Gewohnheiten zurückverfallen; **to ~ into recession** in die Rezession abrutschen; **to ~ into war** in einen Krieg schlittern ⑤ (*fig*) **to let sth/things ~** etw/die Dinge schleifen lassen **II.** *vt* <slid, slid> ***can you ~ your seat forward a little?*** können Sie mit Ihrem Sitz etwas nach vorne rutschen?; ***he slid the drawer in*** er schob die Schublade zu; ***she slid the hatch open*** sie schob die Luke auf **III.** *n* ① (*act of sliding*) Rutschen *nt* ② (*on ice*) Eisbahn *f* ③ (*at playground*) Rutschbahn *f,* Rutsche *f* ④ GEOG (*landslide*) **earth ~** Erdrutsch *m;* **mud/rock ~** Schlamm-/Felslawine *f* ⑤ *usu sing* (*decline*) Sinken *nt; of a currency* Wertverlust *m;* ***what we are witnessing is a country's slow ~ into civil war*** wir beobachten im Moment, wie ein Land allmählich in einen Bürgerkrieg schlittert ⑥ (*in photography*) Dia *nt,* Diapositiv *nt geh* ⑦ (*for microscope*) Objektträger *m* ⑧ (*moving part*) *of a trombone* Zug *m; of a machine* Schlitten *m* ⑨ MUS (*glissando*) Glissando *nt* ⑩ BRIT (*hair clip*) Haarspange *f*

slide control *n* Schieberegler *m* **slide fastener** *n* AM (*zip*) Reißverschluss *m* **slide projector** *n* Diaprojektor *m* **slide rule** *n* Rechenschieber *m* **slide show** *n* Diavortrag *m*

sliding ['slaɪdɪŋ] *adj attr, inv* Schiebe-; **~ sunroof** Schiebedach *nt;* **~ window** Schiebefenster *nt*

sliding door *n* Schiebetür *f* **sliding scale** *n* FIN gleitende Skala, eine gleitende Tabelle

slight [slaɪt] **I.** *adj* ① (*small*) gering; ***there's been a ~ improvement in the situation*** die Situation hat sich geringfügig verbessert; ***I'm not the ~est bit sorry about it*** das tut mir kein bisschen Leid; **~ chance/possibility** geringe Chance/Möglichkeit; **not the ~est interest** nicht das geringste Interesse; **the ~est thing** die kleinste Kleinigkeit; **not in the ~est** nicht im Geringsten; ***it didn't faze him in the ~est*** es berührte ihn nicht im Geringsten; **to not have the ~est idea** nicht die geringste Idee [*o* Ahnung] haben ② (*barely noticeable*) klein; ***there was a ~ smell of onions in the air*** es roch ein wenig nach Zwiebeln; **to have a ~ accent** einen leichten Akzent haben; **after a ~ hesitation** nach einer kurzen Unterbrechung ③ (*minor*) leicht; ***their injuries were ~*** sie waren nur leicht verletzt; ***he has a ~ tendency to exaggerate*** er neigt zu Übertreibungen; **~ mistake** kleiner Fehler *iron* ④ (*slim and delicate*) *person* zierlich ⑤ (*not profound*) *play, plot* bescheiden; **~ work** leichte Arbeit **II.** *n* Beleidigung *f;* **to take sth as a ~** etw als Beleidigung auffassen **III.** *vt* ■**to ~ sb** jdn beleidigen

slighted ['slaɪtɪd, AM -t̬-] *adj* beleidigt

slighting ['slaɪtɪŋ, AM -t̬-] *adj attr comment, remark* beleidigend; **to be the target of ~ remarks** [die] Zielscheibe von Spott sein, verspottet werden

slightingly ['slaɪtɪŋli, AM -t̬-] *adv* beleidigend; **to refer ~ to** [*or* **remark ~ on**] **sth** eine spitze Bemerkung über etw *akk* machen

slightly ['slaɪtli] *adv* ein wenig, etwas; ***I feel ~ peculiar*** ich fühle mich irgendwie komisch; **~ bigger/shorter** etwas größer/kürzer; **to know sb ~** jdn flüchtig kennen; **ever so ~** (*iron*) allmählich; ***I think he may have been exaggerating ever so ~*** ich denke, er hat wohl ein klein wenig übertrieben

slightly built *adj inv* zierlich

slightness ['slaɪtnəs] *n no pl* ① (*small extent*) Geringfügigkeit *f* ② (*physical*) Zierlichkeit *f*

slim [slɪm] **I.** *adj* <-mm-> ① *person, figure* schlank; *waist* schmal; *object* dünn; **a ~ volume** ein dünnes Buch ② *chance, possibility* gering; *profits, income* mager; **~ pickings** magere Ausbeute; (*inferior*) **a ~ excuse** eine schwache Ausrede **II.** *vi* <-mm-> abnehmen

♦**slim down I.** *vi* abnehmen **II.** *vt* **to ~ one's hips/waist/legs down** an den Hüften/der Taille/den Beinen abnehmen; **to ~ down a workforce** Personal reduzieren

slime [slaɪm] *n no pl* ① (*substance*) Schleim *m;* **the primeval ~** der Urschlamm; **a trail of ~** eine Schleimspur ② (*pej fam: person*) Schleimer(in) *m(f) pej fam*

slime ball *n* (*pej fam*) Schleimer(in) *m(f) pej fam*

slime mold AM, **slime mould** *n* Schleimpilz *m*

sliminess ['slaɪmɪnəs] *n no pl of fish, mud* Glitschigkeit *f;* (*fig, pej*) *of person* Schleimigkeit *f pej fam*

slimline ['slɪmlaɪn] *adj inv* schlank, schmal

slimmer ['slɪməʳ, AM -ɚ] *n* figurbewusste Person

slimming ['slɪmɪŋ] **I.** *n no pl* Abnehmen *nt* **II.** *adj* ① *inv* (*for slimmers*) schlank machend *attr;* **~ pill** Schlankheitspille *f* ② (*fam: non-fattening*) schlank machend *attr;* ***have a salad — that's ~*** nimm einen Salat – das hält schlank; **~ food** Diätkost *f* ③ (*in appearance*) *colours* schlank machend

slimness ['slɪmnəs] *n no pl of body* Schlankheit *f; of chances, profits* Geringfügigkeit *f*

slimy ['slaɪmi] *adj* ① (*covered in slime*) *slug, pond, seaweed* schleimig ② (*fig, pej fam*) *character, person* schleimig *pej fam;* **~ git** BRIT Schleimer(in) *m(f) pej fam*

sling [slɪŋ] **I.** *n* ① (*for broken arm*) Schlinge *f;* (*for baby*) Tragetuch *nt;* (*for camera, gun*) Tragegurt *m;* (*for lifting*) Schlinge *f* ② (*weapon*) Schleuder *f* **II.** *vt* <slung, slung> ① (*fling*) ■**to ~ sth** etw werfen [*o* schleudern]; **~ *me a pen, will you?*** könntest du mir mal einen Kugelschreiber 'rüberwerfen?; **to ~ sth in the bin/on the floor** etw in den Mülleimer/auf den Boden werfen; **to ~ sb in prison** jdn ins Gefängnis werfen [*o sl* stecken] *fam* ② (*hang*) ***soldiers with rifles slung over their shoulders*** Soldaten mit geschulterten Gewehren; ***she sat next to him on the sofa, her legs slung over his*** sie saß neben ihm auf dem Sofa, ihre Beine über seine geschlagen ③ (*suspend*) ■**to be slung from sth** von etw *dat* herunterhängen; **to ~ a hammock** eine Hängematte aufhängen ► PHRASES: **to ~ <u>beer</u>** AM (*fam*) Bier ausschenken; **to ~ <u>hash</u>** AM in einer Kuche arbeiten; **to ~ one's <u>hook</u>** BRIT (*sl*) die Fliege machen *sl*

♦**sling off** *vt* (*fam*) ■**to ~ sb** ⊂ **off** jdn rauswerfen *fam*

♦**sling out** *vt* (*fam*) ■**to ~ out** ⊂ **sb/sth** jdn/etw rauswerfen *fam;* ***she was slung out of college*** sie flog vom College *fam*

♦**sling together** *vt* (*fam*) ■**to ~ together** ⊂ **sth** etw zusammenwerfen; ***I'll just ~ together a few things and I'll be ready to go*** ich suche mir nur eben ein paar Sachen zusammen, dann bin ich so weit

slingbacks ['slɪŋbæks] *npl,* **slingback sandals** *npl* Sandaletten *pl*

slingshot ['slɪŋʃɑːt] *n* AM, AUS (*catapult*) [Stein]schleuder *f*

slink <slunk, slunk> [slɪŋk] *vi* schleichen; **to ~ back to one's room/out of the office** [sich *akk*] zurück in sein Zimmer/aus dem Büro schleichen; ■**to ~ away** [sich *akk*] davonschleichen

slinky ['slɪŋki] *adj* verführerisch; **~ dress** verführerisches Kleid; **~ walk** aufreizender Gang

slip [slɪp] **I.** *n* ① (*fall*) **to have a ~** ausrutschen und hinfallen; (*in price, value*) Fall *m* ② (*for ordering*) Formular *nt;* (*sales slip*) Kassenzettel *m;* **a ~ of paper** ein Stück *nt* Papier; **paying-in** [*or* **deposit**] **~** Einzahlungsformular *nt* ③ (*mistake*) Flüchtigkeitsfehler *m,* Schnitzer *m;* **a ~ of the pen** ein Schreibfehler *m;* **a ~ of the tongue** ein Versprecher *m;* **to make a ~** einen Schnitzer machen ④ (*petticoat*) Unterrock *m* ⑤ HORT (*of plant*) Ableger *m* ⑥ (*person*) zierliche Person; **a ~ of a girl** eine halbe Portion von einem Mädchen; **a ~ of a thing** ein schmales Ding ⑦ (*in cricket*) ■**the ~s** *pl Bereich neben dem Torwächter* ⑧ (*in flying*) Slippen *nt,* Seitenrutsch *m* ⑨ *no pl* (*in pottery*) geschlämmter Ton ⑩ LAW (*note*) Beleg *m* über die beabsichtigte Seeversicherungspolice; **compliments ~** Kurzmitteilung *f* ► PHRASES: **there's <u>many</u> a ~** ['**twixt cup and lip**] (*prov*) man soll den Tag nicht vor dem Abend loben *prov;* **to <u>give</u> sb the ~** jdn abhängen **II.** *vi* <-pp-> ① (*lose position*) *person* ausrutschen; *knife, hand* abrutschen; *tyres* wegrutschen; *clutch* schleifen; **to ~ on the ice/in the mud** auf dem Eis/im Schlamm ausrutschen; ■**to ~ off sth** von etw *dat* abrutschen; ***the books keep ~ping off the shelf*** die Bücher rutschen immer vom Regal herunter ② (*move quietly*) **to ~ out the door/into a house** zur Tür hinaus-/ins Haus schleichen; **to ~ through a gap** durch ein Loch schlüpfen; **to ~ into a seat** sich *akk* in einen Sitz drücken; **to ~ downstairs/upstairs** die Treppe hinunter-/heraufschleichen; ***why don't you ~ along to the manager's office and ask him?*** warum huschst du nicht schnell mal im Büro des Managers vorbei und fragst ihn? ③ (*decline*) *dollar, price, productivity* sinken; ***the song has ~ped to number 17 this week*** das Lied ist diese Woche auf die Nummer 17 gefallen ④ (*make mistake*) *person* sich *akk* versprechen; ***he ~ped and accidently mentioned the surprise party*** ihm rutschte aus Versehen etwas über die Überraschungsparty heraus; ***you're ~ping*** du bist nachlässig geworden; **to let sth ~** *secret* etw ausplaudern; **to let one's attention/concentration/guard ~** seine Aufmerksamkeit/Konzentration/Aufsicht schleifen lassen; ***he let his guard ~ for just a moment*** er war nur für einen Moment unaufmerksam; ***you can't afford to let your concentration ~ for a second*** man darf keine Sekunde lang unkonzentriert sein ⑤ (*start to have*) ■**to ~ into sth** sich *dat* etw angewöhnen; ***the country is ~ping into recession*** das Land driftet in die Rezession ab; ***everything seemed to ~ into place*** alles schien [plötzlich] zusammenzupassen; **to ~ into a coma** ins Koma fallen; **to ~ into a habit** sich *dat* etw angewöhnen; **to ~ into bad habits** sich *dat* schlechte Gewohnheiten aneignen ⑥ (*change clothing*) **to ~ out of a bathrobe/suit** den Bademantel/Anzug ausziehen; **to ~ into one's pajamas/a skirt** in seinen Schlafanzug/einen Rock hineinschlüpfen; **to ~ into something more comfortable** in etwas Bequemeres schlüpfen ► PHRASES: **to ~ through the <u>cracks</u>** unters Fußvolk geraten *fam;* **to ~ through sb's <u>fingers</u>** jdm entkommen; **to let sth ~ through one's <u>fingers</u>** sich *dat* etw entgehen lassen; **to let sb ~ through one's <u>fingers</u>** jdn entwischen lassen **III.** *vt* <-pp-> ① (*put smoothly*) ■**to ~ sth** ***he ~ped his arm around her waist*** er legte seinen Arm um ihre Taille; ***someone had ~ped a piece of paper between the pages of the book*** jemand hatte ein Stück Papier zwischen die Buchseiten gelegt; ~ ***the key through the letter box*** werfen Sie den Schlüssel in den Briefkasten; ***she ~ped the key under the mat*** sie schob den Schlüssel unter die Matte; ***she ~ped her hand into his*** sie nahm ihn verstohlen bei der Hand; ***he ~ped the letter into his pocket*** er steckte den Brief in seine Tasche; ***she ~ped a ten pound note into his hand*** sie drückte ihm eine Zehnpfundnote in die Hand; **to ~ sb money/a note** jdm Geld/eine Nachricht zustecken ② (*escape from*) ■**to ~ sth** sich *akk* aus etw *dat* befreien; *chain[s]* sich *akk* von etw *dat* befreien; **to ~ sb's attention** jds Aufmerksamkeit entgehen; ***it must have ~ped my attention, madam*** es muss mir entgangen sein, Madam; **to ~ sb's mind** [*or* **memory**] etw vergessen ③ AUTO **to ~ the car into gear** den Gang schnell einlegen; **to ~ the clutch** die Kupplung lösen ④ NAUT **to ~ the anchor** den Anker lichten ⑤ MED **to ~ a disk** sich *dat* einen Bandscheibenschaden zuziehen ⑥ (*in knitting*) **to ~ a stitch** abketten ► PHRASES: **to ~ one over on sb** jd reinlegen

◆**slip away** *vi* ① (*leave unnoticed*) *person* sich *akk* wegstehlen; ***we ~ped away down a side street*** wir schlichen uns eine Seitenstraße hinunter ② (*not be kept*) ■**to ~ away [from sb]** *control, power* [jdm] entgleiten; ***they wouldn't let this chance of victory ~ away from them*** sie würden sich diese Siegeschance nicht entgehen lassen ③ (*time*) verstreichen *geh* ④ (*euph: be dying*) im Sterben liegen

◆**slip by** *vi* ① (*pass quickly*) *years* verfliegen ② (*move past*) *person* vorbeihuschen ③ (*go unnoticed*) *mistake, remark* durchgehen

◆**slip down** *vi* ① *trousers, socks* herunterrutschen ② (*food, drink*) ***a cool beer ~s down wonderfully easily*** ein kühles Bier geht runter wie nichts

◆**slip in** I. *vt* ■**to ~ in** ⊂ **sth** etw einbringen [*o* einflechten]; **to ~ in a joke** einen Witz anbringen [*o* zum Besten geben] II. *vi person* sich *akk* hereinschleichen

◆**slip off** I. *vi* ① (*leave unnoticed*) sich *akk* davonstehlen ② (*fall off*) herunterrutschen; ***he tilted the tray and let the plates ~ off onto the table*** er kippte das Tablett und ließ die Teller auf den Tisch rutschen II. *vt* ■**to ~ off** ⊂ **sth** etw abstreifen [*o* ausziehen]

◆**slip on** *vt* ■**to ~ on** ⊂ **sth** etw anziehen [*o* überstreifen]; **to ~ on a ring** sich *dat* einen Ring anstecken

◆**slip out** *vi* ① (*for short time*) ***I'm just ~ping out to get a paper*** ich geh' nur kurz eine Zeitung holen; ***I'll ~ out the back way*** ich nehme den Hinterausgang; **to ~ out for a moment** kurz weggehen; (*stealthily*) sich *akk* hinausschleichen ② *words, secret* herausrutschen

◆**slip through** *vi* ① *person* durchschlüpfen ② *mistake* durchgehen

◆**slip up** *vi* einen Fehler begehen; ***he's been ~ping up lately*** er hat in letzter Zeit einige Schnitzer gemacht

slip-carriage *n* BRIT (*hist*) Anhängerwagon *m* **slipcase** *n* Schuber *m* **slip-coach** *n* Anhängerwagon *m* **slipcover** *n* Schonbezug *m* **slipknot** *n* Schlaufe *f,* Schlippstek *m fachspr* **slip-on** I. *adj attr, inv* ~ **shoes** Slipper *mpl* II. *n* ■**~s** *pl* Slipper *mpl* **slipover** *n* Pullunder *m*

slippage ['slɪpɪdʒ] *n no pl* ① (*in popularity, price*) Sinken *nt* ② (*delay*) Verzögerung *f*

slipped disc *n* MED Bandscheibenvorfall *m*

slippers ['slɪpəz, AM -ɚz] *npl* Hausschuhe *mpl*

slippery ['slɪpᵊri, AM -ɚi] *adj* ① (*of surface, object*) rutschig; (*fig*) *situation* unsicher; ~ **road/surface** glatte Straße/Oberfläche; ~ **soap** glitschige Seife ② (*fig, pej: untrustworthy*) windig *fig fam;* **a ~ person** eine unzuverlässige Person, ein Windhund *m* ► PHRASES: **to be as ~ as an eel** aalglatt sein; **to be on the** [*or* **a**] **~ slope** auf der schiefen Bahn sein

slippy ['slɪpi] *adj* ① (*slippery*) glatt ② BRIT (*dated: quick*) **to be** [*or* **look**] ~ sich *akk* beeilen

slip road *n* BRIT Zubringer *m* **slipshod** *adj* schludrig; ~ **work** schlampige Arbeit **slipstream** *n* AUTO Windschatten *m;* AVIAT Sog *m* **slip-up** *n* Fehler *m,* Versehen *nt,* Schnitzer *m;* ***there's been a ~*** es ist uns ein Fehler unterlaufen **slipway** *n* NAUT Ablaufbahn *f*

slit [slɪt] I. *vt* <-tt-, slit, slit> ■**to ~ sth** etw aufschlitzen; **to ~ one's wrist** sich *dat* die Pulsadern aufschneiden; **to ~ an envelope open** einen Briefumschlag aufreißen II. *n* ① (*tear*) Schlitz *m* ② (*narrow opening*) *eyes* Schlitz *m; door* Spalt *m*

slit-eyed *adj inv* (*pej*) schlitzäugig

slither ['slɪðəʳ, AM -ɚ] *vi lizard, snake* kriechen; *person* rutschen, schlittern; **to ~ on the ice** auf dem Eis herumschlittern

slithery ['slɪðᵊri, AM -ɚi] *adj inv* kriechend *attr; animal* Kriech-

slit skirt *n* geschlitzter Rock

slitty-eyed ['slɪti,aɪd, AM -t̬-] *adj* (*pej! fam*) schlitzäugig *fam*

sliver ['slɪvəʳ, AM -ɚ] *n* ① (*shard*) Splitter *m;* ~ **of glass/wood** Glas-/Holzsplitter *m;* **a ~ of light** ein Lichtschimmer ② (*small piece*) **a ~ of cheese** ein Scheibchen *nt* Käse; **a ~ of cake** ein Stückchen *nt* Kuchen

Sloane [sləʊn] *n* BRIT (*pej fam*), **Sloane Ranger** *n* BRIT (*pej fam*) *wohlhabendes weibliches Mitglied der gehobenen Mittelschicht*

Sloaney ['sləʊni] *adj* BRIT (*pej fam*) yuppiemäßig *fam*

slob [slɒb, AM slɑ:b] I. *n* (*pej fam*) Gammler(in) *m(f) fam o pej* II. *vi* ■**to ~ around** [*or* **about**] herumgammeln *fam o pej*

slobber ['slɒbəʳ, AM 'slɑ:bɚ] I. *vi* sabbern; ■**to ~ over sb** (*fig fam*) von jdm schwärmen; ■**to ~ over sth** etw anschmachten II. *n no pl* Sabber *m*

slobbery ['slɒbᵊri, AM 'slɑ:bɚi] *adj* (*wet*) feucht; (*slobbered on*) voll gesabbert *fam;* ~ **kiss** feuchter Kuss

slobbish ['slɒbɪʃ, AM 'slɑ:b-] *adj* (*pej fam*) ungehobelt *pej;* ~ **lifestyle** lockere Lebensart

sloe [sləʊ, AM sloʊ] *n* Schlehe *f*

sloe gin *n no pl* Schlehdornschnaps *m*

slog [slɒg, AM slɑ:g] I. *n* ① *no pl* (*fam: hard work*) Schufterei *f fam,* Plackerei *f fam;* (*strenuous hike*) Marsch *m hum fam* ② (*hit*) wuchtiger Schlag II. *vi* <-gg-> (*fam*) ① (*walk*) **to ~ to the village/up the hill** sich *akk* ins Dorf/auf den Hügel schleppen *fam* ② (*work*) ■**to ~ through sth** sich *akk* durch etw *akk* durcharbeiten III. *vt* <-gg-> (*fam*) **to ~ the ball** SPORTS den Ball schleudern; (*in fighting*) **to ~ sb in the belly/face** jdn in den Bauch/ins Gesicht schlagen

◆**slog away** *vi* (*fam*) sich *akk* abrackern *fam;* ■**to ~ away at** [*or* **on**] **sth** sich *akk* mit etw *dat* abmühen *fam*

◆**slog on** *vi* (*fam: continue working*) weitermachen; ***we ~ged on with the digging*** wir gruben weiter; (*continue walking*) weiterlatschen *fam*

slogan ['sləʊgən, AM 'sloʊ-] *n* Slogan *m;* **advertising ~** Werbeslogan *m;* **campaign ~** Wahlspruch *m*

sloganeering [,sloʊgə'ni:rɪŋ] *n no pl* AM (*fam*) Sprücheklopfen *nt fam*

slogger ['slɒgəʳ, AM 'slɑ:gɚ] *n* SPORTS ① (*fam: in cricket*) Schläger(in) *m(f)* ② (*fam: boxer*) Preisboxer(in) *m(f)*

slo-mo ['sləʊməʊ, AM 'sloʊmoʊ] *n* ① (*fam*) *short for* **slow motion** Zeitlupe *f* ② *esp* BRIT (*pej sl: person*) lahme Ente *hum fam*

sloop [slu:p] *n* NAUT Slup *f*

slop [slɒp, AM slɑ:p] I. *n* ① (*waste*) ■**~s** *pl* Abfälle *pl;* (*food waste*) Essensreste *pl* ② *no pl* (*pej fam: food*) Schlabber *m fam* ③ (*sentimental material*) rührseliges Zeug *fam* II. *vt* <-pp-> (*fam*) **to ~ water** Wasser verschütten; **to ~ sth on the floor/table** *a liquid* etw auf den Boden/Tisch verschütten III. *vi* <-pp-> (*fam*) *a liquid* überschwappen; **to ~ out of the bucket/onto the floor** aus dem Eimer/auf den Boden schwappen

◆**slop about** BRIT, AUS (*fam*), **slop around** *vi* BRIT, AUS (*fam*) herumhängen *fam*

◆**slop out** *vi* BRIT *in prison* den/die Toiletteneimer [aus]leeren

◆**slop over** *vi* überschwappen

slop basin *n* BRIT, **slop bowl** *n* AM Abgussschale *f*

slope [sləʊp, AM sloʊp] I. *n* ① (*hill*) Hang *m;* **a steep ~** ein steiler Hang; ***the southern ~s of the Alps*** die südlichen Hänge/die Südseite der Alpen; **ski ~** Skipiste *f* ② *no pl* (*angle*) Neigung *f;* **~ of a roof** Dachschräge *f;* **a 30° ~** eine 30°-Neigung; **to be at a ~** eine Schräge haben; ***is that shelf supposed to be at a ~?*** hängt das Regal extra so schief? ③ MATH (*on graph*) Gefälle *nt* ④ MIL **to hold a rifle at the ~** ein Gewehr geschultert haben ⑤ AM, AUS (*pej! sl: Asian person*) Schlitzauge *nt pej fam* II. *vi* ① (*incline/decline*) *ground* abfallen; *roof* geneigt sein; ■**to ~ down/up** abfallen/ansteigen ② (*lean*) sich *akk* neigen; **to ~ to the right/left/forwards/backwards** sich *akk* nach rechts/links/vorne/hinten neigen; ***my handwriting ~s to the left*** ich schreibe nach links III. *vt* ① (*make sloping*) ■**to ~ sth** *roof, path* etw schräg anlegen ② MIL **to ~ arms** Gewehre schultern

◆**slope off** *vi* sich *akk* verziehen *fam* [*o fam* wegstehlen]

slopehead *n* AM, AUS (*pej! sl*) Schlitzauge *nt pej fam*

sloping ['sləʊpɪŋ, AM 'sloʊ-] *adj attr, inv* schräg; (*upwards*) *hill, road* ansteigend; (*downwards*) abfallend; ~ **hand** schräge Handschrift; **a ~ roof** ein Schrägdach *nt;* ~ **shoulders** hängende Schultern

sloppily ['slɒpɪli, AM 'slɑ:-] *adv dressed, written* schlampig

sloppiness ['slɒpɪnəs, AM 'slɑ:-] *n no pl* Schlampigkeit *f; of work* Nachlässigkeit *f*

sloppy ['slɒpi, AM 'slɑ:pi] *adj* ① (*careless*) schlampig ② (*hum or pej: overly romantic*) rührselig, kitschig; ~ **love song** Schnulze *f fam;* ~ **romance novel** Groschenroman *m fam;* ~ **sentimentality** Rührseligkeit *f* ③ (*pej: too wet*) triefend *attr;* ~ **food** schlabberiges Essen *fam;* **a ~ kiss** ein feuchter Kuss ④ (*fam: loose-fitting*) *clothing* schlabberig *fam*

slosh [slɒʃ, AM slɑ:ʃ] I. *vt* ① (*fam: pour carelessly*) ***I ~ed some water on my face*** ich habe mir etwas Wasser ins Gesicht geworfen; **to ~ sth into a glass/onto the floor** etw in ein Glas/auf den Boden schütten; (*spill*) **to ~ one's coffee/milk** seinen Kaffee/seine Milch verschütten ② BRIT (*sl: hit*) ■**to ~ sb** jdm eine verpassen *sl* II. *vi* ① (*splash around*) *a liquid* [herum]schwappen; *person* [herum]planschen *fam* ② (*move through water*) waten

◆**slosh about, slosh around** I. *vi* herumspritzen; *person* herumplanschen *fam;* (*in container*) herumschwappen II. *vt* ■**to ~ sth about** [*or* **around**] etw umrühren

sloshed [slɒʃt, AM slɑ:ʃt] *adj pred* (*fam*) besoffen *sl;* **to get ~** sich *akk* besaufen [*o sl* vollaufen lassen]

slot [slɒt, AM slɑ:t] I. *n* ① (*narrow opening*) Schlitz *m;* (*groove*) Rille *f;* (*for money*) Geldeinwurf *m;* (*for mail*) Briefschlitz *m* ② COMPUT Slot *m,* Steckplatz *m* ③ (*in TV programming*) Sendezeit *f;* **advertising ~** Werbepause *f* ④ AVIAT Slot *m* II. *vt* <-tt-> ■**to ~ sth into sth** etw in etw *akk* [hinein]stecken III. *vi* <-tt-> ■**to ~ into sth** in etw *akk* hineinpassen; ***he ~ted perfectly into the team*** er passte perfekt in das Team; ***it won't ~ into our schedule*** es passt nicht in unseren Ablauf

◆**slot in** I. *vi* hineinstecken; ***the legs of the chair are meant to ~ in here*** die Stuhlbeine gehören hier hinein II. *vt* ① (*into frame*) ■**to ~ in** ⊂ **sth** etw einpassen; ~ ***the legs of the chair in here!*** passen Sie die Stuhlbeine hier ein! ② (*into schedule*) ■**to ~ in** ⊂ **sb/sth** jdn/etw dazwischenschieben *fam*

◆**slot together** I. *vi parts* ineinander passen, zusammenpassen II. *vt* ■**to ~ together** ⊂ **sth** etw ineinander stecken

sloth [sləʊθ, AM slɑ:θ] *n* ① *no pl* (*laziness*) Trägheit *f,* Faulheit *f* ② (*animal*) Faultier *nt* ③ (*fig, pej: person*) Faultier *nt fig, pej*

slothful ['sləʊθfᵊl, AM 'slɑ:θ-] *adj* faul

slot machine *n* ① (*for gambling*) Spielautomat *m* ② BRIT, AUS (*vending machine*) [Münz]automat *m*

S

slot meter *n* Münzautomat *m*

slotted ['slɒtɪd, AM 'slɑ:t̬-] *adj inv* mit einem Spalt versehen; ~ **screw** Schlitzschraube *f*

slouch [slaʊtʃ] **I.** *n* <*pl* -es> ❶ (*bad posture*) krumme Haltung ❷ (*person*) Niete *f fam;* **to be no ~ at sth** etw gut können; ***she's no ~ when it comes to organizing parties*** sie ist ganz groß im Organisieren von Parties **II.** *vi* ❶ (*have shoulders bent*) gebeugt stehen; (*with sadness*) sich *akk* hängen lassen *fig;* ***quit ~ing*** steh nicht so krumm da; ***she saw him ~ing in the corner*** sie sah ihn in der Ecke herumsitzen; ■**to ~ over** sich *akk* gehen lassen; ***she sat ~ed over her desk*** sie hing über ihrem Schreibtisch ❷ (*walk*) **to ~ along the street** die Straße entlangschlendern

◆**slouch about, slouch around** *vi* herumhängen *fam*

slouched [slaʊtʃt] *adj pred, inv* gebeugt; ***he sat ~ed in an armchair*** er saß zurückgelehnt in einem Lehnstuhl

slouch hat *n* AM, AUS Schlapphut *m*

slough¹ [slaʊ, AM *esp* slu:] *n* ❶ (*old: bog*) Sumpf *m* ❷ (*fig: depressed state*) Sumpf *m liter;* **a ~ of despair/self-pity** ein Sumpf *m* der Verzweiflung/des Selbstmitleids *liter*

slough² [slʌf] *vt* **to ~ old skin** ZOOL alte Haut abstreifen, sich *akk* häuten

◆**slough off** *vt* ❶ ZOOL **to ~ old skin off** alte Haut abstreifen, sich *akk* häuten ❷ (*fig: get rid of*) **to ~ off old acquaintances** alte Bekanntschaften lösen; **to ~ off an image** ein Image hinter sich *dat* lassen; **to ~ off one's responsibilities** seine Verpflichtungen über Bord werfen

Slovak ['sləʊvæk, AM 'sloʊvɑ:k] **I.** *n* ❶ (*person*) Slowake, -in *m, f* ❷ *no pl* (*language*) Slowakisch *nt* **II.** *adj inv* slowakisch

Slovakia [slə(ʊ)'vækiə, AM sloʊ'vɑ:k-] *n no pl* die Slowakei

Slovakian [slə(ʊ)'vækiən, AM sloʊ'vɑ:k-] **I.** *n* ❶ (*person*) Slowake, -in *m, f* ❷ *no pl* (*language*) Slowakisch *nt* **II.** *adj inv* slowakisch

sloven ['slʌvᵊn] *n* (*dated: messy*) schlampige Person; (*unkempt*) ungepflegte Person

Slovene [slə(ʊ)'vi:n, AM 'sloʊvi:n] **I.** *n* ❶ (*person*) Slowene, -in *m, f* ❷ *no pl* (*language*) Slowenisch *nt* **II.** *adj inv* slowenisch

Slovenia [slə(ʊ)'vi:niə, AM sloʊ-] *n no pl* Slowenien *nt*

Slovenian [slə(ʊ)'vi:niən, AM sloʊ-] **I.** *n* ❶ (*person*) Slowene, -in *m, f* ❷ *no pl* (*language*) Slowenisch *nt* **II.** *adj inv* slowenisch

slovenliness ['slʌvᵊnlɪnəs] *n no pl* Schlampigkeit *f*

slovenly ['slʌvᵊnli] *adj* schlampig; **a ~ appearance** ein ungepflegter Eindruck

slow [sləʊ, AM sloʊ] **I.** *adj* ❶ (*without speed*) langsam; *business, market* flau; ***it's ~ going*** es geht nur langsam voran; ■**to be ~ to do sth** lange brauchen, um etw zu tun; **~ poison** langsam wirkendes Gift; **to make ~ progress** [nur] langsam vorankommen; **~ track** SPORTS Außenbahn *f* ❷ (*not quick-witted*) begriffsstutzig, langsam; **to be ~ off the mark** [*or* **on the uptake**] schwer von Begriff sein ❸ (*behind the correct time*) **to be** [*or* **run**] [**10 minutes**] ~ *clock, watch* [10 Minuten] nachgehen ► PHRASES: **~ and steady wins the race** (*prov*) langsam, aber sicher **II.** *vi* langsamer werden; *inflation* abflauen; **to ~ to a crawl** [*or* **trickle**] fast zum Stillstand [*o* Erliegen] kommen; *see also* **slow down II 1 III.** *vt* ■**to ~ sb/sth** jdn/etw verlangsamen; ***drivers on the main roads are to be ~ed to 50 km per hour*** die Geschwindigkeit auf Hauptstraßen soll auf 50 Stundenkilometer reduziert werden

◆**slow down I.** *vt* ■**to ~ sb/sth** ↔ **down** jdn/etw verlangsamen; ***I don't like working with him, he ~s me down*** ich arbeite nicht gerne mit ihm, er hält mich auf **II.** *vi* ❶ (*reduce speed*) langsamer werden; (*speak*) langsamer sprechen; (*walk*) langsamer laufen [*o* gehen]; *inflation* abflauen ❷ (*relax more*) kürzer treten *fam,* sich *akk* schonen

◆**slow up I.** *vt* ■**to ~ sth** ↔ **up** etw verlangsamen; ***the changes have ~ed up our progress on the project*** durch die Änderungen sind wir mit dem Projekt in Verzug geraten **II.** *vi* langsamer werden; (*drive*) langsamer fahren; (*walk*) langsamer gehen; ***I'm ~ing up a bit now that I'm getting older*** jetzt, wo ich älter werde, brauche ich für alles etwas länger

slowcoach *n* BRIT, AUS (*childspeak fam*) lahme Ente *fam* **slowdown** *n* ❶ ECON (*business activity*) Verlangsamung *f;* **economic ~** Konjunkturabschwächung *f* ❷ AM ECON (*go-slow*) Bummelstreik *m* **slow handclap** *n* rhythmisches Klatschen (*zum Ausdruck des Protests*) **slow lane** *n* Kriechspur *f*

slowly ['sləʊli, AM 'sloʊ-] *adv* langsam; **~ but surely** langsam, aber sicher

slow-mo ['sloʊmoʊ] *esp* AM **I.** *n no pl* FILM (*fam*) Zeitlupe *f;* **in ~** in Zeitlupe **II.** *adj* FILM (*fam*) Zeitlupen- **slow motion I.** *n no pl* FILM Zeitlupe *f;* **in ~** in Zeitlupe **II.** *adj* Zeitlupen- **slow-moving** <slower-, slowest-> *adj* sich *akk* [nur] langsam bewegend; *story, film, plot* langatmig; **~ traffic** zähflüssiger Verkehr

slowness ['sləʊnəs, AM 'sloʊ-] *n no pl* ❶ (*lack of speed*) Langsamkeit *f* ❷ (*lack of intelligence*) Begriffsstutzigkeit *f*

slowpoke *n* AM (*childspeak fam: slowcoach*) lahme Ente *fam* **slow-through** *n* COMPUT durchscheinender Druck **slow train** *n* TRANSP Personenzug *m,* Bummelzug *m fam* **slow-witted** *adj* begriffsstutzig, schwer von Begriff *nach n* **slow-worm** *n* Blindschleiche *f*

SLR [,esel'ɑ:ʳ, AM -'ɑ:r], **SLR camera** *n* PHOT *abbrev of* **single lens reflex (camera)** Spiegelreflexkamera *f*

sludge [slʌdʒ] *n no pl* Schlamm *m,* Matsch *m;* **sewage ~** Klärschlamm *m*

sludgy ['slʌdʒi] *adj* schlammig, matschig

slue *vtvi* AM *see* **slew**

slug ['slʌg] **I.** *vt* <-gg-> (*fam*) ❶ (*hit with hard blow*) ■**to ~ sb** jdm eine verpassen *sl* ❷ (*fight physically or verbally*) **to ~ it out** es untereinander ausfechten ❸ AUS (*overcharge*) ■**to ~ sb** jdn abzocken *sl* **II.** *n* ❶ (*mollusc*) Nacktschnecke *f;* (*fig*) lahme Schnecke *fam* ❷ (*fam: bullet*) Kugel *f* ❸ AM (*counterfeit coin*) gefälschte Münze ❹ (*swig*) Schluck *m* ❺ TYPO Zeilenguss *m*

sluggard ['slʌgəd, AM -ɚd] *n* (*dated*) Faulpelz *m*

sluggardly ['slʌgədli, AM -ɚd-] *adj* (*dated*) faul, träge

sluggish ['slʌgɪʃ] *adj* träge; *market* flau; *engine* lahm, langsam; **~ trading** stagnierender Handel

sluggishly ['slʌgɪʃli] *adv* träge; **to walk ~** schwerfällig gehen

sluggishness ['slʌgɪʃnəs] *n no pl* Trägheit *f;* ECON Flaute *f*

slug pellets *npl* Schneckengift *nt*

sluice [slu:s] **I.** *n* Schleuse *f* **II.** *vi* ■**to ~ out** [**from sth**] *water* herausschießen [aus etw *dat*] **III.** *vt* ■**to ~ sth down** etw [mit dem Schlauch] abspritzen

sluice gate *n* Schleusentor *nt* **sluice gate price** *n* EU Schleusenpreis *m* **sluiceway** *n* [Schleusen]kanal *m*

slum [slʌm] **I.** *n* Slum *m,* Elendsviertel *nt;* **to live in ~ conditions** in elenden Verhältnissen leben **II.** *vi* <-mm-> ❶ (*at lower social level*) **to be** [*or* **go**] **~ming** sich *akk* unters gemeine Volk mischen ❷ (*trying to be overly casual*) ■**to be ~ming** sich *akk* allzu salopp geben **III.** *vt* <-mm-> **to ~ it** (*iron*) primitiv leben

slumber ['slʌmbəʳ, AM -bɚ] (*poet*) **I.** *vi* schlummern *geh* **II.** *n* ❶ (*sleep*) Schlummer *m geh;* (*fig*) Dornröschenschlaf *m;* **~ party** AM Party *f* mit Übernachtung ❷ (*dreams*) ■**~s** *pl* Träume *mpl*

slum child *n* Slumkind *nt* **slum clearance** *n no pl* Beseitigung *f* der Slums; **~ project** [Stadt]sanierungsprojekt *nt* **slum dweller** *n* Slumbewohner(in) *m(f)* **slum landlord** *n* Vermieter *m* von Elendsquartieren

slummy ['slʌmi] *adj* verwahrlost, heruntergekommen

slump [slʌmp] **I.** *n* ECON ❶ (*decline*) [plötzliche] Abnahme; STOCKEX Baisse *f;* ***there has been a ~ in demand for beef*** die Nachfrage nach Rindfleisch ist drastisch zurückgegangen; **~ in prices** Preissturz *m* ❷ (*recession*) Rezession *f;* **economic ~** Wirtschaftskrise *f;* **to be in a ~** sich *akk* in einer Krise befinden **II.** *vi* ❶ (*fall dramatically*) *prices* stürzen, fallen; *numbers, sales* zurückgehen; ***the value of property has ~ed*** Immobilien haben drastisch an Wert verloren ❷ (*fall heavily*) fallen, zusammensacken; **to ~ into a chair** sich *akk* in einen Stuhl fallen lassen

slumped ['slʌmpt] *adj inv, pred* zusammengesackt, zusammengesunken

slung [slʌŋ] *pt, pp of* **sling**

slunk [slʌŋk] *pt, pp of* **slink**

slur [slɜ:ʳ, AM slɜ:r] **I.** *vt* <-rr-> ❶ (*pronounce unclearly*) ■**to ~ sth** etw undeutlich artikulieren; (*because of alcohol*) etw lallen ❷ (*damage sb's reputation*) ■**to ~ sb** jdn verleumden **II.** *n* ❶ (*blame*) Verleumdung *f;* **a ~ against** [*or* **on**] **sb/sth** eine beleidigende Äußerung über jdn/etw; **to cast a ~ on sb/sth** jdn/etw in einem schlechten Licht erscheinen lassen ❷ COMPUT (*printed image*) Schmitz *m* ❸ (*distortion*) *of voice* Verzerrung *f*

slurp [slɜ:p, AM slɜ:rp] (*fam*) **I.** *vi* ❶ (*drink noisily*) schlürfen ❷ (*move slowly and loudly*) schwappen **II.** *vt* ■**to ~ sth** etw schlürfen **III.** *n* Schlürfen *nt;* **to take** [*or* **have**] **a ~ of tea** einen Schluck Tee schlürfen

Slurpee *n Erfrischungsgetränk mit gestoßenem Eis*

slurred [slɜ:d, AM slɜ:rd] *adj inv* MUS gebunden, legato [gespielt] *fachspr*

slurry ['slʌri, AM 'slɜ:ri] *n no pl* TECH Brei *m,* Schlamm *m;* **farm ~** Gülle *f,* Jauche *f;* **ore ~** Erzschlamm *m*

slush [slʌʃ] *n no pl* ❶ (*melting snow*) [Schnee]matsch *m* ❷ (*pej: oversentimental language*) Gefühlsduselei *f*

slush fund *n* (*pej*) Schmiergeldfonds *m,* Schmiergelder *pl*

slushy ['slʌʃi] *adj* ❶ (*melting*) matschig ❷ (*oversentimental*) kitschig

slut [slʌt] *n* (*pej*) ❶ (*promiscuous woman*) Schlampe *f pej derb* ❷ (*lazy, untidy woman*) [liederliche] Schlampe *sl*

sluttish ['slʌtɪʃ, AM 'slʌt̬-] *adj,* **slutty** ['slʌti] *adj* (*pej*) ❶ (*promiscuous*) schlampenhaft *pej* ❷ (*untidy*) schlampig *pej*

sly [slaɪ] *adj* ❶ (*secretive*) verstohlen; **~ humour** versteckter Humor; **~ smile** verschmitztes Lächeln; **on the ~** heimlich ❷ (*cunning*) gerissen, verschlagen ► PHRASES: **as ~ as a <u>fox</u>** schlau wie ein Fuchs

slyboots <*pl* -> *n* Schlauberger(in) *m(f) fam* **sly grog** *n no pl* AUS (*sl*) *illegal verkaufter Alkohol*

slyly ['slaɪli] *adv* ❶ (*secretively*) verstohlen; *grin* verschmitzt ❷ (*deceptively*) gerissen, verschlagen

slyness ['slaɪnəs] *n no pl* ❶ (*secretiveness*) Heimlichtuerei *f* ❷ (*pej: clever deceptiveness*) Gerissenheit *f*

SM [,es'em] **I.** *n no pl abbrev of* **sadomasochism** SM *m;* **to be into ~** auf SM stehen *fam* **II.** *adj abbrev of* **sadomasochistic** SM-; **~ fantasies** SM-Fantasien *fpl*

smack¹ [smæk] *n no pl* (*sl*) Heroin *nt;* **to be on ~** heroinabhängig sein

smack² [smæk] **I.** *n* ❶ (*slap*) [klatschender] Schlag; **a ~ on the bottom** ein fester Klaps auf den Hintern; **to give sb a ~ on the jaw** jdm eine knallen *fam* ❷ (*hearty kiss*) Schmatz[er] *m* ❸ (*loud noise*) Knall *m* **II.** *adv inv* ❶ (*exactly*) direkt; ***his shot landed ~ in the middle of the target*** sein Schuss landete haargenau im Zentrum der Zielscheibe ❷ (*forcefully*) voll *fam;* ***I walked ~ into a lamp post*** ich lief voll gegen einen Laternenpfahl **III.** *vt* ❶ (*slap*) ■**to ~ sb** jdm eine knallen *fam;* **to ~ sb's bottom** jdm den Hintern versohlen; **to ~ a ball** *esp* AM SPORTS einen Ball schlagen ❷ (*slap sth against sth*) ■**to ~ sth on sth** etw auf etw *akk* knallen; **to ~ one's lips** mit den Lippen schmatzen **IV.** *vi* ■**to ~ of sth** nach etw *dat* riechen *fam;* ***he avoids anything that ~s of commitment*** er geht allem aus dem Weg, was nach Bindung riecht

smack-bang *adv,* AM **smack-dab** *adv inv* ❶ (*exactly*) genau; ***she lives ~ in the middle of London*** sie wohnt mitten in London ❷ (*directly and forcefully*) voll *fam;* ***he drove ~ into the garden gate*** er fuhr voll in das Gartentor
smacker ['smækəʳ, AM -ɚ] *n* (*sl*) ❶ *usu pl* BRIT (*pound*) Pfund *nt;* AM (*dollar*) Dollar *m* ❷ (*loud kiss*) Schmatz[er] *m fam* ❸ AM (*lips, mouth*) Schnute *f bes* DIAL *fam*
smack head *n* (*sl*) Heroinabhängige(r) *f(m)*
smacking ['smækɪŋ] *adj inv* kräftig; ~ **breeze** steife Brise
small [smɔːl, AM *also* smɑːl] **I.** *adj* ❶ (*not large*) klein; ***he's quite ~ for his age*** er ist ziemlich klein für sein Alter; ~ **amount** geringer Betrag; ~ **circulation** MEDIA niedrige Auflage; ~ **craft** NAUT [kleines] Boot; ~ **fortune** kleines Vermögen; ~ **number/quantity** kleine [*o* geringe] Menge/Zahl; ~ **percentage** geringe Prozentzahl; **in ~ quantities** in kleinen Mengen; ~ **street** enge Straße; ~ **town** Kleinstadt *f;* ~ **turnout** geringe Beteiligung ❷ (*young*) klein; ~ **child** Kleinkind *nt* ❸ (*insignificant*) klein, unbedeutend; ~ **consolation** ein schwacher Trost; **no ~ feat** keine schlechte Leistung; ~ **wonder** kein Wunder; **to feel ~** sich *dat* klein und unbedeutend vorkommen; **to look ~** schlecht dastehen; **to make sb look ~** jdn niedermachen *fam* ❹ (*on a limited scale*) klein, bescheiden; ~ **investor** Kleinanleger(in) *m(f);* **in a ~ way** bescheiden, im Kleinen; **in sb's own ~ way** auf jds eigene bescheidene Art ❺ TYPO ~ **letter** Kleinbuchstabe *m* ► PHRASES: **to be grateful** [*or* **thankful**] **for ~ mercies** mit wenig zufrieden sein; **it's a ~ world!** (*prov*) die Welt ist klein! **II.** *n no pl* **the ~ of the** [*or* **one's**] **back** ANAT, ZOOL das Kreuz
small ad *n* Kleinanzeige *f* **small arms** *npl* Handfeuerwaffen *fpl* **small beer** *n no pl* BRIT Kleinigkeit *f,* Klacks *m fam* **small business** *n* Kleinunternehmen *nt* **small change** *n no pl* Kleingeld *nt;* (*fig: small amount*) Klacks *m fam* **small claims** *npl* LAW Bagatellsachen *fpl;* ~ **court** *Zivilgericht für Bagatellfälle* **smallest room** *n no pl* BRIT, AUS (*euph sl*) ■**the ~** das stille Örtchen *hum* **small fry** *n no pl,* + *sing/pl vb* (*fam*) ❶ (*children*) junges Gemüse *hum* ❷ (*unimportant people*) kleine Fische *fam*
smallholder *n* BRIT Kleinbauer, Kleinbäuerin *m, f*
smallholding *n* BRIT kleiner Landbesitz **small hours** *npl* **the** [**wee**] ~ die frühen Morgenstunden
small intestine *n* Dünndarm *m*
smallish ['smɔːlɪʃ, AM 'smɑːl-] *adj* [eher] klein; ***she is on the ~ side*** sie ist eher klein
small loan *n* Kleinkredit *m* **small-minded** *adj* (*pej*) engstirnig; ~ **opinions** kleinkarierte Ansichten
small-mindedness *n no pl* (*pej*) Engstirnigkeit *f*
smallness ['smɔːlnəs, AM *also* 'smɑːl-] *n no pl* Kleinheit *f*
small potatoes *npl* + *sing vb* AM (*small beer*) Kleinigkeit *f* **smallpox** *n no pl* Pocken *fpl;* ~ **vaccination** Pockenschutzimpfung *f* **small print** *n no pl* ■**the ~** das Kleingedruckte; **to read the ~** das Kleingedruckte lesen
smalls [smɔːlz] *npl* BRIT (*hum dated*) Unterwäsche *f kein pl*
small-scale <smaller-, smallest-> *adj* in begrenztem Umfang [*o* Rahmen]; **a ~ enterprise** ein Kleinbetrieb; ~ **drawing** Zeichnung *f* im verkleinerten Maßstab; ~ **map** Karte *f* in einem kleinen Maßstab; **a ~ operation** (*fig*) ein kleiner Betrieb **small screen** *n no pl* [Fernseh]bildschirm *m* **small talk** *n no pl* oberflächliche Konversation, Smalltalk *m o nt;* ■**to make ~** Smalltalk machen **small-time** *adj* mickerig *fam; person* unbedeutend; ~ **crook** kleiner Gauner **small-timer** *n* kleiner Fisch **small-town** *adj attr* kleinstädtisch, Kleinstadt-; ~ **politics** Lokalpolitik *f*
smarm [smɑːm, AM smɑːrm] *vt* (*pej*) **to ~ one's way into sth** sich *dat* etw erschleichen; ***she thinks that she can ~ her way into the smart set*** sie glaubt, sie könne sich bei der Schickeria einschmeicheln
smarmily ['smɑːmɪli, AM 'smɑːrm-] *adv* (*pej*) schmeichlerisch
smarmy ['smɑːmi, AM 'smɑːrmi] *adj* (*pej*) schmeichlerich; ~ **charm** schmieriger Charme
smart [smɑːt, AM smɑːrt] **I.** *adj* ❶ (*intelligent*) schlau, clever *fam;* **a ~ child** ein intelligentes Kind; **to make a ~ move** klug handeln; **to be too ~ for sb** zu clever für jdn sein; **to be/get ~ with sb** (*pej*) jdm gegenüber frech sein/werden ❷ (*stylish*) schick ❸ (*quick and forceful*) [blitz]schnell; ***we'll have to work at a ~ pace*** wir werden zügig arbeiten müssen; ***the soldier gave a ~ salute*** der Soldat salutierte zackig **II.** *n* ❶ AM (*sl: intelligence*) ■**the ~s** *pl* die [nötige] Intelligenz ❷ (*sharp pain*) Schmerz *m* **III.** *vi eyes, wound* brennen; (*fig*) leiden; ■**to ~ from sth** unter etw *dat* leiden
smart-alec(k) ['smɑːtˌælek, AM ˌsmɑːrt'ælek] **I.** *n* (*pej fam*) Schlauberger(in) *m(f) fam,* Besserwisser(in) *m(f)* **II.** *adj* (*fam*) neunmalklug, klugscheißerisch *sl* **smart arse** BRIT, AUS (*pej fam!*), **smart ass I.** *n* (*pej fam!*) Klugscheißer(in) *m(f) sl* **II.** *adj* (*fam*) neunmalklug, klugscheißerisch *sl* **smart bomb** *n* MIL [laser]gelenkte Bombe **smart card** *n* COMPUT Chipkarte *f,* intelligente Kreditkarte **smart circles** *npl* Schickeria *f fam* **smart drug** *n Medikament, das ganz gezielt auf bestimmte Bereiche wirkt*
smarten ['smɑːtᵊn, AM 'smɑːrt-] **I.** *vt* ■**to ~ sth ↔ up** etw herrichten; *house, town* verschönern; ■**to ~ sb/oneself ↔ up** jdn/sich herausputzen [*o fam* in Schale werfen]; **to ~ up one's act** sich *akk* ins Zeug legen *fam* **II.** *vi* ■**to ~ up** mehr Wert auf sein Äußeres legen
smartly ['smɑːtli, AM 'smɑːrt-] *adv* ❶ (*stylishly*) schick ❷ (*quickly*) [blitz]schnell
smart money *n no pl* FIN rentabel angelegtes Geld; (*fig*) Expertenmeinung *f;* ***the ~ says ...*** nach Ansicht der Experten ... **smart mouth** *n no pl* AM (*pej fam*) **to have a ~** eine große Klappe haben *fam*
smartness ['smɑːtnəs, AM 'smɑːrt-] *n no pl* ❶ BRIT, AUS (*neatness*) Schick *m,* Eleganz *f* ❷ (*intelligence*) Schlauheit *f;* ***the ~ of his reply*** seine kluge Antwort
smart set *n,* **smart society** *n* + *sing/pl vb* Schickeria *f fam*
smarty ['smɑːti, AM 'smɑːrti] *n* (*fam*) Alleswisser(in) *m(f) iron,* Klugscheißer(in) *m(f) sl*
smarty-pants <*pl* -> *n* (*pej fam*) Besserwisser(in) *m(f),* Klugscheißer(in) *m(f) sl*
smash [smæʃ] **I.** *n* <*pl* -es> ❶ (*crashing sound*) Krachen *nt;* ***I was awakened by the ~ of glass*** ich wurde durch das Geräusch von splitterndem Glas geweckt ❷ (*traffic or rail accident*) Unfall *m;* **car ~** Autounfall *m;* **rail ~** Zugunglück *nt* ❸ SPORTS Schlag *m;* TENNIS Schmetterball *m* ❹ (*smash hit*) Superhit *m fam;* **box-office ~** Kassenschlager *m* **II.** *vt* ❶ (*break into pieces*) ■**to ~ sth** etw zerschlagen; **to ~ a window** ein Fenster einschlagen ❷ (*strike against sth*) ■**to ~ sth against sth** etw gegen etw *akk* schmettern [*o* schleudern] ❸ POL (*destroy, crush*) ■**to ~ sth** etw zerschlagen; **to ~ a rebellion** eine Rebellion niederschlagen ❹ SPORTS **to ~ a record** einen Rekord brechen ❺ SPORTS (*hit forcefully*) **to ~ a ball** einen Ball schmettern **III.** *vi* ❶ (*break into pieces*) zerbrechen; ***she dropped her cup and it ~ed to pieces on the floor*** sie ließ ihre Tasse fallen und sie zersprang in Stücke ❷ (*strike against*) prallen; ■**to ~ into sth** gegen etw *akk* prallen; ■**to ~ through sth** etw durchbrechen
◆**smash down** *vt* ■**to ~ sth ↔ down** etw niederschlagen; (*destroy*) etw kaputtmachen; **to ~ down a door** eine Tür eintreten
◆**smash in** *vt* ■**to ~ sth ↔ in** etw einschlagen; **to ~ in a window** ein Fenster einschlagen; **to ~ sb's face in** (*fam!*) jdm die Fresse polieren *derb*
◆**smash up** *vt* ■**to ~ sth ↔ up** etw zertrümmern; **to ~ up a car** ein Auto zu Schrott fahren
smash-and-grab, smash-and-grab raid *n* BRIT, AUS Schaufenstereinbruch *m*
smashed [smæʃt] *adj pred* sternhagelvoll *fam;* **to get ~** sich *akk* voll laufen lassen *fam*
smasher ['smæʃəʳ, AM -ɚ] *n* BRIT (*approv dated fam: man*) toller Typ; (*woman*) Klassefrau *f;* **to be a ~** eine Wucht sein *fam*
smash hit *n* Superhit *m fam;* ~ **at the box-office** Kassenschlager *m*
smashing ['smæʃɪŋ] *adj* BRIT (*approv dated fam*) klasse *fam,* toll *fam;* **a ~ view** eine fantastische Aussicht
smash-up *n* schwerer Unfall; (*pile-up*) Karambolage *f*
smattering ['smætᵊrɪŋ, AM 'smæt̬-] *n usu sing* ❶ (*very small amount*) **a ~ of applause** [ein] schwacher Applaus ❷ (*slight knowledge*) **to have a ~ of sth** eine oberflächliche Kenntnis von etw *dat* haben; **to have a ~ of a language** ein paar Brocken einer Spache können
smear [smɪəʳ, AM smɪr] **I.** *vt* ❶ (*spread messily*) ■**to ~ sth on** [*or* **over**] **sth** etw mit etw *dat* beschmieren ❷ (*attack reputation*) ■**to ~ sb/sth** jdn/etw verunglimpfen; **to ~ sb's good name** jds guten Namen beschmutzen **II.** *n* ❶ (*blotch*) Fleck *m;* ~ **of ketchup** Ketschupfleck *m* ❷ (*public accusations*) Verleumdung *f;* ~ **campaign** Verleumdungskampagne *f* ❸ MED (*smear test*) Abstrich *m*
smear test *n* MED Abstrich *m*
smeary ['smɪəri, AM 'smɪri] *adj* verschmiert
smegma ['smegmə] *n no pl* MED Smegma *nt fachspr*
smell [smel] **I.** *n* ❶ (*sense of smelling*) Geruch *m;* **sense of ~** Geruchssinn *m;* **to have a ~ of sth** an etw *dat* riechen ❷ (*characteristic odour*) Geruch *m; perfume* Duft *m;* **the ~ of success** (*fig*) der Ruhm des Erfolgs; **delicious ~** herrlicher Duft ❸ (*pej: bad odour*) Gestank *m* **II.** *vi* <smelt *or* AM -ed, smelt *or* AM -ed> ❶ (*perceive*) riechen ❷ + *adj* (*give off odour*) riechen; (*pleasantly*) duften; ■**to ~ of** [*or* **like**] **sth** nach etw *dat* riechen; **evil-~ing** übel riechend, stinkend; **sweet-~ing** duftend, wohlriechend ❸ (*pej: have an unpleasant smell*) stinken; ***your feet ~*** du hast Käs[e]füße ► PHRASES: **to ~ fishy** verdächtig sein; **to come up** [*or* **out of sth**] **~ing of** [*or* AM **like**] **roses** frei von jedem Verdacht aus etw *dat* hervorgehen **III.** *vt* <smelt *or* AM -ed, smelt *or* AM -ed> ■**to ~ sth** etw riechen; ***can't you ~ something burning?*** riechst du nicht, dass etwas brennt? ► PHRASES: **to ~ blood** Blut riechen; **to ~ sth a mile** [*or* **long way**] **off** etw schon von weitem riechen; **to ~ a rat** Lunte [*o* den Braten] riechen *fam*
◆**smell out** *vt* ■**to ~ sth ↔ out** ❶ (*also fig: discover by smelling*) etw aufspüren *a. fig;* ***if there's a bargain to be had, you can be sure that he will ~ it out*** wenn es [irgendwo] ein Sonderangebot zu haben gibt, kannst du sicher sein, dass er es aufspürt ❷ (*pej: cause to smell bad*) etw verpesten
◆**smell up** *vt* AM ■**to ~ up ↔ sth** etw verpesten
smelling bottle *n,* **smelling salts** *npl* Riechfläschchen *nt*
smelly ['smeli] *adj* (*pej*) stinkend *attr,* übel riechend; ~ **feet** Schweißfüße *mpl*
smelt[1] [smelt] *vi vt* BRIT, AUS *pt, pp of* **smell**
smelt[2] [smelt] *vt* ■**to ~ sth** *metal* etw [aus]schmelzen; **to ~ iron from its ores** Eisenerze zu Eisen verhütten
smelt[3] <*pl* – *or* -s> [smelt] *n* ZOOL Stint *m*
smelter ['smeltəʳ, AM -ɚ] *n* Schmelzhütte *f,* Schmelzerei *f*
smelting ['smeltɪŋ] *n no pl of metal* Schmelzen *nt;* ~ **plant** Hütte *f*
smidgen ['smɪdʒᵊn], **smidgeon, smidgin** *n* ■**a ~ ...** ein [klitzekleines] bisschen ...; *of liquid* ein winziges Schlückchen
smile [smaɪl] **I.** *n* Lächeln *nt;* ***we exchanged knowing ~s*** wir lächelten uns wissend an; ***his face was wreathed in ~s*** er strahlte über das ganze Gesicht; ***wipe that ~ off your face!*** hör auf, so zu grinsen!; **to bring a ~ to sb's face** jdn zum Lächeln bringen; ~ **of pleasure/satisfaction** freudiges/zufriedenes Lächeln; **to be all ~s** über das ganze Gesicht strahlen; **embarrassed/pained/sad ~** verlegenes/gequältes/trauriges Lächeln; **to give sb a ~** jdm zulächeln **II.** *vi* ❶ (*produce a smile*) lächeln; ■**to ~ at sb** jdn anlächeln; ■**to ~ to oneself** bei sich

dat lächeln; ■**to ~ over sth** über etw *akk* lächeln; **to ~ in the face of adversity** [*or* **disaster**] (*fig*) sich *akk* nicht unterkriegen lassen ❷ (*look favourably upon*) ■**to ~ on sb** es gut mit jdm meinen **III.** *vt* ❶ (*express with a smile*) ***he ~d his congratulations*** er gratulierte mit einem Lächeln; ***the hostess ~d a welcome*** die Gastgeberin lächelte einladend ❷ (*express with a particular smile*) ***he ~d a peculiarly joyless smile*** er legte ein auffällig freudloses Lächeln auf; ***he ~d the smile of a man who knew victory was within reach*** er lächelte siegesgewiss

smiley ['smaɪli] *adj* immer lächelnd *attr*

smiley-face *adj attr* lächelnd

smiley face *n* COMPUT Smiley *m*

smiling ['smaɪlɪŋ] *adj* lächelnd *attr;* ~ **faces** strahlende Gesichter

smilingly ['smaɪlɪŋli] *adv* lächelnd

smirch [smɜːtʃ, AM smɜːrtʃ] *vt* (*dated*) ■**to ~ sth** etw besudeln *veraltend*

smirk [smɜːk, AM smɜːrk] (*pej*) **I.** *vi* grinsen; ■**to ~ at sb** jdn süffisant anlächeln **II.** *n* Grinsen *nt*

smite <smote, smitten> [smaɪt] *vt* (*liter*) ■**to ~ sb/sth** jdn/etw schlagen; **to be smitten by** [*or* **with**] **a disease** mit einer Krankheit geschlagen sein *geh;* **to ~ sb dead** (*dated*) jdn totschlagen

smith [smɪθ] *n* Schmied *m*

smithereens [ˌsmɪðə'riːnz] *npl* **to blow/smash sth to ~** etw in tausend Stücke sprengen/schlagen; ***the city was bombed to ~*** die Stadt wurde in Schutt und Asche gelegt

smithy ['smɪði, AM 'smɪθi] *n* Schmiede *f*

smitten ['smɪtᵊn] **I.** *adj pred* (*in love*) ■**to be ~ by sb** von jdm hingerissen sein; ■**to be ~ with sb/sth** in jdn/etw vernarrt sein; ***she was ~ with jazz at a very early age*** sie wurde schon in frühen Jahren zum Jazzfan **II.** *pp of* **smite**

smock [smɒk, AM smɑːk] *n* Kittel *m*

smocking ['smɒkɪŋ, AM 'smɑːk-] *n no pl* FASHION Smokarbeit *f*

smog [smɒg, AM smɑːg] *n no pl* Smog *m*

smog alert *n* Smogalarm *m*

smoggy ['smɒgi, AM 'smɑːgi] *adj* ❶ (*high levels of smog*) ■**to be ~** hohe Smogwerte aufweisen; ***today will be particularly ~*** die Smogwerte werden heute besonders hoch sein ❷ (*tending toward smog*) ***Mexico City is one of the world's smoggiest capitals*** Mexico City gehört zu den Hauptstädten der Welt mit dem größten Smogproblem

smog warning *n* Smogwarnung *f*

smoke [sməʊk, AM smoʊk] **I.** *n* ❶ *no pl* (*from burning*) Rauch *m;* **cigarette ~** Zigarettenrauch *m;* **drifts of ~** Rauchschwaden *pl;* **~ inhalation** Einatmen *nt* von Rauch; **a pall of ~** eine Rauchwolke; **plumes of ~** [dichte] Rauchwolken *fpl;* **~ poisoning** Rauchvergiftung *f;* **a puff of ~** ein Rauchwölkchen *nt;* **~ ring** Rauchring *m;* **wisp of ~** Rauchfahne *f* ❷ (*act of smoking*) **to have a ~** eine rauchen *fam* ❸ (*fam: cigarettes*) ■**~s** *pl* Glimmstängel *mpl* ❹ (*fam*) ■**the ~** AUS (*big city*) die Großstadt; BRIT (*London*) London *nt* ► PHRASES: **there's no ~ without fire** BRIT, AUS, **where there's ~, there's fire** AM (*prov*) wo Rauch ist, da ist auch Feuer *prov;* **~ and mirrors** *esp* AM Lug und Trug; **to vanish in a puff of ~** sich *akk* in Rauch auflösen; **to go up in ~** in Rauch [und Flammen] aufgehen **II.** *vt* ❶ (*use tobacco*) ■**to ~ sth** etw rauchen ❷ FOOD ■**to ~ sth** etw räuchern ❸ (*sl: defeat*) ■**to ~ sb** jdn besiegen ► PHRASES: **to ~ the peace pipe** AM die Friedenspfeife rauchen; **put that in your pipe and ~ it!** schreib dir das hinter die Ohren! **III.** *vi* ❶ (*produce smoke*) rauchen ❷ (*action of smoking*) rauchen; ***do you mind if I ~?*** stört es Sie, wenn ich rauche?

◆**smoke out** *vt* ■**to ~ sth** ⊂ **out** etw ausräuchern; ■**to ~ sb out** (*fig*) jdn entlarven

smoke bomb *n* MIL Rauchbombe *f*

smoked [sməʊkt, AM smoʊkt] *adj inv* geräuchert; **~ fish** Räucherfisch *m*

smoke detector *n* Rauchmelder *m*

smoked glass *n no pl* Rauchglas *nt* **smoke-dried** *adj inv* geräuchert **smoke-filled room** *n* POL (*pej*) **decisions made in ~s** *Entscheidungen, die hinter geschlossenen Türen getroffen werden*

smokefree ['sməʊkfriː, AM 'smoʊk-] *adj attr* rauchfrei, Nichtraucher-

smokeless ['sməʊkləs, AM 'smoʊk-] *adj inv* ❶ (*without smoke*) rauchfrei ❷ AM **~ tobacco** Kautabak *m*

smokeless zone *n* rauchfreie Zone

smoker ['sməʊkəʳ, AM 'smoʊkɚ] *n* ❶ (*person*) Raucher(in) *m(f);* **~'s cough** Raucherhusten *m;* **heavy ~** starker Raucher/starke Raucherin; **non-~** Nichtraucher(in) *m(f)* ❷ (*compartment in train*) Raucherabteil *nt* ❸ (*device*) Räuchergefäß *nt*

smoke room *n* Rauchzimmer *nt* **smokescreen** *n* ❶ (*pretext*) Vorwand *m;* **to hide behind a ~** sich *akk* hinter einem Deckmantel verstecken ❷ MIL (*smoke cloud*) Rauchvorhang *m,* Nebelwand *f* **smoke signal** *n* Rauchzeichen *nt* **smokestack** *n* Schornstein *m* **smokestack emission** *n* Schornsteinemission *f* **smokestack industry** *n esp* AM Schwerindustrie *f* **smoke-stained** *adj* rauchgeschwärzt

smoking ['sməʊkɪŋ, AM 'smoʊk-] **I.** *n no pl* Rauchen *nt;* **~ ban** Rauchverbot *nt;* **to give up** [*or* **quit**] [*or* **stop**] **~** mit dem Rauchen aufhören, das Rauchen aufgeben **II.** *adj inv* **non-~** Nichtraucher-

smoking compartment *n* Raucherabteil *nt* **smoking gun** *n* schlagender Beweis **smoking jacket** *n* (*dated*) Hausjacke *f veraltet* **smoking room** *n* Rauchzimmer *nt* **smoking section** *n* AM Raucherzone *f*

smoky ['sməʊki, AM 'smoʊki] *adj* ❶ (*filled with smoke*) verraucht, verqualmt ❷ (*producing smoke*) rauchend *attr;* ***the fire is very ~*** das Feuer qualmt sehr ❸ (*appearing smoke-like*) rauchartig; **a ~ blue colour** graublau ❹ (*tasting of smoke*) rauchig

smolder *vi* AM *see* **smoulder**

smooch [smuːtʃ] **I.** *vi* ❶ (*kiss vigorously*) knutschen *fam;* (*tenderly*) schmusen *fam* ❷ BRIT (*dance closely*) eng umschlungen tanzen **II.** *n usu sing* ❶ (*vigorous*) Knutschen *nt fam;* (*tender*) Schmusen *nt fam;* **to have a ~** rumschmusen, rumknutschen *fam* ❷ BRIT (*intimate dance*) Blues *m fam,* Schieber *m fam*

smoochy ['smuːtʃi] *adj* ❶ (*gushy, romantic*) romantisch ❷ BRIT (*suited to intimate dancing*) schmusig *fam*

smooth [smuːð] **I.** *adj* ❶ (*not rough*) glatt; **as ~ as a baby's bottom** so weich wie ein Kinderpopo; **~ sea** ruhige See; **as ~ as silk** seidenweich; **~ skin** glatte Haut; **~ surface/texture** glatte Oberfläche/Textur; **to be worn ~** glatt gewetzt sein ❷ (*well-mixed*) sämig; **~ sauce** glatte Soße ❸ (*free from difficulty*) problemlos, reibungslos; **~ flight** ruhiger Flug; **~ landing** glatte Landung; **to get off to a ~ start** wie geplant beginnen ❹ (*mild flavour*) mild; **~ whisky** weicher Whiskey; **~ wine** Wein *m* mit einem weichen Geschmack ❺ (*polished, suave*) [aal]glatt *pej;* **~ operator** gewiefte Person; **to be a ~ talker** ein Schönredner/eine Schönrednerin sein **II.** *vt* ❶ (*make less difficult*) **to ~ the path** [**to sth**] den Weg [zu etw *dat*] leichter machen; **to ~ the way** den Weg ebnen; **to ~ sb's way** jdm den Weg ebnen ❷ (*rub in evenly*) ■**to ~ sth into sth** etw in etw *akk* einmassieren; ■**to ~ sth over sth** etw gleichmäßig auf etw *dat* verreiben [*o* verteilen]

◆**smooth away** *vt* ■**to ~ away** ⊂ **sth** etw glätten; (*fig*) etw besänftigen

◆**smooth down** *vt* ■**to ~ down** ⊂ **sth** etw glätten [*o* glatt streichen]

◆**smooth out** *vt* ■**to ~ out** ⊂ **sth** etw ausbügeln *fam*

◆**smooth over** *vt* ■**to ~ over** ⊂ **sth** etw in Ordnung bringen; **to ~ things over between two persons** die Sache zwischen zwei Leuten geradebiegen

smoothie ['smuːði] *n* ❶ (*pej: charmer*) Charmeur *m* ❷ *esp* AM, AUS, NZ (*drink*) Shake *nt*

smooth jazz *n no pl* Smooth Jazz *m*

smoothly ['smuːðli] *adv* ❶ (*without difficulty*) reibungslos; **to go ~** glatt laufen *fam;* ***if all goes ~*** wenn alles glatt läuft; **to run ~** *engine* einwandfrei laufen ❷ (*suavely*) aalglatt *pej*

smoothness ['smuːðnəs] *n no pl* ❶ (*evenness*) Glätte *f; silk* Weichheit *f; skin* Glattheit *f* ❷ (*lack of difficulty*) problemloser Verlauf [*o* Ablauf] ❸ (*pleasant consistency*) *taste* Milde *f; texture* Glätte *f*

smooth sailing *n no pl* **to be ~** glatt [*o* reibungslos] laufen *fam* **smooth-shaven** *adj* glatt rasiert **smooth-spoken** *adj* ■**to be ~** ein Schönredner/eine Schönrednerin sein

smooth-talk ['smuːðtɔːk] *vi* (*fam*) sich *akk* einschmeicheln; **to ~ one's way into sth** *a room* sich *dat* durch Schmeicheleien Zutritt zu etw *dat* verschaffen **smooth-tongued** *adj* (*pej*) schmeichlerisch

smoothy ['smuːði] *n* Charmeur *m*

smorgasbord ['smɔːgəsbɔːd, AM 'smɔːrgəsbɔːrd] *n* FOOD Smörgåsbord *m;* ■**a ~ of sth** (*fig*) eine große Auswahl an etw *dat*

smote [sməʊt, AM smoʊt] *pt of* **smite**

smother ['smʌðəʳ, AM -ɚ] *vt* ❶ (*suffocate*) ■**to ~ sb** [**with sth**] jdn [mit etw *dat*] ersticken; **to ~ a flame** eine Flamme ersticken ❷ (*prevent from growing*) ■**to ~ sth** etw unterdrücken ❸ (*suppress*) **to ~ a cough** ein Husten unterdrücken; **to ~ hopes** Hoffnungen zerstören ❹ (*cover*) ■**to be ~ed in sth** von etw *dat* völlig bedeckt sein; ***during the summer months, the city is ~ed in smog*** während der Sommermonate liegt die Stadt unter einer Dunstglocke; ***when she saw her boyfriend at the arrivals gate she ~ed him in kisses*** als sie ihren Freund im Ankunftsbereich erblickte, bedeckte sie ihn mit Küssen

smoulder ['sməʊldəʳ, AM 'smoʊldɚ] *vi* ❶ (*burn slowly*) schwelen; *cigarette* glimmen; (*fig*) *dispute* schwelen ❷ (*fig: repressed emotions*) **to ~ with desire/jealousy/passion/rage** vor Verlangen/Eifersucht/Leidenschaft/Zorn glühen; (*sexual feelings*) ***he gazed at her with ~ing eyes*** er starrte sie mit glühenden Augen an

smouldering ['sməʊldᵊrɪŋ, AM 'smoʊl] *adj* schwelend *a. fig,* glühend *a. fig;* (*fig*) *eyes* glutvoll

smudge [smʌdʒ] **I.** *vt* ■**to ~ sth** ❶ (*smear, blur*) *lipstick* etw verwischen ❷ (*soil*) etw beschmutzen; **to ~ sb's reputation** (*fig*) jds Ruf *m* besudeln [*o* beschädigen] **II.** *vi* verlaufen; *ink* klecksen; ***her mascara had ~d*** ihre Wimperntusche war verschmiert **III.** *n* (*also fig*) Fleck *m a. fig;* **~ of blood** Blutfleck *m*

smudged [smʌdʒd] *adj* verwischt, verschmiert; (*fig*) *outline* verschwommen

smudge-proof ['smʌdʒpruːf] *adj lipstick* kussecht; *mascara* wischfest

smudging ['smʌdʒɪŋ] *n no pl* Verwischen *nt*

smudgy ['smʌdʒi] *adj* verschmiert

smug <-gg-> [smʌg] *adj* selbstgefällig; **~ self-satisfaction** eitle Selbstzufriedenheit; ■**to be ~ about sth** sich *dat* auf etw *akk* viel einbilden

smuggle ['smʌgl] *vt* ■**to ~ sb/sth** jdn/etw schmuggeln; **to ~ arms/drugs/illegal aliens** Waffen/Drogen/illegale Einwanderer schmuggeln

smuggler ['smʌgləʳ, AM -lɚ] *n* Schmuggler(in) *m(f)*

smuggling ['smʌglɪŋ] *n no pl* Schmuggel *m*

smuggling ring *n* Schmugglerring *m*

smugly ['smʌgli] *adv* selbstgefällig

smugness ['smʌgnəs] *n no pl* Selbstgefälligkeit *f*

smut [smʌt] *n* ❶ *no pl* (*pej: indecent material*) Schweinereien *fpl,* Schweinkram *m* NORDD *fam* ❷ (*soot from burning*) Rußflocke *f;* (*stains made by smut*) Rußfleck *m* ❸ *no pl* (*fungal disease*) [Getreide]brand *m*

smuttiness ['smʌtɪnəs, AM 'smʌṭɪ-] *n no pl* (*pej*) *person* Unflätigkeit *f; joke* Obszönität *f*

smutty ['smʌti, AM 'smʌṭi] *adj* (*pej*) schmutzig; **~ joke** dreckiger Witz *fam*

snack [snæk] **I.** *n* Snack *m,* Imbiss *m;* **bar ~s** Knabberzeug *nt fam;* **to have a ~** eine Kleinigkeit essen **II.** *vi* naschen; ■**to ~ on sth** etw naschen

snack bar *n* Imbissstube *f* **snack counter** *n* Imbisstheke *f* **snack food** *n* Snacks *mpl* **snack meal** *n* Imbiss *m*

snaffle ['snæfl] *vt* BRIT, AUS (*fam*) ■**to ~ sth** sich *dat* etw unter den Nagel reißen *fam;* ***who's ~d my***

pen? wer hat mir meinen Stift geklaut?

snafu [snæf'u:] *n* AM, AUS (*sl*) Schlamassel *m fam*

snag [snæg] **I.** *n* ① (*hidden disadvantage*) [verborgenes] Problem (**with** mit +*dat*), Haken *m fam* (**with** an +*dat*); **to hit** [*or* **run into**] **a ~** auf Schwierigkeiten stoßen ② (*damage to textiles*) gezogener Faden **II.** *vt* <-gg-> ■**to ~ sth** ① (*cause problems*) etw belasten; ***financial problems have ~ged the project for the past six months*** in den letzten sechs Monaten hat das Projekt unter finanziellen Problemen gelitten ② (*damage by catching*) an etw *dat* Fäden ziehen; ***be careful not to ~ your coat on the barbed wire*** pass auf, dass du mit deiner Jacke nicht am Stacheldraht hängen bleibst ③ AM (*get*) sich *dat* etw schnappen *fam;* ■**to ~ sth from sb** jdm etw wegschnappen *fam* **III.** *vi* <-gg-> ■**to ~ on sth** durch etw *akk* belastet sein

snail [sneɪl] *n* Schnecke *f;* **garden ~** Gartenschnecke *f;* **at a ~'s pace** im Schneckentempo

snail mail *n no pl* Snail-Mail *f,* traditioneller Brief

snail shell *n* Schneckenhaus *nt*

snake [sneɪk] **I.** *n* ① (*reptile*) Schlange *f* ② (*pej: untrustworthy person*) **~ in the grass** falsche Schlange *pej* ③ **plumber's ~** Spiralrohrschlange *f* ④ (*hist*) EU Europäische Währungsschlange **II.** *vi* sich *akk* schlängeln

snake bite *n* Schlangenbiss *m* **snake charmer** *n* Schlangenbeschwörer(in) *m(f)* **snake oil** *n no pl* AM (*fig*) unwirksames Heilmittel; **~ salesman** (*sl*) Bauernfänger *m fam,* Quacksalber *m fam* **snake pit** *n* Schlangengrube *f a. fig* **snake poison** *n no pl* Schlangengift *nt* **snake ranch** *n* Schlangenzucht *f* **snakes and ladders** *npl + sing vb* (*games*) *Brettspiel, auf dem sich Schlangen und Leitern befinden* **snakeskin** *n* ① (*skin*) Schlangenhaut *f* ② FASHION Schlangenleder *nt* **snake venom** *n no pl* Schlangengift *nt*

snaky ['sneɪki] *adj* ① (*winding*) gewunden; **~ road** kurvenreiche Straße ② AUS (*fam: irritable*) reizbar; ***he's been acting ~ lately*** in letzter Zeit reagiert er gereizt

snap [snæp] **I.** *n* ① *usu sing* (*act*) Knacken *nt;* (*sound*) Knacks *m* ② (*photograph*) Schnappschuss *m* ③ AM (*snap fastener*) Druckknopf *m* ④ METEO **cold ~** Kälteeinbruch *m* ⑤ AM (*fam: very easy*) **to be a ~** ein Kinderspiel sein ⑥ *no pl* BRIT (*games*) Schnippschnapp *nt* **II.** *interj* (*fam: games*) schnippschnapp!; (*fig*) **~! *we're wearing the same shirts!*** Volltreffer! wir tragen das gleiche Hemd! **III.** *vi* <-pp-> ① (*break cleanly*) auseinander brechen; (*with less force*) entzweigehen; ***her patience finally ~ped*** (*fig*) ihr riss schließlich der Geduldsfaden ② (*spring into position*) einrasten, einschnappen; **to ~ to attention** MIL [zackig] Haltung annehmen; **to ~ back** zurückschnellen; **to ~ shut** zuschnappen; *mouth* zuklappen ③ (*make a whip-like motion*) peitschen; ***broken cables were ~ping back and forth in winds*** abgerissene Kabel peitschten im Wind hin und her ④ (*sudden bite*) schnappen; ■**to ~ at sb/sth** nach jdm/etw schnappen; **to ~ at sb's heels** nach jds Fersen *fpl* schnappen; (*fig*) jdm auf den Fersen sein ⑤ (*speak sharply*) bellen *fam;* **to ~** [**back**] **that ...** [zurück]schnauzen, dass ... *fam;* ■**to ~ at sb** jdn anfahren *fam;* ***there's no need to ~ at me like that*** du brauchst mich nicht gleich so anzufahren ⑥ (*take many photographs*) ■**to ~ away** drauflos fotografieren, knipsen *fam* ▶ PHRASES: **~ to it!** ein bisschen dalli! *fam* **IV.** *vt* <-pp-> ① (*break cleanly*) ■**to ~ sth** etw entzweibrechen; ■**to ~ sth ↔ off** etw abbrechen ② (*close sharply*) **to ~ sth shut** etw zuknallen; *book* etw zuklappen ③ (*attract attention*) **to ~ one's fingers** mit den Fingern schnippen; ***she just has to ~ her fingers and he'll do whatever she wants*** (*fig*) sie muss nur mit den Fingern schnippen und er macht, was sie will ④ (*crack a whip*) **to ~ a whip** mit einer Peitsche knallen ⑤ (*speak unreasonably sharply*) **to ~ sb's head off** jdm den Kopf abreißen *fam* ⑥ (*take a photograph*) **to ~ a/sb's picture** ein Bild/ein Bild von jdm schießen

◆**snap out** *vi* ① (*in anger*) brüllen ② (*get over*) ■**to ~ out of sth** etw überwinden, aus etw *dat* herauskommen *fam;* ***now come on, ~ out of it*** nun komm schon, krieg dich wieder ein; **to ~ out of a recession** (*fig*) eine Rezession überwinden

◆**snap up** *vt* ■**to ~ up ↔ sth** etw schnell kaufen; (*faster than sb else*) etw wegschnappen; (*buy up*) etw aufkaufen; **to be ~ped up** vergriffen sein

snap bean *n* AM Brechbohne *f* **snap bolt** *n* Schnappschloss *nt* **snap decision** *n* schneller Entschluss **snapdragon** *n* HORT Löwenmaul *nt* **snap election** *n* BRIT POL *kurzfristig angesetzte Wahl* **snap fastener** *n* BRIT Druckknopf *m* **snap lock** *n* Schnappschloss *nt*

snapper ['snæpəʳ, AM -ɚ] *n* FOOD, ZOOL **red ~** Rotbarsch *m*

snappily ['snæpɪli] *adv* ① (*approv fam: stylishly*) **to be ~ dressed** schick gekleidet sein ② (*approv: in an eye-catching manner*) auffallend; **to be ~ titled** einen kurzen und treffenden Titel haben ③ (*pej: irritably*) gereizt

snapping turtle *n* ZOOL, BIOL Schnappschildkröte *f*

snappish ['snæpɪʃ] *adj* gereizt, bissig

snappishly ['snæpɪʃli] *adv* gereizt

snappy ['snæpi] *adj* ① (*approv fam: smart, fashionable*) schick; **to be a ~ dresser** immer schick gekleidet sein ② (*quick*) zackig; ***make it ~!*** mach fix! *fam;* **~ salute** zackiger Gruß; **to look ~** sich *akk* ranhalten *fam* ③ (*approv: eye-catching*) peppig *fam* ④ (*pej: irritable*) gereizt, bissig

snapshot *n* ① PHOT Schnappschuss *m* ② COMPUT selektives Protokollprogramm; (*storing screen contents*) selektives Bildschirmspeichern

snare [sneəʳ, AM sner] **I.** *n* ① (*animal trap*) Falle *f;* (*noose*) Schlinge *f* ② (*fig: trap, pitfall*) Falle *f,* Fallstrick *m* **II.** *vt* ① (*catch animals*) ■**to ~ an animal** ein Tier [mit einer Falle] fangen ② (*capture*) ■**to ~ sb/sth** jdn/etw fangen, sich *dat* jdn/etw angeln

snare drum *n* MUS kleine Trommel, Schnarrtrommel *f*

snarl¹ [snɑ:l, AM snɑ:rl] **I.** *vi* ① (*growl*) *dog* knurren ② (*fig: speak angrily*) ■**to ~ at sb** jdn anknurren; ***"go to hell!" he ~ed*** „fahr zur Hölle!" knurrte er **II.** *n* ① (*growl*) Knurren *nt;* ***the dog gave a low ~*** der Hund knurrte leise ② (*fig: angry utterance*) Knurren *nt;* **to say sth with a ~** etw knurren ③ (*growling sound*) Knurren *nt*

snarl² [snɑ:l, AM snɑ:rl] **I.** *n* ① (*traffic jam*) **traffic ~** Verkehrschaos *nt* ② (*knot*) Knoten *m;* (*tangle*) Gewirr *nt;* ***my fishing line had many ~s in it*** meine Angelschnur hatte sich an vielen Stellen verheddert **II.** *vi* (*become tangled*) sich *akk* verheddern

◆**snarl up** *vi usu passive* durcheinander geraten; ***traffic was ~ed up for several hours after the accident*** nach dem Unfall herrschte ein stundenlanges Verkehrschaos

snarled [snɑ:ld, AM snɑ:rld] *adj* ① (*tangled*) verheddert; **~ hair** verfilztes Haar ② (*piled up*) gestaut

snarl-up *n* **traffic ~** Verkehrschaos *nt*

snatch [snætʃ] **I.** *n* <*pl* -es> ① (*sudden grab*) schneller Griff; **to make a ~ at sth** nach etw *dat* greifen ② (*theft*) Diebstahl *m* (*durch Entreißen*) ③ (*fragment*) Fetzen *m;* ***I only managed to catch a few ~es of the conversation*** ich konnte nur ein paar Gesprächsfetzen mitbekommen ④ (*spell of activity*) **to do sth in ~es** etw mit Unterbrechungen tun ⑤ (*vulg: vulva*) Möse *f vulg* **II.** *vt* ① (*grab quickly*) ■**to ~ sth** etw schnappen; **to ~ sth out of sb's hand** jdm etw aus der Hand reißen ② (*steal*) ■**to ~ sth** sich *dat* etw greifen [*o* schnappen]; (*fig*) ***he ~ed the gold medal from the Canadian champion*** er schnappte dem kanadischen Champion die Goldmedaille weg ③ (*kidnap*) ■**to ~ sb** jdn entführen ④ (*take quick advantage of sth*) ■**to ~ sth** etw ergattern; ***perhaps you'll be able to ~ a couple of hours' sleep before dinner*** vielleicht schaffst du es, vor dem Abendessen noch zwei Stunden Schlaf zu kriegen ▶ PHRASES: **to ~ victory from the jaws of defeat** eine drohende Niederlage in einen Sieg verwandeln **III.** *vi* (*grab quickly*) greifen; ■**to ~ at sth** nach etw *dat* greifen; ***when this job came along I ~ed at it*** (*fig*) als sich mir dieser Job bot, griff ich zu

◆**snatch away** *vt* ■**to ~ away ↔ sth** etw an sich *akk* reißen; ■**to ~ sth away from sb** jdm etw entreißen

◆**snatch up** *vt* ■**to ~ up ↔ sth** sich *dat* etw schnappen, etw an sich *akk* reißen

snatcher ['snætʃəʳ, AM -ɚ] *n* [Taschen]dieb(in) *m(f)*

snazzily ['snæzɪli] *adv* (*usu approv sl*) schick *fam*

snazzy ['snæzi] *adj* (*usu approv sl*) schick *fam*

sneak [sni:k] **I.** *vi* <-ed *or esp* AM snuck, -ed *or esp* AM snuck> ① (*move stealthily*) schleichen; **to ~ away** [*or* **off**] sich *akk* davonstehlen; **to ~ in/out** [sich *akk*] hinein-/hinausschleichen; **to ~ up on sb/sth** sich *akk* an jdn/etw heranschleichen ② BRIT (*pej fam: denounce*) petzen *fam;* ■**to ~ on sb** jdn verpetzen **II.** *vt* <-ed *or esp* AM snuck, -ed *or esp* AM snuck> ① (*view secretly*) **to ~ a look** [*or* **glance**] **at sb/sth** einen verstohlenen Blick auf jdn/etw werfen ② (*move secretly*) ■**to ~ sb/sth in/out** jdn/etw hinein-/herausschmuggeln **III.** *n* BRIT (*childspeak pej fam*) Petze(r) *f(m) pej fam*

sneak attack *n* (*fig*) Überraschungsangriff *m*

sneaker ['sni:kɚ] *n* ① *usu pl* AM (*shoe*) Turnschuh *m* ② (*fam: sneaky trick*) **to pull a ~ on sb** jdn austricksen *fam,* jdm einen Streich spielen

sneakily ['sni:kɪli] *adv* raffiniert

sneaking ['sni:kɪŋ] *adj attr, inv* heimlich; ***I have a ~ admiration for her*** ich hege eine heimliche Bewunderung für sie; **~ feeling** leises Gefühl; **~ suspicion** leiser Verdacht

sneak preview *n* FILM [inoffizielle] Vorschau *f*

sneak thief *n* [Taschen]dieb(in) *m(f)*

sneaky ['sni:ki] *adj* raffiniert

sneer [snɪəʳ, AM snɪr] **I.** *vi* ① (*smile derisively*) spöttisch grinsen ② (*express disdain*) spotten; ■**to ~ at sth** etw verhöhnen [*o* verspotten], über etw *akk* spotten **II.** *n* spöttisches Lächeln

sneering ['snɪərɪŋ, AM 'snɪr-] *adj* höhnisch, spöttisch

sneeringly ['snɪərɪŋli, AM 'snɪr-] *adv* höhnisch, spöttisch

sneeze [sni:z] **I.** *vi* niesen ▶ PHRASES: **not to be ~d at, nothing to ~ at** nicht zu verachten sein **II.** *n* Nieser *m;* ■**the ~s** *pl* Niesen *nt*

snick [snɪk] *vt* BRIT, AUS SPORTS **to ~ a ball** einen Ball auf Kante schlagen (*beim Kricket*)

snicker ['snɪkɚ] *vi* AM *see* **snigger**

snide [snaɪd] *adj* (*pej*) **~ remark** abfällige Bemerkung

snidely ['snaɪdli] *adv* (*pej*) abfällig

snideness ['snaɪdnəs] *n no pl* Abfälligkeit *f*

sniff [snɪf] **I.** *n* ① (*smell deliberately*) Riechen *nt;* *dog* Schnüffeln *nt;* ***he took a deep ~ of the country air*** er atmete die Landluft tief ein; **to have a ~ of sth** an etw *dat* riechen ② (*smell a trace*) **to catch a ~ of sth** etw wittern; ***when I arrived I caught a ~ of perfume*** als ich kam, roch es leicht nach Parfüm ③ (*fig: expression of disdain*) Naserümpfen *nt* **II.** *vi* ① (*inhale sharply*) die Luft einziehen; *animal* wittern; ■**to ~ at sth** an etw *dat* schnuppern; *animal* die Witterung von etw *dat* aufnehmen ② (*show disdain*) die Nase rümpfen; ■**to ~ at sth** über etw *akk* die Nase rümpfen ▶ PHRASES: **not to be ~ed at** nicht zu verachten sein **III.** *vt* (*test by smelling*) ■**to ~ sth** an etw *dat* riechen [*o* schnuppern]

◆**sniff out** *vt* ■**to ~ out ↔ sth** etw aufspüren; (*fig*) etw entdecken; ***he thought he could hide his affair, but his wife ~ed it out*** er dachte, er könne seine Affäre geheim halten, aber seine Frau kam dahinter

sniffer ['snɪfəʳ, AM -ɚ] *n* ① (*junky*) **glue ~** Klebstoffschnüffler(in) *m(f)* ② (*device*) Suchgerät *nt*

sniffer dog *n* Spürhund *m*

sniffle ['snɪfl] **I.** *vi* schniefen **II.** *n* ① (*repeated sniffing*) Schniefen *nt* ② MED ■**the ~s** *pl* leichter Schnupfen

sniffy ['snɪfi] *adj* (*fam*) naserümpfend *attr;* ■**to be ~ about sth** über etw *akk* die Nase rümpfen

snifter ['snɪftəʳ, AM -ɚ] *n* ① *esp* AM (*glass*) Schwenker *m;* **brandy ~** Kognakschwenker *m* ② (*drink of alcohol*) Gläschen *nt hum*

S

snigger ['snɪgəʳ, AM -ɚ] **I.** *vi* kichern; ■**to ~ at** [*or* **about**] **sth** über etw *akk* kichern; ***what are you two ~ing about?*** worüber kichert ihr beiden? **II.** *n* Kichern *nt,* Gekicher *nt;* **to have a ~ at sth** über etw *akk* kichern

snip [snɪp] **I.** *n* ❶ (*cut*) Schnitt *m;* **to give sth a ~** etw [ab]schneiden ❷ (*piece*) **a ~ of cloth** ein Stück *nt* Stoff ❸ BRIT (*fam: bargain*) Schnäppchen *nt fam;* ■**to be a ~** ein echtes Schnäppchen sein ❹ *no pl* BRIT (*hum fam: vasectomy*) ■**the ~** der Schnitt **II.** *vt* ■**to ~ sth** etw schneiden [*o fam* schnippeln]

◆**snip off** *vt* ■**to ~ off** ⊂ **sth** etw abschneiden [*o fam* abschnippeln]

snipe [snaɪp] **I.** *vi* ❶ MIL aus dem Hinterhalt schießen; ■**to ~ at sb** aus dem Hinterhalt auf jdn schießen; ■**to be ~d** aus dem Hinterhalt beschossen werden ❷ (*fig: criticize*) ■**to ~ at sb** jdn attackieren **II.** *n* <*pl* – *or* -es> Schnepfe *f*

sniper ['snaɪpəʳ, AM -ɚ] **I.** *n* MIL Heckenschütze *m,* Scharfschütze *m* **II.** *n modifier* (*shot, fire*) von Scharfschützen [*o* Heckenschützen] *nach n,* Scharfschützen-; **~ attacks** Angriffe *mpl* durch Heckenschützen

snippet ['snɪpɪt] *n* ❶ (*small piece*) Stückchen *nt;* **~s of cardboard/paper** Karton-/Papierschnipsel *mpl;* **~s of cloth** Stofffetzen *mpl* ❷ (*fig: information*) Bruchstück *nt; of gossip, information, knowledge also* Brocken; **~s of a conversation** Gesprächsfetzen *mpl* ❸ LIT (*of a text*) Ausschnitt *m* (**from** aus +*dat*); **~ from a newspaper** Zeitungsausschnitt *m*

snit [snɪt] *n* AM, AUS (*fam*) üble [*o* schlechte] Laune; **to be in/get into a ~** üble Laune haben/bekommen

snitch [snɪtʃ] **I.** *vt* (*fam*) ■**to ~ sth** [**from sb**] [jdm] etw klauen *fam* **II.** *vi* (*pej sl*) petzen *pej sl;* ■**to ~ to sb** jdm etw verraten [*o fam* stecken]; ■**to ~ on sb** jdn verpfeifen *pej fam* **III.** *n* <*pl* -es> ❶ (*fam: thief*) Dieb(in) *m(f)* ❷ (*pej sl: informer*) Petze *f pej sl,* Tratsche *f pej fam*

snit fit *n* (*fam*) Wutanfall *m,* Ausbruch *m fig*

snivel ['snɪvᵊl] **I.** *vi* <BRIT -ll- *or* AM *usu* -l-> ❶ (*sniffle*) schniefen *fam* ❷ (*cry*) flennen *pej fam,* plärren *pej fam;* (*whine*) heulen *fam* **II.** *n* ❶ *no pl* AM (*snivelling*) Geplärre *nt pej fam* ❷ (*sad sniffle*) Schniefen *nt,* Schnüffeln *nt*

sniveling AM, **snivelling** ['snɪvᵊlɪŋ] **I.** *n no pl* Geheul *nt pej fam,* Geplärre *nt pej fam* **II.** *adj attr, inv person, manner* weinerlich; ***that ~ coward!*** diese Memme!

snob [snɒb, AM snɑːb] *n* Snob *m;* ***I'm a bit of a wine ~*** bei Wein habe doch recht hohe Ansprüche

snob appeal *n no pl* Snobappeal *m*

snobbery ['snɒbᵊri, AM 'snɑːbɚi] *n* ❶ *no pl* (*self-superiority*) Snobismus *m;* ***she accused me of ~*** sie warf mir vor, snobistisch zu sein; **intellectual ~** geistiger Hochmut; **inverted ~** *Bekenntnis zu und Höherbewertung von Dingen und Attributen der unteren Gesellschaftsschichten* ❷ (*act of snobbery*) Snobismus *m,* snobistisches Verhalten

snobbily ['snɒbɪli, AM 'snɑːb-] *adv* snobistisch

snobbish ['snɒbɪʃ, AM 'snɑːb-] *adj* snobistisch, versnobt; ***my brother is very ~ about cars*** mein Bruder ist ein ziemlicher Snob, was Autos betrifft

snobbishly ['snɒbɪʃli, AM 'snɑːb-] *adv* snobistisch, versnobt

snobbishness ['snɒbɪʃnəs, AM 'snɑːb-] *n no pl* Versnobtheit *f*

snobby ['snɒbi, AM 'snɑːbi] *adj* (*fam*) snobistisch, versnobt

snob value *n no pl* **to have ~** gesellschaftliche Überlegenheit symbolisieren; *thing* als Statussymbol gelten

snog [snɒg] **I.** *vi* <-gg-> BRIT (*fam*) [rum]knutschen *fam;* ■**to ~ with sb** mit jdm rumknutschen *fam* **II.** *vt* <-gg-> BRIT (*fam*) ■**to ~ sb** jdn küssen; ***don't you want to ~ me?*** willst du mich nicht küssen? **III.** *n* Kuss *m;* **to have a ~** rumknutschen *fam*

snood [snuːd] *n* FASHION Haarband *nt,* Stirnband *nt*

snook [snuːk] *n no pl* ▶ PHRASES: **to cock a ~ at sb** BRIT (*fam*) jdm eine lange Nase drehen; **to cock a ~ at sb/sth** (*fig*) sich *akk* über jdn/etw lustig machen

snooker ['snuːkəʳ, AM 'snʊkɚ] **I.** *vt* ❶ *usu passive* ■**to be ~ed** BRIT, AUS (*fig: be defeated*) festsitzen ❷ AM (*fig fam: trick*) ■**to ~ sb** jdn übers Ohr hauen *fam* ❸ (*in snooker*) ■**to ~ sb** jdn abblocken; ■**to be ~ed** abgeblockt werden; ■**to ~ oneself** sich *akk* selbst ausmanövrieren **II.** *n* ❶ (*game*) Snooker *nt* ❷ (*shot*) Abblocken *nt;* ***well, you've got me in a ~*** du hast mich eingesperrt

snoop [snuːp] **I.** *n* (*fam*) ❶ (*look*) Herumschnüffeln *nt kein pl fam;* **to take** [*or* **have**] **a ~** sich *akk* [mal] ein bisschen umschauen *fam;* ***I think someone's been having a ~ around my office*** ich glaube, in meinem Büro hat jemand rumgeschnüffelt *fam* ❷ (*interloper*) Schnüffler(in) *m(f) fam;* (*spy*) Spion(in) *m(f);* (*investigator*) Schnüffler(in) *m(f) fam* **II.** *vi* (*fam*) ❶ (*look secretly*) [herum]schnüffeln *fam;* (*pry*) [herum]spionieren; ***I don't mean to ~, but …*** ich will ja nicht neugierig sein, aber … ❷ (*spy on*) ■**to ~ on sb** hinter jdm herspionieren *fam,* jdn ausspionieren ❸ (*investigate*) sich *akk* umsehen; *police* Nachforschungen anstellen; ■**to ~ for sth** sich *akk* nach etw *dat* umsehen, nach etw *dat* suchen; ■**to ~ on sth** etw ausspionieren [*o* auskundschaften] ❹ (*look around*) *customer* sich *akk* umschauen *fam*

◆**snoop about, snoop around** *vi* (*fam*) ❶ (*look secretly*) ■**to ~ around somewhere** irgendwo herumschnüffeln *fam* ❷ (*investigate*) *police* sich *akk* umsehen ❸ (*look around*) *customer* sich *akk* umschauen *fam*

snooper ['snuːpəʳ, AM -ɚ] *n* (*fam*) ❶ (*interloper*) Schnüffler(in) *m(f) fam;* ***there has been a ~ here in my room*** hier in meinem Zimmer hat einer rumgeschnüffelt *fam* ❷ (*spy*) Spion(in) *m(f)* ❸ (*investigator*) Schnüffler(in) *m(f) fam,* Spion(in) *m(f)*

snoot [snuːt] *n* (*fam*) ❶ (*nose*) Nase *f;* ***get your ~ out of my business*** hör auf, deine Nase in meine Angelegenheiten zu stecken ❷ (*snob*) Snob *m;* ***don't be such a ~*** sei nicht so hochnäsig

snootily ['snuːtɪli, AM -t̬-] *adv* (*fam*) hochnäsig

snooty ['snuːti, AM -t̬-] *adj* (*fam*) arrogant, hochnäsig, großkotzig *pej sl*

snooze [snuːz] (*fam*) **I.** *vi* ein Nickerchen machen *fam,* dösen **II.** *n* Nickerchen *nt fam,* Schläfchen *nt;* **to have a ~** ein Nickerchen machen [*o* halten] *fam*

snooze button *n* Schlummertaste *f* (*am Wecker*)

snore [snɔːʳ, AM snɔːr] **I.** *vi* schnarchen **II.** *n* Schnarchen *nt kein pl*

snorer ['snɔːrəʳ, AM 'snɔːrɚ] *n* Schnarcher(in) *m(f)*

snoring ['snɔːrɪŋ] *n no pl* Schnarchen *nt*

snorkel ['snɔːkᵊl, AM 'snɔːr-] SPORTS **I.** *n* Schnorchel *m* **II.** *vi* <BRIT -ll- *or* AM *usu* -l-> schnorcheln

snorkeling ['snɔːkᵊlɪŋ, AM 'snɔːr-] *n no pl* SPORTS Schnorcheln *nt;* **to go ~** schnorcheln gehen

snort [snɔːt, AM snɔːrt] **I.** *vi* schnauben, prusten; *horse* schnauben; **to ~ with anger/disbelief/disgust** wütend/ungläubig/verächtlich schnauben; **to ~ with laughter** vor Lachen [los]prusten **II.** *vt* ❶ (*sl: inhale*) **to ~ cocaine/heroin/speed** Kokain/Heroin/Speed schnupfen ❷ (*disapprovingly*) ■**to ~ sth** etw [verächtlich] schnauben **III.** *n* ❶ (*noise*) Schnauben *nt kein pl;* **to give a ~** ein Schnauben von sich *dat* geben, schnauben; ***the horse gave a ~*** das Pferd schnaubte ❷ (*fam: drink*) Gläschen *nt fam;* **a ~ of bourbon/whiskey** ein Gläschen Bourbon/Whisky

snorter ['snɔːtəʳ] *n* BRIT (*fam*) Wahnsinnsding *nt fam;* ***this is a ~ of a riddle*** das ist ja ein Hammer von einem Rätsel *fam;* ***that was a ~ of a storm*** das war vielleicht ein Wahnsinnssturm *fam*

snot [snɒt, AM snɑːt] *n* ❶ *no pl* (*fam: mucus*) Rotz *m fam* ❷ (*pej sl: person*) miese Type *pej fam*

snot-nosed *adj,* **snotty-nosed** *adj attr, inv* (*pej fam*) rotznasig *fam;* **~ answer/reply** (*fig*) patzige [*o* pampige] Antwort *pej fam;* **~ boy** Rotzbengel *m pej sl;* **~ child** [*or* **kid**] rotznasiges Gör *pej sl;* **~ girl** Rotzgöre *f pej sl* **snot-rag** *n* (*sl*) Rotzfahne *f fam*

snotty ['snɒti, AM 'snɑːt̬i] *adj* (*fam*) ❶ (*full of mucus*) Rotz- *fam;* **~ handkerchief** vollgerotztes Taschentuch *fam;* **~ nose** Rotznase *f fam,* laufende Nase ❷ (*pej: rude*) rotzfrech *pej sl;* **~ answer** patzige [*o* pampige] Antwort *pej fam;* **~ clerk** AM pampiger Verkäufer/pampige Verkäuferin *pej fam;* **~ customer** unverschämter Kunde/unverschämte Kundin; **~ look** unverschämter Blick; **~ manner** unverschämte Art; **~ question** [rotz]freche Frage *fam*

snout [snaʊt] *n* (*nose*) *of an animal* Schnauze *f; of a person* Rüssel *m sl,* Zinken *m hum fam;* **dog's ~** Hundeschnauze *f;* **pig's ~** Schweinerüssel *m sl*

snow [snəʊ, AM snoʊ] **I.** *n* ❶ *no pl* (*frozen vapour*) Schnee *m;* ***outside the ~ was falling*** draußen schneite es; ***a blanket of ~ lay on the ground*** der Boden war schneebedeckt; **as white as ~** weiß wie Schnee, schneeweiß ❷ (*snowfall*) Schneefall *m* ❸ TV, COMPUT Schnee *m,* Flimmern *nt* ❹ *no pl* (*sl: cocaine*) Schnee *m sl* **II.** *vi impers* schneien; ***it's ~ing*** es schneit **III.** *vt* AM (*fam*) ■**to ~ sb** jdm Honig um's Maul schmieren *fam;* ■**to be ~ed into doing sth** [mit schönen Worten] zu etw *dat* überredet werden

◆**snow in** *vt usu passive* **to be/get ~ed in** eingeschneit sein/werden

◆**snow under** *vt usu passive* **to be ~ed under with work** mit Arbeit eingedeckt sein

◆**snow up** *vt usu passive* **to be/get ~ed up** eingeschneit sein/werden

snowball I. *n* Schneeball *m* ▶ PHRASES: **not to have a ~'s chance in hell** [**of doing sth**] (*fam*) nicht die allerkleinste Chance [*o fam* Null Chancen] haben[, etw zu tun] **II.** *n modifier* Schneeball-; **~ fight** Schneeballschlacht *f* **III.** *vi* (*fig*) lawinenartig anwachsen [*o* zunehmen]; **to keep ~ing** eskalieren

snowball effect *n no pl* Schneeballeffekt *m*

snow bank *n esp* AM (*snow drift*) Schneewehe *f*

snowbike ['snəʊbaɪk, AM 'snoʊ-] *n* Snowbike *nt fachspr* (*Fahrrad mit Kufen*)

snowbird [snoʊbɜːrd] *n* CAN (*fam*) *Kanadier, der z.T. den ganzen Winter über in den Südlichen Vereinigten Staaten fährt* (*insb. Florida*), *um der winterlichen Kälte zu entkommen* **snow-blind** *adj inv* schneeblind; **to go ~** schneeblind werden **snow blindness** *n no pl* Schneeblindheit *f* **snowboard** *n* Snowboard *nt* **snowboarder** *n* Snowboarder(in) *m(f)* **snowboarding** *n* Snowboarding *nt* **snowbound** *adj inv* (*snowed-in*) eingeschneit; (*blocked*) durch Schneemassen abgeschnitten; *road* wegen Schnees gesperrt; ***large areas are still ~*** große Gebiete sind wegen der Schneemassen noch immer von der Außenwelt abgeschnitten **snow-capped** *adj inv* schneebedeckt **snowcat** *n* SKI Pistenwalze *f* **snow chains** *npl* AUTO Schneeketten *fpl;* **to put on ~** Schneeketten anlegen **snow-clad** *adj* (*poet*), **snow-covered** *adj inv* verschneit; *mountain* schneebedeckt **snowdrift** *n* Schneewehe *f* **snowdrop** *n* Schneeglöckchen *nt* **snowfall** *n* ❶ *no pl* (*amount*) Schneemenge *f;* **annual/average/regional ~** jährliche/durchschnittliche/örtliche Schneemenge ❷ (*snowstorm*) Schneefall *m;* **heavy/light ~s** heftige/leichte Schneefälle **snow fence** *n* Schneezaun *m* **snowfield** *n* GEOL, METEO Schneefeld *nt* **snowflake** *n* Schneeflocke *f* **snow goggles** *npl* Schneebrille *f*

snow gun *n* Schneekanone *f* **snow job** *n* (*fam*) freundliches Getue *pej fam;* ***my boss did a ~ on me*** mein Chef hat mich eingewickelt *fam* **snow leopard** *n* Schneeleopard *m* **snowline** *n* Schneefallgrenze *f* **snowman** *n* Schneemann *m;* **the abominable ~** der Schneemensch [*o* Yeti] **snowmobile** *n* Schneemobil *nt* **snow pea** *n* AM Zuckererbse *f* **snowplough,** AM **snowplow** *n* ❶ (*vehicle*) Schneepflug *m* ❷ SKI [Schnee]pflug *m* **snowshoe I.** *n usu pl* Schneeschuh *m* **II.** *vi* mit Schneeschuhen gehen **snow shower** *n* Schneegestöber *nt* **snowstorm** *n* Schneesturm *m* **snowsuit** *n* Schneeanzug *m* **snow tire** AM, **snow tyre** *n* BRIT Winterreifen *m* **snow-white I.** *adj* schneeweiß; *blouse, sheets also* blütenweiß; *hair also* schlohweiß; *face* kalkweiß; **to be/look ~** schneeweiß sein/aussehen **II.** *n no pl* Schneeweiß *nt* **Snow White** *n no pl* Schneewittchen *nt*

snowy ['snəʊi, AM 'snoʊ-] *adj* ❶ (*with much snow*) *country, region, month* schneereich; ***January is***

usually a very ~ **month** im Januar fällt normalerweise sehr viel Schnee ❷ (*snow-covered*) *field, street* verschneit; *mountain* schneebedeckt ❸ (*colour*) schneeweiß

SNP [ˌesen'piː] *n no pl, + sing/pl vb abbrev of* **Scottish National Party** *schottische Nationalpartei*

Snr *adj abbrev of* **Senior** sen., Sr.

snub [snʌb] **I.** *vt* <-bb-> ■**to** ~ **sb** (*offend by ignoring*) jdn brüskieren [*o* vor den Kopf stoßen]; (*insult*) jdn beleidigen **II.** *n* Brüskierung *f*; **to take sth as a** ~ sich *akk* durch etw *akk* beleidigt [*o* brüskiert] fühlen

snub nose *n* (*pej*) Stupsnase *f*

snub-nosed *adj attr, inv* ❶ *person* stupsnasig, mit einer Stupsnase *nach n* ❷ MIL *gun, revolver* mit kurzem Lauf *nach n* ❸ TECH ~ **pliers** Rundzange *f*

snuck [snʌk] *vtvi esp* AM *pp of* **sneak**

snuff [snʌf] **I.** *n* Schnupftabak *m*; **a pinch of** ~ eine Prise Schnupftabak; **to take** ~ schnupfen **II.** *vt* **to** ~ **it** BRIT, AUS (*fam*) abkratzen *sl*

◆**snuff out** *vt* ■**to** ~ **out** ↔ **sth** ❶ (*extinguish*) etw auslöschen; **to** ~ **out ashes/candles** glühende Asche/Kerzen löschen ❷ (*fig: end*) etw *dat* ein Ende bereiten; **to** ~ **out one's hopes** seine Hoffnungen begraben; **to** ~ **out sb's hopes** jds Hoffnungen zunichte machen ❸ AM (*die*) **to** ~ **one's life out** sein Leben aushauchen *geh*

snuff box *n* Schnupftabak[s]dose *f*

snuffle ['snʌfl] **I.** *vi* ❶ (*sniffle*) schniefen *fam*, die Nase hochziehen ❷ (*speak nasally*) ■**to** ~ [**out**] näseln **II.** *n* ❶ (*runny nose*) laufende Nase; **to have** [**a case of**] **the** ~**s** einen Schnupfen haben ❷ (*noisy breathing*) Schnüffeln *nt kein pl*

snuff movie *n Pornofilm, der einen wirklichen [nicht gestellten] Mord zeigt*

snug [snʌg] **I.** *adj* ❶ (*cosy*) kuschelig, behaglich, gemütlich; (*warm*) mollig warm ❷ FASHION (*tight*) eng; ***the boots look good but they're just a bit too*** ~ die Stiefel sehen gut aus, aber sie sind ein wenig zu klein; **to be a** ~ **fit** eng anliegen ❸ *esp* AM (*adequate*) passend; ~ **income/salary** gutes [*o fam* schönes] Einkommen/Gehalt; ~ **wage** guter Verdienst ▶ PHRASES: **to be** [*or* **feel**] ~ **as a bug in a rug** es urgemütlich [*o* so richtig mollig warm und gemütlich] haben **II.** *n* BRIT kleines, gemütliches Nebenzimmer (*in einem Pub oder Gasthaus*)

snuggery ['snʌgᵊri] *n* BRIT (*old*) kleines, gemütliches Nebenzimmer (*in einem Pub oder Gasthaus*)

snuggle ['snʌgl] **I.** *vi* sich *akk* kuscheln [*o* schmiegen]; ***let's*** ~ [***up***] ***together on the sofa*** komm, wir machen es uns auf dem Sofa gemütlich; ■**to** ~ **with sb** mit jdm kuscheln; **to** ~ **under the covers** sich *akk* unter die Bettdecke kuscheln **II.** *vt* ❶ (*hold*) ■**to** ~ **sb/sth** jdn/etw an sich *akk* drücken; ***he*** ~***d the package under his arm*** er klemmte sich das Paket unter den Arm ❷ *usu passive* (*nestle*) ■**to be** ~**d** sich *akk* schmiegen **III.** *n* (*sl*) Umarmung *f*

◆**snuggle down** *vi* sich *akk* ins Bett kuscheln

◆**snuggle up** *vi* sich *akk* aneinander kuscheln; ■**to** ~ **up to sb** sich *akk* an jdn kuscheln [*o* schmiegen]; ■**to** ~ **up with sb** mit jdm kuscheln; ■**to** ~ **up against sb** sich *akk* an jdn schmiegen [*o* kuscheln]

snugly ['snʌgli] *adv* ❶ (*comfortably*) gemütlich, behaglich; ***they wrapped blankets*** ~ ***around her*** sie packten sie warm in Decken ein ❷ (*tightly*) eng; **to fit** ~ *clothes* wie angegossen passen [*o* sitzen]; ***the fridge will fit*** ~ ***into this space*** der Kühlschrank passt genau in diesen Zwischenraum

snugness ['snʌgnəs] *n no pl* Behaglichkeit *f*, Wohligkeit *f*, [Ur]gemütlichkeit *f*

so [səʊ, AM soʊ] **I.** *adv inv* ❶ (*to such a degree*) so; ***your hair is*** ~ ***soft*** dein Haar ist so [unglaublich] weich; ***what are you looking*** ~ ***pleased about?*** was freut dich denn so?; ***she's*** ~ ***beautiful*** sie ist so [wunder]schön; ***I am*** ~ ***cold*** mir ist dermaßen kalt; ***she's ever*** ~ ***kind and nice*** sie ist so unglaublich freundlich und nett; ***she's quite reasonable to work with — more*** ~ ***than I was led to believe*** man kann ganz gut mit ihr zusammenarbeiten – viel besser als mir zuerst erzählt wurde; ***I was*** ~ ***excited*** ich war so dermaßen aufgeregt; ***he's not*** ~ ***stupid as he looks*** er ist nicht [ganz] so dumm, wie er aussieht; ~ ***fair a face he could not recall*** (*liter or old*) niemals zuvor hatte er ein so liebreizendes Gesicht gesehen *liter*; ***what's*** ~ ***bad about sport?*** was ist so schlecht am Sport?; ***are things really*** ~ ***wonderful?*** ist wirklich alles so wunderbar?; ***why do you complain*** ~***?*** warum beklagst du dich so sehr?; ***is that why you hate him*** ~***?*** ist das der Grund, warum du ihn so sehr hasst?; ***and I love you*** ~ und ich liebe dich so sehr; ***you worry*** ~ du machst dir so viele Sorgen; **to be** ~ **hungry/thirsty/tired** unglaublich hungrig/durstig/müde sein ❷ (*in such a way*) so; ***we've*** ~ ***planned our holiday that the kids will have just as much fun as us*** wir haben unsere Ferien so geplant, dass die Kinder genauso viel Spaß haben werden wie wir; (*like this*) so; ***gently fold in the eggs like*** ~ rühren Sie so die Eier vorsichtig unter; (*with hand motions*) so; ***"the table that I liked best was about*** ~ ***wide,"*** „der Tisch, der mir am besten gefallen hat, war ungefähr so breit" ❸ (*perfect*) **to be just** ~ genau richtig sein; ***I want everything just*** ~ ich will alles ganz ordentlich haben; ***if you don't do things just*** ~, ***he comes along and yells at you*** wenn du nicht alles genau richtig machst, kommt er und schreit dich an ❹ (*also*) auch; ***I'm hungry as can be and*** ~ ***are the kids*** ich habe einen Riesenhunger und die Kinder auch; ***I've got an enormous amount of work to do —*** ~ ***have I*** ich habe jede Menge Arbeit – ich auch; ***I'm allergic to nuts —*** ~ ***is my brother*** ich bin allergisch gegen Nüsse – mein Bruder auch ❺ (*yes*) ja; ***should we get going now? — I should say*** ~ sollen wir jetzt anfangen? – ja, ich finde schon; ***I'm afraid*** ~ (*as a reply*) ich fürchte ja; ***I hope they stay together — I hope*** ~, ***too*** ich hoffe, sie bleiben zusammen – das hoffe ich auch ❻ AM (*fam: as contradiction*) doch; ***haha, you don't have a bike — I do*** ~ haha, du hast ja gar kein Fahrrad – hab' ich wohl! ❼ (*that*) das, es; ~ ***they say …*** man sagt …, wie man sich erzählt …; ~ ***I believe*** glaube ich jedenfalls; ***I'm sorry I'm late —*** ~ ***you should be*** es tut mir Leid, dass ich so spät dran bin – das will ich auch schwer hoffen; ***well then,*** ~ ***be it*** nun gut ❽ (*true*) wahr; ***is that*** ~***?*** ist das wahr?, stimmt das?; ~ ***it is*** das stimmt; ***if*** ~ ***…*** wenn das so ist …; ***he looks like James Dean —*** ~ ***he does*** er sieht aus wie James Dean – stimmt!; **to be quite** ~ wirklich stimmen; **that being** ~ nachdem das geschehen war, und dann ▶ PHRASES: ~ **far** ~ **good** so weit, so gut; ~ **long** bis dann [*o* später]; ~ **much for sth** so viel zu etw *dat*; ~ **to speak** [*or* **say**] sozusagen; **and** ~ **on** [*or* **forth**] und so weiter; ~ **what?** na und?, na wenn schon? **II.** *conj* ❶ (*therefore*) daher, folglich, [und] so; ***I couldn't find you*** ~ ***I left*** ich konnte dich nicht finden, deshalb bin ich gegangen; ***my landlord kicked me out and*** ~ ***I was forced to seek yet another apartment*** mein Vermieter hat mich rausgeworfen, weshalb ich mir eine neue Wohnung suchen musste ❷ (*fam*) ***he said he wanted to come along*** ~ ***I told him that …*** er sagte, er wolle mitfahren, worauf ich ihm mitteilte, dass … ▶ PHRASES: ~ [*or* **as**] **long as …** (*if*) sofern; ***I'll join the army*** ~ ***long as you do too*** ich gehe zum Militär, sofern du auch gehst; (*for the time*) solange; ~ ***long*** ~ ***he doesn't go too far, …*** solange er nicht zu weit geht, …; ~ ***there*** (*hum*) ***mine's bigger than yours —*** ~ ***there!*** meiner ist größer als deiner – siehst du! **III.** *adj* (*sl*) ***that's*** ~ ***70's*** das ist so typisch für die 70er

soak [səʊk, AM soʊk] **I.** *n* ❶ (*immersion*) Einweichen *nt kein pl*; ***there's nothing like a good long*** ~ ***in the bath*** (*hum*) es geht doch nichts über ein genüssliches langes Bad ❷ (*fam: drinker*) Säufer(in) *m(f) pej derb*; (*drinking bout*) Sauftour *f fam* **II.** *vt* ❶ (*immerse*) **to** ~ **dry beans/stains** getrocknete Bohnen/Flecken einweichen; **to** ~ **a fruit in brandy** eine Frucht in Brandy einlegen ❷ (*make wet*) ■**to** ~ **sb/sth** jdn/etw durchnässen ❸ (*fam: demand money*) ■**to** ~ **sb** jdn schröpfen *fam* ❹ (*study*) ■**to** ~ **oneself in sth** sich *akk* in etw *akk* vertiefen ❺ COMPUT **to** ~ **a program/device** ein Programm *nt*/ein Gerät *nt* ununterbrochen laufen lassen **III.** *vi* ❶ (*immerse*) einweichen lassen; **to leave sth to** ~ [**overnight**] etw [über Nacht] einweichen [lassen] ❷ (*fam: booze*) saufen *derb*

◆**soak in I.** *vi* ❶ (*absorb*) aufgesogen werden, einziehen ❷ (*understand*) in den Schädel gehen *fam*; ***it just seems not to*** ~ ***in*** es will einfach nicht in seinen Schädel *fam*; ***will it ever*** ~ ***in?*** ob er/sie das wohl jemals kapiert? *fam* **II.** *vt* ■**to** ~ **in** ↔ **sth** etw einsaugen; (*fig*) etw in sich *akk* aufnehmen; **to** ~ **in culture** Kultur tanken *fam*

◆**soak off** *vt* ■**to** ~ **off** ↔ **sth** etw [mit Wasser] ablösen

◆**soak through** *vi* durchsickern, durchtropfen; ■**to** ~ **through sth** durch etw *akk* [hindurch]sickern; ■**to be** ~**ed through** völlig durchnässt sein

◆**soak up** *vt* ❶ (*absorb*) ■**to** ~ **up** ↔ **sth** etw aufsaugen; (*fig*) etw [gierig] in sich *akk* aufnehmen [*o* aufsaugen]; ***I*** ~***ed up most of the spilt milk with a cloth*** ich nahm den größten Teil der verschütteten Milch mit einem Lappen auf; ***we unconsciously*** ~ ***up stereotypes*** wir verinnerlichen Klischees unbewusst ❷ (*bask in*) **to** ~ **up the atmosphere** die Atmosphäre in sich *akk* aufnehmen [*o* genießen]; **to** ~ **up the sun**[**shine**] sonnenbaden, sich *akk* in der Sonne aalen *fam* ❸ (*use up*) **to** ~ **up money/resources** Geld/Mittel aufbrauchen [*o fam* schlucken]; **to** ~ **up sb's time** jds Zeit in Anspruch nehmen

soakaway ['səʊkəˌweɪ, AM 'soʊk-] *n* BRIT ECOL Abflussgrube *f*

soaked [səʊkt, AM soʊkt] *adj* ❶ (*wet*) ■**to be** ~ pitschnass sein *fam*; **to be** ~ **to the skin** [*or* **bone**] bis auf die Haut nass sein; **to be** ~ **in sweat** schweißgebadet sein; *shirt* völlig durchgeschwitzt sein ❷ (*fam: drunk*) stockbetrunken *fam*, völlig blau *fam*

soaking ['səʊkɪŋ, AM 'soʊk-] **I.** *n* ❶ (*immersion*) Einweichen *nt kein pl*; **to give sth a** ~ etw einweichen ❷ (*becoming wet*) Nasswerden *nt kein pl*; **to get a** ~ patschnass werden *fam* **II.** *adj inv* ~ [**wet**] klatschnass *fam*, patschnass *fam*

so-and-so ['səʊən(d)səʊ, AM 'soʊən(d)soʊ] *n* (*fam*) ❶ (*unspecified person*) Herr/Frau Soundso; (*unspecified thing*) das und das ❷ (*pej fam: disliked person*) Miststück *nt derb*, gemeines Biest *fam*; ***oh, he was a right old*** ~ ***that Mr. Baker*** ja, dieser Mr. Baker war ein richtiger alter Fiesling *sl* ❸ AM (*pej*) **Mr/Mrs** ~ (*nit-picker*) du alter Besserwisser/alte Besserwisserin *fam*

soap [səʊp, AM soʊp] **I.** *n* ❶ *no pl* (*substance*) Seife *f*; **to wash one's hands with** ~ sich *dat* die Hände mit Seife waschen; **a piece** [*or* **bar**] [*or* **tablet**] **of** ~ ein Stück *nt* Seife; **liquid** ~ Flüssigseife *f* ❷ TV, MEDIA (*soap opera*) Seifenoper *f*; **afternoon** ~ Nachmittagsserie *f* (*im Fernsehen*) ▶ PHRASES: **soft** ~ Schmeichelei *f* **II.** *vt* ■**to** ~ **sb/oneself/sth** jdn/sich/etw einseifen; **to** ~ **oneself all over** sich *akk* von oben bis unten einseifen

soapbox *n* ❶ (*hist: container*) Seifenkiste *f* ❷ (*cart*) Seifenkiste *f* ❸ (*pedestal*) Obstkiste *f* (*improvisierte Rednerbühne, z.B. in Speaker's Corner im Hyde Park*) ▶ PHRASES: **to get on/off one's** ~ anfangen/aufhören, große Reden zu schwingen **soap bubble** *n* Seifenblase *f*; **to turn out to be only a** ~ (*fig*) sich *akk* als Seifenblase erweisen *fig* **soap dish** *n* Seifenschale *f* **soap dispenser** *n* Seifenspender *m* **soap flakes** *npl* Seifenflocken *fpl* **soap opera** *n* TV, MEDIA Seifenoper *f* **soap powder** *n no pl* Seifenpulver *nt* **soapstone** *n no pl* GEOL Speckstein *m* **soapsuds** *npl* Seifenschaum *m kein pl*

soapy ['səʊpi, AM 'soʊp-] *adj* ❶ (*lathery*) seifig, Seifen-; ~ **water** Seifenwasser *nt*, Seifenlauge *f* ❷ (*like soap*) seifig, wie Seife; **to feel** ~ sich *akk* wie Seife anfühlen; **to taste** ~ nach Seife schmecken ❸ (*pej: flattering*) schmeichlerisch; *smile, voice* ölig *pej*

soar [sɔːʳ, AM sɔːr] *vi* ❶ (*rise*) aufsteigen; (*fig*) *mountain peaks* sich *akk* erheben; **to** ~ **into the sky** zum [*o liter* gen] Himmel steigen ❷ (*increase*) *temperature, prices, profits* in die Höhe schnellen, rapide steigen; *consumer awareness* zunehmen

S

❸ (*glide*) *bird* [*of prey*] [in großer Höhe] segeln [*o* [dahin]schweben]; *glider, hang-glider* gleiten, schweben ❹ (*excel*) sehr erfolgreich sein; **to ~ in school** sehr gute Schulleistungen erbringen

soaraway ['sɔːrəweɪ] *adj attr* Blitz- *fig*, Senkrechtstarter- *fig*

soaring ['sɔːrɪŋ] *adj attr, inv* ❶ (*increasing*) rasch steigend, in die Höhe schnellend ❷ (*gliding*) [dahin]gleitend

S.O.B. [ˌesoʊ'biː] *n* AM (*pej fam*) *abbrev of* **son of a bitch**

sob [sɒb, AM sɑːb] **I.** *n* Schluchzen *nt kein pl*, Schluchzer *m* **II.** *vi* <-bb-> schluchzen **III.** *vt* <-bb-> ❶ (*cry*) **to ~ one's heart out** sich *dat* die Seele aus dem Leib weinen; **to ~ oneself to sleep** sich *akk* in den Schlaf weinen ❷ (*say while crying*) ■ **to ~ sth** etw schluchzen; ***"no, please don't go," she ~bed*** „nein, bitte geh nicht", stieß sie schluchzend hervor

sober ['səʊbəʳ, AM 'soʊbɚ] **I.** *adj* ❶ *inv* (*not drunk*) nüchtern; ***I've been ~ for 5 years now*** ich bin jetzt seit fünf Jahren trocken; **to be [as] ~ as a judge** stocknüchtern sein *fam*; **to be stone cold ~** stocknüchtern sein *fam* ❷ (*fig: unemotional*) *thought, judgement, opinion* sachlich, nüchtern; *person* nüchtern, besonnen; **~ realization** nüchterne Erkenntnis ❸ (*plain*) *clothes* unauffällig, schlicht; *colour* gedeckt; (*simple*) *truth* schlicht, einfach **II.** *vt* ■ **to ~ sb** jdn ernüchtern **III.** *vi person* ruhiger werden
◆**sober up I.** *vi* ❶ (*become less drunk*) nüchtern werden ❷ (*become serious*) zur Vernunft kommen **II.** *vt* ■ **to ~ sb up** ❶ (*make less drunk*) jdn nüchtern machen ❷ (*make serious*) jdn ernüchtern [*o* zur Vernunft bringen]

sobering ['səʊbərɪŋ, AM 'soʊ-] *adj effect, thought* ernüchternd; **to have a ~ effect on sb** wie eine kalte Dusche auf jdn wirken

soberly ['səʊbəli, AM 'soʊbɚ-] *adv* ❶ (*seriously*) vernünftig, ruhig; (*down-to-earth*) nüchtern ❷ (*plainly*) unauffällig, einfach

soberness ['səʊbənəs, AM 'soʊbɚ-] *n no pl* ❶ (*sobriety*) Nüchternheit *f* ❷ (*seriousness*) Ernst *m*; ***the ~ of the news slowly sunk in*** langsam wurde ihnen der Ernst der Nachricht bewusst ❸ (*plainness*) Schlichtheit *f*; ***she chose the grey suit for its ~*** sie wählte das graue Kostüm, weil es so dezent war

sobersides <*pl* -> ['səʊbəsaɪdz, AM 'soʊbɚ-] *n usu sing* (*old fam*) Muffel *m fam*, Trauerkloß *m hum fam*

sobriety [sə(ʊ)'braɪəti, AM sə'braɪəṭi] *n no pl* (*form or hum*) ❶ (*soberness*) Nüchternheit *f*; (*life without alcohol*) Abstinenz *f*; **to achieve ~** trocken werden *fam* ❷ (*seriousness*) Ernst *m*; ***his ~ often dampened the others' good moods*** seine Ernsthaftigkeit dämpfte oft die gute Laune der anderen

sobriety test *n* AM Alkoholtest *m*; **to give sb a ~** jdn einem Alkoholtest unterziehen [*o fam* [ins Röhrchen] blasen lassen]

sobriquet ['səʊbrɪkeɪ, AM 'soʊ-] *n* (*form or hum*) Spitzname *m*

sob sister *n* (*fam: journalist*) Verfasserin *f* rührseliger Geschichten; (*agony aunt*) Briefkastentante *f*; (*actress*) *Schauspielerin, die sentimentale Rollen spielt* **sob story** *n* (*fam*) ❶ (*story*) rührselige Geschichte ❷ (*excuse*) Ausrede *f*; **to tell a ~** mit einer Mitleid heischenden Ausrede daherkommen *fam*

sob stuff *n no pl* (*fam*) rührselige Geschichten

so-called *adj attr, inv* ❶ (*supposed*) so genannt, angeblich; ***one of his ~ friends*** einer seiner angeblichen Freunde ❷ (*with neologisms*) so genannt; ***people smugglers, ~ coyotes*** Schlepper, Koyoten genannt

soccer ['sɒkəʳ, AM 'sɑːkɚ] **I.** *n no pl* Fußball *m*; **a game of ~** ein Fußballspiel *nt* **II.** *n modifier* (*field, game, match, player, team*) Fußball-; **~ ball** Fußball *m*; **~ coach** [Fußball]trainer *m*, Trainer *m* einer Fußballmannschaft

soccer mom *n* AM (*pej fam*) *Bezeichnung für Mütter aus den Vorortsiedlungen, die viel Zeit damit verbringen, ihre Kinder von einer Sportveranstaltung zur nächsten zu fahren*

sociability [ˌsəʊʃə'bɪləti, AM ˌsoʊʃə'bɪləṭi] *n no pl* Geselligkeit *f*

sociable ['səʊʃəbl, AM 'soʊ-] **I.** *adj* ❶ (*keen to mix*) gesellig; ***I wasn't feeling very ~*** mir war nicht nach Geselligkeit zumute; **~ mood** gesellige Stimmung ❷ (*friendly*) freundlich, umgänglich; ***she invited her new neighbours round for coffee just to be ~*** sie lud ihre neuen Nachbarn zum Kaffee ein, um nicht unfreundlich zu erscheinen ❸ (*of an event*) gesellig; **~ evening** bunter [*o* geselliger] Abend; **~ occasion** gesellschaftliches Ereignis **II.** *n* ❶ (*hist: carriage*) Kutsche *f* ❷ BRIT (*sofa*) **~ [couch]** *Sofa in S-Form für zwei Personen, die sich darauf gegenübersitzen* ❸ AM (*party*) Treffen *nt*, Zusammenkunft *f*; **church ~** Gemeindefest *nt*

social ['səʊʃəl, AM 'soʊ-] **I.** *adj* ❶ (*of human contact*) Gesellschaft-, gesellschaftlich; ***I'm a ~ drinker*** ich trinke nur, wenn ich in Gesellschaft bin; **~ activities** gesellschaftliche Aktivitäten; **~ calendar** Veranstaltungskalender *m* (*für die gesellschaftliche Saison*); **~ connections** Beziehungen *fpl*; **~ elite** gesellschaftliche Elite; **~ event** [*or* **function**] Veranstaltung *f*, [gesellschaftliches] Ereignis; **~ gatherings** gesellschaftliche Zusammenkünfte; **to climb the ~ ladder** die soziale Leiter hinaufklettern, gesellschaftlich aufsteigen; **~ obligation** gesellschaftliche Verpflichtung ❷ SOZIOL (*concerning society*) gesellschaftlich, Gesellschafts-; **~ anthropology/psychology** Sozialanthropologie *f*/-psychologie *f*; **~ class** Gesellschaftsklasse *f*; **~ differences/problems** soziale Unterschiede/Probleme; **~ equality/justice/movement** soziale Gleichheit/Gerechtigkeit/Bewegung; **~ group** gesellschaftliche Gruppe; **~ reform** Sozialreform *f*; **~ reformer** Sozialreformer(in) *m(f)*; **~ revolution** soziale Revolution; **~ studies** AM SCH Gemeinschaftskunde *f*, Sozialkunde *f*; UNIV Gesellschaftswissenschaften *fpl* ❸ SOZIOL (*of human behaviour*) sozial, Sozial-; **~ critic** Gesellschaftskritiker(in) *m(f)*; **~ disease** (*old fam*) Geschlechtskrankheit *f*; **~ disorder** [*or* **unrest**] soziale Unruhen; **~ problem** gesellschaftliches Problem; **~ skills** soziale Fähigkeiten ❹ (*concerning the public*) Sozial-, sozial; **~ institution** soziale Einrichtung; **~ insurance/legislation** Sozialversicherung *f*/-gesetzgebung *f*; **~ policy** Sozialpolitik *f* ❺ ZOOL, BIOL (*living together*) Herden-; **~ animal** Herdentier *nt* **II.** *n* BRIT Treffen *nt*, Zusammenkunft *f*; **church ~** Gemeindefest *nt*

social climber *n* (*pej*) sozialer Aufsteiger/soziale Aufsteigerin *fam* **social conscience** *n no pl* soziales Gewissen **Social Democrat** *n* Sozialdemokrat(in) *m(f)*; BRIT (*hist*) *Mitglied der britischen Sozialdemokratischen Partei* **Social Democratic Party** *n no pl* BRIT (*hist*) Sozialdemokratische Partei **social engineering** *n no pl* angewandte Sozialwissenschaft

socialism ['səʊʃəlɪzəm, AM 'soʊ-] *n no pl* Sozialismus *m*

socialist ['səʊʃəlɪst, AM 'soʊ-] **I.** *n* Sozialist(in) *m(f)* **II.** *adj* sozialistisch

socialistic [ˌsəʊʃəl'ɪstɪk, AM ˌsoʊʃə'lɪs] *adj* sozialistisch

socialite ['səʊʃəlaɪt, AM 'soʊʃə-] *n* Persönlichkeit *f* des öffentlichen Lebens

socialization [ˌsəʊʃəlaɪ'zeɪʃən, AM ˌsoʊʃəlɪ-] *n no pl* ❶ POL Sozialisierung *f*, Vergesellschaftung *f* ❷ SOZIOL Sozialisation *f*; **process of ~** (*for criminals*) Resozialisierungsprozess *m*; (*for babies*) Sozialisationsprozess *m*, Prozess *m* der Sozialisation

socialize ['səʊʃəlaɪz, AM 'soʊʃəl-] **I.** *vi* unter Leuten sein; ***Adrian seems to spend most of his time socializing*** Adrian scheint ja ein ziemlich reges gesellschaftliches Leben zu haben; ■ **to ~ with sb** mit jdm gesellschaftlich verkehren **II.** *vt* ❶ SOZIOL, BIOL ■ **to ~ sb** jdn sozialisieren; **to ~ an offender** einen Straftäter/eine Straftäterin [re]sozialisieren; ■ **to ~ an animal** ein Tier zähmen [*o* an den Menschen gewöhnen] ❷ POL ■ **to ~ sth** etw sozialistisch machen; (*nationalize*) etw verstaatlichen [*o* vergesellschaften]

socialized medicine *n no pl* AM (*usu pej*) *beitragsfreie Krankenversicherung*

social life *n* gesellschaftliches Leben, Privatleben *nt*

socially ['səʊʃəli, AM 'soʊ-] *adv* ❶ (*convivially*) gesellschaftlich; **~ *they're a great company*** was das Betriebsklima angeht, ist das eine tolle Firma; **to be ~ active** ein reges gesellschaftliches Leben führen ❷ (*behaviourally*) was das Sozialverhalten betrifft; ***~ she's a disaster*** sie fällt in Gesellschaft immer unangenehm auf ❸ (*privately*) **to meet** [*or* **see**] **sb ~** jdn privat [*o* außerhalb der Arbeit] treffen ❹ (*of the public*) gesellschaftlich; **to be ~ acceptable** gesellschaftlich akzeptabel sein

social science *n* Sozialwissenschaft *f*; ■ **the ~s** *pl* die Sozialwissenschaften *pl* **social security** *n no pl* ❶ BRIT, AUS (*welfare*) Sozialhilfe *f* ❷ AM (*pension*) Sozial[versicherungs]rente *f* **social service** *n* ❶ (*community help*) gemeinnützige Arbeit ❷ (*welfare*) ■ **~s** *pl* staatliche Sozialleistungen; **~s office** Sozialamt *nt*, Sozialeinrichtung *f* **social standing** *n no pl* gesellschaftliche Stellung, Rang *m* in der Gesellschaft **social system** *n* Gesellschaftssystem *nt* **social work** *n no pl* Sozialarbeit *f* **social worker** *n* Sozialarbeiter(in) *m(f)*

societal [sə'saɪətəl, AM -ṭəl] *adj inv* gesellschaftlich

society [sə'saɪəti, AM -əṭi] **I.** *n* ❶ (*all people*) Gesellschaft *f*; **consumer ~** Konsumgesellschaft *f*; **a member of ~** ein Mitglied *nt* der Gesellschaft; **to be a menace** [*or* **danger**] **to ~** eine Bedrohung für die Allgemeinheit darstellen; **American/British ~** die amerikanische/britische Gesellschaft; **capitalist/classless/multicultural ~** kapitalistische/klassenlose/multikulturelle Gesellschaft; **to do sth for the good** [*or* **benefit**] **of ~** etw zum Nutzen der Allgemeinheit tun ❷ (*elite*) die [feine] Gesellschaft; **high ~** High Society *f* ❸ (*form: company*) Gesellschaft *f*; ***she prefers her own ~*** sie ist am liebsten alleine; **to avoid sb's ~** jdn meiden; ***he avoids ~ when possible*** wann immer möglich, vermeidet er es, unter Menschen zu gehen ❹ (*organization*) Verein *m*, Vereinigung *f*; **the S~ of Friends** die Gesellschaft der Freunde [*o* Quäker]; **literature ~** Literaturzirkel *m*; **music ~** Musikverein *m*, Musikkreis *m*; **writers' ~** Schriftstellervereinigung *f*, Schriftstellerverband *m* **II.** *n modifier* (*ball*) Gesellschafts-; **~ column/reporter** Klatschspalte *f*/-reporter(in) *m(f)*; **~ event** gesellschaftliche Veranstaltung; **~ news** Illustrierte *f*

socio- ['səʊsiəʊ, AM 'soʊsioʊ] *in compounds* Sozio-, sozio-

sociocultural [ˌsəʊʃiəʊ'kʌltʃərəl, -si-, AM ˌsoʊsioʊ-, -ʃi-] *adj inv* soziokulturell

socio-economic [ˌsəʊʃiəʊˌiːkə'nɒmɪk, -si-, AM ˌsoʊsioʊˌekə'nɑːmɪk, -ʃi-] *adj inv* sozioökonomisch; **~ group** sozioökonomische Gruppierung

socio-economically [ˌsəʊʃiəʊˌiːkə'nɒmɪkli, -si-, AM ˌsoʊsioʊˌekə'nɑːmɪk-, -ʃi-] *adv inv* sozioökonomisch

sociolinguistic [ˌsəʊʃiəʊlɪŋ'gwɪstɪk, -si-, AM ˌsoʊsioʊ-, -ʃi-] *adj inv* soziolinguistisch

sociological [ˌsəʊʃiə'lɒdʒɪkəl, -si-, AM ˌsoʊsiə'lɑːdʒɪ-, -ʃi-] *adj inv* soziologisch

sociologically [ˌsəʊʃiə'lɒdʒɪkəli, -si-, AM ˌsoʊsiə'lɑːdʒɪ-, -ʃi-] *adv inv* soziologisch

sociologist [ˌsəʊʃi'ɒlədʒɪst, -si-, AM ˌsoʊsi'ɑːlə-, -ʃi-] *n* Soziologe, -in *m, f*

sociology [ˌsəʊʃi'ɒlədʒi, -si-, AM ˌsoʊsi'ɑːlə-, -ʃi-] *n no pl* Soziologie *f*

sociopath ['səʊʃiə(ʊ)pæθ, -si-, AM ˌsoʊsiəpæθ, -ʃi-] *n* Soziopath(in) *m(f)*, gesellschaftsunfähiger Mensch

sociopathic [ˌsəʊsiə(ʊ)'pæθɪk, AM ˌsoʊsiə'-] *adj* sozialpathisch **sociopathy** [ˌsəʊsi'ɒpəθi, AM ˌsoʊsi'ɑː-] *n* Soziopathie *f*

sociopolitical [ˌsəʊʃiəʊpəl'ɪtɪkəl, -si-, AM ˌsoʊsioʊpəlɪṭ-, -ʃi-] *adj inv* soziopolitisch

sock[1] [sɒk, AM sɑːk] *n* Socke *f*; **ankle ~** Söckchen *nt*, Socke *f*; **cotton ~** Baumwollsocke *f*; **knee ~** Kniestrumpf *m*; **nylon ~** Nylonsöckchen *nt*; **a pair of ~s** ein Paar *nt* Socken; **toe ~** Socke *f* mit Zehen; **odd** [*or* **mismatched**] **~s** zwei verschiedene Socken; **wool[l]en ~** Wollsocke *f* ▶ PHRASES: **to blow**

[*or* **knock**] **sb's ~s off** (*fam*) jdn vom Hocker reißen *fam;* **to pull one's ~s up** (*fam*) sich *akk* am Riemen reißen *fam;* **put a ~ in it!** (*hum fam*) halt die Klappe! *sl;* ***put a ~ in it, Dad*** ach, jetzt hör doch auf, Papa

sock² [sɒk, AM sɑːk] **I.** *vt* ❶ (*dated fam: punch*) ■**to ~ sb** jdn hauen *fam;* **to ~ sb in the eye** jdm eine auf's Auge geben *fam;* **to ~ sb on the jaw** jdm einen Kinnhaken verpassen *fam* ❷ AM SPORTS **to ~ the ball** den Ball schlagen ▸ PHRASES: **to ~ it to sb** (*fam*) jdm zeigen, was man kann, es jdm zeigen *fam* **II.** *n* (*dated fam*) Schlag *m;* **to give sb a ~** jdm eine verpassen *fam*

◆**sock away** *vt* ■**to ~ sth** ⊂ **away** *money* etw wegpacken

socket [ˈsɒkɪt, AM ˈsɑː-] *n* ❶ ELEC (*for a plug*) Steckdose *f;* (*for lamps*) Fassung *f;* MECH Sockel *m;* **mains/wall ~** Netz-/Wandsteckdose *f;* **single/double/triple ~** Einfach-/Zweifach-/Dreifachsteckdose *f* ❷ ANAT, MED **arm/hip/knee ~** Arm-/Hüft-/Kniegelenkpfanne *f;* **eye ~** Augenhöhle *f;* **tooth ~** Zahnfach *nt*

socket spanner *n* BRIT, **socket wrench** *n* AM MECH Steckschlüssel *m*

Socrates [ˈsɒkrətiːz, AM ˈsɑːkrə] *n no pl* Sokrates *m*

Socratic [səˈkrætɪk, AM t̬ɪk] *adj inv* sokratisch

sod¹ [sɒd, AM sɑːd] **I.** *n* Grassode *f,* Grasnarbe *f;* **to be under the ~** (*euph*) unter der Erde liegen *euph* **II.** *vt* <-dd-> ■**to ~ sth** etw mit Gras bedecken

sod² [sɒd] **I.** *n* BRIT ❶ (*sl: mean person*) Sau *f derb;* (*vexing thing*) blödes Ding *fam,* Mist *m fam;* ***this is a ~ of a car*** das ist vielleicht eine Mistkarre! *sl;* **silly** [*or* **stupid**] **~** blöde Sau *derb* ❷ (*fam: person*) **lucky ~** Glückspilz *m;* **poor ~** armer Kerl, armes Schwein *fam* ▸ PHRASES: **to give** [*or* **care**] **a ~** [**about sth**] (*sl*) [auf etw *akk*] pfeifen *fam;* ***I don't give a ~ about what Margaret said*** es ist mir scheißegal, was Margaret gesagt hat *derb;* **~ all** (*sl*) nicht das kleinste bisschen **II.** *vt* BRIT (*sl*) ■**to ~ sb/sth** jdn/etw verfluchen; **~ *it!*** verdammter Mist! *sl*

◆**sod off** *vi* BRIT (*sl*) abhauen *sl,* Leine ziehen *sl;* **~ *off!*** zieh Leine! *sl,* hau ab! *sl*

soda [ˈsəʊdə, AM ˈsoʊ-] *n* ❶ *no pl* (*water*) Sodawasser *nt* ❷ AM (*sweet drink*) Limonade *f,* Limo *f fam*

soda bread *n no pl mit Backpulver gebackenes Brot* **soda fountain** *n esp* AM ❶ (*device*) Siphon *m* ❷ (*dated: counter*) Erfrischungshalle *f veraltend,* Eisbar *f* **soda pop** *n no pl* AM Limo *f fam* **soda siphon** *n* Siphon *m* **soda water** *n no pl* Sodawasser *nt*

sodden [ˈsɒdᵊn, AM ˈsɑː-] *adj inv* ❶ (*soaked*) durchnässt; **~ grass** durchweichter Rasen ❷ FOOD (*pej*) pampig; (*doughy*) teigig, klitschig ❸ AM (*sl: not interesting*) fad ❹ (*sl: drunk*) besoffen *sl,* voll *fam;* **~ with drink** total besoffen *sl,* sternhagelvoll *fam*

sodding [ˈsɒdɪŋ] *adj attr, inv* BRIT (*sl*) verdammt *sl,* Scheiß- *derb*

sodium [ˈsəʊdiəm, AM ˈsoʊ-] *n no pl* Natrium *nt*

sodium bicarbonate *n no pl* Natriumhydrogenkarbonat *nt fachspr,* doppeltkohlensaures Natrium; (*baking soda*) Natron *nt* **sodium carbonate** *n no pl* Soda *nt,* Natriumkarbonat *nt fachspr* **sodium chloride** *n no pl* Kochsalz *nt,* Natriumchlorid *nt fachspr*

sodomite [ˈsɒdəmaɪt, AM ˈsɑː-] *n* Sodomit(in) *m(f)*

sodomize [ˈsɒdəmaɪz, AM ˈsɑː-] *vt usu passive* ■**to ~ sb** Sodomie mit jdm treiben

sodomy [ˈsɒdəmi, AM ˈsɑː-] *n no pl* (*form*) Sodomie *f*

sod's law *n,* **Sod's law** *n no pl* (*hum*) *Gesetz, nach dem alles, was danebengehen kann, auch danebengeht;* ***that's ~*** das musste ja passieren

sofa [ˈsəʊfə, AM ˈsoʊ-] *n* Sofa *nt,* Couch *f*

sofa bed *n* Schlafcouch *f*

soft [sɒft, AM sɑːft] *adj* ❶ (*not hard*) weich; ***the icecream had gone ~*** das Eis war geschmolzen; **~ contact lenses** weiche Kontaktlinsen; **~ tissue** MED Weichteile *pl* ❷ (*smooth*) weich; *cheeks, skin* zart; *cloth, dress* weich; *leather* geschmeidig; **~ hair** seidiges Haar ❸ (*weak*) weich, schlaff; **to go** [*or* **get**] **~** schlaff werden ❹ (*not bumpy*) **~ landing** weiche Landung ❺ (*of weather*) *climate* mild; **~ rain** leichter [*o* sanfter] Regen; **~ wind** sanfte Brise ❻ (*subtle*) *colour* zart; **~ blue/lilac/yellow** zartes Blau/Lila/Gelb; **~ pastel colours** zarte [*o* weiche] Pastelltöne; **~ glow** zartes Leuchten; **~ light** weiches [*o* gedämpftes] Licht ❼ (*not loud*) **~ music** gedämpfte Musik; **~ rock** Softrock *m;* **~ sound** leises Geräusch; **~ voice** leise [*o* sanfte] [*o* gedämpfte] Stimme; **~ words** sanfte Worte ❽ (*lenient*) nachgiebig; ■**to be ~ with sb** jdm gegenüber nachgiebig sein; ***you can't be ~ with those kids*** du kannst diesen Kindern nicht immer alles durchgehen lassen; ■**to be ~ on sb/sth** jdm/etw gegenüber nachsichtig sein; ***this government is too ~ on crime*** diese Regierung geht nicht energisch genug gegen die Kriminalität vor; **to have a ~ time of it** es leicht [*o* bequem] haben ❾ (*easy*) leicht, einfach; ***he's got a pretty ~ job*** er hat eine ziemlich leichte Arbeit; **the ~ option** der Weg des geringsten Widerstandes ❿ (*not firm in opinion*) **to go ~ on sth** bei etw *dat* zu nachgiebig sein; **the ~ left** (*pej*) die schwache Linke ⓫ (*compassionate*) weich; ***she's got a ~ heart*** sie hat ein weiches Herz; **to have ~ feelings for sb** Mitgefühl für jdn haben; **to be a ~ touch** (*fam*) leicht rumzukriegen sein *fam* ⓬ (*unfinished*) grob; **~ design/plan** grober Entwurf/Plan ⓭ STOCKEX, FIN (*falling*) **~ currency** weiche Währung; **~ market** rückläufiger Aktienmarkt; **~ prices** nachgiebige Preise ⓮ COMPUT *material* weich, soft; *data* weich ▸ PHRASES: **to be ~ in the head** (*fam*) nicht ganz richtig im Kopf sein *fam;* **to have a ~ spot for sb** eine Schwäche für jdn haben; **to be ~ on sb** *esp* AM (*fam*) jdn sehr gern haben, eine Schwäche für jdn haben

softback *adj inv* Taschenbuch *nt* **softball** *n* Softball *m* **soft-boiled** *adj inv* weich [gekocht]; **~ egg** weich gekochtes [*o* weiches] Ei **soft-centred** *adj* ❶ (*of sweets*) cremig ❷ (*compassionate, sentimental*) weich *fig,* mit weichem Kern *nach n fig* **softcover** *adj inv* AM (*softback*) Taschenbuch *nt* **soft drink** *n* alkoholfreies Getränk **soft drug** *n* weiche Droge

soften [ˈsɒfᵊn, AM ˈsɑːf-] **I.** *vi* ❶ (*melt*) weich werden; *ice cream* schmelzen ❷ (*moderate*) nachgiebiger werden; **to ~ with age** mit dem Alter nachsichtiger werden ❸ FIN *quotation* sich abschwächen, nachgeben; ***quotations at the LSE are expected to ~ further*** es ist zu erwarten, dass die Notierungen an der Londoner Börse weiter abschwächen **II.** *vt* ■**to ~ sth** ❶ (*melt*) etw weich werden lassen; **to ~ skin** Haut weich und geschmeidig machen ❷ (*moderate*) etw mildern; *manner, behaviour* sich *akk* mäßigen; **to ~ a colour/light** eine Farbe/Licht dämpfen; **to ~ one's heart** sich *akk* erweichen lassen; **to ~ one's opinion** einen moderateren Standpunkt vertreten; **to ~ one's voice** seine Stimme dämpfen; **to ~ words** Worte [etwas] abschwächen ❸ (*alleviate*) etw erträglicher machen; ***how can we ~ the news for her?*** wie können wir ihr die Nachricht möglichst schonend beibringen?; **to ~ the blow** den Schock mildern

◆**soften up** **I.** *vt* ❶ (*make less hard*) ■**to ~ up** ⊂ **sth** etw weicher machen ❷ (*win over*) ■**to ~ up** ⊂ **sb** jdn erweichen; (*persuade*) jdn rumkriegen *fam* ❸ MIL (*weaken*) ■**to ~ up** ⊂ **sth** etw schwächen; **to ~ up the enemy** den Feind schwächen **II.** *vi* weich werden

softener [ˈsɒfᵊnəʳ, AM ˈsɑːfᵊnɚ] *n* ❶ (*softening agent*) Weichmacher *m;* **fabric ~** Weichspüler *m* ❷ (*mineral reducer*) Enthärter *m;* **water ~** Wasserenthärter *m*

softening [ˈsɒfᵊnɪŋ, AM ˈsɑːf-] **I.** *n no pl* ❶ (*making less hard*) Weichmachen *nt; of clothes* Weichspülen *nt; of leather* Geschmeidigmachen *nt; of a voice* Dämpfen *nt; of an attitude, opinion* Mäßigen *nt; of a manner* Mäßigung *f* ❷ (*making less bright*) *of a colour, light* Dämpfen *nt; of a contrast* Abschwächen *nt* **II.** *adj attr, inv* Enthärtungs-, enthärtend; **~ agent** Weichmacher *m*

soft-focus *adj* Weichzeichner- **soft fruit** *n esp* BRIT Beeren *fpl,* Beerenobst *nt kein pl* **soft furnishings** *n* BRIT, AUS, **soft goods** *npl* AM Heimtextilien *fpl* **soft-headed** *adj* blöd *fam,* doof *fam* **soft-hearted** *adj* ❶ (*compassionate*) weichherzig ❷ (*gullible*) leichtgläubig; ***don't be so ~ with those boys*** lass dich von diesen Jungs nicht um den Finger wickeln *fam*

softie [ˈsɒfti, AM ˈsɑːfti] *n* (*fam*) Softie *m fam,* Weichling *m pej*

soft loan *n* [zins]günstiger Kredit, Anleihe *f* zu günstigen Bedingungen

softly [ˈsɒftli, AM ˈsɑːft-] *adv* ❶ (*not hard*) sanft; ***please place the computer down on the desk ~*** bitte stellen Sie den Computer vorsichtig auf den Tisch ab; ***it was raining ~*** es regnete leicht [*o* nieselte]; ***the wind blew ~*** es wehte ein leichter Wind ❷ (*quietly*) leise; **to speak ~** ruhig sprechen ❸ (*dimly*) schwach; ***the room was ~ lit*** der Raum war schwach beleuchtet ❹ (*leniently*) nachsichtig, nachgiebig ▸ PHRASES: **to tread ~** mit Bedacht vorgehen

softly-softly *adj attr, inv* BRIT, AUS vorsichtig

softness [ˈsɒftnəs, AM ˈsɑːft-] *n no pl* ❶ (*not hardness*) Weichheit *f* ❷ (*smoothness*) Weichheit *f; of skin* Zartheit *f,* Glätte *f; of hair* Seidigkeit *f* ❸ (*subtlety*) *of lighting* Gedämpftheit *f; of the sun* Schwäche *f; of colours* Zartheit *f* ❹ (*wishy-washyness*) Schwächlichkeit *f,* Laschheit *f pej fam,* Schlaffheit *f*

soft pedal *n* Dämpfer *m* (*Pedal am Kalvier*) **soft-pedal** <BRIT -ll- *or* AM *usu* -l-> **I.** *vi* mit Dämpfer [Klavier] spielen **II.** *vt* ■**to ~ sth** MUS etw mit Dämpfer [auf dem Klavier] spielen; (*fig*) etw herunterspielen *fam;* ***we'd better ~ it for the moment on this sensitive issue*** wir sollten diese heikle Frage im Moment lieber mit Zurückhaltung behandeln **soft porn** *n* Softporno *m*

softs *npl* STOCKEX Lebensmittelrohstoffe *mpl*

soft sell *n* ECON diskreter [*o* zurückhaltender] Verkauf, weiche [*o* unaufdringliche] Verkaufstaktik

soft-sell **I.** *adj inv* **~ philosophy** Philosophie *f* der unaufdringlichen Verkaufstaktik; **~ style** unaufdringliche Verkaufstaktik **II.** *vt* <-sold, -sold> ■**to ~ sth** etw auf die sanfte Tour an den Mann bringen *fam* **soft-soap** **I.** *n no pl* ❶ (*cleanser*) flüssige Seife ❷ (*fig fam: flattery*) Schmeichelei *f,* Schleimerei *f pej* **II.** *vt* (*fig fam*) ■**to ~ sb** jdm Honig um's Maul schmieren *fam* **soft-spoken** *adj* (*person*) ■**to be ~** leise sprechen; (*sound*) leise gesprochen; **~ manner** freundliche und sanfte Art

soft target *n* MIL leicht verwundbares Ziel

soft-top *n* AUTO ❶ (*vehicle*) Kabrio[lett] *nt* ❷ (*roof*) *beim Kabriolett: hochklappbares Verdeck aus weichem Material* **soft toy** *n* BRIT Plüschtier *nt,* Kuscheltier *nt*

software [ˈsɒf(t)weəʳ, AM ˈsɑːftwer] COMPUT **I.** *n no pl* Software *f,* Programmausstattung *f;* **computer ~** Computersoftware *f,* Computerprogramme *ntpl;* **accounting/foreign language ~** Buchhaltungs-/Fremdsprachensoftware *f* **II.** *n modifier* (*company, component, development, market, problem, publisher*) Software-; **~ house** Softwarefirma *f;* **~ package** Softwarepaket *nt;* **~ piracy** Softwarepiraterie *f;* **~ tool** Programmentwicklungssystem *nt;* **~ writer** Programmierer(in) *m(f)* **software package** *n* Softwarepaket *nt* **software piracy** *n no pl* Software-Piraterie *f* **soft water** *n no pl* CHEM weiches Wasser **softwood** **I.** *n* ❶ *no pl* (*wood*) Weichholz *nt* ❷ (*tree*) immergrüner Baum, Baum *m* mit weichem Holz; ■**~s** Weichhölzer *ntpl* **II.** *n modifier* (*frame*) Weichholz-; **~ chair** Stuhl *m* aus Weichholz

softy *n see* **softie**

soggily [ˈsɒgɪli, AM ˈsɑːg-] *adv* matschig *fam,* glitschig *fam*

sogginess [ˈsɒgɪnəs, AM ˈsɑːg-] *n no pl* ❶ (*wetness*) triefende Nässe; (*bogginess*) Matschigkeit *f fam,* Glitschigkeit *f fam* ❷ FOOD (*mushiness*) Matschigkeit *f fam;* ***the pasta has been cooked to the point of ~*** die Nudeln waren zu Matsch verkocht *fam*

soggy [ˈsɒgi, AM ˈsɑːgi] *adj* ❶ (*sodden*) durchnässt; (*boggy*) glitschig *fam;* **~ soil** aufgeweichter [Erd]bo-

S

den ② AM METEO feucht, schwül; BRIT feucht, regnerisch; ~ **summer** verregneter Sommer ③ FOOD matschig, pampig; **to go** ~ matschig werden
soi-disant [ˌswɑːˈdiːzɑ̃(n), AM zɑ̃] *adj attr, inv (form)* selbst ernannt, angeblich, so genannt
soignée [ˈswɑːnjeɪ] *n* soigniert *geh*
soil¹ [sɔɪl] **I.** *vt (form)* ① *(dirty)* ■**to** ~ **sth** etw verschmutzen; **to** ~ **one's clothes/shoes** sich *dat* seine Kleider/Schuhe schmutzig [*o* dreckig] machen ② *(foul)* ■**to** ~ **sth** etw verunreinigen; ***the kittens ~ed the carpet*** die Kätzchen haben auf den Teppich gemacht; **to** ~ **one's diapers/pants** in die Windeln/Hose machen ③ *usu passive (fig: ruin)* **to** ~ **sb's name/reputation** jds Namen/guten Ruf beschmutzen [*o fig* besudeln] *fig* ▶ PHRASES: **to not** ~ **one's hands with sth** sich *dat* nicht die Hände mit etw *dat* schmutzig machen *fig* **II.** *vi* ***the puppies have ~ed on the carpet*** die kleinen Hunde haben auf den Teppich gemacht
soil² [sɔɪl] *n no pl* ① *(earth)* Boden *m,* Erde *f,* Erdreich *nt;* **clay/sandy** ~ Lehm-/Sandboden *m,* lehmiger/sandiger Boden; **fertile/heavy** ~ fruchtbarer/schwerer Boden ② *(form: farming)* ■**the** ~ die Scholle *liter* ③ *(territory)* Boden *m;* ***she didn't want to leave her native*** ~ sie wollte ihre Heimat nicht verlassen; **foreign** ~ fremdes Land
soil conservation *n no pl* AGR Bodenschutz *m*
soil creep *n no pl* Erdrutsch *m*
soiled [sɔɪld] *adj* verschmutzt, besudelt
soil erosion *n no pl* GEOL Bodenerosion *f* **soil exhaustion** *n no pl* AGR Auslaugen *nt* des Bodens
soil fertility *n no pl* AGR Ertrag[s]fähigkeit *f* des Bodens
soilless gardening [ˌsɔɪlləsˈ-] *n no pl* Anbau *m* von Hydrokulturen
soil pipe *n* Abflussrohr *nt,* Fallrohr *nt* **soil science** *n no pl* Bodenkunde *f*
soirée [ˈswɑːreɪ, AM swɑːˈreɪ] *n,* **soiree** *n (form or hum)* Soiree *f geh*
sojourn [ˈsɒdʒɜːn, AM ˈsoʊdʒɜːrn] **I.** *vi (liter)* ■**to** ~ **somewhere** irgendwo [ver]weilen *geh,* sich *akk* igendwo [vorübergehend] aufhalten **II.** *n (liter or hum)* [vorübergehender] Aufenthalt
solace [ˈsɒləs, AM ˈsɑːlɪs] **I.** *n no pl* Trost *m;* ***I know it isn't much ~, but …*** ich weiß, das ist kein großer Trost, aber …; **to find** ~ **in sth** Trost in etw *dat* finden **II.** *vt* ■**to** ~ **oneself with sth** sich *akk* mit etw *dat* trösten; **to** ~ **sb's anxiety** [*or* **worries**]**/fear** jd's Sorgen/Angst zerstreuen
solar [ˈsəʊləʳ, AM ˈsoʊlɚ] *adj inv* ① *(relating to sun)* Solar-, Sonnen-; ~ **calculator** Rechner *m* mit Solarzellen; ~ **car** Solarauto *nt,* mit Solarenergie betriebenes Auto; ~ **light** durch Solarenergie gewonnenes Licht ② ASTRON ~ **day/time** Sonnentag *m*/-zeit *f*
solar battery *n* Solarbatterie *f,* Sonnenbatterie *f* **solar cell** *n* Solarzelle *f* **solar eclipse** *n* Sonnenfinsternis *f;* **full/partial** ~ totale/partielle Sonnenfinsternis **solar energy** *n no pl* Sonnenenergie *f,* Solarenergie *f* **solar heating** *n no pl* Solarheizung *f*
solaria [sə(ʊ)ˈleəriə, AM soʊˈleri-] *n pl of* **solarium**
solarium <*pl* -aria *or* -s> [sə(ʊ)ˈleəriəm, AM soʊˈleri-, *pl* -iə] *n* ① *(tanning room)* Solarium *nt,* Sonnenstudio *nt* ② AM *(conservatory)* Glashaus *nt,* Gewächshaus *nt*
solar panel *n* Sonnenkollektor *m*
solar plexus [ˌsəʊləˈpleksəs, AM ˌsoʊlɚ-] *n no pl* ANAT, MED Solarplexus *m fachspr;* **punch in the** ~ Schlag *m* in die Magengrube
solar power *n no pl* Sonnenkraft *f* **solar power station** *n* Sonnenkraftwerk *nt,* Solarkraftwerk *nt* **solar radiation** *n no pl* Sonnenstrahlung *f* **solar system** *n* Sonnensystem *nt* **solar wind** *n no pl* ASTRON Sonnenwind *m* **solar year** *n* ASTRON Sonnenjahr *nt*
sold [səʊld, AM soʊld] *pt, pp of* **sell**
solder [ˈsəʊldəʳ, AM ˈsɑːdɚ] **I.** *vt* ■**to** ~ **sth** etw löten; ■**to** ~ **sth on** etw anlöten; ■**to** ~ **sth together** etw zusammenlöten [*o* verlöten] **II.** *n no pl* Lötmetall *nt,* Lötzinn *nt*
soldering iron *n* Lötkolben *m*
soldier [ˈsəʊldʒəʳ, AM ˈsoʊldʒɚ] **I.** *n* ① MIL Soldat(in) *m(f);* ~ **of fortune** Söldner *m;* **tin** ~ Zinnsoldat *m* ② *(fig: active member)* Aktivist(in) *m(f);* **S~ of Christ** Streiter *m* Christi ③ *(well-behaved person)* braver [*o* tapferer] Junge/braves [*o* tapferes] Mädchen; ***my boss expects me to be a good ~ and work the necessary overtime*** mein Chef erwartet, dass ich schön brav meine Überstunden mache **II.** *vi* Soldat sein, in der Armee dienen
◆**soldier on** *vi* sich *akk* durchkämpfen, unermüdlich [und unbeirrt] weitermachen, bei der Stange bleiben
soldiering [ˈsəʊldʒərɪŋ, AM ˈsoʊl-] *n no pl* Leben *nt* als Soldat [*o* in der Armee]; **to go** ~ zur Armee gehen, Soldat werden
soldierly [ˈsəʊldʒəli, AM ˈsoʊldʒɚ] *adj* soldatisch
soldiery [ˈsəʊldʒəri, AM ˈsoʊl] *n* ① + *sing/pl vb (soldiers collectively)* Militär *nt,* Soldaten *mpl,* Soldateska *f pej* ② *no pl (military training or knowledge)* Soldatentum *nt*
sole¹ [səʊl, AM soʊl] *adj attr, inv* ① *(only)* einzig, alleinig; **to take** ~ **charge of sb/sth** die alleinige Verantwortung für jdn/etw übernehmen, allein für jdn/etw sorgen; ~ **exception** einzige Ausnahme; ~ **surviving relative** einziger überlebender Verwandter/einzige überlebende Verwandte; ~ **responsibility** alleinige Verantwortung; ~ **survivor** einziger Überlebender/einzige Überlebende ② *(exclusive)* Allein-; ~ **agency** Alleinvertretung *f;* ~ **agent** Alleinvertreter(in) *m(f);* ~ **right** alleiniges Recht; ~ **right to sell** Alleinverkaufsrecht *nt*
sole² [səʊl, AM soʊl] *n* ① FASHION [Schuh]sohle *f* ② ANAT [Fuß]sohle *f*
sole³ <*pl* – *or* -s> [səʊl, AM soʊl] *n* ① *(fish)* Seezunge *f;* **Dover** ~ [Dover]seezunge *f;* **lemon** ~ Seezunge *f* ② *no pl* FOOD Seezunge *f;* **filet of** ~ Seezungenfilet *nt*
solecism [ˈsɒlɪsɪzəm, AM ˈsɑːlə-] *n (form)* ① LING *(mistake)* Fehler *m,* Solözismus *m fachspr* ② *(faux pas)* Fauxpas *m*
-soled [səʊld, AM soʊld] *in compounds* -besohlt
solely [ˈsəʊlli, AM ˈsoʊl-] *adv inv* einzig und allein, nur; **to be** ~ **in charge of sth** für etw *akk* allein verantwortlich sein; **to be** ~ **responsible for sth** die alleinige Verantwortung für etw *akk* tragen
solemn [ˈsɒləm, AM ˈsɑːləm] *adj* ① *(ceremonial)* feierlich; ~ **commitment** heilige Verpflichtung; ~ **oath** heiliger Eid; ~ **occasion** feierlicher Anlass; ~ **promise** heiliges Versprechen; **to make a** ~ **promise to sb to do sth** jdm hoch und heilig versprechen, etw zu tun; ~ **undertaking** heiliges Unternehmen ② *(grave)* ernst; ***his ~ face betrayed the seriousness of the matter*** seine düstere Miene verriet den Ernst der Angelegenheit; ~ **look** ernster Blick; ~ **voice** getragene Stimme
solemnity [səˈlemnəti, AM -t̬-] *n* ① *no pl (gravity)* Feierlichkeit *f,* Erhabenheit *f;* ■**to do sth with** ~ etw mit großem Ernst tun ② *(ceremony)* ■**solemnities** *pl* Trauerfeierlichkeiten *fpl;* REL [kirchliche] Feierlichkeiten
solemnization [ˌsɒləmnaɪˈzeɪʃən, AM ˌsɑːləmnɪˈ-] *n no pl (form)* ① *(carrying out)* feierlicher Vollzug; *of marriage* Zeremonie *f* ② *(celebration)* Feier *f*
solemnize [ˈsɒləmnaɪz, AM ˈsɑː-] *vt (form)* ■**to** ~ **sth** etw feiern; **to** ~ **a marriage** eine Trauung [feierlich] vollziehen
solemnly [ˈsɒləmli, AM ˈsɑː-] *adv* ① *(ceremonially)* feierlich; **to** ~ **promise sth** etw hoch und heilig versprechen; **to** ~ **swear sth** etw bei allem, was einem heilig ist, schwören ② *(gravely)* ernst
solemnness [ˈsɒləmnəs, AM ˈsɑː-] *n no pl* Feierlichkeit *f,* feierlicher Ernst; ■**to do sth with** ~ etw mit großem Ernst tun
solenoid [ˈsəʊlənɔɪd, AM ˈsoʊ-] *n* ELEC Magnetspule *f,* Solenoid *nt fachspr*
solenoid switch *n* ELEC Magnetschalter *m*
sol-fa [ˌsɒlˈfɑː, AM ˌsoʊl-] MUS **I.** *n* Tonleiter *f,* Solmisation *f fachspr* **II.** *vi* die Tonleiter singen, solmisieren *fachspr* **III.** *vt* **to** ~ **a song** ein Lied als Tonleiternoten singen
solicit [səˈlɪsɪt] *vt (form)* ① *(ask for)* ■**to** ~ **sth** um etw *akk* bitten, etw erbitten; ***during an oral exam, a professor will ~ detailed answers from a student*** in einer mündlichen Prüfung verlangt ein Professor ausführliche Antworten von einem Studenten; ■**to** ~ **sth for sth from sb** von jdm etw für etw *akk* erbitten; ***he tried to ~ support for the restructuring from his employees*** er versuchte, bei seinen Angestellten um Verständnis für die Umstrukturierung zu werben; **to** ~ **donations/gifts** [dringend] um Spenden/Gaben bitten; **to** ~ **support** um Unterstützung bitten; **to** ~ **votes** um [Wähler]stimmen werben ② *(sell)* ■**to** ~ **sb** *prostitutes* jdn anwerben; **to** ~ **sex** sich *akk* anbieten [*o geh* prostituieren]
solicitation [səˌlɪsɪˈteɪʃən] *n (form)* ① *no pl (seeking)* [dringende] Bitte; ~ **of donations** Spendenaufruf *m* ② *(selling)* Kundenwerbung *f;* ~ **of orders** Einholung *f* von Aufträgen ③ *(prostitution)* Ansprechen *nt* von Männern *(durch Prostituierte)*
soliciting [səˈlɪsɪtɪŋ, AM -t̬-] *n no pl* Ansprechen *nt* von Männern *(durch Prostituierte)*
solicitor [səˈlɪsɪtəʳ, AM -t̬ɚ] *n* ① *esp* BRIT, AUS LAW Rechtsanwalt, Rechtsanwältin *m, f (der/die seine/ihre Mandanten nur in den unteren Instanzen vertreten darf, im Gegensatz zum barrister)*; **a firm of ~s** eine [Anwalts]kanzlei; **S~ General** BRIT Zweiter Kronanwalt; AM *(ranghöchster [beamteter] Staatssekretär im Justizministerium)* ② AM POL Rechtsreferent(in) *m(f) (einer Stadt)*
Solicitor General <*pl* Solicitors> [səˌlɪsɪtəˈdʒenərəl] *n* LAW, POL ① *(in England)* zweiter Kronanwalt/zweite Kronanwältin ② *(in the USA)* stellvertretender Justizminister/stellvertretende Justiz- ministerin
solicitous [səˈlɪsɪtəs, AM -t̬-] *adj (form)* ① *(anxious)* besorgt ② *(careful)* sorgfältig; ***to give ~ attention to the wording in the contract*** sehr genau auf den Wortlaut des Vertrags achten ③ *(attentive)* aufmerksam; ~ **service** zuvorkommende Bedienung
solicitously [səˈlɪsɪtəsli, AM -t̬-] *adv (form)* ① *(anxiously)* besorgt ② *(carefully)* sorgfältig
solicitousness [səˈlɪsɪtəsnəs, AM -t̬-] *n no pl (form)* ① *(anxiousness)* Besorgtheit *f;* *(care)* Fürsoglichkeit *f* ② *(attentiveness) of a waiter* Zuvorkommenheit *f,* zuvorkommende Art
solicitude [səˈlɪsɪtjuːd, AM *esp* -tuːd] *n (form)* ① *no pl (attentiveness) of a waiter* zuvorkommende Art ② *(anxiety)* Sorge *f* (**about** um +*akk*), Besorgtheit *f* (**about** über +*akk*)
solid [ˈsɒlɪd, AM ˈsɑː-] **I.** *adj* ① *(hard)* fest; *chair, door, wall* solide; ~ **foundation** stabile [*o* solide] Grundlage; ~ **punch** kräftiger Schlag; ~ **rock** massiver [*o* harter] Fels; **to be** ~ **as a rock** *person* hart wie Stahl sein ② *(not hollow)* massiv ③ *(not liquid)* fest; ~ **waste** Festmüll *m;* **to be frozen** ~ zugefroren sein ④ *(completely)* ganz; ~ **gold** Massivgold *nt;* ~ **silver** massives [*o* reines] Silber; ~ **black/blue/red** rein schwarz/blau/rot ⑤ *(substantial)* verlässlich; ~ **argument** stichhaltiges [*o* triftiges] Argument; ~ **evidence** handfester Beweis; ~ **facts** zuverlässige Fakten; ~ **footing** stabile Basis; ~ **grounding** solides [*o* fundiertes] Grundwissen; ~ **meal** ordentliche [*o* richtige] Mahlzeit; ~ **reasoning** fundierte Argumentation; ~ **reasons** vernünftige [*o* stichhaltige] Gründe ⑥ *(concrete) plan* konkret ⑦ *(uninterrupted) line, wall* durchgehend; *month, week* ganz; ***he slept for 12 hours*** ~ er schlief 12 Stunden am Stück; ***it rained for a month*** ~ es regnete einen ganzen Monat lang ohne Unterbrechung; **a** ~ **line of cars** eine Autoschlange; ~ **record** ungebrochener Rekord; ~ **success/winning streak** anhaltender Erfolg/anhaltende Glückssträhne ⑧ *(unanimous)* ~ **approval** volle [*o* geschlossene] Zustimmung; ~ **support** volle Unterstützung ⑨ *(dependable) person* solide, zuverlässig; *democrat, socialist* hundertprozentig; *marriage, relationship* stabil; ~ **bond** festes Band; ~ **conservative** Erzkonservative(r) *f(m)* ⑩ ECON *(financially strong) company* solide, gesund; *(financially sound) investment* solide, sicher ⑪ *(sound)* solide, gut; ~ **performance** gedie-

gene Vorstellung ⑫ TYPO (*not spaced*) *text* kompress **II.** *adv* voll; ***the lecture hall was packed ~ with students*** der Vorlesungssaal war randvoll mit Studenten; ***the hotel was booked ~ throughout January*** das Hotel war den ganzen Januar hindurch ausgebucht **III.** *n* ① PHYS fester Stoff, Festkörper *m* ② MATH Körper *m* ③ FOOD ■~**s** *pl* feste Nahrung *kein pl*

solidarity [ˌsɒlɪˈdærəti, AM ˌsɑːləˈderət̬i] *n no pl* ① (*unity*) Solidarität *f* (**with** mit +*dat*) ② (*movement*) **S~** Solidarität *f*

solid food *n* ① *no pl* (*non-liquid food*) feste Nahrung ② (*food items*) ■~**s** *pl* feste Nahrung **solid fuel** *n* ① *no pl* (*power source*) fester Brennstoff ② (*pieces*) feste Brennstoffe *mpl* **solid geometry** *n no pl* räumliche Geometrie

solidification [səˌlɪdɪfɪˈkeɪʃᵊn, AM -ˌlɪdə-] *n no pl* Festwerden *nt*, Verfestigung *f*; *of cement* Hartwerden *nt*

solidify <-ie-> [səˈlɪdɪfaɪ, AM -ˈlɪdə-] **I.** *vi* ① (*harden*) fest werden; *lava* erstarren; *cement* hart werden; *water* gefrieren ② (*fig: take shape*) *plans* sich *akk* konkretisieren; *project* [konkrete] Gestalt annehmen; *idea, thought* konkret[er] werden; *support* sich *akk* festigen **II.** *vt* ■**to ~ sth** ① (*harden*) etw fest werden [*o* erstarren] lassen; **to ~ water** Wassen gefrieren lassen ② (*fig: reinforce*) etw festigen; **to ~ one's commitment** sein Engagement bekräftigen; **to ~ an idea/an opinion/a thought** eine Idee/eine Meinung/einen Gedanken konkretisieren [*o* klar herausarbeiten]; **to ~ a plan** einen Plan konkretisieren

solidity [səˈlɪdɪti, AM -ˈlɪdət̬i] *n no pl* ① (*hardness*) fester Zustand; *of wood* Härte *f*; *of a foundation, table* Stabilität *f*; *of a wall* Stabilität *f*, Festigkeit *f* ② (*reliability*) Zuverlässigkeit *f*; *of facts, evidence* Stichhaltigkeit *f*, Zuverlässigkeit *f*; *of an argument, reasons, reasoning* Stichhaltigkeit *f*; *of a judgement* Fundiertheit *f*; *of commitment* Verlässlichkeit *f* ③ (*strength*) Stabilität *f* ④ (*soundness*) Gediegenheit *f* ⑤ (*financial soundness*) *of an investment* Solidität *f*; (*financial strength*) *of a company* finanzielle Stärke

solidly [ˈsɒlɪdli, AM ˈsɑː-] *adv* ① (*sturdily*) solide; **to be ~ built** solide gebaut sein ② (*uninterruptedly*) *win, work* ununterbrochen ③ (*fully*) voll, geschlossen; **to be ~ behind sb** geschlossen hinter jdm stehen

solidness [ˈsɒlɪdnəs, AM ˈsɑːl-] *n no pl see* **solidity**

solid state *n* PHYS fester Zustand

solid-state *adj* Festkörper-, Halbleiter-; **~ circuit** Festkörperschaltkreis *m*, monolithischer Schaltkreis; **~ device/physics** Festkörperbauteil *nt*/-physik *f*

solidus <*pl* -di> [ˈsɒlɪdəs, AM ˌsɑːl-, *pl* -daɪ] *n esp* BRIT Schrägstrich *m*

soliloquize [səˈlɪləkwaɪz] *vi* Selbstgespräche führen; THEAT monologisieren

soliloquy [səˈlɪləkwi] *n* Selbstgespräch *nt*; THEAT Monolog *m*

solipsism [ˈsɒlɪpsɪzᵊm, AM ˈsɑːl-] *n* PHILOS Solipsismus *m*

solipsist [ˈsɒlɪpsɪst, AM ˈsɑːlɪp] *n* PHILOS Solipsist(in) *m(f)*

solipsistic [ˌsɒlɪpˈsɪstɪk, AM ˌsɑːl-] *adj inv* PHILOS solipsistisch

solitaire [ˌsɒlɪˈteəʳ, AM ˈsɑːləter] *n* ① (*jewel*) Solitär *m*; **~ diamond** Diamantsolitär *m* ② *no pl esp* AM (*card game*) Patience *f*

solitariness [ˈsɒlɪtᵊrɪnəs, AM ˈsɑːləterɪ] *n no pl* Einsamkeit *f*, Vereinzelung *f*

solitary [ˈsɒlɪtᵊri, AM ˈsɑːləteri] **I.** *adj* ① (*single*) einzelne(r,s) *attr*, solitär *fachspr*; **one ~ figure** eine einzelne Person; **one ~ tree** ein allein stehender Baum ② (*lonely*) einsam; (*remote*) abgeschieden, abgelegen; **~ life** Einsiedlerleben *nt*; **to go for a ~ stroll** [*or* **walk**] allein spazieren gehen **II.** *n* ① *no pl* (*fam: in prison*) Einzelhaft *f*; **to do two weeks in ~** zwei Wochen in Einzelhaft sein *fam* ② (*liter: hermit*) Einsiedler(in) *m(f)*

solitary confinement *n* Einzelhaft *f*; **to keep sb in ~** jdn in Einzelhaft halten; **to spend** [*or fam* **do**] **three months in ~** drei Monate in Einzelhaft verbringen [*o* sein]

solitude [ˈsɒlɪtjuːd, AM ˈsɑːlətuːd, -tjuːd] *n* ① *no pl* (*being alone*) Alleinsein *nt*; **in ~** alleine; **to live in ~** in völliger Abgeschiedenheit leben ② *no pl* (*loneliness*) Einsamkeit *f* ③ (*liter: remote place*) Einöde *f*

solo [ˈsəʊləʊ, AM ˈsoʊloʊ] **I.** *adj attr, inv* ① (*unaccompanied*) Solo-; **~ attempt** Einzelversuch *m*; **~ flight** Alleinflug *m*; **~ walking** Alleinwanderung *f* ② MUS Solo-; **~ career/performance** Solokarriere *f*/-vorstellung *f* **II.** *adv inv* (*single-handed*) allein; MUS solo; **to fly ~** einen Alleinflug machen; **to go ~** als Einzelkünstler(in) *m(f)* auftreten **III.** *n* MUS Solo *nt*; **guitar/piano ~** Gitarren-/Klaviersolo *nt* **IV.** *vi* (*play unaccompanied*) solo spielen; (*sing unaccompanied*) solo singen

soloist [ˈsəʊləʊɪst, AM ˈsoʊloʊ-] *n* Solist(in) *m(f)*

solo whist *n no pl* CARDS Solo[whist] *nt*

solstice [ˈsɒlstɪs, AM ˈsɑːl-] *n* Sonnenwende *f*, Solstitium *nt fachspr*; **summer/winter ~** Sommer-/Wintersonnenwende *f*

solubility [ˌsɒljəˈbɪləti, AM ˌsɑːljəˈbɪlət̬i] *n no pl* CHEM Löslichkeit *f*

soluble [ˈsɒljəbl̩, AM ˈsɑːl-] *adj* ① (*that dissolves*) löslich, solubel *fachspr*; **~ aspirin®** Aspirin® *nt* in Brausetablettenform; **~ in water** wasserlöslich ② (*solvable*) lösbar

solus [ˈsəʊləs, AM ˈsoʊ-] *adj attr* THEAT allein

solute [ˈsɒljuːt, AM ˈsɑːl-] *n* CHEM gelöster Stoff

solution [səˈluːʃᵊn, AM -ˈluː-] *n* ① (*to problem*) Lösung *f*; (*to riddle/puzzle*) [Auf]lösung *f* ② *no pl* (*act of solving*) Lösen *nt* ③ (*in business*) Vorrichtung *f*; **software ~s** Softwareanwendungen *fpl* ④ CHEM (*liquid*) Lösung *f*; **in ~** gelöst, in einer Lösung

solvable [ˈsɒlvəbl̩, AM ˈsɑːl-] *adj* lösbar

solve [sɒlv, AM sɑːlv] *vt* ■**to ~ sth** etw lösen; ***complaining won't ~ anything*** Meckern allein hilft nicht *fam*; **to ~ a crime** ein Verbrechen aufklären; **to ~ a mystery** ein Geheimnis aufdecken; **to ~ a problem** ein Problem lösen

solvency [ˈsɒlvᵊn(t)si, AM ˈsɑːl-] *n no pl* FIN Zahlungsfähigkeit *f*, Solvenz *f fachspr*

solvent [ˈsɒlvᵊnt, AM ˈsɑːl-] **I.** *n* CHEM Lösungsmittel *nt* **II.** *adj* ① FIN solvent *geh*, zahlungsfähig; **to be barely ~** an der Liquiditätsgrenze [*o* [gerade] noch solvent] sein ② (*fam: having sufficient money*) flüssig *fam*

solvent abuse *n esp* BRIT Missbrauch *m* von Lösungsmitteln (*als Rauschgift*) **solvent-free** *adj inv* lösungsmittelfrei, ohne Lösungsmittel *nach n*

Som. *n no pl abbrev of* **Somerset**

Somali [səˈmɑːli, AM soʊˈ-] **I.** *n* <*pl* – *or* -s> ① (*person*) Somalier(in) *m(f)* ② *no pl* (*language*) Somali *nt* **II.** *adj* somalisch

Somalia [səˈmɑːliə, AM soʊˈ-] *n* Somalia *nt*

somatic [səʊˈmætɪk, AM soʊˈmæt̬ɪk] *adj inv* BIOL, MED körperlich, physisch, somatisch *fachspr*

somber *adj* AM *see* **sombre**

somberly *adv* AM *see* **sombrely**

somberness *n* AM *see* **sombreness**

sombre [ˈsɒmbəʳ], AM **somber** [ˈsɑːmbɚ] *adj* ① (*sad*) düster; ***he replied in a ~ tone*** er antwortete mit ernster Stimme; **~ mood** düstere [*o* melancholische] Stimmung; **~ setting** ernster Rahmen ② (*dark-coloured*) dunkel; **~ day** trüber [*o* finsterer] Tag

sombrely [ˈsɒmbəli], AM **somberly** [ˈsɑːmbɚ-] *adv* ① (*sad*) düster, ernst ② (*dark-coloured*) **~ dressed** dunkel gekleidet

sombreness [ˈsɒmbənəs], AM **somberness** [ˈsɑːmbɚ-] *n no pl* ① (*sadness, mournfulness*) Düsterkeit *f*, Betrübtheit *f*, Trübseligkeit *f* ② (*of colour*) Düsterkeit *f*

sombrero [sɒmˈbreərəʊ, AM sɑːmˈbreroʊ] *n* Sombrero *m*

some [sʌm, sᵊm] **I.** *adj inv* ① (*unknown amount*) ***there's ~ cake in the kitchen if you'd like it*** es ist noch Kuchen in der Küche, wenn du welchen möchtest; ***here's ~ news you might be interested in*** ich habe Neuigkeiten, die dich interessieren könnten; ***I made ~ money running errands*** ich habe mit Gelegenheitsjobs etwas Geld verdient; ***he played ~ records for me*** er spielte mir Platten vor; **~ more sth** noch etw; ***I've got to do ~ more work before I can go out*** ich muss noch etwas arbeiten, bevor ich ausgehen kann ② (*general*) irgendein(e,er); ***could you give me ~ idea of when the building work will finish?*** können Sie mir ungefähr sagen, wann die Bauarbeiten abgeschlossen sein werden?; ***clearly the treatment has had ~ effect*** sicher hatte die Behandlung irgendeine Wirkung; **to ~ extent** bis zu einem gewissen Grad ③ (*a, an*) ein, eine, einer; ***there must be ~ mistake*** da muss ein Fehler vorliegen; ***~ idiot's locked the door*** irgendein Idiot hat die Tür verschlossen; **~ kind of sth** irgendein(e,er); ***he's in ~ kind of trouble*** es gibt irgendein Problem; **~ sth or [an]other** (*one of several or many*) irgendein(e,er); ***~ day or another we'll meet again*** irgendwann werden wir uns wieder sehen ④ (*considerable amount, number*) beträchtlich; ***he went to ~ trouble*** er gab sich beträchtliche Mühe; ***it was ~ years later when they next met*** sie trafen sich erst viele Jahre später wieder; ***we discussed the problem at ~ length*** sie diskutierten das Problem ausgiebig; ***I've known you for ~ years now*** ich kenne dich schon seit geraumer Zeit ⑤ (*a small amount*) etwas; ***he liked ~ music but generally wasn't musical*** ihm gefielen ein paar Musikstücke, aber generell war er nicht musikalisch ⑥ (*fam: intensifies noun*) ziemlich; ***that was ~ meal!*** das war vielleicht ein Essen!; ***that was ~ goal*** das war ein großes Ziel ⑦ (*showing annoyance*) ***~ mother she turned out to be*** sie ist eine richtige Rabenmutter; ***~ people just don't know when to shut up*** manche Menschen wissen einfach nicht, wann sie ruhig sein sollen; ***~ hotel that turned out to be — it was dreadful*** das war vielleicht ein Hotel – es war schrecklich; **~ chance [of that]!** tolle Aussichten!; ***~ chance! we have about one chance in a hundred of getting away*** tolle Aussichten! die Chancen stehen eins zu hundert, dass wir davonkommen; **~ hopes!** (*that's unlikely!*) sehr unwahrscheinlich!; ***perhaps there'll be some left for us — ~ hopes!*** vielleicht bleibt was für uns übrig – sehr unwahrscheinlich! **II.** *part* ① + *pl vb* (*unspecified number of persons or things*) welche; ***we're looking for road signs to the Smoky Mountains — if you see ~, let me know*** wir suchen Schilder zu den Smoky Mountains – wenn du welche siehst, sag' es mir; ***I'm looking to buy old jazz records — if you know of ~, please tell me*** ich möchte alte Jazzplatten kaufen – wenn du welche kennst, sag' es mir; ***~ have compared his work to Picasso's*** manche haben sein Werk mit Picasso verglichen; + *sing vb* (*unspecified amount of sth*) welche(r,s); ***if you want whisky I'll give you ~*** wenn du Whisky möchtest, gebe ich dir welchen; ***if you need more paper then just take ~*** wenn du mehr Papier brauchst, nimm' es dir einfach ② + *pl vb* (*at least a small number*) einige; ***surely ~ have noticed*** sicher haben es einige bemerkt ③ + *pl vb* (*proportionate number*) ein paar; ***no, I don't want all the green beans — ~ are enough*** nein, ich möchte nicht alle grünen Bohnen – ein paar sind genug; ***here are ~ of your suggestions*** hier sind einige deiner Vorschläge; ***~ of you have already met Imran*** einige von euch kennen Imran bereits; ■**~ of …** einige der … ④ + *sing vb* (*proportionate number*) ein bisschen; ***no, I don't want all the mashed potatoes — ~ is enough*** nein, ich möchte nicht das ganze Püree – ein bisschen ist genug; ***have ~ of this champagne — it's very good*** trink ein wenig Champagner – er ist sehr gut; ***~ of the prettiest landscape in Germany is found in …*** einer der schönsten Landschaften Deutschlands liegt … ▶ PHRASES: **and then ~** (*fam*) mehr als; ***we got our money's worth and then ~*** wir bekamen mehr als unser Geld wert war **III.** *adv inv* ① (*roughly*) ungefähr, in etwa; **~ *twenty or thirty metres deep/high*** ungefähr zwanzig oder dreißig Meter tief/

hoch; ~ ***thirty different languages are spoken*** in etwa dreißig verschiedene Sprachen werden gesprochen ② AM (*fam: a little*) etwas, ein bisschen; ***I'm feeling ~ better*** ich fühle mich [wieder] etwas besser; ***we could turn the heat down ~*** wir könnten die Heizung etwas herunterstellen ③ AM (*fam: a lot*) viel; ***he sure does talk ~, your brother*** dein Bruder spricht wirklich viel; ***he needs feeding up ~*** er muss ganz schön aufgepäppelt werden; (*fast*) schnell; ***we were really going ~ when we got out of the city*** wir fuhren wirklich schnell, als wir die Stadt hinter uns gelassen hatten ► PHRASES: ~ **little sth** (*considerable amount*) ziemlich viel etw; ***we are going to be working together for ~ little time yet*** wir werden ziemlich viel zusammenarbeiten müssen

somebody [ˈsʌmbədi, AM -ˌbɑ:di] **I.** *part indef* ① (*anyone*) jemand; ***if ~ should find out what we're doing, we'd get in a lot of trouble*** wenn jemand daraufkommt, was wir machen, bekommen wir ganz schöne Schwierigkeiten ② (*one person*) irgendwer; ~ ***must have seen what happened*** irgendwer muss gesehen haben, was geschehen ist; ***surely ~ knows where the documents are*** sicher weiß jemand, wo die Dokumente sind; ~ ***from the audience shouted out*** jemand aus dem Publikum schrie heraus; (*fam*) ***we'll need a software engineer or ~ on the project team*** wir brauchen einen Informatiker oder so in unserem Projektteam; ***we need ~ English to check our translation*** wir brauchen jemand Englischsprachigen, der die Übersetzung prüft ③ (*unnamed, unknown person*) jemand; ~ ***told me that you were moving*** jemand hat mir erzählt, dass ihr umzieht; ***there's ~ at the door*** jemand ist an der Tür; ~ **or other** irgendwer; ~ ***or other called for you while you were out and wouldn't leave a name*** irgendwer hat angerufen, als du fort warst, und den Namen nicht hinterlassen ④ (*some non-specified person of a group*) irgendwer; ~ ***should take care of that — it looks terrible*** jemand sollte sich darum kümmern – es sieht schrecklich aus; ***I wish ~ would finally tell the boss what an idiot he was!*** ich wünschte, irgendwer würde dem Chef endlich sagen, was für ein Idiot er ist!; ~ **else** jemand anders; ~ **or other** jemand anders ⑤ (*important person*) **to be ~** jemand sein; ***I'd like to be ~*** ich möchte jemand werden **II.** *n* <*pl* **-dies**> (*important person*) wichtige Person; ***nobodies who want to become somebodies*** Nobodys, die wichtig werden wollen

someday [ˈsʌmdeɪ] *adv inv* eines Tages, irgendwann einmal

somehow [ˈsʌmhaʊ] *adv inv* ① (*by unknown means*) irgendwie; ~ ***the dogs had escaped*** die Hunde sind irgendwie entkommen ② (*for some reason or other*) irgendwie, aus irgendeinem Grund; ***I know what we're doing is legal but ~ it doesn't feel right*** ich weiß, dass das, was wir tun legal ist, aber es kommt mir irgendwie nicht richtig vor ③ (*come what may*) irgendwie; ***I'll get it done ~*** irgendwie schaffe ich das schon

someone [ˈsʌmwʌn] *part see* **somebody**

someplace [ˈsʌmpleɪs] *adv inv* AM irgendwo; ~ **else** (*in a different place*) woanders, irgendwo anders; (*to a different place*) woandershin, irgendwo anders hin; ***is there ~ we can talk?*** können wir irgendwo miteinander sprechen?; ~ **around here** irgendwo hier

somersault [ˈsʌməsɔ:lt, AM -ɚsɑ:lt] **I.** *n* (*on ground*) Purzelbaum *m;* (*in air*) Salto *m;* **to turn** [*or* **do**] **a ~** einen Purzelbaum schlagen; (*in air*) einen Salto springen [*o* machen] **II.** *vi* einen Purzelbaum schlagen; (*in air*) einen Salto springen [*o* machen]; *vehicle, car* sich *akk* überschlagen

something [ˈsʌm(p)θɪŋ] **I.** *part indef* ① (*object*) etwas; ***I need ~ to write with*** ich brauche etwas zum Schreiben; ***we stopped for ~ to eat*** wir hielten an, um etwas zu essen; ***she has ~ for you*** sie hat etwas für dich; **or ~ of the kind** oder etwas Ähnliches; ***I'll need a credit card or ~ of the kind to break into the apartment*** ich brauche eine Kreditkarte oder sowas Ähnliches, um in die Wohnung einzubrechen; ~ **for nothing** (*want without working for*) alles für nichts; ~ **else** etwas anderes; ***would you like some coffee or perhaps there's ~ else you'd like?*** möchtest du Kaffee oder etwas anderes?; **a little ~** (*food*) eine Kleinigkeit; ***time for a little ~*** Zeit für eine Kleinigkeit zu essen; ~ **a little stronger** (*alcoholic drink*) etwas Stärkeres; ***we have fruit juice but perhaps you'd like ~ a little stronger?*** wir haben Fruchtsaft oder vielleicht willst du was Stärkeres; ***there's ~ sharp in my shoe*** in meinem Schuh ist etwas Scharfes ② (*message*) etwas; ***he told me ~ but I can't remember what*** er erzählte mir etwas, aber ich kann mich nicht erinnern, was es war; ***is there ~ you'd like to say?*** möchtest du mir etwas sagen? ③ (*situation*) etwas; ***there's ~ wrong with the engine — it's making strange noises*** mit dem Motor stimmt was nicht – er gibt seltsame Töne von sich; ~ **happens …** etwas passiert …; ~ ***happens every time she sees him*** jedes Mal, wenn sie ihn sieht, passiert etwas ④ (*action*) etwas; **to do ~** [**about sth/sb**] etwas [gegen etw/jdn] unternehmen; ***don't just stand there, do ~ — can't you see he's hurt?*** steh' nicht nur herum, tu' etwas – siehst du nicht, dass er sich verletzt hat?; **to have** [**got**] **~ to do with sth/sb** etwas mit etw/jdm zu tun haben; ***didn't she have ~ to do with that scandal?*** hatte sie nicht etwas mit dem Skandal zu tun? ⑤ (*unknown thing*) etwas; ~ ***tells me tomorrow is going to be a difficult day*** etwas sagt mir, dass Morgen ein schwieriger Tag wird; ***I've been looking for that special ~ for your birthday*** ich suche etwas ganz Besonderes für deinen Geburtstag; ~ ***about her frightened me*** etwas an ihr machte mir Angst; ***I knew ~ terrible had happened*** ich wusste, dass etwas Schreckliches passiert war; ***there's ~ unusual about them*** er hat etwas Ungewöhnliches an sich ⑥ (*outstanding quality*) etwas; **there's ~ about sb** jd hat etwas; ***there's ~ about her which many men find appealing*** sie hat etwas, das die meisten Männer attraktiv finden; **to be really** [*or* **quite**] **~** (*approv fam*) etwas darstellen; ***as a violinist, she's really ~*** als Geigerin ist sie wirklich was Besonderes; ***it was quite ~ for her to remember us after all these years*** es war wirklich was, dass sie sich nach all den Jahren an uns erinnerte; **to have** [**really**] **got ~** (*approv fam*) [wirklich] was haben; ***as a violinist, she's really got ~*** sie hat was als Geigerin ⑦ (*not exact*) ***a wry look, ~ between amusement and regret*** ein scheler Blick, irgendwas zwischen Belustigung und Bedauern; ~ **like …** (*similar*) ungefähr wie …, in etwa wie …; ***he sounds ~ like his father on the phone*** er klingt am Telefon in etwa wie sein Vater; ~ **like** [*or fam* **around**] **…** (*approximately*) um die …; ***there were ~ like fifty applicants*** es gab um die fünfzig Bewerber/Bewerberinnen; **to be/have ~ of sth** (*to some degree*) ein bisschen etwas sein/haben *dat;* ***she has ~ of her mother's facial features*** sie hat etwas von den Gesichtszügen ihrer Mutter; ***he always was ~ of a moaner*** er war immer ein bisschen ein Raunzer; ***it was ~ of a surprise*** es war eine kleine Überraschung; ~ **over/under sth** (*more, less than*) etwas über/unter etw *dat;* ***the building materials cost ~ under $4500*** das Baumaterial kostet etwas unter $4.500; **… or ~** (*fam: similar*) … oder so; ***she works for a bank or ~*** sie arbeitet für eine Bank oder sowas; ***hey, are you drunk or ~?*** he, bist du betrunken oder was?; ***I don't know why she's acting like that — she must be jealous or ~*** ich weiß nicht, warum sie sich so verhält – sie muss eifersüchtig sein oder sowas ► PHRASES: **to be ~ else** (*be exceptionally good*) wirklich was sein; ***the reaction from the crowd was ~ else*** die Reaktion des Publikums war wirklich was; (*be exceptionally bad*) unpackbar sein *fam;* **to have ~ going on with sb** (*have a relationship with sb*) etwas mit jdm haben; ***they say he's got ~ going on with his boss*** es heißt, dass er etwas mit seiner Chefin hat; **to have** [**got**] **~ there** ein Hammer sein; **to make ~ of oneself** (*succeed in life*) etwas aus sich *dat* machen; **to make ~ out of sth** aus einer Mücke einen Elefanten machen; **that's ~** das ist schon was; **there's ~ in sth** an etw *dat* ist etwas dran; ***there's ~ in catching the earlier train*** es macht in der Tat Sinn, den früheren Zug zu nehmen **II.** *adv inv* (*fam: very*) ganz; ***my back hurts ~ terrible*** mein Rücken schmerzt ganz furchtbar

sometime [ˈsʌmtaɪm] **I.** *adv inv* irgendwann; ***come up and see me ~*** komm' mich mal besuchen; ~ **in the summer/in August** irgendwann im Sommer/im August; ~ **soon** demnächst irgendwann, bald einmal **II.** *adj attr, inv* (*form*) ehemalige(r,s) *attr,* frühere(r,s) *attr,* einstige(r,s) *attr*

sometimes [ˈsʌmtaɪmz] *adv inv* manchmal

someway(s) [ˈsʌmweɪ(z)] *adv inv* AM (*fam*) irgendwie; ***I'll get it done ~ or another*** irgendwie schaffe ich das schon

somewhat [ˈsʌm(h)wɒt, AM -(h)wɑ:t] *adv inv* etwas, ein wenig [*o* bisschen]; ~ ***to my surprise, I found the whole house empty*** ich war etwas überrascht, das ganze Haus leer zu finden; ***the foul-up has annoyed him more than ~*** das Durcheinander hat ihn ganz schön aufgeregt; ***this is ~ of a new departure for the group*** das ist so etwas wie ein neuer Anfang für die Gruppe; ***she's ~ more confident than she used to be*** sie ist doch etwas selbstsicherer als früher; ***she was well known as being ~ of a strange character*** sie war für ihre etwas seltsame Art bekannt

somewhere [ˈsʌm(h)weəʳ, AM -(h)wer] *adv inv* ① (*in unspecified place*) irgendwo; ***I think we've met ~ before*** ich glaube, wir sind uns irgendwo schon mal begegnet *fam;* ~ **around here** hier irgendwo; ~ **else** woanders, irgendwo anders; ~ **nice/warm** irgendwo, wo es nett/warm ist; ***can we go ~ special for dinner?*** können wir in ein besonderes Restaurant zum Essen gehen? ② (*to unspecified place*) irgendwohin; ~ **else** woandershin, irgendwo anders hin ③ (*roughly*) ungefähr; ***the turnover is ~ around*** [*or* ***in the region of***] ***£70.7 million*** die Umsätze liegen bei ungefähr 70,7 Millionen £; ~ **between 30 and 40** so zwischen 30 und 40 ► PHRASES: **to get ~** Fortschritte machen, weiterkommen

sommelier [sɒmˈeliəʳ, AM ˌsʌməlˈjeɪ] *n* (*wine waiter*) Sommelier *m*

somnambulism [sɒmˈnæmbjəlɪzᵊm, AM sɑ:mˈ-] *n no pl* (*spec*) MED Somnambulismus *m fachspr,* Schlafwandeln *nt*

somnambulist [sɒmˈnæmbjəlɪst, AM sɑ:mˈ-] *n* (*spec*) MED Somnambule *f o m fachspr,* Schlafwandler(in) *m(f)*

somnolence [ˈsɒmnᵊlən(t)s, AM ˈsɑ:m-] *n no pl* Schläfrigkeit *f*

somnolent [ˈsɒmnᵊlənt, AM ˈsɑ:m-] *adj* ① (*sleepy*) schläfrig; ~ **village** verschlafenes Dorf ② (*inducing drowsiness*) einschläfernd

son [sʌn] *n* ① (*male offspring*) Sohn *m* ② (*said to a younger male*) Junge *m,* Sohnemann *m* ③ (*native*) Sohn *m fig* ④ AM (*pej sl: wimp*) Schwächling *m pej,* Waschlappen *m pej fam*

Son [sʌn] *n* REL **the ~ of God** der Sohn Gottes

sonar [ˈsəʊnɑ:ʳ, AM ˈsoʊnɑ:r] *n no pl* Sonar[gerät] *nt,* Unterwasserortungsgerät *nt,* Echolot *nt*

sonata [səˈnɑ:tə, AM -t̬-] *n* Sonate *f*

son et lumière [ˌsɒneɪˈlu:mjeəʳ, AM ˌsɑ:neɪˈlu:mjer] *n no pl* Musik-Licht-Installation *f* (*Lichtshow mit Musik*)

song [sɒŋ, AM sɑ:ŋ] *n* ① MUS Lied *nt;* **folk/love ~** Volks-/Liebeslied *nt;* **pop ~** Popsong *m;* **to give sb a ~** jdm etw vorsingen [*o* ein Lied singen]; **to sing a ~** ein Lied singen ② (*singing*) Gesang *m;* **to burst** [*or* **break**] **into ~** ein Lied anstimmen ③ *of bird* Gesang *m; of cricket* Zirpen *nt* ► PHRASES: [**to go**] **for a ~** für einen Apfel und ein Ei [weggehen] *fam;* **to be on ~** BRIT in Topform sein *fam*

song and dance *n no pl* AM (*fam*) alte Leier *fam,* altes Lied *fam;* ***the court didn't swallow his ~ about having lousy parents*** das Gericht nahm ihm seine Story vom schrecklichen Elternhaus nicht ab *fam* ► PHRASES: **to make a ~ about sb/sth** BRIT um jdn/etw viel Trara machen *fam* **songbird** *n* Singvogel *m* **songbook** *n* Liederbuch *nt* **song cycle** *n* Liederzyklus *m* **songfest** *n* AM *Treffen zum gemeinsamen Liedersingen* **Song of Solomon** *n*, **Song of Songs** *n* REL Hohelied *nt*, Lied *nt* der Lieder

songster ['sɒŋ(k)stəʳ, AM 'sɑːŋ(k)stɚ] *n* (*liter*) Sänger *m*

songstress <*pl* -es> ['sɒŋ(k)strɪs, AM 'sɑː-] *n* (*liter*) Sängerin *f*

song thrush *n* Singdrossel *f* **songwriter** *n* Texter(in) *m(f)* und Komponist(in) *m(f)*, Songwriter *m*; **singer-~** Liedermacher(in) *m(f)* **songwriting** *n* *no pl* Texten *nt* und Komponieren *nt*

sonic ['sɒnɪk, AM 'sɑːn-] *adj inv* akustisch, Schall-; **~ wave** Schallwelle *f*

sonic barrier *n* Schallmauer *f* **sonic boom** *n* Überschallknall *m* **sonic speed** *n* Schallgeschwindigkeit *f*

son-in-law <*pl* sons-in-law *or* -s> *n* Schwiegersohn *m*

sonnet ['sɒnɪt, AM 'sɑːn-] *n* Sonett *nt*

sonny ['sʌni] *n no pl* (*fam*) Kleiner *m fam*

son of a bitch <*pl* sons of bitches> *n esp* AM (*vulg*), **sonofabitch** <*pl* -es> *n* AM (*vulg*) Scheißkerl *m derb* **son of a gun** <*pl* sons of guns> **I.** *n* AM (*fam*) alter Gauner *fam* **II.** *interj* AM heiliges Kanonenrohr *fam o veraltend*

sonogram ['səʊnəgræm, AM 'sɑːn-] *n* Sonogramm *nt*

sonority [sə(ʊ)'nɒrəti, AM sə'nɔːrət̬i] *n* ① *no pl* (*sound of a voice*) Klangfülle *f*, Sonorität *f geh* ② MUS (*type of sound*) Klang *m*

sonorous ['sɒnᵊrəs, AM sə'nɔːr-] *adj* klangvoll; *voice* sonor, volltönend

sonorously ['sɒnᵊrəsli, AM sə'nɔːr-] *adv* klangvoll; *voice* sonor, volltönend

sook [sʊk] *n* AUS (*pej*) Memme *f pej fam*

soon [suːn] *adv* ① (*in a short time*) bald; **~ after sth** kurz nach etw *dat*; **~ *after agreeing to go, she …*** kurz nachdem sie zugestimmt hatte mitzugehen, …; ***no ~er said than done*** gesagt, getan; ***no ~er had I started mowing the lawn than it started raining*** kaum hatte ich angefangen, den Rasen zu mähen, begann es zu regnen; **how ~** wie bald [*o* schnell]; **~er or later** früher oder später; **~er rather than later** lieber früher als später ② (*early*) früh; ***Monday is the ~est we can deliver the chairs*** wir können die Stühle frühestens am Montag liefern; ***the ~er we leave, the ~er we'll get there*** je eher wir fahren, desto schneller sind wir dort; **the ~er the better** je eher [*o* früher], desto besser; **not a moment too ~** gerade noch rechtzeitig ③ **as ~ as possible** so bald wie möglich; ***they'd shoot you as ~ as look at you*** (*fam*) die würden dich abknallen, ohne mit der Wimper zu zucken *fam* ④ (*rather*) lieber; ***I'd ~er not speak to him*** ich würde lieber nicht mit ihm sprechen

soon-to-be ['suːntəbiː] *adj attr, inv* künftige(r,s)

soot [sʊt] *n no pl* Ruß *m*

soothe [suːð] *vt* ① (*calm*) ■**to ~ sb/sth** jdn/etw beruhigen [*o* beschwichtigen] ② (*relieve*) **to ~ the pain** den Schmerz lindern

◆**soothe down** *vt* ■**to ~ down ↔ sb** jdn beruhigen [*o* beschwichtigen] [*o* besänftigen]

soothing ['suːðɪŋ] *adj* ① (*calming*) beruhigend; **a nice ~ bath** ein schönes entspannendes Bad; **to have a ~ effect on sb** beruhigend auf jdn wirken; **~ rhetoric** besänftigende Worte, Beschwichtigungen *fpl* ② (*pain-relieving*) [Schmerz] lindernd; **~ balm** [*or* **ointment**] Schmerz lindernde Creme

soothingly ['suːðɪŋli] *adv* beruhigend, besänftigend

soothsayer ['suːθ,seɪəʳ, AM -ɚ] *n* (*hist*) Wahrsager(in) *m(f)*

sooty ['sʊti, AM -t̬-] *adj* rußig, verrußt

SOP *n no pl abbrev of* **standard operating procedure**

sop [sɒp, AM sɑːp] **I.** *n* (*pej*) Beschwichtigungsmittel *nt*; ***he gave some money to charity which was a ~ to his bad conscience*** er spendete etwas Geld für wohltätige Zwecke, nur um sein Gewissen zu beruhigen **II.** *vt* ■**to ~ up ↔ sth** etw aufsaugen

SOP [,esoʊ'piː] *n* AM ECON, MIL *abbrev of* **standard operating procedure**

sophism ['sɒfɪzᵊm, AM 'sɑːf-] *n* (*form*) Sophismus *m geh*

sophist ['sɒfɪst, AM 'sɑːf-] *n* (*hist*) Sophist(in) *m(f)* *a. pej*

sophistic(al) [sə(ʊ)'fɪstɪk(ᵊl), AM sə'-] *adj* (*also pej form*) sophistisch *a. pej geh*, haarspalterisch *pej*

sophisticate [sə'fɪstɪkət, AM -təkɪt] *n* (*esp approv*) kultivierte Person

sophisticated [sə'fɪstɪkeɪtɪd, AM -təkeɪt̬ɪd] *adj* (*approv*) ① (*urbane*) [geistig] verfeinert, weltklug *selten*; (*cultured*) kultiviert, gebildet; *audience, readers* niveauvoll, anspruchsvoll; *restaurant* gepflegt; **~ wit** intellektueller Humor ② (*highly developed*) hoch entwickelt, ausgeklügelt; *method* raffiniert; (*complex*) *approach* differenziert

sophistication [sə,fɪstɪ'keɪʃᵊn, AM -tə'-] *n no pl* (*approv*) ① (*urbanity*) Kultiviertheit *f*; (*finesse*) Gepflegtheit *f*, Feinheit *f* ② (*complexity*) hoher Entwicklungsstand; ***the ~ of computers is increasing*** Computer werden technisch immer ausgefeilter

sophistry ['sɒfɪstri, AM 'sɑːf-] *n* (*form*) ① *no pl* (*pej: nitpicking*) Sophisterei *f pej geh* ② (*sophistical argument*) Augenwischerei *f*

sophomore ['sɑːfəmɔːr] **I.** *n* AM (*in college*) Student(in) *m(f)* im zweiten Studienjahr; (*at high school*) Schüler(in) *m(f)* einer Highschool im zweiten Jahr **II.** *adj attr, inv* im zweiten Studienjahr *nach n* (*an einer Highschool bzw. Universität*); **~ year** zweites Studienjahr (*an einer Highschool bzw. Universität*)

soporific [,sɒpᵊr'ɪfɪk, AM ,sɑːpə'rɪf-] *adj* einschläfernd *a. fig*; **to have a ~ effect** eine einschläfernde Wirkung haben

soporifically [,sɒpᵊr'ɪfɪkᵊli, AM ,sɑːpə'rɪf-] *adv* einschläfernd

soppily ['sɒpɪli, AM 'sɑːp-] *adv* (*fam*) [übertrieben] sentimental

soppiness ['sɒpɪnəs, AM 'sɑːp-] *n no pl* (*fam*) [übertriebene] Sentimentalität, Gefühlsduselei *f pej fam*

sopping ['sɒpɪŋ, AM 'sɑːp-] (*fam*) **I.** *adj* klatschnass *fam*, [völlig] durchnässt **II.** *adv inv* **~ wet** klatschnass *fam*, triefnass

soppy ['sɒpi, AM 'sɑːpi] *adj* (*fam*) [übertrieben] sentimental, gefühlsdus[e]lig *pej fam*; *story, film* schmalzig

soprano [sə'prɑːnəʊ, AM -'prænoʊ] **I.** *n* ① (*vocal range*) Sopran *m* ② (*singer*) Sopranistin *f* **II.** *adj inv* Sopran-; **~ part/voice** Sopranpart *m*/-stimme *f* **III.** *adv inv* **to sing ~** Sopran singen

sorbet ['sɔːbeɪ, AM 'sɔːr-] *n* Sorbet *nt*, *selten m*; **lemon ~** Zitronensorbet *nt o selten m*

sorcerer ['sɔːsᵊrəʳ, AM 'sɔːrsɚɚ] *n* (*esp liter*) Zauberer *m*, Magier *m*, Hexenmeister *m*

sorceress <*pl* -es> ['sɔːsᵊrɪs, AM 'sɔːrsɚ-] *n* (*esp liter*) Zauberin *f*, Magierin *f*

sorcery ['sɔːsᵊri, AM 'sɔːrsɚi] *n no pl* (*esp liter*) Zauberei *f*, Magie *f*, Hexerei *f*

sordid ['sɔːdɪd, AM 'sɔːr-] *adj* ① (*dirty*) schmutzig; (*squalid*) schäbig; *apartment* verkommen, heruntergekommen ② (*pej: disreputable*) schmutzig *fig*; **all the ~ detail[s]** all die peinlichen Details

sordidly ['sɔːdɪdli, AM 'sɔːr-] *adv* (*pej*) schäbig

sordidness ['sɔːdɪdnəs, AM 'sɔːr-] *n no pl* ① (*dirtiness*) Schmutzigkeit *f*; (*squalidness*) Schäbigkeit *f*, Verkommenheit *f* ② (*pej: dishonourableness*) Schändlichkeit *f*, Schmutzigkeit *f fig*

sore [sɔːʳ, AM sɔːr] **I.** *adj* ① (*hurting*) schlimm, weh; (*through overuse*) wund [gescheuert], entzündet; ***all the dust has made my eyes ~*** von dem ganzen Staub brennen mir die Augen; **~ muscles** Muskelkater *m*; **~ nipples** wunde Brustwarzen; **~ point** (*fig*) wunder Punkt; **to be a ~ point with sb** jds wunder Punkt sein ② AM (*fam: annoyed*) verärgert, sauer *fam*; (*aggrieved*) verletzt; ■**to be** [*or* **feel**] **~ about sth** sich *akk* von etw *dat* betroffen fühlen; **to get ~ with sb** sich *akk* über jdn ärgern, auf jdn sauer sein *fam*; **~ loser** schlechter Verlierer/schlechte Verliererin ③ (*liter: serious*) schwer; **to be in ~ need of sth** etw dringend benötigen, einer S. *gen* dringend bedürfen ► PHRASES: **sth stands** [*or* **sticks**] **out like a ~ thumb** etw fällt [unangenehm] ins Auge; **sb stands** [*or* **sticks**] **out like a ~ thumb** jd fällt [total] aus dem Rahmen **II.** *n* wunde Stelle; **running ~** eiternde [*o* nässende] Wunde; (*fig*) offener Skandal, ständiges Ärgernis; **to open** [*or* **reopen**] **an old ~** (*fig*) alte Wunden aufreißen

sorehead ['sɔːrhed] *n* AM (*fam*) Brummbär *m a. hum fam*, mürrische Person

sorely ['sɔːli, AM 'sɔːr-] *adv* sehr, arg; **to be ~ felt** schmerzlich zu spüren sein; **to be ~ missed** schmerzlich vermisst werden; **to be ~ needed** dringend benötigt werden; **to be ~ tempted to do sth** stark versucht sein, etw zu tun

soreness ['sɔːnəs, AM 'sɔːr-] *n no pl* Schmerz *m*

sore throat *n* Halsschmerzen *mpl*; **to have a ~** Halsschmerzen haben

sorghum ['sɔːgəm, AM 'sɔːr-] *n no pl* Sorghum *nt*, Sorghumhirse *f*

sorority [sə'rɔːrət̬i] *n* AM Studentinnenvereinigung *f*

sorority house *n* Haus *nt* der Studentinnenvereinigung

sorrel ['sɒrᵊl, AM 'sɔːr-] *n no pl* Sauerampfer *m*, Wiesenampfer *m*

sorrow ['sɒrəʊ, AM 'sɑːroʊ] **I.** *n* (*form*) ① (*feeling*) Kummer *m*, Betrübnis *f*, Traurigkeit *f*; **more in ~ than in anger** mehr aus Kummer [*o* Betrübnis] als aus Zorn; **to feel ~ over** [*or* **at**] **sth** über etw *akk* traurig [*o* betrübt] sein; **to my ~** (*dated*) zu meinem größten Bedauern ② (*sad experience*) Leid *nt*; ***it was a great ~ to us when …*** es war sehr schmerzlich für uns, … **II.** *vi* ■**to ~ over** [*or* **for**] **sb/sth** über jdn/etw betrübt [*o* traurig] sein

sorrowful ['sɒrə(ʊ)fᵊl, AM 'sɑːrəfᵊl] *adj* (*form*) traurig, betrübt (**at** über +*akk*); **with a ~ sigh** mit einem schweren Seufzer

sorrowfully ['sɒrə(ʊ)fᵊli, AM 'sɑːrəfᵊli] *adv* (*form*) traurig, betrübt

sorrowing ['sɒrəʊɪŋ, AM 'sɑːroʊ-] *adj attr* (*liter*) trauernd

sorry ['sɒri, AM 'sɑːri] **I.** *adj* ① *pred* (*regretful*) ***I'm/she's ~*** es tut mir/ihr Leid; ***say you're ~*** sag, dass es dir Leid tut; ***you'll be ~*** das wird dir noch Leid tun; ■**to be ~ about** [*or* **for**] **sth** etw bedauern; ***I'm ~ about the mix-up*** ich möchte mich für das Durcheinander entschuldigen; [***I'm***] **~ *about that*** ich bitte um Entschuldigung, das tut mir Leid; ■**to be ~ [that] …** bedauern, dass …; ***I'm only ~ that we can't stay for the final*** es tut mir nur Leid, dass wir nicht bis zum Finale bleiben können; ***he began to feel ~ he had ever given the man the job*** er fing an zu bereuen, dass er dem Mann den Job jemals gegeben hatte; **to say ~** [**to sb**] sich *akk* [bei jdm] entschuldigen ② *pred* (*sad*) traurig; ***we were ~ to hear*** [***that***] ***you've not been well*** es tat uns Leid zu hören, dass es dir nicht gut ging; ***most people, I'm ~ to say, give up within the first two weeks*** die meisten Leute, das muss ich leider sagen, geben innerhalb der ersten beiden Wochen auf; ■**to be ~ for oneself** (*esp pej*) sich *akk* selbst bemitleiden; ***he sounded very ~ for himself*** er tat sich wohl selbst sehr Leid; **sb feels** [*or* **is**] **~ for sb/sth** jd/etw tut jdm Leid; ***her mother's the one I feel ~ for!*** um ihre Mutter tut es mir Leid! ③ *pred* (*polite preface to remark*) ***I'm ~*** [***but***] ***I don't agree*** [es] tut mir Leid, aber da bin ich anderer Meinung; ***I'm ~, I think you have made a little mistake there*** Entschuldigung, ich glaube, Sie haben da einen kleinen Fehler gemacht ④ *attr* (*wretched*) traurig, armselig, jämmerlich; **~ figure** bedauernswerte [*o* armselige] Erscheinung; **to be in a ~ mess** in Schwierigkeiten stecken; **~ sight** bedauernswerter Anblick; **a ~ state of affairs** eine traurige Angelegenheit **II.** *interj* ① (*expressing apology*) ■**~!** Verzeihung!, Entschuldigung!; **~ *for the inconvenience*** entschuldige die Unannehmlichkeiten; **~, *but I have to stop you there*** es tut mir Leid, aber ich muss Sie da unterbrechen ② (*prefacing refusal*) ~ ***you can't go in there*** bedaure, aber Sie können da nicht hinein ③ *esp* BRIT, AUS (*asking sb to repeat sth*) ■ ~? wie bitte?, Entschuldigung?

sort [sɔːt, AM sɔːrt] **I.** *n* ① (*type*) Sorte *f*, Art *f*; ***what ~ of day did you have?*** wie war dein Tag?; ***what ~ of person is he/she?*** was für ein Mensch ist er/sie?; ***is there any ~ of food which you don't like?*** gibt es irgendein Essen, das du nicht magst?; ■ **to be sb's ~** *person* jds Typ sein *fam*; *thing* [nach] jds Geschmack sein; ***I never thought he was her ~*** ich hätte nie gedacht, dass er ihr Typ ist *fam*; **all ~s of people** alle möglichen Leute; **sb's favourite** [*or* AM **favorite**] ~ jds Lieblingssorte *f* ② (*fam: expressing vagueness*) ***I had a ~ of feeling that ...*** ich hatte so ein Gefühl, dass ...; ***it's a ~ of machine for peeling vegetables and things*** es ist so eine Art Maschine, mit der man Gemüse und anderes schälen kann ③ (*person*) ***she's a very generous ~ really*** sie ist ein ausgesprochen großzügiger Mensch; ***I know your ~!*** Typen wie euch kenne ich [zur Genüge]! *fam*; **to be not the ~ to do sth** nicht der Typ [Mensch] sein, etw zu tun ▶ PHRASES: **nothing of the ~** nichts dergleichen; **something of the ~** so etwas in der Art; **it takes all ~s to make a world** *esp* BRIT (*prov*) es gibt solche und solche *fam*; **of ~s, of a ~** eine Art von, so etw wie; ***he's an artist of ~s*** er nennt sich Künstler; **to be** [*or* **feel**] **out of ~s** (*not well, sick*) sich *akk* nicht fit fühlen, nicht ganz auf der Höhe [*o* auf dem Posten] sein *fam*; (*crotchety*) nicht besonders gut gelaunt sein **II.** *adv* (*fam*) ■ **~ of** ① (*rather*) irgendwie; ***that's ~ of difficult to explain*** das ist nicht so einfach zu erklären; ***it's getting ~ of late*** es ist schon recht spät; ***the walls were painted ~ of pink*** die Wände waren in einem Rosaton gestrichen ② (*not exactly*) mehr oder weniger, so ungefähr, sozusagen; ***is he inviting you? — well, ~ of*** lädt er dich ein? – mehr oder weniger **III.** *vt* ① (*classify*) ■ **to ~ sth** etw sortieren; ***I'm going to ~ these old books into those to be kept and those to be thrown away*** ich sortiere diese Bücher nach solchen, die ich behalte und solchen, die ich wegwerfe; **to ~ the mail** die Post sortieren ② *usu passive* BRIT (*fam: restore to working order*) ■ **to ~ sth** etw in Ordnung bringen; ***can you ~ the car by tomorrow?*** können Sie das Auto bis morgen reparieren? ▶ PHRASES: **sth ~s the men from the boys** an etw *dat* zeigt sich, wer ein ganzer Kerl ist *fam* **IV.** *vi* ■ **to ~ through sth** etw sortieren [*o* durchsehen]

◆**sort out** *vt* ① (*arrange*) ■ **to ~ out** ◌ **sth** etw ordnen [*o* sortieren]; (*choose, select*) etw aussuchen; (*for throwing or giving away*) etw aussortieren; **to ~ out one's priorities** seine Prioritäten [neu] setzen ② (*tidy up mess*) ■ **to ~ out** ◌ **sth** etw in Ordnung bringen; ***will you please ~ your room out!*** räum bitte dein Zimmer auf! ③ (*resolve*) ■ **to ~ out sth** etw klären [*o* regeln]; ■ **to ~ out whether/how/what/who ...** klären [*o* regeln], ob/wie/was/wer ...; **to ~ out the details** die Details [ab]klären; **to ~ out initial difficulties** Anfangsschwierigkeiten beheben; **to ~ out a problem** ein Problem lösen ④ (*help*) ■ **to ~ out** ◌ **sb** jdm [weiter]helfen; **to ~ oneself out** zur Ruhe kommmen, seine Gedanken ordnen ⑤ (*fam: beat up*) ■ **to ~ sb out** jdm zeigen, wo es lang geht *fam*, sich *dat* jdn zur Brust nehmen [*o* vorknöpfen] *fam*

sort code *n* FIN ≈ Bankleitzahl *f*

sorted ['sɔːtɪd] *adj pred* BRIT (*sl*) ① (*arranged*) erledigt; ■ **to get sth ~** etw geregelt [*o* auf die Reihe] bekommen *fam* ② *usu pred* (*stoned on drugs*) ■ **to get ~** sich *akk* volldröhnen lassen *sl*

sorter ['sɔːtəʳ, AM 'sɔːrt̬ɚ] *n* ① AM (*postal employee*) Sortierer(in) *m(f)* ② (*machine*) Sortiermaschine *f*; **grain ~** [Getreide]trieur *m*

sortie ['sɔːtiː, AM 'sɔːrt̬i] *n* ① MIL Ausfall *m*; (*flight*) Einsatz *m* ② BRIT (*fam: short trip*) [kurzer] Abstecher [*o* Ausflug]; **to make a ~ into town** einen kurzen Abstecher in die Stadt unternehmen ③ BRIT (*fam: attempt*) Versuch *m*, Anlauf *m fig*

sorting ['sɔːtɪŋ, AM 'sɔːrt̬-] *n no pl* Sortieren *nt* (*der Post*)

sorting code *n* FIN ≈ Bankleitzahl *f* **sorting office** *n* Sortierstelle *f*; (*central office*) Verteilerpostamt *f* **sorting-out** *n* AM (*fam*), **sort-out** *n* BRIT (*fam*) Aufräumaktion *f*; ***this cupboard needs a ~*** dieser Schrank muss mal gründlich aufgeräumt werden **sorting pass** *n* COMPUT Sortierlauf *m*

SOS¹ [ˌesəʊ'es, AM -oʊ'-] *n* SOS *nt*; (*fig*) Hilferuf *m*; **to send an ~** SOS funken

SOS² *n abbrev of* **silicon on sapphire** Silizium-Saphir-Technologie *f*

SOS call *n*, **SOS message** *n* SOS-[Not]ruf *m*; (*fig*) Hilferuf *m*

so-so ['səʊsəʊ, AM 'soʊsoʊ] (*fam*) **I.** *adj inv* so lala *fam*, mittelprächtig *hum fam* **II.** *adv inv* so lala *fam*

sot [sɒt, AM sɑːt] *n* (*pej*) Trunkenbold *m pej*

sottish ['sɒtɪʃ, AM 'sɑːt-] *adj* (*pej*) versoffen *pej sl*

sotto voce [ˌsɒtəʊ'vəʊtʃeɪ, AM ˌsɑːt̬oʊ'voʊ-] (*form*) **I.** *adj* ① (*speaking very quietly*) leise, gedämpft; **~ comment** kaum hörbarer Kommentar; **in a ~ voice** mit gedämpfter Stimme ② MUS sotto voce **II.** *adv* ① (*quietly*) leise, mit gedämpfter Stimme ② MUS sotto voce

sou [suː] *n no pl* (*fam*) Sou *m*; **to not have a ~** keinen roten Heller besitzen *fam*

soubriquet *n* (*form*) *see* **sobriquet**

soufflé ['suːfleɪ, AM suː'fleɪ] *n* Soufflé *nt*, Soufflee *nt*

sough [saʊ, sʌf] **I.** *vi wind* pfeifen, heulen, ächzen; *sea* rauschen, branden **II.** *n usu sing wind* Sausen *nt*, Säuseln *nt*; *water* Brausen *nt*, Wallen *nt*

sought [sɔːt, AM sɑːt] *pt, pp of* **seek**

sought-after *adj* begehrt; **much ~** heiß begehrt *fam*

soul [səʊl, AM soʊl] **I.** *n* ① (*spirit*) Seele *f*; ***her ~ is now at peace*** ihre Seele ruht nun in Frieden; **to pray for sb's ~** für jds Seele beten; **to sell one's ~ [to sb]** seine Seele [an jdn] verkaufen ② *no pl* (*approv: profound feeling*) Seele *f*, Gefühl *nt*; ***her paintings lack ~*** ihre Bilder wirken [kalt und] seelenlos ③ (*person*) Seele *f fig*; **a town of five thousand ~s** eine Stadt mit fünftausend Seelen; **not a ~** keine Menschenseele ④ (*essence*) **to be the ~ of discretion/honesty** die Verschwiegenheit/die Ehrlichkeit in Person sein ⑤ *no pl* MUS Soul *m* ⑥ AM (*black culture*) *Anerkennung der afroamerikanischen Kultur*; **to have got ~** *sich als Afroamerikaner der afroamerikanischen Kultur bewusst sein* ▶ PHRASES: **to throw oneself body and ~ into sth** sich *akk* etw *dat* mit Leib und Seele widmen; **upon my ~!** (*dated*) meiner Treu! *veraltet* **II.** *adj attr, inv* AM (*relating to black Americans*) *sich auf die afroamerikanische Kultur beziehend*; **~ cooking** [*or* **food**] die traditionelle afroamerikanische Küche

soul brother *n* ① (*black male*) Schwarzer *m* ② (*close friend*) Seelenbruder *m* **soul-destroying** *adj esp* BRIT (*pej*) nervtötend *pej*; *work* geisttötend *pej*; (*destroying sb's confidence*) zermürbend

soulful ['səʊlfᵊl, AM 'soʊl-] *adj* gefühlvoll

soulfully ['səʊlfᵊli, AM 'soʊl-] *adv* gefühlvoll

soulfulness ['səʊlfᵊlnəs, AM 'soʊl-] *n no pl* gefühlsbetonter Charakter

soulless ['səʊlləs, AM 'soʊl-] *adj* (*pej*) seelenlos; *building, town, person* kalt; (*dull*) öde

soullessly ['səʊlləsli, AM 'soʊl-] *adv* (*pej*) gefühllos

soullessness ['səʊlləsnəs, AM 'soʊl-] *n* (*pej*) Gefühllosigkeit *f*

soul mate *n* Seelenverwandte(r) *f(m)*, Gleichgesinnte(r) *f(m)* **soul music** *n* Soulmusik *f*, Soul *m*

soul-scarring ['səʊlˌskɑːrɪŋ, AM 'soʊl-] *adj* (*fam*) verletzend *attr*; ***it was a ~ experience*** die Erfahrung hat tiefe Narben hinterlassen **soul-searching** *n no pl* Prüfung *f* des Gewissens; **after much ~** nach eingehender Prüfung des [eigenen] Gewissens **soul sister** *n* ① AM (*female black*) Schwarze *f* ② (*close friend*) ≈ Schwester *f* **soul-stirring** *adj* aufwühlend, bewegend

sound¹ [saʊnd] *n* (*sea channel*) Meerenge *f*, Sund *m*; (*inlet*) Meeresarm *m*; **Plymouth ~** Bucht *f* von Plymouth

sound² [saʊnd] **I.** *n* ① (*noise*) Geräusch *nt*; (*musical tone*) *of a bell* Klang *m*; (*verbal, TV, film*) Ton *m*; ***we heard the ~ of someone climbing the stairs*** wir hörten, wie jemand die Treppe hinaufging; ***there wasn't a ~ to be heard*** es war nicht das geringste Geräusch zu hören; ***not a ~ escaped her lips*** ihre Lippen waren fest versiegelt; ***we heard the ~ of voices on the terrace*** wir hörten Stimmen auf der Terrasse; **to like the ~ of one's own voice** sich *akk* selbst gern[e] reden hören; **a knocking ~** Klopfgeräusch *nt*; **to make a ~** einen Laut [*o* Ton] von sich *dat* geben; ***don't make a ~!*** sei still! ② LING Laut *m* ③ *no pl* PHYS Schall *m*; **speed of ~** Schallgeschwindigkeit *f* ④ *no pl* RADIO, TV (*volume*) Ton *m*; ***the ~ of the TV was very loud*** der Fernseher war sehr laut; **to turn the ~ down/up** den Ton leiser/lauter stellen; **~ interference** Tonstörung *f* ⑤ *no pl* (*on film*) Sound *m*; ***who did the ~ on that commercial?*** wer hat die Musik zu diesem Werbespot geschrieben? ⑥ (*characteristic of musicians' style*) Sound *m*; ***the ~ of the eighties*** der Sound der Achtziger ⑦ *no pl* (*impression*) ***I don't like the ~ of it*** das klingt gar nicht gut; **by** [*or* **from**] **the ~ of it** so wie sich das anhört **II.** *n modifier* ① MEDIA (*assistant, mixer, specialist*) Ton- ② PHYS (*spectrograph, velocity*) Schall- **III.** *vi* ① (*resonate*) erklingen; *alarm* ertönen; *alarm clock* klingeln; *bell* läuten ② (*fam: complain*) ■ **to ~ off** herumtönen; ■ **to ~ off about sth/sb** sich *akk* [lauthals] über etw/jdn auslassen ③ + *adj* (*seem*) klingen, sich *akk* anhören; ***he ~s Canadian*** er hört sich wie ein Kanadier an; ***I know it ~s silly but ...*** ich weiß, es klingt albern, aber ...; ***it ~s to me like a case of homesickness*** für mich klingt das nach Heimweh; ***they ~ like just the sort of people we're looking for*** das klingt, als sei das genau die Art von Leuten, nach denen wir suchen; ***it ~s to me from the rumours that ...*** den Gerüchten nach zu urteilen scheint es fast so, als ...; ***that ~s good*** [das] klingt gut; ***that ~s fun*** das hört sich nach Spaß an; **to ~ as though** [*or* **if**] **...** so klingen [*o* sich anhören], als ob ... **IV.** *vt* ① (*produce sound from*) **to ~ the alarm** den Alarm auslösen; **to ~ the bell** die Glocke läuten; **to ~ the buzzer** den Summer betätigen; **to ~ the death-knell for sth** (*fig*) etw *dat* den Todesstoß versetzen; **to ~ the [car] horn** hupen; **to ~ the gong** den Gong schlagen; **to ~ the retreat** MIL zum Rückzug blasen; ***the siren was being ~ed*** die Sirene ging los ② LING ■ **to ~ sth** ***the 'b' in the word 'plumb' is not ~ed*** das ‚b' in dem Wort ‚plumb' wird nicht ausgesprochen

sound³ [saʊnd] **I.** *adj* ① (*healthy*) gesund; (*in good condition*) intakt, in gutem Zustand; **as ~ as a bell** (*fam*) völlig intakt, in einwandfreiem Zustand; *animal, person* kerngesund; **to be of ~ mind** bei klarem Verstand sein ② (*trustworthy*) solide, verlässlich; (*reasonable*) vernünftig; **~ advice** guter Rat; **~ argument** schlagendes Argument; **~ basis** solide [*o* vernünftige] Basis; **~ economy** gesunde Wirtschaft; **to have a ~ grasp of the subject** über ein eingehendes Verständnis des Themas verfügen; **~ investment** kluge Investition; **a person of ~ judgement** ein Mensch *m* mit einem guten Urteilsvermögen; **~ knowledge** fundiertes Wissen; **~ method** wirksame Methode; **to have ~ views on sth** vernünftige Ansichten über etw *akk* vertreten; **environmentally ~** umweltfreundlich; ■ **to be ~ on sth** in etw *dat* versiert sein *geh* ③ (*severe*) **~ defeat** [*or* **thrashing**] schwere Niederlage; **to give sb a ~ thrashing** jdm eine ordentliche Tracht Prügel verpassen ④ (*undisturbed*) **~ sleep** tiefer [*o* fester] Schlaf; **to be a ~ sleeper** einen gesunden Schlaf haben **II.** *adv* **to be ~ asleep** tief [und fest] schlafen

sound⁴ [saʊnd] *vt* NAUT ■ **to ~ sth** etw [aus]loten

◆**sound out** *vt* ■ **to ~ out** ◌ **sb** bei jdm vorfühlen [*o fam* auf den Busch klopfen]; (*ask*) bei jdm anfragen; ***I just wanted to ~ you out about Alice Bates*** ich wollte nur mal Ihre Meinung über Alice Bates hören; **to ~ out public opinion** die öffentliche Meinung sondieren

sound archives *npl* Tonarchiv *nt* **sound barrier** *n* Schallmauer *f*; **to break the ~** die Schallmauer durchbrechen **soundbite** *n* prägnanter

Ausspruch (*eines Politikers*) **soundboard** *n* MUS Resonanzboden *m* **soundbox** *n* Resonanzkörper *m*, Schallkörper *m* **sound card** *n* COMPUT Soundkarte *f* **sound check** *n* Tonprobe *f*, Soundcheck *m* **sound effect** *n* Geräuscheffekt *m*, Toneffekt *m* **sound engineer** *n* Toningenieur(in) *m(f)* **sound film** *n* Tonfilm *m*

sounding [ˈsaʊndɪŋ] *n usu pl* NAUT [Aus]loten *nt*, Lotung *f*; **to take ~s** Lotungen vornehmen, loten; **to make** [*or* **take**] **~s** (*fig*) sondieren *fig*

sounding board *n* ❶ (*resonator*) Resonanzboden *m* ❷ (*fig*) *Gruppe von Testpersonen für eine erste Meinungssondierung;* ***she would often use her family as a ~ for new recipes*** sie pflegte neue Rezepte erst einmal an ihrer Familie auszuprobieren

soundless [ˈsaʊndləs] *adj* lautlos, geräuschlos

soundlessly [ˈsaʊndləsli] *adv* lautlos, geräuschlos

soundly [ˈsaʊndli] *adv* ❶ (*thoroughly*) gründlich, ordentlich; (*clearly*) eindeutig, klar; (*severely*) schwer *fam*, gehörig *fam*; **to be ~ defeated** vernichtend [*o* klar] geschlagen werden ❷ (*reliably*) fundiert *geh*; **to be ~ based** auf einer soliden Basis beruhen ❸ (*deeply*) **to sleep ~** fest [*o* tief] schlafen

soundness [ˈsaʊndnəs] *n no pl* Solidität *f geh*, Verlässlichkeit *f*, Zuverlässigkeit *f*; *of mind* Vernünftigkeit *f*; ***the ~ of sb's judgement*** jds gutes Urteilsvermögen

sound practice *n* vernünftige Vorgehensweise

soundproof I. *adj* schalldicht, schallisoliert II. *vt* ■**to ~ sth** etw schallisolieren [*o* schalldicht machen]

soundproofing *n no pl* Schallisolierung *f* **sound recording** *n* Tonaufnahme *f*, Tonaufzeichnung *f* **sound reproduction** *n* Tonwiedergabe *f*, Klangwiedergabe *f* **sound shift** *n* LING Lautverschiebung *f* **soundstage** [ˈsaʊndsteɪdʒ] *n* Fernsehbühne *f* **sound system** *n* Hi-Fi-Anlage *f*, Stereoanlage *f* **soundtrack** *n* ❶ (*on film*) Tonspur *f* ❷ (*film music*) Filmmusik *f*, Soundtrack *m* **sound wave** *n* Schallwelle *f*

soup [suːp] I. *n* ❶ (*fluid food*) Suppe *f*; **oxtail/vegetable ~** Ochsenschwanz-/Gemüsesuppe *f*; **packet ~** Tütensuppe *f*, Packerlsuppe *f* ÖSTERR; **clear ~** klare Brühe [*o* ÖSTERR Suppe]; **home-made ~** selbst gemachte Suppe; **instant ~** Fertigsuppe *f*; **thick ~** angedickte Suppe ❷ PHYS (*fig*) **cosmic ~** Urschlamm *m* ❸ *esp* AM (*fig: fog*) Suppe *f fig* ▶ PHRASES: **to be in the ~** (*fam or dated*) in der Patsche sitzen *fam* II. *vt* (*fam*) **to ~ up** ⊂ **a car/an engine** ein Auto/einen Motor frisieren *fam*

soup bowl *n* Suppentasse *f*

soupçon [ˈsuːpsɔ̃ː(ŋ), AM suːpˈsɔ̃ʊn] *n no pl* Spur *f*, Hauch *m*; **a ~ of garlic** eine Spur Knoblauch; **a ~ of irony** ein Anflug *m* von Ironie; **a ~ of wine** ein kleiner Schuss Wein

souped-up *adj attr* aufgemöbelt *fam*, aufgemotzt *fam*; *auto, engine* frisiert *fam*; **~ version** aufpolierte Version *fam* **soup kitchen** *n* Armenküche *f*, Suppenküche *f* **soup plate** *n* Suppenteller *m* **soup spoon** *n* Suppenlöffel *m* **soup tureen** *n* Suppenterrine *f*, Suppenschüssel *f*

sour [ˈsaʊəʳ, AM -ɚ] I. *adj* ❶ (*in taste*) sauer; **~ milk** saure Milch; **~ taste** säuerlicher Geschmack; **to go** [*or* **turn**] **~** sauer werden ❷ (*fig: bad-tempered*) griesgrämig, missmutig; (*embittered*) verbittert; **~ look** saure Miene, säuerlicher Blick; **~ note** bitterer Beigeschmack; **sth goes** [*or* **turns**] **~ on sb** jd verliert die Lust an etw *dat* ▶ PHRASES: **it's ~ grapes** die Trauben hängen zu hoch *fig* II. *n esp* AM *saures, alkoholisches Getränk;* **whisky ~** Whisky *m* mit Zitrone III. *vt* ❶ (*give sour taste*) ■**to ~ sth** etw sauer machen [*o* säuern] ❷ (*fig: make unpleasant*) etw trüben [*o* beeinträchtigen]; ***his tactless remark ~ed the atmosphere*** seine taktlose Bemerkung ruinierte die Stimmung IV. *vi* ❶ (*become sour*) sauer werden ❷ (*fig*) getrübt [*o* beeinträchtigt] werden

source [sɔːs, AM sɔːrs] I. *n* ❶ (*origin*) Quelle *f*; (*reason*) Grund *m* (**of** für +*akk*); ***oranges are a good ~ of Vitamin C*** Orangen sind reich an Vitamin C; **to be a ~ of disappointment/embarrassment to sb** jdn ständig enttäuschen/in Verlegenheit bringen; **energy/light ~** Energie-/Lichtquelle *f*; **a ~ of inspiration** eine Quelle der Inspiration *geh*; **to be a ~ of pride for sb** jdn stolz machen; **to trace sth back to its ~** etw an seinen Ursprung zurückverfolgen; **track down** [*or* **trace**] **the ~ of sth** den Ursprung einer S. *gen* zurückverfolgen, die Ursache einer S. *gen* ausfindig machen; **at ~** an der Quelle; **tax deducted at ~** BRIT, AUS FIN Quellensteuer *f*; **to tax at ~** Quellensteuer erheben ❷ (*of information*) [Informations]quelle *f*; ■**~s** *pl* LIT (*for article, essay*) Quellen[angaben] *fpl*, Literaturangaben *fpl*; **primary/secondary ~s** Primär-/Sekundärliteratur *f*; **to list** [*or* **acknowledge**] **one's ~s** Quellenangaben machen, die [verwendete] Literatur angeben ❸ *usu pl* (*person*) Quelle *f*; **according to Government ~s** wie in [*o* aus] Regierungskreisen verlautete; **from a reliable ~** aus zuverlässiger Quelle; **well-informed ~s** gut unterrichtete Kreise [*o* informierte Quellen]; **to disclose** [*or* **reveal**] [*or* **identify**] **one's ~s** seine Quellen preisgeben ❹ (*spring*) Quelle *f* ❺ COMPUT (*name of terminal*) Quelle *f* II. *vt usu passive* ■**to be ~d** ❶ (*have origin stated*) belegt sein; ***the quoted results weren't ~d*** zu den zitierten Ergebnissen fehlten die Quellenangaben; ■**to ~ sth** [**to sb**] auf jdn zurückgehen ❷ ECON (*be obtained*) stammen; ***the produce used in our restaurant is very carefully ~d*** die in unserem Restaurant verwendeten Produkte werden sorgfältig nach ihrer Herkunft ausgewählt

sourcebook *n* Quellenwerk *nt*, Nachschlagewerk *nt*; ***this is truly the ~ as to gardening*** dies ist das führende Buch zum Thema Garten **source code** *n* COMPUT Quellcode *m*, Ausgangscode *m*, Source Code *m fachspr* **source disk** *n* COMPUT Quelldiskette *f* **source document** *n* Quelle *f*; COMPUT Originaldokument *nt* **source file** *n* COMPUT Ursprungsdatei *f* **source language** *n* Ausgangssprache *f*; COMPUT Ursprungssprache *f* **source material** *n no pl* Quellenmaterial *nt*

sourcing [ˈsɔːsɪŋ, AM ˈsɔːrs-] *n* ❶ (*study of sources*) Quellenarbeit *f*, Quellenstudium *nt* ❷ (*econ*) Ermitteln *nt*

sour cream *n* Sauerrahm *m*, saure Sahne **sourdough** *n no pl* Sauerteig *m*; **~ bread** Sauerteigbrot *nt*

soured cream *n* BRIT Sauerrahm *m*, saure Sahne

sourly [ˈsaʊəli, AM -ɚli] *adv* (*fig*) griesgrämig *fam*, missmutig

sourness [ˈsaʊənəs, AM -ɚ-] *n no pl* ❶ (*acidity*) Säuerlichkeit *f*, saurer Geschmack ❷ (*fig: churlishness*) Griesgrämigkeit *f*, Missmutigkeit *f*; **to have a note of ~ in one's voice** einen bitteren Unterton in seiner Stimme haben

sourpuss <*pl* -es> [ˈsaʊəpʊs, AM -ɚ-] *n* (*fam*) Miesepeter *m pej fam*, Griesgram *m pej*

sousaphone [ˈsuːzəfəʊn, AM -foʊn] *n* Sousaphon *nt*

souse [saʊs] *vt* ❶ (*drench*) ■**to ~ sb/sth** [**in/with sth**] jdn/etw [mit etw *dat*] übergießen ❷ (*pickle*) ■**to ~ sth** etw einlegen [*o* marinieren]

soused [saʊst] *adj inv* ❶ (*marinated*) eingelegt ❷ (*drenched*) durchnässt ❸ (*sl or dated: very drunk*) sturzbetrunken *fam*, [sternhagel]voll *fam*

soutane [suːˈtɑːn, AM ˈtæn] *n* REL Soutane *f*

south [saʊθ] I. *n no pl* ❶ (*compass direction*) Süden *m*; ***Canberra lies to the ~ of Sydney*** Canberra liegt südlich von Sydney; **the ~ of England** der Süden von England, Englands Süden; **in the ~ of France** in Südfrankreich ❷ BRIT ■**the S~** (*the Third World*) der Süden ❸ HIST (*southern American states*) ■**the S~** die Südstaaten *pl* II. *adj* (*opposite of north*) Süd-, südlich; **on the ~ coast** an der Südküste; **on the ~ side** auf der Südseite; **on the ~ side of the town** im Süden der Stadt III. *adv* ❶ (*toward the south*) ***my room faces ~*** mein Zimmer ist nach Süden ausgerichtet; **due ~** direkt nach Süden; **to drive** [*or* **travel**] **~** Richtung Süden [*o* südwärts] fahren ❷ BRIT (*fam: to south England*) nach Südengland; ***I've moved down ~*** ich bin in den Süden umgezogen

South Africa *n* Südafrika *nt* **South African** I. *adj* südafrikanisch II. *n* Südafrikaner(in) *m(f)* **South America** *n* Südamerika *nt* **South American** I. *adj* südamerikanisch II. *n* Südamerikaner(in) *m(f)* **southbound** *adj inv* [in] Richtung Süden; **~ passengers** Richtung Süden reisende Passagiere; **~ train** Zug *m* in Richtung Süden **southeast** I. *n no pl* Südosten *m*; **in the ~** im Südosten; **the S~ of England** der Südosten Englands II. *adj inv* Südost-, südöstlich; **S~ Asia** Südostasien *nt*; **~ wind** Südostwind *m*, Wind *m* aus südöstlicher Richtung III. *adv inv* südostwärts, nach Südosten

southeaster *n* Südostwind *m*; NAUT Südost *m kein pl* **southeasterly** *adj inv* südöstlich **southeastern** *adj inv* südöstlich **southeastward(s)** *inv* I. *adj* südostwärts *präd*; **in a ~ direction** in südöstlicher Richtung II. *adv* südostwärts *präd*, nach Südosten *nach n*

southerly [ˈsʌðəli, AM -ɚli] I. *adj* südlich; **in a ~ direction** in südlicher Richtung; **the most ~ place** der südlichste Punkt; **~ wind** Wind *m* aus südlicher Richtung, Südwind *m* II. *adv* südlich; (*going south*) südwärts; (*coming from south*) von Süden III. *n* Südwind *m*; NAUT Süd *m kein pl*

southern [ˈsʌðən, AM -ɚn] *adj* südlich, Süd-; **~ England** Südengland *nt*; **~ motorway** Autobahn *f* nach Süden

Southern Cross *n* ASTRON Kreuz *nt* des Südens, Südliches Kreuz

southerner [ˈsʌðənəʳ, AM -ɚnɚ] *n* **to be a ~** aus dem Süden kommen; AM ein Südstaatler sein

southern hemisphere *n* **the ~** die südliche [Erd]halbkugel **southern lights** *npl* Südlicht *nt kein pl* **southernmost** *adj* ■**the ~ …** der/die/das südlichste …

south-facing *adj* nach Süden gelegen [*o* zeigend] [*o* ausgerichtet]; **~ wall** Südwand *f* **southpaw** *n* AM SPORTS (*fam*) Linkshänder(in) *m(f)* **South Pole** *n* Südpol *m* **southward(s)** *inv* I. *adj* südlich; **in a ~ direction** in Rchtung Süden II. *adv* südwärts, nach [*o* [in] Richtung] Süden **southwest** I. *n no pl* Südwesten *m* II. *adj inv* südwestlich, Südwest- III. *adv inv* südwestwärts, nach Südwesten **southwester** *n* Südwestwind *m*; NAUT Südwest *m kein pl* **southwesterly** I. *adj* südwestlich, Südwest- II. *adv* südwestlich, nach Südwesten **southwestern** *adj inv* südwestlich **south-westward(s)** I. *adj* südwestlich; **~ migration** Zug *m* in südwestliche Richtung [*o* nach Südwesten] II. *adv* südwestlich, nach Südwesten **south wind** *n* Südwind *m*; NAUT Süd *m kein pl*

souvenir [ˌsuːvənˈɪəʳ, AM -ˈnɪr] *n* Andenken *nt*, Souvenir *nt* (**of an** +*akk*); **tourist ~** Reiseandenken *nt*

souvenir hunter *n* Souvenirjäger(in) *m(f)* **souvenir shop** *n* Souvenirladen *m*

sou'wester [ˌsaʊˈwestəʳ, AM -ɚ] *n* ❶ (*wind*) Südwest *m poet o fachspr*, Südwestwind *m* ❷ (*hat*) Südwester *m*

sovereign [ˈsɒvərɪn, AM ˈsɑːvrən] I. *n* ❶ (*ruler*) Herrscher(in) *m(f)*, Souverän *m veraltend* ❷ (*hist: British coin*) Zwanzigshillingmünze *f* II. *adj attr, inv* ❶ (*chief*) höchste(r,s), oberste(r,s); **~ power** Hoheitsgewalt *f* ❷ (*thorough*) uneingeschränkt, tiefste(r,s); **~ contempt** tiefste Verachtung ❸ POL (*independent*) *state* souverän ❹ (*good*) **~ remedy** Allheilmittel *nt*

sovereign good *n no pl* ■**the ~** die Oberhoheit **sovereign rights** *npl* Hoheitsrechte *ntpl* **sovereign territory** *n* Hoheitsgebiet *nt*

sovereignty [ˈsɒvrənti, AM ˈsɑːv-] *n* ❶ *no pl* (*supremacy*) höchste Gewalt, Oberhoheit *f*; (*right of self-determination*) Souveränität *f*, Eigenstaatlichkeit *f*; **to have ~ over sb/sth** oberste Herrschaftsgewalt über jdn/etw besitzen ❷ (*independent state*) souveräner Staat

sovereignty association *n* CAN *geplante wirtschaftliche und politische Beziehungen zwischen einem unabhängigen Québec und den Rest Canadas*

soviet [ˈsəʊviət, AM ˈsoʊ-] *n* (*hist*) Sowjet *m hist*

Soviet [ˈsəʊviət, AM ˈsoʊ-] (*hist*) I. *n* Sowjetbürger, -in *m, f hist*; ■**the ~s** *pl* die Sowjets *pl hist*; **the Supreme ~** der Oberste Sowjet *hist* II. *adj attr, inv*

sowjetisch, Sowjet- *hist*
Soviet bloc *n no pl* (*hist*) ■**the** ~ der Sowjetblock *hist* **Soviet Union** *n no pl* (*hist*) ■**the** ~ die Sowjetunion *hist*

sow¹ <sowed, sown *or* sowed> [səʊ, AM soʊ] **I.** *vt* ■**to** ~ **sth** ① (*plant*) etw säen; MIL *mines* etw legen; ***we'll ~ this field with barley*** auf diesem Feld werden wir Gerste säen; **to ~ seeds** Samen aussäen ② (*fig: cause*) etw säen *fig;* **to ~ dissension** Meinungsverschiedenheiten verursachen; **to ~ doubts [in sb's mind]** Zweifel [in jdm] wecken; **to ~ suspicion** Misstrauen wecken; **to ~ terror** panische Angst hervorrufen ▶ PHRASES: **to ~ the seeds of discord/hatred** Zwietracht/Hass säen; ***he's ~n the seeds of his own downfall*** er hat sich selbst das Wasser abgegraben; **to ~ one's wild oats** sich *dat* die Hörner abstoßen **II.** *vi* säen; ***when is the best time to ~?*** wann ist die beste Zeit der Aussaat? ▶ PHRASES: **as you ~, so you reap** (*prov*) was du säst, das wirst du ernten *prov*

sow² [saʊ] *n* ① (*pig*) Sau *f* ② TECH (*block*) Massel *f fachspr;* (*trough*) Kokille *f fachspr*

sower ['səʊəʳ, AM 'soʊɚ] *n* ① (*also fig: person*) Sämann, Säfrau *m, f a. fig,* Säer(in) *m(f) selten;* ***she is a ~ of hatred*** sie sät Hass ② (*machine*) Sämaschine *f*

sowing ['səʊɪŋ, AM 'soʊ-] *n no pl* Aussaat *f;* (*action also*) [Aus]säen *f*

sowing machine *n* Sämaschine *f* **sowing time** *n* Saatzeit *f*

sown [səʊn, AM soʊn] *vt vi pp of* **sow¹**

sox [sɒks, AM sɑːks] *npl* (*fam*) Socken *fpl*

soy [sɔɪ] AM, **soya** ['sɔɪə] BRIT **I.** *n no pl* Soja *f* **II.** *n modifier* Soja-

soya bean *n* Soyabohne *f* **soya bean curd** *n,* **soya curd** *n no pl* Sojaquark *m* **soya flour** *n no pl* Sojamehl *nt* **soya milk** *n no pl* Sojamilch *f* **soya oil** *n no pl* Sojaöl *nt* **soya sauce** *n esp* BRIT Sojasoße *f*

soybean *n esp* AM Sojabohne *f* **soy sauce** *n esp* AM Sojasoße *f*

sozzled ['sɒzḷd, AM 'sɑː-] *adj pred* (*fam*) beschwipst, besoffen *fam;* **to get ~** sich *akk* besaufen *fam*

spa [spɑː] *n* ① (*spring*) Heilquelle *f* ② (*place*) [Bade]kurort *m,* Bad *nt* ③ AM (*health centre*) Heilbad *nt*

spa bath *n* Mineralbad *nt*

space [speɪs] **I.** *n* ① *no pl* (*expanse*) Raum *m;* **outside ~ and time** außerhalb von Raum und Zeit ② (*gap*) Platz *m;* (*between two things*) Zwischenraum *m;* **parking ~** Parkplatz *m,* Parklücke *f* ③ *no pl* (*vacancy*) Platz *m,* Raum *m;* **storage ~** Stauraum *m;* **empty ~** [freier] Platz; **to leave** [*or* **save**] **~ for sb/sth** Platz für jdn/etw lassen; **to take up ~** Platz einnehmen ④ (*seat*) [Sitz]platz *m* ⑤ *no pl* (*country*) Land *nt;* (*bigger extent*) Fläche *f;* **wide open ~** das weite, offene Land ⑥ *no pl* (*premises*) Fläche *f;* (*for living*) Wohnraum *m;* **prime office ~** Hauptbüroräume *mpl;* **commercial ~** Gewerbefläche *f* ⑦ *no pl* (*cosmos*) Weltraum *m;* ***the first person to go into ~*** der erste Mensch im Weltraum; ■**in ~** im Weltraum; **outer ~** Weltall *nt,* Weltraum *m* ⑧ *no pl* (*interim*) Zeitraum *m;* **during** [*or* **in**] [*or* **within**] **the ~ of four hours** innerhalb von vier Stunden; **in** [*or* **within**] **a short ~ of time** in kurzer Zeit ⑨ (*blank*) Platz *m;* *for a photo* freie Stelle; TYPO (*between words*) Zwischenraum *m,* Spatium *nt fachspr;* **blank ~** Lücke *f;* **~ between the lines** Abstand *m* zwischen den Zeilen, Durchschuss *m fachspr* ⑩ COMPUT (*binary zero*) Leerzeichen *nt* ⑪ *no pl* MEDIA (*for report*) Raum *m;* **advertising ~** Reklamefläche *f;* (*in newspaper*) Anzeigenfläche *f* ⑫ *no pl* (*fig: freedom*) [Frei]raum *m,* Freiheit *f;* **breathing ~** (*fig*) Atempause *f;* **to give sb ~ to develop his/her own life** jdm Freiraum für die eigene Entwicklung lassen ▶ PHRASES: **to gaze** [*or* **stare**] **into ~** ins Leere starren **II.** *vt see* **space out I**

◆**space out I.** *vt* ■**to ~ out** ⊃ **sth** ① (*position at a distance*) etw in Abständen verteilen; ***they've ~d out their family well*** sie haben ihre Kinder in vernünftigen Zeitabständen bekommen; **to ~ a out payment over two years** eine Rechnung innerhalb von zwei Jahren [nach und nach] abbezahlen; **to be evenly ~d out** gleichmäßig verteilt sein ② TYPO (*put blanks*) *page* etw auseinander schreiben [*o fachspr* spationieren]; ***that page looks badly ~d out*** die Aufteilung dieser Seite ist sehr schlecht; ***the letter has to be evenly ~d out*** die Zeilenabstände des Briefes müssen regelmäßig sein ③ AM (*sl: forget*) etw verpennen *fam* ④ *usu passive* (*sl*) ■**to be ~d out** (*in excitement*) geistig weggetreten sein *fam;* (*scatter-brained*) schusselig sein *fam;* (*drugged*) high sein *fam* **II.** *vi* AM (*sl*) *person* Löcher in die Luft starren

space age *n no pl* ■**the ~** das Weltraumzeitalter **space-age** *adj attr* Weltraum-; **~ technology** Weltraumtechnologie *f* **space bar** *n* COMPUT Leertaste *f* **space blanket** *n* Rettungsdecke *f* **space buyer** *n* ECON Anzeigenvermittler(in) *m(f)* **space cadet** *n* ① (*astronaut*) Astronaut(in) *m(f)* ② (*sl: drug addict*) Druggie *m sl* **space capsule** *n* Weltraumkapsel *f* **space center** AM, **space centre** *n* Weltraumzentrum *nt* **spacecraft** <*pl* -> *n* Raumfahrzeug *nt;* **manned/unmanned ~** [bemanntes] Raumfahrzeug/[unbemannte] Raumkapsel **space defence** *n no pl* Weltraumverteidigung *f*

spaced out *adj pred,* **spaced-out** [ˌspeɪst'aʊt] *adj attr* (*sl: scatter-brained*) schusselig *pej fam;* (*on drugs*) high *fam;* **to be ~ on drugs** high [*o* auf dem Trip] sein; **to look totally ~** total high aussehen

space exploration *n* Raumforschung *f* **space flight** *n* [Welt]raumflug *m* **space-flight program** AM, **space-flight programme** *n* AUS Raumflugprogramm *nt* **space frame** *n* AUTO Gitterrohrrahmen *m fachspr* **space heater** *n* Heizlüfter *m* **space lab** *n,* **space laboratory** *n* Weltraumlabor *nt* **spaceman** *n* [Welt]raumfahrer *m* **space medicine** *n no pl* Raumfahrtmedizin *f* **space platform** *n* Raumstation *f* **spaceport** *n* AEROSP Raumflughafen *m* **space probe** *n* Raumsonde *f* **space program** AM, **space programme** *n* Raumfahrtprogramm *nt*

spacer ['speɪsəʳ, AM -ɚ] *n* ① TYPO Leerzeichen *nt;* **intelligent ~** geschütztes Leerzeichen ② TECH Distanzstück *nt fachspr* ③ COMPUT **intelligent ~** intelligentes Trennprogramm

space race *n no pl* ■**the ~** der Wettlauf um die Eroberung des Weltalls **space research** *n no pl* [Welt]raumforschung *f* **space saver** *n* Platzsparendes *nt;* **to be a ~** Platz sparend sein **space-saving** *adj* Platz sparend; *furniture* Raum sparend **spaceship** *n* Raumschiff *nt;* **~ earth** Raumschiff *nt* Erde **space shuttle** *n* [Welt]raumfähre *f* **space station** *n* [Welt]raumstation *f* **spacesuit** *n* Raumanzug *m* **space telescope** *n* Weltraumteleskop *nt* **space-time** *n no pl* PHYS Raum-Zeit-Kontinuum *nt fachspr* **space travel** *n no pl* Raumfahrt *f* **space traveler** *esp* AM, **space traveller** *n* Raumfahrer(in) *m(f)* **space vehicle** *n* Raumfahrzeug *nt* **space walk** *n* Weltraumspaziergang *m* **space weapon** *n* Weltraumwaffe *f* **spacewoman** *n* Raumfahrerin *f*

spacey ['speɪsi] *adj* ① (*roomy*) geräumig ② *esp* AM (*sl: freaky*) ausgeflippt *fam* ③ (*forgetful*) schusselig *fam,* verträumt ④ (*fam: out of touch with reality*) unirdisch, fremdartig ⑤ (*fam: drifting and ethereal*) *music* traumwandlerisch, jenseitig *fig*

spacing ['speɪsɪŋ] *n no pl* Abstände *mpl;* TYPO Spationierung *f fachspr;* **single/double/treble ~** TYPO einzeiliger/zweizeiliger/dreizeiliger Abstand

spacious ['speɪʃəs] *adj* (*approv*) *house, room* geräumig; *area* weitläufig

spaciously ['speɪʃəsli] *adv* (*approv*) weitläufig

spaciousness ['speɪʃəsnəs] *n no pl* (*approv*) *of house, room* Geräumigkeit *f; of area* Weitläufigkeit *f*

spacy *adj* (*sl*) *see* **spacey**

spade [speɪd] *n* ① (*tool*) Spaten *m;* **a bucket and ~** Eimer und Schaufel; **garden ~** Gartenschaufel *f* ② CARDS Pik *nt;* ■**~s** *pl* Pik *nt kein pl;* **the queen of ~s** Pikdame *f* ③ (*pej! dated: black*) Nigger *m pej* ▶ PHRASES: **to call a ~ a ~** das Kind beim [rechten] Namen nennen, kein Blatt vor den Mund nehmen; **in ~s** AM (*fam*) mit Zins und Zinseszinsen *fam;* ***I don't get colds very often but when I do I get them in ~s*** ich erkälte mich nicht oft, aber wenn, dann kommt's dicke

spadeful ['speɪdfʊl] *n* ein Spaten voll; **a ~ of soil** einen Spaten [voll] Erde

spadework ['speɪdwɜːk, AM -wɜːrk] *n no pl* Vorarbeit *f;* **to do the ~** die mühevolle Vorarbeit leisten

spag bol ['spæɡˌbɒl] *n* BRIT (*fam*) Spaghetti *pl* Bolognese

spaghetti [spə'ɡeti, AM -ṭ-] *n no pl* ① FOOD Spaghetti *pl* ② (*fig, hum fam*) Kabelsalat *m fam*

spaghetti bolognese [-bɒlə'neɪz, AM -boʊlə'-] *n no pl* Spaghetti *pl* Bolognese **spaghetti junction** *n* BRIT (*fam*) Autobahnknotenpunkt *m* **spaghetti strap** *n* Spaghettiträger *m* **spaghetti western** *n* (*fam*) Italowestern *m fam*

Spain [speɪn] *n no pl* Spanien *nt*

spake [speɪk] *vt vi* (*old or hum*) *pt of* **speak**

Spam® [spæm] *n no pl* Frühstücksfleisch *nt*

spam [spæm] **I.** *n no pl* COMPUT (*sl*) Spam-Mail *f fachspr,* Spam *m fachspr* **II.** *vt* COMPUT (*sl*) ■**to ~ sb** jdn zuspammen *sl,* jdn [mit E-Mails] überhäufen

span¹ [spæn] **I.** *n usu sing* ① (*period of time*) Spanne *f;* ***the ~ of years between them seemed to act as a separation*** der Altersabstand zwischen ihnen schien sie zu trennen; **attention** [*or* **concentration**] **~** Konzentrationsspanne *f;* **~ of history** Geschichtsspanne *f;* **life ~** Lebensspanne *f;* **over a ~ of several months** über einen Zeitraum von einigen Monaten; **~ of office** Amtszeit *f;* **~ of time** Zeitspanne *f* ② (*distance*) Breite *f;* (*as measurement*) Spanne *f selten;* **finger ~** Fingerbreite *f;* **wing ~** Flügelspannweite *f;* **broad ~** große Spannbreite [der Hand] ③ (*fig: scope*) Umfang *m,* Spannweite *f fig;* **enormous** [*or* **wide**] **~ of responsibility** umfassender Verantwortungsbereich ④ ARCHIT (*arch of bridge*) Brückenbogen *m;* (*full extent*) Spannweite *f;* ***the bridge crosses the river in a single ~*** die Brücke überspannt den Fluss in einem Bogen; **a single ~ bridge** eine eingespannte Brücke **II.** *vt* <-nn-> ① (*stretch over*) ■**to ~ sth** *bridge, arch* etw überspannen; (*cross*) über etw *akk* führen ② (*time*) ■**to ~ sth** etw umfassen [*o* umspannen], sich *akk* über etw *akk* erstrecken ③ (*contain*) ■**to ~ sth** *knowledge* etw umfassen ④ (*place hands round*) **to ~ sth with one's hands** etw mit den Händen umspannen **III.** *adj* ▶ PHRASES: **spick and ~** blitz[e]blank *fam*

span² [spæn] *n* SA (*yoke*) Gespann *nt*

span³ [spæn] *vt vi* BRIT *pt of* **spin**

spangle ['spæŋɡḷ] **I.** *n* Paillette *f* **II.** *vt* ■**to ~ sth** etw mit Pailletten besetzen

spangled ['spæŋɡḷd] *adj* ① (*with spangles*) mit Pailletten besetzt ② (*shiny*) glitzernd ③ (*fig: covered*) ■**to be ~ with sth** mit etw *dat* übersät sein

Spaniard ['spænjəd, AM -jɚd] *n* Spanier(in) *m(f)*

spaniel ['spænjəl] *n* Spaniel *m*

Spanish ['spænɪʃ] **I.** *n* ① *no pl* (*language*) Spanisch *nt* ② + *pl vb* (*people*) ■**the ~** die Spanier *pl* **II.** *adj* spanisch; **~ omelette** Tortilla *f;* **~ teacher** Spanischlehrer(in) *m(f)*

Spanish America *n* ≈ Lateinamerika *nt* (*Spanisch sprechende Länder Mittel- und Südamerikas*) **Spanish-American** *adj inv* lateinamerikanisch, spanisch-amerikanisch **spanish chestnut** *n* Edelkastanie *f* **Spanish fly** *n no pl* Spanische Fliege **spanish guitar** *n* akustische Gitarre **Spanish Inquisition** *n no pl* HIST ■**the ~** die Inquisition **Spanish Main** *n* HIST *Nordküste und Gewässer Südamerikas zwischen dem Orinoko und Panama* **spanish onion** *n* Gemüsezwiebel *f*

spank [spæŋk] **I.** *vt* (*slap*) ■**to ~ sb** jdn verprügeln, jdm den Hintern versohlen; (*sexually*) jdm einen Klaps auf den Hintern geben; ■**to be ~ed for doing sth** für etw *akk* verprügelt werden **II.** *n* Klaps *m fam;* **to give sb a ~** jdm einen Klaps auf den Hintern geben; (*beating*) jdm den Hintern versohlen

spanking [spæŋkɪŋ] **I.** *adj* (*fam*) ① (*approv: fast*) schnell; **at a ~ pace** in einem hohen Tempo

❷ (*dated fam: good*) *time* toll; ~ **performance** tolle [*o* herausragende] Leistung **II.** *adv inv* (*dated fam: very*) ~ **good yarn** tolle Lügengeschichte; **brand ~ new** funkelnagelneu; ~ **new** brandneu *fam;* ~ **white** blitzsauber **III.** *n* Tracht *f* Prügel; **to give sb a good** [*or* **sound**] ~ jdm ordentliche Tracht Prügel geben

spanner [spænəʳ] *n* BRIT, AUS Schraubenschlüssel *m;* **ring** ~ Ringschlüssel *m;* **adjustable** ~ Rollgabelschlüssel *m fachspr;* **open ended** ~ Gabelschlüssel *m* ▸ PHRASES: **to put** [*or* **throw**] **a ~ in the works** jdm Knüppel zwischen die Beine werfen

span roof *n* Satteldach *nt*

spar¹ [spɑːʳ, AM spɑːr] *n* ❶ NAUT Rundholz *nt,* Spiere *f fachspr* ❷ AVIAT Holm *m fachspr*

spar² [spɑːʳ, AM spɑːr] **I.** *vi* <-rr-> ❶ BOXING sparren *fachspr,* ein Sparring machen *fachspr* ❷ (*argue*) ■**to ~ [with sb]** sich *akk* [mit jdm] zanken **II.** *n* Sparring *nt kein pl fachspr,* Sparren *nt kein pl fachspr;* **to practise** [*or* AM **practice**] **in ~s** Sparren üben

spar³ [spɑːʳ, AM spɑːr] *n* GEOL Spat *m fachspr*

spare [speəʳ, AM sper] **I.** *vt* ❶ (*not kill*) ■**to ~ sb** jdn verschonen ❷ (*go easy on*) ■**to ~ sb** jdn schonen; ■**to not ~ oneself [in sth]** (*form*) sich *akk* selbst [bei etw *dat*] nicht schonen; **to ~ sb's feelings** jds Gefühle schonen, Rücksicht auf jds Gefühle nehmen ❸ (*avoid*) ■**to ~ sb sth** jdm etw ersparen; ***the government troops have been ~d loss of life*** bis jetzt sind den Regierungstruppen Verluste [an Menschenleben] erspart geblieben; ~ ***us the suspense and tell us who won the first prize*** spann uns nicht auf die Folter und erzähl uns, wer den ersten Preis gewonnen hat; **to ~ sb embarrassment/worry** jdm Peinlichkeiten/Sorgen ersparen ❹ (*not use*) ■**to ~ sth** mit etw *dat* sparen; **to ~ no costs** [*or* **expense**] keine Kosten scheuen; **to ~ no effort[s]** [*or* **pains**] **[in sth]** [bei etw *dat*] keine Mühen scheuen ❺ (*do without*) ■**to ~ sb/sth** jdn/etw entbehren, auf jdn/etw verzichten; ***can you ~ one of those apples?*** kannst du mir einen dieser Äpfel geben?; **to ~ room for sth** für etw *akk* Platz [frei] haben; **to have sth to ~** etw übrig haben ❻ (*make free*) ***there's no time to ~*** es ist keine Zeit übrig; **to ~ [the] time [for sth]** Zeit [für etw *akk*] übrig haben; **to not have time to ~** keine Zeit zu verlieren haben ❼ (*give*) ■**to ~ sb sth** jdm etw geben; ***could you ~ me £10*** [*or* ***£10 for me***]? kannst du mir 10 Pfund leihen?; **to ~ a thought for sb** an jdn denken ▸ PHRASES: **to ~ sb's blushes** BRIT jdn nicht in Verlegenheit bringen; **to ~ one's breath** (*iron*) sich *dat* die Worte sparen; ~ **the rod and spoil the child** (*prov*) wer mit der Rute spart, verzieht das Kind *prov;* **to ~** übrig haben; ***I caught the plane with only two minutes to ~*** ich erreichte das Flugzeug zwei Minuten vor dem Abflug **II.** *adj* ❶ *inv* (*extra*) Ersatz-; ***all children should bring a ~ set of clothes*** alle Kinder sollten Kleider zum Wechseln mitbringen; ***is this seat ~?*** ist dieser Platz noch frei?; ~ **[bed]room** Gästezimmer *nt;* **to have some ~ cash** noch etwas Geld übrig haben; ~ **key** Ersatzschlüssel *m;* **to have a ~ minute** [*or* **moment**] einen Moment Zeit haben; **to be going ~** BRIT (*fam*) übrig bleiben; ***do you want this piece of cake? — yes, if it's going ~*** willst du dieses Stück Kuchen? – ja, wenn es sonst keiner will ❷ (*liter: thin*) hager; ~ **build** hagerer Körperbau ❸ (*liter: meagre*) mager; **to survive on a ~ diet** mit dürftiger Kost auskommen; ~ **meal** mageres Essen ❹ (*usu approv liter: modest*) einfach; ***the room was ~ in design*** der Raum war sparsam ausgestattet ❺ *inv* BRIT (*sl: crazy*) **to drive sb ~** jdn wahnsinnig machen *fam;* **to go ~** durchdrehen *sl* **III.** *n* ❶ (*reserve*) Reserve *f;* ***I seem to have lost my key but luckily I always carry a ~*** ich glaube, ich habe meinen Schlüssel verloren, aber glücklicherweise trage ich immer einen Ersatzschlüssel bei mir ❷ (*parts*) ■**~s** *pl* Ersatzteile *ntpl*

sparely [ˈspeəli, AM ˈsper-] *adv* ~ **built** schlank gebaut

spare parts *npl* Ersatzteile *ntpl* **spare-part surgery** *n no pl* BRIT Ersatzteilchirurgie *f* **spareribs** *npl* Spareribs *pl,* Rippchen *ntpl;* **barbecued ~** gegrillte Rippchen *pl* **spare time** *n no pl* Freizeit *f* **spare-time** *adj attr, inv* Freizeit-; ~ **hobby** Hobby *nt* **spare tire** AM, **spare tyre** *n* ❶ AUTO Reserverad *nt,* Ersatzreifen *m* ❷ (*fig, hum fam: fat*) Rettungsring *m iron fam* **spare wheel** *n* Ersatzrad *nt*

sparing [ˈspeərɪŋ, AM ˈsper-] *adj* (*economical*) sparsam; ■**to be ~ in** [*or* **with**] **sth** mit etw *dat* geizen, an etw *dat* sparen; **to be ~ with one's praise** mit Lob geizen; ~ **use of sth** sparsamer Umgang mit etw *dat*

sparingly [ˈspeərɪŋli, AM ˈsper-] *adv* sparsam; ***the ointment should be used ~*** die Salbe sollte sparsam aufgetragen werden

spark [spɑːk, AM spɑːrk] **I.** *n* ❶ (*fire, electricity*) Funke[n] *m* ❷ (*fig: cause*) *of riots* Auslöser *m* ❸ (*fig: trace*) ■**a ~ of sth** eine Spur einer S. *gen;* ***there was a ~ of decency in them*** sie besaßen einen Rest von Anstand; **a ~ of hope** ein Fünkchen *nt* Hoffnung; **a ~ of inspiration** ein Hauch *m* an Inspiration; **a ~ of sympathy** eine Spur [von] Mitgefühl; **not a ~ of vitality** nicht die geringste Spur von Lebendigkeit ❹ (*fig: person*) **a bright ~** ein Intelligenzbolzen *m fam;* BRIT (*iron: idiot*) ein Tollpatsch *m* ▸ PHRASES: **when the ~s fly** wenn die Funken fliegen **II.** *vt* ❶ (*ignite, cause*) ■**to ~ sth** etw entfachen *a. fig;* **to ~ interest** Interesse wecken; **to ~ an outrage** Empörung hervorrufen; **to ~ problems** Probleme verursachen; **to ~ a protest** einen Protest auslösen ❷ (*provide stimulus*) **to ~ sb into action** jdn zum Handeln bewegen **III.** *vi* Funken sprühen

◆**spark off** *vt* ■**to ~ off** ⟲ **sth** etw entfachen *a. fig;* **to ~ off [an] outrage** Empörung hervorrufen; **to ~ off a protest** einen Protest auslösen

spark-gap *n* Funkenstrecke *f*

sparking plug *n* BRIT (*dated*) Zündkerze *f*

sparkle [ˈspɑːkl̩, AM ˈspɑːr-] **I.** *vi* ❶ (*also fig: glitter*) funkeln, glitzern; *fire* sprühen ❷ (*fig: be witty*) ■**to ~ [with sth]** [vor etw *dat*] sprühen *fig;* (*be lively*) [vor Lebensfreude] sprühen; ***his speech ~d with wit*** seine Rede sprühte vor Geist **II.** *n no pl* ❶ (*also fig: light*) Funkeln *nt,* Glitzern *nt* ❷ (*fig: liveliness*) **with a bit of ~** mit etwas Pep *fam;* **the ~ goes out of** [*or* **leaves**] **sb/sth** jd/etw verliert an Energie; **to have ~** Schwung haben; **sth lacks ~** einer S. *dat* fehlt es an Schwung

sparkler [ˈspɑːkləʳ, AM ˈspɑːrlɚ] *n* ❶ (*firework*) Wunderkerze *f* ❷ (*sl: diamond*) Klunker *m fam*

sparkling [ˈspɑːklɪŋ, AM ˈspɑːr-] *adj* ❶ (*shining*) glänzend; *eyes* funkelnd, glitzernd; ~ **white teeth** strahlend weiße Zähne ❷ (*fig, approv: lively*) *person* vor Leben sprühend; ***he's a ~ conversationalist*** er ist ein geistreicher Gesprächspartner; ~ **conversation/wit** spritzige Unterhaltung/sprühender Geist; ~ **performance** glänzende Leistung ❸ (*bubbling*) *drink* mit Kohlensäure *nach n; lemonade* perlend; *wine, champagne* schäumend, moussierend; ~ **mineral water** Mineralwasser *nt* mit Kohlensäure

sparkling wine *n* Schaumwein *m*

sparkly [ˈspɑːkli, AM ˈspɑːrk-] *adj* ❶ (*glittering*) glänzend, funkelnd ❷ (*vivacious*) quicklebendig, sprühend *fig*

spark plug *n* ❶ AUTO Zündkerze *f* ❷ AM (*fam: person*) Energiebündel *nt;* ***she's the ~ of the team*** sie treibt das ganze Team an

sparky [ˈspɑːki, AM ˈspɑːrki] *adj* (*approv fam*) anregend; ~ **personality** sprühende Persönlichkeit

sparring [ˈspɑːrɪŋ] *n no pl* ❶ BOXING [Trainings]boxen *nt,* Sparring *nt fachspr* ❷ (*fig: row*) Wortgefecht *nt*

sparring match *n* ❶ BOXING [Trainings]boxkampf *m,* Sparringskampf *m fachspr* ❷ (*fig: row*) Wortgefecht *nt* **sparring partner** *n* ❶ BOXING Sparringspartner(in) *m(f) fachspr* ❷ (*fig: arguer*) Kontrahent(in) *m(f);* ***Bill and Eric are ~s because they enjoy disagreeing with each other*** Bill und Eric liegen ständig miteinander im Clinch, denn sie lieben es, gegenteiliger Meinung zu sein

sparrow [ˈspærəʊ, AM ˈsperoʊ] *n* Spatz *m,* Sperling *m;* **house ~** Haussperling *m,* Hausspatz *m* ▸ PHRASES: **at ~'s fart** BRIT (*fam*) früh morgens

sparrowhawk [ˈspærəʊhɔːk, AM ˈsperoʊhɑːk] *n* ❶ (*in Europe*) Sperber *m* ❷ (*in North America*) Falke *m*

sparse [spɑːs, AM spɑːrs] *adj* ❶ (*scattered*) spärlich; ***the population of Greenland is ~*** Grönland ist nur dünn besiedelt ❷ (*small*) spärlich; ~ **audience/crowd** spärliches Publikum/spärliche Menge ❸ (*meagre*) *information* dünn, dürftig; ~ **hair** dünnes [*o* schütteres] Haar

sparsely [ˈspɑːsli, AM ˈspɑːr-] *adv* ❶ (*thinly*) spärlich; ***the plain is ~ covered with some shrubs*** in der Ebene wachsen nur hier und da ein paar Sträucher; **to be ~ populated** dünn besiedelt sein ❷ (*meagrely*) dürftig; ~ **furnished** dürftig eingerichtet

sparseness [ˈspɑːsnəs, AM ˈspɑːr-] *n,* **sparsity** [ˈspɑːsəti, AM ˈspɑːrsət̬i] *n no pl* ❶ (*thinness*) Spärlichkeit *f;* ~ **of the population** geringe Bevölkerungsdichte ❷ (*meagreness*) Dürftigkeit *f*

Sparta [ˈspɑːtə, AM ˈspɑːrt̬ə] *n* Sparta *nt*

Spartan [ˈspɑːtᵊn, AM ˈspɑːr-] **I.** *adj life* spartanisch; *meal* frugal *geh* **II.** *n* Spartaner(in) *m(f)*

spasm [ˈspæzᵊm] *n* ❶ MED (*cramp*) Krampf *m,* Spasmus *m fachspr;* **muscle** [*or* **muscular**] ~ Muskelkrampf *m;* **to go into ~** BRIT, AUS einen Krampf bekommen ❷ (*surge*) Anfall *m;* ~ **of anger** Wutanfall *m;* ~ **of coughing/pain** krampfartige Hustenanfälle/Schmerzen *pl* ❸ (*fam: activity*) **a ~ of activity** eine hektische Tätigkeit ❹ (*fam: fluctuation*) **~s of brief trade** sporadische Umsätze

spasmodic [spæzˈmɒdɪk, AM -ˈmɑː-] *adj* ❶ MED krampfartig, spasmodisch *fachspr* ❷ (*fig: occasional*) *attempts* sporadisch ❸ (*fig, pej: erratic*) *feelings* schwankend; **to have ~ interest in sth** wechselndes Interesse an etw *dat* haben

spasmodically [spæzˈmɒdɪkli, AM -ˈmɑː-] *adv* ❶ MED krampfartig, spasmodisch *fachspr* ❷ (*fig: occasionally*) sporadisch, ab und zu

spastic [ˈspæstɪk] **I.** *adj inv* ❶ MED (*dated*) spastisch *fachspr* ❷ (*fig, pej! sl: stupid*) schwach *sl* **II.** *n* ❶ MED (*dated*) Spastiker(in) *m(f) fachspr* ❷ (*pej! sl*) Spastiker(in) *m(f) pej sl*

spasticity [spæsˈtɪsəti, AM əţi] *n no pl* MED Spastikertum *nt*

spat¹ [spæt] *vt/vi pt, pp of* **spit**

spat² [spæt] *n usu pl* HIST (*gaiter*) Gamasche *f*

spat³ [spæt] **I.** *n* (*fam*) Krach *m fam;* **to have a ~ with sb about sth** sich *akk* mit jdm um etw *akk* streiten **II.** *vi* <-tt-> [sich *akk*] streiten [*o* zanken]; ■**to ~ with sb** sich *akk* mit jdm streiten

spat⁴ [spæt] **I.** *n* Muschellaich *m* **II.** *vi* laichen

spate [speɪt] *n no pl* ❶ *esp* BRIT (*flood*) **to be in full ~** Hochwasser führen ❷ (*fig: large number*) ■**a ~ of sth** eine Flut [*o* Reihe] von etw *dat* ▸ PHRASES: **to be in full ~** in vollem Redefluss sein

spatial [ˈspeɪʃᵊl] *adj inv* räumlich; ~ **arrangements** Raumanordnung *f*

spatially [ˈspeɪʃᵊli] *adv inv* räumlich

spatio-temporal [ˌspeɪʃiəʊ-, AM -oʊˈ-] *adj inv* raum-zeitlich

spa town *n* [Bade]kurort *m*

spatter [ˈspætəʳ, AM -t̬ɚ] **I.** *vt* ■**to ~ sb/sth [with sth]** jdn/etw [mit etw *dat*] bespritzen; ■**to ~ sth on sb/sth** etw auf jdn/etw spritzen; ■**to ~ sth over sb** jdn mit etw *dat* voll spritzen; **to ~ sb with water** jdn nass spritzen **II.** *vi raindrops* prasseln **III.** *n* (*dirt*) Spritzer *m;* (*sound*) Prasseln *nt kein pl;* **a ~ of rain** ein paar Tropfen Regen

spattered [ˈspætəd, AM -t̬ɚd] *adj* bespritzt; **blood-~** blutbespritzt; **ink-~** tintenverschmiert; **mud-~** matschig

spatter movie *n esp* AM Splattermovie *m* (*blutrünstiger Horrorfilm*)

spatula [ˈspætjələ, AM -tʃə-] *n* ❶ ART, FOOD Spachtel *m o f* ❷ MED (*doctor's instrument*) Spatel *m o f*

spavin [ˈspævɪn] *n no pl* MED Spat *m fachspr*

spa water *n no pl* Quellwasser *nt,* Heilwasser *nt*

spawn [spɔːn, AM spɑːn] **I.** *vt* ❶ (*lay eggs*) ■**to ~ sth** *fish, mollusc, frog* etw ablegen ❷ (*fig: produce*) ■**to ~ sth** etw hervorbringen [*o* produzieren]; **to ~ offshoots** Ausläufer hervorbringen ❸ (*pej: off-*

S

spring) ■to ~ sb jdn erzeugen *pej* **II.** *vi* ① *frog* laichen ② (*fig: grow*) entstehen **III.** *n* <*pl* -> ① *no pl* (*eggs*) Laich *m* ② (*liter or pej: offspring*) Nachwuchs *m,* Brut *f pej*

spawning ground *n* Laichplatz *m*

spay [speɪ] *vt* **to ~ an animal** ein Tier sterilisieren

spaz(z) <*pl* -es> [spæz] *n* (*pej! fam*) ① (*cripple*) Krüppel *m pej* ② (*oaf*) Trampel *m pej fam*

speak <spoke, spoken> [spi:k] **I.** *vi* ① (*say words*) sprechen, reden; **~ *when you're spoken to*** antworte, wenn man dich etwas fragt!; ■**to ~ about sth** über etw *akk* sprechen; **to ~ over a loudspeaker** über Lautsprecher sprechen; **to ~ into a microphone** in ein Mikrofon sprechen; **to ~ in platitudes** Allgemeinplätze verwenden; **to ~ in riddles** in Rätseln sprechen; **to ~ in** [*or* **with**] **a whisper** flüstern, im Flüsterton sprechen; **to ~ quickly** schnell sprechen ② (*converse*) sich *akk* unterhalten; ■**to ~ to** [*or esp* AM **with**] **sb** mit jdm reden [*o* sprechen]; ***I'll never ~ to you again!*** ich rede nie wieder mit dir!; ***can I ~ to Ian please? — ~ing!*** kann ich bitte [mit] Ian sprechen? – am Apparat!; ■**to ~ to** [*or esp* AM **with**] **sb about sth** mit jdm über etw *akk* sprechen; **to ~ on** [*or* **over**] **the telephone** telefonieren; **to ~ to each other once more** wieder miteinander reden ③ (*rebuke*) ■**to ~ to sb** [**about sth**] jdn [für etw *akk*] zurechtweisen ④ (*know language*) sprechen; ***she ~s with an American accent*** sie spricht mit amerikanischem Akzent; **to ~ in dialect** einen Dialekt sprechen; **to ~ in jargon** einen Jargon benutzen; **to ~ in a foreign language** in einer fremden Sprache sprechen ⑤ + *adv* (*view*) **broadly** [*or* **generally**] **~ing** im Allgemeinen; **geographically ~ing** vom geographischen Standpunkt aus; **scientifically ~ing** wissenschaftlich gesehen; **strictly ~ing** genau genommen ⑥ (*make speech*) reden, sprechen; ***the Queen ~s to the nation on television every Christmas*** die Queen richtet jedes Weihnachten das Wort an die Nation; **to ~ on behalf of sb/sth** in jds Namen/im Namen einer S. *gen* reden; **to ~ in the debate** in der Debatte das Wort ergreifen; **to ~ from memory** frei sprechen; **to ~ from notes** von einer Vorlage ablesen; **to ~ from a platform** vom Podium sprechen ⑦ (*appeal*) ■**to ~ to sb** jdn ansprechen; ***the story spoke to her directly*** die Geschichte sprach sie direkt an ▸ PHRASES: **actions ~ louder than words** (*prov*) Taten sagen mehr als Worte *prov;* **to ~ too soon** voreilig urteilen; **to know sb to ~ to** jdn näher kennen; **~ing as sb …** als jd …; ***~ing as a mother of four, I can tell you that children are exhausting*** als Mutter von vier Kindern kann ich sagen, dass Kinder anstrengend sind; **so to ~** sozusagen **II.** *vt* ① (*say*) ■**to ~ sth** etw sagen; **to not ~ a word** kein Wort herausbringen ② (*language*) ■**to ~ sth** etw sprechen; ***"English spoken"*** „hier wird Englisch gesprochen"; ***I couldn't ~ a word of English when I first arrived in Australia*** ich sprach kein Wort Englisch, als ich zum ersten Mal in Australien ankam; **to ~ dialect** Dialekt sprechen; **to ~ English fluently** fließend Englisch sprechen; **to ~ a foreign language** eine Fremdsprache sprechen [können]; **to ~ the lingo** (*fam*) die Sprache drauf haben *fam* ③ (*represent*) **to ~ one's mind** sagen, was man denkt; **to ~ the truth** die Wahrheit sagen ④ (*reveal*) ■**to ~ sth** etw aussprechen; ***she was silent but her eyes spoke her real feelings for him*** sie schwieg, aber ihre Augen verrieten ihre wahren Gefühle für ihn ▸ PHRASES: **to ~ the same language** die gleiche Sprache sprechen; **to ~ volumes** [**for** [*or* AM **about**] **sth**] Bände [über etw *akk*] sprechen

◆**speak against** *vi* ■**to ~ against sth** sich *akk* gegen etw *akk* aussprechen; **to ~ against a motion/proposal** einen Antrag/Vorschlag ablehnen

◆**speak for** *vt* ① (*support*) ■**to ~ for sb/sth** jdn/etw unterstützen, sich *akk* für jdn/etw aussprechen; **to ~ for a motion** einen Antrag unterstützen ② (*represent*) ■**to ~ for sb** in jds Namen [*o* für jdn] sprechen; ***I think I ~ for everyone when I say he was a fine man*** ich denke, ich spreche im Namen aller, wenn ich sage, dass er ein feiner Mann war; ***I can help on Saturday but I can't ~ for my wife*** ich kann am Samstag helfen, aber was meine Frau angeht, kann ich nichts sagen; ■**to ~ for oneself** für sich *akk* selbst sprechen; **to ~ for the accused** (*form*) den Angeklagten/die Angeklagte vertreten ③ (*verify*) ■**to ~ for sb's sth** für jds etw sprechen; ***her report ~s well for her understanding of the problem*** ihr Bericht lässt deutlich ihr Verständnis des Problems erkennen ④ (*allocated*) ■**to be spoken for** [bereits] vergeben sein ▸ PHRASES: **to ~ for itself** für sich *akk* selbst sprechen; **~ for yourself!** (*hum, pej fam*) das ist deine Meinung, du vielleicht!

◆**speak of** *vt* ① (*opinion*) **to ~ ill/**[**very**] **highly** [*or* **well**] **of sb/sth** schlecht/[sehr] gut von jdm/etw reden [*o* sprechen]; ***she ~s highly of the new director*** sie lobt den neuen Direktor in den höchsten Tönen ② (*form: mention*) ■**to ~ of sb/sth** von jdm/etw reden [*o* sprechen]; ***he didn't ~ of his father all evening*** er hat seinen Vater den ganzen Abend nicht erwähnt; **to ~ of certain things** bestimmte Dinge ansprechen ③ (*suggest*) ■**to ~ of sth** für etw *akk* sprechen, etw zeigen; ***the whole robbery spoke of inside knowledge on the part of the criminals*** der ganze Einbruch lässt erkennen, dass die Verbrecher über interne Informationen verfügten ▸ PHRASES: **not to ~ of …** ganz zu schweigen von …; **~ing of sth** da wir gerade von etw *dat* sprechen; **~ of films …** da wir gerade beim Thema Film sind …; **~ing of which …** in diesem Zusammenhang …, apropos …; **none** [*or* **nothing**] **to ~ of** nicht der Rede wert

◆**speak out** *vi* seine Meinung deutlich vertreten; ■**to ~ out against sth** sich *akk* gegen etw *akk* aussprechen; ■**to ~ out on sth** sich *akk* über etw *akk* äußern

◆**speak through** *vi* ① (*speak into*) ■**to ~ through sth** durch etw *akk* sprechen; **to ~ through a megaphone** durch ein Megaphon sprechen ② (*be represented*) ■**to ~ through sb** durch jdn sprechen

◆**speak up** *vi* ① (*raise voice*) lauter sprechen; ***can you ~ up, please?*** können Sie bitte etwas lauter sprechen? ② (*support*) seine Meinung sagen [*o* äußern]; **to ~ up for** [*or* **in favour of**] **sb/sth** für jdn/etw eintreten, sich *akk* für jdn/etw aussprechen; ***he spoke up for me when I was in trouble*** als ich in Schwierigkeiten war, hat er sich für mich eingesetzt

speakeasy ['spi:k,i:zi] *n* AM (*hist sl*) Mondscheinkneipe *f fam* (*während der Prohibition wurde dort illegal Alkohol ausgeschenkt*)

speaker ['spi:kəʳ, AM -ɚ] *n* ① (*orator*) Redner(in) *m(f);* **guest ~** Gastredner(in) *m(f);* **keynote ~** Hauptsprecher(in) *m(f),* politischer Programmredner/politische Programmrednerin; **to be a plain ~** die Dinge offen beim Namen nennen; **public ~** öffentlicher Redner/öffentliche Rednerin ② *of language* Sprecher(in) *m(f);* ***he's a French ~*** er spricht Französisch; ***she's a*** [***fluent***] ***~ of various languages*** sie spricht mehrere Sprachen [fließend]; ***the couple there are non-English ~s*** dieses Paar dort spricht kein Englisch; **native ~** Muttersprachler(in) *m(f)* ③ (*chair*) ■**S~** Sprecher(in) *m(f);* **Madame ~** Frau Vorsitzende; **the S~ of the House** AM POL der Vorsitzende des Repräsentantenhauses ④ (*loudspeaker*) Lautsprecher *m*

speakerphone *n* Freisprechanlage *f*

speaking ['spi:kɪŋ] **I.** *n no pl* (*act*) Sprechen *nt;* (*hold a speech*) Reden *nt;* ***unaccustomed as I am to public ~ …*** ungeübt wie ich es bin, in der Öffentlichkeit zu reden … **II.** *adj attr, inv* ① (*able to speak*) sprechend ② (*involving speech*) **~ tour** Vortragsreihe *f;* **~ voice** Sprechstimme *f* ③ (*fig: lifelike*) verblüffend; **~ likeness** verblüffende Ähnlichkeit ▸ PHRASES: **to be on ~ terms** (*aquainted*) miteinander bekannt sein; (*friendly*) miteinander reden; ***they are no longer on ~ with each other*** sie reden nicht mehr miteinander

-speaking ['spi:kɪŋ] *in compounds* ① *foreign language* -sprechend; *mother tongue* -sprachig; **German-~** (*as foreign language*) Deutsch sprechend; (*as mother tongue*) deutschsprachig ② (*with respect to*) gesprochen; **medically ~** aus medizinischer Sicht; **strictly ~** streng genommen

speaking acquaintance *n* ① (*person*) flüchtige(r) Bekannte(r) ② (*relationship*) flüchtige Bekanntschaft **speaking clock** *n* ① (*device*) sprechende Uhr ② BRIT (*service*) telefonische Zeitansage **speaking engagement** *n* Vortragstermin *m;* **to have ~s** Vorträge halten müssen **speaking part** *n* Sprechrolle *f* **speaking trumpet** *n* (*hist*) Hörrohr *nt* **speaking tube** *n* Sprachrohr *nt* (*zwischen zwei Räumen oder Gebäuden*)

spear [spɪəʳ, AM spɪr] **I.** *n* ① (*weapon*) Speer *m,* Lanze *f* ② BOT (*leaf*) Halm *m;* (*shoot*) Stange *f;* **asparagus ~s** Spargelstangen *fpl* **II.** *vt* ■**to ~ sth/an animal** etw/ein Tier aufspießen; ■**to ~ sb** jdn durchbohren; ***she ~ed a piece of cake with her fork*** sie spießte ein Stück Kuchen auf ihre Gabel

spear carrier *n* ① THEAT Statist(in) *m(f)* ② (*minion*) Lakai *m* **spear-fishing** *n no pl* Speerfischen *nt* **spearhead I.** *n* ① (*point of spear*) Speerspitze *f* ② (*fig: leading group or thing*) Spitze *f;* **to form the ~ of an attack** die Angriffsspitze bilden **II.** *vt* (*also fig*) ■**to ~ sth** etw anführen, einer S. *dat* vorstehen; ***Joe has been chosen to ~ our new marketing initiative*** Joe wurde als Leiter unserer neuen Marketinginitiative gewählt; **to ~ an attack** einen Angriff leiten **spearman** *n* HIST Lanzenträger *m*

spearmint I. *n no pl* grüne Minze **II.** *n modifier* (*mouthwash, sweet, toothpaste*) Pfefferminz-; **~ chewing-gum** Spearmint-Kaugummi *m*

spec¹ [spek] *n no pl* (*fam*) **on ~** auf Verdacht; **to buy** [*or* **get**] **sth on ~** etw auf gut Glück kaufen

spec² [spek] *n* (*fam*) ① (*data*) *short for* **specification:** ■**~s** *pl* technische Daten ② (*plan*) *short for* **specification** detaillierter Plan; ***has the engineer brought the ~s with him?*** hat der Ingenieur die Entwürfe dabei?; **to draw up a ~** einen Bauplan erstellen

spec builder *n esp* AUS (*fam*) Bauspekulant(in) *m(f)*

speccy *adj attr, inv* (*fam*) *see* **specky**

special ['speʃᵊl] **I.** *adj* ① (*more*) besondere(r, s); **to be in need of ~ attention** ganz besondere Aufmerksamkeit verlangen; **to pay ~ attention to sth** bei etw *dat* ganz genau aufpassen; **to attach ~ significance to sth** einer S. *dat* besondere Bedeutung beimessen ② (*unusual*) besondere(r,s); ***what's so ~ about that?*** na und?, das ist doch nichts Besonderes!; **~ aptitude** besondere Fähigkeit; **~ case** Ausnahme *f;* **to be a ~ case** ein Ausnahmefall sein; **~ character** außergewöhnlicher Charakter; **~ charm** ungewöhnlicher Charme; **~ circumstances** außergewöhnliche Umstände; **~ needs** spezielle Bedürfnisse; **on ~ occasions** zu besonderen Gelegenheiten; **~ order** Sonderauftrag *m;* **to ~ order** auf Sonderbestellung; **nothing ~** nichts Besonderes ③ (*dearest*) beste(r, s); ***Linda is my ~ friend*** Linda ist meine beste Freundin; ■**to be ~ to sb** jdm sehr viel bedeuten ④ (*characteristic*) speziell; **to do sth one's own ~ way** etw auf seine/ihre eigene Weise machen ⑤ *attr, inv* (*for particular purpose*) speziell; (*for particular use*) *tyres, equipment* Spezial-; ***could I ask you a ~ favour?*** könnte ich dich um einen ganz besonderen Gefallen bitten?; **~ assignment** Sonderauftrag *m;* **~ clinic** Spezialklinik *f;* **~ committee** Sonderausschuss *m;* **~ deputy** Sonderbeauftragte(r) *f(m);* **~ session** Sondersitzung *f;* **~ staff** Fachkräfte *fpl;* **~ train** Sonderzug *m* ⑥ *inv* (*extra*) gesondert; **a ~ privilege** ein besonderes Privileg; **~ rates** besondere Tarife; **to get ~ treatment** bevorzugt behandelt werden ⑦ *attr, inv* SCH Sonder-; **~ ed** [*or* **education**] (*fam*) Sonder[schul]erziehung *f* ⑧ *attr, inv* POL Sonder-; **~ adviser** Sonderberater(in) *m(f);* **~ agent** Sonderbevollmächtigte(r) *f(m);* **~ envoy** Sonderbotschafter(in) *m(f)* **II.** *n* ① MEDIA (*programme*) Sonderprogramm *nt,* Sondersendung *f;* (*newspaper*) Sonderausgabe *f* ② *esp* AM, AUS (*meal*) Tagesgericht *nt;* ***what do you have on ~ today?*** was steht heute auf der Speisekarte? ③ *pl esp* AM (*bargains*) ■**~s** Sonderangebote *ntpl* ④ (*extra transport*) Sondertransport *m;* (*train*) Sonderzug *m*

Special Air Service *n* BRIT MIL Spezialluftеinheit *f* **Special Branch** *n no pl usu* BRIT ■**the** ~ der Sicherheitsdienst, die Sicherheitspolizei **special character** *n* COMPUT Sonderzeichen *nt* **special constable** *n* BRIT Hilfspolizist(in) *m(f)* **special correspondent** *n* Sonderberichterstatter(in) *m(f)* **special delivery** *n* ① *no pl* (*service*) Eilzustellung *f* ② (*letter*) Eilbrief *m;* **to sign for a ~** einen Eilbrief entgegennehmen **special-delivery** *adj attr, inv* ~ **letter** Eilbrief *m;* **to send sth ~ mail** etw per Eilpost verschicken **special drawing rights** *npl* FIN Sonderziehungsrechte *ntpl* **special ed** *n* AM *short for* **special education** Förderunterricht *m* **special edition** *n* Sonderausgabe *f* **special education** AM **I.** *n no pl* Sondererziehung *f* **II.** *n modifier* Sonder-; ~ **teacher** Sonderschullehrer(in) *m(f);* ~ **program** Sondererziehungsprogramm *nt* **special educational needs** BRIT **I.** *npl* ① (*for exceptional children*) Sondererziehungsanforderungen *fpl* ② (*for below-average children*) Sonderanforderungen *fpl* **II.** *n modifier* (*teacher*) Sonderschul-; (*for disabled children*) Behinderten-; ~ **teaching** Sonderschulwesen *nt* **special effect** *n usu pl* Spezialeffekt *m,* Special Effect *m fachspr* **special interest group** *n* POL Interessengemeinschaft *f* **special interests** *npl* AM Interessengemeinschaften *fpl*

specialism ['speʃəlɪzəm] *n* ① *no pl* (*studies*) Spezialisierung *f;* ~ **in sth** Spezialisierung *f* in einer S. *dat* ② (*speciality*) Spezialgebiet *nt*

special issue stamps *npl* Sonderbriefmarken *fpl*

specialist ['speʃəlɪst] **I.** *n* ① (*expert*) Fachmann, Fachfrau *m, f,* Spezialist(in) *m(f),* Experte, -in *m, f* (**in** für +*akk,* **on** in +*dat*) ② (*doctor*) Spezialist(in) *m(f),* Facharzt, Fachärztin *m, f;* **eye ~** Facharzt *m/* Fachärztin *f* für Augenkrankheiten; **heart ~** Herzspezialist(in) *m(f)* ③ AM STOCKEX Eigenhändler(in) *m(f)* [an der Börse], amtlicher Kursmakler/amtliche Kursmaklerin **II.** *adj attr* (*bookshop, knowledge, lawyer, shop*) Fach-; ~ **skills** fachliche Fähigkeiten

speciality [ˌspeʃi'æləti] *n esp* BRIT ① (*product, quality*) Spezialität *f;* ~ **of the house** (*food*) Spezialität *f* des Hauses; **local ~** (*food*) örtliche Spezialität ② (*feature*) besonderes Merkmal; (*iron or pej*) Spezialität *f iron;* ***unkind remarks are one of his specialities*** unfreundliche Bemerkungen sind eine seiner Spezialitäten; ***that's my ~*** darin bin ich wirklich ein Meister ③ (*skill*) Fachgebiet *nt,* Fachbereich *m*

specialization [ˌspeʃəlaɪ'zeɪʃən, AM -lɪ'-] *n* ① *no pl* (*studies*) Spezialisierung *f* (**in** auf +*akk*) ② (*skill*) Spezialgebiet *nt*

specialize ['speʃəlaɪz, AM -ʃəl-] **I.** *vi* sich *akk* spezialisieren (**in** auf +*akk*); ***he ~s in divorce cases*** er ist auf Scheidungsrecht spezialisiert **II.** *vt* ① *usu passive* BIOL (*adapted*) ■**to become ~d** *organ* sich *akk* gesondert ausbilden ② (*modify*) ■**to ~ sth** *statement* etw spezifizieren

specialized ['speʃəlaɪzd, AM -ʃəl-] *adj* ① (*skilled*) spezialisiert; ***her job is very ~*** ihre Arbeit ist hochspezialisiert; ~ **care** fachliche Betreuung; ~ **knowledge** Fachwissen *f;* ~ **skills** fachliche Fähigkeiten ② (*particular*) spezial; ~ **magazine** Fachzeitschrift *f;* ~ **software** Spezialsoftware *f*

specially ['speʃəli] *adv* ① *inv* (*specifically*) speziell, extra, eigens; ***I came here ~ to see you*** ich bin extra hierher gekommen, um dich zu sehen; **a ~ invited audience** ein ausgewähltes Publikum; ~ **designed/made** speziell angefertigt/hergestellt; ~ **educated** besonders gebildet; ~ **equipped/trained** speziell ausgerüstet/ausgebildet; **to ~ ask sb not to do sth** jdn explizit [*o* ausdrücklich] darum bitten, etw [gerade] nicht zu tun ② (*particularly*) besonders, insbesondere; **not ~** nichts Besonderes; ***is there anything you want to do this evening? — not ~*** hast du heute Abend irgendetwas vor? – nichts Besonderes ③ (*very*) besonders; **a ~ good wine** ein ganz besonders guter Wein

special needs **I.** *npl* ① (*teaching*) Sondererziehungsanforderungen *fpl* ② (*requirements*) Sonderanforderungen *fpl,* spezielle Bedürfnisse **II.** *n modifier* (*disabled*) behindert; ~ **child** behindertes Kind; (*exceptional*) Sonder-; ~ **teacher** SCH Sonderschullehrer(in) *m(f);* ~ **teaching** SCH Sonderschulwesen *nt* **special offer** *n* Sonderangebot *nt;* **on ~** im Sonderangebot **Special Olympics** *npl* Behindertenolympiade *f* **special pleading** *n no pl* ① LAW Beibringung *f* neuen Beweismaterials ② (*unfair argument*) Berufung *f* auf einen Sonderfall **special school** *n* Sonderschule *f*

specialty ['speʃəlti] *n* AM, AUS *see* **speciality**

speciation [ˌspi:ʃi'eɪʃən] *n* Artenbildung *f*

specie ['spi:ʃi:] *n no pl* ① (*coin*) Münzgeld *nt,* Hartgeld *nt* ② (*cash*) Bargeld *nt;* **in ~** in bar; (*fig*) in gleicher Münze *fig*

species <*pl* -> ['spi:ʃi:z] *n* ① BIOL Art *f,* Spezies *f fachspr;* **bird ~** Vogelart[en] *f[pl];* **rare ~ of insect** seltene Insektenart; **endangered ~** vom Aussterben bedrohte [Tier]art; **extinct ~** ausgestorbene Spezies; **mammalian ~** Säugetierart[en] *f[pl]* ② (*fig fam: kind*) Art *f;* ***she was wearing a strange ~ of hat*** sie trug einen sehr merkwürdigen Hut; **to be a rare ~** eine Seltenheit sein

specific [spə'sɪfɪk] **I.** *adj* ① (*exact*) genau; ***could you be a bit more ~?*** könntest du dich etwas klarer ausdrücken?; ***can you be more ~ about where your back hurts?*** können Sie mir genauer sagen, wo Sie Schmerzen im Rücken haben?; **to fix a ~ date** ein genaues Datum festmachen ② *attr* (*particular*) bestimmte(r,s), speziell; ***are you doing anything ~ this weekend?*** hast du etwas Bestimmtes vor dieses Wochenende?; ■**to be ~ to sth** sich *akk* auf etw *akk* beschränken; ~ **details** besondere Einzelheiten; **for ~ purposes** für einen bestimmten Zweck ③ (*characteristic*) spezifisch, typisch (**to** für +*akk*); ~ **knowledge** Fachwissen *nt* **II.** *n* MED (*hist*) Spezifikum *nt fachspr*

specifically [spə'sɪfɪkli] *adv* ① (*particularly*) speziell, extra, besonders; ~, ***we'd like to know ...*** insbesondere interessiert uns ... ② (*clearly*) ausdrücklich; **to ~ ask sb not to do sth** jdn ausdrücklich [darum] bitten, etw nicht zu tun; **to ~ mention/prohibit sth** etw ausdrücklich erwähnen/verbieten

specification [ˌspesɪfɪ'keɪʃən, AM -fə'-] *n* ① (*specifying*) Angabe *f,* Spezifizierung *f geh* ② (*plan*) detaillierter Entwurf; (*for building*) Bauplan *m;* **to conform to** [*or* **match**] [*or* **meet**] **the ~** dem Entwurf entsprechen; **to draw up a ~** einen Entwurf erstellen ③ *no pl* (*description*) genaue Angabe, Beschreibung *f,* Spezifikation *f;* (*for patent*) Patentschrift *f;* (*for machines*) Konstruktionsplan *m;* **detailed ~** detaillierte Beschreibung ④ *no pl* (*function*) detaillierter Entwurf; **to be almost identical in ~** vom Entwurf her fast identisch sein

specifications [ˌspesɪfɪ'keɪʃənz, AM -fə'-] *npl* (*details*) *of a plan* genaue Angaben; *of a building* Raum- und Materialangaben *fpl;* TECH technische Daten [*o* Angaben]

specific gravity *n* PHYS spezifisches Gewicht

specificity [ˌspəsɪ'fɪsəti, AM -əṭi] *n no pl* ① (*definition*) Spezifität *f;* **level of ~** Grad *m* an Spezifität ② COMPUT Spezifizität *f*

specifics [spə'sɪfɪks] *npl* Einzelheiten *fpl* (**about/on** über +*akk*); ***the President's speech was lacking in ~*** die Rede des Präsidenten hielt sich zu sehr an der Oberfläche; **to get down to ~** auf die näheren Einzelheiten zurückkommen

specified ['spesɪfaɪd] *adj attr* vorgeschrieben; (*particular*) bestimmte(r,s); ~ **date** bestimmtes Datum; **within a ~ period** innerhalb eines vorgeschriebenen Zeitraums

specify <-ie-> ['spesɪfaɪ] *vt* ■**to ~ sth** etw angeben [*o* über etw *dat* Angaben machen]; (*list in detail*) etw spezifizieren; (*list expressly*) etw ausdrücklich angeben; ***she did not ~ reasons for resigning*** sie nannte keine Gründe für ihren Rücktritt; ***my contract specifies*** [***that***] ***I must give a month's notice if I leave my job*** mein Arbeitsvertrag sieht einen Monat Kündigungsfrist vor; **to ~ conditions** Bedingungen festlegen; **to ~ requirements** Anforderungen darlegen; **to ~ a time** eine feste Zeit angeben; **to clearly ~ sth** etw klar darlegen [*o geh* spezifizieren]

specimen ['spesəmɪn, AM -mən] *n* ① (*example*) Exemplar *nt;* **collection of rare insect ~s** Sammlung *f* seltener Insekten; ~ **of earth** Bodenprobe *f* ② MED Probe *f;* ~ **of blood/urine** Blut-/Urinprobe *f;* **to provide/take a ~** eine Probe abliefern/nehmen ③ (*usu pej fam: person*) Exemplar *nt fam;* **a fine ~** ein Prachtexemplar *nt,* ein Prachtkerl *m a. hum;* **to be a miserable ~** ein jämmerlicher Kauz sein ④ (*sample*) Muster *nt,* Probe *f,* Probeexemplar *nt*

specimen copy *n* Belegexemplar *nt,* Probeexemplar *nt;* ~ **of a form** Musterformular *nt* **specimen jar** *n* Probenbehälter *m* **specimen page** *n* Probeseite *f* **specimen signature** *n* Unterschriftenprobe *f*

specious ['spi:ʃəs] *adj* (*pej form*) *allegation, argument* fadenscheinig *pej;* ~ **claim** unfundierte Forderung; ~ **reasoning** vordergründige Schlussfolgerungen *pl*

speciously ['spi:ʃəsli] *adv* (*form*) trügerisch *geh*

speciousness ['spi:ʃəsnəs] *n no pl* (*form*) Fadenscheinigkeit *f; of promise* Oberflächlichkeit *f; of theory* Vordergründigkeit *f*

speck [spek] *n* ① (*spot*) Fleck *m; of blood, mud* Spritzer *m,* Sprenkel *m;* ***the island in the distance had become a mere ~ on the horizon*** in der Ferne war die Insel zu einem bloßen Pünktchen am Horizont geworden; **a ~ of light at the end of the tunnel** ein Fünkchen *nt* Licht am Ende des Tunnels; ~ **of paint** Farbspritzer *m* ② (*stain*) Fleck *m;* **to have ~s** fleckig sein ③ (*particle*) Körnchen *nt;* **not a ~ of dirt/dust** kein Körnchen Schmutz/Staub; **a ~ of soot** eine Rußflocke; **not a ~ of truth** (*fig*) kein Fünkchen [*o* Körnchen] Wahrheit

specked [spekt] *adj* gefleckt, gesprenkelt; ***the floor was ~ with paint*** auf dem Boden waren Farbspritzer

speckle ['spekl̩] *n* Tupfen *m,* Tupfer *m fam,* Sprenkel *m;* **with brown ~s** braun gesprenkelt

speckled ['spekl̩d] *adj* gesprenkelt; **to be ~ with yellow** gelb gesprenkelt sein

specky ['speki] *adj attr, inv* BRIT (*fam*) eine Brille tragend *attr;* ~ **four eyes** Brillenschlange *f*

specs[1] [speks] *npl* (*fam*) *short for* **specifications** technische Daten

specs[2] [speks] *npl esp* BRIT (*fam*) *short for* **spectacles** Brille *f;* ***hey ~, ...*** hey, du mit der Brille, ... *fam*

spectacle ['spektəkl̩] *n* ① (*display*) Spektakel *nt;* **a magnificent ~** ein großartiges Spektakel; **to be mere/pure ~** ein reines/wirkliches Spektakel sein ② (*event*) Schauspiel *nt geh,* Spektakel *nt pej;* (*sight*) Anblick *m;* **public ~** öffentliches Spektakel; **to make a real ~ of oneself** unangenehm auffallen; **a strange ~** ein ungewöhnlicher Anblick

spectacle case *n* BRIT Brillenetui *nt*

spectacled ['spektəkl̩d] *adj* ① *esp* BRIT (*with glasses*) bebrillt; ***the person you want to speak to is the ~ man*** derjenige, mit dem du reden willst, ist der Mann mit der Brille ② ZOOL *animal* mit brillenähnlichem Muster *nach n*

spectacles ['spektəkl̩z] *npl* BRIT Brille *f;* **horn-rimmed ~** Hornbrille *f;* **steel-rimmed ~** Metallbrille *f;* **to put on one's ~** seine Brille aufsetzen

spectacular [spek'tækjələr, AM -ər] **I.** *adj* ① (*wonderful*) *dancer, scenery* atemberaubend, fantastisch, großartig ② (*striking*) *increase, failure, success* spektakulär, sensationell **II.** *n film, play* Schauspiel *nt*

spectacularly [spek'tækjələli, AM -əli] *adv* ① (*wonderfully*) wundervoll; ***at night the city is ~ lit*** bei Nacht ist die Stadt herrlich erleuchtet ② (*extremely*) sensationell; ***you were ~ wrong in your judgement*** bei deiner Beurteilung hast du absolut daneben gelegen; ~ **well-paid job** außergewöhnlich gut bezahlte Arbeit; **to be ~ fit** ungewöhnlich fit sein; **to rise ~** sensationell ansteigen

spectate [spek'teɪt] *vi* BRIT zuschauen (**at** bei +*dat*)

spectator [spek'teɪtər, AM -t̬ər] *n* Zuschauer(in) *m(f)* (**at** bei +*dat*)

S

spectator sport *n no pl* Publikumssport *m*
specter *n* AM *see* **spectre**
spectra ['spektrə] *n pl of* **spectrum**
spectral ['spektrᵊl] *adj* ① (*ghostly*) geisterhaft, gespenstisch; **a ~ figure** eine gespenstische Gestalt ② *inv* (*able to detect ghosts*) **~ machine** Geistermaschine *f* ③ *inv* PHYS spektral *fachspr;* **~ colours** [*or* AM **colors**] Spektralfarben *fpl fachspr*
spectre ['spektəʳ], AM **specter** [-ɚ] *n* ① (*liter or old: ghost*) Gespenst *nt* ② (*fig liter: threat*) [Schreck]gespenst *nt fig;* ***the awful ~ of civil war hangs over the country*** über dem Land liegt das Schreckgespenst des Bürgerkriegs
spectrogram ['spektrə(ʊ)græm, AM -əgræm] *n* PHYS Spektrogramm *nt fachspr*
spectrograph ['spektrə(ʊ)grɑːf, AM -trəgræf] *n* PHYS Spektrograph *m fachspr*
spectroscope ['spektrəskəʊp, AM -skoʊp] *n* PHYS Spektroskop *nt fachspr*
spectroscopic analysis [ˌspektrəskɒpɪk-, AM -skɑːp-] *n* PHYS Spektralanalyse *f fachspr*
spectrum <*pl* -tra *or* -s> ['spektrəm, *pl* -trə] *n* ① PHYS (*band of colours*) Spektrum *nt;* **~ analysis** Spektralanalyse *f;* **the visible ~** das sichtbare Spektrum ② (*frequency band*) Palette *f,* Skala *f* ③ (*fig: range*) Spektrum *nt fig;* **a wide ~ of opinions** ein breites Meinungsspektrum ④ POL, SOCIOL Spektrum *nt;* **the political/social ~** das politische/soziale Spektrum ⑤ COMPUT Spektrum *nt fachspr*
speculate ['spekjəleɪt] *vi* ① (*guess*) spekulieren; ***it has been ~d that ...*** es wird vermutet, dass ...; ■**to ~ about** [*or* **on**] **sth** Vermutungen über etw *akk* anstellen, etw mutmaßen ② FIN, STOCKEX (*trade*) spekulieren (**in** mit +*dat*); **to ~ on the gold/stock market** am Goldmarkt/an der Börse spekulieren
speculation [ˌspekjə'leɪʃᵊn] *n* ① (*guess*) Spekulation *f,* Vermutung *f* (**about** über +*akk*); ***there have been ~s*** [***that***] ***he's looking for a new job*** man vermutet, dass er eine neue Arbeit sucht; **to be pure ~** reine Vermutung sein; **to fuel** [*or* **prompt**] **~** die Spekulationen anheizen ② (*trade*) Spekulation *f;* **stock-market ~** Börsenspekulation *f;* **to protect sth from ~** etw vor Spekulation schützen
speculative ['spekjələtɪv, AM -leɪt̬ɪv] *adj* ① (*conjectural*) spekulativ *geh;* PHILOS hypothetisch *geh;* **a highly ~ story** eine höchst spekulative Geschichte; **to be purely ~** reine Vermutung sein ② (*risky*) spekulativ; **~ deals** Spekulationsgeschäfte *ntpl;* **for ~ property development** zur Entwicklung der Grundstücksspekulation; **~ venture** spekulatives Unternehmen
speculatively ['spekjələtɪvli, AM -leɪt̬ɪv-] *adv* ① (*conjecturally*) spekulativ *geh;* PHILOS hypothetisch *geh;* ***he writes rather ~*** er schreibt eher theoretisch ② (*riskily*) spekulativ
speculator ['spekjəleɪtəʳ, AM -leɪt̬ɚ] *n* Spekulant(in) *m(f);* **currency/property ~** Währungs-/Grundstücksspekulant(in) *m(f)*
speculum <*pl* -la> ['spekjələm, *pl* -jələ] *n* ① MED Spiegel *m,* Spekulum *nt fachspr* ② (*mirror*) *in telescope* Metallspiegel *m*
sped [sped] *pt, pp of* **speed**
speech <*pl* -es> [spiːtʃ] *n* ① *no pl* (*faculty of speaking*) Sprache *f;* (*act of speaking*) Sprechen *nt;* ■**in ~** mündlich; **to lose/recover the power of ~** die Sprechfähigkeit [*o* die Sprache] verlieren/wieder erlangen; **in everyday ~** in der Alltagssprache; **to be slow in** [*or* **of**] **~** langsam reden ② *no pl* (*spoken style*) Sprache *f,* Redestil *m* ③ (*oration*) Rede *f;* (*shorter*) Ansprache *f* (**about/on** über +*akk*); (*in court*) Plädoyer *nt;* **acceptance ~** Aufnahmerede *f;* **after-dinner ~** Tischrede *f;* **freedom of ~** POL Redefreiheit *f;* **keynote ~** Hauptrede *f;* **eloquent ~** ausdrucksvolle Rede; **rousing ~** stürmische Rede; **to deliver** [*or* **give**] [*or* **make**] **a ~** eine Rede halten ④ *of actor* Rede *f;* (*longer*) Monolog *m;* **Hamlet's ~** Hamlets Monolog *m* ⑤ *no pl* LING **direct/indirect** [*or* **reported**] **~** direkte/indirekte Rede ⑥ *no pl* AM (*speech therapy*) Sprachtherapie *f*
speech act *n* LING Sprechakt *m fachspr* **speech balloon** *n,* **speech bubble** *n* Sprechblase *f* **speech community** *n* LING Sprachgemeinschaft *f fachspr* **speech day** *n* BRIT Schulfeier *f* **speech defect** *n* Sprachfehler *m*
speechify <-ie-> ['spiːtʃɪfaɪ, AM -tʃə-] *vi* (*pej or hum*) salbadern *pej fam;* ***please talk normally, don't ~!*** bitte sprich normal und halte keine langen Reden!; ***my uncle's always ~ing about what's wrong with the world today*** mein Onkel hält immer große Vorträge über die Fehler in der heutigen Welt
speech impediment *n* Sprachfehler *m*
speechless ['spiːtʃləs] *adj inv* ① (*shocked*) sprachlos; **to be ~ with indignation/rage** sprachlos vor Empörung/vor Wut sein; **sth leaves** [*or* **renders**] **sb ~** etw verschlägt jdm die Sprache; **to be left ~** sprachlos sein ② (*mute*) stumm; **to be ~ from birth** von Geburt an stumm sein
speechlessly ['spiːtʃləsli] *adv* wortlos; (*from shock*) sprachlos; **to look at sb ~** jdn sprachlos anschauen
speechlessness ['spiːtʃləsnəs] *n no pl* ① (*shock*) Sprachlosigkeit *f* ② (*muteness*) Stummheit *f*
speech making *n* Redenhalten *nt;* ***he's good/bad at ~*** er ist ein guter/schlechter Redner **speech recognition** *n no pl* COMPUT Spracherkennung *f* **speech therapist** *n* Sprachtherapeut(in) *m(f),* Logopäde, -in *m, f fachspr* **speech therapy** *n* Sprachtherapie *f,* Logopädie *f fachspr* **speech writer** *n* Redenschreiber(in) *m(f)*
speed [spiːd] **I.** *n* ① (*velocity*) Geschwindigkeit *f,* Tempo *nt;* ***at a ~ of seventy kilometres per hour*** mit einer Geschwindigkeit von 70 km/h; **cruising ~** Reisegeschwindigkeit *f;* **~ of light/sound** Licht-/Schallgeschwindigkeit *f;* **average traffic ~** durchschnittliche Verkehrsgeschwindigkeit; **high ~** hohe Geschwindigkeit; **maximum** [*or* **top**] **~** Höchstgeschwindigkeit *f;* **steady ~** gleich bleibende Geschwindigkeit; **to gain** [*or* **gather**] [*or* **pick up**] **~** an Geschwindigkeit gewinnen; *vehicle* beschleunigen; *person* schneller werden; **to lower** [*or* **reduce**] **one's ~** seine Geschwindigkeit verringern; *vehicle* langsamer fahren; *person* langsamer werden ② *no pl* (*high velocity*) hohe Geschwindigkeit; **at ~** *esp* BRIT bei voller Geschwindigkeit; **at breakneck ~** (*fam*) mit einem Mordstempo *fam;* **at lightning ~** schnell wie der Blitz; **at full ~** mit Höchstgeschwindigkeit; **at supersonic ~** mit Überschallgeschwindigkeit; **up to ~** bis Höchstgeschwindigkeit ③ *no pl* (*quickness*) Schnelligkeit *f;* **with ~** schnell; **with all possible ~** so schnell wie möglich ④ TECH (*operating mode*) Drehzahl *f;* **full ~ ahead/astern!** NAUT volle Kraft voraus/achteraus! ⑤ (*gear*) Gang *m;* ***I have a ten-~ bicycle*** ich habe ein Fahrrad mit Zehngangschaltung ⑥ PHOT [Licht]empfindlichkeit *f;* **shutter ~** Belichtungszeit *f* ⑦ *no pl* (*sl: drug*) Speed *nt sl;* **to be on ~** auf Speed sein ► PHRASES: **to travel at the ~ of <u>light</u>** sich *akk* mit Lichtgeschwindigkeit verbreiten; **to be heading** [**at**] **<u>full</u> ~ for sth** mit vollen Schritten auf etw *akk* zusteuern; **to <u>be</u> up to ~** [**with sth**] [mit etw *dat*] auf dem Laufenden sein; **to <u>bring</u>** [*or* **<u>get</u>**] **sb/sth up to ~** *esp* BRIT (*update*) jdn/etw auf den neuesten Stand bringen; (*repair*) etw wieder zum Laufen bringen; **to <u>pick</u> up ~** Ergebnisse verbessern **II.** *vi* <sped, sped> ① (*rush*) sausen, flitzen; ***we sped down the ski slopes*** wir sausten die Piste herunter; ■**to ~ along** vorbeisausen; ■**to ~ off** davonbrausen ② (*drive too fast*) die Geschwindigkeit überschreiten, rasen **III.** *vt* <-ed *or* sped, -ed *or* sped> ① (*quicken*) ■**to ~ sth** etw beschleunigen ② (*transport*) ■**to ~ sb somewhere** jdn schnell irgendwo hinbringen ► PHRASES: **<u>God</u> ~ you** (*old*) Gott sei mit dir *liter o veraltet;* **to ~ sb on his/her <u>way</u>** jdn verabschieden
◆**speed away I.** *vi* davonrasen **II.** *vt* ■**to ~ away** ○ **sb/sth** jdn/etw schnellstens abtransportieren
◆**speed by** *vi* ① (*travel*) vorbeisausen ② *time* schnell vergehen, verfliegen; ***this year simply seems to be ~ing by*** dieses Jahr scheint wie im Flug zu vergehen
◆**speed up I.** *vt* ■**to ~ up** ○ **sth** etw beschleunigen; ***can the job be ~ed up?*** kann die Arbeit schneller verrichtet werden?; ■**to ~ up** ○ **sb** jdn antreiben **II.** *vi* ① (*accelerate*) beschleunigen, schneller werden; *person* sich *akk* beeilen ② (*improve*) sich *akk* verbessern, eine Steigerung erzielen
speedboat *n* Rennboot *nt* **speed bump** *n* Bodenschwelle *f* **speed camera** *n* BRIT Radargerät *nt* zur Geschwindigkeitsmessung, Starenkasten *m fam* **speed check** *n,* **speed control** *n* Geschwindigkeitskontrolle *f* **speed cop** *n* (*fam*) Verkehrsbulle *m pej sl* **speed curb** *n* Geschwindigkeitsbegrenzung/-beschränkung *f* **speed-dial button** ['spiːd,daɪəl,bʌtᵊn, AM -,daɪ(ə)l-] *n* Kurzwahltaste *f*
speeder ['spiːdəʳ, AM ɚ] *n* ① (*contrivance*) Geschwindigkeitsregler *m* ② (*driver*) Schnellfahrer(in) *m(f),* Raser(in) *m(f) fam*
speed freak *n* (*sl*) ① (*fast driving person*) Speed-Freak *m sl* ② (*drug addict*) Speed-Süchtige(r) *f(m) sl*
speed hump *n* BRIT Bodenschwelle *f*
speedily ['spiːdɪli] *adv* (*rapidly*) schnell; (*without delay*) prompt, sofort
speediness ['spiːdɪnəs] *n no pl* Schnelligkeit *f;* **~ of delivery** Lieferungsgeschwindigkeit *f*
speeding ['spiːdɪŋ] *n no pl* Geschwindigkeitsüberschreitung *f,* Rasen *nt;* **to catch sb ~** jdn beim Zuschnellfahren erwischen
speeding car *n* Fahrzeug, das die Höchstgeschwindigkeit überschreitet **speeding driver** *n* Fahrer/Fahrerin, der/die die Höchstgeschwindigkeit überschreitet **speeding ticket** *n* Strafzettel *m* für zu schnelles Fahren
speed limit *n* Geschwindigkeitsbegrenzung *f,* Tempolimit *nt;* **~ *of eighty kilometres per hour*** Geschwindigkeitsbegrenzung von achtzig Kilometern die Stunde; **to be over** [*or* **break**] **the ~** die [angegebene] Höchstgeschwindigkeit überschreiten **speed merchant** *n esp* BRIT (*sl*) Raser(in) *m(f) fam;* **to be a ~** wie eine gesengte Sau fahren *sl*
speedo ['spiːdəʊ] *n* BRIT (*fam*) *short for* **speedometer** Tacho *m fam*
speedometer [spiː'dɒmɪtəʳ, AM -'dɑːmət̬ɚ] *n* Tachometer *m o nt,* Geschwindigkeitsmesser *m*
speed range *n* Geschwindigkeitsbereich *m* **speed record** *n* Geschwindigkeitsrekord *m* (**for** für +*akk*) **speed restriction** *n* Geschwindigkeitsbegrenzung *f,* Tempolimit *nt; see also* **speed limit** **speed rumble** *n* BRIT Bodenschwelle *f* **speed skater** *n* Eisschnellläufer(in) *m(f)* **speed skating** *n no pl* Eisschnelllauf *m*
speedster ['spiːdstəʳ, AM stɚ] *n* (*fam*) ① (*vehicle*) schnelles Fahrzeug, Flitzer *m fam* ② (*driver*) Schnellfahrer(in) *m(f)*
speed trap *n* Radarfalle *f* **speed-up** *n no pl* ① (*rate*) schnelleres Tempo, Beschleunigung *f* ② (*increase*) Anstieg *m,* Zuwachs *m* ③ *esp* AM ECON Produktivitätszuwachs *m,* Produktivitätssteigerung *f* **speedway** *n* ① *no pl* (*sport*) Speedwayrennen *nt* ② (*racetrack*) Speedwaybahn *f,* Aschen[renn]bahn *f* ③ AM (*highway*) Schnellstraße *f*
speedwell <*pl* – *or* -s> ['spiːdwel] *n* BOT Ehrenpreis *m o nt*
speedy ['spiːdi] *adj* schnell; *decision, action, solution also* rasch; *delivery, service, recovery* prompt; **~ trial** AM LAW zügige Verhandlung
speleological [ˌspiːliə'lɒdʒɪkᵊl, AM -'lɑːdʒɪ-] *adj inv* speläologisch *fachspr*
speleologist [ˌspiːli'ɒlədʒɪst, AM -'ɑːlə-] *n* Höhlenforscher(in) *m(f),* Speläologe, -in *m, f fachspr*
speleology [ˌspiːli'ɒlədʒi, AM -'ɑːlə-] *n no pl* Höhlenkunde *f,* Speläologie *f fachspr*
spell¹ [spel] *n* (*state*) Zauber *m,* Bann *m geh;* (*words*) Zauberspruch *m;* **to be** [*or* **lie**] **under a ~** unter einem Bann stehen; **to break the ~** den Bann brechen; **to cast** [*or* **put**] **a ~ on sb** jdn verzaubern; **to be under sb's ~** (*fig*) von jdm verzaubert sein, in jds Bann stehen
spell² [spel] **I.** *n* ① (*period of time*) Weile *f;* ***she had a brief ~ as captain of the team*** sie war eine Zeitlang Mannschaftskapitän; **to go through a bad ~** eine schwierige Zeit durchmachen; **for a ~** für ein Weilchen, eine Zeitlang ② (*period of sickness*) An-

fall *m;* **to suffer from dizzy ~s** unter Schwindelanfällen leiden ③ *(period of weather)* **~ cold/hot ~ weather** Schönwetterperiode *f;* **cold/hot ~** Kälte-/Hitzewelle *f* ④ *(turn)* Schicht *f;* **to take ~s [with] doing sth** sich *akk* bei etw *dat* abwechseln; **to take a ~ at the wheel** eine Zeitlang das Steuer übernehmen **II.** *vt* <-ed, -ed> *esp* AM, AUS ■**to ~ sb** jdn ablösen

spell[3] <spelled *or* BRIT *also* spelt, spelled *or* BRIT *also* spelt> [spel] **I.** *vt* ■**to ~ sth** ① *(using letters)* etw buchstabieren; ***could you ~ that please?*** könnten Sie das bitte buchstabieren? ② *(signify)* etw bedeuten; **to ~ disaster/trouble** Unglück/Ärger bedeuten; **to ~ the end of sth** das Ende einer S. *gen* bedeuten; **N O ~s no** *(fam)* nein heißt nein *fam* **II.** *vi* *(in writing)* richtig schreiben; *(aloud)* buchstabieren; ***he ~s poorly*** seine Rechtschreibung ist sehr schwach; **to ~ incorrectly** Rechtschreibfehler machen

◆**spell out** *vt* ■**to ~ out ↔ sth** ① *(using letters)* etw buchstabieren ② *(explain)* etw klarmachen; ***do I have to ~ it out for you?*** *(fam)* muss ich noch deutlicher werden?; **to ~ out one's ideas/plans/thoughts** seine Ideen/Pläne/Gedanken darlegen; **to ~ out a problem** ein Problem verdeutlichen

spellbind <-bound, -bound> ['spelbaɪnd] *vt* ■**to ~ sb** jdn hypnotisieren

spellbinder ['spelbaɪndəʳ, AM -ɚ] *n* *(fam: speaker)* fesselnder Redner/fesselnde Rednerin; *(actor)* faszinierender Schauspieler/faszinierende Schauspielerin; *(film)* spannender Film; **to be a real ~** *game, event* der reinste Krimi sein *fam*

spellbinding ['spelbaɪndɪŋ] *adj film, performance, speech* fesselnd

spellbound ['spelbaʊnd] *adj inv* gebannt, fasziniert; **to be ~ by sth** von etw *dat* wie verzaubert sein; **to hold sb ~** jdn fesseln [*o* in seinen Bann ziehen]

spell check *n* COMPUT Rechtschreibprüfung *f*

spell-check *vt* ■**to ~ sth** etw auf Schreibfehler prüfen; **to ~ a document/a file/a letter** die Rechtschreibung eines Dokuments/einer Datei/ eines Briefes überprüfen

spell-checker *n* COMPUT Rechtschreibhilfe *f,* Rechtschreibprüfprogramm *nt;* **to run the ~** die Rechtschreibüberprüfung machen

speller ['speləʳ, AM -ɚ] *n* ① *(person)* **to be a good/weak ~** gut/schlecht in Orthographie sein ② AM *(spelling book)* Rechtschreib[e]buch *nt*

spelling ['spelɪŋ] **I.** *n* ① *no pl (orthography)* Rechtschreibung *f,* Orthographie *f;* **to correct sb's ~** jds Rechtschreibung [*o* Orthographie] korrigieren ② *(lesson)* Rechtschreibunterricht *m* ③ *(activity)* Buchstabieren *nt kein pl;* ***this is the correct ~*** dies ist die richtige Schreibweise **II.** *adj attr, inv* Rechtschreib-

spelling bee *n* AM, AUS Buchstabierwettbewerb *m*
spelling book *n* AM Rechtschreib[e]buch *nt*
spelling check *n* COMPUT Rechtschreibüberprüfung *f* **spelling error, spelling mistake** *n* Rechtschreibfehler *m* **spelling pronunciation** *n* buchstabengetreue Aussprache

spelt [spelt] *pp, pt of* **spell**

spelunker [spəlʌŋkɚ] *n* AM *(potholer)* Hobbyhöhlenforscher(in) *m(f)*

spelunking [spəlʌŋkɪŋ] *n no pl* AM *(potholing)* Hobbyhöhlenforschung *f;* **to do** [*or* **go**] **~** Höhlen erforschen

spend [spend] **I.** *vt* <spent, spent> ① *(pay out)* **to ~ a fortune/money [on sb/sth]** [für jdn/etw] ein Vermögen/Geld ausgeben ② *(pass time)* **to ~ the night with sb** bei jdm übernachten; *(have sex)* die Nacht mit jdm verbringen; **to ~ time** Zeit verbringen; ***my sister always ~s ages in the bathroom*** meine Schwester braucht immer eine Ewigkeit im Bad *fam;* **to ~ time doing sth** Zeit damit verbringen, etw zu tun ③ *(dedicate to)* **to ~ one's energy/one's money/one's time on sth** seine Energie/sein Geld/seine Zeit in etw *akk* investieren; **to ~ all one's force** [*or* **strength**] **doing sth** seine ganze Kraft darauf verwenden, etw zu tun ④ *(use up)* ■**to ~ sth** etw aufbrauchen; ***the storm spent its fury*** der Sturm ließ nach; ■**sth ~s itself** *storm, anger, fury* etw legt sich *akk;* ***her anger soon spent itself*** ihr Zorn verrauchte rasch; ***the stock's potential for growth has finally spent itself*** das Wachstumspotenzial der Aktien ist endgültig erschöpft ▶ PHRASES: **to ~ a penny** *esp* BRIT *(dated fam)* pinkeln gehen *sl* **II.** *vi* <spent, spent> Geld ausgeben **III.** *n* BRIT Ausgabe *f;* **the total ~ on sth** die Gesamtkosten *pl* für etw *akk*

spender ['spendəʳ, AM -ɚ] *n* ■**to be a ~ on sth** Geld für etw *akk* springen lassen *fam;* **to be a [big/low] ~** [viel/wenig] Geld ausgeben; ***the local council has been criticized for being a low ~ on education*** dem Gemeinderat wurde vorgeworfen, an der Bildung zu sparen

spending ['spendɪŋ] *n no pl* Ausgaben *pl* (**on** für +*akk*); **to control/limit/rein in one's ~** seine Ausgaben kontrollieren/einschränken/ reduzieren; **to reduce** [*or* **slash**] **~ on sth** die Ausgaben für etw *akk* kürzen

spending cuts *npl* FIN Kürzungen *fpl* **spending money** *n no pl (as allowance)* Taschengeld *nt; (for special circumstances)* frei verfügbares Geld **spending power** *n no pl* ECON Kaufkraft *f* **spending spree** *n* Großeinkauf *m;* **to go on a ~** groß einkaufen gehen *fam*

spendthrift ['spen(d)θrɪft] *(pej)* **I.** *adj (fam)* verschwenderisch **II.** *n (fam)* Verschwender(in) *m(f)*

spent [spent] **I.** *pp, pt of* **spend II.** *adj* ① *(used up) match, cartridge* verbraucht; *bullets* verschossen; *creativity* verbraucht, versiegt; **to be a ~ force** *(fig)* keine Zukunft mehr haben, sich totgelaufen haben; ***after several defeats, people are saying the team is a ~ force*** nach mehreren Niederlagen heißt es nun, dass das Team am Ende ist; ***is communism a ~ force?*** ist der Kommunismus passé? *fam* ② *(tired) person* ausgelaugt; *(prematurely old)* müde und verbraucht; **to feel ~** sich *akk* erschöpft fühlen ③ *(without inspiration)* ■**to be ~** *poet, artist, musician* keine Ideen mehr haben

sperm <*pl* – *or* -s> [spɜːm, AM spɜːrm] *n* ① *(male reproductive cell)* Samenzelle *f* ② *(fam: semen)* Sperma *nt*

spermaceti [ˌspɜːməˈseti, AM ˌspɜːrməˈsiːti] *n no pl* Walrat *m o nt,* Spermazeti *nt geh*

spermatozoa [ˌspɜːmətə(ʊ)ˈzəʊə, AM ˌspɜːrmət̬əˈzoʊə] *n pl of* **spermatozoon**

spermatozoon <*pl* -zoa> [ˌspɜːmətə(ʊ)ˈzəʊɒn, AM ˌspɜːrmət̬əˈzoʊɑːn, *pl* -ə] *n* BIOL Spermatozoon *nt fachspr,* Spermium *nt*

sperm bank *n* Samenbank *f* **sperm count** *n* Spermienzählung *f* **sperm donor** *n* Samenspender *m*

spermicidal [ˌspɜːmɪˈsaɪdᵊl, AM ˌspɜːrmə'-] *adj inv* spermatötend, spermatozid *fachspr*

spermicide [ˌspɜːmɪˈsaɪd, AM ˌspɜːrmə'-] *n* Spermizid *nt fachspr,* spermientötendes Mittel

sperm oil *n no pl* Walratöl *nt* **sperm whale** *n* Pottwal *m*

spew [spjuː] **I.** *vt* ① *(emit)* ■**to ~ sth** etw ausspeien; *lava* etw auswerfen [*o fam* spucken]; *exhaust* etw ausstoßen; **to ~ sewage into a river** Abwässer in einen Fluss ableiten ② *(vomit)* ■**to ~ sth** etw erbrechen [*o* ausspucken]; **to ~ blood** Blut spucken ③ *(fam: say angrily)* ■**to ~ sth at sb** jdm etw ins Gesicht schleudern *fig* **II.** *vi* ① *(flow out) exhaust, lava, gas* austreten; *ash, dust* herausgeschleudert werden; *flames* hervorschlagen; *fire* hervorzüngeln; *water* hervorsprudeln; *(fig) paper, information* sich *akk* ergießen *geh* ② *(vomit)* erbrechen ③ *(be said)* heraussprudeln

◆**spew out I.** *vt* ① *(emit)* **to ~ out ↔ exhaust** Abgase ausstoßen; **to ~ out flames** Flammen spucken [*o* speien]; **to ~ out information** Informationen ausgeben; **to ~ out lava** Lava auswerfen [*o fam* spucken]; **to ~ out paper** Papier auswerfen; **to ~ out waste water** Abwasser ablassen ② *(fam: say angrily)* ■**to ~ sth ↔ out at sb** jdm etw ins Gesicht schleudern *fig* **II.** *vi lava, gas, exhaust* austreten; *ash, dust* herausgeschleudert werden; *waste water, water* hervorsprudeln; *flames* hervorschlagen; *fire* hervorzüngeln; *paper, information* sich *akk* ergießen *geh*

◆**spew up I.** *vt* ■**to ~ up ↔ sth** etw erbrechen **II.** *vi* sich *akk* übergeben, kotzen *sl*

SPF [ˌespiːˈef] *n acr for* **sun protection factor** LSF *m*

sphagnum ['sfægnəm] *n no pl* BOT Torf *m;* **~ moss** Torfmoos *nt,* Bleichmoos *nt*

sphere [sfɪəʳ, AM sfɪr] *n* ① *(round object)* Kugel *f; (representing earth)* Erdkugel *f; (celestial body)* Himmelskörper *m;* **heavenly ~** Gestirn *nt geh* ② *(area)* Bereich *m,* Gebiet *nt;* **~ of influence/interest/responsibility** Einfluss-/Interessen-/Verantwortungsbereich *m;* **~ of knowledge** Wissensgebiet *nt;* ***this is outside my ~ of knowledge*** das entzieht sich meiner Kenntnis; **~ of life** Lebensbereich *m;* **social ~** soziales Umfeld

spherical ['sferɪkᵊl, AM 'sfɪr-] *adj* kugelförmig, sphäroidisch *fachspr*

spheroid ['sfɪərɔɪd, AM 'sfɪr-] *n* MATH Sphäroid *nt*

sphincter ['sfɪŋ(k)təʳ, AM -tɚ] *n* ANAT Schließmuskel *m,* Sphinkter *m fachspr*

sphinx <*pl* – *or* -es> [sfɪŋks] *n* Sphinx *f*

sphinx-like *adj* sphinxartig

spic [spɪk] *n (pej! sl)* ① AM *(Hispanic person)* Latino *m* ② AUS *(not English language)* Fremdsprache *f*

spice [spaɪs] **I.** *n* ① *(aromatic)* Gewürz *nt;* **to add ~ to sth** etw würzen ② *no pl (fig: excitement)* Pep *m fam,* Schwung *m;* **to add ~ to sth** etw *dat* Schwung geben; **to give ~ to sth** etw *dat* Würze verleihen *fig* ▶ PHRASES: **variety is the ~ of life** *(saying)* Abwechslung ist die Würze des Lebens **II.** *n modifier (cupboard, rack, mixture, shelf)* Gewürz-; **~ trade** Gewürzhandel *m* **III.** *vt* ■**to ~ sth** ① *(flavour)* etw würzen (**with** mit +*dat*) ② *(fig: add excitement to)* etw aufpeppen *fam;* ***the best man ~d his speech with some jokes*** der Trauzeuge würzte seine Rede mit einigen Witzen

◆**spice up** *vt* ■**to ~ up ↔ sth** ① *(make tastier)* etw nachwürzen ② *(fig: make more exciting)* etw *dat* mehr Würze verleihen *fig,* etw aufpeppen

spiced [spaɪst] *adj* ① *(with pepper, curry etc)* gewürzt; *(hot)* scharf ② *(fig: made exciting)* gepfeffert *fig;* **~ account** ausgeschmückter Bericht

spiciness ['spaɪsɪnəs] *n no pl* ① *(spicy quality)* Würzigkeit *f; (hotness)* Schärfe *f* ② *(fig: sensationalism)* Pikanterie *f*

spick [spɪk] *n see* **spic**

spick and span *adj (fam)* ① *house, kitchen* blitzsauber *fam;* **to keep sth ~** etw tipptopp in Ordnung halten *fam;* **to look ~** vor Sauberkeit blitzen ② *person* wie aus dem Ei gepellt *fam*

spicy ['spaɪsi] *adj* ① *food* würzig; *(hot)* scharf ② *(fig: sensational) tale, story* pikant

spider ['spaɪdəʳ, AM -ɚ] *n* Spinne *f*

spider monkey *n* Klammeraffe *m* **spider plant** *n* Grünlilie *f* **spider's web, spiderweb** *n* Spinnennetz *nt; (fig)* Wirrwarr *m*

spidery ['spaɪdᵊri] *adj* ① *(like a spider) writing* krakelig; *drawing, design* fein, spinnwebartig; *arms, legs* spinnenhaft ② *(with many spiders) room* voller Spinnen

spiel [ʃpiːl] **I.** *n (pej fam)* Leier *f pej fam;* **marketing/sales ~** Marketing-/Verkaufsmasche *f fam;* **to give sb a long ~ about sth** jdm etw lang und breit darlegen; **to launch into a ~ about sth** in eine Geschichte über etw *akk* verfallen **II.** *vi (pej)* ■**to ~ sth** etw herunterrasseln *fam*

spier ['spaɪɚ] *n* AM *(fam)* Spanner *m sl*

spiff [spɪf] *vt* AM *(fam)* ■**to ~ up ↔ sth** etw aufpeppen *fam;* ■**to ~ sb/oneself ↔ up** jdn/sich herausputzen; **to be/get all ~ed up** komplett ausstaffiert sein/werden *fam*

spiffing ['spɪfɪŋ] *adj* BRIT *(dated fam)* klasse *veraltend fam,* spitze *veraltend fam*

spiffy ['spɪfi] *adj* AM *(fam)* ① *(stylish)* schick ② *(fabulous)* toll *fam,* super *fam*

spigot ['spɪgət] *n* ① *(stopper)* Zapfen *m* ② AM *(faucet)* Wasserhahn *m*

spik [spɪk] *n (pej!) see* **spic**

S

spike [spaɪk] **I.** *n* ① *(nail)* Nagel *m; of a rail* Spitze *f; of a plant, animal* Stachel *m;* MED *(fam: needle)* Nadel *f* ② *(on shoes)* Spike *m* ③ *(running shoes)* ■ **~s** *pl* Spikes *mpl* ④ AM *(stiletto heels)* ■ **~s** *pl* Pfennigabsätze *mpl,* Bleistiftabsätze *mpl* ÖSTERR ⑤ *(increase)* Steigerung *f;* **~ in productivity** Produktivitätssteigerung *f* ⑥ ELEC Spannungsspitze *f,* Überschwingspitze *f* **II.** *vt* ① *(with pointy object)* ■ **to ~ sth** etw aufspießen; ■ **to ~ sb** SPORTS jdn mit Spikes verletzen ② JOURN *(fam: reject)* ■ **to ~ sth** etw durchkreuzen *fam;* **to ~ an article/a story** einen Artikel/eine Geschichte ablehnen; *(stop)* **to ~ a plan/a project** einen Plan/ein Projekt einstellen ③ *(fam: secretly add alcohol)* **to ~ sb's drink/the punch** einen Schuss Alkohol in jds Getränk/die Bowle geben ④ *(fig: make more interesting)* ■ **to ~ sth with sth** etw mit etw *dat* würzen *fig* ⑤ *(in volleyball)* **to ~ a ball** einen Ball schmettern ⑥ *(increase)* ■ **to ~ sth** etw hochjagen ▶ PHRASES: **to ~ sb's guns** *(fam)* jdm einen Strich durch die Rechnung machen *fam*

spiked [spaɪkt] *adj* ① *(with spikes)* mit Spitzen versehen; *shoes* mit Spikes *nach n;* **~ helmet** Pickelhaube *f* ② *(with alcohol)* mit Schuss *nach n*

spike heels *npl* Pfennigabsätze *mpl,* Bleistiftabsätze *mpl* ÖSTERR

spiky [ˈspaɪki] *adj* ① *(with spikes) railing, wall, fence* mit Metallspitzen *nach n; branch, plant* dornig; *animal, bush* stachelig ② *(pointy) grass* spitz; *flower* mit spitzen Blütenblättern *nach n; plant* spitzblättrig; *leaf* spitz; *handwriting* steil; **~ hair** Igelfrisur *f* ③ *(fig: irritable) person* kratzbürstig *fam*

spill[1] [spɪl] *n* Holzspan *m*

spill[2] [spɪl] **I.** *n* ① *(spilled liquid)* Verschüttete(s) *nt; (pool)* Lache *f; (stain)* Fleck *m;* **oil ~** Ölteppich *m;* **to wipe up the ~** das Verschüttete aufwischen ② *(fam: fall)* Sturz *m;* **to have [***or* **take] a ~** stürzen **II.** *vt* <spilt *or* AM, AUS *usu* spilled, spilt *or* AM, AUS *usu* spilled> ① *(tip over)* ■ **to ~ sth** etw verschütten; ***I spilt coffee on my shirt*** ich schüttete Kaffee auf mein Hemd; ***you've spilt sth down your tie*** du hast etw auf deiner Krawatte vergossen ② *(scatter)* ■ **to ~ sth** etw verstreuen ③ *(fam: reveal)* ■ **to ~ sth** etw verraten [*o* ausplaudern]; **to ~ a secret** ein Geheimnis ausplaudern ④ *(by horse)* ■ **to ~ sb** jdn abwerfen ⑤ NAUT **to ~ the sails** die Segel killen lassen ▶ PHRASES: **to ~ the beans** *(esp hum fam)* auspacken *fam;* **to ~ blood** *(esp liter)* Blut vergießen; **to ~ one's guts** *(fam)* seine Geheimnisse preisgeben **III.** *vi* ① *(flow out) liquid* überlaufen; *flour, sugar* verschüttet werden; *newspapers, blocks, papers* verstreut werden; ***tears spilt onto her cheeks at the news*** als sie die Nachricht vernahm, strömten Tränen über ihre Wangen ② *(fig: spread) crowd* strömen; *conflict, violence* sich *akk* ausbreiten; ***the fighting threatens to ~ into neighbouring regions*** die Kämpfe drohen auf die Nachbarregionen überzugreifen ③ *(fam: reveal secret)* auspacken *fam* ④ SPORTS den Ball fallen lassen

◆**spill out I.** *vi* ① *(flow out) wine, milk, juice* herausschwappen; *flour, sugar* herausrieseln; *papers, groceries* herausfallen; *people* herausströmen ② *(fig: become communicated) anger, worries* heraussprudeln; ***all his resentment ~ed out*** sein ganzer Ärger sprudelte aus ihm heraus **II.** *vt* ① *(empty out)* ■ **to ~ sth** ↺ **out** etw ausschütten; *(tip over)* etw verschütten ② *(fig: communicate)* **to ~ out** ↺ **one's anger/despair/worries** seinem Ärger/seiner Verzweiflung/seinen Sorgen Luft machen; **to ~ out a secret** ein Geheimnis ausplaudern

◆**spill over** *vi* ① *(overflow)* überlaufen ② *(spread to)* ■ **to ~ over into sth** *conflict, violence* sich *akk* auf etw *akk* ausdehnen; ***I try not to let my work ~ over into my private life*** ich versuche zu vermeiden, dass meine Arbeit auch noch auf mein Privatleben übergreift

spillage [ˈspɪlɪdʒ] *n* ① *no pl (action)* Verschütten *nt; of a liquid* Vergießen *nt;* **oil ~** Auslaufen *nt* von Öl; **chemical ~** Austreten *nt* von Chemikalien ② *(amount spilled)* verschüttete Menge ③ COMPUT Überlauf *m*

spillover [ˈspɪləʊvəʳ, AM -oʊvɚ] **I.** *n* ① *no pl (spreading) of ideas, values* Verbreitung *f; of a war, conflict* Übergreifen *nt* ② *(surplus)* Überschuss *m* ③ *esp* AM *(excess water)* Hochwasser *nt* **II.** *adj attr, inv* **~ effect** Nachwirkung *f;* **~ population** überquellende Bevölkerung

spillway [ˈspɪlweɪ] *n* Überlaufrinne *f*

spilt [spɪlt] **I.** *pp, pt of* **spill II.** *adj* ▶ PHRASES: **don't cry [***or* **there's no use crying] over ~ milk** *(saying)* was passiert ist, ist passiert

spin [spɪn] **I.** *n* ① *(rotation)* Drehung *f;* ***we made the decision on the basis of a ~ of the coin*** wir ließen die Münze entscheiden; **to put ~ on a ball** einem Ball Drall geben; **to send a car into a ~** ein Auto zum Schleudern bringen; **to go into a [**BRIT, AUS **flat] ~** *car* ins Schleudern geraten; *aeroplane* ins Trudeln geraten; **to throw sb into a [flat] ~** *(fig fam)* jdn in Panik versetzen ② *(in washing machine)* Schleudern *nt kein pl;* **to give the clothes/wash a ~** die Kleidung/Wäsche schleudern ③ *(sharp decrease)* Absturz *m;* **to send a price into a ~** einen Preis abstürzen lassen; **to go into a ~** abstürzen ④ *no pl (fam: positive slant)* **to put a ~ on sth** etw ins rechte Licht rücken [*o* setzen] ⑤ *(drive)* Spritztour *f fam;* **to go for a ~** eine Spritztour machen *fam* ⑥ *no pl (fam: nonsense)* Erfindung *f;* ***that's pure ~*** das ist völliger Blödsinn **II.** *vi* <-nn-, spun *or* BRIT *also* span, spun> ① *(rotate) earth, wheel* rotieren; *washing machine* schleudern; *aeroplane* trudeln; ***the wheels just spun in the snow*** die Reifen drehten im Schnee einfach durch; ***his car spun off the road*** sein Auto kam von der Straße ab; **to ~ out of control** außer Kontrolle geraten ② *(fig: be dizzy)* ***my head is ~ning*** mir dreht sich alles *fam;* ***these new computers will make your head ~*** von diesen neuen Computern schwirrt einem der Kopf *fam* ③ *(fam: drive)* ■ **to ~ along** dahinsausen ④ *(make thread)* spinnen **III.** *vt* <-nn-, spun *or* BRIT *also* span, spun> ① *(rotate)* ■ **to ~ sth** etw drehen; **to ~ a ball** einem Ball einen Drall geben; **to ~ clothes** Wäsche schleudern; **to ~ a coin** eine Münze werfen; **to ~ records** Platten spielen ② *(give positive slant)* ■ **to ~ sth** etw ins rechte Licht rücken ③ *(make thread of)* **to ~ a cocoon/web** einen Kokon/ein Netz spinnen; **to ~ cotton/silk/wool** Baumwolle/Seide/Wolle spinnen ▶ PHRASES: **to ~ a story [***or* **tale] [***or* **yarn]** eine Geschichte spinnen; **to ~ one's wheels** AM *(fam: waste time)* seine Zeit verplempern *fam; (waste efforts and energy)* seine Energie verplempern *fam*

◆**spin around** *vi* sich *akk* drehen; *person* sich *akk* umdrehen; *(suddenly)* herumfahren; ***my head is ~ning around*** *(fig)* in meinem Kopf dreht sich alles

◆**spin off** *vt* ■ **to ~ off** ↺ **sth** ① *(produce spontaneously)* etw hervorbringen [*o fam* aus dem Ärmel schütteln]; **to ~ off an excuse/a story** sich schnell eine Entschuldigung/eine Geschichte ausdenken ② *esp* AM, AUS ECON etw ausgliedern [*o* ausgründen] ③ ECON **to ~ off a subsidiary** eine Tochtergesellschaft ausgliedern

◆**spin out I.** *vi* AM **to ~ out of control** *car* außer Kontrolle geraten **II.** *vt (prolong)* ■ **to ~ out** ↺ **sth** etw ausdehnen; **to ~ out the morning/afternoon/night** den Morgen/Nachmittag/die Nacht aussitzen

◆**spin round** *vi esp* BRIT *see* **spin around**

spina bifida [ˌspaɪnəˈbɪfɪdə] *n no pl* MED offene Wirbelsäule, Spina bifida *f fachspr*

spinach [ˈspɪnɪtʃ] **I.** *n no pl* Spinat *m* **II.** *n modifier (quiche, leaf, plant)* Spinat-

spinal [ˈspaɪnəl] **I.** *adj inv muscle, vertabrae* Rücken-; *injury* Rückgrat-, spinale(r,s) *fachspr; nerve, anaesthesia* Rückenmark[s]-; **~ fluid** Rückenmarksflüssigkeit *f* **II.** *n* AM Spinalnarkose *f*

spinal column *n* Wirbelsäule *f* **spinal cord** *n* Rückenmark *nt* **spinal tap** *n* AM *(lumbar puncture)* Lumbalpunktion *f*

spin bowler *n (in cricket) Werfer, der dem Ball einen Drall gibt* **spin bowling** *n no pl (in cricket) Werfen des Balls mit Drall* **spin control** *n no pl* ① *(team)* Schadensbegrenzungsteam *nt* ② *(action)* **to exercise ~ on sth** etw ins rechte Licht rücken

spindle [ˈspɪndl] *n* Spindel *f;* COMPUT [Antriebs]spindel *f*

spindly [ˈspɪndli] *adj legs, stem* spindeldürr

spin doctor I. *n* ≈ Pressesprecher(in) *m(f);* POL *also* Spin doctor *m* **II.** *vt (fam)* ■ **to ~ sth** das Image einer S. *gen* verbessern [*o fig fam* aufpolieren] **spin-drier** *n* Wäscheschleuder *f* **spindrift** *n* Gischt *m o f* **spin-dry** *vt* **to ~ clothes/the wash** Kleider/die Wäsche schleudern **spin-dryer** *n* Wäscheschleuder *f*

spine [spaɪn] *n* ① *(spinal column)* Wirbelsäule *f;* **~ of a country** *(fig)* Rückgrat *nt* eines Landes; **to send shivers up [***or* **down] sb's ~** jdm einen Schauer den Rücken runterlaufen lassen [*o* Gänsehaut verursachen] *fam;* **to send tingles up [***or* **down] sb's ~** jdm wohlige Schauer über den Rücken jagen ② *(spike) of a plant, fish, hedgehog* Stachel *m* ③ *(back) of a book* Buchrücken *m* ④ *no pl (fig: strength of character)* Rückgrat *nt fig*

spine-chiller [-ˌtʃɪləʳ, AM -ɚ] *n (story)* Gruselgeschichte *f; (film)* Gruselfilm *m*

spine-chilling [-ˌtʃɪlɪŋ] *adj film, tale* gruselig, Schauer-

spineless [ˈspaɪnləs] *adj* ① *inv (without backbone)* wirbellos; *(without spines) plant, fish* ohne Stacheln *nach n* ② *(fig, pej: weak) person* rückgratlos *pej;* ***they are a ~ lot*** die haben alle kein Rückgrat; **to be a ~ jellyfish** AM *(esp hum)* ein Mensch ohne Rückgrat sein

spinelessly [ˈspaɪnləsli] *adv (pej)* rückgratlos *pej*

spinelessness [ˈspaɪnləsnəs] *n no pl* Rückgratlosigkeit *f pej*

spinet [spɪˈnet, AM ˈspɪnɪt] *n (hist)* MUS Spinett *nt*

spine-tingling [-ˌtɪŋlɪŋ] *adj* gruselig

spinifex [ˈspɪnɪfeks] *n no pl* AUS Stachelkopfgras *nt,* Spinifex *m fachspr*

spinmeister [ˈspɪnmaɪstɚ] *n (fam)* [erfolgreicher] Imagepfleger [*o* Publicity-Agent]/[erfolgreiche] Imagepflegerin [*o* Publicity-Agentin]

spinnaker [ˈspɪnəkəʳ, AM -ɚ] *n* NAUT Spinnaker *m*

spinner [ˈspɪnəʳ, AM -ɚ] *n* ① *(threadmaker)* Spinner(in) *m(f)* ② *(spin-dryer)* Wäscheschleuder *f* ③ *(in cricket) Werfer, der den Bällen einen Drall gibt* ④ *(fish bait)* Spinnköder *m*

spinney [ˈspɪni] *n* BRIT Dickicht *nt*

spinning [ˈspɪnɪŋ] *n no pl* Spinnen *nt*

spinning jenny *n (dated)* Feinspinnmaschine *f* **spinning top** *n* Kreisel *m* **spinning wheel** *n* Spinnrad *nt*

spin-off I. *n* ① *(by-product)* Nebenprodukt *nt* ② MEDIA, PUBL *(derived show)* Ableger *m,* Nebenprodukt *nt* ③ ECON Firmenableger *m* **II.** *adj attr, inv* **~ business** *esp* AM, AUS ausgegliedertes Unternehmen; **~ effect** Folgewirkung *f*

spinster [ˈspɪn(t)stəʳ, AM -stɚ] *n (usu pej)* alte Jungfer *veraltet o pej;* ***Martha Smith, S~*** LAW die ledige [*o* unverheiratete] Martha Smith

spinsterhood [ˈspɪn(t)stəhʊd, AM -stɚ-] *n no pl* Ehelosigkeit *f,* Jungfernstand *m veraltet*

spinsterish [ˈspɪn(t)stərɪʃ] *adj* altjüngferlich *pej*

spin the bottle *n no pl* Flaschendrehen *nt*

spiny [ˈspaɪni] *adj* ① BIOL stach[e]lig, Stachel-; *plant also* dornig ② *(fig: difficult)* heikel

spiny anteater *n* Ameisenigel *m* **spiny lobster** *n* Gemeine Languste

spiral [ˈspaɪərəl, AM ˈspaɪrəl] **I.** *n* Spirale *f;* **downward ~** *of prices, profits* Abwärtsspirale *f;* ***the economy is in an inflationary*** [*or* ***wage-price***] ***~*** die Wirtschaft befindet sich in einer Inflationsspirale [*o* Lohn-Preis-Spirale] **II.** *adj attr, inv* spiralförmig **III.** *vi* <BRIT -ll- *or* AM *usu* -l-> ① *(move up)* sich *akk* hochwinden; *smoke, hawk* spiralförmig aufsteigen; *airplane* sich *akk* in die Höhe schrauben; **~ downwards** spiralförmig absteigen; *plane* zu Boden trudeln ② *(fig: increase)* ansteigen, klettern, hochschnellen; **~ling inflation** eine sich spiralartig entwickelnde Inflation; **to ~ downwards** sich *akk* spiralförmig nach unten bewegen

spiral-bound *adj* PUBL spiralgebunden

spirally [ˈspaɪərəli, AM ˈspaɪrəli] *adv inv* spiralenför-

mig, spiralig
spiral notebook *n* Ringbuch *nt* **spiral-shaped** *adj* spiralförmig **spiral staircase** *n* Wendeltreppe *f*
spire [spaɪəʳ, AM spaɪr] *n* Turmspitze *f*
spirit ['spɪrɪt] **I.** *n* ① *(sb's soul)* Geist *m;* ***his ~ will be with us always*** sein Geist wird uns immer begleiten; **to be with sb in ~** im Geiste bei jdm sein ② *(ghost)* Geist *m,* Gespenst *nt;* **evil ~** böser Geist ③ *(the Holy Spirit)* ■**the S~** der Heilige Geist ④ *no pl (mood)* Stimmung *f;* ***that's the ~*** das ist die richtige Einstellung; ***we acted in a ~ of co-operation*** wir handelten im Geiste der Zusammenarbeit; **the ~ of the age** der Zeitgeist; **the ~ of brotherhood/confidence/forgiveness** der Geist der Brüderlichkeit/des Vertrauens/der Vergebung; **the ~ of Christmas** die weihnachtliche Stimmung; **fighting ~** Kampfgeist *m;* **party ~** Partystimmung *f;* **team ~** Teamgeist *m;* **to enter** [*or* **get into**] **the ~ of sth** Gefallen an etw *dat* finden; ***try to get into the ~ of things!*** versuch dich in die Sachen hineinzuversetzen! ⑤ *(mood)* ■**~s** *pl* Gemütsverfassung *f kein pl;* ***her ~s rose as she read the letter*** sie bekam neuen Mut, als sie den Brief las; ***keep your ~s up*** lass den Mut nicht sinken; **to be in high/low ~s** in gehobener/gedrückter Stimmung sein; **to be out of ~s** schlecht gelaunt sein; **to dash sb's ~s** auf jds Stimmung drücken; **to lift sb's ~s** jds Stimmung heben ⑥ *(person)* Seele *f;* **brave/generous ~** mutige/gute Seele; **the moving ~ of sth** die treibende Kraft einer S. *gen* ⑦ *no pl (character)* Seele *f;* **to have a broken ~** seelisch gebrochen sein; **to be troubled in ~** etw auf der Seele lasten haben; **to be young in ~** geistig jung geblieben sein ⑧ *no pl (vitality)* Temperament *nt; of a horse* Feuer *nt;* **to perform/sing with ~** mit Inbrunst spielen/singen; **with ~** voller Enthusiasmus; *horse* feurig ⑨ *no pl (intent)* Sinn *m;* ***you did not take my comment in the ~ in which it was meant*** du hast meine Bemerkung nicht so aufgenommen, wie sie gemeint war; **the ~ of the law** der Geist [*o* Sinn] des Gesetzes ⑩ *(whisky, rum, etc)* ■**~s** *pl* Spirituosen *fpl* ⑪ *(alcoholic solution)* Spiritus *m;* **~s of turpentine** Terpentinöl *nt* ► PHRASES: **the ~ is willing but the flesh is weak** *(saying)* der Geist ist willig, aber das Fleisch ist schwach **II.** *n modifier (world)* Geister- **III.** *vt* ■**to ~ sb/sth away** [*or* **off**] jdn/etw verschwinden lassen [*o* wegzaubern]
spirited ['spɪrɪtɪd, AM -t̬-] *adj (approv)* temperamentvoll; *discussion* lebhaft; *horse* feurig; *person* beherzt; **~ performance** lebendige Aufführung; **~ reply** mutige Antwort
spiritedly ['spɪrɪtɪdli, AM t̬ɪdli] *adv* lebhaft; *(when angry)* vehement
spiritism ['spɪrɪtɪzᵊm, AM -tɪ-] *n no pl* Spiritismus *m*
spirit lamp *n* Petroleumlampe *f*
spiritless ['spɪrɪtləs] *adj (pej)* schwunglos; *person, performance, book* saft- und kraftlos; *answer, defense, reply* lustlos; *horse* brav, lahm *pej*
spirit level *n* Wasserwaage *f*
spiritual ['spɪrɪtʃuəl] **I.** *adj* ① *(relating to the spirit)* geistig, spirituell; **~ expression** vergeistigter Ausdruck ② REL **~ leader** religiöser Führer **II.** *n* MUS Spiritual *nt*
spiritual healer *n* Geisterheiler(in) *m(f)* **spiritual healing** *n no pl* Geisterheilung *f* **spiritual home** *n* geistige Heimat
spiritualism ['spɪrɪtʃuᵊlɪzᵊm] *n no pl* ① *(communication with dead)* Spiritismus *m* ② PHILOS Spiritualismus *m*
spiritualist ['spɪrɪtʃuᵊlɪst] *n* ① *(medium)* Spiritist(in) *m(f)* ② PHILOS Spiritualist(in) *m(f)*
spiritualistic ['spɪrɪtʃuᵊlɪstɪk] *adj inv* ① *(supernatural)* spiritistisch ② PHILOS spiritualistisch
spirituality [ˌspɪrɪtʃu'æləti, AM -ət̬i] *n no pl* Geistigkeit *f,* Spiritualität *f geh*
spiritualize ['spɪrɪtʃuᵊlaɪz] *vt* ■**to ~ sth** etw vergeistigen
spiritually ['spɪrɪtʃuəli] *adv* geistig
spit¹ [spɪt] *n* ① *(rod for roasting)* Bratspieß *m;* **chicken roasted on the ~** am Spieß gebratenes Hähnchen ② *(beach)* Sandbank *f*
spit² [spɪt] **I.** *n (fam)* Spucke *f fam;* **to give sth a bit of ~ and polish** etw polieren [*o fam* wienern] ► PHRASES: **to be the** [**dead**] **~** [**and image**] **of sb** jdm wie aus dem Gesicht geschnitten sein **II.** *vi* <-tt-, spat *or* spit, spat *or* spit> ① *(expel saliva)* spucken; ■**to ~ at sb** jdn anspucken; **to ~ in sb's face** jdm ins Gesicht spucken ② *(fig: be angry)* ■**to ~ with anger/frustration/fury** vor Ärger/Enttäuschung/Wut schäumen; **to be ~ting mad** stinksauer sein *fam* ③ *impers (fam: raining)* **it is ~ting** [**with rain**] es tröpfelt ④ *(crackle) bacon, fat* brutzeln; *fire* zischen; *(hiss) cat* fauchen **III.** *vt* <-tt-, spat *or* spit, spat *or* spit> ■**to ~ sth** ① *(out of mouth)* etw ausspucken ② *(fig: say angrily)* etw ausstoßen; **to ~ abuse/curses/insults at sb** gegen jdn Beschimpfungen/Flüche/Beleidigungen ausstoßen ► PHRASES: **to ~ blood** [*or* **venom**] [*or* AM *also* **nails**] [*or* AUS *also* **tacks**] vor Wut platzen *fam*
◆**spit out** *vt* ■**to ~ out** ↻ **sth** ① *(from mouth)* etw ausspucken ② *(fig: say angrily)* etw fauchen [*o* ÖSTERR, SÜDD pfauchen]; ***come on, ~ it out!*** *(fam)* jetzt spuck's schon aus! *fam*
◆**spit up** AM **I.** *vi baby* aufstoßen **II.** *vt* ■**to ~ sth** ↻ **up** *baby* etw aufstoßen
spitball *n* ① *(chewed piece of paper)* gekautes Papierkügelchen ② AM *(in baseball) mit Speichel oder Schweiß angefeuchteter Ball;* **to throw** [*or* **pitch**] **a ~** einen angefeuchteten Ball werfen
spite [spaɪt] **I.** *n no pl* ① *(desire to hurt)* Bosheit *f;* **to do sth from** [*or* **out of**] **~** etw aus Bosheit tun ② *(despite)* ■**in ~ of sth** trotz einer S. *gen;* ***it's raining but in ~ of that, I think we should go on our picnic*** es regnet zwar, aber ich finde, wir sollten trotzdem Picknicken gehen; ■**in ~ of oneself** unwillkürlich **II.** *vt* ■**to ~ sb** jdn ärgern ► PHRASES: **to cut off one's nose to ~ one's face** sich *dat* ins eigene Fleisch schneiden
spiteful ['spaɪtfᵊl] *adj* gehässig
spitefully ['spaɪtfᵊli] *adv* gehässig
spitefulness ['spaɪtfᵊlnəs] *n no pl* Gehässigkeit *f*
spitfire *n (fig)* Hitzkopf *m; (woman also)* Giftnudel *f fam* **spit-roast** *vt* **to ~ a piece of beef/a chicken/lamb** ein Stück Rindfleisch/ein Huhn/Lammfleisch braten
spitting distance *n* **to be in** [*or* **within**] **~ of sth** *(fam)* nur einen Steinwurf [*o* Katzensprung] von etw *dat* entfernt sein **spitting image** *n* Ebenbild *nt;* ■**to be the ~ of sb** jds Ebenbild [*o* jdm wie aus dem Gesicht geschnitten] sein
spittle ['spɪtl, AM 'spɪt̬l] *n no pl* Spucke *f fam*
spittoon [spɪ'tu:n] *n* Spucknapf *m*
spiv [spɪv] *n* BRIT *(pej fam)* Lackaffe *m pej fam*
spivvy ['spɪvi] *adj* BRIT *(fam)* gaunerhaft, gaunerisch; *(of clothing)* vulgär
splash [splæʃ] **I.** *n* <*pl* -es> ① *(sound)* Platschen *nt kein pl,* Platscher *m;* ***he dived into the pool with a big ~*** es platschte, als er in den Pool sprang ② *(water)* Spritzer *m* ③ *(fam: swim)* **a ~ in the pool** eine Runde im Becken ④ *(small amount) of sauce, dressing, gravy* Klecks *m fam; of water, lemonade, juice* Spritzer *m;* **a ~ of brandy/rum/vodka** ein Schuss *m* Weinbrand/Rum/Wodka; **~ of colour** Farbklecks *m,* Farbtupfer *m* ⑤ *(sensational news)* Sensation *f; (attracting attention)* Aufsehen *nt;* **to make a ~** Furore machen **II.** *adv inv* platschend; **to fall ~ into sth** in etw *akk* hineinplatschen *fam* **III.** *vt* ① *(scatter liquid)* ■**to ~ sth** etw verspritzen; ***~ a little paint on that wall*** klatsch etwas Farbe auf die Wand *fam;* **to ~ soda into a drink** Sodawasser in ein Getränk spritzen ② *(stain with liquid)* ■**to ~ sth** etw bespritzen; ***a stream of coffee ~ed the counter*** ein Kaffeestrahl ergoss sich über die Theke ③ *(spray)* ■**to ~ sb/sth** jdn/etw bespritzen; **to ~ one's face with water** sich *dat* Wasser ins Gesicht spritzen; **to ~ water all over sb** jdn mit Wasser voll spritzen ④ *(fig: print prominently)* ***the press has ~ed the story on the front page*** die Presse hat die Geschichte auf der ersten Seite groß rausgebracht *fam;* ***her picture was ~ed all over the newspapers*** ihr Bild erschien groß in allen Zeitungen **IV.** *vi* ① *(hit ground) rain, waves* klatschen; *tears* tropfen ② *(play in water)* ■**to ~** [**about**] [herum]planschen ③ *(spill)* spritzen; ***a stream of juice ~ed over the counter*** ein Strahl von Saft ergoss sich über die Theke
◆**splash down** *vi* AEROSP wassern
◆**splash out** BRIT, AUS **I.** *vi* ■**to ~ out on sth** *(fam)* Geld für etw *akk* hinauswerfen *fam* **II.** *vt* ■**to ~ out money on sth** Geld für etw *akk* hinauswerfen *fam*
splashback *n* BRIT Spritzwand *f,* Spritzschutz *m*
splashboard *n* ① *(on vehicle, in kitchen)* Spritzschutz *m* ② *(on boat)* Wellenbrecher *m*
splashdown *n* AEROSP Wasserung *f* **splashguard** *n* AM Schmutzfänger *m*
splashy ['splæʃi] *adj* ① *(with water)* spritzend ② *(with patches of colour)* klecksig *fam* ③ *(attention-attracting)* sensationell
splat [splæt] *(fam)* **I.** *n no pl* Klatschen *nt,* Platschen *nt* **II.** *adv inv* klatsch, platsch **III.** *vt* <-tt-> **to ~ a bug/a fly** einen Käfer/eine Fliege totklatschen *fam*
splatter ['splætəʳ, AM -ɚ] **I.** *vt* ■**to ~ sth** etw bespritzen; ***her photograph was ~ed across the front pages of newspapers*** *(fig)* ihr Bild prangte groß auf allen Titelseiten; **to ~ sth with mud** etw mit Schlamm bespritzen **II.** *vi* spritzen
splay [spleɪ] **I.** *vt* **to ~ one's fingers/legs** die Finger/Beine spreizen **II.** *vi* ■**to ~ out** *legs, fingers* weggestreckt sein; *river, pipe* sich *akk* weiten; ***there he lay ~ed out on the floor*** er lag auf dem Boden und hatte alle Viere von sich gestreckt **III.** *n (in road)* Abschrägung *f,* Neigung *f; (in window opening)* Ausschrägung *f*
splayed [spleɪd] *adj* ARCHIT ausgeschrägt
splay-foot *n* Spreizfuß *m*
spleen [spli:n] *n* ① ANAT Milz *f;* **to rupture one's ~** sich *dat* einen Milzriss zuziehen ② *no pl esp* BRIT, AUS *(fig: anger)* Wut *f;* **a burst** [*or* **fit**] **of ~** ein Wutanfall *m;* **to vent one's ~ on sb** seine Wut an jdm auslassen
splendid ['splendɪd] *adj* großartig *a. iron;* ***it's a ~ day for a picnic*** es ist ein herrlicher Tag für ein Picknick; **a ~ idea** eine ausgezeichnete Idee
splendidly ['splendɪdli] *adv* großartig; *(magnificently)* herrlich; ***the dinner went off ~*** das Abendessen ging großartig über die Bühne
splendiferous [splen'dɪfᵊrəs] *adj (hum fam)* prächtig
splendor ['splendɚ] AM, **splendour** ['splendəʳ] *n* ① *no pl (beauty)* Pracht *f* ② *(beautiful things)* ■**~s** *pl* Herrlichkeiten *fpl*
splenetic [splə'netɪk, AM splɪ'net̬-] *adj* ① *(bad-tempered)* mürrisch, unwirsch ② MED Milz-
splice [splaɪs] **I.** *vt* ① *(unite)* ■**to ~ sth** etw zusammenkleben, etw verspleißen *fachspr;* **to ~ DNA/wires** die DNA/Drähte verbinden; **to ~ a film** einen Film kleben; **to ~ a rope** ein Seil spleißen; **to ~ pieces of wood** Holzstücke verfugen; ■**to ~ sth** ↻ **together** etw zusammenfügen ② *(fig: combine)* ■**to ~ sth with sth** etw mit etw *dat* verbinden ③ *(fig fam)* **to get ~d** heiraten **II.** *n* Verbindung *f; of ropes* Spleiß *m; of wood* Fuge *f; of tapes* Klebestelle *f;* **to join sth with a ~** etw kleben
splicer ['splaɪsəʳ, AM -ɚ] *n* ① FILM *(person)* Löter(in) *m(f); (machine)* Klebepresse *f* ② *(telecom)* Spleißer(in) *m(f)*
spliff [splɪf] *n (sl)* Joint *m sl*
splint [splɪnt] **I.** *n* ① MED Schiene *f;* **to put a ~ on sb/sth** jdn/etw schienen ② *(for lighting fire)* Splintkohle *f* ③ *(for basket weaving)* Span *m* **II.** *vt* **to ~ an arm/a finger/a leg** einen Arm/einen Finger/ein Bein schienen
splinter ['splɪntəʳ, AM -ɚ] **I.** *n* Splitter *m;* **~** [**of wood**] Holzsplitter *m,* Schiefer *m* ÖSTERR **II.** *vi* splittern; ***the conservatives have ~ed into several smaller political parties*** *(fig)* die Konservativen sind in mehrere kleinere Parteien zersplittert
splinter group, splinter party *n* POL Splittergruppe *f* **splinter-proof** *adj* splittersicher

S

split [splɪt] **I.** *n* ① (*crack*) Riss *m* (**in** in +*dat*); (*in wall, cement, wood*) Spalt *m* ② (*division in opinion*) Kluft *f;* POL Spaltung *f;* ***there was a three-way ~ in the voting*** die Wählerschaft zerfiel in drei Lager ③ (*marital separation*) Trennung *f* ④ ECON, STOCKEX Aktiensplit *m,* Entzweiung *f,* Spaltung *f* ⑤ (*share*) Anteil *m;* **a two/three/four-way ~** eine Aufteilung in zwei/drei/vier Teile ⑥ (*with legs*) ■**the ~s** *pl* [*or* AM **a ~**] Spagat *m;* **to do the ~s** [einen] Spagat machen ⑦ FOOD [**banana**] **~** Bananensplit *m* ⑧ (*small bottle*) kleine Flasche; *of champagne* Pikkolo *m fam* **II.** *vt* <-tt-, split, split> ① (*divide*) ■**to ~ sth** etw teilen; ***the teacher ~ the children into three groups*** der Lehrer teilte die Kinder in drei Gruppen [ein]; **to ~ an atom** ein Atom spalten; **to ~ the difference** (*fig*) sich *akk* auf halbem Weg einigen; **to ~ sth in half** etw halbieren; **to ~ sth down the middle** etw in der Mitte [durch]teilen; **to ~ a muffin/a roll in two** einen Muffin/ein Brötchen in der Mitte durchschneiden; **to ~ shares** Aktien splitten; **to ~ the vote** AM POL die Stimme auf mehrere Kandidaten, -innen *mpl, fpl* verteilen; **to ~ wood** Holz spalten ② (*fig: create division*) **to ~ a group/a party** eine Gruppe/eine Partei spalten; ***the issue has ~ the employers' group*** die Arbeitgeber haben sich über die Frage entzweit; ■**to be ~ over sth** in etw *dat* gespalten sein ③ (*rip, crack*) **to ~ a seam** eine Naht aufplatzen lassen; **to ~ one's head open** sich *dat* den Kopf aufschlagen; **to ~ a log open** ein Holzscheit spalten ► PHRASES: **to ~ a <u>gut</u>** AM (*fam*) Bauchweh vor Lachen haben; **to ~ <u>hairs</u>** (*pej*) Haarspalterei betreiben *pej;* **to ~ one's <u>sides</u>** vor Lachen fast platzen *fam* **III.** *vi* <-tt-, split, split> ① (*divide*) *wood, board, wall, stone* [entzwei]brechen; *seam, cloth* aufplatzen; *fabric* zerreißen; *hair* splissen; **to ~ into groups** sich *akk* aufteilen; **to ~ in half** entzweibrechen; **to ~ open** aufplatzen, aufbrechen; (*fig*) sich *akk* entzweien ② (*become splinter group*) ■**to ~ from sth** sich *akk* von etw *dat* abspalten ③ (*end relationship*) sich *akk* trennen ④ (*dated fam: leave*) abhauen *fam;* ***hey man, let's ~ before the cops come*** Mann, lass uns abhauen, bevor die Bullen kommen ⑤ BRIT, AUS (*dated fam: inform*) ■**to ~ on sb** [to sb] jdn [bei jdm] verpfeifen [*o* verpetzen] *pej fam*

◆**split off** **I.** *vt* ■**to ~ off ↔ sth** (*break off*) etw abbrechen; (*with axe*) etw abschlagen; (*with knife*) etw abtrennen; (*separate*) etw abtrennen; ***the river ~s the suburbs off from the city*** der Fluss trennt die Vororte von der Stadt ab **II.** *vi* ① (*become detached*) *rock, brick* sich *akk* lösen ② (*leave*) ■**to ~ off from sth** *party, group, faction* sich *akk* von etw *dat* abspalten

◆**split up** **I.** *vt* ① (*share*) **to ~ up ↔ money/work** Geld/Arbeit aufteilen ② (*separate*) **to ~ up a group/a team** eine Gruppe/eine Mannschaft teilen; ***the teacher ~ the children up into three groups*** der Lehrer teilte die Kinder in drei Gruppen ein **II.** *vi* ① (*divide up*) sich *akk* teilen; **to ~ up into groups** sich *akk* in Gruppen aufteilen ② (*end relationship*) sich *akk* trennen; ■**to ~ up with sb** sich *akk* von jdm trennen

split decision *n* BOXING *nicht einstimmiges Urteil beim Boxen* **split ends** *npl* gespaltene Haarspitzen **split image** *n* PHOT Schnittbild *nt* **split infinitive** *n* LING gespaltener Infinitiv **split-level** **I.** *adj* mit Zwischengeschossen *nach n* **II.** *n* Haus *nt* mit Zwischengeschossen **split pea** *n* Schälerbse *f* **split personality** *n* PSYCH gespaltene Persönlichkeit **split pin** *n* Splint *m* **split-screen** *n* COMPUT geteilter Bildschirm, geteilte Anzeige **split second** *n no pl* Bruchteil *m* einer Sekunde; ***I'll be back in a ~*** ich bin sofort wieder da **split-second** *adj inv decision, answer* auf die Sekunde; *break, moment* von Sekundenbruchteilen *nach n* **split shift** *n* geteilte Schicht **split ticket** *n* AM POL (*candidacy*) Wahlzettel *m* mit Kandidaten verschiedener Parteien; (*voter's ballot*) Wahlzettel *m* mit Stimmen für die Kandidaten verschiedener Parteien

splitting headache *n* (*fam*) rasende Kopfschmerzen

split-up *n* Trennung *f*

splodge [splɒdʒ] **I.** *n esp* BRIT (*fam*) *of paint, colour* Klecks *m; of ketchup, blood, grease, mud* Fleck *m;* **a ~ of whipped cream** ein Klecks *m* Sahne **II.** *vt esp* BRIT (*fam*) ■**to ~ sth** etw bespritzen; **to be ~d with blood/grease/paint** mit Blut/Fett/Farbe bekleckst sein

splosh [splɒʃ] **I.** *vi esp* BRIT (*fam*) ■**to ~ about** herumspritzen **II.** *n* <*pl* -es> *esp* BRIT (*fam*) Spritzer *m*

splotch [splɒtʃ, AM splɑːtʃ] *esp* AM, AUS **I.** *n* (*fam*) ① (*mark*) *of paint, colour* Klecks *m; of ketchup, blood, grease, mud* Fleck *m;* (*daub*) *of whipped cream* Klacks *m,* Klecks *m* ② (*rash*) Fleck *m* **II.** *vt* (*fam*) ■**to ~ sth** etw bespritzen; **to be ~ed with blood/grease/paint** mit Blut/Fett/Farbe bekleckst sein

splotchy [splɒtʃi, AM splɑːtʃi] *adj* fleckig

splurge [splɜːdʒ, AM splɜːrdʒ] (*fam*) **I.** *vt* **to ~ money/one's savings/$100 on sth** Geld/sein Gespartes/100 $ für etw *akk* verprassen *fam* **II.** *vi* prassen *fam;* ■**to ~ on sth** viel Geld für etw *akk* ausgeben **III.** *n* Prasserei *f fam;* **to go on a ~** groß einkaufen gehen *fam;* **to have a ~ on sth** Geld für etw *akk* verprassen *fam*

splutter ['splʌtəʳ, AM -t̬ɚ] **I.** *vi* ① (*make noises*) stottern; **to ~ sth with indignation** etw entrüstet hervorstoßen ② (*spit*) spucken; **to cough and ~** husten und spucken ③ (*backfire*) *car, lorry* stottern; (*make crackling noise*) *fire* zischen; *bacon, sausages* brutzeln, zischen **II.** *vt* ① (*say*) **to ~ an excuse** eine Entschuldigung hervorstoßen; ***"but … er … when … um … how?" he ~ed*** „aber … em … wann … äh … wie?" stotterte er; (*in indignation*) ***"well I never!" she ~ed*** „na so was!" platzte sie los ② (*spit out*) ■**to ~ sth** *water* etw ausspucken **III.** *n of a person* Prusten *nt kein pl; of a car* Stottern *nt kein pl; of fire, bacon* Zischen *nt kein pl;* **to give a ~** zischen

spoil [spɔɪl] **I.** *n* ① *no pl* (*debris*) Schutt *m* ② (*profits*) ■**~s** *pl* Beute *f kein pl;* **to divide the ~s** die Beute aufteilen ③ AM POL (*advantages*) ■**~s** *pl* Vorteile *mpl* **II.** *vt* <spoiled *or* BRIT *usu* spoilt, spoiled *or* BRIT *usu* spoilt> ① (*ruin*) ■**to ~ sth** etw verderben; **to ~ sb's afternoon/day/morning** jdm den Nachmittag/Tag/Morgen verderben; **to ~ one's appetite** sich *dat* den Appetit verderben; **to ~ one's ballot paper** BRIT seinen Stimmzettel ungültig machen; **to ~ sb's chances for sth** jds Chancen für etw *akk* zerstören; **to ~ the coastline** die Küste verschandeln *fam;* **to ~ sb's fun** jdm den Spaß verderben; **to ~ sb's life** jds Leben ruinieren; **to ~ the news/a secret** die Neuigkeit/ein Geheimnis ausplaudern; **to ~ sb's party** [*or* **to ~ the party for sb**] jdm den Spaß verderben ② (*treat well*) ■**to ~ sb/oneself** jdn/sich verwöhnen; **to ~ a child** (*pej*) ein Kind verziehen; **to be spoilt for choice** eine große Auswahl haben **III.** *vi* <spoiled *or* BRIT *usu* spoilt, spoiled *or* BRIT *usu* spoilt> ① *food* schlecht werden, verderben; *milk* sauer werden ② (*want*) **to be ~ing for a fight/trouble** Streit/Ärger suchen

spoilage ['spɔɪlɪdʒ] *n no pl* ① (*act of rotting*) Verderben *nt* ② (*food*) Verdorbene(s) *nt,* Verfaulte(s) *nt;* (*milk*) Sauergewordene(s) *nt* ③ PUBL Makulatur *f*

spoiled brat *n* verzogenes Gör *pej fam*

spoiler ['spɔɪləʳ, AM -ɚ] *n* (*on aeroplane*) Unterbrecherklappe *f;* (*on car*) Spoiler *m*

spoil heap *n* Schutthaufen *m*

spoilsport ['spɔɪlspɔːt, AM -spɔːrt] *n* (*pej fam*) Spielverderber(in) *m(f)*

spoils system *n no pl* AM Ämterpatronage *f*

spoilt [spɔɪlt] **I.** *vtvi esp* BRIT *pp, pt of* **spoil** **II.** *adj appetite* verdorben; *view, coastline* verschandelt *fam; meat, milk* verdorben; *child* verwöhnt; (*pej*) verzogen; **to be ~ for the choice** BRIT die Qual der Wahl haben *fam*

spoke¹ [spəʊk, AM spoʊk] *n* Speiche *f* ► PHRASES: **to put a ~ in sb's <u>wheel</u>** [*or* <u>**plan**</u>] BRIT jdm einen Knüppel zwischen die Beine werfen

spoke² [spəʊk, AM spoʊk] *pt of* **speak**

spoken [spəʊkᵊn, AM spoʊk-] **I.** *pp of* **speak** **II.** *adj* ① *attr, inv* (*not written*) gesprochen; **~ English/German** gesprochenes Englisch/Deutsch; **the ~ word** das gesprochene Wort ② *pred, inv* (*sold*) ■**to be ~ for** verkauft sein ③ *pred, inv* (*involved in relationship*) ■**to be ~ for** *person* vergeben sein *hum*

spokeshave ['spəʊkʃeɪv, AM 'spoʊk] *n* Schabhobel *m*

spokesman ['spəʊks-, AM 'spoʊks-] *n* Sprecher *m* **spokesperson** <*pl* -people> *n* Sprecher(in) *m(f)* **spokeswoman** *n* Sprecherin *f*

spoliation [,spəʊli'eɪʃᵊn, AM ,spoʊ-] *n no pl* (*form*) Plünderung *f*

spondulicks [spɒn'djuːlɪks, AM spɑːn'duː-], **spondulix** *npl* (*hum fam*) Zaster *m kein pl sl,* Moneten *pl fam*

sponge [spʌndʒ] **I.** *n* ① (*foam cloth*) Schwamm *m;* **to give sth a ~** *car* etw waschen; *floor* etw wischen; *table, wall* etw abwischen; **to give sth a ~ with a cloth** etw mit einem Tuch abreiben ② (*soft cake*) Rührkuchen *m;* (*without fat*) Biskuit[kuchen] *m* ③ (*fam: parasitic person*) Schnorrer(in) *m(f) fam,* Schmarotzer(in) *m(f) pej* ④ (*fam: heavy drinker*) Schluckspecht *m hum fam* **II.** *vt* ① (*clean*) ■**to ~ sth** etw [mit einem Schwamm] abwaschen [*o* abwischen]; ■**to ~ oneself** sich *akk* [mit einem Schwamm] waschen; **to ~ the ceiling/a wall** die Decke/eine Wand [mit einem Schwamm] abwischen ② (*get for free*) **to ~ cigarettes/lunch/money off of sb** von jdm Zigaretten/ein Mittagessen/Geld schnorren **III.** *vi* (*pej fam*) ■**to ~ on sb** jdn ausnutzen

◆**sponge down, sponge off** *vt* ■**to ~ down** [*or* **off**] **↔ sth** etw schnell [mit einem Schwamm] abwaschen [*o* abwischen]; ■**to ~ down** [*or* **off**] **↔ sb** jdn schnell [mit einem Schwamm] waschen

sponge bag *n* BRIT, AUS Waschbeutel *m,* Kulturbeutel *m* **sponge bath** *n* AM **to give oneself/sb a ~** sich/jdn mit einem Schwamm waschen **sponge cake** *n* Biskuitkuchen *m*

sponger ['spʌndʒəʳ, AM -ɚ] *n* (*pej*) Schmarotzer(in) *m(f) pej*

sponge rubber *n* AM Schaumgummi *m*

sponginess ['spʌndʒɪnəs] *n no pl* Schwammigkeit *f*

spongy ['spʌndʒi] *adj* schwammig; *grass, moss* weich, nachgiebig; *pudding* locker; *skin* schwammig; **~ pastry** lockerer Teig

sponsor ['spɒn(t)səʳ, AM 'spɑːn(t)sɚ] **I.** *vt* ① (*support*) ■**to ~ sb/sth** *person* jdn/etw sponsern [*o* als Sponsor finanzieren]; *government* jdn/etw unterstützen; ***to join the club, you first need to be ~ed by two people*** damit du in den Klub eintreten kannst, müssen erst zwei Leute für dich bürgen; **to ~ a bill** POL ein Gesetz befürworten [*o* unterstützen] ② POL (*host*) **to ~ negotiations/talks** die Schirmherrschaft über Verhandlungen/Gespräche haben ③ (*to pay for advertising rights*) ■**to ~ sth** etw sponsern **II.** *n* ① (*supporter*) Sponsor(in) *m(f);* (*of a charity*) Förderer, -in *m, f;* (*for an immigrant*) Bürge, -in *m, f;* (*for membership*) Bürge, -in *m, f;* (*of a match, event*) Sponsor(in) *m(f);* POL (*of a bill*) Befürworter(in) *m(f),* Abgeordnete(r), der/die eine Gesetzesvorlage einbringt [*o* unterstützt] ② (*host*) Schirmherr(in) *m(f)* ③ REL Pate, -in *m, f* ④ ECON (*advertiser on TV*) Fernsehwerbungtreibender *m,* Sponsor *m*

sponsored ['spɒnsəd, AM 'spɑːnsɚd] *adj inv* gesponsert

sponsorship ['spɒn(t)səʃɪp, AM 'spɑːn(t)sɚ-] *n no pl* ECON finanzielle Förderung, Sponsoring *nt;* (*by corporation, people*) Unterstützung *f;* (*at fundraiser*) Förderung *f;* (*for immigrants*) Bürgschaft *f;* (*for potential member*) Empfehlung *f;* POL (*of a match, event*) Sponsern *nt;* (*of a bill*) Befürwortung *f;* (*of negotiations*) Schirmherrschaft *f;* **corporate ~** Firmenunterstützung *f;* **government/private ~** staatliche/private Unterstützung; **to get ~** gefördert werden

spontaneity [,spɒntə'neɪəti, AM ,spɑːntᵊn'eɪət̬i] *n no pl* (*approv*) Spontaneität *f,* Ungezwungenheit *f*

spontaneous [spɒn'teɪniəs, AM spɑːn-] *adj* ① (*un-*

planned) spontan ② (*approv: unrestrained*) impulsiv ③ MED Spontan-; ~ **miscarriage** Spontanabort *m fachspr*

spontaneous combustion *n no pl* TECH spontane Verbrennung

spontaneously [spɒnˈteɪniəsli, AM spɑ:n-] *adv* spontan; (*voluntarily*) von sich *dat* aus; ***he just offered to help*** ~ er bot seine Hilfe von sich aus an

spoof [spu:f] **I.** *n* ① (*satire*) Parodie *f*; **to do a ~ on** [*or* **of**] **sth** etw parodieren ② (*trick*) Scherz *m* **II.** *vt* ① (*do satire of*) ■**to ~ sth** etw parodieren ② (*fam: imitate mockingly*) ■**to ~ sth** etw nachäffen *fam* ③ AM (*fam: trick*) ■**to ~ sb** jdn auf die Schippe nehmen *fam* **III.** *vi* AM (*fam*) schwindeln *fam*

spook [spu:k] **I.** *n* ① (*fam: ghost*) Gespenst *nt* ② AM (*spy*) Spion(in) *m(f)* **II.** *vt esp* AM ■**to ~ sb/an animal** (*scare*) jdn/ein Tier erschrecken; (*make uneasy*) jdn beunruhigen **III.** *vi horse, deer* sich *akk* erschrecken

spook story *n* Spukgeschichte *f*

spooky [ˈspu:ki] *adj* (*fam*) ① (*scary*) schaurig; *house, woods, person* unheimlich; *story, film, novel* gespenstisch; *feeling* eigenartig; (*weird*) sonderbar, eigenartig ② (*easily frightened*) *person, horse* schreckhaft

spool [spu:l] **I.** *n* Rolle *f*, Spule *f*; **a ~ of film** eine Filmrolle **II.** *vt* ① (*wind*) **to ~ a cassette/a thread** eine Kassette/einen Faden aufspulen ② COMPUT **to ~ a file** eine Datei spulen

spoon [spu:n] **I.** *n* ① (*for eating*) Löffel *m*; **kitchen ~** Kochlöffel *m*; **perforated/slotted ~** durchlöcherter/geschlitzter Löffel; **wooden ~** Holzlöffel *m* ② (*spoonful*) Löffel *m* ③ ■**~s** *pl* MUS Löffel *mpl* **II.** *vt* ① (*with a spoon*) **to ~ sth** etw löffeln ② SPORTS **to ~ the ball** den Ball schlenzen **III.** *vi* (*dated fam*) schmusen *fam*

◆**spoon out** *vt* ■**to ~ out** ↻ **sth** *food* etw verteilen

◆**spoon up** *vt* ■**to ~ up** ↻ **sth** etw löffeln

spoonbill [ˈspu:nbɪl] *n* ORN Löffelreiher *m*

spoon bread *n no pl* AM Maisfladen *m*

spoonerism [ˈspu:nᵊrɪzᵊm] *n* lustiger Versprecher; **to produce a ~** sich *akk* versprechen

spoon-feed <-fed, -fed> [ˈspu:nfi:d] *vt* ■**to ~ sb** ① (*feed with spoon*) jdn mit einem Löffel füttern ② (*supply*) jdm alles vorgeben [*o fam* vorkauen]; **to ~ sb with answers/information** jdn mit Antworten/Informationen füttern

spoonful <*pl* -s *or* spoonsful> [ˈspu:nfʊl] *n* Löffel *m*; ***a ~ of sugar*** ein Löffel Zucker; **a ~ of hope/patience** (*fig*) ein Funken Hoffnung/Geduld *fam*

spoor [spɔ:ʳ, AM spɔ:r] *n* Fährte *f*; **to follow a ~** einer Fährte folgen

sporadic [spəˈrædɪk] *adj* sporadisch; ~ **gunfire** vereinzelte Schüsse; ~ **showers** gelegentliche Regenschauer

sporadically [spəˈrædɪkᵊli] *adv* sporadisch; (*occasionally*) immer wieder; *rain, snow* vereinzelt

spore [spɔ:ʳ, AM spɔ:r] *n* BIOL Spore *f*

sporran [ˈspɒrən] *n* SCOT Felltasche *f* (*die über dem Schottenrock getragen wird*)

sport [spɔ:t, AM spɔ:rt] **I.** *n* ① (*game*) Sport *m*; (*type of*) Sportart *f*; **contact/team ~** Kontakt-/Mannschaftssport *m*; **summer/winter ~** Sommer-/Wintersport *m*; **indoor ~** Hallensport *m*; **outdoor ~** Sport *m* im Freien ② *no pl* BRIT, AUS ■AM **~s** *pl* (*athletic activity*) Sport *m*; **to be good/bad at ~** sportlich/unsportlich sein; **to do** [*or* **play**] **~** Sport treiben ③ *no pl* (*fun*) Vergnügen *nt*; ***wrestling with Dad was always great ~*** mit dem Vater zu ringen hat immer sehr großen Spaß gemacht; **to do sth for ~** [*or* **just for the ~ of it**] etw nur zum Vergnügen tun ④ (*fam: co-operative person*) **to be a** [**good**] **~** kein Spielverderber/keine Spielverderberin sein; **to be a bad ~** ein Spielverderber/eine Spielverderberin sein; ***he's a good ~*** er ist ein feiner Kerl *fam* ⑤ *no pl* (*joke*) Spaß *m*; **to be just in ~** nur zum Spaß sein; **to do sth in ~** etw aus Spaß machen; **to make ~ of sb/sth** sich *akk* über jdn/etw lustig machen ⑥ AUS (*form of address*) ***hello ~*** na, Sportsfreund *fam* **II.** *vt* (*esp hum*) ■**to ~ sth** (*wear*) etw tragen; (*be decorated with*) mit etw *dat* geschmückt sein; **to ~ a black eye/a huge moustache** mit einem blauen Auge/einem riesigen Schnurrbart herumlaufen *fam*

sporting [ˈspɔ:tɪŋ, AM ˈspɔ:rṭɪŋ] *adj* SPORTS ① *attr, inv* (*involving sports*) Sport-; ~ **event** Sportveranstaltung *f* ② (*approv dated: fair*) fair; (*nice*) anständig *fam*

sporting chance *n* faire Chance

sportingly [ˈspɔ:tɪŋli, AM ˈspɔ:rt] *adv* großzügig[er Weise]; (*sportively*) in sportlichem Geist

sportive [ˈspɔ:tɪv, AM ˈspɔ:rṭɪv] *adj* verspielt

sports announcer *n* Sportreporter(in) *m(f)* **sports arena** *n* Sportstadion *nt* **sports bar** *n Bar mit Fernseher für Sportübertragungen* **sports bra** *n* Sport-BH *m* **sports car** *n* Sportwagen *m* **sportscast** [-kæst] *n esp* AM Sportübertragung *f* **sportscaster** [-kæstəʳ] *n esp* AM Sportreporter(in) *m(f)* **sports center, sports centre** *n* Sportcenter *nt* **sports coat** *n* Sportsakko *nt* **sports commentator** *n* Sportkommentator(in) *m(f)* **sports day** *n* BRIT SCH Sportfest *nt* **sports drink** *n* AM (*mineral replacement drink*) elektrolytisches Getränk, Sportlergetränk *nt fam* **sports equipment** *n no pl* Sportausrüstung *f* **sports field, sports ground** *n* Sportplatz *m* **sports jacket** *n* Sportsakko *nt* **sportsman** *n* Sportler *m* **sportsmanlike** *adj* fair **sportsmanship** *n no pl* Fairness *f* **sports medicine** *n no pl* Sportmedizin *f* **sports page** *n* Sportseite *f* **sportsperson** *n* Sportler(in) *m(f)* **sports section** *n* Sportteil *m*

sportster [ˈspɔ:tstəʳ, AM ˈspɔ:rtstəʳ] *n* Sportwagen *m*

sports truck *n* Sports Truck *m* (*sportwagenähnlicher Laster*)

sportswear *n no pl* Sportkleidung *f* **sportswear department** *n* Sportabteilung *f* **sportswoman** *n* Sportlerin *f* **sports writer** *n* Sportjournalist(in) *m(f)*

sport utility vehicle *n*, **SUV** *n* Geländewagen *m*

sporty [ˈspɔ:ti, AM ˈspɔ:rti] *adj* ① (*athletic*) sportlich; ~ **clothing** sportliche Kleidung ② (*fast*) ~ **car** schneller Wagen

spot [spɒt, AM spɑ:t] **I.** *n* ① (*mark*) Fleck *m*; ~ **of blood/grease** Blut-/Fettfleck *m* ② (*dot*) Punkt *m*; (*pattern*) Tupfen *m* ③ BRIT (*pimple*) Pickel *m*; (*pustule*) Pustel *f*; **to pick a ~** einen Pickel ausdrücken ④ *esp* BRIT (*little bit*) ein wenig [*o* bisschen]; ***shall we stop for a ~ of lunch?*** sollen wir schnell eine Kleinigkeit zu Mittag essen?; ***I'm having a ~ of bother with one of my back teeth*** einer meiner Backenzähne macht mir etwas Ärger; **a ~ of rain** ein bisschen Regen ⑤ (*place*) Stelle *f*; **on the ~** an Ort und Stelle ⑥ (*small town, village*) Flecken *m* ⑦ TV, RADIO Beitrag *m*; **guest ~** Gastauftritt *m*; **to have sb on the guest ~** jdn als Gast haben; **to do/have a ~** einen Beitrag gestalten/haben ⑧ ECON (*price*) Sofortpreis *m* ⑨ (*fam: spotlight*) Scheinwerfer *m* ⑩ COMPUT Punkt *m*, Spurelement *nt* ▶ PHRASES: **to put sb on the ~** jdn in Verlegenheit bringen; **on the ~** auf der Stelle **II.** *vi* <-tt-> *impers* BRIT **it's ~ting** [**with rain**] es tröpfelt *fam* **III.** *vt* <-tt-> ■**to ~ sb/sth** (*see*) jdn/etw entdecken; (*catch, find out*) ■**to ~ sb doing sth** jdn bei etw *dat* erwischen; ■**to ~ why/what …** dahinterkommen, warum/was … *fam*; (*notice*) ■**to ~ that …** bemerken, dass …

spot cash *n no pl* FIN, ECON sofortige Bezahlung, Sofortliquidität *f fachspr* **spot check** *n* Stichprobe *f*; **to do** [*or* **perform**] **~s** [**on sb/sth**] [bei jdm/etw] Stichproben machen [*o geh* vornehmen] **spot-check** *vt* ■**to ~ sb/sth** jdn/etw stichprobenweise überprüfen **spot deal** *n* FIN, ECON Kassageschäft *nt fachspr* **spot fine** *n* sofort fällige Strafe **spot height** *n* ① (*elevation*) Höhe *f* ② (*on a map*) Höhenangabe *f*

spotless [ˈspɒtləs, AM ˈspɑ:t-] *adj* ① (*clean*) makellos ② (*unblemished*) untadelig, makellos, tadellos; **to have a ~ record/reputation** einen makellosen [*o* tadellosen] Ruf haben

spotlessly [ˈspɒtləsli, AM ˈspɑ:t-] *adv* makellos

spotlight **I.** *n* Scheinwerfer *m*; **to be in/out of the ~** (*fig*) im/nicht im Rampenlicht stehen; **to turn the ~ to sb/sth** die Aufmerksamkeit auf jdn/etw richten **II.** *vt* <-lighted *or* -lit, -lighted *or* -lit> ■**to ~ sth** etw beleuchten; (*fig*) auf etw *akk* aufmerksam machen, etw ins Bewusstsein der Öffentlichkeit rücken **spot market** *n* FIN, STOCKEX Lokomarkt *m fachspr*, Kassamarkt *m* **spot-on** *adj pred* BRIT, AUS (*fam*) ① (*exact*) haargenau *fam*, exakt; (*correct*) richtig, goldrichtig *fam*; ***what you said was ~*** was du gesagt hast stimmt haargenau; ***her estimate was ~*** sie lag mit ihrer Schätzung genau richtig [*o fam* goldrichtig] ② (*on target*) punktgenau **spot price** *n* FIN, STOCKEX Lokopreis *m fachspr*

spotted [ˈspɒtɪd, AM ˈspɑ:ṭɪd] *adj inv* ① (*pattern*) getupft, gepunktet; ~ **dog** Dalmatiner *m* ② *pred* (*covered*) ■**to be ~ with sth** mit etw *dat* gesprenkelt sein

spotted dick *n* BRIT *mit Talg zubereiteter Pudding, der Rosinen enthält* **spotted hyena** *n* Tüpfelhyäne *f*

spotter [ˈspɒtəʳ, AM ˈspɑ:ṭəʳ] *n* SPORTS Stütze *f*

spotty [ˈspɒti, AM ˈspɑ:ṭi] *adj* ① BRIT, AUS (*pimply*) pickelig ② AM, AUS (*patchy*) bescheiden *iron*; ~ **progress/sales** schleppender Fortschritt/Verkauf

spot-welding *n no pl* Punktschweißen *nt*

spouse [spaʊs] *n* (*form*) [Ehe]gatte, -in *m, f*

spout [spaʊt] **I.** *n* ① (*opening*) Ausguss *m*; (*of a teapot, coffeepot, jug*) Schnabel *m* ② (*discharge*) Strahl *m* ▶ PHRASES: **to be up the ~** BRIT, AUS (*sl: spoiled*) im Eimer sein *sl*; BRIT (*sl: pregnant*) ein Kind kriegen *fam* **II.** *vt* ■**to ~ sth** ① (*pej: hold forth*) etw faseln *fam*; **to ~ facts and figures** mit Belegen und Zahlen um sich *akk* werfen *fam* ② (*discharge*) etw speien; ***the geysers were ~ing jets of hot water into the air*** aus den Geysiren schossen Strahlen von heißem Wasser in die Luft **III.** *vi* ① (*pej: hold forth*) Reden schwingen *fam* ② (*gush*) hervorschießen; ***the tears were ~ing from her eyes*** sie zerfloss in Tränen [*o* war in Tränen aufgelöst]

◆**spout out** **I.** *vi* hervorschießen **II.** *vt* ■**to ~ out** ↻ **sth** etw gedankenlos daherplappern *pej fam*

sprain [spreɪn] **I.** *vt* ■**to ~ sth** sich *dat* etw verstauchen; **to ~ one's ankle** sich *dat* den Knöchel verstauchen **II.** *n* Verstauchung *f*

sprang [spræŋ] *vi, vt pt of* **spring**

sprat [spræt] *n* Sprotte *f*

sprawl [sprɔ:l, AM sprɑ:l] **I.** *n* ① *no pl* (*slouch*) **to lie in a ~** ausgestreckt daliegen ② *usu sing* (*expanse*) Ausdehnung *f*; **urban ~** (*phenomenon*) unkontrollierte Ausbreitung einer Stadt; (*town*) riesiges Stadtgebiet; (*area*) Ballungsraum *m* **II.** *vi* ① (*slouch*) ■**to ~ on sth** auf etw *dat* herumlümmeln *pej fam*, sich *akk* auf etw *dat* rekeln *fam*; **to send sb ~ing** jdn zu Boden strecken ② (*expand*) sich *akk* ausbreiten

◆**sprawl out** *vi* ■**to ~ out** [**on sth**] [auf etw *dat*] herumlümmeln *pej fam*

sprawled [sprɔ:ld, AM sprɑ:ld] *adj pred* ■**to be ~ across/on sth** auf etw *dat* ausgestreckt sein

sprawling [ˈsprɔ:lɪŋ, AM ˈsprɑ:l-] *adj* (*pej*) ① (*expansive*) ausgedehnt ② (*irregular*) unregelmäßig

spray¹ [spreɪ] **I.** *n* ① *no pl* (*mist, droplets*) Sprühnebel *m*; *of fuel, perfume* Wolke *f*; *of water* Gischt *m o f* ② (*spurt*) *of perfume* Spritzer *m*; ~ **of bullets** (*fig*) Kugelhagel *m* ③ (*aerosol*) Spray *m o nt*; **chemical ~** Spritzmittel *nt* ④ (*sprinkler*) Sprühvorrichtung *f*; (*for irrigation*) Bewässerungsanlage *f* **II.** *vt* ① (*cover*) ■**to ~ sth** etw besprühen; *plants* etw spritzen; ■**to ~ sb/oneself/sth with sth** jdn/sich/etw mit etw *dat* besprühen [*o* bespritzen]; ***a car went past and ~ed me with water!*** ein Auto fuhr vorbei und bespritzte mich mit Wasser!; ***the car was ~ed with bullets*** (*fig*) das Auto wurde von Kugeln durchsiebt; **to ~ crops** Getreide spritzen ② (*disperse in a mist*) ■**to ~ sth** etw sprühen; (*in a spurt*) etw spritzen; **to ~ insecticide** Insektizide sprühen ③ (*draw, write*) ■**to ~ sth on sth** etw mit etw *dat* besprühen; ***vandals had ~ed graffiti on the wall*** Vandalen hatten ein Graffiti auf die Wand gesprüht ④ (*shoot all around*) **to ~ sb with bullets**

S

jdn mit Kugeln durchsieben **III.** *vi* spritzen

spray[2] [spreɪ] *n* ① *(branch)* Zweig *m* ② *(bouquet)* Strauß *m;* **a ~ of red roses** ein Strauß *m* rote [*o geh* roter] Rosen

sprayer [spreɪər, AM -ər] *n* Zerstäuber *m*

spray gun *n* Spritzpistole *f* **spray paint** *n* Spritzlack *m* **spray-paint** *vt* ■**to ~ sth** etw mit Farbe besprühen [*o* spritzlackieren]

spread [spred] **I.** *n* ① *(act of spreading)* Verbreitung *f* ② *(range)* Vielfalt *f;* **~ of opinion** Meinungsvielfalt *f* ③ JOURN Doppelseite *f* ④ *(soft food to spread)* Aufstrich *m* ⑤ AM *(ranch)* Ranch *f;* *(farm)* Farm *f* ⑥ BRIT, AUS *(dated fam: meal)* Mahl *nt;* **to lay** [*or* **put**] **on a ~** ein Festessen auftischen ⑦ FIN Zinsspanne *f;* STOCKEX Kursunterschiede *mpl,* Marge *f,* Spanne *f* **II.** *vi* <spread, spread> ① *(extend over larger area) fire* sich *akk* ausbreiten; *news, panic* sich *akk* verbreiten; **to ~ like wildfire** sich *akk* wie ein Lauffeuer verbreiten ② *(stretch)* sich *akk* erstrecken ③ FOOD streichbar sein, sich *akk* streichen lassen **III.** *vt* <spread, spread> ■**to ~ sth** ① *(open, extend) arms, legs, blanket, papers, wings* etw ausbreiten; **to ~ a net** ein Netz auslegen ② *(cover with spread)* **to ~ toast with jam** Toast mit Marmelade bestreichen; **to ~ a layer of jam on the toast** Marmelade auf den Toast streichen ③ *(distribute) sand* etw verteilen; *fertilizer* etw streuen; *disease* etw übertragen; **to ~ a civilization/culture** eine Zivilisation/Kultur verbreiten; **to ~ panic** Panik verbreiten ④ *(make known)* **to ~ a rumour** ein Gerücht verbreiten; **to ~ the word** es allen mitteilen ▶ PHRASES: **to ~ one's wings** sich *akk* auf neues Terrain vorwagen

◆**spread out I.** *vt* ■**to ~ out** ↻ **sth** ① *(open out)* etw ausbreiten; **to ~ out one's arms/legs** die Arme/Beine ausstrecken; **to ~ out a newspaper** eine Zeitung öffnen ② *(share)* etw aufteilen ③ *(distribute)* etw verteilen; ■**to ~ out sth** [**over a period of time**] etw [über einen Zeitraum] verteilen **II.** *vi* ① *(expand)* sich *akk* erstrecken ② *(disperse)* sich *akk* aufteilen

◆**spread over** *vt* ■**to ~ over** ↻ **sth** etw verteilen; ***the course is ~ over two years*** der Kurs dauert zwei Jahre; **to ~ the cost over a period of time** die Kosten auf eine bestimmte Zeitspanne verteilen

spread-eagled [-'iːgl̩d] *adj* ausgestreckt

spreader ['spredər, AM -ər] *n* ① *(fam: person)* ***whoever the ~ of the rumours is ought to be punished somehow*** wer auch immer die Gerüchte verbreitet hat, sollte irgendwie bestraft werden ② *(machine)* Spritzgerät *nt*

spreadsheet *n* ① ECON Gliederungsbogen *m* ② COMPUT *(program)* Tabellenkalkulation *f,* Kalkulations-Tabellendruck *m* ③ COMPUT *(printout of calculations)* Kalkulationstabellendruck *m*

spree [spriː] *n* Gelage *nt;* **to go** [**out**] **on a drinking ~** auf Sauftour gehen *fam;* **killing ~** Gemetzel *nt;* **shopping ~** Einkaufstour *f*

sprig [sprɪg] *n* Zweig *nt*

sprightliness ['spraitlɪnəs] *n no pl* Elan *m geh*

sprightly ['spraitli] *adj* munter; *old person* rüstig

spring [sprɪŋ] **I.** *n* ① *(season)* Frühling *m;* **in the ~** im Frühling ② TECH *(part in machine)* Feder *f* ③ *(elasticity)* Sprungkraft *f,* Elastizität *f;* **to have** [*or* **walk with**] **a ~ in one's step** beschwingt gehen ④ *(source of water)* Quelle *f* **II.** *n modifier* ① *(of season) (fashion, flowers, weather)* Frühlings-; **~ thaw** Frühlingstauwetter *nt* ② *(of water source) (water)* Quell- ③ *(with springs) (seat)* gefedert; **~ mattress** Federkernmatraze *f* **III.** *vi* <sprang *or* AM *also* sprung, sprung> ① *(move quickly)* springen; **to ~ into action** den Betrieb aufnehmen; **to ~ to sb's defence** zu jds Verteidigung eilen; **to ~ to one's feet** aufspringen; **to ~ open** aufspringen; **to ~ shut** zufallen ② *(suddenly appear)* auftauchen; ***where did you ~ from?*** wo kommst du denn plötzlich her?; **to ~ to mind** in den Kopf schießen ③ *(old: attack)* ■**to ~ on** [*or* **upon**] **sb** jdn angreifen ④ *(have as source)* ■**to ~ from sth** von etw *dat* herrühren **IV.** *vt* ■**to ~ sth** ① *(operate)* etw auslösen; **to ~ a trap** eine Falle zuschnappen lassen ② *(suddenly do)* ■**to ~ sth on** [*or* **upon**] **sb** jdn mit etw *dat* überfallen *fig;* **to ~ the news on sb** jdn mit Neuigkeiten überfallen; **to ~ a trick on sb** jdm einen unverhofften Streich spielen ③ *(provide with springs)* ■**to ~ sth** etw federn ④ *(fam: help to escape)* ■**to ~ sb** jdn rausholen *fam* ▶ PHRASES: **to ~ a leak** *ship* [plötzlich] ein Leck bekommen; *pipe* [plötzlich] undicht werden

◆**spring back** *vi* zurückschnellen

◆**spring out** *vi* ■**to ~ out of sth** ***I sprang out of bed to answer the door*** ich sprang aus dem Bett, um die Tür zu öffnen

◆**spring up** *vi* plötzlich auftauchen; *business* aus dem Boden schießen; ***suddenly, a strong gust sprung up*** plötzlich kam starker Wind auf

spring balance *n* Federwaage *f* **springboard** *n* *(also fig)* Sprungbrett *nt a. fig;* **to be** [*or* **act as**] **a ~ for sth** *(fig)* ein Sprungbrett für etw *akk* sein

springbok <*pl* -s *or* -> ['sprɪŋbɒk, AM -bɑːk] *n* Springbock *m*

spring chicken *n* ① *(fowl)* junges Hähnchen ② *(fam)* **to be no ~** *(not young)* [auch] nicht mehr der/die Jüngste sein, kein junger Hüpfer sein *fam*

spring-clean I. *vi* Frühjahrsputz machen **II.** *vt* **to ~ a house/room** in einem Haus/einem Zimmer Frühjahrsputz machen **spring-cleaning** *n no pl* Frühjahrsputz *m*

springer [sprɪŋər] *n* AM junges Hähnchen

spring greens *npl* BRIT Frühkohl *m kein pl*

springiness ['sprɪŋɪnəs] *n no pl* Elastizität *f*

spring-loaded *adj inv* mit Sprungfeder[n] *nach n* **spring mattress** *n* Federkernmatratze *f* **spring onion** *n* BRIT, AUS Frühlingszwiebel *f* **spring roll** *n* Frühlingsrolle *f* **spring tide** *n* Springflut *f* **springtime** *n no pl* Frühling *m;* **in** [**the**] **~** im Frühling **spring water** *n no pl* Quellwasser *nt*

springy ['sprɪŋi] *adj* federnd *attr,* elastisch

sprinkle ['sprɪŋkl] **I.** *vt* ① *(scatter)* ■**to ~ sth on sth** *(on cake, pizza)* etw auf etw *akk* streuen; *a liquid* etw mit etw *dat* besprengen ② *(cover)* ■**to ~ sth with sth** *cake* etw mit etw *dat* bestreuen; *(with a liquid)* etw mit etw *dat* besprengen; **to ~ a speech with jokes** *(fig)* eine Rede mit Scherzen auflockern ③ *(water)* **to ~ the lawn** den Rasen sprengen **II.** *n usu sing* **a ~ of rain/snow** leichter Regen/Schneefall

sprinkler ['sprɪŋklər, AM -klər] *n* ① AGR Beregnungsanlage *f;* *(for a lawn)* Sprinkler *m* ② *(for fires)* Sprinkler *m;* ■**~s** *pl (system)* Sprinkleranlage *f*

sprinkler system *n* Sprinkleranlage *f*

sprinkling ['sprɪŋklɪŋ] *n* ① *see* **sprinkle** ② *usu sing (light covering)* ***top each ice cream with a generous ~ of fresh mint*** bestreuen Sie jedes Eis mit reichlich frischer Minze; **a ~ of salt** eine Prise Salz ③ *usu sing (smattering)* ■**a ~ of …** ein paar …; **a ~ of grey hairs/men** ein paar graue Haare/Männer; **a ~ of knowledge** eine leise Ahnung

sprint [sprɪnt] **I.** *vi* sprinten **II.** *n* ① SPORTS Sprint *m;* **100-metre ~** Hundertmeterlauf *m,* 100-m-Lauf *m* ② BRIT, AUS *(dash)* Sprint *m;* **to break into a ~** zu sprinten beginnen; **to put on a ~** einen Sprint einlegen **III.** *n modifier (race, track, training)* Sprint-; **~ relay** Sprintstaffel *f;* **~ runner** Sprinter(in) *m(f)*

sprinter ['sprɪntər, AM 'sprɪnt̬ər] *n* Sprinter(in) *m(f)*

sprite [spraɪt] *n* ① *(liter: creature)* Naturgeist *m;* **sea/water ~** Wassergeist *m* ② COMPUT Kobold *m*

spritz [sprɪts] **I.** *vi* AM besprühen **II.** *n* AM *of perfume* Spritzer *m*

spritzer ['sprɪtsər, AM -sər] *n* Schorle *f,* Gespritzte(r) *m* DIAL, ÖSTERR

spritzig ['sprɪtsɪg] *adj* AUS spritzig

sprocket ['sprɒkɪt, AM 'sprɑː-], **sprocket wheel** *n* Zahnrad *nt,* Stachelradwalze *f*

sprog [sprɒg] **I.** *n* BRIT, AUS *(sl)* Balg *m o nt meist pej fam* **II.** *vi* <-gg-> BRIT, AUS *(sl)* gebären

sprout [spraʊt] **I.** *n* ① *(shoot)* Spross *m* ② *esp* BRIT *(vegetable)* Rosenkohl *m kein pl* **II.** *vi* ① *(grow)* sprießen *geh,* wachsen ② *(germinate)* keimen **III.** *vt* ■**sb/an animal ~s sth** jdm/einem Tier wächst etw, jd/ein Tier bekommt etw; ***he's beginning to ~ a beard*** er bekommt einen Bart; ***your hair is sticking up as if you're ~ing horns!*** deine Haare stehen so ab, als würden dir Hörner wachsen; **to ~ buds/flowers/leaves** BOT Knospen/Blüten/Blätter treiben

◆**sprout up** *vi* aus dem Boden schießen

spruce[1] [spruːs] *n* Fichte *f*

spruce[2] [spruːs] *adj* adrett, schmuck *veraltend*

spruce up *vt* ■**to ~ up** ↻ **sth** ① *(tidy)* etw auf Vordermann bringen *fam;* ■**to ~ up** ↻ **oneself** sich *akk* zurechtmachen *fam* ② *(improve)* etw aufpolieren *fig fam*

sprung [sprʌŋ] **I.** *adj* BRIT gefedert **II.** *pp, pt of* **spring**

spry [spraɪ] *adj* agil *geh; old person* rüstig; **~ footwork** gute Beinarbeit

spud [spʌd] *n* BRIT *(fam)* Kartoffel *f,* Erdapfel *m* DIAL, ÖSTERR

spume [spjuːm] *n no pl* Schaum *m*

spun [spʌn] *pp, pt of* **spin**

spunk [spʌŋk] *n* ① *no pl (dated fam: bravery)* Mumm *m fam* ② *no pl (vulg sl: semen)* Sperma *nt* ③ AUS *(fam: hunk)* attraktiver Mann

spunkiness ['spʌŋkinəs] *n no pl* Lebhaftigkeit *f,* Spritzigkeit *f*

spunky ['spʌŋki] *adj (fam)* ① *(brave)* mutig ② AUS *(hunky)* attraktiv

spur [spɜːr, AM spɜːr] **I.** *n* ① *(on a heel)* Sporn *m* ② *(fig: encouragement)* Ansporn *m kein pl* (**to** zu +*dat*) ③ *(projection)* Vorsprung *m;* **~ of rock** Felsvorsprung *m* ④ RAIL Nebengleis *nt* ⑤ COMPUT Netzanschlusspunkt *m* ▶ PHRASES: **on the ~ of the moment** spontan; **to gain** [*or* **win**] **one's ~s** sich *dat* die Sporen verdienen **II.** *vt* <-rr-> ① *(encourage)* ■**to ~ sb** [**to do sth**] jdn anspornen[, etw zu tun]; *(persuade)* ■**to ~ sb** [**to do sth**] jdn bewegen[, etw zu tun]; *(incite)* ■**to ~ sb** [**to do sth**] jdn anstacheln[, etw zu tun]; *(stimulate)* ■**to ~ sth** etw beschleunigen; ***~red by her early success, she went on to enjoy further glory*** von ihrem frühen Erfolg angespornt, erntete sie schließlich noch mehr Ruhm; **to ~ the economy** die Wirtschaft ankurbeln ② *(urge to go faster)* **to ~ a horse** einem Pferd die Sporen geben, ein Pferd anspornen

◆**spur on** *vt* ① *(urge to go faster)* **to ~ a horse on** einem Pferd die Sporen geben, ein Pferd anspornen ② *(encourage)* ■**to ~ sb on** [**to do sth**] jdn anspornen[, etw zu tun]

spurge <*pl* – *or* -s> [spɜːdʒ, AM spɜːrdʒ] *n* Wolfsmilch *f*

spurious ['spjʊəriəs, AM 'spjʊri-] *adj* falsch

spurn [spɜːn, AM spɜːrn] *vt (form)* ■**to ~ sb/sth** jdn/etw zurückweisen; *(contemptuously)* jdn/etw verschmähen *geh*

spur-of-the-moment *adj* spontan

spurred [spɜːd, AM spɜːrd] *adj inv* gespornt

spurt [spɜːt, AM spɜːrt] **I.** *n* ① *(jet)* Strahl *m;* **~ of water** Wasserstrahl *m* ② *(surge)* Schub *m;* ***there was a sudden ~ of activity in the housing market*** plötzlich kam der Immobilienmarkt in Schwung; ***in a ~ of effort*** [*or* ***energy***]***, I finally finished the essay*** ich bot all meine Energie auf, und schrieb endlich den Aufsatz zu Ende; **growth ~** Wachstumsschub *m;* **~ of speed** Spurt *m;* **to do sth in ~s** etw schubweise machen ③ *(run)* **to put on a ~** einen Spurt hinlegen **II.** *vt* ■**to ~ sth** etw [ver]spritzen; ***his arm was ~ing blood*** aus seinem Arm schoss [*o* spritzte] Blut **III.** *vi* ① *(fig: increase)* plötzlich steigen ② *(gush)* spritzen; ***the water was ~ing everywhere*** das Wasser spritzte überall hin

◆**spurt out** *vi* heraussprizten; ***blood was ~ing out all over the place*** alles war mit Blut voll gespritzt

sputnik ['spʊtnɪk] *n* Sputnik *m*

sputter ['spʌtər, AM 'spʌt̬ər] **I.** *n* Knattern *nt kein pl,* Stottern *nt kein pl;* **to give a ~** stottern **II.** *vi* zischen; *(car, engine)* stottern **III.** *vt* ■**to ~ sth** etw heraussprudeln; *(stutter)* etw stottern [*o* stammeln]

◆**sputter out** *vi (car, engine)* den Geist aufgeben *hum fam;* *(candle)* ausbrennen

sputtering ['spʌtərɪŋ] *adj attr* schwankend

sputum ['spjuːtəm, AM -t̬-] *n no pl* MED Schleim *m,*

Auswurf *m geh*, Sputum *nt fachspr;* **to cough up ~** Schleim husten

spy [spaɪ] **I.** *n* Spion(in) *m(f)* **II.** *n modifier* (*adventure, story, film, organization, camera, scandal*) Spionage-; **~ swap** Austausch *m* von Spionen, -innen *mpl, fpl* **III.** *vi* ❶ (*gather information*) spionieren; ■**to ~ into sth** in etw *dat* herumspionieren *fam;* ■**to ~ on** [*or* **upon**] **sb** jdm nachspionieren ❷ (*peep*) ■**to ~ into sth** in etw *akk* spähen **IV.** *vt* ■**to ~ sb/sth** (*see*) jdn/etw sehen; (*spot*) jdn/etw entdecken

◆**spy out** *vt* ■**to ~ out** ⊂ **sth** ❶ (*find out about*) etw auskundschaften; **to ~ out the land** das Land erkunden ❷ (*find out, discover*) etw ausspionieren

spyglass *n* Fernglas *nt* **spyhole** *n* BRIT, AUS Guckloch *nt,* Spion *m* **spy network, spy ring** *n* Spionagenetz *nt* **spy satellite** *n* Spionagesatellit *m*

sq *n abbrev of* **square** Pl.

squab [skwɒb, AM skwɑːb] *n* Täubchen *nt*

squabble [skwɒbl̩, AM skwɑːbl̩] **I.** *n* Zankerei *f,* Streiterei *f;* **to have a ~ [about/over sth]** eine Auseinandersetzung [über/um etw *akk*] haben **II.** *vi* sich *akk* zanken; ■**to ~ [about/over sth]** sich *akk* [über/um etw *akk*] zanken

squad [skwɒd, AM skwɑːd] *n + pl/sing vb* ❶ (*group*) Einheit *f;* **anti-terrorist ~** Antiterroreinheit *f* ❷ SPORTS Mannschaft *f* ❸ MIL Gruppe *f,* Trupp *m,* Abteilung *f* ❹ (*police*) Kommando *nt,* Dezernat *nt*

squad car *n* BRIT Streifenwagen *m*

squaddie ['skwɒdi] *n* BRIT (*sl*) Soldat *m,* Bundesheerler *m* ÖSTERR *pej fam*

squadron ['skwɒdrən, AM 'skwɑːd-] *n + pl/sing vb* (*cavalry*) Schwadron *f;* (*air force*) Staffel *f;* (*navy*) Geschwader *nt*

squadron leader *n* Luftwaffenmajor *m*

squalid ['skwɒlɪd, AM 'skwɑː-] *adj* ❶ (*pej: dirty*) schmutzig; (*neglected*) verwahrlost ❷ (*immoral*) verkommen

squall [skwɔːl] **I.** *n* ❶ (*gust*) Bö *f;* **~ of rain** Regenschauer *m* ❷ (*shriek*) Kreischen *nt kein pl* **II.** *vi* schreien

squally ['skwɔːli] *adj* böig

squalor ['skwɒləʳ, AM 'skwɑːlɚ] *n no pl* ❶ (*foulness*) Schmutz *m* ❷ (*immorality*) Verkommenheit *f*

squander ['skwɒndəʳ, AM 'skwɑːndɚ] *vt* ■**to ~ sth** etw verschwenden [*o* vergeuden]; **to ~ a chance/an opportunity** eine Chance vertun

square [skweəʳ, AM skwer] **I.** *n* ❶ (*shape*) Quadrat *nt;* **to cut sth into ~s** etw in Quadrate zerschneiden; **to fold sth into a ~** etw zu einem Quadrat falten ❷ (*street*) Platz *m;* **town ~** zentraler Platz ❸ (*marked space*) Spielfeld *nt;* **to go back to ~ one, to start again from ~ one** (*fam*) wieder von vorne beginnen ❹ AM, AUS (*tool*) Winkelmaß *nt* ❺ (*dated fam: boring person*) Langweiler(in) *m(f)* ❻ (*number times itself*) Quadratzahl *f* ▸ PHRASES: **to be there or be ~** (*sl*) einfach dabei sein müssen **II.** *adj* ❶ (*square-shaped*) *piece of paper, etc.* quadratisch; *face* kantig; **~ shoulders** (*of person*) breite Schultern; (*of coat*) gepolsterte Schultern ❷ *inv* (*on each side*) im Quadrat; (*when squared*) zum Quadrat; *metre, mile* Quadrat- ❸ (*fam: level*) plan; **to be [all] ~** auf gleich sein *fam;* ***they're all ~ at thirty points each*** sie liegen mit je dreißig Punkten gleichauf ❹ (*fam or dated: stupid*) bescheuert *sl;* **to look ~** bescheuert aussehen *sl* ❺ (*straight*) gerade; **to keep sth ~** etw gerade halten **III.** *adv inv* direkt, geradewegs **IV.** *vt* ❶ (*make square*) ■**to ~ sth** etw quadratisch machen; (*make right-angled*) etw rechtwinklig machen; **to ~ one's shoulders** die Schultern straffen; ■**to ~ sth with sth** etw mit etw *dat* in Übereinstimmung bringen ❷ (*settle*) ■**to ~ sth** *matter* etw in Ordnung bringen; ***let's ~ our accounts*** rechnen wir ab ❸ ECON ■**to ~ sth** etw glattstellen; **book-squaring** Glattstellen *nt* von Positionen ❹ MATH ■**to ~ sth** etw quadrieren, die Quadratzahl einer S. *gen* berechnen ❺ SPORTS (*tie*) ■**to ~ sth** etw ausgleichen; **to ~ a match** ein Match auf Gleichstand bringen ▸ PHRASES: **to attempt to ~ the circle** die Quadratur des Kreises versuchen *geh* **V.** *vi* ■**to ~ with sth** mit etw *dat* übereinstimmen

◆**square off** *vi esp* AM in die Offensive gehen

◆**square up** *vi* ❶ (*fam: settle debt*) abrechnen ❷ *esp* BRIT, AUS (*compete*) in die Offensive gehen ❸ BRIT (*deal with*) ■**to ~ up to sth** mit etw *dat* zurande kommen *fam*

square bracket *n* eckige Klammer

square-built *adj* stämmig; **~ shoulders** breite Schultern **square-cut** <-tt-, -cut, -cut> *vt* (*in cricket*) **to ~ the ball** den Ball glatt ins Abseits schießen

squared [skweəd, AM skwerd] *adj inv* kariert

square dance *n* Squaredance *m* **square deal** *n* fairer Handel; **to get a ~** (*fair exchange*) ein gutes Geschäft machen; (*fair treatment*) fair behandelt werden **square-eyed** *adj pred, inv* BRIT, AUS (*hum fam*) **to go ~** rechteckige Augen bekommen *fam* **square-jawed** *adj inv* ■**to be ~** ein prägnantes Kinn haben; **~ masculinity** kantige [*o* markante] Männlichkeit **square knot** *n* AM (*reef knot*) Kreuzknoten *m;* **to tie a ~** einen Kreuzknoten machen

squarely ['skweəli, AM 'skwer-] *adv* ❶ (*straight*) aufrecht ❷ *inv* (*directly*) direkt; **to look sb ~ in the eyes** jdm gerade in die Augen blicken

square meal *n* anständige Mahlzeit **square measure** *n* Flächenmaß *nt,* Fläche *f* **Square Mile** *n* BRIT ■**the ~** die Londoner City; FIN das Londoner Finanzzentrum **square number** *n* MATH Quadratzahl *f* **square peg** *n* Außenseiter(in) *m(f);* **to be a ~ [in a round hole]** ein Außenseiter/eine Außenseiterin sein **square-rigger** *n* NAUT Rahsegler *m fachspr* **square root** *n* MATH Quadratwurzel *f* **square-shaped** *adj* quadratisch **square-shouldered** *adj inv* breitschultrig

squash¹ [skwɒʃ, AM skwɑːʃ] *n esp* AM (*pumpkin*) Kürbis *m*

squash² [skwɒʃ, AM skwɑːʃ] **I.** *n* ❶ *no pl* (*dense pack*) Gedränge *nt* ❷ *no pl* (*racket game*) Squash *nt* ❸ BRIT, AUS (*concentrate*) Fruchtsaftkonzentrat *nt;* **lemon/orange ~** Zitronen-/Orangensaftkonzentrat *nt;* (*diluted drink*) Fruchtsaftgetränk *nt* **II.** *vt* ❶ (*crush*) ■**to ~ sth** etw zerdrücken; **to ~ sth flat** etw platt drücken ❷ (*fig: end*) **to ~ a rumour** ein Gerücht aus der Welt schaffen ❸ (*push*) ■**to ~ sth/oneself into sth** etw/sich *akk* in etw *akk* [hinein]zwängen [*o* quetschen]; ***can you ~ this into your bag for me?*** kannst du das für mich in deine Tasche stecken?; ***I should be able to ~ myself into this space*** ich glaube, ich kann mich da hineinzwängen ❹ (*humiliate*) ■**to ~ sb** jdn bloßstellen; (*silence*) jdm über den Mund fahren *fam* **III.** *vi* sich *akk* in etw *akk* [hinein]zwängen [*o* quetschen]

◆**squash in I.** *vi* sich *akk* hineinquetschen [*o* hineinzwängen] **II.** *vt* ■**to ~ in** ⊂ **sb/sth** jdn/etw hineinquetschen [*o* hineinzwängen]

◆**squash up I.** *vi* zusammenrücken **II.** *vt* ■**to ~ oneself up** zusammenrücken; ***we ~ed ourselves up on the sofa*** wir rückten auf dem Sofa zusammen

squash club *n* Squashclub *m* **squash court** *n* Squashcourt *m* **squash racket, squash racquet** *n* ❶ (*equipment*) Squashschläger *m* ❷ SPORTS (*form: squash*) ■**~s** *pl* Squash *nt kein pl*

squashy ['skwɒʃi, AM 'skwɑːʃi] *adj* weich

squat [skwɒt, AM skwɑːt] **I.** *vi* <-tt-> ❶ (*crouch*) hocken; ■**to ~ [down]** sich *akk* hinhocken ❷ (*occupy land*) **to ~ [on land]** sich *akk* illegal ansiedeln; **to ~ [in a house/on a site]** [ein Haus/ein Grundstück] besetzen **II.** *n* ❶ *no pl* (*position*) Hocke *f;* **to get into a ~** in Hockstellung gehen ❷ SPORTS (*exercise*) Kniebeuge *f,* Squat *m fachspr* ❸ (*abode*) besetztes Haus ❹ (*house occupation*) Hausbesetzung *f* ❺ (*fam: not know anything*) **to [not] know ~ about sth** keinen blassen [Schimmer] von etw *dat* haben *fam* **III.** *adj* <-tt-> niedrig; *person* gedrungen, untersetzt

squatter ['skwɒtəʳ, AM 'skwɑːt̬ɚ] *n* ❶ (*house-occupier*) Hausbesetzer(in) *m(f)* ❷ AM, AUS (*land-user*) illegaler Siedler/illegale Siedlerin, Squatter(in) *m(f) fachspr*

squatter camp *n* Squattersiedlung *f fachspr*

squattocracy [skwɒ'tɒkrəsi] *n* AUS illegale Siedler

squaw [skwɔː, AM skwɑː] *n* (*pej!*) Squaw *f,* Indianerfrau *f*

squawk [skwɔːk, AM skwɑːk] **I.** *vi* ❶ (*cry*) kreischen ❷ (*fam: complain*) ■**to ~ about sth** lautstark gegen etw *akk* protestieren **II.** *n* ❶ (*cry*) Kreischen *nt kein pl* ❷ (*complaint*) Geschrei *nt kein pl fam;* **~ of outrage** Gezeter *nt pej;* **~ of protest** Protestgeschrei *nt fam*

squawk box *n* (*fam*) Sprechanlage *f*

squeak [skwiːk] **I.** *n* Quietschen *nt kein pl; of an animal* Quieken *nt kein pl; of a mouse* Pieps[er] *m fam; of a person* Quiekser *m fam;* **to let out a ~ [of fright]** einen [Angst]schrei ausstoßen; (*fig*) ***if I hear one more ~ out of you, there'll be trouble!*** wenn ich noch einen Mucks[er] von dir höre, gibt's Ärger! *fam* **II.** *vi* ❶ (*make sound*) quietschen; *animal, person* quieken; *mouse* piepsen ❷ (*just pass*) **to ~ through an exam/test** ein Examen/eine Prüfung mit knapper Not bestehen

◆**squeak by** *vi esp* AM (*just pass*) mit Müh und Not [*o fam* mit Ach und Krach] durchkommen

squeaker ['skwiːkɚ] *n* AM (*success*) knapper Erfolg; **to lose/win a ~** knapp verlieren/gewinnen

squeaky ['skwiːki] *adj* ❶ (*high-pitched*) quietschend; *voice* piepsig *fam;* ■**to be ~** quietschen ❷ AM (*narrow*) äußerst knapp, hauchdünn *fig* ▸ PHRASES: **the ~ wheel gets the grease** AM (*prov*) nur wer am lautesten schreit wird gehört

squeaky-clean *adj* (*also fig*) blitzsauber *fam*

squeal [skwiːl] **I.** *n* [schriller] Schrei; *of tyres* Quietschen *nt kein pl; of brakes* Kreischen *nt kein pl,* Quietschen *nt kein pl; of a pig* Quieken *nt kein pl;* **with a ~ of brakes/tyres** mit quietschenden Bremsen/Reifen; **to let out a ~** einen schrillen Schrei ausstoßen **II.** *vi* ❶ (*scream*) kreischen; *pig* quieken; *tyres* quietschen; *brakes* kreischen, quietschen; **to ~ to a halt** mit quietschenden Reifen anhalten; **to ~ with joy** vor Freude jauchzen; **to ~ with pain** vor Schmerz schreien; **to ~ with pleasure** vor Vergnügen kreischen ❷ (*complain, protest*) ■**to ~ [about sth]** [über etw *akk*] jammern; **to ~ [in protest]** lautstark protestieren, entrüstet aufschreien ❸ (*pej sl: rat*) ■**to ~ to sb** bei jdm singen *fam;* ■**to ~ on sb** jdn verpfeifen *pej fam*

squealer ['skwiːləʳ, AM -ɚ] *n* (*pej sl*) Petze *f pej*

squeamish ['skwiːmɪʃ] **I.** *adj* zimperlich *pej,* zart besaitet; ■**to be ~ about doing sth** sich *akk* vor etw *dat* ekeln; ***he is ~ about seeing blood*** er ekelt sich vor Blut; **sb feels ~** jdm ist schlecht [*o* übel] **II.** *npl* **the morally ~** die Moralisten *pl meist pej;* **to not be for the ~** nichts für schwache Nerven sein

squeamishly ['skwiːmɪʃli] *adv* zimperlich *pej*

squeamishness ['skwiːmɪʃnəs] *n no pl* Empfindlichkeit *f;* **to overcome one's ~** seine Empfindlichkeit ablegen

squeegee ['skwiːdʒiː] **I.** *n* Gummiwischer *m;* **to wipe sth with a ~** etw mit einem Gummiwischer putzen **II.** *vt* ■**to ~ sth** etw mit einem Gummiwischer putzen

squeegee mop *n* Bodenschrubber *m*

squeeze [skwiːz] **I.** *n* ❶ (*press*) Drücken *nt kein pl;* **to give sth a ~** etw drücken ❷ (*amount*) Spritzer *m;* **a ~ of lemon** ein Spritzer *m* Zitronensaft ❸ ECON (*limit*) Beschränkung *f,* Restriktion *f,* Verknappung *f;* **credit ~** Kreditrestriktionen *fpl;* **~ on jobs** Personalfreisetzung *f euph;* **profit ~** Verminderung *f* der Gewinnspanne; **a ~ on spending** eine Beschränkung der Ausgaben; **to impose** [*or* **put**] **a ~ [on sb/sth]** [jdm/etw] eine Beschränkung auferlegen *f* ❹ *no pl* (*fit*) Gedränge *nt;* ***it'll be a tight ~*** es wird eng werden; ***it's quite a ~ to get into these old jeans!*** in diese alten Jeans muss ich mich ganz schön reinzwängen! *fam* ❺ (*fam: person*) Eroberung *f hum* **II.** *vt* ❶ (*press*) ■**to ~ sth** etw drücken; **to ~ sb's hand** jds [*o* jdm die] Hand drücken; **to ~ a lemon/an orange** eine Zitrone/eine Orange auspressen; **to ~ a sponge** einen Schwamm ausdrücken; **to ~ a toothpaste tube** eine Zahnpastatube ausdrücken; **to ~ the trigger** auf den Abzug drücken ❷ (*extract*)

S

freshly ~d orange juice frisch gepresster Orangensaft; **to ~ water out of a cloth/sponge** einen Lappen auswringen/einen Schwamm ausdrücken; **to ~ profit** [**from sth**] (*fig*) Profit [aus etw *dat*] schlagen; ■**to ~ sth from** [*or* **out of**] **sb** (*fam*) etw aus jdm herausquetschen [*o* herauspressen]; **to ~ information from sb** aus jdm Informationen herauspressen ③ (*push*) ■**to ~ sth/sb into sth** etw/jdn in etw *akk* [hinein]zwängen; ■**to ~ sth/sb through sth** etw/jdn durch etw *akk* [durch]zwängen; **to ~ a rival out of the market** (*fig*) einen Rivalen/eine Rivalin aus dem Markt drängen ④ (*burden financially*) ■**to ~ sth** etw belasten; ***small businesses are being ~d by heavy taxation*** hohe Steuern bringen kleine Unternehmen in Bedrängnis ⑤ (*constrict*) ■**to ~ sth** etw einschränken [*o* drücken] [*o* verkleinern]; ***high interest rates are squeezing consumer spending*** die hohen Zinsen wirken sich negativ auf das Kaufverhalten aus; ***our margins have been ~d by the competition*** unsere Gewinnspanne sind von der Konkurrenz heruntergedrückt worden ⑥ (*fam: threaten*) ■**to ~ sb** jdn unter Druck setzen ▸ PHRASES: **to ~ sb dry** [*or* **until the pips squeak**] jdn ausnehmen wie eine Weihnachtsgans *fam* **III.** *vi* (*fit into*) ■**to ~ into sth** sich *akk* in etw *akk* [hinein]zwängen; ***we ~d into the back seat of his car*** wir quetschten uns auf den Rücksitz seines Wagens; ■**to ~ past sth** sich an etw *dat* vorbeizwängen; ■**to ~ through sth** sich *akk* durch etw *akk* [durch]zwängen; **to ~ under sth** sich *akk* unter etw *dat* durchzwängen

◆**squeeze in I.** *vt* ■**to ~ in ↔ sb/sth** ① (*force in*) jdn/etw hineinzwängen; ***we'll be able to ~ you in*** wir bringen Sie schon noch irgendwie unter ② (*fit in*) jdn/etw einschieben; ***I should be able to ~ you in this afternoon*** ich glaube ich kann Sie heute Nachmittag noch einschieben **II.** *vi* sich *akk* hineinzwängen

◆**squeeze out** *vt* ■**to ~ out ↔ sth** ① (*wring*) etw auswringen; (*press*) etw ausdrücken ② (*extract*) **to ~ out ↔ juice** Saft auspressen

squeeze bottle *n* AM Spritzflasche *f* **squeezebox** *n* (*dated fam*) Quetschkommode *f hum sl*

squeezer ['skwi:zəʳ, AM -ɚ] *n* Fruchtpresse *f;* **lemon ~** Zitronenpresse *f*

squeezy ['skwɪ:zi] *adj* elastisch; **~ bottle** elastische Plastikflasche

squelch [skweltʃ] **I.** *vi mud, water* patschen *fam; person, animal* patschen; ■**to ~ through sth** durch etw *akk* waten [*o fam* patschen] **II.** *vt* AM ■**to ~ sth** etw abwürgen; ■**to ~ sb** jdm den Mund stopfen *fam,* jdn zum Schweigen bringen **III.** *n usu sing* Gepatsche *nt kein pl fam;* ***she could hear the ~ of their boots in the mud*** sie hörte den Schlamm unter ihren Füßen patschen

squelchy ['skweltʃi] *adj attr* **to make a ~ sound** ein platschendes Geräusch machen

squib [skwɪb] *n* ① (*satire*) Satire *f* ② AM (*filler*) Füllartikel *m* ③ (*firework*) Knallkörper *m* ▸ PHRASES: **to be a damp ~** ein Reinfall sein *fam*

squid <*pl* – *or* -s> [skwɪd] *n* Tintenfisch *m*

squidgy ['skwɪdʒi] *adj* BRIT (*fam*) matschig *fam;* (*slippery*) glitschig *fam*

squiffed [skwɪft] *esp* AM, **squiffy** ['skwɪfi] *adj* (*fam*) angesäuselt *fam;* **to feel ~** angesäuselt sein *fam*

squiggle ['skwɪgl̩] *n* Schnörkel *m*

squiggly ['skwɪgl̩i] *adj* schnörkelig

squinch ['skwɪntʃ] *vt* AM (*squeeze together*) **to ~ up one's face** das Gesicht verziehen

squint [skwɪnt] **I.** *vi* ① (*close one's eyes*) blinzeln ② (*look*) ■**to ~ at sb/sth** einen Blick auf jdn/etw werfen **II.** *n* ① (*glance*) kurzer Blick; **to have** [*or* **take**] **a ~ at sth** einen kurzen Blick auf etw *akk* werfen ② (*eye condition*) Schielen *nt kein pl;* **to have a** [**bad**] **~** [stark] schielen

squint-eyed [ˌskwɪnt'aɪd] *adj* schielend *attr;* ■**to be ~** schielen

squire [skwaɪəʳ, AM skwaɪɚ] *n* (*old*) ① (*landowner*) Gutsherr *m* ② BRIT (*dated fam: greeting*) gnädiger Herr *veraltet;* (*iron*) Chef *m sl* ③ AM LAW (*legal official*) Friedensrichter(in) *m(f)*

squirearchy ['skwaɪərɑ:ki, AM 'skwaɪɚɑ:rki] *n* + *sing/pl vb* Junkertum *nt*

squirm [skwɜ:m, AM skwɜ:rm] **I.** *vi* sich *akk* winden; ***seeing all that blood made Irene ~*** beim Anblick des vielen Blutes wurde Irene übel; ***rats make him ~*** er ekelt sich vor Ratten; **to ~ with embarrassment** sich *akk* vor Verlegenheit winden; **to ~ in pain** sich *akk* vor Schmerzen krümmen **II.** *n* Krümmen *nt kein pl;* **to give a ~** zusammenzucken; **to give a ~ of embarrassment** sich *akk* vor Verlegenheit winden

squirrel ['skwɪrəl, AM 'skwɜr-] **I.** *n* Eichhörnchen *nt* **II.** *vt* ■**to ~ away ↔ sth** (*fam*) etw wegpacken *fig fam*

squirt [skwɜ:t, AM skwɜ:rt] **I.** *vt* ① (*spray*) ■**to ~ sth** etw spritzen; **to ~ perfume** Parfüm auftragen ② (*cover*) ■**to ~ sb with sth** jdn mit etw *dat* bespritzen; **to ~ oneself with perfume** ein paar Spritzer Parfüm auftragen **II.** *vi* ■**to ~ out** herausspritzen, herausschießen **III.** *n* ① (*quantity*) Spritzer *m;* **to give sb a ~ with a water pistol** jdn mit einer Wasserpistole anspritzen ② (*pej dated: jerk*) Nichts *nt pej;* (*boy*) Pimpf *m fam*

squirt gun *n* AM (*water pistol*) Wasserpistole *f*

squish [skwɪʃ] (*fam*) **I.** *vt* ■**to ~ sth** etw zermatschen *fam* **II.** *vi* patschen *fam* **III.** *n* Gepatsche *nt kein pl fam*

squishy ['skwɪʃi] *adj* (*fam*) matschig *fam*

Sr *n attr, inv esp* AM *abbrev of* **senior** Sr.

Sri Lanka *n* Sri Lanka *nt*

Sri Lankan I. *adj* sri-lankisch; **to be ~** aus Sri Lanka sein **II.** *n* Sri-Lanker(in) *m(f)*

SRN [ˌesɑ:'en] *n* BRIT *abbrev of* **state registered nurse** staatl. geprüft. Krankenschwester/-pfleger

SRO [ˌesɑ:r'əʊ, AM -'oʊ] *n abbrev of* **self-regulatory organization** Selbstüberwachungsorgan *nt*

SRV [ˌesɑ:'vi:, AM -ɑ:r'-] *n abbrev of* **Sport Recreation Vehicle** ≈Wohnmobil *nt*

SS [ˌes'es] *n* NAUT *abbrev of* **steam ship** SS *f*

ssh [ʃ] *interj* sch

St *n* ① *abbrev of* **saint** St. ② *abbrev of* **street** Str.

st <*pl* -> *n* BRIT *abbrev of* **stone**

stab [stæb] **I.** *vt* <-bb-> ① (*pierce*) ■**to ~ sb** auf jdn einstechen; ***the victim was ~bed*** das Opfer erlitt eine Stichverletzung; **to ~ sb in the back** (*fig*) jdm in den Rücken fallen; **to ~ sb to death** jdn erstechen; **to ~ sth with a fork** mit einer Gabel in etw *dat* herumstochern ② (*make thrusting movement*) **to ~ the air** [**with sth**] [mit etw *dat*] in der Luft herumfuchteln **II.** *vi* <-bb-> ■**to ~ at sb/sth** [**with sth**] auf jdn/etw [mit etw *dat*] einstechen; *with finger* auf jdn/etw [mit etw *dat*] einhämmern **III.** *n* ① (*with weapon*) Stich *m;* (*fig: attack*) Angriff *m* (**at** auf +*akk*) ② (*wound*) Stichwunde *f* ③ (*with object*) Stich *m* ④ (*pain*) Stich *m;* **~ of envy** Anflug *m* von Neid; ***she felt a ~ of envy when …*** sie fühlte Neid in ihr aufkommen, als …; **~ of pain** stechender Schmerz ▸ PHRASES: **to have** [*or* **make**] **a ~ at** [**doing**] **sth** etw probieren [*o* versuchen]

stabbing ['stæbɪŋ] **I.** *n* (*assault*) Messerstecherei *f* **II.** *adj pain* stechend; *fear, memory* durchdringend

stability [stə'bɪləti, AM -əṱi] *n no pl* Stabilität *f;* **emotional/psychological ~** emotionales/psychologisches Gleichgewicht; **mental ~** [seelische] Ausgeglichenheit; **political ~** politische Stabilität

stabilization [ˌsteɪbəlaɪ'zeɪʃən, AM -lɪ'-] *n no pl* Stabilisierung *f,* Festigung *f;* **currency ~** Währungsstabilisierung *f;* **~ of the economy** Stabilisierung der Wirtschaft

stabilize ['steɪbəlaɪz] **I.** *vt* ■**to ~ sth** ① (*make firm*) etw stabilisieren ② (*maintain level*) etw festigen [*o* stabilisieren]; **to ~ the population** das Bevölkerungswachstum konstant halten **II.** *vi* sich *akk* stabilisieren; ECON [sich *akk*] stabilisieren, sich *akk* festigen; ***prizes have ~d*** die Preise haben sich stabilisiert; ***his condition has now ~d*** MED sein Zustand ist jetzt stabil; **to have a stabilizing effect on the economy** eine stabilisierende Wirkung auf die Wirtschaft haben; **to ~ at 50%** sich auf 50% einpendeln

stabilizer ['steɪbəlaɪzəʳ, AM -ɚ] *n* ① AM AVIAT Stabilisator *m* ② NAUT Stabilisierungsflosse *f* ③ BRIT ■**~s** *pl* Stützräder *ntpl* ④ (*substance*) Stabilisator *m* ⑤ BRIT ECON Stabilitätspolitik *f*

stabilizing ['steɪbəlaɪzɪŋ] *adj* stabilisierend; **to have a ~ effect** [**on sth/sb**] eine stabilisierende Wirkung [auf etw/jdn] haben

stabilizing fin *n* NAUT Stabilisierungsflosse *f*

stable[1] <-r, -st *or* more ~, most ~> ['steɪbl̩] *adj* ① (*firmly fixed*) stabil ② MED *condition* stabil ③ PSYCH ausgeglichen ④ (*steadfast*) stabil; **~ job/relationship** feste Anstellung/Beziehung; **~ birth rate** gleich bleibende Geburtenrate; ECON *inflation* konstant; **~ currency** stabile Währung ⑤ CHEM stabil

stable[2] ['steɪbl̩] **I.** *n* ① (*building*) Stall *m,* Box *f* ② (*business*) Rennstall *m* ③ (*horses*) Stall *m* ④ + *sing/pl vb* (*group*) Equipe *f geh;* ADMIN Stab *m;* **~ of singers** Sängertruppe *f fam* **II.** *vt* **to ~ a horse** ein Pferd unterstellen

stable boy *n* Stalljunge *m* **stable door** *n* Stalltür *f* **stable girl** *n* Stallmädchen *nt* **stable lad** *n* BRIT Stallbursche *m veraltend* **stableman** *n* AM Stallknecht *m* **stablemate** *n* ① (*horse*) Pferd *nt* aus dem gleichen Stall ② (*companion*) Gefährte, -in *m, f,* Kumpel *m fam*

stabling ['steɪblɪŋ] *n no pl* Stallung[en] *f[pl]*

stab wound *n* Stichwunde *f*

staccato [stə'kɑ:təʊ, AM -ṱoʊ] MUS **I.** *adv* stakkato **II.** *adj* stakkato; **~ rhythm** Stakkatorhythmus *m;* (*fig*) einsilbig; ***she gave brief ~ replies to every question*** sie antwortete kurz und stockend auf alle Fragen; **~ style** abgehackter Stil **III.** *n* <*pl* -os> ① *no pl* (*performance*) Stakkato *nt* ② (*passage*) Stakkato *nt*

staccato mark *n* MUS Stakkatozeichen *nt*

stack [stæk] **I.** *n* ① *of videos* Stapel *m; of papers* Stoß *m* ② (*fam: large amount*) Haufen *m sl;* ***we've got ~s of time*** wir haben massenhaft Zeit *fam* ③ *of hay, straw* Schober *m* ④ MUS *of hi-fi equipment* Stereoturm *m* ⑤ MIL [Gewehr]pyramide *f* ⑥ (*in library*) ■**the ~s** *pl* Magazin *nt;* **University Library ~s** Magazin *nt* der Universitätsbibliothek ⑦ COMPUT Stapelspeicher *m,* Kellerspeicher *m* ⑧ (*chimney*) Schornstein *m* ⑨ BRIT (*measure*) *britische Maßeinheit: 108 cu.ft.* ⑩ AUS (*fam: road accident*) Crash *m sl* **II.** *vt* ① (*arrange in pile*) ■**to ~ sth** etw [auf]stapeln; **to ~ hay** (*dated*) Heu aufschobern ② (*fill*) ***the fridge is ~ed with food*** der Kühlschrank ist mit Lebensmitteln angefüllt; **to ~ a dishwasher** eine Spülmaschine einräumen; **to ~ shelves** Regale auffüllen ③ *usu passive* AVIAT ***planes are often ~ed over Gatwick airport*** Flugzeuge müssen über dem Flughafen Gatwick oft Warteschleifen ziehen ▸ PHRASES: **to ~ the cards** [*or* AM **deck**] jdm übel mitspielen; **the cards** [*or* **odds**] **are ~ed against sb** es spricht alles gegen jdn

◆**stack up I.** *vt* ■**to ~ up ↔ sth** etw aufstapeln **II.** *vi* ① (*build up*) sich *akk* zusammen[ballen]; ***traffic always ~s up around this time of day*** um diese Tageszeit herrscht immer dichter Verkehr ② *esp* AM (*fam: compare*) ■**to ~ up against sth** im Vergleich zu etw *dat* gut abschneiden ③ (*make sense*) Sinn ergeben

stacked [stækt] *adj* ① *inv* (*in piles*) gestapelt; **~ cans** aufgestapelte Dosen ② *inv* (*filled with goods*) **~ shelves** gefüllte Regale ③ (*biased*) voreingenommen ④ AM, AUS (*fam!*) vollbusig; ***she is really ~!*** die hat aber Holz vor der Hütte! *sl* ⑤ *inv* COMPUT im Stapelspeicher abgelegt

stacker ['stækəʳ, AM ɚ] *n* Stapler *m*

stack system *n* MUS Hi-Fi-Anlage *f,* Stereoturm *m*

stack-up *n* AUS (*fam*) Auffahrunfall *m*

stadia ['steɪdiə] *n* SPORTS *pl of* **stadium**

stadium <*pl* -s *or* -dia> ['steɪdiəm, *pl* -iə] *n* Stadion *nt*

staff[1] [stɑ:f, AM stæf] **I.** *n* ① + *sing/pl vb* (*employees*) Belegschaft *f,* Mitarbeiterstab *m;* ECON Stab *m;* **members of ~** Mitarbeiter *pl;* **office ~** Bürobelegschaft *f;* **the editorial ~** die Herausgeber *pl;* **nursing ~** Pflegepersonal *nt* ② + *sing/pl vb* SCH, UNIV Lehrkörper *m,* Lehrerkollegium *nt;* **teaching ~**

Lehrpersonal *nt* ❸ + *sing/pl vb* MIL Stab *m;* **chief of ~** Stabschef *m;* **general's ~** Generalstab *m* ❹ (*stick*) [Spazier]stock *m* ❺ (*symbol*) **~ of office** Amtsstab *m* ❻ (*flagpole*) Fahnenmast *m;* **to be at half ~** AM auf Halbmast gesetzt sein ❼ (*for surveying*) Messstab *m* ❽ BRIT (*spindle in a watch*) Unruhewelle *f* ❾ AM MUS Notensystem *nt* ▶ PHRASES: **the ~ of life** (*liter*) das tägliche Brot *liter,* Grundnahrungsmittel *nt* **II.** *n modifier* ECON (*canteen*) Betriebs-; **~ employee** Stabsstellenmitarbeiter(in) *m(f);* **~ pension scheme** betriebliche Rente **III.** *vt usu passive* ■**to be ~ed by** [*or* **with**] **sb** jdn beschäftigen; ***many charity shops are ~ed with volunteers*** viele Wohltätigkeitseinrichtungen beschäftigen ehrenamtliche Mitarbeiter

◆**staff up** *vi* mehr Personal einstellen

staff² [stɑːf, AM stæf] *n no pl* ART Stange *f*

staff association *n + sing/pl vb* Betriebsrat *m*

staff costs *npl* Personalkosten *pl*

staffed [stɑːft, AM stæft] *adj* personell ausgestattet

staffer [ˈstɑːfəʳ, AM ˈstæfɚ] *n* AM Mitglied *nt* des Personals; *sub-editor* Redaktionsmitglied *nt*

staffing [ˈstɑːfɪŋ, AM ˈstæf-] *n no pl* Personalpolitik *f,* Personalbeschaffung *f*

staffing levels *npl* Belegschaftsstärke *f kein pl*

staff meeting *n* (*for employees*) Mitarbeiterrunde *f;* (*for teachers*) Lehrerkonferenz *f* **staff nurse** *n* BRIT MED examinierte Krankenschwester **staff officer** *n* MIL Stabsoffizier(in) *m(f)* **staffroom** *n* SCH ❶ (*room*) Lehrerzimmer *nt* ❷ + *sing/pl vb* (*teachers*) ■**the ~** Lehrerkollegium *nt* **staff sergeant** *n* MIL [Ober]feldwebel *m*

stag [stæg] **I.** *n* ❶ (*deer*) Hirsch *m* ❷ *esp* AM (*unaccompanied person*) *ein Mann, der solo ist* ❸ BRIT, AUS STOCKEX [Neuemissions]spekulant(in) *m(f),* Broker(in) *m(f)* **II.** *adv inv esp* AM **to go somewhere ~** ohne [weibliche] Begleitung irgendwohin gehen **III.** *vt* <-gg-> STOCKEX **to ~ shares** [*or* **stock**] mit Aktien handeln **IV.** *vi* <-gg-> STOCKEX mit Aktien handeln, spekulieren

stag beetle *n* Hirschkäfer *m*

stage [steɪdʒ] **I.** *n* ❶ (*period*) Etappe *f,* Station *f;* **crucial ~** entscheidende Phase; **early ~** Frühphase *f;* **editing ~** Drucklegung *f;* **final** [*or* **last**] **~** Endphase *f,* Endstadium *nt;* **first** [*or* **initial**] **~** Anfangsphase *f;* **late ~** Spätphase *f;* **to be at** [*or* **reach**] **the ~ where ...** an dem Punkt sein [*o* den Punkt erreichen], an dem ...; **to go through a ~** eine [bestimmte] Phase durchmachen; **at some ~** irgendwann; **to do sth in ~s** etw in Etappen [*o* etappenweise] [*o* in einzelnen Schritten] tun ❷ *of a journey, race* Etappe *f,* Abschnitt *m* ❸ *of a rocket* [Raketen]triebwerk *nt;* **three-~ rocket** Dreistufenrakete *f* ❹ ELEC Schaltstufe *f,* Verstärkerstufe *f* ❺ (*hist*) *see* **stagecoach** ❻ THEAT (*platform*) Bühne *f;* **to go on ~** die Bühne betreten; **to take the ~** auftreten; **to take centre ~** (*fig*) im Mittelpunkt [des Interesses] stehen ❼ (*profession*) ■**the ~** die Bühne; **the London ~** das Londoner Theater; **to be on the ~** auf der Bühne stehen; **to go to the ~** zum Theater gehen ❽ (*scene*) Geschehen *nt kein pl;* **the world ~** die [ganze] Welt; **the political ~** die politische Bühne ❾ (*on microscope*) Objektträger *m* ❿ GEOL Stufe *f* **II.** *vt* ❶ THEAT ■**to ~ sth** etw aufführen; **to ~ a concert** ein Konzert geben [*o geh* veranstalten]; **to ~ a play/an opera** ein Theaterstück/eine Oper aufführen [*o* inszenieren] ❷ (*organize*) **to ~ a comeback** ein Comeback starten; **to ~ a congress/meeting** einen Kongress/eine Tagung veranstalten; **to ~ a coup d'etat** einen Staatsstreich durchführen; **to ~ a match** ein Spiel austragen; **to ~ the Olympic Games** die Olympischen Spiele ausrichten; **to ~ a party** eine Party geben; **to ~ a recovery** eine Erholung[sphase] einleiten; **to ~ a strike/a demonstration** einen Streik/eine Demonstration organisieren [*o* inszenieren]; **to ~ war games** ein Manöver abhalten ❸ MED **to ~ a patient/disease** einen Patienten/eine Krankheit diagnostisch einordnen **III.** *n modifier* (*career, curtain, version*) Bühnen-; **~ adaptation** Bühnenfassung *f;* **~ crew** Bühnenteam *nt;* **~ scenery** Kulisse[n] *f[pl];* **~ setting** Bühnenbild *nt*

stagecoach *n* (*hist*) Postkutsche *f hist* **stagecoach line** *n* (*hist*) *Unternehmen, das Postkutschenreisen organisiert* **stagecraft** *n no pl* LIT, ART Bühnenerfahrung *f* **stage direction** *n* Bühnenanweisung *f;* **in the ~s it says that ...** in der Bühnenanweisung steht, dass ... **stage door** *n* Bühneneingang *m* **stage-door Johnny** *n* (*hist*) Fan *m,* Verehrer *m* **stage effect** *n* (*on stage*) Bühneneffekt *m;* (*fig, pej: in real life*) Taktik *f* **stage fright** *n no pl* Lampenfieber *nt* **stagehand** *n* Bühnenarbeiter(in) *m(f)* **stage left** *adv inv der vom Schauspieler aus gesehene linke Teil der Bühne;* **to exit ~** links [von der Bühne] abgehen; **to stand ~** links auf der Bühne stehen **stage-manage I.** *vt* ❶ THEAT **to ~ a musical/play** ein Musical/Theaterstück inszenieren ❷ (*control*) ■**to ~ sth** etw inszenieren **II.** *vi* (*act as stage manager*) Regie führen **stage manager** *n* Bühnenmeister(in) *m(f),* Inspizient(in) *m(f) fachspr* **stage name** *n* Künstlername *m* **stage play** *n* THEAT Bühnenstück *nt* **stage presence** *n no pl* THEAT Bühnenpräsenz *f*

stager [ˈsteɪdʒəʳ, AM -ɚ] *n* (*dated*) Mime *m veraltet;* **an old ~** ein alter Theaterhase *fam*

stage right *adv inv der vom Schauspieler aus gesehene rechte Teil der Bühne;* **to entered ~** die Bühne von rechts betreten **stage-struck** *adj* theaterbesessen *fam;* ■**to be ~** vom Theater begeistert sein **stage whisper** *n* ❶ THEAT Beiseitesprechen *nt,* Bühnenflüstern *nt* ❷ (*whisper*) unüberhörbares Flüstern; **to say sth in a ~** etw deutlich hörbar flüstern

stagey [ˈsteɪdʒi] *adj see* **stagy**

stagflation [stægˈfleɪʃᵊn] *n no pl* ECON Stagflation *f,* realer Stillstand bei steigenden Preisen

stagger [ˈstægəʳ, AM -ɚ] **I.** *vi* ❶ (*totter*) ■**to ~ somewhere** irgendwohin wanken [*o* torkeln]; ***the company is ~ing under a $15 million debt*** (*fig*) auf der Firma lasten 15 Millionen Dollar Schulden; **to ~ to one's feet** sich *akk* aufrappeln ❷ (*waver*) schwanken, wanken **II.** *vt* ❶ (*cause to totter*) ■**to ~ sb** jdn zum Wanken bringen; ***he was ~ed by the blow*** er wurde von dem Schlag zum Wanken gebracht ❷ (*shock*) ■**to ~ sb** jdn erstaunen; ***it ~s the imagination to consider what their home life must be like*** man darf gar nicht darüber nachdenken, wie sich ihr Leben zu Hause gestaltet *geh* ❸ (*arrange*) ■**to ~ sth** etw staffeln **III.** *n* ❶ (*lurch*) Wanken *nt kein pl,* Taumeln *nt kein pl* ❷ (*arrangement*) Staffelung *f*

staggered [ˈstægəd, AM -ɚd] *adj inv* gestaffelt; **~ holidays** gestaffelte Ferien; **~ working hours** gestaffelte Arbeitszeiten, [Wechsel]schicht *f;* **~ start** gestaffelter Start

staggered junction *n* BRIT *Kreuzung mit versetzt angeordneten Straßen*

staggering [ˈstægᵊrɪŋ] *adj* ❶ (*amazing*) erstaunlich, umwerfend *fam; news* unglaublich; ***she won the race by a ~ seven seconds*** sie gewann das Rennen mit einem Vorsprung von sage und schreibe sieben Sekunden *fam* ❷ (*shocking*) erschütternd; **~ blow** erschütternder Schlag

staggeringly [ˈstægᵊrɪŋli] *adv* erstaunlich, unglaublich *fam;* **~ high** unglaublich hoch

staging [ˈsteɪdʒɪŋ] *n* ❶ THEAT Inszenierung *f* ❷ (*scaffolding*) [Bau]gerüst *nt* ❸ BRIT (*shelf*) Regal *nt* ❹ *no pl* MED Diagnose *f* ❺ *no pl* AEROSP Abkoppelung *f*

staging area, staging point *n* MIL Stützpunkt *m*

staging post *n* Zwischenstop *m;* (*fig*) Zwischenschritt *m*

stagnant [ˈstægnənt] *adj* ❶ *inv* (*not flowing*) stagnierend; **~ air** stehende Luft; **~ pool** stiller Teich; **~ water** stehendes Wasser ❷ (*sluggish*) träge, langweilig; **~ property market** ECON stagnierender Immobilienmarkt

stagnate [stægˈneɪt, AM ˈstæg-] *vi* ❶ (*stop flowing*) stauen ❷ (*stop developing*) stagnieren; ***he didn't want to spend his life stagnating in the isolated village*** er wollte nicht sein ganzes Leben damit verbringen, in diesem abgelegenen Dorf zu versauern *fam*

stagnation [stægˈneɪʃᵊn] *n no pl* Stagnation *f,* Stillstand *m;* **economic ~** Wirtschaftsstagnation *f*

stag night, stag party *n* Junggesellenabschiedsparty *f*

stagy [ˈsteɪdʒi] *adj* (*pej*) theatralisch *pej;* **~ farewell** sentimentaler Abschied

staid [steɪd] *adj* seriös, gesetzt; (*pej*) spießig; **~ image** konservatives Image; **to lead a ~ life** ein spießbürgerliches Leben führen

stain [steɪn] **I.** *vt* ❶ (*discolour*) ■**to ~ sth** etw verfärben; (*cover with spots*) Flecken auf etw *dat* machen; ***his teeth are ~ed yellow*** seine Zähne sind gelb verfärbt; ***her coat had become ~ed with oil*** ihr Mantel hatte Ölflecken ❷ (*blemish*) **to ~ an image/a reputation** einem Image/Ruf schaden; ***several important politicians have had their reputations ~ed by this scandal*** das Ansehen einiger wichtiger Politiker hat durch diesen Skandal gelitten ❸ (*colour*) ■**to ~ sth** etw [ein]färben **II.** *vi* ❶ (*cause discolouration*) abfärben, Flecken machen; ***tomato sauce ~s terribly*** Tomatensauce hinterlässt scheußliche Flecken ❷ (*discolour*) sich *akk* verfärben ❸ (*take dye*) Farbe annehmen, sich *akk* färben **III.** *n* ❶ (*discoloration*) Verfärbung *f,* Fleck *m;* **blood/grease/red wine ~** Blut-/Fett-/Rotweinfleck *m* ❷ (*blemish*) Makel *m;* ***this affair has left a ~ on her reputation*** ihr Ansehen hat durch diese Affäre gelitten *form;* **without a ~ on sb's character** ohne einen Makel ❸ (*dye*) Beize *f,* Färbemittel *nt*

stained [steɪnd] *adj* ❶ (*discoloured*) verfärbt; (*with spots*) fleckig ❷ *inv* (*dyed*) gefärbt, gebeizt; **~ oak** gebeizte Eiche ❸ (*blemished*) befleckt; **~ reputation** ramponiertes Ansehen *fam*

stained glass *n no pl* Buntglas *nt*

stained-glass *adj attr, inv* Buntglas-; **~ window** Buntglasfenster *nt*

stainless [ˈsteɪnləs] *adj* makellos; **~ character** tadelloser Charakter

stainless steel *n no pl* rostfreier [*o* verchromter] Stahl

stain remover *n* Fleckenentferner *m* **stain-resistant** *adj* farbecht

stair [steəʳ, AM ster] *n* ❶ (*set of steps*) ■**~s** *pl* Treppe *f;* **a flight of ~s** eine Treppe; **the top/foot of the ~s** der Kopf/Fuß der Treppe, oben/unten an der Treppe ❷ (*step*) Treppenstufe *f* ▶ PHRASES: **above ~s** BRIT (*dated*) bei den Herrschaften; **below ~s** BRIT (*dated*) bei den Bediensteten

stair carpet *n* Treppenläufer *m* **staircase** *n* ❶ (*stairs*) Treppenhaus *nt,* Treppenaufgang *m;* **spiral ~** Wendeltreppe *f;* **secret ~** Geheimtreppe *f* ❷ BRIT SCH, UNIV *Studentenzimmer, die über eine Treppe zu erreichen sind* **stair-rail** *n* Treppengeländer *nt* **stairway** *n* Treppe *f* **stairwell** *n* Treppenhausschacht *m*

stake¹ [steɪk] **I.** *n* ❶ (*stick*) Pfahl *m,* Pflock *m;* **wooden ~** Holzpfahl *m* ❷ (*in basket-making*) Gerte *f* ❸ TECH [kleiner] Amboss *m* ❹ (*hist: for punishment*) ■**the ~** der Scheiterhaufen *hist;* **to be burnt at the ~** auf dem Scheiterhaufen verbrannt werden; **to go to the ~** auf den Scheiterhaufen kommen; **to go to the ~ for sb/sth** (*fig*) für etw/jdn die Hand ins Feuer legen *fam* **II.** *vt* ■**to ~ sth** *animal* etw anbinden; *plant* etw hochbinden ▶ PHRASES: **to ~ one's claim** [**to sth**] sein Recht [auf etw *akk*] einfordern; **to pull up ~s** AM seine Zelte abbrechen

◆**stake out** *vt* ❶ (*mark territory*) **to ~ out** ↔ **frontiers** Grenzen abstecken; **to ~ out a position** eine Position behaupten ❷ (*establish*) **to ~ out an opinion** eine Meinung vertreten; **to ~ out a position** eine Position einnehmen [*o* beziehen]; **to ~ out a role** eine Rolle übernehmen ❸ (*fam: watch*) ■**to ~ sb/sth** ↔ **out** jdn/etw überwachen [*o* beobachten]

stake² [steɪk] **I.** *n* ❶ *usu pl* (*wager*) Einsatz *m;* ***he knows how high the ~s are*** er weiß, was auf dem Spiel steht; (*in games*) [Wett]einsatz *m;* **high/low ~s** hoher/geringer Einsatz; **to play for high ~s** um einen hohen Einsatz spielen; **to double one's ~s** seinen Einsatz verdoppeln; **to raise the ~s** (*fam*) den Einsatz erhöhen; (*fig*) etw auf die Spitze treiben ② (*interest*) Anteil *m;* FIN, ECON Anteil *m;* ***he holds a 40% ~ in the company*** ihm gehören anteilsmäßig 40% der Firma; **majority/minority ~** Mehrheits-/Minderheitsanteil *m;* **to have a ~ in sth** einen Anteil an etw *dat* haben [*o* nehmen] ③ (*prize money*) ■**~s** *pl* Preis *m* ④ (*horse race*) ■**~s** *pl* Pferderennen *nt* ⑤ (*fam: competitive situation*) **to be high in the popularity ~s** weit oben auf der Beliebtheitsskala stehen; ***this will give her a definite advantage in the management ~s*** dies wird ihr im Management einen definitiven Vorteil verschaffen ▶ PHRASES: **to be at ~** (*in question*) zur Debatte stehen; (*at risk*) auf dem Spiel stehen; ***everything was at ~*** es ging um alles oder nichts; ***the real issue at ~ is not ...*** die eigentliche Frage lautet nicht, ... **II.** *vt* ① (*wager*) **to ~ money** Geld setzen; ***she has ~d everything on her friend's good faith*** sie verlässt sich voll und ganz auf die Treue ihres Freundes; **to ~ one's future on sth** seine Zukunft auf etw *akk* aufbauen; **to ~ one's honour on sth** sein Ehrenwort für etw *akk* geben; **to ~ one's life on sth** sein Leben für etw *akk* einsetzen; **to ~ one's good name on sth** sich *akk* mit seinem guten Namen für etw *akk* verbürgen; **to ~ one's name on sth** sein Wort auf etw *akk* geben ② AM (*fig fam: support*) ■**to ~ sb to sth** jdm zu etw *dat* verhelfen, jdm etw ermöglichen

stakeholder *n* Teilhaber(in) *m(f);* LAW [treuhänderischer] Verwahrer, [treuhänderische] Verwahrerin *m, f* **stake-out** *n* (*fam*) Belagerung *f fam;* **media ~** Medienbeschuss *m;* ■**to be on a ~** überwachen; *of house, suspect* observieren **stakes-winning** *adj attr, inv* **the ~ horse** *Pferd, das das Rennen gewonnen hat*

stalactite ['stæləktaɪt, AM *esp* stə'læktaɪt] *n* GEOL Tropfstein *m,* Stalaktit *m fachspr*

Stalag ['stælæg, AM *Brit also* 'stɑː-] *n* MIL (*hist*) Gefangenenlager *nt*

stalagmite ['stæləgmaɪt, AM *esp* stə'læg-] *n* GEOL Tropfstein *m,* Stalagmit *m fachspr*

stale¹ [steɪl] **I.** *adj* ① (*not fresh*) fade, schal; *beer, lemonade* abgestanden; ***their relationship had become ~ and predictable*** ihre Beziehung ist fade und langweilig geworden; **~ air** muffige [*o* verbrauchte] Luft; **~ bread** altbackenes Brot; **~ cigarette smoke** kalter Zigarettenrauch ② (*unoriginal*) fantasielos; **~ idea** abgegriffene Idee *fam;* **~ joke** abgedroschener Witz; **to be ~ news** [bereits] allseits bekannt sein ③ (*without zest*) abgestumpft; ***I'm feeling ~ and played-out*** ich fühle mich schlapp und ausgebrannt; **to get ~** abstumpfen; **to go ~** stumpfsinnig werden ④ *inv* LAW verjährt ⑤ STOCKEX lustlos **II.** *vt* ■**to ~ sth** etw schal werden lassen **III.** *vi* schal werden

stale² [steɪl] **I.** *vi* harnen **II.** *n no pl* Harn *m*

stale buss *n* STOCKEX *Haussier, der seine Bestände noch nicht mit Gewinn glattstellen konnte*

stalemate ['steɪlmeɪt] **I.** *n* ① CHESS Patt *nt* ② (*deadlock*) Stillstand *m;* ***the situation remains a ~*** die Lage bleibt unentschieden; **diplomatic ~** diplomatische Sackgasse; **to end in ~** in einer Sackgasse enden; **to be locked in ~** sich *akk* in einer Sackgasse befinden **II.** *vt* ① CHESS ■**to ~ sb** jdn patt setzen ② (*bring to deadlock*) ■**to ~ sth** etw zum Stillstand bringen

staleness ['steɪlnəs] *n no pl* ① (*lack of freshness*) Abgestandenheit *f; of bread* Altbackenheit *f* ② (*lack of originality*) Abgegriffenheit *f fam; of ideas* Fantasielosigkeit *f* ③ (*dullness*) Abgestumpftheit *f*

stalk¹ [stɔːk, AM *also* stɑːk] *n* ① *of a plant* Stängel *m,* Stiel *m;* **~ of celery** Selleriestange *f* ② *of a leaf, fruit* Stiel *m* ③ (*shaft*) Stiel *m* ▶ PHRASES: **sb's eyes are out on ~s** BRIT, AUS jd bekommt Stielaugen

stalk² [stɔːk, AM *also* stɑːk] **I.** *vt* ① (*hunt*) ■**to ~ sth** etw jagen [*o* anpirschen]; **to go ~ing** auf die Pirsch gehen ② (*harass*) ■**to ~ sb** jdm nachstellen ③ (*fig liter: move about*) **to ~ a place** einen Ort heimsuchen *liter;* ***danger ~s the streets of the city*** eine Gefahr geht in den Straßen der Stadt um **II.** *vi* ■**to ~ by** vorbeistolzieren; ***she ~ed furiously out of the room*** sie marschierte zornentbrannt aus dem Zimmer **III.** *n* ① (*pursuit*) Pirsch *f* ② (*gait*) Stolzieren *nt*

stalker [stɔːkəʳ, AM stɑːkɚ] *n* ① (*hunter*) Jäger(in) *m(f)* ② *jd, der prominente Personen verfolgt und belästigt*

stalking horse *n* ① HUNT Jagdschirm *m* ② (*pretext*) Täuschungsmanöver *nt,* Vorwand *m* ③ POL Strohmann *m*

stall [stɔːl, AM *also* stɑːl] **I.** *n* ① (*for selling*) [Verkaufs]stand *m;* **book/market/newspaper ~** Bücher-/Markt-/Zeitungsstand *m* ② (*for an animal*) Stall *m,* Verschlag *m;* **pig ~** Schweinestall *m* ③ AM (*for parking*) [markierter] Parkplatz ④ (*for racehorse*) Box *f* ⑤ (*in a room*) Nische *f;* **shower ~** Nasszelle *f* ⑥ (*in a church*) Chorstuhl *m;* **the canon's ~** der Sitz des Domherrn; **choir ~s** Chorgestühl *nt* ⑦ BRIT, AUS (*in a theatre*) ■**the ~s** *pl* das Parkett *kein pl* ⑧ (*engine*) ***the car's in a ~*** das Auto springt nicht an **II.** *vi* ① (*stop running*) *motor* stehen bleiben; *aircraft* abrutschen ② (*come to standstill*) zum Stillstand kommen ③ (*fam: delay*) zaudern, zögern; **to ~ for time** Zeit gewinnen **III.** *vt* ① (*cause to stop running*) **to ~ a car/a motor** ein Auto/einen Motor abwürgen ② (*delay*) ■**to ~ sth** etw aufhalten [*o* verzögern]; ***a tax increase may ~ economic recovery*** eine Steuererhöhung könnte die Erholung der Wirtschaft bremsen ③ (*fam: keep waiting*) ■**to ~ sb** jdn hinhalten *fam* ④ (*put in enclosure*) **to ~ an animal** ein Tier einsperren

◆**stall off** *vt* (*fam*) ■**to ~ off** ⊃ **sb** jdn hinhalten *fam*

stall holder *n* BRIT Markthändler(in) *m(f);* (*woman*) Marktfrau *f*

stallion ['stæljən] *n* Hengst *m*

stallkeeper [-kiːpəʳ, AM -kiːpɚ] *n* ① (*stable owner*) Stallbesitzer(in) *m(f)* ② ECON Markthändler(in) *m(f);* (*woman*) Marktfrau *f*

stalwart ['stɔːlwət, AM 'stɑːlwɚt] (*form*) **I.** *adj* ① (*loyal*) unentwegt; **~ supporter** treuer Anhänger/treue Anhängerin ② (*sturdy*) robust, unerschütterlich **II.** *n* Anhänger(in) *m(f)*

stalwartly ['stɔːlwətli, AM 'stɑːlwɚt-] *adv* eisern, felsenfest; (*loyal*) treu, loyal; **to cling ~ to sth** an etw *dat* festhalten; **to stand by sb ~** jdm treu zur Seite stehen

stamen <*pl* -s *or* -mina> ['steɪmən, *pl* -mənə] *n* Staubgefäß *nt*

stamina¹ ['stæmɪnə, AM -mənə] *n no pl* Durchhaltevermögen *nt,* Ausdauer *f;* **test of ~** Belastungsprobe *f,* Härtetest *m*

stamina² *n pl of* **stamen**

stammer ['stæməʳ, AM -ɚ] **I.** *n* Stottern *nt;* **to have a ~** stottern **II.** *vi* stottern, stammeln **III.** *vt* **to ~ words** Worte stammeln [*o* hervorstoßen]

◆**stammer out** *vt* ■**to ~ out** ⊃ **sth** etw hervorstoßen

stammerer ['stæmərəʳ, AM -ɚɚ] *n* Stotterer, Stotterin *m, f*

stammeringly ['stæmᵊrɪŋli] *adv* stotternd

stamp [stæmp] **I.** *n* ① (*implement*) Stempel *m;* **rubber ~** Stempel *m* ② (*mark*) Stempel *m;* **~ of approval** Genehmigungsstempel *m;* **date ~** Datumsstempel *m* ③ (*quality*) Zug *m,* Stempel *m;* ***this painting bears the ~ of genius*** dieses Gemälde trägt die Handschrift eines Genies; **to leave one's ~ on sth/sb** seine Spur bei etw/jdm hinterlassen ④ (*adhesive*) **food ~** Lebensmittelstempel *m;* **postage ~** Briefmarke *f* ⑤ (*step*) Stampfer *m fam;* (*sound*) Stampfen *nt* ⑥ MIN Pochstempel *m fachspr* **II.** *vt* ① (*crush*) ■**to ~ sth** etw zertreten; (*stomp*) **to ~ one's foot** mit dem Fuß aufstampfen ② (*mark*) ■**to ~ sth** etw [ab]stempeln; ***it is necessary to ~ your passport*** Sie müssen Ihren Pass abstempeln lassen; ***all washing machines are ~ed with the inspector's name*** alle Waschmaschinen erhalten einen Stempel mit dem Namen des Kontrolleurs; ***it would be too early to ~ the changes with approval*** (*fig*) es wäre zu früh, die Veränderungen mit Zustimmung zu begrüßen ③ (*impress on*) ■**to ~ sth on sth** etw auf etw *akk* stempeln; ***our new administrator tries to ~ her authority on every aspect of the department*** unsere neue Verwalterin versucht jedem Bereich der Abteilung ihren Stempel aufzudrücken; ***that will be ~ed on her memory for ever*** das wird sich ihr für immer einprägen ④ (*identify*) ■**to ~ sb/sth as [being] sb/sth** jdn/etw als jdn/etw ausweisen; ***glaze of this colour would ~ the pot as being from the Song dynasty*** eine Lasierung dieser Farbe würde darauf hindeuten, dass dieser Topf aus der Zeit der Song-Dynastie stammt ⑤ (*affix postage to*) **to ~ a letter** einen Brief frankieren; **to ~ an envelope** einen Umschlag freimachen [*o* frankieren] ⑥ MIN **to ~ ore** Erz schürfen [*o fachspr* pochen] **III.** *vi* ① (*step*) stampfen; ■**to ~ [up]on sth** auf etw *akk* treten; (*fig: suppress*) etw abwehren [*o* abschmettern]; **to ~ [up]on opposition** die Opposition niederknüppeln ② (*walk*) stampfen, stapfen; ***she ~ed out of the room*** sie stapfte aus dem Zimmer; ■**to ~ about** [*or* **around**] herumstapfen

◆**stamp down** *vt* ■**to ~ down** ⊃ **sth** etw niedertrampeln; *earth* etw fest treten

◆**stamp out** *vt* ■**to ~ out** ⊃ **sth** ① (*eradicate*) etw ausmerzen; **to ~ out crime/corruption** Verbrechen/Korruption bekämpfen; **to ~ out a disease** eine Krankheit ausrotten; **to ~ out a fire** ein Feuer austreten ② (*produce*) etw [aus]stanzen

Stamp Act *n no pl* (*hist*) ■**the ~** *US-Gesetz aus der Kolonialzeit, das Steuern vorsieht* **stamp album** *n* Briefmarkenalbum *nt* **stamp collecting** *n no pl* Briefmarkensammeln *nt* **stamp collection** *n* Briefmarkensammlung *f* **stamp collector** *n* Briefmarkensammler(in) *m(f)* **stamp dealer** *n* Briefmarkenhändler(in) *m(f)* **stamp duty** *n* LAW Stempelgebühr *f* **stamped addressed envelope** *n* frankierter Rückumschlag

stampede [stæm'piːd] **I.** *n* ① *of animals* wilde Flucht ② *of people* [Menschen]auflauf *m* **II.** *vi animals* durchgehen; *people* irgendwohin stürzen; ***at quitting time, everybody ~s into the parking lot*** nach Feierabend gibt es einen Ansturm auf die Parkplätze **III.** *vt* ① (*cause to rush*) ■**to ~ sb/an animal** jdn/ein Tier aufschrecken ② (*force into action*) ■**to ~ sb into [doing] sth** jdn zu etw *dat* drängen

stamping ground *n usu pl* Schauplatz *m* der Vergangenheit, alte Umgebung

stamp mill *n* MIN Stampfwerk *nt,* Pochwerk *nt fachspr* **stamp pad** *n* Stempelkissen *nt* **stamp tax** *n* Stempelsteuer *f*

stance [stɑːn(t)s, AM stæn(t)s] *n* ① (*posture*) Haltung *f kein pl;* AM SPORTS *Schlagpositur beim Baseball, Golf usw.;* **batting ~** Schlag[bereitschafts]stellung *f,* Schlagauslage *f;* **to take [up] one's ~** in Positur gehen ② (*attitude*) Standpunkt *m,* Einstellung *f* (**on** zu +*dat*); **negotiating ~** Verhandlungsposition *f* ③ SCOT (*site*) Sitz *m* ④ (*in climbing*) Position *f,* Haltung *f*

stanch¹ *vt* AM *see* **staunch**

stanch² *adj see* **staunch**

stanchion [stæn(t)ʃᵊn] *n* Pfosten *m*

stand [stænd]

I. NOUN	II. INTRANSITIVE VERB
III. TRANSITIVE VERB	

I. NOUN

① (*physical position*) Stellung *f;* **to take up a ~ somewhere** sich *akk* irgendwo hinstellen ② (*position on an issue*) Einstellung *f* (**on** zu +*dat*), Ansicht *f* (**on** zu +*dat*); ***what's her ~ on sexual equality?*** wie steht sie zur Gleichberechtigung?; **to make a ~ against sth** sich *akk* gegen etw *akk* auflehnen; **to take a ~ on sth** sich *akk* für etw *akk* einsetzen; ***it's her civic duty to take a ~ on civil rights*** es ist ihre Bürgerpflicht, die Bürgerrechte zu verteidigen; **to take a ~ with sb** jdm gegenübertreten; ***I had to take a firm ~ with my son and forbid him to attend that party*** ich musste meinem Sohn gegenüber hart bleiben und ihm verbieten, diese Party zu besuchen ③ (*form: standstill*) Stillstand *m;* **to bring sb/sth to a ~** jdn/etw Einhalt gebieten *geh* ④ *usu pl* (*raised seating for spectators*) [Zuschauer]tribüne *f* ⑤ (*support*) Ständer *m;* **music/revolving** ~ Noten-/Drehständer *m* ⑥ (*stall*) [Verkaufs]stand *m;* **candy/news** ~ Süßwaren-/Zeitungsstand *m* ⑦ (*for vehicles*) Stand *m;* **taxi** ~ Taxistand *m* ⑧ AM (*series of performances*) Gastspiel *nt;* **one-night** ~ One-Night-Stand *m fam* ⑨ AM LAW ■**the** ~ der Zeugenstand; **to take the** ~ vor Gericht aussagen ⑩ MIL (*resistance*) Widerstand *m;* **to make** [*or* **take**] **a** ~ (*fig*) klar Stellung beziehen ⑪ (*group of plants*) ~ **of clover** Büschel *nt* Klee; ~ **of trees** Baumgruppe *f* ⑫ (*campaign*) politische Haltung, Einstellung *f,* Widerstand *m*

II. INTRANSITIVE VERB

<stood, stood> ① (*be upright*) stehen; ~ ***against the wall*** stell dich an die Wand; ~ ***in front of the house*** stell dich vor das Haus; ~ ***in a straight line!*** stellen Sie sich in einer Reihe auf!; ***the team will ~ or fall by the success of their new model*** das Team steht und fällt mit dem Erfolg seines neuen Modells; ~ ***and deliver!*** (*dated*) Hände hoch und Geld her!; **to** ~ **to** [*or* **at**] **attention** MIL stillstehen; **to** ~ **guard** [*or* **watch**] [**over sb/sth**] [bei jdm/etw] Wache halten; ***he felt it necessary to ~ watch over the cash box*** er hielt es für nötig, die Kasse im Auge zu behalten; **to** ~ **on one's hands/head** einen Hand-/Kopfstand machen; **to** ~ **clear** [*or* **aside**] aus dem Weg gehen, beiseite treten; **to** ~ **erect** [*or* **tall**] aufrecht [*o* gerade] stehen; **to** ~ **motionless** regungslos dastehen; **to** ~ **still** stillstehen ② + *n* (*be a stated height*) messen *geh;* ***he ~s over seven feet*** er misst über sieben Fuß ③ FOOD (*remain untouched*) stehen ④ (*be located*) liegen; ***an old hut stood by the river*** am Fluss stand eine alte Hütte; ***the train is ~ing at platform 8*** der Zug steht auf Gleis 8; **to** ~ **in sb's way** jdm im Weg stehen; **to** ~ **in the way of sth** etw *dat* im Weg[e] stehen [*o* hinderlich sein]; **to** ~ **open** offen stehen ⑤ (*have a viewpoint*) ***how*** [*or* ***where***] ***do you ~ on the issue of foreign policy?*** was ist Ihre Meinung zur Außenpolitik?; ***from where she ~s it seemed reasonable to ask*** von ihrer Warte aus schien es vernünftig zu fragen ⑥ + *adj* (*be in a specified state*) stehen; ***I never know where I ~ with my boss*** ich weiß nie, wie ich mit meinem Chef dran bin *fam;* ***how do you think your chances ~ of being offered the job?*** wie, glaubst du, stehen deine Chancen, dass man dir die Stelle anbietet?; **with the situation as it ~s right now ...** so wie die Sache im Moment aussieht, ...; **to** ~ **high/low in sb's opinion** bei jdm sehr [*o* hoch]/wenig [*o* schlecht] angesehen sein; **to** ~ **alone** beispiellos [*o* einzigartig] sein; **to** ~ **aloof from sb/sth** (*form*) sich *akk* von jdm/etw distanzieren; **to** ~ **empty** [*or* **idle**] leer stehen; **to** ~ **fast** [*or* **firm**] standhaft sein; ~ ***firm on your decision*** steh fest zu deinem Entschluss; **to** ~ **pat** *esp* AM hart [*o* standfest] bleiben; **to** ~ **second/third** an zweiter/dritter Stelle stehen; **to** ~ **accused of sth** wegen einer S. *gen* unter Anklage stehen; **to** ~ **accused of murder** des Mordes angeklagt sein; **to** ~ **corrected** (*form*) sich *akk* geschlagen geben *fam;* ***I ~ corrected*** ich muss mich korrigieren [*o* gebe meinen Fehler zu]; **to** ~ **to gain** [*or* **win**]**/lose sth** wahrscheinlich etw gewinnen/verlieren ⑦ (*separate from*) ■**to** ~ **between sb/sth** zwischen jdm/etw stehen; ***the handouts he got from his parents were all that stood between Dan and destitution*** es waren allein die Zuwendungen, die Dan von seinen Eltern erhielt, was ihn vor völliger Mittellosigkeit bewahrte ⑧ (*remain valid*) gelten, Bestand haben; ***does that still ~?*** ist das noch gültig?, gilt das noch?; ***his work still ~s as one of the greatest advances in medical theory*** seine Arbeit gilt immer noch als eine der größten Leistungen in der Medizin; ***Newtonian mechanics stood for over two hundred years*** die Newtonsche Mechanik galt zweihundert Jahre lang unangefochten ⑨ BRIT, AUS (*be a candidate for office*) sich *akk* zur Wahl stellen, kandidieren; ■**to** ~ **for sth** für etw *akk* kandidieren; **to** ~ **for election** sich *akk* zur Wahl stellen ► PHRASES: **to** ~ **on one's own two feet** auf eigenen Füßen stehen; **to be able to do sth ~ing** etw mit links machen können *fam;* **it ~s to reason** [**that**] ... es ist logisch [*o* leuchttet ein], dass ...; **to not leave one stone ~ing on another** keinen Stein auf dem anderen lassen

III. TRANSITIVE VERB

<stood, stood> ① (*place upright*) ■**to** ~ **sth somewhere** etw irgendwohin hinstellen; ***she stood the yardstick upright against the wall*** sie stellte den Messstab gegen die Wand; **to** ~ **sth on its head** etw auf den Kopf stellen ② (*refuse to be moved*) **to** ~ **one's ground** wie angewurzelt stehen bleiben; (*refuse to yield*) standhaft bleiben ③ (*bear*) ■**to** ~ **sth** etw ertragen [*o fam* aushalten]; ■**to not** [**be able to**] ~ **sth** etw nicht ertragen können; ***our tent won't ~ another storm*** unser Zelt wird keinen weiteren Sturm überstehen; ***she can't ~ anyone touching her*** sie kann es nicht leiden, wenn man sie anfasst; **to not be able to** ~ **the sight of sth** den Anblick von etw *dat* nicht ertragen können; **to** ~ **the test of time** die Zeit überdauern ④ (*pay for*) ■**to** ~ **sb sth** jdm etw ausgeben [*o* spendieren]; ***Steven stood us all a drink*** Steven lud uns alle zu einem Drink ein; **to** ~ **bail for sb** für jdn Kaution stellen [*o* Sicherheit leisten] ⑤ (*fam*) **to** ~ **a chance of doing sth** gute Aussichten haben, etw zu tun ⑥ LAW **to** ~ **trial** [**for sth**] sich *akk* vor Gericht [für etw *akk*] verantworten müssen ► PHRASES: **to** ~ **sb in good stead** jdm von Nutzen [*o* Vorteil] sein

◆**stand about, stand around** *vi* herumstehen; ***we were just ~ing around talking*** wir haben nur dagestanden und uns unterhalten

◆**stand aside** *vi* ① (*move aside*) zur Seite treten; ***please ~ aside*** bitte treten Sie [einen Schritt] zur Seite ② (*not get involved*) ■**to** ~ **aside** [**from sth**] sich *akk* [aus etw *dat*] heraushalten ③ (*resign*) zurücktreten

◆**stand at** *vi* ■**to** ~ **at sth** *sum* sich *akk* auf etw *akk* belaufen

◆**stand back** *vi* ① (*move backwards*) zurücktreten ② (*fig: take detached view*) ■**to** ~ **back** Abstand nehmen; ■**to** ~ **back from sth** etw aus der Distanz betrachten ③ (*not get involved*) tatenlos zusehen [*o* danebenstehen] ④ (*be located away from*) ■**to** ~ **back from sth** abseits von etw *dat* liegen; ***the hotel ~s well back from the road*** das Hotel liegt ziemlich abseits der Straße

◆**stand behind** *vi* (*also fig*) ■**to** ~ **behind sb/sth** hinter jdm/etw stehen *a. fig*

◆**stand by** *vi* ① (*observe*) dabeistehen, zugucken *fam* ② (*be ready*) bereitstehen; ***cabin crew, please ~ by for takeoff*** Besatzung, bitte fertig machen zum Start ③ (*support*) ■**to** ~ **by sb** zu jdm stehen; **to** ~ **by each other** zueinander stehen ④ (*abide by*) **to** ~ **by one's promise** sein Versprechen halten; **to** ~ **by one's word** zu seinem Wort stehen

◆**stand down** I. *vi* ① BRIT, AUS (*resign*) zurücktreten ② (*relax*) entspannen ③ LAW den Zeugenstand verlassen ④ POL (*in election campaign*) seine Kandidatur zurückziehen II. *vt* ■**to** ~ **down** ↷ **sb** jdn entspannen

◆**stand for** *vi* ① (*tolerate*) ■**to not** ~ **for sth** sich *dat* etw nicht gefallen lassen ② (*represent*) ■**to** ~ **for sth** für etw *akk* stehen; ***you know what this party ~s for*** du weißt, wofür diese Partei [ein]steht

◆**stand in** *vi* ■**to** ~ **in for sb** für jdn einspringen, jdn vertreten

◆**stand off** I. *vi* sich *akk* entfernen II. *vt* ■**to** ~ **off** ↷ **sb** ① (*repel*) jdn abweisen [*o fam* abwimmeln] ② (*lay off*) jdn [vorübergehend] entlassen

◆**stand on** *vi* **to** ~ **on ceremony** die Form wahren; **to not** ~ **on ceremony** sich *dat* keinen Zwang antun *fam;* ***please sit down and make yourself comfortable, we don't ~ on ceremony here*** bitte setzen Sie sich und machen Sie es sich bequem, bei uns geht es nicht so förmlich zu *fam;* **to** ~ **on one's dignity** (*usu pej*) auf seine Autorität pochen *pej*

◆**stand out** *vi* ① (*be noticeable*) hervorragen; ***one stood out from the rest*** unter den Übrigen ragte einer heraus; **to** ~ **out in a crowd** sich *akk* von der Menge abheben ② (*oppose*) ■**to** ~ **out against sb/sth** sich *akk* gegen jdn/etw wehren ③ (*insist on*) ■**to** ~ **out for sth** auf etw *dat* bestehen [*o* beharren]

◆**stand over** *vi* ① (*supervise*) ■**to** ~ **over sb** jdm auf die Finger schauen *fam* ② LAW (*adjourn*) aufgeschoben [*o* zurückgestellt] werden

◆**stand round** *vi see* **stand around**

◆**stand up** I. *vi* ① (*rise*) aufstehen; (*be standing*) stehen ② (*endure*) ■**to** ~ **up** [**to sth**] [etw *dat*] standhalten; **to** ~ **up in court** gerichtlich anerkannt werden; ***her claim didn't ~ up in court*** ihr Anspruch ließ sich gerichtlich nicht durchsetzen ► PHRASES: **to** ~ **up and be counted** sich *akk* zu seiner Meinung bekennen II. *vt* ■**to** ~ **up** ↷ **sb** jdm einen Korb geben *fam*

◆**stand up for** *vt* ■**to** ~ **up for sb/sth** sich *akk* für jdn/etw einsetzen; **to** ~ **up for oneself** sich *akk* durchsetzen

◆**stand up to** *vt* ① (*confront*) ■**to** ~ **up to sb** sich *akk* jdm widersetzen ② (*resist damage*) ■**to** ~ **up to sth** etw überstehen; **to** ~ **up to rough treatment** einer rauen Behandlung standhalten

stand-alone *adj attr, inv* COMPUT ~ **computer** Computer *m* im Stand-alone-Betrieb **stand-alone terminal** *n* COMPUT eigenständiges Terminal, Terminal *nt* im Stand-alone-Betrieb

standard [ˈstændəd, AM -dɚd] I. *n* ① (*level of quality*) Standard *m,* Qualitätsstufe *f;* ***this essay is of an acceptable ~*** dieser Essay ist von durchschnittlicher Qualität; **to be up to** [**sb's**] ~ an jds Standard *m* heranreichen; **to raise ~s** das Niveau heben ② (*criterion*) Gradmesser *m,* Richtlinie *f,* Maßstab *m;* **~s of behaviour** Verhaltensmaßstäbe *mpl;* **safety** ~ Maß *nt* an Sicherheit; **by today's ~s** nach heutigen Maßstäben [*o* Begriffen]; **to set high/low ~s** hohe/geringe Ansprüche stellen; **to be above/below** ~ über/unter der Norm liegen; **to be up to** ~ der Norm entsprechen ③ (*principles*) ■**~s** *pl* Wertvorstellungen *fpl;* **~s of behaviour** Verhaltensnormen *fpl;* **moral ~s** moralische Prinzipien [*o* Normen] ④ (*currency basis*) Währungsstandard *m;* **gold/silver** ~ Gold-/Silberwährung *f* ⑤ (*in forestry*) Eichmaß *nt,* Richtmaß *nt* ⑥ (*flag*) Standarte *f* ⑦ HORT [Hoch]stamm *m* ⑧ BOT Blumenblatt *nt* ⑨ MUS Klassiker *m;* **old** ~ Oldie *m fam* ⑩ AM (*car*) Schaltwagen *m* II. *adj inv* ① (*customary*) Standard-; ***your new TV comes with a two-year guarantee as ~*** *esp* BRIT ihr neuer Fernseher wird mit der üblichen Zweijahresgarantie geliefert; ~ **colour/size/unit** Standardfarbe/-größe/-einheit *f;* ~ **procedures** Standardvorschriften *fpl* ② (*average*) durchschnittlich ③ (*authoritative*) ~ **book/work** Standardwerk *m;* ~ **text** Standardtext *m* ④ LING Standard-; ~ **English** die englische Hochsprache; ~ **American** die US-amerikanische Hochsprache ⑤ AM (*manual*) ~ **shift** Standardschaltung *f;* ~ **transmission** Standardgetriebe *nt*

standard agreement *n* LAW, ECON Standardvertrag *m,* Mustervertrag *m* **standard-bearer** *n* ① MIL (*dated*) Standartenträger *m veraltet* ② (*leader*) Vorkämpfer(in) *m(f)* **standard contract** *n* LAW, ECON Standardvertrag *m* **standard deviation** *n* Standardabweichung *f* **standard error** *n* statistischer Fehler **standard gauge** *n* Standardgleis *nt*

standardization [ˌstændədaɪˈzeɪʃᵊn, AM -dɚdɪˈ-] *n no pl* Standardisierung *f,* Normierung *f*

standardize [ˈstændədaɪz, AM -dɚ-] I. *vt* ■**to** ~ **sth** ① (*make conform*) etw standardisieren [*o* norm[ier]en] ② (*compare*) etw vereinheitlichen II. *vi* ■**to** ~ **on sth** etw zum Vorbild nehmen

standardized [ˈstændədaɪzd, AM -dɚ-] *adj inv* standardisiert; ~ **components** genormte Komponenten; ~ **language** Standardsprache *f*

standardized test *n* Standardtest *m*

standard lamp *n* BRIT, AUS Stehlampe *f* **standard letter** *n* Standardbrief *m,* Formbrief *m,* vorformulierter Brief **standard of living** <*pl* standards of living> *n* Lebensstandard *m*

standard operating procedure *n*, **SOP** *n no pl* übliches Prozedere **standard quality** *n no pl* Standardqualität *f* **standard size** *n* Standardgröße *f*, Einheitsgröße *f* **standard time** *n* Standardzeit *f* **standard wire gauge** *n* BRIT *standardisierte Drahtdichte in Großbritannien*

standby <*pl* -s> ['stæn(d)baɪ] I. *n* ① *no pl* (*readiness*) on ~ in Bereitschaft; to be [put [*or* placed]] on ~ Bereitschaftsdienst haben ② (*backup*) Reserve *f* ③ (*plane ticket*) Stand-by-Ticket *nt* ④ (*traveller*) *Fluggast mit Stand-by-Ticket* II. *adj attr, inv* Ersatz-; ~ generator Ersatzgenerator *m* III. *adv inv* AVIAT, TOURIST to fly ~ mit einem Stand-by-Ticket fliegen

standby ticket *n* Stand-by-Ticket *nt*

standee ['stændi] *n esp* AM (*fam*) *jemand, der einen Stehplatz hat*

stand-in *n* Vertretung *f*; FILM, THEAT Ersatz *m*

standing ['stændɪŋ] I. *n no pl* ① (*status*) Status *m*, Ansehen *nt*, Ruf *m*; to be in good ~ with sb gute Beziehungen zu jdm haben; to be of high social ~ hohes soziales Ansehen genießen; to shake sb's ~ jds Ansehen *nt* erschüttern ② (*duration*) Dauer *f*; *one member, of twelve years' ~ on the committee, resigned* ein Mitglied, das zwölf Jahre zum Komitee gehörte, ist zurückgetreten; to be of long/short ~ von langer/kurzer Dauer sein II. *adj attr, inv* ① (*upright*) [aufrecht] stehend; to do sth from a ~ position etw im Stehen machen ② (*permanent*) ständig ③ (*stationary*) stehend; ~ water stehendes Wasser ④ AGR ~ corn Getreide *nt* auf dem Halm

standing army *n* + *sing/pl vb* stehendes Heer **standing committee** *n* + *sing/pl vb* ständiger Ausschuss **standing joke** *n* Insiderwitz *m fam*; *the fact that Debbie is always late has become a ~ among her friends* die Tatsache, dass Debbie immer zu spät kommt, ist unter ihren Freunden sprichwörtlich geworden **standing O** *n* AM MUS, THEAT *short for* standing ovation stehende Ovationen **standing order** *n* ① *esp* BRIT (*for money*) Dauerauftrag *m*; to pay sth by ~ etw per Dauerauftrag bezahlen ② (*for goods*) Vorbestellung *f*, Abonnement *nt* ③ (*rules*) ■~s *pl* Geschäftsordnung *f* **standing ovation** *n* stehende Ovationen **standing room** *n no pl* Stehplatz *m*; ~ only nur Stehplätze **standing start** *n* Start *m* aus dem Stand heraus; ■to do sth from a ~ etw aus dem Stand heraus tun **standing stone** *n* ARCHEOL Hinkelstein *m*

stand-off *n* Patt *nt*

stand-offish [-'ɒfɪʃ, AM -'ɑːfɪʃ] *adj* (*pej fam*) kühl, reserviert

stand-offishly [-'ɒfɪʃli, AM -'ɑːfɪʃ-] *adv* (*pej fam*) kühl, distanziert; to sniff ~ at sth über etw *akk* verächtlich die Nase rümpfen

stand-offishness [-'ɒfɪʃnəs, AM -'ɑːfɪʃ-] *n no pl* (*pej fam*) kühle Distanziertheit

standout AM I. *n* Favorit(in) *m(f)* II. *adj attr, inv* Vorzeige-; ~ goalie Vorzeigetorwart *m* **standpipe** *n* Steigrohr *nt* **standpoint** *n* ① (*attitude*) Standpunkt *m*; depending on your ~, ... je nachdem, wie man es betrachtet, ... ② (*physical position*) [Stand]punkt *m* **standstill** *n no pl* Stillstand *m*; to be at a ~ zum Erliegen kommen; *work has been at a ~* die Arbeit ist niedergelegt worden; to bring sth to a ~ etw zum Erliegen bringen [*o fam* lahm legen]; to come to a ~ zum Stillstand kommen **stand-up** *adj attr, inv* ① (*eaten standing*) Fast-food-; ~ meal Fastfoodsnack *m* (*im Stehen eingenommene Mahlzeit*) ② (*performed standing*) ~ comedy Stegreifkomödie *f*, Improvisationskomödie *f*; ~ comedy show One-Man-Show *f*; ~ routine Stegreifroutine *f* ③ (*performing while standing*) ~ comedian Alleinunterhalter(in) *m(f)* ④ (*designed for standing*) ~ bar Stehbar *f*; ~ lunch counter Stehimbiss *m* ⑤ (*violent*) ~ fight/argument handfester Kampf/Streit ⑥ FASHION Steh-; ~ collar Stehkragen *m*

stank [stæŋk] *pt of* stink

Stanley Cup [,stænli-] *n* AM Stanley Cup *m* (*Eishockeytrophäe*) **Stanley knife**® *n* BRIT, AUS Schillermesser *nt*, Stanleymesser *nt*

stanza ['stænzə] *n* Strophe *f*; ~ of a song Liedstrophe *f*

staple¹ ['steɪpl̩] I. *n* ① (*for paper*) Heftklammer *f*; a box of ~s eine Schachtel Heftklammern ② (*not for paper*) Krampe *f* II. *vt* ■to ~ sth etw heften; ■to ~ sth together etw zusammenheften; to ~ sth by hand etw von Hand zusammenheften

staple² ['steɪpl̩] I. *n* ① (*main component*) Grundstock *m*; FOOD Grundnahrungsmittel *nt* ② ECON Hauptartikel *m*, Hauptprodukt *nt*; commercial ~s Handelsgüter *ntpl* ③ *no pl* (*of cotton*) Rohbaumwolle *f*; (*of wool*) Rohwolle *f* II. *adj attr, inv* ① (*principal*) Haupt-; ~ diet [*or* food] Hauptnahrung *f*; ~ foods Grundnahrungsmittel *pl*; ~ source of income Haupteinnahmequelle *f* ② ECON ~ crop/commodity Hauptgetreide/-erzeugnis *nt*

staple gun *n* Heftmaschine *f*

stapler ['steɪpləʳ, AM -plɚ] *n* Hefter *m*, Tacker *m fam*

star [stɑːʳ, AM stɑːr] I. *n* ① ASTRON Stern *m*; shooting ~ Sternschnuppe *f* ② (*symbol*) Stern *m*; four-~ hotel Viersternehotel *nt* ③ (*asterisk*) Sternchen *nt*; to mark sth with a ~ etw mit einem Sternchen versehen ④ (*mark on animal*) *Stirnfleck eines Tieres* ⑤ (*performer*) Star *m*; film/rock ~ Film-/Rockstar *m*; a ~ of stage and screen ein berühmter Bühnen- und Filmschauspieler; a rising ~ *jemand, der auf dem besten Wege ist, ein Star zu werden* ⑥ (*horoscope*) ■the ~s *pl* die Sterne *pl*, Horoskop *nt* ▶ PHRASES: to be born under a lucky/an unlucky ~ (*fam*) unter einem/keinem glücklichen Stern geboren sein II. *vt* <-rr-> ① THEAT, FILM *the new production of 'King Lear' will ~ John Smith as* [*or in the role of*] *Lear* die neue Produktion von ‚King Lear' zeigt John Smith in der Rolle des Lear ② (*mark with asterisk*) ■to ~ sth etw mit einem Sternchen versehen III. *vi* <-rr-> ① THEAT, FILM to ~ in a film/play in einem Film/Theaterstück die Hauptrolle spielen ② (*be brilliant*) brillieren IV. *adj attr, inv* Star-; *Natalie is the ~ student in this year's ballet class* Natalie ist die hervorragendste Schülerin der diesjährigen Ballettklasse; ~ witness Hauptzeuge, -in *m, f*

star billing *n no pl* to get ~ auf Plakaten groß herausgestellt werden

starboard ['stɑːbəd, AM 'stɑːrbɚd] I. *n* Steuerbord *nt kein pl*; to list to ~ Schlagseite nach Steuerbord haben II. *n modifier* (*not port*) Steuerbord-; ~ engine Steuerbordmotor *m*; ~ side Steuerbord *nt*

starboard tack *n* Steuerbordkurs *m* **starburst** *n* (*liter*) Sternregen *m*

starch [stɑːtʃ, AM stɑːrtʃ] I. *n no pl* ① FOOD Stärke *f*; corn ~ Stärkemehl *nt*, Maisstärke *f* ② FASHION Stärke *f*; spray ~ Sprühstärke *f* ③ (*fig: formality*) Steifheit *f* II. *vt* FASHION to ~ a collar einen Kragen stärken

Star Chamber *n no pl*, + *sing/pl vb* BRIT LAW ① (*hist: in England*) ■the ~ Geheimer Rat *hist*, die Sternkammer ② (*pej: anywhere*) Femegericht *nt* ③ (*cabinet committee*) Kabinettausschuss, der die geplanten Ausgaben von Ministerien überprüft, Haushaltsausschuss *m* des Bundestages

starched [stɑːtʃt, AM stɑːrtʃt] *adj collar, shirt* gestärkt

starchily ['stɑːtʃɪli, AM 'stɑːrtʃ-] *adv* (*fig, pej fam*) *behaviour* steif *fam*

starchy ['stɑːtʃi, AM 'stɑːrtʃi] *adj* ① FOOD stärkehaltig ② FASHION gestärkt ③ (*pej fam: formal*) *people* reserviert; ~ image angestaubtes Image *fam*

star-crossed *adj inv* (*liter*) unheilvoll *liter*; ■to be ~ *this plan was ~ right from the beginning* dieser Plan war von Anfang an zum Scheitern verurteilt; ~ lovers unglücklich Liebende

stardom ['stɑːdəm, AM 'stɑːr-] *n no pl* Starruhm *m*, Leben *nt* als Star

stardust *n no pl* ① (*cloud*) Sternennebel *m*, Goldstaub *m* ② (*dreamy feeling*) Fantasiewelt *f*, Traumwelt *f*; to have ~ in one's eyes bis über beide Ohren verliebt sein

stare [steəʳ, AM ster] I. *n* Starren *nt*; *she gave him a long ~* sie starrte ihn unverwandt an; accusing ~ vorwurfsvoller Blick II. *vi* ① (*look at*) starren; ■to ~ at sb/sth jdn/etw anstarren; (*fig: confront*) sich *akk* jdm/etw gegenüber sehen; *United were staring at a seven-goal deficit* United sahen sich einem Rückstand von sieben Toren gegenüber ② (*eyes wide open*) große Augen machen ③ (*be conspicuous*) ■to ~ out at sb jdm ins Auge stechen [*o* springen] III. *vt* ① (*look at*) to ~ sb in the eye [*or* face] jdn anstarren; to ~ sb up and down jdn anstieren *fam* ② (*reduce to*) to ~ sb into silence jdn durch einen vernichtenden Blick zum Schweigen bringen ▶ PHRASES: to be staring sb in the face (*be evident*) auf der Hand liegen; (*be imminent*) jdn bedrohen; *without water, death would be staring them in the face* ohne Wasser blickten sie dem Tod ins Auge

◆**stare down, stare out** *vt* BRIT, AUS ① (*outstare*) ■to ~ sb ⊃ down [*or* out] jdn zum Wegsehen zwingen ② (*hum: make go away*) ■to ~ sth ⊃ down [*or* out] etw wegdiskutieren

starfish *n* Seestern *m*

stargaze *vi* sich *dat* die Sterne angucken *fam*

stargazer [-geɪzəʳ, AM -geɪzɚ] *n* ① (*hum fam*) Sterngucker(in) *m(f) hum fam* ② AUS (*sl: horse*) Gaul *m* ③ (*fish*) Seestern *m*

staring ['steərɪŋ, AM 'sterɪŋ] *adj eyes* starrend

stark [stɑːk, AM stɑːrk] I. *adj* ① (*bare*) *landscape* karg; (*austere*) schlicht; ~ room spartanisch eingerichtetes Zimmer ② (*obvious*) krass; in ~ contrast to sb/sth in krassem Gegensatz zu jdm/etw; ~ reality die harte Realität; the ~ reality is that ... Tatsache ist, dass ...; ~ reminder ernst zu nehmende Erinnerung ③ *attr, inv* (*sheer*) total; ~ madness absoluter Wahnsinn *fam* II. *adv inv* ~ naked splitterfasernackt *fam*; ~ raving [*or* staring] mad (*hum, iron*) völlig übergeschnappt *fam*

starkers ['stɑːkəz] *adj pred, inv* BRIT, AUS (*fam*) im Adams-/Evaskostüm *hum fam*, nackert ÖSTERR *fam*

starkly ['stɑːkli, AM 'stɑːrk-] *adv* krass; to make it ~ obvious that ... klip und klar sagen, dass ... *fam*; to contrast ~ with sth in krassem Gegensatz zu etw *dat* stehen

starkness ['stɑːknəs, AM 'stɑːrk-] *n no pl* ① (*bare desolation*) Kargheit *f*, Herbheit *f*; (*austerity*) Schlichtheit *f* ② (*obviousness*) Krassheit *f*

starless ['stɑːləs, AM 'stɑːr-] *adj inv* ASTRON *the night sky was ~* es waren keine Sterne am Nachthimmel zu sehen; ~ heavens sternenloser Himmel

starlet ['stɑːlət, AM 'stɑːr-] *n* ① (*actress*) Starlet *nt*, Filmsternchen *nt* ② ASTRON Sternchen *nt*

starlight *n no pl* ASTRON Sternenlicht *nt*

starling¹ ['stɑːlɪŋ, AM 'stɑːr-] *n* (*bird*) Star *m*

starling² ['stɑːlɪŋ, AM 'stɑːr-] *n* (*pile*) Pfeilerkopf *m*

starlit ['stɑːlɪt, AM 'stɑːr-] *adj inv* ASTRON sternenklar

Star of David <*pl* Stars of David> *n* REL ■the ~ der David[s]stern

starred [stɑːd, AM stɑːrd] *adj inv* mit einem Sternchen versehen

starring ['stɑːrɪŋ] *adj attr, inv* Haupt-; the ~ role in a movie/play die Hauptrolle in einem Film/Stück

starry ['stɑːri] *adj* ① ASTRON sternenklar; ~ night sternenklare Nacht; the ~ sky der mit Sternen übersäte Himmel ② (*starlike*) sternförmig ③ FILM, THEAT mit Stars besetzt; ~ cast Starbesetzung *f*

starry-eyed *adj idealist* blauäugig, verzückt; *lover* hingerissen

Stars and Stripes *npl* + *sing vb* ■the ~ die Stars and Stripes *pl* (*Nationalflagge der USA*)

star sign *n* ASTROL Sternzeichen *nt* **star-spangled** [-spæŋgl̩d] *adj* (*liter, poet*) ① *inv* (*covered with stars*) mit Sternen übersät ② (*fig: successful*) höchst erfolgreich **Star-Spangled Banner** *n no pl* ■the ~ ① (*US flag*) das Sternenbanner (*die Nationalflagge der USA*) ② (*US national anthem*) der Star Spangled Banner (*die Nationalhymne der USA*) **starstruck** *adj* euphorisch *geh*, begeistert **star-studded** *adj inv* ① ASTRON mit Sternen übersät; ~ sky sternenübersäter Himmel ② FILM, THEAT (*fam*) mit Stars besetzt; ~ cast Starbesetzung *f*; ~ concert Konzert *nt* mit großem Staraufgebot

start [stɑːt, AM stɑːrt] **I.** *n usu sing* ❶ (*beginning*) Anfang *m*, Beginn *m*; ***the race got off to an exciting*** ~ das Rennen fing spannend an; **promising** ~ viel versprechender Anfang; **to give sb a** ~ jdm Starthilfe geben *fig*; ***Uncle Bill has agreed to give Jenny a*** ~ ***in his business*** Onkel Bill ist einverstanden, Jenny bei ihrem Start ins Berufsleben zu helfen, indem er sie in seinem Unternehmen anfangen lässt; **to make a** ~ **on sth** mit etw *dat* anfangen [*o* beginnen]; **to make an early/late** ~ früh/spät beginnen; **to make a fresh** ~ einen neuen Anfang machen, noch einmal beginnen; **at the** [**very**] ~ **of sth** [ganz] am Anfang einer S. *gen*; **at the** ~ **of the opera** zu Beginn der Oper; **at the** ~ **of the week** [am] Anfang der Woche; **from the** ~ von Anfang an; **from** ~ **to finish** von Anfang bis Ende; **for a** ~ zunächst [einmal]; ***we'll take names and phone numbers for a*** ~ wir notieren zunächst einmal Namen und Telefonnummern ❷ (*foundation*) *of a company* Gründung *f* ❸ SPORTS (*beginning place*) Start *m* ❹ (*beginning time*) Start *m*; **early/late** ~ früher/später Start; **false** ~ Fehlstart *m* ❺ (*beginning advantage*) Vorsprung *m*; **to have a good** ~ **in life** einen guten Start ins Leben haben; **to have a** ~ [**on sb**] [jdm gegenüber] einen Vorsprung haben; **to get the** ~ **of sb** BRIT jdn überrunden; **to give sb a** ~ jdm einen Vorsprung geben ❻ (*sudden movement*) Zucken *nt*; ***he woke with a*** ~ er schreckte aus dem Schlaf hoch; **to give a** ~ zusammenzucken; **to give sb a** ~ jdn erschrecken; ***you gave me such a*** ~***!*** du hast mich so erschreckt! ► PHRASES: **to do sth by fits and** ~**s** etw stoßweise tun; a **rum** [*or* **queer**] ~ BRIT, AUS (*fam*) eine komische Sache; ***it's a rum*** ~***, John's wife turning up alone in Manchester like that*** es ist schon komisch, dass Johns Frau so allein in Manchester auftaucht; ***it's a queer*** ~ ***when the boss suddenly comes all over friendly*** irgendetwas stimmt nicht, wenn der Chef so freundlich ist **II.** *vi* ❶ (*begin*) anfangen; ***there are performances all day on the hour*** ~***ing at 10 o'clock*** ab 10 Uhr gibt es stündlich den ganzen Tag Aufführungen; ***we only knew two people in London to*** ~ ***with*** anfangs kannten wir nur zwei Leute in London; ***don't*** ~***!*** hör auf [damit]! *fam*; ***don't*** ~ ***— I've already told you why it's not possible*** fang nicht schon wieder [damit] an – ich habe dir schon gesagt, warum es nicht geht; ***don't you*** ~***!*** jetzt fang du nicht auch noch an! *fam*; **to** ~ **at the beginning** (*said to begin a narration*) vorn anfangen; ***well, to*** ~ ***at the beginning, …*** nun, zunächst einmal muss man sagen, dass …; **to** ~ **afresh** [*or* [**all over**] **again**] von neuem beginnen; ■**to** ~ **to do sth** anfangen[,] etw zu tun; ■**to** ~ **by doing sth** mit etw *dat* beginnen; ***you could*** ~ ***by weeding the flowerbeds*** du könntest mit dem Unkrautjäten in den Blumenbeeten beginnen; **to get** ~**ed** [**on sth**] [mit etw *dat*] beginnen; ***let's get*** ~***ed on this load of work*** lasst uns mit der vielen Arbeit anfangen; ***let's*** ~ lass uns anfangen, packen wir's an *fam*; ■**to** ~ **on sth** mit etw *dat* beginnen; **to** ~ **with, …** (*fam*) zunächst einmal … ❷ (*fam: begin harassing, attacking*) ■**to** ~ **on sb** sich *dat* jdn vornehmen *fam* [*o fam* vorknöpfen] ❸ (*begin a journey*) losfahren; ***we'll need to*** ~ ***early*** wir müssen früh los[fahren]; ■**to** ~ **after sb/sth** jdm/etw folgen ❹ (*begin to operate*) *vehicle, motor* anspringen ❺ (*begin happening*) beginnen; ***the relaxation class is*** ~***ing*** [***up***] ***next month*** die Entspannungsgymnastik findet nächsten Monat zum ersten Mal statt ❻ (*jump in surprise*) zusammenfahren, hochfahren; ***he*** ~***ed at the sound of the phone*** er fuhr beim Klingeln des Telefons hoch; **to** ~ **out of sleep** aus dem Schlaf hochfahren [*o* hochschrecken] **III.** *vt* ❶ (*begin*) ■**to** ~ [**doing**] **sth** anfangen[,] etw zu tun; ***when do you*** ~ ***your new job?*** wann fängst du mit deiner neuen Stelle an?; ***he*** ~***ed his career as an accountant*** er begann seine Karriere als Buchhalter; ***he*** ~***ed work at 16*** mit 16 begann er zu arbeiten; ***we*** ~ ***work at 6.30 every morning*** wir fangen jeden Morgen um 6.30 Uhr mit der Arbeit an; **to** ~ **a family** eine Familie gründen ❷ (*set in motion*) ■**to** ~ **sth** etw ins Leben rufen; ***the new magazine will*** ~ ***publication in November*** das neue Magazin wird im November zum ersten Mal erscheinen; **to** ~ **a fashion/a tradition/a trend** eine Moderichtung/eine Tradition/einen Trend begründen; **to** ~ **a fight** [*or* **quarrel**] Streit anfangen [*o fam* anzetteln]; **to** ~ **a fire** Feuer machen; **to** ~ **litigation** einen Prozess anstrengen, vor Gericht gehen; **to** ~ **legal proceedings** gerichtliche Schritte unternehmen [*o* einleiten]; **to** ~ **a meeting** eine Sitzung eröffnen; **to** ~ **trouble** Ärger machen; **to** ~ **something** (*fam*) etwas ins Rollen bringen *fam* ❸ MECH ■**to** ~ **sth** etw einschalten; **to** ~ **a car** ein Auto starten; **to** ~ **a machine** eine Maschine anstellen; **to** ~ **a motor** einen Motor anlassen ❹ ECON **to** ~ **a business** ein Unternehmen gründen; ■**to** ~ **sb in sth** jdm bei etw *dat* Starthilfe geben; ***Paul*** ~***ed him in the dairy business*** Paul verschaffte ihm einen Start in der Molkerei ❺ (*fam: cause sb to do sth*) ■**to** ~ **sb doing sth** jdn dazu veranlassen, etw zu tun

◆**start back** *vi* ❶ (*jump back*) zurückschrecken; ***she*** ~***ed back in shock*** sie wich erschrocken zurück ❷ (*return*) sich *akk* auf den Rückweg machen; ***no one was there so we*** ~***ed back home*** niemand war da, also fuhren wir wieder nach Hause

◆**start in** *vi* (*fam*) ■**to** ~ **in about sth** anfangen, über etw *akk* zu sprechen

◆**start in on** *vi* AM ❶ (*begin*) ■**to** ~ **in on sth** mit etw *dat* beginnen; ***I can*** ~ ***in on the garden work*** ich kann mit der Gartenarbeit anfangen ❷ (*attack*) ■**to** ~ **in on sb** anfangen, über jdn herzuziehen *fam*; ***I've put up with your bad-mouthing all your co-workers, but don't you dare*** ~ ***in on my wife*** ich habe es hingenommen, dass Sie über all ihre Kollegen lästern, aber wagen Sie es bloß nicht, jetzt auch noch über meine Frau herzuziehen

◆**start off** **I.** *vi* ❶ (*begin activity*) ■**to** ~ **off with sb/sth** bei [*o* mit] jdm/etw anfangen; ***give me your answers one by one,*** ~***ing off with Lucy*** gebt mir eure Antworten eine nach der anderen, angefangen bei Lucy; ■**to** ~ **off by doing sth** als Erstes etw tun; ***they*** ~***ed off by reading the script through*** zuerst lasen sie das Skript durch ❷ (*begin career*) ■**to** ~ **off as sth** seine Laufbahn als etw beginnen ❸ (*embark*) losfahren; ***they*** ~***ed off in New Orleans*** sie starteten in New Orleans ❹ (*begin meal*) **to** ~ **off with sth** als Erstes etw essen, mit etw *dat* beginnen **II.** *vt* ❶ (*begin*) ■**to** ~ **sth** ○ **off** [**with sth**] etw [mit etw *dat*] beginnen; **to** ~ **a meeting off with sth** eine Versammlung mit etw *dat* eröffnen ❷ (*cause to begin*) ■**to** ~ **sb off on sth** jdn zu etw *dat* veranlassen ❸ (*upset*) ■**to** ~ **sb off** [**on sth**] jdn wegen einer S. *gen* auf die Palme bringen *fam*; ***don't*** ~ ***her off on the injustice of the class system*** gib ihr bloß nicht das Stichwort von der Ungerechtigkeit des Klassensystems ❹ (*help to begin*) ■**to** ~ **sb off** jdm den Start erleichtern [*o fig* Starthilfe geben]

◆**start out** *vi* ❶ (*embark*) sich *akk* auf die Reise machen, aufbrechen ❷ (*begin*) anfangen; ■**to** ~ **out as sth** als etw beginnen; *on a job* als etw anfangen; ***he*** ~***ed out driving a truck*** er fing als Lastwagenfahrer an; ***her illness*** ~***ed out as a simple case of flu*** ihre Krankheit sah zunächst nach einer einfachen Grippe aus ❸ (*intend*) ■**to** ~ **out to do sth** sich *dat* etw vornehmen; ***our committee has achieved what we*** ~***ed out to do*** unser Komitee hat erreicht, was wir uns zum Ziel gesetzt hatten

◆**start over** *vi* AM ■**to** ~ [**all**] **over** (*begin again*) von neuem anfangen; (*fig: start a new career*) umschulen, umsatteln *fam*

◆**start up** **I.** *vt* ❶ (*organize*) **to** ~ **up a business/a club** ein Unternehmen/einen Club gründen ❷ MECH **to** ~ **up a motor** einen Motor anlassen **II.** *vi* ❶ (*jump*) aufspringen; ***she*** ~***ed up from the sofa*** sie sprang vom Sofa auf; **to** ~ **up out of sleep** aus dem Schlaf hochschrecken ❷ (*occur*) beginnen; ***drug smuggling has*** ~***ed up along this stretch of the border*** an diesem Grenzabschnitt wird neuerdings Drogenschmuggel getrieben ❸ (*begin running*) *motorized vehicle* anspringen

start date *n* Anfangsdatum *nt*

starter [ˈstɑːtəʳ, AM ˈstɑːrtɚ] *n* ❶ *esp* BRIT FOOD (*fam*) Vorspeise *f*; ***we had soup as a*** ~ wir hatten Suppe als Vorspeise ❷ MECH Anlasser *m* ❸ (*starting race*) Starter *m* ❹ (*participant*) Wettkämpfer(in) *m(f)*, Wettkampfteilnehmer(in) *m(f)*; AM (*in baseball*) Starter *m*; **possible** ~**s** mögliche Wettkampfteilnehmer ❺ (*sb who starts*) ***she is a slow*** ~ ***in the morning*** sie kommt morgens nur langsam in Schwung; **to be a late** ~ ein Spätzünder sein *fam* ► PHRASES: **to be under** ~**'s orders** in den Startlöchern sitzen *fam*, auf den Startschuss warten; **for** ~**s** (*fam*) erstmal *fam*; ***… and that's just for*** ~***s …*** und das ist noch nicht alles

starter motor *n* Anlasser *m*, Starter *m*

starting [ˈstɑːtɪŋ, AM ˈstɑːrt̬ɪŋ] *adj attr, inv* SPORTS Start-; ~ **block** Startblock *m*; ~ **pistol** Startpistole *f*

starting date *n* Anfangsdatum *nt*; ECON Einstellungsdatum *nt* **starting gate** *n* SPORTS Startmaschine *f* **starting line** *n* SPORTS Startlinie *f* **starting point** *n* Ausgangspunkt *m*; **a** ~ **for discussion** ein Diskussionsansatz *m* **starting salary** *n* Anfangsgehalt *nt* **starting time** *n* Anfangszeit *f*

startle [ˈstɑːtl̩, AM ˈstɑːrt̬l̩] *vt* ■**to** ~ **sb** jdn erschrecken; ***the noise*** ~***d the birds*** der Lärm schreckte die Vögel auf; ***I was*** ~***d to see the fire*** mit Entsetzen erblickte ich das Feuer

startling [ˈstɑːtl̩ɪŋ, AM ˈstɑːrt̬l̩-] *adj* (*surprising*) überraschend, verblüffend; (*alarming*) erschreckend; ~ **disclosure/discovery** Aufsehen erregende [*o* spektakuläre] Enthüllung/Entdeckung; ~ **resemblance** frappierende Ähnlichkeit

startlingly [ˈstɑːtl̩ɪŋli, AM ˈstɑːrt̬l̩-] *adv* (*surprisingly*) überraschend, verblüffend; (*alarmingly*) bestürzend, erschreckend; ~ **dressed** aufregend angezogen

start point *n* Ausgangspunkt *m*; **a** ~ **for discussion** ein Diskussionsansatz *m* **start time** *n* Anfangszeit *f* **start-up** **I.** *n* ❶ COMM [Neu]gründung *f*, Existenzgründung *f*; (*company*) Start-up[-Unternehmen] *nt* ❷ MECH Start *m*, Inbetriebnahme *f* ❸ COMPUT Hochfahren *nt kein pl*, Start *m*; ~ **disk** Startdiskette *f*, Systemdiskette *f* **II.** *n modifier* (*in beginning stages*) *firm* aufstrebend **start-up capital** *n no pl* Startkapital *nt* **start-up costs** *npl* Anlaufkosten *pl*, Startkosten *pl* **start-up financing** *n* Neugründungsfinanzierung *f*

starvation [stɑːˈveɪʃᵊn, AM stɑːr-] *n no pl* ❶ (*death from hunger*) Hungertod *m*, Verhungern *nt*; **to die of** ~ verhungern, den Hungertod sterben *liter* ❷ (*serious malnutrition*) Unterernährung *f*, Mangelernährung *f*

starvation diet *n* Hungerkur *f*, Fastenkur *f*; **to go on a** ~ eine Abmagerungskur machen; **to be kept on a** ~ mangelhaft ernährt werden **starvation wages** *npl* Hungerlohn *m*, Hungerlöhne *mpl*

starve [stɑːv, AM stɑːrv] **I.** *vi* ❶ (*die of hunger*) verhungern; **to** ~ **to death** verhungern ❷ (*suffer from hunger*) hungern, Hunger leiden; (*be malnourished*) unterernährt sein ❸ (*fam: be very hungry*) ■**to be starving** [*or* ~**d**] ausgehungert [*o* am Verhungern] sein; ***I'm starving! what's for dinner?*** ich sterbe vor Hunger! was gibt's zu essen? *fam* ❹ (*crave*) ■**to** ~ **for sth** nach etw *dat* hungern; **to be starving for affection/love/sympathy** nach Zuneigung/Liebe/Sympathie hungern **II.** *vt* ❶ (*deprive of food*) ■**to** ~ **sb** jdn aushungern; ***the besieging army*** ~***d the city into surrender*** die belagernde Armee hungerte die Stadt aus, bis sie sich ergab; ■**to** ~ **oneself** sich *akk* abhungern; ■**to** ~ **oneself to death** sich *akk* zu Tode hungern ❷ *usu passive* (*fig: deprive*) ■**to be** ~**d of** [*or* AM **for**] **sth** um etw *akk* gebracht werden; ***people*** ~***d of sleep start to lose their concentration*** Menschen, die unter Schlafmangel leiden, können sich nicht mehr konzentrieren ❸ *usu passive* AM (*fig: crave*) ■**to be** ~**d for sth** nach etw *dat* hungern, sich *akk* nach etw *dat* sehnen; ***after all those exams, she's*** ~***d for sleep*** nach all diesen Prüfungen will sie nur noch schlafen

◆**starve out** *vt* ■**to** ~ **out** ○ **sb** jdn aushungern

starveling ['stɑːvlɪŋ, AM 'stɑːrv] *(old)* **I.** *n* Hungerleider(in) *m(f) veraltend* **II.** *adj inv* kümmerlich, dürftig, [hin]vegetierend

starving ['stɑːvɪŋ, AM 'stɑːr-] *adj* ❶ *inv (malnourished)* ausgehungert, unterernährt; ~ **children** hungernde Kinder ❷ *(fam: very hungry)* [ganz] ausgehungert *fam;* ***I'm ~!*** ich bin am Verhungern! ❸ BRIT DIAL *(very cold)* eiskalt; ***I'm ~!*** ich sterbe vor Kälte!

star witness *n* Kronzeuge, -in *m, f*

stash [stæʃ] **I.** *n* <*pl* -es> ❶ *(dated: hiding place)* Versteck *nt* ❷ *(cache)* [geheimes] Lager, Vorrat *m* **II.** *vt (fam)* ■**to ~ sth** etw verstecken [*o* verbergen]; *money* etw horten *pej* [*o fam* bunkern]

◆**stash away** *vt* ■**to ~ away** ○ **sb/sth** jdn/etw verschwinden lassen *fam;* **to ~ away money** Geld beiseite schaffen

stasis <*pl* -ses> ['steɪsɪs] *n* ❶ *no pl (unchanging equilibrium)* Stagnation *f geh,* Stillstand *m;* ■**to be in ~** stagnieren; ***her life was in ~*** in ihrem Leben bewegte sich nichts ❷ MED Stauung *f,* Stase *f fachspr*

state [steɪt] **I.** *n* ❶ *(existing condition)* Zustand *m;* ***they complained about the untidy ~ that the house had been left in*** sie beschwerten sich über die Unordnung, in der das Haus zurückgelassen worden war; ***the car was in a good ~ of repair*** das Auto war in gutem Zustand; **a sorry ~ of affairs** traurige Zustände; **~ of siege/war** Belagerungs-/Kriegszustand *m;* **economic ~** wirtschaftliche Lage; **original ~** ursprünglicher Zustand ❷ *(physical condition)* körperliche [*o* physische] Verfassung; **in a ~ of dormancy** im Schlafzustand; **~ of exhaustion/fatigue** Erschöpfungs-/Ermüdungszustand *m;* **to be in a poor/good ~ of health** in einem schlechten/guten Gesundheitszustand sein; ***her mother is in a poor ~ of health*** ihrer Mutter geht es nicht gut; **~ of intoxication** Vergiftung *f;* **~ of rest** Ruhezustand *m* ❸ PSYCH *(frame of mind)* Gemütszustand *m;* ***we were worried by his depressed ~ of mind*** seine niedergeschlagene Stimmung machte uns Sorgen; ***she has been in a ~ of euphoria ever since hearing the news*** sie ist ganz euphorisch, seit sie die Neuigkeit erfahren hat; **conscious ~** [volles] Bewusstsein; **semi-conscious ~** Dämmerzustand *m;* **unconscious ~** Bewusstlosigkeit *f;* **to [not] be in a fit ~ to do sth** [nicht] in der Lage sein, etw zu tun ❹ *(fam: upset state)* **to be in a ~** mit den Nerven fertig sein *fam;* **to get in[to] a ~ [about sth]** [wegen etw *dat*] durchdrehen ❺ CHEM **solid/liquid/gaseous ~** fester/flüssiger/gasförmiger Zustand ❻ SOCIOL **~ of matrimony** Stand *m* der Ehe; **married ~** Ehestand *m;* ***how do you enjoy the married ~?*** wie bekommt dir die Ehe?; **single ~** Leben *nt* als Single ❼ REL **~ of grace** Stand *m* der Gnade ❽ *(nation)* Staat *m;* **one-party/member ~** Einparteien-/Mitgliedsstaat *m* ❾ *(in USA)* [Bundes]staat *m;* *(in Germany)* Land *nt;* ■**the S~s** *pl (fam: the United States of America)* die Staaten *pl fam* ❿ *(civil government)* Staat *m,* Regierung *f;* **affairs** [*or* **matters**] **of ~** Staatsangelegenheiten *fpl,* Staatsgeschäfte *ntpl;* **office of ~** Staatsamt *nt;* **the separation of Church and S~** die Trennung von Kirche und Staat ⓫ *(dignified rank)* Würde *f,* Rang *m;* ***the Queen rode in ~ to open Parliament*** die Königin ritt in vollem Staat zur Parlamentseröffnung; ***the pomp befitting a queen's ~*** die einer Königin angemessene Pracht; **to lie in ~** aufgebahrt sein **II.** *adj attr, inv* ❶ *(pertaining to a nation)* staatlich, Staats-; **~ monopoly** Staatsmonopol *nt,* staatliches Monopol; **~ ownership** Staatseigentum *nt,* staatliches Eigentum; **~ religion** Staatsreligion *f* ❷ *(pertaining to unit)* ***the ~ capital of Texas*** die Hauptstadt von Texas; **~ fishing license** *für einen US-Bundesstaat gültige Angelerlaubnis;* **~ forest/park** *von einem US-Bundesstaat finanzierter Wald/Park;* **~ police** *Polizei eines US-Bundesstaates;* **~ sales tax** *von einem US-Bundesstaat erhobene Umsatzsteuer* ❸ *(pertaining to civil government)* Regierungs-; **~ document** Regierungsdokument *nt,* amtliches Schriftstück; **~ enrolled/registered nurse** BRIT staatlich zugelassene/geprüfte [*o* examinierte] Krankenschwester; **~ records** Regierungsunterlagen *fpl;* **~ secret** *(also fig)* Staatsgeheimnis *nt;* **~ subsidy** [staatliche] Subvention; **~ support** staatliche Unterstützung ❹ *(showing ceremony)* Staats-; **~ banquet** Staatsbankett *nt;* **~ funeral** Staatsbegräbnis *nt;* **the S~ Opening of Parliament** die offizielle Eröffnung des Parlaments; **~ visit** Staatsbesuch *m* **III.** *vt* ❶ *(express)* ■**to ~ sth** etw aussprechen [*o* äußern]; ***the problem can be ~d in one sentence*** man kann das Problem in einem Satz fassen; **to ~ one's case** seine Sache vortragen; **to ~ one's objections** seine Einwände vorbringen; **to ~ one's opinion** seine Meinung sagen; **to ~ the source** die Quelle angeben; **to ~ sth clearly/emphatically** etw deutlich/mit Nachdruck sagen; **to ~ the obvious** [*or* **a commonplace**] eine Binsenweisheit von sich *dat* geben; ■**to ~ that ...** erklären, dass ...; **to ~ formally that ...** offiziell bekannt geben, dass ...; ■**to ~ why/what/how ...** darlegen, warum/was/wie ... ❷ *(specify, fix)* ■**to ~ sth** etw nennen [*o* angeben]; **to ~ conditions** [*or* **terms**] Bedingungen nennen; **to ~ demands** Forderungen stellen

state-controlled *adj inv (controlled by the government)* staatlich gelenkt [*o* kontrolliert], unter staatlicher Aufsicht *nach n, präd;* *(owned by the state)* staatseigen *attr* **statecraft** *n no pl* POL Staatskunst *f,* Kunst *f* der Staatsführung

stated ['steɪtɪd] *adj inv* ❶ *(declared)* genannt, angegeben; **~ date** angegebenes Datum; **as ~ above** wie oben angegeben ❷ *(fixed)* festgelegt, festgesetzt; ***tours will depart from the cathedral square at ~ intervals*** die Führungen beginnen in regelmäßigen Abständen auf dem Vorplatz der Kathedrale; **at the ~ time** zur festgesetzten Zeit

State Department *n no pl, + sing/pl vb* AM ■**the ~** das US-Außenministerium **state education** *n no pl* staatliches Bildungswesen

statehood ['steɪthʊd] *n no pl* Eigenstaatlichkeit *f,* Souveränität *f;* **Texas ~** texanische Eigenstaatlichkeit; **to achieve ~** ein selbständiger Staat werden

stateless ['steɪtləs] *adj inv* staatenlos; **~ person** Staatenlose(r) *f(m)*

statelessness ['steɪtləsnəs] *n no pl* Staatenlosigkeit *f*

statelet ['steɪtlət, AM lɪt] *n* Kleinstaat *m,* Ministaat *m pej*

stateliness ['steɪtlɪnəs] *n no pl* ❶ *(dignity)* Würde *f;* **~ of manner** würdevolle Haltung ❷ *(splendour)* Pracht *f,* Glanz *m*

stately ['steɪtli] *adj* ❶ *(formal and imposing)* würdevoll, majestätisch; **~ bearing/manner** würdevolle Haltung; **at a ~ pace** gemessenen Schrittes ❷ *(splendid)* prächtig, imposant; **~ home** Herrensitz *m,* herrschaftliches Anwesen

statement ['steɪtmənt] *n* ❶ *(act of expressing sth)* Äußerung *f,* Erklärung *f* ❷ *(formal declaration)* Stellungnahme *f,* Verlautbarung *f;* **to make a ~ [about sth] [to sb]** sich *akk* [über etw *akk*] [gegenüber jdm] äußern; ***I have no further ~ to make at this time*** ich habe dazu im Moment nichts mehr zu sagen; **to make a ~ to the press** eine Presseerklärung abgeben ❸ *(formal description)* Beschreibung *f,* Schilderung *f;* LAW Aussage *f;* ***I think your story is a fair ~ of what happened*** ich denke, Sie haben das Geschehen getreu wiedergegeben; **~ of facts** Tatbestand *m,* Sachverhalt *m;* **to make a ~ [in court]** [vor Gericht] aussagen [*o* eine Aussage machen]; **to make a ~ about sth** eine Erklärung zu etw *dat* abgeben ❹ *(bank statement)* [Konto]auszug *m;* **bank ~** Konto-/Bankauszug *m* ❺ ECON **~ [of account]** Abrechnung *f* ❻ COMPUT Anweisung *f*

state occasion *n* Staatsakt *m,* Staatsfeierlichkeit *f*

state of alert <*pl* states of alert> AM, **state of emergency** <*pl* states of emergency> *n* BRIT Ausnahmezustand *m;* **to declare a ~** den Ausnahmezustand erklären **state of the art** *adj pred, inv,* **state-of-the-art** *adj attr, inv* auf dem neuesten Stand der Technik *nach n,* hoch entwickelt, hochmodern; **~ technology** Spitzentechnologie *f*

state-owned [-,əʊnd, AM -,oʊnd] *adj inv* staatseigen *attr,* staatlich, in Staatsbesitz *präd;* **~ enterprise** staatliches Unternehmen; **~ industry/utilities** staatliche Industrie/Einrichtungen **state pension** *n* BRIT gesetzliche Rente **state premier** *n* AUS *höchster Regierungsbeamter einer australischen Provinz* **state prison** *n* ❶ AM *(prison on the state level)* Staatsgefängnis *nt (eines US-Bundesstaates)* ❷ *(prison for political offenders)* Gefängnis *nt* für politische Gefangene, Staatsgefängnis *nt* **stateroom** *n* ❶ *(in a hotel)* Empfangszimmer *nt;* *(in a palace)* Prunkraum *m,* Empfangssaal *m* ❷ NAUT Privatkabine *f,* Luxuskabine *f* ❸ RAIL Privatabteil *nt,* Luxusabteil *nt* **state school** *n* öffentliche [*o* staatliche] Schule **State's evidence** *n no pl* AM Aussage *f* eines Kronzeugen/einer Kronzeugin; **to turn ~** als Kronzeuge/Kronzeugin aussagen [*o* auftreten]

stateside **I.** *adj inv* AM *(fam)* in den Staaten *präd fam,* zu Hause *präd fam;* ***I can't wait till we're ~ again*** ich kann es nicht erwarten, bis wir wieder zu Hause in den Staaten sind; **a ~ newspaper** eine Zeitung aus den Staaten **II.** *adv* AM *(fam)* in die Staaten *fam,* nach Hause *fam*

statesman *n* Staatsmann *m;* **an elder ~** ein erfahrener Staatsmann

statesmanlike *adj* staatsmännisch

statesmanship ['steɪtsmənʃɪp] *n no pl* Staatskunst *f*

states' rights *npl* AM *den US-Bundesstaaten vorbehaltene Rechte*

stateswoman *n* Staatsfrau *f*

state university *n* AM *von einem US-Bundesstaat finanzierte Universität* **state visit** *n* Staatsbesuch *m* **statewide** *adj inv* landesweit; AM im ganzen Bundesstaat *nach n, präd;* **~ elections** landesweite Wahlen

static ['stætɪk, AM -ţ-] **I.** *adj (fixed)* statisch; *(not changing)* konstant; ***oil prices were fairly ~ worldwide at that time*** die Ölpreise waren zu der Zeit auf der ganzen Welt ziemlich stabil; **to remain ~** unverändert bleiben, stagnieren **II.** *n* ❶ PHYS ■**~s** + *sing vb* Statik *f kein pl* ❷ *no pl (electrical charge)* statische Elektrizität, Reibungselektrizität *f;* *(atmospherics)* atmosphärische Störungen ❸ *no pl* COMPUT *(due to atmospheric conditions)* atmosphärische Störungen; *(in a recorded signal)* Rauschen *nt*

static electricity *n no pl* statische Elektrizität

station ['steɪʃᵊn] **I.** *n* ❶ RAIL Bahnhof *m;* **mainline** [*or* **central**] **~** Hauptbahnhof *m;* **railway** BRIT, AUS [*or* AM **train**] **~** Bahnhof *m;* **subway** [*or* **metro**] **station** AM U-Bahn-Haltestelle *f,* U-Bahn-Station *f;* **tube** [*or* **underground**] **~** BRIT U-Bahn-Haltestelle *f,* U-Bahn-Station *f* ❷ *(for designated purpose)* -station *f;* **atomic energy ~** Atomkraftwerk *nt,* Kernkraftwerk *nt;* **petrol** BRIT [*or* AM **gas**] **~** Tankstelle *f;* **police ~** Polizeiwache *f,* Polizeirevier *nt;* **power ~** Kraftwerk *nt;* **research ~** Forschungsstation *f* ❸ *(broadcasting station)* Sender *m,* Sendestation *f;* **earth ~** Erdfunkstelle *f;* **~ manager** Intendant(in) *m(f);* **radio ~** Radiosender *m,* Rundfunksender *m;* **TV ~** Fernsehsender *m* ❹ *(position)* Position *f,* Platz *m;* **action** [*or* **battle**] **~s** MIL Kampfstätte *f;* **to take up one's ~** seine Position [*o* seinen Platz] einnehmen; ■**to be on ~** MIL stationiert sein; ***several destroyers are on ~ off the coast of Norway*** mehrere Zerstörer liegen vor der Küste Norwegens ❺ *(dated: social position)* Stellung *f,* Rang *m;* ***she married below her ~*** sie heiratete unter ihrem Stand ❻ AUS, NZ AGR *(large farm)* [große] Farm; **sheep ~** Schaffarm *f* ❼ COMPUT *(used as sink/source)* Station *f* **II.** *vt* ■**to ~ sb** jdn postieren [*o* aufstellen]; **to ~ soldiers/troops** MIL Soldaten/Truppen stationieren

stationary ['steɪʃᵊnᵊri, AM -ʃeneri] *adj (not moving)* ruhend; ***we were ~ at a set of traffic lights*** wir standen an einer Ampel; *(not changing)* unverändert; **~ bicycle** Heimfahrrad *nt,* Heimtrainer *m*

station break *n* AM, AUS Sendepause *f,* Funkstille *f kein pl* **station buffet** *n* BRIT Bahnhofsrestaurant *nt*

stationer ['steɪʃᵊnəʳ, AM -ʃənɚ] *n* BRIT ❶ *(person)* Schreibwarenhändler(in) *m(f)* ❷ *(shop)* Schreibwarenladen *m*

stationery ['steɪʃᵊnᵊri, AM -ʃəneri] **I.** *n no pl* Schreibwaren *fpl;* (*writing paper*) Schreibpapier *nt* **II.** *n modifier* (*department, shop*) Schreibwaren-; ~ **pad** Schreibblock *m;* ~ **products** Schreibwaren *pl;* ~ **set** Briefmappe *f*

station house *n* AM Polizeiwache *f,* Polizeirevier *nt* **stationmaster** *n* Stationsvorsteher(in) *m(f),* Bahnhofsvorsteher(in) *m(f)* **station police** *n* + *sing/pl vb* Bahnpolizei *f* **station selector** *n* [Sender]suchlauf *m* **Stations of the Cross** *npl* REL Kreuzweg *m,* Kreuzwegstationen *fpl* **station wagon** *n* AM, AUS Kombi[wagen] *m*

statism ['steɪtɪzᵊm] *n no pl* Verstaatlichung *f*

statist ['steɪtɪst] POL **I.** *n* Staatsgläubige(r) *f(m)* **II.** *adj inv* auf staatliche Institutionen fixiert, Staats-

statistic [stə'tɪstɪk] *n* Statistik *f;* **to be** [**just**] **another** ~ [**in sth**] nur eine Nummer [bei [*o* in] etw *dat*] sein

statistical [stə'tɪstɪkᵊl] *adj inv* statistisch; ~ **analysis/weight** statistische Analyse/statistisches Gewicht

statistically [stə'tɪstɪkᵊli] *adv inv* statistisch; **to analyse sth** ~ etw statistisch auswerten; **to present sth** ~ etw als Statistik darstellen

statistician [ˌstætɪ'stɪʃᵊn] *n* Statistiker(in) *m(f)*

statistics [stə'tɪstɪks] *npl* ❶ + *sing vb* (*science*) Statistik *f kein pl* ❷ (*data*) Statistik *f;* ***the ~ show/suggest that, …*** aus der Statistik geht hervor, dass …; ***according to official ~, …*** offiziellen Statistiken zufolge …; **employment** ~ Beschäftigungsstatistik *f;* **to collect/analyse/publish** ~ Statistiken führen/auswerten/veröffentlichen

stats [stæts] *npl* (*fam*) *short for* **statistics** Statistiken *fpl*

statuary ['stætʃuᵊri, AM -eri] (*form*) **I.** *n no pl* ❶ (*statues collectively*) Statuen *fpl,* Plastiken *fpl,* Skulpturen *fpl;* **contemporary** ~ zeitgenössische Plastik ❷ (*art of making statues*) Plastik *f,* Bildhauerei *f* **II.** *adj inv* statuarisch *geh,* plastisch; ~ **art** Bildhauerkunst *f,* Plastik *f;* ~ **technique** Bildhauertechnik *f*

statue ['stætʃuː] *n* Statue *f,* Standbild *nt;* **to erect** [*or* **put up**] **a** ~ **of** [*or* **to**] **sb** jdm ein Denkmal setzen; **to stand like a** ~ wie angewurzelt dastehen

statuesque [ˌstætʃu'esk] *adj* (*approv form*) stattlich; **a** ~ **blond** eine majestätische Blondine *hum*

statuette [ˌstætʃu'et] *n* Statuette *f*

stature ['stætʃəʳ, AM -ʃɚ] *n* ❶ (*height*) Statur *f,* Gestalt *f;* **large/short** ~ großer/kleiner Wuchs; **to reach one's full** ~ seine volle Größe erreichen ❷ (*reputation*) Format *nt,* Geltung *nt,* Prestige *nt;* ***his ~ as an art critic was tremendous*** er genoss großes Ansehen als Kunstkritiker; **to gain in** ~ an Ansehen gewinnen

status ['steɪtəs, AM 'stæṭəs, 'steɪ-] *n no pl* Status *m;* (*prestige also*) Prestige *nt;* ***what's the ~ of these green parking permits — are they still valid?*** was ist mit diesen grünen Parkausweisen – sind die noch gültig?; **to have a high** ~ **in a company** in einem Unternehmen eine hohe Stellung haben; **legal** ~ Rechtsposition *f,* rechtliche Stellung; **refugee** ~ Flüchtlingsstatus *m;* **social** ~ gesellschaftliche Stellung, sozialer Status

status bar *n* COMPUT Statusleiste *f* **status inquiry** *n* COMPUT Statusabfrage *f;* FIN Bitte *f* um Kreditauskunft **status line** *n* COMPUT Statuszeile *f*

status quo [ˌsteɪtəs'kwəʊ, AM ˌstæṭəs'kwoʊ, ˌsteɪ-] *n no pl* Status quo *m,* gegenwärtiger Zustand; **to maintain/change the** ~ den Status quo erhalten/verändern

status report *n* COMPUT Statusbericht *m* **status seeker** *n* (*pej*) Emporkömmling *m pej,* Karrierist(in) *m(f) pej* **status symbol** *n* Statussymbol *nt*

statute ['stætjuːt, AM 'stætʃuːt] *n* ❶ (*written rules*) Statut *nt meist pl,* Satzung *f;* ■**by** ~ satzungsgemäß ❷ (*law*) Gesetz *nt,* Gesetzesvorschrift *f;* ~ **of limitations** prozessuales Verjährungsgesetz; **to come** [*or* **fall**] **under a** ~ unter ein Gesetz fallen; ■**by** ~ gesetzlich; **set by** ~ gesetzlich festgelegt ❸ LAW, ECON (*permanent corporate rule*) Betriebsverfassung *f*

statute book *n* Gesetzbuch *nt;* **to put a law on the** ~ ein Gesetz durchbringen; **to reach** [*or* **be on**] **the** ~ geltendes Recht sein **statute law** *n* LAW ❶ *no pl* (*not common law*) geschriebenes [*o* kodifiziertes] Gesetz ❷ (*statute*) Statut *nt,* Satzung *f* **statute mile** *n* britische Meile **statute of limitations** *n* Verjährungsausschlussfrist *f,* Verjährungsgesetz *nt,* Verjährungsvorschrift *f;* (*period*) Verjährungsfrist *f*

statutorily ['stætjərᵊli, AM ˌstætʃə'tɔːrəli] *adv* LAW vorschriftsgemäß, satzungsgemäß

statutory ['stætjətᵊri, AM 'stætʃuːtɔːri] *adj inv* gesetzlich; ~ **declaration** LAW eidesstattliche Erklärung [*o* Versicherung]; LAW, ECON *Anmeldung zum Handelsregister über bestimmte, die Firma betreffende Änderungen;* ~ **duty** [*or* **obligation**] gesetzliche Verpflichtung; ~ **holiday** gesetzlicher Feiertag; ~ **law** kodifiziertes Recht; ~ **regulations** gesetzliche Vorschriften; ~ **sick pay** gesetzlich vorgeschriebenes Krankengeld; ~ **right** positives Recht

statutory rape *n* AM LAW Geschlechtsverkehr *m* mit Minderjährigen

staunch¹ [stɔːntʃ, AM *also* stɑːntʃ] *adj* ❶ (*steadfastly loyal*) standhaft, zuverlässig; ~ **ally** loyaler Verbündeter/loyale Verbündete; ~ **Catholic** überzeugter Katholik/überzeugte Katholikin; ~ **defender of individual rights** zäher Verfechter/zähe Verfechterin von Persönlichkeitsrechten; ~ **friend** treuer Freund/treue Freundin; ~ **opponent** erbitterter Gegner/erbitterte Gegnerin; ~ **refusal** strikte Weigerung ❷ NAUT (*dated*) *ship* seetüchtig

staunch² [stɔːntʃ, AM *also* stɑːntʃ] *vt* ■**to** ~ **sth** etw stauen; **to** ~ **blood** das Blut stillen; **to** ~ **the flood of immigrants** die Einwanderungsflut stoppen; **to** ~ **the flow of blood** die Blutung stoppen; **to** ~ **a wound** eine Wunde abbinden

staunchly [stɔːntʃli, AM *also* stɑːntʃ-] *adv* standhaft; ***my staff is ~ loyal*** auf meine Belegschaft ist hundertprozentig Verlass; ~ **independent** völlig unabhängig; **to defend sth** ~ etw unerschrocken verteidigen

staunchness [stɔːntʃnəs, AM *also* stɑːntʃ-] *n no pl* ❶ (*persistence*) Standhaftigkeit *f,* Hartnäckigkeit *f* ❷ (*loyalty*) Treue *f,* Loyalität *f*

stave [steɪv] **I.** *n* ❶ (*musical staff*) Notenlinien *fpl* ❷ (*in construction*) Sprosse *f,* Querholz *nt;* (*curved piece of wood*) [Fass]daube *f;* (*used as a weapon*) Knüppel *m* **II.** *vt* ■**to** ~ **in** ⊂ **sth** etw eindrücken; ***the ship was ~d in*** das Schiff schlug leck; **to** ~ **in sb's head** jdm den Kopf einschlagen; **to** ~ **a hole in sth** ein Loch in etw *akk* schlagen

◆**stave off** *vt* ■**to** ~ **off** ⊂ **sth** (*postpone*) etw hinauszögern [*o* aufschieben]; (*prevent*) etw abwenden [*o* abwehren]; **to** ~ **off a decision** eine Entscheidung aufschieben; **to** ~ **off hunger** den Hunger stillen; **to** ~ **off a panic attack** eine Panikattacke abwenden; ■**to** ~ **off** ⊂ **sb** jdn hinhalten [*o* vertrösten] *fam*

staves [steɪvz] *n* ❶ *pl of* **staff** ❷ *pl of* **stave**

stay¹ [steɪ] *n* NAUT, TRANSP Stütztau *nt,* Stag *nt fachspr*

stay² [steɪ] **I.** *n* ❶ (*act of remaining*) Aufenthalt *m;* **a** ~ **with one's family** ein Familienbesuch *m;* **overnight** ~ Übernachtung *f* ❷ JUR Aussetzung *f,* Vollstreckungsaufschub *m;* ~ **of death penalty** Hinrichtungsaufschub *m;* ~ **of execution** Aussetzung *f* der Zwangsvollstreckung, Gewährung *f* von Vollstreckungsschutz; ~ **of proceedings** Ruhen *nt* des Verfahrens ❸ (*hist: corset*) ■~**s** *pl* Korsett *nt,* Mieder *nt;* **to lace/unlace one's** ~**s** sein Mieder schnüren/aufschnüren **II.** *vi* ❶ (*remain present*) bleiben; ~ ***until the rain has stopped*** bleib doch, bis der Regen aufgehört hat; ***why don't you ~ for dinner?*** warum bleibst du nicht zum Abendessen?; ***fax machines are here to ~*** Faxgeräte haben Einzug gehalten; ***he is convinced that computer-aided design has come to ~*** er ist überzeugt, dass CAD auf Dauer unverzichtbar ist; **to** ~ **at home/in bed** zu Hause/im Bett bleiben; **to** ~ **home** *esp* AM zu Hause bleiben; **to** ~ **on message** (*fig*) aufmerksam bleiben; **to** ~ **put** (*fam: keep standing*) stehen bleiben; (*not stand up*) sitzen bleiben; (*not move*) sich *akk* nicht vom Fleck rühren ❷ (*persevere*) ■**to** ~ **with sth** an etw *dat* dranbleiben, bei der Sache bleiben; ***you have to ~ with a language and practise it regularly*** Sprachkenntnisse muss man pflegen und regelmäßig anwenden ❸ (*reside temporarily*) untergebracht sein, wohnen; ***where are you ~ing while you're in town?*** wo wohnen Sie während Ihres Aufenthaltes in der Stadt?; ***the children usually ~ with their grandparents for a week in the summer*** die Kinder verbringen gewöhnlich im Sommer eine Woche bei ihren Großeltern; **to** ~ **overnight** [*or* **the night**] übernachten, über Nacht bleiben; ***can we ~ with you overnight?*** können wir bei Ihnen übernachten?; **to come to** ~ zu Besuch kommen ❹ + *n, adj* (*remain*) bleiben; ***the shops ~ open until 9 p.m.*** die Läden haben bis 21 Uhr geöffnet; ***how can we get this post to ~ upright?*** was müssen wir tun, damit dieser Pfosten stehen bleibt?; ***this far north it ~s light until 10 p.m. in high summer*** so hoch im Norden ist es im Hochsommer bis um 10 Uhr abends hell; ***he's decided not to ~ in teaching*** er hat sich entschieden, nicht mehr zu unterrichten; **to** ~ **within budget** im Rahmen des Budgets bleiben; **to** ~ **friends** Freunde bleiben; **to** ~ **in touch** [*or* **contact**] in Verbindung [*o* Kontakt] bleiben; **to** ~ **awake/cool/healthy** wach/ruhig/gesund bleiben; **to** ~ **tuned** RADIO, TV, MEDIA am Apparat bleiben; ~ ***tuned — we'll be right back*** bleiben Sie dran – wir sind gleich wieder da **III.** *vt* ❶ (*assuage*) **to** ~ **one's hunger/thirst** seinen Hunger/Durst stillen ❷ (*dated liter: curb*) ■**to** ~ **sth** etw in Schranken halten; **to** ~ **one's hand** sich *akk* zurückhalten ❸ JUR **to** ~ **proceedings** das Verfahren aussetzen ► PHRASES: **to** ~ **the course** [*or* **distance**] durchhalten

◆**stay ahead** *vi* ■**to** ~ **ahead of sb/sth** den Vorsprung vor jdm/etw halten

◆**stay away** *vi* ❶ (*keep away*) wegbleiben, fernbleiben; ***the customers are ~ing away*** die Kunden bleiben aus; **to** ~ **away in droves** scharenweise wegbleiben ❷ (*avoid*) ■**to** ~ **away from sb/sth** jdn/etw meiden, sich *akk* von jdm/etw fern halten; ***my boss told me to ~ away from company policy*** mein Chef sagte mir, ich solle mich aus der Unternehmenspolitik heraushalten; ~ ***away from my girlfriend!*** lass die Finger von meiner Freundin!

◆**stay back** *vi* zurückbleiben; ***I'd rather ~ back here out of the way*** ich gehe hier lieber aus dem Weg

◆**stay behind** *vi* [noch] [da]bleiben; SCH nachsitzen; ***will somebody ~ behind to help with the washing-up?*** bleibt noch jemand da und hilft beim Abwasch?

◆**stay down** *vi* ❶ (*not be vomited*) *food* im Magen bleiben; ***if this ~s down, you can have a little more in half an hour*** wenn du das bei dir behältst, bekommst du in einer halben Stunde noch etwas mehr ❷ (*remain lowered*) unten bleiben; (*underwater also*) unter Wasser bleiben ❸ SCH sitzen bleiben, wiederholen

◆**stay in** *vi* zu Hause bleiben

◆**stay off** *vi* ❶ (*not attend*) wegbleiben; ***I felt bad enough to ~ off yesterday*** ich habe mich so schlecht gefühlt, dass ich gestern zu Hause geblieben bin; **to** ~ **off school** nicht in die Schule gehen, die Schule schwänzen; **to** ~ **off work** nicht zur Arbeit gehen, blau machen *fam* ❷ (*hold off*) *rain, storm* ausbleiben ❸ (*not consume*) sich *akk* fern halten; ***he can't ~ off the booze*** er kann das Trinken nicht sein lassen; **to** ~ **off drugs** die Finger von Drogen lassen

◆**stay on** *vi* ❶ (*remain longer*) [noch] bleiben ❷ (*remain in place*) *lid, top* halten, darauf bleiben; *sticker* haften ❸ (*remain in operation*) *light* an bleiben; *device* eingeschaltet bleiben

◆**stay out** *vi* ❶ (*not come home*) ausbleiben, wegbleiben; ***our cat usually ~s out at night*** unsere Katze bleibt nachts gewöhnlich draußen; **to** ~ **out late/past midnight/all night** lange/bis nach Mitternacht/die ganze Nacht wegbleiben ❷ (*continue a strike*) weiter streiken; ***the workers have vowed to ~ out another week*** die Arbeiter haben ge-

S

schworen, eine weitere Woche im Ausstand zu bleiben ❸ (*not go somewhere*) ~ ***out of the kitchen!*** bleib aus der Küche!; ~ ***out of the water if nobody's around*** geh nicht ins Wasser, wenn sonst keiner da ist ❹ (*not become involved*) ■**to ~ out of sth** sich *akk* aus etw *dat* heraushalten; ***you'd better ~ out of this*** halte dich da besser heraus; **to ~ out of trouble** [*or* **mischief**] sich *dat* Ärger vom Hals halten *fam;* **to ~ out of sb's way** jdm aus dem Wege gehen

◆**stay over** *vi esp* AM übernachten, über Nacht bleiben

◆**stay up** *vi* aufbleiben, wach bleiben; ***they ~ed up all night*** sie machten die Nacht durch

stay-at-home I. *n* (*pej*) Stubenhocker(in) *m(f) pej fam* II. *adj inv* ungesellig, menschenscheu

stayer ['steɪəʳ, AM -ɚ] *n* ❶ (*approv: persevering person*) ausdauernder Mensch; (*horse*) Steher *m* ❷ (*visitor*) Besucher(in) *m(f)*

staying power *n no pl* ❶ (*physical stamina*) Durchhaltevermögen *nt,* Ausdauer *f* ❷ (*mental stamina*) Mut *m,* Durchsetzungsvermögen *nt*

stay of execution *n* LAW Aussetzung *f* der Zwangsvollstreckung, Gewährung *f* von Vollstreckungsschutz

St Bernard [sᵊn(t)'bɜːnəd, AM ˌseɪntbɚ'nɑːrd] *n* Bernhardiner *m*

std *adj, n abbrev of* **standard**

STD [ˌestiː'diː] *n* ❶ MED *abbrev of* **sexually transmitted disease** ❷ *no pl* BRIT, AUS TECH *abbrev of* **subscriber trunk dialling**

stead [sted] *n no pl* Stelle *f;* ***the deputy ran the meeting in her ~*** der Vertreter leitete die Konferenz an ihrer Stelle ► PHRASES: **to stand sb in good ~** [**for sth**] jdm [bei etw *dat*] zugute kommen

steadfast ['stedfɑːst, AM -fæst] *adj* fest, standhaft, unerschütterlich; ~ **ally** loyaler Verbündeter/loyale Verbündete; ~ **courage** unbezwingbarer Mut; ~ **critic** unerbittlicher Kritiker/unerbittliche Kritikerin; ~ **friend** treuer Freund/treue Freundin; ~ **look** unverwandter Blick; ~ **love** immer währende Liebe; ~ **opponent** unversöhnlicher Gegner/unversöhnliche Gegnerin; ~ **opposition** erbitterte Opposition; **to be/remain ~** standhaft sein/bleiben; **to prove oneself ~** sich *akk* als zuverlässig erweisen

steadfastly ['stedfɑːstli, AM -fæst-] *adv* fest, standhaft, unerschütterlich; **to refuse ~ to do sth** kategorisch ablehnen, etw zu tun; **to remain ~ at sb's side** jdm treu zur Seite stehen

steadfastness ['stedfɑːstnəs, AM -fæst-] *n no pl* Standhaftigkeit *f,* Loyalität *f;* **sb's ~ in the face of sth** jds Standhaftigkeit *f* angesichts einer S. *gen*

steadily ['stedɪli] *adv* ❶ (*gradually*) stetig, unaufhaltsam; ***his condition is growing ~ worse*** sein Zustand verschlechtert sich zusehends ❷ (*unwaveringly*) fest, unerschütterlich; ***he walked ~ out of the room*** er ging festen Schrittes aus dem Zimmer

steadiness ['stedɪnəs] *n no pl* ❶ (*stability*) *of prices* Stabilität *f;* (*firmness*) Festigkeit *f;* (*unwaveringness*) Standhaftigkeit *f;* ***the ~ of my family's support during this difficult time has been a blessing*** die ständige Unterstützung meiner Familie in diesen schwierigen Zeiten war ein Segen; ~ ***of hand is an absolute requirement for a jeweller and watchmaker*** für Goldschmiede und Uhrmacher ist es unbedingt erforderlich, eine ruhige Hand zu haben ❷ (*regularity*) Regelmäßigkeit *f,* Stetigkeit *f;* ***the ~ of his pulse gives us grounds for hope*** sein Puls ist stabil und das gibt uns Grund zur Hoffnung

steady ['stedi] I. *adj* ❶ (*stable*) fest, stabil; ***the doctors are now letting her get out of bed, but she's not yet ~ on her legs*** die Ärzte lassen sie jetzt aufstehen, aber sie ist noch etwas wackelig auf den Beinen; ~ **employment/job** feste Anstellung [*o* Arbeit]/Stelle; ~ **relationship** feste Beziehung; ~ **temperature** gleich bleibende Temperatur ❷ (*regular*) kontinuierlich, gleich bleibend; ***progress has been slow but ~*** es ging langsam, aber stetig voran; ~ **breathing/pulse** regelmäßiges Atmen/regelmäßiger Puls; ~ **flow** regelmäßiger Fluss; ~ **increase/decrease** stetige Zunahme/Abnahme; ~ **rain** anhaltender Regen; ~ **speed** konstante Geschwindigkeit ❸ (*not wavering*) fest; ***he gave her a ~ look*** er sah sie unverwandt an; ~ **ache** [*or* **pain**] andauernder [*o* permanenter] Schmerz; ~ **hand** ruhige Hand; ~ **voice** feste Stimme ❹ (*calm and dependable*) verlässlich, solide; ~ **nerves** starke Nerven ❺ (*regular*) regelmäßig; ~ **client** [*or* **customer**] Stammkunde, -in *m, f;* ~ **patron** Mäzen(in) *m(f),* Gönner(in) *m(f);* ~ **beau** AM ständiger Begleiter; ~ **boyfriend/girlfriend** fester Freund/feste Freundin II. *vt* <-ie-> ❶ (*stabilize*) ■**to ~ sth/sb** etw/jdn stabilisieren; ***Mike used to be really wild, but marriage and fatherhood have steadied him*** Mike war immer ziemlich verrückt, aber Ehe und Vaterschaft haben ihn ausgeglichener gemacht; **to ~ oneself** ins Gleichgewicht kommen, Halt finden; **to ~ the ladder** die Leiter festhalten ❷ (*make calm*) **to ~ one's aim** sein Ziel fixieren; **to ~ one's nerves** seine Nerven beruhigen III. *adv* ❶ (*still*) **to hold ~** *prices* stabil bleiben; **to hold sth ~** etw festhalten ❷ BRIT (*be sparing*) **to go ~ on sth** mit etw *dat* sparsam umgehen [*o* vorsichtig sein]; ***I'd like a gin and tonic, please, and go ~ on the ice*** ich hätte gerne einen Gin Tonic, aber bitte mit wenig Eis ❸ NAUT, TRANSP (*on course*) auf Kurs; ***keep her ~ as she goes!*** halte sie auf Kurs! ❹ (*dated: have regular boyfriend, girlfriend*) **to go ~ with sb** fest mit jdm gehen *fam* IV. *interj* (*warning*) sachte!; ~ ***on!*** BRIT halt! V. *n* (*dated fam*) fester Freund/feste Freundin, Liebste(r) *f(m) veraltet*

steady state theory *n no pl* ■**the ~** die Theorie des stationären Kosmos

steak [steɪk] *n* ❶ *no pl* (*superior cut of beef*) *zum Kurzbraten geeignetes Stück vom Rind;* **rump ~** Rumpsteak *nt* ❷ *no pl* (*poorer-quality beef*) Rindfleisch *nt;* **braising ~** Schmorfleisch *nt,* Rinderschmorbraten *m* ❸ (*thick slice*) [Beef]steak *nt; of fish* Filet *nt;* **fillet ~** Filetsteak *nt;* **salmon ~** Lachsfilet *nt,* Lachssteak *nt;* **turkey ~** Putensteak *nt*

steak and kidney pie BRIT, **steak and kidney pudding** *n* BRIT Rindfleisch-Nieren-Pastete *f*

steak house *n* Steakhaus *nt* **steak knife** *n* Steakmesser *nt* **steak sauce** *n* Steaksoße *f*

steak tartare *n no pl* Steak *nt* Tatar

steal [stiːl] I. *n esp* AM (*fam*) Schnäppchen *nt;* ***it's a ~!*** das ist ja geschenkt! *fam* II. *vt* <stole, stolen> ❶ (*take illegally*) ■**to ~ sth** etw stehlen [*o form* entwenden]; **to ~ [sb's] ideas** [jds] Ideen *fpl* klauen *fam* ❷ (*gain artfully*) **to ~ a base** SPORTS *zu einem ungewöhnlichen Zeitpunkt unbemerkt zur nächsten Base rennen;* **to ~ sb's heart** [**away**] jds Herz *nt* erobern; **to ~ a kiss from sb** (*dated*) jdm einen Kuss rauben *veraltend* ❸ (*do surreptitiously*) **to ~ a glance** [*or* **look**] [**at sb/sth**] verstohlen [zu jdm/etw] hinschauen; ***she stole a glance at her watch*** sie lugte heimlich auf ihre Armbanduhr ► PHRASES: **to ~ the limelight** alles andere in den Schatten stellen; **to ~ a march on sb** jdm den Rang ablaufen; **to ~ the scene** [*or* **show**] **from sb** jdm die Schau stehlen; **to ~ sb's thunder** jdm den Wind aus den Segeln nehmen III. *vi* <stole, stolen> ❶ (*take things illegally*) stehlen; ***he has been convicted of ~ing*** er ist des Diebstahls überführt worden ❷ (*move surreptitiously*) sich *akk* wegstehlen; ***he stole out of the room*** er stahl sich aus dem Zimmer; ***she stole onto the balcony*** sie schlich auf den Balkon; ■**to ~ over sth** über etw *akk* gleiten; ***as the moon rose, moonlight stole over the scene*** als der Mond aufging, ergoss sich das Mondlicht über die Landschaft; ***a crafty expression stole over his face*** ein raffinierter Ausdruck huschte über sein Gesicht; ***anxiety was ~ing over her*** sie überkam Angst

◆**steal away** *vi* ■**to ~ away** sich *akk* wegstehlen; *quietly* sich *akk* wegschleichen; **to ~ away from home** sich *akk* von zu Hause davonstehlen [*o* fortstehlen]

◆**steal up** *vi* ■**to ~ up** [**on sb**] sich *akk* [an jdn] heranschleichen

stealing ['stiːlɪŋ] *n no pl* Stehlen *nt*

stealth [stelθ] *n no pl* ❶ (*trick*) List *f;* ***these thieves operate with terrifying ~*** diese Diebe gehen ausgesprochen gerissen vor ❷ (*furtiveness*) Heimlichkeit *f;* ■**to do sth by ~** etw heimlich tun

stealth bomber *n* Tarnkappenbomber *m* **stealth fighter** *n* Tarnkappenjäger *m*

stealthily ['stelθɪli] *adv* heimlich, verstohlen

stealthy ['stelθi] *adj* heimlich, verstohlen; ~ **footsteps** schleichende Schritte; ~ **look** verstohlener Blick

steam [stiːm] I. *n no pl* Dampf *m;* ***he ran out of ~*** ihm ging die Puste aus; ***full ~ ahead!*** mit Volldampf voraus!; NAUT volle Kraft voraus!; **the age of ~** das Zeitalter der Dampfmaschine; **to let off ~** Dampf ablassen *a. fig;* **to pick** [*or* **get**] **up ~** (*generate steam*) feuern; (*gain impetus*) in Schwung kommen ► PHRASES: **to do sth under one's own ~** etw in eigener Regie tun II. *n modifier* Dampf-; ~ **locomotive** Dampflok[omotive] *f* III. *vi* ❶ (*produce steam*) dampfen ❷ (*move using steam power*) dampfen; ***the ship ~ed into the port*** das Schiff lief [dampfend] in den Hafen ein IV. *vt* **to ~ fish/vegetables** Fisch/Gemüse dämpfen; **to ~ open a letter** einen Brief über Wasserdampf öffnen

◆**steam away** *vi* ❶ (*produce steam*) vor sich *dat* hin dampfen; ***can't you hear the tea kettle ~ing away?*** hörst du nicht, dass der Teekessel immer weiter kocht? ❷ NAUT, TRANSP davondampfen

◆**steam off** I. *vt* ■**to ~ off** ↔ **sth** etw mit Dampf ablösen; **to ~ off stamps** Briefmarken über Wasserdampf ablösen II. *vi* NAUT, TRANSP davondampfen

◆**steam up** I. *vi mirror, window* beschlagen II. *vt* ❶ (*cause to become steamy*) ***the windows are ~ed up*** die Fenster sind beschlagen ❷ (*fam: cause to become excited*) ■**to ~ up** ↔ **sb** jdn auf die Palme bringen *fam;* **to get all ~ed up** [**about sth**] sich *akk* [über etw *akk*] unheimlich aufregen, [wegen einer S. *gen*] in die Luft gehen *fam*

steam bath *n* Dampfbad *nt* **steamboat** *n* Dampfschiff *nt,* Dampfer *m*

steamed [stiːmd] *adj* ❶ *inv* (*cooked in steam*) gedämpft; ~ **fruit** Dünstobst *nt,* Dunstobst *nt* ÖSTERR; ~ **vegetables** gedämpftes [*o* in Dampf gegartes] Gemüse ❷ *pred* AM (*fam: very angry*) wütend

steam engine *n* ❶ (*engine*) Dampfmaschine *f* ❷ (*locomotive*) Dampflok[omotive] *f*

steamer ['stiːməʳ, AM -ɚ] *n* ❶ (*boat*) Dampfer *m,* Dampfschiff *nt* ❷ (*for cooking*) Dampfkochtopf *m*

steamer rug *n* AM NAUT [grobe] [Woll]decke

steaming ['stiːmɪŋ] I. *adj* ❶ *inv* (*producing steam*) dampfend *attr* ❷ (*fam: very angry*) wütend; ***he was really ~*** er kochte vor Wut II. *adv* ~ **hot** kochend [*o* dampfend] heiß

steam iron *n* Dampfbügeleisen *nt* **steamroller** I. *n* ❶ (*road machinery*) Dampfwalze *f* ❷ (*fig: extremely forceful person*) Agitator(in) *m(f) geh* II. *vt* ■**to ~ sb into doing sth** jdn unter Druck setzen, etw zu tun; ***I hate being ~ed into doing something I don't want to*** ich hasse es, so überfahren zu werden und etwas tun zu müssen, was ich nicht will; **to ~ a bill through parliament** ein Gesetz im Parlament durchpeitschen [*o* durchdrücken]; **to ~ a country into reforms** ein Land zu Reformen zwingen; **to ~ the opposition** die Opposition niederwalzen **steam room** *n* (*in sauna*) Saunaraum *m;* (*in Turkish bath*) Dampfbad *nt* **steamship** I. *n* Dampfschiff *nt,* Dampfer *m* II. *n modifier* Dampfschiff-, Dampfer-; ~ **captain** Dampferkapitän(in) *m(f);* ~ **cruise** Dampferkreuzfahrt *f;* ~ **line** Dampferlinie *f;* ~ **ride** Dampferfahrt *f;* ~ **trip** Dampferreise *f* **steam shovel** *n* Löffelbagger *m* **steam train** *n* RAIL von einer Dampflok gezogener Zug **steam turbine** *n* Dampfturbine *f*

steamy ['stiːmi] *adj* ❶ (*full of steam*) dampfig, dunstig ❷ (*hot and humid*) feuchtheiß; ~ **climate/weather** schwüles [*o* drückendes] Klima/Wetter ❸ (*fam: torrid, sexy*) heiß *fam,* scharf *fam; affair, love scene, novel also* prickelnd

steed [stiːd] *n* (*dated liter*) Ross *nt liter*

steel [stiːl] I. *n* ❶ *no pl* (*iron alloy*) Stahl *m* ❷ *no pl* (*firmness of character*) Härte *f,* Stärke *f;* **nerves of ~** Nerven *pl* wie Drahtseile ❸ (*knife sharpener*) Wetzstahl *m* ► PHRASES: **to be worthy of sb's ~**

(*liter*) jdm gewachsen sein **II.** *n modifier* (*factory, grille, industry, products, rod*) Stahl-; ~ **beam** [*or* **girder**] Stahlträger *m;* ~ **pipe** Stahlrohr *nt;* ~ **strut** Stahlstrebe *f* **III.** *vt* ■**to** ~ **oneself against/for sth** sich *akk* gegen/für etw *akk* wappnen; ■**to** ~ **oneself** [**to do sth**] all seinen Mut zusammennehmen[, um etw zu tun]

steel band *n* MUS Steelband *f* **steel-clad** *adj inv* (*dated*) stahlgepanzert **steel drum** *n* MUS Steeldrum *f* **steel grey I.** *adj* stahlgrau **II.** *n* Stahlgrau *nt* **steel guitar** *n* Hawaiigitarre *f* **steel mill** *n* Stahl[walz]werk *nt* **steel-plated** *adj inv* stahlgepanzert **steel wool** *n no pl* Stahlwolle *f* **steelworker** *n* Stahlarbeiter(in) *m(f)* **steelworks** *npl + sing/pl vb* Stahlwerk *nt,* Stahlfabrik *f*

steely ['sti:li] *adj* ① (*of steel*) stählern ② (*hard, severe*) stahlhart; ~ **determination** eiserne Entschlossenheit; ~ **expression** harter Ausdruck; ~ **glance** stählerner Blick; ~ **nerves** stählerne Nerven

steep¹ [sti:p] *adj* ① (*sharply sloping*) steil; ~ **ramp** steile Rampe; ~ **slope** abschüssiger Hang; ~ **steps** hohe Stufen ② (*dramatic*) drastisch, dramatisch; ~ **climb** Steilflug *m;* ~ **decline** deutliche Abnahme, starke Senkung; ~ **dive** Sturzflug *m;* ~ **increase** steiler Anstieg, enormer Zuwachs; ~ **increase in prices** drastische Preissteigerung ③ (*unreasonably expensive*) überteuert; ~ **bill** gepfefferte [*o* gesalzene] Rechnung *fam;* ~ **demand** unverschämte Forderung; ~ **membership fees** überzogene Mitgliedsbeiträge; ~ **taxes** überhöhte Steuern

steep² [sti:p] **I.** *vt* ① (*soak in liquid*) ■**to** ~ **sth** etw tränken; *washing* etw einweichen; ***his hands are ~ed in blood*** (*fig liter*) an seinen Händen klebt Blut *fig* ② *usu passive* (*imbue*) ■**to be ~ed in sth** von etw *dat* durchdrungen sein; ***the college is ~ed in tradition*** die Tradition spielt am College eine große Rolle; **~ed in history** geschichtsträchtig; **to be ~ed in work** in der Arbeit versunken sein **II.** *vi* einweichen; ***she never lets the tea ~ long enough*** sie lässt den Tee nie lang genug ziehen; ***leave the cloth to ~ in the dye overnight*** legen Sie den Stoff in die Farblösung und lassen Sie sie über Nacht einwirken

steepen ['sti:pᵊn] **I.** *vi* ① (*become steeper*) steiler werden; *road, slope* ansteigen ② (*fam: increase in cost*) steigen, sich *akk* erhöhen **II.** *vt* ■**to** ~ **sth** *steps* etw steiler machen

steeple ['sti:pl] *n* ARCHIT (*spire*) Turmspitze *f; of a church* Kirchturm *m;* **church** ~ Kirchturm *m*

steeplechase I. *n* ① (*for horses*) Hindernisrennen *nt,* Jagdrennen *nt,* Steeplechase *f fachspr* ② (*for runners*) Hindernislauf *m* **II.** *n modifier* ~ **rider** Jockey *m* in einem Hindernisrennen; ~ **runner** Hindernisläufer(in) *m(f)* **steeplechaser** *n* ① (*jockey*) Jockey *m* in einem Hindernisrennen ② (*horse*) Steepler *m fachspr* ③ (*runner*) Hindernisläufer(in) *m(f)* **steeplejack** *n* Turmarbeiter(in) *m(f),* Hochbauarbeiter(in) *m(f)*

steeply ['sti:pli] *adv* steil; (*dramatically*) drastisch; **to decline/rise** ~ drastisch zurückgehen/steigen

steepness ['sti:pnəs] *n no pl* Steilheit *f,* Steile *f;* ***the value of shares plunged with dizzying ~*** (*fig*) der Aktienkurs ist drastisch gefallen

steer [stɪəʳ, AM stɪr] **I.** *n* ZOOL junger Ochse **II.** *vt* ① (*direct*) ■**to** ~ **sth** etw steuern [*o* lenken]; ***it's hard to ~ the car through these narrow streets*** es ist gar nicht so einfach, das Auto durch diese engen Straßen zu manövrieren; ***I'd like to ~ our discussion back to our original topic*** ich möchte wieder auf unser ursprüngliches Thema zurückkommen; ***she ~ed her guests into the dining room*** sie führte ihre Gäste ins Esszimmer; **to** ~ **a bill through Parliament** eine Gesetzesvorlage im Parlament durchbringen ② (*follow*) **to** ~ **a course** einen Kurs einschlagen; **to** ~ **a course for sth** NAUT Kurs auf etw *akk* nehmen **III.** *vi* steuern, lenken; *vehicle* sich *akk* lenken lassen; ***my car isn't ~ing very well on bends*** mein Auto fährt sich in Kurven nicht gut; **to** ~ **clear of sb/sth** sich *akk* von jdm/etw fern halten, jdn/etw meiden; **to** ~ **clear of trouble/danger** Ärger/Gefahr aus dem Weg gehen; ***I promise we'll ~ clear of trouble*** ich verspreche, dass wir keinen Ärger machen werden; ■**to** ~ **toward[s]** [*or* **in the direction of**] **sth** Kurs auf etw *akk* nehmen

◆**steer away** *vt* ■**to** ~ **away** ↔ **sb from sth** jdn von etw *dat* abbringen; **to** ~ **a conversation away from sth** das Gespräch von etw *dat* ablenken

steerage ['stɪəʳɪdʒ, AM 'stɪr-] **I.** *n no pl* NAUT (*hist*) Zwischendeck *nt* **II.** *adj* NAUT (*hist*) Zwischendeck-; ~ **passenger** *Passagier, der auf dem Zwischendeck untergebracht ist*

steering ['stɪəʳɪŋ, AM 'stɪr-] **I.** *n no pl* AUTO Lenkung *f;* NAUT Steuerung *f* **II.** *adj attr, inv* AUTO Lenk-; NAUT Ruder-, Steuerungs-; ~ **compass** Steuerkompass *m;* ~ **knuckle** Achsschenkel *m fachspr*

steering column *n* AUTO Lenksäule *f* **steering committee** *n* Lenkungsausschuss *m* **steering gear** *n* AUTO Lenkgetriebe *nt;* AVIAT Leitwerk *nt;* NAUT Ruderanlage *f* **steering lock** *n* AUTO Lenkradschloss *nt* **steering wheel** *n* Steuer[rad] *nt; of a car also* Lenkrad *nt*

steersman *n* NAUT Steuermann *m*

stein [staɪn] *n* Bierkrug *m,* Maßkrug *m*

stele ['sti:li] *n* ARCHEOL *see* **stela** Stele *f*

stellar ['steləʳ, AM -ɚ] *adj* ① *inv* ASTRON (*form*) stellar *fachspr;* ~ **spectroscopy** Stellarspektroskopie *f fachspr* ② (*fam: exceptionally good*) grandios, phänomenal; ~ **career** Traumkarriere *f;* ~ **performance** bravouröse Aufführung; ~ **performer** brillanter Schauspieler/brillante Schauspielerin

stem [stem] **I.** *n* ① *of a tree, bush, shrub* Stamm *m; of a leaf, flower, fruit* Stiel *m,* Stängel *m; of grain, corn* Halm *m;* (*of a glass*) [Glas]stiel ② LING [Wort]stamm *m* ③ NAUT Vordersteven *m fachspr;* **from** ~ **to stern** von vorne bis achtern, vom Bug bis zum Heck ④ AM (*watch part*) [Aufzieh]welle *f* **II.** *vt* <-mm-> ■**to** ~ **sth** etw eindämmen [*o* aufhalten]; **to** ~ **the flow of blood** die Blutung stillen; **to** ~ **the tide/flow** [**of sth**] den Fluss [von etw *dat*] stoppen, etw zum Stillstand bringen; ***they are looking for ways of ~ming the flow of drugs into the country*** sie suchen nach Wegen, der Drogeneinfuhr ins Land Einhalt zu gebieten **III.** *vi* <-mm-> ① (*be traced back*) ■**to** ~ **back to sth** sich *akk* zurückverfolgen lassen, auf etw *akk* zurückgehen; ■**to** ~ **from sb/sth** auf jdn/etw zurückzuführen sein, auf jdn/etw zurückgehen; ***their disagreement ~med from her difficult childhood*** der Ursprung ihrer Unstimmigkeiten lag in ihrer schwierigen Kindheit ② (*slide a ski outwards*) stemmen

stemmed [stemd] *adj attr, inv* -stielig

stem turn *n* SKI Stemmbogen *m* **stemware** *n no pl* AM Stielglaswaren *fpl,* Stielgläser *ntpl*

stench [stentʃ] *n no pl* Gestank *m a. fig*

stencil ['sten(t)sᵊl] **I.** *n* Schablone *f;* (*picture*) Schablonenzeichnung *f;* **a floral** ~ ein Blumenmuster *nt* **II.** *vt* <-ll- *or* AM *usu* -l-> ■**to** ~ **sth** [**on sth**] etw mit einer Schablone [auf etw *akk*] zeichnen **III.** *n modifier* (*pattern, picture*) Schablonen-

Sten gun ['sten,gʌn] *n* leichte Maschinenpistole *f*

steno <*pl* -os> ['stenəʊ, AM -oʊ] AM **I.** *n* (*dated*) *short for* **stenographer** Stenograf(in) *m(f)* **II.** *n modifier short for* **stenography** Stenographie- *f*

stenographer [stə'nɒgrəfəʳ, AM -'nɑ:grəfɚ] *n* AM (*dated*) Stenograf(in) *m(f)*

stenographic pool *n + sing/pl vb* AM (*dated*) Stenoabteilung *f*

stenography [stə'nɒgrəfi, AM -'nɑ:-] *n no pl* AM (*dated*) Stenografie *f,* Kurzschrift *f*

stentorian [sten'tɔ:riən] *adj* (*form*) überlaut, schallend; ~ **voice** gewaltige Stimme, Stentorstimme *f geh*

step [step] **I.** *n* ① (*foot movement*) Schritt *m;* ***they walked with hurried ~s*** sie gingen eiligen Schrittes; ***Sophie took her first ~s when she was eleven months old*** Sophie fing mit elf Monaten an zu laufen; **to retrace one's ~s** seine Schritte zurückverfolgen; **to take a** ~ **toward sb** einen Schritt auf jdn zu machen; **to take a** ~ [*or* ~**s**] **towards sth** (*fig*) auf etw *akk* zusteuern; ***the country is taking its first tentative ~s towards democracy*** das Land unternimmt erste vorsichtige Schritte in Richtung Demokratie; **to turn one's ~s somewhere** (*liter*) sich *akk* irgendwohin aufmachen; **to be/walk in** ~ im Gleichschritt sein/laufen ② (*distance*) Schritt *m;* ***our house is just a ~ from the station*** unser Haus liegt nur ein paar Schritte vom Bahnhof weg; **to go a few ~s** ein paar Schritte gehen ③ *no pl* (*manner of walking*) Gang *m;* ***his ~ was slow and heavy*** er ging langsam und schleppend; **to watch** [*or* **mind**] **one's** ~ (*fig*) aufpassen, sich *akk* vorsehen ④ (*dance movement*) [Tanz]schritt *m;* **basic dance** ~ Grundschritt *m;* ■**in/out of** ~ im/aus dem Takt; (*fig*) im/nicht im Einklang; **to keep in** ~ **with sth** (*fig*) mit etw *dat* Schritt halten ⑤ (*stair*) Stufe *f; of a ladder* Sprosse *f;* ***"mind the ~"*** „Vorsicht, Stufe!"; **a flight of ~s** eine Treppe; **the front** ~ die Stufe vor der Eingangstür; **stone ~s** Steinstufen *fpl* ⑥ (*stage in a process*) Schritt *m;* **a** ~ **in the right/wrong direction** ein Schritt *m* in die richtige/falsche Richtung; **one** [*or* **a**] ~ **at a time** eins nach dem anderen; ***let's take things a ~ at a time*** lass uns eins nach dem anderen erledigen; **every** ~ **of the way** voll und ganz; ***we're behind you every ~ of the way!*** wir stehen voll und ganz hinter dir!; **to be a** [*or* **one**] ~ **ahead** [**of sb**] [jdm] einen Schritt voraus sein; **to be a** ~ **forward/backwards** ein Fort-/Rückschritt sein; **to go a** ~ **further** einen Schritt weiter gehen; ~ **by** ~ Schritt für Schritt ⑦ (*measure, action*) Schritt *m,* Vorgehen *nt;* ***do you think that was a wise ~?*** denkst du, dass das ein kluger Schritt war?; ■**to take ~s** [**to do sth**] Schritte unternehmen[, um etw zu tun]; **to take decisive ~s** entschieden vorgehen; **to take drastic ~s** zu drastischen Mitteln greifen ⑧ BRIT (*stepladder*) ■**~s** *pl* Trittleiter *f* ⑨ *esp* AM MUS (*tone, semitone*) Ton *m;* **whole/half** ~ Ganz-/Halbton *m* **II.** *vi* <-pp-> ① (*tread*) ■**to** ~ **somewhere** irgendwohin treten; ■**to** ~ **over sth** über etw *akk* steigen; **to** ~ **on sb's foot** jdm auf den Fuß treten ② (*walk*) ■**to** ~ **somewhere** irgendwohin gehen; ***would you care to ~ this way please, sir?*** würden Sie bitte hier entlanggehen, Sir?; ***she ~ped backwards*** sie machte einen Schritt zurück; ***they ~ped out onto the balcony*** sie traten auf den Balkon hinaus; **to** ~ **aside** zur Seite gehen; ■**to** ~ **into sth** (*fig*) sich *akk* in etw *akk* stürzen; **to** ~ **into the breach** in die Bresche springen; **to** ~ **out of line** sich *akk* danebenbenehmen *fam* **III.** *vi* ① AUTO, TRANSP (*tread on*) ■**to** ~ **on sth** auf etw *akk* treten; **to** ~ **on the accelerator/brake** aufs Gaspedal/auf die Bremse treten; ~ ***on it*** gib Gas! *fam* ② (*take advantage of*) ■**to** ~ **on sb** jdn skrupellos ausnutzen

◆**step aside** *vi* zur Seite treten, Platz machen; **to** ~ **aside in favour of sb** jdm Platz machen; (*fig*) zugunsten von jdm zurücktreten, seinen Posten für jdn räumen

◆**step back** *vi* ① (*move back*) zurücktreten ② (*gain a new perspective*) Abstand nehmen; ***she wants to ~ back from the committee's activities*** sie möchte sich von den Aktivitäten des Komitees zurückziehen ③ (*emotionally re-visit*) ■**to** ~ **back into sth** sich *akk* in etw *akk* zurückversetzen; **to** ~ **back in time** sich *akk* in die Vergangenheit zurückversetzen

◆**step down I.** *vi* ① (*resign*) zurücktreten, sein Amt niederlegen; ***he ~ped down as captain/from the captaincy*** er trat als Kapitän/vom Amt des Kapitäns zurück ② LAW *witness* den Zeugenstand verlassen **II.** *vt* ■**to** ~ **down** ↔ **sth** etw verringern [*o* reduzieren]; **to** ~ **down production** die Produktion drosseln [*o fam* zurückfahren]; **to** ~ **down voltage** die Spannung heruntertransformieren

◆**step forward** *vi* vortreten; (*fig*) sich *akk* [freiwillig] melden; ***the assistant ~ped forward to take over the project*** der Assistent erbot sich, das Projekt zu übernehmen

◆**step in** *vi* ① (*enter building*) eintreten; (*enter vehicle*) einsteigen ② (*intervene*) eingreifen, einschreiten, intervenieren *geh*

◆**step out** *vi* ① (*leave temporarily*) [kurz] weggehen ② AM (*fam: date*) ■**to** ~ **out with sb** mit jdm ausgehen ③ (*walk vigorously*) ausschreiten

◆**step up** *vt* ■**to** ~ **up** ↔ **sth** etw verstärken; ***the***

S

pace of the reforms is being ~ped up die Reformen werden jetzt beschleunigt; **to ~ up the fighting** die Kämpfe verschärfen; **to ~ up sales** die Verkaufszahlen steigern; **to ~ up the tempo** das Tempo erhöhen; **to ~ up the voltage** die Spannung erhöhen

step aerobics I. *n + sing vb* Step-Aerobic *f* II. *n modifier* (*class, teacher*) Step-Aerobic- **stepbrother** *n* Stiefbruder *m* **stepchild** *n* Stiefkind *nt* **stepdaughter** *n* Stieftochter *f* **step-down transformer** *n* ELEC Abwärtstransformator *m fachspr,* Abspanntrafo *m fachspr* **stepfather** *n* Stiefvater *m* **stepladder** *n* Stehleiter *f,* Trittleiter *f* **stepmother** *n* Stiefmutter *f* **stepparent** *n* Stiefelternteil *m*

steppe [step] *n* Steppe *f;* **the Russian ~s** die russische Steppe

stepping stone *n* ① (*stone*) [Tritt]stein *m* ② (*fig: intermediate stage*) Sprungbrett *nt;* ■**to be a ~ to sth** ein Sprungbrett *nt* für etw *akk* sein

stepsister *n* Stiefschwester *f* **stepson** *n* Stiefsohn *m* **step-up transformer** *n* ELEC Aufwärtstrafo *m fachspr,* Aufspanntransformator *m fachspr*

stereo[1] <*pl* -os> ['steriəʊ, AM -oʊ] *n* ① *no pl* (*transmission*) Stereo *nt;* ■**in ~** in Stereo ② (*fam: unit*) Stereoanlage *f;* **car ~** Autoradio *nt*

stereo[2] ['steriəʊ, AM -oʊ] *adj inv short for* **stereophonic** Stereo-; **~ broadcast** Stereoübertragung *f;* **~ headphones** Stereokopfhörer *m*

stereophonic [ˌsteriə(ʊ)'fɒnɪk, AM ˌsteriə'fɑːnɪk] *adj inv* MUS, MEDIA (*form*) stereophon *fachspr,* Stereo-, stereo-; **~ broadcast** Stereoübertragung *f;* **~ sound** Stereoklang *m,* Raumklang *m*

stereophony [ˌsteri'ɒfəni, AM -'ɑːf-] *n no pl* Stereophonie *f fachspr,* Raumklang *m*

stereoscope ['steriə(ʊ)skəʊp, AM 'steriəskoʊp] *n* Stereoskop *nt*

stereoscopic [ˌsteriə(ʊ)'skɒpɪk, AM ˌsteriə'skɑː-] *adj inv* stereoskopisch; **~ photographs** stereoskopische Fotografien

stereotype ['steriə(ʊ)taɪp, AM 'steriə-] I. *n* Stereotyp *nt,* Klischee *nt;* (*character*) stereotype Figur; **racist ~s** rassistische Vorurteile; **to conform to** [*or* **fit**] **a ~ of sb** jds Klischeevorstellung *f* entsprechen; **the ~ of a Frenchman** das Klischee des typischen Franzosen II. *vt* **to ~ sb/sth** jdn/etw in ein Klischee zwängen [*o* klischeehaft darstellen]; ***the police have been accused of stereotyping black people as criminals*** der Polizei wird vorgeworfen, sie stempele Schwarze als Kriminelle ab

stereotyped ['steriə(ʊ)taɪpt, AM 'steriə-] *adj attr, inv* (*pej*) stereotyp, klischeehaft; **to have ~ images of sb** eine vorgefasste Meinung von jdm haben; **sexually ~d toys** geschlechtsspezifisches Spielzeug

stereotypical [ˌsteriə(ʊ)'tɪpɪkəl, AM ˌsteriə'-] *adj* stereotyp; **~ family** Durchschnittsfamilie *f;* **~ male response** typisch männliche Antwort

stereotypically [ˌsteriə(ʊ)'tɪpɪkəli, AM ˌsteriə'-] *adv* stereotyp

sterile [steraɪl, AM -rəl] *adj inv* ① MED (*unable to reproduce*) unfruchtbar, steril *fachspr* ② AGR **~ soil** unfruchtbarer Boden ③ MED (*free from bacteria*) steril, keimfrei; **~ environment** sterile Umgebung; **~ until opened** vakuumverpackt ④ (*fig, pej: unproductive*) steril *pej geh,* unproduktiv; **~ argument** fruchtloser Streit; **~ campaign** erfolglose Kampagne; **~ capital** totes Kapital

sterility [stə'rɪləti, AM -ət̬i] *n no pl* ① MED Unfruchtbarkeit *f,* Sterilität *f fachspr* ② AGR Unfruchtbarkeit *f* ③ (*fig, pej: lack of creativity*) Fantasielosigkeit *f,* Einfallslosigkeit *f,* Sterilität *f geh*

sterilization [ˌsterəlaɪ'zeɪʃən, AM -əlɪ'-] *n no pl* ① (*operation*) Sterilisation *f,* Sterilisierung *f* ② (*making sth chemically clean*) Desinfizierung *f,* Sterilisierung *f*

sterilize ['sterəlaɪz] *vt* MED ① *usu passive* (*make infertile*) ■**to be ~d** sterilisiert sein/werden ② (*disinfect*) ■**to ~ sth** etw desinfizieren; **~d milk** sterilisierte Milch; **to ~ water** Wasser abkochen

sterilizer ['sterəlaɪzər, AM -ə-] *n* MED Sterilisator *m,* Sterilisierungsapparat *m*

sterilizing ['sterəlaɪzɪŋ] *adj inv* keimtötend, sterilisierend; **~ solution** Desinfektionslösung *f*

sterilizing unit *n* MED Sterilisator *m,* Sterilisierungsapparat *m*

sterling ['stɜːlɪŋ, AM 'stɜːr-] I. *n no pl* ① FIN Sterling *m,* [britisches] Pfund; **in pound ~** in Pfund Sterling ② (*metal*) Sterlingsilber *nt* II. *n modifier* Sterling-; **~ silver** Sterlingsilber *nt;* **~ silver cutlery** Silberbesteck *nt* III. *adj* (*approv*) gediegen, meisterhaft; ***this old television has done ~ service*** dieser alte Fernseher ist [noch immer] Gold wert; **to make a ~ effort** beachtliche Anstrengungen unternehmen; **to do a ~ job** eine Meisterleistung vollbringen; **~ work** erstklassige Arbeit

stern[1] [stɜːn, AM stɜːrn] *adj* (*severe*) ernst; (*strict*) streng, unnachgiebig; (*difficult*) *test* hart, schwierig; ***his manner is ~ and forbidding*** sein Umgangston ist rau und abweisend; ***Paul is known as a ~ taskmaster*** Paul verlangt alles von seinen Mitarbeitern; **~ discipline** eiserne Disziplin; **~ measures** scharfe Maßnahmen; **to say sth in a ~ voice** etw nachdrücklich sagen; **a ~ warning** eine eindringliche Warnung ▸ PHRASES: **to be made of ~er stuff** aus härterem Holz geschnitzt sein

stern[2] [stɜːn, AM stɜːrn] *n* NAUT Heck *nt*

sterna ['stɜːnə, AM 'stɜːrnə] *n* ANAT, MED *pl of* **sternum**

sternly ['stɜːnli, AM 'stɜːrn-] *adv* (*severely*) ernst[haft]; (*strictly*) streng, ernst[haft]; **to be ~ rebuked** einen scharfen Verweis bekommen

sternness ['stɜːnnəs, AM 'stɜːrn-] *n no pl* ① (*severity*) Strenge *f,* Härte *f* ② (*earnestness*) Ernst *m,* Ernsthaftigkeit *f*

sternum <*pl* -s *or* -na> ['stɜːnəm, AM 'stɜːr-, *pl* -nə] *n* ANAT Brustbein *nt,* Sternum *nt fachspr*

steroid ['sterɔɪd] I. *n* CHEM, MED, PHARM Steroide *pl fachspr;* **anabolic ~s** Anabolika *pl fachspr;* ■**to be on ~s** [**for sth**] regelmäßig Steroide [gegen etw *akk*] nehmen II. *n modifier* Steroid-; **~ creams** steroidhaltige Cremes; **~ use** Steroideinnahme *f*

stethoscope ['steθəskəʊ, AM -skoʊp] *n* MED Stethoskop *nt fachspr*

Stetson® ['stetsən] *n* FASHION Stetson *m fachspr,* Cowboyhut *m*

stevedore ['stiːvədɔːr, AM -dɔr] *n* Stauer(in) *m(f)*

stew [stjuː, AM *esp* stuː] I. *n* Eintopf *m;* **Irish S~** *irischer Eintopf aus Kartoffeln, Fleisch und Gemüse;* **Spanish fish ~** spanische Fischpfanne ▸ PHRASES: **to be in a ~** [**about** [*or* **over**] **sth**] sich *akk* [über etw *akk*] unheimlich aufregen; **to get sb into a ~** jdn in Schwierigkeiten bringen II. *vt* **to ~ fruit** Obst dünsten; **to ~ meat** Fleisch schmoren; **to ~ plums** Pflaumenkompott kochen III. *vi* ① (*simmer*) *meat* [vor sich *dat* hin] schmoren; *fruit* simmern; BRIT *tea* zu lange ziehen [und bitter werden] ② (*fam: be upset*) schmollen ③ (*fam: do nothing productive*) herumhängen ▸ PHRASES: **to ~ in one's own juice** im eigenen Saft schmoren

steward ['stjuːəd, AM 'stuːərd, 'stjuː-] *n* ① (*on flight, cruise*) Flug-/Schiffsbegleiter *m,* Steward *m* ② (*at an event*) Ordner(in) *m(f)* ③ (*at a race*) ■**~s** *pl* die Rennleitung *kein pl* ④ (*for property*) Verwalter(in) *m(f)* ⑤ BRIT (*for food service*) Oberkellner(in) *m(f)*

stewardess <*pl* -es> ['stjuːədes, AM 'stuːərdɪs, 'stjuː-] *n* Flug-/Schiffsbegleiterin *f,* Stewardess *f*

stewardship ['stjuːədʃɪp, AM 'stuːərd-, 'stjuː-] *n no pl* Verwaltung *f;* ■**to be under sb's ~** unter der Leitung von jdm stehen

stewed [stjuːd, AM stuːd, 'stjuː-] *adj* ① *inv* (*cooked by stewing*) **~ apples** Apfelkompott *nt;* **~ fruit** gedünstetes Obst; **~ meat** geschmortes Fleisch ② *inv* BRIT, AUS (*overdone*) **~ tea** *Tee, der zu lange gezogen hat* ③ *esp* AM (*fam: drunk*) besoffen *fam,* blau *fam*

stewed fruit *n no pl* gedünstetes Obst

stewing steak *n no pl* BRIT, AUS Schmorfleisch *nt,* [Rinder]schmorbraten *m*

stick[1] [stɪk] *n* ① (*small thin tree branch*) Zweig *m;* (*thin piece of wood*) Stock *m;* **to gather ~s** Brennholz [*o* Reisig] sammeln; **to throw ~s and stones at sb** mit Stöcken und Steinen nach jdm werfen ② *no pl* BRIT (*fam: punishment*) **to get the ~** den Stock bekommen; **to give sb the ~, to take a ~ to sb** jdm eine Tracht Prügel verpassen ③ (*fig: means of coercion*) Zwangsmaßnahme *f* (*geeignetes Mittel, um etw zu erreichen*) ④ (*severe criticism*) **to give sb ~** jdn heruntermachen [*o* herunterputzen] *fam;* **to get** [*or* **take**] [*or* **come in for some**] **~** herbe Kritik einstecken müssen, den Marsch geblasen bekommen *fam;* (*come under fire*) unter Beschuss geraten ⑤ (*a piece of sth*) **a ~ of cinnamon** eine Stange Zimt; **carrot ~s** lange Mohrrübenstücke; **a ~ of celery/rhubarb** eine Stange Sellerie/Rhabarber; **celery ~s** Selleriestangen *mpl;* **a ~ of chewing gum** ein Stück Kaugummi; **a ~ of chalk** ein Stück Kreide; **a ~ of dynamite** eine Stange Dynamit; **cocktail ~** Cocktailspieß *m;* **lollipop ~** Stiel *m* eines Lutschers ⑥ (*used in a certain function*) Stock *m;* **walking ~** Spazierstock *m;* **white ~** Blindenstock *m;* **hockey/polo ~** SPORTS Hockey-/Poloschläger *m;* ■**~s** *pl* SPORTS die Hürden *pl* ⑦ MUS Taktstock *m* ⑧ AUTO, MECH Hebel *m;* **gear ~** Hebel *m* der Gang[schaltung] ⑨ (*furniture*) [Möbel]stück *nt;* **a few ~s** [**of furniture**] ein paar [Möbel]stücke; **to not have a ~ of furniture** kein einziges Möbelstück besitzen ⑩ (*esp pej fam: guy*) Kerl *m fam;* **an old ~** ein alter Knacker *pej sl;* ***he's a good old ~*** (*dated*) er ist ein netter alter Kerl ⑪ (*pej fam: remote area*) **in the** [**middle of the**] **~s** [dort,] wo sich Fuchs und Hase gute Nacht sagen; **out in the ~s** [ganz] weit draußen ▸ PHRASES: **to get the shit-end of the ~** AM (*fam!*) immer [nur] den schlechten Rest abbekommen; **~s and stones may break my bones, but words can never hurt me** (*prov*) also, damit kannst du mich wirklich nicht treffen; **not enough ... to shake a ~ at** nur ganz wenig ...; ***there are just a few flakes, not enough snow to shake a ~ at*** bei den paar Flocken kann man wohl kaum von Schnee sprechen; **more people/things than you/one can shake a ~ at** jede Menge Leute/Sachen *fam;* **to up ~s** BRIT (*fam*) mit Sack und Pack umziehen

stick[2] <stuck, stuck> [stɪk] I. *vi* ① (*fix by adhesion*) kleben; (*be fixed*) zugeklebt bleiben; ***this glue won't ~*** dieser Klebstoff hält nicht; ***the flap of this envelope won't ~*** dieser Umschlag geht immer wieder auf; ***careful that the sauce doesn't ~ to the pan*** pass auf, dass die Soße nicht anbrennt ② (*fig: attach oneself*) ■**to ~ to sb** [**like a leech**] an jdm kleben *fam;* **to ~ with the group** bei der Gruppe bleiben; ■**to ~ with sb** *thought, idea, memory* jdm nicht mehr aus dem Kopf [*o* Sinn] gehen ③ (*be unable to move*) feststecken, festhängen; *car* stecken bleiben, feststecken, festsitzen; (*be unmovable*) festsitzen; *door, window* klemmen; *gear* klemmen; ***help me up — I'm stuck*** hilf mir mal – ich stecke fest!; ***there's a bone stuck in my throat*** mir ist eine Gräte im Hals stecken geblieben; ***he tried to speak but his voice stuck in his throat*** er versuchte zu sprechen, aber die Worte blieben ihm in Halse stecken ④ (*fig: be unable to continue*) nicht weiter wissen [*o* können]; (*unable to leave*) nicht weg können; ***can you help me with my maths — I'm stuck*** kannst du mir mal bei Mathe helfen – ich komme alleine nicht mehr weiter; ***I am stuck here all day with three screaming kids*** ich bin hier den ganzen Tag mit drei kreischenden Kindern eingesperrt; ***I was stuck there for nearly an hour*** ich saß hier fast eine ganze Stunde fest; CARDS ***do you want to play or are you ~ing?*** willst du spielen oder kannst du nicht mehr herausgeben? ⑤ (*endure*) hängen bleiben; ***her little sister called her Lali, and somehow the name stuck*** ihre kleine Schwester nannte sie Lali, und irgendwie blieb es dann bei diesem Namen; ***they'll never make these accusations ~*** das werden sie nie beweisen können; **to ~ in sb's memory** [*or* **mind**] jdm in Erinnerung bleiben ⑥ (*persevere*) ■**to ~ at sth** an etw *dat* dranbleiben; **to ~ to an idea** an einer Idee festhalten ⑦ (*keep within limits*) **to ~ to one's budget** sich *akk* an sein Budget halten; **to ~ to a diet** eine Diät einhalten ⑧ (*not give up*) ***I think I'll ~ with***

my usual brand ich denke, ich werde bei meiner [üblichen] Marke bleiben; ***he has managed to ~ with the task*** es ist ihm gelungen, die Sache durchzuziehen; **to ~ with traditions** an Traditionen festhalten ⑨ (*continue to support, comply with*) ■**to ~ by sb/sth** zu jdm/etw halten; ***I ~ by what I said*** ich stehe zu meinem Wort; ***we must ~ by our policy*** wir dürfen unsere Taktik jetzt nicht ändern; **to ~ by the rules** sich *akk* an die Regeln halten; **to ~ by sb through thick and thin** mit jdm durch dick und dünn gehen; ***he should ~ to what he's good at*** er sollte bei dem bleiben, was er kann; **to ~ to the point** beim Thema bleiben; **to ~ to sb** jdm treu bleiben ⑩ (*stop*) ■**to ~ at sth** *price* gleich bleiben ⑪ (*fam: need, be at a loss for*) ■**to be stuck for sth** etw brauchen; ***I'm stuck for an idea*** mir fällt gerade nichts ein; ***I'm stuck for money at the moment*** im Moment bin ich ein bisschen knapp bei Kasse *fam;* ***he was ~ for words*** er suchte [vergeblich] nach Worten ▶ PHRASES: **let the cobbler ~ to his last** *esp* BRIT (*prov*) Schuster bleib bei deinen Leisten *prov;* **everybody knows that money ~s to his fingers** jeder weiß, dass er gerne Geld mitgehen lässt; **to ~ in sb's throat** [*or* BRIT *also* **gizzard**] [*or* BRIT *also* **craw**] jdn wurmen *fam;* **to ~ to one's guns** (*refuse to give up*) nicht locker lassen; ***I'm ~ing to my guns*** ich stehe zu dem, was ich gesagt habe; **to ~ to one's last** bei dem bleiben, was man wirklich kann; **mud ~s** irgendwie bleibt doch immer etwas hängen; **to ~ in sb's throat** jdm gegen den Strich gehen *fam* **II.** *vt* ① (*affix*) ■**to ~ sth** etw kleben; ***I forgot to ~ on a stamp*** ich habe vergessen, eine Briefmarke darauf zu kleben; ■**to ~ sth into sth** etw in etw *akk* einkleben; **to ~ sth into place/position** etw an die richtige Stelle kleben; ■**to ~ sth to sth** etw an etw *dat* [an]kleben ② BRIT (*fam: tolerate*) ■**to ~ sth/sb** etw/jdn ertragen [*o* aushalten]; ***I can't ~ much more of this*** ich halt's nicht mehr aus! *fam;* ***I can't ~ her*** ich kann sie nicht ausstehen ③ (*fam: put*) ■**to ~ sth somewhere ~ *your things wherever you like*** stellen Sie Ihre Sachen irgendwo ab; ***she stuck her fingers in her ears*** sie steckte sich die Finger in die Ohren; ***very young children often ~ things up their noses*** Kleinkinder stecken sich oft irgendetwas in die Nase; **to ~ sth into a bag** etw in eine Tasche packen; **to ~ one's head around the door** seinen Kopf durch die Tür stecken; ■**to ~ sth down sth** etw in etw *akk* stecken; ■**to ~ sth on sth** etw auf etw *akk* legen; (*add*) ***the sellers stuck another £5000 on the price*** die Verkäufer verlangten noch einmal 5000 Pfund mehr; ***I'll pay for lunch — I can ~ it on my expenses*** ich zahle das Mittagessen – ich kann es absetzen ④ (*pierce*) ■**to ~ sth through sth** etw durch etw *akk* [hindurch]stoßen ⑤ (*like very much*) ■**to be stuck on sth** sich *dat* etw in den Kopf gesetzt haben; ***the boss is stuck ~ on his plan to reorganize the office*** der Chef will um jeden Preis das Büro umstrukturieren; ■**to be stuck on sb** in jdn total verknallt sein *sl* ⑥ *passive* ■**to be stuck with sth** (*unable to get rid of*) etw [ungern] tun müssen *fam;* (*given an unpleasant task*) etw aufgehalst bekommen *fam;* ■**to be stuck with doing sth** zu etw *dat* verdonnert werden ▶ PHRASES: **to ~ an accusation/a charge on sb** LAW jdm etw zur Last legen; **to ~ one's nose into sb's business** seine Nase in jds Angelegenheiten stecken; **I'll tell him where he can ~ his job** (*fam!*) den Job kann er sich sonst wohin stecken *sl*

◆**stick around** *vi* (*fam*) da bleiben *fam*

◆**stick back** *vt* ① (*fix*) ■**to ~ sth** ⊂ **back** etw zurückstecken; ***he used to ~ his hair back with hair cream*** er hat sich seine Haare immer mit Pomade zurückgeschmiert; ***she stuck her hair back behind her ear*** sie steckte sich die Haare hinter das Ohr ② (*fam: return to it's place*) ■**to ~ sth back** etw zurückstellen

◆**stick down** *vt* ① (*glue*) ■**to ~ sth** ⊂ **down** etw festkleben; ***don't ~ down the flap*** kleben Sie den Umschlag nicht zu ② (*fix hair*) **to ~ one's hair down** sein Haar feststecken ③ (*fam: write hastily*) **to ~ sth down [on paper]** etw sofort aufschreiben

◆**stick in I.** *vi dart* stecken bleiben ▶ PHRASES: **to get stuck in** BRIT (*fam: start*) anfangen; (*start eating*) [mit dem Essen] anfangen; ***get stuck in — don't let it get cold!*** fangt schon mal an – lasst es nicht kalt werden! **II.** *vt* (*fam*) ① (*affix*) ■**to ~ sth in sth** etw in etw *akk* einkleben; **to ~ photographs in an album** Fotos in ein Album kleben ② (*put into*) ■**to ~ sth in[to] sth** etw in etw *akk* hineinstecken; ***the killer stuck a knife into his victim's back*** der Mörder stieß dem Opfer ein Messer in den Rücken; ***the nurse stuck the needle into my arm*** die Krankenschwester stach mir mit einer Nadel in den Arm

◆**stick out I.** *vt* ① (*make protrude*) **to ~ out one's hand** die Hand ausstrecken; ***at a request bus stop you must ~ out your hand*** wenn Sie an einer Bedarfshaltestelle aussteigen möchten, müssen Sie ein Handzeichen geben; **to ~ one's tongue out** die Zunge herausstrecken ② (*endure*) ■**to ~ it out** es [bis zum Ende] durchhalten **II.** *vi* ① (*protrude*) [her]vorstehen; *hair, ears* abstehen; *nail* herausstehen; ***there was a handkerchief ~ing out of his jacket pocket*** aus der Tasche seines Jacketts hing ein Taschentuch heraus; ***I wish my stomach didn't ~ out so much*** ich wünschte, mein Bauch würde nicht so hervorstehen; ***I could see Bill's legs ~ing out from underneath his car*** ich konnte Bills Beine unter dem Auto hervorragen sehen ② (*fig: be obvious*) offensichtlich sein; ***the thing that really ~s out is the clashing colours*** es fällt einem sofort auf, daß die Farben nicht zueinander passen; **to ~ out a mile** [*or* **like a sore thumb**] wie ein bunter Pudel auffallen *fam;* ***she's in love with him — it ~s out a mile*** sie ist in ihn verliebt – das sieht doch ein Blinder *fam* ③ (*endure*) ■**to ~ out for sth** hartnäckig auf etw *dat* bestehen ▶ PHRASES: **to ~ one's neck out** eine Menge riskieren *fam*

◆**stick through** *vi* ■**to ~ through sth** durch etw *akk* ragen

◆**stick together I.** *vt* ■**to ~ sth** ⊂ **together** etw zusammenkleben **II.** *vi* ① (*adhere*) zusammenkleben ② (*fig: not separate*) immer zusammen sein; (*inseparable*) unzertrennlich sein; ***everybody must ~ together in the town*** wenn wir in der Stadt sind, müsst ihr alle zusammenbleiben ③ (*fig: remain loyal to each other*) zusammenhalten, zueinander stehen; (*help each other*) einander helfen

◆**stick up I.** *vt* (*fam*) ① (*attach*) ■**to ~ up** ⊂ **sth** etw aufhängen; **to ~ up a notice** einen Aushang machen, eine Mitteilung aushängen ② (*raise*) ■**to ~ up** ⊂ **sth** etw in die Höhe strecken; **to ~ up an umbrella in the air** einen Schirm in die Luft halten; **to ~ up** ⊂ **one's hand** die Hand heben; ***if you have a question, ~ your hand up*** meldet euch, wenn ihr eine Frage habt; ***~ your hands up*** Hände hoch!; ***~ 'em up!*** (*fam*) Hände hoch! ③ (*commit armed robbery against*) ■**to ~ up** ⊂ **sb/sth** jdn/etw überfallen ▶ PHRASES: **to ~ one's nose up [in the air]** die Nase rümpfen; **to have one's nose stuck up in the air** hochnäsig sein **II.** *vi* ① (*protrude*) hochragen, emporragen; **to ~ up into the sky** in den Himmel ragen; **to ~ up out of the ground/water** aus dem Boden/Wasser ragen ② (*stand on end*) abstehen; ***your hair's ~ing up all over the place*** deine Haare stehen in alle Richtungen ab ③ (*defend*) ■**to ~ up for sb/sth** sich *akk* für jdn/etw einsetzen, für etw *akk* eintreten; ***I can ~ up for myself*** ich komme schon allein zurecht ④ (*support*) ■**to ~ up for sb** jdn unterstützen ⑤ (*show defiance*) ■**to ~ up to sb** jdm trotzen [*o* die Stirn bieten]

stickability [ˌstɪkəˈbɪləti, AM -t̬i] *n no pl* Durchhaltevermögen *nt*

sticker [ˈstɪkəʳ, AM -ɚ] *n* ① (*adhesive label*) Aufkleber *m;* (*for collecting*) Sticker *m,* Klebebildchen *nt;* **~ album** Stickeralbum *nt;* **disabled ~** Behindertenaufkleber *m* (*am Auto*)*;* **price ~** Preisschild[chen] *nt* ② (*perseverer*) **to be a ~** Durchhaltevermögen haben, zäh sein ③ (*fam: thorn*) Dorn *m*

sticker price *n* AM (*manufacturer's price*) Fabrikpreis *m*

stick figure *n* Strichmännchen *nt*

stickiness [ˈstɪkɪnəs] *n no pl* ① (*ability to adhere*) Klebefähigkeit *f;* (*texture*) Klebrigkeit *f;* **the ~ of a problem** (*fig*) ein heikles Problem ② (*sticky substance*) Klebrige(s) *nt kein pl* ③ (*humidity*) *of the weather* Schwüle *f; of the air* Stickigkeit *f*

sticking-out *adj attr ears* abstehend

sticking plaster *n* BRIT [Heft]pflaster *nt* **sticking point** *n* Streitfrage *f*

stick insect *n* Gespenstheuschrecke *f* ▶ PHRASES: **to be as thin as a ~** BRIT spindeldürr sein **stick-in-the-mud I.** *n* (*fam*) Muffel *m,* Spaßverderber(in) *m(f) pej fam* **II.** *adj attr, inv* altmodisch, rückständig

stickleback [ˈstɪklbæk] *n* ZOOL Stichling *m*

stickler [ˈstɪkləʳ, AM -ɚ] *n* Pedant(in) *m(f) pej;* **to be a ~ about being on time/keeping records** es mit der Pünktlichkeit/dem Buchführen peinlich genau nehmen; **to be a ~ for accuracy/punctuality** pingelig auf Genauigkeit/Pünktlichkeit achten

stick-on *adj attr, inv* Klebe-; **~ label** Klebeetikett *nt;* **~ price label** Preisaufkleber *m;* **~ name tag** Namensschild *nt* zum Ankleben; **~ sole** Schuhsohle *f* mit Haftschicht **stickpin** *n* AM (*tiepin*) Krawattennadel *f* **stick shift** *n* AM (*gear lever*) Schalthebel *m* **stick-to-it-iveness** *n no pl* AM (*fam: perseverance*) Durchhaltevermögen *nt* **stick-up** *n esp* AM (*fam*) Überfall *m*

sticky [ˈstɪki] *adj* ① (*texture*) klebrig; ■**to be ~ with sth** mit etw *dat* verklebt [*o* verschmiert] sein; **~ mass** klebrige Masse; **~ paint** [noch] feuchte Farbe ② (*sugary*) klebrig ③ (*sweaty*) *person* verschwitzt; (*humid*) *weather* schwül; *air* stickig; **hot and ~** (*of weather*) heiss und stickig ④ (*fig: difficult*) *person* schwierig; *question, situation* heikel; ■**to be ~ about doing sth** bei etw *dat* sehr zögern; ***my dad was rather ~ about letting me go to the party*** mein Vater ließ mich nur sehr ungern zu der Party gehen; **~ moment** kritischer Moment; **~ patch** schwierige Phase; **~ problem** kompliziertes Problem ▶ PHRASES: **to come to** [*or* **meet**] **a ~ end** ein böses Ende nehmen; ***you'll come to a ~ end*** mit dir wird es noch einmal ein schlimmes Ende nehmen; **to have ~ fingers** lange Finger haben *fam*

sticky bun *n* FOOD süßes Teilchen **sticky tape** *n* BRIT, AUS Klebeband *nt* **sticky wicket** *n* ① (*in cricket*) schwer bespielbare Spielbahn ② (*fig: difficult situation*) Klemme *f fam;* ***this is something of a ~ you've got us into*** du hast uns da ganz schön was eingebrockt *fam;* **to be batting on a ~** sich *dat* Schwierigkeiten einhandeln

stiff [stɪf] **I.** *n* ① (*fam: corpse*) Leiche *f* ② AM (*fig: conventional person*) Langweiler(in) *m(f);* **working ~** Prolet *m pej* ③ AM (*fam: person*) ***you lucky ~!*** du Glückspilz! *fam* **II.** *adj* ① (*rigid*) steif (**with** vor +*dat*); *paper, lid* fest; ***his clothes were ~ with dried mud*** seine Kleidung starrte vor angetrocknetem Schmutz; ***the handle on this door is rather ~*** der Türgriff lässt sich schlecht bewegen; **to be [as] ~ as a board** [*or* **poker**] steif wie ein Brett sein; **~ brush** harte Bürste; **~ cardboard** fester Karton; **~ collar** steifer Kragen ② (*sore*) *neck, joints* steif; *muscles* hart ③ (*dense*) *paste* dick; *batter, mixture, dough* fest ④ (*formal, reserved*) *manner* steif; *letter* unpersönlich, förmlich; (*forced*) *smile* gezwungen; **to keep a ~ upper lip** Haltung bewahren; ***come on Richard, keep a ~ upper lip*** komm, Richard, lass dir nichts anmerken ⑤ (*strong*) *opposition* stark; *penalty, punishment* hart, schwer; *wind* stark, heftig; **~ brandy** starker Weinbrand; **~ breeze** steife Brise; **~ challenge** große Herausforderung; **~ criticism** herbe Kritik; **~ competition** harter Wettbewerb; **~ drink** harter Drink; **~ resistance** erbitterter Widerstand; **a ~ right/left** BOXING eine harte Rechte/Linke ⑥ (*high*) [extrem] hoch; **~ cuts** einschneidende Kürzungen; **~ fee/tax** überzogene Gebühr/Steuer; **~ price** Wucherpreis *m pej,* gesalzener Preis *fam* ⑦ (*difficult*) *question* schwer, schwierig; **~ climb/work-out** anstrengende Klettertour/anstrengendes Fitnesstraining; **~ test** SCH schwere Prüfung; TECH harter Test **III.** *adv inv* zu Tode *fam; I*

S

got frozen ~ waiting at the bus stop ich wäre fast erfroren, als ich an der Bushaltestelle wartete; ***I've been worried*** ~ ich habe mir wahnsinnige Sorgen gemacht; **to be scared** ~ zu Tode erschrocken sein **IV.** *vt* AM *(fam)* ① *(cheat)* ■**to be ~ed** betrogen werden ② *(not tip)* **to ~ a porter/taxi driver/waiter** einem Gepäckträger/Taxifahrer/Kellner kein Trinkgeld geben ③ *(snub)* ■**to ~ sb** jdn schneiden *fam* ④ *(kill)* ■**to ~ sb** jdn kaltmachen *sl*

stiffen ['stɪfᵊn] **I.** *vi* ① *(tense up)* sich *akk* versteifen; *muscles* sich *akk* verspannen; *(with nervousness) person* sich *akk* verkrampfen; *(with fear, fright)* erstarren; ***his body ~ed in fear*** er erstarrte vor Angst ② *(become denser) cream, egg whites* fest [*o* steif] werden ③ *(become stronger)* stärker werden, sich *akk* verstärken; *resistance* wachsen **II.** *vt* ① *(make rigid)* **to ~ one's arms/legs** die Arme/Beine versteifen; **to ~ a collar** einen Kragen stärken [*o* steifen]; **to ~ one's muscles** die Muskeln anspannen ② *(make more difficult)* **to ~ criteria/requirements/standards** Kriterien/Anforderungen/Normen höher schrauben; **to ~ an exam** den Schwierigkeitsgrad einer Prüfung erhöhen ③ *(make more severe)* **to ~ a fine** eine Geldstrafe erhöhen; **to ~ a penalty** [*or* **punishment**]**/the rules** eine Strafe/die Regeln verschärfen ④ *(strengthen)* ■**to ~ sth** etw stärken [*o* verstärken]; *character* etw festigen; ***these events have ~ed our resolve to succeed*** diese Ereignisse haben uns in unserer Entschlossenheit zu siegen bestärkt; **to ~ competition** den Wettbewerb verschärfen; **to ~ the spine of sb** [*or* **sb's spine**] *(fig)* jdm den Rücken stärken

stiffener ['stɪfᵊnəʳ, AM ɚ] *n* ① *(supporting material)* steife Einlage, Versteifung *f* ② *(fam: drink)* Stärkungstrunk *m iron,* Muntermacher *m hum*

stiffening ['stɪfᵊnɪŋ] **I.** *n no pl* ① *(becoming rigid) of muscles, joints* Versteifung *f* ② FASHION *(rigid material)* Einlage *f,* Vliesstoff *m* **II.** *adj attr, inv (fig)* **~ing competition/resistance** sich *akk* verschärfender Wettbewerb/Widerstand; **~ defence** SPORTS stärker werdende Abwehr; **~ resolve** zunehmende Entschlossenheit

stiff-jointed [-'dʒɔɪntɪd] *adj* steif, ungelenkig

stiffly ['stɪfli] *adv* ① *(rigidly)* **to sit/stand ~** steif dasitzen/dastehen; *(with difficulty)* **to move ~** sich *akk* steif bewegen ② *(fig: unfriendly)* steif; ***I wrote a ~ worded letter of complaint*** ich schrieb einen scharf formulierten Beschwerdebrief; **to smile ~** steif [*o* gezwungen] lächeln

stiff-necked [-'nekt] *adj (pej)* ① *(stubborn)* halsstarrig *pej,* stur *pej* ② *(arrogant)* hochnäsig *pej fam,* arrogant *pej*

stiffness ['stɪfnəs] *n no pl* ① *(rigidity)* Steifheit; *of brakes* Steifigkeit *f; of dough, batter* Festigkeit *f; of muscles* Verspanntheit *f;* **to have ~ in one's muscles** *(from illness)* Muskelschmerzen haben; *(after exercise)* einen Muskelkater haben ② *(formal behaviour)* Steifheit *f,* Förmlichkeit *f* ③ *(severity)* Härte *f; of a punishment, penalty, sentence* Schwere *f; of taxes, fees* Höhe *f*

stiff-upper-lipped ['stifʌpə,lɪpt, AM -ʌpɚ-] *adj* steif *fig*

stiffy ['stɪfi] *n (vulg)* **to get/have a ~** einen Steifen kriegen/haben *vulg*

stifle ['staɪfl] **I.** *vi* ersticken; ***we ~d in the heat of the city*** *(fig)* wir sind in der Hitze der Stadt fast umgekommen *fam* **II.** *vt* ① *(smother)* ■**to ~ sb** jdn ersticken; **to ~ a fire/flames** ein Feuer/Flammen ersticken; **to be ~d by fumes/smoke** an Dämpfen/am Rauch ersticken ② *(fig: suppress)* ■**to ~ sth** etw unterdrücken; ***I don't know how I managed to ~ my anger*** ich weiß nicht, wie ich es geschafft habe, meinen Zorn hinunterzuschlucken; **to ~ competition** die Konkurrenz ausschalten; **to ~ a desire** sich *dat* einen Wunsch versagen; **to ~ a scream/yawn** einen Aufschrei/ein Gähnen unterdrücken; **to ~ the urge to laugh** sich *dat* das Lachen verbeißen

stifling ['staɪflɪŋ] *adj* ① *(smothering) fumes, smoke* erstickend; *air* zum Ersticken; *(fig) heat, humidity* drückend; *room* stickig; ***it was hot and ~ in the train*** im Zug war es heiß und stickig ② *(fig: repressive)* erdrückend; ***we had to deal with a lot of ~ bureaucracy*** wir mussten uns oft mit einer Bürokratie herumschlagen, die jede Initiative im Keim erstickte

stiflingly ['staɪflɪŋli] *adv* **~ hot/humid** drückend heiß/schwül; *(fig)* erdrückend

stigma ['stɪgmə] *n* ① MED *(of a disease)* Symptom *nt,* Stigma *nt fachspr; (mark on skin)* Mal *nt* ② *(shame)* Stigma *nt geh;* **the ~ of unemployment** das Stigma der Arbeitslosigkeit; **social ~** gesellschaftlicher Makel ③ BOT Narbe *f*

stigmata [stɪg'mɑːtə, AM -t̬ə] *npl* REL Wundmale *ntpl,* Stigmata *ntpl*

stigmatize ['stɪgmətaɪz] *vt* ■**to ~ sb** ① *(mark)* jdn brandmarken; **to ~ sb as dishonest/a delinquent/an alcoholic** jdn als unehrlich/Kriminellen/Alkoholiker abstempeln [*o geh* brandmarken] ② REL jdn stigmatisieren

stile [staɪl] *n* Pfosten *m; of a door* Höhenfries *m*

stiletto <*pl* -os> [stɪ'letəʊ, AM -'let̬oʊ] *n* ① *(knife)* Stilett *nt* ② *(shoe)* Pfennigabsatz *m;* ■**~s** *pl* Schuhe *mpl* mit Pfennigabsätzen

stiletto heel *n* Pfennigabsatz *m*

still¹ [stɪl] **I.** *n* ① *no pl (peace and quiet)* Stille *f;* **in the ~ of the night** in der Stille der Nacht ② *usu pl (photo of film scene)* Standfoto *nt; (single frame)* Einzelaufnahme *f* **II.** *adj* ① *(quiet and peaceful)* ruhig, friedlich; *lake, sea* ruhig; *air* windstill ② *(motionless)* reglos, bewegungslos; **~ photo** Standfoto *nt;* **to be ~ as a statue** regungslos wie eine Statue sein; **to keep ~** still halten, sich *akk* nicht bewegen; **to keep ~ about sth** *(fig)* über etw *akk* schweigen; **to sit/stand ~** still sitzen/stehen ③ *inv (not fizzy) drink* ohne Kohlensäure *nach n; mineral water* still, ohne Kohlensäure *nach n; wine* nicht moussierend
▶ PHRASES: **a ~ small voice** ein leises Stimmchen; **~ waters run deep** *(prov)* stille Wasser sind tief *prov* **III.** *vt* ① *(stop movement)* ■**to ~ sb** jdn zur Ruhe bringen; ■**to ~ sth** etw zum Stillstand bringen ② *(calm)* **to ~ sb's doubts/fears/worries** jdm seine Ängste/Zweifel/Bedenken nehmen; **to ~ public anxiety about sth** die allgemeine Besorgnis über etw *akk* zerstreuen; **to ~ sb's complaining/protests** jds Beschwerden/Proteste zum Verstummen bringen; ***she cuddled her baby to ~ its cries*** sie knuddelte ihr Baby, damit es aufhörte zu schreien

still² [stɪl] *adv inv* ① *(continuing situation)* [immer] noch, noch immer; *(in future as in past)* nach wie vor; ***I'm ~ hungry*** ich habe immer noch Hunger; ***we've ~ got some wine left over from the party*** wir haben von dem Fest noch ein paar Flaschen Wein übrig; ***there's ~ time for us to get to the cinema before the film starts*** wir können es noch schaffen, ins Kino zu kommen, bevor der Film anfängt; **to be ~ alive** noch leben [*o* am Leben sein]; **to be ~ possible** immer noch möglich sein ② *(nevertheless)* trotzdem; ***I know you don't like her but you ~ don't have to be so rude to her*** ich weiß, du kannst sie nicht leiden, aber deswegen brauchst du nicht gleich so unhöflich zu ihr zu sein; ***..., but he's ~ your brother*** … er ist immer noch dein Bruder; ***even though she hasn't really got the time, she ~ offered to help*** obwohl sie eigentlich gar keine Zeit hat, hat sie dennoch angeboten zu helfen; **~ and all** *esp* AM [und] dennoch [*o* doch] ③ *(greater degree)* noch; **~ further/higher/more** noch weiter/höher/mehr; **to want ~ more** immer noch mehr wollen; **better/worse ~** noch besser/schlimmer, besser/schlimmer noch; ***I'll meet you at the theatre — no, better ~, let's meet in a pub*** ich treffe dich im Theater – oder nein, treffen wir uns besser in einem Pub

still³ [stɪl] *n* ① *(distillery)* Brennerei *f;* **moonshine/whisky ~** Schwarz-/Whiskybrennerei *f;* **illicit ~** Schwarzbrennerei *f,* illegale Brennerei ② *(appliance)* Destillierapparat *m*

stillbirth *n* Totgeburt *f* **stillborn** *adj inv baby, animal young* tot geboren; *(fig) ideas, plans, proposals* nicht umsetzbar [*o* realisierbar]; ***she gave birth to a ~ baby*** sie hatte eine Totgeburt **still life** <*pl* -s> *n* ① *(painting)* Stillleben *nt* ② *no pl (style)* Stilllebenmalerei *f* **still-life** *adj attr, inv* **~ drawing** Stillleben *nt,* Zeichnung *f* eines Stilllebens; **~ painting** Stillleben *nt;* **~ painter** Maler(in) *m(f)* von Stillleben

stillness ['stɪlnəs] *n no pl* ① *(tranquillity)* Stille *f,* Ruhe *f* ② *(lack of movement) of the air, trees* Unbewegtheit *f,* Bewegungslosigkeit *f; of a person* Reglosigkeit *f*

still room *n* BRIT *(hist)* Vorratskammer *f*

Stillson ['stɪlsᵊn] *n,* **Stillson wrench** *n* Stillson-Schlüssel *m*

stilt [stɪlt] *n usu pl* ① *(post)* Pfahl *m;* **to be built on ~s** auf Pfählen gebaut sein; **house built on ~s** Pfahlbau *m* ② *(for walking)* Stelze *f;* **a pair of ~s** Stelzen *fpl;* **to walk on ~s** auf Stelzen laufen

stilted ['stɪltɪd] *adj (pej: stiff and formal) way of talking* gestelzt *pej; (not natural) behaviour* unnatürlich, gespreizt *pej;* **to have a ~ conversation** eine hochtrabende Unterhaltung führen

stiltedly ['stɪltɪdli] *adv* gestelzt *pej,* geschraubt *pej fam*

Stilton ['stɪltᵊn] *n no pl* Stilton *m (Käsesorte)*

stimulant ['stɪmjələnt] **I.** *n* ① *(boost)* Stimulanz *f,* Anreiz *f;* **to act as** [*or* **be**] **a ~ to development/the economy/growth** die Entwicklung/die Wirtschaft/das Wachstum ankurbeln ② MED *(drug)* Stimulans *nt;* SPORTS Aufputschmittel *nt;* **to act as a ~ to sth** auf etw *akk* anregend wirken **II.** *adj attr* anregend, belebend

stimulate ['stɪmjəleɪt] **I.** *vt* ① *(encourage)* ■**to ~ sth** etw beleben [*o* ankurbeln]; ■**to ~ sb to do sth** jdn anspornen [*o* anregen], etw zu tun; ■**to ~ sb into doing sth** jdn dazu bringen, etw zu tun; ***we want to ~ the authorities into taking action*** wir wollen die Behörden zum Handeln bringen; **to ~ discussion of a problem** eine Diskussion über ein Problem in Gang bringen; **to ~ the economy** die Wirtschaft ankurbeln; **to ~ enthusiasm/interest** Begeisterung/Interesse erregen ② *(excite)* ■**to ~ sb/sth** jdn/etw stimulieren; ■**to be ~d by sth** *(mentally)* durch etw *akk* stimuliert werden; *(sexually)* durch etw *akk* erregt werden; **to ~ the conversation** die Unterhaltung beleben; **to ~ sb's mind** jds Geist *m* anregen ③ MED *(activate)* ***the drugs ~ the damaged tissue into repairing itself*** die Medikamente regen das beschädigte Gewebe dazu an, sich zu regenerieren; **to ~ a gland/the immune system** eine Lymphdrüse/das Immunsystem aktivieren [*o* stimulieren]; **to ~ a nerve** einen Nerv reizen **II.** *vi* begeistern, mitreißen

stimulating ['stɪmjəleɪtɪŋ, AM -t̬-] *adj* ① *(mentally)* stimulierend; *conversation, discussion* anregend; *atmosphere, environment* animierend; ***she is a really ~ teacher*** sie ist eine begeisternde Lehrerin; ■**to be ~** *experience, time* neue Impulse geben; *ideas* zum Nachdenken anregen ② *(sexually)* erregend, stimulierend ③ *(physically) shower, exercise* belebend; *drug* stimulierend

stimulation [,stɪmjə'leɪʃᵊn] *n no pl* ① *(mental)* Anregung *f; (physical)* belebende Wirkung; *(sexual)* Stimulieren *nt,* Erregen *nt;* **intellectual ~** geistige Anregung ② *(motivation) of the economy* Ankurbelung *m; (of interest, enthusiasm)* Erregung *f* ③ MED *of a gland, the immune system* Stimulation *f; of a nerve* Reizen *nt;* **electric ~** Elektrostimulation *f*

stimulative ['stɪmjələtɪv, AM -leɪt̬ɪv] **I.** *n* ① *(mental)* Anreiz *m kein pl* ② *(drug)* Stimulans *nt* **II.** *adj* anregend, belebend

stimuli ['stɪmjəlaɪ] *n pl of* **stimulus**

stimulus <*pl* -li> ['stɪmjələs, *pl* -laɪ] *n* ① *(economic boost)* Anreiz *m,* Stimulus *m geh;* ***foreign investment has been a ~ to the industry*** ausländische Investitionen haben der Industrie Aufschwung gegeben ② *(motivation)* Ansporn *m kein pl,* Antrieb *m kein pl* ③ BIOL, MED Reiz *m,* Stimulus *m fachspr*

sting [stɪŋ] **I.** *n* ① BIOL *of a bee, hornet* Stachel *m; of a jellyfish* Brennfaden *m; of a plant* Brennhaar *nt* ② *(wound)* Stich *m; of jellyfish* Brennen *nt;* **bee/hornet/wasp ~** Bienen-/Hornissen-/Wespenstich *m* ③ *no pl (from antiseptic, ointment)* Brennen *nt;*

(*from needle*) Stechen *nt;* (*from whip*) brennender Schmerz; ~ **of defeat** (*fig*) schmerzliche Niederlage; ~ **of remorse** Gewissensbisse *mpl* ④ *no pl* (*harshness*) *of a remark, irony, satire* Stachel *m; of a voice, criticism* Schärfe *f;* ***I will never forget the ~ of his words*** ich werde die Kränkung durch seine Worte niemals vergessen ⑤ AM (*fam: theft*) großer Coup ⑥ AM (*fam: police operation*) Undercovereinsatz *m* ▶ PHRASES: **to have a ~ in the tail** (*have surprising end*) eine Pointe haben; (*have negative aspect*) eine Kehrseite haben; **to take the ~ out of sth** etw *dat* den Stachel nehmen **II.** *vi* <stung, stung> *bee, hornet* stechen; *disinfectant, sunburn* brennen; *wound, cut* schmerzen, weh tun; (*fig*) *words, criticism* schmerzen **III.** *vt* <stung, stung> ① (*wound*) ■**to ~ sb** *insect* jdn stechen; *jellyfisch* jdn brennen; ***I was stung by the nettles*** ich habe mich an den Nesseln verbrannt ② (*cause pain*) ***the vodka stung her throat*** der Vodka brannte ihr im Hals; ***his conscience stung him for weeks after the incident*** (*fig*) sein Gewissen plagte ihn nach dem Unfall noch wochenlang; **to ~ sb's eyes** *sand, wind, hail* jdm in den Augen brennen ③ (*upset*) ■**to ~ sb** jdn verletzen [*o* kränken]; ***he was stung by her criticisms*** ihre Kritik hat ihn tief getroffen ④ BRIT, AUS (*goad*) ■**to ~ sb into sth** jdn zu etw *dat* aufstacheln; ***the negative comments stung me into action*** die abfälligen Bemerkungen ließen mich aktiv werden ⑤ (*swindle*) ■**to ~ sb** jdn übers Ohr hauen *fam* [*o sl* abzocken]; (*overcharge*) jdn schröpfen *fam;* ■**to ~ sb [for] sth** jdm etw abknöpfen *fam;* ***the bank stung me £50 in charges when I went overdrawn*** als ich das Konto überzogen hatte, hat mir die Bank eine Überziehungsgebühr von 50 Pfund aufgebrummt; **to ~ sb with higher fees/surcharges/new taxes** jdm höhere Gebühren/Zuschläge/neue Steuern aufbrummen *fam*

stinger ['stɪŋəʳ, AM -ɚ] *n* ① (*fam: animal*) stechendes Insekt; (*plant*) brennende Pflanze ② AM, AUS (*insect part*) Stachel *m* ③ (*slap*) Ohrfeige *f* ▶ PHRASES: **to have a ~ in it** AM (*have surprise ending*) überraschend enden; (*have negative aspect*) einen Haken haben *fam*

stingily ['stɪndʒɪli] *adv* (*pej fam*) knaus[e]rig *pej fam,* knick[e]rig *pej fam*

stinginess ['stɪndʒɪnəs] *n no pl* Geiz *m,* Knaus[e]rigkeit *f pej fam,* Knick[e]rigkeit *f pej fam*

stinging ['stɪŋɪŋ] *adj attr* ① *inv* ZOOL *insect* stechend ② (*painful*) *pain* brennend; *cut, wound* schmerzend ③ (*fig: hurtful*) *remark, words, criticism* verletzend, kränkend; *reply, rebuke* scharf; (*harsh*) *voice, tone* scharf

stinging nettle *n* Brennnessel *f*

stingray ['stɪŋreɪ] *n* Stachelrochen *m*

stingy ['stɪndʒi] *adj* (*fam*) geizig, knaus[e]rig *pej fam,* knick[e]rig *pej fam;* **to be ~ with money** mit Geld knausern; **to be ~ with praise/compliments** mit Lob/Komplimenten geizen

stink [stɪŋk] **I.** *n* ① *usu sing* (*smell*) Gestank *m;* ***what's that ~?*** was ist das für ein Gestank? ② *usu sing* (*fam: trouble*) Stunk *m pej fam,* Knatsch *m* DIAL; **to cause a ~** Stunk geben *fam,* Staub aufwirbeln *fam;* **to create** [*or* **kick up**] [*or* **raise**] **a ~ [about sth]** [wegen einer S. *gen*] Stunk machen *fam;* ***please don't raise a ~*** bitte mach jetzt keinen Aufstand *fam;* **to work like ~** BRIT hart [*o* wie ein Verrückter] schuften *fam* ③ BRIT (*fam: chemistry*) ■**~s** + *sing vb* Chemie *f* **II.** *vi* <stank *or* stunk, stunk> ① (*smell bad*) stinken; ***your feet ~!*** du hast Käs[e]füße *pej sl;* ■**to ~ of sth** nach etw *dat* stinken; **to ~ to high heaven** furchtbar [*o sl* zum Himmel] stinken ② (*fig fam: be bad*) sauschlecht [*o* miserabel] sein *fam;* ***his acting ~s*** er ist ein miserabler Schauspieler; **to ~ at cooking** ein miserabler Koch sein *fam;* **to ~ at maths/sports** in Mathe/Sport eine Niete sein *fam* ③ (*fig fam: be disreputable*) stinken *fam;* (*be wrong*) zum Himmel stinken *sl,* faul sein *fam;* ***I think her whole attitude ~s*** ich finde ihre ganze Einstellung einfach zum Kotzen *sl;* ***I think the whole business ~s*** ich finde, die ganze Angelegenheit stinkt *sl* ④ (*fig fam: have a lot*) **to ~ of money** vor Geld stinken *sl,* Geld wie Heu haben *fam;* **to ~ of wealth** stinkreich sein *sl*

◆**stink out** *vt* BRIT, AUS, **stink up** *vt* AM ■**to ~ out** [*or* **up**] ↻ **sth** *a room* etw verstänkern [*o* verstinken] *fam*

stink bomb *n* Stinkbombe *f*

stinker ['stɪŋkəʳ, AM -ɚ] *n* ① (*pej fam: person*) Fiesling *m pej sl;* ***what a ~ that man is!*** was ist er nur für ein Ekel! *pej fam;* ***you little ~*** du kleines Ekel *pej fam* [*o pej derb* mieses kleines Stück] ② (*fam: sth difficult*) harter Brocken; ***the first question was a real ~*** die erste Frage war echt happig *fam* ③ (*fam!: flatulation*) Furz *m derb*

stinking ['stɪŋkɪŋ] **I.** *adj attr, inv* ① (*bad smelling*) stinkend ② (*fam: bad*) beschissen *pej sl;* ***I hate this ~ job!*** ich hasse diese Scheißarbeit! *pej derb;* ***she had a ~ cold*** sie hatte eine saumäßige Erkältung *sl* **II.** *adv* (*fam*) stink- *sl;* **~ drunk** stockbetrunken *fam,* sturzbesoffen *derb;* **~ rich** stinkreich *sl*

stinko ['stɪŋkoʊ] *adj* (*fam*) sturzbesoffen *derb,* sternhagelvoll *sl*

stinkpot *n esp* AM (*fam*) ① (*car*) Dreckschleuder *f pej derb* ② (*pej: person*) Stinker *m pej sl,* widerlicher Kerl *pej*

stinky ['stɪŋki] *adj* (*fam*) ① (*smelly*) übel riechend, stinkend, stinkig *pej sl* ② (*unpleasant*) beschissen *pej sl* ③ (*repulsive*) widerlich; (*fig*) miserabel

stint [stɪnt] **I.** *n* ① (*restricted amount of work*) [Arbeits]pensum *nt,* Aufgabe *f;* (*share*) [Arbeits]beitrag *m;* **to do one's ~** seinen Teil beitragen ② (*restricted time of work*) Zeit *f;* ***he has just finished his ~ of compulsory military service*** er hat soeben die vorgeschriebene Wehrdienstzeit abgeleistet; ***her most productive period was her five-year ~ as a foreign correspondent*** ihre produktivste Zeit waren die fünf Jahre, die sie als Auslandskorrespondentin verbrachte ③ *no pl* (*limitation*) ■**without ~** ohne Einschränkung **II.** *vt* ■**to ~ sth** mit etw *dat* sparen [*o fam* knausern]; ***the company ~s money on safety measures in the factory*** die Firma spart bei den Sicherheitsmaßnahmen in der Fabrik; ■**to ~ oneself** sich *akk* zurückhalten; ***don't ~ yourself— help yourself!*** nur zu – bedienen Sie sich! **III.** *vi* ■**to ~ on sth** mit etw *dat* sparen [*o* geizen]

stipend ['staɪpend] *n* ① (*income*) Gehalt *nt;* BRIT (*for a priest*) Gehalt *nt* eines Priesters, Priestergehalt *nt* ② (*scholarship*) Stipendium *nt*

stipendiary [staɪ'pendiᵊri, AM -dieri] **I.** *adj inv* nicht ehrenamtlich; **~ magistrate** BRIT besoldeter Friedensrichter/besoldete Friedensrichterin, Berufsrichter(in) *m(f)* am Magistrates' Court **II.** *n* Stipendiat(in) *m(f)*

stipple ['stɪpl̩] ART **I.** *vt* ■**to ~ sth** etw in Tupfentechnik malen [*o* tupfen]; ***fish ~d in gold and black*** (*fig*) gold und schwarz gepunktete Fische **II.** *n no pl* Tupfentechnik *f*

stippled ['stɪpl̩d] *adj* ART getupft, mit Tupfen *nach n*

stippling ['stɪpl̩ɪŋ] *n no pl* ART Tupfentechnik *f,* Technik *f* des Pointillismus *fachspr*

stipulate ['stɪpjəleɪt] *vt* ■**to ~ sth** *person* etw verlangen [*o* fordern] [*o* zur Bedingung machen]; *contract* etw festlegen [*o fachspr* stipulieren]; *law, legislation* etw zur Auflage machen [*o* vorschreiben]; (*in a contract*) etw [vertraglich] vereinbaren [*o* festsetzen]; **to ~ conditions** Bedingungen festlegen [*o* festsetzen]

stipulation [ˌstɪpjə'leɪʃᵊn] *n* Auflage *f,* Bedingung *f;* LAW Vereinbarung *f,* Bestimmung *f; in contract* Klausel *f;* **with the ~ that ...** unter der Bedingung, dass ...

stir [stɜːʳ, AM stɜːr] **I.** *n usu sing* ① (*with spoon*) [Um]rühren *nt;* **to give sth a ~** etw umrühren ② (*physical movement*) Bewegung *f;* (*of emotion*) Erregung *f;* **a ~ of anger** ein Anflug *m* von Wut; **to cause a ~ of interest** Interesse wecken ③ (*excitement*) Aufruhr *f;* **to cause** [*or* **create**] **a ~** Aufsehen erregen ④ (*fam*) Knast *m fam;* **to be in ~** sitzen *fam* **II.** *vt* <-rr-> ① (*mix*) ■**to ~ sth** etw rühren; ■**to ~ sth into sth** etw in etw *akk* [hin]einrühren; ***~ the eggs into the batter one at a time*** rühren Sie die Eier einzeln unter den Teig; **to ~ the batter/the dough** den [Ausback]teig/den Teig rühren; **to ~ the coffee/the soup/the tea** den Kaffee/die Suppe/den Tee umrühren; **to ~ a fire** ein Feuer [an]schüren; ***he ~red the coals with a poker*** er stocherte mit einem Schürhaken in den Kohlen ② (*physically move*) ■**to ~ sth** etw rühren [*o* bewegen]; ***she wouldn't ~ a finger to help anyone*** sie würde keinen Finger rühren, um jemandem zu helfen; ■**to ~ oneself** sich *akk* bewegen; ***come on, ~ yourselves, or you'll be late*** kommt, macht voran, sonst kommt ihr noch zu spät *fam;* **to ~ the curtains/the leaves** *wind, breeze* die Vorhänge/die Blätter bewegen; **to ~ one's stumps** BRIT (*fam*) sich *akk* in Bewegung setzen *fam;* **to ~ water** Wasser kräuseln ③ (*awaken*) **to ~ sb from a dream/reverie** jdn aus einem Traum/Träumereien reißen ④ (*arouse*) ■**to ~ sb** jdn bewegen [*o* rühren]; ***I was deeply ~red by her moving performance*** ich war von ihrem ergreifenden Auftritt tief bewegt; **to ~ anger/curiosity** Ärger/Neugier erregen; **to ~ the blood** das Blut in Wallung versetzen; **to ~ emotions** Emotionen aufwühlen; **to ~ sb's heart** jds Herz *nt* rühren [*o* bewegen]; **to ~ the imagination** die Fantasie anregen; **to ~ memories** [alte] Erinnerungen wachrufen [*o* wecken]; **to ~ pity** Mitleid erregen ⑤ (*inspire*) **to ~ sb into action** jdn zum Handeln bewegen; **to ~ trouble** AM Unruhe stiften; ■**to ~ sb to do sth** jdn dazu bewegen, etw zu tun **III.** *vi* <-rr-> ① (*mix*) rühren ② (*move*) sich *akk* regen; *person also* sich *akk* rühren [*o* bewegen]; *grass, water, curtains* sich *akk* bewegen; ***after three years of recession, the property market is beginning to ~ again*** (*fig*) nach drei Jahren Rezession kommt der Immobilienmarkt wieder in Bewegung; **to ~ from** [*or* **out of**] **one's bed/house/room** das Bett/Haus/Zimmer verlassen ③ (*awaken*) wach werden, aufwachen; ***it was so early, not a soul was ~ring*** es war so früh, dass noch keine Menschenseele wach war; ■**to ~ within sb** (*fig*) *emotions* sich *akk* in jdm regen ④ (*circulate*) *rumour, news* die Runde machen *fam* ⑤ BRIT, AUS (*cause trouble*) Unruhe stiften; (*spread gossip*) Gerüchte in Umlauf bringen

◆**stir in** *vt* ■**to ~ sth** ↻ **in** etw einrühren; *ingredients* etw unterrühren

◆**stir up** *vt* ① (*mix*) ■**to ~ up** ↻ **sth** etw umrühren ② (*raise*) **to ~ up dust/leaves** Staub/Blätter aufwirbeln ③ (*cause intentionally*) **to ~ up discontent** Unzufriedenheit entfachen; **to ~ up dissention** Zwietracht säen; **to ~ up a mutiny/revolution/riot** eine Meuterei/eine Revolution/einen Aufstand anzetteln; **to ~ up sedition** Volksverhetzung betreiben; **to ~ up trouble/unrest** Ärger/Unruhe stiften ④ (*start*) **to ~ up a crisis** eine Krise auslösen; **to ~ up a dispute/feud** einen Streit/eine Fehde entfachen; **to ~ up rivalry between sb and sb** zu einer Rivalität zwischen jdm und jdm führen ⑤ (*agitate*) **to ~ up the crowd/mob** die Menge/den Pöbel aufhetzen [*o* aufwiegeln] ⑥ (*arouse*) **to ~ up anger/interest/resentment** Ärger/Interesse/Groll erregen; **to ~ up enthusiasm/hope/sympathy** Begeisterung/Hoffnung/Sympathie wecken; **to ~ up excitement/ill-feeling** Aufregung/Unbehagen verursachen; **to ~ up hatred** Hass hervorrufen; **to ~ up support** Unterstützung gewinnen ⑦ (*cause a commotion*) ■**to ~ sb** ↻ **up** jdn in Aufregung versetzen [*o fam* aufmischen]; **to ~ things up** einen Wirbel verursachen ▶ PHRASES: **to ~ up a hornet's nest** in ein Wespennest stechen

stir-crazy *adj* AM (*fam*) ■**to be ~** einen Gefängniskoller haben *fam;* **to go ~** meschugge werden *fam,* einen Koller kriegen *fam* **stir-fried** *adj inv* FOOD [unter Rühren] kurz angebraten **stir-fry I.** *n* Chinapfanne *f;* **vegetable ~** chinesische Gemüsepfanne **II.** *vi* <-ie-> kurz anbraten **III.** *vt* <-ie-> **to ~ chicken/pork/vegetables** Huhn/Schweinefleisch/Gemüse kurz anbraten

stirrer ['stɜːrəʳ, AM 'stɜːrɚ] *n* ① (*kitchen tool*) Rührlöffel *m* ② (*troublemaker*) Störenfried *m,* Unruhestifter(in) *m(f) pej;* (*agitator*) Scharfmacher(in) *m(f) pej fam*

stirring ['stɜːrɪŋ] **I.** *n* Regung *f;* ***he felt the ~ of na-***

tional pride within him er fühlte Nationalstolz in sich aufkommen; **to feel a faint** ~ **of envy** einen Anflug von Neid verspüren; **a** ~ **of interest** ein erstes Interesse **II.** *adj appeal, song, sermon, speech* bewegend, aufwühlend

stirringly ['stɜːrɪŋli] *adv* bewegend; **to preach/speak** ~ eine bewegende Predigt/Rede halten

stirrup ['stɪrəp, AM 'stɜːr-] *n* ❶ (*on saddle*) Steigbügel *m* ❷ ANAT Steigbügel *m* ❸ (*leggings*) ■ **~s** *pl* Steghose *f*

stirrup cup *n esp* BRIT Abschiedstrunk *m* **stirrup pants** *npl* Steghose *f* **stirrup pump** *n* TECH Handspritze *f*

stitch [stɪtʃ] **I.** *n* <*pl* -es> ❶ (*in sewing*) Stich *m;* (*in knitting, crocheting*) Masche *f;* **to cast on/off a** ~ eine Masche anschlagen/abketten; **to drop a** ~ eine Masche fallen lassen ❷ (*method*) Stichart *f;* (*style*) Stich *m;* **blanket/cross** ~ Langetten-/Kreuzstich *m;* **lazy daisy** ~ Millefleursstickerei *f;* **satin** ~ (*sewing*) Raupenstich *m;* (*embroidery*) Plattstich *m* ❸ (*knitting pattern*) Strickmuster *nt;* **cable** ~ Zopfmuster *nt* ❹ (*for a wound*) Stich *m;* ***her head wounds needed 5*** **~*es*** ihre Kopfwunde musste mit 5 Stichen genäht werden; **to have one's ~es taken out** die Fäden gezogen bekommen ❺ (*fam: the smallest amount*) Geringste(s) *nt;* ***I haven't got a*** ~ ***to wear*** ich habe gar nichts anzuziehen; **to not have a** ~ **on** splitterfasernackt sein; **without a** ~ **on** splitter[faser]nackt ❻ (*pain*) Seitenstechen *nt kein pl;* **to get a** ~ Seitenstechen bekommen; **to be in ~es** (*fig*) sich *akk* schieflachen [*o* [halb] totlachen] *fam;* **to have** [*or* **keep**] **sb in ~es** (*fig*) jdn furchtbar zum Lachen bringen *fam* ► PHRASES: **a** ~ **in time saves nine** (*prov*) was du heute kannst besorgen, das verschiebe nicht auf morgen *prov* **II.** *vi* sticken; (*sew*) nähen **III.** *vt* ❶ (*in sewing*) ■ **to** ~ **sth** etw nähen; **to** ~ **a button onto sth** einen Knopf an etw *akk* [an]nähen; **to** ~ **a hem** einen Saum nähen; **to** ~ **a hole** ein Loch stopfen; **to** ~ **a rip** [*or* **tear**] einen Riss nähen [*o* DIAL flicken] ❷ (*by doctor*) **to** ~ **a cut/wound** eine Schnittwunde/Wunde nähen ❸ (*in books*) ■ **to** ~ **sth** etw [zusammen]heften [*o* broschieren]

◆**stitch together** *vt* ■ **to** ~ **sth** ⊂ **together** ❶ (*in sewing*) etw zusammennähen ❷ (*fig: make hastily*) etw zusammenschustern *pej fam;* **to** ~ **together a deal** einen Handel zusammenschustern

◆**stitch up I.** *vt* ❶ (*sew*) **to** ~ **up** ⊂ **a hem** einen Saum hochnähen; **to** ~ **up a hole** ein Loch stopfen; **to** ~ **up a rip** einen Riss nähen; ***they are attempting to*** ~ ***up the political fabric in the Middle East*** (*fig*) sie versuchen das politische Gefüge im Nahen Osten wieder zu kitten ❷ MED **to** ~ **up** ⊂ **sth** *wound, cut* etw nähen; ***she was*** **~*ed up*** sie wurde genäht *fam* ❸ (*fam: finalize*) ■ **to** ~ **up** ⊂ **sth** etw durchziehen *fam;* **to** ~ **up an agreement** einen Vertrag unter Dach und Fach bringen; **to** ~ **up a deal** einen Handel durchziehen *fam* ❹ BRIT (*fam: frame*) ■ **to** ~ **sb** ⊂ **up** jdn linken [*o* reinlegen] *fam;* ***he claims he was*** **~*ed up by the police*** er behauptet, dass die Polizei ihm etwas angehängt hat **II.** *vi* vernähen

stitching ['stɪtʃɪŋ] *n* (*sewing*) Naht *f;* (*decorative sewing*) Ziernaht *f;* (*embroidery*) Stickerei *f*

stitch-up *n* BRIT (*fam*) abgekartete Sache *fam;* ***he claimed that it was a*** ~ er behauptete, dass er hereingelegt worden sei

St. John's wort [sənt'dʒɒnz,wɜːt, AM seɪnt'dʒɑːnz,wɜːrt] *n* Johanniskraut *nt*

stoat [stəʊt, AM stoʊt] *n* Hermelin *nt*

stock¹ [stɒk, AM stɑːk] *n* ❶ *no pl* FOOD Brühe *f;* **beef/chicken/vegetable** ~ Fleisch-/Hühner-/Gemüsebrühe *m;* **fish** ~ Fischfond *m* ❷ (*garden flower*) Levkoje *f;* **Brompton** ~ Brompton Levkoje *f* ❸ (*stem of tree*) Stamm *m;* (*for grafting*) Wildling *m,* Unterlage *f;* **dwarfing** ~ Pfropfunterlage *f* für einen Zwergbaum ❹ (*handle*) *of a tool* [Werkzeug]griff *m; of a gun* Gewehrkolben *m,* [Gewehr]schaft *m* ❺ (*neckwear*) steifer Kragen; (*for clergy*) Halsbinde *f* ❻ (*hist: for punishment*) ■ **the ~s** *pl* der Stock *kein pl* ❼ NAUT (*on dry dock*) ■ **~s** *pl* Baudock *nt*

stock² [stɒk, AM stɑːk] **I.** *n* ❶ (*reserves*) Vorrat *m* (of an +*dat*); **a** ~ **of canned food/oil/wine/wood** ein Konserven-/Öl-/Wein-/Holzvorrat *m;* **housing** ~ Bestand *m* an Wohnhäusern; **a** ~ **of data/information** (*fig*) Daten-/Informationsmaterial *nt;* **a** ~ **of knowledge** (*fig*) ein Wissensschatz *m* ❷ *no pl* (*inventory*) Bestand *m;* ***there has been such a demand for this item that we've run out of*** ~ die Nachfrage nach diesem Artikel war so groß, dass er uns ausgegangen ist; **to be in/out of** ~ vorrätig/nicht vorrätig sein; **to have sth in** ~ etw führen; **to take** ~ Inventur machen; **to take** ~ **of one's life** (*fig*) Bilanz aus seinem Leben ziehen ❸ ■ **~s** *pl* AM (*shares in a company*) Aktien *fpl;* BRIT (*government shares*) Staatspapiere *ntpl,* Staatsanleihen *fpl;* **~s and bonds** Aktien *fpl* und Obligationen *fpl;* ~ **and shares** Wertpapiere *ntpl,* Börsenpapiere *ntpl,* Effekten *pl;* **long-dated/short-dated ~s** langfristige/kurzfristige Staatsanleihen ❹ *no pl* (*money invested in government*) Anleiheschuld *f* des Staates ❺ *no pl* (*capital from shares*) Grundkapital *nt* (*einer AG*) ❻ *no pl* (*livestock*) Viehbestand *m* ❼ *no pl* (*line of descent*) Abstammung *f,* Herkunft *f;* (*breeding line*) *of animals* Stammbaum; ***she's of noble/peasant*** ~ sie stammt aus einer Adels-/Bauernfamilie ❽ *no pl* (*fig: popularity*) Popularität *f;* ***the Chancellor's*** ~ ***was pretty low*** der Kanzler schnitt bei den Meinungsumfragen ziemlich schlecht ab ❾ *no pl* (*undealt cards*) Stoß *m* ► PHRASES: **to <u>put</u>** ~ **in sth** viel auf etw *akk* geben; **to not <u>take</u>** ~ **in sth** etw *dat* keinen Glauben schenken; **to be <u>on</u> the ~s** (*in construction*) in Bau sein; (*in preparation*) in Arbeit sein **II.** *adj attr, inv* ❶ (*in inventory*) Lager-, Vorrats- ❷ (*standard*) Standard-; ~ **phrase** Standardsatz *m;* ~ **response** Standardantwort *f,* stereotype Antwort **III.** *vt* ❶ (*keep in supply*) ■ **to** ~ **sth** etw führen [*o* vorrätig haben] ❷ (*fill up*) ■ **to** ~ **sth** etw füllen; ***his wine cellar is well-~ed*** sein Weinkeller ist gut gefüllt; ■ **to** ~ **sth with sth** (*fill with*) etw mit etw *dat* bestücken; (*equip with*) *library, school* etw mit etw *dat* ausstatten; ***he*** **~*ed his pond with trout*** er setzte Forellen in seinen Teich; **to** ~ **a farm** eine Farm mit einem Viehbestand versehen; **to** ~ **a pond/river** einen Teich/Fluss [mit Fischen] besetzen; **to** ~ **the shelves** die Regale auffüllen ❸ (*supply goods to*) ■ **to** ~ **sb/sth** jdn/etw beliefern

◆**stock up I.** *vi* [neue] Vorräte anlegen, sich *akk* eindecken *fam;* ■ **to** ~ **up on** [*or* **with**] **sth** sich *akk* mit etw *dat* eindecken **II.** *vt* ■ **to** ~ **up** ⊂ **sth** ❶ (*fill*) etw wieder füllen [*o* auffüllen]; ***we're*** **~*ing up the store for the Christmas season*** wir füllen den Laden für die Weihnachtszeit auf ❷ (*increase inventory*) das Inventar einer S. *gen* erweitern [*o* anreichern]; **to** ~ **up a farm/river** den Viehbestand einer Farm/Fischbestand in einem Fluss vergrößern

stockade [stɒk'eɪd, AM stɑː'keɪd] *n* ❶ (*wooden fence*) Palisade *f,* Palisadenzaun *m;* (*enclosed area*) umzäuntes Gebiet ❷ AM (*prison*) Militärgefängnis *nt*

stock boy *n* ❶ AUS (*shepherd*) [Vieh]hirt *m* ❷ AM (*in warehouse, supermarket*) Regalfüller *m* **stockbreeder** *n* Viehzüchter(in) *m(f)* **stockbreeding** *n no pl* Viehzucht *f* **stock broker** *n,* **stockbroker** *n* Wertpapiermakler(in) *m(f),* Börsenmakler(in) *m(f),* Effektenmakler(in) *m(f)* **stock brokerage** *n* Courtage *f* **stockbroker belt** *n* BRIT (*fam*) ■ **the** ~ die reichen Villenvororte **stockbroking** *n no pl* Wertpapierhandel *m,* Effektenhandel *m,* Aktiengeschäft *nt* **stock car** *n* AUTO Stockcar *m* **stockcar race** *n* Stockcarrennen *nt* **stockcar racing** *n no pl* Stockcarrennen *nt*

stock certificate *n* FIN ❶ BRIT (*treasury certificate*) Schatzanweisung *f* ❷ AM (*share certificate*) Aktienzertifikat *nt* **stock company** *n* AM ❶ FIN Aktiengesellschaft *f* ❷ THEAT Repertoiretheater *nt* **stock consolidation** *n* FIN Aktienzusammenlegung *f* **stock control** *n no pl* Bestandskontrolle *f,* [regelmäßige] Bestandsaufnahme, Lagersteuerung **stock controller** *n* Stock Controller(in) *m(f),* Lagersteuerer *m,* Lagersteuerin *f* **stock cube** *n esp* BRIT Brühwürfel *m,* Suppenwürfel *m* ÖSTERR; **beef/chicken/vegetable** ~ Fleisch-/Hühner-/Gemüsebrühwürfel *m* **stock dividend** *n* FIN [Stock]dividende *f*

stocker ['stɒkəʳ, AM 'stɑːkɚ] *n* ❶ AM AGR Schlachttier *nt* ❷ (*stock boy*) Regalfüller *m* ❸ AM (*fam: auto*) Stockcar *m*

stock exchange *n* [Wertpapier]börse *f;* ~ **crash** Börsenkrach *m;* ~ **floor** Börsenparkett *nt;* **on the** ~ an der Börse; **to play the** ~ an der Börse spekulieren

Stock Exchange *n* **American** ~ *zweitgrößte amerikanische Börse;* **Financial Times** ~ **100 Share Index** BRIT Aktienindex *m* der Financial Times (*auf den Aktien von ca. 700 der größten Kapitalgesellschaften Englands basieren*)*;* **International** ~ BRIT (*hist*) *ehemaliger Name der Londoner Börse;* **London** ~ Londoner Wertpapierbörse; ~ **Daily Official List** BRIT amtliches Kursblatt **stockfarmer** *n* Viehhalter(in) *m(f)* **stockfish** *n* Stockfisch *m* **stock flotation** *n* Aktienemission *f* **stock fraud** *n* Aktienbetrug *m* **stock fund** *n* Aktienfonds *m* **stockholder** *n* AM (*shareholder*) Aktionär(in) *m(f);* **~s' meeting** Aktionärsversammlung *f,* Hauptversammlung *f*

Stockholm syndrome ['stɒkhəʊm-, AM 'stɑːkhoʊm-] *n no pl* MED Stockholmer Syndrom *nt*

stockily ['stɒkɪli, AM 'stɑːk-] *adv* stämmig; **a** ~ **built man** ein stämmiger Mann

stock index *n* Aktienindex *m,* Börsenindex *m*

stockiness ['stɒkɪnəs, AM 'stɑːk-] *n no pl* Stämmigkeit *f*

stockinet(te) [ˌstɒkɪ'net, AM ˌstɑːk-] *n esp* BRIT [Baumwoll]trikot *nt*

stocking ['stɒkɪŋ, AM 'stɑːk-] *n* ❶ (*leg garment*) ■ **~s** *pl* Strümpfe *mpl;* **nylon/silk ~s** Nylon-/Seidenstrümpfe *mpl* ❷ (*dated: sock*) Strumpf *m;* (*knee-length*) Kniestrumpf *m;* **Christmas** ~ Weihnachtsstrumpf *m* ❸ (*on horse*) Färbung *f* am Fuß; **a horse with a white** ~ ein Pferd *nt* mit einer weißen Fessel

stocking cap *n* AM (*bobble hat*) Wollmütze *f*

stockinged feet *npl,* **stocking feet** *npl* **in one's** ~ in Strümpfen

stocking filler *n* BRIT kleines Geschenk (*für den Weihnachtsstrumpf*) **stocking mask** *n* Strumpfmaske *f* **stocking stitch** *n no pl* glatt rechts gestricktes Muster; **in** ~ glatt rechts **stocking stuffer** *n* AM (*stocking filler*) kleines Geschenk (*für den Weihnachtsstrumpf*)

stock-in-trade *n no pl* ❶ (*tools of trade*) Handwerkszeug *nt;* (*fig*) Rüstzeug *nt;* **a butcher's/cobbler's/plumber's** ~ das Handwerkszeug eines Metzgers/Schusters/Installateurs ❷ (*goods*) Warenbestand *m,* Bestände *mpl,* Sortiment *nt;* ***sorry, that's not my*** ~ es tut mir Leid, aber diesen Artikel führe ich nicht ❸ (*fig: typical characteristic*) Eigenart *f*

stock issue *n* STOCKEX Aktienemission *f*

stockist ['stɒkɪst] *n* BRIT, AUS [Fach]händler(in) *m(f)*

stockjobber ['stɒkˌdʒɒbəʳ] *n* BRIT STOCKEX eigenständiger Wertpapierhändler, Jobber *m* **stock keeper** *n* ❶ (*in warehouse*) Lagerverwalter(in) *m(f)* ❷ AUS, NZ (*shepherd*) Hirt(in) *m(f)* ❸ *no pl* STOCKEX Jobbing *nt,* Handel *m* an der Börse **stocklist** *n* Warenliste *f* **stockman** *n* ❶ AUS, NZ (*shepherd*) Hirt *m* ❷ AM (*livestock owner*) Viehhalter *m* ❸ AM (*in warehouse*) Lagerverwalter(in) *m(f),* Lagerist(in) *m(f)* **stock market** *n* [Wertpapier]börse *f,* Effektenbörse *f;* ~ **valuation** Börsenwert *m* **stock market crash** *n* Börsenkrach *m* **stock market report** *n* Kurszettel *m* **stock option** *n usu pl* Aktienoption *f* **stockpile I.** *n* Vorrat *m;* ~ **of ammunition** Munitionsdepot *nt;* ~ **of weapons** Waffenarsenal *nt,* Waffenlager *nt;* ~ **of wheat** Weizenvorrat *m* **II.** *vt* ■ **to** ~ **sth** Vorräte an etw *dat* anlegen, etw horten *pej;* **to** ~ **weapons** ein Waffenarsenal anlegen **stockpot** *n* Suppentopf *m* **stock price** *n* AM (*share price*) Aktienpreis *m;* ~ **averages** AM Aktienindex *m;* ~ **gain** Kursgewinn *m;* ~ **index** Aktienkursindex *m* **stock quotation** *n* STOCKEX Aktiennotierung *f* **stock ratings** *npl*

Aktienbewertungen *fpl* **stock right** *n* Aktienbezugsrecht *nt* **stockroom** *n* Lager *nt*, Lagerraum *m* **stock route** *n* AUS Viehroute *f* (*Straße, auf der querende Rinder- oder Schafherden Vorrang haben*) **stock split** *n* AM Aktiensplit *m*, Aktienteilung *f* **stock-still** *adj pred, inv* stocksteif **stock subscription** *n* Aktienzeichnung *f*; ~ **price** Bezugsrechtskurs *m* **stocktake** *n* BRIT Inventur *f*, Bestandsaufnahme *f* **stocktaking** *n no pl* Inventur *f*, Bestandsaufnahme *f*; (*fig*) [Selbst]besinnung *f*; ***closed for*** ~ wegen Inventur geschlossen; ~ **sale** Ausverkauf *m* wegen Inventur

stocky ['stɒki, AM 'stɑːki] *adj* stämmig, kräftig

stockyard *n* AM Viehhof *m*; (*at slaughterhouse*) Schlachthof *m*

stodge [stɒdʒ, AM stɑːdʒ] *n no pl esp* BRIT (*pej fam*) Pampe *f pej fam*

stodginess ['stɒdʒɪnəs, AM 'stɑːdʒ-] *n no pl* (*pej fam*) Schwerverdaulichkeit *f*; (*fig*) Schwerfälligkeit *f*

stodgy ['stɒdʒi, AM 'stɑːdʒi] *adj* ❶ *food* schwer [verdaulich], pampig *pej fam* ❷ (*dull*) langweilig, fad; ***the company is*** ~ ***and inflexible*** die Firma ist schwerfällig und unflexibel

stogie *n* AM, **stogy** ['stoʊgi] *n* AM Zigarillo *m o nt*

stoic ['stəʊɪk, AM 'stoʊ-] **I.** *n* (*reserved person*) stoischer Mensch; ■**S~** PHILOS Stoiker *m* **II.** *adj* (*in general*) stoisch *geh*; (*about sth specific*) gelassen; **to be** ~ **about sth** etw gelassen [*o* mit Gelassenheit] aufnehmen

stoical ['stəʊɪkəl, AM 'stoʊ-] *adj* stoisch *geh*

stoically ['stəʊɪkəli, AM 'stoʊ-] *adv* stoisch *geh*, mit stoischer Ruhe *geh*

stoicism ['stəʊɪsɪzəm, AM 'stoʊ-] *n no pl* ❶ (*in general*) stoische Ruhe *geh*; (*about sth specific*) Gleichmut *m*, Gelassenheit *f* ❷ PHILOS ■**S~** Stoizismus *m*

stoke [stəʊk, AM stoʊk] *vt* ❶ (*add fuel to*) **to** ~ **a boiler** einen Boiler anheizen; **to** ~ **a fire** ein Feuer schüren; **to** ~ **a furnace** einen Hochofen beschicken ❷ (*fig: encourage*) **to** ~ **sb's anger/hatred** jds Zorn/Hass *m* schüren; **to** ~ **the fire of sth** etw schüren [*o* anheizen]; **to** ~ **sb's prejudice** jds Vorurteil *nt* Nahrung geben ❸ (*sl: excite*) ■**to be** ~**d** aufgeregt sein

◆**stoke up I.** *vt* ❶ (*add to fire*) **to** ~ **up a boiler** einen Boiler anheizen; **to** ~ **up a fire** ein Feuer schüren; **to** ~ **up a furnace** einen Hochofen beschicken ❷ (*fig: encourage*) **to** ~ **up sb's anger/hatred** jds Zorn/Hass *m* schüren; **to** ~ **up sb's prejudice** jds Vorurteil *nt* Nahrung geben ❸ (*fig sl: excite*) ■**to be/get** ~**d up** aufgeregt sein/werden **II.** *vi* **to** ~ **up on** [*or* **with**] **a big breakfast/sweets** sich *akk* an einem üppigen Frühstück/an Süßigkeiten satt essen; **to** ~ **up on** [*or* **with**] **coffee** sich *akk* an Kaffee satt trinken

stoker ['stəʊkəʳ, AM 'stoʊkɚ] *n* RAIL Heizer(in) *m(f)*

stole¹ [stəʊl, AM stoʊl] *pt of* **steal**

stole² [stəʊl, AM stoʊl] *n* ❶ (*scarf*) Stola *f*; **ermine/mohair** ~ Nerz-/Mohärstola *f* ❷ (*priest's vestments*) [Priester]stola *f*

stolen ['stəʊlən, AM 'stoʊ-] **I.** *vt pp of* **steal II.** *adj* ❶ (*by thief*) gestohlen; ~ **goods** [*or* **property**] Diebesgut *nt* ❷ (*fig: quick and secret*) *glance, kiss* verstohlen

stolid ['stɒlɪd, AM 'stɑːl-] *adj* (*not emotional*) *person* stumpf *pej*; (*calm*) gelassen, phlegmatisch *pej*; *silence, determination* beharrlich

stolidly ['stɒlɪdli, AM 'stɑː] *adv* gleichmütig, unerschütterlich, mit Phlegma

stoma <*pl* -s *or* -mata> ['stəʊmə, AM 'stoʊ] *n* ❶ BOT Spaltöffnung *f*, Stoma *nt fachspr* ❷ MED künstliche Öffnung [*o* Mündung], Stoma *nt fachspr*

stomach ['stʌmək] **I.** *n* ❶ (*digestive organ*) Magen *m*; ***my*** ~ ***hurts*** ich habe Bauchschmerzen; ***he felt a knot of nervousness in the pit of his*** ~ er fühlte eine nervöse Spannung in der Magengrube; ***I feel sick to my*** ~ mir ist schlecht [*o* übel] *fam*; **to have a pain in one's** ~ Magenschmerzen [*o* Bauchschmerzen] haben; **to have a delicate** ~ einen empfindlichen Magen haben; **to drink alcohol on an empty** ~ auf leeren [*o* nüchternen] Magen Alkohol trinken; **on a full** ~ mit vollem Magen; **to have an upset** ~ eine Magenverstimmung haben; ***last night's meal has given me an upset*** ~ ich habe mir gestern beim Abendessen den Magen verdorben; **to churn** [*or* **turn**] **sb's** ~ jdm Übelkeit verursachen [*o* den Magen umdrehen] *fam*; **to pump sb's** ~ jdm den Magen auspumpen; **to settle the** ~ den Magen beruhigen ❷ (*abdomen*) Bauch *m*; *of a baby* Bäuchlein *nt*; **to have a big/flat** ~ einen dicken/flachen Bauch haben; **to hold** [*or* **suck**] **one's** ~ **in** den Bauch einziehen; **to lie on one's** ~ auf dem Bauch liegen ❸ (*appetite*) **to have no** [*or* **not have the**] ~ **for sth** keinen Appetit auf etw *akk* haben; (*fig: desire*) nicht willens sein, etw zu tun; ***I've got no*** ~ ***for this heavy food*** dieses Essen ist mir zu schwer; ***she had no*** ~ ***to visit her family*** ihr war nicht danach zumute, ihre Familie zu besuchen ▶ PHRASES: **an army marches on its** ~ (*prov*) mit leerem Magen kann man nichts Ordentliches zustande bringen; **sb's eyes are bigger than their** ~ die Augen sind größer als der Mund; **to have a strong/weak** ~ etw/nichts aushalten, starke/schwache Nerven haben **II.** *n modifier* (*cramp, operation*) Magen-; ~ **doctor** Internist(in) *m(f)*; ~ **flu/virus** Magen-Darm-Grippe *f*/-Virus *nt*; ~ **muscles** Bauchmuskeln *mpl*; ~ **problems** Magenbeschwerden *pl* **III.** *vt* (*fam*) **to not be able to** ~ **sb's arrogance/manner** jds Arroganz *f*/Art *f* nicht ertragen können; **to not be able to** ~ **bloody films/violence** brutale Filme/Gewalt nicht vertragen; **to not be able to** ~ **sb** jdn nicht ausstehen können; **to be hard to** ~ schwer zu verkraften sein

stomach ache *n usu sing* Magenschmerzen *mpl*, Bauchschmerzen *mpl* **stomach bug** *n* Magen-Darm-Infektion *f* **stomach cancer** *n no pl* Magenkrebs *m* **stomach pain** *n* Magenschmerzen *mpl*, Bauchschmerzen *mpl* **stomach pump** *n* Magenpumpe *f* **stomach ulcer** *n* Magengeschwür *nt* **stomach upset** *n* Magenverstimmung *f*

stomata ['stəʊmətə, AM 'stoʊ] *n pl of* **stoma**

stomp [stɒmp, AM stɑːmp] **I.** *n* ❶ (*with foot*) Stampfen *nt* ❷ *no pl* (*jazz dance*) Stomp *m*; (*type of music*) Stomp *m* **II.** *vi* ❶ (*walk heavily*) stapfen; (*intentionally*) trampeln, stampfen; ■**to** ~ **off** davonstapfen ❷ *esp* AM (*kick*) ■**to** ~ **on sb/sth** auf jdn/etw treten; (*fig: suppress*) jdn/etw niedertrampeln [*o* kaputt machen] *fam* **III.** *vt* AM **to** ~ **one's feet** mit den Füßen [auf]stampfen

stomping ground *n* AM *see* **stamping ground**

stone [stəʊn, AM stoʊn] **I.** *n* ❶ *no pl* GEOL Stein *m*; **to have a heart of** ~ (*fig*) ein Herz aus Stein haben; **as if turned to** ~ wie versteinert ❷ ARCHIT [Bau]stein *m* ❸ (*piece of rock*) Stein *m*; **to be a** ~**'s throw away** [nur] einen Steinwurf [*o* Katzensprung] [weit] entfernt sein; **to drop** [*or* **fall**] [*or* **sink**] **like a** ~ wie ein Stein zu Boden fallen; **to throw** ~**s at sb** mit Steinen nach jdm werfen ❹ MED Stein *m*; **bladder/kidney** ~ Blasen-/Nierenstein *m* ❺ (*jewel*) [Edel]stein *m* ❻ (*in fruit*) Stein *m*, Kern *m*; **cherry/peach/plum** ~ Kirsch-/Pfirsich-/Pflaumenkern *m* ❼ <*pl* -> BRIT (*14 lbs*) *britische Gewichtseinheit, die 6,35 kg entspricht* ❽ *no pl* (*colour*) Steingrau *nt* ▶ PHRASES: **a rolling** ~ **gathers no moss** (*prov*) wer rastet, der rostet *prov*; **people who live in glass houses shouldn't throw** ~**s** (*prov*) wer selbst im Glashaus sitzt, sollte nicht mit Steinen werfen *prov*; **to be carved** [*or* **set**] **in tablets of** ~ ein ehernes Gesetz sein *geh*; **to cast** [*or* **throw**] **the first** ~ den ersten Stein werfen; **to leave no** ~ **unturned** nichts unversucht lassen **II.** *n modifier* (*floor, staircase, tablet, wall*) Stein-; ~ **statue** Statue *f* aus Stein, steinerne Statue **III.** *adj attr, inv* steingrau **IV.** *adv inv* ❶ (*like a stone*) stein-; ~ **hard** steinhart; ~ **still** wie versteinert ❷ (*completely*) ~ **crazy** total verrückt *fam*, übergeschnappt? *fam*; ~ **drunk** sturzbetrunken *fam*, stockbesoffen *sl* **V.** *vt* ❶ (*throw stones at*) ■**to** ~ **sb/sth** mit Steinen nach jdm/etw werfen, jdn/etw mit Steinen bewerfen; (*in execution*) **to** ~ **sb** [**to death**] jdn steinigen ❷ (*remove pit*) **to** ~ **cherries/plums/olives** Kirschen/Pflaumen/Oliven entsteinen [*o* entkernen] ▶ PHRASES: ~ **the crows** [*or* **me**]! BRIT (*dated fam*) ich glaub, mich laust der Affe! *sl*

Stone Age I. *n* ■**the** ~ die Steinzeit **II.** *n modifier* ❶ (*of era*) (*rite, ritual, settlement*) Steinzeit- ❷ (*fig, pej: not very advanced*) (*computer, TV, washing machine*) steinzeitlich *fam*, vorsintflutlich *fam* **stone-blind** *adj inv* stockblind *fam* **stone-broke** *adj* AM (*stony-broke*) völlig pleite *fam*, total blank [*o* abgebrannt] *sl* **stonechat** *n* ZOOL Steinschmätzer *m* **stone circle** *n* Steinkreis *m* **stone-cold** *inv* **I.** *adj* eiskalt **II.** *adv* **to be** ~ **sober** stocknüchtern sein *fam* **stonecrop** *n* Steinkraut *nt*

stoned [stəʊnd, AM stoʊnd] *adj* ❶ *inv* (*without pits*) *olives, cherries* entsteint, entkernt ❷ (*sl: drugged*) high *sl*; ***he was*** ~ ***out of his mind*** er war völlig high *sl*; **to get** ~ kiffen *sl* ❸ (*sl: drunk*) betrunken, besoffen *sl*

stone dead *adj pred, inv* mausetot *fam*; **to kill sb/sth** ~ jdm/etw den Garaus machen; **to kill sth** ~ (*fig*) etw völlig zum Erliegen bringen [*o* scheitern lassen]

stone deaf *adj inv* stocktaub *fam* **stone face** *n* versteinertes Gesicht **stonefish** *n* Steinfisch *m* **stone fruit** *n* Steinobst *nt kein pl* **stoneground** *adj inv flour* steingemahlen **stonemason** *n* Steinmetz(in) *m(f)* **stonemasonry** *n no pl* Steinmetzarbeit *f* **stone pit** *n*, **stone quarry** *n* Steinbruch *m*

stoner ['stəʊnəʳ, AM 'stoʊnɚ] *n* (*fam*) Kiffer(in) *m(f) sl*

stonewall I. *vi* ❶ (*in answering questions*) ausweichen ❷ BRIT POL obstruieren ❸ SPORTS mauern *fam* **II.** *vt* ■**to** ~ **sth** etw abblocken **stoneware** ['stəʊnweəʳ, AM 'stoʊnwer] **I.** *n* ~ *no pl* Steingut *nt* **II.** *n modifier* (*pot*) Steingut-; ~ **jar** Steinkrug *m*; ~ **jug** Stein[gut]kanne *f* **stonewashed** *adj inv denim, jeans* stonewashed **stonework** *n no pl* ❶ (*masonry*) Steinmetzarbeiten *fpl* ❷ (*parts of a building*) Mauerwerk *nt*

stonily ['stəʊnɪli, AM 'stoʊ] *adv* ❶ *inv* (*with stones*) steinig, steinern *a. fig* ❷ (*unsympathizingly*) abweisend, fühllos ❸ (*unemotionally*) ohne Regung, wie versteinert

stonkered ['stɒŋkəd] *adj pred* BRIT, AUS (*fam*) ❶ (*decisively defeated*) haushoch [*o* vernichtend] geschlagen ❷ (*very tired*) ausgepowert *fam*

stonking ['stɒŋkɪŋ] *inv* **I.** *adj* BRIT (*fam*) wahnsinnig *fam* **II.** *adv* BRIT (*fam*) wahnsinnig *fam*, verdammt *fam*; **to have a** ~ **good time** sich *akk* verdammt gut amüsieren

stony ['stəʊni, AM 'stoʊni] *adj* ❶ (*with many stones*) *beach, ground* steinig ❷ (*fig: unfeeling*) *look, eyes, face* steinern; *person, welcome* kalt, eisig; ~ **expression** steinerne Miene; ~ **silence** eisiges Schweigen; **to give sb a** ~ **stare** jdn kalt anstarren ▶ PHRASES: **to fall on** ~ **ground** auf unfruchtbaren Boden fallen; ***her speech fell on*** ~ ***ground*** ihre Rede stieß auf taube Ohren

stony-broke *adj pred, inv* BRIT, AUS (*fam*) völlig pleite *fam*, total blank [*o* abgebrannt] *sl* **stony-faced** *adj inv* mit steinerner [*o* unbeweglicher] Miene **stony-hearted** *adj* eiskalt, ohne jede Gefühlsregung *nach n*

stood [stʊd] *pt, pp of* **stand**

stooge [stuːdʒ] **I.** *n* ❶ (*comedian partner*) Stichwortgeber(in) *m(f)* ❷ (*fig, pej: puppet*) Handlanger(in) *m(f) pej*, Marionette *f pej* ❸ AM (*fam: informer*) Spitzel *m pej* **II.** *vi* ❶ (*act for someone else*) ■**to** ~ **for sb** [nur] der Handlanger für jdn sein *pej* ❷ THEAT als Stichwortgeber(in) *m(f)* fungieren

stook [stuːk] **I.** *n* BRIT AGR Garbenhaufen *m* **II.** *vt* BRIT AGR ■**to** ~ **sth** etw zu Garbenhaufen anordnen

stool [stuːl] **I.** *n* ❶ (*seat*) Hocker *m*; **bar** ~ Barhocker *m*; **kitchen** ~ Küchenschemel *m*; **piano** ~ Klavierstuhl *m*; **three-legged** ~ dreibeiniger Schemel [*o* Hocker] ❷ (*faeces*) Stuhl *m*, Kot *m*; ~ **sample** Stuhlprobe *f*; **to pass** ~**s** Stuhlgang haben ❸ BOT, HORT Wurzelstock *m* ❹ AM HUNT Lockvogel *m* ▶ PHRASES: **to fall between two** ~**s** BRIT sich *akk* zwischen zwei Stühle setzen **II.** *vi* ❶ *tree, plant* trei-

S

ben ❷ AM (*fam: inform*) ■**to ~ on sb** über jdn informieren

stoolie ['stu:li] *n* AM (*pej fam*), **stool pigeon** *n* AM (*pej fam*) Spitzel *m pej*

stoop¹ [stu:p] **I.** *n usu sing* krummer Rücken, Buckel *m;* ***she walks with a pronounced ~*** sie geht sehr stark gebeugt **II.** *vi* sich *akk* beugen; ***we had to ~ to go through the doorway*** wir mussten den Kopf einziehen, um durch die Tür zu gehen; ***my mother told me not to ~*** meine Mutter sagte mir, ich solle keinen Buckel machen; ■**to ~ down** sich *akk* bücken; **to ~ to blackmail/bribery** (*fig*) sich *akk* zu Bestechungen/Erpressungen hergeben; **to ~ to sb's level** sich *akk* auf jds Niveau *nt* herablassen; ■**to ~ to do sth** sich *akk* dazu hergeben, etw zu tun; **to ~ so low as to do sth** so weit sinken, dass man etw tut

stoop² [stu:p] *n* AM (*porch*) offene Veranda

stop [stɒp, AM stɑ:p]

I. TRANSITIVE VERB **II.** INTRANSITIVE VERB **III.** NOUN

I. TRANSITIVE VERB

<-pp-> ❶ (*stop from moving*) **to ~ a ball** einen Ball stoppen; *goalkeeper* einen Ball halten; **to ~ a blow** einen Schlag abblocken; **to ~ sb/a car** jdn/ein Auto anhalten; **to ~ one's car** anhalten; **to ~ the enemy** den Feind aufhalten; **to ~ a thief/the traffic** einen Dieb/den Verkehr aufhalten; ***~ thief!*** haltet den Dieb!; ***~ that man!*** haltet den Mann! ❷ (*make cease*) ■**to ~ sth** etw stoppen [*o* beenden]; (*temporarily*) etw unterbrechen; ***this will ~ the pain*** das wird dir gegen die Schmerzen helfen; ***~ that nonsense!*** hör auf mit dem Unsinn!; ***~ it!*** hör auf [damit]!; ***what can I do to ~ this nosebleed?*** was kann ich gegen dieses Nasenbluten tun?; ***something must be done to ~ the fighting*** den Kämpfen muss ein Ende gesetzt werden zu bereiten; ***this fighting has to be ~ped!*** die Kämpfe müssen aufhören!; ***~ being silly!*** hör auf mit dem Unsinn!; ***I just couldn't ~ myself*** ich konnte einfach nicht anders; **to ~ the bleeding** die Blutung stillen; **to ~ the clock** die Uhr anhalten; ***the clock is ~ped when a team scores a goal*** die Spielzeit wird unterbrochen, wenn ein Team ein Tor schießt; **to ~ the engine** den Motor abstellen; **to ~ the fighting** die Kämpfe einstellen; **to ~ inflation/progress** die Inflation/den Fortschritt aufhalten; **to ~ a machine** eine Maschine abstellen; **to ~ a match** ein Spiel beenden; *referee* ein Spiel abbrechen; **to ~ the production of sth** die Produktion einer S. *gen* einstellen; **to ~ a rumour** ein Gerücht ein Ende machen; **to ~ a speech** eine Rede unterbrechen; **to ~ a subscription** ein Abonnement kündigen; **to ~ a war** einen Krieg beenden ❸ (*cease an activity*) ■**to ~ sth** etw beenden, mit etw *dat* aufhören; ***what time do you usually ~ work?*** wann hören Sie normalerweise auf zu arbeiten?; ***you just can't ~ it, can you*** du kannst es einfach nicht lassen oder? ❹ (*prevent*) ■**to ~ sb [from] doing sth** jdn davon abhalten, etw zu tun; ***if she really wants to leave, I don't understand what's ~ping her*** wenn sie wirklich weggehen will, verstehe ich nicht, was sie davon abhält; ***some people smoke because they think it ~s them putting on weight*** manche rauchen, weil sie meinen, dass sie dann nicht zunehmen; ***I couldn't ~ myself from having another piece of cake*** ich musste einfach noch ein Stück Kuchen essen; ***he handed in his resignation — I just couldn't ~ him*** er hat gekündigt – ich konnte ihn einfach nicht davon abhalten; ***you can't ~ me from doing that*** du kannst mich nicht davon abhalten ❺ (*refuse payment*) **to ~ sb's allowance/pocket money** jdm den Unterhalt/das Taschengeld streichen; **to ~ [AM payment on] a cheque** einen Scheck sperren; **to ~ wages** keine Löhne mehr zahlen; ***the money will be ~ped out of his salary*** das Geld wird von seinem Gehalt abgezogen ❻ (*block*) ■**to ~ sth** etw verstopfen; *gap, hole, leak* etw [zu]stopfen; **to ~ one's ears** sich *dat* die Ohren zuhalten; ***when he starts shouting I just ~ my ears*** wenn er anfängt zu schreien, mache ich einfach die Ohren zu! *fam;* **to have a tooth ~ped** BRIT (*dated*) eine Füllung bekommen ❼ BOXING ■**to ~ sb** jdn schlagen; ***he was ~ped by a knockout in the fourth round*** er schied durch K.o. in der vierten Runde aus; **to ~ a left/right** eine Linke/Rechte parieren; **to ~ a punch** einen Hieb einstecken [müssen] ❽ MUS **~ped pipe** gedackte Pfeife *fachspr;* **to ~ a string** eine Saite greifen ▶ PHRASES: **to ~ a <u>bullet</u>** eine Kugel abbekommen; **to ~ sb's <u>mouth</u>** jdm den Mund stopfen *fam;* **to ~ the <u>rot</u>** die Talfahrt stoppen *fig;* **to ~ the <u>show</u>** der absoluter Höhepunkt einer Show sein

II. INTRANSITIVE VERB

<-pp-> ❶ (*cease moving*) *person* stehen bleiben; *car* [an]halten; ***~!*** halt!; **to ~ dead** abrupt innehalten; ■**to ~ to do sth** stehen bleiben, um etw zu tun; *car* anhalten, um etw zu tun; ***I ~ped to pick up the letter that I had dropped*** ich blieb stehen und hob den Brief auf, den ich hatte fallen lassen; (*fig*) ***~ to [or and] think before you speak*** erst denken, dann reden! ❷ (*cease, discontinue*) *machine* nicht mehr laufen; *clock, heart, watch* stehen bleiben; *rain* aufhören; *pain* abklingen, nachlassen; *production, payments* eingestellt werden; *film, programme* zu Ende sein; *speaker* abbrechen; ***I will not ~ until they set them free*** ich werde keine Ruhe geben, bis sie sie freigelassen haben; ***she doesn't know where to ~*** sie weiß nicht, wann sie aufhören muss; ***his heart ~ped during the operation*** während der Operation hatte er einen Herzstillstand; ***rain has ~ped play*** das Spiel wurde wegen Regens unterbrochen; ***she ~ped right in the middle of the sentence*** sie hielt mitten im Satz inne ❸ (*cease an activity*) ■**to ~ [doing sth]** aufhören[, etw zu tun], [mit etw *dat*] aufhören; ***once I start eating chocolate I can't ~*** wenn ich einmal anfange, Schokolade zu essen, kann ich einfach nicht mehr aufhören; ***I just couldn't ~ laughing*** ich habe mich echt totgelacht *sl;* ***if you have to keep ~ping to answer the telephone, you 'll never finish*** wenn du ständig unterbrechen musst, um ans Telefon zu gehen, wirst du nie fertig werden; ***I wish you'd ~ telling me what to do*** ich wünschte, du würdest endlich damit aufhören, mir zu sagen, was ich tun soll; ***~ being silly!*** hör auf mit dem Unsinn!; ***~ shouting!*** hör auf zu schreien; ***I ~ped seeing him last year*** wir haben uns letztes Jahr getrennt; ***I've ~ped drinking alcohol*** ich trinke keinen Alkohol mehr; ***she ~ped drinking*** sie trinkt nicht mehr; ***please, ~ crying*** hör doch bitte auf zu weinen!; **to ~ smoking** mit dem Rauchen aufhören; (*on plane etc.*) das Rauchen einstellen; **to ~ working** aufhören zu arbeiten ❹ BRIT (*stay*) bleiben; ***I'm not ~ping*** ich bleibe nicht lange; ***I can't ~ — Malcolm's waiting for me outside*** ich kann nicht bleiben, Malcolm wartet draußen auf mich; ***we ~ped for a quick bite at a motorway services*** wir machten kurz bei einer Autobahnraststätte Station, um etwas zu essen; ***I ~ped at a pub for some lunch*** ich habe an einem Pub Halt gemacht und was zu Mittag gegessen; ***can you ~ at the fish shop on your way home?*** kannst du auf dem Nachhauseweg kurz beim Fischladen vorbeigehen?; ***he usually ~s at a bar for a quick drink on the way home*** normalerweise schaut er auf dem Nachhauseweg noch kurz auf ein Gläschen in einer Kneipe vorbei; ***are you ~ping here*** bleibst du hier?; **to ~ for dinner/tea** zum Abendessen/Tee bleiben; **to ~ at a hotel** in einem Hotel übernachten; **to ~ the night** BRIT (*fam*) über Nacht bleiben ❺ TRANSP *bus, train* halten; ***does this train ~ at Finsbury Park?*** hält dieser Zug in Finsbury Park?; ***the train to Glasgow ~s at platform 14*** der Zug nach Glasgow hält am Gleis 14 ❻ (*almost*) **to ~ short of doing sth** sich *akk* [gerade noch] bremsen, etw zu tun; ***I ~ped short of telling him my secrets*** beinahe hätte ich ihm meine Geheimnisse verraten ▶ PHRASES: **to ~ at <u>nothing</u>** vor nichts zurückschrecken

III. NOUN

❶ (*cessation of movement, activity*) Halt *m;* ***please wait until the airplane has come to a complete ~*** bitte warten Sie, bis das Flugzeug seine endgültige Parkposition erreicht hat; **emergency ~** Notbremsung *f;* **to bring sth to a ~** etw stoppen; *project* etw *dat* ein Ende bereiten; **to bring a car to a ~** ein Auto anhalten; **to bring a conversation to a ~** ein Gespräch beenden; **to bring the traffic to a ~** den Verkehr zum Erliegen bringen; **to bring sth to a sudden ~** etw *dat* ein jähes Ende bereiten; **to come to a ~** stehen bleiben; *car also* anhalten; *rain* aufhören; *traffic, business* zum Erliegen kommen; *project, production* eingestellt werden; ***the conversation came to a ~*** das Gespräch verstummte; **to come to a sudden [*or* dead] ~** *car* abrupt anhalten [*o* stehen bleiben]; *project, undertaking* ein jähes Ende finden; **to make a ~** anhalten; **to put a ~ to sth** etw *dat* ein Ende setzen [*o* einen Riegel vorschieben] ❷ (*break*) Pause *f;* AVIAT Zwischenlandung *f;* (*halt*) Halt *m;* ***we made two ~s*** wir haben zweimal Halt gemacht; ***... including a thirty minute ~ for lunch ...*** inklusive einer halben Stunde Pause für das Mittagessen; ***there were a lot of ~s and starts throughout the project*** die Entwicklung des Projekts verlief sehr stockend; **to be at [*or* on] ~** *signal* auf Halt stehen; **to drive without a ~** durchfahren; **to have a ~** Halt machen; **to have a ~ for coffee** ein Kaffeepause machen; **to make a ~ at a service station** an einer Raststätte Halt machen; **without a ~** ohne Pause [*o* Unterbrechung] ❸ TRANSP Haltestelle *f;* (*for ship*) Anlegestelle *f;* ***the ship's first ~ is Sydney*** das Schiff läuft als Erstes Sydney an; (*for plane*) Zwischenlandung *f;* ***the plane's first ~ is Birmingham*** das Flugzeug wird zunächst in Birmingham zwischenlanden; ***I'm getting off at the next ~*** bei der nächsten Haltestelle steige ich aus; ***is this your ~?*** steigen Sie hier aus?; ***is this our ~?*** müssen wir hier aussteigen?; **bus/tram ~** Bus-/Straßenbahnhaltestelle *f;* **request ~** Bedarfshaltestelle *f* (*Haltestelle, bei der man den Bus herwinken muss, da er nicht automatisch hält*) ❹ TYPO (*punctuation mark*) Satzzeichen *nt;* TELEC (*in telegram*) stop ❺ TYPO (*prevent from moving*) Feststelltaste *f;* (*for furniture*) Sperre *f* ❻ MUS (*knob on an organ*) Register *nt;* **~ [knob]** Registerzug *m;* (*of wind instrument*) Griffloch *nt* ❼ (*phonetics*) Verschlusslaut *m* ❽ PHOT Blende *f* ❾ FIN Sperrung *f;* **account on ~** gesperrtes Konto; **to put a ~ on a cheque** einen Scheck sperren lassen ▶ PHRASES: **to <u>pull out</u> all the ~s** alle Register ziehen

◆**stop away** *vi* ■**to ~ away [from sth]** [etw *dat*] fernbleiben, [von etw *dat*] wegbleiben; **to ~ away from school** nicht zur Schule gehen

◆**stop behind** *vi* [noch] da bleiben, noch bleiben

◆**stop by** *vi* vorbeischauen; ***if you're ever in our area, do ~ by*** wenn Sie mal in unserer Gegend sind, kommen Sie doch einfach vorbei; **to ~ by for coffee** auf einen Kaffee vorbeikommen

◆**stop down** *vi* PHOT **to ~ down [to f/11]** [auf Blende 11] abblenden

◆**stop in** *vi* zuhause bleiben, daheim bleiben *bes* ÖSTERR, SCHWEIZ, SÜDD

◆**stop off** *vi* kurz bleiben, Halt machen; (*while travelling*) Zwischenstation machen; ***we're going to ~ off in Paris for a couple of days before heading south*** wir werden ein paar Tage in Paris bleiben, bevor wir weiter gen Süden fahren

◆**stop on** *vi* [noch] dableiben; **to ~ on at school** mit der Schule weitermachen

◆**stop out** *vi* BRIT (*fam*) wegbleiben; ***he ~ped out all weekend*** er ist das ganze Wochenende nicht nach Hause gekommen; **to ~ out all night** die ganze Nacht wegbleiben

◆**stop over** *vi* ❶ (*stay overnight*) Zwischenstation machen ❷ BRIT (*stay the night*) über Nacht bleiben ❸ (*stay for a short time*) kurz vorbeikommen; **to ~ over for coffee** auf einen Kaffee vorbeikommen

◆**stop up** **I.** *vi* ❶ BRIT (*not go to bed*) aufbleiben ❷ PHOT eine größere Blende einstellen **II.** *vt* ■**to ~**

sth ◯ **up** etw verstopfen; **to ~ up a hole** ein Loch [zu]stopfen

stop-and-go *adj inv* AM Stop-and-go-; **~ driving** Fahren *nt* im Stop-and-go-Verkehr, ständiges Anfahren und Anhalten; **~ traffic** Stop-and-go-Verkehr *m*, stockender Verkehr **stopcock** *n* Absperrhahn *m* **stopgap I.** *n* Notlösung *f*, Notbehelf *m* **II.** *adj attr, inv* Überbrückungs-; **~ measure** Überbrückungsmaßnahme *f*; **~ solution** Zwischenlösung *f* **stopgo** *adj attr, inv* ❶ *esp* BRIT AUTO **~ traffic** Stop-and-go-Verkehr *m*, stockender Verkehr ❷ BRIT ECON (*fig*) Ankurbeln und Bremsen *nt*, ständiger Wechsel von Inflation und Deflation; **~ policy** Ankurbelung *f* und Bremsen *nt* der Wirtschaftspolitik **stoplight** *n* ❶ AM (*traffic lights*) [Verkehrs]ampel *f* ❷ (*brake light*) Bremslicht *nt* **stop-limit order** *n* STOCKEX Stop-Limit-Order *f* **stop-loss order** *n* STOCKEX Stop-Loss-Order *f* **stop-off** *n* Unterbrechung *f*, Halt *m*; **to make a ~** Rast [*o* Halt] machen **stop order** *n* STOCKEX Kauf- oder Verkaufsauftrag *m* mit Kurslimit **stopover** *n plane* Zwischenlandung *f*; *person* Zwischenstation *f*; (*length of break*) Zwischenaufenthalt *m*

stoppage ['stɒpɪdʒ, AM 'stɑ:p-] *n* ❶ (*act of stopping*) *of pay, a cheque* Sperrung *f*; *of a delivery, supplies, an order* Stopp *m*; **power ~** Stromsperre *f* ❷ (*cessation of work*) Arbeitseinstellung *f*; (*strike*) Streik *m* ❸ (*unintentional*) Unterbrechung *f*; **power/water ~** Unterbrechung *f* der Strom-/Wasserversorgung; **~ in production** Produktionsstillstand *m* ❹ BRIT (*deductions from pay*) ■**~s** *pl* Lohn-/Gehaltsabzüge *mpl* ❺ (*blockage*) Verstopfung *f*; (*in traffic*) Stau *m*, Stockung *f*; MED Stauung *f*, Blutstau *m*

stoppage time *n* BRIT SPORTS Auszeit *f*

stop payment *n* Zahlungssperre *f*; *of a cheque* Schecksperrung *f*

stopper ['stɒpəʳ, AM 'stɑ:pɚ] **I.** *n* ❶ (*bottletop*) Stöpsel *m*, Korken *m*; (*fig*) **to put a ~ on sth** (*fam*) etw *dat* ein Ende setzen; **to put a ~ on sb** dafür sorgen, dass jd den Mund hält *fam* ❷ AM, AUS (*to seal*) Pfropfen *m* ❸ (*fam: one who stops*) Stopper(in) *m(f)*; (*fig*) Blickfang *m* **II.** *vt* ■**to ~ sth** etw zustöpseln

stopping ['stɒpɪŋ, AM 'stɑ:p-] **I.** *n no pl* Anhalten *nt*; **~ and going** Verkehrsstockung *f* **II.** *adj attr, inv* Nahverkehrs-; **~ service** Nahverkehr *m*; **~ train** Nahverkehrszug *m*

stopping distance *n* Sicherheitsabstand *m*

stop press *n no pl* ❶ (*last minute news*) letzte Meldungen ❷ (*space in newspaper*) *für letzte Meldungen reservierte Spalte* **stop sign** *n* Stoppschild *nt* **stopwatch** *n* Stoppuhr *f*

storage ['stɔ:rɪdʒ] *n no pl* ❶ (*for future use*) *of food, goods* Lagerung *f*; *of books* Aufbewahrung *f*; *of water, electricity* Speicherung *f*, Speichern *nt*; **to be in ~** auf Lager sein; **to put sth into ~** etw [ein]lagern; *furniture* etw unterstellen ❷ (*cost of storing*) Lagergeld *nt* ❸ COMPUT *of data* Speicherung *f*, Speichern *nt*; (*device*) Speicher *m* **storage battery** *n*, **storage cell** *n* Akku[mulator] *m* **storage bin** *n* Lagerbehälter *m* **storage capacity** *n* (*in computer*) Speicherkapazität *f*; (*for furniture, books*) Lagerraum *m*, Lagerkapazität *f*; (*in tank*) Fassungsvermögen *nt*; ***what is the ~ of this tank?*** wie viel fasst dieser Tank? **storage charge** *n* Lagergebühr *f* **storage device** *n* COMPUT Speicher *m*, Speichergerät *nt* **storage drawer** *n* Schublade *f* **storage heater** *n* BRIT [Nacht]speicherofen *m* **storage life** *n* ECON Lagerfähigkeit *f*; **to have a long/short ~** eine lange/kurze Haltbarkeit haben **storage medium** *n* COMPUT Datenträger *m* **storage room** *n*, **storage space** *n* ❶ *no pl* (*capacity*) Stauraum *m* ❷ (*room in house*) Abstellraum *m*; (*in warehouse*) Lagerraum *m* **storage tank** *n* Vorratstank *m* **storage unit** *n* ❶ (*cupboard*) Schrank *m* ❷ COMPUT Speichereinheit *f* ❸ (*room in warehouse*) Lagerraum *m*

store [stɔ:ʳ, AM stɔ:r] **I.** *n* ❶ (*supply*) Vorrat *m* (**of** an +*dat*); (*fig*) Schatz *m*; ***he has a great ~ of wit*** er hat ständig geistreiche Sprüche parat; ■**~s** *pl* Vorräte *mpl*, Bestände *mpl*; ■**to be in ~ [for sb]** (*fig*) [jdm] bevorstehen; **food ~s** Lebensmittelvorräte *mpl*; **to lay in a ~ of coal/wine** einen Kohlen-/Weinvorrat anlegen; **~ of knowledge** (*fig*) Wissensreichtum *m*; **to keep** [*or* **have**] **sth in ~** etw lagern; (*in shop*) etw auf Lager halten [*o* haben]; (*fig*) ***we have a surprise in ~ for your father*** wir haben für deinen Vater eine Überraschung auf Lager ❷ *esp* AM, AUS (*any shop*) Laden *m*; (*grocery store*) [Lebensmittel]geschäft *nt*, Laden *m*; **clothing ~** Bekleidungshaus *nt*; **health-food ~** Reformhaus *nt*, Bioladen *m*; **liquor ~** Spirituosenhandlung *f* ❸ *esp* BRIT (*large shop*) Geschäft *nt*; (*department store*) Kaufhaus *nt*, Warenhaus *nt* ❹ (*warehouse*) Lager *nt*; ■**in ~** BRIT, AUS (*in a safe place*) untergestellt, eingelagert; **grain ~** Getreidespeicher *m*; **supply ~** Vorratslager *nt*; **weapons ~** Waffenarsenal *nt*; **to put sth in ~** etw einlagern ❺ *no pl* (*importance*) **to set** [*or* **put**] [*or* **lay**] **~ by sth** etw *dat* [eine] große Bedeutung beimessen; ***Jim lays little ~ by appearance*** Jim legt wenig Wert auf das äußere Erscheinungsbild ❻ COMPUT Speicher *m* **II.** *vt* ■**to ~ sth** ❶ (*keep for future use*) *heat, information, electricity* etw [auf]speichern; *furniture* etw unterstellen; *supplies* etw lagern; (*lay in the cellar*) etw einkellern; (*remember*) sich *dat* etw merken ❷ COMPUT (*file*) etw speichern; **to ~ data** Daten [ab]speichern

◆**store away** *vt* ■**to ~ away** ◯ **sth** etw verwahren; *food* einen Vorrat von [*o* an] etw *dat* anlegen; ***my grandmother always keeps a few bags of sugar ~d away*** meine Großmutter hat immer ein paar Tüten Zucker auf Vorrat; ***we haven't got room to ~ away much stuff*** wir haben leider nicht viel Stauraum

◆**store up** *vt* ■**to ~ up** ◯ **sth** etw [ein]lagern, einen Vorrat von [*o* an] etw *dat* anlegen; **to ~ up trouble for sb/oneself** (*fig*) jdn/sich *akk* in Schwierigkeiten bringen

store-bought *adj inv* AM (*fam*) gebrauchsfertig, Fertig-; **~ pastry** Fertigteig *m* **store brand** *n* Markenzeichen *nt* (*eines bestimmten Kaufhauses oder Vertriebs*) **store card** *n* Kunden[kredit]karte *f*, Membercard *f* **store detective** *n* Kaufhausdetektiv(in) *m(f)* **storefront** AM **I.** *n* ❶ (*shop front*) Schaufenster *nt*; (*larger*) Schaufensterfront *f* ❷ (*front room*) Verkaufsraum *m* [eines Ladens], Ladenlokal *nt* **II.** *n modifier* (*clinic, church, eatery*) in Geschäftslage *nach n* **storehouse** *n* AM (*warehouse*) Kaufhaus *nt*, Warenhaus *nt*; (*fig form*) Fundgrube *f*, Schatzkammer *f fig* **storekeeper** [-ˌki:pəʳ, AM -ˌki:pɚ] *n* ❶ (*in warehouse*) Lagerist(in) *m(f)*, Lagerverwalter(in) *m(f)* ❷ AM (*shopkeeper*) Ladenbesitzer(in) *m(f)*, Geschäftsinhaber(in) *m(f)* **store label** *n* AM (*store brand*) Marke *f* (*eines bestimmten Kaufhauses oder Vertriebs*) **storeman** *n* Lagerist *m*, Lagerverwalter *m* **storeroom** *n* Lagerraum *m*; (*for food*) Vorratskammer *f*, Speisekammer *f*; (*for personal items*) Abstellkammer *f*

storewide ['stɔ:waɪd, AM 'stɔ:r-] *adj inv* in allen [Kaufhaus]filialen *präd*; ***our ~ sale starts on Thursday*** am Donnerstag beginnt in allen unseren Filialen der Schlussverkauf

storey ['stɔ:ri], AM **story** *n* Stockwerk *nt*, Stock *m*, Etage *f*; **a three-~ house** ein dreistöckiges Haus; **the upper ~** das Obergeschoss; BRIT (*fig fam*) das Oberstübchen *fam*; (*pej fam*) ***he's a bit weak in the upper ~*** er hat sie nicht ganz alle *pej fam*

storeyed ['stɔ:rid] *adj inv see* **storied**

-storeyed ['stɔ:rid], *esp* AM **-storied** *in compounds with numbers* (*two, three, four*) -stöckig

storied ['stɔ:rid] *adj attr esp* AM (*liter: illustrious*) sagenumwoben *geh*

-storied *in compounds esp* AM *see* **-storeyed**

stork [stɔ:k, AM stɔ:rk] *n* Storch *m*

storm [stɔ:m, AM stɔ:rm] **I.** *n* ❶ (*strong wind*) Sturm *m*; (*with thunder*) Gewitter *nt*; (*with rain*) Unwetter *nt*; ***the ~ raged for twelve hours*** der Sturm tobte zwölf Stunden lang; **to brave the ~** (*also fig*) dem Sturm trotzen *a. fig* ❷ (*fig: bombardment*) *of missiles* Hagel *m* (**of** von +*dat*); *of arguments* [Protest]sturm *m*; *of shouting* Ausbruch *m kein pl*; **a ~ of applause** ein wahrer Beifallssturm; **to die in a ~ of bullets** im Kugelhagel umkommen; **~ of protest** Proteststurm *m*; **~ and stress** LIT Sturm und Drang ❸ MIL (*attack*) Sturm *m* (**on** auf +*akk*); **to take sth by ~** etw im Sturm nehmen [*o* erobern] ► PHRASES: **the lull** [*or* **calm**] **before the ~** (*saying*) die Ruhe vor dem Sturm; **any port in a ~** (*saying*) in der Not frisst der Teufel Fliegen *prov*; **a ~ in a teacup** BRIT ein Sturm im Wasserglas; **to cook up a ~** AM (*fam*) sich *akk* beim Kochen richtig ins Zeug legen; ***my wife's cooking up a ~ for the party tonight*** meine Frau kocht wie eine Weltmeisterin für die Party heute Abend; **to go down a ~ [with sb]** [bei jdm] sehr gut ankommen; **to take sb by ~** jdn im Sturm erobern **II.** *n modifier* (*damage, signal*) Sturm-; **~ force** Sturmstärke *f*; **~ force [wind]** Sturm *m* mit Windstärke zehn; **~ warning** Sturmwarnung *f* **III.** *vi* ❶ (*speak angrily*) toben; ■**to ~ against sb/sth** gegen jdn/etw wettern ❷ (*move fast*) stürmen, jagen; ***they ~ed to an early lead*** sie waren nicht aufzuhalten; ■**to ~ in** hereinstürmen; ■**to ~ off** davonstürmen; ■**to ~ out** hinausstürmen ❸ *impers esp* AM *strong winds* stürmen; ***it was ~ing again last night*** letzte Nacht war wieder ein heftiger Sturm **IV.** *vt* ■**to ~ sth** etw stürmen

storm-beaten *adj attr, inv* vom Sturm beschädigt **storm-bound** *adj inv* vom Sturm aufgehalten **storm center** AM, **storm centre** *n* METEO Zentrum *nt* des Wirbelsturms; (*fig*) Unruheherd *m* **storm cloud** *n* Gewitterwolke *f*; (*fig liter*) dunkle Wolken; (*fig*) ***the ~s of war seem to be gathering*** scheinbar braut sich ein Krieg zusammen **storm door** *n* AM *zusätzliche Tür zur Sturmsicherung*

stormily ['stɔ:mɪli, AM 'stɔ:r-] *adv* stürmisch, heftig, hitzig

storming ['stɔ:mɪŋ, AM 'stɔ:r-] **I.** *adj attr* BRIT (*fam*) sagenhaft *fam*, spitzenmäßig *fam* **II.** *n no pl* MIL Erstürmung *f*

storm lantern *n* BRIT (*hurricane lamp*) Sturmlaterne *f* **storm sail** *n* Sturmsegel *nt* **storm signal** *n* Sturmsignal *nt* **storm-tossed** [-ˌtɒst, AM -ˌtɑ:st] *adj attr, inv* (*liter*) sturmgepeitscht *liter*, vom Sturm hin und hergeworfen **Storm Trooper** *n* (*hist*) SA-Mann *m hist* **storm window** *n* AM *äußeres Doppelfenster zur Sturmsicherung*

stormy ['stɔ:mi, AM 'stɔ:r-] *adj* ❶ *weather, night, sea* stürmisch; ***the sky was dark and ~*** der Himmel war düster und zeigte Sturm an ❷ (*fig: fierce*) stürmisch; *life* bewegt; **~ argument** heftige Auseinandersetzung; **~ debate** hitzige Debatte

story[1] ['stɔ:ri] *n* ❶ (*tale*) Geschichte *f*; (*narrative*) Erzählung *f*; (*plot*) Handlung *f*, Fabel *f fachspr*; ***the film is based on a true ~*** der Film beruht auf einer wahren Begebenheit; ***that's another ~*** das ist eine andere Geschichte; **bedtime ~** Gutenachtgeschichte *f*; **children's ~** Kindermärchen *nt*; **fairy ~** Märchen *nt*; **short ~** Kurzgeschichte *f*; **a tall ~** eine unglaubliche Geschichte; **to read/tell [sb] a ~** [jdm] eine Geschichte vorlesen/erzählen ❷ (*rumour*) Gerücht *nt*; **the ~ goes that …** man erzählt sich, dass … ❸ (*version*) Version *f*, Fassung *f*; ***he keeps changing his ~*** er tischt immer wieder neue Geschichten auf; ***according to her ~ she left the party at midnight*** sie will die Party um Mitternacht verlassen haben; ***that's my ~ and I'm sticking to it!*** so sehe ich die Sache, und dazu stehe ich!; **sb's half** [*or* **side**] **of the ~** jds Version *f* der Geschichte; ***let me tell you my side of the ~*** lass mich dir die Dinge mal aus meiner Sicht schildern ❹ (*news report*) Beitrag *m*, Story *f sl*; (*in newspaper*) Artikel *m* ❺ (*lie*) Geschichte *f*, [Lügen]märchen *nt fam* ► PHRASES: **end of ~!** und damit Schluss!; **that's the ~ of my life!** so geht's mir jedes Mal!; **it's a long ~** (*fam*) das ist eine lange Geschichte!; **it's the same old ~** es ist immer das gleiche [alte] Lied; **to cut a long ~ short** um es kurz zu machen; **to tell one's own ~** für sich *akk* sprechen

story[2] *n* AM *see* **storey**

storyboard *n* FILM, TV Storyboard *nt fachspr* **storybook I.** *n* Geschichtenbuch *nt*, Buch *nt* mit Kindergeschichten **II.** *n modifier ending, romance* märchenhaft, wie im Märchen *nach n* **story line** *n* Handlung *f* **storyteller** *n* ① *(narrator)* Geschichtenerzähler(in) *m(f)* ② *(fam: liar)* Lügner(in) *m(f)*, Lügenbold *m pej fam* **storytelling I.** *n no pl* Geschichtenerzählen *nt; of lies* Lügen[geschichten]erzählen *nt*, Flunkerei *f* **II.** *adj inv* erzählend, Erzähl-

stoup [stu:p] *n* ① REL Weihwasserbecken *nt* ② *(old: flagon, beaker for drink)* [Trink]becher *m*

stout¹ [staʊt] *n* Stout *m (dunkles Bier)*

stout² [staʊt] *adj* ① *(corpulent)* beleibt, korpulent *geh; woman* füllig *euph* ② *(stocky)* untersetzt, stämmig ③ *(thick and strong)* kräftig, stabil; *door, stick* massiv; *shoes, boots* fest ④ *(determined, brave) person* tapfer, mutig; *heart, defence, opposition* tapfer, unerschrocken; *denial, belief, refusal* beharrlich; *support* nachdrücklich; ~ **fellow** *(dated fam)* tapfrer [*o veraltet* braver] Kerl; **with a ~ heart** festen Herzens, mutig; ~ **resistance** unbeugsamer [*o* entschiedener] Widerstand

stouthearted [ˌstaʊtˈhɑ:tɪd, AM -ˈhɑ:rt̬ɪd] *adj (dated form, liter)* tapfer, beherzt, wacker *veraltet*

stoutly [ˈstaʊtli] *adv* ① *(of person)* ~ **built** stämmig gebaut ② *(strong)* stabil; ~ **made boots** feste Stiefel; ~ **built house** solide gebautes Haus ③ *(firmly)* entschieden, steif und fest *fam;* **to believe ~ in sth** fest an etw *akk* glauben

stove [stəʊv, AM stoʊv] *n* ① *(heater)* Ofen *m;* **oil ~** Ölofen *m* ② *esp* AM, AUS *(for cooking)* Herd *m;* **electric/gas ~** Elektro-/Gasherd *m*

stovepipe *n* Ofenrohr *nt* **stovepipe hat** *n* FASHION *(fam)* Zylinder *m*, Angströhre *f hum veraltet fam* **stovepipe trousers** *npl* AM Röhrenhose[n] *f[pl]*

stovetop AM, AUS **I.** *n (hob)* Herdplatte *f* **II.** *n modifier* für den Herd *nach n;* ***this packet has a ~ method as well as an oven method of preparation*** der Inhalt dieser Packung kann entweder auf dem Herd oder in der Backröhre zubereitet werden; ~ **recipe** Kochrezept *nt*

stow [stəʊ, AM stoʊ] *vt* ① *(put away)* ■**to ~ sth** etw verstauen; *(hide)* etw verstecken ② *(fill)* ■**to ~ sth** etw voll machen; NAUT etw befrachten; *goods* etw verladen ③ *(sl: desist)* ~ **it!** hör auf damit!

◆**stow away I.** *vt* ■**to ~ away** ⟲ **sth** etw verstauen [*o* wegpacken]; *(hide)* etw verstecken **II.** *vi* ① *(store)* verstaubar sein ② *(travel without paying)* als blinder Passagier reisen

stowage [ˈstəʊɪdʒ, AM ˈstoʊ-] *n no pl* ① *(stowing)* Verstauen *nt;* NAUT [Be]laden *nt* ② *(place)* Stauraum *m*

stowaway [ˈstəʊəˌweɪ, AM ˈstoʊ-] *n* blinder Passagier/blinde Passagierin

straddle [ˈstrædl] **I.** *vt* ① ■**to ~ sth** *(standing)* mit geöffneten [*o* gespreizten] Beinen über etw *dat* stehen; *(sitting)* rittlings auf etw *dat* sitzen; *(jumping)* [mit gestreckten Beinen] springen; ***his horse ~d the fence with ease*** sein Pferd setzte mit Leichtigkeit über den Zaun ② *(bridge)* ■**to ~ sth** *a border* etw überbrücken [*o geh* überspannen]; *(fig) difficulties* etw überkommen; ***the National Park ~s the Tennessee-North Carolina border*** der Nationalpark verläuft zu beiden Seiten der Grenze zwischen Tennessee und North Carolina ③ *(part one's legs)* ■**to ~ sth** etw spreizen [*o* grätschen] ④ MIL **to ~ a target** um ein Ziel herum einschlagen ⑤ *esp* AM *(fig: equivocal position)* ■**to ~ sth** bei etw *dat* keine klare Position beziehen; **to ~ an issue** bei einer Frage nicht klar Stellung beziehen, zwischen zwei Alternativen schwanken **II.** *vi (stand)* breitbeinig [da]stehen; *(sit)* mit gegrätschten [*o* gespreizten] Beinen [da]sitzen **III.** *n* ① *(legs wide apart)* Grätsche *f; (jump)* Scherensprung *m; (in athletics)* Straddle[sprung] *m fachspr* ② ECON *(difference between bid and offer price)* Stellagegeschäft *nt* ③ ECON *(combined option at the same time)* kombiniertes Optionsgeschäft

strafe [strɑ:f, streɪf, AM streɪf] *vt* ① MIL ■**to ~ sth** etw [im Tiefflug] unter Beschuss nehmen ② *(fig: abuse)* ■**to ~ sb [with sth]** jdn [mit etw *dat*] bombardieren

straggle [ˈstrægl] **I.** *vi* ① *(move as a disorganized group)* umherstreifen; *(fall back)* hinterhertrotten, [nach]zockeln *fam; (neglect time)* [herum]bummeln; ***the ducklings ~d behind their mother*** die Küken watschelten hinter ihrer Mutter her; **to ~ in/out** nach und nach kommen/gehen ② *(be dispersed) houses* verstreut stehen; *settlements* verstreut liegen ③ *(come in small numbers)* sich *akk* sporadisch einstellen ④ *(hang untidily) hair, beard* zottelig herunterhängen; *(grow) plant* wuchern **II.** *n (of things)* Sammelsurium *nt; (of people)* Ansammlung *f;* ***a ~ of crumbling buildings is all that remains of the village*** hier und da ein paar verfallende Häuser sind alles, was von dem Dorf übrig geblieben ist

straggler [ˈstræglə^r, AM -ɚ] *n* Nachzügler(in) *m(f)*

straggling [ˈstræglɪŋ] *adj* ① *(falling behind)* langsam nachkommend, zurückgeblieben; *troops* auseinandergezogen ② *(scattered)* verstreut [liegend]; *place* weitläufig

straggly [ˈstrægli] *adj hair* zottelig, zerzaust; *beard* [wild] wuchernd, struppig; *eyebrows* zersaust

straight [streɪt] **I.** *n* ① *(race track)* Gerade *f;* **in the finishing** [*or* **home**] ~ in der Zielgeraden ② CARDS Sequenz *f; (in poker)* Straight *m* ► PHRASES: **stay on** [*or* **keep to**] **the ~ and narrow** bleibe im Lande und nähre dich redlich **II.** *adj* ① *(without curve)* gerade; *back, nose* gerade; *hair* glatt; *skirt* gerade geschnitten; *line* gerade; *road, row, furrow* [schnur]gerade; ***is my tie ~?*** sitzt mein Schlips richtig?; ***the picture isn't ~*** das Bild hängt schief; ***he landed a ~ punch to the face*** sein Hieb landete geradewegs im Gesicht; **as ~ as a die** [*or* AM **pin**] *(of posture)* kerzengerade; *(honest)* grundehrlich, absolut ehrlich ② *(frank) advice, denial, refusal* offen, freimütig; *(honest)* ehrlich; ***I think we better do a bit of ~ talking*** ich finde, wir sollten einmal ganz offen miteinander reden; ■**to be ~ with sb** aufrichtig [*o* ehrlich] mit jdm sein; **a ~ answer** eine offene [und ehrliche] Antwort; **to do ~ dealings with sb** mit jdm offen und ehrlich verhandeln; **to go ~** *(fam)* keine krummen Sachen machen *fam*, sich *dat* nichts zu Schulden kommen lassen ③ *inv (fam: conventional)* brav *pej;* ***he looks pretty ~ wearing a tie*** mit Krawatte sieht er ziemlich spießig aus ④ *(heterosexual)* heterosexuell, hetero *fam* ⑤ *(plain)* einfach; *(undiluted)* pur; ~ **gin/Scotch** Gin *m/* Scotch *m* pur; **vodka ~** Wodka *m* pur ⑥ *(simply factual)* tatsachengetreu, nur auf Fakten basierend *attr;* ~ **reporting** objektive Berichterstattung ⑦ *(clear, uncomplicated)* klar; ***well done, Tim, that was ~ thinking*** gut gemacht, Tim, da hast du wirklich scharf überlegt; ***just give me a ~ yes or no*** sag doch ganz einfach ja oder nein!; ***we both liked each other's jumpers, so we did a ~ swap*** uns gefiel jeweils der Pullover des anderen und da haben wir einfach getauscht; ~ **answer** eindeutige Antwort; *(in exams)* ~ **A's** glatte Einser; ***he's a ~ A candidate*** er ist ein Einserkandidat ⑧ *attr, inv (consecutive)* aufeinander folgend, in Folge *nach n;* ***the team has won ten ~ games this season*** das Team hat in dieser Saison zehn Spiele hintereinander gewonnen; ~ **flush** CARDS Straight[flush] *m;* **the ~ line of succession to the throne** die Thronfolge in direkter Linie; **to win/lose in ~ sets** TENNIS mehrere Sätze hintereinander gewinnen/verlieren ⑨ *(fam: serious)* ernst[haft]; *(not laughing)* ernst; *(traditional)* traditionell, konventionell; ***there's a lot of ~ theatre at the festival*** beim Festival wird viel Althergebrachtes geboten; **to keep a ~ face** [*or* **one's face ~**] ernst bleiben; **to make** [*or* **put on**] **a ~ face** ein ernstes Gesicht machen, eine ernste Miene aufsetzen; ~ **actor/actress** THEAT Schauspieler/Schauspielerin des ernsten Fachs; ~ **production** [*or* **play**] ernstes Stück ⑩ *pred (fam: quits)* ■**to be ~** quitt sein *fam* ⑪ *(fam: no drugs or alcohol)* sauber, clean *sl;* **'Getting S~' programme** [*or* AM **program**] Entziehungskur *f* ⑫ *pred (in order)* in Ordnung; *(clarified)* geklärt; **to put things ~** *(tidy)* Ordnung schaffen; *(organize)* etwas auf die Reihe kriegen *fam;* ***let's get this ~, you need £500 tomorrow or else …*** stellen wir einmal klar: entweder du hast bis morgen 500 Pfund, oder …; ***and get this ~, I'm not lending you any more money*** damit das klar ist: ich leihe dir keine müde Mark mehr; **to put** [*or* **set**] **sb ~ about sth** jdm Klarheit über etw *akk* verschaffen **III.** *adv* ① *(in a line)* gerade[aus]; ***go ~ along this road*** folgen Sie immer dieser Straße; ***he drove ~ into the tree*** er fuhr frontal gegen den Baum; ***the village lay ~ ahead of us*** das Dorf lag genau vor uns; ***after a couple of gins, I was having difficulty walking ~*** nach ein paar Gins konnte ich kaum noch gerade gehen; ***the dog seemed to be coming ~ at me*** der Hund schien direkt auf mich zuzukommen; ***the arrow went ~ through the canvas*** der Pfeil ging glatt durch die Leinwand; ***she told me to go ~ ahead with designing the dress*** sie befahl mir, auf der Stelle mit dem Entwerfen des Kleides anzufangen; **to look ~ ahead** geradeaus schauen ② *inv (directly)* direkt *fam;* ***shall we go ~ to the party or stop off at a pub first?*** sollen wir gleich zur Party fahren oder schauen wir zuerst in einer Kneipe vorbei?; **to look sb ~ in the eye** jdm direkt in die Augen sehen ③ *inv (immediately)* sofort; ***I got home and went ~ to bed*** ich kam nach Hause und ging sofort schlafen; ***we've got to leave ~ away*** wir müssen unverzüglich aufbrechen; ***she said ~ off*** [*or* ***away***] ***that she had no time on Friday*** sie sagte von vornherein, dass sie am Freitag keine Zeit habe; **to get ~ to the point** sofort [*o* ohne Umschweife] zur Sache kommen ④ *(fam: honestly)* offen [und ehrlich]; ***tell me ~, would you rather we didn't go out tonight?*** nun sag mal ganz ehrlich, wäre es dir lieber, wenn wir heute abend nicht weggingen?; ***I told him ~ that I didn't like his tie*** ich sagte ihm geradeheraus, dass mir seine Krawatte nicht gefiele; ~ ***up, I only paid £20 for the fridge*** für den Kühlschrank habe ich echt nur 20 Pfund bezahlt ⑤ *(clearly)* klar; ***after five glasses of wine I couldn't see ~*** nach fünf Gläsern Wein konnte ich nicht mehr richtig sehen; ***I'm so tired I can't think ~ any more*** ich bin so müde, dass ich nicht mehr klar denken kann

straight angle *n* gestreckter Winkel

straightaway [ˌstreɪtəˈweɪ, AM -t̬ə'-] **I.** *adv esp* BRIT sofort, auf der Stelle; ***we don't have to go ~, do we?*** wir müssen doch nicht jetzt gleich gehen, oder? **II.** *n* AM *(straight)* Gerade *f*

straighten [ˈstreɪtᵊn] **I.** *vt* ■**to ~ sth** ① *(make straight, level)* etw gerade machen; **to ~ one's arm/leg** den Arm/das Bein ausstrecken; **to ~ one's body** den Körper aufrichten; **to ~ one's hair** sein Haar glätten; **to ~ a hem** einen Saum gerade nähen; **to ~ a picture** ein Bild gerade hängen; **to ~ a river/road** einen Fluss/eine Straße begradigen; **to ~ a seam** eine Naht glatt ziehen ② *(arrange in place)* etw richten [*o* ordnen]; **to ~ one's clothes** seine Kleider richten; **to ~ one's hair** sein Haar in Ordnung bringen; **to ~ a room/flat** [*or* AM **apartment**] *(tidy up)* ein Zimmer/eine Wohnung aufräumen [*o* in Ordnung bringen]; **to ~ one's tie** seine Krawatte zurechtrücken **II.** *vi person* sich *akk* aufrichten; *road, river* gerade werden; *hair* sich *akk* glätten

◆**straighten out I.** *vt* ■**to ~ out** ⟲ **sth** ① *(make straight)* etw gerade machen; **to ~ out one's arms/legs** die Arme/Beine ausstrecken; **to ~ out one's clothes** seine Kleider glatt streichen; **to ~ out a dent in the bumper** die Stoßstange ausbeulen; **to ~ out a road** eine Straße begradigen; **to ~ out a wire** einen Draht ausziehen ② *(put right)* etw in Ordnung bringen; *(clarify)* etw klarstellen; ***I think we should get matters ~ed out between us*** ich finde, wir sollten die Dinge zwischen uns klären; ■**to ~ sb out** *(explain a situation)* jdm die Sachlage erklären; *(explain the truth)* jdn aufklären; *(make behave)* jdn [wieder] auf den rechten Weg bringen; **to ~ out one's affairs** Klarheit in seine Finanzen bringen; **to ~ out a misunderstanding** ein Missverständnis aus der Welt schaffen; **to ~ out a problem/situation** ein Problem/eine Situation bereinigen **II.** *vi* gerade werden

◆**straighten up I.** *vi* ① *(stand upright)* sich *akk* aufrichten ② *(move straight) vehicle, ship* [wieder]

of ~ ein Paar *nt* Hosen

strife [straɪf] *n no pl* Streit *m,* Zwist *m geh,* Konflikt *m;* ***the recent elections took place without*** ~ die derzeitigen Wahlen verliefen ohne Störungen; **civil** ~ Auseinandersetzungen *fpl* in der Bevölkerung; **domestic** ~ häusliche Streitigkeiten; **ethnic** ~ ethnische Unruhen; **industrial** ~ Auseinandersetzungen *fpl* in der Industrie

strike¹ [straɪk] **I.** *n* ❶ (*of labour*) Streik *m,* Ausstand *m;* **sit-down** ~ Sitzstreik *m;* **solidarity** ~ Solidaritätsstreik *m;* **steel** ~ Stahlarbeiterstreik *m;* **sympathy** ~ Sympathiestreik *m;* **a wave of ~s** eine Streikwelle; **wildcat** ~ *esp* AM wilder Streik; **to be [out] on ~** streiken; **to be on ~ against sth/sb** AM etw/jdn bestreiken; **to call a ~** einen Streik ausrufen; **to call for a ~** zu einem Streik aufrufen; **to go** [*or* **come out**] **on ~** in [den] Streik treten, streiken ❷ (*occurence*) **one-~-and-you're-out policy** Politik *f* des harten Durchgreifens **II.** *vi* streiken, in den Ausstand treten *form;* ■**to ~ for sth** für etw *akk* streiken; **the right to ~** das Recht zu streiken, das Streikrecht; **striking workers** streikende Arbeiter

strike² [straɪk] **I.** *n* ❶ MIL Angriff *m,* Schlag *m;* **air ~** Luftangriff *m;* **missile ~** Raketenangriff *m;* **military ~ against sth/sb** Militärschlag *m* gegen etw/jdn; **nuclear ~** Atomschlag *m,* Atomangriff *m;* **pre-emptive ~** Präventivschlag *m;* (*fig*) vorbeugende Maßnahme; **to launch a pre-emptive ~** einen Präventivschlag durchführen; **retaliatory ~** Vergeltungsschlag *m,* Vergeltungsangriff *m;* **surgical ~** gezielter Angriff ❷ (*discovery*) Fund *m;* **to make a gold ~** auf Gold stoßen, Gold finden; **oil ~** Ölfund *m* ❸ AM LAW Verurteilung *f a. fig;* (*fig fam*) ***if you're poor and you've been to prison you've already got two ~s against you*** wenn man arm und im Gefängnis gewesen ist, ist man von vornherein doppelt benachteiligt ❹ AM (*in baseball*) Fehlschlag *m* **II.** *vt* <struck, struck> ❶ (*hit*) ■**to ~ sth** mit etw *dat* zusammenstoßen; *vehicle* gegen etw *akk* fahren; *ship* auf etw *akk* auflaufen; ***the flood struck Birmingham*** die Flut brach über Birmingham herein; **to ~ a ball** einen Ball schießen; **to ~ a blow against** [*or* **at**] **sb/sth** (*fig*) jdm/etw einen Schlag versetzen; **to ~ a blow for sth** (*fig*) eine Lanze für etw *akk* brechen *geh;* ***the judge's ruling ~s a blow for racial equality*** das Urteil des Richters fördert die Rassengleichheit; **to ~ sb in the face** jdn ins Gesicht schlagen; **to ~ sb's fancy** jds Interesse *nt* erregen; **to ~ fear** [*or* **terror**] **into sb** jdn in Angst versetzen, jdn mit Angst erfüllen *geh;* **to be struck by lightning** vom Blitz getroffen werden; **to ~ a note of warning** eine Warnung aussprechen; **to ~ sb forcibly** jdn sehr beeindrucken ❷ (*achieve*) ■**to ~ sth** etw erreichen; ***how can we ~ a balance between economic growth and environmental protection?*** wie können wir einen Mittelweg zwischen Wirtschaftswachstum und Umweltschutz finden?; ***one of the tasks of a chairperson is to ~ a balance between the two sides*** es gehört zu den Aufgaben eines Vorsitzenden, beiden Seiten gerecht zu werden; **to ~ a deal** [*or* AM *also* **bargain**] **with sb** mit jdm eine Vereinbarung treffen ❸ (*manufacture*) **to ~ coins/a medal** Münzen/eine Medaille prägen ❹ (*of feelings*) ■**sb ~s sb as sth** ***how does Ursula ~ you?*** wie findest du Ursula?; ***almost everything he said struck me as absurd*** fast alles, was er sagte, schien mir ziemlich verworren; ■**to be struck by sth** von etw *dat* beeindruckt sein; ■**it ~s sb that ...** jdm scheint, dass ..., jd hat den Eindruck, dass ... ❺ (*discover*) ■**to ~ sth** *minerals* etw finden, auf etw *akk* stoßen; **to ~ oil** auf Öl stoßen; **to ~ gold** (*fig*) einen Glückstreffer landen; (*at Olympics*) die Goldmedaille gewinnen; **to ~ it lucky** [*or* BRIT, AUS *also* **to ~ lucky**] einen Glückstreffer landen; **to ~ it rich** das große Geld machen *fam* ❻ (*adopt*) **to ~ an attitude** (*pej*) sich *akk* in Szene setzen *pej;* **to ~ a pose** eine Pose einnehmen; ***they have chosen to ~ a pose of resistance*** (*fig*) sie haben sich zu einer ablehnenden Haltung entschieden ❼ <struck, stricken> (*cause suffering*) ■**to ~ sb** jdn heimsuchen; ***a large earthquake could ~ the east coast*** die Ostküste könnte von einem großen Erdbeben heimgesucht werden ❽ (*of a timepiece*) ***a clock ~s the hour*** eine Uhr schlägt die [volle] Stunde ❾ (*remember*) ■**sth ~s sb** etw fällt jdm ein; ***she was suddenly struck by the thought that ...*** plötzlich kam ihr der Gedanke, dass ...; ***it's just struck me that ...*** mir ist gerade eingefallen, dass ... ❿ (*remove*) ***the dentist has been struck off the register*** dem Zahnarzt wurde die Approbation entzogen; **to ~ camp** das Lager abbrechen; **to ~ one's flag** die Flaggen streichen; **to ~ sb off a list** jdn von einer Liste streichen; **to ~ a name from a list** einen Namen von einer Liste streichen; **to ~ sth from the record** AM LAW etw aus den Aufzeichnungen streichen ⓫ (*light*) **to ~ a match** ein Streichholz anzünden ▶ PHRASES: **to ~ a chord with sb** (*of memories*) bei jdm Erinnerungen wecken; (*of agreement*) bei jdm Anklang finden; **to ~ a responsive chord among** [*or* **with**] **sb/sth** bei jdm/etw auf großes Verständnis stoßen; **to ~ a note** eine Tonart anschlagen; **to ~ the right note** den richtigen Ton treffen **III.** *vi* <struck, struck> ❶ (*hit*) treffen; ***lightning never ~s in the same place*** ein Blitz schlägt nie zweimal an derselben Stelle ein; **to ~ at the heart of sth** etw vernichtend treffen; ***we need to ~ at the heart of this problem*** wir müssen dieses Problem an der Wurzel packen; **to ~ at the heart of sb** (*fig*) jdn ins Herz treffen; **to ~ home** ins Schwarze treffen, sein Ziel erreichen; ***the message seems to have struck home*** (*fig*) die Botschaft ist offensichtlich angekommen ❷ (*attack*) angreifen; ■**to ~ at sth** *missiles* auf etw *akk* zielen; ***the snake ~s quickly*** die Schlange beißt schnell zu; ■**to ~ at sb/sth** nach jdm/etw schlagen; ***sometimes terrorists ~ at civilians*** manchmal greifen Terroristen Zivilisten an ❸ (*cause suffering*) *illness, disaster* ausbrechen; (*fig*) zuschlagen; ***fate ~s again*** wieder schlägt das Schicksal zu ❹ (*of clock*) schlagen; ***midnight has just struck*** es hat gerade Mitternacht geschlagen ❺ (*rendered speechless*) **to be struck dumb** sprachlos sein ❻ (*find*) ■**to ~ on sth** etw finden; ■**to ~ upon sth** etw entdecken; ***she has just struck upon an idea*** ihr ist gerade eine Idee gekommen ▶ PHRASES: **to ~ while the iron is hot** das Eisen schmieden, so lange es heiß ist

◆**strike back** *vi* zurückschlagen, sich *akk* wehren; ■**to ~ back at sb** sich *akk* gegen jdn zur Wehr setzen

◆**strike down** *vt usu passive* ❶ (*die*) ■**to ~ sb down** jdn dahinraffen; ■**to be struck down** aus dem Leben gerissen werden ❷ (*become ill*) ■**to be struck down** dahinsiechen *geh;* ■**to be struck down by sth** von etw *dat* [schwer] getroffen werden; ***he was struck down by polio*** er war schwer an Polio erkrankt ❸ AM LAW **to ~ down ⊂ a law** ein Gesetz aufheben

◆**strike off** *vt usu passive* BRIT, AUS ■**to ~ sb off for sth** jdm wegen einer S. *gen* die Zulassung [*o* Lizenz] entziehen; **to ~ a doctor off the register** einem Arzt die Approbation entziehen

◆**strike out I.** *vt* ❶ (*delete*) ■**to ~ out ⊂ sth** etw [aus]streichen ❷ AM (*in baseball*) ■**to ~ out ⊂ sb** jdn ausmachen (*bezeichnet die Tatsache, dass im Baseball der Schlagmann nach drei Versuchen vom Feld genommen wird*) **II.** *vi* ❶ (*start afresh*) neu beginnen; ***she felt it was time to ~ out on her own*** sie spürte, dass es Zeit war, eigene Wege zu gehen; **to ~ out in a new direction** eine neue Richtung einschlagen ❷ (*set off*) aufbrechen; ***it was getting dark, so we struck out directly down the side of the mountain*** es wurde langsam dunkel, und so sind wir direkt den Bergabhang runtergegangen ❸ (*hit out*) zuschlagen; **to ~ out in all directions** wild um sich *akk* schlagen; ■**to ~ out at sb** nach jdm schlagen; (*fig*) jdn scharf angreifen ❹ AM (*in baseball*) aus sein; ■**to ~ out with sb** (*fig: fail*) es sich *dat* mit jdm verderben ❺ LAW (*cancel action*) [eine Klage] streichen

◆**strike up I.** *vt* ❶ (*initiate*) **to ~ up a conversation** ein Gespräch anfangen, eine Unterhaltung beginnen; **to ~ up a friendship with sb** sich *akk* mit jdm anfreunden, mit jdm Freundschaft schließen; **to ~ up a good rapport with sb** ein gutes Verhältnis zu jdm aufbauen; **to ~ up a relationship with sb** eine Beziehung mit jdm eingehen ❷ (*of music*) **to ~ up a song** ein Lied anstimmen **II.** *vi* beginnen

strike action *n no pl* Streikaktionen *fpl,* Streikmaßnahmen *fpl;* **call for ~** Streikaufruf *m;* **to threaten ~** mit Streikmaßnahmen drohen, Streikaktionen androhen **strike ballot** *n* Streikabstimmung *f,* Urabstimmung *f* **strikebound** *adj inv* bestreikt **strikebreaker** *n* Streikbrecher(in) *m(f)* **strikebreaking** *n no pl* Streikbruch *m* **strike call** *n* Streikaufruf *m,* Aufruf *m* zum Streik **strike committee** *n + sing/pl vb* Streikausschuss *m* **strike force** *n + sing/pl vb esp* AM, AUS Einsatzkommando *nt* **strike fund** *n* Streikkasse *f* **strike-leader** *n* Streikführer(in) *m(f)* **strikeout** *n* AM (*in baseball*) *bezeichnet die Tatsache, dass der Schlagmann drei vergebliche Versuche hinter sich hat* **strike pay** *n no pl* Streikgeld *nt*

striker ['straɪkəʳ, AM -ɚ] *n* ❶ (*in football*) Stürmer(in) *m(f);* **to sign a ~** einen Stürmer/eine Stürmerin unter Vertrag nehmen ❷ (*of a worker*) Streikende(r) *f(m)*

striking ['straɪkɪŋ] *adj* ❶ (*unusual*) bemerkenswert, auffallend; ***there's a ~ contrast between what he does and what he says he does*** es besteht ein himmelweiter Unterschied zwischen dem, was er macht, und dem, was er sagt, das er macht; ***there were ~ discrepancies between the suspect's story and evidence*** es gab nicht zu übersehende Diskrepanzen zwischen der Aussage des Verdächtigten und den Beweisen; **the most ~ aspect of sth** das Bemerkenswerteste an etw *dat;* **~ differences** erhebliche [*o* gewaltige] Unterschiede; **~ example** treffendes Beispiel; **~ feature** herausragendes Merkmal; **~ resemblance** verblüffende Ähnlichkeit; **to bear a ~ resemblance to sb** jdm verblüffend ähnlich sein; **~ parallels** erstaunliche Parallelen; **~ personality** beeindruckende Persönlichkeit; **~ result** erstaunliches [*o* überraschendes] Ergebnis; **~ similarity** verblüffende Ähnlichkeit ❷ (*good-looking*) umwerfend; **~ beauty** bemerkenswerte Schönheit ❸ (*close*) **within ~ distance [of sth]** in unmittelbarer Nähe [von etw *dat*]; (*short distance*) einen Katzensprung [von etw *dat*] entfernt; ***both sides believe they are within ~ distance of a lasting peace agreement*** beide Seiten glauben, eine dauerhafte Friedenslösung stehe unmittelbar bevor; **to put sb within ~ distance of sth** jdm etw zum Greifen nahe bringen

strikingly ['straɪkɪŋli] *adv* auffallend, erstaunlich; **~ beautiful/handsome** außergewöhnlich schön/gut aussehend; **~ different/similar** deutlich anders/erstaunlich ähnlich

strimmer® ['strɪməʳ] *n* BRIT Rasentrimmer *m*

Strine [straɪn] *n* (*fam*) ❶ *no pl* (*Australian English*) australisches Englisch; (*accent*) australischer Akzent ❷ (*an Australian*) Australier(in) *m(f)*

string [strɪŋ] **I.** *n* ❶ *no pl* (*twine*) Schnur *f,* Kordel *f* DIAL; **ball/piece of ~** Knäuel *m o nt*/Stück *nt* Schnur ❷ (*fig: controls*) **to pull ~s** seine Beziehungen spielen lassen; **to pull the ~s** die Fäden in der Hand haben; **to pull all the ~s** alle Hebel in Bewegung setzen; **with ~s attached** mit Bedingungen verknüpft; ***most of these so-called special offers come with ~s attached*** die meisten so genannten Sonderangebote sind mit versteckten Bedingungen verknüpft; **with no ~s attached** ohne Bedingungen ❸ *usu pl* (*of a puppet*) Fäden *mpl;* **puppet on ~s** Marionette *f* ❹ (*in music*) Saite *f;* **guitar ~** Gitarrensaite *f;* **four-~ violin** viersaitige Violine; **to pluck a ~** eine Saite zupfen ❺ (*in an orchestra*) ■**the ~s** *pl* (*instruments*) die Streichinstrumente *ntpl;* (*players*) die Streicher *pl* ❻ SPORTS (*on a racket*) Saite *f* ❼ (*chain*) Kette *f;* **~ of pearls** Perlenkette *f* ❽ (*fig: series*) Kette *f,* Reihe *f;* ***he experienced a ~ of setbacks*** er erlebte einen Rückschlag nach dem anderen; **a ~ of disappointments** eine Reihe von Enttäuschungen; **a ~ of hits** eine Reihe von Hits; **~ of scandals** Reihe *f* von Skandalen; **~ of successes**

S

Erfolgsserie *f;* ~ **of oaths** Schwall *m* von Flüchen ❾ COMPUT Zeichenfolge *f,* Zeichenkette *f;* **search** ~ Suchbegriff *m* ► PHRASES: **to have another** [*or* **a second**] ~ **to one's bow** BRIT noch ein Eisen im Feuer haben; **to have two ~s to one's bow** BRIT zwei Eisen im Feuer haben; **to have sb on a** ~ jdn an der Leine haben **II.** *vt* <strung, strung> ■**to** ~ **sth** ❶ (*fit*) etw besaiten, auf etw *akk* Saiten aufziehen; **to** ~ **a racket** SPORTS einen Schläger bespannen ❷ (*attach*) etw auffädeln [*o* aufziehen]; **to** ~ **beads** Perlen auffädeln ❸ *usu passive* (*arrange in a line*) etw aufreihen

◆**string along** (*fam*) **I.** *vi* ■**to** ~ **along with sb** sich *akk* jdm anschließen, mit jdm mitgehen *fam* **II.** *vt* ■**to** ~ **sb** ↔ **along** ❶ (*deceive*) jdn täuschen [*o fam* einwickeln], jdn übers Ohr hauen *fam;* (*in relationships*) jdn an der Nase herumführen *fam* ❷ (*delay*) jdn hinhalten

◆**string out I.** *vi* sich verteilen **II.** *vt* ■**to** ~ **sth** ↔ **out** etw verstreuen; (*prolong*) etw ausdehnen

◆**string together** *vt* ■**to** ~ **sth** ↔ **together** etw auffädeln [*o* aufziehen]; (*tie together*) etw zusammenbinden; ***she can* ~ *together a couple of sentences in German*** sie kann ein paar zusammenhängende Sätze auf Deutsch sagen

◆**string up** *vt* ❶ (*hang*) ■**to** ~ **up** ↔ **sth** etw aufhängen ❷ ■**to** ~ **up** ↔ **sb** (*fam: execute*) jdn [auf]hängen [*o* aufknüpfen]; (*fig fam: punish*) jdn bestrafen; ***he ought to be strung up for what he said*** man sollte ihn für das, was er gesagt hat, zur Rechenschaft ziehen

string bag *n* Einkaufsnetz *nt* **string bean** *n* AM, AUS grüne Bohne, Gartenbohne *f*

stringed instrument *n* Saiteninstrument *nt*

stringency ['strɪndʒən(t)si] *n no pl* ❶ (*strictness*) Strenge *f; of test* Gewissenhaftigkeit *f* ❷ (*thriftiness*) Knappheit *f,* Verknappung *f;* **financial** ~ Geldknappheit *f*

stringent ['strɪndʒənt] *adj* ❶ (*strict*) streng, hart; ~ **conditions** harte Bedingungen; ~ **laws** strenge Gesetze; ~ **measures** drastische Maßnahmen; ~ **regulations** rigide [*o* strenge] Vorschriften; **to be subject to** ~ **rules** strengen Regeln unterliegen; ~ **standards** strenge Normen ❷ *inv* (*thrifty*) hart, streng; (*financial situation*) angespannt; ~ **monetary policy** Politik *f* des knappen Geldes; ~ **economic reforms** harte Wirtschaftsreformen

stringently ['strɪndʒəntli] *adv* streng, energisch; **to deal** ~ **with sb** mit jdm hart umgehen; **to enforce sth** ~ etw energisch durchsetzen

stringer ['strɪŋəʳ, AM -ɚ] *n* JOURN (*sl*) freiberuflicher Korrespondent/freiberufliche Korrespondentin

string instrument *n* Saiteninstrument *nt* **string orchestra** *n* Streichorchester *nt;* **nine-piece** ~ neunköpfiges Streichorchester **string player** *n* Streicher(in) *m(f)* **string-puller** *n* Drahtzieher(in) *m(f)* **string quartet** *n* Streichquartett *nt* **string section** *n + sing/pl vb* Streicher *pl* **string theory** *n no pl* PHYS Stringtheorie *f* **string vest** *n* Netzhemd *nt*

stringy ['strɪŋi] *adj* (*tough*) *food* faserig, voller Fäden; *consistence* zäh; (*wiry*) *person* sehnig, drahtig; *hair* strähnig

stringy-bark *n* AUS BOT *australische Eukalyptusbaumart mit faseriger Rinde*

strip [strɪp] **I.** *n* ❶ (*narrow piece*) Streifen *m;* ~ **of cloth** Stoffstreifen *m;* **Gaza S~** Gaza-Streifen *m;* **narrow** ~ **of land** schmales Stück Land; ~ **of metal** Metallstreifen *m;* **coastal** ~ Küstenstreifen *m;* **magnetic** ~ Magnetstreifen *m;* **thin** ~ schmaler Streifen ❷ BRIT, AUS (*soccer kit*) Trikot *nt* ❸ (*undressing*) Strip[tease] *m* ❹ *esp* AM (*long road*) *sehr lange, belebte Einkaufsstraße* ❺ AM ECON Abtrennen *nt* des Ertragsscheins von einem Wertpapier **II.** *vt* <-pp-> ❶ (*lay bare*) ■**to** ~ **sth** *house, cupboard* etw leer räumen [*o* ausräumen]; **to** ~ **a bed** die Bettlaken [*o* ein Bett] abziehen; **to** ~ **a tree** einen Baum entrinden; **to** ~ **a tree of fruit** einen Baum abernten; **~ped pine** abgebeizte Kiefer; **~ped pine furniture** Möbel *pl* aus abgebeizter Kiefer; **to** ~ **sth bare** etw kahl fressen ❷ (*undress*) ■**to** ~ **sb** jdn ausziehen; **to** ~ **sb naked/to the skin** jdn nackt/splitternackt ausziehen ❸ (*dismantle*) ■**to** ~ **sth** etw auseinander nehmen; ***we ~ped the engine down to see what was wrong with it*** wir nahmen den Motor auseinander, um herauszufinden, was ihm fehlte ❹ *usu passive* (*remove*) ■**to** ~ **sb of sth** jdn einer S. *gen* berauben; ***the court ruled that she should be ~ped of all her property*** das Gericht bestimmte, dass ihr ihr gesamtes Eigentum abgenommen werden sollte; **to** ~ **sb of their office** jdn seines Amtes entheben; **to** ~ **sb of their power** jdn seiner Macht berauben, jdm die Macht nehmen; **to** ~ **sb of their title** jdm seinen Titel aberkennen ❺ COMPUT ■**to** ~ **sth** etw strippen **III.** *vi* <-pp-> AM, AUS sich *akk* ausziehen; **~ped to the waist** mit nacktem Oberkörper; **to** ~ **[down] to one's underwear** sich *akk* bis auf die Unterwäsche ausziehen

◆**strip away** *vt* ■**to** ~ **sth** ↔ **away** etw entfernen; (*fig*) *rights* etw aufheben; **to** ~ **away the paint** die Farbe abbeizen; **to** ~ **away the wallpaper** die Tapete abziehen

◆**strip down I.** *vt* ■**to** ~ **down** ↔ **sth** etw auseinander nehmen **II.** *vi* AM sich *akk* ausziehen

◆**strip off I.** *vt* ■**to** ~ **sth** ↔ **off** ❶ (*remove*) etw abziehen [*o* abreißen]; **to** ~ **off the bark** die Rinde abschälen [*o* abziehen]; **to** ~ **off the paint** die Farbe abbeizen; **to** ~ **the sheets off the bed** die Bettlaken [*o* das Bett] abziehen ❷ (*undress*) etw ausziehen **II.** *vi* BRIT, AUS sich *akk* ausziehen

◆**strip out** *vt* ❶ (*disregard*) ■**to** ~ **sth** ↔ **out** etw beiseite lassen ❷ (*remove*) **to** ~ **out a room** ein Zimmer *nt* ausräumen [*o* leerräumen]

strip cartoon *n* BRIT Comic[strip] *m* **strip club** *n* Strip[tease]club *m,* Strip[tease]lokal *nt*

stripe [straɪp] *n* ❶ (*band*) Streifen *m* ❷ MIL (*chevron*) [Ärmel]streifen *m* ❸ AM (*type*) Schlag *m;* ***what else can you expect from a man of that ~?*** was soll man sonst schon von einem Mann seines Schlages erwarten?; **of every** ~ [*or* **all ~s**] aller Art; *politican, government* aller Couleurs, jeder Richtung

striped [straɪpt] *adj inv* gestreift, Streifen-; *clothes* streifig; ~ **hyena** Streifenhyäne *f;* ~ **shirt** gestreiftes Hemd

stripey *adj see* **stripy**

strip joint *n* (*fam*) Stripteasebar *f,* Strip[tease]club *m,* Striplokal *nt* **strip light** *n* BRIT Neonröhre *f* **strip lighting** *n no pl* Neonlicht *nt,* Neonbeleuchtung *f*

stripling ['strɪplɪŋ] *n* (*dated or hum*) Bürschchen *nt hum fam,* Jüngelchen *nt hum fam*

strip mall *n* Einkaufsstraße *f,* Geschäftsstraße *f* **strip mill** *n* Walzwerk *nt* **strip mining** *n no pl* AM (*opencast mining*) Tagebau *m*

stripped bond *n* FIN Stripped Bond *m*

stripped-down ['strɪpt,daʊn] *adj* vereinfacht

stripper ['strɪpəʳ, AM -ɚ] *n* ❶ (*person*) Stripperin *f,* Stripteasetänzerin *f;* **male** ~ Stripper *m,* Stripteasetänzer *m* ❷ *no pl* (*solvent*) Farbentferner *m;* (*for wallpaper*) Tapetenlöser *m;* **paint** ~ Farbentferner *m* ❸ (*tool*) Kratzer *m;* **wallpaper** ~ Tapetenkratzer *m* ❹ ECON Unternehmensausschlachter *m*

strippergram *n,* **strippagram** ['strɪpəgræm, AM -pɚ-] *n durch eine Stripperin/einen Stripper mit Striptease überbrachter Gruß*

strip poker *n no pl* Strippoker *nt* **strip-search I.** *n Leibesvisitation, bei der sich der/die Durchsuchte ausziehen muss;* **to undergo a** ~ sich *akk* zu einer Durchsuchung ausziehen müssen **II.** *vt* ■**to** ~ **sb** *jdn einer Durchsuchung unterziehen, bei der sich der Betreffende ausziehen muss;* ***we were ~ed at the airport*** wir mussten uns am Flughafen zu einer Durchsuchung ausziehen **strip show** *n* Strip[tease]show *f* **striptease** *n* Striptease *m;* **to do a** ~ strippen *fam* **striptease artist** *n* Stripteasekünstler(in) *m(f)* **striptease club** *n* Strip[tease]club *m,* Stripteasebar *f*

stripy ['straɪpi] *adj* gestreift, Streifen-; *clothes* streifig

strive <strove *or* -d, striven *or* -d> [straɪv] *vi* sich *akk* bemühen; ■**to** ~ **to do sth** sich *akk* bemühen, etw zu tun, bestrebt sein, etw zu tun; ***we will continue striving to meet the very highest standards*** wir werden uns weiterhin darum bemühen, die höchsten Ansprüche zu erfüllen; ■**to** ~ **after** [*or* **for**] **sth** nach etw *dat* streben, etw anstreben; ■**to** ~ **for sth** um etw *akk* ringen; **to** ~ **for statehood** eine eigene staatliche Souveränität anstreben; ~ **as we might** [*or* **may**] trotz all unserer Bemühungen; ■**to** ~ **against sth** gegen etw *akk* ankämpfen

striven ['strɪvᵊn] *pp of* **strive**

strobe¹ [strəʊb, AM stroʊb] *n* (*fam*) *short for* **stroboscope** ❶ PHYS Stroboskop *nt* ❷ (*flashing lamp*) Stroboskoplicht *nt*

strobe² [strəʊb, AM stroʊb] COMPUT **I.** *vt* ■**to** ~ **sth** etw einen Impuls geben **II.** *n* (*pulse*) Impuls *m*

strobe light *n* Stroboskoplicht *nt*

stroboscope ['strəʊbəskəʊp, AM 'stroʊbəskoʊp] *n* ❶ PHYS Stroboskop *nt* ❷ (*flashing lamp*) Stroboskoplicht *nt*

stroboscopic [,strəʊbə'skɒpɪk, AM ,stroʊbə'skɑː-] *adj inv* PHYS stroboskopisch *fachspr;* ~ **lamp** Stroboskoplicht *nt*

strode [strəʊd, AM stroʊd] *pt of* **stride**

stroke [strəʊk, AM stroʊk] **I.** *vt* ❶ (*rub*) ■**to** ~ **sth/sb** etw/jdn streicheln; **to** ~ **one's beard** sich *akk* über den Bart streichen; **to** ~ **one's hair down** [*or* **into place**] sich *akk* das Haar glatt streichen ❷ (*hit*) **to** ~ **the ball** den Ball [leicht] streifen **II.** *n* ❶ (*rub*) Streicheln *nt kein pl;* **to give sb a** ~ jdn streicheln; (*fig*) jdm Honig ums Maul schmieren *fam;* **to give sth a** ~ über etw *akk* streichen ❷ MED (*attack*) Schlaganfall *m;* **to have/suffer a** ~ einen Schlaganfall bekommen/erleiden ❸ (*mark*) Strich *m;* **brush** ~ Pinselstrich *m* ❹ (*hitting a ball*) Schlag *m;* ***you've won by three ~s*** (*in golf*) du hast über drei Schläge gewonnen ❺ (*form: blow*) Schlag *m,* Hieb *m* ❻ *no pl* (*swimming style*) [Schwimm]stil *m;* **breast** ~ Brustschwimmen *nt* ❼ (*swimming movement*) Zug *m;* ***with powerful ~s she set out across the lake*** mit kräftigen Zügen schwamm sie durch den See ❽ (*piece*) **by a** ~ **of fate** [*or* **good fortune**] durch eine Fügung des Schicksals, durch einen glücklichen Zufall; **a** ~ **of luck** ein Glücksfall [*o* Glückstreffer] *m;* **a** ~ **of bad luck** Pech *nt;* **by a** ~ **of [bad] luck** [un]glücklicherweise ❾ (*action*) [geschickter] Schachzug *m;* **policy** ~ politischer Schachzug; **a** ~ **of genius** ein genialer Einfall; **bold** ~ mutiger Vorstoß ❿ *no pl, usu in neg* (*fam: of work*) Handschlag *m;* ***she hasn't done a ~ of work*** sie hat noch keinen Handschlag getan ⓫ (*of a clock*) Schlag *m;* ***at the ~ of ten*** um Punkt zehn Uhr ⓬ BRIT (*oblique*) [Schräg]strich *m* ⓭ AM (*fam: praise*) **[positive] ~s** Lob *nt* ► PHRASES: **at** [*or* **with**] **the** ~ **of a pen** mit einem Federstrich; **to be off one's** ~ nicht in Form sein; **to put sb off their** ~ jdn aus dem Konzept bringen; **at a [single]** [*or* **in one**] ~ mit einem Schlag, auf einen Streich

stroke play *n no pl* (*in golf*) Zählspiel *nt*

stroll [strəʊl, AM stroʊl] **I.** *n* Spaziergang *m;* **to go for** [*or* **to take**] **a** ~ einen Spaziergang machen, spazieren gehen **II.** *vi* (*amble*) schlendern, bummeln; (*fig: win easily*) ***the favourite ~ed to an easy victory in the final at Wimbledon*** der Sieg im Finale von Wimbledon war für die Favoritin ein regelrechter Spaziergang; **to** ~ **along the promenade** die Promenade entlangschlendern [*o* entlangspazieren]; **to** ~ **into town** in die Stadt gehen, einen Stadtbummel machen

stroller ['strəʊləʳ, AM 'stroʊlɚ] *n* ❶ (*person*) Spaziergänger(in) *m(f)* ❷ *esp* AM, AUS (*pushchair*) Sportwagen *m*

strolling ['strəʊlɪŋ, AM 'stroʊl-] *adj attr, inv* fahrend; ~ **musicians** fahrende Musikanten

strong [strɒŋ, AM strɑːŋ] **I.** *adj* ❶ (*powerful*) stark; ***this put him under a ~ temptation to steal it*** er geriet stark in Versuchung, es zu stehlen; ***danger! ~ currents — do not swim here!*** Achtung! starke Strömung – Schwimmen verboten!; ~ **bonds** starke Bande; ~ **character** [*or* **personality**] starke Persönlichkeit; ~ **coffee** starker Kaffee; ~ **competition** starker Wettbewerb; ~ **desire** brennendes Verlangen; ~ **doubts** erhebliche Zweifel; ~ **economy** leistungsfähige [*o* gesunde] Wirtschaft; ~ **evidence** schlagender Beweis; ~ **impression** prägender Eindruck; (*impressive*) sehr guter Eindruck; ~ **incentive** großer Anreiz; ~ **influence** großer Einfluss; ~ **language** (*vulgar*) derbe Ausdrucksweise; ~ **lenses** starke [Brillen]gläser; ~ **likeness** frappierende [*o* verblüffende] Ähnlichkeit; **to take ~ measures against sb/sth** energisch gegen jdn/etw vorgehen; ~ **medicine** starkes Medikament; **to produce ~ memories** lebhafte Erinnerungen hervorrufen; ~ **policies** überzeugende Politik; ~ **praise** großes Lob; ~ **protest** scharfer [*o* energischer] Protest; ~ **reaction** heftige Reaktion; **to have ~ reason to do sth** gute Gründe haben, etw zu tun; ***there is ~ reason to ...*** es gibt einige Anzeichen dafür, dass ...; ~ **resistance** erbitterter Widerstand; ~ **rivalry** ausgeprägte Rivalität; ~ **smell** strenger Geruch; **in the ~est of terms** sehr energisch; ~ **trading links** umfangreiche Handelsbeziehungen; **a ~ will** ein starker Wille; ~ **winds** heftige [*o* starke] Winde; ~ **wish** großer Wunsch; ~ **yearning** starke Sehnsucht ② (*effective*) gut, stark; ***she's the ~est candidate*** sie ist die beste Kandidatin; ■**to be ~ on sth** gut in etw *dat* sein; ~ **favourite** [*or* AM **favorite**] aussichtsreicher Favorit/aussichtsreiche Favoritin; **sb's ~ point** [*or* BRIT, AUS *also* **suit**] jds Stärke *f*; ***tact is not her ~ point*** Takt ist nicht gerade ihre Stärke ③ (*physically powerful*) kräftig, stark; (*healthy*) gesund, kräftig; ~ **constitution** robuste Konstitution; ~ **eyes** gute Augen; **to be as ~ as a horse** [*or* **an ox**] bärenstark sein; **to have ~ nerves** [*or* **a ~ stomach**] (*fig*) allerhand verkraften können, sehr belastbar sein ④ (*robust*) stabil; (*tough*) *person* stark ⑤ (*deep-seated*) überzeugt; ***I felt ~ sympathy for him after all his misfortune*** er tat mir sehr Leid nach all seinem Pech; ~ **antipathy** [*or* **dislike**] unüberwindliche Abneigung; ~ **bias** [*or* **prejudice**] unüberwindliches Vorurteil; ~ **conviction** feste Überzeugung; ~ **emotions** [*or* **feelings**] starke Gefühle; ~ **fear** große Angst; ~ **objections** starke Einwände; ~ **opinion** vorgefasste Meinung; ~ **tendency** deutliche [*o* klare] Tendenz; **to have ~ views on sth** eine Meinung über etw *akk* energisch vertreten ⑥ (*staunch*) **to be a ~ believer in sth** fest an etw *akk* glauben; ~ **friends** loyale [*o* treue] Freunde; ~ **friendship** unerschütterliche Freundschaft; ~ **opponent** überzeugter Gegner/überzeugte Gegnerin; ~ **supporter** überzeugter Anhänger/überzeugte Anhängerin ⑦ (*very likely*) groß, hoch, stark; ~ **chances of success** hohe [*o* gute] Erfolgsaussichten; ~ **likelihood** [*or* **probability**] hohe Wahrscheinlichkeit ⑧ *after n, inv* (*in number*) stark; ***our club is currently about eighty ~*** unser Club hat derzeit 80 Mitglieder [*o* ist derzeit 80 Mann stark] ⑨ (*marked*) stark; ~ **accent** starker Akzent ⑩ (*bright*) hell, kräftig; ~ **colour** [*or* AM **color**] kräftige [*o* leuchtende] Farbe; ~ **light** grelles Licht ⑪ (*pungent*) streng; ~ **flavour** [*or* AM **flavor**] intensiver [*o* kräftiger] Geschmack; ~ **odour** penetranter [*o* strenger] Geruch; ~ **smell** beißender [*o* stechender] Geruch ⑫ FIN hart, stabil, stark; ~ **currency** harte [*o* starke] Währung **II.** *adv* (*fam*) **to come on ~** (*sexually*) rangehen *fam;* (*aggressively*) in Fahrt kommen *fam;* ***he's always coming on ~ to me*** er macht mich permanent an; **to come on too ~** sich *akk* zu sehr aufregen, übertrieben reagieren; **still going ~** noch gut in Form [*o fam* Schuss]

strong-arm I. *adj attr* (*pej*) brutal, gewaltsam, Gewalt-; ~ **man** Schläger *m;* ~ **method[s]** [*or* **tactic[s]**] brutale Methode[n]; ~ **style of government** autoritärer Regierungsstil **II.** *vt* ■**to ~ sb** jdn unter Druck setzen, jdn einschüchtern **strongbox** *n* [Geld]kassette *f* **stronghold** *n* ① (*bastion*) Stützpunkt *m*, Bollwerk *nt*, Festung *f;* (*fig*) Hochburg *f*, Zentrum *nt* ② (*sanctuary*) Zufluchtsort *m*, Refugium *nt*

strongly [ˈstrɒŋli, AM ˈstrɑː-] *adv* ① (*powerfully*) stark; ***it is ~ believed that ...*** es wird allgemein angenommen, dass ...; ***it is ~ doubted that ...*** es bestehen erhebliche Zweifel, dass; **to ~ advise sb to do sth** jdm nachdrücklich [*o* dringend] dazu raten, etw zu tun; **to ~ condemn sb/sth** jdn/etw scharf verurteilen; **to ~ criticize sb** jdn heftig kritisieren; **to ~ deny sth** etw energisch bestreiten [*o* leugnen]; **to ~ disapprove of sth** etw entschieden missbilligen; **to ~ establish sth/oneself within sth** etw/sich fest in etw *dat* etablieren; **to be ~ opposed to sth** entschieden gegen etw *akk* sein; **to ~ recommend sth** etw dringend empfehlen ② (*durably*) robust, stabil ③ (*muscularly*) kräftig, stark; ~ **built** kräftig gebaut ④ (*pungently*) stark; **to smell ~ of sth** stark nach etw *dat* riechen ⑤ (*deep-seatedly*) nachdrücklich; **to be ~ biased against sb** erhebliche Vorurteile gegen jdn haben; **to ~ believe sth** von etw *dat* fest überzeugt sein; **to ~ desire** [*or* **yearn for**] **sth** sich *akk* sehr nach etw *dat* sehnen; **to ~ feel that ...** den starken Verdacht haben, dass ...; **to be ~ influenced to do sth** stark beeinflusst werden, etw zu tun

strongman *n* ① (*leader*) starker Mann, führender Kopf ② (*for protection*) Muskelmann *m fam;* (*entertainer*) starker Mann **strong-minded** *adj* willensstark, entschlossen, energisch **strongpoint** *n* Stützpunkt *m* **strongroom** *n* Stahlkammer *f*, Tresor[raum] *m* **strong-willed** *adj* willensstark, entschlossen

strontium [ˈstrɒntiəm, AM ˈstrɑːn(t)ʃi-] *n no pl* Strontium *nt*

strop [strɒp] *n* BRIT, AUS (*fam*) Schmollen *nt kein pl;* ***are you having another of your ~s?*** bist du wieder mal eingeschnappt? *fam;* **to be in a ~** eingeschnappt sein *fam*, schmollen; **to get [such] a ~ on** saumäßig gelaunt sein *pej fam*

strophe [strəʊfi, AM stroʊfi] *n* LIT Strophe *f*

stroppily [ˈstrɒpɪli] *adv* BRIT, AUS (*fam*) muffig *fam*, gereizt

stroppiness [ˈstrɒpɪnəs] *n no pl* BRIT, AUS (*fam*) Gereiztheit *f*, Übellaunigkeit

stroppy [ˈstrɒpi] *adj* BRIT, AUS (*fam*) muffig *fam*, gereizt; **to get ~** pampig werden *fam*

strove [strəʊv, AM stroʊv] *pt of* **strive**

struck [strʌk] *pt, pp of* **strike**

structural [ˈstrʌktʃərəl, AM -ərəl] *adj inv* ① (*organizational*) strukturell, Struktur-; ~ **change** Strukturwandel *m*, strukturelle Veränderung; ~ **reforms** Strukturreformen *fpl;* ~ **laws** LING Strukturregeln *fpl* ② (*of a construction*) baulich, Bau-, Konstruktions-; ***the houses suffered ~ damage*** die Struktur der Häuser wurde beschädigt; ~ **condition** baulicher Zustand; ~ **defects** bauliche Schäden

structural engineer *n* Statiker(in) *m(f)*

structuralism [ˈstrʌktʃərəlɪzəm, AM -ərəl-] *n no pl* Strukturalismus *m*

structuralist [ˈstrʌktʃərəlɪst, AM -ərəl-] **I.** *n* Strukturalist(in) *m(f)* **II.** *adj inv* strukturalistisch

structurally [ˈstrʌktʃərəli, AM -ərəli] *adv inv* ① (*organizationally*) strukturell ② (*of a construction*) baulich; ***few buildings were left ~ safe after the earthquake*** nach dem Erdbeben waren nur noch wenige Gebäude in einem sicheren baulichen Zustand

structural unemployment *n no pl* ECON, SOCIOL strukturelle Arbeitslosigkeit

structure [ˈstrʌktʃəʳ, AM -ɚ] **I.** *n* ① (*arrangement*) Struktur *f*, Aufbau *m;* ~ **of a cell** Zellaufbau *m;* **course ~** Kursaufbau *m*, Kursstruktur *f;* ~ **of society** Gesellschaftsstruktur *f;* **social ~** Sozialstruktur *f*, soziales Gefüge ② (*system*) Struktur *f;* **management ~** Leitungsstruktur *f* ③ (*construction*) Bau[werk] *nt;* (*make-up of a construction*) Konstruktion *f* **II.** *vt* ■**to ~ sth** etw strukturieren; (*construct*) etw konstruieren [*o* bauen]; *life* etw regeln; ***we must carefully ~ and rehearse each scene*** wir müssen jede Szene sorgfältig aufbauen und proben; **well-~d argument** gut aufgebaute [*o* gegliederte] Argumentation

structured [ˈstrʌktʃəd, AM -ɚd] *adj* strukturiert, gegliedert; ~ **life** geregeltes Leben; ~ **questionnaire** gegliederter Fragebogen

strudel [ˈstruːdəl] *n* Strudel *m*

struggle [ˈstrʌgl̩] **I.** *n* ① (*great effort*) Kampf *m* (**for** um +*akk*); ***trying to accept her death was a terrible ~ for him*** ihren Tod zu akzeptieren fiel ihm unendlich schwer; ***these days it's a desperate ~ just to keep my head above water*** im Moment kämpfe ich ums nackte Überleben; ■**it is a ~ to do sth** es ist mühsam [*o* keine leichte Aufgabe], etw zu tun; **to be a real ~** wirklich Mühe kosten, sehr anstrengend sein; **uphill ~** mühselige Aufgabe, harter Kampf; **to give up the ~ to do sth** den Kampf um etw *akk* aufgeben; **without a ~** kampflos ② (*fight*) Kampf *m* (**against** gegen +*akk*, **with** mit +*dat*); ***he put up a desperate ~ before his murder*** er hatte sich verzweifelt zur Wehr gesetzt, bevor er ermordet wurde; ~ **between good and evil** Kampf *m* zwischen Gut und Böse; **power ~** Machtkampf *m* **II.** *vi* ① (*toil*) sich *akk* abmühen [*o* quälen]; ***he ~d along the rough road*** er kämpfte sich auf der schlechten Straße vorwärts; ***he ~d to find the right words*** es fiel ihm schwer, die richtigen Worte zu finden; ■**to ~ with sth** sich *akk* mit etw *dat* herumschlagen [*o* herumquälen] *fam;* **to ~ to make ends meet** Mühe haben, durchzukommen; **to ~ to one's feet** mühsam auf die Beine kommen, sich *akk* mühsam aufrappeln [*o* hochrappeln] ② (*fight*) kämpfen, ringen; ■**to ~ against sth/sb** gegen etw/jdn kämpfen; ■**to ~ with sth/sb** mit etw/jdm kämpfen; ***he ~d for some time with his conscience*** er kämpfte eine Zeit lang mit seinem Gewissen; **to ~ for survival** ums Überleben kämpfen

◆**struggle on** *vi* weiterkämpfen; ***the company ~d on with the help of subsidies*** das Unternehmen schlug sich weiter mit Subventionen durch

struggling [ˈstrʌglɪŋ] *adj inv for survival* ums Überleben kämpfend; *for recognition* um Anerkennung kämpfend

strum [strʌm] MUS **I.** *vt* <-mm-> **to ~ a stringed instrument** auf einem Saiteninstrument herumzupfen *fam;* **to ~ a guitar** auf einer Gitarre herumklimpern *fam* **II.** *vi* <-mm-> [herum]klimpern *fam* **III.** *n usu sing* ① (*sound of strumming*) Klimpern *nt*, Geklimper *nt pej fam* ② (*act of strumming*) ***she gave a few ~s of her guitar*** sie schlug ein paar Akkorde auf ihrer Gitarre an

strumming [ˈstrʌmɪŋ] *n no pl* Geklimper *nt pej fam*, Klimpern *nt*

strumpet [ˈstrʌmpɪt] *n* (*old: prostitute*) Dirne *f veraltend*, Hure *f pej;* (*hum or pej: provocative dresser*) Flittchen *nt pej fam*

strung [strʌŋ] *pt, pp of* **string**

strung out *adj pred* ① (*sl*) süchtig, abhängig; **to be ~ on heroin** heroinsüchtig sein ② *inv* (*in line*) **to be ~ in a line** aufgereiht dastehen

strung up *adj pred* BRIT (*fam: nervous*) nervös; (*tense*) angespannt

strut [strʌt] **I.** *vi* <-tt-> ■**to ~ about** [*or* **around**] herumstolzieren; ■**to ~ past** vorbeistolzieren **II.** *vt* <-tt-> **to ~ one's stuff** (*esp hum fam: dance*) zeigen, was man hat; (*showcase*) zeigen, was man kann **III.** *n* (*in a car, vehicle*) Strebe *f*, Stütze *f;* (*in a building, structure*) Verstrebung *f*, Pfeiler *m*

struth [struːθ] *interj* BRIT (*dated*) *see* **strewth**

strychnine [ˈstrɪkniːn, AM *esp* -naɪn] *n no pl* Strychnin *nt*

stub [stʌb] **I.** *n* ① (*of a ticket, cheque*) [Kontroll]abschnitt *m*, Abriss *m;* (*of a cigarette*) [Zigaretten]stummel *m*, Kippe *f fam;* (*of a pencil*) Stummel *m*, Stumpf *m* ② COMPUT (*program*) Stubroutine *f* **II.** *vt* <-bb-> **to ~ one's toes** sich die Zehen anstoßen; **to ~ one's toe against** [*or* **on**] **sth** sich *dat* die Zehe an etw *dat* anstoßen, mit der Zehe gegen etw *akk* stoßen

◆**stub out** *vt* **to ~ out a/one's cigar/cigarette** eine/seine Zigarre/Zigarette ausdrücken; *with one's foot* seine Zigarette/Zigarre austreten

stubble [ˈstʌbl] **I.** *n no pl* ① (*hair*) Stoppeln *mpl* ② (*of crops*) Stoppeln *mpl* **II.** *n modifier* Stoppel-; ~ **burning** Abbrennen *nt* der Stoppelfelder; ~ **field** Stoppelfeld *nt*

stubbly [ˈstʌbl̩i] *adj* ① (*bristly*) stoppelig, Stoppel-; ~ **beard** Stoppelbart *m* ② *inv* (*of crops*) Stoppel-; ~ **field** Stoppelfeld *nt*

stubborn [ˈstʌbən, AM -ɚn] *adj* (*esp pej*) ① (*obsti-*

S

nate) *of a person* stur *fam,* dickköpfig *fam,* starrköpfig, störrisch; ***his ~ insistence that he was right ended our friendship*** unsere Freundschaft ging zu Bruch, weil er stur darauf bestand, im Recht zu sein; ~ **child** störrisches Kind; **to be ~ as a mule** so stur wie ein Esel sein ❷ (*persistent*) hartnäckig; ~ **hair** widerspenstiges Haar; ~ **pain** hartnäckiger Schmerz; ~ **problem** vertracktes Problem; ~ **refusal** hartnäckige Weigerung; ~ **resistance** hartnäckiger Widerstand; ~ **stains** hartnäckige Flecken

stubbornly ['stʌbənli, Am -ən-] *adv* (*esp pej*) ❶ (*obstinately*) stur, starrköpfig, störrisch; ***she ~ clings on to her outdated views*** sie klammert sich verbissen an ihre veralteten Ansichten ❷ (*persistently*) *refuse* hartnäckig

stubbornness ['stʌbənnəs, Am -ən-] *n no pl* (*esp pej*) Sturheit *f,* Starrköpfigkeit *f,* Widerspenstigkeit *f,* Halsstarrigkeit *f pej,* Starrsinn *f pej*

stubby ['stʌbi] **I.** *adj* ~ **fingers** Wurstfinger *mpl fam;* ~ **legs** stämmige Beine; ~ **person** gedrungene [*o geh* untersetzte] [*o* stämmige] Person; ~ **tail** Stummelschwanz *m* **II.** *n* Aus *375 ml fassende Bierflasche*

stucco ['stʌkəʊ, Am -koʊ] *n no pl* (*fine plaster*) Stuck *m;* (*coarse plaster*) Putz *m;* (*work*) Stuckarbeit *f,* Stukkatur *f* **stuccoed** ['stʌkəʊd, Am -koʊd] *adj inv* mit Stuck verziert, Stuck-; ~ **relief** Stuckrelief *nt* **stucco work** *n no pl* Stuckarbeit *f,* Stuckverzierung *f,* Stukkatur *f*

stuck [stʌk] **I.** *pt, pp of* **stick II.** *adj* ❶ *inv* (*unmovable*) fest; ***the door is ~*** die Tür klemmt ❷ *inv, pred* (*trapped*) ***we got ~ on*** [*or* ***at***] ***a station for a few hours*** wir saßen für ein paar Stunden auf einem Bahnhof fest; ***I hate being ~ behind a desk*** ich hasse Schreibtischarbeit; ■**to be ~ in sth** in etw *dat* feststecken; **to be ~ in the mire** (*fig*) in der Klemme stecken [*o* sitzen] *fam;* ■**to be ~ with sb** jdn am [*o* auf dem] Hals haben *fam* ❸ *pred* (*at a loss*) ■**to be ~** nicht klarkommen *fam;* ***I'm really ~*** ich komme einfach nicht weiter ❹ *pred* (*dated fam: crazy about*) ■**to be ~ on sb** in jdn verknallt sein *fam* ❺ *inv, pred* Brit, Aus (*fam: show enthusiasm for*) **to get ~ in**[**to**] **sth** sich *akk* in etw *akk* richtig reinknien *fam;* ***they got ~ into the job straight away*** sie stürzten sich gleich in die Arbeit; ***you really got ~ into your food*** du hast das Essen ja richtig verschlungen

stuck-up *adj* (*pej fam*) hochnäsig *pej fam,* eingebildet *pej,* arrogant *pej*

stud¹ [stʌd] *n* ❶ (*horse*) Deckhengst *m,* Zuchthengst *m;* **to be put to ~** zu Zuchtzwecken verwendet werden ❷ (*breeding farm*) Gestüt *nt,* Stall *m* ❸ (*sl: man*) geiler Typ *sl,* Sexprotz *m pej fam,* Weiberheld *m pej fam*

stud² [stʌd] *n* ❶ (*decoration*) Niete *f;* (*jewellery*) Stecker *m* ❷ *esp* Brit, Aus (*on shoes*) Stollen *m* ❸ (*fastener*) *for a collar* Kragenknopf *m; for a shirt* Hemdknopf *m; for a cuff* Manschettenknopf *m* ❹ Tech Stift *m* ❺ Am (*in a tyre*) Spike *m*

studded ['stʌdɪd] *adj inv* [mit Nieten] verziert, besetzt; ■**to be ~ with sth** mit etw *dat* verziert [*o* besetzt] sein; ■**to be ~ with sth** (*fig*) von etw *dat* übersät sein; ~ **dog collar** Hundehalsband *nt* mit Nieten

stud earring *n usu pl* Ohrstecker *m*

student ['stju:dᵊnt, Am *esp* 'stu:] **I.** *n* ❶ (*at university*) Student(in) *m(f),* Studierende(r) *f(m);* (*pupil*) Schüler(in) *m(f);* ***she is a ~ at Oxford University*** sie studiert an der Oxford University; **the ~ body** die Studentenschaft, die Studierenden *pl;* **graduate ~** Am *Doktorand oder Student eines Magisterstudiengangs;* **postgraduate ~** Habilitand(in) *m(f);* **undergraduate ~** Student(in) *m(f)* ❷ (*unofficial learner*) **to be a ~ of sth** sich *akk* mit etw *dat* befassen; **to be a ~ of human nature** die menschliche Natur studieren [*o* beobachten] **II.** *n modifier* (*activities, counselling, demonstration, housing, protest*) Studenten-; ~ **politics** Hochschulpolitik *f;* ~ **rate** [*or* **discount**] Studentenermäßigung *f;* ~ **season ticket** Semesterticket *nt*

student loan *n* Studiendarlehen *nt,* Ausbildungsdarlehen *nt*

studentship ['stju:dᵊntʃɪp, Am 'stu:] *n* Brit Stipendium *nt*

student teacher *n* Praktikant(in) *m(f)* **student union** *n,* **students' union** *n* Studentenvereinigung *f*

stud farm *n* Gestüt *nt* **stud horse** *n* Zuchthengst *m*

studied ['stʌdid] *adj* wohl überlegt, [gut] durchdacht; ***she listened to his remarks with ~ indifference*** sie hörte ihm mit gestellter Gleichgültigkeit zu; ~ **answer** wohl überlegte [*o* durchdachte] Antwort; ~ **elegance** kunstvolle Eleganz; ~ **insult** gezielte Beleidigung; ~ **politeness** gewollte Höflichkeit

studies ['stʌdiz] *npl* ❶ (*studying*) Studium *nt kein pl;* ***he enjoys his ~*** ihm macht sein Studium Spaß ❷ (*academic area*) **business ~** Betriebswirtschaft *f;* **peace ~** Friedensforschung *f;* **transport ~** Studium *nt* des Transportwesens; **social ~** Sozialwissenschaft *f*

studio ['stju:diəʊ, Am 'stu:dioʊ] *n* ❶ (*artist's room*) Atelier *nt* ❷ (*photography firm*) Studio *nt;* **graphics ~** Grafikstudio *nt* ❸ (*film-making location*) Studio *nt* ❹ (*film company*) Studio *nt,* Filmgesellschaft *f* ❺ (*recording area*) Studio *nt* ❻ *esp* Am (*studio flat*) Appartement *nt*

studio apartment *n esp* Am Appartement *nt* **studio audience** *n + sing/pl vb* Studiopublikum *nt* **studio couch** *n* Schlafcouch *f,* Bettcouch *f* **studio flat** *n* Brit Appartement *nt*

studious ['stju:diəs, Am *esp* 'stu:-] *adj* ❶ (*bookish*) *of a person* lernbegierig, lerneifrig; *of an environment* gelehrt; ~ **atmosphere** dem Lernen zuträgliche Atmosphäre; ~ **child** wissbegieriges Kind ❷ (*earnest*) ernsthaft; (*intentional*) bewusst; ***the report was prepared with ~ care and attention*** der Bericht wurde mit größter Sorgfalt vorbereitet; ~ **avoidance of sth** gezielte Vermeidung einer S. *gen;* **to make a ~ effort to not do sth** etw ganz bewusst vermeiden

studiously ['stju:diəsli, Am *esp* 'stu:-] *adv* ❶ (*bookishly*) gebildet, intellektuell ❷ (*carefully*) sorgsam, sorgfältig; (*deliberately*) bewusst, gezielt; **to avoid sth ~** etw bewusst [*o* geflissentlich] vermeiden; **to ignore sb ~** jdn absichtlich [*o* geflissentlich] übersehen [*o* übergehen]; **to listen ~** aufmerksam zuhören

studiousness ['stju:diəsnəs, Am *esp* 'stu:-] *n no pl* ❶ (*bookishness*) Lerneifer *m,* Lernbegierde *f* ❷ (*carefulness*) Beflissenheit *f;* (*deliberateness*) Gewissenhaftigkeit *f,* Sorgfalt *f*

studmuffin *n* Am (*hum sl*) geiler Typ *sl*

study ['stʌdi] **I.** *vt* <-ie-> ❶ (*scrutinize*) ■**to ~ sth/sb** etw/jdn studieren, sich *akk* mit etw/jdm befassen; (*look at*) etw eingehend betrachten; ■**to ~ whether/what/how/when …** erforschen [*o* untersuchen], ob/was/wie/wann …; **to ~ a contract/an instruction** sich *dat* einen Vertrag/eine Anleitung genau durchlesen ❷ (*learn*) ■**to ~ sth** etw studieren; (*at school*) etw lernen; **to ~ one's part** seine Rolle lernen **II.** *vi* <-ie-> lernen; (*at university*) studieren; ***I studied at Bristol University*** ich habe an der Universität von Bristol studiert; ■**to ~ for sth** sich *akk* auf etw *akk* vorbereiten, für etw *akk* lernen; ■**to ~ under sb** bei jdm studieren **III.** *n* ❶ (*investigation*) Untersuchung *f;* (*academic investigation*) Studie *f,* wissenschaftliche Untersuchung ❷ *no pl* (*studying*) Lernen *nt;* (*at university*) Studieren *nt veraltend;* ***find somewhere quiet for ~*** such dir ein ruhiges Plätzchen zum Lernen ❸ (*room*) Arbeitszimmer *nt* ❹ (*pilot drawing*) Studie *f,* Entwurf *m;* **preparatory ~** Vorentwurf *m,* Vorstudie *f* ❺ (*literary portrayal*) Untersuchung *f,* Studie *f* ❻ (*example*) **to be a ~ in sth** ein Musterbeispiel für etw *akk* sein; ***when she works, she's a ~ in concentration*** wenn sie arbeitet, ist sie ein Muster an Konzentration ❼ Brit (*hum*) ***his face was a ~ when he saw her new punk hairstyle*** sein Gesicht war sehenswert, als er ihre neue Punkfrisur sah

study group *n + sing/pl vb* Arbeitsgruppe *f,* Arbeitskreis *m,* Arbeitsgemeinschaft *f* **study hall** *n* Am Lesesaal *m* **study visit** *n* Studienreise *f*

stuff [stʌf] **I.** *n no pl* ❶ (*fam: indeterminate matter*) Zeug *nt oft pej fam;* ***we've heard all this ~ before*** das haben wir doch alles schon mal gehört!; ***there is a lot of ~ about it on TV*** im Fernsehen wird dauernd darüber berichtet; ***his latest book is good ~*** sein neues Buch ist echt gut; ***that's the ~!*** Brit (*fam*) so ist's richtig!; **to do one's ~** (*fam*) seine Sache gut machen; **to know one's ~** sich *akk* auskennen; ***he certainly knowns his ~*** er weiß, wovon er spricht ❷ (*possessions*) Sachen *fpl,* Zeug *nt oft pej fam;* **camping ~** Campingsachen *pl* ❸ (*material*) Material *nt,* Stoff *m;* **sticky ~** klebriges Zeug ❹ (*characteristics*) ***he's made of the same ~ as his father*** er ist aus demselben Holz geschnitzt wie sein Vater; ***she's a nice bit of ~*** Brit (*sl*) sie ist nicht ohne *fam;* **the** [**very**] **~ of sth** das Wesentliche [*o* der Kern] einer S. *gen;* **the ~ of which heroes are made** der Stoff, aus dem Helden sind ▶ Phrases: ~ **and <u>nonsense</u>** Brit (*dated*) dummes Zeug *pej fam,* Blödsinn *pej fam;* **sb doesn't <u>give</u> a ~ about sth** Brit (*fam*) jdm ist etw scheißegal *fam* **II.** *vt* ❶ (*fam: gorge*) ■**to ~ sb/oneself** jdn/sich voll stopfen; ■**to ~ down** ↔ **sth** etw in sich *akk* hineinstopfen *pej,* etw verschlingen *pej* [*o hum fam* verdrücken]; **to ~ one's face** sich *dat* den Bauch voll schlagen *fam;* **to ~ sb with food** jdn mästen *pej* ❷ *esp* Brit, Aus (*vulg: have sex*) ■**to ~ sb** jdn vögeln *vulg* [*o sl* bumsen] ❸ (*vulg: strong disapproval*) ~ **it** [*or* Brit *also* **that**]**!** Scheiß drauf! *derb; esp* Brit, Aus ~ ***him!*** der kann mich mal! *derb,* zum Teufel mit ihm! *sl;* Brit, Aus ***get ~ed!*** du kannst mich mal! *derb,* leck mich am Arsch! *derb* ❹ (*push inside*) ■**to ~ sth** etw stopfen; (*fill*) etw ausstopfen; (*in cookery*) etw füllen; ***they ~ed the money into a bag and ran from the bank*** sie stopften das Geld in eine Tasche und rannten aus der Bank; **~ed chicken** gefülltes Hähnchen; **to ~ sb's head with sth** (*fig*) jdm etw eintrichtern *fam* ❺ (*in taxidermy*) **to ~ animals** Tiere ausstopfen

stuffed [stʌft] *adj inv* ❶ (*filled*) ausgestopft; ~ **furry toy** Stofftier *nt,* Plüschtier *nt* ❷ (*of food*) gefüllt; ~ **turkey** gefüllter Truthahn

stuffed shirt *n* (*pej fam*) Wichtigtuer(in) *m(f) pej fam* **stuffed-up** *adj* (*fam*) verschnupft

stuffer ['stʌfəʳ] *n* Am Werbebeilage *f,* Reklamebeilage *f*

stuffily ['stʌfɪli] *adv* (*pej*) spießig *pej fam,* kleinkariert *pej fam*

stuffiness ['stʌfɪnəs] *n no pl* ❶ (*primness*) Spießigkeit *f* ❷ (*airlessness*) Stickigkeit *f;* ***the ~ of the rooms*** die schlechte Luft in den Räumen

stuffing ['stʌfɪŋ] *n no pl* (*filling*) Füllung *f,* Füllmaterial *nt; of food* Füllung *f* ▶ Phrases: **to <u>beat</u>** [*or* **<u>kick</u>**] [*or* **<u>knock</u>**] **the ~ out of sb** (*fam*) jdn fertig machen *fam,* jdn brutal zusammenschlagen; **to <u>knock</u>** [*or* **<u>take</u>**] **the ~ out of sb** (*fam*) jdn umhauen [*o* mitnehmen] *fam*

stuffy ['stʌfi] *adj* (*pej*) ❶ (*prim*) spießig ❷ (*airless*) stickig, miefig, muffig; ~ **room** stickiges Zimmer

stultify <-ie-> ['stʌltɪfaɪ] *vt* (*form*) ■**to ~ sth/sb** ❶ (*ridicule*) etw/jdn der Lächerlichkeit preisgeben [*o* ins Lächerliche ziehen] ❷ (*paralyse*) etw/jdn lähmen; *technique, mind, ability* etw/jdn verkümmern lassen; **to ~ the mind** den Geist lähmen

stultifying ['stʌltɪfaɪɪŋ] *adj* (*pej form*) lähmend; ~ **atmosphere** lähmende Atmosphäre; **to have a ~ effect on sth** sich *akk* auf etw *akk* lähmend auswirken

stumble ['stʌmbḷ] *vi* ❶ (*trip*) stolpern, straucheln; ■**to ~ on sth** über etw *akk* stolpern ❷ (*fig*) ***the judges noticed the violinist ~*** die Schiedsrichter bemerkten, dass die Violinistin einen Fehler machte; **to ~ from one mistake to another** (*fig*) vom einen Fehler zum nächsten stolpern; **to ~ over the rhythm** aus dem Rhythmus kommen ❸ (*stagger*) ■**to ~ about** [*or* **around**] herumtappen ❹ (*falter when talking*) stocken, holpern; ■**to ~ over sth** über etw *akk* stolpern; ***the poet ~d over a line in the poem*** der Dichter stolperte über eine Zeile in dem Gedicht ❺ (*find*) ■**to ~ across** [*or* [**up**]**on**] **sb/**

sth über jdn/etw stolpern *fam,* [zufällig] auf jdn/etw stoßen; ***the workmen ~d upon an old mosaic*** die Arbeiter entdeckten ein altes Mosaik

stumbling block *n* Stolperstein *m,* Hemmschuh *m,* Hindernis *nt;* ■**to be a ~ to sth** ein Hindernis für etw *akk* [*o* bei etw *dat*] sein

stump [stʌmp] **I.** *n* ① (*part left*) *of a tree* Stumpf *m,* Strunk *m; of an arm* Armstumpf *m; of a leg* Beinstumpf *m; of a tooth* Zahnstummel *m* ② AM POL **out on the ~** im Wahlkampf **II.** *vt* ① (*usu fam: baffle*) ■**to ~ sb** jdn verwirren [*o* durcheinander bringen]; ***you've ~ed me*** da bin ich überfragt; ***we're all completely ~ed*** wir sind mit unserem Latein am Ende ② *esp* AM POL **to ~ the country/a state** Wahlkampfreisen durch das Land/einen Staat machen **III.** *vi* ① (*stamp*) ***she ~ed out of the room*** sie stapfte aus dem Raum hinaus ② POL Wahlreden halten

◆**stump up** BRIT **I.** *vi* (*fam*) blechen *fam,* löhnen *sl* **II.** *vt* (*fam*) ■**to ~ up** ⊂ **sth** etw blechen *fam* [*o sl* berappen] [*o sl* locker machen]

stump foot *n* Klumpfuß *m*

stumps [stʌmps] *npl* (*in cricket*) Stäbe *mpl*

stump speech *n* Wahl[kampf]rede *f,* parteipolitische Rede

stumpy ['stʌmpi] *adj* (*usu pej fam*) [klein und] gedrungen, untersetzt, stämmig; ~ **fingers** dicke Finger; ~ **person** untersetzte [*o* stämmige] Person; ~ **tail** Stummelschwanz *m*

stun <-nn-> [stʌn] *vt* ① (*shock*) ■**to ~ sb** jdn betäuben [*o* lähmen]; (*amaze*) jdn verblüffen [*o* überwältigen]; ***news of the disaster ~ned the nation*** die Nachricht von der Katastrophe schockte das Land; ***she was ~ned by the amount of support she received*** sie war überwältigt davon, wie viel Unterstützung sie erhielt; **~ned silence** fassungsloses Schweigen ② (*make unconscious*) ■**to ~ sb/an animal** jdn/ein Tier betäuben

stung [stʌŋ] *pp, pt of* **sting**

stun grenade *n* MIL Blendgranate *f fachspr* **stun gun** *n* Betäubungsgewehr *nt,* Betäubungspistole *f*

stunk [stʌŋk] *pt, pp of* **stink**

stunned [stʌnd] *adj* fassungslos, sprachlos, geschockt

stunner ['stʌnəʳ, AM -ɚ] *n* ① (*fam: good-looker*) *of a person* toller Mann/tolle Frau *fam; of a thing, an event* tolle Sache *fam;* **to be a ~** Spitze [*o* eine Wucht] sein *fam* ② (*surprise*) [Riesen]überraschung *f;* **to come as a ~** eine [große] Überraschung sein

stunning ['stʌnɪŋ] *adj* ① (*approv: gorgeous*) toll *fam,* fantastisch *fam,* umwerfend *fam,* überwältigend, sensationell; ~ **dress** hinreißendes [*o* umwerfendes] Kleid; ~ **view** toller Ausblick *fam;* **to look ~** umwerfend aussehen ② (*amazing*) unfassbar ③ (*hard*) **a ~ blow/punch/left hook** ein betäubender Schlag/Faustschlag/linker Haken

stunningly ['stʌnɪŋli] *adv* ① (*gorgeous*) atemberaubend, umwerfend *fam;* ***she's ~ dressed*** sie ist umwerfend angezogen ② (*horrible*) unfassbar

stunt¹ [stʌnt] *n* ① FILM Stunt *m;* **to perform a ~** einen Stunt vollführen ② (*for publicity*) Gag *m,* Trick *m pej;* **advertising ~** Werbegag *m,* Trick *m pej;* **publicity ~** Werbegag *m;* (*pej*) Trick *m;* **to pull a ~** (*fig fam*) etwas Verrücktes tun

stunt² [stʌnt] *vt* ■**to ~ sth** etw hemmen [*o* beeinträchtigen] [*o* behindern]; **to ~ economic growth** das Wirtschaftswachstum hemmen; **to ~ one's growth** das Wachstum hemmen

stunted ['stʌntɪd, AM -t̬ɪd] *adj* (*deteriorated*) verkümmert; (*limited in development*) unterentwickelt; ~ **child** unterentwickeltes Kind; ~ **tree** verkümmerter Baum; **emotionally ~** seelisch verkümmert; **to become ~** verkümmern

stunt flying *n no pl* Kunstflug *m* **stuntman** *n* Stuntman *m* **stuntwoman** *n* Stuntfrau *f*

stupefaction [ˌstjuːpɪ'fækʃᵊn, AM ˌstuːpə'-, ˌstjuː-] *n no pl* ① (*befuddled state*) Benommenheit *f;* **state of ~** benommener Zustand ② (*astonishment*) Verblüffung *f;* (*involving intense shock*) Bestürzung *f;* **to sb's ~** zur jds Bestürzung [*o* Erstaunen]

stupefy <-ie-> ['stjuːpɪfaɪ, AM 'stuːpə-, ˌstjuː-] *vt usu passive* ■**to be stupefied by sth** ① (*render numb*) von etw *dat* benommen sein ② (*astonish*) über etw *akk* verblüfft sein; (*shocked*) über etw *akk* bestürzt sein, von etw *dat* wie vor den Kopf geschlagen sein; ***we were stupefied by the news*** die Nachricht hatte uns die Sprache verschlagen

stupefyingly ['stjuːpɪfaɪɪŋli, AM 'stuːpə-, ˌstjuː-] *adv* einschläfernd *fig;* ~ **boring** [*or* **dull**] todlangweilig, stumpfsinnig

stupendous [stjuː'pendəs, AM stuː'-, ˌstjuː-] *adj* (*immense*) gewaltig, enorm; (*amazing*) erstaunlich; ~ **beauty** außergewöhnliche Schönheit; ~ **debts** enorme Schulden; ~ **news** tolle Nachricht *fam*

stupendously [stjuː'pendəsli, AM *esp* stuː'-] *adv* (*immensely*) *high, productive* enorm; (*amazingly*) *successful* erstaunlich

stupid ['stjuːpɪd, AM *esp* 'stuː-] **I.** *adj* <-er, -est *or* more ~, most ~> ① (*slow-witted*) dumm, blöd *fam,* einfältig; ***whose ~ idea was it to travel at night?*** wer hatte die bescheuerte Idee, nachts zu reisen? *sl;* ***it would be ~ not to take the threats seriously*** es wäre töricht, die Drohungen nicht ernst zu nehmen; ***don't be ~!*** sei doch nicht blöd! *fam;* **a ~ mistake** ein dummer Fehler; **to do a ~ thing** etwas Dummes [*o fam* Blödes] machen ② (*silly*) blöd *fam;* ***have your ~ book!*** behalte doch dein blödes Buch! *fam;* ~ **exercise** blöde Übung; **to drink oneself ~** sich *akk* bis zur Bewusstlosigkeit betrinken **II.** *n* (*fam*) Blödmann *m pej fam,* Dummkopf *m pej*

stupidity [stjuː'pɪdəti, AM stuː'pɪdət̬i, ˌstjuː-] *n no pl* Dummheit *f,* Blödheit *f fam,* Einfältigkeit *f;* ***his ~ is beyond belief sometimes*** er ist manchmal unglaublich doof *pej fam*

stupidly ['stjuːpɪdli, AM *esp* 'stuː-] *adv* dummerweise, blöderweise *fam;* ***I ~ forgot to bring a copy of my report*** ich habe dummerweise vergessen, meinen Bericht mitzubringen; ***he ~ refused*** er war so dumm abzulehnen

stupor ['stjuːpəʳ, AM 'stuːpɚ, ˌstjuː-] *n usu sing* Benommenheit *f;* **state of ~** benommener Zustand, Benommenheit *f;* **in a drunken ~** im Vollrausch

sturdily ['stɜːdɪli, AM 'stɜːr-] *adv* ① (*durably*) stabil; **~-built** *building, furniture* solide gebaut, stabil; *person* stämmig, kräftig ② (*resolutely*) *say* bestimmt; *fight* entschlossen; **to ~ refuse to do sth** sich *akk* standhaft weigern, etw zu tun

sturdiness ['stɜːdɪnəs, AM 'stɜːr-] *n no pl* ① (*durability*) Stabilität *f* ② (*physical strength*) Kräftigkeit *f; of constitution* Robustheit *f*

sturdy ['stɜːdi, AM 'stɜːr-] *adj* ① (*robust*) *box, chair, wall* stabil; *material* robust; ~ **shoes** festes Schuhwerk ② (*physically*) *arms, legs* kräftig; *body, person, legs also* stämmig ③ (*resolute*) *opposition* standhaft, unerschütterlich; ***they put up a ~ defence of their proposal*** sie haben ihren Vorschlag entschlossen verteidigt; ~ **gait** entschlossener Gang

sturgeon ['stɜːdʒᵊn, AM 'stɜːr-] *n* Stör *m*

stutter ['stʌtəʳ, AM -t̬ɚ] **I.** *vi person, engine* stottern **II.** *vt* ■**to ~ sth** etw stottern **III.** *n* Stottern *nt kein pl;* **to have a bad ~** stark stottern

stutterer ['stʌtᵊrəʳ, AM -t̬ɚɚ] *n* Stotterer *m,* -in *f*

stuttering ['stʌtᵊrɪŋ, AM -t̬ɚ-] *adj* stotternd; ~ **productivity figures** stark schwankende Produktivitätszahlen; **to reply in a ~ voice** mit stockender Stimme antworten

stutteringly ['stʌtᵊrɪŋli, AM -t̬ɚ-] *adv* ① (*with a stutter*) stotternd ② (*unevenly, hesitantly*) zögernd, stockend

sty [staɪ] *n* ① (*pig pen*) Schweinestall *m* ② MED (*in eye*) Gerstenkorn *nt*

stye <*pl* sties *or* -s> [staɪ] *n* MED Gerstenkorn *nt*

Stygian ['stɪdʒiən] *adj* (*liter*) stygisch, finster *geh, poet;* ~ **depression** schlimme Depression

style [staɪl] **I.** *n* ① (*distinctive manner*) Stil *m,* Art *f;* ***his office is very utilitarian in ~*** sein Büro ist sehr praktisch eingerichtet; **company** [*or* **house**] **~** hauseigener [*o* firmeneigener] Stil, Stil *m* des Hauses; **~ of life** Lebensstil *m,* Lebensweise *f;* **~ of teaching** Unterrichtsstil *m;* **in the ~ of sb/sth** im Stil von jdm/etw; ***that's not my ~*** (*fig fam*) das ist nicht mein Stil *fig;* **in the Gothic ~** ARCHIT, ART im gotischen Stil ② (*approv: stylishness*) Stil *m;* **to have real ~** Klasse [*o* Format] haben; **to have no ~** keinen Stil haben; ***it takes ~ to make a mistake like that and still go on to win*** es braucht schon Format, so einen Fehler zu machen und trotzdem noch zu gewinnen; ■**in** [*or* **with**] **~** stilvoll; **to do things in ~** alles im großen Stil tun; **to live in** [**grand** [*or* **great**]] **~** auf großem Fuß leben; **to travel in ~** mit allem Komfort [ver]reisen ③ (*fashion*) Stil *m;* **the latest ~** die neueste Mode, der letzte Schrei *fam* ④ *no pl* (*be fashionable*) **to be in ~** Mode [*o* modisch] sein; **to be out of ~** aus der Mode kommen ⑤ (*specific type*) Art *f,* Ausführung *f* **II.** *vt* ① (*arrange*) ■**to ~ sth** *plan, design* etw entwerfen; (*shape*) etw gestalten; **to ~ a car** ein Auto entwerfen; **to ~ hair** die Haare frisieren; **elegantly ~d jackets** elegant geschnittene Jacken ② (*designate*) ■**to ~ sb/sth/oneself sth** jdn/etw/sich etw *akk* nennen, jdn/etw/sich als etw *akk* bezeichnen

-style [staɪl] *in compounds* (*Victorian, Impressionist*) nach … Art, im … Stil; ***he was dressed cowboy-~ for the party*** er hatte sich für die Party wie ein Cowboy angezogen; **French-~ cooking** französische Küche; **Japanese-~ management** japanisches Management; **modern-~** modern

style consultant *n* Modeberater(in) *m(f)*

styleless ['staɪlləs] *adj* (*pej*) stillos, geschmacklos

styling ['staɪlɪŋ] **I.** *n* Styling *nt,* Design *nt; of hair* Frisur *f* **II.** *adj attr, inv* Styling-; ~ **mousse** Schaumfestiger *m*

styling spray *n* Haarspray *nt*

stylish ['staɪlɪʃ] *adj* (*approv*) ① (*chic*) elegant; (*smart*) flott *fam;* (*fashionable*) modisch; ***she is a ~ dresser*** sie zieht sich immer sehr elegant/flott/modisch an ② (*polished*) stilvoll, mit Stil *nach n;* ***the writer is ~*** der Autor hat Stil

stylishly ['staɪlɪʃli] *adv* (*approv*) ① (*chic*) elegant; (*smartly*) flott *fam;* (*fashionably*) modisch; **~-designed dress** elegant geschnittenes Kleid ② (*in a polished manner*) stilvoll

stylishness ['staɪlɪʃnəs] *n no pl* (*approv*) ① (*elegance*) *of appearance, dress* Eleganz *f* ② (*polished quality*) *of person, appearance, place* Stil *m;* **~ of a film** stilvolle Art eines Films

stylist ['staɪlɪst] *n* ① (*arranger of hair*) Friseur(in) *m(f),* Friseuse *f;* **hair ~** Friseur, Friseuse *m, f,* Coiffeur, Coiffeuse *m, f;* (*designer*) Designer(in) *m(f)* ② (*writer*) Stilist(in) *m(f)*

stylistic [staɪ'lɪstɪk] *adj* stilistisch, Stil-; ~ **range** stilistische Vielfalt

stylistically [staɪ'lɪstɪkli] *adv* stilistisch

stylistics [staɪ'lɪstɪks] *n + sing vb* Stilistik *f kein pl*

stylize ['staɪlaɪz] *vt* ■**to ~ sth** etw stilisieren

stylized ['staɪlaɪzd] *adj* (*non-realistic*) stilisiert; (*fig: according to convention*) konventionell, herkömmlich

stylus <*pl* -es> ['staɪləs] *n* ① (*needle*) Stylus *m,* Stift *m,* Abspielnadel *f* ② (*pen-like device*) [Licht]stift *m* ③ (*for detecting data*) Anzeigenadel *f*

stymie <-y-> ['staɪmi] *vt* ■**to ~ sb** jdn matt setzen *fig;* ■**to be ~d by sth** durch etw *akk* behindert werden [*o* nicht voran kommen]; ■**to ~ sth** etw vereiteln; **to ~ sb's efforts** jds Bemühungen behindern

styptic ['stɪptɪk] MED **I.** *n* Blut stillendes Mittel **II.** *adj* Blut stillend, Blutstill-

Styrofoam® ['staərəfoʊm] AM **I.** *n no pl* (*polystyrene*) Styropor® *nt* **II.** *n modifier* (*cup, packaging*) Styropor-

suave [swɑːv] *adj* (*urbane*) weltmännisch; (*polite*) verbindlich; ~ **appearance** weltmännische Erscheinung; ~ **manner** weltmännische/zuvorkommende Art

suavely ['swɑːvli] *adv* (*urbane*) weltmännisch; (*polite*) verbindlich, zuvorkommend

suavity ['swɑːvəti, AM -ət̬i] *n no pl* (*urbanity*) weltmännisches Auftreten; (*politeness*) Verbindlichkeit *f,* Zuvorkommenheit *f*

sub¹ *n* ECON Vorschuss *m,* Lohnvorauszahlung *f*

sub² [sʌb] **I.** *n* ① (*fam*) *short for* **substitute** Vertre-

S

tung *f* ② *(fam)* *short for* **submarine** U-Boot *nt;* **nuclear** ~ Atom-U-Boot *nt* ③ AM *(fam)* *short for* **submarine sandwich** Jumbo-Sandwich *nt* ④ *usu pl* BRIT, AUS *(fam)* *short for* **subscription** Abo *nt fam;* *(membership fee)* [Mitglieds]beitrag *m* **II.** *vi* <-bb-> *short for* **substitute:** ■**to ~ for sb** für jdn einspringen, jdn vertreten

sub- *in compounds* LAW ~**agency** Untervertretung *f;* ~**agent** Untervertreter *m;* ~**committee** Unterausschuss *m*

subagency [ˌsʌbˈeɪdʒᵊn(t)si] *n esp* AM Untervertretung *f,* Unteragentur *f*

subagent [ˌsʌbˈeɪdʒᵊnt] *n* Untervertreter(in) *m(f),* Unteragent(in) *m(f)*

subaltern [ˈsʌbᵊltən, AM səbˈɔːltɚn] *n* BRIT MIL Subalternoffizier *m fachspr*

subaqua [sʌbˈækwə] *adj attr, inv* BRIT Tauch-; ~ **diving** Tauchen *nt;* ~ **sports** Tauchsport *m*

subarctic [sʌbˈɑːktɪk, AM ˈɑːrk] *adj inv* subarktisch

subarid [sʌbˈærɪd, AM -ˈerɪd] *adj* GEOG halbtrocken, semiarid *fachspr*

subatomic [ˌsʌbəˈtɒmɪk, AM -ˈtɑːm-] *adj inv* PHYS subatomar; ~ **particle** subatomares Teilchen

subclass [ˈsʌbklɑːs, AM -klæs] *n* BIOL Unterklasse *f,* Unterabteilung *f*

subcommittee [ˈsʌbkəˌmɪti, AM -ţi] *n* Unterausschuss *m*

subcompact [ˌsʌbˈkɑːmpækt] *n* AM, **subcompact car** *n* AM *(small car)* Kleinwagen *m*

subconscious [sʌbˈkɒn(t)ʃəs, AM -ˈkɑːn-] **I.** *n no pl* Unterbewusstsein *nt,* [das] Unterbewusste **II.** *adj attr, inv* unterbewusst; **to exist only at the ~ level** nur im Unterbewusstsein existieren; ~ **mind** Unterbewusstsein *nt*

subconsciously [sʌbˈkɒn(t)ʃəsli, AM -ˈkɑːn-] *adv inv* *(not wholly consciously)* unterbewusst; *(intuitively)* unterbewusst, intuitiv

subcontinent [sʌbˈkɒntɪnənt, AM -ˈkɑːntᵊn-] *n* GEOG Subkontinent *m;* **the Indian ~** der Indische Subkontinent

subcontract **I.** *vt* [ˌsʌbkənˈtrækt, AM sʌbˈkɑːn-] ■**to ~ sth to sb/sth** etw an jdn/etw untervergeben [*o* [vertraglich] weitervergeben]; ■**to ~ sth out to sb/sth** etw an jdn/etw als Untervertrag hinausgeben **II.** *n* [ˈsʌbˌkɒntækt, AM -ˌkɑːn-] Subkontrakt *m,* Untervertrag *m*

subcontractor [ˌsʌbkənˈtræktəʳ, AM sʌbˈkɑːntræktɚ] *n* Subunternehmer(in) *m(f)*

subculture [ˈsʌbˌkʌltʃəʳ, AM -ɚ] *n* Subkultur *f*

subcutaneous [ˌsʌbkjuːˈteɪniəs] *adj inv* MED subkutan *fachspr;* ~ **injection** Injektion *f* unter die Haut, subkutane Injektion *fachspr*

subdivide [ˌsʌbdɪˈvaɪd] *vt* ■**to ~ sth** etw unterteilen; ■**to ~ sth among persons** etw nochmals unter [mehreren] Personen aufteilen; ■**to ~ sth into sth** etw in etw *akk* unterteilen

subdivision [ˌsʌbdɪˈvɪʒᵊn] *n* ① *(secondary division)* erneute Teilung; *(in aspects of a whole)* Aufgliederung *f,* Unterteilung *f* ② AM, AUS *(housing estate)* Wohngebiet *nt,* Wohnsiedlung *f*

subdominant [ˌsʌbˈdɒmɪnᵊnt, AM ˈdɑmə] *adj inv* MUS subdominantisch, unterdominantisch

subdue [səbˈdjuː, AM *esp* -ˈduː] *vt* ■**to ~ sth/sb** *(get under control)* etw/jdn unter Kontrolle bringen; *(bring into subjection)* etw/jdn unterwerfen; *(suppress)* etw/jdn unterdrücken; **to ~ an animal/emotion** ein Tier/Gefühl bändigen; **to ~ a fire** ein Feuer unter Kontrolle bringen; **to ~ a mob** eine Menge bändigen

subdued [səbˈdjuːd, AM *esp* -ˈduːd] *adj* *(controlled)* beherrscht; *(reticent)* zurückhaltend; *(toned down)* gedämpft; *(quiet)* leise, ruhig; *noise* gedämpft; ~ **colours** [*or* AM **colors**] düstere Farben; ~ **conversation** gedämpfte Unterhaltung; ~ **light/sound** gedämpftes Licht/gedämpfte Töne; ~ **mood** gedrückte Stimmung; **to speak in a ~ voice** mit gedämpfter Stimme sprechen

subedit [sʌbˈedɪt] *vt* JOURN, PUBL ■**to ~ sth** etw redigieren

subeditor [sʌbˈedɪtəʳ, AM -ţɚ] *n* ① *(assistant editor)* Redaktionsassistent(in) *m(f)* ② *(sb who edits copy for printing)* Redakteur(in) *m(f)*

subframe [ˈsʌbfreɪm] *n* ARCHIT Untergestell *nt*

subgroup [ˈsʌbgruːp] *n* Untergruppe *f,* Unterabteilung *f*

subhead [sʌbˈhed] *n,* **subheading** [ˈsʌbˌhedɪŋ] *n* Untertitel *m*

subhuman [sʌbˈhjuːmən] *adj inv* unmenschlich, menschenunwürdig; **to treat sb as ~** jdn wie einen Untermenschen behandeln

subject **I.** *n* [ˈsʌbdʒɪkt, -dʒekt] ① *(theme, topic)* Thema *nt;* ■**on the ~ of sb/sth** über jdn/etw; ***while we're on the ~*** wo wir gerade beim Thema sind; ***the planes have been the ~ of their concern*** die Flugzeuge waren Gegenstand ihrer Befürchtungen; ***the guest lecturer took as her ~ 'imprisonment in modern society'*** die Gastsprecherin hatte ‚die Freiheitsstrafe in der modernen Gesellschaft' zu ihrem Thema gewählt; ~ **of debate** [*or* **discussion**] Diskussionsthema *nt;* ***the plan has been the ~ of debate recently*** über den Plan wurde vor kurzem diskutiert; **to change the ~** das Thema wechseln; **to wander off the ~** vom Thema abschweifen ② *(person)* Versuchsperson *f,* Testperson *f* ③ *(field)* Fach *nt;* *(at school)* [Schul]fach *nt;* *(specific research area)* Spezialgebiet *nt,* Fachgebiet *nt;* ***he's better at arts ~s than science*** in den künstlerischen Fächern ist er besser als in den naturwissenschaftlichen; ***her ~ is low-temperature physics*** sie hat sich auf Kältephysik spezialisiert; **favourite** [*or* AM **favorite**] ~ Lieblingsfach *nt* ④ *(under monarchy)* Untertan(in) *m(f);* *(rare: not under monarchy)* Staatsbürger(in) *m(f)* ⑤ LING Subjekt *nt,* Satzgegenstand *m* **II.** *adj* [ˈsʌbdʒɪkt] ① *attr, inv* POL *(dominated)* *people* unterworfen ② *pred, inv* *(exposed to)* ■**to be ~ to sth** etw *dat* ausgesetzt sein; ***these flights are ~ to delay*** bei diesen Flügen muss mit Verspätung gerechnet werden; ***the goods are ~ to a 20% discount*** die Waren sind um 20% herabgesetzt; **to be ~ to colds** sich *akk* leicht erkälten; **to be ~ to many dangers** vielen Gefahren ausgesetzt sein; **to be ~ to depression** zu Depressionen neigen; **to be ~ to a high rate of tax** einer hohen Steuer unterliegen; **to be ~ to prosecution** LAW *offence* strafbar sein; *person* strafrechtlich verfolgt werden ③ *(contingent on)* ■**to be ~ to sth** von etw *dat* abhängig sein; **to be ~ to approval** genehmigungspflichtig sein; ~ **to payment** vorbehaltlich einer Zahlung, unter dem Vorbehalt einer Zahlung **III.** *adv* [ˈsʌbdʒɪkt] ■~ **to** wenn; ***we plan to go on Wednesday ~ to your approval*** wir haben vor, am Mittwoch zu gehen, wenn du nichts dagegen hast; ~ **to your consent** vorbehaltlich Ihrer Zustimmung **IV.** *vt* [səbˈdʒekt] ① *(subjugate)* ■**to ~ sb/sth** jdn/etw unterwerfen [*o geh* unterjochen] ② *usu passive* *(cause to undergo)* ■**to ~ sb/sth to sth** jdn/etw etw *dat* aussetzen; ■**to be ~ed to sb/sth** jdm/etw ausgesetzt [*o* unterworfen] sein; ***everyone interviewed had been ~ed to unfair treatment*** alle Interviewten waren unfair behandelt worden; **to ~ sb/sth to criticism** jdn/etw kritisieren; **to ~ sb to a lie-detector test** jdn einem Lügendetektortest unterziehen; **to ~ sb to torture** jdn foltern

subject catalog AM, **subject catalogue** *n* Schlagwortkatalog *m* **subject index** *n* Sachregister *nt*

subjection [səbˈdʒekʃᵊn] *n no pl* POL Unterwerfung *f;* **to be in ~ to sth/sb** von etw/jdm abhängig sein

subjective [səbˈdʒektɪv] *adj* subjektiv

subjectively [səbˈdʒektɪvli, AM -tɪv-] *adv* subjektiv; ~ ***speaking, I don't like him*** ich persönlich mag ihn nicht

subjectivism [səbˈdʒektɪvɪzᵊm] *n no pl* PHILOS Subjektivismus *m*

subjectivity [ˌsʌbdʒekˈtɪvəti, AM -əţi] *n no pl* Subjektivität *f*

subject matter *n* Thema *nt;* *of a meeting* Gegenstand *m;* *of a book* Inhalt *m;* *of a film* Stoff *m* eines Films

sub judice [ˌsʌbˈdʒuːdɪsi, AM -əsi] *adj pred, inv* LAW [noch] anhängig, [noch] nicht entschieden, rechtshängig

subjugate [ˈsʌbdʒəgeɪt] *vt* ① *(make subservient)* ■**to ~ sb/sth** jdn/etw unterwerfen [*o* unterjochen] ② *(make subordinate to)* ■**to ~ sth to sth/sb** etw zu Gunsten einer S. *gen*/zu jds Gunsten einschränken; ■**to ~ oneself to sb/sth** sich *akk* jdm/etw unterwerfen

subjugation [ˌsʌbdʒəˈgeɪʃᵊn] *n* Unterwerfung *f,* Unterjochung *f*

subjunctive [səbˈdʒʌŋ(k)tɪv] **I.** *n no pl* LING Konjunktiv *m;* **to be in the ~** im Konjunktiv stehen **II.** *adj inv* LING konjunktivisch, Konjunktiv-; ~ **construction** Konjunktivkonstruktion *f;* ~ **mood** Konjunktiv *m*

sublease **I.** *vt* [ˈsʌbliːs] ■**to ~ sth** [to sb] *(sublet)* [jdm]etw untervermieten; *(give leasehold)* [jdm] etw unterverpachten **II.** *n* [sʌbˈliːs] ① *(sublet)* Untermiete *f,* Untervermietung *f;* *(give leasehold)* Unterverpachtung *f* ② *(contract)* Untermietvertrag *m,* Unterpachtvertrag *m*

sublet [sʌbˈlet] **I.** *vt* <-tt-, sublet, sublet> ■**to ~ sth** [to sb] [jdm] etw untervermieten; *land, property* [jdm] etw unterverpachten **II.** *n* untervermietetes Objekt *f*

subletting [sʌbˈletɪŋ, AM -ţɪŋ] *n* Untervermietung *f*

sublieutenant [ˌsʌblefˈtenənt] *n* BRIT MIL Oberleutnant *m* zur See; **acting ~** Leutnant *m* zur See

sublimate [ˈsʌblɪmeɪt] *vt* PSYCH ■**to ~ sth** etw sublimieren *geh o fachspr*

sublimation [ˌsʌblɪˈmeɪʃᵊn] *n no pl* PSYCH Sublimierung *f fachspr*

sublime [səˈblaɪm] **I.** *adj* ① *(imposing, majestic)* erhaben ② *(usu iron: very great)* komplett *fam,* vollendet *iron;* **a ~ idiot** ein kompletter Idiot *fam* **II.** *n* ■**the ~** das Erhabene; **to go from the ~ to the ridiculous** tief sinken

sublimely [səˈblaɪmli] *adv* *(majestic)* erhaben; *(moving)* ergreifend; ***the play is ~ funny*** das Stück ist unglaublich lustig *fam;* *(altogether)* ganz und gar; **to be ~ unaware of sth** von etw *dat* überhaupt keine Ahnung haben

subliminal [sʌbˈlɪmɪnᵊl, AM -mᵊn-] *adj* PSYCH *(covert)* unterschwellig; ~ **message** unterschwellige Botschaft; *(subconscious)* unterbewusst; **the ~ self** das Unterbewusste

subliminal advertising *n* unterschwellige Werbung

sublimity [səˈblɪməti, AM -əţi] *n no pl* *(liter)* Erhabenheit *f geh*

submachine gun [ˌsʌbməˈʃiːn,-] *n* Maschinenpistole *f*

submarine [ˌsʌbmᵊrˈiːn, AM ˈsʌbməriːn] **I.** *n* ① *(boat)* U-Boot *nt,* Unterseeboot *nt;* **nuclear ~** Atom-U-Boot *nt* ② AM *(doorstep sandwich)* Jumbo-Sandwich *nt* **II.** *n modifier* *(crew, navigation, radar)* U-Boot-; ~ **chaser** U-Boot-Jäger *m;* ~ **fleet** U-Boot-Flotte *f;* ~ **navigation** Unterwassernavigation *f;* ~ **radar** Sonar *nt* **III.** *adj inv* Unterwasser-, unterseeisch, submarin *fachspr;* ~ **blasting** Unterwassersprengung *f;* ~ **mine** Unterwassermine *f;* ~ **telephone cable** Tiefseetelefonkabel *nt,* Unterwassertelefonkabel *nt*

submariner [sʌbˈmærɪnəʳ, AM ˌsʌbməˈriːnɚ] *n* Matrose *m* auf einem U-Boot

submarine sandwich *n* AM *(doorstep sandwich)* Jumbo-Sandwich *nt*

submenu [ˌsʌbˈmenjuː] *n* COMPUT Untermenü *nt*

submerge [səbˈmɜːdʒ, AM -ˈmɜːrdʒ] **I.** *vt* ① *(place under water)* ■**to ~ sth/sb** etw/jdn tauchen (**in** in +*akk*) ② *(override)* ■**to ~ sth** etw vereinnahmen; ***work on the dictionary began to ~ his other interests*** die Arbeit an dem Wörterbuch ließ ihn seine anderen Interessen allmählich vernachlässigen ③ *(immerse)* ■**to ~ oneself in sth** sich *akk* in etw *akk* vertiefen, in etw *akk* eintauchen ④ *(inundate)* ■**to ~ sth** etw überschwemmen [*o* überfluten] [*o* unter Wasser setzen] **II.** *vi* abtauchen, untertauchen

submerged [səbˈmɜːdʒd, AM -ˈmɜːr-] *adj inv* ① *(under water)* unter Wasser *nach n;* *(sunken)* versunken; ~ **fields** überschwemmte Felder; ~ **wreck** Wrack *nt* unter Wasser ② *(hidden)* versteckt, verborgen; **the ~ parts of the personality** die verborgenen Teile der Persönlichkeit

submersible [səbˈmɜːsəbl, AM -ˈmɜːr-] *n* Tauchboot *nt,* Unterseeboot *nt*

submersion [səbˈmɜːʃᵊn, AM -ˈmɜːrʒ-] *n no pl* Eintauchen *nt,* [Unter]tauchen *nt*

submission [səbˈmɪʃᵊn] *n no pl* ① (*compliance*) Unterwerfung *f,* Unterordnung *f; to orders, wishes etc.* Gehorsam *m;* **to force sb into ~** jdn zwingen, sich *akk* zu unterwerfen; **to frighten sb into ~** jdn durch Einschüchterung fügsam machen; **to starve sb into ~** jdn aushungern ② *no pl* (*handing in*) Einreichung *f,* Abgabe *f;* **~ of an application** Einreichung *f* eines Antrags; **~ of an offer** Angebotsabgabe *f* ③ (*sth submitted*) Vorlage *f,* Eingabe *f* ④ LAW (*form: hypothesis*) Behauptung *f;* (*petition*) Antrag *m;* **in my ~** LAW (*form*) meiner Meinung nach

submissive [səbˈmɪsɪv] *adj* (*subservient*) unterwürfig *pej;* (*humble*) demütig; (*obedient*) gehorsam

submissively [səbˈmɪsɪvli] *adv* (*in a subservient manner*) unterwürfig *pej;* (*humbly*) demütig; (*obediently*) gehorsam

submissiveness [səbˈmɪsɪvnəs] *n no pl* (*obedience*) Gehorsam *m;* (*subservience*) Unterwürfigkeit *f pej;* (*humbleness*) Demut *f*

submit <-tt-> [səbˈmɪt] **I.** *vt* ① (*yield*) ■**to ~ oneself to sth/sb** sich *akk* etw/jdm unterwerfen; **to ~ oneself to the new rules** sich *akk* den neue Regeln anpassen ② (*agree to undergo*) **to ~ oneself to a treatment** sich *akk* einer Behandlung unterziehen ③ (*hand in*) ■**to ~ sth** etw einreichen; ■**to ~ sth to sb** jdm etw vorlegen; **to ~ a bid** ein Angebot vorlegen; **to ~ an entry form** ein Anmeldeformular abgeben [*o* einreichen]; **to ~ a report** einen Bericht vorlegen; **to ~ a request in triplicate** ein Gesuch in dreifacher Ausfertigung einreichen ④ (*form: state*) ■**to ~ that ...** behaupten, dass ...; (*for consideration*) zu bedenken geben, dass ... ⑤ LAW (*plead in court*) ■**to ~ sth** etw einreichen [*o* vorlegen] **II.** *vi* (*resign*) aufgeben; (*yield*) nachgeben, sich *akk* beugen; (*yield unconditionally*) sich *akk* unterwerfen; ■**to ~ to sth** sich *akk* etw *dat* beugen/unterwerfen/etw *dat* nachgeben; **to ~ to sb's will** jds Willen nachgeben/sich *akk* jds Willen unterwerfen/beugen

subnormal [sʌbˈnɔːmᵊl, AM -ˈnɔːrm-] *adj* ① (*mentally*) minderbegabt; **educationally ~** lernbehindert ② (*below average*) unterdurchschnittlich

subordinate I. *n* [səˈbɔːdᵊnət, AM -ˈbɔːrdᵊnɪt] Untergebene(r) *f(m)* **II.** *vt* [səˈbɔːdɪneɪt, AM -ˈbɔːrdᵊn-] ■**to ~ sth to sth** etw etw *dat* unterordnen; ■**to be ~d to sb/sth** jdm/etw untergeordnet sein; **to ~ one's private life to one's career** sein Privatleben seiner Karriere unterordnen **III.** *adj* [səˈbɔːdᵊnət, AM -ˈbɔːrdᵊnɪt] ① (*secondary*) zweitrangig, nebensächlich; **to be ~ to sth** etw *dat* untergordnet sein ② (*lower in rank*) untergeordnet, rangniedriger; **~ role** untergeordnete Rolle

subordinate clause *n* Nebensatz *m*

subordination [səˌbɔːdɪˈneɪʃᵊn, AM -ˌbɔːrdᵊnˈeɪ-] *n no pl* ① (*inferior status*) Unterordnung *f* (**to** unter +*akk*) ② (*submission*) Zurückstellung *f*

suborn [səˈbɔːn, AM -ˈbɔːrn] *vt* LAW (*spec*) ■**to ~ sb to do sth** jdn dazu anstiften, etw zu tun; **to ~ witnesses** Zeugen bestechen

subpar [sʌbˈpɑːʳ, AM -ˈpɑːr] *adj inv* suboptimal *geh*

subplot [ˈsʌbplɒt, AM -plɑːt] *n* Nebenhandlung *f*

subpoena [səbˈpiːnə, AM səˈp-] LAW **I.** *vt* <-ed, -ed *or* -ˈd, -ˈd> ① (*order to attend*) ■**to ~ sb** jdn [unter Strafandrohung] [vor]laden; **to ~ sb to testify** jdn als Zeugen vorladen ② (*order to submit*) **to ~ documents from sb** von jdm die Vorlage von Dokumenten verlangen **II.** *n* Vorladung *f,* Ladung *f fachspr;* **to issue a ~** eine Ladung erlassen *fachspr;* **to serve a ~ on sb** jdn vorladen

sub-post office [ˌsʌbˈpəʊstˌɒfɪs] *n* BRIT Poststelle *f*

sub-Saharan [ˌsʌbsəˈhɑːrən, AM -ˈherən] *adj* südlich der Sahara *nach n;* **~ region** Region *f* südlich der Sahara

subscribe [səbˈskraɪb] **I.** *vt* ■**to ~ sth** ① PUBL (*arrange to offer*) etw subskribieren *fachspr;* **to ~ a book** ein Buch subskribieren ② (*form: sign*) etw unterzeichnen [*o* unterschreiben]; **to ~ for shares** STOCKEX neue Aktien zeichnen ③ (*appeal*) etw spenden; ■**to be ~d** als Spende zugesichert sein; **to ~ one's signature to a document** eine Unterschrift leisten **II.** *vi* ① (*pay regularly for*) ■**to ~ to sth** *newspaper, magazine* etw abonnieren; *TV channels* Gebühren bezahlen ② (*pay regularly to organisations*) Beiträge zahlen; **to ~ to the RSPCA** zahlendes Mitglied bei der RSPCA sein ③ ■**to ~ for sth** PUBL etw vorbestellen; ECON etw zeichnen ④ (*agree*) ■**to ~ to sth** etw *dat* beipflichten [*o* zustimmen]; ***I cannot ~ to what you have just stated*** ich kann dir in diesem Punkt nicht zustimmen; **to ~ to an opinion** eine Meinung unterstützen ⑤ STOCKEX (*offer to purchase*) **to ~ to shares** Aktien *fpl* zeichnen

◆**subscribe for** *vt* **to ~ for shares** Aktien zeichnen

subscriber [səbˈskraɪbəʳ, AM -ɚ] *n* ① (*regular payer*) *newspaper, magazine* Abonnent(in) *m(f); TV channels* Gebührenentrichter(in) *m(f) form;* **~ to a magazine** Zeitschriftenabonnent(in) *m(f)* ② (*form: signatory*) Unterzeichnete(r) *f(m),* Unterzeichnende(r) *f(m)* ③ (*to a fund*) Spender(in) *m(f)* ④ (*to an opinion*) Befürworter(in) *m(f)* ⑤ (*paying for service*) Kunde, -in *m, f* ⑥ STOCKEX (*of shares*) Zeichner(in) *m(f)* ⑦ COMPUT Teilnehmer(in) *m(f)*

subscriber trunk dialling *n* BRIT Selbstwählferndienst *m*

subscript [ˈsʌbskrɪpt] **I.** *adj* TYPO tiefgestellt **II.** *n* COMPUT [tiefstehender] Index

subscription [səbˈskrɪpʃᵊn] *n* ① (*amount paid*) *newspaper, magazine* Abonnementgebühr *f,* Abonnementbeitrag *m; TV channels* Fernsehgebühr *f* ② (*agreement to receive*) Abonnement *nt;* **~ to a magazine** Zeitschriftenabonnement *nt;* **to buy sth by ~** BRIT etw im Abonnement beziehen; **to cancel/renew a ~** ein Abonnement kündigen/verlängern; **to take out a ~ to sth** etw abonnieren ③ (*membership fee*) [Mitglieds]beitrag *m;* **~ *to the tennis club*** Mitgliedsbeitrag für den Tennisclub; **annual ~ to sth** Jahresbeitrag *m* für etw *akk* ④ (*money raised*) Spende *f,* Spendenbetrag *m;* **by public ~** mit Hilfe von Spenden ⑤ PUBL (*advance agreement to buy book*) Subskription *f fachspr,* Vorbestellung *f* ⑥ STOCKEX (*agreement to purchase*) **~ to shares** Zeichnung *f* von Aktien

subscription concert *n* Abonnementkonzert *nt*

subscription rate *n* Bezugspreis *m; newspaper, magazine, theater, football, cinema* Abonnementpreis *m*

subsection [ˈsʌbˌsekʃᵊn] *n* Unterabschnitt *m,* Unterabteilung *f;* LAW *legal text* Paragraph *m,* Absatz *m*

subsequent [ˈsʌbsɪkwənt] *adj inv* (*resulting*) [nach]folgend, anschließend; (*later*) später; **~ *events confirm original doubts*** spätere Ereignisse bestätigen die anfänglichen Zweifel; ■**~ to sth** im Anschluss an etw *akk,* nach etw *dat;* **~ treatment** Nachbehandlung *f*

subsequently [ˈsʌbsɪkwəntli] *adv inv* (*later*) später, anschließend, danach

subserve [səbˈsɜːv, AM ˈsɜːrv] *vt* ■**to ~ sth** etw dienen

subservience [səbˈsɜːviən(t)s, AM -ˈsɜːrv-] *n no pl* Unterwürfigkeit *f pej;* ■**~ to sth/sb** Unterwürfigkeit etw/jdm gegenüber

subservient [səbˈsɜːviənt, AM -ˈsɜːrv-] *adj* ① (*pej: servile*) unterwürfig *pej,* servil *pej geh;* ■**to be ~ to sth/sb** etw/jdm dienen ② (*serving as means*) ■**to be ~ to sth** etw *dat* dienen; ***the cable is ~ to the transmission of electrical energy*** das Kabel dient der Leitung von Elektrizität

subserviently [səbˈsɜːviəntli, AM -ˈsɜːrv-] *adv* (*pej*) unterwürfig *pej,* servil *pej geh*

subset [ˈsʌbset] *n* (*sub-classification*) Untermenge *f;* MATH (*special type of set*) Teilmenge *f*

subside [səbˈsaɪd] *vi* ① (*abate*) nachlassen, sich *akk* legen, abklingen; ***the pain in my foot ~d*** der Schmerz in meinem Fuß ließ nach; ***the fever has ~d*** das Fieber ist gesunken; ***the commotion will soon ~*** der Aufruhr wird sich bald legen; ***the flooding has begun to ~*** die Flut geht allmählich zurück; ***the storm is subsiding*** der Sturm flaut ab ② (*into sth soft or liquid*) absinken, einsinken, absacken, sich *akk* senken [*o* setzen]; ***the ground was in danger of subsiding*** der Boden war in Gefahr, abzusacken

subsidence [səbˈsaɪdᵊn(t)s, AM ˈsʌbsɪd-] *n no pl* Senkung *f,* Absenken *nt,* Absacken *nt*

subsidiarity [səbˌsɪdiˈærəti, AM -ˈerəṭi] *n no pl* POL Subsidiarität *f fachspr;* **principle of ~** Subsidiaritätsprinzip *nt*

subsidiary [səbˈsɪdiᵊri, AM -eri] **I.** *adj* untergeordnet, Neben-, subsidiär *fachspr;* **~ company** ECON Tochtergesellschaft *f;* **~ reasons** zweitrangige Gründe **II.** *n* ECON Tochtergesellschaft *f*

subsidization [ˌsʌbsɪdaɪˈzeɪʃᵊn, AM -dɪˈzeɪ-] *n* FIN (*financial support*) Subvention *f;* (*to reduce prices*) Subventionierung *f,* Bezuschussung *f,* Förderung *f*

subsidize [ˈsʌbsɪdaɪz, AM -sə-] *vt* ■**to ~ sth** etw subventionieren [*o* finanziell unterstützen]; **~d housing** Sozialwohnungen *fpl*

subsidizer [ˈsʌbsɪdaɪzəʳ, AM -sədaɪzɚ] *n* FIN Subventionsträger *m,* Subventionszahler *m*

subsidy [ˈsʌbsɪdi, AM -sə-] *n* Subvention *f* (**to** für +*akk*); **to grant** [*or* **pay**] **a ~ to sb/sth** jdn/etw subventionieren; **to receive a ~** subventioniert werden

subsist [səbˈsɪst] *vi* ① (*exist*) existieren ② (*make a living*) leben; ■**to ~ on sth** von etw *dat* leben; ***he ~s by writing novels*** er lebt vom Romaneschreiben ③ (*nourish*) sich *akk* ernähren

subsistence [səbˈsɪstən(t)s] **I.** *n* ① (*minimum for existence*) [Lebens]unterhalt *m;* ***they produced food for their own ~*** sie erzeugten Nahrungsmittel für den eigenen Bedarf; **enough for a bare ~** gerade genug zum [Über]leben ② (*livelihood*) **means of ~** Lebensgrundlage *f* **II.** *adj attr, inv* Existenz-; **~ farming** Subsistenzwirtschaft *f fachspr*

subsistence allowance *n esp* BRIT Unterhaltszuschuss *m*

subsistence level *n* Existenzminimum *nt*

subsistence wage *n* Mindestlohn *m*

subsoil [ˈsʌbsɔɪl] *n no pl* Untergrund *m*

subsonic [sʌbˈsɒnɪk, AM -ˈsɑːn-] *adj inv* Unterschall-; **at ~ speed** mit Unterschallgeschwindigkeit

subspecies [ˈsʌbˌspiːʃiːz] *n* Unterart *f,* Subspezies *f*

substance [ˈsʌbstᵊn(t)s] *n* ① (*material element*) Substanz *f,* Stoff *m;* (*material*) Materie *f kein pl;* **chemical ~** Chemikalie *f;* **organic ~** organische Substanz; **polluting ~s** Umweltgifte *ntpl* ② (*narcotic*) **illegal ~** (*form*) Droge *f* ③ *no pl* (*essence*) Substanz *f,* Gehalt *m,* wesentlicher Inhalt; **~ of a novel** Gehalt *m* eines Romans ④ *no pl* (*significance*) Substanz *f;* (*decisive significance*) Gewicht *nt;* ***the book lacks ~*** das Buch hat keine Substanz; ***there is no ~ in this allegation*** diese Behauptung entbehrt jeder Grundlage; **to give ~ to sth** etw *dat* Gewicht verleihen ⑤ *no pl* (*main point*) Wesentliche *nt,* Kern *m,* Essenz *f;* **the ~ of the conversation** das Wesentliche der Unterhaltung; **in ~** im Wesentlichen ⑥ *no pl* (*wealth*) Vermögen *nt;* **a man of ~** ein vermögender Mann

substance abuse *n* Drogenkonsum *m,* Drogenmissbrauch *m pej*

substance abuser *n* Drogenkonsument(in) *m(f)*

substandard [sʌbˈstændəd, AM -ɚd] *adj* unterdurchschnittlich, minderwertig; **~ English** (*colloquial*) umgangssprachliches Englisch; (*not received*) nicht dem hochsprachlichen Englisch entsprechend; **~ goods** Ausschussware *f;* **~ language** Umgangssprache *f;* **~ quality** unzulängliche Qualität

substantial [səbˈstæn(t)ʃᵊl] *adj attr* ① (*significant*) bedeutend; **~ contribution** wesentlicher Beitrag; **~ difference** erheblicher Unterschied; **~ evidence** hinreichender Beweis; **~ improvement** deutliche Verbesserung ② (*weighty*) überzeugend, stichhaltig; **~ argument** stichhaltiges Argument ③ (*large amount*) beträchtlich, erheblich; ***his novel needed a ~ amount of rewriting*** ein beträchtlicher Teil seines Romans musste umgeschrieben werden; **~ breakfast** gehaltvolles Frühstück; **~ decrease** deutlicher Rückgang; **~ fortune** bedeuten-

S

des Vermögen; ~ **increase** erhebliche Zunahme; ~ **number** bedeutende Anzahl; ~ **sum** stattliche Summe ❹ (*of solid material or structure*) solide; (*physically also*) kräftig, stark ❺ (*largely true*) **the ~ truth** die reine Wahrheit ❻ (*concerning most significant points*) wesentlich; **to be in ~ agreement** sich *akk* weitgehend einig sein, im Wesentlichen übereinstimmen

substantially [səbˈstæn(t)ʃəli] *adv* ❶ (*significantly*) beträchtlich, erheblich; ***the new rules will ~ change how we do things*** die neuen Regeln werden unsere Vorgehensweise von Grund auf ändern ❷ (*in the main*) im Wesentlichen

substantiate [səbˈstæn(t)ʃieɪt] *vt* ■**to ~ sth** etw bekräftigen [*o* erhärten] [*o* untermauern]; *report* etw bestätigen; **to ~ a claim** einen Anspruch begründen

substantiation [səbˌstæn(t)ʃiˈeɪʃən] *n no pl* ❶ (*evidence*) Erhärtung *f*, Untermauerung *f* ❷ (*support*) **in ~ of sth** zur Erhärtung einer S. *gen*

substantive [ˈsʌbstəntɪv, AM -t̬ɪv] *adj* beträchtlich, wesentlich, bedeutend; (*real*) materiell, wirklich; ~ **argument** stichhaltiges Argument; ~ **information** wichtige Informationen; ~ **law** materielles Recht

substation [ˈsʌbˌsteɪʃən] *n* ❶ (*organisation branch*) Nebenstelle *f*, Außenstelle *f*; **police ~** AM Polizeidienststelle *f* ❷ ELEC (*relay station*) Hochspannungsverteilungsanlage *f*

substitute [ˈsʌbstɪtjuːt, AM -stətuːt, -tjuːt] **I.** *vt* ■**to ~ sth/sb for sth/sb** etw/jdn durch etw/jdn ersetzen, etw/jdn gegen etw/jdn austauschen; ■**to ~ sth/sb with sth/sb** (*fam*) etw/jdn durch etw/jdn ersetzen; **to ~ margarine for butter** anstelle von Butter Margarine benutzen/essen/etc.; ■**to ~ sb for sb** FBALL, SPORTS jdn gegen jdn auswechseln [*o* austauschen] **II.** *vi* (*take over from*) als Ersatz dienen, einspringen (**for** für +*akk*); (*deputize*) als Stellvertreter fungieren (**for** für +*akk*); ■**to ~ for sb** jdn vertreten, für jdn einspringen **III.** *n* ❶ (*replacement*) Ersatz *m*; **meat ~** Fleischersatz *m*; **there's no ~ for sth/sb** es geht nichts über etw/jdn; **to be a poor ~ for sth** kein guter Ersatz für etw *akk* sein ❷ LAW [Stell]vertreter(in) *m(f)*, Vertretung *f*, Ersatz *m* ❸ (*replacement player*) Ersatzspieler(in) *m(f)*, Auswechselspieler(in) *m(f)*; **to bring on** [*or* AM **send in**] **a ~** einen Ersatzspieler einwechseln; **to come on as a ~** als Auswechselspieler ins Spiel kommen

substitute teacher *n* AM (*supply teacher*) Vertretung *f*, Aushilfslehrer(in) *m(f)*

substitution [ˌsʌbstɪˈtjuːʃən, AM -stəˈtuːʃən, -tjuː-] *n* ❶ (*replacement*) Ersetzung *f* ❷ SPORTS (*action of replacing*) Austausch *m*, [Spieler]wechsel *m*, Auswechs[e]lung *f*; ***the ~ of Smith by Brown was a last desperate attempt to save the match*** Smith gegen Brown auszuwechseln war ein letzter, verzweifelter Versuch, das Spiel zu retten ❸ LAW (*illegal switching*) Ersetzung *f*, Vertauschen *nt*

substrate [ˈsʌbstreɪt] *n* Substrat *nt*

substratum [sʌbˈstrɑːtəm, AM -ˈstreɪt̬-] *n* ❶ GEOL (*deep[er] layer*) Unterschicht *f* ❷ (*fig: common basis*) Grundlage *f*, Basis *f*

substructure [ˈsʌbˌstrʌktʃər, AM -ɚ] *n* ❶ (*supporting construction*) Unterbau *m*, Fundament *nt* ❷ (*fig: basis, foundation*) Grundlage *f*, Fundament *nt*, Basis *f*

subsume [səbˈsjuːm, AM -ˈsuːm] *vt usu passive* (*form*) ■**to ~ sth/sb into sth** etw/jdn in etw *akk* einordnen; (*several*) etw/jdn zu etw *dat* zusammenfassen; **to ~ sth under a category** etw einer Kategorie zuordnen, etw unter einer Kategorie zusammenfassen

subsystem [ˈsʌbˌsɪstəm] *n* Subsystem *nt geh*, Teilsystem *nt*

subtenant [sʌbˈtenənt, AM ˈsʌbˌt-] *n* Untermieter(in) *m(f)*

subtend [səbˈtend] *vt* ■**to ~ sth** etw [ab]schneiden [*o* begrenzen]

subterfuge [ˈsʌbtəfjuː(d)ʒ, AM -tɚ-] *n* List *f*, Trick *m*; **to resort to ~** zu einer List greifen; **by ~** arglistig

subterranean [ˌsʌbtərˈeɪniən, AM -təˈreɪ-] *adj inv* ❶ GEOL (*below ground*) unterirdisch ❷ (*fig: subcultural, alternative*) Untergrund-; ~ **economy** Untergrundwirtschaft *f*

subtext [ˈsʌbtekst] *n* Botschaft *f*; ■**to have a ~ with sb** eine Verbindung zu jdm haben

subtitle [ˈsʌbˌtaɪtl, AM -t̬l] **I.** *vt* ❶ (*add captions*) **to ~ a film** einen Film untertiteln [*o* mit Untertiteln versehen] ❷ (*add secondary book title*) **to ~ a work** einem Werk einen Untertitel geben **II.** *n* ❶ (*secondary title on book*) Untertitel *m* ❷ (*caption*) ■**~s** *pl* Untertitel *mpl*; **with English ~s** mit englischen Untertiteln

subtitled [ˈsʌbˌtaɪtl̩d, AM -t̬l̩d] *adj inv* ❶ (*bearing secondary title*) mit Untertitel *nach n* ❷ (*captioned*) untertitelt

subtle <-er, -est *or* more ~, most ~> [ˈsʌtl, AM -t̬l] *adj* ❶ (*approv: understated*) fein[sinnig], subtil; ~ **humour** [*or* AM **humor**] subtiler Humor; ~ **irony** hintersinnige Ironie ❷ (*approv: delicate*) ~ **flavour** [*or* AM **flavor**] feines Aroma; ~ **nuance** feine Nuance; ~ **tact** ausgeprägtes Taktgefühl; (*elusive*) subtil; ~ **charm** unaufdringlicher Charme ❸ (*slight but significant*) fein, subtil; ~ **difference** [*or* **distinction**] feiner Unterschied; ~ **hint** kleiner Hinweis ❹ (*approv: astute*) scharfsinnig, raffiniert; ~ **plan** raffinierter Plan; ~ **question** scharfsinnige Frage; ~ **strategy** geschickte Strategie; ~ **suggestion** raffinierter Vorschlag

subtlety [ˈsʌtl̩ti, AM -t̬l-] *n* (*approv*) ❶ (*discernment*) Scharfsinnigkeit *f*, Raffiniertheit *f* ❷ (*delicate but significant*) Feinheit *f*, Subtilität *f*; **the subtleties of language** die Feinheiten der Sprache

subtly [ˈsʌtl̩i, AM -t̬l̩i] *adv* (*approv*) auf subtile Weise, geschickt, subtil; ~ **perfumed** zart duftend

subtotal [ˈsʌbˌtəʊtəl, AM -ˌtoʊt̬-] *n* Zwischensumme *f*

subtract [səbˈtrækt] *vt* ■**to ~ sth** [**from sth**] etw [von etw *dat*] abziehen [*o geh* subtrahieren]; ***four ~ed from ten equals six*** zehn minus vier ergibt sechs

subtraction [səbˈtrækʃən] *n no pl* Subtraktion *f*

subtropical [sʌbˈtrɒpɪkəl, AM -ˈtrɑːp-] *adj inv* subtropisch; ~ **regions** Subtropen *pl*

suburb [ˈsʌbɜːb, AM -bɜːrb] *n* (*outlying area*) Vorstadt *f*, Vorort *m*; **outer ~** Stadtrandsiedlung *f*; ■**the ~s** *pl* der Stadtrand, die Randbezirke *mpl*; **to live in the ~s** am Stadtrand wohnen

suburban [səˈbɜːbən, AM -ˈbɜːrb-] *adj* ❶ (*of the suburbs*) Vorstadt-, Vorort-, vorstädtisch; ***they live in ~ Washington*** sie wohnen in einem Vorort von Washington; ~ **commuters** Pendler *pl* (*aus den Vororten*); ~ **housing estate** BRIT Stadtrandsiedlung *f*; ~ **life** Leben *nt* in den Vororten [*o* Vorstädten]; ~ **line** Vorort[s]bahn *f*; ~ **sprawl** Zersiedelung *f* ❷ (*pej: provincial*) spießig *pej fam*, kleinbürgerlich *pej*, provinziell *meist pej*

suburbanite [səˈbɜːbənaɪt, AM -ˈbɜːrb-] *n* AM, AUS Vorstädter(in) *m(f)*

suburbia [səˈbɜːbiə, AM -ˈbɜːrb-] *n no pl* (*esp pej*) ❶ (*areas*) Vororte *mpl*, Randbezirke *mpl*; **to live in the heart of ~** mitten in einem Vorort wohnen ❷ (*people*) Vorstadtbewohner *pl*; **London ~** die Vorstadtbewohner von London

subvention [səbˈven(t)ʃən] *n* [staatliche] Subvention, öffentliche Finanzbeihilfe

subversion [səbˈvɜːʃən, AM -ˈvɜːrʒ-] *n no pl* ❶ (*undermining*) Subversion *f geh*, Unterwanderung *f*; ***he was found guilty of ~*** er wurde des Landesverrats für schuldig befunden; ~ **of democracy** Gefährdung *f* der Demokratie; ~ **of the state** Staatsgefährdung *f*; ~ **of the system** Unterwanderung *f* des Systems ❷ (*successful putsch*) [Um]sturz *m*; ~ **of a government** Sturz *m* einer Regierung

subversive [səbˈvɜːsɪv, AM -ˈvɜːr-] **I.** *adj* subversiv *geh*, umstürzlerisch, staatsgefährdend; ~ **activities** subversive [*o* staatsgefährdende] Tätigkeiten *geh*; ~ **elements** subversive Elemente; ~ **ideas** umstürzlerische Ideen **II.** *n* Umstürzler(in) *m(f)*, subversives Element *pej*

subversively [səbˈvɜːsɪvli, AM -ˈvɜːr-] *adv* subversiv *geh*

subversiveness [səbˈvɜːsɪvnəs, AM -ˈvɜːr-] *n no pl* subversives Wesen *geh*, staatsgefährdende Natur; ~ **of a book** staatsgefährdende Natur eines Buches

subvert [sʌbˈvɜːt, AM -ˈvɜːrt] *vt* ■**to ~ sth** ❶ (*overthrow*) etw stürzen; **to ~ a government** eine Regierung stürzen ❷ (*undermine principle*) etw unterminieren [*o* untergraben]; **to ~ the Christianity of the established church** das Christentum der etablierten Kirche unterminieren ❸ (*destroyed*) etw zunichte machen

subway [ˈsʌbweɪ] *n* ❶ BRIT, AUS (*subterranean walkway*) Unterführung *f* ❷ *esp* AM (*underground railway*) U-Bahn *f*; ~ **system** U-Bahnnetz *nt*

sub-zero [sʌbˈzɪərəʊ, AM -ˈzɪroʊ] *adj* unter Null [Grad] *nach n*, unter dem Gefrierpunkt *nach n*; ~ **temperatures** Minusgrade *mpl*, Minustemperaturen *fpl*

succeed [səkˈsiːd] **I.** *vi* ❶ (*achieve purpose*) Erfolg haben, erfolgreich sein; ■**to ~ in sth** mit etw *dat* Erfolg haben; ***they ~ed in their attempt*** ihr Versuch war ein Erfolg; ■**to ~ in doing sth** etw mit Erfolg tun; ***they will only ~ in making things worse*** damit erreichen sie nur, dass alles noch schlimmer wird; ***with a single remark you've ~ed in offending everyone*** (*iron*) mit einer einzigen Bemerkung hast du es geschafft, alle vor den Kopf zu stoßen; **to ~ in business** geschäftlich erfolgreich sein; **to ~ whatever the circumstances** unter allen Umständen Erfolg haben; **the plan ~ed** der Plan ist gelungen ❷ (*follow*) nachfolgen, die Nachfolge antreten, Nachfolger/in werden; ■**to ~ to sth** die Nachfolge in etw *dat* antreten; **to ~ to an office** die Nachfolge in einem Amt antreten; **to ~ to the throne** die Thronfolge antreten; **to ~ to [great] wealth** [große] Reichtümer erben ► PHRASES: **if at <u>first</u> you don't ~, try, try again** (*prov*) wirf die Flinte nicht gleich ins Korn *fam* **II.** *vt* ■**to ~ sb** [**as sth**] jds Nachfolge [als etw *akk*] antreten; **to ~ sb in office** jds Amt übernehmen, jdm im Amt nachfolgen; **to ~ sb in a post** jds Stelle antreten

succeeding [səkˈsiːdɪŋ] *adj attr* ❶ (*next in line*) [nach]folgend; ~ **monarchs** nachfolgende Monarchen ❷ (*subsequent*) aufeinander folgend; ~ **generations** spätere Generationen; **in the ~ weeks** in den darauf folgenden Wochen

success <*pl* -es> [səkˈses] *n* ❶ *no pl* (*attaining goal*) Erfolg *m*; ***the second round of peace talks met with no better ~ than the first*** die zweite Runde Friedensverhandlungen war ebenso wenig erfolgreich wie die erste; **to be a big ~ with sb** bei jdm einschlagen [*o* gut ankommen] *fam*; **to be a great** [*or* **huge**] **~** ein großer Erfolg sein; **to not have much ~ in doing sth** wenig erfolgreich bei etw *dat* sein; **a soaraway ~** ein durchschlagender Erfolg; **to achieve** [*or* **meet with**] **~** erfolgreich sein; **to enjoy ~** [**with sth**] Erfolge [mit etw *dat*] feiern, [mit etw *dat*] erfolgreich sein; **to make a ~ of sth** mit etw *dat* Erfolg haben; **to wish sb ~ with sth** jdm Erfolg bei etw *dat* wünschen ❷ (*successful person or thing*) Erfolg *m*; **box-office ~** Kassenerfolg *m*, Kassenschlager *m fam*; **to be a ~** *food* eine Glanzleistung [*o fam* ein Riesenerfolg] sein

successful [səkˈsesfəl] *adj* ❶ (*having success*) erfolgreich; ■**to be ~** erfolgreich sein, Erfolg haben; ***he is ~ in everything he does*** er hat mit allem Erfolg ❷ (*lucrative, profitable*) erfolgreich, einträglich, lukrativ; ***he is an author of several hugely ~ children's books*** er ist Autor einiger enorm erfolgreicher Kinderbücher; ~ **harvest** einträgliche Ernte; **commercially ~** kommerziell erfolgreich ❸ (*effective*) erfolgreich, gelungen, geglückt; **to bring sth to a ~ conclusion** etw zu einem glücklichen Abschluss bringen; ~ **experiment** gelungenes Experiment ❹ (*selected due to success*) erfolgreich, siegreich; ~ **candidate** ausgewählter Bewerber/ausgewählte Bewerberin; ~ **participant** Gewinner(in) *m(f)*

successfully [səkˈsesfəli] *adv* erfolgreich, mit Erfolg; **to complete sth ~** *course, interview, project* etw erfolgreich abschließen

succession [səkˈseʃən] *n no pl* ❶ (*sequence*) Folge *f*, Reihe *f*; *of events, things also* Serie *f*; ***she was***

the latest in a ~ of girl-friends sie ist die Neuste in einer langen Reihe von Freundinnen; **an endless ~ of visitors** eine endlose Folge [*o* Reihe] von Besuchern; **a ~ of rulers** aufeinander folgende Herrscher; **~ of scandals** Skandalserie *f,* Reihe *f* von Skandalen; ■**in ~** hintereinander, nacheinander; **in close** [*or* **quick**] [*or* **rapid**] **~** dicht [*o* kurz] hintereinander ② (*line of inheritance*) Nachfolge *f,* Erbfolge *f;* **~ to the throne** Thronfolge *f*

succession rights *npl* Erbrechte *ntpl*

successive [sək'sesɪv] *adj attr, inv* aufeinander folgend; **the third ~ defeat** die dritte Niederlage in Folge; **six ~ weeks** sechs Wochen hintereinander

successively [sək'sesɪvli] *adv inv* hintereinander, nacheinander

successor [sək'sesəʳ, AM -ɚ] *n* Nachfolger(in) *m(f);* ■**~ to sb** jds Nachfolger(in) *m(f);* **~ in office** Amtsnachfolger(in) *m(f);* **~ to the throne** Thronfolger(in) *m(f)*

successor state *n* Nachfolgestaat *m*

success rate *n* Erfolgsquote *f* **success story** *n* Erfolgsgeschichte *f,* Erfolgsstory *f*

succinct [sək'sɪŋ(k)t] *adj* (*approv*) knapp, prägnant, kurz [und bündig]; **~ reply** knappe Antwort

succinctly [sək'sɪŋ(k)tli] *adv* (*approv*) in knappen Worten, kurz und bündig, prägnant

succinctness [sək'sɪŋ(k)tnəs] *n no pl* (*approv*) Knappheit *f,* Kürze *f,* Prägnanz *f*

succor ['sʌkɚ] AM, **succour** [-əʳ] **I.** *n* Beistand *m,* Unterstützung *f,* Hilfe *f* **II.** *vt* ■**to ~ sb** jdm beistehen; ■**to be ~ed** Hilfe erhalten

succulence ['sʌkjələn(t)s] *n no pl* (*approv*) Saftigkeit *f*

succulent ['sʌkjələnt] **I.** *adj* (*approv*) saftig; **~ peach/steak** saftiger Pfirsich/saftiges Steak **II.** *n* BOT Sukkulente *f fachspr,* Fettpflanze *f*

succumb [sə'kʌm] *vi* ① (*surrender*) sich *akk* beugen; MIL kapitulieren; (*be defeated*) unterliegen; (*yield to pressure*) ■**to ~ to sb/sth** jdm/etw nachgeben, sich *akk* jdm/etw beugen; **to ~ to sb's charms** jds Charme erliegen; **to ~ to parental pressure** dem Druck der Eltern nachgeben; **to ~ to temptation** der Versuchung erliegen ② (*die from*) erliegen, versterben; ***he finally ~ed after weeks of suffering*** er verstarb schließlich nach wochenlangem Leiden; ■**to ~ to sth** einer S. *dat* erliegen *geh,* an etw *dat* sterben; **to ~ to one's injuries** seinen Verletzungen erliegen

such [sʌtʃ, sətʃ] **I.** *adj attr, inv* ① (*of that kind*) solch(er, es); ***I said no ~ thing*** das habe ich nie gesagt; ***I'm looking for a cloth for cleaning silver — do you have ~ a thing?*** ich suche ein Tuch, mit dem ich das Silber putzen kann – hast du etwas Derartiges?; ***present on this grand occasion were Andrew Davies, Melissa Peters and other ~ stars*** bei dieser großen Gelegenheit waren Andrew Davies, Melissa Peters und andere Stars dieser Größenordnung zugegen; ***I have been involved in many ~ courses*** ich habe viele Kurse diese Art gemacht; ***he said she had a cold, superior manner or some ~ remark*** er sagte, sie sei kalt und überheblich oder so was in der Richtung; ***it's one of those shops that sells ~ things as smoked salmon and expensive biscuits*** dieses Geschäft verkauft solche Dinge wie Räucherlachs und teure Kekse; ***I tried to tell her in ~ a way that she wouldn't be offended*** ich versuchte es ihr so zu sagen, dass sie nicht beleidigt war; ***there's no ~ thing as ghosts*** so etwas wie Geister gibt es nicht; **~ a book/person** so ein Buch/eine Person ② (*so great*) so; ***she's ~ an arrogant person*** sie ist so arrogant; ***why are you in ~ a hurry?*** warum bist du so in Eile?; ***that's ~ a good film*** das ist so ein guter Film; ***~ beauty is rare*** solch Schönheit ist selten *geh;* ***~ beauty!*** welch Schönheit! *geh;* ***~ a big city!*** was für eine große Stadt!; ***I'd put on ~ a lot of weight that I ...*** ich hatte so viel zugenommen, dass ich ...; ***it was ~ nice weather that we ...*** das Wetter war so schön, dass wir ... ▶ PHRASES: **there's no ~ thing as a free lunch** (*prov*) nichts ist umsonst **II.** *part* ① (*of that type*) solche(r,s); (*form*) ~ ***was not my intention*** das war nicht meine Absicht; ~ ***being the case*** wenn das so ist; ***we were second-class citizens and they treated us as ~*** wir waren Bürger zweiter Klasse und wurden auch so behandelt; ***what was the reward for ~ a one as Fox?*** was ist der Lohn für jemanden wie Fox?; ***~ is life*** so ist das Leben; (*form*) ***our lunch was ~ that we don't really need an evening meal*** unser Mittagessen war so üppig, dass wir kein Abenddessen brauchen; ***the wound was ~ that I had to have stitches*** die Wunde war so groß, dass ich vier Nähte brauchte; ***~ is the elegance of his typeface that ...*** seine Schrift ist so elegant, dass ...; ***small companies ~ as ours are ...*** Kleinunternehmen wie unseres sind ...; ***people ~ as Derek*** Menschen wie Derek; ***we didn't have any money left — ~ as it was, we had no alternative but to call our parents*** wir hatten kein Geld mehr – so wie die Dinge lagen, mussten wir einfach unsere Eltern anrufen; ***we talked about our kids, the weather and ~*** wir sprachen über unsere Kinder, das Wetter und Ähnliches ② (*strictly speaking*) ***there was no vegetarian food as ~*** es gab kein extra vegetarisches Essen; ***we don't have a secretary as ~*** im Grunde genommen haben wir keine richtige Sekretärin; ***you're welcome to borrow my tennis racket, ~ as it is*** du kannst dir gerne meinen Tennisschläger ausborgen – ob er viel taugt, kann ich dir aber auch nicht sagen **III.** *adv inv* **~ that ...** insofern, dass ...; ***the linking of sentences ~ that they constitute a narrative*** die Verbindung der Sätze auf die Art und Weise , dass sie eine Erzählung darstellen

such and such *adj attr, inv* (*fam*) der und der/die und die/das und das; ***so many enterprises to be sold by ~ a date*** so viele Firmen sollen an dem und dem Tag verkauft werden; **to arrive at ~ a time** um die und die Zeit ankommen; **to meet in ~ a place** sich *akk* an dem und dem Ort treffen

suchlike ['sʌtʃlaɪk] **I.** *part* derlei, dergleichen; ***in the shop they sell chocolates and ~*** in dem Laden gibt es Schokolade und dergleichen **II.** *adj attr, inv* derlei; ***food, drink, clothing and ~ provisions*** Essen, Trinken, Kleidung und Ähnliches

suck [sʌk] **I.** *n* ① (*draw in*) Saugen *nt;* (*keep in the mouth*) Lutschen *nt;* **to have** [*or* **take**] **a ~ at sth** an etw *dat* saugen/lutschen ② CAN (*fam!*) Heulsuse *f fam* **II.** *vt* ① (*draw into mouth*) ■**to ~ sth** an etw *dat* saugen; ***she was sitting on the grass ~ing lemonade through a straw*** sie saß im Gras und trank mit einem Strohhalm Limonade ② (*roll tongue around*) ■**to ~ sth** etw lutschen; **to ~ sweets** Bonbons lutschen; **to ~ one's teeth** an den Zähnen saugen; **to ~ one's thumb** [am] Daumen lutschen ③ (*fig: denude*) **to ~ sth dry of sth** (*fig*) etw *dat* etw abziehen; ***the city has been ~ed dry of local talent*** der talentierte Nachwuchs der Stadt wurde abgeworben ④ (*strongly attract*) ■**to ~ sb/sth somewhere** jdn/etw irgendwohin ziehen; ■**to ~ sb/sth under** jdn/etw in die Tiefe ziehen; ■**to ~ sb into sth** (*fig*) jdn in etw *akk* hineinziehen; ***he was ~ed into a conspiracy*** er wurde in eine Verschwörung hineingezogen ▶ PHRASES: **~ it and see!** BRIT, AUS erst mal ausprobieren! **III.** *vi* ① (*draw into mouth*) saugen, nuckeln *fam;* ■**to ~ on** [*or* BRIT **at**] **sth** an etw *dat* saugen [*o* nuckeln] ② (*roll tongue around*) etw lutschen; **to ~ on a pacifier** AM am Schnuller saugen; **to ~ at sweets** Bonbons lutschen; **to ~ at one's teeth** an den Zähnen saugen ③ (*be compelled to participate*) ■**to be ~ed into sth** in etw *akk* hineingezogen werden ④ *esp* AM (*sl: be disagreeable*) ätzend sein *sl;* ***man this job ~s!*** Mann, dieser Job ist echt Scheiße! ▶ PHRASES: **to ~ sb's brains** jdn ausnutzen

◆**suck in** *vt* ■**to ~ sth ↔ in** ① (*draw in*) ***jet engines ~ vast quantities of air*** Strahltriebwerke ziehen große Mengen Luft ein ② *usu* ECON (*import*) etw anziehen

◆**suck off** *vt* (*vulg*) ■**to ~ sb ↔ off** jdn einen ablutschen [*o vulg* blasen] *vulg*

◆**suck up I.** *vt* ■**to ~ up ↔ sth** ① (*consume*) etw aufsaugen ② (*absorb*) **to ~ up gases** Gase ansaugen; **to ~ up a liquid/moisture** eine Flüssigkeit/Feuchtigkeit aufsaugen **II.** *vi* (*pej fam*) ■**to ~ up to sb** sich *akk* bei jdm einschmeicheln, jdm in den Arsch kriechen *derb*

sucker ['sʌkəʳ, AM -ɚ] **I.** *n* ① (*pej fam: gullible person*) Einfaltspinsel *m fam,* Simpel *m* DIAL *fam,* Naivling *m pej fam* ② (*fam: sb finding sth irresistible*) Fan *m* (**for** von +*dat*); **to be a ~ for sth** nach etw *dat* verrückt sein *fam,* für etw *akk* eine Schwäche haben; ***he is a ~ for women*** er kann keiner Frau widerstehen ③ AM (*pej fam: nasty person*) Widerling *m pej,* Kotzbrocken *m pej derb* ④ AM (*fam: sth requiring hard work*) Riesenaufgabe *f* ⑤ ZOOL (*organ*) Saugnapf *m* ⑥ BRIT, AUS (*fam: sticking device*) Saugfuß *m,* Saugglocke *f* ⑦ AM, AUS (*fam: lollipop*) Lutscher *m;* **all-day ~** Dauerlutscher *m* ⑧ BOT (*part of plant*) [Wurzel]schößling *m,* unterirdischer Ausläufer, Wurzelspross *m* ▶ PHRASES: **never give a ~ an even break** (*prov fam*) schlafende Hunde soll man nicht wecken *prov;* **there's a ~ born every minute** (*prov*) die Dummen sterben nie aus **II.** *vt* AM ① (*trick*) ■**to ~ sb into sth** jdn zu etw *dat* verleiten; ■**to ~ sb into doing sth** jdn dazu bringen, etw zu tun ② (*swindle*) ■**to ~ sb out of sth** jdm etw *akk* entlocken [*o fam* abluchsen]

sucking-pig *n* Spanferkel *nt*

suckle ['sʌkl] **I.** *vt* ■**to ~ sth/sb** etw/jdn säugen; **to ~ a baby/young animal** ein Baby stillen/ein Jungtier säugen **II.** *vi* trinken, saugen

suckling ['sʌklɪŋ] *n* Baby *nt;* (*child*) Säugling *m;* (*animal*) Jungtier *nt*

suckling pig *n* AM Frischling *m;* (*for roasting*) Spanferkel *nt*

suckup ['sʌkʌp] *n* (*fam!*) Schleimer(in) *m(f) pej,* Arschkriecher(in) *m(f) derb*

sucrose ['su:krəʊs, AM -roʊs] *n no pl* Rohr- und Rübenzucker *m*

suction ['sʌkʃən] *n no pl* ① (*act of removal by sucking*) [Ab]saugen *nt;* (*initiating act of sucking*) Ansaugen *nt* ② (*force*) Saugwirkung *f,* Sog *m*

suction cup *n* Saugnapf *m* **suction machine** *n,* **suction pump** *n* Saugpumpe *f*

Sudan [su:'dɑ:n, AM -'dæn] *n* Sudan *m*

Sudanese [ˌsu:də'ni:z] **I.** *n* Sudanese, -in *m, f* **II.** *adj* sudanesisch, sudanisch

sudden ['sʌdən] *adj* plötzlich, jäh; ***so why the ~ change?*** wieso plötzlich diese Änderung?; ***it was so ~*** es kam so überraschend; ***it's all a bit ~*** (*fam*) das geht alles ein bisschen schnell; **~ death** plötzlicher Tod, unerwartetes Ableben *form;* **~ departure** überhastete Abreise; **~ drop in temperature** unerwarteter Temperatureinbruch; **to get a ~ fright** plötzlich Angst bekommen; **~ mood swing** plötzlicher Stimmungswechsel; **~ movement** abrupte Bewegung; **to put a ~ stop to sth** etw abrupt beenden; **all of a ~** (*fam*) [ganz] plötzlich, urplötzlich

sudden death *n* SPORTS ① FBALL Elfmeterschießen *nt* ② (*determination of winner*) *Festlegung des Siegers bei Gleichstand durch Münzwurf oder Los*

sudden infant death syndrome *n* MED (*spec*) plötzlicher Kindstod

suddenly ['sʌdənli] *adv* plötzlich, auf einmal

suddenness ['sʌdənnəs] *n no pl* Plötzlichkeit *f;* ***of movement*** Abruptheit *f*

Sudetenland [sʊ'deɪtənlænd, AM su:'-] *n* Sudetenland *nt*

suds [sʌdz] *npl* ① (*soapy mixture*) Seifenwasser *nt kein pl,* [Seifen]lauge *f;* (*mostly foam*) Schaum *m kein pl* ② AM (*dated fam: beer*) Bier *nt,* Gerstensaft *m hum*

sudsy ['sʌdzi] *adj esp* AM seifig, schaumig

sue [su:] **I.** *vt* ■**to ~ sb for sth** jdn wegen einer S. *gen* verklagen; **to ~ sb for damages** jdn auf Schadenersatz verklagen; **to ~ sb for divorce** gegen jdn die Scheidung einreichen; **to ~ sb for libel** jdn wegen Beleidigung verklagen **II.** *vi* ① (*legal action*) klagen, prozessieren, Klage erheben, einen Prozess anstrengen; ***she was forced to ~ to get her property back*** sie war gezwungen vor Gericht zu gehen, um ihr Eigentum zurückzubekommen; ■**to ~ for sth** *damages etc.* auf etw *akk* klagen; *a particular*

S

criminal act wegen einer S. *gen* klagen; ***he ~d for libel*** er klagte wegen Beleidigung ② (*entreat*) **to ~ for peace** um Frieden bitten

suede [sweɪd] **I.** *n* Wildleder *nt,* Veloursleder *nt* **II.** *n modifier* (*gloves, jacket*) Wildleder-, Veloursleder-; **~ shoes** Wildlederschuhe *mpl*

suet ['su:ɪt] *n no pl* Talg *m,* Nierenfett *nt*

suet pudding *n aus Rindertalg, Mehl und Brotkrumen zubereitete Süßspeise*

suffer ['sʌfəʳ, AM -ə] **I.** *vi* ① (*experience trauma*) leiden; ***I think he ~ed quite a lot when his wife left him*** ich glaube, er litt ziemlich, als seine Frau ihn verließ; **to ~ in silence** still vor sich *akk* hinleiden ② (*be ill with*) ■**to ~ from sth** an etw *dat* leiden; (*get attacks of*) unter etw *dat* leiden; ***Johnny ~s from asthma*** Johnny leidet unter Asthma ③ (*deteriorate*) leiden, Schaden erleiden; ***his work ~s from it*** seine Arbeit leidet darunter; ***his reputation has ~ed*** sein Ruf hat gelitten ④ (*be the worse for*) ■**to ~ from sth** an etw *dat* kranken; (*be handicapped*) von etw *dat* in Mitleidenschaft gezogen werden; ***the people who will ~ if the road is built are those who live locally*** die Leute, die am meisten betroffen sind, falls die Straße gebaut wird, sind die Anwohner ⑤ (*experience sth negative*) ■**to ~ from sth** unter etw *dat* zu leiden haben; ***the economy ~ed from the strikes*** die Streiks machten der Wirtschaft zu schaffen ⑥ (*be punished*) ■**to ~ for sth** für etw *akk* büßen; ***you'll ~ for this!*** dafür wirst du bezahlen! **II.** *vt* ■**to ~ sth** ① (*experience sth negative*) etw erleiden [*o* durchmachen]; ***the president ~ed an affront*** es kam zu einem Affront gegen den Präsidenten; ***both sides ~ed considerable casualties*** auf beiden Seiten kam es zu erheblichen Opfern; **to ~ defeat** eine Niederlage einstecken [müssen]; **to ~ hunger** Hunger leiden; **to ~ misfortune** Pech haben; **to ~ neglect** vernachlässigt werden; **to ~ a setback** einen Rückschlag erleiden; (*physical condition*) **to ~ a breakdown** MED einen Zusammenbruch haben; **to ~ a fracture** einen Bruch erleiden, sich *dat* etwas brechen; **to ~ a heart attack** einen Herzschlag erleiden; **to ~ injury** verletzt werden ② (*put up with*) etw ertragen; ***I had to ~ him moaning for half an hour*** ich musste eine halbe Stunde lang sein Gejammer ertragen; **not to ~ fools gladly** mit dummen Leuten keine Geduld haben

sufferance ['sʌfᵊrᵊn(t)s, AM -ə-] *n* ① **on ~** (*with unspoken reluctance*) stillschweigend geduldet; (*with unwilling tolerance*) nur geduldet; ***I was there on ~*** ich wurde dort nur geduldet ② (*with little enthusiasm*) **under ~** (*dated*) widerwillig, widerstrebend

sufferer ['sʌfᵊrəʳ, AM -ə-ə] *n* (*with a chronic condition*) Leidende(r) *f(m);* (*with an acute condition*) Erkrankte(r) *f(m);* **AIDS ~** AIDS-Kranke(r) *f(m);* **asthma ~** Asthmatiker(in) *m(f);* **hay-fever ~s** an Heuschnupfen Leidende *mpl o fpl*

suffering ['sʌfᵊrɪŋ, AM -ə-] *n* ① (*pain*) Leiden *nt* ② *no pl* (*distress*) Leid *nt;* **years of ~** Jahre *ntpl* des Leidens, leidvolle Jahre; **human ~** menschliches Leid; **to cause ~** Leid verursachen

suffice [sə'faɪs] *vi* genügen, [aus]reichen; **~ [it] to say that ...** es genügt [*o* reicht] wohl, wenn ich sage, dass ...

sufficiency [sə'fɪʃᵊn(t)si] *n no pl* ① (*adequacy*) Hinlänglichkeit *f,* Zulänglichkeit *f* ② (*sufficient quantity*) ausreichende Menge; **to have a ~** genug haben

sufficient [sə'fɪʃᵊnt] **I.** *adj inv* genug, ausreichend, genügend, hinreichend; ***there wasn't ~ evidence to convict him*** die Beweise reichten nicht zu einer Verurteilung; **to wear ~ clothes** warm genug angezogen sein; **to have ~ heating** ausreichend beheizbar sein; ■**to be ~ for sth/sb** für etw/jdn ausreichen [*o* genügen] [*o* genug sein]; ***this recipe should be ~ for five people*** dieses Rezept sollte für fünf Leute ausreichen **II.** *n* genügende Menge; ***they didn't have ~ to live on*** sie hatten nicht genug zum Leben

sufficiently [sə'fɪʃᵊntli] *adv inv* genug *nach adj,* ausreichend, genügend; **~ large** groß genug; **to be ~ cooked** gar sein

suffix ['sʌfɪks] **I.** *n* ① LING Suffix *nt fachspr,* Nachsilbe *f* ② BRIT MATH Zusatz *m,* tief gestellte Zahl **II.** *vt* ■**to ~ sth** etw anfügen [*o* anhängen]

suffocate ['sʌfəkeɪt] **I.** *vi* ersticken *a. fig* **II.** *vt* ① (*asphyxiate*) ■**to ~ sb** jdn ersticken; **to feel ~d** (*fig*) das Gefühl haben zu ersticken ② (*fig: suppress*) ■**to ~ sb/sth** jdn/etw ersticken [*o* erdrücken] *fig;* ***her overpowering devotion ~d him*** ihre überschwängliche Liebe erdrückte ihn

suffocating ['sʌfəkeɪtɪŋ, AM -t̬-] *adj* ① *usu attr* (*life-threatening*) erstickend ② (*fig: uncomfortable*) erstickend *fig,* zum Ersticken *präd; air* stickig; *atmosphere* erdrückend ③ (*stultifying*) erdrückend *fig; regulations, traditions* lähmend *attr*

suffocation [ˌsʌfə'keɪʃᵊn] *n no pl* Ersticken *nt,* Erstickung *f;* **to die of ~** ersticken

suffrage ['sʌfrɪdʒ] *n no pl* ① (*right to vote*) Wahlrecht *nt,* Stimmrecht *nt;* **female ~** Frauenwahlrecht *nt;* **male ~** Wahlrecht *nt* für Männer; **universal ~** allgemeines Wahlrecht ② (*dated: vote*) Wahl *f,* Abstimmung *f* ③ REL Gebet *nt*

suffragette [ˌsʌfrə'dʒet] *n* (*hist*) Suffragette *f hist,* Frauenrechtlerin *f*

suffragist ['sʌfrədʒɪst] *n* (*hist: suffrage supporter*) Befürworter (in) *m(f)* des allgemeinen Stimmrechts; (*suffragette supporter*) Befürworter (in) *m(f)* der Frauenrechtsbewegung (*zu Beginn des 20. Jh*)

suffuse [sə'fju:z] *vt usu passive* (*liter*) ■**to be ~d with sth** von etw *dat* erfüllt sein; ***her face was ~d with colour*** ihr Gesicht war gerötet; ***each dish was ~d with a different herb*** jedes Gericht war anders gewürzt; **~d with happiness** voll des Glücks *liter,* glückselig *geh;* **~d with joy/passion** von Freude/Leidenschaft erfüllt *liter;* **~d with light** lichtdurchflutet, in Licht getaucht *poet*

Sufi ['su:fi] *n* REL Sufi *m*

Sufic ['su:fɪk] *adj* REL Sufi-; **~ order** Sufiorden *m*

Sufism ['su:fɪzᵊm] *n no pl* REL Sufismus *m*

sugar ['ʃʊgəʳ, AM -ə] **I.** *n* ① *no pl* (*sweetener*) Zucker *m;* **caster ~** BRIT Streuzucker *f;* **demerara** [*or* AM **brown**] **~** brauner Zucker, Rohrzucker *m;* **granulated ~** Kristallzucker *m,* Zuckerraffinade *f;* **icing** [*or* AM **powdered**] **~** Puderzucker *m;* **reduced-~ products** weniger Zucker enthaltende Produkte; **a lump/spoonful of ~** ein Stück *nt*/Löffel *m* Zucker ② (*lump*) Stück *nt* [Würfel]zucker; (*spoonful*) Löffel *m* Zucker ③ *esp* AM (*sl: term of affection*) Schätzchen *nt fam* ④ (*sl: narcotic*) Rauschgift *nt* ⑤ CHEM Kohle[n]hydrat *nt* ▶ PHRASES: **to be all ~ and spice** zuckersüß sein *fig* **II.** *vt* ■**to ~ sth** ① (*sweeten*) etw zuckern; **to ~ coffee/tea** Kaffee/Tee süßen ② (*fig: make agreeable*) etw versüßen **III.** *interj* (*fam*) Mist *m fam;* **oh ~!** so ein Mist!

sugar basin *n* BRIT Zuckerdose *f* **sugar beet** *n no pl* Zuckerrübe *f* **sugar bowl** *n* Zuckerdose *f* **sugar cane** *n* Zuckerrohr *nt* **sugar-coat** *vt* ■**to ~ sth** ① FOOD etw mit einem Zuckerguss versehen ② (*make acceptable*) etw versüßen ③ (*make sentimental*) sentimental werden lassen [*o* machen] **sugar-coated** *adj* ① FOOD mit Zucker überzogen, verzuckert ② (*fig, pej: acceptable*) viel versprechend, verheißungsvoll; *offer, promises* verführerisch ③ (*sentimental*) sentimental **sugar cube** *n* Stück *nt* Zucker, Zuckerwürfel *m* **sugar daddy** *n wohlhabender älterer Mann, der ein junges Mädchen aushält*

sugared ['ʃʊgəd, AM -əd] *adj* gezuckert; *coffee, tea* gesüßt; **~ almonds** Zuckermandeln *fpl*

sugar-free *adj* ohne Zucker *nach n,* zuckerfrei **sugaring-off** [ʃʊgəɪŋɑ:f] *n* CAN *das Einsammeln der Saft von Zuckerahornbäumen und anschliessendes Einkochen zu Ahronsirup* **sugarloaf** *adj* (*liter*) Zuckerhut *m;* **~ hat** kegelförmiger Hut **Sugarloaf Mountain** *n* GEOG ■**the S~ Mountain** der Zuckerhut **sugar lump** *n esp* BRIT Stück *nt* Zucker, Zuckerwürfel *m* **sugar pea** *n* Zuckererbse *f* **sugar pie** *n* CAN *gedeckter Mürbteigkuchen mit einer cremigen Karamellfüllung* **sugarplum** *n* (*dated*) ① (*plum*) kandierte Pflaume ② (*sweet*) Bonbon *nt,* Süßigkeit *f* ③ *esp* BRIT (*fig: enticing thing*) Lockspeise *f,* Köder *m fig;* (*enticing words*) schöne [*o* leere] Worte *pej,* Augenwischerei *f pej* **sugar snap** *n,* **sugar snap pea** *n* Zuckererbse *f* **sugar tongs** *npl* Zuckerzange *f*

sugary ['ʃʊgᵊri, AM -əi] *adj* ① (*sweet*) zuckerhaltig; ***the cake was far too ~*** der Kuchen war viel zu süß; **~ snack** süße Zwischenmahlzeit ② (*sugar-like*) zuckerig ③ (*fig, pej: insincere*) honigsüß *fig, pej,* zuckersüß *fig, pej; smile* süßlich *fig, pej*

suggest [sə'dʒest, AM *also* səg'-] *vt* ① (*propose*) ■**to ~ sth [to sb]** [jdm] etw vorschlagen; ***might I ~ a white wine with your salmon, sir?*** darf ich Ihnen zum Lachs einen Weißwein empfehlen, mein Herr?; ***what time do you ~ we arrive?*** was meinst du, wann wir dort ankommen?; ***can you ~ where I might find a chemist's?*** können Sie mir vielleicht sagen, wo ich eine Drogerie finden kann?; ■**to ~ [to sb] that ...** [jdm] vorschlagen, dass ...; ***what do you ~ we do with them?*** was, meinst du, sollen wir mit ihnen machen?; ■**to ~ doing sth** vorschlagen, etw zu tun; **to ~ an idea to sb** jdm eine Idee vortragen ② (*indicate*) ■**to ~ sth** auf etw *akk* hinweisen; ***the footprints ~ that ...*** den Fußspuren nach zu urteilen, ..., die Fußspuren lassen darauf schließen, dass ... ③ (*indirectly state*) ■**to ~ sth** etw andeuten [*o pej* unterstellen], auf etw *akk* hindeuten; ■**to ~ that ...** darauf hindeuten, dass ...; ***I'm not ~ing that you were flirting with Adrian, but ...*** ich will ja nicht behaupten, dass du mit Adrian geflirtet hast, aber ...; ***are you ~ing that ...?*** willst du damit sagen, dass ...? ④ (*form: evoke*) ■**to ~ sth** etw nahelegen; ***his story ~ed the plot for a new novel*** seine Geschichte lieferte die Handlung für einen neuen Roman; **to ~ an idea/a thought** eine Idee/einen Gedanken aufkommen lassen ⑤ (*come to mind*) ■**to ~ itself** *idea, thought* sich *akk* aufdrängen; *solution* sich *akk* anbieten; ***does anything ~ itself?*** fällt euch dazu etwas ein?

suggestible [sə'dʒestəbl, AM *also* səg'-] *adj* (*pej form*) beeinflussbar, zu beeinflussen, suggestibel *geh;* **highly ~** sehr leicht zu beeinflussen

suggestion [sə'dʒestʃᵊn, AM *also* səg'-] *n* ① (*idea*) Vorschlag *m;* **to have/make/reject a ~** einen Vorschlag haben/machen/ablehnen; **to be always open to ~** immer ein offenes Ohr haben; **to be [always] open to new ~s** [immer] für neue Vorschläge offen [*o* zu haben] sein; **at sb's ~** auf jds Vorschlag hin ② *no pl* (*hint*) Andeutung *f,* Anspielung *f* ③ (*indication*) Wink *m,* Hinweis *m* ④ (*trace*) Spur *f fig;* ***she speaks German with a ~ of a foreign accent*** sie spricht Deutsch mit einem kaum hörbaren ausländischen Akzent; **a ~ of garlic** (*smell*) ein Hauch von Knoblauch; (*taste*) eine Spur Knoblauch ⑤ *no pl* (*association*) **the power of ~** die Macht der Suggestion ⑥ *no pl* PSYCH Suggestion *f*

suggestion box *n* Kasten *m* für Verbesserungsvorschläge

suggestive [sə'dʒestɪv, AM *also* səg'-] *adj* ① (*that suggests*) andeutend ② *usu pred* (*form: evocative*) hinweisend; ■**to be ~ of sth** auf etw *akk* hindeuten, an etw *akk* denken lassen ③ (*risqué*) anzüglich, zweideutig

suggestively [sə'dʒestɪvli, AM *also* səg'-] *adv* ① (*evocatively*) eine suggestive Wirkung ausübend *attr* ② (*in a risqué manner*) anzüglich

suggestiveness [sə'dʒestɪvnəs, AM səg'] *n no pl* ① (*informativeness*) Aufschlussreiche(s) *nt* ② (*ambiguousness*) Mehrdeutige(s) *nt,* Vieldeutige(s) *nt*

suicidal [ˌsu:ɪ'saɪdᵊl, AM -ə'-] *adj* ① (*depressed*) Selbstmord-, suizidal *geh,* selbstmörderisch *a. fig; person* selbstmordgefährdet; **to feel ~** sich *akk* am liebsten umbringen wollen ② (*of suicide*) Selbstmord-; **to have ~ tendencies** selbstmordgefährdet sein ③ (*disastrous*) [selbst]zerstörerisch; ***that would be ~*** das wäre glatter Selbstmord

suicide ['su:ɪsaɪd, AM -əs-] **I.** *n* ① (*killing*) Selbstmord *m a. fig,* Suizid *m geh;* **executive ~** *Selbstmord von Managern;* **mass ~** Massenselbstmord *m;* **physician-assisted ~** [aktive] Sterbehilfe, Euthanasie *f fachspr;* **to attempt ~** einen Selbstmordversuch machen [*o* unternehmen]; **to commit** ~ Selbstmord begehen ❷ (*form: person*) Selbstmörder(in) *m(f)*, Suizidant(in) *m(f) fachspr*, Suizident(in) *m(f) fachspr* ❸ (*disastrous action*) selbstmörderische Aktion *fam*; ***it would be ~ to …*** es wäre [glatter] Selbstmord, wenn … *fam*; **to commit financial/political** ~ finanziellen/politischen Selbstmord begehen **II.** *vi* sich *akk* umbringen

suicide bomber *n* Selbstmordattentäter(in) *m(f)* **suicide bombing** *n* Selbstmordanschlag *m* **suicide mission** *n* Kamikazeaktion *f* **suicide note** *n* Abschiedsbrief *m* **suicide pact** *n* Selbstmordabkommen *nt*; **to have a** ~ gemeinsamen Selbstmord verabredet haben **suicide rate** *n* Selbstmordrate *f* **suicide squad** *n* Selbstmordkommando *nt*

suicidology [ˌsuːɪsaɪˈdɑːlədʒi] *n no pl* Suizidologie *f*

sui generis [ˌsjuːiːˈdʒenᵊrɪs] *adj inv* einzigartig

suit [suːt] **I.** *n* ❶ (*jacket and trousers*) Anzug *m*; **dress** ~ Abendanzug *m*; **pin-stripe** ~ Nadelstreifenanzug *m*; **three-piece** ~ Dreiteiler *m*; **trouser** [*or* AM **pant**] ~ Hosenanzug *m*; (*jacket and skirt*) Kostüm *nt* ❷ (*for sports*) Anzug *m*; **bathing/diving/ski** ~ Bade-/Taucher-/Skianzug *m* ❸ (*covering*) ~ **of armour** [*or* AM **armor**] [Ritter]rüstung *f*, Harnisch *m* ❹ NAUT Satz *m* Segel ❺ *usu pl* (*fam: executive*) leitender Angestellter, Führungskraft *f* ❻ CARDS Farbe *f*; **to follow** ~ eine Farbe bedienen, eine Karte derselben Farbe ausspielen ❼ LAW [Zivil]prozess *m*, Verfahren *nt*, Rechtsstreit *m*; **to bring** [*or* AM *usu* **file**] **a** ~ einen Prozess anstrengen, Klage erheben; ~ **for libel** Verleumdungsklage *f*; ~ **for negligence** Schadensersatzklage *f* wegen Fahrlässigkeit; **paternity** ~ Vaterschaftsklage *f* ❽ (*act of courting*) **to pay** ~ **to sb** jdn umwerben ❾ (*liter, poet: entreaty*) Flehen *nt*, dringende Bitte ▶ PHRASES: **to follow** ~ (*form*) dasselbe tun, nachziehen *fam* **II.** *vt* ❶ (*be convenient for*) ■**to** ~ **sb** jdm passen [*o* recht sein]; ***what time ~s you best?*** wann passt es Ihnen am besten?; ***that ~s me fine*** das passt mir gut; ***she remembers her manners when it ~s her*** sie benimmt sich nur dann gut, wenn es ihr gerade passt ❷ (*choose*) ■**to** ~ **oneself** tun, was man will; ***you can ~ yourself about when you work*** man kann selbst bestimmen, wann man arbeitet; ~ ***yourself*** (*hum or pej*) [ganz,] wie du willst *hum o pej*, mach, was du willst *pej* ❸ (*enhance*) ■**to** ~ **sb** *clothes* jdm stehen; ***black ~s you with your blonde hair*** Schwarz passt gut zu deinen blonden Haaren; ■**to** ~ **sth** zu etw *dat* passen ❹ (*be right*) ■**to** ~ **sb** jdm [gut] bekommen; ■**to** ~ **sth** sich *akk* für etw *akk* eignen; ***married life seems to ~ him very well*** das Eheleben scheint ihm gut zu bekommen ▶ PHRASES: **to** ~ **the action to the word** Wort halten; **to** ~ **sb** [**right**] **down to the ground** BRIT für jdn ideal sein, jdm ausgezeichnet in den Kram passen *fam* **III.** *vi* angemessen sein, passen

◆**suit up** *vi* AM sich *akk* anziehen

suitability [ˌsuːtəˈbɪləti, AM -t̬əˈbɪlət̬i] *n no pl of an object* Geeignetheit *f*, Tauglichkeit *f*; *of a person* Eignung *f*, Tauglichkeit *f*; *of clothes* Angemessenheit *f*

suitable [ˈsuːtəbl̩, AM -t̬-] *adj* geeignet, passend; *clothes* angemessen; ***what's a ~ present for a couple celebrating their twenty-fifth wedding anniversary?*** was eignet sich als Geschenk für ein Paar, das seinen fünfundzwanzigsten Hochzeitstag feiert?; ***my mother doesn't like me wearing short skirts to church – she doesn't think they're*** ~ meine Mutter will nicht, dass ich in die Kirche kurze Röcke anziehe – sie findet sie unschicklich; ■**to be** ~ **for sb** für jdn geeignet sein, sich *akk* für jdn eignen; **not** ~ **for children under 14** nicht geeignet für Kinder unter 14

suitably [ˈsuːtəbli, AM -t̬-] *adv* entsprechend *attr*

suit bag *n* Handkoffer *m* **suitcase** *n* Koffer *m*; **leather** ~ Lederkoffer *m*; **to pack/unpack one's** ~ seinen Koffer packen/auspacken; **to live out of a** ~ aus dem Koffer leben

suite [swiːt] *n* ❶ (*rooms*) Suite *f*; **bridal** ~ Hochzeitssuite *f*; **hotel** ~ Hotelsuite *f*; ~ **of offices** Reihe *f* von Büroräumen ❷ (*furniture*) Garnitur *f*; **bathroom** ~ Badezimmergarnitur *f*; **bedroom** ~ Schlafzimmereinrichtung *f* ❸ MUS Suite *f* ❹ (*retinue*) Gefolge *nt*

suited [ˈsuːtɪd, AM -t̬-] *adj* ❶ *pred* (*fitting*) ■**to be** ~ **to sth** für etw *akk* geeignet sein, sich *akk* für etw *akk* eignen; **to be** ~ [**to each other**] zueinander passen ❷ FASHION gekleidet; **grey-**~ in Grau gekleidet; **pinstripe-**~ **businessmen** Geschäftsleute *pl* in Nadelstreifenanzügen; **trouser-**~ in Hosen *nach n*

suiting [ˈsjuːtɪŋ, AM ˈsuːt] *n no pl* ❶ (*fabric for suits*) Tuch *nt*, Anzug[s]stoff *m* ❷ (*suits collectively*) [Be]kleidung *f*

suitor [ˈsuːtəʳ, AM -t̬ɚ] *n* ❶ (*liter or hum: wooer*) Freier *m veraltend o hum*, Bewerber *m* ❷ LAW Kläger *m*, [Prozess]partei *f* ❸ ECON (*buyer*) Interessent *m* (*für einen Firmenkauf*)

sukiyaki [ˌsuːkiˈjæki, AM -ˈjɑːki] *n no pl* FOOD Sukiyaki *nt*

sulfate *n* AM CHEM *see* **sulphate**

sulfide *n* AM CHEM *see* **sulphide**

sulfite [ˈsʌlfaɪt] *n* AM CHEM Sulfit *nt*, schwef[e]ligsaures Salz

sulfonamide *n* AM MED *see* **sulphonamide**

sulfur *n* AM CHEM *see* **sulphur**

sulfureous *n* AM CHEM *see* **sulphureous**

sulfuric *adj* AM CHEM *see* **sulphuric**

sulfurous *adj* AM CHEM *see* **sulphurous**

sulk [sʌlk] **I.** *vi* schmollen *fam*, beleidigt [*o fam* eingeschnappt] sein **II.** *n* **to be in a** ~ beleidigt [*o fam* eingeschnappt] sein, schmollen *fam*; **to go into a** ~ einschnappen *fam*; **to have** [**a fit of**] **the** ~**s** die Eingeschnappte/den Eingeschnappten spielen *fam*

sulkiness [ˈsʌlkɪnəs] *n no pl* Schmollen *nt pej fam*

sulky [ˈsʌlki] **I.** *adj person* beleidigt, eingeschnappt *fam*, schmollend *attr fam*; *face* mürrisch, verdrießlich; *weather* trübe, düster **II.** *n* SPORTS Sulky *nt*

sullen [ˈsʌlən] **I.** *adj* ❶ (*pej: bad-tempered*) missmutig, verdrießlich, mürrisch; ~**-faced** missmutig [*o* mürrisch] [drein]blickend *attr* ❷ (*liter: dismal*) *sky* düster, finster; (*slow-moving*) *stream, water* trübe **II.** *n* BRIT (*dated*) ■**the** ~**s** *pl* Depression *f*, depressive Verstimmung

sullenly [ˈsʌlənli] *adv* missmutig, verdrießlich, mürrisch

sullenness [ˈsʌlənnəs] *n no pl* Missmutigkeit *f*, Verdrießlichkeit *f*

sully <-ie-> [ˈsʌli] *vt* (*liter, poet or iron*) ■**to** ~ **sth** etw beschmutzen [*o geh* besudeln]; **to** ~ **sb's name/reputation** (*fig form*) jds Namen/Ansehen beschmutzen

sulphate [ˈsʌlfeɪt], AM **sulfate** *n* Sulfat *nt*, schwefelsaures Salz

sulphide [ˈsʌlfaɪd], AM **sulfide** *n*, **sulphite** [ˈsʌlfaɪt] *n* Sulfid *nt*; **hydrogen** ~ Hydrogensulfid *nt*, Schwefelwasserstoff *m*

sulphonamide [sʌlˈfɒnəmaɪd], AM **sulfonamide** [-ˈfɑːn-] *n* MED Sulfonamid *nt*

sulphur [ˈsʌlfəʳ], AM **sulfur** [-ɚ] *n* ❶ *no pl* CHEM Schwefel *m* ❷ (*colour*) Schwefelgelb *nt*

sulphur-crested cockatoo *n* Gelbhaubenkakadu *m* **sulphur dioxide** *n no pl* Schwefeldioxid *nt*; ~ **emission** Schwefeldioxidemission *f*

sulphureous [sʌlˈfjʊəriəs], AM **sulfureous** [-ˈfjʊr-] *adj* schwefelhaltig, schwefelig, Schwefel-; ~ **smell** Schwefelgeruch *m*

sulphuric [sʌlˈfjʊərɪk], AM **sulfuric** [-ˈfjʊr-] *adj* Schwefel-

sulphuric acid *n no pl* Schwefelsäure *f*

sulphurous [ˈsʌlfᵊrəs], AM **sulfurous** [-ɚəs] *adj* ❶ CHEM schwefelhaltig, schwefelig, Schwefel- ❷ (*colour*) schwefelfarben, schwefelgelb ❸ (*angry*) wütend, zornig

sultan [ˈsʌltᵊn] *n* Sultan *m*

sultana[1] [sᵊlˈtɑːnə, AM sʌlˈtænə] *n* (*grape*) Sultanine *f*

sultana[2] [sʌlˈtɑːnə, AM sʌlˈtænə] *n* (*sultan's wife*) Sultanin *f*

sultante [ˈsʌltənət, AM -tᵊnɪt] *n* Sultanat *nt*

sultriness [ˈsʌltrɪnəs] *n* ❶ METEO Schwüle *f* ❷ *of a woman, a woman's voice* Erotik *f*

sultry [ˈsʌltri] *adj* ❶ METEO schwül ❷ (*sexy*) *woman, woman's voice* erotisch, sinnlich; **a** ~**-voiced woman** eine Frau mit einer erotischen Stimme

sum [sʌm] **I.** *n* ❶ (*money*) Summe *f*, Betrag *m*; **five-figure** ~ fünfstelliger Betrag; **huge** ~**s of money** riesige Summen; **substantial** ~ namhafte [*o* beträchtliche] Summe; **tidy** ~ hübsches Sümmchen *fam*; **undisclosed** ~ nicht genannte Summe; **the princely** ~ **of $100** (*iron*) die fürstliche Summe von 100 $ *iron* ❷ *no pl* (*total*) Summe *f*, Ergebnis *nt*; **the entire** ~ **of sth** (*fig, iron*) alles, was bei etw *dat* herausgekommen ist *iron*; ***so is that the entire ~ of three day's work?*** das ist also das Ergebnis von drei Tagen Arbeit? *iron*; **grand** ~ Endsumme *f* ❸ *usu pl* (*calculation*) Rechenaufgabe *f*; **to do** ~**s** rechnen; **to get one's** ~**s right** BRIT richtig rechnen; **to get one's** ~**s wrong** BRIT sich *akk* verrechnen ▶ PHRASES: **in** ~ mit einem Wort **II.** *vt* <-mm-> **to** ~ **an equation** MATH eine Gleichung berechnen **III.** *vi* <-mm-> ■**to** ~ **to sth** MATH etw ergeben

◆**sum up I.** *vi* ❶ (*summarize*) resümieren *geh*, zusammenfassen ❷ LAW *judge* resümieren; *lawyer* das Schlussplädoyer halten **II.** *vt* ■**to** ~ **up** ↔ **sth** etw zusammenfassen; ■**to** ~ **sb** ↔ **up** (*evaluate*) jdn einschätzen; (*characterize*) jdn charakterisieren; **to** ~ **up a situation at a glance** eine Situation auf einen Blick erfassen, sofort wissen, was los ist *fam*

Sumatra [sʊˈmɑːtrə, AM suːˈ] *n no pl* GEOG Sumatra *nt*

Sumatran [sʊˈmɑːtrən, AM suːˈ] *adj inv* von/aus Sumatra *nach n*, Sumatra-

Sumerian [sʊˈmɪəriən, AM suːˈmɪri] HIST **I.** *adj inv* sumerisch **II.** *n* Sumerer(in) *m(f)*

summa cum laude [ˌsʊmɑːkʊmˈlaʊdeɪ, AM -məˌkʊmˈ-] *esp* AM **I.** *adv* summa cum laude, mit Bestnote **II.** *adj* Summa cum laude-

summarily [ˈsʌmᵊrɪli, AM ˌsʌmˈer-] *adv* ohne viel Federlesen; LAW summarisch, beschleunigt; **to** ~ **dismiss sb** jdn fristlos entlassen; **to** ~ **execute/sentence sb** LAW jdn im Schnellverfahren hinrichten/aburteilen

summarize [ˈsʌmᵊraɪz, AM -mər-] **I.** *vt* ■**to** ~ **sth** etw [kurz] zusammenfassen; ■**to** ~ **sb** jdn [mit wenigen Worten] charakterisieren **II.** *vi* zusammenfassen, resümieren; ***to ~, …*** kurz gesagt, …

summary [ˈsʌmᵊri, AM -ɚi] **I.** *n* Zusammenfassung *f*; *of a plot, contents* [kurze] Inhaltsangabe **II.** *adj* ❶ (*brief*) knapp, gedrängt, summarisch; *dismissal* fristlos ❷ LAW *conviction, execution* beschleunigt, im Schnellverfahren *nach n*; ~ **powers to do sth** *Vollmacht, etw im Schnellverfahren zu entscheiden*; ~ **proceedings** Schnellverfahren *nt*

summat [ˈsʌmət] *part* NBRIT, DIAL *see* **something**

summation [sʌmˈeɪʃᵊn, AM səˈmeɪ-] *n* (*form*) ❶ *no pl* (*addition*) Summierung *f* ❷ (*sum*) Summe *f* ❸ (*summary*) Zusammenfassung *f*

summer [ˈsʌməʳ, AM -ɚ] **I.** *n* ❶ (*season*) Sommer *m*; **a** ~**'s day** ein Sommertag *m*; **in** [**the**] ~ im Sommer; **last** ~ letzten Sommer; **in late** ~ im Spätsommer; **in the** ~ **of '68** im Sommer '68; **two** ~**s ago** im vorletzten Sommer ❷ ASTRON Sommer *m*, Sommerzeit *f* ❸ (*poet, liter*) ■~**s** *pl* Jahre *ntpl*, Lenze *mpl poet, liter*; **a girl of sixteen** ~**s** ein Mädchen, das 16 Lenze zählt **II.** *n modifier* (*dress, evening, months, night*) Sommer-; ~ **clothing** Sommerkleidung *f*, Sommersachen *fpl fam* **III.** *vi* den Sommer verbringen; **to** ~ **in the hills** den Sommer in den Bergen verbringen; **to** ~ **outdoors** *animals, plants* im Sommer im Freien bleiben **IV.** *vt* **to** ~ **cattle/sheep** Vieh/Schafe übersommern

summer fete *n* BRIT Sommerfest *nt* (*für wohltätige Zwecke*) **summer holiday** *n*, **summer holidays** *npl* Sommerurlaub *m*; SCH, UNIV Sommerferien *pl* **summer house** *n* Gartenhaus *nt*, Gartenlaube *f*; AM Ferienhaus *nt*, Sommerhaus *nt* **summer pudding** *n no pl* BRIT *Süßspeise aus Weißbrot, Beeren und* [*Eis*]*creme* **summersault** *n, vi* (*dated*) *see* **somersault summer school** *n* Ferienkurs *m*, Sommerkurs *m*; **to do a** ~ **course** einen Ferienkurs besuchen **summer season** *n* Sommersaison *f* **summer solstice** *n* ASTRON Sommersonnenwende *f* **summer time** *n no pl* BRIT (*day-*

S

light savings time) Sommerzeit *f* **summertime** *n* Sommerzeit *f;* **in the ~** im Sommer **summer vacation** *n* AM Sommerurlaub *m;* SCH, UNIV Sommerferien *pl*

summery ['sʌmᵊri, AM -əi] *adj weather* sommerlich

summing-up <*pl* summings-up> [ˌsʌmɪŋ'ʌp] *n* LAW (*by a judge*) Resümee *nt;* (*by a lawyer*) [Schluss]plädoyer *nt*

summit ['sʌmɪt] *n* ① *of a mountain* Gipfel *m;* (*fig: highest point*) Gipfel *m fig,* Höhepunkt *m* ② POL Gipfel *m;* **economic ~** Wirtschaftsgipfel *m*

summit meeting *n* POL Gipfeltreffen *nt*

summon ['sʌmən] *vt* ① (*call*) ■**to ~ sb** jdn rufen [*o* zu sich *dat* bestellen]; LAW jdn [vor]laden; **to ~ a council/meeting** einen Rat/eine Versammlung einberufen; **to be ~ed to appear in court** vor Gericht geladen werden; **to ~ sb to appear as witness** jdn als Zeugen laden ② (*demand*) **to ~ help** Hilfe holen ③ (*gather*) **to ~ up the courage/the strength to do** [*or* **for**] **sth** den Mut/die Kraft [*o* für etw] *akk* aufbringen, etw zu tun

summons ['sʌmənz] **I.** *n* <*pl* -es> ① LAW [Vor]ladung *f;* **to issue a ~** [vor]laden, eine Ladung ergehen lassen; **to receive a ~** eine Vorladung erhalten; **to serve sb with a ~** [*or* **a ~ on sb**] jdm eine Ladung zustellen ② (*call*) Aufforderung *f;* (*iron, hum*) Befehl *m iron, hum;* ***I was awaiting my ~*** ich wartete darauf, aufgerufen zu werden **II.** *vt* LAW ■**to ~ sb** jdn vorladen lassen; ■**to ~ sb for sth** jdn in einer Sache vorladen

sumo wrestler ['su:məʊ,-, AM -moʊ,-] *n* Sumoringer *m*

sumo wrestling *n no pl* Sumo[ringen] *nt*

sump [sʌmp] *n* ① (*container*) [**collection**] **~** Sammelbehälter *m;* (*hole*) Senkgrube *f* ② AUTO Ölwanne *f;* **to drain the ~** das [Motor]öl ablassen

sumptuary ['sʌmtjʊəri, AM tʃueri] *adj attr, inv* (*hist*) LAW den Aufwand betreffend, Aufwands-, Luxus-

sumptuous ['sʌm(p)tʃuəs] *adj* luxuriös, kostspielig; *dinner* üppig, opulent *geh; gown* festlich, prächtig

sumptuously ['sʌm(p)tʃuəsli] *adv* luxuriös, kostspielig; **to dine ~** opulent speisen *geh;* **~ furnished** luxuriös eingerichtet

sumptuousness ['sʌm(p)tʃuəsnəs] *n no pl* Luxus *m,* Kostspieligkeit *f; of a meal, dinner* Üppigkeit *f,* Opulenz *f geh;* **to be furnished with ~** luxuriös eingerichtet sein

sum total *n* Summe *f fig,* Gesamtheit *f*

sun [sʌn] **I.** *n* ① (*star*) Sonne *f;* **the rising/setting ~** die aufgehende/untergehende Sonne ② *no pl* ■**the ~** (*sunshine*) die Sonne, der Sonnenschein; **to sit in the ~** in der Sonne sitzen; **to have the ~ in one's eyes** von der Sonne geblendet werden; **to get/have a touch of the ~** einen Sonnenbrand bekommen/haben ③ (*liter, poet: source of splendor*) Sonnenlicht *nt,* Strahlen *nt* der Sonne ④ (*liter, poet: day*) Tag *m;* (*year*) Jahr *nt* ▸ PHRASES: **never let the ~ go down on your anger** (*saying*) Missstimmungen sollte man möglichst bald bereinigen, man sollte nicht im Streit auseinander gehen; **to think that the ~ shines out of sb's arse** BRIT (*fig fam!*) jdn für den Größten halten *fam;* **to call sb every name under the ~** jdn mit allen erdenklichen Schimpfnamen belegen; **against/with the ~** mit der/gegen die Sonne; **under the ~** unter der Sonne *liter,* auf Erden *liter;* **to do/try everything under the ~** alles Mögliche [*o* Erdenkliche] tun/versuchen; **nothing new under the ~** nichts Neues unter der Sonne, alles schon dagewesen **II.** *vt* <-nn-> ① (*sit in sun*) ■**to ~ oneself** sich *akk* sonnen ② (*expose to sun*) ■**to ~ sth** etw der Sonne aussetzen **III.** *vi* sich *akk* sonnen

Sun *n abbrev of* **Sunday** So

sun-baked *adj* [von der Sonne] ausgedörrt **sunbathe** *vi* sonnenbaden **sunbather** *n* Sonnenanbeter(in) *m(f) hum* **sunbathing** *n no pl* Sonnenbaden *nt* **sunbeam** *n* Sonnenstrahl *m* **sunbed** *n esp* BRIT ① (*chair*) Liegestuhl *m* ② (*bed*) Sonnenbank *f* **sunbelt** *n no pl* GEOG ■**the S~** der Sonnengürtel (*Südstaaten der USA*) **sunblind** *n* BRIT Markise *f* **sunblock** *n no pl* Sunblocker *m* **sun bonnet** *n* Sonnenhut *m* **sunburn I.** *n no pl* Sonnenbrand *m;* **to get/prevent ~** einen Sonnenbrand bekommen/vermeiden **II.** *vi* <-ed *or* -burnt, -ed *or* -burnt> sich *dat* verbrennen [*o fam* einen Sonnenbrand holen] **sunburned** *adj,* **sunburnt** *adj* (*tanned*) sonnengebräunt; (*red*) sonnenverbrannt, sonnverbrannt SCHWEIZ, von der Sonne verbrannt; **to be/get ~** einen Sonnenbrand haben/bekommen **sunburst** *n* ① METEO Durchbruch *m* der Sonne, plötzlicher Sonnenschein ② (*shape*) Sonnenrad *nt* ③ (*Japanese flag*) Sonnenbanner *nt* **suncream** *n no pl* Sonnen[schutz]creme *f*

sundae ['sʌndeɪ, AM *esp* -di] *n* Eisbecher *m;* **hot-fudge ~** AM Schokobecher *m*

Sunday ['sʌndeɪ] *n* ① (*day*) Sonntag *m; see also* **Tuesday** ② ■**the ~** BRIT (*fam: newspaper*) Sonntagszeitung *f*

Sunday best *n no pl,* **Sunday clothes** *npl* (*dated*) Sonntagsstaat *m kein pl veraltend o hum,* Sonntagskleider *ntpl veraltend* **Sunday driver** *n* (*pej*) Sonntagsfahrer(in) *m(f) pej* **Sunday joint** *n* BRIT Sonntagsbraten *m*

Sunday paper *n* Sonntagszeitung *f*

Sunday roast *n* Sonntagsbraten *m* **Sunday school** *n* REL, SCH Sonntagsschule *f* **Sunday trading** *n* BRIT Öffnung *f* der Geschäfte am Sonntag

sun deck *n* ① NAUT Sonnendeck *nt* ② AM (*balcony*) Sonnenterrasse *f*

sunder ['sʌndəʳ, AM ɚ] *vt* (*poet*) ■**to ~ sb/sth** jdn/etw trennen [*o liter* entzweien]

sundew *n* BOT Sonnentau *m* **sundial** *n* Sonnenuhr *f* **sundown** *n esp* AM, AUS Sonnenuntergang *m;* **at/before ~** bei/vor Sonnenuntergang **sundowner** *n* ① BRIT (*fam: drink*) ≈ Dämmerschoppen *m* ② AUS, NZ (*fam: tramp: in city/town*) Penner *m;* (*in the country*) Landstreicher *m* **sundrenched** *adj* ① (*bright*) sonnenüberflutet ② (*exposed to sun*) sonnig, sonnenverwöhnt **sundress** *n* Strandkleid *nt,* [ärmelloses] Sommerkleid **sundried** *adj* an der Sonne getrocknet; **~ tomatoes** getrocknete Tomaten *fpl*

sundry ['sʌndri] **I.** *adj attr, inv* verschiedene(r,s) ▸ PHRASES: **all and ~** (*fam*) Hinz und Kunz *pej fam,* jedermann **II.** *n* Verschiedenes *nt kein pl,* Diverses *nt kein pl*

sunfast *adj colours, textiles* lichtecht **sunflower** *n* Sonnenblume *f* **sunflower oil** *n* Sonnenblumenöl *nt* **sunflower seeds** *npl* Sonnenblumenkerne *mpl*

sung [sʌŋ] *pp of* **sing**

sunglasses *npl* Sonnenbrille *f;* **a pair of ~** eine Sonnenbrille; **to wear ~** eine Sonnenbrille tragen **sun-god** *n* Sonnengott *m* **sun hat** *n* Sonnenhut *m* **sun helmet** *n* (*dated*) Tropenhelm *m*

sunk [sʌŋk] *pp of* **sink**

sunken ['sʌŋkən] *adj* ① *attr* (*submerged*) *ship* gesunken; *ship, treasure* versunken ② *attr* (*below surrounding level*) tief[er] liegend *attr;* **~ bath** eingelassene Badewanne ③ (*hollow*) **~ cheeks** eingefallene [*o* hohle] Wangen; **~ eyes** tief liegende Augen

sun-kissed *adj* (*esp hum*) *person* sonnengebräunt; *place* sonnig, sonnenverwöhnt; **the ~ shores of Spain** die sonnigen Küsten Spaniens **sunlamp** *n* ① (*for therapy*) Höhensonne *f;* **to lie under the ~** unter der Höhensonne liegen ② FILM Jupiterlampe® *f*

sunless ['sʌnləs] *adj* (*liter*) ohne Sonne *nach n; day* trüb, grau

sunlight *n no pl* Sonnenlicht *nt;* **early morning ~** Morgensonne *f;* **in the bright ~** im hellen Sonnenlicht, in der hellen Sonne; **dappled ~** vereinzelte Sonnenstrahlen; **direct** [*or* **strong**] **~** pralle Sonne **sunlit** *adj inv* sonnenbeschienen; **~ room** sonniges Zimmer **sun lounge** *n* BRIT Glasveranda *f,* Wintergarten *m;* (*solarium*) Solarium *nt* **sun lounger** *n* BRIT Sonnenliege *f*

Sunni ['sʊni] **I.** *n* <*pl* – *or* -s> Sunnit(in) *m(f)* **II.** *adj inv* sunnitisch; **~ Muslim** sunnitischer Moslem

sunniness ['sʌnɪnəs] *n no pl* ① METEO Sonnigkeit *f;* **the ~ of the weather** das sonnige Wetter ② (*cheeriness*) Heiterkeit *f,* Unbeschwertheit *f;* ***the ~ of his disposition cheered her up*** sein sonniges Gemüt munterte sie auf; **the ~ of sb's character** jds Frohnatur *f*

sunny ['sʌni] *adj* ① (*bright*) sonnig; **~ intervals** Aufheiterungen *fpl;* **a few ~ spells** einige sonnige Abschnitte ② (*exposed to sun*) *plateau, room* sonnig ③ (*cheery*) *person* heiter, unbeschwert; *character, disposition* heiter, sonnig; **to have a ~ disposition** eine Frohnatur sein, ein sonniges Gemüt haben

sunny side *n* ① (*part exposed to sun*) die Sonnenseite; **the ~ of life** (*fig*) die Sonnenseite des Lebens ② AM FOOD **eggs ~ up** Spiegeleier *ntpl*

sun protection factor *n* Sonnenschutzfaktor *m*

sunray *n* Sonnenstrahl *m* **sunray lamp** *n* Höhensonne *f* **sunray treatment** *n no pl* Bestrahlung *f* mit Infrarotlicht **sunrise** *n* Sonnenaufgang *m;* **at/before ~** bei/vor Sonnenaufgang **sunrise industry** *n* Zukunftsindustrie *f,* aufstrebender Industriezweig **sunroof** *n* Schiebedach *nt* **sun room** *n* AM, **sun parlor** *n* AM, **sun porch** *n* AM Glasveranda *f,* Wintergarten *m* **sunscreen** *n* ① *no pl* (*cream*) Sonnenschutzmittel *nt* ② (*ingredient*) Zusatzstoff *m* gegen Sonnenbrand **sunset** *n* ① (*time*) Sonnenuntergang *m;* **at/before ~** bei/vor Sonnenuntergang ② (*fig: final stage*) Endphase *f* ▸ PHRASES: **to ride/walk** [**off**] **into the ~** dem Sonnenuntergang entgegenreiten/-gehen; **to ride** [*or* **walk**] [**off**] **into the ~ together** miteinander glücklich werden **sunset industry** *n* veraltetes Unternehmen oder Fertigungsmethode **sunshade** *n* ① (*umbrella*) Sonnenschirm *m* ② AM (*awning*) Markise *f,* Sonnenblende *f*

sunshine ['sʌnʃaɪn] *n no pl* ① (*sunlight*) Sonnenschein *m;* **in the ~** in der Sonne; **blazing** [*or* **brilliant**] **~** strahlender Sonnenschein; **to bask in the ~** sich *akk* in der Sonne aalen *fam* ② METEO (*sunny weather*) sonniges Wetter; **three days of unbroken ~** drei volle Sonnentage ③ (*fig: cheerfulness*) Freude *f,* Glück *nt;* **to bring ~ into sb's life** Freude in jds Leben bringen ④ (*fam: to express friendliness*) Schatz *m,* mein Sonnenschein *hum;* BRIT (*to express irritation*) mein Lieber/meine Liebe

sunshine roof *n* BRIT Schiebedach *nt* **sunspot** *n* ASTRON Sonnenfleck *m* **sunstroke** *n no pl* Sonnenstich *m;* **to have** [*or* **suffer from**] **~** einen Sonnenstich haben **suntan I.** *n* Sonnenbräune *f;* **deep ~** tiefe Bräune; **to get a ~** braun werden **II.** *vi* <-nn-> sich *akk* von der Sonne bräunen lassen **suntan cream** *n,* **suntan lotion** *n* Sonnencreme *f* **suntanned** *adj* sonnengebräunt, braun gebrannt **suntan oil** *n* Sonnenöl *nt* **suntrap** *n* BRIT, AUS sonniges Plätzchen **sunup** *n* AM Sonnenaufgang *m* **sun visor** *n* AUTO Sonnenblende *f* **sun worshipper** *n* (*hum*) Sonnenanbeter(in) *m(f) hum*

sup¹ [sʌp] **I.** *vt* <-pp-> *esp* NBRIT (*hum*) ■**to ~ sth** etw trinken; **to ~ one's beer** sein Bierchen schlürfen *hum fam;* **to ~ one's soup** seine Suppe löffeln; **to ~ one's tea** seinen Tee trinken **II.** *vi* <-pp-> *esp* NBRIT trinken; ■**to ~ up** austrinken **III.** *n* Schluck *m*

sup² [sʌp] *vi* (*dated*) (*eat*) zu Abend essen; ■**to ~ on** [*or* **off**] **sth** etw zu Abend essen ▸ PHRASES: **if you ~ with the devil, you need a long spoon** (*saying*) ≈ wer sich in Gefahr begibt, kommt darin um *prov*

super ['su:pəʳ, AM -ɚ] **I.** *adj* ① (*fam: excellent*) super *sl,* klasse *sl,* spitzenmäßig *sl,* fantastisch *fam* ② COMM von hervorragender Qualität, Qualitäts- **II.** *interj* super!, spitze! **III.** *adv* (*fam*) besonders **IV.** *n* (*fam*) ① BRIT (*superintendent*) Aufseher(in) *m(f),* Kommissar(in) *m(f);* AM Hausmeister(in) *m(f)* ② AUS (*superannuation*) Pension *f,* Ruhestand *m* ③ *no pl* AGR Superphosphat *nt* ④ *no pl* COMM Gewebe *nt* ⑤ (*petrol*) Super[benzin] *nt*

super- ['su:pəʳ, AM -ɚ] *in compounds* ① (*above*) über-, Über- ② (*very*) super-, Super-; **~-absorbent** supersaugfähig *fam;* **~-concentrated** hoch konzentriert; **~fast** superschnell *fam;* **~rich** schwerreich; **~-soft** superweich *fam* ③ COMPUT besonders gut [*o* groß]

superabundance [ˌsu:pᵊrə'bʌndən(t)s, AM -ɚə'-]

n no pl Überfluss *m;* ■**a ~ of sth** eine Unmenge von [*o* an] etw *dat;* **in ~** im Überfluss
superabundant [ˌsuːpᵊrəˈbʌndənt, AM -əˈ-] *adj inv* überreichlich
superannuate [ˌsuːpᵊrˈænjueɪt, AM -ɚ-] *vt usu passive* ■**to be ~d** pensioniert werden
superannuated [ˌsuːpᵊrˈænjueɪtɪd, AM -ɚˈænjueɪt̬-] *adj* ❶ (*part of superannuation scheme*) pensioniert ❷ (*hum: obsolete*) überholt, veraltet
superannuation [ˌsuːpᵊrˌænjuˈeɪʃᵊn, AM -ɚˌ-] *n no pl* ❶ (*payment*) Rentenbeitrag *m;* **to pay ~** Rentenbeiträge bezahlen ❷ (*pension*) [Alters]rente *f; of civil servants* Pension *f,* Ruhegeld *nt,* Ruhegehalt *nt* ❸ (*process*) Ruhestand *m*
superannuation fund *n* Rentenkasse *f,* Pensionskasse *f* **superannuation plan** *n* AM, **superannuation scheme** *n* BRIT betriebliche Altersvorsorge; **to pay into a ~** in die Rentenkasse/Pensionskasse einzahlen
superb [suːˈpɜːb, AM səˈpɜːrb] *adj* ❶ (*excellent*) ausgezeichnet, hervorragend ❷ (*impressive*) erstklassig; *building, view* großartig
superbly [suːˈpɜːbli, AM səˈpɜːr-] *adv* ausgezeichnet, hervorragend
Super Bowl SPORTS **I.** *n* (*NFL's championship football game*) Super Bowl *m* **II.** *n modifier* Super-Bowl-
supercede *vt see* **supersede**
supercharge [ˈsuːpətʃɑːdʒ, AM -ɚtʃɑːrdʒ] *vt* AUTO **to ~ sth** *engine* etw aufladen
supercharged [ˈsuːpətʃɑːdʒd, AM -ɚtʃɑːr-] *adj* ❶ (*more powerful*) *car* mit Lader *nach n; engine* aufgeladen ❷ (*emotional*) *atmosphere* gereizt; **at a ~ pace** mit atemberaubender Geschwindigkeit
supercharger [ˈsuːpəˌtʃɑːdʒəʳ, AM -ɚˌtʃɑːrdʒɚ] *n* AUTO Lader *m,* Aufladegebläse *nt*
supercilious [ˌsuːpəˈsɪliəs, AM -ɚˈ-] *adj* (*pej*) eingebildet *pej,* hochnäsig *pej*
superciliously [ˌsuːpəˈsɪliəsli, AM -ɚˈ-] *adv* (*pej*) hochnäsig *pej*
superciliousness [ˌsuːpəˈsɪliəsnəs, AM -ɚˈ-] *n no pl* (*pej*) Hochnäsigkeit *f pej*
supercomputer [ˈsuːpəkəmˈpjuːtəʳ, AM -ɚkəmˈpjuːt̬ɚ] *n* COMPUT Supercomputer *m fam*
superconductivity [ˌsuːpəˌkɒndʌkˈtɪvəti, AM -ɚˌkɑːndʌkˈtɪvət̬i] *n no pl* PHYS Supraleitfähigkeit *f*
superconductor [ˌsuːpəkənˈdʌktəʳ, AM -ɚkənˈdʌktɚ] *n* PHYS Supraleiter *m*
super-duper [ˌsuːpəˈduːpəʳ, AM -ɚˈduːpɚ] *adj* (*hum fam*) ganz toll *fam,* absolut super *fam*
superego [ˌsuːpᵊrˈiːgəʊ, AM -ɚˈiːgoʊ] *n* PSYCH Überich *nt*
superficial [ˌsuːpəˈfɪʃᵊl, AM -ɚˈ-] *adj* ❶ (*on the surface*) oberflächlich, an der Oberfläche; MED *cuts, injury, wound* oberflächlich; **~ damage** geringfügiger Schaden ❷ (*apparent*) äußerlich; **~ similarity** äußerliche Ähnlichkeit ❸ (*cursory*) *knowledge* oberflächlich; *treatment* flüchtig ❹ (*pej: shallow*) *person* oberflächlich *pej* ❺ BRIT COMM quadratisch, rechtwinklig
superficiality [ˌsuːpəˌfɪʃiˈæləti, AM -ɚˌfɪʃiˈælət̬i] *n no pl* ❶ (*being on surface*) *of damage* Geringfügigkeit *f;* MED Oberflächlichkeit *f* ❷ (*pej: shallowness*) Oberflächlichkeit *f pej*
superficially [ˌsuːpəˈfɪʃᵊli, AM -ɚˈ-] *adv* ❶ (*cursorily*) oberflächlich betrachtet, auf den ersten Blick ❷ (*pej: in a shallow manner*) oberflächlich *pej*
superfine [ˈsuːpəfaɪn, AM ˈsuːpɚ-] *adj inv* ❶ (*high-quality*) extra fein, edelst, ausgesucht ❷ (*very thin*) hochfein
superfluity [ˌsuːpəˈfluːəti, AM -ɚˈfluːət̬i] *n no pl* (*form*) ❶ (*excess*) Überfluss *m;* **a ~ of alcohol** übermäßiger Alkoholgenuss; **a ~ of staff** ein Überhang *m* an Arbeitskräften ❷ (*sth unnecessary*) Überflüssigkeit *f;* ■**to be a ~** überflüssig sein ❸ (*state*) Zuviel *nt*
superfluous [suːˈpɜːfluəs, AM -ˈpɜːr-] *adj* überflüssig
superfluously [suːˈpɜːfluəsli, AM -ˈpɜːr-] *adv* überflüssigerweise
superfluousness [suːˈpɜːfluəsnəs, AM -ˈpɜːr-] *n no pl* Überflüssigkeit *f*
superglue® **I.** *n* Sekundenkleber *m;* (*fig*) Klette *f fig, pej;* **to stick like ~ to sb** an jdm wie eine Klette hängen **II.** *vt* ■**to ~ sth** etw festkleben **supergrass** *n* BRIT (*fam*) Informant(in) *m(f),* Polizeispitzel *m fam* **supergroup** [ˈsuːpəgruːp, AM ˈsuːpɚ-] *n + sing/pl vb* MUS Supergroup *f* **superhero** *n* Superheld *m fam* **superhighway** *n* ❶ AM AUTO Autobahn *f* ❷ COMPUT [**information**] ~ Datenautobahn *f* **superhuman** *adj* übermenschlich
superimpose [ˌsuːpᵊrɪmˈpəʊz, AM -ɚɪmˈpoʊz] *vt* **to ~ images** Bilder überlagern; ***national boundaries are ~d over the map of Europe*** die Grenzen der einzelnen Staaten wurden auf die Europakarte kopiert
superintend [ˌsuːpᵊrɪnˈtend, AM -ɚɪnˈ-] *vt* ■**to ~ sth** etw beaufsichtigen [*o* überwachen], für etw *akk* verantwortlich sein; **to ~ a department** eine Abteilung leiten
superintendence [ˌsuːpᵊrɪnˈtendᵊn(t)s, AM -ɚɪnˈ-] *n no pl* [Ober]aufsicht *f; of a department* Leitung *f*
superintendent [ˌsuːpᵊrɪnˈtendᵊnt, AM -ɚɪnˈ-] *n* ❶ (*person in charge*) Aufsicht *f; of schools* Oberschulrat, -rätin *m, f; of an office, department* Leiter(in) *m(f);* **park ~** Parkwächter(in) *m(f)* ❷ BRIT (*police officer*) Hauptkommissar(in) *m(f);* ***S~ Lewis*** Hauptkommissar Lewis; AM Polizeipräsident(in) *m(f),* Polizeichef(in) *m(f)* ❸ AM (*caretaker*) Hausverwalter(in) *m(f)*
superior [suːˈpɪəriəʳ, AM səˈpɪriɚ] **I.** *adj inv* ❶ (*higher in rank*) höher gestellt, vorgesetzt; **~ officer** Vorgesetzte(r) *f(m);* MIL vorgesetzter Offizier/vorgesetzte Offizierin; ■**to be ~ [to sb]** [jdm] vorgesetzt sein; (*higher in status*) höher; **to be socially ~ to sb** gesellschaftlich über jdm stehen, einer höheren [Gesellschafts]schicht angehören als jd; (*higher in quality*) besser sein [als jd/etw] ❷ (*excellent*) *artist* überragend; *taste* erlesen, gehoben ❸ (*better*) *weapons* überlegen; **to be ~ in numbers** zahlenmäßig überlegen [*o* in der Überzahl] sein; **to be ~ in strength** kräftemäßig überlegen sein ❹ *pred* (*not susceptible*) ■**to be ~ to sth** über etw *akk* erhaben sein ❺ (*pej: arrogant*) überheblich *pej,* arrogant *pej* ❻ ANAT höher ❼ TYPO hochgestellt **II.** *n* ❶ (*higher person*) Vorgesetzte(r) *f(m);* **social ~** gesellschaftlich höher stehende Person ❷ REL **Mother/Father S~** *Vorsteherin/Vorsteher eines Klosters oder Ordens*
superior court *n* LAW höhere Instanz; AM (*in the U.S.*) Berufungsgericht *nt,* Revisionsgericht *nt* (*in einigen Bundesstaaten der USA*)
superiority [suːˌpɪəriˈɒrəti, AM səˌpɪriˈɔːrət̬i] *n no pl* ❶ (*position*) Überlegenheit *f* (**over** über +*akk*), Superiorität *f geh;* **to demonstrate one's ~** seine Überlegenheit zeigen; **~ in numbers** zahlenmäßige Überlegenheit; (*rank*) höhere Stellung [*o* Position] ❷ (*pej: arrogance*) Überheblichkeit *f pej,* Arroganz *f pej*
superiority complex *n* PSYCH (*fam*) Superioritätskomplex *m fachspr;* **to have a ~** einen Superioritätskomplex haben *fachspr,* sich *akk* für etwas Besseres halten
superlative [suːˈpɜːlətɪv, AM səˈpɜːrlət̬-] **I.** *adj inv* ❶ (*best*) unübertrefflich, sagenhaft, fantastisch ❷ LING superlativisch *fachspr;* **~ form** Superlativ *m fachspr* **II.** *n* LING ❶ (*form*) Superlativ *m fachspr;* (*word*) Superlativ *m* ❷ *usu pl* (*hyperbole*) Übertreibung *f*
superlatively [suːˈpɜːlətɪvli, AM səˈpɜːrlət̬-] *adv inv* sagenhaft, fantastisch; **~ successful** höchst erfolgreich; **to cook ~** sagenhaft gut kochen
superman *n* ❶ PHILOS Übermensch *m* ❷ (*cartoon character*) **S~** Superman *m* ❸ (*fam*) ■**a ~** (*exceptional man*) ein Superman
supermarket [ˈsuːpəˌmɑːkɪt, AM -ɚˌmɑːr-] *n* Supermarkt *m;* **at the ~** im Supermarkt **supermarket cart** *n* AM Einkaufswagen *m* **supermarket chain** *n* Supermarktkette *f* **supermarket tabloid** *n* AM Wochenblatt *nt* **supermarket trolley** *n* BRIT Einkaufswagen *m*
super max *n* (*fam*), **super maximum security prison** *n* Hochsicherheitsgefängnis *nt* **supermodel** *n* FASHION Supermodel *nt* **supermom** *n* AM *Frau, die Familie, Haushalt und Karriere gleichermaßen meistert*
supernatural [ˈsuːpəˌnætʃᵊrᵊl, AM -ɚˌnætʃɚᵊl] **I.** *adj* ❶ (*mystical*) übernatürlich ❷ (*extraordinary*) außergewöhnlich **II.** *n* ■**the ~** das Übernatürliche
supernaturally [ˈsuːpəˌnætʃᵊrᵊli, AM -ɚˌnætʃɚ-] *adv* ❶ (*mystically*) übernatürlich ❷ (*extraordinarily*) **~ large/strong** außergewöhnlich groß/stark
supernova <*pl* -s *or* -vae> [ˌsuːpəˈnəʊvə, AM -ɚˈnoʊ-, *pl* -viː] *n* ASTRON Supernova *f*
supernumerary [ˌsuːpəˈnjuːmᵊrᵊri, AM -ɚˈnuːməreri] **I.** *adj* (*form*) ❶ (*extra*) zusätzlich ❷ (*not wanted*) überzählig ❸ BOT, ZOOL zu viel *nach n;* ***her right foot had a ~ toe*** an ihrem rechten Fuß war eine Zehe zu viel ❹ FILM, THEAT Statisten- **II.** *n* (*form*) ❶ (*employee*) [Aus]hilfskraft *f* ❷ (*person*) überzählige Person; (*thing*) überzählige Sache ❸ FILM, THEAT Statist(in) *m(f)*
superordinate [ˌsuːpᵊrˈɔːdᵊnət, AM -ɚˈɔːr-] **I.** *n* ❶ (*thing*) übergeordnete Sache ❷ (*person*) übergeordnete Person ❸ LING übergeordnetes Wort **II.** *adj* übergeordnet
super petrol *n* BRIT Superbenzin *nt*
superphosphate [ˌsuːpəˈfɒsfeɪt, AM -ɚˈfɑːs-] *n no pl* AGR Superphosphat *nt*
superpower *n* Supermacht *f* **supersaver** *n* ❶ (*ticket*) Sparticket *nt* ❷ BRIT (*offer*) Supersparangebot *nt* **supersaver fare** *n* TOURIST Sonderspartarif *m,* ermäßigter Fahrpreis **supersaver ticket** *n* TOURIST ermäßigtes Ticket, Sparticket *nt*
superscript [ˈsuːpəskrɪpt, AM -pɚ-] **I.** *adj inv* hochgestellt **II.** *n* hochgestelltes Zeichen; COMPUT Index *m;* **in ~** hochgestellt
supersede [ˌsuːpəˈsiːd, AM -ɚˈ-] *vt* ■**to ~ sb/sth** jdn/etw ersetzen [*o* ablösen], an die Stelle von jdm/etw treten
supersonic [ˌsuːpəˈsɒnɪk, AM -ɚˈsɑːn-] *adj inv* Überschall-; **~ aircraft** Überschallflugzeug *nt;* **the ~ travel age** das Zeitalter des Reisens mit Überschallgeschwindigkeit
superstar [ˈsuːpəstɑːʳ, AM -ɚstɑːr] *n* Superstar *m*
superstardom [ˈsuːpəˌstɑːdəm, AM -ɚˌstɑːr-] *n no pl* Leben *nt* als Superstar; **to shoot to ~** zum Superstar werden
superstition [ˌsuːpəˈstɪʃᵊn, AM -ɚˈ-] *n* ❶ *no pl* (*belief*) Aberglaube[n] *m;* **according to ~** dem Aberglauben nach; **out of ~** aus Aberglauben ❷ (*practice*) Aberglaube *m kein pl*
superstitious [ˌsuːpəˈstɪʃəs, AM -ɚˈ-] *adj* abergläubisch; ■**to be ~ about doing sth** glauben, dass es Unglück bringt, etw zu tun
superstitiously [ˌsuːpəˈstɪʃəsli, AM -ɚˈ-] *adv* abergläubisch
superstore [ˈsuːpəstɔːʳ, AM -ɚstɔːr] *n* Großmarkt *m,* Verbrauchermarkt *m*
superstructure [ˈsuːpəˌstrʌktʃəʳ, AM -ɚˌstrʌktʃɚ] *n* ❶ (*upper structure*) Oberbau *m* ❷ NAUT [Deck]aufbauten *pl* ❸ ARCHIT Oberbau *m* ❹ (*concept*) Überbau *m*
supertanker [ˈsuːpəˌtæŋkəʳ, AM -ɚˌtæŋkɚ] *n* NAUT Riesentanker *m,* Supertanker *m*
supertitle [ˈsuːpɚˌtaɪt̬l] *n* AM Oberüberschrift *f*
Super Tuesday *n* AM POL (*fam*) *im Wahljahr der zweite Dienstag im März, an dem in vielen Staaten eine Vorwahl für den Präsidentschaftskandidaten abgehalten wird*
superunleaded [ˈsuːpᵊrʌnˌledɪd, AM -ɚʌnˌ-] AUTO **I.** *adj* superbleifrei **II.** *n* Super *nt* bleifrei
supervene [ˌsuːpəˈviːn, AM -ɚˈ-] *vi* (*form*) dazwischenkommen; ***events have ~d*** es sind unvermutete Ereignisse eingetreten
supervise [ˈsuːpəvaɪz, AM -pɚ-] *vt* ■**to ~ sb/sth** jdn/etw beaufsichtigen [*o* überwachen]; **to ~ the distribution of aid** die Verteilung von Hilfsgütern überwachen; **to ~ an exam** bei einer Prüfung die Aufsicht haben
supervision [ˌsuːpəˈvɪʒᵊn, AM -ɚˈ-] *n no pl of children* Beaufsichtigung *f; of prisoners, work* Über-

S

wachung *f;* ■ **under the ~ of sb** unter [der] Aufsicht einer Person *gen;* ■ **without ~** unbeaufsichtigt

supervisor ['su:pəvaɪzəʳ, AM -ɚvaɪzɚ] *n* ① *(person in charge)* Aufsichtsbeamte(r) *m,* Aufsichtsbeamte [*o* -in] *f;* *(in shop)* Abteilungsleiter(in) *m(f);* *(in factory)* Vorarbeiter(in) *m(f);* SCH Betreuungslehrer(in) *m(f);* UNIV Betreuer(in) *m(f);* *(for doctoral candidates)* Doktorvater *m;* BRIT Tutor(in) *m(f)* ② AM POL leitender Verwaltungsbeamter/leitende Verwaltungsbeamte [*o* -in] ③ COMPUT *(part of computer)* Supervisor *m*

supervisory [ˌsu:pə'vaɪzəri, AM -ɚ'vaɪzɚi] *adj inv* ① *(controlling)* Aufsichts-, aufsichtsführend *attr;* **~ body** Aufsichtsorgan *nt,* Kontrollinstanz *f;* **~ staff** Aufsichtspersonal *nt* ② COMPUT Überwachungs-, überwachungs-

superwoman *n (fam)* ① *(woman of extraordinary powers)* Superwoman *f* ② *(successful woman)* *Frau, die Familie und Karriere gleichermaßen meistert*

supine ['su:paɪn, AM su:'paɪn] *adj* ① *inv (lying on back)* **to be/lie ~** auf dem Rücken liegen; ***he was ~ on the floor*** er lag ausgestreckt auf dem Boden ② *(fig, pej: indolent)* träge *pej,* gleichgültig *pej*

supinely ['su:paɪnli, AM su:'paɪnli] *adv inv (fig, pej form)* träge *pej,* gleichgültig *pej*

supper ['sʌpəʳ, AM -ɚ] *n* ① FOOD *(meal)* Abendessen *nt,* Abendbrot *nt,* Nachtmahl *nt* ÖSTERR; **to have ~** zu Abend essen, das Nachtmahl einnehmen ÖSTERR; ***we're having pasta for ~*** bei uns gibt es heute Nudeln zum Abendessen ② FOOD *(dated: snack)* später Imbiss ► PHRASES: **to sing for one's ~** *(in return for payment)* etw tun für sein Geld; *(in return for a favour)* sich *akk* revanchieren

suppertime ['sʌpətaɪm, AM -ɚ-] *n no pl* Abendbrotzeit *f,* Abendessenszeit *f*

supplant [sə'plɑ:nt, AM -'plænt] *vt* ■ **to ~ sb/sth** jdn/etw ersetzen [*o* ablösen]; **to feel ~ed** sich *akk* zurückgesetzt fühlen

supple ['sʌpl] *adj* ① *(flexible)* *human body* gelenkig, geschmeidig; *(fig)* *mind* flexibel, beweglich; **to have a ~ mind** geistig beweglich [*o* flexibel] sein ② *(not stiff)* *leather* geschmeidig; *skin* weich

supplely ['sʌplli] *adv* weich, geschmeidig

supplement I. *n* ['sʌplɪmənt, AM -lə-] ① *(something extra)* Ergänzung *f* (**to** zu +*dat*); *(book)* Supplement *nt,* Supplementband *m,* Ergänzungsband *m;* *(information)* Nachtrag *m,* Anhang *m;* **a ~ to one's income** ein zusätzliches Einkommen ② MED **vitamin ~** Nahrungsmittelergänzung *f* ③ *(section)* Beilage *f;* **advertising/sports ~** Werbe-/Sportbeilage *f;* **the Sunday ~** die Sonntagsbeilage ④ BRIT *(surcharge)* Zuschlag *m;* **to pay a ~** einen Zuschlag zahlen II. *vt* ['sʌplɪment, AM -lə-] ■ **to ~ sth** etw ergänzen; **to ~ one's diet with sth** seine Nahrung durch etw *akk* ergänzen; **to ~ one's income by doing sth** sein Einkommen aufbessern, indem man etw tut

supplemental ['sʌpləmenṭəl] *adj* AM, **supplementary** ['sʌpləmentəri, AM -ṭɚi] *adj inv* ① *(additional)* ergänzend *attr,* zusätzlich, Zusatz-; **~ charge** Zuschlag *m;* **~ income** Zusatzeinkommen *nt;* **~ reading** ergänzende Lektüre; ■ **to be ~ [to sth]** eine Ergänzung [zu etw *dat*] sein ② MATH supplementär

supplementary angle *n* MATH Supplementwinkel *m,* Ergänzungswinkel *m* **supplementary benefit** *n* ECON Sozialhilfe *f*

suppleness ['sʌplnəs] *n no pl* ① *(flexibility)* *of the human body* Gelenkigkeit *f,* Geschmeidigkeit *f;* *(fig)* *of mind* Flexibilität *f fig,* Beweglichkeit *f fig* ② *(softness)* *of leather* Geschmeidigkeit *f;* *of skin* Weichheit *f*

suppliant ['sʌpliənt] *(form)* I. *n* Bittsteller(in) *m(f)* II. *adj* ■ **to be ~** demütig bitten, flehen *geh*

supplicant ['sʌplɪkənt, AM -lə-] *n (form, liter)* Bittsteller(in) *m(f);* **a ~ for mercy** ein um Gnade Flehender/eine um Gnade Flehende *geh*

supplicate ['sʌplɪkeɪt, AM -lə-] *(form, liter)* I. *vi* flehen *geh,* inständig bitten II. *vt* ■ **to ~ sb/sth** jdn/etw anflehen *geh;* **to ~ sb for forgiveness** jdn [demütig] um Verzeihung bitten; **to ~ assistance from sb** jdn inständig um Hilfe bitten *geh*

supplication [ˌsʌplɪ'keɪʃən, AM -lə'-] *n (form, liter)* Flehen *nt kein pl geh* (**for** um +*akk*); ***they have made a ~ for help*** sie haben eindringlich um Hilfe gebeten; **in ~** flehentlich *geh*

supplier [sə'plaɪəʳ, AM -ɚ] *n* ① *(provider)* Lieferant(in) *m(f);* **~ of services** Erbringer *m* von Dienstleistungen; **main ~** Hauptlieferant *m;* **steel ~** Stahllieferant *m* ② *(company)* Lieferfirma *f,* Zulieferbetrieb *m;* ■ **~s** *pl* Lieferanten *mpl,* Zulieferer *mpl* ③ *(drug peddler)* [Drogen]lieferant(in) *m(f)*

supply¹ [sə'plaɪ] I. *vt* <-ie-> ① *(provide sth)* ■ **to ~ sth** für etw *akk* sorgen, etw bereitstellen; **to ~ an answer to a question** eine Antwort auf eine Frage geben; **to ~ information about sth** Informationen über etw *akk* geben; **to come supplied with sth** *car, radio* mit etw *dat* ausgestattet [*o* ausgerüstet] sein; ■ **to ~ sth to sb** *arms, drugs* jdm etw beschaffen; **to be accused of ~ing drugs** des Drogenhandels beschuldigt werden, wegen Drogenhandel[s] angeklagt sein ② *(provide sb with sth)* ■ **to ~ sb** jdn versorgen, jdm etw geben; ECON jdn mit etw *dat* beliefern; ■ **to be supplied with sth** etw erhalten; **to ~ sb with food** jdn mit Nahrung versorgen ③ *(act as source)* liefern; ***this cereal supplies plenty of vitamins*** dieses Getreide ist ein großer Vitaminspender ④ *(satisfy)* **to ~ a demand** eine Nachfrage befriedigen; **to ~ a requirement** einer Forderung nachkommen II. *n* ① *(stock)* Vorrat *m* (**of** an +*dat*); **a month's ~ of tablets** eine Monatspackung Tabletten; **water ~** Wasservorrat *m* ② *no pl (action)* Versorgung *f,* Bereitstellung *f;* **electricity [*or* power]/water ~** Strom-/Wasserversorgung *f;* **oil/petrol ~** Öl-/Benzinzufuhr *f;* *(action of providing)* Belieferung *f;* **source of ~** Bezugsquelle *f* ③ ECON Angebot *nt;* **~ and demand** Angebot und Nachfrage; **to be in plentiful ~** im Überfluss [*o* reichlich] vorhanden sein; **to be in short ~** Mangelware sein ④ ■ **supplies** *pl (provision)* Versorgung *f kein pl,* [Zu]lieferung *f;* MIL Nachschub *m;* *(amount needed)* Bedarf *m;* **food supplies** Versorgung *f* mit Lebensmitteln, Lebensmittellieferungen *fpl;* **to be urgently in need of medical supplies** dringend medizinischer Versorgung bedürfen; **to cut off supplies** die Lieferungen einstellen; **to cut off gas/water supplies** das Gas/Wasser abstellen; **office supplies** Bürobedarf *m* ⑤ *(amount available)* ■ **supplies** *pl* Vorräte *mpl,* Bestände *mpl;* **food supplies** Lebensmittelvorräte *mpl;* *(for camping, journey)* Proviant *m* ⑥ BRIT POL ■ **supplies** *pl* Budget *nt,* bewilligter Etat ⑦ BRIT, AUS *(teacher)* Vertretungslehrer(in) *m(f),* Aushilfslehrer(in) *m(f);* **to be on ~** vertretungsweise unterrichten

supply² ['sʌpli] *adv see* **supplely**

supply base *n* MIL Versorgungsbasis *f,* Nachschubbasis *f* **supply chain** *n* ECON Versorgungskette *f* **supply depot** *n* MIL Versorgungsbasis *f,* Nachschubbasis *f* **supply industry** *n* Zuliefer[er]industrie *f* **supply line** *n usu pl* Transportweg *m* *(für die Versorgung mit Gütern);* MIL Nachschubweg *m* **supply ship** *n* NAUT Versorgungsschiff *nt* **supply-side** *adj inv* ECON angebotsorientiert **supply-side economics** *n* ECON angebotsorientierte Wirtschaftspolitik, Angebotswirtschaft *f* **supply-sider** [sə'plaɪˌsaɪdəʳ, AM -ɚ] *n* AM *Befürworter von Steuersenkungen zur Ankurbelung der Wirtschaft* **supply teacher** *n* BRIT, AUS Aushilfslehrer(in) *m(f),* Vertretungslehrer(in) *m(f)*

support [sə'pɔ:t, AM -'pɔ:rt] I. *vt* ① *(hold up)* ■ **to ~ sb/sth** jdn/etw stützen; ■ **to be ~ed on [*or* by] sth** von etw *dat* gestützt werden; ■ **to ~ oneself on sth** sich *akk* auf etw *akk* stützen; **to ~ a currency** ECON eine Währung stützen; **to ~ a roof** ein Dach abstützen; **to ~ sb's weight** jds Gewicht tragen; ***the ice is thick enough to ~ our weight*** das Eis ist so dick, dass es uns trägt ② *(sustain)* **to ~ life** für den Lebensunterhalt sorgen ③ *(fulfill)* **to ~ a role** eine Rolle spielen ④ *usu neg (form: tolerate)* **to not/no longer ~ sth** etw nicht/nicht länger ertragen [*o geh* erdulden] [*o fam* aushalten] ⑤ *(provide with money)* **to ~ sb/sth** jdn/etw [finanziell] unterstützen; **to ~ one's lifestyle/habit** seinen Lebensstil/seine Sucht finanzieren ⑥ *(provide with necessities)* ■ **to ~ sb** für jds Lebensunterhalt *m* aufkommen; ■ **to ~ oneself** seinen Lebensunterhalt [selbst] bestreiten; **to ~ a family** eine Familie unterhalten ⑦ *(comfort)* ■ **to ~ sb/sth** jdn/etw unterstützen; ■ **to ~ sb in sth** jdn bei etw *dat* unterstützen; ***the union is ~ing Linda in her claim that she was unfairly dismissed*** die Gewerkschaft unterstützt Lindas Behauptung, sie sei zu Unrecht entlassen worden ⑧ *(encourage)* ■ **to ~ sb/sth** jdn/etw unterstützen; **to ~ a cause** für eine Sache eintreten; **to ~ a plan** einen Plan befürworten ⑨ *(corroborate)* ■ **to ~ sth** etw belegen; **to ~ a theory** eine Theorie beweisen ⑩ SPORTS **to ~ a sportsman/team** für einen Sportler/ein Team sein ⑪ COMPUT **to ~ a device/language/program** ein Gerät/eine Sprache/ein Programm unterstützen II. *n* ① *(prop)* Stütze *f;* ARCHIT Träger *m;* FASHION Stütze *f;* **knee ~** Kniestrumpf *m;* **~ stockings** Stützstrümpfe *mpl* ② *no pl (act of holding)* Halt *m;* **to give sth ~** etw *dat* Halt geben ③ *no pl (material assistance)* Unterstützung *f;* **financial ~** finanzielle Unterstützung; **a [visible] means of ~** eine [bekannte] Einnahmequelle; **to withdraw ~ from sb/sth** jdm/etw die weitere Unterstützung entziehen; LAW Unterhalt *m;* **action for ~** Unterhaltsklage *f;* **to receive ~** Unterhalt bekommen ④ *no pl (comfort)* Halt *m fig,* Stütze *f fig;* ■ **to be a ~ to sb** jdm eine Stütze sein; **letters of ~** Sympathieschreiben *ntpl;* **moral ~** moralische Unterstützung; **to give sb a lot of ~** jdm großen Rückhalt geben; **to give sb moral ~** jdn moralisch unterstützen ⑤ *no pl (encouragement)* Unterstützung *f;* *(proof of truth)* Beweis *m;* **to drum up ~ for sth** Unterstützung für etw *akk* auftreiben; **to enlist the ~ of sb** jds Unterstützung gewinnen; **to lend ~ to a theory** eine Theorie erhärten; **to pledge ~ for sth** etw *dat* seine Unterstützung zusichern ⑥ COMPUT Support *m* ► PHRASES: **in ~ of** *(to assist)* als Unterstüzung; *(to express approval)* zur Unterstützung; **to vote in ~ of the President** für den Präsidenten stimmen; *(to obtain)* um etw zu erreichen; ***the miners have come out on strike in ~ of their pay claim*** die Bergarbeiter sind in den Streik getreten, um ihrer Lohnforderung Nachdruck zu verleihen

supportable [sə'pɔ:təbl, AM -'pɔ:rṭ-] *adj (form)* vertretbar

supporter [sə'pɔ:təʳ, AM -'pɔ:rṭɚ] *n* ① *(encouraging person)* Anhänger(in) *m(f);* *of a campaign, policy* Befürworter(in) *m(f);* *of a theory* Verfechter(in) *m(f);* **strong ~** energischer Verfechter/energische Verfechterin ② SPORTS Fan *m* ③ *(jockstrap)* Suspensorium *nt*

support group *n* ① *(group of sympathisers)* Hilfsvereinigung *f* ② *(music group)* Vorgruppe *f*

supporting [sə'pɔ:tɪŋ, AM -'pɔ:rṭ-] *adj attr, inv* BRIT FILM Vor-, Bei-; **~ programme** Vorprogramm *nt,* Beiprogramm *nt*

supporting act *n* MUS Vorgruppe *f* **supporting actor** *n* FILM Nebendarsteller(in) *m(f)* **supporting cast** *n* Nebendarsteller *mpl,* Ensemble *nt* **supporting documentation** *n* Belege *mpl* **supporting film** *n* BRIT FILM Vorfilm *m,* Beifilm *m* **supporting part** *n,* **supporting role** *n* Nebenrolle *f* **supporting tissue** *n* ANAT Stützgewebe *nt*

supportive [sə'pɔ:tɪv, AM -'pɔ:rṭ-] *adj (approv)* ■ **to be ~ of sb** jdm eine Stütze sein, jdn unterstützen; ***children with ~ parents often do better at school*** Kinder, die von ihren Eltern unterstützt werden, kommen oft besser in der Schule zurecht; ■ **to be ~ of sth** etw unterstützen [*o* befürworten]; **~ member** Anhänger(in) *m(f)*

supportively [sə'pɔ:tɪvli, AM -'pɔ:rṭ-] *adv* **to behave ~ towards sb** jdm Rückhalt geben

supportiveness [sə'pɔ:tɪvnəs, AM -'pɔ:rṭ-] *n no pl* Unterstützung *f*

support network *n* Hilfsnetz *nt* **support price** *n* Stützungspreis *m;* BRIT AGR garantierter Mindestpreis **support system** *n* Hilfsnetz *nt*

suppose [sə'pəʊz, AM -'poʊz] *vt* ① *(think likely)* ■ **to ~ [that] …** annehmen [*o* vermuten], dass …; ***what time do you ~ he'll be arriving?*** wann, glaubst du, wird er ankommen?; ***I had always ~ed that he was innocent*** ich war immer der Meinung, dass er unschuldig ist; ***I ~ you think that's funny*** du hältst das wohl auch noch für komisch; ***that's not a very good idea — no, I ~ not*** das ist keine sehr gute Idee – ja, das glaube ich auch; ***will they have arrived by now? — I don't ~ so*** ob sie jetzt wohl angekommen sind? – das glaube ich eigentlich nicht; **I ~/don't ~** wohl/wohl kaum; ***I ~ all the tickets will be sold by now*** die Tickets werden wohl inzwischen ausverkauft sein; **I ~ you couldn't …** [*or* **I don't ~ you could …**] Sie könnten mir nicht zufällig … ② (*as admission*) denken, annehmen; ***I'm very popular, I ~*** ich bin sehr beliebt, nehm' ich mal an ③ (*to introduce hypothesis*) annehmen; ***~ he was there …*** angenommen er war hier … ④ (*as a suggestion*) ***~ we leave right away?*** wie wär's, wenn wir jetzt gleich fahren würden? ⑤ (*form: require*) ■**to ~ sth** etw voraussetzen ⑥ (*believe*) ■**to ~ sth** etw glauben [*o* vermuten]; ***I ~ she would have been about 70 when she died*** ich vermute, sie war so um die 70, als sie starb; ■**to ~ sb/sth to be sth** jdn/etw für etw *akk* halten; ***we all ~ed him to be German*** wir haben alle gedacht, dass er Deutscher sei; ***her new book is ~ed to be very good*** ihr neues Buch soll sehr gut sein; ***it is commonly ~ed that …*** es wird allgemein angenommen, dass … ⑦ *pred* (*expected*) ■**to be ~d to do sth** etw tun sollen; ***you're ~d to be asleep*** du solltest eigentlich schon schlafen; ***how am I ~d to find that much money?*** woher soll ich nur das ganze Geld nehmen? ⑧ *pred, usu neg* (*allowed*) ■**to be not ~d to do sth** etw nicht tun dürfen; ***you're not ~d to park here*** sie dürfen hier nicht parken ► PHRASES: **I ~ so** wahrscheinlich, wenn du meinst

supposed [sə'pəʊzd, AM -'poʊ-] *adj attr, inv* vermutet, angenommen; **~ killer** mutmaßlicher Mörder/mutmaßliche Mörderin

supposedly [sə'pəʊzɪdli, AM -'poʊ-] *adv inv* ① (*allegedly*) angeblich ② (*apparently*) anscheinend, scheinbar

supposing [sə'pəʊzɪŋ, AM -'poʊ-] *conj* angenommen; ***~ he doesn't show up?*** was, wenn er nicht erscheint?; **but ~ …** aber wenn …; **always ~ …** immer unter der Annahme, dass …

supposition [ˌsʌpə'zɪʃᵊn] *n* ① *no pl* (*act*) Spekulation *f,* Mutmaßung *f;* **to be based on pure ~** auf reiner Spekulation beruhen ② (*belief*) Vermutung *f,* Annahme *f;* **unfounded ~** unbegründete Annahme; **on the ~ that …** vorausgesetzt, dass …

suppository [sə'pɒzɪtᵊri, AM -'pɑːzɪtɔːri] *n* MED Zäpfchen *nt,* Suppositorium *n fachspr;* **to insert a ~** ein Zäpfchen einführen

suppress [sə'pres] *vt* ■**to ~ sth** ① (*end*) etw unterdrücken; **to ~ a revolution** eine Revolution niederschlagen; **to ~ terrorism** den Terrorismus bekämpfen; **to ~ human rights** die Menschenrechte missachten ② (*restrain*) **to ~ feelings/impulses/urges** Gefühle/Impulse/Verlangen unterdrücken ③ (*prevent from spreading*) **to ~ evidence/information** Beweismaterial/Informationen zurückhalten ④ (*inhibit*) etw hemmen; **to ~ the immune system** das Immunsystem schwächen; **to ~ a process/reaction** einen Prozess/eine Reaktion abschwächen ⑤ ELEC **to ~ electrical interference** etw entstören, eine elektrische Störung beheben ⑥ PSYCH **to ~ ideas/memories** Vorstellungen/Erinnerungen verdrängen

suppressant [sə'presᵊnt] *n* hemmendes Medikament; **appetite ~** Appetitzügler *m,* Appetithemmer *m;* **cough ~** Hustenmittel *nt*

suppression [sə'preʃᵊn] *n no pl* ① (*act of ending*) Unterdrückung *f; of an uprising, a revolution* Niederschlagung *f; of terrorism* Bekämpfung *f* ② *of anger, individuality* Unterdrückung *f* ③ *of evidence, information* Zurückhaltung *f,* Verheimlichung *f,* Vertuschung *f* ④ MED Hemmung *f* ⑤ ELEC Entstörung *f* ⑥ PSYCH Verdrängung *f*

suppressor [sə'presəʳ, AM -ɚ] *n* ① (*restrainer*) **weed ~** Unkrautbekämpfungsmittel *nt* ② ELEC Entstörvorrichtung *f,* Entstörer *m* ③ COMPUT Unterdrücker *m*

suppurate ['sʌpjəreɪt] *vi* eitern

supranational [ˌsuːprə'næʃᵊnᵊl] *adj inv* supranational *geh,* übernational, überstaatlich

supraorbital [ˌsuːprə'ɔːbɪtᵊl, AM -t̬ᵊl] *adj* ANAT supraorbital

supremacist [suː'preməsɪst, AM sə'-] (*esp pej*) **I.** *n jd, der an die Überlegenheit einer bestimmten Gruppe glaubt* **II.** *adj* sich *akk* überlegen fühlend; **to have a ~ attitude towards sb** sich jdm gegenüber überlegen fühlen

supremacy [suː'preməsi, AM sə'-] *n no pl* Vormachtstellung *f,* Supremat *m o nt geh;* SPORTS Überlegenheit *f;* **to establish air ~** MIL sich *dat* die Luftherrschaft sichern

supreme [suː'priːm, AM sə'-] **I.** *adj inv* ① (*superior*) höchste(r,s), oberste(r,s); **~ authority** höchste [Regierungs]gewalt; **~ commander** Oberbefehlshaber(in) *m(f);* **~ ruler** oberster Herrscher/oberste Herrscherin ② (*strongest*) **to reign ~** absolut herrschen; (*fig*) [unangefochten] an erster Stelle stehen ③ (*extreme*) äußerste(r,s), größte(r,s); ***the ~ irony was that …*** die größte Ironie bestand darin, dass …; (*causing great pleasure*) überragend, unübertroffen, unvergleichlich; **to show ~ courage** größten Mut beweisen; **to require a ~ effort of will** höchste Willenskraft erfordern; **~ moment** einzigartiger Moment, Höhepunkt *m* ④ (*fatal*) **to make the ~ sacrifice** (*liter*) [sein Leben] opfern **II.** *n no pl* FOOD **turkey ~** ≈ Putengeschnetzeltes *nt* (*in Sahnesauce*)

Supreme Being *n* REL (*liter*) ■**the ~** das Höchste Wesen *liter* **Supreme Court** *n* LAW ① BRIT **S~** [**of Judicature**] oberster Gerichtshof für England und Wales ② AM (*highest federal court*) Oberstes Bundesgericht

supremely [suː'priːmli, AM sə'-] *adv* äußerst; ***James plays the violin ~ well*** James spielt außerordentlich gut Geige

Supreme Soviet *n* (*hist*) ■**the ~** der Oberste Sowjet *hist*

supremo [suː'priːməʊ, AM sə'priːmoʊ] *n esp* BRIT, AUS (*fam*) ① (*boss*) Oberboss *m fam* ② (*expert*) **tennis ~** Tenniscrack *m*

Supt *n abbrev of* **superintendent 2**

surcharge ['sɜːtʃɑːdʒ, AM 'sɜːrtʃɑːrdʒ] **I.** *n* ① (*extra charge*) Zuschlag *m* (**for** für +*akk*), Aufschlag *m* (**on** auf +*akk*); **~ for a single room** Einzelzimmerzuschlag *m* ② (*penalty*) Strafgebühr *f,* Schadenersatzleistung *f* [bei unrechtmäßiger Ausgabe von Geldern], Regress *m;* (*taxes*) [Steuer]zuschlag *m* ③ BRIT (*refund*) Rückerstattung *f* ④ (*omission*) Zuschlag *m,* Aufschlag *m* ⑤ (*mark on stamp*) Nachporto *nt,* Strafporto *nt* **II.** *vt* ① *usu passive* ■**to ~ sb** einen Zuschlag von jdm verlangen; ■**to ~ sth** einen Zuschlag auf etw *akk* erheben, etw mit einem Zuschlag belegen; ■**to be ~d on** [*or* **for**] **sth** für etw *akk* einen Zuschlag bezahlen müssen; **to be ~d for a single room** einen Einzelzimmerzuschlag bezahlen müssen ② (*mark*) **to ~ a stamp** eine Marke mit einem Zuschlagsstempel versehen **III.** *vi* einen Zuschlag erheben [*o* fordern]

sure [ʃʊəʳ, AM ʃʊr] **I.** *adj* ① *pred* (*confident*) sicher; ■**to be ~** [**that**] … [sich *dat*] sicher sein, dass …; ***are you ~?*** bist du sicher?; ***I'm not really ~*** ich weiß nicht so genau; **to feel ~** [**that**] … überzeugt [davon] sein, dass …; **to seem ~** [**that**] … als sicher erscheinen, dass …; ■**to be ~/not ~ how/what/when/where/whether/who/why …** genau/nicht genau wissen, wie/was wann/wo/ob/wer/warum …; ■**to be ~/not ~ if …** genau/nicht genau wissen, ob…; ■**to be ~/not ~ about** [*or* **of**] **sth** sich *dat* einer S. *gen* sicher/nicht sicher sein; ***are you ~ about this?*** sind Sie sich dessen sicher?; ***I'm not ~ about what to do for the best*** ich weiß nicht genau, was am besten zu tun ist; ■**to be ~/not ~ about** [*or* **of**] **sb** sich *dat* über jdn im Klaren/nicht im Klaren sein; ***you can always be ~ of Kay*** du kannst dich immer auf Kay verlassen ② (*expect to get*) ■**to be ~ of sth** etw sicher bekommen; ■**sb is ~ of sth** etw ist jdm sicher; ***we arrived early to be ~ of getting a good seat*** wir waren frühzeitig da, um auch ja gute Plätze zu bekommen ③ (*certain*) sicher, gewiss; ■**to be ~ to do sth** überzeugt [davon] sein, etw zu tun; ***where are we ~ to have good weather?*** wo werden wir aller Voraussicht nach gutes Wetter haben?; ***we're ~ to see you again before we leave*** bestimmt sehen wir Sie noch einmal, bevor wir abreisen ④ (*true*) sicher; **one ~ way** [**of doing sth**] ein sicherer Weg [etw zu tun] ⑤ *attr* (*reliable*) **a ~ sign of sth** ein sicheres Zeichen für etw *akk;* **to have a ~ understanding of sth** sich *dat* über etw *akk* im Klaren sein ► PHRASES: [**as**] **~ as eggs is eggs, as ~ as the day is long** [*or* BRIT *dated* **~ God made little apples**] so sicher wie das Amen in der Kirche *fam;* [**as**] **~ as hell** (*sl*) todsicher *fam;* **~ thing** (*fam: certainty*) sicher!; *esp* AM (*of course*) [aber] natürlich!, [na] klar! *fam;* **~ enough** (*fam*) tatsächlich; **to be ~** (*form: to concede truth*) sicherlich, gewiss; (*as emphasis*) klar; ***that was a great movie, to be ~!*** eines ist klar: das war ein großartiger Film!; **to be ~ of oneself** selbstbewusst sein; (*pej*) sehr von sich *dat* überzeugt sein *pej;* **to make ~** sich versichern; **to make ~** [**that**] … darauf achten, dass …; ***make ~ you lock the door when you go out*** denk daran, die Tür abzuschließen, wenn du weggehst; **as ~ as I'm standing/sitting here** so wahr ich hier stehe/sitze; **for ~** (*fam*) bestimmt, ganz sicher; **to know for ~ that …** ganz sicher [*o* genau] wissen, dass …; ***and that's for ~!*** das ist mal sicher! *fam;* **one thing's for ~** eines ist [schon] mal sicher [*o* steht schon mal fest] *fam* **II.** *adv esp* AM (*fam: certainly*) echt *fam;* ***I ~ am hungry!*** hab ich vielleicht einen Hunger! **III.** *interj* (*fam: certainly!*) **oh** [*or* **yeah**] **~!** [aber] natürlich! *iron,* na klar [doch]! *iron;* **~ I will!** natürlich!, aber klar doch! *fam*

sure-fire *adj attr, inv* (*fam*) todsicher *fam* **sure-footed** *adj* ① (*able to walk*) trittsicher ② (*confident*) sicher, souverän *geh* **sure-footedly** *adv* ① (*walking confidently*) [tritt]sicher; *person* sicheren Fußes *geh* ② (*confidently*) sicher, souverän *geh;* **to deal with sth very ~** sehr souverän mit etw *dat* umgehen **sure-footedness** *n no pl* ① (*ability to walk*) [Tritt]sicherheit *f* ② (*confidence*) Sicherheit *f,* Souveränität *f geh*

surely ['ʃɔːli, 'ʃʊə-, AM 'ʃʊr-] *adv* ① *inv* (*certainly*) sicher[lich], bestimmt; ***that ~ can't be a good idea*** das ist bestimmt keine gute Idee; ***you must agree, ~?*** Sie stimmen doch wohl zu?; ***it must ~ be possible for you to get this finished today*** es ist doch bestimmt möglich, dass du das heute noch fertig bekommst; **slowly but ~** langsam, aber sicher ② *inv* (*showing astonishment*) doch; ***~ you don't expect me to believe that*** du erwartest doch wohl nicht, dass ich dir das abnehme! *fam;* ***there must be some mistake, ~*** da stimmt doch etwas nicht!; ***he's seventy-five next birthday — sixty-five ~!*** er wird fünfundsiebzig – fünfundsechzig wolltest du sagen!; ***~ not!*** das darf doch wohl nicht wahr sein! ③ (*confidently*) sicher; ***he seemed to speak very ~*** er schien sich seiner Sache sehr sicher ④ *inv esp* AM (*yes, certainly*) [aber] natürlich [*o* sicher]; ***may I sit here? — yes, ~*** darf ich mich hierhin setzen? – aber sicher doch! ► PHRASES: **~ to God** [*or* **goodness**] (*dated fam*) na, hören Sie mal!; ***why, ~ to goodness, child, this is no way to carry on!*** also Kind, das ist doch kein Benehmen!; ***~ to God you could have called to say you'd be late*** du hättest doch wenigstens anrufen können, dass du später kommst

sureness ['ʃʊənəs, AM 'ʃʊr-] *n no pl* ① (*steadiness*) Sicherheit *f,* Verlässlichkeit *f;* ***she has an enviable ~ of touch*** sie hat die Dinge beneidenswert fest im Griff ② (*confidence*) Sicherheit *f,* Souveränität *f*

surety ['ʃɔːrəti, 'ʃʊə-, AM 'ʃʊrət̬i] *n* LAW ① (*person*) Bürge, -in *m, f,* Garant(in) *m(f);* **to stand ~** [**for sb**] [für jdn] bürgen ② (*money*) Bürgschaft *f,* Kaution *f,* Sicherheit[sleistung] *f;* **to provide ~** eine Kaution stellen, Sicherheit leisten; ***they had to provide $5000 as ~*** sie mussten 5000 Dollar als Sicherheit hinterlegen ③ *no pl* (*certainty*) Gewissheit *f*

surf [sɜːf, AM sɜːrf] **I.** *n* Brandung *f;* **the crash** [*or* **roar**] **of the ~** das Tosen der Brandung **II.** *vi* ① (*on surfboard*) surfen; **to go ~ing** surfen gehen ② (*windsurf*) windsurfen **III.** *vt* COMPUT **to ~ the Internet** [*or* **the World Wide Web**] im Internet surfen

surface [ˈsɜːfɪs, AM ˈsɜːrf-] **I.** *n* ① (*top layer*) Oberfläche *f; of a lake, the sea* Spiegel *m;* **the earth's ~** die Erdoberfläche; **the ~ of the moon** die Mondoberfläche; **road ~** Straßenbelag *m,* Straßendecke *f;* **non-stick ~** Antihaftbeschichtung *f;* **polished ~** polierte [Ober]fläche; **to bring sth to the ~** etw [von unten] heraufholen; (*fig*) etw zutage fördern *geh* [*o* ans Licht bringen]; **to come** [*or* **rise**] **to the ~** an die Oberfläche kommen, zutage treten; **below** [*or* **beneath**] [*or* **under**]/**on the ~** (*also fig*) unter/auf der Oberfläche *a. fig;* MIN unter/über Tage ② SPORTS (*of playing area*) Untergrund *m;* **all-weather/artificial ~** Allwetter-/Kunststoffboden *m* ③ (*superficial qualities*) Oberfläche *f;* **on the ~** äußerlich [*o* oberflächlich] betrachtet ► PHRASES: **to scratch** [*or* **scrape**] **the ~** [**of sth**] *topic, problem* [etw] streifen [*o* oberflächlich behandeln] **II.** *vi* ① (*come to top*) auftauchen ② (*fig: become apparent*) auftauchen, aufkommen; ***a rumour has ~d that ...*** es ist das Gerücht aufgetreten, dass ... ③ (*fig fam: get out of bed*) aufstehen **III.** *vt* ■**to ~ sth** ① (*cover*) etw mit einem Belag versehen; **to ~ a road** eine Straße asphaltieren; **to ~ a room** einen Raum auslegen ② (*make even*) etw ebnen [*o* glätten] **IV.** *adj attr, inv* ① (*of outer part*) oberflächlich; (*outward*) äußerlich ② (*not underwater*) Überwasser-; **~ fleet/ships** Überwasserflotte *f*/-fahrzeuge *ntpl* ③ MIN (*at ground level*) über Tage *nach n* ④ (*superficial*) oberflächlich; **a ~ impression of sb/sth** ein erster Eindruck von jdm/etw

surface area *n* Fläche *f;* MATH Flächeninhalt *m*

surface mail *n Postsendung, die auf dem Land- bzw. Seeweg befördert wird;* **by ~** auf dem Landweg [*o* Seeweg] **surface-mounted** [-ˈmaʊntɪd] *adj inv* auf der Oberfläche angebracht, aufmontiert **surface noise** *n of a record, CD* Rauschen *nt kein pl,* Abspielgeräusch *nt* **surface temperature** *n* Oberflächentemperatur *f* **surface tension** *n* PHYS Oberflächenspannung *f* **surface-to-air missile** *n* MIL Boden-Luft-Rakete *f* **surface-to-surface missile** *n* MIL Boden-Boden-Rakete *f* **surface water** *n* ① *no pl* (*on ground*) stehende Nässe ② (*of lake, sea*) [Wasser]oberfläche *f,* Spiegel *m*

surf and turf *n no pl* AM *Gericht, das sowohl Fisch/Meeresfrüchte als auch Fleisch enthält, typischerweise gegrillten Hummer und Rindersteak*

surfboard [ˈsɜːfbɔːd, AM ˈsɜːrfbɔːrd] *n* Surfbrett *nt*

surfboarder [ˈsɜːfbɔːdəʳ, AM ˈsɜːrfbɔːrdɚ] *n* Surfer(in) *m(f)*

surfeit [ˈsɜːfɪt, AM ˈsɜːr-] (*form*) **I.** *n no pl* Übermaß *nt* (**of** an +*dat*); **to have a ~ of sth** eine S. im Übermaß haben, von einer S. *dat* mehr als genug haben **II.** *vt* ■**to be ~ed with sth** etw satt haben *fam,* von etw *dat* übersättigt sein; ■**to ~ oneself with sth** sich *akk* mit etw *dat* überfüttern

surfer [ˈsɜːfəʳ, AM ˈsɜːrfɚ] *n,* AUS *fam* **surfie** [ˈsɜːfi] *n* Surfer(in) *m(f);* (*windsurfer*) Windsurfer(in) *m(f)*

surfing [ˈsɜːfɪŋ, AM ˈsɜːr-] *n no pl* Surfen *nt,* Wellenreiten *nt;* (*windsurfing*) Windsurfen *nt*

surf-riding *n no pl* Wellenreiten *nt,* Surfen *nt*

surge [sɜːdʒ, AM sɜːrdʒ] **I.** *vi* ① (*move powerfully*) *sea* branden; *waves* wogen, sich *akk* auftürmen; (*fig*) *people* wogen; ***an angry crowd ~d through the gates of the president's palace*** eine aufgebrachte Menschenmenge drängte durch die Tore des Präsidentenpalastes; **to ~ into the lead** sich *akk* im Sturm an die Spitze setzen ② (*increase strongly*) *profits* [stark] ansteigen ③ (*fig*) ■**to ~** [**up**] (*well up*) *emotion* aufwallen; (*grow louder*) *cheer, roar* aufbrausen; ***a wave of resentment surged up inside her*** eine Woge des Zorns stieg in ihr hoch **II.** *n* ① (*sudden increase*) [plötzlicher] Anstieg ② (*large wave*) Woge *f;* (*breakers*) Brandung *f;* (*tidal breaker*) Flutwelle *f* ③ *no pl* (*activity of water*) Wogen *nt,* [An]branden *nt* ④ *no pl* (*fig: pressing movement*) Drängen *nt,* Ansturm *m* ⑤ (*fig: wave of emotion*) Welle *f,* Woge *f;* ***she was overwhelmed by a ~ of remorse*** plötzlich überkam sie starke Reue; **to feel a ~ of anger** Zorn in sich *dat* hochsteigen fühlen; **to feel a ~ of sympathy for sb** plötzlich eine starke Zuneigung zu jdm empfinden ⑥ ELEC Spannungsanstieg *m*/-stoß *m*

surgeon [ˈsɜːdʒᵊn, AM ˈsɜːr-] *n* Chirurg(in) *m(f);* **brain/heart ~** Gehirn-/Herzchirurg(in) *m(f)*

Surgeon General *n* AM Gesundheitsminister(in) *m(f)*

surgery [ˈsɜːdʒᵊri, AM ˈsɜːrdʒɚi] *n* ① BRIT, AUS (*doctor's premises*) [Arzt]praxis *f* ② BRIT, AUS (*treatment session*) Sprechstunde *f;* **to hold** [*or* **take**] [**a**] **~** Sprechstunde haben ③ *no pl* (*surgical treatment*) chirurgischer Eingriff; **brain/eye/heart ~** Gehirn-/Augen-/Herzoperation *f;* **major/minor ~** größerer/kleinerer Eingriff; **to carry out** [*or* **perform**] **~** operieren; **to need** [*or* **require**] **~** *disease* einen chirurgischen Eingriff nötig machen; *person* operiert werden müssen; **to undergo ~** sich *akk* einer Operation unterziehen, operiert werden ④ BRIT POL (*discussion time*) Sprechzeit *f;* **to hold a ~** einen Gesprächstermin haben [*o* abhalten]

surgery hours *npl* BRIT Sprech[stunden]zeiten *fpl*

surgical [ˈsɜːdʒɪkᵊl, AM ˈsɜːr-] *adj inv* ① (*used by surgeons*) *gloves, instruments* chirurgisch ② (*orthopaedic*) medizinisch; **~ collar** Halskrause *f;* **~ shoes** orthopädische Schuhe ③ MIL (*very precise*) **~ strike** [*or* **attack**] gezielter Angriff [*o* Schlag]

surgically [ˈsɜːdʒɪkli, AM ˈsɜːr-] *adv inv* operativ, chirurgisch

surgical spirit *n* BRIT medizinischer Alkohol **surgical stocking** *n* Stützstrumpf *m*

surliness [ˈsɜːlɪnəs, AM ˈsɜːr-] *n no pl* unwirsche Art, Ruppigkeit *f pej*

surly [ˈsɜːli, AM ˈsɜːr-] *adj* unwirsch, ruppig *pej*

surmise (*form*) **I.** *vt* [sɜːˈmaɪz, AM sɚˈ-] ■**to ~ sth** etw vermuten [*o* annehmen]; ■**to ~ that ...** vermuten [*o* annehmen], dass ...; ■**to ~ what/when/where ...** vermuten, was/wann/wo ... **II.** *n* [ˈsɜːmaɪz, AM sɚˈ-] ① (*guess*) Vermutung *f* ② *no pl* (*guessing*) Vermutung *f,* Mutmaßung *f;* ***that article is all just wild ~*** dieser Artikel ist nur wilde Spekulation

surmount [səˈmaʊnt, AM sɚˈ-] *vt* ① (*overcome*) **to ~ a challenge/difficulty/problem** eine Herausforderung/eine Schwierigkeit/ein Problem meistern; **to ~ an obstacle/opposition** ein Hindernis/einen Widerstand überwinden ② (*form: stand on top of*) ■**to ~ sth** etw überragen; ARCHIT etw krönen

surmountable [səˈmaʊntəbl̩, AM sɚˈmaʊnt̬-] *adj* (*form*) überwindbar, zu überwinden *präd*

surname [ˈsɜːneɪm, AM ˈsɜːr-] *n* Familienname *m,* Nachname *m*

surpass [səˈpɑːs, AM sɚˈpæs] *vt* ① (*form: be better than*) ■**to ~ sb/sth** jdn/etw übertreffen; **to ~ all expectations** alle Erwartungen übertreffen ② (*be better than ever*) ■**to ~ oneself** sich *akk* selbst übertreffen

surpassing [səˈpɑːsɪŋ, AM sɚˈpæs-] *adj attr* (*liter*) unerreicht, vortrefflich

surpassingly [səˈpɑːsɪŋli, AM sɚˈpæs-] *adv* (*liter*) hervorragend, exzellent

surplice [ˈsɜːplɪs, AM ˈsɜːr-] *n* REL Chorhemd *nt,* Überwurf *m*

surplus [ˈsɜːpləs, AM ˈsɜːr-] **I.** *n* <*pl* -es> ① (*excess*) Überschuss *m* (**of** an +*dat*) ② (*financial*) Überschuss *m;* **budget/trade ~** Haushalts-/Handelsüberschuss *m* **II.** *adj inv* ① (*extra*) zusätzlich ② (*dispensable*) überschüssig; **~ stock** Lagerbestände *mpl;* **to be ~ to requirements** BRIT den eigenen Bedarf übersteigen, nicht mehr benötigt werden

surplus value *n* ECON Mehrwert *m*

surprise [səˈpraɪz, AM sɚˈ-] **I.** *n* Überraschung *f;* **~! ~!** (*fam*) Überraschung! *a. iron;* **element of ~** Überraschungsmoment *nt;* **to be full of ~s** (*approv*) voller Überraschungen stecken; **to come as a ~** [**to sb**] völlig überraschend [für jdn] kommen; **to express ~ at sth** seine Überraschung über etw *akk* zum Ausdruck bringen; **to spring a ~ on sb** jdn vollkommen überraschen; **to take sb by ~** jdn überraschen; **in** [*or* **with**] **~** überrascht, erstaunt; **to sb's** [**great**] **~** zu jds [großem] Erstaunen **II.** *vt* ■**to ~ sb** ① (*amaze*) jdn überraschen; ***it will not ~ anyone to learn that the offer has been rejected*** es wird wohl niemanden verwundern, dass das Angebot abgelehnt wurde; ***well, you do ~ me*** nun, das erstaunt mich! ② (*take unawares*) jdn überraschen; ■**to ~ sb doing sth** jdn bei etw *dat* überraschen [*o* ertappen] **III.** *adj attr, inv* überraschend, unerwartet; **~ visit** Überraschungsbesuch *m;* **~ winner** Überraschungssieger(in) *m(f)*

surprised [səˈpraɪzd, AM sɚˈ-] *adj* ① (*taken unawares*) überrascht; (*amazed*) erstaunt; ***I'm not ~ that he didn't keep his promise*** es überrascht mich nicht, dass er nicht Wort gehalten hat; ***I'm ~ to see you here*** ich bin überrascht, dich hier zu sehen; ***I wouldn't be ~ if it snowed tomorrow*** es würde mich nicht wundern, wenn es morgen schneite; ***you'd be ~ how many people were there*** du würdest kaum glauben, wie viele Leute da waren; **pleasantly ~** angenehm überrascht; ■**to be ~ at sth** über etw *akk* erstaunt sein; ***we were very ~ at the result*** das Ergebnis hat uns sehr überrascht ② *pred* (*disappointed*) enttäuscht; ■**to be ~ at sb/sth** von jdm/etw enttäuscht sein; ***it's not like you to behave like this — I'm ~ at you*** es sieht dir gar nicht ähnlich, dich so aufzuführen – du enttäuscht mich

surprising [səˈpraɪzɪŋ, AM sɚˈ-] *adj* überraschend; ***it's hardly ~ that he broke up*** es ist kaum verwunderlich, dass er Schluss gemacht hat; ***I must say that it's ~ to find you agreeing with me for once*** ich muss sagen, es ist erstaunlich, dass du mir mal zustimmst

surprisingly [səˈpraɪzɪŋli, AM sɚˈ-] *adv* ① (*remarkably*) erstaunlich ② (*unexpectedly*) überraschenderweise; ***not ~, the jury found them guilty*** wie zu erwarten [war], befand das Gericht sie für schuldig

surreal [səˈrɪəl, AM -ˈriːəl] *adj* surreal *geh,* [traumhaft-]unwirklich

surrealism [səˈrɪəlɪzᵊm, AM -ˈriːəl-] *n no pl* Surrealismus *m*

surrealist [səˈrɪəlɪst, AM -ˈriːəl-] **I.** *n* Surrealist(in) *m(f)* **II.** *adj* surrealistisch

surrealistic [səˌrɪəˈlɪstɪk, AM -ˌriːəˈ-] *adj* surrealistisch

surrender [sᵊrˈendəʳ, AM səˈrendɚ] **I.** *vi* ① MIL aufgeben, kapitulieren; ■**to ~ to sb** sich *akk* jdm ergeben ② (*fig: give in*) nachgeben, kapitulieren; **to ~ to temptation** der Versuchung erliegen **II.** *vt* (*form*) ① (*give*) ■**to ~ sth** [**to sb**] [jdm] etw übergeben [*o* aushändigen]; **to ~ a claim** auf einen Anspruch verzichten; **to ~ a policy** FIN eine Versicherungspolice zum Rückkauf bringen; **to ~ a territory** ein Gebiet abtreten; **to ~ weapons** Waffen abgeben ② (*abandon*) ■**to ~ oneself to sth** sich *akk* etw *dat* überlassen [*o* hingeben]; ***he ~ed himself to fate*** er ergab sich seinem Schicksal **III.** *n no pl* ① (*capitulation*) Kapitulation *f* (**to** vor +*dat*); **no ~!** Kapitulieren kommt nicht in Frage!; **unconditional ~** bedingungslose Kapitulation ② (*form: giving up*) Preisgabe *f geh* (**to** an +*akk*) ③ FIN *of insurance* Rückkauf *m*

surreptitious [ˌsʌrəpˈtɪʃəs, AM ˌsɜːr-] *adj* heimlich; **~ glance** verstohlener Blick

surreptitiously [ˌsʌrəpˈtɪʃəsli, AM ˌsɜːr-] *adv* heimlich; *glance* verstohlen

surreptitiousness [ˌsʌrəpˈtɪʃəsnəs, AM ˌsɜːr-] *n no pl* Heimlichkeit *f; of a glance* Verstohlenheit *f*

surrogacy [ˈsʌrəgəsi, AM ˈsɜːr-] *n no pl* Leihmutterschaft *f*

surrogate [ˈsʌrəgɪt, AM ˈsɜːr-] **I.** *adj attr, inv* Ersatz-; **~ children** Ersatzkinder *ntpl,* **~ family,** Ersatzfamilie *f* **II.** *n* ① (*substitute*) Ersatz *m,* Surrogat *nt geh* (**for** für +*akk*) ② (*deputy*) Vertreter(in) *m(f),* Stellvertreter(in) *m(f)*

surrogate birth *n Geburt eines Kindes, das von einer Leihmutter ausgetragen wurde* **surrogate**

mother *n* Leihmutter *f* **surrogate motherhood** *n no pl* Leihmutterschaft *f*

surround [sə'raʊnd] **I.** *vt* ❶ (*enclose*) ■**to ~ sb/sth** jdn/etw umgeben ❷ (*encircle*) ■**to ~ sb/sth** jdn/etw einkreisen; MIL jdn/etw umstellen [*o* umzingeln] ❸ (*fig: be associated with*) ■**to ~ sb/sth** jdn/etw umgeben; ***mystery still ~s the circumstances of his death*** die Umstände seines Todes liegen noch immer im Dunkeln; **to be ~ed by** [*or* **with**] **controversy/speculation** Kontroversen/Spekulationen hervorrufen ❹ (*have as companions*) ■**to ~ oneself with sb** sich *akk* mit jdm umgeben; ■**to be ~ed by sb** von jdm umgeben sein; ***she wanted to celebrate ~ed by the people she loved*** sie wollte im Kreis ihrer Lieben feiern **II.** *n esp* BRIT ❶ (*border*) Rahmen *m;* **brass ~** Messingrahmen *m* ❷ (*area around sth*) Umrahmung *f,* Umrandung *f,* Einfassung *f*

surrounding [sə'raʊndɪŋ] **I.** *adj attr, inv* umgebend; **~ area** [*or* **district**] Umgebung *f;* **the ~ buildings/gardens** die umliegenden Gebäude/Gärten **II.** *n* ■**~s** *pl* ❶ (*area*) Umgebung *f;* **to be back in familiar ~s** wieder in vertrauter Umgebung sein ❷ (*living conditions*) Umgebung *f,* [Lebens]verhältnisse *ntpl*

surrounds [sə'raʊndz] *npl* AM ■**the ~** die Umgebung

surround sound **I.** *n no pl* Raumklang *m,* Surroundsound *m fachspr* **II.** *n modifier headphones* Surround-Sound- *fachspr*

surtax <*pl* -es> ['sɜːtæks, AM 'sɜːr-] *n* ❶ *no pl* FIN (*extra income tax*) Zusatzsteuer *f* (*zur Einkommenssteuer*) ❷ FIN (*additional tax*) Sondersteuer *f*

surtitle ['sɜː,taɪtḷ, AM 'sɜːr,taɪṭḷ] *n Übersetzungstext, der bei fremdsprachig gesungenen Opern für die Zuschauer sichtbar eingeblendet wird*

surveillance [sɜː'veɪlən(t)s, AM sə'-] *n no pl* Überwachung *f,* Kontrolle *f;* **electronic ~** elektronische Überwachung; **to be under ~** unter Beobachtung stehen, beobachtet [*o* überwacht] werden; **to keep sb/sth under ~** jdn/etw beobachten [*o* überwachen]

surveillance aircraft *n* MIL Aufklärungsflugzeug *nt* **surveillance camera** *n* Überwachungskamera *f* **surveillance satellite** *n* Aufklärungssatellit *m*

survey **I.** *vt* [sə'veɪ, AM sə'-] ❶ *usu passive* (*carry out research*) ■**to ~ sb** jdn befragen ❷ (*look at*) ■**to ~ sb/sth** jdn/etw betrachten; (*carefully*) jdn/etw begutachten ❸ (*give overview*) ■**to ~ sth** etw umreißen; ***the book ~s the history of feminism*** das Buch gibt einen Überblick über die Geschichte des Feminismus ❹ (*map out*) ■**to ~ sth** etw vermessen ❺ BRIT **to ~ a building/house** ein Gebäude/Haus begutachten, ein Gutachten von einem Gebäude/Haus erstellen ▶ PHRASES: **to be lord** [*or* **master/mistress**] [*or* **king/queen**] **of all one ~s** alles rundum sein Eigen nennen **II.** *n* ['sɜːveɪ, AM 'sɜːr-] ❶ (*opinion poll*) Untersuchung *f;* (*research*) Studie *f;* **local/nationwide ~** örtliche/landesweite Umfrage; **public opinion ~** öffentliche Meinungsumfrage; **to carry out a ~** eine Studie durchführen ❷ (*overview*) Übersicht *f; of a topic* Überblick *m* (**of** über +*akk*) ❸ (*of land*) Vermessung *f;* **to carry out a ~** eine Vermessung durchführen ❹ BRIT (*of building*) [Grundstücks]gutachten *nt;* **to have a ~ carried out** [*or fam* **done**] **on a house** ein Gutachten von einem Haus erstellen lassen

surveyor [sə'veɪə^r, AM sə'veɪə] *n* ❶ (*of land*) [Land]vermesser(in) *m(f)* ❷ BRIT (*of buildings*) Gutachter(in) *m(f)*

survivable [sə'vaɪvəbḷ, AM sə'-] *adj pred* (*form*) ■**to not be ~** tödlich sein; ***the accident was not ~*** der Unfall bedeutete den sicheren Tod

survival [sə'vaɪvəl, AM sə'-] *n* ❶ *no pl* (*not dying*) Überleben *nt;* **chance of ~** Überlebenschance *f;* **to fight for ~** ums Überleben kämpfen ❷ *no pl* (*fig: not being defeated*) Überleben *nt;* ***her chances of ~ as prime minister now look slim*** ihre Chancen, Ministerpräsidentin zu bleiben, stehen schlecht ❸ (*relic*) Überrest *m,* Überbleibsel *nt fam* (**from** aus +*dat*) ▶ PHRASES: **the ~ of the fittest** das Überleben des Stärkeren; (*fig*) der Sieg der Tüchtigsten

survival instinct *n* Überlebensinstinkt *m* **survival kit** *n* Überlebensausrüstung *f* **survival rate** *n* (*also fig*) Überlebenschance *f*

survive [sə'vaɪv, AM sə'-] **I.** *vi* ❶ (*stay alive*) überleben, am Leben bleiben; ■**to ~ on sth** sich *akk* mit etw *dat* am Leben halten ❷ (*fig: not be destroyed*) überleben, erhalten bleiben; *monument* überdauern; *tradition* fortbestehen ❸ (*fig: keep going*) sich *akk* behaupten; ***how are you? — oh, I'm surviving*** (*fam*) wie geht's dir? – ach, ich schlag mich so durch *fam;* ■**to ~ on sth** mit etw *dat* auskommen **II.** *vt* ❶ (*stay alive after*) ■**to ~ sth** *accident, crash* etw überleben; (*fig*) über etw *akk* hinwegkommen ❷ (*still exist after*) ■**to ~ sth** *fire, flood* etw überstehen ❸ (*outlive*) ■**to ~ sb** jdn überleben

surviving [sə'vaɪvɪŋ, AM sə'-] *adj inv* ❶ (*still living*) noch lebend; ***the rhinoceros is one of the oldest ~ species*** das Nashorn ist eine der ältesten überlebenden Spezies; ■**to be ~** noch am Leben sein ❷ *inv* (*outliving relative*) hinterblieben; **~ dependant** unterhaltspflichtige(r) Hinterbliebene(r) ❸ *inv* (*fig: still existing*) [noch] vorhanden [*o* existent]; ***this is one of the few ~ photographs of my grandfather*** dies ist eines der wenigen Fotos, die es von meinem Großvater noch gibt ❹ *inv* (*fig: still continuing*) noch amtierend

survivor [sə'vaɪvə^r, AM sə'vaɪvə] *n* ❶ (*person still alive*) Überlebende(r) *f(m);* ***she's a ~ of cancer*** sie hat den Krebs besiegt ❷ (*fig: tough person*) Stehaufmännchen *hum fam,* Überlebenskünstler(in) *m(f);* ***he's one of life's ~s*** er lässt sich vom Leben nicht kleinkriegen *fam* ❸ (*person outliving relative*) Hinterbliebene(r) *f(m)*

susceptibility [sə,septə'bɪləti, AM -ṭi] *n* ❶ *no pl* (*ability to be influenced*) Empfänglichkeit *f* (**to** für +*akk*) ❷ *no pl* MED Anfälligkeit *f* (**to** für +*akk*) ❸ (*feelings*) ■**susceptibilities** *pl* Gefühle *ntpl;* **to hurt/offend sb's ~** jds Gefühle *ntpl* verletzen/beleidigen

susceptible [sə'septəbḷ] *adj* ❶ *usu pred* (*easily influenced*) ■**to be ~ to sth** für etw *akk* empfänglich sein; ***children are very ~ to TV*** Kinder sind durch das Fernsehen leicht beeinflussbar ❷ MED anfällig; **to be ~ to pain** schmerzempfindlich sein ❸ *pred* (*form: open*) ■**to be ~ of sth** BRIT etw zulassen; ***the facts are ~ of other explanations*** die Fakten lassen auch andere Erklärungen zu; ■**to be ~ to sth** offen für etw *akk* sein

sushi ['suːʃi] *n no pl* FOOD Sushi *nt*

sushi bar *n* Sushibar *f*

suspect **I.** *vt* [sə'spekt] ❶ (*think likely*) ■**to ~ sth** etw vermuten; ***I ~ed as much*** das habe ich mir gedacht; ***I ~ not/so*** ich nehme an [*o* denke] nein/ja; ***so far, the police do not ~ foul play*** bislang geht die Polizei noch nicht von einem Verbrechen aus; ■**to ~ that ...** vermuten [*o* mutmaßen], dass ...; ***I half~ed that he was lying*** ich hatte irgendwie den Eindruck, dass er log; **to strongly ~ sth** etw stark annehmen ❷ (*consider guilty*) ■**to ~ sb** jdn verdächtigen; ■**to ~ sb of doing sth** jdn verdächtigen, etw getan zu haben; ■**to be ~ed of sth** einer S. *gen* verdächtigt werden; ■**to be ~ed of having done sth** im Verdacht stehen, etw getan zu haben ❸ (*doubt*) ■**to ~ sth** etw anzweifeln; *motives* einer S. *dat* misstrauen **II.** *n* ['sʌspekt] Verdächtige(r) *f(m);* (*fig*) Verursacher(in) *m(f);* **prime** [*or* **main**] **~** Hauptverdächtige(r) *f(m)* **III.** *adj* ['sʌspekt] ❶ *usu attr* (*possibly dangerous*) verdächtig, suspekt ❷ (*possibly defective*) zweifelhaft

suspected [sə'spektɪd] *adj attr, inv* ❶ (*under suspicion*) verdächtigt; **~ terrorists** mutmaßliche Terroristen ❷ MED ***he has a ~ broken leg*** es besteht bei ihm der Verdacht auf einen Beinbruch

suspend [sə'spend] *vt* ❶ (*stop temporarily*) ■**to ~ sth** etw [vorübergehend] aussetzen [*o* einstellen]; **to ~ judgement** mit seiner Meinung zurückhalten; **to ~ proceedings** LAW die Verhandlung unterbrechen ❷ LAW (*make temporarily inoperative*) **to ~ a constitution/right** eine Verfassung/ein Recht zeitweise außer Kraft setzen; **to ~ a sentence** eine Strafe [zur Bewährung] aussetzen; **to ~ disbelief** (*fig*) die Vernunft [zeitweilig] ausschalten ❸ *usu passive* ■**to ~ sb** (*from work*) jdn suspendieren; (*from school*) jdn [zeitweilig] [vom Unterricht] ausschließen; SPORTS jdn sperren; **to ~ sb from duty** jdn vom Dienst suspendieren ❹ *usu passive* (*hang*) ■**to ~ sth** etw aufhängen; ■**to be ~ed** [**from sth**] [von etw *dat*] herabhängen; ***a bare light bulb was ~ed from the ceiling*** eine nackte Glühbirne hing von der Decke; **to be** [*or* **hang**] **~ed in midair** frei schwebend aufgehängt sein ❺ *usu passive* CHEM ■**to be ~ed in sth** in etw *dat* gelöst [*o fachspr* suspendiert] sein

suspended animation *n no pl* BIOL [Winter]starre *f;* MED Scheintod *m;* (*fig*) Erstarrung *f* **suspended sentence** *n* LAW aufgeschobene Urteilsverkündung

suspender [sə'spendə^r, AM -ə] *n* ❶ (*for stockings*) Strumpfbandhalter *m* ❷ AM (*braces*) ■**~s** *pl* Hosenträger *mpl* ❸ BRIT (*dated: for men's socks*) Kniestrumpfhalter *m*

suspender belt *n* BRIT, AUS Strumpfbandhalter *m*

suspense [sə'spen(t)s] *n no pl* Spannung *f;* ***the ~ is killing me*** ich sterbe vor Neugier; **to be/wait in ~** voller Spannung sein/warten; **to keep sb in ~** jdn im Ungewissen [*o fam* zappeln] lassen; **to put sb out of their ~** jdn nicht länger auf die Folter spannen

suspenseful [sə'spensfəl] *adj* spannend, aufregend

suspension [sə'spen(t)ʃən] *n* ❶ *no pl* (*temporary stoppage*) [zeitweilige] Einstellung [*o* Aussetzung]; ***there have been calls for the drug's immediate ~*** es wurde gefordert, das Medikament sofort aus dem Verkehr zu ziehen; **~ of fighting** Waffenruhe *f;* **~ of payment** Zahlungseinstellung *f* ❷ (*from work, school*) Suspendierung *f,* Beurlaubung *f;* SPORTS Sperrung *f;* **to be under ~** *worker, student* [zeitweilig] suspendiert [*o* beurlaubt] sein; *player* [zeitweilig] gesperrt sein ❸ CHEM Suspension *f fachspr;* **to be in ~** [**in sth**] [in etw *dat*] [auf]gelöst [*o fachspr* suspendiert] sein ❹ AUTO Radaufhängung *f;* [**spring**] **~** Federung *f* ❺ LAW zeitweilige Einstellung, Aussetzung *f,* Suspension *f fachspr*

suspension bridge *n* Hängebrücke *f* **suspension railway** *n* Schwebebahn *f*

suspensory [sə'spensəri] *adj inv* ❶ (*holding and supporting*) hängend; *ligament, muscle* Aufhänge-; **~ bandage** Bruchband *nt* ❷ (*deferring*) *condition, veto* aufschiebend, suspensiv *geh*

suspicion [sə'spɪʃən] *n* ❶ (*unbelief*) Verdacht *m;* ***this has confirmed my worst ~s about him*** das hat meine schlimmsten Erwartungen über ihn bestätigt; **there is a growing ~ that ...** es verstärkt sich der Verdacht, dass ...; **a lurking/nagging/sneaking ~** ein heimlicher/nagender/schleichender Verdacht; **to arouse sb's ~s** jds Verdacht *m* erregen; **to have one's ~s about sb/sth** bezüglich einer Person/einer S. *gen* seine Zweifel haben; **to have a ~ that ...** den Verdacht haben, dass ... ❷ *no pl* (*being suspected*) Verdacht *m;* **to arouse ~** Verdacht erregen; **to arrest sb on ~ of sth** jdn wegen des Verdachts auf etw *akk* verhaften; **to be above** [*or* **beyond**] **~** über jeglichen Verdacht erhaben sein; **to be under ~** unter Verdacht stehen; ***she is under ~ of murder*** sie steht unter Mordverdacht ❸ *no pl* (*mistrust*) Misstrauen *nt;* **to have a ~ of sb/sth** jdm/etw gegenüber misstrauisch sein; **to regard/view sth with ~** etw mit Misstrauen betrachten; **to regard sb with ~** jdm mit Misstrauen begegnen ❹ (*small amount*) ■**a ~ of sth** ein Anflug *m* [*o* ein Hauch *m*] von etw *dat* ▶ PHRASES: **the finger of ~ is pointing at sb** ***all the cake has gone and I'm afraid the finger of ~ rests on you*** der ganze Kuchen ist weg und ich fürchte, alles deutet auf dich

suspicious [sə'spɪʃəs] *adj* ❶ (*causing suspicion*) verdächtig; ***have you seen anything ~?*** haben Sie irgendetwas Verdächtiges beobachtet?; **to look ~** verdächtig aussehen ❷ (*feeling suspicion*) misstrauisch, argwöhnisch; ***my mother has a very ~ nature*** meine Mutter ist von Natur aus sehr misstrauisch; **to become** [*or* **get**] **~** [**about sth**] [wegen einer S. *gen*] misstrauisch werden; ■**to be ~ of sth** etw mit Skepsis betrachten, einer S. *dat* gegenüber skep-

S

tisch sein

suspiciously [sə'spɪʃəsli] *adv* ❶ *(so as to cause suspicion)* verdächtig; **to act** [*or* **behave**] ~ sich *akk* verdächtig benehmen; **to look** ~ **like sth** verdächtig nach etw *dat* aussehen ❷ *(mistrustfully) look, ask* misstrauisch, argwöhnisch

suspiciousness [sə'spɪʃəsnəs] *n no pl* ❶ *(suspectness)* Verdächtigkeit *f* ❷ *(mistrustfulness)* Misstrauen *nt,* Argwohn *m geh*

suss [sʌs] I. *adj* AUS *(fam) see* **suspicious 1** II. *vt esp* BRIT, AUS ■**to** ~ [**out**] ○ **sb/sth** ❶ *(understand)* jdn/etw durchschauen; ***she thinks she's got me ~ed*** sie glaubt, sie hätte mich durchschaut ❷ *(discover)* jdm/etw auf die Spur kommen; ■**to** ~ [**out**] **how/what/where/why ...** herauskriegen, wie/was/wo/warum ... *fam;* ■**to** ~ [**out**] **that ...** herausfinden, dass ...

sussed [sʌst] *adj* BRIT *(fam)* gut informiert

sustain [sə'steɪn] *vt* ❶ *(form: suffer)* **to** ~ **damages** Schäden erleiden [*o* davontragen]; *object* beschädigt werden; **to** ~ **injuries/losses** Verletzungen/Verluste erleiden ❷ *(maintain)* ■**to** ~ **sth** etw aufrechterhalten; ***the economy looks set to ~ its growth next year*** es sieht so aus, als würde das Wirtschaftswachstum im nächsten Jahr anhalten ❸ *(keep alive)* ■**to** ~ **sb/sth** jdn/etw [am Leben] erhalten; **to** ~ **a family** eine Familie unterhalten [*o* versorgen] ❹ *(support emotionally)* ■**to** ~ **sb** jdn unterstützen, jdm [unterstützend] helfen ❺ AM LAW *(uphold)* ■**to** ~ **sth** etw zulassen; ***objection ~ed!*** Einspruch stattgegeben!; **to** ~ **a case against sb** jdn anklagen ❻ MUS **to** ~ **a note** eine Note halten ❼ COMPUT ■**to** ~ **sth** bei etw *dat* [Spannung *f*] aufrechterhalten

sustainability [səˌsteɪnə'bɪləti, AM -əţi] *n no pl* ❶ *(ability to be maintained)* Tragbarkeit *f* ❷ ECOL Möglichkeit *f* der Erhaltung

sustainable [sə'steɪnəbl] *adj* ❶ *(maintainable)* haltbar; *argument* stichhaltig; ■**sth is** ~ etw kann aufrechterhalten werden ❷ ECOL erhaltbar; *resources* erneuerbar

sustainable development *n no pl,* **sustainable growth** *n no pl* ECON, ECOL nachhaltige Entwicklung

sustained [sə'steɪnd] *adj* ❶ *(long-lasting)* anhaltend; ~ **applause** anhaltender Applaus; ~ **fire** Dauerbeschuss *m* ❷ *(determined)* nachdrücklich; **a** ~ **attempt** ein entschlossener Versuch; **to make a** ~ **effort to do sth** entschieden an etw *akk* herangehen

sustaining [sə'steɪnɪŋ] *adj* nahrhaft; **a** ~ **meal** eine kräftige Mahlzeit

sustaining pedal *n* MUS Fortepedal *nt*

sustenance ['sʌstɪnən(t)s, AM -tᵊn-] *n no pl* ❶ *(form: food)* Nahrung *f* ❷ *(form: nutritious value)* Nährwert *m* ❸ *(emotional support)* Unterstützung *f;* **to draw** ~ **from sth** Unterstützung aus etw *dat* ziehen; **to find** ~ **in sth** eine Stütze an etw *dat* finden

suttee ['sʌti:, AM sə'ti:] *n (hist)* Sati *nt (Witwenverbrennung im alten Indien)*

suture ['su:tʃəʳ, AM -ə] MED I. *n* Naht *f* II. *vt* ■**to** ~ **sth** etw [ver]nähen

SUV [ˌesju:'vi:] *n abbrev of* **sport utility vehicle**

suzerain ['su:zᵊreɪn, AM -zəɪn] *n* POL *(form)* Oberherr *m,* Protektor *m; (hist)* [Ober]lehnsherr *m hist*

suzerainty ['su:zᵊreɪnti, AM -zəɪnti] *n no pl* POL *(form)* Oberhoheit *f,* Oberherrschaft *f*

svelte ['svelt] *adj (approv) woman* schlank, grazil

Svengali [sven'gɑ:li] *n jemand, der die Fäden in der Hand hat*

SW¹ [ˌes'dʌblju:] I. *n* ❶ GEOG *abbrev of* **southwest** SW *m* ❷ TELEC *abbrev of* **short wave** II. *adj abbrev of* **southwestern**

SW² [ˌes'dʌblju:] *n* RADIO *abbrev of* **short wave** KW

swab [swɒb, AM swɑ:b] I. *n* MED ❶ *(pad)* Tupfer *m* ❷ *(test sample)* Abstrich *m;* **to take a** ~ **of sb's ear/throat** bei jdm einen Ohr-/Rachenabstrich vornehmen II. *vt* <-bb-> ❶ MED *(clean)* ■**to** ~ **sth** etw abtupfen ❷ *esp* NAUT *(wash down)* ■**to** ~ [**down**] ○ **sth** etw scheuern; **to** ~ **the deck** das Deck schrubben

◆**swab out** *vt* ■**to** ~ **out** ○ **sth** ❶ MED *wound* etw säubern ❷ *(wash out) container, room* etw [feucht] auswischen

Swabia ['sweɪbiə] *n no pl* GEOG Schwaben *nt*

Swabian ['sweɪbiən] I. *adj inv* schwäbisch; ~ **dialect** schwäbischer Dialekt II. *n* ❶ *(person)* Schwabe, Schwäbin *m, f* ❷ *no pl (dialect)* Schwäbisch *nt,* das Schwäbische

swaddle ['swɒdl, AM 'swɑ:-] *vt (dated)* ■**to** ~ **sb/sth** [**in sth**] jdn/etw [in etw *akk*] einwickeln; **to** ~ **a baby** ein Baby wickeln

swaddling clothes *npl (dated)* Windeln *fpl;* **to wrap a baby in** ~ einen Säugling in Windeln wickeln

swag [swæg] *n no pl* ❶ *no pl (dated: stolen goods)* Beute *f,* Diebesgut *nt* ❷ AUS *(dated: bundle)* Bündel *nt (mit Habseligkeiten, Siebensachen)* ❸ ARCHIT *(ornament)* girlandenähnliche Verzierung

swagger ['swægəʳ, AM -ɚ] I. *vi* ❶ *(walk boastfully)* stolzieren ❷ *(behave boastfully)* angeben *fam,* prahlen II. *n no pl* Angeberei *f pej fam,* Prahlerei *f pej*

swaggering ['swægᵊrɪŋ, AM -ɚ-] *adj* ❶ *gait, walk* stolzierend *attr* ❷ *(boastful)* angeberisch, schwadronierend; ~ **self-confidence** prahlerische Zuversicht

swaggeringly ['swægᵊrɪŋli, AM -ɚ-] *adv* in prahlerischer Weise

swagger stick *n* MIL Offiziersstöckchen *nt*

swagman ['swægmæn] *n* AUS *(dated)* Landstreicher *m*

swain [sweɪn] *n* ❶ *(old: youth)* [junger] Schäfer, Bauernbursche *m* ❷ *(poet or iron: suitor, lover)* Liebhaber *m,* Verehrer *m,* Galan *m iron*

swallow¹ ['swɒləʊ, AM 'swɑ:loʊ] *n* Schwalbe *f* ► PHRASES: **one** ~ **doesn't make a summer** *(prov)* eine Schwalbe macht noch keinen Sommer *prov*

swallow² ['swɒləʊ, AM 'swɑ:loʊ] I. *n* ❶ *(action)* Schlucken *nt kein pl;* ***he gave a ~, then began speaking*** er schluckte und fing dann an zu sprechen ❷ *(quantity)* Schluck *m;* **to take** [*or* **have**] **a** ~ **of sth** einen Schluck von etw *dat* nehmen II. *vt* ❶ *(eat)* ■**to** ~ **sth** etw [hinunter]schlucken; *(greedily)* etw verschlingen; **to** ~ **sth whole** etw als Ganzes [*o* unzerkaut] [hinunter]schlucken ❷ *usu passive* ECON *(fig: take over)* ■**to be** ~**ed** [**up**] **by sth** von etw *dat* geschluckt werden *fam* ❸ *(fig: engulf)* ■**to** ~ [**up**] ○ **sb/sth** jdn/etw verschlingen; ***she was soon ~ed up in the crowds*** sie war schnell in der Menschenmenge verschwunden ❹ *(fig: use up)* ■**to** ~ [**up**] ○ **sth** etw aufbrauchen [*o geh* aufzehren] [*o pej* verschlingen] ❺ *(fig fam: believe unquestioningly)* ■**to** ~ **sth** etw schlucken *fam;* ***he ~ed her story whole*** er hat ihr die ganze Geschichte abgekauft *fam* ❻ *(fig fam: suffer)* ■**to** ~ **sth** etw einstecken *fam;* ***I found it hard to ~ his insults*** es fiel mir schwer, seine Beleidigungen wegzustecken *fam* ❼ *(fig: suppress)* **to** ~ **one's anger/disappointment** seinen Ärger/seine Enttäuschung hinunterschlucken *fam;* **to** ~ **one's pride** seinen Stolz überwinden; **to** ~ **one's words** sich *dat* eine Bemerkung verkneifen *fam* ► PHRASES: **to** ~ **the** <u>**bait**</u> anbeißen *fam;* **to** ~ **sth** <u>**hook**</u>**, line and sinker** etw bedenkenlos glauben; ***she ~ed his story hook, line and sinker*** sie hat ihm die ganze Geschichte ohne Wenn und Aber abgekauft *fam* III. *vi* schlucken

◆**swallow down** *vt* ■**to** ~ **down** ○ **sth** etw hinunterschlucken; *(gulp down)* etw hinunterschlingen

swallow dive *n* BRIT, AUS SPORTS Schwalbensprung *m,* Flügelsprung *m* **swallowtail** I. *n* ❶ ORN Schwalbenschwanzkolibri *m* ❷ ZOOL *(butterfly)* Schwalbenschwanz *m* ❸ *pl* FASHION Frack *m* II. *n modifier* Schwalbenschwanz-

swam [swæm] *vi vt pt of* **swim**

swami ['swɑ:mi] *n* REL Swami *m; (as form of address)* ■**S**~ Swami

swamp [swɒmp, AM swɑ:mp] I. *vt* ❶ *(fill with water)* **to** ~ **a boat/canoe** ein Boot/Kanu voll laufen lassen ❷ *(flood)* ■**to** ~ **sth** etw überschwemmen [*o* unter Wasser setzen] ❸ *(fig: overwhelm)* ■**to** ~ **sb/sth** [**with sth**] jdn/etw [mit etw *dat*] überschwemmen; ***I'm ~ed with work at the moment*** im Moment ersticke ich in Arbeit; **to be** ~**ed with presents** mit Geschenken überhäuft werden ❹ *(fig: cause to break down)* ■**to** ~ **sth** etw überlasten ❺ BRIT *(fig fam: be too big for)* ■**to** ~ **sb** jdn untergehen lassen; ***the new dress absolutely ~s her*** in dem neuen Kleid geht sie völlig unter II. *n* ❶ *(bog)* Sumpf *m,* Morast *m;* **mangrove** ~ Mangrovensumpf *m* ❷ *no pl (boggy land)* Sumpf *m,* Sumpfland *nt*

swamp fever *n no pl* Sumpffieber *nt* **swampland** *n no pl,* **swamplands** *npl* Sumpfland *nt kein pl,* Sumpfgebiet *nt*

swampy ['swɒmpi, AM 'swɑ:-] *adj* sumpfig, morastig

swan [swɒn, AM swɑ:n] I. *n* Schwan *m* II. *vi* <-nn-> BRIT, AUS *(usu pej fam)* **to** ~ **down the street** die Straße hinunterschlendern; **to** ~ **into the room** ins Zimmer spaziert kommen; ■**to** ~ **about** [*or* **around**] *(pej fam)* herumtrödeln *fam;* ■**to** ~ **along** umherschlendern, lustwandeln *hum geh;* ■**to** ~ **off** *(pej fam)* sich *akk* davonmachen *fam,* sich *akk* trollen *fam,* abdampfen *fam*

swan dive *n* AM SPORTS *(swallow dive)* Schwalbensprung *m,* Flügelsprung *m*

swank [swæŋk] *(pej)* I. *vi (fam)* angeben *fam,* herumprotzen *pej fam;* ■**to** ~ **about sth** mit etw *dat* angeben II. *n no pl (fam)* Prahlerei *f pej,* Protzerei *f pej fam;* ***I think these threats are just*** ~ ich glaube, diese Drohungen sind nur heiße Luft *fam*

swanky ['swæŋki] *adj (fam)* ❶ *(stylish)* schick *fam;* **a** ~ **car** ein flotter Schlitten *fam* ❷ *(pej: boastful)* protzig *pej fam; talk, manner* großspurig *pej*

swannery ['swɒnᵊri, AM 'swɑ:nəːi] *n* Schwanenteich *m*

swansdown *n no pl* ❶ *(feathers)* Schwanendaune[n] *f[pl]* ❷ *(fabric)* Swandown *m*

swansong *n (fig)* Schwanengesang *m geh*

swap [swɒp, AM swɑ:p] I. *n* ❶ *(exchange)* Tausch *m; (interchange)* Austausch *m;* **to do a** ~ [**with sb**] [mit jdm] tauschen [*o* einen Tausch machen] ❷ *(deal)* Tauschhandel *m,* Tauschgeschäft *nt* ❸ *(thing)* Tauschobjekt *nt* II. *vt* <-pp-> ❶ *(exchange)* ■**to** ~ **sth** etw tauschen; ■**to** ~ **sth for sth** etw gegen etw *akk* eintauschen; ■**to** ~ **sth with sb** etw mit jdm tauschen; **to** ~ **places with sb** mit jdm Platz tauschen ❷ *(tell one another)* ■**to** ~ **sth** etw austauschen; ***we ~ped addresses*** wir haben unsere Adressen ausgetauscht; **to** ~ **reminiscences** Erinnerungen austauschen; **to** ~ **stories** sich *dat* gegenseitig Geschichten erzählen III. *vi* <-pp-> tauschen; ■**to** ~ **with sb** *(exchange objects)* mit jdm tauschen; *(change places)* mit jdm [Platz] tauschen

◆**swap around** I. *vt* ■**to** ~ **around** ○ **sth** etw umstellen II. *vi* BRIT *see* **swap round**

◆**swap over** BRIT I. *vt* ■**to** ~ **over** ○ **sth** etw austauschen II. *vi* tauschen

◆**swap round** BRIT I. *vt see* **swap around** II. *vi* [die Plätze] tauschen; ***after the meal, we all ~ped round*** nach dem Essen tauschten wir alle die Plätze

swap meet *n* AM *(car boot sale)* privater Flohmarkt

SWAPO ['swɑ:pəʊ, AM poʊ] *n no pl,* + *sing/pl vb acr for* **South West Africa People's Organization** SWAPO *f*

swap rate *n* FIN Swapsatz *m* **swap transaction** *n* FIN Swapgeschäft *nt*

sward [swɔ:d, AM swɔ:rd] *n* Rasen *m,* Grasnarbe *f*

swarm [swɔ:m, AM swɔ:rm] I. *n* ❶ *(insects)* Schwarm *m;* ~ **of bees/insects/wasps** Bienen-/Insekten-/Wespenschwarm *m* ❷ + *sing/pl vb (fig: people)* Schar *f;* **a** ~ ***of journalists followed the car*** Journalisten folgten dem Auto in Scharen II. *vi* ❶ ZOOL *insects* schwärmen ❷ *(fig) people* schwärmen; ***children ~ed round the ice-cream stand*** Kinder schwärmten um den Eisstand herum ❸ *(be full of)* ■**to be** ~**ing with sth** von etw *dat* [nur so] wimmeln; ***the garden is ~ing with wasps*** im Garten wimmelt es von Wespen ❹ *(climb)* ■**to** ~ **up sth** etw hinaufklettern [*o* hochklettern], auf etw *akk* klettern

swarthy ['swɔ:ði, AM 'swɔ:r-] *adj* dunkel[häutig]

swash <*pl* -es> [swɒʃ, AM swɑ:ʃ] *n* [Wellen]plätschern *nt,* [Brandungs]rauschen *nt*

swashbuckler ['swɒʃbʌkləʳ, AM 'swɑːʃbʌklɚ] *n* ❶ *(person)* Renommist *m,* Säbelrassler *m,* Schwadroneur *m* ❷ *(film)* **a ~ film** ein Mantel-und-Degen-Film *m*

swashbuckling ['swɒʃˌbʌklɪŋ, AM 'swɑːʃ,-] *adj attr, inv hero, pirate* verwegen, säbelrasselnd; *pseudo-hero* großschnäuzig *pej*

swastika ['swɒstɪkə, AM 'swɑː-] *n* Hakenkreuz *nt*

swat [swɒt, AM swɑːt] **I.** *vt* <-tt-> ❶ *(kill)* **to ~ an insect** ein Insekt totschlagen [*o* zerquetschen] ❷ *(hit)* ■**to ~ sb/sth** jdn/etw hart schlagen; **to ~ a ball** einen Ball schmettern ❸ *(fig: destroy)* ■**to ~ sth** etw [zerstörerisch] treffen **II.** *n* ❶ *(blow)* [heftiger] Schlag; **to give sb/sth a ~** jdm/etw einen heftigen Schlag versetzen ❷ *(swatter)* Fliegenklatsche *f*

swatch <*pl* -es> [swɒtʃ, AM swɑːtʃ] *n* [Textil]muster *nt,* [Textil]probe *f*

swath [swɒθ, AM swɑːθ] *n see* **swathe**

swathe [sweɪð] **I.** *vt* ■**to ~ sth in sth** etw in etw *akk* einwickeln; ■**to ~ oneself in sth** sich *akk* in etw *akk* einhüllen **II.** *n* ❶ *(long strip)* Bahn *f,* Streifen *m* ❷ *(wide area)* Gebiet *nt,* Gegend *f;* ***these people represent a wide ~ of opinion*** *(fig)* diese Leute repräsentieren einen großen Teil der öffentlichen Meinung ▶ PHRASES: **to cut a ~ through sth** durch etw *akk* eine Schneise der Zerstörung legen

swatter ['swɒtəʳ, AM 'swɑːt̬ɚ] *n* Fliegenklatsche *f*

sway [sweɪ] **I.** *vi person* schwanken; *trees* sich *akk* wiegen; **to ~ from side to side** hin und her schwanken; **to ~ backwards and forwards** hin und her schaukeln **II.** *vt* ❶ *(swing)* ■**to ~ sth** etw schwenken; *wind* etw wiegen; **to ~ one's hips** sich *akk* in den Hüften wiegen ❷ *usu passive (influence)* ■**to be ~ed by sb/sth** sich *akk* von jdm/etw beeinflussen lassen; *(change mind)* von jdm/etw umgestimmt werden; ***were you ~ed by her arguments?*** haben ihre Argumente dich rumgekriegt? *fam* ❸ *(fig: alter)* ■**to ~ sth** etw ändern **III.** *n no pl (liter: control)* beherrschender Einfluss, Einflussbereich *m;* **to come under the ~ of sb/sth** unter den Einfluss einer Person/einer S. *gen* geraten; **to hold ~ [over sb/sth]** [über jdn/etw] herrschen; ***Newtonian physics held ~ until the advent of Einstein and relativity*** die Newtonsche Physik war vorherrschend, bis Einstein mit der Relativitätstheorie auftrat

swear <swore, sworn> [sweəʳ, AM swer] **I.** *vi* ❶ *(curse)* fluchen; ■**to ~ at sb** auf jdn fluchen ❷ *(take an oath)* schwören, einen Eid ablegen; ■**to ~ to sth** etw beschwören; ***I wouldn't ~ to it*** *(fam)* ich könnte es nicht beschwören; **to ~ by God/on the Bible** bei Gott/auf die Bibel schwören **II.** *vt* ■**to ~ sth** etw schwören; **to ~ allegiance** [*or* **loyalty**] Treue schwören; **to ~ an oath** einen Eid leisten [*o* ablegen]; **to ~ sb to secrecy** jdn zur Verschwiegenheit verpflichten; **to ~ blind that …** BRIT *(fam)* Stein und Bein schwören, dass …; ***she swore blind she didn't know what had happened to the money*** sie schwor hoch und heilig, dass sie nicht wüsste, was mit dem Geld geschehen sei

◆**swear in** *vt usu passive* ■**to ~ in ↔ sb** jdn vereidigen

◆**swear off** *vi* **to ~ off alcohol/cigarettes/drugs** dem Alkohol/den Zigaretten/den Drogen abschwören

swear word *n* derbes Schimpfwort, Fluch *m*

sweat [swet] **I.** *n no pl* ❶ *(perspiration)* Schweiß *m;* **beads of ~** Schweißperlen *fpl;* **to be covered in ~** in Schweiß gebadet sein; **to be dripping** [*or* **pouring**] **with ~** vor Schweiß triefen ❷ *(fig fam: worried state)* ■**to be in a ~** [vor Aufregung] schwitzen; **to bring sb out** [*or* AM **to make sb break out**] **in a ~** jdn zum Schwitzen bringen; ***just thinking about the exams brings me out in a cold ~*** wenn ich nur ans Examen denke, bricht mir der kalte Schweiß aus; **to get in a ~ [about sth]** [wegen einer S. *gen*] ins Schwitzen geraten *fam;* **to work oneself into a ~ [about sth]** sich *akk* [wegen einer S. *gen*] verrückt machen *fam* ❸ *(fig: hard effort)* schweißtreibende Angelegenheit, Plackerei *f fam;* **no ~** *(fam)* kein Problem! **II.** *vi* ❶ *(perspire)* schwitzen; **to ~ with fear** vor Angst schwitzen; **to make sb ~** *(fig fam)* jdn ins Schwitzen bringen *fam* ❷ *(work hard)* ■**to ~ over sth** *(fig)* über etw *dat* schwitzen [*o* brüten] *fam* ❸ *(form condensation) wall* schwitzen ▶ PHRASES: **to ~ like a pig** *(fam)* schwitzen wie ein Schwein *sl* **III.** *vt* ▶ PHRASES: **to ~ blood** Blut [und Wasser] schwitzen *fam;* **to ~ buckets** [*or* AM **bullets**] *(fam)* schwitzen, was das Zeug hält *fam;* ***the high temperatures soon had us ~ing bullets*** bei der Hitze waren wir bald klatschnass geschwitzt *fam;* **don't ~ it** mach dir nichts draus *fam*

◆**sweat off** *vt* ■**to ~ off ↔ sth** ❶ *(lose weight)* **to ~ off pounds** Pfunde abschwitzen *fam* ❷ *(get rid of)* **to ~ off a cold/flu** eine Erkältung/Grippe ausschwitzen

◆**sweat out** *vt* ❶ *(exercise hard)* **to ~ it out** sich *akk* verausgaben ❷ *(suffer while waiting)* **to ~ it out** zittern *fam;* ***my exams finish next week then I'll be ~ing it out for a month waiting for the results*** nächste Woche sind meine Prüfungen vorbei, dann heißt es einen Monat lang zittern, bis die Ergebnisse da sind ▶ PHRASES: **to ~ one's guts out** *(sl)* sich *dat* große Mühe geben, sich *dat* den Arsch aufreißen *derb*

sweat band *n* Schweißband *nt*

sweated ['swetɪd, AM -t̬-] *adj attr, inv* **~ labour** [*or* AM **labor**] [schlechtbezahlte] Schwerarbeit, Maloche *f sl,* Ausbeutung *f*

sweater ['swetəʳ, AM -t̬ɚ] *n* Pullover *m,* Sweater *m*

sweat gland *n* Schweißdrüse *f* **sweatshirt** *n* Sweatshirt *nt* **sweatshop** *n* Ausbeuterbetrieb *m pej* **sweat suit** *n* Trainingsanzug *m*

sweaty ['sweti, AM -t̬-] *adj* ❶ *(covered in sweat) person* verschwitzt ❷ *(causing sweat) work* schweißtreibend

swede [swiːd] *n* BRIT, AUS Kohlrübe *f*

Swede [swiːd] *n* Schwede, -in *m, f*

Sweden ['swiːdᵊn] *n no pl* Schweden *nt*

Swedish ['swiːdɪʃ] **I.** *n no pl* Schwedisch *nt,* das Schwedische **II.** *adj inv* schwedisch; ***I think he's ~*** ich glaube, er ist Schwede

sweep [swiːp] **I.** *n* ❶ *no pl (a clean with a brush)* Kehren *nt,* Fegen *nt* NORDD; **to give the floor a ~** den Boden kehren ❷ *(dated: chimney sweep)* Schornsteinfeger(in) *m(f)* ❸ *(movement)* schwungvolle Bewegung, Schwingen *nt kein pl;* *(with sabre, scythe)* ausholender Hieb; *(all-covering strike)* Rundumschlag *m a. fig* ❹ *(area)* Gebiet *nt,* Gelände *nt* ❺ *(range)* Reichweite *f a. fig,* Spielraum *m;* ***the film showed the breadth of Arab culture and the ~ of its history*** der Film zeigte die Vielfältigkeit der arabischen Kultur und die weitreichende Bedeutung ihrer Geschichte ❻ *(search)* Suchaktion *f;* **a ~ of a house** eine Hausdurchsuchung ❼ *(fam) see* **sweepstake** ❽ COMPUT Hin- und Rücklauf *m,* Zeitablenkung *f* ▶ PHRASES: **to make a clean ~ of sth** *(start afresh)* gründlich mit etw *dat* aufräumen; *(win everything)* etw völlig für sich *akk* entscheiden; ***the new prime minister is expected to make a clean ~ of the government*** man erwartet, dass der neue Premierminister die Regierung komplett auswechselt; ***Romania made a clean ~ of the medals*** Rumänien räumte alle Medaillen ab *fam* **II.** *vt* <swept, swept> ❶ *(with a broom)* ■**to ~ sth** etw kehren [*o* NORDD fegen]; **to ~ the chimney** den Kamin kehren; **to ~ the floor** den Boden fegen ❷ *(take in powerful manner)* ***smiling, he swept me into his arms*** lächelnd schloss er mich in seine Arme; ***she swept the pile of papers into her bag*** sie schaufelte den Stapel Papiere in ihre Tasche; ***the party was swept to power*** *(fig)* die Partei kam erdrutschartig an die Macht ❸ *(remove)* ■**to ~ back ↔ sth** etw zurückwerfen; ***she swept back her long hair from her face*** energisch strich sie sich ihre langen Haare aus dem Gesicht ❹ *(spread)* ■**to ~ sth** über etw *akk* kommen; ***a 1970s fashion revival is ~ing Europe*** ein Modetrend wie in den 70ern rollt derzeit über Europa hinweg ❺ *(travel and search)* ■**to ~ sth** etw absuchen [*o fam* durchkämmen]; ***police have swept the woodland area*** die Polizei hat das Waldgebiet abgesucht ❻ AM *(fam: win)* ■**to ~ sth** etw abräumen *fam* [*o pej fam* einsacken] ▶ PHRASES: **to ~ the board** allen Gewinn einstreichen; **to ~ sth under the carpet** [*or* AM *also* **rug**] [*or* AUS *also* **mat**] etw unter den Teppich kehren *fam;* **to ~ sb off his/her feet** jdm den Kopf verdrehen *fam* **III.** *vi* <swept, swept> ❶ *(move smoothly)* gleiten; *person* rauschen *fam; eyes* gleiten; ***her gaze swept across the assembled room*** ihr Blick glitt über den voll besetzten Raum; ***the beam of the lighthouse swept across the sea*** der Lichtstrahl des Leuchtturms strich über das Wasser; **to ~ into power** an die Spitze der Macht getragen werden ❷ *(follow path)* sich *akk* [da]hinziehen; ***the road ~s down to the coast*** die Straße führt zur Küste hinunter; ***the path swept along the river*** der Weg verlief entlang des Flusses; ***the fire swept through the house*** das Feuer breitete sich schnell im Haus aus ▶ PHRASES: **a new broom ~s clean** *(prov)* neue Besen kehren gut *prov*

◆**sweep along I.** *vt* ■**to ~ sb along** jdn mitreißen **II.** *vi wind, rain* dahinfegen, dahinjagen; *water* dahinrollen; *troops* vorwärts marschieren; *epidemics* grassieren

◆**sweep aside** *vt* ❶ *(cause to move)* ■**to ~ aside ↔ sb/sth** jdn/etw [hin]wegfegen ❷ *(fig: dismiss)* **to ~ aside ↔ doubts/objections** Zweifel/Einwände beiseite schieben [*o* abtun]

◆**sweep away** *vt* ❶ *(remove)* ■**to ~ away ↔ sth** etw [hin]wegfegen; *water* etw fortspülen; **to ~ away ↔ doubts/objections** *(fig)* Zweifel/Einwände beiseite schieben [*o* abtun] ❷ *(fig: carry away)* ■**to ~ sb ↔ away** jdn mitreißen

◆**sweep by** *vi* vorbeiziehen; *(majestically)* vorbeigleiten; *(haughtily)* vorbeirauschen

◆**sweep down I.** *vt* ■**to ~ down ↔ sth** etw mitreißen **II.** *vi* ❶ *(move)* ■**to ~ down [on sb/sth]** [über jdn/etw] niedergehen; *(suddenly)* [über jdn/etw] hereinbrechen ❷ *(roll towards)* abfallen; ***the mountains ~ down to the sea*** die Berge fallen zum Meer hin ab

◆**sweep in** *vi* ❶ *(approach)* [heran]kommen; ***in spring the wind ~s in from the east*** im Frühling strömt der Wind aus Richtung Osten ein ❷ *(enter) person* hereinrauschen *fam*

◆**sweep off** *vt* ■**to ~ sb/sth off** sich *dat* jdn schnappen *fam,* jdn abschleppen *sl;* **to ~ sb off his/her feet** jdn mitreißen; *(fig)* jdn begeistern

◆**sweep out I.** *vt* ■**to ~ out ↔ sth** etw auskehren [*o* NORDD ausfegen] **II.** *vi* hinausstürmen; **to ~ out of the room** aus dem Zimmer stürzen

◆**sweep past** *vi* vorbeiziehen; *(majestically)* vorbeigleiten; *(haughtily)* vorbeirauschen

◆**sweep through** *vi* sich *akk* ausbreiten; *(fig)* seinen Weg nehmen

◆**sweep up I.** *vt* ■**to ~ up ↔ sth** ❶ *(brush and gather)* etw zusammenkehren [*o* NORDD zusammenfegen] ❷ *(gather)* etw zusammensammeln; ***he swept up his family*** *(fig)* er ließ seine Familie antreten **II.** *vi* heranrauschen; ***the car swept up and she got in*** der Wagen kam vorgefahren und sie stieg ein

sweeper ['swiːpəʳ, AM -ɚ] *n* ❶ *(device)* Kehrmaschine *f;* **carpet ~** Teppichkehrmaschine *f* ❷ *(person)* [Straßen]feger(in) *m(f),* [Straßen]kehrer(in) *m(f)* ❸ FBALL Libero *m*

sweep hand *n* Sekundenzeiger *m*

sweeping ['swiːpɪŋ] *adj* ❶ *(large-scale)* weitreichend; **~ changes** einschneidende Veränderungen; **~ cuts** drastische Einsparungen; **a ~ victory** ein Sieg *m* auf der ganzen Linie ❷ *(very general)* pauschal; **~ accusations** pauschale Anschuldigungen; **~ generalization** grobe Vereinfachung ❸ *attr (broad)* **~ curve** weiter Bogen

sweepings ['swiːpɪŋz] *npl* ❶ *(dirt)* Kehricht *m* ❷ *(refuse)* Reste *mpl* ❸ *(fig: people at bottom of society)* ■**the ~** der Abschaum *kein pl pej*

sweeps [swiːps] *npl* AM Hauptsendezeiten *fpl*

sweepstake ['swiːpsteɪk] *n* *Art Lotterie, wobei mit kleinen Einsätzen z.B. auf Pferde gesetzt wird*

S

und diese Einsätze an den Gewinner gehen

sweet [swi:t] **I.** *adj* ① (*like sugar*) süß ② (*not dry*) *sherry, wine* süß, lieblich ③ (*fig: pleasant*) süß, angenehm; ~ **dreams!** träume süß!; ~ **sound** lieblicher Klang; ~ **temper** sanftes Wesen; ~ **voice** süße [*o iron* holde] Stimme ④ (*fig: endearing*) süß, niedlich, goldig *fam;* **a** ~ **little house** ein schnuck[e]liges kleines Häuschen *fam* ⑤ (*fig: kind*) freundlich, lieb; ***it was ~ of you to help me*** es war sehr lieb von dir, mir zu helfen; ***they were very ~ to us when we stayed with them*** sie waren reizend zu uns, als wir bei ihnen zu Besuch waren ⑥ (*dated: in love*) ■**to be ~ on sb** in jdn verliebt sein ⑦ (*individual*) **in one's own ~ time** wenn es einem zeitlich passt; **in one's own ~ way** auf seine eigene Art; **to go one's own ~ way** seinen eigenen Weg gehen; ***no matter how often you warn her, she'll still go her own ~ way*** du kannst sie noch so oft warnen, sie macht doch immer, was sie will ▶ PHRASES: **to keep sb ~** jdn bei Laune halten **II.** *n* ① *esp* BRIT, AUS (*candy*) Süßigkeit *f meist pl;* **boiled ~** Bonbon *nt* ② (*sweet things*) ■**~s** *pl* Süßigkeiten *fpl* ③ BRIT, AUS (*dessert*) Nachspeise *f,* Süßspeise *f* ④ (*fam: term of endearment*) Liebling *m,* Schatz *m fam*

sweet-and-sour *adj inv* süßsauer **sweetbread** *n usu pl* Bries *nt* **sweetbriar** *n,* **sweetbrier** ['swi:tbraɪəʳ, AM -ɚ] *n* Heckenrose *f* **sweet butter** *n no pl* AM Süßrahmbutter *m* **sweet chestnut** *n* Esskastanie *f* **sweetcorn** *n no pl esp* AM [Zucker]mais *m*

sweeten ['swi:tᵊn] *vt* ① (*make sweet*) ■**to ~ sth** etw süßen ② (*make more amenable*) ■**to ~ [up]** ↻ **sb** jdn günstig stimmen; **to ~ sb's temper** jds Laune heben [*o* bessern] ③ (*make more attractive*) ■**to ~ sth** etw versüßen [*o* schmackhaft machen]

sweetener ['swi:tᵊnəʳ, AM -ɚ] *n* ① *no pl* (*sugar substitute*) Süßstoff *m* ② (*sweet pill*) Süßstofftablette *f* ③ (*inducement*) zusätzlicher Anreiz

sweet F A *n no pl* BRIT (*fam*) *short for* **Sweet Fanny Adams** nix *sl*

Sweet Fanny Adams *n no pl* BRIT ganz und gar nichts, nicht das Geringste; ***I know ~ about it*** ich habe nicht die leiseste Ahnung

sweetheart *n* ① (*dated: girl-, boyfriend*) Freund(in) *m(f);* **childhood ~** Jugendfreund(in) *m(f)* ② (*kind person*) Schatz *m fam;* ***would you be an absolute ~ and fetch me my hot-water bottle?*** bist du mal ein echter Schatz und holst mir meine Wärmflasche? ③ (*term of endearment*) Liebling *m,* Schatz *m fam*

sweetheart agreement *n* (*fam*), **sweetheart deal** *n* (*fam*) beiderseitiges Entgegenkommen

sweetie ['swi:ti, AM -t̬-] *n* ① (*childspeak: candy*) etwas Süßes, Bonbon *m o nt* ② (*nice person*) Schatz *m fam;* ***he's a real ~!*** er ist ein echter Schatz! ③ (*fam: term of endearment*) Liebling *m,* Schatz *m fam*

sweetie-pie *n* ① (*nice person*) Goldstück *nt fam,* Schatz *m fam* ② (*fam: term of endearment*) Liebling *m,* Schatz *m fam*

sweetish ['swi:tɪʃ] *adj* süßlich

sweetly ['swi:tli] *adv* ① (*pleasantly*) süß; **to sing ~** schön singen; **to smile ~** nett lächeln ② *esp* BRIT (*smoothly*) ***the engine's been running very ~ since it was tuned*** seit der Motor eingestellt wurde, läuft er ganz ruhig; ***she's striking the ball very ~ today*** ihre Ballarbeit heute ist eins a *fam*

sweetmeat *n* (*dated*) Zuckerwerk *nt kein pl,* Konfekt *nt*

sweetness ['swi:tnəs] *n no pl* ① (*sweet taste*) Süße *f* ② (*fig: pleasantness*) *of sb's nature* Freundlichkeit *f; of freedom, victory* süßes [*o* wohliges] Gefühl ▶ PHRASES: **to be all ~ and light** eitel Sonnenschein [*o fam* Friede, Freude, Eierkuchen] sein

sweet nothing *n* ① *usu pl* (*romantic talk*) ■**~s** süße Worte; ***stop whispering ~s in her ear and help me!*** hör auf, Süßholz zu raspeln und hilf mir lieber! ② (*pej: absolutely nothing*) rein gar nichts **sweet pea** *n* Wicke *f* **sweet pepper** *n* Pfefferschote *f* **sweet potato** *n* Süßkartoffel *f* **sweet shop** *n* Süßwarenladen *m* **sweet talk** *n no pl* Schmeichelei *f,* schöne Worte *ntpl;* ***don't let the ~ fool you!*** lass dich nicht einwickeln! *fam* **sweet-talk** *vt* ■**to ~ sb** jdn einwickeln *fam;* ■**to ~ sb into doing sth** jdn beschwatzen etw zu tun; **to ~ sb into buying sth** jdm etw andrehen [*o* aufschwatzen] *fam* **sweet tooth** *n* **to have a ~** gerne Süßigkeiten essen, eine Naschkatze sein **sweet trolley** *n* BRIT *kleines fahrbares Tischchen in Restaurants, auf welchem verschiedene Süßigkeiten und Süßspeisen zum Nachtisch angeboten werden* **sweet william** *n* HORT [Bart]nelke *f*

swell <swelled, swollen *or* swelled> [swel] **I.** *vt* ■**to ~ sth** ① (*enlarge*) etw anwachsen lassen; *water, rain* etw anschwellen lassen; *fruit* etw wachsen [und gedeihen] lassen ② (*fig: increase*) etw [an]steigen lassen; *sales* etw steigern **II.** *vi* ① (*become swollen*) ■**to ~ [up]** anschwellen; (*fig*) ***his breast ~ed with pride*** vor Stolz schwoll ihm die Brust ② (*increase*) zunehmen; *population* ansteigen ③ (*get louder*) lauter werden, anschwellen; ***the music ~ed along the corridor as she walked towards the stage*** die Musik im Flur wurde immer lauter, während sie auf die Bühne zuging **III.** *n no pl* ① (*increase in sound*) zunehmende Lautstärke; *of music* Anschwellen *nt kein pl,* Crescendo *nt fachspr* ② (*of sea*) Dünung *f,* Seegang *m* **IV.** *adj* AM (*dated fam*) spitze *fam,* klasse *fam;* ***that's a ~ idea!*** das ist eine bombige Idee! *fam* **V.** *adv* AM (*dated fam*) prima *fam;* ***everything's going real ~*** alles läuft bestens *fam*

swell box *n* MUS Schwellwerk *nt* **swellhead** *n esp* AM (*pej*) Angeber(in) *m(f)*

swelling ['swelɪŋ] *n* ① MED (*lump*) Schwellung *f,* Geschwulst *f;* (*sudden growth*) Beule *f* ② *no pl* (*activity*) Anschwellen *nt* ③ (*lasting form*) Wölbung *f,* Ausbauchung *f*

swelter ['sweltəʳ, AM -ɚ] *vi* verschmachten, [vor Hitze] umkommen; ***I'm ~ing in this pullover*** in diesem Pullover gehe ich ein! *fam*

sweltering ['sweltᵊrɪŋ, AM -ɚ-] *adj* drückend heiß; *heat, weather* schwül; ***it's ~ in here!*** hier [drin] ist es wie in einer Sauna!; ~ **hot** kochend heiß

swept [swept] *vt vi pt of* **sweep**

swept-back *adj inv* ① *aircraft wing* zurückgeklappt, angelegt ② (*hair*) ~ **hair** zurückgekämmte Haare *ntpl;* ~ **hairstyle** Tangofrisur *f* **swept-wing** *adj attr, inv* AVIAT mit Pfeilflügeln *nach n*

swerve [swɜ:v, AM swɜ:rv] **I.** *vi* ① (*change direction*) [plötzlich] ausweichen; *horse* seitlich ausbrechen; *car* ausscheren; ***the ball ~d into the net*** der Ball beschrieb einen Bogen und landete im Netz; ***the car ~d into the crash barrier*** das Auto schlitterte in die Leitplanke; ***she swerved to avoid a dog who ran into the road*** sie riss den Wagen herum, um einem Hund, der in die Straße lief, auszuweichen ② (*fig liter: deviate*) eine Schwenkung vollziehen *geh;* **to ~ from one's policies/principles** von seiner Politik/seinen Grundsätzen abweichen **II.** *n* ① (*sudden move*) plötzliche Seitenbewegung, Schlenker *m;* (*evading move*) Ausweichbewegung *f;* **a ~ to the left/right** ein Ausscheren *nt* nach links/rechts; **the ~ around an obstacle** die Umgehung eines Hindernisses ② (*fig*) Abweichung *f;* POL Richtungswechsel *m* ③ (*in billiards*) Effet *m*

swift[1] [swɪft] *adj* ① (*fast-moving*) schnell ② (*occurring quickly*) schnell, rasch; **a ~ reply** eine prompte Antwort

swift[2] [swɪft] *n* Mauersegler *m*

swiftly ['swɪftli] *adv* schnell, rasch

swiftness ['swɪftnəs] *n no pl* Schnelligkeit *f*

swig [swɪg] (*fam*) **I.** *vt* <-gg-> ■**to ~ sth** etw schlucken **II.** *n* Schluck *m;* **to take a ~** einen Schluck nehmen

swill [swɪl] **I.** *n no pl* ① (*pig feed*) Schweinefutter *nt;* (*fig, pej: untasty drink*) Gesöff *nt pej fam;* (*untasty food*) Fraß *m pej fam* ② (*long draught*) Schluck *m* ③ (*rinsing*) Spülung *f;* (*act of rinsing*) Spülen *nt* **II.** *vt* ① (*usu pej fam: drink fast*) ■**to ~ sth [down]** etw hinunterstürzen; **to ~ [down] alcohol/beer** Alkohol/Bier hinunterkippen *fam* ② (*swirl a liquid*) ■**to ~ sth around** [*or* **round and round**] etw [hin und her] schwenken ③ (*rinse*) ■**to ~ sth out** etw ausspülen

swim [swɪm] **I.** *vi* <swam *or* AUS *also* swum, swum, -mm-> ① SPORTS schwimmen; **to go ~ming** schwimmen gehen; ■**to ~ under sth** unter etw *dat* hindurchschwimmen ② (*pej: be immersed*) ■**to ~ in sth** *food* in etw *dat* schwimmen; **to ~ with tears** *eyes* in Tränen schwimmen ③ (*whirl*) verschwimmen; (*be dizzy*) schwindeln; ***my head begins to ~*** mir dreht sich alles, mir wird schwindelig **II.** *vt* <swam *or* AUS *also* swum, swum, -mm-> ① (*cross*) ■**to ~ sth** etw durchschwimmen; ***he swam 700 metres to shore*** er schwamm 700 Meter zum Ufer; **to ~ a river/channel** einen Fluss/Kanal durchschwimmen ② (*do*) **to ~ a few strokes** ein paar Züge schwimmen; **to ~ the butterfly stroke** Delphin schwimmen **III.** *n* ① (*in water*) Schwimmen *nt kein pl;* **to have** [*or* **go for**] **a ~** schwimmen gehen ② COMPUT Schwimmen *nt* ▶ PHRASES: **to be in/out of the ~** auf dem/nicht mehr auf dem Laufenden sein

swim bladder *n* ZOOL Schwimmblase *f*

swimmer ['swɪməʳ, AM -ɚ] *n* ① (*person*) Schwimmer(in) *m(f);* **to be a strong ~** ein guter Schwimmer/eine gute Schwimmerin sein ② AUS (*fam: clothes*) ■**~s** *pl* Schwimmsachen *pl*

swimming ['swɪmɪŋ] *n no pl* Schwimmen *nt*

swimming bath(s) *n* BRIT (*dated form*) Schwimmbecken *nt; see also* **swimming pool** **swimming cap** *n* Bademütze *f,* Badekappe *f,* Badehaube *f* ÖSTERR **swimming costume** *n* BRIT, AUS Badeanzug *m*

swimmingly ['swɪmɪŋli] *adv* (*fam or dated*) glatt *fam;* **to go ~** glatt gehen *fam*

swimming match *n* Schwimmwettbewerb *m,* Schwimmwettkampf *m* **swimming pool** *n* Schwimmbecken *nt;* (*private*) Swimmingpool *m;* (*public*) Schwimmbad *nt;* **indoor/outdoor ~** Hallen-/Freibad *nt* **swimming trunks** *npl* Badehose *f*

swimsuit *n esp* AM (*swimming costume*) Badeanzug *m;* (*swimming trunks*) Badehose *f* **swim team** *n* AM Schwimmmannschaft *f* **swim trunks** *npl* AM Badehose *f* **swimwear** *n no pl* Badebekleidung *f;* **a [new] line of ~** eine [neue] Badekollektion

swindle ['swɪndl] **I.** *vt* ■**to ~ sb** jdn betrügen [*o* beschwindeln]; ■**to ~ sb out of sth** [*or* **sth from sb**] jdn um etw *akk* betrügen **II.** *n* Betrug *m kein pl* AUSSER SCHWEIZ, Schwindel *m kein pl*

swindler ['swɪndləʳ, AM -lɚ] *n* (*pej*) Betrüger(in) *m(f)*

swine [swaɪn] *n* ① <*pl* – *or* -s> (*pej fam: person*) Schwein *nt pej fam;* **filthy ~** dreckiges Schwein *pej derb* ② <*pl* -> (*liter or old: pig*) Schwein *nt*

swineherd *n* (*hist*) Schweinehirt *m*

swing [swɪŋ] **I.** *n* ① (*movement*) Schwingen *nt kein pl;* ***with a ~ of his axe …*** mit einem Schwung seiner Axt … ② (*punch*) Schlag *m;* **to take a ~ at sb** zum Schlag gegen jdn ausholen ③ (*hanging seat*) Schaukel *f;* **porch ~** Hollywoodschaukel *f;* **to go on a ~** schaukeln ④ (*change*) Schwankung *f;* **mood ~** Stimmungsschwankung *f;* POL Umschwung *m* ⑤ *esp* AM (*quick trip*) Stippvisite *f fam;* **to take a ~ through the southern states** eine kurze Tour durch die Südstaaten machen ⑥ *no pl* MUS Swing *m* ⑦ AM (*in baseball*) Swing *m* ▶ PHRASES: **what you lose on the ~s, you gain on the roundabouts** [*or* **it's ~s and roundabouts**] BRIT (*prov*) das hält sich die Waagschale *prov,* das ist gehopst wie gedopst *fam;* **to get [back] into the ~ of things** [*or* **it**] (*fam*) sich *akk* [wieder] an etwas gewöhnen, [wieder] in etwas reinkommen *fam;* **to be in full ~** voll im Gang sein; **to go with a ~** BRIT (*fam: be exciting*) Schwung haben; (*be well done*) ein voller Erfolg sein **II.** *vi* <swung, swung> ① (*move*) [hin und her] schwingen; (*move circularly*) sich *akk* drehen; ***the monkey was ~ing from tree to tree*** der Affe schwang sich von Baum zu Baum; ***the door swung open in the wind*** die Tür ging durch den Wind auf ② (*attempt to hit*) zum Schlag ausholen; ■**to ~ at**

sb [with sth] [mit etw *dat*] nach jdm schlagen ③ (*in playground*) schaukeln ④ (*alternate*) *mood* schwanken ⑤ MUS swingen ⑥ (*fam: be exciting*) swingen *sl*; ***you need music to make a party*** ~ man braucht Musik, um eine Party in Schwung zu bringen ⑦ *esp* AM (*stop shortly*) ■**to ~ by somewhere** irgendwo kurz anhalten ⑧ (*hang*) hängen, baumeln *fam*; ■**to ~ for sth** für etw *akk* gehängt werden; AM (*fig: be reprimanded*) für etw *akk* gerügt [*o* getadelt] werden ▸ PHRASES: **to ~ into action** loslegen *fam* **III.** *vt* <swung, swung> ① (*move*) ■**to ~ sth** etw [hin- und her]schwingen; **to ~ one's arms** die Arme schwingen ② MUS etw als Swing spielen ③ (*fam: arrange*) ■**to ~ sth** ***do you think you could ~ the job for me?*** glaubst du, du könntest die Sache für mich schaukeln? *fam*; **to ~ it** es arrangieren [*o fam* deichseln]; **to ~ an election** (*pej*) eine Wahl herumreißen *fam* ▸ PHRASES: **to ~ the balance** den Ausschlag geben; **to ~ the lead** BRIT sich *akk* vor etw *dat* drücken **IV.** *adj voter, state* entscheidend

◆**swing around**, **swing round I.** *vi* ① (*turn around*) sich *akk* schnell umdrehen; (*in surprise, fright*) herumfahren ② (*go fast*) ***she swung around the corner at full speed*** sie kam mit vollem Tempo um die Ecke geschossen **II.** *vt* ① (*turn round*) ■**to ~ sth around** etw [her]umdrehen; (*move in a circle*) etw herumschwingen [*o* herumwirbeln] ② (*change*) **to ~ a conversation around [*or* round] to sth** ein Gespräch auf etw *akk* bringen

◆**swing up** *vt* ■**to ~ oneself up into/onto sth** *seat* sich *akk* auf etw *akk* hochschwingen

swing bridge *n* Drehbrücke *f* **swing door** *n* BRIT, AUS Schwingtür *f*, Pendeltür *f*

swingeing ['swɪndʒɪŋ] *adj* BRIT (*form*) extrem; ~ **cuts/economic sanctions** drastische Kürzungen/Wirtschaftssanktionen; ~ **penalties** exorbitante Strafen *geh*

swinger ['swɪŋəʳ, AM -ɚ] *n* (*dated fam: fashionably social person*) lebenslustiger Typ *fam*; (*sexually*) lockerer Vogel *fam*

swinging ['swɪŋɪŋ] *adj* (*dated fam: fun, exciting*) schwungvoll; (*promiscuous*) freizügig; **the ~ sixties** die Swinging Sixties

swinging door *n* BRIT, AUS Schwingtür *f*, Pendeltür *f*

swingset *n* Schaukel *f*; (*structure*) Schaukelgestell *nt*

swing shift *n* AM Spätschicht *f* **swing vote** *n esp* AM entscheidende Stimme **swing-wing** *n* AVIAT Schwenkflügler *m*

swinish ['swaɪnɪʃ] *adj* (*pej dated fam*) schweinisch *pej fam*

swipe [swaɪp] **I.** *vi* schlagen; ■**to ~ at sth** nach etw *dat* schlagen **II.** *vt* ① (*swat*) ■**to ~ sb** BRIT jdn [hart] schlagen; ***she ~ed him round the head*** sie gab ihm ein paar hinter die Ohren ② *esp* AM (*graze*) ■**to ~ sth** *car* etw streifen ③ (*fam: steal*) ■**to ~ sth** etw klauen *fam* ④ (*pass through*) ■**to ~ sth** *magnetic card* etw durchziehen [*o* einlesen] **III.** *n* Schlag *m*; **to take a ~ at sb/sth** auf jdn/etw losschlagen; (*fig*) zum Schlag gegen jdn/etw ausholen; (*criticize*) jdn/etw kritisieren

swirl [swɜːl, AM swɜːrl] **I.** *vi* wirbeln **II.** *vt* ① (*move circularly*) ■**to ~ sth around** etw herumwirbeln ② (*twist together*) ■**to ~ sth together** etw miteinander vermischen **III.** *n of water* Strudel *m*; *of snow, wind* Wirbel *m*; *of dust* Wolke *f*

swirling ['swɜːlɪŋ, AM 'swɜːrl-] *adj inv* wirbelnd *attr*; ~ **mist** wogender Nebel

swish [swɪʃ] **I.** *vi* ① (*make hissing noise*) zischen ② (*make brushing noise*) rascheln **II.** *vt* ■**to ~ sth** *liquid* etw hin und her schwenken; ***the horses ~ed their tails to get rid of the flies*** die Pferde schlugen mit ihrem Schweif, um die Fliegen loszuwerden **III.** *adj* <-er, -est> (*fam*) ① (*posh*) todschick *fam* ② (*pej: too extravagant*) nobel *oft iron* **IV.** *n* ① (*sound*) Rascheln *nt kein pl* ② AM (*pej sl: effeminate man*) Schwuchtel *f pej sl*

swishy ['swɪʃi] *adj* AM (*pej sl*) schwul *fam*, tuntig *pej sl*

Swiss [swɪs] **I.** *adj* Schweizer-, schweizerisch **II.** *n* ① <*pl* -> Schweizer(in) *m(f)*; ■**the ~** die Schweizer *pl* ② *no pl* FOOD Schweizer Käse *m*

Swiss army knife *n* Schweizer Offiziersmesser *nt* **Swiss ball** *n* Gymnastikball *m*, Pezziball *m*; (*with handles*) Hüpfball *m* **Swiss chard** *n no pl* Mangold *m* **Swiss cheese** *n* Schweizer Käse *m* **Swiss franc** *n* [Schweizer] Franken **Swiss roll** *n esp* BRIT Biskuitrolle *f*, Biskuitroulade *f* ÖSTERR

switch [swɪtʃ] **I.** *n* <*pl* -es> ① (*control*) Schalter *m*; **to flick [*or* flip] a ~** (*turn on*) einen Schalter anknipsen; (*turn off*) einen Schalter ausknipsen; **to throw a ~** einen Schalter betätigen ② (*substitution*) Wechsel *m meist sing*, Austausch *m kein pl* ③ (*alteration*) Änderung *f*; (*change*) Wechsel *m*, Wandel *m kein pl* ④ (*thin whip*) Rute *f*, Gerte *f* ⑤ AM RAIL (*points*) Weiche *f* ⑥ COMPUT (*additional character*) Befehlszeilenschalter *m* ⑦ COMPUT (*point in program*) Verzweigung *f*; (*device*) Verteiler *m* **II.** *vi* wechseln; ***the country seemed to ~ from dictatorship to democracy*** das Land schien von einer Diktatur zu einer Demokratie zu werden; ■**to ~ with sb** mit jdm tauschen **III.** *vt* ① (*adjust settings*) ■**to ~ sth** etw umschalten; ~ ***the heater to maximum*** stell' die Heizung auf die höchste Stufe ② (*change abruptly*) ■**to ~ sth** etw wechseln; ***in the 1980s, several companies ~ed their attention to the US market*** in den 80er-Jahren richteten zahlreiche Unternehmen ihre Aufmerksamkeit auf den amerikanischen Markt ③ (*substitute*) ■**to ~ sth** etw auswechseln [*o* eintauschen]

◆**switch around** *vt* ■**to ~ around** ↔ **sth** etw umstellen [*o* umräumen]; **to ~ around a room** ein Zimmer umräumen

◆**switch off I.** *vt* ■**to ~ off** ↔ **sth** ① (*turn off power*) etw ausschalten ② (*cease*) etw abschalten [*o* abstellen]; ***some people can just ~ off their emotions*** manche Leute können ihre Gefühle einfach ausschalten **II.** *vi* ① (*turn off*) ausschalten ② (*stop paying attention*) abschalten *fam*; ***if he gets bored, he just ~es off*** wenn ihm langweilig wird, schaltet er einfach ab

◆**switch on I.** *vt* ■**to ~ on** ↔ **sth** ① (*turn on power*) etw einschalten; **to ~ on the light** das Licht anschalten; **to ~ on the TV** den Fernseher anmachen ② (*use*) etw einschalten; **to ~ on the charm** seinen ganzen Charme aufbieten **II.** *vi* einschalten, anschalten

◆**switch over** *vi* wechseln; TV umschalten; ■**to ~ over to sth** zu etw *dat* wechseln, auf etw *akk* umstellen; **to ~ over to another channel** auf ein anderes Programm umschalten

◆**switch round** *vt see* **switch around**

switchback *n* (*road*) Serpentinenstraße *f*; (*path*) Serpentinenweg *m* **switchblade** *n* AM (*flick knife*) Klappmesser *nt*, Schnappmesser *nt* **switchboard** *n* ELEC Schaltbrett *nt*; TELEC [Telefon]zentrale *f*, Vermittlung *f*; **to jam the ~** die Telefonleitungen blockieren **switchboard operator** *n* Telefonist(in) *m(f)*

switched on *pred*, **switched-on** ['swɪtʃtɒn, AM -ɑːn] *adj attr* (*dated fam*) trendbewusst

switchgear [gɪr] *n no pl* ① ELEC Schaltelement[e] *nt[pl]*, Schaltwerk *nt* ② AUTO Bedienungsteile *ntpl*, Bedienung *f*

Switzerland ['swɪtsələnd, AM -ɚlənd] *n* Schweiz *f*

swivel ['swɪvəl] **I.** *n* Drehring *m*, Drehgelenk *nt* **II.** *n modifier* Gelenk- **III.** *vt* <BRIT, AUS -ll- *or* AM *usu* -l-> ■**to ~ sth** etw drehen **IV.** *vi* <BRIT, AUS -ll- *or* AM *usu* -l-> sich *akk* drehen

◆**swivel around**, **swivel round I.** *vt* ■**to ~ sth around [*or* round]** etw herumdrehen **II.** *vi* sich *akk* herumdrehen

swivel chair *n* Drehstuhl *m* **swivel joint** *n* Drehgelenk *nt*

swiz(z) [swɪz], **swizzle** ['swɪzl] *n no pl* BRIT (*esp childspeak sl*) ■**a ~** eine Gemeinheit

swizzle stick *n* Sektquirl *m*

swollen ['swəʊlən, AM 'swoʊ-] **I.** *pp of* **swell II.** *adj* ① (*puffy*) geschwollen; **a ~ face** ein aufgequollenes Gesicht ② (*larger than usual*) angeschwollen; **a ~ river/stream** ein angeschwollener Fluss/Strom

swollen head *n* (*pej fam*) Hochnäsigkeit *f kein pl fam*; **to have a ~** sehr eingebildet sein; **to get a ~** völlig eingebildet werden; ***don't compliment him any more or he'll get a*** ~ mach ihm keine Komplimente mehr, sonst bildet er sich noch was [drauf] ein

swollen-headed [-'hedɪd] *adj* (*pej fam*) eingebildet, hochnäsig *fam*

swoon [swuːn] **I.** *vi* ① (*dated: faint*) ohnmächtig werden, in Ohnmacht fallen ② (*fig*) ■**to ~ over sb/sth** für jdn/etw schwärmen; ***British audiences ~ with delight over films like this*** das britische Publikum ist von Filmen wie diesem völlig begeistert **II.** *n* (*dated liter*) Ohnmacht *f*; **to fall down in a ~** in Ohnmacht fallen

swoop [swuːp] **I.** *n* ① (*dive*) Sturzflug *m*; **to make a ~ [down]** herabstoßen ② (*fam: attack*) Überraschungsangriff *m*; (*by police*) Razzia *f* **II.** *vi* ① (*dive*) niederstoßen, herabstoßen ② (*fam: attack*) ■**to ~ on sb/sth** jdn/etw angreifen; *police* bei jdm/etw eine Razzia machen

◆**swoop down** *vi* herabstoßen

swoosh [swuːʃ] **I.** *vi* rauschen **II.** *n* <*pl* -es> Rauschen *nt kein pl*

swooshing ['swuːʃɪŋ] *adj* rauschend *attr*

swop <-pp-> [swɒp, AM swɑːp] *vt/vi esp* BRIT, CAN *see* **swap**

sword [sɔːd, AM sɔːrd] *n* Schwert *nt*; **to draw a ~** ein Schwert ziehen; **to put sb to the ~** jdn mit dem Schwert töten ▸ PHRASES: **to have a ~ of Damocles hanging over one's head** ein Damoklesschwert über seinem Kopf schweben haben; **to beat [*or* turn] ~s into ploughshares** Schwerter zu Pflugscharen umschmieden

sword dance *n* Schwert[er]tanz *m* **swordfish** *n* Schwertfisch *m* **swordplay** *n no pl* ① (*fencing*) Fechten *nt* ② (*sparring*) Gefecht *nt*; **verbal ~** Wortgefecht *nt* **sword-point** *n no pl* Schwertspitze *f*; (*fig*) ***the only way you'll get him to leave that job is at*** ~ nur wenn du ihm das Messer auf die Brust setzt, kannst du ihn dazu bewegen, die Arbeit aufzugeben; ■**to do sth at ~** etw gezwungenermaßen tun

swordsman ['sɔːdzmən, AM 'sɔːrdz-] *n* ① (*hist: sword fighter*) Schwertkämpfer *m* ② (*fencer*) Fechter *m*; **a skilled ~** ein guter Fechter

swordsmanship ['sɔːdzmənʃɪp, AM 'sɔːrdz-] *n no pl* ① (*hist: in swordfighting*) Schwertkunst *f* ② (*in fencing*) Fechtkunst *f*

swordstick *n* Stockdegen *m*

swordswoman ['sɔːdzwʊmən, AM 'sɔːrdz-] *n* Fechterin *f*; **a skilled ~** eine gute Fechterin

swore [swɔːʳ, AM swɔr] *pt of* **swear**

sworn [swɔːn, AM swɔrn] **I.** *pp of* **swear II.** *adj attr, inv* beschworen, beeidet; **a ~ affidavit** eine eidesstattliche Versicherung; **a ~ statement** eine eidliche [*o* beschworene] Aussage; ~ **testimony** beeidete Zeugenaussage

sworn enemy *n* Todfeind(in) *m(f)*

swot <-tt-> [swɒt] *vi* BRIT, AUS (*fam*) büffeln *fam*, pauken *fam*; **to ~ for an exam** für eine Prüfung pauken *fam*

◆**swot up** BRIT, AUS **I.** *vt* (*fam*) ■**to ~ up** ↔ **sth** etw büffeln [*o* pauken] *fam* **II.** *vi* (*fam*) ■**to ~ up on sth** etw büffeln [*o* pauken] *fam*

swum [swʌm] *pp, also* AUS *pt of* **swim**

swung [swʌŋ] *pt, pp of* **swing**

sybarite ['sɪbəraɪt, AM -əraɪt] *n* (*form*) Genussmensch *m*, Sybarit *m geh*

sybaritic [ˌsɪbər'ɪtɪk, AM -ərɪṭ-] *adj* (*form*) *person* genusssüchtig; ~ **taste** erlesener Geschmack

sycamore ['sɪkəmɔːʳ, AM -mɔːr] *n* Sykomore *f fachspr*, Maulbeerfeigenbaum *m*; AM Platane *f*

sycophancy ['sɪkəfən(t)si] *n no pl* Kriecherei *f*, Speichelleckertum *nt*

sycophant ['sɪkəfænt, 'saɪkə-, AM -fənt] *n* (*pej form*) Schmeichler(in) *m(f)*; (*pej*) Schleimer(in) *m(f) pej*, Kriecher(in) *m(f) pej*

sycophantic [ˌsɪkə(ʊ)'fæntɪk, 'saɪkə-, AM -ə'fænṭɪk] *adj* (*pej form*) kriecherisch *pej*

syllabic [sɪ'læbɪk] *adj inv* LING Silben-, silbisch; ~

verse Silbenstrophe *f*
syllabification [sɪˌlæbɪfɪˈkeɪʃᵊn, AM -ˌlæbə-] *n* LING Silbentrennung *f*
syllable [ˈsɪləbl̩] *n* Silbe *f;* ***they haven't spoken one ~ to each other all day*** *(fig)* sie haben den ganzen Tag über noch keinen Ton miteinander gesprochen; **stressed/unstressed ~** betonte/unbetonte Silbe
syllabub [ˈsɪləbʌb] *n no pl* ❶ *(dessert)* Weinschaumcreme *f* ❷ *(topping)* Weincreme *f* ❸ *(drink)* ≈ Eierflip *m*
syllabus <*pl* -es *or form* syllabi> [ˈsɪləbəs, *pl* -aɪ] *n* ❶ *(course outline)* Lehrplan *m* ❷ *(course reading list)* Leseliste *f;* **to be on the ~** auf der Leseliste stehen ❸ AM LAW Zusammenfassung *f* eines Falles
syllogism [ˈsɪlədʒɪzᵊm] *n* PHILOS Syllogismus *m fachspr*
syllogistic [ˌsɪləˈdʒɪstɪk] *adj* PHILOS syllogistisch *fachspr*
sylph [sɪlf] *n* Sylphide *f geh*
sylphlike [ˈsɪlflaɪk] *adj (usu hum)* grazil, sylphidenhaft *geh*
symbiosis [ˌsɪmbaɪˈəʊsɪs, AM -biˈoʊ-] *n no pl* Symbiose *f*
symbiotic [ˌsɪmbaɪˈɒtɪk, AM -biˈɑːt̬ɪk] *adj inv* symbiotisch
symbiotically [ˌsɪmbaɪˈɒtɪkᵊli, AM -biˈɑːt̬ɪk-] *adv inv* symbiotisch
symbol [ˈsɪmbᵊl] *n* Symbol *nt,* Zeichen *nt;* **~ of freedom/life/love** Symbol *nt* der Freiheit/des Lebens/der Liebe; **~ of peace** Friedenssymbol *nt;* **~ of wealth/wisdom** Symbol *nt* für Reichtum/Weisheit; MATH, SCI, MUS Symbol *nt,* [grafisches] Zeichen
symbolic [sɪmˈbɒlɪk, AM -ˈbɑː-] *adj* symbolisch, symbolhaft; **a ~ gesture** eine symbolische Geste
symbolically [sɪmˈbɒlɪkli, AM -ˈbɑː-] *adv* symbolisch
symbolism [ˈsɪmbᵊlɪzᵊm] *n no pl* Symbolik *f;* ■**S~** ART, LIT Symbolismus *m*
Symbolist [ˈsɪmbᵊlɪst] ART, LIT **I.** *n* Symbolist(in) *m(f)* **II.** *adj inv* symbolistisch
symbolization [ˌsɪmbᵊlaɪˈzeɪʃᵊn, AM lɪˈ] *n* sinnbildliche Darstellung, Symbolisierung *f*
symbolize [ˈsɪmbᵊlaɪz, AM -bə-] *vt* ■**to ~ sth** etw symbolisieren
symmetrical [sɪˈmetrɪkᵊl] *adj* symmetrisch; **~ face** ebenmäßiges Gesicht
symmetrically [sɪˈmetrɪkᵊli] *adv* symmetrisch
symmetry [ˈsɪmətri] *n no pl (balance)* Symmetrie *f;* *(evenness)* Ebenmäßigkeit *f;* *(correspondance)* Übereinstimmung *f;* MATH Symmetrie *f*
sympathetic [ˌsɪmpəˈθetɪk, AM -t̬-] *adj* ❶ *(understanding)* verständnisvoll; ■**to be ~ about sth** für etw *akk* Verständnis haben; *(sympathizing)* mitfühlend, teilnahmsvoll; **to lend a ~ ear to sb** ein offenes Ohr für jdn haben ❷ *(likeable)* *fictional characters* sympathisch ❸ *(approving)* wohlgesonnen *geh;* ■**to be ~ towards** [*or* **to**] **sb/sth** mit jdm/etw sympathisieren; **to give sth a ~ hearing** ein offenes Ohr für etw *akk* haben
sympathetically [ˌsɪmpəˈθetɪkᵊli, AM -t̬-] *adv (understanding)* verständnisvoll; *(sympathizing)* teilnahmsvoll
sympathize [ˈsɪmpəθaɪz] *vi* ❶ *(show understanding)* Verständnis haben; *(show compassion)* Mitleid haben, mitfühlen; ■**to ~ with sb** [**over** [*or* **about**] **sth**] mit jdm [wegen einer S. *gen*] mitfühlen ❷ *(agree with)* ■**to ~ with sb/sth** mit jdm/etw sympathisieren
sympathizer [ˈsɪmpəθaɪzəʳ, AM -ɚ] *n* Sympathisant(in) *m(f)*
sympathy [ˈsɪmpəθi] *n* ❶ *no pl (compassion)* Mitleid *nt;* ■**~ for sb** Mitleid mit jdm; *(commiseration)* Mitgefühl *nt;* **to look for ~** Mitgefühl suchen; *(understanding)* Verständnis *nt;* ■**~ for sb** Verständnis für jdn; **to look for ~** Verständnis suchen ❷ *no pl (agreement)* Übereinstimmung *f;* **to be in ~ with sb/sth** in Übereinstimmung mit jdm/etw sein; *(affection)* Sympathie *f;* **to have ~ with sb/sth** für jdn/etw Sympathie hegen *geh* ❸ *(condolences)* ■**sympathies** *pl* Beileid *nt kein pl;* **to offer** [*or* **send**] **sb one's sympathies** jdm sein Beileid aussprechen, jdm kondolieren ❹ *(support)* ■**sympathies** *pl* Sympathien *fpl;* ***93% said their sympathies were with the teachers*** 93% sagten, dass sie auf der Seite der Lehrer stünden
sympathy card *n* Beileidskarte *f* **sympathy strike** *n* Solidaritätsstreik *m* **sympathy vote** *n* BRIT, AUS *(fam)* Sympathiebekundung *f*
sympatico [sɪmˈpætɪkəʊ, AM -koʊ] *adj attr (sl)* sympathisch
symphonic [sɪmˈfɒnɪk, AM -ˈfɑːn-] *adj inv* symphonisch, sinfonisch
symphonic poem *n* MUS symphonische [*o* sinfonische] Dichtung
symphony [ˈsɪm(p)fəni] *n* Symphonie *f,* Sinfonie *f;* *(orchestra)* Symphonieorchester *nt,* Sinfonieorchester *nt*
symphony concert *n* Symphoniekonzert *nt,* Sinfoniekonzert *nt* **symphony orchestra** *n* Symphonieorchester *nt,* Sinfonieorchester *nt*
symposium <*pl* -s *or* -sia> [sɪmˈpəʊziəm, AM -ˈpoʊ-, *pl* -ziə] *n (form)* Symposium *nt,* Symposion *nt*
symptom [ˈsɪm(p)təm] *n* ❶ MED Symptom *nt,* Krankheitszeichen *nt;* **the ~s of a cold** die Symptome einer Erkältung; **to develop ~s** Symptome ausbilden [*o* zeigen] ❷ *(fig: indicator)* [An]zeichen *nt,* Symptom *nt geh*
symptomatic [ˌsɪm(p)təˈmætɪk, AM -ˈmæt̬-] *adj* symptomatisch; ■**to be ~ of sth** bezeichnend [*o geh* symptomatisch] für etw *akk* sein
synagogue [ˈsɪnəgɒg, AM -gɑːg] *n* Synagoge *f*
synapse [ˈsaɪnæps, ˈsɪn-, AM ˈsɪn-] *n* ANAT, MED Synapse *f*
synaptic [sɪˈnæptɪk] *adj inv* MED synaptisch
sync(h) [sɪŋk] *n no pl (fam) short for* **synchronization** Synchronisation *f,* Übereinstimmung *f;* ■**to be in/out of ~ with sth/sb** mit etw/jdm übereinstimmen/nicht übereinstimmen
synchro [ˈsɪŋkrəʊ, AM ˈsɪŋkroʊ] **I.** *n* <*pl* -os> ❶ *no pl* AUTO *abbrev of* **synchromesh** Synchrongetriebe *nt* ❷ *abbrev of* **synchronized swimmer** Synchronschwimmer(in) *m(f)* **II.** *adj inv abbrev of* **synchronized**
synchronic [sɪŋˈkrɒnɪk, AM sɪnˈkrɑːnɪk] *adj inv* LING eine Sprachperiode betreffend, synchronisch *fachspr*
synchronicity [ˌsɪŋkrəˈnɪsəti, AM -əṭi] *n no pl* Gleichzeitigkeit *f,* Synchronizität *f geh*
synchronization [ˌsɪŋkrənaɪˈzeɪʃᵊn, AM -nɪ-] *n no pl* ❶ *(state)* Synchronisation *f,* Übereinstimmung *f;* **to be in ~** völlig synchron sein, in völliger Übereinstimmung sein ❷ *(process)* Synchronisation *f,* zeitliches Zusammentreffen
synchronize [ˈsɪŋkrənaɪz] **I.** *vt* ■**to ~ sth** etw aufeinander abstimmen **II.** *vi* zeitlich zusammenfallen; ***the show was designed so that the lights ~d with the music*** die Show war so ausgerichtet, dass die Lichter mit der Musik synchron geschaltet waren
synchronized swimming *n no pl* Synchronschwimmen *nt*
synchronous [ˈsɪŋkrənəs] *adj inv* gleichzeitig, synchron
syncopate [ˈsɪŋkəpeɪt] *vt* MUS ■**to ~ sth** etw synkopieren *fachspr*
syncopated [ˈsɪŋkəpeɪtɪd, AM -t̬-] *adj inv* MUS synkopisch *fachspr*
syncopation [ˌsɪŋkəˈpeɪʃᵊn] *n no pl* MUS ❶ *(form)* Synkope *f fachspr* ❷ *(act)* Synkopierung *f fachspr*
syncope [ˈsɪŋkəpi] *n* ❶ *no pl* LING *(omission of sounds, letters)* Synkope *f fachspr* ❷ MED Ohnmacht *f,* Synkope *f fachspr*
syncretism [ˈsɪŋkrɪtɪzᵊm, AM krə] *n no pl* REL Synkretismus *m geh*
syndicalism [ˈsɪndɪkᵊlɪzᵊm] *n no pl* HIST Syndikalismus *m*
syndicate **I.** *n* [ˈsɪndɪkət, AM -dəkɪt] ❶ + *sing/pl vb* COMM, FIN Syndikat *nt,* Verband *m* ❷ JOURN Pressesyndikat *nt* **II.** *vt* [ˈsɪndɪkeɪt, AM -də-] ■**to ~ sth** ❶ JOURN etw an mehrere Zeitungen verkaufen; ***her weekly column is ~d in 200 newspapers throughout North America*** ihre wöchentliche Kolumne erscheint in 200 Zeitungen in ganz Nordamerika ❷ *(finance)* etw über ein Syndikat finanzieren
syndicated [ˈsɪndɪkeɪtɪd, AM -dəkeɪt̬ɪd] *adj attr, inv* ❶ JOURN an viele Zeitungen verkauft; **a ~ article** *ein Artikel, der in mehreren Zeitungen erscheint;* **a ~ columnist** *ein Kolumnist, der eine Kolumne in mehreren Zeitungen veröffentlicht* ❷ *esp* AM TV an mehrere Programmanbieter verkauft
syndication [ˌsɪndɪˈkeɪʃᵊn, AM -dəˈ-] *n no pl* ❶ JOURN Verkauf *m* an mehrere Zeitungen ❷ *(financing)* Finanzierung *f* durch ein Syndikat
syndrome [ˈsɪndrəʊm, AM -droʊm] *n* ❶ MED Syndrom *nt;* **acquired immune deficiency ~** erworbenes Immunschwächesyndrom; **post-traumatic stress ~** posttraumatisches Stresssyndrom; **premenstrual ~** prämenstruelles Syndrom; **toxic shock ~** toxisches Schocksyndrom ❷ *(fig: condition)* Syndrom *nt*
synecdoche [sɪˈnekdəki] *n* LING Synekdoche *f fachspr*
synergism [ˈsɪnədʒɪzᵊm, AM -ɚdʒɪ-], **synergy** [ˈsɪnədʒi, AM -ɚdʒi] *n no pl* Synergismus *m fachspr,* Synergie *f fachspr*
synergistic [ˌsɪnəˈdʒɪstɪk, AM ˌsɪnɚ-] *adj* synergistisch
synergistically [ˌsɪnəˈdʒɪstɪkᵊli, AM ˌsɪnɚ-] *adv* synergistisch
synod [ˈsɪnəd] *n* Synode *f*
synonym [ˈsɪnənɪm] *n* Synonym *nt*
synonymous [sɪˈnɒnɪməs, AM -ˈnɑːnə-] *adj inv* ❶ *(meaning the same)* synonym ❷ *(closely associated with)* gleichbedeutend, synonym
synonymy [sɪˈnɒnɪmi, AM ˈnɑːnə] *n no pl* LING Synonymie *f fachspr*
synopsis <*pl* -ses> [sɪˈnɒpsɪs, AM -ˈnɑːp-, *pl* -siːz] *n* Synopse *f geh,* Zusammenfassung *f,* Übersicht *f*
synoptic [sɪˈnɒːptɪk, AM ˈnɑːp] *adj* ❶ *(providing an orientation)* übersichtlich, zusammenfassend ❷ *(comprehensive)* zusammenschauend, [all]umfassend ❸ REL, LIT synoptisch *fachspr*
Synoptic Gospels *npl* REL ■**the ~** die synoptischen Evangelien *ntpl*
syntactic [sɪnˈtæktɪk] *adj inv* syntaktisch, Syntax-
syntactically [sɪnˈtæktɪkᵊli] *adv inv* syntaktisch
syntax [ˈsɪntæks] *n no pl* Syntax *f*
synthesis <*pl* -theses> [ˈsɪn(t)θəsɪs, *pl* -siːz] *n* ❶ *(combination)* Synthese *f,* Verbindung *f* ❷ *no pl* SCI *(creation)* Synthese *f*
synthesize [ˈsɪn(t)θəsaɪz] *vt* ■**to ~ sth** etw künstlich herstellen [*o fachspr* synthetisieren]
synthesizer [ˈsɪn(t)θəsaɪzəʳ, AM -ɚ] *n* MUS Synthesizer *m*
synthetic [sɪnˈθetɪk, AM -t̬-] **I.** *adj* ❶ *(man-made)* synthetisch, künstlich; **~ fibre** Kunstfaser *f;* **~ flavourings** künstliche Aromastoffe *mpl* ❷ *(fig, pej: fake)* künstlich, gekünstelt **II.** *n* synthetischer Stoff
synthetically [sɪnˈθetɪkᵊli, AM -t̬-] *adv* synthetisch, künstlich
syphilis [ˈsɪfɪlɪs, AM -ᵊlɪs] *n no pl* Syphilis *f*
syphilitic [ˌsɪfɪˈlɪtɪk, AM -əˈlɪt̬-] *adj inv* syphilitisch
syphon [ˈsaɪfᵊn] *n see* **siphon**
Syria [ˈsɪriə] *n* Syrien *nt*
Syrian [ˈsɪriən] **I.** *adj* syrisch **II.** *n* Syr[ier](in) *m(f)*
syringe [sɪˈrɪndʒ, AM səˈ-] **I.** *n* MED Spritze *f* **II.** *vt* MED ■**to ~ sth** etw [aus]spülen
syrup [ˈsɪrəp] *n no pl* ❶ *(sauce)* Sirup *m* ❷ *(medicine)* Saft *m,* Sirup *m;* **cough ~** Hustensaft *m*
syrupy [ˈsɪrəpi] *adj* ❶ *(usu pej) food* süßlich ❷ *(pej: overly sweet)* zuckersüß *fig;* *(sentimental)* sentimental, rührselig
system [ˈsɪstəm] *n* ❶ *(network)* System *nt;* **a music/sound ~** eine [Musik]anlage; **rail/road ~** TRANSP Schienen-/Straßennetz *nt;* COMPUT System *nt* ❷ *(method of organization)* System *nt;* POL System *nt,* Regime *nt;* **the caste ~** das Kastensystem; **the legal ~** das Rechtssystem ❸ ASTRON System *nt;* **solar ~** Sonnensystem *nt* ❹ *(way of measuring)* System *nt;* **binary/decimal ~** Binär-/Dezimalsystem *nt* ❺ *(approv: order)* System *nt,* Ordnung *f* ❻ MED [Or-

gan]system *nt;* ■**the ~** der Organismus; **digestive/immune/nervous ~** Verdauungs-/Immun-/Nervensystem *nt* ❼ *(pej)* ■**the ~** *(the establishment)* das System; **to beat the ~** sich *akk* gegen das System durchsetzen ▸ PHRASES: **to get something out of one's ~** *(fam)* etw loswerden *fam*

systematic [ˌsɪstəˈmætɪk, AM -t̬-] *adj* systematisch

systematically [ˌsɪstəˈmætɪkᵊli, AM -t̬-] *adv* systematisch

systematization [ˌsɪstəmətaɪˈzeɪʃᵊn, AM -tɪˈ-] *n no pl* Systematisierung *f*

systematize [ˈsɪstəmətaɪz] *vt* ■**to ~ sth** etw systematisieren

system check *n* Systemüberprüfung *f* **system crash** *n* COMPUT Systemabsturz *m* **system disk** *n* COMPUT Systemdiskette *f,* Systemplatte *f* **system error** *n* Systemfehler *m*

systemic [sɪˈstemɪk] *adj inv* MED systemisch; **~ diseases** Systemerkrankungen *fpl*

systems analysis *n* Systemanalyse *f* **systems analyst** *n* Systemanalytiker(in) *m(f)* **system software** *n* Systemsoftware *f* **system tray** *n* COMPUT Taskleiste *f fachspr*

T

T¹ <*pl* 's>, **t** <*pl* -'s *or* -s> [tiː] *n* T *nt,* t *nt;* **~ for Tommy** [*or* AM **as in Tare**] T für Theodor ▸ PHRASES: **to a ~** *(fam)* ***that fits him to a ~*** das passt ihm wie angegossen; ***that's Philipp to a ~*** das ist Philipp, wie er leibt und lebt; ***that's it to a ~*** genau so ist es

T² *in compounds* COMPUT *abbrev of* **tera-** T

t *n abbrev of* **metric ton** t

ta [tɑː] *interj* ❶ BRIT *(fam: thanks)* danke ❷ AM *(pej fam: expression of disbelief)* wirklich, echt *fam*

tab¹ *n* [tæb] ❶ AM *(fam) short for* **tabloid newspaper** Schmierblatt *nt pej,* Boulevardzeitung *f fam* ❷ COMPUT *short for* **tabulator** Tab *m*

tab² [tæb] **I.** *n* ❶ *(flap)* Lasche *f; (on file)* [Kartei]reiter *m; (for the purpose of hanging)* Aufhänger *m; (label)* Etikett *nt,* Schildchen *nt* ❷ *(recording device)* Überspielschutz *m; (comput)* Schreibschutz *m* ❸ AM, AUS *(fam: bill)* Rechnung *f;* **to pick up the ~** die Rechnung übernehmen; **to put sth on the ~** etw auf die Rechnung setzen ❹ AM *(ringpull)* Dosenring *m* ❺ BRIT DIAL *(cigarette)* Zigarette *f* ▸ PHRASES: **to keep ~s on sth/sb** ein wachsames Auge auf etw/jdn haben, etw/jdn [genau] im Auge behalten **II.** *vt* <-bb-> *esp* AM *(fam)* ■**to ~ sb/sth [as sth]** jdn/etw [zu etw *dat*] bestimmen; ***he was ~bed by the president as the next chairman*** er wurde vom Präsidenten zum neuen Vorsitzenden bestellt **III.** *vi* <-bb-> COMPUT tabellieren, mit dem Tabulator springen

tabard [ˈtæbɑːd, AM əd] *n* FASHION ❶ *(sleeveless jerkin)* ärmelloses Oberteil, Wams *nt veraltet* ❷ *(hist: outer dress of clerics)* Schaube *f* ❸ *(herald's official coat)* Wappenrock *m*

tabasco® [təˈbæskəʊ, AM -koʊ], **tabasco sauce®** *n no pl* Tabasco® *m,* Tabascosauce® *f*

tabby [ˈtæbi] **I.** *adj inv (with stripes)* gestreift; **~ cat** getigerte Katze; *(with spots)* gefleckt; **~ cat** gescheckte Katze **II.** *n (striped)* Tigerkatze *f,* getigerte Katze; *(spotted)* gescheckte Katze

tabernacle [ˈtæbəˌnækl̩, AM -bɚ-] *n* ❶ *(old form: Jewish place of worship)* Stiftshütte *f* ❷ *(container)* Tabernakel *m* ❸ *(Christian church)* Kirche *f;* **the Mormon ~** der Mormonentempel

tab key *n* COMPUT Tabulatortaste *f*

table [ˈteɪbl̩] **I.** *n* ❶ *(furniture)* Tisch *m;* **to clear the ~** den Tisch abräumen; **to set** [*or* **lay**] **the ~** den Tisch decken ❷ *(fig: people)* Tischrunde *f;* ***the whole ~ was looking at the speaker*** die ganze Runde sah auf den Sprecher ❸ *(information)* Tabelle *f; (list)* Liste *f,* Verzeichnis *nt;* **~ B** Modellsatzung *f* im Gesetz über Aktiengesellschaften; **~ D** LAW, ECON Mustersatzung *f* einer AG ▸ PHRASES: **to keep** [*or* AM **set**] **a good ~** eine gute Küche führen; **to do sth under the ~** etw unter der Hand tun; **to drink someone under the ~** *(fam)* jdn unter den Tisch trinken *fam;* **to lay** [*or* **put**] **sth on the ~** etw vorlegen; **to turn the ~s on sb** jdm gegenüber den Spieß umdrehen *fam* **II.** *vt* ■**to ~ sth** ❶ BRIT, AUS *(propose for discussion)* etw vorlegen ❷ AM *(postpone discussion)* etw zurückstellen; **to ~ a plan/proposal** einen Plan/Vorschlag zurückstellen

tableau <*pl* -x *or* -s> [ˈtæbləʊ, AM -lɔʊ] *n* Tableau *nt*

tablecloth *n* Tischdecke *f,* Tischtuch *nt*

table d'hôte [ˌtɑːblˈdəʊt, AM -ˈdoʊt] *n* [Tages]menü *nt*

table fork *n* Gabel *f (für den Hauptgang)* **table knife** *n* Messer *nt (für den Hauptgang)* **table lamp** *n* Tischlampe *f,* Tischleuchte *f* **tableland** *n* Hochebene *f,* Plateau *nt* **table linen** *n no pl* Tischwäsche *f* **table manners** *npl* Tischmanieren *pl* **table mat** *n* Set *nt,* Platzdeckchen *nt* **table of contents** *n* Inhaltsverzeichnis *nt* **tablespoon** *n* ❶ *(for measuring)* Esslöffel *m; (for serving)* Servierlöffel *m* ❷ *(amount)* Esslöffel *m* **tablespoonful** <*pl* -spoonsful *or* -s> *n* Esslöffel[voll] *m*

tablet [ˈtɒblət, AM -lɪt] *n* ❶ *(pill)* Tablette *f;* **sleeping ~** Schlaftablette *f* ❷ *(flat slab)* Block *m; of metal* Platte *f; (commemorative)* [Gedenk]tafel *f; (prehistoric)* Schrifttafel *f;* **~ of soap** BRIT Stück *nt* Seife ❸ *(writing pad)* Notizblock *m* ❹ *esp* SCOT FOOD Karamelbonbon *nt*

table talk *n* Tischgespräch *nt* **table tennis** *n no pl* Tischtennis *nt* **table top** *n* Tischplatte *f* **tableware** *n no pl (form)* *Tafelgeschirr, Besteck und Gläser* **table wine** *n* Tafelwein *m,* Tischwein *m*

tabloid [ˈtæblɔɪd] **I.** *n* Boulevardzeitung *f,* Klatschzeitung *f fam* **II.** *n modifier (article, quality)* Boulevard-; **~ reporter** Klatschreporter(in) *m(f) fam*

tabloid newspaper *n* Boulevardzeitung *f,* Klatschzeitung *f fam* **tabloid press** *n no pl* Regenbogenpresse *f fam,* Boulevardpresse *f*

taboo [təˈbuː], **tabu I.** *n* Tabu *nt;* **to break a ~** ein Tabu brechen, gegen ein Tabu verstoßen **II.** *adj* tabu, Tabu-; **a ~ subject** ein Tabuthema *nt*

tabular [ˈtæbjələʳ, AM -lɚ] *adj inv* tabellarisch; **in ~ form** tabellarisch, in Tabellenform

tabulate [ˈtæbjəleɪt] *vt* ❶ *(form: arrange)* ■**to ~ sth** etw tabellarisch [an]ordnen [*o* tabellarisieren] ❷ COMPUT etw tabellieren *fachspr*

tabulation [ˌtæbjəˈleɪʃᵊn] *n no pl* ❶ *(form: arrangement)* tabellarische Anordnung, Tabellarisierung *f* ❷ COMPUT *(of a printing head/cursor)* Tabulieren *nt*

tabulator [ˈtæbjəleɪtəʳ] *n (form)* ❶ *(tab key)* Tabulator *m* ❷ *(processor)* Tabellenprozessor *m*

tacho [ˈtækəʊ] *n* BRIT *(fam)* ❶ *short for* **tachograph** Fahrtenschreiber *m,* Tachograph *m* ❷ *short for* **tachometer** Tacho *m fam*

tachograph [ˈtækə(ʊ)grɑːf, AM -əgræf] *n* Fahrtenschreiber *m,* Tachograph *m*

tachometer [tækˈɒmɪtəʳ, AM -ˈɑːmət̬ɚ] *n* Tachometer *m,* Tacho *m fam*

tachycardia [ˌtækɪˈkɑːdiə, AM ˈkɑːr] *n no pl* MED Tachykardie *f fachspr*

tacit [ˈtæsɪt] *adj* stillschweigend; **~ agreement/approval/consent** stillschweigende Vereinbarung/Billigung/Zustimmung

tacitly [ˈtæsɪtli] *adv* stillschweigend

taciturn [ˈtæsɪtɜːn, AM -ətɜːrn] *adj* schweigsam, wortkarg

taciturnity [ˌtæsɪˈtɜːnɪti, AM -əˈtɜːrnət̬i] *n no pl (form)* Schweigsamkeit *f,* Wortkargheit *f*

tack [tæk] **I.** *n* ❶ *(nail)* kurzer Nagel; *(pin)* Reißzwecke *f,* Reißnagel *m;* **a box of ~s** eine Schachtel Reißzwecken [*o* Reißnägel] ❷ *no pl (riding gear)* Sattel- und Zaumzeug *nt* ❸ NAUT Schlag *m fachspr* ❹ *(approach, policy)* Weg *m,* Richtung *f;* **to try a different ~** eine andere Richtung einschlagen *fig* ❺ *(loose stitch)* Heftstich *m* ❻ SCOT LAW Pachtvertrag *m* **II.** *vt* ❶ *(nail down)* ■**to ~ sth** etw festnageln ❷ *(sew loosely)* ■**to ~ sth** etw anheften; **to ~ the hem** den Saum heften ❸ LAW **to ~ a mortgage** eine nachrangige mit einer vorrangigen Hypothek vereinen **III.** *vi* NAUT wenden, kreuzen *fachspr*

◆**tack down** *vt* ■**to ~ down** ○ **sth** etw festnageln

◆**tack on** *vt* ■**to ~ on** ○ **sth [to sth]** ❶ *(fam: add afterwards)* etw [an etw *akk*] anfügen [*o* anhängen], etw [zu etw *dat*] hinzufügen ❷ *(sew loosely)* etw [an etw *akk*] anheften

◆**tack up** *vt* ■**to ~ up** ○ **sth** *poster* etw aufhängen [*o fam* aufmachen]; ■**to ~ up** ○ **sth [on sth]** etw [an etw *akk*] heften

tackiness [ˈtækɪnəs] *n no pl* ❶ *(lack of taste)* Geschmacklosigkeit *f;* *(shabbiness)* Schäbigkeit *f* ❷ *(stickiness)* Klebrigkeit *f*

tacking [ˈtækɪŋ] *n no pl* Heften *nt; (stitch)* Heftstich *m*

tackle [ˈtækl̩] **I.** *n no pl* ❶ *(gear, equipment)* Gerät *nt,* Ausrüstung *f,* Zeug *nt a. pej fam;* NAUT Tauwerk *nt;* **fishing ~** Angelausrüstung *f;* **shaving ~** Rasierzeug *nt* ❷ *(lifting device)* Winde *f;* **block and ~** Flaschenzug *m* ❸ SPORTS *(act of tackling)* Angriff *m,* Tackling *nt fachspr* ❹ AM *(line position)* Halbstürmer(in) *m(f)* ❺ BRIT *(vulg sl: genitals)* Gehänge *nt derb* **II.** *vt* ❶ *(deal with)* ■**to ~ sth** etw in Angriff nehmen; *(manage)* mit etw *dat* fertig werden, etw bewältigen [*o* schaffen]; ■**to ~ sb [about sth]** jdn [wegen einer S. *gen*] zur Rede stellen; **to ~ a job** eine Arbeit in Angriff nehmen; **to ~ a problem** ein Problem angehen [*o fam* anpacken] ❷ SPORTS *(challenge for ball)* ■**to ~ sb** jdn angreifen; **to ~ a thief** sich *akk* auf einen Dieb stürzen

tackle box *n* Angelkasten *m,* Angelbehälter *m*

tackling [ˈtæklɪŋ] *n* SPORTS Tackling *nt fachspr*

tack record *n* ECON Erfolgs- und Leistungsnachweis *m*

tack room *n* Sattelkammer *f*

tacky¹ [ˈtæki] *adj (sticky)* klebrig

tacky² [ˈtæki] *adj esp* AM *(pej fam)* ❶ *(in bad taste)* billig, geschmacklos ❷ *(shoddy)* schäbig

taco [ˈtækəʊ, AM ˈtɑːkoʊ] *n* Taco *nt*

tact [tækt] *n no pl (diplomacy)* Takt *m,* Taktgefühl *nt; (sensitiveness)* Feingefühl *nt*

tactful [ˈtæktfᵊl] *adj* taktvoll

tactfully [ˈtæktfᵊli] *adv* taktvoll

tactfulness [ˈtæktfᵊlnəs] *n (diplomacy)* Takt *m,* Taktgefühl *nt; (sensitiveness)* Feingefühl *nt*

tactic [ˈtæktɪk] *n* ❶ *(strategy)* Taktik *f;* ■**~s** Taktiken *fpl;* **delaying ~s** Verzögerungstaktik *f;* **dubious ~s** zweifelhafte Methoden ❷ MIL ■**~s** + *sing/pl vb* Taktik *f kein pl*

tactical [ˈtæktɪkᵊl] *adj* taktisch; *(skilful)* geschickt; **a ~ retreat** MIL ein taktischer Rückzug; **~ voting** POL taktische Abstimmung

tactic alliance *n* strategisches Bündnis

tactically [ˈtæktɪkᵊli] *adv* taktisch; **to vote ~** POL taktisch wählen, eine Wahltaktik verfolgen

tactical weapons *n no pl* taktische Waffen

tactician [tækˈtɪʃᵊn] *n* Taktiker(in) *m(f)*

tactile [ˈtæktaɪl] *adj (form)* ❶ BIOL Tast-, taktil *fachspr;* **~ organs** Tastorgane *ntpl;* **~ sense** Tastsinn *m* ❷ *(tangible)* tastbar, fühlbar ❸ *(liking to touch)* ***she's a very ~ person*** sie mag Körperkontakt sehr gerne ❹ *(pleasing to touch)* berührungsfreundlich; **~ materials** sich *akk* angenehm anfühlende Materialien ❺ ART *(three-dimensional)* [wie] zum Anfassen *präd*

tactless [ˈtæktləs] *adj* taktlos

tactlessly [ˈtæktləsli] *adv* taktlos

tactlessness [ˈtæktləsnəs] *n no pl* Taktlosigkeit *f*

tactual [ˈtæktjuəl, AM -tʃu-] *adj* ❶ BIOL taktil *fachspr* ❷ *(touchable)* tastbar, fühlbar

tad [tæd] *n no pl (fam)* ■**a ~** etwas, ein bisschen; ***just a ~ more sugar*** nur noch ein kleines bisschen Zucker

tadpole [ˈtædpəʊl, AM -poʊl] *n* Kaulquappe *f*

Tadzhikistan [tɑːˌdʒiːkɪˈstɑːn, AM stæn] *n no pl* GEOG *see* **Tajikistan**

Tae-Bo [taɪˈbəʊ, AM -ˈboʊ] *n* Tae-Bo *nt*

taffeta [ˈtæfɪtə, AM -ɪt̬ə] *n no pl* Taft *m*

taffrail [ˈtæfreɪl] *n* NAUT Heckreling *f fachspr*

taffy [ˈtæfi] *n* AM Toffee *nt*

T

Taffy ['tæfi], **Taff** ['tæf] *n* BRIT (*pej fam*) Waliser(in) *m(f)*

tag [tæg] **I.** *n* ① (*label*) Schild[chen] *nt;* (*of metal*) Marke *f;* (*on food, clothes*) Etikett *nt;* (*on suitcase*) [Koffer]anhänger *m;* (*fam: epithet*) Beiname *m;* **price** ~ Preisschild *nt* ② (*loop*) Schlaufe *f;* (*hanger*) Aufhänger *m* ③ AM (*number-plate*) Nummernschild *nt* ④ (*electronic device*) *for person* elektronische Fessel; *for thing* Sicherungsetikett *nt,* elektronische Sicherung ⑤ (*phrase*) Redensart *f,* geflügeltes Wort; LING Bestätigungszusatz *m;* **question** ~ Bestätigungsfrage *f,* Refrainfrage *f fachspr* ⑥ *no pl* (*children's game*) Fangen *nt;* **to play** ~ Fangen spielen ⑦ COMPUT (*part of computer instruction*) Tag *nt* ⑧ COMPUT (*identifying characters*) Identifizierungskennzeichen *nt* **II.** *vt* <-gg-> ① (*label*) ■**to** ~ **sth** etw markieren [*o* kennzeichnen]; ■**to** ~ **sth on to sth** etw an etw *akk* anhängen [*o* anfügen]; **to** ~ **cattle** Vieh zeichnen; **to** ~ **goods** Waren auszeichnen [*o* etikettieren]; **to** ~ **a suitcase** einen Kofferanhänger [an einem Koffer] anbringen ② (*electronically*) ■**to** ~ **sb** jdm eine elektronische Fessel anlegen; ■**to** ~ **sth** etw mit einer elektronischen Sicherung versehen, ein Sicherungsetikett an etw *akk* anbringen ③ (*fam: follow*) ■**to** ~ **sb/sth** jdm/etw [dicht] hinterherlaufen [*o fam* hinterhertrotten] [*o fam* hinterherlatschen] ④ COMPUT ■**to** ~ **sth** etw markieren [*o fachspr* taggen] ⑤ (*touch*) ■**to** ~ **sb** jdn berühren; (*in children's game*) jdn [fangen und] abschlagen

◆**tag along** *vi* (*fam*) hinterherlaufen, hinterhertrotten *fam,* hinterherlatschen *fam;* ■**to** ~ **along with** [*or* **after**] [*or* **behind**] **sb** hinter jdm herzockeln [*o* hertrotten] *fam*

◆**tag on I.** *vt* ■**to** ~ **on** ⊂ **sth** etw anhängen [*o* anfügen]; ■**to** ~ **oneself on to sb** sich *akk* an jdn anhängen **II.** *vi* **to** ~ **on to a group** sich *akk* an eine Gruppe [an]hängen [*o* einer Gruppe anschließen]

◆**tag together** *vt* AM ■**to** ~ **together** ⊂ **sth** etw zusammenheften

Tagalog [tə'gɑːlɒg, AM -lɑːg] **I.** *n* ① *no pl* (*language*) Tagalog *nt* ② (*people*) Tagalog *m, f* **II.** *adj inv* Tagalog-

tag day *n* AM (*flag day*) *Tag, an dem eine öffentliche Spendensammlung für wohltätige Zwecke durchgeführt wird* **tag end** *n* AM (*fag end*) [letztes] Bisschen, [kümmerlicher] Rest

tagging ['tægɪŋ] *n no pl* Etikettierung *f;* ELEC, COMPUT Tagging *nt*

tagliatelle [,tæljə'teli, AM ,tɑːljə'-] *n no pl* Tagliatelle *pl*

tag question *n* LING Bestätigungsfrage *f,* Refrainfrage *f fachspr*

Tahiti [tɑː'hiːtiː, AM tə'hiːt̬iː] *n* Tahiti *nt*

Tahitian [tɑː'hiːʃən, AM tə'hiː-] **I.** *adj* tahitisch **II.** *n* ① (*person*) Tahitianer(in) *m(f)* ② (*language*) Tahitisch *nt*

t'ai chi [,taɪ'tʃiː, AM *also* -dʒiː] *n no pl* Tai-chi *nt*

taiga [taɪgə] *n no pl* Taiga *f*

tail [teɪl] **I.** *n* ① (*of animal*) Schwanz *m; of a horse also* Schweif *m geh; of a bear, badger, wild boars* Bürzel *m; of a dog, predatory game, and a squirrel also* Rute *f fachspr; of an insect* Hinterleib *m;* **to wag/swish one's** ~ mit dem Schwanz wedeln/schlagen ② (*fig: rear*) Schwanz *m fig; of an aeroplane also* Rumpfende *nt; of a car* Heck *nt; of a comet* Schweif *m; of a kite* Schwanz *m; of a hurricane* Ausläufer *m; of a letter* Unterlänge *f fachspr; of a note* Notenhals *m;* ***get off my** ~!* musst du so dicht auffahren! *m fam* ③ FASHION (*lower part of a dress*) Schleppe *f; of a shirt* [Hemd]zipfel *m fam; of a coat* Schoß *m* ④ FASHION (*fam: tail coat*) ■~**s** *pl* Frack *m,* Schwalbenschwanz *m hum veraltend* ⑤ (*fam: buttocks*) Hintern *m fam* ⑥ ■~**s** *pl* (*reverse of coin*) Zahlseite *f;* **heads or ~s?** Kopf oder Zahl?; ***heads I win, ~s you lose!*** Kopf und ich habe gewonnen! ⑦ (*fam: person following sb*) Schatten *m a. hum,* Beschatter(in) *m(f);* **to put a** ~ **on sb** jdn beschatten lassen ⑧ *no pl* (*pej sl: women*) Weiber *ntpl pej fam;* ***they're chasing** ~* (*sl*) sie sind auf Weiberjagd *sl* ⑨ AM ECON Ziffern *pl* hinter dem Komma ⑩ COMPUT (*data*) Schluss *m;* (*code*) Endcode *m* ► PHRASES: **it's a case of the** ~ **wagging the dog** da wedelt ja der Schwanz mit dem Hund; **to not be able to make head or** ~ [*or* **heads or** ~**s**] **of sth** aus etw *dat* nicht schlau werden *fam,* sich *dat* keinen Reim auf etw *akk* machen können *fam;* **to go off** [*or* **away**] **with one's** ~ **between one's legs** sich *akk* mit eingezogenem Schwanz [*o* wie ein geprügelter Hund] davonschleichen [*o* davonmachen] *fam;* **to turn** ~ [**and run**] die Flucht ergreifen, Fersengeld geben *fam;* **to be/keep on sb's** ~ jdm auf den Fersen sein/bleiben; **to have sb on one's** ~ jdn auf den Fersen haben **II.** *vt* ① (*remove the stalks of fruit*) ■**to** ~ **sth** etw putzen ② (*fam*) ■**to** ~ **sb** jdn beschatten, jdm folgen

◆**tail after** *vi* (*fam*) ■**to** ~ **after sb** (*shadow*) jdn beschatten; (*follow*) jdm hinterherlaufen [*o fam* hinterhertrotten]

◆**tail away** *vi see* **tail off**

◆**tail back** *vi* BRIT sich *akk* stauen

◆**tail off** *vi* abnehmen, nachlassen; *sound, voice* schwächer werden; *interest* abflauen, schwinden, zurückgehen; *race participant* zurückfallen

tailback *n* BRIT [Rück]stau *m* **tailboard** *n* BRIT Ladeklappe *f; of a van* Laderampe *f* **tail coat** *n* Frack *m,* Schwalbenschwanz *m hum veraltend*

tailed [teɪld] *in compounds* -schwänzig

tail end *n* Schwanz *m fig,* Ende *nt,* Schluss *m;* **to come in at the** ~ **of sth** erst am Ende einer S. *gen* [dazu]kommen **tail feather** *n* Schwanzfeder *f* **tail fin** *n* Heckflosse *f,* Schwanzflosse *f* **tailgate I.** *n* AM, AUS (*tailboard*) *of a car* Heckklappe *f,* Hecktür *f; of a lorry* Ladeklappe *f; of a van* Laderampe *f;* **to lower/raise the** ~ die Heck-/Ladeklappe herunter-/hochklappen **II.** *vt esp* AM (*fam*) ■**to** ~ **sb** auf jdn [zu] dicht auffahren **III.** *vi* ① *esp* AM (*fam: follow too close to*) [zu] dicht auffahren ② AM (*picnic*) *während einer Sportveranstaltung ein Picknick von der Ladefläche eines Wagens aus veranstalten* **tailgate party** *n* AM *Picknick während einer Sportveranstaltung von der Ladefläche eines Wagens aus* **tail heavy** *adj of a plane* schwanzlastig, hinten zu schwer beladen *präd*

tailing ['teɪlɪŋ] *n no pl* ① (*secretly following*) Beschatten *nt,* Beschattung *f* ② (*waste material*) ■~**s** *pl* Abfallprodukte *ntpl,* Rückstände *mpl* ③ (*of a beam or brick*) eingemauertes Ende

tail lamp *n esp* AM (*tail light*) Rücklicht *nt,* Schlusslicht *nt* **tailless** ['teɪlləs] *adj* schwanzlos, ohne Schwanz *nach n* **tail light** *n* Rücklicht *nt,* Schlusslicht *nt*

tailor ['teɪləʳ, AM -ɚ] **I.** *n* Schneider(in) *m(f);* **~'s chalk** Schneiderkreide *f;* **~'s dummy** Schneiderpuppe *f* **II.** *vt* ■**to** ~ **sth for sb** ① (*make clothes*) etw für jdn [nach Maß] schneidern ② (*fig: modify*) etw auf jdn abstimmen [*o* zuschneiden] *fig;* **to** ~ **sth to sb's needs** [*or* **requirements**] etw auf jds Bedürfnisse [*o* Anforderungen] abstimmen

tailored ['teɪləd, AM -ɚd] *adj inv* maßgeschneidert *a. fig;* ~ **suit** Maßanzug *m;* (*close-fitting*) gut sitzender Anzug

tailoring ['teɪlərɪŋ] *n no pl* ① (*work*) Schneiderarbeit *f* ② (*trade*) Schneidern *nt,* Schneiderhandwerk *nt* ③ (*style or cut*) Schnitt *m*

tailor-made *adj inv* ① (*made-to-measure*) maßgeschneidert, nach Maß angefertigt; ***all his suits are*** ~ er hat nur Maßanzüge; **to have sth** ~ [sich *dat*] etw [maß]schneidern lassen ② (*fig: suited*) ■**to be** ~ **for sb/sth** für jdn/etw maßgeschneidert sein *fig;* ***it sounds as though you're** ~ **for the job*** es klingt so, als ob du genau der Richtige für den Job wärst

tailor-make *vt* ■**to** ~ **sth** etw [maß]schneidern *fig* [*o* [individuell] zusammenstellen]

tailpiece *n* ① (*addition*) Anhang *m* ② AVIAT Heck *nt* ③ TYPO Schlussvignette *f* ④ MUS Saitenhalter *m* **tailpipe** *n* AM AUTO Auspuffrohr *nt* **tailplane** *n* Höhenleitwerk *nt;* AVIAT Höhenflosse *f* **tail skid** *n* AVIAT Schwanzsporn *m* **tailspin I.** *n* AVIAT (*also fig*) Trudeln *nt kein pl;* **to go into a** ~ (*also fig*) ins Trudeln kommen **II.** *vi irreg* trudeln, abtrudeln *fachspr* **tail wheel** *n* Spornrad *nt;* AVIAT Heckrad *nt* **tail wind** *n* Rückenwind *m*

taint [teɪnt] **I.** *n no pl* (*flaw*) Makel *m;* (*trace*) Spur *f,* Anflug *m;* ***there is a** ~ **of insanity in their family*** in der Familie gibt es eine Veranlagung zu Geisteskrankheiten; **the** ~ **of suspicion** die Spur eines Verdachts **II.** *vt* (*also fig*) ■**to** ~ **sth/sb** jdn/etw verderben *a. fig;* **to** ~ **sb's reputation** jds Ruf beflecken [*o* beschmutzen]

tainted ['teɪntɪd, AM -t̬-] *adj inv* ① (*decayed*) verdorben; ■**to become** ~ *food* schlecht werden; ~ **air** verpestete Luft ② (*fig: flawed*) belastet; ■**to be** ~ **with sth** mit etw *dat* belastet sein; ~ **reputation** beschädigter Ruf

taintless ['teɪntləs] *adj inv* (*poet*) rein, unbefleckt *geh*

Taiwan [,taɪ'wɒn, AM -'wɑːn] *n* Taiwan *nt*

Taiwanese [,taɪwə'niːz] **I.** *adj* taiwanisch **II.** *n* Taiwaner(in) *m(f)*

Tajikistan [tɑː'dʒiːki'stɑːn] *n* Tadschikistan *nt*

take [teɪk]

I. NOUN	II. TRANSITIVE VERB
III. INTRANSITIVE VERB	

I. NOUN

① *no pl* (*money received*) Einnahmen *fpl* ② (*filming of a scene*) Aufnahme *f,* Take *m o nt fachspr* ► PHRASES: **to be on the** ~ AM (*fam*) korrupt sein *pej,* Bestechungsgelder nehmen

II. TRANSITIVE VERB

<took, taken> ① (*accept*) ■**to** ~ **sth** etw annehmen; ***this restaurant ~s credit cards*** dieses Restaurant akzeptiert Kreditkarten; ***would you** ~ **an offer?*** darf ich Ihnen ein Angebot machen?; **to** ~ **sb's advice** jds Rat annehmen; **not to** ~ **no for an answer** ein Nein nicht akzeptieren; **to** ~ **a bet** eine Wette annehmen; **to** ~ **criticism** Kritik akzeptieren; **to** ~ **responsibility** [**for sth**] die Verantwortung [für etw *akk*] übernehmen; ~ **my word for it** [*or* ~ **it from me**] das kannst du mir glauben; **to** ~ **sth badly/well** etw schlecht/gut aufnehmen; **to** ~ **sth seriously** etw ernst nehmen ② (*transport*) ■**to** ~ **sb/sth somewhere** jdn/etw irgendwohin bringen; ***could you** ~ **this drink over to Marsha?*** könntest du Marsha diesen Drink 'rüberbringen? *fam;* ***will you** ~ **me swimming tomorrow?*** nimmst du mich morgen zum Schwimmen mit?; **to** ~ **sb to hospital/the station/home** jdn ins Krankenhaus/zum Bahnhof/nach Hause fahren; **to** ~ **sb to the cinema** jdn ins Kino einladen; **to** ~ **sb for a meal** jdn zum Essen einladen (*im Restaurant*) ③ (*seize*) ■**to** ~ **sth** etw nehmen; ***he took my arm and led me to the door*** er nahm meinen Arm und führte mich zur Tür; ***may I** ~ **your coat?*** darf ich Ihren Mantel nehmen?; **to** ~ **sb by the hand/throat** jdn bei der Hand nehmen/am Kragen packen; **to** ~ **hold of sb** (*fig*) jdn ergreifen; ***may I** ~ **your coat?*** darf ich Ihren Mantel nehmen? ④ (*tolerate*) ■**to** ~ **sth** etw ertragen [*o* verkraften]; *abuse, insults* etw hinnehmen; ***you don't have to take his insults, you know*** du brauchst dir seine Beleidigungen nicht gefallen lassen; ***I just can't take it anymore*** ich bin am Ende, ich kann einfach nicht mehr; ***he couldn't** ~ **it anymore*** er konnte es nicht länger ertragen; **to be able to** ~ **a joke** einen Spaß verstehen [*o fam* vertragen] ⑤ (*hold*) ■**to** ~ **sth** etw aufnehmen; ***my car ~s five people*** mein Auto hat Platz für fünf Leute ⑥ (*require*) ■**to** ~ **sth** etw erfordern [*o* benötigen]; ***his story took some believing*** seine Geschichte ist kaum zu glauben; ***I** ~ [**a**] **size five*** (*in shoes*) ich habe Schuhgröße fünf; **to** ~ **one's time** sich *dat* Zeit lassen; **to** ~ **the time to do sth** sich *dat* die Zeit nehmen, etw zu tun ⑦ ■**it ~s ...** man braucht ...; ***it ~s more than that to convince me*** das überzeugt mich noch lange nicht; ***it ~s me an hour*** ich brauche eine Stunde; ***it took me a long time*** [***to ...***] es hat lange gedauert [bis ...]; ***hold on, it won't** ~ **long*** warten Sie, es dauert nicht lange; ***it will** ~ **some persuasion*** er/sie wird schwer zu überreden sein; ***it took a lot of courage*** dazu gehörte viel

Mut ❽ LING ■ to ~ sth *here, 'sich' ~s the dative* hier wird ‚sich' mit dem Dativ gebraucht; ***this verb ~s 'haben'*** dieses Verb wird mit ‚haben' konjugiert ❾ (*receive*) ■ **to ~ sth** etw erhalten [*o* bekommen]; ***we've stopped taking the newspaper*** wir beziehen die Zeitung nicht mehr ❿ (*remove*) ■ **to ~ sth** etw [weg]nehmen; (*steal a.*) etw stehlen; ~ ***your books off the table please*** nimm bitte deine Bücher vom Tisch; MATH ~ ***three from five*** ziehe drei von fünf ab; **to ~ a chesspiece** eine Schachfigur schlagen ⓫ (*travel by*) ■ **to ~ sth** *taxi, train* etw nehmen; ***she took the 10.30 flight to Edinburgh*** sie nahm den Flug um 10:30 Uhr nach Edinburg; ~ ***the M1 motorway up to Newcastle*** nehmen Sie die Autobahn M1 bis Newcastle; ***he took that last bend too fast*** er nahm die letzte Kurve zu schnell; **to ~ the bus/car** mit dem Bus/Auto fahren ⓬ (*eat, consume*) ■ **to ~ sth** *food, drink* etw zu sich *dat* nehmen; *medicine* etw einnehmen; ~ ***a sip*** trink [*o* nimm] einen Schluck; ***we'll ~ the tea in the sitting room*** wir trinken den Tee im Wohnzimmer; **not to be ~n internally** MED nur zur äußerlichen Anwendung ⓭ BRIT (*rent*) **to ~ a flat/house** eine Wohnung/ein Haus mieten ⓮ (*let stay*) ■ **to ~ sb** jdn [auf]nehmen; ***my mother takes lodgers*** meine Mutter vermietet ein Zimmer ⓯ (*capture*) ■ **to ~ sb** jdn gefangen nehmen; **to ~ prisoners** Gefangene machen; ***the terrorists took him prisoner*** die Terroristen nahmen ihn gefangen; **to ~ a city** eine Stadt einnehmen; **to ~ power** die Macht ergreifen ⓰ (*assume*) **to ~ office** ein Amt antreten ⓱ BRIT, AUS (*teach*) ■ **to ~ sth** etw unterrichten; ***Mr Marshall ~s us for physics*** in Physik haben wir Herrn Marshall *fam;* ***she ~s private pupils*** sie gibt Privatstunden ⓲ (*officiate at*) **to ~ a church service** einen Gottesdienst halten ⓳ (*have*) **to ~ a rest** eine Pause machen; **to ~ a walk** einen Spaziergang machen; **to ~ a cold** sich erkälten ⓴ (*tackle*) **to ~ a hurdle/fence** eine Hürde/einen Zaun überspringen; **to ~ an obstacle** ein Hindernis nehmen ㉑ BRIT (*sit exam*) **to ~ a test** einen Test machen; **to ~ an exam** eine Prüfung ablegen; **to ~ a test** einen Test machen; ***she took her degree in May*** sie hat im Mai [ihr] Examen gemacht ㉒ (*achieve*) **to ~ first prize** den ersten Preis erhalten ㉓ (*feel*) **to ~ an interest in sb/sth** sich *akk* für jdn/etw interessieren, Interesse an jdm/etw haben; **to ~ notice of sb/sth** jdn/etw beachten; **to ~ offence** beleidigt sein; **to ~ pity on sb/sth** mit jdm/etw Mitleid haben; **to ~ the view that ...** der Ansicht sein, dass ..., auf dem Standpunkt stehen, dass ... ㉔ (*earn*) ■ **to ~ sth** etw einnehmen; ***she ~s £300 a week*** sie nimmt 300 Pfund die Woche ein ㉕ (*write*) **to ~ notes** sich *dat* Notizen machen ㉖ (*photograph*) **to ~ pictures** [*or* **photos**] Bilder machen, fotografieren; ***this photo was taken last summer*** dieses Foto ist vom letzten Sommer; **to have one's photo ~n** sich *akk* fotografieren lassen ㉗ THEAT, MUS, FILM ***let's ~ that scene again*** lass uns die Szene nochmal machen; ***can you ~ me through my lines?*** kannst du mit mir meine Rolle durchgehen?; ***let's ~ it from the third act*** fangen wir mit dem dritten Akt an ㉘ (*for example*) ~ ***last week/me, ...*** letzte Woche/ich zum Beispiel ... ㉙ (*assume to be*) ■ **to ~ sb/sth for sb/sth** [*or* **to be sb/sth**] jdn/etw für jdn/etw halten; ***I took him to be more intelligent than he turned out to be*** ich hielt ihn für intelligenter, als er tatsächlich war; **I ~ it [that] ...** ich nehme an, [dass] ...; ***I ~ it that you're coming with us*** ich nehme an, du kommst mit ㉚ (*understand*) **to ~ sb's/the point** jds/den Standpunkt verstehen; ***I ~ your point, but ...*** ich verstehe, was du meinst, aber ...; **point ~n** [habe] verstanden; ***if you ~ my meaning*** BRIT wenn du verstehst, was ich meine ► PHRASES: **to ~ sb by surprise** [*or* **unawares**] jdn überraschen; **to ~ one thing at a time** eins nach dem anderen erledigen; **to ~ it as it comes** es nehmen, wie es kommt; **he's got what it ~s** er bringts *fam*, er kann was; ~ **it or leave it** entweder du akzeptierst es, oder du lässt es bleiben *fam;* **to ~ sth lying down** etw stillschweigend hinnehmen; **what do you ~ me for?** wofür hältst du mich?; ~ **it from me** das kannst du mir glauben

III. INTRANSITIVE VERB

<took, taken> ❶ (*have effect*) wirken; *plant* angehen; *dye* angenommen werden; *medicine* anschlagen; ***the ink won't take on this paper*** dieses Papier nimmt die Tinte nicht an ❷ (*become*) **to ~ ill** krank werden ❸ (*detract*) ■ **to ~ from sth** etw schmälern; ***will that not ~ from it's usefulness?*** würde das nicht den Gebrauchswert vermindern?

◆**take aback** *vt* ■ **to ~ sb aback** (*surprise*) jdn verblüffen; (*shock*) jdn schockieren; ■ **to be ~n aback** verblüfft [*o fam* baff] sein

◆**take after** *vi* ■ **to ~ after sb** jdm nachschlagen, nach jdm kommen; ***she ~s after her father's side of the family*** sie schlägt in die väterliche Seite

◆**take against** *vi* BRIT ■ **to ~ against sb** eine Abneigung gegen jdn entwickeln

◆**take along** *vt* ■ **to ~ sb/sth along [with oneself]** jdn/etw mitnehmen

◆**take apart** I. *vt* ❶ (*disassemble*) ■ **to ~ apart ↔ sth** etw auseinander nehmen [*o* zerlegen] ❷ (*fam: analyse critically*) ■ **to ~ apart ↔ sb/sth** jdn/etw auseinander nehmen *fig;* **to ~ apart an argument/article** ein Argument/einen Artikel zerpflücken II. *vi* ■ **to ~ apart** zerlegbar sein; ***stop, that doesn't ~ apart*** halt, das kann man nicht auseinander nehmen

◆**take around** *vt* ■ **to ~ sb around** (*take along*) jdn [überallhin] mitnehmen; (*show around*) jdn herumführen

◆**take aside** *vt* ■ **to ~ sb aside** jdn beiseite nehmen

◆**take away** I. *vt* ❶ (*remove*) ■ **to ~ away ↔ sth** etw wegnehmen ❷ (*deprive of*) ■ **to ~ away ↔ sth [from sb]** [jdm] etw [weg]nehmen; ■ **to ~ away ↔ sb from sb** jdn jdm wegnehmen ❸ (*lead away*) ■ **to ~ away ↔ sb** jdn mitnehmen; (*force to come*) jdn wegbringen [*o fam* fortschaffen]; *police* jdn abführen; (*criminal act*) jdn verschleppen ❹ (*fig: have as a result*) ■ **to ~ away ↔ sth** etw mitnehmen ❺ (*cause to be away*) ■ **to ~ sb away [from sth]** jdn [von etw *dat*] abhalten; ***her work ~s her away from her family a lot on weekends*** durch ihre Arbeit kann sie nur selten an den Wochenenden bei ihrer Familie sein ❻ (*remove*) ■ **to ~ away ↔ sth** etw verringern; **to ~ away sb's fear/pain** jdm die Angst/den Schmerz nehmen ❼ BRIT, AUS (*buy to eat elsewhere*) ■ **to ~ away ↔ sth** *food* etw mitnehmen; **to ~ away** zum Mitnehmen ❽ (*subtract from*) ■ **to ~ away ↔ sth from sth** etw von etw *dat* abziehen; ***10 ~ away 7*** 10 weniger 7 ► PHRASES: **to ~ sb's breath away** jdm den Atem verschlagen II. *vi* (*detract from*) ■ **to ~ away from sth** etw schmälern; **to ~ away from the beauty of sth** der Schönheit einer S. *gen* Abbruch tun; **to ~ away from sb's personality** jds Persönlichkeit beeinträchtigen; **to ~ away from the importance/worth of sth** die Bedeutung/den Wert einer S. *gen* mindern

◆**take back** *vt* ❶ (*retract*) ■ **to ~ back ↔ sth** *remark* etw zurücknehmen; ***ok, I ~ that back*** ok, ich nehme das zurück ❷ (*return*) ■ **to ~ back ↔ sb/sth** jdn/etw [wieder] zurückbringen; **to ~ sb back [home]** jdn nach Hause bringen; **sb ~s sb back with him/her** jd nimmt jdn mit nach Hause ❸ (*transmit in thought*) ■ **to ~ sb back** jdn zurückversetzen ❹ (*accept*) ■ **to ~ back ↔ sth** *merchandise* etw zurücknehmen; (*let return*) **to ~ an employee back** eine[n] Angestellte[n] wieder einstellen; **to ~ one's husband/wife back** seinen Mann/seine Frau wieder aufnehmen ❺ (*repossess*) ■ **to ~ back ↔ sth** [sich *dat*] etw zurückholen; *territory* etw zurückerobern

◆**take down** *vt* ❶ (*write down*) ■ **to ~ down ↔ sth** [sich *dat*] etw notieren [*o* aufschreiben]; *particulars* etw aufnehmen; **to ~ down notes** sich *dat* Notizen machen ❷ (*remove*) ■ **to ~ down ↔ sth** etw abnehmen [*o fam* abmachen]; ***he took down a book from the shelf*** er nahm ein Buch vom Regal [herunter]; **to ~ down the Christmas tree** den Weihnachtsbaum abschmücken; **to ~ down the curtains/a picture** die Gardinen/ein Bild abhängen ❸ (*disassemble*) **to ~ down a tent** ein Zelt abschlagen; **to ~ down the scaffolding** das Gerüst abbauen ❹ (*bring downstairs*) ■ **to ~ sb/sth down** jdn/etw hinunterbringen [*o* herunterbringen] ❺ (*fam: demoralize*) ■ **to ~ sb down** jdm einen Dämpfer versetzen ❻ (*lower*) **to ~ down a flag** eine Fahne einholen; **to ~ one's trousers down** seine Hosen [her]unterlassen ❼ AM STOCKEX ■ **to ~ down ↔ sth** etw empfangen [*o* beziehen]

◆**take in** *vt* ❶ (*bring inside*) ■ **to ~ sb in** jdn hineinführen [*o* hereinführen]; ■ **to ~ in ↔ sth** etw hineinbringen [*o* hereinholen] ❷ (*accommodate*) ■ **to ~ in ↔ sb** jdn [bei sich *dat*] aufnehmen; **to ~ in a child** ein Kind zu sich *dat* nehmen; **to ~ in lodgers** Zimmer vermieten ❸ (*admit*) ■ **to ~ in ↔ sb** *hospital* jdn aufnehmen; *university* jdn zulassen ❹ (*bring to police station*) ■ **to ~ sb in** jdn festnehmen; ***they took the suspect in for questioning*** sie nahmen den Verdächtigen zum Verhör mit auf die Wache ❺ (*deceive*) ■ **to ~ in ↔ sb** jdn hereinlegen; ■ **to be ~n in [by sb/sth]** [auf jdn/etw] hereinfallen, sich *akk* [von jdm/etw] täuschen lassen ❻ (*go to see*) ■ **to ~ in ↔ sth** sich *akk* etw noch ansehen; (*visit*) etw noch besuchen; **to ~ in a cabaret/film** [*or* **movie**] noch schnell ein Kabarett/einen Film mitnehmen *fig;* **to ~ in a play/show** sich *dat* noch schnell ein Stück/eine Show ansehen ❼ (*understand*) ■ **to ~ in ↔ sth** etw aufnehmen; **to ~ sth in at a glance** etw auf einen Blick erfassen; **to ~ in impressions** Eindrücke aufnehmen; **to ~ in a lecture** einen Vortrag begreifen; **to ~ in a situation** eine Situation erfassen ❽ (*evaluate*) ■ **to ~ in ↔ sb** jdn in Augenschein nehmen *geh* ❾ (*include*) ■ **to ~ in ↔ sth** etw einschließen [*o* umfassen] ❿ (*earn*) ■ **to ~ in ↔ sth** etw einnehmen; **to ~ in washing/ironing/typing** Wäsche/Wäsche zum Bügeln/Tipparbeiten übernehmen [*o* [als Nebenbeschäftigung] annehmen] ⓫ (*have examined or repaired*) ■ **to ~ in ↔ sth** etw zur Reparatur bringen; ***something's wrong with the engine — I'll ~ the car in tomorrow*** etwas stimmt nicht mit dem Motor — Ich werde das Auto morgen zur Reparatur bringen ⓬ (*absorb*) ■ **to ~ in ↔ sth** etw aufnehmen; *nutrients, vitamins* etw zu sich nehmen; **to ~ in some fresh air** etwas frische Luft schnappen ⓭ FASHION ■ **to ~ in ↔ sth** etw enger machen

◆**take into** *vt* ❶ (*transport*) **to ~ sb/sth into town** jdn/etw in die Stadt mitnehmen ❷ (*accept*) **to be ~n into hospital** ins Krankenhaus eingeliefert werden ❸ (*absorb into body*) ■ **to ~ sth into sth** etw in etw *akk* aufnehmen ❹ (*introduce to*) ■ **to ~ sb into sth** jdn in etw *akk* einführen ❺ (*last until*) ■ **to ~ sb into ...** jdm bis ... reichen; ***these supplies should ~ you into spring*** mit diesen Vorrat solltest du bis zum Frühling über die Runden kommen; ***she hoped that the new shoes would ~ the kids at least into June*** sie hoffte, dass die neuen Schuhe der Kinder zumindest bis zum Juni halten würden

◆**take off** I. *vt* ❶ (*remove*) ■ **to ~ off ↔ sth** etw abnehmen; *clothes* etw ausziehen; *coat a.* etw ablegen; **to ~ off a hat** einen Hut absetzen; ■ **to ~ sth off [of] sth** etw von etw *dat* [herunter]nehmen [*o* entfernen]; ***the hairdresser took off about an inch*** der Frisör hat etwa 2,5 cm abgeschnitten; ***the 9:45 service to Woking has been ~n off the schedule*** der Zug um 9:45 nach Woking wurde vom Fahrplan gestrichen; **to ~ sb off a list** jdn von einer Liste streichen; **to ~ sth off the market** etw vom Markt nehmen; **to ~ sth off the menu** etw von der Speisekarte streichen; ■ **to ~ sth off sb** (*fam: take away*) jdm etw wegnehmen ❷ (*bring away*) ■ **to ~ sb off** jdn wegbringen [*o* fortschaffen]; *police* jdn abführen; ■ **to ~ sb off somewhere** jdn irgendwohin bringen; ***he was ~n off to hospital*** er wurde ins Krankenhaus gebracht; ■ **to ~ oneself off** (*fam*) sich *akk* davonmachen ❸ (*stop*) ■ **to ~ sb off sth** *position, job* jdn von etw *dat* abziehen; *medica-*

T

tion etw bei jdn absetzen; **to ~ sb off a diet** jdn von einer Diät absetzen; **to ~ a play off** ein Stück absetzen; ***he's been ~n off call at the hospital this weekend*** dieses Wochenende hat er keinen Bereitschaftsdienst im Krankenhaus ④ (*not work*) **to ~ a day/a week off** [**work**] [sich *dat*] einen Tag/eine Woche freinehmen; ***I'm taking Monday off*** ich werde mir Montag freinehmen ⑤ (*subtract*) ■**to ~ off ↔ sth** etw abziehen; ***they ~ the taxes off his salary*** die Steuern werden von seinem Gehalt abgezogen ⑥ BRIT (*imitate*) ■**to ~ off ↔ sb** jdn nachmachen *fam* **II.** *vi* ① (*leave the ground*) *airplane* abheben, starten ② (*fam: leave*) verschwinden *fam*, weggehen; (*fam: flee*) abhauen *fam*, sich *akk* davonmachen; ***she just took off without saying goodbye*** sie ist einfach abgehauen, ohne sich zu verabschieden ③ (*fig: have sudden success*) *idea, plan, project* ankommen; *product a.* einschlagen; ECON *sales* schnell steigen

◆**take on I.** *vt* ① (*agree to do*) ■**to ~ on ↔ sth** *responsibility* etw auf sich *akk* nehmen; *work, job* etw annehmen [*o* übernehmen]; **to ~ on too much** zu viel auf sich *akk* nehmen, sich *dat* zu viel zumuten ② (*assume*) ■**to ~ on ↔ sth** *colour, expression* etw annehmen ③ (*employ*) ■**to ~ on ↔ sb** jdn einstellen ④ (*compete against*) ■**to ~ sb ↔ on** es mit jdm aufnehmen, gegen jdn antreten ⑤ (*load*) **to ~ on fuel** auftanken; **to ~ on goods** Waren aufnehmen [*o* laden]; **to ~ on passengers** Passagiere aufnehmen; *bus* Fahrgäste zusteigen lassen **II.** *vi* (*dated*) sich *akk* aufregen

◆**take out** *vt* ① (*remove*) ■**to ~ out ↔ sth** etw herausnehmen; ***he took his hands out of his pockets*** er nahm die Hände aus den Taschen; **to take out sb's teeth** jdm die Zähne ziehen ② (*bring outside*) ■**to ~ out ↔ sth** etw hinausbringen [*o* herausbringen]; ***Peter's ~n the Porsche out for a spin*** Peter ist eine Runde mit dem Porsche gefahren; **to ~ out the rubbish** [*or* AM **garbage**] [*or* AM **trash**] den Müll hinausbringen; ***dad's taking the dog out*** [***for a walk***] Papa geht gerade mit dem Hund spazieren ③ (*invite*) ■**to ~ out ↔ sb** jdn ausführen; **to ~ sb out for** [*or* **to**] **dinner/for a drink** jdn zum Abendessen/auf einen Drink einladen; **to ~ sb out to the cinema/theatre** jdn ins Kino/Theater einladen [*o* ausführen] ④ AM FOOD (*take away*) ■**to ~ out ↔ sth** etw mitnehmen; ***we could ~ out a pizza*** wir könnten uns eine Pizza holen; ***to eat here or to ~ out?*** möchten Sie's hier essen oder mitnehmen? ⑤ (*deduct*) ■**to ~ out ↔ sth** etw herausnehmen [*o* entfernen]; ***why don't you ~ it out of the housekeeping money?*** warum nimmst du es nicht aus der Haushaltskasse?; **to ~ time out** [**to do sth**] sich *dat* eine Auszeit nehmen[, um etw zu tun] ⑥ (*obtain*) ■**to ~ out ↔ sth** etw erwerben; **to ~ out a licence** eine Lizenz erwerben; **to ~ out a life insurance policy** eine Lebensversicherung abschließen; **to ~ out a loan** ein Darlehen aufnehmen; **to ~ out cash/money** Geld abheben ⑦ (*vent anger*) ■**to ~ sth out on sb** etw an jdm auslassen *fam*; ***don't take it out on the children*** lass es nicht an den Kindern aus ⑧ (*fam: exhaust*) ■**to ~ it** [*or* **a lot**] **out of sb** jdn sehr anstrengen, jdm viel abverlangen ⑨ MIL ■**to ~ out ↔ sb/sth** jdn/etw außer Gefecht setzen ⑩ (*distract*) ■**to ~ sb out of himself/herself** jdn von sich *dat* selbst ablenken [*o* auf andere Gedanken bringen]

◆**take over I.** *vt* ① (*seize control*) ■**to ~ over ↔ sth** etw übernehmen; ***the military took over the country*** das Militär hat die Macht im Lande ergriffen; **to ~ over a company** eine Firma übernehmen; **to be ~n over by an idea/the devil** (*fig*) von einer Idee/vom Teufel besessen sein; **to ~ over a room/seat** (*fig*) ein Zimmer/ein Sitzplatz in Beschlag nehmen; **to ~ over the show** (*fig*) das Regiment an sich reißen; **to be ~n over by one's work** (*fig*) sich *akk* von seiner Arbeit vereinnahmen lassen ② (*assume*) ■**to ~ over ↔ sth** [**for sb**] etw [für jdn] übernehmen; **to ~ over sb's debts** jds Schulden begleichen **II.** *vi* ① (*assume responsibility*) ■**to ~ over** [**from sb**] jdn ablösen; ***can you ~ over for an hour?*** kannst du mich eine Stunde ablösen?; ***the night shift ~s over at six o'clock*** die Nachtschicht übernimmt um sechs Uhr ② (*assume control*) das Regiment an sich *dat* reißen; ***she's now completely taken over*** sie führt mittlerweile das Regiment

◆**take round** *vt see* **take around**

◆**take through** *vi* ■**to ~ sb through sth** etw mit jdm durchgehen

◆**take to** *vi* ① (*start to like*) ■**to ~ to sb/sth** sich *akk* für jdn/etw erwärmen können, an jdm/etw Gefallen finden; ***he took to the new teacher instantly*** der neue Lehrer war ihm auf Anhieb sympatisch ② (*begin as a habit*) ■**to ~ to sth** etw anfangen; ■**to ~ to doing sth** anfangen etw zu tun; **to ~ to drink/drugs** anfangen zu trinken/Drogen zu nehmen; **to ~ to a life of crime** kriminell werden ③ (*go to*) ■**to ~ to sth** irgendwohin fliehen [*o* flüchten]; **to ~ to one's bed** sich *akk* ins Bett legen; **to ~ to the countryside/forest/hills** aufs Land/in den Wald/in die Berge flüchten; **to ~ to the streets** [**in protest**] (*fig*) auf die Straße gehen *fig* ▶ PHRASES: **to ~ to sth like a duck to water** bei etw *dat* gleich in seinem Element sein

◆**take up I.** *vt* ① (*bring up*) ■**to ~ up ↔ sb/sth** jdn/etw hinaufbringen [*o* heraufbringen]; **to ~ up the floorboards/carpet** den Holzboden/Teppich herausreißen; **to ~ up a skirt** einen Rock kürzen ② (*pick up*) ■**to ~ up ↔ sth** etw aufheben; **to ~ up arms against sb** die Waffen gegen jdn erheben [*o* ergreifen] ③ (*start doing*) ■**to ~ up ↔ sth** etw anfangen [*o* beginnen]; **to ~ up a job** eine Stelle antreten; **to ~ up the piano/fishing** anfangen Klavier zu spielen/zu angeln; **to ~ up a collection** für etw *akk* sammeln; *church* eine Kollekte abhalten ④ (*start to discuss*) ■**to ~ up ↔ sth** sich *akk* mit etw *dat* befassen; ■**to ~ sth up with sb** etw mit jdm erörtern; **to ~ up a point/question** einen Punkt/eine Frage aufgreifen; ***I'd like to ~ up the point you made earlier*** ich würde gerne moch einmal auf das eingehen, was Sie vorhin sagten; ■**to ~ sb up on sth** BRIT, AUS mit jdm über etw *akk* reden wollen ⑤ (*accept*) ■**to ~ up ↔ sth** etw annehmen; **to ~ up a challenge/offer** eine Herausforderung/ein Angebot annehmen; **to ~ up an opportunity** eine Gelegenheit wahrnehmen; **to ~ sb up on an invitation/offer/suggestion** auf jds Einladung/Angebot/Vorschlag zurückkommen ⑥ (*adopt*) ■**to ~ up ↔ sth** etw annehmen; **to ~ up an attitude** eine Haltung einnehmen; **to ~ up a belief/habit** einen Glauben/eine Gewohnheit annehmen; **to ~ up a position** eine Stellung einnehmen; **to ~ up the rear** den Schluss bilden ⑦ (*continue*) ■**to ~ up ↔ sth** etw fortführen; ***the clarinet took up the tune*** die Klarinette nahm die Melodie wieder auf; ***he took up reading where he had left off last night*** er las da weiter, wo er am Abend vorher aufgehört hatte; **to ~ up a refrain/song** in einen Refrain/ein Lied einstimmen ⑧ (*occupy*) ■**to be ~n up with sb/sth** mit jdm/etw beschäftigt sein; **to ~ up room/space** Raum [*o* Platz] einnehmen; **to ~ up time** Zeit beanspruchen; ***my job ~s up all my time*** mein Beruf frisst meine ganze Zeit auf ⑨ (*patronize*) ■**to ~ sb up** jdn protegieren *geh* ⑩ (*absorb*) ■**to ~ up ↔ sth** *nutrients, alcohol* etw aufnehmen **II.** *vi* (*start to associate with*) ■**to ~ up with sb** sich *akk* mit jdm einlassen *meist pej*; ■**to ~ up with sth** sich *akk* auf etw *akk* einlassen

◆**take upon** *vt* (*usu pej*) ■**to ~ it upon oneself to do sth** meinen, etw tun zu müssen, ungebeten etw tun; ***he took it upon himself to correct everyone at length*** er meinte, jeden immer ausführlich verbessern zu müssen; ***she took the planning of the office party upon herself*** sie hat die Planung der Party [selbst] in die Hand genommen

takeaway I. *n* BRIT, AUS ① (*shop*) Imbissbude *f*; (*restaurant*) Restaurant *nt* mit Straßenverkauf ② (*food*) Essen *nt* zum Mitnehmen; ***let's have a ~ for dinner tonight*** lass uns für heute Abend etwas zum Essen holen; **Chinese ~** chinesisches Essen zum Mitnehmen **II.** *n modifier* (*food*) zum Mitnehmen *nach n* **take-home pay** *n no pl* Nettoeinkommen *nt*; *of an employee* Nettogehalt *nt*; *of a worker* Nettolohn *m*

take-in *n* AM Betrug *m*, Schwindel *m*

taken [ˈteɪkᵊn] **I.** *vt vi pp of* **take II.** *adj pred* begeistert; ■**to be ~ with** [*or* **by**] **sb/sth** von jdm/etw angetan [*o* begeistert] sein **take-off** *n* ① AVIAT Start *m*, Abflug *m*, Take-off *m o nt fachspr*; **to be cleared for ~** zum Start freigegeben sein, Starterlaubnis haben; **to be ready for ~** startklar [*o* startbereit] sein ② BRIT, AUS (*imitation*) Parodie *f* (**of** auf +*akk*) ③ SPORTS (*place for jumping*) Absprung *m*, Absprungstelle *f* **take-out** *n* AM ① (*shop*) Imbissbude *f*; (*restaurant*) Restaurant *nt* mit Straßenverkauf ② (*food*) Essen *nt* zum Mitnehmen ③ ECON Bestandsverringerung *f*

takeover *n* Übernahme *f*; **hostile/friendly ~** feindliche/freundliche Übernahme **takeover bid** *n* Übernahmeangebot *nt* **takeover target** *n* [anvisiertes] Übernahmeobjekt

taker [ˈteɪkəʳ, AM -ɚ] *n* ① (*at betting*) Wettende(r) *f(m)*; ***any ~s?*** wer nimmt die Wette an? ② (*at an auction*) Interessent(in) *m(f)*; (*when buying*) Käufer(in) *m(f)*; ***any ~s?*** wer bietet? ③ (*fig: person interested in an offer*) Interessent(in) *m(f)*; ***I'm fixing ice-cream — any ~s?*** ich mache Eis – möchte jemand?; ***any ~s for a movie?*** hat jemand Lust auf einen Film?

take-up *n* ① (*claiming*) Inanspruchnahme *f* *form* ② (*process of winding up*) Aufwickeln *nt*, Aufspulen *nt* ③ TECH Spanner *m* ④ FILM Aufwickelspule *f* ⑤ (*product acceptance*) Aufnahme *f* **take-up rate** *n* ① *of claims* Rate *f* der Inanspruchnahmen ② *of winding up* Aufspulgeschwindigkeit *f*, Aufwickelgeschwindigkeit *f* **take-up spool** *n* Aufwickelspule *f*

taking [ˈteɪkɪŋ] **I.** *n* ① (*receipts*) ■**~s** *pl* Einnahmen *fpl*, Einkünfte *fpl* ② MED (*consumption*) Einnehmen *nt*, Einnahme *f* ▶ PHRASES: **to be there for the ~** (*for free*) zum Mitnehmen [*o* umsonst] sein; (*not settled*) offen sein; ***we made lots of fudge — it's there for the ~*** wir haben jede Menge Karamellbonbons gemacht – nimm so viel, wie du willst; ***with the favourite injured, the race is there for the ~*** nach der Verletzung des Favoriten ist bei dem Rennen wieder alles drin **II.** *adj* einnehmend, gewinnend; ***she has a ~ way about her*** sie hat eine bezaubernde Art

talc [tælk], **talcum** [ˈtælkəm] **I.** *n no pl* ① MED Talkum *nt*, Talkpuder *m*; (*perfumed*) Körperpuder *m* ② (*mineral*) Talk *m* **II.** *vt* ■**to ~ sb/sth** jdn/etw [ein]pudern

talcum powder I. *n no pl* Talkpuder *m*; (*perfumed*) [Körper]puder *m* **II.** *vt* ■**to ~ sb/sth** jdn/etw [ein]pudern

tale [teɪl] *n* ① (*story*) Geschichte *f*; LIT Erzählung *f*; (*true story*) Bericht *m*; **fairy ~** Märchen *nt*; **~ of woe** Leidensgeschichte *f*; **to tell a ~** [**about** [*or* **of**] **sth**] etw [über etw *akk* [*o* von etw *dat*]] erzählen ② (*lie*) Märchen *nt*, Lügengeschichte *f*; (*gossip*) Geschichte[n] *f[pl]*; **tall ~s** Lügenmärchen *ntpl*, Lügengeschichten *fpl*; **to tell ~s** (*tell on sb*) petzen; (*dated: tell lies*) Märchen erzählen ▶ PHRASES: **dead men tell no ~s** Tote reden nicht; **to live to tell the ~** (*also hum fam*) überleben *a. hum*; **to tell its own ~** für sich *akk* sprechen; **to tell ~s out of school** (*saying fam*) aus der Schule plaudern *fam*, Interna ausplaudern

talebearer [ˈteɪlˌbeərəʳ, AM -ˌberɚ] *n* Klatsche *f* *fam*, Klatschweib *nt pej fam*; (*at school*) Petze(r) *f(m)*

talebearing [ˈteɪlˌbeərɪŋ, AM -ˌber-] *n* Klatschen *nt pej*; (*at school*) Petzen *nt pej*

talent [ˈtælənt] *n* ① (*natural ability*) Talent *nt*, Begabung *f*; ***she is a young dancer of great ~*** sie ist eine junge, sehr talentierte Tänzerin; **artistic ~s** künstlerische Fähigkeiten; **~ for music** musikalisches Talent ② *no pl* (*talented person*) Talente *ntpl*, Begabungen *fpl*; ***we are looking for fresh ~*** wir sind auf der Suche nach neuen Talenten; **new/pro-**

mising/young ~ neue/vielversprechende/junge Talente ❸ BRIT, AUS (*hum sl: sexually attractive girls*) Mädels *fpl fam*, Miezen *fpl sl*; (*boys*) Jungs *pl fam*, Typen *mpl sl* ❹ (*hist: weight and currency*) Talent *nt*

talent contest *n* Talentwettbewerb *m*, Talentschau *f*

talented ['tæləntɪd, AM -t̬-] *adj* talentiert, begabt

talent scout *n* Talentsucher(in) *m(f)* **talent show** *n* Talentwettbewerb *m*, Talentschau *f* **talent spotter** *n* Talentsucher(in) *m(f)*

taleteller *n* ❶ (*storyteller*) Geschichtenerzähler(in) *m(f)* ❷ (*gossip*) Klatsche *f fam*, Klatschweib *nt pej fam*

talisman <pl -s> ['tælɪzmən] *n* Talisman *m*

Talisman *n* STOCKEX *abbrev of* **transfer accounting, lodgement for investors, stock management for jobbers** Talisman *m*

talk [tɔːk, AM *usu* tɑːk] **I.** *n* ❶ (*discussion*) Gespräch *nt*; (*conversation*) Unterhaltung *f*; (*private*) Unterredung *f*; **to have a ~ [with sb] [about sth]** [mit jdm] [über etw *akk*] reden [*o* sprechen], ein Gespräch [mit jdm] [über etw *akk*] führen *form*; (*conversation*) sich *akk* [mit jdm] [über etw *akk*] unterhalten; (*private*) eine Unterredung [mit jdm] [über etw *akk*] haben; **heart-to-heart ~** offene Aussprache ❷ (*lecture*) Vortrag *m*; **to give a ~ [on [*or* about] sth]** einen Vortrag [über etw *akk*] halten ❸ *no pl* (*discussion*) Reden *nt*, Gerede *nt fam*; (*things said*) Worte *pl*; **big ~** große Töne *pej fam*; **idle ~** leeres Gerede *fam*; **to make small ~** Konversation betreiben ❹ (*subject of conversation*) ■**the ~** Gespräch[sthema] *nt*; ***her behaviour is the ~ of the neighbourhood*** ihr Verhalten ist das Gespräch des ganzen Viertels ❺ (*formal discussions*) ■**~s** *pl* Gespräche *ntpl*; **peace ~s** Friedensverhandlungen *fpl*; **to hold ~s [on [*or* about] sth]** Gespräche [über etw *akk*] führen ► PHRASES: **to be the ~ of the town** Stadtgespräch sein; **to be all ~ [and no action]**, **to be just ~** immer nur reden [und nie handeln] **II.** *vi* ❶ (*speak*) sprechen, reden; (*converse*) sich *akk* unterhalten; ■**to ~ about sb/sth** über jdn/etw reden [*o* sprechen]; ***what the hell are you ~ing about?*** wovon zum Teufel sprichst du eigentlich? *fam*; **to ~ about sb behind his/her back** über jdn hinter seinem/ihrem Rücken reden [*o fam* herziehen]; ■**to ~ to [*or* with] sb** mit jdm reden [*o* sprechen]; ***she ~s to her mother on the phone every week*** sie telefoniert jede Woche mit ihrer Mutter; ■**to ~ to oneself** mit sich *dat* selbst reden, Selbstgespräche führen ❷ (*imitate speech*) *parrot* plappern *fam* ❸ (*speak privately or seriously*) reden; ***can we ~?*** können wir reden?; ***I think we need to ~*** ich denke, wir sollten einmal miteinander reden ► PHRASES: **to be ~ing through one's hat** [*or* BRIT *also* **neck**] (*pej! fam*) nur so daherreden *fam*; **to ~ dirty [to sb]** obszön [mit jdm] reden; **look who's ~ing, you're a fine one to ~, you can't** [*or* AM **should**] ~ (*fam*) du hast es gerade nötig, etwas zu sagen *fam*; **to set sb ~ing** BRIT jdm Grund zum Tratschen geben *fam*; **~ing of sb/sth ...** *esp* BRIT wo [*o* da] wir gerade von jdm/etw reden [*o* sprechen] ... **III.** *vt* ❶ (*speak*) **to ~ a language** eine Sprache sprechen; ***she ~s English at work and French at home*** in der Arbeit spricht sie Englisch und zu Hause Französisch ❷ (*fam: discuss*) **to ~ business/money/politics** über Geschäfte/Geld/Politik sprechen ► PHRASES: **to be able to ~ the hind leg[s] off a donkey** BRIT (*fam*) jdm ein Loch in den Bauch reden können *fam*; **to ~ one's head off** (*fam*) ununterbrochen reden, los quatschen *fam*; **to ~ sb's ear off** (*fam*) jdm ein Loch in den Bauch reden *fam*; **to ~ nonsense** [*or esp* BRIT **rubbish**] (*pej*) Unsinn reden; **to ~ sense [into sb's head]** vernünftig [mit jdm] reden; **to ~ some sense into sb's head** jdm Vernunft einimpfen *fam*; **to ~ shop** übers Geschäft reden *fam*, fachsimpeln *fam*; **to ~ a blue streak** AM ohne Punkt und Komma reden *fam*; **to ~ turkey** *esp* AM (*fam*) offen [*o fam* Tacheles] reden; **to give sb something to ~ about** jdm Gesprächsstoff liefern; **~ about ...** so was von ... *fam*; ***what a film — ~ about boring!*** was für ein Film – so was von langweilig! *fam*

◆**talk around** *vi* ■**to ~ around sth** um etw *akk* herumreden *fam*

◆**talk at** *vi* ■**to ~ at sb** auf jdn einreden

◆**talk away** *vi* ununterbrochen reden

◆**talk back** *vi* eine freche Antwort geben

◆**talk down I.** *vt* ■**to ~ down ⟲ sb** ❶ (*speak louder*) jdn übertönen ❷ (*talk to and help to safety*) jdn durch Reden herunterlotsen; ***the policeman ~ed the girl down after she had been on the roof for two hours*** der Polizeibeamte konnte das Mädchen überreden, vom Dach herunterzukommen, nachdem sie zwei Stunden dort gestanden hatte; **to ~ a pilot down** AVIAT einen Piloten zur Landung einweisen ❸ (*dissuade*) ■**to ~ sb down from sth** jdn von etw *dat* abbringen, jdm etw ausreden **II.** *vi* (*pej*) ■**to ~ down to sb** mit jdm herablassend [*o* von oben herab] reden

◆**talk into** *vt* ■**to ~ sb into sth** jdn zu etw *dat* überreden; ■**to ~ sb into doing sth** jdn überreden, etw zu tun

◆**talk out I.** *vt* ❶ (*discuss thoroughly*) ■**to ~ out ⟲ sth** etw ausdiskutieren; **to ~ one's way out of sth** sich *akk* aus etw *dat* herausreden ❷ (*convince not to*) ■**to ~ sb out of sth** jdm etw ausreden; ■**to ~ sb out of doing sth** jdm ausreden, etw zu tun **II.** *vi* LAW die rechtzeitige Verabschiedung eines Gesetzes verfahrensmäßig blockieren

◆**talk over** *vt* ■**to ~ over ⟲ sth [with sb]** etw [mit jdm] durchsprechen [*o* besprechen]

◆**talk round I.** *vt* (*convince*) ■**to ~ sb round [to sth]** jdn [zu etw *dat*] überreden; ■**to ~ sb round to doing sth** jdn überreden, etw zu tun **II.** *vi* ■**to ~ around sth** um etw *akk* herumreden *fam*

◆**talk through** *vt* ❶ (*discuss thoroughly*) ■**to ~ through ⟲ sth** etw durchsprechen ❷ (*reassure with talk*) ■**to ~ sb through sth** jdm bei etw *dat* gut zureden; ***he ~ed her through the birth of their first child*** er half ihr bei der Geburt ihres ersten Kindes, indem er ihr beruhigend zuredete

◆**talk up** *vt* ■**to ~ up ⟲ sth** für etw *akk* werben; ***they ~ed up the concert a lot, but it was kind of a disappointment*** sie hatten viel Werbung für das Konzert gemacht, aber es war eine ziemliche Enttäuschung

talkative ['tɔːkətɪv, AM -t̬-] *adj* gesprächig, redselig, geschwätzig *pej*

talkativeness ['tɔːkətɪvnəs, AM tɑːkət̬ɪv-] *n* Gesprächigkeit *f*, Redseligkeit *f*, Geschwätzigkeit *f pej*

talkback ['tɔːkbæk, AM *usu* 'tɑːk-] *n* ❶ (*device with loudspeakers*) Gegensprechanlage *f* ❷ AUS (*phone in programme*) *Rundfunk- bzw. Fernsehprogramm, bei dem die Hörer direkt anrufen können*

talked-about, talked-of *adj attr, inv* **much ~** (*approv*) vielgerühmt; (*famous*) berühmt

talker ['tɔːkəʳ, AM 'tɑːkɚ] *n* (*person who speaks*) Sprechende(r) *f(m)*, Sprecher(in) *m(f)*, Redner(in) *m(f)*; (*talkative person*) Schwätzer(in) *m(f) pej*; **to be a good/fluent ~** gut/flüssig reden können

talkie ['tɔːki, AM *usu* 'tɑːki] *n* (*dated fam*) Tonfilm *m*

talking ['tɔːkɪŋ, AM *usu* 'tɑːk-] **I.** *adj* sprechend **II.** *n no pl* Sprechen *nt*, Reden *nt*, Geschwätz *nt pej*; **"no ~, please!"** „Ruhe bitte!"; **to let sb [else] do the ~** das Reden jd anderem überlassen

talking head *n* Papagei *m pej fam* **talking point** *n* ❶ (*topic*) Gesprächsthema *nt*, Diskussionsthema *nt* ❷ (*fig: feature*) *of a product* wesentlicher Vorzug, Hauptvorteil *m*; (*support*) [zusätzliches] gutes Argument; ***the study provided the management with a ~ in urging mass dismissals*** die Studie lieferte der Geschäftsleitung einen weiteren guten Grund, Massenentlassungen zu forcieren **talking shop** *n* BRIT (*fig fam*) *Gruppe von Personen, die nur redet und nicht handelt* **talking-to** *n* (*pej*) Strafpredigt *f fam*, Standpauke *f fam*; **to give sb a [good] ~** jdm eine [ordentliche] Standpauke halten

talks [tɔːks, AM *esp* tɑːks] *npl* Gespräche *ntpl*, Verhandlungen *fpl*; **to adjourn/break off/call off ~** Gespräche [*o* Verhandlungen] vertagen/abbrechen/absagen; **to be involved in ~** Gespräche führen, in Verhandlungen stehen *form*; **to enter into/resume ~** Gespräche [*o* Verhandlungen] aufnehmen/wieder aufnehmen; **to hold ~** Besprechungen abhalten, Verhandlungen führen; **to hold ~ with sb** sich *akk* mit jdm besprechen; **to take part in ~** an Gesprächen teilnehmen; **~ about ~** AM POL Sondierungsgespräche *ntpl*

talk show *n* TV Talkshow *f*

tall [tɔːl] *adj* ❶ (*high*) *building, fence, grass, ladder, tree* hoch; *person* groß, hoch gewachsen; **to be [*or* stand] six feet ~** 1,83 m groß sein; **to be ~ in [*or* of] stature** (*form*) von hoher Statur [*o* hohem Wuchs] sein *geh*; **to grow ~[er]** [noch] wachsen, groß [*o* [größer]] werden ❷ (*fig: considerable*) *amount, price* ziemlich [*o fam* ganz schön] hoch ❸ (*long*) *rod, stick* lang; **~ blade/stalk** langer Grashalm/Stängel ❹ (*fig: confident*) **to stand [*or* walk] ~** selbstbewusst [*o* [selbst]sicher] auftreten ❺ (*fig: unlikely*) unglaublich, haarsträubend; **to spin ~ yarns, to tell ~ tales** abenteuerliche Geschichten erzählen, Seemansgarn spinnen ❻ (*fig: pretentious*) *talk, way of speaking* großtuerisch, prahlerisch ❼ (*fig: difficult*) *problem* schwer [*o* schwierig] [zu lösen]

tallboy *n* ❶ BRIT (*chest*) hohe Kommode; (*chest on chest*) Doppelkommode *f*, Aufbaukommode *f*; (*closet*) Kleiderschrank *m*, Wäscheschrank *m* ❷ ARCHIT (*piece of chimney*) Zugaufsatz *m fachspr* ❸ (*glass*) langstieliges Trinkglas **tall drink** *n* AM Cocktail *m*

tallish ['tɔːlɪʃ] *adj inv building, fence, plant* ziemlich hoch; *person* ziemlich groß [*o* hoch gewachsen]

tallness ['tɔːlnəs] *n no pl of a person* Größe *f*; *of a building, plant* Höhe *f*; *of a blade of grass, stick* Länge *f*

tall order *n* (*fig*) schwierige [*o* schwer lösbare] Aufgabe; ***to get the work done on time will be a ~*** die pünktliche Fertigstellung der Arbeit wird schwierig werden

tallow ['tæləʊ, AM -loʊ] *n no pl* Talg *m veraltend*; MECH, TECH Schmiere *f*, Schmierstoff *m*

tall story *n*, **tall tale** *n* haarsträubende [*o* unglaubliche] [*o* abenteuerliche] Geschichte, Märchen *nt*

tally[1] <-ie-> ['tæli] **I.** *vi* [überein]stimmen; ■**to ~ [with sth]** *figures, statements, signatures* [mit etw *dat*] übereinstimmen **II.** *vt* (*also fig also dated*) ❶ COMM (*count*) ■**to ~ [up] sth** [*or* **sth [up]**] *amounts, sums* etw zusammenzählen; *figures* etw zusammenrechnen; *items* etw auflisten [*o* tabellieren]; **to ~ up the for and against** (*fig*) das Für und Wider abwägen ❷ COMM (*check off*) ■**to ~ sth** *goods, items* etw nachzählen; NAUT (*register*) *cargo, load, shipment* etw kontrollieren [*o fachspr* tallieren]; SPORTS *point, score* etw notieren [*o* festhalten] ❸ COMM (*mark*) ■**to ~ sth** *goods* etw auszeichnen [*o* kennzeichnen] [*o* etikettieren]

tally[2] ['tæli] *n usu sing* ❶ COMM (*list for goods, items*) [Strich]liste *f*, Stückliste *f*; (*for single item*) [Zähl]strich *m*; (*hist: record for transactions*) Kerbholz *nt hist*; (*for single transaction*) Kerbe *f hist*; (*account*) Abrechnung *f* ❷ COMM (*mark on goods*) Etikett *nt*, Auszeichnung *f*, Kennzeichnung *f* ❸ BRIT ECON (*dated*) Abzahlungsgeschäft *nt fachspr* ❹ (*count*) [zahlenmäßige] Aufstellung; ***his ~ today is three fish*** sein heutiger Fang besteht aus drei Fischen; **to keep a ~ [of sth]** eine [Strich]liste [über etw *akk*] führen; ***I should have kept a ~ of what I spent*** ich hätte Buch über meine Ausgaben führen sollen

tally-ho [ˌtæli'həʊ, AM -'hoʊ] *interj* ■**~!** (*when sighting game*) halali!; (*when facing a challenge*) auf geht's! *a. hum fam* **tallyman** *n* ❶ (*keeper of record*) Kontrolleur *m*; NAUT *of a cargo* Ladungskontrolleur *m*; *of goods* Warenkontrolleur *m* ❷ BRIT ECON *Vertreter, der Waren auf Kredit verkauft* **tally-room** *n* AUS POL Auszählungsraum *m* **tally sheet** *n* ECON Kontrollliste *f*, Stückliste *f*

Talmud ['tælmʊd, AM *esp* 'tɑːl-] *n no pl* REL Talmud *m fachspr*

talon ['tælən] *n* ❶ ORN (*claw*) Klaue *f*, Kralle *f*; ANAT (*finger*) Finger *m*; **long ~s** (*fig, pej*) lange Krallen *fig, pej fam* ❷ BRIT STOCKEX Erneuerungsschein *m*,

T

Talon *m fachspr* ③ CARDS Talon *m fachspr;* (*in dealing also*) Kartenrest *m;* (*in gambling also*) Kartenstock *m* ④ ARCHIT (*groove*) Hohlkehle *f,* Karnies *nt fachspr,* S-Profil *nt fachspr*

tamable *adj see* **tameable**

tamarind ['tæməʳrɪnd, AM -mə-] *n* ① (*tropical tree*) Tamarinde *f* ② (*fruit*) Frucht *f* der Tamarinde

tamarisk ['tæməʳrɪsk, AM -mə-] *n* Tamariske *f*

tambour ['tæmbʊəʳ, AM -bʊr] *n* ① MUS (*instrument*) Trommel *f;* (*musician*) Trommler(in) *m(f)* ② ARCHIT Säulentrommel *f fachspr*

tambourine [ˌtæmbəʳ'ri:n, AM -bə'ri:n] *n* flache Handtrommel, Tamburin *nt fachspr*

tame [teɪm] **I.** *adj* ① (*domesticated*) *animal* gezähmt, zahm; (*harmless*) *animal, person* friedlich, zahm; ***the lion was as ~ as a house cat*** der Löwe war zahm wie eine Hauskatze; **~ superior** zahmer Vorgesetzter/zahme Vorgesetzte ② (*tractable*) *child* folgsam; *person* fügsam, gefügig; (*under control*) *elements, river* gezähmt, gebändigt ③ (*unexciting*) *book, joke, person* lahm, fad[e], geistlos; (*mild*) *film* harmlos, brav; *criticism, report* zahm, ohne Biss *nach n;* (*amenable*) [sehr] umgänglich [*o* zuvorkommend] [*o* entgegenkommend] **II.** *vt* (*also fig*) ■**to ~ sb/sth** jdn/etw zähmen [*o* bändigen] *a. fig;* ***he'll need to ~ his temper*** er wird sein Temperament zügeln müssen; **to ~ one's anger** seine Wut [be]zähmen [*o* bändigen]; **to ~ one's curiosity/hunger** seine Neugier/seinen Hunger bezähmen; **to ~ one's impatience/passions** seine Ungeduld/Leidenschaft zügeln; **to ~ a river** einen Fluss zähmen [*o* bändigen] *fig;* **to ~ a tiger** einen Tiger zähmen [*o* bändigen]

tameable ['teɪməbl̩] *adj* zähmbar; ***gambling is a ~ passion*** Spielleidenschaft ist kontrollierbar; *curiosity, hunger* bezähmbar; ■**to be ~** *animal* sich *akk* zähmen lassen; *emotions* sich *akk* [be]zähmen [*o* bändigen] [*o* zügeln] lassen

tamely ['teɪmli] *adv* ① (*also fig: without opposition*) zahm; **to capitulate ~** kampflos kapitulieren *fig* ② (*also fig: mildly*) harmlos, brav, ohne Biss *nach n;* ***he reacted ~ to the criticism levelled at him*** er reagierte sehr verhalten auf die gegen ihn gerichtete Kritik; **a ~ written article** ein harmloser Artikel

tameness ['teɪmnəs] *n no pl* ① ZOOL Zahmheit *f a. fig* ② (*dullness*) Langweiligkeit *f,* Laschheit *f*

tamer ['teɪməʳ, AM -ə] *n* Tierbändiger(in) *m(f),* Dompteur, Dompteuse *m, f;* **lion-~** Löwenbändiger(in) *m(f)*

tam-o'-shanter [ˌtæmə'ʃæntəʳ, AM 'tæməˌʃæntə] *n* [runde wollene] Schottenmütze

tamp [tæmp] *vt* ① (*fill*) ■**to ~ sth** etw [zu]stopfen [*o* [ver]stopfen]; **to ~ a pipe** eine Pfeife stopfen; **to ~ a drill hole** MIN ein Bohrloch [zu]stopfen [*o fachspr* besetzen]; **to ~ a well** MIN eine Bohrung verdämmen *fachspr* ② (*compact*) ■**to ~ sth [down]** [*or* to ~ **[down] sth**] etw [fest]stampfen; **to ~ down tobacco** Tabak festklopfen; **to ~ concrete/loam** Beton/Lehm stampfen *fachspr*

Tampax® <*pl* -> ['tæmpæks] *n* Tampon *nt*

tamped [tæmpt] *adj inv* [fest]gestampft; *earth also* festgetreten

tamper ['tæmpəʳ, AM -ə] *vi* ■**to ~ with sth** ① (*handle improperly*) sich *akk* an etw *dat* zu schaffen machen, an etw *dat* herummachen *fam* ② (*engage improperly*) sich *akk* [insgeheim] in etw *akk* einmischen, in etw *akk* hineinpfuschen *fam* ③ (*manipulate*) etw [in betrügerischer Absicht] verändern [*o* [ver]fälschen]; **to ~ with witnesses** LAW Zeugen/Zeuginnen beeinflussen [*o* bestechen] [wollen]

tamper-proof *adj,* **tamper resistant** *adj* Sicherheits-; **~ cap** Sicherheitsverschluss *m;* **~ lock** Sicherheitsschloss *nt*

tampon ['tæmpɒn, AM -pɑ:n] *n* Tampon *m*

tan¹ [tæn] **I.** *vi* <-nn-> braun werden **II.** *vt* <-nn-> ① (*make brown*) ■**to ~ sb/sth** jdn/etw bräunen; **to be ~ned** braun gebrannt sein ② CHEM (*convert*) ■**to ~ sth** *hides, leather* etw gerben ③ (*fig fam: beat*) **to ~ sb's hide** jdm das Fell gerben *fig;* **to ~ the hide off sb** jdn verdreschen [*o* versohlen] [*o* vertrimmen] *fam* **III.** *n* ① (*brown colour*) [Sonnen]bräune *f;* **to get a ~** braun werden, Farbe bekommen ② (*light brown*) Gelbbraun *nt,* Hellbraun *nt* ③ CHEM (*agent*) Gerbstoff *m,* Gerbmittel *nt;* (*bark*) [Gerber]lohe *f fachspr,* [Eichen]lohe *f fachspr* **IV.** *adj clothing, shoes* gelbbraun, hellbraun

tan² [tæn] MATH *short for* **tangent** tan

tandem ['tændəm] **I.** *n* ① (*vehicle*) *as a bicycle* Tandem *nt; as a carriage* [Wagen]gespann *nt; as a team of horses* [Pferde]gespann *nt* ② TECH (*arrangement*) *of cylinders, drives* Reihe[nanordnung] *f;* **to swim in ~** hintereinander schwimmen; **to make an ideal ~** ein ideales Gespann bilden; **to operate** [*or* **work**] **in ~** MECH, TECH *of mechanisms* im Tandembetrieb arbeiten; *of people* im Team [*o fig* Hand in Hand] arbeiten **II.** *n modifier* COMPUT **~ processor** Tandemprozessor *m;* **~ switching** Durchgangsvermittlung *f* **III.** *adv* **to ride ~** Tandem fahren

tandoori [tæn'dʊəri, AM tɑ:n'dʊri] *n* Tandoori[gericht] *nt*

tang [tæŋ] *n* ① (*also pej: smell*) [scharfer [*o* penetranter] [*o* durchdringender]] Geruch; (*taste*) [scharfer [*o* intensiver]] Geschmack; ***there was this ~ of the sea in the air*** es roch so unverwechselbar nach Seeluft; **salty/spicy ~** salziger/würziger Geschmack ② (*fig form: distinctive quality*) Eigenart *f,* Wesen *nt;* ***the American way of life has its own ~*** die amerikanische Lebensart hat etwas eigenes ③ (*fig form: suggestion*) Andeutung *f,* Hauch *m;* ***she was beginning to get a ~ of enjoyment out of her job*** allmählich fand sie ein ganz klein wenig Freude an ihrer Arbeit; **a ~ of autumn/jasmine/irony** ein Hauch von Herbst/Jasmin/Ironie; **a ~ of mockery** ein Anflug *m* von Spott; **the ~ of a smile** der Anflug eines Lächelns

tangent ['tændʒənt] *n* ① MATH Tangente *f fachspr* ② (*fig: change*) **to fly** [*or* AM, AUS *also* **go**] **off on** [*or* BRIT *also* **at**] **a ~** [plötzlich] das Thema wechseln, sich *akk* [plötzlich] eines anderen besinnen

tangential [tæn'dʒen(t)ʃəl] *adj* nebensächlich, nicht zur Sache gehörend *attr,* tangential *geh*

tangentially ['tændʒenʃəli] *adv* am Rande

tangerine [ˌtændʒəʳ'ri:n, AM -dʒə'ri:n] **I.** *n* Mandarine *f* **II.** *adj inv* orangerot

tangibility [ˌtændʒə'bɪləti, AM əţi] *n no pl* Greifbarkeit *f*

tangible ['tændʒəbl̩] *adj* ① (*also fig: perceptible*) fassbar; *advantages, benefits, results* greifbar; *lack, loss, swelling* fühlbar; *disappointment, effects, improvement* spürbar; **a ~ difference** ein spürbarer [*o* merklicher] Unterschied; **a ~ relief** eine fühlbare Erleichterung; **a ~ success** ein greifbarer Erfolg ② (*real*) real, materiell; **~ advantage** realer [*o* echter] Vorteil; **~ gain** realer [*o* materieller] Gewinn; **~ property** LAW Sachvermögen *nt* ③ (*definite*) klar, eindeutig, deutlich; **to have ~ evidence** [*or* **proof**] LAW klare [*o* eindeutige] [*o* handfeste] Beweise haben

tangible assets *npl* ECON materielle [Vermögens]werte, bilanzierbare Sachwerte, Sachanlagen *fpl,* Sachanlagevermögen *nt fachspr*

tangibly ['tændʒəbli] *adv* ① (*also fig: perceptibly*) spürbar, merklich; **to be ~ colder** spürbar [*o* merklich] kälter sein ② (*clearly*) klar, eindeutig, deutlich; **to be ~ better/worse** eindeutig [*o* deutlich] besser/schlechter sein

tangle ['tæŋgl̩] **I.** *n* ① (*also fig, pej: mass*) *of hair, wool* [wirres] Knäuel; *of branches, roads, wires* Gewirr *nt;* ■**to be in a ~** *hair, wool* verfilzt sein; **to brush out ~s of hair** verfilztes Haar ausbürsten ② (*also fig, pej: confusion*) Durcheinander *nt,* Wirrwarr *nt,* Unordnung *f;* ***their financial affairs are in a complete ~*** ihre finanziellen Angelegenheiten sind ein einziges Chaos; **a ~ of lies** ein Lügengewebe *nt,* ein Gespinst *nt* von Lügen; **to be in a ~ of lies** in ein Netz von Lügen verstrickt sein; **a diplomatical/political ~** diplomatische/politische Verwicklungen; **to get into a ~** sich *akk* verfangen [*o* verstricken] [*o fam* verheddern]; ***we got into a complete ~ driving through Paris*** bei der Fahrt durch Paris haben wir uns total verfranst *fam* ③ (*fig, pej: disagreement*) Streit *m,* Auseinandersetzung *f;* **to get into a ~ with sb** mit jdm in einen Streit [*o* aneinander] geraten **II.** *vt* (*also fig, pej*) ■**to ~ sth** etw durcheinander bringen [*o* in Unordnung bringen]; **to ~ threads/yarn** Fäden/Garn verwickeln **III.** *vi* ① (*also fig, pej: knot up*) *hair, wool* verfilzen; *threads, wires* sich *akk* verwickeln; *animal, person* sich *akk* verfangen [*o fam* verheddern]; *groups, people* sich *akk* verstricken; **to ~ in a net/rope** sich *akk* in einem Netz/Strick verfangen ② (*fig, pej: quarrel*) ■**to ~ with sb** sich *akk* mit jdm anlegen

◆**tangle up I.** *vt* (*also fig, pej*) ■**to ~ up** ⊂ **sth** etw durcheinander [*o* in Unordnung] bringen **II.** *vi* (*also fig, pej*) *hair, wool* verfilzen; *threads, wires* sich *akk* verwickeln; *animal, person* sich *akk* verfangen [*o fam* verheddern]; *groups, people* sich *akk* verstricken; **to be/become ~d up in sth** *affair, scandal* in etw *akk* verwickelt [*o* verstrickt] sein/werden; **to become ~d up in an investigation** in eine Untersuchung hineingezogen werden

tangled ['tæŋgl̩d] *adj* (*also fig, pej*) *hair, wool* verfilzt; *cord, threads, wires* verwickelt; *affair* verworren; **~ bedclothes** zerwühltes Bett; **~ hair** zerzaustes Haar; **~ path** verschlungener Pfad; **~ undergrowth** dichtes Unterholz ▸ PHRASES: **oh what a ~ <u>web</u> we weave, when first we practise to deceive** (*saying*) welche Netze wir doch spinnen, wenn erstmal wir auf Täuschung sinnen *prov;* **to become ~ in the <u>web</u> of one's own lies** sich *akk* im Netz der eigenen Lügen verstricken

tango ['tæŋgəʊ, AM -goʊ] **I.** *n* Tango *m;* **to do** [*or* **dance**] **the ~** Tango tanzen **II.** *vi* Tango tanzen

tangy ['tæŋi] *adj* (*approv*) *taste* scharf, kräftig; *smell* durchdringend, streng

tank [tæŋk] **I.** *n* ① (*container*) *for liquid* [Flüssigkeits]behälter *m; for gas, oil* Tank *m;* (*pool*) [Wasser]becken *nt,* Teich *m,* Reservoir *nt;* (*sl: prison*) [Gemeinschafts]zelle *f;* (*for drunks*) Ausnüchterungszelle *f;* **fish ~** Fischbecken *nt,* Aquarium *nt;* **hot-water ~** Heißwasserspeicher *m;* **storage ~** Sammelbehälter *m* ② MIL Panzer *m,* Tank *m hist* ③ (*tank top*) Pullunder *m* **II.** *n modifier* MIL (*corps, gun*) Panzer-; **~ buster** (*sl*) Panzerknacker *m fam;* **~ mockup** Panzerattrappe *f;* **~ recovery vehicle** Bergepanzer *m fachspr;* **~ squadron** BRIT Panzerkompanie *f* **III.** *vi* (*sl*) ① (*fill*) voll tanken ② (*get drunk*) sich *akk* voll laufen lassen [*o* besaufen] *fam* ③ AM (*fam*) Schiffbruch erleiden *fig,* baden gehen *fig fam; market* abrutschen

tankard ['tæŋkəd, AM -əd] *n* [Deckel]krug *m,* [Bier]krug *m,* Humpen *m*

tanked up *adj pred* AM (*sl*), **tanked-up** *adj attr* AM (*sl*) voll [getankt] *fam,* besoffen *fam;* ■**to be ~** ganz schön einen sitzen haben *fam*

tanker ['tæŋkəʳ, AM -ə] **I.** *n* ① AVIAT (*aircraft*) Tanker *m,* Tankflugzeug *nt* ② NAUT (*ship*) Tanker *m,* Tankschiff *nt;* **oil ~** Öltanker *m* ③ TRANSP (*truck*) Tankwagen *m,* Tanklastzug *m* **II.** *n modifier* NAUT (*accident, cargo, route*) Tanker-; **~ berth** Tankerliegeplatz *m*

tankful ['tæŋkfʊl] *n* Tankfüllung *f;* ***how much petrol, sir? — a ~, please*** wie viel Benzin möchten Sie? – einmal voll tanken, bitte

tank suit *n* Einteiler *m,* einteiliger Badeanzug

tank top *n* Pullunder *m*

tanned [tænd] *adj* ① (*brown*) *skin* braun [gebrannt], [sonnen]gebräunt ② CHEM (*converted*) *hides, leather* gegerbt ③ (*sl: drunk*) voll *fam,* besoffen *fam*

tanner ['tænəʳ, AM -ə] *n* Gerber(in) *m(f)*

tannery ['tænəʳri, AM -əi] *n* Gerberei *f*

tannic ['tænɪk] *adj* Tannin-; ***wine with a ~ aftertaste*** Wein mit herbem Nachgeschmack

tannic acid *n* CHEM [Gallus]gerbsäure *f fachspr*

tannin ['tænɪn] *n* CHEM Tannin *nt fachspr*

tanning ['tænɪŋ] *n no pl* ① (*making brown*) *of skin* Bräunung *f,* Bräunen *nt* ② CHEM (*converting*) *of hides, leather* Gerben *nt fachspr* ③ (*fig fam: beating*) Verdreschen *nt;* **to give sb a [good] ~** jdm eine [ordentliche] Tracht Prügel verpassen **tanning bed** *n* Sonnenbank *f* **tanning lotion** *n* Sonnencreme *f*

tannoy® *n* BRIT, **Tannoy**® ['tænɔɪ] *n* BRIT [öffentliche] Lautsprecheranlage [*o* Rufanlage]; **an an-**

nouncement on [*or* **made over**] **the T~** eine Ansage über Lautsprecher

tansy ['tænzi] *n* BOT Rainfarn *m*

tantalize ['tæntəlaɪz, AM -t̬əl-] **I.** *vt* ■**to ~ sb** ❶ (*torment*) jdn quälen [*o* peinigen]; ***stop asking me — don't ~ me*** hör auf, mich zu fragen – quäl mich nicht ❷ (*excite*) jdn reizen; (*fascinate*) jdn in den Bann ziehen; ***the novel ~d him*** der Roman ließ ihn nicht mehr los ❸ (*keep in suspense*) jdn auf die Folter spannen *fig* [*o fam* zappeln lassen]; ***tell me what you know — don't ~ me*** sag mir, was du weißt – spann mich nicht länger auf die Folter **II.** *vi* ❶ (*torment*) quälen, peinigen ❷ (*excite*) reizen, einen Reiz ausüben

tantalizing ['tæntəlaɪzɪŋ, AM -t̬əl-] *adj* ❶ (*painful*) quälend, peinigend; **~ thought** quälender Gedanke ❷ (*enticing*) verlockend; ***her charm was ~*** man konnte sich ihrem Charme nicht entziehen; **~ fragrance** verlockender [*o* unwiderstehlicher] Duft; **~ offer/prospect** verlockendes Angebot/verlockende Aussicht; **~ smile** verführerisches Lächeln

tantalizingly ['tæntəlaɪzɪŋli, AM -t̬əl-] *adv* ❶ (*tormentingly*) quälend ❷ (*enticingly*) verlockend

tantamount ['tæntəmaʊnt, AM -t̬ə-] *adj inv* ■**to be ~ to sth** mit etw *dat* gleichbedeutend sein, etw *dat* gleichkommen

Tantra ['tæntrə, AM *esp* 'tʌn-] *n* REL Tantra *nt*

Tantrism ['tæntrɪzəm, AM *esp* 'tʌn-] *n no pl* REL Tantrismus *m*

Tantrist ['tæntrɪst, AM *esp* 'tʌn-] *n* REL Tantrist(in) *m(f)*

tantrum ['tæntrəm] *n* Wutanfall *m,* Tobsuchtsanfall *m,* Koller *m fam;* **to have/throw a ~** einen Wutanfall haben/bekommen

Tanzanian [ˌtænzə'niən] *adj inv* tansanisch

Taoiseach ['tiːʃək, *Irish* -ʃəx] *n* IRISH POL Premierminister(in) *m(f)* [der Republik Irland]

Taoism ['taʊɪzəm] *n no pl* Taoismus *m*

tap¹ [tæp] **I.** *n* ❶ (*outlet*) Hahn *m;* **beer on ~** Bier *nt* vom Fass; **a dripping ~** ein tropfender Wasserhahn; **to turn the ~ on/off** den Hahn auf-/zudrehen; **to be on ~** (*fig*) [sofort [*o* jederzeit]] verfügbar sein; ***there are a lot of interesting projects on ~*** es laufen zurzeit viele interessante Projekte ❷ TELEC (*intercepting device*) Abhörgerät *nt;* (*interception of phone calls*) Telefonüberwachung *f* **II.** *vt* <-pp-> ❶ TELEC (*intercept*) ■**to ~ sth** *conversation* etw abhören [*o* mithören]; **to ~ a line/phone** [*or* **telephone**] eine Leitung/ein Telefon anzapfen ❷ (*fig fam: try to obtain*) ■**to ~ sb** (*for information, money*) jdn anzapfen *fam;* **to ~ sb for advice/support** jdn um Rat/Unterstützung angehen ❸ ECON (*fig: make available*) ■**to ~ sth** *energy, sources* etw erschließen; **to ~ the market/new resources** den Markt/neue Quellen erschließen ❹ (*let out*) ■**to ~ sth** etw [ab]zapfen; **to ~ a barrel** ein Fass anstechen [*o* anzapfen]; **to ~ beer** Bier zapfen ❺ MED ■**to ~ sth** *spinal canal* etw punktieren [*o fachspr* drainieren] ❻ ECON ■**to ~ sth** von etw *dat* Anleihen machen, etw leihen **III.** *vi* (*fig fam: gain access*) vorstoßen; ■**to ~ into sb** mit jdm enger in Kontakt treten [*o* vertraut [*o fam* warm] werden]; **to ~ into new markets** in neue Märkte vorstoßen, neue Märkte erschließen

tap² [tæp] **I.** *n* ❶ (*light hit*) [leichter] Schlag, [leichtes] Klopfen ❷ (*tap-dancing*) Stepp[tanz] *m* **II.** *adj attr* Stepp- **III.** *vt* <-pp-> ❶ (*strike lightly*) ■**to ~ sth** *door, wall, window* [leicht] an [*o* gegen] etw *akk* klopfen [*o* pochen]; *floor, table* [leicht] auf etw *akk* klopfen; **to ~ one's fingers [on sth]** mit den Fingern [auf etw *akk*] klopfen; **to ~ sb on the shoulder** jdm auf die Schulter tippen ❷ MED *chest* etw beklopfen [*o* abklopfen] [*o fachspr* perkutieren] **IV.** *vi* <-pp-> [leicht] klopfen [*o* schlagen]; **to ~ against a door** [leicht] anklopfen [*o* an eine Tür klopfen]; **to ~ one's foot on the floor** mit dem Fuß [rhythmisch] auf den Boden klopfen

◆**tap away** *vi* [drauflos] tippen, vor sich *akk* hin tippen

◆**tap in** *vt* ❶ (*knock in*) **to ~ a nail in** einen Nagel einschlagen ❷ (*enter: on a keyboard*) ■**to ~ sth ↔ in** etw eintippen; **to ~ in a code/password** einen Code/ein Passwort eingeben

◆**tap out I.** *vt* ■**to ~ sth ↔ out** ❶ (*produce repeated sound*) *rhythm, tune* etw klopfen; **to ~ out the beat** den Takt klopfen [*o* schlagen]; **to ~ out morse [code]** Morsezeichen geben, morsen ❷ (*write on a typewriter*) etw tippen; **to ~ out a letter** einen Brief tippen ❸ (*clean*) *clothes, pipe* etw ausklopfen **II.** *vi* AM (*fig sl*) [eine Menge] Geld verlieren; ***boy, did I ~ out on those oil shares!*** Junge, bin ich bei diesen Ölaktien baden gegangen! *fam*

tapa ['tæpæ] *n* Tapa *f;* ■**~s** *pl* Tapas *fpl* **tapas bar** *n* Tapas-Bar *f*

tap dance *n* Stepptanz *m*

tap dancer *n* Stepptänzer(in) *m(f)*

tap dancing *n no pl* Stepptanzen *nt*

tape [teɪp] **I.** *n* ❶ (*strip*) Band *nt;* SPORTS (*for marking*) Zielband *nt;* (*for measuring*) Maßband *nt,* Bandmaß *nt;* (*adhesive*) Klebeband *nt;* TYPO Lochstreifen *m;* **to break** [*or* **breast**] **the ~** als Erste(r) durchs Ziel gehen; **insulating ~** Isolierband *nt;* **masking ~** [selbsthaftendes] Abdeckband *nt,* Kreppband *nt;* **Scotch ~®** AM Tesafilm® *m,* Tixo® *nt* ÖSTERR; **sticky ~** BRIT, AUS Klebeband *nt* ❷ (*spool*) *for recording* [Ton-/Magnet]band *nt;* ***I've got that film on ~*** ich habe diesen Film auf Video; **audio ~** Audiokassette *f;* **~ of music** Musikkassette *f;* **blank ~** leeres [*o* unbespieltes] [Ton]band; **to get** [*or* **put**] **sth on ~** etw aufnehmen; **to make** [*or* **tape-record**] **a ~** eine Aufnahme machen; **to record sth on ~** etw auf Band aufnehmen **II.** *vt* ■**to ~ sth** ❶ (*support*) etw mit einem [Klebe]band versehen; ***she ~d a note to the door*** sie heftete eine Nachricht an die Tür ❷ (*record*) etw aufnehmen; **to have [got] sb/sth ~d** BRIT, AUS (*fig fam*) jdn/etw durchschauen, über jdn/etw Bescheid wissen; **to have sth ~d** AM (*fig fam*) *appointment* einen Termin festmachen; *deal* ein Geschäft [*o* eine Sache] unter Dach und Fach bringen

◆**tape up** *vt* ■**to ~ up ↔ sth** *box, parcel* etw mit einem Band umwickeln [*o* [mit einem Klebeband] zukleben]; *leak* etw abdichten; *border, skirting board* etw abdecken

tape-cassette *n* Tonbandkassette *f* **tape-deck** *n* Kassettendeck *nt,* Tapedeck *nt* **tape delay** *n* Bandverzögerung *f* **tape measure** *n* Maßband *nt,* Bandmaß *nt*

taper ['teɪpəʳ, AM -ɚ] **I.** *n* ❶ (*candle*) [spitz zulaufende] Wachskerze; (*stick*) wachsüberzogener Span; (*wick*) wachsüberzogener Docht ❷ (*diminution*) *of a spire, steeple* Verjüngung *f* ❸ (*fig: decrease*) *of activities, interest* Verringerung *f,* Abnahme *f* **II.** *vt* ■**to ~ sth** *column, spire* etw verjüngen [*o* spitz zulaufen lassen] **III.** *vi* ❶ (*become pointed*) *column, spire* sich *akk* verjüngen (**into** zu +*dat*) ❷ (*also fig: decrease*) *activities, interest* [allmählich] abnehmen [*o* geringer werden]

◆**taper off I.** *vt* (*fig*) ■**to ~ sth ↔ off** *production, series* etw auslaufen lassen; *enthusiasm, interest* etw abklingen lassen **II.** *vi* ❶ (*become pointed*) *column, road, spire* sich *akk* verjüngen (**into** zu +*dat*) ❷ (*also fig: decrease*) [allmählich] abnehmen [*o* geringer werden]; *interest* abflauen, nachlassen

tape-reader *n* Bandleser *m,* Lochstreifenleser *m*

tape-record *vt* ■**to ~ sb/sth** jdn/etw [auf Band] aufnehmen **tape recorder** *n* Band[aufzeichnungs]gerät *nt,* Tonbandgerät *nt;* **cassette ~** Kassettenrekorder *m;* **video ~** Videorekorder *m* **tape recording** *n* [Magnet]bandaufzeichnung *f,* Tonbandaufnahme *f;* **video ~** Videoaufzeichnung *f*

tapestried ['tæpɪstrid, AM -pə-] *adj* ❶ (*decorated*) gobelingeschmückt *attr;* *furniture* mit Dekorationsstoff bespannt [*o* bezogen] *attr;* **~ walls** Wände *fpl* mit Wand[bild]teppichen ❷ (*illustrated*) *scene* bildlich dargestellt *attr*

tapestry ['tæpɪstri, AM -pə-] *n* ❶ (*fabric*) Gobelingewebe *nt;* (*for furniture*) Dekorationsstoff *m* ❷ (*carpet*) Gobelin *m,* Wand[bild]teppich *m,* Tapisserie *f fachspr* ❸ (*fig: illustration*) bildliche Darstellung

tapeworm *n* Bandwurm *m*

tapioca [ˌtæpi'əʊkə, AM -'oʊ-] *n no pl* Tapioka *f* (*Stärkemehl aus den Wurzeln des Maniokstrauches*)

tapioca pudding *n* Tapioka-Pudding *m*

tapir ['teɪpəʳ, AM -ɚ] *n* Tapir *m*

tappet ['tæpɪt] *n* MECH Daumen *m,* Zapfen *m,* Mitnehmer *m fachspr;* (*on car engine*) [Ventil]stößel *m fachspr;* (*on loom*) Nadelschloss *nt fachspr;* (*on sewing machine*) Exzenter *m fachspr,* Nocken *m fachspr*

taproom *n* Schankstube *f,* Schankraum *m* **tap root** *n* Pfahlwurzel *f* **tap water** *n* Leitungswasser *nt*

tar [tɑːʳ, AM tɑːr] **I.** *n no pl* ❶ (*for paving*) Teer *m,* Asphalt *m* ❷ (*in cigarettes*) Teer *m* ❸ NAUT (*fig, hum sl or dated: sailor*) Teerjacke *f hum fam o veraltet;* **a jolly Jack T~** BRIT ein lustiger Seemann ▶ PHRASES: **to spoil the ship for a ha'porth of ~** BRIT am falschen Ende sparen; **to beat** [*or* **knock**] [*or* **whale**] **the ~ out of sb** AM (*fam*) jdn grün und blau schlagen [*o* windelweich prügeln] **II.** *vt* <-rr-> (*pave*) ■**to ~ sth** *parking area, road* etw teeren [*o* asphaltieren] ▶ PHRASES: **to ~ and feather sb** (*hist*) jdn teeren und federn *hist;* **to be ~red with the same brush** [*or* **stick**] (*pej*) um kein Haar besser sein

taramasalata [ˌtærəməsə'lɑːtə, AM ˌtɑːrɑːmɑːsɑː'lɑːtɑː] *n no pl* Fischeierpaste *f*

tarantella [ˌtærən'telə, AM ˌter] *n,* **tarantelle** [ˌtærən'tel, AM ˌter] *n* Tarantella *f*

tarantula [tə'ræntjələ, AM -tʃələ] *n* Tarantel *f*

tardily ['tɑːdɪli, AM 'tɑːr] *adv* ❶ (*slowly*) langsam ❷ (*late*) spät

tardiness ['tɑːdɪnəs, AM 'tɑːr-] *n no pl* ❶ (*slowness*) Langsamkeit *f,* Trägheit *f* ❷ (*lateness*) Unpünktlichkeit *f;* (*overdueness*) Verspätung *f* ❸ (*sluggishness*) Säumigkeit *f*

tardy ['tɑːdi, AM 'tɑːrdi] *adj* ❶ (*slow*) langsam, träge; **~ progress** schleppender Fortschritt ❷ (*late*) unpünktlich; (*overdue*) verspätet; **~ arrival/response** verspätete Ankunft/Reaktion ❸ (*sluggish*) säumig; **~ payer** säumiger Zahler/säumige Zahlerin

tare [teəʳ, AM ter] *n* ECON Leergewicht *nt,* Tara *f fachspr*

target ['tɑːgɪt, AM 'tɑːr-] **I.** *n* ❶ MIL (*mark aimed at*) Ziel *nt;* ■**to be on/off ~** *bullet, shot* das Ziel treffen/verfehlen; *radar* ein Ziel erfasst/nicht erfasst haben; **to acquire a ~** *radar* ein Ziel erfassen; **to aim at a ~** ein Ziel anstreben; *soldier* ein Ziel anvisieren ❷ (*fig*) Ziel *nt;* ■**to be on ~** auf [Ziel]kurs liegen; *analysis, description* zutreffen; *decision* [genau] richtig sein; ***the amount of spare parts we ordered was on ~*** die Zahl der von uns bestellten Ersatzteile war genau richtig; **to be/become a ~ for criticism/mockery** eine Zielscheibe der Kritik/des Spotts sein/werden; **to hit the ~** ins Schwarze treffen *fig* ❸ ECON (*also fig: goal*) Zielsetzung *f,* [Plan]ziel *nt,* Soll *nt;* ■**to be on ~** im Zeitplan liegen; **sales ~** Verkaufsziel *nt;* **long-term/short-term ~** langfristiges/kurzfristiges Ziel; **to fix a ~** ein Planziel festlegen; **to meet** [*or* **reach**] **a ~** ein [Plan]ziel erreichen [*o* Soll erfüllen]; **to miss a ~** ein Ziel verfehlen [*o* Planziel nicht einhalten]; **to overshoot a ~** über ein Ziel hinausschießen *fig;* **to set oneself a ~** sich *dat* ein Ziel setzen **II.** *vt* <BRIT -tt- *or* AM *usu* -t-> (*address, direct*) ■**to ~ sb/sth** *consumers, group of buyers* auf jdn/etw [ab]zielen, sich *akk* an jdn richten; **to ~ a weapon at** [*or* **on**] **sb/sth** (*also fig*) eine Waffe auf jdn/etw richten **III.** *n modifier* (*group, velocity*) Ziel-; **~ location** MIL Zielortung *f;* **~ range** Zielentfernung *f;* **~ tracking** Zielverfolgung *f;* **~ figures** COMM Sollzahlen *fpl*

target audience *n* COMM Zielgruppe *nt* **target date** *n* COMM (*for completion*) Stichtag *m,* Termin *m;* (*for delivery*) Liefertermin *m;* (*for payment*) Fälligkeitsdatum *nt* **target language** *n* LING Zielsprache *f* **target practice** *n* MIL Übungsschießen *nt,* Zielschießen *nt* **target price** *n* COMM Richtpreis *m,* Orientierungspreis *m;* (*in process costing*) Kostenpreis *m* **target projectile** *n* MIL Übungsgeschoss *nt*

tariff [ˈtærɪf, AM *esp* ˈter-] *n* ① (*form: table of charges*) *of a business, hotel* Preisliste *f,* Preisverzeichnis *nt; of an insurance* [Versicherungs]tarif *m;* (*for services*) [Gebühren]satz *m; esp* BRIT (*charges*) *of a bus line, railroad* Tarif *m,* Fahrpreis *m; of a hotel* Preis *m;* **~ for rooms** Zimmerpreis *m* ② ECON, LAW (*table of customs*) Zolltarif *m;* (*customs*) Zoll *m kein pl,* Zollgebühr *f;* **import ~s** Einfuhrzoll *m;* **preferential ~** Vorzugszoll *m,* Präferenzzoll *m fachspr;* **retaliatory ~** Kampfzoll *m,* Retorsionszoll *m fachspr*

tariff barriers *npl* ECON Zollschranken *fpl*

tarmac® [ˈtɑːmæk, AM ˈtɑːr-], **tarmacadam**® [ˌtɑːməˈkædəm, AM ˌtɑːr-] **I.** *n no pl* ① BRIT (*paving material*) Asphalt *m* ② (*paved surface*) ■**the ~** (*road*) die Fahrbahn; AVIAT das Rollfeld *nt,* die Start- und Landebahn *f* **II.** *vt* <-ck-> BRIT ■**to ~ sth** etw makadamisieren; **to ~ a road** eine Straße asphaltieren

tarn *n,* **Tarn** [tɑːn, AM tɑːrn] *n* GEOL Bergsee *m,* Karsee *m fachspr*

tarnish [ˈtɑːnɪʃ, AM ˈtɑːr-] **I.** *vi* ① (*dull*) *metal* matt [*o* stumpf] werden; (*discolour*) anlaufen ② (*fig, pej: lose shine*) *success* an Glanz verlieren; (*lose purity*) *honour, name, reputation* beschmutzt [*o* befleckt] werden *fig* **II.** *vt* ■**to ~ sth** ① (*dull*) *metals* etw trüben [*o* stumpf werden lassen]; (*discolour*) etw anlaufen lassen ② (*fig, pej: diminish shine*) *success* etw *dat* den Glanz nehmen; **to ~ sb's reputation** jds Ruf beflecken [*o* Ansehen beschmutzen] **III.** *n* ① (*dull condition*) Stumpfheit *f,* Beschlag *m* ② (*coating*) Überzug *m,* Belag *m* ③ (*fig, pej: loss of shine*) Glanzlosigkeit *m;* (*loss of purity*) Fleck *m,* Makel *m*

tarnished [ˈtɑːnɪʃt, AM ˈtɑːr-] *adj* ① (*dull*) *metal* matt, stumpf; (*discoloured*) angelaufen ② (*fig, pej: lacking shine*) *life* glanzlos geworden *attr; success* getrübt; (*impure*) *honour, name, reputation* beschmutzt, befleckt; **~ image** getrübtes Bild

taro [ˈtærəʊ, AM -oʊ] *n* Taro *m,* Wasserbrotwurzel *f fachspr*

tarot [ˈtærəʊ, AM -oʊ] *n* CARDS Tarot *nt o m;* **to read ~ cards** Tarotkarten lesen

tarp [tɑːp, AM tɑːrp] *n esp* AM [Abdeck]plane *f,* [Schutz]decke *f,* Abdeckung *f*

tarpaulin [tɑːˈpɔːlɪn, AM tɑːrˈpɑːl-] *n* ① *no pl* (*fabric*) [wasserdichtes] geteertes Leinwandgewebe ② (*covering*) [Abdeck]plane *f,* [Schutz]decke *f,* Abdeckung *f;* NAUT (*for hatches, as railings*) Persenning *f fachspr;* **a sheet of ~** eine Plane ③ BRIT NAUT (*clothing*) ■**~s** Ölzeug *nt*

tarragon [ˈtærəgən, AM ˈterəgɑːn] *n no pl* Estragon *m*

tarry [ˈtæri, AM ˈteri] *vi* (*liter*) ① (*remain*) sich *akk* aufhalten, verweilen *liter,* weilen *poet* ② (*delay*) zögern, zaudern *geh* ③ (*wait*) [ab]warten

tarsus <*pl* -si> [ˈtɑːsəs, AM ˈtɑːr-, *pl* -saɪ] *n* ANAT Fußwurzel *f,* Tarsus *m fachspr*

tart¹ [tɑːt, AM tɑːrt] **I.** *n* ① (*small pastry*) [Obst]törtchen *nt;* **jam ~** Marmeladentörtchen *nt* ② BRIT (*cake*) [Obst]torte *f,* Obstkuchen *m;* **custard ~** Vanillecremetorte *f;* **honey ~** gefüllter Honigkuchen; **jam ~** Marmeladenkuchen *m;* **strawberry ~** Erdbeertorte *f,* Erdbeerkuchen *m* **II.** *adj* ① (*sharp*) *sauce, soup* scharf; *apples, grapes, wine* sauer, säuerlich; *perfume, smell, wine* herb ② (*cutting*) scharf, beißend, bissig; **~ irony** beißende Ironie; **~ remark** bissige Bemerkung; **~ reply** scharfe Erwiderung, schroffe Antwort; **~ wit** scharfer Verstand

tart² [tɑːt, AM tɑːrt] **I.** *n* (*fig, usu pej*) ① (*fam: loose female*) leichtes Mädchen, Schlampe *f pej fam* ② (*fam: attractive female*) süßes Ding *veraltend,* flotte Biene *veraltend fam,* flotter Käfer *veraltend fam* ③ (*sl: sex object*) Biene *f veraltend fam,* Puppe *f veraltend fam* ④ (*fam: prostitute*) Dirne *f veraltend fam,* Nutte *f fam* **II.** *vt esp* BRIT (*fam or fig, also pej*) ■**to ~ oneself up** *woman* sich *akk* zurechtmachen [*o fam* aufdonnern]; ■**to ~ up ⊂ sth** etw aufmotzen *fam;* **to ~ up a pizza [with some olives]** eine Pizza [mit ein paar Oliven] aufpeppen *fam*

tartan [ˈtɑːtᵊn, AM ˈtɑːr-] **I.** *n* ① *no pl* (*cloth*) [bunt karierter] Schottenstoff, Tartan *m fachspr* ② (*design*) Schottenkaro *nt* ③ (*blanket*) bunt karierte Wolldecke [*o* Reisedecke], Tartan *m fachspr,* Plaid *m fachspr* ④ (*cape*) bunt karierter Umhang, Tartan *m fachspr,* Plaid *m fachspr* **II.** *adj* Schotten-; ***the Macdonald and Stewart ~s are famous*** die Schottenmuster der Macdonalds und Stewarts sind berühmt

tartar¹ [ˈtɑːtəʳ, AM ˈtɑːrt̬ɚ] *n no pl* ① MED (*on teeth*) Zahnstein *m* ② CHEM Weinstein *m*

tartar² *n,* **Tartar** [ˈtɑːtəʳ, AM ˈtɑːrt̬ɚ] *n* ① (*person*) Tatar(in) *m(f);* (*language*) Tatarisch *nt* ② (*fig, pej dated: ill-tempered person*) Choleriker(in) *m(f),* Hitzkopf *m* ▸ PHRASES: **to catch a ~** an den Falschen/die Falsche geraten

tartar(e) sauce *n no pl* Remouladensoße *f*

tartaric [tɑːˈtærɪk, AM tɑːrˈ-] *adj attr, inv* CHEM Wein-stein-; **~ acid** Wein[stein]säure *f*

Tartary [ˈtɑːtᵊri, AM ˈtɑːrt̬ɚi] *n no pl* Tartarei *f*

tartlet [ˈtɑːtlət, AM ˈtɑːrt] *n* Törtchen *nt*

tartly [ˈtɑːtli, AM ˈtɑːr-] *adv* scharf, bissig; **to remark ~ that ...** bissig bemerken, dass ...; **to say sth ~** etw in scharfem Ton sagen

tartness [ˈtɑːtnəs, AM ˈtɑːr-] *n no pl* ① (*sharpness*) *of apples, wine* Säure *f,* Säuerlichkeit *f; of smell* Herbheit *f* ② (*fig: cuttingness*) Schärfe *f,* Schroffheit *f; of a remark* Bissigkeit *f;* **the ~ of tone** die Schärfe des Tons

tarty [ˈtɑːti, AM ˈtɑːrt̬i] *adj* (*pej*) nuttig *pej fam*

tash [tæʃ] *n* (*fam*) Schnauzer *m fam*

task [tɑːsk, AM tæsk] **I.** *n* ① (*work*) [Arbeits]aufgabe *f,* [auferlegte] Arbeit; SCH [Prüfungs]aufgabe *f;* **~ in hand** zu erledigende Arbeit [*o* Aufgabe]; **arduous ~** mühsame [*o* anstrengende] Arbeit; **daunting ~** entmutigende Aufgabe; **menial ~s** niedrige Arbeiten; **to perform a ~** eine Aufgabe erfüllen [*o* Arbeit erledigen]; **to set oneself the ~ of doing sth** es sich *dat* zur Aufgabe machen, etw zu tun; **to set sb the ~ of doing sth** jdn [damit] beauftragen, etw zu tun ② *no pl* (*reprimand*) **to bring** [*or* **call**] [*or* **take**] **sb to ~ [for sth]** jdn [wegen einer S. *gen*] zur Rede stellen **II.** *vt* ① (*order*) ■**to ~ sb with** [*or* **to do**] **sth** jdn mit etw *dat* beauftragen ② (*strain*) ***stop ~ing your mind with details!*** hör auf, deinen Kopf mit Details zu belasten!; **to ~ one's memory** sein Gedächtnis anstrengen; **to ~ one's powers** seine Kräfte beanspruchen; **to ~ sb's powers of endurance** jds Durchhaltevermögen auf eine harte Probe stellen

task force *n* ① MIL (*unit*) Einsatzverband *m,* Eingreiftruppe *f; in police* Einsatzgruppe *f,* Spezialeinheit *f,* Sonderdezernat *nt fachspr* ② COMM (*group*) Arbeitsgruppe *f,* Projektgruppe *f* **task master** *n* ① ECON, COMM (*superior*) [strenger] Aufseher [*o* Vorgesetzter]; **to be a hard ~** (*fig, usu pej*) ein strenger Meister sein ② (*fig: strain*) [große] Belastung, harte Arbeit; ***the profession of medicine is a stern ~*** der Arztberuf ist ein hartes Geschäft

Tasmania [tæzˈmeɪniə] *n* Tasmanien *nt*

Tasmanian [tæzˈmeɪniən] **I.** *n* (*person*) Tasmanier(in) *m(f)* **II.** *adj* (*of Tasmania*) tasmanisch

Tasmanian devil *n* ZOOL Beutelteufel *m fachspr*

Tasmanian wolf *n* ZOOL Beutelwolf *m fachspr*

tassel [ˈtæsᵊl] *n* (*on caps, curtains, cushions*) Quaste *f,* Troddel *f;* (*on carpets, cloths, skirts*) Franse *f*

tasseled AM, **tasselled** [ˈtæsᵊld] *adj inv* mit Quasten [*o* Troddeln] versehen [*o* geschmückt] *attr,* Fransen-; **~ carpet/skirt** Fransenteppich/-rock *m;* **~ curtain** Vorhang *m* mit Quasten [*o* Troddeln]

taste [teɪst] **I.** *n* ① *no pl* (*flavour*) Geschmack *m;* ***she still had the ~ of onions in her mouth*** sie hatte immer noch den Zwiebelgeschmack im Mund; **sense of ~** Geschmackssinn *m;* **to leave a bad ~ in the mouth** (*fig*) einen üblen Nachgeschmack hinterlassen ② (*small portion/mouthful of food*) [kleiner] Bissen; ***just a ~ of cake for me, please*** für mich bitte nur ein kleines Stückchen Kuchen ③ (*liking, fondness*) Vorliebe *f;* ***I've never understood Liz's ~ in men*** ich habe Liz' Geschmack, was Männer anbelangt, nie verstanden; ***these olives are an acquired ~*** diese Oliven sind etwas für Kenner; **to be a question of ~** Geschmackssache sein; **to have different ~s** verschiedene Geschmäcker haben; **to have an expensive ~** einen teuren Geschmack haben; **to acquire a ~ for sth** an etw *dat* Geschmack finden; **to get a ~ for sth** Gefallen an etw *dat* finden; **to lose the ~ for sth** den Gefallen an etw *dat* verlieren ④ *no pl* (*aesthetic quality/discernment*) Geschmack *m;* ***jokes about death are rather in poor ~*** Witze über den Tod sind ziemlich geschmacklos; **to be a matter of [personal] ~** Geschmackssache sein; **bad ~** schlechter Geschmack; **to be in excellent ~** von exzellentem Geschmack zeugen; **to be in terrible ~** äußerst geschmacklos sein; **to have [good] ~** [einen guten] Geschmack haben ⑤ *no pl* (*fig: short encounter*) Kostprobe *f fig;* **to give sb a ~ of the whip** jdn die Peitsche spüren lassen; **to have a ~ of sth** einen Vorgeschmack von etw *dat* bekommen **II.** *vt* ① (*perceive flavour*) ■**to ~ sth** etw schmecken; (*test*) etw probieren [*o* geh kosten]; ***I can't ~ anything*** ich schmecke gar nichts ② (*experience briefly*) ■**to ~ sth** *luxury, success* [einmal] etw erleben **III.** *vi* schmecken; ■**to ~ of sth** nach etw *dat* schmecken; **to ~ bitter/salty/sweet** bitter/salzig/süß schmecken; **to ~ like sth** wie etw schmecken

taste bud *n* ANAT Geschmacksknospe *f*

tasteful [ˈteɪstfᵊl] *adj* (*approv*) ① (*appetizing*) schmackhaft, lecker ② (*decorous*) geschmackvoll, stilvoll; **~ clothing** geschmackvolle Kleidung; **~ furnishing** geschmackvolle [*o* stilvolle] Einrichtung; **~ room** geschmackvoll [*o* stilvoll] eingerichteter Raum

tastefully [ˈteɪstfᵊli] *adv* (*approv*) ① (*appetizingly*) schmackhaft, lecker; **~ cooked** [*or* **prepared**] schmackhaft zubereitet ② (*decorously*) geschmackvoll, stilvoll; **~ dressed** geschmackvoll gekleidet; **~ furnished** geschmackvoll [*o* stilvoll] eingerichtet

tasteless [ˈteɪstləs] *adj* ① (*without physical taste*) geschmacksneutral, ohne Geschmack *nach n;* (*pej: unappetizing*) *food, meal* wenig schmackhaft, fad[e]; *beer, wine* schal ② (*pej: unstylish*) *clothing, furnishing* geschmacklos, stillos; (*offensive*) *behaviour, remark* geschmacklos, taktlos; **~ joke** geschmackloser Witz

tastelessly [ˈteɪstləsli] *adv* ① (*pej: unappetizingly*) wenig schmackhaft, fad[e] ② (*pej: unstylishly*) geschmacklos, stillos; **~ dressed** geschmacklos gekleidet; **~ furnished** geschmacklos [*o* stillos] eingerichtet

taster [ˈteɪstəʳ, AM -ɚ] *n* ① (*quality expert*) Vorkoster *m hist,* Koster(in) *m(f);* **wine-~** Weinkoster(in) *m(f)* ② (*device for sampling butter, cheese*) Stecher *m;* (*for sampling wine*) Probierschälchen *nt,* Probiergläschen *nt* ③ (*also fig: sample*) *of drink, food* Kostprobe *f;* BRIT kleine Portion Eis (*in flacher Glasschale*)

-tasting [ˈteɪstɪŋ] *in compounds* (*bitter-, sour-, sweet-*) -schmeckend *attr;* **pleasant-~** wohlschmeckend, schmackhaft; **smoky-~** rauchig schmeckend

tasty [ˈteɪsti] *adj* ① (*approv: appetizing*) schmackhaft, lecker; ***this soup is so ~*** diese Suppe schmeckt wirklich lecker ② BRIT (*fam: attractive*) gut aussehend *attr*

tat [tæt] *n no pl* BRIT (*pej fam*) Ramsch *m fam*

ta-ta [təˈtɑː, AM tɑːˈtɑː] *interj esp* BRIT (*fam*) tschüs *fam;* (*childspeak*) winke, winke *Kindersprache*

tatter [ˈtætəʳ, AM -t̬ɚ] *n usu pl* ① (*pej: piece*) *of cloth, a flag* Fetzen *m;* ■**to be in ~s** in Fetzen [*o* zerfetzt] sein; (*fig*) ***his reputation was in ~s*** sein Ruf war ruiniert; **to hang in ~s** in Fetzen herunterhängen; **to tear sth to ~s** (*also fig*) *argument, report* etw verreißen ② (*pej: clothing*) ■**~s** abgerissene Kleidung; **to be dressed in ~s** in Lumpen gehüllt sein

tattered [ˈtætəd, AM -t̬ɚd] *adj* (*also fig, pej*) *clothing* zerlumpt, abgerissen; *cloth, flag* zerfetzt, zerrissen; **~ clouds** Wolkenfetzen *mpl;* **~ reputation** ramponierter Ruf

tattersall [ˈtætəsɔːl, AM ˈtæt̬ɚ-] *n* Tattersall *kein art*

tattie [ˈtæti] *n* SCOT (*fam*) Kartoffel *f*

tattle [ˈtætl, AM -t̬l] **I.** *n* (*pej*) Gerede *nt,* Klatsch *m,* Tratsch *m fam* **II.** *vi* AM (*esp childspeak fam*) ■**to ~ on sb** jdn verpetzen *fam*

tattler [ˈtætləʳ, AM -t̬lɚ] *n* ① (*gossip*) Klatschmaul

nt fam, Tratsche *f fam* ❷ AM (*esp childspeak fam: informer*) Petzer(in) *m(f) fam*
tattle-tale ['tæṭlteɪl] *n* AM (*pej*) ❶ (*tell-tale*) Klatschmaul *nt fam;* ***you are such a ~*** du bist vielleicht eine Tratsche ❷ (*informer*) Zuträger(in) *m(f)*, Denunziant(in) *m(f);* (*among children*) Petze *f fam*
tattoo¹ [tæt'u:] *n* ❶ MIL (*signal*) Zapfenstreich *m;* BRIT (*display*) [Musik]parade *f;* **to beat** [*or* **sound**] **the ~** den Zapfenstreich schlagen [*o* blasen] ❷ (*noise*) Trommeln *nt kein pl*, Getrommel *nt kein pl;* ***someone was beating a ~ on the door*** es trommelte jemand gegen die Tür ❸ (*pulsation*) [starkes] Klopfen [*o* Pochen] *kein pl;* ***her heart beat a ~ on her ribs*** ihr Herz pochte gegen ihre Brust
tattoo² [tæt'u:] **I.** *n* Tattoo *m o nt*, Tätowierung *f* **II.** *vt* ■**to ~ sb** jdn tätowieren
tattoo artist *n* Tätowierer(in) *m(f)*
tattooed [tæt'u:d] *adj inv* tätowiert
tattooist [tæt'u:ɪst] *n* Tätowierer(in) *m(f)*
tatty ['tæti, AM -ṭ-] *adj* (*also fig, pej*) ❶ (*tawdry*) geschmacklos [*o* billig] [aufgemacht]; **~ production of a play** billige Inszenierung eines Stücks ❷ (*showing wear*) *newspaper* zerfleddert; *book also* abgegriffen; *furnishing, room* schäbig; *clothing* zerschlissen, abgetragen *attr*
taught [tɔ:t, AM *esp* tɑ:t] *pt, pp of* **teach**
taunt [tɔ:nt, AM *esp* tɑ:nt] **I.** *vt* ❶ (*mock*) ■**to ~ sb** jdn verhöhnen [*o* verspotten] ❷ (*tease*) **to ~ sb about** [*or* **over**] [*or* **with**] **sth** jdn mit etw *dat* aufziehen [*o* wegen einer S. *gen* hänseln] ❸ (*provoke*) ■**to ~ sb** gegen jdn sticheln **II.** *n* höhnische [*o* spöttische] Bemerkung; (*tease*) Hänselei *f;* (*provocation*) Stichelei *f*
tauntingly ['tɔ:ntɪŋli, AM 'tɑ:nt] *adv* spöttisch
Taurean ['tɔ:riən] ASTROL, ASTRON **I.** *n* Stier *m;* ***his mother is a ~*** seine Mutter ist ein Stier **II.** *adj* ■**to be ~** Stier sein
tauromachy [tɔ:'rɒməki, AM -'rɑ:-] *n* (*rare*) ❶ *no pl* (*art of fighting*) Kunst *f* des Stierkampfs ❷ (*fight*) Stierkampf *m*
Taurus¹ *n* STOCKEX *abbrev of* **transfer and automated registration of uncertified stock** Taurus *m*
Taurus² ['tɔ:rəs] *n* ASTROL, ASTRON Stier *m;* **under** [**the sign of**] **~** im Zeichen des Stier[e]s
taut [tɔ:t, AM *esp* tɑ:t] *adj* ❶ (*tight*) *cable, rope, string* straff [gespannt]; *elastic, rope* stramm; **~ muscle** gespannter Muskel; **~ skin** gespannte Haut ❷ (*fig, pej: tense*) *expression, face, nerves* angespannt ❸ (*approv, fig: tidy*) *house, ship, village* schmuck, [sehr] gepflegt ❹ (*fig: strict*) streng [*o* straff] [geführt]; **~ discipline** strenge [*o* stramme] Disziplin; **~ order/organization** straffe Ordnung/Organisation ❺ (*fig: economical*) *style* knapp
tauten ['tɔ:tᵊn, AM 'tɑ:tᵊn] **I.** *vi* (*also fig*) *cable, rope, string* sich *akk* straffen; *muscle, skin* sich *akk* spannen; *expression, face, nerves* sich *akk* anspannen **II.** *vt* (*also fig*) ■**to ~ sth** *cable, rope, string* etw straffen [*o* straff spannen]; *muscle, skin* etw spannen; *expression, face, nerves* etw anspannen
tautly ['tɔ:tli, AM *esp* 'tɑ:-] *adv* ❶ (*tightly*) straff; **~ drawn rope** straff gespanntes Seil ❷ (*fig*) knapp, prägnant; **~ written article** prägnant geschriebener Artikel
tautness ['tɔ:tnəs, AM *esp* 'tɑ:-] *n of cables, ropes, strings* Straffheit *f*, Spannung *f;* (*fig*) Straffheit *f*, Strenge *f;* **~ of discipline** disziplinarische Strenge; **~ of organization** organisatorische Straffheit
tautological [ˌtɔ:tə'lɒdʒɪkᵊl, AM 'tɑ:ṭə'lɑ:-] *adj* doppelt gesagt [*o* ausgedrückt] *attr*, tautologisch *fachspr;* ***it is ~ to talk about 'little droplets'*** es ist doppelt gemoppelt, wenn man von ‚kleinen Tröpfchen' spricht *fam*
tautologically [ˌtɔ:tə'lɒdʒɪkᵊli, AM 'tɑ:ṭə'lɑ:-] *adv* tautologisch *fachspr*
tautologous [tɔ:'tɒləgəs, AM tɑ:'tɑ:-] *adj* tautologisch *fachspr*
tautology [tɔ:'tɒlədʒi, AM tɑ:'tɑ:-] *n* Doppelaussage *f*, Wiederholung *f* [von bereits Gesagtem], Tautologie *f fachspr*
tavern ['tævᵊn, AM -ən] *n* ❶ BRIT (*old: pub*) Schenke *f*, Schankwirtschaft *f veraltend;* AM Bar *f* ❷ AM (*inn*) Gasthaus *nt*, Gasthof *m*
tawdriness ['tɔ:drɪnəs, AM *esp* 'tɑ:-] *n no pl* (*pej*) ❶ (*gaudiness*) *of clothing, finery, trappings* Protzigkeit *f* ❷ (*cheapness*) *of a show, stage performance* Geschmacklosigkeit *f*, Schäbigkeit *f* ❸ (*baseness*) Niederträchtigkeit *f*, Gemeinheit *f*
tawdry ['tɔ:dri, AM *esp* 'tɑ:-] *adj* (*pej*) ❶ (*gaudy*) protzig ❷ (*cheap*) geschmacklos, schäbig ❸ (*base*) niederträchtig, gemein; **~ motives** niedere Beweggründe
tawny ['tɔ:ni, AM *esp* 'tɑ:-] *adj* lohfarben, gelbbraun, dunkelgelb
tawny owl *n* ORN Waldkauz *m*
tax [tæks] **I.** *n* <*pl* -es> ❶ FIN (*levy*) Steuer *f*, Abgabe *f;* **~ on business capital** Gewerbekapitalsteuer *f;* **council** BRIT [*or* AM **local**] **~es** Kommunalabgaben *fpl;* **income ~** Einkommenssteuer *f;* **motor vehicle ~** Kraftfahrzeugsteuer *f;* **indirect** [*or* AM *also* **hidden**] **~es** indirekte Steuern; **to collect/levy ~es** Steuern einziehen/erheben; **to cut/increase ~es** Steuern senken/erhöhen; **to impose** [*or* **put**] **a ~ on sth** etw besteuern [*o* mit einer Steuer belegen]; **to pay** [**one's**] **~es** [seine] Steuern zahlen ❷ *no pl* (*levying*) Besteuerung *f;* **double ~** Doppelbesteuerung *f;* **after/before ~**[**es**] nach/vor Abzug von Steuern, netto/brutto ❸ (*fig: burden: on a person*) Belastung *f* (**on** für +*akk*); (*on patience, resources, time*) Beanspruchung *f* (**on** +*gen*); ***the preparations for the meeting were a heavy ~ on him*** die Vorbereitungen für die Konferenz nahmen in stark in Anspruch; **to be a ~ on one's nerves** eine nervliche Belastung sein **II.** *n modifier* (*advantages, declaration, progression*) Steuer-; **pre-~ profit** Gewinn *m* vor Abzug von Steuern **III.** *vt* ■**to ~ sb/sth** ❶ (*levy*) jdn/etw besteuern; **to be ~ed** [**heavily/lightly**] [hoch/niedrig] besteuert werden ❷ (*fig: burden*) jdn/etw belasten; (*make demands*) jdn/etw beanspruchen [*o* in Anspruch nehmen]; (*confront*) ■**to ~ sb with sth** jdn einer S. *gen* beschuldigen [*o* bezichtigen]
taxable ['tæksəbl] *adj inv* steuerpflichtig, abgabenpflichtig, Steuer-; **~ article/entity** Steuerobjekt/-subjekt *nt fachspr;* **~ income** zu versteuerndes Einkommen; **~ period** Steuerperiode *f*, Veranlagungszeitraum *m fachspr;* **~ profit** zu versteuernder Gewinn
tax adviser *n* Steuerberater(in) *m(f)* **tax allowance** *n* FIN Steuerfreibetrag *m* **tax arrears** *n* FIN Steuerrückstände *mpl* **tax assessment** *n* FIN ❶ (*valuation*) Steuerveranlagung *f*, Steuerfestsetzung *f* ❷ (*bill*) Steuerbescheid *m*
taxation [tæk'seɪʃᵊn] *n no pl* ❶ (*levying*) Besteuerung *f;* **direct ~** Direktbesteuerung *f;* **double ~ agreement** Abkommen *nt* zur Doppelbesteuerung; **graduated** [*or* **progressive**] **~** gestaffelte Besteuerung; **indirect ~** indirekte Besteuerung; **regressive ~** rückläufige Besteuerung ❷ (*money obtained*) Steuereinnahmen *fpl*, Steuern *fpl;* **direct/indirect ~** direkte/indirekte Steuern
tax authorities *npl* Fiskus *m*, Steuerbehörde *f* **tax avoidance** *n* FIN [legale] Steuerumgehung **tax bill** *n* FIN Steuerbescheid *m* **tax bracket** *n* FIN Steuerklasse *f* **tax break** *n* (*fam*) vorübergehende Steuerbefreiung **tax collector** *n* FIN Steuerbeamte(r), -beamtin *m, f*, Finanzbeamte(r), -beamtin *m, f* **tax consultant** *n* Steuerberater(in) *m(f)* **tax cut** *n* Steuersenkung *f* **tax-deducted** *adj* FIN quellenbesteuert *attr*, nach Abzug der Quellensteuer *nach n fachspr;* **~ income** Einkommen *nt* nach Abzug der Quellensteuer **tax-deductible** *adj* AM, AUS FIN steuerlich absetzbar; ***these expenses are not ~*** diese Ausgaben kann man nicht von der Steuer absetzen **tax disc** *n* BRIT FIN (*on motor vehicle*) Steuerplakette *f*, Vignette *f* ÖSTERR, SCHWEIZ *fachspr* **tax dodger** *n* FIN (*fam*) Steuerhinterzieher(in) *m(f)* **tax dodging** *n* (*fam*) Steuerhinterziehung *f* **tax evader** *n* FIN Steuerhinterzieher(in) *m(f)* **tax evasion** *n* FIN Steuerhinterziehung *f* **tax exemption** *n* FIN Steuerbefreiung *f*, Steuerfreiheit *f;* AM [Steuer]freibetrag *m* **tax exile** *n* FIN Steuerflüchtige(r) *f(m)* **tax form** *n* FIN Steuererklärungsformular *nt* **tax-free** *adj* steuerfrei **tax haven** *n* Steueroase *f* **tax holiday** *n* FIN [vorübergehende] Steuerbefreiung *f*
taxi ['tæksi] **I.** *n* Taxi *nt;* **to call a ~** ein Taxi rufen; **to hail a ~** ein Taxi herbeiwinken; **to take a ~** ein Taxi nehmen; **to go by ~** mit dem Taxi fahren **II.** *vi* ❶ (*ride*) mit dem Taxi fahren ❷ AVIAT (*move*) rollen
taxicab *n* Taxi *nt; see also* **taxi**
taxidermist ['tæksidɜ:mɪst, AM -dɜ:r-] *n* [Tier]präparator(in) *m(f)*
taxidermy ['tæksidɜ:mi, AM -dɜ:rmi] *n* Präparation *f* [von Tierkörpern], Taxidermie *f fachspr*
taxi-driver *n* Taxifahrer(in) *m(f)* **taximeter** ['tæksiˌmi:təʳ, AM -ṭɚ] *n* Fahrpreisanzeiger *m*, Zähler *m*, Taxameter *m fachspr* **tax incentive** *n* FIN Steueranreiz *m*
taxing ['tæksɪŋ] *adj* ❶ (*burdensome*) anstrengend, beschwerlich ❷ (*hard*) schwierig, anspruchsvoll; ***her latest novel was a very ~ read*** ihr neuester Roman war eine sehr anspruchsvolle Lektüre
taxiplane *n* Lufttaxi *nt* **taxi rank** *n* BRIT Taxistand *m* **taxi ride** *n* Taxifahrt *f* **taxi stand** *n* AM Taxistand *m* **taxistrip** *n* AVIAT Rollbahn *f* **taxiway** *n* AVIAT Rollbahn *f*
taxman *n* Finanzbeamte(r), -beamtin *m, f;* ■**the ~** (*fig*) das Finanzamt
taxonomy [tæk'sɒnəmi, AM -'sɑ:n-] *n* BIOL Taxonomie *f fachspr;* COMPUT Systematik *f fachspr*
taxpayer *n* Steuerzahler(in) *m(f)* **tax period** *n* FIN Steuerperiode *f*, Veranlagungszeitraum *m fachspr* **tax rate** *n* FIN Steuersatz *m* **tax rebate** *n* FIN Steuernachlass *m* **tax refund** *n* FIN Steuerrückerstattung *f*, Steuerrückzahlung *f* **tax relief** *n* FIN Steuererleichterung *f*, Steuervergünstigung *f* **tax return** *n* FIN Steuererklärung *f;* **to do one's ~** seine Steuererklärung machen **tax shelter** *n* FIN Steuerbegünstigung *f* **tax-sheltered** *adj* FIN steuerbegünstigt **tax year** *n* FIN Steuerjahr *nt*, Veranlagungsjahr *nt fachspr*
TB [ˌti:'bi:] *n no pl* MED *abbrev of* **tuberculosis** TB
tba, t.b.a. [ˌti:bi:'eɪ] *abbrev of* **to be announced** Einzelheiten werden noch bekannt gegeben
T-bar *n*, **T-bar lift** *n* ❶ ARCHIT (*support*) T-Träger *m fachspr*, T-Stück *nt fachspr* ❷ (*on ski lift*) [Sicherheits]bügel *m* ❸ (*lift*) Schlepplift *m*
T-bone ['ti:bəʊn, AM boʊn] *n*, **T-bone steak** *n* T-Bone-Steak *nt*
tbsp <*pl* -> *n abbrev of* **tablespoonful** Essl., EL
tchotchke ['tʃɑ:tʃkə] *n* AM (*sl: trinket*) Nippes *pl*
tea [ti:] **I.** *n* ❶ *no pl* (*plant*) Tee *m*, Teepflanze *f* ❷ (*drink*) Tee *m;* **a cup of ~** eine Tasse Tee; **fennel/peppermint ~** Fenchel-/Pfefferminztee *m;* **strong/weak ~** starker/schwacher Tee; **to have/make** [**the**] **~** Tee trinken/machen; **to sip ~** Tee trinken ❸ (*cup of tea*) Tasse *f* Tee; ***two ~s, please*** zwei Tee, bitte ❹ BRIT (*afternoon meal*) Tee *m*, Zwischenmahlzeit *f* am Nachmittag (*mit Tee, Sandwiches, Kuchen*); ■**for ~** zum Tee; **afternoon** [*or* **five o'clock**] **~** Fünfuhrtee *m* ❺ BRIT, AUS (*early evening meal*) [frühes] Abendessen; **high** [*or* **meat**] **~** [warmes] Abendessen (*mit warmer Mahlzeit, Brot, Butter und Tee*) ► PHRASES: **not for all the ~ in China** nicht um alles in der Welt; **to** [**not**] **be sb's cup of ~** [nicht] jds Fall sein; **~ and sympathy alone will not do** (*dated*) Verständnis und Mitgefühl allein reichen nicht aus **II.** *n modifier* (*biscuit, company, production, set*) Tee- **tea bag** *n* Teebeutel *m* **tea ball** *n esp* AM Teeei *nt* **tea break** *n* Teepause *f* **tea caddy** *n* Teedose *f* **teacake** *n* ❶ BRIT (*bun*) [getoastetes] Rosinenbrötchen ❷ (*biscuit*) Keks *m;* (*tart*) Teekuchen *m;* ■**~s** *pl* Teegebäck *nt kein pl* **tea cart** *n* AM Teewagen *m*, Servierwagen *m*
teach <taught, taught> [ti:tʃ] **I.** *vt* ❶ (*impart knowledge*) ■**to ~ sb** jdn unterrichten; ■**to ~ sb sth** jdm etw beibringen, jdn in etw *dat* unterrichten; ■**to ~ oneself sth** sich *dat* selbst etw beibringen; **to ~ French/history** Französisch/Geschichte unterrichten; **to ~ school** AM Lehrer(in) *m(f)* sein, [Schul]unterricht geben; **to ~ sb to read/write** jdm das Lesen/Schreiben beibringen ❷ (*fig: show*) ■**to ~ sb that …** jdn lehren [*o* jdm zeigen], dass …; ***I'll***

~ ***you to lie!*** dich werde ich das Lügen lehren!; ***that will ~ him*** [***not***] ***to wait*** das wird ihn lehren, [nicht] zu warten; ***this has taught him a lot*** daraus hat er viel gelernt; **to ~ sb a lesson** jdm eine Lehre erteilen ▸ PHRASES: **you can't ~ an old dog new tricks** (*saying*) einen alten Menschen kann man nicht mehr ändern; **~ your grandmother to suck eggs** (*saying*) das Ei will klüger sein als die Henne; **to ~ one's grandmother to suck eggs** [immer] klüger sein [*o* alles besser wissen] wollen als die anderen **II.** *vi* Unterricht geben, unterrichten

teachable ['tiːtʃəbl] *adj* ❶ *person* lernfähig ❷ *subject* leicht [*o* gut] lernbar

teacher ['tiːtʃəʳ, AM -ɚ] *n* Lehrer(in) *m(f)*; ***my father is a physics ~*** mein Vater ist Physiklehrer; **supply** [*or* AM **substitute**] **~** Aushilfslehrer(in) *m(f)*, Ersatzlehrer(in) *m(f)* **teacher's manual** *n* SCH Lehrerhandbuch *nt* **teacher's pet** *n* (*pej*) Streber(in) *m(f) pej* **teacher training** *n* Lehrerausbildung *f* **teacher training college** *n*, **teacher's college** *n* SCH, UNIV pädagogische Hochschule

tea chest *n* Teekiste *f*

teach-in *n* POL, UNIV Podiumsdiskussion *f*, Teach-in *nt sl*

teaching ['tiːtʃɪŋ] **I.** *n* ❶ *no pl* (*imparting knowledge*) Lehren *nt*, Unterrichten *nt*, Ausbilden *nt*; **student ~** AM SCH, UNIV Schulpraktikum *nt*, Unterrichtspraktikum *nt* ❷ *no pl* (*profession*) Lehrberuf *m* ❸ *usu pl* (*precept*) Lehre *f*; **Buddha's ~s** die Lehren des Buddha **II.** *adj aids, methods* Lehr-, Unterrichts-

teaching certificate *n* UNIV Lehrbefähigungszeugnis *nt*, Lehrbefähigungsnachweis *m* **teaching fellow** *n* AM UNIV Tutor(in) *m(f)* **teaching hospital** *n* MED, UNIV Lehrkrankenhaus *nt* **teaching machine** *n* COMPUT, TECH Lernmaschine *f* **teaching practice** *n usu* BRIT SCH, UNIV Schulpraktikum *nt*, Unterrichtspraktikum *nt* **teaching profession** *n* Lehrberuf *m* **teaching staff** *n + sing/pl vb* Lehrkörper *m*, Lehrerkollegium *nt*

tea cloth *n* ❶ BRIT (*for dishes*) Geschirrtuch *nt* ❷ (*for table*) [kleine] Tischdecke **tea cosy** *n* Teewärmer *m*, Teemütze *f* **teacup** *n* Teetasse *f* **tea drinker** *n* Teetrinker(in) *m(f)*; ***I'm not much of a ~*** ich trinke nicht sonderlich gerne Tee **tea garden** *n* ❶ (*cafe*) Gartenrestaurant *nt* ❷ (*cultivated area*) Teeplantage *f* **tea-house** *n* Teehaus *nt*

teak [tiːk] **I.** *n no pl* ❶ (*wood*) Teak[holz] *nt* ❷ (*tree*) Teakbaum *m* **II.** *n modifier* (*chair, dresser, furniture, table*) Teakholz-; **~ veneer** Teakholzfurnier *nt*; **~-panelled** mit Teakholz getäfelt

teakettle *n* Teekessel *m*

teal [tiːl] *n* ORN Krickente *f*, Kriekente *f*

tea lady *n* BRIT *Frau, die in einer Firma o. ä. Tee zubereitet und ihn den Angestellten serviert* **tea-leaves** *npl* [zurückgebliebene] Teeblätter *ntpl*

team [tiːm] **I.** *n + sing/pl vb* ❶ (*number of persons*) Team *nt*; (*in an action also*) [Arbeits]gruppe *f*; SPORTS *also* Mannschaft *f*; **football/reserve ~** SPORTS Fußball-/Ersatzmannschaft *f*; **research ~** Forschungsgruppe *f*, Forschungsteam *nt*; **road ~** AM SPORTS auswärtige Mannschaft; **a ~ of scientists** eine Gruppe [*o* ein Team *nt*] von Wissenschaftlern/Wissenschaftlerinnen; **away/home ~** SPORTS auswärtige/einheimische Mannschaft ❷ (*harnessed animals*) Gespann *nt*; **~ of horses** Pferdegespann *nt* **II.** *n modifier* Team-, Gruppen-, Gemeinschafts-; (*in sports*) Mannschafts- **III.** *vi* ❶ *usu* AM (*fam: gather*) sich *akk* zusammentun, ein Team bilden ❷ (*drive*) einen Lkw fahren ❸ (*match*) sich *akk* [in eine Gruppe] einfügen

◆**team up** *vi* ■**to ~ up with sb** sich *akk* [mit jdm] zusammentun, [mit jdm] ein Team bilden

team captain *n* Mannschaftskapitän *m*, Mannschaftsführer(in) *m(f)* **team effort** *n* Teamarbeit *f* **team game** *n* Mannschaftsspiel *nt* **team-mate** *n* Mannschaftskamerad(in) *m(f)*, Mitspieler(in) *m(f)* **team play** *n* Mannschaftsspiel *nt*, Zusammenspiel *nt* **team spirit** *n* Teamgeist *m*, Mannschaftsgeist *m* **team sports** *n* Mannschaftssport *m*

teamster ['tiːmstɚ] *n* AM Lastwagenfahrer(in) *m(f)*

team teaching *n* AM SCH Unterricht *m* im Team, gemeinsamer Unterricht **team work** *n* Teamarbeit *f*

tea party *n* ❶ (*gathering*) Teegesellschaft *f* ❷ AM (*sl: something easy*) Kinderspiel *nt fam* **tea plantation** *n* Teeplantage *f* **teapot** *n* Teekanne *f*

tear¹ [tɪəʳ, AM tɪr] **I.** *n* ❶ (*watery fluid*) Träne *f*; ***her eyes filled with ~s*** ihre Augen füllten sich mit Tränen; ***~s ran down his face*** [***or rolled down his cheek***] ihm liefen [die] Tränen über das Gesicht [*o* rannen [die] Tränen über die Wangen]; ■**to be in ~s** weinen; **to have ~s in one's eyes** Tränen in den Augen haben; **~s of frustration/remorse** Tränen *fpl* der Enttäuschung/Reue; **~s of happiness/joy** Glücks-/Freudestränen *fpl*; **to be all ~s** in Tränen aufgelöst sein; **to shed** [*or* **weep**] **bitter/crocodile ~s** bittere Tränen/Krokodilstränen vergießen [*o* weinen]; **to burst into ~s** in Tränen ausbrechen; **to dissolve into ~s** sich *akk* in Tränen auflösen; **to move** [*or* **reduce**] **sb to ~s** jdn zum Weinen bringen; **to not shed** [**any**] **~s over sb/sth** jdm/etw keine Träne nachweinen; **to squeeze a ~** eine Träne [im Auge] zerdrücken ❷ TECH (*hardened matter*) *of glass* [Glas]träne *f*, [Glas]tropfen *m*; *of resin* [Harz]tropfen *m*; TECH (*in glass*) Luftblase *f* **II.** *vi* ❶ (*from the cold, smoke*) tränen; ***the wind made her eyes ~*** durch den Wind begannen ihre Augen zu tränen ❷ (*in grief, joy*) sich *akk* mit Tränen füllen

tear² [teəʳ, AM ter] **I.** *n* (*in cloth, wall*) Riss *m*; (*in wall*) Spalte *f*, Sprung *m*, Ritze *f*; **~ in a muscle/tissue** MED Riss *m* in einem Muskel/Gewebe **II.** *vt* <tore, torn> ■**to ~ sth** ❶ (*rip*) *piece of fabric, letter, paper* etw zerreißen; (*fig: disrupt*) *country, party, team* etw auseinanderreißen; **to ~ sth to bits** [*or* **pieces**] [*or* **shreds**] *brochure, catalogue* etw zerreißen [*o* in Stücke reißen]; **to ~ a hole in one's trousers** sich *dat* ein Loch in die Hose reißen ❷ (*injure*) **to ~ one's fingernail** sich *dat* den Fingernagel einreißen; **to ~ a gash on one's leg** sich *dat* eine [tiefe] Wunde am Bein beibringen; **to ~ a muscle** sich *dat* einen Muskelriss zuziehen ❸ (*fig: shatter*) **to ~ sth to pieces** *alibi, argument* etw auseinander nehmen [*o* zerpflücken] *fig* ❹ (*fig: attack*) **to ~ sth to pieces** [*or* **shreds**] *article, book, play* etw verreißen; **to ~ sb to pieces** [*or* **shreds**] (*fam*) jdn in der Luft zerreißen [*o* auseinander nehmen] *fig* **III.** *vi* <tore, torn> ❶ (*rip*) *piece of fabric, paper, rope* [zer]reißen; *buttonhole, lining, tab* ausreißen; *biscuit, slab* [zer]brechen ❷ (*fig fam: rush*) rasen; ■**to ~ away** losrasen, lossausen *fam*; **to ~ down the stairs** die Treppe hinunterstürmen; **to ~ in** hineinstürmen, hineinstürzen; **to ~ off** [vorzeitig] Leine ziehen [*o sl* abhauen] *fam*; ***I hate to ~ off, but I'm late*** ich haue ungern schon ab, aber ich bin spät dran ❸ (*pull*) ■**to ~ at sth** (*also fig*) *bandage, clasp, fastener* an etw *dat* herumreißen [*o* herumzerren]; **to ~ at sb's heartstrings** [*or* **heart**] jdm das Herz zerreißen; **to ~ at sb's soul** jdm auf der Seele liegen; **to ~ at each other's throats** aufeinander losgehen; (*physically also*) sich *dat* an die Gurgel springen; (*verbally also*) übereinander herziehen ❹ (*fig fam: eat*) ■**to ~ at** [*or* **into**] **sth** sich *akk* über etw *akk* hermachen *fam* ❺ (*criticise*) ■**to ~ into sb** jdn heftig kritisieren [*o fam* zur Schnecke machen]; ***I was late, and my boss tore into me like a mad dog*** ich kam zu spät, und mein Chef ging wie ein Wilder auf mich los

◆**tear apart** *vt* ■**to ~ sth ↻ apart** ❶ (*rip*) *piece of fabric, paper* etw zerreißen [*o* zerfetzen] ❷ (*fig: disrupt*) *country, party, team* etw auseinander reißen ❸ (*fig: attack*) *article, book, play* etw verreißen; ■**to ~ sb apart** [*or* **to ~ apart sb**] (*fam*) jdn in der Luft zerreißen [*o* auseinander nehmen] *fig*

◆**tear away** *vt* ❶ (*fig: make leave*) ■**to ~ sb ↻ away** jdn wegreißen; ■**to ~ oneself away** [**from sth**] sich *akk* [von etw *dat*] losreißen ❷ (*rip from*) ■**to ~ sth ↻ away** *page of calendar, poster* etw abreißen; ■**to ~ sth away from sb** jdm etw entreißen

◆**tear down** *vt* ❶ (*destroy*) ■**to ~ sth ↻ down** *building, wall* etw abreißen [*o* einreißen]; ***my fence was torn down in the storm*** mein Zaun wurde vom Sturm umgerissen; **to ~ down the forest** den Wald abholzen ❷ (*fig: discredit*) ■**to ~ sb ↻ down** jdn schlecht machen

◆**tear off** *vt* ❶ (*rip from*) ■**to ~ sth ↻ off** *strip, tape* etw abreißen ❷ (*undress*) **to ~ off one's clothes** sich *dat* die Kleider vom Leib reißen ❸ (*fig, pej sl: perform*) **to ~ off a poem** ein Gedicht herunterrasseln; **to ~ off a workout** ein Training herunterreißen *fam*

◆**tear open** *vt* ■**to ~ sth ↻ open** *envelope, parcel* etw aufreißen

◆**tear out** *vt* ■**to ~ sth ↻ out** *hair, nail* etw ausreißen; *page* etw herausreißen; **to ~ one's hair out over sth** (*fig*) sich *dat* die Haare über etw *akk* [aus]raufen; **to ~ sb's heart out** jdm das Herz zerreißen *fig*

◆**tear up** *vt* ■**to ~ sth ↻ up** ❶ (*rip*) *bill, letter, ticket* etw zerreißen [*o* in Stücke reißen] ❷ (*destroy*) etw kaputtmachen *fam*; *bar, furniture* etw kurz und klein hauen *fam*; *flowerbed* etw zertreten [*o* zerwühlen]; *pavement, road* etw aufreißen ❸ (*fig: annul*) *agreement, contract* etw zerreißen

tearaway ['teərəweɪ] *n* BRIT, AUS (*fam*) Randalierer(in) *m(f)*, Rabauke *m fam*

teardrop *n* ❶ (*tear*) Träne *f* ❷ (*on earring*) Tropfenanhänger *m* **teardrop-shaped** *adj* tropfenförmig **tear duct** *n* ANAT Tränenkanal *m*, Tränennasengang *m fachspr*

tearful ['tɪəfəl, AM 'tɪr-] *adj* ❶ (*inclined to cry*) den Tränen nah *präd*; (*crying*) weinend; (*pej*) weinerlich *pej*; ***she was looking ~*** sie schien den Tränen nah zu sein; ***he felt guilty when he saw her ~ face*** er hatte Schuldgefühle, als er sah, dass ihr die Tränen in den Augen standen; **to become ~** Tränen in die Augen bekommen ❷ (*accompanied by crying*) unter Tränen *präd*; *farewell, reunion* tränenvoll, tränenreich; **a ~ confession** ein Geständnis *nt* unter Tränen ❸ (*fig: moving*) *story* ergreifend, [zu Tränen] rührend

tearfully ['tɪəfəli, AM 'tɪr-] *adv* ❶ (*crying*) **to smile ~** unter Tränen lächeln; **to tell sth ~** etw mit Tränen in den Augen erzählen ❷ (*sadly*) den Tränen nah, zu Tränen gerührt

tearfulness ['tɪəfəlnəs, AM 'tɪr-] *n no pl* ❶ (*sadness*) weinerliche Verfassung, Rührung *f*, Ergriffenheit *f* ❷ (*pej: tendency to cry*) Weinerlichkeit *f*

tear gas *n no pl* Tränengas *nt*

tearing ['teərɪŋ, AM 'ter] *adj attr* rasend; **to be in a ~ hurry** schrecklich in Eile sein

tearing hurry *n usu sing* (*fam*) ■**to be in a ~** in Eile sein

tear jerker *n* (*fam*) Schnulze *f fig* **tear-jerking** *adj* (*fam*) schnulzig

tearless ['tɪələs, AM 'tɪr-] *adj inv* tränenlos; **~ parting** Abschied *m* ohne Tränen

tear-off ['teərɒf, AM 'terɑːf] *adj attr, inv* Abreiß-, abreißbar; **~ slip** Abriss *m*

tea room *n*, **tea shop** *n* Teestube *f*

tear-stained *adj* tränenüberströmt; **~ letter** Brief *m* mit Tränenspuren

tease [tiːz] **I.** *n* Quälgeist *m fam*; (*playfully*) neckische Person; (*pej: erotic arouser*) Aufreißer(in) *m(f)* **II.** *vt* ❶ (*make fun of*) ■**to ~ sb** [**about sth**] jdn [wegen einer S.] *gen* aufziehen [*o* hänseln]; (*playfully*) jdn necken [*o* ärgern] ❷ (*provoke*) ■**to ~ sb/an animal** jdn/ein Tier provozieren ❸ *esp* AM (*backcomb*) **to ~ hair** Haare toupieren **III.** *vi* sticheln, foppen

◆**tease out** *vt* ■**to ~ out ↻ sth** (*pull*) etw herausziehen; (*fig: find out*) etw herauskitzeln; **to ~ the truth out of sb** die Wahrheit aus jdm herauskitzeln

teasel ['tiːzəl] *n* ❶ (*plant*) Kardendistel *f* ❷ (*seed container*) Kardensamenkapsel *f*

teaser ['tiːzəʳ, AM -ɚ] *n* ❶ (*riddle*) harte Nuss *fam*, schwierige Denkaufgabe ❷ (*provoker*) ***she's a ~*** sie zieht gern andere Leute auf; (*playfully*) sie ist eine neckische Person

tea service *n*, **tea set** *n* Teeservice *nt* **tea shop** *n* BRIT Teehaus *nt*

teasingly ['tiːzɪŋli] *adv* neckend

teaspoon *n* Teelöffel *m* **teaspoonful** *n* Teelöffel-

voll *m;* ***add a ~ of sugar to the sauce*** geben Sie einen Teelöffel Zucker in die Soße **tea-strainer** *n* Teesieb *nt*
teat [ti:t] *n* ❶ (*nipple of breast*) Zitze *f* ❷ (*artificial nipple*) Sauger *m*
tea tent *n* Brit *Zelt, in dem man Erfrischungen zu sich nehmen kann* **teatime** *n* Teestunde *f* **tea towel** *n* Geschirrtuch *nt* **tea tray** *n* Tablett *nt* zum Teeservieren **tea trolley** *n esp* Brit Teewagen *m* **tea urn** *n esp* Brit Teespender *m* **tea wagon** *n* Am (*tea trolley*) Teewagen *m*
teazel *n,* **teazle** *n see* **teasel**
tech [tek] (*fam*) **I.** *adj short for* **technical II.** *n* ❶ *short for* **technical college** ❷ *short for* **technology** ❸ *short for* **technician**
tech-heavy ['tek,hevi] *adj* technologielastig
techie ['teki] *n* (*fam*) Technikfreak *m fam*
technical ['teknɪkᵊl] *adj* ❶ (*concerning applied science*) technisch ❷ (*detailed*) Fach-; ***some parts of the book were too ~ to follow*** einige Teile des Buches waren fachlich zu anspruchsvoll, als dass man hätte folgen können; ~ **aspects** fachliche Aspekte; ~ **term** Fachausdruck *m* ❸ (*in technique*) technisch; ~ ***skill*** technisches Können ❹ Stockex technisch; ~ **analysis** Fachanalyse *f,* technische Analyse; ~ **correction** technische Kurskorrektur; ~ **decline** technischer Rückgang
technical college *n* technische Hochschule
technical dictionary *n* Fachwörterbuch *nt*
technical expert *n* Fachmann, Fachfrau *m, f*
technicality [,teknɪ'kæləti, Am -nə'kæləṭi] *n* Law ❶ (*unimportant detail*) Formsache *f* ❷ (*confusing triviality*) unnötiges Detail; ***don't confuse me with technicalities*** bringe mich nicht durcheinander mit technischen Einzelheiten
technically ['teknɪkᵊli] *adv* ❶ (*of technology*) technologisch; ~ **backward countries** Länder *ntpl* auf technologisch niedrigem Stand ❷ (*relating to technique*) technisch; ~ ***she's very good*** in der Technik ist sie sehr gut; ~ **brilliant** Sports technisch brilliant ❸ (*strictly speaking*) eigentlich; ~ **speaking** genau [*o* streng] genommen
technical school *n* Technikum *nt,* technische Fachschule **technical support** *n no pl* technischer Service
technician [tek'nɪʃᵊn] *n* ❶ (*sb trained in technology*) Techniker(in) *m(f)* ❷ (*sb skilled in technique*) Experte, -in *m, f*
Technicolor® ['teknɪ,kʌləʳ, Am -ɚ] **I.** *n no pl* Technicolor[verfahren] *nt* **II.** *n modifier* (*film, production*) Technicolor-
technicolor ['teknɪ,kʌlɚ] Am, **technicolour** [-ləʳ] *adj attr, inv* farbenprächtig **technicolour yawn** *n* Brit, Aus (*sl*) Kotzerei *f derb*
technique [tek'ni:k] *n* Technik *f,* Verfahren *nt;* (*method*) Methode *f;* **air-brush** ~ Airbrushtechnik *f;* **old-fashioned** ~ altmodisches Verfahren; **to acquire** ~ sich *dat* Geschick aneignen; **to work on one's** ~ an seiner Technik arbeiten
techno ['teknəʊ, Am -noʊ] *n no pl* Techno *m o nt*
technocracy [tek'nɒkrəsi, Am -'nɑ:k-] *n* Technokratie *f kein pl*
technocrat ['teknəʊ, Am -noʊ] *n* Technokrat(in) *m(f)*
technocratic [,teknəʊ'krætɪk, Am nə] *adj* technokratisch
technological [,teknə'lɒdʒɪkᵊl, Am -'lɑ:dʒ-] *adj* technologisch
technologically [,teknə'lɒdʒɪkᵊli, Am -'lɑ:dʒ-] *adv* technologisch
technologist [tek'nɒlədʒɪst, Am -'nɑ:l-] *n no pl* Technologe, -in *m, f;* **computer** ~ Computerfachmann, -fachfrau *m, f*
technology [tek'nɒlədʒi, Am -'nɑ:l-] **I.** *n* Technologie *f,* Technik *f;* **computer** ~ Computertechnik *f;* **science and** ~ Wissenschaft und Technik; **state-of-the-art** ~ Spitzentechnologie *f;* **advanced** ~ Zukunftstechnologie *f;* **modern** ~ moderne Technologie; **nuclear** ~ Atomtechnik *f* **II.** *n modifier* (*research, transfer*) Technologie-; ~ **college** technische Hochschule
technology sharing [tek'nɒlədʒiʃeərɪŋ, Am -'nɑ:lədʒiʃer-] *n* gemeinsame Technologienutzung
technology-sharing *n modifier* (*programme*) zur gemeinsamen Technologienutzung *nach n*
technophile ['teknə(ʊ)faɪl, Am -nəfaɪl] *n* Technologieliebhaber(in) *m(f)*
technophilia [,teknə(ʊ)'fɪliə, Am -nə'-] *n no pl* Technikbesessenheit *f*
technophobe ['teknə(ʊ)fəʊb, Am -nəfoʊb] *n* Technologiehasser(in) *m(f)*
technophobia [,teknə(ʊ)'fəʊbiə, Am -nə'foʊ-] *n no pl* Technophobie *f*
techy ['teki] *n* Tech Technikbesessene(r) *f(m)*
tectonics [tek'tɒnɪks, Am 'tɑ:] *npl + sing/pl vb* Tektonik *f kein pl*
ted *n* Brit, **Ted** [ted] *n* Brit (*hist*) *short for* **teddy boy** Teddyboy *m*
teddy ['tedi] *n* ❶ (*female undergarment*) Body *m* ❷ (*teddy bear*) Teddybär *m*
teddy bear *n* Teddybär *m*
teddy-bearish ['tedi,beərɪʃ, Am -,ber-] *adj* (*person*) wie ein Teddybär *nach n* **Teddy Bears' picnic** *n Picknick für Kinder mit ihren Stoffteddybären* **teddy boy** *n* Brit, **Teddy boy** *n* Brit (*hist*) Teddyboy *m* (*Rock-'n'-Roll-Anhänger in den 1950ern*)
tedious ['ti:diəs] *adj* langweilig; *job also* öde; *journey* lang und langweilig; ~ **conversation** zähes Gespräch
tediously ['ti:diəsli] *adv* langweilig
tediousness ['ti:diəsnəs] *n no pl* Langweiligkeit *f*
tedium ['ti:diəm] *n no pl* Langeweile *f*
tee [ti:] **I.** *n* (*in golf*) Tee *nt fachspr,* Abschlagstelle *f* **II.** *vi* ■**to ~ off** ❶ (*in golf*) den Ball vom Tee schlagen *fachspr,* abschlagen; ***we'll ~ off at ten o'clock*** wir eröffnen das Golfspiel um zehn Uhr ❷ (*fig fam: begin*) anfangen, beginnen ❸ Am (*fam: become irritated*) **to get ~d off** sauer werden *fam* **III.** *vt* Am (*fam*) ■**to ~ sb off** jdn verärgern
◆**tee up I.** *vi* den Golfball [auf das Tee] auflegen **II.** *vt* **to ~ the ball up** den Ball abschlagen
teem [ti:m] *vi* ❶ *impers* **it's ~ing** [**with rain**] es gießt [in Strömen] *fam* ❷ (*be full*) ■**to ~ with sth** von etw *dat* wimmeln
◆**teem down** *vi* schütten *fam;* ***the rain ~ed down all through lunch*** es schüttete die ganze Mittagszeit hindurch
teeming ['ti:mɪŋ] *adj inv place, streets* überfüllt, von Menschen wimmelnd *attr*
teen [ti:n] *n* Teenager *m*
teenage(d) ['ti:neɪdʒ(d)] *adj attr, inv* (*characteristic of a teenager*) jugendlich; (*sb who is a teenager*) im Teenageralter *nach n;* ~ **interests** Interessen *ntpl* von Jugendlichen; ~ **star** Teenagerstar *m*
teenager ['ti:n,eɪdʒəʳ, Am -ɚ] *n* Teenager *m*
teens [ti:nz] *npl* Jugendjahre *ntpl;* ■**to be in/out of one's** ~ im Teenageralter/aus dem Teenageralter heraus sein; ***both my daughters are in their*** ~ meine beiden Töchter sind Teenager; ***he's in his early*** ~ er ist gerade ins Teenageralter gekommen
teensy *adj,* **teensy weensy** [,ti:nzi'wi:nsi] *adj,* **teeny** *adj,* **teeny weeny** [,ti:ni'wi:ni] *adj* (*fam*) klitzeklein, winzig; **a ~ bit** (*hum*) ein klein wenig *fam,* ein bisschen
teenybopper ['ti:ni,bɒpəʳ, Am -,bɑ:pɚ] *n* (*dated fam*) *Teenager, der gerne tanzt*
teepee *n see* **tepee**
tee shirt *n* T-Shirt *nt; see also* **T-shirt**
teeter ['ti:təʳ, Am -ṭɚ] *vi + adv, prep* taumeln, schwanken; ***the old couple ~ed down the road*** das ältere Paar torkelte die Straße hinunter; ■**to ~ around** herumschwanken; ■**to ~ between sth** (*fig*) zwischen etw *dat* schwanken; **to ~ on the brink** [*or* **edge**] **of a disaster** (*fig*) sich *akk* am Rande einer Katastrophe bewegen
teeter-totter ['ti:ṭɚ,tɑ:ṭɚ] *n* Am (*see-saw*) Wippe *f*
teeth [ti:θ] *npl* ❶ *pl of* **tooth** ❷ (*effective power*) Macht *f kein pl* ▶ Phrases: in **the ~ of sth** (*against*) angesichts einer S. *gen;* (*despite*) trotz einer S. *gen*
teethe [ti:ð] *vi* zahnen
teether ['ti:ðəʳ, Am -ɚ] *n* Beißring *m*
teething ['ti:ðɪŋ] *n no pl* Zahnen *nt*
teething problems *npl,* **teething troubles** *npl* Brit, Aus (*fig*) Anfangsschwierigkeiten *fpl,* Kinderkrankheiten *fpl fig*
teetotal [,ti:'təʊtᵊl, Am -'toʊṭᵊl] *adj inv* ■**to be ~** abstinent sein
teetotalism ['ti:ðɪŋ] *n no pl* Abstinenz *f*
teetotaller [,ti:'təʊtᵊləʳ], Am **teetotaler** [-'toʊṭᵊlɚ] *n* Antialkoholiker(in) *m(f),* Abstinenzler(in) *m(f)*
TEFL ['tefl] **I.** *n no pl abbrev of* **Teaching English as a Foreign Language** Fremdsprachenunterricht *m* in Englisch **II.** *n modifier abbrev of* **Teaching English as a Foreign Language** *certificate, course* TEFL-; ~ **programme** [*or* Am **program**] TEFL-Kursinhalt *m;* ~ **teacher** Lehrer(in) *m(f)* für Englisch als Fremdsprache
teflon I. *n* ['teflɒn, Am -lɑ:n] *see* **polytetrafluoroethylene** Teflon *nt* **II.** *n modifier* **a ~ person** jd, an dem alles abgleitet
tel *n* ❶ (*number*) *abbrev of* **telephone number** Tel. ❷ *abbrev of* **telephone**
tele- *in compounds* Comput Fern-; (*television*) Tele-
telecast ['telɪkæst] Am **I.** *n* TV-Sendung *f* **II.** *vt* (*form*) ■**to ~ sth** etw [im Fernsehen] übertragen
telecentre ['telɪsentəʳ, Am -ɚ] *n* Computerzentrum *nt*
telecommunications [,telɪkə,mju:nɪ'keɪʃᵊnz] **I.** *npl + sing vb* Fernmeldewesen *nt kein pl* **II.** *n modifier* (*industry, market, sector*) Fernmelde-; ~ **company** Telekommunikationsunternehmen *nt*
teleconference [,telɪ'kɒnfᵊrᵊn(t)s, Am 'telɪ,kɑ:n-] *n* Konferenzschaltung *f*
telecopier® ['telɪ,kɑ:piɚ] *n* Am Telekopierer *m*
telecottage ['telɪkɒtɪdʒ, Am -kɑ:-] *n* Computerzentrum *nt*
telefax® ['telɪfæks] *n* ❶ (*device*) [Tele]faxgerät *nt,* [Tele]fax *nt* ❷ (*message*) Tele[fax] *nt;* **to send a ~** ein Fax schicken, etw faxen
telegenic [,telɪ'dʒenɪk, Am -ə'-] *adj* (*approv*) telegen
telegram ['telɪgræm] *n* Telegramm *nt;* **by ~** telegrafisch; ***we sent them a message by*** ~ wir schickten ihnen ein Telegramm
telegramese [,telɪgræm'i:z] *n no pl* Telegrammstil *m*
telegram form *n* Telegrammformular *nt*
telegrammatic [,telɪgrə'mætɪk, Am -əgrə'mæṭɪk] *adj* (*typical of telegrams*) *formulation, manner* im Telegrammstil *nach n;* **abrupt ~ style** abgehackter, telegrammartiger Stil
telegraph ['telɪgrɑ:f, Am -græf] **I.** *n no pl* Telegraf *m;* **by ~** telegrafisch **II.** *vt* ❶ (*send by telegraph*) ■**to ~ sth** [**to sb**] [jdm] etw telegrafieren; (*fig: make intentions clear*) etw signalisieren [*o* zu verstehen geben]; (*fig: give advance indication of*) etw ankündigen ❷ (*inform by telegraph*) ■**to ~ sb** jdm telegrafieren, jdn telegrafisch benachrichtigen **III.** *n modifier* (*key*) Telegrafen-; ~ **cable** Telegrafenleitung *f;* ~ **message** Telegramm *nt;* ~ **operator** Telegrafist(in) *m(f);* ~ **system** Telegrafennetz *nt*
telegraphese [,telɪgrɑ:'fi:z, Am -græf'-] *n no pl* Telegrammstil *m*
telegraphic [,telɪ'græfɪk, Am -ə'-] *adj* telegrafisch; ~ **address** Telegrammadresse *f*
telegraphist [tɪ'legrəfɪst, Am tə] *n* Telegrafist(in) *m(f)*
telegraph pole *n* Brit, Aus, **telegraph post** *n* Brit, Aus Telegrafenmast *m*
telegraphy [tɪ'legrəfi, Am tə'-] *n no pl* Telegrafie *f*
telemarketer [,telɪ'mɑ:kɪtəʳ, Am ,telə'mɑ:rkəṭɚ] *n* Telefonverkäufer(in) *m(f)*
telemarketing *n no pl esp* Am Telemarketing *nt* (*Verkauf über das Telefon*)
telematics [,telə'mætɪks, Am -ṭ-] *n + sing vb* Telematik *f kein pl*
telemedicine ['telɪmedsᵊn, Am -medɪsən] *n no pl* Telemedizin *f fachspr* (*medizinische Behandlung, auch chirurgisch, mittels Telekommunikation*)
telemessage *n* Brit, **Telemessage** ['telɪ,me-

T

sɪdʒ] *n* BRIT Telex *nt,* Fernnachricht *f*
telemetry [trˈlemɪtri, AM təˈlemə] *n no pl* Telemetrie *f*
teleological [ˌteliəˈlɒdʒɪkəl, AM ˌtiːliəˈlɑː-] *adj* teleologisch *geh*
teleology [ˌteliˈɒlədʒi, AM ˌtiːliˈɑː-] *n no pl* Teleologie *f geh*
teleordering [ˌtelɪˈɔːdərɪŋ, AM ˈteləˌɔːrdɚ-] *n* ❶ (*order*) telefonische Bestellung ❷ TELEC (*system*) Bestellelektronik *f*
telepathic [ˌtelɪˈpæθɪk, AM -əˈ-] *adj* telepathisch; ■**to be** ~ telepathische Fähigkeiten besitzen
telepathically [ˌtelɪˈpæθɪkəli, AM əˈ] *adv inv* telepathisch
telepathy [trˈlepəθi, AM təˈ-] *n no pl* Telepathie *f*
telephone [ˈtelɪfəʊn, AM -əfoʊn] I. *n* ❶ (*device*) Telefon *nt;* **mobile** [*or* AM *also* **cell[ular]**] ~ Handy *nt fam,* Mobiltelefon *nt;* **to pick up the** ~ das Telefon abnehmen [*o* abheben] ❷ *no pl* (*system*) ■**by** ~ per Telefon, telefonisch; ■**on the** ~ am Telefon; ***we were on the ~ together for an hour*** wir telefonierten eine Stunde lang miteinander; **to be wanted on the** ~ am Telefon verlangt werden II. *vt* ■**to ~ sb** jdn anrufen III. *vi* telefonieren; **to ~ long-distance** ein Ferngespräch führen IV. *n modifier* (*bill, connection, conversation*) Telefon-; ~ **booking** telefonische Buchung
telephone banking *n no pl* Telefonbanking *nt*
telephone book *n* Telefonbuch *nt* **telephone booth** *n* AM, **telephone box** *n* BRIT Telefonzelle *f* **telephone call** *n* Telefonanruf *m;* **to make a** ~ telefonieren **telephone connection** *n* Telefonverbindung *f* **telephone directory** *n* Telefonverzeichnis *nt* **telephone exchange** *n* Fernsprechvermittlung *f* **telephone information service** *n* (*form*) Telefonauskunft *f* **telephone kiosk** *n* BRIT Telefonhäuschen *nt fam,* Telefonzelle *f* **telephone line** *n* Telefonleitung *f* **telephone marketing** *n no pl* Telefonmarketing *nt* **telephone message** *n* (*form*) telefonische Nachricht **telephone number** *n* Telefonnummer *f* **telephone operator** *n* AM Vermittlung *f* **telephone rates** *npl* Telefontarife *mpl* **telephone receiver** *n* Telefonhörer *m* **telephone sex** *n no pl* Telefonsex *m* **telephone tag** *n no pl* (*fam*) *vergeblicher Versuch zweier Personen, einander telefonisch zu erreichen*
telephonic [ˌtelɪˈfɒnɪk, AM əˈfɑːnɪk] *adj inv* telefonisch
telephoning *n* **Net** ~ Internettelefonie *f*
telephonist [trˈlefənɪst] *n* BRIT Telefonist(in) *m(f)*
telephony [trˈlefəni, AM təˈ-] *n no pl* Telefonie *f,* Fernmeldewesen *nt*
telephoto [ˌtelɪˈfəʊtəʊ, AM əˈfoʊt̬oʊ] *n see* **telephoto lens** Teleobjektiv *nt*
telephoto lens *n* Teleobjektiv *nt*
teleprinter [ˈtelɪˌprɪntəʳ, AM -əˌprɪntɚ] *n* Fernschreiber *m*
teleprompter *n* AM, AUS, **TelePrompter®** [ˈteləˌprɑːm(p)tɚ] *n* AM, AUS (*autocue*) Teleprompter *m fachspr*
telerecording [ˈtelɪrɪˌkɔːdɪŋ, AM -ˌkɔːrd-] *n* [Fernseh]aufzeichnung *f*
telesales [ˈtelɪseɪlz] *npl* Telefonmarketing *nt kein pl*
telescope [ˈtelɪskəʊp, AM -skoʊp] I. *n* Teleskop *nt* II. *vt* ■**to ~ sth** etw ineinander schieben [*o* komprimieren]; (*fig*) ***we had to ~ five visits into two days*** wir mussten fünf Besuche in zwei Tage zwängen III. *vi* sich *akk* ineinander schieben
telescopic [ˌtelɪˈskɒpɪk, AM -əˈskɑː-] *adj inv* ❶ (*done by telescope*) ~ **observation** Teleskopbeobachtung *f* ❷ (*concerning telescopes*) ~ **lens** Teleobjektiv *nt* ❸ (*folding into each other*) Teleskop-, zusammenschiebbar; (*automatic*) ausfahrbar; ~ **ladder** Teleskopleiter *f,* ausziehbare Leiter
teletext® *n no pl,* **Teletext®** [ˈtelɪtekst] *n no pl* Videotext *m*
telethon [ˈtelɪθɒn, AM -θɑːn] *n ausgedehnte Wohltätigkeitsveranstaltung im Fernsehen*
teletype® *n,* **Teletype®** [ˈtelɪtaɪp, AM -lə-] *n* (*machine*) Fernschreibegerät *nt;* (*message*) Telex *nt,* Fernschreiben *nt*
teletypewriter [ˌtelɪˈtaɪpˌraɪtəʳ, AM -ləˈtaɪpˌraɪt̬ɚ] *n esp* AM Fernschreibegerät *nt*
televangelism [ˌtelɪˈvændʒəlɪzəm] *n no pl esp* AM Fernsehpredigt *f*
televangelist [ˌtelɪˈvændʒəlɪst] *n esp* AM Fernsehprediger(in) *m(f)*
televiewer [ˈtelɪˌvjuːəʳ, AM -əˌvjuːɚ] *n* Fernsehzuschauer(in) *m(f)*
televise [ˈtelɪvaɪz, AM -lə-] *vt* ■**to ~ sth** etw [im Fernsehen] übertragen
televised [ˈtelɪvaɪzd, AM -lə-] *adj inv* im Fernsehen übertragen
television [ˈtelɪvɪʒən, AM -lə-] I. *n* ❶ (*device*) Fernsehgerät *nt,* Fernsehapparat *m,* Fernseher *m fam;* **colour** [*or* AM **color**] ~ Farbfernseher *m;* **to turn down/up the** ~ den Fernseher leiser/lauter stellen; **to turn on/off the** ~ den Fernseher an-/ausschalten ❷ *no pl* (*TV broadcasting*) Fernsehen *nt;* ■**on** ~ im Fernsehen; **to watch** ~ fernsehen; **to work in** ~ für das Fernsehen arbeiten II. *n modifier* (*advertisement, journalism, reporter*) Fernseh-; ~ **broadcasting** Fernsehübertragung *f*
television advertising *n no pl* Fernsehwerbung *f* **television announcer** *n* Fernsehansager(in) *m(f),* Fernsehsprecher(in) *m(f)* **television camera** *n* Fernsehkamera *f* **television cameraman** *n* Fernsehkameramann *m* **television camerawoman** *n* Fernsehkamerafrau *f* **television channel** *n* (*TV station*) Fernsehsender *m;* (*frequency range*) [Fernseh]kanal *m* **television debate** *n* Fernsehdiskussion *f* **television film** *n* Fernsehfilm *m* **television interview** *n* Fernsehinterview *nt* **television licence** *n* BRIT Fernsehgenehmigung *f* **television producer** *n* Fernsehproduzent(in) *m(f)* **television program** AM, **television programme** *n* Fernsehprogramm *nt* **television receiver** *n* Fernsehapparat *m,* Fernsehgerät *nt,* Fernseher *m* **television screen** *n* Fernsehbildschirm *m* **television serial** *n* Fernsehserie *f* **television series** *n* Fernsehreihe *f,* Fernsehserie *f* **television set** *n* Fernsehapparat *m,* Fernsehgerät *nt,* Fernseher *m* **television show** *n* Fernsehsendung *f* **television station** *n* Fernsehsender *m* **television studio** *n* Fernsehstudio *nt* **television transmitter** *n* Fernsehsender *m* **television viewer** *n* Fernsehzuschauer(in) *m(f)*
televisual [ˌtelɪˈvɪzjuəl, AM -əˈvɪʒu-] *adj* TV-, Fernseh-
teleworker [ˈtelɪˌwɜːkəʳ, AM -ˌwɜːrkɚ] *n* Telearbeiter(in) *m(f),* Teleworker *m*
teleworking [ˈtelɪˌwɜːkɪŋ, AM -əˌwɜːrk-] *n no pl* Telearbeit *f*
telex [ˈteleks] I. *n* <*pl* -es> Telex *nt;* (*device also*) Fernschreiber *m;* (*message also*) Fernschreiben *nt,* Telex *nt;* **by** ~ per Fernschreiber [*o* Telex] II. *n modifier* (*machine*) Telex- III. *vt* ■**to ~ sb** jdm ein Fernschreiben [*o* Telex] schicken; ■**to ~ sth** etw per Fernschreiben [*o* Telex] schicken; ■**to ~ sb sth** jdm etw per Fernschreiben [*o* Telex] mitteilen IV. *vi* ein Telex verschicken
tell [tel] I. *vt* <told, told> ❶ (*express in words*) **to ~ a lie** lügen; **to ~ the truth** die Wahrheit sagen; **to ~ [you] the truth** ehrlich gesagt; **to ~ sth like it is** (*fam*) Bescheid sagen; ■**to ~ sb sth** jdm etw erzählen; ***can you ~ me the way to the station?*** können Sie mir sagen, wie ich zum Bahnhof komme? ❷ (*narrate, relate*) **to ~ an anecdote** eine Anekdote wiedergeben; **to ~ a joke/story** einen Witz/eine Geschichte erzählen; ■**to ~ sth to sb** jdm etw erzählen; ■**to ~ sb about sth** jdm etw über etw *akk* erzählen; ■**to ~ sb of sth** (*form*) jdm von etw *dat* erzählen; ■**to ~ sb that/whether ...** (*to let sb know*) jdm sagen, dass/ob ..., jdm erzählen, dass/ob ...; (*in confidence*) jdm erzählen, dass/ob...; ***that would be ~ing*** das wäre Verrat ❸ (*command, instruct*) ■**to ~ sb to do sth** jdm sagen, dass er/sie etw tun soll; ***I was told not to talk to strangers*** ich soll nicht mit Fremden reden; ***do as you're told*** (*fam*) mach, was man dir sagt! *fam* ❹ (*discern*) ***I could ~ [that] you were unhappy*** ich habe gemerkt, dass du unglücklich warst; ***it was too dark for me to ~ what it said on the sign*** in der Dunkelheit konnte ich nicht erkennen, was auf dem Schild stand; ***it's easy to ~ a non-native speaker*** einen Nichtmuttersprachler kann man leicht erkennen; ***you can never [or never can] ~*** man kann nie wissen; ***there is no ~ing what the future will bring*** man weiß nie, was die Zukunft bringt; ***my daughter has just learned to ~ the time*** meine Tochter hat gerade gelernt, die Uhr zu lesen; **to ~ the difference** einen Unterschied feststellen; **to ~ fortunes** wahrsagen; **to ~ sb's fortune** jds Zukunft vorhersagen ❺ (*count*) **to ~ votes** [Wähler]stimmen auszählen ❻ (*added up*) **all told** alles in allem; ***how much do you earn all told?*** wie viel verdienst du insgesamt? ► PHRASES: **what did I ~ you?** (*fam*) das hab' ich doch gleich gesagt! *fam;* **didn't I ~ you?** habe ich es dir nicht gleich gesagt?; ~ **me another [one]** wer's glaubt, wird selig; **you're ~ing me!** (*fam*) wem sagst du das!; **I told you so** ich habe es [Ihnen] ja gleich gesagt II. *vi* <told, told> ❶ (*liter: give account, narrate*) ■**to ~ of sth/sb** von jdm/etw erzählen ❷ (*inform on*) ■**to ~ on sb** jdn verraten [*o sl* verpetzen] ❸ (*have an effect*) sich *akk* bemerkbar machen; ***these exercises really told on you*** diese Übungen haben dich sichtlich mitgenommen ❹ BRIT (*form: reflect unfavourably on*) ■**to ~ against sb** sich nachteilig für jdn auswirken
◆**tell apart** *vt* ■**to ~ sth/sb apart** etw/jdn auseinander halten
◆**tell off** *vt* ■**to ~ sb** ↔ **off** jdn ausschimpfen; ■**to ~ sb off about sth** jdm wegen einer S. *gen* die Leviten lesen; ■**to ~ sb off for sth** jdn wegen einer S. *gen* ausschimpfen
tell-all [ˈtelɔːl] *adj attr, inv* enthüllend
teller [ˈteləʳ, AM -ɚ] *n* ❶ (*vote counter*) Stimmenzähler(in) *m(f)* ❷ AM, AUS (*bank employee*) Kassierer(in) *m(f)*
telling [ˈtelɪŋ] I. *adj* (*revealing*) aufschlussreich; (*effective*) wirkungsvoll; ~ **argument** schlagendes Argument II. *n* Erzählung *f*
telling-off <*pl* tellings-off> [ˌtelɪŋˈɒf, AM -ˈɑːf] *n* Tadel *m;* **to give sb a ~ for [doing] sth** jdm einen Tadel für etw *akk* erteilen, jdn für etw *akk* tadeln
telltale [ˈtelteɪl] I. *n* (*pej*) Verräter(in) *m(f),* Petze *f pej* II. *adj* verräterisch
telltale sign *n* Anzeichen *nt*
telly [ˈteli] *n* BRIT, AUS (*fam*) ❶ (*television set*) Fernseher *m,* Glotze *f pej fam* ❷ *no pl* (*TV broadcasting*) ■**on** ~ im Fernsehen; ***what's on ~ tonight?*** was gibt's heute Abend im Fernsehen?
tel no *n abbrev of* **telephone number** Tel.-Nr. *f*
Temazepam® [təˈmæzɪpæm, AM -ˈmæzə-] *n no pl* MED Temazepam® *nt*
temblor [ˈtemblɚ] *n* AM (*earthquake*) Erdbeben *nt*
temerity [trˈmerəti, AM təˈmerət̬i] *n no pl* (*pej form: recklessness*) Tollkühnheit *f;* (*cheek*) Frechheit *f;* **to have the ~ to do sth** die Tollkühnheit/Frechheit besitzen, etw zu tun
temp [temp] (*fam*) I. *n* (*temporary employee*) Zeitarbeiter(in) *m(f);* (*temporary secretary*) Ausshilfssekretär(in) *m(f)* II. *vi* aushilfsweise arbeiten
temper [ˈtempəʳ, AM -ɚ] I. *n* ❶ *usu sing* (*state of mind*) Laune *f;* (*angry state*) Wut *f kein pl;* (*predisposition to anger*) Reizbarkeit *f kein pl;* ***what a foul ~ you're in!*** hast du eine üble Laune!; **~*s were getting [rather] frayed*** [*or* ***short***] die Stimmung wurde [ziemlich] gereizt; **display** [*or* **fit**] **of** ~ Temperamentsausbruch *m;* (*angry*) Wutausbruch *m;* **to be in a bad/good** ~ schlecht [*o* übel]/gut gelaunt sein; **to get into a ~ [about sth]** sich *akk* [über etw *akk*] aufregen; **to control one's** ~ sein Temperament zügeln; **to have a** ~ in gereizter Stimmung sein; **to keep one's** ~ sich *akk* beherrschen, ruhig bleiben; **to lose one's** ~ die Geduld verlieren; **in a** ~ wütend ❷ *usu sing* (*characteristic mood*) Naturell *nt;* ***she has a very sweet ~*** sie hat ein sehr sanftes Wesen; ***he is a man of violent ~*** er hat ein ungezügeltes Temperament ❸ *no pl of metal* Härte

f **II.** *vt* ❶ *(form: mitigate)* ■**to ~ sth with sth** etw durch etw *akk* ausgleichen; **to ~ one's criticism** seine Kritik abschwächen; **to ~ one's enthusiasm** seine Begeisterung zügeln [*o* im Zaum halten] ❷ *(make hard)* ■**to ~ sth** etw härten [*o fachspr* tempern]; **to ~ iron** Eisen glühfrischen *fachspr* ❸ *(add water)* ■**to ~ sth** etw anrühren; **to ~ colours** [*or* AM **colors**] Farben anrühren ❹ MUS ■**to ~ sth** etw temperieren

tempera ['tempᵊrə] *n no pl* Temperamalerei *f*

temperament ['tempᵊrəmənt, -prə-, AM -pɚ-, prə-] *n* ❶ *(person's nature)* Temperament *nt*, Naturell *nt*, Charakter *nt*; ***she's quiet by*** ~ sie hat ein stilles Wesen; **to be of an artistic ~** eine Künstlerseele sein ❷ *no pl (pej: predisposition to anger)* [aufbrausendes] Temperament, Reizbarkeit *f*; **fit of ~** Temperamentsausbruch *m*; *(angry)* Wutausbruch *m*

temperamental [ˌtempᵊrə'mentᵊl, AM -pɚə'menṱᵊl, prə-] *adj* ❶ *(moody)* *person* launenhaft, launisch; *(hum) thing* launisch *hum*; **to be rather ~** so seine Launen haben ❷ *(engendered by character)* anlagebedingt; ***I have a ~ dislike of crowds*** ich habe von Natur aus eine Abneigung gegen Menschenmengen; **~ differences** Temperamentsunterschiede *mpl*

temperamentally [ˌtempᵊrə'mentᵊli, AM -prə'menṱᵊli] *adv* ❶ *(concerning character)* charakterbedingt, von Natur aus ❷ *(pej: done moodily)* launisch *a. hum*; ***she behaved ~ as a diva*** sie benahm sich launisch wie eine Diva

temperance ['tempᵊrᵊn(t)s] **I.** *n no pl (form)* Mäßigung *f*; *(in eating, drinking)* Maßhalten *nt* (**in** bei +*dat*); *(abstinence from alcohol)* Abstinenz *f* **II.** *n modifier (movement)* Abstinenz-; **~ advocate** Abstinenzverfechter(in) *m(f)*

temperate ['tempᵊrət] *adj* ❶ *(usu approv form: self-restrained)* maßvoll ❷ *(mild) climate, zone* gemäßigt; **~ species** Art, die in einer gemäßigten Klimazone beheimatet ist

temperature ['temprətʃəʳ, AM -pɚətʃɚ] **I.** *n* Temperatur *f*; ***~s have been very mild for this time of year*** für diese Jahreszeit sind die Temperaturen sehr mild; *(fig)* ***the ~ of the discussion started to rise*** die Diskussion erhitzte sich; **body ~** Körpertemperatur *f*; **sudden fall/rise in ~** plötzlicher Temperaturabfall/-anstieg; **to have** [*or* **run**] **a ~** Fieber haben; **to take sb's ~** jds Temperatur messen **II.** *n modifier (change, control, decline, rise)* Temperatur-; **~ gauge** Temperaturanzeiger *m*; **~ variation** Temperaturschwankung *f*

-tempered ['tempəd, AM ɚd] *in compounds* **bad ~** griesgrämig; **short ~** aufbrausend; **sweet ~** sanftmütig

tempest ['tempɪst] *n* Sturm *m a. fig*

tempestuous [tem'pestjuəs, -tʃu-, AM -tʃu-] *adj* ❶ *(liter: very stormy)* stürmisch, tosend *attr*; ***we set sail in ~ conditions*** wir setzten Segel unter Sturm ❷ *(fig: turbulent)* turbulent, stürmisch; **a ~ career** eine bewegte Laufbahn; **a ~ discussion** eine hitzige Diskussion

tempestuously [tem'pestjuəsli, -tʃu-, AM -tʃu-] *adv* ungestüm; **to behave ~** sich ungestüm gebärden *geh*

tempi ['tempi:] *n pl of* **tempo**

Templar ['templəʳ, AM ɚ] *n* Templer *m*, Tempelritter *m*; **the ~s** der Templerorden

template ['templeɪt, AM -plɪt] *n*, **templet** ['templɪt] *n* Schablone *f*; **to serve as a ~ for sth** *(fig)* als Muster für etw *akk* dienen

temple¹ ['templ̩] *n (place of worship)* Tempel *m*

temple² ['templ̩] *n (part of head)* Schläfe *f*

tempo <*pl* -s *or* -pi> ['tempəʊ, AM -poʊ, *pl* -pi:] *n* ❶ *(rate of motion)* Tempo *nt*; **rapid ~** schnelles Tempo; **to up the ~** das Tempo erhöhen ❷ MUS Tempo *nt*; **change in ~** Tempowechsel *m*; **to increase the ~** das Tempo erhöhen

temporal ['tempᵊrᵊl] *adj (form)* weltlich

temporarily ['tempᵊrᵊli] *adv* vorübergehend

temporariness ['tempᵊrᵊrinəs, AM pəreri] *n no pl* Vorläufigkeit *f*, zeitliche Begrenztheit

temporary ['tempᵊrᵊri, AM -pəreri] *adj* *(not permanent)* zeitweilig, vorübergehend; LAW vorläufig, einstweilig; *(with specific limit)* befristet; **~ ceasefire** vorübergehender Waffenstillstand; **a ~ lapse in concentration** ein zeitweiliger Konzentrationsverlust; **~ staff** Aushilfspersonal *nt*

temporize ['tempᵊraɪz, AM -pər-] *vi (form)* Verzögerungstaktiken einsetzen; ■**to ~ with sb** jdn hinhalten

tempt [tempt] *vt* ❶ *(entice)* ■**to ~ sb** jdn in Versuchung führen; ■**to be ~ed** schwach werden; ■**to be ~ed to do sth** versucht sein, etw zu tun; ■**to ~ sb to do** [*or* **into doing**] **sth** jdn dazu verleiten [*o* verführen] [*o* bringen], etw zu tun; **to ~ the appetite** den Appetit anregen ❷ *(attract)* ■**to ~ sb** jdn reizen [*o* locken]; ***the sunny day ~ed me into shorts and T-shirt*** der sonnige Tage verlockte mich dazu, Shorts und T-Shirt zu tragen ▸ PHRASES: **to ~ fate** [*or* **providence**] das Schicksal herausfordern

temptation [temp'teɪʃᵊn] *n* ❶ *(enticement)* Versuchung *f*; ***advertising relies heavily on ~*** die Werbung versucht hauptsächlich durch Verführungsstrategien zu wirken; **to be an irresistible ~** eine zu große Versuchung sein; **to give in to ~** der Versuchung erliegen; **to resist the ~** [**to do sth**] der Versuchung widerstehen[, etw zu tun] ❷ *(sth tempting)* Verlockung *f*; **to succumb to the ~s of life in the country** den Verlockungen des Landlebens erliegen ▸ PHRASES: **I can resist everything except ~** ich kann allem widerstehen, außer der Versuchung; **and lead us not into ~** REL und führe uns nicht in Versuchung

tempter ['temptəʳ, AM -ɚ] *n* Verführer(in) *m(f)*; ■**the T~** REL der Versucher

tempting ['temptɪŋ] *adj* verführerisch, verlockend; **~ offer** verlockendes Angebot

temptingly ['temptɪŋli] *adv* verführerisch, verlockend; **to move ~** sich *akk* aufreizend bewegen

temptress <*pl* -es> ['temptrəs, AM -trɪs] *n (liter or hum)* Verführerin *f*

temp work *n no pl* Zeitarbeit *f*

ten [ten] **I.** *adj inv* zehn; **a ~-seater** ein Zehnsitzer ▸ PHRASES: **to be ~ a penny** BRIT *(fig)* wertlos sein; ***people who say they know the President are ~ a penny*** Leute, die behaupten, den Präsidenten zu kennen, gibt es wie Sand am Meer **II.** *n* Zehn *f*; ***what's the time? — it's ~*** wie viel Uhr ist es? – es ist zehn; *(fam)* ***~ to one he won't be there tonight*** zehn zu eins, dass er heute Abend nicht da sein wird; **~s of thousands** zehntausende; **to count** [**up to**] **~** bis zehn zählen

tenable ['tenəbl̩] *adj* ❶ *(defendable) approach* vertretbar; *argument* haltbar ❷ *pred (to be held) office, position* zu besetzen *präd*; *(to be maintained)* ***the university scholarship is ~ for three years*** das Stipendium für die Universität wird für drei Jahre verliehen

tenacious [tɪ'neɪʃəs, AM tə'-] *adj* ❶ *(gripping tightly) grip* fest; ***the baby took my finger in its ~ little fist*** der Säugling nahm meinen Finger fest in seine kleine Faust ❷ *(persistent) person, legend, theory* hartnäckig; *person also* beharrlich

tenaciously [tɪ'neɪʃəsli, AM tə'-] *adv* ❶ *(gripping tightly)* fest ❷ *(persistently)* unermüdlich, beharrlich

tenacity [tɪ'næsəti, AM tə'næsəṱi] *n no pl* Beharrlichkeit *f*, Hartnäckigkeit *f*

tenancy ['tenən(t)si] *n* ❶ *(status concerning lease)* Pachtverhältnis *nt*; *(rented lodgings)* Mietverhältnis *nt* ❷ *(right of possession)* Eigentum *nt* ❸ *(duration of lease)* Pachtdauer *f*; *(of rented lodgings)* Mietdauer *f*; ***I have a two year ~ on the house*** ich habe einen Mietvertrag auf zwei Jahre für dieses Haus

tenant ['tenənt] *n of rented accommodation* Mieter(in) *m(f)*; *of leasehold* Pächter(in) *m(f)*; **council ~** BRIT Mieter(in) *m(f)* einer Sozialwohnung; **sitting ~** durch Mietschutz geschützter Mieter/geschützte Mieterin

tenant farmer *n* Pächter(in) *m(f)*

tenantry ['tenəntri] *n* + *sing/pl vb* Pächter(in) *m(f)*

tench <*pl* -> [ten(t)ʃ] *n* Schleie *f*

Ten Commandments *npl* ■**the ~** die Zehn Gebote *ntpl*

tend¹ [tend] *vi* ❶ *(be directed towards)* tendieren; **to ~ downwards** eine Tendenz nach unten aufweisen ❷ *(incline)* ■**to ~ to** [*or* **towards**] **sth** zu etw *dat* neigen [*o* tendieren]; ***I ~ to think he's right*** ich bin dazu geneigt, ihm Recht zu geben

tend² [tend] **I.** *vi* ■**to ~ to sb/sth** sich *akk* um jdn/etw kümmern **II.** *vt* ■**to ~ sb/sth** sich *akk* um jdn/etw kümmern, jdn/etw pflegen; **to ~ sheep** Schafe hüten; **to ~ a road accident victim** dem Opfer eines Verkehrsunfalls Hilfe leisten

tendency ['tendən(t)si] *n* Tendenz *f*; *(inclination)* Neigung *f*, Hang *m*; *(trend)* Trend *m* (**to**[**wards**] zu +*akk*); ***she showed musical tendencies from an early age*** schon von früh an ließ sie eine Neigung zur Musik erkennen; ***there is a growing ~ to invest in shares*** der Trend wächst, in Aktien zu investieren; ■**to have a ~ to**[**wards**] **sth** zu etw *dat* neigen; ***he has always had a ~ towards fast cars*** er hatte schon immer einen Hang zu schnellen Autos; **alarming ~** alarmierende Tendenz; **hereditary ~** erbliche Veranlagung

tendentious [ten'den(t)ʃəs] *adj (pej form)* tendenziös *pej geh*

tendentiously [ten'den(t)ʃəsli] *adv (pej form)* tendenziös *pej geh*

tendentiousness [ten'den(t)ʃəsnəs] *n no pl (form)* einseitige Orientierung

tender¹ ['tendəʳ, AM -ɚ] *adj* ❶ *(not tough) meat, vegetable* zart ❷ *(easily hurt) skin, plants* zart; *(sensitive to pain) part of body* [schmerz]empfindlich ❸ *(liter: youthful)* zart; **at a ~ age of 5** im zarten Alter von 5 Jahren; **of ~ years** *(form)* in sehr jungen Jahren ❹ *(requiring tact)* heikel; **~ subject** heikles Thema ❺ *(affectionate)* zärtlich; ***she gave him a ~ look*** sie warf ihm einen liebevollen Blick zu; **~ love story** gefühlvolle Liebesgeschichte; **to have a ~ heart** ein weiches Herz besitzen; **~ kiss** zärtlicher Kuss

tender² ['tendəʳ, AM -ɚ] **I.** *n* COMM *(price quote)* Angebot *nt*; **to invite ~s** Angebote einholen; **to put in** [*or* **submit**] **a ~** ein Angebot machen; **to put sth out for ~** etw ausschreiben; **to win the ~** den Zuschlag bekommen **II.** *vt (form)* **to ~ an apology** eine Entschuldigung aussprechen; **to ~ the exact fare** das Fahrgeld genau abgezählt bereit halten; **to ~ one's resignation** die Kündigung einreichen; ***the minister ~ed his resignation*** der Minister bot seinen Rücktritt an **III.** *vi* COMM ein Angebot machen; *goods* andienen; ■**to ~ for sth** sich *akk* an einer Ausschreibung für etw *akk* beteiligen

tender³ ['tendəʳ, AM -ɚ] *n* ❶ *(railway waggon)* Kohlenwagen *m* ❷ *(boat)* Begleitschiff *nt* ❸ *(behind fire engine)* Wassertankanhänger *m*

tenderfoot <*pl* -s *or* -feet> *n* Neuling *m*

tender-hearted *adj* weichherzig

tenderize ['tendᵊraɪz, AM -dər-] *vt* ■**to ~ sth** etw zart [*o* weich] machen; ***leave the beef overnight in a marinade to ~ it*** lassen Sie das Rindfleisch über Nacht in einer Marinade, damit es zart wird

tenderizer ['tendᵊraɪzəʳ, AM -dəraɪzɚ] *n* Weichmacher *m*

tenderloin ['tendᵊlɔɪn, AM -dɚ-] *n no pl* Filet *nt*, Lendenstück *nt*

tenderly ['tendᵊli, AM -ɚli] *adv* sanft, zärtlich; *(lovingly)* liebevoll

tenderness ['tendənəs, AM -dɚ-] *n no pl* ❶ *(fondness)* Zärtlichkeit *f*, Güte *f* ❷ *(physical sensitivity)* [Schmerz]empfindlichkeit *f*; ***there was an area of ~ and swelling on her left leg*** an ihrem linken Bein war eine Stelle, die schmerzempfindlich und geschwollenen war ❸ *(succulence)* Zartheit *f*; ***the ~ of the steak was mouth-watering*** das Steak war so zart, dass einem das Wasser im Munde zusammenlief

tendon ['tendən] *n* Sehne *f*

tendonitis [ˌtendən'aɪtɪs, AM -ṱ-] *n no pl* Sehnenentzündung *f*, Tendinitis *f fachspr*

tendril ['tendrᵊl] *n* Ranke *f*

tenement ['tenəmənt] *n* Mietwohnung *f*; AM *also*

T

(*run-down*) heruntergekommene Mietwohnung **tenement block** *n* Wohnblock *m;* AM *also* Mietskaserne *f pej* **tenement house** *n* AM, SCOT Mietshaus *nt;* AM *also* heruntergekommenes Mietshaus *nt*

Tenerife [ˌtenᵊrˈiːf, AM -əˈriːf] *n no pl* Teneriffa *nt*

tenet [ˈtenɪt] *n* (*form*) Lehre *f*

tenfold *inv* **I.** *adj* zehnfach **II.** *adv* (*by ten times*) um das Zehnfache; (*ten times*) zehnfach **ten-four** *interj esp* AM (*fam*) okay; (*on CB radio*) Roger *sl* **ten-gallon hat** *n* Cowboyhut *m*

tenner [ˈtenəʳ, AM -ɚ] *n* (*fam*) Zehner *m*

tennis [ˈtenɪs] **I.** *n no pl* Tennis *nt* **II.** *n modifier* (*ball, facilities, instructor*) Tennis-; ~ **class** Tennisstunde *f*

tennis court *n* Tennisplatz *m* **tennis elbow** *n no pl* MED Tennisarm *m* **tennis match** *n* Tennisspiel *nt,* Tennismatch *nt* **tennis racket** *n* Tennisschläger *m* **tennis shoe** *n* Tennisschuh *m*

tenon [ˈtenən] *n* Zapfen *m*

tenon saw *n* Furniersäge *f*

tenor[1] [ˈtenəʳ, AM -ɚ] **I.** *n* MUS Tenor *m;* (*voice also*) Tenorstimme *f* **II.** *n modifier* (*saxophone, tuba, trombone, violin*) Tenor-

tenor[2] [ˈtenəʳ, AM -ɚ] *n no pl* ① (*form: general meaning*) Tenor *m geh;* (*content also*) Inhalt *m;* **the general ~ of the discussion** der allgemeine Tenor der Diskussion ② (*settled nature*) *of life* Stil *m,* Verlauf *m;* **to raise the ~ of the proceedings** die Vorgehensweise verbessern ③ ECON Laufzeit *f*

tenpin [ˈtenpɪn] *n* Kegel *m* **tenpin bowling** *n no pl* Bowling *nt*

tenpins [ˈtenpɪnz] *npl + sing vb* AM Bowling *nt kein pl*

tense[1] [ten(t)s] *n* LING Zeitform *f,* Tempus *nt fachspr*

tense[2] [ten(t)s] **I.** *adj finger, muscle, person, voice* angespannt; ~ **moment** spannungsgeladener Moment; **to defuse a ~ situation** eine gespannte Lage entschärfen **II.** *vt* **to ~ a muscle** einen Muskel anspannen **III.** *vi muscle, person* sich *akk* [an]spannen ◆**tense up** *vi muscle, person* sich *akk* [an]spannen

tensed up *adj* (*mentally*) angespannt; (*physically*) verspannt; **to appear ~** angespannt wirken

tensely [ˈten(t)sli] *adv* angespannt; (*nervously*) nervös

tenseness [ˈten(t)snəs] *n no pl* ① (*stiffness*) Steifheit *f;* ***you should always warm up before a race to lose any ~ you may have*** vor einem Wettlauf sollte man sich immer aufwärmen, um alle Muskeln zu lockern ② (*anxiousness*) Angespanntheit *f*

tensile [ˈten(t)saɪl, AM -sɪl] *adj* (*form*) dehnbar; (*lengthwise*) streckbar

tensile strength *n* Zugfestigkeit *f*

tension [ˈten(t)ʃᵊn] *n no pl* ① (*tightness*) Spannung *f;* ~ ***in the neck muscles can lead to a headache*** eine Verspannung der Nackenmuskulatur kann zu Kopfschmerzen führen; ~ **of a rope** Seilspannung *f* ② (*uneasiness*) [An]spannung *f* ③ (*strain*) Spannung[en] *f*[*pl*] (**between** zwischen +*dat*); **to ease ~** Spannungen reduzieren ④ (*emotional excitement*) Spannung *f;* **to maintain the ~ in a film** die Spannung in einem Film aufrechterhalten

tent [tent] *n* Zelt *nt;* **beer ~** Bierzelt *nt;* **two-man ~** Zweipersonenzelt *nt;* **to pitch a ~** ein Zelt aufschlagen

tentacle [ˈtentək|] *n* Fangarm *m,* Tentakel *m fachspr;* (*as a sensor*) Fühler *m;* **to have one's ~s in sth** (*fig*) die Finger in etw *dat* haben *fig*

tentative [ˈtentətɪv, AM -t̬ət̬ɪv] *adj* ① (*provisional*) vorläufig; **a ~ agreement** eine vorläufige Vereinbarung ② (*hesitant*) vorsichtig; ~ **attempt** [*or* **effort**] zaghafter Versuch

tentatively [ˈtentətɪvli, AM -t̬ət̬ɪv-] *adv* ① (*provisionally*) provisorisch ② (*hesitatingly*) zögernd

tentativeness [ˈtentətɪvnəs, AM -t̬ət̬ɪv-] *n no pl* Unentschlossenheit *f*

tented [ˈtentɪd] *adj inv* mit Zelten belegt

tenterhooks [ˈtentəhʊks, AM -t̬ɚ-] *npl* Spannhaken *m;* ■**to be [kept] on ~** wie auf glühenden Kohlen sitzen; ■**to be on ~ to do sth** es kaum abwarten können, etw zu tun; **to keep sb on ~** jdn auf die Folter spannen

tenth [ten(t)θ] **I.** *n* ■**the ~** der Zehnte; ***on the ~ of May*** am zehnten Mai; ■**a ~** ein Zehntel *nt* **II.** *adj attr, inv* zehnte(r,s); ■**to be ~** Zehnte(r,s) sein **III.** *adv inv* als Zehnte(r,s)

tenthly [ˈten(t)θli] *adv inv* zehntens

tent peg *n* Hering *m* **tent pole** *n* Zeltstange *f*

tenuous [ˈtenjuəs] *adj* spärlich; *argument, excuse* schwach, dürftig; *cloud* dünn

tenuously [ˈtenjuəsli] *adv* ① (*weak*) schwach ② (*hardly*) kaum; ~ **related** entfernt verwandt

tenure [ˈtenjəʳ, AM -ɚ] *n* (*form*) ① *no pl* (*right of title*) Besitz *m;* **security of ~** Kündigungsschutz *m* ② *no pl* (*term of possession*) Pachtdauer *f;* ***they have another two years ~*** sie haben noch zwei weitere Jahre Pachtrecht ③ (*holding of office*) Amtszeit *f;* ~ **as a commander** Dienstzeit *f* als Kommandeur; ***her tenure of the premiership was threatened*** ihr Amt als Premierministerin war in Gefahr ④ UNIV (*permanent position*) feste Anstellung; ***the only position in the department having ~ is the chair*** die einzige feste Stelle in der Abteilung ist der Vorsitz

tenured [ˈtenjəd, AM -ɚd] *adj inv* (*form*) *civil servant, teacher* unkündbar; ~ **position** feste Anstellung

tepee [ˈtiːpiː] *n* Indianerzelt *nt*

tepid [ˈtepɪd] *adj* lau[warm] *a. fig;* ~ **applause** schwacher Applaus; ~ **reaction** laue Reaktion

tepidity [tepˈɪdəti, AM təˈpɪdət̬i] *n no pl* lauwarme Temperatur

tequila [təˈkiːlə] *n* Tequila *m*

tercentenary [ˌtɜːsenˈtiːnᵊri, AM tɚˈsentᵊneri], AM *esp* **tercentennial** [ˌtɜːsenˈteniəl, AM ˌtɜːr-] **I.** *n* Dreihundertjahrfeier *f* **II.** *adj attr, inv* Dreihundertjahr-; ~ **anniversary** dreihundertjähriges Jubiläum

term [tɜːm, AM tɜːrm] **I.** *n* ① (*of two*) Semester *nt;* (*of three*) Trimester *nt;* **half-~** *kurze Ferien, die zwischen den langen Ferien liegen, z.B. Pfingst-/Herbstferien* ② (*set duration of job*) Amtszeit *f;* ~ **of office** Amtsperiode *f* ③ (*period of sentence*) ~ **of imprisonment** Haftdauer *f;* **prison ~** Gefängnisstrafe *f* ④ ECON (*form: duration of contract*) Laufzeit *f,* Dauer *f* ⑤ *no pl* (*anticipated date of birth*) Geburtstermin *m;* ***her last pregnancy went to ~*** bei ihrer letzten Schwangerschaft hat sie das Kind bis zum Schluss ausgetragen; (*period*) ~ **of pregnancy** Schwangerschaft *f* ⑥ (*range*) Dauer *f;* **in the long/medium/short ~** lang-/mittel-/kurzfristig ⑦ (*phrase*) Ausdruck *m;* ~ **of abuse** Schimpfwort *nt;* ~ **of endearment** Kosewort *nt;* **in layman's ~s** einfach ausgedrückt; **to be on friendly ~s with sb** mit jdm auf freundschaftlichem Fuß stehen; **generic ~** Gattungsbegriff *m;* **in glowing ~s** mit Begeisterung; **legal ~** Rechtsbegriff *m;* **technical ~** Fachausdruck *m;* **in no uncertain ~s** unmissverständlich; ***she told him what she thought in no uncertain ~s*** sie gab ihm unmissverständlich zu verstehen, was sie dachte **II.** *vt* ■**to ~ sth *I would ~ his behaviour unacceptable*** ich würde sein Verhalten als inakzeptabel bezeichnen; ■**to ~ sb [as] sth** jdn als etw bezeichnen, jdn etw nennen

termagant [ˈtɜːməgənt, AM ˈtɜːr-] *n* (*pej*) Drachen *m pej,* Xantippe *f pej*

term deposit *n* FIN Termineinlage *f*

terminable [ˈtɜːmɪnəb|, AM ˈtɜːr-] *adj* (*form*) kündbar, auflösbar

terminal [ˈtɜːmɪnᵊl, AM ˈtɜːr-] **I.** *adj inv* ① (*fatal*) End-; ***she has ~ cancer*** sie ist unheilbar an Krebs erkrankt; ~ **disease** [*or* **illness**] tödlich verlaufende Krankheit; ~ **patient** Sterbepatient(in) *m(f)* ② (*fig fam: extreme*) ***the shipbuilding industry is in ~ decline*** die Schiffsbaubranche befindet sich unaufhaltsam im Niedergang; ~ **boredom** tödliche Langeweile ③ (*concerning travel terminals*) Terminal-; ~ **building** Flughafengebäude *nt* **II.** *n* ① AVIAT, TRANSP Terminal *m o nt;* **air ~** Flughafengebäude *nt;* **ferry ~** Bestimmungshafen *m;* **rail ~** Endstation *f* ② COMPUT (*part of computer*) Terminal *nt;* (*point in network*) Netzstation *f* ③ (*point in circuit*) [Anschluss]pol *m*

terminally [ˈtɜːmɪnᵊli, AM ˈtɜːr-] *adv* tod-; ~ **ill** todkrank; ~ **stupid** (*fig*) rettungslos bescheuert *fam*

terminate [ˈtɜːmɪneɪt, AM ˈtɜːr-] **I.** *vt* ■**to ~ sth** etw beenden; **to ~ a contract** einen Vertrag aufheben; **to ~ a pregnancy** eine Schwangerschaft abbrechen **II.** *vi* enden; ***this train will ~ at the next stop*** der nächste Bahnhof ist Endstation

termination [ˌtɜːmɪˈneɪʃᵊn, AM ˌtɜːr-] *n no pl* Beendigung *f; of a contract* Aufhebung *f;* COMPUT *of a program* Abbruch *m;* ~ **of a pregnancy** Schwangerschaftsabbruch *m*

termini [ˈtɜːmɪnaɪ, AM ˈtɜːr-] *n pl of* **terminus**

terminological [ˌtɜːmɪnəˈlɒdʒɪkᵊl, AM ˌtɜːrmɪnəˈlɑː-] *adj* terminologisch *fachspr*

terminologically [ˌtɜːmɪnəˈlɒdʒɪkᵊli, AM ˌtɜːrmɪnəˈlɑː-] *adv* terminologisch *fachspr*

terminology [ˌtɜːmɪˈnɒlədʒi, AM ˌtɜːrmɪˈnɑː-] *n* Terminologie *f geh,* Fachsprache *f*

term insurance *n no pl* AM Zeitversicherung *f*

terminus <*pl* -es *or* -ni> [ˈtɜːmɪnəs, AM ˈtɜːr-, *pl* -naɪ] *n* Endstation *f; of a train also* Endbahnhof *m*

termite [ˈtɜːmaɪt, AM ˈtɜːr-] *n* Termite *f*

term paper *n* AM Seminararbeit *f*

terms [tɜːmz, AM tɜːrmz] *npl* Bedingungen *fpl;* ~ **of an agreement** Vertragsbedingungen *fpl;* **on equal** [*or* **the same**] ~ unter den gleichen Bedingungen; **on favourable** [*or* AM **favorable**] ~ zu günstigen Bedingungen; **to be back on level ~** SPORTS den Ausgleich erzielt haben; **on one's [own] ~** zu seinen/ihren [eigenen] Bedingungen; **to bring sb to ~** jdn zur Annahme der Bedingungen zwingen; **to comply with the ~** die Bedingungen erfüllen; **to state ~** Bedingungen nennen ► PHRASES: **to be on bad/good ~ with sb** sich *akk* schlecht/gut mit jdm verstehen; **to come to ~ with sth** sich *akk* mit etw *dat* abfinden; **to come to ~ with sb** sich *akk* mit jdm einigen; **to talk** [*or* **think**] **in ~ of doing sth** sich *akk* mit dem Gedanken tragen, etw zu tun; **in ~ of sth, in … ~** (*as*) als etw; ***consider it in ~ of an instrument*** betrachten Sie es als Instrument; (*with regard to*) was etw angeht *dat;* **in ~ *of costs*** was die Kosten angeht; ***a 200-year old building is very old in American ~*** für amerikanische Verhältnisse ist ein 200 Jahre altes Gebäude sehr alt

terms of reference *npl* ① (*form: topic area*) Aufgabenbereich *m;* ~ **of the report** Berichtsgrundlagen *fpl* ② (*basis for decision*) Kriterien *fpl;* ***he is always concerned about money — finance is his only ~*** er macht sich immer Sorgen ums Geld – die Finanzen sind sein einziges Kriterium **term time** *n* (*at university*) Semesterzeit *f;* (*at school*) Schulhalbjahr *nt*

tern [tɜːn, AM tɜːrn] *n* Seeschwalbe *f*

terrace [ˈterɪs] **I.** *n* ① (*patio*) Terrasse *f* ② (*on a slope*) Terrasse *f* ③ (*geol*) Terrasse *f* ④ BRIT ■**~s** *pl* (*in a stadium*) Tribüne *f;* **spectators'** [*or* **viewing**] ~ Besucherränge *mpl* ⑤ *esp* BRIT (*row of houses*) Reihenhäuser *ntpl;* **end-of-~** letztes Reihenhaus **II.** *vt* ■**to ~ sth** etw terrassenförmig anlegen

terraced [ˈterɪst] *adj inv* Terrassen-; ~ **property** Reihenhaus *nt;* ~ **road** BRIT Straße *f* mit Reihenhäusern

terraced house *n* Reihenhaus *nt*

terracotta [ˌterəˈkɒtə, AM -ˈkɑːt̬ə] **I.** *n no pl* ① (*clay product*) Terrakotta *f* ② (*colour*) Terrakotta *f* **II.** *n modifier* ① (*clay*) (*pot, sculpture, tile*) Terrakotta-, aus Terrakotta *nach n, präd* ② (*reddish*) Terrakotta-; ~ **shade** Terrakottaton *m*

terra firma [ˌterəˈfɜːmə, AM -ˈfɜːr-] *n no pl* festes Land; **to get back on ~ again** wieder festen Boden unter den Füßen haben

terraforming [ˈterəˌfɔːmɪŋ, AM -ˈfɔːr-] *n no pl Anpassung eines Planeten an menschliche Lebensbedingungen*

terrain [təˈreɪn, AM terˈeɪn] *n* Gelände *nt,* Terrain *nt a. fig;* **ski ~** Skigebiet *nt;* **marshy ~** Sumpfgebiet *nt*

terrapin <*pl* – *or* -s> [ˈterəpɪn] *n* Dosenschildkröte *f*

terrarium <*pl* -s *or* -ria> [təˈreəriəm, AM -ˈreri-] *n* Terrarium *nt*

terrazzo [təˈrætsəʊ, AM rɑːtsoʊ] *n no pl* Terrazzo *m*

terrestrial [tə'restriəl] *(form)* **I.** *adj inv* ① *(of, on, or relating to the earth)* terrestrisch *geh*, Erd-; **~ conditions** Bedingungen *fpl* auf der Erde ② *(living on the ground) animal, plant* Land-, an Land lebend *attr;* **to live in ~ habitats** Landbewohner sein ③ TV, MEDIA terrestrisch *geh* **II.** *n* Erdling *m*, Erdbewohner(in) *m(f)*

terrible ['terəbl] *adj* ① *(shockingly bad)* schrecklich, furchtbar; **~ news** schreckliche Nachricht; **to give a ~ smile** Furcht erregend grinsen; **to look/feel ~** schlimm aussehen/sich *akk* schrecklich fühlen ② *(fam: very great)* schrecklich, fürchterlich; ***what a ~ mess your room is in!*** in deinen Zimmer herrscht eine fürchterliche Unordnung!; ***she is ~ at managing her money*** sie kann mit Geld überhaupt nicht umgehen; **to be a ~ nuisance** schrecklich lästig sein

terrible twins *npl* BRIT *(fam)* Skandalpaar *nt* *(Zweiergespann, das sich einen notorischen Ruf erworben hat)* **terrible twos** *npl* ■**the ~** das Trotzalter

terribly ['terəbli] *adv* ① *(awfully)* schrecklich; ***I slept ~ last night*** ich habe letzte Nacht sehr schlecht geschlafen; ***he did ~ in the race*** er hat im Rennen sehr schlecht abgeschnitten ② *(fam: extremely)* außerordentlich; ***she was ~ sorry*** es tat ihr fürchterlich Leid; **to be ~ pleased** sich *akk* außerordentlich freuen ③ *(fam: really, truly)* wirklich; ***were you ~ in love with him?*** warst du richtig in ihn verliebt?; **not ~** nicht wirklich

terrier ['teriəʳ, AM -ɚ] *n* Terrier *m*

terrific [tə'rɪfɪk] *adj (fam)* ① *(excellent)* großartig, fantastisch, toll *fam*, super *sl;* ***we had a ~ time at the zoo*** es war einfach toll im Zoo ② *(very great)* gewaltig, ungeheuer, unglaublich; **at a ~ speed** mit einer ungeheuren Geschwindigkeit

terrifically [tə'rɪfɪkᵊli] *adv* ① *(fam: extremely well)* fantastisch, großartig, super *sl;* ***we get on ~*** wir verstehen uns großartig ② *(extremely)* ungeheuer, unglaublich; ***my tooth is ~ painful*** mein Zahn schmerzt gewaltig; ***she's been ~ busy lately*** sie hat in letzter Zeit ungeheuer viel zu tun

terrified ['terəfaɪd] *adj (through sudden fright)* erschrocken; *(scared)* verängstigt; ■**to be ~ of sth** [große] Angst vor etw *dat* haben; ■**to be ~ of doing sth** [große] Angst haben, etw zu tun; ■**to be ~ that ...** [große] Angst haben, dass ...; **a ~ child** ein verängstigtes Kind; **to be too ~ to do sth** zu verängstigt sein, etw zu tun

terrify <-ie-> ['terəfaɪ] *vt* ■**to ~ sb** jdn fürchterlich erschrecken, jdm Angst [*o* einen Schrecken] einjagen; ***it terrifies me to think about what could've happened*** wenn ich mir vorstelle, was alles hätte passieren können, läuft es mir kalt den Rücken runter

terrifying ['terəfaɪɪŋ] *adj thought, sight* entsetzlich; *speed* angsterregend, Furcht einflößend; **a ~ experience** ein schreckliches [*o* furchtbares] Erlebnis

terrifyingly ['terəfaɪɪŋli] *adv* erschreckend, beängstigend

terrine [tər'i:n] *n* ① *(paté dish)* Terrine *f* ② *(cooking vessel)* Steinguttopf *m*, Terrine *f*

territorial [ˌterɪ'tɔ:riəl, AM -ə'-] **I.** *n* BRIT Territorialsoldat *m*, Landwehrsoldat *m*, Soldat *m* der Heimatschutztruppe **II.** *adj inv* ① GEOG, POL territorial, Gebiets-; **~ aggrandizement** territoriale Vergrößerung, Gebietserweiterung *f* ② ZOOL regional begrenzt; **~ bird** Vogel *m* mit Territorialverhalten ③ *esp* AM *(relating to a Territory)* ■**T~** Territorial-, Landes-; **~ law** Territorialrecht *nt*, Landesrecht *nt*

Territorial Army *n* BRIT Territorialarmee *f*, Territorialheer *nt*, Landwehr *f;* ■**the ~** die Heimatschutztruppe **territorial waters** *npl* Hoheitsgewässer *ntpl*, Territorialgewässer *ntpl*

territory ['terɪtᵊri, AM -ətɔ:ri] *n* ① *(area of land)* Gebiet *nt*, Territorium *nt;* **uncharted/unknown ~** unerforschtes/unbekanntes Gebiet ② *no pl* POL Hoheitsgebiet *nt*, Staatsgebiet *nt*, Territorium *nt;* **in enemy ~** auf feindlichem Gebiet; **forbidden ~** *(fig)* verbotenes Terrain *fig;* **maritime ~** Hoheitsgewässer *ntpl;* **private ~** Privatsphäre *f* ③ BIOL Revier *nt*, Territorium *nt* ④ *(of activity or knowledge)* Bereich *m*, Gebiet *nt;* **familiar ~** *(fig)* vertrautes Gebiet [*o* Terrain] *fig;* **new/uncharted ~** Neuland *nt fig* ⑤ AUS **Northern ~** Nordterritorium *nt* ▸ PHRASES: **to go** [*or* **come**] **with the ~** dazugehören, einhergehen; ***the public attention that famous people get just goes with the ~*** Prominente stehen zwangsläufig im Mittelpunkt der Öffentlichkeit

terror ['terəʳ, AM -ɚ] *n* ① *no pl (great fear)* schreckliche Angst; **to strike ~ in** [*or* **into**] **sb's heart** jdn mit großer Angst erfüllen; **to be** [*or* **go**] [*or* **live**] **in ~ of one's life** Todesängste ausstehen; **to have a ~ of spiders** panische Angst vor Spinnen haben; **abject/sheer ~** furchtbare [*o fam* irre] Angst; ***there was sheer ~ in her eyes when he came back into the room*** in ihren Augen stand das blanke Entsetzen, als er in den Raum zurückkam; **to flee in ~** in panischer Angst fliehen; **to have a ~ of sth** vor etw *dat* große Angst haben; **to strike ~** [schreckliche] Angst auslösen; **to strike sb with ~** jdn in Angst und Schrecken versetzen ② *(political violence)* Terror *m;* **campaign of ~** Terrorkampagne *f;* **reign of ~** Terrorherrschaft *f*, Schreckensherrschaft, f; **weapon of ~** Terrorinstrument *nt* ③ *(cause of fear)* Schrecken *m;* **the ~s of captivity** die Schrecken *mpl* der Gefangenschaft; **to have** [*or* **hold**] **no ~s** [**for sb**] [jdn] nicht [ab]schrecken; ***the tiger was the ~ of the villagers for several months*** der Tiger versetzte die Dorfbewohner monatelang in Angst und Schrecken ④ *(fam: child)* Satansbraten *m pej;* ***he is the ~ of the neighbourhood*** er ist der Schrecken der Nachbarschaft; **holy ~** Plage *f fig*, Alptraum *m fig* ⑤ HIST ■**the T~** [*or* **the Reign of T~**] Schreckensherrschaft *f*

terrorism ['terᵊrɪzᵊm] *n no pl* Terrorismus *m;* **act of ~** Terrorakt *m*, Terroranschlag *m*

terrorist ['terᵊrɪst] **I.** *n* Terrorist(in) *m(f)* **II.** *adj attr, inv* terroristisch

terroristic ['terᵊrɪstɪk] *adj* terroristisch

terrorization [ˌterᵊraɪ'zeɪʃᵊn, AM -rɪ'-] *n no pl* Terrorisierung *f*

terrorize ['terᵊraɪz, AM -əraɪz] *vt* ■**to ~ sb** *(frighten)* jdn in Angst und Schrecken versetzen; *(coerce by terrorism)* jdn terrorisieren

terror-stricken *adj*, **terror-struck** *adj* starr vor Schreck, zu Tode erschrocken

terry ['teri], **terry cloth** **I.** *n no pl (type)* Frottierstoff *m*, Frottee *m o nt; (cloth)* Frottiertuch *nt* **II.** *n modifier (towel, bathrobe)* Frottee-, Frottier-; **~ velvet** Kräuselsamt *m*

terry nappy *n* BRIT Frotteewindel *f* **terry towelling** BRIT **I.** *n no pl* Frottierstoff *m*, Frottee *m o nt* **II.** *n modifier* Frottee-, Frottier-

terse [tɜ:s, AM tɜ:rs] *adj* kurz und bündig; **~ and to the point** kurz und prägnant; **~ reply** kurze [*o* knappe] Antwort

tersely ['tɜ:sli, AM 'tɜ:rs-] *adv* knapp, kurz und bündig; **to be ~** kurz angebunden sein

terseness ['tɜ:snəs, AM 'tɜ:rs-] *n no pl (curtness)* Knappheit *f*, Kürze *f; (conciseness)* Prägnanz *f*

tertiary ['tɜ:ʃᵊri, AM 'tɜ:rʃieri] **I.** *adj inv* ① *(third in place/degree)* drittrangig, tertiär *geh* ② MED tertiär, dritten Grades *nach n;* **~ burns** Verbrennungen *fpl* dritten Grades; **~ syphilis** Syphilis *f* im Tertiärstadium ③ ORN **~ feathers** Flaumfedern *fpl* ④ GEOL ■**T~** Tertiär-; **T~ deposit** Tertiärablagerung *f;* **the T~ period** das Tertiär **II.** *n* ① *(tertiary feather)* Flaumfeder *f* ② GEOL Tertiär *nt;* ■**Tertiaries** *pl* tertiäre Überreste

tertiary education *n* BRIT Hochschulbildung *f*, Studium *nt* **tertiary industry** *n* BRIT Dienstleistungsbranche *f* **tertiary sector** *n* BRIT Dienstleistungssektor *m*, Dienstleistungsbereich *m*, tertiärer Sektor *fachspr*

Terylene® ['terəli:n] *n no pl* BRIT Terylen® *nt*

TESL ['tesl] *n no pl acr for* **teaching English as a second language** TESL *nt (das Unterrichten von Englisch als zweiter Sprache);* **~ certificate** TESL-Zeugnis *nt;* **~ course** TESL-Kurs *m*

TESOL ['ti:sɒl, AM -sɑ:l] *n no pl acr for* **teaching English to speakers of other languages** TESOL *nt (das Unterrichten von Englisch als Fremdsprache)*

TESSA ['tesə] *n* BRIT *abbrev of* **Tax Exempt Special Savings Account** TESSA *nt (Sparkonto für steuerfreie Zinserträge bei einer Mindestlaufzeit von fünf Jahren)*

tessellate ['tesᵊleɪt, AM -əleɪt] **I.** *vt* ■**to ~ sth** etw tessellieren [*o* mit Mosaiksteinen auslegen] **II.** *vi* sich *akk* ohne Zwischenraum aneinander fügen lassen

tessellated ['tesᵊleɪtɪd, AM -əleɪt̬ɪd] *adj inv* mosaikartig, Mosaik-

tessellation [ˌtesᵊl'eɪʃᵊn, AM -ə'leɪ-] *n* ① *no pl (covering surface)* Mosaik *nt*, Mosaikarbeit *f; (act of covering)* Mosaikarbeit *f* ② *(arrangement)* Mosaikmuster *nt*, Mosaikstruktur *f*

test [test] **I.** *n* ① *(of knowledge, skill)* Prüfung *f*, Test *m;* SCH Klassenarbeit *f;* UNIV Klausur *f;* **aptitude ~** Eignungstest *m;* **driving ~** Fahrprüfung *f;* **IQ ~** Intelligenztest *m;* **oral/practical/written ~** mündliche/praktische/schriftliche Prüfung; **to fail a ~** eine Prüfung nicht bestehen; **to give sb a ~** jdn prüfen; ***I'll give the kids a vocabulary ~ today*** ich lasse die Kinder heute einen Vokabeltest schreiben; **to pass a ~** eine Prüfung bestehen; **to take a ~** an einem Test [*o* einer Prüfung] teilnehmen ② MED, SCI *(examination)* Untersuchung *f*, Test *m;* ***I'm going to have an eye ~ tomorrow*** ich lasse mir morgen die Augen untersuchen; **blood ~** Blutuntersuchung *f;* **pregnancy ~** Schwangerschaftstest *m;* **urine ~** Urinprobe *f;* **to do** [*or* **perform**] [*or* **carry out**] **a ~** eine Untersuchung durchführen; **to have a ~** sich *akk* untersuchen lassen, sich *akk* einer Untersuchung unterziehen *geh* ③ *(of metallurgy)* Versuchstiegel *m*, Kapelle *f* ④ *(of efficiency)* Test *m;* **safety ~** Sicherheitsprüfung *f*, Sicherheitstest *m;* **to undergo a ~** sich *akk* einem Test unterziehen ⑤ *(challenge)* Herausforderung *f*, Prüfung *f fig;* **to be a real ~ of sth** eine echte Herausforderung für etw *akk* sein, etw auf eine harte Probe stellen; ***that was a real ~ of his endurance*** das war für ihn eine wirkliche Belastungsprobe; ***those kids are a real ~ of my patience*** die Kinder stellen meine Geduld auf eine harte Probe; **to put sth to the ~** etw auf die Probe stellen ⑥ SPORTS *(cricket)* ■**T~** Testmatch *nt* ▸ PHRASES: **the acid ~** die Feuerprobe; **to stand the ~ of time** die Zeit überdauern **II.** *vt* ① *(for knowledge, skill)* ■**to ~ sb** jdn prüfen [*o* testen]; ***I expect they will want to ~ my shorthand and typing*** ich denke, man wird mich in Steno und Schreibmaschine prüfen ② *(try to discover)* ■**to ~ sth** etw untersuchen [*o geh* erkunden]; ***we should ~ the parents' reaction before we go ahead with the changes*** wir sollten erst einmal die Reaktion der Eltern abwarten, bevor wir weitere Änderungen vornehmen ③ *(check performance)* ■**to ~ sth** etw testen [*o* überprüfen] ④ *(for medical purposes)* ■**to ~ sth** etw untersuchen; ***I was ~ed for HIV before I gave blood*** vor dem Blutspenden wurde ich auf Aids untersucht; **to ~ sb's blood** eine Blutuntersuchung durchführen; **to ~ sb's eyes** jds Augen untersuchen; **to ~ sb's hearing** jds Hörvermögen testen ⑤ SCH ■**to ~ sth** etw abfragen [*o* prüfen]; ■**to ~ sb** jdn prüfen; **to ~ sb's IQ** [*or* **intelligence**] jds IQ testen; ■**to ~ sth** SCI etw testen [*o* untersuchen]; ***how can we ~ the presence of oxygen in this sample?*** wie können wir den Sauerstoffgehalt in dieser Probe ermitteln?; ***they ~ed the strength of the acid samples*** sie analysierten die Konzentration der Säureproben ⑥ *(try to prove)* ■**to ~ sth** etw überprüfen; **to ~ a theory** eine Theorie zu beweisen versuchen ⑦ ■**to ~ sth** *(by touching)* etw prüfen; *(by tasting)* etw probieren [*o geh* kosten]; ***she ~ed the water by dipping her toes into the pool*** sie testete mit ihren Zehen die Wassertemperatur im Becken ⑧ *(try to the limit)* ■**to ~ sb/sth** jdn/etw auf die Probe stellen ▸ PHRASES: **to ~ the patience of a saint** [*or* **of Job**] eine harte Geduldsprobe sein; ***those kids' behaviour would ~ the patience of Job*** bei diesen Kindern muss man wirklich eine Engelsgeduld haben; **to ~ the water(s)** die Stimmung

testen **III.** *vi* MED einen Test machen; ***she ~ed positive for HIV*** ihr Aidstest ist positiv ausgefallen
testament ['testəmənt] *n* ❶ (*will*) Testament *nt,* letzter Wille; **last will and** ~ LAW letztwillige Verfügung, Testament *nt;* **the reading of the last will and** ~ die Verlesung des Testaments ❷ (*evidence*) Beweis *m;* ■**to be** [**a**] ~ **to sth** etw beweisen; ***the detail of her wildlife paintings is a ~ to her powers of observation*** ihre detaillierten Naturbilder zeugen von einer hervorragenden Beobachtungsgabe ❸ REL **the New/Old T~** das Neue/Alte Testament
testamentary [ˌtestəˈmentᵊri, AM -t̬ɚi] *adj* testamentarisch, letztwillig
testate ['testeɪt] **I.** *adj pred, inv* mit Hinterlassung eines Testaments; ■**to die** ~ ein Testament hinterlassen **II.** *n* LAW *Erblasser/Erblasserin, der/die ein gültiges Testament hinterlässt*
testation [tes'teɪʃᵊn] *n no pl* LAW testamentarische Übertragung
testator [tes'teɪtəʳ, AM 'testeɪt̬ɚ] *n* LAW (*form*) Erblasser *m form,* Testator *m fachspr*
testatrix <*pl* -trices> [tes'teɪtrɪks, *pl* -trɪsi:z] *n* LAW (*form*) Erblasserin *f form*
test ban *n* Teststopp *m,* Versuchsverbot *nt* **Test-Ban Treaty** *n* Teststoppabkommen *nt* **test bed** *n* Testvehikel *nt a. fig* **test card** *n* TV Testbild *nt* **test case** *n* LAW (*case establishing a precedent*) Musterprozess *m,* Musterklage *f;* (*precedent*) Präzedenzfall *m* **test drive** *n* Testfahrt *f,* Probefahrt *f;* **to take sth for a** ~ (*fig*) *product* etw testen **test-drive** *vt* **to** ~ **a vehicle** ein Fahrzeug Probe fahren
tester¹ ['testəʳ, AM -ɚ] *n* ❶ (*person*) Prüfer(in) *m(f)* ❷ (*machine*) Prüfgerät *nt,* Testvorrichtung *f* ❸ (*sample*) Muster *nt,* Probe *f*
tester² ['testəʳ, AM -ɚ] *n* (*canopy*) Baldachin *m*
testes ['testi:z] *n pl of* **testis**
test-fire *vt* ■**to** ~ **sth** etw probeweise abfeuern
test flight *n* Testflug *m,* Probeflug *m*
testicle ['testɪkl] *n* Hoden *m,* Testikel *m fachspr*
testify <-ie-> ['testɪfaɪ] *vi* ❶ LAW (*give evidence*) [als Zeuge, -in *m, f*] aussagen, eine Aussage machen; ■**to** ~ **against/for sb** gegen/für jdn aussagen; ■**to** ~ **on behalf of sb** an jds Stelle [*o* für jdn] aussagen; **to be called upon to** ~ als Zeuge, -in *m, f* aufgerufen werden; ***he testified to having seen the man*** er sagte aus, den Mann gesehen zu haben; ■**to** ~ **that ...** aussagen, dass ... ❷ (*prove*) ■**to** ~ **to sth** von etw *dat* zeugen *geh,* auf etw *akk* hindeuten; LAW etw bezeugen; ■**to** ~ **that ...** *person* bezeugen, dass ...; *object* darauf hindeuten, dass ...; ***the open door testified to the fact that she had left in a hurry*** die offene Tür deutete darauf hin, dass sie übereilt weggegangen war
testily ['testɪli] *adv* gereizt, ärgerlich
testimonial [ˌtestɪ'məʊniəl, AM -'moʊ-] *n* ❶ (*dated: character reference*) Zeugnis *nt,* Referenz *f,* Empfehlungsschreiben *nt* ❷ (*assurance of quality*) Bestätigung *f,* Anerkennung *f;* ***after hearing his ~ to the treatment's effectiveness, I decided to try it myself*** nachdem er mir die Wirksamkeit der Behandlung bestätigt hatte, entschloss ich mich, sie selbst auszuprobieren ❸ (*tribute for achievements*) Ehrengabe *f,* Geschenk *nt* als Zeichen der Anerkennung
testimonial game *n,* **testimonial match** *n* SPORTS *Spiel, das zu Ehren einer Person ausgetragen wird, die auch einen Teil des eingespielten Geldes erhält*
testimony ['testɪməni, AM -moʊni] *n* ❶ (*statement in court*) [Zeugen]aussage *f;* **to bear** ~ **to sth** etw bezeugen; **to give** ~ aussagen ❷ (*fig: proof*) Beweis *m;* ■**to be a** ~ **of sth** von etw *dat* zeugen, ein Beweis für etw *akk* sein; ■**to be** ~ **to sth** etw beweisen
testiness ['testɪnəs] *n no pl* Gereiztheit *f*
testing ['testɪŋ] **I.** *n no pl* Testen *nt,* Prüfen *nt* **II.** *adj attr* hart; ~ **situation** schwierige Situation; ~ **times** harte Zeiten
testing ground *n* Testgebiet *nt,* Versuchsgelände *nt;* (*fig*) Versuchsfeld *nt*
testis <*pl* -tes> ['testɪs, *pl* -ti:z] *n* (*spec*) Hoden *m* **test match** *n* Testspiel *nt,* Testmatch *nt* **test meal** *n* MED Testmahlzeit *f*
testosterone [tes'tɒstᵊrəʊn, AM -'tɑ:stəroʊn] *n no pl* Testosteron *nt* **test paper** *n* ❶ (*written questions*) Prüfungsbogen *m;* SCH Klassenarbeit *f,* Übungsarbeit *f;* UNIV Übungsklausur *f* ❷ CHEM Reagenzpapier *nt,* Indikatorpapier *nt* **test pattern** *n* AM, AUS TV Testbild *nt;* COMPUT Testmuster *nt;* PUBL Testvorlage *f* **test piece** *n* ❶ MUS Stück *nt* zum Vorspielen ❷ (*sample*) Probestück *nt,* Muster *nt* **test pilot** *n* Testpilot(in) *m(f)* **test stage** *n* Teststadium *nt,* Versuchsstadium *nt;* ■**to be at the** ~ sich *akk* im Versuchsstadium befinden **test tube** *n* BIOL, CHEM Reagenzglas *nt* **test tube baby** *n* Retortenbaby *nt*
testy ['testi] *adj person* leicht reizbar; *answer* gereizt; **to make a** ~ **comment** eine unwirsche Bemerkung machen; **to give a** ~ **reply** gereizt reagieren; ***her reply was rather*** ~ sie antwortete ziemlich gereizt
tetanus ['tetᵊnəs] *n no pl* Wundstarrkrampf *m,* Tetanus *m fachspr;* ~ **injection** Tetanusspritze *f*
tetchily ['tetʃɪli] *adv* gereizt
tetchiness ['tetʃɪnəs] *n no pl* Gereiztheit *f,* Reizbarkeit *f*
tetchy ['tetʃi] *adj* gereizt, reizbar
tête-à-tête [ˌteɪtɑ:'teɪt, AM -ə'-] **I.** *n* ❶ (*conversation*) Tête-à-tête *nt veraltet;* ***we had an interesting ~ about the situation*** wir hatten ein interessantes Gespräch unter vier Augen über die Situation ❷ (*sofa*) *S-förmiges Sofa* **II.** *adj modifier* (*drink, meal*) privat; ~ **conversation** vertrauliches Gespräch **III.** *adv* unter vier Augen
tether ['teðəʳ, AM -ɚ] **I.** *n* [Halte]seil *nt,* [Halte]strick *m* ▶ PHRASES: **to be at** [*or* **come to**] **the end of one's** ~ am Ende seiner Kräfte sein **II.** *vt* **to** ~ **an animal** [**to sth**] ein Tier [an etw *dat*] anbinden; **to be ~ed to sth** (*fig*) an etw *akk* gebunden sein *fig*
tethered ['teðəd, AM -ɚd] *adj inv* angebunden
tetra- ['tetrə] *in compounds* CHEM, MATH Tetra-, Vier-
tetracycline [ˌtetrə'saɪkli:n] *n no pl* MED Tetrazyklin *nt* (*Breitbandantibiotikum*)
tetrahedron <*pl* -dra *or* -s> [ˌtetrə'hi:drᵊn] *n* MATH Tetraeder *nt fachspr*
Tetra Pak® *n* Tetra-Pak® *m*
Teuton ['tju:tᵊn, AM 'tu:] *n* ❶ (*ancient native of Jutland*) Teutone, -in *m, f* ❷ (*esp pej: German*) Germane, -in *m, f,* Deutsche(r) *f(m)*
Teutonic [tju:'tɒnɪk, AM tu:'tɑ:-, tju:-] *adj inv* ❶ (*Germanic*) germanisch ❷ (*showing German characteristics*) deutsch; (*hist or hum*) teutonisch; (*pej*) typisch deutsch; ~ **efficiency** deutsche Tüchtigkeit
Texan ['teksᵊn] **I.** *n* Texaner(in) *m(f)* **II.** *adj inv* texanisch
Texas ['teksəs] *n* Texas *nt*
Tex-Mex [ˌteks'meks] **I.** *n* (*fam*) Tex-Mex *fam* **II.** *adj inv* texanisch-mexikanisch
text [tekst] **I.** *n* ❶ *no pl* (*written material*) Text *m;* *of document* Wortlaut *m,* Inhalt *m;* **main** ~ Hauptteil *m* ❷ (*book*) Schrift *f;* **set** ~ Pflichtlektüre *f* ❸ (*version of book*) Fassung *f* ❹ (*Bible extract*) Bibelstelle *f* ❺ *no pl* COMPUT Text[teil] *m* ❻ (*subject*) Thema *nt* **II.** *vt* INET ■**to** ~ [**sb**] **sth** [jdm] eine SMS[-Nachricht] senden *fachspr*
textbook I. *n* Lehrbuch *nt* (**on** für/über +*akk*); LAW Gesetzeskommentar *m* **II.** *adj attr, inv* ❶ (*very good*) Parade-; ~ **landing** Bilderbuchlandung *f* ❷ (*usual*) Lehrbuch-; ~ **methods** Schulbuchmethoden *fpl* **textbook example** *n* Paradebeispiel *nt*
text editor *n* COMPUT Texteditor *m*
textile ['tekstaɪl] **I.** *n* ❶ (*fabric*) Stoff *m,* Gewebe *nt;* ■**~s** *pl* Textilien *pl,* Textilwaren *pl;* ***the production of ~s used to be a cottage industry in this area*** die Textilherstellung erfolgte in dieser Gegend in Heimarbeit; **woollen** [*or* AM **woolen**] **~s** Wollkleidung *f* ❷ (*fam: person*) *bekleidete Person am FKK-Strand* ❸ ECON ■**~s** *pl* Textilwerte *pl* **II.** *n modifier* (*manufacturing, producer, product*) Textil-, Gewebe-; ~ **mill** [*or* **plant**] Textilfabrik *f;* ~ **tape** Gewebeband *nt;* ~ **waste products** Textilabfallprodukte *ntpl* **textile industry** *n* Textilindustrie *f,* Bekleidungsindustrie *f*
text-message ['tekstˌmesɪdʒ] *vi* ■**to** ~ **sb** jdm eine SMS[-Nachricht] senden *fachspr*
text-messageing ['tekstˌmesɪdʒɪŋ] *n no pl* Versenden *nt* von SMS-Nachrichten *fachspr* **text processing** *n* COMPUT Textverarbeitung *f*
textual ['tekstjuəl, AM -tʃu-] *adj inv* textlich, Text-; ***we checked the two books and found several ~ differences*** beim Überprüfen der beiden Bücher fanden wir einige abweichende Textstellen; ~ **analysis** Textanalyse *f*
textualist ['tekstjuəlɪst, AM -tʃu-] *n streng am Wortlaut festhaltende Person*
texture ['tekstʃəʳ, AM -ɚ] *n* ❶ (*feel*) Struktur *f,* Textur *f geh;* **coarse/soft** ~ grobe/feine Struktur ❷ (*consistency*) Konsistenz *f* ❸ *no pl* (*surface appearance*) [Oberflächen]beschaffenheit *f;* **skin** ~ Teint *m* ❹ *no pl* LIT, MUS Gestalt *f,* Textur *f geh;* ***the play has a rich and complex dramatic ~*** das Schauspiel verfügt über eine ausgeprägte und komplexe dramatische Struktur
textured ['tekstʃəd, AM -ɚd] *adj* strukturiert, Struktur-; ***her note paper had a ~ finish*** ihr Briefpapier hatte eine strukturierte Oberfläche; ~ **wallpaper** Strukturtapete *f*
textured vegetable protein *n no pl* Sojafleisch *nt*
texturize ['tekstʃᵊraɪz, AM -ɚaɪz] *vt* ■**to** ~ **sth** ❶ (*give texture to*) etw texturieren; **to** ~ **fabric/foodstuff** ein Gewebe/Nahrungsmittel texturieren ❷ (*cut*) etw ausschneiden; **to** ~ **hair** dem Haar durch Schneiden Fülle geben
text wrap *n no pl* COMPUT Textumbruch *m*
TGWU [ˌti:dʒi:dʌblju:'ju:] *n* BRIT *abbrev of* **Transport and General Workers' Union** TGWU *f*
Thai [taɪ] **I.** *n* ❶ (*person*) Thai *m o f,* Thailänder(in) *m(f)* ❷ (*language*) Thai *nt* **II.** *adj inv* thailändisch
Thailand ['taɪlænd] *n* Thailand *nt*
thalassotherapy [θəˌlæsə(ʊ)'θerəpi, AM -ə'-] *n no pl* Thalassotherapie *f fachspr*
thalidomide [θə'lɪdə(ʊ)maɪd, AM -əmaɪd] *n no pl* MED Thalidomid *nt,* Contergan® *nt*
thalidomide baby *n* Conterganki*nd nt fam*
thallium ['θæliəm] *n no pl* CHEM Thallium *nt*
Thames [temz] *n no pl* Themse *f;* **the River** ~ die Themse
Thames Barrier *n no pl* Themsesperre *f*
than [ðæn, ðᵊn] **I.** *prep* ❶ *after superl* (*in comparison to*) als; ***her car is bigger ~ mine*** ihr Auto ist größer als meins; ***you're earlier ~ usual*** du bist früher dran als gewöhnlich; ***she invited more ~ 30 people*** sie lud mehr als 30 Leute ein ❷ (*instead of*) **rather** ~ **sth** anstatt etw *dat* ❸ (*besides*) **other** ~ **sb/sth** außer jdm/etw; ***tell no one other ~ your mother*** erzähle es niemandem außer deiner Mutter; **other** ~ **that ...** abgesehen davon ..., ansonsten ... **II.** *conj* als
thank [θæŋk] *vt* ■**to** ~ **sb** [**for sth**] jdm [für etw *akk*] danken, sich *akk* bei jdm [für etw *akk*] bedanken; ■**to** ~ **sb for doing sth** jdm [dafür] danken, dass er/sie etw getan hat; ~ ***you*** [***very much***]! danke [sehr]!; ~ ***you very much indeed for your help!*** vielen herzlichen Dank für Ihre Hilfe!; ~ ***you for having me!*** danke für deine Gastfreundschaft!; ***how are you — I'm fine, ~ you*** wie geht es dir – danke, [mir geht es] gut; ***no, ~ you*** nein, danke; ***yes, ~ you*** ja, bitte; ***I don't want to hear that kind of language, ~ you!*** auf diesen Ton kann ich verzichten, vielen Dank! *iron;* ***he's only got himself to ~ for losing his job*** seine Entlassung hat er sich selbst zuzuschreiben; ***you have John to ~ for this job*** diese Arbeit hast du John zu verdanken; ***I'll ~ you not to mention the subject*** ich wäre dir dankbar, wenn du das Thema nicht erwähnen würdest; ***Mum won't ~ you if you break that cup*** Mama wird nicht gerade erfreut sein, wenn du diese Tasse kaputtmachst ▶ PHRASES: **thank goodness** [*or* **God**] [*or* **heaven**(**s**)] ! Gott sei Dank!; **to** ~ **one's lucky stars** von Glück sagen [*o* reden] können

thankful ['θæŋkfᵊl] *adj* ❶ *(pleased)* froh; ■**to be ~ that ...** [heil]froh sein, dass ...; ***she was ~ to be at home again*** sie war froh, wieder daheim zu sein ❷ *(grateful)* dankbar; ■**to be ~ for sth** für etw *akk* dankbar sein
thankfully ['θæŋkfᵊli] *adv* ❶ *(fortunately)* glücklicherweise, zum Glück ❷ *(gratefully)* dankbar
thankfulness ['θæŋkfᵊlnəs] *n no pl* ❶ *(relief)* Erleichterung *f* ❷ *(gratitude)* Dankbarkeit *f*
thankless ['θæŋkləs] *adj* ❶ *(not rewarding)* wenig lohnend; **a ~ job** [*or* **task**] eine undankbare Aufgabe ❷ *(ungrateful) person, behaviour* undankbar
thanklessness ['θæŋkləsnəs] *n no pl* Undankbarkeit *f*
thank-offering *n* ❶ REL Sühneopfer *nt* ❷ *(act of gratitude)* Dank[es]leistung *f*, Dankesgabe *f*
thanks [θæŋks] *npl* ❶ *(gratitude)* Dank *m kein pl*; ***her campaign for road safety earned her the ~ of her community*** ihr Einsatz für die Verkehrssicherheit brachte ihr den Dank der örtlichen Bevölkerung ein; **letter of ~** Dankesbrief *m*; **to express one's ~** seinen Dank zum Ausdruck bringen *geh*; **to give ~s** [**to God**] [Gott] danken ❷ *(thank you)* danke; ***~ for your card!*** danke für deine Karte!; ***~ a lot!*** vielen Dank!; ***many ~!*** vielen Dank!; ***~ very much*** [***indeed***]! [vielen] herzlichen Dank!; ***no, ~!*** nein, danke!; ***~ a bunch!*** vielen Dank!; ***~ for nothing!*** *(iron fam)* vielen Dank! *iron*; ***~ a million!*** *(also iron fam)* tausend Dank!
thanksgiving [ˌθæŋks'gɪvɪŋ] *n no pl* ❶ *(gratitude)* Dankbarkeit *f*; **a prayer of ~** ein Dankgebet *nt*; **General T~** BRIT Dankgottesdienst *m* ❷ AM *(public holiday)* ■**T~** Thanksgiving *nt*; *(celebration of harvest)* amerikanisches Erntedankfest
Thanksgiving Day *n* AM Thanksgiving *nt*
thanks to *prep* dank *gen*, wegen *gen*; ***~ her efforts ...*** aufgrund ihrer Bemühungen ..., weil sie sich so bemüht hat ...; ***it's ~ you that I got the job*** dir verdanke ich, dass ich die Stelle bekommen habe; ***the baby's awake, ~ your shouting!*** wegen deinem Geschrei ist das Baby jetzt wach!; ***it's no ~ you that I arrived on time*** deinetwegen bin ich bestimmt nicht pünktlich angekommen
thank you *n* Danke[schön] *nt*; **to say a ~ to sb** jdm danke sagen, sich *akk* bei jdm bedanken; ***I'd like to say a big ~ to everyone*** ich möchte mich bei allen recht herzlich bedanken; ***now say "~" to your aunt for the nice present!*** sag deiner Tante „Dankeschön" für das schöne Geschenk!
thank-you ['θæŋkju] *n modifier* Dank-, Dankes-; **~ card** Dankkarte *f*; **~ speech** Dankesrede *f*
thank-you note *n*, **thank-you letter** *n* Dankschreiben *nt geh*, Dankesbrief *m*

that [ðæt,ðət]

I. DEMONSTRATIVE PRONOUN
II. CONJUNCTION
III. ADVERB

I. DEMONSTRATIVE PRONOUN

❶ *(thing, person over there)* das; ***I don't want this — give me ~*** ich möchte nicht das – gib' mir *das*; ***~'s not right — three times five is fifteen not sixteen*** das stimmt nicht – drei Mal fünf ist fünfzehn, nicht sechzehn; ***who's ~? is ~ the girl you're looking for?*** wer ist das? ist das das Mädchen, das du suchst?; ***~'s his wife over there*** das da drüben ist seine Frau ❷ *(indicating time)* ***~ was yesterday that we talked on the phone, not last week*** wir haben gestern, nicht letzte Woche telefoniert!; ***ah, 1985, ~ was a good year*** ah, 1985, das war ein gutes Jahr ❸ *(familiar referent)* das; ***who's ~ on the phone?*** wer spricht?; ***hello, is ~ Ben?*** hallo, ist da Ben?; ***is ~ you making all the noise, John?*** machst du so einen Lärm, John?; ***~ was a good suggestion*** das war ein guter Vorschlag; ***~ was a difficult problem to resolve*** dieses Problem war schwierig zu lösen; ***~'s a good idea*** das ist eine gute Idee ❹ *after prep* **before ~** davor; **after ~** danach; **like ~** derartig; ***we need more people like ~*** wir brauchen mehr derartige Leute; ***don't talk like ~*** sprich nicht so; *(fam)* ***he can't just leave like ~*** er kann nicht einfach so verschwinden ❺ *(form: the one)* ***his appearance was ~ of an undergrown man*** er sah aus, als ob er zu klein gewachsen wäre; ***his handwriting is like ~ of a child*** seine Handschrift gleicht der eines Kindes; ***we are often afraid of ~ which we cannot understand*** wir fürchten uns oft for dem, was wir nicht verstehen ❻ *(referring to an action)* das; ***why did you do ~?*** warum hast du das gemacht?; ***if you hold it like ~, it will break*** wenn du das so hältst, wird es kaputtgehen; ***~'s more like it*** das ist doch gleich schon viel besser!; ***you switch the computer on at the back — ~'s it*** schalte den Computer auf der Rückseite an – ja, so; ***~ will do, ~'s enough*** das reicht; ***he gave his mom a kiss and with ~ drove off to college*** er küsste seine Mutter und fuhr dann zum College; *(when hitting sb)* ***take ~!*** für dich! ❼ *(with a situation)* **~ is** [**to say**] das heißt, sprich; ***the hotel is closed during low season, ~ is from October to March*** das Hotel ist in der Nebensaison, sprich von Oktober bis März, geschlossen ❽ *(the previous thing)* das; ***I heard ~!*** das habe ich gehört!; ***I just said ~ because ...*** ich habe das nur gesagt, weil ...; ***it's just a gimmick — ~ said, I'd love to do it*** das ist nur ein Trick – dennoch würde ich es gerne machen; ***the garage still isn't finished — ~'s builders for you*** die Garage ist noch immer nicht fertig – typisch Bauarbeiter!; ***~'s why ...*** deshalb ...; ***~'s terrible*** das ist ja furchtbar; ***~'s a pity*** das ist aber schade ❾ *esp* BRIT *(fam: expressing strong agreement)* ***are you relieved? — oh yes, I am ~*** bist du erleichtert? – das kannst du [aber] laut sagen ❿ *(which, who)* der/die/das; ***that's the car*** [~] ***John wants to buy*** das ist das Auto, das John kaufen möchte; ***I can't find the books*** [~] ***I got from the library*** ich finde die Bücher nicht, die ich mir von der Bibliothek ausgeliehen habe; ***the baby smiles at anyone ~ smiles at her*** das Baby lächelt alle an, die es anlächeln; *(as formerly known)* ***General Dunstaple married Miss Hughes ~ was*** General Dunstaple heiratete die frühere Miss Hughes ⓫ *(when)* als; ***the year ~ Anna was born*** das Jahr, in dem Anna geboren wurde ⓬ *(when finished)* ***well, ~'s it, we've finished*** ok, das war's, wir sind fertig; ***~'s it — I'm not putting up with any more of her rudeness*** jetzt reicht's! – ich lasse mir ihre Unverschämtheit nicht mehr gefallen; ***she left the room and ~ was ~, I never saw her again*** sie verließ den Raum und das war's, ich sah sie nie wieder; ***I won't agree to it and ~'s ~*** ich stimme dem nicht zu, und damit Schluss; ***~'ll do*** das wird reichen; ***do you need anything else? — no thanks, ~'ll do*** brauchst du sonst noch etwas? – nein danke, das ist alles ► PHRASES: **this** and **~** dies und das; **at ~** noch dazu; ***she was a thief and a clever one at ~*** sie war eine Diebin, und eine kluge noch dazu; **and** [**all**] **~** *(fam)* und so weiter

II. CONJUNCTION

❶ *(as subject/as object)* dass; ***~ such a wonderful thing could happen, ...*** dass etwas so Wunderbares passieren konnte, ...; ***I knew*** [~] ***he'd never get here on time*** ich wusste, dass er niemals rechtzeitig hier sein würde; ***the fact is*** [~] ***we ...*** Fakt ist, dass wir ... ❷ *after adj, vb* *(as result)* ***it was so dark*** [~] ***I couldn't see anything*** es war so dunkel, dass ich nichts sehen konnte ❸ *(with a purpose)* ***let's go over the rules again in order ~ ...*** gehen wir die Regeln nochmal[s] durch, damit ... ❹ *after adj* *(in apposition to it)* ***it's possible*** [~] ***there'll be a vacancy*** es ist möglich, dass eine Stelle frei wird; ***is it true*** [~] ***she's gone back to teaching?*** stimmt es, dass sie wieder als Lehrerin arbeitet? ❺ *after -ing word* **supposing** [~] ... angenommen, dass ...; **considering** [~] ... wenn man bedenkt, dass ...; **given ~** vorausgesetzt, dass ❻ *(as reason)* weil, da [ja]; ***not ~ I have any objection*** nicht, dass ich etwas dagegen hätte; ***it's rather ~ I'm not well today*** es ist eher deshalb, weil ich mich heute nicht wohl fühle; ***I'd like to go — it's just ~ I don't have any time*** ich würde ja gern hingehen – ich hab' bloß [einfach] keine Zeit; ***now ~ we've bought a house*** jetzt, wo wir ein Haus gekauft haben; ***we can't increase our production quantities in ~ the machines are presently working to full capacity*** wir können die Produktion nicht hochfahren, da [nämlich] die Maschinen derzeit voll ausgelastet sind; **except** [~] außer, dass; ***his plan sounds perfect except*** [~] ***I don't want to be involved in such a scheme*** sein Plan hört sich großartig an, nur will ich mit so einem Vorhaben nichts zu tun haben; **to the extent ~** in dem Maße wie; ***apes are like people to the extent ~ they have some human characteristics*** Affen sind wie Menschen, insofern [als] sie gewisse menschliche Eigenschaften haben ❼ *(however)* ***where do you get your hair cut? — not ~ it really matters*** wo läßt du dir die Haare schneiden? – nicht, dass es sonderlich wichtig wäre; ***not ~ it's actually my business, but ...*** nicht, dass es mich etwas anginge, aber ... ❽ *(form, liter or dated: expressing a wish)* ***oh ~ I were young again!*** wäre ich [doch] nochmal jung!; ***oh ~ they would listen!*** wenn sie [doch] nur zuhören würden!

III. ADVERB

inv so; ***she's too young to walk ~ far*** sie ist zu jung, um so weit laufen zu können; ***it wasn't*** [***all***] ***~ good*** so gut war es auch wieder nicht; ***it hurt me ~ much I cried*** es hat mich so verletzt, dass ich weinte

thatch [θætʃ] **I.** *n no pl* ❶ *(roof)* Strohdach *nt*, Reetdach *nt* ❷ *(fig fam: thick hair)* Matte *f fig fam*, Mähne *f fig fam*; **~ of hair** Haarschopf *m*, Mähne *f fig fam* **II.** *vt* **to ~ a roof** ein Dach mit Stroh [*o* Reet] decken
thatched [θætʃt] *adj inv* strohgedeckt, reetgedeckt
thatcher ['θætʃəʳ, AM -ɚ] *n* Dachdecker(in) *m(f)*
Thatcherism ['θætʃᵊrɪzᵊm] *n no pl* POL Thatcherismus *m*
Thatcherite ['θætʃᵊraɪt] POL **I.** *n* Anhänger(in) *m(f)* [*o* Parteigänger(in) *m(f)*] Margaret Thatchers **II.** *adj* thatcheristisch, Thatcher-
thatching ['θætʃɪŋ] *n* ❶ *(process)* Strohdachdecken *nt*, Reetdachdecken *nt* ❷ *(roof)* Strohdach *nt*, Reetdach *nt*
thaw [θɔː, AM θɑː] **I.** *n* ❶ *(weather)* Tauwetter *nt* ❷ *no pl* *(fig: improvement in relations)* Tauwetter *nt fig*; ***there are signs of a ~ in relations between the two countries*** zwischen den beiden Ländern gibt es Anzeichen für eine Entspannung **II.** *vi* ❶ *(unfreeze)* auftauen; *ice* schmelzen ❷ *(fig: become friendlier)* auftauen *fig* **III.** *vt* FOOD ■**to ~ sth** etw auftauen
◆**thaw out I.** *vt* ■**to ~ sth** ↻ **out** *food* etw auftauen; *(fig)* ***it took me ages to ~ out my fingers after that cold walk*** es hat ewig gedauert, bis meine Finger nach dem kalten Spaziergang wieder aufgetaut waren **II.** *vi* ❶ *(get warm)* auftauen *fig*; ***I came in from the cold half an hour ago, but I'm only just beginning to ~ out*** ich kam vor einer halben Stunde aus der Kälte herein, aber jetzt erst fange ich an, warm zu werden ❷ *(become more friendly)* auftauen *fig*, sich *akk* entspannen
the [ðiː, ði, ðə] **I.** *art def* ❶ *(denoting thing mentioned)* der/die/das; **at ~ cinema** im Kino; **at ~ corner** an der Ecke; **in ~ fridge** im Kühlschrank; **on ~ shelf** im Regal; **on ~ table** auf der/dem Tisch ❷ *(particular thing/person)* ■**~ ...** *der/die/das ...*; ***Harry's Bar is ~ place to go*** Harry's Bar ist in der Szene total in *fam* ❸ *(with family name)* ***~ Smiths are away on vacation*** die Schmidts sind im Urlaub ❹ *(before relative clause)* der/die/das; ***I really enjoyed ~ book I've just finished reading*** das Buch, das ich gerade gelesen habe, war wirklich interessant ❺ *(before name with adjective)* der/die; ***~ unfortunate Mr Jones was caught up in the crime*** der bedauernswerte Mr. Jones wurde in das Verbrechen verwickelt ❻ *(in title)* der/die; **Edward ~ Seventh** Eduard der Siebte; **Elizabeth ~ second** Elisabeth die Zweite ❼ *(before adjective)* der/die/

T

das; ***I suppose we'll just have to wait for ~ inevitable*** ich vermute, wir müssen einfach auf das Unvermeidliche warten ⑧ (*to represent group*) der/die/das; (*with mass group*) die; ***~ panda is becoming an increasingly rare animal*** der Pandabär wird immer seltener; **~ democrats/poor/townspeople** die Demokraten/Armen/Städter; **a home for ~ elderly** ein Heim für ältere Menschen ⑨ (*with superlative*) der/die/das; ***~ highest mountain in Europe*** der höchste Berg Europas; **~ happiest** der/die Glücklichste ⑩ (*instead of possessive*) ***how's ~ leg today, Mrs. Steel?*** wie geht es Ihrem Bein denn heute, Frau Steel?; ***he held his daughter tightly by ~ arm*** er hielt seine Tochter am Arm fest ⑪ (*with dates*) der; **~ 24th of May** der 24. Mai; **May ~ 24th** der 24. Mai; (*with time period*) die; **in ~ eighties** in den Achtzigern [*o* achtziger Jahren] ⑫ (*with ordinal numbers*) der/die/das; ***you're ~ fifth person to ask me that*** du bist die Fünfte, die mich das fragt ⑬ (*with measurements*) pro; ***these potatoes are sold by ~ kilo*** diese Kartoffeln werden kiloweise verkauft; **by ~ hour** pro Stunde; **twenty miles to ~ gallon** zwanzig Meilen auf eine Gallone ⑭ (*enough*) der/die/das; ***I haven't got ~ energy to go out this evening*** ich habe heute Abend nicht mehr die Energie auszugehen **II.** *adv + comp* **all ~ better/worse** umso besser/schlechter; ***I feel all ~ better for getting that off my chest*** nachdem ich das losgeworden bin, fühle ich mich gleich viel besser; **any the better/worse** in irgendeiner Weise besser/schlechter; ***she doesn't seem to be any ~ worse for her bad experience*** ihre schlimme Erfahrung scheint ihr in keiner Weise geschadet zu haben; ▪ **~ ..., ~ ...** je ..., desto ...; ***~ lower ~ price, ~ poorer ~ quality*** je niedriger der Preis, umso schlechter die Qualität; ***~ colder it got, ~ more she shivered*** je kälter es wurde, desto mehr zitterte sie; ***bring the family with you! ~ more ~ merrier!*** bring die Familie mit! je mehr Leute, desto besser; ▪ **~ more ..., ~ more ...** je mehr ..., desto mehr ...; ***~ more I see of his work, ~ more I like it*** je mehr ich von seiner Arbeit sehe, desto besser gefällt sie mir

theater ['θiːətə'] AM, **theatre** ['θɪətə'] **I.** *n* ① (*for performances*) Theater *nt;* **open-air ~** Freilichtbühne *f,* Freilichttheater *nt;* **to go to the ~** ins Theater gehen ② AM, AUS, NZ (*cinema*) Kino *nt;* **at the ~** im Kino ③ UNIV **lecture ~** Hörsaal *m,* Auditorium *nt geh* ④ BRIT MED Operationssaal *m* ⑤ *no pl* (*dramatic art*) Theater *nt;* **the Greek ~** das griechische Theater; **to be in the ~** beim Theater arbeiten; **to make good ~** bühnenwirksam sein, sich *akk* für die Bühne eignen ⑥ (*theatrical company*) Ensemble *nt,* Theatertruppe *f* ⑦ (*fig: for dramatic effect*) Theater *nt,* Schau *f pej;* ***her tears were pure ~*** ihre Tränen waren reines Theater ⑧ (*fig: where events happen*) Schauplatz *m;* **~ of operations** Schauplatz *m* der Handlungen; MIL Operationsgebiet *nt;* **~ of war** Kriegsschauplatz *m* **II.** *n modifier* ① (*of/for the theatre*) (*location, production, visit*) Theater-; **long ~ night** lange Theaternacht; **~ seat** Sitzplatz *m* im Theater, Theatersitzplatz *m* ② BRIT MED (*aiding surgery*) **~ sister** [*or* **nurse**] Operationsschwester *f* ③ MIL (*of weapons*) **~ nuclear weapon** taktische Atomwaffe; **~ weapon** Kurzstreckenrakete *f*

theatre audience *n* [Theater]publikum *nt kein pl,* Theaterbesucher *mpl* **theatre company** *n* [Theater]ensemble *nt,* Schauspieltruppe *f* **theatre critic** *n* Theaterkritiker(in) *m(f)* **theatregoer** *n* Theaterbesucher(in) *m(f)* **theatre-in-the-round** *n no pl esp* BRIT (*seating arrangement*) Arenatheater *nt,* Amphitheater *nt;* (*type of performance*) Aktionstheater *nt*

theatrical [θi'ætrɪkᵊl] **I.** *adj* ① (*of theatre*) Theater-; **~ agent** Theateragent(in) *m(f);* **~ digs** Unterkunft *f* für reisende Schauspieler; **~ make-up** (*technique*) Theater-Make-up *nt;* (*substance*) Theaterschminke *f* ② (*exaggerated*) theatralisch **II.** *n usu pl* Berufsschauspieler(in) *m(f)*

theatricality [θiˌætrɪ'kæləti, AM -əṭi] *n* (*form*) Theatralik *f*

theatrically [θi'ætrɪkᵊli] *adv* theatralisch

theatricals [θi'ætrɪkᵊlz] *n,* **theatrics** [θi'ætrɪks] *npl* ① (*theatre performance*) Theateraufführungen *fpl;* **amateur ~** Laientheater *nt,* Amateurtheater *nt* ② (*pej: behaviour*) Theatralik *f,* Theater *nt pej*

thee [ðiː, ði] *part object pronoun* DIAL (*old: you*) dir *in dat,* dich *in akk;* ***with this ring, I ~ wed*** mit diesem Ring vermähle ich dich; ***we beseech ~ O lord*** wir bitten dich, oh Herr

theft [θeft] *n* Diebstahl *m*

their [ðeəʳ, ðəʳ, AM ðer, ðɚ] *adj poss* ① (*of them*) ihr(e); ***the children brushed ~ teeth*** die Kinder putzen sich die Zähne; ***she took ~ picture*** sie fotografierte sie ② (*his or her*) ***has everybody got ~ passport?*** hat jeder seinen Pass dabei?

theirs [ðeəz, AM ðerz] *part* ihr(e, es); ***here's my car — where's ~?*** das ist mein Auto – wo ist ihres?; ***they think everything is ~*** sie glauben, dass ihnen alles gehört; ***I think she's a relation of ~*** ich glaube, sie ist mit ihnen verwandt; ***a favourite game of ~*** eines ihrer Lieblingsspiele

theism ['θiːɪzᵊm] *n no pl* Theismus *m geh*

theist ['θiːɪst] *n* REL, PHILOS Theist(in) *m(f) fachspr*

theistic [θiː'ɪstɪk] *adj inv* REL, PHILOS theistisch *fachspr*

them [ðem, ðəm] **I.** *part object pronoun* ① (*persons, animals*) sie *in akk,* ihnen *in dat;* ***I told ~ I was leaving next week*** ich habe ihnen gesagt, dass ich nächste Woche wegfahre; ***who? oh ~!*** wer? ach die!; ***I bathed the kids and read ~ stories*** ich habe die Kinder gebadet und ihnen Geschichten vorgelesen; ***we went fishing with ~ last year*** wir fuhren letztes Jahr mit ihnen fischen; **both/neither/a few/a couple/some/none of ~** beide/keiner/ein paar/zwei/einige/niemand von ihnen; ***we're better than ~*** wir sind besser als sie; ***you reckon that's ~?*** glaubst du, dass sie das sind?; ***the cows are getting restless — could you feed ~?*** die Kühe werden unruhig – könntest du sie füttern? ② (*objects*) sie *in akk;* ***I've lost my keys — I can't find ~ anywhere*** ich habe meine Schlüssel verloren – ich kann sie nirgends finden; **both/neither/a few/a couple/some/none of ~** beide/keiner/ein paar/zwei/einige/niemand davon ③ (*him*) ihm/ihr *in dat,* ihn/sie *in akk;* ***we want to show every customer that we appreciate ~*** wir wollen jedem Kunden zeigen, wie sehr wir ihn schätzen; ***how well do you have to know someone before you call ~ a friend?*** wie gut musst du jemanden kennen, bevor du ihn als Freund bezeichnest? ④ (*fam: the other side*) ***it's definitely a case of ~ and us*** manche sind eben gleicher; **us against ~** wir gegen sie; ***I don't want it to be us against ~ but ...*** ich möchte keinen Streit mit ihnen, aber ... ⑤ (*old: themselves*) sich *in dat o akk* **II.** *adj attr, inv* DIAL (*fam: those*) diese *pl;* ***who gave you ~ sweets?*** wer hat euch diese Süßigkeiten gegeben?; ***look at ~ eyes*** schau dir diese Augen an

them-and-us situation [ˌðeməndˌʌsɪtju'eɪʃᵊn, AM -sɪtʃu'-] *n* Konfliktsituation *f*

thematic [θɪ'mætɪk, AM θiː'mæṭ-] **I.** *adj inv* thematisch **II.** *n* ▪ **~s** + *sing/pl vb* Themengebiet *nt*

thematically [θɪ'mætɪkᵊli, AM 'mæṭ] *adv inv* thematisch, themenweise

theme [θiːm] *n* ① (*subject*) Thema *nt,* Motto *nt;* ***he has written several stories on the ~ of lost happiness*** er hat mehrere Geschichten über das verlorene Glück geschrieben ② MUS Thema *nt;* FILM, TV Melodie *f* ③ AM SCH (*essay*) Aufsatz *m*

themed [θiːmd] *adj inv* thematisch bestimmt, themenorientiert; *hotel, restaurant* Themen-

theme music *n no pl* FILM, TV Titelmusik *f* **theme park** *n* Themenpark *m* **theme song** *n* FILM, TV Titelmelodie *f* **theme tune** *n* Erkennungsmelodie *f*

themselves [ðəm'selvz] *part reflexive* ① (*direct object*) sich; ***did they enjoy ~ at the theatre?*** hat ihnen das Theater gefallen?; ***the children behaved ~ very well*** die Kinder benahmen sich sehr gut; ***the kids looked at ~ in the mirror and made funny faces*** die Kinder schauten sich in den Spiegel und schnitten Gesichter ② (*form: them*) sie selbst; ***besides their parents and ~, no one else will attend their wedding*** außer ihren Eltern und ihnen selbst wird niemand zu ihrer Hochzeit kommen ③ (*emph: personally*) selbst; ***they collected the evidence ~*** sie sammelten selbst die Beweise; **they ~ ...** sie selbst ...; ***they ~ had no knowledge of what was happening*** sie wussten selbst nicht, was passierte; **to see/taste/feel/try sth for ~** etw selbst sehen/kosten/fühlen/versuchen ④ (*himself or herself*) sich selbst; ***anyone who fancies ~ as a racing driver*** jeder, der sich selbst für einen Rennfahrer hält ⑤ (*alone*) **to keep sth for ~** sich *dat* etw behalten; **to keep [~] to ~** sich *akk* zurückziehen; ***keeping to ~, they shunned offers of friendship from others*** sie zogen sich zurück und wiesen alle Freundschaftsangebote von anderen zurück; ▪ **[all] by ~** [ganz] allein; ▪ **sth to ~** ***they had the whole campsite to ~*** sie hatten den ganzen Campingplatz für sich; ▪ **in ~** selbst; ***these facts are unimportant in ~, but if you put them together, they may mean more*** die Fakten selbst sind unwichtig, sondern zusammengenommen bedeuten sie vielleicht mehr ⑥ (*normal*) **to be ~** sie selbst sein; **to not be/feel/seem ~** nicht sie selbst sein/zu sein scheinen; **to look ~** wie sie selbst aussehen

then [ðen] **I.** *adj inv* (*form*) damalige(r,s); **her ~ husband** ihr damaliger Ehemann **II.** *adv inv* ① (*at an aforementioned time*) damals; **before ~** davor, vorher; **by ~** bis dahin; ***I'll phone you tomorrow — I should have the details by ~*** ich rufe dich morgen an – bis dahin weiß ich sicher Genaueres; **from ~ on** seit damals; **until ~** bis dahin ② (*after that*) dann, danach, darauf ③ (*additionally*) außerdem, ferner *geh;* ***this is the standard model, ~ there's the deluxe version*** das hier ist das Standardmodell, außerdem haben wir dort noch die Luxusausführung; **and ~ some** *esp* AM und noch viel mehr; ***he gave it his best effort and ~ some*** er übertraf sich selbst dabei ④ **but ~** aber schließlich; **but ~ again** aber andererseits; ***she types accurately, but ~ again she's very slow*** sie tippt zwar genau, aber doch ziemlich langsam ⑤ (*as a result*) dann; ***you'll be selling your house, ~?*** ihr werdet also euer Haus verkaufen?; ***have you heard the news, ~?*** habt Ihr denn die Nachrichten gehört?; ***you spoke to John ~*** du hast also mit John gesprochen ⑥ (*unwilling agreement*) **all right** [*or* **ok**] **~** na gut, [also] meinetwegen ⑦ (*used to end conversation*) ***see you next Monday ~*** dann bis nächsten Montag *fam*

then and there *adv inv* sofort, auf der Stelle; ***she sewed the button on ~*** sie nähte den Knopf an Ort und Stelle an

thence [ðen(t)s] *adv inv* (*dated form*) ① (*from there*) von dort [*o* da] ② (*from then on*) von da an, seit jener Zeit ③ (*therefore*) daher, deshalb

thenceforth [ˌðen(t)s'fɔːθ, AM -'fɔːrθ] *adv inv* (*form*), **thenceforward** [ˌðen(t)s'fɔːwəd, AM -'fɔːrwɚd] *adv inv* (*form*) seit jener [*o* dieser] Zeit, seitdem

theocracy [θi'ɒkrəsi, AM -'ɑːk-] *n no pl* Theokratie *f*

theocratic [ˌθiːəʊ'krætɪk, AM ˌθiːə'kræṭ] *adj inv* REL, POL theokratisch *fachspr*

theodolite [θi'ɒdᵊlaɪt, AM -'ɑːdə-] *n* Winkelmessgerät *nt,* Theodolit *m fachspr*

theologian [ˌθiːə'ləʊdʒᵊn, AM -'loʊ-] *n* Theologe, -in *m, f*

theological [ˌθiːə'lɒdʒɪkᵊl, AM -'lɑː-] *adj* theologisch, Theologie-; **~ college** Priesterseminar *nt;* **~ studies** Theologiestudium *nt kein pl*

theologically [ˌθiːə'lɒdʒɪkᵊli, AM -'lɑː-] *adv* theologisch

theology [θi'ɒlədʒi, AM -'ɑːl-] *n* ① (*principle*) Glaubenslehre *f* ② *no pl* (*study*) Theologie *f*

theorem ['θɪərəm, AM 'θiːɚ-] *n* MATH Lehrsatz *m,* Theorem *nt fachspr;* **Pythagoras's ~** der Satz des Pythagoras

theoretic [θɪə'retɪk, AM ˌθiːə'reṭ-] *adj see* **theoretical** theoretisch

theoretical [θɪə'retɪkᵊl, AM ˌθiːə'reṭ-] *adj* theoretisch; **to be a ~ possibility** theoretisch möglich sein

theoretically [θɪəˈretɪkəli, AM ˌθiːəˈret̬-] *adv* theoretisch

theoretician [ˌθɪərəˈtɪʃən, AM ˌθiːərə'-] *n* Theoretiker(in) *m(f)*

theorist [ˈθɪərɪst, AM ˈθiːɚ-] *n* Theoretiker(in) *m(f);* **economic** ~ Wirtschaftstheoretiker(in) *m(f)*

theorize [ˈθɪəraɪz, AM ˈθiːə-] *vi* theoretisieren; ■**to** ~ **about sth** Theorien über etw *akk* aufstellen

theory [ˈθɪəri, AM ˈθiːə-] *n* ❶ *no pl (rules)* Theorie *f,* Lehre *f;* **economic** ~ Wirtschaftstheorie *f* ❷ *(possible explanation)* Theorie *f,* Annahme *f;* ■**the** ~ **is that ...** die Theorie besagt, dass ...; **in** ~ in der Theorie, theoretisch

theory of evolution *n* Evolutionslehre *f,* Evolutionstheorie *f* **theory of relativity** *n* PHYS Relativitätstheorie *f*

theosophical [ˌθiːəˈsɒfɪkəl, AM -ˈsɑːf-] *adj inv* REL theosophisch *fachspr*

theosophist [θiːˈɒsəfɪst, AM -ˈɑːsə-] *n* REL Theosoph(in) *m(f) fachspr*

theosophy [θiːˈɒsəfi, AM -ˈɑːsə-] *n no pl* REL Theosophie *f*

therapeutic [ˌθerəˈpjuːtɪk, AM -t̬ɪk] *adj* ❶ *(healing)* therapeutisch ❷ *(beneficial to health)* gesundheitsfördernd ❸ *(beneficial to mood)* entspannend ❹ *(for health reasons)* aus gesundheitlichen Gründen; ~ **abortion** Schwangerschaftsabbruch *m* aus medizinischer Indikation

therapeutics [ˌθerəˈpjuːtɪks, AM -t̬ɪks] *n + sing vb* Therapielehre *f,* Therapeutik *f*

therapist [ˈθerəpɪst] *n* Therapeut(in) *m(f);* **behaviour** [*or* AM **behavior**] ~ Verhaltenstherapeut(in) *m(f)*

therapy [ˈθerəpi] *n* Therapie *f,* Behandlung *f;* ***the course of ~ usually lasts three months*** die Behandlung dauert normalerweise drei Monate; ***joining a club can be a ~ for loneliness*** einem Verein beizutreten, ist oft die beste Therapie gegen Einsamkeit; **occupational** ~ Beschäftigungstherapie *f*

there [ðeəʳ, ðəʳ, AM ðer, ðɚ] **I.** *adv inv* ❶ *(in, at that place)* dort; ***where are my glasses? — right ~ beside you!*** wo ist meine Brille? — gleich dort neben dir!; ***~'s that book you were looking for*** hier ist das Buch, das du gesucht hast; ***the opportunity is right ~ in front of you*** die Möglichkeit liegt unmittelbar vor dir; ~ **or thereabouts** *(at or near place)* in der Gegend dort, dort irgendwo *fam;* *(approximately)* so ungefähr; ***forty years, ~ or thereabouts, had elapsed*** so ungefähr vierzig Jahre waren vergangen; **here and** ~ hier und da; ~ **and then** [*or* **then and** ~] *(immediately)* auf der Stelle, sofort ❷ *(at the place indicated)* dort; ***I've left the boxes under ~*** ich habe die Schachteln dort unten hingestellt; ***if anyone wants out, ~'s the door!*** wenn jemand gehen möchte, dort ist die Tür!; **in** ~ da drin[nen]; **out** ~ da draußen; **over** ~ da [*o* dort] drüben; **up** ~ dort oben ❸ *(to a place)* dahin, dorthin; ***put the chair ~*** stell den Stuhl dahin; ***the museum was closed today — we'll go ~ tomorrow*** das Museum ist heute zu – wir gehen morgen hin; **to get** ~ *(arrive)* hinkommen; ***we'll never get ~ in time*** wir kommen sicher nicht pünktlich; *(fig: succeed)* es schaffen; ***try again, you'll get ~ in the end*** versuch es nochmal, du schaffst es schon; *(understand)* es verstehen; ***you'll get ~ if you think about it hard enough*** du verstehst es schon, wenn du lange genug darüber nachdenkst; ~ **and back** hin und zurück; ***it was 20 miles ~ and back*** hin und zurück waren es 20 Meilen; **in** ~ dort hinein; ***I'm not going in ~ — it's freezing*** ich gehe dort hinein – es ist bitterkalt ❹ *(in speech or text)* an dieser Stelle; ***read out the rest of the letter, don't stop ~!*** lies' den Brief fertig, hör' nicht hier auf; *(on that subject)* in diesem Punkt; ***I'd have to disagree with you ~*** in dieser Hinsicht [*o* da] muss ich Ihnen leider widersprechen; ***I don't agree with you ~*** in diesem Punkt stimme ich Ihnen nicht zu ❺ *(used to introduce sentences)* ***~'s someone on the phone for you*** Telefon für dich; ***~'s no doubt as to who is the best candidate*** es besteht kein Zweifel, wer der beste Kandidat/die beste Kandidatin ist; ***~ are lives at stake*** es stehen Leben auf dem Spiel; ***I don't want ~ to be*** ich möchte keine Probleme; **~'s a good boy/girl/dog** *(used to show approval or encouragement)* braver Junge/braves Mädchen/braver Hund; ~ **once was/lived ...** *(liter: in fairytales)* einst lebte ..., es war einmal ...; ~ **appears** [*or* **seems**] **to be ...** es scheint ...; ***~ appeared/seemed to be some difficulty in fixing a date for the meeting*** es scheint Schwierigkeiten zu geben, einen Termin für die Sitzung zu finden; ~ **comes a point where ...** *(form)* es kommt der Punkt, an dem ... ❻ *(said to attract attention)* ***hello ~!*** hallo!; ***~ goes the phone*** das ist das Telefon ▶ PHRASES: ~ **you go again**[, **doing sth**] *(used to criticize sb for behaving in a way typical of them)* das übliche Spiel; ***~ she goes again — she never knows when to stop*** das übliche Spiel – sie weiß nie, wann es genug ist; **to have been ~ before** *(fam)* alles schon wissen *fam;* **to be neither here nor** ~ keine Rolle spielen; ~ **you are** [*or* **go**] *(fam: what you wanted)* hier bitte; ***~ you are — that'll be £3.80 please*** hier bitte – das macht £3.80; *(expressing confirmation, triumph or resignation)* aber bitte; ***we didn't win the competition, but ~ you go — we can always try again next year*** wir haben den Wettkampf zwar nicht gewonnen, aber bitte – wir können es nächstes Jahr nochmals versuchen; ***~ you are! I told you the problem was a political one*** ich wusste es! ich sagte dir, das wäre ein politisches Problem; ***sometimes it is embarrassing, but ~ you go*** manchmal ist es peinlich, aber so ist es nun mal; **to not be ~ yet** noch nicht bereit sein; **to be ~ to do sth** dazu da sein, etw zu tun; ***at the end of the day we are ~ to make money*** schließlich sind wir dazu da, Geld zu verdienen; **to be ~ for sb** für jdn da sein; ***best friends are*** [***always***] ***~ for each other in times of trouble*** gute Freunde sind in schweren Zeiten [immer] füreinander an; **been ~, done that** *(fam)* kalter Kaffee *fam;* ~ **goes sth** etw ist im Begriff, den Bach runter zu gehen *fam;* ***~ goes my career*** meine Karriere ist im Begriff, den Bach runter zu gehen; ~ **you have it** na siehst du; ***so ~ you have it — fish and chips were a West country invention*** na siehst du – Fish & Chips wurden im Westen Englands erfunden; ***simply turn the handle three times and ~ you have it*** drehe einfach dreimal den Griff und schon geht's; ~ **it is** was soll's; ***pretty ridiculous, I know, but ~ it is*** ziemlich lächerlich, ich weiß, aber was soll's; **to be all** ~ [**up top**] *(fam)* geistig voll da sein *fam;* **to not be all** ~ *(fam: mentally lacking)* nicht ganz da sein *fam;* *(no longer mentally fit)* nicht mehr ganz auf der Höhe sein **II.** *interj* ❶ *(expressing sympathy)* da!, schau!; ~, ~! [*or* ~ **now!**] ganz ruhig!, schon gut!; ~, ~ [*or* ~ **now**], ***don't cry, it won't hurt for long*** schon gut, weine nicht, es wird nicht lang weh tun ❷ *(expressing satisfaction)* na bitte!, siehst du!; ***~, I've made it work at last*** na also, ich hab's wieder repariert; ***~, I told you she wouldn't mind!*** siehst du, ich habe dir gesagt, dass es ihr nichts ausmacht ❸ *(annoyance)* also bitte; ***~, now you've broken it!*** da, jetzt hast du es kaputtgemacht! *fam* ❹ *(fam)* ***so ~!*** und damit basta!; ***you can't share, so ~!*** du kannst nicht teilen, und damit basta!

thereabouts [ˈðeərəbaʊt, AM ˈðerə-] *adv* ❶ *(in that area)* dort in der Nähe, dort irgendwo; ***the soil is very fertile ~*** der Boden ist in dieser Gegend sehr fruchtbar; **or** ~ in der Umgebung von; ***we'll stop for a picnic in Saltford or ~*** wir machen irgendwo bei Saltford ein Picknick ❷ *(approximate time)* **or** ~ oder so; ***he's lived in Norwich for 40 years, or ~*** er lebt seit ungefähr vierzig Jahren in Norwich

thereafter *adv (form)* danach, darauf *geh;* **shortly** ~ kurz danach, kurze Zeit später **there and back** *adv* hin und zurück **there and then** *adv* auf der Stelle, sofort **thereby** *adv* dadurch, damit; ***the actors' unions had failed to agree pay levels and had ~ deprived over 250 people of work*** die Schauspielergewerkschaft hatte keine festen Lohnvereinbarungen getroffen und dadurch mehr als 250 Menschen ihrer Jobs beraubt ▶ PHRASES: ~ **hangs a tale** *esp* BRIT *(hum)* das ist eine lange Geschichte **therefore** [ˈðeəfɔːʳ, AM ˈðerfɔːr] *adv inv* deshalb, deswegen, daher; **to decide ~ to do sth** deshalb beschließen, etw zu tun **therefrom** [ˌðeəˈfrɒm, AM ˌðer'-] *adv* LAW daraus **therein** [ˌðeəˈrɪn, AM ˌðer'-] *adv (form or dated)* darin; *(fig)* ***Susan is a socialist but her boyfriend votes Conservative — ~ lies the reason why they argue*** Susan ist Sozialistin, aber ihr Freund wählt die Konservativen – deswegen streiten sich die beiden auch **thereinafter** *adv (form or dated)* weiter unten, später; LAW nachstehend; ~ **referred to as the deceased** im Folgenden als der Verstorbene bezeichnet **thereof** [ˌðeəˈrɒv, AM ˌðerˈɑːv] *adv (form)* davon; ***I was quite unaware — until I received your letter*** bevor ich deinen Brief erhielt, war ich mir darüber nicht im Klaren **thereon** [ˌðeəˈrɒn, AM ˌðerˈɑːn] *adv inv (form)* ❶ *(on that object)* darauf ❷ *(about that subject)* darüber **thereto** [ˌðeəˈtuː, AM ˌðer'] *adv inv (form or old)* ❶ *(to sth)* dazu ❷ *(for sth)* dafür ❸ *(at sth)* daran **thereunder** [ˌðeəˈrʌndəʳ, AM ˌðerˈʌndɚ] *adv (form or dated)* ❶ *(in accordance with aforementioned)* demzufolge, demgemäß ❷ *(under the aforementioned)* darunter **thereupon** [ˌðeərəˈpɒn, AM ˌderəˈpɑːn] *adv (form)* daraufhin **therewith** [ˌðeəˈwɪθ, AM ˌðer'] *adv inv (form or old)* damit

therm [θɜːm, AM θɜːrm] *n (unit of heat) veraltete britische Einheit für Arbeit und Energie;* BRIT *(dated: 100,000 thermal units)* 100.000 Wärmeeinheiten *(ca. 100 Megajoule)*

thermal [ˈθɜːməl, AM ˈθɜːrm-] **I.** *n* ❶ *(air current)* Thermik *f* ❷ *(underwear)* ■**~s** *pl* Thermounterwäsche *f kein pl;* MED Rheumaunterwäsche *f kein pl* **II.** *adj attr* ❶ MED thermal, Thermal-; ~ **bath** Thermalbad *nt* ❷ PHYS thermisch, Thermo-, Wärme-; ~ **conductivity** Wärmeleitfähigkeit *f;* ~ **pollution** Umweltschädigung *f* durch Wärme

thermal capacity *n* Wärmekapazität *f* **thermal imaging** *n* Thermographie *f* **thermal insulation** *n no pl* Wärmedämmung *f,* Wärmeisolierung *f*

thermally [ˈθɜːməli, AM ˈθɜːrm-] *adv* ❶ MED thermal ❷ PHYS thermisch; **to be ~ insulated** wärmeisoliert sein

thermal paper *n no pl* Thermopapier *nt* **thermal spring** *n* Thermalquelle *f* **thermal underwear** *n no pl* Thermounterwäsche *f;* MED Rheumaunterwäsche *f* **thermal unit** *n* PHYS Wärmeeinheit *f*

thermo- [ˈθɜːməʊ, AM ˈθɜːrmoʊ] *in compounds* Wärme-, Hitze-, Thermo-

thermodynamic [ˌθɜːmə(ʊ)daɪˈnæmɪk, AM ˌθɜːrmoʊ-] *adj attr, inv* thermodynamisch

thermodynamics [ˌθɜːmə(ʊ)daɪˈnæmɪks, AM ˌθɜːrmoʊ-] *n + sing vb* Thermodynamik *f*

thermoelectric [ˌθɜːməʊɪˈlektrɪk, AM ˌθɜːrmoʊ-] *adj* thermoelektrisch

thermometer [ˈθɜːmɒmɪtəʳ, AM ˈθɜːrmɑːmət̬ɚ] *n* ❶ *(device)* Thermometer *nt* ÖSTERR, SCHWEIZ *a. m;* **clinical** ~ Fieberthermometer *nt;* **minimum and maximum** ~ Minimum-Maximum-Thermometer *nt,* Minimax-Thermometer *nt;* **the ~ falls/rises** das Thermometer fällt/steigt ❷ *(fig: record)* Barometer *nt fig;* ~ **of inflation** Inflationsbarometer *nt*

thermometer scale *n* Thermometerskala *f*

thermonuclear [ˌθɜːmə(ʊ)njuːkliəʳ, AM ˌθɜːrmoʊˈnuːkliɚ] *adj* thermonuklear; ~ **bomb** Wasserstoffbombe *f*

thermoplastic [ˌθɜːməʊˈplæstɪk, AM ˌθɜːrmoʊ'] CHEM **I.** *adj inv* thermoplastisch *fachspr* **II.** *n* Thermoplast *m fachspr*

Thermos® [ˈθɜːmɒs, AM ˈθɜːrməs] *n,* **Thermos® bottle** *n,* **Thermos® flask** *n* Thermosflasche *f*

thermostat [ˈθɜːməstæt, AM ˈθɜːr-] *n* Thermostat *m*

thermostatic [ˈθɜːməstætɪk, AM ˈθɜːrməstæt̬-] *adj* thermostatisch, Thermostat-

thermostatically [ˈθɜːməstætɪkəli, AM ˈθɜːrməstæt̬-] *adv* thermostatisch; ~ **controlled** thermostatgesteuert

thesaurus <*pl* -es *or pl* -ri> [θɪˈsɔːrəs, *pl* -raɪ] *n* Synonymwörterbuch *nt,* Thesaurus *m fachspr*

T

these [ðiːz] I. *adj pl of* **this** II. *part dem pl of* **this** ① (*the things here*) diese; ***take ~ and put them on my desk please*** nimm die[se] hier und stell sie bitte auf meinen Tisch; ***are ~ your bags?*** gehören diese Taschen dir?, sind das hier deine Taschen; **~ here** die da ② (*the people here*) das; ***~ are my kids, Bob, Charles and Mary*** das sind meine Kinder Bob, Charles und Mary ③ (*current times*) diese; ***in times like ~ …*** in Zeiten wie diesen …; ***~ are hard times for us*** wir machen harte Zeiten durch ④ (*familiar referent*) diese; ***~ are some of the reasons I'm against the idea*** das sind die Gründe, warum ich gegen die Idee bin; ***don't try to walk on ~ — they're prickly and sticky plants*** versuche nicht, über diese zu gehen – das sind stachlige, klebrige Pflanzen

thesis <*pl* -ses> ['θiːsəs, *pl* -siːz] *n* ① (*written study*) wissenschaftliche Arbeit; (*for diploma*) Diplomarbeit *f;* (*for PhD*) Doktorarbeit *f,* Dissertation *f;* **doctoral ~** Doktorarbeit *f,* Dissertation *f* ② (*proposition*) These *f,* Behauptung *f*

thesp [θesp] *n* (*pej fam*) *short for* **thespian** Schmierenkomödiant(in) *m(f) pej fam*

thespian ['θespiən] I. *n* (*form*) Schauspieler(in) *m(f);* (*mime*) Mime, -in *m, f liter;* (*hum*) Vollblutschauspieler(in) *m(f)* II. *adj inv* dramatisch, Schauspiel-, Theater-; **~ talent** schauspielerisches Talent

they [ðeɪ] *part pers* ① (*3rd person plural*) sie; ***where are my glasses? ~ were on the table just now*** wo ist meine Brille? sie lag doch gerade noch auf dem Tisch; ***see those people sitting over there? are ~ the ones you were talking about?*** siehst du die Leute da drüben? sind das die, über die du sprachst?; **it's ~** (*form*) das sind die; **~ who …** (*form*) wer …; ***~ who look closely, will see the difference*** wer genau schaut, kann den Unterschied erkennen ② (*he or she*) er, sie; ***ask a friend if ~ could help*** frag einen Freund/eine Freundin, ob er/sie helfen kann; ***anyone can join if ~ are a resident*** jeder, der hier lebt, kann beitreten ③ (*people in general*) sie; ***the rest, as ~ say, is history*** der Rest ist Geschichte, wie es so schön heißt; **~ say …** es heißt … ④ (*fam: those with authority*) ***~ 've decided to change the bus route into town*** es wurde beschlossen, die Busroute in die Stadt zu ändern; ***do ~ really notice if you leave some of your income off your tax forms?*** merkt das wirklich jemand, wenn du nicht den gesamtes Einkommen auf dem Steuerbescheid angibst?; ***~ cut my water off*** man hat mir das Wasser abgestellt

they'd [ðeɪd] ① = **they had** *see* **have I, II** ② = **they would** *see* **would**

they'll [ðeɪl] = **they will** *see* **will**[1]

they're [ðeə(r), AM ðer] = **they are** *see* **be**

they've [ðeɪv] = **they have** *see* **have I, II**

thick [θɪk] I. *adj* ① (*not thin*) *coat, layer, volume* dick; **with a ~ helping of butter** dick mit Butter bestrichen; **to have a ~ skin** (*fig*) ein dickes Fell haben *fig* ② (*bushy*) *eyebrows* dicht; **~ hair** volles [*o* dichtes] Haar ③ *after n* (*measurement*) dick, stark; ***the walls are two metres ~*** die Wände sind zwei Meter dick ④ (*not very fluid*) dick, zähflüssig ⑤ (*dense*) dicht; ***the air in the banqueting hall was ~ with smoke*** die Luft im Festsaal war völlig verraucht; ***the atmosphere was ~ with unspoken criticism*** (*fig*) unausgesprochene Kritik belastete die Atmosphäre; **~ clouds** dichte Wolkendecke; **~ fog** dichter Nebel ⑥ (*extreme*) deutlich, ausgeprägt; **~ accent** starker Akzent; **~ darkness** tiefe Dunkelheit ⑦ *voice* belegt, heiser; ***he spoke and his voice was ~ with fear*** er sprach mit angstvoller Stimme ⑧ (*headache*) **to have a ~ head** einen Brummschädel [*o* dicken Kopf] haben *fam;* ***I've got a ~ head*** mir brummt der Schädel *fam* ⑨ (*pej sl: mentally slow*) dumm; **to be [a bit] ~** [ein bisschen] begriffsstutzig sein; **to be as ~ as two short planks** dumm wie Bohnenstroh sein ⑩ BRIT (*fam: plentiful*) reichlich, massenhaft; ***female engineers are not too ~ on the ground*** weibliche Ingenieure sind dünn gesät ⑪ BRIT (*exaggerated*) **to be a bit ~** etwas übertrieben sein; ***hiring four Rolls Royces for a village wedding was a bit ~*** vier Rolls Royce für eine Dorfhochzeit zu mieten, war schon etwas dick aufgetragen ▶ PHRASES: __blood__ **is ~er than water** (*saying*) Blut ist dicker als Wasser *prov;* **to get a ~ __ear__** BRIT ein paar auf [*o* hinter] die Ohren bekommen *fam;* **to give sb a ~ __ear__** BRIT jdm ein paar [*o* eins] hinter die Ohren geben *fam;* **to be as ~ as __thieves__** wie Pech und Schwefel zusammenhalten; **to __be__ ~ with sb** mit jdm eng befreundet sein; ***Peter is ~ with Tom*** Peter und Tom sind dicke Freunde II. *n no pl* (*fam*) ■**in the ~ of sth** mitten[drin] in etw *dat;* ***an argument had ensued at the bar and in the ~ of it stood my husband*** an der Bar war ein Streit ausgebrochen und mein Mann steckte mittendrin; **in the ~ of the battle** im dichtesten Kampfgetümmel ▶ PHRASES: **to stick together through ~ and __thin__** zusammen durch dick und dünn gehen III. *adv* (*heavily*) dick; ***the snow lay ~ on the path*** auf dem Weg lag eine dicke Schneedecke; **to spread bread ~ with butter** Brot dick mit Butter bestreichen ▶ PHRASES: **to __come__ ~ and fast** hart auf hart kommen; ***the complaints were coming ~ and fast*** es hagelte Beschwerden; **to __lay__ it on ~** dick auftragen *fam*

thicken ['θɪk(ə)n] I. *vt* FOOD ■**to ~ sth** *sauce* etw eindicken II. *vi* ① (*become less fluid*) dick[er] [*o* dickflüssig[er]] werden ② (*become denser*) dicht[er] werden, sich *akk* verdichten; ***traffic in town has ~ed*** die Verkehrsdichte in der Stadt hat zugenommen ③ (*become less slim*) [an Umfang] zunehmen; ***her waist has ~ed*** ihre Taille ist etwas dicker geworden ▶ PHRASES: **the __plot__ ~s** (*saying*) die Sache wird langsam interessant

thickener ['θɪk(ə)nə(r), AM -ɚ] *n,* **thickening** ['θɪk(ə)nɪŋ] *n* Verdickungsmittel *nt,* Bindemittel *nt;* **gravy ~** Soßenbinder *m*

thicket ['θɪkɪt] *n* Dickicht *nt*

thick-headed *adj* ① (*mentally slow*) begriffsstutzig ② (*stupid*) dumm, doof *fam*

thickly ['θɪkli] *adv* ① (*in a deep layer*) dick; ***don't put the butter on too ~, please*** schmier bitte nicht zu viel Butter drauf; ***the woods were ~ carpeted with bluebells*** der Wald war mit Glockenblumen übersät ② (*indistinctly*) mit belegter Stimme; (*with fear*) angstvoll; (*with emotion*) bewegt; **to speak ~** undeutlich [*o* mit schwerer Zunge] sprechen

thickness ['θɪknəs] *n* ① *no pl* (*size*) Dicke *f,* Stärke *f* ② *no pl* (*depth*) Dicke *f,* Höhe *f;* (*denseness*) Dichte *f* ③ (*layer*) Lage *f,* Schicht *f*

thicko ['θɪkəʊ, AM -koʊ] *n esp* BRIT (*pej sl*) Dummkopf *m pej fam,* Schwachkopf *m pej fam*

thickset *adj person* gedrungen, stämmig; *plant* dicht[gepflanzt] **thick-skinned** *adj* dickhäutig *fig,* dickfellig *fig;* **to be ~** ein dickes Fell haben

thief <*pl* thieves> [θiːf] *n* Dieb(in) *m(f);* **den of thieves** Mördergrube *f,* Räuberhöhle *f;* (*disreputable place*) Spelunke *f* ▶ PHRASES: **[there is] __honour__** [*or* AM **honor**] **among thieves** (*saying*) jeder hat seine eigene Moral; **like a ~ in the __night__** wie ein Dieb in der Nacht; **__procrastination__ is the ~ of time** *esp* BRIT (*saying*) was du heute kannst besorgen, das verschiebe nicht auf morgen *prov;* **to be as __thick__ as thieves** dicke Freunde sein *fam;* **to set a ~ to __catch__ a ~** (*saying*) einen vom Fach benutzen

thieve [θiːv] I. *vi* (*liter*) stehlen II. *vt* (*liter*) ■**to ~ sth** etw stehlen

thieving ['θiːvɪŋ] I. *n* (*liter, form*) Stehlen *nt* II. *adj attr, inv* diebisch; ***take your ~ hands off my cake!*** (*hum*) lass deine Finger von meinem Kuchen!

thigh [θaɪ] *n* [Ober]schenkel *m;* ***this exercise will help to combat those thunder ~s*** mit dieser Übung bekämpfen Sie die Fettpolster an Hüfte und Oberschenkel

thigh bone *n* Oberschenkelknochen *m* **thigh-high** *adj* hüfthoch **thigh injury** *n* Oberschenkelverletzung *f*

thimble ['θɪmbl] *n* Fingerhut *m*

thimbleful ['θɪmb(ə)lfʊl] *n* (*hum*) Fingerhut[voll] *m;* ***he poured a ~ of whisky into the glass*** er goss einen Schluck Whiskey in das Glas

thin <-nn-> [θɪn] I. *adj* ① (*not thick*) dünn; **~ line** feine [*o* schmale] Linie; ***there's a ~ line between love and hate*** die Grenze zwischen Liebe und Hass ist fließend; (*fig*) schmaler Grat ② (*slim*) *person* dünn; **a ~ man** ein hagerer Mann ③ (*not dense*) *fog* leicht; *crowd* klein; **~ rain** feiner Regen; (*lacking oxygen*) *air* dünn ④ (*sparse*) spärlich; **~ hair** (*on head*) schütteres Haar; (*on body*) spärlicher Haarwuchs; ***he is already ~ on top*** sein Haar lichtet sich schon langsam ⑤ (*very fluid*) dünn[flüssig] ⑥ (*feeble*) schwach *fig;* **~ disguise** dürftige Verkleidung; **~ excuse** fadenscheinige Ausrede; **~ smile** leichtes Lächeln; **~ sound** leiser Ton; **~ voice** zarte Stimme ⑦ (*come to an end*) **to wear ~** (*also fig*) [langsam] zu Ende gehen, erschöpft sein; ***his patience is wearing ~*** seine Geduld geht langsam zu Ende; ***the soles of my shoes are wearing ~*** mein Schuhsohlen werden immer dünner ▶ PHRASES: **out of ~ __air__** aus dem Nichts; **to disappear** [*or* **vanish**] **into ~ __air__** sich *akk* in Luft auflösen; **the ~ __end__ of the wedge** BRIT ein erster Anfang; **to be ~ on the __ground__** BRIT, AUS dünn gesät sein *fig;* **to be on ~ __ice__** sich *akk* auf dünnem Eis bewegen; **the ~ blue __line__** BRIT (*fam*) die Polizei; **to have a ~ __time__ [of it]** eine schlimme Zeit durchmachen; **to be ~-__skinned__** dünnhäutig sein; **through __thick__ and ~** durch dick und dünn II. *vt* ① (*make more liquid*) ■**to ~ sth [down]** etw verdünnen ② (*remove some*) ■**to ~ sth [out]** etw ausdünnen [*o* lichten]; ***they've ~ned the forest*** der Wald wurde gelichtet; **to ~ sb's hair** jds Haare ausdünnen ③ (*in golf*) **to ~ the ball** den Ball oberhalb der Mitte treffen III. *vi* ① (*become weaker*) *soup, blood* dünner werden; *crowd* sich *akk* zerstreuen; *fog* sich *akk* lichten; *hair* dünner werden, sich *akk* lichten ② (*become worn*) *material* sich *akk* verringern, abnehmen

◆**thin down** I. *vi* abnehmen, dünner werden II. *vt* ■**to ~ sth** ↻ **down** etw verdünnen

◆**thin out** I. *vt* ■**to ~ sth** ↻ **out** etw ausdünnen; **to ~ out plants** Pflanzen pikieren II. *vi* weniger werden, sich *akk* verringern; *crowd* kleiner werden, sich *akk* verlaufen

thine [ðaɪn] DIAL I. *adj det* (*old*) dein; ***inquire into ~ own heart*** befrage dein Herz II. *part* (*old*) der/die/das Deinige [*o* Deine]; ***for ~ is the kingdom, the power and the glory*** denn Dein ist das Reich, die Macht und die Herrlichkeit

thing [θɪŋ] *n* ① (*unspecified object*) Ding *nt,* Gegenstand *m;* (*fam*) Dings[bums] *nt fam;* ***she behaved like a mad ~*** sie benahm sich wie eine Verrückte; ***you cannot be all ~s to all men*** man kann es nicht allen recht machen ② (*possessions*) ■**~s** *pl* Besitz *m kein pl,* Habe *f kein pl;* (*objects for special purpose*) Sachen *fpl,* Zeug *nt kein pl;* ***I haven't got a ~ to wear*** ich habe nichts zum Anziehen; ***she put all his ~s in suitcases and put them outside the door*** sie packte alle seine Sachen in Koffer und stellte diese vor die Tür; **swimming ~s** Schwimmzeug *nt kein pl,* Schwimmsachen *pl fam* ③ (*unspecified idea, event*) Sache *f;* ***this ~ called love*** das, was man so Liebe nennt; ***if there's one ~ I want to know it's this*** wenn es etwas gibt, das ich wissen will, dann ist es das; ***it was just one ~ after another*** da kam eben eins zum anderen; ***one ~ leads to another*** das Eine führt zum Andern; ***don't worry about a ~!*** mach dir keine Sorgen!; ***learning to ride a bike was a difficult ~ for me to do*** ich habe lange gebraucht, bis ich Rad fahren konnte; ***I value my freedom above all ~s*** meine Freiheit steht für mich an erster Stelle; ***if it's not one ~, it's another*** ständig ist [et]was los; **to not be sb's ~** nicht jds Ding *nt* sein *fam;* **to be a ~ of the past** der Vergangenheit angehören; **in all ~s** in jeder Hinsicht, in [*o* bei] allem; **the whole ~** das Ganze ④ (*unspecified activity*) Sache *f;* ***the last ~ I want to do is hurt his feelings*** ich möchte auf keinen Fall seine Gefühle verletzen; ***that was a close ~!*** das war knapp!; ***walking in stormy weather along a beach just does ~s to me*** bei stürmischem Wetter am Strand spazieren zu gehen macht mir unheimlich Spaß; plenty of ~s vieles; to do sth first/last ~ etw als Erstes/Letztes tun; *I'll phone him first ~ tomorrow* ich rufe ihn morgen gleich als Erstes an; to call sb last ~ at night jdn spät nachts noch anrufen; to do one's own ~ (*fam*) seinen [eigenen] Weg gehen, sein Ding machen *fam* ❺ (*fam: what is needed*) das [einzig] Wahre; the real ~ das einzig Wahre; the very [*or* just the] ~ genau das Richtige ❻ (*matter*) Thema *nt*, Sache *f*; *sure ~! esp* AM na klar!; *what a lovely ~ to say!* wie nett, so etwas zu sagen!; *I have a ~ or two on my mind* mir geht so einiges durch den Kopf; to be able to tell sb a ~ or two jdm noch so einiges [*o* manches] erzählen können; to know a ~ or two eine ganze Menge wissen, sich *akk* gut auskennen; and another ~, ... und noch [et]was, ...; *why don't you come with me? — for one ~, I don't like flying, and for another, I can't afford it* warum kommst du nicht mit? – einerseits fliege ich nicht gerne und außerdem kann ich es mir nicht leisten ❼ (*social behaviour*) ■the ~ das Richtige; *it's the done ~* (*also iron*) das gehört sich so [*o* gehört zum guten Ton]; *smoking during meals is not the done ~* es gehört sich nicht, während des Essens zu rauchen; the in [*or* latest] ~ [to do] der letzte Schrei ❽ (*the important point*) ■the ~ about doing sth is ... das Wichtigste bei etw *dat* ist ... ❾ (*something non-existent*) ■~s *pl* to be hearing [*or* imagining] ~s Gespenster sehen *fig* ❿ (*the situation*) ■~s *pl* die Dinge, die Lage; *~s ain't what they used to be* (*fam*) nichts ist mehr so wie es war; *how are ~s [with you]?* (*fam*) wie geht's [dir]? *fam*; *what are ~s like?* wie sieht's aus? [*o* läuft's?] *fam*; all ~s considered alles in allem; as ~s stand, the way ~s are so wie die Dinge stehen ⓫ (*confectionery*) sweet ~s Süßigkeiten *pl* ⓬ (*person*) *you lucky ~!* du Glücklicher [*o* Glückspilz]!; *she's a dear little ~* sie ist ein Schatz; lazy ~ Faulpelz *m*; old ~ BRIT altes Haus *fam*, alter Knabe *fam*; the poor ~ (*fam*) der/die Ärmste; (*man*) der arme Kerl; (*young woman, child*) das arme Ding; the poor ~s die Ärmsten; stupid ~ Dummkopf *m*, Idiot *m* ▶ PHRASES: a ~ of beauty is a joy forever (*saying*) etwas Schönes macht immer wieder Freude; to be the greatest ~ since sliced bread (*fam*) einfach Klasse sein *fam*; chance would be a fine ~! BRIT (*saying*) schön wär's! *fam*; there are more ~s in heaven and earth [than are dreamt of in your philosophy] BRIT (*saying*) es gibt mehr Dinge zwischen Himmel und Erde [als deine Schulweisheit sich träumen lässt]; a little learning [*or* knowledge] is a dangerous ~ (*saying*) zu wenig Wissen kann gefährlich werden; the best ~s in life are free (*saying*) die besten Dinge im Leben sind umsonst; to be just one of those ~s (*be unavoidable*) einfach unvermeidlich sein; (*typical happening*) typisch sein; *this is just one of those ~s* da kann man halt nichts machen *fam*; to the pure all ~s are pure (*saying*) dem Reinen ist alles rein; worse ~s happen at sea (*saying*) davon geht die Welt nicht unter *fam*; all [*or* other] ~s being equal wenn nichts dazwischen kommt; to be onto a good ~ (*fam*) etwas Gutes auftun; you can have too much of a good ~ man kann es auch übertreiben; to do one's own ~ sich *akk* selbst verwirklichen; to have a [*or* this] ~ about sb (*fam: dislike*) jdn nicht ausstehen können *fam*; (*like very much*) verrückt nach jdm sein *fam*; to have a [*or* this] ~ about sth etw nicht ausstehen können *fam*; to make a [big] ~ out of sth aus etw *dat* eine große Sache machen, um etw *akk* viel Wirbel machen; these ~s are sent to try us BRIT (*saying*) das sind die Prüfungen, die uns das Schicksal auferlegt; to take ~s easy nicht alles so schwer nehmen

thingamabob ['θɪŋəməˌbɒb, AM -ˌbɑ:b] *n*, **thingamajig** ['θɪŋəməˌdʒɪg] *n*, **thingummy** ['θɪŋəmi] *n* BRIT, **thingy** ['θɪŋi] *n esp* BRIT der/die/das Dings[da] [*o* Dingsbums] *fam*

think [θɪŋk] **I.** *n* BRIT (*fam*) Nachdenken *nt*; to have a ~ about sth sich *dat* etw überlegen, über etw *akk* nachdenken; to have another ~ coming sich *akk* gewaltig irren, auf dem Holzweg sein *fam*; *you have got another ~ coming!* da bist du aber schief gewickelt! *fam* **II.** *vi* <thought, thought> ❶ (*believe*) denken, glauben; *yes, I ~ so* ich glaube [*o* denke] schon; *no, I don't ~ so* ich glaube [*o* denke] nicht; *I asked him if he was likely to get the job and he said he thought not* ich fragte ihn, ob er die Stelle wohl bekommen werde und er antwortete, er glaube nicht; *she is thought to be on holiday in Scotland* man nimmt an, dass sie gerade in Schottland Urlaub macht ❷ (*hold an opinion*) meinen, denken, glauben; (*judge*) einschätzen; *I ~ she's stupid* ich finde sie dumm; *I'd ~ again if I were you* ich würde mir das an deiner Stelle noch einmal überlegen; *I want you to ~ of me as a friend* ich möchte, dass du mich als Freund siehst; *what do you ~ of Jane?* wie findest du Jane?; *what do you ~ you're doing?* (*iron*) was glaubst du eigentlich, was du da tust?; *who do you ~ you are?* (*iron*) für wen hältst du dich eigentlich?; to ~ better of sth sich *dat* etw anders überlegen; to ~ fit es für angebracht halten; to ~ highly [*or* well] of sb/sth viel von jdm/etw halten, eine gute Meinung von jdm/etw haben; to ~ oneself lucky [*or* fortunate] sich *akk* glücklich schätzen; to ~ positive optimistisch [*o* zuversichtlich] sein, nicht den Mut verlieren ❸ (*expect*) denken, annehmen; *who would have thought [that] ...?* wer hätte gedacht[, dass] ...?; *who would have thought it?* wer hätte das gedacht?; *I thought as much!* (*usu pej: as a reply*) das habe ich mir schon gedacht!; *I'm going out to play — that's what you ~!* ich gehe raus spielen – denkste! ❹ (*introducing a decision*) denken; *it was such a lovely day I thought I'd go for a walk* es war so ein schöner Tag, dass ich [mir] gedacht habe, ich mache einen Spaziergang ❺ (*exercise one's mind*) denken; (*decide*) entscheiden; *I'd ~ long and hard* ich würde mir das wirklich reiflich überlegen; *that'll give him something to ~ about* das sollte ihm etwas zu denken geben; *I haven't seen him for weeks, in fact, come to ~ of it, since last Christmas* ich habe ihn seit Wochen nicht mehr gesehen, wenn ich es mir recht überlege, seit letztem Weihnachten; *I shudder to ~ what might have happened* mir läuft es kalt den Rücken runter, wenn ich mir ausmale, was alles hätte passieren können; *I can't ~ how/when/where/why ...* ich weiß nicht, wie/wann/wo/warum ...; ■to be ~ing [nach]denken, überlegen; to ~ on one's feet (*fig*) eine schnelle Entscheidung treffen; to ~ fast schnell überlegen; to be unable to hear oneself ~ sein eigenes Wort nicht mehr verstehen; to be unable to ~ straight etw nicht richtig einschätzen können, keinen klaren Gedanken fassen können; to ~ for oneself selbstständig denken, seine eigenen Entscheidungen treffen; to ~ to oneself [bei] sich *dat* denken ❻ (*plan*) nachdenken, überlegen; (*consider*) erwägen; ■to ~ of doing sth erwägen [*o* überlegen], etw zu tun; *he's ~ing of selling his car* er überlegt, sein Auto zu verkaufen; *we were ~ing of starting a family* wir spielten mit dem Gedanken, eine Familie zu gründen; to ~ big im großen Stil planen ❼ (*have in mind*) ■to ~ about [*or* of] sb/sth an jdn/etw denken; *I always ~ about Roz in that long pink coat* ich stelle mir immer Roz in seinem langen rosa Mantel vor; *don't even ~ about it* schlag dir das aus dem Kopf *fam*, das kannst du vergessen *fam*; *can you ~ of anything?* fällt dir etwas ein? ❽ (*be alert*) aufpassen; without ~ing gedankenlos, ohne nachzudenken ❾ (*make up*) ■to ~ of sth sich *dat* etw einfallen lassen; *just a minute — I ~ I've thought of something* warte mal – ich glaube, ich habe eine Idee; *how clever! I never thought of that* wie schlau! daran habe ich nie gedacht ▶ PHRASES: what will they ~ of next? (*saying*) was lassen sie sich wohl noch alles einfallen? **III.** *vt* <thought, thought> ❶ (*consider*) ■to ~ sb [to be] sth jdn für etw *akk* halten; *I always thought him to be a charmer* ich fand ihn immer sehr charmant; to ~ the world of sb/sth große Stücke auf jdn/etw halten; to not ~ much of sb/sth auf jdn/etw nicht viel geben *fam*; to not ~ much of doing sth nicht [gerade] begeistert davon sein, etw zu tun; to ~ nothing of sth von etw *dat* nichts halten; *~ nothing of it* keine Ursache, gern geschehen; to ~ nothing of doing sth nichts dabei finden, etw zu tun; *she'll manage (~ Mrs. Kern)* sie wird es schaffen (wie Frau Kern auch) ❷ (*exercise mind*) to ~ beautiful [*or* great] [*or* interesting] thoughts in Gedanken versunken sein ▶ PHRASES: to ~ the world well lost BRIT den lieben Gott einen guten Mann sein lassen

◆**think ahead** *vi* vorausdenken, vorausplanen

◆**think back** *vi* ■to ~ back to sth an etw *akk* zurückdenken; ■to ~ back over sth sich *dat* etw noch einmal vergegenwärtigen, etw Revue passieren lassen *geh*

◆**think on** *vt* NBRIT, AM (*fam*) ■to ~ on sth über etw *akk* nachdenken

◆**think out** *vt* ■to ~ sth ↔ out ❶ (*consider carefully*) etw durchdenken, sich *dat* etw durch den Kopf gehen lassen ❷ (*plan carefully*) etw vorausplanen

◆**think over** *vt* ■to ~ sth ↔ over sich *dat* etw überlegen, etw überdenken *geh*; *I'll ~ it over* ich überleg's mir nochmal *fam*

◆**think through** *vt* ■to ~ sth through etw [gründlich] durchdenken

◆**think up** *vt* (*fam*) ■to ~ up ↔ sth sich *dat* etw ausdenken [*o* einfallen lassen]; to ~ up an idea auf eine Idee kommen

thinkable ['θɪŋkəbl] *adj* denkbar, vorstellbar

thinker ['θɪŋkəʳ, AM -ɚ] *n* Denker(in) *m(f)*

thinking ['θɪŋkɪŋ] **I.** *n no pl* ❶ (*using thought*) Denken *nt*; to do some ~ about sth sich *dat* über etw *akk* Gedanken machen ❷ (*reasoning*) Überlegung *f*; *what's the ~ behind the decision to combine the two departments?* aus welchem Grund sollen die beiden Abteilungen zusammengelegt werden?; *good ~! that's a brilliant idea!* nicht schlecht! eine geniale Idee! ❸ (*opinion*) Meinung *f*; *I don't agree with his ~ on that point* ich stimme mit ihm in diesem Punkt nicht überein; to my way of ~ meiner Ansicht [*o* Meinung] nach **II.** *adj attr, inv* denkend, vernünftig; *as a ~ woman, you must realize that our situation is becoming worse* als Frau mit Verstand müssen Sie doch erkennen, dass sich unsere Situation verschlechtert; the ~ man's/woman's crumpet BRIT *attraktive, intelligente Frau/Mann*

thinking cap *n* ▶ PHRASES: to put one's ~ on (*fam*) scharf nachdenken *fam*

think piece *n* JOURN [ausführlicher] Kommentar

think tank *n* (*fig*) Expertenkommission *f*

thinly ['θɪnli] *adv* dünn **thinly-sliced** *adj* dünn geschnitten

thinner ['θɪnəʳ, AM -ɚ] **I.** *n* Verdünner *m*, Verdünnungsmittel *nt*; paint ~ Farbverdünner *m* **II.** *adj comp of* thin

thinness ['θɪnnəs] *n no pl* ❶ (*not fat*) Magerkeit *f* ❷ (*fig: lack of depth*) Dünnigkeit *f*, Dünnheit *f*

thinning ['θɪnɪŋ] *n* Ausdünnen *nt*, Vereinzeln *nt*; *of forest* Lichten *nt*, Durchforsten *nt*; ~ of tree tops Auslichten *nt* der Baumkronen; ■~s *pl* HORT Ausschnitte *pl*, Abschnitte *pl*

thin section *n* Dünnschliff *m*

thin-section *vt* ■to ~ sth etw dünner machen [*o* dünn schleifen]

thin-skinned *adj* empfindlich, dünnhäutig; *be careful what you say to her — she's a bit ~* pass auf, was du zu ihr sagst – sie ist ein bisschen sensibel

third [θɜ:d, AM θɜ:rd] **I.** *n* ❶ (*number 3*) Dritte(r,s); George the T~ Georg der Dritte; the ~ of September der dritte September ❷ (*fraction*) Drittel *nt*; two ~s of the total market zwei Drittel des Gesamtmarktes ❸ (*gear position*) dritter Gang; *now put it into ~* schalten Sie jetzt in den dritten Gang ❹ (*in ballet*) dritte [Tanz]position; (*in baseball*) dritte Base ❺ MUS Terz *f* ❻ BRIT UNIV (*class of degree*) dritter [akademischer] Grad **II.** *adj inv* dritte(r,s); ~ best drittbeste(r,s); the ~ time das dritte Mal; *~ time lucky!* beim dritten Anlauf klappt's!; *she's been mar-*

T

ried twice, let's hope that the ~ time around, she'll stay married! sie war zweimal verheiratet, hoffen wir mal, dass es beim dritten mal hält!

third class I. *n* ❶ *(group)* dritte Klasse ❷ BRIT UNIV *(university degree)* akademischer Grad dritter Klasse ❸ AM *(mail)* Drucksachen *fpl* ❹ TRANSP *(dated)* dritte Klasse II. *adj inv* ❶ *quality, status* drittklassig ❷ BRIT *university degree* dritten Grades *nach n* ❸ AM *mail* Drucksachen- ❹ TRANSP dritter Klasse *nach n* **third degree** *n* Polizeimaßnahme *f (zur Erzwingung eines Geständnisses)*; **to get the ~** *(hum fam)* verhört werden; ***I got the ~ when I got home last night*** als ich heute Nacht nach Hause kam, wurde ich erst mal gründlich verhört *hum;* **to give sb the ~** *(fam)* jdn in die Mangel nehmen *fam* **third-degree burn** *n* Verbrennung *f* dritten Grades **third eye** *n* drittes Auge **third-hand** I. *adj goods* gebraucht; *information* unsicher, unzuverlässig II. *adv goods* aus dritter Hand; *information* gerüchteweise

thirdly ['θɜːdli, AM 'θɜːrdli] *adv* drittens

third market *n* AM STOCKEX ungeregelter Freiverkehr **third party** I. *n* dritte Person; LAW Dritte(r) *f(m);* POL dritte Partei [*o* Kraft]; COMM Fremdhersteller *m;* ~ **acting in good faith** gutgläubiger Dritter *f* II. *adj attr* Haftpflicht-; ~ **accident insurance** Unfall-Fremdversicherung **third-party insurance** *n no pl* Haftpflichtversicherung *f* **third-party liability** *n no pl* Haftpflicht *f;* **to be covered for ~** haftpflichtversichert sein **third-person** *adj attr, inv* LING, LIT in der dritten Person *nach n* **third person** *n* ❶ *(person)* dritte Person; LAW Dritte(r) *f(m); see also* **third party** ❷ LING dritte Person **third rate** *adj inv* drittklassig, minderwertig **Third World** I. *n* ■**the ~** die Dritte Welt II. *n modifier* ~ **countries/idustry/pollution** Länder *ntpl*/Industrie *f*/Umweltverschmutzung *f* in der Dritten Welt; ~ **problem** Dritte-Welt-Problem *nt;* ~ **product** Produkt *nt* aus der Dritten Welt; ~ **store** Dritte-Welt-Laden *m*

thirst [θɜːst, AM θɜːrst] I. *n no pl* ❶ *(need for a drink)* Durst *m;* ***they collapsed from ~ and hunger*** sie brachen vor Hunger und Durst zusammen; **raging ~** schrecklicher Durst; **to die of ~** verdursten; **to quench** [*or* **slake**] **one's ~** seinen Durst löschen [*o liter* stillen] ❷ *(fig: strong desire)* Verlangen *nt,* Gier *f;* **to have a ~ for adventure** abenteuerlustig sein; ***he's always had a ~ for adventure*** er war stets auf der Suche nach Abenteuern; ~ **after fame** Ruhmsucht *f;* ~ **for knowledge** Wissensdurst *m;* ~ **for power** Machthunger *m,* Machtgier *f* II. *vi (fig liter)* ■**to ~ after** [*or* **for**] **sth** nach etw *dat* verlangen [*o liter* dürsten]; ***I was ~ing after new experiences*** ich wollte unbedingt neue Erfahrungen machen

thirstily ['θɜːstɪli, AM 'θɜːrst-] *adv* durstig; *(fig)* gierig

thirsty ['θɜːsti, AM 'θɜːrsti] *adj* durstig; ***gardening is ~ work*** Gartenarbeit macht durstig; ■**to be ~ for sth** *(fig)* nach etw *dat* hungern [*o liter* dürsten]; ***he was ~ for power*** er war machtgierig

thirteen [θɜː'tiːn, AM θɜːr'-] I. *n* Dreizehn *f;* **page/lesson/number ~** Seite/Lektion/Nummer dreizehn II. *adj inv* dreizehn

thirteenth [θɜː'tiːn(t)θ, AM θɜːr'-] I. *n* ❶ *(after twelfth)* ■**the ~** der/die/das Dreizehnte; **Edward the ~** Edward der Dreizehnte ❷ *(fraction)* Dreizehntel *nt* II. *adj inv* dreizehnte(r,s) III. *adv* als Dreizehnte(r,s)

thirtieth ['θɜːtiəθ, AM 'θɜːrt̬i-] I. *n* ❶ *(after twenty-ninth)* Dreißigste(r,s); **he came ~** er wurde Dreißigster ❷ *(date)* **the ~ of May** der dreißigste Mai; **on the ~** am dreißigsten ❸ *(fraction)* Dreißigstel *nt* II. *adj* dreißigste(r,s); **a ~ part** ein Dreißigstel *nt* III. *adv* als Dreißigste(r,s); ***she did it ~*** sie hat es als Dreißigste gemacht

thirty ['θɜːti, AM 'θɜːrt̬i] I. *n* ❶ *(number)* Dreißig *f* ❷ TENNIS ~ **all** dreißig beide ❸ *(age)* **to be in one's thirties** in den Dreißigern sein ❹ *(time period)* ■**the thirties** *pl* die dreißiger Jahre; **in the thirties** in den dreißiger Jahren ❺ *(speed)* ***he was doing ~ kph*** er fuhr gerade dreißig II. *adj* dreißig

thirtysomething *adj attr* über dreißigjährig

thirty-something I. *n* **to be a ~** so um die dreißig sein; ***she's a ~ professional mum*** sie ist eine berufstätige Mutter um die dreißig II. *adj* um die dreißig *nach n*

this [ðɪs, ðəs] I. *adj attr, inv* ❶ *(close in space)* diese(r,s); ***let's go to ~ cafe here on the right*** lass uns doch in das Café hier rechts gehen; ***can you sign ~ form*** [***here***] ***for me?*** kannst du dieses Formular für mich unterschreiben?; ~ **here sb/sth** *(fam: drawing attention to)* diese(r,s); ***I've slept in ~ here bed for forty years*** ich schlafe seit vierzig Jahren in diesem Bett; ***the cat has always liked ~ old chair of mine/my mother's*** die Katze mochte immer meinen alten Stuhl/den alten Stuhl meiner Mutter ❷ *(close in future)* diese(r,s); ***I'm busy all ~ week*** ich habe die ganze Woche keine Zeit; ***I'll do it ~ Monday/week/month/year*** ich erledige es diesen Montag/diese Woche/diesen Monat/dieses Jahr; *(of today)* ~ **morning/evening** heute Morgen/Abend; ***how are you ~ morning?*** wie geht es dir heute?; *(just past)* ***I haven't made my bed ~ last week*** ich habe die ganze letzte Woche mein Bett nicht gemacht; ~ **minute** sofort; ***stop fighting ~ minute*** hört sofort auf zu raufen ❸ *(referring to specific)* diese(r,s); ***she was not long for ~ world*** ihre Tage waren gezählt; ***don't listen to ~ guy*** hör nicht auf diesen Typen; **by ~ time** dann; ***I'd been waiting for over an hour and by ~ time, I was very cold and wet*** ich hatte über eine Stunde gewartet und war dann total unterkühlt und durchnässt ❹ *(fam: a)* diese(r,s); ~ ***friend of hers*** dieser Freund von ihr *fam;* ~ ***lady came up to me and asked me where I got my tie*** da kam so eine Frau auf mich zu und fragte mich nach meiner Krawatte; ***we met ~ girl in the hotel*** wir trafen dieses Mädchen im Hotel; ***I've got ~ problem and I need help*** ich habe da so ein Problem und brauche Hilfe ▸ PHRASES: **watch ~ space** BRIT man darf gespannt sein II. *part* ❶ *(the thing here)* das; ~ ***is my purse not yours*** das ist meine Geldbörse, nicht Ihre; ~ ***is the one I wanted*** das hier ist das, was ich wollte; ***is ~ your bag?*** ist das deine Tasche? ❷ *(the person here)* das; ~ ***is my husband, Stefan*** das ist mein Ehemann Stefan; ~ ***is the captain speaking*** hier spricht der Kapitän ❸ *(this matter here)* das; ***what's ~?*** was soll das?; ***what's all ~ about?*** was soll das [ganze] hier?; ~ ***is what I was talking about*** davon spreche ich ja; ***my parents are always telling me to do ~, do that — I can't stand it anymore*** meine Eltern sagem mir immer, ich soll dies oder jenes tun – ich halte das nicht mehr aus ❹ *(present time)* ***how can you laugh at a time like ~?*** wie kannst du in einem solchen Moment lachen?; ~ ***is Monday, not Tuesday*** heute ist Montag, nicht Dienstag; ~ ***has been a very pleasant evening*** das war ein sehr angenehmer Abend; **from that day to ~** seit damals; **before ~** früher; ***I thought you'd have finished before ~*** ich dachte, du würdest schneller fertig ❺ *(with an action)* das; ***everytime I do ~, it hurts — what do you think is wrong?*** jedes Mal, wenn ich das mache, tut es weh – was, denken Sie, fehlt mir?; **like ~** so; ***if you do it like ~, it'll work better*** wenn du das so machst, funktioniert es besser ❻ *(the following)* das; ~ ***is my address …*** meine Adresse lautet …; ***listen to ~ … how does it sound?*** hör dir das an … wie klingt das? ▸ PHRASES: ~ **and that** [*or* ~, **that and the other**] *(fam)* dies und das; ***they stayed up chatting about ~ and that*** sie blieben auf und plauderten über dies und das III. *adv inv* so; ***"it was only about ~ high off the ground," squealed Paul excitedly*** „es war nur so hoch über dem Boden", rief Paul aufgeregt; ***will ~ much be enough for you?*** ist das genug für dich?; ***he's not used to ~ much attention*** er ist so viel Aufmerksamkeit nicht gewöhnt; ~ **far and no further** *(also fig)* bis hierher und nicht weiter

thistle ['θɪsl] *n* Distel *f*

thistledown *n* Distelwolle *f;* **as light as ~** federleicht

thither ['θɪðəʳ, AM -ɚ] *adv (old)* dorthin; **hither and ~** hierhin und dorthin

tho' [ðəʊ, AM ðoʊ] *conj short for* **though** obwohl, obgleich, obschon

Thomist ['təʊmɪst, AM 'toʊm] REL I. *n* Anhänger(in) *m(f)* des Thomas von Aquin, Thomist(in) *m(f) fachspr* II. *adj inv* thomistisch *fachspr*

thong [θɒŋ, AM θɑːŋ] *n* ❶ *(strip of leather)* Lederband *nt,* [Leder]riemen *m* ❷ *(part of whip)* Peitschenschnur *f,* Peitschenriemen *m* ❸ *(G-string panty)* Tanga *m* ❹ AM, AUS *(flip-flop)* ■**~s** *pl* [Zehen]sandalen *fpl,* Badeschuhe *mpl (mit Leder- oder Plastikriemen zwischen ersten beiden Zehen)*

thoracic [θɔː'ræsɪk] *adj attr, inv* Brust-, thorakal *fachspr;* ~ **cavity** Brusthöhle *f*

thorax <*pl* -es *or* -races> ['θɔːræks, *pl* -rəsiːz] *n* ANAT Brustraum *m,* Brustkorb *m,* Thorax *m fachspr*

thorn [θɔːn, AM θɔːrn] *n* ❶ *(prickle)* Dorn *m* ❷ *(bush with prickles)* Dornenstrauch *m,* Dornbusch *m* ❸ *(fig: nuisance)* Ärgernis *nt* ▸ PHRASES: **to be a ~ in sb's flesh** [*or* **side**] jdm ein Dorn im Auge sein; **there is no rose without a ~** *(prov)* keine Rose ohne Dornen *prov*

thorny ['θɔːni, AM 'θɔːrni] *adj* ❶ *(with thorns)* dornig ❷ *(fig: difficult)* schwierig; ~ **issue** heikles Thema

thorough ['θʌrə, AM 'θɜːroʊ] *adj inv* ❶ *(detailed)* genau, exakt; ***you need a ~ training to be able to do the job*** Sie benötigen für diese Arbeit eine umfassende Ausbildung; ~ **description** eingehende Beschreibung ❷ *(careful)* sorgfältig, gründlich; ~ **reform** durchgreifende Reform ❸ *attr (complete)* komplett; ***it was a ~ waste of time*** das war reine Zeitverschwendung; ***he behaved like a ~ fool*** er benahm sich wie ein Vollidiot *fam*

thoroughbred I. *n* Vollblut[pferd] *nt* II. *adj inv* ❶ *horse* reinrassig, Vollblut-; ~ **horse** Vollblutpferd *nt* ❷ *(fam: excellent)* rassig, elegant **thoroughfare** *n (form)* Durchgangsstraße *f;* **"no ~"** „keine Durchfahrt" **thoroughgoing** *adj (form)* ❶ *(complete)* gründlich, sorgfältig; ~ **reform** durchgreifende Reform; ~ **revision** grundlegende Überarbeitung ❷ *attr (absolute)* radikal, kompromisslos; **a ~ idiot** ein Vollidiot *m pej;* **a ~ housewife** die perfekte Hausfrau; **a ~ rascal** ein ausgemachter Halunke

thoroughly ['θʌrəli, AM 'θɜːroʊli] *adv inv* ❶ *(in detail)* genau, sorgfältig ❷ *(completely)* völlig, vollständig; **to ~ enjoy sth** etw ausgiebig [*o* richtig] genießen

thoroughness ['θʌrənəs, AM 'θɜːroʊ-] *n no pl* Gründlichkeit *f,* Sorgfältigkeit *f*

those [ðəʊz, AM ðoʊz] I. *adj det* ❶ *pl of* **that** *(to identify specific persons/things)* diese; ***look at ~ chaps over there*** schau' dir die Typen da drüben an; ***how much are ~ brushes?*** wie viel kosten diese Bürsten; *(more distant)* ***I'd like ~ please, not these*** ich hätte lieber *die* da, nicht diese ❷ *pl of* **that** *(familiar referent)* jene; ***several people died in ~ riots*** mehrere Menschen starben bei jenen Unruhen; ***where are ~ children of yours?*** wo sind deine Kinder? ❸ *pl of* **that** *(singling out)* ■**~ … who/which** [*or* **that**] **…** diejenigen … die …; ~ ***people who would like to go on the trip should put their names on the list*** die Personen, die die Reise machen wollen, müssen sich in der Liste eintragen; ***I've always liked ~ biscuits with the almonds in them*** ich mag die Kekse mit den Mandeln drinnen II. *part* ❶ *pl of* **that** *(the things over there)* diejenige; ***what are ~? are they edible?*** was ist das? kann man die essen?; ***these peaches aren't ripe enough to eat, try ~ on the table*** diese Pfirsiche sind noch nicht reif genug, versuch' die auf dem Tisch ❷ *pl of* **that** *(the people over there)* das; ~ ***are my kids over there*** das sind meine Kinder da drüben ❸ *pl of* **that** *(past times)* damals; ~ ***were the days*** das war eine tolle Zeit; ~ ***were the olden days*** das war die gute alte Zeit; ~ ***were some good times we had*** wir hatten eine gute Zeit damals ❹ *pl of* **that** *(familiar referent)* das; ~ ***are the hard things in life*** das sind die schwierigen Dinge des Lebens ❺ *pl of* **that** *(the people)* ■~

who … diejenigen, die …; ~ ***who follow the rules will be rewarded with privileges*** diejenigen, die die Regeln befolgen, werden mit Privilegien belohnt; ~ ***who want to can come back by a later train*** wer will, kann mit einem späteren Zug zurückfahren; ■**one of** ~ (*belonging to a group*) eine(r) davon; ***there are many Mormons here, in fact, he's one of*** ~ hier sind viele Mormonen, tatsächlich gehört er dazu; **to be one of ~ who …** eine(r) von denen sein, die …; ***he's one of ~ who make you feel good by just smiling and saying hello*** er gehört zu denen, bei denen man sich schon gut fühlt, wenn sie nur lächeln und hallo sagen ❻ *pl of* **that** (*the ones*) diejenigen; ***the coldest hours are ~ just before dawn*** die kältesten Stunden sind die vor Tagesanbruch; ~ **which …** diejenigen, die …; ***my favourite chocolates are ~ which have cherries and brandy inside them*** meine Lieblingsschokolade ist die mit Kirschen und Brandy

thou¹ [ðaʊ] *part pers* DIAL (*old: you*) du; ~ ***art sad, fair Rosalind*** bist du traurig, edle Rosalind

thou² <*pl* -> [θaʊ] *n* (*fam*) ❶ *abbrev of* **thousand** ❷ *abbrev of* **thousandth**

though [ðəʊ, AM ðoʊ] **I.** *conj* ❶ (*despite the fact that*) obwohl; ***strange ~ it may seem but …*** so seltsam es auch erscheinen mag, …; ***sad ~ I was …*** so traurig [wie] ich [auch] war … ❷ (*however*) [je]doch; ***I'm rather shy, ~ I'm not as bad as I used to be*** ich bin ziemlich schüchtern, wenn auch nicht mehr so wie früher ❸ (*fam: nevertheless*) dennoch, immerhin; ***the report was fair,*** ~ der Bericht war trotz allem fair; ***I wish you had told me,*** ~ es wäre mir allerdings lieber gewesen, Sie hätten es mir gesagt ❹ (*if*) ■**as** ~ als ob [*o* wenn] **II.** *adv inv* trotzdem, dennoch; ***I haven't seen her for years*** ~ ich habe sie allerdings seit Jahren nicht mehr gesehen; ***this wine's very sweet — it's nice, ~, isn't it?*** dieser Wein ist ziemlich süß – er schmeckt aber trotzdem gut, nicht wahr?

thought [θɔːt, AM *esp* θɑːt] **I.** *n* ❶ *no pl* (*thinking*) Nachdenken *nt*, Überlegen *nt*; ***I'm worried at the ~ of the interview*** der Gedanke an das Vorstellungsgespräch beunruhigt mich; ***with no ~ for his own safety, he rushed towards the burning car*** ohne Rücksicht auf seine eigene Sicherheit eilte er zum brennenden Auto; **food for ~** Denkanstöße *mpl*; **freedom of ~** Gedankenfreiheit *f*; **line** [*or* **train**] **of ~** Gedankengang *m*; **school of ~** Lehrmeinung *f*; **to be deep** [*or* **lost**] **in ~** tief in Gedanken versunken sein; **to give sth some ~** sich *dat* Gedanken über etw *akk* machen, über etw *akk* nachdenken ❷ (*opinion, idea*) Gedanke *m*; ***I've just had a ~*** mir ist eben was eingefallen; ***that's a ~!*** das ist eine gute Idee!; ***has the ~ ever crossed your mind that you would need some help*** ist dir jemals in den Sinn gekommen, dass du Hilfe brauchen könntest; ***thanks very much! — don't give it another ~!*** vielen Dank! – keine Ursache!; ***it's a sobering ~*** der Gedanke ist ganz schön ernüchternd *fam*; **on second ~s** nach reiflicher Überlegung; ***I wanted to go but on second ~s decided to stay at home*** ich wollte eigentlich gehen, habe es mir dann aber anders überlegt und bin daheim geblieben; **to spare a ~ for sb/sth** an jdn/etw denken ► PHRASES: **two <u>minds</u> but a single ~!** zwei Seelen, ein Gedanke!; **a <u>penny</u> for your ~s!** (*saying*) ich wüsste zu gern, was du gerade denkst!; **the <u>wish</u> is father to the ~** (*saying*) der Wunsch ist der Vater des Gedankens *prov*; **it's the ~ that <u>counts</u>** (*fam*) der gute Wille zählt; **<u>perish</u> the ~ [that …]!** (*esp iron*) Gott bewahre[, dass…]! **II.** *vt vi pt, pp of* **think**

thought control *n no pl* Meinungszensur *f*

thoughtcrime *n* Denkverstoß *m*

thoughtful [ˈθɔːtfᵊl, AM *esp* ˈθɑːt-] *adj* ❶ (*mentally occupied*) nachdenklich, gedankenvoll ❷ (*careful*) sorgfältig, wohl überlegt ❸ (*considerate*) aufmerksam; ***bringing me a bunch of flowers was a very ~ thing for him to do*** es war sehr aufmerksam von ihm, mir einen Strauß Blumen zu bringen

thoughtfully [ˈθɔːtfᵊli, AM *esp* ˈθɑːt-] *adv* ❶ (*in thought*) nachdenklich ❷ (*kindly*) aufmerksam[erweise]; ***I had one or two sandwiches, ~ provided by my colleagues*** ich hatte ein oder zwei belegte Brote, die mir meine Kollegen zuvorkommenderweise besorgt hatten

thoughtfulness [ˈθɔːtfᵊlnəs, AM *esp* ˈθɑːt-] *n no pl* ❶ (*mental occupation*) Nachdenklichkeit *f* ❷ (*attentiveness*) Aufmerksamkeit *f*; (*consideration*) Rücksichtnahme *f*

thoughtless [ˈθɔːtləs, AM *esp* ˈθɑːt-] *adj* ❶ (*inconsiderate*) rücksichtslos ❷ (*without thinking*) gedankenlos; ***that was a stupid, ~ remark!*** diese Bemerkung war dumm und unüberlegt!

thoughtlessly [ˈθɔːtləsli, AM *esp* ˈθɑːt-] *adv* ❶ (*without thinking of others*) rücksichtslos ❷ (*without thinking*) gedankenlos, unüberlegt

thoughtlessness [ˈθɔːtləsnəs, AM *esp* ˈθɑːt-] *n no pl* ❶ (*without considering others*) Rücksichtslosigkeit *f* ❷ (*without thinking*) Gedankenlosigkeit *f*, Unüberlegtheit *f*

thought-out *adj* durchdacht, wohl überlegt

thought police *n + pl vb* Gesinnungshüter *mpl*

thought process *n* Denkprozess *m*, Denkvorgang *m* **thought-provoking** *adj* nachdenklich stimmend; ***she made some very ~ remarks*** ihre Bemerkungen gaben mir zu denken **thought-reader** *n* Gedankenleser(in) *m(f)* **thought-reading** *n no pl* Gedankenlesen *nt*

thousand [ˈθaʊzᵊnd] **I.** *n* ❶ *no pl* (*number*) Tausend *f*; **page/number one ~** Seite/Nummer [ein]tausend; **one ~/two ~** [ein]tausend/zweitausend; ***as a father, he's one in a ~*** er ist ein fantastischer Vater ❷ *no pl* (*year*) **two ~ and one** [das Jahr] zweitausend und eins ❸ *no pl* (*quantity*) **a ~ pounds** [ein]tausend Pfund ❹ *pl* (*lots*) ■**~s** Tausende *pl*; ***a crowd of ~s watched the procession*** mehrere tausend Menschen kamen zu der Prozession **II.** *adj det, attr, inv* (*numbering 1000*) tausend; ***I've said it a ~ times*** ich habe es jetzt unzählige Male gesagt; **not** [*or* **never**] **in a ~ years** nie im Leben ► PHRASES: **the sixty-four ~ <u>dollar</u> question** die [alles] entscheidende Frage

thousandfold *adj inv* tausendfach, tausendfältig *veraltend*

Thousand Island dressing *n no pl* Thousand-Island-Dressing *nt*

thousandth [ˈθaʊzᵊn(d)θ] **I.** *n* (*in series*) Tausendste(r,s); (*fraction*) Tausendstel *nt* **II.** *adj* (*in series*) tausendste(r,s); ■**the ~ …** der/die/das tausendste …; **a ~ part** ein Tausendstel *nt*; **the ~ time** das tausendste Mal

thrall [θrɔːl] *n no pl* (*liter*) ❶ (*person*) Leibeigene(r) *f(m)*, Hörige(r) *f(m)*; (*fig*) Sklave, -in *m, f* ❷ (*state*) Knechtschaft *f*, Sklaverei *f*; (*fig*) Gewalt *f* ► PHRASES: **to <u>hold</u>** [*or* **<u>have</u>**] **sb in one's ~** (*to have somebody's attention*) jdn fesseln *fig*, jds ungeteilte Aufmerksamkeit haben

thrash [θræʃ] **I.** *vt* ■**to ~ sb** ❶ (*beat*) jdn verprügeln [*o fam* verdreschen]; **to ~ the life out of sb** jdm die Seele aus dem Leib prügeln; **to ~ sb to within an inch of his/her life** jdn windelweich prügeln *fam*; **to get ~ed** Prügel beziehen ❷ (*fig fam: defeat*) jdn haushoch [*o* vernichtend] schlagen **II.** *vi* (*liter*) sausen, rasen

◆**thrash about, thrash around** **I.** *vi* ■**to ~ about** [*or* **around**] um sich *akk* schlagen; *fish* zappeln; (*in bed*) sich *akk* hin und her werfen [*o* wälzen]; ***he slept badly, ~ing about all night*** er schlief schlecht und drehte sich im Bett die ganze Nacht von einer Seite auf die andere **II.** *vt* ■**to ~ sth about** ***the injured animal ~ed its legs about in agony*** das verletzte Tier schlug voller Qual um sich

◆**thrash out** *vt* ■**to ~ sth** ↔ **out** ❶ (*fam: discuss*) etw ausdiskutieren ❷ (*produce by discussion*) etw aushandeln [*o* vereinbaren]

thrashing [ˈθræʃɪŋ] *n* ❶ (*beating*) Prügel *pl*, Dresche *f*; ***she thought his behaviour called for a good ~*** ihrer Meinung nach verdiente er eine Tracht Prügel; **to give sb a [<u>good</u>] ~** jdm eine [anständige] Tracht Prügel verpassen ❷ COMPUT Festplattenüberlastung *f*; (*configuration/program fault*) Flattern *nt*

thread [θred] **I.** *n* ❶ *no pl* (*for sewing*) Garn *nt*, Zwirn *m* ❷ (*fibre*) Faden *m*, Faser *f*; **a ~ of light** (*fig*) ein feiner Lichtstrahl ❸ (*fig: theme*) roter Faden, Handlungsfaden *m*; **to lose the ~** [**of what one is saying**] den Faden verlieren; ***we lost the ~ of his argument*** uns war nicht klar, worauf er hinaus wollte ❹ (*groove*) Gewinde *nt*; (*part of groove*) Gewindegang *m* ❺ COMPUT Thread *m*, Prozessstrang *m*; (*program*) gekettetes Programm **II.** *vt* ❶ (*put through*) ■**to ~ sth** etw einfädeln; ***the sari had gold strands ~ed through the hem*** der Saum des Sari war mit Goldfäden durchwirkt; ***she ~ed her way through the crowd*** sie schlängelte sich durch die Menge hindurch; **to ~ a needle** einen Faden in eine Nadel einfädeln; **to ~ a rope through a pulley** ein Seil durch einen Flaschenzug ziehen ❷ (*put onto a string*) ■**to ~ sth** etw auffädeln; **to ~ beads onto a chain** Perlen auf einer Kette aufreihen

threadbare *adj* ❶ *material* abgenutzt; *clothes* abgetragen; *carpet* abgelaufen; ~ **argument** (*fig*) fadenscheiniges Argument ❷ *person, building* schäbig ❸ (*fig: too often used*) abgedroschen

threaded [ˈθredɪd] *adj inv* TECH mit Gewinde versehen, Gewinde-

thread vein *n* Kapillare *f* **threadworm** *n* Fadenwurm *m*

threat [θret] *n* ❶ (*warning*) Drohung *f*; ***she left the country under ~ of arrest if she returned*** als sie das Land verließ, drohte man ihr, sie bei ihrer Rückkehr zu verhaften; ***there was a ~ of thunder in the heavy afternoon air*** an dem Nachmittag lag ein Gewitter in der Luft; **death ~** Morddrohung *f*, Todesdrohung *f*; **the ~ of jail** die Androhung einer Haftstrafe; **an empty ~** eine leere Drohung; **to carry out a ~** eine Drohung wahrmachen ❷ LAW (*menace*) Bedrohung *f*; ~ **of [legal] proceedings** Klagedrohung *f* ❸ *no pl* (*potential danger*) Gefahr *f*, Bedrohung *f*; ~ **of war** Kriegsgefahr *f*; **to pose a ~ to sb/sth** eine Gefahr [*o* Bedrohung] für jdn/etw darstellen; ■**to be under ~ of sth** von etw *dat* bedroht sein; ***they're under ~ of eviction because they can't pay the rent*** ihnen wurde die Zwangsräumung angedroht, weil sie ihre Miete nicht bezahlen können

threaten [ˈθretᵊn] **I.** *vt* ❶ (*warn*) ■**to ~ sb** jdn bedrohen, jdm drohen; ■**to ~ sb with sth** jdm mit etw *dat* drohen; ***the bank robber ~ed the staff with a gun*** der Bankräuber bedrohte das Personal mit einer Schusswaffe; **to ~ sb with violence** jdm Gewalt androhen ❷ (*be a danger*) ■**to ~ sb/sth** jdn/etw gefährden, für jdn/etw eine Bedrohung sein ❸ (*present risk*) ***the sky ~s rain*** am Himmel hängen dunkle Regenwolken **II.** *vi* drohen; ***do you think war is ~ing?*** glaubst du, dass ein Krieg droht?; ***a storm is ~ing*** ein Sturm ist im Anzug; ■**to ~ to do sth** damit drohen, etw zu tun; ***it's ~ing to rain*** es sieht bedrohlich nach Regen aus

threatened [ˈθretᵊnd] *adj* bedroht, gefährdet; ~ **species** [vom Aussterben] bedrohte Art

threatening [ˈθretᵊnɪŋ] *adj* ❶ (*hostile*) drohend, Droh-; ~ **behaviour** [*or* AM **behavior**] Drohungen *fpl*; ~ **letter** Drohbrief *m* ❷ (*menacing*) bedrohlich; ~ **clouds** dunkle Wolken; ~ **behaviour** [*or* AM **behavior**] LAW Bedrohung *f*

threateningly [ˈθretᵊnɪŋli] *adv* bedrohlich, drohend

three [θriː] **I.** *n* ❶ (*number 3*) Drei *f* ❷ (*quantity*) drei; ***I'd like ~ of those, please*** ich hätte gerne drei von diesen; ***come on John — we need one more to make up a ~*** komm schon John, einen brauchen wir noch, damit wir zu dritt sind; **in ~s** in Dreiergruppen ❸ (*score*) Drei *f*; CARDS Drei *f*; **the ~ of diamonds** die Karodrei ❹ (*the time*) drei [Uhr]; **at ~** um drei [Uhr]; **at ~ pm** um drei Uhr [nachmittags], um fünfzehn Uhr ❺ (*the third*) drei; **lesson/number ~** Lektion/[Haus]nummer drei ► PHRASES: **two's <u>company</u>, ~'s a crowd** drei sind einer zu viel **II.** *adj inv* drei; ***I'll give you ~ guesses*** dreimal darfst du raten ► PHRASES: ~ **<u>cheers</u>!** (*also iron*) das ist ja großartig! *a. iron*; **to be ~ <u>sheets</u> in the wind**

T

total durch den Wind sein *fam*
three-cornered *adj inv* ❶ (*triangular*) dreieckig; ~ **hat** Dreispitz *m;* ~ **arrangement** Dreiecksvereinbarung *f* ❷ SPORTS Drei-; ~ **battle** Dreikampf *m;* ~ **contest** Wettkampf *m* mit drei Teilnehmern **three-D** *adj inv* (*fam*) *short for* **three-dimensional** 3-D- **three-dimensional** *adj inv* dreidimensional, 3D
threefold I. *adj inv* dreifach II. *adv* ■**the** ~ das Dreifache **three-legged race** *n* Dreibeinrennen *nt* **three-line whip** *n* BRIT Fraktionszwang *m* **three-part** *adj attr* dreistimmig, für drei Stimmen *nach n* **threepence** ['θrepən(t)s] *n* BRIT ❶ (*hist: three old pence*) drei [alte] Pence ❷ (*three new pence*) drei [neue] Pence **threepenny** ['θrepəni] *adj attr* BRIT (*hist*) Dreipence-; ***get me a piece of cod and a ~ bag of chips, will you?*** könnte ich bitte ein Stück Kabeljau und eine kleine Tüte Pommes haben? **threepenny bit** *n* BRIT (*hist*) Dreipencestück *nt* **three-phase** *adj inv* ELEC Drei-Phasen- **three-piece** I. *adj inv* ❶ (*of three items*) dreiteilig ❷ (*of three people*) Dreimann-; ~ **band** Dreimannband *f* II. *n* Dreiteiler *m*, dreiteiliger Anzug **three-piece suit** *n* (*man's*) Dreiteiler *m*, Anzug *m* mit Weste; (*lady's*) dreiteiliges Ensemble **three-piece suite** *n* dreiteilige Polstergarnitur [*o* Sitzgruppe] **three-ply** I. *adj inv* ❶ (*of three layers*) ~ **wood** dreischichtiges Holz; ~ **tissue** dreilagiges Gewebe ❷ (*of three strands*) ~ **wool** Dreifachwolle *f*, dreifädige Wolle II. *n no pl* (*wool*) Dreifachwolle *f*, dreifädige Wolle; (*wood*) dreischichtiges Sperrholz [*o* Spanholz] **three-point landing** *n* AVIAT Dreipunktlandung *f* **three-point turn** *n* AUTO Wenden *nt* in drei Zügen, volle Kehrtwende **three-quarter** I. *adj attr* dreiviertel; ~ **portrait** Halbbild *nt* II. *n* SPORTS (*in rugby*) Dreiviertelspieler *m* **three-quarter-face** *adj inv* Halbprofil-; ~ **portrait** Halbporträt *nt* **three-quarter length** *adj inv* dreiviertellang; ~ **coat** Dreiviertelmantel *m*, Maxi-Mantel *m* **three-quarters** I. *n* Dreiviertel *nt;* ~ ***of the book is about the sea voyage*** drei Viertel des Buches handeln von der Seereise II. *adv* dreiviertel, zu drei Vierteln; ***the bottle is still ~ full*** die Flasche ist noch dreiviertel voll **three Rs** *npl* ■**the** ~ Lesen, Schreiben und Rechnen; ***the Prime Minister seems very keen to put the ~ back at the top of the list of primary education priorities*** der Premierminister scheint sehr darauf bedacht zu sein, den Grundlagen in der Bildung wieder größeres Gewicht zu verleihen **threescore** *adj inv* (*poet: sixty*) sechzig **threesome** ['θri:səm] *n* ❶ (*three people*) Dreiergruppe *f*, Trio *nt;* **in** [*or* **as**] **a** ~ zu dritt ❷ (*fam: sexual act*) Dreier *m fam* ❸ SPORTS (*in golf*) Dreier *m*, Dreierspiel *nt* **three-star** I. *adj* ❶ (*good quality*) Dreisterne- ❷ (*military rank*) Dreisterne- II. *n no pl* BRIT (*hist*) [früheres] Superbenzin (*Treibstoff mit der Oktanzahl 94*) **three-way** *adj inv* dreifach, Dreier-; ELEC Dreiwege-; ~ **adapter** Dreifachstecker *m;* ~ **switch** Dreiwegeschalter *m* **three-wheeler** *n* (*car*) dreirädriges Auto; (*tricycle*) Dreirad *nt*
threnody ['θrenədi] *n* LIT Klagelied *nt*, Klagegesang *m*
thresh [θreʃ] I. *vt* ■**to** ~ **sth** *cereal, crop* etw dreschen; **to** ~ **a donkey** auf einen Esel einschlagen; ■**to** ~ **sb** jdn verprügeln II. *vi* ❶ (*beat*) ■**to** ~ **at sth** auf etw *akk* einschlagen ❷ *see* **thrash II**
◆**thresh over** *vt* ■**to** ~ **sth over** etw analysieren
thresher ['θreʃəʳ, AM -ɚ] *n* AGR ❶ (*person*) Drescher(in) *m(f)* ❷ (*machine*) Dreschmaschine *f*
threshing ['θreʃɪŋ] *n no pl* AGR Dreschen *nt*
threshing floor *n* AGR Dreschboden *nt*, Tenne *f*
threshing machine *n* AGR Dreschmaschine *f*
threshold ['θreʃ(h)əʊld, AM -(h)oʊld] *n* ❶ (*of doorway*) [Tür]schwelle *f* ❷ (*fig: beginning*) Anfang *m*, Beginn *m;* (*limit*) Grenze *f*, Schwelle *f;* ***she is on the ~ of a new career*** sie steht am Anfang einer neuen Karriere; ***I have a low boredom*** ~ ich langweile mich sehr schnell; ~ **country** Schwellenland *nt;* **pain** ~ Schmerzschwelle *f*, Schmerzgrenze *f;* **tax** ~ *esp* BRIT Steuereingangsstufe *f* ❸ PHYS, COMPUT Schwellenwert *m*
threshold agreement *n* ECON Stufenabkommen *nt*, Lohnindexierung *f* **threshold price** *n* ECON Schwellenpreis *m*
threw [θru:] *pt of* **throw**
thrice [θraɪs] *adv inv* (*old*) dreimal
thrift [θrɪft] *n no pl* ❶ (*use of resources*) Sparsamkeit *f* ❷ (*plant*) Grasnelke *f* ❸ AM ECON ≈Sparkasse *f*, ≈Bausparkasse *f*
thriftily ['θrɪftɪli] *adv* sparsam
thriftiness ['θrɪftɪnəs] *n no pl* Sparsamkeit *f*
thriftless ['θrɪftləs] *adj* verschwenderisch
thriftlessness ['θrɪftləsnəs] *n* Verschwendung *f*
thrift shop *n* AM [unkommerzieller] Secondhandladen
thrifty ['θrɪfti] *adj* sparsam
thrill [θrɪl] I. *n* (*wave of emotion*) Erregung *f;* (*titillation*) Nervenkitzel *m*, Kick *m fam;* ***it gave me a real ~ to see her again after so many years*** ich war ganz aufgeregt, als ich sie nach so langer Zeit wiedersah; ***I felt a ~ of excitement as the overture began*** [freudige] Erregung durchfuhr mich, als die Ouvertüre begann *geh;* **the** ~ **of the chase** der besondere Reiz der Jagd; ~ **of emotion** Gefühlswallung *f;* ~ **of fear** Angstschauder *m;* ***a ~ of fear ran through her*** sie erschauderte vor Angst ▸ PHRASES: **all the ~s and spills** all der Nervenkitzel und all die Aufregung II. *vt* ■**to** ~ **sb** (*excite*) jdn erregen [*o* aufregen]; (*fascinate*) jdn faszinieren [*o* fesseln]; (*frighten*) jdm Angst machen [*o* einen Schrecken einjagen]; (*delight*) jdn entzücken [*o* begeistern]; ***the idea ~s me*** die Idee ist genial III. *vi* ■**to** ~ **to sth** (*be excited*) bei etw *dat* wie elektrisiert sein, von etw *dat* erregt werden; (*be frightened*) vor etw *dat* erschauern; ***she ~ed to his voice*** seine Stimme erregte sie; ***a shiver ~ed through the crowd as the prisoner was led to the gallows*** ein Schauer ging durch die Menge, als der Gefangene zum Galgen geführt wurde
thrilled [θrɪld] *adj* ■**to be** ~ außer sich *dat* vor Freude sein, sich *akk* wahnsinnig darüber freuen; ***she was ~ to find that the bouquet was for her*** sie freute sich wahnsinnig, als sie sah, dass das Bukett für sie war; **to be** ~ **to bits** [vor Freude] ganz aus dem Häuschen sein *fam;* ■**to be** ~ **that ...** sich *akk* riesig freuen, dass ...
thriller ['θrɪləʳ, AM -ɚ] *n* Thriller *m*
thrilling ['θrɪlɪŋ] *adj* aufregend; ***it was ~ to see so many countries represented*** durch die Vertretung so vieler Länder wurde es zu einem besonderen Erlebnis; ~ **sight** überwältigender Anblick; ~ **story** spannende [*o* fesselnde] Geschichte; ~ **touch** erregende Berührung
thrillingly ['θrɪlɪŋli] *adv* erregend, packend, elektrisierend *fig*
thrill-seeker *n* sensationslüsterner Mensch; **to be a** ~ sensationslüstern sein
thrive <-d *or* throve, -d *or* thriven> [θraɪv] *vi* gedeihen; (*fig*) *business* florieren, blühen; ***she seems to ~ on stress and hard work*** Stress und harte Arbeit scheinen ihr gut zu tun
thriving ['θraɪvɪŋ] *adj* blühend, florierend; ***it's a ~ community*** das ist eine gut funktionierende Gemeinschaft; ■**to be** ~ gedeihen, blühen; ***business is ~*** das Geschäft floriert
thro' [θru:] (*poet, liter*) *see* **through**
throat [θrəʊt, AM θroʊt] *n* ❶ (*inside the neck*) Rachen *m*, Hals *m;* ***the words stuck in my ~*** die Worte blieben mir im Halse stecken; **to have a sore** ~ Halsschmerzen haben; **to clear one's** ~ sich *akk* räuspern ❷ (*front of the neck*) Kehle *f*, Hals *m;* ***around her pale creamy ~ she wore a black choker*** um ihren blass schimmernden Hals trug sie einen schwarzen Halsreif *liter;* **with one's** ~ **cut** [*or* **slit**] mit durchgeschnittener [*o* aufgeschlitzter] Kehle; **to grab sb by the** ~ jdn an der Kehle [*o fam* Gurgel] packen; (*hold attention*) jdn packen [*o* fesseln]; ***his speech really grabbed me by the ~*** seine Rede hat mich wirklich mitgerissen; **to grab sth by the** ~ (*fig: succeed*) etw in Angriff nehmen ❸ (*liter: voice*) Kehle *f;* ***the cry came, as if from one ~: "blood! blood!"*** wie aus einer Kehle riefen alle: „Blut! Blut!" ❹ (*narrow passage*) verengte Öffnung, Durchlass *m* ▸ PHRASES: **to have a frog in one's** ~ einen Frosch im Hals haben *fam;* **to have a lump in one's** ~ einen Kloß im Hals haben; **to be at each other's ~s** sich *dat* in den Haaren liegen; **to cut one's own** ~ (*fam*) sich *dat* ins eigene Fleisch schneiden *fam;* **to force** [*or* **ram**] [*or* **thrust**] **sth down sb's** ~ jdm etw aufzwingen wollen; **to jump down sb's** ~ jdn anblaffen [*o* anfahren] [*o* anschnauzen] *fam*
throatily ['θrəʊtɪli, AM 'θroʊṭ-] *adv* (*produced in throat*) kehlig, rau, guttural *fachspr;* (*hoarse*) heiser, rau
throatiness ['θrəʊtɪnəs, AM 'θroʊṭ-] *n no pl* (*hoarseness*) Heiserkeit *f;* (*sound*) kehliger Klang, Gutturalität *f fachspr*
throaty ['θrəʊti, AM 'θroʊṭi] *adj* ❶ (*harsh-sounding*) kehlig, rau, guttural *fachspr;* ***outside she heard the ~ roar of a motorbike engine*** von außen hörte sie das dröhnende Röhren eines Motorrads; **a** ~ **chuckle** [*or* **laugh**] kehliges Lachen ❷ (*hoarse*) heiser, rau
throb [θrɒb, AM θrɑ:b] I. *n* Klopfen *nt*, Hämmern *nt; of heart, pulse* Schlagen *nt*, Pochen *nt; of bass* Dröhnen *nt; of engine* Hämmern *nt*, Dröhnen *nt* II. *vi* <-bb-> klopfen, pochen; *pulse, heart* pochen, schlagen; *bass* dröhnen; *engine* hämmern, dröhnen; ***his head ~bed*** er hatte rasende Kopfschmerzen; **a ~bing pain** ein pochender [*o* pulsierender] Schmerz; ***the town ~s with life in the summer months*** (*fig*) in den Sommermonaten pulsiert in der Stadt das Leben
throbbing ['θrɒbɪŋ, AM 'θrɑ:b] *adj* pochend, hämmernd, pulsierend
throes [θrəʊz, AM θroʊz] *npl* **death** ~ Todeskampf *m*, Agonie *f kein pl;* **the** ~ **of passion** (*hum*) die Qualen der Leidenschaft *hum;* **to be in the** ~ **of sth** (*fig*) mitten in etw *dat* stecken; **to be in its final** ~ (*fig*) in den letzten Zügen liegen; ***we're in the final ~ of selling our house*** wir sind gerade kurz davor, unser Haus zu verkaufen
thrombosis <*pl* -ses> [θrɒm'bəʊsɪs, AM θrɑ:m'boʊ-, *pl* -si:z] *n* MED Thrombose *f*
thrombus <*pl* -bi> ['θrɒmbəs, AM 'θrɑ:m] *n* MED Blutpfropf *m*, Thrombus *m fachspr*
throne [θrəʊn, AM θroʊn] I. *n* Thron *m;* REL Stuhl *m;* **bishop's** ~ bischöflicher Stuhl; **heir to the** ~ Thronerbe, -in *m, f;* **to ascend** [*or* **come**] **to the** ~ den Thron besteigen; **to succeed to the** ~ die Thronfolge antreten II. *vt usu passive* (*liter*) ■**to be ~d** inthronisiert werden
throng [θrɒŋ, AM θrɑ:ŋ] I. *n + sing/pl vb* [Menschen]menge *f;* **~s of people** Scharen *fpl* von Menschen II. *vt* ■**to** ~ **sth** sich *akk* in etw *akk* drängen, etw dicht bevölkern [*o* belagern]; ***summer visitors ~ed the narrow streets*** die engen Straßen wimmelten nur so von Menschen; ***the market square was ~ed with stallholders*** der Marktplatz war voll von Ständen III. *vi* sich *akk* drängen; ***the public is ~ing to see the new musical*** die Besucher strömen in Massen in das neue Musical; ■**to** ~ **into sth** in etw *akk* hineinströmen
throttle ['θrɒtḷ, AM 'θrɑ:ṭḷ] I. *n* ❶ AUTO (*control of petrol*) Drosselklappe *f*, Drosselventil *nt;* (*dated: speed pedal*) Gashebel *m* ❷ (*speed*) **at full** ~ mit voller Geschwindigkeit; (*fig*) mit Volldampf *fam;* **at half** ~ mit halber Geschwindigkeit; (*fig*) mit halbem Einsatz II. *vt* ❶ (*in engine*) ~ **the engine** Gas wegnehmen ❷ ■**to** ~ **sb** (*try to strangle*) jdn würgen; (*strangle*) jdn erdrosseln [*o* erwürgen] ❸ (*fig: stop, hinder*) ■**to** ~ **sth** etw drosseln; **to** ~ **free speech** die Redefreiheit behindern
◆**throttle back** I. *vi* Gas wegnehmen, den Motor drosseln II. *vt* ■**to** ~ **back sth** etw drosseln; **to** ~ **back an engine** eine Maschine herunterfahren, einen Motor drosseln
through [θru:] I. *prep* ❶ (*from one side to other*) durch +*akk;* ***we drove ~ the tunnel*** wir fuhren durch den Tunnel; ***she looked ~ the camera*** sie sah durch die Kamera ❷ (*in*) ■~ **sth** durch etw *akk;* ***they took a trip ~ Brazil*** sie machten eine Reise

durch Brasilien; *they walked ~ the store* sie gingen durch den Laden; *her words kept running ~ my head* ihre Worte gingen mir ständig durch den Kopf; *he went ~ the streets* er ging durch die Straßen; *they took a walk ~ the woods* sie machten einen Spaziergang im Wald ❸ *esp* AM (*up until*) bis; *she works Monday ~ Thursday* sie arbeitet von Montag bis Donnerstag; *the sale is going on ~ next week* der Verkauf geht bis Ende nächster Woche ❹ (*during*) während; *it rained right ~ June* es regnete den ganzen Juni über; *they drove ~ the night* sie fuhren nachts ❺ (*because of*) wegen *+gen,* durch *+akk;* ~ **fear** aus Angst; *she couldn't see anything ~ the smoke* sie konnte durch den Rauch nichts erkennen; *I can't hear you ~ all this noise* ich kann dich bei dieses ganzen Lärms nicht verstehen ❻ (*into pieces*) *he cut ~ the string* er durchschnitt die Schnur; *he shot a hole ~ the tin can* er schoss ein Loch in die Dose ❼ (*by means of*) über *+dat; I got my car ~ my brother* ich habe mein Auto über meinen Bruder bekommen; *we sold the bike ~ advertising* wir haben das Fahrrad über eine Anzeige verkauft; ~ **chance** durch Zufall ❽ (*at*) durch *+akk; she looked ~ her mail* sie sah ihre Post durch; *he skimed ~ the essay* er überflog den Aufsatz; **to go ~ sth** etw durchgehen ❾ (*involved in*) durch *+akk;* **to go ~ hell/a tough time** durch die Hölle/eine harte Zeit gehen; **to go ~ a transition** eine Übergangsphase durchmachen ❿ (*to the finish*) **to be ~ sth** durch etw *akk* durch sein; **to get ~ sth** [*or* **to make it ~ sth**] etw durchstehen ⓫ (*to be viewed by*) *we'll put your proposition ~ the council* wir werden Ihren Vorschlag dem Rat vorlegen; *the bill went ~ parliament* der Gesetzentwurf kam durchs Parlament ⓬ (*into*) *we were cut off halfway ~ conversation* unser Gespräch wurde mittendrin unterbrochen; *she was halfway ~ the article* sie war halb durch den Artikel durch; *I'm not ~ the book yet* ich bin noch nicht durch das Buch durch ⓭ MATH (*divided into*) durch *+akk; five ~ ten is two* Zehn durch Fünf gibt Zwei **II.** *adj inv* ❶ *pred* (*finished*) fertig; *we're ~* (*fam: finished relationship*) mit uns ist es aus *fam;* (*finished job*) es ist alles erledigt; *as soon as the scandal was made public he was ~ as a politician* als der Skandal publik wurde, war er als Politiker erledigt; ■**to be ~ with sb/sth** *esp* AM mit jdm/etw fertig sein; *are you ~ with that atlas?* hast du diesen Atlas durch? ❷ *pred* (*successful*) durch; ■**to be ~** bestanden haben; ■**to be ~ to sth** zu etw *dat* vorrücken, eine Prüfung bestehen; *Henry is ~ to the final* Henry hat sich für das Finale qualifiziert ❸ *attr* TRANSP (*without stopping*) durchgehend; ~ **coach** [*or* **carriage**] Kurswagen *m;* ~ **flight** Direktflug *m;* ~ **station** Durchgangsbahnhof *m;* ~ **traveller** [*or* AM **traveler**] Transitreisende(r) *f(m)* ❹ *attr* (*of room*) Durchgangs- **III.** *adv inv* ❶ (*to a destination*) durch; *I battled ~ the lesson with the class* ich habe die Lektion mit der Klasse durchgepaukt; **to go ~ to sth** bis zu etw *dat* durchgehen; *the train goes ~ to Hamburg* der Zug fährt bis nach Hamburg durch; *go right ~, I'll be with you in a minute* gehen Sie schon mal durch, ich bin gleich bei Ihnen ❷ (*from beginning to end*) [ganz] durch; *Paul saw the project ~ to its completion* Paul hat sich bis zum Abschluss um das Projekt gekümmert; **to be halfway ~ sth** etw halb durch haben; **to flick ~ sth** etw [schnell] durchblättern; **to get ~ to sb** TELEC eine Verbindung zu jdm bekommen; **to put sb ~ to sb** TELEC jdn mit jdm verbinden; **to read sth ~** etw [ganz] durchlesen; **to think sth ~** etw durchdenken ❸ (*from one side to another*) ganz durch; *the tree, only half cut ~, would fall as soon as the next storm arrived* der Baum war nur halb abgeschnitten und würde beim nächsten Sturm umbrechen ❹ (*from outside to inside*) durch und durch, ganz, völlig; *the pipes have frozen ~* die Rohre sind zugefroren; **cooked ~** durchgegart; *when she cut the cake she found that it was not cooked right ~* als sie den Kuchen aufschnitt, merkte sie, dass er noch nicht ganz durch war; **soaked ~** völlig durchnässt; **thawed ~** ganz aufgetaut; **to be wet ~** durch und durch nass sein

through and through *adv inv* durch und durch, gang und gar, völlig

throughflow *n no pl* Durchfluss *m*

throughout [θruːˈaʊt] **I.** *prep* ❶ (*all over in*) *people ~ the country* Menschen im ganzen Land; *he's famous ~ the world* er ist in der ganzen Welt berühmt ❷ (*at times during*) während *+gen; several times ~ the year* mehrmals während des Jahres; ~ *his life* sein ganzes Leben lang; ~ *the performance* die ganze Vorstellung über **II.** *adv inv* ❶ (*in all parts*) ganz [und gar], vollständig; *the school has been repainted ~* die Schule ist vollkommen neu gestrichen worden ❷ (*the whole time*) die ganze Zeit [über]; *the concert was wonderful but my husband yawned ~* das Konzert war fantastisch, aber mein Mann hat dauernd gegähnt

throughput *n no pl* Verarbeitungsmenge *f,* Durchsatz *m;* COMPUT Datendurchlauf *m,* Datendurchsatz *m* **through road** *n* Durchgangsstraße *f;* **"no ~!"** „keine Durchfahrt!" **through route** *n* Durchgangsstrecke *f* **through street** *n* AM (*crossing a town*) Durchgangsstraße *f;* (*major road*) Vorfahrtsstraße *f* **through ticket** *n* Fahrkarte *f* für die gesamte Strecke **through traffic** *n no pl* Durchgangsverkehr *m;* **"no ~!"** „keine Durchfahrt!" **through train** *n* durchgehender Zug, Durchgangszug *m,* D-Zug *m* **through way** *n* BRIT, AUS Durchgangsstraße *f;* **"no ~!"** „keine Durchfahrt!"

throughway *n* AM Autobahn *f*

throve *pt of* **thrive**

throw [θrəʊ, AM θroʊ] **I.** *n* ❶ (*act of throwing*) Wurf *m;* **discus ~** Diskuswurf *m;* **a stone's ~ [away]** (*fig*) nur einen Steinwurf von hier ❷ SPORTS (*in wrestling*) Wurf *m;* (*in cricket*) Wurf *m* ❸ (*fam: each*) ■**a ~** pro Stück; *they're charging nearly £100 a ~ for concert tickets!* eine Konzertkarte kostet fast 100 Pfund! ❹ (*furniture cover*) Überwurf *m* **II.** *vi* <threw, thrown> werfen **III.** *vt* <threw, thrown> ❶ (*propel with arm*) ■**to ~ sth** etw werfen; (*hurl*) etw schleudern; *my friend threw the ball back over the fence* mein Freund warf den Ball über den Zaun zurück; ■**to ~ sb sth** [*or* **sth to sb**] jdm etw zuwerfen; **to ~ oneself into sb's arms** sich *akk* jdm in die Arme werfen; **to ~ a haymaker** einen Schwinger schlagen; **to ~ a jab/left/right** (*boxing*) eine Gerade/Linke/Rechte schlagen; **to ~ money at sth** etw mit Geld ausgleichen; *we can't solve this problem by ~ing money at it* wir können dieses Problem nicht mit Geld lösen; **to ~ a punch at sb** jdm einen Schlag versetzen; **to ~ punches** Schläge austeilen; **to ~ sb a kiss** jdm eine Kusshand zuwerfen; **to ~ one's voice** seine Stimme zum Tragen bringen ❷ (*pounce upon*) ■**to ~ oneself onto sb** sich *akk* auf jdn stürzen; ■**to ~ oneself onto sth** sich *akk* auf etw *akk* werfen; *exhausted after the long day she threw herself onto the sofa* nach dem langen Tag ließ sie sich erschöpft auf das Sofa fallen ❸ SPORTS ■**to ~ sb** (*in wrestling*) jdn zu Fall bringen [*o* werfen]; **to ~ a rider** einen Reiter abwerfen ❹ (*of dice*) **to ~ a** [*or* **the**] **dice** würfeln; **to ~ an eight** eine Acht würfeln ❺ (*fam: lose on purpose*) **to ~ a game** ein Spiel absichtlich verlieren ❻ (*direct*) ■**to ~ sb sth** [*or* **sth to sb**] jdm etw zuwerfen; **to ~ sb a cue** jdm ein Stichwort geben; **to ~ sb a glance** [*or* **look**] jdm einen Blick zuwerfen; **to ~ a glance** [*or* **look**] **at sb/sth** einen Blick auf jdn/etw werfen; **to ~ an angry look at sb** jdm einen wütenden Blick zuwerfen; **to ~ sb a line** jdm ein Seil zuwerfen; THEAT jdm soufflieren; ■**to ~ oneself at sb** (*embrace*) sich *akk* jdm an den Hals werfen; (*attack*) sich *akk* auf jdn werfen [*o* stürzen]; (*seek comfort, protection*) bei jdm Halt suchen; **to ~ a remark at sb** jdm gegenüber eine Bemerkung fallen lassen ❼ (*dedicate*) ■**to ~ oneself into sth** sich *akk* in etw *akk* stürzen; *she was ~n into the funeral preparations and so had no time to grieve* die Vorbereitungen für die Beerdigung ließen ihr keine Zeit zum Trauern; **to ~ one's energy/one's resources into sth** seine Energie/sein Vermögen in etw *akk* stecken *fam* ❽ (*move violently*) ■**to ~ sth against sth** etw gegen etw *akk* schleudern; *the ship was ~n against the cliffs* das Schiff wurde gegen die Klippen geschleudert ❾ ART (*pottery*) ■**to ~ sth** etw töpfern [*o* auf der Drehscheibe formen]; **hand-~n pottery** handgetöpferte Keramik ❿ (*bewitch*) **to ~ a spell on sb** jdn verzaubern [*o* in seinen Bann ziehen] ⓫ SA (*foretell future*) **to ~ the bones** die Zukunft vorhersagen ⓬ (*also fig: cause*) **to ~ a shadow over sth** einen Schatten auf etw *akk* werfen ⓭ (*turn on, off*) **to ~ a switch** einen Schalter betätigen ⓮ (*show emotion*) **to ~ a fit** (*fam*) einen Anfall bekommen; **to ~ a tantrum** einen Wutanfall bekommen [*o fam* Koller kriegen]; **to ~ a wobbly** BRIT (*fam: become angry*) einen Wutanfall bekommen; (*become nervous*) nur noch ein Nervenbündel sein ⓯ (*give*) **to ~ a party** eine Party geben [*o fam* schmeißen] ⓰ (*fig fam: confuse*) ■**to ~ sb** jdn durcheinander bringen *fam;* **to ~ sb into confusion** jdn verwirren; **to ~ sb into a state of panic** jdn in Panik versetzen; **to ~ sb off balance** jdn aus der Fassung [*o* dem Gleichgewicht] bringen ⓱ (*cast off*) **to ~ its skin** *snake* sich *akk* häuten ⓲ (*give birth*) **to ~ a calf/cub/lamb/piglet** ein Kalb/Junges/Lamm/Ferkel werfen

▶ PHRASES: **to ~ the book at sb** jdn nach allen Regeln der Kunst fertig machen; **to ~ the book at sth** etw heftig kritisieren; **to ~ caution to the winds** eine Warnung in den Wind schlagen; **to ~ dust in sb's eyes** jdm Sand in die Augen streuen; **to ~ one's hat into the ring** seine Kandidatur anmelden; **people who live in glass houses shouldn't ~ stones** (*saying*) wer im Glashaus sitzt, sollte nicht mit Steinen werfen *prov;* **to ~ good money after bad** noch mehr Geld rausschmeißen *fam;* **to ~ mud at sb** jdn mit Schmutz bewerfen; **to ~ cold water on sth** etw *dat* einen Dämpfer aufsetzen; **to not trust sb further than one could ~ them** jdm nicht über den Weg trauen

◆**throw about** *vt,* **throw around** *vt* ■**to ~ sth about** [*or* **around**] ❶ (*in various directions*) mit etw *dat* um sich *akk* werfen; **to ~ a ball about** [*or* **around**] einen Ball hin und her werfen; **to ~ money around** (*fig*) mit Geld um sich *akk* werfen ❷ (*move violently*) etw herumwerfen; *stop ~ing the crockery about* hör auf, mit dem Geschirr rumzuschmeißen *fam;* ■**to ~ oneself about** [*or* **around**] sich *akk* hin- und herwerfen; **to ~ one's arms around** mit den Armen herumfuchteln *fam;* **to ~ one's head about** den Kopf hin und her werfen

▶ PHRASES: **to ~ one's weight around** [*or* **about**] sich *akk* wichtig machen

◆**throw aside** *vt* ■**to ~ sth** ⟲ **aside** etw in die Ecke werfen [*o fam* schmeißen]

◆**throw away I.** *vt* ❶ (*discard*) ■**to ~ away** ⟲ **sth** etw wegwerfen [*o* fortwerfen]; (*discard temporarily*) etw beiseite legen; ■**to ~ sb/sth away from oneself** (*liter*) jdn/etw von sich *dat* [weg]stoßen ❷ (*fig: waste*) ■**to ~ away** ⟲ **sth** etw verschwenden [*o* vergeuden]; **to ~ money away on sth** Geld für etw *akk* zum Fenster hinauswerfen; **to ~ oneself away** (*have an unsuitable partner*) sich *akk* wegwerfen; (*have an unsuitable occupation*) sich *akk* unter Wert verkaufen ❸ (*speak casually*) *the actor threw away the line for dramatic effect* der Schauspieler verstärkte mit seiner Bemerkung die Dramatik der Szene; **to ~ away** ⟲ **a comment** [*or* **remark**] BRIT eine beiläufige Bemerkung machen ❹ (*in card games*) **to ~ away** ⟲ **a card** eine Karte abwerfen **II.** *vi* (*in card games*) abwerfen

◆**throw back** *vt* ❶ (*move with force*) **to ~ one's hair/head back** seine Haare/den Kopf nach hinten werfen [*o* zurückwerfen] ❷ (*open*) **to ~ the blanket back** die Bettdecke zurückschlagen; **to ~ the curtains back** die Vorhänge aufreißen ❸ (*drink*) **to ~ back** ⟲ **a whisky** einen Whisky hinunterstürzen ❹ (*reflect*) **to ~ back** ⟲ **light/sound** Licht/Schall reflektieren [*o* zurückwerfen] ❺ *esp passive* (*delay*) ■**to ~ sb** ⟲ **back** jdn zurückwerfen *fig* ❻ (*remind unkindly*) ■**to ~ sth back at sb** jdm etw vorhalten [*o* vorwerfen]; (*retort angrily*) jdm etw wütend entgegnen ▶ PHRASES: **to ~ sth back in sb's face** jdm etw wieder auftischen; **to be ~n back on one's own resources** sich *dat* selbst überlassen sein, auf sich *akk* selbst zurückgeworfen sein; **to be ~n back on sb** auf jdn angewiesen sein

◆**throw down** *vt* ■**to ~ sth ○ down** ❶ (*throw from above*) etw herunterwerfen; **to ~ oneself down** sich *akk* niederwerfen; **to ~ oneself down on the floor** sich *akk* zu Boden werfen ❷ (*deposit forcefully*) etw hinwerfen; ***they threw a stone down the shaft*** sie warfen einen Stein in den Schacht; **to ~ down one's arms** sich *akk* ergeben; **to ~ down one's weapons** die Waffen strecken [*o* wegwerfen] ❸ (*drink quickly*) etw hinunterstürzen; (*eat quickly*) etw hinunterschlingen ▶ PHRASES: **to ~ down the gauntlet to sb** jdm den Fehdehandschuh hinwerfen

◆**throw in** I. *vt* ❶ (*put into*) ■**to ~ sth in[to] sth** etw in etw *akk* [hinein]werfen; ***hurriedly she threw her clothes into the case*** hastig warf sie ihre Kleider in den Koffer ❷ (*include in price*) ■**to ~ sth ○ in** etw gratis dazugeben; ***when I bought this car the stereo was ~n in*** als ich das Auto kaufte, war das Radio im Preis enthalten ❸ SPORTS (*throw onto pitch*) **to ~ the ball ○ in** den Ball einwerfen ❹ (*put into*) **to ~ in a quotation** ein Zitat einfließen lassen; **to ~ in a comment** eine Bemerkung einwerfen ❺ (*also fig: give up*) **to ~ in one's hand** aufgeben, sich *akk* geschlagen geben; CARDS aussteigen *fam* ▶ PHRASES: **to ~ in one's lot with sb** sich *akk* mit jdm zusammentun; **to ~ in the towel** [*or esp* BRIT **sponge**] das Handtuch werfen II. *vi* [den Ball] einwerfen

◆**throw off** *vt* ❶ (*remove forcefully*) ■**to ~ sb/sth off sth** jdn/etw aus etw *dat* hinauswerfen; ■**to ~ sth ○ off** *clothing* etw schnell ausziehen ❷ (*jump*) ■**to ~ oneself off sth** sich *akk* von etw *dat* hinunterstürzen ❸ (*cause to lose balance*) **to ~ sb off balance** jdn aus dem Gleichgewicht bringen; (*fig*) jdn aus dem Konzept bringen ❹ (*escape*) ■**to ~ sb ○ off** jdn abschütteln ❺ (*rid oneself of*) ■**to ~ off ○ sth** etw loswerden; **to ~ off an idea** sich *akk* von einer Idee lösen [*o* befreien] ❻ (*speak, write*) ■**to ~ sth ○ off** etw schnell hinwerfen [*o fam* aus dem Ärmel schütteln]; **to ~ off a comment** eine Bemerkung fallen lassen ❼ (*radiate*) **to ~ energy/heat/warmth ○ off** Energie/Hitze/Wärme abgeben ▶ PHRASES: **to ~ off one's shackles** seine Fesseln abwerfen; **to ~ off the shackles** [*or* **the yoke**] [**of sth**] sich *akk* von den Fesseln [einer S. *gen*] befreien

◆**throw on** *vt* ❶ (*place*) ■**to ~ sth on[to] sth** etw auf etw *akk* werfen; ***~ a log on the fire, will you?*** legst du bitte noch einen Scheit aufs Feuer? ❷ (*pounce upon*) ■**to ~ oneself on sb** sich *akk* auf jdn stürzen; ■**to ~ oneself on[to] sth** sich *akk* auf etw *akk* niederwerfen; ***we threw ourselves onto the cool grass*** wir ließen uns ins kühle Gras fallen; **to ~ oneself on[to] sb's mercy** sich *akk* jdm auf Gnade und Ungnade ausliefern; **to ~ oneself on sb's hospitality** jds Gastfreundschaft *f* in Anspruch nehmen ❸ (*get dressed*) ■**to ~ sth ○ on** etw eilig anziehen [*o* überwerfen] ❹ (*cast*) **to ~ light on[to] sth** Licht in etw *akk* bringen; **to ~ light on a crime** (*fig*) ein Verbrechen aufklären; **to ~ suspicion on[to] sb** den Verdacht auf jdn lenken

◆**throw open** *vt* ■**to ~ sth ○ open** etw aufreißen; (*fig*) etw zugänglich machen; **to ~ open a door** eine Tür aufstoßen; **to ~ one's house open to the public** sein Haus für die Öffentlichkeit zugänglich machen

◆**throw out** *vt* ❶ (*fling outside*) ■**to ~ sth ○ out** etw hinauswerfen ❷ (*eject*) ■**to ~ sb ○ out** jdn hinauswerfen [*o fam* rauswerfen]; (*dismiss*) jdn entlassen [*o fam* rauswerfen]; **to ~ sb out of the house** jdn aus dem Haus werfen ❸ (*discard*) ■**to ~ sth ○ out** etw wegwerfen; **to ~ out a bill** LAW einen Gesetzentwurf ablehnen; **to ~ out a case** einen Fall abweisen [*o* ablehnen] ❹ (*offer*) ■**to ~ sth ○ out** etw äußern; **to ~ out an idea/a suggestion** eine Idee/einen Vorschlag in den Raum stellen; ***the meeting didn't ~ out any suggestions worth speaking about*** bei dem Gespräch wurden keine nennenswerten Vorschläge gemacht ❺ *esp* BRIT (*confuse*) ■**to ~ sb out** jdn aus dem Konzept [*o* durcheinander] bringen; ■**to ~ sth ○ out** etw über den Haufen werfen ❻ (*emit*) **to ~ out ○ sth** etw abgeben [*o* ausstrahlen]; ***your car's ~ing out filthy exhaust fumes*** aus deinem Auto kommen schmutzige Abgase; **to ~ out heat/warmth** Hitze/Wärme abgeben [*o* ausstrahlen]; **to ~ out light** Licht ausstrahlen [*o* aussenden] ❼ (*of plant*) **to ~ out a leaf/root/shoot** ein Blatt/eine Wurzel/einen Keim treiben ❽ SPORTS (*in cricket, baseball*) ■**to ~ sb ○ out** jdn abwerfen ▶ PHRASES: **to ~ the baby out with the bath water** das Kind mit dem Bade ausschütten; **to ~ out a feeler** seine Fühler ausstrecken

◆**throw over** *vt* ❶ (*propel across top*) ■**to ~ sth over sth** etw über etw *akk* werfen; ***he tried to ~ the ball over the fence*** er wollte den Ball über den Zaun werfen ❷ (*fam: pass*) ■**to ~ sth ○ over** etw herwerfen; ***~ that book over here, can you?*** könntest du mir bitte das Buch zuwerfen? ❸ (*leap*) ■**to ~ oneself over sth** über etw *akk* [hinüber]springen ❹ (*cover*) ■**to ~ sth over sth** etw über etw *akk* legen; **to ~ sth over one's shoulder** (*carry*) etw schultern; (*discard*) etw hinter sich *akk* werfen ❺ (*fig fam: leave*) **to ~ sb over [for sth]** jdn [wegen etw *gen*] sitzen lassen *fam;* **to ~ a party over** einer Partei den Rücken kehren; **to ~ a project over** ein Projekt aufgeben

◆**throw overboard** *vt* ■**to ~ sb/sth overboard** jdn/etw über Bord werfen; ■**to ~ sth overboard** (*fig*) etw aufgeben

◆**throw round** *vt esp* BRIT ❶ (*cover*) ■**to ~ sth round sth** etw um etw *akk* werfen; ***she threw a shawl round her shoulders*** sie warf sich einen Schal um die Schultern ❷ (*embrace*) **to ~ one's arms round sb** jdn umarmen; **to ~ one's arms round sth** die Arme um etw *akk* schlingen *poet*

◆**throw together** *vt* ❶ (*fam: make quickly*) **to ~ an article together** einen Artikel runterschreiben; **to ~ clothes together** Kleider zusammenpacken; **to ~ ingredients together** Zutaten zusammenwerfen *fam;* **to ~ a meal together** eine Mahlzeit zaubern ❷ (*cause to meet*) ■**to ~ sb ○ together** jdn zusammenbringen [*o* zusammenführen]

◆**throw up** I. *vt* ❶ (*project upwards*) ■**to ~ sth ○ up** etw hochwerfen; **to ~ up one's hands** die Hände hochreißen ❷ (*cause to rise*) ■**to ~ sth ○ up** etw hochschleudern; *dust* etw aufwirbeln ❸ (*deposit on beach*) ■**to ~ sth ○ up** etw anschwemmen [*o* anspülen] ❹ (*build quickly*) **to ~ up a building** ein Gebäude schnell errichten [*o fam* hochziehen] ❺ (*fam: give up*) ■**to ~ sth ○ up** etw hinwerfen [*o fam* hinschmeißen] ❻ (*fam: vomit*) ■**to ~ up ○ sth** etw erbrechen [*o* ausspucken] II. *vi* (*fam*) erbrechen, sich *akk* übergeben

◆**throw upon** *vt* (*form*) *see* **throw on**

throwaway ['θrəʊəweɪ, AM 'θroʊ-] I. *adj attr, inv* ❶ (*disposable*) Wegwerf-, wegwerfbar; **~ nappy** [*or* AM **diaper**] Wegwerfwindel *f;* **~ razor** Einwegrasierer *m;* **~ culture** (*fig*) Wegwerfkultur *f* ❷ (*unimportant*) achtlos dahingeworfen *attr;* **~ line** [*or* **remark**] achtlos dahingeworfene Bemerkung II. *n usu pl* Wegwerfgut *nt*

throw-back *n* Rückschritt *m*

thrower ['θrəʊəʳ, AM 'θroʊəʳ] *n* Töpferscheibe *f*

throw-in *n* SPORTS Einwurf *m*

throwing ['θrəʊɪŋ, AM 'θroʊ-] *n no pl* ❶ (*hurling action*) Werfen *nt* ❷ *of clay* an der Drehscheibe Töpfern

thrown [θrəʊn, AM θroʊn] *pp of* **throw**

throwouts ['θrəʊaʊts, AM 'θroʊ-] *npl* Waren *fpl* zweiter Wahl

thru [θruː] *prep, adv, adj usu* AM (*fam*) *see* **through**

thrum [θrʌm] I. *vt* <-mm-> ■**to ~ sth** auf etw *dat* herumklimpern *pej fam;* **to ~ a stringed instrument** auf einem Saiteninstrument herumklimpern *pej fam* II. *vi* <-mm-> *engine, machine* dröhnen III. *n no pl* ❶ (*thrumming sound*) Geklimper *nt pej fam* ❷ (*machines*) Dröhnen *nt*

thruppence ['θrʌpᵊns] *see* **threepence**

thruppenny ['θrʌpᵊni] *see* **threepenny**

thrush¹ <*pl* -es> [θrʌʃ] *n* ORN Drossel *f*

thrush² <*pl* -es> [θrʌʃ] *n* MED Soor *m*

thrust [θrʌst] I. *n* ❶ (*forceful push*) Stoß *m;* **sword ~** Schwerthieb *m* ❷ *no pl* (*fig: impetus, purpose*) Stoßrichtung *f fig;* **main ~** Gewicht *nt fig;* **the main ~ of an argument** die Hauptaussage eines Arguments ❸ *no pl* TECH (*propulsive power*) Schubkraft *f* II. *vi* <thrust, thrust> ■**to ~ at sb/sth with sth** mit etw *dat* nach jdm/etw stoßen; **to ~ at sb with a knife** nach jdm mit einem Messer stoßen III. *vt* <thrust, thrust> ❶ (*push with force*) ■**to ~ sth/sb forward** [*or* **to ~ forward sb/sth**] jdn/etw nach vorne schieben; ***he ~ back the chair and ran out of the room*** er schob den Stuhl heftig zurück und rannte aus dem Zimmer; ■**to ~ sth/sb into sth** etw/jdn in etw *akk* stopfen *fam;* **to ~ one's hands into one's pockets** die Hände in die Taschen stecken; **to ~ the money into sb's hand** jdm das Geld in die Hand stecken; ■**to ~ sb through sth** jdn durch etw *akk* drängen; ***he ~ his injured friend through the crowd desperately trying to reach the first-aid post*** in einem verzweifelten Versuch, die Erste-Hilfe-Station zu erreichen, schob er seinen verletzten Freund rasch durch die Menge; ■**to ~ oneself through sth** sich *akk* durch etw *akk* drängen; ***I ~ myself through the dense crowd trying to reach my friend*** ich bahnte mir einen Weg durch die Menge, um meinen Freund zu erreichen; ■**to ~ oneself forward** sich *akk* vordrängen ❷ (*fig: compel to do*) ■**to ~ sth [up]on sb** jdm etw *akk* auferlegen; ■**to ~ oneself [up]on sb** sich *akk* jdm aufdrängen ❸ (*stab, pierce*) ■**to ~ sth into sb/sth** mit etw *dat* zustoßen; **to ~ a knife into sb** jdn mit einem Messer stechen ❹ (*fig: impel*) hineinstoßen; ***she was suddenly ~ into a position of responsibility*** sie wurde plötzlich in eine sehr verantwortungsvolle Position hineingedrängt

◆**thrust aside, thrust away** *vt* ■**to ~ sb/sth ○ aside** [*or* **away**] jdn/etw beiseite stoßen; **to ~ temptation aside** [*or* **away**] (*liter*) der Versuchung widerstehen *geh*

◆**thrust out, thrust up** *vi* (*liter*) emporragen *geh*

thruster ['θrʌstəʳ, AM əʳ] *n* ❶ AEROSP [Raketen]triebwerk *nt* ❷ (*in surfboarding*) Kielverstärkung *f*

thrustful ['θrʌstfᵊl] *adj,* **thrusting** ['θrʌstɪŋ] *adj* zielstrebig

thruway *n esp* AM *see* **throughway**

thud [θʌd] I. *vi* <-dd-> dumpf aufschlagen; ***I could hear his feet ~ding along the corridor*** ich konnte den dumpfen Aufschlag seiner Schritte hören, wie er den Flur entlangging; **to ~ on the table with one's fist** mit der Faust auf den Tisch hauen *fam* II. *n* dumpfer Schlag, Bums *m fam;* **~ of hooves/shoes** Geklapper *nt* von Hufen/Schuhen

thug [θʌg] *n* Schlägertyp *m pej,* Rüpel *m pej fam,* Rowdy *m*

thuggish ['θʌgɪʃ] *adj* (*fam*) rüpelhaft *pej;* **a ~ looking guy** ein Schlägertyp *m pej*

thumb [θʌm] I. *n* (*body part*) Daumen *m;* **~ of a glove** Daumen *m* eines Handschuhs ▶ PHRASES: **to be all** [BRIT **fingers and**] **~s** zwei linke Hände haben *fig fam;* **to stand** [*or* **stick**] **out like a sore ~** unangenehm auffallen; **to be under sb's ~** unter jds Fuchtel stehen *fig fam;* **to twiddle one's ~** Däumchen drehen *fam* II. *vt* ❶ (*hitchhike*) **to ~ a lift/ride** per Anhalter fahren, trampen ❷ (*mark by handling*) ■**to ~ sth** etw abgreifen; **to ~ a book** ein Buch abgreifen; **well-~ed** abgegriffen ▶ PHRASES: **to ~ one's nose at sb/sth** jdm/etw die kalte Schulter zeigen *fam* III. *vi* ❶ (*glance through*) **to ~ through a newspaper** durch die Zeitung blättern ❷ (*hitchhike*) ■**to ~ it to somewhere** irgendwohin trampen

thumb-index *n* Daumenregister *nt* **thumb-indexed** *adj* mit Daumenregister nach *n* **thumbnail** *n* Daumennagel *m* **thumbnail sketch** *n* Abriss *m* **thumb-print** *n* ❶ (*impres-*

sion) Daumenabdruck *m* ② (*fig: identifying feature*) Erkennungsmerkmal *nt* **thumbscrew** *n usu pl* Daumenschraube *f* **thumbs down** *n* Ablehnung *f*; **to give sb/sth the ~** jdn/etw ablehnen; ***plans to build a house on the site have been given the ~*** die Baupläne für dieses Grundstück sind abgelehnt worden **thumbs up** *n* Zustimmung *f*; **to give sb the ~ to do sth** jdm für etw *akk* die Zustimmung erteilen; ***we have been given the ~ to go ahead with the project*** man hat uns das Startlicht für das Projekt erteilt **thumbtack** *n* AM, AUS (*drawing-pin*) Reißnagel *m*

thump [θʌmp] **I.** *n* dumpfer Knall; **to give sb a ~** jdm eine knallen [*o* schmieren] *sl* **II.** *vt* ■**to ~ sth/sb** etw/jdn schlagen **III.** *vi* ■**to ~ on sth** auf etw *akk* schlagen; **the heart ~s** das Herz klopft [*o* pocht] ◆**thump out** *vt* ① (*play loudly*) **to ~ out a tune on a piano** eine Melodie auf dem Klavier hämmern ② (*communicate forcefully*) ■**to ~ sth ○ out** etw hinaustrompeten *fam*

thumping ['θʌmpɪŋ] (*fam*) **I.** *adj* kolossal; **to have a ~ headache** grässliches Kopfweh haben; **to tell ~ lies** faustdicke Lügen verbreiten *fam* **II.** *adv* unglaublich *fam*, mega- *sl*

thunder ['θʌndəʳ, AM -ɚ] **I.** *n no pl* ① METEO Donner *m*; **clap** [*or* **crash**] [*or* **peal**] **of ~** Donnerschlag *m*; **~ and lightning** Blitz und Donner; **rumble of ~** Donnergrollen *nt* ② (*fig: loud sound*) Getöse *nt*; ***I couldn't hear what he said over the ~ of the waterfall*** das Getöse des Wasserfalls war so laut, dass ich ihn nicht verstehen konnte ③ (*fig: aggressive voice*) Donnerstimme *f*; ***he shouted at the burglar with a voice like ~*** er brüllte den Einbrecher mit Donnerstimme an ④ (*fig: heavy criticism*) Wettern *nt fam* ⑤ (*fig: angry expression*) ***his face was like ~*** sein Gesicht war bitterböse ► PHRASES: **to steal sb's ~** jdm die Schau stehlen **II.** *vi* ① (*make rumbling noise*) donnern; ■**to ~ along** [*or* **by**] [*or* **past**] vorbeidonnern ② (*declaim*) schreien; ■**to ~ about sth** sich *akk* lautstark über etw *akk* äußern; ***the newspaper was ~ing about the rise in violent crime*** die Zeitung wetterte gegen die steigende Anzahl von Gewaltverbrechen; ■**to ~ against sth** gegen etw *akk* wettern *fam* **III.** *vt* ■**to ~ sth** etw brüllen; ***"I never want to see you again" he ~*** „ich will dich niemals wiedersehen", donnerte er; ■**to ~ sth at sb** jdm etw *akk* entgegen schleudern *fig*

thunderbolt *n* ① (*lightning*) Blitzschlag *m*; ***the news came like a ~*** die Nachricht schlug wie eine Bombe ein ② SPORTS (*fig: powerful shot*) Bombe *f sl*; ***the new striker settled the match with a ~ from twenty yards*** der neue Stürmer entschied das Spiel mit einer Bombe aus einer Entfernung von 18 Metern ► PHRASES: **to drop a ~ on sb** jdm einen Schock versetzen **thunderclap** *n* Donnerschlag *m* **thundercloud** *n usu pl* Gewitterwolke *f* **thunderhead** *n* Wolkenballung *f*

thundering ['θʌndᵊrɪŋ, AM -dɚ-] **I.** *n no pl* Donnern *nt* **II.** *adj* ① (*extremely loud*) tosend; **~ applause** tosender Applaus; **~ voice** dröhnende Stimme ② (*fig: enormous*) enorm; **to be in a ~ great rage** BRIT vor Zorn schäumen *geh*; **~ success** riesiger Erfolg

thunderous ['θʌndᵊrəs, AM -dɚ-] *adj attr* donnernd; **~ applause** [*or* **ovation**] Beifallsstürme *mpl*

thunder-shower *n esp* AM Gewitterregen *m kein pl* **thunderstorm** *n* Gewitter *nt* **thunderstruck** *adj pred* wie vom Donner gerührt

thundery ['θʌndᵊri, AM -ɚi] *adj* gewittrig; **~ shower/weather** gewittriger Schauer/gewittriges Wetter

Thursday ['θɜːzdeɪ, AM 'θɜːr-] *n* Donnerstag *m*; *see also* **Tuesday**

thus [ðʌs] *adv inv* ① (*therefore*) folglich ② (*in this way*) so, auf diese Weise **thus far** *adv* ① (*up till now*) bisher ② (*up to this point*) so weit

thwack [θwæk] **I.** *vt* ■**to ~ sth** etw *dat* einen Hieb versetzen; ***she ~ed the hedge with her stick in a bad-tempered sort of way*** schlecht gelaunt versetzte sie der Hecke mit ihrem Stock einen Hieb **II.** *n* Schlag *m*; *of belt, whip* Knall *m*

thwart [θwɔːt, AM θwɔːrt] *vt* ■**to ~ sth** etw vereiteln; **to ~ sb's efforts** jds Bemühungen vereiteln; **to ~ an escape/a kidnapping** eine Flucht/eine Entführung verhindern; **to ~ a plan** einen Plan durchkreuzen [*o* vereiteln]; ■**sb is ~ed in sth** jds etw wird vereitelt; ***he was ~ed in his plans to build a porch*** seine Pläne, ein Portal zu bauen, wurden vereitelt

thy [ðaɪ] *adj poss* DIAL (*old*) dein; ***honour ~ father and ~ mother*** du sollst Vater und Mutter ehren

thyme [taɪm] *n no pl* Thymian *m*

thyroid ['θaɪrɔɪd] **I.** *n* Schilddrüse *f* **II.** *adj attr, inv* Schilddrüsen-

thyroid gland *n* Schilddrüse *f*

thyroxine [θaɪ'rɒksiːn, AM -'rɑːk-] *n no pl* MED Thyroxin *nt fachspr*

thyself [ðaɪ'self] *part reflexive* (*old: yourself*) du selbst; ***thou shalt love thy neighbour as ~*** du sollst deinen Nächsten lieben wie dich selbst

tiara [ti'ɑːrə, AM -'erə] *n* Tiara *f*

Tiber ['taɪbəʳ, AM bɚ] *n no pl* ■**the ~** GEOG der Tiber

Tibet [tɪ'bet] *n no pl* GEOG Tibet *nt*

Tibetan [tɪ'betᵊn] **I.** *adj inv* tibet[an]isch **II.** *n* ① (*language*) Tibet[an]isch *nt* ② (*people*) Tibet[an]er(in) *m(f)*

tibia <*pl* -biae> ['tɪbiə, *pl* -biiː] *n* Schienbein *nt*

tic [tɪk] *n* [nervöses] Zucken

tick[1] [tɪk] *n* ZOOL Zecke *f*

tick[2] [tɪk] *n* ① BRIT (*dated fam: credit*) **on ~** auf Pump *sl* ② ECON Mindestkursschwankung *f*

tick[3] [tɪk] **I.** *n* ① (*sound of watch*) Ticken *nt kein pl*; **'~ tock'** (*fam*) ‚ticktack'; **hang** [*or* **hold**] **on** [**just**] **a ~** [*or* **two ~s**] BRIT (*fam*) warte einen Moment; ***I'll be with you in a couple of*** [*or* ***in two***] ***~s*** ich bin gleich bei dir ② (*mark*) Haken *m*; **to put a ~ against** [*or* **by**] **sth** neben etw *dat* einen Haken setzen **II.** *vi* ticken; AM ***the hand of the timer ~ed round to twelve*** der Uhrzeiger rückte auf zwölf ► PHRASES: **what makes sb ~** was jdn bewegt **III.** *vt* ■**to ~ sth** etw abhaken ◆**tick away** *vi* ticken; ***a time bomb ~s away*** eine Zeitbombe tickt; ***time ~s away*** die Zeit verrinnt ◆**tick by** *vi* verstreichen ◆**tick off** *vt* ① (*mark with tick*) ■**to ~ sth ○ off** etw abhaken; **to ~ off sth on one's fingers** etw an den Fingern abzählen ② BRIT, AUS (*fam: reproach*) ■**to ~ sb ○ off** jdn schelten ③ AM (*fam: irritate*) ■**to ~ sb ○ off** jdn auf die Palme bringen *fig fam* ◆**tick on** *vi* sich *akk* dahinziehen ◆**tick over** **I.** *vi esp* BRIT ① TECH (*operate steadily*) auf Leerlauf geschaltet sein; ***I've left the car with the engine ~ing over*** ich habe das Auto im Leerlauf mit laufendem Motor abgestellt ② (*fig: function at minimum level*) am Laufen halten **II.** *vt* (*fig*) **to keep things ~ing over** die Dinge am Laufen halten

ticker ['tɪkəʳ, AM -ɚ] *n* ① (*fam: heart*) Pumpe *f sl* ② AM STOCKEX Börsenticker *m*

ticker tape *n no pl* ① (*paperstrip*) Lochstreifen *m* ② (*confetti*) Konfetti *nt* **ticker-tape parade** *n* AM Konfettiparade *f*

ticket ['tɪkɪt] **I.** *n* ① (*card*) Karte *f*; **cinema/concert ~** Kino-/Konzertkarte *f*; **cloakroom ~** Garderobenmarke *f*; **lottery ~** Lottoschein *m*; **plane ~** Flugticket *nt*; **season ~** Saisonkarte *f*; **half-price/return ~** um die Hälfte reduzierte Fahrkarte/Rückfahrkarte *f*; **by ~ only** nur mit Eintrittskarte ② (*fig: means of progress*) Chance *f*; ***her incredible memory was her ~ to success*** ihr unglaublich gutes Gedächtnis ebnete ihr den Weg zum Erfolg ③ (*price tag*) Etikett *nt*; **price ~** Preisschild *nt* ④ (*notification of offence*) Strafzettel *m*; **parking ~** Strafzettel *m* für Falschparken ⑤ (*agenda for elections*) Liste *f* ► PHRASES: **just the ~** (*dated*) passt perfekt **II.** *n modifier* Karten-; **~ barrier** Sperre *f*; **~ stub** abgerissene Karte

ticket agency *n* Kartenbüro *nt* **ticket agent** *n* Kartenhändler(in) *m(f)* **ticket-collector** *n* (*on the train*) Schaffner(in) *m(f)*; (*on the platform*) Bahnsteigschaffner(in) *m(f)* **ticket counter** *n* Fahrkartenschalter *m* **ticket holder** *n* Kartenbesitzer(in) *m(f)* **ticket machine** *n* Fahrkartenautomat *m* **ticket-number** *n* Kartennummer *f* **ticket-office** *n* RAIL Fahrkartenschalter *m*; THEAT Vorverkaufsschalter *m* **ticket tout** *n* BRIT Schwarzhändler(in) *m(f)* (*für Eintrittskarten*)

ticking ['tɪkɪŋ] **I.** *n no pl* ① *of clock* Ticken *nt* ② (*for mattress*) Matratzenüberzug *m* **II.** *adj* tickend; **~ bomb** Zeitbombe *f*

ticking-off <*pl* tickings-off> *n* BRIT (*fam*) Tadel *m*, Anschiss *m sl*; **to get a ~ from sb** von jdm getadelt werden [*o sl* einen Anschiss bekommen]; **to give sb a ~** jdn zusammenstauchen *fam*

tickle ['tɪkl] **I.** *vi* kitzeln **II.** *vt* ① (*touch lightly*) ■**to ~ sb/an animal** jdn/ein Tier kitzeln ② (*fig fam: appeal to sb*) **to ~ sb's fancy** jdn reizen ③ (*amuse*) ■**to be ~d that …** sich *akk* darüber amüsieren, dass … ► PHRASES: **to be ~d pink** [*or* **to death**] (*fam*) vor Freude völlig aus dem Häuschen sein *fam* **III.** *n no pl* ① (*itching sensation*) Jucken *nt* ② (*action causing laughter*) **to give sb a ~** jdn amüsieren ③ (*irritating cough*) **a ~ in one's throat** ein Kratzen *nt* im Hals

tickler ['tɪkləʳ, AM ɚ] *n* schwierige [*o* kitzlige] *fam* Frage

ticklish ['tɪklɪʃ] *adj* ① (*sensitive to tickling*) kitzlig ② (*awkward*) heikel

tickover ['tɪkəʊvəʳ, AM oʊvɚ] *n* TECH Leerlauf *m*

tick-tack-toe [ˌtɪkˌtæk'toʊ] *n* AM (*noughts and crosses*) Tic Tac Toe *nt* (*Strategiezeichenspiel für zwei Personen*)

tidal ['taɪdᵊl] *adj* von Gezeiten abhängig; **~ basin** Tidebecken *nt*; **~ flow** zyklisches Verkehrsaufkommen; **~ harbour** [*or* AM **harbor**] den Gezeiten unterworfener Hafen

tidal energy *n no pl* Elektrizität *f* aus den Gezeiten **tidal wave** *n* Flutwelle *f*; (*fig*) Flut *f*; **a ~ of complaints** eine Flut von Beschwerden

tidbit *n* AM *see* **titbit**

tiddler ['tɪdləʳ] *n* BRIT ① (*small fish*) winziger Fisch ② (*sth tiny*) winziges Ding ③ (*fam: infant*) Knirps *m fam*

tiddly ['tɪdli] *adj* ① (*fam: tiny*) winzig ② BRIT, AUS (*dated fam: slightly drunk*) beschwipst

tiddlywink ['tɪdliwɪŋk] *n* ① (*flat disc*) Spielstein *m* ② (*game*) ■**~s** *pl* Flohhüpfen *nt kein pl*

tide [taɪd] **I.** *n* ① (*of sea*) Gezeiten *pl*; **flood ~** Springflut *f*; **high ~** Flut *f*; **low ~** Ebbe *f*; **strong ~** starke Strömung; **the ~ is in/out** es ist Flut/Ebbe; **the ~ comes in/goes out** die Flut/Ebbe kommt; **the ~ turns** es ist Gezeitenwechsel *m*; **with** [*or* **on**] **the ~** bei Flut ② (*fig: main trend of opinion*) öffentliche Meinung; ***the ~ has turned*** die Meinung ist umgeschlagen; **to stem the ~ of events** den Lauf der Dinge aufhalten; **~ of history** Lauf *m* der Geschichte; **to go** [*or* **swim**] **against/with the ~** gegen den/mit dem Strom schwimmen *fig fam* ③ (*powerful trend*) Welle *f fig*; **to fight the ~ of crime** die Welle von Verbrechen bekämpfen ► PHRASES: **time and ~ wait for no man** [*or* **one**] (*prov*) man muss die Gelegenheit beim Schopf packen **II.** *vt* ■**to ~ sb over** jdm über die Runden helfen *fam*

tideland *n* AM (*mud-flats*) Watt *nt* **tidemark** *n* ① (*mark left by tide*) Gezeitenmarke *f* ② *esp* BRIT (*fig: scum on bath*) schwarzer Rand **tide-table** *n* Tidenkalender *m*, Gezeitentafel *f* **tide-water** *n* Flutwasser *nt kein pl* **tide-way** *n* Priel *m*

tidily ['taɪdɪli] *adv* ordentlich

tidiness ['taɪdɪnəs] *n no pl* Ordnung *f*

tidings ['taɪdɪŋz] *npl* (*old*) Neuigkeiten *fpl*; **~ of joy** frohe Kunde *veraltet geh*; **glad/sad ~** gute/schlechte Nachrichten

tidy ['taɪdi] **I.** *adj* ① (*in order*) ordentlich; **clean** [*or* **neat**] **and ~** sauber und ordentlich; **~ mind** (*fig*) methodisches Denken ② (*fam: considerable*) beträchtlich; **~ sum** hübsche Summe *fam* **II.** *n* ① BRIT (*little receptacle*) Abfallbehälter *m* ② (*period of cleaning*) Aufräumen *nt kein pl*; ***he gave his room a good ~*** er räumte sein Zimmer gründlich auf **III.** *vt* ■**to ~ sth** etw aufräumen ◆**tidy away** *vt* ■**to ~ away ○ sth** etw wegräumen

T

◆**tidy out** *vt* BRIT ■**to ~ out ↔ sth** etw ausräumen

◆**tidy up I.** *vt* ① *(put in order)* ■**to ~ up ↔ sth/sb** etw aufräumen/jdn zurechtmachen; **to ~ one's make-up** sich *dat* das Make-up auffrischen; ■**to ~ oneself up** sich *akk* zurechtmachen ② *(add finishing touches)* ■**to ~ up ↔ sth** etw überprüfen [*o* durchsehen] [*o form* endkorrigieren] **II.** *vi* aufräumen

tidy-up *n no pl* Aufräumen *nt*

tie [taɪ] **I.** *n* ① *(necktie)* Krawatte *f;* **bow ~** Fliege *f,* Mascherl *nt* ÖSTERR; **the old school ~** BRIT *(fig) Cliquenwirtschaft unter Personen, die Schüler an hochkarätigen Privatschulen waren* ② *(cord)* Schnur *f* ③ *pl (links)* ■**~s** *pl* Bande *ntpl;* **closer ~s with sth** engere Anbindung an etw *akk;* **diplomatic ~s** diplomatische Beziehungen; **family ~s** Familienbande *pl* (**to** an *+akk*) ④ *(equal score)* Punktegleichstand *m kein pl* ⑤ BRIT *(match in a competition)* Ausscheidungsspiel *nt* ⑥ *(structural support)* Schwelle *f* **II.** *vi* <-y-> ① *(fasten)* schließen; ***this sleeping bag ~s at the top*** diesen Schlafsack kann man oben verschließen ② *(equal in points)* ■**to ~ with sb/sth** denselben Platz wie jd/etw belegen; ***Jane and I ~d in the spelling test*** Jane und ich schnitten im Orthographietest gleich gut ab **III.** *vt* <-y-> ① *(fasten together)* **to ~ an umbilical cord** die Nabelschnur abschnüren; **to ~ the flowers into a bunch** die Blumen zu einem Strauß binden; **to be ~d hand and foot** an Händen und Füßen gefesselt sein; **to ~ sb's hands** jds Hände [*o* jdn an den Händen] fesseln; **to ~ a knot** einen Knoten machen [*o geh* schlingen]; **to ~ a string in a loop** eine Schnur zu einer Schleife verknoten; **to ~ one's [shoe]laces** sich *dat* die Schuhe [*o* Schnürsenkel] [*o* ÖSTERR, DIAL Schuhbänder] zubinden; **to ~ a notice to a post** eine Nachricht an einer Anschlagsäule anbringen ② *(connect to)* ■**to ~ sth to sth** eine Verbindung zwischen etw *dat* und etw *dat* herstellen; ■**sth is ~d to sth** zwischen etw *dat* und etw *dat* besteht eine Verbindung ③ *(fig: restrict)* ■**to ~ sb by/to sth** jdn durch/an etw *akk* binden ④ *(restrict in movement)* ■**to be ~d to sth/somewhere** an etw *akk*/einen Ort gebunden sein ▸ PHRASES: **to be ~d to sb's apron strings** *(pej)* an jds Rockzipfel hängen; **sb's hands are ~d** jds Hände sind gebunden; **to ~ the knot** sich das Ja-Wort geben; **to ~ sb in knots** jdn in Verlegenheit bringen

◆**tie back** *vt* ■**to ~ sth ↔ back** etw zurückbinden

◆**tie down** *vt* ① *(secure to ground)* ■**to ~ sth ↔ down** etw festbinden; ***make sure you ~ down anything that might blow away in the storm*** binde bloß alles fest, was im Sturm weggeweht werden könnte ② *(fig)* ■**to be ~d down** gebunden sein; ■**to ~ sb down to sth** *(fam)* jdn auf etw *akk* festlegen; ***I'll try to ~ her down on her plans*** ich versuche, sie dazu zu bringen, ihre Pläne auch in die Tat umzusetzen ③ MIL *(restrict mobility of)* ■**to ~ sb ↔ down** jdn binden

◆**tie in I.** *vt* **to ~ a comment in with a previous statement** mit einem Kommentar in einer früheren Aussage übereinstimmen; ***I can't ~ in what he said today with what he told me last week*** was er heute gesagt hat, stimmt nicht mit dem überein, was er mir letzte Woche sagte **II.** *vi* ■**to ~ in with sth** mit etw *dat* übereinstimmen; ***it all ~s in with what we've told you*** das stimmt alles mit dem überein, was wir dir gesagt haben

◆**tie up** *vt* ① *(bind)* ■**to ~ up ↔ sth** etw festbinden; **to ~ up hair** die Haare hochbinden; *(fig)* Licht ins Dunkel bringen ② *(delay)* ■**to ~ sb up** jdn aufhalten; ***I don't want to ~ you up but before I go, let me just tell you this one story …*** ich will dich nicht aufhalten, aber bevor ich gehe, möchte ich dir noch Folgendes erzählen …; ■**to be ~d up by sth** durch etw *akk* aufgehalten werden ③ *(busy)* ■**to be ~d up** beschäftigt sein ④ TRANSP *(limit mobility)* **to ~ up traffic** den Verkehr behindern ⑤ FIN, ECON *(restrict)* **to ~ up capital/money** Kapital/Geld binden [*o* fest anlegen]; ■**to be ~d up in sth** ***the father wisely ~d the children's money up in a trust fund*** der Vater legte das Geld der Kinder klugerweise in einem Treuhandfonds an ⑥ *esp* BRIT *(fig: find link between)* ■**to ~ sth ↔ up with sth** eine Verbindung zwischen etw *dat* und etw *dat* herstellen; ***can you ~ the allergy up with anything you've eaten?*** kannst du die Allergie mit irgendetwas in Verbindung bringen, das du gegessen hast; ■**to be ~d up with sth** mit etw *dat* zusammenhängen; ***why did the stock market rise sharply today? — it's ~d up with the decrease in interest rates in the USA*** warum ist der Aktienmarkt heute stark angestiegen? – das hängt mit dem Sinken der Zinssätze zusammen ▸ PHRASES: **to ~ up some loose ends** etw erledigen

tie-break *n* BRIT, **tie-breaker** *n* Verlängerung *f;* TENNIS Tie-break *m o nt* **tie clip** *n* Krawattennadel *f*

tied cottage *n* BRIT Dienstwohnung *f,* Werkswohnung *f (Haus zur Unterbringung von Angestellten, z.B. eines Hausmeisters)* **tied house** *n* ① BRIT *see* **tied cottage** ② BRIT, AUS *(brew pub)* Brauereigaststätte *f*

tie-dye *vt* ■**to ~ sth** etw [mit Abschnürtechnik] batiken **tie-dyeing** *n* Schnürbatik *f* **tie-in** *n* Verbindung *f,* Zusammenhang *m* **tie-on label** *n* Etikett *nt* **tiepin** *n* Krawattennadel *f*

tier [tɪəʳ, AM tɪr] **I.** *n (row)* Reihe *f; (level)* Lage *f;* **~ of management** Managementebene *f;* **to rise in ~** in Reihen aufsteigen **II.** *vt* ■**to ~ sth** *(next to each other)* etw aufreihen; *(on top of each other)* etw aufschichten

tiered [tɪəd, AM tɪrd] *adj inv* -reihig, -geschichtet

tie-up *n* ① *(connection)* Verbindung *f* ② *(fam: traffic jam)* Stau *m* ③ *(delay)* Verspätung *f*

tiff [tɪf] *n (fam)* Plänkelei *f,* Geplänkel *nt;* **lovers' ~** Ehekrach *m fam;* **to have a ~** eine Meinungsverschiedenheit haben

tiger ['taɪgəʳ, AM -ɚ] *n* Tiger *m* ▸ PHRASES: **to have a ~ by the tail** vor einer unerwartet schwierigen Situation stehen

tight [taɪt] **I.** *adj* ① *(firm)* fest; **~ knot** fester Knoten; *(closely fitting)* eng; **~ shoes/trousers** enge Schuhe/Hose; **to be a ~ squeeze** sehr eng sein ② *(close together)* dicht; **in ~ formation** in geschlossener Formation; **in ~ groups** in dicht gedrängten Gruppen ③ *(stretched tautly)* gespannt; **~ muscles** verspannte Muskeln ④ *(closely integrated)* eng verbunden; **~ circle** enger Kreis ⑤ *(severe)* streng; **~ bend** [*or* **turn**] enge Kurve; **~ budget** knappes Budget; *(fig: difficult situation)* **~ corner** [*or* **situation**] [*or* **spot**] Zwickmühle *f fam;* **to keep a ~ hold on sth** etw streng kontrollieren; ***the government are trying to keep a ~ hold on spending*** die Regierung versucht, die Ausgaben streng unter Kontrolle zu halten; **to be ~ for money/time** wenig Geld/Zeit haben; **to be ~ with one's money** knausrig sein; **~ schedule** gedrängter Terminkalender ⑥ *(tense)* **~ face** angespanntes Gesicht; **~ voice** angespannte Stimme ⑦ *(hard-fought, keenly competitive)* knapp; **~ finish** knapper Zieleinlauf ⑧ *(fam or dated: drunk)* betrunken ▸ PHRASES: **to keep a ~ rein over sb** jdn fest an die Kandare nehmen; **to run a ~ ship** ein strenges Regime führen **II.** *adv pred* straff; **to screw a nut ~** eine Mutter fest anziehen; **to cling/hang on ~ to sb/sth** sich *akk* an jdm/etw festklammern; **to close/seal sth ~** etw fest verschließen/versiegeln ▸ PHRASES: **sleep ~** schlaf gut

tighten ['taɪtᵊn] **I.** *vt* ① *(make tight)* ■**to ~ sth** etw festziehen; **to ~ a rope** ein Seil festbinden; **to ~ a screw** eine Schraube anziehen ② *(increase pressure)* ■**to ~ sth** etw verstärken; **to ~ one's grip on sth** den Druck auf etw *akk* verstärken; **to ~ one's lips** die Lippen zusammenkneifen, die Zügel anziehen *fig* ▸ PHRASES: **to ~ one's belt** den Gürtel enger schnallen *fig;* **to ~ the net** das Netz zusammenziehen *fig;* **to ~ the reins** die Zügel anziehen *fig* **II.** *vi* straff werden; **sb's lips ~** jd kneift die Lippen zusammen ▸ PHRASES: **a noose ~s around sb's neck** die Schlinge um jds Hals wird enger *fig*

◆**tighten up I.** *vt* ■**to ~ sth ↔ up** ① *(make firmer)* etw fester ziehen; **to ~ up one's muscles** die Muskeln straffen ② *(make stricter)* etw verschärfen; **to ~ up the law on advertising** strengere Verordnungen in der Werbung einführen **II.** *vi* ① *(introduce stricter regime)* schärfere Maßnahmen ergreifen; ***it's time we ~ed up around here*** es ist an der Zeit, hier ein strengeres Regime einzuführen; ■**to ~ up on sth** etw einschränken ② *(become tense)* sich *akk* anspannen

tight-fisted *adj (pej fam)* geizig **tight-fit** *n* enge Passform; ***this skirt is a ~*** dieser Rock liegt eng an **tight-fitting** *adj* eng anliegend **tight-knit** *adj* engmaschig; **~ community** verschworene Gemeinschaft **tight-lipped** *adj* ① *(compressing lips)* schmallippig ② *(saying little)* **~ silence** eisiges Schweigen; ■**to be ~ about sth** wortkarg auf etw *akk* reagieren

tightly ['taɪtli] *adv* ① *(holding sth firmly)* fest ② *(close together)* eng; **to be ~ packed** voll gepackt sein ③ *(firm control)* mit festem Griff

tightness ['taɪtnəs] *n no pl* ① *(firmness, strength)* Festigkeit *f* ② *(close fitting)* enge Passform ③ *(tight sensation)* Spannen *nt;* **~ *in the chest area is a sign of heart disease*** Atembeklemmung ist ein Anzeichen von Herzerkrankung

tightrope *n* Drahtseil *nt;* ■**on a ~** auf einem Seil; **to walk the ~** auf dem Drahtseil tanzen; **diplomatic/legal ~** *(fig)* diplomatischer/rechtlicher Drahtseilakt ▸ PHRASES: **to tread** [*or* **walk**] **a ~** einen Drahtseilakt vollziehen, eine Gradwanderung machen **tightrope walker** *n* Seiltänzer(in) *m(f)*

tights [taɪts] *npl* ① *(leggings)* Strumpfhose *f;* **pair of ~** Strumpfhose *f;* **to have a hole** [*or* **run**] [*or* BRIT **ladder**] **in one's ~** eine Laufmasche in der Strumpfhose haben ② AM, AUS *(for dancing/aerobics etc)* Leggings *pl,* Gymnastikhose *f*

tightwad ['taɪtwɑːd] *n* AM, AUS *(pej sl)* Geizkragen *m pej fam*

tigress <*pl* -es> ['taɪgres, AM -grɪs] *n* ① *(female tiger)* Tigerin *f* ② *(fig: woman)* Megäre *f geh,* Drachen *m fig, pej sl*

tike *n see* **tyke**

tilde ['tɪldə] *n* Tilde *f*

tile [taɪl] **I.** *n* Fliese *f;* **roof ~** Dachziegel *m* ▸ PHRASES: **to have a night [out] on the ~s, to be [out] on the ~s** BRIT auf den Putz hauen *fam* **II.** *vt* ■**to ~ sth** etw fliesen; COMPUT *windows on screen* etw nebeneinander anordnen

tiled [taɪld] *adj inv* gefliest

tiler ['taɪləʳ, AM -ɚ] *n* Fliesenleger(in) *m(f)*

tiling ['taɪlɪŋ] *n no pl* ① *(action of laying tiles)* Kacheln *nt; roof* Dachdecken *nt* ② *(tiled surface)* Kachelung *f; roof* Ziegelung *f*

till[1] [tɪl] **I.** *prep see* **until II.** *conj see* **until**

till[2] [tɪl] *n* [Laden]kasse *f;* **~ float** Bargeldvorrat *m;* **~ money** Bargeld *nt,* Kassenhaltung *f* ▸ PHRASES: **to be caught with one's hand in the ~** auf frischer Tat ertappt werden *fam*

till[3] [tɪl] *vt* **to ~ the soil** den Boden bestellen [*o* bearbeiten] [*o* bebauen]

tillage ['tɪlɪdʒ] *n no pl* AGR Ackerbau *m,* Bodenbestellung *f*

tiller ['tɪləʳ, AM -ɚ] *n* Ruderpinne *f fachspr;* **at the ~** am Ruder

till roll *n* Kassenrolle *f*

tilt [tɪlt] **I.** *n* ① *(slope)* Neigung *f* ② *(fig: movement of opinion)* Schwenk *m* ▸ PHRASES: **[at] full ~** mit voller Kraft **II.** *vt* ■**to ~ sth** etw neigen; **to ~ a pinball machine** einen Flipper kippen; **to ~ the balance in favour of sth/sb** *(fig)* einen Meinungsumschwung zugunsten einer S./Person *gen* herbeiführen **III.** *vi* ① *(slope)* sich *akk* neigen ② *(movement of opinion)* ■**to ~ away from sth/sb** sich *akk* von etw/jdm abwenden; ■**to ~ towards sth/sb** sich *akk* etw/jdm zuwenden ▸ PHRASES: **to ~ at windmills** *(fam)* gegen Windmühlen kämpfen *fig*

tilth [tɪlθ] *n* Bodenbestellung *f*

timber ['tɪmbəʳ, AM -ɚ] **I.** *n* ① *no pl esp* BRIT *(wood for building)* Bauholz *nt,* Nutzholz *nt;* **to fell ~** Holz fällen; **for ~** für kommerzielle Nutzung ② *(elongated piece of wood)* Holzplanke *f* **II.** *interj*

"T~ !" „Achtung, Baum!"

timbered ['tɪmbəd, AM -ərd] *adj* Fachwerk-

timber forest *n* Hochwald *m* **timber-framed** *adj* Fachwerk-; ***the buildings were all*** ~ die Gebäude waren alle mit Fachwerk gebaut

timbering ['tɪmbərɪŋ] *n no pl* ❶ (*action*) Zimmerarbeit *f*, Zimmerung *f* ❷ (*material*) Bauholz *nt*, Zimmerholz *nt*

timberland *n no pl* AM Nutzholzgebiet *nt* **timberline** *n* AM (*treeline*) Baumgrenze *f* **timber merchant** *n* Holzhändler(in) *m(f)* **timber-work** *n no pl* Gebälk *nt*

timbre ['tæbrə, AM 'tæmbɚ] *n* MUS Klangfarbe *f*, Timbre *nt geh*

time [taɪm]

I. NOUN

❶ *no pl* (*chronological dimension of existence*) Zeit *f*; ~ ***stood still*** die Zeit stand still; **in the course of** ~ mit der Zeit; **over the course of** ~ im Lauf der Zeit; **to be a matter** [*or* **question**] **of** ~ eine Frage der Zeit sein; ~ **is on one's side** die Zeit arbeitet für jdn; **to have** ~ **on one's side** die Zeit auf seiner Seite haben; **space and** ~ Raum und Zeit; **for all** ~ für immer, für alle Zeiten; **of all** ~ aller Zeiten; ***he was the greatest player of all*** ~ er war der größte Spieler aller Zeiten; ~**-tested** [alt]bewährt; **as** ~ **goes by** [*or* **on**] mit der Zeit; **to make** ~ **for sth/to do sth** sich *dat* die Zeit für etw *akk* nehmen/nehmen, um etw zu tun; **to spend** ~ Zeit verbringen; [**only**] ~ **can** [*or* **will**] **tell** es wird sich mit der Zeit zeigen; **in** ~ mit der Zeit; **over** [*or* **with**] ~ im Lauf der Zeit

❷ *no pl* (*time period, duration*) Zeit *f*; ~**'s up** (*fam*) die Zeit ist vorüber; **injury** ~ BRIT SPORTS Nachspielzeit *f*; **to have the** ~ **of one's life** sich *akk* großartig amüsieren; **most of the** ~ meistens; **part** [*or* **some**] [**of the**] ~ einen Teil der Zeit; **for a short/long period of** ~ kurze/lange Zeit; **to take the** ~ **and trouble to do sth** sich *dat* die Mühe machen, etw zu tun; **in one week's** ~ in einer Woche; **to have all the** ~ **in the world** alle Zeit der Welt haben; **all the** [*or* **this**] ~ die ganze Zeit; **to have an easy/hard** ~ **of it** [**with sth**] keine Probleme/Probleme [mit etw *dat*] haben; **extra** ~ SPORTS Verlängerung *f*; ***they played extra*** ~ sie mussten in die Verlängerung; ***three minutes into extra*** ~**, *Ricardo scored the decisive goal*** nach drei Minuten Verlängerung erzielte Ricardo das entscheidende Tor; **free** [*or* **spare**] ~ Freizeit *f*; **to have a good** ~ sich *akk* amüsieren; **to give sb a hard** ~ (*fam*) jdm Schwierigkeiten bereiten; **a long** ~ **ago** vor langer Zeit; **it takes a long/short** ~ es dauert lange/nicht lange; **for** [*or* **in**] **a long** ~ lange Zeit; ***I haven't seen one of those in a long*** ~ so einen/eine/eines habe ich schon seit langem nicht mehr gesehen; **in** [*or* **next to**] [*or* **less than**] **no** ~ [**at all**] im Nu; **running** ~ Spielzeit *f*; **for a short** ~ kurze Zeit; **some** ~ **ago** vor einiger Zeit; **to be** [**all**] **out of** ~ AM, AUS (*fam*) über der Zeit sein; **for the** ~ **being** vorläufig; **to do sth for a** ~ etw eine Zeitlang machen; **to find the** ~ **to do sth** die Zeit [dazu] finden, etw zu tun; **to give sb** ~ **to do sth** jdm Zeit geben, um etw zu tun; **given** [*or* **in**] ~ mit der Zeit; **to have** [*or* **have got**] **the** ~ die Zeit haben; **to have** ~ **to do sth** Zeit haben, etw zu tun; **to have** [*or* **take**] ~ **off** sich *dat* frei nehmen; **there's no** ~ **to lose** [*or* **to be lost**] wir dürfen [jetzt] keine Zeit verlieren, es ist höchste Zeit; **to pass the** ~ sich *dat* die Zeit vertreiben; **to be pressed for** ~ in Zeitnot sein; **to run out of** ~ nicht genügend Zeit haben; **to save** ~ Zeit sparen; **to take one's** ~ sich *dat* Zeit lassen; **to take one's** ~ **in doing sth** sich *dat* bei etw *dat* Zeit lassen; **to take one's** ~ **to do sth** sich *dat* mit etw *dat* Zeit lassen; **to take more** ~ **over** [*or* **with**] **sth** sich *dat* mehr Zeit für etw *akk* nehmen, mehr Zeit für etw *akk* aufwenden; **to waste** ~ Zeit vergeuden [*o* verschwenden]; **to waste** ~ **doing sth** die Zeit mit etw *dat* vergeuden [*o* verschwenden]; **after a** ~ nach einer gewissen Zeit

❸ (*hour registration method*) Zeit *f*; **daylight saving** ~ Sommerzeit *f*; **Greenwich Mean T~** Greenwicher Zeit

❹ TRANSP (*schedule*) Zeit *f*; **arrival/departure** ~ Ankunfts-/Abfahrtszeit *f*; **bus/train** ~**s** Bus-/Zugzeiten *fpl*

❺ (*pertaining to clocks*) **to keep bad/good** ~ falsch/richtig gehen; **the right** ~ die korrekte Zeit; **wrong** ~ falsche Zeit; **to gain/lose** ~ Zeit gewinnen/verlieren; ▪**the** ~ die Uhrzeit; ***what's the*** ~***?*** wie spät ist es?; **to have** [**got**] **the** ~ **on one** eine Uhr haben; **to tell the** ~ die Uhr lesen

❻ (*specific time or hour*) Uhr *f*; **the best** ~ **of day** die beste Uhrzeit; ***what are you doing here at this*** ~ ***of the day/night?*** was machst du um diese Uhrzeit hier?; **for the** [*or* **this**] ~ **of the day/year** für diese Tages-/Jahreszeit; **at sb's** ~ **of life** in jds Alter; **this** ~ **tomorrow/next month** morgen/nächsten Monat um diese Zeit; ***the*** ~ ***is drawing near when we'll have to make a decision*** der Zeitpunkt, zu dem wir uns entscheiden müssen, rückt näher; ***he recalled the*** ~ ***when they had met*** er erinnerte sich daran, wie sie sich kennen gelernt hatten; **at all** ~**s** immer; **at any** ~ immer, jederzeit; **at any given** ~, **at** [**any**] **one** ~ jederzeit; **a bad/good** ~ eine schlechte/gute Zeit; **at a different** ~ zu einer anderen Zeit; **the last/next** ~ letztes/nächstes Mal; **at other** ~**s** manchmal andererseits; **at the present** [*or* AM **this**] ~ diesmal; ~ **and** [~] **again** immer wieder; **ahead of** ~ *esp* AM vorher; **to know at the** [*or* **that**] ~ zur betreffenden Zeit wissen; **to remember the** ~ **...** sich *akk* erinnern, wie [*o* als] ...; ***do you remember the*** ~ ***Alastair fell in the river?*** erinnerst du dich, als Alastair in den Fluss fiel?; **at the** ~ damals, zu jener Zeit; **by the** ~ als; **it is about** [*or* **high**] ~ **that ...** es ist höchste Zeit, dass ...; ~**s when ...** Zeiten, zu denen ...

❼ (*frequency*) Mal *nt*; ***the*** ~***s I've*** [*or* ***how many*** ~***s have I***] ***told you ...*** wie oft habe ich dir schon gesagt ...; STOCKEX ***shares selling at 10*** ~ ***earnings*** Aktien, die mit einem Kurs-Gewinn-Verhältnis von 10 verkauft werden; **three** ~**s champion** BRIT, AUS [*or* AM **three** ~ **champion**] dreimaliger Meister/dreimalige Meisterin; **four/three** ~**s** vier/drei Mal; **for the hundredth/thousandth/umpteenth** ~ zum hundertsten/tausendsten/*fam* x-ten Mal; **lots of** [*or* **many**] ~**s** oft, viele Male; **at the same** ~ um dieselbe Zeit; **from** ~ **to** ~ von Zeit zu Zeit

❽ *no pl* (*correct moment*) Zeitpunkt *m*; BRIT, AUS (*not before* ~) **about** ~ [**too**] (*tasks etc. yet to be accomplished*) wird aber auch [langsam] Zeit; (*tasks etc. accomplished*) wurde aber auch [langsam] Zeit; ***the*** ~ ***is ripe*** die Zeit ist reif; **breakfast/holiday** ~ Frühstücks-/Urlaubszeit *f*; **in good** ~ rechtzeitig; **in good** ~ **for sth** rechtzeitig zu etw *dat*; **high** ~ **for sth** höchste Zeit für etw *akk*; **ahead of** ~ vorzeitig; **to do sth dead** [*or* **exactly**] [*or* **right**] **on** ~ etw pünktlich machen; **it is** ~ **that ...** es ist [an der] Zeit, dass ...; **it is** ~ **to do sth** es ist [an der] Zeit, etw zu tun; **the** ~ **has come** der Zeitpunkt kommt; **to see when the** ~ **comes** etw sehen, wenn es aktuell ist; ▪~ **for sth** Zeit für etw *akk*; **in** ~ rechtzeitig; **in** ~ **to do sth** rechtzeitig [*o* früh genug], um etw zu machen; **on** ~ pünktlich

❾ *usu pl* (*era*) Zeit *f*; ~***s were difficult*** [*or* ***hard***] das waren harte Zeiten; **to set a book/film at the** ~ **of the Russian Revolution** ein Buch/Film spielt zur Zeit der Russischen Revolution; **from** [**since**] ~ **immemorial** [*or esp* BRIT **out of mind**] seit undenklichen Zeiten; **during** [*or* **in**] **former/medieval** ~**s** früher/im Mittelalter *nt*; **in modern** [*or* **our**] ~**s** in der Gegenwart; ***she is one of the best writers of modern*** ~***s*** sie ist eine der besten Schriftstellerinnen der Gegenwart; **at one** ~ früher; **in** ~**s past** in der Vergangenheit, früher; **to be behind the** ~**s** hinter seiner Zeit zurück sein; **in** ~**s gone by** in der Vergangenheit; **to keep up** [*or* **move**] [*or* AM **change**] **with the** ~**s** mit der Zeit gehen; ~ **was when sth could be done** früher war alles besser

❿ SPORTS (*duration of race*) Zeit *f*; **record** ~ Rekordzeit *f*; ***he won the 100 metres in record*** ~ er gewann das 100-Meter-Rennen in einer neuen Rekordzeit

⓫ (*lifetime*) Zeit *f*; ***my grandmother has seen a few things in her*** ~ meine Großmutter hat in ihrem Leben schon einiges gesehen; **at sb's** ~ **of life** in jds Alter; **old** ~**s** alte Zeiten; **if one had one's** ~ **over again** wenn man nochmals beginnen könnte; **to be ahead of** [*or esp* BRIT **before**] **one's** ~ seiner Zeit voraus sein; ~ **marches** [*or* **moves**] **on** die Zeit hat sich geändert; **before** [*or* **ahead of**] **sb's** ~ (*advanced ideas*) seiner Zeit voraus; ***the ideas of Galileo were ahead of his*** ~ in seinem Denken war Galileo seiner Zeit weit voraus; **before sb's** ~ (*occurring prematurely*) vor der Zeit, frühzeitig; ***she has grown old before her*** ~ sie ist frühzeitig gealtert; **during sb's** ~ zu jds Zeit; **in my** ~ zu meiner Zeit; ***there weren't any computers in my*** ~ zu meiner Zeit gab es keine Computer; **in sth's** ~ zu seiner Zeit; ***in its*** ~ ***the flying boat was the fastest means of transport, but it has long since been superseded by modern-day jets*** zu seiner Zeit war das Amphibienflugzeug das schnellste Transportmittel, aber jetzt ist es schon seit langem von den modernen Jetflugzeugen überholt

⓬ *no pl* MUS (*rhythm*) Takt *m*; **to be/play out of** ~ aus dem Takt sein; **to beat** ~ den Rhythmus schlagen; **to get out of** ~ aus dem Takt kommen; **to keep** ~ den Takt halten; **in** ~ **with sth** im Takt mit etw *dat*

⓭ ECON (*remunerated work*) Zeit *f*; ~ **and a half** Überzeit *f*; **double** ~ doppelte Bezahlung *f* (*an Feiertagen*); **part** ~ Teilzeit *f*; **short** ~ BRIT Kurzzeit *f*; **to work** [*or* **be on**] **short** ~ BRIT Kurzzeit arbeiten; **to take** ~ **off** sich *dat* frei nehmen

⓮ BRIT (*end of pub hours*) Sperrstunde *f*; ***"~*** [***please***]***!"*** „Sperrstunde!" ▸ PHRASES: **not to give sb the** ~ **of day** jdn ignorieren; ~ **is of the essence** die Zeit drängt; **to have** ~ **on one's hands** viel Zeit zur Verfügung haben; ~ **is a great healer** (*prov*), ~ **heals all wounds** (*prov*) die Zeit heilt alle Wunden *prov*; ~ **and tide wait for no man** [*or* **one**] (*prov*) man sollte jede Gelegenheit beim Schopf packen; ~ **is money** (*prov*) Zeit ist Geld *prov*; **there's a** ~ **and a place** [**for everything**] (*prov*) alles zu seiner Zeit; **a week is a long** ~ **in politics** (*saying*) eine Woche ist lang in der Politik; **there's no** ~ **like the present** (*saying*) was du heute kannst besorgen, das verschiebe nicht auf morgen *prov*; **all good things in all good** ~ alles zu seiner Zeit; **not to have much** ~ **for sb** jdn nicht mögen; **to have a lot of** ~ **for sb** großen Respekt vor jdm haben; ~ **hangs heavy** die Zeit steht still; ~**s are changing** die Zeiten ändern sich; **to do** [*or* **serve**] ~ (*fam*) sitzen *fig fam*; ~ **flies, doesn't** ~ **fly?** (*saying*) die Zeit fliegt; **to kill** ~ die Zeit totschlagen; ~ **moves on** [*or* **passes**] wie die Zeit vergeht

II. TRANSITIVE VERB

❶ SPORTS (*measure duration*) ▪**to** ~ **sb over 100 metres** für jdn die Zeit beim 100-Meter-Lauf nehmen [*o* stoppen]; ***the winning team was*** ~***d at 5 minutes 26 seconds*** die Gewinnermannschaft wurde mit 5 Minuten und 26 Sekunden gestoppt

❷ (*choose best moment for*) ▪**to** ~ **sth** für etw *akk* den richtigen Zeitpunkt auswählen

-time [taɪm] *in compounds* (*lunch-, story-*) -zeit; **bed~** Schlafenszeit *f*; **lunch~** Mittagspause *f*; ***it's nap~*** es ist Zeit für ein Nickerchen

time after time *adv inv* immer wieder **time and again** *adv inv* immer wieder **time and a half** *n no pl* 50 % Zuschlag *m*; **to pay sb** ~ jdm 150 % bezahlen **time and motion study** *n* Zeitstudie *f* **time bargain** *n* STOCKEX Termingeschäft *nt* **time bomb** *n* (*also fig*) Zeitbombe *f a. fig*; **to create** [*or* **set**] **a** ~ eine Zeitbombe legen *fig*; **to be sitting on a** ~ auf einem Schleudersitz [*o* einer Zeitbombe] sitzen *fig* **time buyer** *n* ECON Funkmedienkontakter(in) *m(f)* **time capsule** *n* Kassette *f* mit Zeitdokumenten **time card** *n* AM Stechkarte *f* **time clock** *n* Stechuhr *f* **time-consuming** *adj* zeitintensiv **time deposit** *n* FIN Festgeld *nt*, Termingeld *nt* **time difference** *n* Zeitunterschied *m* **timed-release capsule** *n* Retardkapsel *f*, Depotkapsel *f* **timed ticket** *n* zeitlich begrenzte Karte **time exposure** *n* Langzeitbelichtung *f*; *photograph* Langzeitaufnahme *f* **time famine** *n no pl* Zeitnot

f, Zeitknappheit *f* **time frame** *n* Zeitrahmen *m; **all changes will be introduced in*** [*or **within***] ***a fairly short*** ~ alle Änderungen werden innerhalb eines kurzen Zeitrahmens eingeführt werden; **to set a ~ for sth** einen Zeitrahmen für etw *akk* festlegen **time fuse**, AM **time fuze** *n* Zeitzünder *m* **time-honoured** *adj attr, inv* altehrwürdig *geh;* ~ **custom** alter Brauch **timekeeper** *n* ❶ (*in sports*) Zeitnehmer *m* ❷ (*clock, watch*) Zeitmesser *m; **this watch is not an accurate** ~* diese Uhr geht nicht genau; **to be a bad/good** ~ *person* sein Zeitsoll nie/immer erfüllen **timekeeping** *n no pl* ❶ (*measuring of time*) Zeitmessung *f* ❷ (*punctuality*) Erfüllung *f* des Zeitsolls; **bad** ~ ständiges Zuspätkommen **time lag** *n* Zeitdifferenz *f* **time-lapse** *adj attr, inv film, photography* Zeitraffer-
timeless ['taɪmləs] *adj* ❶ (*not dated*) *book, dress, values* zeitlos ❷ (*unchanging*) *landscape, beauty* immer während *attr*
timelessly ['taɪmləsli] *adv* zeitlos
timelessness ['taɪmləsnəs] *n no pl* Zeitlosigkeit *f*
time limit *n* Zeitbeschränkung *f;* ECON Frist *f*
timeliness ['taɪmlɪnəs] *n no pl* Rechtzeitigkeit *f*
time lock I. *n* (*on a safe*) Zeitschloss *nt;* (*on a computer*) Abschaltzeit *f* II. *vt* **to ~ a safe** einen Safe mit einem Zeitschloss versehen
timely ['taɪmli] *adj* rechtzeitig; ~ **arrival** Ankunft *f* zur rechten Zeit; **in a ~ fashion** [*or* **manner**] rasch; ~ **remark** passende Bemerkung
time machine *n* Zeitmaschine *f* **time out** *n no pl* ❶ (*break*) Auszeit *f fam;* **to take some** ~ eine kleine Pause machen ❷ COMPUT Zeitsperre *f;* (*period of time*) Zeitauslösung *f* **time-out** I. *n* <*pl* times-out *or* -s> (*in sports*) Auszeit *f;* **to call a** ~ eine Auszeit fordern II. *interj* AM Stopp **timepiece** *n* Chronometer *nt geh m*, Uhr *f*
timer ['taɪməʳ, AM -ə] *n* ❶ (*for lights, VCR*) Timer *m;* (*for cooking eggs*) Eieruhr *f;* **the ~ goes off** die Uhr klingelt ❷ (*time recorder*) Zeitmesser *m;* (*person*) Zeitnehmer(in) *m(f)* ❸ AM (*time switch*) Zeitschalter *m*
time-release capsule *n* PHARM Retardkapsel *f*, Depotkapsel *f*
times [taɪmz] *vt* (*fam*) ■**to ~ sth** etw multiplizieren
time-saving *adj device, gadget* Zeit sparend **time scale** *n* zeitlicher Rahmen; ~ **of events** zeitliche Abfolge von Ereignissen **time-server** *n* ❶ (*employee*) jd, der bei der Arbeit seine Zeit nur absitzt ❷ (*opportunist*) Opportunist(in) *m(f) geh* **time-serving** *adj attr, inv* ❶ (*employee*) ***my ~ boss can't seem to make any decisions anymore*** mein Chef, der seine Zeit nur noch absitzt, scheint keine Entscheidungen mehr fällen zu können ❷ (*opportunistic*) opportunistisch **time share** *n*, **time-sharing** *n* ECON Timesharing *nt*
time-sharing *n* COMPUT Gemeinschaftsbetrieb *m*, Timesharing *nt* **time sheet** *n* Arbeitsblatt *nt* **time signal** *n* RADIO Zeitzeichen *nt* **time signature** *n* MUS Taktvorzeichnung *f* **time span** *n* Zeitspanne *f* **time switch** *n* BRIT, AUS Zeitschalter *m*
timetable I. *n* ❶ (*for bus, train*) Fahrplan *m;* (*for planes*) Flugplan *m;* (*for events, project*) Programm *nt;* (*for appointments*) Zeitplan *m; **I've got a very busy ~ for next week*** ich habe ein volles Programm für nächste Woche ❷ BRIT, AUS (*at school/university*) Stundenplan *m* ❸ (*list of appointments/events*) Terminkalender *m*, Programm *nt* II. *vt usu passive* ■**to ~ sth** etw planen; (*with respect to time*) einen Zeitplan für etw *akk* aufstellen; ***the lecture is ~d for 5.00 p.m.*** die Vorlesung ist für 17:00 Uhr angesetzt; ***we are ~d to go to the museum on Thursday the opera on Friday*** wir sind eingeteilt, am Donnerstag ins Museum zu gehen **time travel** *n no pl* Zeitreise *f* **time traveller** *n* (*in science fiction*) Zeitreisende(r) *f(m)* **time warp** *n* ❶ (*for time travel*) Zeitverschiebung *f* ❷ (*fig: lifestyle*) Zeitsprung *m; **he's living in a*** ~ er lebt in einer anderen Zeit **time-wasting** *n no pl* ❶ (*wasting time*) Zeitverschwendung *f* ❷ (*also fig: slowing down play*) Verzögerungstaktik *f* **time-worn** *adj* abgenutzt; ~ **excuse** abgedroschene Entschuldigung **time zone** *n* Zeitzone *f*
timid <-er, -est *or* more ~, most ~> ['tɪmɪd] *adj* ängstlich; (*shy*) schüchtern; (*lacking courage*) zaghaft; **to be a ~ soul** eine scheue Seele sein
timidity [tɪ'mɪdəti, AM -əṱi] *n no pl* Ängstlichkeit *f;* (*shyness*) Schüchternheit *f;* (*lack of courage*) Zaghaftigkeit *f*
timidly ['tɪmɪdli] *adv* ängstlich; (*shyly*) schüchtern; (*lacking courage*) zaghaft
timing ['taɪmɪŋ] *n* ❶ *no pl* (*of words, actions*) Timing *nt*, Wahl *nt* des richtigen Zeitpunkts; ***perfect ~! I was just hoping someone would call*** dein Anruf kommt gerade richtig! ich hatte gehofft, dass jemand anrufen würde; **good** ~ gutes Timing ❷ *no pl* (*musical rhythm*) Einsatz *m; **your ~ is off*** dein Einsatz ist vorbei ❸ *no pl* AUTO Steuerung *f* der Kraftstoffverbrennung ❹ (*measuring of time*) Zeitmessung *f*, Zeitabnahme *f; of a race, runners also* Stoppen *nt kein pl;* (*in factories*) Zeitkontrolle *f*
timing device *n* Zeitzünder *m*
timorous ['tɪmᵊrəs, AM -əəs] *adj* (*form, liter: shy*) schüchtern; (*fearful*) ängstlich
timorously ['tɪmᵊrəsli, AM -əəs-] *adv* (*form, liter: shyly*) schüchtern; (*fearfully*) ängstlich
timorousness ['tɪmᵊrəsnəs, AM -əəs-] *n no pl* (*form, liter: shyness*) Schüchternheit *f;* (*fearfulness*) Ängstlichkeit *f*
timpani ['tɪmpəni] *npl* MUS Timpani *mpl*, Pauken *fpl*
timpanist ['tɪmpənɪst] *n* MUS Timpanist(in) *m(f)*, Paukist(in) *m(f)*
tin [tɪn] I. *n* ❶ *no pl* (*metal*) Zinn *nt* ❷ *esp* BRIT (*can*) Büchse *f*, Dose *f;* **a ~ of beans/sardines** eine Dose Bohnen/eine Büchse Sardinen ❸ (*for baking*) Backform *f;* **cake** ~ Kuchenform *f* II. *n modifier* (*mine, pot, toy*) Zinn- ▶ PHRASES: **to have a ~ ear** ein taubes Ohr haben; **to put the ~ lid on** die Luft anhalten III. *vt* <-nn-> *esp* BRIT **to ~ meat/vegetables** Fleisch/Gemüse eindosen [*o* in Dosen konservieren]
tin can *n* Blechdose *f*
tincture ['tɪŋktʃəʳ, AM -ə] *n* ❶ (*mixture*) Tinktur *f;* **a ~ of iodine** eine Jodtinktur ❷ (*fig: trace*) *of an emotion* Spur *f*
tinder ['tɪndəʳ, AM -ə] *n no pl* Zunder *m;* **~-dry** staubtrocken
tinderbox *n* Pulverfass *nt fig*
tine [taɪn] *n* Zacke *f; of fork* Zinke *f; of antlers* Sprosse *f*
tinfoil ['tɪnfɔɪl] *n no pl* Alufolie *f*
ting [tɪŋ] I. *adv inv* **to go** ~ ‚bing' machen II. *n* Klingen *nt kein pl* III. *vi* klingen
ting-a-ling ['tɪŋəlɪŋ] *interj* klingeling
tinge [tɪndʒ] I. *n* ❶ (*of colour*) Hauch *m*, Spur *f;* ~ **of red** [leichter] Rotstich ❷ (*of emotion*) Anflug *m kein pl;* **a ~ of sadness** ein Anflug *m* von Traurigkeit II. *vt usu passive* ❶ (*with an emotion*) **~d with admiration/regret** mit einer Spur von Bewunderung/Bedauern; ***his last letter to his former fiancée was ~d with sadness*** sein letzter Brief an seine ehemalige Verlobte hatte einen traurigen Unterton ❷ (*with colours*) **to be ~d with orange/pink/red** mit Orange/Pink/Rot [leicht] getönt sein
tingle ['tɪŋgl] I. *vi* kribbeln; ***mint makes my mouth ~ with freshness*** Minze gibt meinem Mund prickelnde Frische; **to ~ with desire** vor Verlangen brennen; **to ~ with excitement** vor Aufregung zittern; **to ~ with fear** vor Angst beben; **sb's spine ~s** jdm läuft ein Schauer über den Rücken II. *n no pl* Kribbeln *nt*, Prickeln *nt*
tingling ['tɪŋglɪŋ] *n* Kribbeln *nt kein pl*
tingly ['tɪŋgli] *adj* kribbelnd *attr;* **to go all ~, to go ~ all over** ganz kribbelig werden; **to feel** ~ ein Prickeln spüren
tin god *n* (*fam*) Abgott *m pej;* **little** ~ kleiner Gott *iron* **tin hat** *n* Stahlhelm *m* **tinhorn** *esp* AM I. *adj attr, inv* (*fam*) angeberisch *fam* II. *n* (*fam*) Angeber(in) *m(f) fam*
tinker ['tɪŋkəʳ, AM -ə] I. *n* ❶ (*attempt to repair*) Tüftelei *f;* ■**to have a ~ with sth** an etw *dat* herumbasteln ❷ (*repairman*) wandernder Kesselflicker *hist;* BRIT (*pej: gypsy*) Zigeuner(in) *m(f)* ❸ BRIT (*fam: mischievous person*) kleiner Stromer/kleine Stromerin, Bosnigl *m* ÖSTERR *pej* ▶ PHRASES: **to not give a ~'s damn** [*or* BRIT *also* **cuss**] **about sb/sth** sich *akk* einen Kehricht um jdn/etw scheren *fam* II. *vi* ■**to ~** [**about** [*or* **around**]] [**with** [*or* **on**] **sth**] [an etw *dat*] herumbasteln, herumpfuschen *pej fam*
tinkle ['tɪŋkl] I. *vi* ❶ (*make sound*) *piano* klimpern; *bell* klingen, bimmeln *fam; fountain* plätschern; *breaking glass* klirren ❷ (*childspeak fam: urinate*) Pipi machen *Kindersprache* II. *vt* **to ~ a bell** mit einer Glocke klingeln III. *n* ❶ (*of bell*) Klingen *nt kein pl;* (*of water*) Plätschern *nt kein pl;* (*of breaking glass*) Klirren *nt kein pl;* **to give sb a ~** (*dated fam*) jdn anklingeln *fam* ❷ (*childspeak fam: urine*) Pipi *nt Kindersprache;* **to have** [*or* **go for**] **a ~** Pipi machen gehen *Kindersprache*
tinkling ['tɪŋklɪŋ] I. *n no pl of a piano* Klimpern *nt; of a bell* Klingen *nt; of a fountain* Plätschern *nt; of breaking glass* Klirren *nt* II. *adj attr, inv* ~ **sound** Klirren *nt*
tin lizzie [,tɪn'lɪzi] *n* AM (*dated fam*) Klapperkiste *f fam*
tinned [tɪnd] *adj inv* BRIT, AUS konserviert, eingedost; ~ **fruit** Dosenfrüchte *fpl;* ~ **milk** Büchsenmilch *f*
tinnitus [tɪ'naɪtəs, AM -ṱ-] *n no pl* MED (*spec*) Ohrensausen *nt*, Tinnitus *m fachspr*
tinny ['tɪni] *adj* ❶ *recording* blechern ❷ *taste, food* nach Blech schmeckend *attr;* **to taste** ~ nach Blech schmecken ❸ (*cheap*) ~ **car** Blechkiste *f pej fam;* ~ **toys** minderwertige Spielsachen
tin-opener *n* BRIT, AUS Dosenöffner *m* **tin pan alley** *n* (*fam*) Schlagerindustrie *f;* (*district*) ■**T~** Zentrum *nt* der Schlagerindustrie **tinplate** *n no pl* Zinnblech *nt* **tinplated** *adj inv* verzinnt **tinpot** *adj inv* (*pej fam*) schäbig *pej*, billig *pej; **he's a ~ dictator*** er ist ein Westentaschendiktator *pej*
tinsel ['tɪn(t)sᵊl] *n no pl* ❶ (*for magic wand*) Flitter *m;* (*for Christmas tree*) Lametta *nt* ❷ (*fig: sth showy*) Prunk *m;* **to be all ~ and glitter** prunk- und glanzvoll sein
Tinseltown *n* (*sl*) Hollywood *nt*
tinsely ['tɪn(t)sᵊli] *adj* kitschig
tin smith *n* Blechschmied(in) *m(f)*, Klempner(in) *m(f)* **tin soldier** *n* Zinnsoldat *m*
tint [tɪnt] I. *n* ❶ (*hue*) Farbton *m;* **warm** ~ warme Farbe ❷ (*dye*) Tönung *f* II. *vt* **to ~ one's hair** seine Haare tönen
tinted ['tɪntɪd] *adj inv* getönt; ~ **glass** Rauchglas *nt;* ~ **glasses/lenses/windows** getönte Brillengläser/Linsen/Scheiben
tin whistle *n* (irische) Blechflöte
tiny ['taɪni] *adj* winzig; **a ~ bit** ein klein wenig; ~ **little** winzig klein; **teeny** ~ klitzeklein *fam*
tip[1] [tɪp] I. *vt* <-pp-> ❶ (*attach to extremity of*) ■**to ~ sth with sth** etw an der Spitze mit etw *dat* versehen; **to ~ an arrow/spear with poison** einen Pfeil/Speer in Gift [ein]tauchen; **to ~ sth with black/red/white** etw in schwarze/rote/weiße Farbe eintauchen; **to ~ sth with silver/steel** etw mit einer Silber-/Stahlspitze versehen; **mountains ~ped with snow** Berge *mpl* mit schneebedeckten Gipfeln ❷ (*dye one's hair*) **to ~ one's hair** sich *dat* die Spitzen färben II. *n* ❶ (*pointed end*) Spitze *f;* **asparagus** ~ Spargelspitze *f;* **filter** ~ Filtermundstück *nt;* **the southern ~ of Florida** die Südspitze von Florida ❷ (*of hair*) ■**~s** *pl* gefärbte Spitzen ▶ PHRASES: **to the ~s of sb's fingers** durch und durch; ***he's a conservative to the ~s of his fingers*** er ist erzkonservativ; **the ~ of the iceberg** die Spitze des Eisbergs; **it's on the ~ of my tongue** es liegt mir auf der Zunge
tip[2] [tɪp] I. *n* BRIT ❶ (*garbage dump*) Deponie *f;* **rubbish** [*or* **waste**] ~ Mülldeponie *f* ❷ (*fam: mess*) Saustall *m fig, pej sl* II. *vt* <-pp-> ❶ (*empty out*) ■**to ~ sth into sth** etw in etw *akk* ausschütten [*o* ausleeren]; ***the child ~ped the toys all over the floor*** das Kind kippte die Spielsachen über den ganzen Boden aus; *impers; **it's ~ping it down*** BRIT, AUS (*fam*) es schüttet [*o* gießt] *fam* ❷ (*tilt*) ■**to ~ sth**

etw neigen; **to ~ the balance** [*or* **scales**] (*fig*) den Ausschlag geben; ***two quick goals ~ped the balance in favour of England*** zwei schnelle Tore brachten die Entscheidung zugunsten Englands; **to ~ the scales at 80 kilos** 80 Kilo auf die Waage bringen *fam;* **to ~ one's chair back** seinen Stuhl nach hinten kippen; **to ~ one's hat over one's eyes** sich *dat* den Hut über die Augen ziehen; **to ~ the window** das Fenster kippen ③ (*touch*) ■**to ~ sth** etw antippen; (*tap*) etw abklopfen; **to ~ one's cap** [*or* **hat**] an den Hut tippen; **to ~ one's cigarette** die Asche von seiner Zigarette abklopfen **III.** *vi* <-pp-> ① BRIT (*dump*) ***"No ~ping"*** „Müll abladen verboten" ② (*tilt*) umkippen

◆**tip out I.** *vi* herauskippen **II.** *vt* ■**to ~ sth** ○ **out** etw ausleeren

◆**tip over I.** *vt* ■**to ~ sth** ○ **over** etw umschütten **II.** *vi* umkippen

◆**tip up I.** *vt* ■**to ~ up** ○ **sth** etw kippen; **to ~ up** ○ **a leaf/a seat** eine Ausziehplatte/einen Sitz hochklappen **II.** *vi* kippen

tip[3] [tɪp] **I.** *n* ① (*money*) Trinkgeld *nt;* **to give** [*or* **leave**] **a 10% ~** 10% Trinkgeld geben ② (*suggestion*) Rat[schlag] *m,* Tipp *m fam;* **a ~ about buying a house/growing vegetables** ein Tipp für den Hauskauf/Gemüseanbau; **helpful/useful ~** hilfreicher/nützlicher Tipp [*o* Hinweis]; **hot ~** heißer Tipp *fam;* **to give sb a ~** jdm einen Tipp geben *fam;* **to take a ~ from sb** jds Tipp befolgen *fam;* ***if you take my ~, you'll avoid that part of the city*** wenn du mich fragst, solltest du diesen Teil der Stadt meiden **II.** *vt* <-pp-> ① (*give money to*) ■**to ~ sb** jdm Trinkgeld geben; ***they ~ped the waiter £5*** sie gaben dem Ober 5 Pfund Trinkgeld ② *esp* BRIT (*predict*) ■**to ~ sth** auf etw *akk* tippen; ***Davis is being ~ped to win the championship*** Davis ist Favorit auf den Meistertitel; ***he is being ~ped as the next Prime Minister*** er gilt als der nächste Premierminister; **to be ~ped for success** auf Erfolgskurs sein ► PHRASES: **to ~ one's hand** AM sich *akk* festlegen; **to ~ sb the wink** BRIT jdm einen Wink geben **III.** *vi* <-pp-> Trinkgeld geben

◆**tip off** *vt* ■**to ~ sb** ○ **off** jdm einen Wink [*o fam* Tipp] geben

tip-off *n* (*fam*) Wink *m,* Tipp *m*

tipper ['tɪpəʳ, AM -ɚ] *n* ① (*person*) Trinkgeldgeber(in) *m(f);* ***Mr Smith is a good ~*** Herr Smith gibt großzügige Trinkgelder ② BRIT (*truck*) Kipper *m*

tipper lorry *n* BRIT, **tipper truck** *n* BRIT Kipper *m*

tippet ['tɪpɪt] *n* FASHION ① (*woman's long scarf or cape*) Pelerine *f* ② *clergy* [Seiden]schärpe *f*

Tipp-Ex® ['tɪpeks] *n* BRIT Tipp-Ex® *nt*

tipple ['tɪpl̩] **I.** *vi* ① (*drink alcohol*) trinken, saufen *fam* ② BRIT (*fam*) **it is tippling down** es gießt [*o* schüttet] *fam* **II.** *vt* **to ~ beer/champagne** Bier/Champagner süffeln *fam* **III.** *n* (*fam*) **favourite** [*or* AM **favorite**] **~** Lieblingsdrink *m;* ***white wine is her ~*** sie trinkt am liebsten Weißwein

tippler ['tɪpl̩əʳ, AM -ɚ] *n* (*fam*) Säufer(in) *m(f) pej fam*

tip sheet *n* Wettliste *f*

tipsily ['tɪpsɪli] *adv* (*fam*) beschwipst

tipsiness ['tɪpsɪnəs] *n no pl* (*fam*) Schwips *m*

tipster ['tɪpstəʳ, AM -ɚ] *n* (*in sports*) Tippgeber(in) *m(f);* (*to authorities*) Informant(in) *m(f)*

tipsy ['tɪpsi] *adj* beschwipst

tiptoe ['tɪptəʊ, AM -toʊ] **I.** *n* **on ~**[**s**] auf Zehenspitzen **II.** *vi* auf Zehenspitzen gehen; ■**to ~ in/out** hinein-/hinausschleichen

tip-top *adj* (*fam*) erstklassig, Spitzen-, Spitze *präd fam,* tipptopp *fam;* **~ condition/shape** erstklassiger Zustand/erstklassige Form **tip truck** *n* AUS Kipper *m* **tip-up seat** *n* Klappsitz *m*

tirade [taɪ'reɪd, AM 'taɪreɪd] *n* Tirade *f geh;* **angry ~** Schimpfkanonade *f;* **to deliver a ~** sich *akk* in einer Tirade ergehen

tire[1] ['taɪəʳ, AM -ɚ] **I.** *n* AM Reifen *m* **II.** *n modifier* (*pressure, store*) Reifen-; **~ chain** Schneekette *f;* **~ pressure gauge** Reifendruckmesser *m;* **~ tracks** Reifenspuren *fpl;* **~ tread** Reifenprofil *nt*

tire[2] ['taɪəʳ, AM -ɚ] **I.** *vt* ■**to ~ sb** jdn ermüden; ***she ~d herself moving all the furniture up to the attic*** sie wurde vom Tragen der ganzen Möbel in den Dachboden müde **II.** *vi* ermüden, müde werden; ■**to ~ of sth/sb** etw/jdn satt haben *fam;* **to never ~ of doing sth** nie müde werden, etw zu tun

◆**tire out I.** *vt* ■**to ~ sb** ○ **out** jdn müde machen; **to ~ oneself out working** sich *akk* durch das Arbeiten erschöpfen **II.** *vi* erschöpft sein

tired <-er, -est *or* more ~, most ~> ['taɪəd, AM -ɚd] *adj* ① (*exhausted*) müde; **~ and emotional** BRIT (*hum: drunk*) betrunken; (*impatient*) ***you make me ~!*** du regst mich auf! ② (*bored with*) ■**to be ~ of sth/sb** einer S. *gen*/jds überdrüssig sein; **to be ~ to death of sth** etw gründlich leid sein; **to be sick and ~ of sth/sb** von etw/jdm die Nase gestrichen voll haben *fam;* **to get** [*or* **grow**] **~ of sb/sth** jdn/etw satt bekommen *fam* ③ (*over-used*) **~ excuse** lahme Ausrede; **the same ~ old faces** dieselben langweiligen Gesichter; **~ phrase** abgedroschene Phrase

tiredly ['taɪədli, AM -ɚd-] *adv* müde

tiredness ['taɪədnəs, AM -ɚd-] *n no pl* Müdigkeit *f*

tired out *adj inv person* völlig erschöpft; *idea, cliche* abgegriffen

tireless ['taɪələs, AM -ɚ-] *adj* unermüdlich (**in** bei +*dat*)

tirelessly ['taɪələsli, AM -ɚ-] *adv* unermüdlich

tiresome ['taɪəsəm, AM -ɚ-] *adj* mühsam; ***how ~!*** das ist aber dumm!; **~ habit** unangenehme Angewohnheit

tiresomely ['taɪəsəmli, AM -ɚ-] *adv* langweilig

tiring ['taɪərɪŋ, AM -ɚ-] *adj* ermüdend

tiro ['taɪərəʊ, AM 'taɪroʊ] *n see* **tyro**

'tis [tɪz] (*old*) = **it is** *see* **be**

tisane [tɪ'zæn] *n* Kräutertee *m*

tissue ['tɪʃuː, -sjuː, AM 'tɪʃuː] *n* ① (*for wrapping*) Seidenpapier *nt* ② (*for wiping noses*) Papiertaschentuch *nt;* **a piece of ~** ein Papiertuch *nt* ③ *no pl* (*of animals or plants*) Gewebe *nt;* **scar ~** vernarbtes Gewebe ④ (*fig: complex mass*) Netz *nt;* **a ~ of lies** ein Lügengewebe *nt*

tissue culture *n* Gewebekultur *f* **tissue paper** *n* (*for cleaning*) Papiertuch *nt;* (*for wrapping*) Seidenpapier *nt* **tissue type** *n* Gewebeart *f*

tit [tɪt] *n* ① (*bird*) Meise *f;* **blue ~** Blaumeise *f;* **coal ~** Tannenmeise *f* ② (*vulg: breast*) Titte *f vulg* ③ BRIT (*fam!: fool*) dumme Sau *derb,* Idiot(in) *m(f) fam;* **to feel a right ~** sich *dat* total bescheuert vorkommen *fam* ► PHRASES: **~ for tat** wie du mir, so ich dir; **to get on sb's ~s** BRIT (*sl*) jdm auf den Sack gehen *derb*

titan ['taɪtᵊn] *n* Titan *m,* Gigant *m;* **clash of** [**the**] **~s** Kampf *m* der Giganten; **financial ~** Finanzriese *m;* **media ~** Mediengigant *m*

titanic [taɪ'tænɪk] *adj* gigantisch

titanium [tɪ'teɪniəm, AM taɪ'-] *n no pl* Titan *nt*

titbit ['tɪtbɪt] *n esp* BRIT ① (*snack*) Leckerbissen *m* ② *usu pl* (*of information*) Leckerbissen *m fig;* **juicy ~s** pikante Einzelheiten

titch [tɪtʃ] *n* BRIT Knirps *m fam;* ***come on ~!*** BRIT komm Kleiner! *fam*

titchy ['tɪtʃi] *adj* BRIT (*fam*) winzig

tit-for-tat [ˌtɪtfə'tæt, AM -fɚ'-] *adj inv insults, killings* Rache-; ***he always has this ~ attitude*** er hat immer diese ‚wie du mir, so ich dir' Einstellung

tithe [taɪð] **I.** *vi* den Zehnten bezahlen [*o* abgeben] **II.** *vt* ■**to ~ sth** den Zehnten von etw *dat* bezahlen **III.** *n* ① *usu pl* (*church tax*) Zehnte[r] *m* ② *usu sing* (*old: tenth*) zehnter Teil, Zehntel *nt*

titian *adj,* **Titian** ['tɪʃᵊn] *adj inv* tizianrot

titian-haired *adj,* **Titian-haired** *adj* mit tizianrotem Haar *nach n*

titillate ['tɪtɪleɪt, AM -tᵊl-] **I.** *vt* ■**to ~ sb/sth** jdn/etw anregen; **to ~ the palate** den Gaumen kitzeln **II.** *vi* erregen

titillating ['tɪtɪleɪtɪŋ, AM -tᵊleɪṭ-] *adj pictures* stimulierend, erregend; *information* pikant

titillation [ˌtɪtɪ'leɪʃᵊn, AM -tᵊl'eɪ-] *n no pl* (*sexual*) Erregung *f,* Stimulation *f;* (*intellectual*) Anregung *f*

titivate ['tɪtɪveɪt, AM 'tɪṭə-] **I.** *vi* sich *akk* zurechtmachen **II.** *vt* ■**to ~ oneself** sich *akk* fein machen; **to ~ a display/a dress/one's hair** eine Anzeige/ein Kleid/sein Haar verschönern [*o* herausputzen]

title ['taɪtl̩, AM -ṭl̩] **I.** *n* ① *of a book, film* Titel *m* ② (*film credits*) ■**~s** *pl* Vor-/Nachspann *m* ③ (*status, rank*) Titel *m;* **job ~** Berufsbezeichnung *f* ④ (*in sports event*) Titel *m;* **to hold the ~** den Titel verteidigen ⑤ *no pl* Rechtsanspruch *m* (**to** auf +*akk*); (*to a car*) Fahrzeugbrief *m;* (*to a house, property*) Eigentumsrecht *nt;* **to research a ~** ein Eigentum prüfen ⑥ LAW (*name of bill/Act*) Titel *m,* Gesetzesbezeichnung *f* **II.** *vt* **to ~ a book/film/novel** ein Buch/einen Film/Roman betiteln; ***the report is ~d 'Streetchildren'*** der Bericht hat den Titel ‚Straßenkinder'; **to be aptly ~d** (*usu iron*) den treffenden Titel haben

titled ['taɪtl̩d, AM -ṭl̩d] *adj inv person* adelig

title deed *n* LAW [Grundstücks]eigentumsurkunde *f,* Grundbucheintrag *m* **title fight** *n* Titelkampf *m* **titleholder** *n* Titelverteidiger(in) *m(f)* **title insurance** *n no pl* Versicherung *f* der Eigentumsrechte **title music** *n no pl* Titelmusik *f* **title page** *n* Titelblatt *nt* **title role** *n* Titelrolle *f* **title track** *n* Titelsong *m*

titter ['tɪtəʳ, AM -ṭɚ] **I.** *vi* kichern **II.** *n* Gekicher *nt kein pl*

tittle ['tɪtl̩, AM 'tɪṭl̩] *n usu sing* [I-]pünktchen *nt,* Tüttelchen *nt veraltend fam*

tittle-tattle *n no pl* (*fam*) Geschwätz *nt pej*

titty ['tɪti, AM -ṭ-] *n* (*vulg*) Titte *f vulg;* ***that's tough titties!*** (*fam!*) das ist ein Scheißpech [aber auch]! *derb*

titular ['tɪtjələʳ, AM -tʃələ] *adj attr, inv* nominell, Titular-

tizz [tɪz] *n* BRIT, **tizzy** ['tɪzi] *n no pl* (*fam*) Aufregung *f;* ■**to be in a ~** in heller Aufregung sein; **to get oneself in a real ~** sich *akk* schrecklich aufregen

T-junction ['tiːdʒʌŋkʃᵊn] *n* [rechtwinklige] Straßenabzweigung

TM [ˌtiː'em] *n abbrev of* **Transcendental Meditation** transzendentale Meditation

TNT [ˌtiːen'tiː] *n no pl* CHEM *abbrev of* **trinitrotoluene** TNT *nt*

to [tuː, tu, tə]

I. PREPOSITION	II. TO FORM INFINITIVES
III. ADVERB	

I. PREPOSITION

① (*moving towards*) in +*akk,* nach +*dat,* zu +*dat;* ***she walked over ~ the window*** sie ging [hinüber] zum Fenster [*o* ans Fenster]; **~ the right/left** nach rechts/links; ***there ~ the right*** dort rechts; ***he's standing ~ the left of Adrian*** er steht links neben Adrian; **~ the north/south** nördlich/südlich; ***twenty miles ~ the north of the city*** zwanzig Meilen nördlich der Stadt; ***the suburbs are ~ the west of the city*** die Vororte liegen im Westen der Stadt; ***parallel ~ the x axis*** parallel zur x-Achse; ***we're going ~ town*** wir gehen/fahren in die Stadt; ***~ the mountains*** in die Berge; ***~ the sea*** ans Meer; ***~ the park*** in den Park; ***from here ~ the station*** von hier [bis] zum Bahnhof; ***the way ~ the town centre*** der Weg ins Stadtzentrum; ***they go ~ work on the bus*** sie fahren mit dem Bus zur Arbeit; ***I'm going ~ a party/concert*** ich gehe auf eine Party/ein Konzert; ***she has to go ~ a meeting now*** sie muss jetzt zu einem Meeting [gehen]; ***we moved ~ Germany last year*** wir sind letztes Jahr nach Deutschland gezogen; ***he flew ~ the US*** er flog in die USA; ***she's never been ~ Mexico before*** sie ist noch nie [zuvor] in Mexiko gewesen; ***my first visit ~ Africa*** mein erster Aufenthalt in Afrika; ***this is a road ~ nowhere!*** diese Straße führt nirgendwohin! ② (*attending regularly*) zu +*dat,* in +*dat;* ***she goes ~ kindergarten*** sie geht in den Kindergarten; ***he goes ~ college*** er geht zur Hochschule [*o* studiert an der Hochschule]; ***do you go ~ church?*** gehst du in die Kirche?; ***I go ~ the gym twice a week*** ich gehe zweimal wöchentlich in die Turnhalle ③ (*invit-*

[ing to] zu +dat; an invitation ~ a wedding eine Einladung zu einer Hochzeit; I've asked them ~ dinner ich habe sie zum Essen eingeladen; she took me out ~ lunch yesterday sie hat mich gestern zum Abendessen ausgeführt [o eingeladen] 4 [in direction of] auf +akk; she pointed ~ a distant spot on the horizon sie zeigte auf einen fernen Punkt am Horizont; to have one's back ~ sth/sb etw/jdm den Rücken zudrehen; back ~ front verkehrt herum 5 [in contact with] an +dat; they were dancing cheek ~ cheek sie tanzten Wange an Wange; she put her hand ~ his breast sie legte die Hand auf seine Brust; she clasped the letter ~ her bosom sie drückte den Brief an ihren Busen 6 [attached to] an +akk; tie the lead ~ the fence die Leine am Zaun festmachen; they fixed the bookshelves ~ the wall sie brachten die Bücherregale an der Wand an; stick the ads ~ some paper klebe die Anzeigen auf ein Blatt Papier 7 [with indirect object] mit +dat; I lent my bike ~ my brother ich habe meinem Bruder mein Fahrrad geliehen; give that gun ~ me gib mir das Gewehr; he is married ~ his cousin Emma er ist mit seiner Kusine Emma verheiratet; I told that ~ Glyn ich habe das Glyn erzählt; you should show that rash ~ the doctor du solltest den Ausschlag dem Arzt zeigen; what have they done ~ you? was haben sie dir [an]getan?; children are often cruel ~ each other Kinder sind oft grausam zueinander; who's the letter addressed ~? an wen ist der Brief gerichtet [o adressiert]?; her knowledge proved useful ~ him ihr Wissen erwies sich als hilfreich für ihn; I am deeply grateful ~ my parents ich bin meinen Eltern zutiefst dankbar; a threat ~ world peace eine Bedrohung des Weltfriedens [o für den Weltfrieden]; they made a complaint ~ the manager sie reichten beim Geschäftsleiter eine Beschwerde ein 8 [with respect to] zu +dat; and what did you say ~ that? und was hast du dazu gesagt?; he finally confessed ~ the crime er gestand schließlich das Verbrechen; this is essential ~ our strategy dies ist ein wesentlicher Bestandteil unserer Strategie; (in response) auf +akk; a reference ~ Psalm 22:18 ein Verweis auf Psalm 22:18; her reply ~ the question ihre Antwort auf die Frage; and what was her response ~ that? und wie lautete ihr Antwort darauf? 9 [belonging to] zu +dat; the keys ~ his car seine Autoschlüssel; the top ~ this pen die Kappe zu diesem Stift; she has a mean side ~ her sie kann auch sehr gemein sein; there is a very moral tone ~ this book dieses Buch hat einen sehr moralischer Ton; there's a funny side ~ everything alles hat auch seine komische Seite 10 [compared to] mit +dat; I prefer beef ~ seafood ich ziehe Rindfleisch Meeresfrüchten vor; frogs' legs are comparable ~ chicken Froschschenkel sind mit Hühnerfleisch vergleichbar; a colonel is superior ~ a sergeant ein Oberst ist ein höherer Dienstgrad als ein Unteroffizier; she looked about thirty ~ his sixty gegenüber seinen sechzig Jahren wirkte sie wie dreißig; [to be] nothing ~ sth nichts im Vergleich zu etw [sein]; her wage is nothing ~ what she could earn ihr Einkommen steht in keinem Vergleich zu dem, was sie verdienen könnte 11 [in scores] zu +dat; Paul beat me by three games ~ two Paul hat im Spiel drei zu zwei gegen mich gewonnen; Manchester won three ~ to one Manchester hat drei zu ein gewonnen 12 [until] bis +dat, zu +dat; from 50 up ~ 200 people von 50 bis 200 Leute, zwischen 50 und 200 Leuten; I read up ~ page 100 ich habe bis Seite 100 gelesen; unemployment has risen ~ almost 8 million die Arbeitslosigkeit ist auf fast 8 Millionen angestiegen; count ~ 20 bis 20 zählen; it's about fifty miles ~ New York es sind [noch] etwa fünfzig Meilen bis New York 13 [expressing change of state] zu +dat; he converted ~ Islam er ist zum Islam übergetreten; his expression changed from amazement ~ joy sein Ausdruck wechselte von Erstaunen zu Freude; the change ~ the metric system der Wechsel zum metrischen System; her promotion ~ department manager ihre Beförderung zur Abteilungsleiterin; the meat was cooked ~ perfection das Fleisch war perfekt zubereitet [worden]; he drank himself ~ death er trank sich zu Tode; she nursed me back ~ health sie hat mich [wieder] gesund gepflegt; smashed ~ pieces in tausend Stücke geschlagen; she was close ~ tears sie war den Tränen nahe; he was thrilled ~ bits er freute sich wahnsinnig 14 [to point in time] bis +dat; the shop is open ~ 8.00 p.m. der Laden hat bis 20 Uhr geöffnet; we're in this ~ the end wir führen dies bis zum Ende; and ~ this day ... und bis auf den heutigen Tag ...; it's only two weeks ~ your birthday! es sind nur noch zwei Wochen bis zu deinem Geburtstag! 15 [including] ■ from ... ~ ... von ... bis ...; from beginning ~ end von Anfang bis Ende; from morning ~ night von Kopf bis Fuß; front ~ back von vorne bis hinten, von allen Seiten; I read the document front ~ back ich habe das Dokument von vorne bis hinten gelesen; he's done everything from snowboarding ~ windsurfing er hat von Snowboarden bis Windsurfen alles [mal] gemacht; from simple theft ~ cold-blooded murder vom einfachen Diebstahl bis zum kaltblütigen Mord 16 BRIT [in clock times] vor +dat [o SÜDD bis +dat]; it's twenty ~ six es ist zwanzig vor sechs 17 [causing] zu +dat; ~ my relief/horror/astonishment zu meiner Erleichterung/meinem Entsetzen/meinem Erstaunen; much ~ her suprise zu ihrer großen Überraschung 18 [according to] für +akk; ~ me, it sounds like he's ending the relationship für mich hört sich das an, als ob er die Beziehung beenden wollte; that outfit looks good ~ me das Outfit gefällt mir gut; if it's acceptable ~ you wenn Sie einverstanden sind; this would be ~ your advantage das wäre zu deinem Vorteil, das wäre für dich von Vorteil; does this make any sense ~ you? findest du das auf irgendeine Weise einleuchtend?; fifty pounds is nothing ~ him fünfzig Pfund bedeuten ihm nichts; what's it ~ you? (fam) was geht dich das an? 19 [serving] für +akk; as a personal trainer ~ the rich and famous als perönlicher Trainer der Reichen und Berühmten; they are hat makers ~ Her Majesty the Queen sie sind Hutmacher Ihrer Majestät, der Königin; economic adviser ~ the president Wirtschaftsberater des Präsidenten; FILM (next to) she was Ophelia ~ Olivier's Hamlet sie spielte die Ophelia neben Olivier als Hamlet 20 [in honour of] auf +akk; here's ~ you! auf dein/Ihr Wohl!; ~ the cook! auf den Koch/die Köchin!; the record is dedicated ~ her mother die Schallplatte ist ihrer Mutter gewidmet; I propose a toast ~ the bride and groom ich bringe einen Toast auf die Braut und den Bräutigam aus; a memorial ~ all the soldiers who died in Vietnam ein Denkmal für alle im Vietnamkrieg gefallenen Soldaten 21 [per] the car gets 25 miles ~ the gallon das Auto verbraucht eine Gallone auf 25 Meilen; three parts oil ~ one part vinegar drei Teile Öl auf einen Teil Essig; the odds are 2 ~ 1 that you'll lose die Chancen stehen 2 zu 1, dass du verlierst 22 [as a result of] von +dat; she awoke ~ the sound of screaming sie erwachte von lautem Geschrei; he left the stage ~ the sound of booing er ging unter den Buhrufen von der Bühne; I like exercising ~ music ich trainiere gern zu [o mit] Musik; I can't dance ~ this sort of music ich kann auf diese Art Musik nicht tanzen; the band walked on stage ~ rapturous applause die Band zog unter tosendem Applaus auf die Bühne 23 [roughly] bis +dat; thirty ~ thirty-five people dreißig bis fünfunddreißig Leute 24 MATH [defining exponent] hoch; ten ~ the power of three zehn hoch drei ▶ PHRASES: that's all there is ~ it das ist schon alles; there's not much [or nothing] ~ it das ist nichts Besonderes, da ist nichts Besonderes dabei

II. TO FORM INFINITIVES

1 [expressing future intention] zu; she agreed ~ help sie erklärte sich bereit zu helfen; I'll have ~ tell him ich werde es ihm sagen müssen; I don't expect ~ be finished any later than seven ich denke, dass ich spätestens um sieben fertig sein werde; sadly she didn't live ~ see her grandchildren leider war es ihr nicht vergönnt, ihre Enkel noch zu erleben; I have ~ go on a business trip ich muss auf eine Geschäftsreise; the company is ~ pay over £500,000 die firma muss über £500.000 bezahlen; he's going ~ write his memoirs er wird seine Memoiren schreiben; I have some things ~ be fixed ich habe einige Dinge zu reparieren; Blair ~ meet with Putin Blair trifft Putin; be about ~ do sth gerade etw tun wollen, im Begriff sein etw zu tun 2 [forming requests] zu; she was told ~ have the report finished by Friday sie wurde gebeten, den Bericht bis Freitag fertig zu stellen; he told me ~ wait er sagte mir, ich solle warten; I asked her ~ give me a call ich bat sie, mich anzurufen; we asked her ~ explain wir baten sie, es uns zu erklären; you've not ~ do that du sollst das nicht tun; that man is not ~ come here again der Mann darf dieses Haus nicht mehr betreten; young man, you're ~ go to your room right now junger Mann, du gehst jetzt auf dein Zimmer 3 [expressing wish] zu; I need ~ eat something first ich muss zuerst etwas essen; I'd love ~ live in New York ich würde liebend [o nur zu] gern in New York leben; would you like ~ dance? möchten Sie tanzen?; that child ought ~ be in bed das Kind sollte [schon] im Bett sein; I want ~ go now ich möchte jetzt gehen; I need ~ go to the bathroom ich muss noach einmal zur [o auf die] Toilette; do you want ~ come with us? willst du [mit uns] mitkommen?; I'd love ~ go to France this summer ich würde diesen Sommer gern nach Frankreich fahren 4 [omitting verb] are you going tonight? — I'm certainly hoping ~ gehst du heute Abend? – das hoffe ich sehr; would you like to go and see the Russian clowns? — yes, I'd love ~ möchtest du gern die russischen Clowns sehen? – ja, sehr gern; can you drive? — yes I'm able ~ but I prefer not ~ kannst du Auto fahren? – ja, das kann ich, aber ich fahre nicht gern 5 after adj [to complete meaning] it's not likely ~ happen es ist unwahrscheinlich, dass das geschieht, das wird wohl kaum geschehen; I was afraid ~ tell her ich hatte Angst, es ihr zu sagen; he's able ~ speak four languages er spricht vier Sprachen; she's due ~ have her baby sie soll bald ihr Baby bekommen; I'm afraid ~ fly ich habe Angst vorm Fliegen; she's happy ~ see you back sie ist froh, dass du wieder zurück bist; I'm sorry ~ hear that es ist tut mir leid, das zu hören; easy ~ use leicht zu bedienen; languages are fun ~ learn Sprachenlernen macht Spaß; it is interesting ~ know that es ist interessant, das zu wissen; three months is too long ~ wait drei Monate zu warten ist zu lang; I'm too nervous ~ talk right now ich bin zu nervös, um jetzt zu sprechen 6 [expressing purpose] I'm going there ~ see my sister ich gehe dort hin, um meine Schwester zu treffen; she's gone ~ pick Jean up sie ist Jean abholen gegangen; my second attempt ~ make flaky pastry mein zweiter Versuch, einen Blätterteig zu machen; they have no reason ~ lie sie haben keinerlei Grund zu lügen; I have the chance ~ buy a house cheaply ich habe die Gelegenheit, billig ein Haus zu kaufen; something ~ eat etwas zu essen; the first person ~ arrive die erste Person, die ankam [o eintraf]; Armstrong was the first man ~ walk on the moon Armstrong war der erste Mann, der je auf dem Mond spazieren ging 7 [expressing intent] we tried ~ help wir versuchten zu helfen; ~ make this cake, you'll need ... für diesen Kuchen braucht man ...; he managed ~ escape es gelang ihm zu entkommen 8 [after wh- words] I don't know what ~ do ich weiß nicht, was ich tun soll; I don't know where ~ begin ich weiß nicht, wo ich anfangen soll; she was wondering whether ~ ask David about it sie fragte sich, ob sie David deswegen fragen sollte; can you tell me how ~ get there? könne Sie mir sagen, wie ich dort hinkom-

me? 9 (*introducing clause*) ~ **tell the truth** [*or* ~ **be truthful**] um die Wahrheit zu sagen; ~ ***be quite truthful with you, Dave, I never really liked the man*** ich muss dir ehrlich sagen, Dave, ich konnte diesen Mann noch nie leiden; ~ **be honest** um ehrlich zu sein 10 (*in consecutive acts*) um zu; ***he looked up ~ greet his guests*** er blickte auf, um seine Gäste zu begrüßen; ***she reached out ~ take his hand*** sie streckte die Hand aus, um ihn zu begrüßen; ***they turned around ~ find their car gone*** sie drehten sich um und bemerkten, dass ihr Auto verschwunden war

III. ADVERB

inv zu; **to push** [*or* **pull**] **the door** ~ die Tür zuschlagen; **to come** ~ zu sich *dat* kommen; **to set** ~ sich *akk* daranmachen *fam;* ***they set ~ with a will, determined to finish the job*** sie machten sich mit Nachdruck daran, entschlossen, die Arbeit zu Ende zu bringen

toad [təʊd, AM toʊd] *n* 1 (*animal*) Kröte *f* 2 (*fig, pej: person*) Ekel *nt pej fam;* **lying** ~ verlogenes Miststück *derb*

toad-in-the-hole *n* BRIT *in Teig gebackene Wurst*

toadstool *n* Giftpilz *m*

toady ['təʊdi, AM 'toʊdi] (*pej*) **I.** *n* Speichellecker *m pej fam,* Arschkriecher *m pej derb* **II.** *vi* <-ie-> ■**to ~ to sb** vor jdm kriechen *pej*

to and fro I. *adv inv* hin und her; (*back and forth*) vor und zurück **II.** *vi* (*move*) ■**to be toing and froing** vor- und zurückgehen; (*be indecisive*) hin und her schwanken **III.** *n* ■**toing and froing** Hin und Her *nt*

toast [təʊst, AM toʊst] **I.** *n* 1 *no pl* (*bread*) Toast *m;* **slice of** ~ Scheibe *f* Toast; **to be warm as** ~ mollig warm sein 2 (*when drinking*) Toast *m,* Trinkspruch *m;* ***the ~ was the success of the future*** es wurde auf den zukünftigen Erfolg getrunken; **to drink a ~ to sb/sth** auf jdn/etw trinken; **to propose a ~ to sb/sth** einen Trinkspruch auf jdn/etw ausbringen; **the ~ of the town** (*dated*) der Star der Stadt ▸ PHRASES: **to be ~** AM (*fam!*) erledigt sein *fam;* **to have sb on ~** BRIT (*fam*) jdn in der Hand haben **II.** *vt* 1 (*cook over heat*) **to ~ almonds/walnuts** Mandeln/Walnüsse rösten; **to ~ bread/a muffin** Brot/ein Muffin toasten 2 (*fig: warm up*) **to ~ oneself/one's feet by the fire** sich *akk*/seine Füße am Feuer wärmen 3 (*drink to*) ■**to ~ sb/sth** auf jdn/etw trinken [*o* anstoßen]; **to be ~ed as a beauty/success** (*fig*) als eine Schönheit/Erfolg gefeiert werden

toasted cheese *n,* **toasted cheese sandwich** *n* BRIT Käsetoast *m*

toaster ['təʊstəʳ, AM 'toʊstɚ] *n* Toaster *m*

toaster oven *n* AM Toastergrill *m*

toastie ['təʊsti, AM 'toʊ-] *n esp* BRIT (*fam*) Snack *m*

toasting fork *n* Fleischgabel *f*

toastmaster *n ein Mann, der Tischredner ankündigt und Toasts ausspricht* **toastmistress** *n eine Frau, die Tischredner ankündigt und Toasts ausspricht* **toast rack** *n* Toastständer *m*

toasty ['təʊsti, AM 'toʊ-] **I.** *adj* 1 (*in taste*) geröstet 2 *esp* AM (*fig: warm*) wohlig warm **II.** *n* (*fam*) Snack *m*

tobacco [tə'bækəʊ, AM -koʊ] **I.** *n no pl* 1 (*for smoking, chewing*) Tabak *m* 2 (*plant*) Tabak *m* **II.** *n modifier* (*company, industry, plant*) Tabak-; ~ **smoke** Tabakrauch *m*

tobacconist [tə'bækᵊnɪst] *n* Tabakwarenhändler(in) *m(f),* Trafikant(in) *m(f)* ÖSTERR

-to-be [tə'bi:] *in compounds* (*boss-, husband-*) zukünftige(r,s) *attr;* **bride-~** zukünftige Braut; **mother-~** werdende Mutter

toboggan [tə'bɒgᵊn, AM -'bɑ:-] **I.** *n* Schlitten *m,* Rodel *f* ÖSTERR **II.** *vi* Schlitten fahren, rodeln; **to ~ down a hill/run** einen Hügel/eine Strecke hinunterrodeln

tobogganing [tə'bɒgᵊnɪŋ, AM -'bɑ:-] *n* Schlittenfahren *nt kein pl,* Rodeln *nt kein pl;* **to go ~** Rodeln gehen

toboggan race *n* Rodelrennen *nt* **toboggan run** *n,* **toboggan slide** *n* Rodelbahn *f*

toby ['təʊbi, AM 'toʊbi] *n,* **toby jug** *n* Figurkrug *m*

toccata [tə'kɑ:tə, AM ţə] *n* MUS Toccata *f fachspr*

tocsin ['tɒksɪn, AM 'tɑ:k] *n* (*old*) Sturmglocke *f hist;* (*fig*) Warnsignal *nt;* **to sound the ~** Alarm schlagen

tod [tɒd] *n no pl* BRIT (*fam*) **on one's ~** allein; **to be on one's ~** allein sein

today [tə'deɪ] **I.** *adv inv* 1 (*on this day*) heute; **a month from ~** heute in einem Monat; **five years ago ~** heute vor fünf Jahren; **to be here ~ and gone tomorrow** heute da und morgen dort sein 2 (*nowadays*) heutzutage **II.** *n no pl* 1 (*this day*) heutiger Tag; ~***'s the day*** heute ist der große Tag; **~'s date** heutiges Datum; ***what's ~'s date?*** welches Datum haben wir heute?; **~'s paper** Zeitung *f* von heute; **~'s special** Angebot *nt* des Tages 2 (*present period of time*) Heute *nt;* **cars/computers/youth of ~** Autos *ntpl*/Computer *mpl*/Jugend *f* von heute; **~'s cars/computers/youth** heutige Autos/Computer/Jugend

today week *adv* BRIT heute in einer Woche

toddle ['tɒdl, AM 'tɑ:dl] *vi child* wackeln, tapsen; (*fam*) *adult* schlappen *fam,* tappen *fam*

toddler ['tɒdləʳ, AM 'tɑ:dlɚ] *n* Kleinkind *nt*

toddler's pool *n* Planschbecken *nt*

toddy ['tɒdi, AM 'tɑ:di] *n* Toddy *m*

todger ['tɒdʒəʳ] *n* BRIT (*sl*) Schwanz *m sl*

to-do [tə'du:] *n usu sing* (*fam*) 1 (*fuss*) Getue *nt pej fam;* **to make a great ~ about sth** ein großes Theater um etw *akk* machen; ***what's the big ~ about?*** was soll denn das ganze Theater? 2 (*confrontation*) Wirbel *m*

to-do list *n* Besorgungsliste *f*

toe [təʊ, AM toʊ] **I.** *n* 1 (*on foot*) Zehe *f;* **to stub one's ~s** sich *dat* die Zehen anstoßen; **to tap one's ~s** mit den Zehen wippen 2 (*of sock, shoe*) Spitze *f* ▸ PHRASES: **to make one's ~s curl** jdm peinlich sein; **to keep sb on their ~s** jdn auf Zack halten *fam;* **to stay on one's ~s** auf Zack bleiben *fam;* **to step on** [*or* **tread**] **sb's ~s** jdm [zu] nahe treten; **to turn up one's ~s** (*fam*) den Löffel abgeben *fam* **II.** *vt* **to ~ the party line** der Parteilinie folgen **III.** *vi* ■**to ~ in/out** X-/O-Beine haben

toe cap *n* Schuhkappe *f* **toe clip** *n* Rennbügel *m*

toe-curling *adj* BRIT (*fam*) peinlich

-toed [təʊd, AM toʊd] *in compounds* **a two-/three-/four-~ animal** ein zwei-/drei-/vierzehiges Tier

toehold *n* 1 (*in climbing*) Halt *m* für die Zehen 2 (*fig: starting point*) Ausgangspunkt *m;* **to get a ~ in** Fuß fassen **toenail** *n* Zehennagel *m* **toerag** *n* BRIT (*pej vulg sl*) Widerling *m pej,* Miesling *m pej fam*

toff [tɒf] *n* BRIT, AUS feiner Pinkel *pej fam,* Schnösel *m pej fam*

toffee *n,* **toffy** ['tɒfi, AM 'tɑ:-] *n* Toffee *nt* ▸ PHRASES: **sb cannot do sth for ~** BRIT (*fam*) jd kann etw absolut [*o* überhaupt] nicht tun

toffee apple *n* kandierter Apfel **toffee-nosed** *adj* BRIT (*pej fam*) hochnäsig

tofu ['təʊfu:, AM 'toʊ-] *n no pl* Tofu *m*

tog [tɒg, AM tɑ:g] **I.** *n* ■**~s** *pl* (*fam*) Klamotten *pl fam; esp* AUS (*fam: swimming costume*) Schwimmsachen *pl* **II.** *vt* <-gg-> ■**to ~ sb out** [*or* **up**] jdn herausputzen; ■**to ~ oneself up** sich *akk* in Schale werfen

toga ['təʊgə] *n* HIST, FASHION Toga *f*

together [tə'geðəʳ, AM -ɚ] **I.** *adv inv* 1 (*with each other*) zusammen; ■**~ with sth** zusammen mit etw *dat;* ***the telephone bill ~ with the rent equals £300*** die Telefonrechnung und die Miete macht zusammen £300; **close ~** nah beisammen 2 (*collectively*) zusammen, gemeinsam; ***she's got more sense than the rest of you put ~*** sie hat mehr Verstand als ihr alle zusammen; **all ~ now** jetzt alle miteinander 3 (*as to combine*) **to add sth ~** etw zusammenzählen; **to go ~** zusammenpassen; **to mix sth ~** etw zusammenmischen; **to stick sth ~** etw zusammenkleben 4 (*in relationship*) zusammen; **to be ~** zusammen sein; **to be back ~** wieder zusammen sein; **to get ~** zusammenkommen; **to live ~** zusammenleben; **to sleep ~** (*fam*) miteinander schlafen *fam* 5 (*simulaneously*) gleichzeitig; **to speak ~** gleichzeitig reden 6 (*continuously*) **for hours ~** stundenlang **II.** *adj* (*approv fam*) ausgeglichen; ***he's a fairly ~ sort of guy*** er ist ein eher ausgeglichener Typ

togetherness [tə'geðənəs, AM -ðɚ-] *n no pl* Zusammengehörigkeit *f;* **feeling** [*or* **sense**] **of ~** Zusammengehörigkeitsgefühl *nt*

toggle ['tɒgl, AM 'tɑ:gl] **I.** *n* 1 (*switch*) Kippschalter *m;* COMPUT (*key*) Umschalttaste *f* 2 (*fastener*) Knebel *m* **II.** *vi* COMPUT hin- und herschalten **III.** *vt* COMPUT ■**to ~ sth** etw kippen

toggle joint *n* hebelübersetztes Gelenk **toggle key** *n* Umschalttaste *f* **toggle switch** *n* Kippschalter *m*

Togo ['təʊgəʊ, AM 'toʊgoʊ] *n* Togo *nt*

toil [tɔɪl] **I.** *n no pl* Mühe *f,* Plackerei *f fam,* Schufterei *f fam;* **hard/honest ~** harte/ehrliche Arbeit; **~ and tribulation** Mühsal *f* **II.** *vi* 1 (*work hard*) hart arbeiten, schuften *fam* 2 (*go with difficulty*) **to ~ along the cliff/up a hill** sich *akk* eine Klippe entlang-/einen Hügel hochschleppen **III.** *vt* **to ~ one's way through sth** sich *akk* durch etw *akk* durcharbeiten

◆**toil away** *vi* sich *akk* abrackern *fam*

toilet ['tɔɪlɪt] **I.** *n* 1 (*lavatory, bowl*) Toilette *f,* Klo *nt fam;* [**public**] **~s** *esp* BRIT, AUS öffentliche Toiletten; **to go to the ~** *esp* BRIT auf die Toilette gehen; **to flush the ~** spülen; **to flush sth down the ~** etw die Toilette hinunterspülen 2 *no pl* (*form or dated: preparation*) Toilette *f geh* **II.** *n modifier* 1 (*of a lavatory*) (*brush, stall, window*) Toiletten-, Klo- *fam* 2 (*concerned with cleanliness*) (*articles*) Toiletten-; **~-case** Reisenecessaire *nt*

toilet bag *n* Kulturbeutel *m,* Toilettentasche *f* **toilet paper** *n* Toilettenpapier *nt,* Klopapier *nt fam*

toiletries ['tɔɪlɪtriz] *npl* Toilettenartikel *mpl*

toilet roll *n* BRIT, AUS Rolle *f* Toilettenpapier [*o fam* Klopapier] **toilet-roll holder** *n* BRIT, AUS Klopapierhalter *nt fam* **toilet seat** *n* Toilettensitz *m,* Klobrille *f fam* **toilet soap** *n* Toilettenseife *f* **toilet tissue** *n no pl esp* BRIT, AUS Toilettenpapier *nt,* Klopapier *nt fam* **toilet-train** *vt* **to ~ a child** ein Kind zur Sauberkeit erziehen **toilet-trained** *adj inv* sauber; ***is Sammy ~ yet?*** geht Sammy schon auf den Topf? **toilet water** *n no pl* Eau *nt* de Toilette

toiling masses *npl* (*liter*) arbeitendes Volk

to-ing and fro-ing ['tu:ɪŋən(d),frəʊɪŋ, AM -,froʊ-] *n no pl* (*also fig*) Hin und Her *nt a. fig;* (*back and forth*) Vor und Zurück *nt*

toke [təʊk, AM toʊk] *n* (*sl*) Joint *m sl,* Tüte *f sl*

token ['təʊkᵊn, AM 'toʊ-] **I.** *n* 1 (*symbol*) Zeichen *nt fig;* ***he bought her a ring as a ~ of his love*** er kaufte ihr einen Ring zum Zeichen seiner Liebe; **a ~ of sb's affection** ein Zeichen *nt* für jds Zuneigung; **a ~ of sb's regret** ein Zeichen *nt* des Bedauerns 2 BRIT, AUS (*voucher*) Gutschein *m* 3 (*money substitute*) Chip *m;* **coffee/jukebox/subway ~** Kaffeemarke *f*/Musikboxmarke *f*/U-Bahn-Marke *f* 4 COMPUT (*internal code*) Kennzeichen *nt,* Token *nt;* (*in local area network*) Token *nt* ▸ PHRASES: **by the same ~** aus demselben Grund **II.** *adj attr, inv* 1 (*symbolic*) nominell; *fine, gesture, resistance* symbolisch; **~ rent** Friedenszins *m;* **~ stoppage** [*or* **strike**] Warnstreik *m;* **~ troop presence** symbolische Truppenpräsenz 2 (*pej: an appearance of*) Schein-; ***that was just a ~ offer*** das war nur ein Pro-Forma-Angebot; **the ~ black/woman** der/die Alibischwarze/die Alibifrau *pej fam;* **~ effort** Anstrengung *f* zum Schein; **~ gesture** leere Geste

tokenism ['təʊkᵊnɪzᵊm, AM 'toʊ-] *n no pl* Alibihandlung *f*

told [təʊld, AM toʊld] *pt, pp of* **tell** ▸ PHRASES: **all** [**said and**] ~ alles in allem

tolerable ['tɒlᵊrəbl, AM 'tɑ:lɚ-] *adj* erträglich; (*fairly good*) annehmbar, [ganz] passabel

tolerably ['tɒlᵊrəbli, AM 'tɑ:lɚ-] *adv* recht, ganz

tolerance ['tɒlᵊrᵊn(t)s, AM 'tɑ:lɚ-] **I.** *n* 1 *no pl* (*open-mindedness*) Toleranz *f* (**of/towards** gegenüber +*dat*); **~ of children** Nachsicht mit Kindern; ~

T

of dissent Toleranz *f* gegenüber Andersdenkenden; **racial** ~ Toleranz *f* gegenüber Menschen aller Rassen ② (*capacity to endure*) Toleranz *f*, Widerstandsfähigkeit *f* (**to** gegen *+dat*); ~ **to alcohol/a drug** Alkohol-/Medizinverträglichkeit *f*; **pain-~ threshold** Schmerzschwelle *f* ③ (*in quantity, measurement*) Toleranz *f*, zulässige Abweichung **II.** *n modifier* ~ **level** [*or* **threshold**] Toleranzschwelle *f*

tolerant ['tɒlᵊrᵊnt, AM 'tɑːlɚ-] *adj* ① (*open-minded*) tolerant (**of/towards** gegenüber *+dat*); **to have a ~ attitude** eine tolerante Haltung haben ② (*resistant*) *person* widerstandsfähig; *plant* resistent (**of** gegen *+dat*)

tolerantly ['tɒlᵊrᵊntli, AM 'tɑːlɚ-] *adv* tolerant; **to be ~ disposed towards sb/sth** gegen jdn/etw tolerant eingestellt sein

tolerate ['tɒlᵊreɪt, AM 'tɑːlə-] *vt* ① (*accept*) ■**to ~ sth** etw tolerieren [*o* dulden]; ***I won't ~ lying*** Lügen werde ich nicht dulden; ***he couldn't ~ his wife speaking to strange men*** er konnte es nicht hinnehmen, dass seine Frau mit fremden Männern sprach; ■**to ~ sb** jdn ertragen; **to ~ sb's behaviour** [*or* AM **behavior**] jds Verhalten tolerieren; **to ~ no dissent** keine Widerrede dulden ② (*resist*) **to ~ a drug** eine Medizin vertragen; **to ~ heat/noise/pain/stress** Hitze/Geräusch/Schmerz/Stress aushalten; **to ~ cold/drought/insects** *plant* Kälte/Dürre/Insekten widerstehen

toleration [ˌtɒlᵊr'eɪʃᵊn, AM ˌtɑːlə'reɪ-] *n no pl* Toleranz *f*

toll¹ [təʊl, AM toʊl] *n* ① (*for bridges, motorways*) Zoll *m*, Maut *f bes* ÖSTERR ② AM (*for phone call*) [Fernsprech]gebühr *f* ③ *no pl* (*deaths, loss*) Tribut *m fig;* ***malaria exacts a heavy ~ of illness and death in this region*** Malaria fordert viele Krankheits- und Todesfälle in dieser Region; **casualty ~** Opferzahl *f;* **to take its** [*or* **a**] **~ [on sb/sth]** seinen/ihren Tribut [von jdm/etw] fordern

toll² [təʊl, AM toʊl] **I.** *vt* **to ~ a bell** eine Glocke läuten; **to ~ midnight/the hour** *bell* Mitternacht einläuten/die Stunde läuten ► PHRASES: **to ~ the knell** das Ende bedeuten **II.** *vi bell* läuten

toll-bar *n* Zahlschranke *f*, Mautstelle *f bes* ÖSTERR **tollbooth** *n* Zahlstelle *f*, Mauthäuschen *nt bes* ÖSTERR **toll bridge** *n* gebührenpflichtige Brücke, Mautbrücke *f bes* ÖSTERR **toll call** *n* AM Ferngespräch *nt* **toll collector** *n* Zöllner(in) *m(f)*

tolled [təʊld, AM toʊld] *adj inv* gebührenpflichtig, Maut- *bes* ÖSTERR

toll-free *adj inv* gebührenfrei **toll-free call** *n* AM gebührenfreier Anruf **toll-free number** *n* AM gebührenfreie Nummer **tollgate** *n* Schlagbaum *m*, Mautschranke *f bes* ÖSTERR **tollhouse** *n* Zollstelle *f*, Mautstelle *f bes* ÖSTERR **toll road** *n* gebührenpflichtige Straße, Mautstraße *f bes* ÖSTERR

tom [tɒm, AM tɑːm] *n* (*male animal*) Männchen *nt;* (*cat*) Kater *m*

tomahawk ['tɒməhɔːk, AM 'tɑːməhɑːk] *n* Tomahawk *m*, Kriegsbeil *nt*

tomato <*pl* -es> [tə'mɑːtəʊ, AM -'meɪtoʊ] *n* Tomate *f*, Paradeiser *m* ÖSTERR; **~ and cheese sandwich** Tomaten-Käse-Sandwich *nt*

tomato juice *n no pl* Tomatensaft *m* **tomato ketchup** *n no pl* Tomatenketchup *nt* **tomato sauce** *n no pl* Tomatensoße *f* **tomato soup** *n no pl* Tomatensuppe *f*

tomb [tuːm] *n* Grab *nt;* (*mausoleum*) Gruft *f;* (*below ground*) Grabkammer *f;* ■**the ~** (*fig*) der Tod; **~ of the unknown soldier** Grab *nt* des unbekannten Soldaten

tombola [tɒm'bəʊlə] *n* BRIT, AUS Tombola *f*

tomboy ['tɒmbɔɪ, AM 'tɑːm-] *n* Wildfang *m*

tomboyish ['tɒmbɔɪɪʃ, AM 'tɑːm] *adj girl* jungenhaft, knabenhaft

tombstone ['tuːmstəʊn, AM -stoʊn] *n* ① (*for grave*) Grabstein *m* ② ECON (*fam*) Emissionsanzeige *f* [der Emissionshäuser]

tomcat ['tɒmkæt, AM 'tɑːm-] *n* Kater *m*

Tom, Dick and Harry *n*, **Tom, Dick or Harry** *n no pl* Hinz und Kunz; **any** [*or* **every**] **~** jeder x-Beliebige

tome [təʊm, AM toʊm] *n* (*usu hum*) Schmöker *m fam;* **weighty ~** dicker Wälzer *fam*

tomfoolery [ˌtɒm'fuːlᵊri, AM ˌtɑːm'fuːlɚi] *n no pl* Albernheit *f*

tommy gun *n* Maschinenpistole *f* **tommyrot** *n no pl* (*fam or dated*) Unsinn *m*, dummes Zeug *fam*

tomograph ['təʊməgræf, AM 'toʊ-] *n* MED ① (*device*) Tomograph *m fachspr* ② (*image*) Tomographie *f fachspr*

tomography [tə'mɒgrəfi, AM -'mɑːg-] *n no pl* MED Tomographie *f fachspr*

tomorrow [tə'mɒrəʊ, AM -'mɑːroʊ] **I.** *adv inv* morgen **II.** *n* morgiger Tag; **a month from ~** morgen in einem Monat; **~'s problems/technology/youth** Probleme *ntpl*/Technologie *f*/Jugend *f* von morgen; **a week ago ~** morgen vor einer Woche; **a better ~** eine bessere Zukunft; **to do sth like there was** [*or* **were**] **no ~** etw machen, als ob es das letzte Mal wäre ► PHRASES: **~ is another day** (*saying*) morgen ist auch noch ein Tag; **never put off until ~ what you can do today** (*saying*) was du heute kannst besorgen, das verschiebe nicht auf morgen *prov;* **who knows what ~ will bring?** wer weiß, was die Zukunft bringt? **III.** *n modifier* (*afternoon, evening*) morgen; **~ morning** morgen Früh; **~ week** BRIT morgen in einer Woche

tom-tom ['tɒmtɒm, AM 'tɑːmtɑːm] *n* Tamtam *nt*

ton <*pl* – *or* -s> [tʌn] *n* ① (*unit of measurement*) Tonne *f;* **long ~** *1016,05 kg;* **short ~** *907,185 kg* ② (*fig fam*) ■**a ~** [*or* **~s**] **of sth** ***how many cars does he have? — ~s*** wie viele Autos besitzt er? – jede Menge; **to weigh a ~** Unmengen wiegen ► PHRASES: **to come down on sb like a ~ of bricks** jdn völlig fertig machen; **to do a ~** *esp* BRIT (*fam*) mit 160 Sachen fahren *veraltend fam*

tonal ['təʊnᵊl, AM 'toʊ-] *adj* MUS tonal *fachspr;* **~ music** tonale Musik

tonality ['təʊ'næləti, AM -əṱi] *n* ① MUS Tonart, f, Klangcharakter *m*, Tonalität *f fachspr* ② ART Farbton *m*

tone [təʊn, AM toʊn] **I.** *n* ① (*of instrument*) Klang *m* ② (*manner of speaking*) Ton *m;* ***I don't like your ~ of voice*** dein Ton gefällt mir nicht; **an apologetic/a disrespectful/friendly ~** ein entschuldigender/respektloser/freundlicher Ton ③ (*voice*) ■**~s** *pl* Stimme *f;* **to speak in hushed ~s** mit gedämpfter Stimme sprechen ④ (*character*) Ton *m;* ***there is a very moral ~ to this book*** dieses Buch hat einen sehr moralischen Unterton; **to lower/raise the ~ of sth** der Qualität einer S. *gen* schaden/die Qualität einer S. *gen* heben; **~ of a celebration/party** Stimmung *f* bei einer Feier/Party; **~ of an event** Niveau *nt* einer Veranstaltung ⑤ (*of colour*) Farbton *m* ⑥ *no pl* (*of muscles*) Tonus *m fachspr;* **muscle ~** Muskeltonus *m fachspr* ⑦ MUS (*difference in pitch*) Ton *m;* **half/whole ~** Halb-/Ganzton *m* ⑧ (*of a telephone*) Ton *m;* **dialling** [*or* AM **dial**] **~** Wählton *m;* **engaged** [*or* AM **busy**] **~** Besetztzeichen *nt;* **ringing ~** Klingelzeichen *nt* **II.** *vt* **to ~ the body/muscles/nerves** den Körper/die Muskeln/Nerven fit halten **III.** *vi* ■**to ~ with sth** mit etw *dat* harmonieren

♦**tone down** *vt* ■**to ~ sth** ↔ **down** etw abmildern; *colour, sound* etw abschwächen; *criticism, language, protests* etw mäßigen

♦**tone in** *vi* sich *akk* anpassen; ■**to ~ in with sth** mit etw *dat* harmonieren

♦**tone up I.** *vt* **to ~ up one's body/muscles** seinen Körper/seine Muskeln kräftigen **II.** *vi* sich *akk* in Form bringen

tone arm *n* Tonarm *m* **tone control** *n* Klangregler *m*

toned [təʊnd, AM toʊnd] *adj* gestärkt; **~ body** muskulöser Körper

tone-deaf *adj* ■**to be ~** kein Gehör für Tonhöhen haben **tone language** *n* Tonsprache *f*

toneless ['təʊnləs, AM 'toʊn-] *adj* (*liter*) tonlos

tonelessly ['təʊnləsli, AM 'toʊn] *adv* tonlos

tone of voice *n* Ton *m;* ***don't speak to me in that ~!*** sprich nicht in diesem Ton mit mir! **tone poem** *n* Tondichtung *f*

toner ['təʊnəʳ, AM 'toʊnɚ] *n* ① (*for skin*) Gesichtswasser *nt* ② (*for photographs*) Toner *m* ③ COMPUT Toner *m*

toner cartridge *n*, **toner cassette** *n* TYPO Tonerpatrone *f*

tone-row *n* MUS Tonreihe *f*

tongs [tɒŋz, AM tɑːŋz] *npl* Zange *f;* **fire ~** Feuerzange *f;* **a pair of ~** eine Zange

tongue [tʌŋ] **I.** *n* ① (*mouth part*) Zunge *f;* ***have you lost your ~?*** hat es dir die Sprache verschlagen?; ***his name is on the tip of my ~*** sein Name liegt mir auf der Zunge; ***a few whiskies should loosen his ~*** ein paar Whiskys werden ihm schon die Zunge lösen; **to bite one's ~** sich *dat* in die Zunge beißen; **to burn one's ~** sich *dat* die Zunge verbrennen; **to find one's ~** die Sprache wieder finden; **to hold one's ~** den Mund halten; **to stick one's ~ out** [**at sb**] [jdm] die Zunge herausstrecken ② (*tongue-shaped object*) **~ of land** Landzunge *f;* **~ of a shoe** Zunge *f* eines Schuhs ③ (*language*) Sprache *f;* **the gift of ~s** REL die Gabe, mit fremden Zungen zu sprechen ④ *no pl* (*expressive style*) Ausdrucksweise *f;* **to have a sharp ~** eine spitze Zunge haben ► PHRASES: **to say sth ~ in cheek** [*or* **with one's ~ in one's cheek**] etw als Scherz meinen; **to get one's ~ around** [*or* **round**] **a word** ein Wort kaum aussprechen können; **to set** [*or* **start**] **~s wagging** Gerede verursachen **II.** *vt* MUS ■**to ~ sth** etw mit Zungenschlag spielen

tongue-depressor *n* MED Zungenspatel *m*, Zungendepressorium *nt fachspr* **tongue-in-cheek** *adj* humoristisch

tongue-lashing *n* Standpauke *f fam;* **to give sb a ~** jdm eine Standpauke halten *fam* **tongue-tied** *adj* sprachlos; **to be/get ~ with surprise** vor Überraschung kein Wort herausbekommen **tongue twister** *n* Zungenbrecher *m*

tonguing ['tʌŋɪŋ] *n no pl* MUS Zungenschlag *m*

tonic¹ ['tɒnɪk, AM 'tɑː-] *n* ① (*medicine*) Tonikum *nt geh;* **to prescribe a ~** ein Tonikum verschreiben ② (*sth that rejuvenates*) Erfrischung *f*, Energiespritze *f fig*

tonic² ['tɒnɪk, AM 'tɑː-] MUS **I.** *n* ■**the ~** der Grundton, die Tonika *fachspr* **II.** *adj inv* Grundton-, Tonika- *fachspr;* **~ chord** Grundakkord *m*

tonic³ ['tɒnɪk, AM 'tɑː-] *n*, **tonic water** *n* Tonic[water] *nt*

tonight [tə'naɪt] **I.** *adv inv* (*during today's night*) heute Abend; (*till after midnight*) heute Nacht **II.** *n* (*today's night*) der heutige Abend; **~'s meeting** das Treffen des heutigen Abends

tonnage ['tʌnɪdʒ] *n no pl* Tonnage *f*

tonne <*pl* -s *or* -> [tʌn] *n* (*1000 kg*) Tonne *f*

-tonner ['tʌnəʳ, AM -ɚ] *in compounds* -tonner; *vehicle* -tonnenfahrzeug; *ship* -tonnenschiff

tonsillectomy [ˌtɒn(t)sᵊˡlektəmi, AM ˌtɑːn(t)sə-] *n* Mandeloperation *f*, Tonsillektomie *f fachspr*

tonsillitis [ˌtɒn(t)sᵊˡlaɪtɪs, AM ˌtɑːn(t)sə'laɪṱɪs] *n no pl* Mandelentzündung *f*, Tonsillitis *f fachspr*

tonsils ['tɒn(t)sᵊlz, AM 'tɑːn(t)-] *npl* MED Mandeln *fpl*, Tonsillen *fpl fachspr;* **to have one's ~ out** die Mandeln entfernt bekommen

tonsure ['tɒn(t)ʃəʳ, AM 'tɑːn(t)ʃɚ] **I.** *n* REL (*bare patch on head*) Tonsur *f* **II.** *vt* ■**to ~ sb** jdm eine Tonsur scheren, jdn tonsurieren *geh*

ton-up ['tʌnʌp] *adj* BRIT (*fam*) Schnelligkeits-

tony ['toʊni] *adj* <-ier, -iest> *attr* AM (*fam: classy*) *clothing* todschick; *restaurant, boutique, resort* nobel, exklusiv

too [tuː] *adv inv* ① (*overly*) *big, heavy, small* zu; (*form*) ***it was ~ expensive a desk for a child's room*** der Tisch war für ein Kinderzimmer viel zu teuer; **to be ~ good an opportunity to miss** eine Chance sein, die man nicht auslassen darf; **to be ~ bad** wirklich schade sein; **to be in ~ deep** zu tief [in einer Sache] drinstecken *fam;* **far ~ difficult** viel zu schwierig; **to be only** [*or* **all**] **~ easy** nur zu einfach sein; **to be ~ good to be true** zu gut um wahr zu sein; **~ late** zu spät; **to be ~ much** zu viel sein ② (*very*) sehr; ***my mother hasn't been ~ well recently*** meiner Mutter geht es in letzter Zeit nicht allzu gut; (*form*) ***thank you, you're ~ kind!*** danke, das ist wirklich zu nett von Ihnen!; **to not be ~ sure if …** sich *dat* nicht ganz sicher sein, ob … (3) (*also*) auch; ***I'd like to come*** ~ ich möchte ebenfalls kommen; **me ~!** (*fam*) ich auch! (4) (*moreover*) überdies; ***it's a wonderful picture — and by a child ~!*** es ist ein wunderschönes Bild – und dabei von einem Kind gemalt! (5) AM (*fam: said for emphasis, to contradict*) und ob; ***I'm not going to school today — you are ~!*** ich gehe heute nicht in die Schule – und ob du gehst!; ***she is ~ a professional basketball player!*** und ob sie eine Profibasketballspielerin ist! ▸ PHRASES: **to have ~ much of a good thing** zu viel des Guten sein; **to be ~ much like hard work** (*fam*) zu anstrengend sein; **to be ~ little [and] ~ late** völlig unzureichend sein; **~ right!** AUS stimmt genau!

took [tʊk] *vt vi pt of* **take**

tool [tu:l] **I.** *n* (1) (*implement*) Werkzeug *nt;* **power ~** Elektrowerkzeug *nt* (2) (*aid*) Mittel *nt* (3) (*fig, pej: instrument*) Spielball *m fig,* Marionette *f fig* (4) (*occupational necessity*) Instrument *nt;* **to be a ~ of the trade** zum Handwerkszeug gehören (5) (*vulg, sl: penis*) Schwanz *m vulg* **II.** *vt* ■**to ~ sth** etw bearbeiten

◆**tool up** *vi* (1) (*equip*) aufrüsten (2) (*sl: arm oneself*) sich *akk* bewaffnen

tool bag *n* Werkzeugtasche *f* **tool bar** *n* COMPUT Symbolleiste *f* **tool box** *n* (1) (*container*) Werkzeugkiste *f* (2) COMPUT (*for program*) Toolbox *f,* Werkzeugsammlung *f*

tooled [tu:ld] *adj inv* verziert

tooled up *adj pred* (*sl*) bewaffnet

tooling ['tu:lɪŋ] *n no pl* (1) (*tools*) Werkzeug *nt,* Werkzeugausrüstung *f* (2) (*making of tools*) Werkzeugherstellung *f* (3) (*working with tools*) Bearbeitung *f* (4) (*leather ornamentation*) Punzarbeit *f*

tool kit *n* (1) (*container*) Werkzeugkasten *m* (2) COMPUT (*for program*) Werkzeug *nt,* Werkzeugausrüstung *f* **toolmaker** *n* Werkzeugmacher(in) *m(f)* **tool shed** *n* Geräteschuppen *m*

toonie ['tu:ni] *n* CAN (*fam*) Zweidollarmünze *f*

toot [tu:t] **I.** *n* Hupen *nt kein pl;* **to give a ~** hupen **II.** *vt* (1) (*sound*) ■**to ~ sb** jdn anhupen; **to ~ a horn** auf die Hupe drücken (2) (*fam: blow wind instrument*) ■**to ~ sth** [in] etw [*akk*] blasen **III.** *vi* (1) (*honk*) hupen, tuten (2) MUS (*fam: blow*) blasen

tooth <*pl* teeth> [tu:θ, *pl* ti:θ] *n* (1) (*in mouth*) Zahn *m;* **to bare one's teeth** die Zähne fletschen; **to brush one's teeth** die Zähne putzen; **to fill a ~** einen Zahn plombieren; **to give sth teeth** (*fig*) etw *dat* Biss geben; **to grind one's teeth** mit den Zähnen knirschen *a. fig;* **to grit one's teeth** die Zähne zusammenbeißen; **to have a ~ out** [*or* AM **pulled**] einen Zahn gezogen bekommen (2) *usu pl of a comb* Zinke *f; of a saw* [Säge]zahn *m;* **~ of a cog** Zahn *m* eines Zahnrads ▸ PHRASES: **to set sb's teeth on edge** jdm den letzten Nerv rauben *fam;* **to fight ~ and nail** [to do sth] mit aller Macht [um etw *akk*] kämpfen; **to be [a bit] long in the ~** in die Jahre gekommen sein; **to cut one's teeth on sth** Erfahrungen bei etw *dat* sammeln; **to get one's teeth into sth** sich *akk* in etw *akk* hineinstürzen; **in the teeth of sth** trotz einer S. *gen*

toothache *n no pl* Zahnschmerzen *mpl* **toothbrush** *n* Zahnbürste *f* **toothcomb** *n* NBRIT Staubkamm *m;* **to go through sth with a fine ~** (*fig*) etw genau unter die Lupe nehmen *fig* **tooth decay** *n no pl* MED Zahnverfall *m*

toothed [tu:θt] *adj inv* mit Zähnen versehen, Zahn-; *leaf* gezähnt, gezackt

toothed whale *n* Zahnwal *m* **tooth fairy** *n Fee, die in der Nacht die ausgefallenen Milchzähne der Kinder gegen Süßigkeiten oder Geldmünzen austauscht*

toothless ['tu:θləs] *adj inv* zahnlos; (*fig: having no power*) wirkungslos, ohne Saft und Kraft *nach n, präd fig*

toothpaste *n no pl* Zahnpasta *f* **toothpick** *n* Zahnstocher *m* **tooth powder** *n* Zahnpulver *nt kein pl* **toothsome** ['tu:θsəm] *adj* köstlich, schmackhaft

toothy ['tu:θi] *adj* zähnefletschend; **a ~ grin** ein breites Grinsen; **a ~ face** ein Gesicht mit vorstehenden Zähnen

tootle ['tu:tl, AM 'tu:t̬l] *vi* (*fam*) ■**to ~ along** [*or* **around**] dahinzockeln *fam*

toots [tʊtz] *n esp* AM (*fam*) Schnuckelchen *nt fam,* Süße *f fam*

tootsie ['tʊtsi] *n* (1) (*childspeak fam: foot or toe*) Füßchen *nt* (2) *esp* AM (*dated fam: woman*) Schnuckelchen *nt fam,* Süße *f fam*

tootsy ['tʊtsi] *n* (*childspeak fam*) Füßchen *nt*

top¹ [tɒp, AM tæ:p] *n* (1) (*toy*) Kreisel *m* (2) (*dated fam*) **to sleep like a ~** schlafen wie ein Murmeltier

top² [tɒp, AM tæ:p] **I.** *n* (1) (*highest part*) oberes Ende, Spitze *f; of a mountain* [Berg]gipfel *m; of a tree* [Baum]krone *f,* Wipfel *m;* ***she waited for me at the ~ of the stairs*** sie wartete oben am Ende der Treppe auf mich; **from ~ to bottom** von oben bis unten; **to feel on ~ of the world** Bäume ausreißen können *fam;* **to get on ~ of sth** etw in den Griff bekommen (2) (*upper surface*) Oberfläche *f;* **~ of a desk** [*or* **table**] Tischplatte *f;* ***there was a pile of books on ~ of the table*** auf dem Tisch lag ein Stoß Bücher; ***put the letter on ~ of that pile of books*** leg den Brief auf diesen Stoß Bücher (3) *no pl* (*highest rank*) Spitze *f;* **to be at the ~ of the class** Klassenbeste(r) *f(m)* sein; **to be at the ~** an der Spitze sein; **to go to the ~** an die Spitze kommen; ■**the ~s** *pl* (*dated*) die Besten (4) FASHION Top *nt* (5) (*head end*) *of a bed, table* Kopfende *nt;* **to live at the ~ of a street** am Ende der Straße wohnen (6) BOT oberer Teil einer Pflanze; ■**~s** *pl* [Rüben]kraut *nt kein pl* (7) (*lid*) Deckel *m;* **bottle ~** Flaschenverschluss *m;* **screw-on ~** Schraubverschluss *m* (8) (*in addition to*) **on ~ of that …** obendrein …; ***we missed the train, and on ~ of that we had to …*** wir verpassten den Zug, und als wäre das noch nicht genug gewesen, mussten wir auch noch … ▸ PHRASES: **off the ~ of one's head** (*fam*) aus dem Stegreif; **from ~ to toe** von Kopf bis Fuß; **at the ~ of one's voice** aus vollem Halse; ***she shouted his name at the ~ of her voice*** sie rief, so laut sie konnte, seinen Namen; **the Big T~** das Großzelt; **to be off one's ~** BRIT (*pej fam*) kindisch sein *meist pej;* **over the ~** (*fam*) zu viel des Guten; **to go over the ~** überreagieren **II.** *adj* (1) *attr, inv* (*highest*) oberste(r,s); **~ floor** oberstes Stockwerk; **~ layer** oberste Schicht; **the ~ rung of the ladder** (*fig*) die Spitze der Karriereleiter (2) (*best*) beste(r,s); **sb's ~ choice** jds erste Wahl; **~ university** Eliteuniversität *f* (3) (*most successful*) Spitzen-; **~ athlete** Spitzensportler(in) *m(f)* (4) (*maximum*) höchste(r,s); **~ speed** Höchstgeschwindigkeit *f* **III.** *adv* BRIT **to come ~** [**of the class**] Klassenbeste(r) *f(m)* sein **IV.** *vt* <-pp-> (1) (*be at top of*) ■**to ~ sth** etw anführen; ***the record ~ped the charts for five weeks*** die Platte führte fünf Wochen lang die Charts an; **to ~ the bill** der Star des Abends sein; **to ~ a list** obenan auf einer Liste stehen (2) (*cover*) ■**to ~ sth with sth** etw mit etw *dat* überziehen; **to ~ a cake with cream** einen Kuchen mit Sahne garnieren (3) (*surpass*) ■**to ~ sth** etw übertreffen; ***they've offered me £1000 — I'm afraid we can't ~ that*** sie haben mir 1000 Pfund geboten – das können wir leider nicht überbieten (4) *esp* BRIT (*sl: kill*) ■**to ~ sb/oneself** jdn/sich umbringen (5) *esp* BRIT (*remove top and bottom of*) **to ~ and tail food** Nahrungsmittel putzen

◆**top off** *vt* ■**to ~ off** ○ **sth with sth** (1) FOOD (*give topping to*) etw mit etw *dat* garnieren (2) *esp* AM, AUS (*fig: conclude satisfactorily*) etw mit etw *dat* abrunden; (*more than satisfactorily*) etw mit etw *dat* krönen; ***would you care to ~ off your meal with one of our fine desserts?*** würden Sie ihr Essen noch gerne mit einem unserer köstlichen Desserts beschließen?

◆**top out** *vt* (1) BRIT (*mark building's completion*) **to ~ out** ○ **a house** bei einem Haus Richtfest feiern [*o* ÖSTERR Gleichenfeier haben] (2) (*to extreme*) ■**to ~ out at sth** den Höchstwert einer S. *gen* erreichen

◆**top up** *vt* (1) (*fill up again*) **to ~ up** ○ **a glass** ein Glas nachfüllen; ■**to ~ sb up** (*fam*) jdm nachschenken (2) (*bring to a certain level*) ■**to ~ up** ○ **sth** etw aufbessern; ***students are able to take out loans to ~ up their grants*** Studierende können Kredite aufnehmen, um ihre Studienbeihilfe aufzubessern

topaz ['təʊpæz, AM 'toʊ-] **I.** *n* Topas *m* **II.** *n modifier* (*ring, necklace*) Topas-

top brass *n + sing/pl vb* (*people with highest authority*) ■**the ~** die Oberen; (*highest-ranking people*) die hohen Tiere *fam;* **to get approval from the top** die Genehmingung von oben bekommen **top-class** *adj* spitze; **~ athlete** Spitzensportler(in) *m(f)* **topcoat** *n* (1) (*outer layer*) Deckanstrich *m* (2) (*paint*) Deckfarbe *f* **top copy** *n* Original[manuskript] *nt* **top dog** *n* (*fam*) Boss *m fam;* ■**to be a ~** etw zu sagen haben **top-down** *adj attr, inv* hierarchisch **top drawer** *n* (1) (*uppermost drawer*) oberste [Schub]lade (2) *esp* BRIT (*fam: social position*) Oberschicht *f* **top-drawer** *adj attr esp* BRIT (1) (*dated: upper class*) Nobel- (2) (*excellent*) beste(r,s); *see also* **top-flight**

topee ['təʊpi:, AM 'toʊ-] *n* Tropenhelm *m*

top-flight *adj attr* beste(r, s); ***he's one of our ~ engineers*** er ist einer unserer fähigsten Ingenieure **top form** *n no pl* Höchstform *f;* ■**to be on** [*or* AM **in**] **~** in Höchstform sein **top gear** *n* BRIT MECH höchster Gang **top hat** *n* Zylinder *m* **top-hatted** *adj inv* einen Zylinder[hut] tragend, mit Zylinder *nach n* **top-heavy** *adj* (1) (*usu pej: unbalanced*) kopflastig *a. fig* (2) (*fam: big-breasted*) **a ~ woman** eine Frau mit großem Vorbau *fam*

topi *n see* **topee**

topiary ['təʊpjəri, AM 'toʊpieri] *n* Formschnitt *m*

topic ['tɒpɪk, AM 'tɑ:p-] *n* Thema *nt*

topical ['tɒpɪkəl, AM 'tɑ:p-] *adj* (1) (*currently of interest*) aktuell; **to be of ~ interest** von aktuellem Interesse sein (2) (*by topics*) thematisch; ***the organization of the book is ~*** das Buch ist nach Themenbereichen aufgebaut (3) MED (*applied locally*) lokal, topisch *fachspr*

topicality [ˌtɒpɪ'kæləti, AM ˌtɑ:pɪ'kælət̬i] *n no pl* Aktualität *f*

topically ['tɒpɪkəli, AM 'tɑ:p-] *adv* aus aktuellem Anlass

topknot ['tɒpnɒt, AM 'tɑ:pnɑ:t] *n* Haarknoten *m*

topless ['tɒpləs, AM 'tɑ:p-] **I.** *adj* topless, schulterfrei; (*with exposed breasts*) oben ohne *präd,* barbusig, Oben-ohne- **II.** *adv inv* **to go ~** oben ohne gehen

top-level *adj negotiations, talks* Spitzen-, auf höchster Ebene *nach n* **top loader** *n* Toplader *m* **top management** *n usu no pl* Topmanagement *nt,* Spitze *f* der Unternehmensleitung **topmost** *adj attr, inv* oberste(r,s) **top-notch** *adj* (*fam*) erstklassig **top of the range** *adj pred* ■**to be ~** Spitzenqualität sein **top-of-the-range** *adj attr* Höchst-, Spitzen-, der höchsten Qualität *nach n*

topographer [tə'pɒgrəfəʳ, AM -'pɑ:grəfɚ] *n* Topograph(in) *m(f) fachspr,* Vermessungsingenieur(in) *m(f)*

topographic [ˌtɒpəʊ'græfɪk, AM ˌtɑ:pə'] *adj inv see* **topographical** GEOG, MATH topografisch *fachspr*

topographical [ˌtɒpə(ʊ)'græfɪkəl, AM ˌtɑ:pə'-] *adj inv* topographisch *fachspr*

topographically [ˌtɒpə(ʊ)'græfɪkəli, AM ˌtɑ:pə'-] *adv inv* topographisch *fachspr*

topography [tə'pɒgrəfi, AM -'pɑ:g-] *n no pl* Topographie *f fachspr*

topology [tɒp'ɒlədʒi, AM tə'pɑ:lə] *n* (1) *no pl* MATH Topologie *f fachspr* (2) (*interrelation, arrangement*) Auslegung *f,* [Raum]struktur *f*

topper ['tɒpəʳ, AM 'tɑ:pɚ] *n* (*fam*) Zylinder *m*

topping ['tɒpɪŋ, AM 'tɑ:p-] **I.** *n* Garnierung *f* **II.** *adj* BRIT (*dated fam*) famos *veraltend fam,* großartig

topple ['tɒpl, AM 'tɑ:pl] **I.** *vt* ■**to ~ sth/sb** (1) (*knock over*) etw/jdn umwerfen (2) POL (*overthrow*) etw/jdn stürzen; **to ~ a government** eine Regierung zu Fall bringen **II.** *vi* stürzen; *prices* fallen

◆**topple over I.** *vt* ■**to ~ sth over** etw umwerfen **II.** *vi* umfallen; ■**to ~ over sth** über etw *akk* stürzen

top priority *n* höchste Priorität; ***give this report ~***

räumen Sie diesem Bericht höchste Priorität ein **top-ranking** *adj* Spitzen-; ~ **university** Eliteuniversität *f* **topsail** *n* Toppsegel *nt fachspr* **top secret** *adj* streng geheim **top-security** *adj* Hochsicherheits-; ~ **prison** Hochsicherheitsgefängnis *nt* **topside** I. *n* ① *no pl* BRIT FOOD (*of beef*) äußere Schicht ② *usu pl* NAUT oberer Teil der Schiffseite II. *adv inv* NAUT auf Deck III. *adj inv* NAUT über der Wasserlinie *nach n* **topsoil** *n no pl* Mutterboden *m* **top speed** *n* Höchstgeschwindigkeit *f* **topspin** *n no pl* SPORTS Topspin *m*

topsy-turvy [ˌtɒpsiˈtɜːvi, AM ˌtɑːpsiˈtɜːr-] (*fam*) I. *adj* chaotisch; ~ **priorities** unklare Prioritäten II. *adv* **to turn sth** ~ etw auf den Kopf stellen *a. fig*

top ten I. *n* Top Ten *pl sl*; **to be in the** ~ in den Top Ten sein II. *n modifier* (*singers, records*) Top-Ten-; ***'Casablanca' is one of my ~ films*** ,Casablanca' ist einer meiner Lieblingsfilme; ~ **books** Bücher *ntpl* der Bestsellerliste **top-up** *n esp* BRIT, AUS ***can I give you a ~?*** darf ich dir noch nachschenken? **top-up loan** *n* Zusatzkredit *m* **top whack** *n* BRIT (*fam*) Spitzengehalt *nt*; ***we're paying £65,000,*** ~ wir bezahlen maximal 65.000 Pfund

toque [toʊk] *n* CAN *see* **tuque**

tor [tɔːʳ] *n* schroffer Fels, Felsturm *m*

Torah [ˈtɔːrə] *n no pl* (*Jewish holy book*) ■**the** ~ die Thora *fachspr*

torch [tɔːtʃ, AM tɔːrtʃ] I. *n* <*pl* -es> ① AUS, BRIT (*hand-held light*) Taschenlampe *f*; **to shine a** ~ mit einer Taschenlampe leuchten ② (*burning stick*) Fackel *f*; **Olympic** ~ olympisches Feuer; **to carry a** ~ eine Fackel tragen; **to pass the** ~ [**to sb**] [jdm] den Stab übergeben; (*fig*) etw [an jdn] weitergeben; **to put sth to the** ~ (*form*) etw niederbrennen ③ AM (*blowlamp*) Lötlampe *f* ④ (*fig: source of well-being*) heller Glanz; ***the ~ illuminating this country at the moment is that of liberty and democracy*** momentan erstrahlt dieses Land im hellen Licht der Freiheit und Demokratie ▸ PHRASES: **to carry a** ~ **for sb** nach jdm schmachten II. *n modifier* Taschenlampen- III. *vt* (*fam*) ■**to** ~ **sth** etw in Brand setzen

torch-bearer *n* Fackelträger(in) *m(f)* **torchlight** I. *n no pl* Fackelschein *m*; ■**to do sth by** ~ etw im Fackelschein tun II. *adj attr, inv* Fackel- **torchlit** *adj inv* von Fackeln beleuchtet; ~ **procession** Fackelzug *m* **torch song** *n* sentimentales Liebeslied

tore [tɔːʳ, AM tɔːr] *vi vt pt of* **tear**

toreador [ˈtɒriədɔːʳ, AM ˈtɔːriədɔːr] *n* (*bullfighter*) Toreador(in) *m(f)*, Stierkämpfer(in) *m(f)*

torment [ˈtɔːment, AM ˈtɔːr-] I. *n* ① (*mental suffering*) Qual *f*; **to suffer the ~s of the damned** (*fig*) Höllenqualen ausstehen; **the ~s of jealousy** die Qualen *fpl* der Eifersucht; **to endure** ~ Qualen *fpl* erleiden; **to go through ~s** durch die Hölle gehen ② (*physical pain*) starke Schmerzen *mpl*; ■**to be in** ~ unter starken Schmerzen leiden ③ (*torture*) Tortur *f* II. *vt* (*cause to suffer*) ■**to** ~ **sb/an animal** jdn/ein Tier quälen; **to be ~ed by grief** großen Kummer haben

tormentor [tɔːˈmentəʳ, AM tɔːrˈmentɚ] *n* Peiniger(in) *m(f)*

torn [tɔːn, AM tɔːrn] I. *vi vt pp of* **tear** II. *adj pred* (*unable to choose*) [innerlich] zerrissen *fig*; ***I'm ~ between staying in and going to Erika's party*** ich bin hin- und hergerissen, ob ich zu Hause bleiben oder zu Erikas Party gehen soll

tornado [tɔːˈneɪdəʊ, AM tɔːrˈneɪdoʊ] I. *n* <*pl* -s *or* -es> Tornado *m* II. *n modifier* (*programme, aircraft*) Tornado-; ~ **alert** Tornadowarnung *f*; ~ **damage** durch einen Tornado verursachter Schaden

tornado cellar *n*, **tornado shelter** *n* Tornadoschutzraum *m*

torpedo [tɔːˈpiːdəʊ, AM tɔːrˈpiːdoʊ] MIL, NAUT I. *n* <*pl* -es> Torpedo *m*; **to fire a** ~ einen Torpedo abschießen II. *n modifier* (*warning, launch, strike*) Torpedo-; ~ **launch** Torpedoabschuss *m*, Torpedierung *f*; ~ **strike** (*hit*) Treffer *m* mit einem Torpedo; (*attack*) Torpedoangriff *m* III. *vt* ■**to** ~ **sth** etw torpedieren *a. fig*

torpedo boat *n* Torpedoboot *nt*

torpid [ˈtɔːpɪd, AM ˈtɔːr-] *adj* (*form*) träge

torpidity [tɔːˈpɪdəti, AM tɔːrˈpɪdət̬i] *n no pl* (*form*) *see* **torpor**

torpidly [ˈtɔːpɪdli, AM ˈtɔːr-] *adv* (*form*) träge

torpor [ˈtɔːpəʳ, AM ˈtɔːrpɚ] *n no pl* (*form*) Trägheit *f*; (*hibernation*) Winterschlaf *m*; **to rouse oneself from a general state of** ~ sich *akk* aus seiner Apathie lösen

torque [tɔːk, AM tɔːrk] *n no pl* PHYS Drehmoment *nt*

torrent [ˈtɒrᵊnt, AM ˈtɔːr-] *n* ① (*large amount of water*) Sturzbach *m*; **~s** [**of rain**] sintflutartige Regenfälle; **to come down** [*or* **fall**] **in ~s** in Strömen gießen, wie aus Kübeln schütten *fam* ② (*large amount*) Strom *m fig*; **to let out a** ~ **of tears** einen Schwall Tränen vergießen; **to come in ~s** in Massen kommen

torrential [təˈren(t)ʃᵊl, AM tɔːˈ-] *adj* sintflutartig; ~ **rain** sintflutartige Regenfälle

torrid [ˈtɒrɪd, AM ˈtɔːr-] *adj* ① (*form: hot and dry*) ausgedörrt; ~ **heat** sengende Hitze ② (*fig: strongly emotional*) glühend; **a** ~ **love scene** eine heiße Liebesszene *fig*; ~ **topics** heiße [*o* gefühlsgeladene] Themen

torrid time *n* BRIT, AUS **to give sb a** ~ jdm Schwierigkeiten bereiten; **to have a** ~ eine schwere Zeit haben

torsion [ˈtɔːʃᵊn, AM ˈtɔːr-] *n no pl* MECH, MED Torsion *f fachspr*, Verdrehung *f*

torsion bar *n* Drehstabfeder *f*, Torsionsfeder *f fachspr*

torso [ˈtɔːsəʊ, AM ˈtɔːrsoʊ] *n* ① (*body*) Rumpf *m* ② (*statue*) Torso *m*

tort [tɔːt, AM tɔːrt] *n* LAW unerlaubte [*o* rechtswidrige] Handlung

tortilla [tɔːˈtiːə, AM tɔːrˈtiːjə] *n* Tortilla *f*

tortilla chip *n usu pl* Tortilla Chip *m*

tortoise [ˈtɔːtəs, AM ˈtɔːrt̬əs] *n* [Land]schildkröte *f*

tortoiseshell I. *n no pl* Schildpatt *nt* II. *adj attr, inv* Schildpatt- **tortoiseshell butterfly** *n* amerikanischer Fuchs **tortoiseshell cat** *n* Schildpattkatze *f*

tortuous [ˈtɔːtʃuəs, AM ˈtɔːr-] *adj* gewunden; (*complicated*) umständlich; **to have a** ~ **mind** verschlagen sein; **a** ~ **process** ein langwieriger Prozess

tortuously [ˈtɔːtʃuəsli, AM ˈtɔːr-] *adv* gewunden; (*in a complicated manner*) umständlich

tortuousness [ˈtɔːtʃuəsnəs, AM ˈtɔːr-] *n no pl* Gewundenheit *f*

torture [ˈtɔːtʃəʳ, AM ˈtɔːrtʃɚ] I. *n* ① *no pl* (*act of cruelty*) Folter *f*; **to divulge secrets under** ~ unter Folter Geheimnisse preisgeben; **mental** ~ seelische Folter ② (*painful suffering*) Qual *f*, Tortur *f* II. *n modifier* (*method*) Folter-; ~ **device** Folterinstrument *nt*; ~ **technique** Foltermethode *f* III. *vt* ■**to** ~ **sb** ① (*cause suffering to*) jdn foltern; **to** ~ **sb to death** jdn zu Tode foltern ② (*greatly disturb*) jdn quälen; ■**to be ~d by sth** von etw *dat* gequält werden; **to** ~ **oneself with a thought** sich *akk* mit einem Gedanken quälen

torture chamber *n* Folterkammer *f*

tortured [ˈtɔːtʃəd, AM ˈtɔːrtʃɚd] *adj* gequält

torturer [ˈtɔːtʃᵊrəʳ, AM ˈtɔːrtʃɚɚ] *n* Folterer *m*

torturous [ˈtɔːtʃᵊrəs, AM ˈtɔːr-] *adj* folternd, marternd, Folter-; (*fig*) mühselig, beschwerlich

Tory [ˈtɔːri] POL I. *n* ① BRIT (*British Conservative*) Tory *m*; ***he's a lifelong ~*** er ist ein eingefleischter Konservativer; ■**the Tories** *pl* die Tories *pl* ② CAN *Mitglied der ,Progressive Conservative Party'* II. *adj inv* Tory-

Toryism [ˈtɔːriɪzᵊm] *n no pl* Torysmus *m fachspr*

tosh [tɒʃ] *n no pl* BRIT (*dated fam*) Unsinn *m*, dummes Zeug

toss <*pl* -es> [tɒs, AM tɑːs] I. *n* Wurf *m*; ***"I don't care," she said with a ~ of her head*** „das ist mir gleich", sagte sie und warf den Kopf zurück; **to win/lose the** ~ den Münzwurf gewinnen/verlieren ▸ PHRASES: **I don't care** [*or* **give**] **a** ~ BRIT (*fam*) das ist mir piepegal *fam* II. *vt* ① (*throw*) ■**to** ~ **sb/sth** jdn/etw werfen; (*fling*) jdn/etw schleudern; *horse* jdn/etw abwerfen; ■**to** ~ **sth to sb** [*or* **to** ~ **sb sth**] jdm etw zuwerfen; **to** ~ **one's head** den Kopf zurückwerfen; **to** ~ **one's hat in the ring** *esp* AM (*fig*) in den Wahlkampf einsteigen ② (*to make a decision*) ■**to** ~ **sb** [**for sth**] mit jdm [um etw *akk*] knobeln; **to** ~ **a coin** eine Münze werfen ③ (*move up and back*) ■**to** ~ **sth** etw hin und her schleudern; ***carrots ~ed in butter*** Karotten in Butter geschwenkt; **to** ~ **a pancake** einen Pfannkuchen [*o* ÖSTERR eine Palatschinke] wenden (*durch Hochwerfen*) III. *vi* ■**to** ~ **for sth** um etw *akk* knobeln ▸ PHRASES: **to** ~ **and turn** sich *akk* hin und her wälzen

◆**toss about, toss around** *vt* ■**to** ~ **sth** ↔ **around** [*or* **about**] etw hin- und herwerfen [*o* schleudern]; **to** ~ **a proposal around** (*fig*) einen Vorschlag zur Debatte stellen

◆**toss aside** *vt* ■**to** ~ **aside** ↔ **sth** etw beiseite legen; **to** ~ **aside one's scruples** seine Skrupel ablegen

◆**toss away** *vt* ■**to** ~ **away** ↔ **sth** etw wegwerfen

◆**toss back** *vt* ① (*throw back sharply*) **to** ~ **back one's hair/head** das Haar/den Kopf zurückwerfen ② (*drink quickly*) **to** ~ **back a drink** ein Getränk hinunterschütten

◆**toss down** *vt* **to** ~ **down a drink** ein Getränk hinunterschütten

◆**toss in** *vt* **to** ~ **in a comment** eine Bemerkung einwerfen ▸ PHRASES: **to** ~ **in the towel** das Handtuch werfen *fig*

◆**toss off** I. *vt* ① (*fam: do quickly*) ■**to** ~ **off** ↔ **sth** *text* etw hinwerfen *fig* ② BRIT, AUS (*vulg sl: excite sexually*) ■**to** ~ **sb off** jdn [durch Anfassen] scharf machen *sl* ③ (*drink quickly*) **to** ~ **off a drink** ein Getränk hinunterschütten II. *vi* BRIT, AUS (*vulg sl*) sich *dat* einen runterholen *vulg*

◆**toss out** *vt* ① (*throw out*) ■**to** ~ **out** ↔ **sb/sth** jdn/etw hinauswerfen ② (*offer unsolicited*) ■**to** ~ **out** ↔ **sth** *remark* etw rauslassen *fig fam*; **to** ~ **out a suggestion** einen Vorschlag einwerfen

◆**toss up** *vi* eine Münze werfen

tossed salad *n* angemachter Salat

tosser [ˈtɒsəʳ] *n* BRIT (*sl*) Vollidiot *m pej fam*

tosspot *n* (*fam*) Säufer(in) *m(f) sl* **toss-up** *n* ① (*uncertain situation*) ungewisse Situation; ■**to be a** ~ [noch] unentschieden [*o* offen] sein ② (*tossing a coin*) Werfen *nt* einer Münze

tot [tɒt, AM tɑːt] I. *n* ① (*fam: small child*) Knirps *m fam* ② *esp* BRIT (*small amount of alcohol*) Schlückchen *nt* II. *vt* (*fam*) ■**to** ~ **up** ↔ **sth** etw zusammenrechnen [*o* addieren] III. *vi* ausmachen; ***that ~s up to £20*** das macht zusammen 20 Pfund

total [ˈtəʊtᵊl, AM ˈtoʊt̬ᵊl] I. *n* Gesamtsumme *f*; ***a ~ of 21 horses was*** [*or* ***were***] ***entered for the race*** im Ganzen wurden 21 Pferde zum Rennen zugelassen; ~ **of an amount** Gesamtsumme *f*; **in** ~ insgesamt II. *adj* ① *attr, inv* (*complete*) gesamt; ~ **cost** Gesamtkosten *pl*; ~ **income** Gesamteinnahmen *pl* ② (*absolute*) völlig; ***the cargo was written off as a ~ loss*** die Fracht wurde als Totalverlust abgeschrieben; **to be a** ~ **disaster** die reinste Katastrophe sein; **to be a** ~ **stranger** vollkommen fremd sein III. *vt* <BRIT -ll- *or* AM *usu* -l-> ① (*add up*) ■**to** ~ **sth** etw zusammenrechnen [*o* addieren]; ***their debts ~ £8,000*** ihre Schulden belaufen sich auf 8.000 Pfund ② AM (*fam*) **to** ~ **a car** einen Wagen zu Schrott fahren

◆**total up** *vt* ■**to** ~ **up** ↔ **sth** etw zusammenrechnen [*o* addieren]

total eclipse *n of the sun* totale Sonnenfinsternis; *of the moon* totale Mondfinsternis

totalitarian [tə(ʊ)ˌtælɪˈteəriən, AM toʊˌtæləˈteri-] *adj* POL totalitär

totalitarianism [tə(ʊ)ˌtælɪˈteəriənɪzᵊm, AM toʊˌtæləˈteri-] *n no pl* POL Totalitarismus *m*

totality [tə(ʊ)ˈtæləti, AM toʊˈtælət̬i] *n no pl* ① (*whole amount*) Gesamtheit *f*; **to consider sth in its** ~ etw im Ganzen [*o* als Ganzes] betrachten ② (*form: be all-important*) ***it's the ~ of his life*** es ist sein Lebensinhalt ③ (*total eclipse*) totale Verfinsterung

totalizator [ˈtəʊtᵊlaɪzeɪtəʳ, AM ˈtoʊt̬əlɪzeɪt̬ɚ] *n*, **totalizer** [ˈtəʊtᵊlaɪzəʳ, AM ˈtoʊt̬əlaɪzɚ] *n* SPORTS ① (*machine*) Zählwerk *nt* ② (*betting system*) Totalisator *m*

totally ['təʊtᵊli, AM 'toʊt̬ᵊli] *adv inv* völlig, total

tote¹ [təʊt, AM toʊt] *n no pl* SPORTS ■**the** ~ das Toto

tote² [təʊt, AM toʊt] *vt esp* AM *(fam)* ■**to** ~ **sth** etw schleppen

◆**tote along** *vt* ■**to** ~ **along** ↔ **sth/sb** etw/jdn mitschleppen *fam*

◆**tote around** *vt* ■**to** ~ **around** ↔ **sb/sth** jdn/etw herumschleppen *fam*

tote bag *n* Einkaufstasche *f*

totem ['təʊtəm, AM 'toʊt̬əm] *n* Totem *nt*

totemic [tə(ʊ)'temɪk, AM toʊ'-] *adj* Totem-

totem pole *n* Totempfahl *m*

toto ['təʊtəʊ, AM 'toʊtoʊ] *n no pl* ■**in** ~ insgesamt

totter ['tɒtəʳ, AM 'tɑːt̬ɚ] *vi* wanken, stolpern *a. fig;* **to** ~ **from crisis to crisis** *(fig)* von einer Krise in die andere schlittern; **to** ~ **towards extinction** *(fig)* kurz vor dem Aussterben sein

tottering ['tɒtᵊrɪŋ, AM 'tɑːt̬-] *adj inv* schwankend, wackelig *a. fig*

tottery ['tɒtᵊri, AM 'tɑːt̬-] *adj* wackelig; *(tatterig) person* zittrig

totty ['tɒti] *n no pl* BRIT *(fam)* Schnecke *f oft pej sl,* Schnalle *f oft pej sl*

toucan ['tuːkæn] *n (bird)* Tukan *m*

touch [tʌtʃ] **I.** *n* <*pl* -es> ❶ *no pl (ability to feel)* Tasten *nt;* **the sense of** ~ der Tastsinn; ***the material was soft to the*** ~ das Material fühlte sich weich an ❷ *(instance of touching)* Berührung *f;* **at** [*or* **with**] **a** [*or* **the**] ~ **of a button** durch Berühren eines Schalters ❸ *no pl (communication)* Kontakt *m;* **to be in** ~ **with sb/sth** mit jdm/etw in Kontakt sein; **to get/keep in** ~ [**with sb/sth**] [mit jdm/etw] in Kontakt treten/bleiben; ***he's not really in*** ~ ***with what young people are interested in*** er ist nicht mehr richtig auf dem Laufenden über die Interessen der jungen Leute ❹ *no pl (skill)* Gespür *nt; **I admire her lightness/sureness of*** ~ ***as a cook*** ich bewundere ihre leichte/sichere Hand beim Kochen; **to have the magic** ~ magische Fähigkeiten haben; **to lose one's** ~ sein Gespür verlieren ❺ *no pl (small amount)* ■**a** ~ **of ...** ein wenig ...; **a** ~ **of bitterness/irony** eine Spur Bitterkeit/Ironie; **a** ~ **of flu** *(fam)* eine leichte Grippe; **a** ~ **of the sun** ein Sonnenbrand *m* ❻ *no pl (rather)* ■**a** ~ ziemlich; ***the weather has turned a*** ~ ***nasty*** das Wetter ist ziemlich schlecht geworden ❼ *(valuable addition)* Ansatz *m;* **a** ~ **of genius** ein genialer Einfall; **the final** [*or* **finishing**] ~ der letzte Schliff ❽ *no pl* FBALL Aus *nt; **playing for safety, he kicked the ball into*** ~ auf Sicherheit spielend schlug er den Ball ins Aus ▸ PHRASES: **to be a** __**soft**__ ~ *(fam)* leichtgläubig sein **II.** *vt* ❶ *(feel with fingers)* ■**to** ~ **sb/sth** jdn/etw berühren; **to** ~ **the brake** auf die Bremse steigen *fam;* ■**to** ~ **sb somewhere** jdn irgendwo berühren; ■**to** ~ **sb/sth with sth** jdn/etw mit etw *dat* berühren; ***the setting sun*** ~***ed the trees with red*** *(fig)* die untergehende Sonne tauchte die Bäume in Rot ❷ *(come in contact with)* ■**to** ~ **sth** mit etw *dat* in Berührung kommen; ***the edge of the town*** ~***es the forest*** die Stadt grenzt an den Wald; ***tragedy*** ~***ed their lives when their son was 16*** *(fig)* ihre Tragödie begann, als ihr Sohn 16 war ❸ *(consume)* ■**to** ~ **sth** etw anrühren; ***I never*** ~ ***alcohol when I'm driving*** wenn ich fahre, rühre ich keinen Alkohol an; ***no thanks, I never*** ~ ***chocolate*** nein danke, ich esse keine Schokolade ❹ *(move emotionally)* ■**to** ~ **sb** jdn bewegen *fig* ❺ *(rival in quality)* ■**to** ~ **sth** an etw *akk* heranreichen; ■**to** ~ **sb** jdm das Wasser reichen; ***there's no one to*** ~ ***him as an illustrator of children's books*** als Illustrator von Kinderbüchern ist er einfach unschlagbar ❻ *(deal with)* ■**to** ~ **sth** etw anpacken; **to** ~ **problems** Probleme in Angriff nehmen; ■**to** ~ **sb for sth** *(pej fam)* jdn um etw *akk* bitten ▸ PHRASES: **to** ~ __**base**__ **with sb** mit jdm in Kontakt treten; **to** ~ __**bottom**__ auf Grund stoßen; *(fig)* auf seinem absoluten Tiefpunkt angelangt sein; **to** ~ **a** [**raw**] __**nerve**__ einen wunden Punkt berühren; **not to** ~ **sb/sth with a barge** [*or* AM **ten-foot**] __**pole**__ [von] jdm/etw fernbleiben; ~ __**wood**__ BRIT wenn alles gut geht, toi, toi, toi; ***the deal will be agreed on Wednesday,*** ~ ***wood*** wenn alles gut geht, kommt das Geschäft am Mittwoch zustande **III.** *vi* ❶ *(feel with fingers)* berühren; ***don't*** ~ nicht berühren ❷ *(come in contact)* sich *akk* berühren

◆**touch at** *vi* NAUT **to** ~ **at a port** in einem Hafen anlegen

◆**touch down** *vi* AVIAT landen

◆**touch in** *vt* ART ■**to** ~ **in** ↔ **sth** etw skizzieren

◆**touch off** *vt* ■**to** ~ **off** ↔ **sth** etw auslösen; **to** ~ **off a storm of protest** einen Proteststurm entfachen

◆**touch on, touch upon** *vi* ■**to** ~ **on sth** etw ansprechen

◆**touch up** *vt* ❶ *(improve)* ■**to** ~ **up** ↔ **sth** etw auffrischen; **to** ~ **up a photograph** ein Foto retuschieren ❷ BRIT *(fam: assault sexually)* ■**to** ~ **sb up** jdn abtasten [*o* DIAL *pej* begrapschen]

◆**touch upon** *vi see* **touch on**

touch-and-go *adj* unentschieden; ■**to be** ~ **whether ...** auf Messers Scheide stehen, ob ...

touchdown *n* ❶ *(landing)* Landung *f* ❷ *esp* AM SPORTS *(scoring play)* Versuch *m;* **to score a** ~ einen Versuch erzielen

touché [tu'ʃeɪ] *interj* eins zu null für dich

touched [tʌtʃt] *adj pred* ❶ *(emotionally moved)* bewegt, gerührt ❷ *(dated fam: crazy)* ■**to be** ~ nicht ganz richtig [im Kopf] sein *fam*

touch football *n* AM, AUS *Form des American Football, bei dem der Gegner nicht zu Fall gebracht wird*

touchily ['tʌtʃɪli] *adv (fam)* überempfindlich, leicht gereizt

touchiness ['tʌtʃɪnəs] *n no pl (fam)* ❶ *(sensitive nature)* Überempfindlichkeit *f* ❷ *(delicacy)* Empfindlichkeit *f; **everyone is aware of the*** ~ ***of the situation*** jeder ist sich darüber im Klaren, wie heikel die Situation ist

touching ['tʌtʃɪŋ] **I.** *adj* berührend **II.** *n* Berühren *nt kein pl;* ***'No T~!'*** ‚Nicht anfassen!'

touchingly ['tʌtʃɪŋli] *adv* auf rührende Weise; **to care** ~ **for sb** sich *akk* rührend um jdn kümmern

touchline *n* BRIT SPORTS Seitenlinie *f* **touchpaper** *n* Zündpapier *nt* **touchscreen** ['tʌtʃˌskriːn] **I.** *n* Touch-screen *m fachspr,* Berührungsbildschirm *m* **II.** *n modifier* ~ **display** Touch-screen Display *nt* **touch-sensitive** *adj* COMPUT Touch-; ~ **screen** Touchscreen *m fachspr* **touchstone** *n* Kriterium *nt geh* (**for** für +*akk*) **Touch-Tone phone**® *n* Tastentelefon *nt* **touch-type** *vi* blind schreiben

touchy ['tʌtʃi] *adj (fam)* ❶ *(oversensitive) person* empfindlich; **to be** ~ **about sth** empfindlich in Bezug auf etw *akk* sein; ***she's very*** ~ ***about the fact that her husband has been married before*** es ist ihr wunder Punkt, dass ihr Mann schon einmal verheiratet war ❷ *(delicate) situation, topic* heikel

touchy-feely *adj (pej fam)* gefühlsduselig *oft pej fam; topic* distanzlos; ■**to be** ~ auf Tuchfühlung gehen *pej fam*

tough [tʌf] **I.** *adj* ❶ *(strong)* robust; ~ **plastic** Hartplastik *nt* ❷ *(hardy) person, animal* robust, zäh; **to be as** ~ **as old boots** nicht unterzukriegen sein ❸ *(stringent) law* streng, strikt; **to get** ~**er with sb/sth** bei jdm/etw härter durchgreifen ❹ *(hard to cut) meat* zäh; ***these apples have*** ~ ***skins*** diese Äpfel haben eine harte Schale; **to be as** ~ **as old boots** [*or* AM *also* **shoe leather**] zäh wie Schuhsohlen sein ❺ *(difficult)* schwierig, hart; ~ **bargaining** harte Verhandlungen *pl;* ~ **competition** harte Konkurrenz; ~ **climate/winter** raues Klima/strenger Winter ❻ *(violent)* rau, brutal; **a** ~ **neighbourhood** eine üble Gegend ❼ *(fam: unlucky) **that's a bit*** ~**!** da hast du wirklich Pech!; ***it's*** ~ ***on Geoff that ...*** es ist wirklich schade für Geoff, dass ...; ***if you get a cold, that'll be your*** ~ wenn du dich erkältest, dann bist du selbst schuld; ~ **luck!** so ein Pech! *a. iron;* ~ **shit!** *esp* AM *(vulg sl)* scheiße für dich! *derb* **II.** *n esp* AM *(fam)* Rowdy *m pej* **III.** *vt (fam)* ■**to** ~ **out** ↔ **sth** etw aussitzen [*o* durchstehen]; ~ ***it out*** da musst du durch *fam*

tough cookie *n esp* AM *(fam)* zähe Person; ■**to be a** ~ ein zäher Typ sein **tough customer** *n (fam)* harter Brocken *fam*

toughen ['tʌfᵊn] **I.** *vt* ■**to** ~ **sth** ❶ *(strengthen)* etw verstärken; ~**ed glass** gehärtetes Glas ❷ *(make difficult to cut)* etw hart werden lassen **II.** *vi* stärker werden

◆**toughen up** *vt* ❶ *(strengthen)* ■**to** ~ **up** ↔ **sth/sb** etw/jdn härter machen ❷ *(make more stringent)* ■**to** ~ **up** ↔ **sth** *controls, rules* etw verschärfen

tough guy *n* ❶ *(strong-willed person)* zäher Bursche ❷ *(violent person)* Rowdy *m pej*

toughie ['tʌfi] *n (fam)* ❶ *(issue)* schwierige Sache ❷ *esp* AM *(fam: person)* Rowdy *m pej*

toughly ['tʌfli] *adv* stabil, robust, hart *a. fig;* ~ **made** *boots* robust verarbeitet; ~ **run** *company* von starker Hand geführt; ~ **worded** *article* scharf formuliert

tough-minded *adj* [durch und durch] realistisch

toughness ['tʌfnəs] *n no pl* ❶ *(strength)* Härte *f,* Robustheit *f* ❷ *(determination)* Härte *f,* Entschlossenheit *f;* **the** ~ **of the competition** die Härte der Konkurrenz ❸ *(of meat)* Zähheit *f*

tough nut *n* harter Brocken *fam* **tough-talking** *adj attr* ■**to be** ~ kein Blatt vor den Mund nehmen; ***she's a*** ~ ***businesswoman*** sie ist eine harte Geschäftsfrau

toughy *n (fam) see* **toughie**

toupée ['tuːpeɪ, AM tuː'peɪ] *n* Toupet *nt*

tour [tɔːʳ, tʊəʳ, AM tʊr] **I.** *n* ❶ *(journey)* Reise *f,* Tour *f;* **a** ~ **of the factory** eine Fabrikführung; **guided** ~ Führung *f;* **sightseeing** ~ Rundfahrt *f;* **walking** ~ Rundwanderung *f;* **to go** [*or* **be taken**] **on a** ~ eine Reise machen ❷ *(spell of duty)* Tournee *f;* **a** ~ **of inspection** ein Inspektionsrundgang *m;* **lecture** ~ Vortragsreise *f;* **to be/go on** ~ auf Tournee sein/gehen; **to serve a** ~ [**somewhere**] [irgendwo] dienen **II.** *n modifier (group, destination)* Reise- **III.** *vt* ■**to** ~ **sth** ❶ *(travel around)* etw bereisen, durch etw *akk* reisen ❷ *(visit professionally)* etw besuchen, etw *dat* einen Besuch abstatten ❸ *(perform)* **to** ~ **Germany** in Deutschland auf Tournee gehen, eine Deutschlandtournee machen **IV.** *vi* ■**to** ~ [**with sb**] [mit jdm] auf Tournee gehen; ■**to** ~ **in** [*or* **around**] **somewhere** irgendwo eine Tournee machen

◆**tour around,** BRIT *also* **tour round** *vi* herumreisen

tour de force <*pl* tours de force> [ˌtɔːdə'fɔːs, ˌtʊə-, *pl* ˌtɔːz-, AM ˌtʊrdə'fɔːrs, *pl* ˌtʊrz-] *n* Glanzleistung *f*

Tourette's syndrome [tɔː'rets,-, tʊə-, AM tʊ'-] *n no pl* MED Tourette-Syndrom *nt fachspr*

tour guide *n* Reiseleiter(in) *m(f)*

touring ['tɔːrɪŋ, 'tʊə-, AM 'tʊr-] **I.** *adj attr, inv* THEAT, MUS Tournee-; ~ **company** Wandertheater *nt* **II.** *n* Reisen *nt kein pl;* **to do some** ~ herumreisen

tourism ['tɔːrɪzᵊm, 'tʊə-, AM 'tʊr-] *n no pl* Tourismus *m;* **mass** ~ Massentourismus *m*

tourist ['tɔːrɪst, 'tʊə-, AM 'tʊr-] **I.** *n* ❶ *(traveller)* Tourist(in) *m(f)* ❷ AUS, BRIT *(member of sports team)* Mitglied *nt* einer Tourneemannschaft **II.** *n modifier* Touristen-; ~ **destination** Reiseziel *nt;* ~ **group** Reisegruppe *f;* **to travel** ~ in der Touristenklasse reisen

tourist agency *n* Reisebüro *nt* **tourist attraction** *n* Touristenattraktion *f* **tourist class** *n* Touristenklasse *f* **tourist destination** *n* Reiseziel *nt* **tourist guide** *n* ❶ *(book)* Reiseführer *m* ❷ *(person)* Fremdenführer(in) *m(f)* **tourist industry** *n* Tourismusindustrie *f* **tourist information office** *n,* **tourist office** *n* Touristeninformation *f* **tourist season** *n* Hauptsaison *f* **tourist track** *n (esp pej)* Touristenpfad *m* **tourist trap** *n (pej)* Touristenfalle *f pej* **tourist visa** *n* Reisevisum *nt*

touristy ['tɔːrɪsti, 'tʊə-, AM 'tʊr-] *adj (pej)* touristisch; ~ **souvenirs** Reiseandenken *ntpl*

tourmaline ['tʊəməliːn, AM 'tʊrməlɪn] *n* Turmalin *m*

tournament ['tɔːnəmənt, 'tʊə-, AM 'tɜːr-] *n* SPORTS Turnier *nt*

tourney ['tɜːrni] *n* AM Turnier *nt*

T

tourniquet ['tɜːnɪkeɪ, 'tɜː-, AM 'tɜːr-] *n* MED Stauschlauch *m,* Tourniquet *m fachspr;* **to apply a ~ to sth/sb** etw/jdm einen Tourniquet anlegen
tour of duty <*pl* tours-> *n* MIL, POL Verpflichtung *f;* **to serve a ~** Militärdienst leisten, dienen **tour of inspection** <*pl* tours-> *n* MIL Inspektionsrundgang *m* **tour operator** *n* Reiseveranstalter *m*
tourtière [tuːr'tjer] *n* CAN *Pastete mit Hackfleischfüllung, das in Québec traditionell zu Weihnachten gegessen wird*
tousle ['taʊzl] *vt* **to ~ one's hair** sich *dat* das Haar zerzausen
tousled ['taʊz|d] *adj* zerzaust; **~ hair** zerzaustes Haar
tout [taʊt] **I.** *n* (*pej*) Schwarzhändler(in) *m(f)* **II.** *vt* ① (*advertise*) ■**to ~ sth/sb** für etw/jdn Reklame machen; ■**to ~ sb as sth** jdn als etw preisen; ■**to ~ sb for sth** jdn für etw *akk* preisen; ***she is being ~ed for an Oscar*** sie wird als Kandidatin für den Oskar gehandelt; **to ~ ideas** Ideen propagieren ② BRIT (*pej: sell unofficially*) ■**to ~ sth** etw unter der Hand verkaufen **III.** *vi* ■**to ~ for sth/sb** um etw/jdn werben; **to ~ for business** [*or* **custom**] [*or* **customers**] um Kunden kämpfen
◆**tout around, tout round** *vi* ■**to ~ around for sth** nach etw *dat* suchen
tow¹ [təʊ, AM toʊ] *n* (*fibre*) Werg *nt*
tow² [təʊ, AM toʊ] **I.** *n* Schleppen *nt kein pl;* ■**to be on** [*or* AM **in**] [*or* AUS *also* **under**] **~** abgeschleppt werden; **to give sb a ~** jdn abschleppen; **to take sth in ~** etw ins Schlepptau nehmen; **to have sb in ~** (*fig*) jdn im Schlepptau haben *fig* **II.** *vt* ■**to ~ sb/sth** jdn/etw ziehen; **to ~ a vehicle** ein Auto abschleppen
◆**tow away, tow off** *vt* ■**to ~ sth** ↔ **away** [*or* **off**] etw abschleppen
towage ['təʊɪdʒ, AM 'toʊ] *n no pl* ① (*process of towing*) [Ab]schleppen *nt* ② (*charge*) [Ab-]Schleppgebühr[en] *f[pl]*
toward(s) [tə'wɔːd(z), AM tɔːrd(z), tə'wɔːrd(z)] *prep* ① (*in direction of*) in Richtung; ***she kept glancing ~ the telephone*** sie sah immerzu in Richtung Telefon; ***she walked ~ him*** sie ging auf ihn zu; ***he leaned ~ her*** er lehnte sich zu ihr ② (*near*) nahe +*dat;* ***our seats were ~ the back*** unsere Plätze waren recht weit hinten; ***we're well ~ the front of the queue*** wir sind nahe dem Anfang der Schlange ③ (*just before*) gegen +*akk;* **~ midnight/the end of the year** gegen Mitternacht/Ende des Jahres; **~ Easter/August** um Ostern/August herum ④ (*to goal of*) ***they are working ~ a degree*** sie arbeiten auf einen Abschluss hin; **to count ~ sth** auf etw *akk* angerechnet werden; ***to work ~ a solution*** auf eine Lösung hinarbeiten; ***there has been little progress ~ finding a solution*** es gab wenig Fortschritt in Richtung einer Lösung ⑤ (*to trend of*) zu +*dat;* ***a trend ~ healthier eating*** ein Trend zu gesünderer Ernährung ⑥ *after adj* (*in relation to*) gegenüber +*dat;* ***they've always been friendly ~ me*** mir gegenüber waren sie immer freundlich; **to feel sth ~ sb** jdm gegenüber etw *akk* empfinden [*o* fühlen] ⑦ (*to be used for*) für +*akk;* ***he has given me some money ~ it*** er hat mir etwas Geld dazugegeben; ***would you like to make a contribution ~ a present for Linda?*** möchtest du einen Beitrag für ein Geschenk für Linda leisten?
tow-away I. *n* Abschleppen *nt kein pl* **II.** *n modifier* Abschlepp-; **~ zone** [*or* **area**] Abschleppzone *f* **tow bar** *n* Abschleppstange *f*
tow boat *n* AM NAUT Schlepper *m*
towel ['taʊəl] **I.** *n* Handtuch *nt;* **paper ~** Papiertuch *nt;* **tea ~** Geschirrtuch *nt* ▶ PHRASES: **to throw** [*or* **chuck**] **in the ~** das Handtuch werfen *fig* **II.** *vt* <-ll-> **to ~ sth dry** etw trockenreiben
◆**towel down** *vt* ■**to ~ sb down** jdn abtrocknen
towelette [ˌtaʊə'let, AM ˌtaʊ(ə)-] *n* Erfrischungstuch *nt*
toweling AM, **towelling** ['taʊəlɪŋ] **I.** *n no pl* Frottee *nt o m* **II.** *n modifier* Frottee-
towel rack *n* AM, **towel rail** *n* BRIT, AUS Handtuchhalter *m*
tower [taʊəʳ, AM taʊɚ] **I.** *n* Turm *m;* **office ~** Bürohochhaus *nt* ▶ PHRASES: **a ~ of strength** ein Fels in der Brandung *fig* **II.** *vi* aufragen; ■**to ~ above** [*or* **over**] **sb/sth** jdn/etw überragen *a. fig*
tower block *n* BRIT Hochhaus *nt*
towering ['taʊərɪŋ, AM 'taʊɚ-] *adj* ① (*very high*) hoch aufragend ② (*very great*) überragend; **~ rage** maßloser Zorn; **a ~ temper** ein zügelloses Temperament
towhead ['təʊhed, AM 'toʊ-] *n* Flachskopf *m*
towline ['təʊlaɪn, AM 'toʊ] *n see* **tow rope** Schlepptau *nt*
town [taʊn] *n* ① (*small city*) Stadt *f;* **home ~** Heimatstadt *f;* **resort ~** Fremdenverkehrsort *m* ② *no art* (*residential or working location*) Stadt *f;* ■**in/out of ~** in/außerhalb der Stadt; ■**to be in/out of ~** in der/nicht in der Stadt sein ③ (*downtown*) ■**[the] ~** das Zentrum; **to go to** [*or* **into**] **~** ins Zentrum fahren; **to be** [*or* **have a night**] **out on the ~** einen draufmachen *fam* ④ (*major city in area*) Stadt *f;* **to go up to** [*or* **into**] **~** in die Stadt fahren ⑤ + *pl/sing vb* (*residents of a town*) Stadt *f* ▶ PHRASES: **to go to ~ [on sth]** sich *akk* [bei etw *dat*] ins Zeug legen
town centre *n* BRIT ■**the ~** das Stadtzentrum **town clerk** *n* BRIT Magistratsbeamte(r), -beamtin *m, f;* **Town Clerk** Stadtdirektor *m* **town council** *n* BRIT Stadtrat *m* **town councillor** *n* Stadtrat, -rätin *m, f* **town crier** *n* (*hist*) Ausrufer *m hist*
townee *n* BRIT (*pej fam*) *see* **townie**
town hall *n* Rathaus *nt* **town house** *n* ① (*residence*) Stadthaus *nt* ② *esp* AM (*row house*) Reihenhaus *nt*
townie ['taʊni] *n* (*pej fam*) ① (*not academic*) *jd, der in einer Universitätstadt wohnt, jedoch nicht mit der Universität in Verbindung steht* ② BRIT (*person*) Städter(in) *m(f)*
town meeting *n* AM Gemeindeversammlung *f*
town planner *n* Stadtplaner(in) *m(f)* **town planning** *n no pl* Stadtplanung *f* **townscape** ['taʊnskeɪp] *n* Stadtbild *nt;* (*picture of town*) Stadtansicht *f* **townsfolk** *npl* Stadtbevölkerung *f kein pl,* Städter *mpl*
township ['taʊnʃɪp] *n* ① AM, CAN (*local government*) Gemeinde *f* ② SA (*settlement for blacks*) Township *f* (*von Farbigen bewohnte abseits der Stadt gelegene Siedlung*)
townsman *n* Städter *m,* Stadtbewohner *m* **townspeople** *npl* Stadtbevölkerung *f kein pl,* Städter *mpl* **townswoman** *n* Städterin *f,* Stadtbewohnerin *f* **Townswomen's Guild** *n* BRIT *Frauenorganisation, die sich der städtischen Frauenschaft annimmt*
town twinning *n no pl* Städtepartnerschaft *f*
towny ['taʊni] *n* (*pej fam*) *see* **townie**
towpath *n* Treidelpfad *m,* Treppelweg *m* ÖSTERR
towplane *n* AVIAT Schleppflugzeug *nt* **towrope** *n* Abschleppseil *nt* **tow truck** *n* AM, AUS Abschleppwagen *m*
toxaemia [tɒk'siːmiə], **toxemia** [tɑːk-] *n no pl esp* AM Blutvergiftung *f,* Toxämie *f fachspr*
toxic ['tɒksɪk, AM 'tɑːk-] *adj* giftig, toxisch *fachspr;* **~ waste** Giftmüll *m*
toxicity [tɒk'sɪsəti, AM tɑːk'sɪsət̬i] *n no pl* Giftigkeit *f,* Toxizität *f fachspr*
toxicogenomics [ˌtɒksɪkə(ʊ)dʒɪ'nɒmɪks, AM ˌtɑːksɪkoʊdʒɪ'nɑːm-] *n + sing vb* Toxicogenomics *pl*
toxicologist [ˌtɒksɪ'kɒlədʒɪst, AM ˌtɑːksɪ'kɑːlə-] *n* Toxikologe, -in *m, f*
toxicology [ˌtɒksɪ'kɒlədʒi, AM ˌtɑːksɪ'kɑːlə-] *n no pl* Toxikologie *f*
toxic shock syndrome *n* MED toxisches Schocksyndrom *fachspr*
toxin ['tɒksɪn, AM 'tɑːk-] *n* Toxin *nt fachspr*
toxoplasmosis [ˌtɒksə(ʊ)plæz'məʊsɪs, AM ˌtɑːksoʊplæzmoʊ-] *n* MED Toxoplasmose *f fachspr*
toy [tɔɪ] **I.** *n* Spielzeug *nt a. fig;* **cuddly ~** Schmusespielzeug *nt* **II.** *n modifier* ① (*used as a toy*) (*car, farm, gun, plane*) Spielzeug-; **~ book** Kinderbuch *nt* ② ZOOL (*tiny*) (*poodle, spaniel*) Zwerg-; **~ dog** Schoßhund *m;* (*stuffed*) Stoffhund *m* **III.** *vt* ① (*consider*) ■**to ~ with sth** mit etw *dat* herumspielen *a. fig;* **to ~ with an idea** mit einem Gedanken spielen; **to ~ with one's food** in seinem Essen herumstochern ② (*not treat seriously*) ■**to ~ with sb** mit jdm spielen; ***he's just ~ing with my affections*** er spielt nur mit meinen Gefühlen
toy blocks *npl* AM, AUS (*toy bricks*) Bauklötze *mpl* **toy boy** *n* (*fam*) jugendlicher Liebhaber **toy bricks** *npl* BRIT Bauklötze *mpl* **toyshop** *n* Spielwarengeschäft *nt* **toy soldier** *n* Spielzeugsoldat *m* **toytown** *n attr, inv* Spielzeugstadt *f,* Miniaturstadt *f*
trace¹ [treɪs] *n* Zugriemen *m,* Strang *m;* **to kick over the ~s** (*fig*) über die Stränge schlagen
trace² [treɪs] **I.** *n* ① (*sign*) Zeichen *nt,* Spur *f;* **to disappear without a ~** spurlos verschwinden ② (*slight amount*) Spur *f,* Anflug *m kein pl;* **~s of cocaine/poison** Kokain-/Giftspuren *fpl;* **~ of emotion** Gefühlsregung *f;* **~ of a smile** Anflug *m* eines Lächelns; **without any ~ of sarcasm/humour** ohne jeglichen Sarkasmus/Humor ③ (*electronic search*) Aufzeichnung *f;* **to put a ~ on a phone call** ein Telefongespräch verfolgen ④ (*measurement line*) Aufzeichnung *f* ⑤ *esp* AM (*path*) [Trampel]pfad *m* ⑥ (*in math*) Kurve *f* ⑦ COMPUT *of program* Programmablaufverfolgung *f* **II.** *vt* ① (*follow trail*) ■**to ~ sb** jds Spur verfolgen; (*find*) jdn aufspüren [*o* ausfindig machen]; ***she was ~d to Manchester*** ihre Spur führte nach Manchester; **to ~ a letter/package** einen Brief/ein Paket auffinden ② (*track back*) ■**to ~ sth** etw zurückverfolgen; ***the outbreak of food poisoning was ~d to some contaminated shellfish*** man fand heraus, dass verseuchte Meeresfrüchte die Ursache der Lebensmittelvergiftung waren; **to ~ a call/computer virus** einen Anruf/Computervirus zurückverfolgen ③ (*describe*) ■**to ~ sth** etw beschreiben ④ (*draw outline*) ■**to ~ sth** etw skizzieren [*o* zeichnen]; (*through paper*) etw durchpausen; (*with a finger*) etw nachmalen; (*with one's eye/mind*) etw *dat* folgen ⑤ (*take route*) **to ~ a path** einem Weg folgen
◆**trace back** *vt* ■**to ~ sth** ↔ **back [to sth]** etw zurückverfolgen [bis zu etw *dat*]
◆**trace out** *vt* ■**to ~ out** ↔ **sth** (*draw*) etw [nach]zeichnen; (*describe*) etw beschreiben
traceable ['treɪsəbl] *adj* zurückverfolgbar; ■**to be ~ to sth** sich *akk* auf etw *dat* zurückführen lassen
trace element *n* Spurenelement *nt*
tracer ['treɪsəʳ, AM -ɚ] **I.** *n* ① MIL Leuchtspurgeschoss *nt* ② MED Isotopenindikator *m fachspr* ③ (*transmission device*) Sender *m* ④ (*enquiry form*) Laufzettel *m* ⑤ COMPUT (*monitoring programme*) Überwacher *m,* Überwachungsprogramm *nt* **II.** *n modifier* MIL (*ammunition, fire, shell*) Leuchtspur-
tracer bullet *n* MIL Leuchtspurgeschoss *nt*
tracery ['treɪsəri] *n* ① *no pl* (*ornamental work*) Maßwerk *nt* ② (*pattern*) Filigranmuster *nt*
trachea <*pl* -s *or* -chae> [trə'kiə, *pl* -i, AM 'treɪkiə, *pl* -i] *n* Luftröhre *f,* Trachea *f fachspr*
tracheotomy [ˌtræki'ɒtəmi, AM ˌtreɪki'ɑːt̬ə-] *n* MED Luftröhrenschnitt *m,* Tracheotomie *f fachspr*
tracing ['treɪsɪŋ] *n* Skizze *f*
tracing paper *n no pl* Pauspapier *nt*
track [træk] **I.** *n* ① (*path*) Weg *m,* Pfad *m;* **dirt ~** Sandstraße *f* ② (*rails*) Schienen *fpl;* ***"keep off the ~s"*** „Betreten der Gleise verboten"; **to leave the ~s** entgleisen; **to live/be on the wrong side of the ~s** (*fam*) aus ärmlichen Verhältnissen stammen ③ AM RAIL (*platform*) Bahnsteig *m* ④ *usu pl* (*mark*) Spur *f;* *of deer* Fährte *f;* **to be on the ~ of sb** [*or* **sb's ~**] jdm auf der Spur sein; **to cover up one's ~s** seine Spuren verwischen; **to leave ~s** Spuren hinterlassen ⑤ (*path*) *of hurricane* Bahn *f;* *of comet* [Lauf]bahn *f;* *of airplane* Route *f* ⑥ (*for curtains*) Schiene *f* ⑦ (*fig: course*) Gang *m;* ***I tried to follow the ~ of his argument*** ich versuchte, seinem Gedankengang zu folgen; ***the company is on ~ to make record profits*** die Firma ist auf dem Weg, Rekordgewinne zu erzielen; **to be on the right/wrong ~** auf der richtigen/falschen Spur sein; **to get off [the] ~** vom Thema abweichen; **to get back**

on ~ wieder in den Zeitplan kommen ❽ (*educational path*) Laufbahn *f;* (*career path*) Berufsweg *m;* ***Germany has a three~ educational system*** Deutschland hat ein dreigleisiges Bildungssystem; **the fast** ~ die Überholspur *fig;* **to change** ~ eine neue Richtung einschlagen ❾ SPORTS (*racing path*) *for running* Laufbahn *f; for race cars* Piste *f; for bikes* Radrennbahn *f* ❿ *no pl* (*sports*) Leichtathletik *f* ⓫ (*song*) Nummer *f;* (*soundtrack*) Stück *nt* ⓬ (*magnetic strip*) Tonspur *f;* COMPUT [Magnet]spur *f* ⓭ (*between wheels*) Spurweite *f* ▶ PHRASES: **off the beaten** ~ abwegig; **to keep** ~ **of sb/sth** (*follow*) jdn/etw im Auge behalten; (*count*) jdn/etw zählen; **to lose** ~ **of sb/sth** jdn/etw aus den Augen verlieren; **to make ~s** (*fam*) sich *akk* auf die Socken machen; **to throw sb off the** ~ jdn täuschen; **in one's ~s** an Ort und Stelle; **to stop sb dead in his/her ~s** jdn vor Schreck erstarren lassen **II.** *n modifier* SPORTS (*competition, team, star*) Lauf-; ~ **medal** Rennsportmedaille *f* **III.** *vt* ❶ (*pursue*) **to ~ a criminal/an animal** einen Kriminellen/ein Tier verfolgen; ***the terrorists were ~ed to Amsterdam*** die Terroristen wurden in Amsterdam aufgespürt ❷ *esp* AM (*make a track*) **to ~ sand/dirt in the house** Sand-/Schmutzspuren im Haus hinterlassen ❸ (*follow trail*) **to ~ sb's record/career** jds Vorgeschichte *f*/Karriere *f* verfolgen; **to ~ a storm/hurricane** einen Sturm/Orkan verfolgen; **to ~ a target** ein Ziel aufspüren **IV.** *vi* ❶ (*in filming*) *camera* heranfahren ❷ (*adjust settings*) einstellen ❸ (*move*) *storm, hurricane* ziehen; *stylus* sich *akk* bewegen; *car* spurgenau laufen

◆**track down** *vt* ■**to ~ down sb/sth** [*or* **to ~ sb/sth down**] jdn/etw aufspüren

◆**track in I.** *vt* AM **to ~ mud/dirt/sand** ⇆ **in** Matsch/Schmutz/Sand reintragen **II.** *vi* FILM *camera* heranfahren

◆**track up** *vt* AM **to ~ up** ⇆ **the house/kitchen** Schmutzspuren *fpl* im Haus/in der Küche hinterlassen

track and field I. *n no pl* SPORTS Leichtathletik *f* **II.** *n modifier* SPORTS (*club, competition, team*) Leichtathletik-; ~ **athletics** Leichtathletikdisziplinen *fpl* **track ball** *n* COMPUT Rollkugel *f*

tracker ['trækəʳ, AM -ɚ] *n* Fährtenleser(in) *m(f)*

tracker dog *n* Spürhund *m*

track event *n* SPORTS Laufwettbewerb *m*

tracking ['trækɪŋ] *n no pl* ❶ (*pursuit*) Verfolgen *nt,* Nachspüren *nt* ❷ AUTO (*alignment of wheels*) [Rad]stellung *f*

tracking shot *n* FILM Schwenk *m* **tracking station** *n* AEROSP Bodenstation *f*

trackless ['trækləs] *adj inv* ❶ (*having no paths*) *desert, forest* spurenlos ❷ *esp* AM (*not running on tracks*) *vehicle* schienenlos; ~ **trolley** Oberleitungsbus *m*

trackman *n* Streckenarbeiter *m* **track meet** *n* AM Leichtathletikwettkampf *m* **track race** *n* Rennen *nt;* (*for cars, athletes*) Lauf *m* **track record** *n* ❶ SPORTS Streckenrekord *m* ❷ *of company, person* Erfolgsbilanz *f;* ***what's his ~ like?*** was hat er vorzuweisen?; (*hum*) ***it's hardly surprising your wife doesn't trust you, given your ~!*** es ist kaum verwunderlich, dass deine Frau dir nicht vertraut – bei deiner Karriere! *hum* **track rod** *n* Spurstange *f* **track shoe** *n* Laufschuh *m* **tracksuit** *n* Trainingsanzug *m* **track walker** *n* RAIL Streckenläufer(in) *m(f)*

tract[1] [trækt] *n* Traktat *nt o m geh* (**on** über +*akk*); ***he wrote a ~ against feminism*** er verfasste eine Schrift gegen den Feminismus

tract[2] [trækt] *n* ❶ (*area of land*) Gebiet *nt;* AM (*property*) Grundstück *nt;* (*small lot*) Parzelle *f;* **a large ~ of time** (*fig*) eine Menge Zeit ❷ ANAT (*bodily system*) Trakt *m;* **respiratory** ~ Atemwege *pl,* Atemtrakt *m*

tractability [ˌtræktə'bɪləti, AM -ət̬i] *n no pl* (*form*) *of child* Lenkbarkeit *f; of metal* Formbarkeit *f*

tractable ['træktəbl̩] *adj* (*form*) *person, child* lenkbar; *metal* formbar; *problem* lösbar; *situation* in den Griff zu kriegen *präd*

tract house *n* AM Reihenhaus *nt*

traction ['trækʃᵊn] *n no pl* ❶ *of car, wheels* Bodenhaftung *f;* **to lose** ~ Griffigkeit *f* verlieren ❷ MECH (*pulling*) Antrieb *m;* **electric** ~ Elektroantrieb *m* ❸ (*medical treatment*) Strecken *nt;* **to be in** [*or* **on**] ~ im Streckverband liegen

traction control *n no pl* Antriebsschlupfregelung *f fachspr* **traction engine** *n* Zugmaschine *f* **traction power** *n no pl* Zugkraft *f*

tractor ['træktəʳ, AM -ɚ] *n* Traktor *m*

tractor-trailer *n* AM Sattelschlepper *m*

trad [træd] *adj* BRIT, AUS (*fam*) *short for* **traditional** traditionell

trade [treɪd] **I.** *n* ❶ *no pl* (*buying and selling*) Handel *m* (**in/with** mit +*dat*); **the balance of** ~ die Handelsbilanz ❷ *no pl* (*business activity*) Umsatz *m* ❸ (*type of business*) Branche *f,* Gewerbe *nt;* **building** ~ Baugewerbe *nt;* **fur** ~ Pelzgeschäft *nt* ❹ *no pl* (*particular business*) ■**the** ~ die Branche; **the rules of the** ~ die Regeln der Branche ❺ (*handicraft*) Handwerk *nt;* ***he's a carpenter by*** ~ er ist Schreiner von Beruf; ■**to be in** ~ BRIT (*esp pej dated*) Handwerker(in) *m(f)* sein; **to learn a** ~ ein Handwerk erlernen ❻ *esp* AM (*swap*) Tauschgeschäft *nt;* ***it's a*** ~ abgemacht!; **to take/give sth in** ~ etw zum Tausch nehmen/geben ❼ AM SPORTS (*transfer*) Transfer *m* ❽ (*trade wind*) ■**the ~s** *pl* der Passat **II.** *n modifier* (*enquiry, mission*) Handels- **III.** *vi* ❶ (*exchange goods*) tauschen; ***let's*** ~ lass uns tauschen; ■**to ~ with sb** mit jdm tauschen ❷ (*do business*) Geschäfte machen; **to ~ in oil/luxury goods/tobacco** mit Öl/Luxusgütern/Tabak Handel betreiben ❸ STOCKEX (*be bought and sold*) handeln; ***shares in the company ~d actively*** Firmenaktien wurden lebhaft gehandelt ❹ (*use*) ■**to ~ on** [*or* **upon**] **sth** etw ausnutzen **IV.** *vt* ❶ (*exchange*) ■**to ~ sth** [**for sth**] etw [durch etw *akk*] austauschen; ***I wouldn't ~ you for the world*** ich würde dich für nichts auf der Welt eintauschen; ***I'll ~ you some of my chocolate for some of your ice cream*** ich gebe dir etwas von meiner Schokolade für etwas von deinem Eis; **to ~ bets** Wetten abschließen; **to ~ places** [**with sb**] [mit jdm] den Platz tauschen; **to ~ stories/insults/punches** Geschichten/Beleidigungen/Schläge austauschen ❷ (*buy and sell*) **to ~ commodity futures/options/shares** mit Warentermingeschäften/Optionen/Aktien handeln ❸ AM SPORTS (*transfer*) **to ~ a football player** einen Fußballspieler verkaufen

◆**trade down** *vi* sich *akk* verkleinern *fig;* ***my car is costing me too much, so I'm going to ~ down for a cheaper model*** mein Auto ist zu teuer, ich hole mir ein billigeres Modell

◆**trade in** *vt* ■**to ~ in** ⇆ **sth** etw in Zahlung geben

◆**trade off** *vt* ■**to ~ off** ⇆ **sth against sth** etw gegen etw *akk* tauschen

◆**trade up** *vi* sich *akk* vergrößern *fig*

trade agreement *n* Handelsabkommen *nt* **trade association** *n* Wirtschaftsverband *m,* Handelsverband *m* **trade balance** *n* Handelsbilanz *f* **trade barrier** *n* Handelsschranke[n] *f[pl]*; **to lift ~s from imports** Handelsschranken *fpl* für Importe aufheben **trade creditors** *npl* Kreditoren *mpl,* Verbindlichkeiten *fpl* aus Lieferungen und Leistungen **trade cycle** *n* Konjunkturzyklus *m* **trade deficit, trade gap** *n* ECON Außenhandelsdefizit *nt* **trade directory** *n* Branchenverzeichnis *nt* **trade discount** *n* Händlerrabatt *m* **trade dispute** *n* Handelsstreitigkeit *f;* (*between union and employer*) Tarifkonflikt *m*

traded option *n* STOCKEX handelbare Option

Trade Descriptions Act *n* LAW, ECON Warenkennzeichnungsgesetz *nt*

trade embargo *n* Handelsembargo *nt* **trade fair** *n* ECON [Handels]messe *f* **trade figures** *npl* Außenhandelszahlen *pl* **trade gap** *n* Außenhandelsdefizit *nt* **trade-in** ECON **I.** *n* Tauschware *f* **II.** *adj attr, inv* Eintausch- **trade journal** *n* Handelsblatt *nt* **trade language** *n* Verhandlungssprache *f* **trademark I.** *n* ❶ (*of a company*) Warenzeichen *nt,* Handelsmarke *f;* **registered** ~ eingetragenes Warenzeichen ❷ (*of a person, music*) charakteristisches Merkmal, Handschrift *f fig* **II.** *n modifier* (*guarantee, service*) [handel]süblich **trade mission** *n* Handelsmission *f* **trade name** *n* Handelsname *m,* Markenname *m* **trade-off** *n* ECON Austausch *m* **trade paper** *n* Handelsblatt *nt* **trade policy** *n* Handelspolitik *f* **trade press** *n no pl* Wirtschaftspresse *f* **trade price** *n* BRIT Großhandelspreis *m;* **to buy sth at** ~ etw zum Großhandelspreis kaufen **trade publication** *n* Handelsblatt *nt*

trader ['treɪdəʳ, AM -ɚ] *n* ❶ (*person*) Händler(in) *m(f);* STOCKEX Wertpapierhändler(in) *m(f)* ❷ (*ship*) Handelsschiff *nt*

trade register *n* Handelsregister *nt* **trade route** *n* Handelsweg *m* **trade school** *n* AM Gewerbeschule *f* **trade secret** *n* Betriebsgeheimnis *nt a. fig* **trade show** *n* AM [Handels]messe *f*

tradesman ['treɪdzmən] *n* (*shopkeeper*) Händler *m;* (*craftsman*) Handwerker *m;* (*supplier*) Lieferant *m* **tradesmen's entrance** *n* BRIT (*esp dated*) Lieferanteneingang *m* **tradespeople** *npl* Händler *mpl* **trades union** *n* Gewerkschaft *f*

trade surplus *n* ECON Außenhandelsüberschuss *m* **trade union I.** *n* Gewerkschaft *f* **II.** *n modifier* (*member, meeting, official, ralley*) Gewerkschafts-; ~ **activity** gewerkschaftliche Betätigung **trade unionism** *n no pl* Gewerkschaftswesen *nt* **trade unionist** *n* Gewerkschaftler(in) *m(f)* **trade union movement** *n* Gewerkschaftsbewegung *f* **trade war** *n* Handelskrieg *m* **trade wind** *n* Passat *m*

trading ['treɪdɪŋ] *n no pl* Handel *m;* STOCKEX Börsengeschäfte *ntpl;* ~ ***was heavy/light today on Wall Street*** an der Wall Street war der Handel heute stark/schwach; **Sunday** ~ BRIT Offenhalten *nt* der Geschäfte am Sonntag; **insider** ~ Insidergeschäft *nt*

trading day *n* STOCKEX Börsentag *m;* **last** ~ Ultimo *m* **trading estate** *n* BRIT Industriegelände *nt* **trading floor** *n* STOCKEX Börsenparkett *nt* **trading licence** *n* Gewerbekonzession *f* **trading partner** *n* Handelspartner(in) *m(f)* **trading post** *n* (*usu hist*) Laden *m,* Handelsniederlassung *f* **trading session** *n* Börsensitzung *f* **trading stamp** *n* Rabattmarke *f* **trading volume** *n* Geschäftsvolumen *nt*

tradition [trə'dɪʃᵊn] *n* ❶ *no pl* (*customary behaviour*) Tradition *f;* ■**by** ~ aus Tradition; **according to ~ ...** der Überlieferung nach ...; **to be rooted in** ~ in der Tradition verwurzelt sein ❷ (*custom*) Tradition *f,* Brauch *m;* **to break** [**with**] **a** ~ mit einer Tradition brechen ❸ (*style*) Tradition *f,* Stil *m* ❹ (*in religon*) Überlieferung *f*

traditional [trə'dɪʃᵊnᵊl] *adj belief, costume, food* traditionell; *person* konservativ; *story* alt; ~ **jazz** Dixieland[jazz] *m*

traditionalism [trə'dɪʃᵊnᵊlɪzᵊm] *n no pl* Traditionalismus *m geh*

traditionalist [trə'dɪʃᵊnᵊlɪst] **I.** *n* Traditionalist(in) *m(f) geh* **II.** *adj inv* traditionalistisch *geh*

traditionally [trə'dɪʃᵊnᵊli] *adv* traditionell; (*usually*) überlicherweise, normalerweise; ***this area is ~ liberal*** diese Region war schon immer liberal

trad jazz *n no pl* BRIT Dixieland[jazz] *m*

traduce [trə'dju:s, AM *esp* -du:s] *vt* (*form*) ■**to ~ sb/sth** jdn/etw verleumden

traffic ['træfɪk] **I.** *n no pl* ❶ (*vehicles*) Verkehr *m;* **air/rail** ~ Luft-/Bahnverkehr *m;* **commercial** ~ Handelsverkehr *m;* **heavy** ~ starker Verkehr; **passenger** ~ Personenverkehr *m;* **to get stuck in** ~ im Verkehr stecken bleiben; **to direct** ~ den Verkehr regeln ❷ (*on telephone*) Fernsprechverkehr *m;* **data** ~ COMPUT Datenverkehr *m* ❸ (*in illegal items*) illegaler Handel (**in** mit +*dat*); **drug** ~ Drogenhandel *m* ❹ (*form: dealings*) ■**to have ~ with sth/sb** mit etw/jdm zu tun haben [*o* in Verbindung stehen] **II.** *n modifier* (*casualties, flow, hazard, offence, problems, tie-ups*) Verkehrs-; ~ **lane** Fahrstreifen *m* **III.** *vi* <-ck-> handeln; **to ~ in weapons** [*or* **arms**] Waffenhandel betreiben; **to ~ in drugs** mit Drogen handeln; **to ~ in pornography** Pornografie vertrei-

T

ben

traffic accident *n* Verkehrsunfall *m*

trafficator ['træfɪkeɪtəʳ] *n* BRIT (*dated*) Blinker *m*

traffic-calmed [-ˌkɑːmd] *adj attr, inv* BRIT verkehrsberuhigt **traffic-calming** BRIT **I.** *n no pl* Verkehrsberuhigung *f* **II.** *adj attr, inv* zur Verkehrsberuhigung *nach n;* ~ **measures** verkehrsberuhigende Maßnahmen **traffic circle** *n* AM Kreisverkehr *m* **traffic cone** *n* AUTO Leitkegel *m*, Pylon *m*, Pylone *f* **traffic congestion** *n no pl* Stau *m* **traffic cop** *n* AM (*fam*) Verkehrspolizist(in) *m(f)* **traffic court** *n* AM Gericht *nt* für Straßenverkehrssachen **traffic diversion** *n* Umleitung *f* **traffic engineer** *n* Verkehrsingenieur(in) *m(f)* **traffic engineering** *n no pl* Verkehrsplanung *f* **traffic indicator** *n* Blinker *m* **traffic island** *n* ① (*pedestrian island*) Verkehrsinsel *f* ② AM (*central reservation*) Mittelstreifen *m* **traffic jam** *n* Stau *m;* **to be/get stuck in a** ~ in einem Stau stecken

trafficked *vi pp, pt of* **traffic**

trafficker ['træfɪkəʳ, AM -ɚ] *n* (*pej*) Händler(in) *m(f);* **arms** ~ Waffenschieber(in) *m(f);* **drug** ~ Drogenhändler(in) *m(f)*, Dealer(in) *m(f) fam*

trafficking ['træfɪkɪŋ] *n no pl* (*pej*) Handel *m;* **arms** ~ Waffenschieberei *f;* **drug** ~ Drogenhandel *m*

traffic light *n* Ampel *f* **traffic patrol** *n* Verkehrspolizei *f* **traffic pattern** *n* ① (*for airplanes*) Flugroute *f* ② (*for road traffic*) Verkehrslage *f* **traffic police** *npl* Verkehrspolizei *f kein pl* **traffic policeman** *n* Verkehrspolizist *m* **traffic regulation** *n* Straßenverkehrsordnung *f* **traffic report** *n* Verkehrsbericht *m* **traffic sign** *n* Verkehrszeichen *nt* **traffic signal** *n* Ampel *f* **traffic warden** *n* BRIT Verkehrspolizist(in) *m(f);* (*woman*) Politesse *f*

tragedian [trə'dʒiːdiən] *n* ① (*actor*) tragischer Schauspieler, Tragöde *m* ② (*writer*) Tragiker *m*, Trauerspieldichter *m*

tragedy ['trædʒədi] *n* Tragödie *f a. fig*, Trauerspiel *nt a. fig;* ***it's a*** ~ ***that …*** es ist tragisch, dass …; **Greek** ~ griechische Tragödie; **a human** ~ eine menschliche Tragödie

tragic ['trædʒɪk] *adj* tragisch; (*suffering sorrow*) leidgeprüft; ***he's a*** ~ ***actor*** er spielt tragische Rollen

tragically ['trædʒɪkəli] *adv* ① (*sadly*) tragischerweise ② (*in theatre*) tragisch

tragicomedy [ˌtrædʒɪ'kɒmədi, AM -'kɑːmə-] *n* Tragikomödie *f*

tragicomic [ˌtrædʒɪ'kɒmɪk, AM -'kɑː-] *adj* tragikomisch

trail [treɪl] **I.** *n* ① (*path*) Weg *m*, Pfad *m* ② (*track*) Spur *f;* ■**to be on the** ~ **of sth/sb** etw/jdm auf der Spur sein; ~ **of dust/smoke** Staubwolke *f*/Rauchfahne *f;* **a paper** ~ ein schriftlicher Beweis; **to be hot on the** ~ **of sb** jdm dicht auf den Fersen sein; **to follow a** ~ HUNT einer Fährte folgen; **to leave a** ~ eine Spur hinterlassen **II.** *vt* ① (*follow*) ■**to** ~ **sb/an animal** jdm/einem Tier auf der Spur sein ② (*drag*) ■**to** ~ **sth** etw nachziehen; (*leave behind*) etw hinterlassen ③ (*in a competition*) ■**to** ~ **sb/sth** hinter jdm/etw liegen **III.** *vi* ① (*drag*) schleifen; (*plant*) sich *akk* ranken ② (*be losing*) zurückliegen ③ (*move sluggishly*) ■**to** ~ **[after sb]** [hinter jdm her] trotten; **to** ~ **along the street/into a room** die Straße entlang schlendern/in ein Zimmer schlurfen

◆**trail away** *vi* verstummen; ***her voice*** ~***ed away into silence*** ihre Stimme wurde immer leiser, bis sie verstummte

◆**trail behind** *vi* zurückbleiben; ■**to** ~ **behind sb/sth** jdm/etw hinterherlaufen

◆**trail off** *vi* verstummen; *see also* **trail away**

trail bike *n* Motocross-Motorrad *nt* **trailblazer** [-ˌbleɪzəʳ, AM -ɚ] *n* Wegbereiter(in) *m(f)*

trailer ['treɪləʳ, AM -ɚ] *n* ① (*wheeled container*) Anhänger *m* ② AM (*caravan*) Wohnwagen *m* ③ (*advertisement*) Trailer *m fachspr* ④ (*leader*) Vorspannband *nt* ⑤ COMPUT (*byte*) Nachsatz *m*

trailer camp, trailer park *n* AM Wohnwagenabstellplatz *m* **trailer-truck** *n* AM Sattelschlepper *m*

trailing ['treɪlɪŋ] *adj attr, inv* HORT Kletter-; ~ **plant** Kletterpflanze *f;* ~ **rose** Schlingrose *f*

trail mix *n no pl* Studentenfutter *nt*

train [treɪn] **I.** *n* ① RAIL Zug *m;* ■**to be on a** ~ in einem Zug sitzen; **to board a** ~ in einen Zug einsteigen; **to change** ~**s** umsteigen; **to miss/take** [*or* **catch**] **a** ~ einen Zug verpassen/nehmen ② (*series*) Serie *f;* ■**to be in** ~ im Gange sein; **a** ~ **of events** eine Kette von Ereignissen; ~ **of thought** Gedankengang *m;* **to put** [*or* **set**] **sth in** ~ etw in Gang setzen ③ (*retinue*) Gefolge *nt kein pl;* (*procession*) Zug *m;* **an elephant/camel** ~ ein Elefanten-/Kamelzug; **a** ~ **of barges** ein Schleppzug *m;* **wagon** ~ Wagenkolonne *f;* **to bring sth in its/one's** ~ (*fig*) etw nach sich *dat* ziehen ④ (*part of dress*) Schleppe *f* **II.** *n modifier* (*connection, journey, ride*) Zug-; ~ **schedule** Fahrplan *m;* ~ **driver** Lokführer(in) *m(f)* **III.** *vi* ① (*learn*) ■**to** ~ **for sth** für etw *akk* trainieren; ***she*** ~***ed as a pilot*** sie machte eine Pilotenausbildung ② (*travel by train*) **to** ~ **to London/New York** mit dem Zug nach London/New York fahren **IV.** *vt* ① (*teach*) ■**to** ~ **sb [in sth]** jdn [in etw *dat*] ausbilden; ■**to** ~ **oneself to do sth** sich *dat* [selbst] beibringen, etw zu tun; ■**to** ~ **sb for** [*or* **to do**] **sth** jdn für etw *akk* ausbilden; (*hum*) ***you must*** ~ ***your husband to do housework!*** du musst deinen Mann zur Hausarbeit erziehen!; **to** ~ **children to be polite** Kinder zur Höflichkeit erziehen; **to** ~ **dogs** Hunde abrichten; **to** ~ **lions/tigers/elephants** Löwen/Tiger/Elefanten dressieren; **to** ~ **one's mind** seinen Verstand schulen ② HORT **to** ~ **roses/grape vines** Rosen/Weintrauben ziehen ③ (*point at*) **to** ~ **a gun/light/telescope on** [*or* **upon**] **sb/sth** eine Waffe/ein Licht/Teleskop auf jdn/etw richten

◆**train up** *vt* ■**to** ~ **up** ↻ **sb** jdn einschulen

train-bearer *n* Schleppenträger(in) *m(f)*

trained [treɪnd] *adj* ① (*educated*) ausgebildet; *animal* abgerichtet; (*hum*) ***I've got my husband well***~ ich habe meinen Ehemann gut erzogen; **to be** ~ **in nursing/teaching** als Krankenschwester/Lehrer ausgebildet sein ② (*expert*) *ear, eye, mind* geschult; *voice* ausgebildet

trainee [ˌtreɪ'niː] **I.** *n* Trainee *m*, Praktikant(in) *m(f);* **management** ~ Führungsnachwuchs *m;* **nurse** ~ Krankenpflegeschüler(in) *m(f)* **II.** *n modifier* ~ **manager** Management-Trainee *m;* ~ **teacher** Referendar(in) *m(f)*

traineeship [ˌtreɪ'niːʃɪp] *n* Praktikum *nt*

trainer ['treɪnəʳ, AM -ɚ] *n* ① (*teacher*) Trainer(in) *m(f);* (*of animals*) Dresseur(in) *m(f);* (*in circus*) Dompteur, Dompteuse *m, f;* **personal** ~ Privattrainer(in) *m(f)* ② (*fam: flight simulator*) Schulflugzeug *nt* ③ BRIT (*shoe*) Turnschuh *m* ④ (*training pants*) ■~**s** *pl* Turnhose *f*

train ferry *n* Zugfähre *f*

training ['treɪnɪŋ] **I.** *n no pl* ① (*education*) Ausbildung *f; of new employee* Schulung *f; of dogs* Abrichten *nt; of elephants, lions* Dressur *f;* **on-the-job** ~ Ausbildung *f* am Arbeitsplatz; **basic** ~ MIL Grundwehrdienst *m* ② SPORTS (*practice*) Training *nt;* ■**to be in** ~ **for sth** für etw *akk* trainieren; **to be out of/in** ~ nicht/gut in Form sein **II.** *adj attr, inv* Schulungs-

training camp *n* SPORTS Trainingscamp *nt* **training college** *n* BRIT Lehrerbildungsanstalt *f* **training course** *n* Vorbereitungskurs *m* **training manual** *n* Lehrbuch *nt* **training mission** *n* MIL Übungsmission *f* **training pants** *npl* Sporthose *f* **training plane** *n* Schulflugzeug *nt* **training program** *n* AM, **training programme** *n* BRIT, AUS Ausbildungsprogramm *nt* **training ship** *n* Schulschiff *nt* **training shoe** *n* BRIT Turnschuh *m* **training table** *n* AM Tisch *m* mit Sportlernahrung **training wheels** *npl* AM, AUS Stützräder *ntpl;* **to get off one's** ~ (*fig*) den Kinderschuhen entwachsen

trainload *n* Zugladung *f* **trainman** *n* AM Eisenbahnbedienstete(r) *f(m)* **train-oil** *n no pl* Tran *m* **train service** *n no pl* Zugverkehr *m;* (*between two towns*) [Eisen]bahnverbindung *f* **train set** *n* Spielzeugeisenbahn *f* **train shed** *n* Lokschuppen *m* **trainsick** *adj* reisekrank (*beim Zugfahren*) **trainsickness** *n no pl* Reisekrankheit *f* (*beim Zugfahren*) **trainspotter** [-ˌspɒtəʳ] *n* BRIT *jd, der als Hobby die Nummern von Lokomotiven und Eisenbahnen sammelt* **trainspotting** [-ˌspɒtɪŋ] *n das Sammeln von Lokomotiven- und Eisanbahnnummern als Hobby* **train station** *n* Bahnhof *m* **train ticket** *n* Zugfahrkarte *f*

traipse [treɪps] **I.** *vi* latschen *fam* **II.** *n no pl* Latschen *nt fam*

trait [treɪ, treɪt, AM treɪt] *n* Eigenschaft *f;* **character** ~ Charakterzug *m;* **genetic** ~ genetisches Merkmal

traitor ['treɪtəʳ, AM -t̬ɚ] *n* Verräter(in) *m(f);* ■**to be a** ~ **to sth/sb** etw/jdn verraten; **to brand sb** [**as**] **a** ~ jdn als Verräter anprangern; **to turn** ~ zu einem Verräter/einer Verräterin werden

traitorous ['treɪtərəs, AM -t̬ɚ-] *adj* verräterisch *a. fig*

traitress <*pl* -es> ['treɪtrɪs] *n* (*dated*) Verräterin *f*

trajectory [trə'dʒektəri, AM -ɚi] *n* PHYS Flugbahn *f;* MATH Kurve *f*

tram [træm] BRIT, AUS **I.** *n* Straßenbahn *f;* **to go by** ~ mit der Straßenbahn fahren **II.** *n modifier* (*accident, fare, ride, route, service, system*) Straßenbahn-; ~ **stop** Straßenbahnhaltestelle *f*

tram car *n* BRIT, AUS Straßenbahnwagen *m* **tram driver** *n* BRIT, AUS Straßenbahnfahrer(in) *m(f)* **tramline** *n* BRIT, AUS ① (*route*) Straßenbahnlinie *f* ② (*tracks*) ■~**s** *pl* Straßenbahnschienen *fpl* ③ SPORTS (*boundry lines*) ■~**s** *pl* Seitenlinien *fpl*

trammel ['træməl] **I.** *n* ① (*liter*) ■~**s** *pl* (*restrictions*) *of etiquette, religion* Fesseln *fpl fig* ② (*trammel net*) Schleppnetz *nt* **II.** *vt* <-ll-> (*liter*) ■**to** ~ **sb/sth** jdn/etw einschränken

trammel net *n* Schleppnetz *nt*

tramp [træmp] **I.** *vi* ① (*walk*) marschieren; (*walk heavily*) trampeln; **to** ~ **on sb's toes** auf jds Zehen trampeln ② (*live as vagabond*) umherziehen **II.** *vt* ■**to** ~ **sth** ***you're*** ~***ing dirt and mud all over the house!*** du schleppst den Schmutz und Matsch durch das ganzen Haus!; **to** ~ **the country/streets** das Land/die Straßen durchwandern **III.** *n* ① *no pl* (*stomping sound*) schwere Schritte *pl* ② *no pl* (*long walk*) Wanderung *f;* (*tiring walk*) Fußmarsch *m;* **to go for a** ~ [**somewhere**] [irgendwo] eine Wanderung machen ③ (*poor person*) Vagabund(in) *m(f)*, Sandler(in) *m(f)* ÖSTERR ④ *esp* AM (*pej: woman*) Flittchen *nt pej fam* ⑤ (*ship*) Trampdampfer *m*

trample ['træmpl] **I.** *vt* ■**to** ~ **sb/etw** jdn/etw niedertrampeln; **to** ~ **grass/flowers/crops** Gras/Blumen/Getreide zertrampeln; **to be** ~**d to death** zu Tode getrampelt werden; **to** ~ **sb/sth underfoot** jdn/etw niedertrampeln **II.** *vi* ① (*step on*) ■**to** ~ **on** [*or* **all over**] **sth** auf etw *dat* herumtrampeln ② (*fig: treat contemptuously*) ■**to** ~ **on sb/sth** auf jdm/etw herumtrampeln *fig*

◆**trample down** *vt* ■**to** ~ **down** ↻ **sth** etw zertrampeln

trampoline ['træmpəliːn, AM -pə-] *n* Trampolin *nt*

trampolinist [ˌtræmpəl'iːnɪst, AM -pə-] *n* Trampolinspringer(in) *m(f)*

tramp steamer *n* Trampdampfer *m*

tramway *n* (*rails*) Straßenbahnschienen *fpl;* (*route*) Straßenbahnstrecke *f;* (*system*) Straßenbahnnetz *nt*

trance [trɑːn(t)s, AM træn(t)s] *n* ① (*mental state*) Trance *f;* **to be in a** ~ in Trance sein; **to go** [*or* **fall**] **into a** ~ in Trance fallen; **to put** [*or* **send**] **sb into a** ~ jdn in Trance versetzen ② *no pl* (*music*) Trance-Musik *f*

tranche [trɑːn(t)ʃ] *n* ① *of money* Rate *f*, Teilbetrag *m* ② STOCKEX Tranche *f fachspr* ③ *of fish* Scheibe *f*

tranny ['træni] *n esp* BRIT (*sl*) *short for* **transistor radio** Transistorradio *nt*

tranquil ['træŋkwɪl] *adj setting, lake, neighbourhood* ruhig; *voice, expression* gelassen

tranquility *n* AM *see* **tranquillity**

tranquilize *vt* AM *see* **tranquillize**

tranquilizer *n* AM *see* **tranquillizer**

tranquillity [træŋ'kwɪləti], AM *also* **tranquility** [-ət̬i] *n no pl* Ruhe *f*, Gelassenheit *f*

tranquillize ['træŋkwɪlaɪz], AM *usu* **tranquilize** *vt* MED ■**to** ~ **sb/an animal** jdn/ein Tier ruhig stellen

tranquillizer ['træŋkwɪlaɪzəʳ], AM *usu* **tranquilizer** [-ɚ] *n* Tranquilizer *m*, Beruhigungsmittel *nt;* ■**to be on ~s** unter Beruhigungsmitteln stehen
tranquillizing dart *n* Betäubungspfeil *m*
tranquilly ['træŋkwɪli] *adv* ruhig; **to live ~** friedlich leben
transact [træn'zækt] **I.** *vt* **to ~ business** Geschäfte abwickeln [*o* abschließen]; **to ~ a deal** ein Geschäft abschließen; **to ~ negotiations/money exchange** Verhandlungen/einen Geldwechsel durchführen **II.** *vi* **to ~ with sb** mit jdm verhandeln
transaction [træn'zækʃᵊn] *n* ❶ ECON Transaktion *f;* ***a ~ on the Stock Exchange*** Börsentransaktion *f;* **business ~** Geschäft *nt;* **~ of business** Geschäftsbetrieb *m;* **fraudulent ~** Schwindelgeschäft *nt* ❷ (*published report*) ■**~s** *pl* Sitzungsbericht *m* ❸ COMPUT Datenbewegung *f,* Transaktion *f*
transactional analysis [træn,zækʃᵊnᵊl-] *n no pl* PSYCH Transaktionsanalyse *f fachspr*
transaction costs *npl* STOCKEX Transaktionskosten *pl;* **~ and costs of exchange cover** Transaktions- und Kurssicherungskosten *pl*
transalpine [træn'zælpaɪn] *adj* transalpin
transatlantic [,trænzət'læntɪk, AM ,træn(t)sæt'-], **trans-Atlantic** *adj inv* transatlantisch; **~ flight** Transatlantikflug *m;* **our ~ allies/partners** (*said by British*) unsere amerikanischen Alliierten/Partner; (*said by Americans*) unsere britischen Alliierten/Partner
transceiver [træn'siːvəʳ, AM -ɚ] *n* Sende-und Empfangsgerät *nt,* Fernkopierersender/-empfänger *m*
transcend [træn'send] *vt* ❶ (*go beyond*) ■**to ~ sth** über etw *akk* hinausgehen; ***love ~s all*** [*or* ***everything else***] die Liebe überwindet alle Grenzen; **to ~ barriers/limitations** Grenzen/Einschränkungen überschreiten ❷ (*surpass*) ■**to ~ sb/sth** jdn/etw überragen
transcendence [træn'sendən(t)s] *n no pl* (*form*) Transzendenz *f geh*
transcendent [træn'sendənt] *adj* ❶ (*supreme*) *authority, being* übernatürlich ❷ (*exceptional*) *love, genius* überragend ❸ (*in philosophy*) transzendent *geh*
transcendental [,træn(t)sen'dentᵊl, AM -ṭᵊl] *adj* transzendent[al] *geh,* übersinnlich
transcendental meditation *n no pl* transzendentale Meditation **transcendental number** *n* transzendente Zahl, Transzendente *f fachspr*
transcontinental [,træns,kɒntɪ'nentᵊl, AM ,træn(t)s,kɑːntᵊn'entᵊl] *adj inv* transkontinental
transcribe [træn'skraɪb] *vt* ❶ (*put in written form*) **to ~ a conversation/a recording** ein Gespräch/eine Aufnahme niederschreiben [*o* protokollieren] ❷ MUS **to ~ a quartet for clarinet/piano** ein Quartett für Klarinette/Klavier umschreiben [*o fachspr* transkribieren] ❸ LING **to ~ characters** Zeichen transkribieren *fachspr;* **to ~ shorthand** Kurzschrift [in Langschrift] übertragen; **to ~ a text phonetically** einen Text in phonetische Schrift übertragen ❹ BIOL **to ~ genetic information** genetische Informationen transkribieren *fachspr* [*o* übertragen] ❺ COMPUT ■**to ~ sth** etw umschreiben
transcript ['træn(t)skrɪpt] *n* ❶ (*copy*) Abschrift *f,* Protokoll *nt* ❷ (*in genetics*) Transkription *f fachspr* ❸ AM (*school records*) ■**~s** *pl* Zeugnisse *ntpl;* **high school/college ~s** High School-/Collegezeugnisse ❹ LAW Abschrift *f*
transcription [træn'skrɪpʃᵊn] *n* ❶ (*copy*) Abschrift *f,* Protokoll *nt* ❷ *no pl* (*putting into written form*) Abschrift *f;* BIOL, LING, MUS Transkription *f fachspr; of genetic information also* Übertragung *f;* **phonetic ~** Umsetzung *f* in Lautschrift ❸ COMPUT Umschreibung *f*
transducer [trænz'djuːsəʳ, AM træn(t)s'duːsɚ, -djuːs-] *n* ELEC Wandler *m*
transept [træn(t)'sept] *n* ARCHIT Querschiff *nt*
transfer **I.** *vt* <-rr-> [træn(t)s'fɜːʳ, AM -'fɜːr] ❶ (*move*) ■**to ~ sb/sth** jdn/etw transferieren *geh;* ***she ~red her gun from its shoulder holster to her handbag*** sie nahm ihre Waffe aus dem Schulterhalfter heraus und steckte sie in ihre Handtasche; ***all passengers were ~red out of one bus and into another*** alle Passagiere mussten von einem Bus in einen anderen umsteigen; **to ~ a drawing/design/pattern** eine Zeichnung/ein Design/Muster übertragen; **to ~ sb to a hospital** jdn in ein Krankenhaus einweisen; **to ~ money** Geld überweisen ❷ (*re-assign*) ■**to ~ sb** jdn versetzen; ■**to be/get ~red** versetzt werden; ■**to ~ sth** etw übertragen; **to ~ power** die Macht abgeben; **to ~ responsibility** die Verantwortung übertragen ❸ (*redirect*) **to ~ anger/hate/mistrust** Ärger/Hass/Misstrauen übertragen; **to ~ a call** ein Gespräch weiterleiten; **to ~ one's emotions/affections to sb new** jd anderem seine Gefühle/Zuneigung schenken ❹ (*change ownership*) **to ~ a house/property to sb** ein Haus/Eigentum auf jdn überschreiben; **to ~ a title/rights** einen Titel/Rechte übertragen ❺ SPORTS (*sell*) ■**to ~ sb** jdn verkaufen ❻ LING (*adapt*) **~ed meaning/use of a word or phrase** übertragene Bedeutung/übertragener Gebrauch eines Wortes oder Satzes **II.** *vi* <-rr-> [træn(t)s'fɜːʳ, AM -fɜːr] ❶ (*change jobs*) *employee* überwechseln; (*change club, university*) wechseln (**to** in/nach +*akk*) ❷ (*change buses, trains*) umsteigen ❸ (*change systems*) umstellen **III.** *n* ['træn(t)sfɜːʳ, AM -fɜːr] ❶ *no pl* (*process of moving*) *of hospital patients, prisoners* Verlegung *f* (**to** in/nach +*akk*) ❷ (*reassignment*) *of money* Überweisung *f;* **~ of capital** Kapitaltransfer *m;* **~ of ownership/a title** Übertragung *f* eines Besitzes/Titels; **~ of power** Machtübertragung *f* ❸ (*at work*) Versetzung *f; of teams, clubs* Transfer *m;* **to request a ~** um Transfer bitten ❹ *no pl* (*distribution*) Transfer *m;* **~ of information** Informationstransfer *m* ❺ SPORTS (*player*) Transferspieler(in) *m(f)* ❻ AM (*ticket*) Umsteige[fahr]karte *f* ❼ (*pattern*) Abziehbild *nt*
transferable [træn(t)s'fɜːrəbl] *adj inv* übertragbar; *rights, stocks, property also* transferierbar *geh*
transfer agent *n* FIN Umschreibestelle *f* **transfer book** *n* FIN Aktienbuch *nt*
transference [trɑːn(t)s'fᵊrᵊn(t)s, 'træn(t)sfɜːrᵊnts, AM 'træn(t)sfɚ-, træn(t)s'fɜːr-] *n no pl* ❶ (*act of changing*) Übergabe *f;* **~ of power** Machtübergabe *f* ❷ PSYCH *of emotions* Übertragung *f* ❸ *of property, stocks, money* Überschreibung *f*
transfer fee *n* BRIT SPORTS Ablösesumme *f* **transfer form** *n* STOCKEX Aktienübertragungsformular *nt* **transfer list** *n* BRIT SPORTS Transferliste *f* **transfer-list** *vt* BRIT ■**to ~ sb** jdn auf die Transferliste setzen **transfer rate** *n* COMPUT Übertragungsgeschwindigkeit *f*
transferred charge call *n* BRIT R-Gespräch *nt*
transfer register *n see* **transfer book** **transfer RNA** *n no pl* BIOL Übertragungs-RNS *f* **transfer speed** *n* COMPUT Übertragungsgeschwindigkeit *f* **transfer station** *n* Umsteigestation *f* **transfer student** *n* AM Schüler/Schülerin, der/die die Schule gewechselt hat
transfiguration [,træn(t)sfɪgᵊr'eɪʃᵊn, AM -figjə'-] *n no pl* ❶ (*of Christ*) ■**the T~** die Verklärung; (*church festival*) die Transformation ❷ (*change*) Verwandlung *f*
transfigure [træn(t)s'fɪgəʳ, AM -'figjɚ] *vt* ■**to ~ sb/sth** [**into sth**] jdn/etw [in etw *akk*] verwandeln; ***the months of quiet happiness with his new wife have ~ him*** die Monate voller stillen Glücks mit seiner neuen Frau haben ihn völlig verwandelt
transfix [træn(t)s'fɪks] *vt usu passive* ❶ (*spellbind*) ■**to be ~ed with sth/sb** von etw/jdm fasziniert sein; **to be ~ed with horror** starr [*o* gelähmt] vor Entsetzen sein ❷ (*form: impale*) ■**to be ~d by sth** von etw *dat* durchbohrt sein
transform [træn(t)s'fɔːm, AM -'fɔːrm] *vt* ❶ (*change*) ■**to ~ sth/sb** etw/jdn verwandeln ❷ ELEC **to ~ voltage** Spannung transformieren *fachspr* ❸ MATH **to ~ an equation/fraction** eine Gleichung/einen Bruch umwandeln
transformation [,træn(t)sfə'meɪʃᵊn, AM -fɚ'-] *n* ❶ (*great change*) Verwandlung *f* ❷ (*in theatre*) Verwandlungsszene *f* ❸ ELEC *of voltage* Transformation *f* ❹ (*in math*) Umwandlung *f* ❺ (*in linguistics*) Umformung *f*
transformational [,træn(t)sfə'meɪʃᵊnᵊl, AM -fɚ'-] *adj inv* ❶ (*of transformation[s]*) Umwandlungs-, Änderungs- ❷ LING Transformations-; **~ grammar** Transformationsgrammatik *f fachspr*
transformation scene *n* Verwandlungsszene *f*
transformer [træn(t)s'fɔːməʳ, AM -'fɔːrmɚ] *n* ELEC Transformator *m fachspr*
transfuse [træn(t)sfjuːz] *vt* ❶ MED (*transfer*) **to ~ blood** Blut übertragen [*o* transfundieren *fachspr*] ❷ (*impart*) **to ~ respect/values/honesty to sb** jdm Respekt/Werte/Ehrlichkeit vermitteln ❸ *usu passive* (*liter: permeate*) **to be ~d with happiness/joy** von Zufriedenheit/Freude erfüllt sein; ***his voice was ~d with emotion*** seine Stimme war emotionsgeladen
transfusion [træn(t)s'fjuːʒᵊn] *n* ❶ *no pl* MED (*transferring*) Transfusion *f fachspr* ❷ (*blood*) Blutübertragung *f,* Bluttransfusion *f* ❸ (*fig*) Investition *f*
transgendered [trænz'dʒendəd, AM -dɚd] *adj inv* transsexuell
transgendering [trænz'dʒendərɪŋ] *n no pl* Geschlechtsumwandlung *f*
transgenetic [,trænzdʒə'netɪk, AM -ṭ-] *adj inv* transgen
transgenetics **I.** *n* [,trænzdʒə'netɪks, AM -ṭ-] + *sing vb* Transgenetik *f* **II.** *n modifier* Transgenetik-
transgress [trænz'gres, AM *also* træn(t)s-] **I.** *vt* (*form*) **to ~ industry standards** gegen Industrienormen verstoßen; **to ~ a law** ein Gesetz übertreten **II.** *vi* ❶ (*form: break rule*) die Regeln verletzen ❷ REL sündigen; **to ~ against God** [*or* **the Lord**] gegen Gottes Gebote sündigen [*o* verstoßen]
transgression [trænz'greʃᵊn, AM *also* træn(t)s-] *n* ❶ *no pl* (*form: violation*) Übertretung *f;* **~ of the law** Gesetzesverstoß *m;* **~ of the rules** Übertretung *f* der Regeln ❷ REL (*sin*) Sünde *f,* Verstoß *m*
transgressor [trænz'gresəʳ, AM *usu* træn(t)s'gresɚ] *n* ❶ (*form: violator*) Schuldige(r) *f(m)* ❷ REL (*sinner*) Sünder(in) *m(f)*
tranship [træn(t)s'ʃɪp, AM træn'-] **I.** *vi* umladen **II.** *vt* ■**to ~ sth** etw umladen
transhipment [,træns'ʃɪpmənt] *n see* **transshipment**
transience ['trænziən(t)s, AM 'trænʃᵊn(t)s, -ʒᵊn(t)s, -ziən(t)s] *n no pl* Vergänglichkeit *f*
transient ['trænziənt, AM 'trænʃᵊnt, -ʒᵊnt, --ziənt] **I.** *adj* ❶ (*temporary*) vergänglich; ***a glass of whisky has only a ~ warming effect*** ein Glas Whisky wärmt nur vorübergehend; **the ~ nature of beauty/youth/life** die Vergänglichkeit von Schönheit/der Jugend/des Lebens ❷ (*mobile*) **~ population/work force** nicht ansässiger Teil der Bevölkerung/nicht ansässige Arbeitskräfte eines Ortes ❸ COMPUT kurzzeitig, Übergangs-; **~ suppressor** Spannungssprungunterdrücker *m* **II.** *n* ❶ (*traveller*) Durchreisende(r) *f(m)* ❷ ELEC **power ~** Übergangsstrom *m;* **voltage ~** Spannungsspitze *f,* Spannungssprung *m*
transistor [træn'zɪstəʳ, AM -ɚ] *n* ELEC Transistor *m fachspr*
transistorize [træn'zɪstᵊraɪz, AM -təraɪz] *vt* ELEC **to ~ a radio/television/tape recorder** einen Radio/Fernseher/Kassettenrekorder transistorisieren *fachspr*
transistorized [træn'zɪstᵊraɪzd, AM -təraɪzd] *adj inv amplifier, radio, TV* Transistor-
transistor radio *n* Transistorradio *nt*
transit ['træn(t)sɪt] **I.** *n* ❶ *no pl of people, goods* Transit *m* ❷ (*crossing*) Transit *m* ❸ AM (*public transport*) öffentliches Verkehrswesen; **mass ~** öffentlicher Nahverkehr **II.** *vt* **to ~ a canal/ocean/territory** einen Kanal/Ozean/ein Gebiet durchqueren
transit camp *n* Auffanglager *nt* **transit duty** *n* Transitzoll *m*
transition [træn'zɪʃᵊn] *n* Übergang *m,* Wechsel *m;* (*in music*) Übergang *m;* ■**to be in ~** in einer Übergangsphase sein; **a period** [*or* **time**] **of ~** eine Übergangsphase
transitional [træn'zɪʃᵊnᵊl] *adj inv* Übergangs-; **~ government** Übergangsregierung *f;* **~ phase** Über-

T

gangsphase *f*

transition period *n* Übergangszeit *f* **transition point** *n* CHEM Ablösungspunkt *m;* (*fig*) Wechselpunkt *m* **transition stage** *n* Übergangsstadium *nt*

transitive ['træn(t)sətɪv, AM -t̬-] LING **I.** *adj inv* transitiv; ~ **verb** transitives Verb **II.** *n* Transitiv *nt*

transitively ['træn(t)sətɪvli, AM -t̬-] *adv inv* LING transitiv

transitivity [ˌtræn(t)sə'tɪvəti, AM -t̬ɪvət̬i] *n no pl* LING Transitivität *f*

transit lounge *n* Transitraum *m*

transitory ['træn(t)sɪtəri, AM -sətɔ:ri] *adj* vergänglich; *see also* **transient**

transit passenger *n* Transitreisende(r) *f(m)* **transit system** *n* AM öffentliches Verkehrssystem **transit visa** *n* Transitvisum *nt*

translatable [trænz'leɪtəbl̩, AM træn(t)sleɪt̬əbl̩] *adj* übersetzbar

translate [trænz'leɪt, AM træn(t)s-] **I.** *vt* ❶ (*change language*) **to ~ a book/document/word** ein Buch/Dokument/Wort übersetzen; **to ~ sth from Greek into Spanish** etw aus dem Griechischen ins Spanische übersetzen ❷ (*interpret*) ■**to ~ sth** etw interpretieren; **to ~ sth as agreement** etw als Zustimmung interpretieren ❸ (*adapt*) ■**to ~ sth** etw adaptieren; **to ~ a stage play into film** ein Bühnenstück für den Film adaptieren ❹ (*make a reality*) ■**to ~ sth** etw umsetzen; **to ~ a plan into action** einen Plan in die Tat umsetzen ❺ (*move*) **to be ~d from one state to another** aus einem Zustand in einen anderen versetzt werden ❻ REL **to ~ a bishop** einen Bischof in eine andere Diözese berufen ❼ ECON ■**to ~ sth into sth** etw in etw *akk* umrechnen ❽ COMPUT (*convert data*) ■**to ~ sth** etw übersetzen **II.** *vi* ❶ (*change words*) übersetzen; **to ~ from Hungarian into Russian** aus dem Ungarischen ins Russische übersetzen; **to ~ easily/only with difficulty** sich *akk* einfach/schwierig übersetzen lassen; **to ~ simultaneously** simultan übersetzen ❷ (*transfer*) sich *akk* umsetzen lassen; ***hopefully these advertisements will ~ into increased sales*** hoffentlich werden diese Anzeigen zu erhöhtem Verkauf führen

translation [trænz'leɪʃᵊn, AM træn(t)s-] **I.** *n* ❶ (*of a text, word*) Übersetzung *f* ❷ *no pl* (*process*) Übersetzen *nt;* ■**in ~** bei der Übersetzung; **simultaneous ~** Simultandolmetschen *nt* ❸ (*conversion*) Umsetzung *f* ► PHRASES: **to get lost in the ~** das ursprüngliche Ziel aus den Augen verlieren **II.** *n modifier* (*agency, company, problem, work*) Übersetzungs-

translation table *n* COMPUT Umsetzungstabelle *f*

translator [trænz'leɪtəʳ, AM træn(t)s'leɪt̬ɚ] *n* Übersetzer(in) *m(f);* **simultaneous ~** Simultandolmetscher(in) *m(f)*

transliterate [trænz'lɪtᵊreɪt, AM træns'lɪt̬ə-] *vt* LING ■**to ~ sth** etw transliterieren *fachspr*

transliteration [trænz'lɪtᵊr'eɪʃᵊn, AM træns'lɪt̬ə'reɪʃᵊn] *n* LING Transliteration *f fachspr* (**into** in +*akk*)

translucence [trænz'lu:sᵊn(t)s, AM træn'slu:-] *n no pl* Lichtdurchlässigkeit *f*

translucent [trænz'lu:sᵊnt, AM træn'slu:-] *adj* lichtdurchlässig; (*fig*) *writing, logic, prose* klar; ~ **glass** Milchglas *nt;* ~ **skin** durchsichtige Haut

transmigrate [ˌtrænzmaɪ'greɪt, AM ˌtræn(t)s'maɪgreɪt] *vi* ❶ *soul* [in einen anderen Körper] wandern ❷ (*migrate*) übersiedeln

transmigration [ˌtrænzmaɪ'greɪʃᵊn, AM ˌtræn(t)s-] *n* ❶ *of soul* Seelenwanderung *f* ❷ (*emigration*) Auswanderung *f*

transmissible [trænz'mɪsəbl̩, AM træn'smɪs-] *adj* übertragbar; ~ **disease** übertragbare Krankheit

transmission [trænz'mɪʃᵊn, AM træn'smɪʃ-] *n* ❶ *no pl* (*act of broadcasting*) Übertragen *nt* ❷ (*broadcast*) Sendung *f,* Übertragung *f* ❸ *no pl* MED *of a disease* Übertragung *f; of a hereditary disease* Vererbung *f,* Weitergabe *f* ❹ (*in a car engine*) Getriebe *nt;* **automatic/manual ~** AUTO Automatik-/Schaltgetriebe *nt*

transmission fluid *n no pl* Getriebeöl *nt* **transmission shaft** *n* AUTO Kardanwelle *f fachspr*

transmit <-tt-> [trænz'mɪt, AM træn'smɪt] **I.** *vt* ❶ (*pass on*) **to ~ cholera/an infection** Cholera/eine Infektion übertragen ❷ (*impart*) **to ~ information** Informationen übermitteln; **to ~ knowledge** Wissen vermitteln ❸ COMPUT (*send*) ■**to ~ sth** etw senden **II.** *vi* senden; ***Radio Seven ~s on 210 medium wave*** Radio Sieben sendet auf Mittelwelle 210

transmitter [trænz'mɪtəʳ, AM træn'smɪt̬ɚ] *n* Sender *m*

transmogrification [ˌtrænzmɒgrɪfɪ'keɪʃᵊn, AM træn,smɑ:grə-] *n no pl* (*hum*) wundersame Wandlung *hum*

transmogrify <-ie-> [trænz'mɒgrɪfaɪ, AM træn,smɑ:grə-] *vt* ■**to ~ sb/sth [into sth]** jdn/etw [in etw *akk*] verwandeln

transmutation [ˌtrænzmju:'teɪʃᵊn, AM ˌtræn(t)s-] *n* (*form: change*) Umwandlung *f;* (*spec*) *of elements, metals, species* Transmutation *f fachspr*

transmute [trænz'mju:t, AM træn(t)s-] (*form*) **I.** *vt* ■**to ~ sth [into sth]** etw [in etw *akk*] verwandeln; **to ~ lead into gold** (*hist*) Blei in Gold umwandeln **II.** *vi* ❶ (*change completely*) ■**to ~ into sth** sich *akk* in etw *akk* verwandeln ❷ (*spec*) transmutieren *geh;* ■**to ~ into** [*or* **to**] **sth** zu etw *dat* transmutieren *fachspr*

transoceanic [ˌtrænzəʊsi'ænɪk, AM ˌtræn(t)soʊʃi-] *adj attr, inv people, cultures* aus Übersee *nach n; communications, flight, travel* Übersee-

transom ['træn(t)səm] *n* ❶ (*on boat*) Querbalken *m* ❷ AM (*fanlight*) Oberlicht *nt* ► PHRASES: over the ~ AM (*fam*) unaufgefordert

transom window *n* AM Oberlicht *nt*

trans-Pacific [ˌtrænspə'sɪfɪk] *adj inv* transpazifisch

transparency [træns'pærᵊn(t)si, AM træn'sper-] *n* ❶ *no pl* (*quality*) Lichtdurchlässigkeit *f,* Transparenz *f geh* ❷ (*slide*) Dia *nt,* Diapositiv *nt* ❸ (*for overhead*) Transparentkopie *f* ❹ *no pl* (*obviousness*) Durchschaubarkeit *f*

transparent [træns'pærᵊnt, AM træn'sper-] **I.** *adj* ❶ *inv* (*see-through*) durchsichtig, transparent *geh* ❷ (*fig*) transparent *geh,* durchschaubar; ~ **lie** leicht zu durchschauende Lüge **II.** *n* durchsichtiges System

transparently [træns'pærᵊntli, AM træn'sper-] *adv* offensichtlich

transpiration [ˌtræn(t)spɪ'reɪʃᵊn] *n no pl* BIOL Transpiration *f geh;* (*sweat*) Schwitzen *nt*

transpire [træn'spaɪəʳ, AM -ɚ] *vi* ❶ (*occur*) passieren, sich *akk* ereignen ❷ (*become known*) sich *akk* herausstellen, bekannt werden, durchsickern *fam* ❸ BIOL transpirieren *geh; person also* schwitzen

transplant **I.** *vt* [træn'splɑ:nt, AM -'splænt] ❶ (*replant*) ■**to ~ sth** etw umpflanzen [*o* umsetzen] ❷ MED (*from donor*) ■**to ~ sth [into sb/sth]** etw [in jdn/etw] verpflanzen [*o fachspr* transplantieren] ❸ (*relocate*) ■**to ~ sb/sth** jdn/etw umsiedeln **II.** *vi* [træn'splɑ:nt, AM -'splænt] ***beetroot doesn't ~ well*** Rote Bete lässt sich nicht gut umpflanzen **III.** *n* ['træn(t)splɑ:nt, AM -splænt] ❶ (*surgery*) Verpflanzung *f,* Transplantation *f fachspr;* **to have a ~** sich *akk* einer Transplantation unterziehen ❷ (*organ*) Transplantat *nt* ❸ (*plant*) umgesetzte Pflanze

transplantation [ˌtræn(t)splɑ:n'teɪʃᵊn, AM -splæn'-] *n no pl* Verpflanzung *f,* Transplantation *f fachspr* (**from** von +*dat*)

transplant operation *n* Transplantation[soperation] *f* **transplant patient** *n* Transplantatempfänger(in) *m(f)* **transplant surgery** *n no pl* Transplantationschirurgie *f*

transponder [træn'spɒndəʳ, AM -'spɑ:ndɚ] *n* AVIAT, TECH Transponder *m*

transport **I.** *vt* [træn'spɔ:t, AM -'spɔ:rt] ❶ (*carry*) ■**to ~ sth [somewhere]** etw [irgendwohin] transportieren [*o* befördern]; ■**to ~ sb [somewhere]** jdn [irgendwohin] transportieren; *prisoner* jdn [irgendwohin] überführen ❷ (*remind*) **to ~ sb to a place/time** jdn an einen Ort/in eine Zeit versetzen; ***the film ~ed us back to the New York of the 1950s*** der Film versetzte uns in das New York der 50er Jahre zurück ❸ *usu passive* (*liter: infuse*) **to be ~ed with grief** gramerfüllt sein; **to be ~ed with joy** entzückt sein ❹ *usu* BRIT (*hist: deport*) **to ~ sb [to a country]** jdn [in ein Land] deportieren **II.** *n* ['træn(t)spɔ:t, AM -spɔ:rt] ❶ *no pl* (*conveying*) Transport *m,* Beförderung *f* ❷ *no pl* (*traffic*) Verkehrsmittel *nt;* **means of ~** Transportmittel *nt;* **public ~** öffentliche Verkehrsmittel *ntpl* ❸ (*vehicle*) [Transport]fahrzeug *nt;* ***do you have your own ~?*** hast du ein eigenes Fahrzeug?; **a troop ~** ein Truppentransporter *m;* (*plane*) Transportflugzeug *nt;* (*ship*) Transportschiff *nt* ❹ *usu pl* (*form: emotion*) Gefühlsausbruch *m;* **to be in ~s of delight** [*or* **joy**] vor Freude außer sich *dat* sein **III.** *n* ['træn(t)spɔ:t, AM -spɔ:rt] *modifier* (*company, costs, facilities, link, network, service, route*) Transport-

transportable [træn'spɔ:təbl̩, AM -'spɔ:rt̬-] *adj* ❶ (*movable*) transportabel; *phones* mobil ❷ *esp* BRIT (*hist: punishable*) mit Deportation bestrafbar; **a ~ crime/offence** *ein Verbrechen/Vergehen, auf das Deportation steht*

transportation [ˌtræn(t)spɔ:'teɪʃᵊn, AM -spɚ'-] *n no pl* ❶ (*conveying*) Transport *m,* Beförderung *f* ❷ *esp* AM, AUS (*traffic*) Transportmittel *nt,* Verkehrsmittel *nt;* **means of ~** Transportmittel *nt,* Verkehrsmittel *nt;* **to provide ~** ein Beförderungsmittel zur Verfügung stellen ❸ *usu* BRIT (*hist: deportation*) Deportation *f* (**to** nach +*dat*)

transport café *n* BRIT Fernfahrerraststätte *f,* Fernfahrerlokal *nt*

transporter [træn'spɔ:təʳ, AM -'spɔ:rt̬ɚ] *n* Transporter *m*

transport plane *n* Transportflugzeug *nt* **transport ship** *n* Transportschiff *nt* **transport system** *n* Verkehrswesen *nt*

transpose [træn'spəʊz, AM -'spoʊz] *vt* ❶ (*form: swap*) ■**to ~ sth** *numbers* etw vertauschen [*o* umstellen] ❷ (*form: relocate*) ■**to ~ sth [somewhere]** etw [irgendwohin] versetzen ❸ MUS ■**to ~ sth** etw transponieren *fachspr;* **to ~ a piece of music into C** ein Musikstück in C-Dur transponieren; **to ~ a song up/down** ein Lied höher/tiefer transponieren ❹ MATH ■**to ~ sth** etw umstellen; **to ~ a term/number** einen Term/eine Zahl umstellen

transposition [ˌtræn(t)spə'zɪʃᵊn] *n* ❶ (*swap*) Vertauschung *f,* Umstellung *f* ❷ MUS Transposition *f fachspr* ❸ (*math*) Umstellung *f*

transputer [træn'spju:təʳ, AM -t̬ɚ] *n* COMPUT Transputer *m fachspr*

transracial [trænz'reɪʃᵊl] *adj inv* gemischtrassig; ~ **adoption** Adoption *f* eines Kindes einer anderen Rasse

transsexual [træn'sekʃuəl] **I.** *n* Transsexuelle(r) *f(m)* **II.** *adj inv* transsexuell

trans-shipment [ˌtræns'ʃɪpmənt] *n* Umladen *nt,* Umverfrachten *nt*

transubstantiation [ˌtræn(t)səbˌstæn(t)ʃi'eɪʃᵊn] *n no pl* REL Wandlung *f,* Transsubstantiation *f fachspr*

transverse [trænz'vɜ:s, AM -n(t)s'vɜ:rs] *adj inv* TECH Quer-, querlaufend; ~ **beam** Querbalken *m*

transverse colon *n* ANAT Querdarm *m* **transverse wave** *n* PHYS Schubwelle *f fachspr*

transvestism [trænz'vestɪzᵊm, AM træn(t)s'-] *n no pl* (*form*) Transvestismus *m*

transvestite [trænz'vestaɪt, AM træn(t)s'-] *n* Transvestit *m*

trap [træp] **I.** *n* ❶ (*snare*) Falle *f;* **to set a ~** eine Falle aufstellen ❷ (*trick*) Falle *f;* (*ambush*) Hinterhalt *m;* **to fall** [*or* **walk**] **into a ~** in die Falle gehen ❸ BRIT (*fam!: mouth*) Klappe *f fam,* Maul *nt derb,* Schnauze *f derb;* ***oh, shut your ~!*** ach, halt's Maul! *derb;* **to keep one's ~ shut** die Schnauze halten *derb* ❹ (*part of drain*) Siphon *m* ❺ SPORTS (*caster*) Wurfmaschine *f;* (*for clay pigeons*) Wurftaubenanlage *f* ❻ (*hist: carriage*) [zweirädriger] Einspänner ❼ COMPUT (*software/hardware*) Fangstelle *f* **II.** *vt* <-pp-> ❶ (*snare*) ■**to ~ an animal** ein Tier [in einer Falle] fangen ❷ *usu passive* (*confine*) ■**to be ~ped** eingeschlossen sein; **to feel ~ped** sich *akk* gefangen fühlen; ***Jack left the job because he was***

beginning to feel ~ped Jack kündigte, weil er begann, sich eingeengt zu fühlen ③ (*trick*) ■ **to ~ sb** jdn in die Falle locken; ■ **to ~ sb into sth/doing sth** jdn dazu bringen, etw zu tun ④ (*catch and hold*) **to ~ the ball** SPORTS den Ball stoppen; **to ~ one's finger/foot in the door** sich *dat* den Finger/Fuß in der Tür einklemmen; **to ~ a nerve** sich *dat* einen Nerv einklemmen

trapdoor *n* ① (*door*) Falltür *f;* THEAT Versenkung *f* (**into** in +*dat*) ② COMPUT Fangstelle *f*

trapeze [trəˈpiːz, AM træpˈiːz] *n* Trapez *nt;* **on the [flying] ~** auf dem [fliegenden] Trapez

trapeze artist *n* Trapezkünstler(in) *m(f)*

trapezium <*pl* -s *or* -zia> [trəˈpiːziəm, *pl* -ziə] *n* BRIT, AUS, AM **trapezoid** [ˈtræpɪzɔɪd] *n* MATH Trapez *nt*

trapper [ˈtræpəʳ, AM -ɚ] *n* Trapper(in) *m(f)*, Fallensteller(in) *m(f);* **fur ~** Pelztierjäger(in) *m(f)*

trappings [ˈtræpɪŋz] *npl* Drumherum *nt kein pl fam* (**of** +*gen*); **the ~ of power** die Insignien *ntpl* der Macht

Trappist [ˈtræpɪst] *n,* **Trappist monk** *n* Trappist *m*

trapshooting *n no pl* Wurftaubenschießen *nt,* Tontaubenschießen *nt*

trash [træʃ] **I.** *n no pl* ① AM (*waste*) Müll *m,* Abfall *m;* **to take out the ~** den Müll rausbringen *fam* ② AM (*pej fam: people*) Gesindel *nt;* **poor white ~** armes weißes Gesindel ③ (*pej fam: junk*) Ramsch *m* ④ (*pej fam: art*) Kitsch *m,* Plunder *m;* (*literature*) Schund *m pej* ⑤ (*pej fam: nonsense*) Unsinn *m,* Mist *m fam;* **to talk ~** Mist reden *fam* **II.** *vt* (*fam*) ① (*wreck*) ■ **to ~ sth** etw kaputt machen [*o fam* auseinander nehmen]; *place* etw verwüsten ② (*criticize*) ■ **to ~ sb/sth** jdn/etw auseinander nehmen *fam* ③ AM (*sl: to speak badly about*) ■ **to ~ sb** über jdn herziehen, schlecht über jdn sprechen

trash bag *n* AM (*dustbin bag*) Müllsack *m* **trash can** *n* ① AM (*dustbin*) Mülltonne *f* ② COMPUT Papierkorb *m* **trash can liner** *n* AM (*dustbin liner*) Müllsack *m* **trash dump** *n* AM (*dated fam*) Schuttabladeplatz *m,* Müllkippe *f* **trash-talking** [ˈtræʃtɔːkɪŋ] **I.** *n no pl* blödes Geschwätz **II.** *adj attr, inv* (*silly talk*) Schwachsinn sprechend *fam;* (*insulting talk*) schimpfend

trashy [ˈtræʃi] *adj* (*pej fam*) wertlos; **~ literature** Schundliteratur *f fam;* **~ music/soap operas** kitschige Musik/Seifenopern *fpl;* **~ novels** Kitschromane *mpl*

trattoria [ˌtrætəˈriːə, AM ˌtrɑːt̬əˈ] *n* FOOD Trattoria *f*

trauma [ˈtrɔːmə, AM ˈtrɑː-] **I.** *n* <*pl* -s *or* -ta> ① *no pl* (*shock*) Trauma *nt,* seelischer Schock ② MED (*injury*) Trauma *nt* **II.** *n modifier* (*experience, therapy*) Trauma-

trauma center *n* AM Unfallklinik *f,* Notfallklinik *f*

traumatic [trɔːˈmætɪk, AM trɑːˈmæt̬-] *adj* ① (*disturbing*) traumatisierend; **~ experience** traumatische Erfahrung ② (*upsetting*) furchtbar

traumatize [ˈtrɔːmətaɪz, AM ˈtrɑː-] *vt usu passive* ■ **to be ~d by sth** durch etw *akk* traumatisiert sein

travail [ˈtræveɪl, AM trəˈ-] *n* (*liter*) ① *pl* (*problems*) ■ **~s** *pl* Mühen *pl* ② (*labour pains*) [Geburts]wehen *fpl;* **to be in ~** in den Wehen liegen

travel [ˈtrævᵊl] **I.** *vi* <BRIT -ll- *or* AM *usu* -l-> ① (*journey*) *person* reisen; **to ~ by air** fliegen; **to ~ on business** geschäftlich reisen [*o* unterwegs sein]; **to ~ by car/train** mit dem Auto/Zug fahren [*o* reisen]; **to ~ first-class** erster Klasse reisen; **to ~ light** mit leichtem Gepäck reisen; ■ **to be ~ling with sb** mit jdm auf Reisen sein ② (*move*) sich *akk* [fort]bewegen ③ (*fam: speed*) rasen *fam;* ***this car is really ~ling!*** dieses Auto hat einen ganz schönen Zahn drauf! *sl* ④ (*react to travelling*) **to ~ well/badly** *person* lange Reisen vertragen/nicht vertragen; *freight* lange Transporte vertragen/nicht vertragen ⑤ (*dated: deal in*) Vertreter/Vertreterin sein; ***he ~s in wines and spirits*** er arbeitet als Vertreter für Wein und Spirituosen **II.** *vt* <BRIT -ll- *or* AM *usu* -l-> **to ~ a country/the world** ein Land/die Welt bereisen; **to ~ the length and breadth of a country** kreuz und quer durch ein Land reisen; **to ~ 20 km** 20 km fahren [*o* zurücklegen] **III.** *n* ① *no pl* (*travelling*) Reisen *nt* ② *pl* (*journey*) ■ **~s** *pl* Reise *f* **IV.** *n modifier* (*firm, industry, statistics*) Reise-

travel agency *n* Reisebüro *nt* **travel agent** *n* Reisebürokaufmann, Reisebürokauffrau *m, f* **travel allowance** *n* Reisekostenzuschuss *m* **travel book** *n* Reisebeschreibung *f* **travel bureau** *n* Reisebüro *nt* **travel card** *n* Tages-/Wochen-/Monatskarte *f;* (*for train also*) Netzkarte *f;* **one-day ~** Tageskarte *f* **travel cot** *n* BRIT Kinderreisebett[chen] *nt* **travel documents** *npl* Reisedokumente *ntpl,* Reiseunterlagen *pl*

traveled *adj* AM *see* **travelled**

traveler *n* AM *see* **traveller**

travel expenses *npl* Reisekosten *pl* **travel guide** *n* Reiseführer *m*

traveling *n* AM *see* **travelling**

travel insurance *n no pl* Reiseversicherung *f;* (*for cancellations*) Reiserücktrittsversicherung *f* **travel journal** *n* Reisebericht *m;* **to keep a ~** ein Reisetagebuch führen

travelled *adj,* AM **traveled** [ˈtrævᵊld] *adj* **widely ~** weit gereist; **a widely** [*or* **well-**]**~ couple** ein weit gereistes Pärchen; **a little-/much-/well-~ route** eine wenig/viel/gut befahrene Strecke

traveller [ˈtrævᵊləʳ] *n,* AM **traveler** [-ɚ] *n* ① (*organized*) Reisende(r) *f(m);* **commercial ~** BRIT Vertreter(in) *m(f),* Handlungsreisende(r) *f(m)* ② BRIT (*gypsy*) Zigeuner(in) *m(f)*

traveller's check *n,* AM **traveler's cheque** *n* Reisescheck *m*

travelling *n,* AM **traveling** [ˈtrævᵊlɪŋ] **I.** *n no pl* Reisen *nt* **II.** *n modifier* Wander-

travelling circus *n* Wanderzirkus *m* **travelling clock** *n* Reisewecker *m* **travelling crane** *n* Rollkran *m* **travelling exhibition** *n* Wanderausstellung *f* **travelling kit** *n* Reiseausstattung *f,* Reiseausrüstung *f;* (*baggage*) Reisegepäck *nt* **travelling salesman** *n* (*dated*) Vertreter(in) *m(f),* Handlungsreisende(r) *f(m)*

travelog [ˈtrævəlɑːg] *n esp* AM, **travelogue** [-vᵊlɒg] *n* (*book*) Reisebericht *m;* (*film*) Reisebeschreibung *f*

travel plug *n* Reisestecker *m,* [Steckdosen]adapter *m* **travel-sick** *adj* reisekrank **travel sickness** *n no pl* Reisekrankheit *f*

traverse [trəˈvɜːs, AM -ˈvɜːrs] **I.** *vt* (*form*) ■ **to ~ sth** ① (*travel*) etw bereisen ② (*consider*) *a subject* etw beleuchten *fig* ③ (*cross*) *a foundation* etw überspannen ④ (*in mountaineering*) *ice, slope* queren, traversieren **II.** *n* ① (*in mountaineering*) Queren *nt,* Traversieren *nt* ② ARCHIT Querbalken *m,* Traverse *f* ③ LAW Bestreiten *nt* [des Vorbringens der klagenden Partei]

travesty [ˈtrævəsti, AM -vɪ-] *n* Karikatur *f,* Zerrbild *nt;* (*burlesque*) Travestie *f;* **a ~ of justice** ein Hohn *m* auf die Gerechtigkeit

trawl [trɔːl, AM trɑːl] **I.** *vt* ① (*fish*) ■ **to ~ sth** etw mit dem Schleppnetz fangen; **to ~ the sea for cod** das Meer nach Kabeljau abfischen ② (*search*) ■ **to ~ sth** [**for sth**] etw [nach etw *dat*] durchkämmen [*o* durchforsten] **II.** *vi* ① (*fish*) ■ **to ~** [**for sth**] mit dem Schleppnetz [nach etw *dat*] fischen ② (*search*) ■ **to ~ through sth** *data* etw durchsuchen **III.** *n* ① (*net*) Schleppnetz *nt* ② (*fishing*) Trawl *nt* ③ (*search*) Suche *f;* (*process*) [Ab]suchen *nt kein pl* (**for** nach +*dat*)

trawler [ˈtrɔːləʳ, AM ˈtrɑːlɚ] *n* Trawler *m*

trawl net *n* Schleppnetz *nt*

tray [treɪ] *n* ① (*for serving*) Tablett *nt,* Servierbrett *nt* ② *esp* BRIT (*for papers*) Ablage *f;* **in-~/out-~** Ablage für Posteingänge/-ausgänge; (*drawer*) Schubfach *nt*

tray table *n* Serviertisch *m*

treacherous [ˈtretʃᵊrəs, AM -ɚəs] *adj* ① (*esp old: deceiptful*) verräterisch; (*disloyal*) treulos; ■ **to be ~ to sb** jdm gegenüber treulos sein ② (*dangerous*) tückisch; *sea, weather* trügerisch *geh;* ***snow and ice has left many roads ~*** Schnee und Eis haben viele Straßen gefährlich gemacht

treacherously [ˈtretʃᵊrəsli, AM -ɚ-] *adv* ① (*esp old: deceiptfully*) verräterisch ② (*dangerously*) tückisch

treachery [ˈtretʃᵊri, AM -ɚi] *n no pl* (*esp old*) Verrat *m*

treacle [ˈtriːkl] *n no pl* BRIT ① (*black*) Melasse *f* ② (*golden*) Sirup *m*

treacly [ˈtriːkli] *adj* ① (*sticky*) sirupartig ② (*pej: sentimental*) zuckersüß

tread [tred] **I.** *vi* <trod *or* AM *also* treaded, trodden *or* AM, AUS trod> ① (*step*) ■ **to ~ somewhere** irgendwohin treten; ***he trod all over my nice clean floor in his filthy boots!*** er trampelte mit seinen dreckigen Stiefeln über meinen schönen sauberen Fußboden!; **to ~ carefully** vorsichtig auftreten; ■ **to ~ in/on sth** in/auf etw *akk* treten ② (*maltreat*) ■ **to ~ on sb** jdn treten ▶ PHRASES: **to ~ carefully** vorsichtig vorgehen; *see also* **toe II.** *vt* <trod *or* AM *also* treaded, trodden *or* AM, AUS trod> ■ **to ~ sth down** *grass* etw niedertreten; ■ **to ~ sth into sth** etw in etw *akk* [hinein]treten; ***a load of food had been trodden into the carpet*** eine Ladung voll Essen war im Teppich festgetreten worden; **to ~ the boards** (*hum*) auf den Brettern stehen; **to ~ grapes** Trauben stampfen; **to ~ water** Wasser treten; **to ~ one's weary way** (*liter*) mühselig seinen Weg gehen ▶ PHRASES: **to ~ water** in einer Sackgasse stecken **III.** *n* ① *no pl* (*walking*) Tritt *m,* Schritt *m;* **a heavy ~** ein schwerer Schritt ② (*step*) Stufe *f* ③ (*profile*) *of tyre* [Reifen]profil *nt; of shoe* [Schuh]profil *nt*

treadle [ˈtredl] *n* Pedal *nt*

treadle sewing machine *n* pedalbetriebene Nähmaschine

treadmill [ˈtredmɪl] *n* ① (*hist: wheel*) Tretmühle *f,* Tretwerk *nt* ② (*exerciser*) Heimtrainer *m* ③ (*boring routine*) Tretmühle *f fam;* **the same old ~** derselbe alte Trott

treason [ˈtriːzᵊn] *n no pl* [Landes]verrat *m;* **an act of ~** Verrat *m;* **high ~** LAW (*form*) Hochverrat *m*

treasonable [ˈtriːzᵊnəbl] *adj,* **treasonous** [ˈtriːzᵊnəs] *adj inv* (*form*) verräterisch, hochverräterisch, landesverräterisch

treasure [ˈtreʒəʳ, AM -ɚ] **I.** *n* ① *no pl* (*hoard*) Schatz *m;* **buried ~** vergrabener Schatz ② (*valuables*) ■ **~s** *pl* Schätze *mpl,* Kostbarkeiten *fpl,* Reichtümer *mpl;* **art ~s** Kunstschätze *mpl* ③ (*fam: person*) Schatz *m; esp* BRIT ***she is an absolute ~!*** sie ist ein richtiger Schatz! **II.** *vt* ■ **to ~ sth** etw [hoch]schätzen; **to ~ the memory/memories of sb/sth** die Erinnerung[en] an jdn/etw bewahren

◆**treasure up** *vt* ■ **to ~ up** ↻ **sth** etw [an]sammeln

treasure house *n* ① (*building*) Schatzhaus *nt* ② (*room*) Schatzkammer *f* ③ (*fig: collection*) Fundgrube *f* **treasure hunt** *n* Schatzsuche *f*

treasurer [ˈtreʒᵊrəʳ, AM -ɚɚ] *n* ECON ① (*bookkeeper of a society etc*) Schatzmeister(in) *m(f); of club* Kassenwart(in) *m(f)* ② AM (*main financial officer of a company*) Finanzmanager(in) *m(f)* ③ AUS (*finance minister*) Finanzminister(in) *m(f)*

treasure trove *n* ① (*find*) Schatzfund *m* ② (*fig: collection*) Fundgrube *f*

treasury [ˈtreʒᵊri, AM -ɚi] *n* ① (*office*) ■ **the ~** die Schatzkammer ② (*funds*) ■ **the ~** die Kasse ③ *no pl* POL ■ **the T~** das Finanzministerium

treasury bill *n* AM [kurzfristiger] Schatzwechsel **treasury bond** *n* AM FIN Staatsanleihe *f,* [langfristige] Schatzanleihe [*o* Schatzanweisung], Schatzobligation *f* **treasury note** *n* AM [mittelfristiger] Schatzschein, Schatzanweisung *f* **Treasury Secretary** *n* AM [US-]Finanzminister(in) *m(f)* **treasury spokesperson** *n* Sprecher(in) *m(f)* des Finanzministeriums

treat [triːt] **I.** *vt* ① (*handle*) ■ **to ~ sb/sth somehow** jdn/etw irgendwie behandeln; ***my parents ~ed us all the same*** meine Eltern behandelten uns alle gleich; **to ~ sb like dirt** (*fam*) jdn wie Dreck behandeln *fam;* **to ~ sb like royalty** für jdn den roten Teppich ausrollen; **to ~ sb/sth badly** jdn/etw schlecht behandeln, schlecht mit jdm/etw umgehen; ■ **to ~ sb/sth as if ...** jdn/etw [so] behandeln, als ob ...; ***they ~ her as if she was still a child*** sie behandeln sie immer noch wie ein Kind ❷ (*regard*) ■**to ~ sth [as sth]** etw [als etw] betrachten [*o* auffassen]; **to ~ sth with contempt** etw *dat* mit Verachtung begegnen ❸ MED (*heal*) ■**to ~ sb/an animal [for sth]** jdn/ein Tier [wegen etw *dat o gen*] behandeln; ***he was being ~ed for a skin disease*** er war wegen einer Hautkrankheit in Behandlung ❹ *often passive* (*process*) ■**to ~ sth [with sth]** *material* etw [mit etw *dat*] behandeln; **to ~ sewage** Abwässer klären ❺ (*present*) **to ~ a topic** ein Thema behandeln ❻ (*discuss*) ■**to ~ sth** *a question* etw erörtern ❼ (*pay for*) ■**to ~ sb [to sth]** jdn [zu etw *dat*] einladen, jdm etw spendieren *fam;* ■**to ~ oneself [to sth]** sich *dat* etw gönnen [*o fam* genehmigen] **II.** *vi* ❶ (*deal with*) ■**to ~ of sth** von etw *dat* handeln; ***her books ~ of love*** ihre Bücher handeln von Liebe ❷ (*fam: pay*) einen ausgeben *fam;* ***drink up, everyone! Jack's ~ing!*** alle austrinken! Jack gibt einen aus! **III.** *n* (*approv*) ❶ (*event*) ≈ [Extra]vergnügen *nt;* **to give oneself a ~** sich *dat* etw gönnen; **[it's] my ~** das geht auf meine Rechnung, ich lade Sie ein; ■**it is a ~ to do sth** es ist ein Vergnügen, etw zu tun; ■**to be a ~ for sb** für jdn ein Vergnügen sein ❷ *no pl* BRIT (*fam: very well*) ■**a ~** prima; **to go down a ~** prima schmecken *fam;* **to work a ~** gut funktionieren

treatise ['tri:tɪz, AM -t̬ɪz] *n* Abhandlung *f* (**on** über +*akk*)

treatment ['tri:tmənt] *n* ❶ *no pl* (*handling*) Behandlung *f*, Umgang *m;* **to get rough ~ from sb** von jdm grob behandelt werden; **special ~** Sonderbehandlung *f* ❷ *usu sing* (*cure*) Behandlung *f* (**for** gegen +*akk*); **a course of ~** eine Behandlungsmethode; **to respond to ~** auf eine Behandlung ansprechen; ■**to be under ~** in Behandlung sein ❸ *no pl* (*processing*) Behandlung *f;* *of waste* Verarbeitung *f* ❹ (*examination*) Behandlung *f*, Bearbeitung *f* ▸ PHRASES: **to give sb the full ~** (*fam*) für jdn keine Kosten [und Mühen] scheuen

treatment centre *n* PSYCH, MED Behandlungszentrum *nt*

treaty ['tri:ti, AM -t̬i] *n* (*between countries*) Vertrag *m*, Abkommen *nt;* (*between persons*) Vertrag *m* (**between** zwischen +*dat*, **on** über +*akk*, **with** mit +*dat*); **T~ of Maastricht** Vertrag *m* von Maastricht; **peace ~** Friedensvertrag *m;* **T~ of Rome** Römische Verträge; **to ratify/sign a ~** einen Vertrag ratifizieren/schließen

treble ['trebl̩] **I.** *adj inv* ❶ (*three*) dreifach ❷ *attr* (*high-pitched*) *notes* Diskant-; **~ voice** Sopranstimme *f* **II.** *adv inv* ❶ (*three*) das Dreifache; ***he earns almost ~ the amount that I do*** er verdient fast dreimal so viel wie ich ❷ (*high-pitched*) **to sing ~** hoch singen **III.** *vt* ■**to ~ sth** etw verdreifachen **IV.** *vi price* sich *akk* verdreifachen **V.** *n* Sopran *m*

treble clef *n* MUS Violinschlüssel *m* **treble recorder** *n* MUS Altflöte *f*

trebly ['trebli] **I.** *adj* <-ier, -iest> MUS blechern, verzerrt **II.** *adv inv* dreifach

tree [tri:] **I.** *n* Baum *m;* **to climb [up] a ~** auf einen Baum klettern; **money doesn't grow on ~s** Geld wächst nicht an Bäumen ▸ PHRASES: **to be <u>out</u> of one's ~** nicht [mehr] ganz dicht sein *fam*, spinnen *fam; see also* **bark II.** *n modifier* ❶ (*of animals*) Baum-, Laub-; **~ toad** Laubfrosch *m* ❷ (*of trees*) (*planting, surgery, damage, growth*) Baum- ❸ COMPUT **~ [structure]** Baum *m*, Baumstruktur *f;* **~ and branch network system** Baumnetzsystem *nt;* **~ selection sort** Auswahlsortierverfahren *nt* **III.** *vt* HUNT ■**to ~ an animal** ein Tier auf einen Baum jagen

tree fern *n* Baumfarn *m* **tree frog** *n* Laubfrosch *m* **tree house** *n* Baumhaus *nt* **treeless** ['tri:ləs] *adj inv* baumlos **treeline** *n no pl* ■**the ~** die Baumgrenze **tree-lined** *adj inv* von Bäumen gesäumt; **a ~ street** eine von Bäumen gesäumte Straße *geh* **Tree of Knowledge** *n no pl* REL ■**the ~** der Baum der Erkenntnis **tree pruner** *n* Baumschere *f* **tree ring** *n* Jahresring *m* **tree stump** *n* Baumstumpf *m* **tree surgeon** *n* Baumchirurg(in) *m(f)* **treetops** *npl* ■**the ~** die [Baum]wipfel *mpl* **tree trunk** *n* Baumstamm *m*

trefoil ['trefɔɪl, AM 'tri:-] *n* ❶ BOT Dreiblatt *nt* ❷ ARCHIT Dreipass *m*

trek [trek] **I.** *vi* <-kk-> ■**to ~ somewhere** irgendwohin wandern; **to go ~king** wandern gehen **II.** *vt* (*fam*) ***I ~ked all the way into town*** ich latschte den ganzen Weg in die Stadt *fam* **III.** *n* Wanderung *f;* (*fam: long way*) Marsch *m*

Trekkie ['treki] *n* (*fam*) Star-Trek-Fan *m fam*

trellis ['trelɪs] **I.** *n* <*pl* -es> Gitter *nt;* (*for plants*) Spalier *nt* **II.** *vt* HORT ■**to ~ vines** Reben am Spalier ziehen

tremble ['trembl̩] **I.** *vi* ❶ (*shake*) zittern; *lip, voice* beben; **to ~ with anger/cold** vor Wut/Kälte zittern; **to ~ like a leaf** zittern wie Espenlaub ❷ (*fear*) ***I ~ to think what will happen when he finds out*** mir wird Angst [und Bange], wenn ich daran denke, was passieren wird, wenn er es herausfindet **II.** *n* Zittern *nt*, Beben *nt;* **to be all of a ~** (*fam*) am ganzen Körper zittern

trembling ['tremblɪŋ] *adj attr* zitternd; *lip, voice* bebend

tremendous [trɪ'mendəs] *adj* ❶ (*big*) enorm; *crowd, scope* riesig; *help* riesengroß *fam; success* enorm; **a ~ amount of money** wahnsinnig viel Geld ❷ (*good*) klasse *fam;* ***you won? that's ~!*** du hast gewonnen? das ist klasse!

tremendously [trɪ'mendəsli] *adv* äußerst, enorm, riesig *fam*

tremolo <*pl* -s> ['treməˡləʊ, AM -əloʊ] *n* Tremolo *nt*

tremor ['treməʳ, AM -ɚ] *n* ❶ (*shiver*) Zittern *nt;* MED Tremor *m* ❷ (*earthquake*) Beben *nt*, Erschütterung *f* ❸ (*thrill*) Schauer *m;* **a ~ of excitement** ein aufgeregtes Beben ❹ (*fluctuation*) Schwanken *nt*

tremulous ['tremjələs] *adj hand* zitternd, bebend; **~ voice** zittrige Stimme

tremulously ['tremjələsli] *adv* zaghaft, ängstlich; **to speak ~** mit zitternder Stimme sprechen

trench <*pl* -es> [tren(t)ʃ] *n* ❶ (*hole*) Graben *m* ❷ MIL Schützengraben *m;* **in the ~es** im Schützengraben

trenchancy ['tren(t)ʃən(t)si] *n no pl* (*form*) Schärfe *f*

trenchant ['tren(t)ʃənt] *adj* (*form*) energisch; *criticism, wit* scharf

trenchantly ['tren(t)ʃəntli] *adv* (*form*) energisch

trench coat *n* Trenchcoat *m*

trencher ['tren(t)ʃəʳ, AM -ɚ] *n* ❶ (*hist: platter*) Schneidebrett *nt*, Tranchierbrett *nt* ❷ AUS (*mortarboard*) Doktorhut *m*

trencherman ['tren(t)ʃəmən, AM -ɚ-, *pl* -mən] *n* (*hum*) **good/poor ~** guter/schlechter Esser

trench fever *n no pl* MIL, MED Schützengrabenfieber *nt* **trench warfare** *n no pl* Grabenkrieg *m*

trend [trend] **I.** *n* ❶ (*tendency*) Trend *m*, Richtung *f*, Tendenz *f;* **downward ~** Abwärtstrend *m;* **general ~** allgemeiner Trend; **upward ~** Aufwärtstrend *m;* ■**a ~ away from/towards sth** ein Trend weg von/hin zu etw *dat;* ***surveys show a ~ away from home-ownership and towards rented accommodation*** Untersuchungen zeigen einen Trend weg vom Hausbesitz hin zu gemieteten Wohnungen ❷ (*style*) Mode *f*, Trend *m;* **the latest ~** der letzte Schrei *fam;* **to set a new ~** einen neuen Trend auslösen **II.** *vi* ■**to ~ to[wards] sth** nach etw *akk* verlaufen; SOCIOL zu etw *dat* tendieren *geh;* ***birth rates are ~ing toward negative population growth*** die Geburtsraten tendieren zu einem negativen Bevölkerungswachstum

trend-conscious ['trendkɒn(t)ʃəs, AM -kɑ:n(t)-] *adj* trendbewusst, modebewusst

trendsetter ['trend,setəʳ, AM -t̬ɚ] *n* Trendsetter(in) *m(f)*

trendsetting ['trend,setɪŋ, AM ,set̬ɪŋ] *adj* Trendsetter-

trendy ['trendi] **I.** *adj* modisch; ***it's one of those ultra ~ bars*** es ist eines dieser Lokale, die wahnsinnig in sind **II.** *n* (*esp pej*) Schickimicki *m oft pej fam*

trepidation [,trepɪ'deɪʃən] *n no pl* (*form*) Ängstlichkeit *f*, Beklommenheit *f;* **a feeling of ~** ein beklommenes Gefühl; ■**to do sth with ~** etw mit Angst tun

trespass I. *n* <*pl* -es> ['trespəs] ❶ LAW (*intrusion*) unbefugtes Betreten (**on** +*akk*) ❷ (*old: sin*) Sünde *f* (**against** gegen +*akk*); ***forgive us our ~es*** vergib uns unsere Schuld **II.** *vi* ['trespəs, AM -pæs] ❶ (*intrude*) unbefugt eindringen; ■**to ~ on sth** unbefugt in etw *akk* eindringen; **to ~ on sb's land** jds Land unerlaubt betreten ❷ (*form: exploit*) ■**to ~ [up]on sth** etw übermäßig in Anspruch nehmen; **to ~ upon sb's good nature** jds Gutmütigkeit überstrapazieren ❸ (*old: sin*) ■**to ~ against sb** gegen jdn sündigen; ***as we forgive them that ~ against us*** wie wir vergeben unseren Schuldigern ❹ (*old: violate*) ■**to ~ against sth** gegen etw verstoßen

trespasser ['trespəsəʳ, AM -pæsɚ] *n* Eindringling *m*, Unbefugte(r) *f(m);* **"~s will be prosecuted!"** „unbefugtes Betreten wird strafrechtlich verfolgt!"

tress <*pl* -es> [tres] *n usu pl* (*liter*) Locke *f;* ■**~es** *pl* Lockenkopf *m*

trestle ['tresl̩] *n* [Auflage]bock *m*

trestle table *n auf Böcke gestellter Tisch*

trews [tru:z] *npl* ❶ BRIT (*trousers*) Hose[n] *f[pl]* ❷ (*tartan trousers*) schottenkarierte Hose (*eng anliegende Hose im Schottenkaro*)

triad ['traɪæd] *n* MUS Dreiklang *m*

Triad ['traɪæd] *n* ❶ (*gang*) Triade *f* (*chinesisches Verbrechersyndikat*) ❷ COMPUT Triade *f;* (*triangular grouping*) Dreier *m*

triage ['tri:ɑ:ʒ] *n no pl* MED Triage *f*

trial [traɪəl] **I.** *n* ❶ (*in court*) Prozess *m*, [Gerichts]verhandlung *f*, [Gerichts]verfahren *nt;* **~ by jury** Schwurgerichtsverhandlung *f;* **to await ~ for sth** einem Prozess wegen etw *akk* entgegensehen; **to bring sb to ~** jdn vor Gericht bringen; **to go to ~** vor Gericht gehen; **to put sb on ~** jdn unter Anklage stellen; **to stand** [*or* **be on**] **~** vor Gericht stehen; **to stand** [*or* **be on**] **~ for sth** wegen etw *dat* unter Anklage stehen; ***she's standing ~ for fraud*** sie steht wegen Betrug[e]s unter Anklage; **to be on ~ for one's life** wegen eines Verbrechens, auf das die Todesstrafe steht, angeklagt sein ❷ (*test*) Probe *f*, Test *m;* **clinical ~s** klinische Tests *mpl;* **~ of strength** Kraftprobe *f;* **to be on ~** *product* getestet werden; (*employee*) auf Probe eingestellt sein ❸ (*problem*) Problem *nt;* (*nuisance*) Plage *f;* ■**to be a ~ to sb** eine Plage für jdn sein; ***it's been a real ~ having my mother staying with us*** der Besuch meiner Mutter war die reinste Strapaze; **~s and tribulations** Schwierigkeiten *fpl* ❹ (*competition*) Qualifikationsspiel *nt* **II.** *n modifier* ❶ (*legal*) Verhandlungs-, Prozess- ❷ (*test*) Probe-, Test- **III.** *vt* <-ll- *or* -l-> ■**to ~ sth** *drugs* etw testen

trial and error *n no pl* Ausprobieren *nt;* ■**to do sth by ~** etw durch Versuch und Irrtum ausprobieren **trial balloon** *n* (*experiment [to test response]*) Versuchsballon *m fig* **trial balance** *n* FIN vorläufige Bilanz **trial basis** *n* AM, AUS ■**to do sth on a ~** etw auf Versuchsbasis machen **trial by combat** *n* HIST Probekampf *m* **trial flight** *n* Testflug *m* **trial marriage** *n* (*dated*) Ehe *f* auf Probe **trial period** *n* Probezeit *f* **trial run** *n* ❶ (*preparation*) Generalprobe *f* (**for** für +*akk*) ❷ (*test drive*) Probefahrt *f*, Testfahrt *f;* (*test flight*) Testflug *m* **trial separation** *n* Trennung *f* auf Probe

triangle ['traɪæŋgl̩] *n* ❶ (*shape*) Dreieck *nt* ❷ (*object*) dreieckiges Objekt ❸ (*percussion*) Triangel *f* ❹ AM (*setsquare*) Zeichendreieck *nt* ❺ (*relationship*) Dreiecksbeziehung *f*, Dreiecksverhältnis *nt*

triangular [traɪ'æŋgjələʳ, AM -ɚ] *adj* dreieckig

triangulation [traɪ,æŋgjə'leɪʃən] *n no pl* ❶ (*subdivision*) Triangulation *f* ❷ (*measurement*) Triangulierung *f*

triathlon [traɪ'æθlɒn, AM -lɑ:n] *n* Triathlon *nt*

tribal ['traɪbəl] *adj inv* ❶ (*ethnic*) Stammes-; **~ customs** Stammesbräuche *mpl* ❷ (*fam: group*) *attitudes* Gruppen-

tribalism ['traɪbəlɪzəm] *n no pl* ❶ (*organization*) Stammesorganisation *f*, Stammessystem *nt* ❷ (*loyalty*) Stammesverbundenheit *f*

tribe [traɪb] *n* + *sing/pl vb* ❶ (*community*) Stamm

m ② (*fam: group*) Sippe *f*, Sippschaft *f a. hum fam*

tribesman *n* Stammesangehöriger *m* **tribeswoman** *n* Stammesangehörige *f*

tribulation [ˌtrɪbjəˈleɪʃən] *n* ① *no pl* (*state*) Leiden *nt* ② *usu pl* (*cause*) Kummer *m; see also* **trial**

tribunal [traɪˈbjuːnəl] *n* ① (*court*) Gericht *nt* ② (*investigative body*) Untersuchungsausschuss *m*

tribune[1] [ˈtrɪbjuːn] *n* (*hist*) ~ [**of the people**] [Volks]tribun *m*

tribune[2] [ˈtrɪbjuːn] *n* ① (*dais*) Tribüne *f* ② REL (*throne*) Bischofsthron *m*

tributary [ˈtrɪbjətəri, AM -teri] **I.** *n* ① (*river*) Nebenfluss *m* ② (*hist: person*) Tributpflichtige(r) *m;* (*state*) tributpflichtiger Staat **II.** *adj* (*form*) ① (*secondary*) Neben-; ~ **river** [*or* **stream**] Nebenfluss *m* ② (*hist: paying tribute*) tributpflichtig, zinspflichtig

tribute [ˈtrɪbjuːt] *n* ① (*respect*) Tribut *m;* **floral ~s** Blumen als Zeichen der Anerkennung/des Dankes; **to pay ~ to sb/sth** jdm/etw Tribut zollen *geh* ② *no pl* (*beneficial result*) ■**to be a ~ to sb/sth** jdm/etw Ehre machen; ***he is a ~ to his father*** er macht seinem Vater alle Ehre ③ *no pl* (*hist: payment*) Tribut *m*, Abgabe *f*

trice [traɪs] *n no pl* (*dated fam*) **in a ~** im Handumdrehen *fam*

triceps <*pl* – *or* -es> [ˈtraɪseps] *n* Trizeps *m*

trichina <*pl* -nae> [trɪˈkaɪnə, *pl* -niː] *n* ZOOL Trichine *f*, Fadenwurm *m*

trichinosis [ˌtrɪkɪˈnəʊsɪs, AM -ˈnoʊ-] *n no pl* MED Trichinenkrankheit *f*, Trichinose *f fachspr*

trick [trɪk] **I.** *n* ① (*ruse*) Trick *m*, List *f;* **to play a ~ on sb** jdm einen Streich spielen; ***your eyes are playing ~s on you*** deine Augen spielen dir einen Streich ② (*feat*) Kunststück *nt;* **to do a ~** [**for sb**] [jdm] ein Kunststück vorführen ③ (*knack*) Kunstgriff *m*, Kniff *m fam*, Dreh *m fam;* **the ~s of the trade** einschlägige Tricks ④ (*illusion*) **a ~ of the light** eine Lichttäuschung ⑤ (*quirk*) ■**to have a ~ of doing sth** eine Art [*o* Eigenheit] haben etw zu tun ⑥ (*cards*) Stich *m;* **to take a ~** einen Stich machen ⑦ (*sl: sex*) **to turn a ~** einen Freier bedienen [*o euph* abfertigen] *fam;* **to turn ~s** anschaffen [*o* auf den Strich] gehen *fam* ▸ PHRASES: **every ~ in the book** alle [nur erdenklichen] Tricks; **the oldest ~ in the book** der älteste Trick, den es gibt; **to be up to one's** [**old**] **~s again** wieder in seine [alten] Fehler verfallen; **a dirty** [*or* **mean**] ~ ein gemeiner Trick; **not to miss a ~** keine Gelegenheit auslassen; **to do the ~** (*fam*) hinhauen *fam*, klappen *fam;* ***that should do the ~!*** damit müsste es [eigentlich] hinhauen!; **how's ~s?** (*dated sl*) wie geht's? **II.** *adj attr, inv* ① (*deceptive*) *question* Fang- ② (*acrobatic*) Kunst-; **~ riding** Kunstreiten *nt* ③ AM (*fam: weak*) schwach; **~ ankle/knee** schwaches Knie/schwacher Knöchel **III.** *vt* ■**to ~ sb** ① (*deceive*) jdn täuschen; ■**to ~ sb into doing sth** jdn dazu bringen, etw zu tun ② (*fool*) jdn reinlegen *fam*

◆**trick out** *vt* ① (*fam: dress*) ■**to ~ out** ◯ **sb/sth** jdn/etw herausputzen ② (*deceive*) ■**to ~ sb out of sth** jdn um etw *akk* betrügen; ***the con man ~ed the old couple out of their nest egg*** der Hochstapler hat das alte Ehepaar um seine Ersparnisse gebracht

trick cyclist *n* BRIT (*hum fam*) Seelenklempner(in) *m(f) pej fam*

tricked-out [ˈtrɪktaʊt] *adj* (*stylishly dressed*) herausgeputzt *fam*, aufgebrezelt *pej sl*

trickery [ˈtrɪkəri, AM -əi] *n no pl* (*pej*) Betrug *m;* (*repeated*) Betrügerei *f;* **to resort to ~** sich *akk* auf Betrügereien verlegen

trickle [ˈtrɪkl] **I.** *vi* ① (*flow*) sickern; (*in drops*) tröpfeln; *sand* rieseln; ***she felt a tear escape and ~ down her cheek*** sie merkte, dass ihr eine Träne über die Wange kullerte ② (*come*) in kleinen Gruppen kommen; ***people ~d back into the theatre*** die Leute kamen in kleinen Gruppen in den Theatersaal zurück ③ (*become known*) durchsickern **II.** *vt* ■**to ~ sth somewhere** *liquid* etw irgendwohin tröpfeln [*o* träufeln] **III.** *n* ① (*flow*) Rinnsal *nt geh;* (*in drops*) *of blood* Tropfen *mpl* ② (*few, little*) ■**a ~ of people/things** wenige Leute/Sachen; ■**a ~ of sth** ein kleine Menge einer S. *gen;* **to be down** [*or* **dwindle**] **to a ~** auf ein Minimum gesunken sein [*o* absinken]

trickle-down *adj attr, inv* ECON Durchsickerungs-

trickle-down effect *n* Durchsickerungseffekt *m*

trick or treat **I.** *n no pl Spiel zu Halloween, bei dem Kinder von Tür zu Tür gehen und von den Bewohnern entweder Geld oder Geschenke erhalten oder ihnen einen Streich spielen* **II.** *vi* **to go ~ing** von Tür zu Tür gehen (*an Halloween*) **trick photography** *n no pl* Trickfotografie *f* **trick question** *n* Fangfrage *f*

trickster [ˈtrɪkstəʳ, AM -ɚ] *n* (*pej*) Betrüger(in) *m(f)*, Schwindler(in) *m(f);* **confidence ~** LAW Schwindler(in) *m(f); see also* **confidence**

tricksy [ˈtrɪksi] *adj* ① (*devious*) *plan* durchtrieben ② (*delicate*) *question* knifflig ③ (*smartly dressed*) schick angezogen

tricky [ˈtrɪki] *adj* ① (*deceitful*) betrügerisch ② (*sly*) verschlagen, raffiniert; **a ~ customer** ein schwieriger Zeitgenosse ③ (*awkward*) *situation* schwierig, kompliziert ④ (*fiddly*) knifflig, verzwickt *fam* ⑤ (*skilful*) geschickt

tricolor [ˈtraɪˌkʌlɚ] *n* AM, **tricolour** [ˈtrɪkələʳ] *n* Trikolore *f*

tricycle [ˈtraɪsɪkl] *n* Dreirad *nt*

trident [ˈtraɪdənt] *n* ① (*fork*) Dreizack *m* ② (*missile*) ■**T~** Trident *f* (*ballistische Rakete, die von U-Booten abgefeuert wird*)

Tridentine [traɪˈdentaɪn] *adj inv* REL tridentinisch

tried [traɪd] *vi vt pt, pp of* **try**

tried and tested *adj inv recipe* erprobt, bewährt

tried and true **I.** *adj inv friend* treu **II.** *n no pl* ■**the ~** das Altbewährte; **to stick to the ~** sich *akk* an das Altbewährte halten **tried and trusted** *adj inv see* **tried and tested**

triennial [traɪˈeniəl] *adj inv* alle drei Jahre stattfindend, dreijährlich

trier [ˈtraɪəʳ, AM ɚ] *n* (*approv*) Kämpfernatur *f;* ■**to be a ~** sich *dat* sehr viel Mühe geben

trifecta *n* AM Hattrick *m*

trifle [ˈtraɪfl] **I.** *n* ① BRIT (*dessert*) Trifle *nt* ② (*form: petty thing*) Kleinigkeit *f* ③ (*money*) ■**a ~** ein paar Pfennige *mpl* ④ + *adj* (*form: slightly*) ■**a ~** ein bisschen, etwas; ***I'm a ~ surprised about your proposal*** ich bin über deinen Vorschlag etwas erstaunt **II.** *vt* ■**to ~ away** ◯ **sth** etw verschwenden [*o geh* vergeuden]; **to ~ one's time away** seine Zeit vertrödeln *fam* **III.** *vi* (*form*) ■**to ~ with sb/sth** mit jdm/etw spielen; ***Caroline is not a woman to be ~d with*** mit Caroline ist nicht zu spaßen; **to ~ with sb's affections** [*or* **heart**] mit jds Gefühlen spielen

trifling [ˈtraɪflɪŋ] *adj* (*form*) unbedeutend; **~ matter** belanglose Angelegenheit; **a ~ sum of money** eine geringfügige Menge Geld

trig [trɪg] *n no pl* (*fam*) *short for* **trigonometry** Trigonometrie *f*

trigger [ˈtrɪgəʳ, AM -ɚ] **I.** *n* ① (*gun part*) Abzug *m;* **to pull the ~** abdrücken ② (*start*) Auslöser *m* (**for** für +*akk*) ▸ PHRASES: **to be quick on the ~** (*fam*) fix sein *fam* **II.** *n modifier* Abzugs- **III.** *vt* ■**to ~ sth** etw auslösen; **to ~ an alarm** einen Alarm auslösen

◆**trigger off** *vt* ■**to ~ off** ◯ **sth** *protest* etw auslösen

trigger finger *n* Zeigefinger *m* **trigger-happy** <more ~, most ~> *adj* (*fam*) ① (*shooting*) schießfreudig *fam* ② (*using force*) schießwütig *fam* **trigger mechanism** *n* TECH Abzugsmechanismus *m*

trigonometric [ˌtrɪgənə(ʊ)ˈmetrɪk, AM -nəˈ-] *adj inv* trigonometrisch

trigonometrical [ˌtrɪgənəʊˈmetrɪkəl, AM nəˈ] *adj inv* MATH trigonometrisch *fachspr*

trigonometry [ˌtrɪgəˈnɒmɪtri, AM -ˈnɑːmə-] *n no pl* Trigonometrie *f*

trihedron <*pl* -dra *or* -s> [traɪˈhiːdrən] *n* MATH Dreiflächner *m*, Trihedron *nt fachspr*

trike [traɪk] *n short for* **tricycle** Dreirad *nt*

trilateral [traɪˈlætərəl, AM -ˈlæt̬ɚ-] *adj inv* ① POL trilateral ② MATH dreiseitig

trilby [ˈtrɪlbi] *n esp* BRIT [weicher] Filzhut

trilingual [traɪˈlɪŋgwəl] *adj inv* dreisprachig

trill [trɪl] **I.** *n* ① (*chirp*) Trillern *nt* ② MUS (*note*) Triller *m* **II.** *vi* ① (*sing*) trillern; *lark* tirilieren *geh* ② (*liter: speak*) trillern **III.** *vt* ① MUS ■**to ~ sth** etw trillern ② LING **to ~ one's r's** das R rollen

trillion [ˈtrɪljən] *n* ① <*pl* – *or* -s> (10^{12}) Billion *f* ② <*pl* – *or* -s> BRIT (*dated:* 10^{18}) Trillion *f* ③ *pl* (*fam: many*) ■**~s** *pl* Tausende *pl* (**of** von +*dat*); ***there were ~s of birds*** es gab dort Tausende von Vögeln

trillionth [ˈtrɪljən(t)θ] **I.** *n* ① (10^{12}) Billionstel *nt* ② BRIT (*dated:* 10^{18}) Trillionstel *nt* **II.** *adj inv* billionste(r,s)/trillionste(r,s)

trilobite [ˈtraɪə(ʊ)baɪt, AM -loʊ-] *n* ZOOL Trilobit *m fachspr*

trilogy [ˈtrɪlədʒi] *n* Trilogie *f*

trim [trɪm] **I.** *n no pl* ① (*cutting*) Nachschneiden *nt;* **to give sb a ~** jdm die Spitzen schneiden; **to give sth a ~** etw nachschneiden; ***just give the ends a ~, please!*** bitte nur die Spitzen nachschneiden! ② (*edging*) Applikation *f* ③ (*ready*) ■**to be in ~** [**for sth**] [für etw *akk*] bereit sein; **to be in fighting ~** kampfbereit sein ④ AVIAT, NAUT Trimmung *f;* ■**to be out of ~** nicht richtig [aus]getrimmt sein **II.** *adj* <-mer, -mest> ① (*neat*) ordentlich; *lawn* gepflegt ② (*approv: slim*) schlank **III.** *vt* <-mm-> ① (*cut*) ■**to ~ sth** etw [nach]schneiden; ***my hair needs to be ~med*** mein Haar muss nachgeschnitten werden; **to ~ one's beard** sich *dat* den Bart stutzen; **to ~ a hedge** eine Hecke stutzen ② (*reduce*) ■**to ~ sth** etw kürzen [*o* verringern]; **to ~ costs** Kosten verringern ③ (*decorate*) ■**to ~ sth** [**with sth**] etw [mit etw *dat*] schmücken; **to ~ the Christmas tree** den Weihnachtsbaum schmücken ④ AVIAT **to ~ an aircraft** ein Flugzeug [aus]trimmen ⑤ NAUT **to ~ a boat** ein Boot trimmen; **to ~ the sails** die Segel richtig stellen ▸ PHRASES: **to ~ the fat from one's budget** den Gürtel enger schnallen; **to ~ one's sails** [**to the wind**] sich *akk* neuen Umständen anpassen

◆**trim away** *vt* ■**to ~ away** ◯ **sth** ① (*cut*) etw wegschneiden ② (*edit*) etw zusammenstreichen

◆**trim down** *vi* abnehmen

◆**trim off** *vt* ① (*cut*) ■**to ~ off** ◯ **sth** etw abschneiden; **to ~ the fat off the meat** das Fett wegschneiden ② (*reduce*) **to ~ off the budget** das Budget kürzen; **to ~ off taxes** die Steuern senken

trimaran [ˈtraɪməræn] *n* Trimaran *m*

trimester [trɪˈmestəʳ, AM traɪˈmestɚ] *n* ① (*period of time*) Zeitraum *m* von drei Monaten, Vierteljahr *nt* ② AM SCH, UNIV Trimester *nt*

trimmed [trɪmd] *adj inv, pred of cloth* mit Bordüre versehen

trimmer[1] [ˈtrɪməʳ, AM -ɚ] *n* ① (*tool*) Schneidegerät *nt;* **hedge ~** Heckenschere *f* ② NAUT Trimmer *m*

trimmer[2] [ˈtrɪməʳ, AM -ɚ] *adj comp of* **trim III**

trimming [ˈtrɪmɪŋ] *n* ① *no pl* (*cutting*) Nachschneiden *nt* ② (*pieces*) ■**~s** *pl* Abfälle *mpl;* **lawn ~s** Rasenabfälle ③ *usu pl* (*edging*) Besatz *m;* **a jumper with ~s** ei Pullover mit Verzierungen ④ (*appearance*) ■**~s** *pl*, ■**the ~s** der Anstrich ⑤ (*accompaniment*) ■**the ~s** *pl* das Zubehör; **turkey with all the ~s** Truthahn *m* mit allem Drum und Dran *fam*

Trinidad [ˈtrɪnɪdæd] *n no pl* Trinidad *nt*

trinity [ˈtrɪnɪti] *n* ① *usu sing* (*liter: trio*) Dreiheit *f* ② *no pl* ■**the** [**Holy**] **T~** die [Heilige] Dreifaltigkeit [*o* Dreieinigkeit] ③ ■**T~** LAW Dreieinigkeit *f* ▸ PHRASES: **the unholy ~ of sth** die ungeweihte Dreieinigkeit von etw *dat*

trinket [ˈtrɪŋkɪt] *n* ① (*bauble*) wertloser Schmuckgegenstand ② (*rubbish*) ■**~s** *pl* Plunder *m kein pl*

trio <*pl* -s> [ˈtriəʊ, AM -oʊ] *n* ① (*three*) Trio *nt* (**of** von +*dat*) ② (*performers*) Trio *nt;* **string/piano ~** Streich-/Klaviertrio *nt* ③ (*music*) Trio *nt*

trip [trɪp] **I.** *n* ① (*stumble*) Stolpern *nt* ② (*journey*) Reise *f*, Fahrt *f;* **business ~** Geschäftsreise *f;* **round ~** Rundreise *f* ③ *esp* BRIT (*outing*) Ausflug *m*, Trip *m;* **to go on** [*or* **take**] **a ~** einen Ausflug machen ④ (*experience*) Erfahrung *f* ⑤ (*self-indulgence*) Trip *m;* **an ego ~** ein Egotrip *m;* **to be on a power ~** auf einem starken Egotrip sein ⑥ (*hallucination*)

Trip *m sl;* **to have a bad** ~ auf einen schlimmen Trip kommen *sl* **II.** *vi* <-pp-> ❶ *(unbalance)* stolpern; ■**to** ~ **on** [*or* **over**] **sth** über etw *akk* stolpern; **to** ~ **over one's own feet** über seine eigenen Füße stolpern ❷ *(be hindered)* ■**to** ~ **over sb/sth** über jdn/etw stolpern; **to** ~ **over each other** übereinander stolpern ❸ *(mispronounce)* **to** ~ **over one's tongue** sich *akk* versprechen; **to** ~ **over one's words** über seine Worte stolpern ❹ *(be uttered)* **to** ~ **off the tongue** leicht von der Zunge gehen ❺ *(walk)* ■**to** ~ **somewhere** irgendwohin tänzeln ❻ *(fam: be on drugs)* auf einem Trip sein *sl;* **to** ~ [**out**] **on LSD** auf einem LSD-Trip sein *sl* ❼ *(journey)* ■**to** ~ **somewhere** irgendwohin reisen **III.** *vt* <-pp-> ❶ *(unbalance)* ■**to** ~ **sb** jdm ein Bein stellen ❷ *(activate)* ■**to** ~ **sth** etw anschalten ► PHRASES: **to** ~ **the light fantastic** *(dated or hum)* das Tanzbein schwingen *hum fam*

◆**trip up I.** *vt* ❶ *(unbalance)* ■**to** ~ **up** ↔ **sb** jdm ein Bein stellen ❷ *(foil)* ■**to** ~ **up** ↔ **sb/sth** jdn/etw zu Fall bringen **II.** *vi* ❶ *(stumble)* stolpern ❷ *(blunder)* ■**to** ~ **up** [**on sth**] [bei etw *dat*] einen Fehler machen

tripartite [ˌtraɪˈpɑːtaɪt, AM -ˈpɑːr-] *adj inv* ❶ *(form: three-part) structure* dreiteilig ❷ POL *meetings, coalition* Dreiparteien-, Dreier-; ~ **agreement** dreiseitiges Abkommen

tripe [traɪp] *n no pl* ❶ *(food)* Kutteln *fpl,* Kaldaunen *fpl* SÜDD, ÖSTERR, SCHWEIZ ❷ *(fam: nonsense)* Mist *m fam,* Quatsch *m fam;* **to talk** ~ Mist [*o fam* Quatsch] reden

triplane *n* AVIAT Dreidecker *m*

triple [ˈtrɪpl̩] **I.** *adj inv* ❶ *attr (threefold)* dreifach ❷ *attr (of three parts)* Dreier- **II.** *adv (three times greater)* dreimal so viel; ***in 1991 the number of one-parent U.S. households reached nearly ~ that of 1971*** die Anzahl der alleinerziehenden Amerikaner erreichte 1991 fast das Dreifache von 1971 **III.** *vt* ■**to** ~ **sth** etw verdreifachen **IV.** *vi* sich *akk* verdreifachen

triple glazing *n no pl* Dreifachverglasung *f* **triple jump** *n no pl* ■**the** ~ der Dreisprung **triple jumper** *n* Dreispringer(in) *m(f)* **triple play** *n Baseballspiel, in dem drei Spieler hintereinander ‚aus' gemacht werden*

triplet [ˈtrɪplət] *n* ❶ *usu pl (baby)* Drilling *m;* **a set of** ~**s** Drillinge *mpl;* **to have** ~**s** Drillinge bekommen ❷ MUS Triole *f*

triplex <*pl* -es> [ˈtrɪpleks] *n* ❶ *no pl* BRIT *(safety glass)* ■**T~®** Sicherheitsglas *nt* ❷ AM *(building)* Wohneinheit *f* mit drei Wohnungen

triplicate [ˈtrɪplɪkət] *adj attr, inv (form) samples* dreifach; **in** ~ in dreifacher Ausfertigung

triply [ˈtrɪpli] *adv inv* dreifach

tripod [ˈtraɪpɒd, AM -pɑːd] *n* Stativ *nt;* **to mount sth on a** ~ etw auf ein Stativ montieren

tripos <*pl* -es> [ˈtraɪpɒs] *n usu sing* BRIT UNIV Abschlussexamen *nt*

tripper [ˈtrɪpəʳ, AM -ɚ] *n esp* BRIT Ausflügler(in) *m(f),* [Massen]tourist(in) *m(f);* **coach** ~**s** Bustouristen *pl*

trippy [ˈtrɪpi] *adj (fam)* tripmäßig *sl*

trip switch *n* Sicherung *f,* Sicherungsschalter *m*

triptych [ˈtrɪptɪk] *n* ARCHIT Triptychon *nt*

tripwire *n* Stolperdraht *m*

tripy [ˈtraɪpi] *adj (fam)* schwachsinnig *fam*

triquarterly [traɪˈkwɔːtəli, AM -ˈkwɔːrt̬əli] *adv inv* alle neun Monate, neunmonatlich

trireme [ˈtraɪriːm] *n (hist)* MIL, NAUT Trireme *f*

trisect [traɪˈsekt] *vt* ■**to** ~ **sth** etw dreiteilen [*o* in drei [gleiche] Teile teilen]

tristesse [trɪˈstes] *n no pl (liter)* Melancholie *f*

trite [traɪt] *adj (pej)* platt; *cliché, phrase* abgedroschen *fam;* **to sound** ~ abgedroschen klingen

tritely [ˈtraɪtli] *adv (pej)* platt; *(clichéd)* abgedroschen *fam*

triteness [ˈtraɪtnəs] *n no pl (pej)* Plattheit *f,* Trivialität *f geh,* Banalität *f; of cliché* Abgedroschenheit *f*

triumph [ˈtraɪəm(p)f] **I.** *n* ❶ *(victory)* Triumph *m,* Sieg *m* (**for** für +*akk,* **over** über +*akk*); **to hail sth as a** ~ [**for sb**] etw als Triumph [für jdn] feiern; ■**to do sth in** ~ etw triumphierend tun ❷ *(feat)* **a** ~ **of engineering/medicine** ein Triumph *m* der Ingenieurskunst/Medizin ❸ *no pl (joy)* Triumph *m,* Siegesfreude *f;* ■**to do sth in** ~ etw in Siegesfreude tun **II.** *vi* ❶ *(win)* triumphieren, den Sieg davontragen; ■**to** ~ **over sb/sth** über jdn/etw triumphieren ❷ *(exult)* ■**to** ~ **over sb** über jdn triumphieren

triumphal [traɪˈʌm(p)fəl] *adj* triumphal; ~ **entry/return** triumphaler Einzug/triumphale Rückkehr

triumphal arch *n* Triumphbogen *m*

triumphalist [traɪˈʌm(p)fəlɪst] *(pej)* **I.** *adj inv* triumphierend **II.** *n jd, der seinen Sieg extrem auskostet*

triumphant [traɪˈʌm(p)fənt] *adj* ❶ *(victorious)* siegreich; ~ **return** triumphale Rückkehr; **to emerge** ~ **from sth** *a fight* aus etw *dat* siegreich hervorgehen ❷ *(successful)* erfolgreich ❸ *(exulting) smile* triumphierend

triumphantly [traɪˈʌm(p)fəntli] *adv* triumphierend

triumvirate [traɪˈʌmvɪrət, AM -rɪt] *n* ❶ HIST Triumvirat *nt* ❷ *(group)* Dreimännerbund *m*

trivet [ˈtrɪvɪt] *n* FOOD Untersetzer *m*

trivia [ˈtrɪviə] *npl* Lappalien *fpl;* **the** ~ **of everyday life** die Trivialitäten des täglichen Lebens *geh*

trivial [ˈtrɪviəl] *adj* ❶ *(unimportant)* trivial *geh,* banal; *dispute, issue* belanglos; *details* bedeutungslos ❷ *(petty)* kleinlich; *remark* oberflächlich ❸ *(easy) problem* leicht, einfach

triviality [ˌtrɪviˈæləti, AM -ət̬i] *n* ❶ *no pl (unimportance)* Belanglosigkeit *f,* Bedeutungslosigkeit *f;* **the** ~ **of the offence** die Geringfügigkeit des Vergehens ❷ *(unimportant thing)* Trivialität *f geh*

trivialization [ˌtrɪviəlaɪˈzeɪʃən, AM lɪˈ] *n* Trivialisierung *f*

trivialize [ˈtrɪviəlaɪz] *vt (pej)* ■**to** ~ **sth** etw trivialisieren; **to** ~ **a problem** ein Problem bagatellisieren

trochaic [trə(ʊ)ˈkeɪɪk, AM troʊ-] *adj inv* LIT *meter* trochäisch

trochee [ˈtrəʊkiː, AM ˈtroʊ-] *n* LIT Trochäus *m*

trod [trɒd, AM trɑːd] *pt, pp of* **tread I, II**

trodden [ˈtrɒdən, AM ˈtrɑːd-] *pp of* **tread I, II**

trog <-gg-> [trɒg] *vi* BRIT *(fam)* ■**to** ~ **somewhere** irgendwohin schlendern

troglodyte [ˈtrɒglə(ʊ)daɪt, AM ˈtrɑːglə-] *n* ❶ *(cave dweller)* Höhlenbewohner(in) *m(f)* ❷ *(loner)* Einsiedler(in) *m(f)*

troika [ˈtrɔɪkə] *n* ❶ *(group)* Troika *f* ❷ *(carriage)* Dreigespann *nt,* Troika *f*

Trojan [ˈtrəʊdʒən, AM ˈtroʊ-] **I.** *n* Trojaner(in) *m(f);* **to work like a** ~ arbeiten wie ein Pferd *fam* **II.** *adj inv legends* trojanisch

Trojan horse *n* ❶ *no pl* HIST ■**the** ~ das Trojanische Pferd ❷ *(trick)* Trojanisches Pferd *geh,* Danaergeschenk *nt geh* ❸ *(spy)* Spion *m* ❹ COMPUT Trojanisches Pferd **Trojan War** *n no pl* ■**the** ~ der Trojanische Krieg

troll [trəʊl, AM troʊl] *n* Troll *m*

trolley [ˈtrɒli, AM ˈtrɑːli] *n* ❶ *esp* BRIT, AUS *(cart)* Karren *m;* **luggage** ~ Gepäckwagen *m;* *(on platform)* Kofferkuli *m;* **shopping/supermarket** ~ Einkaufswagen *m* ❷ *esp* BRIT, AUS *(table)* Servierwagen *m;* **drinks** ~ Getränkewagen *m* ❸ *esp* BRIT, AUS *(bed)* fahrbares [Kranken]bett ❹ AM *(tram)* Straßenbahn *f* ► PHRASES: **to be off one's** ~ *esp* BRIT, AUS nicht mehr ganz dicht sein *fam*

trolleybus *n* Oberleitungsbus *m* **trolleycar** *n* AM *(tram)* Straßenbahn *f*

trollop [ˈtrɒləp, AM ˈtrɑː-] *n (pej)* Flittchen *nt pej fam;* *(slut)* Schlampe *f pej fam*

trombone [trɒmˈbəʊn, AM trɑːmˈboʊn] **I.** *n* ❶ *(instrument)* Posaune *f* ❷ *(player)* Posaunist(in) *m(f)* **II.** *n modifier (lessons, player, solo)* Posaunen-

trombonist [trɒmˈbəʊnɪst, AM trɑːmˈboʊn-] *n* Posaunist(in) *m(f)*

trompe l'oeil <-s> [ˌtrɒmpˈlɔɪ, AM ˌtrɔːmpˈ-] *n* Trompe-l'oeil *m*

troop [truːp] **I.** *n* ❶ *(group)* Truppe *f; of animals* Schar *f; of soldiers* Trupp *m;* **cavalry** ~ Schwadron *f;* **a** ~ **of scouts** eine Pfadfindergruppe ❷ *(soldiers)* ■~**s** *pl* Truppen *fpl;* **to withdraw** ~**s** Truppen abziehen **II.** *n modifier (movements, reduction, supplies, withdrawal)* Truppen- **III.** *vi* ■**to** ~ **somewhere** [in Scharen] irgendwohin strömen; *soldiers* irgendwohin marschieren; ■**to** ~ **off** abziehen *fam;* ***the fans gave their team a loud cheer as they ~ed off the field*** die Fans spendeten ihrer Mannschaft lauten Beifall, als sie vom Feld abzog **IV.** *vt* BRIT **to** ~ **the colour** die Fahnenparade abhalten

troop carrier *n* Truppentransporter *m*

trooper [ˈtruːpəʳ, AM -ɚ] *n* ❶ *(soldier)* [einfacher] Soldat ❷ AM *(police officer)* **state** ~ Polizist(in) *m(f)* ► PHRASES: **to swear like a** ~ wie ein Landsknecht fluchen

troopship *n* Truppentransportschiff *nt*

trope [trəʊp, AM troʊp] **I.** *n* LIT bildlicher Ausdruck, Tropus *m fachspr* **II.** *vt* **to** ~ **towards sth** sich *akk* etw *dat* zuwenden

trophy [ˈtrəʊfi, AM ˈtroʊ-] *n* ❶ *(prize)* Trophäe *f,* Preis *m* ❷ *(memento)* Trophäe *f;* **war** ~ Kriegsbeute *f kein pl*

trophy girlfriend *n* Vorzeigefreundin *f fam* **trophy wife** *n* Vorzeigefrau *f fam*

tropic [ˈtrɒpɪk, AM ˈtrɑː-] *n* ❶ *(latitude)* Wendekreis *m* ❷ *(hot region)* ■~**s** *pl,* ■**the** ~**s** *pl* die Tropen *pl*

tropical [ˈtrɒpɪkəl, AM ˈtrɑː-] *adj inv* ❶ *(of tropics)* Tropen-; ~ **climate** Tropenklima *nt;* ~ **disease/medicine** Tropenkrankheit/-medizin *f;* ~ **hardwoods** tropische Harthölzer ❷ *(hot) weather* heiß ❸ *(passionate) style* leidenschaftlich

tropical fruit *n* Tropenfrucht *f* **tropical rainforest** *n* tropischer Regenwald

Tropic of Cancer *n no pl* ■**the** ~ der Wendekreis des Krebses, der nördliche Wendekreis **Tropic of Capricorn** *n no pl* ■**the** ~ der Wendekreis des Steinbocks, der südliche Wendekreis

tropism [ˈtrəʊpɪzəm, AM ˈtroʊp] *n no pl* BIOL Tropismus *m fachspr*

troposphere [ˈtrɒpə(ʊ)sfɪəʳ, AM ˈtrɑːpəsfɪr] *n no pl* SCI Troposphäre *f*

troppo [ˈtrɒpəʊ, AM ˈtrɑːpoʊ] *adj* AUS *(fam)* verrückt *fam,* übergeschnappt *fam;* **to go** ~ verrückt werden

trot [trɒt, AM trɑːt] **I.** *n* ❶ *no pl (pace)* Trab *m;* **to go at a** ~ *horse* traben ❷ *(walk)* kleiner Spaziergang; *of horse* Trott *m* ❸ *(run)* Trab *m fam;* ***the team warmed up for the match with a ~ around the pitch*** die Mannschaft wärmte sich mit einem Lauf um das Spielfeld auf ❹ *(fam: diarrhoea)* ■**the** ~**s** *pl* Durchfall *m,* Dünnpfiff *m fam,* die Renneritis *hum fam* ► PHRASES: **on the** ~ *(in succession)* in einer Tour *fam;* *(busy)* auf Trab *fam;* ***she worked 30 hours on the ~*** sie arbeitete 30 Stunden in einer Tour durch; **to be on the** ~ **all day** den ganzen Tag auf Trab sein **II.** *vi* <-tt-> ❶ *(walk)* trotten; *horse* traben ❷ *(ride)* im Trab reiten ❸ *(run)* laufen; ***the athlete ~ted slowly around the track*** der Athlet lief langsam um die Bahn ❹ *(fam: go)* traben *fam;* **to** ~ **down to the end of the street** die Straße bis zum Ende 'runterlaufen **III.** *vt* <-tt-> **to** ~ **a horse** ein Pferd traben lassen

◆**trot off** *vi (fam)* losziehen *fam,* abtraben *fam;* ***he's just ~ted off to the supermarket*** er hat sich gerade auf den Weg zum Supermarkt gemacht

◆**trot out** *vt (pej)* ■**to** ~ **out** ↔ **sb/sth** jdn/etw vorführen; **to** ~ **out arguments/excuses** Argumente/Ausreden herauskramen *fam*

troth [trəʊθ, trɒθ, AM troʊθ, trɑːθ] *n no pl (form or old)* Treue *f;* ***by my ~!*** bei meiner Ehre!; **to plight one's** ~ [**to sb**] *(old or hum)* [jdm] ewige Treue schwören *veraltet o hum,* [jdn] heiraten; *see also* **plight**

trotter [ˈtrɒtəʳ, AM ˈtrɑːt̬ɚ] *n* ❶ *usu pl (food)* ■~**s** *pl* Schweinshaxen *pl* ❷ *(horse)* Traber *m*

troubadour [ˈtruːbədɔːʳ, AM -dɔːr] *n (hist)* Troubadour *m*

trouble [ˈtrʌbl] **I.** *n* ❶ *no pl (difficulties)* Schwierigkeiten *fpl;* *(annoyance)* Ärger *m;* **to be in serious** ~ in ernsten Schwierigkeiten sein; **to head** [*or* **be heading**] **for** ~ auf dem besten Weg sein, Schwierigkeiten zu bekommen; **to ask** [*or* **be asking**] **for** ~ Ärger herausfordern; **to be in/get into** ~ in Schwierigkeiten sein/geraten; ■**to be in ~ with sb** mit jdm Schwierigkeiten [*o* Ärger] haben; **to have a lot of ~ [to do sth]** große Schwierigkeiten haben[, etw zu tun]; **to get into ~ with sb** mit jdm in Schwierigkeiten geraten; **to land sb in ~ [with sb]** jdn [bei jdm] in Schwierigkeiten bringen; **to keep sb out of ~** jdn vor Schwierigkeiten bewahren; **to spell ~** (*fam*) Ärger verheißen *geh*, nichts Gutes bedeuten; **to stay out of ~** sauber bleiben *hum fam;* **to store up ~ [for the future]** sich *dat* Schwierigkeiten einhandeln ❷ (*problem*) Problem *nt;* (*cause of worry*) Sorge *f;* ***that's the least of my ~s*** das ist meine geringste Sorge; ***the only ~ is that we …*** der einzige Haken [dabei] ist, dass wir …; ***I don't want to be a ~ to anybody*** ich möchte niemandem zur Last fallen; **to tell sb one's ~s** jdm seine Sorgen erzählen ❸ *no pl* (*inconvenience*) Umstände *mpl*, Mühe *f;* ***it's no ~ at all*** das macht gar keine Umstände; ***he's been no ~ at all*** er war ganz lieb; ***it's more ~ than it's worth to take it back to the shop*** es lohnt sich nicht, es ins Geschäft zurückzubringen; **to go to the ~ [of doing sth], to take the ~ [to do sth]** sich *dat* die Mühe machen, [etw zu tun]; **to go to some/a lot of ~ for sth/sb** sich *dat* für etw/jdn große Mühe geben; **to put sb to the ~ of doing sth** jdn bemühen, etw zu tun *geh;* ***I don't want to put you to any ~*** ich möchte dir keine Umstände machen; **to take ~ with sth/sb** sich *dat* mit etw/jdm Mühe geben; **to be [not] worth the ~ [of doing sth]** [nicht] der Mühe wert sein, [etw zu tun] ❹ *no pl* (*physical ailment*) Leiden *nt;* ***my eyes have been giving me some ~ recently*** meine Augen haben mir in letzter Zeit zu schaffen gemacht; **stomach ~** Magenbeschwerden *pl* ❺ *no pl* (*malfunction*) Störung *f;* **engine ~** Motorschaden *m* ❻ (*strife*) Unruhe *f;* **at the first sign of ~** beim ersten [*o* geringsten] Anzeichen von Unruhe; **to look** [*or* **go looking**] **for ~** Ärger [*o* Streit] suchen; **to stir up ~** Unruhe stiften ❼ *no pl* (*dated: pregnancy before marriage*) **to be in ~** in Schwierigkeiten sein; **to get a girl into ~** ein Mädchen ins Unglück stürzen *geh* **II.** *vt* ❶ (*form: cause inconvenience*) ■**to ~ sb for sth** jdn um etw *akk* bemühen *geh;* ■**to ~ sb to do sth** jdn bemühen etw zu tun *geh* ❷ (*make an effort*) ■**to ~ oneself about sth** sich *akk* um etw *akk* kümmern ❸ (*cause worry*) ■**to ~ sb** jdn beunruhigen; (*grieve*) jdn bekümmern; **to be [deeply] ~ed by sth** wegen einer S.*gen* tief besorgt [*o* beunruhigt] sein ❹ *usu passive* (*cause problems*) ■**to be ~d by sth** durch etw *akk* in Bedrängnis geraten ❺ (*cause pain*) ■**to ~ sb** jdn plagen **III.** *vi* sich *akk* bemühen; ■**to ~ to do sth** sich *dat* die Mühe machen, etw zu tun

troubled ['trʌbl̩d] *adj* ❶ (*beset*) *marriage* bewegt; *situation* bedrängt; *times* unruhig ❷ (*worried*) besorgt; *look* beunruhigt

trouble-free *adj inv car* problemlos; *holiday* reibungslos; *machine* störungsfrei **troublemaker** *n* Unruhestifter(in) *m(f)*

Troubles ['trʌbl̩z] *npl* ■**the ~** *die Unruhen in Nordirland ab den 60ern* **troubleshoot** <-shot, -shot> **I.** *vt* ■**to ~ sth** bei etw *dat* die Störung suchen und beheben **II.** *vi* eine Störung suchen und beheben; COMPUT Softwarefehler bereinigen; (*in hardware*) Hardwarefehler suchen und beseitigen **troubleshooter** *n* ❶ (*examiner*) Troubleshooter *m* (*jd, der Störungen aufspürt und beseitigt*) ❷ (*mediator*) Vermittler(in) *m(f);* (*in crisis*) Krisenmanager *m* **troubleshooting** *n no pl* ❶ (*fixing*) Fehler-/Störungsbeseitigung *f* ❷ (*mediation*) Vermittlung *f*

troublesome ['trʌbl̩səm] *adj* schwierig; *scandal* peinlich

trouble spot *n* ❶ (*in a region*) Unruheherd *m* ❷ (*in traffic*) Störung *f*

troubling ['trʌbl̩ɪŋ] *adj* beunruhigend; ■**to be ~ to sb** für jdn beunruhigend sein

troublingly ['trʌbl̩ɪŋli] *adv* beunruhigenderweise

troublous ['trʌbləs] *adj* (*liter or old*) unruhig, turbulent

trough [trɒf, AM trɑ:f] *n* ❶ (*bin*) Trog *m;* **a feeding/water ~** ein Futter-/Wassertrog *m* ❷ (*usu pej: benefits*) **to feed at the public ~** sich *akk* aus öffentlichen Mitteln bereichern ❸ (*low*) Tiefpunkt *m;* (*in economy*) Tiefstand *m*, Talsohle *f*, Konjunkturtief *nt* ❹ METEO Trog *m* ❺ TELEC [Wellen]tal *nt*

trounce [traʊn(t)s] *vt* (*fam*) ❶ (*beat*) ■**to ~ sb/sth** jdn/etw vernichtend schlagen ❷ (*rebuke*) ■**to ~ sth** etw heftig tadeln

trouncing ['traʊn(t)sɪŋ] *n usu sing* (*fam*) vernichtende Niederlage; **to be given a ~** vernichtend geschlagen werden

troupe [tru:p] *n + sing/pl vb* THEAT Truppe *f*

trouper ['tru:pəʳ, AM -ɚ] *n* ❶ (*actor*) **an old ~** ein alter Hase *fam* ❷ (*approv: reliable*) treue Seele

trouser clip *n* (*bicycle clip*) Hosenklammer *f* **trouser leg** *n* Hosenbein *nt* **trouser press** *n* Hosenbügler *m*

trousers ['traʊnzəz, AM -zɚz] *npl* Hose *f;* **a pair of ~** eine Hose ▸ PHRASES: **to wear the ~** die Hosen anhaben *fam; see also* **catch**

trouser suit *n* BRIT Hosenanzug *m*

trousseau <*pl* -s *or* -x> ['tru:səʊ, *pl* -səʊz, AM '-soʊ, *pl* -soʊz] *n* (*dated*) Aussteuer *f kein pl veraltend*

trout [traʊt] *n* ❶ <*pl* -s *or* -> (*fish*) Forelle *f* ❷ BRIT (*fam: woman*) **old ~** alte Schachtel *fam*

trout farm *n* Forellenzucht[anlage] *f* **trout farming** *n no pl* Forellenzucht *f* **trout fishing** *n no pl* Forellenfang *m;* ■**to go ~** auf Forellenfang gehen

trove [treʊv] *n* Fund *m*

trowel ['traʊəl] *n* ❶ (*building*) Maurerkelle *f* ❷ (*gardening*) kleiner Spaten

Troy [trɔɪ] *n no pl* (*hist*) Troja *nt*

troy ounce *n* ECON Troyunze *f* **troy weight** *n* Troygewicht *nt*

truancy ['tru:ən(t)si] *n no pl* unentschuldigtes Fehlen [von der Schule], [Schule]schwänzen *nt fam*

truant ['tru:ənt] **I.** *n* Schulschwänzer(in) *m(f) fam;* **to play ~ [from school]** *esp* BRIT, AUS [die Schule] schwänzen *fam* **II.** *adj inv children* schwänzend **III.** *vi esp* BRIT, AUS [die Schule] schwänzen *fam*

truanting ['tru:əntɪŋ] *n no pl* [Schule]schwänzen *nt fam*

truant officer *n* (*dated*) *Beamter einer Schulbehörde, der Schulschwänzer wieder in die Schule zurückbringt*

truce [tru:s] *n* Waffenstillstand *m* (**between** zwischen + *dat*); **a flag of ~** eine Parlamentärflagge; **to agree** BRIT [*or* AM, AUS **agree to**] **a ~** einen Waffenstillstand vereinbaren; **to call** [*or* **declare**]/**sign a ~** einen Waffenstillstand ausrufen/unterzeichnen

truck¹ [trʌk] **I.** *n* ❶ (*lorry*) Last[kraft]wagen *m*, Laster *m fam;* **pickup ~** Lieferwagen *m* ❷ BRIT (*train*) Güterwagen *m*, Güterwaggon *m* **II.** *n modifier* (*accident, motor*) Lastwagen- **III.** *vt esp* AM ■**to ~ sth somewhere** etw per Lastwagen irgendwohin transportieren **IV.** *vi* AM (*fam*) gehen; ***she was ~ing on down the avenue*** sie ging immer weiter die Allee entlang ▸ PHRASES: **to keep on ~ing** ≈ vor sich *dat* hin arbeiten

truck² [trʌk] *n no pl* ▸ PHRASES: **to have** [*or* **want**] **no ~ with sb/sth** (*fam*) mit jdm/etw nichts zu tun haben

truck driver *n* Lastwagenfahrer(in) *m(f);* (*long-distance*) Fernfahrer(in) *m(f)*

trucker ['trʌkəʳ, AM -ɚ] *n* Lastwagenfahrer(in) *m(f)*, Trucker(in) *m(f) fam;* (*long-distance*) Fernfahrer(in) *m(f)*

truck farm *n* AM, CAN Gemüsefarm *f*, Gemüseanbaubetrieb *m* **truck farmer** *n* AM, CAN Gemüsegärtner(in) *m(f)* **truck farming** *n no pl* AM, CAN Gemüseanbau *m* **truck garden** *n* AM Gemüsegarten *m*

truckie ['trʌki] *n* AUS Lastwagenfahrer(in) *m(f)*, Trucker(in) *m(f) fam;* (*long-distance*) Fernfahrer(in) *m(f)*

trucking ['trʌkɪŋ] AM, AUS **I.** *n no pl* Lkw-Transport *m* **II.** *n modifier* Speditions-

trucking company *n* AM, AUS Spedition[sfirma] *f* **trucking industry** *n no pl* AM, AUS ■**the ~** die Lastwagenindustrie

truckle ['trʌkl̩] **I.** *n* FOOD *eine Art Cheddarkäse* **II.** *vi* ■**to ~ to sb** jdm gegenüber klein beigeben

truckle bed *n esp* BRIT [niedriges] Rollbett

truckload *n* Wagenladung *f* (**of** mit + *dat*); ***~s of rice*** Wagenladungen voller Reis; **by the ~** in ganzen Wagenladungen **truck shop** *n* (*hist*) *Geschäft, in dem Angestellte mit Firmengutscheinen einkaufen können* **truck stop** *n* AM, AUS [Fernfahrer]raststätte *f* **truck trailer** *n* AM Lkw-Anhänger *m*

truculence ['trʌkjələn(t)s] *n no pl* ❶ (*aggression*) Wildheit *f* ❷ (*defiance*) Aufsässigkeit *f*

truculent ['trʌkjələnt] *adj* ❶ (*aggressive*) wild ❷ (*defiant*) aufsässig

truculently ['trʌkjələntli] *adv* ❶ (*aggressively*) wild ❷ (*defiantly*) aufsässig

trudge [trʌdʒ] **I.** *vi* ❶ (*walk*) wandern; **to ~ along/down sth** etw entlang-/hinuntertrotten [*o fam* -latschen]; **to ~ through sth** durch etw *akk* [hindurch]laufen; *mud, water* durch etw *akk* [hindurch]waten ❷ (*work*) ■**to ~ through sth** etw durchackern *fam* **II.** *n* ❶ (*walk*) [anstrengender] Fußmarsch ❷ (*work*) mühseliger Weg **III.** *vt* ■**to ~ sth** *streets* etw entlangtrotten

true [tru:] **I.** *adj* <-r, -st> ❶ *inv* (*not false*) wahr; ■**to be ~ for sb/sth** für jdn/etw wahr sein; ■**to be ~ of sb/sth** auf jdn/etw zutreffen, für jdn/etw gelten; ***it is ~ [to say] that …*** es stimmt [*o* ist richtig], dass …; **partly ~** teilweise wahr; **to hold ~ [for sb/sth]** [auf jdn/etw] zutreffen; **to ring ~** glaubhaft klingen ❷ (*exact*) richtig; *aim* genau; **to be a ~ likeness of sb** (*dated*) ein genaues Ebenbild von jdm sein ❸ *attr* (*actual*) echt, wahr, wirklich; **the ~ faith** der wahre Glaube; **~ grit** echter Mumm *fam;* **~ heir** rechtmäßiger Erbe; **~ identity** wahre Identität; **~ love** wahre Liebe; **one's ~ self** sein wahres Selbst; *see also* **faith 2, grit I 2** ❹ (*loyal*) treu; **good men and ~** (*old*) redliche [*o* rechtschaffene] Leute; ■**to be/remain ~ to sb/sth** jdm/etw treu sein/bleiben; **to be ~ to one's word** zu seinem Wort stehen; ■**to be ~ to oneself** sich *dat* selbst treu bleiben ❺ *attr* (*conforming*) echt; **in ~ Hollywood style** in echter Hollywoodmanier; **in the ~ sense of a word** im wahrsten Sinne des Wortes ❻ *pred* (*straight*) genau; ***none of the drawers were ~*** keine der Schubladen war genau eingepasst ▸ PHRASES: **sb's ~ colours** jds wahres Gesicht; **~ to form, type** wie zu erwarten; **to come ~** wahr werden; **he's so fat/rich it's not ~!** *esp* BRIT er ist unglaublich fett/reich!; *see also* **jest II.** *adv* ❶ *inv* (*admittedly*) stimmt ❷ (*straight*) gerade ❸ (*exactly*) genau; **to aim ~** genau zielen ❹ (*old: truly*) ehrlich; ***tell me ~ — do you really love me?*** sag mir die Wahrheit – liebst du mich wirklich? **III.** *n no pl* **to be out of ~** schief sein; ***the frame must be out of ~*** der Rahmen muss verzogen sein

TRUE [tru:] *n* COMPUT WAHR

true-blue *adj attr* ❶ (*loyal*) treu ❷ (*typical*) waschecht *fam* **true-born** *adj attr, inv criminal* echt **true-false** *adj inv* Wahr-Falsch- **true-false test** *n* Ja-Nein-Test *m* **true-hearted** *adj* (*liter*) *servant* treu

true-life *adj inv* lebenswahr **true-life adventure** *n* aus dem Leben gegriffenes Abenteuer **true-life story** *n* wahre Geschichte

truelove *n* (*liter*) ■**sb's ~** jds Geliebte(r) *f(m)* **true north** *n no pl* geographischer Norden **true-to-life** *adj novel* lebensnah, lebensecht

truffle ['trʌfl̩] *n* Trüffel *f o m*

trug [trʌg] *n*, **trug basket** *n* BRIT [flacher] Korb

truism ['tru:ɪzᵊm] *n* Binsenweisheit *f;* (*platitude*) Plattitüde *f geh*, Gemeinplatz *m;* ■**it's a ~ that …** es ist eine Binsenweisheit, dass …

truly ['tru:li] *adv* ❶ *inv* (*not falsely*) wirklich, wahrhaftig; ***I can't ~ say I love him*** ich müsste lügen, um zu sagen, dass ich ihn liebe ❷ (*genuinely*) wirklich, echt; ***mushrooms aren't ~ vegetables, but many people think they are*** Pilze sind kein Gemüse, aber viele Menschen glauben das ❸ (*emph: very*) wirklich; ***the river is ~ a beautiful sight*** der Fluss ist wirklich ein wunderschöner Anblick ❹ (*form: sincerely*) ehrlich, aufrichtig; ***I'm ~ sorry about the accident*** das mit dem Unfall tut mir

T

wirklich Leid; ***Yours ~,*** (*in private letter*) dein(e)/Ihr(e) Jane May; (*in business letter*) mit freundlichen Grüßen ► PHRASES: **yours** ~ (*fam*) meine Wenigkeit *hum*

trump¹ [trʌmp] **I.** *n* ① (*card*) Trumpf *m;* **to draw/play a** ~ einen Trumpf ziehen/ausspielen ② (*suit*) ■ **~s** *pl* Trumpf *m,* Trumpffarbe *f* ► PHRASES: **to come** [*or* **turn**] **up ~s** BRIT Glück haben; (*help out*) die Situation retten **II.** *vt* ■ **to ~ sb/sth** ① (*cards*) jdn/etw übertrumpfen ② (*better*) jdn/etw ausstechen

◆**trump up** *vt* ■ **to ~ up ↔ sth** etw erfinden; **to ~ up an accusation** sich *dat* eine Beschuldigung aus den Fingern saugen *fam*

trump² [trʌmp] *n no pl* (*liter or old*) ① (*trumpet*) Posaune *f* ② (*fanfare*) Posaunenstoß *m,* Trompetenstoß *m;* **at the Last T~** REL wenn die Posaunen des Jüngsten Gerichts erklingen

trump card *n* ① (*card*) Trumpfkarte *f,* Trumpf *m* ② (*advantage*) Trumpf *m*

trumpery ['trʌmpᵊri] **I.** *n* (*old*) ① (*baubles*) Plunder *m kein pl,* Flitterkram *m kein pl fam* ② (*customs*) Unsinn *m* **II.** *adj* (*form: worthless*) billig; (*flashy*) kitschig *pej*

trumpet ['trʌmpɪt, AM -pət] **I.** *n* ① (*instrument*) Trompete *f; see also* **blow** ② (*player*) Trompeter(in) *m(f)* ③ (*bellow*) *of an elephant* Trompeten *nt* **II.** *n modifier* (*lessons, player, solo*) Trompeten- **III.** *vi* ① (*play*) trompeten ② *elephant* trompeten **IV.** *vt* (*esp pej*) ■ **to ~ sth** etw ausposaunen *fam*

trumpeter ['trʌmpɪtəʳ, AM -pət̬ɚ] *n* Trompeter(in) *m(f)*

trumpeting ['trʌmpɪtɪŋ, AM pət̬] *adj inv* Trompete blasend; ~ **angel** Posaunenengel *m*

trump suit *n* Trumpf *m,* Trumpffarbe *f*

truncate [trʌŋ'keɪt, AM 'trʌŋkeɪt] **I.** *vt* ■ **to ~ sth** ① *match, book, discussion* etw kürzen ② COMPUT (*cut short*) etw abschneiden ③ COMPUT (*give value to number*) etw abstreichen **II.** *vi* ECON nach dem beleglosen Scheckeinzugsverfahren arbeiten

truncated [trʌŋ'keɪtɪd, AM 'trʌŋkeɪt̬ɪd] *adj version* gekürzt

truncation [trʌŋ'keɪʃᵊn] *n no pl* ① (*shortening*) Kürzung *f* ② ECON belegloses Scheckeinzugsverfahren ③ COMPUT Abschneiden *nt*

truncheon ['trʌn(t)ʃᵊn] *n* BRIT, AUS Schlagstock *m*

trundle ['trʌndl] **I.** *vi* ■ **to ~ somewhere** irgendwohin zuckeln *fam;* **to ~ along** [*or* **on**] (*proceed leisurely*) sich *akk* hinziehen; (*drag on*) sich *akk* dahinschleppen **II.** *vt* ■ **to ~ sth somewhere** etw irgendwohin rollen

◆**trundle out** **I.** *vt* (*pej*) ■ **to ~ out ↔ sth** etw hervorkramen *fam* **II.** *vi* herausrollen

trundle bed *n* AM, AUS (*truckle bed*) [niedriges] Rollbett

trunk [trʌŋk] *n* ① (*stem*) Stamm *m;* **tree ~** Baumstamm *m* ② (*body*) Rumpf *m* ③ (*nose*) Rüssel *m* ④ (*box*) Schrankkoffer *m* ⑤ AM (*boot of car*) Kofferraum *m* ⑥ (*pants*) ■ **~s** *pl* Shorts *pl;* **a pair of swimming ~s** eine Badehose ⑦ TELEC Fernverbindungskabel *nt*

trunk call *n* BRIT (*dated*) Ferngespräch *nt* **trunk line** *n esp* BRIT ① RAIL Hauptstrecke *f* ② TELEC Fernleitung *f* **trunk road** *n* BRIT Fern[verkehrs]straße *f*

truss [trʌs] **I.** *n* ① (*belt*) Bruchband *nt* ② ARCHIT (*frame*) Gerüst *nt* **II.** *vt* ■ **to ~ sb** jdn fesseln; **to ~ poultry** Geflügel dressieren

◆**truss up** *vt* ■ **to ~ up ↔ sb** jdn fesseln

trust [trʌst] **I.** *n* ① *no pl* (*belief*) Vertrauen *nt;* **to be built** [*or* **based**] **on ~** auf Vertrauen basieren; **to abuse** [*or* **betray**] **sb's ~** jds Vertrauen missbrauchen; **to gain** [*or* **win**] **sb's ~** jds Vertrauen gewinnen; **to place** [*or* **put**] **one's ~ in sb/sth** sein Vertrauen in jdn/etw setzen; **to take sth on ~** etw einfach glauben, etw für bare Münze nehmen *fam;* ■ **to do sth in the ~ that ...** etw in dem Vertrauen tun, dass ... ② *no pl* (*responsibility*) **a position of ~** ein Vertrauensposten *m;* ■ **in sb's ~** in jds Obhut *f;* **to have sth in ~** etw zur Verwahrung haben ③ (*arrangement*) Treuhand *f kein pl,* Treuhandschaft *f;* (*management of money or property for sb*) Vermögensverwaltung *f;* **investment ~** Investmentfonds *m;* **to hold** [*or* **keep**] **sth in ~** etw treuhänderisch verwalten; **to set up a ~** eine Treuhandschaft übernehmen ④ (*trustees*) Treuhandgesellschaft *f;* ***he was guilty of a breach of ~*** er verletzte die Treuhandpflicht; ***he has a position of ~*** er hat eine Vertrauensstellung; **charitable ~** Stiftung *f* ⑤ AM (*union*) Ring *m;* BRIT (*trust company*) Trust *m* ⑥ AM (*bank name*) *Zusatz bei Banknamen* ⑦ AM (*monopoly*) Trust *m,* Syndikat *nt* ► PHRASES: **a brains ~** (*hum*) geballte Intelligenz *fam* **II.** *vt* ① (*believe*) ■ **to ~ sb/sth** jdm/etw vertrauen; ***of course you can ~ him to look after the money*** natürlich kannst du ihm vertrauen, dass er auf dein Geld aufpasst ② (*rely on*) ■ **to ~ sth** einer S. *dat* trauen, auf etw *akk* vertrauen; ***you must ~ your own feelings*** du musst auf deine Gefühle vertrauen; ■ **to ~ sb to do sth** jdm zutrauen, dass er/sie etw tut; ■ **to ~ oneself to do sth** sich *dat* zutrauen, etw zu tun; ■ **to ~ sb with sth** jdm etw anvertrauen ③ (*commit*) ■ **to ~ sb/sth to sb** jdm jdn/etw anvertrauen ► PHRASES: **to not ~ sb an inch** *esp* BRIT, AUS jdm nicht über den Weg trauen *fam;* **I wouldn't ~ him as far as I can** [*or* **could**] **throw him** ich würde ihm nicht über den Weg trauen; **~ her/him/you etc. to do that!** (*fam*) das musste sie/er/musstest du natürlich machen! *iron;* ***~ you to upset her by talking about the accident!*** du musst sie natürlich auch noch mit deinem Gerede über den Unfall aus der Fassung bringen **III.** *vi* ① (*form: believe*) ■ **to ~ in sb/sth** auf jdn/etw vertrauen ② (*rely*) ■ **to ~ to sb/sth** auf jdn/etw vertrauen, sich *akk* auf jdn/etw verlassen; **to ~ to luck** sich *akk* auf sein Glück verlassen, auf sein Glück vertrauen ③ (*form: hope*) ***the meeting went well, I ~*** das Treffen verlief gut, hoffe ich [doch]; ■ **to ~** [**that**] ... hoffen, [dass] ...; ***I ~ [that] you slept well?*** du hast doch hoffentlich gut geschlafen?

trustbuster *n* AM FIN (*fam*) *Beamter/Beamtin, der/die gegen Trusts vorgeht*

trusted ['trʌstɪd] *adj attr* ① (*loyal*) getreu *geh o veraltet* ② (*proved*) bewährt; *see also* **tried and trusted**

trustee [trʌs'tiː] *n* Treuhänder(in) *m(f),* Vermögensverwalter(in) *m(f);* **board of ~s** Kuratorium *nt*

trusteeship [trʌs'tiːʃɪp] *n* Treuhänderschaft *f*

trustful ['trʌstfᵊl] *adj see* **trusting**

trustfully ['trʌstfᵊli] *adv* ① (*artlessly*) zutraulich ② (*gullibly*) leichtgläubig

trustfulness ['trʌstfᵊlnəs] *n no pl* ① (*artlessness*) Zutraulichkeit *f* ② (*gullibility*) Vertrauensseligkeit *f* ③ (*trust*) Vertrauen *nt*

trust fund *n* Treuhandfonds *m*

trusting ['trʌstɪŋ] *adj* ① (*artless*) vertrauensvoll, zutraulich; **to give a ~ smile** vertrauensselig lächeln ② (*gullible*) leichtgläuib, vertrauensselig

trustingly ['trʌstɪŋli] *adv* vertrauensvoll, zutraulich

trustworthiness ['trʌst,wɜːðɪnəs, AM -,wɜr-] *n no pl* ① (*honesty*) Vertrauenswürdigkeit *f* ② (*accuracy*) Zuverlässigkeit *f*

trustworthy ['trʌst,wɜːði, AM -,wɜr-] *adj* ① (*honest*) vertrauenswürdig ② (*accurate*) zuverlässig

trusty ['trʌsti] **I.** *adj attr* (*dated or hum*) ① (*reliable*) *machine* zuverlässig ② (*loyal*) *servant* getreu *liter* **II.** *n* (*sl*) privilegierter Häftling

truth <*pl* -s> [truːθ] *n* ① *no pl* (*not falsity*) Wahrheit *f* (**of** über +*akk*); ***there is some/no ~ in what she says*** es ist etwas/nichts Wahres an dem, was sie sagt; **a grain of ~** ein Körnchen Wahrheit *geh* ② *no pl* (*facts*) ■ **the ~** die Wahrheit (**about/of** über +*akk*); ■ **the ~ is that ...** die Wahrheit ist, dass ...; **the Gospel ~** die reine Wahrheit; **to tell** [**sb**] **the ~** [jdm] die Wahrheit sagen; **to tell the ~, the whole ~, and nothing but the ~** LAW die Wahrheit und nichts als die Wahrheit sagen; **to tell** [**you**] **the ~** [*or form* **if the ~ be told**], *form dated* **~ to tell** um die Wahrheit zu sagen ③ (*belief*) Wahrheit *f* (**about** über +*akk*) ④ (*principle*) Grundprinzip *nt* ► PHRASES: **~ is stranger than fiction** (*prov*) im Leben passieren oft seltsame Dinge; **~ will out** (*prov*) die Sonne bringt es an den Tag *prov,* Lügen haben kurze Beine *prov;* **in ~** (*form*) in Wahrheit [*o* Wirklichkeit]

truthful ['truːθfᵊl] *adj* ① (*true*) *answer* wahr ② (*sincere*) ehrlich; ■ **to be ~ with sb** zu jdm ehrlich sein ③ (*not lying*) ehrlich ④ (*accurate*) wahrheitsgetreu; **a ~ portrait of sth** ein wahrheitsgetreues Abbild einer S. *gen*

truthfully ['truːθfᵊli] *adv* wahrheitsgemäß; **~, *I don't know what happened*** ehrlich, ich weiß nicht, was passiert ist

truthfulness ['truːθfᵊlnəs] *n no pl* ① (*veracity*) Wahrhaftigkeit *f* ② (*sincerity*) Ehrlichkeit *f* ③ (*accuracy*) Wahrheit *f*

truth-in-packaging *adj attr, inv* unverfälscht

try [traɪ] **I.** *n* ① (*attempt*) Versuch *m;* ***it's worth a ~*** es ist einen Versuch wert; **to give sth a ~** etw ausprobieren; **to have a ~ at sth** etw versuchen ② (*in rugby*) Versuch *m* **II.** *vi* <-ie-> ① (*attempt*) versuchen; ***please ~ and keep clean*** bitte versuch, sauber zu bleiben *hum fam;* ■ **to ~ for sth** sich *akk* um etw *akk* bemühen; **to ~ for a job** sich *akk* um eine Stelle bewerben ② (*make an effort*) sich *akk* bemühen; ***she wasn't even ~ing*** sie hat sich überhaupt keine Mühe gegeben **III.** *vt* <-ie-> ① (*attempt to do sth*) ■ **to ~ sth** etw versuchen; ■ **to ~ to do sth** versuchen, etw zu tun; **to ~ one's best** [*or* **hardest**] [*or* **damnedest**] sein Bestes versuchen; **to ~ one's hand at sth** sich *akk* in etw *dat* versuchen; ***she tried her hand at cooking*** sie versuchte sich im Kochen; **to ~ one's luck** [*or* **fortune**] sein Glück versuchen ② (*test sth by experiment*) ■ **to ~ sth** etw probieren [*o* versuchen] ③ (*sample*) ■ **to ~ sth** etw [aus]probieren; ***we don't sell newspapers, but have you tried the shop on the corner?*** wir verkaufen keine Zeitungen, aber haben Sie es schon einmal bei dem Laden an der Ecke versucht?; ***I've forgotten my door-keys — we'd better ~ the window*** ich habe meine Haustürschlüssel vergessen – wir probieren es besser über das Fenster ④ (*put to test*) ■ **to ~ sb** jdn auf die Probe stellen; **to ~ sb's patience** jds Geduld auf die Probe stellen ⑤ (*put on trial*) ■ **to ~ sb** jdn vor Gericht stellen; ■ **to ~ sth** etw verhandeln

◆**try on** *vt* ■ **to ~ on ↔ sth** *clothes* etw anprobieren ► PHRASES: **to ~ on ↔ sth for size** AM, AUS etw versuchsweise ausprobieren; **to ~ it on** BRIT, AUS (*fam*) [aus]probieren, wie weit man gehen kann

◆**try out** **I.** *vt* ■ **to ~ out ↔ sth** etw ausprobieren; ■ **to ~ out ↔ sb** jdn testen; ■ **to ~ out ↔ sth on sb** etw an jdm ausprobieren **II.** *vi* AM, AUS **to ~ out for a post/a role/a team** sich *akk* auf einem Posten/in einer Rolle/ bei einer Mannschaft versuchen

trying ['traɪɪŋ] *adj* ① (*annoying*) anstrengend; ***most people find him very ~*** die meisten Leute finden ihn ausgesprochen anstrengend ② (*difficult*) *time* schwierig

try-on *n* BRIT, AUS (*fam*) [Täuschungs]versuch *m;* ***it was a ~ to see how far he could go*** er probierte nur aus, wie weit er gehen konnte **try-out** *n* (*fam*) ① SPORTS Testspiel *nt,* Probespiel *nt* ② (*test run*) Erprobung *f; of play* Probevorstellung *f*

tryptophan ['trɪptəfæn] *n modifier* Tryptophan-

tryst [trɪst] *n* (*old or hum*) Rendezvous *nt veraltend* (**with** mit +*dat*), Stelldichein *nt veraltet* (**with** mit +*dat*); **to keep a ~** ein Rendezvous haben

tsar [zɑːʳ] *n* BRIT, AUS Zar *m;* **antidrug ~** Drogenbekämpfungsbeauftragte(r) *f(m);* **drug ~** Drogenzar *m;* **economic ~** Wirtschaftszar *m*

tsarina [zɑː'riːnə] *n* BRIT, AUS Zarin *f*

tsarist, Tsarist ['zɑːrɪst] HIST **I.** *adj inv* Zaren-, zaristisch **II.** *n* Zarist(in) *m(f)*

tsetse fly ['tetsi-, AM 'tsetsi-] *n* Tsetsefliege *f*

T-shirt ['tiːʃɜːt, AM -ʃɜrt] *n* T-Shirt *nt*

tsk [tɪsk] *interj* (*dated*) ■ ~[, ~] tsts

tsp <*pl* – *or* -s> *n abbrev of* **teaspoon** Teel.

T-square ['tiːskweəʳ, AM -skwer] *n* Reißschiene *f*

TT [,tiː'tiː] *n abbrev of* **Tourist Trophy** *jährliches Motorradrennen auf der Isle of Man*

TU [,tiː'juː] *n + sing/pl vb abbrev of* **Trade Union** Gew.

tub [tʌb] *n* ① (*vat*) Kübel *m* ② (*fam: bath*) [Bade]wanne *f* ③ (*carton*) Becher *m;* **a ~ of ice**

cream/yoghurt ein Eis-/Joghurtbecher *m* ④ (*pej fam: boat*) Kahn *m*
tuba ['tju:bə, AM *esp* 'tu:-] *n* Tuba *f*
tubby ['tʌbi] *adj* (*fam*) pummelig *fam*
tube [tju:b, AM *esp* tu:b] *n* ① (*pipe*) Röhre *f;* (*bigger*) Rohr *nt;* **inner ~** Schlauch *m;* **test ~** Reagenzglas *nt* ② (*container*) Tube *f* ③ BIOL Röhre *f;* (*fam: fallopian tube*) Eileiter *m;* **bronchial ~s** Bronchien *pl;* **to have one's ~s tied** sich *akk* unfruchtbar machen lassen ④ *no pl* BRIT (*fam: railway*) ■**the ~** die [Londoner] U-Bahn ⑤ *no pl* AM (*fam: TV*) ■**the ~** die Glotze *sl* ⑥ AUS (*fam: can*) Dose *f* [Bier]; (*bottle*) Flasche *f* [Bier] ► PHRASES: **to go down the ~[s]** den Bach runter gehen *fam*
tubeless ['tju:bləs, AM *esp* 'tu:b-] *adj inv* **~ tyre** schlauchloser Reifen
tuber ['tju:bəʳ, AM 'tu:bɚ, 'tju:-] *n* BOT Knolle *f*
tubercle ['tju:bəkl, AM 'tu:bɚ] *n* ① ANAT, ZOOL Knötchen *nt* ② MED Tuberkel *m fachspr*
tubercular [tju:'bɜ:kjələʳ, AM tu:'bɜ:rkjəlɚ, tju:-] *adj inv* tuberkulös
tuberculosis [tju:,bɜ:kjə'ləʊsɪs, AM tu:,bɜ:rkjə'loʊsɪs, tju:-] *n no pl* Tuberkulose *f,* Schwindsucht *f veraltend*
tuberculous [tju:'bɜ:kjələs, AM tu:'bɜ:r-, tju:-] *adj inv* tuberkulös
tuberose ['tju:bərəʊz, AM 'tu:broʊz] *n* Tuberose *f*
tuberous ['tju:bərəs, AM 'tu:-, tju:-] *adj* knollig
tube station *n* U-Bahnstation *f,* U-Bahnhof *m*
tubing ['tju:bɪŋ, AM *esp* 'tu:-] *n no pl* ① (*material*) Schlauch *m* ② (*tubes*) Rohre *ntpl*
tub-thumper *n* (*pej fam*) Demagoge, -in *m, f* **tub-thumping** **I.** *n no pl* (*pej fam*) Demagogie *f* **II.** *adj attr* (*pej fam*) demagogisch
tubular ['tju:bjələʳ, AM 'tu:bjəlɚ, tju:-] *adj flower* Rohr-, Röhren-; **~ chair** Stahlrohrstuhl *m*
tubular bells *npl* Glockenspiel *nt*
TUC [,ti:ju:'si:] *n no pl* BRIT *abbrev of* **Trades Union Congress:** ■**the ~** ≈ der DGB
tuck [tʌk] **I.** *n* ① (*pleat*) Abnäher *m;* (*ornament*) Biese *f* ② (*med*) **a tummy ~** *Operation, bei der am Bauch Fett abgesaugt wird* ③ *no pl* BRIT (*dated: sweets*) Süßigkeiten *fpl* **II.** *vt* ① (*fold*) ■**to ~ sth somewhere** etw irgendwohin stecken; ***she had a napkin ~ed in the neck of her blouse*** sie hatte eine Serviette in den Ausschnitt ihrer Bluse gesteckt; ***she ~ed her doll under her arm*** sie klemmte sich ihre Puppe unter den Arm; **to ~ sb into bed** jdn ins Bett [ein]packen *fam* ② (*stow*) ■**to ~ sth somewhere** etw irgendwohin verstauen; **to ~ one's legs under one** seine Beine unterschlagen ③ *usu passive* (*be situated*) ■**to be ~ed somewhere** irgendwo versteckt liegen; ***~ed along this alley are some beautiful houses*** entlang dieser Allee liegen versteckt einige wunderschöne Häuser
◆**tuck away** *vt* ① (*stow*) ■**to ~ away ↔ sth [somewhere]** etw [irgendwo] verstauen; (*hide*) etw [irgendwo] verstecken; ***he always keeps a bit of money ~ed away in case there's an emergency*** er hält immer etwas Geld für eventuelle Notfälle versteckt ② *usu passive* (*lie*) ■**to be ~ed away somewhere** irgendwo versteckt liegen; ***a group of tiny brick houses is ~ed away behind the factory*** eine Gruppe winziger Ziegelhäuser liegt versteckt hinter der Fabrik
◆**tuck in** **I.** *vt* ① (*fold*) ■**to ~ in ↔ sth** etw hineinstecken; **to ~ in one's shirt** sein Hemd in die Hose stecken; *see also* **tuck II 1** ② (*put to bed*) ■**to ~ in ↔ sb** jdn zudecken ③ (*fam: hold in*) **to ~ in ↔ one's tummy** seinen Bauch einziehen **II.** *vi* (*fam*) reinhauen *fam,* zulangen *fam;* ***there's plenty of food so please ~ in!*** es ist genug Essen da, also bitte langt zu!
◆**tuck into** *vt* (*fam*) ■**to ~ into sth** etw verschlingen
◆**tuck up** *vt* ① (*fold*) **to ~ up one's feet/legs** seine Füße/Beine anziehen ② BRIT (*put to bed*) ■**to ~ up ↔ sb** jdn ins Bett stecken *fam*
tucker ['tʌkəʳ, AM -ɚ] (*fam*) **I.** *n no pl* AUS Essen *nt,* Futter *nt sl* **II.** *vt* AM ■**to ~ out ↔ sb** jdn fix und fertig machen *fam;* ■**to be ~ed out** erledigt [*o* fix und fertig] sein *fam*
tuck-in *n* BRIT (*fam*) großes Essen **tuck shop** *n* BRIT (*dated*) Schulkiosk *nt* (*für Süßwaren*)
Tudor ['tju:dəʳ, AM 'tu:dɚ] *adj inv* Tudor-
Tue(s) *n abbrev of* **Tuesday** Di.
Tuesday ['tju:zdeɪ] *n* Dienstag *m;* **[on] ~ afternoon/evening/morning/night** [am] Dienstagnachmittag/-abend/-morgen [*o* -vormittag]/-nacht; **on ~ afternoons/evenings/mornings/nights** dienstagnachmittags/-abends/-morgens [*o* -vormittags]/-nachts, dienstags nachmittags/abends/morgens [*o* vormittags]/nachts; **[around] noon on ~** Dienstagmittag; **[around] noon on ~s** dienstagmittags; **in the early hours of ~ morning** in der Nacht [von Montag] auf [*o* zu] Dienstag; **a week/fortnight on ~** [*or* BRIT *also* **~ week/fortnight**] Dienstag in einer Woche [*o* acht Tagen]/zwei Wochen [*o* vierzehn Tagen]; **a week/fortnight last ~** [*or* BRIT *also* **ago on**] **~** Dienstag vor einer Woche [*o* acht Tagen]/zwei Wochen [*o* vierzehn Tagen]; **early ~ [morning]** [am] Dienstag früh; **every ~** jeden Dienstag; **last/next/this ~** [am] letzten [*o* vorigen]/[am] nächsten/diesen [*o* an diesem] [*o* kommenden] Dienstag; **~ before last/after next** vorletzten/übernächsten Dienstag; **since last ~** seit letzten [*o* letztem] Dienstag; **from next ~ [on]** ab nächsten [*o* nächstem] Dienstag; **to fall** [*or* **be**] **on a ~** auf einen Dienstag fallen; **one** [*or* **on a**] **~** an einem Dienstag, eines Dienstags; **[on] ~** [am] Dienstag; ***we're meeting [on] ~*** wir treffen uns [am] Dienstag; **on ~ 4th March** [*or esp* AM **March 4**] am Dienstag, den 4. März; **[on] ~s** dienstags
tuffet ['tʌfɪt] *n* ① (*tuft, clump*) Büschel *m* ② (*footstool, low seat*) niedriger Polstersitz, Schemel *m*
tuft [tʌft] *n* Büschel *nt;* **~ of feathers** Federbüschel *nt*
tufted ['tʌftɪd] *adj* mit Federbüschel; **~ duck** Haubenente *f*
tug [tʌg] **I.** *n* ① (*pull*) Ruck *m* (**at an** +*dat*); **to give sth a ~** an etw *dat* zerren ② (*boat*) Schlepper *m* **II.** *vt* <-gg-> ■**to ~ sb/sth** jdn/etw ziehen **III.** *vi* <-gg-> ■**to ~ at sth** an etw *dat* zerren [*o* ziehen]; ***her children were ~ging at her hair*** ihre Kinder zerrten an ihren Haaren ► PHRASES: **to tug at sb's heartstrings** bei jdm auf die Tränendrüse drücken *fam; see also* **heartstrings**
◆**tug off** *vt* ■**to ~ off ↔ sth** etw abziehen
tugboat *n* Schlepper *m* **tug of love** *n* BRIT (*fam*) *Streit um das Sorgerecht für das Kind* **tug-of-love** *adj attr, inv* BRIT (*fam*) *sich auf einen Sorgerechtsstreit beziehend;* **~ parents** *Eltern, die um das Sorgerecht streiten* **tug-of-war** *n* ① (*sport*) Tauziehen *nt* ② (*face-off*) Konfrontation *f* ③ (*fluctuation*) Tauziehen *nt,* Hin und Her *nt fam*
tuition [tju'ɪʃən, AM tu'-] *n no pl* ① *esp* BRIT (*teaching*) Unterricht *m* (**in** in +*dat*) ② *esp* AM (*tuition fee*) Studiengebühr *f; of school* Schulgeld *nt kein pl*
tuition fee *n esp* BRIT Studiengebühr *f; of school* Schulgeld *nt kein pl*
tulip ['tju:lɪp, AM *esp* 'tu:-] *n* Tulpe *f*
tulle [tju:l, AM tu:l] *n no pl* Tüll *m*
tum [tʌm] *n* (*fam*) *see* **tummy**
tumble ['tʌmbl] **I.** *vi* ① (*fall*) fallen; (*faster*) stürzen ② (*rush*) ■**to ~ somewhere** irgendwohin stürzen; ***the children ~d out of school*** die Kinder stürzten aus der Schule ③ (*decline*) *prices* [stark] fallen, purzeln *fam* ④ (*dated fam: understand*) kapieren; ■**to ~ that ...** kapieren, dass ... *fam; see also* **tumble to** **II.** *n* ① (*fall*) Sturz *m;* **to take a ~** stürzen ② (*decline*) *prices* Sturz *m* (**in** +*gen*); **to take a ~** stürzen
◆**tumble down** **I.** *vi building* einstürzen **II.** *vt* ■**to ~ down sth** etw hinabstürzen
◆**tumble over** **I.** *vi* (*unbalance*) hinfallen; (*collapse*) umfallen **II.** *vt* ■**to ~ over sb/sth** über jdn/etw stürzen
◆**tumble to** *vi* (*dated fam*) ■**to ~ to sth** ① (*notice*) etw merken ② (*understand*) etw kapieren *fam* ③ (*find out*) etw spitzkriegen *fam*
tumbledown *adj attr building* baufällig **tumble drier, tumble dryer** *n* Wäschetrockner *m*
tumbler ['tʌmbləʳ, AM -ɚ] *n* ① (*glass*) [Trink]glas *nt* ② (*acrobat*) Bodenakrobat(in) *m(f)* ③ (*dryer*) Wäschetrockner *m* ④ TECH (*in lock*) Zuhaltung *f fachspr*
tumbleweed ['tʌmblwi:d] *n no pl* Steppenhexe *f,* Steppenläufer *m*
tumbling ['tʌmblɪŋ] *n no pl* Bodenturnen *nt*
tumbrel ['tʌmbrəl] *n,* **tumbril** ['tʌmbrɪl] *n* HIST ① (*open cart*) Schuttkarren *m* ② MIL [zweirädriger gedeckter] Munitionswagen *m*
tumescence [tju:'mesən(t)s, AM *esp* tu:-] *n no pl* ANAT Schwellung *f*
tumescent [tju:'mesənt, AM *esp* tu:-] *adj* ANAT anschwellend
tumid ['tju:mɪd, AM *esp* 'tu:-] *adj* ANAT *see* **tumescent**
tummy [tʌmi] *n* (*esp childspeak fam*) Bauch *m*
tummy ache *n* (*esp childspeak fam*) Bauchweh *nt kein pl,* Bauchschmerzen *mpl* **tummy button** *n* BRIT (*esp childspeak fam*) Bauchnabel *m*
tumor ['tu:mɚ, 'tju:-] *n* AM, **tumour** ['tju:məʳ] *n* BRIT, AUS Geschwulst *f,* Tumor *m;* **brain ~** Hirntumor *m;* **benign/malignant ~** gutartiger/bösartiger Tumor
tumult ['tju:mʌlt, AM *esp* 'tu:-] *n usu sing* ① (*noise*) Krach *m* ② (*disorder*) Tumult *m;* ■**to be in ~** sich *akk* in Aufruhr befinden ③ (*uncertainty*) Verwirrung *f* ④ (*agitation*) Aufruhr *m kein pl* (**over** wegen +*dat*); ***her feelings were in a ~*** ihre Gefühle waren in Aufruhr
tumultuous [tju:'mʌltjuəs, AM tu:'mʌltʃu:əs, tju:-] *adj* ① (*loud*) lärmend; **~ applause** stürmischer Applaus ② (*confused*) *crowd* turbulent ③ (*excited*) *life* aufgeregt
tumultuously [tju:'mʌltjuəsli, AM tu:'mʌltʃu:əsli, tju:-] *adv* stürmisch
tumulus <*pl* -li> ['tju:mjələs, AM *esp* 'tu:-] *n* ARCHEOL Grabhügel *m,* Tumulus *m fachspr*
tun [tʌn] *n* ① (*vat*) Fass *nt;* (*of metal*) Tonne *f;* (*for brewing*) Gärfass *nt* ② (*measure*) Tonne *f*
tuna ['tju:nə, AM *esp* 'tu:-] *n* ① <*pl* -s *or* -> (*fish*) Thunfisch *m* ② *no pl* (*meat*) Thunfisch *m*
tuna melt *n* mit Käse überbackener Thunfischtoast
tundra ['tʌndrə] **I.** *n no pl* Tundra *f* **II.** *n modifier region* Tundra-
tune [tju:n, AM *esp* tu:n] **I.** *n* ① (*melody*) Melodie *f;* **signature ~** Erkennungsmelodie *f;* **theme ~** Titelmelodie *f,* Titelmusik *f;* **a catchy ~** eine Melodie, die ins Ohr geht, ein Ohrwurm *m;* **not to be able to carry a ~ [in a bucket]** [total] unmusikalisch sein; **to hum a ~** eine Melodie [vor sich *akk* hin] summen ② *no pl* MUS (*pitch*) ■**to be in/out of ~** richtig/falsch spielen; ■**to be in/out of ~ with sth** (*fig*) mit etw *dat* in Einklang/nicht in Einklang sein; ***he's in ~ with what his customers want*** er hat eine Antenne dafür, was seine Kunden wünschen; ■**to be in ~ with sb** mit jdm auf einer Wellenlänge liegen *fam* ③ BRIT TECH (*adjustment of car engine*) Einstellung *f;* **to give a car a ~** einen Wagen neu einstellen ④ (*amount*) ■**to the ~ of £2 million** in Höhe von 2 Millionen Pfund ► PHRASES: **to change one's** [*or* **sing a different**] **~** einen anderen Ton anschlagen *fig* **II.** *vt* ① MUS **to ~ an instrument/a piano** ein Instrument/Klavier stimmen ② RADIO **to ~ a radio** ein Radio einstellen [*o fachspr* tunen]; ***she ~d the radio to her favourite station*** sie stellte ihren Lieblingssender im Radio ein ③ AUTO **to ~ an engine** einen Motor einstellen **III.** *vi* [sein Instrument/die Instrumente] stimmen
◆**tune in** **I.** *vi* ① RADIO, TV einschalten; **to ~ in to a channel/station** einen Kanal/Sender einstellen; ***the video automatically ~s itself in to the next channel*** der Videorekorder stellt sich automatisch auf den nächsten Kanal ein; **to ~ in to a programme** eine Sendung einschalten ② (*fig fam: be sensitive to sth*) ■**to be ~d in to sth** eine Antenne für etw *akk* haben *fig* **II.** *vt* AUS RADIO, TV ■**to ~ in ↔ a programme** eine Sendung einschalten
◆**tune out** *vt* ■**to ~ out ↔ sb/sth** jdn/etw ignorieren
◆**tune up** **I.** *vi* [sein Instrument/die Instrumente] stimmen; (*fig*) ***he didn't bother to ~ up before***

T

his lesson er hielt es nicht für nötig, sich auf die nächste Stunde vorzubereiten; **to get ~d up** sich *akk* aufeinander einstimmen **II.** *vt* ❶ AUTO **to ~ up the engine** den Motor einstellen ❷ MUS **to ~ up an instrument** ein Instrument stimmen

tuneful ['tju:nfᵊl, AM *esp* 'tu:n-] *adj* melodisch

tunefulness ['tju:nfᵊlnəs, AM 'tu:n] *n no pl* Melodienreichtum *m,* Klangfülle *f*

tuneless ['tju:nləs, AM *esp* 'tu:n-] *adj* unmelodisch

tunelessly ['tju:nləsli, AM 'tu:n] *adv* unmelodisch, ohne Klang *nach n*

tuner ['tju:nəʳ, AM *esp* 'tu:nɚ] *n* ❶ TECH (*for selecting stations*) Empfänger *m,* Tuner *m fachspr* ❷ MUS (*person*) Stimmer(in) *m(f);* **harpsichord/organ/piano ~** Cembalo-/Orgel-/Klavierstimmer(in) *m(f)*

tune-up *n* TECH Einstellung *f;* **to give a car a ~** einen Wagen [neu] einstellen

tungsten ['tʌŋ(k)stᵊn] *n no pl* Wolfram *nt;* **~ steel** Wolframstahl *m*

tunic ['tju:nɪk, AM *esp* 'tu:-] *n* Kittel *m,* Kasack *m;* HIST Tunika *f*

tuning ['tju:nɪŋ, AM *esp* 'tu:n-] *n no pl* ❶ MUS Stimmen *nt;* (*correctness of pitch*) Klangreinheit *f* ❷ TECH Einstellen *nt*

tuning fork *n* MUS Stimmgabel *f;* **to strike the ~** die Stimmgabel anschlagen **tuning peg, tuning pin** *n* MUS Stimmstock *m fachspr,* Seele *f fachspr*

Tunisia [tju:'nɪziə, AM tu:'ni:ʒə] *n* Tunesien *nt*

Tunisian [tju:'nɪziən, AM tu:'ni:ʒən] **I.** *n* Tunesier(in) *m(f)* **II.** *adj* tunesisch

tunnel ['tʌnᵊl] **I.** *n* Tunnel *m;* ZOOL, BIOL Gang *m;* **to dig** [*or* **make**] **~s** *ants, gophers* Gänge graben ▸ PHRASES: **to see** [**the**] **light at the end of the ~** das Licht am Ende des Tunnels sehen *fig* **II.** *vi* <BRIT -ll- *or* AM *usu* -l-> einen Tunnel graben; **to ~ under a river** einen Fluss untertunneln **III.** *vt* <BRIT -ll- *or* AM *usu* -l-> ■**to ~ sth** ***they ~ed a passage through the debris*** sie gruben einen Tunnel durch die Trümmer; **to ~ one's way out** [**of sth**] sich *akk* [aus etw *akk*] herausgraben

tunnel(l)er ['tʌnᵊləʳ, AM -ɚ] *n* ❶ (*person*) Tunnelbauer(in) *m(f)* ❷ (*burrowing animal*) Grab[e]tier *nt*

tunnel vision *n no pl* ❶ (*pej: way of thinking*) Scheuklappendenken *nt* ❷ MED Tunnelblick *m*

tunny <*pl* – *or* -nies> ['tʌni] *n* (*fam*) Thunfisch *m*

tuppence ['tʌpᵊn(t)s] *n no pl* BRIT (*fam*) zwei Pence; (*fig*) ***I don't care ~ about his problems*** seine Probleme interessieren mich nicht für fünf Pfennig *fam;* **to not give ~ for sth** keinen Pfifferling auf etw *akk* geben *fam;* **to not matter ~** überhaupt keine Rolle spielen

tuppenny ['tʌpᵊni] *adj attr, inv* BRIT (*fam or dated*) *coin* Zwei-Pence -; *stamp* zu zwei Pence *nach n*

Tupperware® ['tʌpəweəʳ, AM -ɚwer] **I.** *n no pl* Tupperware® *f;* **~ party** Tupperwaren-Party *f* **II.** *n modifier* (*container, party*) Tupperwaren-; **~ cup** verschließbarer Plastikbecher

tuque [tu:k] *n* CAN (*bobble hat*) (*meist spitz zulaufende*) Strickmütze

turban ['tɜ:bən, AM 'tɜ:r-] *n* Turban *m*

turbaned ['tɜ:bənd, AM 'tɜ:r-] *adj inv* mit Turban *nach n*

turbid ['tɜ:bɪd, AM 'tɜ:r-] *adj* ❶ (*cloudy*) *liquid* trüb ❷ (*liter: dense and dark*) **~ clouds gathered off the coast** vor der Küste brauten sich dicke Wolken zusammen; **~ smoke** Rauchschwaden *mpl* ❸ (*liter: confused*) *emotions, thoughts* verworren, wirr; ***his writings were ~*** er schrieb [lauter] wirres Zeug

turbidity [tɜ:'bɪdəti, AM tɜ:r'bɪdəṭi] *n no pl* (*liter*) ❶ (*cloudy state*) Trübheit *f,* Trübe *f;* ***the ~ of the river mirrored the troubled state of his soul*** seine Stimmung war so trüb wie das Wasser des Flusses ❷ (*thickness and darkness*) *of clouds, smoke* Dichte *f;* ***the ~ of the clouds indicated a bad storm was arriving*** die dunkle Wolkenwand deutete darauf hin, dass sich ein heftiges Gewitter zusammenbraute ❸ (*troubled state*) *of emotions, thoughts* Verworrenheit *f,* Wirrheit *f*

turbine ['tɜ:baɪn, AM 'tɜ:rbɪn] *n* TECH Turbine *f;* **gas/steam ~** Gas-/Dampfturbine *f*

turbine engine *n* TECH Maschine *f* mit Turbinenantrieb *fachspr*

turbo-car ['tɜ:bəʊ-, AM 'tɜ:rboʊ-] *n* AUTO Wagen *m* mit Turboantrieb *fachspr* **turbocharge** ['tɜ:bəʊtʃɑ:dʒ, AM 'tɜ:rboʊtʃɑ:rdʒ] *vt* ■**to ~ sth** etw ankurbeln **turbocharged** *adj inv* ❶ TECH mit Turboaufladung *nach n fachspr* ❷ (*approv sl: energetic*) Turbo-, [super]dynamisch *fam* **turbocharger** *n* TECH Turbolader *m fachspr* **turbo diesel** *n* TECH ❶ (*engine*) Dieselmotor *m* mit Turboaufladung *fachspr,* Turbodiesel *m fachspr* ❷ (*vehicle*) Diesel[wagen] *m* mit Turbomotor *fachspr,* Turbodiesel *m fachspr* **turbo engine** *n* TECH Turbomotor *m fachspr* **turbofan** *n* ❶ AVIAT Turbofan *m fachspr;* (*aircraft*) Turbofan-Flugzeug *nt fachspr* ❷ TECH (*fan*) Turbinen-Kreiselgebläse *nt fachspr* **turbojet** *n* ❶ TECH (*engine*) Turbojet *m fachspr* ❷ AVIAT (*aircraft*) Turbojet-Flugzeug *nt* **turboprop** *n* ❶ (*propeller*) Turbopropeller *m fachspr,* Turboprop *m fachspr* ❷ (*aircraft*) Turbinenpropeller-Flugzeug *nt fachspr,* Turboprop-Flugzeug *nt fachspr*

turbot <*pl* – *or* -s> ['tɜ:bət, AM 'tɜ:r-] *n* ZOOL Steinbutt *m*

turbulence ['tɜ:bjələn(t)s, AM 'tɜ:r-] *n no pl* Turbulenz *f a. fig;* **air ~** Turbulenzen *fpl;* **~ in a marriage** Sturm *m* in einer Ehe; **economic/political ~** wirtschaftliche/politische Turbulenzen *fpl*

turbulent ['tɜ:bjələnt, AM 'tɜ:r-] *adj* turbulent, stürmisch; *sea also* unruhig; **~ times** (*fig*) stürmische Zeiten

turd [tɜ:d, AM tɜ:rd] *n* (*vulg sl*) ❶ (*excrement*) Scheißhaufen *m derb* ❷ (*vulg: vile person*) Scheißkerl *m derb,* Scheißtyp *m derb;* **little ~** kleiner Scheißer *m derb,* Wichser *m vulg*

tureen [tə'ri:n, AM tʊ-] *n* FOOD Terrine *f;* **soup ~** Suppenterrine *f*

turf <*pl* -s *or* BRIT *usu* turves> [tɜ:f, AM tɜ:rf] **I.** *n* ❶ *no pl* (*grassy earth*) Rasen *m* ❷ (*square of grass*) Sode *f;* **to lay ~s** Rasen[flächen] anlegen ❸ (*fam: personal territory*) Revier *nt;* (*field of expertise*) Spezialgebiet *f,* Domäne *f,* Reich *nt;* **to win a game on home ~** ein Spiel auf dem eigenen Platz gewinnen; **to cover different ~** in unterschiedlichen Bereichen tätig sein; **to defend one's ~ against sb** sein Revier gegen jdn verteidigen ❹ *no pl* SPORTS ■**the ~** (*horse racing*) der Pferderennsport **II.** *vt* ■**to ~ the backyard** im Hinterhof Rasen verlegen

◆**turf out** *vt esp* BRIT (*fam*) ■**to ~ sb/sth out** [**of sth**] jdn/etw [aus etw *dat*] rauswerfen *fam*

turf accountant *n* BRIT (*form: bookmaker*) Buchmacher(in) *m(f)*

turf war *n* Kompetenzstreit *m,* Kompetenzgerangel *nt pej*

turgid ['tɜ:dʒɪd, AM 'tɜ:r-] *adj* ❶ MED (*form: swollen*) [an]geschwollen; **~ river** angeschwollener Fluss ❷ (*fig, pej: tediously pompous*) *speech, style, writing* überladen *fig, pej,* schwülstig *fig, pej*

turgidity [tɜ:'dʒɪdəti, AM tɜ:r'dʒɪdəṭi] *n no pl* (*form*) ❶ (*pej: pomposity*) Schwülstigkeit *f,* geschwollene Ausdrucksweise ❷ (*state of being swollen*) Schwellung *f;* ***the ~ of the growth alarmed the doctor*** der Arzt war wegen der Größe der Geschwulst beunruhigt

turgidly ['tɜ:dʒɪdli, AM 'tɜ:r-] *adv* (*form or pej*) geschwollen, schwülstig

Turk [tɜ:k, AM tɜ:rk] *n* Türke, -in *m, f*

turkey ['tɜ:ki, AM 'tɜ:r-] *n* ❶ ZOOL Truthahn, -henne *m, f,* Pute(r) *f(m)* ❷ *no pl* (*meat*) Truthahn *m,* Pute *f,* Putenfleisch *nt* ❸ *esp* AM, AUS (*pej fam: total failure*) Flop *m fam,* Pleite *f fam* ❹ AM, AUS (*fam: stupid person: woman*) dumme Pute [*o* Gans] *pej fam;* (*man*) Blödmann *m fam,* Idiot *m*

Turkey ['tɜ:ki, AM 'tɜ:r-] *n no pl* Türkei *f*

Turkish ['tɜ:kɪʃ, AM 'tɜ:r-] **I.** *adj* (*pertaining to Turkey*) türkisch **II.** *n* (*language of Turkey*) Türkisch *nt*

Turkish bath *n* türkisches Bad **Turkish delight** *n no pl* Lokum *nt* (*geleeartiges, mit Puderzucker bestäubtes Konfekt*)

Turkmenistan [ˌtɜ:kmenɪ'stɑ:n, AM ˌtɜ:rkmenɪ'stæn] *n no pl* GEOG Turkmenistan *nt*

turmeric ['tɜ:mᵊrɪk, AM 'tɜ:r-] *n no pl* Kurkuma *f,* Gelbwurz *f*

turmoil ['tɜ:mɔɪl, AM 'tɜ:r-] *n* Tumult *m,* Aufruhr *m;* ■**to be in** [**a**] **~** in Aufruhr sein; ***the Stock Exchange was in complete ~*** die Börse stand buchstäblich Kopf; ***her mind was in a ~*** sie war völlig durcheinander; **the ~s of war** die Wirren des Krieges; **to be thrown into ~** völlig durcheinander geraten; ***his heart was thrown into ~ by her conflicting signals*** ihre widersprüchlichen Signale stürzten ihn in ein Gefühlschaos

turn [tɜ:n, AM tɜ:rn]

I. NOUN II. TRANSITIVE VERB
III. INTRANSITIVE VERB

I. NOUN

❶ (*rotation*) *of a wheel* Drehung *f;* ***give the screw a couple of ~s*** drehen Sie die Schraube einige Male um; ***she gave the wheel a ~*** sie drehte das Lenkrad herum; **to give the handle a ~** den Griff [herum]drehen ❷ (*change in direction: in road*) Kurve *f;* SPORTS Wende *f;* ***"no left/right ~"*** „Links/Recht abbiegen verboten"; ***the path had many twists and ~s*** der Pfad wand und schlängelte sich dahin; (*fig*) ***the novel has many twists and ~s of plot*** die Handlung des Romans ist total verwickelt *fam;* (*fig*) ***things took an ugly turn*** die Sache nahm eine üble Wendung; (*fig*) ***I find the ~ of events most unsatisfactory*** ich mag nicht, wie sich die Dinge gerade entwickeln; **to make a ~** abbiegen; **to make a wrong ~** falsch abbiegen; **to make a ~ to port/starboard** NAUT nach Backboard/Steuerbord abdrehen; **to take a ~** [**to the left/right**] [nach links/rechts] abbiegen; **to take a ~ for the better/worse** (*fig*) sich zum Besseren/Schlechteren wenden; ***she's taken a ~ for the worse since ...*** mit ihr ist es ziemlich bergab gegangen, seit ... *fam;* **to take a new ~** eine [ganz] neue Wendung nehmen ❸ (*changing point*) **the ~ of the century** die Jahrhundertwende; **at the ~ of the century** zur Jahrhundertwende; **at the ~ of the 19th century** Anfang des 19. Jahrhunderts; **the ~ of the tide** der Gezeitenwechsel; ***the tide was on the ~*** die Flut/Ebbe setzte gerade ein; (*fig*) ***the ~ of the tide occurred when ...*** das Blatt wandte sich, als ... ❹ (*allotted time*) ***it's my ~ now!*** jetzt bin ich an der Reihe [*o fam* dran]!; ***it's your ~ to take out the rubbish*** du bist dran, den Abfall runterzubringen *fam;* ***it's Jill's ~ next*** Jill kommt als Nächste dran; ***your ~ will come!*** du kommst schon auch noch dran! *fam;* (*in desperate situations*) du wirst auch noch zum Zuge kommen! *fam;* ***whose ~ is it?*** wer ist dran?; ***have you had a ~ riding in the go-cart yet?*** bist du schon drangekommen mit dem Gokartfahren? *fam;* ***I want everyone to take their ~ nicely without any fighting*** ich will, dass ihr euch schön abwechselt, ohne Streitereien; ***you can have a ~ at the computer now*** Sie können jetzt den Computer benutzen; **to do sth in ~** [*or* **by ~s**] etw abwechselnd tun; **to miss a ~** eine Runde aussetzen; **to take ~s** [*or esp* BRIT **it in ~s**] **doing sth** etw abwechselnd tun; **to take a ~ at the wheel** für eine Weile das Steuer übernehmen; **to wait one's ~** warten, bis man an der Reihe ist; ■**in ~** wiederum; ***she told Peter and he in ~ told me*** sie hat es Peter erzählt und er wiederum hat es dann mir erzählt; ***he's all sweet and cold in ~s*** [*or* **by turn**[**s**]] er ist abwechselnd total nett und dann wieder total kalt *fam* ❺ (*[dis]service*) **to do sb a good/bad ~** jdm einen guten/schlechten Dienst erweisen; **to do a good ~** eine gute Tat tun ❻ (*odd sensation, shock*) Schreck[en] *m;* **to give sb a ~** jdm einen gehörigen Schrecken einjagen; ***when she saw her ex-boyfriend with his new girlfriend, it gave her quite a ~*** als sie ihren Exfreund mit seiner neuen Freundin sah, hat sie das ziemlich schockiert ❼ (*feeling of queasiness*) Anfall *m;* (*fam*) ***she was having one of her ~s*** sie hatte wieder einmal einen ihrer Anfälle ❽ (*performance on stage*) Nummer *f;* **to do comic ~s** Sketche aufführen; **to perform a ~** eine Nummer aufführen ⑨ [not appropriate] ▪**out of ~** ***what you've just said was completely out of ~*** was du da gerade gesagt hast, war wirklich völlig unpassend; ***sorry, have I been talking out of ~?*** tut mir Leid, habe ich was Falsches gesagt?; ***he really was speaking out of ~*** es war völlig unangebracht, dass er sich dazu äußerte ⑩ [character] ▪**to be of a ... ~ of mind** einen Hang zu etw *dat* haben; **to be of a humourous ~** eine Frohnatur sein; **to have a logical ~ of mind** ein logischer Mensch sein ⑪ [stroll] Runde *f*; **to take a ~ [in the park]** eine [kleine] Runde [durch den Park] drehen ⑫ [round in coil, rope] Umwickelung *f* ⑬ [expression well put together] **a nice** [*or* **elegant**] [*or* **good**] **~ of phrase** elegante Ausdrucksweise; (*wording*) elegante Formulierung; **to have a nice ~ of phrase** sich *akk* sehr gut ausdrücken können ⑭ [purpose] **to serve sb's ~** jdm dienen; ***that'll serve my ~*** das ist gerade genau das Richtige für mich ⑮ MUS Doppelschlag *m* ⑯ STOCKEX Gewinnspanne *f*, Gewinn *m*, Courtage *f*; **jobber's ~** Courtage *f* ⑰ [cooked perfectly] **to be done** [*or* **cooked**] **to a ~** *food* gut durch[gebraten] sein ▶ PHRASES: **a ~ of the screw** eine weitere Verschärfung [einer Maßnahme]; ***the raising of their rent was another ~ of the screw in the landlord's attempt to get them evicted*** die Mieterhöhung war ein weiterer Versuch, ihnen Daumenschrauben anzulegen und sie allmählich aus der Wohnung zu drängen; **at every ~** (*continually*) ständig; (*again and again*) jedes Mal; **to fight at every ~** mit aller Macht kämpfen; **one good ~ deserves another** (*saying*) eine Hand wäscht die andere; **to be on the ~** sich *akk* wandeln; *milk* einen Stich haben; *leaves* gelb werden

II. TRANSITIVE VERB

① [rotate, cause to rotate] ▪**to ~ sth** *knob, screw* etw drehen; ***he kept ~ing the controls, but the picture didn't get any better*** er drehte at den Einstellungen, doch das Bild wurde nicht besser; ***he ~ed the key quietly in the lock*** er drehte den Schlüssel vorsichtig im Schloss um; ***she ~ed the wheel sharply*** sie riss das Steuer herum ② [switch direction] ▪**to ~ sth** ***he ~ed his head in surprise*** überrascht wendete er den Kopf; ***my mother can still ~ heads*** nach meiner Mutter drehen sich die Männer noch immer um; ***he ~ed the car*** er wendete den Wagen; ***the little girl just ~ed her back to her*** das kleine Mädchen wandte ihr einfach den Rücken zu; ***she ~ed the chair to the window so that she could look outside*** sie drehte den Stuhl zum Fenster, so dass sie hinausschauen konnte; **to ~ one's car into a road** [in eine Straße] abbiegen; **to ~ round the corner** um die Ecke biegen; **to ~ the course of history** den Gang der Geschichte [ver]ändern; **to ~ one's eyes towards sb** jdn anblicken; **to ~ somersaults** einen Purzelbaum schlagen; SPORTS einen Salto machen; (*fig*) ***he ~ed somersaults in his joy*** er machte vor Freude Luftsprünge ③ [aim] ▪**to ~ sth on sb** *lamp, hose* etw auf jdn richten; ***she ~ed her full anger onto him*** ihr ganzer Zorn richtete sich gegen ihn; ***the stranger ~ed a hostile stare on him*** der Fremde warf ihm einen feindseligen Blick zu; **to ~ one's attention** [*or* **mind**] **to sth** seine Aufmerksamkeit etw *dat* zuwenden; **to ~ a gun on sb** ein Gewehr auf jdn richten; **to ~ one's steps homewards** sich *akk* nach Hause begeben; **to ~ one's thoughts to sth** sich *akk* etw *dat* zuwenden ④ [sprain] ▪**to ~ sth** sich *dat* etw verrenken; **to ~ one's ankle** sich *dat* den Knöchel verrenken ⑤ + *adj* [cause to become] ▪**to ~ sb/sth sth** ***the shock ~ed her hair grey overnight*** durch den Schock wurde sie über Nacht grau; ***the cigarette smoke had ~ed the walls grey*** durch den Zigarettenrauch waren die Wände ganz grau geworden; ***the hot weather has ~ed the milk sour*** durch die Hitze ist die Milch sauer geworden; ***the news ~ed her pale*** als sie die Nachricht hörte, wurde sie ganz bleich; ***his comment ~ed her angry*** sein Kommentar verärgerte sie ⑥ [cause to feel nauseous] **to ~ sb's stomach** jdn den Magen umdrehen; ***the smell ~ed her stomach*** bei dem Gestank drehte sich ihr der Magen um ⑦ [change] ▪**to ~ sth/sb into sth** etw/jdn in etw *akk* umwandeln; ***the wizard ~ed the ungrateful prince into a frog*** der Zauberer verwandelte den undankbaren Prinzen in einen Frosch; **to ~ a book into a film** ein Buch verfilmen; **to ~ sth into German/English** etw ins Deutsche/Englische übertragen; **to ~ the light[s] low** das Licht dämpfen ⑧ [reverse] ▪**to ~ sth** *garment, mattress* etw wenden [*o* umdrehen]; **to ~ the page** umblättern; **to ~ sth inside out** *bag* etw umdrehen, von etw *dat* das Innere nach Außen kehren ⑨ [gain] **to ~ a profit** einen Gewinn machen ⑩ [send] **to ~ a dog on sb** einen Hund auf jdn hetzen; **to ~ sb loose on sth** jdn auf etw *akk* loslassen; **to be ~ed loose** losgelassen werden *akk* ⑪ [stop sb] ▪**to ~ sb from sth** jdn von etw *dat* abbringen ⑫ TECH [create by rotating] ▪**to ~ sth** *wood* etw drechseln; *metal* etw drehen ▶ PHRASES: **to ~ one's back on sb/sth** sich *akk* von jdm/etw abwenden *fig*; ***it is time for you to ~ your back on childish pursuits*** es wird langsam Zeit, dass du deine kindischen Spiele hinter dir lässt; **to ~ the other cheek** die andere Wange hinhalten *fig*; **to know how to ~ a compliment** wissen, wie man Komplimente macht; **to ~ the corner** [allmählich] über dem Berg sein; **to ~ a deaf ear [to sth]** sich *akk* [gegenüber etw *dat*] taub stellen; **to ~ a blind eye** sich *akk* blind stellen; **to ~ a blind eye to sth** die Augen vor etw *dat* verschließen; **to not ~ a hair** keine Miene verziehen; ***without ~ing a hair ...*** ohne auch nur mit der Wimper zu zucken; **to ~ one's hand to sth** sich *akk* in etw *dat* versuchen; **to be able to ~ one's hand to anything** ein Händchen für alles haben; **to ~ sb's head** jdm den Kopf verdrehen; **sth has ~ed sb's head** etw ist jdm zu Kopf[e] gestiegen; **to ~ sth on its head** etw [vollkommen] auf den Kopf stellen; **to ~ a phrase** sprachgewandt sein; **to ~ the spotlight on sb/sth** die [allgemeine] Aufmerksamkeit auf jdn/etw lenken; **to ~ the tables [on sb]** den Spieß umdrehen; **to ~ tail and run** auf der Stelle kehrtmachen und die Flucht ergreifen; **to ~ a trick** *prostitute* für Geld mit jdm schlafen; **to ~ sth upside down** [*or* **inside out**] etw gründlich durchsuchen; *room* etw auf den Kopf stellen *fam*

III. INTRANSITIVE VERB

① [rotate] sich drehen; *person* sich *akk* umdrehen; ***this tap won't ~*** dieser Hahn lässt sich nicht drehen; ▪**to ~ on sth** sich *akk* um etw *akk* drehen; ***the ballerina ~ed on her toes*** die Ballerina drehte auf den Zehenspitzen Pirouetten; ***the chickens were being ~ed on a spit*** die Hähnchen wurden auf einem Spieß gedreht; ***the earth ~s on its axis*** die Erde dreht sich um ihre Achse; ▪**to ~ to sb** sich *akk* zu jdm [um]drehen; **to ~ upside down** *boat* umkippen; *car* sich überschlagen ② [switch the direction faced] *person* sich *akk* umdrehen; *car* wenden; (*in bend*) abbiegen; *wind* drehen; (*fig*) sich *akk* wenden; ***she ~ed onto the highway*** sie bog auf die Autobahn ab; ***she ~ed into a little street*** sie bog in ein Sträßchen ein; ***heads still ~ when she walks along*** die Männer schauen ihr noch immer nach; ***when the tide ~s*** (*high tide*) wenn die Flut kommt; (*low tide*) wenn es Ebbe wird; (*fig*) wenn sich das Blatt wendet; ***the path down the mountain twisted and ~ed*** der Pfad schlängelte sich den Berghang hinab; **to ~ on one's heel** auf dem Absatz kehrt machen; **to ~ right/left** [nach] rechts/links abbiegen; *ship* nach rechts/links abdrehen; MIL ***~ right!*** rechts um!; ▪**to ~ towards sb/sth** sich *akk* zu jdm/etw umdrehen; (*turn attention to*) sich *akk* jdm/etw zuwenden; ***plants ~ toward the light*** Pflanzen wenden sich dem Licht zu ③ [fig: for aid or advice] ▪**to ~ to sb [for sth]** sich *akk* [wegen einer S. *gen*] an jdn wenden; ***he has no one to ~ to*** er hat niemanden, an den er sich wenden kann; ***he ~ed to me for help*** er wandte sich an mich und bat um Hilfe; ***I don't know which way to ~*** ich weiß keinen Ausweg mehr; **to ~ to drink** sich *akk* in den Alkohol flüchten; **to ~ to God** sich *akk* Gott zuwenden; **to ~ to sb for money** jdn um Geld bitten ④ [change] werden; *milk* sauer werden; *leaves* gelb werden, sich verfärben; ***his mood ~ed quite nasty*** er wurde richtig schlecht gelaunt; ***his face ~ed green*** er wurde ganz grün im Gesicht *fam*; ***my hair is ~ing grey!*** ich kriege graue Haare!; ***the friendship between the two neighbours ~ed sour*** das freundschaftliche Verhältnis zwischen den beiden Nachbarn kühlte sich erheblich ab; ***my luck has ~ed*** das Blatt hat sich gewandt; **to ~ informer/traitor** zum Informanten/zur Informantin/zum Verräter/zur Verräterin werden; **to ~ Muslim** Muslim werden; **to ~ cold/warm/pale** kalt/warm/blass werden; **to ~ red** *person, traffic lights* rot werden; ▪**to ~ into sth** zu etw *dat* werden; ***the frog ~ed into a handsome prince*** der Frosch verwandelte sich in einen schönen Prinzen; ***he ~ed from a sweet boy into a sullen brat*** aus dem süßen kleinen Jungen wurde ein mürrischer Flegel; ***all this ~ed into a nightmare*** das alles ist zum Albtraum geworden; ***when there's a full moon, he ~s into a werewolf*** bei Vollmond verwandelt er sich in einen Werwolf ⑤ [turn attention to] ▪**to ~ to sth** *conversation, subject* sich *akk* etw *dat* zuwenden; ***my thoughts ~ed to him and his family*** meine Gedanken gingen an ihn und seine Familie ⑥ [attain particular age] **to ~ 20/40** 20/40 werden ⑦ [pass particular hour] ***it had already ~ed eleven*** es war schon kurz nach elf; ***it has just ~ed past five o'clock*** es ist gerade fünf vorbei; ***just as it ~ed midnight ...*** genau um Mitternacht ... ⑧ [make feel sick] ***my stomach ~ed at the grisly sight*** bei dem grässlichen Anblick drehte sich mir der Magen um; ***this smell makes my stomach ~*** bei diesem Geruch dreht sich mir der Magen um ▶ PHRASES: **to ~ on a dime** AM auf der Stelle kehrt machen; **to ~ [over] in one's grave** sich *akk* im Grabe umdrehen; **to ~ tattle-tail** AM (*usu childspeak fam*) petzen *fam*

◆**turn about** I. *vi* sich *akk* umdrehen; (*when walking*) kehrtmachen; (*fig*) eine Kehrtwendung machen II. *vt* ▪**to ~ sth about** etw wenden; ▪**to ~ oneself about** sich *akk* umdrehen

◆**turn against** I. *vi* ▪**to ~ against sb/sth** sich *akk* gegen jdn/etw wenden; ***she ~ed against her parents at an early age*** sie lehnte sich schon sehr früh gegen ihre Eltern auf II. *vt* ▪**to ~ sb against sb/sth** jdn gegen jdn/etw aufwiegeln [*o* aufbringen]; ***she succeeded in ~ing him against the idea*** es gelang ihr, ihm die Idee madig zu machen *fam*; **to ~ sb's own argument against him/her** jds eigenes Argument gegen ihn/sie verwenden

◆**turn around** I. *vi* ① (*move*) sich *akk* umdrehen; (*while walking*) umdrehen; **to ~ around and around** [*or* **around in circles**] sich *akk* im Kreis drehen ② (*fam: suddenly do sth*) ***he said he loved her but then he ~ed around and started dating the cheerleader*** er sagte, dass er sie liebt, doch begann dann, sich mit einer Cheerleaderin zu treffen; **to ~ around and go back** umkehren II. *vt* ① (*move*) ▪**to ~ sb/sth ↻ around** jdn/etw umdrehen; **to ~ one's car ↻ around** sein Auto wenden ② (*reverse situation*) ▪**to ~ sth/sb around** etw/jdn umkrempeln; ECON ▪**to ~ around ↻ sth** etw sanieren; ***she took over management of the nearly bankrupt business and ~ed it around*** sie übernahm die Leitung des beinahe bankrotten Betriebs und brachte ihn wieder auf Vordermann; ***he ~ed the company round in less than a year*** in weniger als einem Jahr sanierte er das Unternehmen; **to ~ one's life around** sein Leben umkrempeln ③ (*change sense*) ▪**to ~ sth around** *argument* etw verdrehen *fam*; ***he's ~ed my words all around!*** er hat mir das Wort im Munde herumgedreht! ④ (*un-/reload*) **to ~ a car around** ein Auto be- und entladen; **to ~ a ship around** ein Schiff abfertigen

◆**turn aside** I. *vi* ▪**to ~ aside[from sth]** sich *akk* [von etw *dat*] abwenden *a. fig* II. *vt* ▪**to ~ sth aside** etw abwenden

◆**turn away** I. *vi* ▪**to ~ away [from sb/sth]** sich *akk* [von jdm/etw] abwenden; ***she ~ed away from***

T

fatty foods sie verzichtet jetzt auf fetthaltige Nahrungsmittel; to ~ away from a fight einen Kampf ausschlagen II. *vt* ① (*move*) ■ to ~ sth ⊂ away etw wegrücken; *he ~ed his chair away from the fire* er rückte seinen Stuhl vom Feuer weg; to ~ one's face away seinen Blick abwenden ② (*refuse entry*) ■ to ~ sb ⊂ away jdn abweisen; *he was ~ed away from the posh restaurant* man verweigerte ihm den Zutritt zu dem piekfeinen Restaurant ③ (*deny help*) ■ to ~ sb away jdn abweisen

♦**turn back** I. *vi* ① (*return to starting point*) umkehren, [wieder] zurückgehen; (*fig*) *there's no ~ing back now!* jetzt gibt es kein Zurück [mehr]! ② (*in book*) zurückblättern II. *vt* ① (*send back*) ■ to ~ sb ⊂ back jdn zurückschicken; (*at the frontier*) jdn zurückweisen ② (*fold*) ■ to ~ sth ⊂ back *bedcover* etw zurückschlagen; to ~ the corner of a page back ein Eselsohr in eine Seite machen ③ (*put back*) to ~ back ⊂ the clocks die Uhren zurückstellen; to ~ back time (*fig*) die Zeit zurückdrehen

♦**turn down** *vt* ① (*reject*) ■ to ~ sb/sth ⊂ down jdn/etw abweisen; *she ~ed down his proposal of marriage* sie lehnte seinen Heiratsantrag ab; to ~ down an invitation eine Einladung ausschlagen ② (*reduce level*) ■ to ~ sth ⊂ down etw niedriger stellen; to ~ down the air conditioning die Klimaanlage herunterdrehen; to ~ the radio/stereo down das Radio/die Stereoanlage leiser stellen ③ (*fold*) ■ to ~ sth ⊂ down etw umschlagen; to ~ down a blanket eine Decke zurückschlagen; to ~ down one's collar seinen Kragen herunterschlagen ④ CARDS to ~ down a card eine Karte verdeckt ablegen

♦**turn in** I. *vt* ① (*give to police etc*) ■ to ~ sth ⊂ in etw abgeben [*o* abliefern] ② (*submit*) ■ to ~ sth ⊂ in *assignment, essay* etw einreichen; to ~ in one's resignation seinen Rücktritt einreichen; to ~ in good results gute Ergebnisse abliefern ③ (*fam: to the police*) ■ to ~ sb ⊂ in jdn verpfeifen *fam;* to ~ oneself in to the police sich *akk* der Polizei stellen ④ (*inwards*) ■ to ~ in ⊂ sth etw nach innen drehen ⑤ (*quit*) to ~ in one's job seinen Job hinschmeißen *fam* ► PHRASES: ~ it in! (*fam*) jetzt mach aber mal einen Punkt! *fam* II. *vi* ① (*fam: go to bed*) sich *akk* in die Falle hauen *fam* ② (*drive in*) *car* einbiegen ③ (*inwards*) nach innen gebogen sein; *his toes ~ in when he walks* er läuft über den großen Onkel *fam* ④ (*become introspective*) ■ to ~ in on oneself sich *akk* in sich *akk* selbst zurückziehen

♦**turn off** I. *vt* ① (*switch off*) ■ to ~ off ⊂ sth etw abschalten; to ~ off the alarm/a computer den Alarm/einen Computer abschalten; to ~ off the engine/the power den Motor/den Strom abstellen; to ~ off the gas das Gas abdrehen; to ~ the light[s] off das Licht ausmachen; to ~ the radio/TV off das Radio/den Fernseher ausschalten ② (*cause to lose interest*) ■ to ~ off ⊂ sb jdm die Lust nehmen; (*disgust*) jdm anekeln; *the salesman's high-pressure pitch really ~ed her off* die harte Verkaufstaktik des Händlers stieß sie wirklich ab; *that kind of approach to learning ~s students off* bei dieser Art der Wissensvermittlung verlieren die Studenten die Lust am Lernen ③ (*fam: be sexually unappealing*) ■ to ~ off ⊂ sb jdn abtörnen *sl* II. *vi* ① (*leave one's path*) abbiegen; *she ~ed off the road/onto a small dirt road* sie bog von der Straße/in einen kleinen Feldweg ab; *she ~ed off the path to gather berries* sie verließ den Weg, um Beeren zu pflücken ② (*lose interest*) [innerlich] abschalten *fam*

♦**turn on** I. *vt* ① (*switch on*) ■ to ~ on ⊂ sth *air conditioning, computer* etw einschalten; to ~ on the gas das Gas aufdrehen; to ~ on the heat die Heizung aufdrehen [*o* anmachen]; to ~ the light[s] on das Licht anmachen; to ~ on the radio/TV das Radio/den Fernseher anmachen [*o* einschalten]; to ~ on the water (*tub*) das [Bade]wasser einlassen ② (*fam: excite*) ■ to ~ on ⊂ sb jdn anmachen *fam;* (*sexually also*) jdn antörnen *sl; ok, whatever ~ you on!* ok, wenn dir's dir Spaß macht! ③ (*start to use*) ■ to ~ on ⊂ sth etw einschalten *fig;* to ~ on the charm seinen Charme spielen lassen ④ (*drugs*) ■ to ~ on ⊂ sb jdn antörnen *sl* II. *vi* ① (*switch on*) einschalten ② (*attack*) ■ to ~ on sb auf jdn losgehen ③ (*turn against*) ■ to ~ on sb/sth sich *akk* gegen jdn/etw wenden ④ (*be dependent on*) ■ to ~ on sth von etw *dat* abhängen, auf etw *akk* ankommen ⑤ (*be preoccupied with*) ■ to ~ on sth *problems* sich *akk* [im Geiste] etw *dat* zuwenden; *his thoughts ~ed on Mabel* seine Gedanken wanderten zu Mabel

♦**turn out** I. *vi* ① (*work out*) sich *akk* entwickeln; *things didn't really ~ out the way we wanted* die Dinge haben sich nicht so entwickelt, wie wir es uns gewünscht haben; *nothing ever ~s out right for me* bei mir läuft's nie so, wie's laufen soll! *fam; how did it ~ out?* wie ist es gelaufen? *fam; thank God everything ~ed out well* zum Glück war am Ende alles gut; *it depends how things ~ out* das kommt drauf an, wie sich die Dinge entwickeln; *the evening ~ed out pleasant* es wurde ein netter Abend ② (*be revealed*) sich *akk* herausstellen; *he ~ed out to be quite a nice guy* am Ende war er doch eigentlich ganz nett; *it ~ed out that ...* es stellte sich heraus, dass ... ③ (*come to*) erscheinen; *thousands ~ed out for the demonstration against the government's new policy* Tausende gingen auf die Straße, um gegen die neue Politik der Regierung zu demonstrieren ④ (*point*) sich *akk* nach außen drehen II. *vt* ① (*switch off*) ■ to ~ out ⊂ sth etw ausschalten; to ~ out the gas das Gas abstellen; to ~ out a lamp/the radio/the TV eine Lampe/das Radio/den Fernseher ausschalten [*o* ausmachen]; to ~ out the light[s] das Licht ausmachen ② (*kick out*) ■ to ~ sb out [of sth] jdn [aus etw *dat*] [hinaus]werfen *fam; the landlord ~ed them out* der Vermieter setzte sie vor die Tür *fam;* to ~ sb out on the street jdn auf die Straße setzen *fam* ③ (*empty contents*) ■ to ~ out ⊂ sth etw [aus]leeren; *he ~ed out the kitchen cabinet* er räumte den Küchenschrank aus; to ~ out one's pockets die Taschen umdrehen ④ (*manufacture, produce*) ■ to ~ sth ⊂ out etw produzieren; ■ to ~ sb ⊂ out *specialists, experts* jdn hervorbringen; *he ~s out about ten articles a week for the paper* er schreibt in der Woche etwa zehn Artikel für die Zeitung; to ~ out sth by the dozens/hundreds/thousands etw dutzendweise/in großer Zahl/in Unmengen produzieren ⑤ FOOD ■ to ~ sth ⊂ out *cake, jelly* etw stürzen ⑥ (*turn outwards*) *she ~s her feet out* sie läuft nach außen ⑦ (*clean*) ■ to ~ sth ⊂ out *room* etw gründlich putzen ⑧ MIL to ~ the guard out die Wache antreten lassen ⑨ *usu passive* FASHION (*be dressed*) *he is normally ~ed out very smartly* meistens zieht er sich sehr schick an

♦**turn over** I. *vi* ① (*move*) *person* sich *akk* umdrehen; *boat* kentern, umkippen; *plane, car* sich überschlagen; *the dog ~ed over on its back* der Hund drehte sich auf den Rücken ② (*sell*) laufen; *French cheese ~s over quite slowly in American supermarkets* französischer Käse geht in den amerikanischen Supermärkten nicht so gut ③ (*operate*) *engine* laufen; (*start*) anspringen ④ BRIT TV (*change TV channel*) umschalten ⑤ (*feel nauseous*) *at the mere thought of it my stomach ~ed over* schon bei dem Gedanken daran drehte sich mir der Magen um ⑥ (*in book*) umblättern II. *vt* ① (*move*) ■ to ~ over ⊂ sth/sb etw/jdn umdrehen; to ~ a burger over einen Burger wenden; to ~ a mattress over eine Matratze wenden; to ~ a page over eine Seite umblättern; to have ~ed over two pages eine Seite übersprungen haben; to ~ over the soil den Boden umgraben ② (*cause to fall over*) ■ to ~ over ⊂ sth etw umwerfen; *they ~ed the car over* sie überschlugen sich ③ (*take to authorities*) to ~ over ⊂ sb [to the police] jdn [der Polizei] übergeben ④ (*delegate responsibility*) ■ to ~ over ⊂ sth to sb jdm etw übertragen; to ~ over control of a department to sb jdm die Kontrolle über eine Abteilung übergeben; to ~ over pieces of evidence for analysis Beweisstücke zur Untersuchung übergeben ⑤ (*give*) ■ to ~ sth ⊂ over to sb jdm etw [über]geben; *the boy was forced to ~ his water gun over to the teacher* der Junge musste dem Lehrer seine Wasserpistole aushändigen ⑥ (*ponder*) ■ to ~ over ⊂ sth etw sorgfältig überdenken; to ~ sth over in one's head/mind sich *dat* etw durch den Kopf gehen lassen ⑦ ECON (*alter function*) ■ to ~ over ⊂ sth to sth *factory* etw auf etw *akk* umstellen ⑧ FIN, ECON ■ to ~ over ⊂ sth *they ~ over £1,500 a month* sie haben einen Umsatz von 1.500 Pfund im Monat ⑨ (*operate*) to ~ over the engine einen Motor laufen lassen ⑩ BRIT (*fam: burglarize destructively*) ■ to ~ over ⊂ sth etw [völlig verwüsten und] ausräumen; *the agents ~ed over the office* die Agenten stellten das ganze Büro auf den Kopf ► PHRASES: to ~ over a new leaf einen [ganz] neuen Anfang machen

♦**turn round** *vt vi see* **turn around**

♦**turn up** I. *vi* ① (*show up*) erscheinen, auftauchen *fam; five months later she ~ed up again* fünf Monate später tauchte sie wieder auf ② (*become available*) sich *akk* ergeben; *solution* sich finden; *I'll let you know if something ~s up* ich lass dich wissen, wenn sich was ergibt; *he is getting desperate enough to take any job that ~s up* er ist allmählich so verzweifelt, dass er bereit ist, jede Arbeit anzunehmen, die sich ihm bietet ③ (*occur in*) auftreten, auftauchen ④ (*happen*) passieren II. *vt* ① (*increase volume*) ■ to ~ up ⊂ sth etw aufdrehen; *hey, ~ it up — this is my favourite song!* he, mach mal lauter – das ist mein Lieblingslied! *fam; could you ~ up the heat a little, please?* könnten Sie die Heizung bitte etwas höher stellen?; to ~ up the gas das Gas aufdrehen ② (*hem clothing*) to ~ up a dress/trousers ein Kleid/eine Hose umnähen ③ (*point to face upwards*) to ~ up one's collar den Kragen hochschlagen; to ~ up one's palms die Handflächen nach oben drehen ④ (*find*) ■ to ~ up ⊂ sth etw finden; *I'll see if I can ~ something up for you* ich schau mal, ob ich etwas Geeignetes für Sie finden kann ⑤ (*find out*) ■ to ~ up ⊂ sth etw herausfinden; *he wasn't able to ~ up any information on the businessman* es gelang ihm nicht, an irgendwelche Informationen über den Geschäftsmann heranzukommen ► PHRASES: ~ it up! BRIT (*sl*) hör auf damit! *fam*

♦**turn upon** *vi see* **turn on**

turnabout *n* COMM Umschwung *m,* Wende *f* **turnaround** *n,* AM **turnround** *n no pl* ① (*improvement*) Wende *f,* Umschwung *m; of health* Besserung *f; of company* Aufschwung *m;* (*sudden reversal*) Kehrtwendung *f* ② COMM Bearbeitungszeit *f,* Lieferzeit *f;* ~ **time** Wartezeit *f* (*nach der Bewerbung um einen Studienplatz bis die Zusage seitens der Universität erteilt wird*) ③ ECON (*sold goods*) mittlerer Lagerumschlag ④ ECON *of ship, plane* Entladung *f* und Wiederfahrbereitmachung ⑤ (*making a company profitable again*) Sanierung *f* ⑥ AVIAT ~ **time** Wartezeit *f* (*eines Flugzeugs am Boden zwischen zwei Flügen*) **turncoat** *n* Überläufer(in) *m(f),* jd, der sein Fähnchen nach dem Wind hängt

turner ['tɜ:nəʳ, AM 'tɜ:rnɚ] *n* (*fam*) FOOD Wender *m*

turning ['tɜ:nɪŋ, AM 'tɜ:rn-] *n* ① (*road*) Abzweigung *f,* Abbiegung *f; the ~ she took was too early* sie bog zu früh ab ② *no pl* (*changing direction*) Abbiegen *nt*

turning area *n* AUTO Wendeplatz *m* **turning circle** *n* AUTO Wendekreis *m* **turning lathe** *n* Drehbank *f* **turning point** *n* Wendepunkt *m* **turning radius** *n esp* AM AUTO Wendekreis *m,* Wenderadius *m*

turnip ['tɜ:nɪp, AM 'tɜ:r-] *n* [Steck]rübe *f;* ~ **greens** Rübstilgemüse *nt*

turnkey ['tɜ:nki:, AM 'tɜ:rn-] *adj attr, inv* schlüsselfertig, Fertig-; ~ **housing unit** Fertigbau *m;* ~ **system** Fertigteilsystem *nt*

turnkey operation *n* ECON *Auftrag, bei dem eine Firma für einen bestimmten Teil die gesamte Fertigung und die Bereitstellung des Personals übernimmt*

turn-off ['tɜ:nɒf, AM 'tɜ:rnɑ:f] *n* ① (*sth unap-*

pealing) Gräuel *nt*; ***they find computers a*** ~ ihnen sind Computer ein Gräuel ② (*sth sexually unappealing*) **to be a real** ~ unattraktiv sein, abtörnen *sl*
turn-on ['tɜːnɒn, AM 'tɜːrnɑːn] *n* ■ **a** ~ ① (*sth appealing*) etwas Interessantes ② (*sth sexually appealing*) etwas, was einen so richtig anmacht [*o* antörnt] *sl*; **to find sth a** ~ etw unwiderstehlich finden, auf etw *akk* total abfahren *sl*
turnout ['tɜːnaʊt, AM 'tɜːrn-] *n no pl* ① (*attendance*) Teilnahme *f*, Beteiligung *f* (**for** an +*dat*); ***the ~ for the concert was good*** das Konzert war gut besucht ② POL (*in voting*) Wahlbeteiligung *f*
turnover ['tɜːnˌəʊvəʳ, AM 'tɜːrnˌoʊvɚ] *n* ① (*rate change in staff*) Fluktuation *f geh*; **staff** ~ Personalwechsel *m* ② (*volume of business*) Umsatz *m*; **annual** ~ Jahresumsatz *m* ③ (*rate of stock movement*) Absatz *m*, [Lager]umschlag *m*, Umsatz *m*; ~ **of shares** Aktienumschlag *m*; **stock** ~ Lagerumschlag *m* ④ FOOD (*pastry*) **apple** ~ Apfeltasche *f*
turnpike *n* AM TRANSP Mautschranke *f*; **the New Jersey T**~ *die Mautschranke bei New Jersey, die berühmt für ihr besonders hohes Verkehrsaufkommen ist* **turnround** *n no pl* BRIT *see* **turnaround turn signal** *n* AM AUTO Blinker *m*, Blinklicht *nt*; ***she flipped the ~ to the right*** sie betätigte den rechten Blinker; **to use the** ~ den Blinker betätigen, blinken **turnstile** *n* SPORTS Drehkreuz *nt* **turntable** *n* ① TECH, RAIL Drehscheibe *f* ② (*on recordplayer*) Plattenteller *m* **turntable ladder** *n* Drehleiter *f*
turn-up ['tɜːnʌp] *n esp* BRIT Aufschlag *m*; **trouser** ~ Hosenaufschlag *m* ▶ PHRASES: **to be a** ~ **for the book[s]** mal ganz was Neues sein *fam*
turpentine ['tɜːpᵊntaɪn, AM 'tɜːr-] *n no pl* Terpentin *nt*
turpitude ['tɜːpɪtjuːd, AM 'tɜːrpɪtuːd, -tjuːd] *n no pl* (*form*) Verworfenheit *f*; **moral** ~ [moralische] Verderbtheit [*o* Verdorbenheit]
turps [tɜːps, AM tɜːrps] *n no pl* (*fam*) *short for* **turpentine** Terpentin *nt*
turquoise ['tɜːkwɔɪz, AM 'tɜːr-] **I.** *n* ① GEOL (*stone*) Türkis *m* ② (*colour*) Türkis *nt* **II.** *n modifier* (*mine, ring*) Türkis-; ~ **necklace** Kette *f* aus/mit Türkisen; ~ **stone** Türkis *m* **III.** *adj inv* türkis[farben]
turret ['tʌrɪt, AM 'tɜːrɪt] *n* ① (*poet*) [Mauer]turm *m* ② MIL **bomber's/ship's** ~ Geschützturm *m* eines Bombers/eines Schiffes; **tank's** ~ Panzerturm *m*
turreted ['tʌrɪtɪd, AM 'tɜːrɪt̬ɪd] *adj* (*poet*) mit [Eck]türmen *nach n*
turtle <*pl* – *or* -s> ['tɜːtl̩, AM 'tɜːrt̬l̩] *n* ① (*animal*) Schildkröte *f*; **snapping** ~ Schnappschildkröte *f* ② COMPUT (*device*) Schildkröte *f*
turtledove *n* Turteltaube *f* **turtleneck I.** *n* ① BRIT (*tight garment neck*) Stehkragen *m*; (*pullover*) Stehkragenpullover *m* ② AM (*polo neck*) Rollkragen *m*; (*pullover*) Rollkragenpullover *m* **II.** *n modifier* BRIT Stehkragen-; AM Rollkragen-; ~ **sweater** BRIT Stehkragenpullover *m*; AM Rollkragenpullover *m*
turves ['tɜːvz] *n* BRIT *pl of* **turf**
Tuscan ['tʌskən] *adj inv* toskanisch
tush [tʊʃ] *n* AM (*sl*) Hintern *m fam*, Hinterteil *nt fam*; ***get off your ~ and come help me*** beweg deinen Hintern und hilf mir mal *fam*
tusk [tʌsk] *n* Stoßzahn *m*
tussle ['tʌsl̩] **I.** *vi* ① (*scuffle*) sich *akk* balgen; ■**to** ~ **with sb [for sth]** sich *akk* mit jdm [um etw *akk*] balgen ② (*fig: quarrel*) ■**to** ~ **[with sb] over sth** [mit jdm] über etw *akk* streiten; **sb ~s with an idea** jdm macht eine Vorstellung zu schaffen; **to** ~ **with a problem** sich *akk* mit einem Problem herumschlagen **II.** *n* ① (*struggle*) Rauferei *f*, Gerangel *nt*; ■**to be in a** ~ in eine Rauferei verwickelt sein ② (*quarrel*) Streiterei *f*, Gerangel *nt fig* (**for** um +*akk*, **over** wegen +*gen*)
tussock ['tʌsək] *n* ① (*of grass*) [Gras]büschel *nt* ② (*rare: of hair*) [Haar]büschel *nt*
tut [tʌt] **I.** *interj* (*pej*) ~ ~ na, na!, aber, aber! **II.** *vi* <-tt-> ■**to** ~ **at sth** sich *akk* über etw *akk* mokieren
tutelage ['tjuːtɪlɪdʒ, AM 'tuːt̬ᵊlɪdʒ, 'tjuː-] *n no pl* [An]leitung *f*; ■**to be under the** ~ **of sb** bei jdm Unterricht nehmen
tutelar ['tjuːtᵊləʳ, AM 'tuːt̬ᵊlɚ] *adj*, **tutelary** ['tjuːtᵊlᵊri, AM 'tuːt̬ᵊleri] *adj* ① (*protective*) Schutz- ② LAW Vormunds-, Vormundschafts-
tutor ['tjuːtəʳ, AM 'tuːt̬ɚ, 'tjuː-] **I.** *n* (*giving extra help*) Nachhilfelehrer(in) *m(f)*; (*private teacher*) Privatlehrer(in) *m(f)*; BRIT UNIV (*supervising teacher*) Tutor(in) *m(f)*; **home** ~ Privatlehrer(in) *m(f)*, Hauslehrer(in) *m(f)* **II.** *vt* ■**to** ~ **sb [in sth]** (*in addition to school lessons*) jdm [in etw *dat*] Nachhilfestunden geben; (*private tuition*) jdm [in etw *dat*] Privatunterricht erteilen
tutorial [tjuː'tɔːriəl, AM *esp* tuː'-] *n* Tutorium *nt geh*
tut-tut [ˌtʌt'tʌt] **I.** *interj* na, na!, jetzt aber! **II.** *vi* <-tt-> ***he ~ted disapprovingly*** 'na, na!', sagte er misbilligend
tutu ['tuːtuː] *n* Ballettröckchen *nt*
tu-whit tu-whoo [tʊˌ(h)wɪttʊ'(h)wuː] *interj* Eulenruf
tux <*pl* -es> [tʌks] *n* AM (*fam*) *short for* **tuxedo** Smoking *m*
tuxedo [tʌk'siːdoʊ] *n* AM (*dinner jacket*) Smoking *m*
TV [ˌtiː'viː] **I.** *n* ① (*appliance*) *abbrev of* **television** Fernseher *m* ② *no pl* (*programming*) *abbrev of* **television** Fernsehen *nt*; ***what's on ~ tonight?*** was kommt denn heute Abend im Fernsehen?; **satellite** ~ Satellitenfernsehen *nt* **II.** *n modifier abbrev of* **television** *film, interviewer, reporter, series, show* TV-, Fernseh-; ~ **channel** [Fernseh]kanal *m*; ~ **commercial** Fernsehwerbung *f*; ~ **producer** Fernsehproduzent(in) *m(f)*; ~ **production** Fernsehproduktion *f*; ~ **screen** Bildschirm *m*; ~ **set** Fernseher *m*, Fernsehapparat *m*; ~ **station** [Fernseh]sender *m*
TV dinner *n* Fertiggericht *nt* **TV guide** *n* Fernsehzeitschrift *f*
TVP [ˌtiːviː'piː] FOOD *abbrev of* **textured vegetable protein**
TV satellite *n* Satellitenschüssel *f*; **to receive sth via** ~ etw über Satellit empfangen **TV star** *n* Fernsehstar *m*
twaddle ['twɒdl̩, AM 'twɑːdl̩] *n no pl* (*fam*) Unsinn *m*, dummes Zeug; **a bunch [*or* load] of [old]** ~ ein Haufen dummes Gerede; **utter** ~ vollkommener Quatsch
twain [tweɪn] *n* (*old*) zwei; ***Kipling wrote that "East is East, and West is West, and never the ~ shall meet"*** Kipling schrieb „Osten ist Osten und Westen ist Westen, die zwei werden nie zueinander finden“
twang [twæŋ] **I.** *n no pl* ① (*sound*) Doing *nt*, Ploing *nt*; **to give sth a** ~ an etw *dat* zupfen ② LING (*nasal accent*) Näseln *nt*; **to speak with a** ~ mit näselnder Stimme sprechen **II.** *vt* ■**to** ~ **sth** etw zupfen; **to** ~ **someone's nerves** (*fig*) an jds Nerven zerren; **~ed nerves** angespannte Nerven **III.** *vi* einen sirrenden Ton von sich geben
'twas [twɒz, AM twɑːz] = **it was** *see* **be**
twat [twæt] *n* ① ANAT (*vulg sl: female genitals*) Möse *f vulg* ② BRIT, AUS (*pej! vulg sl: idiot*) Idiot(in) *m(f) pej*; ***he's a bloody ~*** er ist ein verdammter Idiot
tweak [twiːk] **I.** *vt* ① (*pull sharply*) ■**to** ~ **sth** ***the rider ~ed the horse's reins in exasperation*** der Reiter riss verzweifelt die Zügel zurück; ***he was nervously ~ing his ear again*** er zupfte wieder nervös an seinem Ohr; (*fig*) ***this proposal still needs some ~ing*** an diesem Vorschlag muss noch etwas herumgefeilt werden; ■**to** ~ **sth out** etw ausreißen ② (*adjust*) ■**to** ~ **sth** etw gerade ziehen; ***he ~ed his tie straight*** er zog seine Krawatte zurecht **II.** *n* Zupfen *nt kein pl*; ***she gave her eyebrows a few ~s with the tweezers*** sie zupfte hier und da mit der Pinzette an den Augenbrauen herum; ***Billy gave Jane's ponytail a playful ~*** Billy zog Jane im Spaß an ihrem Pferdeschwanz
twee [twiː] *adj esp* BRIT (*fam or pej*) niedlich, auf putzig gemacht *pej*
tweed [twiːd] **I.** *n* ① *no pl* (*cloth*) Tweed *m* ② (*clothes*) ■**~s** *pl* Tweedkleidung *f kein pl* **II.** *n modifier* Tweed-; ~ **jacket** Tweedjacke *f*
tweedy ['twiːdi] *adj* ① (*made of tweed*) Tweed-; **~-nubby** aus grobem Tweed *nach n* ② (*casually rich*) *elegant im Stil des englischen Landadels*
tween [twiːn] *n acht- bis zwölfjähriges Kind*
tweet [twiːt] **I.** *vi* piepsen, ziepen **II.** *n* Piepsen *nt kein pl*, Ziepen *nt kein pl*
tweeter ['twiːtəʳ, AM -ɚ] *n* TECH Hochtonlautsprecher *m fachspr*
tweezer ['twiːzəʳ] *n* AM Pinzette *f*
tweezers ['twiːzəz] *npl* Pinzette *f*; **a pair of** ~ eine Pinzette
twelfth [twelfθ] **I.** *adj inv* zwölfte(r,s) **II.** *adv inv* als zwölfte(r,s); **to come in** ~ SPORTS als Zwölfte(r) ins Ziel einlaufen **III.** *n* ■**the** ~ der/die/das Zwölfte; ***I'll be home on the ~*** ich komme am Zwölften nach Hause
twelfth man *n* BRIT, AUS SPORTS Ersatzspieler(in) *m(f)* **Twelfth Night** *n* REL Dreikönigsnacht *f*, Dreikönigsabend *m*
twelve [twelv] **I.** *adj inv* zwölf; **~-seater van** Bus *m* mit zwölf Sitzen **II.** *n* Zwölf *f*; **the England** ~ SPORTS die England-Zwölf; **the number** ~ die Zahl Zwölf; (*representing sth specific*) die Nummer zwölf
twelvemonth *n* (*old*) Jahr *nt* **twelve-note** [noʊt] *adj*, **twelve-tone** *adj inv* MUS Zwölfton-
twenties ['twentiːz, AM -t̬iːz] *npl* ① (*aged 20 to 29*) ■**to be in one's** ~ in den Zwanzigern sein; **early/mid/late** ~ Anfang/Mitte/Ende Zwanzig; ***he's in his late ~*** er ist Ende Zwanzig ② (*temperature*) *Temperaturen zwischen 20 und 29 Grad*; **low/mid/upper** ~ etwas über 20 Grad/[so] um die 25 Grad/beinahe schon 30 Grad ③ (*period*) ■**the** ~ die Zwanziger[jahre]; ■**in the** ~ in den Zwanzigerjahren; **the early/late** ~ die frühen/späten Zwanziger; **in the mid** ~ Mitte der Zwanzigerjahre
twentieth ['twentiəθ, AM -t̬i-] **I.** *adj inv* zwanzigste(r,s) **II.** *adv inv* an zwanzigster Stelle **III.** *n* ■**the** ~ der/die/das Zwanzigste; ***they made an appointment for the ~*** sie verabredeten sich für den Zwanzigsten
twentieth century *adj pred* **sb is very** ~ jd ist aus dem letzten Jahrhundert [*o fam* hinter dem Mond]
twenty ['twenti, AM -t̬i-] **I.** *adj inv* zwanzig **II.** *n* Zwanzig *f*; **the number** ~ die Zahl Zwanzig; (*representing sth specific*) die Nummer zwanzig; **on one's ~-first** an seinem/ihrem einundzwanzigsten Geburtstag
twenty-four-hour clock *n Uhrzeit, die auf der Zählung von 24 Stunden basiert*; ***I'll meet you at one — that's 13 hours on the ~!*** wir treffen uns um eins, d. h. um 13 Uhr!; ***the US military uses the ~*** die Streitkräfte der Vereinigten Staaten geben die Uhrzeit im 24-Stundentakt an
24/7 [ˌtwentifɔː'sevᵊn, AM -fɔːr-] *short for* **24 hours per day, 7 days per week** rund um die Uhr [und sieben Tage die Woche]
twentysomething ['twentisʌm(p)θɪŋ] *n modifier* über zwanzigjährig **twenty-twenty vision** *n no pl* hundertprozentige Sehschärfe
twerp [twɜːp, AM twɜːrp] *n* (*pej sl*) Blödmann *m pej fam*; ***don't be such a ~*** sei nicht so blöd *fam*; **little** ~ dummes Ding
twice [twaɪs] **I.** *adv inv* zweimal; ~ **a day** zweimal täglich **II.** *adj inv* doppelt; ***she is ~ his age*** sie ist doppelt so alt wie er
twice-told *adj story* altbekannt, oft erzählt *attr*
twiddle ['twɪdl̩] **I.** *vt* ■**to** ~ **sth** an etw *dat* [herum]drehen; ***she ~d her pencil out of nervousness*** sie spielte nervös mit ihrem Bleistift herum; **to** ~ **one's thumbs** Däumchen drehen **II.** *vi* ■**to** ~ **with sth** an etw *dat* [herum]drehen; ***she was twiddling with her pen*** sie spielte mit ihrem Füllfederhalter herum **III.** *n* [Herum]drehen *nt kein pl*; **to give a knob a** ~ an einem Knopf herumdrehen
twiddly ['twɪdl̩i] *adj* (*fam*) schnuckelig, niedlich
twig¹ [twɪg] *n* ① (*of a tree*) Zweig *m* ② (*skinny person*) Bohnenstange *f*; ***she's such a ~*** sie ist dürr wie eine Bohnenstange
twig² <-gg-> [twɪg] (*fam*) **I.** *vt* ■**to** ~ **sth** etw kapieren *fam*; (*hear*) etw mitbekommen **II.** *vi* ① (*understand*) kapieren *fam*; ***Ann's expecting a baby — had you ~ged?*** Ann bekommt ein Baby – hast du das schon mitbekommen? ② AM (*realize*) ■**to** ~ **to sth** etw merken [*o fam* spitzkriegen]

T

twiggy ['twɪgi] *adj branch* dürr; *person also* klapperdürr *fam*

twilight ['twaɪlaɪt] *n no pl* Dämmerung *f,* Zwielicht *nt;* ▪**in the ~** in der Dämmerung, im Zwielicht; (*fig*) ***he was in the ~ of his career as a painter*** er befand sich in seiner letzten Schaffensperiode als Maler; **the ~ of sb's life** jds Lebensabend

twilight existence *n* unsichere Existenz **twilight world** *n* Bohemewelt *f;* **the ~ of nightclubs** die zwielichtige Welt der Nachtklubs **twilight years** *npl* Lebensabend *m kein pl* **twilight zone** *n* ① (*urban area*) Stadtgebiet, das immer mehr verfällt ② *no pl* (*undefined conceptual area*) Grauzone *f;* ▪**the ~** REL die Welt zwischen Diesseits und Jenseits

twilit ['twaɪlɪt] *adj inv mountains, streets* von der Abendsonne beschienen, im Licht der untergehenden Sonne leuchtend *attr;* **~ hours** Dämmerstunden *fpl*

twill [twɪl] *n no pl* FASHION Köper *m*

twin [twɪn] I. *n* ① (*one of two siblings*) Zwilling *m;* (*similar or connected thing*) Pendant *nt geh;* **identical/fraternal ~s** eineiige/zweieiige Zwillinge ② (*room*) Zweibettzimmer *nt* II. *adj inv* ① (*born at the same*) Zwillings-; **~ daughter/son** Zwillingstochter *f*/-sohn *m* ② (*connected*) miteinander verbunden; ***the ~ problems of poverty and ignorance*** die untrennbaren Probleme der Armut und Bildungsschwäche III. *vt* <-nn-> ▪**to ~ sth [with sth]** etw [mit etw *dat*] [partnerschaftlich] verbinden; ▪**to ~ sb with sb** ***she ~ned her students with visiting foreign students*** sie bildete Paare aus je einem ihrer Studenten und einem der ausländischen Studenten, die auf Besuch waren IV. *vi* <-nn-> eine Städtepartnerschaft bilden

twin bed *n* Einzelbett *nt* (*eines von zwei gleichen Betten*) **twin-bedded room** *n* Zweibettzimmer *nt* **twin brother** *n* Zwillingsbruder *m* **twin carburettors** *npl* AUTO Doppelvergaser *mpl fachspr* **twin-cylinder engine** *n* AUTO Zweizylindermotor *m fachspr*

twine [twaɪn] I. *vi* (*twist around*) ▪**to ~ around sth** sich *akk* um etw *akk* schlingen [*o* winden]; ▪**to ~ up sth** sich *akk* an etw *dat* hochranken II. *vt* ▪**to ~ sth together** etw ineinander [*o* umeinander] schlingen III. *n no pl* Schnur *f*

twin-engined *adj inv* zweimotorig

twinge [twɪndʒ] *n* Stechen *nt kein pl;* ***he experienced a sudden ~ of toothache*** er spürte plötzlich einen stechenden Zahnschmerz; **a ~ of anxiety** ein plötzlich einsetzendes Angstgefühl; **a ~ of conscience** Gewissensbisse *mpl;* **a ~ of doubt** ein leiser Zweifel; **a ~ of fear** eine leise Furcht; **a ~ of guilt** ein Anflug *m* eines schlechten Gewissens; **a ~ of regret** ein leises Bedauern; **a ~ of shame** eine leise Scham

twinkle ['twɪŋkl] I. *vi star, diamond* funkeln, glitzern; *lights also* glimmern; *eyes* funkeln, blitzen II. *n no pl* Glitzern *nt,* Glimmern *nt; of diamonds, stars* Funkeln *nt;* **to do sth with a ~ in one's eye** (*fig*) etw mit einem [verschmitzten] Augenzwinkern tun ▸ PHRASES: **to be just** [*or* **no more than**] **a ~ in one's father's eye** noch gar nicht auf der Welt sein

twinkling ['twɪŋklɪŋ] I. *adj inv* ① (*glittering*) *eyes, light, star* glitzernd, funkelnd ② (*quick*) *tapdancer* leichtfüßig II. *n no pl* kurzer Augenblick [*o* Moment]; ***wait here a sec — I'll be back in a ~*** warte hier einen Moment – ich bin gleich wieder zurück ▸ PHRASES: **to do sth in the ~ of an eye** etw im Handumdrehen [*o* im Nu] tun

twinning ['twɪnɪŋ] *n no pl* gemeinsame [*o* partnerschaftliche] Durchführung

twin room *n* Zweibettzimmer *nt* **twinset** *n* BRIT, AUS Twinset *nt* **twin sister** *n* Zwillingsschwester *f* **twin town** *n* BRIT Partnerstadt *f* **twin-tub, twin-tub washing machine** *n* Waschmaschine *f* mit zwei Trommeln

twirl [twɜːl, AM twɜːrl] I. *vi* wirbeln; ***the spinning top ~ed across the table*** der Kreisel tanzte über den Tisch II. *vt* ▪**to ~ sth** etw rotieren lassen; **to ~ one's moustache** sich *dat* den Schnurrbart zwirbeln; **to ~ a pencil** an einem Bleistift drehen; (*in dancing*) ▪**to ~ sb** jdn [herum]wirbeln III. *n* Wirbel *m;* (*in dancing*) Drehung *f;* (*in writing*) Schnörkel *m;* ***give us a ~*** dreh dich doch mal

twirler ['twɜːrlɚ] *n* AM (*majorette*) Majorette *f*

twirling ['twɜːlɪŋ, AM 'twɜːrl-] *n no pl* AM *Hochwerfen des Taktstocks, um ihn durch die Luft wirbeln zu lassen*

twirly ['twɜːli, AM 'twɜːrl-] *adj handwriting* schnörkelig; *moustache* gezwirbelt

twirp [twɜːp, AM twɜːrp] *n* (*pej sl*) *see* **twerp**

twist [twɪst] I. *vt* ① (*wind*) ▪**to ~ sth** etw [ver]drehen; *towel* etw auswringen; ▪**to ~ sth on/off** etw auf-/zudrehen; **to ~ sb's arm** jdm den Arm verdrehen ② (*coil*) ▪**to ~ sth around sth** etw um etw *akk* herumwickeln; ▪**to be ~ed around one another** *strands* sich *akk* umeinander winden ③ (*sprain*) ▪**to ~ sth** sich *dat* etw verrenken [*o* [ver]zerren]; **to ~ one's ankle** sich *dat* den Fuß vertreten ④ (*fig: manipulate*) ▪**to ~ sth** etw verdrehen *fig;* ***don't ~ my words!*** dreh mir nicht die Worte im Mund herum!; **to ~ the facts/the truth** die Tatsachen/die Wahrheit verdrehen; **to ~ the rules** die Regeln manipulieren ▸ PHRASES: **to ~ sb's arm** auf jdn Druck ausüben; **to ~ sb [a]round one's [little] finger** jdn um den kleinen Finger wickeln; **to ~ oneself into knots** sich *akk* in lange[n] Erklärungen verstricken; **to be left ~ing in the wind** blamiert sein II. *vi* ① (*squirm*) sich *akk* winden; ***she ~ed away from his embrace*** sie wand sich aus seiner Umarmung; **to ~ in agony/pain** *person* sich *akk* vor Qual/Schmerz krümmen; *face* sich *akk* vor Qual/Schmerz verzerren; **to ~ with grief** *face* vor Kummer verzerrt sein; **to ~ and turn** *road* sich *akk* schlängeln ② (*dance*) twisten, Twist tanzen III. *n* ① (*rotation*) Drehung *f;* **~ of the pelvis** Hüftschwung *m;* **to give sth a ~** etw [herum]drehen ② (*sharp bend*) Kurve *f,* Biegung *f;* **with ~s and turns** mit vielen Kurven und Biegungen ③ (*fig: complication*) Komplikationen *fpl,* ewiges Hin und Her; **~s and turns** Irrungen und Wirrungen ④ (*fig: unexpected change*) Wendung *f;* **a cruel ~ of fate** [*or* **fortune**] eine grausame Wendung des Schicksals; **~ of the rules** [*or* **regulations**] Abänderung *f* der Vorschriften; **to take a new/surprise ~** eine neue/überraschende Wendung nehmen ⑤ BRIT (*drink*) Mixgetränk *nt* (*aus zwei Zutaten*); ***what's this? — it's called a margarita, it's like lemonade, but with a ~*** was ist das? – das heißt Margarita, es ist wie Limonade, aber mit Schuss ⑥ (*curl*) *of hair* Locke *f; of ribbon* Schleife *f;* **~ of lemon** Zitronenspirale *f* ⑦ DANCE (*dance*) ▪**the ~** der Twist; **to do the ~** [den] Twist tanzen, twisten ▸ PHRASES: **to be in a ~** verwirrt sein; ***he's all in a ~ about his in-laws surprise visit*** er ist ganz aufgelöst, weil seine Schwiegereltern überraschend zu Besuch kommen; **to be/go** BRIT **round the ~** (*fam or dated*) verrückt sein/werden *fig fam;* **to send sb round the ~** BRIT (*fam or dated*) jdn verrückt machen *fam*

twisted ['twɪstɪd] *adj* ① (*bent and turned*) verdreht; ***the car was just a pile of ~ metal after the accident*** nach dem Unfall war der Wagen nur noch ein Haufen ineinander verkeiltes Metall; **~ ankle** verzerrter Knöchel ② (*winding*) verschlungen; **~ course of events** (*fig*) verwickelter Ablauf von Geschehnissen; **~ path** gewundener Pfad ③ (*perverted*) verwirrt, verdreht; **a ~ mind** ein verworrener Geist

twister ['twɪstəʳ, AM -ɚ] *n* ① (*tornado*) Tornado *m* ② (*pej fam: swindler*) Schwindler(in) *m(f)*

twisting ['twɪstɪŋ] *adj inv* sich *akk* windend *attr*

twist-tie *n esp* AM, AUS Verschlussstreifen *m*

twisty ['twɪsti] *adj* (*fam*) *road* kurvenreich, gewunden

twit [twɪt] *n esp* BRIT (*pej fam*) Trottel *m pej fam*

twitch ['twɪtʃ] I. *vi* zucken; **to ~ violently** heftig zucken II. *vt* ▪**to ~ sth** ① (*jerk*) mit etw *dat* zucken; **to ~ one's nose** *rabbit* schnuppern ② (*tug quickly*) etw zupfen; ***she ~ed her skirt to straighten it*** sie zupfte ihren Rock glatt; SPORTS ***she ~ed the reins to the right*** sie zog die Zügel nach rechts III. *n* <*pl* -es> ① (*jerky spasm*) **to have a [nervous** [*or* **facial**]] **~** nervöse Zuckungen haben ② (*quick tug*) Ruck *m;* **a ~ of the crop** SPORTS ein leichter Schlag mit der Reitpeitsche; **a ~ of the reins** SPORTS ein rasches Ziehen an den Zügeln

twitcher ['twɪtʃəʳ, AM -ɚ] *n* BRIT Vogelliebhaber(in) *m(f)*

twitchy ['twɪtʃi] *adj* nervös, zappelig

twitter ['twɪtəʳ, AM -ɚ] I. *vi* ① (*chirp*) zwitschern; ▪**to ~ away** vor sich *akk* hin zwitschern ② (*talk rapidly*) ▪**to ~ away** vor sich *akk* hinplappern; ***he just sat there ~ing away*** er saß da und redete wie ein Wasserfall; ▪**to ~ on about sth** unentwegt von etw *dat* reden II. *n* Zwitschern *nt kein pl,* Gezwitscher *nt kein pl*

twixt [twɪkst] *prep* (*old poet*) *see* **between**

two [tuː] I. *adj* zwei; ***no ~ kids are alike*** kein Kind ist wie das andere; ***are you coming over, you ~?*** kommt ihr 'rüber, ihr zwei?; ***a movie or ~*** ein oder zwei [*o* ein paar] Filme; **~ [o'clock]** zwei [Uhr]; **the terrible ~s** das Trotzalter; **to be/turn ~ [years old]** zwei [Jahre alt] sein/werden; **to break sth in ~** etw entzwei brechen; **to cut sth in ~** etw durchschneiden; **to divide** [*or* **split**] **sth in ~** etw in zwei [Teile] teilen; **to walk by ~** in Zweierreihen gehen; **in ones or ~s** allein oder zu zweit [*o* in Zweiergruppen]; **the ~ of you** ihr beide ▸ PHRASES: **to put** [*or* **throw**] **in one's ~ cents worth** AM, AUS (*fam*) seinen Senf dazugeben *fam;* **~'s company three's a crowd** (*prov*) drei sind einer zu viel; **to put** [*or* **stick**] **~ fingers up** [*or* **in the air**] den Mittelfinger zeigen; **to give sb ~ fingers** BRIT, AUS jdm den Mittelfinger zeigen (*als beleidigende Geste*); **~ can play at that game** wie du mir, so ich dir *prov;* **~ heads are better than one** (*prov*) vier Augen sehen mehr als zwei *prov;* **to be ~ of a kind** aus dem gleichen Holz geschnitzt sein; **to be in [***or* **of] ~ minds** hin- und hergerissen sein; **to be sb's number ~** die Nummer zwei nach jdm sein; **there are no ~ ways about it** es gibt keine andere Möglichkeit [*o* Alternative]; **to put ~ and ~ together** (*fam*) zwei und zwei zusammenzählen; **to put ~ and ~ together and make five** (*hum fam*) einen falschen Schluss ziehen; **it takes ~ to tango** (*prov*) dazu gehören immer zwei II. *n* Zwei *f,* Zweier *m*

two-bit *adj attr, inv* AM (*pej fam*) billig *fig, pej,* zweitklassig, mies *pej fam* **two-by-four** *n ein Stück Holz mit einer Dicke von 2 Inches und einer Breite von 4 Inches* **two-dimensional** *adj inv* zweidimensional *a. fig;* (*pej*) *character, plot* flach **two-door** I. *adj attr, inv* AUTO zweitürig II. *n* zweitüriges Auto **two-edged** *adj inv* ① (*with two blades*) *knife, sword* zweischneidig, doppelschneidig ② (*fig: with pros and cons*) *argument* zweischneidig; (*ambiguous*) *comment, remark* zweideutig, doppeldeutig **two-faced** *adj* (*pej*) falsch, heuchlerisch **two-fisted** *adv* AM handfest, robust

twofold ['tuːfəʊld, AM -foʊld] I. *adj inv* (*double*) zweifach, doppelt; (*with two parts*) zweiteilig; ***we are looking for ~ results from this new advertising campaign — a more modern image and a younger clientele*** wir erwarten uns zweierlei von dieser neuen Werbekampagne – ein moderneres Image und eine jüngere Klientel II. *adv* (*double*) zweifach; **to increase one's income ~** sein Einkommen verdoppeln

two-four ['tuːfɔːr] *n* CAN (*fam*) *ein Karton mit 24 Flaschen Bier*

two-handed I. *adj attr, inv* ① (*needing two hands*) **~ backhand** TENNIS, SPORTS zweihändige Rückhand; **~ saw** Zugsäge *f;* **~ sword** Zweihänder *m* ② (*ambidexterous*) beidhändig II. *adv* mit beiden Händen

two-hander *n* BRIT THEAT Zweipersonenstück *nt*

twoonie *n* CAN (*fam*) *see* **toonie**

two-part I. *adj attr, inv* zweiteilig; **~ aria** Arie *f* für zwei Stimmen II. *n* COMPUT (*paper*) zweilagiges Papier **two-party system** *n* Zweiparteiensystem *nt*

twopence *n* BRIT (*tuppence*) zwei Pence; (*fig*) ***this thing isn't worth ~*** dieses Ding ist keinen Pfifferling wert ▸ PHRASES: **to not care** [*or* **give**] **~ about sth** sich *akk* den Teufel um etw *akk* scheren *fam;* **to not give ~ for sth** keinen Pfifferling auf etw akk geben; **to not matter** ~ überhaupt keine Rolle spielen, vollkommen egal sein **twopenny** *adj attr, inv* BRIT ❶ (*dated: worth two pennies*) ~ **piece** Zweipencestück *nt;* ~ **stamp/sweet** Briefmarke *f*/ Süßigkeit *f* zu zwei Pence ❷ (*fam: worthless*) wertlos; ***what, you want to marry some ~ salesman?*** was, du willst so einen dahergelaufenen Verkäufer heiraten? **two-phase** *adj attr, inv* ELEC Zweiphasen- **two-piece** *n* ❶ (*suit*) Zweiteiler *m* ❷ (*bikini*) Bikini *m* **two-pin** *adj* zweipolig; ~ **plug** Zweipolstecker *m* **two-ply** *adj inv* doppelt; *tissues* zweilagig; *wool* zweifädig; *rope* zweisträhnig **two-seater** *n* (*car, sofa*) Zweisitzer *m*

twosome ['tu:səm] *n* ❶ (*duo*) Duo *nt;* (*couple*) Paar *nt,* Pärchen *nt* ❷ (*dance for two*) Paartanz *m;* (*game for two*) Spiel *nt* für zwei Personen **two-star** I. *adj* Zwei-Sterne-; ~ **petrol** Normalbenzin II. *n no pl* AM Normalbenzin *nt* **two-stroke** I. *n* (*car, engine*) Zweitakter *m* II. *n modifier* Zweitakt-; ~ **car** Zweitakter *m;* ~ **engine** Zweitaktmotor *m,* Zweitakter *m;* ~ **motorbike** Motorrad *nt* mit Zweitaktmotor **two-thirds** I. *n* zwei Drittel; ***they were ~ of the way home*** sie hatten schon zwei Drittel ihres Nachhausewegs hinter sich II. *n modifier* Zweidrittel-; ~ **majority** Zweidrittelmehrheit *f* **two-tiered** *adj inv* (*two levels*) zweistufig, Zweistufen-; (*pej: two standards*) Zweiklassen-; ~ **management structure** zweistufige Managementstruktur; ~ **education/health system** Zweiklassenbildungs-/gesundheitssystem *nt* **two-time** I. *vt* (*fam*) ■**to** ~ **sb** [**with sb**] jdn [mit jdm] betrügen II. *adj* zweifach; ~ **winner** zweifacher Gewinner/zweifache Gewinnerin **two-timer** *n* (*pej fam*) Betrüger(in) *m(f);* (*having a lover*) Ehebrecher(in) *m(f);* ■**to be a** ~ fremdgehen *fam* **two-timing** *adj attr, inv* (*pej fam*) untreu; ***you ~ son of a bitch*** du mieser Ehebrecher *pej fam* **two-up two-down** *n* BRIT (*fam*) kleines Reihenhäuschen

two-way *adj attr, inv* ❶ (*traffic*) ~ **street/tunnel** Straße *f*/Tunnel *m* mit Gegenverkehr ❷ (*communication, conversation, exchange, process*) wechselseitig; ***negotiations are a ~ thing*** Verhandlungen beruhen auf Gegenseitigkeit; ~ **trade deal** bilaterales Handelsabkommen ❸ ELEC ~ **switch** Wechselschalter *m* **two-way mirror** *n* Spionspiegel *m* **two-way radio** *n* Gegenradiobetrieb *m;* (*device*) Funksprechgerät *nt* **two-way street** *n* ❶ (*road*) *Straße, bei der der Verkehr in beide Richtungen verläuft* ❷ (*fig: joint responsibility*) wechselseitige Angelegenheit; ***friendships are a ~*** Freundschaften beruhen immer auf Gegenseitigkeit; ***this agreement is a ~, you know*** diese Übereinkunft gilt für beide, das weißt du

tycoon [taɪ'ku:n] *n* [Industrie]magnat(in) *m(f),* Tycoon *m*

tyke [taɪk] *n* ❶ BRIT, AUS (*fam: mischievous child*) Gör *nt oft pej,* Range *f;* (*boy*) Lausejunge *m;* ***come here, you cheeky little ~*** komm her, du kleiner Frechdachs ❷ AM (*small child*) kleines Kind ❸ (*dog*) Hund *m;* (*mongrel*) Mischling[shund] *m,* Promenadenmischung *f hum*

tympanum <*pl* -s *or* tympana> ['tɪmpᵊnəm, *pl* -nə] I. *n* ❶ ANAT (*spec: middle ear*) Paukenhöhle *f* im Mittelohr, Tympanum *nt fachspr;* **infection in the** ~ Mittelohrentzündung *f* ❷ ARCHIT (*ornamental panel*) Tympanon *nt fachspr* II. *n modifier* (*examination, infection*) Mittelohr-

type [taɪp] I. *n* ❶ (*kind*) Art *f; of hair, skin* Typ *m; of food, vegetable* Sorte *f;* ***what ~ of clothes does she wear?*** welche Art von Kleidern trägt sie?; ***he's the ~ of man you could take home to your mother*** er gehört zu der Sorte Mann, die du mit nach Hause bringen und deiner Mutter vorstellen kannst; **that** ~ **of behaviour** ein solches Benehmen; ~ **of car** Autotyp *m;* ~ **of grain** Getreideart *f;* **for all different skin ~s** für jeden Hauttyp ❷ (*character*) Typ *m;* ***he's not the ~ to cause trouble*** er ist nicht der Typ, der Ärger macht; ■**to be one's** ~ jds Typ sein *fam;* **quiet/reserved** ~ ruhiger/zurückhaltender Typ [*o* Mensch] ❸ PHILOS Typus *m fachspr,* Urbild *nt* ❹ THEAT, LIT Typus *m* ❺ TYPO (*characters*) Buchstaben *pl,* Schrift *f;* (*lettering*) Schriftart *f;* (*stamp*) [Druck]type *f fachspr;* **italic** ~ Kursivschrift *f;* ***I wouldn't believe everything I read in ~*** ich würde nicht alles glauben, was so geschrieben wird ❻ COMPUT (*bars*) Type *f* ❼ (*definition*) Typ *m* II. *vt* ❶ (*write with machine*) ■**to** ~ **sth** etw tippen [*o* mit der Maschine schreiben] ❷ (*categorize*) ■**to** ~ **sb/sth** jdn/etw typisieren [*o* in Kategorien einteilen] *geh;* **to** ~ **blood** MED die Blutgruppe bestimmen ❸ (*be example for*) ■**to** ~ **sth** für etw *akk* typisch sein III. *vi* Maschine schreiben, tippen

◆**type away** *vi* [eifrig] vor sich *akk* hin tippen *fam*

◆**type in** *vt* COMPUT ■**to** ~ **in** ○ **sth** etw eingeben

◆**type out** *vt* ■**to** ~ **out** ○ **sth** etw tippen [*o* mit der Schreibmaschine schreiben]; (*copy*) etw abtippen

◆**type up** *vt* ■**to** ~ **up** ○ **sth** etw komplett abtippen

type A *adj* PSYCH unruhig und leicht erregbar

type B *adj* PSYCH ruhig und ausgeglichen

typecast <-cast, -cast> *vt usu passive* FILM, THEAT (*pej*) ■**to be** ~ auf eine Rolle festgelegt sein/werden; ***with her blonde good looks she has tended to be ~ as the young bimbo*** als blonde, gut aussehende Frau wurde sie meist als das junge Dummchen besetzt; ***she refused to be ~*** sie wollte sich nicht auf eine bestimmte Rolle festlegen lassen

typeface *n no pl* Schrift[art] *f;* (*design*) Schriftbild *nt;* **italic** ~ Kursivschrift *f* **typescript** *n* Typoskript *nt geh,* Maschine geschriebenes Manuskript **typeset** <-tt-, -set, -set> *vt* TYPO ■**to** ~ **sth** etw setzen **typesetter** *n* TYPO ❶ (*machine*) Setzmaschine *f* ❷ (*printer*) [Schrift]setzer(in) *m(f)* **typesetting** TYPO I. *n no pl* Setzen *nt* II. *adj attr, inv* (*machine, technique*) Satz-

typewrite <-wrote, -written> *vt* ■**to** ~ **sth** etw tippen [*o* mit der Maschine schreiben]

typewriter *n* Schreibmaschine *f;* **electric/manual** ~ elektrische/manuelle Schreibmaschine

typewriter ribbon *n* Farbband *nt*

typewriting *n no pl* [Schreib]maschineschreiben *nt*

typewriting paper *n* Schreibmaschinenpapier *nt;* [**non-**]**erasable** ~ [nicht] radierfähiges Schreibmaschinenpapier

typewritten *adj inv* Maschine geschrieben, maschinengeschrieben

typhoid ['taɪfɔɪd], **typhoid fever** *n no pl* Typhus *m*

typhoon [taɪ'fu:n] I. *n* Taifun *m* II. *n modifier* ~ **damage** durch einen Taifun verursachter Schaden; ~ **season** [Jahres]zeit *f* der Taifune

typhus ['taɪfəs] *n no pl* Typhus *m,* Fleckfieber *nt*

typical ['tɪpɪkᵊl] *adj* typisch; *symptom also* charakteristisch (**of** für +*akk*); (*pej fam*) ~ ***male chauvinist!*** typisch Macho! *fig fam*

typically ['tɪpɪkᵊli] *adv* typisch; ~, **...** normalerweise ...; ~ **English** typisch Englisch

typify <-ie-> ['tɪpɪfaɪ] *vt* ■**to** ~ **sth** etw kennzeichnen; (*symbolize*) für etw *akk* ein Symbol sein

typing ['taɪpɪŋ] I. *n no pl* (*typewriting*) Maschineschreiben *nt,* Tippen *nt* II. *adj attr, inv* Tipp-; ~ **error** [*or* **mistake**] Tippfehler *m;* ~ **speed** Schnelligkeit *f* beim Maschineschreiben

typist ['taɪpɪst] *n* Schreibkraft *f*

typo <*pl* -os> ['taɪpəʊ, AM oʊ] *n* (*fam*) Druckfehler *m*

typographer [taɪ'pɒgrəfəʳ, AM -'pɑ:grəfɚ] *n* Typograf(in) *m(f),* [Schrift]setzer(in) *m(f)*

typographic(al) [,taɪpə(ʊ)'græfɪkᵊl, AM -pə'-] *adj inv* typografisch, Druck-; ~ **error** Druckfehler *m*

typography [taɪ'pɒgrəfi, AM -'pɑ:-] *n no pl* Typografie *f,* Buchdruckerkunst *f*

typological ['taɪpəʊ'lɒdʒɪkᵊl, AM pə'lɑ:] *adj inv* typologisch, Typen-

typology [taɪ'pɒlədʒi, AM 'pɑ:lə] *n no pl* Typologie *f,* Typenlehre *f*

tyrannical [tɪ'rænɪkᵊl, AM tə'-] *adj* (*pej*) tyrannisch, despotisch; ~ **regime** Tyrannei *f,* Gewaltherrschaft *f*

tyrannically [tɪ'rænɪkᵊli, AM tə'-] *adv* (*pej*) tyrannisch, despotisch; ***stop behaving so ~*** hör auf, deine Umwelt zu tyrannisieren

tyrannize ['tɪrᵊnaɪz] I. *vt* ■**to** ~ **sb** jdn tyrannisieren II. *vi* sich *akk* tyrannisch gebärden

tyrannosaur(us) [tɪ,rænə'sɔ:rəs, AM tə,-] *n* Tyrannosaurus *m;* ~ **rex** Tyrannosaurus Rex *m*

tyrannous ['tɪrᵊnəs] *adj* tyrannisch

tyranny ['tɪrᵊni] *n* Tyrannei *f a. fig,* Gewaltherrschaft *f*

tyrant ['taɪrᵊnt] *n* Tyrann(in) *m(f),* Despot(in) *m(f);* (*fig: bossy man*) [Haus]tyrann *m pej;* (*bossy woman*) [Haus]drachen *m pej fam*

tyre [taɪəʳ], AM **tire** [taɪɚ] I. *n* BRIT, AUS Reifen *m;* **summer/winter** ~ Sommer-/Winterreifen *m;* **back/front** ~ Hinter-/Vorderreifen *m;* **spare** ~ Ersatzreifen *m;* **worn ~s** abgefahrene Reifen II. *n modifier* (*tracks, shop*) Reifen-; ~ **chain** Schneekette[n] *f*[*pl*]; ~ **mark** Reifenabdruck *m;* ~ **valve** Reifenventil *nt;* ~ **wear** Reifenabnutzung *f*

tyre gauge *n* BRIT, AUS Reifendruckmesser *m* **tyre pressure** *n no pl* Reifendruck *m*

tyro ['taɪərəʊ, AM 'taɪroʊ] *n* AM Anfänger(in) *m(f),* Neuling *m*

Tyrol [tɪ'rəʊl, AM 'roʊl] *n no pl* GEOG ■**the** ~ Tirol *nt*

Tyrolean [,tɪrəʊ'li:ən, AM tɪ'roʊliən] *adj,* **Tyrolese** [,tɪrəʊ'li:z, AM rə'] *adj inv* tirolisch, Tiroler-

tzar [zɑ:ʳ, AM zɑ:r] *n see* **tsar**

tzarina [zɑ:'ri:nə] *n see* **czarina** Zarin *f*

tzetze fly ['tetsi,flaɪ, AM tset-] *n see* **tsetse fly**

U

U [ju:], **u** <*pl* -'s> *n* ❶ (*letter*) U *nt* ❷ (*sl: you*) du

U[1] [ju:] *n* ❶ BRIT (*for general audience*) jugendfrei; ***the film is rated ~*** der Film ist jugendfrei ❷ CHEM *see* **uranium** U *nt*

U[2] [ju:] AM, AUS (*fam*) *abbrev of* **university** Uni *f fam*

U[3] [ju:] *adj inv* BRIT, AUS (*dated*) ~ **behaviour** kultiviertes Benehmen; ~ **speech** gepflegter Sprachstil

UAE [,ju:er'i:] *n abbrev of* **United Arab Emirates** VAE

UB40 [,ju:bi:'fɔ:ti] *n* BRIT ❶ (*card*) Arbeitslosenausweis *m* ❷ (*unemployed person*) Arbeitslose(r) *f(m)*

U-bend ['ju:bend] *n* ❶ (*of a pipe*) U-Rohr *nt,* Knie *nt* ❷ (*of a street*) Haarnadelkurve *f*

ubiquitous [ju:'bɪkwɪtəs, AM -wət̬əs] *adj* allgegenwärtig

ubiquitously [ju:'bɪkwɪtəsli, AM -wət̬əs-] *adv* überall

ubiquity [ju:'bɪkwɪti, AM -wət̬i] *n no pl* (*form*) Allgegenwart *f*

U-boat ['ju:bəʊt, AM -boʊt] *n* U-Boot *nt*

UCCA ['ʌkə] *n no pl, + sing/pl vb* BRIT UNIV (*hist*) *acr for* **Universities Central Council on Admissions** ≈ ZVS *f*

UDA [,ju:bi:'eɪ] *n no pl, + sing/pl vb abbrev of* **Ulster Defence Association** *paramilitärische Organisation in Nordirland*

udder ['ʌdəʳ, AM -ɚ] *n* Euter *nt*

UDR [,ju:bi:'eɪɑ:] *n no pl, + sing/pl vb* BRIT MIL (*hist*) *abbrev of* **Ulster Defence Regiment** *paramilitärische Organisation in Nordirland, die das britische Regiment unterstützt*

UEFA [ju:'eɪfə] *n no pl, + sing/pl vb* SPORTS *acr for* **Union of European Football Associations** UEFA *f*

UFO <*pl* s *or* -'s> [,ju:ef'əʊ, AM -'oʊ] *n abbrev of* **unidentified flying object** UFO *nt*

ufologist [ju:'fɒlədʒɪst, AM -'fɑ:-] *n* Ufologe, -in *m, f* **ufology** [ju:'fɒlədʒi, AM -'fɑ:-] *n no pl* Ufologie *f*

Uganda [ju:'gændə] *n* Uganda *nt*

Ugandan [ju:'gændən] I. *n* Ugander(in) *m(f)* II. *adj inv* ugandisch, aus Uganda *nach n, präd;* ***they're ~*** sie sind Ugander

ugh [ʊg, ʊh, AM *also* ʊk] *interj* (*fam*) i! *fam,* igitt! *fam*

ugliness ['ʌglɪnəs] *n no pl* ❶ (*in appearance*)

U

Hässlichkeit *f* ❷ (*fig: unpleasantness*) Hässlichkeit *f fig,* Unschönheit *f,* Scheußlichkeit *f*

ugly [ˈʌgli] *adj* ❶ (*not attractive*) hässlich; **to be ~ as sin** hässlich wie die Nacht sein *fam;* **to feel/look ~** sich *akk* hässlich fühlen/hässlich aussehen ❷ (*fig: unpleasant*) *incident, scene* hässlich *fig; weather, wound also* scheußlich; *rumours, story* übel; ***he's an ~ customer*** er ist ein unangenehmer Kunde; ***I just had an ~ thought*** mir kam gerade ein ganz schrecklicher Gedanke; **~ mood** unerfreuliche Stimmung; **an ~ look** ein böser Blick; **the ~ truth** die unangenehme Wahrheit; (*terrible*) die schreckliche Wahrheit; **to turn ~** eine üble Wendung nehmen

ugly American *n* (*pej*) *Amerikaner/in, der/die im Ausland durch lautes und unsensibles Auftreten unangenehm auffällt* **ugly duckling** *n* (*fig*) hässliches Entlein *fam*

uh-huh [ʊˈhʊ, əˈhʊ] *interj* (*fam: agreeing*) hm

UHT [ˌjuːeɪtʃˈtiː] **I.** *adj inv abbrev of* **ultra-heat-treated: ~ milk** H-Milch *f* **II.** *n* H-Milch *f*

uh-uh *interj* (*fam*) ne[, ne] *fam,* nö *fam*

UK [juːˈkeɪ] **I.** *n abbrev of* **United Kingdom:** ■**the ~** das Vereinigte Königreich **II.** *n modifier* (*policy, product*) des Vereinigten Königreichs *nach n;* **~ citizen** Bürger(in) *m(f)* des Vereinigten Königreichs

ukelele [ˌjuːkəˈleɪli], **ukulele** *n* MUS Ukulele *f*

Ukraine [juːˈkreɪn] *n* ■**the ~** die Ukraine; ■**from/in the ~** aus/in der Ukraine

Ukrainian [juːˈkreɪniən] **I.** *n* ❶ (*person*) Ukrainer(in) *m(f)* ❷ (*language*) Ukrainisch *nt* **II.** *adj inv* ukrainisch, aus der Ukraine *nach n, präd;* ***she's ~*** sie ist Ukrainerin

ulcer [ˈʌlsəʳ, AM -sɚ] *n* ❶ MED (*open sore*) Geschwür *nt;* **mouth ~** Mundfäule *f,* Stomatitis *f fachspr;* **stomach** [*or* **peptic**] **~** Magengeschwür *nt;* **duodenal ~** Zwölffingerdarmgeschwür *nt* ❷ (*fig: blemish*) Schandfleck *m; of a person* Makel *m*

ulcerate [ˈʌlsəreɪt, AM -sə-] *vi* ulzerieren *fachspr;* ***the stress, coffee and alcohol were causing his stomach to ~*** durch Stress, Kaffee und Alkohol hat er ein Magengeschwür bekommen

ulcerated [ˈʌlsəreɪtɪd, AM -sə-] *adj inv* geschwürig, ulzerös *fachspr*

ulceration [ˌʌlsəˈreɪʃən, AM -sə-] *n* MED ❶ *no pl* (*process*) Geschwürbildung *f,* Ulzeration *f fachspr* ❷ (*open sore*) Geschwür *nt; of skin* offene Stellen

ulcerous [ˈʌlsərəs] *adj inv* geschwürig, ulzerös *fachspr*

ullage [ˈʌlɪdʒ] *n no pl die Menge, die in einem Flüssigkeitsbehälter bis zum Gefülltsein fehlt;* ***the cask was not completely full, it's ~ amounting to about three centimeters*** das Fass war nicht bis zum äußersten Rand gefüllt, es fehlten etwa drei Zentimeter; (*liquid loss*) Flüssigkeitsschwund *m,* Leckage *f fachspr;* (*in brewery*) Restbier *nt;* NAUT Ullage *f fachspr* (*Abstand von Unterkante Tankdeck bis zur Oberfläche einer Tankladung*)

ulna <*pl* -nae *or* -s> [ˈʌlnə, *pl* -niː] *n* Elle *f,* Ulna *f fachspr*

Ulsterman [ˈʌlstəmən, AM ˈstɚ] *n* Mann *m* aus Ulster, Bewohner *m* von Ulster

ulterior [ʌlˈtɪəriəʳ, AM ˈtɪriɚ] *adj inv* ❶ (*secret*) versteckt, heimlich; **~ measures** geheime Maßnahmen ❷ (*form: subsequent*) weitere(r,s); (*coming later*) spätere(r,s); ***the political leaders will decide ~ measures*** die politischen Führer werden über weitere Maßnahmen entscheiden ❸ (*form: beyond scope*) ■**to be ~ to sth** für etw *akk* nicht von Bedeutung sein

ulterior motive *n* Hintergedanke *m,* niedrige Beweggründe

ultimate [ˈʌltɪmət, AM -təmɪt] **I.** *adj attr, inv* ❶ (*unbeatable*) beste(r,s), optimal, vollendet; *experience, feeling* umwerfend, unvergleichlich; ***parachuting is the ~ experience*** Fallschirmspringen ist das absolute Nonplusultra ❷ (*highest degree*) höchste(r,s); *deterrent, weapon* wirksamste(r,s), stärkste(r,s); ***infidelity is the ~ betrayal*** Untreue ist die schlimmste Form des Betrugs ❸ (*final*) ultimativ *geh,* letzte(r,s); *decision also* endgültig; *effect* eigentlich; **the ~ destination** das Endziel; **the ~ say** das letzte Wort; **the ~ truth** die letzte Wahrheit ❹ (*fundamental*) grundlegend, grundsätzlich, Grund-; *aim, cause* eigentlich; **the ~ problem** das Grundproblem **II.** *n* (*the best*) ■**the ~** das Nonplusultra; (*highest degree*) **the ~ in happiness** das größte [*o* höchste] Glück; **the ~ of bad taste** der Gipfel der Geschmacklosigkeit

ultimately [ˈʌltɪmətli, AM -əmɪt-] *adv inv* (*in the end*) letzten Endes; (*eventually*) letztlich, schließlich; ***~, he'd like to have his own business*** sein Fernziel ist es, eine eigene Firma aufzumachen

ultimatum <*pl* -ta *or* -tums> [ˌʌltɪˈmeɪtəm, AM -təˈmeɪt̬əm] *n* Ultimatum *nt;* **to give sb an ~** jdm ein Ultimatum stellen; **to issue an ~** (*form*) ein Ultimatum stellen

ultimo [ˈʌltɪməʊ, AM -tɪmoʊ] *adj inv, after n* ECON (*dated*) des letzten [*o* vergangenen] Monats *nach n*

ultra [ˈʌltrə] **I.** *adj inv* extrem; ***he is ~ in his conservative views*** er hat ultrakonservative Ansichten **II.** *n* Radikale(r) *f(m),* Extremist(in) *m(f)*

ultra- [ˈʌltrə] *in compounds* ultra-; *modern* hyper-; *rich* super-; **~expensive** irrsinnig [*o* wahnsinnig] teuer *fam;* **~sensitive** hypersensibel

ultraconservative [ˌʌltrəkənˈsɜːvətɪv, AM ˈsɜːrvət̬ɪv] *adj* ultrakonservativ **ultrahigh frequency I.** *n no pl* RADIO Ultrahochfrequenz *f,* Dezimeterwellen *pl* **II.** *adj attr, inv* **~ wave** Ultrahochfrequenzwelle *f* **ultralight I.** *adj inv* [überaus] leichtgewichtig *a. fig* **II.** *n* AM Ultraleichtflugzeug *nt*

ultramarine I. *adj* ultramarin[blau] **II.** *n no pl* Ultramarin[blau] *nt* **ultramodern** *adj inv* hypermodern, ultramodern

ultramontane [ˌʌltrəˈmɒnteɪn, AM mɑːn] REL **I.** *adj inv* ultramontan, papsttreu **II.** *n* Ultramontane(r) *f(m),* Papist(in) *m(f)*

ultra-short wave *n* Ultrakurzwelle *f* **ultrasonic** *adj inv* Ultraschall-; **~ wave** Ultraschallwelle *f*

ultrasound *n no pl* Ultraschall *m* **ultrasound picture** *n* Ultraschallaufnahme *f,* Ultraschallbild *nt* **ultrasound scan** *n* Ultraschalluntersuchung *f*

ultraviolet *adj inv* ultraviolett; **~ lamp** UV-Lampe *f,* Höhensonne *f;* **~ rays** ultraviolette Strahlen; **~ treatment** Ultraviolettbestrahlung *f*

ultraviolet protection factor *n,* **UPF** *n* Schutzfaktor *m* vor UV-Strahlung

ululation [ˌjuːljəˈleɪʃən, AM juːljuː'-] *n* Heulen *nt,* Geheul[e] *nt*

um [əm] **I.** *interj* (*fam*) hm, äh **II.** *vi* (*fam*) **to ~ and err** herumdrucksen *fam*

umbel [ˈʌmbəl] *n* Dolde *f*

umber [ˈʌmbəʳ, AM -ɚ] **I.** *adj* umbra[braun] **II.** *n no pl* Umbra *nt;* **shades of ~** Umbratöne *mpl;* **raw ~** Umbra natur *nt;* **to dye sth ~** etw umbra[braun] färben

umbilical [ʌmˈbɪlɪkl] **I.** *adj attr, inv* ❶ MED (*near navel*) Nabel-; **~ hernia** Nabelbruch *m;* **~ region** Nabelgegend *f* ❷ AEROSP (*link*) Versorgungs-; *plug, connection* Verbindungs-; **~ cable** Versorgungs- und Steuerkabel *nt;* **~ pipe** Verbindungsleitung *f* ❸ (*fig: very close*) [extrem] eng; **~ relationship** symbiotische Beziehung **II.** *n* AEROSP Versorgungs-/Verbindungskabel *nt;* (*hose*) Versorgungs-/Verbindungsleitung *f*

umbilical cord *n* ❶ MED, ANAT Nabelschnur *f;* **to cut the ~** die Nabelschnur durchschneiden ❷ AEROSP Versorgungskabel *nt;* (*hose*) Versorgungsleitung *f*

umbilicus <*pl* -ci *or* -es> [ʌmˈbɪlɪkəs] *n* ANAT Nabel *m*

umbrage [ˈʌmbrɪdʒ] *n no pl* (*form*) Anstoß *m;* **to give ~ to sb** bei jdm Anstoß erregen; **to take ~ at sth** Anstoß an etw *dat* nehmen

umbrella [ʌmˈbrelə] **I.** *n* ❶ (*protection from rain*) Regenschirm *m;* **folding ~** Knirps® *m;* **to put one's ~ up** den Regenschirm aufspannen; **to take one's ~ down** den Regenschirm [wieder] zumachen; (*sun protection*) Sonnenschirm *m* ❷ (*fig: protection*) Abschirmung *f,* Schutz *m;* MIL Jagdschutz *m;* **air ~** Luftschirm *m;* ***West Germany was protected by the nuclear ~ of the US*** Westdeutschland stand unter dem Schutz amerikanischer Atomwaffen **II.** *n modifier* ❶ (*belonging to an umbrella*) (*stand, handle*) Schirm-; **~ cover** Schirmhülle *f* ❷ POL, ADMIN (*including many elements*) Dach-; **~ fund** FIN Investmentfonds *m;* **~ term** Sammelbegriff *m*

umbrella organization *n* Dachorganisation *f*

umlaut [ˈʊmlaʊt] *n* LING Umlaut *m*

umpire [ˈʌmpaɪəʳ, AM -paɪɚ] **I.** *n* ❶ SPORTS Schiedsrichter(in) *m(f)* ❷ (*arbitrator*) Vermittler(in) *m(f),* Schlichter(in) *m(f),* Obmann *m* **II.** *vi* als Schiedsrichter/Schiedsrichterin fungieren **III.** *vt* **to ~ a game/match** ein Spiel/Match leiten

umpteen [ʌm(p)ˈtiːn] *adj* (*fam*) zig *fam,* x *fam;* ***most people have one toothbrush but he's got ~*** die meisten Leute haben eine Zahnbürste, aber er hat Dutzende; **to do sth ~ times** etw x-mal [*o* zigmal] tun *fam*

umpteenth [ʌm(p)ˈtiːnθ] *adj* x-te(r,s) *fam;* ***for the ~ time, Anthony, …*** zum hundertsten Mal, Anthony, …

UN [juːˈen] **I.** *n abbrev of* **United Nations:** ■**the ~** die UNO [*o* UN]; **ambassador to the ~** UN[O]-Botschafter(in) *m(f)* **II.** *n modifier abbrev of* **United Nations** UNO-, UN-; **the ~ General Assembly** die UN-Vollversammlung; **~ peace-keeping mission** UNO-Friedensmission *f;* **~ observers** UNO-Beobachter *m;* **~ report** UN-Bericht *m;* **~ sanction** UN-Sanktion *f;* **~ Security Council** UN-Sicherheitsrat *m;* **~ troops** UNO-Truppen *fpl*

'un [ən] *part* DIAL (*fam: one*) ein(e,r); ***she's a only a little ~*** sie ist ja nur so ein kleines Ding; ***this fish really is a big ~*** dieser Fisch ist wirklich ein Riesenbrocken *fam;* **the little ~s** die Kleinen *pl;* **the young ~s** die jungen Leute *pl;* (*girls*) die jungen Dinger *pl*

unabashed [ˌʌnəˈbæʃt] *adj* ❶ (*not ashamed*) unverfroren, unverschämt, dreist; **to be completely ~ about doing sth** überhaupt keine Hemmungen haben, etw zu tun ❷ (*not influenced*) ■**to be ~ by sth** von etw *dat* unbeeindruckt sein

unabashedly [ˌʌnəˈbɒʃɪdli] *adv* unverfroren

unabated [ˌʌnəˈbeɪtɪd, AM -t̬-] *adj* (*form*) unvermindert, nicht nachlassend *attr;* ***the storm was ~*** der Sturm tobte unvermindert weiter; **to continue** [*or* **go on**] **~** *fighting, recession* unvermindert anhalten

unable [ʌnˈeɪbl] *adj* unfähig, außerstande; ■**to be ~ to do sth** unfähig [*o* außerstande] sein, etw zu tun; ***he was ~ to look her in the eye*** er konnte ihr nicht in die Augen schauen

unabridged [ˌʌnəˈbrɪdʒd] *adj* LIT, PUBL *edition, speech, version* ungekürzt

unacceptable [ˌʌnəkˈseptəbl] *adj behaviour, excuse* inakzeptabel; *offer* unannehmbar; *conditions* untragbar; ■**sth is ~ to sb** etw ist für jdn inakzeptabel, jd kann etw nicht hinnehmen; **the ~ face of sth** BRIT, AUS die Kehrseite einer S. *gen*

unacceptably [ˌʌnəkˈseptəbli] *adv* inakzeptabel, untragbar

unaccompanied [ˌʌnəˈkʌmpənɪd] *adj inv* ❶ (*without companion* [*of adult*]) ohne Begleitung [einer erwachsenen Person] *nach n, präd; baggage, luggage* herrenlos; (*fig*) *condition, event* nicht begleitet [*o* gefolgt] *präd* ❷ MUS (*solo*) ohne Begleitung *nach n;* **~ flute** Soloflöte *f*

unaccountable [ˌʌnəˈkaʊntəbl, AM -t̬ə-] *adj* ❶ (*not responsible*) nicht verantwortlich; ■**to be ~ to sb** jdm gegenüber keine Rechenschaft schuldig sein ❷ (*inexplicable*) unerklärlich; **for some ~ reason** aus unerfindlichen Gründen

unaccountably [ˌʌnəˈkaʊntəbli, AM -t̬ə-] *adv* unerklärlicherweise

unaccounted for [ˌʌnəˈkaʊntɪdˌfɔːʳ, AM -t̬ɪdˌfɔːr] *adj inv* ❶ (*unexplained*) ungeklärt; **~ absence from work** unentschuldigtes Fehlen auf der Arbeit ❷ (*not included in count*) nicht erfasst; (*missing*) fehlend *attr; person* vermisst; ■**to be ~** fehlen; *person* vermisst werden ❸ ECON nicht ausgewiesen

unaccustomed [ˌʌnəˈkʌstəmd] *adj* ❶ (*seldom seen*) **an ~ pleasure** ein seltenes Vergnügen; ***well, that's an ~ face, Susie!*** Susie, wir haben uns ja seit Ewigkeiten nicht gesehen! ❷ (*something new*) *luxury, silence* ungewohnt; ■**to be ~ to sth** an etw *akk* nicht gewöhnt sein; ■**to be ~ to doing sth** es nicht gewohnt sein, etw zu tun

unacknowledged [ˌʌnək'nɒlɪdʒd, AM -'nɑːlɪdʒd] *adj inv* unbeachtet; (*unrecognized*) nicht anerkannt; **to go** [*or* **remain**] ~ unbeachtet bleiben; (*not recognized*) nicht anerkannt werden; ***her greeting remained*** ~ ihr Gruß wurde nicht erwidert

unacquainted [ˌʌnə'kweɪntɪd, AM t̬ɪd] *adj inv* ❶ *pred* (*having no experience with*) ■**to be ~ with sth** mit etw *dat* nicht vertraut sein ❷ ■**to be ~ with sb/sth** (*not having met before*) jdn/etw noch nicht kennen

unaddressed [ˌʌnə'drest] *adj inv* ❶ *envelope* nicht adressiert, ohne Anschrift *nach n* ❷ (*not dealt with*) *question* unbeantwortet; ***this issue remained*** ~ dieses Thema wurde nicht angesprochen

unadopted [ˌʌnə'dɒptɪd, AM -'dɑːp-] *adj inv* ❶ *child* nicht adoptiert ❷ (*not passed*) *measure, law* nicht verabschiedet ❸ BRIT TRANSP ~ **road** *Straße, für deren Instandhaltung die Anlieger aufkommen müssen*

unadorned [ˌʌnə'dɔːnd, AM -'dɔːrnd] *adj inv* (*plain*) einfach, schlicht; *story* nicht ausgeschmückt; *beauty* natürlich; **the ~ truth** die ungeschminkte Wahrheit

unadulterated [ˌʌnə'dʌltəreɪtɪd, AM -təreɪt̬ɪd] *adj inv* (*absolute*) unverfälscht; (*pure*) *substance, alcohol* rein, unvermischt; *wine* nicht gepanscht; ~ **jealousy** schiere Eifersucht; ~ **nonsense** blanker Unsinn; **the ~ truth** die reine Wahrheit

unadventurous [ˌʌnəd'ventʃərəs] *adj person* wenig unternehmungslustig; *life* unspektakulär, ereignislos; *style* bieder, hausbacken *pej; prose, performance* fade, einfallslos; ***don't be so ~ and give it a try!*** gib dir doch mal einen Ruck und versuch's mal!

unadvisable [ˌʌnəd'vaɪzəbl̩] *adj* nicht ratsam [*o* empfehlenswert]

unaffected [ˌʌnə'fektɪd] *adj inv* ❶ (*unchanged*) unberührt; (*unmoved*) unbeeindruckt, ungerührt; MED nicht angegriffen; (*not influenced*) nicht beeinflusst; ■**to be/remain ~ by sth** von etw *dat* nicht betroffen sein; ***this city was largely ~ by the bombing*** diese Stadt blieb von den Bomben weitgehend verschont ❷ (*down to earth*) natürlich; *manner, speech* ungekünstelt; (*sincere*) echt; ~ **joy** echte Freude; ~ **modesty** natürliche Bescheidenheit

unaffectedly [ˌʌnə'fektɪdli] *adv* (*sincerely*) echt; (*naturally*) natürlich, ungekünstelt; ***she ~ welcomed each guest*** sie begrüßte jeden Gast mit aufrichtiger Herzlichkeit

unafraid [ˌʌnə'freɪd] *adj inv* unerschrocken; ■**to be ~ of sb/sth** vor jdm/etw keine Angst haben, sich *akk* vor jdm/etw nicht fürchten; ■**to be ~ of doing sth** keine Angst davor haben, etw zu tun

unaided [ʌn'eɪdɪd] *adj inv* ohne fremde Hilfe *nach n*

unalike [ˌʌnə'laɪk] *adj* unähnlich

unalloyed [ˌʌnə'lɔɪd] *adj inv* ❶ (*liter: complete*) rein; *bliss, pleasure* ungetrübt ❷ (*pure*) *metal* rein

unalterable [ˌʌn'ɔːltərəbl̩, AM 'ɔːlt̬ɚ] *adj inv* unveränderlich, unabänderlich

unaltered [ʌn'ɔːltəd, AM -tɚd] *adj inv* unverändert; **to leave sth ~** etw lassen, wie es ist; **to remain ~** unverändert bleiben

unambiguous [ˌʌnæm'bɪgjuəs] *adj* unzweideutig; *language, statement, terms* eindeutig, klar und unmissverständlich

unambiguously [ˌʌnæm'bɪgjuəsli] *adv* eindeutig, unmissverständlich

unambitious [ˌʌnæm'bɪʃəs] *adj* ❶ (*of a person*) nicht ehrgeizig, ohne Ehrgeiz *nach n* ❷ (*of a thing*) anspruchslos, schlicht

un-American [ˌʌnə'merɪkən] *adj* (*pej*) unamerikanisch; ~ **activities** ≈Landesverrat *m* (*gegen den amerikanischen Staat gerichtete Umtriebe*)

unamused [ˌʌnə'mjuːzd] *adj* grantig, wenig erbaut

unanimity [juːnə'nɪməti, AM -ət̬i] *n no pl* (*form*) Einstimmigkeit *f*

unanimous [juː'nænɪməs, AM -nəməs] *adj inv* einstimmig, einmütig

unanimously [juː'nænɪməsli, AM -nəməs-] *adv inv* einstimmig; ■**to be ~ for/against sth** einstimmig für/gegen etw *akk* sein

unannounced [ˌʌnə'naʊn(t)st] **I.** *adj inv* ❶ (*without warning*) unangekündigt, ohne Vorankündigung *nach n;* (*unexpected*) unerwartet; ~ **guest** [*or* **visitor**] unerwarteter Gast; (*not wanted*) ungebetener Gast ❷ (*not made known*) unangekündigt; ***the exact date of the fair will remain*** ~ das genaue Datum der Messe wird erst später bekannt gegeben; **as yet** ~ derzeit noch nicht bekannt **II.** *adv inv* unangemeldet, ohne [Vor]ankündigung; (*unexpected*) unerwartet

unanswerable [ʌn'ɑːn(t)sərəbl̩, AM 'æn(t)-] *adj* ❶ (*without an answer*) unbeantwortbar; ■**to be ~** nicht zu beantworten sein; **an ~ question** eine Frage, auf die es keine Antwort gibt ❷ (*form: irrefutable*) zwingend, unwiderlegbar; *proof* eindeutig; **there is ~ proof that …** es ist eindeutig nachgewiesen, dass …

unanswered [ʌn'ɑːn(t)səd, AM 'æn(t)sɚd] *adj inv* unbeantwortet; **to go** [*or* **remain**] ~ unbeantwortet bleiben

unapologetic [ˌʌnəpɒlə'dʒetɪk, AM pɑːlə'dʒet̬ɪk] *adj* zu keiner Entschuldigung geneigt, ungerührt

unappealing [ˌʌnə'piːlɪŋ] *adj* unerfreulich, unattraktiv

unappetizing [ʌn'æpətaɪzɪŋ] *adj* unappetitlich

unappreciated [ˌʌnə'priːʃieɪtɪd, AM t̬ɪd] *adj* nicht gewürdigt, nicht geschätzt

unappreciative [ˌʌnə'priːʃiətɪv, AM -t̬-] *adj* undankbar; (*uncomprehending*) verständnislos; ■**to be ~ of sth** für etw *akk* kein Verständnis haben; **to cast an ~ look at sth** einen gleichgültigen Blick auf etw *akk* werfen; **to remain ~ of sth** etw nicht zu schätzen wissen

unapproachable [ˌʌnə'prəʊtʃəbl̩, AM -'proʊ-] *adj place* unzugänglich; *person also* unnahbar

unarguable [ʌn'ɑːgjuːəbl̩, AM -'ɑːr-] *adj* unbestreitbar; **an ~ case** ein eindeutiger Fall; **an ~ theory** eine unstrittige Theorie

unarguably [ʌn'ɑːgjuːəbli, AM 'ɑːr] *adv* unstreitig, eindeutig

unarmed [ʌn'ɑːmd, AM -'ɑːrmd] *adj inv* (*without weapons*) unbewaffnet; (*not prepared*) unvorbereitet, nicht gewappnet; ~ **combat** Nahkampf *m* ohne Waffe

unashamed [ˌʌnə'ʃeɪmd] *adj* schamlos; *attitude, feeling* unverhohlen; ■**to be ~ about** [*or* **of**] **sth** sich *akk* einer S. *gen* überhaupt nicht schämen; **with ~ delight** mit unverhohlener Freude

unashamedly [ˌʌnə'ʃeɪmɪdli] *adv* ganz offen, unverhohlen; ■**to be ~ for/against sth** ganz offen für/gegen etw *akk* sein

unasked [ʌn'ɑːskt] **I.** *adj inv* ❶ (*not questioned*) ungefragt; **an ~ question** eine Frage, die keiner zu stellen wagt ❷ (*not requested*) ■**~-for** ungebeten; **~-for advice** ungebetene Ratschläge *pl;* **~-for help** Hilfe, um die man nicht gebeten hat **II.** *adv inv* ❶ (*spontaneously*) spontan, unaufgefordert ❷ (*unwanted*) ungebeten; **to come ~ to a party** uneingeladen auf eine Party gehen

unaspirated [ʌn'æspəreɪtɪd, AM -'æspəreɪt̬ɪd] *adj inv* LING ohne Hauchlaut *nach n,* unaspiriert *fachspr*

unassailable [ˌʌnə'seɪləbl̩] *adj* ❶ (*irrefutable*) *argument, conclusion* unwiderlegbar, zwingend; *conviction* unerschütterlich; *reputation* unangreifbar, unantastbar; ~ **alibi** stichfestes Alibi ❷ (*impregnable*) *fortification, fortress* uneinnehmbar, unbezwingbar

unassisted [ˌʌnə'sɪstɪd] *adj inv* ununterstützt, ohne Beistand *nach n*

unassuming [ˌʌnə'sjuːmɪŋ, AM *esp* -'suː-] *adj* (*approv*) bescheiden

unattached [ˌʌnə'tætʃt] *adj inv* ❶ (*not connected*) einzeln; **to come ~** als Einzelteile [mit]geliefert werden ❷ (*independent*) unabhängig ❸ (*unmarried*) ledig, ungebunden

unattainable [ˌʌnə'teɪnəbl̩] *adj inv* unerreichbar; **an ~ dream** ein ferner Traum

unattended [ˌʌnə'tendɪd] *adj inv* ❶ (*without participants*) *meeting, reading* nicht besucht; (*with few participants*) kaum besucht ❷ (*without companion*) unbegleitet, ohne Begleitung *nach n, präd;* **to leave sth/sb ~** (*alone*) etw/jdn allein lassen ❸ (*not taken care of*) *child, luggage* unbeaufsichtigt; *homework, work* unerledigt; (*unmanned*) *switchboard, counter* nicht besetzt; **to go** [*or* **be**] ~ *patient, wound* unbehandelt bleiben; *work* liegen bleiben; **to leave sb/sth ~** [**to**] sich *akk* nicht um jdn/etw kümmern; (*to child, suitcase also*) jdn/etw unbeaufsichtigt lassen; (*to work also*) etw liegen lassen

unattractive [ˌʌnə'træktɪv] *adj person, offer* unattraktiv; *place also* ohne Reiz *nach n, präd; character, personality* wenig anziehend; **to find sth extremely ~** etw richtig hässlich finden

unattractively [ˌʌnə'træktɪvli] *adv* unattraktiv; ***the house was ~ painted*** das Haus hatte einen hässlichen Anstrich

unattractiveness [ˌʌnə'træktɪvnəs] *n no pl* Unattraktivität *f,* Reizlosigkeit *f*

unattributed [ˌʌnə'trɪbjuːtɪd, AM t̬ɪd] *adj inv* ohne Angabe der Urheberschaft; *quotation* nicht nachgewiesen

unaudited [ʌn'ɔːdɪtɪd, AM *also* -'ɑː-] *adj inv* FIN *account, tax return* ungeprüft; **to go ~** nicht geprüft werden

unauthorized [ʌn'ɔːθəraɪzd, AM -'ɑːθə-] *adj inv* nicht autorisiert, unerlaubt; *person* unbefugt *attr,* nicht befugt; COMPUT unbefugt; **to obtain ~ access to sth** sich *dat* unbefugt Zugang zu etw *dat* verschaffen; ~ **biography/version** nicht autorisierte Biografie/Fassung; ~ **person** Unbefugte(r) *f(m)* **unauthorized unit trust** *n* ECON offener Investmentfonds (*der von einer Broker-Firma verwaltet wird*)

unavailable [ˌʌnə'veɪləbl̩] *adj* ❶ (*not in*) nicht verfügbar; *person* nicht erreichbar; (*busy*) beschäftigt; *library book* nicht zur Ausleihe verfügbar; (*lent out*) ausgeliehen; ***I'm sorry, Mr Smith is ~ at the moment*** es tut mir Leid, Herr Smith ist im Moment nicht zu sprechen; ■**to be ~ for sth** für etw *akk* nicht zur Verfügung stehen ❷ (*not for the public*) *records, information* [der Öffentlichkeit] nicht zugänglich; ■**to be ~ to sb** für jdn nicht zugänglich sein ❸ (*in relationship*) ■**to be ~** vergeben [*o fam* nicht mehr zu haben] sein

unavailing [ˌʌnə'veɪlɪŋ] *adj* (*liter*) vergeblich

unavailingly [ˌʌnə'veɪlɪŋli] *adv* nutzlos, vergeblich

unavoidable [ˌʌnə'vɔɪdəbl̩] *adj* unvermeidlich, zwangsläufig, nicht zu vermeiden *präd*

unavoidably [ˌʌnə'vɔɪdəbli] *adv* unausweichlich, unvermeidlich

unaware [ˌʌnə'weəʳ, AM -'wer] *adj* ■**to be/be not ~ of sth** sich *dat* einer S. *gen* nicht/durchaus bewusst sein; ***she remained quite ~ of the illegal activities of her husband*** sie hatte nie bemerkt, dass ihr Mann in illegale Geschäfte verwickelt war; ■**to be ~ that …** sich *dat* nicht bewusst sein, dass …

unawares [ˌʌnə'weəz, AM -'werz] *adv inv* ❶ (*unexpectedly*) unerwartet; **to catch** [*or* **take**] **sb ~** jdn überraschen ❷ (*by accident*) ungeplant, zufällig; (*without purpose*) versehentlich; (*without noticing*) unwissentlich

unbalance [ʌn'bælən(t)s] *vt* ■**to ~ sb/sth** jdn/etw aus dem Gleichgewicht bringen *a. fig;* **to ~ sb's mind** jdn aus dem [inneren] Gleichgewicht bringen, jdm den Boden unter den Füßen wegziehen

unbalanced [ʌn'bælən(t)st] *adj* ❶ (*uneven*) schief; AUTO nicht ausgewuchtet; FIN *account* nicht ausgeglichen; *economy* unausgeglichen; JOURN nicht objektiv, einseitig; *diet* unausgewogen ❷ PSYCH (*unstable*) labil; **mentally ~** psychisch labil; (*ill*) psychisch krank

unban <-nn-> [ʌn'bæn] *vt* ■**to ~ sb/sth** den Bann von jdm/etw nehmen; *movement, party* etw [wieder] zulassen

unbar <-rr-> [ʌn'bɑːʳ, AM -'bɑːr] *vt* ■**to ~ sth** etw entriegeln

unbearable [ʌn'beərəbl̩, AM 'berə-] *adj* unerträglich; ■**to be** ~ unerträglich [*o* nicht auszuhalten] sein; ■**to be** ~ **to** [*or* **for**] **sb** für jdn sehr schwer zu ertragen sein

unbearably [ʌn'beərəbli, AM 'berə-] *adv* unerträglich; ~ **sad** unsäglich traurig

unbeatable [ʌn'bi:təbl̩, AM -t̬ə-] *adj inv* (*approv*) ① (*sure to win*) unschlagbar; *army* unbesiegbar; ■**to be** ~ nicht zu schlagen [*o* zu besiegen] sein; ~ **record** nicht zu schlagender Rekord ② (*perfect*) unübertrefflich; *value, quality* unübertroffen

unbeaten [ʌn'bi:tᵊn] *adj inv* ungeschlagen; *army* unbesiegt; ***until today her record remains*** ~ ihr Rekord steht bis heute

unbecoming [ˌʌnbɪ'kʌmɪŋ] *adj* ① (*not flattering*) unvorteilhaft; ***that hairstyle is*** ~ ***to her*** diese Frisur steht ihr nicht ② (*unpleasant*) *behaviour, conduct* unschön, hässlich; (*unseemly*) unschicklich, unziemlich *veraltend geh;* ***conduct*** ~ ***to an officer*** ein Benehmen, das sich für einen Offizier nicht ziemt *veraltend geh*

unbeknown [ˌʌnbɪ'nəʊn, AM -'noʊn], **unbeknownst** [ˌʌnbɪ'nəʊnst, AM -'noʊnst] *adv inv* (*form*) ■~ **to sb** ohne jds Wissen; ~ ***to anyone he was leading a double life*** kein Mensch ahnte, dass er ein Doppelleben führte

unbelief [ˌʌnbɪ'li:f] *n no pl* ① (*surprise and shock*) Ungläubigkeit *f;* **to stare at sb in** ~ jdn ungläubig anstarren ② (*faithlessness*) Unglaube *m*

unbelievable [ˌʌnbɪ'li:vəbl̩] *adj* ① (*surprising*) unglaublich; ***he's really*** ~ er ist wirklich ein Phänomen; ***it's*** ~***!*** es ist einfach nicht zu fassen! ② (*fam: extraordinary*) unglaublich, sagenhaft ③ (*impossible to believe*) unglaubhaft; ~ ***or not …*** ob du's glaubst oder nicht …

unbelievably [ˌʌnbɪ'li:vəbli] *adv* unglaublich

unbeliever [ˌʌnbɪ'li:vəʳ, AM -ɚ] *n* Ungläubige(r) *f(m)*

unbelieving [ˌʌnbɪ'li:vɪŋ] *adj* ungläubig

unbelievingly [ˌʌnbɪ'li:vɪŋli] *adv* ungläubig, zweifelnd

unbend [ʌn'bend] **I.** *vt* <-bent, -bent> ■**to** ~ **sth** etw strecken; **to** ~ **an arm/leg** einen Arm/ein Bein ausstrecken; **to** ~ **wire** Draht gerade biegen **II.** *vi* <-bent, -bent> ① (*straighten out*) *pipe, rod* [wieder] gerade werden; *person* sich *akk* aufrichten ② (*fig: relax*) *person* sich *akk* entspannen; (*become less reserved*) auftauen *fig*

unbending [ʌn'bendɪŋ] *adj* (*form*) unnachgiebig; *will* unbeugsam; ~ **determination** eiserne Entschlossenheit

unbias(s)ed [ʌn'baɪəst] *adj* unparteiisch, unvoreingenommen; *judge* nicht befangen; *opinion, report* objektiv

unbidden [ʌn'bɪdᵊn] (*liter*) **I.** *adj* ungebeten, unaufgefordert; ~ ***thoughts of failure troubled him*** leidige Versagensängste drängten sich ihm auf **II.** *adv* ungebeten, unaufgefordert

unbind <-bound, -bound> [ʌn'baɪnd] *vt* ■**to** ~ **sb/sth** jdn/etw losbinden; **to** ~ **sb's feet/hands** jds Füße/Hände losbinden; **to** ~ **one's hair** das Haar öffnen; **to** ~ **a prisoner** eine Gefangene/einen Gefangenen befreien

unbleached [ʌn'bli:tʃt] *adj inv* ungebleicht

unblemished [ʌn'blemɪʃt] *adj inv* makellos, einwandfrei; *reputation* tadellos

unblinking [ʌn'blɪŋkɪŋ] *adj gaze, look* starr; **to give sb an** ~ **stare** jdn starr ansehen

unblinkingly [ʌn'blɪŋkɪŋli] *adv inv* ohne Wimpernzucken; (*also fig*) unbeirrt [dreinblickend]

unblock [ʌn'blɒk, AM 'blɑ:k] *vt* ■**to** ~ **sth** ein Funktionshindernis an etw *dat* beseitigen; *pipe* etw wieder durchlässig machen, die Verstopfung von etw *dat* beheben

unblushing [ʌn'blʌʃɪŋ] *adj inv* schamlos; ***she remained*** ~ sie wurde nicht einmal rot

unbolt [ʌn'bəʊlt, AM -'boʊlt] *vt* entriegeln; **to** ~ **sb's heart** (*fig*) jds Herz gewinnen

unborn [ʌn'bɔ:n, AM -bɔ:rn] **I.** *adj inv* ① (*not yet born*) ungeboren; **protection of the** ~ **child** Schutz *m* des ungeborenen Lebens ② (*future*) künftig; ~ **generations** kommende Generationen **II.** *npl* ■**the** ~ ungeborene Kinder

unbosom [ʌn'bʊzəm] *vt* (*old*) ① (*reveal*) ■**to** ~ **sth** etw enthüllen; **to** ~ **one's feelings/thoughts** seine Gefühle/Gedanken offenbaren ② (*confide in*) ■**to** ~ **oneself to sb** jdm sein Herz ausschütten

unbound [ʌn'baʊnd] **I.** *vi/vt pp, pt of* **unbind II.** *adj inv* ① (*not bound or tied up*) ungebunden, lose; (*fig*) bindungslos, frei ② (*of a book*) ungebunden, broschiert

unbounded [ʌn'baʊndɪd] *adj* grenzenlos, schrankenlos; ~ **ambition** maßloser Ehrgeiz; ~ **hope** unbegrenzte Hoffnung

unbowed [ʌn'baʊd] *adj pred* ① (*fig: not submitting*) ungebrochen, ungebeugt ② (*erect*) erhoben; **with one's head** ~ mit hoch erhobenem Kopf

unbreakable [ʌn'breɪkəbl̩] *adj inv* ① (*unable to be broken*) unzerbrechlich; ~ **code** nicht zu knackender Kode ② (*unable to stop*) ~ **habit** fest verankerte Gewohnheit; ~ **silence** undurchdringliches Schweigen ③ (*must be followed*) *promise* bindend; *rule* unumstößlich ④ SPORTS ~ **record** nicht zu brechender Rekord

unbribable [ʌn'braɪbəbl̩] *adj inv* unbestechlich

unbridgeable [ʌn'brɪdʒəbl̩] *adj* unüberbrückbar

unbridled [ʌn'braɪdl̩d] *adj* ① (*unrestrained horse*) ohne Zügel ② (*form or liter: not held back*) ungezügelt; *ambition, greed* hemmungslos; *passion* zügellos; **an** ~ **tongue** eine lose Zunge

un-British [ʌn'brɪtɪʃ] *adj* unbritisch

unbroken [ʌn'brəʊkᵊn, AM -'broʊ-] *adj inv* ① (*not broken*) unbeschädigt, heil; *spirit* ungebrochen; ***to date, the peace treaty remains*** ~ bis zum heutigen Tag wurde nicht gegen den Friedensvertrag verstoßen; **an** ~ **promise** ein gehaltenes Versprechen ② (*continuous*) stetig; *peace* beständig; ***Liverpool's*** ~ ***run of six successive victories came to an end with a defeat at Manchester United*** Liverpools anhaltende Reihe von Siegen fand mit einer Niederlage bei Manchester United ein Ende; **an** ~ **night's sleep** ein ungestörter Schlaf ③ (*unsurpassed*) *record* ungebrochen ④ (*not tamed*) **an** ~ **horse** ein nicht zugerittenes Pferd

unbuckle [ʌn'bʌkl̩] *vt* ■**to** ~ **sth/sb** etw/jdn aufschnallen [*o* losschnallen]; **to** ~ **a seatbelt** einen Sitzgurt öffnen

unburden [ʌn'bɜ:dᵊn, AM -'bɜ:r-] *vt* ① (*unload*) ■**to** ~ **an animal/sb** einem Tier/jdm die Lasten abnehmen ② (*fig*) ■**to** ~ **oneself** [**of sth**] sich *akk* [von etw *dat*] befreien; ■**to** ~ **oneself** [**to sb**] [jdm] sein Herz ausschütten; **to** ~ **one's sorrows** seine Sorgen abladen

unbusinesslike [ʌn'bɪznɪslaɪk] *adj* ungeschäftsmäßig; ***his unpunctuality is very*** ~ seine Unpünktlichkeit ist sehr unprofessionell

unbutton [ʌn'bʌtᵊn] **I.** *vt* ■**to** ~ **sth** etw aufknöpfen **II.** *vi* ***the dress has*** ~***ed at the back*** die Knöpfe hinten am Kleid sind aufgegangen

unbuttoned [ʌn'bʌtᵊnd] *adj* aufgeknöpft, offen; (*also fig fam*) zugänglich, aufgeknöpft *fam*

uncalled *adj* ECON nicht eingefordert, nachschusspflichtig

uncalled for *adj pred,* **uncalled-for** [ʌn'kɔ:ldfɔ:ʳ, AM -fɔ:r] *adj attr* unnötig; ***it was really*** ~ ***to show her up like that*** es war völlig überflüssig, sie derartig bloßzustellen; **an** ~ **remark** eine unpassende Bemerkung

uncannily [ʌn'kænɪli] *adv* unheimlich; ***the woman*** ~ ***resembled my former lover*** die Frau hatte eine beängstigende Ähnlichkeit mit meiner Ex-Freundin

uncanny [ʌn'kæni] *adj* unheimlich; ***it's*** ~ ***how alike you two look*** es ist schon frappierend, wie ähnlich ihr euch seht; **an** ~ **knack** eine außergewöhnliche Fähigkeit; **an** ~ **likeness** eine unglaubliche Ähnlichkeit

uncap <-pp-> [ʌn'kæp] *vt* ■**to** ~ **sth** ① (*remove the lid*) den Deckel von etw *dat* abnehmen ② (*remove the cover*) die Hülle von etw *dat* entfernen ③ (*remove a limit or restriction*) die Beschränkung von etw *dat* aufheben

uncapped [ʌn'kæpt] *adj inv* BRIT SPORTS noch nicht zum Einsatz gekommen

uncared for *adj pred,* **uncared-for** [ʌn'keədfɔ:ʳ, AM -'kerdfɔ:r] *adj attr* vernachlässigt, ungepflegt; **to leave sth** ~ etw nicht pflegen

uncaring [ʌn'keərɪŋ, AM -'kerɪŋ] *adj* gleichgültig; **an** ~ **mother** eine Rabenmutter *fig, pej*

uncarpeted [ʌn'kɑ:pɪtɪd, AM -'kɑ:rpət̬-] *adj inv* nicht mit Teppich ausgelegt; ***he wants to leave the house*** ~ er möchte keinen Teppichboden im Haus

uncashed [ʌn'kæʃt] *adj inv cheque* [noch] nicht eingelöst

unceasing [ʌn'si:sɪŋ] *adj* (*form*) unaufhörlich; ~ **efforts/support** unablässige Anstrengungen/Unterstützung

unceasingly [ʌn'si:sɪŋli] *adv* unablässig

uncensored [ʌn'sen(t)səd, AM -ɚd] *adj* unzensiert

unceremonious [ʌnˌserɪ'məʊniəs, AM -'moʊ-] *adj* ① (*abrupt*) rüde *pej;* **an** ~ **dismissal** ein Quasi-Rauswurf *m fam;* **an** ~ **refusal** eine unsanfte Abfuhr ② (*informal*) ungezwungen, locker

unceremoniously [ʌnˌserɪ'məʊniəsli, AM -'moʊ-] *adv* ① (*abruptly*) rüde, grob *pej* ② (*in an informal manner*) ungezwungen

uncertain [ʌn'sɜ:tᵊn, AM -'sɜ:r-] *adj* ① (*unsure*) unsicher; **in no** ~ **terms** klar und deutlich; ■**to be** ~ **of sth** sich *dat* einer S. *gen* nicht sicher sein; ■**to be** ~ **whether/when/why/what …** nicht sicher sein, ob/wann/warum/was … ② (*unpredictable*) ungewiss; ***the weather is rather*** ~ ***at the moment*** das Wetter ist im Moment ziemlich unbeständig; **an** ~ **future** eine ungewisse Zukunft ③ (*volatile*) unzuverlässig, unstet; **an** ~ **mood** eine angespannte Stimmung; **an** ~ **temper** ein launenhaftes Gemüt

uncertainly [ʌn'sɜ:tᵊnli, AM -'sɜ:r-] *adv* zögerlich

uncertainty [ʌn'sɜ:tᵊnti, AM -'sɜ:rtᵊnt̬i] *n* ① (*unpredictability*) Unbeständigkeit *f;* ***life is full of uncertainties*** das Leben ist voller Überraschungen ② *no pl* (*doubtfulness*) Ungewissheit *f,* Zweifel *m* (**about** über +*akk*); ***there is increasing*** ~ ***about whether the band will ever play live again*** es wird immer zweifelhafter, ob die Band jemals wieder öffentlich auftritt ③ *no pl* (*hesitancy*) Unsicherheit *f*

unchain [ʌn'tʃeɪn] *vt* ■**to** ~ **sb/sth** jdn/etw losketten, jdn/etw von seinen Fesseln befreien; (*fig*) jdn/etw entfesseln

unchallengeable [ʌn'tʃælɪndʒəbl̩] *adj* unbestreitbar, unanfechtbar

unchallenged [ʌn'tʃælɪndʒd, AM -əndʒd] *adj* unangefochten; (*not opposed*) unwidersprochen; **to go** [*or* **stand**] ~ unangefochten bleiben; ***his long-jump record stood*** ~ ***for many years*** sein Weitsprungrekord blieb viele Jahre unangetastet; **to pass** ~ MIL passieren, ohne angehalten zu werden

unchanged [ʌn'tʃeɪndʒd] *adj inv* ① (*unaltered*) unverändert; ***his views are*** ~ seine Meinung hat sich nicht geändert ② (*not replaced*) nicht [aus]gewechselt

unchanging [ʌn'tʃeɪndʒɪŋ] *adj inv* unveränderlich, gleich bleibend

unchaperoned [ʌn'ʃæpərəʊnd, AM roʊnd] *adj inv* unbeaufsichtigt, ohne [schützende] Begleitung *nach n*

uncharacteristic [ʌnkærəktᵊr'ɪstɪk, AM ˌker-ɪktə'rɪs-] *adj* ungewöhnlich; ■**to be** ~ **of sb/sth** für jdn/etw untypisch sein

uncharacteristically [ʌnkærəktᵊr'ɪstɪkli, AM ˌker-ɪktə'rɪs-] *adv* untypischerweise

uncharitable [ʌn'tʃærɪtəbl̩, AM -'tʃerət̬ə-] *adj* ① (*severe*) unbarmherzig; ***she is very*** ~ ***in her treatment of him*** sie behandelt ihn ohne die geringste Nachsicht; ■**to be** ~ [**of sb**] **to do sth** gemein [von jdm] sein, etw zu tun; ***that was really*** ~ ***of you!*** das war wirklich gemein von dir! ② (*ungenerous*) hartherzig, lieblos

uncharitably [ʌn'tʃærɪtəbli, AM -'tʃerət̬ə-] *adv* ① (*harshly*) unbarmherzig; **to judge sb** ~ jdn ungerecht beurteilen ② (*not generously*) hartherzig, lieblos

uncharted [ʌn'tʃɑ:tɪd, AM -'tʃɑ:rt̬-] *adj* ① *inv* (*not mapped*) auf keiner Landkarte verzeichnet ② (*fig: unexplored*) unerforscht; ~ **seas** [*or* **territory**] [*or* waters] Neuland *nt*

unchaste [ʌn'tʃeɪst] *adj* unkeusch

unchecked [ʌn'tʃekt] *adj* ① (*unrestrained*) unkontrolliert; ~ **passion/violence** hemmungslose Leidenschaft/Gewalt; **to continue** [*or* **go**] ~ ungehindert weitergehen; ■**to be ~ by sth** von etw *dat* unbeeindruckt sein ② (*not examined*) ungeprüft ③ TRANSP *ticket* nicht kontrolliert

unchristian [ʌn'krɪstʃən] *adj* unchristlich

uncial ['ʌnsiəl, AM ʃiəl] TYPO **I.** *adj inv* Unzial- *fachspr* **II.** *n* ① (*letter*) Unziale *f fachspr* ② (*writing*) Unzialschrift *f fachspr*

uncircumcised [ʌn'sɜːkəmsaɪzd, AM 'sɜːr] *adj inv* ① (*not circumcised*) unbeschnitten ② (*irreligious, heathen*) Heiden-

uncivil [ʌn'sɪvəl] *adj* unhöflich

uncivilized [ʌn'sɪvəlaɪzd] *adj* (*also fig*) unzivilisiert, ungesittet; ***it was rather ~ of them not even to offer us a drink*** es war ziemlich stillos von ihnen, uns nicht mal einen Drink anzubieten; ~ **conditions** harte Bedingungen; **an ~ hour** eine unchristliche Zeit

uncivilly [ʌn'sɪvəli] *adv* rüde *pej*

unclad [ʌn'klæd] *adj inv* (*form*) unbekleidet, nackt

unclaimed [ʌn'kleɪmd] *adj benefits, winnings* nicht beansprucht; *letter, baggage* nicht abgeholt

unclasp [ʌn'klɑːsp, AM -'klæsp] *vt* ■**to ~ sth** etw öffnen; **to ~ sb's hand** jds Hand *f* lösen

unclassified [ʌn'klæsɪfaɪd] *adj* ① (*not ordered or arranged*) nicht klassifiziert ② (*not secret*) nicht geheim

uncle ['ʌŋkl] *n* Onkel *m* ► PHRASES: [**old**] **U~ Tom Cobleigh** [*or* **Cobley**] **and all** BRIT (*dated fam*) Hinz und Kunz *pej fam;* **to say** [*or* **cry**] ~ AM (*childspeak*) klein beigeben

unclean [ʌn'kliːn] *adj* ① (*unhygienic*) verunreinigt ② *inv* (*form: taboo*) unrein ③ (*fig: impure*) schmutzig; ~ **thoughts** (*dated*) schmutzige Gedanken

unclear [ʌn'klɪəʳ, AM -'klɪr] *adj* ① (*not certain, indefinite*) unklar; ***it is ~ whether/what/when/who …*** es ist unklar, ob/was/wann/wer … ② (*uncertain, unsure*) ■**to be ~ about sth** in Bezug auf etw *akk* nicht sicher sein; ■**to be ~ [as to] whether/what/why/when …** nicht sicher sein, ob/was/warum/wann … ③ (*vague*) vage; **an ~ statement** eine unklare Aussage

unclearly [ʌn'klɪəli, AM -'klɪr-] *adv* undeutlich; **to think ~** unzusammenhängend denken

unclench [ʌn'klen(t)ʃ] *vt* **to ~ one's fist/teeth** seine Faust öffnen/seine [fest] zusammengebissenen Zähne lockern

Uncle Sam *n no pl* (*the USA*) Uncle Sam *hum*

Uncle Tom *n* (*pej!*) Onkel Tom *pej* (*serviler Schwarzer*)

unclimbable [ʌn'klaɪməbl̩] *adj* unbesteigbar, nicht zu erklettern[d]

unclimbed [ʌn'klaɪmd] *adj inv* [noch] nicht erstiegen, unbezwungen

unclog <-gg-> [ʌn'klɒg, AM -'klɑːg] *vt* **to ~ a pipe** ein Rohr frei machen [*o* reinigen]

unclothe [ʌn'kləʊð, AM -'kloʊð] *vt* (*also fig*) ■**to ~ sth** etw entblößen, etw enthüllen *a. fig*

unclouded [ʌn'klaʊdɪd] *adj* unbewölkt, wolkenlos, heiter *a. fig;* (*fig*) ungetrübt, unbeschwert

uncluttered [ʌn'klʌtəd, AM -t̬əd] *adj* ① *desk, room* aufgeräumt, nicht überladen ② (*fig*) **an ~ mind** ein freier Kopf

uncoil [ʌn'kɔɪl] **I.** *vt* ■**to ~ sth** etw entrollen [*o* abspulen] [*o* abwickeln] **II.** *vi* sich *akk* abrollen [*o* abspulen]

uncollected [ˌʌnkə'lektɪd] *adj inv* ① (*not claimed*) *fare, tax* nicht erhoben ② (*not reclaimed*) *baggage, mail* nicht abgeholt ③ LIT nicht in den gesammelten Werken enthalten

uncolored [ʌn'kʌləd] AM, **uncoloured** [-əd] *adj* ① (*colourless*) farblos ② (*fig: unbiased*) objektiv, unbeeinflusst; ■**to be ~ by sth** frei von etw *dat* sein

uncombed [ʌn'kəʊmd, AM 'koʊmd] *adj inv* ungekämmt

uncomfortable [ʌn'kʌm(p)ftəbl̩, AM -fəʈə-] *adj* ① (*causing discomfort*) *bed, chair* unbequem ② (*physically discomforted*) **to feel ~** *person, animal* sich *akk* unwohl fühlen ③ (*uneasy, awkward*) unbehaglich; ***she felt slightly ~, meeting him for the first time*** sie fühlte sich nicht ganz wohl in ihrer Haut, als sie ihm zum ersten Mal begegnete; **an ~ silence** eine gespannte Stille; **an ~ situation/predicament** eine missliche Situation/Lage

uncomfortably [ʌn'kʌm(p)ftəbli, AM -fəʈə-] *adv* ① (*physically*) unangenehm; ***they had come ~ close to death*** sie waren dem Tod bedenklich nahe gekommen ② (*uneasily*) angespannt; **to be ~ aware of sth** sich *dat* einer S. *gen* schmerzlich bewusst sein; **to smile ~** nervös lächeln

uncommitted [ˌʌnkə'mɪtɪd, AM -'mɪʈ-] *adj* ① (*undecided*) unentschieden; ■**to be ~ on sth** sich *akk* noch nicht auf etw *akk* festgelegt haben; ***twenty-five senators have admitted they are still ~ on the taxation question*** fünfundzwanzig Senatoren räumten ein, sich in der Steuerfrage noch nicht entschieden zu haben ② (*not dedicated*) **to be ~ to a cause/relationship** einer Sache/Beziehung halbherzig gegenüberstehen

uncommon [ʌn'kɒmən, AM -'kɑːm-] *adj* ① (*rare*) selten; ***it is not ~ for that to happen*** so etwas passiert immer wieder; ***it is not ~ for him to turn up unexpectedly*** er hat es so an sich, unerwartet aufzutauchen; **an ~ name** ein ungewöhnlicher Name ② (*esp approv dated form: exceptional*) außergewöhnlich; **with ~ interest** mit ungeteiltem Interesse

uncommonly [ʌn'kɒmənli, AM -'kɑːm-] *adv* ① (*unusually*) ungewöhnlich; ***it happens not ~ that …*** es passiert recht häufig, dass … ② (*exceptionally*) äußerst

uncommunicative [ˌʌnkə'mjuːnɪkətɪv, AM -t̬ɪv] *adj* verschlossen, wenig mitteilsam; ■**to be ~ about sth/sb** wenig über etw/jdn sprechen

uncompetitive [ˌʌnkəm'petɪtɪv, AM 'peʈəʈɪv] *adj* ECON ① (*unable*) wettbewerbsunfähig, nicht konkurrenzfähig ② (*harmful*) *practices, conditions* wettbewerbsfeindlich

uncomplaining [ˌʌnkəm'pleɪnɪŋ] *adj* ~ **patience** unendliche Geduld; ~ **resignation** stille Resignation; ■**to be ~** nicht klagen

uncomplainingly [ˌʌnkəm'pleɪnɪŋli] *adv* ohne zu klagen

uncompleted [ˌʌnkəm'pliːtɪd, AM ʈɪd] *adj inv* unvollendet, [noch] nicht abgeschlossen

uncomplicated [ʌn'kɒmplɪkeɪtɪd, AM -'kɑːmplɪkeɪʈɪd] *adj* unkompliziert

uncomplimentary [ʌnˌkɒmplɪ'mentəri, AM -ˌkɑːmplə'menʈəi] *adj* wenig schmeichelhaft; ■**to be ~ about sb/sth** sich *akk* unvorteilhaft über jdn/etw äußern

uncomprehending [ˌʌnkɒmprɪ'hendɪŋ, AM ˌʌnkɑːm-] *adj* verständnislos

uncomprehendingly [ˌʌnkɒmprɪ'hendɪŋli, AM ˌʌnkɑːm] *adv* verständnislos, ratlos; *silence, stare* fassungslos

uncompromising [ʌn'kɒmprəmaɪzɪŋ, AM ʌn'kɑːm-] *adj* kompromisslos, entschieden; **to take an ~ stand** [*or* **stance**] eindeutig Stellung beziehen

uncompromisingly [ʌn'kɒmprəmaɪzɪŋli, AM ʌn'kɑːm-] *adv* unmissverständlich; ~ **direct/honest** schonungslos direkt/ehrlich

unconcealed [ˌʌnkən'siːld] *adj inv* unverhohlen, offen [gezeigt]

unconcern [ˌʌnkən'sɜːnd, AM sɜːr] *n no pl* ① (*carelessness*) Sorglosigkeit *f,* Unbekümmertheit *f* ② (*indifference*) Gleichgültigkeit *f,* Desinteresse *nt*

unconcerned [ˌʌnkən'sɜːnd, AM -'sɜːrnd] *adj* ① (*not worried*) unbekümmert; ■**to be ~ about** [*or* **by**] **sth/sb** sich *dat* keine Sorgen über etw/jdn machen ② (*indifferent*) desinteressiert; ■**to be ~ with sth/sb** nicht an etw/jdm interessiert sein; ***they are ~ that …*** es ist ihnen gleichgültig, dass …

unconcernedly [ˌʌnkən'sɜːnɪdli, AM -'sɜːrn-] *adv* unbetroffen

unconditional [ˌʌnkən'dɪʃənəl] *adj inv* bedingungslos, vorbehaltlos; ***the offer went ~ last Thursday*** das Angebot wurde am letzten Donnerstag vorbehaltlos angenommen; ~ **love** rückhaltlose Liebe; ~ **release/surrender** bedingungslose Freilassung/Kapitulation

unconditionally [ˌʌnkən'dɪʃənəli] *adv* bedingungslos, vorbehaltlos

unconditioned [ˌʌnkən'dɪʃənd] *adj* ① (*without limitation*) bedingungslos, voraussetzungslos ② (*without reserve*) uneingeschränkt, vorbehaltlos ③ (*unprocessed*) unbehandelt, unaufbereitet ④ PSYCH unbedingt, unkonditioniert *fachspr*

unconfined [ˌʌnkən'faɪnd] *adj* uneingeschränkt, grenzenlos

unconfirmed [ˌʌnkən'fɜːmd, AM -'fɜːrmd] *adj inv* unbestätigt

uncongenial [ˌʌnkən'dʒiːniəl] *adj* ① *person* unsympatisch ② *thing* unangenehm; ~ **climate** unwirtliches Klima; ~ **conditions** wenig zusagende Bedingungen

unconnected [ˌʌnkə'nektɪd] *adj inv* unzusammenhängend; ***the police claim that the two cases are entirely ~*** die Polizei behauptet, die beiden Fälle hätten nichts miteinander zu tun; ■**to be ~ with sth** nicht mit etw *dat* zusammenhängen; ELEC, TECH ***one of the wires had been left ~*** eines der Kabel war nicht angeschlossen worden

unconquerable [ʌn'kɒŋkərəbl̩, AM 'kɑːŋ] *adj* unbesiegbar, unüberwindlich *a. fig; place* uneinnehmbar

unconquered [ʌn'kɒŋkəd, AM 'kɑːŋkəd] *adj inv* unbesiegt, nicht erobert

unconscionable [ʌn'kɒn(t)ʃənəbl̩, AM -'kɑːn-] *adj* (*form*) unzumutbar

unconscionably [ʌn'kɒn(t)ʃənəbli, AM -'kɑːn̩-] *adv* (*form*) unzumutbarerweise

unconscious [ʌn'kɒn(t)ʃəs, AM -'kɑːn-] **I.** *adj* ① MED bewusstlos; ~ **state** Bewusstlosigkeit *f;* **to knock sb ~** jdn bewusstlos schlagen ② PSYCH unbewusst; **the ~ mind** das Unbewusste [*o* Unterbewusste] ③ (*unaware*) unabsichtlich; ■**to be ~ of sth** (*form*) sich *dat* einer S. *gen* nicht bewusst sein **II.** *n no pl* PSYCH ■**the ~** das Unbewusste [*o* Unterbewusste]

unconsciously [ʌn'kɒn(t)ʃəsli, AM -'kɑːn-] *adv* unbewusst

unconsciousness [ʌn'kɒn(t)ʃəsnəs, AM -'kɑːn-] *n no pl* ① MED Bewusstlosigkeit *f* ② (*unawareness*) Unbewusstheit *f*

unconsidered [ˌʌnkən'sɪdəd, AM -əd] *adj* unüberlegt

unconstitutional [ʌnˌkɒn(t)stɪ'tjuːʃənəl, AM -ˌkɑːn(t)stə'tuː-] *adj inv* verfassungswidrig, nicht verfassungsmäßig

unconstitutionally [ʌnˌkɒn(t)stɪ'tjuːʃənəli, AM -ˌkɑːn(t)stə'tuː-] *adv* verfassungswidrig

unconsummated [ʌnˌkɒn(t)səmeɪtɪd, AM -ˌkɑːn(t)sə-] *adj inv* nicht umgesetzt; **an ~ marriage** eine nicht vollzogene Ehe

uncontaminated [ˌʌnkən'tæmɪneɪtɪd, AM -ʈɪd] *adj* nicht verunreinigt [*o fachspr* kontaminiert]; *radiatiion, germs* unverseucht, nicht verseucht

uncontested [ˌʌnkən'testɪd] *adj* ① (*unchallenged*) unbestritten; ***his election as chairman went*** [*or* ***was***] **~** er wurde ohne Gegenkandidat zum Vorsitzenden gewählt; **an ~ claim** ein unstreitiger Anspruch ② LAW unangefochten; **an ~ divorce** eine einvernehmliche Scheidung

uncontrollable [ˌʌnkən'trəʊləbl̩, AM -'troʊ-] *adj* unkontrollierbar; ~ **bleeding** unstillbare Blutung; **an ~ child** ein unzähmbares Kind; **an ~ urge** [*or* **desire**] ein unstillbares Verlangen

uncontrollably [ˌʌnkən'trəʊləbli, AM -'troʊ-] *adv* unkontrollierbar; ***he was bleeding ~*** seine Blutung war nicht zu stoppen; **to be ~ greedy** hemmungslos gierig sein; **to laugh ~** hemmungslos lachen; **to rampage/riot ~** wild toben/randalieren; **to sob ~** hemmungslos schluchzen

uncontrolled [ˌʌnkən'trəʊld, AM -'troʊld] *adj* unkontrolliert; *children, dogs* unbeaufsichtigt; ~ **aggression** unbeherrschte Aggressivität

uncontroversial [ʌnˌkɒntrə'vɜːʃəl, AM -ˌkɑːntrə'vɜːr-] *adj* unumstritten

unconventional [ˌʌnkənˈven(t)ʃənəl] *adj* unkonventionell; ~ **weapons** (*euph*) Atomwaffen *fpl*
unconventionality [ˌʌnkənˌvenʃənˈæləti, AM ət̬i] *n no pl* unkonventionelle Haltung
unconventionally [ˌʌnkənˈven(t)ʃənəli] *adv* unkonventionell
unconvinced [ˌʌnkənˈvɪn(t)st] *adj* nicht überzeugt; ■ **to be** ~ **of sth** von etw *dat* nicht überzeugt sein
unconvincing [ˌʌnkənˈvɪn(t)sɪŋ] *adj* ❶ (*not persuasive*) nicht überzeugend; **rather** ~ wenig überzeugend ❷ (*not credible*) unglaubwürdig
unconvincingly [ˌʌnkənˈvɪn(t)sɪŋli] *adv* nicht überzeugend
uncooked [ʌnˈkʊkt] *adj inv* ungekocht, roh
uncool [ʌnˈkuːl] *adj* (*fam*) uncool *pej sl*
uncooperative [ˌʌnkəʊˈɒpərətɪv, AM -koʊˈɑːpəət̬ɪv] *adj* unkooperativ
uncooperatively [ˌʌnkəʊˈɒpərətɪvli, AM -koʊˈɑːpəət̬ɪv-] *adv* unkooperativ; **to behave** ~ sich *akk* unkooperativ verhalten
uncooperativeness [ˌʌnkəʊˈɒpərətɪvnəs, AM -koʊˈɑːpəət̬ɪv-] *n no pl* mangelnde Kooperationsbereitschaft
uncoordinated [ˌʌnkəʊˈɔːdɪneɪtɪd, AM -koʊˈɔːrdəneɪt̬ɪd] *adj* ❶ (*not well-organized*) unkoordiniert ❷ (*clumsy*) unkoordiniert, ungelenk *geh*
uncork [ʌnˈkɔːk, AM -ˈkɔːrk] *vt* ■ **to** ~ **sth** *bottle, wine* etw entkorken; **to** ~ **one's feelings** (*fig fam*) aus sich *dat* herausgehen; **to** ~ **a surprise** eine Überraschung zum Besten geben
uncorroborated [ˌʌnkərˈɒbəreɪtɪd, AM ˌʌnkəˈrɑːbəreɪt̬ɪd] *adj* unbestätigt
uncorrupted [ˌʌnkərˈʌpt, AM ˌʌnkəˈrʌpt] *adj* nicht korrupt; ~ **values** unverfälschte Werte
uncountable [ʌnˈkaʊntəbl, AM -t̬ə-] *adj inv* ❶ (*not countable*) unzählbar; **an** ~ **noun** ein unzählbares Hauptwort ❷ (*countless*) zahllos; **an** ~ **number of people** unzählige Menschen
uncounted [ʌnˈkaʊntɪd, AM t̬ɪd] *adj inv* ❶ (*not counted*) ungezählt ❷ (*very numerous*) unzählig[e]
uncouple [ʌnˈkʌpl] *vt* ■ **to** ~ **sth** [**from sth**] ❶ MECH etw [von etw *dat*] abkuppeln ❷ (*fig*) etw [von etw *dat*] trennen [*o* loslösen]
uncouth [ʌnˈkuːθ] *adj* ungehobelt, grob
uncover [ʌnˈkʌvər, AM -ɚ] *vt* ■ **to** ~ **sth** ❶ (*lay bare*) etw freilegen; **to** ~ **a wound** den Verband von einer Wunde nehmen ❷ (*disclose*) etw entdecken; **to** ~ **a scandal/secret** einen Skandal/ein Geheimnis aufdecken
uncritical [ʌnˈkrɪtɪkəl, AM -t̬-] *adj* unkritisch; ■ **to be** ~ **of sth/sb** gegenüber etw/jdm eine unkritische Einstellung haben
uncritically [ʌnˈkrɪtɪkəli, AM -t̬-] *adv* unkritisch
uncross [ʌnˈkrɒs, AM -ˈkrɑːs] *vt* ■ **to** ~ **sth** etw aus einer gekreuzten Position nehmen; ***he ~ed his feet and began to stand up*** er nahm die übereinandergeschlagenen Beine auseinander und stand auf; **to** ~ **one's legs** seine Beine voneinander nehmen
uncrossed [ʌnˈkrɒst, AM -ˈkrɑːst] *adj inv* ❶ *legs* nicht gekreuzt ❷ BRIT ~ **cheque** Barscheck *m* ❸ (*fig: unhindered*) ungehindert
uncrowded [ʌnˈkraʊdɪd] *adj* nicht überlaufen, nicht [gedrängt] voll
uncrowned [ʌnˈkraʊnd] *adj inv* (*also fig*) ungekrönt *a. fig*
uncrushable [ʌnˈkrʌʃəbl] *adj inv* ❶ *material* knitterfrei ❷ *spirit* unbeugsam
unction [ˈʌŋkʃən] *n* (*form*) ❶ REL Salbung *f*; **extreme** ~ letzte Ölung ❷ (*pej: behaviour*) salbungsvolles Gehabe *pej*
unctuous [ˈʌŋktjuəs, AM -tʃu-] *adj* ❶ (*pej form: obsequious*) salbungsvoll *pej* ❷ (*spec: oily*) fettig, ölig
unctuously [ˈʌŋtjuəsli, AM tʃu] *adv* ölig; (*fig*) salbungsvoll
unctuousness [ˈʌŋktjuəsnəs, AM -tʃu-] *n no pl* (*form*) salbungsvolles Gehabe *pej*
uncultivated [ʌnˈkʌltɪveɪtɪd, AM -t̬ɪd] *adj* ❶ *land* unbebaut, brachliegend ❷ *person* unkultiviert, ungebildet
uncultured [ʌnˈkʌltʃəd, AM -ɚd] *adj* unkultiviert, ungebildet
uncurl [ʌnˈkɜːl, AM -ˈkɜːrl] **I.** *vt* ■ **to** ~ **sth** etw gerade streichen, etw glätten; **to** ~ **oneself** sich *akk* strecken; **to** ~ **one's fingers** die Faust aufmachen **II.** *vi* sich *akk* entfalten; *material* sich *akk* glätten; *person* sich *akk* ausstrecken; *hair, cloth* aufgehen
uncurtained [ʌnˈkɜːtənd, AM -ˈkɜːr-] *adj inv window, alcove* ohne Vorhänge *nach n*
uncut [ʌnˈkʌt] *adj inv* ❶ (*not cut*) ungeschnitten; *book* unaufgeschnitten; *drugs* unverschnitten; **an** ~ **diamond** ein ungeschliffener Diamant ❷ (*not shortened*) ungekürzt
undamaged [ʌnˈdæmɪdʒd] *adj* unbeschädigt, unversehrt
undated [ʌnˈdeɪtɪd, AM -t̬ɪd] *adj inv* undatiert; ~ **bond** Schuldverschreibung *f* ohne Fälligkeitstermin
undaunted [ʌnˈdɔːntɪd, AM -ˈdɑːnt̬ɪd] *adj usu pred* unerschrocken; **to remain** ~ unverzagt bleiben; ■ **to be** ~ **by sth** von etw *dat* unbeirrt sein
undead [ʌnˈded] **I.** *adj inv* lebendig-tot, zombiemäßig; ***he looks like an ~ monster*** er sieht aus wie eine aufgewärmte Leiche **II.** *n* ■ **the** ~ *pl* die Lebenden Leichen
undeceive [ˌʌndɪˈsiːv] *vt* (*liter*) ■ **to** ~ **sb** [**of sth**] jdn [über etw *akk*] aufklären
undecided [ˌʌndɪˈsaɪdɪd] *adj* ❶ (*hesitant*) unentschlossen; ***she is still ~ as to which job to apply for*** sie schwankt noch, um welche Stelle sie sich bewerben soll; ■ **to be** ~ **about sth** sich *dat* über etw *akk* [noch] unklar sein; ■ **to be** ~ **whether/when/how/where …** unschlüssig sein, ob/wann/wie/wo … ❷ (*not settled*) offen, nicht entschieden; **an** ~ **vote** eine unentschiedene Abstimmung
undeclared [ˌʌndɪˈkleəd, AM -ˈklerd] *adj* ❶ FIN nicht deklariert ❷ (*not official*) nicht erklärt; **an** ~ **war** ein Krieg *m* ohne Kriegserklärung
undefeated [ˌʌndɪˈfiːtɪd, AM -t̬ɪd] *adj* unbesiegt, ungeschlagen
undefended [ˌʌndɪˈfendɪd] *adj* unverteidigt, ungeschützt
undefiled [ˌʌndɪˈfaɪld] *adj inv* (*esp fig*) unbefleckt, rein
undefinable [ˌʌndɪˈfaɪnəbl] *adj* AM, AUS undefinierbar
undefined [ˌʌndɪˈfaɪnd] *adj* ❶ (*not defined*) nicht definiert, unbestimmt ❷ (*lacking clarity*) vage
undeliverable [ˌʌndɪˈlɪvərəbl] *adj* unzustellbar
undelivered [ˌʌndɪˈlɪvəd, AM -ɚd] *adj* nicht zugestellt
undemanding [ˌʌndɪˈmɑːndɪŋ, AM -ˈmæn-] *adj* anspruchslos
undemocratic [ʌndeməˈkrætɪk, AM -t̬-] *adj* undemokratisch
undemonstrative [ˌʌndɪˈmɒn(t)strətɪv, AM -ˈmɑːn(t)strət̬ɪv] *adj* zurückhaltend
undeniable [ˌʌndɪˈnaɪəbl] *adj* unbestritten; ~ **evidence** [*or* **proof**] eindeutiger Beweis; **to be of** ~ **importance** von fragloser Wichtigkeit sein
undeniably [ˌʌndɪˈnaɪəbli] *adv* unbestreitbar
under [ˈʌndər, AM -ɚ] **I.** *prep* ❶ (*below*) unter +*dat*; *with verbs of motion* unter +*akk*; ***he hid ~ the bed*** er versteckte sich unterm Bett; ***they stood ~ a tree*** sie standen unter einem Baum; ~ **water/the surface** unter Wasser/der Oberfläche ❷ (*supporting*) unter +*dat*; ***it felt good to have the earth ~ my feet again*** es war schön, wieder festen Boden unter meinen Füßen zu haben ❸ (*covered by*) unter +*dat*; ***he wore a white shirt ~ his jacket*** unter seiner Jacke trug er ein weißes Hemd ❹ (*one side to other*) unter +*dat*; ***a cold draught blew ~ the door*** ein kalter Zug bließ unter der Tür durch ❺ (*less than*) unter +*dat*; ***all items cost ~ a pound*** alle Artikel kosten unter einem Pfund; ***she can run a mile in ~ a minute*** sie kann eine Meile in unter einer Minute laufen ❻ (*inferior to*) **to be** ~ **sb** unter jdm sein [*o* stehen] ❼ (*governed by*) unter +*dat*; ~ ***the Romans*** unter römischer Herrschaft; ~ **the supervision of sb** unter jds Aufsicht; ***they are ~ strict orders*** sie haben strenge Anweisungen; **to be** ~ **sb's influence** (*fig*) unter jds Einfluß stehen ❽ (*in condition/state of*) unter +*dat*; ~ **quarantine/arrest/control** unter Quarantäne/Arrest/Kontrolle; ~ **suspicion** unter Verdacht; ~ [**no**] **circumstances** unter [keinen] Umständen; ~ **anaesthetic** unter Betäubung [*o* Narkose]; ~ **pressure/stress** unter Druck/Stress; ~ **repair** in Reparatur; ~ **oath** LAW unter Eid ❾ (*in accordance to*) gemäß +*dat*; ~ ***our agreement*** gemäß unserer Vereinbarung ❿ (*refered to as*) unter +*dat*; ***he writes ~ a pseudonym*** er schreibt unter einem Pseudonym ⓫ (*in catagory of*) unter +*dat*; ***you'll find that ~ Goethe*** das finden Sie unter Goethe ⓬ (*during time of*) ~ **Pisces/Virgo/Aries** im Sternzeichen Fische/Jungfrau/Widder ► PHRASES: [**already**] ~ **way** [bereits [*o* schon]] im Gange; **to get** ~ **way** anfangen, beginnen **II.** *adv inv* ❶ (*also fig: sink*) **to go** ~ untergehen *a. fig*; ***thousands of companies went ~ during the recession*** tausende Firmen machten während der Rezession Pleite ❷ (*below specified age*) ***suitable for kids of five and ~*** geeignet für Kinder von fünf Jahren und darunter ► PHRASES: **to get out from** ~ sich *akk* aufrappeln *fam* **III.** *adj pred, inv* ■ **to be** ~ unter Narkose stehen
under- [ˈʌndər, AM -ɚ] *in compounds* ❶ (*done insufficently*) (*-feed, -appreciate*) zu wenig; **to ~bill sb** jdm zu wenig verrechnen; **~investment** zu geringe Investitionen ❷ (*of lower rank*) (*-classman, -sheriff*) Unter-, Vize-
underachieve *vi* weniger leisten als erwartet **underachievement** *n esp* SCH Leistungsrückstand *m* **underachiever** *n* ■ **to be an** ~ weniger leisten als erwartet **underact I.** *vi* [in einer Rolle] zu verhalten spielen **II.** *vt* ■ **to** ~ **sth** etw zu schwach wiedergeben **underage** *adj inv* minderjährig; ***there are laws against ~ drinking*** es gibt Gesetze, die Minderjährigen den Genuss von Alkohol verbieten **underarm I.** *adj* ❶ *attr, inv* ANAT Achsel- ❷ SPORTS *serve, throw* mit der Hand unter Schulterhöhe *nach n* **II.** *n* Achselhöhle *f* **III.** *adv inv* SPORTS **to bowl/serve/throw** ~ mit der Hand unter Schulterhöhe kegeln/aufschlagen/werfen **underbelly** *n* ❶ ZOOL Bauch *m* ❷ *no pl* (*liter: most vulnerable point*) Schwachstelle *f*; **the sordid** ~ **of modern society** (*pej*) die Schattenseite der modernen Gesellschaft **underbid** <-bid, -bid> **I.** *vi* ein zu niedriges Angebot machen **II.** *vt* ■ **to** ~ **sb/sth** jdn/etw unterbieten **underbody** *n* Unterteil *nt*, untere Partie **underbrush** *n no pl* AM Unterholz *nt*, Strauchwerk *nt* **undercapitalized** *adj* ECON unterkapitalisiert, mit zu geringer Kapitalausstattung *nach n*; ■ **to be** ~ zu wenig Kapital haben **undercarriage** *n usu sing* AVIAT Fahrwerk *nt* **undercharge I.** *vt* ■ **to** ~ **sb** jdm zu wenig berechnen; ***the sales assistant ~d me by £2*** die Verkäuferin hat mir zwei Pfund zu wenig berechnet **II.** *vi* zu wenig berechnen; ■ **to** ~ **for sth** für etw *akk* zu wenig berechnen **underclass** *n* unterprivilegierte Klasse **underclothes** *npl*, **underclothing** *n no pl* (*form*) Unterwäsche *f* **undercoat** *n* ❶ *no pl* (*paint*) Grundierung *f* ❷ ZOOL (*fur*) Wollhaarkleid *nt* **undercooked** *adj* nicht gar; *meat* blutig **undercover I.** *adj attr, inv* geheim; **an** ~ **detective** ein verdeckter Ermittler/eine verdeckte Ermittlerin; ~ **police officer** Geheimpolizist(in) *m(f)* **II.** *adv inv* geheim **undercurrent** *n* ❶ (*of sea, river*) Unterströmung *f* ❷ (*fig*) Unterton *m* **undercut** <-cut, -cut> *vt* ■ **to** ~ **sb/sth** ❶ (*charge less*) jdn/etw unterbieten ❷ (*undermine*) jdn/etw untergraben **underdeveloped** *adj* unterentwickelt; ~ **country** Entwicklungsland *nt*; **an** ~ **resource** ein unzureichend ausgebeuteter Rohstoff **underdog** *n* Außenseiter(in) *m(f)*, Underdog *m*; **societal** ~ Außenseiter(in) *m(f)* der Gesellschaft; **to side with the** ~ den Außenseiter/die Außenseiterin unterstützen **underdone** *adj* FOOD ❶ (*rare*) *meat* blutig ❷ (*too little cooked*) nicht gar **underdressed** *adj* zu einfach gekleidet **underemployed** *adj* ❶ *person* unterbeschäftigt ❷ ■ **to be** ~ *thing* nicht voll genutzt werden **underemployment** *n no pl* Unterbeschäftigung *f* **underequipped** *adj* unzureichend ausgerüstet; **an** ~ **expedition** eine unzureichend ausgerüstete Expedition **underestimate I.** *vt* ■ **to** ~ **sth/sb**

undulating ['ʌndjəleɪtɪŋ, AM -dʒəleɪt̬-] *adj* (*form*) ① (*moving like a wave*) wallend ② (*shaped like waves*) wellenförmig; ~ **hills/landscape** sanft geschwungene Hügel/Landschaft

undulation [ˌʌndjə'leɪʃᵊn, AM dʒə] *n* ① (*wave*) wellenförmige Bewegung, Wallen *nt*, Wogen *nt* ② PHYS Schwingung *f*

unduly [ʌn'dju:li, AM *esp* -'du:li] *adv* unangemessen, ungebührlich *geh;* ~ **concerned/pessimistic** übermäßig besorgt/pessimistisch

undying [ʌn'daɪɪŋ] *adj attr* (*liter*) unvergänglich; ~ **devotion/loyalty** unerschütterliche Hingabe/Loyalität; ~ **love/gratitude** ewige Liebe/Dankbarkeit

unearned [ʌn'ɜ:nd, AM -'ɜ:rnd] *adj* ① (*undeserved*) unverdient ② (*not worked for*) nicht erarbeitet; ~ **income** (*from real estate*) Besitzeinkommen *nt;* (*from investments*) Kapitaleinkommen *nt*

unearth [ʌn'ɜ:θ, AM -'ɜ:rθ] *vt* ■**to** ~ **sth** ① (*dig up*) etw ausgraben; **to** ~ **a treasure** einen Schatz zutage fördern ② (*fig: discover*) etw entdecken; **to** ~ **the truth** die Wahrheit ans Licht bringen; ■**to** ~ **sb** jdn ausfindig machen; ***we finally*** ~***ed him in the hay loft*** schließlich stöberten wir ihn auf dem Heuboden auf

unearthly [ʌn'ɜ:θli, AM -'ɜ:rθ-] *adj* ① (*eerie*) gespenstisch; ~ **beauty** übernatürliche Schönheit; ~ **noise/scream** grässliches Geräusch/grässlicher Schrei ② (*pej fam: inconvenient*) unmöglich *meist pej fam;* **at some** [*or* **an**] ~ **hour** zu einer unchristlichen Zeit ③ (*not from the earth*) nicht irdisch

unease [ʌn'i:z] *n no pl* Unbehagen *nt; see also* **uneasiness**

uneasily [ʌn'i:zɪli] *adv* ① (*anxiously*) unbehaglich ② (*causing anxiety*) beunruhigend; ***responsibility of any sort sits very*** ~ ***on his shoulders*** jegliche Verantwortung lastet schwer auf seinen Schultern

uneasiness [ʌn'i:zɪnəs] *n no pl* Unbehagen *nt* (**over/at** über +*akk*); ■~ **in sb/sth** Unruhe *f* bei jdm/etw

uneasy [ʌn'i:zi] *adj* ① (*anxious*) besorgt; **an** ~ **smile** ein gequältes Lächeln; ■**to be/feel** ~ **about sth/sb** sich *akk* in Bezug auf etw/jdn unbehaglich fühlen; ***I feel a bit*** ~ ***about asking her to do such a favour*** mir ist nicht ganz wohl dabei, sie um einen solchen Gefallen zu bitten ② (*causing anxiety*) unangenehm; **an** ~ **feeling** ein ungutes Gefühl; **an** ~ **relationship** ein gespanntes Verhältnis; **an** ~ **suspicion** ein beunruhigender Verdacht ③ (*insecure*) unsicher; **an** ~ **peace** ein unsicherer Frieden ► PHRASES: ~ **lies the head that wears a crown** BRIT (*saying*) Verantwortung ist eine schwere Last

uneatable [ʌn'i:təbl̩, AM t̬ə] *adj* ungenießbar

uneaten [ʌn'i:tᵊn] *adj inv* ungegessen

uneconomic [ʌnˌi:kə'nɒmɪk, AM -ˌekə'nɑ:m-] *adj* unwirtschaftlich, unökonomisch; ***it is an*** ~ ***proposition*** das ist ein unrentables Geschäft; ~ **rent** nicht kostendeckende Miete

uneconomical [ʌnˌi:kə'nɒmɪkᵊl, AM -ˌekə'nɑ:m-] *adj* unwirtschaftlich; ***it is*** ~ ***to pour even more money into subsidizing the coal industry*** es ist unwirtschaftlich, noch mehr Geld in die Subventionierung der Kohlenindustrie zu stecken

unedifying [ʌn'edɪfaɪɪŋ] *adj* unerquicklich *geh*

unedited [ʌn'edɪtɪd, AM -t̬ɪd] *adj* unbearbeitet

uneducated [ʌn'edʒʊkeɪtɪd, AM -t̬ɪd] **I.** *adj* ungebildet **II.** *n* ■**the** ~ *pl* die ungebildete Bevölkerungsschicht

unelectable [ˌʌnɪ'lektəbl] *adj* unwählbar

unelected [ˌʌnɪ'lektɪd] *adj* nicht gewählt

unemotional [ˌʌnɪ'məʊʃᵊnᵊl, AM -'moʊ-] *adj* ① (*not feeling emotions*) kühl ② (*not revealing emotions*) emotionslos

unemotionally [ˌʌnɪ'məʊʃᵊnᵊli, AM 'moʊ] *adv* ohne Gefühlsregung, kühl *fig,* unemotional

unemployable [ˌʌnɪm'plɔɪəbl] *adj* unvermittelbar

unemployed [ˌʌnɪm'plɔɪd] **I.** *n* ■**the** ~ *pl* die Arbeitslosen **II.** *adj* arbeitslos

unemployment [ˌʌnɪm'plɔɪmənt] *n no pl* ① (*state*) Arbeitslosigkeit *f* ② (*rate*) Arbeitslosenrate *f;* **large-/small-scale** ~ hohe/niedrige Arbeitslosenrate; **long-/short-term** ~ Langzeit-/Kurzzeitarbeitslosigkeit *f;* **mass** ~ Massenarbeitslosigkeit *f;* **seasonal** ~ saisonale Arbeitslosigkeit ③ AM (*unemployment insurance*) Arbeitslosengeld *nt*

unemployment benefit *n* BRIT, AUS, **unemployment compensation** *n no pl* AM, **unemployment insurance** *n no pl* AM Arbeitslosenunterstützung *f,* Arbeitslosengeld *nt,* Arbeitslosenhilfe *f;* **to claim** ~ Arbeitslosengeld [*o* Arbeitslosenunterstützung] beziehen; ■**to be on** ~ arbeitslos sein

unemployment rate *n* Arbeitslosenrate *f*

unencumbered [ˌʌnɪŋ'kʌmbəd, AM -ɪn'kʌmbɚd] *adj usu pred* ① (*unburdened*) unbelastet; ■**to be** ~ [**by sth**] [von etw *dat*] befreit sein; ~ ***by baggage, he was able to move much faster*** unbehindert von Gepäck konnte er sich viel schneller fortbewegen ② (*fig: free from debt*) unbelastet

unending [ʌn'endɪŋ] *adj* endlos; **an** ~ **delight** eine anhaltende Wonne; ~ **pleasure** ein Vergnügen *nt* ohne Ende

unendurable [ˌʌnɪn'djʊərəbl̩, AM -'dʊr-, -'djʊr-] *adj* unerträglich

unenforceable [ˌʌnɪn'fɔ:səbl̩, AM -'fɔ:rs-] *adj inv* nicht durchsetzbar; **an** ~ **law** ein nicht durchsetzbares [*o* anwendbares] Gesetz

un-English [ʌn'ɪŋglɪʃ] *adj* unenglisch

unenlightened [ˌʌnɪn'laɪtᵊnd] *adj* ① (*not wise or insightful*) unklug; **an** ~ **person** ein Ignorant *m*/eine Ignorantin ② (*subject to superstition*) unaufgeklärt; **an** ~ **age** ein unaufgeklärtes Zeitalter ③ (*missing the higher level*) einfallslos, uninspiriert ④ (*also hum: not informed*) ahnungslos; **to remain** ~ im Dunkeln tappen *fam*

unenlightening [ˌʌnɪn'laɪtᵊnɪŋ] *adj* ohne Erkenntniswert *nach n geh;* **an** ~ **answer** eine wenig aussagekräftige Antwort

unenterprising [ʌn'entəpraɪzɪŋ, AM -'ent̬ɚ-] *adj* ohne Unternehmungsgeist *nach n*

unenthusiastic [ˌʌnɪnˌθju:zi'æstɪk, AM -ˌθu:-] *adj* wenig begeistert

unenthusiastically [ˌʌnɪnθju:zi'æstɪkᵊli, AM enθu:] *adv* begeisterungslos, ohne [jede] Anteilnahme

unenviable [ʌn'enviəbl] *adj* wenig beneidenswert

unequal [ʌn'i:kwᵊl] *adj* ① (*different*) ungleich, unterschiedlich; ~ **triangle** ungleichseitiges Dreieck ② (*unjust*) ungerecht; ~ **contest** ungleicher Wettkampf; ~ **relationship** einseitige Beziehung; **to do sth on** ~ **terms** etw unter ungleichen Bedingungen machen; ~ **treatment** Ungleichbehandlung *f* ③ (*inadequate*) ■**to be** ~ **to sth** etw *dat* nicht gewachsen sein

unequaled AM, **unequalled** [ʌn'i:kwᵊld] *adj* unübertroffen; ***this fish restaurant is*** ~ ***anywhere else in London*** dieses Fischrestaurant ist in London ohnegleichen; ~ **prosperity** beispielloser Wohlstand

unequally [ʌn'i:kwᵊli] *adv* unterschiedlich, ungleichmäßig; **to treat people** ~ Menschen ungleich behandeln

unequivocal [ˌʌnɪ'kwɪvəkᵊl] *adj* eindeutig, unmissverständlich; ***the church has been*** ~ ***in its condemnation of the violence*** die Kirche hat an ihrer Missbilligung der Gewalt keinen Zweifel gelassen; **an** ~ **success** ein eindeutiger Erfolg

unequivocally [ˌʌnɪ'kwɪvəkᵊli] *adv* unmissverständlich; ***the critics panned the film*** ~ die Kritiker verrissen den Film einhellig; **to state sth** ~ etw hundertprozentig unterschrieben

unerring [ʌn'ɜ:rɪŋ] *adj* unfehlbar

unerringly [ʌn'ɜ:rɪŋli] *adv* unfehlbar; ***my staff are*** ~ ***professional*** meine Mitarbeiter arbeiten stets professionell

UNESCO, Unesco [ju:'neskəʊ, AM -koʊ] **I.** *n no pl acr for* **United Nations Educational, Scientific and Cultural Organization** UNESCO *f* **II.** *n modifier* (*commission, fund, programme*) UNESCO-

unethical [ʌn'eθɪkᵊl] *adj* unmoralisch; ***it's usually considered*** ~ ***for university teachers to have affairs with their students*** Liebesverhältnisse zwischen Professoren und Studenten werden allgemein als ethisch bedenklich angesehen

uneven [ʌn'i:vᵊn] *adj* ① (*not flat or level*) uneben; **an** ~ **road** eine holprige Straße ② (*unequal, asymmetrical*) ungleich; ~ **bars** AM (*in gymnastics*) Stufenbarren *m* ③ (*unequal, unfair*) unterschiedlich; ~ **contest** ungleicher Wettkampf; ~ **treatment** Ungleichbehandlung *f* ④ (*usu euph: inadequate*) *quality* uneinheitlich, durchwachsen *fam* ⑤ (*erratic*) unausgeglichen, schwankend *attr;* ~ **performances** schwankende Leistungen ⑥ MED (*irregular*) unregelmäßig ⑦ MATH (*odd*) ~ **numbers** ungerade Zahlen

unevenly [ʌn'i:vᵊnli] *adv* ① (*irregularly*) ungleichmäßig ② (*unfairly*) unfair; **to be** ~ **distributed** ungerecht verteilt sein ③ (*usu euph: inadequately*) nicht zufrieden stellend ④ MED (*irregularly*) unregelmäßig

unevenness [ʌn'i:vᵊnnəs] *n no pl* ① (*bumpiness*) Unebenheit *f,* Holprigkeit *f;* ~ **of a flight** unruhiger Flug ② (*inequity*) Ungleichmäßigkeit *f;* ~ **of the lines/sides** Ungleichheit *f* der Linien/Seiten ③ (*usu euph: poor quality*) unbefriedigende Leistung ④ MED (*irregularity*) Unregelmäßigkeit *f*

uneventful [ˌʌnɪ'ventfᵊl] *adj* ereignislos; **an** ~ **career/life** eine Laufbahn/ein Leben *nt* ohne Höhen und Tiefen; **an** ~ **journey** eine Reise ohne Zwischenfälle

uneventfully [ˌʌnɪ'ventfᵊli] *adv* ruhig; **to pass** ~ ohne Zwischenfälle verlaufen

unexampled [ˌʌnɪg'zɑ:mpl̩d, AM -'zæm-] *adj inv* (*form*) beispiellos, unvergleichlich

unexceptionable [ˌʌnɪk'sepʃᵊnəbl] *adj* untadelig; ~ **behaviour** [*or* AM **behavior**] tadelloses Benehmen

unexceptional [ˌʌnɪk'sepʃᵊnᵊl] *adj* nicht außergewöhnlich; ~ **life** ereignisloses Leben

unexciting [ˌʌnɪk'saɪtɪŋ, AM -t̬ɪŋ] *adj* ① (*not exciting*) langweilig; **an** ~ **work of art** ein durchschnittliches Kunstwerk ② (*uneventful*) ereignislos

unexpected [ˌʌnɪk'spektɪd, AM -tɪd] **I.** *adj* unerwartet; **an** ~ **break** eine unvorhergesehene Unterbrechung; [**to take**] **an** ~ **turn** eine unvorhergesehene Wendung [nehmen]; **an** ~ **windfall** eine unverhoffter Gewinn **II.** *n no pl* ■**the** ~ das Unerwartete; ***life is full of the*** ~ das Leben ist voller Überraschungen

unexpectedly [ˌʌnɪk'spektɪdli, AM -tɪd-] *adv* unerwartet

unexperienced [ˌʌnɪk'spɪəriən(t)st, AM -'spɪr-] *adj sensation, situation* [noch] nicht erlebt; *person* unerfahren

unexplainable [ˌʌnɪks'pleɪnəbl] *adj* unerklärbar, unerklärlich

unexplained [ˌʌnɪk'spleɪnd] *adj inv* unerklärt, unklar

unexploded [ˌʌnɪk'spləʊdɪd, AM -'sploʊd-] *adj inv bomb* nicht detoniert

unexploited [ˌʌnɪk'splɔɪtɪd, AM -t̬ɪd] *adj* nicht ausgeschöpft; ~ **resources** nicht ausgebeutete Ressourcen

unexplored [ˌʌnɪk'splɔ:d, AM -ɔ:rd] *adj* unerforscht

unexposed [ˌʌnɪk'spəʊzd, AM -'spoʊ-] *adj* ① PHOT unbelichtet ② (*not revealed*) verborgen; ***the tabloids left no detail of his private life*** ~ die Regenbogenpresse ließ kein Detail seines Privatlebens im Verborgenen ③ (*not in contact with*) ■**to be** ~ **to sth** etw *dat* nicht ausgesetzt sein

unexpressed [ˌʌnɪk'sprest] *adj* unausgesprochen

unexpressive [ˌʌnɪk'spresɪv] *adj* ausdruckslos

unexpurgated [ʌn'ekspəgeɪtɪd, AM -spɚgeɪt̬ɪd] *adj texts* unzensiert; **an** ~ **edition** eine ungekürzte Ausgabe

unfailing [ʌn'feɪlɪŋ] *adj* ① (*dependable*) beständig; ***she was*** ~ ***in her support for the downtrodden*** sie war immer für die Unterdrückten da; ~ **loyalty** unerschütterliche Loyalität ② (*continuous*) unerschöpflich

unfailingly [ʌn'feɪlɪŋli] *adv* (*approv*) immer, stets; **to be** ~ **cheerful/optimistic/polite** stets fröhlich/optimistisch/höflich sein

unfair [ʌn'feəʳ, AM -'fer] *adj* unfair; **an** ~ **advantage** ein unfairer Vorteil; ~ **competition** unlauterer Wett-

U

bewerb; **an ~ decision** eine ungerechte Entscheidung; ■**to be ~ to sb** jdm gegenüber unfair sein; ***it is ~ to the people living here*** es ist unfair den Menschen gegenüber, die hier leben

unfairly [ʌnˈfeəli, AM -ˈfer-] *adv* unfair; **to be ~ blamed** zu Unrecht beschuldigt werden; **to treat sb ~** jdn unfair behandeln

unfairness [ʌnˈfeənəs, AM -ˈfer-] *n no pl* Ungerechtigkeit *f;* (*in sports*) Unfairness *f*

unfaithful [ʌnˈfeɪθfᵊl] *adj* ❶ (*adulterous*) untreu; ■**to be ~ [to sb]** [jdm] untreu sein ❷ (*disloyal*) illoyal *geh* ❸ (*form: inaccurate*) *rendition, translation* ungenau

unfaithfulness [ʌnˈfeɪθfᵊlnəs] *n no pl* ❶ (*sexual infidelity*) Untreue *f* ❷ (*disloyalty*) Illoyalität *f geh* ❸ (*form: inaccuracy*) Ungenauigkeit *f*

unfaltering [ʌnˈfɔːltᵊrɪŋ, AM -ˈfɑːltɚ-] *adj* unbeirrbar; **with ~ steps** mit festem Schritt; **in an ~ voice** mit fester Stimme

unfamiliar [ˌʌnfəˈmɪljəʳ, AM -ɚ] *adj* ❶ (*new*) unvertraut; **an ~ experience** ein ungewohntes Erlebnis; **an ~ place** ein unbekannter Ort; ■**to be ~ to sb** jdm fremd sein ❷ (*unacquainted*) ■**to be ~ with sth** mit etw *dat* nicht vertraut sein

unfamiliarity [ˌʌnfəˌmɪliˈærəti, AM -ˈerət̬i] *n no pl* ❶ (*strangeness*) Unvertrautheit *f,* Fremdheit *f* ❷ (*ignorance of*) ■**~ with sth** Unkenntnis *f* einer S. *gen*

unfashionable [ʌnˈfæʃᵊnəbl̩] *adj* unmodisch, unmodern

unfashionably [ʌnˈfæʃᵊnəbli] *adv* unmodischerweise, der Mode zuwider

unfasten [ʌnˈfɑːsᵊn, AM -ˈfæs-] **I.** *vt* ■**to ~ sth** *blouse, button, belt* etw öffnen; *bracelet* etw abnehmen; *fetters* etw losbinden [*o* lösen]; ***do not ~ your seatbelts until the aircraft has come to a complete stop*** bleiben Sie angeschnallt, bis das Flugzeug zum Stillstand gekommen ist **II.** *vi* aufgehen

unfathomable [ʌnˈfæðəməbl̩] *adj* ❶ (*too deep to measure*) unergründlich ❷ (*inexplicable*) unverständlich, unergründlich; **an ~ mystery** (*also hum*) ein unergründliches Geheimnis

unfathomably [ʌnˈfæðəməbli] *adv* (*form*) ❶ (*immeasurably*) **~ deep** unergründlich tief ❷ (*incomprehensibly*) unbegreiflich

unfathomed [ʌnˈfæðəmd] *adj* ❶ (*of unmeasured depth*) unergründet ❷ (*not understood*) unerforscht

unfavorable *adj* AM *see* **unfavourable**

unfavorably *adv* AM *see* **unfavourably**

unfavourable [ʌnˈfeɪvᵊrəbl̩], AM **unfavorable** *adj* ❶ (*adverse*) ungünstig; **an ~ comparison** ein unvorteilhafter Vergleich; **an ~ decision** eine negative Entscheidung; **an ~ reaction to sth** eine ablehnende Reaktion auf etw *akk* ❷ (*disadvantageous*) nachteilig; **~ balance of trade** passive Handelsbilanz; **to appear in an ~ light** in einem ungünstigen Licht erscheinen

unfavourably [ʌnˈfeɪvᵊrəbli], AM **unfavorably** *adv* ungünstig; **to be ~ disposed [towards sb/sth]** [jdm/etw gegenüber] ablehnend [*o* negativ] eingestellt sein; **to compare ~ with sth/sb** im Vergleich mit etw/jdm schlecht abschneiden

unfazed [ʌnˈfeɪzd] *adj usu pred* (*fam*) unbeeindruckt; ***she seems ~ by all the recent media attention*** der Medienrummel der letzten Zeit lässt sie anscheinend ziemlich kalt

unfeasible [ʌnˈfiːzəbl̩] *adj* undurchführbar, nicht machbar

unfeasibly [ʌnˈfiːzəbli] *adv* sinnlos; **an ~ extravagant suggestion** ein haarsträubend wirklichkeitsfremder Vorschlag

unfeeling [ʌnˈfiːlɪŋ] *adj* gefühllos, herzlos

unfeigned [ʌnˈfeɪnd] *adj* aufrichtig; **~ surprise** echte Überraschung

unfeminine [ʌnˈfemɪnɪn] *adj* unweiblich, nicht feminin

unfenced [ʌnˈfen(t)st] *adj* nicht eingezäunt

unfertilized [ʌnˈfɜːtᵊlaɪzd, AM -ˈfɜːrt̬-] *adj* ❶ *egg* unbefruchtet ❷ *land* ungedüngt

unfettered [ʌnˈfetəd, AM -ˈfet̬ɚd] *adj* ❶ (*form: not restricted*) uneingeschränkt; **~ competition** freier Wettbewerb; **~ by fluctuations in exchange rates** von Wechselkursschwankungen unbeeinträchtigt; **~ movement of money** freier Geldverkehr ❷ (*unchained*) *prisoner* nicht gefesselt

unfilled [ʌnˈfɪld] *adj* leer; *job* offen; ***the number of ~ teaching posts is increasing*** die Zahl der offenen Stellen in Lehrberufen steigt an; **an ~ hole** ein nicht aufgefülltes Loch

unfinished [ʌnˈfɪnɪʃt] *adj* ❶ (*incomplete*) unvollendet; **~ business** (*also fig*) offene Fragen *fpl;* **the U~ Symphony** die Unvollendete; **to leave sth ~** etw unvollendet lassen ❷ *esp* AM (*rough, without finish*) unlackiert

unfit [ʌnˈfɪt] **I.** *adj* ❶ (*unhealthy*) nicht fit, in schlechter Form *präd;* **to be ~ for work/military service** arbeits-/dienstuntauglich sein ❷ (*pej: unsuitable*) *person* ungeeignet; ***he's an ~ parent*** er ist als Erziehungsberechtigter ungeeignet; ■**to be ~ for sth** für etw *akk* ungeeignet sein; ***she is ~ for teaching*** sie eignet sich nicht als Lehrerin; ■**to be ~ to do sth** unfähig sein, etw zu tun; ***the inquiry stated that he was ~ to run a public company*** die Untersuchung bescheinigte ihm Untauglichkeit zur Führung eines öffentlichen Unternehmens ❸ (*unsuitable*) ■**to be ~ for** [*or* **to do**] **sth** für etw *akk* ungeeignet sein; **to be ~ for human consumption** nicht zum Verzehr geeignet sein; **to be ~ for [human] habitation** unbewohnbar sein; **to be ~ for publication** sich *akk* nicht zur Veröffentlichung eignen **II.** *vt* <-tt-> (*form*) ■**to ~ sb/sth [for sth]** (*dated*) jdn/etw für etw *akk* untauglich machen

unfitness [ʌnˈfɪtnəs] *n no pl* Untauglichkeit *f,* Unbrauchbarkeit *f*

unfitting [ʌnˈfɪtɪŋ, AM -t̬ɪŋ] *adj* unpassend; ***it's ~ for you to be going out with him — he's a married man*** es gehört sich nicht, dass du mit ihm ausgehst – er ist verheiratet; ***his behaviour at the wedding was ~ to the occasion*** sein Verhalten bei der Hochzeit war dem Anlass nicht angemessen

unfittingly [ʌnˈfɪtɪŋli, AM -t̬ɪŋ-] *adv* unpassend

unfix [ʌnˈfɪks] *vt* ■**to ~ sth** etw losmachen [*o* lösen]; **to become ~ed** sich *akk* lösen

unflagging [ʌnˈflægɪŋ] *adj* (*approv*) unermüdlich; ***he was ~ in his efforts on behalf of the homeless*** er setzte sich unentwegt für Obdachlose ein; **~ optimism** ungebrochener Optimismus

unflappable [ʌnˈflæpəbl̩] *adj* (*approv fam*) unerschütterlich; ■**to be ~** nicht aus der Ruhe zu bringen sein

unflattering [ʌnˈflætərɪŋ, AM -t̬-] *adj description, remark* wenig schmeichelhaft; *dress, hairstyle, photo, portrait* unvorteilhaft; ***that colour is ~ to you*** diese Farbe steht dir nicht; **to show sb/sth in an ~ light** jdn/etw in einem wenig schmeichelhaften Licht präsentieren

unfledged [ʌnˈfledʒd] *adj* ❶ ORN ungefiedert ❷ (*fig: inexperienced*) unerfahren

unflinching [ʌnˈflɪn(t)ʃɪŋ] *adj* (*approv*) unerschrocken; **~ determination** unbeirrbare Entschlossenheit; **an ~ report** ein wahrheitsgetreuer Bericht; **~ support/honesty** beständige Unterstützung/Ehrlichkeit

unflinchingly [ʌnˈflɪn(t)ʃɪŋli] *adv* (*approv*) unerschrocken

unfocus(s)ed [ʌnˈfəʊkəsd, AM ˈfoʊ] *adj* ❶ (*of eyes*) blicklos ❷ (*of vision*) undeutlich ❸ (*of light rays*) ungerichtet, nicht fokussiert *fachspr* ❹ (*of optical device*) nicht eingestellt ❺ (*without aim or direction*) unkonzentriert, richtungslos

unfold [ʌnˈfəʊld, AM -ˈfoʊld] **I.** *vt* ❶ (*open out*) ■**to ~ sth** etw entfalten [*o* auseinander falten]; **to ~ one's arms** seine Arme ausbreiten; **to ~ a table** einen Tisch aufklappen ❷ (*fig: make known*) **to ~ one's ideas/plans** seine Ideen/Pläne darlegen; **to ~ a story** eine Geschichte entwickeln **II.** *vi* ❶ (*develop*) sich *akk* entwickeln ❷ (*become revealed*) enthüllt werden ❸ (*become unfolded*) aufgehen, sich *akk* entfalten

unforced [ʌnˈfɔːst, AM ˈfɔːrst] *adj* ungezwungen *a. fig*

unforeseeable [ˌʌnfɔːˈsiːəbl̩, AM -fɔːr-] *adj* unvorhersehbar

unforeseen [ˌʌnfɔːˈsiːn, AM -fɔːr-] *adj inv* unvorhergesehen

unforgettable [ˌʌnfəˈgetəbl̩, AM -fəˈget̬-] *adj* unvergesslich

unforgettably [ˌʌnfəˈgetəbli, AM -fəˈget̬-] *adv* beeindruckend, auf unvergessliche Weise

unforgivable [ˌʌnfəˈgɪvəbl̩, AM -fɚ-] *adj* unverzeihlich; ***that was ~ of you*** das war unverzeihlich von dir; **an ~ sin** eine Todsünde *a. iron*

unforgivably [ˌʌnfəˈgɪvəbli, AM -fɚ-] *adv* unverzeihlich

unforgiving [ˌʌnfəˈgɪvɪŋ, AM -fɚ-] *adj* ❶ (*not willing to forgive*) *person* nachtragend, unversöhnlich ❷ (*harsh, hostile*) gnadenlos *a. fig; place, climate* menschenfeindlich

unformed [ʌnˈfɔːmd, AM -ˈfɔːrmd] *adj* ❶ (*lacking shape*) formlos, ungeformt ❷ (*undeveloped*) unentwickelt, unfertig

unforthcoming [ˌʌnfɔːθˈkʌmɪŋ, AM -fɔːrθ-] *adj person* wenig mitteilsam, ungesprächig; *thing* nicht erhältlich [*o* verfügbar]; ***he was very ~ about his plans for the future*** er hielt mit seinen Zukunftsplänen hinter dem Berge; ***with money ~ from his parents, he was forced to increase his loan*** da ihm seine Eltern kein Geld gaben, musste er seinen Kredit aufstocken

unfortunate [ʌnˈfɔːtʃᵊnət, AM -ˈfɔːr-] **I.** *adj* ❶ (*unlucky*) unglücklich; ***she's inherited her father's nose, which is very ~*** sie hat die Nase ihres Vaters geerbt, was wirklich unvorteilhaft ist; ***it was just ~ that he phoned exactly as our guests were arriving*** dass er auch ausgerechnet dann anrufen musste, als unsere Gäste eintrafen ❷ (*regrettable*) bedauerlich; **an ~ manner** eine ungeschickte Art ❸ (*adverse*) unglücksselig; **~ circumstances** unglückliche Umstände **II.** *n* (*form or hum*) Unglücksselige(r) *f(m)*

unfortunately [ʌnˈfɔːtʃᵊnətli, AM -ˈfɔːr-] *adv* unglücklicherweise; ***~ for me I didn't have my credit card with me*** zu meinem Pech hatte ich meine Kreditkarte nicht dabei

unfounded [ʌnˈfaʊndɪd] *adj* unbegründet; ***these accusations are ~ in fact*** diese Anschuldigungen entbehren einer tatsächlichen Grundlage; ***our fears about the weather proved ~*** unsere Befürchtungen wegen des Wetters stellten sich als grundlos heraus

unframed [ʌnˈfreɪmd] *adj inv* ungerahmt

unfreeze <-froze, -frozen> [ʌnˈfriːz, AM ˌʌnˈ-] **I.** *vt* ■**to ~ sth** etw auftauen; **to ~ assets** ECON Vermögen[swerte] freigeben **II.** *vi* auftauen

unfrequented [ˌʌnfrɪˈkwentɪd, AM ʌnˈfriːkwent̬ɪd] *adj* wenig besucht

unfriendliness [ʌnˈfrendlɪnəs] *n no pl* Unfreundlichkeit *f;* ***his ~ towards his colleagues led people to avoid him*** wegen seiner unfreundlichen Art Kollegen gegenüber gingen ihm die Leute aus dem Weg

unfriendly [ʌnˈfrendli] *adj* unfreundlich; (*hostile*) feindlich; **user ~** nicht benutzerfreundlich; **environmentally ~** umweltschädlich; ■**to be ~ to sb** jdm gegenüber unfreundlich sein

unfrock [ʌnˈfrɒk, AM -ˈfrɑːk] *vt* ■**to ~ sb** jdn des Amtes entheben

unfrozen [ʌnˈfrəʊzᵊn, AM -ˈfroʊ-] *adj* ungefroren

unfruitful [ʌnˈfruːtfᵊl] *adj* ❶ (*barren*) unfruchtbar ❷ (*unprofitable*) fruchtlos, unergiebig; (*unproductive*) ergebnislos; ***in his opinion yoga is ~*** seiner Meinung nach bringt Yoga nichts *fam*

unfulfilled [ˌʌnfʊlˈfɪld] *adj* ❶ *thing* unvollendet; **an ~ promise** ein unerfülltes Versprechen ❷ *person* unausgefüllt; *life, wishes* unerfüllt; ***the rumour remained ~*** das Gerücht hat sich nicht bewahrheitet

unfunded [ʌnˈfʌndɪd] *adj inv* FIN, ❶ (*without assets*) ohne finanzielle Ausstattung, nicht subventioniert ❷ (*of a debt*) schwebend, unfundiert *fachspr*

unfunny [ʌnˈfʌni] *adj* [gar] nicht komisch; ***I find that joke decidedly ~ and in extremely poor***

taste diesen Witz finde ich alles andere als komisch und völlig geschmacklos
unfurl [ʌnˈfɜːl, AM -ˈfɜːrl] **I.** *vt* ■**to ~ sth** etw ausrollen; *banner, flag* etw entrollen [*o* entfalten]; **to ~ a sail** ein Segel setzen; **to ~ an umbrella** einen Schirm aufspannen **II.** *vi* sich *akk* öffnen
unfurnished [ʌnˈfɜːnɪʃt, AM -ˈfɜːr-] **I.** *adj* unmöbliert; **to rent sth ~** etw unmöbliert mieten **II.** *n* BRIT (*fam*) unmöbliertes Zimmer
unfussy [ʌnˈfʌsi] *adj* schlicht
ungainly [ʌnˈgeɪnli] *adj* unbeholfen, plump; ***though graceful while swimming, ducks are somehow ~ on land*** obwohl Enten beim Schwimmen recht anmutig wirken, bewegen sie sich auf dem Trockenen eher unbeholfen fort
ungeared [ʌnˈgɪəd, AM -ˈgɪrd] *adj* ❶ TECH ohne Gangschaltung *nach n* ❷ BRIT FIN *account* ohne Fremdkapitalaufnahme *nach n; company* schuldenfrei; **~ balance sheet** unangepasste Bilanz
ungenerous [ʌnˈdʒenᵊrəs] *adj* kleinlich *pej*, knausrig *pej fam*
ungentlemanly [ʌnˈdʒent|mənli] *adj* ungalant *geh*
unget-at-able [ˌʌngetˈætəbḷ, AM -geṭˈæṭ-] *adj* (*sl*) unerreichbar
unglazed [ʌnˈgleɪzd] *adj inv* ❶ (*lacking glass*) unverglast ❷ (*lacking glazing*) unglasiert
unglued [ʌnˈgluːd] *adj* ❶ *inv* (*not glued*) nicht geklebt ❷ AM (*fig*) **to come ~** (*go wrong*) sich *akk* auflösen, zerfallen; *person* instabil werden
ungodly [ʌnˈgɒdli, AM -ˈgɑːd-] *adj* (*pej*) ❶ *attr* (*fam: unreasonable*) unerhört; **at an** [*or* **some**] **~ hour** zu einer unchristlichen Zeit ❷ (*form, liter: impious*) gottlos
ungovernable [ʌnˈgʌvᵊnəbḷ, AM -vɚn-] *adj country, people* unregierbar; *temper* unkontrollierbar
ungraceful [ʌnˈgreɪsfᵊl] *adj* plump
ungracious [ʌnˈgreɪʃəs] *adj* (*form*) unhöflich; **~ behaviour** [*or* AM **behavior**] unfreundliches Verhalten
ungraciously [ʌnˈgreɪʃəsli] *adv* unfreundlich, ungnädig *fig*
ungrammatical [ˌʌngrəˈmætɪkᵊl, AM -ˈmæṭ-] *adj* grammatisch inkorrekt
ungrateful [ʌnˈgreɪtfᵊl] *adj* undankbar; ■**to be ~ for sth** für etw *akk* undankbar sein
ungratefully [ʌnˈgreɪtfᵊli] *adv* undankbarerweise
ungreen [ʌnˈgriːn] *adj* (*fig*) unökologisch
ungrounded [ʌnˈgraʊndɪd] *adj* unbegründet, grundlos, ohne Basis *nach n*
ungrudging [ʌnˈgrʌdʒɪŋ] *adj* ❶ (*without reservation*) bereitwillig; **~ admiration** rückhaltlose Bewunderung; **~ encouragement** großzügige Förderung ❷ (*not resentful*) neidlos
ungrudgingly [ʌnˈgrʌdʒɪŋli] *adv* großzügig; **to ~ admire sb** jdn rückhaltlos bewundern; **to ~ congratulate sb** jdn aufrichtig beglückwünschen
unguarded [ʌnˈgɑːdɪd, AM -ˈgɑːrd-] *adj* ❶ (*not defended or watched*) unbewacht; **an ~ border** eine offene Grenze ❷ (*careless, unwary*) unvorsichtig, unüberlegt; **an ~ face** ein verräterischer Gesichtsausdruck; **in an ~ moment** in einem unbedachten Augenblick
unguent [ˈʌŋgwənt] *n* (*liter or spec*) Salbe *f*, Unguentum *nt fachspr*
ungulate [ˈʌŋgjəleɪt, AM lɪt] *n* ZOOL Huftier *nt*
unhallowed [ʌnˈhæləʊd, AM -loʊd] *adj* ❶ (*not consecrated*) ungeweiht; **~ ground** ungeweihte Erde ❷ (*unholy*) unheilig *veraltend o hum*
unhampered [ʌnˈhæmpəd, AM -ɚd] *adj* uneingeschränkt; **to be ~ by regulations** nicht von Bestimmungen eingeschränkt sein; **an ~ view** eine ungehinderte Sicht
unhand [ʌnˈhænd] *vt* (*dated or hum*) ■**to ~ sb** jdn loslassen
unhang <-hung, -hung> [ʌnˈhæŋ] *vt* ■**to ~ sth** etw abhängen, etw abnehmen
unhappily [ʌnˈhæpɪli] *adv* ❶ (*unfortunately*) unglücklicherweise; **~ *for the spectators, it began to rain*** zum Leidwesen der Zuschauer fing es an zu regnen ❷ (*miserably*) unglücklich; **to be ~ married** unglücklich verheiratet sein
unhappiness [ʌnˈhæpɪnəs] *n no pl* Traurigkeit *f*
unhappy [ʌnˈhæpi] *adj* ❶ (*sad*) unglücklich; **an ~ marriage** eine unglückliche Ehe; ■**to be ~ about sth** über etw *akk* unglücklich sein; ■**to be ~ with sth** mit etw *dat* unzufrieden sein ❷ (*unfortunate*) unglücksselig; **an ~ coincidence** ein unglückliches Zusammentreffen
unharmed [ʌnˈhɑːmd, AM -ˈhɑːrmd] *adj inv* unversehrt; ***fortunately, they were ~ by the flying glass*** zum Glück wurden sie von den umherfliegenden Glassplittern nicht getroffen; **to escape ~** unversehrt davonkommen
unharness [ʌnˈhɑːnəs, AM -ˈhɑːrn-] *vt* **to ~ a horse/a husky/an ox** ein Pferd/einen Husky/einen Ochsen ausspannen [*o* abschirren]
unhealthily [ʌnˈhelθɪli] *adv* ❶ MED ungesund ❷ PSYCH krankhaft
unhealthiness [ʌnˈhelθɪnəs] *n no pl* ❶ (*poor health*) Kränklichkeit *f* ❷ (*unwholesomeness*) Gesundheitsschädlichkeit *f*
unhealthy [ʌnˈhelθi] *adj* ❶ (*unwell*) kränklich ❷ (*harmful to health*) ungesund ❸ (*fam: dangerous*) gefährlich ❹ (*morbid*) krankhaft; **an ~ interest in sth** ein krankhaftes Interesse an etw *dat*
unheard [ʌnˈhɜːd, AM -ˈhɜːrd] *adj* ❶ (*not heard*) ungehört ❷ *usu pred* (*ignored*) **to go ~** ungehört bleiben
unheard-of *adj* ❶ (*unknown*) unbekannt; ***in those days space travel was ~*** zu jener Zeit hatte man von der Raumfahrt noch nichts gehört ❷ (*pej: unthinkable*) undenkbar
unheated [ʌnˈhiːtɪd, AM -ṭɪd] *adj* ungeheizt
unheeded [ʌnˈhiːdɪd] *adj* unbeachtet; **to go ~** kein Gehör finden
unhelpful [ʌnˈhelpfᵊl] *adj* ❶ (*not ready to help*) *person* nicht hilfsbereit ❷ (*useless*) nicht förderlich, nicht hilfsbereit; *behaviour, comment* nicht hilfreich
unhelpfully [ʌnˈhelpfᵊli] *adv* ❶ (*uncooperatively*) ohne Hilfsbereitschaft ❷ (*uselessly*) wenig hilfreich, nutzloserweise
unheralded [ʌnˈherəldɪd] *adj inv* unangekündigt
unhesitating [ʌnˈhezɪteɪtɪŋ, AM -ṭɪŋ] *adj* unverzüglich; ***they were ~ in their approval of the marriage*** die Heirat fand ihre bereitwillige Zustimmung; **an ~ reaction/response** eine unverzügliche Reaktion/Antwort
unhesitatingly [ʌnˈhezɪteɪtɪŋli, AM -ṭɪŋ-] *adv* ohne zu zögern
unhindered [ʌnˈhɪndəd, AM ɚd] *adj inv* ungehindert
unhinge [ʌnˈhɪndʒ] *vt* ❶ (*take off hinges*) **to ~ a door/gate** eine Tür/ein Tor aus den Angeln heben ❷ (*esp hum: make crazy*) ■**to ~ sb** jdn aus der Fassung bringen
unhinged [ʌnˈhɪndʒd] *adj* (*esp hum*) verrückt
unhip [ʌnˈhɪp] *adj* (*sl*) uncool *sl*
unhistorical [ˌʌnhɪˈstɒrɪkᵊl, AM ˈstɔːr] *adj* unhistorisch
unhitch [ʌnˈhɪtʃ] *vt* ■**to ~ sth** etw losmachen, etw loshaken
unholy [ʌnˈhəʊli, AM -ˈhoʊli] *adj* ❶ (*wicked*) ruchlos ❷ REL gottlos; **~ ground** ungeweihte Erde ❸ (*outrageous*) heillos; **to get up at some ~ hour** zu einer unchristlichen Zeit aufstehen; **~ glee** [*or* **relish**] Schadenfreude *f* ❹ (*pej: dangerous*) gefährlich; **an ~ alliance** eine unheilige Allianz *a. hum*
unhook [ʌnˈhʊk] *vt* ■**to ~ sth** ❶ (*remove from hook*) etw abhängen; **to ~ a fish** einen Fisch vom Haken nehmen; **to ~ a trailer** einen Anhänger abhängen ❷ (*unfasten*) *clothing* etw aufmachen
unhoped-for [ʌnˈhəʊptˌfɔːʳ, AM -ˈhoʊptˌfɔːr] *adj* unverhofft
unhorse [ʌnˈhɔːs, AM -ˈhɔːrs] *vt* ■**to ~ sb** jdn abwerfen
unhurried [ʌnˈhʌrɪd, AM -ˈhɜːr-] *adj* gemächlich, ohne Eile *nach n; person* gelassen
unhurriedly [ʌnˈhʌrɪdli, AM -ˈhɜːr-] *adv* gemächlich, gemütlich, in [aller] Ruhe, ohne Eile; ***he ate ~ without a care in the world*** er ließ sich beim Essen nicht aus der Ruhe bringen
unhurt [ʌnˈhɜːt, AM -ˈhɜːrt] *adj* unverletzt
unhygienic [ˌʌnhaɪˈdʒiːnɪk, AM -ˈdʒen-] *adj* unhygienisch
uni [ˈjuːni] *n* BRIT, AUS (*fam*) *short for* **university** Uni *f fam*
uni- [ˈjuːni] *in compounds* COMPUT Ein-, ein-
unicameral [ˌjuːnɪˈkæmᵊrᵊl] *adj* LAW Einkammer-
UNICEF *n*, **Unicef** [ˈjuːnɪsef] *n no pl acr for* **United Nations** (**International**) **Children's** (**Emergency**) **Fund** UNICEF *f*
unicellular [ˌjuːnɪˈseljələʳ, AM -ɚ] *adj* BIOL einzellig
unicorn [ˈjuːnɪkɔːn, AM -kɔːrn] *n* Einhorn *nt*
unicycle [ˈjuːnɪˌsaɪkḷ, AM -nə-] *n* Einrad *nt*
unidentifiable [ˌʌnaɪˈdentɪfaɪəbḷ, AM ˌʌnaɪˌdenṭɪˈfaɪ-] *adj* nicht identifizierbar
unidentified [ˌʌnaɪˈdentɪfaɪd, AM -ṭ-] *n inv* ❶ (*unknown*) nicht identifiziert ❷ (*not yet made public*) unbekannt
unidentified flying object *n see* **UFO** unbekanntes Flugobjekt
unidiomatic [ʌnˌɪdiə(ʊ)ˈmætɪk, AM -əˈmæṭ-] *adj* LING unidiomatisch *fachspr*
unification [ˌjuːnɪfɪˈkeɪʃᵊn, AM -nə-] *n no pl* Vereinigung *f*
unified [ˈjuːnɪfaɪd] *adj* einheitlich, vereint; **~ European currency** europäische Einheitswährung
uniform [ˈjuːnɪfɔːm, AM -nəfɔːrm] **I.** *n* ❶ (*clothing*) Uniform *f*; **nurse's ~** Schwesterntracht *f*; ■**to be in/out of ~** eine/keine Uniform tragen ❷ AM (*fam: uniformed policeman*) Polizist(in) *m(f)* **II.** *adj* ❶ (*same*) einheitlich ❷ (*not changing*) *condition, quality, treatment* gleich bleibend; *temperature, rate, speed* konstant; *colour, sound, design* einförmig, eintönig *pej; scenery* gleichförmig
uniformed [ˈjuːnɪfɔːmd, AM -nəfɔːrmd] *adj inv* uniformiert; **the ~ branch** die uniformierte Polizei
uniformity [ˌjuːnɪˈfɔːməti, AM -nəˈfɔːrməṭi] *n no pl* ❶ (*sameness*) Einheitlichkeit *f*; (*pej*) Eintönigkeit *f* ❷ (*unchangingness*) Gleichmäßigkeit *f*
uniformly [ˈjuːnɪfɔːmli, AM -nəfɔːrm-] *adv* ohne Ausnahme
unify [ˈjuːnɪfaɪ] **I.** *vt* ■**to ~ sb/sth** jdn/etw vereinigen **II.** *vi* sich *akk* vereinigen, sich *akk* zusammentun
unilateral [ˌjuːnɪˈlætᵊrᵊl, AM -nəˈlæṭ-] *adj inv* einseitig; POL *also* unilateral
unilateral disarmament *n*, **unilateralism** [ˌjuːnɪˈlætᵊrᵊlɪzᵊm] *n no pl* BRIT einseitige Abrüstung
unilateralist [ˌjuːnɪˈlætᵊrᵊlɪst] *n* BRIT Anhänger(in) *m(f)* der einseitigen Abrüstung
unilaterally [ˌjuːnɪˈlætᵊrᵊli, AM -nəˈlæṭ-] *adv inv* im Alleingang; POL *also* unilateral; ***the Justice Department says the president does not have the power to act ~*** das Justizministerium betont, dass der Präsident nicht im Alleingang handeln kann
unilateral nuclear disarmament *n* BRIT einseitige nukleare Abrüstung
unimaginable [ˌʌnɪˈmædʒɪnəbḷ] *adj* unvorstellbar
unimaginative [ˌʌnɪˈmædʒɪnətɪv, AM -ṭɪv] *adj* einfallslos, fantasielos
unimpaired [ˌʌnɪmˈpeəd, AM -ˈperd] *adj* unbeeinträchtigt; **~ hearing/sight** ausgezeichnetes Gehör/Sehvermögen; ■**to be ~ by sth** von etw *dat* unbeeinträchtigt sein
unimpeachable [ˌʌnɪmˈpiːtʃəbḷ] *adj inv* (*approv form*) untadelig; **an ~ authority/source** eine unanfechtbare Autorität/Quelle
unimpeded [ˌʌnɪmˈpiːdɪd] *adj* ungehindert, ungehemmt
unimportance [ˌʌnɪmˈpɔːtᵊn(t)s, AM -ˈpɔːr-] *n* Unwichtigkeit *f*, Bedeutungslosigkeit *f*
unimportant [ˌʌnɪmˈpɔːtᵊnt, AM -ˈpɔːr-] *adj* unwichtig, unbedeutend
unimpressed [ˌʌnɪmˈprest] *adj pred* unbeeindruckt; ■**to be ~ by** [*or* **with**] **sth/sb** von etw/jdm nicht beeindruckt sein
unimpressive [ˌʌnɪmˈpresɪv] *adj* wenig beeindruckend
unimproved [ˌʌnɪmˈpruːvd] *adj inv* ❶ (*not made better*) nicht gebessert, nicht besser geworden ❷ AGR nicht bebaut, nicht kultiviert

U

uninfluenced [ʌnˈɪnfluən(t)st] *adj* unbeeinflusst
uninfluential [ʌnˌɪnfluˈen(t)ʃᵊl] *adj* nicht einflussreich
uninformative [ˌʌnɪnˈfɔːmətɪv, AM -ˈfɔːrmət̬-] *adj* nicht aufschlussreich, nicht informativ, inhaltslos; ***he sent us an ~ letter*** er schickte uns einen wenig aufschlußreichen Brief
uninformed [ˌʌnɪnˈfɔːmd, AM -ˈfɔːrmd] *adj* uninformiert; ■ **to be ~ about** [*or* **as to**] **sth** über etw *akk* nicht unterrichtet sein
uninhabitable [ˌʌnɪnˈhæbɪtəbl̩, AM -t̬ə-] *adj* ① (*unlivable in*) unbewohnbar ② (*unlivable on*) unbesiedelbar
uninhabited [ˌʌnɪnˈhæbɪtɪd, AM -t̬ɪd] *adj* ① (*not lived in*) unbewohnt ② (*not lived on*) unbesiedelt
uninhibited [ˌʌnɪnˈhɪbɪtɪd, AM -t̬ɪd] *adj* ① (*usu approv: unselfconscious*) ungehemmt ② (*unconstrained*) ungezwungen
uninitiated [ˌʌnɪˈnɪʃieɪtɪd, AM -t̬ɪd] **I.** *adj* ① (*uninstructed*) uneingeweiht; **an ~ eye** ein ungeübtes Auge; ■ **to be ~ in sth** von etw *dat* keine Ahnung haben ② (*not inducted*) nicht eingeführt **II.** *n* (*esp hum*) ■ **the ~** *pl* die Nichteingeweihten *hum*
uninjured [ʌnˈɪndʒəd, AM -ɚd] **I.** *adj* unverletzt; **to escape ~** unverletzt bleiben **II.** *n* ■ **the ~** *pl* die Unverletzten
uninspired [ˌʌnɪnˈspaɪəd, AM -ɚd] *adj* einfallslos
uninspiring [ˌʌnɪnˈspaɪərɪŋ, AM -spaɪrɪŋ] *adj* langweilig
uninsurable [ˌʌnɪnˈʃʊəˈəbl, AM -ˈʃʊr-] *adj inv* nicht versicherbar
uninsured [ˌʌnɪnˈʃʊəd, AM -ˈʃʊrd] *adj inv* ■ **to be ~** [**for** [*or* **against**] **sth**] [gegen etw *akk*] nicht versichert sein
unintelligent [ˌʌnɪnˈtelɪdʒᵊnt] *adj* unintelligent
unintelligibility [ˌʌnɪnˌtelɪdʒəˈbɪləti, AM ət̬i] *n no pl* Unverständlichkeit *f*
unintelligible [ˌʌnɪnˈtelɪdʒəbl̩] *adj* unverständlich; ■ **to be ~ to sb** für jdn unbegreiflich sein
unintelligibly [ˌʌnɪnˈtelɪdʒəbli] *adv* unverständlich
unintended [ˌʌnɪnˈtendɪd] *adj inv* unbeabsichtigt, nicht geplant
unintentional [ˌʌnɪnˈten(t)ʃᵊnᵊl] *adj* unabsichtlich; **~ humour** [*or* AM **humor**] unfreiwillige Komik
unintentionally [ˌʌnɪnˈten(t)ʃᵊnᵊli] *adv* unabsichtlich; **~ comic/funny** unfreiwillig komisch/lustig
uninterested [ʌnˈɪntrəstɪd, AM -trɪstɪd] *adj* uninteressiert; ■ **to be ~ in sth/sb** kein Interesse an etw/jdm haben; ■ **to be ~ in doing sth** an etw *dat* nicht interessiert sein
uninteresting [ʌnˈɪntrəstɪŋ, AM -trɪstɪŋ] *adj* uninteressant
uninterrupted [ʌnˌɪntᵊrˈʌptɪd, AM -təˈrʌp-] *adj inv* ununterbrochen; *rest, view* ungestört, unbeeinträchtigt; **~ activity** kontinuierliche Tätigkeit; **~ growth** beständiges Wachstum
uninterruptedly [ʌnɪntəˈrʌptɪdli] *adv* ununterbrochen
uninvited [ˌʌnɪnˈvaɪtɪd, AM -t̬ɪd] *adj guest* ungeladen, ungebeten; *question* unerwünscht, unwillkommen
uninviting [ˌʌnɪnˈvaɪtɪŋ, AM -t̬ɪŋ] *adj* wenig einladend; (*fig*) nicht [*o* wenig] verlockend
union [ˈjuːnjən] **I.** *n* ① *no pl* (*state*) Union *f*, Staatenbund *m*, Zusammenschluss *m*; **monetary ~** Währungsunion *f* ② (*act*) Vereinigung *f* ③ + *sing/pl vb* (*organization*) Verband *m*; (*trade union*) Gewerkschaft *f*; **student**[**s'**] **~** (*organization*) Studentenunion *f* (*engl. bzw. US-amerikan. universitäre Einrichtung zur studentischen Betreuung*); (*building*) Treffpunkt *m* der Studentenunion ④ (*form: marriage*) Verbindung *f* ⑤ (*harmony*) **to live in perfect ~** in völliger Harmonie leben ⑥ COMPUT (*function*) Union *f* **II.** *n modifier* (*activity, dues, leader, member, official, representative*) Gewerkschafts-; **the ~ demands** die Forderungen *fpl* der Gewerkschaft; **~ shop** *Betrieb, in dem nur Gewerkschaftsmitglieder tätig sind*
Union [ˈjuːnjən] *n* ① POL ■ **the ~** die Nation (*vor allem die USA oder Großbritannien*); **the state of the ~ address** AM Rede *f* zur Lage der Nation ② AM (*hist*) ■ **the ~** die Nordstaaten *mpl* ③ (*fam: students' social centre*) **Student ~** Gemeinschaftszentrum *nt* (*an Universitäten*)
Union Flag *n see* **Union Jack** britische Flagge
unionism [ˈjuːnjənɪzᵊm] *n no pl* ① (*trade unions*) Gewerkschaftswesen *nt* ② HIST, POL Unionismus *m*, unionistische Bestrebungen *fpl*
unionist [ˈjuːnjənɪst] *n* ① (*trade unionist*) Gewerkschaftler(in) *m(f)* ② BRIT POL **U~** Unionist(in) *m(f)*
unionization [ˌjuːnjənaɪˈzeɪʃᵊn, AM -nɪˈ-] *n no pl* gewerkschaftliche Organisierung
unionize [ˈjuːnjənaɪz] **I.** *vt* ■ **to ~ sb/sth** jdn/etw gewerkschaftlich organisieren **II.** *vi* sich *akk* gewerkschaftlich organisieren
unionized [ˈjuːnjənaɪzd] *adj* gewerkschaftlich organisiert
Union Jack *n* Union Jack *m*; NAUT Gösch *f* **union suit** *n esp* AM (*dated*) Hemdhose *f veraltend*
unipod [ˈjuːnɪpɒd, AM -pɑːd] *n* Einbeinstativ *nt*
unipolar [ˈjuːnɪpəʊləʳ, AM -poʊlɚ] *adj* SCI einpolig, unipolar *fachspr*
unique [juːˈniːk] *adj* ① *inv* (*only one*) einzigartig; ***the coral is ~ to this reef*** die Koralle ist nur an diesem Riff heimisch; ***these customs are ~ to this tribe*** diese Bräuche gibt es nur bei diesem Stamm; **a ~ characteristic** ein besonderes Merkmal; **~ selling point** COMM einzigartiges Verkaufsargument; **~ selling proposition** COMM einmaliges Verkaufsangebot; ■ **to be ~ in doing sth** als Einzige(r) *f(m)* etw tun ② (*fam: exceptional*) einzigartig; **a ~ opportunity** eine einmalige Gelegenheit
uniquely [juːˈniːkli] *adv* ① *inv* (*exclusively*) als Einzige(r,s) ② (*fam: very specially*) besonders
uniqueness [juːˈniːknəs] *n no pl* Einzigartigkeit *f*
unisex [ˈjuːnɪseks, AM -nə-] *adj inv* unisex
unison [ˈjuːnɪsᵊn, AM -nə-] **I.** *n no pl* ① MUS Gleichklang *m*; **to sing/play in ~** einstimmig singen/spielen ② (*simultaneously*) ■ **to do sth in ~** gleichzeitig dasselbe tun ③ (*in agreement*) **to act in ~** in Übereinstimmung handeln; ■ **to be in ~** [miteinander] im Einklang sein **II.** *adj attr, inv* MUS einstimmig
unit [ˈjuːnɪt] *n* ① (*standard of quantity*) Einheit *f*; **~ of alcohol** Alkoholeinheit *f*; **~ of currency** Währungseinheit *f*; **~ of length** Längenmaß *nt* ② + *sing/pl vb* (*group of people*) Abteilung *f*; **anti-terrorist ~** Antiterroreinheit *f*; **the family ~** der Familienverband; **policy ~** politische Abteilung ③ (*part*) Teil *m*, Einheit *f*; **~ of a course** Abschnitt *m* eines Kurses; **~ of a course book** Kapitel *nt* eines Kursbuches ④ (*element of furniture*) Element *nt*; **kitchen ~** Küchenelement *nt* ⑤ MECH Einheit *f*; **central processing ~** zentrale Datenverarbeitungsanlage; **video display ~** Sichtgerät *nt* ⑥ COMM Einheit *f*; STOCKEX Anlageeinheit *f* ⑦ MIL Einheit *f*, Verband *m* ⑧ MED Abteilung *f* ⑨ AM, AUS (*apartment*) Wohnung *f*; **multiple-~ dwelling** Wohnanlage *f* ⑩ MATH Einer *m* ⑪ COMPUT (*machine*) einzelne Maschine
Unitarian [ˌjuːnɪˈteəriən, AM -ˈteri-] REL **I.** *n* Unitarier(in) *m(f)* **II.** *adj inv* unitarisch
Unitarianism [ˌjuːnɪˈteəriənɪzᵊm, AM -ˈteri-] *n no pl* REL Unitarismus *m*
unitary [ˈjuːnɪtᵊri, AM -teri] *adj* POL einheitlich
unit cost *n* COMM Kosten *pl* pro Einheit
unite [juːˈnaɪt] **I.** *vt* ① (*join together*) ■ **to ~ sb/sth** [**with sb/sth**] jdn/etw [mit jdm/etw] vereinigen ② (*bring together*) ■ **to ~ sth with sth** etw mit etw *dat* verbinden; ***the restrictive policies of the government have served only to ~ many citizens' groups in opposition to the regime*** die restriktive Regierungspolitik hat einzig und allein bewirkt, viele Bürgerinitiativen zu einer einzigen Opposition zusammenzuschweißen **II.** *vi* ① POL, SOCIOL (*join in common cause*) sich *akk* vereinigen; ■ **to ~ to do sth** sich *akk* zusammenschließen, um etw zu tun; ■ **to ~ with/against sb** sich *akk* mit jdm/gegen jdn zusammentun ② (*join together*) sich *akk* verbinden
united [juːˈnaɪtɪd, AM -t̬-] *adj* ① (*joined together*) vereinigt; **~ Germany** wiedervereinigtes Deutschland ② (*joined in common cause*) **to present a ~ front** Einigkeit demonstrieren; **~ in grief** in Trauer vereint; ■ **to be ~ against sth** geschlossen gegen etw *akk* auftreten ③ (*in agreement*) vereint; ***on that issue we're ~*** in diesem Punkt stimmen wir überein ▸ PHRASES: **~ we stand, divided we fall** (*saying*) nur gemeinsam sind wir stark
United Kingdom *n* ■ **the ~** das Vereinigte Königreich (*Großbritannien und Nordirland*) **United Nations I.** *n* ■ **the ~** die Vereinten Nationen *pl* **II.** *n modifier* (*charter, commission, member, policy, spokesman*) UN-, der Vereinten Nationen *nach n*; **a ~ peacekeeping force** eine Friedenstruppe der Vereinten Nationen **United States** *n* + *sing vb* ■ **the ~** [**of America**] die Vereinigten Staaten *pl* [von Amerika]
unitholder *n esp* BRIT FIN Inhaber(in) *m(f)* von Investmentpapieren **unit price** *n* COMM Preis *m* pro Einheit **unit trust** *n* BRIT FIN [offener] Investmentfonds *m*
unity [ˈjuːnəti, AM -t̬i] *n usu no pl* ① (*oneness*) Einheit *f*; **~ of a film/novel** Einheitlichkeit *f* eines Films/Romans; **the unities** [**of time, place and action**] THEAT die Einheiten *fpl* [von Zeit, Ort und Handlung] ② (*harmony*) Einigkeit *f*; **an appeal for ~** ein Ruf *m* nach Eintracht; **national ~** nationale Einheit
universal [ˌjuːnɪˈvɜːsᵊl, AM -nəˈvɜːr-] **I.** *adj* allgemein, universell; **~ agreement** [*or* **approval**] allgemeine Zustimmung; **~ health care** allgemeine Gesundheitsfürsorge; **~ joint** TECH Kugelgelenk *nt*, Universalgelenk *nt*; **~ language** Weltsprache *f*; **~ panacea** Allheilmittel *nt*, Patentrezept *nt*; **~ military service** allgemeine Wehrpflicht; **~ suffrage** allgemeines Wahlrecht; **a ~ truth** eine allgemein gültige Wahrheit **II.** *n* ■ **a ~** eine allgemein verbindliche Aussage
universality [ˌjuːnɪvɜːˈsæləti, AM -nəvɜːrˈsælət̬i] *n no pl* (*form*) Universalität *f geh*
universally [ˌjuːnɪˈvɜːsᵊli, AM -nəˈvɜːr-] *adv* allgemein; **to be ~ true** allgemein gültig sein
universe [ˈjuːnɪvɜːs, AM -nəvɜːrs] *n* ① ASTRON ■ **the ~** das Universum; **centre** [*or* AM **center**] **of the ~** Mittelpunkt *m* des Universums ② LIT Schauplatz *m*; ***the characters in his novels inhabit a bleak and hopeless ~*** seine Romanfiguren sind in einer Welt der Öde und Hoffnungslosigkeit angesiedelt ③ *no pl* (*fig*) Welt *f*; ***his family is his whole ~*** für ihn besteht die ganze Welt nur aus seiner Familie
university [ˌjuːnɪˈvɜːsəti, AM -nəvɜːrsət̬i] **I.** *n* Universität *f*; **to attend** [*or* **go to**] [*or* **be at**] [AM **a**] **~** [an einer Universität] studieren **II.** *n modifier* (*campus, lecturer, library, professor, student, town*) Universitäts-; **~ chair** Lehrstuhl *m* an einer Universität; **~ education** Hochschulbildung *f*; **~ graduate** Akademiker(in) *m(f)*; **~ lecture** Vorlesung *f*; **~ student** Student(in) *m(f)*
unjust [ʌnˈdʒʌst] *adj* ungerecht; LAW unrechtmäßig
unjustifiable [ʌnˌdʒʌstɪˈfaɪəbl̩] *adj* nicht zu rechtfertigen *präd*
unjustifiably [ʌnˌdʒʌstɪˈfaɪəbli] *adv* in nicht zu rechtfertigender Weise; ***the costs of this project have become ~ high*** die Projektkosten sind so hoch, dass sie nicht mehr zu rechtfertigen sind
unjustified [ʌnˈdʒʌstɪfaɪd] *adj* ① (*not justified*) ungerechtfertigt; **~ complaint** [*or* **grievance**] unberechtigte Beschwerde ② TYPO im Flattersatz, nicht ausgerichtet
unjustly [ʌnˈdʒʌstli] *adv* (*pej*) ① (*in an unjust manner*) ungerecht; ***her complaint was ~ dealt with*** ihre Beschwerde erfuhr eine ungerechte Behandlung ② (*wrongfully*) zu Unrecht; **to be ~ condemned** zu Unrecht verurteilt werden
unkempt [ʌnˈkem(p)t] *adj* ungepflegt; **~ appearance** ungepflegtes Äußeres; **~ hair** ungekämmte Haare *ntpl*; **~ lawn** ungepflegter Rasen; **to look ~** einen ungepflegten Eindruck machen
unkind [ʌnˈkaɪnd] *adj* ① (*not kind*) unfreundlich; ■ **to be ~ of sb** [**to do sth**] gemein [*o* nicht nett] von jdm sein[, etw zu tun]; ***that was ~ of you*** das war nicht nett von dir; ■ **to be ~ to sb** unfreundlich zu jdm sein; **to be ~ to animals** Tiere schlecht behan-

deln; ~ **critics** ungnädige Kritiker ② *pred* (*not gentle*) **to be ~ to hair/skin/surfaces** die Haare/die Haut/Oberflächen angreifen

unkindly [ʌnˈkaɪndli] **I.** *adv* unfreundlich; ***she speaks ~ of him*** sie hat für ihn kein gutes Wort übrig; **to take ~ to sth** (*form*) sich *akk* über etw *akk* pikiert zeigen; *news* etw unfreundlich aufnehmen **II.** *adj* (*dated form*) unfreundlich

unkindness [ʌnˈkaɪndnəs] *n* ① *no pl* (*quality*) Unfreundlichkeit *f* ② (*instance*) Gemeinheit *f*

unknot <-tt-> [ʌnˈnɒt, AM ˈnɑːt] **I.** *vi* aufknoten, entknoten; (*fig*) die Lösung finden **II.** *vt* ■**to ~ sth** etw aufknoten, etw losknüpfen; (*also fig*) etw aufdröseln, etw entwirren

unknowable [ʌnˈnəʊəbl̩, AM ˈnoʊ] *adj inv* unkenntlich, nicht auszumachen[d]

unknowing [ʌnˈnəʊɪŋ, AM -ˈnoʊ-] *adj* ahnungslos; ***Jennie was the ~ cause of the quarrel*** Jennie war, ohne es zu wissen, der Grund für den Streit

unknowingly [ʌnˈnəʊɪŋli, AM -ˈnoʊ-] *adv* unwissentlich; ***a great number of people ~ carry the AIDS virus*** viele Menschen haben den Aidsvirus in sich, ohne es zu wissen

unknown [ʌnˈnəʊn, AM -ˈnoʊn] **I.** *adj* ① (*not known*) unbekannt, nicht bekannt; ■**to be ~ to sb** jdm unbekannt sein; ~ ***to me, she had organized a party for my birthday*** ohne mein Wissen hatte sie eine Geburtstagsparty für mich organisiert; **by a person** [*or* **persons**] ~ LAW von unbekannt; **an ~ quantity** eine unbekannte Größe; **the U~ Soldier** der Unbekannte Soldat ② (*not widely familiar*) unbekannt; ***as recently as six months ago her name was almost ~ in Britain*** noch vor sechs Monaten kannte sie kaum jemand in England **II.** *n* ① (*sth not known*) Ungewissheit *f*; MATH Unbekannte *f*; ■**the ~** das Unbekannte; **a fear of the ~** Angst *f* vor dem Unbekannten ② (*sb not widely familiar*) Unbekannte(r) *f(m)*

unlace [ʌnˈleɪs] *vt* ■**to ~ sth** etw aufschnüren

unladylike [ʌnˈleɪdilaɪk] *adj* (*pej dated*) nicht damenhaft [*o* ladylike]

unlamented [ˌʌnləˈmentɪd, AM t̬ɪd] *adj* unbeklagt, nicht bedauert

unlatch [ʌnˈlætʃ] *vt* ■**to ~ sth** etw aufklinken, etw öffnen

unlawful [ʌnˈlɔːfəl, AM -ˈlɑː-] *adj inv* ungesetzlich, rechtswidrig; ■**~ possession of sth** illegaler Besitz einer S. *gen*

unlawfully [ʌnˈlɔːfəli, AM -ˈlɑː-] *adv* auf ungesetzliche Weise, ungesetzlich, gesetzwidrig

unleaded [ʌnˈledɪd] *adj inv* unverbleit; ~ **petrol** bleifreies Benzin

unlearn [ʌnˈlɜːn, AM -ˈlɜːrn] *vt* ■**to ~ sth** etw verlernen; *habit* sich *dat* etw abgewöhnen

unleash [ʌnˈliːʃ] *vt* **to ~ a dog** einen Hund von der Leine lassen; (*fig*) ***she ~ed the full force of her anger on him*** sie ließ ihre ganze Wut an ihm aus; **to ~ passions in sb** Leidenschaften in jdm entfesseln; **to ~ a storm of protest** einen Proteststurm auslösen; **to ~ a war** einen Krieg auslösen

unleavened [ʌnˈlevənd] *adj inv* ~ **bread** ungesäuertes Brot

unless [ʌnˈles] *conj* (*except for when*) wenn ... nicht, außer ... wenn; ***don't promise anything ~ you're 100 per cent sure*** mach' keine Versprechungen, es sei denn, du bist hundertprozentig sicher!

unlettered [ʌnˈletəd, AM ˈlet̬əd] *adj inv* ① (*uneducated*) ungebildet, ungelehrt ② (*illiterate*) analphabetisch

unlicensed [ʌnˈlaɪsən(t)st] *adj inv* ohne Lizenz *nach n*; *car* nicht zugelassen *präd*; ~ **restaurant** Restaurant *nt* ohne Konzession; (*in Großbritannien*) Restaurant *nt* ohne Schankkonzession

unlike [ʌnˈlaɪk] **I.** *adj pred* (*not similar*) unähnlich, nicht ähnlich; ***the twins are completely ~ each other*** die Zwillinge ähneln sich überhaupt nicht **II.** *prep* ① (*different from*) **to be ~ sth/sb** jdm/etw nicht ähnlich sein ② (*in contrast to*) anders als, im Gegensatz zu ③ (*not normal for*) **to be ~ sth/sb** für jdn/etw nicht typisch sein

unlik(e)able [ʌnˈlaɪkəbl̩] *adj* nicht liebenswert, unsympathisch

unlikelihood [ʌnˈlaɪklɪhʊd] *n no pl* Unwahrscheinlichkeit *f*, Unwahrscheinliche(s) *nt*

unlikeliness [ʌnˈlaɪklɪnəs] *n no pl* Unwahrscheinlichkeit *f*

unlikely [ʌnˈlaɪkli] *adj* ① (*improbable*) unwahrscheinlich; ■**it's ~ that ...** es ist unwahrscheinlich, dass ...; **in the ~ event that ...** in dem unwahrscheinlichen Fall, dass ...; [**sth**] **seems ~** [etw] sieht nicht so aus ② (*unconvincing*) nicht überzeugend; ***he seems an ~-looking policeman*** er sieht nicht wie ein Polizist aus; ***they surely make an ~ pair*** sie sind schon ein seltsames Paar

unlimited [ʌnˈlɪmɪtɪd, AM -t̬-] *adj* ① *inv* (*not limited*) unbegrenzt; ~ **access** unbeschränkter Zugang; ~ **visibility** uneingeschränkte Sicht ② (*very great*) grenzenlos; ~ **amounts of food and drink** [schier] unerschöpfliche Mengen von Essen und Trinken

unlined [ˈʌnlaɪnd] *adj inv* ① (*without lines*) unliniert, ohne Linien *nach n*; *face* faltenlos ② *esp* FASHION (*without a lining*) ungefüttert

unlisted [ʌnˈlɪstɪd] *adj inv* ① (*not on stock market*) nicht notiert; ~ **market** geregelter Freiverkehr; ~ **securities** unnotierte Wertpapiere ② AM, AUS (*not in phone book*) nicht verzeichnet; **to have an ~ number** nicht im Telefonbuch stehen

unlit [ʌnˈlɪt] *adj inv* (*not lit*) unbeleuchtet; (*not aflame*) *candle, match* unangezündet, nicht brennend

unload [ʌnˈləʊd, AM -ˈloʊd] **I.** *vt* ① (*remove the contents*) ■**to ~ sth** *vehicle* etw entladen; *container, boot of car* etw ausladen; *dishwasher* etw ausräumen; ■**to ~ sth from sth** etw von etw *dat* abladen; **to ~ a camera** einen Film aus einer Kamera nehmen; **to ~ a rifle** ein Gewehr entladen ② (*fam: get rid of*) ■**to ~ sth** etw abstoßen *fam* [*o sl* verschachern]; *rubbish* etw abladen; STOCKEX etw abstoßen ③ (*unburden*) **to ~ one's heart** sein Herz ausschütten; **to ~ one's worries on sb** jdm etwas vorjammern *pej* **II.** *vi* ① TRANSP (*remove the contents*) abladen ② (*discharge goods*) entladen; *ship* löschen ③ (*fam: relieve stress*) Dampf ablassen *fam*; ■**to ~ on sb** jdm sein Herz ausschütten ④ (*sl: shoot a gun at*) ■**to ~ on sb** jdn abknallen *pej sl*

unlock [ʌnˈlɒk, AM -ˈlɑːk] *vt* ■**to ~ sth** ① (*release a lock*) etw aufschließen ② (*release*) etw freisetzen; **to ~ the imagination** der Fantasie freien Lauf lassen ③ (*solve*) etw lösen; **to ~ a mystery/riddle** ein Geheimnis/Rätsel lösen ④ COMPUT etw freigeben [*o* entsperren]

unlocked [ʌnˈlɒkt, AM -ˈlɑːkt] *adj inv door, window* unverschlossen; **to leave sth ~** etw nich abschließen

unlooked-for *adj attr,* **unlooked for** [ʌnˈlʊktfɔːʳ, AM -fɔːr] *adj pred* unerwartet, unvorhergesehen; ~ **problem** unvorhergesehenes Problem

unlov(e)able [ʌnˈlʌvəbl̩] *adj* nicht liebenswert

unloved [ʌnˈlʌvd] *adj* ungeliebt

unlovely <-ier, -iest *or* more ~, most ~> [ʌnˈlʌvli] *adj* unschön, hässlich, widerwärtig

unloving [ʌnˈlʌvɪŋ] *adj* lieblos

unluckily [ʌnˈlʌkɪli] *adv* unglücklicherweise, leider; ***he landed ~ and injured his back*** er hatte eine unglückliche Landung und verletzte sich am Rücken; ■**~ for sb** zu jds Pech *nt* [*o* Unglück *nt*]

unlucky [ʌnˈlʌki] *adj* ① (*unfortunate*) glücklos; ***he's always been ~*** er hat immer Pech; ***they were ~ enough to be there when it happened*** sie hatten das [große] Pech, gerade dort zu sein, als es passierte; ■**to be ~ for sb** [**that ...**] jd hat das Pech[, dass ...]; ***it was ~ for her that ...*** zu ihrem Pech ...; **to be ~ at cards/in love** Pech im Spiel/in der Liebe haben; **an ~ person** ein Pechvogel *m* ② (*dated form: bringing bad luck*) ■**to be ~** Unglück bringen; ~ **day** Unglückstag *m*; **to draw the ~ lot** den Kürzeren ziehen

unmade [ʌnˈmeɪd] **I.** *vi pt, pp of* **unmake II.** *adj inv* ungemacht; **an ~ bed** ein ungemachtes Bett

unmake <-made, -made> [ʌnˈmeɪk] *vt usu passive* ■**to ~ sth** etw zunichte machen; **to ~ a name/reputation** einen [guten] Namen zerstören/Ruf ruinieren

unman <-nn-> [ʌnˈmæn] *vt* (*dated*) ■**to ~ sb** jdn entmutigen [*o* schwach werden lassen]; (*shock*) jdn erschüttern

unmanageable [ʌnˈmænɪdʒəbl̩] *adj* unkontrollierbar; ***the children are ~*** die Kinder sind außer Rand und Band; **to become ~** *situation* außer Kontrolle geraten; *hair* nicht zu bändigen sein

unmanly [ʌnˈmænli] *adj* unmännlich, weibisch

unmanned [ˈʌnmænd] *adj inv* AEROSP unbemannt

unmannerly [ʌnˈmænəli, AM -əli] *adj* (*form*) *behaviour* ungehörig *geh; language* salopp; ■**to be ~** keine Manieren haben

unmarked [ʌnˈmɑːkt, AM -ˈmɑːrkt] *adj inv* ① (*undamaged*) *people* unverletzt; *things* unbeschädigt ② (*without distinguishing signs*) nicht gekennzeichnet; ~ **grave** namenloses Grab; ~ [**police**] **car** Zivilfahrzeug *nt* der Polizei

unmarried [ʌnˈmærɪd, AM *esp* -ˈmer-] *adj inv* unverheiratet, ledig; ~ **mother** ledige Mutter

unmask [ʌnˈmɑːsk, AM ˈmæsk] **I.** *vt* ■**to ~ sb/sth** [**as sb/sth**] jdn/etw [als jdn/etw] entlarven; **to ~ a fraud** einen Betrug aufdecken **II.** *vi* die Maske abnehmen

unmatched [ʌnˈmætʃt] *adj* ① *inv* (*unequalled*) unerreicht, unübertroffen; ***she has an intellectual capacity ~ in the rest of the group*** was ihre intellektuelle Kapazität angeht, kommt der Rest der Gruppe ihr nicht nach; ***they have enjoyed a standard of living ~ by anyone else in Europe*** sie haben einen Lebensstandard genossen, der in Europa seinesgleichen sucht ② (*extremely great*) gewaltig, enorm

unmentionable [ʌnˈmen(t)ʃənəbl̩] **I.** *adj* unaussprechlich; ■**to be ~** tabu sein; ***in the past pregnancy was considered to be something ~*** früher war Schwangerschaft ein Tabuthema; ~ **disease** *Krankheit, über die man nicht spricht* **II.** *n* (*hum dated*) ■**~s** *pl* (*undergarments*) Unaussprechliche *pl hum;* (*genitals*) Scham *f kein pl*

unmentioned [ʌnˈmen(t)ʃənd] *adj inv* unerwähnt; (*in a book*) nicht aufgeführt

unmercifully [ʌnˈmɜːsɪfəli, AM mɜːr] *adv* unbarmherzig, gnadenlos

unmerited [ʌnˈmerɪtɪd, AM t̬ɪd] *adj* unverdient

unmet [ʌnˈmet] *adj inv need, demand* offen [geblieben], nicht zufriedengestellt

unmetalled [ʌnˈmetəld, AM ˈmet̬] *adj inv* BRIT *road* unbeschottert

unmindful [ʌnˈmaɪndfəl] *adj* (*form*) ■**to be ~ of sth** auf etw *akk* keine Rücksicht nehmen; ***he was ~ of his own best interests*** er dachte nicht an seinen eigenen Vorteil

unmissable [ʌnˈmɪsəbl̩] *adj* (*fam*) ■**to be ~** ein Muss sein *fam; **the one ~ show in town*** die Show der Stadt, die man einfach gesehen haben musste

unmistak(e)able [ˌʌnmɪˈsteɪkəbl̩] *adj* unverkennbar; ~ **symptom** eindeutiges Anzeichen

unmistak(e)ably [ˌʌnmɪˈsteɪkəbli] *adv* unverkennbar, unverwechselbar

unmitigated [ʌnˈmɪtɪgeɪtɪd, AM -ˈmɪt̬əgeɪt̬ɪd] *adj* total *fam*, völlig *fam*, komplett *fam*; ***she described the film as 'ninety minutes of gloom, ~ by the slightest hint of humour'*** sie beschrieb den Film als ‚neunzig Minuten langen Trübsinn, der nicht vom kleinsten Anzeichen von Humor unterbrochen wurde'; ~ **contempt** volle Verachtung; **an ~ disaster** eine totale Katastrophe; ~ **evil** das absolute Böse

unmixed [ʌnˈmɪkst] *adj inv* ① (*not mixed*) unvermischt ② (*unambiguous*) unverfälscht, rein

unmolested [ˌʌnməʊˈlestɪd, AM məˈ] *adj inv* unbelästigt, ungestört

unmotivated [ʌnˈməʊtɪveɪtɪd, AM ˈmoʊt̬əveɪt̬ɪd] *adj* unmotiviert

unmounted [ʌnˈmaʊntɪd, AM t̬ɪd] *adj inv* ① (*not on horseback*) nicht beritten ② *not assembled* nicht montiert ③ *print* nicht aufgezogen ④ *gem* nicht [ein]gefasst

unmoved [ʌnˈmuːvd] *adj usu pred* unbewegt; (*emotionless*) ungerührt; ***he was quite ~ by her***

U

pleas for mercy ihre Bitten um Gnade rührten ihn überhaupt nicht
unmusical [ʌnˈmjuːzɪkᵊl] *adj* unmusikalisch
unnamed [ʌnˈneɪmd] *adj inv* ungenannt; ~ **source** JOURN ungenannte Quelle
unnatural [ʌnˈnætʃᵊrᵊl, AM -ɚəl] *adj* ❶ (*contrary to nature*) unnatürlich; PSYCH abnorm, pervers *pej;* ~ **sexual practices** perverse Sexualpraktiken ❷ (*not normal*) ungewöhnlich, unnormal; ***it's ~ for you to react so calmly*** normalerweise reagierst du nicht so gelassen ❸ (*dated: cruel*) unmenschlich; ~ **mother** Rabenmutter *f*
unnaturally [ʌnˈnætʃᵊrᵊli, AM -ɚəli] *adv* ❶ (*abnormally*) unnatürlich, unnormal ❷ (*unexpectedly*) **not** ~ nicht verwunderlich; ***not ~, they have refused to lend him any more money*** es ist kein Wunder, dass sie es abgelehnt haben, ihm nochmals Geld zu leihen ❸ (*affectedly*) affektiert, geziert; **to walk** ~ einen affektierten Gang haben
unnecessarily [ʌnˌnesəˈserɪli] *adv* unnötigerweise; ~ **complex** unnötig kompliziert
unnecessary [ʌnˈnesəsᵊri, AM -ser-] *adj* ❶ (*not necessary*) unnötig ❷ (*pej: uncalled for*) überflüssig, verzichtbar; ***a lot of the violence in the film was totally ~*** auf einen Großteil der Gewaltszenen im Film hätte man gut verzichten können
unnerve [ʌnˈnɜːv, AM -ˈnɜːrv] *vt* ■**to ~ sb** jdm an die Nerven gehen, jdn nervös machen
unnerving [ʌnˈnɜːvɪŋ, AM -ˈnɜːrv-] *adj* entnervend, enervierend *geh;* ***I find it too ~*** das kostet mich zu viel Nerven *fam*
unnervingly [ʌnˈnɜːvɪŋli, AM -ˈnɜːrv-] *adv* enervierend *geh;* ***it was ~ still*** es herrschte eine schier unerträgliche Stille
unnoticed [ʌnˈnəʊtɪst, AM -ˈnoʊt̬ɪst] *adj pred* unbemerkt; ■**to do sth** ~ etw unbemerkt tun; **to go ~ that ...** nicht bemerkt werden, dass ...; ***so far it has gone ~ that several thousand dollars are missing from the treasury*** bisher ist es noch nicht aufgefallen, dass mehrere tausend Dollar aus der Staatskasse fehlen
unnumbered [ʌnˈnʌmbəd, AM -bɚd] *adj* ❶ *inv* (*not marked*) nicht nummeriert; **an ~ house** ein Haus ohne Hausnummer; **an ~ page** eine Seite ohne Zahl ❷ (*form: countless*) unzählig *geh,* zahllos
UNO [ˈjuːnəʊ, AM noʊ] *n no pl, + sing/pl vb abbrev of* **United Nations Organization:** ■**the ~** die UNO
unobjectionable [ˌʌnəbˈdʒekʃᵊnəbl̩] *adj* einwandfrei, nicht zu beanstanden[d]
unobservant [ˌʌnəbˈzɜːvᵊnt, AM -ˈzɜːr-] *adj* unaufmerksam
unobserved [ˌʌnəbˈzɜːvd, AM ˈzɜːrvd] *adj inv* unbeobachtet, unbemerkt
unobstructed [ˌʌnəbˈstrʌktɪd] *adj inv* ungehindert; *passage* unversperrt
unobtainable [ˌʌnəbˈteɪnəbl] *adj* unerreichbar, utopisch *fam*
unobtrusive [ˌʌnəbˈtruːsɪv] *adj* unaufdringlich; ~ **make-up** dezentes Make-up; **an ~ person** ein unaufdringlicher Mensch; **an ~ piece of furniture** ein dezentes Möbelstück
unobtrusively [ˌʌnəbˈtruːsɪvli] *adv* ❶ (*unnoticed*) unaufdringlich ❷ (*discreetly*) unauffällig
unobtrusiveness [ˌʌnəbˈtruːsɪvnəs] *n no pl* (*approv*) Unaufdringlichkeit *f*
unoccupied [ʌnˈɒkjəpaɪd, AM -ˈɑːkjə-] *adj inv* ❶ (*uninhabited*) unbewohnt ❷ (*not under military control*) nicht besetzt; **an ~ country** eine unbesetztes Land ❸ (*not taken*) *seat* frei
unofficial [ˌʌnəˈfɪʃᵊl] *adj* inoffiziell, nichtamtlich; ~ ***estimates claim that ...*** inoffiziellen Schätzungen zufolge ...; **in an ~ capacity** inoffiziell; ***according to ~ figures, ...*** inoffiziellen [*o* nicht amtlichen] Zahlen zufolge ...; ~ **strike** BRIT wilder Streik
unofficially [ˌʌnəˈfɪʃᵊli] *adv* inoffiziell; ***speaking ~, the politician intimated that ...*** hinter vorgehaltener Hand gab der Politiker zu verstehen, dass ...
unopened [ʌnˈəʊpᵊnd, AM ˈoʊ] *adj inv* ungeöffnet, [noch] verschlossen
unopposed [ˌʌnəˈpəʊzd, AM ˈpoʊzd] *adj inv* keinem Widerstand ausgesetzt, unbehindert; *opinion* unwidersprochen
unorganized [ʌnˈɔːgᵊnaɪzd, AM -ˈɔːr-] *adj* unorganisiert
unoriginal [ˌʌnəˈrɪdʒᵊnᵊl, AM ˈrɪdʒɪ] *adj* unoriginell, ohne Originalität *nach n*
unorthodox [ʌnˈɔːθədɒks, AM -ˈɔːrθədɑːks] *adj* unorthodox *geh,* unkonventionell; ~ **approach** ungewöhnliche Methode
unpack [ʌnˈpæk] **I.** *vt* ■**to ~ sth** etw auspacken; COMPUT (*remove data*) etw auspacken; **to ~ a car** ein Auto ausladen [*o* entladen] **II.** *vi* auspacken
unpaid [ʌnˈpeɪd] *adj inv* ❶ (*not remunerated*) unbezahlt; **to take ~ leave** unbezahlten Urlaub nehmen ❷ (*not paid*) unbezahlt; **an ~ invoice** eine ausstehende [*o* unbezahlte] Rechnung
unpalatable [ʌnˈpælətəbl̩, AM -ət̬ə-] *adj* ❶ (*not tasty*) ■**to be ~** schlecht schmecken ❷ (*fig: distasteful*) unangenehm
unparalleled [ʌnˈpærᵊleld, AM -ˈper-] *adj* (*form*) beispiellos, einmalig; *success* noch nie da gewesen; ***they enjoyed success on a scale ~ by any previous pop group*** sie hatten so viel Erfolg wie keine andere Popgruppe zuvor
unpardonable [ʌnˈpɑːdᵊnəbl̩, AM -ˈpɑːr-] *adj* unentschuldbar, unverzeihlich
unpardonably [ʌnˈpɑːdᵊnəbli, AM -ˈpɑːr-] *adv* unentschuldbar
unparliamentary [ʌnˌpɑːləˈmentᵊri, AM -ˌpɑːrləˈment̬ɚi] *adj inv* unparlamentarisch, nicht parlamentsfähig; ~ **language** der Würde des Parlaments nicht entsprechende Sprache
unpatriotic [ʌnˌpætriˈɒtɪk, AM ˌpeɪtriˈɑːt̬ɪk] *adj* unpatriotisch
unpaved [ʌnˈpeɪvd] *adj inv* ungepflastert
unperfumed [ˌʌnpəˈfjuːmd, AM pɚˈ] *adj inv* nicht parfümiert
unperturbed [ˌʌnpəˈtɜːbd, AM -pɚˈtɜrbd] *adj* nicht beunruhigt; ■**to be ~ by sth** sich *akk* durch etw *akk* nicht aus der Ruhe bringen lassen
unpick [ʌnˈpɪk] *vt* ■**to ~ sth** ❶ (*undo sewing*) etw auftrennen ❷ (*fig: reverse*) etw zunichte machen ❸ (*carefully analyse*) etw auseinander nehmen *fig*
unpin <-nn-> [ʌnˈpɪn] *vt* ■**to ~ sth** die Nadeln aus etw *akk* entfernen, etw losstecken, etw losmachen
unplaced [ʌnˈpleɪst] *adj inv* SPORTS unplaziert
unplanned [ʌnˈplænd] *adj inv* ❶ (*not intended*) ungeplant, nicht vorgesehen ❷ (*orderless*) planlos
unplayable [ʌnˈpleɪəbl̩] *adj* ❶ SPORTS, MUS (*too difficult to play*) unspielbar ❷ (*not able to support play*) *field, pitch* unbespielbar
unpleasant [ʌnˈplezᵊnt] *adj* ❶ (*not pleasing*) unerfreulich *geh,* unangenehm; ~ **incident** unliebsamer Vorfall *geh;* ~ **sensation** unangenehmes Gefühl; ~ **surprise** unangenehme Überraschung ❷ (*unfriendly*) *person* unfreundlich; *relations* frostig
unpleasantly [ʌnˈplezᵊntli] *adv* ❶ (*not pleasingly*) unangenehm, in unangenehmer Weise ❷ (*in an unfriendly manner*) unfreundlich
unpleasantness [ʌnˈplezᵊntnəs] *n* ❶ *no pl* (*quality*) Unerfreulichkeit *f* ❷ *no pl* (*unfriendly feelings*) Unstimmigkeit[en] *f[pl]*, Spannungen *fpl* ❸ (*instance*) Gemeinheit *f,* Nettigkeit[en] *f[pl] iron*
unplug <-gg-> [ʌnˈplʌg] *vt* ❶ (*disconnect*) **to ~ an electric appliance** ein elektrisches Gerät aus der Steckdose ziehen ❷ (*unstop*) **to ~ a drain/pipe** einen Abfluss/ein Rohr reinigen
unplugged [ʌnˈplʌgd] *adj* MUS unplugged (*ohne elektronische Verstärkung*)
unplumbed [ʌnˈplʌmd] *adj* ❶ (*not known*) unergründet; *mystery* ungelöst; ~ **depths [of the ocean]** unerforschte Tiefen [des Meeres] ❷ *inv* (*not plumbed*) ohne Wasserleitungen *nach n*
unpolished [ʌnˈpɒlɪʃt, AM -ˈpɑː-] *adj* ❶ *inv* (*not polished*) unpoliert ❷ (*fig: not refined*) ungehobelt, ungeschliffen
unpolluted [ˌʌnpəˈluːtɪd, AM -t̬-] *adj* unverschmutzt; ~ **water** sauberes Wasser
unpopular [ʌnˈpɒpjələʳ, AM -ˈpɑːpjələ] *adj* ❶ (*not liked*) unbeliebt; ■**to be ~ with sb** bei jdm unbeliebt sein ❷ (*not widely accepted*) unpopulär; **to be ~** wenig Anklang finden
unpopularity [ʌnˌpɒpjəˈlærəti, AM -ˌpɑːpjəˈlerət̬i] *n no pl person* Unbeliebtheit *f; government policies* Unpopularität *f*
unpractical [ʌnˈpræktɪkᵊl] *adj* ❶ (*impractical*) unpraktisch ❷ (*not feasible*) unpraktikabel, nicht durchführbar ❸ (*lacking skill*) unpraktisch, nicht praktisch veranlagt
unpracticed AM, **unpractised** [ʌnˈpræktɪst] *adj* BRIT (*form*) unerfahren; ■**to be ~ in sth** in etw *dat* unerfahren sein [*o* keine Übung haben]
unprecedented [ʌnˈpresɪdᵊntɪd, AM -ˈpresədent̬ɪd] *adj inv* noch nie da gewesen; LAW ohne Präzedenz[fall], beispiellos; ~ **action** beispiellose Aktion; ~ **in the history of sth** beispiellos in der Geschichte einer S. *gen;* **on an ~ scale** in bislang ungekanntem Ausmaß
unprecedentedly *adv* nie dagewesen
unpredictability [ʌnprɪˌdɪktəˈbɪlɪti, AM -ət̬i] *n no pl* Unvorhersehbarkeit *f*
unpredictable [ˌʌnprɪˈdɪktəbl̩] *adj* ❶ (*impossible to anticipate*) unvorhersehbar; ***the hours in this job are very ~*** in diesem Job weiß man nie, wie lange man arbeiten muss; ~ **policies/weather** unberechenbare Politik/unberechenbares Wetter ❷ (*moody*) unberechenbar
unpredictably [ˌʌnprɪˈdɪktəbli] *adv* unvorhersehbar; (*suddenly*) unvermittelt, plötzlich
unpredicted [ˌʌnprɪˈdɪktɪd] *adj inv* unvorhergesehen, unerwartet
unprejudiced [ʌnˈpredʒədɪst] *adj* ❶ (*not prejudiced*) unvoreingenommen; ~ **opinion** objektive Meinung ❷ (*not prejudiced against race*) ohne [Rassen]vorurteile *nach n;* ■**to be ~** keine [Rassen]vorurteile haben
unpremeditated [ˌʌnpriːˈmedɪteɪtɪd, AM -t̬-] *adj* unbedacht, unüberlegt; **to give an ~ answer** eine unbedachte Antwort geben; ~ **crime** LAW nicht vorsätzliches Verbrechen; ~ **murder** Mord *m* im Affekt
unprepared [ˌʌnprɪˈpeəd, AM -ˈperd] *adj* ❶ (*not prepared*) unvorbereitet; **to catch sb ~** jdn unvorbereitet treffen [*o fam* kalt erwischen]; ■**to be ~ for sth** *an event* auf etw *akk* nicht vorbereitet sein; *a reaction, emotion* auf etw *akk* nicht gefasst sein ❷ (*not ready*) nicht vorbereitet
unprepossessing [ʌnˌpriːpəˈzesɪŋ] *adj* wenig anziehend, nicht gerade sympathisch
unpretentious [ˌʌnprɪˈten(t)ʃəs] *adj* bescheiden, unprätentiös *geh; tastes* einfach
unprincipled [ʌnˈprɪn(t)səpl̩d] *adj* skrupellos; **an ~ person** ein Mensch *m* ohne Skrupel
unprintable [ʌnˈprɪntəbl̩, AM -t̬-] *adj* JOURN nicht druckfähig; **an ~ remark** eine für die Veröffentlichung ungeeignete Bemerkung
unproductive [ˌʌnprəˈdʌktɪv] *adj* unproduktiv; ~ **business** unrentabler Betrieb; ~ **land** unfruchtbares Land; ~ **negotiations** unergiebige Verhandlungen
unprofessional [ˌʌnprəˈfeʃᵊnᵊl] *adj* (*pej*) ❶ (*amateurish*) unprofessionell, unfachmännisch, amateurhaft ❷ (*beneath serious consideration*) unseriös ❸ (*contrary to professional ethics*) gegen die Berufsehre *präd;* ~ **conduct** berufswidriges Verhalten; (*against colleagues*) unkollegiales Verhalten
unprofessionally [ˌʌnprəˈfeʃᵊnᵊli] *adv* (*pej*) unprofessionell; **to handle sth ~** etw unfachmännisch handhaben
unprofitable [ʌnˈprɒfɪtəbl̩, AM -ˈprɑːfɪt̬əbl̩] *adj* ❶ (*not making a profit*) unrentabel; ***their business was ~*** ihr Betrieb warf keinen Gewinn ab; ~ **investment** Fehlinvestition *f* ❷ (*unproductive*) unproduktiv, unergiebig
unpromising [ʌnˈprɒmɪsɪŋ, AM -ˈprɑːmə-] *adj* (*bad*) nicht sehr viel versprechend; (*promising success*) nicht gerade aussichtsreich
unprompted [ʌnˈprɒm(p)tɪd, AM -ˈprɑːm(p)-] *adj inv* unaufgefordert; ■**to do sth ~** etw unaufgefordert [*o* spontan] tun
unpronounceable [ˌʌnprəˈnaʊn(t)səbl̩] *adj* (*fam*) unaussprechlich
unpropitious [ˌʌnprəˈpɪʃəs] *adj* ungünstig, nicht

förderlich

unprotected [ˌʌnprəˈtektɪd] *adj* ❶ (*exposed to harm*) schutzlos ❷ (*without safety guards*) unbewacht ❸ (*without a condom*) *sex* ungeschützt ❹ COMPUT (*allowing full access*) frei zugänglich

unprovable [ʌnˈpruːvəbl̩] *adj inv* unbeweisbar

unproved [ʌnˈpruːvd] *adj*, **unproven** [ʌnˈpruːvən] *adj* unbewiesen, nicht bewiesen; ~ **allegations** unerwiesene Behauptungen

unprovided [ˌʌnprəˈvaɪdɪd] *adj inv* ❶ (*not provided*) unversorgt ❷ (*not equipped*) ■ **to be ~ with sth** mit etw *dat* nicht versehen [*o* ausgestattet] sein

unprovided for *adj pred* unversorgt *präd;* **to leave sb ~** jdn unversorgt lassen; **to leave sb ~ in one's will** jdn in seinem Testament nicht bedenken

unprovoked [ˌʌnprəˈvəʊkt, AM -ˈvoʊkt] *adj* grundlos; ***his reproaches were entirely*** ~ seine Vorwürfe waren völlig aus der Luft gegriffen; **to come under ~ attack** grundlos angegriffen werden

unpublished [ʌnˈpʌblɪʃt] *adj inv* unveröffentlicht

unpunctual [ʌnˈpʌŋktʃuːəl] *adj* unpünktlich; ~ **start** verzögerter Beginn

unpunished [ʌnˈpʌnɪʃt] *adj inv* unbestraft; **to go ~** *flaw, foul* durchgehen *fam; crime* unbestraft bleiben; *person* ungestraft davonkommen

unputdownable [ˌʌnpʊtˈdaʊnəbl̩] *adj* (*approv fam*) **an ~ book** ein Buch, das man nicht aus der Hand legen kann

unqualified [ʌnˈkwɒlɪfaɪd, AM -ˈkwɑːlə-] *adj* ❶ (*without appropriate qualifications*) unqualifiziert; ***I'm ~ to give an opinion on that subject*** mir fehlt die Kompetenz, Stellung zu diesem Thema zu nehmen; ■ **to be ~ for sth** für etw *akk* nicht qualifiziert sein ❷ (*unreserved*) uneingeschränkt; ~ **denial** strikte Ablehnung; **an ~ disaster** eine Katastrophe grenzenlosen Ausmaßes; ~ **endorsement** uneingeschränktes Indossament; ~ **love** grenzenlose Liebe; ~ **success** voller Erfolg; ~ **support** rückhaltlose Unterstützung

unquenchable [ʌnˈkwen(t)ʃəbl̩] *adj* ~ **thirst** nicht zu löschender Durst; ~ **thirst for knowledge** (*fig*) unstillbarer Wissensdurst

unquestionable [ʌnˈkwestʃənəbl̩] *adj* fraglos, unbestreitbar; ***her intelligence is*** ~ ihre Intelligenz steht außer Frage; ~ **evidence** [*or* **proof**] unumstößlicher Beweis; ~ **fact** unumstößliche Tatsache; ~ **honesty** unzweifelhafte Ehrlichkeit

unquestionably [ʌnˈkwestʃənəbli] *adv* zweifellos, mit Sicherheit

unquestioned [ʌnˈkwestʃənd] *adj* ❶ (*not doubted*) unbestritten, unangefochten; ***her authority is*** ~ ihre Autorität steht außer Frage; **to let sth go ~** etw fraglos hinnehmen ❷ (*not questioned*) nicht befragt; (*not interrogated*) nicht verhört

unquestioning [ʌnˈkwestʃənɪŋ] *adj* bedingungslos; ~ **obedience** absoluter [*o* blinder] Gehorsam

unquestioningly [ʌnˈkwestʃənɪŋli] *adv* ohne zu fragen; **to ~ believe in sth** blind an etw *akk* glauben

unquiet [ʌnˈkwaɪət] *adj* (*liter*) unruhig; ~ **times** unruhige Zeiten; **sb's ~ spirit** jds rastloser Geist

unquote [ˈʌnkwəʊt, AM -kwoʊt] *vi* Ende des Zitats; **quote ...** ~ Zitatanfang ... Zitatende; (*iron*) ***they are quote 'just good friends'*** ~ sie sind, in Anführungszeichen, ‚nur gute Freunde'

unquoted [ʌnˈkwəʊtɪd, AM -ˈkwoʊt̬-] *adj* STOCKEX nicht notiert

unravel <BRIT -ll- *or* AM *usu* -l-> [ʌnˈrævəl] **I.** *vt* ■ **to ~ sth** ❶ (*unknit, undo*) etw auftrennen ❷ (*untangle*) etw entwirren; **to ~ a knot** einen Knoten aufmachen ❸ (*solve*) etw enträtseln; **to ~ a mystery** ein Rätsel lösen; **to ~ a secret** hinter ein Geheimnis kommen *fam* ❹ (*fig: destroy*) etw zunichte machen **II.** *vi* sich auftrennen

unread [ʌnˈred] *adj* ❶ *inv* (*not studied*) ungelesen; **to leave sth ~** etw ungelesen [liegen] lassen ❷ (*form, liter: not well-educated*) unbelesen, ungebildet

unreadable [ʌnˈriːdəbl̩] *adj* (*pej*) ❶ (*illegible*) unleserlich ❷ *book* schwer zu lesen *präd*, schwierig ❸ (*not worth reading*) nicht lesenswert

unready [ʌnˈredi] *adj* ❶ *pred* (*not prepared*) nicht bereit, nicht gerüstet *a. fig* ❷ (*old: slow to act, hesitant*) zögerlich, unlustig

unreal [ʌnˈrɪəl, AM ʌnˈriːl] *adj* ❶ (*not real*) unwirklich ❷ (*sl: astonishingly good*) unmöglich *fam;* ***man, that's ~!*** Mann, das gibt's doch nicht! *fam*

unrealistic [ˌʌnrɪəˈlɪstɪk, AM -riːə-] *adj* ❶ (*not realistic*) unrealistisch, wirklichkeitsfremd; ~ **objectives** unrealistische Zielsetzungen ❷ LIT, THEAT, FILM (*not convincing*) nicht realistisch; ~ **stage techniques** Verfremdungseffekte *mpl*

unrealistically [ˌʌnrɪəˈlɪstɪkəli, AM riəˈ] *adv* unrealistisch[erweise]

unreality [ˌʌnriˈæləti, AM -ət̬i] *n no pl* Unwirklichkeit *f;* ***there was an air of ~ about the visit*** der Besuch hatte etwas Unwirkliches

unrealized [ʌnˈrɪəlaɪzd, AM -ˈriːə-] *adj* ❶ (*not realized*) nicht verwirklicht ❷ FIN (*not turned into money*) unrealisiert

unreasonable [ʌnˈriːzənəbl̩] *adj* ❶ (*not showing reason*) unvernünftig; ***it's not an ~ assumption that ...*** es ist nicht abwegig anzunehmen, dass ... ❷ (*unfair*) übertrieben, unzumutbar; ***don't be so ~! he's doing the best he can*** verlang nicht so viel! er tut sein Bestes; ~ **demands** überzogene Forderungen

unreasonableness [ʌnˈriːzənəbl̩nəs] *n no pl* ❶ (*lack of reason*) Unvernunft *f*, Unvernünftigkeit *f* ❷ (*inadequateness*) Unbilligkeit *f*, Unmäßigkeit *f*

unreasonably [ʌnˈriːzənəbli] *adv* ❶ (*illogically*) unvernünftig; ***she claims, not ~, that ...*** sie behauptet nicht zu Unrecht, dass ... ❷ (*unfairly*) übertrieben, unangemessen; ***you're being ~ strict with Daphne*** du bist unnötig streng mit Daphne

unreasoning [ʌnˈriːzənɪŋ] *adj* unbegründet; **an ~ fear** unbegründete Angst; ~ **hatred** grundloser Hass

unreceptive [ˌʌnrɪˈseptɪv] *adj* unempfänglich, nicht aufnahmefähig

unrecognizable [ˌʌnrekəgˈnaɪzəbl̩] *adj inv* nicht [wieder]erkennbar, unkenntlich

unrecognized [ʌnˈrekəgnaɪzd] *adj inv* ❶ (*not identified*) nicht [wieder]erkannt, unerkannt ❷ (*not acknowledged*) nicht anerkannt

unreconstructed [ˌʌnriːkənˈstrʌktɪd] *adj* (*also hum*) unbeirrbar, unbelehrbar; ***he's an ~ socialist*** er ist ein eingefleischter Sozialist

unrecorded [ˌʌnrɪˈkɔːdɪd, AM ˈkɔːr] *adj inv* ❶ (*unaccounted for in history*) nicht überliefert, nicht aufgezeichnet ❷ (*not in the files*) nicht eingetragen, unverzeichnet ❸ (*not on tape*) nicht aufgenommen

unredeemed [ˌʌnrɪˈdiːmd] *adj* nicht ausgeglichen; ■ **to be ~ by sth** durch etw *akk* nicht ausgeglichen [*o* wettgemacht] werden; ~ **sinner** REL unerlöster Sünder/unerlöste Sünderin

unrefined [ˌʌnrɪˈfaɪnd] *adj* ❶ (*not chemically refined*) nicht raffiniert, naturbelassen; ~ **sugar/oil** Rohzucker *m*/Rohöl *nt* ❷ (*not socially polished*) unkultiviert; ~ **manners** rüde Umgangsformen

unreflecting [ˌʌnrɪˈflektɪŋ] *adj* (*form*) unbedacht, unüberlegt

unregarded [ˌʌnrɪˈgɑːdɪd, AM ˈgɑːr] *adj* ❶ (*lacking attention*) unbeachtet, unberücksichtigt ❷ (*neglected*) vernachlässigt

unregenerate [ˌʌnrɪˈdʒenərət, AM -əɪt] *adj* (*pej form*) hartnäckig; ~ **refusal** hartnäckige Weigerung

unregistered [ʌnˈredʒɪstəd, AM -əd] *adj inv* nicht registriert [*o* eingetragen]; **an ~ birth** eine uneingetragene Geburt; **an ~ person** eine Person ohne Registrierung; ~ **mail** nicht eingeschriebene Post[sendungen]

unregulated [ʌnˈregjəleɪtɪd, AM t̬ɪd] *adj inv* ungeregelt, ungeordnet; *market* nicht reguliert

unrehearsed [ˌʌnrɪˈhɜːst, AM -ˈhɜːrst] *adj* ❶ (*spontaneous*) spontan ❷ THEAT (*not previously rehearsed*) nicht geprobt

unrelated [ˌʌnrɪˈleɪtɪd, AM -t̬-] *adj* ❶ *inv* (*not relatives*) nicht [miteinander] verwandt ❷ (*not logically connected*) ■ **to be ~ to sth** nicht mit etw *dat* zusammenhängen

unrelenting [ˌʌnrɪˈlentɪŋ, AM -t̬-] *adj* ❶ (*not yielding*) unerbittlich; **to be an ~ opponent of sth** unbeugsamer Gegner/unbeugsame Gegnerin einer S. *gen* sein; ■ **to be ~ in sth** in etw *dat* nicht nachlassen ❷ (*incessant*) unaufhörlich; ***the pain was*** ~ der Schmerz ließ nicht nach; ~ **pressure** konstanter Druck; ~ **rain** anhaltende Regenfälle *mpl* ❸ (*form: unmerciful*) gnadenlos, unerbittlich; ***the headmaster was ~ and the prescribed punishment followed in due course*** der Direktor blieb hart und die vorgesehene Strafe folgte bald

unrelentingly [ˌʌnrɪˈlentɪŋli, AM -t̬ɪŋli] *adv* unaufhörlich, unablässig; **to ~ pursue sth** etw unermüdlich verfolgen

unreliability [ˌʌnrɪlaɪəˈbɪlɪti, AM -ət̬i] *n no pl* Unzuverlässigkeit *f*

unreliable [ˌʌnrɪˈlaɪəbl̩] *adj* unzuverlässig

unrelieved [ˌʌnrɪˈliːvd] *adj* ❶ (*depressingly unvarying*) ununterbrochen, anhaltend *attr;* ■ **to be ~ by sth** trotz einer S. *gen* anhalten; ***the pressure at work was ~ by any improvement in the sales figures*** da sich die Verkaufszahlen nicht verbessert hatten, hielt auch der Druck in der Arbeit an; ~ **poverty** unverminderte Armut; ~ **pressure/stress** anhaltender Druck/Stress; ~ **tedium** dauernde Langeweile ❷ (*not helped*) unvermindert

unrelievedly [ˌʌnrɪˈliːvɪdli] *adv* anhaltend, gleich bleibend

unremarkable [ˌʌnrɪˈmɑːkəbl̩, AM -ˈmɑːr-] *adj* nicht bemerkenswert; **an ~ dress** ein unauffälliges Kleid

unremarked [ˌʌnrɪˈmɑːkt, AM ˈmɑːrkt] *adj inv* kommentarlos, unerwidert

unremitting [ˌʌnrɪˈmɪtɪŋ, AM -ˈmɪt̬ɪŋ] *adj* (*form*) unablässig; ■ **to be ~ in sth** in etw *dat* beharrlich sein; ***he was ~ in his determination to graduate with honours*** er war unbeirrbar in seinem Entschluss, mit Auszeichnung zu graduieren

unremittingly [ˌʌnrɪˈmɪtɪŋli, AM -ˈmɪt̬-] *adv* unaufhörlich

unrepeatable [ˌʌnrɪˈpiːtəbl̩, AM -t̬-] *adj* ❶ *inv* (*unable to be repeated*) nicht wiederholbar; ~ **sale price** einmaliger Verkaufspreis ❷ (*too offensive*) nicht wiederholbar *pej*

unrepentant [ˌʌnrɪˈpentənt, AM -t̬ənt] *adj* reu[e]los; ■ **to be ~** keine Reue zeigen; ■ **to be ~ about sth** etw nicht bereuen; ~ **sinner** reuloser Sünder/reulose Sünderin; **to die ~** sterben, ohne bereut zu haben

unreported [ˌʌnrɪˈpɔːtɪd, AM ˈpɔːrt̬ɪd] *adj inv* nicht berichtet, nicht gemeldet

unrepresentative [ˌʌnreprɪˈzentətɪv, AM -t̬ətɪv] *adj* nicht repräsentativ; ■ **to be ~ of sth** für etw *akk* nicht repräsentativ sein

unrepresented [ˌʌnreprɪˈzentɪd, AM t̬ɪd] *adj inv* nicht vertreten

unrequited [ˌʌnrɪˈkwaɪtɪd, AM -t̬ɪd] *adj* (*form or hum*) unerwidert; ■ **to be ~** unerwidert bleiben, nicht erwidert werden; ~ **love** unerwiderte Liebe

unreserved [ˌʌnrɪˈzɜːvd, AM -ˈzɜːrvd] *adj* ❶ (*without reservations*) uneingeschränkt, vorbehaltlos; **to be ~ in one's praise for sb/sth** jdn/etw über alle Maßen loben; ~ **support** volle [*o* rückhaltlose] Unterstützung ❷ (*not having been reserved*) nicht reserviert [*o* vorbestellt]; ~ **seats** freie Plätze ❸ (*not standoffish*) offen; ~ **friendliness** Herzlichkeit *f*

unreservedly [ˌʌnrɪˈzɜːvɪdli, AM -ˈzɜːrv-] *adv* uneingeschränkt, vorbehaltlos; ***I trust her*** ~ ich vertraue ihr rückhaltlos; **to apologize ~ to sb** sich *akk* ohne Einschränkungen bei jdm entschuldigen

unresisting [ˌʌnrɪˈzɪstɪn] *adj* widerstandslos, nicht widerstrebend

unresolved [ˌʌnrɪˈzɒlvd, AM -ˈzɑːlvd] *adj* ❶ (*not settled*) ungelöst; ~ **tension** anhaltende Spannung ❷ *pred* (*undecided*) unentschlossen, unschlüssig

unresponsive [ˌʌnrɪˈspɒn(t)sɪv, AM -ˈspɑːn(t)-] *adj* ■ **to be ~** nicht reagieren, keine Reaktion zeigen; ***the audience was*** ~ das Publikum ging nicht mit *fam;* ■ **to be ~ to sth** auf etw *akk* nicht reagieren [*o* eingehen]; **to be ~ to medicine/treatment** auf Medikamente/eine Behandlung nicht ansprechen

U

unrest [ʌnˈrest] *n no pl* Unruhen *pl;* **ethnic/social ~** ethnische/soziale Spannungen

unrestrained [ˌʌnrɪˈstreɪnd] *adj* uneingeschränkt; **~ consumerism** hemmungsloses Konsumverhalten; **~ criticism** harte Kritik; **~ laughter** ungehemmtes Gelächter; **~ praise** unumschränktes Lob

unrestricted [ˌʌnrɪˈstrɪktɪd] *adj* uneingeschränkt; **~ access** ungehinderter Zugang

unrewarded [ˌʌnrɪˈwɔːdɪd, AM ˈwɔːrd] *adj inv* unbelohnt

unrewarding [ˌʌnrɪˈwɔːdɪŋ, AM ˈwɔːrd] *adj* nicht lohnend, undankbar *fig*

unrighteous [ʌnˈraɪtʃəs] *adj esp* REL (*form*) ungerecht *veraltet*

unripe [ʌnˈraɪp] *adj* ① (*not ripe*) unreif; **to pick sth ~** etw unreif pflücken ② (*form: immature*) unerfahren, unreif

unrivalled [ʌnˈraɪvəld] *adj* unerreicht, unübertroffen; **an ~ collection of French porcelain** eine einzigartige Sammlung französischen Porzellans

unroll [ʌnˈrəʊl, AM -ˈroʊl] **I.** *vt* ■**to ~ sth** *map, poster* etw aufrollen **II.** *vi* sich *akk* abrollen [lassen]

unromantic [ˌʌnrəʊˈmæntɪk, AM roʊˈmænt̬ɪk] *adj* unromantisch

unrope [ʌnˈrəʊp, AM ˈroʊp] *vi* (*in climbing*) sich *akk* ausseilen

unrounded [ʌnˈraʊndɪd] *adj inv* LING entrundet

unruffled [ʌnˈrʌfld] *adj* ① (*not agitated*) unbeeindruckt, gelassen; ■**to be ~ by sb/sth** von jdm/etw unbeeindruckt sein ② (*not ruffled up*) unzerzaust; **~ feathers/fur/hair** glattes Gefieder/glatter Pelz/ordentliches Haar

unruliness [ʌnˈruːlɪnəs] *n no pl* ungebärdiges Verhalten, Ungebärdigkeit *f*

unruly <-ier, -iest *or* more ~, most ~> [ʌnˈruːli] *adj* ① (*disorderly*) ungebärdig; *child* schwierig; **~ crowd** aufrührerische Menge ② (*difficult to control*) **~ children** Kinder außer Rand und Band; **~ hair** nicht zu bändigendes Haar

unsaddle [ʌnˈsædl] *vt* ① (*remove saddle*) **to ~ a horse** ein Pferd absatteln ② (*unseat*) **to ~ a rider** einen Reiter abwerfen

unsafe [ʌnˈseɪf] *adj* ① (*dangerous*) unsicher; *animal* gefährlich; ■**to be ~ to do sth** gefährlich sein, etw zu tun; **~ sex** ungeschützter Sex; **~ at any speed** ganz und gar unsicher; **to declare sth ~** etw für nicht sicher erklären; *building, bridge* etw für einsturzgefährdet erklären ② *pred* (*in danger*) nicht sicher, gefährdet; ***I don't know why, but I feel ~ here*** ich weiß nicht warum, aber ich fühle mich hier nicht sicher ③ BRIT LAW (*unlikely to stand*) unhaltbar; **~ conviction** unhaltbares Urteil *nt;* **~ verdict** unhaltbarer Schuldspruch

unsaid [ʌnˈsed] **I.** *adj inv* (*form*) ungesagt; **to leave sth ~** etw ungesagt lassen; (*vaguely*) etw offen [*o* in der Schwebe] lassen; **to be better left ~** besser ungesagt bleiben **II.** *vt pt, pp of* **unsay**

unsalaried [ʌnˈsælərid] *adj inv* unbezahlt; **~ position** Tätigkeit ohne Monatsgehalt

unsal(e)able [ʌnˈseɪləbl] *adj* unverkäuflich; ***last year's fashions are ~*** Modeartikel vom letzten Jahr verkaufen sich nicht

unsalted [ʌnˈsɔːltɪd] *adj* ungesalzen

unsanitary [ʌnˈsænɪtəri, AM əteri] *adj* ① (*unhealthy*) ungesund ② (*lacking cleanliness*) unhygienisch

unsatisfactory [ʌnˌsætɪsˈfæktəri, AM -t̬-] *adj* ① (*not satisfactory*) nicht zufriedenstellend, unzureichend; ***your performance is most ~*** Ihre Leistungen lassen sehr zu wünschen übrig *geh;* **~ answer** unbefriedigende Antwort; **~ service** unzureichender Service ② (*grade*) ungenügend

unsatisfied [ʌnˈsætɪsfaɪd, AM -t̬-] *adj* ① (*not content*) unzufrieden; **to leave sb/sth ~** jdn/etw nicht befriedigen; ■**to be ~ with sb/sth** mit jdm/etw unzufrieden sein ② (*not convinced*) nicht überzeugt; **to be ~ with an explanation** sich *akk* mit einer Erklärung nicht zufrieden geben; **sth leaves sb ~** jd gibt sich mit etw *dat* nicht zufrieden ③ (*not sated*) nicht gesättigt; ***the sandwiches left them ~*** die Brote machten sie nicht satt

unsatisfying [ʌnˈsætɪsfaɪɪŋ, AM ˈsæt̬] *adj* unbefriedigend

unsaturated [ʌnˈsætʃəreɪtɪd, AM -t̬-] *adj* CHEM, FOOD ungesättigt *attr;* **~ fat[s]** ungesättigte Fettsäuren *fpl*

unsavory AM, **unsavoury** [ʌnˈseɪvəri] *adj* BRIT, AUS ① (*unpleasant to the senses*) unappetitlich ② (*disgusting*) ekelhaft, widerlich ③ (*socially offensive*) zweifelhaft, fragwürdig; **~ district** übles Viertel; **~ reputation** zweifelhafter Ruf; **~ type** zwielichtige Gestalt, schmierige Type *sl*

unsay <-said, -said> [ʌnˈseɪ] *vt* ■**to ~ sth** etw zurücknehmen [*o* ungesagt machen] ▶ PHRASES: **what's said cannot be unsaid** (*prov*) gesagt ist gesagt

unscarred [ʌnˈskaːd, AM ˈskaːrd] *adj inv* ohne Narben *nach n,* unverwundet; (*fig*) unbeeinträchtigt, nicht gezeichnet

unscathed [ʌnˈskeɪðd] *adj* unverletzt; ■**to be ~ by sth** (*fig*) durch etw *akk* keinen Schaden genommen haben; **to escape ~** unverletzt davonkommen; **to emerge ~ from sth** (*fig*) etw unbeschadet überstehen

unscheduled [ʌnˈʃedjuːld, AM -ˈskeʒuld,] *adj inv* außerplanmäßig; ***the meeting was ~*** das Treffen war nicht geplant; **an ~ stop** *of train* außerfahrplanmäßiger Halt

unschooled [ʌnˈskuːld] *adj* (*form*) ① (*uninstructed*) nicht ausgebildet [*o* geschult]; ■**to be ~ in sth** in etw *dat* nicht geschult sein; (*not know*) mit etw *dat* nicht vertraut sein ② (*untrained*) **~ horse** undressiertes Pferd

unscientific [ˌʌnsaɪənˈtɪfɪk] *adj* ① (*not meeting scientific standards*) unwissenschaftlich ② (*fam: not understanding scientific matters*) unwissenschaftlich

unscramble [ʌnˈskræmbl] *vt* ■**to ~ sth** ① (*decode*) etw dekodieren [*o* entschlüsseln]; (*fig*) Licht in etw *akk* bringen ② (*restore order*) etw wieder ordnen

unscreened [ʌnˈskriːnd] *adj inv* ① (*not checked*) unkontrolliert, nicht überprüft ② (*not broadcast*) nicht ausgestrahlt

unscrew [ʌnˈskruː] **I.** *vt* MECH ■**to ~ sth** ① (*remove screws*) etw abschrauben; (*to open*) etw aufschrauben ② (*remove sth by twisting*) etw abschrauben; **to ~ a jar** ein Glas aufschrauben; **to ~ a lid** [*or* **a top**] einen Deckel abschrauben **II.** *vi* (*take off by unscrewing*) sich abschrauben lassen; (*open*) aufschrauben

unscripted [ʌnˈskrɪptɪd] *adj inv* improvisiert; **~ remark** spontane Äußerung; **~ speech** Stegreifrede *f*

unscrupulous [ʌnˈskruːpjələs] *adj* (*pej*) skrupellos; **~ dealings/methods** skrupellose Machenschaften/Methoden

unseal [ʌnˈsiːl] *vt* (*dated*) ① (*open*) **to ~ a letter** einen Brief entsiegeln ② (*tell*) **to ~ a secret** ein Geheimnis enthüllen ③ (*publicize*) ■**to ~ sth** etw bekannt geben

unsealed [ʌnˈsiːld] *adj inv* ① (*not sealed*) unversiegelt ② (*open*) *letter* nicht zugeklebt

unseasonable [ʌnˈsiːzənəbl] *adj* ① (*not appropriate for season*) für die Jahreszeit ungewöhnlich, nicht der Jahreszeit entsprechend ② (*form: untimely*) unangebracht

unseasonably [ʌnˈsiːzənəbli] *adv* für die Jahreszeit ungewöhnlich; **~ cold/warm** für die Jahreszeit zu kalt/warm

unseasoned [ʌnˈsiːzənd] *adj inv* ① (*not spiced or salted*) ungewürzt ② HORT (*not aged*) **~ timber** nicht abgelagertes Holz

unseat [ʌnˈsiːt] *vt* ① (*remove from power*) ■**to ~ sb** jdn seines Amtes entheben ② SPORTS (*throw*) **to ~ a rider** einen Reiter abwerfen

unsecured [ˌʌnsɪˈkjuːəd, AM -ˈkjuːrd] *adj inv* ① FIN (*not covered by collateral*) ungesichert; **~ creditor** Gläubiger(in) *m(f)* ohne Sicherheiten; **~ bond** ungesicherte Schuldverschreibung; **~ debt** ungesicherte Verbindlichkeit; **an ~ loan** [*or* **credit**] Blankokredit *m,* ungesichertes Darlehen ② (*unfastened*) *load* ungesichert, unbefestigt

unseeded [ʌnˈsiːdɪd] *adj inv* ① TENNIS, SPORTS (*not seeded*) **an ~ player** ein Spieler *m*/eine Spielerin ohne Platzierung ② HORT (*not planted with seed*) unbesät

unseeing [ʌnˈsiːɪŋ] *adj* (*form*) blind; **to look at sb with ~ eyes** jdn mit leerem Blick anstarren

unseemliness [ʌnˈsiːmlɪnəs] *n no pl* (*form or dated*) Unschicklichkeit *f veraltend geh,* Ungehörigkeit *f*

unseemly [ʌnˈsiːmli] *adj* (*form or dated*) ungehörig, unschicklich *veraltend geh;* ***don't sit like that, Suzie — it's ~*** sitz nicht so da, Suzie – das schickt sich nicht *veraltend;* **~ behaviour** ungehöriges Benehmen

unseen [ʌnˈsiːn] *adj inv* ungesehen; ■**to do sth ~** etw unbemerkt tun; **sight ~** unbesehen; **to buy property sight ~** ein Grundstück unbesehen kaufen

unselfconscious [ˌʌnselfˈkɒn(t)ʃəs, AM -ˈkaːn-] *adj* unbefangen; ■**to be ~ about sth** unbefangen mit etw *dat* umgehen

unselfconsciously [ˌʌnselfˈkɒn(t)ʃəsli, AM -ˈkaːn-] *adv* unbefangen; **to laugh/talk ~** unbefangen [*o* ungezwungen] lachen/reden

unselfish [ʌnˈselfɪʃ] *adj* selbstlos, uneigennützig

unselfishly [ʌnˈselfɪʃli] *adv* selbstlos

unselfishness [ʌnˈselfɪʃnəs] *n no pl* Selbstlosigkeit *f,* Uneigennützigkeit *f*

unsentimental [ˌʌnsentɪˈmentəl, AM t̬əl] *adj* unsentimental

unserviceable [ʌnˈsɜːvɪsəbl, AM -ˈsɜːr-] *adj* unnütz, nicht zu gebrauchen; **~ appliances** unbrauchbare Geräte

unsettle [ʌnˈsetl, AM -ˈset̬l] *vt* ① (*make nervous*) ■**to ~ sb** jdn verunsichern [*o fam* durcheinander bringen] ② COMM (*make unstable*) **to ~ the market** das Marktgleichgewicht stören

unsettled [ʌnˈsetld, AM -ˈset̬ld] *adj* ① (*unstable*) instabil, unruhig; ***his feelings were in an ~ state*** seine Gefühle waren aus dem Gleichgewicht; **an ~ political climate** ein unruhiges politisches Klima; **an ~ period** eine bewegte Zeit; **~ weather** unbeständiges Wetter ② (*troubled*) unruhig, besorgt ③ (*unresolved*) **an ~ issue** eine noch anstehendes Thema ④ (*queasy*) **to have an ~ stomach** einen gereizten Magen haben ⑤ (*without settlers*) unbesiedelt

unsettling [ʌnˈsetlɪŋ, AM -t̬-] *adj* ① (*causing nervousness*) beunruhigend, verunsichernd; ***she had the ~ feeling that …*** sie hatte das ungute Gefühl, dass …; **~ image** FILM aufrüttelnde Szene ② (*causing disruption*) ■**to be ~** jdn/einen aus der Bahn werfen; ***it's very ~ to have to keep moving every couple of years*** man kann sich nirgendwo richtig zu Hause fühlen, wenn man alle zwei Jahre umziehen muss ③ COMM destabilisierend

unsexy [ʌnˈseksi] *adj* unsexy *sl,* ohne Sexappeal *nach n*

unshackle [ʌnˈʃækl] *vt* ① (*release from shackles*) ■**to ~ sb/sth** jdm/etw die Ketten abnehmen, jdn/etw von den Fesseln befreien ② (*fig: liberate, set free*) ■**to ~ sb/sth [from sth]** jdn/etw befreien

unshaded [ʌnˈʃeɪdɪd] *adj inv* unbeschattet, ohne Schatten *nach n; painting, drawing* nicht schattiert

unshakable [ʌnˈʃeɪkəbl] *adj,* **unshakeable** *adj belief, feeling, opinion* unerschütterlich; *alibi* felsenfest; **to have ~ faith in sth** fest an etw *akk* glauben

unshaken [ʌnˈʃeɪkən] *adj* unerschüttert; ***despite her husband's repeated flings, she has remained ~ in her loyalty*** trotz der wiederholten Eskapaden ihres Ehemannes geriet ihre Treue nicht ins Wanken

unshaved [ʌnˈʃeɪvd] *adj,* **unshaven** [ʌnˈʃeɪvən] *adj inv* unrasiert

unsheathe [ʌnˈʃiːð] *vt* **to ~ a dagger/sword** einen Dolch/ein Schwert aus der Scheide ziehen

unshed [ʌnˈʃed] *adj inv* unvergossen

unshockable [ʌnˈʃɒkəbl, AM ˈʃaːk] *adj* unerschütterlich, nicht zu schockieren[d]

unshod [ʌnˈʃɒd, AM -ˈʃaːd] *adj inv* (*form*) unbeschuht, barfuß

unshrinkable [ʌnˈʃrɪŋkəbl] *adj* ■**to be ~** *clothes*

nicht einlaufen
unshrinking [ʌnˈʃrɪŋkɪŋ] *adj* unverzagt, furchtlos; **to be ~ in the face of sth** vor etw *dat* nicht zurückschrecken
unshrinkingly [ʌnˈʃrɪŋkɪŋli] *adv* unverzagt, furchtlos; **to be ~ determined** fest entschlossen sein; **to face sb ~** jdm furchtlos entgegentreten
unsighted [ʌnˈsaɪtɪd, AM ţɪd] *adj* ❶ (*lacking the power of sight*) blind ❷ SPORTS ohne Sicht *nach n* ❸ (*unseen*) ungesehen, ungesichtet
unsightly <-ier, -iest *or* more ~, most ~> [ʌnˈsaɪtli] *adj* unansehnlich
unsigned [ʌnˈsaɪnd] *adj inv* ❶ (*lacking signature*) nicht unterschrieben [*o geh* unterzeichnet]; *painting* unsigniert ❷ (*not under contract*) *musician, player* nicht unter Vertrag stehend *attr* ❸ MATH, COMPUT (*without plus, minus sign*) unbezeichnet, ohne Plus- oder Minuszeichen *nach n*, ohne Vorzeichen *nach n*
unsinkable [ʌnˈsɪŋkəbl̩] *adj* ■**to be ~** *boat, ship* unsinkbar sein
unskilful *adj* BRIT, AUS, **unskillful** [ʌnˈskɪlfəl] *adj* AM ungeschickt, unerfahren
unskilled [ʌnˈskɪld] *adj* ❶ (*not having skill*) ungeschickt; ■**to be ~ in** [*or* **at**] [**doing**] **sth** sich *akk* bei etw *dat* ungeschickt anstellen ❷ (*not requiring skill*) ungelernt; **~ job** Tätigkeit *f* für ungelernte Arbeitskräfte; **~ work** Hilfsarbeiten *pl*
unskilled labour, AM **unskilled labor** *n no pl* ungelernte Arbeitskräfte *pl* **unskilled labourer**, AM **unskilled laborer**, **unskilled worker** *n* Hilfsarbeiter(in) *m(f)*
unsliced [ʌnˈslaɪst] *adj inv* nicht in Scheiben geschnitten, am Stück *nach n*
unsmiling [ʌnˈsmaɪlɪŋ] *adj inv* (*liter*) ernst; **~ expression** ernste Miene
unsmilingly [ʌnˈsmaɪlɪŋli] *adv inv* (*liter*) ohne zu lächeln, ernst
unsnap <-pp-> [ʌnˈsnæp] *vt* ■**to ~ sth** etw aufschnappen lassen
unsnarl [ʌnˈsnɑːl, AM -ˈsnɑːrl] **I.** *vt* **to ~ yarn** Garn entwirren **II.** *vi traffic* sich *akk* auflösen
unsociable [ʌnˈsəʊʃəbl̩, AM -ˈsoʊ-] *adj person* ungesellig; *activity* nicht [gerade] Kontakt fördernd *attr; place* nicht einladend (*für Kontakte und Begegnungen*)
unsocial [ʌnˈsəʊʃəl, AM -ˈsoʊ-] *adj* ❶ BRIT (*socially inconvenient*) nicht sozialverträglich; **to work ~ hours** außerhalb der normalen Arbeitszeiten arbeiten ❷ (*antisocial*) asozial *pej* ❸ (*not seeking company*) unsozial
unsold [ʌnˈsəʊld, AM -ˈsoʊld] *adj inv* unverkauft
unsolicited [ˌʌnsəˈlɪsɪtɪd, AM -ţ-] *adj inv* unerbeten; **~ advice** ungebetene Ratschläge *pl;* **~ manuscript** unaufgefordert eingesandtes Manuskript
unsolved [ʌnˈsɒlvd, AM -ˈsɑːlvd] *adj inv mystery, problem* ungelöst; *murder* unaufgeklärt
unsophisticated [ˌʌnsəˈfɪstɪkeɪtɪd, AM -təkeɪţɪd] *adj* ❶ (*pej: lacking knowledge*) *person* naiv, einfältig *pej; taste* einfach, anspruchslos ❷ (*uncomplicated*) *machine* einfach, unkompliziert ❸ (*approv: genuine*) unverfälscht; **~ pleasure** bescheidenes Vergnügen
unsound [ʌnˈsaʊnd] *adj* ❶ (*unstable*) instabil; *financial situation* heikel ❷ (*not valid*) *argument* nicht stichhaltig; *judgement* anfechtbar; ***your theory is logically ~*** deine Theorie ist logisch nicht folgerichtig; **~ police evidence** nicht stichhaltiges polizeiliches Beweismaterial ❸ (*unreliable*) *person* unsolide, unzuverlässig; ***the construction firm was accused of ~ building practices*** man hat das Bauunternehmen beschuldigt, unsolide zu bauen ❹ (*unhealthy*) ungesund; ***his kidney function is ~*** seine Nieren arbeiten nicht richtig; **to be of ~ mind** unzurechnungsfähig sein
unsoundness [ʌnˈsaʊndnəs] *n no pl* ❶ (*sth harming health*) Ungesunde[s] *nt* ❷ ([*mental or moral*] *unhealthiness*) Krankhaftigkeit *f* ❸ (*lack of reason*) Anfechtbarkeit *f*, Verfehltheit *f*
unsparing [ʌnˈspeərɪŋ, AM -ˈsper-] *adj* ❶ (*merciless*) schonungslos ❷ (*approv form: lavish*) großzügig; (*pej*) verschwenderisch; **to be ~ in one's efforts** keine Mühen scheuen
unsparingly [ʌnˈspeərɪŋli, AM ˈsper] *adv* ❶ (*generously*) reichlich, überaus ❷ (*regardlessly*) schonungslos
unspeakable [ʌnˈspiːkəbl̩] *adj* ❶ (*not to be expressed in words*) **an ~ tenderness** nicht in Worte zu fassende Gefühle der Zärtlichkeit ❷ (*horrific*) **~ atrocities** unbeschreibliche Gräueltaten
unspeakably [ʌnˈspiːkəbli] *adv* unsagbar, unbeschreiblich; ***he behaved ~*** wie er sich aufgeführt hat, spottet jeder Beschreibung; **~ bad/vile** unsagbar schlecht/gemein
unspecified [ʌnˈspesɪfaɪd] *adj inv* unspezifiziert, nicht näher erläutert; *people* namentlich nicht genannt
unspectacular [ʌnspekˈtækjələʳ, AM lɚ] *adj* unauffällig, unspektakulär *geh*
unspent [ʌnˈspent] *adj inv* ❶ (*not spent*) *money, energy* nicht verbraucht ❷ (*not exhausted*) unverbraucht, übrig geblieben
unspoiled [ʌnˈspɔɪld] *adj,* **unspoilt** [ʌnˈspɔɪlt] *adj* BRIT (*approv*) *person* unverdorben, natürlich; *child* nicht verwöhnt; *landscape* unberührt; **~ view** unverbaute Aussicht
unspoken [ʌnˈspəʊkən, AM ˈspoʊ-] *adj inv* unausgesprochen; ***there's an ~ assumption that ...*** man geht stillschweigend davon aus, dass ...; **~ agreement** stillschweigende Übereinkunft; **~ suspicions of sb** unausgesprochener Verdacht gegen jdn
unsporting [ʌnˈspɔːtɪŋ, AM ˈspɔːrţɪŋ] *adj,* **unsportsmanlike** [ʌnˈspɔːtsmenlaɪk, AM ˈspɔːrts-] *adj* unfair, unsportlich; **~ conduct** [*or* **behaviour**] unfaires Verhalten
unsprung [ʌnˈsprʌŋ] *adj inv* ungefedert
unstable [ʌnˈsteɪbl̩] *adj* ❶ (*not firm*) nicht stabil; **~ chair** wackeliger Stuhl ❷ (*fig*) instabil; ***his future looks ~*** seine Zukunft ist ungewiss; **~ society** instabile Gesellschaft; **emotionally** [*or* **mentally**] **~** PSYCH [psychisch] labil
unstated [ʌnˈsteɪtɪd, AM ţɪd] *adj inv* unausgesprochen
unsteadily [ʌnˈstedɪli] *adv* ❶ (*unstably*) unsicher, unruhig; **to walk ~** wanken ❷ (*irregularly*) unregelmäßig
unsteadiness [ʌnˈstedɪnəs] *n no pl* Unsicherheit *f*, Schwanken *nt*
unsteady [ʌnˈstedi] *adj* ❶ (*unstable*) nicht stabil; ***the table is ~*** der Tisch wackelt; **to be ~ on one's feet** [*or* **legs**] wack[e]lig auf den Beinen sein ❷ (*fluctuating*) instabil; ***the stock market has been ~ in recent weeks*** der Aktienmarkt ist in den letzten Wochen von Schwankungen gekennzeichnet ❸ (*wavering*) *hands, voice* zittrig; ***her voice was ~*** ihr zitterte die Stimme ❹ (*not regular*) *footsteps, heartbeat* unregelmäßig
unstinted [ʌnˈstɪntɪd, AM ţɪd] *adj* uneingeschränkt, unverkürzt *veraltend*
unstinting [ʌnˈstɪntɪŋ] *adj* (*form*) *person* großzügig; *support also* vorbehaltlos, uneingeschränkt; ***she is ~ in her generosity*** ihre Großzügigkeit kennt keine Grenzen; **to be ~ in one's efforts/praise** keine Mühen scheuen/mit Lob nicht sparen
unstintingly [ʌnˈstɪntɪŋli, AM ţɪŋ] *adv* freigebig, ohne zu knausern
unstoppable [ʌnˈstɒpəbl̩, AM ˈstɑːpə-] *adj* nicht aufzuhalten
unstrap <-pp-> [ʌnˈstræp] *vt* ■**to ~ sb/sth** jdn/etw abschnallen [*o* losschnallen]
unstressed [ʌnˈstrest] *adj inv* ❶ LING unbetont ❷ (*not worried*) unbelastet
unstructured [ʌnˈstrʌktʃəd, AM ɚd] *adj* ❶ (*without structure*) unstrukturiert ❷ *inv* (*of clothes*) unversteift, nicht appretiert
unstuck [ʌnˈstʌk] *adj* ❶ *pred, inv* (*not fastened*) **to** [**be**]**come ~** sich *akk* [ab]lösen ❷ (*undone*) **to come ~** scheitern; *speaker* stecken bleiben; (*in exam*) ins Schwimmen geraten *fam*
unstudied [ʌnˈstʌdid] *adj* (*form*) ❶ (*natural*) ungezwungen; **~ naturalness** Ungekünsteltheit *f geh*, ungezwungene Natürlichkeit; **~ response** spontane Antwort ❷ (*dated: not learned*) ■**to be ~ in sth** sich *akk* mit etw *dat* nicht auskennen
unsubstantial [ˌʌnsəbˈstæn(t)ʃəl] *adj* unwesentlich, dürftig; (*immaterial*) körperlos
unsubstantiated [ˌʌnsəbˈstæn(t)ʃieɪtɪd, AM -ţ-] *adj inv* unbegründet; ***these claims/rumours are entirely ~*** diese Behauptungen/Gerüchte entbehren jeder Grundlage
unsubtle <-r, -st> [ʌnˈsʌtl̩, AM ˈsʌţl̩] *adj* grob, unfein, unsubtil *geh*
unsuccessful [ˌʌnsəkˈsesfəl] *adj* erfolglos; *attempt* vergeblich; *candidate* unterlegen; *negotiations* ergebnislos; ■**to be ~ in sth** bei etw *dat* keinen Erfolg haben; **to prove ~** sich *akk* als Fehlschlag erweisen
unsuccessfully [ˌʌnsəkˈsesfəli] *adv* erfolglos, vergeblich
unsuitable [ʌnˈsjuːtəbl̩, AM -ˈsuːţə-] *adj* unpassend; ■**to be ~ for sth** für etw *akk* nicht geeignet sein, sich *akk* für etw *akk* eignen; **~ clothes** ungeeignete Kleidung; **~ moment** unpassender Moment; **to be ~ to** [*or* **for**] **the occasion** dem Anlass nicht entsprechen
unsuitably [ʌnˈsjuːtəbli, AM -ˈsuːţə-] *adv* unpassend; **~ dressed** unpassend gekleidet; **to behave ~** sich *akk* danebenbenehmen
unsuited [ʌnˈsuːtɪd, AM ţɪd] *adj pred* ■**to be ~ [for/to sth]** für etw *akk* ungeeignet sein
unsullied [ʌnˈsʌliːd] *adj* (*approv*) ❶ (*form: not tarnished*) makellos, unbefleckt; **an ~ reputation** ein makelloser Ruf ❷ (*dated: pure*) unberührt
unsung [ʌnˈsʌŋ] *adj inv* unbesungen; **~ achievements** unbeachtete Erfolge; **an ~ hero** ein Held *m*, von dem niemand spricht; **to go ~** sang- und klanglos untergehen
unsupported [ˌʌnsəˈpɔːtɪd, AM -ˈpɔːrţɪd] *adj inv* ❶ (*physically*) ungestützt, ohne Stütze *präd;* **to walk ~** ohne Stützen gehen ❷ (*without evidence*) *assumption, theory* nicht gestützt ❸ (*without financial aid*) ohne Unterstützung ❹ COMPUT (*not offering assistance*) ohne Support
unsure [ʌnˈʃʊəʳ, AM -ˈʃʊr] *adj person* unsicher; *fact, date* ungewiss; ■**to be ~ how/what/when/whether/why ...** nicht genau wissen [*o* sich *dat* nicht sicher sein], wie/was/wann/ob/warum ...; ■**to be ~ about sth** sich *dat* einer S. *gen* nicht sicher sein; ■**to be ~ of oneself** unsicher sein, kein Selbstvertrauen haben
unsurpassable [ˌʌnsəˈpɑːsəbl̩, AM səˈpæs] *adj inv* unübertrefflich, unüberbietbar
unsurpassed [ˌʌnsəˈpɑːst, AM -səˈpæst] *adj inv* unübertroffen, einzigartig; ■**to be ~ at** [*or* **in**] [**doing**] **sth** in etw *dat* unübertroffen sein
unsurprising [ˌʌnsəˈpraɪzɪŋ, AM sɚ] *adj* nicht überraschend
unsurprisingly [ˌʌnsəˈpraɪzɪŋli, AM sɚ] *adv* wie nicht anders erwartet [*o* zu erwarten]
unsuspected [ˌʌnsəˈspektɪd] *adj inv cause* unvermutet; *talent also* unerwartet; *person* unverdächtig; ***the real killer remained ~ for years*** der wahre Mörder geriet jahrelang nicht in Verdacht
unsuspecting [ˌʌnsəˈspektɪŋ] *adj* nichts ahnend, ahnungslos; **an ~ world** (*hum*) eine erstaunte Weltöffentlichkeit; **all ~** völlig ahnungslos
unsustainable [ˌʌnsəˈsteɪnəbl̩] *adj* ❶ *inv* (*not maintainable*) *levels* nicht aufrechtzuerhalten ❷ *inv* ECOL (*damaging to ecology*) umweltschädigend ❸ (*not to be supported*) *argument, remark* unhaltbar
unsustained [ˌʌnsəˈsteɪnd] *adj inv* nicht fortgeführt [*o* weitergeführt]
unsweetened [ʌnˈswiːtənd] *adj inv esp* FOOD ungesüßt
unswerving [ʌnˈswɜːvɪŋ, AM -ˈswɜːr-] *adj inv* ❶ (*unshakeable*) *commitment, loyalty* unerschütterlich, unbeirrbar; ■**to be ~ in sth** sich *akk* in etw *dat* nicht beirren lassen ❷ (*not turning*) ■**to be ~** nicht abweichen; ***he marched straight through the crowd, ~ from the direct line to the door*** er marschierte geradewegs durch die Menge, schnurstracks auf die Tür zu
unsympathetic [ˌʌnsɪmpəˈθetɪk, AM -ţ-] *adj* ❶ (*not showing sympathy*) ohne Mitgefühl *nach n,*

U

präd; ■**to be ~ about sth** wegen einer S. *gen* kein Mitgefühl zeigen ② (*not showing approval*) verständnislos; ■**to be ~ toward sth** für etw *akk* kein Verständnis haben; **to show a ~ reaction to sth** auf etw *akk* mit Unverständnis reagieren ③ (*not likeable*) *character* unsympathisch

unsympathetically [ˌʌnsɪmpəˈθetɪkli, AM ˈθeţ] *adv* merklich abgeneigt, mit spürbarer Ablehnung

unsystematic [ˌʌnsɪstəˈmætɪk, AM ˈmæţ] *adj* unsystematisch, ohne Plan *nach n*

unsystematically [ˌʌnsɪstəˈmætɪkli, AM ˈmæţ] *adv* planlos, unsystematisch

untainted [ʌnˈteɪntɪd, AM -ţ-] *adj* ① *inv* FOOD unverdorben ② (*not corrupted*) makellos, unbefleckt; ■**to be ~ by sth** von etw *dat* nicht beeinträchtigt sein; **~ name** guter Name; **~ reputation** untadeliger Ruf

untalented [ʌnˈtæləntɪd, AM ţɪd] *adj* untalentiert, unbegabt

untamed [ʌnˈteɪmd] *adj inv* wild, ungebändigt; *animal also* ungezähmt; **~ spirit** ungezügeltes Temperament

untangle [ʌnˈtæŋgl̩] *vt* ■**to ~ sth** etw entwirren *a. fig;* **to ~ a mystery** ein Rätsel lösen

untapped [ʌnˈtæpt] *adj inv line, keg* nicht angezapft; *market* nicht erschlossen; *resources* ungenutzt, brachliegend *attr*

untarnished [ʌnˈtɑːnɪʃt, AM tɑːr] *adj* makellos; (*also fig*) im alten Glanz erstrahlend, ungetrübt

untasted [ʌnˈteɪstɪd] *adj inv* ungekostet; (*fig*) nicht angerührt

untaught [ʌnˈtɔːt, AM ˈtɑːt] *adj inv* ① (*not taught*) unwissend, ungebildet ② (*not trained by teaching*) nicht unterrichtet, ungelehrt ③ (*natural, spontaneous*) ungelernt, autodidaktisch *geh*

untaxed [ʌnˈtækst] *adj inv income* steuerfrei; (*tax not paid for*) unversteuert

unteachable [ʌnˈtiːtʃəbl̩] *adj inv* ① (*of a person*) unbelehrbar ② (*of a subject*) unlehrbar, nicht beizubringen[d]

untenable [ʌnˈtenəbl̩] *adj* (*form*) unhaltbar, nicht vertretbar

untenanted [ʌnˈtenəntɪd] *adj inv house, property* unbewohnt, leer

untended [ʌnˈtendɪd] *adj inv* ① (*not looked after*) unbeaufsichtigt ② (*neglected*) unbehütet, vernachlässigt

untested [ʌnˈtestɪd] *adj inv* ungeprüft, [noch] nicht getestet

untether [ʌnˈteðəʳ, AM -ɚ] *vt* **to ~ an animal** ein Tier losbinden

unthinkable [ʌnˈθɪŋkəbl̩] **I.** *adj* ① (*unimaginable*) undenkbar, nicht vorstellbar ② (*shocking*) unfassbar **II.** *n no pl* ■**the ~** das Unvorstellbare

unthinking [ʌnˈθɪŋkɪŋ] *adj inv* gedankenlos, unbedacht; (*unintentional*) unabsichtlich; **~ *hostility to anything foreign*** blinde Feindseligkeit gegen alles Fremde

unthinkingly [ʌnˈθɪŋkɪŋli] *adv inv* gedankenlos, unbedacht; ***I just said it*** **~** ich habe das nur so dahergesagt

unthought of [ʌnˈθɔːtɒv, AM -ɑːv] *adj pred, inv,* **unthought-of** *adj attr, inv* unvorstellbar; **~ details** nicht bedachte Einzelheiten; **to leave sth ~** etw nicht bedenken

untidily [ʌnˈtaɪdɪli] *adv* unordentlich

untidiness [ʌnˈtaɪdɪnəs] *n no pl* Unordnung *f; of a person, dress* Unordentlichkeit *f*

untidy [ʌnˈtaɪdi] *adj* ① (*disordered*) unordentlich; *room* unaufgeräumt; *appearance* ungepflegt ② (*not well organized*) unsystematisch, schlampig *fam; thesis also* konzeptlos; **to have an ~ mind** einen wirren Geist haben

untie <-y-> [ʌnˈtaɪ] *vt* ① (*undo*) **to ~ a knot** einen Knoten lösen; **to ~ shoelaces** Schnürsenkel aufbinden ② (*undo fastening*) **to ~ a boat** ein Boot losbinden; **to ~ a parcel** ein Paket aufschnüren

until [ʌnˈtɪl] **I.** *prep* ① (*up to*) bis; ***we waited ~ half past six*** wir warteten bis halb Sieben; ***two more days ~ Easter*** noch zwei Tage bis Ostern ② (*beginning at*) bis; ***we didn't eat ~ past midnight*** wir aßen erst nach Mitternacht **II.** *conj* (*esp form*) ① (*up to time when*) bis; ***I laughed ~ tears rolled down my face*** ich lachte, bis mir die Tränen kamen ② (*not before*) ■**to not do sth ~ …** etw erst [dann] tun, wenn …; ***he won't stop ~ everything is finished*** er hört nicht eher auf, bis alles fertig ist; ***he didn't have a girlfriend ~ he was thirty-five*** er hatte erst mit 35 eine Freundin; ***not ~ all the people are here, can we get started*** solange nicht alle Leute da sind, können wir nicht anfangen

untimely [ʌnˈtaɪmli] *adj* (*form*) ① (*inopportune*) ungelegen ② (*premature*) verfrüht, vorzeitig

untiring [ʌnˈtaɪərɪŋ, AM -ˈtaɪrɪŋ] *adj* unermüdlich

untiringly [ʌnˈtaɪərɪŋli, AM -ˈtaɪrɪŋ-] *adv* unermüdlich

untitled [ʌnˈtaɪtl̩d, AM -ţ-] *adj inv* ① (*without heading*) unbetitelt, ohne Titel *nach n* ② SPORTS ohne Titelgewinn *nach n* ③ LAW ohne Rechtstitel, unberechtigt

unto *prep* (*liter or old*) ① (*to*) zu; ***for ~ us a child is born*** denn uns ist ein Kind geboren; ***do ~ others as you would be done by*** was du nicht willst, dass man dir tu, das füg auch keinem andern zu ② (*until*) bis; **~ *this day*** bis zum heutigen Tage

untold [ʌnˈtəʊld, AM -ˈtoʊld] *adj* ① *attr* (*immense*) unsagbar; *damage* immens; **~ misery** unsägliches Elend; **~ numbers of trees** unzählige Bäume; **~ wealth** unermesslicher Reichtum ② *inv* (*not told*) ungesagt; ***her real secrets remain ~*** ihre wirklichen Geheimnisse werden nicht preisgegeben; ***this is better left ~*** darüber schweigt man besser

untouchable [ʌnˈtʌtʃəbl̩] **I.** *adj* ① (*sacrosanct*) unantastbar, tabu ② *inv* (*fam: unbeatable*) unschlagbar ③ *inv* REL unberührbar **II.** *n* ① REL Unberührbare(r) *f(m);* ■**the ~s** *pl* die Unberührbaren ② (*pariah*) Aussätzige(r) *f(m)*

untouched [ʌnˈtʌtʃt] *adj inv* ① (*not touched*) unberührt; **to be ~ by human hands** von Menschenhand unberührt sein ② *drink, food* nicht angerührt ③ (*not affected*) ■**to be ~ by sth** von etw *dat* nicht betroffen sein; ■**to remain ~ by sth** von etw *dat* verschont bleiben; **to leave sth ~** etw verschont lassen ④ (*indifferent*) unbewegt, ungerührt ⑤ (*not mentioned*) unerwähnt; **to leave no detail ~** nicht die kleinste Kleinigkeit auslassen ⑥ (*dated: sexually pure*) unberührt

untoward [ˌʌntəˈwɔːd, AM -ˈtɔːrd] *adj* (*form*) ① (*unfortunate*) ungünstig; ***unless anything ~ happens*** wenn nichts dazwischenkommt; **~ side effects** unerwünschte Nebenwirkungen ② (*inappropriate*) *joke, remark* unpassend

untraceable [ʌnˈtreɪsəbl] *adj inv* unauffindbar, nicht aufzuspüren[d]

untrained [ʌnˈtreɪnd] *adj inv* ungeübt, ungeschult; *person* unausgebildet; *animal* undressiert; SPORTS untrainiert; ***she is ~ in psychology*** sie hat keine Ausbildung in Psychologie; **to the ~ eye** dem ungeschulten Auge

untrammeled AM, **untrammelled** [ʌnˈtræməld] *adj* BRIT (*form*) ungehindert, frei; ■**to be ~ by sb/sth** nicht an jdn/etw gebunden sein

untransferable [ˌʌntræn(t)sˈfɜːrəbl̩] *adj inv* LAW nicht übertragbar

untranslatable [ˌʌntræn(t)sˈleɪtəbl̩, AM -ţ-] *adj* unübersetzbar

untreatable [ʌnˈtriːtəbl̩, AM -ţ-] *adj inv* MED unheilbar

untreated [ʌnˈtriːtɪd, AM -ţ-] *adj inv* BIOL, CHEM, MED unbehandelt; **~ sewage** ungeklärte Abwässer

untried [ʌnˈtraɪd] *adj* ① *inv* (*not tested*) ungetestet, noch nicht erprobt; **~ troops** nicht kampferprobte Truppen ② (*form: inexperienced*) unerfahren ③ *inv* LAW noch nicht verhandelt; ***the accused remains ~*** der Beschuldigte wird nicht vor Gericht gestellt; **~ case** unerledigte Sache

untroubled [ʌnˈtrʌbl̩d] *adj* nicht beunruhigt, sorglos; ■**to be ~ by sth** sich *akk* von etw *dat* nicht beunruhigen lassen; **~ serenity** ruhige Gelassenheit

untrue [ʌnˈtruː] *adj* ① (*false*) *statement, story* unwahr, falsch ② *pred* (*not faithful*) untreu; ■**to be ~ to sb/sth** jdm/etw untreu sein; ***he's been ~ to his principles*** er ist seinen Prinzipien untreu geworden ③ (*not level*) vorstehend

untrustworthy [ʌnˈtrʌstˌwɜːði, AM -ˌwɜːr-] *adj* unzuverlässig

untruth [ʌnˈtruːθ] *n* ① (*lie*) Unwahrheit *f;* **to tell an ~** (*euph*) flunkern *fam* ② *no pl* (*quality*) Unrichtigkeit *f,* Falschheit *f*

untruthful [ʌnˈtruːθfəl] *adj* unwahr; (*tending to tell lies*) unaufrichtig

untruthfully [ʌnˈtruːθfəli] *adv* unaufrichtig[erweise]

untuck [ʌnˈtʌk] *vt* **to ~ bedclothes** die Bettdecke zurückschlagen

unturned [ʌnˈtɜːnd, AM -ˈtɜːrnd] *adj inv* nicht umgedreht; *soil* nicht umgegraben

untutored [ʌnˈtjuːtəd, AM -ˈtuːţɚd] *adj* (*form*) ungeschult; ■**to be ~ in sth** von etw *dat* keine Ahnung haben; **~ remark** unqualifizierte Bemerkung

untwist [ʌnˈtwɪst] **I.** *vt* **to ~ wire** Draht aufdrehen; **to ~ threads** Fäden entwirren **II.** *vi* aufgehen; *wire* sich *akk* aufdrehen

untypical [ʌnˈtɪpɪkəl] *adj* abweichend, untypisch

unusable [ʌnˈjuːzəbl̩] *adj inv* unbrauchbar

unused¹ [ʌnˈjuːzd] *adj inv* unbenutzt; *clothes* ungetragen; **~ property** ungenutzte [*o* leer stehende] Immobilien; **to go ~** nicht genutzt werden, ungenutzt bleiben; *talent, energy* brachliegen

unused² [ʌnˈjuːst] *adj pred* (*not accustomed*) ■**to be ~ to sth** an etw *akk* nicht gewöhnt sein

unusual [ʌnˈjuːʒəl, AM -ʒuəl] *adj* ① (*not habitual*) ungewöhnlich; (*for a person*) untypisch ② (*remarkable*) ungewöhnlich, außergewöhnlich; **~ taste** ausgefallener Geschmack

unusually [ʌnˈjuːʒəli, AM -ʒuəli] *adv* ungewöhnlich; ***he was ~ polite*** er war ungewohnt höflich; **~ *for me, …*** ganz gegen meine Gewohnheit …

unutterable [ʌnˈʌtərəbl̩, AM -ţ-] *adj* (*form*) unsäglich *geh,* unbeschreiblich; **~ suffering** unbeschreibliches Leid

unutterably [ʌnˈʌtərəbli, AM -ţ-] *adv* (*form*) unsäglich *geh,* unbeschreiblich

unvarnished [ʌnˈvɑːnɪʃt, AM -ˈvɑːr-] *adj inv* ① (*not coated*) *wood* unlackiert, ungefirnisst; **~ furniture** naturbelassene Möbel ② (*straightforward*) einfach; **the ~ truth** (*fig*) die ungeschminkte Wahrheit

unvarying [ʌnˈveərɪŋ, AM -ˈveri-] *adj* unveränderlich, gleich bleibend; *landscape* eintönig

unveil [ʌnˈveɪl] **I.** *vt* ① (*remove covering*) ■**to ~ sth** etw enthüllen; ***she ~ed her face*** sie entschleierte das Gesicht ② (*present to public*) **to ~ a product** ein Produkt der Öffentlichkeit vorstellen **II.** *vi* sich *akk* entschleiern, den Schleier abnehmen [*o fig* fallen lassen]

unveiling [ʌnˈveɪlɪŋ] *n no pl* Enthüllung *f a. fig;* (*fig*) Entschleierung *f,* Aufdeckung *f*

unventilated [ʌnˈventɪleɪtɪd, AM ţəleɪţɪd] *adj inv* nicht belüftet, nicht ventiliert *a. fig geh*

unversed [ʌnˈvɜːst, AM -ˈvɜːrst] *adj pred* (*form*) ■**to be ~ in sth** in etw *dat* nicht versiert sein; ***I'm not entirely ~ in these matters*** ich bin nicht so ganz unbewandert in diesen Dingen

unvisited [ʌnˈvɪzɪtɪd, AM ţɪd] *adj* ① (*not visited*) nicht besucht, nicht aufgesucht ② (*unravaged*) nicht heimgesucht

unvoiced [ʌnˈvɔɪst] *adj inv* ① (*form: unuttered*) unausgesprochen ② LING (*not voiced*) stimmlos

unwaged [ʌnˈweɪdʒd] BRIT **I.** *adj inv* ① (*out of work*) **~ adults** arbeitslose Erwachsene ② (*unpaid*) **~ work** unbezahlte [*o* unentgeltliche] Arbeit **II.** *n* ■**the ~** *pl* die Arbeitslosen *pl*

unwanted [ʌnˈwɒntɪd, AM -ˈwɑːnţɪd] *adj* unerwünscht, störend; *clothes* abgelegt; **~ advice** ungebetene Ratschläge; **~ child** ungewolltes Kind; **to feel ~** sich *akk* unerwünscht fühlen; **to make sb feel ~** jdm das Gefühl geben, nicht erwünscht zu sein

unwarily [ʌnˈweərɪli, AM -ˈwerɪli] *adv* unvorsichtig, unbedachtsam

unwarrantable [ʌnˈwɒrəntəbl̩, AM ʌnˈwɔːrənţəbl̩] *adj* ungerechtfertigt, nicht vertretbar, nicht haltbar

unwarranted [ʌnˈwɒrəntɪd, AM -ˈwɔːrənţɪd] *adj*

(*form*) ❶ (*not justified*) ungerechtfertigt; *fears* unbegründet; *criticism* unberechtigt ❷ (*not authorized*) unrechtmäßig

unwary [ʌn'weəri, AM -'weri] **I.** *adj* unvorsichtig, unachtsam **II.** *n* <*pl* -> ■ **the** ~ der Unvorsichtige [*o* Unbesonnene]

unwashed [ʌn'wɒʃt, AM -'wɑ:ʃt] **I.** *adj inv* ungewaschen; ~ **dishes** ungespültes Geschirr; ~ **urchin** schmutziger Bengel *fam* **II.** *npl* (*pej*) **the** [**great**] ~ der Pöbel *pej*

unwavering [ʌn'weɪvərɪŋ] *adj* unerschütterlich, standhaft; ~ **determination** eiserne Entschlossenheit; **to be** ~ **in one's support for sb** fest zu jdm halten

unwaveringly [ʌn'weɪvərɪŋli] *adv* unerschütterlich, standhaft

unwed [ʌn'wed] *adj*, **unwedded** [ʌn'wedɪd] *adj inv* (*dated*) unverheiratet, ledig; **an** ~ **mother** eine ledige Mutter

unwelcome [ʌn'welkəm] *adj* unwillkommen; ~ **guest** unwillkommener Gast; ~ **news** unerfreuliche Nachricht; **to feel** ~ das Gefühl haben, nicht willkommen zu sein; **to make sb feel** ~ jdm das Gefühl geben, nicht willkommen zu sein

unwelcoming [ʌn'welkʌmɪŋ] *adj* abweisend, wenig verheißungsvoll *iron*

unwell [ʌn'wel] *adj pred* unwohl; ■ **sb is** ~ jdm geht es nicht gut; **to feel** ~ sich *akk* unwohl fühlen

unwholesome [ʌn'həʊlsəm, AM -'hoʊl-] *adj* ungesund; ~**-looking fruit** ungesund aussehendes Obst; **to be an** ~ **influence on sb** einen unguten Einfluss auf jdn ausüben; ~ **neighbourhood** zwielichtige Umgebung

unwieldy [ʌn'wi:ldi] *adj* ❶ (*cumbersome*) unhandlich; *piece of furniture* sperrig ❷ (*ineffective*) unüberschaubar; ~ **system** schwerfälliges System

unwilling [ʌn'wɪlɪŋ] *adj* widerwillig, widerstrebend; ■ **to be** ~ **to do sth** nicht gewillt sein, etw zu tun; ***Natalie was*** ~ ***for her husband to accompany her to her school reunion*** Nathalie wollte nicht, dass ihr Mann sie zum Klassentreffen begleitet

unwillingly [ʌn'wɪlɪŋli] *adv* widerwillig, ungern

unwillingness [ʌn'wɪlɪŋnəs] *n no pl* mangelnde Bereitschaft, Widerwilligkeit *f*

unwind <unwound, unwound> [ʌn'waɪnd] **I.** *vi* ❶ (*unroll*) sich *akk* abwickeln ❷ (*relax*) sich *akk* entspannen **II.** *vt* ■ **to** ~ **sth** etw abwickeln; **to** ~ **a rope from a spool** ein Seil von einer Spule abwickeln

unwise [ʌn'waɪz] *adj* unklug

unwisely [ʌn'waɪzli] *adv* unklugerweise; ***you acted*** ~ ***in cancelling the test*** es war unklug von dir, den Test abzusagen

unwitting [ʌn'wɪtɪŋ, AM -t̬-] *adj* ❶ (*unaware*) ahnungslos; ~ **accomplice** ahnungsloser Komplize/ahnungslose Komplizin; ~ **victim** ahnungsloses Opfer ❷ (*unintentional*) unbeabsichtigt, unabsichtlich

unwittingly [ʌn'wɪtɪŋli, AM -t̬-] *adv* ❶ (*without realizing*) unwissentlich ❷ (*unintentionally*) unabsichtlich, unbeabsichtigterweise

unwomanly [ʌn'wʊmənli] *adj* (*dated*) unweiblich

unwonted [ʌn'wəʊntɪd, AM -'wɔ:nt̬ɪd] *adj attr* (*form*) ungewohnt

unwontedly [ʌn'wəʊntɪdli, AM 'wɔ:nt̬ɪd] *adv* ungewohnt, ungewöhnlich

unworkable [ʌn'wɜ:kəbl̩, AM -'wɜ:r-] *adj* undurchführbar

unworldliness [ʌn'wɜ:ldlɪnəs, AM -'wɜ:rld-] *n no pl* ❶ (*spiritual detachment*) Weltabgewandtheit *f* ❷ (*naivety*) Weltfremdheit *f*

unworldly [ʌn'wɜ:ldli, AM -'wɜ:rld-] *adj* ❶ (*spiritually-minded*) weltabgewandt; ***he grew ever more*** ~ er zog sich immer mehr von der Welt zurück ❷ (*naive*) weltfremd, realitätsfern ❸ (*not of this world*) nicht von dieser Welt *präd*

unworried [ʌn'wʌrɪd] *adj pred* nicht beunruhigt, sorglos

unworthiness [ʌn'wɜ:ðɪnəs, AM 'wɜ:r] *n no pl* Unwürdigkeit *f*

unworthy [ʌn'wɜ:ði, AM -'wɜ:r-] *adj* (*pej*) ❶ (*not deserving*) unwürdig; ■ **to be** ~ **of sth** einer S. *gen* nicht würdig sein; **to be** ~ **of interest** nicht von Interesse sein ❷ (*unacceptable*) nicht würdig; ***that was*** ~ ***of you*** das war deiner nicht würdig ❸ (*discreditable*) verachtenswert

unwound [ʌn'waʊnd] *vi/vt pp, pt of* **unwind**

unwounded [ʌn'wu:ndɪd] *adj inv* unverletzt, unverwundet

unwrap <-pp-> [ʌn'ræp] *vt* ■ **to** ~ **sth** ❶ (*remove wrapping*) etw auspacken ❷ (*fig: reveal*) etw enthüllen

unwritten [ʌn'rɪtən] *adj inv* nicht schriftlich fixiert; ~ **agreement** stillschweigendes Abkommen, ungeschriebene [mündliche] Vereinbarung; ~ **law** ungeschriebenes Gesetz; ~ **traditions** mündliche Überlieferungen

unyielding [ʌn'ji:ldɪŋ] *adj* ❶ (*physically firm*) ■ **to be** ~ nicht nachgeben; ~ **ground** harter Boden ❷ (*resolute*) unnachgiebig; ■ **to be** ~ **in sth** in etw *dat* unnachgiebig sein, nicht nachgeben; ~ **opposition** hartnäckiger Widerstand; ~ **refusal** standhafte Weigerung

unzip <-pp-> [ʌn'zɪp] *vt* ❶ (*open zip*) **to** ~ **a dress** an einem Kleid den Reißverschluss aufmachen ❷ COMPUT **to** ~ **a file** eine Datei auspacken [*o* entpacken]

up [ʌp] **I.** *adv inv* ❶ (*to higher position*) nach oben, hinauf; ***hands*** ~***!*** Hände hoch!; ***the water had come*** ~ ***to the level of the windows*** das Wasser war bis auf Fensterhöhe gestiegen; ***our flat is four flights*** ~ ***from here*** unsere Wohnung ist vier Etagen höher; **bottom** ~ mit der Unterseite nach oben; **to jump** ~ aufspringen; **to pick sth** ~ etw aufheben ❷ (*erect*) ***just lean it*** ~ ***against the wall*** lehnen Sie es einfach gegen die Wand; **to stand** ~ aufstehen, sich *akk* erheben *geh*; ***was she standing*** ~ ***or sitting down?*** stand sie oder saß sie? ❸ (*out of bed*) auf[gestanden]; ***they're not*** ~ ***yet*** sie sind noch nicht auf[gestanden]; **to get** ~ aufstehen ❹ (*above horizon*) ***what time does the sun come*** ~ ***today?*** wann geht heute die Sonne auf? ❺ (*northwards*) ***on Tuesday she'll be travelling*** ~ ***to Newcastle from Birmingham*** am Dienstag wird sie von Birmingham nach Newcastle hinauffahren; ***she comes*** ~ ***from Washington about once a month on the train*** sie kommt ungefähr einmal im Monat mit dem Zug aus Washington herauf ❻ (*at higher place*) oben; ~ **in the hills/on the fifth floor** oben in den Bergen/auf dem fünften Stock ❼ BRIT (*towards city*) ***I'll be*** ~ ***in London this weekend*** ich fahre an diesem Wochenende nach London ❽ BRIT (*at university*) ***is he*** ~ ***at Cambridge yet?*** hat er schon [mit seinem Studium] in Cambridge angefangen? ❾ (*toward sb*) heran; ***a limousine drew*** ~ ***to where we were standing*** eine Limousine kam auf uns zu; ***she went*** ~ ***to the counter*** sie ging zum Schalter; **to run** ~ **to sb** jdm entgegenlaufen; **to walk** ~ **to sb** auf jdn zugehen ❿ (*at stronger position*) hoch, nach oben; ***as a composer he was*** ~ ***there with the best*** als Komponist gehörte er zur Spitze; **to move** ~ aufsteigen; **to turn the music** ~ die Musik lauter stellen ⓫ (*at higher level*) höher, gestiegen; ***last year the company's turnover was £240 billion,*** ~ ***3% on the previous year*** letztes Jahr lag der Umsatz der Firma bei 240 Milliarden Pfund, das sind 3% mehr als im Jahr davor; ***items on this rack are priced £50*** ~ [*or* ***from £50*** ~] die Waren in diesem Regal kosten ab 50 Pfund aufwärts; ***this film is suitable for children aged 13 and*** ~ dieser Film ist für Kinder ab 13 Jahren geeignet; ***the river is*** ~ der Fluss ist angeschwollen; **to go** ~ steigen; **to push the number of unit sales** ~ die Verkaufszahlen steigern; **to get the price** ~ den Preis in die Höhe treiben ⓬ (*to point of*) ~ **until** [*or* **till**] [*or* **to**] bis +*akk;* ~ ***until last week, we didn't know about it*** bis vor letzer Woche wussten wir nichts davon; ~ ***to yesterday*** bis gestern; ~ **to** (*to the limit of*) bis zu; ***he can overdraw*** ~ ***to £300*** er kann bis zu 300 Pfund überziehen ⓭ (*leading*) in Führung; ***Manchester is two goals*** ~ Manchester liegt mit zwei Toren in Führung ⓮ (*completely*) ***they used*** ~ ***all their money on food*** sie gaben ihr ganzes Geld für Essen aus; ***when are you going to pay*** ~ ***the money you owe me?*** wann zahlst du das Geld zurück, das du mir schuldest?; **to burn** ~ [ganz] abbrennen; **to finish sth** ~ etw aufbrauchen; **to fold** ~ **a piece of paper** ein Stück Papier zusammenfalten; **to tear** ~ **a letter** einen Brief zerreißen; **to wrap** ~ sich *akk* warm anziehen ⓯ (*informed*) ■ **to be** ~ **in sth** sich *akk* mit etw *dat* auskennen; ***how well*** ~ ***are you in Spanish?*** wie fit bist du in Spanisch? *fam* ⓰ LAW (*on trial*) unter Anklage; ***he'll be*** ~ ***before the magistrate*** er wird sich vor Gericht verantworten müssen; ■ **to be** ~ **for sth** sich *akk* wegen einer S. *gen* vor Gericht verantworten müssen ⓱ (*in opposition to*) **to come** ~ **against sth/sb** es mit etw/jdm zu tun haben, sich *akk* mit etw/jdm konfrontiert sehen; ***the company came*** ~ ***against some problems*** die Firma stand vor einigen Problemen [*o* sah sich mit einigen Problemen konfrontiert] ⓲ AM (*apiece*) pro Person; ***the score was 3*** ~ ***at half-time*** bei Halbzeit stand es 3 [für] beide ⓳ (*in baseball*) ***now Boston's best batter is*** ~ jetzt ist Bostons bester Schläger am Schlag ⓴ COMPUT (*working*) laufend; ■ **to be** ~ [**and running**] laufen ▸ PHRASES: **to be** ~ **with the clock** gut in der Zeit liegen; **to be all** ~ **with sb** das Aus für jdn bedeuten; **to be** ~ **against it** in Schwierigkeiten sein; **to be** ~ **for sth** für etw *akk* vorgesehen sein; *terms* zur Debatte stehen; ***the house is*** ~ ***for sale*** das Haus steht zum Verkauf; **to be** ~ **to sb** von jdm abhängen; ***I'll leave it*** ~ ***to you …*** ich überlasse dir die Entscheidung, …; **to be** ~ **to sb to do sth** jds Aufgabe sein, etw zu tun; **to be** ~ **to sth** (*contrive*) etw vorhaben [*o* im Schilde führen]; (*be adequate*) etw *dat* gewachsen sein, bei etw *dat* mithalten können; ***he's*** ~ ***to no good*** er führt nichts Gutes im Schilde; ~ **with sb/sth!** (*dated*) hoch lebe jd/etw!; ~ ***with freedom, down with repression!*** hoch lebe die Freiheit, nieder mit der Unterdrückung! **II.** *prep* ❶ (*to higher position*) ■ ~ **sth** etw *akk* hinauf; ~ ***the mountain*** den Berg hinauf; ***he walked*** ~ ***the hill*** er lief den Hang hinauf; ***we followed her*** ~ ***the stairs*** wir folgten ihr die Treppe hinauf; ***he climbed*** ~ ***the ladder*** er stieg die Leiter hinauf ❷ (*along*) ■ ~ **sth** etw *akk* hinauf; ***walk*** ~ ***the road*** die Straße hinauflaufen [*o* entlanglaufen]; ***just*** ~ ***the road*** ein Stück die Straße hinauf, weiter oben in der Straße; ~ **and down** auf und ab; ***he was running*** ~ ***and down the path*** er rannte den Pfad auf und ab; ***strolling*** ~ ***and down the corridor*** sich *akk* auf dem Gang auf und ab schlendern; (*all over*) ***cinemas*** ~ ***and down the country*** Kinos überall im Land ❸ (*against flow*) ■ ~ **sth** etw *akk* aufwärts; ***rowing*** ~ ***the river is very hard work*** flussaufwärts [zu] rudern ist Schwerstarbeit; ***to swim*** ~ ***the stream*** stromauf[wärts] schwimmen; ***a cruise*** ~ ***the Rhine*** eine Fahrt den Rhein aufwärts ❹ (*at top of*) oben auf +*dat;* ~ ***the stairs*** am Ende der Treppe; ***he's*** ~ ***that ladder*** er steht dort oben auf der Leiter ❺ AUS, BRIT (*fam: to*) ***are you going*** ~ ***the club tonight?*** gehst du heute Abend in den Club?; ***we are going*** ~ ***the Palais*** wir gehen tanzen [*o* in den Tanzsaal]; (*at*) ***I'll see you*** ~ ***the pub later*** ich treffe dich [*o* wir sehen uns] später in der Kneipe ▸ PHRASES: **be** ~ **the creek** [*or vulg sl* ~ **shit creek**] [**without a paddle**] [schön] in der Klemme [*o derb* Scheiße] sitzen; ~ **hill and down dale** bergauf und bergab; ***he led me*** ~ ***hill and down dale till my feet were dropping off*** ich latschte mit ihm überall in der Gegend herum, bis mir fast die Füße abfielen; **a man with nothing much** ~ **top** BRIT (*fam*) ein Mann mit nicht viel im Kopf [*o* Hirnkasten]; ~ **yours!** (*vulg*) ihr könnt mich mal! *derb* **III.** *adj inv* ❶ *attr* (*moving upward*) nach oben; **the** ~ **escalator** der Aufzug nach oben ❷ *attr* BRIT (*dated: travelling toward the city*) ***what time does the next*** ~ ***train leave?*** wann fährt der nächste Zug in die Stadt ab?; ~ **platform** *Bahnsteig, von dem die Züge in die nächstgelegene Stadt abfahren* ❸ *attr* PHYS ~ **quark** Up-Quark *nt* ❹ *pred* BRIT, AUS (*being repaired*) *road* aufgegraben; ***the council has got the road*** ~ der Stadtrat hat die Straße aufgraben lassen

U

❺ *pred* (*in horseracing*) zu Pferd ❻ *pred* (*happy*) high *sl*, obenauf; ■**to be ~ about** [*or* **on**] [*or* **for** [**doing**]] **sth** von etw *dat* begeistert sein; ***I'm really ~ for spending a posh weekend in Paris*** ich freue mich total darauf, ein tolles Wochenende in Paris zu verbringen ❼ *pred* BRIT (*dated: frothy*) schäumend ❽ *pred* (*functioning properly*) funktionstüchtig; ***do you know when the network will be ~ again?*** weißt du, wann das Netz wieder in Betrieb ist?; ***this computer is down more than it's ~*** dieser Computer ist öfter gestört, als dass er läuft; **to be ~ and running** funktionstüchtig [*o* in Ordnung] sein; **to get sth ~ and running** etw wieder zum Laufen bringen ❾ *pred* (*finished*) vorbei; ***when the two hours were ~ …*** als die zwei Stunden um waren, …; ***the soldier's leave will be ~ at midnight*** der Urlaub des Soldaten endet um Mitternacht; ***your time is ~!*** Ihre Zeit ist um! ❿ *pred* (*fam: happening*) **sth is ~** irgendetwas ist im Gange; **what's ~?** was ist los? ⓫ (*interested in*) ■**to be ~ for sth** ***I think I'm ~ for a walk*** ich glaube, ich habe Lust spazieren zu gehen [*o* auf einen Spaziergang]; ***I'm ~ for going out to eat*** ich möchte essen gehen ⓬ (*in opposition to*) **to be ~ against sth/sb** gegen etw/jdn stehen; ***in this case, we're ~ against the law*** in diesem Fall stehen wir gegen das Gesetz [*o* kommen wir mit dem Gesetz in Konflikt] ⓭ (*dated fam: yes for*) **~ with sth/sb** etw/jd lebe hoch; **~ *with freedom, down with oppression!*** hoch die Freiheit, nieder mit der Unterdrückung!, es lebe die Freiheit, weg mit der Unterdrückung! **IV.** *n* (*fam: good period*) Hoch *nt;* ***unfortunately, we won't always have ~s*** leider gibt es für uns nicht immer nur Höhen ► PHRASES: **to be on the ~ and ~** BRIT, AUS (*fam: be improving*) im Aufwärtstrend begriffen sein; ***her career has been on the ~ and ~ since she moved into sales*** seit sie im Vertrieb ist, geht es mit ihrer Karriere stetig aufwärts; *esp* AM (*be honest*) sauber sein *fam;* ***is this deal on the ~ and ~?*** ist das ein sauberes Geschäft? **V.** *vi* <-pp-> (*fam*) ■**to ~ and do sth** etw plötzlich tun; ***after dinner they just ~ped and went without saying goodbye*** nach dem Abendessen gingen sie einfach weg, ohne auf Wiedersehen zu sagen **VI.** *vt* <-pp-> ■**to ~ sth** ❶ (*increase*) *capacity* etw erhöhen; **to ~ the ante** [*or* **stakes**] den Einsatz erhöhen; **to ~ a price/tax rate** einen Preis/Steuersatz anheben ❷ (*raise*) etw erheben; ***they ~ped their glasses and toasted the host*** sie erhoben das Glas und brachten einen Toast auf den Gastgeber aus **VII.** *interj* auf!, los, aufstehen!

up and about *adj*, **up and around** *adj pred, inv* (*fam*) ■**to be ~** auf [den Beinen] sein; (*no longer ill*) wieder auf den Beinen sein; ***gosh, you're ~ early this morning!*** Mann, du bist heute Morgen aber früh auf den Beinen! **up-and-comer** *n jd, der nach oben strebt* **up-and-coming** *adj attr* aufstrebend **up-and-down** *adj attr* wechselvoll **up and down** *adj pred* (*fam*) ■**to be ~** Stimmungsschwankungen haben **up-and-over** *adj inv* BRIT **~ door** Schiebetür *f*

upbeat [ˈʌpbiːt] **I.** *n* MUS Auftakt *m* **II.** *adj* (*fam*) *message* optimistisch; *mood* fröhlich, beschwingt; ■**to be ~ about sth** von etw *dat* begeistert sein

upbraid [ʌpˈbreɪd] *vt* (*form*) ■**to ~ sb** [**for sth**] jdn [wegen einer S. *gen*] tadeln [*o* rügen]

upbringing [ˈʌpˌbrɪŋɪŋ] *n usu sing* Erziehung *f;* ***he was a cowboy by ~*** er wurde von Kindesbeinen an zum Cowboy erzogen

upchuck [ˈʌptʃʌk] AM **I.** *vi* (*fam*) [sich *akk*] erbrechen **II.** *vt* (*fam*) **to ~ food** Essen erbrechen **III.** *n* (*fam*) [Er]brechen *nt kein pl*

upcoming [ˈʌpˌkʌmɪŋ] *adj inv esp* AM bevorstehend, kommend

up-country **I.** *adv* [ʌpˈkʌntri] *inv* landeinwärts **II.** *adj* [ˌʌpˈkʌntri, AM ˈʌpkʌntri] *inv* im Landesinnern; **~ tribesmen** Angehörige *pl* von Stämmen im Landesinneren **III.** *n* [ˌʌpˈkʌntri, AM ˈʌpkʌntri] *no pl* das Landesinnere

update **I.** *vt* [ʌpˈdeɪt] ❶ (*modernize*) ■**to ~ sth** etw aktualisieren [*o* auf den neuesten Stand bringen]; COMPUT ein Update machen; **to ~ the hardware** die Hardware nachrüsten; **to ~ the software** die Software aktualisieren ❷ (*inform*) ■**to ~ sb** jdn auf den neuesten Stand bringen; (*permanently*) jdn auf dem Laufenden halten **II.** *n* [ˈʌpdeɪt] ❶ (*updating*) Aktualisierung *f*, Update *nt sl;* **the latest ~ on the traffic conditions** der aktuelle Bericht zur Verkehrslage ❷ COMPUT aktuelle Datei; (*information*) akutelle Information; (*newest version*) neueste Version

updated [ʌpˈdeɪtɪd, AM -t̬-] *adj inv* aktualisiert, überarbeitet

updraft [ˈʌpdræft] *n* AM, **updraught** [ˈʌpdrɑːft] *n* Aufwärtsströmung *f*

upend [ʌpˈend] **I.** *vt* (*fam*) ■**to ~ sth** etw hochkant stellen **II.** *vi* ❶ (*rise on end*) sich *akk* aufstellen ❷ (*submerge head*) *duck* tauchen

UPF [ˌjuːpiːˈef] *n abbrev of* **ultraviolet protection factor**

upfront [ʌpˈfrʌnt] *adj* (*fam*) ❶ (*bold, honest and frank*) offen, unverblümt *geh* ❷ (*in advance*) Voraus- ❸ AM (*most prominent*) vornewegkommend, an vorderster Stelle stehend [*o* kommend], Erst-

up front *adv inv* ❶ (*in front*) ganz vorne ❷ (*in advance*) im Voraus

upfront [ʌpˈfrʌnt] *adj* (*fam*) ❶ *pred* (*frank*) offen; ■**to be ~ about sth** etw offen [*o* frei heraus] sagen; **to be ~ and honest** offen und ehrlich sein ❷ *attr* (*advance*) Voraus-; **~ money** Vorschuss *m;* **~ payment** Anzahlung *f* ❸ *esp* AM (*prominent*) herausragend, exponiert *geh*

upgrade [ʌpˈgreɪd] **I.** *vt* ❶ (*improve quality*) ■**to ~ sth** etw verbessern; COMPUT etw erweitern; **to ~ hardware** Hardware nachrüsten [*o* aufrüsten]; **to ~ a program** eine verbesserte Version eines Programms erstellen ❷ (*raise in rank*) ■**to ~ sb** jdn befördern; ■**to ~ sth** etw aufwerten **II.** *n* ❶ COMPUT Aufrüsten *nt* ❷ (*version*) verbesserte Version; **a software ~** eine verbesserte Version einer Software ❸ AM (*slope*) Steigung *f* ► PHRASES: **to be on the ~** AM (*improving in health*) auf dem Wege der Besserung sein; (*advancing*) in einer Aufwärtsentwicklung begriffen sein; ***our company has been on the ~ for the last six months*** mit unserer Firma ging es in den letzten sechs Monaten stetig aufwärts

upheaval [ʌpˈhiːvᵊl] *n* ❶ *no pl* (*change*) Aufruhr *m;* **emotional ~** Aufruhr *m* der Gefühle; **political ~** politische Umwälzung[en] ❷ GEOL Erhebung *f*, Aufwölbung *f;* **~ of the earth's crust** Erhebung *f* der Erdkruste

upheld [ʌpˈheld] *vt pp, pt of* **uphold**

uphill [ʌpˈhɪl] **I.** *adv inv* bergauf; **to run/walk ~** bergauf laufen/gehen **II.** *adj* ❶ *inv* (*ascending*) bergauf ❷ (*fig: difficult*) mühselig; **~ battle** harter Kampf **III.** *n* Steigung *f*

uphold <-held, -held> [ʌpˈhəʊld, AM -ˈhoʊld] *vt* ■**to ~ sth** etw aufrechterhalten; **to ~ the law** das Gesetz [achten und] wahren; **to ~ the principle that …** an dem Grundsatz festhalten, dass …; **to ~ traditions** Bräuche pflegen; **to ~ a verdict** ein Urteil bestätigen

upholder [ʌpˈhəʊldəʳ, AM -ˈhoʊldɚ] *n* Verteidiger(in) *m(f); of public order* Hüter(in) *m(f);* ■**to be an ~ of sth** etw verteidigen; ***Nancy is the great ~ of tradition within our family*** in unserer Familie ist Nancy diejenige, die die Tradition hochhält; ***James is a passionately committed ~ of the cause*** James ist ein leidenschaftlicher Verfechter der Sache

upholster [ʌpˈhəʊlstəʳ, AM -ˈhoʊlstɚ] *vt* ❶ **to ~ furniture** (*pad*) ein Möbelstück [auf]polstern; (*cover*) ein Möbelstück beziehen ❷ (*furnish*) **to ~ a room** ein Zimmer ausstatten

upholstered [ʌpˈhəʊlstəd, AM -ˈhoʊlstɚd] *adj inv* ❶ (*covered*) gepolstert; **~ chair** Polsterstuhl *m* ❷ (*hum fam: plump*) **well ~** gut gepolstert *hum*

upholsterer [ʌpˈhəʊlstᵊrəʳ, AM -ˈhoʊlstɚɚ] *n* Polsterer, Polsterin *m, f*

upholstery [ʌpˈhəʊlstᵊri, AM -ˈhoʊl-] *n no pl* ❶ (*padding*) Polsterung *f;* (*covering*) Bezug *m;* **leather ~** Lederbezug *m;* **faded ~** zerschlissener Bezug ❷ (*activity*) Polstern *nt*

upkeep [ˈʌpkiːp] *n no pl* ❶ (*maintainance*) Instandhaltung *f* ❷ (*cost*) Instandhaltungskosten *pl* ❸ (*support*) *of people* Unterhalt *m; of animals* Haltungskosten *f*

upland [ˈʌplənd] **I.** *adj attr, inv* Hochland-; **~ plain** Hochebene *f;* **~ village** Bergdorf *nt* **II.** *n* ■**the ~s** *pl* das Hochland *kein pl*

uplift [ˈʌplɪft] **I.** *vt* ❶ (*raise*) ■**to ~ sth** etw anheben; *soil* aufwerfen ❷ (*stimulate*) ■**to ~ sb** jdn [moralisch] aufrichten, jdm [wieder] Auftrieb geben *fam* **II.** *n* ❶ (*elevation*) Aufschwung *m* ❷ GEOL Hebung *f* ❸ (*influence*) Erbauung *f;* **to give moral ~ to sb** jdn [moralisch] aufbauen ❹ ECON Anhebung *f*

uplift bra *n* Stütz-BH *m*

uplifted [ʌpˈlɪftɪd] *adj* ❶ (*form: raised*) erhoben; **with ~ arms/hands** mit erhobenen Armen/Händen ❷ (*stimulated*) ■**to be ~ by sth** von etw *dat* erbaut sein

uplifting [ʌpˈlɪftɪŋ] *adj* (*form*) erbaulich

upmarket *adv no pl* besser; **to take sth ~** etw in eine teurere Gegend verlegen

up-market [ˌʌpˈmɑːkɪt, AM ˈʌpˌmɑːr-] *esp* BRIT **I.** *adj goods* hochwertig, exklusiv; **~ consumers** anspruchsvolle Kunden, -innen *mpl, fpl;* **~ hotel** Luxushotel *nt;* **~ products** Produkte *ntpl* der gehobenen Preisklasse **II.** *adv* in der gehobenen Preisklasse, im oberen Marktsegment; ***the company has decided to move ~*** die Firma entschied sich, anspruchsvollere [*o* mehr] Produkte des gehobenen Bedarfs anzubieten; **to go ~** in die gehobene Preisklasse wechseln, exklusiver werden; **to place** [*or* **position**] **sth ~** etw in einer höheren Preisklasse anbieten

upon [əˈpɒn, AM əˈpɑːn] *prep* (*usu form*) ❶ (*on top of*) auf *+dat; with verbs of motion* auf *+akk;* ***there are two books lying ~ my desk*** auf meinem Schreibtisch liegen zwei Bücher; ***he put his hand ~ her shoulder*** er legte seine Hand auf ihre Schulter ❷ (*around*) an *+dat;* ***the watch ~ his wrist*** die Uhr an seinem Handgelenk ❸ (*hanging on*) an *+dat;* **~ the wall/ceiling** an der Wand/Decke ❹ (*at time of*) bei *+dat;* **~ arrival** bei Ankunft; **~ *the count of three, start running*** bei Drei lauft ihr los; **once ~ a time** vor langer Zeit ❺ (*form: about*) über *+akk;* ***after meditating ~ the idea a few minutes*** nachdem sie einige Minuten über die Sache nachgedacht hatte; ***I'll have more to say ~ that subject later*** ich werde zu diesem Punkt später noch mehr sagen ❻ (*form: through medium of*) auf *+akk;* **~ paper** auf Papier ❼ (*with base in*) auf *+akk;* ***he swore ~ his word*** er schwor bei seinem Wort ❽ (*concerning*) ***don't try to force your will ~ me*** versucht' nicht, mir deinen Willen aufzuzwingen; ***we settled ~ a price*** wir einigten uns auf einen Preis; ***he was intent ~ following in his father's footsteps*** er war entschlossen, in die Fußstapfen seines Vaters zu treten ❾ (*responsibility of*) ***it is ~ your shoulders*** es liegt in deinen Händen; ***we're relying ~ you*** wir verlassen uns auf dich ❿ *after vb* (*against*) gegen *+akk* ⓫ *after vb* (*across*) über *+akk* ⓬ (*following*) nach *+dat;* ***they suffered defeat ~ defeat*** sie erlitten eine Niederlage nach der anderen ⓭ (*currently happening*) **to be ~ sb** jdm bevorstehen

upper [ˈʌpəʳ, AM -ɚ] **I.** *adj attr, inv* ❶ (*higher, further up*) obere(r,s); ANAT *abdomen, arm, jaw, lip* Ober-; **~ part of the body** Oberkörper *m;* **~ tooth** oberer Zahn, Zahn *m* des Oberkiefers ❷ *importance, rank* obere(r,s), höhere(r,s); **to reach the ~ ranks of the Civil Service** in die höhere Beamtenlaufbahn vorstoßen; **the ~ echelons of society** die oberen Schichten der Gesellschaft; **the ~ middle class** die gehobene Mittelschicht ❸ *location* höher gelegen; **U~ Egypt** Oberägypten *nt;* **the U~ Rhine** der Oberrhein; **the ~ reaches of a river** der Oberlauf eines Flusses **II.** *n* ❶ (*part of shoe*) Obermaterial *nt;* ***leather ~s*** Obermaterial Leder ❷ (*sl: drug*) Aufputschmittel *nt* ► PHRASES: **to be on one's ~s** (*fam or dated*) [völlig] abgebrannt sein *fam*, auf dem Trockenen sitzen *fam*

upper-body [ˈʌpəbɒdi, AM ˈʌpɚbɑːdi] *n modifier*

(*exercise, workout, strength*) Oberkörper- **upper case** *n* TYPO Großbuchstaben *pl*, Versalien *pl;* ■ **in ~** in Großbuchstaben **upper-case letter** *n* TYPO Großbuchstabe *m* **upper chamber** *n* POL Oberhaus *nt* **upper class** *n + sing/pl vb* Oberschicht *f* **upper-class** *adj* der Oberschicht *nach n;* **in ~ circles** in den gehobenen Kreisen **upper crust** *n* (*fam*) ■ **the ~** die oberen Zehntausend **upper-cut** *n* BOXING Uppercut *m fachspr*, Aufwärtshaken *m* **upper deck** *n of bus, ship* Oberdeck *nt; of bridge* oben liegende Fahrbahn **upper hand** *n* **to have/gain** [*or* **get**] **the ~** die Oberhand haben/gewinnen; SPORTS ***who has the ~ in the first set at the moment?*** wer führt denn gerade im ersten Satz?; **to let sb get the ~** jdm die Führung überlassen **upper house** *n* POL Oberhaus *nt;* ■ **the U~ House** (*House of Lords*) das Oberhaus; (*in Germany, Austria*) Bundesrat *m;* (*in Switzerland*) Ständerat *m;* (*in the USA*) Senat *m* **uppermost** *inv* **I.** *adj* ① (*highest, furthest up*) oberste(r,s), höchste(r,s); **the ~ floors** [*or* **storeys**] [*or* AM **stories**] die obersten Etagen [*o* Stockwerke] ② (*most important*) wichtigste(r,s); ■ **to be ~** an erster Stelle stehen; **to be ~ in one's mind** jdn am meisten beschäftigen **II.** *adv* obenauf, ganz oben

uppish [ˈʌpɪʃ] *adj* (*pej fam*), **uppity** [ˈʌpɪti, AM -t̬-] *adj* (*pej fam*) hochnäsig, hochmütig; *reaction* schnippisch; **to get** [*or* **become**] **~** ein arrogantes Benehmen an den Tag legen

upraised [ʌpˈreɪzd] *adj arms, weapon* erhoben

upright [ˈʌpraɪt] **I.** *adj* ① (*vertical*) senkrecht; (*erect*) stehend, aufrecht; **the umpire's ~ finger** der erhobene Finger des Schiedsrichters; **~ freezer** Gefrierschrank *m;* **~ unit** Standgerät *nt;* **~ vacuum cleaner** Handstaubsauger *m* ② (*approv: honest*) aufrecht, redlich, anständig; ***he's a ~ citizen*** er ist ein rechtschaffener Bürger **II.** *adv* (*vertical*) senkrecht; (*erect*) aufrecht; **bolt ~** kerzengerade; **to sit/stand ~** aufrecht [*o* gerade] sitzen/stehen **III.** *n* ① (*upright piano*) Klavier *nt* ② TECH (*perpendicular*) [Stütz]pfeiler *m*, Pfosten *m;* (*column*) Säule *f* ③ FBALL Pfosten *m*

uprightly [ˈʌpraɪtli] *adv* (*approv*) aufrecht, redlich, anständig; **to live ~** ein rechtschaffenes Leben führen

uprightness [ˈʌpraɪtnəs] *n no pl* (*approv*) Aufrichtigkeit *f*, Rechtschaffenheit *f*, Redlichkeit *f*

upright piano *n* Klavier *nt*

uprising [ˈʌpˌraɪzɪŋ] *n* Aufstand *m;* **peasant ~** Bauernaufstand *m;* **popular ~** Volkserhebung *f;* **to crush** [*or* **quell**] **an ~** einen Aufstand niederschlagen

upriver [ˌʌpˈrɪvəʳ, AM -ɚ] **I.** *adj* flussaufwärts gelegen **II.** *adv* flussaufwärts

uproar [ˈʌprɔːʳ, AM -rɔːr] *n no pl* ① (*noise*) Lärm *m*, Toben *nt* ② (*protest*) Aufruhr *m*, Tumult *m*

uproarious [ʌpˈrɔːriəs] *adj* ① (*loud and disorderly*) stürmisch, turbulent; **~ crowd** lärmende Menge; **~ laughter** schallendes Gelächter ② (*extremely amusing*) urkomisch, zum Schreien *präd fam*

uproariously [ʌpˈrɔːriəsli] *adv* urkomisch; **~ funny** wahnsinnig komisch, zum Totlachen [*o* Schreien] *präd fam;* **to laugh ~** schallend lachen, sich *akk* vor Lachen kaum halten können

uproot [ʌpˈruːt] *vt* ① (*extract from ground*) **to ~ a plant** eine Pflanze herausreißen; **to ~ a tree** einen Baum entwurzeln ② (*remove from one's home*) ■ **to ~ sb** jdn aus der gewohnten Umgebung herausreißen; ■ **to ~ oneself** seine Heimat verlassen; ***his family was ~ed by the war*** seine Familie wurde durch den Krieg entwurzelt ③ (*fig: eradicate*) ■ **to ~ sth** etw ausmerzen [*o* ausrotten] *fig*

ups-a-daisy [ˌʌpsəˈdeɪzi, ˌʊps-] *interj* (*esp childspeak fam*) hoppla *fam*

upscale [ˌʌpˈskeɪl] *esp* AM **I.** *adj* ECON hochwertig, exklusiv, der oberen Preisklasse *nach n*, des oberen Marktsegments *nach n;* **for an ~ target group** für einen anspruchsvollen Kundenkreis **II.** *adv* ECON in der gehobenen Preisklasse, im oberen Marktsegment; **to go** [*or* **move**] **~** in die gehobene Preisklasse wechseln; **to place** [*or* **position**] **sth ~** etw in einer höheren Preisklasse anbieten

upset I. *vt* [ʌpˈset] ① (*push over*) ■ **to ~ sth** etw umwerfen; **to ~ a boat** ein Boot zum Kentern bringen; **to ~ a glass** ein Glas umstoßen [*o* umkippen] ② (*psychologically unsettle*) ■ **to ~ sb** jdn aus der Fassung bringen; (*distress*) jdn mitnehmen, jdm an die Nieren gehen *fam;* ■ **to ~ oneself** sich *akk* aufregen ③ (*throw into disorder*) ■ **to ~ sth** etw durcheinander bringen ④ MED **to ~ sb's metabolism** jds Stoffwechsel *m* durcheinander bringen; **to ~ sb's stomach** jdm auf den Magen schlagen ▶ PHRASES: **to ~ the apple cart** (*fam*) alle Pläne über den Haufen werfen [*o* zunichte machen] **II.** *adj* [ʌpˈset] ① (*upended*) umgestoßen, umgeworfen, umgekippt ② *pred* (*disquieted*) ■ **to be ~** (*nervous*) aufgeregt sein; (*angry*) aufgebracht sein; (*distressed*) bestürzt [*o* betroffen] sein; (*sad*) traurig sein; **to get ~ about sth** sich *akk* über etw *akk* aufregen; ■ **to be ~** [**that**] … traurig sein, dass …; ***he was very ~*** [***that***] ***you didn't reply to his letters*** es hat ihn sehr getroffen, dass du auf seine Briefe nicht geantwortet hast; ***don't be*** [*or* ***get***] **~** reg dich nicht auf; **to be ~ to hear/read/see that …** bestürzt sein zu [*o* mit Bestürzung] hören/lesen/sehen, dass … ③ *inv* (*fam: bilious*) **to have an ~ stomach** [*or fam* **tummy**] sich *dat* den Magen verdorben haben **III.** *n* [ˈʌpset] ① *no pl* (*trouble*) Ärger *m;* (*argument*) Verstimmung *f;* (*psychological*) Ärgernis *nt;* ***it was a great ~ to his self-image*** sein Selbstverständnis hat darunter sehr gelitten; ■ **to be an ~ to sb** jdm nahegehen, jdn mitnehmen; **to be an ~ to sth's equilibrium** das Gleichgewicht einer S. *gen* [empfindlich] stören; **to have an ~** eine Meinungsverschiedenheit haben ② *esp* SPORTS (*great surprise*) unliebsame Überraschung; ***one of the major ~s of this year's Wimbledon was the elimination of the favourite*** eine der großen Enttäuschungen des diesjährigen Wimbledon-Turniers war das Ausscheiden des Favoriten ③ (*fam: stomach*) **stomach** [*or fam* **tummy**] **~** verdorbener Magen, Magenverstimmung *f*

upset price *n* AM Mindestpreis *m*

upsetting [ʌpˈsetɪŋ, AM -t̬-] *adj* schlimm, erschütternd; (*saddening*) traurig; (*annoying*) ärgerlich

upshot [ˈʌpʃɒt, AM -ʃɑːt] *n no pl* [End]ergebnis *nt;* ***the ~*** [***of it all***] ***is that …*** letzten Endes lief es darauf hinaus, dass ..

upside [ˈʌpsaɪd] *n no pl* ① (*advantage*) Vorteil *m* ② ECON Kursgewinn *m*

upside down I. *adj inv* ① (*inverted position*) auf dem Kopf stehend *attr;* ***that picture is ~*** dieses Bild hängt verkehrt herum; ***an ~ gymnast was hanging from the wall bars*** ein Turner hing mit dem Kopf nach unten an der Sprossenwand ② (*fig: very confused*) verkehrt; **~ world** verkehrte Welt **II.** *adv inv* (*inverted position*) verkehrt herum; ***the plane was flying ~*** das Flugzeug flog auf dem Kopf; (*fig*) ***my whole world turned ~ when I met Alan*** mein Leben ist völlig durcheinander geraten, als ich Alan getroffen habe; **to turn sth ~** etw auf den Kopf stellen *a. fig*

upside potential *n* STOCKEX Kursspielraum *m* nach oben

upstage I. *adj* [ʌpˈsteɪdʒ, AM ˈʌpsteɪdʒ] THEAT im hinteren Bühnenbereich *nach n* **II.** *adv* [ʌpˈsteɪdʒ, AM ˈʌpsteɪdʒ] THEAT **to look ~** in Richtung Bühnenhintergrund schauen **III.** *vt* [ʌpˈsteɪdʒ] ■ **to ~ sb** ① THEAT ***he made a typical young actor's mistake: he ~d the star of the show*** er machte einen Fehler, der für unerfahrene Schauspieler typisch ist: er trat auf der Bühne zurück und zwang so den Hauptdarsteller, dem Publikum den Rücken zuzuwenden ② (*outshine*) jdm die Schau stehlen, jdn in den Schatten stellen

upstairs [ʌpˈsteəz, AM -ˈsterz] *inv* **I.** *adj* oben *präd*, obere(r,s) *attr;* **the ~ windows** die Fenster *ntpl* im Obergeschoss **II.** *adv* (*upward movement*) nach oben; (*higher position*) oben; **the people who live ~** die Leute über uns; **to run ~** nach oben rennen; **to stay ~** oben bleiben **III.** *n no pl* Obergeschoss *nt*, oberes Stockwerk

upstanding [ʌpˈstændɪŋ] *adj* ① (*honest*) aufrecht *fig*, rechtschaffen, aufrichtig ② (*erect*) groß gewachsen; (*strong*) kräftig ③ BRIT (*form: stand up*) ■ **to be ~** sich *akk* erheben; LAW ***the court will be ~*** bitte erheben Sie sich

upstart [ˈʌpstɑːt, AM -stɑːrt] *n* (*usu pej*) Emporkömmling *m pej*, Parvenü [*o* ÖSTERR Parvenu] *m pej*

upstate [ˈʌpsteɪt] AM **I.** *adj* im ländlichen Norden [des Bundesstaates] *präd;* **in ~ New York** im ländlichen Teil New Yorks **II.** *adv* in den/im ländlichen Norden [des Bundesstaates]; **to go/move ~** ins Hinterland ziehen; **to travel ~** in den nördlichen Teil reisen

upstream [ʌpˈstriːm] **I.** *adj* **the ~ part of the river** der obere Teil des Flusses; **~ pollution** Verschmutzung *f* im oberen Flusslauf **II.** *adv move, paddle, swim* flussaufwärts, stromaufwärts; ***they live eight kilometres ~ from Amsterdam*** sie wohnen acht Kilometer oberhalb von Amsterdam; ***factories situated ~*** am oberen Flusslauf gelegene Fabriken; **to swim ~** gegen den Strom schwimmen

upsurge [ˈʌpsɜːdʒ, AM -sɜːrdʒ] *n* rasche Zunahme, starkes Anwachsen; **~ of attention** steigende Aufmerksamkeit; **~ in inflation** Inflationsstoß *m;* **~ in prices** Preisanstieg *m;* **an ~ in students** ein steiler Anstieg der Studentenzahlen; **the ~ of violence** die stark zunehmende Gewalt; **cyclical ~** Konjunkturaufschwung *m*

upswept [ʌpˈswept] *adj inv* ① (*curved upwards*) aufwärts gebogen, [hoch]geschweift; *moustache* gezwirbelt ② (*brushed upwards*) hochgekämmt

upswing [ˈʌpswɪŋ] *n* ECON Aufschwung *m;* ■ **to be on the ~** ansteigen, zunehmen; **~ in economic activity** [*or* **the economy**] Konjunkturaufschwung *m;* **~ in exports** Exportsteigerung *f*

uptake [ˈʌpteɪk] *n no pl* ① (*absorption*) *of nutrients, water* Aufnahme *f* ② BRIT, AUS (*level of usage*) Nutzungsgrad *m* ▶ PHRASES: **to be quick on the ~** (*fam*) schnell schalten *fam;* **to be slow on the ~** (*fam*) schwer von Begriff sein *fam*, eine lange Leitung haben *fam*

uptempo [ˌʌpˈtempəʊ, AM -poʊ] *adj* MUS schneller, flotter

upthrust [ˈʌpθrʌst] **I.** *n* ① PHYS Auftrieb *m* ② GEOL Erhebung *f* **II.** *adj inv* [steil] aufgerichtet

uptight [ʌpˈtaɪt] *adj* (*fam*) ① (*nervous*) nervös; (*anxious*) ängstlich; **to be/get ~** [**about sth**] [wegen einer S. *gen*] nervös sein/werden; ***don't get ~ about the exam*** mach dich wegen der Prüfung nicht verrückt *fam* ② (*stiff in outlook*) verklemmt, verkrampft; ***there's no need to be so ~ all the time!*** sieh doch nicht immer alles so furchtbar eng!

up to *prep* ① (*to point of*) bis; ***we read ~ page 24*** wir haben bis Seite 24 gelesen; ***we drove ~ the North Sea*** wir sind an die Nordsee gefahren ② (*over to*) zu *+dat;* ***go ~ the counter*** geh' zum Schalter ③ (*submerged to*) bis zu *+dat;* **~ the knees/waist** bis zu den Knien/der Hüfte; **to have it ~** [*or* **one's ears**] **here** [**with sth**] (*fig*) die Nase voll [von etw *dat*] haben ④ (*to time of*) bis; **~ midnight/noon/yesterday** bis Mitternacht/zum Nachmittag/gestern ⑤ (*decision of*) **to be ~ sb/sth** an jdm/etw liegen; **to leave sth ~ sb** jdm etw *akk* überlassen ⑥ (*responsibility of*) **to be ~ sb** jdm obliegen ⑦ (*secretly doing*) **to be ~ sth** etw vorhaben; **to be ~ something/no good** etwas/nichts Gutes im Sinn haben ⑧ (*well enough to*) **to be/feel ~ doing sth** im Stande sein/sich *akk* im Stande fühlen, etw *akk* zu tun

up to date *adj pred* ■ **to be ~** auf dem neuesten Stand sein; (*well-informed*) auf dem Laufenden sein; **to bring sb ~** jdn über den neuesten Stand informieren; **to bring sth ~** etw aktualisieren [*o* auf den neuesten Stand bringen]; **to keep sb/sth ~** jdn/etw auf dem neuesten Stand halten; ***please keep me ~ on the latest share prices*** informieren Sie mich bitte laufend über die aktuellen Aktienpreise

up-to-date *adj attr* modern, zeitgemäß; (*well-informed*) *information, report* aktuell

up-to-the-minute *adj* allerneueste(r,s) *attr*, allerletzte(r,s) *attr*, hochaktuell; **~ information** brandneue Informationen *pl*

U

uptown [ʌp'taʊn] AM **I.** *adj inv* (*in north of city*) im Norden *nach n;* (*in residential area*) in den [nördlichen] Wohngebieten *nach n;* (*with affluent connotations*) im Villenviertel *nach n,* im Nobelviertel *nach n;* ~ **boy/girl** Junge *m*/Mädchen *nt* aus den besseren Kreisen; **in ~ Manhattan** im nördlichen, vornehmen Teil Manhattans **II.** *adv inv* (*in residential area*) in den [nördlichen] Wohngebieten; (*with affluent connotations*) im Villenviertel [*o* Nobelviertel]; (*to residential area*) in die [nördlichen] Wohngebiete; (*to wealthy area*) ins Villenviertel; ***we could walk ~ or we could take the train*** wir können in die Nordstadt laufen oder mit dem Zug fahren; ***I can get lunch in Chinatown for half of what it costs*** ~ in Chinatown kostet ein Mittagessen nur halb so viel wie in den teuren Vierteln **III.** *n* (*residential area*) Wohngebiet *nt,* Wohnviertel *nt;* (*wealthy area*) Villenviertel *nt*

uptrend ['ʌptrend] *n esp* AM Aufwärtstrend *m,* Aufschwung *m*

upturn ['ʌptɜ:n, AM -tɜ:rn] *n* Aufwärtstrend *m,* Aufschwung *m;* ~ **in the economy** Konjunkturaufschwung *m*

upturned ['ʌptɜ:nd, AM -tɜ:rnd] *adj* nach oben gewendet; *table* umgedreht; *bucket* umgekippt; *boat* gekentert; ~ **nose** Stupsnase *f;* **with ~ palms** mit den Handflächen nach oben

upward ['ʌpwəd, AM -wɚd] **I.** *adj inv usu* AM Aufwärts-, nach oben *nach n;* **to move in an ~ direction** sich *akk* aufwärts [*o* nach oben] bewegen; ~ **movement** Aufwärtsbewegung *f* **II.** *adv* nach oben; ***he looked ~ to the sky*** er sah hinauf [*o* hoch] zum Himmel; **from childhood** ~ von Kindheit an

upwardly ['ʌpwədli, AM -wɚd-] *adv inv* nach oben, aufwärts

upwardly mobile *adj* sozial aufsteigend; ■**to be** ~ [sozial] aufsteigen, ein Aufsteiger/eine Aufsteigerin sein

upward mobility *n* sozialer Aufstieg

upward of *prep, adv esp* AM *see* **upwards**

upwards ['ʌpwədz, AM -wɚdz] *adv inv* ❶ (*move upwards*) nach oben, aufwärts; **from the waist** ~ von der Taille aufwärts ❷ (*with numbers*) nach oben; **to revise costs** ~ die Kosten nach oben korrigieren

upward trend *n* Aufwärtstrend *m,* Aufwärtsentwicklung *f;* ~ **in inflation** Inflationsstoß *m*

upwind [ʌp'wɪnd] **I.** *adj* auf der Windseite *nach n;* ~ **side** Windseite *f* **II.** *adv* gegen den Wind

uraemia [jʊə'ri:miə], AM **uremia** [ju:'-] *n* MED Urämie *f fachspr,* Harnvergiftung *f*

Ural Mountains [ˌjʊərᵊl'maʊntɪnz, AM ˌjʊrᵊl'maʊntᵊnz] *npl,* **Urals** ['jʊərᵊlz, AM 'jʊr] *npl* GEOG ■**the** ~ der Ural

uranium [jʊə'reɪniəm, AM jʊ'-] *n no pl* CHEM, PHYS Uran *nt*

Uranus ['jʊərᵊnəs, AM 'jʊr-] *n no art* ASTRON Uranus *m*

urban ['ɜ:bᵊn, AM 'ɜ:r-] *adj attr* städtisch, urban *geh;* ~ **area** Stadtgebiet *nt;* ~ **blight** (*run-down part of town*) heruntergekommener Stadtteil; (*piece of misplanning*) Verschandelung *f* des Stadtbildes; ~ **centre** [*or* AM **center**] Stadtzentrum *nt;* ~ **decay** (*in centre*) Verfall *m* der Innenstadt; (*in residential area*) Verslumung *f;* ~ **jungle** (*pej*) Großstadtdschungel *m meist pej;* ~ **planning** Stadtplanung *f;* ~ **population** Stadtbevölkerung *f,* Stadtbewohner *mpl;* ~ **redevelopment** Stadtsanierung *f;* ~ **renewal** Stadterneuerung *f;* ~ **sprawl** Zersiedelung *f*

urbane [ɜ:'beɪn, AM ɜ:r'-] *adj* (*approv*) weltmännisch, weltgewandt, urban *geh;* ~ **manner** kultivierte [*o* weltmännische] Art; ~ **words** höfliche Worte

urbanely [ɜ:'beɪnli, AM ɜ:r'-] *adv* (*approv*) weltmännisch, weltgewandt, urban *geh*

urban guerrilla *n* (*group*) Stadtguerilla *f;* (*person*) Stadtguerilla *m*

urbanity [ɜ:'bænəti, AM ɜ:r'bænət̬i] *n no pl* (*approv*) weltmännische Art, Weltgewandtheit *f,* Urbanität *f geh*

urbanization [ˌɜ:bᵊnaɪ'zeɪʃᵊn, AM ˌɜ:rbᵊnɪ'-] *n no pl* Verstädterung *f,* Urbanisierung *f geh*

urbanize ['ɜ:bᵊnaɪz, AM 'ɜ:r-] *vt* ■**to ~ sth** etw verstädtern [*o geh* urbanisieren]

urchin ['ɜ:tʃɪn, AM 'ɜ:r-] *n* ❶ (*homeless child*) **street** ~ Straßenkind *nt;* (*boy*) Gassenjunge *m* ❷ (*hum dated: impudent child*) Range *f o selten a. m* DIAL; (*boy*) Bengel *m*

Urdu ['ʊədu:, AM 'ʊr] *n no pl* Urdu *nt*

urea [jʊə'riə, AM jʊ'ri] *n no pl* BIOL, CHEM Harnstoff *m*

uremia *n* AM *see* **uraemia**

urethra <*pl* -s *or* -rae> [jʊə'ri:θrə, AM jʊ'-, *pl* -ri:] *n* ANAT Urethra *f fachspr,* Harnröhre *f*

urethrae [jʊə'ri:θri:, AM jʊ'-] *n pl of* **urethra**

urge [ɜ:dʒ, AM ɜ:rdʒ] **I.** *n* (*strong desire*) Verlangen *nt,* [starkes] Bedürfnis (**for** nach +*dat*); (*compulsion*) Drang *m* (**for** nach +*dat*); PSYCH Trieb *m;* ***a violent ~ came over him*** ihn überkam ein heftiges Verlangen; ***if you get the ~ to go out tonight, give me a ring*** ruf mich an, wenn du heute Abend Lust bekommst, auszugehen; **irresistible** ~ unwiderstehliches Verlangen; **sexual** ~ Sexual-/Geschlechtstrieb *m;* **to control/repress an** ~ einen Trieb kontrollieren/unterdrücken; **to give in** [*or* **way**] **to the ~ to do sth** dem Verlangen, etw zu tun, nicht widerstehen können **II.** *vt* ❶ (*press*) ■**to ~ sb somewhere** ***on arriving at the house he ~d her inside*** nach der Ankunft drängte er sie in das Haus hinein; ■**to ~ sb away from sth** jdn von etw *dat* wegdrängen; ■**to ~ sb [into doing sth]** jdn antreiben [*o* drängen][, etw zu tun]; **to ~ dogs/horses** Hunde/Pferde antreiben ❷ (*try to persuade*) ■**to ~ sb [to do sth]** jdn drängen [*o* eindringlich bitten][, etw zu tun] ❸ (*seriously advocate*) ■**to ~ sth** auf etw *akk* dringen, zu etw *dat* drängen; ***"don't have anything more to do with him!" her mother ~d*** „gib dich nicht mehr mit ihm ab!" mahnte ihre Mutter sie eindringlich; ***we ~d that the plans be submitted immediately*** wir drängten darauf, die Pläne sofort weiterzuleiten; ***I ~ you to take the time to reconsider your decision*** ich rate Ihnen dringend, sich die Zeit zu nehmen, Ihren Beschluss zu überdenken; **to ~ caution/vigilance** zur Vorsicht/Wachsamkeit mahnen; **to ~ peace** sich *akk* für den Frieden einsetzen ❹ (*form: persuade to accept*) ■**to ~ sth on** [*or* **upon**] **sb** jdn zu etw *dat* drängen, jdm etw eindringlich nahelegen; ***she ~d on him the importance of remaining polite at all times*** sie versuchte, ihm klar zu machen, wie wichtig es ist, immer höflich zu bleiben; **to ~ self-discipline on sb** jdn zur Selbstdisziplin [er]mahnen **III.** *vi* ■**to ~ for sth** auf etw *akk* drängen

◆**urge on** *vt* ■**to ~ sb on [to do sth]** jdn [dazu] antreiben[, etw zu tun]; **~d on by ambition** vom Ehrgeiz getrieben

urgency ['ɜ:dʒᵊn(t)si, AM 'ɜ:r-] *n no pl* ❶ (*top priority*) *of a matter, demand* Dringlichkeit *f; of a problem, situation also* Vordringlichkeit *f;* **to be a matter of ~** äußerst dringend sein; **to realize/stress the ~ of sth** die Dringlichkeit einer S. *gen* erkennen/betonen ❷ (*insistence*) Eindringlichkeit *f;* ***there was a note of ~ in her speech*** sie sprach mit großer Eindringlichkeit

urgent ['ɜ:dʒᵊnt, AM 'ɜ:r-] *adj* ❶ (*imperative*) *action, request* dringend, dringlich; *situation* brisant; ***the letter is marked '~'*** auf dem Brief steht ‚eilt'; **to be in ~ need of medical attention** dringend ärztliche Hilfe benötigen ❷ (*insistent*) *person, voice* eindringlich; *steps* eilig; ~ **plea** deutlicher Appell

urgently ['ɜ:dʒᵊntli, AM 'ɜ:r-] *adv* ❶ (*imperatively*) dringend, dringlich; ***help is ~ needed*** es wird dringend Hilfe benötigt ❷ (*insistently*) eindringlich; **to speak** ~ mit eindringlicher Stimme sprechen

urging ['ɜ:dʒɪŋ, AM 'ɜ:r-] *n* Drängen *nt kein pl*

uric ['jʊərɪk, AM 'jʊr-] *adj attr, inv* Harn-, Urin-

uric acid *n* BIOL Harnsäure *f*

urinal [jʊə'raɪnᵊl, -rɪ-, AM 'jʊrᵊnᵊl] *n* ❶ (*device*) Urinal *nt form,* Pinkelbecken *nt fam;* (*room*) Pissoir *nt,* Herrentoilette *f* ❷ (*for patient*) Uringlas *n,* Urinal *nt fachspr*

urinary ['jʊərɪnᵊri, AM 'jʊrəneri] *adj inv* Harn-, Urin-; ~ **diseases** Erkrankungen *fpl* der Harnwege; ~ **incontinence** Harninkontinenz *f;* **the first morning ~ secretion** der erste Morgenurin; ~ **tract** Harnsystem *nt,* Harnorgane *ntpl;* ~ **tract infection** Harnwegsinfektion *f*

urinate ['jʊərɪneɪt, AM 'jʊrə-] *vi* urinieren, Wasser lassen

urination [ˌjʊərɪ'neɪʃᵊn, AM ˌjʊrə'-] *n no pl* Urinieren *nt,* Wasserlassen *nt*

urine ['jʊərɪn, AM 'jʊr-] *n no pl* Urin *m,* Harn *m*

urine specimen *n* Urinprobe *f*

URL [ju:ɑ:'el, AM -ɑ:r'-] **I.** *n abbrev of* **uniform resource locator** URL *m* **II.** *n modifier abbrev of* **uniform resource locator** URL-

urn [ɜ:n, AM ɜ:rn] *n* ❶ (*garden ornament*) Krug *m,* Urne *f* ❷ (*for remains*) [Grab]urne *f* ❸ **tea** ~ Teekessel *m*

urologist [jʊə'rɒlədʒɪst, AM jʊ'rɑ:-] *n* MED Urologe, -in *m, f*

urology [jʊə'rɒlədʒi, AM jʊ'rɑ:lə] *n no pl* SCI, MED Urologie *f fachspr*

Uruguayan [ˌjʊərə'gwaɪən, AM ˌjʊrə'gweɪ] *adj inv* uruguayisch

us [ʌs, əs] *part* ❶ (*object of we*) uns *in dat o akk;* ***thank you for driving ~ to the station*** danke, dass du uns zum Bahnhof geführt hast; ***it would be rude for ~ to leave so early*** es wäre unhöflich von uns, so früh zu gehen; ***let ~ know*** lassen Sie es uns wissen; ***we asked him to come with*** ~ wir fragten ihn, ob er mit uns kommen wolle; **both/many of** ~ wir beide/viele von uns; **to be one of** ~ zu uns gehören; ***Jack's all right, he's one of*** ~ Jack ist in Ordnung, er gehört zu uns; **it's** ~ wir sind's; ***don't worry, it's just*** ~ keine Sorge, wir sind's nur; **… as/than** ~ … als wir; ***they are richer than*** ~ sie sind reicher als wir; ~ **and them** [*or* **them and** ~] (*fam*) gleicher als gleich; ***it's definitely a case of them and*** ~ ein typischer Fall von gleicher als gleich; ~ **against them** (*fam*) wir gegen sie ❷ AUS, BRIT (*fam: me*) mir *in dat,* mich *in akk;* ***give ~ a kiss*** gib' mir einen Kuss ❸ AM (*fam: to, for ourselves*) uns

US [ju:'es] **I.** *n abbrev of* **United States:** ■**the** ~ die USA *pl* **II.** *adj attr abbrev of* **United States** US-

USA [ju:es'eɪ] *n no pl* ❶ (*country*) *abbrev of* **United States of America:** ■**the** ~ die USA *pl* ❷ (*army*) *abbrev of* **United States Army** Armee *f* der USA

usable ['ju:zəbl] *adj inv* brauchbar, nutzbar; ■**to [not] be** ~ [nicht] zu gebrauchen sein; ~ **software** verwendbare Software

USAF [ju:eser'ef] *n no pl* MIL *abbrev of* **United States Air Force** Luftwaffe *f* der Vereinigten Staaten

us-against-them mentality *n* Wir-gegen-sie-Mentalität *f*

usage ['ju:sɪdʒ] *n* ❶ *no pl* (*handling*) Gebrauch *m,* Benutzung *f;* (*consumption*) Verbrauch *m;* ***this bag has had some rough*** ~ diese Tasche ist schon ziemlich abgenutzt; **water** ~ Wasserverbrauch *m* ❷ *no pl* (*customary practice*) Usus *m geh,* Brauch *m,* Sitte *m,* Usance *f;* ***it's common ~ …*** es ist allgemein üblich … ❸ LING (*instance of using language*) *of a term, word* Verwendung *f,* Gebrauch *m* ❹ *no pl* LING (*manner of using language*) Sprachgebrauch *m;* ***in English/French*** ~ im englischen/französischen Sprachgebrauch; **in general** [*or* **everyday**] ~ im alltäglichen Sprachgebrauch

use I. *vt* [ju:z] ❶ (*make use of, utilize*) ■**to ~ sth** etw benutzen; *building, one's skills, training, talent* etw nutzen; *method* etw anwenden; ***this glass has been*** ~ dieses Glas ist schon benutzt; ***I could ~ some help*** ich könnte etwas Hilfe gebrauchen; ***I could ~ a drink now*** ich könnte jetzt einen Drink vertragen *fam;* ***this table could ~ a wipe*** diesen Tisch könnte man auch mal wieder abwischen; ***these lights are ~d for illuminating the playing area*** mit diesen Lichtern wird die Spielfläche beleuchtet; ***what perfume do you ~?*** welches Perfüm nimmst du?; ***what shampoo do you ~?*** welches Shampoo benutzt du?; ***I've got to ~ the toilet*** ich muss auf die Toilette; **to ~ alcohol** Alkohol trinken; **to ~ one's brains** seinen Verstand benutzen; **to ~ a chance** eine Gelegenheit nutzen; **to ~ a**

dictionary ein Wörterbuch verwenden; to ~ drugs Drogen nehmen; to ~ military force against sb Militärgewalt gegen jdn einsetzen; to ~ an idea eine Idee verwenden; to ~ logic logisch denken; to ~ one's money to do sth sein Geld dazu verwenden, etw zu tun; to ~ sb's name jds Name *m* verwenden; (*as reference*) sich *akk* auf jdn berufen; ***she ~s the name Mary Pons*** sie nennt sich Mary Pons; **to ~ poison gas/truncheons/chemical warfare** Giftgas/Schlagstöcke/chemische Waffen einsetzen; **to ~ a pseudonym** ein Pseudonym benutzen; **to ~ service** eine Dienstleistung in Anspruch nehmen; **to ~ swear words** fluchen; **to ~ one's time to do sth** seine Zeit dazu nutzen, etw zu tun; ***you should ~ your free time more constructively*** du solltest deine freie Zeit sinnvoller nutzen!; **to ~ violence** Gewalt anwenden; ■**to ~ sth to do sth** etw benutzen [*o* verwenden], um etw zu tun; ~ ***scissors to cut the shapes out*** schneiden Sie die Formen mit einer Schere aus; ***you can ~ this brush to apply the paint*** du kannst die Farbe mit diesem Pinsel auftragen ❷ (*employ*) ■**to ~ sth ~ your head** [*or* BRIT *also* **loaf**] jetzt schalt doch mal dein Hirn ein! *sl;* ~ ***your imagination!*** lass doch mal deine Fantasie spielen!; **to ~ common sense** seinen gesunden Menschenverstand benutzen; **to ~ discretion/tact** diskret/taktvoll sein ❸ (*get through, consume*) ■**to ~ sth** etw verbrauchen; ***we've ~d nearly all the bread*** wir haben fast kein Brot mehr; ***what do you ~ for heating?*** mit was heizen Sie?; ***there's no more paper after this is ~d*** wenn wir dieses Papier aufgebraucht haben, ist keines mehr da; ***this radio ~s 1.5 volt batteries*** für dieses Radio braucht man 1,5 Volt Batterien; **to ~ energy** Energie verbrauchen ❹ (*usu pej: manipulate, impose upon*) ■**to ~ sb** jdn benutzen; (*exploit*) ■**to ~ sb/sth** jdn/etw ausnutzen ❺ (*form: treat in stated way*) **to ~ sb badly/well** jdn schlecht/gut behandeln; ***he's ~d her despicably*** er hat ihr übel mitgespielt **II.** *n* [juːs] ❶ (*application, employment*) Verwendung *f* (**for** für *+akk*); *of dictionary also* Benutzung *f; of labour* Einsatz *m; of leftovers* Verwertung *f; of talent, experience* Nutzung *m;* ***don't throw that away, you'll find a ~ for it one day*** wirf das nicht weg – eines Tages wird es schon noch irgendwie verwenden können; ***a food processor has a variety of ~s in the kitchen*** eine Küchenmaschine kann man auf ganz unterschiedliche Weise in der Küche einsetzen; ***they've called for further restrictions on the ~ of leaded petrol*** sie forderten weitere Einschränkungen für die Verwendung von verbleitem Benzin; ***she lost the ~ of her fingers in the accident*** seit dem Unfall kann sie ihre Finger nicht mehr benutzen; **the ~ of alcohol/drugs** der Alkohol-/Drogenkonsum; **by the ~ of deception** durch Täuschung; **directions for ~** Gebrauchsanweisung *f;* **for ~ in an emergency** für den Notfall; **for ~ in case of fire** bei Feuer; **the ~ of force/a particular method** die Anwendung von Gewalt/einer bestimmten Methode; **the correct ~ of language** der korrekte Sprachgebrauch; **the ~ of poison gas/truncheons/chemical warfare** der Einsatz von Tränengas/Schlagstöcken/chemischen Waffen; **to be in daily ~** täglich verwendet werden; **for external ~ only** nur zur äußerlichen Anwendung; **to be no longer in ~** nicht mehr benutzt werden; **ready for ~** gebrauchsfertig; *machine* einsatzbereit; **for private ~ only** nur für den Privatgebrauch; **to come into ~** in Gebrauch kommen; **to find a ~ for sth** für etw *akk* Verwendung finden; **to go** [*or* **fall**] **out of ~** nicht mehr benutzt werden; **to have no** [**further**] **~ for sth** keine Verwendung [mehr] für etw *akk* haben; ***do you have any ~ for these old notes?*** kannst du diese alten Unterlagen irgendwie verwenden?; **to make ~ of sth** etw benutzen; *experience, talent* etw nutzen; *leftovers* etw verwenden; *connections* von etw *dat* Gebrauch machen; ***can you make ~ of that?*** kannst du das gebrauchen?; **to put sth to ~** etw verwenden; **to be able to put sth to good ~** etw gut verwenden können; **to be able to put one's experience to good ~** seine Erfahrung gut einbringen können; **in/out of ~** in/außer Gebrauch ❷ (*consumption*) Verwendung *f;* ***building a dam would be a ~ of financial resources which this country cannot afford*** einen Damm zu bauen, würde bedeuten, Gelder zu verwenden, die dieses Land nicht aufbringen kann ❸ (*usefulness*) Nutzen *m;* ***is this of any ~ at all?*** nützt das vielleicht was? *fam;* ***can I be of any ~?*** kann ich vielleicht irgendwie behilflich sein?; ***what's the ~ of shouting?*** was bringt es denn herumzuschreien?; ***there's no ~ complaining*** Herumjammern bringt auch nichts *fam;* ***what ~ is praying?*** wozu soll das Beten nutzen?; ***it has its ~s*** das kann auch nützlich sein; ***he's no ~ as an editor*** als Redakteur ist er nicht zu gebrauchen; ***what's the ~*** was soll's! *fam;* (*pej fam*) ***that's a fat lot of ~*** da haben wir ja auch was von! *iron fam;* **to be no ~** keine Hilfe sein; **to be no/not much ~ to sb** jdm nichts/nicht viel nützen; ■**to be of ~ to sb** für jdn von Nutzen [*o* nützlich] sein; ***is this of any ~ to you?*** kannst du das vielleicht gebrauchen?; ■**it's no ~** [**doing sth**] es hat keinen Zweck[, etw zu tun]; ***it's no ~ — I just can't stand the man*** es hilft alles nichts – ich kann den Mann einfach nicht ausstehen!; ***it's no ~ trying to escape — no one has ever got away before*** wir brauchen erst gar nicht versuchen auszubrechen – das hat bisher noch keiner geschafft! ❹ (*right*) **to have the ~ of sth** *bathroom, car* etw benutzen dürfen; **to give sb** [*or* **let sb have**] **the ~ of sth** jdn etw benutzen lassen ❺ (*custom*) Brauch *m* ❻ (*out of order*) ■**to be out of** [*or* AM, AUS *usu* **not in**] ~ nicht funktionieren; ***the escalator is out of ~*** der Aufzug ist außer Betrieb ❼ REL Ritual *nt* ❽ LAW (*old*) Nießbrauch *m fachspr*

◆**use up** *vt* ■**to ~ up** ⊂ **sth** *strength, energy* etw verbrauchen; (*completely*) etw [völlig] aufbrauchen; ***the money was soon ~d up*** das Geld war bald verbraucht [*o fam* alle]; ***I was tired and ~d up*** ich war müde und ausgebrannt; ***I might ~ up all my old scraps of wool to make a scarf*** ich werde wohl meine ganzen alten Wollreste für einen Schal verwerten; ***damn, the milk is ~d up!*** Mist, die Milch ist alle! *fam;* **to ~ up food/paper** Lebensmittel/Papier aufbrauchen

us(e)ability [ˌjuːzəˈbɪləti, AM əṭi] *n no pl* Brauchbarkeit *f,* Verwendbarkeit *f*

used[1] [juːst] *vt semi-modal, only in past* ***Aunt Betty ~ to live in Australia*** Tante Betty hat früher in Australien gelebt; ***my father ~ to work there*** mein Vater hat [früher] dort gearbeitet; ***they ~ not to enjoy horror films*** früher haben ihnen Horrorfilme nicht gefallen; ***has she always done this? — no, she didn't use to*** macht sie das schon immer? – nein, früher nicht; ***did you use*** [*or* ***old ~***] ***to work in banking?*** haben Sie früher im Bankgewerbe gearbeitet?; ***things aren't what they ~ to be*** es ist alles nicht mehr so, wie es mal war *fam;* ***my father ~ to say …*** mein Vater sagte immer [*o* pflegte immer zu sagen], …; ***you didn't use to like wine*** früher mochtest du keinen Wein; ***I read much more than I ~ to*** heute lese ich viel mehr als früher; ***she ~ to be quite ambitious*** sie war mal sehr ehrgeizig

used[2] [juːzd] *adj inv* ❶ (*not new*) gebraucht; **~ clothes** getragene Kleidung, Secondhandkleidung *f;* **~ matches** abgebrannte Streichhölzer; **~ notes** gebrauchte [Geld]scheine; **~ towels** benutzte Handtücher ❷ (*familiar with*) gewohnt, gewöhnt; ■**to be ~d to sth** an etw *akk* gewöhnt sein, etw gewohnt sein; ***there are some things you never get ~ to*** an einige Dinge kann man sich einfach nicht gewöhnen; ■**to be ~ to doing sth** gewohnt sein, etw zu tun; **to be ~ to being criticized** Kritik gewohnt sein; **to become** [*or* **get**] **~ to sth** sich *akk* an etw *akk* gewöhnen

used car I. *n* Gebrauchtwagen *m;* (*fig, hum*) ***would you buy a ~ from this man?*** würden Sie diesem Mann vertrauen? **II.** *n modifier* (*dealer, guarantee, purchase, sales, salesman*) Gebrauchtwagen-

useful [ˈjuːsfᵊl] *adj* ❶ (*practical, functional*) nützlich, praktisch, brauchbar (**for** für *+akk*); ***let him mow the lawn, he likes to feel ~*** lass ihn den Rasen mähen, er hat gerne das Gefühl, gebraucht zu werden; ***do the exercises serve any ~ purpose?*** sind diese Übungen für irgendetwas gut?; **~ bits of information** nützliche [*o* wertvolle] Informationen; **to make oneself ~** sich *akk* nützlich machen ❷ (*approv: advantageous*) wertvoll; ***Spanish is a very ~ language to know*** es ist sehr vorteilhaft, Spanisch zu können; ***that voucher could come in ~ when we go shopping*** wir können den Gutschein vielleicht gut gebrauchen, wenn wir einkaufen gehen; **to prove ~** sich *akk* als nützlich erweisen ❸ (*approv: effective*) nutzbringend *attr,* hilfreich; *discussion* ergiebig; ***aspirins are ~ for headaches*** Aspirin hilft gegen Kopfschmerzen; ***the TV has a ~ life of ten years*** die Lebensdauer des Fernsehers beträgt zehn Jahre ❹ (*fam: competent*) gut; ***he's a ~ teacher/tennis player*** er ist ein fähiger Lehrer/versierter Tennisspieler; ***he's a ~ person to have if you get into trouble*** es ist ganz gut, ihn zu kennen, wenn man in Schwierigkeiten gerät; ***he plays a ~ hand of bridge*** er spielt ziemlich gut Bridge; **to be ~ with a gun/knife** gut mit der Schusswaffe/dem Messer umgehen können; **to be ~ with one's hands** handwerklich geschickt sein

usefully [ˈjuːsfᵊli] *adv* sinnvoll, nutzbringend; ***you might ~ study the etymology of English words*** es könnte dir sehr nützlich sein, dich mit der Etymologie englischer Begriffe zu beschäftigen; **to be ~ employed** eine sinnvolle Beschäftigung haben

usefulness [ˈjuːsfᵊlnəs] *n no pl* Nützlichkeit *f; of contribution, information also* Brauchbarkeit *f,* Nutzen *m,* Wert *m;* (*applicability*) Verwendbarkeit *f;* **to outlive one's ~** ausgedient haben

useless [ˈjuːsləs] *adj* ❶ (*pointless*) sinnlos, zwecklos; ■**to be ~ doing** [*or* **to do**] **sth** sinnlos [*o* zwecklos] sein, etw zu tun; ***it's ~ trying to discuss politics with him*** es hat keinen Sinn, mit ihm über Politik diskutieren zu wollen; **~ verbiage** unnützes Geschwätz ❷ (*fam: incompetent*) zu nichts nütze [*o* zu gebrauchen] *präd;* ***you're absolutely ~!*** du bist doch zu nichts zu gebrauchen!; ***you're such an ~ idiot!*** du bist ein hoffnungsloser Schwachkopf! *fam;* ***he's an ~ goalkeeper*** er taugt nichts als Torwart; ***I'm ~ at maths*** ich habe keine Ahnung von Mathematik; **to be worse than ~** einfach zu gar nichts zu gebrauchen sein ❸ (*unusable*) unbrauchbar; ***this knife is ~*** dieses Messer taugt nichts; **~ details** überflüssige Details; **~ information** wertlose Informationen; **to render sth ~** etw unbrauchbar machen

uselessly [ˈjuːsləsli] *adv* ❶ (*without point*) sinnlos; **to protest ~** vergeblich protestieren ❷ (*unusable*) nutzlos

uselessness [ˈjuːsləsnəs] *n no pl* ❶ (*unproductiveness*) Nutzlosigkeit *f,* Unbrauchbarkeit *f* ❷ (*futility*) Sinnlosigkeit *f,* Zwecklosigkeit *f*

user [ˈjuːzʳ, AM -ɚ] *n* Benutzer(in) *m(f); of software, a system also* Anwender(in) *m(f); of electricity, gas, water* Verbraucher(in) *m(f);* ***unemployed people are the main ~s of this advice centre*** dieses Beratungszentrum wird hauptsächlich von Arbeitslosen in Anspruch genommen; **drug ~** Drogenkonsument(in) *m(f);* **telephone ~** Telefonkunde, -in *m, f*

user-friendliness *n* COMPUT Anwenderfreundlichkeit *f,* Benutzerfreundlichkeit *f* **user-friendly** *adj* COMPUT anwenderfreundlich, benutzerfreundlich **user ID** *n* COMPUT Benutzerkennzeichen *nt* **user interface** *n* COMPUT Benutzeroberfläche *f,* Benutzerschnittstelle *f* **user program** *n* COMPUT Anwenderprogramm *nt,* Benutzerprogramm *nt* **user's guide** *n,* **user's handbook** *n* Benutzerhandbuch *nt* **user software** *n* COMPUT Anwendersoftware *f,* Benutzersoftware *f*

usher [ˈʌʃəʳ, AM -ɚ] **I.** *n* ❶ (*in theatre, church*) Platzanweiser(in) *m(f)* ❷ LAW Gerichtsdiener(in) *m(f)* ❸ BRIT (*escort*) Zeremonienmeister(in) *m(f)* **II.** *vt* **to ~ sb into a room** jdn in einen Raum hineinführen; **to ~ sb to his seat** jdn zu seinem Platz führen

◆**usher away** *vt see* **usher out**

◆**usher in** *vt* ❶ (*show the way*) ■**to ~ in** ⊂ **sb**

U

jdn hineinführen [*o* hineinbringen] ② (*fig: begin*) ■**to ~ in** ↔ **sth** etw einleiten; **to ~ in a new epoch/era** eine neue Epoche/Ära einleiten

◆**usher out** *vt* ① (*bring to an end*) ■**to ~ out** ↔ **sth** das Ende einer S. *gen* ankündigen ② (*remove*) ■**to ~ out** ↔ **sb** [*or* **away**] jdn hinausführen

usherette [ˌʌʃəˈret, AM -əˈ-] *n* Platzanweiserin *f*

USN [ˌjuːesˈen] *n* MIL *abbrev of* **United States Navy** Marine *f* der Vereinigten Staaten

USP [ˌjuːesˈpiː] *n* BRIT ECON *abbrev of* **unique selling proposition** einzigartiges verkaufsförderndes Merkmal

USS [ˌjuːesˈes] *n before n* MIL *abbrev of* **United States Ship** *Schiff aus den Vereinigten Staaten*

USSR [ˌjuːesesˈɑːr, AM -ˈɑːr] *n* (*hist*) *abbrev of* **Union of Soviet Socialist Republics** UdSSR *f hist*

usual [ˈjuːʒəl, AM -ʒuəl] **I.** *adj* gewöhnlich, üblich, normal; ***is it ~ for a child to be so interested in money?*** ist es normal, dass sich ein Kind so sehr für Geld interessiert?; ***it's ~ to ask before you borrow something!*** normalerweise fragt man erst, bevor man sich etwas leiht!; ***business as ~*** normaler Betrieb; (*in a shop*) Verkauf geht weiter; **[the] ~ formalities** die üblichen Formalitäten; **to find sth in its ~ place** etw an seinem gewohnten Platz vorfinden; **later/less/more than ~** später/weniger/mehr als sonst; **as [per] ~** wie üblich [*o* gewöhnlich] **II.** *n* ① (*fam: regular drink*) ■**the** [*or* **one's**] **~** das Übliche; ***a pint of the ~, please!*** ein Halbes bitte, wie immer!; ***the ~, please, John!*** bitte dasselbe wie immer, John!; ***what's his ~?*** was trinkt er gewöhnlich? ② (*regular thing*) das Übliche; ***the band played all the ~s at the party last night*** die Band spielte auf der Party gestern Abend das übliche Programm

usually [ˈjuːʒəli, AM -ʒuəli] *adv* gewöhnlich, normalerweise; ***is your friend ~ so rude?*** ist dein Freund immer so unhöflich?; ***does this shop open on Sundays? — ~*** hat dieser Laden sonntags geöffnet? – für gewöhnlich ja; ***he felt more than ~ hungover*** er fühlte sich noch verkaterter als sonst

usufruct [ˈjuːsjʊfrʌkt, AM -zʊ-] *n no pl* LAW Ususfruktus *m fachspr*, Nießbrauch *m fachspr*

usurer [ˈjuːʒərər, AM -ər] *n esp* LAW Wucherer, Wucherin *m, f*

usurious [juːˈzjʊəriəs, AM -ˈʒʊr-] *adj esp* LAW wucherisch, Wucher-; **~ rates** Wucherzinsen *mpl*

usurp [juːˈzɜːp, AM -ˈsɜːrp] *vt* ① (*take position*) ■**to ~ sth** sich *dat* etw widerrechtlich aneignen, sich *akk* etw *dat* bemächtigen, etw usurpieren; **to ~ the power** die Macht an sich *akk* reißen; **to ~ the throne** sich *akk* des Thrones bemächtigen *geh* ② (*supplant*) ■**to ~ sb** jdn verdrängen; **to ~ sb's place** jds Platz einnehmen

usurpation [ˌjuːzɜːˈpeɪʃən, AM sɚˈ] *n* Usurpation *f*, Übermächtigung *f*

usurper [juːˈzɜːpər, AM -ˈsɜːrpɚ] *n* Usurpator(in) *m(f) geh; of the throne also* Thronräuber(in) *m(f); of power also* unrechtmäßiger Machthaber/unrechtmäßige Machthaberin

usury [ˈjuːʒəri, AM -əi] *n no pl esp* LAW Wucher *m;* **to practise** [*or* AM **practice**] **~** Wucher treiben

utensil [juːˈten(t)səl] *n* Utensil *nt;* **kitchen ~s** Küchengeräte *ntpl*

uteri [ˈjuːtəraɪ, AM -t̬ə-] *n pl of* **uterus**

uterine [ˈjuːtəraɪn, AM -t̬ɚɪn] *adj inv* ANAT uterin *fachspr*, Uterus- *fachspr*, Gebärmutter-

uterine wall *n* ANAT Gebärmutterwand *f*

uterus <*pl* -ri *or* -es> [ˈjuːtərəs, AM -t̬ɚ-] *n* ANAT Uterus *m fachspr*, Gebärmutter *f*

utilitarian [ˌjuːtɪlɪˈteəriən, AM juːˌtɪləˈter-] *adj* ① PHILOS (*philosophy*) utilitaristisch *fachspr* ② (*functional*) praktisch, funktionell

utilitarianism [ˌjuːtɪlɪˈteəriənɪzəm, AM juːˌtɪləˈter-] *n no pl* PHILOS Utilitarismus *m fachspr*

utilities sector *n* ECON Versorgungswirtschaft *f*

utility [juːˈtɪləti, AM -əti] **I.** *n* ① (*usefulness*) Nützlichkeit *f*, Nutzen *m;* **economic ~** wirtschaftlicher Nutzen ② *usu pl* (*public service*) Leistungen *fpl* der öffentlichen Versorgungsbetriebe; **public utilities** öffentliche Versorgungsbetriebe ③ COMPUT Dienstprogramm *nt* **II.** *adj* ① (*useful*) Mehrzweck-, Vielzweck-; **~ player** SPORTS mehrfach einsetzbarer Spieler/einsetzbare Spielerin; **~ vehicle** Mehrzweckfahrzeug *nt* ② (*functional*) funktionell, Gebrauchs-; **~ model** Gebrauchsmuster *nt;* **~ program** [*or* **routine**] COMPUT Dienstprogramm *nt* **III.** *n modifier* (*company, costs, service*) Versorgungs-; **~ bill** [Ab]rechnung *f* der öffentlichen Versorgungsbetriebe; **~ expenses/spending** Kosten *pl* für Wasser- und Energieversorgung

utility program *n* COMPUT Dienstprogramm *nt*

utility room *n* ≈ Waschküche *f*

utilizable [ˈjuːtɪlaɪzəbl, AM -t̬əl-] *adj* (*form*) verwendbar, nutzbar

utilization [ˌjuːtəlaɪˈzeɪʃən, AM -t̬əlɪˈ-] *n no pl* (*form*) Verwendung *f*, Nutzung *f;* ECON Auslastung *f;* **~ of scrap** Abfallverwertung *f*

utilize [ˈjuːtɪlaɪz, AM -t̬əl-] *vt* ■**to ~ sth** etw verwenden, etw [be]nutzen, etw nutzen

utmost [ˈʌtməʊst, AM -moʊst] **I.** *adj attr, inv* größte(r,s); **a person of the ~ brilliance** eine Person von höchster Genialität; **with the ~ care/precision** so sorgfältig/genau wie möglich; **with the ~ caution/reluctance** mit äußerster Vorsicht/Zurückhaltung; **to put sb in a position of the ~ difficulty** jdn in größte Schwierigkeiten bringen; **to the ~ ends of the earth** (*liter*) bis in die entlegensten Winkel der Erde; **with the ~ ferocity** mit aller Schärfe; **a matter of the ~ importance** eine Angelegenheit von äußerster Wichtigkeit **II.** *n no pl* ■**the ~** das Äußerste; ***the car offers the ~ in power and performance*** der Wagen bietet ein Maximum an Kraft und Leistung; ■**at the ~** höchstens; ■**to the ~** bis zum Äußersten; **to live life to the utmost** das Leben voll auskosten [*o* in vollen Zügen genießen]; **to try sb's patience to the ~** jds Geduld bis aufs Äußerste strapazieren; **to try** [*or* **do**] **one's ~** sein Bestes geben [*o* Möglichstes tun]

Utopia [juːˈtəʊpiə, AM -ˈtoʊ-] *n no pl* Utopia *nt*

utopian [juːˈtəʊpiən, AM -ˈtoʊ-] *adj* utopisch

Utopianism [juːˈtəʊpiənɪzəm, AM ˈtoʊ] *n no pl* Utopismus *m*

utter[1] [ˈʌtər, AM ˈʌt̬ɚ] *adj attr, inv* vollkommen, total, völlig; **to be ~ bliss** eine ungeheure Wohltat sein; **in ~ despair** in völliger Verzweiflung, völlig verzweifelt; **in ~ disbelief** völlig ungläubig; **~ drivel** dummes Geschwätz; **~ fool** Vollidiot(in) *m(f) fam;* **~ nonsense** absoluter Blödsinn; **in ~ rapture** total hingerissen; **an ~ stranger** ein völlig Fremder/eine völlig Fremde; **a complete and ~ waste of time** eine totale Zeitverschwendung

utter[2] [ˈʌtər, AM ˈʌt̬ɚ] *vt* ■**to ~ sth** ① (*liter: make a noise*) etw von sich *dat* geben; ***no one was able to ~ a sound*** keiner konnte einen Ton hervorbringen; **to ~ a cry** einen Schrei ausstoßen; **to ~ a groan/grunt/laugh** stöhnen/grunzen/auflachen ② (*liter: put into words*) etw sagen [*o* äußern]; **to ~ certitude about sth** seine Gewissheit über etw *akk* zum Ausdruck bringen; **to ~ a curse/threat** einen Fluch/eine Drohung ausstoßen; **to ~ a diatribe** eine Schmährede halten; **to ~ a falsehood** eine Unwahrheit sagen; **to ~ an incantation** einen Zauberspruch aufsagen; **to ~ an oath** einen Eid schwören; **to ~ a prayer** ein Gebet sprechen; **to ~ a warning** eine Warnung aussprechen; **without ~ing a word** ohne ein Wort zu sagen ③ LAW (*liter, form*) etw verbreiten, etw in Umlauf [*o* Verkehr] setzen; **to ~ calumnies** Verleumdungen in Umlauf setzen; **to ~ forged money** Falschgeld in Umlauf bringen

utterance [ˈʌtərən(t)s, AM ˈʌt̬ɚ-] *n* ① (*form: statement*) Äußerung *f;* **a child's first ~s** die ersten Worte eines Kindes ② *no pl* (*form: act of speaking*) Sprechen *nt;* **to give ~ to sth** (*liter*) etw zum Ausdruck bringen; **to give ~ to a feeling** einem Gefühl Ausdruck verleihen ③ LING (*chain of language*) Sprache *f*

utterly [ˈʌtəli, AM ˈʌt̬ɚ-] *adv inv* vollkommen, total, völlig; **~ beautiful** ausgesprochen [*o* hinreißend] schön; **to be ~ convinced that …** vollkommen [davon] überzeugt sein, dass …; **to find sb/sth ~ irresistible** jdn/etw absolut unwiderstehlich finden; **to ~ despise/hate sb** jdn zutiefst [*o* aus tiefster Seele] verachten/hassen

uttermost [ˈʌtəməʊst, AM ˈʌt̬ɚmoʊst] *n, adj see* **utmost**

U-turn [ˈjuːtɜːn, AM -tɜːrn] *n* ① (*of a car*) Wende *f;* **to do** [*or* **make**] **a ~** wenden ② (*fig: change plan*) Kehrtwendung *f;* **to make a ~** eine Kehrtwendung machen, sich *akk* um 180 Grad drehen *fig*

UVA rays [ˌjuːviːˈeɪreɪz] *npl abbrev of* **long wavelength ultraviolet radiation** UVA-Strahlen *pl*

UVB rays [ˌjuːviːˈbiːreɪz] *npl abbrev of* **short wavelength ultraviolet radiation** UVB-Strahlen *pl*

uvula <*pl* -lae> [ˈjuːvjələ, *pl* -liː] *n* ANAT Uvula *f fachspr*, [Gaumen]zäpfchen *nt*

uvular [ˈjuːvjələr, AM -ɚ] *adj* ANAT uvular *fachspr;* **~ 'r'** Zäpfchen-R *nt*

uxorious [ʌkˈsɔːriəs] *adj* (*form*) *husband* blind ergeben; (*very fond*) treu liebend

Uzbek [ˈʊzbek] *adj inv* usbekisch

Uzbekistan [ʊzˌbekɪˈstɑːn, AM stæn] *n no pl* GEOG Usbekistan *nt*

V

V <*pl* -'s *or* -s> *n*, **v** <*pl* -'s *or* -s> [viː] *n* ① (*letter of alphabet*) V *nt*, v *nt* ② (*Roman numeral five*) V (*römisches Zahlzeichen für 5*) ③ (*shape*) V *nt;* **V-shaped neck** V-Ausschnitt *m* ④ *see* **voltage**

v [viː] **I.** *adv abbrev of* **very II.** *n* LING *abbrev of* **verb** v **III.** *prep abbrev of* **verse, verso, versus** vs., gegen

vac [væk] **I.** *n* ① BRIT (*fam*) *short for* **vacation** Semesterferien *pl;* **the long ~** die Sommerferien *pl* ② (*fam*) *short for* **vacuum cleaner** Staubsauger *m* ③ (*fam*) *short for* **vacuum clean: to give sth a ~** etw [staub]saugen **II.** *vt* <-cc-> (*fam*) *short for* **vacuum clean:** ■**to ~ sth** etw [staub]saugen **III.** *vi short for* **vacuum clean** [staub]saugen

vacancy [ˈveɪkən(t)si] *n* ① (*unoccupied room*) freies Zimmer; **'vacancies'** ‚Zimmer frei'; **'no vacancies'** ‚belegt' ② (*appointment*) freier Termin; ***the dentist has a ~ tomorrow morning*** die Zahnärztin hat morgen früh noch einen Termin frei ③ (*employment*) freie [*o* offene] Stelle; **to fill a ~** eine [freie] Stelle besetzen; **to have a ~** eine Stelle frei haben ④ *no pl* (*emptiness*) *of expression* Leere *f; of look* Ausdruckslosigkeit *f* ⑤ (*lack of thought*) Gedankenlosigkeit *f*, Unbedachtheit *f*

vacant [ˈveɪkənt] *adj inv* ① (*empty*) *bed, chair, seat* frei; (*on toilet door*) '**~**' ‚frei'; **~ house** unbewohntes [*o* leer stehendes] Haus; **~ plot [of land]** unbebautes Grundstück; **to leave sth ~** etw frei lassen ② (*employment*) frei, offen, unbesetzt; **to fall** [*or* **become**] **~** frei werden ③ (*unfilled time*) frei, unausgefüllt; **~ hours** Mußestunden *fpl* ④ (*expressionless*) leer; **~ expression** nichts sagender Ausdruck; **~ stare** ausdrucksloser Blick

vacantly [ˈveɪkəntli] *adv* (*without thought*) leer; (*without expression*) ausdruckslos; **to gaze ~ into space** geistesabwesend ins Leere starren

vacant possession *n* BRIT, AUS LAW bezugsfertiges Objekt, bezugsfertige Immobilie; **house with ~** bezugsfertiges [*o* sofort beziehbares] Haus

vacate [vəˈkeɪt, AM ˈveɪkeɪt] *vt* ■**to ~ sth** etw räumen; **to ~ a building/house/room** ein Gebäude/Haus/Zimmer räumen; **to ~ a job/position/post** eine Stelle aufgeben; **to ~ an office** ein Amt niederlegen; **to ~ a place/seat** eine Platz/Sitzplatz frei machen

vacation [vəˈkeɪʃən, AM *esp* veɪˈ-] **I.** *n* ① AM (*proper holiday*) Ferien *pl*, Urlaub *m;* ***where are you going for your ~?*** wohin fahrt ihr in Urlaub?; **to take a ~** Urlaub machen ② AM *see* **holiday** Urlaub *m;* ***I've still got some ~ left*** ich habe noch etwas Resturlaub; ■**on ~** im Urlaub; ■**to be on ~** Urlaub machen, im Urlaub sein; **paid ~** bezahlter

Urlaub ③ UNIV Semesterferien *pl;* LAW Gerichtsferien *pl;* AM, AUS SCH (*school holidays*) [Schul]ferien *pl* ④ *no pl* (*relinquish*) ~ **of a house** Räumung *f* eines Hauses; ~ **of a post** Aufgabe *f* eines Postens **II.** *vi* AM Urlaub [*o* Ferien] machen

vacationer [veɪˈkeɪʃənɚ] *n* AM Urlauber(in) *m(f)*

vaccinate [ˈvæksɪneɪt, AM -ksə-] *vt* MED ■**to ~ sb** jdn impfen; **to be ~d against measles/polio** gegen Masern/Kinderlähmung geimpft sein/werden

vaccination [ˌvæksɪˈneɪʃən, AM -səˈ-] *n* MED [Schutz]impfung *f* (**against** gegen +*akk*); **oral ~** Schluckimpfung *f;* **to have a ~** geimpft werden

vaccine [ˈvæksiːn, AM vækˈsiːn] *n* ① MED Impfstoff *m,* Vakzine *f fachspr* ② COMPUT (*software*) Impfprogramm *nt*

vacillate [ˈvæsəleɪt, AM -sə-] *vi* schwanken; **to ~ between hope and despair** zwischen Hoffnung und Verzweiflung schwanken

vacillation [ˌvæsəlˈeɪʃən, AM -səˈleɪ-] *n* Schwanken *nt kein pl,* Unentschlossenheit *f kein pl,* Unschlüssigkeit *f kein pl*

vacuity [vækˈjuːəti, AM -əṭi] *n* ① *no pl* (*pej: vacancy of mind*) Leere *f;* (*brainlessness*) Geistlosigkeit *f;* (*lack of expression*) Ausdruckslosigkeit *f* ② (*inane remarks*) ■**vacuities** *pl* Plattheiten *fpl,* Platitüden *fpl geh*

vacuous [ˈvækjuəs] *adj* ① (*inane*) *person, question* geistlos; *remark also* nichts sagend ② (*expressionless*) *look, expression* ausdruckslos, leer

vacuously [ˈvækjuəsli] *adv* ① (*mindless*) geistlos; **to speak ~** leer daherreden ② (*showing little expression*) ausdruckslos, leer

vacuousness [ˈvækjuəsnəs] *n no pl* (*vacancy of mind*) Leere *f;* (*brainlessness*) Geistlosigkeit *f;* (*lack of expression*) Ausdruckslosigkeit *f*

vacuum [ˈvækjuːm, *pl* -kjuə] **I.** *n* ① <*pl* -s *or form* -cua> PHYS (*area without gas/air*) Vakuum *nt,* luftleerer Raum; **perfect ~** vollständiges Vakuum ② <*pl* -s *or form* -cua> (*fig: gap*) Vakuum *nt fig,* Lücke *f;* **power ~** Machtvakuum *nt;* **security ~** Sicherheitslücke *f;* **to fill/leave a ~** eine Lücke füllen/hinterlassen; **in a ~** (*fig*) im luftleeren Raum *fig* ③ <*pl* -s> (*hoover*) Staubsauger *m* ► PHRASES: **nature abhors a ~** (*prov*) die Natur verabscheut das Leere **II.** *vt* ■**to ~ sth** etw [staub]saugen; ■**to ~ up** ↔ **sth** etw aufsaugen

vacuum bottle *n,* **vacuum flask** *n esp* BRIT Thermosflasche *f* **vacuum cleaner** *n* Staubsauger *m;* **cylinder** [*or* AM **canister**] ~ Bodenstaubsauger *m;* **upright ~** Handstaubsauger *m*

vacuuming [ˈvækjuːmɪŋ] *n no pl* [Staub]saugen *nt*

vacuum-packaged *adj,* **vacuum-packed** *adj* vakuumverpackt **vacuum pump** *n* Vakuumpumpe *f,* Absaugpumpe *f*

vagabond [ˈvægəbɒnd, AM -bɑːnd] **I.** *n* (*liter or dated*) Vagant *m veraltet,* Vagabund(in) *m(f) veraltend,* Landstreicher(in) *m(f)* **II.** *adj* umherziehend *attr,* vagabundierend *attr;* ~ **life** Vagabundenleben *nt*

vagary [ˈveɪgəri, AM -əi] *n* ① (*caprice, whimsy*) Laune *f,* Kaprice *f geh,* Kaprize *f* ÖSTERR ② (*fig*) ■**vagaries** *pl* (*unpredictable change*) Launen *fpl;* **the vagaries of fashion** die Launen *pl* der Mode; **the vagaries of life** die Wechselfälle *pl* des Lebens; **the vagaries of the weather** die Kapriolen *fpl* des Wetters

vagina [vəˈdʒaɪnə] *n* ANAT Vagina *f fachspr,* Scheide *f*

vagina dentata [vəˌdʒaɪnədenˈtɑːtə, AM -ṭə] *n* PSYCH zahnbewehrte Vagina

vaginal [vəˈdʒaɪnəl, AM ˈvædʒənəl] *adj inv* ANAT, MED vaginal *fachspr,* Vaginal- *fachspr,* Scheiden-; ~ **cramp** Scheidenkrampf *m,* Vaginismus *m fachspr;* ~ **discharge** Ausfluss *m;* ~ **orifice** Scheidenöffnung *f,* Scheideneingang *m;* ~ **speculum** Vaginalspekulum *nt fachspr;* ~ **spray** Intimspray *nt;* ~ **suppository** Vaginalzäpfchen *nt*

vaginally [vəˈdʒaɪnəli, AM ˈvædʒən-] *adv* vaginal *fachspr*

vaginismus [ˌvædʒɪˈnɪzməs, AM -əˈnɪz-] *n no pl* (*form*) Vaginismus *m fachspr*

vagrancy [ˈveɪgrən(t)si] *n no pl* ① (*dated*) Landstreicherei *f veraltend* ② (*homelessness*) Obdachlosigkeit *f*

vagrant [ˈveɪgrənt] **I.** *n* ① (*dated*) Landstreicher(in) *m(f)* ② (*homeless person*) Obdachlose(r) *f(m),* Penner *m pej* **II.** *adj inv* vagabundierend; ~ **lifestyle** Vagabundenleben *nt*

vague [veɪg] *adj* ① (*not distinct*) ungenau, vage; *figure, shape* verschwommen, undeutlich; **a ~ conception** ein verschwommenes Konzept; **a ~ memory** eine vage Erinnerung; ~ **pains** diffuse Schmerzen; ~ **promises** vage Versprechungen; **a ~ suspicion** eine vage Vermutung; **to reply in ~ terms** eine ausweichende Antwort geben ② (*imprecise*) *person* zerstreut; ■**to be ~ about sth** sich [nur] vage zu etw *dat* äußern

vaguely [ˈveɪgli] *adv* ① (*somehow*) vage; ***he does look ~ familiar*** er kommt mir irgendwie bekannt vor; ***he looked ~ in her direction*** er blickte ungefähr in ihre Richtung; **to be ~ aware that …** sich *dat* vage bewusst sein, dass …; **to ~ remember** sich *akk* dunkel erinnern ② (*absent-mindedly*) zerstreut; **to smile ~** abwesend lächeln

vagueness [ˈveɪgnəs] *n no pl* ① (*imprecision*) Unbestimmtheit *f* ② (*absent-mindedness*) Zerstreutheit *f*

vain [veɪn] *adj* ① (*pej: conceited*) eingebildet; (*about one's looks*) eitel; ***he was very ~ about his clothes*** er war sehr eitel, wenn es um Kleidung ging ② (*futile*) sinnlos; *hope* töricht ③ (*unsuccessful*) *attempt, effort* vergeblich; **in ~** vergeblich, umsonst

vainglorious [ˌveɪnˈglɔːriəs] *adj* (*pej liter*) dünkelhaft *pej liter;* ~ **behaviour** [*or* AM **behavior**] überhebliches Benehmen; ~ **manner** hochnäsige Art

vainly [ˈveɪnli] *adv* vergebens

valance [ˈvælən(t)s] *n* ① (*on bed*) Volant *m* ② AM (*on curtain rail*) Querbehang *m*

vale [veɪl] *n* ① (*liter: valley*) Tal *nt* ② (*place name*) **the V~ of Evesham/York** das Tal von Evesham/York ► PHRASES: ~ **of tears** (*liter*) Jammertal *nt liter*

valediction [ˌvælɪˈdɪkʃən, AM -əˈ-] *n* (*form*) Abschiedsrede *f*

valedictorian [ˌvælədɪkˈtɔːriən] *n* AM Abschiedsredner(in) *m(f)* (*bei Schul- oder Universitätsentlassungsfeiern*)

valedictory [ˌvælɪˈdɪktəri, AM -əˈdɪktəi] *adj inv* Abschieds-; AM (*upon finishing school*) ~ **address** [*or* **speech**] Abschiedsrede *f;* ~ **dinner** Abschiedsessen *nt*

valence [ˈveɪlən(t)s], **valency** [ˈveɪlən(t)si] **I.** *n* Valenz *f* **II.** *n modifer* Valenz-; ~ **band/bond** PHYS, MATH Verbindungs-/Bindungswertigkeit *f;* ~ **electrons** PHYS Valenzelektronen *ntpl fachspr*

valentine [ˈvæləntaɪn] *n Person, die am Valentinstag von ihrem Verehrer/ihrer Verehrerin beschenkt wird;* ***the message on the card said "be my ~!"*** auf der Karte stand: „sei mein Schatz am Valentinstag!"

valentine card *n* Valentinskarte *f* **Valentine's Day** *n* Valentinstag *m*

valerian [vəˈlɪəriən, AM -ˈlɪr-] *n* Baldrian *m*

valet [ˈvæleɪ, AM væˈleɪ] **I.** *n* ① (*esp hist: private servant*) Kammerdiener *m* ② (*car parker*) *Person, die Autos* (*meist im Hotel*) *einparkt* **II.** *vt* BRIT **to ~ a car** ein Auto waschen; (*on the inside*) den Innenraum eines Autos reinigen

valet parking *n no pl* AM, AUS Parkservice *m*

valet service *n* BRIT Hotelwäscherei *f*

valetudinarian [ˌvælɪtjuːdɪˈneəriən, AM -əˌtuːdəˈneri-] *n* (*esp pej form*) ① (*hypochondriac*) Hypochonder(in) *m(f);* (*health fanatic*) Gesundheitsapostel *m hum, pej fam* ② (*in poor health*) kränkelnde Person

Valhalla [vælˈhælə] *n* Walhall *nt,* Walhalla *nt o f*

valiant [ˈvæliənt, AM -jənt] *adj* (*approv*) mutig; *effort* kühn; *resistance* tapfer; *warrior* wacker

valiantly [ˈvæliəntli, AM -jənt-] *adv* (*approv*) mutig, tapfer

valid [ˈvælɪd] *adj* ① (*well-founded*) begründet; (*worthwhile*) berechtigt; *argument* stichhaltig; *criticism* gerechtfertigt; *deduction* schlüssig; ***my way of thinking might be different from yours but it's equally ~*** meine Denkweise ist vielleicht anders als deine, aber sie hat genauso ihre Berechtigung; ~ **claim** berechtigter Anspruch; ~ **precaution** sinnvolle Vorsichtsmaßnahme; ~ **reason** triftiger Grund ② (*still in force*) *passport, qualification* gültig; LAW (*contractually binding*) rechtskräftig

validate [ˈvælɪdeɪt, AM -lə-] *vt* ① (*officially approve*) ■**to ~ sb/sth** jdn/etw anerkennen ② (*verify, authenticate*) ■**to ~ sth** etw bestätigen [*o* für gültig erklären]; ***the data is entered on a computer which ~s it*** die Daten werden in einen Computer eingegeben, der die Richtigkeit überprüft ③ (*show to be worthwhile*) ■**to ~ sth** etw bestätigen

validation [ˌvælɪˈdeɪʃən, AM -əˈ-] **I.** *n no pl* ① (*official approval*) Bestätigung *f;* *of document* Gültigkeitserklärung *f* ② (*verification*) Nachweis *m,* Bestätigung *f* ③ COMPUT Gültigkeitsprüfung *f* **II.** *n modifier* Prüfungs-; ~ **procedures** Kontrollmechanismen *mpl;* ~ **process** Prüfungsvorgang *m*

validity [vəˈlɪdəti, AM -əṭi] *n no pl* ① (*authentication*) Gültigkeit *f;* (*value*) Wert *m;* **to give** [*or* **lend**] **~ to a claim** einen Anspruch rechtfertigen; **to give ~ to a theory** eine Theorie bestätigen ② (*significance*) Bedeutung *f*

validly [ˈvælɪdli] *adv* gültig; ***the test must be checked before it can be ~ applied*** der Test muss überprüft werden, bevor er zum Einsatz kommen kann; ~ **married** rechtsgültig verheiratet

valise [vəˈliːz, AM ˈliːs] *n* kleiner Handkoffer

Valium® [ˈvæliəm] *n no pl* Valium® *nt;* **to be on ~** Valium nehmen

Valkyrie [vælˈkɪəri, AM -ˈkɪri] *n* Walküre *f*

valley [ˈvæli] *n* Tal *nt;* **the Nile/Rhine/Thames ~** das Nil-/Rhein-/Themsetal

valley girl *n aufreizendes Mädchen, meist aus Kalifornien*

valor [ˈvælɚ] AM, **valour** [-ləʳ] *n no pl* (*approv form*) Wagemut *m geh*

valorous [ˈvælərəs] *adj* tapfer, heldenhaft

valuable [ˈvæljʊəbl] *adj* wertvoll; ~ **experience/information** wertvolle Erfahrung/Informationen *pl;* ~ **gems** kostbare Edelsteine

valuables [ˈvæljuəbl̩z] *npl* Wertsachen *fpl,* Wertgegenstände *mpl*

valuation [ˌvæljuˈeɪʃən] *n* ① (*instance*) Schätzwert *m,* geschätzter Wert ② *no pl* (*act*) Schätzung *f*

valuation fee *n* FIN Schätzungskosten *pl*

valuator [ˈvæljueɪtəʳ, AM -ṭɚ] *n* FIN Schätzer(in) *m(f)*

value [ˈvæljuː] **I.** *n* ① *no pl* (*significance*) Wert *m,* Bedeutung *f;* **entertainment ~** Unterhaltungswert *m;* **incalculable** [*or* **inestimable**] ~ unschätzbarer Wert; **to be of little ~** wenig Wert haben; **to place** [*or* **put**] [*or* **set**] **a high ~ on sth** auf etw *akk* großen Wert legen ② *no pl* (*financial worth*) Wert *m;* **market ~** Marktwert *m;* **to be** [AM **a**] **good/**[AM **a**] **poor ~** [**for sb's money**] sein Geld wert/nicht wert sein; ***that restaurant is ~ for money*** in diesem Restaurant bekommt man etwas für sein Geld; **to assess the ~ of sth** den Wert einer S. *gen* schätzen; **the ~ of sth falls/rises** der Wert einer S. *gen* fällt/steigt; **to hold** [*or* **keep**] [*or* **maintain**] **its value** den Wert beibehalten ③ (*monetary value*) Wert *m;* ***goods to the ~ of £70,000 pounds*** Gegenstände im Wert von 70.000 Pfund; **property ~s** Grundstückspreise *mpl* ④ (*moral ethics*) ■**~s** *pl* Werte *mpl,* Wertvorstellungen *fpl;* **set of ~s** Wertesystem *nt;* **basic ~s** Grundwerte *mpl;* **moral ~s** Moralvorstellungen *fpl* **II.** *vt* ① (*deem significant*) ■**to ~ sth/sb** etw/jdn schätzen [*o veraltend* wertschätzen]; ***he ~d the watch for sentimental reasons*** die Armbanduhr hatte einen persönlichen Wert für ihn; **to ~ sb as a friend** jdn als Freund schätzen ② (*estimate financial worth*) ■**to ~ sth** etw schätzen; ***he ~d the painting at $2,000*** er schätzte den Wert des Bildes auf 2.000 Dollar; ■**to have sth ~d** etw schätzen lassen

value added tax *n* Mehrwertsteuer *f*

valued [ˈvæljuːd] *adj* (*approv form*) geschätzt; ***he is a ~ friend of ours*** er ist uns ein lieber Freund; ~ **customer** geschätzer Kunde/geschätzte Kundin

value judgement *n* Werturteil *nt*
valueless ['vælju:ləs] *adj* wertlos
value of collateral *n* FIN Beleihungswert *m*
valuer ['vælju:əʳ, AM -ɚ] *n esp* BRIT FIN Schätzer(in) *m(f)*, Taxator(in) *m(f) fachspr*
valve [vælv] *n* ① *(control device)* Ventil *nt;* **shut-down/shut-off ~** Schließ-/Sperrventil *nt* ② *(body part)* Klappe *f;* **heart ~** Herzklappe *f* ③ *(wind instrument part)* Ventil *nt* ④ COMPUT Ventil *nt*
vamoose [væm'u:s] *vi* AM *(fam)* abhauen *fam;* **~!** *(fam)* raus hier! *fam*, nichts wie weg!; ***we ~d out the back*** wir haben uns durch den Hinterausgang aus dem Staub gemacht *fam*
vamp [væmp] *vi* MUS improvisieren
◆**vamp up** *vt* ■**to ~ sth** ⊂ **up** etw reparieren [*o* herrichten]; *(improve)* etw aufpeppen [*o* aufmotzen] *fam*
vamp² [væmp] **I.** *n (pej)* Vamp *m* **II.** *vt* ■**to ~ sb** jdn bezirzen [*o sl* anmachen]
vampire ['væmpaɪəʳ, AM -ɚ] *n* Vampir *m*
vampire bat *n* Vampirfledermaus *f*
vampiric [væm'pɪrɪk] *adj* vampirartig *a. fig*
vampish ['væmpɪʃ] *adj* aufreizend
van¹ [væn] *n* ① *(vehicle)* Transporter *m;* **delivery ~** Lieferwagen *m;* **plumber's ~** Klempnerauto *nt* ② AM *(car type)* Kleinbus *m; (smaller)* Minibus *m* ③ BRIT *(railway)* Gepäckwagen *m*
van² [væn] *n no pl short for* **vanguard: to be in the ~ of sth** an der Spitze von etw *dat* stehen, bei etw *dat* führend sein
van³ [væn] *n* BRIT SPORTS *(fam) short for* **advantage** Vorteil *m*
vanadium [və'neɪdiəm] *n no pl* Vanadin *nt*, Vanadium *nt*
vandal ['vændəl] *n* Vandale *m pej*, Rowdy *m*
vandalism ['vændəlɪzəm] *n no pl* Vandalismus *m pej*, blinde Zerstörungswut; LAW vorsätzliche [*o* mutwillige] Sachbeschädigung
vandalize ['vændəlaɪz] *vt* ■**to ~ sth** etw mutwillig [*o* vorsätzlich] zerstören; *building* etw verwüsten; *vehicle* etw demolieren
van driver *n* Lieferwagenfahrer(in) *m(f)*
vane [veɪn] *n* Propellerflügel *m*
vanguard ['vængɑ:d, AM -gɑ:rd] *n no pl* ① *(esp form: advance guard)* Vorhut *f; (advance elements)* Spitze *f* ② *(fig: leader)* ■**the ~** die Avantgarde *geh;* ***he sees himself as being in the ~ of economic reform*** er glaubt, dass er zu den Vorreitern der Wirtschaftsreform gehört
vanilla [və'nɪlə] **I.** *n no pl* Vanille *f* **II.** *n modifier (sauce, flavouring)* Vanille-; **~ custard** Vanillepudding *m;* **~ ice cream** Vanilleeis *nt* **III.** *adj attr, inv (fig: not unusual)* durchschnittlich; **~ people** ganz normale Leute; **plain ~** nullachtfuffzehn *fam*
vanilla bean *n* AM, AUS, **vanilla pod** *n* BRIT Vanilleschote *f*
vanish ['vænɪʃ] *vi* ① *(disappear)* verschwinden; **to ~ into thin air** sich *akk* in Luft auflösen; **to ~ from sight** außer Sicht geraten; **to ~ without trace** spurlos verschwinden ② *(cease to exist)* verloren gehen; **a ~ed era/past** ein verflossenes Zeitalter/eine vergangene Zeit; **to see one's hopes ~ing** seine Hoffnungen schwinden sehen
vanishing cream *n (dated)* Pflegecreme *f*
vanishing point *n* ① *(horizon)* Fluchtpunkt *m* ② *(fig)* Nullpunkt *m;* **to reach ~** den Nullpunkt erreichen
Vanitory unit® ['vænɪtəri,-] *n* BRIT Waschtisch *m*
vanity ['vænəti, AM -ət̬i] *n* ① *no pl* Eitelkeit *f* ② AM, AUS *(Vanitory unit)* Toilettentisch *m*, Schminktisch *m*
vanity bag *n*, **vanity case** *n (bag)* Schminktasche *f; (case)* Beautycase *nt* **vanity plate** *n* AM *selbst gewähltes Kfz-Kennzeichen* **vanity press** *n* Autorenverlag *m* **vanity unit** *n* BRIT Toilettentisch *m*, Schminktisch *m*
vanquish ['væŋkwɪʃ] *vt (esp liter)* ■**to ~ sb/sth** jdn/etw besiegen [*o liter* bezwingen]
vantage ['vɑ:ntɪdʒ, AM 'vænt̬-] *n* Aussichtspunkt *m*
vantage point *n* ① *(outlook)* Aussichtspunkt *m;* ***the castle affords a good ~*** von der Burg hat man einen schönen Blick ② *(fig: ideological perspective)* Blickpunkt *m;* **from the ~ of sb/sth** aus jds Sicht/der Sicht einer S. *gen*
Vanuatu [,vænu'ɑ:tu:, AM væn'wɑ:tu:] *n no pl* Vanuatu *nt*
vapid ['væpɪd] *adj (pej)* banal *pej*
vapidity [væp'ɪdəti, AM -ət̬i] *n no pl (pej)* Geistlosigkeit *f pej;* **spiritual ~** spirituelle Leere
vapor *n* AM *see* **vapour**
vaporization [,veɪpəraɪ'zeɪʃən, AM -ɪ'-] *n (slow)* Verdunstung *f; (quick)* Verdampfung *f*
vaporize ['veɪpəraɪz, AM -pər-] **I.** *vt* ■**to ~ sth** etw verdampfen [*o* in Gas umwandeln] **II.** *vi (slowly)* verdunsten; *(quickly)* verdampfen
vaporizer ['veɪpəraɪzəʳ, AM -pəraɪzɚ] *n* Inhalator *m*
vaporous ['veɪpərəs] *adj* Dampf-, dunstig, nebelhaft *a. fig*
vapour ['veɪpəʳ], AM **vapor** [-ɚ] *n* ① *(steam)* Dampf *m; (breath)* Atem[hauch] *m;* **poisonous ~s** giftige Dämpfe; **water ~** Wasserdampf *m* ② *(dated or hum: sick feeling)* ■**~s** *pl* Übelkeit *f;* **to get an attack** [*or* **a fit**] **of the ~** einen hysterischen Anfall kriegen; **to give sb the ~s** jdm Übelkeit verursachen
vapour pressure *n no pl* Gasdruck *m* **vapour trail** *n* Kondensstreifen *m*
variability [,veəriə'bɪləti, AM ,veriə'bɪlət̬i] *n no pl* Veränderlichkeit *f*, Variabilität *f geh;* **the ~ of the climate** Klimaschwankungen *fpl;* **the ~ of exchange rates** Wechselkursschwankungen *fpl*
variable ['veəriəbl, AM 'ver-] **I.** *n* Variable *f* **II.** *adj* variabel, veränderlich; *quality* wechselhaft; *weather* unbeständig; **~ costs** variable Kosten; **~** [*or* **floating**] **rate** variabler Zinssatz; **~ redemption bond** variable Amortisationsanleihe
variable-price securities *npl* Schwankungswerte *mpl*
variance ['veəriən(t)s, AM 'ver-] *n* ① *no pl (form: at odds)* ■**to be at ~ with sth** mit etw *dat* nicht übereinstimmen, sich *akk* von etw *dat* unterscheiden; **to be at ~ with the facts** an den Tatsachen vorbeigehen ② *no pl (variation)* Abweichung *f;* ***a ~ in temperature*** Temperaturschwankungen *fpl* ③ AM LAW *(special permission)* Sondergenehmigung *f;* **zoning ~** *Ausnahmegenehmigung vom Bauamt*
variant ['veəriənt, AM 'ver-] **I.** *n* Variante *f* **II.** *n modifier* variierend, unterschiedlich; **~ spelling** Rechtschreibvariante *f*
variation [,veəri'eɪʃən, AM ,ver-] *n* ① *no pl (variability)* Abweichung *f;* ***the medical tests showed some ~ in the baby's heart rate*** die medizinischen Tests ergaben, dass sich der Herzrhythmus des Babys sich verändert hatte ② *(difference)* Unterschied *m*, Schwankung[en] *f[pl]*; **temperature ~s** Temperaturschwankungen *fpl;* **seasonal ~s** jahreszeitlich bedingte Schwankungen ③ LIT, MUS Variation *f;* **~s on a theme** Variationen *fpl* über ein Thema
varicocele ['værɪkə(ʊ)si:l, AM -kə'-] *n no pl* MED Varikozele *f fachspr*, Krampfaderbruch *m*
varicose ['værikə(ʊ)s, AM 'verəkoʊs] *adj inv* MED varikös *fachspr;* **~ swelling** Krampfaderschwellung *f*
varicose veins *npl* Krampfadern *fpl*
varied ['veərid, AM 'ver-] *adj* unterschiedlich; ***with its ~ climate, the country can grow anything*** aufgrund der verschiedenen Klimazonen kann in dem Land einfach alles angebaut werden; **a ~ career** eine bewegte Karriere; **a ~ group** eine bunt gemischte Gruppe
variegated ['veərɪgeɪtɪd, AM 'veriə-] *adj* ① *(with variety)* vielfältig ② *(multicoloured)* mischfarbig; BOT panaschiert *fachspr;* **~ leaves** bunte Blätter
variegation [,veərɪ'geɪʃən, AM ,veriə'-] *n no pl* BOT Panaschierung *f fachspr*
variety [və'raɪəti, AM -ət̬i] *n* ① *no pl (absence of monotony)* Vielfalt *f; (in a job also)* Abwechslungsreichtum *m;* ECON Auswahl *f;* **to lend ~** Abwechslung bieten [*o* bringen] ② *no pl (differing from one another)* Verschiedenartigkeit *f* ③ *no pl* ■**a ~ of** *(range of things)* verschiedene; **a ~ *of courses*** verschiedene Kurse; ***a ~ of different possibilities*** eine Vielzahl unterschiedlicher Möglichkeiten; ***this device can be used for a ~ of purposes*** dieses Gerät kann für die unterschiedlichsten Verwendungszwecke eingesetzt werden; **in a ~ of ways** auf vielfältige Weise ④ *(category)* Art *f*, Variation *f;* BIOL Spezies *f;* **a new ~ of tulip/sweetcorn** eine neue Tulpen-/Maissorte ⑤ *no pl (entertainment)* Varieté *nt* ▶ PHRASES: **~ is the spice of life** *(prov)* Abwechslung macht das Leben interessanter
variety act *n* Varieténummer *f* **variety meats** *npl* AM Innereien *fpl* **variety show** *n* Varietéshow *f* **variety store** *n* AM Kramladen *m fam* **variety theatre** *n* BRIT Varietétheater *nt*
variorum [,veərɪ'ɔ:rəm, AM ,veri'-] **I.** *n von verschiedenen Autoren kommentierte Ausgabe* **II.** *adj attr, inv* **~ edition** *von verschiedenen Autoren kommentierte Ausgabe*
various ['veəriəs, AM 'ver-] *adj inv* verschieden; **~ problems/reasons** verschiedene Probleme/Gründe
variously ['veəriəsli, AM 'ver-] *adv inv* unterschiedlich; ***the number of cases of salmonella poisoning has been ~ put at 26, 49 or 51*** die Angaben über die Zahl der Samonellenvergiftungen schwanken zwischen 26, 49 und 51; **to be ~ called … or …** mal als … und mal als … bezeichnet werden
varmint ['vɑ:rmɪnt] *n* AM Schädling *m; (fig fam: mischievous person)* Tunichtgut *m*
varnish ['vɑ:nɪʃ, AM 'vɑ:r-] **I.** *n* <*pl* -es> Lack *m; (on painting)* Firnis *m;* **coat of** [**clear**] **~** [Klar]lackschicht *f;* **to give sth a ~** etw lackieren; **to seal with a clear ~** mit Klarlack versiegeln **II.** *vt* ■**to ~ sth** etw lackieren
varnished ['vɑ:nɪʃt, AM 'vɑ:r-] *adj inv* lackiert
varsity ['vɑ:səti, AM 'vɑ:rsət̬i] **I.** *n* BRIT *(fam)* Uni *f fam* **II.** *n modifier* AM *(sports, football, basketball)* Uni-
vary <-ie-> ['veəri, AM 'veri] **I.** *vi* ① *(differ)* variieren, verschieden sein; **opinions ~ as to …** was … angeht, gehen die Meinungen auseinander; **to ~ in quality** von unterschiedlicher Qualität sein; **to ~ greatly** [*or* **widely**] stark voneinander abweichen ② *(change)* sich *akk* verändern; *(fluctuate)* schwanken **II.** *vt* ■**to ~ sth** etw variieren [*o* abwandeln]; **to vary one's diet** abwechslungsreich essen
varying ['veəriɪŋ, AM 'ver-] *adj (different)* unterschiedlich; *(fluctuating)* variierend; **~ costs** schwankende Kosten; **~ quality** unterschiedliche Qualität
vascular ['væskjələʳ, AM -ɚ] *adj inv* BOT, MED vaskulär *fachspr;* **~ blockage** Blutgefäßverstopfung
vascular disease *n* MED Blutgefäßentzündung *f*, Vaskulitis *f fachspr* **vascular system** *n* ① MED vaskuläres System *fachspr;* MED Blutgefäßsystem *nt* ② BOT Wasserleitungssystem *nt*
vas deferens <*pl* **vasa deferentia**> [,væs'defərenz] *n* ANAT Samenleiter *m*, Ductus deferens *m*
vase [vɑ:z, AM veɪs, veɪz] *n* Vase *f*
vasectomy [və'sektəmi] *n* MED Vasektomie *f fachspr*, Sterilisation *f*
Vaseline® ['væsəli:n, AM -səl-] *n no pl* Vaseline *f*
vassal ['væsəl] *n (hist)* ① *(feudal subject)* Vasall *m hist* ② *(fig, pej: puppet)* Marionette *f pej*
vassalage ['væsəlɪdʒ] *n no pl (hist)* Vasallentum *nt hist*
vassal state *n (pej)* Vasallenstaat *m pej*
vast [vɑ:st, AM væst] *adj* gewaltig, riesig; **a ~ amount of money** eine Riesensumme *fam;* **~ country** weites Land; **~ fortune** riesiges Vermögen; **~ majority** überwältigende Mehrheit
vastly ['vɑ:stli, AM 'væst-] *adv* wesentlich, erheblich; **~ improved** deutlich verbessert; **~ superior** haushoch überlegen
vastness ['vɑ:stnəs, AM 'væst-] *n no pl* riesige Ausmaße *ntpl;* **the ~ of Russia/space** die endlose Weite Russlands/des Weltraums
vat [væt] *n (for beer, wine)* Fass *nt; (with open top)* Bottich *m*
VAT [,vi:eɪ'ti:] *n* BRIT ECON *abbrev of* **Value Added Tax** MwSt *f*
VATable ['vætəbl] *adj inv* BRIT der Umsatzsteuer un-

terliegend *attr* **VAT declaration** *n* BRIT MwSt-Erklärung *f*
Vatican ['vætɪkən, AM -ţ-] **I.** *n no pl* ▪**the** ~ der Vatikan **II.** *adj attr, inv* Vatikan-, des Vatikan *nach n*
Vatican City *n no pl* Vatikanstadt *f*
VAT inspector *n* BRIT Finanzbeamte(r) *f(m)*, Finanzbeamte [*o* -in] *f* (*zuständig für Mehrwertsteuer*)
VAT invoice *n* BRIT MwSt-Rechnung *f* **VAT invoicing** *n* BRIT MwSt-Abrechnung *f* **VATman, vatman** *n* ['vætmæn] BRIT ECON (*fam*) Finanzbeamte(r) *f(m)*, Finanzbeamte [*o* -in] *f* (*zuständig für Mehrwertsteuer*) **VAT office** *n* BRIT Umsatzsteuerstelle *f*
vaudeville ['vɑːdvɪl] *n no pl* AM (*old: variety theatre*) Varieté *nt*
vaudeville theater *n* AM (*old*) ❶ (*venue*) Varieté *nt* ❷ (*genre*) Vaudeville *nt geh*
vaudevillian [ˌvɑːd'vɪliən] *n* AM (*old*) Varietékünstler(in) *m(f)*; ***he was an old ~*** er war ein alter Hase des Vaudeville
vault [vɔːlt, AM vɑːlt] **I.** *n* ❶ (*arch*) Gewölbebogen *m* ❷ (*ceiling*) Gewölbe *nt* ❸ (*strongroom*) Tresorraum *nt*; (*safe repository*) Magazin *nt* ❹ (*in church*) Krypta *f*; (*at cemeteries*) Gruft *f*; **family ~** Familiengruft *f* ❺ (*jump*) Sprung *m* **II.** *vt* ❶ (*jump*) ▪**to ~ sth** über etw *akk* springen; *athletics* etw überspringen ❷ (*fig: promote very fast*) ▪**to ~ sb** jdn schlagartig befördern; **to ~ sb to the top** jdn an die Spitze katapultieren **III.** *vi* springen (**over** über +*akk*)
vaulted ['vɔːltɪd, AM 'vɑːl-] *adj inv* ARCHIT gewölbt; **~ ceiling** Gewölbedecke *f*
vaulting ['vɔːltɪŋ, AM 'vɑːl-] **I.** *n no pl* ARCHIT Wölbung *f* **II.** *adj attr* (*fig*) rasch ansteigend; **~ ambition** skrupelloser Ehrgeiz; **~ costs** explodierende Kosten
vaulting horse *n* SPORTS Sprungpferd *nt* **vaulting pole** *n* Stab *m* (*für Stabhochsprung*)
vaunt [vɔːnt, AM vɑːnt] *vt* ▪**to ~ sth** etw preisen [*o* rühmen] *geh*
vaunted ['vɔːntɪd, AM 'vɑːn-] *adj* (*form*) gepriesen; **much ~** viel gepriesen *geh*, hoch gelobt
VC [ˌviː'siː] *n* ❶ BRIT *abbrev of* **Victoria Cross** Viktoriakreuz *nt* (*Tapferkeitsmedaille*) ❷ POL *abbrev of* **Vice Chancellor**
V chip *n* V-Chip *m* (≈ *Kindersicherung bei TV-Programmen*)
VCR [ˌviːsiː'ɑːr] *n* AM *abbrev of* **video cassette recorder** Videorekorder *m*
VD [ˌviː'diː] *n no pl* MED (*dated*) *abbrev of* **venereal disease**
VD clinic *n Klinik für Geschlechtskrankheiten*
VDT [ˌviːdiː'tiː] *n* AM COMPUT *abbrev of* **visual display terminal** Bildschirmgerät *nt*
VDU [ˌviːdiː'juː] *n abbrev of* **visual display unit** Sichtgerät *nt*, Bildschirmgerät *nt*
've [v, əv] = **have**
veal [viːl] **I.** *n no pl* Kalbfleisch *nt* **II.** *n modifier* (*chop, cutlet, escalope, roast, stew*) Kalbs-; **~ dish** Kalbfleischgericht *nt*
vector ['vektəʳ, AM -ɚ] *n* ❶ (*changing quantity*) Vektor *m* ❷ (*disease transmitter*) Überträger *m* ❸ MATH Vektor *m*
Veda ['veɪdə] *n no pl*, + *sing/pl vb* REL Weda *m fachspr*
Vedanta [ved'ɑːntə, AM vɪ'dɑː-] *n no pl* REL Wedanta *m fachspr*
Vedic ['veɪdɪk] *adj inv* REL wedisch *fachspr*
vee-jay ['viːdʒeɪ] *n* (*fam*) VJ *m*; (*woman also*) V-Jane *f*, Moderator(in) *m(f)* (*auf einem Musikkanal*)
veep [viːp] *n* AM (*fam: vice president*) Vizepräsident(in) *m(f)*
veer [vɪəʳ, AM vɪr] *vi* ❶ (*alter course*) abdrehen; ***there was a sudden flash of light making the driver ~ sharply*** ein plötzlicher Lichtstrahl zwang den Fahrer, scharf auszuscheren; ***the wind ~ed round to the north*** der Wind drehte plötzlich auf Nord ❷ (*alter goal*) umschwenken; ***our talk soon ~ed onto the subject of football*** wir kamen bald auf das Thema Fußball zu sprechen; ▪**to ~ back and forth between sth** zwischen etw *dat* hin und her pendeln; ▪**to ~ towards sth** auf etw *akk* hinsteuern; **to ~ from one's usual opinions** von seiner üblichen Meinung abgehen
◆**veer off** *vi* ***the car ~ed off the road*** der Wagen kam von der Straße ab; ***the kite ~ed off in the wind*** der Drachen wurde vom Wind abgetrieben; **to ~ off course** vom Kurs abkommen
veg[1] [vedʒ] **I.** *n no pl* (*fam*) *short for* **vegetable(s)**: **meat and two ~** *esp* BRIT (*also hum*) Fleisch und zwei Gemüsesorten **II.** *n modifier short for* **vegetable**: **fruit and ~ stall/shop** Obst- und Gemüsestand *m*/-laden *m*
veg[2] [vedʒ] *vi* (*fam*) ▪**to ~ out** herumhängen *fam*
vegan ['viːgən] **I.** *n* Veganer(in) *m(f)* **II.** *adj* vegan; **to turn ~** Veganer(in) *m(f)* werden
veganism ['viːgənɪzᵊm] *n no pl* Veganismus *m*
vegeburger *n* BRIT *see* **veggieburger**
vegetable ['vedʒtəbļ] **I.** *n* ❶ (*plant*) Gemüse *nt*; **fresh fruit and ~s** frisches Obst und Gemüse; **root ~** Wurzelgemüse *nt*; **green ~** Grüngemüse *nt*; **organic ~** Biogemüse *nt*; **raw ~** rohes Gemüse; **seasonal ~** Gemüse *nt* der Saison ❷ (*fig, pej fam: handicapped person*) Scheintote(r) *f(m) fig, pej*; **to be a ~** vor sich *dat* hin vegetieren *pej* ❸ (*fig, pej: inactive person*) Faulpelz *m fam* ❹ (*as opposed to animal and mineral*) Pflanze *f* **II.** *n modifier* (*dish, soup*) Gemüse-; **~ diet** *of a person* pflanzliche Ernährung; *of an animal* Grünfutter *nt*; **~ fibre** [*or* AM **fiber**] Pflanzenfaser *f*
vegetable butter *n no pl* BRIT pflanzliche Butter **vegetable crop** *n* Gemüseernte *f*; ***California produces almost half of the US fruit and ~*** Kalifornien produziert fast die Hälfte des amerikanischen Obstes und Gemüses **vegetable fat** *n* pflanzliches Fett **vegetable garden** *n* Gemüsegarten *m* **vegetable kingdom** *n no pl* Pflanzenreich *nt* **vegetable knife** *n* Gemüsemesser *nt* **vegetable marrow** *n esp* BRIT Gartenkürbis *m* **vegetable oil** *n* pflanzliches Öl
vegetarian [ˌvedʒɪ'teəriən, AM -ə'ter-] **I.** *n* Vegetarier(in) *m(f)*; **strict ~** strenger Vegetarier/strenge Vegetarierin **II.** *adj inv* vegetarisch; **~ diet** vegetarische Kost; **to go ~** Vegetarier(in) *m(f)* werden
vegetarianism [ˌvedʒɪ'teəriənɪzᵊm, AM -ə'ter-] *n no pl* Vegetarismus *m*
vegetate ['vedʒɪteɪt, AM -dʒə-] *vi* vegetieren; ***don't just ~ — get up and do something!*** häng nicht einfach nur herum, steh auf und tu was! *fam*
vegetation [ˌvedʒɪ'teɪʃᵊn, AM -dʒə'-] *n no pl* (*in general*) Pflanzen *fpl*; (*in specific area*) Vegetation *f*
vegetative ['vedʒɪtətɪv, AM əteɪţɪv] *adj inv* ❶ BIOL pflanzlich, das [Pflanzen]wachstum betreffend, vegetativ *fachspr* ❷ MED vegetativ *fachspr*
veggie ['vedʒi] *n* (*fam*) ❶ *short for* **vegetarian** Vegetarier(in) *m(f)* ❷ *esp* AM, AUS *short for* **vegetable** Gemüse *nt*
veggieburger ['vedʒiˌbɜːgəʳ, AM -ˌbɜːrgɚ] *n* Gemüseburger *m*
veggy *n, n modifier short for* **veggie**
vehemence ['viːəmən(t)s] *n no pl* Vehemenz *f*, Heftigkeit *f*; ▪**with ~** mit Vehemenz
vehement ['viːəmənt] *adj* vehement, heftig; **~ attack/objection** heftiger Angriff/Widerspruch; **~ critic** scharfer Kritiker/scharfe Kritikerin
vehemently ['viːəməntli] *adv* vehement; **to defend sth ~** etw erbittert verteidigen; **to ~ deny sth** etw heftig abstreiten
vehicle ['vɪəkļ, AM 'viːə-] *n* ❶ (*transport*) Fahrzeug *nt*; **farm ~** landwirtschaftliches Nutzfahrzeug; **motor ~** Kraftfahrzeug *nt*; **road ~s** Straßenfahrzeuge *ntpl* ❷ (*fig: means of expression*) ▪**a ~ for sth** ein Vehikel *nt geh* [*o* [Hilfs]mittel *nt*] für etw *akk*; ***the free newspapers are ~s for advertising*** die kostenlosen Zeitungen sind ein Medium für die Werbung; ***the film seems to be little more than a ~ for the director and its star*** der Film scheint wenig mehr als Staffage für den Regisseur und seinen Star zu sein
vehicle emissions *npl* Fahrzeugemissionen *fpl*; **the risks from ~** die Gefahren des Schadstoffausstoßes **vehicle registration centre** *n* BRIT Kfz-Zulassungsstelle *f* **vehicle registration number** *n* Kfz-Kennzeichen *nt*
vehicular [vɪ'ɪkjələʳ, AM viː'hɪkjəlɚ] *adj attr, inv* (*form*) Fahrzeug-; **~ access** Zufahrt *f*
veil [veɪl] **I.** *n* ❶ (*facial covering*) Schleier *m*; **bridal ~** Brautschleier *m*; **to take the ~** REL (*euph*) den Schleier nehmen *euph geh*, ins Kloster gehen ❷ (*fig: cover*) Schleier *m*; **to draw a ~ over sth** einen Schleier über etw *akk* breiten *fig*; **the ~ of secrecy** der Schleier des Geheimnisses; **~ of silence** der Mantel des Schweigens ❸ (*covering*) **~ of mist/smoke** Nebel-/Rauchschleier *m* **II.** *vt* ❶ *usu passive* (*cover by veil*) ▪**to be ~ed** verschleiert sein; ▪**to ~ oneself** sich *akk* verschleiern ❷ (*fig: cover*) ▪**to ~ sth** etw verschleiern; ***he tried to ~ his contempt by changing the subject*** er versuchte seine Verachtung zu verbergen, indem er das Thema wechselte ❸ (*envelop*) ▪**to ~ sth** etw einhüllen; ***thick fog ~ed the city*** dicker Nebel lag wie ein Schleier über der Stadt
veiled [veɪld] *adj* ❶ *inv* (*wearing a veil*) verschleiert ❷ (*fig: concealed*) verschleiert; ***~ed in shadow, he managed to slip unnoticed through the gateway*** im Schatten verborgen gelang es ihm, unbemerkt durch das Tor zu schlüpfen; **~ criticism/hint** [*or* **reference**]**/threat** versteckte Kritik/Anspielung/Drohung
veiling ['veɪlɪŋ] *n no pl* ❶ (*action*) Verschleierung *f* ❷ (*fabric used for veils*) Schleier[stoff] *m*
vein [veɪn] *n* ❶ (*blood vessel*) Vene *f* ❷ (*for sap*) Ader *f* ❸ (*of insect's wing*) Ader *f* ❹ (*mineral seam*) Ader *f*; **~ of iron ore** Eisenerzader *f*; **quartz ~** Quarzader *f* ❺ (*fig: element*) Spur *f*; ***a ~ of satirical anger runs through all his work*** sein ganzes Werk ist von satirischem Zorn durchzogen; **a ~ of wisdom** eine Spur von Weisheit ❻ *usu sing* (*style*) Stil *m*, Manier *f*; **to talk in a serious ~** in ernstem Ton reden; **in [a] similar ~** im gleichen Stil
veined [veɪnd] *adj* geädert; **deeply ~ leaves** mit tiefen Adern durchzogene Blätter; **~ with scars** von Narben überzogen
velar ['viːləʳ, AM -ɚ] LING **I.** *adj inv* velar *fachspr* **II.** *n* Velar *m fachspr*
Velcro® ['velkrəʊ, AM -roʊ] *n no pl* Klettverschluss *m*
veld *n*, **veldt** [velt] *n* Steppe *f*
vellum ['veləm] **I.** *n no pl* ❶ (*paper*) Pergament *nt* ❷ (*testimonial*) Urkunde *f* auf Pergament **II.** *n modifier* Pergament[papier]-, aus Pergament[papier] *nach n*
velocipede [vɪ'lɒsɪpiːd, AM və'lɑːs-] *n* (*old*) Veloziped *nt veraltend*
velocity [vɪ'lɒsəti, AM və'lɑːsəţi] **I.** *n* (*form*) Geschwindigkeit *f*; ECON Umlaufgeschwindigkeit *f*; **~ of circulation** ECON Geldumlaufgeschwindigkeit *f* **II.** *adj attr, inv* Geschwindigkeits-; **high ~ bullet** Hochgeschwindigkeitskugel *f*
velour [və'lʊəʳ, AM -'lʊr], **velours** [və'lʊəz, AM -'lʊrz] **I.** *n no pl* Velours *m* **II.** *n modifier* (*couch, hat*) Velours- *f*; **~ jumper** Nickipullover *m*
velouté [və'luːteɪ] *n* Velouté *f*
Velux® <*pl* -es> ['viːlʌks] *n* BRIT Veluxfenster® *nt*
velvet ['velvɪt] **I.** *n no pl* Samt *m*; **as soft as ~** samtweich **II.** *n modifier* (*skirt*) Samt-; **~ gloves** Samthandschuhe *f*; **~ sky** (*fig*) samtener Himmel; **~ voice** samtige Stimme
velveteen [ˌvelvɪ'tiːn] **I.** *n no pl* Veloursamt *m* **II.** *n modifier* Veloursamt-; **~ blouse** Bluse *f* aus Veloursamt; **~ coat** Mantel *m* aus Veloursamt
velvety ['velvɪti, AM -əţi] *adj* (*fig*) samtig; **~ brown** samtbraun
venal ['viːnᵊl] *adj* (*pej form*) bestechlich; **~ character** verdorbener Charakter; **~ regime** korruptes Regime; **~ ruler** korrupter Herrscher/korrupte Herrscherin
venality [viː'næləti, AM vɪ'næləţi] *n no pl* (*pej form*) Korruption *f*, Bestechlichkeit *f*
vend [vend] *vt* ▪**to ~ sth** etw verkaufen
vendetta [ven'detə, AM -ţ-] *n* Vendetta *f*, [Blut]rache *f*; **to wage a personal ~** einen persönlichen Ra-

V

chefeldzug führen
vending ['vendɪŋ] *(form)* **I.** *n no pl* [Straßen]verkauf *m* **II.** *adj attr, inv* Straßenverkaufs-
vending machine *n*, **automatic vending machine** *n* Automat *m*
vendor ['vendɔːʳ, AM -ɚ] *n* ① *(street seller)* Straßenverkäufer(in) *m(f)* ② *(form: seller of real estate)* Verkäufer(in) *m(f)* ③ ECON Emittent *m;* ~ **placing** *Unterbringung neu ausgegebener Wertpapiere zur Finanzierung des Ankaufs einer anderen Firma*
vendue ['venduː] *n* AM *(public auction)* Auktion *f*
veneer [və'nɪəʳ, AM -'nɪr] *n* ① *(covering layer)* Furnier *nt* ② *no pl (fig: false front)* [schöner] Schein, Fassade *f fig;* ***a ~ of self-confidence thinly concealed his nervousness*** die Maske der Selbstsicherheit verbarg seine Nervosität nur schlecht
veneered [və'nɪəd, AM -'nɪrd] *adj inv* furniert
venerable ['venᵊrəbl̩] *adj* ① *(approv: deserving respect)* ehrwürdig; ~ **family** angesehene Familie; ~ **tradition** alte Tradition ② *(esteemed through age)* ~ **ruins** altehrwürdige Ruinen ③ *(very old)* *age* ehrwürdig; *(hum)* ***I see you still have your ~ old car*** wie ich sehe, hast du immer noch deine alte Nobelkarosse *hum;* **a ~ rock star** *(esp hum fam)* ein Rockveteran/eine Rockveteranin ④ *no pl* ■**the V~** *(Anglican archdeacon's title)* Hochwürden; *(Catholic rank below saint)* ehrwürdiger Vater/ehrwürdige Mutter
venerate ['venᵊreɪt, AM -nər-] *vt (form)* ■**to ~ sb** jdn verehren; ■**to ~ sb for sth** jdn für etw *akk* bewundern; **to ~ the memory of sb** das Andenken an jdn hochhalten
veneration [ˌvenᵊr'eɪʃᵊn, AM -nə'reɪ-] *n no pl* Verehrung *f;* ~ **of saints** Heiligenverehrung *f*
venereal [və'nɪəriəl, AM -'nɪr-] *adj inv* MED venerisch *fachspr;* ~ **illness** Geschlechtskrankheit *f*
venereal disease *n* Geschlechtskrankheit *f*
Venetian [və'niːʃᵊn] *adj inv* venezianisch; **the ~ School** die venezianische Schule
venetian blind *n* Jalousie *f*
Venezuela [ˌvenɪ'zweɪlə, AM -ə'-] *n no pl* Venezuela *nt*
Venezuelan [ˌvenɪ'zweɪlən, AM ə'] **I.** *adj inv* venezolanisch **II.** *n* Venezolaner(in) *m(f)*
vengeance ['vendʒᵊn(t)s] *n no pl* ① *(revenge)* Rache *f;* *(liter)* ***she swore that ~ would be hers*** sie schwor, dass die Stunde ihrer Rache kommen würde *liter;* **cruel/swift/terrible ~** grausame/prompte/schreckliche Rache; **to exact** [*or* **wreak**] **~** Rache üben; **to seek ~** Vergeltung suchen; **to take/vow ~** Rache nehmen/schwören ② *(fig: great energy)* ■**with a ~** mit voller Kraft; **to work with a ~** wie besessen arbeiten
vengeful ['vendʒfᵊl] *adj (form)* rachsüchtig; ~ **act** Racheakt *m*
vengefully ['vendʒfᵊli] *adv (form)* rachsüchtig, aus Rachsucht
vengefulness ['vendʒfᵊlnəs] *n no pl (form)* Rachsucht *f*
venial ['viːniəl] *adj (form)* verzeihlich, entschuldbar; ~ **sin** harmloses Vergehen
venison ['venɪsᵊn] *n no pl* Rehfleisch *nt;* **haunch of ~** Rehkeule *f*
Venn diagram ['ven,-] *n* MATH Venn-Diagramm *nt fachspr*
venom ['venəm] *n no pl (toxin)* Gift *nt;* *(fig: viciousness)* Bosheit *f,* Gehässigkeit *f;* **sheer ~** reine Boshaftigkeit
venomous ['venəməs] *adj* giftig *a. fig;* **a ~ look** *(fig)* ein giftiger Blick *fig;* ~ **snake** Giftschlange; **to have a ~ tongue** *(fig)* eine böse Zunge haben
venomously ['venəməsli] *adv* boshaft; **to reply ~** giftig antworten; **to speak ~** Gift versprühen *fig*
venous ['viːnəs] *adj inv* ANAT, MED venös *fachspr*
vent [vent] **I.** *n* ① *(gas outlet)* Abzug *m;* **air ~** Luftschacht *m* ② FASHION *(opening)* Schlitz *m;* **side ~** Seitenschlitz *m* ③ *(fig: release of feelings)* Ventil *nt;* **to give ~ to one's anger/rage** seinem Ärger/seiner Wut Luft machen; **to give ~ to one's grief** seinem Schmerz freien Lauf lassen; **to give ~ to a whoop of joy** einen Freudenschrei ausstoßen; **to give ~ to one's feelings** seinen Gefühlen Ausdruck geben; **to give ~ to one's anger/rage** seinem Ärger/seiner Wut Luft machen **II.** *vt* ■**to ~ sth** etw *dat* Ausdruck geben; ***strong emotions were ~ed*** die Gemüter erhitzten sich; **to ~ one's anger on sb** seine Wut an jdm auslassen; **to ~ one's fury** seinem Ärger Luft machen **III.** *vi* Dampf ablassen *fam*
ventilate ['ventɪleɪt, AM -tə-] *vt* ① *(with air)* ■**to ~ sth** etw lüften ② *(form: verbalize)* ■**to ~ sth** etw *dat* Ausdruck verleihen *geh;* **to ~ one's doubts** seine Zweifel zum Ausdruck bringen
ventilated ['ventɪleɪtɪd, AM -təleɪt̬-] *adj* belüftet; *installation* mit Lüftung *f* [*o* Ventilation *f*] versehen; ***a badly/well ~d building*** ein schlecht/gut belüftetes Gebäude
ventilation [ˌventɪ'leɪʃᵊn, AM -tə'-] *n no pl* Belüftung *f;* ***she opened the window to improve the ~*** sie öffnete das Fenster, um frische Luft hereinzulassen
ventilation duct *n* Belüftungsschacht *m* **ventilation system** *n* Belüftungsanlage *f*
ventilator ['ventɪleɪtəʳ, AM -əleɪt̬ɚ] *n* ① *(air outlet)* Abzug *m;* *(device for freshening air)* Ventilator *m* ② *(breathing apparatus)* Beatmungsgerät *nt*
ventilator shaft *n* Luftschacht *m*
ventral ['ventrᵊl] *adj inv* ANAT, BOT, ZOOL Bauch-
ventricle ['ventrɪkl̩] *n* Herzkammer *f*
ventriloquism [ven'trɪləkwɪzᵊm] *n no pl* Bauchreden *nt*
ventriloquist [ven'trɪləkwɪst] *n* Bauchredner(in) *m(f)*
ventriloquist's dummy *n* Bauchrednerpuppe *f*
ventriloquy [ven'trɪləkwi] *n no pl* Bauchreden *nt*
venture ['ventʃəʳ, AM -ɚ] **I.** *n* Unternehmung *nt,* Projekt *nt;* *(risky)* gewagtes Unternehmen; ECON Unternehmen *nt;* **joint ~** Jointventure *nt fachspr,* Gemeinschaftsunternehmen *nt* **II.** *vt* ① *(dare to express)* ■**to ~ sth** etw vorsichtig äußern; **to ~ an opinion** sich *dat* erlauben, seine Meinung zu sagen ② *(put at risk)* ■**to ~ sth on sth** etw auf etw *akk* setzen; ***he ~d the company's reputation on his new invention*** er setzte den Ruf der Firma für seine neue Erfindung aufs Spiel; **to ~ one's winnings on sth** seine Gewinne auf etw *akk* setzen ► PHRASES: **nothing ~d, nothing gained** *(prov)* wer wagt, gewinnt *prov,* frisch gewagt ist halb gewonnen *prov* **III.** *vi* sich *akk* vorwagen; **to ~ forth into the unknown** *(liter)* sich *akk* in eine unbekannte Welt vorwagen
venture capital *n no pl* Risikokapital *nt,* Wagniskapital *nt* **venture capital fund** *n* Risikokapitalfonds *m* **venture capitalist** *n* Risikokapitalgeber(in) *m(f)*
Venturer ['ventʃᵊrəʳ] *n*, **Venture Scout** *n Pfadfinder zwischen 16 und 20 Jahren*
venturesome ['ventʃəsəm, AM -tʃɚ-] *adj* ① *(adventurous)* *person* wagemutiv; ~ **entrepreneur** risikofreudiger Unternehmer/risikofreudige Unternehmerin ② *(risky)* riskant; ~ **journey** gefährliche Reise
venue ['venjuː] *n* ① *(location for event)* Veranstaltungsort *m;* *(for competition)* Austragungsort *m* ② AM LAW *(location for trial)* Verhandlungsort *m*
Venus ['viːnəs] *n no pl* Venus *f*
Venus flytrap *n* Venusfliegenfalle *f*
Venusian [vɪ'njuːziən, AM 'nuːʃᵊn] *adj inv* venusisch, Venus-
veracious [və'reɪʃəs] *adj (rare form)* ① *(marked by honesty)* *person* ehrlich; *witness* glaubwürdig ② *(accurate)* *statement, testimony* wahrheitsgemäß; ■**to be ~** der Wahrheit entsprechen
veracity [və'ræsəti, AM -ət̬i] *n no pl (form)* Aufrichtigkeit *f;* *of an alibi* Glaubwürdigkeit *f*
veranda(h) [və'rændə] *n* Veranda *f*
verb [vɜːb, AM vɜːrb] *n* Verb *nt;* **intransitive/transitive ~** intransitives/transitives Verb; **to conjugate a ~** ein Verb konjugieren
verbal ['vɜːbᵊl, AM 'vɜːr-] **I.** *adj inv* ① *(oral)* mündlich, verbal *geh;* ~ **ability** Artikulationsfähigkeit *f;* **to give a ~ description of sth** etw in Worten beschreiben ② *(pertaining to verb)* ~ **noun** Verbalsubstantiv *nt* **II.** *n* BRIT *(sl)* ■**~s** *pl* mündliche Aussage
verbal abuse *n no pl* Schimpftirade *f* **verbal dexterity** *n no pl* Wortgewandtheit *f* **verbal diarrhoea** *n no pl (hum or pej fam)* Redseligkeit *f oft pej,* Geschwätzigkeit *f pej*
verbalize ['vɜːbᵊlaɪz, AM 'vɜːrbə-] **I.** *vt* ■**to ~ sth** etw ausdrücken [*o* in Worte fassen] **II.** *vi* sich *akk* verbal ausdrücken; **to start to ~** *children* anfangen zu sprechen
verbally ['vɜːbᵊli, AM 'vɜːr-] *adv inv* verbal, mündlich; **to be ~ abusive to sb** jdn beschimpfen
verbatim [vɜː'beɪtɪm, AM vɚ'beɪt̬-] *inv* **I.** *adj* wörtlich, wortgetreu, Wort *nt* für Wort **II.** *adv* wortwörtlich, wortgetreu, Wort *nt* für Wort
verbena [vɜː'biːnə, AM vɚ] *n* BOT Eisenkraut *nt*
verbiage ['vɜːbɪdʒ, AM 'vɜːr-] *n no pl (pej form)* Worthülsen *fpl;* *(in a speech)* Floskeln *fpl;* **much technical ~** ein Wust von Fachausdrücken
verbose [vɜː'bəʊs, AM vɚ'boʊs] *adj (pej form)* wortreich; ~ **speech** weitschweifige Rede
verbosely [vɜː'bəʊsli, AM vɚ'boʊs-] *adv (pej form)* weitschweifig; **to speak ~** weit ausholen; **to write ~** umständlich schreiben
verbosity [vɜː'bɒsəti, AM vɚ'bɑːsət̬i] *n no pl (pej form)* Wortfülle *f;* ■**with ~** langatmig
verboten [vɜː'bəʊtᵊn, AM vɚ'boʊ-] *adj* verboten
verdant ['vɜːdᵊnt, AM 'vɜːr-] *adj (liter)* fruchtbar; ~ **garden** üppiger Garten; ~ **lawn** sattgrüner Rasen
verdict ['vɜːdɪkt, AM 'vɜːr-] *n* ① *(judgement)* Urteil *nt;* ***what was the ~?*** wie lautete das Urteil?; ***the guilty ~ was upheld*** der Schuldspruch wurde bestätigt; **~ of guilty** [**with extenuating circumstances**] Schuldspruch *m* [mit mildernden Umständen]; **~ of not guilty** Freispruch *m;* **to return a unanimous ~ of guilty/not guilty** einen einstimmigen Schuldspruch/Freispruch fällen; **fair/questionable/surprise ~** faires/fragwürdiges/überraschendes Urteil; **open ~** richterliche Feststellung auf unbekannte Todesursache; **unanimous ~** einstimmiges Urteil; **to bring in** [*or* **hand down**] **a ~** ein Urteil fällen; **to deliver a ~** ein Urteil verkünden ② *(opinion)* Urteil *nt;* **to give a ~ on sth** ein Urteil über etw *akk* fällen; ***the studio is anxiously awaiting the box-office ~ on the movie*** das Studio wartet gespannt darauf, ob der Film ein Kassenschlager wird
verdigris ['vɜːdɪgrɪs, AM 'vɜːrdɪgriːs] *n no pl* Grünspan *m*
verdure ['vɜːdjəʳ, AM 'vɜːrdʒɚ] *n no pl (liter)* Grün *nt;* ***the ~ of the plants*** das saftige Grün der Pflanzen
verge [vɜːdʒ, AM vɜːrdʒ] **I.** *n* ① *(physical edge)* Rand *m;* **on the ~ of the desert** am Rand der Wüste ② *esp* BRIT *(ribbon next to road)* [seitlicher] Grünstreifen; **grass ~** [seitlicher] Grünstreifen ③ *(fig: brink)* ■**to be on the ~ of sth** am Rande von etw *dat* stehen; **to be on the ~ of collapse** kurz vor dem Zusammenbruch stehen; **to drive sb to the ~ of despair** jdn an den Rand des Wahnsinns treiben; **to be on the ~ of tears** den Tränen nahe sein **II.** *vi* ■**to ~ on sth** etw *dat* nahe sein; **to ~ on the ridiculous** ans Lächerliche grenzen
verger ['vɜːdʒəʳ, AM 'vɜːrdʒɚ] *n esp* BRIT Küster(in) *m(f)*
Vergil ['vɜːdʒɪl, AM 'vɜːrdʒᵊl] *n no pl* LIT Vergil *m,* Virgil *m*
verifiable [ˌverɪ'faɪəbl̩, AM ˌverə-] *adj* verifizierbar *geh;* ~ **fact** überprüfbare Tatsache; ~ **theory** nachweisbare Theorie
verification [ˌverɪfɪ'keɪʃᵊn, AM ˌverə-] **I.** *n no pl* ① *(verifying)* Verifizierung *f geh* ② *(checking)* Überprüfung *f;* ~ **of a testimony** Bestätigung *f* einer Zeugenaussage ③ COMPUT Verifikation *f* **II.** *n modifier* Überprüfungs-; ~ **principle** Prinzip *nt* der Verifizierbarkeit *geh;* ~ **procedure** Prüfungsverfahren *nt;* ~ **test** Prüfung *f*
verify <-ie-> ['verɪfaɪ, AM 'verə-] *vt* ■**to ~ sth** etw verifizieren *geh;* *(check)* nachprüfen, überprüfen; *(confirm)* belegen; ***these figures are surprisingly high and they'll have to be verified*** diese Zahlen sind erstaunlich hoch und müssen überprüft wer-

den; **to ~ a report/theory** den Inhalt eines Berichts/eine Theorie belegen; ***the government refused to ~ the reports*** die Regierung weigerte sich, die Berichte zu bestätigen

verily ['verᵊli] *adv inv (old)* wahrlich *veraltend*

verisimilitude [ˌverɪsɪ'mɪlɪtju:d, AM -əsə'mɪlɪtu:d, -tju:d] *n no pl (form)* Wahrhaftigkeit *f; of a painting* Wirklichkeitsnähe *f; of a story also* Authenzität *f*

veritable ['verɪtəbl̩, AM -ət̬ə-] *adj attr, inv* wahr; ***my garden has become a ~ jungle*** mein Garten ist der reinste Dschungel geworden; **a ~ war of words** das reinste Wortgefecht

veritably ['verɪtəbli, AM -ət̬ə-] *adv inv* in der Tat, wahrhaftig; ***they were ~ making fools of themselves*** sie machten sich buchstäblich zum Narren

verity ['verəti, AM -ət̬i] *n (form)* ① *no pl (truth)* Wahrheit *f; (authenticity) of a document* Authenzität *f,* Echtheit *f* ② *(principle)* Wahrheit *f,* Glaubenssatz *m;* **universal verities** universelle Erkenntnisse

vermicelli [ˌvɜ:mɪ'tʃeli, AM ˌvɜ:rmə'-] *npl* ① *(pasta)* Vermicelli *pl,* Fadennudeln *fpl* ② BRIT *(in baking)* Schokosplitter *mpl*

vermicide ['vɜ:mɪsaɪd, AM 'vɜ:rmə-] *n* Vermizid *nt fachspr,* Wurmmittel *nt*

vermiform ['vɜ:mɪfɔ:m, AM 'vɜ:rməfɔ:rm] *adj inv* wurmförmig

vermil(l)ion [və'mɪljən, AM vəʳ'-] **I.** *n* Zinnoberrot *nt* **II.** *adj inv* zinnoberrot

vermin ['vɜ:mɪn, AM 'vɜ:r-] *npl (pej: animals)* Schädlinge *mpl; (persons)* Schmarotzer *mpl pej,* nutzloses Pack *pej;* **to control ~** Ungeziefer bekämpfen

verminous ['vɜ:mɪnəs, AM 'vɜ:r-] *adj attr (pej)* voller Ungeziefer *nach n*

vermouth ['vɜ:məθ, AM vəʳ'mu:θ] *n no pl* Wermut *m;* **dry/sweet ~** trockener/süßer Wermut

vernacular [və'nækjələʳ, AM vəʳ'nækjələʳ] **I.** *n* Umgangssprache *f; (dialect)* Dialekt *m; (jargon)* Jargon *m,* Ausdrucksweise *f* **II.** *adj* ① *(of language)* umgangssprachlich; *(as one's mother tongue)* muttersprachlich ② ARCHIT *building* funktional; MUS volksnah

vernal ['vɜ:nᵊl, AM 'vɜ:r-] *adj* Frühlings-; **the ~ season** die Frühjahrszeit; **a ~ touch** ein Hauch von Frühling

vernal equinox *n* Frühlingsäquinoktium *nt fachspr*

veronica [və'rɒnɪkə, AM -'rɑ:n-] *n* Veronika *f geh,* Ehrenpreis *m*

verruca <*pl* -s *or* -ae> [və'ru:kə, *pl* -ki:] *n* Warze *f*

verrucae [və'ru:ki:] *n pl of* **verruca**

versatile ['vɜ:sətaɪl, AM 'vɜ:rsət̬ᵊl] *adj actor, athlete* vielseitig; *material* vielseitig verwendbar

versatility [ˌvɜ:sə'tɪləti, AM ˌvɜ:rsə'tɪlət̬i] *n no pl (flexibility)* Vielseitigkeit *f; (adjustability)* Anpassungsfähigkeit *f; of a device* vielseitige Verwendbarkeit

verse [vɜ:s, AM vɜ:rs] *n* ① *no pl (poetical writing)* Dichtung *f,* Poesie *f;* **volume of ~** Gedichtband; **in ~** in Versen *m* ② *(stanza of poetry)* Strophe *f* ③ MUS Strophe *f* ④ *(of scripture)* Vers *m;* **to recite a ~ [from the Bible/Koran]** einen [Bibel-/Koran]vers vortragen

versed [vɜ:st, AM vɜ:r-] *adj (form)* **to be [well] ~ in sth** *(knowledgeable about)* in etw *dat* [sehr] versiert [*o* bewandert] sein *geh; (familiar with)* sich *akk* mit [*o* in] etw *dat* [gut] auskennen

versification [ˌvɜ:sɪfɪ'keɪʃᵊn, AM ˌvɜ:rsə] *n no pl* LIT Versbau *m,* Versifikation *f fachspr*

versify ['vɜ:sɪfaɪ, AM 'vɜ:rsə-] **I.** *vi* Gedichte schreiben, dichten **II.** *vt* ▪**to ~ sth** etw in Versform bringen

version ['vɜ:ʃᵊn, -ʒᵊn, AM 'vɜ:rʒ-, ʃᵊn] *n* ① *(account)* Version *f,* Fassung *f; (description)* Darstellung *f;* ***the two witnesses gave contradictory ~s of what had happened that night*** die beiden Zeuginnen machten widersprüchliche Angaben über das, was in jener Nacht geschehen war ② *(variant)* Version *f; of book, text, film* Fassung *f;* **film ~ of a book** Verfilmung *f* eines Buches; **abridged ~** Kurzfassung *f,* gekürzte Fassung; **revised ~** revidierte Ausgabe ③ *(translation)* **English-language ~** englischsprachige Ausgabe ④ *no pl* MED *(turning of foetus)* Wendung *f*

verso ['vɜ:səʊ, AM 'vɜ:rsoʊ] *n* ① PUBL *(lefthand page)* linke Seite; *(back of page)* Verso *nt fachspr* ② *(reverse side)* Rückseite *f; of coin also* Revers *m fachspr*

versus ['vɜ:səs, AM 'vɜ:r-] *prep* gegen +*akk*

vertebra <*pl* -brae> ['vɜ:tɪbrə, AM 'vɜ:rt̬ə-, *pl* -bri:] *n* ANAT Wirbel *m*

vertebral ['vɜ:tɪbrᵊl, AM 'vɜ:rt̬ə-] *adj inv* ANAT, MED Wirbel-; **~ injection** vertebrale Injektion *fachspr;* **~ wound** Wirbelverletzung *f*

vertebral column *n* ANAT Wirbelsäule *f*

vertebrate ['vɜ:tɪbreɪt, AM 'vɜ:rt̬əbrɪt] BIOL **I.** *n* Wirbeltier *nt* **II.** *adj attr, inv* Wirbel-; **~ animal** Wirbeltier *nt*

vertex <*pl* -es *or* -tices> ['vɜ:teks, AM 'vɜ:r-, *pl* -tɪsi:z] *n* ① MATH Scheitel[punkt] *m* ② *(highest point)* Spitze *f*

vertical ['vɜ:tɪkᵊl, AM 'vɜ:rt̬ə-] **I.** *adj* senkrecht, vertikal; *cliffs* senkrecht abfallend; ***a basketball player's ~ leap*** der Korbleger eines Basketballspielers; **~ axis** y-Achse *f,* Vertikalachse *f;* **~ communication** vertikale Kommunikation; **~ integration** vertikale Integration; **~ lines** Längsstreifen *mpl* **II.** *n* ① *(vertical line)* Senkrechte *f,* Vertikale *f geh;* ***the wall is a few degrees off the ~*** die Wand steht nicht ganz im Lot ② *(of ski slopes)* Abfahrt *f*

vertical angles *npl* Scheitelwinkel *m* **vertical integration** *n no pl* ECON, FIN Vertikalkonzentration *f*

vertically ['vɜ:tɪkᵊli, AM 'vɜ:rt̬ə-] *adv* senkrecht, vertikal; **to jump** [*or* **leap**] **~** senkrecht hochspringen; *(in basketball)* einen Korbleger machen

vertically challenged *adj (hum)* ▪**to be ~** etwas kurz geraten sein *hum*

vertical market *n potentieller Käufermarkt innerhalb eines bestimmten Industriezweigs oder Tätigkeitsbereichs* **vertical take-off aircraft** *n,* **vertical take-off jet** *n* Senkrechtstarter *m* **vertical thinking** *n esp* BRIT [konventionell] rationales Denken

vertiginous [vɜ:'tɪdʒɪnəs, AM vəʳ'tɪdʒə-] *adj (form)* ① *(causing vertigo)* Schwindel erregend ② *(dizzy)* schwindlig; **to make sb feel ~** jdn schwindlig machen

vertigo ['vɜ:tɪgəʊ, AM 'vɜ:rt̬əgoʊ] *n no pl (feeling)* Schwindel *m;* MED Gleichgewichtsstörung *f;* **sb has** [*or* **suffers from**] **~** jdm wird leicht schwindlig

verve [vɜ:v, AM vɜ:rv] *n no pl* Begeisterung *f,* Verve *f geh;* ***she delivered her speech with tremendous wit and ~*** sie hielt ihre Rede mit unglaublichem Witz und Schwung; ***although in pain, he greeted his friends with his old ~*** trotz Schmerzen begrüßte er seine Freunde mit gewohntem Elan; **to give sth added ~** *(fig)* etw *dat* [den letzten] Pfiff geben *fam*

very ['veri] **I.** *adv inv* ① *(extremely)* sehr, außerordentlich; ***his behaviour makes me feel ~, ~ cross*** sein Benehmen macht mich wirklich sehr böse; ***there's nothing ~ interesting on TV tonight*** es kommt nichts besonders Interessantes heute Abend im Fernsehen; ***how ~ childish of her to refuse to speak to me!*** wie absolut kindisch von ihr, sich zu weigern, mit mir zu sprechen!; ***how are you? — ~ well, thanks*** wie geht es dir? – sehr gut, danke ② *(to a great degree)* sehr; **to not be ~ happy/pleased about sth** *(iron)* über etw *akk* nicht gerade sehr glücklich/erfreut sein; **to not be ~ impressed about sth** *(iron)* von etw *dat* nicht gerade sehr beeindruckt sein; **~ much** sehr; ***did you enjoy the play? — ~ much so*** hat dir das Stück gefallen? – [ja] sehr [sogar]; ***thank you ~ much*** danke sehr; **to feel ~ much at home** sich *akk* ganz wie zu Hause fühlen; **not ~** nicht sehr; **not ~ much ...** nicht besonders ... ③ + *superl (to add force)* aller-; **the ~ best** der/die/das Allerbeste; **the ~ best of friends** die allerbesten Freunde; **to do the ~ best one can** sein Allerbestes geben; **the ~ first/last** der/die/das Allererste/Allerletzte; **at the ~ most/least** allerhöchstens/zumindest; **the ~ next day** schon am nächsten Tag; **to have one's ~ own sth** etw ganz für sich *akk* [alleine] haben; **the ~ same** genau der/die/das Gleiche ④ *(I agree)* **~ well** [also] gut [*o* schön]; ***can't I stay for five minutes longer? — oh ~ well*** kann ich nicht noch fünf Minuten länger bleiben? – na schön *fam;* ***she couldn't ~ well say sorry when she didn't think she had done anything wrong*** sie konnte sich doch nicht entschuldigen, wenn sie ihrer Meinung nach nichts falsch gemacht hatte; **to be all ~ fine** [*or* **good**] [*or* **well**], **but ...** schon recht [*o* schön und gut] sein, aber ... **II.** *adj attr, inv* genau; ***this is the ~ book I've been looking for*** das ist genau das Buch, nach dem ich gesucht habe; ***the ~ idea!*** was für eine Idee!; ***it's the ~ thing!*** das ist genau das Richtige!; **at the ~ bottom** zuunterst; **at the ~ end of sth** ganz am Ende einer S. *gen;* **the ~ fact that ...** allein schon die Tatsache, dass ...; **the ~ opposite** das genaue [*o* genau das] Gegenteil; ***they're the ~ opposite of one another*** sie sind völlig unterschiedlich; **the ~ thought ...** allein der Gedanke ...

Very light ['veri, 'vɪəri, AM 'vɪri-] *n* Leuchtkugel *f*

Very pistol ['veri, 'vɪəri, AM 'vɪri-] *n* Leuchtpistole *f* **Very Reverend** *n* ▪**the ~** Hochwürden; **the ~ David Smith** Hochwürden David Smith

vesicle ['vesɪkl̩] *n* ① MED *(blister)* Blase *f; (pustule)* Pustel *f; (fluid-filled sac)* Bläschen *nt; (cyst)* Zyste *f,* Vesikel *f fachspr* ② GEOL Blase *f* ③ BOT Bläschen *nt*

vespers ['vespəʳs, AM -əʳs] *npl* REL Vesper *f,* Abendandacht *f*

vessel ['vesᵊl] *n* ① NAUT *(form)* Schiff *nt;* **cargo ~** Frachtschiff *nt* ② *(form: for liquid)* Gefäß *nt* ③ *(liter: person)* **~ for the nation's hopes** Hoffnungsträger(in) *m(f)* für die Nation; ***he saw his son as a ~ for his own ambitions*** in seinem Sohn sollten sich seine eigenen Ambitionen verwirklichen ④ ANAT, BOT Gefäß *nt;* **blood ~** Blutgefäß *nt*

vest [vest] **I.** *n* ① BRIT *(underwear)* Unterhemd *nt;* **long-sleeved ~** langärm[e]liges Unterhemd; **thermal ~** Thermounterhemd *nt* ② *esp* AM *(outer garment)* Weste *f;* **bullet-proof ~** kugelsichere Weste ③ *(jersey)* Trikot *nt* ④ AM, AUS *(waistcoat)* [Anzug]weste *f* ⑤ BRIT *(T-shirt)* **~ [top]** ärmelloses T-Shirt **II.** *vt (form)* ① *usu passive (give)* **to be ~ed with the authority/right to do sth** bevollmächtigt sein, etw zu tun; **to be ~ed with the power to do sth** berechtigt sein, etw zu tun; **to ~ in sb the right to do sth** jdn das Recht erteilen, etw zu tun ② *(place)* ***control has been ~ed in local authorities*** die Aufsicht liegt bei den örtlichen Behörden; **to ~ one's hopes in sb/sth** seine Hoffnungen auf jdn/etw setzen **III.** *vi* LAW **a property ~s in sb** Besitz *m* auf jdn übertragen; **to ~ a right in** [*or* **on**] **sb** jdm ein Recht verleihen

vestal ['vestᵊl] **I.** *n* ① *(liter or old: chaste woman)* Jungfrau *f* ② *see* **vestal virgin II.** *adj* ① *(old: chaste)* keusch ② HIST *(of Roman goddess)* **~ temple** Tempel *m* der Vesta

vestal virgin *n,* **Vestal Virgin** *n* Vestalin *f,* vestalische Jungfrau

vested interest *n* ① *(personal involvement)* **to have a ~ in sth** an etw *dat* ein [starkes] persönliches Interesse haben ② *usu pl (people, organizations)* maßgebliche Kreise; ***a compromise has to be reached between all the powerful ~s*** es muss ein Kompromiss zwischen all den mächtigen Interessengruppen gefunden werden ③ LAW **to have a ~ in sth** auf etw *akk* ein gesetzliches Anrecht haben

vestibule ['vestɪbju:l, AM -tə-] *n (form)* ① *(foyer)* Vorraum *m; (in a hotel, big building)* Eingangshalle *f,* Vestibül *nt geh; (in a theatre)* Foyer *nt* ② AM *(porch)* Veranda *f*

vestige ['vestɪdʒ] *n* ① *(trace)* Spur *f; (remainder)* Überrest *m;* **~s of the past** Spuren *fpl* der Vergangenheit ② *(fig)* ***there is no ~ of hope*** es gibt keinerlei Hoffnung mehr; ***there's not a ~ of truth in what she says*** es ist kein Körnchen [*o* Fünkchen] Wahrheit an dem, was sie sagt; ***there was not a ~ of remorse in his voice*** es lag nicht die geringste Spur von Reue in seiner Stimme *fam;* **to remove the last ~ of doubt** den letzten Rest Zweifel ausräumen

vestigial [ves'tɪdʒiəl] *adj inv* ① (*tiny*) spärlich ② ANAT, BIOL *limb, wing* nicht voll ausgebildet ③ LING ~ **language** rudimentäre Sprache

vestments ['ves(t)mənts] *npl* ① (*for clergy*) Messgewand *nt;* (*for special occassion*) Ornat *m geh* ② (*hist: official clothes*) Amtstracht *f*

vest-pocket *adj attr, inv* AM ① (*pocket-size*) Westentaschen-, im Westentaschenformat *nach n;* ~ **camera** Kamera *f* im Westentaschenformat ② (*very small*) Miniatur-, Mini-

vestry ['vestri] *n* Sakristei *f*

Vesuvius [vɪ'su:viəs, AM və'] *n no pl* HIST, GEOG Vesuv *m*

vet[1] [vet] **I.** *n* (*animal doctor*) Tierarzt, Tierärztin *m, f,* Veterinär(in) *m(f) fachspr;* ***we had to take the cat to the ~'s*** wir mussten die Katze zur Tierärztin bringen **II.** *vt* <-tt-> ① (*examine*) ■**to ~ sb/sth** jdn/etw überprüfen ② *usu passive* BRIT (*screen*) ■**to be ~ted** [auf Herz und Nieren] [über]prüft werden *fam*

vet[2] [vet] *n* AM MIL (*fam*) *short for* **veteran** Veteran(in) *m(f)*

vetch [vetʃ] *n* Wicke *f*

veteran ['vetᵊrᵊn, AM 'veṭə-] **I.** *n* ① (*experienced person*) Veteran(in) *m(f) hum,* alter Hase *hum;* ***he's a 20-year ~ of the New York Police Department*** er ist seit 20 Jahren Mitarbeiter bei der New Yorker Polizeibehörde; ***she is a ~ of a number of matches*** sie hat an zahlreichen Turnieren teilgenommen ② (*ex-military*) Veteran(in) *m(f)* **II.** *adj attr, inv* ① (*experienced*) erfahren; (*of many years' standing*) langjährig; (*of an actor, actress*) altgedient ② BRIT (*hum: old*) uralt *hum*

veteran car *n* BRIT Oldtimer *m*

Veterans Day *n* AM *11. November, an dem als staatlicher Feiertag die Kriegsveteranen geehrt werden und der Kriegsopfer gedacht wird*

veterinarian [ˌvetᵊrɪ'neriən] *n* AM (*vet*) Tierarzt, Tierärztin *m, f,* Veterinär(in) *m(f) fachspr*

veterinary ['vetᵊrɪnᵊri, AM -neri] *adj attr, inv* tierärztlich; ~ **medicine** [*or* **science**] Tiermedizin *f*

veterinary surgeon *n* BRIT, AUS Tierarzt, Tierärztin *m, f,* Veterinär(in) *m(f) fachspr*

veto ['vi:təʊ, AM -ṭoʊ] **I.** *n* <*pl* -es> ① (*nullification*) Veto *nt;* ~ **of a measure** Veto *nt* gegen eine Maßnahme; **presidential** ~ Veto *nt* des Präsidenten ② (*right of refusal*) Vetorecht *nt;* **to have the power** [*or* **right**] **of** ~ das Vetorecht haben; ***the author has insisted on having a ~ over the film version of her book*** die Autorin hat darauf bestanden, ein Vetorecht bei der Verfilmung ihres Buches zu haben; **to put a ~ on sth** *esp* BRIT (*fig*) etw verbieten [*o* untersagen] **II.** *vt* ■**to ~ sth** ① (*officially refuse*) ein Veto gegen etw *akk* einlegen, Einspruch gegen etw *akk* erheben ② (*forbid*) etw untersagen

vetting ['vetɪŋ] *n no pl* BRIT [genaue] Untersuchung

vex [veks] *vt* ■**to ~ sb** ① (*upset*) jdn verärgern; ■**to be ~ed by** [*or* **with**] [*or* **at**] [*or* **about**] **sb/sth** über jdn/etw verärgert sein ② (*dated: cause trouble*) jdm Ärger bereiten

vexation [vek'seɪʃᵊn] *n no pl* (*dated*) Ärger *m;* **to be a ~ to sb** ein Ärgernis für jdn sein

vexatious [vek'seɪʃəs] *adj* (*dated*) ärgerlich; LAW schikanös; ~ **action** [*or* **litigation**] schikanöse [*o* mutwillige] Klage; ~ **child** unausstehliches Kind; ~ **headaches** lästige Kopfschmerzen; ~ **problem** leidiges Problem

vexed ['vekst] *adj* ① *attr* (*difficult*) leidig; ~ **question/relationship** schwierige Frage/schwieriges Verhältnis ② (*annoyed*) verärgert ③ (*concerned*) beunruhigt

vexing ['veksɪŋ] *adj* ärgerlich, verdrießlich *lit*

VGA [ˌvi:dʒi:'eɪ] *n* COMPUT *abbrev of* **video graphics adaptor** VGA

vgc BRIT *abbrev of* **very good condition** in sehr gutem Zustand

VHF [ˌvi:eɪtʃ'ef] **I.** *n no pl abbrev of* **very high frequency** UKW *f,* Ultrakurzwellenbereich *m;* ■**on ~** auf UKW **II.** *adj attr abbrev of* **very high frequency** UKW-

VHS® [ˌvi:eɪtʃ'es] *n no pl abbrev of* **Video Home System** VHS

via ['vaɪə, AM *esp* 'vi:ə] *prep* ① (*through*) über +*akk;* ***the flight goes ~ Frankfurt*** der Flug geht über Frankfurt; ~ ***satellite*** über [*o* via] Satellit ② (*using*) per, via

viability [ˌvaɪə'bɪləti, AM -əṭi] *n no pl* ① BIOL Lebensfähigkeit *f* ② *of businesses* Rentabilität *f;* **economic ~** [wirtschaftliche] Rentabilität, Eigenwirtschaftlichkeit *f* ③ (*feasibility*) Realisierbarkeit *f,* Durchführbarkeit *f*

viable ['vaɪəbl] *adj* ① (*successful*) existenzfähig; *of a company* rentabel; **not commercially ~** nicht rentabel ② (*feasible*) machbar, durchführbar, realisierbar; ~ **alternative** durchführbare Alternative ③ BIOL (*able to sustain life*) lebensfähig; (*able to reproduce*) zeugungsfähig

viaduct ['vaɪədʌkt] *n* Viadukt *m o nt;* (*bridge*) Brücke *f*

vial [vaɪ(ə)l, AM 'vaɪəl] *n* Phiole *f,* [Glas]fläschchen *nt*

vibe [vaɪb] *n* Stimmung *f,* Atmosphäre *f*

vibes [vaɪbz] *npl* (*fam*) ① (*atmosphere*) Schwingungen *fpl,* Vibrations *pl sl;* (*general feeling*) Klima *nt;* ***some people come to this area because of the good ~*** einige Leute kommen in diese Gegend, weil es hier einfach toll ist *fam;* ***that job just gave me bad ~*** diese Arbeit hat mich einfach fertig gemacht *fam* ② (*vibraphone*) Vibraphon *nt*

vibrancy ['vaɪbrən(t)si] *n no pl* (*liveliness*) Lebhaftigkeit *f;* (*power to change things*) Dynamik *f;* ***these colours have a rich ~*** diese Farben sind sehr lebhaft

vibrant ['vaɪbrənt] *adj* ① *person* lebhaft; (*dynamic*) dynamisch; **to be ~ with life** vor Leben nur so sprühen ② *atmosphere, place* lebendig; ***the hope is that this area will develop into a ~ commercial centre*** man hofft, dass sich dieses Gebiet zu einem pulsierenden Gewerbezentrum entwickeln wird; ***the atmosphere in the stadium was ~ with anticipation*** die Atmosphäre im Stadion war erwartungsvoll aufgeladen ③ ECON ~ **economy** boomende Wirtschaft ④ *colour* kräftig, leuchtend ⑤ *sound* sonor; ~ **performance** temperamentvolle Aufführung

vibraphone ['vaɪbrəfəʊn, AM -foʊn] *n* Vibraphon *nt*

vibrate [vaɪ'breɪt, AM 'vaɪbreɪt] **I.** *vi* ① (*pulsate*) vibrieren; *person* zittern; **to ~ with emotion** vor Erregung zittern; **to ~ with enthusiasm** (*fig*) vor Begeisterung sprühen ② *sound* nachklingen; ***the thunder ~d down the valley*** der Donner hallte durch das Tal **II.** *vt* ■**to ~ sth** etw vibrieren lassen; MUS etw zum Schwingen bringen

vibrate alert *n* Vibrationsalarm *m,* Vibrafunktion *f*

vibration [vaɪ'breɪʃᵊn] *n* Vibration *f; of earthquake* Erschütterung *f;* PHYS Schwingung *f;* ~ **of vocal chords** Schwingen *nt* der Stimmbänder

vibrato [vɪ'brɑ:təʊ, AM ṭoʊ] *n no pl* MUS Vibrato *nt fachspr*

vibrator [vaɪ'breɪtəʳ, AM 'vaɪbreɪṭɚ] *n* Vibrator *m*

vicar ['vɪkəʳ, AM -ɚ] *n* Pfarrer *m;* **local** ~ Gemeindepfarrer *m*

vicarage ['vɪkᵊrɪdʒ] *n* Pfarrhaus *nt* ► PHRASES: **this makes my problems look like a ~ tea-party** dagegen wirken meine Probleme ja wie ein Kaffeekränzchen *fam*

vicarious [vɪ'keəriəs, AM -'keri-] *adj* ① (*through another person*) nachempfunden; ~ **pleasure** indirekte Freude; ~ **satisfaction** Ersatzbefriedigung *f;* **to get a ~ thrill out of sth** sich *akk* an etw *dat* aufgeilen *sl* ② (*form: delegated*) stellvertretend; (*not direct*) indirekt, mittelbar; ~ **power** Stellvertreterbefugnis *f*

vicariously [vɪ'keəriəsli, AM -'keri-] *adv* indirekt, mittelbar; (*as substitute*) stellvertretend; **to experience sth ~** etw ersatzweise erleben

Vicar of Christ *n* Statthalter *m* Christi

vice[1] [vaɪs] *n* ① (*moral weakness*) Laster *nt,* Untugend *f;* ***my one real ~ is chocolate*** (*hum*) mein einziges echtes Laster ist Schokolade ② *no pl* (*immoral behaviour*) Lasterhaftigkeit *f* ③ LAW Sittlichkeitsdelikt *nt*

vice[2] [vaɪs], AM **vise** *n* (*tool*) Schraubstock *m*

vice- [ˌvaɪs] *in compounds* Vize-

vice-admiral *n* Vizeadmiral(in) *m(f)* **vice-captain** *n* SPORTS stellvertretender Mannschaftskapitän/stellvertretende Mannschaftskapitänin **vice-chairman** *n* stellvertretende(r) [*o* zweite(r)] Vorsitzende(r), Vizevorsitzende(r) **vice-chancellor** *n* (*senior official*) Vizekanzler(in) *m(f);* BRIT UNIV Rektor(in) *m(f)* **Vice Chancellor** *n* LAW Präsident(in) *m(f)* der Chancery Division des High Court **vice-like** *adj* fest; **to maintain ~ control over sb/sth** jdn/etw fest unter Kontrolle haben; **to hold sb/sth in** [*or* **with**] **a ~ grip** jdn/etw eisern im Griff haben *fam;* ~ **pain** bohrender Schmerz **vice-presidency** *n* Vize-Präsidentschaft *f* **Vice President** *n,* **vice-president** *n* Vizepräsident(in) *m(f)* **vice-regal** *adj* (*form*) des Vizeköniges *nach n* **vice ring** *n* Verbrecherring *m* **viceroy** ['vaɪsrɔɪ] *n* Vizekönig *m* **vice squad** *n* Sittendezernat *nt*

vice versa [ˌvaɪsi'vɜ:sə, AM -ə'vɜ:r-] *adv inv* umgekehrt

vichyssoise [ˌvi:ʃi:'swɑ:z] *n* FOOD Vichyssoise *f*

vicinity [vɪ'sɪnəti, AM və'sɪnəṭi] *n* (*nearness*) Nähe *f;* (*surrounding area*) Umgebung *f;* **immediate ~** unmittelbare Umgebung; ■**in the ~** [**of sth**] in der Nähe [einer S. *gen*]; (*fig*) ***they paid in the ~ of £3 million for their latest new player*** sie haben um die 3 Millionen Pfund für ihren jüngsten Neuzugang gezahlt

vicious ['vɪʃəs] *adj* ① (*malicious*) boshaft, gemein; ~ **attack** heimtückischer Überfall; ~ **crime/murder** grauenhaftes Verbrechen/grauenhafter Mord; ~ **dog** bissiger Hund; ~ **fighting** brutaler Kampf; ~ **gossip** gehässiges Gerede *pej* ② (*causing pain*) grausam; ***I had a ~ headache all day yesterday*** ich hatte gestern den ganzen Tag über brutale Kopfschmerzen *fam* ③ (*nasty*) gemein; ~ **look** böser Blick ④ (*fig: powerful*) schrecklich; ***we had a ~ bout of gastro-enteritis in the family*** meine ganze Familie lag mit einer fiesen Magen-Darm-Grippe danieder; ~ **wind** heftiger Wind

vicious circle *n,* **vicious cycle** *n* Teufelskreis *m;* **to be** [*or* **get**] **caught in a ~** in einen Teufelskreis geraten; **to be trapped in a ~** in einem Teufelskreis gefangen sein

viciously ['vɪʃəsli] *adv* ① (*cruelly*) brutal; (*maliciously*) gemein, bösartig ② (*extremely*) furchtbar *fam,* schrecklich *fam;* ***it was ~ cold outside*** draußen war es saukalt *fam*

viciousness ['vɪʃəsnəs] *n no pl* Brutalität *f; of a dog* Bissigkeit *f;* (*maliciousness*) Bösartigkeit *f;* (*nastiness*) Gemeinheit *f;* ***I was surprised at the ~ with which he spoke about his father*** ich war überrascht, wie gehässig er von seinem Vater sprach

vicissitude [vɪ'sɪsɪtju:d, AM -ətu:d, -tju:d] *n* (*form*) ■**~s** *pl of circumstances* Unbeständigkeit *f;* (*liter*) *of weather* Launen *fpl;* **the ~s of life** die Launen des Schicksals

victim ['vɪktɪm] *n* ① (*sb, sth harmed*) Opfer *nt;* ***he is the ~ of a cruel hoax*** ihm wurde übel mitgespielt; **to be the ~ of a crime** einem Verbrechen zum Opfer fallen; **to be the ~ of sb's envy** unter jds Neid *m* zu leiden haben; **to be the ~ of sb's sarcasm** die Zielscheibe von jds Sarkasmus *m* sein; **to fall ~ to sb/sth** jdm/etw zum Opfer fallen ② (*sufferer of illness*) ***Max fell ~ to the flu*** Max hat die Grippe erwischt *fam;* **cancer ~** Krebskranke(r) *f(m);* **to fall ~ to the plague** der Pest zum Opfer fallen ③ (*fig*) **to fall ~ to sb's charms** jds Charme *f* erliegen; **to be a ~ of fortune** dem Schicksal ausgeliefert sein

victimization [ˌvɪktɪmaɪ'zeɪʃᵊn, AM -təmɪ'-] *n no pl* ungerechte Behandlung; (*picking on sb*) Schikanierung *f;* (*discrimination*) Diskriminierung *f*

victimize ['vɪktɪmaɪz, AM -təm-] *vt* ■**to ~ sb** jdn ungerecht behandeln; (*pick at*) jdn schikanieren; **to be ~d by the law** rechtlich diskriminiert werden

victimless crime [ˌvɪktɪmləs'-, AM -təm-] *adj inv* Verbrechen *nt* ohne Opfer

victor ['vɪktəʳ, AM -ɚ] *n* ① (*person*) Sieger(in) *m(f)*, Gewinner(in) *m(f)*; **to emerge [as] the ~** als Sieger/Siegerin hervorgehen; **to be the ~ in sth** der Gewinner/die Gewinnerin einer S. *gen* sein, in etw *dat* siegen; **to be a ~ over sb** jdn besiegen ② (*code word*) Viktor (*Code für Buchstaben V, z. B. in der Buchstabiertafel beim Telefonieren*)

Victoria Day *n* CAN *ursprünglich der Geburtstag der Königin Victoria, jetzt ein beweglicher Feiertag im Monat Mai*

Victorian [vɪk'tɔːriən] **I.** *adj* ① (*era*) viktorianisch; **the ~ stage** das viktorianische Theater ② (*fig, pej: prudish*) prüde ③ AUS (*of or from Victoria*) aus Viktoria *nach n* **II.** *n* Viktorianer(in) *m(f)*; (*fig, pej*) prüder Mensch

Victoriana [ˌvɪk'tɔːriɑːnə, AM vɪk'tɔːriænə] *n no pl* viktorianische Antiquitäten *fpl*

victorious [vɪk'tɔːriəs] *adj* siegreich; **~ team** Siegermannschaft *f*; **to emerge ~** als Sieger/Siegerin hervorgehen

victoriously [vɪk'tɔːriəsli] *adv* triumphierend, siegreich

victory ['vɪktəri] *n* Sieg *m*; ***this result is a ~ for democracy*** dieses Ergebnis ist ein Sieg für die Demokratie; **Pyrrhic ~** (*fig*) Pyrrhussieg *m geh*; **to achieve [*or* gain] a ~ [against sb]** [über jdn] einen Sieg davontragen; **to claim ~** den Sieg für sich *akk* in Anspruch nehmen; **to clinch a ~ [over sb]** [über jdn] einen Sieg erringen; **to lead sb to ~** jdn zum Sieg führen; **to score a ~** einen Sieg verbuchen; **to secure ~** sich *dat* den Sieg sichern; **to win a ~ [in sth]** [bei etw *dat*] einen Sieg erringen

victory parade *n* Triumphzug *m*; (*of army*) Siegerparade *f*

victual ['vɪtəl, AM 'vɪt̬-] **I.** *n* ■**~s** *pl* (*dated or hum*) Lebensmittel *ntpl*; (*for a trip*) Proviant *m kein pl* **II.** *vt* <BRIT -ll- *or* AM *usu* -l-> **to ~ an expedition/a ship/troops** eine Expedition/ein Schiff/Truppen mit Lebensmitteln versorgen **III.** *vi* <BRIT -ll- *or* AM *usu* -l-> sich *akk* verpflegen

victualler ['vɪtələʳ, AM 'vɪt̬ələ] *n* **licensed ~** *Gastwirt, der eine Lizenz für den Verkauf von Alkohol hat*

vide ['vaɪdiː] *vt impers* (*form*) siehe

videlicet [vɪ'diːlɪset, AM -'deləsɪt] *adv* (*form*) nämlich; *see also* **viz**

video ['vɪdiəʊ, AM -dioʊ] **I.** *n* ① *no pl* (*recording*) Video *nt*; **to come out on ~** auf Video erscheinen; **to record a ~** ein Video aufnehmen ② (*tape*) Videokassette *f*; **blank ~** leere Videokassette ③ (*recorded material*) Videoaufnahme *f* ④ (*of pop group*) Video *nt*, Videoclip *m* ⑤ BRIT (*recorder*) Video *m fam*, Videorekorder *m* **II.** *vt* ■**to ~ sb/sth** jdn/etw auf Video aufnehmen

video arcade *n* Videospielhalle *f* **video camera** *n* Videokamera *f* **video card** *n* COMPUT Videokarte *f* **video cassette** *n* Videokassette *f* **video cassette recorder** *n* Videorekorder *m*, Video *m fam* **video conference** *n* Videokonferenz *f* **video conferencing** *n no pl* Videokonferenzschaltung *f*; (*system*) Videokonferenztechnik *f* **video disc** *n* Bildplatte *f* **video disc player** *n*, **video disc system** *n* Bildplattenspieler *m* **videodisk** *n* COMPUT Videospeicherplatte *f* **video film** *n* Videofilm *m*, Video *nt fam* **video game** *n* Videospiel *nt* **video graphics** *npl* COMPUT Videografik *f* **video monitor** *n* AM, AUS Videomonitor *m* **video nasty** *n* BRIT (*horror film*) Horrorvideo *nt*; (*porno film*) Pornovideo *nt* **video-on-demand** *n no pl* Video-on-Demand *nt* (*System, bei dem der Zuschauer per PC o.Ä. Videos aus seinem eigenen Fundus auswählt*) **videophone** *n* Bild[schirm]telefon *nt* **video piracy** *n no pl* Videokopierdiebstahl *m* **VideoPlus®** *n no pl Videoprogrammsystem* **video recorder** *n* Videorekorder *m*, Video *m fam* **video recording** *n* Videoaufnahme *f* **video shop** *n* AUS, BRIT Videothek *f* **video signal** *n* Bildsignal *nt*, Videosignal *nt*, BAS-Signal *nt* **video store** *n* AM (*video shop*) Videothek *f* **videotape** **I.** *n* ① (*cassette*) Videokassette *f*, Video *nt fam* ② *no pl* (*tape*) Videoband *nt* ③ (*recorded material*) Videoaufnahme *f* **II.** *vt* ■**to ~ sb/sth** jdn/etw auf Video aufnehmen **videotex, videotext** *n* Videotext *m*, Bildschirmtext *m* **video transmission** *n* Videoübertragung *f*

vie <-y-> [vaɪ] *vi* wetteifern; (*in commerce, business*) konkurrieren; ■**to ~ [with sb] for sth** [mit jdm] um etw *akk* wetteifern

Vienna [vi'enə] *n* Wien *nt*

Viennese [ˌviə'niːz, AM ˌviːə'-] **I.** *n* <*pl* -> Wiener(in) *m(f)* **II.** *adj* Wiener-, wienerisch; ***have you got any ~ friends I could stay with?*** hast du irgendwelche Freunde in Wien, bei denen ich wohnen könnte?

Vietcong <*pl* -> [ˌvjet'kɒŋ, AM ˌviːet'kɑːŋ] *n* Vietkong *m*

Vietnam [ˌvjet'næm, AM ˌviːet'nɑːm] *n* Vietnam *nt*

Vietnamese [ˌvjetnə'miːz, AM viˌet-] **I.** *adj* vietnamesisch **II.** *n* ① (*language*) Vietnamesisch *nt* ② (*person*) Vietnamese, -in *m, f*

view [vjuː] **I.** *n* ① *no pl* (*sight*) Sicht *f*; ***in full ~ of all the spectators*** vor den Augen aller Zuschauer; **to block [*or* obstruct] sb's ~** jds Sicht *f* behindern; **to come into ~** in Sicht kommen, sichtbar werden; **to disappear from [*or* out of] ~** [in der Ferne] verschwinden; **to hide [*or* shield] from ~** sich *akk* dem Blick entziehen; ***the house is hidden from ~ behind a high hedge*** das Haus liegt den Blicken entzogen hinter einer hohen Hecke; **to keep sb/sth in ~** jdn/etw im Auge behalten ② (*panorama*) [Aus]blick *m*, Aussicht *f*; ***we have a clear ~ of the sea*** wir haben freien Blick aufs Meer; ***the ~ from our living room over the valley is breathtaking*** der [Aus]blick von unserem Wohnzimmer über das Tal ist atemberaubend; ***he paints rural ~s*** er malt ländliche Motive; ***he lifted his daughter up so that she could get a better ~*** er hob seine Tochter hoch, so dass sie besser sehen konnte; **to have a bird's-eye ~ of sth** etw aus der Vogelperspektive sehen; **panoramic ~** Panoramablick *m*; **to afford a ~** einen Blick [*o* eine Aussicht] bieten ③ (*opportunity to observe*) Besichtigung *f* ④ *no pl* (*for observation*) **to be on ~** *works of art* ausgestellt werden; **to be on ~ to the public** der Öffentlichkeit zugänglich sein ⑤ (*opinion*) Ansicht *f*, Meinung *f* (**about/on** über +*akk*); ***what are your ~s on this issue?*** was meinen Sie zu dieser Frage?; ***it's my ~ that the price is much too high*** meiner Meinung nach ist der Preis viel zu hoch; **exchange of ~s** Meinungsaustausch *m*; **point of ~** Gesichtspunkt *m*, Standpunkt *m*; **from my point of ~ …** meiner Meinung nach …; **world ~** Weltanschauung *f*; **conflicting ~s** widersprüchliche Meinungen; **jaundiced/prevailing ~** zynische/vorherrschende Meinung; **there is a prevailing ~ that …** es herrscht die Ansicht, dass …; **to air one's ~s** seine Ansichten darlegen; **to echo [*or* endorse] a ~** sich *akk* einer Meinung anschließen; **to express a ~** eine Meinung ausdrücken [*o* zum Ausdruck bringen]; **to have [*or* take] a ~** eine Meinung vertreten; **to have an optimistic ~ of life** eine optimistische Lebenseinstellung haben; **to take a dim [*or* poor] ~ of sth** nicht viel von etw *dat* halten; **to have [*or* hold] [*or* take] the ~ that …** der Meinung sein, dass …; **to have [*or* hold] ~s about [*or* on] sb/sth** Ansichten über jdn/etw haben; **to hold strong ~s about sth** über etw *akk* strenge Ansichten haben; **to make a ~ known** eine Ansicht mitteilen; **to share a ~** gleicher Meinung sein, eine Ansicht teilen; ***this ~ is not widely shared*** diese Ansicht wird nicht von vielen geteilt; ■**in sb's ~** jds Ansicht *f* nach ⑥ (*fig: perspective*) Ansicht *f*; ***from the money point of ~, the plan is very attractive but from the work point of ~, it's a disaster*** vom Finanziellen her gesehen ist der Plan sehr verlockend, aber von der Arbeit her ist er eine Katastrophe; ***we take a very serious ~ of the situation*** wir nehmen die Situation sehr ernst; **to take a long-/short-term ~** eine langfristige/vorläufige Perspektive einnehmen; **to take an overall ~ of sth** etw von allen Seiten betrachten; ■**in ~ of sth** angesichts [*o* in Anbetracht] einer S. *gen*; ■**with a ~ to doing sth** mit der Absicht, etw zu tun ⑦ (*idea*) Vorstellung *f*; ***have you anything in ~ for when you leave college?*** hast du [schon] irgendeine Idee, was du machen willst, wenn du vom College abgehst? **II.** *vt* ① (*watch*) ■**to ~ sth [from sth]** etw [von etw *dat* aus] betrachten; (*as a spectator*) etw *dat* [von etw *dat* aus] zusehen [*o bes* SÜDD, ÖSTERR, SCHWEIZ zuschauen] ② (*fig: consider*) ■**to ~ sb/sth [as sb/sth]** jdn/etw [als jdn/etw] betrachten; ***we ~ the situation with concern*** wir betrachten die Lage mit Besorgnis; **to ~ sth from a different angle** etw aus einem anderen Blickwinkel betrachten ③ (*inspect*) ■**to ~ sth** sich *dat* etw ansehen; **to ~ a flat/a house** eine Wohnung/ein Haus besichtigen

viewdata *n no pl* Bildschirmtext *m*

viewer ['vjuːəʳ, AM -ɚ] *n* ① (*person*) [Fernseh]zuschauer(in) *m(f)* ② (*for film*) Filmbetrachter *m*; (*for slides*) Diabetrachter *m* ③ COMPUT Leuchtkasten *m*, Gucki *m*

viewfinder *n* PHOT [Bild]sucher *m*

viewing ['vjuːɪŋ] *n no pl* ① (*inspection*) Besichtigung *f* ② FILM Anschauen *nt*; TV Fernsehen *nt*; ***the movie was too violent for general ~*** der Film war zu gewalttätig, als dass man ihn hätte öffentlich zeigen können

viewing figures *npl* TV Einschaltquoten *fpl*

viewpoint *n* ① (*fig: opinion*) Standpunkt *m*; (*aspect*) Gesichtspunkt *m* ② (*place*) Aussichtspunkt *m*

vigil ['vɪdʒɪl, AM -əl] *n* [Nacht]wache *f*; **to hold [*or* maintain] [*or* keep] [*or* stage] a ~** Wache halten; ***they held an all-night candlelit prayer ~ outside the cathedral*** sie hielten die ganze Nacht Mahnwache vor der Kathedrale

vigilance ['vɪdʒɪlən(t)s, AM -əl-] *n no pl* Wachsamkeit *f*; **to escape sb's ~** jds wachsamen Auge *nt* entgehen

vigilant ['vɪdʒɪlənt] *adj* wachsam, [sehr] aufmerksam; ***the children managed to escape the ~ eye of their mother*** den Kindern gelang es, dem wachsamen Auge ihrer Mutter zu entkommen; ***teachers have been told to be more ~ in spotting signs of drug abuse among their students*** die Lehrer wurden angehalten, aufmerksamer auf Anzeichen von Drogenmissbrauch bei den Schülern zu achten; **to be ~ about [*or* for] sth** auf etw *akk* achten

vigilante [ˌvɪdʒɪ'lænti, AM -t̬i] **I.** *n* ① (*unofficial police*) *Mitglied einer Bürgerwehr*; ■**the ~s** *pl* die Bürgerwehr ② (*fig: observer*) *Person, die sicherstellt, dass etwas akzeptabel ist* **II.** *n modifier* (*force, patrol, squad*) Bürgerwehr-; **~ group** Bürgerwehr *f*

vigilantly ['vɪdʒɪləntli] *adv* wachsam, [sehr] aufmerksam; **to guard sb/sth ~** jdn/etw streng bewachen

vignette [vɪ'njet] *n* Vignette *f*

vigor *n no pl* AM, AUS *see* **vigour**

vigorous ['vɪgərəs, AM -gɚ-] *adj* ① (*energetic*) energisch; ***we went for a ~ walk*** wir machten einen strammen Spaziergang; **~ denial/protest** energisches Leugnen/energischer Protest; **to make a ~ speech** eine feurige Rede halten ② SPORTS **~ exercises** intensive Übungen ③ (*flourishing*) kräftig; **~ growth** kräftiges Wachstum; **~ health** robuste Gesundheit

vigorously ['vɪgərəsli, AM -gɚ-] *adv* (*energetically*) energisch; (*vehemently*) heftig; **to deny/oppose sth ~** etw entschieden leugnen/ablehnen; **to exercise ~** eifrig trainieren

vigour ['vɪgəʳ, AM -gɚ] *n no pl* ① (*liveliness*) Energie *f*, [Tat]kraft *f*; (*vitality*) Vitalität *f*; ***we were impressed by the ~ of the orchestra's playing*** wir waren vom dynamischen Spiel des Orchesters beeindruckt; **to do sth with ~** etw mit vollem Eifer tun; ***they set about their work with youthful ~ and enthusiasm*** sie machten sich mit jugendlichem Schwung und Begeisterung an die Arbeit; ***they expressed their opinions with great ~*** sie brachten ihre Ansichten mit großer Leidenschaftlichkeit zum Ausdruck ② (*forcefulness*) Ausdruckskraft *f*

Viking ['vaɪkɪŋ] **I.** *n* Wikinger(in) *m(f)* **II.** *adj* Wikinger-, wikingisch

vile [vaɪl] *adj* ① (*disgusting*) gemein, niederträchtig

② (*fam: unpleasant*) abscheulich; ~ **language** unflätige Sprache; ~ **mood** üble [*o fam* miese] Stimmung; ~ **weather** scheußliches Wetter; **to smell** ~ stinken

vilely ['vaɪlli] *adv* in verwerflicher Weise *geh;* **to act** ~ abscheulich handeln

vileness ['vaɪlnəs] *n no pl* Abscheulichkeit *f; of thoughts* Gemeinheit *f,* Niederträchtigkeit *f*

vilification [ˌvɪlɪfɪ'keɪʃən, AM -lə-] *n no pl* (*form*) Verunglimpfung *f,* Diffamierung *f geh;* ~ **campaign** Verleumdungskampagne *f*

vilify <-ie-> ['vɪlɪfaɪ, AM -lə-] *vt* ■**to** ~ **sb/sth** jdn/etw verleumden [*o geh* diffamieren]; ***he was vilified as a traitor*** er wurde als Verräter diffamiert

villa ['vɪlə] *n* ① (*rural residence*) Landhaus *nt;* (*grand one*) Villa *f* ② BRIT (*holiday home*) Ferienhaus *nt* ③ BRIT (*Victorian, Edwardian house*) Einfamilienhaus *nt;* (*semi*) Doppelhaushälfte *f* ④ HIST (*Roman house*) *zu Zeiten der Römer großes Haus mit Grundstück*

village ['vɪlɪdʒ] **I.** *n* ① (*settlement*) Dorf *nt;* **fishing** ~ Fischerdorf *nt* ② + *sing/pl vb* (*populace*) Dorfbevölkerung *f* **II.** *n modifier* (*hall, life, pub, school, shop*) Dorf-

village community *n* Dorfgemeinschaft *f* **village green** *n* Dorfwiese *f* **village idiot** *n* (*dated*) Dorftrottel *m pej fam* **village inn** *n* Dorfgasthaus *nt,* Dorfgasthof *m*

villager ['vɪlɪdʒəʳ, AM -ədʒɚ] *n* Dorfbewohner(in) *m(f),* Dörfler(in) *m(f)*

villain ['vɪlən] *n* ① (*lawbreaker*) Verbrecher(in) *m(f);* **small-time** ~ kleiner Fisch *fig, hum fam* ② (*capable of bad behaviour*) Schurke *m;* (*in novel, film*) Bösewicht *m;* **to be** ~ **of the piece** (*fig*) der Übeltäter/die Übeltäterin sein ③ BRIT LAW (*fam: criminal*) Ganove *m*

villainous ['vɪlənəs] *adj* schurkisch; (*mean*) gemein; ~ **deed** niederträchtige Tat

villainy ['vɪləni] *n no pl* Schurkerei *f;* (*meanness*) Gemeinheit *f;* LAW (*illegal act*) Niederträchtigkeit *f,* verbrecherische Handlung; **an act of** ~ eine Niederträchtigkeit *geh*

villanelle [ˌvɪlə'nel] *n* LIT Villanelle *f*

villein ['vɪleɪn, lɪn, AM lən] *n* BRIT (*hist*) Leibeigener *m,* Zinsbauer *m,* Hintersasse *m*

vim [vɪm] *n no pl* (*dated fam*) Schwung *m,* Elan *m;* **with** ~ schwungvoll

vinaigrette [ˌvɪnɪ'gret, AM -ə'-] *n,* **vinaigrette dressing** *n no pl* Vinaigrette *f*

vindaloo [ˌvɪndə'lu:] *n no pl* FOOD *sehr scharfes indisches Currygericht*

vindicate ['vɪndɪkeɪt, AM -də-] *vt* ① (*justify*) ■**to** ~ **sth** etw rechtfertigen; ■**to** ~ **sb** jdn verteidigen ② (*support*) **to** ~ **a theory** eine Theorie bestätigen ③ (*clear of blame, suspicion*) ■**to** ~ **sb** jdn rehabilitieren; **to** ~ **sb's reputation** jds Ruf *m* retten

vindication [ˌvɪndɪ'keɪʃən, AM -də'-] *n no pl* ① (*justification*) Rechtfertigung *f;* **in** ~ **of sth** zur Rechtfertigung einer S. *gen* ② (*act of clearing blame*) Rehabilitierung *f*

vindictive [vɪn'dɪktɪv] *adj* nachtragend; (*longing for revenge*) rachsüchtig; **to make sb** ~ Rachegefühle bei jdm wecken

vindictively [vɪn'dɪktɪvli] *adv* nachtragend; (*spitefully*) rachsüchtig

vindictiveness [vɪn'dɪktɪvnəs] *n no pl* Rachsucht *f;* **to feel** ~ **towards sb** Rachegefühle gegenüber jdm hegen

vine [vaɪn] *n* ① (*grape plant*) Weinrebe *f* ② (*climbing plant*) Rankengewächs *nt*

vinegar ['vɪnɪgəʳ, AM -əgɚ] *n no pl* ① FOOD Essig *m;* ***the expression on his face was as sour as*** ~ er setze eine saure Miene auf ② (*fig: of behaviour*) Säuerlichkeit *f*

vinegary ['vɪnɪgəri, AM -əgəi] *adj* ① (*of taste*) sauer ② (*full of vinegar*) Essig-; ■**to be** ~ viel Essig enthalten ③ (*fig: of attitude*) säuerlich; (*critical, unkind*) scharf

vineyard ['vɪnjəd, AM -jəd] *n* ① (*where vines grow*) Weinberg *m* ② (*area*) Weinanbaugebiet *nt* ▸ PHRASES: labourers [*or* toilers] **in the** ~ *Kämpfer/Kämpferinnen in/auf einem bestimmten Arbeitsgebiet*

vino ['vi:nəʊ, AM -noʊ] *n no pl* (*fam*) Vino *m fam*

vintage ['vɪntɪdʒ, AM -t̬-] **I.** *n* ① (*wine*) Jahrgangswein *m;* ***the 1983*** ~ ***was particularly good*** der Jahrgang 1983 war besonders gut ② (*wine year*) Jahrgang *m;* (*fig*) ***he is undoubtedly England's best captain of recent*** ~ er ist zweifellos der beste Kapitän, den England in der letzten Zeit hervorgebracht hat **II.** *adj* ① *inv* FOOD Jahrgangs-; ***is this wine*** ~ ***or not?*** ist dies ein Jahrgangswein? ② *inv* (*of classic quality*) erlesen; ***this film is*** ~ ***Disney*** dieser Film ist ein Disneyklassiker; **the** ~ **years of sth** die Glanzjahre einer S. *gen* ③ BRIT, AUS AUTO Oldtimer-; ~ **car** Oldtimer *m*

vintner ['vɪntnəʳ, AM -ɚ] *n* Weinhändler(in) *m(f)*

vinyl ['vaɪnəl] **I.** *n* ① *no pl* (*material, record*) Vinyl *nt* ② (*type of plastic*) Vinoplast *m,* Vinylkunststoff *m* **II.** *n modifier* ① (*flooring, raincoat, record, tablecloth, upholstery*) Vinyl- ② CHEM (*acetate, chloride*) Vinyl-, Äthenyl-

viol ['vaɪəl] *n* Viole *f;* **bass** ~ [*or* ~ **da Gamba**] Viola da Gamba *f,* Gambe *f*

viola¹ [vi'əʊlə, AM vaɪ'oʊ-] **I.** *n* MUS Viola *f,* Bratsche *f;* ~ **da braccio** Viola da Braccio *f;* ~ **da Gamba** Viola da Gamba *f,* Gambe *f* **II.** *n modifier* (*concerto, lessons, music*) Viola-

viola² ['vaɪələ, AM 'vi:ə-] *n* BOT Viola *f,* Veilchen *nt*

viola da gamba [viˌəʊlədə'gæmbə, AM ˌoʊlədə'gɑ:mbə] *n,* **viol da gamba** ['vaɪəldəgæmbə, AM gɑ:mbə] *n* Viola da Gamba *f,* Gambe *f*

violate ['vaɪəleɪt] *vt* ① (*not comply with*) **to** ~ **a ceasefire agreement** ein Waffenstillstandsabkommen brechen; **to** ~ **a law/rule** gegen ein Gesetz/eine Regel verstoßen; **to** ~ **a regulation** eine Vorschrift verletzen ② (*enter, cross illegally*) ■**to** ~ **sth** in etw *akk* eindringen ③ (*not respect*) **to** ~ **sb's privacy/rights** jds Privatsphäre *f*/Rechte *ntpl* verletzen; **to** ~ **a tomb** ein Grab schänden ④ (*form: rape*) ■**to** ~ **sb** jdn vergewaltigen

violation [ˌvaɪə'leɪʃən] *n* ① *of rules, the law* Verletzung *f,* Verstoß *m;* ***it was clear that they had not acted in*** ~ ***of the rules*** es war klar, dass sie nicht gegen die Regeln verstoßen hatten; ~ **of the law** Rechtsbruch *m;* **human rights** ~ Menschenrechtsverletzung *f;* **traffic** ~ Verkehrsdelikt *nt* ② (*rape*) Vergewaltigung *f* ③ *of holy places* Entweihung *f*

violator ['vaɪəleɪtəʳ, AM -t̬ɚ] *n of a treaty* Vertragsbrüchige(r) *f(m); of holy places* Schänder(in) *m(f);* (*rapist*) Schänder *m;* ~***s of the curfew will be shot*** wer sich nicht an die Ausgangssperre hält, wird erschossen; ~ **of the law** Gesetzesübertreter(in) *m(f)*

violence ['vaɪələn(t)s] *n no pl* ① (*behaviour*) Gewalt *f,* Gewalttätigkeit *f* (**against** gegen +*akk*); ~ ***erupted in the crowd during the second half of the match*** während der zweiten Hälfte des Spieles kam es zu Gewalttätigkeiten; **act of** ~ Gewalttat *f;* **robbery with** ~ bewaffneter Raubüberfall; **domestic** ~ Gewalt *f* in der Familie; **to use** ~ **against sb** Gewalt gegen jdn anwenden ② (*force*) Heftigkeit *f;* ***we were all surprised at the*** ~ ***of his anger*** wir waren alle vom Ungestüm seines Zorns überrascht; ~ **of a storm** Heftigkeit *f* eines Sturms ③ (*fig*) **to do** ~ **to sth** etw *dat* Gewalt antun

violent ['vaɪələnt] *adj* ① (*brutal*) gewalttätig; *person also* brutal; ~ **crime** Gewaltverbrechen *nt;* ~ **death** gewaltsamer Tod; **to meet a** ~ **end** eines gewaltsamen Todes sterben; ~ **incident** Fall *m* von Gewalt[anwendung]; ~ **scene** Gewaltszene *f* ② (*powerful*) *attack, blow, protest* heftig; (*fig, pej*) *colour* grell, schrill; ~ **affair** leidenschaftliche Affäre; ~ **argument** heftige Auseinandersetzung; ~ **contrast** krasser Gegensatz; ~ **pain** heftiger Schmerz; **to have a** ~ **temper** jähzornig sein

violently ['vaɪələntli] *adv* ① (*physically abusive*) brutal; **to die** ~ eines gewaltsamen Todes sterben ② (*very much*) heftig; ***I was*** ~ ***sick last night*** ich musste mich letzte Nacht heftig übergeben; **to be** ~ **angry** vor Wut rasen; ~ **jealous** äußerst eifersüchtig; **to dislike sb** ~ jdn absolut widerlich finden; **to push** ~ kräftig drücken; **to tremble** ~ heftig zittern

violet ['vaɪələt, AM -lɪt] **I.** *n* ① (*colour*) Violett *nt* ② BIOL Veilchen *nt* ▸ PHRASES: **to be a** shrinking ~ ein scheues Reh sein *fig* **II.** *adj* violett

violin [ˌvaɪə'lɪn] **I.** *n* Violine *f,* Geige *f* **II.** *n modifier* Geigen-; (*concerto, sonata*) Violin-

violin case *n* Geigenkasten *m*

violinist [vaɪə'lɪnɪst] *n* Violinist(in) *m(f),* Geiger(in) *m(f)*

violin maker *n* Geigenbauer(in) *m(f)* **violin player** *n* Geiger(in) *m(f)*

violist [vi'əʊlɪst, AM -oʊ-] *n* Bratschist(in) *m(f)*

violoncellist [ˌvaɪələn'tʃelɪst, AM ˌvi:əlɑ:n'-, ˌvaɪə-] *n* Violoncellist(in) *m(f)*

violoncello [ˌvaɪələn'tʃeləʊ, AM ˌvi:əlɑ:n'tʃeloʊ, ˌvaɪə-] *n* (*form*) Violoncello *nt*

V.I.P., VIP [ˌvi:aɪ'pi:] **I.** *n abbrev of* **very important person** VIP *m,* Promi *m fam* **II.** *adj attr abbrev of* **very important person** *area, tent* VIP-; **to be given** ~ **treatment** besonders zuvorkommend behandelt werden; ***we were given the full*** ~ ***treatment*** für uns wurde extra der rote Teppich ausgerollt *hum*

viper ['vaɪpəʳ, AM -ɚ] *n* ① ZOOL Viper *f* ② (*fig, pej liter: person*) Natter *f pej;* (*esp a woman*) Schlange *f;* **nest of** ~**s** Natternnest *nt,* Schlangengrube *f geh*

viperish ['vaɪpərɪʃ, AM -ɚɪʃ] *adj* (*fig*) giftig; ~ **attack** niederträchtiger Angriff

VIP lounge *n* VIP-Lounge *f*

virago <*pl* -s *or* -es> [vɪ'rɑ:gəʊ, AM və'rɑ:goʊ] *n* ① (*pej: shrew*) Xanthippe *f pej,* zänkische Frau ② (*dated: warrior*) Amazone *f*

viral ['vaɪ(ə)rəl] *adj inv* Virus-, viral *fachspr;* ~ **disease** Viruserkrankung *f;* **anti**~ **drug** antivirales Medikament *fachspr;* ~ **infection** Virusinfektion *f*

Virgil ['vɜ:dʒɪl, AM 'vɜ:rdʒəl] *n no pl* LIT Virgil *m*

virgin ['vɜ:dʒɪn, AM 'vɜ:r-] **I.** *n* ① (*sexually inexperienced person*) Jungfrau *f;* ■**the V**~ [**Mary**] REL die Jungfrau [Maria]; ■**to be a** ~ Jungfrau sein, unschuldig sein *fam* ② (*inexperienced person*) unbeschriebenes Blatt *fam* **II.** *adj inv, attr* ① (*chaste*) jungfräulich, unberührt ② (*fig: unexplored*) jungfräulich, unerforscht; ~ **territory** Neuland *nt* ③ (*liter: untouched*) jungfräulich, unberührt, rein; *forest* unberührt; ~ **sheet of paper** unbeschriebenes Blatt ④ (*untreated products*) ~ **olive oil** kalt gepresstes Olivenöl ⑤ COMPUT *tape, disk* unbespielt

virginal ['vɜ:dʒɪnəl, AM 'vɜ:r-] **I.** *adj* jungfräulich **II.** *n* MUS ■**the** ~**s** *pl* das Tafelklavier

virgin birth *n* ■**the** ~ die jungfräuliche Geburt; BIOL Jungfernzeugung *f*

Virginia [və'dʒɪnjə, AM vɚ'-] **I.** *n* ① (*state*) Virginia *nt* ② (*tobacco*) Virginia *m* **II.** *n modifier* ~ **creeper** Wilder Wein; ~ **tobacco** Virginiatabak *m*

Virginian [və'dʒɪnjən, AM vɚ'-] **I.** *n* Einwohner(in) *m(f)* von Virginia **II.** *adj* aus Virginia *nach n*

Virgin Isles *npl* ■**the** ~ die Jungferninseln *pl*

virginity [və'dʒɪnəti, AM vɚ'dʒɪnət̬i] *n no pl* Jungfräulichkeit *f;* **to lose one's** ~ [**to sb**] seine Unschuld [an jdn] verlieren, [von jdm] entjungfert werden

Virgo ['vɜ:gəʊ, AM 'vɜ:rgoʊ] *n* ASTROL *no art* Jungfrau *f; see also* **Aries**

Virgoan ['vɜ:gəʊən, AM 'vɜ:rgoʊ-] *inv* ASTROL **I.** *adj* ~ **trait** Charakterzug *m* der Jungfrau **II.** *n* Jungfrau *f*

viridescent [ˌvɪrɪ'desənt, AM -ə'-] *adj* grünlich

virile ['vɪraɪl, AM -əl] *adj* (*approv*) ① (*full of sexual energy*) potent; (*masculine*) männlich ② (*energetic*) *voice* kraftvoll

virility [vɪ'rɪləti, AM və'rɪlət̬i] *n no pl* (*approv*) ① (*sexual vigour*) Potenz *f;* (*masculinity*) Männlichkeit *f* ② (*vigour*) Kraft *f;* **economic** ~ (*fig*) wirtschaftliche Stärke

virology [vaɪə'rɒlədʒi, AM vaɪ'rɑ:lə-] *n no pl* Virologie *f*

virtual ['vɜ:tʃuəl, AM 'vɜ:r-] *adj inv* ① (*almost certain*) so gut wie, quasi; ***years of incompetent government had brought about the*** ~ ***collapse of the economy*** Jahre inkompetenter Regierungsführung hatten dazu geführt, dass die Wirtschaft so gut wie zusammenbrach; ***now that the talks have broken down, war in the region looks like a*** ~ ***certainty*** jetzt, wo die Gespräche gescheitert sind, scheint der Krieg in der Region praktisch sicher zu sein; ***nowadays, television has a ~ monopoly over cultural life*** heutzutage hat das Fernsehen quasi ein Monopol über das kulturelle Leben; ***snow brought the whole of Guernsey to a ~ standstill yesterday*** der Schnee brachte gestern ganz Guernsey praktisch zum Stillstand; **to be a ~ unknown** praktisch unbekannt sein ❷ COMPUT, PHYS virtuell

virtuality [ˌvɜːtʃuˈæləti, AM ˌvɜːrtʃuˈæləṭi] *n no pl* Virtualität *f*

virtually [ˈvɜːtʃuəli, AM ˈvɜːr-] *adv inv* ❶ (*almost*) praktisch, eigentlich, so gut wie ❷ COMPUT virtuell

virtual reality *n no pl* virtuelle Realität, Virtual Reality *f*

virtue [ˈvɜːtjuː, -tʃuː, AM ˈvɜːrtʃuː] *n* ❶ (*good quality*) Tugend *f* ❷ *no pl* (*morality*) Tugendhaftigkeit *f*; **to be a paragon of ~** (*also iron*) ein Muster an Tugendhaftigkeit sein *a. iron*; **woman of easy ~** (*euph*) leichtes Mädchen ❸ (*advantage*) Vorteil *m*; **to extol the ~s of sth** die Vorteile einer S. *gen* preisen *geh* ❹ *no pl* (*benefit*) Nutzen *m*; ***would there be any ~ in taking an earlier train?*** hätte es irgendeinen Nutzen, wenn ich einen früheren Zug nehmen würde? ❺ (*hist: chastity*) Keuschheit *f* ❻ (*form: because of*) ■**by ~ of sth** wegen [*o* aufgrund] einer S. *gen* ► PHRASES: **to make a ~ [out] of necessity** aus der Not eine Tugend machen; **patience is a ~** (*saying*) Geduld ist eine Tugend

virtuosity [ˌvɜːtjuˈɒsəti, -tʃuː-, AM ˌvɜːrtʃuˈɑːsəṭi] *n no pl* (*form*) Virtuosität *f*

virtuoso [ˌvɜːtjuˈəʊsəʊ, -tʃu-, AM ˌvɜːrtʃuˈoʊsoʊ, *pl* -si] **I.** *n* <*pl* -s *or* -si> Virtuose, -in *m, f*; **to be a ~ on the piano** ein Virtuose/eine Virtuosin am Klavier sein; **~ of politics** (*fig*) politisches Genie **II.** *adj* virtuos; **~ pianist** begnadeter Pianist/begnadete Pianistin

virtuous [ˈvɜːtʃuəs, -tju-, AM ˈvɜːr-] *adj* ❶ (*morally good*) tugendhaft; (*upright*) rechtschaffen ❷ (*pej: morally better*) moralisch überlegen; (*self-satisfied*) selbstgerecht

virtuously [ˈvɜːtʃuəsli, AM ˈvɜːr] *adv* tugendhaft, rechtschaffen

virulence [ˈvɪrʊlən(t)s, AM -jəl-] *n no pl* ❶ MED Virulenz *f fachspr*, Bösartigkeit *f* ❷ (*form: bitterness*) Schärfe *f*; (*maliciousness*) Bösartigkeit *f*

virulent [ˈvɪrʊlənt, AM -jəl-] *adj* ❶ MED bösartig, virulent *fachspr*; **~ poison** starkes Gift ❷ (*form: fierce*) bösartig; ***she is very ~ about her former employer*** sie ist sehr feindselig gegenüber ihrem früheren Arbeitgeber; **~ critic** scharfer Kritiker/scharfe Kritikerin

virulently [ˈvɪrʊləntli, AM ˈvɪrjə] *adv* virulent, giftig *a. fig*, bösartig *a. fig*

virus [ˈvaɪ(ə)rəs, AM ˈvaɪr-] **I.** *n* <*pl* -es> ❶ MED Virus *nt o fam m*; **to have caught a ~** sich *dat* einen Virus [*o fam* was] eingefangen haben ❷ COMPUT Virus *m* ❸ (*fig, pej*) Geschwür *nt* **II.** *n modifier* **~ disease** Viruserkrankung *f*; **~ infection** Virusinfektion *f*

visa [ˈviːzə] **I.** *n* Visum *nt*, Sichtvermerk *m*; **entry/exit ~** Einreise-/Ausreisevisum *nt* **II.** *n modifier* (*application*) Visum-

visage [ˈvɪzɪdʒ] *n usu sing* (*fig poet, liter*) ❶ (*sb's face*) Antlitz *nt poet* ❷ (*fig: surface of an object*) Antlitz *nt fig lit*, Angesicht *nt fig*

vis-à-vis [ˌviːzɑːˈviː, AM -əˈ-] *prep* ❶ (*concerning*) bezüglich +*gen*, wegen +*gen* ❷ (*in comparison with*) gegenüber +*dat*

viscera [ˈvɪsərə] *npl* ANAT Viszera *pl fachspr*, Eingeweide *ntpl*

visceral [ˈvɪsərəl] *adj* ❶ *inv* ANAT viszeral *fachspr* ❷ (*liter: not objective*) emotional; **~ hate** tief sitzender Hass

viscid [ˈvɪsɪd] *adj* (*form*) zähflüssig, dickflüssig

viscose [ˈvɪskəʊs, AM -koʊs] *n no pl* Viskose *f*

viscosity [vɪˈskɒsəti, AM -skɑːsəṭi] *n no pl* Zähflüssigkeit *f*, Viskosität *f fachspr*

viscount [ˈvaɪkaʊnt] *n* Viscount *m*

viscountcy [ˈvaɪkaʊntsi] *n* Viscountwürde *f*

viscountess <*pl* -es> [ˌvaɪkaʊnˈtəs, AM ˈvaɪkaʊnṭɪs] *n* Viscountess *f*

viscounty [ˈvaɪkaʊnti] *n* Rang *m* [*o* Stellung *f*] [*o* Würde *f*] eines Viscount

viscous [ˈvɪskəs] *adj* zähflüssig, viskos *fachspr*

vise *n* AM *see* **vice**

visibility [ˌvɪsəˈbɪləti, AM -əṭi] *n no pl* ❶ (*of view*) Sichtweite *f*; ***~ in some areas is down to two metres*** die Sichtweite beträgt stellenweise nur noch zwei Meter; **good/poor ~** gute/schlechte Sicht ❷ (*being seen*) Sichtbarkeit *f*

visible [ˈvɪsəbl̩] *adj* ❶ (*able to be seen*) sichtbar; ■**to be ~** sichtbar [*o* zu sehen] sein; **to be ~ to the naked eye** mit bloßem Auge zu erkennen sein; **to be barely ~** kaum zu sehen sein; **to be clearly ~** deutlich sichtbar [*o* zu sehen] sein ❷ (*fig*) sichtbar; (*imminent*) deutlich

visibly [ˈvɪsəbli] *adv* sichtlich, merklich

Visigoth [ˈvɪzɪgɒθ, AM əgɑːθ] *n* HIST Westgote, -in *m, f*

vision [ˈvɪʒən] *n* ❶ *no pl* (*sight*) Sehvermögen *nt*; **to be beyond the range of ~** außerhalb Sichtweite sein; **to have blurred ~** verschwommen sehen ❷ (*mental image*) Vorstellung *f*; ***for me, the smell of coconut oil conjures up ~s of palm trees and white beaches*** wenn ich Kokosnussöl rieche, sehe ich immer Palmen und weiße Strände vor mir; ***she's got ~s of marrying a billionaire and living in luxury*** sie träumt davon, einen Milliardär zu heiraten und im Luxus zu leben; **~ of the future** Zukunftsvision *f* ❸ (*supernatural experience*) Vision *f* ❹ *no pl* (*forethought*) Weitblick *m* ❺ (*esp hum: beautiful sight*) ***she emerged from the bedroom, a ~ in cream silk*** sie kam aus dem Schlafzimmer heraus, ein Traum in cremefarbener Seide; **to be a ~ of loveliness** eine traumhafte Schönheit sein; **to be a real ~** traumhaft sein

visionary [ˈvɪʒənəri, AM -eri] **I.** *adj* ❶ (*not realistic*) unrealistisch; (*imagined*) eingebildet ❷ (*future-orientated*) visionär *geh*; **to have ~ powers** hellseherische Kräfte haben **II.** *n* ❶ (*religious prophet*) Visionär(in) *m(f) geh*, Seher(in) *m(f)* ❷ (*social prophet*) Visionär(in) *m(f) geh*

visit [ˈvɪzɪt] **I.** *n* ❶ (*stopping by*) Besuch *m*; ***I went to Edinburgh on a ~ to a friend*** ich habe in Edinburgh eine Freundin besucht; **flying ~** kurzer [*o* flüchtiger] Besuch; **to expect a ~ from sb** Besuch von jdm erwarten; **to have a ~ from sb** von jdm besucht werden; ***they had a ~ from the police yesterday*** sie hatten gestern Besuch von der Polizei *fam*; **to pay a ~ to sb** jdm einen Besuch abstatten, jdn besuchen; (*for professional purposes*) jdn aufsuchen; ***pay us a ~ some time*** besuch uns doch mal! ❷ AM (*fam: chat*) Plauderei *f* **II.** *vt* ❶ (*stop by for a while*) ■**to ~ sb/sth** jdn/etw besuchen, jdm/etw einen Besuch abstatten *geh* ❷ (*for professional purposes*) ■**to ~ sb** jdn aufsuchen; ***the school inspector will ~ the school next week*** der Schulinspektor wird nächste Woche die Schule inspizieren; **to ~ the dentist/doctor** den Zahnarzt/den Arzt aufsuchen [*o geh* konsultieren] ❸ *usu passive* (*form or dated: inflict*) ■**to ~ sth [up]on sb/sth** etw über jdn/etw bringen; ***warfare ~s devastation on a land*** Krieg bringt Zerstörung über ein Land; ■**to be ~ed by sth** von etw *dat* heimgesucht werden ► PHRASES: **the sins of the fathers [are ~ed upon the children]** (*saying*) die Sünden der Väter [suchen die Kinder heim] **III.** *vi* ❶ (*stopping by*) Besuch machen; ***we're just ~ing*** wir sind nur zu Besuch [da]; ■**to ~ with sb** AM sich *akk* mit jdm treffen ❷ AM (*fam: chat*) ein Schwätzchen halten *fam*

visitation [ˌvɪzɪˈteɪʃən, AM -əˈ-] *n* ❶ *no pl* (*stopping by*) Besuch *m* ❷ (*supernatural experience*) Erscheinung *f*; ***they reported a ~ from the Virgin Mary*** sie berichteten, dass ihnen die Jungfrau Maria erschienen sei ❸ (*official visit*) offizieller Besuch ❹ (*hum fam*) Heimsuchung *f hum* ❺ *no pl* AM (*for child*) ≈ Besuchszeit *f*; (*right to see child*) Besuchsrecht *nt* ❻ REL Heimsuchung *f*

visitation rights *npl* AM Besuchsrecht *nt* (*bei Scheidungskindern*)

visiting [ˈvɪzɪtɪŋ] *adj attr, inv* Gast-; **~ professor** Gastprofessor; **~ monarch/dignitary** Monarch/Würdenträger, der/die zu Besuch ist

visiting card *n* Visitenkarte *f* **visiting fireman** *n* AM (*fam*) Ehrengast *m* **visiting hours** *npl* Besuchszeiten *fpl* **visiting nurse** *n* Gemeindeschwester *f* **visiting professor** *n* Gastprofessor(in) *m(f)* **visiting teacher** *n* Hauslehrer(in) *m(f)* **visiting team** *n* SPORTS Gastmannschaft *f*

visitor [ˈvɪzɪtəʳ, AM -ṭɚ] *n* Besucher(in) *m(f)*; (*in a hotel*) Gast *m*; **to have a ~** Besuch haben

visitor's book *n* Gästebuch *nt*

visor [ˈvaɪzəʳ, AM -ɚ] *n* ❶ (*part of helmet*) Visier *nt* ❷ AM (*brim of cap*) Schild *nt* ❸ AUTO Sonnenblende *f*

vista [ˈvɪstə] *n* ❶ (*view*) Aussicht *f*, Blick *m* ❷ *usu pl* (*fig: mental view*) Perspektiven *fpl*; **to open up new ~s** neue Perspektiven eröffnen

visual [ˈvɪʒuəl] **I.** *adj* visuell, Seh-; **~ acuity** Sehschärfe *f*; **~ disorder** Sehstörung *f*; **~ imagery** Bildersymbolik *f*; **~ perception** bildliche [*o geh* visuelle] Wahrnehmung; **~ stimulus** visueller Reiz **II.** *n* ■**~s** *pl* Bildmaterial *nt*

visual aid *n* Anschauungsmaterial *nt* **visual arts** *npl* bildende Künste

visualization [ˌvɪʒuəlaɪˈzeɪʃən, AM -əlɪ-] *n no pl* ❶ (*act*) Veranschaulichung *f* ❷ (*imagination*) Visualisierung *f*, Sichvorstellen *nt*; ***that skier used ~ to prepare herself for the downhill run*** die Skiläuferin stellte sich im Geist die Abfahrt vor, um sich darauf vorzubereiten

visualize [ˈvɪʒuəlaɪz, AM -ʒuə-] *vt* ■**to ~ sth** ❶ (*imagine*) sich *dat* etw vorstellen, etw visualisieren; (*sth of the past*) sich *dat* etw *akk* vergegenwärtigen ❷ (*foresee*) etw erwarten; ***I don't ~ many changes*** ich rechne nicht mit großen Veränderungen

visually [ˈvɪʒuəli] *adv* visuell *geh*; ***Mitchell's production is ~ striking*** Mitchells Produktion ist von der Aufmachung her echt bemerkenswert; **~ handicapped [*or* impaired]** sehbehindert

vital [ˈvaɪtəl, AM -ṭəl] *adj* ❶ (*essential*) essenziell, unerlässlich; (*more dramatic*) lebenswichtig, lebensnotwendig; **to play a ~ part** eine entscheidende Rolle spielen; **to be of ~ importance** von entscheidender Bedeutung [*o* von größter Wichtigkeit] sein; ■**to be ~ to sth** für etw *akk* lebenswichtig [*o* unerlässlich] sein; ■**it is ~ to do sth** es ist äußerst wichtig, etw zu tun; ■**it is ~ that ...** es ist von entscheidender Bedeutung, dass ... ❷ (*approv form: energetic*) *person* vital, lebendig

vitality [vaɪˈtæləti, AM -əṭi] *n no pl* (*approv*) ❶ (*energy*) Vitalität *f*, Lebenskraft *f* ❷ (*durability*) Dauerhaftigkeit *f*, Beständigkeit *f*

vitalize [ˈvaɪtəlaɪz, AM -ṭəl-] *vt* ■**to ~ sth** etw beleben, Leben in etw *akk* bringen

vitally [ˈvaɪtəli, AM -ṭəli] *adv* äußerst; **to be ~ important** von entscheidender Bedeutung sein; **to be ~ necessary** dringend benötigt werden; **to matter ~** sehr viel ausmachen

vital organs *npl* lebenswichtige Organe **vital signs** *npl* MED Lebenszeichen *ntpl* **vital statistics** *npl* ❶ (*of demography*) Bevölkerungsstatistik *f* ❷ (*hum dated: woman's measurements*) Maße *pl fam*

vitamin [ˈvɪtəmɪn, AM ˈvaɪṭə-] *n* Vitamin *nt*; ***with added ~s*** mit Vitaminen angereichert; **~ B12** Vitamin *nt* B12

vitamin deficiency *n no pl* Vitaminmangel *m* **vitamin pill** *n* Vitamintablette *f* **vitamin supplement** *n Vitamintabletten, um den Vitaminhaushalt zu ergänzen* **vitamin tablets** *npl* Vitamintabletten *fpl*

vitiate [ˈvɪʃeɪt] *vt* (*form*) ■**to ~ sth** ❶ (*impair*) etw beeinträchtigen ❷ (*spoil*) etw verderben; *air, water* etw verunreinigen; *atmosphere* etw vergiften *fig* ❸ LAW etw ungültig werden lassen, etw hinfällig machen

viticulture [ˈvɪtɪkʌltʃəʳ, AM ṭəkʌltʃɚ] *n no pl* AGR Wein[an]bau *m*

vitreous [ˈvɪtriəs] *adj attr* Glas-; **~ china** Porzellanemail *nt*

vitrify [ˈvɪtrɪfaɪ, AM -trə-] *vt esp passive* ■**to ~ sth**

V

etw zu Glas schmelzen

vitriol [ˈvɪtriəl, AM esp -ɪɔl] *n no pl* ① CHEM (*liter or dated: sulphuric acid*) Vitriolsäure *f* ② (*fig: criticism*) Schärfe *f*

vitriolic [ˌvɪtriˈɒlɪk, AM -ɑːlɪk] *adj* ① *criticism* scharf; *remark* beißend ② CHEM vitriolhaltig

vituperate [vɪˈtjuːpᵊreɪt, AM vaɪˈtuːpə-] (*form*) **I.** *vt* ■**to ~ sb** jdn schelten **II.** *vi* schmähen *veraltend*

vituperation [vɪˌtjuːpᵊrˈeɪʃᵊn, AM vaɪˌtuːpəˈr-] *n no pl* (*form*) Schmähungen *fpl geh*

vituperative [vɪˈtjuːpᵊrətɪv, AM vaɪˈtuːpəᵊt̬ɪv] *adj* (*form*) schmähend *geh*, Schmäh-; **~ speech** Schmährede *f*

viva [ˈvaɪvə] *n* BRIT *see* **viva voce** mündliche Prüfung

vivacious [vɪˈveɪʃəs] *adj* (*lively*) lebhaft, temperamentvoll; (*cheerful*) munter; *street* belebt

vivaciously [vɪˈveɪʃəsli] *adv* lebhaft; (*cheerfully*) munter; **to act a role ~** eine Rolle temperamentvoll spielen; **to talk ~** sich *akk* lebhaft unterhalten

vivacity [vɪˈvæsəti, AM -əṭi] *n no pl* Lebhaftigkeit *f*; (*cheerfulness*) Munterkeit *f*

vivarium <*pl* -s *or* -ria> [vɪˈveəriəm, AM vaɪˈver-, *pl* -riə] *n* Vivarium *nt fachspr*

viva voce [ˌvaɪvəˈvəʊsi, AM -ˈvoʊsi] **I.** *n* mündliche Prüfung; **to have** [*or* **take**] **a ~** eine mündliche Prüfung haben **II.** *n modifier* (*examination, presentation*) mündlich **III.** *adv inv* mündlich

vivid [ˈvɪvɪd] *adj* ① *account, description* anschaulich, lebendig; **~ language** lebendige Sprache ② (*of mental ability*) lebhaft; **~ imagination** lebhafte Fantasie; **to have ~ memories of sth** sich *akk* lebhaft an etw *akk* erinnern können ③ *colours* leuchtend, kräftig; **~ lightning flash** greller Blitz

vividly [ˈvɪvɪdli] *adv* lebhaft; *describe* anschaulich, lebendig; **to depict sth ~** etw anschaulich [*o* lebendig] schildern; **to remember ~** sich *akk* lebhaft erinnern

vividness [ˈvɪvɪdnəs] *n no pl of a person* Lebhaftigkeit *f*; *of a description* Anschaulichkeit *f*; (*of colours, light*) Intensität *f*

vivify <-ie-> [ˈvɪvɪfaɪ, AM ˈvɪvə] *vt* ■**to ~ sth** etw beleben, etw anregen, etw intensivieren

viviparous [vɪˈvɪpᵊrəs, AM vaɪ-] *adj inv* BIOL (*spec*) lebend gebärend, vivipar *fachspr*

vivisect [ˈvɪvɪsekt, AM ˈvɪvə-] *vt* ■**to ~ an animal** ein Tier vivisezieren *fachspr*

vivisection [ˌvɪvɪˈsekʃᵊn, AM ˌvɪvə-] *n no pl* Vivisektion *f fachspr*

vixen [ˈvɪksᵊn] *n* ① (*female fox*) Füchsin *f* ② (*pej: woman*) zänkische Frau, Drachen *m fam*

viz¹ *abbrev of* **videlicet**

viz² [vɪz], **viz.** *adv inv* (*dated*) nämlich

vizier [vɪˈzɪəʳ, AM ˈzɪr] *n* (*hist*) Wesir *m*

V-neck [ˈviːnek] *n* FASHION V-Ausschnitt *m*

V-necked [ˈviːnekt] *adj inv* mit V-Ausschnitt *nach n*

vocabulary [və(ʊ)ˈkæbjəlᵊri, AM voʊˈkæbjəleri] *n* Vokabular *nt*, Wortschatz *m*; (*words*) Vokabeln *fpl*; (*glossary*) Glossar *nt geh*, Wörterverzeichnis *nt*; **a list of ~** eine Liste mit Vokabeln; **limited ~** begrenzter Wortschatz; **to widen one's ~** seinen Wortschatz erweitern

vocal [ˈvəʊkᵊl, AM ˈvoʊ-] **I.** *adj* ① *inv* (*of voice*) stimmlich; **~ communication** mündliche Kommunikation; **~ piece** Vokalstück *nt*; **~ range** Stimmumfang *m*; **~ sound** Ton *m* ② (*outspoken*) laut; ■**to be ~** sich *akk* freimütig äußern; **~ minority** lautstarke Minderheit; **to become ~** laut werden ③ (*communicative*) gesprächig **II.** *n* ① MUS Vokalpartie *f fachspr*; ***is that Tamsin Palmer on ~s?*** ist das Tamsin Palmer, die da singt? ② (*singer*) Sänger(in) *m(f)*; **lead ~** Leadsänger(in) *m(f) sl*

vocal cords *npl* Stimmbänder *ntpl*

vocalist [ˈvəʊkᵊlɪst, AM ˈvoʊ-] *n* Sänger(in) *m(f)*

vocalize [ˈvəʊkᵊlaɪz, AM ˈvoʊ-] LING **I.** *vi* vokalisieren *fachspr* **II.** *vt* ① (*make sound*) ■**to ~ sth** etw in Töne umsetzen ② (*put into words*) ■**to ~ sth** etw aussprechen; (*of thoughts, ideas*) etw in Worte fassen ③ (*in phonetics*) **to ~ a consonant** einen Konsonanten vokalisieren *fachspr*

vocally [ˈvəʊkᵊli, AM ˈvoʊ-] *adv* ① (*outspokenly*) lautstark, vernehmlich ② *inv* (*of singing*) gesanglich

vocation [və(ʊ)ˈkeɪʃᵊn, AM voʊˈ-] *n* ① (*calling*) Berufung *f*; ***a ~ or a profession?*** Beruf oder Berufung?; **to find/miss one's ~** seine Berufung finden/verfehlen; **to have a ~ for sth** sich *akk* zu etw *akk* berufen fühlen ② *usu sing* (*trade*) Beruf *m*

vocational [və(ʊ)ˈkeɪʃᵊnᵊl, AM voʊˈ-] *adj inv* beruflich; **~ counselling** [*or* **guidance**] Berufsberatung *f*; **~ school** Berufsschule *f*; **~ training** Berufsausbildung *f*

vocationally [vəʊˈkeɪʃᵊnᵊli, AM voʊ] *adv inv* beruflich, unter beruflichem Aspekt

vocative [ˈvɒkətɪv, AM ˈvɑːkət̬ɪv] LING **I.** *adj inv* Anrede-, vokativisch *fachspr* **II.** *n* ① (*vocative word*) Anrede *f*, Vokativ *m fachspr* ② *no pl* (*vocative case*) ■**the ~** der Anredefall, der Vokativ *fachspr*

vocative case *n* LING ■**the ~** der Vokativ *fachspr*

vociferate [və(ʊ)ˈsɪfəreɪt, AM voʊˈ-] **I.** *vi* **to ~** [**loudly/violently**] [**against sth**] [gegen etw *akk*] lautstark protestieren **II.** *vt* ■**to ~ sth** etw lautstark zum Ausdruck bringen

vociferous [və(ʊ)ˈsɪfᵊrəs, AM voʊˈ-] *adj* lautstark; (*impetuous*) vehement

vociferously [və(ʊ)ˈsɪfᵊrəsli, AM voʊˈ-] *adv* lautstark

vocoder [ˈvəʊkəʊdəʳ, AM ˈvoʊkoʊdɚ] *n* Vocoder *m*

vocodered [ˈvəʊkəʊdəd, AM ˈvoʊkoʊdɚd] *adj inv* Vocoder-

vodka [ˈvɒdkə, AM ˈvɑːd-] *n* Wodka *m*

vogue [vəʊg, AM voʊg] *n* Mode *f*; ■**to be in ~/out of ~** in Mode [*o* en vogue]/aus der Mode sein; **to be back in ~** wieder Mode sein; **to become the ~** Mode werden; **to have** [**a**] **considerable ~** sich *akk* beachtlicher Beliebtheit erfreuen

voice [vɔɪs] **I.** *n* ① (*of person*) Stimme *f*; ***her ~ broke with emotion*** ihre Stimme brach vor Rührung; ***this is the ~ of experience talking*** ich spreche aus Erfahrung; **the ~ of conscience** die Stimme des Gewissens; **to have an edge to one's ~** eine [gewisse] Schärfe in der Stimme haben; **to listen to the ~ of reason** auf die Stimme der Vernunft hören; **to like the sound of one's own ~** sich *akk* selbst gerne reden hören; **tone of ~** Ton *m*; ***don't speak to me in that tone of ~!*** sprich nicht in diesem Ton mit mir!; **at the top of one's ~** in [*o* mit] voller Lautstärke; **husky/throaty ~** heisere/kehlige Stimme; **hushed ~** gedämpfte Stimme; (*whisper*) Flüsterstimme *f*; **inner ~** innere Stimme; **singing ~** Singstimme *f*; **sb's ~ is breaking** jd ist im Stimmbruch; **to give ~ to sth** etw aussprechen; **to keep one's ~ down** leise sprechen; **to lower/raise one's ~** seine Stimme senken/erheben ② (*ability to speak, sing*) Artikulationsfähigkeit *f geh*; **to be in good/magnificent ~** gut/hervorragend bei Stimme sein; **to lose one's ~** seine Stimme verlieren ③ (*opinion*) Stimme *f*, Meinung *f*; **to make one's ~ heard** sich *dat* Gehör verschaffen; **with one ~** einstimmig ④ (*agency expressing opinion*) Stimme *f*, Stimmrecht *nt*; **to give sb a ~** jdm ein Mitspracherecht einräumen ⑤ MUS Stimmlage *f* ⑥ (*in grammar*) **active/passive ~** Aktiv/Passiv *nt* ▸ PHRASES: **a ~ crying in the wilderness** die Stimme eines Rufenden in der Wüste *fig* **II.** *vt* ■**to ~ sth** etw zum Ausdruck bringen; **to ~ a complaint** eine Beschwerde vorbringen; **to ~ a desire** einen Wunsch aussprechen

voice-activated *adj inv* TECH, COMPUT sprachgesteuert **voice box** *n* (*fam*) Kehlkopf *m* **voice carrier** *n* Telefonfirma *f*, Telefonanbieter *m* **voice coach** *n* Sprechlehrer(in) *m(f)*

voiced [vɔɪst] *adj inv* LING stimmhaft

voiceless [ˈvɔɪsləs] *adj inv* ① (*also fig*) stumm ② (*lacking power*) *electorate, citizens* ohne Mitspracherecht *nach n* ③ LING stimmlos

voice mail *no pl* Voicemail *f fachspr* **voice memo** *n no pl* Mailbox *f* **voice messaging** *n no pl* Anrufaufzeichnung *f* **voice-over** *n* TV, FILM Offkommentar *m fachspr*, Hintergrundkommentar *m* **voice portal** *n* INET Voice Portal *nt fachspr* (*in ein Telefon integriertes elektronisches Kommunikationssystem, das gesprochene Informationsanfragen an das Internet weiterleitet und mit synthetisierter Stimme beantwortet*) **voice vote** *n* **to take a ~** eine mündliche Abstimmung durchführen

void [vɔɪd] **I.** *n* Leere *f kein pl a. fig*; (*in building*) Hohlraum *m*; ■**into the ~** ins Leere; ***she sensed the black ~ of despair inside him*** sie spürte den Abgrund der Verzweiflung in ihm; **to fill the ~** die innere Leere ausfüllen **II.** *adj inv* ① (*invalid*) nichtig; **to declare sth** [**null and**] **~** etw für [null und] nichtig erklären ② (*liter: lacking in*) ■**to be ~ of sth** ohne etw *akk* sein, einer S. *gen* entbehren *geh*; ***he's completely ~ of charm*** er hat absolut keinen Charme ③ (*form*) *position* frei ④ *action, speech* nutzlos; **to render sth ~** etw zunichte machen **III.** *vt* ① *esp* AM (*declare invalid*) ■**to ~ sth** etw aufheben [*o* ungültig machen]; **to ~ a contract** einen Vertrag für ungültig erklären ② MED **to ~ one's/the bowels** seinen/den Darm entleeren

voile [vɔɪl] **I.** *n no pl* FASHION Voile *m fachspr* **II.** *n modifier* (*tank top, skirt*) Voile-

vol, vol. *n abbrev of* **volume** Bd.; (*measure*) vol.

volatile [ˈvɒlətaɪl, AM ˈvɑːlət̬ᵊl] **I.** *adj* ① (*changeable*) unbeständig; (*unstable*) instabil ② (*explosive*) *situation* explosiv ③ CHEM flüchtig; **~ liquid** schnell verdampfende Flüssigkeit **II.** *n usu pl* sich schnell verflüchtigende Substanz

volatility [ˌvɒləˈtɪləti, AM ˌvɑːləˈtɪlət̬i] *n no pl* ① (*changeableness*) Unbeständigkeit *f*; (*instability*) Instabilität *f* ② (*inconsistency*) Widersprüchlichkeit *f*, Inkonsequenz *f geh*; **the ~ of sb's moods** jds Launenhaftigkeit *f* ③ COMPUT Flüchtigkeit *f*

vol-au-vent [ˈvɒlə(ʊ)vɑ̃(ŋ), AM ˌvɔːloʊˈvɑ̃(n)] *n* FOOD Vol-au-vent *m*, [Königin]pastete *f*

volcanic [vɒlˈkænɪk, AM vɑːlˈ-] *adj* ① *inv* GEOL vulkanisch, Vulkan-; **~ eruption** Vulkanausbruch *m* ② (*fig*) *emotion* aufbrausend

volcano <*pl* -oes *or* -os> [vɒlˈkeɪnəʊ, AM vɑːlˈkeɪnoʊ] *n* Vulkan *m a. fig*; (*of emotion*) Pulverfass *nt fig*

vole [vəʊl, AM voʊl] *n* Wühlmaus *f*

Volga [ˈvɒlgə, AM ˈvɑːl] *n no pl* GEOG ■**the ~** die Wolga

volition [və(ʊ)ˈlɪʃᵊn, AM voʊˈ-] *n no pl* (*form*) Wille *m*; **to do sth of one's own ~** etw aus freiem Willen tun

volley [ˈvɒli, AM ˈvɑːli] **I.** *n* ① (*salvo*) Salve *f*; **~ of gunfire** Gewehrsalve *f*; **to discharge** [*or* **fire**] [*or* **let off**] **a ~** eine Salve abgeben [*o* abfeuern] ② (*hail*) Hagel *m*; **~ of bullets** Kugelhagel *m* ③ (*fig: onslaught*) Flut *f* ④ TENNIS Volley *m fachspr*; FBALL Volleyschuss *m fachspr* **II.** *vi* TENNIS einen Volley schlagen *fachspr*; FBALL einen Volley schießen *fachspr* **III.** *vt* ① TENNIS, FBALL **to ~ a ball** einen Ball volley nehmen *fachspr* ② (*fig: let fly*) **to ~ a series of questions/remarks** eine Reihe von Fragen/Bemerkungen loslassen

volleyball [ˈvɒlibɔːl, AM ˈvɑːli-] *n no pl* Volleyball *m*

volleyer [ˈvɒliəʳ, AM ˈvɑːliɚ] *n* SPORTS Flugballspieler(in) *m(f)*

vols. *n pl of* **vol.** Bde. *mpl*

volt [vəʊlt, vɒlt, AM voʊlt] *n* Volt *nt*

voltage [ˈvəʊltɪdʒ, AM ˈvoʊlt̬ɪdʒ] *n* [elektrische] Spannung; **high/low ~** Hoch-/Niederspannung *f*

voltage regulator *n* ELEC Spannungsregler *m*

volte-face <*pl* volte-faces> [ˌvɒltˈfæs, AM ˌvɑːlt̬ˈfɑːs] *n usu sing* (*also fig liter*) Kehrtwendung *f*; **to do** [*or* **make**] **a ~** eine Kehrtwendung machen

voluble [ˈvɒljəbl, AM ˈvɑːl-] *adj* ① (*fluent*) redegewandt ② (*pej: talkative*) redselig

volubly [ˈvɒljəbli, AM ˈvɑːl-] *adv* ① **to speak ~** (*fluently*) eloquent sprechen *geh*; (*pej: talkatively*) sehr redselig sein, quasseln *fig fam* (**about** von +*dat*) ② (*loudly*) laut[stark]; ***the audience expressed their appreciation ~*** die Zuschauer brachten ihre Begeisterung in stürmischem Applaus zum Ausdruck

volume [ˈvɒljuːm, AM ˈvɑːl-] *n* ① *no pl* (*space*) Volumen *nt* ② *no pl* (*amount*) Umfang *m*; **~ of sales** Umsatzvolumen *nt*; **~ of traffic** Verkehrsaufkommen *nt* ③ *no pl* (*sound level*) Lautstärke *f* ④ (*control dial*) Lautstärkeregler *m*; **to turn the ~ down/up** leiser/lauter machen ⑤ (*book of set*) Band *m*

▶ PHRASES: **to speak ~s about sth** über etw *akk* Bände sprechen *fam*

volume control, volume regulator *n* Lautstärkeregler *m*

volumetric [ˌvɒljəˈmetrɪk, AM ˌvɑːl] *adj inv* ① ART *painting* mit räumlicher Wirkung *nach n; sculpture* raumgreifend ② CHEM volumetrisch *fachspr*

voluminous [vəˈluːmɪnəs, AM -mənəs] *adj* (*form*) *clothes* weit [geschnitten]; *written account* umfangreich; *writer* produktiv

voluntarily [ˈvɒləntərəli, ˌvɒlənˈteərəli, AM ˈvɑːləntərəli] *adv inv* freiwillig

voluntarism [ˈvɒləntərɪzəm, AM ˈvɑːl] *n no pl* ① (*principle*) Grundsatz *m* der Freiwilligkeit, Freiwilligkeitsprinzip *nt* ② PHILOS Voluntarismus *m fachspr*

voluntary [ˈvɒləntəri, AM ˈvɑːlənteri] I. *adj inv* freiwillig; ~ **liquidation** [*or* **winding up**] freiwillige Liquidation; ~ **redundancy** freiwillige Arbeitsplatzaufgabe; ~ **work for the Red Cross** ehrenamtliche Tätigkeit für das Rote Kreuz II. *n* MUS Orgelsolo *nt*

voluntary manslaughter *n no pl* Totschlag *m* im Affekt **voluntary organization** *n + sing/pl vb* ~ *organization*, Wohltätigkeitsorganisation *f* **voluntary redundancy** *n* freiwilliges Ausscheiden; **to take** ~ freiwillig ausscheiden **voluntary school** *n* BRIT Privatschule *f* (*von der Kommunalverwaltung finanziert, jedoch nicht gegründet; steht oft einem bestimmten religösen Bekenntnis nahe*) **Voluntary Service Overseas** *n no pl* Freiwilliger Entwicklungsdienst

volunteer [ˌvɒlənˈtɪəʳ, AM ˌvɑːlənˈtɪr] I. *n* ① (*unpaid worker*) ehrenamtlicher Mitarbeiter/ehrenamtliche Mitarbeiterin ② (*willing person*) Freiwillige(r) *f(m)* II. *vt* ■**to ~ oneself for sth** sich *akk* freiwillig zu etw *dat* melden; ■**to ~ sb to do sth** jdn [als Freiwilligen/Freiwillige] für etw *akk* vorschlagen; **to ~ information** bereitwillig Informationen geben; **to ~ one's services** seine Dienste anbieten III. *vi* ① (*offer one's services*) ■**to ~ to do sth** sich *akk* [freiwillig] anbieten, etw zu tun ② (*join*) **to ~ for the army** sich *akk* freiwillig zur Armee melden IV. *n modifier* (*counsellor, librarian, teacher, work, worker*) ehrenamtlich

voluptuous [vəˈlʌptʃuəs] *adj* (*approv*) üppig; *woman also* kurvenreich; *lips* sinnlich; (*sumptuous*) verschwenderisch

voluptuously [vəˈlʌptʃuəsli] *adv* (*erotically*) sinnlich; (*luxuriously*) genüsslich; (*sumptuously*) schwelgerisch

voluptuousness [vəˈlʌptʃuəsnəs] *n no pl* ① (*sensuality*) Wollust *f*, Geilheit *f pej* ② (*opulence*) Üppigkeit *f*

volute [və(ʊ)ˈluːt, AM vəˈ-] I. *n* ① ARCHIT Volute *f fachspr* ② (*marine gastropod*) Meeresschnecke *f* ③ (*snail's shell*) Schneckenhaus *nt* II. *adj inv* spiralförmig

vomit [ˈvɒmɪt, AM ˈvɑːmɪt] I. *vi* [sich *akk*] erbrechen [*o* übergeben], kotzen *derb* II. *vt* ① (*of person, animal*) ■**to ~ [up]** ○ **sth** etw erbrechen; **to ~ blood** Blut spucken ② (*fam: of machine*) ■**to ~ sth** ○ [**out**] etw ausspucken *fam* III. *n no pl* Erbrochene(s) *nt;* **to choke on one's own ~** an seinem Erbrochenen ersticken

voodoo [ˈvuːduː] *n no pl* ① (*black magic*) Voodoo *m;* **to practise ~** Voodoo praktizieren ② (*fam: jinx*) Hexerei *f;* (*magic spell*) Zauber *m*

voracious [vəˈreɪʃəs, AM vɔː-] *adj* (*liter*) gefräßig; (*fig*) unersättlich, gierig; ***he's a ~ reader of historical novels*** er verschlingt historische Romane geradezu *fig*

voraciously [vəˈreɪʃəsli, AM vɔː-] *adv* **to eat sth ~** etw gierig verschlingen; **to read sth ~** etw [geradezu] verschlingen *fig*

voracity [vəˈræsəti, AM vɔːˈræsət̬i] *n no pl* Gefräßigkeit *f;* (*fig*) Unersättlichkeit *f*, Gier *f* (**for** nach +*dat*)

vortex <*pl* -es *or* -tices> [ˈvɔːteks, *pl* -tɪsiːz, AM ˈvɔːr-, *pl* -t̬ɪsiːz] *n* ① (*whirlwind*) Wirbel *m* ② (*whirlpool*) Strudel *m;* ~ **of emotions** (*fig*) Strudel *m* von Gefühlen

votary [ˈvəʊtəri, AM ˈvoʊt̬ə] *n* ① (*monk, nun*) Geweihte(r) *f(m)* ② (*follower, adherent*) Anhänger(in) *m(f)*, Verehrer(in) *m(f)*, Jünger(in) *m(f)* ③ (*advocator*) Verfechter(in) *m(f)*

vote [vəʊt, AM voʊt] I. *n* ① (*expression of choice*) Stimme *f;* **to cast** [*or* **record**] **one's ~** seine Stimme abgeben ② (*election*) Abstimmung *f*, Wahl *f;* **to hold** [*or* **take**] **a ~** eine Abstimmung durchführen; **to put sth to the** [*or* **a**] **~** über etw *akk* abstimmen lassen ③ (*of group*) Stimmen *fpl;* **the working-class ~** die Stimmen *fpl* der Arbeiterklasse ④ *no pl* (*right*) ■**the ~** das Wahlrecht [*o* Stimmrecht]; **to have the ~** das Wahlrecht [*o* Stimmrecht] haben II. *vi* ① (*elect candidate, measure*) wählen; **to ~ in an election** zu einer Wahl gehen; ■**to ~ against/for sb/sth** gegen/für jdn/etw stimmen ② (*formally choose*) ■**to ~ to do sth** dafür stimmen [*o* sich *akk* dafür aussprechen], etw zu tun ③ (*formally decide*) ■**to ~ on sth** über etw *akk* abstimmen; **to ~ on a proposal** über einen Vorschlag abstimmen
▶ PHRASES: **to ~ with one's feet** mit den Füßen abstimmen III. *vt* ① (*elect*) ■**to ~ sb in** jdn wählen; **to ~ sb into office** jdn ins Amt wählen; **to ~ sb out** [**of office**] jdn [aus dem Amt] abwählen ② (*propose*) ■**to ~ that ...** vorschlagen, dass ... ③ (*declare*) ■**to ~ sb/sth sth** jdn/etw zu etw *dat* erklären; ***she was ~d the winner*** sie wurde zur Siegerin erklärt; ***the evening was ~d a tremendous success*** der Abend wurde als überwältigender Erfolg bezeichnet ④ (*decide to give*) ■**to ~ sb/sth sth** [*or* **sth for** [*or* BRIT **to**] [*or* AM **towards**] **sb/sth**] etw jdm/etw bewilligen; **to ~ £1 million for a project** eine Million Pfund für ein Projekt bewilligen

◆**vote down** *vt* ■**to ~ down** ○ **sb/sth** jdn/etw niederstimmen; LAW ■**to ~ sth** ○ **down** etw [durch Abstimmung] ablehnen

◆**vote in** *vt* LAW ■**to ~ sb** ○ **in** jdn [durch Abstimmung] wählen

◆**vote out** *vt* LAW ■**to ~ sb** ○ **out** jdn abwählen

◆**vote through** *vt* ■**to ~ through** ○ **sth** etw durchbringen

vote-getter [-ˌgetəʳ, AM -ˌget̬ɚ] *n* AM, AUS Stimmenfänger(in) *m(f)*, Wahllokomotive *f sl* **vote of censure** *n* Misstrauensvotum *nt; see also* **vote of no confidence** **vote of confidence** *n* Vertrauensvotum *nt;* (*fig*) Vertrauensbeweis *m;* ***he proposed a vote of ~ in the government*** er sprach der Regierung das Vertrauen aus **vote of no confidence** *n* Misstrauensvotum *nt* (**in** gegen +*akk*); **to pass a ~ in sb** ein Misstrauensvotum gegen jdn stellen **vote of thanks** *n* öffentliche Danksagung; **to propose a ~ to sb** jdm öffentlich seinen Dank ausdrücken

voter [ˈvəʊtəʳ, AM ˈvoʊt̬ɚ] *n* Wähler(in) *m(f)*

voter registration *n* Eintragung *f* ins Wählerverzeichnis **voter turnout** *n* Wahlbeteiligung *f*

voting [ˈvəʊtɪŋ, AM ˈvoʊt̬-] I. *adj attr, inv* wahlberechtigt, stimmberechtigt II. *n no pl* Wählen *nt*, Wahl *f*, Stimmabgabe *f*

voting booth *n* Wahlkabine *f* **voting machine** *n esp* AM Wahlmaschine *f* **voting paper** *n* Stimmzettel *m* **voting rights** *npl* Stimmrecht *nt* **voting shares** *npl* ECON stimmungsberechtigte Aktien[anteile]; **non-~** stimmrechtslose Aktien

votive [ˈvəʊtɪv, AM ˈvoʊt̬ɪv] *adj inv* Weih-, Votiv-

vouch [vaʊtʃ] *vi* ■**to ~ for sb/sth** sich *akk* für jdn/etw verbürgen, für jdn/etw bürgen; ■**to ~ that ...** dafür bürgen, dass ...

◆**vouch for** *vi* LAW ■**to ~ for sth** etw bestätigen, für etw *akk* bürgen [*o* einstehen]

voucher [ˈvaʊtʃəʳ, AM -ɚ] *n* ① AUS, BRIT (*coupon*) Gutschein *m*, Voucher *m;* **cash ~** Bargeldgutschein *m;* **gift ~** Geschenkgutschein *m;* **luncheon ~** Essensmarke *f;* **school ~** AM *öffentliche Mittel, die in Amerika bereitgestellt werden, damit Eltern ihre Kinder in Privatschulen schicken können* ② (*receipt*) Buchungsbeleg *m*, Beleg *m*, Quittung *f*

voucher system *n* Gutscheinsystem *nt*

vouchsafe [ˈvaʊtʃseɪf] *vt* (*form*) ① *esp passive* (*grant*) ■**sth is ~d** [**sb**] etw wird [jdm] gewährt ② (*give in condescending manner*) ■**to ~ to do sth** geruhen, etw zu tun *geh;* **to ~ information** Informationen herausrücken

vow [vaʊ] I. *vt* ■**to ~ sth** etw geloben *geh;* ■**to ~ that ...** geloben, dass ... *geh;* **to ~ obedience** Gehorsam geloben *geh;* **to ~ revenge** [*or* **vengeance**] Rache schwören II. *n* Versprechen *nt;* ■**~s** *pl* (*of marriage*) Eheversprechen *nt;* (*of religious order*) Gelübde *nt geh;* **to take a ~** ein Gelübde ablegen *geh;* **to take a ~ to do sth** geloben, etw zu tun *geh*

vowel [vaʊəl] *n* Vokal *m*, Selbstlaut *m*

voyage [ˈvɔɪɪdʒ] I. *n* Reise *f;* (*by sea*) Seereise *f;* ~ **of discovery** (*also fig*) Entdeckungsreise *f* II. *vi* (*liter or dated*) reisen; ***he ~d across the seven seas*** er hat die sieben Meere befahren; **to ~ to distant lands** ferne Länder bereisen

voyager [ˈvɔɪɪdʒəʳ, AM -ɚ] *n* Reisende(r) *f(m);* (*by sea*) Seereisende(r) *f(m);* (*in space*) Raumfahrer(in) *m(f)*

voyeur [vwɑːˈjɜːʳ, AM vɔɪˈjɜr] *n* (*pej*) Voyeur(in) *m(f) pej*

voyeurism [ˈvwɑːjɜːrɪzəm, AM ˈvɔɪ-] *n no pl* (*pej*) Voyeurismus *m pej*, Spannertum *nt fam*

voyeuristic [ˌvɔɪəˈrɪstɪk, AM ˌvɔɪjə-] *adj* (*pej*) voyeuristisch *pej*

VP [ˌviːˈpiː] *n abbrev of* **Vice President**

vroom [vruːm] I. *n* lautes Motorengeräusch II. *interj* wrumm!

vs [ˈvɜːsəs, AM ˈvɜːr] *prep abbrev of* **versus**

V-sign [ˈviːsaɪn] *n* ① BRIT (*cursing gesture*) beleidigende Geste mit Zeige- und Mittelfinger ② (*gesture of victory*) V-Zeichen *nt*, Siegeszeichen *nt*

VSO [ˌviːesˈəʊ] *n abbrev of* **Voluntary Service Overseas**

VSOP [ˌviːesəʊˈpiː, AM oʊ] *n no pl abbrev of* **Very Special Old Pale** VSOP *m*

VTOL [ˈviːtɒl, AM -tɑːl] *abbrev of* **vertical take-off and landing**: ~ **aircraft** Senkrechtstarter *m* (*Flugzeug, das senkrecht starten und landen kann*)

vulcanite [ˈvʌlkənaɪt] *n no pl* Hartgummi *m o nt*

vulcanization [ˌvʌlkənaɪˈzeɪʃən, AM -nɪˈ-] *n no pl* Vulkanisierung *f*, Vulkanisation *f*

vulcanize [ˈvʌlkənaɪz] *vt* ■**to ~ sth** etw vulkanisieren

vulcanized [ˈvʌlkənaɪzd] *adj inv* vulkanisiert

vulgar [ˈvʌlgəʳ, AM -ɚ] *adj* ordinär, vulgär, gewöhnlich; (*of bad taste*) abgeschmackt; ~ **accent** vulgärer Akzent

vulgarity [vʌlˈgærəti, AM -ˈgerət̬i] *n no pl* Vulgarität *f geh*, vulgäre Art; (*bad taste*) Geschmacklosigkeit *f*

vulgarize [ˈvʌlgəraɪz] *vt* ■**to ~ sth** etw vulgarisieren *geh*

vulgarly [ˈvʌlgəli, AM -gɚli] *adv* vulgär, ordinär; (*in bad taste*) abgeschmackt, geschmacklos

Vulgate [ˈvʌlgeɪt] *n* ■**the ~** die Vulgata

vulnerability [ˌvʌlnərəˈbɪləti, AM -nɚəˈbɪlət̬i] *n no pl* Verwundbarkeit *f*, Verletzlichkeit *f;* ***the ~ of the economy to recession*** die Anfälligkeit der Wirtschaft für eine Rezession

vulnerable [ˈvʌlnərəbḷ, AM -nɚə-] *adj* verwundbar, verletzlich; ■**to be ~ to sth** anfällig für etw *akk* sein; **to be ~ to attack/criticism** Angriffen/Kritik ausgesetzt sein; **to be in a ~ position** in einer prekären Lage sein; ~ **spot** schwache Stelle; **to feel ~** sich *akk* verwundbar fühlen

vulpine [ˈvʌlpaɪn] *adj* ① *inv* ZOOL fuchsartig ② (*cunning*) schlau, listig, gerissen *fam*

vulture [ˈvʌltʃəʳ, AM -tʃɚ] *n* (*also fig*) Geier *m a. fig*
▶ PHRASES: **culture ~** (*fam*) Kulturfanatiker(in) *m(f)*

vulva <*pl* -s *or* vulvae> [ˈvʌlvə, *pl* -viː] *n* ANAT Vulva *f fachspr*

vying [ˈvaɪɪŋ] *pp of* **vie**

W

W, w <*pl* -'s *or* -s> [ˈdʌbljuː] *n* W *nt*, w *nt*

W¹ I. *adj inv* ① *abbrev of* **West** W- ② *abbrev of* **western I 2** II. *n no pl abbrev of* **West** W

W[2] <*pl* -> *n abbrev of* Watt W

WAAF [wæf] *n* BRIT *acr for* **Women's Auxiliary Air Force**

wack[1] [wæk] *n* NBRIT, DIAL Kumpel *m fam*

wack[2] [wæk] *n* AM (*fam*) ① (*person*) Querkopf *m* ② *no pl* (*nonsense*) Blödsinn *m,* Quatsch *m*

wacko ['wækəʊ] (*fam*) **I.** *n* <*pl* -os> Verrückte(r) *f(m),* Spinner *m fam* **II.** *adj* verrückt, spinnert *fam*

wacky ['wæki] *adj* (*fam*) *person, object* verrückt; *place* skurril

wad [wɒd, AM wɑːd] **I.** *n* ① (*mass*) Knäuel *nt;* (*for stuffing*) Pfropfen *m;* ~ **of cotton wool** Wattebausch *m;* ~ **of chewing tobacco** Priem *m,* Stück *nt* Kautabak ② (*bundle*) ~ **of banknotes** Bündel *nt* Banknoten; ~ **of forms** Stoß *m* Formulare; ~[**s** *pl*] **of money** (*fam*) schöne Stange Geld *fam* ▶ PHRASES: **to shoot one's** ~ (*vulg*) abspritzen *vulg* **II.** *vt* <-dd-> *esp passive* ■ **to** ~ **sth** etw zusammenknüllen; (*line garment*) etw wattieren [*o* ausstopfen]; ***the pipe was ~ded up with rags*** das Rohr war mit Lumpen umwickelt; **to** ~ [**up**] **paper** Papier zusammenknüllen

wadding ['wɒdɪŋ, AM 'wɑːd-] *n no pl* (*packaging material*) Watte *f;* (*in clothes*) Wattierung *f;* (*for stuffing*) Polstermaterial *nt*

waddle ['wɒdl̩, AM 'wɑːd-] **I.** *vi* watscheln **II.** *n no pl* Watschelgang *m;* (*act*) Watscheln *nt*

wade [weɪd] **I.** *n usu sing* Waten *nt kein pl;* **to go for a** ~ waten **II.** *vi* ① (*walk in water*) waten; ■ **to** ~ **across** [*or* **through**] **sth** durch etw *akk* waten, etw durchwaten; **to** ~ **into the river/the sea/water** in den Fluss/das Meer/das Wasser hineinwaten; **to** ~ **ashore** an Land waten ② (*fig: attack*) ■ **to** ~ **into sb/sth** jdn/etw angreifen ③ (*fig: deal with*) ■ **to** ~ **into sth** etw anpacken; ■ **to** ~ **through sth** sich *akk* durch etw *akk* durchkämpfen **III.** *vt* ■ **to** ~ **sth** etw durchwaten

◆**wade in** *vi* (*fam*) sich *akk* engagieren; ***whenever she sees a problem, she ~s in immediately*** wann immer sie ein Problem sieht, packt sie es sofort an; **to** ~ **in with one's opinion** seinen Senf dazugeben *fam*

wader ['weɪdəʳ, AM 'weɪdɚ] *n* ① (*bird*) Watvogel *m,* Stelzvogel *m* ② (*boots*) ■ ~**s** *pl* Watstiefel *mpl*

wadi ['wɒdɪ, AM 'wɑː] *n* Wadi *nt*

wading bird *n* Watvogel *m,* Stelzvogel *m* **wading pool** *n* AM (*paddling pool*) Planschbecken *nt*

wafer ['weɪfəʳ, AM -ɚ] *n* ① (*biscuit*) Waffel *f;* (*extremely thin*) Oblate *f;* ~ **biscuit** gefüllte Waffel ② (*for Holy Communion*) Hostie *f* ③ COMPUT Halbleiterscheibe *f*

wafer-thin *adj inv* hauchdünn

waffle[1] ['wɒfl̩, AM 'wɑːfl̩] (*pej*) **I.** *vi* (*fam*) ① *esp* BRIT (*talk, write*) ■ **to** ~ **on** schwafeln *pej fam;* ■ **to** ~ **on about sth** sich *akk* über etw *akk* auslassen ② AM (*be indecisive*) ■ **to** ~ **about** [*or* **over**] **sth** ***she had been waffling over where to go*** sie hatte hin und her überlegt, wohin sie gehen sollte **II.** *n no pl* ① *esp* BRIT (*speech, writing*) Geschwafel *nt pej fam* ② AM (*indecision*) Unschlüssigkeit *f*

waffle[2] ['wɒfl̩, AM 'wɑːfl̩] *n* (*breakfast food*) Waffel *f*

waffle iron *n* Waffeleisen *nt*

waffler ['wɒfl̩əʳ, AM 'wɑːfl̩ɚ] *n* (*fam*) Schwätzer(in) *m(f) fam,* Quasselstrippe *f fam*

waft [wɒft, AM wɑːft] (*liter*) **I.** *vi* schweben; (*blown by air*) herangetragen werden; ***the sound of a flute ~ed down the stairs*** der Klang einer Flöte tönte die Treppe herunter; ***birdsong ~ed through the trees*** Vogelgesang klang durch die Bäume; **to** ~ **through the air** *smell* durch die Luft ziehen; *sound* durch die Luft schweben **II.** *vt* **to** ~ **smell/sound somewhere** Geruch/Klang irgendwohin wehen; **to be ~ed by the wind** vom Wind getragen werden

wag[1] [wæg] **I.** *vt* <-gg-> **to** ~ **one's finger** mit dem Finger drohen; **to** ~ **one's tail** *dog* mit dem Schwanz wedeln ▶ PHRASES: **the tail ~s the dog** der Schwanz wedelt mit dem Hund **II.** *vi* <-gg-> wedeln ▶ PHRASES: **tongues** [*or* **chins**] [*or* **jaws**] ~ es wird getratscht *pej fam* **III.** *n usu sing* Wackeln *nt kein pl; of the head* Schütteln *nt kein pl; of the tail* Wedeln *nt kein pl*

wag[2] [wæg] *n* (*fam: person*) Witzbold *m fam*

wage [weɪdʒ] **I.** *vt* (*form*) **to** ~ **war** [*or* **a campaign**] **against/for sth/sb** gegen/für etw/jdn zu Felde ziehen; **to** ~ **war on sth** (*fig*) gegen etw *akk* vorgehen; **to** ~ **war with sth/sb** mit etw/jdm Krieg führen **II.** *n* ① (*payment for work*) Lohn *m;* ***they get paid good ~s at the factory*** sie werden in der Fabrik gut bezahlt; ~ **differential** Lohnunterschied *m;* **to get a decent/good/low** ~ anständig/gut/wenig verdienen; **living** ~ [für den Lebensunterhalt] ausreichender Lohn; **minimum** ~ Mindestlohn *m;* **real ~s** Reallöhne *mpl;* **to earn a** ~ Lohn erhalten ② (*fig: results*) ■ ~**s** *pl* Lohn *m kein pl fig,* Quittung *f kein pl fig* (**of** für +*akk*); **the ~s of sin** der Sünde Lohn

wage claim, wage demand *n* BRIT, AUS Lohnforderung *f*

waged [weɪdʒd] *adj inv* Lohn empfangend, bezahlt

wage earner *n* Lohnempfänger(in) *m(f)* **wage freeze** *n* Lohnstopp *m;* **to impose a** ~ einen Lohnstopp verhängen **wage packet** *n* AUS, BRIT ① (*pay*) Lohn *m* ② (*envelope*) Lohntüte *f*

wager ['weɪdʒəʳ, AM -ɚ] **I.** *n* ① (*bet*) Wette *f;* **to lay** [*or* **make**] **a** ~ wetten, eine Wette eingehen ② (*stake*) [Wett]einsatz *m* **II.** *vt* ■ **to** ~ **that ...** wetten [*o* darauf setzen], dass ...; ***I'll ~ you £5 that they'll get there first*** ich wette um 5 Pfund mit dir, dass sie als Erste dort ankommen werden; **to** ~ **one's life/reputation** sein Leben/Ansehen aufs Spiel setzen

wage scale *n* Lohnskala *f*

waggish ['wægɪʃ] *adj* (*dated fam*) schelmisch, spitzbübisch

waggle ['wægl̩] **I.** *n* Wackeln *nt kein pl* **II.** *vt* ■ **to** ~ **sth** mit etw *dat* wackeln; ***she was waggling a gun*** sie fuchtelte mit einer Pistole herum **III.** *vi* wackeln

waggly ['wægl̩i] *adj* wack[e]lig

wag(g)on ['wægən] *n* ① (*cart*) Wagen *m;* (*wooden cart*) Karren *m;* **to be as cheeky as a ~-load of monkeys** so verrückt wie eine Fuhre Affen sein *fam;* **covered** ~ Planwagen *m* ② AUS, BRIT (*for freight*) Wagon *m;* **goods** ~ Güterwagon *m* ▶ PHRASES: **to be on the** ~ (*fam*) trocken sein *fam;* **to fall off the** ~ (*fam*) wieder zur Flasche greifen, wieder saufen *fam*

wag(g)oner ['wægənəʳ, AM -ɚ] *n* Fuhrmann *m veraltend*

Wagnerian [vɑːg'nɪəriən, AM 'nɪri] MUS **I.** *adj inv* ① (*by Wagner*) Wagnersch ② (*referring to Wagner*) wagnerisch, wagnerianisch, Wagner- **II.** *n* Wagnerianer(in) *m(f)*

wagon-lit *n* BRIT Schlafwagen *m* **wagonload** *n* Wagenladung *f,* Fuhre *f* **wagon train** *n* Planwagenzug *m*

wagtail <*pl* – *or* -s> ['wægteɪl] *n* ORN Bachstelze *f*

waif [weɪf] *n* (*liter*) ① (*abandoned child*) ausgesetztes Kind; (*neglected child*) verwahrlostes Kind ② (*animal*) streunendes Tier ③ ~**s and strays** (*people without a dwelling*) Obdachlose *pl;* (*homeless people*) Heimatlose *pl*

waif-like ['weɪflaɪk] *adj inv* elfenhaft

wail [weɪl] (*esp pej*) **I.** *vi* Klagelaute von sich *dat* geben, jammern; *sirens* heulen; *wind* pfeifen **II.** *vt* ■ **to** ~ **sth** etw beklagen; ■ **to** ~ **that ...** jammern, dass ... **III.** *n* Klagelaut *nt,* [Weh]klagen *nt kein pl,* Gejammer *nt kein pl; of sirens* Geheul *nt kein pl*

wailing ['weɪlɪŋ] *adj inv* jammernd, klagend; ~ **cries** Klagegeschrei *nt;* ~ **sirens** heulende Sirenen

Wailing Wall *n no pl* ■ **the** ~ die Klagemauer

wainscot ['weɪnskət] **I.** *n no pl* Wandtäfelung *f,* Holzverkleidung *f* **II.** *vt* <-t- *or* -tt-> **to** ~ **a room/a wall** einen Raum/eine Wand mit Holz verkleiden

waist [weɪst] *n* Taille *f; of skirts, trousers* Bund *m*

waistband *n* Bund *m* **waistcoat** *n* BRIT Weste *f* **waist-deep** *inv* **I.** *adj* bis zur Taille [reichend], hüfthoch **II.** *adv* bis zur Taille, hüfthoch

waisted ['weɪs(t)ɪd] *adj inv* tailliert

waist-high *adj inv see* **waist-deep** **waistline** *n* Taille *f,* Taillenumfang *m* **waist pack** *n* AM (*bumbag*) Gürteltasche *f,* Wimmerl *nt* SÜDD, ÖSTERR *fam*

wait [weɪt] **I.** *n no pl* Warten *nt* (**for** auf +*akk*); ***we had a three-hour ~ before we could see the doctor*** wir mussten drei Stunden warten, bevor wir den Arzt sprechen konnten ▶ PHRASES: **to lie in** ~ [**for sb**] [jdm] auflauern **II.** *vi* ① (*bide one's time*) warten (**for** auf +*akk*); ~ ***and see!*** warten Sie es ab!, abwarten und Tee trinken!; ~ ***for it!*** (*fam*) wart's [doch] ab! *fam;* ~ ***a bit*** [*or* ***minute***] [*or* ***moment***] [*or* ***second***]***!*** Moment mal!; **sb cannot** ~ **to do sth** jd kann es kaum erwarten, etw zu tun ② (*expect*) ■ **to** ~ **for** [*or* **on**] **sb/sth** jdn/etw erwarten ③ (*be delayed*) warten; **sth will have to** ~ etw wird warten müssen; **to keep sb ~ing** jdn warten lassen ④ (*express warning*) [***just***] ***you ~!*** warte [du] nur! ⑤ (*serve*) ■ **to** ~ **on sb** jdn bedienen; **to** ~ **on sb hand and foot** (*fig*) jdn von vorn[e] bis hinten bedienen; **to** ~ AUS, BRIT **at** [*or* AM **on**] **table[s]** (*form*) bedienen, als Kellner/Kellnerin arbeiten ▶ PHRASES: **time and tide** ~ **for no man** (*saying*) das Rad der Zeit lässt sich nicht anhalten *geh;* **to be ~ing in the wings** schon in den Startlöchern sitzen [und warten] *fig* **III.** *vt* AM (*serve*) **to** ~ **a meal for sb** mit dem Essen auf jdn warten ▶ PHRASES: **to** ~ **one's turn** warten, bis man an der Reihe ist

◆**wait about, wait around** *vi* warten; **to** ~ **about for sth to happen** darauf warten, dass etw geschieht

◆**wait behind** *vi* zurückbleiben

◆**wait in** *vi* zu Hause warten

◆**wait out** *vt* ■ **to** ~ **out** ↻ **sth** etw aussitzen

◆**wait up** *vi* ① (*not go to bed*) ■ **to** ~ **up for sb** wegen jdm aufbleiben ② AM (*wait*) ■ ~ **up!** warte mal!

wait-and-see *adj inv* abwartend *attr;* ~ **attitude** abwartende Haltung; ~ **policy** Politik *f* des Abwartens

waiter ['weɪtəʳ, AM -t̬ɚ] *n* Bedienung *f,* Kellner *m;* ~**!** Herr Ober!

waiting ['weɪtɪŋ, AM -t̬-] *n no pl* ① (*time*) ■ **the** ~ das Warten, die Warterei (**for** auf +*akk*) ② BRIT (*parking*) Halten *nt;* **"no ~"** „Halten verboten" ③ (*of waiter, waitress*) Bedienen *nt,* Servieren *nt*

waiting game *n* **to play a** [*or* **the**] ~ zunächst einmal abwarten **waiting list** *n* Warteliste *f;* **to put sb on the** ~ jdn auf die Warteliste setzen **waiting room** *n* Wartezimmer *nt*

waitress <*pl* -es> ['weɪtrɪs] *n* Kellnerin *f,* Bedienung *f*

waitressing ['weɪtrɪsɪŋ] *n no pl* Bedienen *nt,* Servieren *nt*

waive [weɪv] *vt* (*form*) ■ **to** ~ **sth** auf etw *akk* verzichten; **to** ~ **a fee/[a] payment** eine Gebühr/die Bezahlung erlassen; **to** ~ **an objection** einen Einwand fallen lassen; **to** ~ **one's right** auf sein Recht verzichten

waiver ['weɪvəʳ, AM -ɚ] *n* ① (*document*) Verzichterklärung *f* ② (*agreement*) Erlass *m;* (*repeal*) Außerkraftsetzung *f*

wake[1] [weɪk] *n* NAUT Kielwasser *nt;* AEROSP Turbulenz *f;* ■ **in the** ~ **of sth** (*fig*) infolge einer S. *gen;* **to follow in sb's** ~ (*also fig*) in jds Kielwasser *nt* segeln *a. fig;* **to leave sb/sth in one's** ~ (*also fig*) jdn/etw hinter sich *dat* zurücklassen

wake[2] [weɪk] *n* (*vigil*) Totenwache *f;* **to have** [*or* **hold**] **a** ~ [**for sb**] [für jdn] eine Totenwache halten

wake[3] <woke *or* waked, woken *or* waked> [weɪk] **I.** *vi* aufwachen **II.** *vt* (*rouse*) ■ **to** ~ **sb** jdn aufwecken; (*fig*) ■ **to** ~ **sth in sb** etw in jdm [er]wecken ▶ PHRASES: **to** ~ **the dead** die Toten auferwecken

◆**wake up I.** *vi* ① (*after being asleep*) aufwachen *a. fig;* ~ ***up Daniel! it's your turn*** wach auf Daniel! du bist dran; ■ **to** ~ **up to sth** sich *dat* einer S. *gen* bewusst werden ② COMPUT (*switch on*) einschalten ▶ PHRASES: ~ **up and smell the coffee!** AM (*saying fam*) wach endlich auf und sieh den Tatsachen ins Auge! **II.** *vt* ■ **to** ~ **up** ↻ **sb** jdn aufwecken; ***he woke himself up with his own snoring*** er wachte von seinem eigenen Schnarchen auf

wakeboarding ['weɪkbɔːdɪŋ, AM -bɔːrd-] *n* SPORTS Wakeboarding *nt*

wakeful ['weɪkfəl] *adj* (*form*) ① (*not able to sleep*) ■ **to be** ~ nicht schlafen können ② (*period of time*)

~ **night** schlaflose Nacht ③ (*vigilant*) wach, wachsam; **to feel** ~ sich *akk* munter fühlen

wakefulness ['weɪkfəlnəs] *n no pl* ① (*sleeplessness*) Schlaflosigkeit *f* ② (*watchfulness*) Wachsamkeit *f*

waken ['weɪkən] *vi* (*form*) aufwachen

wake-up call *n* ① (*hotel wake-up service*) Weckruf *m*; **to give sb a** ~ jdn wecken ② (*fig: call to attention*) Warnruf *m*

wakey ['weɪki] *interj* (*hum*) ~ ~**!** aufwachen!

waking ['weɪkɪŋ] *n no pl* Wachsein *nt*, Wachen *nt*

Wales [weɪlz] *n no pl* Wales *nt*

walk [wɔːk, AM wɑːk] **I.** *n* ① (*going on foot*) Gehen *nt*; (*as recreation*) Spaziergang *m*; ***it's only a five minute ~ away*** es sind nur fünf Minuten [zu Fuß] von hier; **to go for** [*or* **take**] **a** ~ einen Spaziergang machen; **to take sb out for a** ~ mit jdm einen Spaziergang machen ② (*gait*) Gang *m* ③ (*walking speed*) *of horse* Schritt *m*; **to drop into** [*or* **slow to**] **a** ~ in Schritttempo verfallen; ***she slowed the horses to a ~*** sie ließ die Pferde im Schritt gehen ④ (*promenade*) Spazierweg *m*; (*path in rural area*) Wanderweg *m* ⑤ (*spiritual journey*) [spirituelle] Suche ▸ PHRASES: ~ **of life** soziale Schicht, Gesellschaftsschicht *f*; ***people from all ~s of life*** Leute aus allen Gesellschaftsschichten **II.** *vt* ① (*go on foot*) ■**to** ~ **sth** etw zu Fuß gehen; **to** ~ **a distance** eine Strecke zu Fuß zurücklegen; **to** ~ **the plank** (*hist: sailor's punishment*) *über eine Schiffsplanke ins Wasser getrieben werden*; **to** ~ **the streets** (*wander*) durch die Straßen gehen; (*be a prostitute*) auf den Strich gehen *sl* ② (*accompany*) ■**to** ~ **sb somewhere** jdn irgendwohin begleiten; **to** ~ **sb off his/her feet** (*fig*) ein so zügiges Tempo vorlegen, dass jd kaum mithalten kann; ***he ~ed me off my feet*** ich konnte kaum mit ihm mithalten; ■**to** ~ **sb through sth** etw mit jdm durchgehen; **to** ~ **sb home** jdn nach Hause bringen ③ (*take for a walk*) **to** ~ **the dog** den Hund ausführen, mit dem Hund Gassi gehen *fam* ④ BRIT (*fam: succeed easily*) ■**to** ~ **sth** etw spielend meistern *geh* **III.** *vi* ① (*go on foot*) ■**to** ~ [**somewhere**] zu Fuß [irgendwohin] gehen; ***it takes half an hour to ~ to the office*** man braucht zu Fuß eine halbe Stunde ins Büro; ***can your toddler ~ yet?*** kann dein Kleiner schon laufen?; **to** ~ **on one's hands** auf den Händen laufen; **to begin to** ~ laufen lernen ② (*for exercise*) ■**to** ~ [**somewhere**] [irgendwo] spazieren gehen ③ (*fig: take advantage of*) **to** ~ [**all**] **over sb** jdn ausnutzen [*o bes* SÜDD, ÖSTERR ausnützen] ④ (*fig: get caught in*) **to** ~ [**right** [*or* **straight**]] **into sth** [mitten] in etw *akk* geraten; **to** ~ **into a trap** in eine Falle gehen [*o fam* tappen] ⑤ (*easily get*) **to** ~ [**right** [*or* **straight**]] **into a job** [leicht] eine Stelle bekommen ⑥ THEAT ■**to** ~ **through sth** etw [ein]üben ⑦ (*fig fam: go missing*) Beine bekommen [*o* kriegen] *fam* ▸ PHRASES: **to** ~ **on air** selig sein, sich *akk* wie im siebten Himmel fühlen, auf Wolken schweben; **to** ~ **the beat** seine Runde gehen [*o* machen]; **to** ~ **on eggs** [*or* **eggshells**] einen Eiertanz aufführen; **to** ~ **before one can run** laufen lernen, bevor man springt

◆**walk away** *vi* ① (*remove sth*) ■**to** ~ **away with sth** etw mitgehen lassen *fam* ② (*easily win*) ■**to** ~ **away with sth** etw spielend gewinnen; **to** ~ **away from one's competition** die Konkurrenz mit Leichtigkeit besiegen ③ (*pej: stop dealing with*) ■**to** ~ **away from sth** etw *dat* ausweichen [*o* aus dem Weg gehen] ④ (*escape unhurt*) **to** ~ **away from an accident** einen Unfall unverletzt überstehen

◆**walk in** *vi* hereinkommen, hereinspazieren *fam*; ■**to** ~ **in on sb/sth** bei jdm/etw hereinplatzen *fam*

◆**walk off I.** *vt* **to** ~ **off anger/depression/pain** spazieren gehen, um den Ärger/die Depressionen/die Schmerzen loszuwerden; **to** ~ **off a meal** einen Verdauungsspaziergang machen **II.** *vi* ① (*leave*) weggehen ② (*take without asking*) ■**to** ~ **off with sth** etw mitgehen lassen *fam* ③ (*easily win*) ■**to** ~ **off with sth** etw spielend gewinnen

◆**walk on** *vi* THEAT eine Nebenrolle spielen

◆**walk out** *vi* ① (*leave*) gehen; ***she ~ed out of his life forever*** sie verschwand für immer aus seinem Leben; ■**to** ~ **out on sb** jdn im Stich lassen [*o* verlassen]; **to** ~ **out of a meeting** eine Sitzung [aus Protest] verlassen ② (*go on strike*) streiken ③ BRIT (*dated: court*) ■**to** ~ **out with sb** mit jdm gehen *fam*

◆**walk through** *vt* COMPUT ■**to** ~ **through** ↻ **sth** etw durchgehen

walkabout *n esp* BRIT (*fam*) Rundgang *m*; **to go on a** ~ ein Bad in der Menge nehmen ▸ PHRASES: **to go** ~ (*hum*) *person* verschwinden; *object* sich *akk* selbstständig machen *hum* **walkaway** *n* AM leichter [*o* spielender] Sieg; **to win in a** ~ einen leichten Sieg davontragen

walker ['wɔːkəʳ, AM 'wɑːkɚ] *n* ① (*person on foot*) Fußgänger(in) *m(f)*; (*for recreation*) Spaziergänger(in) *m(f)*; **to be a fast/slow** ~ schnell/langsam gehen ② (*as sport*) Geher(in) *m(f)* ③ AM (*walking frame*) Gehhilfe *f* ④ (*for baby*) Laufstuhl *m* ⑤ (*pej: single*) *gut gekleideter Single der Oberklasse*

walker-on *n* Statist(in) *m(f)*

walkies ['wɔːkiːz, AM 'wɑː-] *npl* (*fam*) ~**!** komm Gassi! *fam*; ■**to go** ~ Gassi gehen *fam*

walkie-talkie [ˌwɔːki'tɔːki, AM ˌwɑːki'tɑː-] *n* [tragbares] Funksprechgerät, Walkie-Talkie *nt*

walk-in *adj* begehbar; ~ **wardrobe** begehbarer Kleiderschrank **walk-in clinic** *n esp* AM *Klinik, für die keine Voranmeldung nötig ist*

walking ['wɔːkɪŋ, AM 'wɑː-] **I.** *n no pl* Gehen *nt*; (*as recreation*) Spazierengehen *nt* **II.** *adj attr, inv* ① (*of movement on foot*) Geh-; ~ **aid** Gehhilfe *f*; **to be within** ~ **distance** zu Fuß erreichbar sein ② (*human*) wandelnd; **to be a** ~ **encyclopaedia** ein wandelndes Lexikon sein *hum fam*

walking boots *n* Wanderstiefel *mpl* **walking frame** *n* AUS, BRIT Gehhilfe *f* **walking orders** *npl* (*fam*), **walking papers** *npl* (*fam*) Entlassungspapiere *pl*; **to give sb their** ~ jdn feuern; **to get one's** ~ entlassen werden *fam* **walking shoes** *npl* Wanderschuhe *mpl* **walking stick** *n* Spazierstock *m*; *for old people* Stock *m*; *for invalids* Krücke *f*, Krückstock *m* **walking tour** *n* ① (*in town*) [Stadt]rundgang *m* (**of/through** durch +*akk*); (*guided tour*) Führung *f* (**of** durch +*akk*) ② (*in the countryside*) Wanderung *f* **walking wounded** *npl* ■**the** ~ die Leichtverwundeten *pl*

Walkman® <*pl* -men *or* -s> ['wɔːkmən, AM 'wɑːk-, *pl* -mən] *n* Walkman® *m*; **to listen** [*or fam* **be plugged in**] **to one's** ~ Walkman hören

walk-on *adj attr, inv* THEAT, FILM Statisten-; ~ **part** [*or* **role**] Statistenrolle *f*; ~ **role** Komparsenrolle *f*

walkout *n* Arbeitsniederlegung *f*, Ausstand *m*; **to stage a** ~ (*strike*) aus Protest die Arbeit niederlegen; (*at a meeting*) ***senior union workers staged a ~ this afternoon at the annual conference*** leitende Gewerkschaftsmitglieder verließen heute Nachmittag auf der Jahrestagung demonstrativ den Saal

walkover *n* ① (*easy victory*) leichter Sieg, Spaziergang *m fam* ② (*bye*) kampfloser Sieg; **to win a** ~ kampflos gewinnen **walk-through** *n* Probe *f*; ***before we film this scene, let's have a ~*** lasst uns die Szene noch einmal durchgehen, bevor wir sie filmen **walk-up** *n* AM ① (*building*) Haus *nt* ohne Aufzug ② (*apartment*) Wohnung *f* in einem Haus ohne Aufzug **walkway** *n* [Fuß]weg *m*; (*covered path*) überdachter Weg, Gang *m*; (*raised path*) [Lauf]steg *m*; **moving** ~ Laufband *nt*

wall [wɔːl] **I.** *n* ① (*of a house, town*) Mauer *f*; (*of a room*) Wand *f*; (*around a plot*) Mauer *f*, Einfriedung *f*; ***this is like banging your head against a brick ~*** das ist, als ob man mit dem Kopf gegen eine Wand rennt; **city** ~ Stadtmauer *f*; **the Berlin W~** (*hist*) die Berliner Mauer *hist*; **the Great W~ of China** die Chinesische Mauer; **dry-stone** ~ Bruchsteinmauer *f* ② MED, ANAT Wand *f*; **artery** ~ Arterienwand *f* ③ (*of a tyre*) Mantel *m* ④ (*barrier*) Mauer *f*; **a** ~ **of men** eine Mauer von Menschen; **a** ~ **of silence** (*fig*) eine Mauer des Schweigens; **a** ~ **of water** eine Wasserwand; **a** ~ **of words** ein Wortschwall *m pej* ▸ PHRASES: **to have one's back to the** ~ mit dem Rücken an der [*o* zur] Wand stehen; **to hit** [*or* **come up against**] **a brick** ~ gegen eine Wand rennen; **to talk to a brick** ~ gegen eine Wand reden; ~**s have ears** (*saying*) die Wände haben Ohren; **to be a fly on the** ~ Mäuschen spielen *fam*; **the weakest go to the** ~ (*prov*) den Letzten beißen die Hunde *prov*; **the writing is on the** ~ das Ende vom Lied ist abzusehen; **this must not go beyond these four** ~**s** das muss innerhalb dieser vier Wände bleiben; **to be off-the-**~ verrückt sein *fam*; **to climb the** ~**s** *in anger* die Wände hochgehen *fam*; *due to worry* vor Sorgen verrückt werden *fam*; **to drive** [*or* **send**] **sb up the** ~ jdn zur Weißglut treiben *fam*; **to go to the** ~ Konkurs machen; **to go up the** ~ die Wände hochgehen *fam*, ausrasten *fam* **II.** *vt* ① *usu passive* (*enclose*) ■**sth is** ~**ed in** etw ist ummauert [*o* mit einer Mauer umgeben] ② *usu passive* (*separate*) ■**to be** ~**ed off** durch eine Mauer abgetrennt werden; (*in a building*) durch eine Wand abgetrennt werden; (*fig*) abgeschottet sein ③ (*imprison*) ■**to** ~ **sb** ↻ **up** jdn einmauern ④ (*fill in*) ■**to** ~ **sth** ↻ **up** etw zumauern

walla ['wɒlə, AM 'wɑːlɑː] *n* (*hum fam: female*) Dienstmädchen *nt*, Minna *f hum fam*; (*male*) Butler *m hum*

wallaby ['wɒləbi, AM 'wɑːl-] *n* Wallaby *nt*

wallah *n see* **walla**

wall bars *npl* Sprossenwand *f* **wallboard** *n no pl* [Wand]faserplatte *f* **wall chart** *n* Schautafel *f* **wall clock** *n* Wanduhr *f* **wallcovering** *n* Tapete *f*

walled [wɔːld] *adj inv* von einer Mauer umgeben; ■**to be** ~ **off** durch eine Mauer abgetrennt sein; (*in a building*) durch eine Wand abgetrennt sein

wallet ['wɒlɪt, AM 'wɑːl-] *n* ① (*for money*) Brieftasche *f* ② *esp* BRIT (*for documents*) Dokumentenmappe *f*

walleye ['wɔːlaɪ] *n* (*pikeperch*) Zander *m*

wall-eyed *adj inv* MED *bei den Augen ist mehr Weiß als Iris zu sehen, was durch Schielen bedingt sein kann* **wallflower** *n* ① HORT Goldlack *m* ② (*fam: woman*) Mauerblümchen *nt fam* **wall hanging** *n* Wandteppich *m* **wall map** *n* Wandkarte *f*

Walloon [wɒl'uːn, AM wɑː'luːn] *n* ① (*person*) Wallone, -in *m, f* ② *no pl* (*language*) Wallonisch *nt*

wallop ['wɒləp, AM 'wɑː-] (*fam*) **I.** *vt* ■**to** ~ **sb** ① (*hit*) jdn schlagen; **to** ~ **sb across the head** jdm eins überbraten *fam*; **to** ~ **the living daylights out of sb** jdn windelweich schlagen *fam* ② (*fig: win*) jdn haushoch besiegen [*o* schlagen] **II.** *n* Schlag *m*

walloping ['wɒləpɪŋ, AM 'wɑː-] **I.** *adj attr, inv* (*fam*) ① (*hum: very big*) ~ [**great**] riesig *fam*, Mords- *fam* ② AM (*very good*) super *fam*; ***we had a ~ good time at Darryl's birthday party*** wir haben uns auf Daryls Geburtstag super[gut] amüsiert **II.** *n usu sing* Tracht *f* Prügel *fam*; **to give sb a** ~ jdm eine Tracht Prügel verpassen *fam*, jdn verhauen *fam*

wallow ['wɒləʊ, AM 'wɑːloʊ] **I.** *n usu sing* Bad *nt a. fig*; ***he likes a good ~ in the bath*** er liebt es, so richtig ausgiebig zu baden **II.** *vi* ■**to** ~ **in sth** ① (*lie*) sich *akk* in etw *dat* wälzen [*o* suhlen] ② (*pej: in negativity*) sich *akk* etw *dat* hingeben, etw *dat* frönen *geh*; **to** ~ **in self-pity** in [*o* vor] Selbstmitleid zerfließen ③ (*revel*) in etw *dat* schwelgen *geh*; **to** ~ **in luxury** im Luxus baden [*o geh* schwelgen]

wall painting *n* Wandgemälde *nt* **wallpaper I.** *n* ① (*for decoration*) Tapete *f*; **a roll of** ~ eine Tapetenrolle; **to hang** [*or* **put up**] ~ [**in a room**] [ein Zimmer] tapezieren ② STOCKEX Emission *f* bei Aktienumtausch ③ COMPUT Hintergrundbild *nt* **II.** *n modifier* Tapeten-; ~ **paste** Tapetenkleister *m* **III.** *vt* ■**to** ~ **sth** etw tapezieren **wallpaper music** *n no pl* BRIT (*pej fam*) Hintergrundmusik *f* **wall socket** *n* [Wand]steckdose *f*

Wall Street *n no pl* Wall Street *f*, Wallstreet *f*

wall-to-wall *adj inv* ① (*covering floor*) ~ **carpet** Teppichboden *m* ② (*fig: continuous*) ständig; ~ **coverage** Berichterstattung *f* rund um die Uhr; ~ **parties** eine Party nach der anderen

wally ['wɒli] *n* BRIT (*fam*) Vollidiot *m pej fam*

walnut ['wɔːlnʌt] **I.** *n* ① (*nut*) Walnuss *f* ② (*tree*) Walnussbaum *m* ③ *no pl* (*wood*) Nussbaumholz *nt* **II.** *n modifier* ① FOOD (*bread, shell, tree*) Walnuss-

❷ (*wood*) (*cabinet, chair, table*) Nussbaum-; ~ **finish** Nussbaumimitat *nt*

Walpurgis night [vælˈpʊəgɪs-, AM vɑːlˈpʊr-] *n* Walpurgisnacht *f*

walrus <*pl* – *or* -es> [ˈwɔːlrəs] *n* Walross *nt*

walrus moustache *n* Schnauzbart *m*

Walter Mitty [ˌwɒltəˈmɪti, AM ˌwɔːltə-] *adj attr, inv* Versager-

waltz [wɒls, AM wɔːlts] **I.** *n* <*pl* -es> Walzer *m* **II.** *vi* ❶ (*dance*) Walzer tanzen, walzen *veraltend o hum* ❷ (*fam: walk*) spazieren; ***you can't just ~ into my office unannounced*** du kannst nicht einfach unangemeldet in mein Büro platzen *fam;* ■**to ~ across to sb** zu jdm rübergehen *fam;* ■**to ~ in** hereintanzen *fam,* hereinspazieren *fam;* ■**to ~ up to sb** auf jdn [einfach] zugehen

◆**waltz off** *vi* abtanzen *fam,* abziehen *fam*

◆**waltz through** *vi* (*fam*) ■**to ~ through sth** etw mit Leichtigkeit schaffen; **to ~ through an exam** ein Examen mit links bestehen *fam*

wan <-nn-> [wɒn, AM wɑːn] *adj* fahl; ~ **face** blasses [*o* bleiches] Gesicht; ~ **light** fahles [*o* schwaches] Licht; ~ **smile** mattes Lächeln

wand [wɒnd, AM wɑːnd] *n* ❶ (*of a magician*) Zauberstab *m;* **to wave one's magic ~** (*also fig*) den Zauberstab schwingen *a. fig* ❷ (*for mascara*) Mascarabürste *f,* Mascara *m* ❸ COMPUT Lesestift *m*

wander [ˈwɒndəʳ, AM ˈwɑːndɚ] **I.** *n usu sing* (*fam*) Bummel *m fam,* Streifzug *m;* **to go for** [*or* **have**] [*or* **take**] **a ~ around the city** einen Stadtbummel machen *fam;* **to go for** [*or* **have**] [*or* **take**] **a ~ through the park/town** einen Bummel durch den Park/die Stadt machen *fam* **II.** *vt* **to ~ the streets** (*leisurely*) durch die Straßen schlendern; (*being lost*) durch die Straßen irren **III.** *vi* ❶ (*lose concentration*) abschweifen; ***my attention is ~ing*** ich bin nicht bei der Sache ❷ (*become confused*) wirr werden; ***her mind is beginning to ~*** sie wird allmählich wirr [im Kopf *fam*]

◆**wander around** *vi* umherstreifen; **to ~ around the city** einen Bummel durch die Stadt machen

◆**wander off** *vi* ❶ (*walk away*) weggehen; *children* weglaufen, sich *akk* selbstständig machen *hum* ❷ (*fig: change subject*) abschweifen; **to ~ off the point/topic** vom Thema abkommen [*o* abschweifen]

wanderer [ˈwɒndərəʳ, AM ˈwɑːndɚɚ] *n* ❶ (*person*) Wandervogel *m hum veraltet* ❷ (*animal*) umherziehendes Tier

wandering [ˈwɒndərɪŋ, AM ˈwɑːndɚ-] *adj attr* ❶ *inv* (*nomadic*) wandernd *attr,* Wander-; **the W~ Jew** der Ewige Jude; **a ~ Jew** ein Ahasver *m selten* (*ruheloser Mensch*); **~ minstrel/tinker** fahrender Sänger/Kesselflicker; ~ **people/tribe** nomadisierendes Volk/nomadisierender Stamm, Nomadenvolk *nt*/Nomadenstamm *m* ❷ (*not concentrating*) abschweifend; (*rambling*) wirr; ~ **eyes** umherschweifende Augen; ~ **story** weitschweifende Geschichte

wanderings [ˈwɒndərɪŋz, AM ˈwɑːndɚ-] *npl* (*travels*) Reisen *fpl;* (*walks*) Streifzüge *mpl*

wanderlust [ˈwɒndəlʌst, AM ˈwɑːndɚ-] *n no pl* Reiselust *f,* Fernweh *nt*

wane [weɪn] **I.** *vi* ❶ (*weaken*) abnehmen; *interest, popularity* schwinden *geh* ❷ *the moon* abnehmen; **to wax and ~** zu- und abnehmen **II.** *n no pl* Abnehmen *nt,* Schwinden *nt geh;* **to be on the ~** im Abnehmen begriffen sein *geh; interest, popularity* [dahin]schwinden *geh*

wangle [ˈwæŋgl] *vt* (*fam*) ■**to ~ sth** etw deichseln *fam* [*o* organisieren]; ***she managed to ~ an invitation to his house*** es gelang ihr, sich eine Einladung zu ihm nach Hause zu verschaffen; **to ~ one's way into sth** sich *akk* in etw *akk* [hinein]mogeln; **to ~ one's way out of sth** sich *akk* aus etw *dat* herauswinden

wank [wæŋk] BRIT, AUS **I.** *vi* (*vulg*) ■**to ~** [**off**] sich *dat* einen runterholen *vulg,* wichsen *vulg* **II.** *vt* (*vulg*) ■**to ~ sb off** jdm einen runterholen *vulg* **III.** *n* (*vulg*) Wichsen *nt kein pl vulg;* **to have a ~** sich *dat* einen runterholen *vulg,* wichsen *vulg*

wanker [ˈwæŋkəʳ] *n* BRIT, AUS (*vulg*) Wichser *m pej vulg;* **a bunch of ~s** ein Haufen *m* Wichser *pej vulg*

wanky [ˈwæŋki] *adj* BRIT, AUS (*vulg*) schwachsinnig *pej fam*

wanly [ˈwɒnli, AM ˈwɑːn-] *adv* matt, erschöpft

wanna [ˈwɒnə, AM ˈwɑːnə] (*fam*) = **want to** *see* **want II, III**

wannabe(**e**) [ˈwɒnəbi, AM ˈwɑːn-] *adj attr esp* AM (*pej fam*) Möchtegern- *iron fam;* ~ **actress** Möchtegernschauspielerin *f iron fam*

want [wɒnt, AM wɑːnt] **I.** *n* ❶ (*need*) Bedürfnis *nt;* **to be in ~ of sth** etw benötigen [*o* brauchen] ❷ *no pl* (*lack*) Mangel *m;* ***the time of ~ in the prison camp had broken her health*** die entbehrungsreiche Zeit, die sie im Gefangenenlager durchlitten hatte, hatte ihre Gesundheit zerstört; **to live in ~** Not leiden; **for** [*or* **from**] **~ of sth** aus Mangel an etw *dat,* mangels einer S. *gen;* ***it won't be for ~ of trying*** zumindest haben wir es dann versucht; **for ~ of anything better to do, …** da ich nichts Besseres zu tun hatte, … **II.** *vt* ❶ (*wish*) ■**to ~ sth** etw wünschen [*o* wollen]; (*politely*) etw mögen; (*impolitely*) etw haben wollen; ***what do you ~ out of life?*** was willst du vom Leben?; ***I don't ~ any more tea, thanks*** ich möchte keinen Tee mehr, danke; ■**to ~ sb** (*to see*) nach jdm verlangen; (*to speak to*) jdn verlangen; (*sexually*) jdn begehren; ■**to ~ sb to do sth** wollen, dass jd etw tut; ***do you ~ me to take you to the station?*** soll ich dich zum Bahnhof bringen?; ■**to ~ sth done** wünschen, dass etw getan wird; **to be ~ed by the police** polizeilich gesucht werden; ■**to ~ to do sth** etw tun wollen; ***what do you ~ to eat?*** was möchtest du essen?; ***I ~ to be picked up at the airport at about nine o'clock*** ich möchte gegen neun Uhr vom Flughafen abgeholt werden ❷ (*need*) ■**to ~ sb/sth** jdn/etw brauchen; ***your hair ~s doing*** du solltest mal wieder zum Friseur gehen; ***you'll ~ a coat on*** du wirst einen Mantel brauchen; ■**to be ~ed** gebraucht werden ❸ (*fam: should*) ■**to ~ to do sth** etw tun sollen; ***you ~ to tell him before it's too late*** du solltest es ihm sagen, bevor es zu spät ist; ***you ~ to turn left here at the next traffic lights*** Sie müssen hier an der nächsten Ampel links abbiegen ▶ PHRASES: **to ~ one's head seen to** [*or* **examined**] *esp* BRIT sich *akk* mal auf seinen Geisteszustand untersuchen lassen müssen *hum fam;* **to not ~ any part of sth** nichts mit etw *dat* zu tun haben wollen; **to ~ one's pound of flesh** Genugtuung verlangen *geh;* **to ~ one's share** [*or* **slice**] **of the cake** seinen Anteil fordern, sein Stück vom Kuchen abhaben wollen *fam;* **to ~ it** [*or* **everything**] [*or* **things**] **both ways** alles wollen; **to have sb where one ~s him/her** jdn da haben, wo man ihn/sie haben will; **to not ~ to know** (*prefer ignorance*) nichts [davon] wissen wollen; (*feign ignorance*) so tun, als ob man nichts davon wüsste; **waste not, ~ not** (*prov*) spare in der Zeit, dann hast du in der Not *prov* **III.** *vi* ❶ (*form: lack*) **sb ~s for nothing** jdm fehlt es an nichts ❷ (*fam:* [*not*] *be part of*) ■**to ~ in** [**on sth**] [bei etw *dat*] dabei [*o* mit von der Partie] sein wollen; ■**to ~ out** [**of sth**] [aus etw *dat*] aussteigen wollen *fam*

want ad *n* AM (*fam: classified ad*) Anzeige *f,* Annonce *f*

wantage [ˈwɑːnţɪdʒ] *n usu sing* AM (*need*) Mangel *m kein pl* (**of** an +*dat*); ***there is a serious ~ of initiative in industry at the moment*** zur Zeit mangelt es [in] der Industrie an Initiative

wanted [ˈwɒntɪd, AM ˈwɑːnţ-] *adj* ❶ (*desired*) erwünscht; (*in an ad*) gesucht; ***she was a much ~ baby*** sie war ein sehnsüchtig erwartetes Wunschkind ❷ (*by the police*) gesucht; ■**to be ~** gesucht werden

wanting [ˈwɒntɪŋ, AM ˈwɑːnt-] *adj pred* ❶ *inv* (*be required*) ■**to be ~** fehlen; ***initiative is ~ in this situation*** in dieser Situation fehlt es an Initiative ❷ *inv* (*not having*) ■**sb/sth is ~ in sth** jdm/etw fehlt es an etw *dat,* jd/etw lässt etw vermissen; ***I think she's a little ~ in charm*** meiner Meinung nach fehlt es ihr etwas an Charme ❸ (*deficient*) **to be found to be ~** sich *akk* als unzulänglich erweisen; ***he is ~ in certain areas*** er weist in einigen Bereichen Defizite auf; **to be tried and found ~** sich *akk* als unzulänglich erweisen, gewogen und [für] zu leicht befunden werden

wanton [ˈwɒntən, AM ˈwɑːntᵊn] *adj* ❶ (*wilful*) leichtfertig, rücksichtslos; ~ **destruction** mutwillige Zerstörung; ~ **disregard** völlige Gleichgültigkeit; ~ **waste** sträfliche Verschwendung ❷ *usu attr* (*dated or hum: dissolute*) wollüstig *geh;* ~ **smile** lüsternes Lächeln *geh* ❸ (*liter: capricious*) übermütig, launenhaft; ~ **breeze** leichte Brise

wantonly [ˈwɒntənli, AM ˈwɑːntᵊn-] *adv* ❶ (*wilfully*) mutwillig ❷ (*dated or hum: dissolutely*) schamlos ❸ (*liter: capriciously*) übermütig

wantonness [ˈwɒntənnəs, AM ˈwɑːntᵊn] *n no pl* Mutwille *m,* Übermut *m; sexuality* Lüsternheit *f,* Liederlichkeit *f*

WAP [wɒp, AM wɑːp] *n* INET *acr for* **Wireless Application Protocol** WAP *nt* (*Verfahren, mit dem über das Handy Informationen aus dem Internet abgerufen werden können*)

Wapalizer [ˈwɒpəlaɪzəʳ, AM ˈwɑːpəlaɪzɚ] *n* INET, COMPUT WAP-Software *f* für PC **WAP-enabled mobile phone** [ˌwɒpɪneɪbl̩dˌməʊbaɪlˈfəʊn, AM ˌwɑːpɪneɪbl̩dˌmoʊbaɪlˈfoʊn] *n* INET, COMPUT WAP-fähiges Handy

wapiti <*pl* – *or* -s> [ˈwɒpɪti, AM ˈwɑːpəţi] *n* Wapiti *m*

WAP phone [ˈwɒpˌfəʊn, AM ˈwɑːpˌfoʊn] *n* COMPUT, TELEC, INET *abbrev of* **wireless access protocol phone** WAP-Handy *nt*

war [wɔːʳ, AM wɔːr] *n* ❶ *no pl* (*armed combat*) Krieg *m;* **the art of ~** die Kriegskunst; **to carry the ~ into the enemy's camp** den Krieg ins Lager der Feinde tragen; (*fig*) zum Gegenangriff ansetzen; **the horrors of ~** die Schrecken *pl* des Krieges; **at the outbreak of the ~** bei Kriegsausbruch *m;* **state of ~** Kriegszustand *m;* **in times of ~** in Kriegszeiten; **civil ~** Bürgerkrieg *m;* **to be at ~** (*also fig*) sich *akk* im Kriegszustand befinden *a. fig;* **to declare ~ on sb/sth** jdm/etw den Krieg erklären; (*fig*) jdm/etw den Kampf ansagen; **to go to ~** in den Krieg ziehen; **to wage ~ against** [*or* **on**] **sb/sth** gegen jdn/etw Krieg führen; (*fig*) jdn/etw bekämpfen ❷ (*armed conflict*) Krieg *m;* **a ~ of attrition** ein Zermürbungskrieg *m;* **the American Civil W~** der Amerikanische Bürgerkrieg; **the cold ~** (*hist*) der Kalte Krieg *hist;* **the Great W~, World W~ I** der Erste Weltkrieg; **holy ~** heiliger Krieg; **the Vietnam W~** der Vietnamkrieg ❸ (*conflict*) Kampf *m;* **class ~** *esp* BRIT Klassenkampf *m;* **a ~ of nerves** (*fig*) ein Nervenkrieg *m;* **price/trade ~** Preis-/Handelskrieg *m* ▶ PHRASES: **all's fair in love and ~** (*prov*) in der Liebe und im Krieg ist alles erlaubt; **to have been in the ~s** *esp* BRIT [ziemlich] ramponiert aussehen *fam*

war atrocities *npl* Kriegsgräuel *pl geh,* Kriegsverbrechen *ntpl;* **to commit ~** Kriegsverbrechen begehen **war baby** *n* ❶ (*child*) Kriegskind *nt* ❷ AM (*fam: bond*) *Aktie, die durch einen Krieg an Wert gewinnt*

warble [ˈwɔːbl̩, AM ˈwɔːr-] *vi bird* trillern; (*hum*) *person* trällern

warbler [ˈwɔːbləʳ, AM ˈwɔːrblɚ] *n* ❶ (*songbird*) Grasmücke *f;* (*any singing bird*) Singvogel *m* ❷ (*hum: person*) Sänger(in) *m(f)*

war bride *n* Kriegsbraut *f* **war bulletin** *n* Kriegsbericht *m* **war chest** *n* (*for a war*) Kriegskasse *f;* (*for a campaign*) Mittel *ntpl* für eine Kampagne; (*for a strike*) Streikkasse *f* **war cloud** *n usu pl* [drohende] Kriegsgefahr; **~s gather** es droht Kriegsgefahr **war correspondent** *n* Kriegsberichterstatter(in) *m(f)* **war crime** *n* Kriegsverbrechen *nt* **war criminal** *n* Kriegsverbrecher(in) *m(f)* **war cry** *n* Schlachtruf *m;* (*fig*) Parole *f*

ward [wɔːd, AM wɔːrd] **I.** *n* ❶ (*in hospital*) Station *f;* **maternity ~** Entbindungsstation *f;* **geriatric/psychiatric ~** geriatrische/psychiatrische Abteilung ❷ BRIT (*political area*) [Stadt]bezirk *m,* Wahlbezirk *m* ❸ AM (*in prison*) [Gefängnis]trakt *m* ❹ LAW (*protected by guardian*) Mündel *nt;* (*protected by court*) Minderjährige(r) *f(m)* **II.** *vt* ❶ (*fend off*) ■**to ~ sth**

○ off etw abwehren; *danger* etw abwenden ② LAW ■to ~ sb jd unter Vormundschaft stellen

war dance *n* Kriegstanz *m*

warden ['wɔ:dᵊn, AM 'wɔ:r-] *n* ① (*building manager*) [Heim]leiter(in) *m(f)* ② BRIT, AUS (*head of a college*) Rektor(in) *m(f)* ③ AM (*person running institution*) Leiter(in) *m(f)*, Direktor(in) *m(f)*; (*prison governor*) Gefängnisdirektor(in) *m(f)* ④ (*public official*) Aufseher(in) *m(f)*; **animal** ~ Tierwärter(in) *m(f)*; **game** ~ Wildaufseher(in) *m(f)*; **park** ~ Parkwächter(in) *m(f)*; **traffic** ~ BRIT Verkehrspolizist(in) *m(f)*, Politesse *f*

warder ['wɔ:dəʳ, AM 'wɔ:rdɚ] *n esp* BRIT [Gefängnis]aufseher(in) *m(f)*, [Gefängnis]wärter(in) *m(f)*, Vollzugsbeamte(r) *f(m)*

ward of court <*pl* wards of court> *n* ① (*protected by the court*) Mündel *nt* unter Amtsvormundschaft; ***she was made a*** ~ sie wurde unter Amtsvormundschaft gestellt ② (*protected by a guardian*) Mündel *nt*

wardress <*pl* -es> ['wɔ:drɪs, AM 'wɔ:r-] *n esp* BRIT [Gefängnis]aufseherin *f*, [Gefängnis]wärterin *f*

wardrobe ['wɔ:drəʊb, AM 'wɔ:rdroʊb] *n* ① (*cupboard*) [Kleider]schrank *m* ② *no pl* (*clothes*) Garderobe *f* ③ (*department*) Kostümfundus *m*

wardrobe mistress *n esp* BRIT THEAT Garderobiere *f*, Gewandmeisterin *f*

wardroom ['wɔ:drʊm, AM 'wɔ:rdru:m] *n* NAUT Offiziersmesse *f*

wardship ['wɔ:dʃɪp, AM 'wɔ:r-] *n no pl* Vormundschaft *f* (**of** für +*akk*)

ware [weəʳ, AM wer] *n* ① (*pottery*) Töpferware *f*, Steingut *nt*; **china** ~ Porzellan *nt* ② (*products*) *see* **wares** Ware[n] *f[pl]*, Artikel *m[pl]*

war effort *n* Kriegsanstrengungen *fpl*

warehouse ['weəhaʊs, AM 'wer-] *n* Lagerhaus *nt*, Lagerhalle *f*; **bonded** ~ Zolllager *nt*; ~ **capacity** Lagerhauskapazität *f*; **price ex** ~ Preis ab Lager

warehouseman *n* ① (*owner*) Lagerbesitzer *m* ② (*seller*) Großhändler *m* ③ (*worker*) Lagerverwalter *m*, Lagerist *m*

warehousing ['weəhaʊzɪŋ, AM 'wer] *n no pl* Lagerung *f*, Lagerhaltung *f*

wares [weəz, AM werz] *npl* (*articles*) Artikel *mpl*, Ware[n] *f[pl]*; (*fam: products*) Erzeugnisse *ntpl*

warfare ['wɔ:feəʳ, AM 'wɔ:rfer] *n no pl* Krieg[s]führung *f*; **guerilla/naval/nuclear** ~ Guerilla-/See-/Atomkrieg *m*

war film *n* Kriegsfilm *m* **war game** *n* Kriegsspiel *nt* **war grave** *n* Kriegsgrab *nt meist pl* **warhead** ['wɔ:hed, AM 'wɔ:r-] *n* Sprengkopf *m* **war hero** *n* Kriegsheld(in) *m(f)* **warhorse** *n* (*hist*) Schlachtross *nt hist*; (*fig fam: person*) **an old** ~ ein altes Schlachtross *fam*; ***an old civil rights ~, she's back in the political arena*** als kampferprobte Bürgerrechtlerin ist sie in die politische Arena zurückgekehrt

warily ['weərᵊli, AM 'wer-] *adv* vorsichtig; (*suspiciously*) misstrauisch

wariness ['weərɪnəs, AM 'wer] *n no pl* Wachsamkeit *f*, Vorsicht *f*

warlike *adj* ① (*military*) kriegerisch ② (*hostile*) militant, kämpferisch; ~ **speech** militante Rede

warlock ['wɔ:lɒk, AM 'wɔ:rlɑ:k] *n* Zauberer *m*, Hexenmeister *m*

warlord *n* Kriegsherr *m*

warm [wɔ:m, AM wɔ:rm] **I.** *adj* ① (*not cool*) warm; ***are you ~ enough?*** ist [es] dir warm genug?; **sb is as ~ as toast** [*or* AM *usu* **toasty** ~] (*fam*) jdm ist mollig warm; **nice and** ~ angenehm warm ② (*affectionate*) warm; ~ **person** warmherzige Person; ~ **welcome** herzliche Begrüßung; **to give a ~ welcome to sb** jdn herzlich willkommen heißen ③ *clothes* warm, wärmend *attr* ④ (*energetic*) ***cycling uphill is ~ work*** beim Radfahren bergauf kommt man ins Schwitzen ⑤ *usu attr colours* warm ⑥ *usu pred* (*close guess*) warm *fam*, nahe dran *fam*; ■**to be** ~ nahe dran sein *fam*; ***you're very*** ~ heiß; **to get** ~ der Sache näher kommen ⑦ *usu pred* (*fresh*) *track, trail* frisch ▶ PHRASES: **cold hands,** ~ **heart** kalte Hände, warmes Herz; **to keep sb's seat** ~ **for them** (*fam*) jds Platz *m* für jdn freihalten **II.** *n* ① *no pl* (*place*) **to come** [*or* **get**] **into the** ~ ins Warme kommen ② *usu sing* (*fam: heating up*) **to have a** ~ sich *akk* [auf]wärmen **III.** *vt* ■**to** ~ **sth** etw wärmen; **to** ~ **one's feet** sich *dat* die Füße wärmen; **to** ~ **the soup** die Suppe aufwärmen [*o fam* warm machen] ▶ PHRASES: **to** ~ **the** [*esp* BRIT **cockles of one's**] **heart** (*hum*) das Herz erwärmen, warm ums Herz machen **IV.** *vi* ① (*grow to like*) ■**to** ~ **to[wards] sb/sth** sich *akk* für jdn/etw erwärmen ② (*get animated*) **to** ~ **to a subject** [*or* **theme**] sich *akk* in ein Thema hineinfinden

◆**warm over** *vt* AM (*heat up*) ■**to** ~ **sth** ○ **over** etw aufwärmen ▶ PHRASES: **to feel like death** ~**ed over** sich *akk* wie eine wandelnde Leiche fühlen *fam*; **to look like death** ~**ed over** wie eine wandelnde Leiche aussehen *fam*

◆**warm through I.** *vt* ■**to** ~ **sth** ○ **through** etw warm machen **II.** *vi* warm werden

◆**warm up I.** *vi* ① (*become hot*) warm werden, sich *akk* erwärmen; *person* sich *akk* aufwärmen; *weather* wärmer werden ② (*begin to work*) warm werden; *engine, machine* sich *akk* warm laufen ③ (*become animated*) *party* in Schwung kommen *fam*; *people* in Stimmung kommen ④ (*limber up*) sich *akk* aufwärmen **II.** *vt* ① (*make hot*) ■**to** ~ **sth** ○ **up** etw warm machen; *machine, computer* etw anwärmen; **to** ~ **up an engine** einen Motor warm laufen lassen; **to** ~ **a room up** einen Raum erwärmen; ■**to** ~ **sb** ○ **up** jdn aufwärmen ② (*cook*) ■**to** ~ **sth** ○ **up** etw aufwärmen [*o* warm machen] ③ (*bring into the mood*) **to** ~ **up the audience** das Publikum in Stimmung bringen; **to** ~ **up a party** Stimmung in eine Party bringen ▶ PHRASES: **to feel like death** ~**ed up** sich *akk* wie eine wandelnde Leiche fühlen *fam*; **to look like death** ~**ed up** wie eine wandelnde Leiche aussehen *fam*

warm-blooded *adj inv* warmblütig; ~ **animal** Warmblüter *m*

warmed-over ['wɔ:rmd,oʊvɚ] *adj* AM ① *inv* (*warmed up*) *food* aufgewärmt ② (*pej: unimaginative*) aufgewärmt *pej fam*

war memorial *n* Kriegerdenkmal *nt veraltend*

warmer ['wɔ:məʳ, AM 'wɔ:rmɚ] *n* Mittel *nt* zum [Auf]wärmen

warm front *n* METEO Warmfront *f* **warm-hearted** *adj* warmherzig

warming ['wɔ:mɪŋ, AM 'wɔ:r-] *adj attr* wärmend

warmly ['wɔ:mli, AM 'wɔ:r-] *adv* ① (*with warm clothes*) **to dress** ~ sich *akk* warm anziehen ② (*affectionately*) herzlich

warmonger ['wɔ:,mʌŋgəʳ, AM 'wɔ:r,mʌŋgɚ] *n* Kriegstreiber(in) *m(f) pej*, Kriegshetzer(in) *m(f) pej*

warmongering ['wɔ:,mʌŋgᵊrɪŋ, AM 'wɔ:r,mʌŋgɚ-] *n no pl* Kriegshetze *f pej*, Kriegstreiberei *f pej*

warm start *n* COMPUT Warmstart *m fachspr*

warmth [wɔ:mθ, AM wɔ:rmθ] *n no pl* ① (*heat*) Wärme *f* ② (*affection*) Herzlichkeit *f*, Wärme *f*

warm-up *n* ① (*limber-up*) [Sich]aufwärmen *nt kein pl*; ***a ~ is important before a run*** vor einem Rennen ist es wichtig, sich aufzuwärmen ② (*starting activity*) Einstimmung *f*, Warmup *nt* (**for/to** auf +*akk*)

warn [wɔ:n, AM wɔ:rn] **I.** *vi* warnen; ■**to** ~ **of sth** vor etw *dat* warnen; *road sign* auf etw *akk* hinweisen **II.** *vt* ① (*make aware*) ■**to** ~ **sb** [**about** [*or* **of**] **sth**] jdn [vor etw *dat*] warnen; ***you have been ~ed!*** sag nicht, du wärst nicht gewarnt worden!; ■**to** ~ **sb not to do sth** jdn davor warnen, etw zu tun; ■**to** ~ **sb that ...** jdn darauf hinweisen [*o* aufmerksam machen], dass ...; ■**to** ~ **that ...** darauf hinweisen, dass ... ② (*urge*) ■**to** ~ **sb to do sth** jdn ermahnen, etw zu tun; (*strongly dissuade*) ■**to** ~ **sb against** [*or* **off**] **sth** jdn vor etw *dat* warnen, jdm von etw *dat* abraten; ■**to** ~ **sb against** [*or* **off**] **doing sth** jdn davor warnen [*o* jdm davon abraten], etw zu tun ③ (*threaten*) ■**to** ~ **sb** jdn verwarnen

warning ['wɔ:nɪŋ, AM 'wɔ:r-] *n* ① *no pl* (*notice*) Warnung *f*; **health** ~ Warnung *f* vor Risiken; **without** ~ unerwartet, ohne Vorwarnung ② (*threat*) Drohung *f*; **to give sb a** ~ **that ...** jdm drohen, dass ... ③ (*lesson*) Lehre *f*; ***let it be a ~ to you!*** lass dir das eine Lehre sein! ④ *no pl* (*advice*) warnender Hinweis; ***take ~ from me, ...*** lassen Sie sich's von mir sagen, ..., lassen Sie sich von mir gesagt sein, ... ⑤ (*of dangers, risks*) Warnung *f* (**about/of/on** vor +*dat*); ***there was a ~ from the police about handbag-snatchers*** die Polizei hat vor Handtaschenräubern gewarnt; **to sound a note of** ~ sich *akk* warnend äußern; **a word of** ~ ein guter Rat; **to issue a** ~ [**about sth**] [vor etw *dat*] warnen ⑥ (*a caution*) Verwarnung *f*, Warnung *f*; **to receive a written** ~ eine schriftliche Verwarnung erhalten; **to give sb a** ~ jdm eine Verwarnung erteilen

warning bells *npl* ▶ PHRASES: **to hear** ~ die Alarmglocken läuten hören; ~ **start to ring** [*or* **sound**] die Alarmglocken beginnen zu läuten **warning label** *n* (*on cigarette packages*) Warnhinweis *m*

warningly ['wɔ:nɪŋli, AM 'wɔ:r] *adv* warnend

warning sign *n* ① (*signboard*) Warnschild *nt* ② *usu pl* (*symptom*) Anzeichen *nt*

warp [wɔ:p, AM wɔ:rp] **I.** *vi wood* sich *akk* verziehen **II.** *vt* ① (*bend*) ■**to** ~ **sth** *wood* etw verziehen ② (*fig: pervert*) ■**to** ~ **sb** jdn [seelisch] verbiegen; ***the whole affair ~ed him so much, he's now unable to start another relationship*** er ist von der ganzen Sache seelisch so angeknackst, dass er jetzt keine andere Beziehung eingehen kann *fam*; **to** ~ **sb's mind** jds Charakter *m* verderben **III.** *n* ① (*in wood*) verzogene Stelle; ***there is a ~ in the shelf*** das Regal ist verzogen ② *usu sing* (*fig: abnormality*) **to have a** ~ **in one's character** einen verbogenen [*o fam* verkorksten] Charakter haben; **to have a** ~ **in one's way of looking at things** die Dinge verzerrt sehen, einen Knick in der Optik haben *fam* ③ (*in space travel*) **time** ~ Zeitverwerfung *f*; ***we've flown into a time ~*** wir haben uns in Zeit und Raum verloren ④ *no pl* (*threads*) Kette *f*, Kettfäden *mpl*; ~ **and weft** Kette und Schuss

warpaint *n no pl* (*also hum*) Kriegsbemalung *f*

warpath *n no pl* **to be on the** ~ (*hum fam*) auf dem Kriegspfad sein *hum*

warped [wɔ:pt, AM wɔ:rpt] *adj* ① (*bent*) verzogen ② (*fig: perverted*) verschroben *pej*

warplane *n* Kampfflugzeug *nt* **war poet** *n* Kriegsdichter(in) *m(f)*, Kriegslyriker(in) *m(f)*

warp speed *n* (*fam*) **to do sth at** ~ etw in Windeseile [*o* blitzschnell] machen

warrant ['wɒrᵊnt, AM 'wɔ:r-] **I.** *n* ① (*document*) [Vollziehungs]befehl *m*; **arrest** ~ Haftbefehl *m*; **to have a** ~ **for sb's arrest** einen Haftbefehl gegen jdn haben; **to issue a** ~ **for sb's arrest/an arrest** ~ einen Haftbefehl gegen jdn/einen Haftbefehl erlassen; ~ **of execution** Vollstreckungsbefehl *m*; **search** ~ Durchsuchungsbefehl *m*; **to execute a** ~ AM (*form*) einen Befehl ausführen ② FIN Bezugsrecht *nt*; (*stock-market security*) Optionsschein *m* ③ *no pl* (*justification*) Rechtfertigung *f*; ***there's no ~ for that sort of behaviour!*** ein solches Verhalten ist nicht zu rechtfertigen! **II.** *vt* ■**to** ~**sth** ① (*justify*) etw rechtfertigen ② (*form: guarantee*) etw garantieren [*o* zusichern]

warrant bond *n* FIN Optionsanleihe *f* **warrant card** *n* Polizeiausweis *m*

warrantee [,wɒrᵊn'ti:, AM ,wɔ:r-] *n* Garantienehmer(in) *m(f)*

warrant officer *n ranghöchster Unteroffizier*

warrantor ['wɒrᵊntɔ:ʳ, AM 'wɔ:rᵊntɔ:r] *n* Garantiegeber(in) *m(f)*, Garant(in) *m(f)*

warranty ['wɒrᵊnti, AM 'wɔ:r-] *n* ① (*guarantee*) Garantie *f*; **sth is still under** ~ auf etw *akk* ist [*o* etw hat] noch Garantie ② (*promise in a contract*) Gewähr *f*; **breach of** ~ Garantieverletzung *f*, Verletzung *f* der Gewärleistungspflicht ③ (*statement of an insured person*) wahrheitsgemäße Angabe, Gewähr[leistung] *f*

warren ['wɒrᵊn, AM 'wɔ:r-] *n* ① (*burrows*) Kaninchenbau *m* ② (*maze*) Labyrinth *nt*

warring ['wɔ:rɪŋ] *adj attr, inv* Krieg führend; **the** ~ **factions** die Krieg führenden Parteien

warrior ['wɒriəʳ, AM 'wɔ:rjɚ] *n* (*usu hist*) Krieger

W

m; Samurai ~ Samuraikrieger *m*

Warsaw Pact [ˌwɔːsɔːˈpækt, AM ˌwɔːrsɑː'-] *n*, **Warsaw Treaty** *n* (*hist*) ■**the** ~ der Warschauer Pakt *hist*

warship ['wɔːʃɪp, AM 'wɔːr-] *n* Kriegsschiff *nt*

wart [wɔːt, AM wɔːrt] *n* Warze *f;* **~s and all** (*fig fam*) mit all seinen/ihren Fehlern und Schwächen

warthog ['wɔːthɒg, AM 'wɔːrthɑːg] *n* Warzenschwein *nt*

wartime I. *n no pl* Kriegszeit[en] *f[pl]*; **in** ~ in Kriegszeiten II. *n modifier* Kriegs-; ***the film is set in ~ England*** der Film spielt in England während des Krieges **wartorn** *adj usu attr* vom Krieg erschüttert

warty ['wɔːti, AM 'wɔːrt̬i] *adj* warzig, voller Warzen *nach n*

war-weary *adj* kriegsmüde **war widow** *n* Kriegswitwe *f*

wary ['weəri, AM 'weri] *adj* vorsichtig, wachsam; **with a ~ note in one's voice** mit einem argwöhnischen [*o* misstrauischen] Unterton in der Stimme; ■**to be ~ about** [*or* **of**] **doing sth** etw nur ungern tun; ***I'm a bit ~ about giving people my address when I don't know them very well*** ich bin vorsichtig, wenn es darum geht, Leuten, die ich nicht besonders gut kenne, meine Adresse zu geben; ■**to be ~ of sb/sth** vor jdm/etw auf der Hut sein, sich *akk* vor jdm/etw in Acht nehmen

war zone *n* Kriegsgebiet *nt*

was [wɒz, wəz, AM wɑːz, wəz] *pt of* **be**

wasabi [wə'sɑːbi] *n no pl* ❶ (*plant*) *orientalischer Meerrettich* ❷ *no pl* (*sauce*) *grüne Paste aus orientalischem Meerrettich, die in Japan zusammen mit Sushi gegessen wird*

wash [wɒʃ, AM wɑːʃ] I. *n* <*pl* -es> ❶ *usu sing* (*cleaning, laundering*) Waschen *nt kein pl;* **to do a ~** [Wäsche] waschen; **to give sth/sb a** [**good**] ~ etw/jdn [gründlich] waschen; **to have a ~** sich *akk* waschen; **to need a good ~** gründlich gewaschen werden müssen ❷ *no pl* (*clothes*) ■**the ~** die Wäsche; **to be in the ~** in der Wäsche sein ❸ *no pl* AM (*liter: sound*) *of a river* Geplätscher *nt; of the sea* Brandung *f* ❹ *usu sing* (*thin layer*) [Farb]überzug *m*, Lasur *f* ❺ *usu sing* (*even situation*) Pattsituation *f;* ***they both have their pros and cons so it's a ~ really*** beide haben ihre Vor- und Nachteile, es bleibt sich also gleich ▶ PHRASES: **it'll all come out in the ~** (*fam*) das wird sich alles klären II. *vt* ❶ (*clean*) ■**to ~ sb/oneself/sth** jdn/sich/etw waschen; **to ~ sb's clothes** jds Wäsche *f* waschen; **to ~ the dishes** abwaschen, [ab]spülen; **to ~ one's hair/hands** sich *dat* die Haare/Hände waschen; **to ~ one's hands** (*euph: go to the toilet*) sich *dat* die Hände waschen gehen *euph;* **to ~ a wound** eine Wunde spülen [*o* auswaschen] ❷ *usu passive* (*sweep*) **to be ~ed ashore** an Land gespült werden; **to be ~ed overboard** über Bord gespült werden ▶ PHRASES: **to not be fit to ~ sb's feet** es nicht wert sein, jds Füße *mpl* zu waschen; **to ~ one's hands of sb/sth** mit jdm/etw nichts zu tun haben wollen; **to ~ one's dirty linen in public** (*pej*) seine schmutzige Wäsche in aller Öffentlichkeit waschen; **to ~ sb's mouth** [**out**] **with soap and water** jdm den Mund gründlich mit Seifenwasser ausspülen III. *vi* ❶ (*clean oneself*) sich *akk* waschen ❷ (*laundry*) **to ~ well** sich *akk* gut waschen lassen ❸ (*lap*) ■**to ~ against sth** gegen etw *akk* schlagen [*o* spülen] ▶ PHRASES: **sth won't ~ with sb** etw hat keinerlei Wirkung bei jdm; ***your excuse for being late won't ~ with me*** deine Entschuldigung für dein Zuspätkommen kaufe ich dir nicht ab *fam*

◆**wash away** *vt* ❶ (*sweep off, erode*) ■**to ~ sth ○ away** etw fortschwemmen [*o* wegspülen]; ■**to ~ sb away** jdn fortschwemmen; **to ~ away the soil** die Erde wegschwemmen ❷ (*fig: eliminate*) ■**to ~ away ○ sth** etw vertreiben; **to ~ away sb's sins** jdn von seinen Sünden reinwaschen; ***and the blood of the Lamb has ~ed away the sins of the world*** und das Blut des Lammes nahm hinweg die Sünden der Welt ❸ (*clean*) ■**to ~ sth ○ away** etw auswaschen

◆**wash down** *vt* ■**to ~ sth ○ down** ❶ (*swallow*) etw hinunterspülen [*o* runterspülen] *fam* ❷ (*clean*) etw abwaschen; **to ~ down a car** ein Auto waschen ❸ *usu passive* (*carry off*) etw herabschwemmen; ***huge rocks had been ~ed down by the recent torrential rain*** riesige Felsbrocken wurden die bei dem letzten sintflutartigen Regen heruntergeschwemmt

◆**wash off** I. *vi* sich *akk* abwaschen lassen II. *vt* ■**to ~ sth ○ off** etw abwaschen

◆**wash out** I. *vi* sich *akk* herauswaschen lassen II. *vt* ❶ (*clean inside*) ■**to ~ sth ○ out** etw auswaschen; **to ~ a bottle out** eine Flasche ausspülen ❷ (*remove*) ■**to ~ out ○ sth** etw herauswaschen; (*fig*) etw auslöschen; **to ~ out the memory of sth** die Erinnerung an etw *akk* auslöschen ❸ (*launder*) ■**to ~ sth ○ out** etw [aus]waschen ❹ *usu passive* (*abandon*) ■**to be ~ed out** *event* ins Wasser gefallen sein *fam* ❺ (*exhaust*) ■**to ~ sb ○ out** jdn erschöpfen [*o* auslaugen]

◆**wash over** *vi* ❶ (*flow over*) ■**to ~ over sb/sth** über jdn/etw [hinweg]spülen ❷ (*fig: overcome*) ■**to ~ over sb** jdn überkommen [*o* übermannen] ❸ (*fig: have no effect*) ■**to ~ over sb** keine Wirkung auf jdn haben, an jdm abprallen; ***it makes no difference what I say, it just ~es over them*** es ist ganz egal, was ich sage, es prallt einfach an ihnen ab

◆**wash up** I. *vi* ❶ (*clean dishes*) abspülen, abwaschen ❷ AM (*wash oneself*) sich *akk* waschen II. *vt* ■**to ~ up ○ sth** *sea* etw anspülen

washable ['wɒʃəbl̩, AM 'wɑː-] *adj inv* waschecht; **machine-~** waschmaschinenfest

wash-and-wear *adj inv* bügelfrei **washbag** *n* Kulturbeutel *m* **washbasin** *n* Waschbecken *nt* **washboard** *n* (*dated*) Waschbrett *nt* **washboard stomach** *n* Waschbrettbauch *m* **washbowl** *n* AM (*washbasin*) Waschbecken *nt;* (*bowl*) Waschschüssel *f* **washcloth** *n* AM (*face cloth*) Waschlappen *m* **washday** *n* Waschtag *m* **washdown** *n* Wäsche *f;* **to give sb a ~** jdn waschen; **to give sth a ~** etw abwaschen; **to have a ~** sich *akk* waschen

washed-out *adj* ❶ *clothes* verwaschen; **~ jeans** verwaschene Jeans ❷ (*tired*) fertig *fam*, erledigt *fam* **washed-up** *adj* (*fam*) fertig *fam*, erledigt *fam;* ■**to be ~** weg vom Fenster sein *fam;* **to be all ~** völlig am Ende sein *fam*

washer ['wɒʃəʳ, AM 'wɑːʃə] *n* ❶ AM (*washing machine*) Waschmaschine *f* ❷ (*ring*) Unterlegscheibe *f;* (*for sealing*) Dichtung *f*, Dichtungsring *m*

washer-up <*pl* washers-up> *n*, **washer-upper** *n* (*fam*) Spüler(in) *m(f)*, Tellerwäscher(in) *m(f)*

washerwoman *n* Waschfrau *f*, Wäscherin *f*

wash-hand basin *n* Waschbecken *nt* **wash house** *n* Waschhaus *nt*

washing ['wɒʃɪŋ, AM 'wɑː-] *n no pl* ❶ (*cleaning*) Wäsche *f;* **to do the ~** [Wäsche] waschen ❷ (*clothes*) ■**the ~** die Wäsche; **to hang** [*or* **peg**] **out the ~** die Wäsche aufhängen ❸ AM FIN Scheinkauf und -verkauf *m* von Wertpapieren

washing machine *n* Waschmaschine *f;* **to empty/load the ~** die Waschmaschine ausräumen/voll machen **washing powder** *n* BRIT Waschpulver *nt* **washing soda** *n no pl* Bleichsoda *nt*

washing-up *n no pl* BRIT, AUS ❶ (*cleaning dishes*) ■**the ~** das Abwaschen, der Abwasch; **to do the ~** abspülen, abwaschen, den Abwasch machen ❷ (*dishes*) Abwasch *m fam*, schmutziges Geschirr **washing-up basin** *n* BRIT, **washing-up bowl** *n* BRIT Spülbecken *nt* **washing-up liquid** *n* BRIT Spülmittel *nt*

wash leather *n* ❶ *no pl* (*material*) Waschleder *nt* ❷ (*to clean windows*) Fensterleder *nt* **washout** *n usu sing* (*fam*) Reinfall *m fam* **washrag** *n* AM (*face cloth*) Waschlappen *m* **washroom** *n* AM (*toilet*) Toilette *f* **wash sale** *n* AM STOCKEX Scheingeschäfte *ntpl* **washstand** *n* Waschtisch *m* **washtub** *n* Waschwanne *f*, Waschbütte *f veraltend*

washy ['wɒʃi, AM 'wɑːʃ] *adj* ❶ (*insipid*) verwässert, schal, dünn *fig* ❷ (*faded*) *colour* blaß, verwaschen

wasn't ['wɒzᵊnt, AM 'wɑː-] = **was not** *see* **be**

wasp [wɒsp, AM wɑːsp] *n* Wespe *f*

Wasp [wɑːsp] AM I. *n* (*pej*) *weißer amerikanischer Protestant angelsächsischer Herkunft* II. *adj inv aus einer protestantischen weißen amerikanischen Familie angelsächsischen Ursprungs*

waspish ['wɒspɪʃ, AM 'wɑːsp-] *adj* giftig *fam*, gehässig *pej*

Waspish ['wɑːspɪʃ] *adj*, **Waspy** ['wɑːspi] *adj inv* AM (*pej*) *kühl-korrekt, wie die weißen protestantischen Amerikaner angelsächsischer Herkunft*

waspishly ['wɒspɪʃli, AM 'wɑːsp] *adv* bissig, scharf, gereizt

wasps' nest *n* Wespennest *nt*

wasp sting *n* Wespenstich *m* **wasp-waisted** *adj inv* mit einer Wespentaille *nach n*, tailliert

wastage ['weɪstɪdʒ] *n no pl* ❶ (*misuse*) Verschwendung *f* ❷ BRIT, AUS (*cutting workforce*) natürlicher Arbeitskräfteabgang ❸ BRIT UNIV (*drop-outs*) Abgänge *mpl* ❹ (*product wasted*) Ausschuss *m*, Abfall *m;* (*product lost*) Schwund *m*, Verlust *m;* ***there is a lot of ~ of material using this pattern*** man hat ziemlich viel Verschnitt, wenn man dieses Schnittmuster verwendet

waste [weɪst] I. *n* ❶ *no pl* (*misuse*) Verschwendung *f*, Vergeudung *f;* ***he's a total ~ of space, that man*** (*fam*) der Mann ist zu nichts zu gebrauchen; ***what a ~!*** was für eine Verschwendung!; **to be a ~ of effort** vergeudete Mühe sein; **it's a ~ of energy/money** es ist Energie-/Geldverschwendung; **to lay ~ to the land** das Land verwüsten; **~ of resources** Verschwendung [*o* Vergeudung] von Ressourcen; **~ of time** Zeitverschwendung *f*, Zeitvergeudung *f* ❷ *no pl* (*unwanted matter*) Abfall *m;* **household/industrial ~** Haushalts-/Industriemüll *m;* **nuclear** [*or* **radioactive**] **~** Atommüll *m;* **toxic ~** Giftmüll *m;* **to go to ~** verkommen, verderben; **to let sth go to ~** etw verderben lassen; **to recycle ~** Müll recyceln ❸ (*excrement*) Exkremente *ntpl* ❹ LAW (*damage done to land*) Einöde *f* II. *vt* ❶ (*misuse*) ■**to ~ sth** etw verschwenden [*o* vergeuden]; ***don't ~ your money on me, love*** verschwende dein Geld nicht an mich, Liebling; ***don't ~ my time!*** stiehl mir nicht meine wertvolle Zeit!; ***you are wasting your time here!*** das ist reine Zeitverschwendung!; **to ~ one's breath** sich *dat* seine Worte sparen können; **to ~ no time** keine Zeit verlieren; **to not ~ words** nicht viele Worte machen [*o* verlieren] ❷ AM (*sl: kill*) ■**to ~ sb** jdn umlegen *fam* III. *vi* ▶ PHRASES: **~ not, want not** (*prov*) spare in der Zeit, dann hast du in der Not *prov*

◆**waste away** *vi* dahinsiechen *geh*, [zusehends] verfallen; (*get thinner*) immer dünner [*o fam* weniger] werden

wastebasket *n* AM (*wastepaper basket*) Papierkorb *m* **waste bin** *n* Abfalleimer *m*, Müllbehälter *m*

wasted ['weɪstɪd] *adj inv* ❶ (*misused*) verschwendet, vergeudet; ***all my efforts are ~!*** meine ganze Mühe war umsonst!; **~ journey** vergebliche Reise; **~ opportunity** verschenkte Gelegenheit; **~ time** vergeudete Zeit ❷ (*fig: unappreciated*) verschwendet; ■**sth is ~ on sb** jd weiß etw nicht zu schätzen; ***this wine would be ~ on him*** dieser Wein wäre an ihn nur verschwendet ❸ (*thin*) ausgemergelt ❹ AM (*sl: very tired*) fertig *fam;* (*drunk*) zu *sl*

waste disposal *n* ❶ *no pl* (*disposing*) Abfallbeseitigung *f*, Müllentsorgung *f* ❷ (*disposer*) Müllschlucker *m* **waste-disposal unit** *n* Müllschlucker *m*

wasteful ['weɪs(t)fᵊl] *adj* verschwenderisch; ■**to be ~ of sth** mit etw *dat* verschwenderisch umgehen; ***it's very ~ of electricity to have so many lights on at once*** es ist eine große Stromverschwendung, so viele Lampen gleichzeitig brennen zu lassen

wastefully ['weɪs(t)fᵊli] *adv* verschwenderisch

wastefulness ['weɪstfᵊlnəs] *n no pl* Verschwendung *f*

waste ground *n no pl* (*not cultivated*) Ödland *nt;* (*not built on*) unbebautes Land **waste heat** *n no pl* TECH Abwärme *f fachspr* **wasteland** *n* ❶ (*neglected land*) ungenutztes Grundstück; (*not built on*) unbebautes Grundstück ❷ *no pl* (*empty area*)

Ödland; (*not built on*) unbebautes Land ③ (*fig: unproductive area*) Öde *f*; ***their relationship had become an emotional ~*** ihre Beziehung hatte sich emotional totgelaufen; **cultural ~** Kulturwüste *f*

waste management *n no pl* Abfallwirtschaft *f*

wastepaper *n no pl* Papiermüll *m*; (*for recycling*) Altpapier *nt* **wastepaper basket** *n*, BRIT, AUS *also* **wastepaper bin** *n* Papierkorb *m* **waste pipe** *n* Abflussrohr *nt* **waste product** *n* Abfallprodukt *nt*

waster ['weɪstəʳ, AM -ɚ] *n* ① (*wasteful person*) Verschwender(in) *m(f)*; **money/time ~** Geld-/Zeitverschwender(in) *m(f) pej* ② BRIT (*fam: good-for-nothing*) Taugenichts *m pej veraltend*

waste reprocessing *n no pl* Müllwiederaufbereitung *f*, Müllverwertung *f*

wastes [weɪsts] *npl* Einöde *f*; **the ~ of the Arctic/Sahara** die eintönigen Weiten der Arktis/Sahara

wasting ['weɪstɪŋ] *adj attr, inv* schwächend *attr*, zehrend *attr*; **muscle-~ disease** muskelschwächende Krankheit

wastrel ['weɪstrᵊl] *n* (*liter*) Nichtsnutz *m pej veraltend*, Taugenichts *m pej veraltend*

watch [wɒtʃ, AM wɑːtʃ] **I.** *n* ① (*timepiece*) **wrist~** Armbanduhr *f*; **pocket ~** Taschenuhr *f* ② *no pl* (*observation*) Wache *f*; **on ~** auf Wache; **to be on ~** Wache haben; **to be on ~ for sth** nach etw *dat* Ausschau halten; **to be under [close] ~** unter [strenger] Bewachung stehen; **to keep ~** Wache halten; **to keep a close ~ on sb/sth** jdn/etw scharf bewachen; **to keep close ~ over sb/sth** über jdn/etw sorgsam wachen; **to put a ~ on sb** jdn beobachten lassen ③ (*period of duty*) Wache *f*; **in [*or* through] the [long] ~es of the night** (*liter*) in den langen Stunden der Nacht *liter*; **the officers of the ~** die wachhabenden Offiziere ④ (*unit*) Wacheinheit *f*, Wachtrupp *m*, Wachmannschaft *f* **II.** *vt* ① (*look at*) ■**to ~ sb/sth** jdn/etw beobachten; ***I ~ed him get into a taxi*** ich sah, wie er in ein Taxi stieg; ***I ~ed the man repairing the roof*** ich schaute dem Mann dabei zu, wie er das Dach reparierte; ***it's fascinating ~ing children grow up*** es ist faszinierend, die Kinder heranwachsen zu sehen; ***I got the feeling I was being ~ed*** ich bekam das Gefühl, beobachtet zu werden; ***I'll only show you this once, so ~ carefully*** ich werde dir das nur dieses eine Mal zeigen, also pass gut auf; ***just ~ me!*** schau mal, wie ich das mache!; (*in a race*) ***just ~ him go!*** sieh nur, wie er rennt!; **to ~ a match** SPORTS einem Match zusehen; **to ~ the clock** [ständig] auf die Uhr sehen; **to ~ a film/a video** sich *dat* einen Film/ein Video ansehen; **to ~ TV** fernsehen; **to ~ the world go by** die [vorbeigehenden] Passanten beobachten ② (*keep vigil*) ■**to ~ sb/sth** auf jdn/etw aufpassen, jdn/etw im Auge behalten; ***~ your son for symptoms of measles*** achten Sie bei Ihrem Sohn darauf, ob er Symptome von Masern aufweist; **to ~ sb/sth like a hawk** jdn/etw mit Argusaugen bewachen *geh* ③ (*be careful about*) ■**to ~ sth** auf etw *akk* achten; ***~ your language!*** du sollst nicht fluchen!; ***~ it!*** pass auf!; ***you want to ~ him*** bei ihm solltest du aufpassen; ***~ yourself!*** sieh dich vor!; ***you have to ~ what you say to Aunt Emma*** bei Tante Emma musst du aufpassen, was du sagst; **to ~ it with sb** sich *akk* vor jdm vorsehen *geh*; **to ~ every penny [one spends]** auf den Pfennig sehen *fam*; **to ~ the time** auf die Zeit achten; ***you'll have to ~ the time, your train leaves soon*** du musst dich ranhalten, dein Zug fährt bald *fam*; **to ~ one's weight** auf sein Gewicht achten ▶ PHRASES: **a ~ed kettle [*or* pot] never boils** (*prov*) wenn man auf etwas wartet, dauert es besonders lang; **what a performance! I'd rather ~ paint dry!** (*hum fam*) mein Gott war die Vorstellung langweilig! *hum*; **~ this space!** mach dich auf etwas gefasst!; **to ~ one's step** aufpassen, sich *akk* vorsehen *geh* **III.** *vi* ① (*look*) zusehen, zuschauen; ***they just sit and ~*** die sitzen hier nur dumm rum und schauen zu *fam*; ***she'll pretend that she hasn't seen us – you ~*** pass auf – sie wird so tun, als habe sie uns nicht gesehen; ■**to ~ as sb/sth does sth** zusehen, wie jd/etw etw tut; ■**to ~ for sth/sb** nach etw/jdm Ausschau halten ② (*be attentive*) aufpassen; ***~ that ...*** pass auf, dass ...; **to ~ like a hawk** wie ein Luchs aufpassen; ■**to ~ over sb/sth** über jdn/etw wachen; **to ~ over children** auf Kinder aufpassen

◆**watch out** *vi* ① (*keep lookout*) ■**to ~ out for sb/sth** nach jdm/etw Ausschau halten; ***remember to ~ out for him*** denk daran, auf ihn zu achten ② (*beware of*) aufpassen, sich *akk* in Acht nehmen; ***~ out!*** Achtung!, Vorsicht!; ■**to ~ out for sb/sth** sich *akk* vor jdm/etw in Acht nehmen

watchable ['wɒtʃəbl, AM 'wɑː-] *adj* (*fam*) *film* sehenswert

watchband *n* AM, AUS Uhr[arm]band *nt* **watch chain** *n* Uhrkette *f* **watchdog** *n* ① (*guard dog*) Wachhund *m* ② (*fig: person*) Überwachungsbeauftragte(r) *f(m)* (**on** für +*akk*), Aufpasser(in) *m(f) fam*; (*organization*) Überwachungsgremium *nt*, Kontrollgremium *nt*; (*state-controlled*) Aufsichtsbehörde *f*, Kontrollbehörde *f*

watcher ['wɒtʃəʳ, AM 'wɑːtʃɚ] *n* (*watching person*) Zuschauer(in) *m(f)*; (*observer*) Beobachter(in) *m(f)*

watchful ['wɒtʃfᵊl, AM 'wɑː-] *adj* wachsam, aufmerksam; **to keep a ~ eye on sb/sth** ein wachsames Auge auf jdn/etw haben; **under the ~ eye of sb** unter jds Aufsicht

watchfully ['wɒtʃfᵊli, AM 'wɑː-] *adv* wachsam, aufmerksam

watchfulness ['wɒtʃfᵊlnəs, AM 'wɑː-] *n no pl* Wachsamkeit *f*

watching brief *n* BRIT ① LAW Auftrag *m* zur Prozessverfolgung (*im Interesse eines nicht Beteiligten*) ② (*indirect interest*) mittelbares Interesse

watchlist *n* Beobachtungsliste *f*, schwarze Liste *fam* **watchmaker** [-ˌmeɪkəʳ, AM -ˌmeɪkɚ] *n* Uhrmacher(in) *m(f)* **watchman** *n* Wachmann *m*; **night ~** Nachtwächter *m* **watchstrap** *n esp* BRIT Uhr[arm]band *nt* **watchtower** *n* Wachturm *m* **watchword** *n usu sing* ① (*slogan*) Parole *f*, Losung *f* ② (*password*) Kennwort *nt*; MIL Parole *f*

water ['wɔːtəʳ, AM 'wɑːt̬ɚ] **I.** *n* ① *no pl* (*colourless liquid*) Wasser *nt*; **a bottle/a drink/a glass of ~** eine Flasche/ein Schluck *m*/ein Glas *nt* Wasser; **bottled ~** in Flaschen abgefülltes Wasser; **hot and cold running ~** fließendes kaltes und warmes Wasser; **to make ~** (*urinate*) Wasser lassen; (*leak*) lecken, Wasser machen; **to pass ~** Wasser lassen; **by ~** auf dem Wasserweg; **under ~** unter Wasser ② (*area of water*) ■**~s** *pl* Gewässer *ntpl*; **the ~s of the Rhine** die Wasser [*o liter* Fluten] des Rheins; **British/South African ~** Britische/Südafrikanische Gewässer; **coastal ~s** Küstengewässer *pl*; **murky ~s** (*dated or fig*) trübe Gewässer *fig*; **uncharted ~s** (*fig*) unbekannte Gewässer *fig* ③ (*dated*) ■**~s** *pl* (*spa water*) Heilquelle *f*; **to take the ~s** (*hist*) eine Brunnenkur machen ④ (*tide level*) Wasserstand *m*; **high ~** Hochwasser *nt*; **low ~** Niedrigwasser *nt*; **high ~ mark** Hochwassermarke *f*; **low ~ mark** Niedrigwassermarke *f* ⑤ MED **~ on the brain** Wasserkopf *m*; **~ on the knee** Kniegelenkerguss *m* ⑥ (*amniotic fluid*) ■**the ~s** *pl* das Fruchtwasser; ***at around three o'clock her ~s broke*** gegen drei Uhr ist bei ihr die Fruchtblase geplatzt ▶ PHRASES: **to throw out the baby with the bath ~** das Kind mit dem Bade ausschütten; **blood is thicker than ~** (*prov*) Blut ist dicker als Wasser; **to be ~ under the bridge** Schnee von gestern sein *fam*; **to be [like] ~ off a duck's back** an jdm einfach abprallen, jdn völlig kalt lassen *fam*; **to take to sth like a duck to ~** sich *akk* bei etw *dat* gleich in seinem Element fühlen; **like a fish out of ~** wie ein Fisch auf dem Trocknen; **to go through fire and ~ for sb/sth** für jdn/etw durchs Feuer gehen; **to keep one's head above ~** sich *akk* über Wasser halten; **come hell or high ~** komme was [da] wolle, unter allen Umständen; **through hell and high ~** durch dick und dünn; **you can take a horse to ~ but you can't make it drink** (*prov*) man kann niemanden zu seinem Glück zwingen; **to spend money like ~** das Geld mit beiden Händen ausgeben, mit dem Geld nur so um sich *akk* werfen; **to pour oil on troubled ~s** Öl auf die Wogen gießen, die Gemüter beruhigen; **to pour cold ~ on sth** etw *dat* einen Dämpfer aufsetzen *fam*; ***stop pouring cold ~ on all my ideas!*** hör auf, mir alle meine Ideen madig zu machen!; **to be in deep ~** in großen Schwierigkeiten sein; **of the first ~** (*extremely good*) von höchster Qualität *nach n*; (*extremely bad*) der schlimmsten Sorte *nach n*; **to get into hot ~** in Teufels Küche kommen; **still ~s run deep** (*fig*) stille Wasser sind tief *prov*; **to hold ~** *argument* stichhaltig [*o* wasserdicht] sein **II.** *vt* ■**to ~ sth** etw bewässern; *farm animals* etw tränken; *garden* etw sprengen; *flowers, plants* etw gießen **III.** *vi* ① (*produce tears*) *eyes* tränen ② (*salivate*) *mouth* wässern *geh*; ***ooh, the smell of that bread is making my mouth ~!*** mmh, der Duft von dem Brot lässt mir das Wasser im Mund zusammenlaufen!

◆**water down** *vt* ■**to ~ sth** ⊃ **down** ① (*dilute*) etw [mit Wasser] verdünnen; **to ~ down wine** Wein panschen ② (*fig: make less controversial*) etw verwässern *fig*; **a ~ed-down version of the proposal** eine abgemilderte Version des Vorschlags

water bed *n* Wasserbett *nt* **water bill** *n* Wasser[ab]rechnung *f* **waterbird** *n* Wasservogel *m*, Schwimmvogel *m* **water biscuit** *n* ≈ Kräcker *m* **water boatman** *n* ZOOL Rückenschwimmer *m*

water-borne *adj inv* ① (*transported*) zu Wasser befördert; **~ trade** Handelsschifffahrt *f*; **~ attack** Angriff *m* zu Wasser ② (*transmitted*) durch Trinkwasser übertragen; **~ disease** durch das Wasser übertragene Krankheit **water bottle** *n* Wasserflasche *f*; MIL Feldflasche *f* **waterbuck** <*pl* – *or* -s> *n* ZOOL Wasserbock *m* **water buffalo** *n* Wasserbüffel *m* **water butt** *n* BRIT Regentonne *f* **water cannon** *n* Wasserwerfer *m* **water carrier** *n* ① *esp* BRIT ASTROL ■**the ~** der Wassermann ② (*person*) Wasserträger(in) *m(f)* ③ (*water pipe*) Wasserleitung *f* **water cart** *n* (*hist*) Wasserkarren *m*, Wasserwagen *m* **water chute** *n* Wasserrutschbahn *f*, Wasserrutsche *f fam* **water color** AM, **water colour** **I.** *n* ① (*paint*) Wasserfarbe *f*, Aquarellfarbe *f* ② (*picture*) Aquarell *nt* ③ *no pl* (*style of painting*) Aquarellmalerei *f* **II.** *adj usu attr* Aquarell-

watercolourist ['wɔːtəkʌlᵊrɪst, AM 'wɑːt̬ɚ-] *n* Aquarellmaler(in) *m(f)* **water-cooled** *adj* wassergekühlt

water-cooler conversation [ˌwɔːtəˌkuːlə-kɒnvəˈseɪʃᵊn, AM ˌwɑːt̬ɚˌkuːlɚkɑːnvɚ-] *n* (*gossip*) Tratsch *m pej fam*, Klatsch *m pej fam*, Bassenatratsch *m* ÖSTERR *pej fam*

water-cooler debate *n* Bürotratsch *m pej fam*

watercourse *n* Wasserlauf *m* **watercraft** *n* ① (*liter: vessel*) Wasserfahrzeug *nt* ② *no pl* (*dated: skill*) Geschicklichkeit *f* im Wassersport **watercress** *n no pl* BOT Brunnenkresse *f* **water cure** *n* MED Wasserkur *f* **water diviner** *n* BRIT [Wünschel]rutengänger(in) *m(f)* **waterfall** *n* Wasserfall *m* **water filter** *n* Wasserfilter *m* **water fountain** *n* (*fountain*) Quelle *f*; (*for drinking*) Trinkbrunnen *m* **waterfowl** *n* ZOOL (*one bird*) Wasservogel *m*, Schwimmvogel *m*; (*collectively*) Wasservögel *mpl*, Schwimmvögel *mpl* **waterfront** *n* (*bank, shore*) Ufer *nt*; (*area*) Hafengebiet *nt*, Hafenviertel *nt*

Watergate ['wɔːtəgeɪt, AM 'wɑːt̬ɚ] *n* HIST, POL Watergate *nt a. fig*

water gauge *n* Wasserstandsmesser *m*, Wasserstandsanzeiger *m* **water hole** *n* Wasserloch *nt* **water ice** *n* (*dated*) Fruchteis *nt*

wateriness ['wɔːtᵊrɪnəs, AM 'wɑːt̬ɚ-] *n* Wässrigkeit *f*

watering ['wɔːtᵊrɪŋ, AM 'wɑːt̬ɚ-] *n of land, fields* Bewässerung *f*, Bewässern *nt*; *of garden* Sprengen *nt*; *of flowers, plants* Gießen *nt*

watering can *n* Gießkanne *f* **watering hole** *n* ① (*for animals*) Wasserstelle *f* ② (*hum fam: bar*) Kneipe *f fam* **watering place** *n* ① (*fam: watering hole*) Wasserstelle *f*, [Vieh]tränke *f* ② (*dated: spa*) [Kur]bad *nt*, Kurort *m*; (*seaside resort*) Seebad *nt*

water jump *n* SPORTS Wassergraben *m*

waterless ['wɔːtᵊləs, AM 'wɑːt̬ɚ-] *adj* wasserlos; ~

desert trockene Wüste
water level *n* ❶ (*of surface water*) Wasserstand *m; of river* Pegel[stand] *m* ❷ (*of groundwater*) Grundwasserspiegel *m* **water lily** *n* Seerose *f*, Teichrose *f* **water line** *n no pl* NAUT Wasserlinie *f;* GEOL Grundwasserspiegel *m* **water-logged** *adj boat, ship* vollgelaufen; *wood* vollgesogen; *clothes* durchnässt; *ground* feucht
Waterloo [ˌwɔːtəˈluː, AM ˈwɑːt̬əluː] *n* ▶ PHRASES: **to meet one's ~** ein Fiasko erleiden
water main *n* Haupt[wasser]leitung *f*, Haupt[wasser]rohr *nt* **waterman** *n* ❶ (*ferryman*) Fährmann *m* ❷ SPORTS Ruderer *m* **watermark** I. *n* ❶ (*showing tide level*) Wasser[stands]marke *f* ❷ (*on paper*) Wasserzeichen *nt* II. *vt* ■**to ~ sth** etw mit Wasserzeichen versehen **water meadows** *npl* Feuchtwiesen *pl*, Auen *pl* **watermelon** *n* Wassermelone *f* **water meter** *n* Wasserzähler *m*, Wasseruhr *f* **water mill** *n* Wassermühle *f* **water park** *n* Erlebnisbad *nt* **water pipe** *n* ❶ (*conduit*) Wasserleitung *f*, Wasserrohr *nt* ❷ (*hookah*) Wasserpfeife *f* **water pistol** *n* Wasserpistole *f* **water plane** *n* Wasserflugzeug *nt* **water pollution** *n* Wasserverschmutzung *f; of sea, river* Gewässerverschmutzung *f; of drinking water* Trinkwasserbelastung *f* **water polo** *n* Wasserball *m kein pl;* **game of ~** Wasserballspiel *nt* **water power** *n no pl* Wasserkraft *f* **water-power plant** *n*, **water-power station** *n* Wasserkraftwerk *nt* **water pressure** *n* Wasserdruck *m* **waterproof** I. *adj* wasserdicht; *clothes* wasserundurchlässig; *colour* wasserfest II. *n esp* BRIT (*coat*) Regenmantel *m;* (*jacket*) Regenjacke *f* III. *vt* ■**to ~ sth** etw wasserundurchlässig [*o* wasserdicht] machen; **to ~ one's bag/jacket/shoes** seine Tasche/Jacke/Schuhe imprägnieren **water rat** *n* Wasserratte *f* **water-repellent** *adj* Wasser abweisend, Wasser abstoßend **water-resistant** *adj* wasserbeständig; **~ colour** [*or* AM **color**] wasserfeste Farbe **watershed** *n* ❶ (*high ground*) Wasserscheide *f* ❷ (*fig: great change*) Wendepunkt *m;* **to mark a ~** einen Wendepunkt markieren [*o* darstellen] **water shortage** *n* Wassermangel *m kein pl*, Wasserknappheit *f* **waterside** *n no pl* (*beside lake*) Seeufer *nt;* (*beside river*) Flussufer *nt;* (*beside sea*) Strand *m;* **~ café** am Wasser gelegenes Café **water-ski** I. *vi* Wasserski fahren [*o* laufen]; **to go ~ing** Wasserskilaufen gehen II. *n* Wasserski *m* **water slide** *n* Wasserrutschbahn *f* **water snake** *n* Wasserschlange *f* **water softener** *n* Wasserenthärter *m* **water-soluble** *adj* wasserlöslich **water sports** *npl* Wassersport *m kein pl* **water spout** *n esp* AM ❶ METEO Wasserhose *f*, Trombe *f fachspr* ❷ (*cloudburst*) Wolkenbruch *m*, Platzregen *m*
water supply *n* ❶ *usu sing* (*for area*) Wasservorrat *m*, Wasserreservoir *nt* ❷ *usu sing* (*for households*) Wasserversorgung *f* **water supply pipe** *n* Wasserzuleitung *f*, Wasserversorgungsleitung *f* **water supply point** *n* Wasserentnahmestelle *f;* (*for fire fighting*) Hydrant *m*
watertable *n* Grundwasserspiegel *m* **water tank** *n* Wassertank *m*, Wasserspeicher *m* **water taxi** *n* Wassertaxi *nt*
watertight [ˈwɔːtətaɪt, AM ˈwɑːt̬ɚ-] *adj* ❶ (*impermeable*) wasserdicht ❷ (*fig: not allowing doubt*) *agreement* wasserdicht *fig; argument* unanfechtbar, hieb- und stichfest
water tower *n* Wasserturm *m* **water vapor** AM, **water vapour** *n* Wasserdampf *m* **waterway** *n* Wasserstraße *f*, Schifffahrtsweg *m* **water wheel** *n* Wasserrad *nt* **waterwings** *npl* Schwimmflügel *pl;* **to wear ~** Schwimmflügel anhaben *fam* **waterworks** *npl* ❶ (*facility*) Wasserwerk *nt* ❷ (*fam: in body*) [Harn]blase *f* ▶ PHRASES: **to turn on the ~** (*pej*) losheulen *fam*, losflennen *fam*
watery <more, most *or* -ier, -iest> [ˈwɔːtəri, AM ˈwɑːt̬əri] *adj* ❶ (*pej: bland*) *coffee, drink* dünn; *soup* wässrig ❷ (*pale-coloured*) blass; (*weak*) *light, sun* fahl; *smile* müde ❸ (*liter*) **to meet a ~ grave** sein Grab in den Wellen finden *liter o fig*
watt, Watt *n* [wɒt, AM wɑːt] ELEC, PHYS Watt *nt*
wattage [ˈwɒtɪdʒ, AM ˈwɑːt̬-] *n no pl* ELEC Wattzahl *f*, Wattleistung *f*
wattle [ˈwɒtl, AM ˈwɑːt̬l] *n* ❶ *no pl* (*twig structure*) Flechtwerk *nt* ❷ AUS (*acacia*) [australische] Akazie; **~ tree** Goldakazie *f*
wattle and daub *n no pl* Lehmflechtwerk *nt*
wave [weɪv] I. *n* ❶ (*of water*) Welle *f*, Woge *f geh;* **crest of a ~** Wellenkamm *m* ❷ (*fig: feeling*) Welle *f fig*, Woge *f fig geh;* **~ of emotion** Gefühlswallung *f;* **on the crest of a ~** (*fig*) auf dem Höhepunkt; ***she's riding on the crest of a ~*** sie ist im Moment ganz oben; **~ of fear/panic/sympathy** Welle der Angst/Panik/Sympathie ❸ (*series*) Welle *f;* **~ of redundancies** Entlassungswelle *f;* **~ of terrorism** Terrorwelle *f;* **to spark off a ~ of protest** eine Welle des Protests auslösen ❹ (*hand movement*) Wink *m;* **with a ~ of the hand** mit einer Handbewegung; ***and then, with a ~ of the hand, she was off*** und dann winkte sie noch einmal und war verschwunden; **to give sb a ~** jdm [zu]winken ❺ (*hairstyle*) Welle *f;* ***your hair has a natural ~*** dein Haar ist von Natur aus gewellt ❻ PHYS Welle *f;* **long/medium/short ~** Lang-/Mittel-/Kurzwelle *f* ▶ PHRASES: **to come over sb in ~s** (*fam*) jdn immer wieder heimsuchen; **to make ~s** (*fig: cause shake-up*) Unruhe stiften; (*create impression*) Aufsehen erregen, Staub aufwirbeln *fig* II. *vi* ❶ (*greet*) winken; ■**to ~ at** [*or* **to**] **sb** jdm [zu]winken; ***I ~d at him across the room*** ich winkte ihm durch den Raum zu ❷ (*sway*) *field of grass, field of corn* wogen *geh; flag* wehen, flattern ❸ (*be wavy*) sich *akk* wellen III. *vt* ❶ (*signal with*) ■**to ~ sth at** [*or* **to**] **sb** jdm mit etw *dat* winken; **to ~ one's hand** winken; ***she was waving her hand at the departing car*** sie winkte dem davonfahrenden Auto hinterher; **to ~ one's hands around** [mit den Händen] herumfuchteln *fam;* **to ~ sb goodbye** [*or* **goodbye to sb**] jdm zum Abschied [nach]winken ❷ (*swing*) ■**to ~ sth** etw schwenken; **to ~ a magic wand** einen Zauberstab schwingen ❸ (*make wavy*) **to ~ one's hair** sich *dat* das Haar wellen; **to have one's hair ~d** sich *dat* das Haar wellen lassen
◆**wave aside** *vt* ■**to ~ aside** ◌ **sth** (*fig*) etw [mit einer Handbewegung] abtun; **to ~ aside an idea/an objection/a suggestion** eine Idee/einen Einwand/Vorschlag abtun
◆**wave away** *vt* ■**to ~ away** ◌ **sb** jdn wegschicken [*o* abwimmeln]; ■**to ~ away** ◌ **sth** etw zurückweisen [*o* verschmähen]
◆**wave down** *vt* ■**to ~ down** ◌ **sb/sth** jdn/etw anhalten [*o* stoppen]
◆**wave off** *vt* ■**to ~ off** ◌ **sb** jdm [zum Abschied] nachwinken
◆**wave on** *vt* ■**to ~ on** ◌ **sb/sth** jdn/etw weiterwinken; ***the policeman ~d the traffic on*** der Polizist winkte den Verkehr durch
◆**wave through** *vt* ■**to ~ through** ◌ **sb** jdn durchwinken
wave-band *n* Wellenbereich *m*, Frequenzbereich *m;* **to broadcast in the long/medium/short ~** auf Lang-/Mittel-/Kurzwelle senden **wavelength** *n* PHYS Wellenlänge *f* ▶ PHRASES: **to be on the same ~** auf derselben Wellenlänge liegen, dieselbe Wellenlänge haben
wavelet [ˈweɪvlət] *n* kleine Welle, Kräuselwelle *f*
waver [ˈweɪvəʳ, AM -ɚ] *vi* ❶ (*lose determination*) ins Wanken geraten, wanken; *concentration, support* nachlassen ❷ (*become unsteady*) *eyes* flackern; *voice* beben, zittern ❸ (*be indecisive*) schwanken, unschlüssig sein; ■**to ~ over sth** sich *dat* etw hin- und herüberlegen, sich *dat* über etw den Kopf zerbrechen
waverer [ˈweɪvərəʳ, AM -ɚɚ] *n* Unentschlossene(r) *f(m)*, Zauderer, Zauderin *m, f*
wavering [ˈweɪvərɪŋ, AM -ɚ-] *adj usu attr* unentschlossen; *between two options* schwankend *attr; flame, candle* flackernd; *courage* wankend; *voice* zitternd
wavy [ˈweɪvi] *adj* wellig, gewellt, Wellen-; **~ field of corn** wogendes Kornfeld; **~ hair** gewelltes Haar; **~ line** Schlangenlinie *f;* **~ pattern** Wellenmuster *nt*
wax¹ [wæks] I. *n* ❶ (*substance*) Wachs *nt;* **candle ~** Kerzenwachs *nt* ❷ (*for polishing*) Wachs *nt;* (*for shoes*) Schuhcreme *f* ❸ (*inside ear*) Ohrenschmalz *nt* ▶ PHRASES: **to be like ~ in sb's hands** *esp* BRIT (*fig*) wie Wachs in jds Händen sein II. *vt* ❶ (*polish*) ■**to ~ sth** etw wachsen; **to ~ the floor** den Fußboden bohnern; **to ~ one's moustache** [sich *dat*] den Schnurrbart wachsen [*o fam* wichsen]; **to ~ shoes** Schuhe wichsen *fam;* **to ~ wood** Holz [ein]wachsen [*o* mit Wachs behandeln] ❷ (*remove hair*) **to ~ one's legs** sich *dat* die Beine [mit Wachs] enthaaren
wax² [wæks] *vi* ❶ (*liter: get larger*) *moon* zunehmen; **to ~ and wane** zu- und abnehmen; (*fig*) *love* kommen und gehen ❷ (*liter: become*) werden; **to ~ lyrical** [**about sth**] [über etw *akk*] ins Schwärmen geraten
wax³ [wæks] *n* BRIT (*dated fam*) **to be in a ~** [**about sth**] [wegen einer S. *gen*] eine Stinkwut haben *fam*
waxed [wækst] *adj usu attr* gewachst; *floor* gebohnert; *moustache* gewachste, gewichst *fam;* **~ jacket** eingewachste [*o* mit Wachs imprägnierte] Jacke; **~ paper** Butterbrotpapier *nt*, Wachspapier *nt*
waxen [ˈwæksᵊn] *adj* wächsern; *complexion* wachsbleich
wax-head *n* AUS (*fam*) begeisterter Surfer/begeisterte Surferin
waxing [ˈwæksɪŋ] *n no pl* Wachsen *nt*
wax paper *n* Butterbrotpapier *nt*, Wachspapier *nt*
waxwork *n* Wachsfigur *f* **waxworks** *n + sing vb* Wachsfigurenkabinett *nt*
waxy [ˈwæksi] *adj* ❶ (*like wax*) Wachs-, aus Wachs *nach n*, wächsern *geh*, wachsartig *pej* ❷ BRIT (*firm when cooked*) *potatoes* festkochend

way [weɪ]

I. NOUN

❶ (*road*) Weg *m;* **the W~ of the Cross** der Kreuzweg; **cycle ~** Fahrradweg *m;* **one-~ street** Einbahnstraße *f;* **to be across** [*or* BRIT *also* **over**] **the ~** gegenüber sein ❷ (*route*) Weg *m;* ***excuse me, which ~ is the train station?*** Entschuldigung, wie geht es hier zum Bahnhof?; ***could you tell me the ~ to the post office, please?*** könnten Sie mir bitte sagen, wie ich zur Post komme?; ***there's no ~ through the centre of town in a vehicle*** das Stadtzentrum ist für Autos gesperrt; ***will you get some bread on your ~ home?*** kannst du auf dem Heimweg [etwas] Brot mitbringen?; ***oh, I must be on my ~*** oh, ich muss mich auf den Weg machen!; ***on the ~ in/out …*** beim Hineingehen/Hinsausgehen …; ***on my ~ to Glasgow, I saw …*** auf dem Weg nach Glasgow sah ich …; ***on the ~ back from India, …*** auf dem Rückweg/Rückflug von Indien, …; ***sorry, I'm on my ~ out*** tut mir Leid, ich bin gerade am Gehen; ***we stopped on the ~ to ask for directions*** wir hielten unterwegs, um nach dem Weg zu fragen; ***"W~ In/Out"*** „Eingang/Ausgang"; ***we have to go by ~ of Copenhagen*** wir müssen über Kopenhagen fahren; **to ask the ~** [**to the airport/station**] nach dem Weg [zum Flughafen/Bahnhof] fragen; **to be on the ~** *letter, baby* unterwegs sein; **to be on the** [*or* **one's**] **~** [**to sth**] auf dem Weg [*o* unterwegs] [zu etw *dat*] sein; ***no problem, it's on my ~*** kein Problem, das liegt auf meinem Weg; **to be out of the ~** abgelegen sein; **to be out of sb's ~** für jdn ein Umweg sein; **to be under ~** *person* losgegangen sein; (*fig*) im Gange sein; ***we stopped to have lunch but within half an hour we were under ~ again*** wir machten eine Mittagspause, waren aber nach einer halben Stunde bereits wieder unterwegs; **to find one's ~ home** nach Hause finden; **to find one's ~ around** (*fig*) sich *akk* zurechtfinden *dat;* **to find one's ~ into/out of sth** in etw *akk* hineinfinden/aus etw *dat* herausfinden; (*fig*) ***how did my ring find its ~ into your pockets?*** wie kommt denn mein Ring in deine Taschen?; **to find one's ~ through sth** (*also fig*) sich *akk* in etw *dat* zurechtfinden *a. fig;* **to get under ~** in Gang kommen; **to give ~** einem anderen Fahrzeug die Vorfahrt geben; ***remember to give ~*** vergiss nicht, auf die Vorfahrt zu achten!; ***on roundabouts, you have to give ~ to cars already on the roundabout*** im Kreisverkehr haben die Autos Vorfahrt, die sich bereits im Kreisverkehr befinden; ***"give ~"*** BRIT „Vorfahrt [beachten]"; **to go on one's ~** sich *akk* auf den Weg machen; **to go out of one's ~ to do sth** einen Umweg machen, um etw zu tun; (*fig*) sich *akk* bei etw *dat* besondere Mühe geben; ***please don't go out of your ~!*** bitte machen Sie sich doch keine Umstände!; **to go one's own ~** (*fig*) seinen eigenen Weg gehen; **to go one's own sweet ~** (*fig*) rücksichtslos seinen eigenen Weg verfolgen; **to go separate ~s** getrennte Wege gehen; **to go the wrong ~** sich *akk* verlaufen; (*in car*) sich *akk* verfahren; **to know one's ~ around sth** (*also fig*) sich *akk* in etw *dat* auskennen; **to lead the ~** vorausgehen; (*fig*) ***the research group is leading the ~ in developing new types of computer memory*** die Forschungsgruppe ist führend in der Entwicklung neuartiger Computerspeicher; **to lose one's ~** sich *akk* verirren; **to make one's own ~ to sth** alleine irgendwohinkommen; **to make one's ~ to somewhere** irgendwohin gehen, sich *akk* irgendwohin begeben *geh;* ***we should make our ~ home*** wir sollten uns auf den Heimweg machen; **to make one's ~ in the world** seinen Weg gehen; **to pay one's ~** (*fig*) für sich *akk* selbst aufkommen; **to show sb the ~** jdn den Weg zeigen; ***can you show me the ~ out, please?*** können Sie mir bitte zeigen, wo es hier zum Ausgang geht?; **to talk one's ~ out of sth** (*fig*) sich *akk* aus etw *dat* herausreden *fam;* **to work one's ~ up** (*fig*) sich *akk* hocharbeiten 3 (*fig: be just doing*) **to be [well] on the ~ to doing sth** auf dem besten Weg[e] sein, etw zu tun; ***I'm well on the ~ to completing the report!*** der Bericht ist so gut wie fertig! *fam;* ***she's well on her ~ of becoming an alcoholic*** sie ist auf dem besten Weg[e], Alkoholikerin zu werden 4 (*fig fam: coming in/disappear*) ■ **to be on the ~ in** [*or* **up**]**/out** im Kommen/am Verschwinden sein 5 (*distance*) Weg *m,* Strecke *f;* AM ***keep going straight and after a ~s, you'll see the house*** fahr immer gerade aus und nach ein paar Metern siehst du dann das Haus; **all the ~** den ganzen Weg; ***she stayed with him in the ambulance all the ~ to the hospital*** sie blieb während der ganzen Fahrt bis zum Krankenhaus bei ihm im Krankenwagen; (*fig*) ***I agree with you all the ~*** ich stimme dir voll und ganz zu; (*fig*) ***I'll take my complaint all the ~ to the managing director if I have to*** wenn ich muss, gehe ich mit meiner Beschwerde noch bis zum Generaldirektor; (*fig*) ***I'll support you all the ~*** du hast meine volle Unterstützung; **a long ~** weit; **a long ~ back** vor langer Zeit; **to be a long/short ~ off** (*in space*) weit entfernt/sehr nahe sein; (*in time*) fern/nahe sein; ***Christmas is just a short ~ off*** bis Weihnachten ist es nicht mehr lange hin; **to still have a long ~ to go** (*also fig*) noch einen weiten Weg vor sich *dat* haben; **to go a long ~** (*fig*) lange reichen; **to have a [long] ~ to go** einen [weiten] Weg vor sich *dat* haben; **to have come a long ~** (*fig*) es weit gebracht haben; ***he's still a long ~ off perfection*** er ist noch weit davon entfernt, perfekt zu sein; ***a little kindness goes a long ~*** wenn man ein bisschen freundlich ist, hilft das doch gleich viel; [**not**] **by long ~** (*fig*) bei Weitem [nicht] 6 (*facing direction*) Richtung *f;* ***which ~ up should this box be?*** wie herum soll die Kiste stehen?; ***"this ~ up"*** „Hier oben"; **this ~ round** so herum; **the wrong ~ round** [*or* **around**] *figures* falsch [*o* verkehrt] herum; (*fig*) ***no, it's the other ~ round!*** nein, es ist gerade andersherum!; **to be the wrong ~ up** auf dem Kopf stehen 7 (*direction*) Richtung *f;* ***which ~ are you going?*** in welche Richtung gehst du?; ***this ~, please!*** hier entlang bitte!; ***look this ~, please*** bitte hierher schauen; (*fam*) ***they live out Manchester ~*** sie wohnen draußen bei Manchester; ***I really didn't know which ~ to look*** ich wusste wirklich nicht mehr, wo ich hinschauen sollte; **to come sb's ~** ***after applying for a job, many offers came her ~*** nachdem sie sich beworden hatte, bekam sie viele Angebote; ***I'd take any job that comes my ~*** ich würde jeden Job nehmen, der sich mir bietet; ***all of a sudden, money came her ~*** plötzlich kam sie zu Geld; ***when something like this comes your ~ ...*** wenn dir so etwas passiert, ...; ***when a girl like this comes your ~ ...*** wenn dir so ein Mädchen über den Weg läuft, ... *fam;* **to go this/that ~** hier/da entlang gehen; **to go the other ~** in die andere Richtung gehen; **down my ~** bei mir in der Nähe; **down your ~** in deiner Gegend 8 (*manner*) Art *f,* Weise *f;* ***I liked the ~ he asked for a date*** mir gefiel [die Art und Weise], wie er um ein Rendezvous bat; ***I don't like the ~ he looks at me*** ich mag es nicht, wie er mich anschaut; ***it's terrifying the ~ prices have gone up in the last few months*** es ist beängstigend, wie die Preise in den letzten Monaten gestiegen sind; ***that's just the ~ it is*** so ist das nun einmal; ***the ~ things are going ...*** so wie sich die Dinge entwickeln ...; ***trust me, it's better that ~*** glaub mir, es ist besser so!; ***that's her ~ of saying she's sorry*** das ist ihre Art zu sagen, dass es ihr Leid tut *fam;* ***I did it my ~*** ich habe es gemacht, [so] wie ich es für richtig hielt; ***do it my ~*** mach es wie ich; ***this is definitely not the ~ to do it*** so macht man das auf gar keinen Fall!; ***he looked at me in a sinister ~*** er sah mich finster an; ***she's got a funny ~ of asking for help*** sie hat eine komische Art, einen um Hilfe zu bitten; ***he's got a very strange ~ of behaving*** er benimmt sich schon ziemlich seltsam *fam;* ***you could tell by the ~ he looked*** man konnte es schon an seinem Blick erkennen; ***that's no ~ to speak to your boss!*** so redet man nicht mit seinem Vorgesetzten!; ***the ~ he looked at me ...*** so wie er mich angeschaut hat ...; ***the ~ we were*** wie wir einmal waren; ***it's always the ~!*** [*or* ***isn't it always the ~!***] es ist doch echt immer dasselbe! *fam;* ***I wouldn't have it any other ~*** ich würde es nicht anders haben wollen; ***what a ~ to talk!*** so etwas sagt man nicht!; ***what a ~ to behave!*** so benimmt man sich nicht!; ***just leave it the ~ it is, will you*** lass einfach alles so, wie es ist, ja?; **to see the error of one's ~s** seine Fehler einsehen; **to be in the family ~** in anderen Umständen sein *euph;* **~ of life** Lebensweise *f;* **~ of thinking** Denkweise *f;* **to sb's ~ of thinking** jds Meinung *f* nach; **this ~** so; ***come on, do it this ~!*** komm, mach es so! *fam;* ***that ~, I'll save a lot of money*** auf diese [Art und] Weise spare ich viel Geld; ***looking at it in that ~, I was lucky after all*** so gesehen hatte ich sogar noch Glück; **in a big ~** im großen Stil; **in a small ~** im kleinen Rahmen; ***he started off in a small ~*** er fing klein an; **one ~ or another** so oder so; ***one ~ or another, we've got to ...*** so oder so, irgendwie müssen wir ...; **either ~** so oder so; **no ~** auf keinen Fall; ***there's no ~ to get me on this ship*** keine zehn Pferde kriegen mich auf dieses Schiff! *fam;* ***there's no ~ I'll give in*** ich gebe auf gar keinen Fall nach!; ***no ~!*** ausgeschlossen!, kommt nicht in die Tüte! *fam;* **to show sb the ~ to do sth** jdm zeigen, wie etw geht 9 (*respect*) Weise *f,* Hinsicht *f;* **in a ~** in gewisser Weise; **in every [possible] ~** in jeder Hinsicht; **in many/some ~s** in vielerlei/gewisser Hinsicht; **in more ~s than one** in mehr als nur einer Hinsicht; **in no ~** in keinster Weise; ***in which ~s does a zebra resemble a horse?*** worin ähnelt ein Zebra einem Pferd?; **not in any ~** in keiner Weise 10 *no pl* (*free space*) Weg *m,* Platz *m;* **to be in sb's ~** jdm im Weg sein *a. fig;* **to block the way** den Weg versperren; **to get** [*or* **stand**] **in the ~ of sth** etw *dat* im Wege stehen; (*fig*) ***may nothing stand in the ~ of your future happiness together!*** möge nichts eurem zukünftigen gemeinsamen Glück im Wege stehen!; ***she's determined to succeed and she won't let anything stand in her ~*** sie ist entschlossen, ihr Ziel zu erreichen und wird sich durch nichts aufhalten lassen; **to get out of sb's/sth's ~** jdm/etw aus dem Weg gehen; ***can you put your stuff out of the ~, please?*** kannst du bitte deine Sachen woanders hintun?; **to get sb/sth out of the ~** jdn/etw loswerden; ***could you get this out of the ~, please?*** könntest du das bitte weg tun?; ***please get the children out of the ~ while I ...*** sorge bitte dafür, dass die Kinder nicht stören, während ich...; **to give ~** (*fig*) nachgeben; **to give ~ to** [*or* **make ~ for**] **sth** etw [*o* für etw *dat*] Platz machen *akk;* (*fig*) etw *dat* weichen; ***make ~!*** Platz da!; **to keep** [*or* **stay**] **out of the way** wegbleiben; **to keep** [*or* **stay**] **out of sb's way** jdm nicht in die Quere kommen; **to make ~ [for sb]** [für jdn] Platz machen *a. fig;* **to want sb out of the ~** jdn aus dem Weg haben wollen 11 (*method*) Art *f* [und Weise]; ***by ~ of an introduction to the subject, ...*** als Einführung zum Thema ...; ***my mother has a ~ of knowing exactly what I need*** meine Mutter weiß irgendwie immer genau, was ich brauche; ***she just has a ~ with her*** sie hat einfach so eine gewisse Art; ***there are ~s of making you talk, you know*** Sie werden schon noch Reden!; ***don't worry, we'll find a ~!*** keine Sorge, wir werden einen Weg finden!; **~s and means** Mittel und Wege; ***with today's technology everybody has the ~s and means to produce professional-looking documents*** mit der heutigen Technologie hat jeder die Möglichkeit, professionell aussehende Dokumente zu erstellen; **to have a ~ with children** gut mit Kindern umgehen können 12 (*habit*) Art *f;* ***over the years we've got used to his funny little ~s*** im Lauf der Jahre haben wir uns an seine kleinen Marotten gewöhnt; ***that's the ~ of the world*** das ist nun mal der Lauf der Dinge; **to fall into bad ~s** in schlechte Angewohnheiten verfallen; **to get into/out of the ~ of doing sth** sich *dat* etw an-/abgewöhnen 13 *no pl* (*condition*) Zustand *m;* **to be in a bad ~** in schlechter Verfassung sein; ***he's been in a bad ~ ever since the operation*** seit der Operation geht's ihm schlecht; ***she's in a terrible ~*** sie ist in einer schrecklichen Verfassung 14 (*desire*) **to get** [*or* **have**] **one's [own] ~** seinen Willen bekommen; ***if I had my ~, we'd eat fish every day*** wenn es nach mir ginge, würden wir jeden Tag Fisch essen 15 (*fam: something like*) ***he's by ~ of being an artist*** er ist so'ne Art Künstler *fam* 16 NAUT **to gather/lose ~** Fahrt aufnehmen/verlieren 17 NAUT ■ **~s** *pl* Helling *f* ▶ PHRASES: **that's the ~ the cookie crumbles** (*saying*) so ist das Leben [eben]; **to go the ~ of all flesh** den Weg allen Fleisches gehen *geh;* **the ~ to a man's heart is through his stomach** (*prov*) [die] Liebe [des Mannes] geht durch den Magen *prov;* **where there's a will, there's a ~** (*prov*) wo ein Wille ist, ist auch ein Weg *prov;* **to see/find out which ~ the wind blows/is blowing** (*fig*) sehen/herausfinden, woher der Wind weht; **there are no two ~s about it** daran gibt es keinen Zweifel; **to fall by the ~** auf der Strecke bleiben; **to have it/sth both ~s** beides haben; ***you can't have it both ~s*** du kannst nicht beides haben; **to go all the ~ [with sb]** (*fam: have sex*) es [mit jdm] richtig machen *sl;* **by the ~** übrigens; ***and, by the ~, this wasn't the first time I ...*** und das war, nebenbei bemerkt, nicht das erste Mal, dass ich...

II. ADVERB

1 (*fam: used for emphasis*) weit; ***it would be ~ better for you to ...*** es wäre weit[aus] besser für dich, ...; ***she spends ~ too much money on clothes*** sie gibt viel zu viel Geld für Kleidung aus; ***you're ~ out if you think ...*** wenn du denkst, dass ..., liegst du voll daneben!; **to be ~ down with one's guess** mit seiner Schätzung völlig daneben liegen; **~ back** vor langer Zeit; **~ back in the early twenties** damals in den frühen Zwanzigern; **to be ~ past sb's bedtime** (*fam*) für jdn allerhöchste Zeit zum Schlafengehen sein; **~ up in the sky** weit oben am Himmel 2 (*sl: very*) **~ cool/hot** total [*o* voll] cool/heiß *fam*

waybill *n* (*list of passengers*) Passagierliste *f;* (*list of goods*) Frachtbrief *m* **wayfarer** *n* (*liter or old*) Wandersmann *m veraltet,* [Fuß]reisende(r) *f(m),* Wanderer, -in *m, f* **wayfaring** *adj attr* (*liter or old*) wandernd, reisend; **~ man** Wandersmann *m veraltet*

waylay <-laid, -laid> [ˌweɪˈleɪ, AM ˈweɪleɪ] *vt* ■**to ~ sb** ① (*hum: accost*) jdn abfangen [*o fam* abpassen]; ***I was waylaid on the way out of a meeting by the managing director*** der Vorsitzende hat mich direkt nach dem Treffen abgefangen ② (*attack*) jdn überfallen; ***she had been waylaid*** sie geriet in einen Hinterhalt

way out *n* Ausgang *m*

way-out *adj* (*sl*) ① (*unconventional*) irre *sl*, abgefahren *sl* ② (*dated: wonderful*) super *fam* **wayside** **I.** *n* (*beside road*) Straßenrand *m;* ■**by the ~** am Straßenrand; (*beside path*) Wegrand *m;* ■**by the ~** am [*o* neben dem] Weg; **to fall by the ~** (*fig*) auf der Strecke bleiben *fig* **II.** *adj attr, inv* (*beside road*) an der Straße; (*beside path*) am Weg; **~ inn** (*dated*) Gasthof *m* an der Straße [*o* am Weg] **way station** *n* AM RAIL Zwischenstation *f*, Haltepunkt *m*

wayward [ˈweɪwəd, AM -wɚd] *adj* ① (*wilful*) eigenwillig, eigensinnig; **~ child** widerspenstiges Kind ② (*erratic*) unberechenbar, launisch

waywardness [ˈweɪwədnəs, AM -wɚd-] *n* ① (*wilfulness*) Eigensinn *m*, Eigenwilligkeit *f* ② (*capriciousness*) Unberechenbarkeit *f*, Launenhaftigkeit *f*

WBA [ˌdʌbljuːbiːˈeɪ] *n no pl*, + *sing/pl vb abbrev of* **World Boxing Association:** ■**the ~** die WBA

WC [ˌdʌbljuːˈsiː] *n* BRIT *abbrev of* **water closet** WC *nt*

we [wiː, wi] *part pers* ① (*1st person plural*) wir; ***if you don't hurry up, ~'ll be late*** wenn du dich nicht beeilst, kommen wir zu spät ② (*speaker/writer for group*) wir; ***in this section ~ discuss the reasons*** in diesem Abschnitt besprechen wir die Gründe; **the editorial ~** das redaktionelle Wir ③ (*all people*) wir; **~ all ...** wir alle ...; ***~'ve all experienced pain of some sort*** wir kennen alle Schmerz in irgendeiner Form ④ (*form: royal I*) wir; ***"~ are not amused"*** „wir sind nicht erfreut"; **the royal w~** das königliche Wir ⑤ (*pej fam: to patient*) wir; ***"and how are ~ feeling today?"*** „und wie geht es uns heute?"; (*dated fam: to child*) wir; ***you know, Josh, ~ don't rub ants in little girls' hair*** du weißt Josh, dass man kleinen Mädchen keine Ameisen ins Haar gibt

weak [wiːk] *adj* ① (*not strong*) schwach; *coffee, tea* schwach, dünn; **to be/feel as ~ as a kitten** ganz matt sein/sich *akk* ganz schlapp fühlen *fam;* **to be/go ~ at the knees** weiche Knie haben/bekommen; **to be ~ with desire/hunger/thirst** schwach vor Begierde/Hunger/Durst sein; **to feel ~** sich *akk* schwach fühlen; **~ chin** schwach ausgeprägtes Kinn; **~ link** (*fig*) schwaches Glied *fig;* **~ spot** (*fig*) schwache Stelle *fig;* **the ~er sex** das schwache Geschlecht *fig* ② (*ineffective*) *leader* unfähig, schwach; *argument, attempt* schwach; ■**to be ~ [on sth]** [in etw *dat*] schwach sein; ***the report is strong on criticism but rather ~ on suggestions for improvement*** der Bericht übt scharfe Kritik, bietet aber kaum Verbesserungsvorschläge ③ (*below standard*) schwach; ***he was always ~ at languages but strong at science*** er war schon immer schwach in Sprachen, dafür aber gut in Naturwissenschaften

weaken [ˈwiːkᵊn] **I.** *vi* (*become less strong*) schwächer werden, nachlassen; (*become less resolute*) schwach [*o* weich] werden **II.** *vt* ■**to ~ sb/sth** jdn/etw schwächen; ***they were ~ed by hunger*** sie waren vom Hunger geschwächt; **to ~ an argument** ein Argument entkräften

weak-kneed [-ˈniːd] *adj* (*pej fam*) feige, ängstlich; **to be ~** weiche Knie haben, Schiss haben *sl*

weakling [ˈwiːklɪŋ] *n* (*pej*) Schwächling *m pej*

weakly [ˈwiːkli] *adv* ① (*without strength*) schwach, kraftlos, schwächlich ② (*unconvincingly*) schwach, matt; **to smile ~** matt lächeln

weak-minded [-ˈmaɪndɪd] *adj* (*pej*) ① (*lacking determination*) unentschlossen, unentschieden; (*weak-willed*) willensschwach ② (*mentally deficient*) schwachsinnig

weakness <*pl* -es> [ˈwiːknəs] *n* ① *no pl* (*physical frailty*) Schwäche *f;* (*ineffectiveness*) Unwirksamkeit *f;* **a sign of ~** ein Zeichen *nt* von Schwäche ② (*area of vulnerability*) Schwachstelle *f*, schwacher Punkt ③ (*flaw*) Schwäche *f;* (*in character*) [Charakter]schwäche *f* ④ (*strong liking*) Schwäche *f* (**for** für +*akk*), Vorliebe *f* (**for** für +*akk*)

weak-willed [-ˈwɪld] *adj* willensschwach

weal [wiːl] *n* Schwiele *f*, Striemen *m*

wealth [welθ] *n no pl* ① (*money*) Reichtum *m;* **~ and prosperity** Reichtum und Wohlstand; (*fortune*) Vermögen *nt;* **to inherit ~** ein Vermögen erben; **national ~** Volksvermögen *nt* ② (*large amount*) Fülle *f*, Reichtum *m fig;* **to have a ~ of sth** *raw materials* reich an etw *dat* sein; **a ~ of opportunity** vielerlei Möglichkeiten

wealth creation *n*, **wealth generation** *n* Vermögensbildung *f* **wealth tax** *n* Vermögenssteuer *f*

wealthy [ˈwelθi] **I.** *adj* reich, wohlhabend, vermögend **II.** *n* ■**the ~** *pl* die Reichen *pl*

wean [wiːn] *vt* ① (*from mother's milk*) **to ~ a baby** ein Baby abstillen; **to ~ a baby animal** ein Jungtier entwöhnen ② (*make independent of*) ■**to ~ sb off sth** jdm etw abgewöhnen, jdn von etw *dat* abbringen; ***the whole scheme is intended to ~ people off welfare dependency*** der ganze Plan zielt darauf ab, die Leute von Sozialhilfe unabhängig zu machen ③ *usu passive* (*fig: rear on*) ■**to be ~ed on sth** mit etw *dat* aufgewachsen [*o* groß geworden] sein

weaning [ˈwiːnɪŋ] *n* Entwöhnung *f*

weapon [ˈwepᵊn] *n* (*also fig*) Waffe *f;* **dangerous** [*or* **offensive**] **~** gefährliche Waffe, Angriffswaffe *f;* **lethal** [*or* **deadly**] **~** tödliche Waffe; **nuclear** [*or* **atomic**] **~s** Atomwaffen *pl*, Kernwaffen *pl;* **to search sb for ~s** jdn nach Waffen durchsuchen

weaponry [ˈwepᵊnri] *n no pl* Waffen *fpl*

wear [weəʳ, AM wer] **I.** *n* ① (*clothing*) Kleidung *f;* **casual/sports ~** Freizeit-/Sport[be]kleidung *f* ② (*amount of use*) Gebrauch *m;* ***the chairs have a bit more ~ left in them*** die Stühle lassen sich noch gut eine Weile benutzen; ***I haven't had much ~ out of this sweater*** ich habe diesen Pullover wenig getragen; **to show signs of ~** Abnutzungserscheinungen [*o* Verschleißerscheinungen] aufweisen; **~ and tear** Abnutzung *f*, Verschleiß *m;* **to take a lot of ~ and tear** stark strapaziert werden; **to be the worse for ~** abgenutzt sein; (*clothes*) abgetragen sein; (*fig: person*) fertig sein *fam;* ***I feel a bit the worse for ~*** ich fühle mich etwas angeschlagen **II.** *vt* <wore, worn> ① (*have on body*) ■**to ~ sth** *clothes* etw tragen [*o fam* anhaben]; *jewellery* etw tragen; ***what are you ~ing to Caroline's wedding?*** was ziehst du zu Carolines Hochzeit an?; ***she had nothing to ~ to the party*** sie hatte für die Party nichts anzuziehen; ***he wore a grim expression*** (*fig*) er trug eine grimmige Miene zur Schau; **to ~ glasses** eine Brille tragen; **to ~ one's hair loose/up** das Haar offen/hochgesteckt tragen ② (*make a hole*) **to ~ a hole in sth** etw durchwetzen; *water* etw aushöhlen ③ BRIT, AUS (*fam: permit*) ■**to ~ sth** etw hinnehmen [*o fam* schlucken] ▶ PHRASES: **to ~ one's <u>heart</u> on one's sleeve** das Herz auf der Zunge tragen; **to ~ the <u>mantle</u> of power** (*form, liter*) die Insignien der Macht innehaben; **to ~ the <u>trousers</u>** [*or* AM **<u>pants</u>**] die Hosen anhaben *fam* **III.** *vi* <wore, worn> (*get thinner*) *clothes* sich *akk* abtragen; (*get hole*) sich *akk* durchscheuern; *machine parts* sich *akk* abnutzen; ***this shirt is starting to ~ at the collar*** dieses Hemd wird am Kragen schon dünn; ***my jeans have worn at the knees*** meine Jeans sind an den Knien durchgewetzt; **to ~ thin** dünn werden; (*fig*) verflachen *fig*

◆**wear away** *vi* sich *akk* abnutzen

◆**wear down** *vt* ① (*reduce*) ■**to ~ sth ○ down** *rock* etw abtragen ② (*make weak and useless*) ■**to ~ sth ○ down** etw abnutzen [*o* verschleißen] ③ (*fig: tire*) ■**to ~ sb ○ down** jdn fertig machen *fam;* (*weaken*) jdn zermürben; **to ~ down sb's resistance** jds Widerstand *m* [allmählich] brechen

◆**wear off** *vi effect* nachlassen

◆**wear on** *vi time* sich *akk* hinziehen

◆**wear out** **I.** *vi* sich *akk* abnutzen **II.** *vt* ■**to ~ sb ○ out** jdn erschöpfen; (*mentally*) jdn fertig machen *fam*

◆**wear through** *vi shoes* durchlaufen

wearable [ˈweərəbl, AM ˈwer-] *adj* tragbar

wearer [ˈweərəʳ, AM ˈwerɚ] *n* Träger(in) *m(f);* **~ of spectacles** Brillenträger(in) *m(f)*

wearily [ˈwɪərɪli, AM ˈwɪr-] *adv* ① (*tiredly*) müde ② (*resignedly*) lustlos, gelangweilt

weariness [ˈwɪərɪnəs, AM ˈwɪr-] *n no pl* ① (*tiredness*) Müdigkeit *f*, Erschöpfung *f* ② (*boredom*) Langeweile *f;* **a general air of ~** eine allgemeine Lustlosigkeit

wearing [ˈweərɪŋ, AM ˈwer-] *adj* ermüdend

wearisome [ˈwɪərɪsᵊm, AM ˈwɪr-] *adj* (*form*) ① (*causing tiredness*) ermüdend, anstrengend ② (*causing boredom*) langweilig, eintönig

weary [ˈwɪəri, AM ˈwɪri] **I.** *adj* ① (*very tired*) müde, erschöpft; **~ to death** sterbensmüde, total erschöpft ② (*bored*) gelangweilt; (*unenthusiastic*) lustlos; **to be ~ of sth** etw leid sein [*o* satt haben]; **to grow ~ of sth** einer S. *gen* überdrüssig werden; **~ of life** lebensmüde ③ (*corny*) **~ joke** abgedroschener Witz **II.** *vt* <-ie-> (*liter*) ■**to ~ sb [with sth]** ① (*make tired*) jdn [mit etw *dat*] ermüden; ■**to be wearied by sth** von etw *dat* erschöpft sein ② (*make bored*) jdn [mit etw *dat*] langweilen; ■**to be wearied by sth** von etw *dat* genug haben, etw satt haben **III.** *vi* <-ie-> ■**to ~ of sth** von etw *dat* genug haben, etw satt haben

wearying [ˈwɪərɪɪŋ, AM ˈwɪr-] *adj* ermüdend, anstrengend

weasel [ˈwiːzᵊl] **I.** *n* Wiesel *nt* **II.** *vi* AM ■**to ~ out of sth** sich *akk* aus etw *dat* herauslavieren *fam;* ■**to ~ out of doing sth** sich vor etw *dat* drücken

weaseling [ˈwiːzᵊlɪŋ] *n* ① (*evasive action*) Ausweichen *nt* ② (*ambiguous words*) [Herum]schwafeln *nt pej*

weather [ˈweðəʳ, AM -ɚ] **I.** *n no pl* (*air conditions*) Wetter *nt;* (*climate*) Witterung *f;* (*state of the weather*) Wetterlage *f;* ***this front will bring warm ~ to most of the British Isles*** diese Front wird dem größten Teil der Britischen Inseln warme Witterung bringen; **~ permitting** vorausgesetzt, das Wetter spielt mit, wenn es das Wetter erlaubt; **in all ~s** bei jedem Wetter ▶ PHRASES: **to make <u>heavy</u> ~ of sth** (*make sth well known*) viel Wind um etw *akk* machen *fam;* (*have problems with sth*) sich *dat* mit etw *dat* schwer tun; **to be <u>under</u> the ~** angeschlagen sein *fam* **II.** *vi object* verwittern; *person* altern; ***he's ~ed well*** er hat sich gut gehalten **III.** *vt* ① *usu passive* (*change through*) ■**to ~ sth** *wood* etw auswittern; *skin* etw gerben; *rock* etw verwittern lassen; **~ed face** vom Wetter gegerbtes Gesicht ② (*survive*) ■**to ~ sth** etw überstehen; **to ~ the storm** *ship* dem Sturm trotzen [*o* standhalten]; ***as a small new company they did well to ~ the recession*** als kleines neues Unternehmen sind sie gut durch die Rezession gekommen

weather-beaten *adj* ① (*of person*) **~ face/hands/skin** wettergegerbtes Gesicht/wettergegerbte Hände/Haut ② (*of object*) verwittert; **~ boards** verwitterte Bretter **weatherboard** **I.** *n* ① *usu pl* (*protective board*) [Dach]schindel[n] *f[pl]* ② *no pl* (*covering of boards*) Verschalung *f* ③ (*over window*) Überdachung *f*, Überdach *nt* ④ *esp* BRIT (*on door*) Türleiste *f* **II.** *vt* ■**to ~ sth** etw abdichten; (*panel*) etw verschalen **weatherboarding** *n no pl* ① (*surface*) Verschalung *f* ② (*process*) Verschalen *nt* ③ (*over window*) Überdachung *f*, Überdach *nt* ④ (*at door*) Türleiste *f* **weather-bound** *adj inv* wetterbedingt behindert; ***the rescue team was ~ for two days*** das Rettungsteam war für zwei Tage wegen schlechten Wetters handlungsunfähig **weather bulletin** *n* Wetterbericht *m* **weather bureau** *n* AM Wetteramt *nt*, Wetterdienst *m* **weather chart** *n* Wetterkarte *f* **weathercock** *n* Wetterhahn *m* **weather conditions** *npl* Witterungsverhältnisse *pl*

weathered [ˈweðəd, AM ɚd] *adj* von der Witterung gezeichnet, der Witterung ausgesetzt; *face* wettergegerbt

weather forecast *n* Wettervorhersage *f*

weather forecaster *n* ❶ (*meteorologist*) Wetterexperte, -in *m, f,* Meteorologe, -in *m, f* ❷ TV, RADIO Wetteransager(in) *m(f),* Wetterfrosch *m hum fam* **weathergirl** *n* (*fam*) TV Wetteransagerin *f* **weather glass** *n* (*dated*) Barometer *nt* **weather house** *n* Wetterhäuschen *nt*

weathering ['weðᵊrɪŋ] *n no pl* Verwitterung *f*

weatherman *n* Wettermann *m fam* **weather map** *n* Wetterkarte *f* **weatherproof** *adj* wetterfest **weather report** *n* Wetterbericht *m* **weather satellite** *n* Wettersatellit *m* **weather station** *n* Wetterstation *f,* Wetterwarte *f* **weatherstrip** *n* Dichtungsleiste *f* **weather-tight** *adj* wetterfest **weather tiles** *npl* Schindeln *fpl* **weather vane** *n* Wetterfahne *f* **weather-worn** *adj* verwittert

weave [wi:v] **I.** *vt* <wove *or* AM *also* weaved, woven *or* AM *also* weaved> ❶ (*of cloth*) ■**to ~ sth** etw weben; ***this type of wool is woven into fabric*** diese Art Wolle wird zu Stoff verwoben ❷ (*also fig: intertwine things*) ■**to ~ sth** etw flechten; ***the biography is woven from the many accounts which exist of things she did*** die Biografie setzt sich aus den vielen bereits existierenden Berichten über Dinge, die sie getan hat, zusammen; ■**to ~ sth together** etw zusammenflechten [*o* ineinander flechten]; **to ~ a basket [from rushes]** [aus Binsen] einen Korb flechten ❸ (*also fig: move*) **to ~ one's way through sth** sich *dat* einen Weg durch etw *akk* bahnen; (*fig*) sich *dat* durch etw *akk* durchschlängeln [*o* durchmogeln] **II.** *vi* <wove *or* AM *also* weaved, woven *or* AM *also* weaved> ❶ (*produce cloth*) weben ❷ (*also fig: move*) sich *akk* durchschlängeln ▶ PHRASES: **to get weaving** BRIT (*dated fam: hurry*) Gas geben *fam;* (*begin action*) loslegen *fam* **III.** *n* Webart *f;* **basket ~** Leinenbindung *f;* **to have loose/tight ~** locker/fest gewebt sein; **striped ~** Streifenmuster *nt*

weaver ['wi:vəʳ, AM -ɚ] *n* Weber(in) *m(f);* **basket ~** Korbflechter(in) *m(f);* **textile ~** Textilweber(in) *m(f)*

weaver bird *n* Webervogel *m;* **golden ~** Goldammer *f;* **sociable ~** Sperlingsweber *m*

weaving ['wi:vɪŋ] *n no pl* ❶ (*of producing cloth*) Weben *nt* ❷ (*of intertwining*) Flechten *nt*

web [web] *n* ❶ (*woven net trap*) Netz *nt;* **spider['s] ~** Spinnennetz *nt;* **spider ~s** [*or* **cobwebs**] Spinnweben *fpl;* **to spin a ~** ein Netz spinnen ❷ (*fig: network*) Netzwerk *nt;* **a ~ of deceit/intrigue** ein Netz *nt* von Betrug/Intrigen; **an intricate ~** ein kompliziertes Netzwerk ❸ (*fig: trap*) Falle *f* ❹ ANAT Interdigitalhaut *f fachspr;* (*of ducks*) Schwimmhaut *f;* (*of birds*) Flughaut *f* ❺ (*in machinery*) [endlose] Bahn ▶ PHRASES: **when first we practise to deceive, oh what a tangled ~ we weave** (*prov*) wer einmal lügt, dem glaubt man nicht, und wenn er auch die Wahrheit spricht *prov*

Web [web] *n* COMPUT (*fam*) *short for* **World Wide Web:** ■**the ~** das [World Wide] Web *fachspr,* das Netz; ■**on the ~** im [World Wide] Web *fachspr,* im Netz

webbed [webd] *adj inv* mit Schwimmhäuten *nach n;* **~ feet/toes** Schwimmfüße *mpl*

webbing ['webɪŋ] *n no pl* ❶ (*band*) Gurte *mpl* ❷ (*cloth*) Gurtband *nt* ❸ MIL *Gurte, kleine Taschen, Patronengürtel etc, die Soldaten für Munition und dergleichen an der Kleidung haben*

web browser *n* COMPUT [Web-]Browser *m fachspr* **webcam** ['webkæm] *n* INET, COMPUT Webcam *f fachspr* (*Kamera, deren Aufnahmen ins Internet eingespeist werden*) **webcast** ['webkɑ:st, AM -kæst] *n* Webcast *nt* **web crawler** *n* COMPUT Suchprogramm *nt* **Web-enabled** ['webɪneɪbḷd] *adj* COMPUT internetfähig **web-fingered** [-'fɪŋəd, AM -ɚd] *adj inv* mit Schwimmhäuten zwischen den Fingern **web-footed** [-'fʊtɪd, AM -t̬-] *adj inv* mit Schwimmfüßen *nach n;* ■**to be ~** Schwimmfüße haben **Webhead** ['webhed] *n* (*sl*) Computerfreak *m fam* **Weblish** ['weblɪʃ] *n,* **Webspeak** ['webspi:k] *n no pl* INET, COMPUT Webjargon *m* **webmaster** ['webmɑ:stəʳ, AM -mæstɚ] *n* INET, COMPUT Webadministrator(in) *m(f)* **web-offset printing** *n no pl* Rotationsdruck *m* **web page** *n* COMPUT Webseite *f* **Web-page design** ['webpeɪdʒdɪ'zaɪn] *n no pl* COMPUT Webpage-Design *nt* **Web-page designer** ['webpeɪdʒdɪ'zaɪnəʳ, AM -ɚ] *n* COMPUT Webpage-Designer(in) *m(f)* **web press** *n* Rotationspresse *f* **web search engine** *n* COMPUT Suchmaschine *f fachspr* **web site** *n* COMPUT Website *f fachspr;* **to visit a ~** auf eine Website gehen **web spider** *n* COMPUT Suchprogramm *nt* **web-toed** [-'təʊd, AM -toʊd] *adj* mit Schwimmfüßen *nach n;* ■**to be ~** Schwimmfüße haben; *see also* **web-footed**

webzine ['webzi:n] *n* INET Webzine *nt*

wed <wedded *or* wed, wedded *or* wed> [wed] **I.** *vt* ❶ (*form or dated: marry*) ■**to ~ sb** jdn ehelichen *veraltend o hum,* sich *akk* mit jdm vermählen *geh* ❷ (*fig: unite*) ■**to ~ sth and sth** etw mit etw *dat* vereinen; ***this desk ~s beauty and utility*** dieser Tisch vereint Schönheit mit Nützlichkeit **II.** *vi* sich *akk* vermählen *geh*

we'd [wi:d, wid] ❶ = **we had** *see* **have I, II** ❷ = **we would** *see* **would**

Wed *n abbrev of* **Wednesday** Mi., Mittw.

wedded ['wedɪd] **I.** *adj* ❶ *attr, inv* verheiratet, Ehe-; ***do you, Helen, take Charles to be your lawful ~ husband?*** nimmst du, Helen, Charles zu deinem rechtmäßig angetrauten Ehemann?; **~ bliss** Eheglück *nt* ❷ *pred* (*fig: obstinately cling to*) ■**to be ~ to sth** *activity, idea* sich *akk* etw *dat* verschrieben haben; ***he is ~ to an antiquated idea of what an acceptable career for a woman is*** er hat antiquierte Vorstellungen davon, was eine akzeptable Karriere für eine Frau ist; **to be ~ to an opinion/view** auf einer Meinung/Ansicht beharren **II.** *pt, pp of* **wed**

wedding ['wedɪŋ] *n* Hochzeit *f;* **a big/small ~** eine große/kleine Hochzeit, eine Hochzeit im großen/kleinen Kreis

wedding anniversary *n* Hochzeitstag *m* **wedding attendant** *n jd, der bei einer Hochzeit eine offizielle Aufgabe übernimmt* **wedding band** *n* AM (*wedding ring*) Ehering *m,* Trauring *m* **wedding bells** *npl* Hochzeitsglocken *pl;* **to hear ~** (*fig*) die Hochzeitsglocken läuten hören **wedding breakfast** *n* BRIT Hochzeitsessen *nt* **wedding cake** *n no pl* Hochzeitstorte *f* **wedding ceremony** *n* Trauung *f,* Trauzeremonie *f* **wedding day** *n* Hochzeitstag *m,* Tag *m* der Hochzeit **wedding dress** *n* Brautkleid *nt,* Hochzeitskleid *nt* **wedding gift** *n* Hochzeitsgeschenk *nt* **wedding gown** *n* Brautkleid *nt,* Hochzeitskleid *nt* **wedding guest** *n* Hochzeitsgast *m* **wedding march** *n* Hochzeitsmarsch *m* (*beim Ein- und Auszug des Brautpaares in die/aus der Kirche*) **wedding night** *n* Hochzeitsnacht *f* **wedding present** *n* Hochzeitsgeschenk *nt* **wedding reception** *n* Hochzeitsempfang *m* **wedding ring** *n* Ehering *m,* Trauring *m* **wedding tackle** *n no pl* BRIT (*hum sl*) Eier *pl derb*

wedge [wedʒ] **I.** *n* ❶ (*tapered block*) Keil *m;* **to force a ~ between sth** einen Keil zwischen etw *akk* treiben ❷ (*fig: triangular piece*) [keilförmiges] Stück; *of a pie chart* Ausschnitt *m;* **a ~ of bread/cake** ein Stück *nt* Brot/Kuchen; **a ~ of cheese** eine Ecke Käse ❸ (*type of golf club*) Wedge *m fachspr* ❹ (*type of shoe*) **~ [shoe]** Schuh *m* mit Keilabsatz ❺ *no pl* (*sl: money*) Knete *f sl* ▶ PHRASES: **the thin end of the ~** der Anfang vom Ende **II.** *n modifier* (*divisive, wedge-like*) *issue* entzweiend **III.** *vt* ❶ (*jam into*) ■**to ~ sth/sb** etw/jdn einkeilen [*o* einzwängen] ❷ (*keep in position*) **to ~ sth closed/open** etw verkeilen (*damit es geschlossen/offen bleibt*)

wedge sandal *n usu pl* Plateausandale *f*

wedgie ['wedʒi] *n* Schuh *m* mit Keilabsatz

Wedgwood® ['wedʒwʊd] *n no pl* Wedgwood[-Porzellan] *nt*

wedlock ['wedlɒk, AM -lɑ:k] *n no pl* (*old*) Ehe *f,* Ehestand *m veraltet;* ■**out of ~** außerehelich; **sex out of ~** Sex *m* außerhalb der Ehe; **to be born in/out of ~** ehelich/unehelich geboren sein

Wednesday ['wenzdeɪ] *n* Mittwoch *m; see also* **Tuesday**

wee [wi:] **I.** *adj attr, inv* SCOT (*fam*) winzig; **a ~ bit** ein [*fam* klitze]kleines bisschen **II.** *n no pl* (*childspeak fam*) ■**~** [**~**] Pipi *nt Kindersprache;* **to do** [*or* **have**] **a ~** [**~**] Pipi machen *Kindersprache* **III.** *vi* (*childspeak fam*) Pipi machen *Kindersprache*

weed [wi:d] **I.** *n* ❶ (*plant*) Unkraut *nt kein pl* ❷ BRIT (*pej fam: person*) Schwächling *m pej fam* ❸ *no pl* (*dated fam: tobacco*) ■**the ~** das Kraut *pej fam* ❹ *no pl* (*dated sl: marijuana*) Gras *nt sl* ▶ PHRASES: **to grow like a ~** *person* in die Höhe schießen **II.** *vt* **to ~ the garden/patch** den Garten/das Beet jäten **III.** *vi* [Unkraut] jäten
◆**weed out** *vt* ■**to ~ out** ⊂ **sth** etw aussortieren; ■**to ~ out** ⊂ **sb** jdn aussondern [*o fam* aussieben]

weedgrown *adj* unkrautbewachsen, voller Unkraut *nach n;* ***the plot was ~*** die Handlung war überladen

weeding ['wi:dɪŋ] *n no pl* [Unkraut]jäten *nt;* **to do [the] ~** Unkraut jäten

weedkiller *n* Unkrautvernichtungsmittel *nt* **weed whacker®** *n* AM (*strimmer*) Rasentrimmer *m*

weedy ['wi:di] *adj* ❶ (*full of weeds*) unkrautbewachsen ❷ BRIT (*pej fam: of person*) [*fam* spindel]dürr, schmächtig ❸ (*fig: uninteresting*) schwach; **~ plot** schwache Handlung

week [wi:k] *n* ❶ (*seven days*) Woche *f;* ***it'll be ~s before the damage is cleared up*** es wird Wochen dauern, bis die Schäden beseitigt sind; ***I saw him only the other ~*** ich habe ihn gerade vor ein paar Wochen gesehen; ***this time next ~*** nächste Woche um diese Zeit; **a ~ *last Friday*** Freitag vor einer Woche; **a ~ *ago yesterday*** gestern vor einer Woche; ■**a ~ [on]** … … in einer Woche; ***our holiday starts a ~ [on] Saturday*** unsere Ferien beginnen Samstag in einer Woche; **for ~s [on end]** wochenlang; **a few ~s ago** vor einigen Wochen; **last ~** letzte Woche; **once/twice a ~** einmal/zweimal die Woche; **[for] a ~ or two** ein bis zwei Wochen [lang]; ■**~ by ~** [*or* **from ~ to ~**] von Woche zu Woche; ■**~ in, ~ out** [*or* **~ after ~**] Woche für Woche ❷ (*work period*) [Arbeits]woche *f;* **a thirty-seven-and-a-half-hour ~** eine 37,5-Stunden-Woche; **to work a five-day/35-hour ~** eine 5-Tage-/35-Stunden-Woche haben ❸ (*fam: Monday to Friday*) **during the ~** während [*o* SÜDD unter] der Woche

weekday *n* Wochentag *m;* ■**on ~s** an Wochentagen, wochentags **weekend** *n* Wochenende *nt;* ***how much would a ~ for two in Amsterdam cost?*** wie teuer käme ein Wochenende für zwei [Personen] in Amsterdam?; ■**this ~** (*present*) dieses Wochenende; (*future*) kommendes Wochenende; ■**at** [*or* AM, AUS **on**] **the ~[s]/at** [*or* AM, AUS **on**] **~s** am Wochenende/an Wochenenden; **~ cottage** Wochenendhaus *nt* **weekender** *n* Wochenendausflügler(in) *m(f)*

weekly ['wi:kli] **I.** *adj inv* wöchentlich; **~ magazine** Wochenzeitschrift *f;* **bi~, twice-~** zweimal wöchentlich **II.** *adv inv* wöchentlich; ***the fire alarm is tested ~*** der Feueralarm wird jede Woche getestet; ***Newsweek is published ~*** Newsweek erscheint wöchentlich; **to exercise/meet ~** wöchentlich trainieren/sich *akk* wöchentlich treffen **III.** *n* (*magazine*) Wochenzeitschrift *f;* (*newspaper*) Wochenzeitung *f*

Weekly Law Reports *npl,* **WLR** *n wöchentlich erscheinende, aktuelle Rechtsprechungsübersicht*

weeknight *n* ■**on ~s** werktags abends

weenie *n* (*fam*) Weichei *nt sl*

weeny ['wi:ni] *adj* (*fam*) winzig; **a ~ bit** ein klitzekleines bisschen *fam;* **eenie ~** klitzeklein *fam*

weep [wi:p] **I.** *vi* <wept, wept> ❶ (*also liter: cry*) weinen; (*sob*) schluchzen; **to ~ with joy/sorrow** vor Freude/Kummer weinen; **to ~ inconsolably/uncontrollably** hemmungslos/unkontrolliert weinen [*o* schluchzen] ❷ (*secrete liquid*) nässen ▶ PHRASES: **laugh and the world laughs with you, ~ and you ~ alone** (*saying*) Freunde in der Not gehen tausend auf ein Lot *prov* **II.** *vt* <wept, wept> **to**

W

~ **tears of joy/sorrow** Freudentränen/Tränen des Kummers weinen; ***it's not worth ~ing even a single tear over him*** es lohnt sich nicht, ihm auch nur eine Träne nachzuweinen; **to ~ crocodile tears** (*fig*) Krokodilstränen weinen [*o* vergießen] **III.** *n no pl* (*liter*) Weinen *nt;* **to have a [good] ~** sich *akk* [ordentlich] ausweinen

weeper ['wi:pəʳ, AM -ɚ] *n* ▶ PHRASES: **finders keepers, losers ~s** (*saying*) wer's findet, dem gehört's, wer's verliert, hat Pech gehabt *fam*

weepie ['wi:pi] *n* (*fam*) Schnulze *f pej fam;* (*of film*) Schmachtfetzen *m pej sl*

weeping ['wi:pɪŋ] **I.** *adj attr, inv* ① (*of person*) weinend ② (*of wound*) nässend **II.** *n no pl* Weinen *nt*

weeping willow *n* Trauerweide *f*

weepy ['wi:pi] **I.** *adj* ① (*of person*) weinerlich ② (*of film*) rührselig, sentimental **II.** *n* (*fam*) Seelenkitsch *m fam,* Schmalz *m fig fam*

weevil ['wi:vᵊl] *n* Rüsselkäfer *m*

wee-wee ['wi:wi:] (*childspeak*) **I.** *n no pl* (*fam*) ① (*urine*) Pipi *nt* ② (*act of urinating*) Pipimachen *nt Kindersprache fam;* **to go** [*or* **do a**] **~** Pipi machen *Kindersprache fam* **II.** *vi* Pipi machen *Kindersprache fam*

weft [weft] *n no pl* FASHION ■**the ~** die Kette

weigh [weɪ] **I.** *vi* ① (*in measurement*) wiegen ② (*fig: be important*) **to ~ heavily with sb** bei jdm schwer wiegen, für jdn eine große Bedeutung haben ③ (*distress*) ■**to ~ on sb** auf jdm lasten; ***he's under huge pressure at work, and it's really ~ing on him*** er steht bei der Arbeit unter enormem Druck, was ihn wirklich belastet; **to ~ heavily on sb** schwer auf jdm lasten **II.** *vt* ① (*measure*) ■**to ~ sth/sb** etw/jdn wiegen; ■**to ~ oneself** sich *akk* wiegen ② (*consider*) ■**to ~ sth** etw abwägen; ***academic ability doesn't ~ much in my mind*** akademische Befähigung zählt bei mir nicht viel; ■**to ~ sth against sth** etw gegen etw *akk* abwägen; **to ~ one's words** [*or* **each word**] seine Worte [*o* jedes Wort] auf die Goldwaage legen ③ NAUT **to ~ anchor** den Anker lichten

◆**weigh down** *vt* ① (*be burden*) ■**to ~ sb/sth ↔ down** jdn/etw niederdrücken; ■**to be ~ed down with sth** schwer mit etw *dat* beladen sein; ***the boughs of the tree were ~ed down with fruit*** die Äste des Baumes bogen sich unter dem Gewicht der Früchte ② (*fig: worry*) ■**to ~ sb ↔ down** jdn niederdrücken *geh;* ***she felt ~ed down by worries*** sie fühlte sich von Sorgen erdrückt

◆**weigh in** *vi* ① SPORTS (*be weighed*) sich *akk* wiegen lassen; ***the jockey ~ed in at 60 kilos*** der Jockey brachte 60 Kilo auf die Waage ② (*fam: intervene*) sich *akk* einschalten; ■**to ~ in with sth** *opinion, proposal* etw einbringen

◆**weigh into** *vi* ① (*join in*) ■**to ~ into sth** *campaign, discussion* sich *akk* an etw *dat* beteiligen ② (*also fig: attack*) ■**to ~ into sb** jdn angreifen

◆**weigh out** *vt* ■**to ~ out ↔ sth** etw abwiegen

◆**weigh up** *vt* ① (*consider*) ■**to ~ sth ↔ up** etw abwägen ② (*evaluate*) ■**to ~ sb/sth ↔ up** jdn/etw einschätzen

weighbridge *n* Brückenwaage *f* **weigh-in** *n no pl* SPORTS Wiegen *nt*

weight [weɪt] **I.** *n* ① *no pl* (*heaviness*) Gewicht *nt;* ***the ~ of snow caused the roof to collapse*** die Schneelast brachte das Dach zum Einsturz; **to lose/put on ~** ab-/zunehmen ② (*unit of heaviness*) Gewicht *nt;* ***Joe's quite a ~*** Joe ist ein ziemlicher Brocken; **a decrease in ~** *of person* Gewichtsabnahme *f;* **to be a ~ off sb's mind** (*fig*) jdn nicht mehr belasten; **to lift a heavy ~** ein schweres Gewicht heben ③ (*metal piece*) Gewicht *nt;* **to lift ~s** Gewicht[e] heben ④ *no pl* (*importance*) Gewicht *nt,* Bedeutung *f;* ***her experience does give her opinions ~*** ihre Erfahrung verleiht ihren Ansichten Gewicht; **to attach ~ to sth** etw *dat* Bedeutung beimessen; **to carry ~** ins Gewicht fallen ▶ PHRASES: **to take the ~ off one's feet** [*or* **legs**] es sich *dat* bequem machen; **to be worth one's ~ in gold** sein Gewicht in Gold wert sein; **to throw one's ~ about** (*fam*) seinen Einfluss geltend machen; **to throw one's ~ behind sb/sth** (*fam*) sich *akk* für jdn/etw stark machen *fam* **II.** *vt* ■**to ~ sth down** etw beschweren; ECON etw gewichten; ■**to ~ sth with sth** etw mit etw *dat* beladen; **to be ~ed in favour of sb/sth** (*fig*) zugunsten von jdm/etw angelegt sein

weighted average *n* ① MATH gewichteter Durchschnitt ② ECON Bewertungsdurchschnitt *m*

weightiness ['weɪtɪnəs] *n no pl* Gewicht *nt,* Gewichtigkeit *f*

weighting ['weɪtɪŋ] *n no pl* ① BRIT (*additional allowance*) Zulage *f* ② MATH, COMPUT Gewichtung *f* ③ (*importance*) Bedeutung *f*

weightless ['weɪtləs] *adj inv* schwerelos

weightlessness ['weɪtləsnəs] *n no pl* Schwerelosigkeit *f*

weightlifter *n* Gewichtheber(in) *m(f)* **weightlifting** *n no pl* Gewichtheben *nt;* **to do ~** Gewichtheben betreiben **weight loss** *n no pl* Gewichtsverlust *m,* Gewichtsabnahme *f* **weight training** *n no pl* Krafttraining *nt* **weight-watcher** *n* Figurbewusste(r) *f(m),* Weight-Watcher *m fam;* (*specialist*) Ernährungsspezialist(in) *m(f)*

weighty ['weɪti] *adj* ① (*heavy*) schwer ② (*fig: important*) [ge]wichtig; **~ issues** [*or* **matters**] wichtige Angelegenheiten

weir [wɪəʳ, AM wɪr] *n* Wehr *nt*

weird [wɪəd, AM wɪrd] **I.** *adj* ① (*fam: strange*) merkwürdig, seltsam, komisch; (*crazy*) irre *fam;* ***that's ~*** das ist aber merkwürdig ② (*supernatural*) unheimlich; **the ~ sisters** (*the Fates*) die Schicksalsschwestern *pl,* die Nornen *fpl;* (*witches*) die Hexen *fpl* **II.** *vt* AM (*fam*) ■**to ~ sb out** (*give sb feeling of alienation*) jdn abschrecken; (*make sb freak out*) jdn ausflippen lassen *fam*

weirdie ['wɪədi, AM 'wɪrdi] *n* (*fam*) ① (*person*) seltsame Person ② (*thing*) ***that film was a real ~*** der Film war wirklich bizarr

weirdly ['wɪədli, AM 'wɪrd-] *adv* merkwürdig

weirdness ['wɪədnəs, AM 'wɪrd-] *n no pl* Merkwürdigkeit *f,* Eigenartigkeit *f*

weirdo ['wɪədəʊ, AM 'wɪrdoʊ] (*pej*) **I.** *n* <*pl* -os> (*fam*) seltsame Person **II.** *adj* (*fam*) irre *fam*

welch [wel(t)ʃ] *vi* (*pej*) **to ~ on a debt** sich *akk* einer Zahlungsverpflichtung entziehen; **to ~ on a promise** sich *akk* vor einem [gegebenen] Versprechen drücken

welcome ['welkəm] **I.** *vt* ① (*greet gladly*) ■**to ~ sb** jdn willkommen heißen; **to ~ sb warmly** jdn herzlich willkommen heißen ② (*be glad of*) ■**to ~ sth** etw begrüßen; ***the new appointment has been widely ~d*** die neue Ernennung ist weithin begrüßt worden **II.** *n* ① (*act of friendly reception*) Willkommen *nt;* ***they were given a warm ~*** man bereitete ihnen einen herzlichen Empfang; **to be given a hero's/heroine's ~** wie ein Held/eine Heldin empfangen werden ② *no pl* (*friendly reception*) [freundlicher] Empfang; **speech of ~** Begrüßungsansprache *f* ③ (*expression of approval*) Zustimmung *f;* **to give sth a cautious ~** [*or* **guarded**] etw *dat* verhalten zustimmen ▶ PHRASES: **to outstay** [*or* **overstay**] **one's ~** länger bleiben, als man erwünscht ist; ***he outstayed his ~ as Mayor*** er war zu lange Bürgermeister **III.** *adj* ① (*gladly received*) willkommen; ■**to be ~** willkommen sein; ***you're always ~, you'll always be ~*** du bist immer willkommen; **a ~ guest** ein willkommener [*o* gern gesehener] Gast; **to make sb very ~** jdn sehr freundlich aufnehmen; ***the restaurant made the children very ~*** das Restaurant war sehr kinderfreundlich ② (*wanted*) willkommen; (*pleasant*) angenehm; ***she was a ~ addition to the team*** sie war eine willkommene Bereicherung für die Mannschaft; **~ chance** [*or* **opportunity**] willkommene Gelegenheit; **~ change** willkommene Veränderung; **most** [*or* **particularly**] [*or* **very**] **~** sehr willkommen; ***that drink was most ~!*** der Drink kam gerade recht! ③ (*willingly permitted*) ■**to be ~ to do sth** ***you're ~ to use the garage while we're away*** Sie können gerne unsere Garage benutzen, solange wir nicht da sind; ***if they want to change the rules, they are ~ to try*** (*iron*) wenn sie die Regeln ändern wollen, sollen sie es nur versuchen ④ (*replying to thanks*) **thank you very much — you're ~** vielen Dank – nichts zu danken [*o* keine Ursache] [*o* gern geschehen] **IV.** *interj* willkommen!; **~, *come in*** hallo, komm rein; **~ *to Cambridge*** [herzlich] willkommen in Cambridge; **~ *to our humble abode*** (*hum*) willkommen in unserem bescheidenen Heim; **~ aboard** NAUT willkommen an Bord; **~ back/home** willkommen zu Hause

welcome mat *n* ① (*by door of house*) Fußabtreter *m* ② (*fig: readiness to welcome*) **to dust off the ~ for sb** sich *akk* jdm gegenüber gastfreundlich zeigen; **to put the ~ out** den roten Teppich ausrollen **welcome speech** *n* Begrüßungsansprache *f* **Welcome Wagon®** *n* AM ■**the ~** *Einrichtung, die Neuhinzugezogenen Informationen über lokale Einrichtungen und Dienste gibt;* **to roll out the ~** jdm freundlich entgegenkommen

welcoming ['welkəmɪŋ] *adj* freundlich; ***he ran to his mother's ~ arms*** er rannte in die ausgebreiteten Arme seiner Mutter; **~ shout** Willkommensruf *m;* **~ smile** freundliches Lächeln

weld [weld] **I.** *vt* ① (*join material*) ■**to ~ sth** etw schweißen; ■**to ~ sth together** etw zusammenschweißen; ■**to ~ sth [on]to sth** etw auf [*o* an] etw *akk* schweißen ② (*fig: unite*) ■**to ~ sb into sth** jdn zu etw *dat* zusammenschweißen **II.** *n* Schweißnaht *f*

welder ['weldəʳ, AM -ɚ] *n* Schweißer(in) *m(f)*

welding ['weldɪŋ] *n no pl* Schweißen *nt*

welding torch *n* Schweißbrenner *m*

welfare ['welfeəʳ, AM -fer] *n no pl* ① (*state of health, happiness*) Wohlergehen *nt* ② (*state aid*) Sozialhilfe *f;* **~ net** soziales Netz; **~ policy** Gesundheits- und Sozialpolitik *f;* **social ~** soziale Fürsorge; ■**to be on ~** AM von [der] Sozialhilfe leben, Sozialhilfe bekommen

welfare agency *n* (*charitable organization*) wohltätige [*o* karitative] Vereinigung; (*run by state[s] or local authority*) Sozialamt *nt* **welfare benefits** *npl* Sozialleistungen *pl* **welfare check** *n* AM Sozialhilfeüberweisung *f* **welfare officer** *n* BRIT Sozialarbeiter(in) *m(f)* **welfare payments** *npl* AM Sozialabgaben *pl* **welfare services** *npl* ① (*state support*) Sozialleistungen *pl* ② + *sing vb* (*office*) Sozialamt *nt*

welfare state *n* Sozialstaat *m,* Wohlfahrtsstaat *m oft pej*

welfare worker *n* Sozialarbeiter(in) *m(f)*

we'll [wi:l, wil] = **we will** *see* **will¹**

well¹ [wel] **I.** *adj* <better, best> *usu pred* ① (*healthy*) gesund; ***he hasn't been too ~ lately*** ihm ging es in letzter Zeit nicht besonders gut; ***"you're looking very ~ today!" he remarked to his patient*** „Sie sehen heute ausgezeichnet aus!" bemerkte er zu seiner Patientin; **to be alive and ~** gesund und munter sein; **to feel ~** sich *akk* gut [*o* wohl] fühlen; ***I don't feel ~ today*** ich fühle mich heute nicht gut; **to get ~** gesund werden; ***I hope you get ~ soon*** ich hoffe, dass es dir bald wieder besser geht; ***get ~ soon!*** gute Besserung!; **get ~ card** Genesungskarte *f* ② (*satisfactory*) ***we are fooling ourselves if we think that all is ~ in our health service*** wir machen uns selbst etwas vor, wenn wir glauben, dass mit unserem Gesundheitswesen alles in Ordnung ist; ***all being ~, we should arrive on time*** wenn alles gut geht, müssten wir pünktlich ankommen ▶ PHRASES: **all's ~ that ends ~** (*saying*) Ende gut, alles gut *prov* **II.** *adv* <better, best> ① (*in satisfactory manner*) gut; ***you speak English very ~*** du sprichst sehr gut Englisch; ***the house and garden were ~ cared for*** Haus und Garten wurden gut gepflegt; ***the kitchen is ~ equipped*** die Küche ist gut eingerichtet; ***the book had been very ~ researched*** für das Buch ist gut recherchiert worden; ***I can't do it as ~ as Marie*** [*can*] ich kann es nicht so gut wie Marie; ***she can sing as ~ as her sister*** [*does*] sie kann genauso gut singen wie ihre Schwester; ***they took two hours to discuss the plans and considered it time ~ spent*** sie brauchten zwei Stunden, um die Pläne zu diskutieren, und waren der Meinung, diese Zeit sinnvoll genutzt zu haben; ***what we spent on double-glazing the house was money ~ spent*** die Ausgaben für die Doppelfenster im Haus waren gut angelegtes Geld; ***look! I can see a badger in amongst the bracken — oh yes! ~ spotted!*** guck mal! ich kann einen Dachs zwischen dem Adlerfarn sehen – oh ja! gut gesehen! *fam;* ***his point about the need to reduce waste was ~ taken*** seine Aussagen über die Notwendigkeit, Müll zu reduzieren, wurden gut aufgenommen; ***the babysitter did ~ to inform the police about what she had seen*** die Babysitterin tat gut daran, die Polizei darüber zu informieren, was sie gesehen hatte; ***look at all those wine bottles! you certainly live ~!*** guck dir nur all die Weinflaschen an! du hast es dir ja gut gehen lassen! *fam;* ***the old people in that home are not treated ~*** die alten Menschen werden in dem Heim nicht gut behandelt; ~ **enough** (*sufficiently well*) gut genug; (*quite well*) ganz gut, einigermaßen; ***the concert was ~ enough advertised*** das Konzert war genügend angekündigt; ***he plays the piano ~ enough*** er spielt ganz gut Klavier; **pretty** ~ ganz gut; **to do** ~ **for oneself** erfolgreich sein; ~ **done** gut gemacht; ***it's a job ~ done*** die Arbeit ist ordentlich gemacht worden; **to mean** ~ es gut meinen; ~ **put** (*in speech*) gut gesagt; (*in writing*) gut ausgedrückt ❷ (*thoroughly*) gut, gründlich; ***knead the dough ~*** kneten Sie den Teig gut durch; **to know sb** ~ jdn gut kennen ❸ *inv* (*used for emphasis*) ***I can ~ believe it*** das glaube ich gern; ***I should damn ~ hope so!*** das will ich [aber auch] stark hoffen!; ***he could ~ imagine how much his promise was going to cost him*** er konnte sich lebhaft vorstellen, wie viel sein Versprechen ihn kosten würde; ***there are no buses after midnight, as you ~ know*** wie du sicher weißt, es fahren nach Mitternacht keine Busse mehr; ***I ~ remember the last time they visited us*** (*form*) ich kann mich gut an ihren letzten Besuch erinnern; ***stand ~ clear of the doors*** halten Sie gut Abstand von den Türen; ***the results are ~ above what we expected*** die Ergebnisse liegen weit über dem, was wir erwartet haben; ***the police are ~ aware of the situation*** die Polizei ist sich der Lage sehr wohl bewusst; ***keep ~ away from the edge of the cliff*** halten Sie sich vom Rand des Abhangs fern; ***they kept the crowd ~ behind the white line*** sie hielten die Menge sicher hinter der weißen Linie zurück; ***it costs ~ over £100*** es kostet weit über 100 Pfund; **to be ~ pleased** [*or* **satisfied**] **with sth** mit etw *dat* vollauf zufrieden sein; ~ **and truly** ganz einfach; ***the party was ~ and truly over when he arrived*** die Party war gelaufen, als er kam *fam;* **to be ~ away in sth** Brit (*fig fam*) ganz in etw *akk* versunken sein ❹ *inv* (*justifiably*) gut; ***where's Pete? — you may ~ ask! he should have been here hours ago!*** wo ist Pete? – das kannst du laut fragen! er hätte schon seit Stunden hier sein sollen!; ***I couldn't very ~ refuse their kind offer*** ich konnte ihr freundliches Angebot doch nicht ablehnen; ***he may ~ wonder why no one was there — he forgot to confirm the date*** er braucht sich gar nicht zu fragen, warum keiner da war – er hat vergessen, das Datum festzulegen ❺ *inv* (*probably*) ***you may ~ think it was his fault — I couldn't possibly comment*** es mag gut sein, dass es seine Schuld war – ich halte mich da raus; ***he might ~ be sick after spending so much time in the cold last night*** es ist gut möglich, dass er krank ist, nachdem er letzte Nacht so lange im Kalten gewesen war; ***it may ~ be finished by tomorrow*** es kann gut sein, dass es morgen fertig ist; ***she might ~ be the best person to ask*** sie ist wahrscheinlich die Beste, die man fragen kann ❻ *inv* Brit (*fam: very*) total *fam;* ***we were ~ bored at the concert*** wir haben uns in dem Konzert furchtbar gelangweilt ❼ *inv* (*also*) ***invite Emlyn — and Simon as ~*** lade Emlyn ein – und Simon auch; ***I'll have the ice cream as ~ as the cake*** ich nehme das Eis und auch den Kuchen; ***it would be as ~ to check the small print*** es ist ratsam, auch das Kleingedruckte zu überprüfen; ***it's just as ~ that …*** es ist nur gut, dass …; ***it's just as ~ you're not here — you wouldn't like the noise*** gut, dass du nicht hier bist – du könntest den Lärm eh' nicht ertragen; ***you might [just] as ~ wash the dishes*** eigentlich könntest du das Geschirr abwaschen ► Phrases: **if a <u>thing's</u> worth doing, it's worth doing** ~ (*saying*) wenn schon, denn schon *fam;* **if you want a <u>thing</u> done ~, do it yourself** (*saying*) willst du, dass etwas gut erledigt wird, mach es am besten selbst; **all ~ and <u>good</u>** [*or* **all <u>very</u> ~**] gut und schön; ***electric heating is all very ~ until there's a power cut*** elektrische Heizung ist so weit ganz in Ordnung, es sei denn, es kommt zum Stromausfall; **to be ~ <u>away</u>** Brit (*fig: asleep*) weg sein *fam;* ([*almost*] *drunk*) angeheitert sein *fam;* **to <u>leave</u> ~** [Am **enough**] **alone** es lieber sein lassen; ***is telling her the right thing to do, or should I leave ~ alone?*** ist es richtig, es ihr zu erzählen, oder sollte ich es lieber sein lassen?; **to be ~ <u>in</u> with sb** Brit, **to be <u>in</u> ~ with sb** Am (*fam*) gut mit jdm können *fam,* bei jdm gut angeschrieben sein *fam;* **to be ~ <u>out</u> of it** Brit, Aus davongekommen sein; ***they think he is ~ out of it*** sie denken, dass er noch einmal davongekommen ist; **to be ~ <u>up</u> on** [*or* **in**] **sth** in etw *dat* gut bewandert sein **III.** *interj* nun [ja], tja *fam;* ***~, what shall we do now?*** tja, was sollen wir jetzt tun? *fam;* ***~? what did you do next?*** und? was hast du dann gemacht?; **~, ~** ja, ja; ***~ now*** [*or* ***then***] also [dann]; ***very ~*** na gut; ***oh ~, it doesn't matter*** ach [was], das macht doch nichts

well² [wel] **I.** *n* ❶ (*for water*) Brunnen *m;* **to drill a ~** einen Brunnen bohren ❷ (*for mineral*) Schacht *m;* **gas ~** Gasbrunnen *m;* **oil ~** Ölquelle *f;* **to drill a ~** einen Schacht bohren; (*for oil*) ein Bohrloch anlegen ❸ archit (*for stairs*) Treppenhaus *nt;* (*for lift*) Fahrstuhlschacht *m;* (*for light*) Lichtschacht *m* ❹ Brit law *Ort, wo die Anwälte und Protokollanten im Gerichtssaal sitzen* ❺ (*bountiful source*) Quelle *f* ❻ (*small depression*) Kuhle *f,* Mulde *f* **II.** *vi* ■**to ~ up in sth** in etw *dat* aufsteigen; ***tears ~ed up in her eyes*** Tränen stiegen ihr in die Augen; (*fig*) ***conflicting emotions ~ed up in his heart*** widerstreitende Gefühle stiegen in seinem Herzen auf *geh;* ***pride ~ed up in his chest*** Stolz schwellte seine Brust *geh;* ■**to ~ [up] out of sth** aus etw *dat* hervorquellen

well-adjusted *adj inv* ❶ (*approv: mentally stable*) [mental] ausgeglichen ❷ (*successfully changed*) gut eingestellt **well-advised** *adj pred* (*form*) ■**to be ~ to do sth** gut beraten sein, etw zu tun; ***you would be ~ to book in advance*** es ist empfehlenswert, vorher zu buchen **well-appointed** *adj inv* (*form*) gut ausgestattet **well-argued** *adj* gut begründet **well-attended** *adj* gut besucht **well-balanced** *adj inv* ❶ (*not one-sided*) **a ~ article** ein objektiver Artikel; **a ~ team** eine harmonische Mannschaft ❷ (*of food*) **~ diet/meal** ausgewogene Ernährung/Mahlzeit ❸ (*of person*) ausgeglichen; **~ children** zufriedene Kinder **well-behaved** *adj* (*of child*) artig, gut erzogen; (*of dog*) brav; comput *program* gut funktionierend **well-being** *n no pl* Wohl[ergehen] *nt,* Wohlbefinden *nt;* **a feeling of ~** ein wohliges Gefühl **well born** [ˌwelˈbɔːn, Am bɔːrn] *adj pred,* **well-born** [ˈwelbɔːn, Am bɔːrn] *adj attr* aus guter Familie *nach n,* besserer Herkunft *nach n* **well-bred** *adj inv* ❶ (*with good manners*) wohlerzogen *geh;* (*refined*) gebildet; **a ~ voice** eine [gut] geschulte Stimme ❷ (*dated: from high society*) aus gutem Hause **well-brought-up** *adj inv* gut erzogen **well-built** *adj inv* ❶ (*approv: of muscular body*) gut gebaut, muskulös ❷ (*approv: nice or shapely body*) gut gebaut; ***he's very ~*** er hat eine sehr gute Figur ❸ Brit, Aus (*euph: overweight*) kräftig, gut beieinander *hum fam* ❹ (*of good construction*) solide gebaut, stabil **well-chosen** *adj* gut gewählt; **[to say] a few ~ words** ein paar passende Worte [sagen] **well-connected** *adj* (*knowing powerful people*) mit guten Beziehungen *nach n;* ■**to be ~** gute Beziehungen haben; (*of good family and connections*) einflussreich; **a ~ family** eine angesehene Familie **well-covered** *adj inv* Brit gut genährt **well-defined** *adj inv* scharf umrissen; **a ~ answer** eine detaillierte Antwort; **a ~ term** ein klar definierter Begriff **well-deserved** *adj inv* wohlverdient; **a ~ break** eine wohlverdiente Pause **well-developed** *adj* ❶ (*of human body*) gut entwickelt; (*hum: having large breasts*) vollbusig ❷ (*of object, idea, country*) gut entwickelt, ausgereift; **a ~ sense of humour** ein ausgeprägter Sinn für Humor **well-disposed** *adj inv* wohlgesinnt; ■**to be ~ to[wards] sb/sth** jdm/etw wohlgesinnt sein; **to feel ~ towards other people** anderen Menschen gegenüber freundlich gesonnen sein **well-documented** *adj inv* gut belegt [*o geh* dokumentiert] **well-done** *adj inv* ❶ (*of meat*) gut durch[gebraten] ❷ (*of work*) gut gemacht **well-dressed** *adj* gut gekleidet **well-earned** *adj inv* wohlverdient; **a ~ break** eine wohlverdiente Pause **well-educated** *adj* gebildet **well-endowed** *adj inv* ❶ (*with money*) *person* gut situiert ❷ (*with resources*) gut ausgestattet; ■**to be ~ with sth** mit etw *dat* gut ausgestattet sein; ***South Africa is ~ with gold and diamond resources*** Südafrika hat reiche Gold- und Diamantenvorkommen; ***the centre is ~ with generous funding*** das Zentrum wird mit großzügigen Spendengeldern unterhalten ❸ (*euph*) gut ausgestattet *euph;* (*with big breasts*) vollbusig; (*of male genitals*) gut bestückt *hum fam* **well-established** *adj inv* (*having a firm position*) etabliert; (*being generally known*) bekannt; **a ~ theme** ein allseits bekanntes Thema **well-fed** *adj inv* (*having good food*) [ausreichend] mit Nahrung versorgt; (*result of good feeding*) wohlgenährt **well-founded** *adj inv* [wohl]begründet; **~ fears/suspicions** [wohl]begründete Ängste/Vermutungen **well-groomed** *adj inv* gepflegt **well-grounded** *adj inv* (*based on good reasons*) [wohl]begründet; (*having knowledge*) ■**to be ~ in sth** in etw *dat* gute Kenntnisse haben; **to be ~ in fact** auf Tatsachen beruhen **well-guarded** *adj* wohlbehütet; **a ~ secret** ein gut gehütetes Geheimnis

well head *n* ❶ (*spring*) Quelle *f* ❷ (*structure*) Bohrturm *m*

well-heeled I. *adj inv* (*fam*) [gut] betucht *fam;* **~ family homes** stattliche Einfamilienhäuser **II.** *npl* ■**the ~** die Wohlhabenden *pl* **well-hung** *adj inv* ❶ (*of meat*) [gut] abgehangen ❷ (*fam: of man*) gut ausgestattet [*o* bestückt] *hum fam*

wellie [ˈweli] *n esp* Brit (*fam*) *short for* **wellington** Gummistiefel *m*

well-informed *adj* (*approv*) gut informiert [*o* unterrichtet]; **to be ~ on a subject** über ein Thema gut Bescheid wissen; ■**to be ~ about sb/sth** über jdn/etw gut informiert [*o* unterrichtet] sein

wellington [ˈwelɪŋtən] *esp* Brit, **wellington boot** *n esp* Brit Gummistiefel *m*

well-intentioned *adj inv* gut gemeint **well-kept** *adj* ❶ (*of person, property*) gepflegt ❷ (*not revealed*) gut gehütet; **a ~ secret** ein gut gehütetes Geheimnis **well-knit** *adj inv* ❶ (*of human body*) stramm ❷ (*of interaction*) **a ~ group** eine fest gefügte Gruppe; **a ~ plot/story** eine gut durchdachte Handlung/Geschichte **well-known** *adj* (*widely known*) [allgemein] bekannt; (*famous*) berühmt; ■**to be ~ for sth** für etw *akk* bekannt sein; (*famous*) für etw *akk* berühmt sein; ■**it is ~ that …** es ist [allgemein] bekannt, dass … **well-liked** *adj inv* [sehr] beliebt

well man clinic *n* Männerklinik *f*

well-mannered *adj inv* wohlerzogen; **a ~ child** ein wohlerzogenes Kind **well-matched** *adj inv* ❶ (*of equal ability*) gleich stark, einander ebenbürtig *geh* ❷ (*suited to each other*) zueinander passend, gut zusammenpassend; ***they are a ~ couple*** sie passen gut zueinander; ***her skills are ~ to the job*** ihre Fähigkeiten sind dem Job angemessen **well-meaning** *adj inv* wohlmeinend; **~ advice/comments** gut gemeinte Ratschläge/Kommentare **well-meant** *adj inv* gut gemeint

wellness [ˈwelnəs] *n no pl* Am Wohlbefinden *nt*

wellness center *n* Am Wellnesscenter *nt* **well-**

ness clinic *n* AM Kurklinik *f*
well-nigh [ˌwelˈnaɪ] *adv inv* beinah[e], nahezu; **to be ~ impossible** praktisch unmöglich sein
well-off I. *adj* <better-, best-> ① (*wealthy*) wohlhabend, reich ② *pred* (*fortunate*) gut dran *fam*; ***the city is ~ for parks and gardens*** die Stadt hat viele Parks und Gärten; **to not know when one is ~** nicht wissen, wann es einem gut geht II. *npl* ■**the ~** die Wohlhabenden *pl* **well-oiled** *adj inv* ① *attr* (*functioning*) gut funktionierend ② *pred* (*euph fam: inebriated*) betrunken, voll *fam* **well-ordered** *adj inv* wohlgeordnet; (*planned to the last detail*) durchgeplant **well-preserved** *adj inv building* gut erhalten; *people* wohlerhalten; ***she's ~ for her sixty years*** sie hat sich für ihre sechzig Jahre gut gehalten **well-proportioned** *adj inv* wohlproportioniert **well-qualified** *adj* (*having formal qualification*) qualifiziert; (*suitable, experienced*) geeignet; ***he seems ~ for the job*** er scheint für den Job geeignet zu sein **well-read** *adj* ① (*knowledgeable*) [sehr] belesen ② (*frequently read*) viel gelesen *attr*; ***she is one of the most ~ authors*** sie ist eine der meistgelesenen Autoren; ■**to be ~** viel gelesen werden ③ (*dog-eared*) mit Eselsohren *nach n*; ■**to be ~** Eselsohren haben **well-rounded** *adj inv* ① *attr* (*developed*) Allround-; **a ~ person** ein Allroundtalent *nt* ② (*balanced*) vielseitig, facettenreich; **a ~ article** ein abgerundeter Artikel ③ (*of object*) wohlgerundet ④ (*of phrase, sentence*) ausgewogen **well-spoken** *adj inv* (*speaking pleasantly*) höflich; (*articulate or refined in speech*) beredt, wortgewandt
wellspring [ˈwelsprɪŋ] *n* (*liter*) Quell *m geh*; **a ~ of information/joy/love** eine Quelle der Information/Freude/Liebe
well-thought-of *adj* (*highly regarded*) angesehen; (*recognized*) anerkannt **well-thought-out** *adj* gut durchdacht **well-timed** *adj* zeitlich gut gewählt; ***his remark was ~*** seine Bemerkung kam zur rechten Zeit **well-to-do** (*fam*) I. *adj inv* wohlhabend, [gut] betucht *fam* II. *npl* ■**the ~** die [Gut]betuchten *pl fam* **well-tried** *adj inv* [alt]bewährt **well-trodden** *adj inv* ① (*often walked*) ausgetreten; (*often visited*) viel besucht; **a ~ path/way** ein ausgetretener Pfad/Weg ② (*fig: frequently used*) altbekannt; **a ~ path** eine altbekannte Methode **well-turned** *adj inv* ① (*of speech act*) wohlgesetzt *geh*; **a ~ phrase** ein gut formulierter Ausdruck ② (*dated: shapely*) wohlgeformt; **a ~ leg** ein wohlgeformtes Bein **well-upholstered** *adj inv* ① (*of furniture*) gut gepolstert ② (*euph: of person*) korpulent, gut gepolstert *fig fam* **well-used** *adj inv* ① (*worn*) abgenutzt ② (*frequently used*) viel genutzt **well-versed** *adj inv* ■**to be ~ in sth** in etw *dat* versiert sein; *habits* mit etw *dat* vertraut sein **well-wisher** *n* (*supportive person*) Sympathisant(in) *m(f)*; (*person who wishes well*) wohlwollender Freund/wohlwollende Freundin; (*patron*) Gönner(in) *m(f)*; (*sponsor*) Förderer, Förderin *m, f*
well woman clinic *n* BRIT Frauenklinik *f*
well-worn *adj inv* ① (*damaged by wear*) *clothes* abgetragen; *object* abgenützt ② (*fig: overused*) abgedroschen *fam*
welly [ˈweli] *n esp* BRIT (*fam*) *short for* **wellington** Gummistiefel *m*
welsh [welʃ] *vi* sich *akk* drücken; **to ~ on a debt/promise** sich *akk* einer Schuldbegleichung entziehen/vor einem Versprechen drücken *fam*
Welsh [welʃ] I. *adj inv* walisisch; ***his mother is ~*** seine Mutter kommt aus Wales II. *n* ① *no pl* (*Celtic language*) Walisisch *nt* ② (*inhabitants, people of Wales*) ■**the ~** *pl* die Waliser *pl*
Welshman *n* Waliser *m* **Welsh pony** *n* Welsh Pony *nt* **Welsh rabbit, Welsh rarebit** [-ˈreəbɪt] *n no pl überbackene Weißbrotscheibe mit Milch oder Bier gewürztem Käse* **Welshwoman** *n* Waliserin *f*
welt [welt] I. *n* ① *usu pl* (*scar*) Striemen *m* ② (*of shoe*) Rahmen *m* II. *vt* ■**to ~ sb** jdn verprügeln [*o fam* verdreschen]
welter [ˈweltəʳ, AM -ɚ] *n no pl* [Un]menge *f*; **a ~ of problems/questions** eine Menge Probleme/Fragen
welterweight [ˈweltəweɪt, AM -ɚ-] *n* Weltergewicht *nt*
wench <*pl* -es> [wen(t)ʃ] (*old*) I. *n* ① (*hum: young woman*) Maid *f veraltet*, junges Mädchen; ***come here, my pretty ~!*** (*hum*) komm her, mein schönes Kind! *hum* ② (*servant girl*) Magd *f veraltend* ③ (*whore*) Dirne *f veraltend* II. *vi* (*hum*) [herum]huren *pej*
wend [wend] *vt* (*liter*) ■**to ~ one's way somewhere** sich *akk* irgendwohin begeben; **to ~ one's way home** sich *akk* auf den Heimweg machen
Wendy house [ˈwendiˌhaʊs] *n* BRIT Spielhaus *nt*
went [went] *pt of* **go**
wept [wept] *pt, pp of* **weep**
were [wɜːʳ, wəʳ, AM wɜːr, wər] *pt of* **be**
we're [wiːəʳ, AM wɪr] = **we are** *see* **be**
weren't [wɜːnt, AM wɜːrnt] = **were not** *see* **be**
werewolf <*pl* -wolves> [ˈweəwʊlf, AM ˈwer-, *pl* -wʊlvz] *n* Werwolf *m*
wert [wɜːt, AM wɜːrt] *vi vt* (*old*) *2nd pers sing pt of* **be**
Wesleyan [ˈwezliən, AM ˈwes] REL I. *adj inv* methodistisch II. *n* Anhänger(in) *m(f)* von John Wesley, Methodist(in) *m(f)*
west [west] I. *n no pl* ① (*direction*) ■**W~** Westen *m*; **~-facing** westwärts; ***she chose the ~-facing bedroom*** sie wählte das nach Westen liegende Schlafzimmer; ■**the ~** der Westen; **to be** [*or* **lie**] **to the ~ of sth** westlich von etw *dat* liegen; ■**in the ~** im Westen; ■**to be in the ~ of sth** im Westen einer S. *gen* sein; ***Bristol is in the ~ of England*** Bristol liegt im Westen Englands ② (*of the US*) ■**the W~** der Westen; **the Wild W~** der Wilde Westen ③ + *sing/pl vb* POL (*western hemisphere*) ■**the W~** der Westen, die westliche Welt; (*the Occident*) das Abendland, der Okzident *geh*; ■**in** [*or* **throughout**] **the W~** im Westen ④ POL (*hist: non-communist countries*) ■**the W~** der Westen, die westlichen Staaten; **East-W~ relations** Ost-West-Beziehungen *pl* ⑤ (*in bridge*) West *m* II. *adj inv* westlich; ***they live on the ~ side of town*** sie leben im Westen der Stadt; **W~ Africa** Westafrika *nt*; **the ~ coast of Ireland** die Westküste Irlands; **~ wind** Westwind *m*; **to be due ~ of sth** genau westlich von etw *dat* liegen III. *adv inv* westwärts; ***the balcony faces ~*** der Balkon geht nach Westen; **to go/head/travel ~** nach Westen gehen/ziehen/reisen; **to turn ~** sich *akk* nach Westen wenden; **due ~** direkt nach Westen ▸ PHRASES: **east, ~, home's best** (*saying*) daheim ist es [doch] am schönsten; **to go ~** den Bach runtergehen *fam*
West Bank *n no pl* ■**the ~** das Westjordanland, die West Bank **westbound** *adj inv* in Richtung Westen; **~ lane** AUTO, TRANSP Spur *f* in Richtung [*o* nach] Westen **West Coast** I. *n no pl* (*of USA*) ■**the ~** die Westküste II. *adj attr, inv* (*of USA*) Westküsten-; **a ~ *computer firm*** eine Computerfirma an der Westküste; **~ cuisine** *die Küche der Westküste* **West Country** I. *n no pl* ■**the ~** der Südwesten Englands II. *adj attr, inv* südwestenglisch **West End** I. *n no pl* ■**the ~** das [Londoner] Westend II. *adj attr, inv* (*of central London*) Westend-; **the ~ theatres** die Theater *ntpl* des Londoner Westends
westerly [ˈwestᵊli, AM -təli] I. *adj* westlich; ***he pointed in a ~ direction*** er zeigte in westliche Richtung; **~ gales/winds** Weststürme/-winde *mpl* II. *n* ① *usu pl* (*wind from west*) Westwind *m* ② (*in southern hemisphere*) ■**westerlies** Westwinde *mpl*
western [ˈwestən, AM -tən] I. *adj attr, inv* ① GEOG West-, westlich; **~ Europe** Westeuropa *nt*; **~ France** Westfrankreich *nt*; **~ states** Weststaaten *mpl* (*der USA*) ② (*of culture*) ■**W~** westlich; **W~ culture/medicine** westliche Kultur/Medizin ③ POL (*hist: non-communist*) ■**W~** westlich ④ (*of wind*) westlich II. *n* (*film*) Western *m*; (*novel*) Wildwestroman *m*
Western Circuit *n* BRIT LAW Gerichtsbezirk West (*des Crown Court*)
westerner [ˈwestənəʳ, AM -tənɚ] *n* ① (*person from western hemisphere*) Abendländer(in) *m(f)* ② POL Person *f* aus dem Westen; ***on my trip to China, I met up with some other ~s*** auf meiner Chinareise traf ich einige andere Leute aus dem Westen
westernization [ˌwestᵊnaɪˈzeɪʃᵊn, AM -tənɪ'-] *n no pl* Verwestlichung *f*
westernize [ˈwestənaɪz, AM -tɚ-] I. *vt* ■**to ~ sb/sth** jdn/etw verwestlichen; ***many young Japanese have been extensively ~d*** viele japanische Jugendliche sind unter einen extrem westlichen Einfluss geraten II. *vi* sich *akk* dem Westen anpassen
westernized [ˈwestənaɪzd, AM tɚ] *adj* verwestlicht
westernmost [ˈwestənməʊst, AM -tənmoʊst] *adj attr, inv* ■**the ~ …** der/die/das westlichste …
West Germany *n no pl* (*hist*) Westdeutschland *nt hist* **West Indian** I. *adj inv* westindisch II. *n* Westinder(in) *m(f)* **West Indies** *npl* ■**the ~** die Westindischen Inseln
Westminster [ˈwes(t)mɪn(t)stəʳ, AM -stɚ] *n no pl* ① (*area of London*) Westminster *nt* ② + *sing/pl vb* BRIT (*Parliament*) Westminster *kein art*
Westphalia [ˌwesˈfeɪliə] *n no pl* GEOG Westfalen *nt*
Westphalian [ˌwesˈfeɪliən] *adj inv* westfälisch
West Side *n no pl* (*western part of Manhattan*) ■**the ~** die West Side
westward(s) [ˈwes(t)wəd(z), AM -wɚd(z)] *inv* I. *adj* westlich; *road* nach Westen II. *adv* westwärts, in Richtung Westen
wet [wet] I. *adj* <-tt-> ① (*saturated*) nass; ■**~ through** [völlig] durchnässt; **to be ~ behind the ears** (*fig*) noch nicht trocken hinter den Ohren sein *fam*; **all** [*or* **soaking**] **~** triefend nass; **to get sth ~** etw nass machen; **to get ~** nass werden ② (*covered with moisture*) feucht ③ (*not yet dried*) frisch; ***"~ paint!"*** „frisch gestrichen!" ④ (*rainy*) regnerisch; **~ season** Regenzeit *f*; **~ weather** nasses [*o* regnerisches] Wetter ⑤ (*having urinated*) nass ⑥ BRIT (*pej: feeble*) schlapp *pej fam* ⑦ (*sl: allowing sale of alcohol*) *bezeichnet die Verfügbarkeit von Alkohol in einem Staat oder legalisierten Alkoholkonsum in einer Gesetzgebung* ▸ PHRASES: **to be a ~ blanket** ein Spielverderber *m*/eine Spielverderberin sein; **to be as much fun as a ~ weekend** (*fam*) so lustig wie ein verregnetes Wochenende sein; **to be all ~** AM sich *akk* auf dem Holzweg befinden II. *vt* <-tt-, **wet** *or* **wetted**, **wet** *or* **wetted**> ① (*moisten*) ■**to ~ sth** etw anfeuchten ② (*saturate*) ■**to ~ sth** etw nass machen ③ (*urinate*) **~ the bed** das Bett nass machen; **to ~ one's pants** [*or* **trousers**] seine Hose nass machen; ■**to ~ oneself** sich *akk* nass machen ▸ PHRASES: **to ~ the baby's head** auf die Geburt eines Kindes anstoßen; **to ~ one's whistle** (*dated fam*) sich *dat* die Kehle anfeuchten *hum fam* III. *n* ① *no pl* (*rain*) Nässe *f*; ***don't leave those boxes out in the ~*** lass die Kisten nicht draußen in der Nässe stehen ② *no pl* (*liquid*) Flüssigkeit *f*; (*moisture*) Feuchtigkeit *f* ③ *no pl* (*damp area*) Pfütze *f* ④ (*unassertive person*) Schlappschwanz *m pej* ⑤ BRIT (*dated: conservative politician with liberal views*) Gemäßigte(r) *f(m)*
wetback *n* AM (*pej! sl*) illegaler Einwanderer/illegale Einwanderin aus Mexiko **wet cell** *n* Nasszelle *f* **wet dream** *n* feuchter Traum **wet fish** *n no pl* frischer Fisch
wether [ˈweðəʳ, AM ɚ] *n* ZOOL Hammel *m*
wetland *n no pl*, **wetlands** *npl* Sumpfgebiet *nt*
wet-look I. *adj attr, inv* Wetlook-; **~ hair gel** Wetgel *nt* II. *n usu sing* Wetlook *m*
wetly [ˈwetli] *adv* nass; **to gleam ~** nass glänzen
wetness [ˈwetnəs] *n no pl* ① (*moisture*) Nässe *f*; *of climate, paint* Feuchtigkeit *f* ② (*state of being wet*) Nassheit *f*
wet nurse I. *n* (*usu hist*) Amme *f hist* II. *vt* ① (*breast-feed*) **to ~ a baby** ein Baby stillen ② (*pej: pamper*) ■**to ~ sb** jdn verhätscheln *oft pej* **wet shave** *n* Nassrasur *f* **wetsuit** *n* Taucheranzug *m*
wetting [ˈwetɪŋ, AM ˈweṭɪŋ] *n no pl* ① (*making wet*) ***the ~ of the soil is very important*** es ist

wichtig, dass die Erde richtig durchtränkt ist; ***after that ~ in the rain, I'm not surprised you're cold*** nach deiner Dusche im Regen wundert mich nicht, dass dir kalt ist ❷ (*urination*) **bed** ~ Bettnässen *nt*

WEU [ˌdʌbljuːiːˈjuː] *n no pl, + sing/pl vb abbrev of* **Western European Union**: ■**the** ~ die WEU

we've [wiːv, wiv] = **we have** *see* **have I, II**

whack [(h)wæk] **I.** *vt* (*fam*) ❶ (*hit*) ■**to** ~ **sth/sb** etw/jdn schlagen ❷ (*defeat*) ■**to** ~ **sb** jdn [haushoch] besiegen [*o* schlagen] ❸ (*put*) ■**to** ~ **sth somewhere** etw irgendwohin reinstecken *fam;* ***just ~ your card into the machine and out comes the money!*** du brauchst deine Karte nur in den Automat zu stecken und schon kommt das Geld raus! ❹ AM (*murder*) ■**to** ~ **sb** jdn umlegen *fam* **II.** *n* ❶ (*blow*) Schlag *m;* **to give sb/an animal a** ~ jdm/einem Tier einen Schlag versetzen; **to give sth a** [**good**] ~ auf etw *akk* [ordentlich] [ein]schlagen ❷ *no pl* (*fam: share, part*) Satz *m;* **to pay full** [*or* **top**] ~ den vollen Satz bezahlen ❸ *no pl* (*fam: deal*) **a fair** ~ ein fairer Handel ▶ PHRASES: **to be out of** ~ AM, AUS nicht in Ordnung sein; **to have a** ~ **at sth** (*fam*) etw mal versuchen *fam*

◆**whack around** *vt* (*sl*) ■**to** ~ **sb around** jdn niedermachen *fam*

◆**whack off** *vi* (*vulg*) wichsen *derb*

whacked [(h)wækt] *adj pred* (*dated fam: exhausted*) kaputt *fam,* erledigt *fam*

whacked out *adj* ❶ *see* **whacked** ❷ AM (*sl: effect of drugs*) high *sl;* ■**to be** ~ **on sth** von etw *dat* high sein

whacking [ˈ(h)wækɪŋ] **I.** *adj attr, inv* riesig; **a** ~ **fine** eine saftige Geldstrafe **II.** *adv inv* enorm; **a** ~ **big kiss** ein dicker Kuss **III.** *n* BRIT, AUS (*dated*) Prügel *pl;* **to give sb a real** ~ jdm eine richtige Tracht Prügel verpassen

whacko [ˈ(h)wækəʊ, AM -oʊ] *adj* (*sl*) durchgeknallt *fam*

whacky [ˈ(h)wæki] *adj* (*fam: crazy*) verrückt *fam;* (*funny*) abgefahren *fam,* schrill *fam;* ~ **memorabilia** kitschige Andenken

whaddya [ˈ(h)wɑːdʲjə] (*sl*) = **what do you** *see* **what I 1**

whale [(h)weɪl] *n* ❶ ZOOL Wal *m;* **a beached** ~ ein gestrandeter Wal ❷ (*a lot of*) ***that's a ~ of a story*** das ist vielleicht eine tolle Geschichte; **a** ~ **of a difference** ein enormer Unterschied ▶ PHRASES: **to have a** ~ **of a time** eine großartige Zeit haben, sich *akk* großartig amüsieren

whalebone **I.** *n no pl* Fischbein *nt* **II.** *n modifier* Fischbein-

whaler [ˈ(h)weɪləʳ, AM -ɚ] *n* ❶ (*ship*) Walfangschiff *nt* ❷ (*person*) Walfänger(in) *m(f)*

whaling [ˈ(h)weɪlɪŋ] *n no pl* Walfang *m*

wham [(h)wæm] **I.** *interj* (*fam*) ❶ (*as sound effect*) zack; ~, ***zap!*** zack, peng! ❷ (*emphasis for sudden action*) wumm; ***everything was fine until, ~, the wire snapped*** alles war in Ordnung, bis auf einmal, wumm, das Kabel riss **II.** *vi* <-mm-> ■**to** ~ **into sth** in etw *akk* [hinein]krachen; ***the billiard balls ~med into each other*** die Billardkugeln knallten aufeinander

wham-bam [ˌ(h)wæmˈbæm] *adj inv esp* AM (*fig fam*) ❶ (*sudden*) plötzlich ❷ (*quick*) ~, **thank you ma'am** ruck, zuck *fam;* (*quick sex*) schnelle Nummer *meist pej fam*

whammy [ˈ(h)wæmi] *n* (*fam*) ❶ *esp* AM (*incident*) Patzer *m fam;* (*more severe*) Hammer *m fam;* **a double** ~ ein doppelter [Rück]schlag ❷ AM, AUS (*magic spell*) Zauber[bann] *m;* (*bad-luck spell*) Fluch *m;* (*evil eye*) böser Blick; **to put the** ~ **on sb** jdn mit einem Bann belegen

whang [(h)wæŋ] (*fam*) **I.** *interj* boing! **II.** *vt* ❶ (*throw down*) ■**to** ~ **sth somewhere** etw irgendwohin knallen *fam* ❷ (*hit*) ■**to** ~ **sth** etw schlagen **III.** *n* **to give sth a** ~ etw *dat* einen Schlag versetzen

wharf <*pl* wharves *or* -s> [(h)wɔːf, *pl* (h)wɔːvz, AM (h)wɔːrf, *pl* (h)wɔːrvz] *n* Kai *m;* **Canary W~** Canary Pier *m* (*saniertes Piergelände in London, das als schick gilt*)

what [(h)wɒt, AM (h)wʌt] **I.** *part* ❶ *interrogative* (*asking for specific information*) was; ~ ***happened after I left?*** was geschah, nachdem ich gegangen war?; ***they asked me ~ I needed to buy*** sie fragten mich, was ich kaufen musste; ~ ***do you do?*** was machst du?; ~***'s your address?*** wie lautet deine Adresse?; ~ ***'s that called?*** wie heißt das?; ~ ***'s your phone number?*** was hast du für eine Telefonnummer?; ~ ***is your name?*** wie heißt du?; ~ **on earth ...?** (*fam: emphasizing*) was um alles in der Welt ...?; ~ ***on earth are you talking about?*** worüber um alles in der Welt sprichst du?; ~ **in God's** [*or* **heaven's**] **name ...?** was in Gottes Namen ...?; ~ ***in God's/heaven's name did you think was likely to happen?*** was in Gottes Namen glaubte sie, dass passieren würde?; ~ **the hell** [*or* **heck**] **...?** (*fam!*), ~ **the fuck ...?** (*vulg*) was zum Teufel ...? *sl;* ~**'s the matter** [*or* **up**]? was ist los?; ~ **for?** (*why*) wofür?; ***you want a hammer and a screwdriver? ~ for? is something broken?*** du möchtest einen Hammer und einen Schraubenzieher? wofür? ist etwas kaputt?; ***what are these tools for?*** wofür sind diese Werkzeuge?; (*fam: why is sth being done?*) warum; ~ ***are you talking to me like that for?*** warum sprichst du so mit mir?; ~ ***is he keeping it secret for?*** warum hält er es geheim?; **to give sb** ~ **for** (*fam*) es wird etwas setzen, fam; ***I'll give you ~ for if I catch you doing that again*** es wird was setzen, wenn ich dich noch einmal dabei erwische; ~ **is sb/sth like?** was ist jd/etw?; ~ ***'s the weather like?*** wie ist das Wetter?; ~**'s on?** (*what's happening?*) was gibt's?; ***hi everybody, ~'s on here?*** hallo alle miteinander, was gibt's?; ~ **about sth/sb/doing sth?** (*fam*) was ist mit etw/jdm?; ~ ***about Lalla? — shall we invite her?*** was ist mit Lalla? – sollen wir sie einladen?; ~ **about doing sth?** (*used to make a suggestion*) wie wäre es, etw zu tun?; ~ ***about taking a few days off?*** wie wäre es mit ein paar Tagen Urlaub?; ***let's do something fun — hey, ~ about going to the movies?*** lasst uns etwas Lustiges tun – hey, wie wäre's mit Kino?; ~ **of it?** was soll's?; ~**'s it to you?** das geht dich nichts an; ***so I smoke, ~'s it to you?*** und wenn ich rauche — was geht dich das an?; **so** ~**?** (*fam*) na und? *fam;* **or** ~**?** (*fam*) oder was? *fam;* ***are you going to help me or ~?*** hilfst du mir nun oder was?; ~ **if ...?** was ist, wenn ...?; ~ ***if the train's late?*** was ist, wenn der Zug Verspätung hat? ❷ *relative* (*thing or things that*) was; ***she wouldn't tell me ~ he said*** sie erzählte mir nicht, was er gesagt hatte; ***I can't decide ~ to do next*** ich kann mich nicht entschließen, was ich als nächstes tun soll; ***I'll take a look at ~ you have finished*** ich werde mir anschauen, was du gemacht hast; ~ ***we need is a commitment*** was wir brauchen ist Engagement; ~**'s more ...** darüber hinaus ..., und außerdem ...; **and** [*or* **or**] ~ **have you** (*fam*) oder etwas Ähnliches; ***for a binder try soup, gravy, cream or ~ have you*** zum Binden nehmen Sie Suppe, Soße, Sahne oder etwas Ähnliches ❸ *relative* (*used as an introduction*) ***you'll never guess ~ — Laurie won first prize!*** du wirst es nie erraten – Laurie hat den ersten Platz gemacht!; (*fam*) ***I'll tell you ~ — we'll collect the parcel on our way to the station*** weißt du was? wir holen das Paket auf dem Weg zum Bahnhof ab ❹ *relative* (*whatever*) was; ***do ~ you can but I don't think anything will help*** tu, was du kannst, aber glaub' nicht, dass etwas hilft; ***it doesn't matter ~ I say — they always criticize me*** ich kann sagen, was ich will – sie kritisieren mich immer; ~ **have we/you here?** was haben wir denn da?; ~ ***have you here? is that a science project?*** was ist denn das? ist das ein wissenschaftliches Projekt?; **come** ~ **may** komme, was wolle; ~ **sb says goes** was jd sagt, gilt; ***we don't like keeping this information secret, but ~ the director says goes*** ich halte diese Information nicht gerne geheim, aber es gilt, was der Direktor sagt ❺ *in exclamations* (*showing disbelief*) was; ~***'s this I hear? you're leaving?*** was höre ich da? du gehst?; (*emphasizing sth surprising or remarkable*) was; **... or** ~**!** ... oder was!; ***is he smart or ~!*** ist er intelligent oder was! ▶ PHRASES: ~**'s his/her name** [*or fam* ~ **do you call him/her**] [*or fam!* ~**'s his/her face**] wie heißt er/sie gleich?; ***I gave it to ~'s her name — the new girl*** ich gab es ihr, wie heißt sie gleich – das neue Mädchen; ~**'s it called** [*or* ~ **do you call it**] wie heißt es gleich; ***it looks like a ~'s it called — a plunger?*** es sieht aus wie ein Dings, ein Tauchkolben; ~ **gives?** (*fam*) was ist los?; ***you've been in a bad mood all day long — ~ gives?*** du bist schon den ganzen Tag schlechter Laune – was ist los?; **to have** ~ **it takes** (*fam*) ausgesprochen fähig sein; ~ **is** ~ was Sache ist; ***I'll teach her ~'s ~*** ich werde ihr beibringen, was Sache ist; **to know** ~**'s** ~ (*fam: to have experience*) sich *akk* auskennen; ***you have to ask the manager about that problem — he knows ~'s ~*** du must den Manager wegen dieses Problems fragen – er kennt sich aus; ~ **say ...** wie wäre es, wenn ...; ~ ***say we call a tea break?*** wie wäre es mit einer Pause?; ~ **with ...** [**and all**] (*fam*) bei all dem/der ...; ~ ***with the drought and the neglect, the garden is in a sad condition*** bei der Trockenheit und der Vernachlässigung ist der Garten in traurigem Zustand; ***I'm very tired, ~ with travelling all day yesterday and having a disturbed night*** ich bin sehr müde, wo ich doch gestern den ganzen Tag gefahren bin und schlecht geschlafen habe; **and** ~ **not** (*often pej fam*) und ähnliches Zeug *fam;* ***she puts all her figurines and ~ not in the glass case there*** sie stellt ihre Figuren und ähliches Zeug in die Vitrine **II.** *adj inv* ❶ (*which*) welche(r,s); ~ ***time is it?*** wie viel Uhr ist es?; ~ ***books did you buy?*** welche Bücher hast du gekauft?; ~ ***size shoe do you take?*** welche Schuhgröße haben Sie?; ~ ***sort of car do you drive?*** was für ein Auto fährst du?; ***she didn't know ~ cigarettes to buy*** sie wusste nicht, welche Zigaretten sie kaufen sollte; ***do you know ~ excuse he gave me?*** weißt du, welche Entschuldigung er mir gegeben hat? ❷ (*of amount*) ***use ~*** [***little***] ***brain you have and work out the answer for yourself!*** benutze dein [bisschen] Hirn und erarbeite dir die Antwort selbst! *fam;* ***she took ~*** [***sums of***] ***money she could find*** sie nahm alles Geld, das sie finden konnte; ***he had been robbed of ~ little money he had*** man hat ihm das bisschen Geld geraubt, das er hatte ❸ (*used for emphasis*) was für; ~ ***a lovely view!*** was für ein herrlicher Ausblick!; ~ ***a fool she was*** wie dumm sie war; ~ ***a day!*** was für ein Tag!; ~ **luck!** was für ein Glück!; ~ **nonsense** [*or* **rubbish**]**!** was für ein Unsinn!; ~ **a pity** [*or* **shame**] wie schade **III.** *adv inv* ❶ (*to what extent?*) was; ~ ***do qualifications matter?*** was nutzen Qualifikationen schon?; ~ ***do you care if I get myself run over?*** dir ist es doch egal, wenn ich mich überfahren lasse!; ~ ***does he care about the problems of teenagers?*** was kümmern ihn die Probleme der Teenager?; ~ **does it matter?** was macht's? *fam* ❷ (*indicating approximation*) sagen wir; ***see you, ~, about four?*** bis um, sagen wir vier? ❸ (*dated fam: used for emphasis or to invite agreement*) oder?; ***pretty poor show, ~?*** ziemlich schlechte Show, nicht? **IV.** *interj* ❶ (*fam: pardon?*) was *fam;* ~**? *I can't hear you*** was? ich höre dich nicht ❷ (*showing surprise or disbelief*) was; ~**! *you left him there alone!*** was? du hast ihn da allein gelassen?

whatcha [ˈ(h)wɒtʃə, AM ˈ(h)wʌtʃə] (*fam*) = **what are you**: ~ ***doin' tonight?*** was machst'n heut' Abend? *fam*

whatchamacallit [ˈ(h)wɒtʃəməˌkɔːlɪt, AM ˈ(h)wʌt-] *n* (*fam*) Dingsbums *m o f o nt fam,* Dingsda *m o f o nt fam*

whatever [(h)wɒtˈevəʳ, AM (h)wʌtˈevɚ] **I.** *part* ❶ (*anything that*) was [auch immer]; ~ ***you choose is fine*** mir ist gleich, was du aussuchst; ***I eat ~ I want*** ich esse, was ich will; ***do ~ you want*** mach, was du willst; ~ ***you do, don't ...*** ganz gleich, was du machst, aber ...; ~ ***that means*** was auch immer das heißen soll ❷ (*fam: that or something else*) wie du willst; ***I'll bring red wine then — sure, ~*** ich hole also Rotwein – ja, ist mir recht; ***use chopped***

herbs, nuts, garlic, or ~ verwenden Sie gehackte Kräuter, Nüsse, Knoblauch oder Ähnliches ③ (*no matter what*) was auch immer; ~ ***happens, you know that I'll stand by you*** was auch passieren mag, du weißt, dass ich zu dir halte; ~ ***else may be said of Mr Meese, ...*** ganz gleich, was man über Mr. Meese sonst sagen kann, ... ④ *interrogative* (*what on earth*) was in Gottes Namen; ~ ***are you talking about?*** worüber in Gottes Namen sprichst du?; ~ ***is he doing with that rod!*** was in Gottes Namen macht er mit dieser Stange?; ~ ***makes you think that?*** wie kommst du denn nur darauf? **II.** *adj inv* ① (*any*) was auch immer; ~ ***dress you want to wear is fine*** welches Kleid du auch immer tragen möchtest, mir ist es recht; ***take*** ~ ***action is needed*** mach, was auch immer nötig ist ② (*regardless of*) gleichgültig welche(r,s); ***we'll go*** ~ ***the weather*** wir fahren bei jedem Wetter; ~ ***the outcome of the war, ...*** wie der Krieg auch ausgehen wird, ...; ~ ***decision he made I would support it*** ich würde jede seiner Entscheidungen unterstützen **III.** *adv inv* ① *with negative* (*whatsoever*) überhaupt; ***there is no evidence*** ~ ***to show that ...*** es gibt überhaupt keinen Beweis dafür, dass ...; ***he had no respect for authority*** ~ er hatte keinerlei Respekt vor Autorität ② (*fam: no matter what happens*) auf jeden Fall; ***we told him we'd back him*** ~ wir sagten ihm, dass wir ihn auf jeden Fall unterstützen würden

what for *n no pl* **to give sb** ~ (*fam*) jdm die Hölle heiß machen *fam*

whatnot ['(h)wɒtnɒt, AM '(h)wʌtnɑːt] *n no pl* ① (*fam*) ■**and** ~ und was weiß ich noch alles *fam* ② (*piece of furniture*) Etagere *f*

whatsit ['(h)wɒtsɪt, AM '(h)wʌt-] *n* (*fam*) Dingsda *m o f o nt fam*; (*object*) Dings *nt fam*

whatsoever [ˌ(h)wɒtsəʊ'evəʳ, AM ˌ(h)wʌtsoʊ'evɚ] **I.** *adv inv* überhaupt; ***he has no respect for authority*** ~ er hat überhaupt keinen Respekt vor Autorität; ***I have no doubt*** ~ daran zweifele ich überhaupt nicht; ***I have no idea*** ~ ich habe nicht die leiseste Idee; **to have no interest** ~ **in sth** an etw *dat* überhaupt [*o* absolut] kein Interesse haben **II.** *part* (*old: whatever*) was auch immer; ***we can go out to dinner, go to the movies or just take a walk — ~ you like*** wir können Essen, ins Kino oder einfach Spazieren gehen – was du möchtest **III.** *adj det* (*old: whatever*) welche; (~ *career you choose, ...*) welchen Karriereweg du auch einschlägst, ...

wheat [(h)wiːt] *n no pl* Weizen *m*; ~ **field** Weizenfeld *nt*; ~ **flour** Weizenmehl *nt* ▸ PHRASES: **to separate the** ~ **from the chaff** die Spreu vom Weizen trennen

wheaten ['wiːtᵊn] *adj inv* ① (*made of wheat*) Weizen- ② (*yellow-beige*) weizengelb

wheatgerm *n no pl* Weizenkeim *m* **wheatmeal** BRIT **I.** *n no pl* Weizenschrot *m o nt* **II.** *n modifier* (*bread, flour*) Vollkornweizen-; ~ **digestive biscuits** Vollkornweizenkekse *mpl*

wheedle ['(h)wiːdl] (*pej*) **I.** *vt* ① (*cajole*) ■**to** ~ **sb into [doing] sth** jdn beschwatzen [*o* dazu kriegen], etw zu tun *fam*; ■**to** ~ **sth out of sb** jdm etw abschwatzen *fam* ② (*also fig: gain entrance*) **to** ~ **one's way in** sich *dat* Zutritt verschaffen **II.** *vi* schmeicheln

wheedling ['(h)wiːdlɪŋ] **I.** *adj attr* (*pej*) schmeichelnd; **a** ~ **tone** ein [ein]schmeichelnder Tonfall **II.** *n no pl* Schmeichelei *f*

wheel [wiːl] **I.** *n* ① (*circular object*) Rad *nt*; **alloy** ~**s** AUTO Aluminiumfelgen *pl*, Alufelgen *pl*; **front/rear** ~ Vorder-/Hinterrad *nt*; ■**to be on** ~**s** Rollen haben ② (*for steering*) Steuer *nt*; AUTO Steuerrad *nt*; ***keep your hands on the ~!*** lass die Hände am Steuer!; ■**to be at** [*or* **behind**] **the** ~ am [*o* hinterm] Steuer sitzen; **to get behind the** ~ sich *akk* hinters Steuer setzen *fam*; **to take the** ~ sich *akk* ans Steuer setzen *fam* ③ (*vehicle*) ■~**s** *pl* (*fam*) fahrbarer Untersatz *hum fam*; **set of** ~**s** Schlitten *m sl* ④ (*fig: cycle, process*) Kreis *m*; **the** ~ **of fortune** das Glücksrad; **the** ~ **of life** der Kreis des Lebens ⑤ (*fig*) ■~**s** *pl* (*workings*) Räder *pl*; ***the ~s of bureaucracy move very slowly*** die Mühlen der Bürokratie mahlen sehr langsam; **to set the** ~**s in motion** die Sache in Gang bringen ⑥ (*at fairground*) **the [big]** ~ das Riesenrad ⑦ (*shape*) **a** ~ **of cheese** ein Laib *m* Käse ▸ PHRASES: **to be hell on** ~**s** (*fam*) ein Hansdampf in allen Gassen sein *fam*; **to set one's shoulder to the** ~ sich *akk* mächtig anstrengen [*o* [mächtig] ins Zeug legen]; **to be a big** ~ AM (*fam*) ein hohes Tier sein *fam*; **to feel like a fifth** [*or* AM **third**] ~ sich *dat* wie das fünfte Rad am Wagen vorkommen *fam*; **to run on** ~**s** wie am Schnürchen laufen *fam*; **to spin one's** ~**s** AM Däumchen drehen; ~**s within** ~**s** BRIT [schwer durchschaubare] Beziehungen **II.** *vt* ■**to** ~ **sth/sb somewhere** (*roll*) etw/jdn irgendwohin rollen; (*push*) etw/jdn irgendwohin schieben; **to** ~ **a pram along** einen Kinderwagen schieben; ■**to** ~ **in sth** etw hereinrollen; ■**to** ~ **out** ↔ **sth** (*pej, fig fam*) etw hervorholen [*o fam* ausgraben] *fig* **III.** *vi* kreisen ▸ PHRASES: **to** ~ **and deal** (*pej fam*) mauscheln *pej fam*

◆**wheel around, wheel round** *vi* BRIT, AUS sich *akk* schnell umdrehen; (*esp out of shock*) herumfahren

wheelbarrow *n* Schubkarre *f*, Schubkarren *m* **wheel base** *n usu sing* Radstand *m* **wheel brace** *n* Kreuzschlüssel *m* **wheelchair** *n* Rollstuhl *m*; ■**to be in a** ~ im Rollstuhl sitzen **wheelchair ramp** *n* Rollstuhlrampe *f* **wheel clamp** **I.** *n esp* BRIT, AUS Parkkralle *f* **II.** *vt* **to** ~ **a car** ein Auto mit einer Parkkralle festsetzen

wheeled ['wiːld] *adj inv* rollend, Roll-; **a three-**~ **car** ein dreirädriger Wagen

-wheeled *in compounds* -rädrig

-wheeler *in compounds* -rad

wheeler-dealer [ˌ(h)wiːlə'diːləʳ, AM -lɚ'diːlɚ] *n* (*pej fam: tricky person*) Schlitzohr *nt fam*; (*squeezing money out of people*) Abzocker(in) *m(f) sl*; ECON [gerissener] Geschäftemacher/[gerissene] Geschäftemacherin

wheelhouse ['(h)wiːlhaʊs] *n* NAUT Ruderhaus *nt*

wheelie ['(h)wiːli] *n* (*fam*) Wheelie *nt sl* (*Fahren auf dem Hinterrad*); **to do** [*or* **pop**] **a** ~ auf dem Hinterrad fahren, ein Wheelie machen

wheelie bin *n* BRIT, AUS Mülltonne *f* auf/mit Rollen

wheeling ['(h)wiːlɪŋ] **I.** *n no pl* Kreisen *nt* ▸ PHRASES: ~ **and dealing** (*pej fam*) Abzockerei *f sl*; (*shady deals and actions*) Gemauschel *nt pej*, Machenschaften *fpl pej* **II.** *adj inv* kreisend

wheelwright ['wiːlraɪt] *n* (*hist*) Stellmacher *m hist*

wheely ['(h)wiːli] *n see* **wheelie**

wheeze [(h)wiːz] **I.** *vi* keuchen **II.** *n* ① (*of breath*) Keuchen *nt kein pl* ② BRIT (*fam: scheme*) Idee *f*; **good** ~ kluger Schachzug; **to have a** ~ eine Idee haben

wheezing ['(h)wiːzɪŋ] **I.** *adj attr, inv* keuchend; ~ **cough** Keuchhusten *m* **II.** *n no pl* Keuchen *nt*

wheezy ['(h)wiːzi] *adj* keuchend; **to get all** ~ zu keuchen anfangen

whelk [welk, AM (h)welk] *n* ZOOL Wellhornschnecke *f*

whelp [(h)welp] **I.** *n* (*old*) ① (*puppy*) Welpe *m* ② (*young animal, cub*) Junge(s) *nt* ③ (*hum: young child*) Balg *m o nt meist pej fam*; (*esp girl*) Gör *nt fam* **II.** *vt* **to** ~ **a litter/puppy** einen Wurf bekommen/einen Welpen werfen

when [(h)wen] **I.** *adv inv* ① *interrogative* (*at what time*) wann; ~ ***do you want to go?*** wann möchtest du gehen?; ~***'s the baby due?*** wann hat sie Geburtstermin?; ***do you know ~ he'll be back?*** weißt du, wann er zurückkommt?; **to tell sb** ~ **to do sth** jdn sagen, wann er/sie etw tun soll; **since** ~ **...?** seit wann ...?; **until** ~ **...?** wie lange ...? ② *interrogative* (*in what circumstances*) wann; ~ ***is it OK to cross the road? — when the little green man is lit up*** wann darf man die Straße überqueren? – wenn das kleine grüne Männchen aufleuchtet ③ *relative* (*in following circumstances*) wenn; (*at which, on which*) wo; ***when is it OK to cross the road? — ~ the little green man is lit up*** wann darf man die Straße überqueren? – wenn das kleine grüne Männchen aufleuchtet; ***the week between Christmas and New Year is ~ we carry out an inventory*** in der Woche zwischen Weihnachten und Neujahr machen wir eine Inventur; ***March is the month ~ the monsoon arrives*** im März kommt der Monsun; ***this is one of those occasions ~ I could wring his neck*** dies ist eine der Gelegenheiten, wo ich ihm den Hals umdrehen könnte; ***she was only twenty ~ she had her first baby*** sie war erst zwanzig, als sie das erste Kind bekam; ***Saturday is the day ~ I get my hair done*** samstags lasse ich mir immer die Haare machen; ***there are times ~ ...*** es gibt Momente [*o* Augenblicke], wo ... **II.** *conj* ① (*at, during the time*) als; ***I used to love that film ~ I was a child*** als Kind liebte ich diesen Film; ***I loved maths ~ I was at school*** in der Schule liebte ich Mathe ② (*after*) wenn; ***he was quite shocked ~ I told him*** er war ziemlich schockiert, als ich es ihm erzählte; ***call me ~ you've finished*** ruf' mich an, wenn du fertig bist ③ (*whenever*) wenn; ***I hate it ~ there's no one in the office*** ich hasse es, wenn niemand im Büro ist ④ (*and just then*) als; ***I was just getting into the bath ~ the telephone rang*** ich stieg gerade in die Badewanne, als das Telefon läutete ⑤ (*considering that*) wenn; ***how can you say you don't like something ~ you've never even tried it?*** wie kannst du sagen, dass du etwas nicht magst, wenn du es nie probiert hast? ⑥ (*although*) obwohl; ***I don't understand how he can say that everything's fine ~ it's so obvious that it's not*** ich verstehe nicht, wie er sagen kann, dass alles in Ordnung ist, wenn doch offensichtlich was nicht stimmt

whence [(h)wen(t)s] *adv inv* (*old*) ① *interrogative* (*form: from what place*) woher; ~ ***comes this lad?*** woher kommt dieser Junge?; ~ ***does Parliament derive this power?*** woher nimmt das Parlament seine Macht?; **from** ~ **...?** [von] woher ...? ② *relative* (*form: from where*) wo; ***his last years he spent in Rome, ~ he came*** seine letzten Jahre verbrachte er in Rom, seiner Heimatstadt; ***the Ural mountains, ~ the ore is procured*** der Ural, wo Eisen abgebaut wird; ***he will be sent back ~ he came*** wir werden ihn dahin zurückschicken, wo er herkam; **from** ~ **...** woher ...; ***it has been returned to the shop from ~ it came*** es wurde an das Geschäft zurückgeschickt, von dem es kam ③ *relative* (*form: as a consequence*) daraus; ~ ***it followed that ...*** daraus folgte, dass ...

whenever [(h)wen'evəʳ, AM -ɚ] **I.** *conj* ① (*on whatever occasion*) wann auch immer; ***you can ask for help ~ you need it*** du kannst mich jederzeit um Hilfe bitten, wenn du welche brauchst; **or** ~ **...** oder wann auch immer ... ② (*every time*) jedes Mal, wenn ...; ***I blush ~ I think about it*** ich werde immer rot, wenn ich daran denke; ~ ***I go there ...*** jedes Mal, wenn ich dahin gehe ... **II.** *adv inv* ① (*at whatever time*) wann auch immer; ***I try to use olive oil ~ possible*** ich versuche wenn möglich Olivenöl zu verwenden; **or** ~ (*fam*) odxer wann auch immer ② *interrogative* (*when*) wann denn [nur]; ~ ***am I going to be finished with all this work?*** wann werde ich je mit dieser ganzen Arbeit fertig sein?; ~ ***do you get the time to do these things?*** wann hast du je Zeit, das alles zu erledigen?

when's [(h)wenz] = **when is, when has** *see* **when**

where [(h)weəʳ, AM (h)wer] *adv inv* ① *interrogative* (*what place, position*) wo; ~ ***does he live?*** wo wohnt er?; ~ ***are you going?*** wohin gehst du?; ~ ***did you put my umbrella?*** wo hast du meinen Schirm hingelegt?; ~ ***are we going?*** wohin gehst du?; ~***'s the party being held?*** wo ist denn die Party?; ***could you tell me ~ Barker Drive is please?*** können Sie mir bitte sagen, wo Barker Drive ist?; ***I wonder ~ they will take us to*** ich frage mich, wohin sie uns bringen; ~ ***does this argument lead?*** zu was führt dieser Streit?; ***he was so obnoxious so I told him ~ to go*** er war so eklig zu mir, dass ich ihm gesagt habe, dass es sich verziehen soll *fam* ② *relative* (*at that place which*) wo; ***Bradford,*** ~

Bren comes from ... Bradford, wo Bren herkommt ...; ***you see ~ Mira is standing?*** siehst du, wo Mira steht?; ***this is ~ I live*** hier wohne ich; ***he was free to go ~ he liked*** er konnte gehen, wohin er wollte; ***that's ~ you're wrong*** genau da liegst du falsch; ***he's as soft as butter ~ children are concerned*** er ist weich wie Butter, was Kinder anbelangt ❸ *relative* (*at what stage*) ***you reach a point in any project ~ you just want to get the thing finished*** bei jedem Projekt erreicht man irgendwann mal den Punkt, an dem man einfach fertig werden möchte; ***I've reached the stage ~ I just don't care anymore*** ich habe einen Punkt erreicht, an dem es mir einfach egal ist ❹ *interrogative* (*in what situation*) wo; ~ ***do you see yourself five years from now?*** wo sehen Sie sich in fünf Jahren?; ***you're not available on the 12th and Andrew can't make the 20th — so ~ does that leave us?*** wir können nicht am 12. und Andrew nicht am 20. – was machen wir also? ▶ PHRASES: **to know/see ~ sb's coming from** wissen/verstehen, was jd meint; **to be ~ it's at** (*dated*) das Maß aller Dinge sein

whereabouts I. *n* ['(h)weərəbaʊts, AM '(h)wer-] + *sing/pl vb, no pl* Aufenthaltsort *m;* **sb's ~** jds Aufenthaltsort; ***I don't suppose you know the ~ of my silver pen, do you?*** ich nehme an, du weißt auch nicht, wo mein Silberfüller hingekommen ist, oder? II. *adv* [ˌ(h)weərə'baʊts, AM ˌ(h)wer-] *inv* (*fam*) wo [genau]; ~ ***in Madrid do you live?*** wo genau in Madrid wohnst du?

whereas [(h)weə'ræz, AM (h)wer'æz] *conj* ❶ (*in contrast to the fact that*) während, wo[hin]gegen; ***he must be about sixty, ~ his wife looks about thirty*** er muss so um die sechzig sein, während seine Frau wie etwa dreißig aussieht ❷ LAW (*considering the fact that*) in Anbetracht [*o* Ansehung] dessen [*o* der Tatsache], dass ...

whereat [weə'ræt, AM wer'] (*old*) I. *adv inv* woran, wobei, worauf II. *conj* woran, wobei, worauf

whereby [(h)weə'baɪ, AM (h)wer-] *conj* (*form*) wodurch, womit, wonach *form;* ***he posted the letter ~ he thought to have done his duty*** er schickte den Brief ab, womit er glaubte, seine Pflicht getan zu haben

wherefore ['(h)weəfɔːʳ, AM '(h)werfɔːr] I. *adv inv* (*old*) weshalb, weswegen II. *conj* (*old*) weshalb, weswegen III. *n* ▶ PHRASES: **the whys and ~s** [**of sth**] das Warum und Weshalb; *see also* **why**

wherein [(h)weə'rɪn, AM (h)wer'ɪn] *conj* (*old form, liter*) ❶ (*in which*) worin; ***I read almost every day ~ I take great pleasure*** ich lese beinahe jeden Tag, woran ich große Freude habe ❷ (*in which respect*) ***that was ~ the mystery lay*** hierin lag das eigentlich Rätselhafte; ***he was certainly a pleasant man, but ~ lay his charms, she wondered*** er war sicherlich ein angenehmer Zeitgenosse, doch fragte sie sich, was eigentlich seinen Charme ausmachte

whereof [(h)weə'rɒv, AM (h)wer'ɑːv] *adv* (*form*) wovon, worüber

whereon [(h)weə'rɒn, AM (h)wer'ɑːn] *adv* (*old*) worauf

where's [(h)weəz, AM (h)werz] = **where is, where has** *see* **where**

wheresoever [ˌ(h)weəsəʊ'evəʳ, AM ˌ(h)wersoʊ'evɚ] (*form*) I. *conj* (*form*) ❶ (*at which place*) wo [auch] immer; ***I have looked, ~ I could think of*** ich habe an jeder erdenklichen Stelle gesucht ❷ (*to which place*) wohin [auch] immer; ***he went ~ the spirit led him*** ganz gleich, wo sein Genie ihn hinführte II. *adv inv* wo [nur]; *see also* **wherever**

whereupon [ˌ(h)weərə'pɒn, AM '(h)werəpɑːn] *conj* (*form*) worauf[hin]; ***I told her he looked fat, ~ he burst into tears*** ich sagte ihm, dass er dick aussehe, und er brach in Tränen aus

wherever [(h)weə'revəʳ, AM (h)wer'evɚ] I. *conj* ❶ (*in, to whatever place*) wohin auch immer; ***we can go ~ you like*** du kannst gehen, wo auch immer du hinwillst ❷ (*in all places*) wo auch immer; ~ ***you look there are pictures*** wohin du auch schaust, überall sind Bilder; ***it should be available ~ you go to shop*** man sollte es in allen herkömmlichen Läden bekommen II. *adv inv* ❶ (*in every case*) wann immer; ~ ***possible I use honey instead of sugar*** ich verwende, wenn möglich, immer Honig statt Zucker ❷ *interrogative* (*where*) wo [nur]; ~ ***did you find that hat?*** wo hast du nur diesen Hut gefunden?; ~ ***does he get the money to go on all those exotic journeys?*** wo hat er nur das Geld her, um so viele exotische Reisen machen zu können?; ~ ***did you get that idea!*** wie bist du nur auf diese Idee gekommen!; ~ ***can he have gone to?*** wo kann er nur hingefahren sein? ❸ (*fam: any similar place*) ***it is bound to have originated in Taiwan or ~*** das muss aus Taiwan oder so kommen *fam*

wherewithal ['(h)weəwɪðɔːl, AM '(h)wer-] *n no pl* ■**the ~** das nötige Kleingeld; **sb lacks the ~** jdm fehlt das nötige Kleingeld

wherry ['weri] *n* NAUT Jolle *f*

whet <-tt-> [(h)wet] *vt* ❶ (*stimulate*) **to ~ sb's appetite** [**for sth**] jdm Appetit [auf etw *akk*] machen ❷ (*old: sharpen*) **to ~ a blade/knife** [**against a stone**] eine Klinge schärfen/ein Messer [an einem Stein] wetzen

whether ['(h)weðəʳ, AM -ɚ] *conj* ❶ (*if*) ob; ***she can't decide ~ to tell him*** sie kann sich nicht entscheiden, ob sie es ihm sagen soll; ***it all depends on ~ or not she's got the time*** alles hängt davon ab, ob sie Zeit hat ❷ (*no difference if*) ~ ***we do it now or later, it's got to be*** ob wir es jetzt oder später tun, ist egal – es muss halt getan werden; ~ ***you like it or not*** ob es dir [nun] gefällt oder nicht; (*form*) ***do everything you do, ~ it be work, learning or play, to 100% of your ability*** was du auch tust, ob Arbeit, Studium oder Spiel – mache es hundertprozentig!

whetstone *n* Wetzstein *m*

whew [fjuː] *interj* (*fam*) puh

whey [(h)weɪ] *n no pl* Molke *f*

whey-faced *adj* käsig, käseweiß

which [(h)wɪtʃ] I. *part* ❶ *interrogative* (*one of choice*) welche(r,s); ~ ***is mine? the smaller one?*** welches gehört mir? das kleinere?; ***it was either Spanish or Portugese, I've forgotten ~*** es war entweder Spanisch oder Portugiesisch, ich habe vergessen, welches von beiden; ~ ***are the best varieties of grapes for long keeping?*** welche Traubensorten halten am besten?; ~ ***of your parents do you feel closer to?*** welchem Elternteil fühlst du dich enger verbunden?; ~ ***of you knows where the keys are kept?*** wer von euch weiß, wo die Schlüssel sind?; ~ ***of the suspects murdered him?*** wer von den Verdächtigen hat ihn umgebracht?; ***those two paintings look so alike I'm surprised anyone can tell ~ is ~*** diese zwei Bilder sind so ähnlich, dass es mich wundert, dass sie jemand unterscheiden kann; ***I really can't tell them apart — ~ is ~?*** ich kann sie nicht auseinander halten – wer ist wer? ❷ *relative* (*with defining clause*) der/die/das; ***you know that little Italian restaurant — the one ~ I mentioned in my letter?*** kennst du das kleine italienische Restaurant – das, das ich in meinem Brief erwähnt habe?; ***these are the principles ~ we all believe in*** das sind die Prinzipien, an die wir alle glauben; ***a conference in Vienna ~ ended on Friday*** eine Konferenz in Wien, die am Freitag geendet hat ❸ *relative* (*with non-defining clause*) was; ***she says it's Anna's fault, ~ is rubbish*** sie sagt, das ist Annas Schuld, was aber Blödsinn ist; ***he showed me round the town, ~ was very kind of him*** er zeigte mir die Stadt, was sehr nett von ihm war; ***that building, the interior of ~ is rather better than the outside, ...*** das Gebäude, das innen besser ist als außen, ...; ***it's the third in a sequence of three books, the first of ~ I really enjoyed*** das ist das dritte aus einer Reihe von drei Büchern, von denen mir das erste wirklich gut; **at/upon ~ ...** woraufhin ... ❹ *after prep* der/die/das; ***is that the film in ~ he kills his mother?*** ist das der Film, in dem er seine Mutter umbringt?; ***the death of his son was an experience from ~ he never fully recovered*** der Tod seines Sohnes war eine Erfahrung, von der er sich nie ganz erholte; ***it isn't a subject to ~ I devote a great deal of thought*** über dieses Thema mache ich mir viele Gedanken; ***we are often afraid of that ~ we cannot understand*** wir fürchten uns oft vor dem, was wir nicht verstehen II. *adj inv* ❶ *interrogative* (*what one*) welche(r,s); ~ ***doctor did you see?*** bei welchem Arzt warst du?; ~ ***button do I press next?*** auf welchen Knopf muss ich als Nächstes drücken?; ***I didn't know ~ brother I was speaking to*** ich wusste nicht, mit welchem Bruder ich sprach; ~ ***way is the wind blowing?*** woher kommt der Wind?; ***Jacinta came last night with her boyfriend — ~ one? she's got several*** Jacinta kam letzten Abend mit ihrem Freund – mit welchem? sie hat mehrere; ***see if you can guess ~ one is me in my old school photo*** mal schauen, ob du errätst, wer auf dem alten Schulfoto ich bin ❷ *relative* (*used to introduce more info*) der/die/das; ***the picking of the fruit, for ~ work they receive no money, ...*** das Ernten des Obstes, für das sie kein Geld erhalten, ...; ***the talk lasted two hours, during all of ~ time the child was well behaved*** das Gespräch hat zwei Stunden gedauert, während der sich das Kind gut benahm; ***it might be made of plastic, in ~ case you could probably carry it*** es könnte aus Plastik sein – in dem Fall könntest du es wahrscheinlich tragen

whichever [(h)wɪtʃ'evəʳ, AM -ɚ] I. *part* ❶ (*any one*) wer/was auch immer; ***we can go to the seven o'clock performance or the eight — ~ suits you best*** wir können zu der Vorstellung um sieben oder um acht gehen – wie es dir besser passt; ***which bar would you prefer to meet in? — ~, it doesn't matter to me*** in welcher Bar sollen wir uns treffen? – wo du willst – mir ist es egal ❷ (*regardless of which*) was/wer auch immer; ~ ***they choose, we must accept it*** wir müssen akzeptieren, was auch immer sie entscheiden II. *adj attr, inv* ❶ (*any one*) ■**~ ...** der-/die-/dasjenige, der/die/das ...; ***you may pick ~ puppy you want*** du kannst den Welpen nehmen, der dir gefällt; ***choose ~ brand you prefer*** wähle die Marke, die du lieber hast ❷ (*regardless of which*) egal welche(r,s), welche(r,s) ... auch immer; ~ ***option we choose ...*** egal welche Möglichkeit wir wählen, ...; ~ ***party gets in at the next election, ...*** welche Partei auch immer sich bei der nächsten Wahl durchsetzen wird, ...; ~ **way** wie auch immer; ***it's going to be expensive ~ way you do it*** es wird teuer werden, ganz gleich, wie wir es machen

whiff [(h)wɪf] I. *n usu sing* ❶ (*smell*) Hauch *m kein pl;* ***I got a ~ of the alcohol on his breath*** ich konnte seine Fahne riechen ❷ (*fig: trace*) Spur *f fig* II. *vi* BRIT (*fam*) ■**to ~** [**of sth**] nach etw *dat* müffeln DIAL *fam*

whiffle ['(h)wɪfl] *vi* ≈ sanft wehen; *snow* rieseln

whiffy ['(h)wɪfi] *adj* BRIT (*sl*) muffig *fam*

Whig [(h)wɪg] *n* (*hist*) ❶ (*British party*) ■**the ~s** *pl* die Whigs *pl hist* ❷ (*member of British party*) Whig *m hist* ❸ (*American party*) ■**the ~s** *pl* die Whigs *pl hist* ❹ (*revolutionary American*) *Vorkämpfer der Unabhängigkeit der amerikanischen Kolonien von England*

while [(h)waɪl] I. *n no pl* Weile *f;* ***I only stayed for a short ~*** ich blieb nur eine kurze Weile; ***he's been gone quite a ~*** er ist schon eine ganze Weile weg; **all the ~** die ganze Zeit [über]; **a ~ ago** vor einer Weile; **in a ~** in Kürze, bald; ***I'll be fine in a ~*** mir geht's bald wieder gut; **to be worth** [**the**] **~** die Mühe wert sein, sich *akk* lohnen II. *conj* ❶ (*during which time*) während; ***I don't want to be bothered ~ I'm recording*** solange ich aufnehme, möchte ich nicht gestört werden ❷ (*although*) obwohl; ~ ***I fully understand your point of view, ...*** wenn ich Ihren Standpunkt auch vollkommen verstehe, ...; ~ ***he does drive to work, he reduces the environmental impact by taking others with him*** er fährt zwar mit dem Wagen zur Arbeit, aber die Umweltbelastung macht er wieder

W

wett, indem er andere mitnimmt ❸ (*however*) wo[hin]gegen; ***he gets thirty thousand pounds a year*** ~ ***I get a meagre fifteen!*** er bekommt dreißigtausend Pfund im Jahr, während ich gerade mal schlappe fünfzehntausend kriege **III.** *vt* **to ~ away the time** sich *dat* die Zeit vertreiben

whilst [waɪlst] *conj* BRIT (*form*) see **while**

whim [(h)wɪm] *n* Laune *f*; ***he works as the ~ takes him*** er arbeitet nur nach Lust und Laune; **a ~ of fashion** ein Modetrend; **to indulge sb's every ~** jds Launen ertragen; **purely on a ~** nur aus Spaß; [**to do sth**] **on a ~** [etw] aus einer Laune heraus [tun]

whimper ['(h)wɪmpəʳ, AM -pɚ] **I.** *vi* (*of person*) wimmern; (*of dog*) winseln **II.** *n* (*of person*) Wimmern *nt kein pl*; (*of dog*) Winseln *nt kein pl*

whimpering ['(h)wɪmpᵊrɪŋ] **I.** *n no pl* (*of person*) Wimmern *nt*; (*of dog*) Winseln *nt*; ***stop your ~*** hör' auf zu jammern **II.** *adj attr, inv child* wimmernd, heulend; *dog* winselnd

whimsey, whimsy ['(h)wɪmzi] *n* (*pej*) ❶ *no pl* (*fancifulness*) Spleenigkeit *f* ❷ (*fanciful thing or work*) Klamauk *m kein pl oft pej fam* ❸ (*whim*) Laune *f*

whimsical ['(h)wɪmzɪkᵊl] *adj* ❶ (*fanciful*) skurril *geh* ❷ (*capricious*) launenhaft, launisch

whimsicality [ˌ(h)wɪmzɪ'kæləti, AM -ət̬i] *n no pl* ❶ (*fanciful quality*) Skurrilität *f geh* ❷ (*capriciousness*) Launenhaftigkeit *f*

whimsically ['(h)wɪmzɪkᵊli] *adv* ❶ (*in a playful manner*) launig ❷ (*crankily*) wunderlich, schrullenhaft

whin [wɪn] *n no pl* NBRIT (*furze, gorse*) Stechginster *m*

whine [(h)waɪn] **I.** *vi* ❶ (*make complaining sound*) jammern; (*of animal*) jaulen; (*of engine*) heulen ❷ (*pej: complain peevishly*) maulen *pej fam* **II.** *n usu sing child* Jammern *nt kein pl*; *animal* Jaulen *nt kein pl*; *engine* Heulen *nt kein pl*

whiner ['(h)waɪnəʳ, AM -ɚ] *n* (*pej*) Jammerlappen *m pej*; (*grumbler*) Nörgler(in) *m(f) pej*

whinge [(h)wɪndʒ] **I.** *n usu sing* (*petty complaint*) Gemecker[e] *nt pej fam*; (*griping*) Gejammer *nt pej fam*; **to have a ~** [**about sb/sth**] [über jdn/etw] meckern *pej fam* **II.** *vi* BRIT, AUS (*pej fam: complain pettily*) meckern *pej fam*; (*whine*) jammern

◆**whinge on** *vi* BRIT, AUS (*pej fam: complain in petty way*) herummeckern *pej fam*; (*whine*) herumjammern *pej fam*

whingeing ['(h)wɪndʒɪŋ] **I.** *n no pl* BRIT, AUS (*pej fam: petty complaining*) Gemecker[e] *nt pej fam*; (*griping*) Gejammer *nt pej fam*; ***stop your ~!*** hör mit dem Gejammer auf! *pej fam* **II.** *adj inv* BRIT, AUS (*pej fam: bleating*) meckernd *pej fam*; (*moaning*) jammernd; (*grumbling*) nörgelnd *pej*

whinger ['(h)wɪndʒəʳ] *n* BRIT, AUS (*pej fam*) Miesepeter *m pej fam*, Nörgler(in) *m(f) pej*

whinging ['(h)wɪndʒɪŋ] *n, adj* BRIT, AUS *see* **whingeing**

whining ['(h)waɪnɪŋ] **I.** *n no pl* ❶ (*noise*) *of a person* Heulen *nt*; *of an animal* Jaulen *nt* ❷ (*complaining*) Gejammer *nt pej fam* **II.** *adj inv* ❶ (*fretful*) *person* queng[e]lig *fam*; *animal* jaulend; **~ voice** weinerliche Stimme ❷ (*complaining*) klagend; (*grumbling*) nörglerisch *pej*

whinny ['(h)wɪni] **I.** *vi* wiehern **II.** *n* Wiehern *nt kein pl*

whiny ['(h)waɪni] *adj* (*fam: complaining*) jammernd *attr*; (*whining*) weinerlich; ***that ~ Pete's over there in the corner*** dieser Jammerlappen Pete sitzt dort drüben in der Ecke; ■**to be ~** [immer] [herum]jammern; **~ voice** klägliche Stimme

whip [(h)wɪp] **I.** *n* ❶ (*for hitting*) Peitsche *f*; **to crack the ~** die Peitsche knallen lassen; (*fig*) Druck machen *fam*; **to have a fair crack of the ~** eine gute Chance haben ❷ BRIT POL (*person*) Einpeitscher(in) *m(f)*; **the chief ~** der Haupteinpeitscher/die Haupteinpeitscherin ❸ BRIT POL (*notice*) *schriftliche und verbindliche Aufforderung des Einpeitschers zur Teilnahme an den Plenarsitzungen*; **three-line ~** ≈ Fraktionszwang *m* ❹ *no pl* FOOD Creme *f* **II.** *vt* <-pp-> ❶ (*hit*) ■**to ~ sb/an animal** jdn/ein Tier [mit der Peitsche] schlagen; **to ~ a horse** einem Pferd die Peitsche geben ❷ (*fig: incite*) ■**to ~ sb into sth** jdn zu etw *dat* anspornen; **to ~ sb into a frenzy** jdn aus der Fassung bringen ❸ (*fig: of wind*) ***a freezing wind ~ped torrential rain into their faces*** ein eisiger Wind peitschte ihnen Regenfluten ins Gesicht; ***the storm ~ped the waves into a froth*** der Sturm peitschte die Wellen zu Schaumkronen auf ❹ FOOD ■**to ~ sth** etw [schaumig] schlagen; **to ~** [**the**] **cream** [die] Sahne schlagen; ***~ the egg whites into peaks*** schlagen Sie das Eiweiß steif ❺ BRIT (*dated fam: steal*) ■**to ~ sth** etw mitgehen lassen *fam* ❻ AM (*fam: defeat*) ■**to ~ sb** [**at/in sth**] jdn [bei/in etw *dat*] [vernichtend] schlagen **III.** *vi* <-pp-> ❶ (*move fast*) *wind* peitschen; ***the wind ~ped through her hair*** der Wind fuhr durch ihr Haar ❷ (*fam: go quickly*) *of person* flitzen *fam*

◆**whip away** *vt* ■**to ~ away** ↻ **sth** etw wegziehen [*o* wegreißen]

◆**whip out** *vt* ■**to ~ out** ↻ **sth** ❶ (*take out quickly*) *credit card* etw zücken ❷ (*make quickly*) etw aus dem Ärmel schütteln *fig fam*

◆**whip up** *vt* ❶ (*excite*) **to ~ up** ↻ **enthusiasm** Begeisterung entfachen; **to ~ up bad feeling** böses Blut schaffen; **to ~ up prejudice** Vorurteile schüren; **to ~ up sand/snow/water** Sand/Schnee/Wasser aufpeitschen; **to ~ up support** Unterstützung finden ❷ (*fam: cook or make quickly*) ■**to ~ up** ↻ **sth** etw zaubern *fig, hum* ❸ FOOD (*beat*) **to ~ up eggs** Eier [schaumig] schlagen

whipcord *n* ❶ *no pl* (*for whips*) Peitschenschnur *f* ❷ FASHION Whipcord *m fachspr* **whip hand** *n* **to get/hold the ~** die Oberhand gewinnen/haben

whiplash I. *n* ❶ (*flexible part of whip*) Peitschenschnur *f* ❷ (*blow*) Peitschenhieb *m*; **the ~ of sb's tongue** (*fig*) jds scharfe Zunge ❸ *no pl* MED (*injury to neck*) ~ [**injury**] Schleudertrauma *nt* **II.** *vt* ■**to ~ sb/sth** jdn/etw peitschen **III.** *vi* peitschen

whipped [(h)wɪpt] *adj* ❶ FOOD (*beaten to firmness*) geschlagen; **~ butter** schaumig geschlagene Butter; **~ cream** Schlagsahne *f*, Schlagobers *nt* ÖSTERR, Nidel *m o f* SCHWEIZ ❷ *attr* (*hit*) verprügelt, geschlagen ❸ AM (*sl: defeated*) geschlagen; (*discouraged, tired*) erledigt *fam*, mitgenommen *fam*

whipper-in <*pl* whippers-in> [ˌ(h)wɪpəʳ'ɪn, AM -ɚ'-] *n* HUNT Pikör *m fachspr* **whipper-snapper** *n* (*hum dated fam*) Schlaumeier *m fam*; **young ~** Grünschnabel *m oft pej fam*

whippet ['(h)wɪpɪt] *n* ZOOL Whippet *m*

whipping ['(h)wɪpɪŋ] *n* ❶ *no pl* (*hitting with whip*) [Aus]peitschen *nt kein pl*; **to be given a** [**good**] **~** [ordentlich] ausgepeitscht werden ❷ (*hard physical beating*) [Tracht *f*] Prügel *fam*; **to get/give a ~** Prügel beziehen/austeilen; **to give sb a ~** jdm eine Tracht Prügel verpassen *fam* ❸ *no pl* ***the ~ of the wind*** das Peitschen des Windes; ***the ~ of the rope back and forth …*** das Hin- und Herpeitschen des Taus …

whipping boy *n* Prügelknabe *m* **whipping cream** *n no pl* Schlagsahne *f*, Schlagobers *nt* ÖSTERR, Nidel *m o f* SCHWEIZ **whipping post** *n* (*hist*) Pranger *m hist*, Schandpfahl *m hist*; **to tie sb to the ~** (*fig*) jdn an den Pranger stellen

whippy ['(h)wɪpi] *adj* biegsam, federnd

whip-round *n* BRIT (*fam*) **to have a ~** [**for sb**] [für jdn] sammeln [*o* den Hut herumgehen lassen] *fam*

whipsaw ['(h)wɪpsɔː, AM -sɑː] *vt* ■**to be ~ed by sth** [von 2 Seiten her] in Bedrängnis geraten

whir *n, vi* AM *see* **whirr**

whirl [(h)wɜːl, AM (h)wɜːrl] **I.** *vi* wirbeln; ***my head is ~ing*** mir schwirrt der Kopf; ***her head was ~ing with the excitement of it all!*** ihr war vor Aufregung ganz schwindelig! **II.** *vt* ■**to ~ sb somewhere** ***the figure skater ~ed her past the onlookers*** der Eiskunstläufer wirbelte sie an den Zuschauern vorbei; ■**to ~ sb** [**a**]**round** jdn herumwirbeln **III.** *n* ❶ *no pl* (*of movement*) Wirbel *m*; (*action, of dust*) Wirbeln *nt* ❷ (*activity*) Trubel *m*; **the social ~** der gesellschaftliche Trubel ❸ (*overwhelmed*) **to have one's head in a ~** nicht mehr wissen, wo einem der Kopf steht; ***my head's in a ~*** mir schwirrt der Kopf ▶ PHRASES: **to give sth a ~** etw mal [aus]probieren

whirligig ['(h)wɜːlɪgɪg, AM '(h)wɜːr-] *n* ❶ (*spinning top*) Kreisel *m*; (*toy windmill*) Windrädchen *nt* ❷ *no pl* (*fig: sth hectic/changing*) Wechselspiel *nt*; **~ of politics/time** Schnelllebigkeit *f* der Politik/Zeit *fig*

whirling ['(h)wɜːlɪŋ, AM '(h)wɜːrl-] **I.** *adj* wirbelnd **II.** *n no pl* (*spinning*) Wirbeln *nt*; (*turning*) Drehen *nt*

whirling dervish *n* tanzender Derwisch

whirlpool ['(h)wɜːlpuːl, AM '(h)wɜːrl-] *n* ❶ (*fig: situation*) Trubel *m*, Wirbel *m* ❷ (*pool*) Whirlpool *m*; (*in river, sea*) Strudel *m*

whirlpool bath *n* Whirlpool *m*

whirlwind ['(h)wɜːlwɪnd, AM '(h)wɜːrl-] **I.** *n* ❶ METEO Wirbelwind *m* ❷ (*person*) Wirbelwind *m*; (*situation*) Trubel *m* ▶ PHRASES: [**sow the wind and**] **reap the ~** (*saying*) [wer Wind sät, wird] Sturm ernten *prov* **II.** *n modifier* (*holiday, meeting*) stürmisch; **a ~ romance** eine stürmische Romanze

whirlybird ['(h)wɜːrlibɜːrd] *n* AM (*dated: helicopter*) Hubschrauber *m*, Quirl *m hum sl*

whirr [(h)wɜːʳ], AM **whir** [(h)wɜːr] **I.** *vi* (*of insects*) summen; (*of birds' wings*) schwirren; (*of machine parts*) surren **II.** *n usu sing of insects* Summen *nt kein pl*; *of wings* Schwirren *nt kein pl*; *of machines* Surren *nt kein pl*

whirring ['(h)wɜːrɪŋ] **I.** *n no pl of insects* Summen *nt*; (*of wings*) Schwirren *nt*; *of machine parts* Surren *nt* **II.** *adj attr, inv insects* summend; *wings* schwirrend; *machines* surrend

whisk [(h)wɪsk] **I.** *n* ❶ (*kitchen tool*) Schneebesen *m*; **electric ~** [elektrisches] Rührgerät ❷ *no pl* (*quick visit*) Stippvisite *f fam* ❸ (*tied up bunch of twigs*) **fly ~** Fliegenwedel *m* **II.** *vt* ❶ FOOD ■**to ~ sth** etw [schaumig] schlagen; **to ~ cream** Sahne schlagen; ***~ the egg whites until stiff*** schlagen Sie das Eiweiß steif ❷ (*animal*) **to ~ its tail** mit dem Schwanz schlagen ❸ (*take, move quickly*) ■**to ~ sb off** ***I was ~ed off to hospital*** ich wurde ins Krankenhaus überwiesen; ***her husband ~ed her off to Egypt for her birthday*** ihr Mann entführte sie zu ihrem Geburtstag nach Ägypten

◆**whisk away** *vt* ■**to ~ away** ↻ **sth** etw schnell wegnehmen; (*more vehemently*) etw wegreißen; (*hide from others*) etw schnell verschwinden lassen

◆**whisk in** *vt* FOOD ■**to ~ in** ↻ **sth** etw [mit dem Schneebesen] einrühren

whisker ['(h)wɪskəʳ, AM -kɚ] *n* ❶ *usu pl* (*of animal*) Schnurrhaar[e] *nt*[*pl*] ❷ ■**~s** *pl* (*of man: beard*) Bartstoppeln *pl*; (*hair on cheek*) Backenbart *m*; (*single hair of beard*) Barthaar *nt*; (*moustache*) Schnurrbart *m*; (*big moustache*) Schnauzbart *m*, Schnauzer *m fam*; ***you've grown some ~s!*** du hast ja [jetzt] einen Bart! ▶ PHRASES: **to have ~s** einen Bart haben *fam*; **by a ~** um Haaresbreite, haarscharf; **within a ~** [**of sth**] in unmittelbarer Nähe [einer S. *gen*]; **I came within a ~ of being run over today** ich wäre heute beinahe überfahren worden

whiskered ['(h)wɪskəd, AM -kɚd] *adj inv* [schnurr]bärtig; **a grey-~ old gentleman** ein graubärtiger alter Herr

whiskery ['(h)wɪskᵊri] *n* backenbärtig

whiskey *esp* AM, IRISH, **whisky** ['hwɪski] *n* BRIT, AUS ❶ *no pl* (*drink*) Whisk[e]y *m* ❷ (*glass of this drink*) Whisk[e]y *m*; **to knock back a ~** sich *dat* einen Whisk[e]y hinter die Binde gießen *fam*

whisper ['(h)wɪspəʳ, AM -pɚ] **I.** *vi* flüstern; ■**to ~ to sb** mit jdm flüstern **II.** *vt* ❶ (*speak softly*) ■**to ~ sth** [**in sb's ear**] etw [in jds Ohr] flüstern; ■**to ~ sth to sb** jdm etw zuflüstern; **to ~ sweet nothings in sb's ear** jdm Zärtlichkeiten ins Ohr flüstern ❷ *usu passive* (*gossip*) ■**it is ~ed that …** man munkeln, dass … *fam* **III.** *n* ❶ (*soft speaking*) Flüstern *nt kein pl*, Geflüster *nt kein pl*; (*mysterious murmur*) Raunen *nt kein pl*; ***I heard ~s outside my room*** ich hörte Geflüster vor meinem Zimmer; **to lower one's voice to a ~** seine Stimme [zu einem Flüstern] dämpfen; **to say sth in a ~** etw im Flüsterton sagen; **to speak in a ~** [*or* **in ~s**] flüstern ❷ (*fig: rumour*)

Gerücht *nt;* ***have you heard ~s of …*** hast du auch schon läuten hören, dass … *fam* ③ *usu sing* (*trace*) Spur *f* ④ *no pl* (*fig liter: soft rustle*) Rascheln *nt;* **the ~ of the leaves** das Rascheln der Blätter

whispering ['(h)wɪspᵊrɪŋ] **I.** *n no pl* ① (*talking very softly*) Flüstern *nt,* Geflüster *nt;* ***all this ~ has got to stop!*** Schluss jetzt mit dem Geflüstere! ② (*fig: gossiping*) Gerede *nt,* Getuschel *nt* **II.** *adj attr, inv* ① (*talking softly*) flüsternd ② (*fig: gossiping*) tratschend *pej fam,* tuschelnd *oft pej* ③ (*rustling*) raschelnd

whispering campaign *n* (*pej*) Verleumdungskampagne *f* **whispering gallery** *n* Flüstergalerie *f*

whist [(h)wɪst] *n no pl* Whist *nt;* **a game of ~** eine Partie Whist

whistle ['(h)wɪsḷ] **I.** *vi* ① (*of person*) pfeifen; **to ~ in admiration/surprise** vor Bewunderung/Überraschung pfeifen; ■**to ~ at sb** hinter jdm herpfeifen; ■**to ~ to sb** [nach] jdm pfeifen ② (*of air movement*) *wind, kettle* pfeifen ③ (*move past*) vorbeipfeifen; ***a bullet ~d past my head*** eine Kugel pfiff an meinem Kopf vorbei ④ (*make bird noises*) pfeifen; (*in a trilling way*) zwitschern ▶ PHRASES: **to ~ in the dark** im Dunkeln pfeifen, sich *dat* Mut zupfeifen; **to ~ in the wind** gegen Windmühlen ankämpfen *fig* **II.** *vt* ■**to ~ sth** etw pfeifen; **to ~ a tune** eine Melodie pfeifen **III.** *n* ① *no pl* (*sound*) *also of wind* Pfeifen *nt; of referee* Pfiff *m;* **as clean as a ~** (*very clean*) blitzsauber; (*fig fam: revealing no proof*) sauber *fam* ② (*device*) Pfeife *f;* **referee's ~** Trillerpfeife *f;* **to blow one's ~** pfeifen ▶ PHRASES: **to blow the ~** singen *fam;* **to blow the ~ on sb** jdn verpfeifen *fam;* **to blow the ~ on sth** etw aufdecken; **to wet** [*or* **whet**] **one's ~** sich *dat* die Kehle anfeuchten *fam*

whistle blower *n* ≈ Zuträger(in) *m(f) pej;* ***what was the name of that ~ again?*** wie hieß doch gleich wieder der Typ, der ausgepackt hatte? *fam*

whistle-stop *adj attr, inv* kleiner Ort, Nest *nt fam,* Kaff *nt sl* **whistle-stop tour** *n* Reise *f* mit verschiedenen Kurzaufenthalten

whit [(h)wɪt] *n no pl* (*old form*) **not a ~** keinen Deut *veraltend o hum;* ***… not a ~ more expensive*** … und kein bisschen teurer; **not a ~ of sense** keinen Funken Verstand; **to not care a ~** [**about sth**] sich *akk* keinen Deut [um etw *akk*] scheren *veraltend o hum*

Whit [(h)wɪt] *n abbrev of* **Whitsun**[**tide**] Pfingsten *nt*

white [(h)waɪt] **I.** *n* ① *no pl* (*colour*) Weiß *nt;* **the colour ~** die Farbe Weiß; **to be whiter than ~** weißer als weiß sein; (*fig*) engelrein sein *geh;* **to wear ~** Weiß tragen ② *usu pl* (*part of eye*) Weiße *nt;* **to see the ~s of sb's eyes** das Weiße in jds Augen erkennen können ③ *of egg* Eiweiß *nt,* Eiklar *nt* ÖSTERR ④ (*person*) Weiße(r) *f(m)* ⑤ (*clothes/uniform*) **dress ~s** MIL [weiße] Paradeuniform; [**tennis**] **~s** [weißer] Tennisdress ⑥ (*fam: light-coloured laundry*) ■**~s** *pl* Weißwäsche *f kein pl* ⑦ ■**W~** (*in chess*) Weiß *nt;* (*in billiards, snooker*) weiße Kugel ▶ PHRASES: **to see things in black and ~** die Dinge schwarz-weiß sehen **II.** *adj* ① (*colour*) weiß; **black and ~** schwarz-weiß; **creamy ~** cremefarben, weißhaarig; **pearly ~** perlweiß; **pure ~** ganz weiß; **snowy ~** schneeweiß; **snowy ~ hair** schlohweißes [*o* schneeweißes] Haar ② (*fig: morally good*) **~ as driven snow** rein wie frisch gefallener Schnee ③ (*in coffee*) ***I like my coffee ~*** ich trinke meinen Kaffee mit Milch ④ FOOD **~ bread** Weißbrot *nt;* **~ chocolate** weiße Schokolade; **~ flour** weißes Mehl; **~ pepper/rum/sugar** weißer Pfeffer/Rum/Zucker; **~ wine** Weißwein *m* ⑤ (*caucasian*) weiß; (*pale-skinned*) hellhäutig; ***it's a predominantly ~ neighbourhood*** in der Nachbarschaft leben überwiegend Weiße ▶ PHRASES: **to be ~ with anger** vor Wut kochen; **as ~ as a sheet** weiß wie die Wand, kreidebleich; **to bleed sth ~** etw schröpfen [*o fig* ausbluten] *fam* **III.** *vt* ■**to ~ out** ○ **sth** etw weiß machen; ***please ~ out the mistakes*** bitte korrigiere die [Schreib]fehler mit Tipp-Ex

white ant *n* weiße Ameise, Termite *f fachspr*

whitebait [-beɪt] *n no pl* (*the young of sprat*) junge Sprotte; (*the young of herring*) junger Hering, Schotte *f* NORDD **whitebeam** *n* BOT Mehlbeerbaum *m* **white blood cell** *n* weißes Blutkörperchen, Leukozyt *m meist pl fachspr* **white blood cell count** *n* Messung *f* der Leukozytenzahl **white board** *n* weiße Kunststofftafel **White Book** *n* LAW *Sammlung von Verfahrensregeln des Supreme Court und Kommentare* **whiteboy** ['(h)waɪtbɔɪ] *n* AM (*pej*) Weißer *m* **white Christmas** *n* weiße Weihnacht[en] **white-collar** *adj* Schreibtisch-; ***there has been an increase in ~ employment recently*** in letzter Zeit wurden [wieder] mehr Angestellte im Verwaltungs- und Servicebereich beschäftigt; **~ job** Schreibtischposten *m;* **~ union** Angestelltengewerkschaft *f;* **~ worker** Angestellte(r) *f(m)* **white collar crime** *n no pl* COMM, LAW Wirtschaftsverbrechen *nt* **white corpuscle** *n* MED weißes Blutkörperchen **white elephant** *n* (*useless object*) Fehlinvestition *f;* (*unwanted property*) lästiger Besitz **white elephant stall** *n* Trödelstand *m* **white feather** *n* BRIT **to show the ~ feather** BRIT sich *akk* feig[e] benehmen, kneifen *fam* **white flag** *n* weiße Fahne; COMPUT Signal, das ein neues Videovollbild anzeigt; **to fly/raise/wave a ~** eine weiße Fahne wehen lassen/hochziehen/schwenken **white flight** *n no pl* AM *Flucht der Weißen aus einem Gebiet, in das andere Rassen ziehen* **white goods** *npl* ① (*household appliances*) Haushaltsgeräte *ntpl* ② (*old: household linens*) Weißwäsche *f kein pl* **white-haired** *adj* weißhaarig

Whitehall *n* ① (*offices of Britain's government*) Whitehall ② (*fig: government of Britain*) Whitehall *fig*

whitehead *n* (*fam*) Eiterpickel *m* **white heat** *n no pl* ① (*temperature*) Weißglut *f* ② (*fig: intensity*) Weißglut *f fig;* **in the ~ of the moment** im Eifer des Gefechts **white horse** *n* ① (*animal*) Schimmel *m* ② BRIT (*liter: of waves*) ■**~s** *pl* Schaumkronen *fpl* **white-hot** *adj inv* weißglühend *a. fig* **White House** *n no pl* ■**the ~** ① (*US President's residence*) das Weiße Haus ② (*fig: US government*) das Weiße Haus *fig* **white knight** *n* ① (*rescuer*) Retter *m* in der Not *fig* ② FIN (*person or company*) weißer Ritter *fachspr* **white knuckle ride** *n* (*hum*) Abenteuerfahrt *f* **white lie** *n* Notlüge *f* **white magic** *n* weiße Magie **white meat** *n* helles Fleisch

whiten ['(h)waɪtᵊn] **I.** *vt* ■**to ~ sth** etw weiß machen; *shoe, wall* etw weißen [*o* ÖSTERR, SCHWEIZ, SÜDD weißeln]; (*cloth, clothing*) etw weiß färben; ***she's had her teeth ~ed*** sie hat ihre Zähne bleichen lassen **II.** *vi* weiß werden

whitener ['(h)waɪtᵊnəʳ, AM -ɚ] *n no pl* (*for coffee*) Kaffeeweißer *m;* (*for shoes*) Schuhweiß *nt*

whiteness ['waɪtnəs] *n no pl* Weiße *f;* (*fig*) Blässe *f*

whitening ['(h)waɪtᵊnɪŋ] *n* Schuhweiß *nt*

white noise *n* [Statik]rauschen *nt,* weißes Rauschen **white-out** *n* ① (*blizzard*) [starker] Schneesturm ② *no pl* AM, AUS (*for erasing*) Tipp-Ex® *nt* **White Pages** *npl* AM, AUS Telefonbuch *nt* **white paper** *n* BRIT, AUS POL Weißbuch *nt fachspr* **white pepper** *n* weißer Pfeffer **white sale** *n* Weißwäscheausverkauf *m,* weiße Woche *fachspr* **white sauce** *n no pl* weiße Sauce; (*bechamel*) Béchamelsauce *f* **white shark** *n* weißer Hai **white slave** *n* (*pej*) ≈ Prostitutionssklavin *f;* **~ trade** Mädchenhandel *m* **white spirit** *n no pl* BRIT Terpentinersatz *m* **white supremacist** *n Anhänger der Theorie von der Überlegenheit der Weißen* **white supremacy** *n no pl* Vorherrschaft *f* der Weißen **whitethorn** *n* Weißdorn *m* **white tie I.** *adj inv* mit Frackzwang *nach n;* **~ dinner** Essen *nt* mit Frackzwang **II.** *n* ① (*bowtie*) weiße Fliege ② (*full evening dress*) Frack *m* **white trash** *n no pl* AM SOCIOL (*pej! sl*) weißer Abschaum *pej* **white van man** *n* (*fam*) *Fahrer eines Lieferwagens, der wie ein Verrückter fährt, um seine Termine einzuhalten*

whitewash **I.** *n* ① *no pl* (*solution*) Tünche *f;* ***these walls need another coat of ~*** diese Wände müssen nochmals weiß getüncht werden ② (*pej: coverup*) Schönfärberei *f* ③ SPORTS (*fam: victory*) Zu-Null-Sieg *m* **II.** *vt* ① (*paint*) ■**to ~ sth** etw weiß anstreichen; *walls* etw tünchen ② (*pej, fig: conceal*) ■**to ~ sth** etw schönfärben; ■**to ~ sb** jdn rein waschen ③ SPORTS (*fam*) **to ~ sb** [**6:0**] jdn [mit 6:0] vom Platz fegen *fam* **whitewater** *n no pl* Wildwasser *nt* **whitewater rafting** *n no pl* Wildwasserfahren *nt,* [Wildwasser]rafting *nt* **white wedding** *n* weiße Hochzeit **white wine** *n* Weißwein *m;* **a glass of ~** ein Glas *nt* Weißwein

whitey ['(h)waɪti, AM -t̬-] *n* (*pej!*) Weiße(r) *f(m)*

whither ['(h)wɪðəʳ, AM -ɚ] *adv inv* (*old*) wohin

whiting¹ <*pl* -> ['(h)waɪtɪŋ, AM -t̬-] *n* (*fish*) Weißfisch *m,* Wittling *m*

whiting² ['(h)waɪtɪŋ, AM -t̬-] *n no pl* (*substance*) Schlämmkreide *f*

whitish ['(h)waɪtɪʃ, AM -t̬-] *adj inv* weißlich; **~-grey** weiß-grau

Whitsun ['(h)wɪtsᵊn] **I.** *n* Pfingsten *nt;* **at ~** an [*o* zu] Pfingsten **II.** *n modifier* (*holiday*) Pfingst-; ***they're planning a ~ wedding*** sie wollen an Pfingsten heiraten

Whit Sunday *n* Pfingstsonntag *m*

Whitsuntide ['(h)wɪtsᵊntaɪd] *n* Pfingsten *nt,* Pfingstzeit *f; see also* **Whitsun**

whittle ['(h)wɪtḷ, AM '(h)wɪt̬ḷ] *vt* ■**to ~ sth** etw schnitzen

◆**whittle away I.** *vi* ■**to ~ away at sth** ① (*take bits off*) an etw *dat* herumschneiden [*o fam* herumschnippeln] ② (*fig: gradually decrease*) *jobs* an etw *dat* sägen *fig; rights* etw beschneiden *geh* **II.** *vt* ■**to ~ away** ○ **sth** etw verringern

◆**whittle down** *vt* ■**to ~ down** ○ **sth** etw reduzieren; ***Argentina had ~d the gap down to one goal*** Argentinien hatte den Abstand auf ein Tor verkürzt

whiz AM, **whizz** [(h)wɪz] **I.** *vi* ① (*fam: move fast*) jagen; **to ~ by** [*or* **past**] vorbeijagen; ***the bullet ~ed past her head*** die Kugel schoss an ihrem Kopf vorbei ② (*fig*) *time* rasen; ***time just ~es past when you're enjoying yourself*** wie die Zeit verfliegt, wenn man sich amüsiert!; ***the holidays just ~ed past*** die Ferien vergingen im Nu ③ AM (*sl: urinate*) pinkeln *fam* **II.** *vt* ① FOOD ■**to ~ sth** etw [mit dem Mixer] verrühren ② (*move fast*) ■**to ~ sb somewhere** jdn irgendwohin scheuchen **III.** *n* ① *usu sing* (*approv fam: expert*) Genie *nt,* As *nt fam;* **chess ~** Schachgenie *nt;* **computer ~** Computeras *nt fam;* ■**to be a ~ at sth** ein As in etw *dat* sein *fam* ② AM (*sl: pee*) **to take a ~** pinkeln *fam*

◆**whiz through I.** *vi* (*fam*) ① (*move fast*) ■**to ~ through somewhere** irgendwo durchrasen [*o fam* durchflitzen] ② (*deal with*) ■**to ~ through sth** etw schnell durchgehen; ***we ~ed through the rehearsal*** wir hetzten durch die Probe **II.** *vt* ■**to ~ sb/sth through somewhere** jdn/etw irgendwo durchjagen

whiz(z) kid *n* Wunderkind *nt,* Genie *nt oft hum;* (*in job*) Senkrechtstarter(in) *m(f) fam;* **computer ~** Computergenie *nt hum*

who [huː] *part* ① *interrogative* (*which person*) wer; ***~ did this?*** wer war das?; ***~'s she?*** wer ist sie?; ***hi, I'm Liz — ~ are you?*** hi, ich bin Liz – wer bist du?; ***she asked if I knew ~ had got the job*** sie fragte, ob ich wüsste, wer den Job bekommen hatte; ***we have about 20 people for the party — ~ else should come?*** wir haben etwa 20 Leute für die Party – wer soll noch kommen?; ***~ am I to laugh? it's happened to me many times*** na, ich hab gut lachen – das ist mir auch schon oft passiert; ***~ are they to get special treatment?*** wer sind sie [denn], dass sie eine besondere Behandlung bekommen? ② *interrogative* (*whom*) wem *in dat,* wen *in akk;* ***~ do you want to talk to?*** mit wem möchten Sie sprechen?; ***I don't know ~ to ask to the party*** ich weiß nicht, wen ich zur Party einladen soll; ***~ am I talking to, please?*** mit wem spreche ich bitte? ③ *interrogative* (*unknown person*) wer; ***~ can tell why …*** wer kann sagen, warum …; ***~ knows?*** wer weiß?; ***~ cares*** was soll's! *fam* ④ *relative* (*with* *defining clause*) der/die/das; ***I think it was your dad ~ phoned*** ich glaube, das war dein Vater, der angerufen hat; ***the other people ~ live in the house ...*** die anderen Leute, die in dem Haus wohnen, ...; ***he ~ laughs last, laughs best*** wer zuletzt lacht, lacht am besten ❺ *relative* (*with non-defining clause*) der/die/das; ***he rang Geoffrey, ~ was a good friend*** er rief Geoffrey an, der ein guter Freund war; ***this is Frank, ~ I told you about*** das ist Frank, von dem ich dir erzählt habe ❻ ■**~ is ~** ***ask George — he knows ~'s ~*** frag' George – er weiß, wer wer ist; ***the new book tells ~'s ~ in modern politics*** in dem neuen Buch steht, wer heute in der Politik das Sagen hat; ***the guest list reads like a ~'s ~ of top American industrialists*** die Gästeliste liest sich wie das Who is Who der führenden amerikanischen Industriellen

WHO [ˌdʌbljuːˌeɪtʃˈəʊ, AM -ˈoʊ] *n no pl abbrev of* **World Health Organization** WHO *f*

whoa [(h)wəʊ, AM (h)woʊ] *interj* ❶ (*command to stop horse*) brr, hoo ❷ (*fig fam: used to slow or stop*) langsam; **~ there!** hoppla!

whodun(n)it [ˌhuːˈdʌnɪt] *n* (*fam*) Krimi *m fam*

whoever [huːˈevəʳ, AM -ɚ] *part* ❶ *relative* (*anyone that*) wer auch immer; ***~ wants to come to the party is invited*** wer auch immer zu der Party kommen möchte, ist herzlich eingeladen; ***I'll bet they're important, ~ they are*** ich wette, sie sind wichtig, wer auch immer sie sind; ***come out, ~ you are*** kommen Sie heraus, wer auch immer Sie sind ❷ *relative* (*whomever*) sie schießen auf alle, die das Gebäude verlassen ❸ *relative* (*the person who*) wer auch immer; ***could I speak to ~ is in charge of International Sales please?*** könnte ich mit der Person sprechen, die für Internationale Verkäufe zuständig ist?; ***~ wins should be guaranteed an Olympic place*** wer auch immer gewinnt, ist im Olympiateam ❹ *interrogative* (*who on earth*) wer; ***~ can that be in the car with Max?*** wer kann das im Auto mit Max nur sein?; ***~ heard such an unlikely story?*** hat man je so eine unwahrscheinliche Geschichte schon gehört?; ***~ told you that? it's absolutely not true*** wer hat dir das erzählt? das stimmt überhaupt nicht; ***~ does he think he is?*** wer glaubt er denn, dass er ist?; ***~ said being rich is easy?*** wer sagt, dass reich sein einfach ist?

whole [həʊl, AM hoʊl] **I.** *adj inv* ❶ (*entire*) ganz, gesamt; ***I can't believe I ate the ~ thing!*** ich kann nicht glauben, dass ich das komplett aufgegessen habe!; ***this ~ thing is ridiculous!*** das Ganze ist ja lächerlich!; **the ~ time/truth** die ganze Zeit/Wahrheit; **the ~ [wide] world** die ganze [weite] Welt; **[to do] the ~ bit** *esp* BRIT, AUS (*fig*) das ganze Programm [durchmachen] ❷ (*in one piece*) ganz, heil; (*intact*) intakt; **to swallow sth ~** etw ganz [hinunter]schlucken ❸ *pred* (*liter: healthy*) **to be ~ in body and mind** gesund sein an Körper und Geist ❹ (*fam: emphasize amount*) ***I've got a ~ heap of work to do*** ich habe einen riesigen Berg Arbeit vor mir; ***the new computers are a ~ lot faster*** die neuen Computer sind um ein Vielfaches schneller; ***flying is a ~ lot cheaper these days*** Fliegen ist heutzutage sehr viel billiger ► PHRASES: **the ~ [kit and] caboodle** (*fam*) der ganze Kram *fam;* **the ~ enchilada** AM (*fam*) der ganze Krempel *pej fam;* **to go [the] ~ hog** [*or* AM **the ~ nine yards**] (*fam*) es [wenn schon, dann] gleich richtig machen *fam;* **the ~ shebang** AM (*fam*) der ganze Kram *fam* **II.** *n* ❶ (*entire thing*) ■**a ~** ein Ganzes *nt* ❷ *no pl* (*entirety*) ■**the ~** das Ganze; **an aspect of the ~** ein Aspekt des Ganzen; **the ~ of Charleston** ganz Charleston; **the ~ of the country** das ganze Land; **the ~ of next week** die ganze nächste Woche ❸ (*in total*) **as a ~** als Ganzes [betrachtet]; **taken as a ~, ...** alles in allem ...; ■**on the ~** (*taking everything into account*) insgesamt; (*in general*) generell **III.** *adv* ganz; **a ~ new approach/dimension** ein ganz neuer Ansatz/eine ganz neue Dimension

wholefood **I.** *n* BRIT ❶ *no pl* (*unprocessed food*) Vollwertkost *f* ❷ (*unprocessed food products*) ■**~s** *pl* Vollwertprodukte *pl* **II.** *n modifier* (*cooking, restaurant*) Vollwertkost-; **~ diet** Vollwerternährung *f* **wholefood shop** *n* BRIT Bioladen *m fam;* (*health food shop*) Reformhaus *nt* **wholegrain** *adj inv esp* BRIT, AUS Vollkorn-; **~ bread** Vollkornbrot *nt;* **~ breakfast cereal** Vollkornmüsli *nt;* **~ food products** Vollkornprodukte *pl* **whole-hearted** [-ˈhɑːtɪd, AM -hɑːrt̬ɪd] *adj inv* ❶ (*sincere*) aufrichtig; (*cordial*) herzlich; ***you have our ~ thanks*** herzlichen Dank! ❷ (*committed*) engagiert, rückhaltlos; ***... her ~ efforts on our behalf ...*** ihr unermüdlichen Einsatz für uns **whole-heartedly** [-ˈhɑːtɪdli, AM -ˈhɑːrt̬ɪd-] *adv inv* (*sincerely*) ernsthaft, aufrichtig; (*completely*) voll und ganz; **to be ~ in favour of sth** sich *akk* für etw *akk* aussprechen; **to believe ~ in sth** fest an etw *akk* glauben

whole-life insurance *n,* **whole-life policy** *n* LAW Lebensversicherung auf den Todesfall **wholemeal** **I.** *n* BRIT Vollkornmehl *nt* **II.** *adj inv* BRIT Vollkorn-; **~ bread** Vollkornbrot *nt;* **~ flour** Vollkornmehl *nt;* **~ pastry** Vollkorngebäck *nt*

wholeness [ˈhəʊlnəs, AM ˈhoʊl-] *n no pl* Ganzheit *f*

whole note *n* AM (*semibreve*) ganze Note **whole number** *n* ganze Zahl

wholesale [ˈhəʊlseɪl, AM ˈhoʊl-] **I.** *adj inv* ❶ *attr* (*of bulk sales*) Großhandels-; **~ business** Großhandel *m;* **~ prices** Großhandelspreise *mpl;* **~ supplier** Großhändler(in) *m(f)* ❷ (*usu pej: on large scale*) Massen-; **~ reform** umfassende Reform; **~ slaughter** Massenmord *m* **II.** *adv inv* ❶ (*at bulk price*) zum Großhandelspreis; ***I can get that camera cheaper for you ~*** ich kann dir diese Kamera im Einkauf billiger besorgen ❷ (*in bulk*) in Großmengen

wholesaler [ˈhəʊlseɪləʳ, AM ˈhoʊlseɪlɚ] *n* Großhändler(in) *m(f);* **furniture ~** Möbelgroßhändler(in) *m(f)*

wholesome [ˈhəʊlsəm, AM ˈhoʊl-] *adj* (*approv: promoting well-being*) wohltuend; (*healthy*) gesund; ***this film is good ~ family entertainment*** dieser Film ist rundherum gute Familienunterhaltung; ***they want her to marry a nice ~ young man*** sie möchten, dass sie einen netten, anständigen, jungen Mann heiratet; ***a healthy diet includes lots of ~ natural food*** eine gesunde Ernährung beinhaltet viele nahrhafte, naturbelassene Nahrungsmittel; **clean ~ fun** einfacher harmloser Spaß

wholesomeness [ˈhəʊlsəmnəs, AM ˈhoʊl-] *n no pl* (*approv*) ❶ (*physical health*) Gesundheit *f;* (*wholesome quality*) Bekömmlichkeit *f* ❷ (*of morality*) ≈ Zuträglichkeit *f*

whole-tone scale *n* Ganztonleiter *f* **wholewheat** **I.** *n no pl* Voll[korn]weizen *m* **II.** *n modifier* (*biscuits, bread, cookies, pasta*) Voll[korn]weizen-; **~ flour** Weizenvollkornmehl *nt; see also* **wholemeal**

who'll [huːl] = **who will** *see* **who**

wholly [ˈhəʊl(l)i, AM ˈhoʊl(l)i] *adv* ganz, völlig; ***this motorcycle is ~ British-made*** dieses Motorrad wurde komplett in Großbritannien hergestellt; ***that's a ~ different matter!*** das ist doch etwas völlig anderes!; **to be ~ aware of sth** sich *dat* einer S. *gen* vollkommen bewusst sein; **to be ~ convinced by sth** von etw *dat* völlig [*o* vollkommen] überzeugt sein

wholly-owned subsidiary *n* ECON hundertprozentige Tochter[gesellschaft]

whom [huːm] *part* (*form*) ❶ *interrogative, after vb or prep* wem *dat,* wen *akk;* ***~ did you want to see?*** zu wem möchten Sie?; ***~ did he marry?*** wen hat er geheiratet?; ***to ~ do you wish to speak?*** mit wem möchten Sie sprechen? ❷ *relative* (*with defining clause*) der, die, das; ***the women ~ you mentioned are all former employees*** die Frauen, die Sie erwähnt haben, sind alles ehemalige Angestellte ❸ *relative* (*with non-defining clause*) der, die, das; ***he took out a photo of his son, ~ he adores*** er nahm ein Foto von seinem Sohn heraus, den er vergöttert; **none/some/several/all of ~ ...** keiner/einige/mehrere/alle, die ...; ***he came home with his drinking pals, all of ~ were drunk*** er kam mit seinen Trinkkumpanen nach Hause, die alle betrunken waren; ***three men, none of ~ she had ever seen before, came knocking at her door*** drei Männer klopften an ihre Tür, die sie nie zuvor gesehen hatte

whomever [ˈhuːmˈevəʳ, AM -ɚ] *part* (*form*) ❶ *relative* (*anyone whom*) wer auch immer; ***give it to ~ you please*** gib das, wem du willst; ***~ she saw, she asked for money*** sie bat alle um Geld, die sie traf; ***I'll sing whatever I like to ~ I like*** ich singe was ich will, vor wem ich will ❷ *relative* (*the person who*) die Person, die; ***he decided to tell his story to ~ he saw first*** er beschloss, seine Geschichte der Person zu erzählen, die er zuerst traf ❸ *interrogative* (*whom on earth*) wer auch immer; ***~ do you mean?*** wen in Gottes Namen meinst du?

whomsoever [ˌhuːmsəʊˈevəʳ, AM -soʊˈevɚ] *part rel formal variant of* **whosoever**

whoop [(h)wuːp] **I.** *vi* jubeln **II.** *vt* ■**to ~ it up** (*fam: celebrate*) sich *akk* amüsieren, einen drauf machen *fam;* AM (*create excitement*) auf den Putz hauen *fam* **III.** *n* ❶ (*shout of excitement*) Jauchzer *m,* Freudenschrei *m;* **to give a ~ of triumph** einen Triumphschrei loslassen; **to give a loud ~** laut aufjauchzen ❷ (*of object*) Aufheulen *nt* ❸ (*of cough*) Keuchen *nt* ► PHRASES: **to not care** [*or* **give**] **a ~** AM (*dated*) sich *akk* nicht im mindesten [um etw *akk*] kümmern [*o fam* scheren]

whoopee **I.** *interj* [(h)wʊˈpiː] juchhe, hurra; (*iron*) toll *iron fam;* ***oh, ~, another letter to type up!*** super, noch ein Brief zum Abtippen! *iron* **II.** *n* [ˈ(h)wuːpi, AM ˈ(h)wʊpi] *no pl* ❶ (*rejoicing*) ausgelassenes Feiern ❷ **to make ~** (*have sex*) es tun *fam;* (*rejoice noisily*) auf die Pauke hauen *fam*

whoopee cushion *n* Furzkissen *nt derb*

whooping cough *n no pl* Keuchhusten *m*

whoops [(h)wʊps] *interj* (*fam*) hups, hoppla; **~ a daisy** (*childspeak*) hopsala *Kindersprache*

whoosh [(h)wʊʃ] (*fam*) **I.** *interj* zisch; ***no sooner had she arrived than, ~, she was off again*** kaum war sie gekommen, zack, war sie auch schon wieder weg **II.** *vi* zischen *fam* **III.** *vt* ■**to ~ sb/sth somewhere** jd/etw schnell irgendwohin bringen **IV.** *n usu sing* ❶ (*of air*) Zischen *nt kein pl* ❷ (*fig: sudden large amount*) ***they expect a ~ of money*** sie erwarten eine wahre Geldflut

whop [(h)wɑːp] **I.** *vt* <-pp-> *esp* AM (*fam*) ❶ (*strike*) ■**to ~ sb with sth** jdn mit etw *dat* schlagen [*o fam* hauen]; **to ~ sb one** jdm eine reinhauen [*o fam* ein Ding verpassen] *fam* ❷ (*defeat*) ■**to ~ sb** jdn schlagen **II.** *n usu sing esp* AM (*fam*) Knall *m*

whopper [ˈ(h)wɒpəʳ, AM ˈ(h)wɑːpɚ] *n* (*hum fam*) ❶ (*huge thing*) Apparat *m sl;* ***that's a ~ of a fish*** das ist ja ein Riesenfisch ❷ (*lie*) faustdicke Lüge *fam;* **to tell sb a ~** jdn einen Bären aufbinden

whopping [ˈ(h)wɒpɪŋ, AM ˈ(h)wɑːp-] (*fam*) **I.** *adj inv* saftig *fam;* ***she got a ~ 12 000 votes more than her opponent*** sie bekam satte 12.000 Stimmen mehr als ihr Gegner; **~ lie** faustdicke Lüge *fam;* **~ great** riesengroß *fam* **II.** *n* AM ❶ (*beating*) Prügel *pl fam;* **to give sb a ~** jdm Prügel [*o* eine Abreibung] verpassen *fam* ❷ (*defeat*) Schlappe *f fam;* **to take a [sound] ~ [from sb]** eine [schwere] Schlappe [von jdm] einstecken müssen *fam*

whore [hɔːʳ, AM hɔːr] **I.** *n* (*pej*) ❶ (*female prostitute*) Nutte *f pej sl* ❷ (*fam: promiscuous woman*) Flittchen *nt pej fam* ❸ (*Roman Catholic Church*) **the W~ of Babylon** die große Hure **II.** *vi* (*dated or pej*) ❶ (*sleep with prostitutes*) herumhuren *pej* ❷ (*work as prostitute*) sich *dat* prostituieren, auf den Strich gehen *fam*

whorehouse *n esp* AM (*pej fam*) Puff *m pej fam; see also* **brothel**

whorl [(h)wɜːl, AM (h)wɜːrl] *n* (*liter*) Windung *f;* **~s of color** Farbkreise *mpl*

whortleberry [ˈ(h)wɜːtlˌberi, AM ˈ(h)wɜːrt̬l-] *n* Heidelbeere *f*

who's [huːz] = **who is, who has** *see* **who**

whose [huːz] **I.** *adj* ❶ (*in questions*) wessen; ***~ bag is this?*** wessen Tasche ist das?, wem gehört die Tasche?; ***I don't care ~ fault it is*** mir ist egal, wessen Schuld es ist; ***~ round is it?*** wer ist dran? ❷ (*indi-*

cating possession) dessen; ***Cohen, ~ contract …*** Cohen, dessen Vertrag …; ***she's the woman ~ car I crashed into*** sie ist die Frau, in deren Auto ich gefahren bin **II.** *part poss, interrog* wessen; ~ ***is this bag?*** wessen Tasche ist das?; ~ ***is the car parked outside?*** wem gehört das Auto draußen?

whosesoever [ˌhuːzsəʊˈevəʳ, AM -soʊˈevɚ] (*form*), **whosever** [ˌhuːzˈevəʳ, AM -evɚ] (*rare*) **I.** *part rel* (*whose on earth*) ***the decision, ~ it was, is a good one*** das ist eine gute Entscheidung, wer auch immer sie getroffen hat **II.** *adj attr, inv* deren auch immer; ***she dialled ~ number she could still remember*** sie rief die Leute an, deren Telefonnummer sie noch wusste

whosoever [ˌhuːsəʊˈevəʳ, AM -soʊˈevɚ] *part* (*old form*) *see* **whoever**

why [(h)waɪ] **I.** *n* ▸ PHRASES: **the ~s and wherefores [of sth]** das Warum und Weshalb [einer S. *gen*] **II.** *adv* ❶ (*for what reason*) warum; ~ ***did he say that?*** warum hat er das gesagt? ❷ (*used to introduce suggestion*) ~ ***don't you join us at the bar? — good idea, ~ not*** warum kommst du nicht mit uns an die Bar? – gute Idee, warum eigentlich nicht ❸ (*for that reason*) ***the reason ~ I …*** der Grund, warum ich …; ***that's the reason ~ he didn't phone*** deshalb hat er nicht angerufen hat **III.** *interj esp* AM (*dated*) ~, ***if it isn't old Georgie Frazer!*** na, wenn das nicht Georgie Frazer ist!

WI [ˌdʌbljuːˈaɪ] *n abbrev of* **Women's Institute**

wiccan [ˈwɪkᵊn] *n* Hexe *f*

wick [wɪk] *n* Docht *m* ▸ PHRASES: **to dip one's ~** (*fam*) seinen Schwanz reinstecken *derb;* **to get on sb's ~** BRIT (*dated fam*) jdm auf den Keks [*o* Wecker] gehen *fam*

wicked [ˈwɪkɪd] **I.** *adj* ❶ (*evil*) böse ❷ (*mischievous*) verführerisch; (*cunning*) raffiniert; **to have a ~ sense of humour** einen beißenden Humor haben; **~-looking** verführerisch aussehend ❸ (*likely to cause pain*) gefährlich ❹ (*very bad*) *cough* schlimm ❺ (*approv sl: excellent*) saugut *sl,* stark *fam* **II.** *n pl* ■**the ~** die Bösen *pl* ▸ PHRASES: **there's no peace [*or* rest] for the ~** (*saying*) es gibt keine Ruhe für die Schuldigen **III.** *interj* (*approv sl*) fantastisch *fam,* super *fam*

wickedly [ˈwɪkɪdli] *adv* ❶ (*evilly*) gemein, fies, böse ❷ (*mischievously*) **to say sth/laugh ~** etw frech sagen/frech lachen; **look/smile ~** verschmitzt schauen/lächeln ❸ (*extremely*) extrem; **~ expensive** unverschämt [*o* fürchterlich] teuer; **~ rich dessert/cake** Kalorienbombe *f;* **~ attractive/handsome** *woman* umwerfend schön; *man* unverschämt gutaussehend

wickedness [ˈwɪkɪdnəs] *n no pl* (*evil*) Bosheit *f,* Schlechtigkeit *f;* (*viciousness*) Bösartigkeit *f;* (*mischievousness*) Boshaftigkeit *f*

wicker [ˈwɪkəʳ, AM -ɚ] **I.** *n no pl* Korbgeflecht *nt;* (*rattan*) Rattan *nt* **II.** *n modifier* (*furniture*) Korb-; **~ basket** Weidenkorb *m;* **~ chair** Rattansessel *m*

wicker furniture *n no pl* Korbmöbel *ntpl;* (*made of rattan*) Rattanmöbel *ntpl* **wickerwork** *n no pl* ❶ (*material*) Korbmaterial *nt;* (*rattan*) Rattan *nt* ❷ (*articles*) Korbwaren *pl*

wicket [ˈwɪkɪt] *n* BRIT ❶ (*target in cricket*) Tor *nt,* Wicket *nt fachspr* ❷ (*area in cricket*) Spielbahn *f* ❸ (*dismissal of batsman*) Ausscheiden *nt* (*eines Schlagmannes*) ❹ CAN [Bank]schalter *m* ▸ PHRASES: **to be on a sticky ~** (*fam*) in der Klemme stecken *fam*

wicket-keeper *n* BRIT Torwächter(in) *m(f),* Torhüter(in) *m(f)*

wide [waɪd] **I.** *adj* ❶ (*broad*) *nose, river, road* breit ❷ (*considerable*) enorm, beträchtlich; ***there's a ~ gap between … and …*** zwischen … und … herrscht eine große Kluft; **the [great] ~ world** die [große] weite Welt; **to search [for sb/sth] the ~ world over** (*fig*) in [*o* auf] der ganzen Welt [nach jdm/etw] suchen ❸ (*very open*) geweitet; *eyes* groß; ***his eyes were ~ with surprise*** seine Augen waren vor Erstaunen weit aufgerissen ❹ *after n* (*with a width of*) breit; ***the swimming pool is 5 metres ~*** der Swimmingpool ist 5 Meter breit ❺ (*varied*) breitgefächert; **to have a ~ experience in sth** in etw *dat* reiche Erfahrung haben; **a ~ range of goods** ein großes Sortiment an Waren ❻ (*extensive*) groß; **to enjoy ~ support** breite Unterstützung genießen ▸ PHRASES: **to give sb/sth a ~ berth** um jdn/etw einen großen Bogen machen; **to be ~ of the mark** (*of argument*) weit hergeholt sein *fam;* (*of fact*) nicht zutreffen **II.** *adv* weit; **~ apart** weit auseinander; **to open ~ [sich *akk*] weit öffnen;** ***his eyes opened ~ with surprise*** seine Augen waren vor Erstaunen weit aufgerissen; ***"open ~", said the dentist*** „weit aufmachen", sagte der Zahnarzt; ***she longed for the ~ open spaces of her homeland*** sie sehnte sich nach der großen Weite ihres Heimatlandes; **to be ~ open** weit geöffnet sein; (*fig*) *competition* völlig offen sein; (*offering opportunities*) offen stehen; (*vulnerable*) verletzbar; **to be ~ open to attack** dem Angriff schutzlos ausgeliefert sein

wide-angle, wide-angle lens *n* PHOT Weitwinkelobjektiv *nt fachspr* **wide-awake** *adj* hellwach **wideawake** *n* Schlapphut *m* **wide-bodied jet** *n* Großraumflugzeug *nt* **wide boy** *n* BRIT (*pej fam*) Gauner *m fam* **wide-eyed** *adj* mit großen Augen *nach n;* (*fig*) blauäugig *fig,* naiv

widely [ˈwaɪdli] *adv* ❶ (*broadly*) breit; **to smile ~ at sb** jdn breit anlächeln ❷ (*extensively*) weit; ***they travelled ~ in Asia*** sie sind kurz und quer durch Asien gereist; ***French used to be ~ spoken in Kampuchea*** in Kampuchea war Französisch früher weit verbreitet; ***his plays are still ~ performed in the USA*** seine Stücke werden in den USA immer noch oft aufgeführt; **~ accepted/admired/believed** weithin akzeptiert/bewundert/geglaubt; **to be ~ read** (*of person*) [sehr] belesen sein; (*of literature*) viel gelesen werden ❸ (*considerably*) beträchtlich; **~ differing aims** völlig verschiedene Ziele

widen [ˈwaɪdᵊn] **I.** *vt* ■**to ~ sth** (*make broader*) etw verbreitern; (*make wider*) etw erweitern; (*make larger*) etw vergrößern; **to ~ the discussion** (*fig*) die Diskussion ausweiten **II.** *vi* (*become broader*) *river, smile* breiter werden; (*become wider*) *eyes* weiter werden

◆**widen out** *vi* breiter werden, sich *akk* verbreitern

wideness [ˈwaɪdnəs] *n no pl* Weite *f,* Breite *f,* Ausdehnung *f;* (*fig*) Größe *f*

wide-ranging [-ˈreɪndʒɪŋ] *adj* ❶ (*extensive*) weitreichend, ausführlich ❷ (*diverse*) breitgefächert; **~ interests** vielseitige Interessen **wide receiver** *n* AM Fänger(in) *m(f)* (*beim Football*) **widespread** *adj* weit verbreitet; ***there are reports of ~ flooding in southern France*** es wird von großflächigen Überschwemmungen in Südfrankreich berichtet; ***there is ~ speculation that …*** es wird weithin spekuliert, dass …; ***the campaign has received ~ support*** die Kampagne stieß auf breite Unterstützung

widget [ˈwɪdʒɪt] *n* ❶ (*gadget*) Vorrichtung *f* ❷ (*hypothetical gadget*) Dingsbums *nt fam,* Ding[s] *nt fam* ❸ BRIT *Vorrichtung in Bierdose, damit das Bier beim Ausschenken schäumt*

widow [ˈwɪdəʊ, AM -doʊ] **I.** *n* ❶ (*woman*) Witwe *f;* **to be left a ~** Witwe werden, als Witwe zurückbleiben; **a football/golf ~** (*hum*) eine Fußball-/Golfwitwe *hum* ❷ TYPO Hurenkind *nt fachspr* **II.** *vt usu passive* ■**to ~ sb** jdn zur Witwe/zum Witwer machen; ■**to be ~ed** zur Witwe/zum Witwer werden

widowed [ˈwɪdəʊd, AM -oʊd] *adj inv* verwitwet

widower [ˈwɪdəʊəʳ, AM -oʊɚ] *n* Witwer *m*

widowhood [ˈwɪdəʊhʊd, AM -doʊ-] *n no pl* ❶ (*state*) *of women* Witwenschaft *f;* *of men* Witwerschaft *f selten* ❷ (*period*) *of women* Witwentum *nt;* *of men* Witwertum *nt selten*

widow's benefit *n no pl* BRIT Witwenrente *f;* (*for wife of a civil servant*) Witwengeld *nt* **widow's mite** *n* Scherflein *nt* **widow's peak** *n spitz zulaufender Haaransatz in der Stirnmitte* **widow's weeds** *npl* Witwenkleidung *f kein pl,* Trauerkleidung *f kein pl*

width [wɪtθ] *n* ❶ *no pl* (*measurement*) Breite *f;* *of clothes* Weite *f;* ***the corridor runs the ~ of the building*** der Flur ist so breit wie das Gebäude; **to be five metres [*or* AM meters] in ~** fünf Meter breit sein ❷ (*unit*) *of fabric* Breite *f;* *of wallpaper* Bahn *f;* *of swimming pool* Breite *f;* **to come in different ~s** unterschiedlich breit sein; **to swim two ~s** zweimal quer durch das Becken schwimmen ❸ *no pl* (*fig: scope, range*) Größe *f;* *of a product line* [Angebots]umfang *m;* ***there is a surprising ~ of support for the proposal*** der Vorschlag findet eine überraschend große Unterstützung

widthways [ˈwɪtθweɪz] *adv,* **widthwise** [ˈwɪtθwaɪz] *adv* der Breite nach

wield [wiːld] *vt* ■**to ~ sth** *tool, weapon* etw schwingen; **to ~ authority/influence/power over sb/sth** Autorität/Einfluss/Macht über jdn/etw ausüben

wiener [ˈwiːnɚ] *n* AM ❶ (*fam: sausage*) Wiener Würstchen *nt,* Wienerle *nt* DIAL ❷ (*fam!: boy's penis*) Pimmel *m fam* ❸ (*pej fam: spoilsport*) Spielverderber(in) *m(f);* (*wimp*) Waschlappen *m fam*

wife <*pl* wives> [waɪf] *n* [Ehe]frau *f,* Gattin *f form o hum;* ***will you be my ~?*** möchtest du meine Frau werden?; ***give my regards to your ~*** grüßen Sie Ihre Frau von mir; **to live together as man and ~** wie Mann und Frau zusammenleben; **to make sb one's ~** jdn zu seiner [Ehe]frau machen; **my [*or fam* the] ~** meine [*o fam* die] Frau ▸ PHRASES: **to be like Caesar's ~** BRIT ohne Fehl und Tadel sein; **the world and his ~** BRIT (*saying*) Gott und die Welt *fam*

wifely [ˈwaɪfli] *adj* einer Ehefrau *nach n;* **her ~ duties** ihre Pflichten als Ehefrau

wife-swapping *n no pl* (*fam*) Partnertausch *m* **wife-swapping party** *n* (*fam*) Party *f* mit Partnertausch, Swingerparty *f*

Wi-Fi [ˈwaɪfaɪ] *n see* **wireless fidelity**

wig [wɪg] **I.** *n* Perücke *f;* ■**in a ~** mit [einer] Perücke **II.** *vt* <-gg-> ■**to ~ sb** jdm die Leviten lesen *fam*

◆**wig out** *vi esp* AM (*fam*) ausflippen *fam*

wigeon [ˈwɪdʒən] *n* Pfeifente *f*

wigged [wɪgd] *adj inv* mit Perücke *nach n;* ■**to be ~** eine Perücke tragen

wigging [ˈwɪgɪŋ] *n* (*dated fam*) Standpauke *f fam,* Gardinenpredigt *f hum fam;* **to get a ~** einen Rüffel erteilt bekommen *fam;* **to give sb a ~** jdm eine Standpauke halten [*o* die Leviten lesen] *fam*

wiggle [ˈwɪgḷ] **I.** *vt* ■**to ~ sth** mit etw *dat* wackeln; **to ~ one's bottom/hips/toes** mit dem Po/den Hüften/den Zehen wackeln **II.** *vi* wackeln **III.** *n* ❶ (*movement*) Wackeln *nt kein pl;* ***she walks with a sexy ~*** sie hat einen sexy Gang *fam* ❷ (*line*) Schlangenlinie *f* ❸ *esp* AM (*fam: hurry*) **to get a ~ on** einen Zahn zulegen *fam*

wiggly [ˈwɪgḷi] *adj* (*fam*) ❶ (*having curves*) schlangenlinienförmig, geschlängelt; **~ line** Schlangenlinie *f* ❷ (*moving*) wackelnd; *picture, film* verwackelt; **a ~ worm** ein sich windender Wurm

wiggy [ˈwɪgi] *adv* (*fam*) durchgedreht *fam,* durchgeknallt *fam;* **to get ~** durchdrehen *fam*

wight [waɪt] *n* ❶ DIAL (*old: person*) Wicht *m veraltet,* Kerl *m* ❷ (*poet, liter: spirit, ghost*) Wesen *nt,* Geschöpf, nt

wigwam [ˈwɪgwæm, AM -wɑːm] *n* Wigwam *m*

wild [waɪld] **I.** *adj* ❶ *inv* (*not domesticated*) wild; *cat, duck, goose* Wild-; ***lions and tigers are ~ animals*** Tiger und Löwen leben in freier Wildbahn; **~ horse** Wildpferd *nt* ❷ (*uncultivated*) *country, landscape* rau, wild; **~ flowers** wild wachsende Blumen ❸ (*uncivilized*) *people* unzivilisiert; *behaviour* undiszipliniert; *situation* chaotisch; **to lead a ~ life** ein zügelloses Leben führen; **~ and woolly** *esp* BRIT ungehobelt ❹ (*uncontrolled*) unbändig; (*disorderly*) wirr; ***a wave of ~ fury overcame her*** sie wurde von unbändiger Wut gepackt; ***he had this ~ look in his eye*** er hatte diesen verstörten Blick; **~ hair/hairstyle** wirres Haar/wirre Frisur; **~ party** wilde [*o* ausgelassene] Party; **~ talk** wirres Gerede ❺ (*stormy*) *wind, weather* rau, stürmisch ❻ (*excited*) wild, ungezügelt; (*not sensible*) verrückt *fam;* **~ applause** stürmischer [*o* tosender] Applaus; **in ~ rage** in blinder Wut; **to be/go ~** außer sich *dat* sein/geraten, aus dem Häuschen sein/geraten *fam;* **to go ~ with excitement** in helle Aufregung geraten ⑦ (*fam: angry*) wütend, außer sich *dat;* ■ **to be ~ with** [*or* **at**] **sb/sth** auf jdn/etw wütend sein; **to be ~ with fury** vor Wut [ganz] außer sich *dat* sein; **to drive sb ~** jdn rasend machen [*o fam* in Rage bringen]; **to go ~** aus der Haut fahren *fam* ⑧ (*fam: enthusiastic*) ■ **to be ~ about sb/sth** auf jdn/etw ganz wild [*o* versessen] sein; ■ **to be ~ to do sth** wild [*o* versessen] [*o sl* scharf] darauf sein, etw zu tun ⑨ (*not accurate*) ungezielt; (*imaginative*) wild; ***their estimate of the likely cost was pretty ~*** sie hatten wilde Vorstellungen von den voraussichtlichen Kosten; **beyond one's ~est dreams** mehr als je erträumt; ***they had been successful beyond their ~est dreams*** sie waren erfolgreicher, als sie es sich je erträumt hatten; **never in one's ~est dreams** auch in seinen kühnsten Träumen nicht; **to make a ~ guess** wild drauflosraten *fam;* **a ~ plan** [*or* **scheme**] ein unausgegorener Plan; **~ throw** Fehlwurf *m* ⑩ (*extreme*) stark, heftig; **~ variations** enorme Unterschiede ⑪ *inv* CARDS beliebig einsetzbar ⑫ (*fam: great*) klasse *fam,* geil *sl;* ***this music is really ~, man*** diese Musik ist echt geil, Mann ▸ PHRASES: **~ horses couldn't** [*or* **wouldn't**] **make me do sth** keine zehn Pferde könnten mich dazu bringen, etw zu tun *fam;* **to sow one's ~ oats** sich *dat* die Hörner abstoßen *fam* **II.** *adv inv* wild; **to grow ~** wild wachsen; **to live ~** (*person, animals*) in Freiheit leben; (*esp exotic animals*) in freier Wildbahn leben; **to run ~** *child, person* sich *dat* selbst überlassen sein; *animals* frei herumlaufen; *garden* verwildern; *plants* ins Kraut schießen **III.** *n* ① (*natural environment*) ■ **the ~** die Wildnis; **in the ~s of Africa** im tiefsten Afrika; **to survive in the ~** in freier Wildbahn überleben ② (*fig: remote places*) ■ **the ~s** *pl* die Pampa *f kein pl oft hum fam;* ■ [**out**] **in the ~s** in der Pampa *fig, oft hum fam,* jwd *hum fam;* **in the ~s of Edmonton** im hintersten Edmonton

wild boar *n* ZOOL Wildschwein *nt,* Keiler *m,* Wildeber *m* **wildcard** ['waɪldkɑːd, AM -kɑːrd] *n* COMPUT Wildcard *f fachspr,* Ersatzzeichen *nt* **wild card** *n* ① CARDS Joker *m,* beliebig einsetzbare Spielkarte ② COMPUT Wildcard *f,* Jokerzeichen *nt,* Stellvertreterzeichen *nt* ③ TENNIS Wildcard *f;* **~ entry** Teilnahme *f* über eine Wildcard ④ (*unpredictable element*) Fragezeichen *nt* **wildcat I.** *n* ZOOL Wildkatze *f a. fig* **II.** *adj attr, inv* ① *esp* AM (*very risky*) riskant, gewagt; **~ security** ECON risikoreiches Wertpapier; **~ stocks** AM STOCKEX hochspekulative Aktien ② ECON (*unofficial*) **~ company** Schwindelfirma *f;* **~ strike** wilder Streik ③ (*exploratory*) Probe-; **~ drilling** [*or* **well**] Probebohrung *f*

wildebeest <*pl* – *or* -s> ['wɪldɪbiːst, AM -də-] *n* Gnu *nt*

wilderness <*pl* -es> ['wɪldənəs, AM -ɚ-] *n usu no pl* ① (*wild unpopulated area*) Wildnis *f;* (*desert*) Wüste *f* ② (*fam: overgrown area*) wild wachsendes Stück Land; (*garden*) wild wachsender Garten ③ (*confusion*) Wirrwarr *nt,* Durcheinander *nt* (**of** von + *dat*) ④ (*position of disgrace*) ■ **to be in the ~** BRIT zur Bedeutungslosigkeit verurteilt sein ▸ PHRASES: **a voice in the ~** ein Rufender *m*/eine Rufende in der Wüste

wilderness area *n esp* AM, AUS Naturschutzgebiet *nt*

wild-eyed *adj* wild, mit irrem Blick *nach n* **wildfire** *n no pl* Lauffeuer *nt,* nicht zu kontrollierender [Großflächen]brand; **to spread like ~** (*fig*) sich *akk* wie ein Lauffeuer verbreiten **wildfowl** *n* Federwild *nt kein pl;* FOOD Wildgeflügel *nt kein pl* **wild-goose chase** *n* (*hopeless search*) aussichtslose Suche; (*pointless venture*) fruchtloses [*o* hoffnungsloses] Unterfangen; **to send sb** [**off**] **on a ~** jdn für nichts und wieder nichts losschicken *fam;* ***the police had been sent on a ~*** man hatte die Polizei einem Phantom nachjagen lassen **wildlife I.** *n no pl* ■ **the ~** die [natürliche] Tier- und Pflanzenwelt, die Flora und Fauna **II.** *n modifier* (*club, photography*) Natur-; **~ conservation** Erhaltung *f* der Tier- und Pflanzenwelt; **~ programmes** [*or* AM **shows**] Natursendungen *fpl;* (*esp about animals*) Tierfilme *mpl;* **~ reserve** Wildreservat *nt;* **~ sanctuary** Wildschutzgebiet *nt*

wildly ['waɪldli] *adv* ① (*in uncontrolled way*) wild; (*boisterously*) unbändig; ***my heart was beating ~*** mein Herz schlug wie wild; **to fling one's arms about ~** wild mit den Armen um sich *akk* schlagen; **to behave ~** sich *akk* wie wild aufführen *fam;* **to gesticulate ~** wild gestikulieren; **to talk ~** wirres Zeug reden *fam* ② (*haphazardly*) ungezielt; **to guess ~** [wild] drauflosraten *fam;* **to hit out ~** wahllos drauflosschlagen *fam;* **to shoot ~** wild um sich *akk* schießen ③ (*fam: extremely*) äußerst; (*totally*) völlig; ***I'm not ~ keen on it*** ich bin nicht gerade wild [*o sl* scharf] darauf; **to be ~ enthusiastic about sth** von etw *dat* tierisch begeistert sein *fam;* **~ exaggerated/expensive** maßlos übertrieben/überteuert; **~ improbable/inaccurate** höchst unwahrscheinlich/ungenau; **to fluctuate/vary ~** stark fluktuieren/schwanken

wildness ['waɪldnəs] *n no pl* ① (*natural state*) Wildheit *f* ② (*tempestuousness*) Wildheit *f,* Heftigkeit *f;* ***the ~ of the weather was frightening*** das stürmische Wetter war Angst einflößend ③ (*behaviour*) Wildheit *f;* (*lack of control*) Unkontrolliertheit *f* ④ (*excitement*) Unbändigkeit *f,* Zügellosigkeit *f* ⑤ (*haphazardness*) Ungezieltheit *f;* (*rashness*) Unüberlegtheit *f,* Unbesonnenheit *f;* (*lacking principle*) Wahllosigkeit *f*

wild oat *n* Wildhafer *m* **wild rice** *n no pl* Wildreis *m* **wild silk** *n no pl* Wildseide *f* **Wild West** *n no pl* HIST ■ **the ~** der Wilde Westen

wiles [waɪlz] *npl* (*form*) List *f,* Trick *m,* Schliche *mpl;* **to fall victim to sb's ~** auf jds Tricks hereinfallen; **to use all one's ~** mit allen Tricks arbeiten

wilful ['wɪlfᵊl], AM **willful** *adj* ① *usu attr* (*deliberate*) bewusst, absichtlich; *damage* mutwillig; LAW vorsätzlich; ***he eats too many sweet foods in ~ disregard of his health*** er isst zu viele süße Sachen, obwohl er genau weiß, dass das seiner Gesundheit schadet; **~ disobedience of orders** bewusstes Nichtbefolgen von Anordnungen ② (*self-willed*) eigensinnig, eigenwillig; (*obstinate*) starrsinnig

wilfully ['wɪlfᵊli], AM **willfully** *adj* ① (*deliberately*) bewusst, absichtlich; *damage* mutwillig; LAW vorsätzlich; **to be ~ obstructive** sich *akk* bewusst quer stellen *fam* ② (*obstinately*) starrsinnig, eigensinnig

wilfulness ['wɪlfᵊlnəs], AM **willfulness** *n no pl* ① (*deliberateness*) Absichtlichkeit *f,* Mutwille *m;* LAW Vorsätzlichkeit *f* ② (*obstinacy*) Eigensinn *m,* Starrsinn *m*

wiliness ['waɪlɪnəs] *n no pl* Listigkeit *f,* Schläue *f,* Gewieftheit *f fam*

will¹ <would, would> [wɪl] **I.** *auxvb* ① (*in future tense*) werden; ***we ~ be at the airport*** wir werden am Flughafen sein; ***do you think he ~ come?*** glaubst du, dass er kommt?; ***so we'll be in Glasgow by lunchtime*** wir sind also um die Mittagszeit [herum] in Glasgow; ***I'll be with you in a minute*** ich bin sofort bei Ihnen; ***it won't be easy*** es wird nicht leicht sein; ***by the time we get there, Jim ~ have left*** bis wir dort ankommen, ist Jim schon weg; ***you'll have forgotten all about it by next week*** nächste Woche wirst du alles vergessen haben; (*in immediate future*) ***we'll be off now*** wir fahren jetzt; ***I'll be going then*** ich gehe dann; ***I'll answer the telephone*** ich gehe ans Telefon ② (*with tag question*) ***you won't forget to tell him, ~ you?*** du vergisst aber nicht, es ihm zu sagen, oder?; ***they'll have got home by now, won't they?*** sie müssten mittlerweile zu Hause sein, nicht? ③ (*expressing intention*) ■ **sb ~ do sth** jd wird etw tun; ***I ~ always love you*** ich werde dich immer lieben; ***I'll make up my own mind about that*** ich werde mir meine eigene Meinung darüber bilden; ***I'll not be spoken to like that!*** ich dulde nicht, dass man so mit mir redet!; ***I won't have him ruining the party*** ich werde nicht zulassen, dass er die Party verdirbt ④ (*in requests, instructions*) ***~ you give me her address, please?*** würden Sie mir bitte ihre Adresse geben?; ***~ you stop that!*** hör sofort damit auf!; ***~ you let me speak!*** würdest du mich bitte ausreden lassen!; ***you'll do it because I say so*** du tust es, weil ich es dir sage!; ***hang on a second, ~ you?*** bleiben Sie bitte einen Moment dran!; ***just pass me that knife, ~ you?*** gib mir doch bitte mal das Messer rüber, ja?; ***give me a hand, ~ you?*** sei so nett und hilf mir mal; ***~ you sit down?*** setzen Sie sich doch!; ***won't you come in?*** möchten Sie nicht hereinkommmen?; ***won't you have some cake?*** möchten Sie nicht etwas Kuchen? ⑤ (*expressing willingness*) ***who'll post this letter for me? — I ~*** wer kann den Brief für mich einwerfen? – ich [kann es]; ***anyone like to volunteer for this job? — we ~!*** meldet sich jemand freiwillig für diese Arbeit? – ja, wir!; ***I keep asking him to play with me, but he won't*** ich frage ihn ständig, ob er mit mir spielt, aber er will nicht ⑥ (*not functioning*) ***the car won't start*** das Auto springt nicht an; ***the door won't open*** die Tür geht nicht auf ⑦ (*expressing facts*) ***fruit ~ keep longer in the fridge*** Obst hält sich im Kühlschrank länger; ***new products ~ always sell better*** neue Produkte verkaufen sich einfach besser; ***that won't make any difference*** das macht keinen Unterschied; ***the car won't run without petrol*** ohne Benzin fährt der Wagen nicht ⑧ (*expressing persistence*) ***accidents ~ happen*** Unfälle passieren nun einmal; ***he ~ keep doing that*** er hört einfach nicht damit auf; ***they ~ keep sending me those brochures*** sie senden mir immer noch diese Broschüren ⑨ (*expressing likelihood*) ***that'll be Scott*** das wird Scott sein; ***I expect you'll be wanting your supper*** ich nehme an, du möchtest dein Abendbrot [haben]; **as you ~ all probably know already, …** wie Sie vermutlich schon alle wissen, … **II.** *vi* (*form*) wollen; ***as you ~*** wie du willst; ***do what you ~ with me*** machen Sie mit mir, was Sie wollen

will² [wɪl] **I.** *n* ① *no pl* (*faculty*) Wille *m;* ■ **to do sth with a ~** etw mit großem Eifer tun; ***everyone heaved with a ~ to get the car out of the mud*** alle hoben kräftig mit an, um das Auto aus dem Schlamm zu befreien; **to have an iron ~** [*or* **a ~ of iron**] einen eisernen Willen haben; **only with a ~ of iron** nur mit eisernem [*o* einem eisernen] Willen; **strength of ~** Willensstärke *f;* **political ~** politischer Wille; **to have the ~ to do sth** den [festen] Willen haben, etw zu tun; **to lose the ~ to live** den Lebenswillen verlieren ② *no pl* (*desire*) Wille *m;* **Thy ~ be done** REL Dein Wille geschehe; ■ **to be the ~ of sb** [*or* **sb's ~**] jds Wille *m* sein; **it was God's ~** [**that …**] es war Gottes Wille[, dass …]; **against sb's ~** gegen jds Willen *m;* **at ~** nach Belieben; ***they were able to come and go at ~*** sie konnten kommen und gehen, wann sie wollten; ***an actor has to be able to cry at ~*** ein Schauspieler muss auf Kommando weinen können ③ LAW letzter Wille, Testament *nt;* ***she remembered you in her ~*** sie hat dich in ihrem Testament bedacht; **holograph ~** handgeschriebenes Testament; **nuncupative ~** mündliches Zeugentestament; **the reading of the ~** die Testamentsverlesung; **to change one's ~** sein Testament ändern; **to draw up/make a ~** ein Testament aufsetzen/machen ▸ PHRASES: **where there's a ~, there's a way** (*saying*) wo ein Wille ist, ist auch ein Weg *prov;* **with the best ~ in the world** beim besten Willen; **to have a ~ of one's own** einen eigenen Willen haben **II.** *vt* ① (*try to cause by will power*) ■ **to ~ sb to do sth** jdn [durch Willenskraft] dazu bringen, etw zu tun; ***I was ~ing you to win*** ich habe mir ganz fest gewünscht, dass du gewinnst; ■ **to ~ oneself to do sth** sich *akk* dazu zwingen, etw zu tun ② (*form: ordain*) ■ **to ~ sth** etw bestimmen [*o* verfügen]; ***God ~ed it and it was so*** Gott hat es so gewollt und so geschah es ③ (*bequeath*) ■ **to ~ sb sth** [*or* **sth to sb**] jdm etw vererben [*o* [testamentarisch] vermachen]

willful *adj* AM *see* **wilful**

willfully *adv* AM *see* **wilfully**

willfulness *n no pl* AM *see* **wilfulness**

William ['wɪljəm] *n* Wilhelm *m*

willie *n see* **willy**

willies ['wɪliz] *npl(fam)* **sb gets/has the ~** jd kriegt Zustände *fam,* jdm wird ganz anders [zumute] *fam; **I suddenly got the ~ and ran away*** plötzlich kriegte ich Panik und rannte weg; **sth gives sb the ~** bei etw *dat* wird jdm ganz mulmig *fam; **this place gives me the ~*** hier wird mir ganz mulmig zumute

willing ['wɪlɪŋ] **I.** *adj* ① *pred (not opposed)* bereit, gewillt *geh;* **God ~** so Gott will; **to be ready and ~** [*or* **ready, ~ and able**] bereit sein; ■**to be ~ to do sth** bereit [*o geh* gewillt] sein, etw zu tun; **to be more than ~ to do sth** nur zu gerne etw tun wollen; ■**to** [**not**] **be ~ for sb to do sth** [nicht] gewillt sein, jdn etw tun zu lassen; ***John and Gabriel are ~ for us to use their garden*** John und Gabriel haben nichts dagegen, wenn wir ihren Garten benutzen; ***they're not ~ for us to bring our own wine*** sie wollen nicht, dass wir [uns] unseren eigenen Wein mitbringen ② *(enthusiastic)* willig; ***the staff are ~ enough*** die Mitarbeiter sind allemal [dazu] bereit; **~ hands** bereitwillige Hilfe ▶ PHRASES: **the spirit is ~ but the flesh is weak** *(saying)* der Geist ist willig, doch das Fleisch ist schwach *prov* **II.** *n no pl* **BRIT to show ~** [seinen] guten Willen zeigen

willingly ['wɪlɪŋli] *adv* ① *(gladly)* gern[e]; ***I would ~ help you*** ich würde euch gern[e] helfen ② *(voluntarily)* freiwillig

willingness ['wɪlɪŋnəs] *n no pl (readiness)* Bereitschaft *f; (enthusiasm)* Bereitwilligkeit *f;* **lack of ~** mangelnde Bereitschaft; **to express one's ~ to do sth** sich *akk* bereit erklären, etw zu tun; **to show a ~ to do sth** die Bereitschaft zeigen, etw zu tun

will-o'-the-wisp [ˌwɪləðə'wɪsp] *n* ① *(light)* Irrlicht *nt* ② *(fig: elusive thing)* Trugbild *nt,* Phantom *nt*

willow ['wɪləʊ, AM -loʊ] *n* BOT ① *(tree)* Weide *f;* **~ tree** Weidenbaum *m* ② *no pl (wood)* Weidenholz *nt*

willowherb *n* Weidenröschen *nt* **willow pattern** *n no pl* [chinesisches] Weidenmotiv **willow-pattern** *adj attr, inv cup, plate* Weidenmotiv-, mit [chinesischem] Weidenmotiv *nach n;* **~ dinner service** Tafelservice *nt* mit [chinesischem] Weidenmotiv **willow tree** *n* Weidenbaum *m*

willowy ['wɪləʊi, AM -oʊi] *adj place* weidenbestanden; *person* gertenschlank

will power *n no pl* Willenskraft *f;* **by sheer ~** durch reine Willenskraft

willy ['wɪli] *n esp* BRIT *(fam!)* Pimmel *m fam*

willy-nilly [ˌwɪli'nɪli] *adv inv* ① *(like it or not)* wohl oder übel, nolens volens *geh* ② *(haphazardly)* aufs Geratewohl; *(in disorder)* wahllos [durcheinander]

wilt¹ [wɪlt] **I.** *vi* ① *(droop) plants* [ver]welken, welk werden; ■**~ed** verwelkt ② *(lose energy) person* schlappmachen *fam,* abschlaffen *fam; enthusiasm* abflauen ③ *(lose confidence)* den Mut verlieren [*o fam* Kopf hängen lassen] **II.** *vt* AGR **to ~ grass/a crop** Gras/eine Feldfrucht ausdörren lassen **III.** *n* Welke[krankheit] *f*

wilt² [wɪlt, ᵊlt] *(old) 2nd person sing pres of* **will**

wily ['waɪli] *adj* listig; *deception, plan, tactics* raffiniert; *person also* gewieft; **a ~ old bird** [*or* **fox**] ein schlauer Fuchs

wimp [wɪmp] *(pej)* **I.** *n (fam)* Waschlappen *m pej fam,* Schlappschwanz *m pej fam* **II.** *vi (fam)* ■**to ~ out** *(shirk)* kneifen, sich *akk* drücken; *(give in)* den Schwanz einziehen *fam;* ***he ~ed out of going on the roller coaster*** er hat beim Achterbahnfahren gekniffen

wimpish ['wɪmpɪʃ] *adj (pej fam: feeble)* weichlich; *(timorous)* feige

wimple ['wɪmpl] *n (hist)* Schleier *m;* REL [Nonnen]schleier *m*

win [wɪn] **I.** *vt* <won, won> ① *(be victorious)* ■**to ~ sth** etw gewinnen; **to ~ a battle/war** eine Schlacht/einen Krieg gewinnen; **to ~ a case/lawsuit** einen Fall/eine Klage gewinnen; **to ~ the day** *(fig)* einen Sieg davontragen; **to ~ a debate** aus einer Debatte als Sieger(in) *m(f)* hervorgehen; **to ~ an election** eine Wahl gewinnen; **to ~ a seat** ein Mandat gewinnen; **to ~ a victory** einen Sieg erringen ② *(obtain)* ■**to ~ sth** etw gewinnen [*o* bekommen]; **to ~ sb's approval** *(appreciation)* jds Anerkennung finden; *(consent)* jds Zustimmung finden; **to ~ fame** berühmt werden; **to ~ sb's heart/love** jds Herz/Liebe gewinnen; **to ~ people's hearts** die Menschen für sich *akk* gewinnen; **to ~ popularity** sich *akk* beliebt machen; **to ~ promotion** befördert werden; **to ~ recognition** Anerkennung finden; **to ~ a reputation as sb** sich *dat* einen Namen als jd machen; **to ~ a scholarship to Oxford** ein Stipendium für Oxford bekommen; **to ~ sb's support** jds Unterstützung gewinnen; ■**to ~ sb/sth sth** [*or* **sth for sb**] jdm/etw etw einbringen; ■**to ~ sth off sb** *(fam)* jdm etw abnehmen [*o fam* abknöpfen]; ***she won £10 off me at poker*** sie hat mir beim Poker 10 Pfund abgeknöpft *fam* ③ *(extract)* ■**to ~ sth** *ore, coal* etw abbauen; **to ~ oil** Öl gewinnen ▶ PHRASES: **to ~ one's spurs** sich *dat* die Sporen verdienen; [**you**] **~ some,** [**you**] **lose some** *(saying)* mal gewinnt man, mal verliert man; **you can't ~ them all** *(saying)* man kann nicht immer Glück haben **II.** *vi* <won, won> gewinnen; ***they were ~ning at half time*** sie lagen zur Halbzeit vorn; ***you*** [***just***] ***can't ~!*** da hat man keine Chance!; ***OK, you ~!*** okay, du hast gewonnen!; **to ~ by three goals to two** drei zu zwei gewinnen; **to ~ by two lengths/a handsome majority** mit zwei Längen [Vorsprung]/einer stattlichen Mehrheit gewinnen; **to ~ easily** [*or fam* **hands down**] spielend gewinnen; **~ or lose, ...** *(also fig)* [ob] gewonnen oder verloren, ..., wie es auch ausgeht, ... ▶ PHRASES: **may the best man ~** dem Besten der Sieg, der Beste möge gewinnen **III.** *n* Sieg *m;* **away/home ~** Auswärts-/Heimsieg *m;* **to have a ~** *bet* gewinnen; *money* einen Gewinn machen

◆**win around** *vt esp* AM ■**to ~ sb around** jdn für sich *akk* gewinnen; ■**to ~ sb around to sth** jdn zu etw *dat* umstimmen, jdn für etw *akk* gewinnen; ***he won him around to his point of view*** er konnte ihn auf seine Seite bringen; ■**to ~ sb around by sth** jdn durch etw *akk* umstimmen

◆**win back** *vt* ■**to ~ back** ⊂ **sth** etw zurückgewinnen

◆**win out** *vi* sich *akk* durchsetzen; **to ~ out in the end** sich *akk* letzten Endes durchsetzen; ■**to ~ out over sb/sth** sich *akk* gegen jdn/etw durchsetzen, über jdn/etw siegen

◆**win over** *vt* ■**to ~ over** ⊂ **sb** *(persuade)* jdn überzeugen [*o* gewinnen]; *(gain support)* jdn für sich *akk* gewinnen; ***he won him over to his point of view*** er konnte ihn von seiner Meinung überzeugen; ***she was completely won over by his charm*** mit seinem Charme hatte er sie ganz für sich gewonnen

◆**win round** *vt* BRIT ■**to ~ round** ⊂ **sb** jdn überzeugen [*o* gewinnen]; *see also* **win over**

◆**win through** *vi* [letztlich [*o* schließlich]] Erfolg haben; **to ~ through to the next round** SPORTS die nächste Runde erreichen

wince [wɪn(t)s] **I.** *n* Zusammenzucken *nt,* Zusammenfahren *nt;* **to give a ~** zusammenzucken **II.** *vi* zusammenzucken

winceyette [ˌwɪn(t)si'et] NBRIT **I.** *n no pl* Winceyettefianell *m,* Flanellette *nt* **II.** *n modifier (cloth, sheet, underwear)* Flanell-, aus Flanell *nach n;* **~ pyjamas** Flanellpyjama *m*

winch [wɪn(t)ʃ] **I.** *n* <*pl* -es> ① *(for lifting, pulling)* Winde *f,* Winsch *f fachspr* ② *(crank)* Kurbel *f* ③ BRIT *(fishing reel)* Rolle *f* **II.** *vt* ■**to ~ sb/sth** jdn/etw mit einer Winde [hoch]ziehen

win column *n* Punktekonto *nt*

wind¹ [wɪnd] **I.** *n* ① *(current of air)* Wind *m;* ■**against the ~** NAUT gegen den Wind, luvwärts *fachspr;* ■**into the ~** NAUT in den Wind; **~s up to 60 miles per hour** Windstärken bis zu 60 Meilen in der Stunde; ***there isn't enough ~*** es ist nicht windig genug; ***the ~ started to pick up*** der Wind frischte auf; ***the ~ is in the east/north/south/west*** der Wind kommt aus Osten/Norden/Süden/Westen; **to have the ~ at one's back** *(also fig)* Rückenwind haben; **a breath of ~** ein Lüftchen *nt,* ein Windhauch *m; **there wasn't a breath of ~*** es regte sich kein Lüftchen; **to throw caution/sb's advice to the ~s** *(fig)* alle Vorsicht/jds Ratschlag in den Wind schlagen; **a ~ of change** *(fig)* ein frischer Wind; **gust of ~** Windstoß *m,* Windböe *f;* **to take the ~ out of sb's sails** *(also fig)* jdm den Wind aus den Segeln nehmen; **to see which way the ~ is blowing** *(also fig)* sehen, woher der Wind weht; **to sail close to the ~** NAUT hart am Wind segeln; *(fig)* sich *akk* hart an der Grenze des Erlaubten bewegen; **to go/run like the ~** laufen/rennen wie der Wind; **to run before the ~** vor dem Wind segeln ② *no pl (breath)* Atem *m,* Luft *f;* **to get one's ~** wieder Luft kriegen; **to knock the ~ out of sb** *(fig)* jdm den Atem verschlagen ③ *no pl (meaningless words)* leere Worte, leeres Geschwätz *pej; **he's full of ~*** er ist ein Schaumschläger *pej* ④ *no pl (flatulence)* Blähungen *fpl,* Winde *mpl euph;* ***garlic gives me dreadful ~*** von Knoblauch bekomme ich fürchterliche Blähungen; **to break ~** einen fahren lassen *fam;* **to suffer from ~** Blähungen haben ⑤ MUS *(in an organ)* Wind *m; (in other instrument)* Luftstrom *m;* ■**the ~s** die [Blech]bläser(innen) *mpl(fpl)* ⑥ *(scent)* Witterung *f;* **to get ~ of sth** *(fig)* von etw *dat* Wind bekommen; **there's something in the ~** *(fig)* es liegt etwas in der Luft ⑦ BRIT, AUS *(fig: fear)* **to get the ~ up** Schiss kriegen *oft pej derb;* **to put the ~ up sb** jdm Angst einjagen; ***tell them your father's a policeman, that'll put the ~ up them!*** sag ihnen, dein Vater ist Polizist, dann kriegen sie Muffensausen! *fam* ▶ PHRASES: **to be three sheets in the ~** völlig betrunken [*o fam* sternhagelvoll] sein; **it's an ill ~ that does nobody any good** *(saying)* an allem lässt sich auch etwas Gutes finden; **to raise the ~** *(dated fam)* Geld auftreiben *fam* **II.** *vt* ① *(knock breath out)* ■**to ~ sb** jdm den Atem nehmen; ***the blow to the stomach ~ed me*** durch den Schlag in den Bauch blieb mir die Luft weg; **to be/get ~ed** außer Atem sein/geraten ② BRIT *(bring up wind)* **to ~ a baby** ein Baby ein Bäuerchen machen lassen ③ *(scent)* ■**to ~ sb/sth** jdn/etw wittern **III.** *n modifier* ① *energy, power, turbine* Wind-; **~mill** Windmühle *f* ② MUS *instrument, section* Blas-; **~ player** Bläser(in) *m(f)*

wind² [waɪnd] **I.** *n* ① *(bend)* Windung *f; of river* Schleife *f; in a road* Kurve *f* ② *(turn)* Umdrehung *f;* **to give sth a ~** etw aufziehen **II.** *vt* <wound, wound> ① *(wrap)* ■**to ~ sth** etw wickeln; **to ~ wool/yarn into a ball** Wolle/Garn zu einem Knäuel aufwickeln; ■**to ~ sth around/onto sth** etw um/auf etw *akk* wickeln; ***she wound her arms around me*** sie schlang ihre Arme um mich; **to ~ a film onto a reel** einen Film auf eine Rolle spulen; ■**to ~ sth off sth** etw von etw *dat* abwickeln ② *(cause to function)* **to ~ a clock/watch** eine Uhr/Armbanduhr aufziehen ③ *(turn)* ■**to ~ sth** etw winden [*o* kurbeln]; **to ~ a handle** eine Kurbel drehen ④ *(move)* **to ~ one's way** sich *akk* schlängeln ⑤ *(cause to move)* ■**to ~ sth** etw spulen; **to ~ a film/tape back[wards]/forwards** einen Film/ein Band zurück-/vorspulen **III.** *vi* <wound, wound> ① *(meander) stream, road* sich *akk* schlängeln ② *(coil)* sich *akk* wickeln [*o* spulen]; **to ~ back[wards]/forwards** *film, tape* zurück-/vorspulen

◆**wind down I.** *vt* ① *(lower)* **to ~ down the car window** das Autofenster herunterkurbeln ② *(gradually reduce)* ■**to ~ down** ⊂ **sth** etw zurückschrauben; **to ~ down activities/operations** Aktivitäten/Operationen reduzieren; **to ~ down a business** ein Geschäft auflösen; **to ~ down production** ECON die Produktion drosseln **II.** *vi* ① *(become less active)* ruhiger werden; *business* nachlassen; *party* an Schwung verlieren ② *(cease)* auslaufen ③ *(relax after stress)* [sich *akk*] entspannen, abspannen *fam;* **~ing-down exercises** Entspannungsübungen *fpl* ④ *(need rewinding) clock, spring* ablaufen

◆**wind in** *vt* ■**to ~ in** ⊂ **sth** *line* etw aufspulen; *fish* etw einholen

◆**wind up I.** *vt* ① *(raise)* ■**to ~ up** ⊂ **sth** etw hochziehen [*o* heraufholen]; **to ~ up a car window**

W

ein Autofenster hochkurbeln ② TECH ■**to ~ up** ○ **sth** etw aufziehen; **to ~ up a clock/watch** eine Uhr/Armbanduhr aufziehen ③ BRIT (*fam: tease*) ■**to ~ up** ○ **sb** jdn aufziehen ④ (*fam: annoy*) ■**to ~ up** ○ **sb** jdn auf die Palme bringen *fam;* **to be/get wound up [about** [*or* **over**] **sb/sth]** sich *akk* [über jdn/etw] aufregen ⑤ (*bring to an end*) ■**to ~ up** ○ **sth** etw abschließen [*o* zu Ende bringen]; **to ~ up a debate/meeting/speech** eine Debatte/Versammlung/Rede beenden ⑥ BRIT, AUS ECON **to ~ up one's affairs** seine Angelegenheiten in Ordnung bringen; **to ~ up a company** eine Firma auflösen [*o* liquidieren]; **to ~ up the company's affairs** die Firmenangelegenheiten abwickeln **II.** *vi* ① (*fam: end up*) enden; **to ~ up in prison** im Gefängnis landen *fam;* **to ~ up homeless** als Obdachlose(r) *f(m)* enden; ■**to ~ up [by] doing sth** am Ende etw tun; ***you could ~ up having to sell your house*** es könnte damit enden, dass du dein Haus verkaufen musst ② (*bring to an end*) schließen, Schluss machen *fam;* (*conclude*) abschließend bemerken; ***..., she said, ~ing up*** ..., sagte sie abschließend; **to ~ up for the government/opposition** BRIT (*in parliament*) als Letzte(r) für die Regierung/Opposition sprechen

windbag *n* (*pej fam: excessive talker*) Schwätzer(in) *m(f) pej,* Quasselstrippe *f pej fam;* (*boaster*) Schaumschläger(in) *m(f) pej* **wind band** *n* + *sing/pl vb* (*band*) Blaskapelle *f;* (*in orchestra*) Bläser *mpl* **wind-blown** *adj hair* [vom Wind] zerzaust **windbreak** *n* Windschutz *m* **windbreaker** *n* AM, **windcheater** *n* BRIT Windjacke *f* **windburn** *n* Hautrötung *f* aufgrund von Wind **wind chill** *n no pl* Windkälte *f* **wind chill factor** *n* Windchillindex *m,* Windkältefaktor *m* **wind chimes** *npl* Windspiel *nt* **wind cone** *n* Windsack *m,* Luftsack *m*

wind-down ['waɪn(d)daʊn] *n no pl* (*fam*) Nachlassen *nt,* Abflauen *nt*

wind energy *n no pl* Windenergie *f*

winder ['waɪndəʳ, AM -ɚ] *n* (*winding device*) Aufziehschraube *f;* (*for clock*) Schlüssel *m* (*zum Aufziehen der Uhr*); (*on watch*) Krone *f*

windfall **I.** *n* ① (*fruit*) Stück *nt* Fallobst; ■**~s** *pl* Fallobst *nt kein pl* ② (*money*) warmer [Geld]regen *fam,* unerwartete Einnahme **II.** *n modifier* (*profits*) Sonder-; **~ tax** Sondergewinnsteuer *f* **wind farm** *n* Windpark *m,* Windfarm *f* **wind gauge** *n* Wind[stärke]messer *m,* Anemometer *nt fachspr* **wind generator** *n* Windgenerator *m*

winding ['waɪndɪŋ] **I.** *adj course, path, river* gewunden, sich *akk* schlängelnd [*o* windend] *attr; road* kurvenreich **II.** *n* ① *no pl* (*of course*) Windung *f* ② ELEC (*coils*) Wicklung *f;* (*of machinery*) Aufwickeln *nt*

winding up *n* COMM, LAW Liquidation *f,* Abwicklung *f;* **compulsory ~ order** Zwangsliquidationsbeschluss *m;* **voluntary ~** freiwillige Liquidation *f*

winding up petition *n* COMM, LAW Konkurseröffnungsnatrag *m*

winding sheet *n* Leichentuch *nt* **winding staircase** *n* Wendeltreppe *f* **winding-up** *n no pl* BRIT, AUS ECON [Geschäfts]auflösung *f,* Liquidation *f fachspr;* **the ~ of the company's affairs** die Abwicklung der Firmenangelegenheiten; **~ sale** Räumungsverkauf *m;* **compulsory ~ order** Zwangsliquidationsbeschluss *m*

wind instrument *n* Blasinstrument *nt* **windjammer** ['wɪn(d),dʒæməʳ, AM -ɚ] *n* Windjammer *m*

windlass ['wɪndləs] **I.** *n* <*pl* -es> Winde *f;* NAUT Winsch *f fachspr* **II.** *vt* ■**to ~ sth** etw hochwinden

windless ['wɪndləs] *adj inv* windstill, ohne Wind *nach n*

wind machine *n* Windmaschine *f* **windmill** **I.** *n* ① (*for grinding*) Windmühle *f* ② (*wind turbine*) Windrad *nt* ③ *esp* BRIT (*toy*) Windrädchen *nt* ④ (*fam*) Gefälligkeitswechsel *m; see also* **accommodation bill** ▶ PHRASES: **to tilt** [*or* **fight**] **at ~s** gegen Windmühlen kämpfen **II.** *vt* **to ~ one's arms about** mit den Armen herumfuchteln *fam* **III.** *vi* ① (*of person's arms*) herumwedeln *fam* ② TECH sich *akk* [vom Luftstrom angetrieben] drehen **wind noise** *n no pl* Geräusch *nt* des Fahrtwindes

window ['wɪndəʊ, AM -doʊ] **I.** *n* ① (*in building*) Fenster *nt;* (*glass*) Fensterscheibe *f,* Fenster *nt;* ■**at the ~** am Fenster; **bay ~** Erkerfenster *nt;* **bedroom/kitchen ~** Schlafzimmer-/Küchenfenster *nt;* **casement ~** Flügelfenster *nt;* **dormer ~** Mansardenfenster *nt;* **a third-floor ~** ein Fenster *nt* im dritten Stock; **a ~ on the world** (*fig*) ein Fenster *nt* zur Welt; **French ~** Verandatür *f;* **to throw sth out of the ~** (*fig*) etw aus dem Fenster werfen ② (*of shop*) Schaufenster *nt;* (*window display*) [Schaufenster]auslage *f;* ■**in the ~** im Schaufenster ③ (*of vehicle*) [Fenster]scheibe *f,* Fenster *nt;* **rear ~** Heckscheibe *f,* Rückfenster *nt* ④ (*in ticket office*) Schalter *m* ⑤ (*fig: opportunity*) Gelegenheit *f;* ***there might be a ~ in his schedule next Thursday when he could see you*** es könnte eventuell nächsten Donnerstag eine Lücke in seinem Terminplan sein, wo er Sie sehen könnte; **a ~ of opportunity** eine Chance [*o* Gelegenheit], günstiger Zeitpunkt ⑥ COMPUT Fenster *nt,* Ausschnitt *m* ⑦ (*in envelope*) Fenster *nt* ▶ PHRASES: **~s of the soul** Augen *ntpl;* **to go out [of] the ~** (*fam*) den Bach runtergehen *fam* **II.** *vt* COMPUT ■**to ~ sth** etw als Fenster einrichten

window box *n* Blumenkasten *m* **window cleaner** *n* ① (*person*) Fensterputzer(in) *m(f)* ② *no pl* (*detergent*) Glasreiniger *m* **window display** *n* Schaufensterauslage *f* **window dresser** *n* Schaufensterdekorateur(in) *m(f)* **window dressing** *n no pl* ① (*in shop*) Schaufensterdekoration *f,* Auslage *f* ② (*pej: trivia*) Schau *f pej,* Schönfärberei *f pej;* (*swindle*) Augenwischerei *f pej* **window envelope** *n* Fenster[brief]umschlag *m* **window frame** *n* Fensterrahmen *m* **window ledge** *n* (*inside*) Fensterbank *f,* Fensterbrett *nt;* (*outside*) Fenstersims *m o nt* **window pane** *n* Fensterscheibe *f* **window seat** *n* ① (*beneath window*) Fensterbank *f* ② TRANSP Fensterplatz *m* **window shade** *n* AM (*blind*) Springrollo *nt,* Jalousie *f* **window-shop** <-pp-> *vi* einen Schaufensterbummel machen; ■**to ~ for sth** bei einem Schaufensterbummel nach etw *dat* Ausschau halten **window-shopper** *n* Schaufensterbummler(in) *m(f)* **window-shopping** *n no pl* Schaufensterbummel *m;* **to go ~** einen Schaufensterbummel machen **window sill** *n* (*inside*) Fensterbank *f,* Fensterbrett *nt;* (*outside*) Fenstersims *m o nt* **windpipe** *n* Luftröhre *f* **wind power** *n no pl* ① (*force of wind*) Windkraft *f* ② ECOL Windenergie *f* **wind proof** *adj* windundurchlässig; **~ jacket** Windjacke *f* **wind rose** *n* Windrose *f* **windscreen** *n* BRIT, AUS Windschutzscheibe *f* **windscreen wiper** *n* BRIT, AUS Scheibenwischer *m* **windshield** *n* AM (*windscreen*) Windschutzscheibe *f* **windshield wiper** *n* AM (*windscreen wiper*) Scheibenwischer *m* **windsock** *n* Windsack *m,* Luftsack *m*

windsurf ['wɪn(d)sɜːf, AM -sɜːrf] *vi* windsurfen

windsurfer ['wɪn(d),sɜːfəʳ, AM -,sɜːrfɚ] *n* Windsurfer(in) *m(f)*

windsurfer® ['wɪn(d),sɜːrfɚ] *n* AM (*sailboard*) [Wind]surfbrett *nt*

windsurfing ['wɪn(d),sɜːfɪŋ, AM -,sɜːr-] *n no pl* Windsurfen *nt*

windswept *adj* ① (*exposed*) dem Wind ausgesetzt; **~ beach/coast** windgepeitscher Strand/windgepeitschte Küste ② *appearance* [vom Wind] zerzaust **wind tunnel** *n* Windkanal *m* **wind turbine** *n* Windturbine *f*

wind-up ['waɪndʌp] *n* ① (*finish*) [Ab]schluss *m;* (*conclusion*) abschließende Bemerkung; **a business/company ~** eine Geschäfts-/Firmenauflösung ② *usu sing* BRIT (*fam*) Jux *m fam;* ***is this a ~?*** willst du mich auf den Arm nehmen?

windward ['wɪn(d)wəd, AM -wɚd] NAUT **I.** *adj* windwärts, luvwärts *fachspr,* gegen den Wind *nach n;* **~ side** Windseite *f,* Luvseite *f fachspr* **II.** *adv* windwärts, luvwärts *fachspr,* gegen den Wind; **to turn ~** anluven *fachspr* **III.** *n* Windseite *f,* Luv *f fachspr*

windy[1] ['wɪndi] *adj* ① METEO windig; **a ~ street** eine zugige Straße ② (*of digestion*) blähend; **to get ~** Blähungen bekommen ③ (*fam: wordy*) phrasenhaft *pej;* (*long-winded*) langatmig *pej;* ■**to be ~** *person* Phrasen dreschen; *speech* langatmig sein ④ *pred* BRIT (*fam: anxious*) ängstlich; **to be/get ~** Schiss haben/kriegen *derb*

windy[2] ['waɪndi] *adj* (*curvy*) gewunden; (*meandering*) sich *akk* schlängelnd [*o* windend] *attr;* **a ~ road** eine kurvenreiche Straße

wine [waɪn] **I.** *n* ① (*drink*) Wein *m;* **a bottle/glass of ~** eine Flasche/ein Glas *nt* Wein; **elderberry ~** Holunderwein *m;* **~, women and song** Wein, Weib und Gesang; **a life of ~, women and song** (*fig*) das süße Leben; **dry/medium/sweet ~** trockener/halbtrockener/lieblicher Wein; **red/white ~** Rot-/Weißwein *m* ② *no pl* (*colour*) Weinrot *nt* ▶ PHRASES: **good ~ needs no bush** (*prov*) Qualität spricht für sich selbst; **to put new ~ in old bottles** (*prov*) neuen Wein in alte Schläuche füllen *prov* **II.** *vt* **to ~ and dine sb** jdn fürstlich bewirten **III.** *vi* **to ~ and dine** fürstlich essen

wine bar *n* Weinlokal *nt,* Weinstube *f* **wine bottle** *n* Weinflasche *f* **wine box** *n* Zapfpack *m* **wine cellar** *n* Weinkeller *m* **wine cooler** *n* Weinkühler *m* **wine glass** *n* Weinglas *nt* **winegrower** [-,grəʊəʳ, AM -,groʊɚ] *n* Winzer(in) *m(f),* Weinbauer, -bäuerin *m, f* **winegrowing** [-,grəʊɪŋ, AM -,groʊ-] **I.** *n no pl* Wein[an]bau *m* **II.** *adj attr, inv* Wein[an]bau-; **~ area** Weingegend *f,* Wein[an]baugebiet *nt* **wine gum** *n* BRIT Weingummi *m* **wine list** *n* Weinkarte *f* **winemaker** *n* ① (*producer*) Weinhersteller(in) *m(f)* ② (*grower*) Winzer(in) *m(f),* Weinbauer, -bäuerin *m, f* **winemaking** *n no pl* Weinherstellung *f* **wine merchant** *n esp* BRIT ① (*person*) Weinhändler(in) *m(f)* ② (*shop*) ■**the ~['s]** die Weinhandlung **wine press** *n* [Wein]kelter *f,* Weinpresse *f* **wine rack** *n* Weinregal *nt*

winery ['waɪnᵊri, AM -ɚi] *n esp* AM Weinkellerei *f*

wineskin *n* Weinschlauch *m* **wine steward** *n* AM (*wine waiter*) Weinkellner(in) *m(f),* Sommelier, Sommelière *m, f fachspr* **wine taster** *n* Weinverkoster(in) *m(f),* Weinprüfer(in) *m(f)* **wine tasting** *n* Weinprobe *f* **wine vinegar** *n* Weinessig *m* **wine waiter** *n* BRIT Weinkellner(in) *m(f),* Sommelier, Sommelière *m, f fachspr*

wing [wɪŋ] **I.** *n* ① ZOOL *of bird* Flügel *m,* Schwinge *f liter;* **to clip a bird's ~s** einem Vogel die Flügel stutzen; **to clip sb's ~s** (*fig*) jdm die Flügel stutzen; **to give sb ~s** (*fig*) jdm Flügel verleihen *fig;* **to spread** [*or* **stretch**] **one's ~s** die Flügel spreizen; (*fig*) *children* flügge werden *fam;* **to take ~** (*liter*) davonfliegen, losfliegen; **to take sb/sth under one's ~** (*also fig*) jdn/etw unter seine Fittiche nehmen *a. fig fam;* ■**on the ~** im Flug; ■**to be on ~s** (*fig*) schweben ② AVIAT Flügel *m,* Tragfläche *f* ③ ARCHIT *of building* Flügel *m;* ***go to the outpatients' ~*** gehen Sie zur Ambulanz ④ FBALL Flügel *m;* **to play left/right ~** links/rechts Außen spielen; **to play on the left/right ~** auf der linken/rechten Seite spielen; **down the left ~** über den linken Flügel ⑤ THEAT ■**the ~s** *pl* die Kulissen; **to be waiting in the ~s** in den Kulissen warten; (*fig*) schon in den Startlöchern sitzen [und warten] *fig* ⑥ + *sing/pl vb* POL Flügel *m;* **the left/right ~** der linke/rechte Flügel ⑦ MIL (*of battle formation*) Flügel *m,* Flanke *f* ⑧ BRIT AUTO Kotflügel *m* ⑨ + *sing/pl vb* MIL (*air force unit*) Geschwader *nt;* (*pilot's badge*) ■**~s** *pl* Pilotenabzeichen *nt;* **to earn one's ~s** sich *dat* die [ersten] Sporen verdienen ▶ PHRASES: **on a ~ and a prayer** mit wenig Aussicht auf Erfolg **II.** *vt* ① (*fly*) **to ~ one's way** [dahin]fliegen; (*fig: travel fast*) dahineilen ② (*wound*) **to ~ a bird** HUNT einen Vogel flügeln *fachspr,* einem Vogel in den Flügel schießen; ■**to ~ sb** jdn streifen ③ (*send*) ■**to ~ sth** etw schicken; (*fig: spur on*) etw beflügeln *geh, liter* ④ (*pej fam: improvise*) **to ~ it** etwas aus dem Ärmel schütteln *fam* **III.** *vi* fliegen

wing back *n* FBALL Außenverteidiger(in) *m(f)* **wingbeat** *n* Flügelschlag *m* **wing case** *n* Deckflügel *m* **wing chair** *n* Ohrensessel *m* **wing collar** *n* Vatermörder *m,* Eckenkragen *m* **wing com-**

mander *n* BRIT MIL Oberstleutnant(in) *m(f)* (*der Luftwaffe*); AM Geschwaderkommodore, -in *m, f*
wingding ['wɪŋdɪŋ] *n esp* AM (*fam*) Sause *f fam;* ***that was a ~ of a party!*** das war eine Riesenparty!
winged [wɪŋd] *adj inv* ❶ ZOOL mit Flügeln *nach n* ❷ BOT *seeds* geflügelt ❸ (*with projections*) Flügel- ❹ (*fig: apposite*) ~ **words** geflügelte Worte
winger ['wɪŋəʳ, AM -ɚ] *n* SPORTS Flügelspieler(in) *m(f);* FBALL (*on the left wing*) Linksaußen *m;* (*on the right wing*) Rechtsaußen *m*
-winger ['wɪŋəʳ, AM -ɚ] *in compounds* POL **left-/right-~** Linke(r) *f(m)*/Rechte(r) *f(m)*
wing forward *n* (*in rugby*) Flügelstürmer(in) *m(f)*
wing game *n no pl* Flügelwild *nt*
wingless ['wɪŋləs] *adj inv* flügellos, ohne Flügel *nach n; insect* ungeflügelt
wing mirror *n* Außenspiegel *m* **wing nut** *n* Flügelmutter *f* **wingspan** *n* Flügelspannweite *f* **wing threequarter** *n* (*in rugby*) *Angriffsspieler, der links oder rechts außen spielt* **wing tip** *n* ❶ BIOL, AVIAT Flügelspitze *f* ❷ AM (*shoes*) ■**~s** *pl Männerschuhe mit gebogener Schuhkappe*
wink [wɪŋk] **I.** *vi* ❶ (*close one eye*) zwinkern; (*blink*) blinzeln; ■**to ~ at sb** jdm zuzwinkern; (*blink*) jdm zublinzeln; ■**to ~ at sth** (*fig*) über etw *akk* [geflissentlich] hinwegsehen ❷ (*twinkle*) *light* blinken; *star* funkeln ❸ BRIT AUTO blinken; **to ~ left/right** links/rechts blinken ▸ PHRASES: **sth is as easy as ~ing** (*fam*) etw ist kinderleicht [*o* ein Kinderspiel] **II.** *vt* **to ~ one's eye** [mit den Augen] zwinkern; (*blink*) [mit den Augen] blinzeln; **to ~ one's eye at sb/sth** jdm/etw zuzwinkern; (*blink*) jdm/etw zublinzeln **III.** *n* [Augen]zwinkern *nt;* (*blink*) Blinzeln *nt;* **to give sb a ~** jdm zuzwinkern; (*blink*) jdm zublinzeln; **to tip sb the ~** (*fam*) jdm einen Wink geben ▸ PHRASES: **in the ~ of an eye** [*or* **in a ~**] in einem Augenblick; **to not sleep a ~** [*or* **get a ~ of sleep**] kein Auge zutun; **to take forty ~s** ein Nickerchen machen
winker ['wɪŋkəʳ] *n* BRIT AUTO Blinker *m*
winkle ['wɪŋkl] *esp* BRIT **I.** *n* Strandschnecke *f* **II.** *vt* ■**to ~ out** ○ **sth** etw herausholen [*o fam* herauskriegen]; ■**to ~ sth out of sb** etw aus jdm herausbekommen [*o fam* herauskriegen]; ■**to ~ out** ○ **sb** jdn loseisen
winkle-picker ['wɪŋkl̩,pɪkəʳ] *n* BRIT *vorne spitz zulaufender Schuh*
winnable ['wɪnəbl̩] *adj* gewinnbar, zu gewinnen[d]
winnage ['wɪnɪʤ] *n no pl* Erfolg *m*
winner ['wɪnəʳ, AM -ɚ] *n* ❶ (*sb that wins*) Gewinner(in) *m(f);* (*in competition*) Sieger(in) *m(f);* ***everyone's a ~!*** (*person*) jeder gewinnt!; (*ticket*) jedes Los gewinnt!; **Nobel Prize ~** Nobelpreisträger(in) *m(f);* **to back a ~** (*also fig*) auf das richtige Pferd setzen *a. fig* ❷ SPORTS (*fam: goal*) Siegestor *nt;* (*shot*) [Sieges]treffer *m* ❸ (*fam: successful thing*) Knaller *m fam;* ■**to be a ~** gut ankommen *fam;* ■**to be onto a ~** das große Los gezogen haben *fam*
winner takes all LAW Mehrheitswahl *f*
winner-takes-all *adj inv* der-Sieger-erhält-alles-; ~ **system** Alles-oder-Nichts-System *nt*
winning ['wɪnɪŋ] **I.** *adj* ❶ *attr* (*that wins*) Gewinn-; (*in competition*) Sieger-; (*victorious*) siegreich; **to play one's ~ card** (*fig*) sein Ass [*o* seinen Trumpf] ausspielen; **the ~ entry** die prämierte Einsendung; ~ **number** Gewinnzahl *f;* **on the ~ side** auf der Gewinnerseite; **the ~ song** der Siegertitel; **to be on a ~ streak** eine Glückssträhne haben; ~ **team** Siegermannschaft *f;* ~ **ticket** Gewinnschein *m* ❷ (*charming*) gewinnend, einnehmend; ***with her ~ ways …*** mit ihrer gewinnenden Art … **II.** *n* ■**~s** *pl* Gewinn *m*
winningly ['wɪnɪŋli] *adv* gewinnend, einnehmend
winning post *n* Zielpfosten *m,* Ziel *nt*
winnow ['wɪnəʊ, AM -noʊ] *vt* ❶ AGR **to ~ grain** das Getreide reinigen [*o fachspr veraltend* worfeln] ❷ (*fig: sift*) ■**to ~ sth** etw sichten *geh;* **to ~ out the truth** die Wahrheit herausfiltern ❸ (*reduce*) ■**to ~ [down]** ○ **sth** etw aussortieren; ***the class has been ~ed to fifteen from twenty-five*** die Klasse ist von fünfundzwanzig auf fünfzehn reduziert worden
winnower ['wɪnəʊəʳ, AM -noʊɚ] *n* AGR Worfschaufel *f fachspr veraltend*
wino <*pl* -os> ['waɪnəʊ, AM -noʊ] *n* (*fam*) Weinsäufer(in) *m(f) pej derb;* (*esp male*) Wermutbruder *m pej fam,* Saufbruder *m oft pej derb*
winsome ['wɪnsəm] *adj* (*liter*) *person, looks* reizend; ~ **charm/smile** gewinnender Charme/gewinnendes [*o* einnehmendes] Lächeln
winter ['wɪntəʳ, AM -t̬ɚ] **I.** *n* Winter *m;* **on a ~'s morning** an einem Wintermorgen; **on a ~'s night** in einer Winternacht; **last/next ~** letzten/nächsten Winter; ■**in [the] ~** im Winter; **in the dead of ~** mitten im Winter **II.** *n modifier* ❶ (*in, for winter*) (*evening, holiday, morning, plumage, season, solstice*) Winter-; ~ **break** Winterpause *f;* ~ **clothes** Wintersachen *pl;* ~ **coat** (*for a person*) Wintermantel *m;* (*on an animal*) Winterfell *nt;* ~ **scene** Winterlandschaft *f;* ~ **sleep** Winterschlaf *m;* ~ **wardrobe** Wintergarderobe *f* ❷ AGR (*ripening late*) (*fruit*) Lager-; ~ **apples** Lageräpfel *mpl* ❸ AGR (*planted in autumn*) (*crops*) Winter-; ~ **wheat** Winterweizen *m* **III.** *vi animals* überwintern; *person* den Winter verbringen **IV.** *vt* **to ~ sb/an animal** jdn/ein Tier durch den Winter bringen
winter garden *n* Wintergarten *m* **wintergreen** *n* Wintergrün *nt*
winterize ['wɪntəraɪz, AM -t̬ɚ-] *vt esp* AM **to ~ a car** ein Auto winterfest machen; **to ~ a house** ein Haus für den Winter herrichten
Winter Olympics *npl* ■**the ~** die Winterolympiade, die [Olympischen] Winterspiele *pl* **winter quarters** *npl* Winterquartier *nt* **winter sleep** *n* Winterschlaf *m* **winter sports** *npl* Wintersport *m kein pl* **winter-sports** *adj attr, inv* Wintersport-; ~ **holiday** Wintersporturlaub *m;* ~ **tourism** Wintersporttourismus *m* **wintertime** *n no pl* Winterzeit *f;* ■**in [the] ~** im Winter, in der Winterszeit *geh*
wint(e)ry ['wɪntri, AM *also* -t̬ə-] *adj* ❶ (*typical of winter*) winterlich ❷ (*fig: unfriendly*) *greeting, smile* frostig; *look* eisig
wintry showers *npl* Graupelschauer *m;* (*with snow*) Schneegestöber *nt*
wipe [waɪp] **I.** *vt* ❶ (*clean*) ■**to ~ sth** etw abwischen [*o* abputzen]; **to ~ one's bottom** sich *dat* den Hintern abputzen *fam;* **to ~ one's feet** sich *dat* die Füße [*o* Schuhe] abtreten; **to ~ the floor** den [Fuß]boden [auf]wischen; **to ~ one's nose** sich *dat* die Nase putzen; **to ~ one's nose on one's sleeve** sich *dat* die Nase am Ärmel abwischen; **to ~ the rear window/the windscreen** [über] die Heckscheibe/die Windschutzscheibe wischen; **to ~ sth clean** etw abwischen; ■**to ~ sth on sth** etw an etw *dat* abwischen [*o* abputzen]; ***don't ~ your sticky fingers on your trousers!*** wisch dir nicht deine klebrigen Finger an der Hose ab!; ■**to ~ sth with sth** etw mit etw *dat* abwischen [*o* abputzen] ❷ (*dry*) ■**to ~ sth** etw abtrocknen; ***you can ~ your hands on this towel*** du kannst dir die Hände an diesem Handtuch abtrocknen; ***she ~d the tears from the child's face*** sie wischte dem Kind die Tränen aus dem Gesicht; **to ~ one's brow** sich *dat* die Stirn abwischen; **to ~ the dishes** das Geschirr abtrocknen; **to ~ one's eyes** sich *dat* die Augen wischen; **to ~ the kitchen top/table dry** die Arbeitsfläche in der Küche/den Tisch trockenreiben ❸ (*erase*) **to ~ a cassette/disk/tape** eine Kassette/eine Diskette/ein Band löschen ▸ PHRASES: **to ~ the floor with sb** (*fam*) jdn fertig machen *fam;* **to ~ the slate clean** etw bereinigen, reinen Tisch machen; **to consider the slate ~d clean** etw als erledigt betrachten **II.** *vi* BRIT, AUS abtrocknen **III.** *n* ❶ (*act of cleaning*) Wischen *nt;* **to give the floor a ~** den [Fuß]boden [auf]wischen; **to give the kitchen top/table a ~** die Arbeitsfläche in der Küche/den Tisch abwischen ❷ (*tissue*) Reinigungstuch *nt*
◆**wipe away** *vt* ■**to ~ away** ○ **sth** etw wegwischen; **to ~ away a tear** sich *dat* eine Träne abwischen
◆**wipe down** *vt* ■**to ~ down** ○ **sth** etw abwischen; (*with water*) etw abwaschen; (*rub*) etw abreiben
◆**wipe off** *vt* ❶ (*clean*) ■**to ~ off** ○ **sth** etw wegwischen; (*from hand, shoes, surface*) etw abwischen; ~ ***the make-up off your face!*** wisch dir das Make-up aus dem Gesicht!; **to ~ the crumbs off the table** die Krümel vom Tisch wischen ❷ (*erase*) **to ~ data/a program off [sth]** Daten/ein Programm [von etw *dat*] löschen ❸ ECON (*pay off*) ■**to ~ off** ○ **sth** etw zurückzahlen; *debts, mortgage* etw tilgen ❹ ECON ■**to ~ off sth** ***£10 million has been ~d off the value of the company's shares*** die Firmenaktien haben 10 Millionen Pfund an Wert verloren ❺ (*destroy*) **to be ~s off the map** [*or* **the face of the earth**] von der Landkarte [*o* Erdoberfläche] verschwinden ▸ PHRASES: **to ~ the smile off sb's face** dafür sorgen, dass jdm das Lachen vergeht; ***that should ~ the smile off his face!*** da wird ihm das Lachen schon noch vergehen!
◆**wipe out** **I.** *vt* ❶ (*clean inside of*) ■**to ~ out** ○ **sth** etw auswischen ❷ (*destroy*) ■**to ~ out** ○ **sth** etw auslöschen *geh;* ***water pollution ~d out all the fish in the river*** die Gewässerverschmutzung vergiftete alle Fische im Fluss; ***how can we ~ out world poverty?*** wie können wir die Armut in der Welt beseitigen?; **to ~ out one's debts** seine Schulden tilgen; **to ~ out a disease** eine Krankheit ausrotten; **to ~ out sb's profits** jds Gewinne *mpl* zunichte machen; **to ~ out sb's savings** jdn um seine [gesamten] Ersparnisse bringen ❸ (*sl: murder*) ■**to ~ out** ○ **sb** jdn beseitigen [*o* verschwinden lassen] *fam* ❹ *esp* AM, AUS (*fam: tire out*) ■**to ~ out** ○ **sb** jdn schlauchen [*o fam* fix und fertig machen] ❺ (*fam: take all sb's money*) ■**to ~ out** ○ **sb** jdn an den Bettelstab bringen **II.** *vi esp* AM, AUS (*fam: have accident*) einen Unfall bauen *fam;* SPORTS hinfliegen *fam;* **to ~ out on a bend** aus der Kurve getragen werden
◆**wipe up** **I.** *vt* ■**to ~ up** ○ **sth** etw aufwischen; (*dry*) etw abtrocknen **II.** *vi* abtrocknen
wiped out *adj pred esp* AM, AUS (*fam*) geschafft *fam,* geschlaucht *fam,* fertig, fix und foxi *fam*
wipe-out *n* (*fam*) ❶ RADIO Frequenzstörung *f* ❷ (*destruction*) Knall *m fam* ❸ SPORTS Sturz *m* (*vom Surfbrett*)
wiper ['waɪpəʳ, AM -ɚ] *n* ❶ AUTO [Scheiben]wischer *m* ❷ TECH Abstreifer *m*
wiper blade *n* Wischerblatt *nt*
wire ['waɪəʳ, AM -ɚ] **I.** *n* ❶ *no pl* (*metal thread*) Draht *m;* **a bit/length/piece of ~** ein Stück *nt* Draht ❷ ELEC (*electric cable*) Leitung *f;* **telephone ~** Telefonleitung *f* ❸ *esp* AM (*dated: telegram*) Telegramm *nt;* **to send a ~** ein Telegramm aufgeben; **by ~** telegrafisch ❹ AM ELEC (*hidden microphone*) Wanze *f;* **to wear a ~** verwanzt sein ❺ (*prison camp fence*) ■**the ~** *der Drahtzaun um ein Gefängnis;* (*fig*) das Gefängnis ▸ PHRASES: **to get one's ~s crossed** aneinander vorbeireden, sich *akk* falsch verstehen; **to be a live ~** (*fam*) ein Energiebündel sein *fam;* **to get [sth] in under the ~** *esp* AM (*fam*) etw [so gerade noch] unter Dach und Fach bringen *fam;* **to go [down] to the ~** *esp* AM (*fam*) bis zum Schluss offen bleiben; **to pull ~s** *esp* AM seine Beziehungen spielen lassen **II.** *n modifier* (*basket, cage*) Draht-; ~ **fence** Drahtzaun *m* **III.** *vt* ❶ (*fasten with wire*) ■**to ~ sth to sth** etw mit Draht an etw *akk* binden; ■**to ~ sth together** etw mit Draht zusammenbinden ❷ ELEC (*fit with cable*) ■**to ~ sth** etw mit elektrischen Leitungen versehen; (*connect*) etw ans Stromnetz anschließen; TV etw verkabeln ❸ *esp* AM (*transmit electronically*) **to ~ sb money** [*or* **money to sb**] jdm telegrafisch Geld überweisen ❹ *esp* AM (*dated: send telegram to*) ■**to ~ sb** jdm telegrafieren [*o veraltend* kabeln] ❺ (*reinforce*) **to ~ sb's jaw** jds Kiefer *m* [mit einer Spange] richten **IV.** *vi* telegrafieren, kabeln *veraltend*
◆**wire up** *vt* ELEC ❶ (*connect up*) ■**to ~ up** ○ **sth [to sth]** etw [an etw *akk*] anschließen; **to ~ up a building/house** [*or* **a building/house up**] die elektrischen Leitungen [*o* den Strom] in einem Gebäude/Haus verlegen; **to be ~d up for sound** mit einer Lautsprecheranlage ausgestattet sein ❷ *usu*

W

passive (*fit with concealed microphone*) ■**to ~ up** ○ **sb/sth** jdn/etw mit einer Wanze versehen [*o* verwanzen]; ■**to be ~d up** verwanzt sein

wire brush *n* Drahtbürste *f* **wire-cutters** *npl* [**a pair of**] ~ eine Drahtschere

wired ['waɪəd, AM -ərd] *adj* ① *inv* COMPUT (*fam*) vernetzt ② *pred* (*fam: tense*) total aufgedreht *fam*, überdreht *fam* ③ (*fam: drunk, drugged*) high *euph fam*, bekifft *sl*, voll gedröhnt *sl* ▸ PHRASES: **to be ~ for sth** für etw *akk* wie gemacht sein; **to be ~ like sb** jdm gleichen; **to have sth ~** AM (*sl*) etw sicher [*o fam* [so gut wie] in der Tasche] haben

wired up *adj pred* AM (*fam*) total aufgedreht *fam*, überdreht *fam*

wire gauge *n* ① (*for measuring*) Drahtlehre *f* ② (*diameter*) Drahtstärke *f* **wire-haired** *adj inv* drahthaarig, Drahthaar- **wire-haired terrier** *n* Drahthaarterrier *m*

wireless ['waɪələs, AM -ər-] I. *n* <*pl* -es> BRIT (*dated*) ① (*set*) Radioapparat *m*, Radio *nt* ② *no pl* (*radio*) [Rund]funk *m*, Radio *nt*; (*telegraphy*) Funk *m*; ■**by ~** über [Rund]funk; ■**on the ~** im Rundfunk [*o* Radio] II. *adj inv* (*lacking wire*) drahtlos; (*radio*) Funk-, Radio-; **~ telegraphy** drahtlose Telegrafie

wireless fidelity *n* kabellose [Daten]übermittlung

wireless set *n* BRIT Radioapparat *m*, Radio *nt*

wire netting *n no pl* Drahtgeflecht *nt*; (*for fence*) Maschendraht *m* **wirepuller** [-ˌpʊləʳ, AM -ˌpʊlər] *n esp* AM (*fam*) Drahtzieher(in) *m(f)* **wirepulling** *n no pl esp* AM (*fam*) Drahtziehen *nt*, Drahtzieherei *f pej*; **to do some ~** seine Beziehungen spielen lassen **wire rope** *n* Drahtseil *nt* **wire service** *n esp* AM Nachrichtendienst *m*

wiretap I. *n* ① (*device*) Abhörgerät *nt*; (*small*) Wanze *f* ② (*activity*) Abhören *nt* II. *vt* ■**to ~ sb/sth** jdn/etw abhören; **to ~ a telephone** ein Telefon anzapfen

wiretapper [-ˌtæpəʳ, AM -ˌtæpər] *n* Abhörer(in) *m(f)* von Telefonleitungen

wiretapping [-ˌtæpɪŋ] *n no pl* Abhören *nt* [*o* Anzapfen *nt*] von Telefonleitungen

wire wool *n no pl* BRIT Stahlwolle *f*

wiring ['waɪərɪŋ, AM -ər-] *n no pl* ELEC ① (*system of wires*) elektrische Leitungen *fpl*, Stromkabel *ntpl* ② (*electrical installation*) Stromverlegen *nt*, Verlegen *nt* der elektrischen Leitungen; **to do the ~** die elektrischen Leitungen [*o* den Strom] verlegen

wiring diagram *n* Schaltplan *m*

wiry ['waɪəri, AM -əri] *adj* ① (*rough-textured*) drahtig; *hair* borstig ② (*fig: lean and strong*) *person* drahtig, sehnig

wisdom ['wɪzdəm] *n no pl* ① (*state of having good judgement*) Weisheit *f*; (*iron*) ***in her ~ ...*** in ihrer grenzenlosen Weisheit ... *iron*; **~ comes with age** die Weisheit kommt mit dem Alter; **the ~ of hindsight** im Nachhinein, hinterher; **conventional ~ has it that ...** [*or* **the received ~ is that ...**] im Allgemeinen ist man der Auffassung, dass ... ② (*sensibleness*) Klugheit *f*, Vernünftigkeit *f*; ***I am not convinced of the ~ of letting them go ahead unsupervised*** ich bin nicht davon überzeugt, dass es vernünftig ist, sie einfach unbeaufsichtigt weitermachen zu lassen; ***did we ever stop to question the ~ of going to war?*** haben wir jemals den Sinn von Kriegsführung hinterfragt? ③ (*sayings*) weise Sprüche *mpl*; (*advice*) weise Ratschläge *mpl*; **words of ~** (*also iron*) weise Worte *a. iron geh*; **to give sb a few words of ~** jdm kluge Rätschläge erteilen *a. pej*

wisdom tooth *n* Weisheitszahn *m*

wise[1] [waɪz] I. *adj* ① (*having knowledge and sagacity*) weise *geh*, klug; ***it's easy to be ~ after the event*** nachher ist man immer schlauer; ***I'm afraid her explanation left me none the ~r*** ich fürchte, nach ihrer Erklärung bin ich auch nicht klüger als zuvor; **the Three W~ Men** REL die drei Weisen [aus dem Morgenland]; **to be older** [*or* BRIT *also* **sadder**] **and ~r** viel Lehrgeld bezahlt haben, durch Schaden klug geworden sein ② (*showing sagacity*) klug, vernünftig; **~ advice** [*or* **counsel**] weiser Rat[schlag] *geh*; **~ saying** weiser Ausspruch *geh*; **~ words** weise Worte *a. pej geh* ③ (*sensible*) vernünftig; ***it would be ~ to check up on that*** es wäre besser, das nachzuprüfen; ***you would be ~ to wait*** du tätest gut daran, zu warten; **a ~ choice** eine gute Wahl; **a ~ decision** eine weise Entscheidung *geh* ④ *pred* (*experienced*) ■**to be ~ in sth** in etw *dat* erfahren sein; **to be worldly ~** weltklug sein, Lebenserfahrung haben ⑤ *pred* (*fam: aware*) ■**to be ~ to sb/sth** jdn/etw kennen; **to not be any the ~r** nichts bemerken; ***none of them was any the ~r*** niemand hatte etwas bemerkt; ***without anyone being any the ~r*** ohne dass jemand etwas bemerkt hätte; **to get ~ to sb** jdn durchschauen, jdm auf die Schliche kommen; **to get ~ to sth** etw spitzkriegen *fam*; **to get ~ to what is going on** dahinterkommen, was los ist, wissen, was läuft *fam* ⑥ *esp* AM (*fam: cheeky*) **to act ~** dreist sein; **to act ~ with sb** sich *akk* jdm gegenüber dreist verhalten, jdm frech kommen *fam*; **to get ~ with sb** zu jdm frech werden; ***don't get ~ with me, young man*** nun aber mal nicht frech werden, junger Mann ▸ PHRASES: **early to bed and early to rise makes a man healthy, wealthy and ~** (*saying*) ≈ Morgenstund hat Gold im Mund *prov*; **penny ~** [**and**] **pound foolish** sparsam im Kleinen, [und] verschwenderisch im Großen II. *n* ■**the ~** *pl* die Weisen *mpl*; **a word to the ~** (*also iron*) sapienti sat *prov geh*, für den Weisen genug *prov* III. *vi esp* AM (*fam*) ■**to ~ up** aufwachen *fig*, Vernunft annehmen; ***come on, ~ up!, it's time you ~d up!*** wach endlich auf! *fig*; ■**to ~ up to sb** jdm auf die Schliche kommen, jdn durchschauen; ■**to ~ up to sth** etw herausbekommen [*o fam* spitzkriegen]; **to ~ up to the fact that ...** sich *dat* darüber klar werden, dass ..., dahinterkommen, dass ... *fam* IV. *vt* AM (*fam*) ■**to ~ up** ○ **sb** jdm die Augen öffnen; ■**to ~ sb up about** [*or* **to**] **sb/sth** jdn über jdn/etw aufklären

wise[2] [waɪz] *n no pl* (*dated*) Weise *f*; **in no ~** keinesfalls, in keinster Weise

-wise [waɪz] *in compounds* ① (*fam: with regard to*) in Bezug auf, in puncto, -mäßig *fam*; **clothes~** in puncto Kleidung, kleidungsmäßig *fam*; **food~** vom Essen her, essensmäßig *fam*; **money~** in puncto Geld, was das Geld betrifft; **weather~** was das Wetter betrifft, wettermäßig *fam*; **work~** arbeitsmäßig *fam* ② (*in a direction*) -wärts; **clock-/counterclock~** im/gegen den Uhrzeigersinn; **length~** der Länge nach; **width~** der Breite nach

wiseacre ['waɪzˌeɪkəʳ, AM -ər] *n* (*fam*), **wise-ass** ['waɪzæs] *n* AM (*fam!*) Klugschwätzer(in) *m(f) pej fam*, Neunmalkluge(r) *f(m) iron, pej*

wisecrack ['waɪzkræk] I. *n* Witzelei[en] *f[pl]*, witzige Bemerkung, Bonmot *nt geh*; **to make a ~ about sb/sth** über jdn/etw witzeln II. *vi* witzeln; ***he's always ~*** er hat immer eine witzige Bemerkung auf Lager

wisecracking ['waɪzˌkrækɪŋ] *adj attr, inv* witzig

wise guy *n* (*pej fam*) Klugschwätzer *m pej fam*, Klugscheißer *m pej derb*

wisely ['waɪzli] *adv* ① (*showing wisdom*) weise *geh*; **to speak ~** weise Worte sprechen *geh* ② (*sensibly*) klug, vernünftig; ***they ~ decided to seek legal advice*** klugerweise haben sie beschlossen, juristischen Rat einzuholen; **to invest one's money ~** sein Geld schlau investieren; **to act ~** sich *akk* klug verhalten

wise man *n* Zauberer *m*

wisenheimer ['waɪzənˌhaɪmər] *n* AM (*fam*) Klugschwätzer(in) *m(f) pej fam*, Klugscheißer(in) *m(f) pej derb*

wise saw *n* weiser Spruch, Weisheit *f* **wise woman** *n* Kräuterfrau *f*, Heilkräuterkundige *f*

wish [wɪʃ] I. *n* <*pl* -es> ① (*desire*) Wunsch *m*, Verlangen *nt*; ***against the ~es of the party members*** gegen den Willen der Parteimitglieder; ***it was your mother's dearest/greatest/last ~*** es war der sehnlichste/größte/letzte Wunsch deiner Mutter; ***your ~ is my command!*** dein Wunsch sei mir Befehl! *hum*; **to express a ~** einen Wunsch äußern; **to have a ~** sich *dat* etwas wünschen; **to have no ~ to do sth** keine Lust haben [*o geh* nicht das Verlangen verspüren], etw zu tun; ***he had no ~ to go through the experience again*** er wollte diese Erfahrung nicht noch einmal durchmachen; ***I've no ~ to be offensive, but ...*** ich möchte niemandem zu nahe treten, aber ... ② (*thing desired*) Wunsch *m*; ***may all your ~es come true*** mögen alle deine Wünsche in Erfüllung gehen; **to get** [*or* **have**] **one's ~** seinen Willen bekommen; ***well, you've got your ~, here we are in Paris*** nun, jetzt hast du deinen Willen – wir sind in Paris; **to grant sb a ~** jdm einen Wunsch erfüllen; **to make a ~** sich *dat* etwas wünschen ③ (*regards*) ■**~es** *pl* Grüße *mpl*; ***good ~es for your time at university*** alles Gute für deine Zeit an der Universität; **with best ~es** mit den besten Wünschen; [**with**] **best** [*or* **all good**] **~es** (*at end of letter*) mit herzlichen Grüßen, herzliche Grüße; **to give** [*or* **send**] **sb one's best ~es** jdn herzlich grüßen [lassen], jdm die besten Wünsche ausrichten [lassen]; ***please send her my best ~es for a speedy recovery*** richten Sie ihr bitte meine besten Wünsche für eine baldige Genesung aus *geh* ▸ PHRASES: **the ~ is father to the thought** (*prov*) der Wunsch ist der Vater des Gedankens *prov*; **if ~es were horses**[**, then beggars would ride**] (*saying*) wenn das Wörtchen wenn nicht wär'[, wär' mein Vater Millionär] *prov* II. *vt* ① (*be desirous*) ■**to ~ sth** etw wünschen; ***whatever you ~*** was immer du möchtest; ***if that is what you ~, you shall have it*** wenn es das ist, was du möchtest, dann sollst du es haben; ■**to ~** [**that**] ... wünschen, dass ...; (*expressing annoyance*) wollen [*o* erwarten], dass ...; ***I ~ I hadn't said that*** ich wünschte, ich hätte das nicht gesagt; ***I do ~ you wouldn't keep calling me*** ich möchte, dass du endlich aufhörst, mich anzurufen; ***I ~ she'd shut up for a minute!*** wenn sie doch nur für einen Moment den Mund halten würde! ② (*form: want*) ■**to ~ to do sth** etw tun wollen; ***I ~ to make a complaint*** ich möchte mich beschweren; ***we don't ~ to be disturbed*** wir möchten nicht gestört werden; ***what do you ~ me to do?*** was kann ich für Sie tun?; ***passengers ~ing to take the Kings Cross train ...*** Passagiere für den Zug nach Kings Cross ...; ***I don't ~ to worry you, but ...*** ich möchte Sie nicht beunruhigen, aber ...; ***I don't ~ to appear rude, but ...*** ich möchte nicht unhöflich erscheinen, aber ...; ***without ~ing to appear overcritical, ...*** ohne allzu kritisch erscheinen zu wollen, ...; ■**to** [**not**] **~ sth** [**up**]**on sb** jdm etw [nicht] wünschen; ***I wouldn't ~ it on my worst enemy!*** das würde ich nicht einmal meinem schlimmsten Feind wünschen! ③ (*make a magic wish*) ■**to ~** [**that**] ... sich *dat* wünschen, dass ...; ***I ~ you were here*** ich wünschte, du wärst hier; ***I ~ed the day over*** ich wünschte, der Tag wäre schon vorbei; ***she ~ed herself anywhere but there*** sie wünschte sich möglichst weit weg; ***sometimes I ~ed myself dead*** manchmal wollte ich am liebsten tot sein; **to ~ oneself back home** sich *akk* nach Hause sehnen ④ (*express wishes*) ■**to ~ sb sth** jdm etw wünschen; **to ~ sb happy birthday** jdm zum Geburtstag gratulieren; **to ~ sb merry Christmas** jdm frohe Weihnachten wünschen; **to ~ sb goodnight** jdm [eine] gute Nacht wünschen; **to ~ sb a safe journey/luck/every success** jdm eine gute Reise/Glück/viel Erfolg wünschen; **to ~ sb well/ill** jdm [viel] Glück [*o* alles Gute]/nur Schlechtes wünschen ⑤ (*fam: impose on*) ■**to ~ sb/sth** [**up**]**on sb** jdm jdn/etw aufhalsen *fam* III. *vi* ① (*want*) wollen, wünschen; [**just**] ***as you ~*** [ganz] wie Sie wünschen; ***if you ~*** wenn Sie es wünschen; ■**to ~ for sth** etw wünschen [*o* wollen]; ***what more could you ~ for?*** was kann man sich mehr wünschen? ② (*make a wish*) ■**to ~ for sth** sich *dat* etw wünschen; ***we couldn't have ~ed for a better start*** wir hätten uns keinen besseren Start wünschen können; ***they've got everything a normal person could ~ for*** sie haben alles, was sich ein normaler Mensch nur wünschen kann

◆**wish away** *vt* ■**to ~ away** ○ **sth** etw wegwünschen

wishbone ['wɪʃbəʊn, AM -boʊn] *n* Gabelbein *nt*

wishful ['wɪʃfəl] *adj* ① (*desirous*) sehnsuchtsvoll;

(*desiring*) wünschend, begierig ❷ (*fanciful*) traumverloren
wish-fulfilment *n* Erfüllung *f* eines Wunsches; (*in fantasy*) eingebildete Wunscherfüllung, Phantasievorstellung *f*
wishful thinking *n no pl* Wunschdenken *nt*; ***that's just*** ~ das ist reines Wunschdenken
wishing well *n* Wunschbrunnen *m*
wishy-washy [ˈwɪʃiˌwɒʃi, AM -ˌwɑːʃi] *adj* (*pej*) ❶ (*indeterminate*) lasch, wischiwaschi *pej fam*; *person* [saft- und] kraftlos, farblos ❷ (*weak and watery*) *drink* wässrig, dünn, labberig *fam*; *food* fad[e]; *colours* wässrig
wisp [wɪsp] *n* ❶ (*small bundle*) Büschel *nt*; **~s of cloud** (*fig*) Wolkenfetzen *mpl*, Wolkenstreifen *mpl*; **~ of hair** Haarsträhne *f*; **~s of smoke** (*fig*) [kleine] Rauchfahnen; **~ of straw** Strohbüschel *nt* ❷ (*person*) Strich *m hum fam*; **a little ~ of a boy** ein schmächtiges Kerlchen, ein Strich *m* in der Landschaft *hum fam*
wispy [ˈwɪspi] *adj* dünn; *person* schmächtig, schmal; ***she's got very ~ hair*** sie hat sehr strähniges Haar; **~ clouds** Wolkenfetzen *mpl*
wisteria [wɪˈstɪəriə, AM -ˈstɪr-] BOT **I.** *n no pl* Glyzin[i]e *f* **II.** *n modifier* (*trellis*) Glyzinien-
wistful [ˈwɪs(t)fᵊl] *adj note, smile* wehmütig; *glance, look* sehnsüchtig; **to feel ~** Wehmut empfinden *geh*
wistfully [ˈwɪs(t)fᵊli] *adv* wehmütig; **to gaze ~ at sth** etw sehnsüchtig anblicken; **to speak ~ about sth** wehmütig [*o geh* voller Wehmut] über etw *akk* sprechen
wistfulness [ˈwɪs(t)fᵊlnəs] *n no pl* ❶ (*melancholy*) Wehmut *f geh* ❷ (*longing*) Sehnsucht *f*; **to feel a ~ for sth** sich *akk* nach etw *dat* sehnen
wit [wɪt] **I.** *n* ❶ *no pl* (*humour*) Witz *m*, Geist *m*, Esprit *m geh*; **a flash of ~** ein Geistesblitz *m*; **biting/dry ~** beißender/trockener Humor; **to have a ready ~** schlagfertig sein ❷ *no pl* (*intelligence*) Verstand *m*; **to be beyond the ~ of sb** über jds Verstand [*o* Horizont] [hinaus]gehen; **to have the ~ to do sth** Verstand genug haben, etw zu tun ❸ (*practical intelligence*) ■**~s** *pl* geistige Fähigkeiten, Intelligenz *f kein pl*; **battle of ~s** geistiger Schlagabtausch, geistiges Kräftemessen; **to be at one's ~s' end** mit seiner Weisheit [*o* seinem Latein] am Ende sein; **to collect** [*or* **gather**] **one's ~s** seine fünf Sinne zusammennehmen *fam*, sich *akk* wieder besinnen; **to frighten** [*or* **scare**] **sb out of his/her ~s** [*or* **the ~s out of sb**] jdn zu Tode erschrecken; **to be frightened** [*or* **scared**] **out of one's ~s** sich *akk* zu Tode ängstigen; **to have/keep one's ~s about one** seine fünf Sinne beisammenhaben *fam*/zusammenhalten *fam*; **to live** [*or* **survive**] **on one's ~s** sich *akk* [mit Schläue] durchs Leben schlagen; **to lose one's ~s** (*old*) den Verstand verlieren; **to need all one's ~s about one** seine fünf Sinne zusammennehmen müssen *fam*; **to pit one's ~s against sb/sth** seinen Verstand an jdm/etw messen *geh* ❹ (*funny person*) geistreiche Person, kluger Kopf *fam*; (*astute person*) schlagfertige Person **II.** *vi* (*form*) ■**to ~** nämlich, und zwar
witch <*pl* -es> [wɪtʃ] *n* ❶ (*woman with magic powers*) Hexe *f*; **wicked ~** böse Hexe ❷ (*pej fam: ugly or unpleasant woman*) [alte] Hexe *pej* ▸ PHRASES: **to be as cold as** [*or* **colder than**] **a ~'s tit** *esp* BRIT (*fam*) eiskalt sein
witchcraft *n no pl* Hexerei *f*, Zauberei *f*; **to practice ~** hexen, zaubern **witch doctor** *n* Medizinmann *m* **witch elm** *n* BOT Bergulme *f*
witchery [ˈwɪtʃᵊri, AM -əˑi] *n no pl* Hexerei *f*, Zauberei *f*
witches' brew *n* (*pej*) Gebräu *nt pej*, Teufelszeug *nt pej fam*
witch hazel *n no pl* ❶ BOT Zaubernuss *f*, Hamamelis *f* ❷ MED Hamamelisextrakt *m* **witch-hunt** *n* ❶ (*old*) Hexenjagd *f*, Hexenverfolgung *f* ❷ (*fig, pej fam*) Hexenjagd *f pej* (**against** auf +*akk*)
witching hour *n* ■**the ~** die Geisterstunde
with [wɪθ] *prep* ❶ (*having, containing*) mit +*dat*; ***~ a little bit of luck*** mit ein wenig Glück; ***he spoke ~ a soft accent*** er sprach mit einem leichten Akzent; ***I'd like a double room ~ a sea view*** ich hätte gerne ein Doppelzimmer mit Blick aufs Meer ❷ (*accompanied by*) mit +*dat*; ***I'm going to France ~ a couple of friends*** ich fahre mit ein paar Freunden nach Frankreich ❸ (*together with*) mit +*dat*; ***I need to talk ~ you about this*** ich muß mit dir darüber reden; ***I've got nothing in common ~ him*** ich habe mit ihm nichts gemeinsam; ***~ you and me, there'll be 10 of us*** mit dir und mir sind wir zu zehnt ❹ (*in company of*) bei +*dat*; ***I'll be ~ you in a second*** ich bin gleich bei dir; ***we're going to stay ~ some friends*** wir werden bei Freunden übernachten ❺ (*in the case of*) ***it's the same ~ me*** bei mir ist es das gleiche; ***let me be frank ~ you*** lass' mich offen zu dir sein; ***away ~ you!*** fort mit dir! ❻ (*concerning*) ***he decided to make a clean break ~ the past*** er beschloß einen Strich unter die Vergangenheit zu setzen; ***can you help me ~ my homework?*** kannst du mir bei den Hausaufgaben helfen?; ***what's the matter ~ her?*** was ist los mit ihr?; **to have something/nothing to do ~ sb/sth** etwas/nichts mit jdm/etw zu tun haben ❼ (*expressing feeling towards sb/sth*) mit +*dat*; ***I'm angry ~ you*** ich bin sauer mit dir; ***he was dissatisfied ~ the new car*** er war unzufrieden mit dem neuen Wagen; ***I'm content ~ things the way they are*** ich bin zufrieden mit den Dingen so wie sie sind ❽ (*expressing manner*) mit +*dat*; ***she nodded ~ a sigh*** sie nickte seufzend; ***~ a look of suprise*** mit einem erstaunten Gesichtsausdruck; ***please handle this package ~ care*** bitte behandeln sie dieses Paket mit Vorsicht ❾ (*in a state of*) vor +*dat*; ***she was shaking ~ rage*** sie zitterte vor Wut; ***he looked ~ utter disbelief*** er starrte völlig ungläubig; ***she was green ~ jealousy*** sie war grün vor Eifersucht ❿ (*in addition to*) mit +*dat*; **~ that ...** [und] damit ... ⓫ (*in proportion to*) mit +*dat*; ***the value could decrease ~ time*** der Wert könnte mit der Zeit sinken; ***the wine will improve ~ age*** der Wein wird mit dem Alter besser ⓬ (*in direction of*) mit +*dat*; ***they went ~ popular opinion*** sie gingen mit der öffentlichen Meinung; ***I prefer to go ~ my own feeling*** ich verlasse mich lieber auf mein Gefühl; **~ the wind/tide/current** mit dem Wind/der Flut/Strömung ⓭ (*using*) mit +*dat*; ***she paints ~ watercolors*** sie malt mit Wasserfarben; ***they covered the floor ~ newspaper*** sie bedeckten den Boden mit Zeitungspapier ⓮ (*in circumstances of, while*) ***~ things the way they are*** so wie die Dinge sind [*o* stehen]; ***~ two minutes to take-off*** mit nur noch zwei Minuten bis zum Start; ***what ~ school and all, I don't have much time*** mit der Schule und allem bleibt mir nicht viel Zeit ⓯ (*despite*) bei +*dat*; ***~ all her faults*** bei all ihren Fehlern; **even ~ ...** selbst mit ... ⓰ (*working for*) bei +*dat*; ***he's been ~ the department since 1982*** er arbeitet seit 1982 in der Abteilung ⓱ (*in support of*) ***I agree ~ you 100%*** ich stimme dir 100% zu; **to be ~ sb/sth** hinter jdm/etw stehen; **to go ~ sth** mit etw *dat* mitziehen; **up/down ~ sth** hoch/nieder mit etw *dat* ⓲ (*to match*) **to go ~ sth** zu etw *dat* passen ⓳ (*filled with, covered by*) mit +*dat*; ***the basement is crawling ~ spiders*** der Keller wimmelt vor Spinnen; ***his plate was heaped ~ food*** sein Teller war mit Essen vollgeladen ⓴ (*on one's person*) bei +*dat*, an +*dat*; ***do you have a pen ~ you?*** hast du einen Stift bei dir?; ***bring a cake ~ you*** bring' einen Kuchen mit ㉑ (*fam: denoting comprehension*) ***are you ~ me?*** verstehst du?; ***I'm sorry, but I'm not ~ you*** entschuldigung, aber da komm' ich nicht mit
withdraw <-drew, -drawn> [wɪðˈdrɔː, AM *esp* -ˈdrɑː] **I.** *vt* ❶ (*remove*) ■**to ~ sth** etw herausziehen; **to ~ one's hand** seine Hand zurückziehen ❷ (*from bank account*) **to ~ sth [from an account]** etw [von einem Konto] abheben ❸ (*take back*) ■**to ~ sth** *coins, notes, stamps* etw einziehen [*o* aus dem Verkehr ziehen]; BRIT ECON *goods* etw zurückrufen; ■**to ~ sb** *a team, sportsmen* jdn abziehen; **to ~ an ambassador** einen Botschafter zurückrufen; **to ~ forces/troops** MIL Streitkräfte/Truppen abziehen; **to ~ sb from school** jdn von der Schule nehmen ❹ (*cancel*) **to ~ an accusation** eine Anschuldigung zurücknehmen; **to ~ an action** LAW eine Klage zurückziehen; **to ~ a charge** eine Anklage fallen lassen; **to ~ funding** seine Zahlungen einstellen; **to ~ one's labour** BRIT (*form*) die Arbeit niederlegen; **to ~ one's statement** LAW seine Aussage zurückziehen; **to ~ one's support for sth** etw nicht mehr unterstützen **II.** *vi* ❶ (*leave*) sich *akk* zurückziehen ❷ MIL (*retreat*) sich *akk* zurückziehen [*o* absetzen] ❸ (*stop taking part in*) sich *akk* zurückziehen; **to ~ from college** vom College abgehen; **to ~ from public life** sich *akk* aus dem öffentlichen Leben zurückziehen; *esp* BRIT SPORTS nicht antreten; **to ~ from a match** zu einem Spiel nicht antreten ❹ (*fig: become incommunicative*) sich *akk* zurückziehen; **to ~ into a fantasy world/oneself** sich *akk* in eine Phantasiewelt/in sich *akk* selbst zurückziehen; **to ~ into silence** in Schweigen verfallen ❺ (*practise coitus interruptus*) Geschlechtsverkehr unterbrechen
withdrawal [wɪðˈdrɔːᵊl, AM *esp* -ˈdrɑː-] *n* ❶ FIN [Geld]abhebung *f*; ***~ without penalty at seven days' notice*** bei Einhaltung der 7-tägigen Kündigungsfrist entstehen keine Gebühren; **early ~** vorzeitige Abhebung; **to make a ~** Geld abheben ❷ MIL Rückzug *m*, Abzug *m* ❸ *no pl* (*taking back*) Zurücknehmen *nt*; (*cancel*) Zurückziehen *nt*; *of consent, support* Entzug *m*; BRIT ECON *of goods for sale* Rückruf *m*, Zurückbeordern *nt*; *of allegation* Widerruf *m*; *of action* Zurückziehen *nt*; *of charge* Fallenlassen *nt*; **~ from a contract** Rücktritt *m* von einem Vertrag; **~ of funds** Entzug *m* von Geldern ❹ *no pl* SPORTS Abzug *m* (**from** von +*dat*); ***her sudden ~ from the championship ...*** ihr plötzlicher Startverzicht bei den Meisterschaften ... ❺ *no pl* (*fig: distancing from others*) Rückzug *m* in sich *akk* selbst ❻ *no pl from drugs* Entzug *m* ❼ *no pl* (*coitus interruptus*) Koitus interruptus *m*
withdrawal method *n no pl* ■**the ~** der Koitus interruptus **withdrawal slip** *n* Auszahlungsbeleg *m*, Auszahlungsschein *m* **withdrawal symptoms** *npl* Entzugserscheinungen *fpl*; **to suffer [from] ~** (*also fig*) an Entzugserscheinungen leiden *a. fig*
withdrawn [wɪðˈdrɔːn, AM *esp* -ˈdrɑːn] *adj* introvertiert, verschlossen
wither [ˈwɪðəʳ, AM -əˑ] **I.** *vi* ❶ (*of plants*) verdorren, vertrocknen ❷ *person* verfallen; *part of body* verkümmern; **to ~ with age** mit dem Alter an Vitalität verlieren ❸ (*fig: lose vitality*) dahinschwinden *geh*; *interest* nachlassen ▸ PHRASES: **to ~ on the vine** nach und nach [von selbst] verschwinden; *traditions* allmählich in Vergessenheit geraten **II.** *vt* ■**to ~ sth** etw verkommen lassen; **to ~ plants** Pflanzen verdorren lassen; ***age cannot ~ her*** das Alter kann ihr nichts anhaben
◆**wither away** *vi plants* verdorren, vertrocknen, dahinwelken *geh*; (*fig*) verkommen, verfallen
withered [ˈwɪðəd, AM -əˑd] *adj* ❶ (*shrivelled*) verdorrt, vertrocknet; *flowers, leaves* welk; (*fig*) *face, skin* verhutzelt ❷ (*paralysed*) *limb* verkrüppelt
withering [ˈwɪðrɪŋ, AM -əˑɪŋ] **I.** *adj* ❶ (*destructive*) **~ fire** verzehrendes Feuer *geh*; **to be under ~ fire from sb** (*fig*) von jdm vernichtend kritisiert werden; **~ heat** sengende Hitze ❷ (*contemptuous*) vernichtend; **to treat sth with ~ contempt** etw mit tiefster Verachtung strafen; **to give sb a ~ look** jdn vernichtend anblicken **II.** *n no pl* ❶ (*becoming shrivelled*) Verdorren *nt*, Vertrocknen *nt* ❷ (*becoming less*) Abnahme *f*, Rückgang *m*
witheringly [ˈwɪdᵊrɪŋli] *adv* feindselig, giftig *fig*, voller Abneigung
withers [ˈwɪðəz, AM -əˑz] *npl of horse* Widerrist *m*
withhold <-held, -held> [wɪθˈhəʊld, AM -ˈhoʊld] *vt* ■**to ~ sth** ❶ (*not give*) etw zurückhalten; ■**to ~ sth from sb** jdm etw *akk* vorenthalten; **to ~ [crucial] evidence** [entscheidendes] Beweismaterial zurückhalten; **to ~ information/a name** Informationen/einen Namen verschweigen; **to ~ one's permission to do sth** etw nicht genehmigen; ***permission was withheld*** es wurde keine Genehmigung

erteilt; **to ~ one's support** seine Unterstützung versagen *geh* ❷ (*not pay*) etw nicht zahlen; **to ~ benefit payments** Leistungen nicht auszahlen; **to ~ a tax** eine Steuer einbehalten

withholding tax *n* FIN ❶ (*tax for interest or dividends*) Quellensteuer *f* ❷ AM (*income-tax deduction*) Quellensteuer *f*

within [wɪˈðɪn] **I.** *prep* ❶ (*form: inside of*) innerhalb *+gen;* ***cross-border controls ~ the EU*** Grenzkontrollen innerhalb der EU ❷ (*confined by*) innerhalb *+gen;* ***dogs barked from ~ the gates*** Hunde bellten hinter den Toren ❸ (*hidden inside*) ■ **~ oneself** in seinem Inneren ❹ (*in limit of*) ■ **~ sth** innerhalb einer S. *gen;* **~ sight/earshot/reach** in Sicht-/Hör-/Reichweite; **~ easy reach** bequem [*o* einfach] zu erreichen ❺ (*in less than*) ■ **~ sth** innerhalb von etw *dat;* **~ hours/minutes/six months** innerhalb von Stunden/Minuten/sechs Monaten; **~ inches** [*or* **an inch**] **of sth** [nur] Zentimeter von etw *dat* entfernt; (*fig*) ***she came ~ an inch of losing her job*** sie verlor beinahe ihren Job ❻ (*in accordance to*) ■ **~ sth** innerhalb einer S. *gen;* **~ the rules/the law** innerhalb der Regeln/des Gesetzes ❼ (*in group of*) ■ **~ sth** innerhalb einer S. *gen;* **~ society** innerhalb der Gesellschaft **II.** *adv inv* innen; ***"cleaning personnel wanted, enquire ~"*** „Raumpflegepersonal gesucht, Näheres im Geschäft"; ■ **from ~** von innen [heraus]; **to promote from ~** offene Stellen intern neu besetzen

without [wɪˈðaʊt, AM *also* -θaʊt] **I.** *prep* ❶ (*not having, not wearing*) ohne *+akk;* ***she looks much better ~ make-up*** sie sieht ohne Make-up viel besser aus; **~ a dime** ohne einen Pfennig; **to be ~ foundation** (*fig*) jeder Grundlage entbehren ❷ (*no occurance of*) ■ **~ sth** ohne etw *akk;* **~ warning/delay** ohne [Vor]warnung/Verzögerung; **~ question** ohne Frage ❸ (*no feeling of*) ■ **~ sth** ohne etw *akk;* **~ conviction** ohne Überzeugung ❹ (*not with*) ohne *+akk;* ***why don't you start ~ me?*** warum fangt ihr nicht schon ohne mich an?; **~ *sugar*** ohne Zucker ❺ LAW **~ prejudice** ohne Verbindlichkeit [*o* Anerkennung einer Rechtspflicht] **II.** *adv inv* ❶ (*liter: on the outside*) außen; ■ **from ~** von außen ❷ (*old: outside*) draußen

with-profits *adj inv* BRIT FIN *insurance* Gewinnbeteiligung *f*, Bonusanteile *mpl*

withstand <-stood, -stood> [wɪðˈstænd, wɪθ-, AM -θˈ-, -ð-] *vt* ■ **to ~ sb/sth** jdm/etw standhalten; **to ~ temptation** der Versuchung widerstehen; **to ~ rough treatment** eine unsanfte Behandlung aushalten

witless [ˈwɪtləs] *adj* dumm; *person also* einfältig; **~ remark** geistlose Bemerkung; **to frighten** [*or* **scare**] **sb ~** jdn zu Tode erschrecken; **to be scared ~** Todesängste ausstehen

witness [ˈwɪtnəs] **I.** *n* <*pl* -es> ❶ (*observer or attester to sth*) Zeuge, -in *m, f* (**to** *+gen*); ***as God is my ~, …*** Gott ist mein Zeuge, …; **~ [to a marriage]** Trauzeuge, -in *m, f;* **in the presence of two ~es** in Gegenwart zweier Zeugen/Zeuginnen; **according to ~es** Zeugenaussagen zufolge; ■ **before ~es** vor Zeugen/Zeuginnen ❷ LAW (*sb giving testimony*) Zeuge, -in *m, f;* ***your ~!*** Ihr Zeuge/Ihre Zeugin!; **adverse ~** Gegenzeuge, -in *m, f;* **character ~** Leumundszeuge, -in *m, f;* **~ for the defence/prosecution** [*or* **defence/prosecution ~**] Zeuge, -in *m, f* der Verteidigung/Anklage, Entlastungs-/Belastungszeuge, -in *m, f;* **expert** [*or* **professional**] [*or* **skilled**] **~** Gutachter(in) *m(f)*, Sachverständiger *m;* **key ~ for the defence** Hauptentlastungszeuge, -in *m, f;* **in ~ whereof** (*form*) zum Zeugnis dessen *geh;* **to appear as a ~** als Zeuge/Zeugin auftreten; **to call a ~** einen Zeugen/eine Zeugin aufrufen; **to hear/swear in a ~** einen Zeugen/eine Zeugin vernehmen/vereidigen ❸ *no pl* (*form: proof*) Zeugnis *nt geh;* **to bear ~ to sth** von etw *dat* zeugen *geh*, etw zeigen; **to bear false ~** (*old*) falsches Zeugnis ablegen *veraltend form* ❹ REL (*of belief*) Bekenntnis *nt;* **to bear ~ to sth** von etw *dat* Zeugnis ablegen; ***thou shalt not bear false ~*** du sollst nicht falsch Zeugnis reden **II.** *vt* ❶ (*see*) ■ **to ~ sth** etw beobachten, Zeuge/Zeugin einer S. *gen* sein; ■ **to ~ sb doing sth** sehen, wie jd etw tut; (*watch attentively*) beobachten, wie jd etw tut ❷ (*experience*) ■ **to ~ sth** etw miterleben; ***the past few years have ~ed momentous changes throughout Eastern Europe*** die vergangenen Jahre sahen tief greifende Veränderungen in ganz Osteuropa ❸ (*attest*) ■ **to ~ sth** etw bestätigen; **to ~ sb's signature** jds Unterschrift beglaubigen; **to ~ a will** ein Testament als Zeuge/Zeugin unterschreiben; **now this deed ~eth** LAW im Folgenden bezeugt dieser Vertrag ❹ *usu passive* ■ **as ~ed by sth** (*demonstrated*) wie etw zeigt [*o* beweist]; ***as ~ed by the number of tickets sold …*** wie man anhand der verkauften Karten sehen kann, … ❺ (*behold*) ***the situation is still unstable — ~ the recent outbreak of violence in the capital*** die Lage ist noch immer instabil, wie der jüngste Ausbruch von Gewalt in der Hauptstadt gezeigt hat; ***forecasters can get it disastrously wrong — ~ the famous British hurricane of 1987*** Meteorologen können sich fürchterlich irren – man denke nur an den berühmten britischen Hurrikan von 1987 **III.** *vi* LAW (*form*) ■ **to ~ to sth** etw bestätigen [*o* bezeugen]; **to ~ to the authenticity of sth** die Echtheit einer S. *gen* bestätigen

witness box *n esp* BRIT, **witness stand** *n esp* AM Zeugenstand *m kein pl;* **to go into** [*or* **take**] **the ~** in den Zeugenstand treten

witter [ˈwɪtəʳ] *vi* BRIT (*pej fam*) ■ **to ~ [on]** labern *pej fam*, quatschen *pej fam;* ■ **to ~ on about sth** von etw *dat* labern *pej fam*, über etw *akk* quatschen *pej fam*

witticism [ˈwɪtɪsɪzᵊm, AM ˈwɪt̬ə-] *n* Witzelei *f*

wittily [ˈwɪtɪli, AM ˈwɪt̬-] *adv* (*cleverly*) geistreich; (*humourously*) auf witzige Weise; **to comment ~ on sth** über etw *akk* geistreiche Bemerkungen machen

wittingly [ˈwɪtɪŋli] *adv* wissentlich

witty [ˈwɪti, AM -t̬i] *adj* (*clever*) geistreich; (*funny*) witzig

wives [waɪvz] *n pl of* **wife**

wiz [wɪz] *n* (*fam*) *short for* **wizard** Genie *nt oft hum;* **to be a ~ at sth** ein [wahres] Genie in etw *dat* sein

wizard [ˈwɪzəd, AM -əd] **I.** *n* ❶ (*magician*) Zauberer *m*, Hexenmeister *m* ❷ (*expert*) Genie *nt oft hum;* ***he's a real ~ on the piano*** er ist ein wahrer Meister am Klavier; ***she's a ~ with figures*** sie ist eine wahre Rechenkünstlerin; **computer/financial ~** Computer-/Finanzgenie *nt;* ■ **to be a ~ at sth** ein [wahres] Genie in etw *dat* sein; ***he's a ~ at raising money*** in Sachen Geldbeschaffung vollbringt er wahre Wunder **II.** *adj* BRIT (*dated fam*) prima *fam*, klasse *fam*, toll *fam*

wizardry [ˈwɪzədri, AM -əd-] *n no pl* ❶ (*expertise*) Zauberei *f fig*, Hexerei *f fig;* **financial ~** Finanzakrobatik *f* ❷ (*also hum: equipment*) **high-tech/technical ~** hochtechnologische/technische Wunderdinge *hum*

wizened [ˈwɪzᵊnd] *adj person* verhutzelt; *face, skin* runz[e]lig; *apple* schrump[e]lig, verhutzelt

wk *n abbrev of* **week** Wo.

WLR *n* LAW *abbrev of* **Weekly Law Reports**

WML [ˌdʌbljuːemˈel] *n* COMPUT *abbrev of* **Wireless Markup Language** WML *f fachspr* (*Seitenbeschreibungssprache für das WAP-Protokoll*)

woad [wəʊd, AM woʊd] *n no pl* [Färber]waid *m*

wobble [ˈwɒbl̩, AM ˈwɑː-] **I.** *vi* ❶ (*move*) wackeln; *wheel* eiern *fam; double chin, jelly, fat* schwabbeln *fam; legs* zittern, schlottern; ■ **to ~ off** davonwackeln ❷ (*tremble*) *voice* zittern ❸ ECON (*fig: fluctuate*) *prices, shares* schwanken *fig* ❹ (*fig: be undecided*) ■ **to ~ on sth** bei etw *dat* schwanken [*o* unschlüssig sein] **II.** *vt* ■ **to ~ sth** an etw *dat* rütteln **III.** *n* ❶ *usu sing* (*movement*) Wackeln *nt kein pl;* ***there's a slight ~ in the front wheel*** das Vorderrad eiert etwas; **to have a ~** *chair* wackeln ❷ *usu sing* (*sound*) Vibrieren *nt kein pl; of a voice* Zittern *nt kein pl* ❸ ECON (*fig*) Schwankung *f*

wobbler [ˈwɒbləʳ, AM ˈwɑːbləʳ] *n* BRIT [Wut]anfall *m; see also* **wobbly II**

wobbly [ˈwɒbl̩i, AM ˈwɑː-] **I.** *adj* ❶ (*unsteady*) wack[e]lig; ***I've got a ~ tooth*** bei mir wackelt ein Zahn; ***my legs feel a bit ~*** ich bin etwas wacklig auf den Beinen; **to draw a ~ line** einen zittrigen Strich ziehen ❷ (*wavering*) **~ voice** zittrige Stimme **II.** *n* BRIT (*fam*) [Wut]anfall *m;* **to throw a ~** einen Wutanfall kriegen *fam*, ausrasten *fam*

wodge [wɒdʒ] *n* BRIT, AUS (*fam*) Brocken *m;* **a ~ of cake/cheese** ein [großes] Stück Kuchen/Käse; **a ~ of notes** einen Packen Geldscheine; **~ of paper** Stoß *m* Papier; **~ of papers** Stapel *m* Papiere

woe [wəʊ, AM woʊ] *n* ❶ *no pl* (*liter: unhappiness*) Kummer *m*, Leid *nt*, Weh *nt geh;* ***~ betide you if …*** wehe dir, wenn …; ***~ is me!*** (*old*) wehe mir!; **to have a face full of ~** ein ganz vergrämtes Gesicht haben; **a day of ~** ein Unglückstag *m;* **a tale of ~** eine Geschichte des Jammers ❷ (*form*) ■ **~s** *pl* (*misfortunes*) Nöte *fpl*, Kummer *nt kein pl;* **economic/financial ~s** wirtschaftliche/finanzielle Probleme; **to pour out one's ~s** sein Leid klagen

woebegone [ˈwəʊbɪɡɒn, AM ˈwoʊbɪɡɑːn] *adj* (*liter*) *expression* kummervoll; *face* vergrämt *geh*, sorgenvoll; **to look ~** bekümmert aussehen

woeful [ˈwəʊfᵊl, AM ˈwoʊ-] *adj* ❶ (*deplorable*) beklagenswert; **~ ignorance/incompetence** erschreckende Unwissenheit/Inkompetenz; **~ record/standard** jämmerlicher Rekord/erbärmlicher Standard ❷ (*liter: sad*) traurig; **~ tidings** schlechte Nachrichten

woefully [ˈwəʊfᵊli, AM ˈwoʊ-] *adv* ❶ (*deplorably*) jämmerlich; *ignorant, inadequate* erschreckend ❷ (*liter: sadly*) traurig, betrübt *geh*

wog [wɒɡ] *n* (*pej! sl*) ❶ BRIT, AUS (*dark-skinned person*) ≈ Kanake, -in *m, f pej fam* ❷ AUS (*non-English-speaking immigrant*) Ausländer(in) *m(f)*

wok [wɒk, AM wɑːk] *n* Wok *m*

woke [wəʊk, AM woʊk] *vt, vi pt of* **wake**

woken [wəʊkᵊn, AM woʊ-] *vt, vi pp of* **wake**

wolf [wʊlf] **I.** *n* <*pl* wolves> ❶ (*animal*) Wolf *m;* ***who's afraid of the big bad ~?*** wer hat Angst vor dem bösen Wolf? ❷ (*dated: seducer*) Schürzenjäger *m pej fam*, Weiberheld *m pej* ▸ PHRASES: **a ~ in sheep's clothing** ein Wolf im Schafspelz; **to keep the ~ from the door** sich *akk* [gerade so] über Wasser halten; **to hold a ~ by the ears** in der Klemme sitzen *fam;* **to cry ~** blinden Alarm schlagen; **to throw sb to the wolves** jdn den Wölfen zum Fraß vorwerfen, *fam* über die Klinge springen lassen **II.** *vt* (*fam*) ■ **to ~ sth** etw verschlingen [*o* hinunterschlingen]

◆**wolf down** *vt* (*fam*) ■ **to ~ down** ↔ **sth** etw verschlingen [*o* hinunterschlingen]

wolf cub *n* ❶ (*young wolf*) Wolfsjunge(s) *nt* ❷ BRIT (*dated: Cub Scout*) Wölfling *m* **wolfhound** *n* Wolfshund *m*

wolfish [ˈwʊlfɪʃ] *adj* ❶ (*sexually predatory*) lüstern ❷ (*voracious*) gefräßig; **~ appetite** unbändiger Appetit; **~ hunger** Wolfshunger *m fam*, Bärenhunger *m fam*

wolfishly [ˈwʊlfɪʃli] *adv* wölfisch *fig*, wild

wolfram [ˈwʊlfrəm] *n no pl* CHEM Wolfram *nt*

wolf whistle *n* bewundernder Pfiff; **to give sb a ~** jdm nachpfeifen

wolf-whistle **I.** *vt* ■ **to ~ sb** jdm nachpfeifen **II.** *vi* [lüstern] pfeifen

wolves [wʊlvz] *n pl of* **wolf**

woman **I.** *n* <*pl* women> [ˈwʊmən, *pl* wɪmɪn] ❶ (*female human*) Frau *f;* ***I feel a new ~*** ich fühle mich wie neugeboren; **~ to ~** von Frau zu Frau; **a ~ of letters** (*scholar*) eine Gelehrte; (*author*) eine Literatin [*o* Schriftstellerin]; **~ of the streets** (*dated or euph*) Straßenmädchen *nt meist pej;* **~'s talk** Frauengespräche *ntpl;* **to be a ~ of one's word** eine Frau sein, die Wort hält; **a ~ of the world** eine Frau von Welt; **to be one's own ~** eine selbständige Frau sein ❷ (*fam: used as term of address*) Weib *pej fam* ❸ (*fam: man's female partner*) Frau *f;* **the little** [*or* **old**] **~** (*dated or pej!*) meine/seine/sie alte *pej;* (*hum*) meine Frau; **the other ~** die Geliebte ▸ PHRASES: **hell knows no fury like a ~ scorned** (*saying*) die Hölle [selbst] kennt nicht solche Wut wie eine zurückgewiesene Frau; **a ~'s place is in the home** (*saying dated*) eine Frau gehört ins Haus; **it's a ~'s privilege [to change her mind]** (*saying*) es ist das Vorrecht einer Frau [ihre Meinung zu ändern]; **a ~'s work is never done** (*prov*) Frauenhände ruhen nie *geh* **II.** *n* ['wʊmən] *modifier* weiblich; ~ **candidate** Kandidatin *f;* ~ **doctor** Ärztin *f;* **a ~ driver** eine Frau am Steuer; ~ **police officer** Polizistin *f;* ~ **president** Präsidentin *f*

-woman ['wʊmən] *in compounds* ❶ (*of nationality*) **English~/Irish~** Engländerin *f*/Irin *f* ❷ (*of job, skill*) **chair~** Vorsitzende *f;* **fire~** Feuerwehrfrau *f;* **police~** Polizistin *f;* **sales~** Verkäuferin *f;* **helms~** NAUT Steuerfrau *f;* **needle~** Näherin *f;* **oars~** Ruderin *f* ❸ (*consisting of women*) **a three-~ committee** ein Komitee *nt* aus drei Frauen; **an all-~ crew** eine reine Frauenmannschaft

woman-about-town <*pl* women-about-town> *n* moderne Frau; (*experienced*) Frau *f* von Welt

womanhood ['wʊmənhʊd] *n no pl* ❶ (*female adulthood*) Frausein; **a girl's journey towards ~** die Entwicklung eines Mädchens zur Frau; **to reach ~** eine Frau werden ❷ (*group*) Frauen *fpl*

womanish ['wʊmənɪʃ] *adj* (*pej*) weibisch *pej*

womanize ['wʊmənaɪz] *vi* Frauengeschichten haben *fam,* den Frauen nachsteigen, hinter den Weibern her sein *sl*

womanizer ['wʊmənaɪzəʳ, AM -ɚ] *n* Weiberheld *m pej,* Schürzenjäger *m pej fam*

womanizing ['wʊmənaɪzɪŋ] *n no pl* Schürzenjägerei *f;* ***because of his constant ~*** wegen seiner ständigen Frauengeschichten

womankind [ˌwʊmən'kaɪnd] *n no pl* (*dated form*) weibliches Geschlecht, Frauen *fpl;* **all ~** alle Frauen; *pl* das gesamte weibliche Geschlecht

womanliness ['wʊmənlɪnəs] *n no pl* Weiblichkeit *f*

womanly ['wʊmənli] *adj* ❶ (*of character*) weiblich; ~ **virtues** weibliche Tugenden; ~ **wiles** weibliche List; **to use all one's ~ wiles** (*dated*) mit den Waffen einer Frau kämpfen ❷ (*of body*) fraulich

womb [wu:m] *n* Mutterleib *m,* [Mutter]schoß *m geh, liter;* MED Gebärmutter *f*

wombat ['wɒmbæt, AM 'wɑ:m-] *n* ZOOL Wombat *m*

women ['wɪmɪn] *n pl of* **woman**

womenfolk ['wɪmɪnfəʊk, AM -foʊk] *npl* Frauen *fpl*

women's group *n* Frauengruppe *f*

Women's Institute *n* BRIT ■**the ~** *britische Frauenvereinigung* **women's lib** [-'lɪb] *n* (*dated fam*) *short for* **women's liberation** Frauen[rechts]bewegung *f* **women's libber** [-'lɪbəʳ, AM -ɚ] *n* (*dated fam*) Frauenrechtlerin *f,* Emanze *f oft pej fam* **women's liberation** *n no pl* (*dated*) Frauen[rechts]bewegung *f* **women's movement** *n* ■**the ~** die Frauen[rechts]bewegung **women's refuge** *n* BRIT, AUS, **women's shelter** *n* AM Frauenhaus *nt* **women's rights** *npl* Rechte *ntpl* der Frauen, Frauenrechte *pl* **women's studies** *npl Studienfach, das die Rolle der Frau in Geschichte, Gesellschaft und Literatur untersucht* **women's suffrage** *n no pl* Frauenwahlrecht *nt* **womenswear** *n no pl* Damenbekleidung *f* **women's work** *n no pl* Frauenarbeit *f*

womyn ['wɪmɪn] *npl von Feministinnen verwendete Schreibweise für 'Frauen' um englisch 'woMEN' zu vermeiden*

won [wʌn] *vt vi pt, pp of* **win**

wonder ['wʌndəʳ, AM -ɚ] **I.** *vt* ❶ (*ask oneself*) ■**to ~ sth** sich *akk* etw fragen; ***I've been ~ing that myself*** das habe ich mich auch schon gefragt; ***why, one ~s, is she doing that?*** warum tut sie das wohl?; ***I ~ if you'd mind passing the sugar*** wären Sie wohl so freundlich, mir den Zucker herüberzureichen?; ***I ~ if you could give me some information about …*** könnten Sie mir vielleicht ein paar Informationen über… geben?; ***I was just ~ing if you felt like doing something tomorrow evening*** hätten Sie nicht Lust, morgen Abend etwas zu unternehmen?; ***it makes you wonder why they …*** man fragt sich [schon], warum sie …; ■**to ~ what/when/where …** sich *akk* fragen, was/wann/wo … ❷ (*feel surprise*) ■**to ~ that …** überrascht sein, dass …; ***I don't ~ that …*** es überrascht mich nicht, dass … **II.** *vi* ❶ (*ask oneself*) sich *akk* fragen; ***will that be enough, I ~?*** ob das wohl reichen wird?; ***why do you ask? — I was just ~ing*** warum fragst du? – ach, nur so; ***I ~ — could you help me with these books?*** könntest du mir vielleicht mit den Büchern helfen?; ***when shall we meet? — we were ~ing about next Friday*** wann sollen wir uns treffen? – wir dachten an nächsten Freitag; ■**to ~ about sb/sth** sich [*o* Sorgen] über jdn/etw Gedanken *dat* machen; ■**to ~ about doing sth** darüber nachdenken, ob man etw tun sollte; **to ~ aloud** [*or* **out loud**] **about sth** über etw *akk* laut nachdenken ❷ (*feel surprise*) sich *akk* wundern, staunen; ***you ~ that …*** man wundert sich schon, dass …; ***I shouldn't ~*** das würde mich nicht wundern; ***I don't ~*** [***at it***] das wundert mich nicht; ■**to ~ at sb/sth** sich *akk* über jdn/etw wundern; (*astonished*) über jdn/etw erstaunt sein **III.** *n* ❶ *no pl* (*feeling*) Staunen *nt,* Verwunderung *f;* **a sense of ~** ein Gefühl *nt* der Ehrfurcht; **to fill sb with ~** jdn in Staunen versetzen; **to listen in ~** staunend zuhören ❷ (*marvel*) Wunder *nt;* ***it's little*** [*or* ***no***] [*or* ***small***] ***~*** [***that***] … es ist kein Wunder, dass …; ***no ~ …*** kein Wunder, dass …; ***~s*** [***will***] ***never cease!*** (*iron*) es geschehen noch Zeichen und Wunder! *hum;* **the ~s of modern technology** die Wunder der modernen Technik; **the Seven W~s of the world** die sieben Weltwunder; **to do** [*or* **work**] **~s** [wahre] Wunder wirken [*o geh* vollbringen] ▶ PHRASES: **God moves in a mysterious way, his ~s to perform** BRIT (*saying*) die Wege Gottes sind unerforschlich; **to be a chinless ~** BRIT (*fam*) ein junger, reicher Lackaffe sein *fam;* **to be a nine-days'** [*or* **seven-day**] **~** *esp* BRIT eine sehr kurzlebige Sensation sein, nur kurze Zeit für Aufsehen sorgen

wonder boy *n* (*iron, hum fam*) Wunderknabe *m hum, iron fam* **wonder drug** *n* Wundermittel *nt*

wonderful ['wʌndəfᵊl, AM -dɚ-] *adj* wunderbar, wundervoll

wonderfully ['wʌndəfᵊli, AM -dɚ-] *adv* wunderbar; **to cope ~ with sth** mit etw *dat* ausgezeichnet zurechtkommen; **to go ~ well with sth** zu etw *dat* hervorragend passen; **to get on ~** ausgezeichnet miteinander auskommen ▶ PHRASES: **[hanging] concentrates the mind ~** BRIT (*saying*) [der Strick vor Augen] konzentriert die Gedanken ganz hervorragend

wondering ['wʌndᵊrɪŋ] *adj* verwundert, staunend

wonderingly ['wʌndᵊrɪŋli] *adv* mit Verwunderung, mit Erstaunen

wonderland *n* Wunderland *nt,* Märchenland *nt;* **winter ~** winterliche Märchenlandschaft

wonderment ['wʌndəmənt, AM -dɚ-] *n no pl* Verwunderung *f,* Erstaunen *nt*

wondrous ['wʌndrəs] *adj* wunderbar; *achievement* großartig; **to have ~ effect on sth** bei etw *dat* wahre Wunder bewirken

wondrously ['wʌndrəsli] *adv* außerordentlich

wonk [wɒŋk, AM wɑ:ŋk] *n* ❶ AM (*fam: diligent person*) Streber(in) *m(f) pej* ❷ AM (*fam: legalistic person*) Politikbesessene(r) *f(m) fam* ❸ NAUT (*incompetent sailor*) unfähiger Matrose/unfähige Matrosin

wonkiness ['wɒŋkɪnəs] *n no pl* Schrägheit *f fig fam*

wonky ['wɒŋki] *adj* BRIT, AUS (*fam*) ❶ (*unsteady*) wack[e]lig *a. fig* ❷ (*be unwell*) **to feel ~** sich *akk* angeschlagen fühlen ❸ (*askew*) ■**to be ~** *picture* schief hängen; *hat* schief sitzen

wont [wəʊnt, AM wɔ:nt] (*form*) **I.** *adj pred* gewohnt; ■**to be ~ to do sth** [für] gewöhnlich etw tun **II.** *n no pl* (*hum*) Gewohnheit *f;* **as is her/his ~** wie er/sie zu tun pflegt; ***she arrived an hour late, as is her ~*** wie üblich kam sie eine Stunde zu spät

won't [wəʊnt, AM woʊnt] = **will not** *see* **will**[1]

wonted [wəʊntɪd, AM wɔ:nţɪd] *adj attr, inv* (*liter*) gewohnt; **sb's ~ courtesy** jds gewohnte Höflichkeit

woo [wu:] *vt* ❶ (*attract*) ■**to ~ sb/sth** um jdn/etw werben; **to ~ customers/voters** Kunden/Wähler umwerben; ■**to ~ sb with sth** jdn mit etw *dat* locken; ■**to ~ sb away [from sb/sth]** jdn [von jdm/etw] weglocken; **to ~ work force** Arbeitskräfte abwerben ❷ (*dated: court*) ■**to ~ sb** jdn umwerben [*o veraltend* den Hof machen]

wood [wʊd] **I.** *n* ❶ *no pl* (*material from trees*) Holz *nt;* **block of ~** Holzklotz *m;* **plank of ~** [Holz]brett *nt;* **dead ~** (*fig*) Ballast *m* ❷ (*type of timber*) Holz *nt* ❸ (*forest*) Wäldchen *nt;* ■**~s** *pl* Wald *m;* **beech/oak ~** [*or* **~s**] Buchen-/Eichenwald *m;* **in the ~** [*or* **~s**] im Wald ❹ (*golf club*) Holz *nt,* Holzschläger *m* ❺ *no pl* (*container*) [Holz]fass *nt;* **beer from the ~** Bier *nt* vom Fass, Fassbier *nt;* **matured in the ~** im Holzfass gereift ▶ PHRASES: **there aren't many … in our neck of the ~s** in unseren Breiten gibt nicht viele …; **sb can't see the ~[s] for the trees** jd sieht den Wald vor [lauter] Bäumen nicht *prov fam;* **to touch** [*or* AM **knock on**] **~** [dreimal] auf Holz klopfen; **touch ~!** unberufen!; **to not be out of the ~** [*or* **~s**] (*not out of critical situation*) noch nicht über den Berg sein *fam;* (*not out of difficulty*) noch nicht aus dem Schneider sein *fam* **II.** *n modifier* (*desk, furniture, picture frame, toy*) Holz-

wood alcohol *n no pl* CHEM Methanol *nt*

woodbine ['wʊdbaɪn] *n* BOT ❶ (*wild honeysuckle*) Geißblatt *nt,* Jelängerjelieber *nt* ❷ AM (*Virginia creeper*) Wilder Wein, Jungfernrebe *f*

wood block **I.** *n* ❶ ART (*pattern*) Druckstock *m* ❷ BRIT (*parquet*) Parkettbrettchen *nt* **II.** *adj attr, inv* ART **~ print** Holzschnitt *m* **wood-burning stove** *n* Holzofen *m* **woodcarver** *n* Holzschnitzer(in) *m(f)* **woodcarving** *n* ART ❶ *no pl* (*art genre*) Holzschnitzerei *f;* [**art of**] **~** Schnitzkunst *f* ❷ (*object*) [Holz]schnitzerei *f,* Schnitzwerk *nt* **woodchip** *n* ❶ (*chip of wood*) Holzspan *m* ❷ *no pl esp* BRIT (*wallpaper*) **~ [paper]** Raufaser[tapete] *f* **woodchuck** *n* Waldmurmeltier *nt* **woodcock** <*pl* -s *or* -> *n* ORN Waldschnepfe *f* **woodcraft** *n no pl esp* AM ❶ (*outdoor skills*) *Fähigkeiten/Kenntnisse zum Überleben in freier Natur* ❷ (*artistic skill*) Geschick *nt* für das Arbeiten mit Holz **woodcut** *n* ART Holzschnitt *m* **woodcutter** *n* (*dated*) Holzfäller *m*

wooded ['wʊdɪd] *adj* bewaldet; **~ area** Waldgebiet *nt*

wooden ['wʊdᵊn] *adj* ❶ (*made of wood*) Holz-, hölzern, aus Holz; **~ box/fence/leg** Holzkiste *f*/-zaun *m*/-bein *nt;* **~ shoes** Holzschuhe *mpl* ❷ (*fig, pej*) *sb's movements* hölzern; *person also* steif; **~ smile** ausdrucksloses Lächeln

wood engraving *n* ❶ (*print*) Holzdruck *m,* Holzschnitt *m* ❷ *no pl* (*skill*) Holzschnitzerei *f*

wooden-head *n* (*fam*) Holzkopf *m pej sl*

woodenly ['wʊdᵊnli] *adv* (*fig, pej*) steif, hölzern; **to smile ~** ausdruckslos lächeln **wooden spoon** *n* ❶ (*utensil*) Holzlöffel *m* ❷ BRIT, AUS (*fam: booby prize*) Trostpreis *m* (*für den letzten Platz*); **to get** [*or* **take**] [*or* **win**] **the ~** den letzen Platz belegen, als Schlechteste(r) *f(m)* abschneiden

woodgrain *n no pl* [Holz]maserung *f* **woodland** **I.** *n* ■**~** [*or* **~s**] Wald *m,* Waldland *nt kein pl* **II.** *n modifier* (*animals, destruction, fauna, flora, preservation*) Wald- **woodlouse** *n* Bohrassel *f,* Kellerassel *f* **woodman** *n* (*hist*) ❶ (*forester*) Förster *m* ❷ (*woodcutter*) Holzfäller ❸ (*hunter*) Jäger *m* ❹ (*inhabitant*) Waldbewohner *m* **wood mouse** *n* Waldmaus *f* **woodpecker** *n* Specht *m* **wood pigeon** *n* Ringeltaube *f* **woodpile** *n* Holzstoß *m,* Holzstapel *m* **wood preservative** *n* Holzschutzmittel *nt* **wood pulp** *n no pl* Zellstoff *m,* Holzschliff *m fachspr* **woodshed** **I.** *n* Holzschuppen *m* ▶ PHRASES: **there's sth nasty in the ~** BRIT (*fam*) da ist etwas Übles im Gange *fam;* **to take sb to the ~** AM (*dated fam*) jdn zur Seite nehmen (*um ihn/sie auszuschimpfen/zu bestrafen*) **II.** *vi* <-dd-> AM (*fam*) intensiv üben

woodsman *n* Waldarbeiter *m*

woodsmoke *n no pl* Rauch *m* (*vom Holzverbrennen*) **wood spirit** *n no pl* CHEM Methanol *nt*

woodsy ['wʊdzi] *adj* AM (*fam*) waldig

woodturning *n no pl* Drechseln *nt* **woodwind** MUS **I.** *n* ❶ (*type of instrument*) Holzblasinstrument *nt* ② + *sing/pl vb* ■ **the ~** (*orchestra section*) die Holzbläser *pl* **II.** *n modifier* (*instrument*) Holzblas-; **~ music** Musik *f* von Holzbläsern; **the ~ section** die Holzbläser *pl* **woodwork** *n no pl* ① (*parts of building*) Holzteile *ntpl*, Holzwerk *nt* ② BRIT (*carpentry*) Tischlern *nt*; (*business*) Tischlerei *f*; SCH Arbeiten *nt* mit Holz; **~ classes** ≈ Werkunterricht *m* (*mit Holz als Werkstoff*); **~ skills** Geschick *nt* im Umgang mit Holz; **to do ~** mit Holz arbeiten ③ BRIT SPORTS (*fam*) ■ **the ~** (*goal post*) der Pfosten; (*cross bar*) die Latte; **to hit the ~** den Pfosten/die Latte treffen ▶ PHRASES: **to come** [*or* **crawl**] **out of the ~** ans Licht kommen **woodworking** *n no pl* AM Tischlern *nt*; SCH Arbeiten *nt* mit Holz **woodworm** <*pl* -> *n* ① (*larva*) Holzwurm *m* ② *no pl* (*damage*) Wurmfraß *m*; ***the table's got ~*** in dem Tisch ist der Holzwurm drin *fam*

woody ['wʊdi] *adj* ① HORT holzig, Holz- ② FOOD holzig ③ (*wooded*) bewaldet, waldig

woof¹ [wʊf] **I.** *n* [dumpfes] Bellen; **to give a loud ~** laut bellen **II.** *vi dog* bellen; **"~, ~"** „wau, wau"; ■ **to ~ at sb** jdn anbellen

woof² [wu:f] *n* BRIT Schuss *m fachspr*; **the warp and the ~** (*fig*) das A und O

woofer ['wʊfəʳ, AM -ə˞] *n* Tieftonlautsprecher *m*

wool [wʊl] **I.** *n no pl* ① (*sheep's fleece*) Wolle *f* ② (*fibre from fleece*) Wolle *f*; **ball of ~** Wollknäuel *nt*; **a cotton and ~ mixture** ein Baumwollgemisch *nt* ▶ PHRASES: **to pull the ~ over sb's eyes** jdm Sand in die Augen streuen *fam* **II.** *n modifier* ① (*made of wool*) (*blanket, coat, lining, rug, scarf, sweater*) Woll- ② (*like wool*) (*lead*) -wolle; **steel ~** Stahlwolle *f*

woolen *adj* AM *see* **woollen**

woolens *npl* AM *see* **woollens**

wool-gathering ['wʊl,gæðᵊrɪŋ, AM -ə˞ɪŋ] **I.** *n no pl* Träumen *nt*; ***if you did a little less ~ ...*** wenn du etwas weniger vor dich hinträumen würdest, ...; ***... because of her ~ ...*** wegen ihrer Träumereien **II.** *vi* ■ **to be ~ing** [vor sich *akk* hin]träumen

wooliness *n no pl* AM *see* **woolliness**

woollen ['wʊlən], AM **woolen** *adj inv* wollen, aus Wolle; **~ dress** Wollkleid *nt*; **a pair of ~ socks** ein Paar *nt* wollene Strümpfe

woollens ['wʊlənz], AM **woolens** *npl* Wollsachen *pl*

woolliness ['wʊlɪnəs], AM **wooliness** *n no pl* ① (*wool-like quality*) Flauschigkeit *f* ② (*vagueness*) Verschwommenheit *f*, Unklarheit *f*; *of ideas, thinking* Verworrenheit *f*; ***there's a certain ~ about the proposals*** die Vorschläge sind irgendwie schwammig

woolly ['wʊli], AM **wooly** **I.** *adj inv* ① (*made of wool*) Woll-, wollen; ***this is definitely ~ vest weather!*** draußen ist es eklig kalt!; **~ hat** Wollmütze *f*; **~ jumper** Wollpullover *m*; **~ vest** wollenes Unterhemd ② (*wool-like*) wollig ③ (*vague*) verschwommen; *mind, ideas* verworren; *thoughts* kraus **II.** *n* BRIT (*dated fam: jumper*) Wollpulli *m fam*; (*cardigan*) Wolljacke *f*; ■ **woollies** *pl* Wollsachen *pl*

woolly-headed *adj*, **woolly-minded** *adj* (*pej*) wirrköpfig *pej*

Woolsack ['wʊlsæk] *n* BRIT POL ■ **the ~** ① (*Lord Chancellor's seat*) *mit Wolle gepolsterter Sitz des Lordkanzlers im britischen Oberhaus* ② (*fig: office of Lord Chancellor*) das Amt des Lordkanzlers

wooly *adj* AM *see* **woolly**

Woop Woop ['wu:pwu:p] *n* AUS (*hum fam*) Kaff *nt fam*

woosh *interj* (*fam*) *see* **whoosh**

woozy ['wu:zi] *adj* (*fam: dizzy*) benommen, duselig *fam*; (*drunk*) beschwipst *fam*

wop [wɒp, AM wɑ:p] *n* (*pej! sl*) Spaghettifresser(in) *m(f) pej derb*, Itaker(in) *m(f) pej fam*

Worcester sauce [,wʊstəʳsɔ:s] *n* BRIT, **Worcestershire sauce** [,wʊstəʃəʳsɔ:s, AM -əʃə˞sɑ:s] *n* AM, AUS Worcestersoße *f*

word [wɜ:d, AM wɜ:rd] **I.** *n* ① (*unit of language*) Wort *nt*; ***we've had enough of ~s*** genug der Worte; ***do you remember the exact ~s?*** erinnern Sie sich [noch] an den genauen Wortlaut?; ***and those are his exact ~s?*** und das hat er genau so gesagt?; ***what's the ~ for 'bikini' in French?*** was heißt ‚Bikini' auf Französisch?; ***clumsy isn't the ~ for it!*** unbeholfen ist noch viel zu milde ausgedrückt!; ***hush, not a ~!*** pst, keinen Mucks!; ***nobody's said a ~ about that to me*** kein Mensch hat mir etwas davon gesagt; **or ~s to that effect** oder so ähnlich; **to be a man/woman of few ~s** nicht viel reden, kein Mann/keine Frau vieler Worte sein; **empty ~s** leere Worte; **in other ~s** mit anderen Worten; **to use a rude ~** ein Schimpfwort benutzen; **the spoken/written ~** das gesprochene/geschriebene Wort; **to be too stupid for ~s** unsagbar dumm sein; **to not breathe a ~ of** [*or* **about**] **sth** kein Sterbenswörtchen von etw *dat* verraten; **to not know a ~ of French/German/Spanish** kein Wort Französisch/Deutsch/Spanisch können; ■ **~ for ~** Wort für Wort; **to translate sth ~ for ~** etw [wort]wörtlich übersetzen; **in a ~** um es kurz zu sagen; **in the ~s of Burns** um mit Burns zu sprechen; **in ~s of one syllable** in einfachen Worten; **in sb's own ~s** mit jds eigenen Worten; **in so many ~s** ausdrücklich, direkt ② *no pl* (*short conversation*) [kurzes] Gespräch; (*formal*) Unterredung *f*; **to have a ~ with sb** [**about sth**] mit jdm [über etw *akk*] sprechen; ***ah, John, I've been meaning to have a ~ with you*** ach, John, kann ich dich kurz mal sprechen?; ***could I have a ~ about the sales figures?*** kann ich Sie kurz wegen der Verkaufszahlen sprechen?; ***the manager wants a ~*** der Manager möchte Sie sprechen; **to exchange** [*or* **have**] **a few ~s with sb** ein paar Worte mit jdm wechseln; **to have a quiet ~ with sb** jdn zur Seite nehmen; **to say a few ~s** [**about sth**] [zu etw *dat*] ein paar Worte sagen ③ *no pl* (*news*) Nachricht *f*; (*message*) Mitteilung *f*; ***there's no ~ from head office yet*** die Zentrale hat uns noch nicht Bescheid gegeben; ***hey, Martin, what's the good ~?*** AM (*fam*) hallo, Martin, was gibt's Neues?; **~ gets around** [*or* **about**] [*or* BRIT **round**] Neuigkeiten verbreiten sich schnell; **~ has it** [*or* [**the**] **~ is**] **that they may separate** es geht das Gerücht, dass sie sich trennen; [**the**] **~ is out** [**that**] **...** es wurde öffentlich bekannt gegeben, dass ...; **to get ~ of sth** [**from sb**] etw [von jdm] erfahren; **to have ~ from sb** [etwas] von jdm hören; **to have** [*or* **hear**] **~ that ...** [davon] hören, dass ... ④ *no pl* (*order*) Kommando *nt*, Befehl *m*; ***we're waiting for the ~ from head office*** wir warten auf die Anweisung von der Zentrale; **to give the ~** den Befehl geben ⑤ (*remark*) Bemerkung *f*; ***if you want to leave, just say the ~*** wenn du gehen möchtest, brauchst du es nur zu sagen; **~ of advice** Rat[schlag] *m*; **~ of warning** Warnung *f* ⑥ *no pl* (*promise*) Wort *nt*, Versprechen *nt*; ***do we have your ~ on that?*** haben wir dein Wort darauf?; ***my ~ is my bond*** (*form or hum*) auf mein Wort kannst du bauen; **to be a man/woman of his/her ~** zu seinem/ihrem Wort stehen, halten, was man verspricht; **to be as good as/better than one's ~** sein Wort halten/mehr als halten; **to break** [*or* **go back on**]/**keep one's ~** sein Wort brechen/halten; **to give** [**sb**] **one's ~ that ...** jdm versprechen [*o* sein [Ehren]wort geben], dass ...; **to take sb at his/her ~** jdn beim Wort nehmen ⑦ *no pl* (*statement of facts*) Wort *nt*; ***it's her ~ against mine*** es steht Aussage gegen Aussage; **to take sb's ~ for it** [**that ...**] jdm glauben, dass ... ⑧ (*lyrics*) ■ **~s** *pl* Text *m* ▶ PHRASES: **a ~ in your ear** BRIT ein kleiner Tipp unter uns; **to have a quick ~ in sb's ear** BRIT kurz mit jdm allein sprechen; **by ~ of mouth** mündlich; **to put ~s in**[**to**] **sb's mouth** jdm Worte in den Mund legen; **to take the ~s out of sb's mouth** jdm das Wort aus dem Mund[e] nehmen; **to not have a good ~ to say about sb/sth** kein gutes Haar an jdm/etw lassen; **to put in a good ~ for sb/sth** [**with sb**] [bei jdm] ein gutes Wort für jdn einlegen; **sb cannot get a ~ in edgeways** [*or* AM **edgewise**] (*fam*) jd kommt überhaupt nicht zu Wort; **~s fail me!** mir fehlen die Worte!; **from the ~ go** vom ersten Moment [*o* von Anfang] an; **to have ~s with sb** eine Auseinandersetzung mit jdm haben, sich *akk* mit jdm streiten; **my ~!** [*or old* **upon my ~**] du meine Güte! **II.** *vt* ■ **to ~ sth** etw formulieren [*o* in Worte fassen]; *document* etw abfassen

-word *in compounds* (*fam*) (*F-, S-, P-*) -Wort *nt*

word association *n no pl* Wortassoziation *f* **word blindness** *n no pl* Wortblindheit *f* **word break** *n* [Silben]trennung *f* **word class** *n* Wortklasse *f* **word deafness** *n no pl* Worttaubheit *f* **word division** *n no pl* [Silben]trennung *f*

worded ['wɜ:dɪd, AM 'wɜ:rd-] *adj inv* formuliert, abgefasst; **carefully/strongly ~** sorgfältig/scharf formuliert

word game *n* Spiel *nt* um Wörter, Spiel *nt* mit der Sprache

wordiness ['wɜ:dɪnəs, AM 'wɜ:rd-] *n no pl* Weitschweifigkeit *f*, Langatmigkeit *f*

wording ['wɜ:dɪŋ, AM 'wɜ:rd-] *n no pl* ① (*words used*) Formulierung *f* ② (*manner of expression*) Formulieren *nt*; **the ~ of a contract** der Wortlaut eines Vertrags; **the ~ of a document** das Abfassen eines Dokuments

wordless ['wɜ:dləs, AM 'wɜ:rd-] *adj inv* wortlos, ohne Worte; ***we sat in ~ contemplation of the view*** stumm betrachteten wir die Aussicht

wordlessly ['wɜ:dləsli, AM 'wɜ:rd-] *adv inv* wortlos, ohne Worte; **to communicate ~** ohne Worte [miteinander] kommunizieren

word order *n no pl* Wortstellung *f*, Satzstellung *f* **word-perfect** *adj pred* textsicher; ■ **to be ~** seinen Text [Wort für Wort] beherrschen **wordplay** *n no pl* Wortspiel *nt* **word processing** *n no pl* Textverarbeitung *f* **word-processing** *adj attr, inv* Textverarbeitungs-; **~ program/software** Textverarbeitungsprogramm *nt*/-software *f* **word processor** *n* COMPUT ① (*computer*) Textverarbeitungssystem *nt* ② (*program*) Textverarbeitungsprogramm *nt* **wordsmith** *n* wortgewandter Schreiber/wortgewandte Schreiberin

words of art *npl* LAW Fachausdrücke *mpl* **word wrap** *n no pl* COMPUT [automatischer] Zeilenumbruch

wordy ['wɜ:di, AM 'wɜ:rdi] *adj* (*pej*) langatmig, weitschweifig, wortreich

wore [wɔ:ʳ, AM wɔ:r] *pt of* **wear**

work [wɜ:k, AM wɜ:rk]

I. NOUN
II. INTRANSITIVE VERB
III. TRANSITIVE VERB

I. NOUN

① *no pl* (*useful activity*) Arbeit *f*; ***good ~!*** gute Arbeit!; ***there's a lot of ~ to be done yet*** es gibt noch viel zu tun; ***the garden still needs a lot of ~*** im Garten muss noch [so] einiges gemacht werden; (*fig*) ***forces of destruction are at ~ here*** hier sind zerstörerische Kräfte am Werk; ***various factors are at ~ in this situation*** in dieser Situation spielen verschiedene Faktoren eine Rolle; ***~ on the tunnel has been suspended*** die Arbeiten am Tunnel wurden vorübergehend eingestellt; **to be a** [**real**] **piece of ~** ganz schön nervig sein; **to be hard ~** [**doing sth**] (*strenuous*) anstrengend sein[, etw zu tun]; (*difficult*) schwierig sein[, etw zu tun]; ■ **to be at ~ doing sth** [gerade] damit beschäftigt sein, etw zu tun; **to get** [*or* **go**] [*or* **set**] **to ~** sich *akk* an die Arbeit machen; **to get** [*or* **go**] [*or* **set**] **to ~ on sth** sich *akk* an etw *akk* machen; **to get** [*or* **go**] [*or* **set**] **to ~ on sb** (*fam*) jdn in die Mache nehmen *fam*; (*strongly influence*) jdn bearbeiten *fam*; **to make ~ for sb** jdm Arbeit machen; **to make ~ for oneself** sich *dat* unnötige Arbeit machen; **to put** [*or* **set**] **sb to ~ doing sth** jdn losschicken, etw zu tun ② *no pl* (*employment*) Arbeit *f*; ***~ in the laboratory was interesting*** die Arbeit im Labor war interessant; ***what sort of ~ do you have experience in?*** welche Berufserfahrungen haben Sie?; ■ **to be in ~** eine Stelle [*o* Arbeit] haben; ■ **to be out of ~** arbeitslos sein; **to get ~ as a translator** eine Stelle als Übersetzer/Übersetzerin finden; **to look for ~** auf Arbeitssuche sein; **to be looking for ~ as a system analyst** eine Stelle als Systemanalytiker/-analytikerin suchen

3 *no pl* (*place of employment*) Arbeit *f,* Arbeitsplatz *m;* ***he rang me from ~*** er rief mich von der Arbeit [aus] an; **to get to ~ on the train** mit dem Zug zur Arbeit fahren; **to be injured at ~** einen Arbeitsunfall haben; **to be late for ~** zu spät zur Arbeit kommen; **to have to stay late at ~** lange arbeiten müssen; **to be at ~** bei der Arbeit sein; ***I'll be at ~ until late this evening*** ich werde heute bis spät abends arbeiten; **to be off ~** frei haben; (*without permission*) fehlen; **to be off ~ sick** sich *akk* krankgemeldet haben; **to commute to ~** pendeln; **to go/travel to ~** zur Arbeit gehen/fahren 4 *no pl* (*sth produced by sb*) Werk *f;* ***this is the ~ of professional thieves*** dies ist das Werk professioneller Diebe 5 ART, LIT, MUS Werk *nt;* ***"The Complete W~s of William Shakespeare"*** „Shakespeares gesammelte Werke"; **~s of art** Kunstwerke *ntpl;* **~ in bronze** Bronzearbeiten *fpl;* **~ in leather** aus Leder gefertigte Arbeiten; **sb's early/later ~** jds Früh-/Spätwerk *nt;* **to show one's ~ in a gallery** seine Arbeiten in einer Galerie ausstellen 6 (*factory*) ■**~s** + *sing/pl vb* Betrieb *m,* Fabrik *f;* **steel ~s** Stahlwerk *nt* 7 (*working parts*) ■**~s** *pl of a clock* Uhrwerk *nt; of a machine* Getriebe *nt* 8 (*fam: everything*) ■**the ~s** *pl* das ganze Drum und Dran *fam; esp* AM FOOD ***two large pizzas with the ~s, please!*** zwei große Pizzen mit allem bitte! 9 *no pl* PHYS Arbeit *f* ▶ PHRASES: **to have one's ~ cut out** sich *akk* mächtig reinknien müssen *fam,* jede Menge zu tun haben; **to give sb the ~s** (*dated sl*) jdn [ordentlich] in die Mangel nehmen *fam*

II. INTRANSITIVE VERB

1 (*do job*) arbeiten; ***where do you ~?*** wo arbeiten Sie?; ■**to ~ as sth** als etw arbeiten; ■**to ~ for sb** für jdn arbeiten; ■**to ~ with sb** (*work together*) mit jdm zusammenarbeiten; (*do work helping sb*) mit jdm arbeiten; **to ~ from home** [von] zu Hause arbeiten; **to ~ at the hospital/abroad** im Krankenhaus/im Ausland arbeiten; **to ~ to rule** Dienst nach Vorschrift tun; **to ~ like a slave** [*or* AM, AUS **dog**] schuften wie ein Tier *fam;* **to ~ hard** hart arbeiten; **to ~ together** zusammenarbeiten 2 (*be busy*) arbeiten, beschäftigt sein; ***we're ~ing on it*** wir arbeiten daran; ***we're ~ing to prevent it happening again*** wir bemühen uns, so etwas in Zukunft zu verhindern; ■**to ~ [hard] at doing sth** [hart] daran arbeiten, etw zu tun; **to ~ on the assumption that ...** von der Annahme ausgehen, dass ...; **to ~ towards a degree in sth** UNIV einen Hochschulabschluss in etw *dat* anstreben; **to ~ at a problem** an einem Problem arbeiten 3 (*function*) funktionieren; ***the boiler seems to be ~ing OK*** der Boiler scheint in Ordnung zu sein; ***I can't get this washing machine to ~*** ich kriege die Waschmaschine irgendwie nicht an; ***listen, the generator's ~ing*** hör mal, der Generator läuft; **to ~ off batteries** batteriebetrieben sein; **to ~ off the mains** BRIT mit Netzstrom arbeiten; **to ~ off wind power** mit Windenergie arbeiten 4 (*be successful*) funktionieren, klappen *fam; plan, tactics* aufgehen; **to ~ in practice** [auch] in der Praxis funktionieren 5 MED *medicine, pill* wirken 6 (*have an effect*) ■**to ~ against sb/sth** sich *akk* als negativ für jdn/etw herausstellen; ■**to ~ for sb** [*or* **in sb's favour**] sich *akk* zugunsten einer Person *gen* auswirken; ■**to ~ for sth** auf etw *akk* hinwirken; ■**to ~ on sb** jdn bearbeiten *a. hum fam;* **to ~ both ways** sich *akk* sowohl positiv als auch negativ auswirken 7 (*move*) ■**to ~ through/under/up etc sth** ***the water damage slowly ~ed up through the walls*** der Wasserschaden breitete sich langsam über die Wände nach oben aus 8 + *adj* (*become*) **to ~ free/loose** sich *akk* lösen/lockern 9 (*liter: change expression*) *sb's face* arbeiten; (*contort*) sich *akk* verzerren ▶ PHRASES: **to ~ like a charm** [*or* **like magic**] Wunder bewirken; **to ~ like a Trojan** BRIT wie ein Pferd arbeiten *fam;* **to ~ till you drop** bis zum Umfallen arbeiten; **to ~ round to sth** BRIT sich *akk* [bis] zu etw *dat* vorarbeiten; **to ~ round to doing sth** BRIT sich *akk* aufraffen, etw zu tun

III. TRANSITIVE VERB

1 (*make sb work*) **to ~ oneself to death** sich *akk* zu Tode schinden; **to ~ a twelve-hour day/a forty-hour week** zwölf Stunden am Tag/vierzig Stunden in der Woche arbeiten; **to ~ sb/oneself hard** jdm/sich selbst viel abverlangen 2 MECH (*operate*) ■**to ~ sth** *machine* etw bedienen; **~ed by electricity** elektrisch betrieben; **~ed by steam** dampfgetrieben; **~ed by wind power** durch Windenergie angetrieben 3 (*move back and forward*) ■**to ~ sth out of sth** etw aus etw *dat* herausbekommen; ■**sth ~s itself out of sth** etw löst sich *akk* aus etw *dat;* **to ~ one's way around/through ... sth** sich *dat* seinen Weg um etw *akk*/durch etw *akk* ... bahnen; **to ~ one's way up through a firm** sich *akk* in einer Firma hocharbeiten; ***I have ~ed my way through quite a few books*** ich habe jede Menge Bücher durchgearbeitet; **to ~ one's way down a list** eine Liste durchgehen; **to ~ sth [backwards and forwards]** etw [hin- und her]bewegen; **to ~ sth free/loose** etw losbekommen/lockern; **sth ~s itself free/loose** etw löst/lockert sich *akk* 4 (*bring about*) ■**to ~ sth** etw bewirken; ***I don't know how she ~ed it, but in the end she got £1000 off him*** ich weiß nicht, *wie* sie es geschafft hat, aber am Ende luchste sie ihm 1000 Pfund ab; **to ~ a cure** eine Heilung herbeiführen; **to ~ oneself into a more positive frame of mind** sich *dat* eine positivere Lebenseinstellung erarbeiten; **to ~ oneself [up] into a frenzy** sich *akk* in eine Raserei hineinsteigern; **to ~ sb [up] into a frenzy/rage** jdn zur Raserei/in Rage bringen *fam;* **to ~ a miracle** ein Wunder vollbringen *geh;* **to ~ miracles** [*or* **wonders**] [wahre] Wunder vollbringen *geh;* **to ~ oneself into a state** sich *akk* aufregen; **to ~ sb into a state of jealousy** jdn eifersüchtig machen 5 (*shape*) **to ~ bronze/iron** Bronze/Eisen bearbeiten; **to ~ clay** Ton formen 6 (*mix*) ■**to ~ sth into sth** etw in etw *akk* einarbeiten; (*incorporate*) etw in etw *akk* einbauen [*o* einfügen]; ***~ the butter into the flour*** fügen Sie die Butter hinzu und vermengen Sie sie mit dem Mehl; **to ~ sth into one's skin** (*rub in*) die Haut mit etw *dat* einreiben; (*massage*) etw in die Haut einmassieren 7 FASHION ■**to ~ sth [on sth]** etw [auf etw *akk*] sticken, etw [mit etw *dat* be]sticken 8 (*exploit*) ■**to ~ sth** sich *dat* etw vornehmen; **to ~ the land** AGR das Land bewirtschaften; **to ~ a mine/quarry** MIN eine Mine/einen Steinbruch ausbeuten 9 (*pay for by working*) **to ~ one's passage** sich *dat* seine Überfahrt durch Arbeit auf dem Schiff verdienen; **to ~ one's way through university** sich *dat* sein Studium finanzieren ▶ PHRASES: **to ~ one's fingers to the bone [for sb]** sich *dat* [für jdn] den Rücken krumm arbeiten *fam;* **to ~ a treat** BRIT (*fam*) prima funktionieren

◆**work away** *vi* vor sich *akk* hinarbeiten; ■**to ~ away at sth** an etw *akk* arbeiten

◆**work for** *vt* ■**to [not] ~ for sb** jdm [nicht] zusagen

◆**work in** *vt* ■**to ~ in** ⊂ **sth** 1 (*mix in*) *food* etw hineingeben; (*into a dough*) etw [hin]einrühren; **to ~ fertilizer/manure in[to the soil]** HORT Dünger/Mist [in den Boden] einarbeiten 2 (*on one's skin*) **to ~ cream/lotion in** Creme einreiben/Lotion einmassieren 3 (*include*) *meeting* etw einschieben; **to ~ in a couple of sly digs** einige spitze Bemerkungen einfließen lassen; **to ~ in a reference** einen Hinweis einbauen

◆**work off** *vt* 1 (*counter effects of*) ■**to ~ off** ⊂ **sth** etw abarbeiten; **to ~ off one's anger/frustration** seine Wut/seine Frustrationen abreagieren; **to ~ off some surplus energy** überschüssige Energie loswerden *fam;* **to ~ off stress** Stress abbauen 2 (*pay by working*) **to ~ off a debt/loan** eine Schuld/einen Kredit abtragen

◆**work out I.** *vt* 1 (*calculate*) ■**to ~ out** ⊂ **sth** etw errechnen [*o* ausrechnen]; **to ~ sth out to three decimal places** etw bis drei Stellen hinter dem Komma ausrechnen; **to ~ out the best way** den günstigsten Weg berechnen; ■**to ~ out how much/what ...** ausrechnen, wie viel/was ... 2 (*develop*) ■**to ~ out** ⊂ **sth** etw ausarbeiten; **to ~ out a settlement** einen Vergleich aushandeln; **to ~ out a solution** eine Lösung erarbeiten; ■**to ~ out how/what/when ...** festlegen, wie/was/wann ... 3 (*understand*) ■**to ~ out** ⊂ **sb** jdn verstehen, schlau aus jdm werden; ■**to ~ out** ⊂ **sth** etw verstehen, hinter etw *akk* kommen; ■**to ~ out that ...** dahinter kommen, dass ... 4 (*complete*) ■**to ~ out** ⊂ **sth** etw vollenden; **to ~ out a contract** einen Vertrag erfüllen; **to ~ out one's notice** seine Kündigungsfrist einhalten 5 (*solve itself*) ■**to ~ itself out** ***the problem will ~ itself out*** das Problem wird sich von allein lösen; ***things usually ~ themselves out*** die Dinge erledigen sich meist von selbst 6 *usu passive* MIN (*become unproductive/used up*) ■**to be ~ed out** *a mine, quarry* ausgebeutet sein; *mineral resources* abgebaut sein **II.** *vi* 1 (*amount to*) **to ~ out at roughly £10 a head** sich auf ungefähr 10 Pfund pro Kopf belaufen; **to ~ out cheaper/more expensive** billiger/teurer kommen; ***the figures ~ out differently each time*** die Zahlen ergeben jedesmal etwas anderes; ***that ~s out at 154 litres per day*** das macht 154 Liter am Tag 2 (*develop*) sich *akk* entwickeln; (*go on*) laufen *fam;* ***the way it ~ed out in the end was that ...*** am Ende lief es darauf hinaus, dass ...; **to ~ out for the best** sich *akk* zum Guten wenden; **to ~ out badly** schief gehen; **to ~ out well** gut laufen 3 (*be successful*) *relationship* funktionieren, klappen *fam* 4 (*do exercise*) trainieren

◆**work over** *vt* (*fam*) ■**to ~ over** ⊂ **sb** jdn zusammenschlagen *fam*

◆**work through I.** *vt* ■**to ~ through** ⊂ **sth** etw durcharbeiten; *traumas, difficulties, problems* etw aufarbeiten **II.** *vi* durcharbeiten, ohne Pause arbeiten

◆**work to** *vt* **to ~ to a deadline** auf einen Termin hinarbeiten; **to ~ to rule** [peinlich genau] nach Vorschrift arbeiten

◆**work up I.** *vt* 1 (*generate*) **to ~ up an appetite [for sth]** sich *dat* Appetit [auf etw *akk*] holen; **to ~ up courage/energy** Mut/Energie aufbringen 2 (*arouse strong feelings*) ■**to ~ oneself/sb up** sich *akk*/jdn aufregen; **to ~ oneself up into a frenzy** sich *akk* in eine Raserei hineinsteigern; **to ~ sb up into a frenzy** jdn zur Raserei bringen; **to ~ oneself up into a rage** sich *akk* in eine Wut hineinsteigern; **to ~ sb up into a rage** jdn in Rage bringen *fam;* **to ~ oneself/sb up into a [real] state** sich *akk*/jdn [furchtbar] aufregen 3 (*develop*) ■**to ~ up** ⊂ **sth** etw entwickeln; **to ~ up a business** (*set up*) ein Geschäft aufbauen; (*extend*) ein Geschäft ausbauen; **to ~ up data into a report** Daten zu einem Bericht verarbeiten; **to ~ up a plan** einen Plan ausarbeiten; **to ~ up a sweat** ins Schwitzen kommen; ■**to ~ oneself up to sth** sich *akk* auf etw *akk* vorbereiten; ■**to ~ oneself up to doing sth** sich *akk* darauf vorbereiten, etw zu tun **II.** *vi* ■**to ~ up to sth** 1 (*progress to*) sich *akk* zu etw *dat* hocharbeiten; ***I ~ed up to half an hour exercising a day*** ich habe meine Trainingszeit auf eine halbe Stunde am Tag gesteigert 2 (*get ready for*) auf etw *akk* zusteuern *fig*

-work [wɜːk, AM wɜːrk] *in compounds* 1 (*of special material*) -arbeit; **metal/wrought iron~** Metall-/Kunstschmiedearbeit *f* 2 (*of mechanism*) -werk; **bridge~** Zahnbrücke *f;* **sth runs like clock~** etw läuft wie am Schnürchen *fam* 3 (*of ornamentation*) -arbeit; **embroidery/knot~** Spitzen-/Knüpfarbeit *f*

workable [ˈwɜːkəbl̩, AM ˈwɜːrk-] *adj* 1 (*feasible*) durchführbar, praktikabel; **~ compromise** vernünftiger Kompromiss 2 (*able to be manipulated*) bearbeitbar; ■**to be~** sich berarbeiten lassen; **~ ground/land** AGR bebaubarer Grund/bebaubares Land

workaday [ˈwɜːkədeɪ, AM ˈwɜːrk-] *adj* 1 (*of job*) Arbeits- 2 (*not special*) alltäglich; **the ~ world of office routine** die alltägliche Routine im Büro

workaholic [ˌwɜːkəˈhɒlɪk, AM ˌwɜːrkəˈhɑːl-] *n* (*fam*) Arbeitssüchtige(r) *f(m),* Arbeitswütige(r) *f(m)*

W

hum, Arbeitstier *nt fig, oft pej;* PSYCH Workaholic *m*
workaholism ['wɜːkəhɒlɪzᵊm, AM 'wɜːrkəhɑː.l-] *n no pl* Arbeitssucht *f,* Arbeitswut *f hum*
workbag *n* Nähbeutel *m,* Handarbeitsbeutel *m*
workbasket *n* Nähkorb *m,* Handarbeitskorb *m*
workbench *n* Werkbank *f* **workbook** *n* Arbeitsbuch *nt* **workbox** *n* (*container for tools*) Werkzeugkasten *m;* (*for painting*) Malkasten *m;* (*for sewing*) Nähkasten *m* **work camp** *n esp* AM *Lager in dem Freiwillige gemeinnützige Arbeiten verrichten* **work creation plan** *n,* **work creation scheme** *n esp* BRIT Arbeitsbeschaffungsmaßnahme[n] *f[pl]* **workday** *n* AM, AUS ❶ (*time at work*) Arbeitstag *m;* **an eight-hour** ~ ein Achtstundentag *m* ❷ (*not holiday*) Werktag *m*
worked up *adj pred* ■ **to be** ~ **up** [**about** [*or* **over**] **sth**] [über etw *akk*] aufgebracht sein; **to get** ~ [**about** [*or* **over**] **sth**] sich *akk* [über etw *akk*] aufregen
worker ['wɜːkəʳ, AM 'wɜːrkɚ] **I.** *n* ❶ (*not executive*) Arbeiter(in) *m(f);* **construction** ~ Bauarbeiter(in) *m(f);* **factory** ~ Fabrikarbeiter(in) *m(f);* **farm** ~ Landarbeiter(in) *m(f);* **office** ~ Büroangestellte(r) *f(m);* **blue-collar** ~ [Fabrik]arbeiter(in) *m(f);* **white-collar** ~ [Büro]angestellte(r) *f(m);* ■ **the** ~**s** *pl* POL die Arbeiter *pl* ❷ (*sb who works hard*) ***he's a real*** ~ er ist ein echtes Arbeitstier *fam* ❸ (*insect*) Arbeiterin *f*
▸ PHRASES: **to be** [**all**] ~**s in the** __**vineyard**__ BRIT (*saying*) alle Arbeiter im Dienst derselben Sache sein **II.** *n modifier* ZOOL Arbeits-, Arbeiter-; ~ **ant/bee** Arbeitsameise *f*/-biene *f,* Arbeiterameise *f*/-biene *f,* Arbeiterin *f*
worker priest *n* Arbeiterpriester *m*
work ethic *n* Arbeitsethos *nt* **work experience** *n no pl* ❶ SCH (*on-the-job training for students*) Praktikum *nt;* **to do** ~ ein Praktikum machen ❷ (*professional experience*) Berufserfahrung *f*
workfare ['wɜːrkfer] **I.** *n no pl* AM (*public service work*) Arbeitsdienst *m* **II.** *n modifier* vom Arbeitsdienst *nach n* **workflow** *n* Arbeitsfluss *m,* Arbeitsschritte *mpl* **workforce** *n of a factory* Belegschaft *f,* Betriebspersonal *nt; of a country* Arbeiterschaft *f* **workhorse** *n* Arbeitspferd *nt fig,* Arbeitstier *nt fig, oft pej* **workhouse** *n* BRIT (*hist*) Armenhaus *nt hist* **work-in** *n* ECON Work-in *nt,* Betriebsbesetzung *f*
working ['wɜːkɪŋ, AM 'wɜːrk-] **I.** *adj attr, inv* ❶ (*employed*) berufstätig, erwerbstätig; **the ordinary** ~ **man** [*or* AM **Joe**] der einfache Arbeiter; **the** ~ **population** die arbeitende Bevölkerung ❷ (*pertaining to work*) Arbeits-; ~ **breakfast/lunch** Arbeitsfrühstück *nt*/-essen *nt;* ~ **clothes** Arbeitskleidung *f;* ~ **conditions** Arbeitsbedingungen *fpl;* ~ **hour/hours** Arbeitsstunde *f*/-zeit *f;* ~ **model** Arbeitsmodell *nt;* ~ **practices** Arbeitsweise *f;* ~ **relationship** Arbeitsverhältnis *nt;* **37-hour** ~ **week** 37-Stunden-Woche *f* ❸ (*functioning*) funktionierend *attr;* ~ **order** Betriebsfähigkeit *f,* Funktionsfähigkeit *f;* **to be in good** ~ **order** sich *akk* in gutem Zustand befinden, gut in Schuss sein *fam;* **to restore sth to** ~ **order** etw wieder in Ordnung bringen; **in** ~ **order** betriebsfähig, funktionstüchtig; **the** ~ **parts** *of a machine* die beweglichen Teile ❹ (*of theory*) ~ **definition/hypothesis/theory** Arbeitsdefinition *f*/-hypothese *f*/-theorie *f* ❺ (*basic*) Arbeits-; **to have a** ~ **knowledge of sth** in etw *dat* Grundkenntnisse haben ❻ (*of animal*) ~ **dog/horse** Arbeitshund *m*/-pferd *nt* **II.** *n* ❶ *no pl* (*activity*) Arbeiten *nt,* Arbeit *f* ❷ *no pl* MIN (*extractiong minerals*) Abbau *m,* Gewinnung *f;* **opencast** ~ Abbau *m* über Tage ❸ MIN ■ ~ [*or* ~**s**] (*mine*) Grube *f,* Mine *f;* (*part of mine*) Schacht *m*
▸ PHRASES: **the** ~**s of** __**fate**__ die Wege des Schicksals
working capital *n no pl* Betriebskapital *nt* **working class** *n + sing/pl vb* ■ **the** ~ die Arbeiterklasse *kein pl* **working-class** *adj* der Arbeiterklasse *nach n;* **sb from a** ~ **background** jd aus der Arbeiterschicht; **a** ~ **family** eine Arbeiterfamilie **working day** *n esp* BRIT ❶ (*time at work*) Arbeitstag *m;* **an eight-hour** ~ ein Achtstundentag *m* ❷ (*not holiday*) Werktag *m* **working girl** *n* (*fam*) ❶ (*dated: woman with job*) berufstätige [junge] Frau ❷ *esp* AM (*euph: prostitute*) Freudenmädchen *nt euph geh,* Prostituierte *f* **working group** *n* Arbeitsgruppe *f* **working life** *n of a person* Berufsleben *nt kein pl,* Arbeitsleben *f kein pl; of a machine* Lebensdauer *f kein pl* **working-out** *n no pl* MATH Rechenweg *m* **working-over** *n* (*fam*) Abreibung *f fam;* **to get a good** ~ eine ordentliche Abreibung verpasst bekommen *fam*
workload *n* Arbeitspensum *nt kein pl,* Arbeit[sbelastung] *f;* TECH Leistungsumfang *m;* **a heavy/light/unbearable** ~ ein hohes/niedriges/unerträgliches Arbeitspensum **workman** *n* ❶ (*craftsman*) Handwerker *m* ❷ (*worker*) Arbeiter *m* **workmanlike** *adj* ❶ (*approv: skilful*) fachmännisch, professionell; ~ **job** fachmännische Arbeit; ~ **performance** solide Leistung ❷ (*pej: sufficient*) annehmbar
workmanship ['wɜːkmənʃɪp, AM 'wɜːrk-] *n no pl* Verarbeitung[sgüte] *f;* (*workman's skill*) handwerkliches Können *f;* **fine/shoddy/solid** ~ feine/schludrige/solide Verarbeitung
workmate *n esp* BRIT (*fam*) Arbeitskollege, -in *m, f* **work of art** *n* Kunstwerk *nt* **workout** *n* SPORTS Training *nt;* (*fitness training*) Konditionstraining *nt,* Fitnesstraining *nt;* **light/heavy** [*or* **vigorous**] ~ leichtes/hartes Training **work permit** *n* Arbeitserlaubnis *f,* Arbeitsgenehmigung *f* **workpiece** *n* TECH Werkstück *nt* **workplace** *n* Arbeitsplatz *m;* ■ **in sb's** ~ an jds Arbeitsplatz *m* **workroom** *n* Arbeitszimmer *nt,* Arbeitsraum *m;* (*for sewing*) Nähzimmer *nt* **workshop I.** *n* ❶ (*room*) Werkstatt *f;* **electronics/stone** ~ Elektro-/Steinmetzwerkstatt *f* ❷ (*meeting*) Workshop *m,* Seminar *nt;* **drama/nutrition/stress-reduction** ~ Theater-/Ernährungs-/Antistressworkshop *m;* **weekend** ~ Wochenendseminar *nt;* **to attend/run a** ~ einen Workshop besuchen/leiten **II.** *vt* **to** ~ **a play** ein Stück inszenieren **workshop production** *n* Stück *nt* einer Theater-AG **work-shy** *adj* BRIT (*pej*) arbeitsscheu *pej* **workspace** *n* ❶ *no pl* (*space to work*) Arbeitsraum *m,* Werkraum *m* ❷ (*commercially used area*) gewerbliche Nutzfläche ❸ COMPUT (*temporary memory storage*) Arbeitsspeicher *m* **workstation** *n* ❶ COMPUT Arbeitsplatzrechner *m,* Workstation *f fachspr* ❷ (*work area*) Arbeitsplatz *m,* Arbeitsbereich *m* **work study** *n* ❶ *no pl* SCH, UNIV, COMM Praktikum *nt;* **to do** ~ ein Praktikum machen ❷ COMM (*evaluation method*) Arbeitsstudie *f* **work-study programme** *n* SCH, UNIV, ECON Praktikum *nt;* **to be enrolled in a** ~ ein Praktikum machen **work surface** *n* BRIT Arbeitsfläche *f,* Arbeitsplatte *f* **worktable** *n* Arbeitstisch *m;* MECH Werktisch *m;* (*for sewing*) Nähtisch *m* **worktop** *n* BRIT Arbeitsfläche *f,* Arbeitsplatte *f* **work-to-rule** *n no pl esp* BRIT Dienst *m* nach Vorschrift
world [wɜːld, AM wɜːrld] *n* ❶ *no pl* (*earth*) ■ **the** ~ die Welt [*o* Erde]; ***the longest bridge in the*** ~ die längste Brücke der Welt ❷ (*planet*) Welt *f,* Planet *m;* **beings from other** ~**s** Außerirdische *pl* ❸ (*society*) Welt *f;* ***we live in a changing*** ~ wir leben in einer Welt, die sich ständig ändert; **the ancient/modern** ~ die antike/moderne Welt; **the industrialized** ~ die Industriegesellschaft; **the** ~ **to come** die Nachwelt ❹ *usu sing* (*domain*) Welt *f;* **the animal** ~ die Tierwelt; **the** ~ **of business** die Geschäftswelt; **the rock music** ~ die Welt des Rock, die Rockszene; **the Catholic/Christian/Muslim** ~ die katholische/christliche/moslemische Welt; **the French-speaking/German-speaking** ~ die französisch-/deutschsprachige Welt ❺ *no pl* (*life*) Welt *f;* ***her whole*** ~ ***had collapsed*** für sie war die Welt zusammengebrochen; **to be inexperienced in the ways of the** ~ die Gesetze der Welt nicht kennen; **to be off in one's own little** ~ sich *dat* seine eigene kleine Welt geschaffen haben; **to be** [*or* **live**] **in a** ~ **of one's own** in seiner eigenen Welt sein [*o* leben]; **to withdraw from the** ~ sich *akk* von der Welt [*o* den Menschen] zurückziehen ▸ PHRASES: **sb has the** ~ **at their** __**feet**__ jdm liegt die Welt zu Füßen; **all the** ~ **and her** __**husband**__**/his** __**wife**__ BRIT Gott und die Welt, Hinz und Kunz *fam;* __**love**__**/**__**money**__ **makes the** ~ **go** [**a**]**round** die Liebe/Geld regiert die Welt; **to be a** __**man**__**/**__**woman**__ **of the** ~ ein Mann/eine Frau von Welt sein; **to be at** __**one**__ **with the** ~ mit sich *dat* und der Welt zufrieden sein; **the** ~ **is your** __**oyster**__ die Welt steht dir offen; **in the** ~ **at** __**large**__ im Großen und Ganzen [gesehen]; **to be** ~**s** __**apart**__ Welten auseinander liegen; ***they are*** ~***s apart in their political views*** zwischen ihren politischen Ansichten liegen Welten; **to** __**be**__ [*or* __**mean**__] [**all**] **the** ~ **to sb** jds Ein *nt* und Alles sein; **to** __**be**__ **out of this** ~ (*fam*) himmlisch [*o sl* Spitze] sein; **to** __**come**__ [*or* AM, AUS __**move**__] __**down**__ **in the** ~ (*fam*) [sozial] absteigen; **to** __**go**__ [*or* AM, AUS __**move**__] __**up**__ **in the** ~ (*fam*) [sozial] aufsteigen; **to** __**look**__ **for all the** ~ **like ...** ganz aussehen wie ...; **for** __**all**__ **the** ~ **as if ...** gerade so, als ob ...; __**not for**__ [**all**] **the** ~ nie im Leben, um keinen Preis; __**what**__**/**__**who**__**/**__**how**__ **in the** ~ was/wer/wie um alles in der Welt; [**all**] **the** ~ __**over**__ überall auf der Welt, auf der ganzen Welt
world authority *n* internationale Kapazität [*o* Koryphäe] **World Bank** *n no pl* ■ **the** ~ die Weltbank **world-beater** *n* der/die/das Weltbeste **world-beating** *adj inv* weltbeste(r,s) **world champion** *n* Weltmeister(in) *m(f)* **world-class** *adj inv* Weltklasse-, von Weltklasse *nach n;* ~ **product** Produkt *nt* von internationaler Qualität **World Cup I.** *n* ❶ (*competition*) Weltmeisterschaft *f;* (*in soccer*) Fußballweltmeisterschaft *f,* Fußball-WM *f* ❷ (*trophy*) Worldcup *m,* Weltpokal *m* **II.** *n modifier* **the** ~ **Finals** das WM-Finale; (*in soccer*) das Endspiel der Fußball-WM; **the British/French** ~ **squad** die britische/französische WM-Auswahl **world fair** *n* Weltausstellung *f* **world-famous** *adj inv* weltberühmt **World Health Organization** *n no pl, + sing/pl vb* ■ **the** ~ die Weltgesundheitsorganisation **world language** *n* Weltsprache *f*
worldliness ['wɜːldlɪnəs, AM 'wɜːrld-] *n no pl* ❶ (*concern with the physical*) weltliche Gesinnung, Weltlichkeit *f* ❷ (*experience*) Weltgewandtheit *f*
world literature *n no pl* Weltliteratur *f*
worldly ['wɜːldli, AM 'wɜːrld-] *adj* ❶ *attr* (*physical*) weltlich, materiell; ~ **goods** materielle Güter; ~ **person** weltlich [*o* materiell] eingestellter Mensch; ~ **success** materieller Erfolg ❷ (*experienced*) weltgewandt
world music *n no pl* Ethnopop *m,* Weltmusik *f* **world opinion** *n* Meinung *f* der Weltöffentlichkeit **world order** *n no pl* Weltordnung *f* **world population** *n no pl* ■ **the** ~ die Weltbevölkerung **world power** *n* Weltmacht *f;* **great** ~ Supermacht *f* **world record** *n* Weltrekord *m;* **to break the** ~ den Weltrekord brechen; **to hold the** ~ **for sth** den Weltrekord in etw *dat* halten **World Series** *n* ■ **the** ~ *jährliches Endspiel zwischen den Gewinnern der beiden großen Baseballligen in den USA*
World's Fair *n* Weltausstellung *f;* **the 1958** ~ die Weltausstellung von 1958
world-shaking, world-shattering *adj* weltbewegend, welterschütternd **world tour** *n* Welttournee *f* **world view** *n* PHILOS Weltanschauung *f,* Weltbild *nt,* Weltsicht *f* **world war** *n* Weltkrieg *m;* **W~ W~ I/II** 1./2. Weltkrieg *m* **world-weariness** *n no pl* Lebensmüdigkeit *f;* (*tiredness of the world*) Weltverdrossenheit *f* **world-weary** *adj inv* lebensmüde, lebensüberdrüssig; **to be** [*or* **feel**] ~ lebensmüde sein; (*tired of the world*) weltverdrossen sein
worldwide [ˌwɜːld'waɪd, AM 'wɜːrldˌwaɪd] *inv* **I.** *adj* weltweit, weltumfassend; **of** ~ **reputation** von Weltruf **II.** *adv* weltweit, auf der ganzen Welt; **to ship** [**sth**] ~ etw in die ganze Welt verschiffen; **to travel** ~ die ganze Welt bereisen, durch die ganze Welt reisen
World Wide Web *n no pl* COMPUT ■ **the** ~ das World Wide Web, das Internet; **shopping on the** ~ Einkaufen *nt* im Web
worm [wɜːm, AM wɜːrm] **I.** *n* ❶ ZOOL Wurm *m;* (*larva*) Larve *f;* (*maggot*) Made *f* ❷ MED (*parasite*) Wurm *m;* **to have** ~**s** Würmer haben ❸ (*pej fam: person*) Fiesling *m pej fam* ❹ TECH (*in gear*) Schne-

cke *f fachspr* ▶ PHRASES: **even a ~ will turn** *(prov)* auch der Wurm krümmt sich, wenn er getreten wird *prov* **II.** *vt* ❶ *(wriggle)* **to ~ one's hand into sth** seine Hand in etw *akk* hineinzwängen; **to ~ oneself** [*or* **one's way**] **through/under sth** sich *akk* durch/unter etw *akk* hindurchzwängen; **to ~ one's way through the crowd/people** sich *dat* seinen Weg durch die Menge/die Menschen bahnen ❷ *(fig, pej: insinuate into)* **to ~ oneself into someone's affection** sich *dat* jds Zuneigung *f* erschleichen; **to ~ oneself into someone's heart/trust** sich *akk* in jds Herz/Vertrauen *nt* einschleichen ❸ *(treat for worms)* **to ~ an animal** ein Tier entwurmen **III.** *vi* sich *akk* winden; **to ~ through the crowd/people** sich *akk* durch die Menge/Menschen zwängen

◆**worm out** *vt (fig, pej)* ■**to ~ sth out of sb** jdm etw entlocken

worm cast, worm casting *n Erdhäufchen, das ein Regenwurm aufgeworfen hat* **worm-eaten** *adj* wurmzerfressen, wurmstichig *a. fig* **wormhole** *n* ❶ *(burrow)* Wurmloch *nt* ❷ PHYS Wurmloch *nt*

wormwood ['wɜːmwʊd, AM 'wɜːrm] *n* ❶ *(shrub)* Wermut *m* ❷ *no pl (fig)* Wermutstropfen *m fig*, bittere Pille *fig*

wormy ['wɜːmi, AM 'wɜːrmi] *adj* ❶ *(full of worms)* *animal* von Würmern befallen, verwurmt; *fruit, vegetable* wurmig, voller Würmer *präd; soil* wurmreich ❷ *(damaged by worms)* wurmzerfressen; *wood* wurmstichig

worn [wɔːn, AM wɔːrn] **I.** *vt vi pp of* **wear II.** *adj* ❶ *(damaged)* abgenutzt; *carpet* abgetreten; *clothing, furniture* abgewetzt, verschlissen; **~ shoes** durchgelaufene Schuhe; **~ tyres** abgefahrene Reifen ❷ *(exhausted)* *person* erschöpft; ***he seems very ~ from all the stress*** der Stress hat ihm offenbar sehr zugesetzt; **a ~ expression** ein müder Gesichtsausdruck

worn down *adj pred,* **worn-down** *adj attr* ❶ *(used up)* abgenutzt; **~ shoes** durchgelaufene Schuhe; **~ tyres** abgefahrene Reifen ❷ *(exhausted)* *person* ausgebrannt, ausgelaugt **worn out** *adj pred,* **worn-out** *adj attr* ❶ *(exhausted)* *person* erschöpft, abgespannt ❷ *(damaged)* *clothes* verschlissen; *shoes also* durchgelaufen; **~ wheel bearings** verschlissenes Kugellager ❸ *(fig: used too often)* *idea, method* abgedroschen

worried ['wʌrɪd, AM 'wɜːr-] *adj (concerned)* beunruhigt, besorgt; ■**to be ~ about sth** sich *dat* um etw *akk* Sorgen machen; ■**to be ~ by sth** sich *dat* wegen einer S. *gen* Sorgen machen; ■**to be ~ that ...** sich *dat* Sorgen machen, dass ..., Angst haben, dass ...; **to give sb a ~ expression** [*or* **look**] jdn besorgt ansehen; **to have sb ~** jdm einen Schreck einjagen; **to be ~ to death** [**about sb/sth**] verrückt vor Sorge [um jdn/etw] sein; **to be ~ sick** [**about sb/sth**] krank vor Sorge [um jdn/etw] sein; **to be unduly ~** [**by sth**] sich *dat* unnötige Sorgen [um etw *akk*] machen

worriedly ['wʌrɪdli, AM 'wɜːr-] *adv* besorgt, beunruhigt

worrier ['wʌriəʳ, AM 'wɜːriɚ] *n* Pessimist(in) *m(f)*

worrisome ['wʌrisəm, AM 'wɜːri-] *adj* beunruhigend, Besorgnis erregend; **~ problem** drückendes Problem

worry ['wʌri, AM 'wɜːri] **I.** *vi* <-ie-> ❶ *(be concerned)* sich *dat* Sorgen machen; ***I'm sorry — don't ~*** tut mir Leid – das macht doch nichts; ***don't ~, we'll be right back!*** keine Sorge, wir sind gleich zurück!; ***don't ~, I'll handle this!*** keine Angst, das regle ich schon!; ***why ~?*** mach dir keine Sorgen!; ■**to ~ about sb/sth** sich *dat* um jdn/etw Sorgen machen ❷ *(fiddle with)* ■**to ~ at sth** sich *akk* mit etw *dat* herumquälen [*o* herumplagen] ▶ PHRASES: **not to ~!** *(fam)* keine Sorge [*o* Angst]! **II.** *vt* <-ie-> ❶ *(cause worry)* ■**to ~ sb** jdn beunruhigen, jdm Sorgen bereiten *geh;* **to ~ one's pretty little head** [**about sth**] *(hum fam)* sich *dat* seinen hübschen kleinen Kopf [über etw *akk*] zerbrechen *hum* ❷ *(bother)* ■**to ~ sb** jdn stören ❸ *(fiddle with)* **to ~ sth** mit etw *dat* herumspielen ❹ *(tear at with teeth)* **to ~ a bone** an einem Knochen herumnagen ❺ *(chase)* **to ~ an animal** einem Tier nachstellen; *(bite)* ein Tier reißen **III.** *n* ❶ *no pl (state of anxiety)* Sorge *f*, Besorgnis *f*; **to be a cause of ~** ein Anlass *m* zur Sorge sein ❷ *(source of anxiety)* Sorge *f*; **existential/financial worries** existenzielle/finanzielle Sorgen; **to be a minor/major ~ for sb** jdm kaum/ernste Sorgen machen; **to have a ~** [**about sth**] sich *dat* [um etw *akk*] Sorgen machen; **to not have a ~ in the world** keine Sorgen haben, völlig sorgenfrei sein

worrying ['wʌriɪŋ, AM 'wɜːr-] *adj* Besorgnis erregend, beunruhigend

worryingly ['wʌriɪŋli, AM 'wɜːr-] *adv* Besorgnis erregend, beunruhigend

worry lines *npl* Sorgenfalten *fpl*

worrywart ['wʌriwɔːt, AM 'wɜːriwɔːrt] *n* AM, AUS *(fam)* Grübler(in) *m(f)*

worse [wɜːs, AM wɜːrs] **I.** *adj inv comp of* **bad** ❶ *(not as good)* schlechter; *(more difficult, unpleasant)* schlimmer, ärger; ***stop, I can't take any ~!*** hör auf, ich kann nicht noch mehr ertragen!; **~ *luck!*** *(fam)* so ein Pech [*o fam* Mist]!; ***that only makes matters ~*** das macht alles nur noch schlimmer; ***and to make matters ~ ...*** und was alles noch schlimmer macht, ...; ***it could have been*** [*or* ***come***] **~** es hätte schlimmer sein [*o* kommen] können; ■**to be ~ than ...** schlechter/schlimmer sein als ... ❷ MED *(sicker)* schlechter, schlimmer; ***he's*** [***got***] **~** es geht ihm schlechter; ***my cold seems to be getting ~*** meine Erkältung scheint schlimmer zu werden [*o* sich zu verschlimmern] ▶ PHRASES: [**a bit**] **the ~ for drink** *(dated fam)* beschwipst; **~ things have happened at sea!** es gibt Schlimmeres!; [**a bit**] **the ~ for wear** *(fam)* [ziemlich] mitgenommen, abgenutzt; **to be** [**all**] **the ~ for sb** für jdn schlimme Folgen haben; **sb is none the ~ for sth** jdm tut es um etw *akk* nicht Leid; ***you would be none the ~ for some basic manners, young man!*** etwas Benehmen würde Ihnen nicht schaden, junger Mann!; **so much the ~ for sb** um so schlimmer für jdn **II.** *adv inv comp of* **badly** ❶ *(less well)* schlechter; *(more seriously)* schlimmer; ***he did ~ than he was expecting in the exams*** er schnitt beim Examen schlechter als erwartet ab; ***you could do a lot ~ than marry her*** dir kann doch gar nichts Besseres passieren, als sie zu heiraten; ■**to be ~ off** [**than ...**] schlechter dran sein [als ...]; **to get ~ and ~** immer schlechter werden, sich *akk* immer mehr verschlechtern ❷ *(to introduce statement)* **even ~, ...** was noch schlimmer ist, ... **III.** *n no pl* ❶ *(condition)* ■**the ~** das Schlechtere; **to change for the ~** schlechter werden, sich *akk* verschlechtern [*o* verschlimmern], sich *akk* zum Schlechten verändern ❷ *(circumstance)* Schlimmeres *nt*

worsen ['wɜːsᵊn, AM 'wɜːr-] **I.** *vi* sich *akk* verschlechtern [*o* verschlimmern] **II.** *vt* ■**to ~ sth** etw verschlechtern; **to ~ the situation** die Situation verschlimmern

worsening ['wɜːsᵊnɪŋ, AM 'wɜːr-] **I.** *n no pl* Verschlechterung *f*, Verschlimmerung *f*; **~ of conditions** Verschlechterung *f* der Lage **II.** *adj attr* sich *akk* verschlechternd; **~ hair loss** zunehmender Haarausfall

worship ['wɜːʃɪp, AM 'wɜːr-] **I.** *n no pl* ❶ *(homage)* Verehrung *f*; **act of ~** Anbetung *f*; **ancestor ~** Ahnenverehrung *f* ❷ *(religious service)* Gottesdienst *m*; **place of ~** *(Christian)* Andachtsstätte *f*; *(non-Christian)* Kultstätte *f*; **public ~** [öffentlicher] Gottesdienst; **to attend ~** *(form)* den Gottesdienst besuchen, in die Kirche gehen ❸ *(adoration)* Verehrung *f*; **fitness and health ~** Fitness- und Gesundheitskult *m pej;* **money ~** Geldgier *f pej* ❹ *esp* BRIT *(form: title)* **Your W~** *(to judge)* Euer Ehren *form;* *(to mayor)* sehr geehrter Herr Bürgermeister/sehr geehrte Frau Bürgermeisterin *form* **II.** *vt* <BRIT -pp- *or* AM *usu* -p-> ❶ *(revere)* **to ~ a deity** einer Gottheit huldigen *geh*, eine Gottheit anbeten ❷ *(adore)* ■**to ~ sb/sth** jdn/etw anbeten [*o* vergöttern] [*o* verehren]; **to hero-~ sb** jdn wie einen Helden verehren ❸ *(be obsessed with)* ■**to ~ sth** von etw *dat* besessen sein; **to ~ money** geldgierig sein; **to ~ sex** sexbesessen sein ▶ PHRASES: **to ~ the ground sb walks on** jdn abgöttisch verehren, total verrückt nach jdm sein *fam* **III.** *vi* <BRIT -pp- *or* AM *usu* -p-> beten; *(pray as Christian)* am Gottesdienst teilnehmen; **to ~ on a weekly basis** jede Woche zur Kirche gehen; **to ~ in** [*or* **at**] **a church/mosque/synagogue/temple** in einer Kirche/einer Moschee/einer Synagoge/einem Tempel zu Gott beten ▶ PHRASES: **to ~ at the altar of sth** etw hochloben; **to ~ at the shrine of sth** in etw *dat* die Erfüllung suchen

worshiper *n* AM *see* **worshipper**

worshipful ['wɜːʃɪpfᵊl, AM 'wɜːr-] *adj esp* BRIT *(form)* ❶ *(showing reverence)* ehrfürchtig ❷ *inv* *(in titles)* **the W~ Company of Silversmiths** die achtbare Zunft der Silberschmiede

worshipper ['wɜːʃɪpəʳ], AM *also* **worshiper** ['wɜːrʃɪpɚ] *n* *(person going to church)* Kirchgänger(in) *m(f);* *(believer)* Gläubige(r) *f(m);* **devil ~** Teufelsanbeter(in) *m(f);* **sun ~** *(fig)* Sonnenanbeter(in) *m(f) hum*

worship service *n* Gottesdienst *m*; **to attend a ~** *(form)* einen Gottesdienst besuchen

worst [wɜːst, AM wɜːrst] **I.** *adj inv superl of* **bad** ❶ *(of poorest quality)* ■**the ~ ...** der/die/das schlechteste ... ❷ *(least pleasant)* schlechteste(r,s) ❸ *(most dangerous)* übelste(r,s), schlimmste(r,s); **to be one's own ~ enemy** sich *dat* selbst sein ärgster Feind sein ❹ *(least advantageous)* ungünstigste(r,s); ***the ~ time to go would be in the morning*** am ungünstigsten ist es am Morgen **II.** *adv inv superl of* **badly** ❶ *(most severely)* am schlimmsten ❷ *(least well)* am schlechtesten; ***he's the school's ~-dressed teacher*** er ist der am schlechtesten angezogene Lehrer ❸ *(to introduce sth)* **~ of all ...** und was am schlimmsten war, ... **III.** *n no pl* ■**the ~** der/die/das Schlimmste [*o* Ärgste]; ***the ~ is over now*** das Schlimmste ist jetzt überstanden; **to fear** [*or* **think**] **the ~** das Schlimmste befürchten; ■**at ~** schlimmstenfalls ▶ PHRASES: **to be at one's** [*or* **its**] **~** sich *akk* von seiner schlechtesten Seite zeigen; **if** [**the**] **~ comes to** [**the**] **~** wenn es ganz schlimm kommt, wenn alle Stricke reißen *fam;* **to do one's ~** ***I'm not frightened of him — let him do his ~!*** was er auch tut, ich habe keine Angst vor ihm!; **to get** [*or* **have**] **the ~ of it** das meiste abbekommen **IV.** *vt usu passive (old)* ■**to be ~ed** vernichtend geschlagen werden

worst-case *adj attr, inv* schlimmstmöglich

worst case *n,* **worst case scenario** *n* schlimmster Fall

worsted ['wʊstɪd] **I.** *n no pl* Kammgarn *nt* **II.** *n modifier* **~ suit** Kammgarnanzug *m*

worst-ever *adj inv* ■**the ~ ...** der/die/das bisher schlimmste ...

wort [wɜːt, AM wɜːrt] *n* ❶ *(used in plant names)* -kraut *nt*, -wurz *f* ❷ *no pl (malt infusion)* Bierwürze *f*

worth [wɜːθ, AM wɜːrθ] **I.** *adj inv, pred* ❶ *(of monetary value)* wert; ■**to be ~ sth** etw wert sein; ***jewellery ~ several thousand pounds*** Schmuck im Wert von mehreren tausend Pfund; ***what's it ~ to you?*** wie viel ist dir das wert?; **to not be ~ a bean** keinen Pfifferling wert sein *fam;* **to not be ~ the paper it is written on** nicht das Papier wert sein, auf dem es geschrieben ist; **to be ~ one's weight in gold** [**to sb/sth**] [für jdn/etw] Gold wert sein ❷ *(deserving)* wert; ■**to be ~ sth** etw wert sein; ***their latest record is ~ a listen*** ihre neueste Platte kann sich hören lassen; **to** [**not**] **be ~ a mention** [nicht] erwähnenswert sein; **to be ~ a try/visit** einen Versuch/Besuch wert sein; **to be ~ reading** *book, article* lesenswert sein ❸ *(advisable)* [lohnens]wert; ***it's not really ~ arguing about!*** es lohnt sich nicht, sich darüber zu streiten!; ***it's ~ mentioning that ...*** man sollte nicht vergessen zu erwähnen, dass ...; ***it's ~ remembering that ...*** man sollte daran denken, dass ... ❹ *(fam: in possession of)* ***she must be ~ at least half a million*** sie besitzt mindestens eine halbe Million ▶ PHRASES: **to be/not be ~ one's salt** etwas/nichts taugen; **if a**

thing is ~ **doing, it's ~ doing well** (*saying*) wenn schon, denn schon *fam;* **to be ~ sb's while doing sth** sich *akk* für jdn auszahlen [*o* lohnen], etw zu tun; **to make sth/it ~ sb's while** jdn für etw *akk* entsprechend belohnen; **to be [well] ~ it** die Mühe wert sein, sich *akk* lohnen; **to do sth for all one is ~** etw mit aller Kraft tun; ***I screamed for all I was ~*** ich schrie aus Leibeskräften; **for what it's ~** (*fam*) übrigens *fam* **II.** *n no pl* ❶ (*monetary value*) Wert *m;* ***$4 million ~ of gift items*** Geschenkartikel im Wert von 4 Millionen Dollar; ***I did a month's ~ of shopping*** ich habe für einen Monat eingekauft; ***a dollar's ~ of candy, please*** für einen Dollar Bonbons, bitte; **to get one's money's ~** etw für sein Geld bekommen ❷ (*merit*) Bedeutung *f,* Wert *m;* ***this is of little ~ to me*** das bedeutet mir nicht viel; **of comparable/dubious/little ~** von vergleichbarem/zweifelhaftem/geringem Wert

worthily ['wɜːðɪli, AM 'wɜːr-] *adv* (*form*) ehrenhaft *geh*

worthiness ['wɜːðɪnəs, AM 'wɜːr-] *n no pl* ❶ (*value*) Wert *m* ❷ (*appropriateness*) Befähigung *f;* **credit ~** Kreditwürdigkeit *f,* Bonität *f geh*

worthless ['wɜːθləs, AM 'wɜːr-] *adj* wertlos *a. fig*

worthlessness ['wɜːθləsnəs, AM 'wɜːr-] *n no pl* Wertlosigkeit *f a. fig*

worthwhile [ˌwɜːθ'(h)waɪl, AM ˌwɜːr-] *adj* lohnend; ■**to be ~** sich *akk* lohnen; ***that's hardly ~*** das ist kaum der Mühe wert; **to be financially ~** sich *akk* finanziell lohnen

worthy ['wɜːði, AM 'wɜːr-] **I.** *adj* ❶ (*form: estimable*) würdig; **to make a donation to a ~ cause** für einen wohltätigen [*o* guten] Zweck spenden; **~ opponent** würdiger Gegner/würdige Gegnerin; **~ principles** achtbare Prinzipien ❷ (*meriting*) **~ of attention** [*or* **notice**]/**praise** beachtens-/lobenswert; **issues ~ of consideration** in Betracht zu ziehende Punkte ❸ *pred* (*suitable*) würdig **II.** *n* (*hum or pej*) großer Held/große Heldin *hum o pej;* **local worthies** Lokalmatadoren *mpl hum*

wot [wɒt, AM wɑːt] (*hum fam*) *non-standard spelling of* **what** was

wotcha ['wɒtʃə], **wotcher** ['wɒtʃəʳ] *interj* BRIT (*fam*) hallo *fam,* na! *fam*

would [wʊd] *auxvb* ❶ (*in indirect speech*) ***he said he ~ see his brother tomorrow*** er sagte, er würde seinen Bruder morgen sehen; ***they promised that they ~ help*** sie versprachen zu helfen ❷ (*to express condition*) ***what ~ you do if…?*** was würdest du tun, wenn …?; ***I ~n't worry about it*** ich würde mir darüber keine Sorgen machen ❸ (*to express inclination*) ***I'd go myself, but I'm too busy*** ich würde [ja] selbst gehen, aber ich bin zu beschäftigt; ***I ~ hate to miss the show*** die Show möchte ich wirklich nicht verpassen; **sb ~ rather/sooner do sth** jd würde lieber etw tun; ***~n't you rather finish it tomorrow?*** willst du es nicht lieber morgen fertig machen?; **sb ~ rather die than do sth** jd würde lieber sterben, als etw tun ❹ (*polite request*) ***if you ~ just wait a moment …*** wenn Sie einen kleinen Moment warten, …; ***~ you mind sharing a room?*** würde es Ihnen etwas ausmachen, ein Zimmer mit jemandem zu teilen?; ***~ you like some cake?*** hättest du gern ein Stück Kuchen? ❺ (*expressing opinion*) ***it ~ have been very boring …*** es wäre sehr langweilig gewesen …; ***I ~ imagine that …*** ich könnte mir vorstellen, dass …; ***I ~n't have thought that …*** ich hätte nicht gedacht, dass … ❻ (*express regularity*) immer [wieder]; ***the bus ~ be late when I'm in a hurry*** der Bus kommt immer zu spät, wenn ich es eilig habe; ***he ~ say that, wouldn't he?*** er sagt das immer, nicht wahr? ❼ (*poet, liter: expresses a wish*) ***ah, ~ that I were younger!*** ach, wäre ich doch jünger!

would-be **I.** *adj attr, inv* Möchtegern-; **~ politician** Möchtegernpolitiker(in) *m(f) pej* **II.** *n* Möchtegern *m pej,* Gernegroß *m pej*

wouldn't ['wʊdᵊnt] = **would not** *see* **would**

wound¹ [wuːnd] **I.** *n* ❶ (*injury*) Wunde *f;* **flesh ~** Fleischwunde *f;* **gunshot/stab/war ~** Schuss-/Stich-/Kriegsverletzung *f;* **a gaping/open ~** eine klaffende/offene Wunde; **a nasty ~** eine schlimme Wunde ❷ (*fig: psychological hurt*) Wunde *f,* Kränkung *f;* **to reopen old ~s** [*or* **an old ~**] alte Wunden wieder aufreißen **II.** *vt* ■**to ~ sb** ❶ (*physically*) jdn verletzen [*o* verwunden]; **to be ~ed in the leg** am Bein verletzt [*o* verwundet] werden; **to ~ sb badly/fatally/mortally** jdn schwer/schlimm/tödlich verletzen [*o* verwunden] ❷ (*fig: psychologically*) jdn kränken [*o* verletzen]; **to ~ sb's heart** jdn [*o* jds Gefühle *pl*] verletzen; **to ~ sb deeply** jdn tief verletzen

wound² [waʊnd] *vt/vi pt, pp of* **wind**

wounded ['wuːndɪd] **I.** *adj* ❶ (*physically*) verletzt, verwundet; **the number of people ~** die Zahl der Verletzten; **~ soldier** verwundeter Soldat ❷ (*fig: psychologically*) gekränkt, verletzt; **~ feelings** verletzte Gefühle; **~ pride** verletzter Stolz **II.** *n* ■**the ~** *pl* die Verletzten *pl;* MIL die Verwundeten *pl;* **the walking ~** die Leichtverletzten *pl*

wove [wəʊv, AM woʊv] *vt/vi pt of* **weave**

woven ['wəʊvᵊn, AM 'woʊv-] **I.** *vt/vi pp of* **weave** **II.** *adj inv* ❶ (*on loom*) gewebt; **~ fabric** Gewebe *nt* ❷ (*intertwined*) geflochten; **~ basketwork** geflochtene Korbwaren; **~ wreath** geflochtener Kranz ❸ (*complex*) verwickelt, kompliziert

wow [waʊ] (*fam*) **I.** *interj* wow *sl,* toll! *fam,* Wahnsinn! *sl,* super! *sl* **II.** *n* ❶ **to be a ~ with sb/sth** bei jdm/etw total beliebt sein *sl;* ***he's a real ~ with the girls in his class*** er kommt bei den Mädchen in seiner Klasse super an *sl* ❷ COMPUT Gleichlaufschwankung *f,* Jaulen *nt* ▶ PHRASES: **to have a ~ of a time** sich *akk* großartig amüsieren **III.** *vt* ■**to ~ sb** jdn hinreißen [*o* umhauen] *fam*

WP [ˌdʌbljuː'piː] *n* COMPUT ❶ *abbrev of* **word processing** ❷ *abbrev of* **word processor**

WPC [ˌdʌbljuːpiː'siː] *n* BRIT *abbrev of* **Woman Police Constable** Wachtmeisterin *f*

WRAC [ræk] *n no pl, + sing/pl vb* BRIT MIL *abbrev of* **Women's Royal Army Corps**

wrack [ræk] *n esp* AM, AUS *see* **rack²**

wraith [reɪθ] *n* (*liter*) ❶ (*spirit*) Geist *m,* Erscheinung *f* ❷ (*insubstantial person*) Gespenst *nt;* ***strokes had reduced him to a ~*** durch die Schlaganfälle war er nur noch ein Schatten seiner selbst ❸ (*faint trace*) Spur *f*

wraithlike *adj* gespenstisch, geisterhaft

wrangle ['ræŋgl] **I.** *vi* streiten; ■**to ~ about** [*or* **over**] **sth** um etw *akk* rangeln; ■**to ~ with** [*or* **against**] **sb** mit jdm streiten **II.** *vt* AM (*care for*) **to ~ cattle/horses** Vieh/Pferde hüten **III.** *n* Gerangel *nt* (**about/over** um +*akk*); **a legal ~** ein Rechtsstreit *m*

wrangler ['ræŋgləʳ, AM -ɚ] *n* ❶ AM (*fam: cowboy*) Cowboy *m* ❷ (*arguer*) streitsüchtige Person, Rechthaber(in) *m(f)* ❸ BRIT (*maths student*) *Mathematikstudent/-in in Cambridge mit einem erstklassigen Examen*

wrangling ['ræŋglɪŋ] *n no pl* Gerangel *nt pej*

wrap [ræp] **I.** *n* ❶ FASHION (*covering*) Umhang *m;* **beach ~** Strandtuch *nt* ❷ *esp* AM FASHION (*stole*) Stola *f;* **chiffon/silk ~** Chiffon-/Seidenstola *f* ❸ *no pl* (*packaging*) Verpackung *f;* **plastic ~** Plastikverpackung *f* ❹ *usu pl* (*fig: veil of secrecy*) **to keep sth under ~s** etw unter Verschluss halten; **to take the ~s off sth** etw an die Öffentlichkeit bringen ❺ FILM (*fam*) gelungene Szene; ***it's a ~*** die Szene ist im Kasten *fam* ❻ *esp* AM (*meal*) Tortillawrap *m* ❼ (*sl: cocaine*) **a ~ of cocaine** ein Briefchen *nt* Kokain **II.** *n modifier* **~ skirt** Wickelrock *m* **III.** *vt* <-pp-> ❶ (*cover*) ■**to ~ sth** etw einpacken; **to ~ sth in paper** etw in Papier einwickeln ❷ (*embrace*) ■**to ~ sb** jdn umarmen ❸ (*draw round*) ■**to ~ sth around sb/sth** etw um jdn/etw wickeln; **to ~ a blanket round sb** jdn in eine Decke wickeln ❹ (*place around*) ■**to ~ sth [a]round sb/sth** etw um jdn/etw schlingen; **to ~ one's arms around sb** die Arme um jdn schlingen, jdn in die Arme nehmen ❺ (*fam: crash*) ***he ~ed his car around a tree*** er ist mit seinem Auto an einem Baum hängen geblieben *fam* ❻ COMPUT **to ~ text/words** Texte/Wörter umbrechen ▶ PHRASES: **to ~ sb [up] in cotton wool** BRIT jdn in Watte packen *fam;* **to ~ sb [a]round one's little finger** jdn um den kleinen Finger wickeln; **to ~ oneself in the flag** [*or* BRIT **Union Jack**] [*or* AM **Stars and Stripes**] (*pej*) sich *akk* als Patriot aufspielen **IV.** *vi* <-pp-> ❶ COMPUT umbrechen ❷ FILM (*fam*) die Dreharbeiten beenden

◆**wrap up** **I.** *vt* ❶ (*completely cover*) ■**to ~ up** ○ **sth** etw einwickeln [*o* einpacken]; ■**to ~ up** ○ **sth in sth** etw in etw *akk* einwickeln [*o* einpacken]; **to ~ sth up in secrecy** (*fig*) etw geheim halten ❷ (*dress warmly*) ■**to ~ up** ○ **oneself/sb** sich/jdn warm einpacken ❸ BRIT (*fam: stop talking*) ***~ it up!*** halt die Klappe! *fam,* halt's Maul! *derb* ❹ (*conclude*) ■**to ~ up** ○ **sth** etw abschließen [*o* beenden]; ***that just about ~s it up for today*** damit kommen wir für heute zum Ende; **to ~ up a deal** einen Handel unter Dach und Fach bringen ❺ (*win*) ■**to ~ up sth** etw gewinnen; **to ~ up a game for a team** ein Spiel für eine Mannschaft entscheiden ❻ (*fig: preoccupy*) ■**to be ~ped up in sb/sth** mit jdm/etw ganz beschäftigt sein; ***he's completely ~ped up in Ann*** er hat nur noch Ann im Kopf **II.** *vi* ❶ (*dress*) sich *akk* warm einpacken [*o* anziehen]; **to ~ up snugly** [*or* **warmly**] [*or* **well**] sich *akk* gut einpacken [*o* warm anziehen] ❷ (*finish*) zum Ende kommen; ***let's ~ up and grab some lunch*** lasst uns zum Ende kommen und etwas zu Mittag essen ❸ (*pej! fam: stop talking*) ***~ up!*** halt die Klappe! *fam,* halt das Maul! *derb*

wraparound ['ræpəraʊnd], BRIT *also* **wrapround** ['ræpraʊnd] **I.** *adj inv* ❶ (*curving*) herumgezogen; **~ sofa** Ecksofa *nt;* **~ windshield** [*or* **windscreen**] Panorama[windschutz]scheibe *f* ❷ FASHION Wickel-; **~ skirt** Wickelrock *m* **II.** *n* ❶ FASHION Wickelrock *m* ❷ TYPO Zeilenumbruch *m* ❸ COMPUT Umlaufsystem *nt*

wrapped [ræpt] *adj* ❶ *inv* (*covered*) eingepackt, verpackt ❷ *pred* AUS (*thrilled*) aus dem Häuschen *fam;* ***I'm really ~ to see you again*** ich kann dir gar nicht sagen, wie ich mich freue, dich wiederzusehen

wrapper ['ræpəʳ, AM -ɚ] *n* ❶ (*packaging*) Verpackung *f;* **plastic ~** Plastikverpackung *f;* **sweet** [*or* AM **candy**] **~** Bonbonpapier *nt* ❷ (*for newspaper*) Streifband *nt* ❸ (*for book*) [Schutz]umschlag *m,* Schutzhülle *f* ❹ *esp* AM (*for cigars*) Deckblatt *nt* ❺ AM (*robe*) Umhang *m;* **beach ~** Strandtuch *nt*

wrapping ['ræpɪŋ] *n* Verpackung *f;* (*for presents*) Geschenkverpackung *f;* **cellophane ~** Cellophanhülle *f,* Zellophanhülle *f;* **protective plastic ~** Plastikschutzhülle *f*

wrapping paper *n no pl* (*for package*) Packpapier *nt;* (*for present*) Geschenkpapier *nt*

wrath [rɒθ, AM ræθ] *n no pl* (*form, liter or dated*) Zorn *m;* **to fuel sb's ~** [*or* **the ~ of sb**] jds Zorn *m* schüren *geh;* **to incur sb's ~** [*or* **the ~ of sb**] sich *dat* jds Zorn *m* zuziehen

wrathful ['rɒθfᵊl, AM 'ræθ-] *adj* (*form, liter or dated*) zornig, wutentbrannt

wrathfully ['rɒθfᵊli, AM 'ræθ-] *adv* (*form, liter or dated*) zornig, wutentbrannt

wreak [riːk] *vt* (*form*) ❶ (*cause*) ■**to ~ sth** etw verursachen; **to ~ damage/havoc** [**on** [*or* **with**] **sth**] Schaden [an etw *dat*] anrichten ❷ (*inflict*) **to ~ one's anger on sb** seine Wut an jdm auslassen; **to ~ revenge** [*or* **vengeance**] **on sb** sich *akk* an jdm rächen, an jdm Rache nehmen

wreath [riːθ] *n* Kranz *m* (**of** aus +*dat*); **Christmas** [*or* **holly**] **~** Weihnachtskranz *m;* **~ of flowers** Blumenkranz *m;* **laurel ~** Lorbeerkranz *m;* **~ of leaves** Blätterkranz *m;* **to lay a ~** einen Kranz niederlegen

wreathe [riːð] (*liter*) **I.** *vt usu passive* ❶ (*encircle*) ■**to ~ sth** etw umwinden; ***the peak of the mountain is perpetually ~d in cloud*** die Spitze des Berges ist ständig in Wolken gehüllt; ***her face was ~d in smiles*** ein Lächeln umrahmte ihr Gesicht; **to be ~d in melancholy/sorrow** zutiefst melancholisch/traurig sein ❷ (*place around*) ■**to ~ sth around** [*or* **about**] **sb/sth** etw um jdn/etw [herum]winden; **to ~ one's arms around** [*or* **about**] **sb/sth** seine Arme um jdn/etw schlingen ❸ (*form into wreath*) ■**to ~ sth** etw zu einem Kranz flechten; **to ~ flowers/leaves** einen Kranz aus Blumen/

Blättern flechten **II.** *vi* sich *akk* kräuseln [*o* ringeln]; ***the smoke ~d upwards*** der Rauch stieg in Kringeln auf

wreck [rek] **I.** *n* ① (*destruction of boat*) Schiffbruch *m* ② (*boat*) [Schiffs]wrack *nt* ③ *no pl* LAW Strandgut *nt* ④ (*ruined vehicle*) Wrack *nt;* ~ **of a car/plane** Auto-/Flugzeugwrack *nt* ⑤ (*disorganized remains*) Trümmerhaufen *m,* Ruine *f;* ***this place is a complete ~*** das ist ja hier ein totales Schlachtfeld *hum* ⑥ (*accident*) Unfall *m;* **car ~** Autounfall *m;* **to have** [*or* **be in**] **a bad ~** einen schweren Unfall haben ⑦ (*person*) Wrack *nt;* **to be a complete/nervous/quivering ~** ein totales/nervliches/zitterndes Wrack sein **II.** *vt* ① (*sink*) ■**to be ~ed** *ship* Schiffbruch erleiden ② (*destroy*) ■**to ~ sth** etw zerstören; ***our greenhouse was ~ed in last night's storm*** unser Treibhaus ging im Sturm der letzten Nacht zu Bruch ③ (*fig: spoil*) ■**to ~ sth** etw ruinieren; **to ~ chances/hopes/plans** Aussichten/Hoffnungen/Pläne zunichte machen; **to ~ sb's life** jds Leben zerstören; **to ~ a marriage** eine Ehe zerrütten

wreckage ['rekɪdʒ] *n no pl* Wrackteile *ntpl,* Trümmer *ntpl a. fig;* ***there is some hope for those left clinging to the ~ of small businesses*** es besteht noch etwas Hoffnung für die, die das, was von den kleinen Unternehmen übrig ist, retten wollen

wrecked [rekt] *adj* ① (*destroyed*) zerstört, vernichtet; **~ car** Autowrack *nt,* Schrottauto *nt;* **half-~ houses** halb zerstörte Häuser ② (*involved in shipwreck*) schiffbrüchig ③ (*sl: drunk*) **to get ~** versumpfen *sl*

wrecker ['rekəʳ, AM -ɚ] *n* ① (*person who destroys*) Zerstörer(in) *m(f),* Vernichter(in) *m(f)* ② *esp* AM (*salvager*) Bergungsarbeiter(in) *m(f)* ③ AM (*breakdown truck*) Abschleppwagen *m;* **to call a ~** einen Abschleppwagen rufen

wrecking ['rekɪŋ] *n no pl* Bergung *f* von Strandgut; HIST Strandraub *m*

wrecking ball *n* Abrissbirne *f*

wren [ren] *n* Zaunkönig *m;* **the Carolina ~** *Zaunkönig im Staatswappen von Carolina*

Wren [ren] *n* BRIT MIL (*fam*) *weibliches Mitglied der Royal Navy*

wrench [ren(t)ʃ] **I.** *n* <*pl* -es> ① *usu sing* (*twisting*) Ruck *m* ② *usu sing* (*fig: painful feeling*) Trennungsschmerz *m;* ***what a ~, seeing you board the plane!*** ich werde total traurig, wenn ich sehe, wie du ins Flugzeug steigst! ③ *esp* AM (*spanner*) Schraubenschlüssel *m;* **screw ~** Franzose *m,* Rollgabelschlüssel *m fachspr* **II.** *vt* ① (*twist*) ■**to ~ sb/sth from sb** jdm jdn/etw entreißen *a. fig;* ■**to ~ sth from sth** etw aus etw *dat* reißen; **to ~ sth free** [**from sb/sth**] etw [von jdm/etw] losreißen; ■**to ~ sth off sth** etw von etw *dat* abreißen ② (*injure*) **to ~ a muscle** sich *dat* einen Muskel zerren; **to ~ one's shoulder** sich *dat* die Schulter verrenken ③ (*turn*) **to ~ a bolt/nut** eine Schraube/Mutter drehen

wrenched [ren(t)ʃt] *adj inv neck* verrenkt

wrenching ['ren(t)ʃɪŋ] *adj* schmerzlich; **heart-~** herzzerreißend

wrest [rest] *vt* (*form*) ■**to ~ sth** [**away**] **from sb** jdm etw entreißen; **to ~ control/power from sb/sth** (*fig*) jdm/etw die Kontrolle/Macht entreißen; **to ~ a living** sein Dasein fristen; **to ~ oneself free** sich *akk* losreißen

wrestle ['resl] **I.** *vi* ① SPORTS ringen ② (*fig: struggle*) ■**to ~ with sth** mit etw *dat* ringen [*o* kämpfen] **II.** *vt* ① SPORTS ■**to ~ sb** mit jdm ringen; **to ~ sb to the ground** jdn zu Boden bringen ② (*manipulate*) ■**to ~ sth** etw manipulieren **III.** *n* ① (*contest*) Ringkampf *m* ② (*fig: struggle*) Ringen *nt kein pl*

wrestler ['resləʳ, AM -ɚ] *n* Ringer(in) *m(f);* **professional ~** Profiringer(in) *m(f);* **Sumo ~** Sumoringer(in) *m(f)*

wrestling ['reslɪŋ] *n no pl* Ringen *nt,* Ringkampf *m;* **arm ~** Armdrücken *nt;* **mud ~** Schlammcatchen *nt fachspr*

wrestling bout, wrestling match *n* Ringkampf *m*

wretch <*pl* -es> [retʃ] *n* ① (*unfortunate person*) **poor ~** armer Kerl [*o* Teufel] *fam* ② (*fam: mean person*) **miserable ~** Schweinehund *m pej fam,* Mistkerl *m fam;* (*hum: child*) Schlingel *m hum*

wretched ['retʃɪd] *adj* ① (*unhappy*) unglücklich, deprimiert; **to feel ~** sich *akk* elend fühlen ② (*very bad*) schlimm; *state, condition* jämmerlich; ***she had a ~ life as a child*** sie hatte eine schreckliche Kindheit; **to live on a ~ diet** sich kärglich ernähren ③ (*to express anger*) verflixt; ***it's a ~ nuisance!*** so ein Mist!

wretchedly ['retʃɪdli] *adv* deprimierend, frustrierend; ***unemployment is ~ high*** die Arbeitslosenzahlen sind erschreckend hoch; ***some of the samples were ~ inadequate*** einige der Muster passten überhaupt nicht

wretchedness ['retʃɪdnəs] *n no pl* Elend *nt*

wriggle ['rɪgl] **I.** *vi* ① (*twist and turn*) sich *akk* winden; **to ~ free** [**of sth**] sich *akk* [aus etw *dat*] herauswinden, sich *akk* [von etw *dat*] befreien ② (*move*) ■**to ~ somewhere** sich *akk* irgendwohin schlängeln, irgendwohin kriechen; ■**to ~ through sth** sich *akk* durch etw *akk* hindurchwinden ► PHRASES: **to ~ off the hook** (*fam*) sich *akk* herausreden *fam;* **to ~ out of doing sth** (*fam*) sich *akk* davor drücken, etw zu tun *fam* **II.** *vt* ***she ~d her shoulders against the cushions*** sie grub die Schultern in die Kissen; **to ~ one's toes in the sand** die Zehen in den Sand graben **III.** *n usu sing* Schlängeln *nt,* Winden *nt kein pl*

wrily ['raɪli] *adv remark, smile* trocken

wring <wrung, wrung> [rɪŋ] **I.** *n usu sing* [Aus]wringen *nt* **II.** *vt* ① (*twist*) ■**to ~ sth** etw auswringen ② (*break*) **to ~ an animal's neck** einem Tier den Hals umdrehen; **to ~ sb's neck** (*fig*) jdm den Hals umdrehen *fam* ③ (*squeeze*) **to ~ sb's hand** jdm fest die Hand drücken ④ (*obtain*) ■**to ~ sth from** [*or* **out of**] **sb** etw aus jdm herauspressen; **to ~ concessions from sb** jdm Zugeständnisse abpressen ► PHRASES: **to ~ one's hands** die Hände ringen

◆**wring out** *vt* ■**to ~ out** ◌ **sth** etw auswringen; **to ~ information out of sb** (*fig*) Informationen aus jdm herauspressen

wringer ['rɪŋəʳ, AM -ɚ] *n* Wäschemangel *f* ► PHRASES: **to put sb through the ~** (*fam*) jdn in die Mangel nehmen *fam*

wringing ['rɪŋɪŋ] *adj inv* klatschnass *fam,* patschnass *fam;* **~ wet** patschnass *fam*

wrinkle ['rɪŋkl] **I.** *n* ① (*in a material*) Knitterfalte *f;* (*in the face*) Falte *f,* Runzel *f;* **anti-~ cream** Antifaltencreme *f;* **to get ~s** Falten bekommen ② (*fam: difficulty*) **to iron the ~s out** einige Unklarheiten beseitigen ③ (*fam: piece of advice*) Kniff *m* **II.** *vt* ■**to ~ sth** etw zerknittern; **to ~ skin** die Haut faltig werden lassen ► PHRASES: **to ~ one's brow** die Stirn runzeln; **to ~** [**up**] **one's nose at sth** über etw *akk* die Nase rümpfen **III.** *vi material* zerknittern, Knitterfalten bekommen; *face, skin* Falten bekommen, faltig werden; *fruit* schrumpeln

wrinkled ['rɪŋkld] *adj clothes* zerknittert; *face, skin* faltig, runzlig; *fruit* verschrumpelt, schrumpelig

wrinklie ['rɪŋkli] *n* BRIT, AUS (*sl*) *see* **wrinkly**

wrinkly ['rɪŋkli] **I.** *adj clothes* zerknittert; *face, skin* faltig, runzlig; *fruit* schrumpelig, verschrumpelt **II.** *n* BRIT, AUS (*pej or hum sl*) Grufti *m pej o hum sl*

wrist [rɪst] *n* ① ANAT Handgelenk *nt;* **to slash** [*or* **slit**] **one's ~s** sich *dat* die Pulsadern aufschneiden; **to sprain one's ~** sich *dat* das Handgelenk verstauchen ② FASHION Manschette *f*

wristband *n* ① (*strap*) Armband *nt* ② (*absorbent material*) Schweißband *nt* ③ FASHION Manschette *f*

wristlet ['rɪs(t)lɪt] *n* ① (*bracelet*) Armreif *m* ② (*handcuff*) Handschelle *f*

wristwatch *n* Armbanduhr *f*

writ[1] [rɪt] *n* ① (*legal notice*) [gerichtliche] Verfügung; **~ of execution** Vollstreckungsbefehl *m;* **~ of habeas corpus** gerichtliche Anordnung eines Haftprüfungstermins; **a ~ of summons** eine [schriftliche] Vorladung; **libel ~** Anzeige *f* wegen übler Nachrede; **to issue a ~ against sb** jdn vorladen; **to serve a ~** [**for sth**] **on sb** jdm [wegen einer S. *gen*] eine Ladung zustellen, jdn vorladen ② *esp* BRIT (*Crown document*) Wahlausschreibung *f* für das Parlament; **to move a ~** eine Nachwahl beantragen ③ *no pl* (*form: authority*) **~ of law** Gesetzgebungshoheit *f*

writ[2] [rɪt] *vtvi* (*old*) *pt, pp of* **write** ► PHRASES: **to be ~ large** (*form: be blatant*) ***her distress was ~ large in her face*** ihr Ärger stand ihr deutlich ins Gesicht geschrieben; (*exaggerated*) ***Hollywood is often said to be American society ~ large*** man sagt oft, Hollywood sei amerikanische Gesellschaft in Reinkultur

write <wrote, written *or old* writ> [raɪt] **I.** *vt* ① (*make letters*) ■**to ~ sth** etw schreiben; ***he wrote the appointment in his calendar*** er trug die Verabredung in seinen Kalender ein; **to ~ a letter to sb** jdm einen Brief schreiben ② (*complete*) ■**to ~ sth** etw ausstellen; **to ~ sb a cheque** [*or* **a cheque to sb**] jdm einen Scheck ausstellen [*o* ausschreiben]; **to ~ a prescription/receipt** ein Rezept/eine Quittung ausstellen; **to ~ one's will** sein Testament aufsetzen ③ CAN, SA SCH **to ~ a test** einen Test schreiben ④ (*compose*) ■**to ~ sth** etw schreiben; ■**to ~ sb sth** etw für jdn [*o* jdm etw] schreiben; ■**to ~ to sb** [**that ...**] BRIT, AUS [*or* AM **to ~ sb** [**that ...**]] jdm schreiben[, dass ...]; **to ~ a book/song/thesis** ein Buch/ein Lied/eine Doktorarbeit schreiben; **to ~ sth in English/German/French** etw auf Englisch/Deutsch/Französisch verfassen ⑤ (*state*) ■**to ~ that ...** schreiben [*o* berichten], dass ... ⑥ (*add*) ■**to ~ sth into sth** etw in etw *akk* einfügen; **to ~ sth into a contract** etw in einen Vertrag aufnehmen ⑦ COMPUT ■**to ~ sth to sth** etw auf etw *dat* speichern ⑧ (*underwrite*) **to ~ an insurance policy** eine Versicherungspolice unterschreiben [*o* unterzeichnen] ► PHRASES: **to be nothing to ~ home about** nichts Weltbewegendes sein; ***that was nothing to ~ home about*** das hat uns nicht vom Hocker gerissen *fam* **II.** *vi* ① (*make letters*) schreiben; **to ~ clearly/legibly** deutlich/leserlich schreiben; **to know how/learn** [**how**] **to read and ~** Lesen und Schreiben können/lernen ② (*handwrite*) mit der Hand schreiben ③ (*compose literature*) schreiben; ■**to ~ about** [*or* **on**] **sth** über etw *akk* schreiben; **to ~ for a living** Schriftsteller(in) *m(f)* sein ④ COMPUT schreiben, speichern, sichern

◆**write away** *vi* ■**to ~ away for sth** etw [schriftlich] anfordern; **to ~ away for brochures/information** Broschüren/Informationen anfordern

◆**write back** **I.** *vt* ■**to ~ sb** [**sth**] **back** jdm [etw] zurückschreiben [*o* antworten] **II.** *vi* zurückschreiben, antworten

◆**write down** *vt* ■**to ~ down** ◌ **sth** ① (*record*) etw aufschreiben [*o form* niederschreiben] ② FIN etw abschreiben

◆**write in** **I.** *vt* ① AM POL ■**to ~ in** ◌ **sb** *seine Stimme für jdn abgeben, der nicht auf der Kandidatenliste steht* ② (*put in*) ■**to ~ in** ◌ **sth** (*in text*) etw einfügen; (*in form*) etw eintragen [*o* ausfüllen] **II.** *vi* schreiben; ***he wrote in expressing his dissatisfaction with recent programming*** er schickte einen Brief, um seine Unzufriedenheit mit dem momentanen Programm auszudrücken; ■**to ~ in to sb** jdn anschreiben; ■**to ~ in for sth** etw anfordern

◆**write off** **I.** *vi* ■**to ~ off for sth** etw [schriftlich] anfordern **II.** *vt* ① (*dismiss*) ■**to ~ off** ◌ **sb/sth** jdn/etw abschreiben *fam* ② FIN **to ~ off** ◌ **an asset** einen Vermögenswert abschreiben; **to ~ off** ◌ **a debt** Schulden abschreiben ③ BRIT (*destroy*) **to ~ off a car** ein Auto zu Schrott fahren *fam* ④ (*send*) **to ~ off a letter** einen Brief abschicken

◆**write out** *vt* ① (*remove*) ■**to ~ sb/sth out** [**of sth**] jdn/etw [aus etw *dat*] streichen; ■**to ~ sb out** THEAT, FILM *character in play, series* jdm einen Abgang schaffen; **to ~ sb out of one's will** jdn aus seinem Testament streichen ② (*write in full*) ■**to ~ out** ◌ **sth** etw ausschreiben ③ (*put in writing*) ■**to ~ out** ◌ **sth** etw aufschreiben ④ (*fill out*) ■**to ~ out** ◌ **sth** etw ausstellen; **to ~ a cheque out to sb** [*or* **sb out a cheque**] jdm einen Scheck ausschrei-

W

ben [*o* ausstellen]

◆**write up** *vt* ① (*put in written form*) **to ~ up an article/notes** einen Artikel/Notizen ausarbeiten ② (*critique*) ■**to ~ up sth** eine Kritik zu etw *dat* schreiben; **to ~ up a concert/film/play** eine Kritik zu einem Konzert/Film/Stück schreiben ③ (*make entries*) **to ~ up a diary** ein Tagebuch auf den neuesten Stand bringen ④ AM (*report*) ■**to ~ sb up** jdn aufschreiben *fam*

writedown *n* Teilabschreibung *f* **write-down allowance** *n* Abschreibungsbetrag *m* **write-in** POL I. *n* ① AM (*vote*) *Stimmabgabe für einen Kandidaten, der nicht auf der Liste steht* ② (*candidate*) *Kandidat, der nicht auf der Liste steht* ③ (*protest*) Einspruch *m*, Protest *m* II. *n modifier* **a ~ candidate** *ein nachträglich auf der Liste hinzugefügter Kandidat*; **a ~ campaign** *eine Wahlkampagne, bei der man einen Kandidaten wählen kann, den man nachträglich auf den Stimmzettel dazuschreibt* **write-off** *n* ① BRIT (*vehicle*) Totalschaden *m*; **to be a complete ~** ein absoluter Totalschaden sein ② (*worthless person*) Versager(in) *m(f)*; (*worthless event*) Reinfall *m* ③ FIN Abschreibung *f*; **tax ~** [steuerliche] Abschreibung **write-protected** *adj inv* COMPUT schreibgeschützt

writer [ˈraɪtəʳ, AM -ɚ] *n* ① (*person who writes*) Verfasser(in) *m(f)*, Schreiber(in) *m(f)* ② (*author*) Autor(in) *m(f)*; **~ of books** Buchautor(in) *m(f)*; **~ of children's books** Kinderbuchautor(in) *m(f)*; **crime ~** Krimiautor(in) *m(f)*; **fiction ~** Romanautor(in) *m(f)*; **~ of films** Drehbuchautor(in) *m(f)*; **~ of plays** Dramatiker(in) *m(f)*; **sports ~** Sportreporter(in) *m(f)*; **travel ~** Reiseschriftsteller(in) *m(f)* ③ ECON *of a cheque* Aussteller(in) *m(f)*; **~ of an option** Optionsverkäufer(in) *m(f)*, Stillhalter(in) *m(f)*

writer-director [ˌraɪtədaɪˈrektəʳ, AM -t̬ədaɪˈrektɚ] *n* Drehbuchautor(in) *m(f)* und Regisseur/-in **writer's block** *n* Schreibblockade *f* **writer's cramp** *n* Schreibkrampf *m*

write-up *n of play, film* Kritik *f*; *of book also* Buchbesprechung *f*, Rezension *f*

writhe [raɪð] I. *vi* ① (*squirm*) sich *akk* winden [*o* krümmen]; **to ~ in agony** sich *akk* vor Schmerzen winden ② (*fig: emotionally*) beben; ***she ~d in suppressed fury*** sie bebte innerlich vor unterdrückter Wut II. *vt* **to ~ one's body** seinen Körper krümmen [*o* winden]

writhing [ˈraɪðɪŋ] I. *adj attr* sich *akk* windend II. *n no pl* Sichwinden *nt*

writing [ˈraɪtɪŋ] *n* ① *no pl* (*skill*) Schreiben *nt*; ***reading, ~ and arithmetic*** Lesen, Schreiben und Rechnen; ■**in ~** schriftlich; ***we'll need to have your agreement in ~*** wir brauchen Ihr schriftliches Einverständnis ② *no pl* (*occupation*) Schreiben *nt*, Schriftstellerei *f*; **creative ~** kreatives Schreiben ③ *no pl* (*literature*) Literatur *f*; **women's ~** Frauenliteratur *f* ④ (*written works*) ■**~s** *pl* Schriften *fpl* ⑤ *no pl* (*handwriting*) [Hand]schrift *f* ⑥ *no pl* (*inscription*) Inschrift *f* ⑦ REL ■**the W~s** *pl* die Hagiographa *pl fachspr*, die Hagiographen *pl fachspr* ▶ PHRASES: **the ~ is on the wall/the wall for sb** die/jds Stunde hat geschlagen; **to read** [*or* **see**] **the ~ on the wall** die Zeichen der Zeit erkennen

writing desk *n* Schreibtisch *m* **writing pad** *n* ① (*paper*) Schreibblock *m* ② COMPUT Sensor[schreib]block *m* **writing paper** *n no pl* Schreibpapier *nt*; **a piece of ~** ein Blatt *nt* Schreibpapier

writ of summons *n* LAW Prozesseröffnungsbeschluss *m*, Klageschrift *f* mit Ladung, gerichtliche Verfügung

written [ˈrɪtᵊn] I. *vt/vi pp of* **write** II. *adj inv* schriftlich; **~ work** SCH schriftliche Arbeiten; **the ~ word** das geschriebene Wort ▶ PHRASES: **to be ~ in the stars** in den Sternen stehen; **to have sth ~ all over one** [*or* **one's face**] jdm steht etw ins Gesicht geschrieben

written-down value *n* ECON Restbuchwert *m*, Nettobuchwert *m*

wrong [rɒŋ, AM rɑːŋ] I. *adj inv* ① (*not correct*) falsch; ***your clock is ~*** deine Uhr geht falsch; ***she's ~ in thinking that ...*** sie liegt falsch, wenn sie denkt, dass ...; ***he's the ~ person for the job*** er ist nicht der richtige Mann für diesen Job; ***I think we're going the ~ way*** ich denke, wir sind falsch *fam*; ***it's all ~*** das ist völlig verkehrt; ***this is the ~ time to ...*** dies ist nicht der richtige Zeitpunkt, ...; ***it is ~ that you always pay*** es ist nicht in Ordnung, dass du immer bezahlst; ***what's ~ with spending Saturday night in the pub?*** was ist so falsch daran, den Samstagabend im Pub zu verbringen?; ***sorry, you've got the ~ number*** tut mir Leid, Sie haben sich verwählt; ***who was on the phone? — oh, it was just a ~ number*** wer war am Telefon? – oh, da hatte sich nur einer verwählt; ***she got in with the ~ crowd at university*** sie ist an der Universität mit den falschen Leuten zusammengekommen; **to get sth ~** sich *akk* mit etw *dat* vertun; (*misunderstand*) etw falsch verstehen; ***you can't go ~ with that type of wine!*** mit diesem Wein können Sie gar nichts falsch machen!; ***he got the answer wrong*** er hat die falsche Antwort gegeben; MATH er hat sich verrechnet; ***you got three questions ~*** Sie haben drei Fragen falsch beantwortet; **to get sb ~** jdn falsch verstehen; ***don't get me ~*** versteh mich bitte nicht falsch; **to be proved ~** widerlegt werden; ***I thought she couldn't do it, but she proved me ~*** ich dachte, sie könnte es nicht tun, aber sie bewies mir, dass ich Unrecht hatte; ■**to be ~ about sth** sich *akk* bei etw *dat* irren; ***I was ~ about her*** ich habe mich in ihr getäuscht ② *pred* (*amiss*) ***is there anything ~?*** stimmt etwas nicht?; ***what's ~ with you today?*** was ist denn heute mit dir los? ③ (*morally reprehensible*) verwerflich *geh*; ***it was ~ of her to ...*** es war nicht richtig von ihr, ... ④ *pred* (*not functioning properly*) ***something's ~ with the television*** irgendetwas stimmt mit dem Fernseher nicht; ***my car's gone ~ again*** mein Auto tut mal wieder nicht *fam*; ***my computer goes ~ everytime I ...*** mein Computer stürzt jedes Mal ab, wenn ich ...; **to find out what is ~** herausfinden, wo der Fehler liegt ▶ PHRASES: **to get out of bed on the ~ side** [*or* **out of the ~ side of the bed**] mit dem linken Fuß zuerst aufstehen; **to get hold of the ~ end of the stick** etw in den falschen Hals bekommen *fam*; **to catch sb on the ~ foot** jdn auf dem falschen Fuß erwischen *fam*; **to fall** [*or* **get**] **into the ~ hands** in die falschen Hände geraten; **to have/put sth on the ~ way round** [*or* AM **around**] etw falsch herum anhaben/anziehen; ***you've got your skirt on the ~ way around*** du hast deinen Rock falsch herum an[gezogen] II. *adv inv* ① (*incorrectly*) falsch; **to spell sth ~** etw falsch buchstabieren ② (*in a morally reprehensible way*) falsch; ***his mother always said he lived ~*** seine Mutter hat immer gesagt, dass er ein verwerfliches Leben führe ③ (*amiss*) **to go ~** *things* schief gehen *fam*; *people* vom rechten Weg abkommen III. *n* ① *no pl* (*moral reprehensibility*) **a sense of right and ~** ein Gespür *nt* für Recht und Unrecht; **to know right from ~** richtig und falsch unterscheiden können ② *no pl* (*unjust action*) Unrecht *nt*, Rechtsverletzung *f*; **to do ~** unrecht tun; **to do sb a ~** jdm unrecht zufügen; **to do sb no ~** jdm kein unrecht tun; **to suffer a ~** unrecht erleiden ▶ PHRASES: **to be in the ~** (*mistaken*) sich *akk* irren; (*reprehensible*) im unrecht sein IV. *vt usu passive* (*form: treat unjustly*) ■**to ~ sb** jdm unrecht tun; (*judge character unjustly*) jdn falsch einschätzen; ***I ~ed him when I said that he was a fair-weather friend*** ich habe ihn falsch eingeschätzt, als ich sagte, er sei ein Freund für schöne Stunden

wrongdoer [-ˌduːəʳ, AM -ˌduɚ] *n* Übeltäter(in) *m(f)*, Missetäter(in) *m(f) veraltend*; LAW Rechtsverletzer(in) *m(f)*

wrongdoing [-ˌduːɪŋ] *n no pl* Übeltat *nt veraltend*, Missetat *f veraltend geh*; LAW Delikt *nt*, Vergehen *nt*; **police ~** Fehlverhalten *nt* der Polizei; **to accuse sb of ~** jdm Fehlverhalten vorwerfen; **to deny ~** ein Fehlverhalten von sich *dat* weisen

wrong-foot *vt* BRIT, AUS ■**to ~ sb** jdn auf dem falschen Fuß erwischen

wrongful [ˈrɒŋfᵊl, AM ˈrɑːŋ-] *adj* unrechtmäßig; LAW ungestzlich; **~ arrest/dismissal/imprisonment** unrechtmäßige Verhaftung/Entlassung/Inhaftierung

wrongfully [ˈrɒŋfᵊli, AM ˈrɑːŋ-] *adv* zu Unrecht, unrechtmäßig; LAW ungesetzlich

wrong-headed *adj* (*pej*) *person* querköpfig *pej*, verbohrt *pej*; *idea, plan* hirnverbrannt *fam*; **~ person** Querkopf *m meist pej*

wrongly [ˈrɒŋli, AM ˈrɑːŋ-] *adv inv* ① (*mistakenly*) fälschlicherweise, irrtümlicherweise ② (*unjustly*) zu Unrecht; **to ~ convict sb of a crime** jdn zu Unrecht verurteilen ③ (*incorrectly*) falsch, verkehrt; **to spell sth ~** etw falsch buchstabieren

wrongness [ˈrɒŋnəs, AM ˈrɑːŋ] *n no pl* ① (*inaccuracy*) Unrichtigkeit *f*, Fehlerhaftigkeit *f* ② (*inadequacy*) Unstimmigkeit *f* ③ (*inequity*) Ungerechtigkeit *f*

wrote [rəʊt, AM roʊt] *vt/vi pt of* **write**

wrought [rɔːt, AM *esp* rɑːt] I. *vt* (*old liter*) *pt, pp of* **work** III II. *adj inv* ① (*form: crafted*) [aus]gearbeitet; (*conceived*) [gut] durchdacht; *piece of writing* [gut] konzipiert ② *attr* (*beaten out*) *silver, gold* gehämmert, getrieben

wrought iron I. *n no pl* Schmiedeeisen *nt* II. *adj pred, inv* schmiedeeisern **wrought-iron** *adj attr, inv* schmiedeeisern; **~ gate** schmiedeeisernes Tor **wrought up** *adj usu pred* beunruhigt, aufgeregt; **to be/get ~** [**about** [*or* **over**] **sth/sb**] sich *akk* [über etw/jdn] aufregen

wrung [rʌŋ] *vt pt, pp of* **wring**

WRVS [ˌdʌbljuːɑːviːˈes] *n no pl, + sing/pl vb* BRIT *abbrev of* **Women's Royal Voluntary Service**

wry <-ier, -iest *or* -er, -est> [raɪ] *adj usu attr* ① (*dry and ironic*) trocken; **~ comments** trockene [*o* ironische] Bemerkungen; **~ [sense of] humour** [*or* AM **humor**] trockener [Sinn für] Humor; **a ~ smile** ein bitteres Lächeln ② (*of dislike, disgusted*) **to make** [*or* **pull**] **a ~ face** das Gesicht verziehen; (*disappointed*) ein langes Gesicht machen

wryly *adv see* **wrily**

wt *n abbrev of* **weight** Gew.

wunderkind <*pl* -s *or* -er> [ˈwʊndəkɪnd, AM -ɚ-] I. *n* Wunderkind *nt*, [Natur]talent *nt* II. *n modifier* (*flautist, pianist, singer*) ≈ Star-

wuss [wʊs] *n* AM (*pej sl*) Schlappschwanz *m pej sl*, Waschlappen *m pej sl*

WWF [ˌdʌbljuːˌdʌbljuːˈef] *n no pl abbrev of* **World-wide Fund for Nature**: ■**the ~** der WWF

WWI *n no pl abbrev of* **World War I** der Erste Weltkrieg

WWII *n no pl abbrev of* **World War II** der Zweite Weltkrieg

wych elm [ˈwɪtʃelm] *n see* **witch elm** **wych hazel** *n* BRIT *see* **witch hazel**

WYSIWYG [ˈwɪziwɪg] COMPUT *acr for* **what you see is what you get** WYSIWYG (*Ausdruck, der besagt, dass exakt der Inhalt eines Bildschirms ausgedruckt wird, so wie angezeigt*)

X

X <*pl* -s>, **x** <*pl* 's *or* -'s> [eks] *n* ① (*letter*) X *nt*, x *nt*; **~ for Xmas** [*or* AM *also* **as in**] X für Xanthippe; *see also* **A** ② (*Roman numeral*) X *nt*, x *nt* ③ (*in place of name*) X; **Mr/Mrs ~** Herr/Frau X

x [eks] I. *vt* AM (*delete*) ■**to ~ sth** etw streichen; **to ~ out a name/word** einen Namen/ein Wort [aus]streichen II. *n* ① MATH x *nt*; ***let's assume the number of people is ~*** nehmen wir einmal an, wir haben x Personen; **x-axis** x-Achse *f* ② (*symbol for kiss*) *Kusssymbol, etwa am Briefende*; ***all my love, Katy ~~~*** alles Liebe, Gruß und Kuss, Katy ③ (*cross symbol*) x *nt*, Kreuzchen *nt*

◆**x out** [ˌeksˈaʊt] *vt* ■**to ~ out** ⊂ **sb** (*fam*) jdn ausstreichen [*o fam* rausschmeißen]

X [eks] *n* (*dated: film rating symbol*) *Symbol, das ei-*

nen Film als nicht jugendfrei ausweist

X certificate *n* BRIT (*dated*) *Zertifikat, das einen Film als nicht jugendfrei ausweist*

X-certificate *adj inv* BRIT (*dated*) **an ~ film** [*or* **movie**] *ein Film, der für Jugendliche unter 16 Jahren nicht zugelassen ist*

X chromosome *n* X-Chromosom *nt*

xenon ['zi:nɒn, AM -nɑ:n] *n no pl* Xenon *nt*

xenophobe ['zenə(ʊ)fəʊb, AM -əfoʊb] *n* Ausländerfeind(in) *m(f)*

xenophobia [ˌzenə(ʊ)'fəʊbiə, AM -ə'foʊ-] *n no pl* Fremdenhass *m*, Xenophobie *f geh*

xenophobic [ˌzenə(ʊ)'fəʊbɪk, AM -ə'foʊ-] *adj* fremdenfeindlich, xenophob *geh;* ~ **attitude** fremdenfeindliche Haltung; ~ **violence** Gewalt *f* gegen Fremde

xenotransplantation [ˌzenə(ʊ)træn(t)splɑ:n'teɪʃən, AM ˌzenətrænsplæn'-] *n* GEN Xenotransplantation *f*

xerox ['zɪərɒks, AM 'zɪrɑ:ks] *vt* ■**to ~ sth** etw kopieren; **a ~ed copy of a document** eine Kopie eines Dokuments

Xerox® *n* Kopie *f*

X-Games ['eksgeɪmz] *npl* Extremsportarten *fpl*

XL [ˌeks'el] *adj inv* FASHION *abbrev of* **extra large** XL *nt*

Xmas ['krɪs(t)məs, 'eksməs, AM 'krɪs-] (*fam*) **I.** *n* <*pl* -es> *short for* **Christmas** Weihnachten *nt* **II.** *n modifier* (*decorations, presents, season*) Weihnachts-; ~ **tree** Weihnachtsbaum *m*

XML [ˌeks:em'el] *n* COMPUT *abbrev of* **extendend markup language** XML *f*

X-rated *adj inv* (*hist*) **an ~ film** [*or* **movie**] *ein Film, der für Jugendliche unter 18 (in den USA unter 17) Jahren nicht zugelassen ist*

X-ray ['eksreɪ] **I.** *n* ① (*radiation*) Röntgenstrahl[en] *m[pl]* ② (*examination*) Röntgenuntersuchung *f*, Röntgen *nt kein pl;* **to give sb an ~** jdn röntgen; **to go for an ~** sich *akk* röntgen lassen ③ (*picture*) Röntgenbild *nt*, Röntgenaufnahme *f* ④ *no pl* (*hospital department*) Röntgenabteilung *f* **II.** *n modifier* (*using X-rays*) (*analysis, image, machine, room, technician*) Röntgen-; **the ~ department** die Röntgenabteilung; ~ **eyes** (*fig*) Röntgenaugen *ntpl;* ~ **vision** (*fig*) Röntgenblick *m* **III.** *vt* ■**to ~ sth/sb** etw/jdn röntgen [*o fam* durchleuchten]

xylophone ['zaɪləfəʊn, AM -foʊn] *n* Xylophon *nt*

xylophonist ['zaɪləfəʊnɪst, AM -foʊn-] *n* MUS Xylophonist(in) *m(f)*

Y

Y <*pl* -s>, **y** <*pl* 's *or* -'s> [waɪ] *n* ① (*letter*) Y *nt*, y *nt;* ~ **for Yellow** [*or* AM **as in Yoke**] Y für Ypsilon; *see also* **A** ② (*in place of name*) Y; **Mr/Mrs Y** Herr/Frau Y

y [waɪ] *n* MATH y *nt;* **y-axis** y-Achse *f*

Y2K [ˌwaɪtu:'keɪ] *n modifier* COMPUT *abbrev of* **year 2000** *problem, crisis, celebration* Y2K-

yacht [jɒt, AM jɑ:t] *n* Jacht *f;* **luxury ~** Luxusjacht *f;* **ocean-going ~** hochseetaugliche Jacht, Hochseejacht *f*

yacht club *n* Jachtclub *m*

yachting ['jɒtɪŋ, AM 'jɑ:ţ-] *n no pl* Segeln *nt;* **to go ~** segeln gehen

yacht race *n* Segelregatta *f;* **a round-the-world ~** eine Segelregatta um die Welt

yachtsman *n* (*owner*) Jachtbesitzer *m;* (*person sailing*) Segler *m;* **round-the-world ~** Weltumsegler *m* **yachtswoman** *n* (*owner*) Jachtbesitzerin *f;* (*person sailing*) Seglerin *f;* **round-the-world ~** Weltumseglerin *f*

yack [jæk] *vi* (*sl*) quasseln *pej fam*, quatschen *fam*, labern *pej fam*

yackety-yack [ˌjækəti'jæk, AM -ţ-] *n usu sing* (*fam*) Blabla *nt fam*, Gequassel *nt fam*

yah [jɑ:] *interj* BRIT (*fam*) ① (*yes*) ja ja *fam;* ***~, okay, I understand what you're saying*** ja ja, o.k., ich verstehe, was du sagst ② (*derision*) pah!, bah!

yahoo I. *n* [jɑ:hu:] (*pej fam*) Krakeeler *m pej;* **a ghastly ~** ein unmöglicher Typ *fam* **II.** *interj* [jə'hu:] (*expressing joy, excitement*) juhu!

yak [jæk] **I.** *n* Jak *m* **II.** *vi* <-kk-> *see* **yack**

yakka ['jækə] *n no pl* AUS, NZ (*fam*), **yakker** ['jækəʳ] *n no pl* AUS (*fam*) Maloche *f fam*

yakuza <*pl* -> ['jækʊzɑ:, AM 'jɑ:] *n* Yakuza *m*

Yale lock® ['jeɪllɒk] *n* BRIT Sicherheitsschloss *nt*

y'all [jɑ:l] AM DIAL = **you-all**

yam [jæm] *n* ① FOOD (*African vegetable*) Jamswurzel *f* ② AM (*sweet potato*) Süßkartoffel *f*

yammer ['jæməʳ, AM -ɚ] *vi esp* AM aufdringlich drauflosreden, jammern *fam;* ■**to ~** [**away** [*or* **on**]] [**about sth**] [über etw *akk*] maulen

yang [jæŋ] *n no pl* Yang *nt*

yank [jæŋk] (*fam*) **I.** *vt* ① (*pull hard*) ■**to ~ sth** an etw *dat* [ruckartig] ziehen, an etw *dat* zerren ② (*remove forcefully*) ■**to ~ sth/sb out** [**of sth**] etw/jdn [aus etw *dat*] herausreißen [*o* herauszerren]; **to be ~ed out of bed** (*fig*) aus dem Bett geworfen werden; **to ~ out a tooth** einen Zahn ziehen **II.** *vi* ■**to ~** [**on sth**] [an etw *dat*] zerren **III.** *n* Ruck *m;* ***she gave two ~s on the cord*** sie zog zweimal an der Schnur

Yank [jæŋk] *n* (*fam*) Yankee *m*, Ami *m fam*

Yankee ['jæŋki] (*fam*) **I.** *n* ① (*American*) Yankee *m*, Ami *m fam* ② AM (*person from northern USA*) Nordstaatler(in) *m(f)*, Yankee *m* **II.** *adj attr, inv* ① (*from USA*) Yankee-, Ami-; ~ **neighbours** BRIT Yankeenachbarschaft *f* ② AM (*from northern USA*) Nordstaaten-; ~ **businessmen** Geschäftsleute *pl* aus dem Norden [der USA]; (*esp hist*) Nordstaatler-, Yankee-; ~ **government** Yankeeregierung *f*

Yankee bonds *npl* FIN Yankee Bonds *pl*

yap [jæp] **I.** *vi* <-pp-> ① (*bark*) *dog* kläffen ② (*pej fam: talk continuously*) quasseln *fam*, ratschen *fam* **II.** *n no pl* Kläffen *nt;* **to give a ~** kläffen

yapping ['jæpɪŋ] **I.** *adj attr, inv dog* kläffend **II.** *n no pl* ① (*high-pitched barking*) Kläffen *nt*, Kläfferei *f* ② (*pej fam: chatter*) Gequassel *nt fam*, Geschwätz *nt* ③ (*nagging*) Gezeter *nt;* ***if she starts her ~ again, I'm going down to the pub*** wenn sie wieder zu keifen anfängt, gehe ich in die Kneipe

yappy ['jæpi] *adj* **a ~ dog** ein Kläffer *m pej fam*

yard¹ [jɑ:d, AM jɑ:rd] *n* ① (*3 feet*) Yard *nt;* ***we've got a list a ~ long of things to do today*** (*fig*) wir haben heute eine ellenlange Liste zu erledigen; **~s and ~s of material** meterweise Stoff; **to sell fabric by the ~** Stoff in Yards verkaufen; **by the ~** am laufenden Band [*o* Meter] ② NAUT (*spar*) Rah[e] *f*

yard² [jɑ:d, AM jɑ:rd] *n* ① (*paved area*) Hof *m;* (*backyard*) Hinterhof *m* ② (*work site*) Werksgelände *nt;* (*for storage*) Lagerplatz *m;* (*dockyard*) [Schiffs]werft *f;* (*garage*) Werkstatt *f;* **builder's ~** Baustofflager *nt;* **goods ~** Güterbahnhof *m;* **naval repair ~** Schiffswerft *f;* **scrap ~** Schrottplatz *m;* **wood ~** Sägewerk *nt* ③ AM (*garden, lot*) Garten *m;* **back ~** Hinterhof *m;* **front ~** Vorhof *m;* (*planted strip*) Vorgarten *m*

Yard [jɑ:d] *n no pl, + sing/pl vb* BRIT (*fam*) ■**the ~** Scotland Yard *m*

yardage ['jɑ:dɪdʒ, AM 'jɑ:r] *n* ① (*measurement*) Yardzahl *f* ② HIST *Recht zur Nutzung eines Viehhofes bzw. Abgeltung hierfür*

yardarm ['jɑ:dɑ:m, AM 'jɑ:rdɑ:rm] *n* NAUT Nock *f o nt fachspr;* **to hang sb from the ~** jdn am Mast aufknüpfen ► PHRASES: **the sun is over the ~** (*dated: time for a drink*) jetzt darf man sich einen genehmigen

Yardie ['jɑ:di, AM 'jɑ:r] *n* (*fam*) *jamaikanischer Bandengangster*

yardstick *n* ① (*measuring tool*) Zollstock *m* ② (*standard*) Maßstab *m*

yarmulka *n*, **yarmulke** ['jʌmʊlkə, AM 'jɑ:rməl-] *n* REL Scheitelkäppchen *nt*

yarn [jɑ:n, AM jɑ:rn] **I.** *n* ① *no pl* (*for knitting, weaving*) Wolle *f;* (*for sewing*) Garn *nt;* **ball of ~** Knäuel *m o nt* Wolle ② (*story*) Geschichte *f;* (*sailor's tall story*) Seemannsgarn *nt;* (*hunter's, angler's exploit*) Jäger-/Anglerlatein *nt;* **to spin** [**sb**] **a ~** [jdm] eine Lügengeschichte erzählen **II.** *vi* (*fam*) klönen *fam*

yarrow <*pl* – *or* -s> ['jærəʊ, AM 'jeroʊ] *n* BOT Schafgarbe *f*

yashmak ['jæʃmæk, AM 'jɑ:ʃmɑ:k] *n* REL *Schleier, der von Musliminnen getragen wird*

yaw [jɔ:, AM *esp* jɑ:] AVIAT, NAUT, TECH **I.** *vi ship* gieren *fachspr*, vom Kurs abweichen; *plane* ausbrechen, vom Kurs abweichen **II.** *n no pl* Gieren *nt fachspr*

yawl [jɔ:l, AM *esp* jɑ:l] *n* Jolle *f*

yawn [jɔ:n, AM *esp* jɑ:n] **I.** *vi* ① (*show tiredness*) gähnen ② (*liter: open wide*) *chasm* gähnen, klaffen **II.** *vt* **to ~ one's head off** (*fam*) hemmungslos gähnen **III.** *n* ① (*tiredness*) Gähnen *nt kein pl;* **to stifle a ~** ein Gähnen unterdrücken ② (*fam: boring thing*) [stink]langweilige Angelegenheit *fam;* ***I thought the film was a big ~*** ich fand den Film stinklangweilig

yawning ['jɔ:nɪŋ, AM *esp* 'jɑ:n-] *adj attr, inv* ① (*tiredness*) gähnend ② (*liter: wide and deep*) *chasm* gähnend; ***there exists nowadays a ~ gap between fashion and style*** heutzutage klaffen Mode und Stil weit auseinander; ~ **budget deficit** gewaltiges Loch im Staatshaushalt; ~ **chasm/crater** gähnender Abgrund/Krater

Y chromosome *n* Y-Chromosom *nt*

yd *n abbrev of* **yard¹ 1**

ye¹ [ji:] *part* DIAL (*old*) ① *pl of* **thou** ihr; ***O ~ of little faith!*** oh ihr Kleingläubigen!; ~ ***cannot serve God and mammon*** ihr könnt nicht Gott und dem Mammon dienen; ~ **gods!** bei Gott!; ~ ***gods and little fishes!*** ach du meine Güte! ② *pl of* **thee** euch; ***take up arms and fight for I have strengthened ~*** nehmt die Waffen und kämpft, denn ich habe euch Stärke gegeben

ye² [ji:] *adj* (*old*) der/die/das; ***"Y~ Olde Barb"*** „Zum alten Angelhaken"

yea [jeɪ] *adv inv* (*form or old*) fürwahr *veraltet liter;* ***I will be with you, ~, even unto the end of the world*** wahrlich, ich bin bei euch bis ans Ende der Welt; ~ **or nay** ja oder nein

yeah [jeə] *adv inv* (*fam: yes*) ja[wohl]; ***~?*** ach wirklich?; ***oh ~!*** [*or* **~, ~!**] (*iron*) klar!, ganz bestimmt!

year [jɪəʳ, AM jɪr] *n* ① (*twelve months*) Jahr *nt;* ***it's taken them a ~ to get this far*** sie haben ein Jahr gebraucht, um so weit zu kommen; ***she got two ~s*** sie bekam zwei Jahre [Gefängnis]; ***it'll be a ~ next August*** kommenden August wird es ein Jahr; ***in the ~ of Our Lord 1492*** im Jahre des Herrn 1492; ***how much does he earn a ~?*** wie viel verdient er im Jahr?; **calendar ~** Kalenderjahr *nt;* **two ~s' work** zwei Jahre Arbeit; **a ~ ago** vor einem Jahr; **all** [**the**] **~ round** das ganze Jahr über; **every other ~** alle zwei Jahre; **fiscal ~** Geschäftsjahr *nt*, Rechnungsjahr *nt; revenue* Steuerjahr *nt;* **last/next/this ~** letztes/nächstes/dieses Jahr; ***he retires in March of next ~*** er geht im März nächsten Jahres in Rente; **~ by ~** Jahr für Jahr; **for two ~s** zwei Jahre lang; **five times a ~** fünfmal im [*o* pro] Jahr ② (*age, time of life*) [Lebens]jahr *nt;* ***he dances very well for a man of his ~s*** für einen Mann in seinem Alter tanzt er sehr gut; **a two-~-old child** ein zweijähriges Kind ③ (*fam: indefinite time*) ■**~s** *pl* Jahre *ntpl;* **~ in, ~ out** Jahr ein, Jahr aus; **for ~s** (*since a long time ago*) seit Jahren; (*regularly*) regelmäßig; (*for a long time*) jahrelang; **over the ~s** mit den Jahren, im Laufe der Jahre ④ (*academic year*) SCH Schuljahr *nt;* UNIV Studienjahr *nt;* (*group*) Klasse *f;* ***he was in my ~ at college*** er war am College in meinem Semester; ***she was in the ~ above*** [*or* AM ***ahead of***]/***below*** [*or* AM ***behind***] ***me at school/university*** sie war in der Schule/Uni[versität] ein Jahr/zwei Semester über/unter mir; **a two-/three-~ course** ein zwei-/dreijähriger Kurs; **the ~ 9 pupils** BRIT die Neuntklässler *pl;* **school ~** Schuljahr *nt;* **a first-/second-~ student** ein Student *m*/eine Studentin im ersten/zweiten Studienjahr; **academic ~** akademisches Jahr; **the second-~s** BRIT UNIV die Studenten *mpl*/Studentinnen *fpl* im zweiten Studienjahr; SCH die Schüler *mpl*/Schülerinnen *fpl* der zweiten Klasse ⑤ (*season*) Jahr *nt;* **the time of the ~** die

Jahreszeit; **to be a bad** [*or* **poor**]/**good ~ for sth** ein schlechtes/gutes Jahr für etw *akk* sein; ***1988 was an extremely good ~ — if you can find a bottle of that, buy it*** 1988 war ein äußerst gutes Jahr – wenn du eine Flasche davon finden kannst, kaufe sie ▸ PHRASES: **from** [*or* **since**] **the ~ dot** BRIT, AUS seit Urzeiten [*o* ewigen Zeiten] *fam;* **to put ~s on sb** jdn um Jahre älter machen; **to take ~s off sb** jdn jünger wirken lassen

yearbook *n* ① PUBL Jahresausgabe *f* ② ECON Jahrbuch *nt* ③ AM SCH, UNIV Jahrbuch *nt;* **school ~** Schuljahrbuch *nt* **year end** *n* FIN Jahresabschluss *m*

yearling [ˈjɪəlɪŋ, AM ˈjɪr-] *n* Jährling *m fachspr,* Enter *m o nt* NORDD; (*racehorse*) einjähriges Pferd

year-long *adj attr, inv* (*lasting one year*) ein Jahr dauernd, einjährig; (*lasting for years*) jahrelang

yearly [ˈjɪəli, AM ˈjɪr-] *inv* **I.** *adj* [all]jährlich; **~ pay increase** jährliche Gehaltserhöhung; **~ subscription** Jahresabonnement *nt;* **twice-~** zweimal pro Jahr **II.** *adv* jährlich

yearn [jɜːn, AM jɜːrn] *vi* ■**to ~ for** [*or* **after**] **sth/sb** sich *akk* nach etw/jdm sehnen, nach etw/jdm verlangen *geh;* ■**to ~ to do sth** sich *akk* danach sehnen, etw zu tun

yearning [ˈjɜːnɪŋ, AM ˈjɜːrn-] *n* ① *no pl* (*feeling of longing*) Verlangen *nt,* Sehnsucht *f* ② (*feeling of loss*) Sehnsucht *f;* **full of unfulfilled ~s and desires** voller unerfüllter Sehnsüchte und Wünsche

year-round *adj attr, inv* ganzjährig

yeast [jiːst] *n no pl* Hefe *f;* **brewer's ~** Bierhefe *f;* **dried ~** Trockenhefe *f;* **fresh ~** frische Hefe

yeasty [ˈjiːsti] *adj* hefig; ***the bread has a wonderful ~ taste*** das Brot schmeckt wunderbar nach Hefe

yell [jel] **I.** *n* ① (*loud shout*) [Auf]schrei *m;* (*continuous loud and high pitched shouting*) Gellen *nt,* gellendes Geschrei; SPORTS Anfeuerungsgeschrei *nt;* **to give** [*or* **let out**] **a ~** aufschreien, einen Schrei ausstoßen ② AM (*chant*) Schlachtruf *m;* **college ~** Schlachtruf *m* eines Colleges **II.** *vi person, baby* [laut [*o* gellend]] schreien; ***she ~ed at me to catch hold of the rope*** sie schrie mir zu, das Seil zu packen; ***the teacher was ~ing at the class*** der Lehrer schrie die Klasse an; ■**to ~ for sth/sb** nach etw/jdm rufen; **to ~ for help** um Hilfe rufen; **to ~ with laughter/pain** vor Lachen/Schmerzen schreien; **to ~ at each other** sich *akk* anschreien **III.** *vt* ■**to ~ sth** [**at sb**] [jdm] etw laut [zu]rufen [*o* [zu]brüllen]; ***the crowd were ~ing insults at the referee*** die Menge rief dem Schiedsrichter Beleidigungen zu

◆**yell out I.** *vi* schreien; *fans, supporters* johlen **II.** *vt* ■**to ~ out** ↻ **sth** etw schreien [*o* brüllen]; ***someone ~ed out "stop!"*** jemand rief laut „halt!"; **to ~ out an answer** mit der Antwort herausplatzen; **to ~ out orders** MIL Befehle brüllen; **to ~ out a warning** eine Warnung hervorstoßen

yellow [ˈjeləʊ, AM -oʊ] **I.** *adj* ① (*colour*) gelb; **~ hair** flachsfarbenes Haar; **bright ~** knallgelb *fam;* **to turn ~** *leaves* gelb werden; *paper, paint* vergilben ② (*fam: cowardly*) feige; **to have a ~ streak** feige sein, Schiss haben *sl* ③ *inv* (*pej!: colour of skin*) gelb; **the ~ peril** (*pej! dated*) die gelbe Gefahr ④ (*sensationalist*) *book, newspaper* sensationsheischend, Sensations-; **~ journalism** Sensationsjournalismus *m* **II.** *n* ① *no pl* (*colour*) Gelb *nt;* **to paint a room/wall ~** ein Zimmer/eine Wand gelb streichen; **a lighter shade of ~** ein helleres Gelb ② (*shade of yellow*) Gelbton *m* ③ (*snooker*) ■**the ~** [**ball**] die gelbe Billardkugel **III.** *vi paint, paper* vergilben **IV.** *vt* **to ~ sth** etw gelb[lich] einfärben; ***the sun has ~ed the wallpaper*** Sonne hat die Tapete vergilben lassen

yellow-bellied [-ˌbelid] *adj* (*pej fam: cowardly*) feige; ***you ~ rat!*** du Angsthase! **yellow-belly** *n* (*pej fam*) Feigling *m,* Schlappschwanz *m sl,* Waschlappen *m sl* **yellow card** *n* SPORTS gelbe Karte; **to get a ~** die gelbe Karte [gezeigt] bekommen; **to show sb the ~** jdm die gelbe Karte zeigen **yellow dog contract** *n* AM LAW *Arbeitsvertrag, der den Beitritt zu einer Gewerkschaft verbietet* **yellow fever** *n no pl* Gelbfieber *nt* **yellowhammer** *n* Goldammer *f*

yellowish [ˈjeləʊɪʃ, AM -loʊ-] *adj* gelblich; **a ~ tinge** eine gelbliche Tönung, ein Stich *m* ins Gelbliche

yellow line *n* ① BRIT (*on roadside*) Halteverbot *nt,* Parkverbot *nt;* **double ~** absolutes Halteverbot; **single ~** eingeschränktes Halteverbot ② AM (*in middle of road*) Mittelstreifen *m*

yellowness [ˈjeləʊnəs, AM -loʊ-] *n no pl* gelbe Farbe; *of skin* Gelbfärbung *f;* ***the paper developed traces of ~ as it aged*** das Papier vergilbte mit der Zeit

Yellow Pages® *npl + sing vb* ■**the ~** die Gelben Seiten *pl* **yellow press** *n no pl* AM (*pej*) ■**the ~** die Regenbogenpresse, die Sensationspresse

yellowy [ˈjələʊi, AM oʊ] *adj* gelblich

yelp [jelp] **I.** *vi* (*bark: of dog*) kläffen; (*howl*) jaulen; *person* aufschreien, kreischen; **to ~ with pain** *person* vor Schmerz aufschreien; *animal* vor Schmerz aufjaulen [*o* aufheulen] **II.** *vt* ■**to ~ sth** etw rufen [*o* schreien] **III.** *n* (*bark*) *dog* Gebell *nt;* (*howl*) Gejaule *nt,* Geheul[e] *nt; person* Schrei *m;* **~ of pain** Schmerzensschrei *m;* **a strangled ~** ein erstickter Aufschrei; **to let out a ~** einen Schrei von sich *dat* geben, aufschreien; ***she let out a ~ of fear*** sie stieß einen Angstschrei aus

Yemen [ˈjemən] *n no pl* Jemen *m*

Yemeni [ˈjeməni] **I.** *adj inv* jemenitisch **II.** *n* Jemenit(in) *m(f)*

yen[1] <*pl* -> [jen] *n* (*currency unit*) Yen *m*

yen[2] [jen] *n* (*fam*) Faible *nt fam;* **to have a ~ for sth/sb** ein Faible für etw/jdn haben; **to have a ~ to do sth** den Drang [*o* Lust] haben, etw zu tun

yeoman [ˈjəʊmən, AM ˈjoʊ-] *n* (*hist*) Freisasse *m hist;* **~ farmer** Kleinbauer *m hist* ▸ PHRASES: **to do ~['s] service** [**for sth**] [etw *dat*] treue Dienste leisten

Yeoman of the Guard <*pl* Yeomen of the Guard> *n* BRIT königlicher Leibgardist *hist*

yeomanry [ˈjəʊmənri, AM ˈjoʊ-] *n no pl* (*hist*) ■**the ~** die Freisassen *pl hist*

yep [jep] *adv inv* (*fam*) ja; ***have you got the money with you? — ~, it's right here*** hast du das Geld dabei? – klar, hier

yes [jes] **I.** *adv inv* ① (*affirmative answer*) ja; ***do you like Indian food? — ~, I love it*** mögen Sie indisches Essen? – ja, sehr; ***she's happy enough, isn't she? — ~, I think so*** sie ist richtig glücklich, nicht wahr? – ja, ich denke schon; **~ *sir/madam*** [*or* AM ***ma'am***] jawohl; **~ *please*** ja bitte; **~, *thank you*** ja, danke; **~ *and no*** ja und nein; **to say ~** [**to sth**] ja [zu etw *dat*] sagen, etw bejahen ② (*contradicting a negative*) aber ja [doch]; ***I'm not a very good cook — ~, you are*** ich bin kein sehr guter Koch – ach was, bist du doch; ***she didn't really mean it — oh ~ she did!*** sie hat es nicht so gemeint – oh doch, das hat sie! ③ (*as a question*) ja; ***Dad — ~, honey?*** Papa – ja, mein Liebes?; **~, *madam, how can I help you?*** ja, gnädige Frau, was kann ich für Sie tun?; (*indicating doubt*) ***oh ~?*** ach ja?, ach wirklich? ④ (*used for emphasis*) ja; ***and I'm sorry, ~, really sorry*** und es tut mir Leid, ja, ehrlich Leid ⑤ (*answering own question*) ach ja; ***where were we? ~, ...*** wo waren wir? ach ja, ... ⑥ (*express delight*) [oh] ja! **II.** *n* <*pl* -es> Ja *nt;* ***was that a ~ or a no?*** war das ein Ja oder ein Nein? **III.** *vt* <-ss-> AM ■**to ~ sb** jdm nach dem Mund reden

yes-man *n* (*pej*) Jasager *m,* Schleimer *m pej fam*

yesterday [ˈjestədeɪ, AM -tɚ-] **I.** *adv inv* ① (*day before today*) gestern; **~ afternoon/evening/morning** gestern Nachmittag/Abend/Morgen; **a week ago ~** [*or* BRIT **~ week**] gestern vor einer Woche; **the day before ~** vorgestern ② (*a short time ago*) kürzlich, vor kurzem ▸ PHRASES: **sb wasn't born ~** jd ist nicht von gestern **II.** *n no pl* ① (*day before today*) Gestern *nt;* ***this is ~'s paper*** das ist die Zeitung von gestern ② (*the past*) Gestern *nt;* ***they're ~'s men*** die sind doch von gestern; ***that's ~'s news*** das ist Schnee von gestern

yesteryear [ˈjestəjɪəʳ, AM -əjɪr] *n no pl* (*liter*) **of ~** von vergangenen Zeiten; **the Hollywood stars of ~** die Hollywoodstars *pl* vergangener Zeiten

yet [jet] **I.** *adv inv* ① (*up to now*) bis jetzt; ***not many people have arrived ~*** bis jetzt sind noch nicht viele Leute da; **as ~** bis jetzt; ***the issue is as ~ undecided*** die Sache ist bis jetzt noch nicht entschieden; *+ superl;* **the best/fastest/worst ~** der/die/das Beste/Schnellste/Schlechteste bisher ② (*already*) schon; ***is it time to go ~? — no, not ~*** ist es schon Zeit zu gehen? – nein, noch nicht ③ (*in the future*) noch; ***the best is ~ to come*** das Beste kommt [erst] noch; **not ~** noch nicht; ***she won't be back for a long time ~*** sie wird noch lange nicht zurück sein ④ (*still*) noch; ***the date and time have ~ to be decided*** Datum und Uhrzeit müssen noch festgelegt werden; (*in negative questions*) ***isn't supper ready ~?*** ist das Abendessen noch nicht fertig?; ***it's not ~ time to go*** es ist noch nicht Zeit zu gehen; **to have ~ to do sth** noch etw tun müssen; ***we have ~ to decide on a name*** wir müssen uns noch für einen Namen entscheiden; **sb may** [*or* **might**] **~ do sth** jd wird vielleicht noch etw tun; ***you might ~ prove me wrong*** noch könntest du mich widerlegen ⑤ (*even*) [sogar] noch; **~ *more snow is forecast for the north*** für den Norden ist noch mehr Schnee angesagt; *+ comp;* **~ bigger/more beautiful** noch größer/schöner ⑥ (*despite that*) trotzdem; ***they're a most unlikely couple and ~ they get on really well together*** sie sind ein ziemlich ungleiches Paar und trotzdem verstehen sie sich gut; (*but*) aber [auch]; ***she manages to be firm ~ kind with the kids*** ihr gelingt es, streng und zugleich freundlich mit den Kindern umzugehen; (*in spite of everything*) schon; ***you wait, I'll get you ~!*** na warte, ich kriege dich schon! ⑦ (*in addition*) ***he came back from rugby with ~ another black eye*** er kam vom Rugby wieder mal mit einem blauen Auge nach Hause; **~ again** schon wieder **II.** *conj* und doch, und trotzdem; ***they're a most unlikely couple,*** [***and***] **~ *they get on really well together*** sie sind ein unmögliches Paar, und doch kommen sie bestens miteinander aus; ***though the sun was warm, ~ the wind was chilly*** obwohl die Sonne warm schien, ging doch ein frischer Wind

yeti [ˈjeti, AM -ţ-] *n* Yeti *m*

yew [juː] *n* ① (*tree*) Eibe *f* ② *no pl* (*wood*) Eibenholz *nt*

Y-fronts® [ˈwaɪfrʌnts] *npl* BRIT Herrenunterhose *f* mit Eingriff

YHA [ˌwaɪeɪtʃˈeɪ] *n no pl, + sing/pl vb* BRIT *abbrev of* **Youth Hostels Association** ≈ DJH *nt*

yid [jɪd] *n* (*pej! fam*) Jud *m pej*

Yiddish [ˈjɪdɪʃ] *n no pl* Jiddisch *nt*

yield [jiːld] **I.** *n* ① AGR (*amount produced*) Ertrag *m;* (*field produce*) Ernte *f;* (*in recipes*) **~: *10 pieces*** ergibt 10 Stück ② MIN, GEOL (*amount gained*) gewonnene Menge, Ausbeute *f* ③ FIN (*financial return*) [Zins]ertrag *m,* Gewinn *m;* **~ of tax[es]** Steueraufkommen *nt;* **initial ~s** anfängliche Gewinne **II.** *vt* ① (*produce*) ■**to ~ sth** etw hervorbringen; *cereals, fruit* etw erzeugen; ***this area of land should ~ several tons of barley*** dieses Stück Land sollte für etliche Tonnen Gerste gut sein ② (*render*) ■**to ~ sth** *mine, quarry, oil wells* etw liefern [*o* ergeben]; *energy, water supplies* etw spenden; (*provide*) etw hergeben; **to ~ information/results** Informationen/Ergebnisse liefern; ***the talks with management failed to ~ any results*** die Gespräche mit dem Management blieben ergebnislos ③ FIN ■**to ~ sth** etw abwerfen; ***the bonds are currently ~ing 6–7%*** die Pfandbriefe bringen derzeit 6–7% ④ (*concede*) ■**to ~ sth** [**to sb**] etw [an jdn] abgeben; *competence, responsibility* etw [an jdn weiter]delegieren; **to ~ responsibility** Verantwortung übertragen ⑤ (*give in*) **to ~ ground to sb** jdm [gegenüber] nachgeben; **to ~ a point to sb** jdm ein Zugeständnis machen; (*in discussion*) jdm in einem Punkt Recht geben; (*in competition*) einen Punkt an jdn abgeben **III.** *vi* ① (*be profitable*) Ertrag geben; *land* [gute] Ernte[n] erbringen; *trees* tragen; *mine, oil well* ergiebig sein; *investments* einträglich sein, Gewinn abwerfen ② (*give way*) nachgeben; ■**to ~ to**

sth/sb etw/jdm gegenüber nachgeben; **to ~ to a demand/temptation** einer Forderung/Versuchung nachgeben ③ *(bend) material, structure* nachgeben ④ *(form: be replaced by)* weichen; ***the small houses had been forced to ~ to a modern tower block*** die Häuser mussten einem modernen Wohnblock weichen ⑤ *(give right of way)* ■**to ~ to sb** jdm den Vortritt lassen; **to ~ to a vehicle** einem Fahrzeug [die] Vorfahrt gewähren ⑥ AM *(form)* ■**to ~ to sb** jdm das Wort erteilen ⑦ MIL *(old: surrender)* sich *akk* ergeben

◆**yield up** *vt* ■**to ~ up** ↻ **sth** etw aufgeben; **to ~ up privileges** auf Privilegien verzichten; **to ~ up rights** Rechte abtreten; **to ~ up a secret** ein Geheimnis lüften

yield gap *n* BRIT FIN Renditegefälle *nt*

yielding ['ji:ldɪŋ] *adj* ① *(pliable)* dehnbar, verformbar; *cake, bread* locker ② *(compliant)* nachgiebig; **a ~ disposition** eine flexible Einstellung

yikes [jaɪks] *interj (fam)* [du lieber] Himmel

yin [jɪn] *n no pl* Yin *nt*

yippee [jɪ'pi:, AM 'jɪpi:] *interj (fam)* jippie! *fam*

yippy ["jɪpi] *n* <*pl* -ies> *(a politically active hippy)* Yippie *m*

ylang-ylang [,i:læŋi:'læŋ, AM -lɑ:ŋi'lɑ:ŋ] *n* Ylang-Ylang *m*

YMCA [,waɪemsi:'eɪ] *n* ① *no pl, + sing/pl vb (organization) abbrev of* **Young Men's Christian Association** CVJM *m* ② *(hostel)* ≈ Jugendherberge *f*

yo *interj* ① *(sl: Black English: greeting)* hi *fam* ② *(sl: Black English: attention getter)* he! *fam* ③ *(sl: yes)* klar *fam;* ***party at my place? — ~, baby*** Party bei mir zu Hause? – klar doch Baby!

yob [jɒb, AM jɑ:b] *n esp* BRIT, AUS *(fam)*, **yobbo** <*pl* -os *or* -oes> ['jɒbəʊ, AM 'jɑ:boʊ] *n esp* BRIT, AUS *(fam)* Rabauke *m*, Rowdy *m*

yobbishness ['jɒbɪʃnəs] *n* Rowdytum *nt kein pl pej*

yodel ['jəʊdᵊl, AM 'joʊ-] **I.** *vi* <BRIT -ll- *or* AM *usu* -l-> jodeln **II.** *vt* <BRIT -ll- *or* AM *usu* -l-> ■**to ~ sth** etw jodeln **III.** *n* Jodler *m*

yodeller ['jəʊdᵊləʳ, AM 'joʊdᵊlɚ] *n* Jodler(in) *m(f)*

yoga ['jəʊgə, AM 'joʊ-] **I.** *n no pl* Yoga *nt;* **to do ~** Yoga betreiben **II.** *n modifier (class, teacher)* Yoga-; **~ exercise** Yogaübung *f*

yoghourt *n see* **yogurt**

yogi ['jəʊgi, AM 'joʊ-] *n* Yogi[n] *m*

yogic ['jəʊgɪk, AM 'joʊ-] *adj attr, inv* Yoga-; **~ exercise** Yogaübung *f*

yogurt ['jɒgət, AM 'joʊgɚt] *n* ① *no pl (curdled milk)* Joghurt *m;* **ultra low-fat ~** Joghurt *m* der niedrigsten Fettstufe; **chilled ~** [eis]gekühlter Joghurt; **natural ~** reiner Joghurt ② *(portion)* Joghurt *m*

yoke [jəʊk, AM joʊk] **I.** *n* ① *(for pulling)* Joch *nt; (for carrying)* Tragjoch *nt*, Schultertrage *f* ② *(fig liter: oppressive burden)* Joch *nt geh;* **the ~ of marriage** das Joch der Ehe *hum;* **to throw off the ~** das Joch abschütteln *geh* ③ <*pl* – *or* -s> **~ of oxen** Ochsengespann *nt* ④ *(dress part)* Passe *f* **II.** *vt* ① *(fit with yoke)* ■**to ~ an animal** ein Tier ins Joch spannen; **to ~ animals to a plough** Tiere vor einen Pflug spannen ② *(fig: combine)* ■**to ~ sth together** etw [miteinander ver]koppeln ③ *(fig: couple)* ■**to be ~d** verheiratet sein; **to be ~d together in marriage** ehelich vereint sein

yokel ['jəʊkᵊl, AM 'joʊ-] *n (hum or pej)* Tölpel *m*, Tolpatsch *m;* **country ~** Bauerntölpel *m pej; (woman also)* Landpomeranze *f hum;* **local ~** Dorftrottel *m pej fam*

yolk [jəʊk, AM joʊk] *n* Eigelb *nt*, [Ei]dotter *m*

Yom Kippur [,jɒmkɪ'pʊəʳ, AM ,jɑ:m'kɪpɚ] *n* Jom Kippur *m*

yomp [jɒmp] *vi* BRIT MIL *(sl)* marschieren

yon [jɒn, AM jɑ:n] *adj attr, inv* DIAL *(poet)* jener/jene/jenes ... dort [drüben]

yonder ['jɒndəʳ, AM 'jɑ:ndɚ] *inv (old)* **I.** *adv* DIAL dort drüben; ***she lives in that village ~*** sie lebt in diesem Dorf dort drüben; **down/over ~** dort drüben **II.** *adj attr* DIAL jener/jene/jenes ... dort [drüben]; ***close by ~ tree is an old well*** nahe bei jenem Baum dort drüben befindet sich ein alter Brunnen

yonks [jɒŋks] *n no pl* BRIT, AUS *(dated fam)* **for** [*or* **in**] **~** seit Ewigkeiten *fam*

yoo-hoo ['ju:hu:] *interj* juhu

yore [jɔ:ʳ, AM jɔ:r] *n no pl (liter, poet)* **of ~** aus vergangenen Zeiten; **in [the] days of ~** einstmals, ehedem *liter, poet*

Yorkshire pudding [,jɔ:kʃə'pʊdɪŋ, AM ,jɔ:rkʃɚ'-] *n esp* BRIT Yorkshire Pudding *m*

you [ju:, ju, jə] *part* ① *(singular)* du *in nom,* dich *in akk,* dir *in dat; polite form* Sie *in nom, akk,* Ihnen *in dat;* ***~ look nice*** du siehst gut aus; ***I love ~*** ich liebe dich; ***I'll help ~ if ~ like*** wenn du willst, helfe ich dir; ***~'ve made an old lady very happy*** du hast eine alte Frau sehr glücklich gemacht; ***~ painted that yourself?*** das hast du selbst gemalt?; ***can I help ~?*** kann ich dir/Ihnen helfen?; ***are ~ listening?*** hörst du zu?; ***if I were ~*** wenn ich dich/Sie wäre, an deiner/Ihrer Stelle; ***that dress just isn't ~!*** das Kleid passt einfach nicht zu dir!; **~ got it** AM *(you'll get it immediately)* sofort; ***would you get me a coffee? — sure, ~ got it*** würden Sie mir einen Kaffee bringen? – natürlich, sofort ② *(plural)* ihr *in nom,* euch *in akk, dat; polite form* Sie *in nom, akk,* Ihnen *in dat;* ***~ kids are going to eat us into the poorhouse!*** ihr Kinder bringt uns noch in den Ruin; ***how many of ~ are there?*** wie viele seid ihr?; **~ Americans/engineers/men etc.** ihr Amerikaner/Ingenieure/Männer, etc.; ***I can't stand ~ men!*** ich kann euch Männer nicht ausstehen!; **~ two/three/four** ihr zwei/drei/vier; ***are ~ two ready?*** seid ihr zwei [*o* beide] fertig? ③ *(one)* man; ***~ learn from experience*** aus Erfahrung wird man klug; ***~ can't get a driving licence till ~'re seventeen in this country*** in diesem Land bekommt man erst mit 17 den Führerschein; ***~ meet a lot of people through work*** in der Arbeit trifft man viele Menschen; ***it's not good for ~*** das ist nicht gesund; ***~ never know*** man weiß nie ④ *(in exclamations)* du ..., Sie ..., ihr ...; ***~ darling!*** du bist ein Engel! [*o* Schatz!]; ***~ clever girl!*** du kluges Mädchen!; ***~ fools!*** ihr Dummköpfe!; ***hey ~, what are you doing in there?*** he Sie, was machen Sie da drinnen?; ***now there's a man for ~!*** das ist [doch mal] ein toller Mann!; ***just ~ dare!*** untersteh dich! ▶ PHRASES: **~ and yours** die Familie; ***Christmas is a time to spend with ~ and yours*** Weihnachten sollte man mit der Familie verbringen

you-all [ju'ɔ:l] *part pl* AM DIAL *(fam: all of you)* ihr alle; ***are ~ coming tonight?*** kommt ihr heute Abend alle?; ***~ seem very busy*** ihr scheint alle sehr beschäftigt zu sein; ***how are ~?*** wie geht es euch allen?

you'd [ju:d] ① = **you had** *see* **have** ② = **you would** *see* **would**

you'd've ['ju:dəv] = **you would have** *see* **have**

you'll [ju:l] = **you will** *see* **will**[1]

young [jʌŋ] **I.** *adj* ① *(not old)* jung; ***I'm not as ~ as I was, you know*** ich bin nämlich nicht mehr der/die Jüngste; ***you're only ~ once!*** man ist nur einmal jung!; ***we married ~*** wir haben jung geheiratet; **a ~ couple** ein junges Paar; **~ children** kleine Kinder; **the ~er generation** die jüngere Generation; **to be rather/too ~ to do sth** recht/zu jung sein, um etw zu tun ② *(young-seeming)* jugendlich, jung; *(immature)* kindlich; ***she's a very ~ forty*** für vierzig sieht sie sehr jung aus; ***she's ~ for sixteen*** für sechzehn ist sie noch recht kindlich; **to be/look ~ for one's age** jung für sein Alter sein/aussehen; **to be ~ at heart** im Herzen jung [geblieben] sein; **to be a bit/too ~ for sb** *clothes* ein bisschen/zu jugendlich für jdn sein ③ *(not as old)* ***if I was ten years ~er, ...*** wenn ich zehn Jahre jünger wäre, ...; ***this is John, our ~est*** das ist John, unser Jüngster; **in sb's ~[er] days** in jds jüngeren Jahren ④ *(early)* [noch] nicht weit fortgeschritten; ***the night is still ~, let's go to a night club?*** die Nacht ist noch jung, gehen wir doch in einen Nachtklub? ⑤ *(newly formed)* jung; **a ~ company** ein junges Unternehmen; **a ~ country** ein junges Land ⑥ *(title)* ■**the Y~er** der/die Jüngere; ***Pieter Brueghel/Pitt the Y~er*** Pieter Brueghel/Pitt der Jüngere; **~ Mr Jones** Herr Jones junior ▶ PHRASES: **live fast, die ~** lieber kurz aber dafür intensiv gelebt **II.** *npl* ① *(young people)* ■**the ~** die jungen Leute ② ZOOL *(offspring)* Junge *pl*

young blood *n no pl* junges [*o* frisches] Blut

youngish ['jʌŋɪʃ] *adj* ziemlich jung

young lady *n* ① *(form of address)* junge Dame ② *(dated: girlfriend)* Auserwählte *f hum geh*, Zukünftige *f hum* **young love** *n no pl* junge Liebe

young man *n* ① *(form of address)* junger Mann; ***excuse me, ~ ...*** Verzeihung, junger Mann, ... ② *(dated: boyfriend)* Auserwählte(r) *m hum geh*, Zukünftige(r) *m hum* **young offender** *n* BRIT LAW jugendlicher Straftäter *(zwischen 17 und 20 Jahren)*

young offenders' institution *n* BRIT Jugendstrafanstalt *f* **young ones** *npl* ■**the ~** *(children)* die Kleinen; *(young adults)* junge Leute **young person** *n* BRIT LAW Jugendlicher, Minderjähriger *(zwischen 14 und 17 Jahren)*

youngster ['jʌŋ(k)stəʳ, AM -ɚ] *n (fam)* Jugendliche(r) *f(m);* **you ~s** ihr jungen Leute; **homeless ~s** obdachlose Jugendliche

your [jɔ:ʳ, jʊəʳ, AM jʊr] *adj poss* ① *(of you, singular)* dein(e); *(plural)* euer/eure; *(polite)* Ihr(e); ***garlic is good for ~ blood*** Knoblauch ist gut für das Blut ② *(one's)* sein(e); ***it's enough to break ~ heart*** es bricht einem förmlich das Herz; *(referring to sb else)* ***~ average German*** der durchschnittliche Deutsche; ***she's one of ~ chatty types*** sie redet auch gern viel

you're [jɔ:ʳ, jəʳ, AM jʊr, jɚ] = **you are** *see* **be**

yours [jɔ:z, AM jʊrz] *part poss* ① *(belonging to you)* deine(r,s), Ihre(r,s); ***this is my plate and that one's ~*** dies ist mein Teller und der da ist deiner; ***is this pen ~?*** ist das dein Stift?; ***unfortunately, my legs aren't as long as ~*** leider sind meine Beine nicht so lang wie deine; ***the choice is ~*** Sie haben die Wahl; ***what's ~?*** *(to drink)* was möchtest du [trinken]?; ***you and ~*** du und deine Familie, du und die deinen *geh;* ■**sth of ~** dein(e); ***that recipe of ~ for cheesecake was wonderful!*** dein Rezept für Käsekuchen war wunderbar!; ***you know, that dog of ~ smells*** weißt du, dein Hund stinkt; ***it's no business of ~*** das geht dich nichts an ② *(belonging to people in general)* ***someone else's dirty handkerchief is revolting but it's okay if it's ~*** fremde schmutzige Taschentücher sind widerwärtig, das eigene ist aber okay ③ *(at end of letter)* **~ [truly/sincerely/faithfully], ..., sincerely/faithfully ~** mir freundlichen Grüßen, ...; ***~, as ever, Christiane*** in Liebe, deine Christiane ④ COMM *(your letter)* Ihr Brief; ***Mr Smythe has sent me ~ of the 15th inst. regarding the vacancy*** Mr. Smythe hat mir Ihren Brief vom 15. des Monats betreffend der freien Stelle übermittelt ▶ PHRASES: **up ~!** *(vulg)* leck mich *derb;* **~ truly** *(fam)* ich; ***and who had do the dishes? — ~ truly!*** und wer musste dann abwaschen? – ich natürlich!

yourself <*pl* yourselves> [jɔ:'self, AM jʊr'-] *part* ① *after vb* dich; ***if you apply ~ and study hard, I'm sure you'll do well in the test*** wenn du dich anstrengst und viel lernst, wirst du die Prüfung sicher gut schaffen; ***did you enjoy ~ at the picnic?*** hat dir das Picknick gefallen?; ***be careful with that knife or you'll cut ~!*** sei vorsichtig mit dem Messer, damit du dich nicht schneidest; ***try to calm ~ and tell us exactly what happened*** beruhig dich und erzähle uns genau, was passiert ist; ***how would you describe ~?*** wie würden Sie sich beschreiben?; ***help youselves, boys*** bedient euch, Jungs ② *after prep to, for, at* dir *dat,* dich *akk;* ***do you always talk to ~ like that?*** sprichst du immer so mit dir selbst?; ***see for ~*** sieh selbst ③ *(oneself)* sich; ***you tell ~ everything's all right but you know it's not really*** man sagt sich, dass alles in Ordnung ist, aber man weiß, dass das nicht stimmt; ***you should love others like you love ~ — at least that's what it says in the Bible*** man soll andere lieben wie sich selbst – das steht zumindest in der Bibel ④ *(personally)* selbst; ***you can do that ~*** du kannst das selbst machen; ***you could write to him ~, you***

know du könntest ihm selbst schreiben, weißt du; ***you're going to have to do it*** ~ das wirst du selbst machen müssen; **to see/taste/feel/try sth for** ~ etw selbst sehen/kosten/fühlen/versuchen; ***it's right here in black and white — read it for ~!*** hier steht es schwarz auf weiß – lies' selbst!; **you ~ ...** du selbst ...; ***you ~ said that you sometimes find your mother a pain*** du selbst hast gesagt, dass deine Mutter manchmal nervt ⑤ *(alone, without help)* dich; **to keep sth for** ~ sich *dat* etw behalten, etw für sich *akk* behalten; ***do you want to keep those sweets for ~?*** willst du die Bonbons [alle] für dich behalten?; ■**[all] by** ~ [ganz] allein; ***did you carry all that heavy stuff in all by ~?*** hast du die ganzen schweren Sachen alleine getragen?; **to have sth [all] to** ~ etw für sich *akk* allein haben; ***so have you got the whole house to ~ this weekend?*** hast du das Haus übers Wochenende für dich allein? ⑥ *(normal)* **to be** ~ du selbst sein; ***the best thing you can do is to go into the interview and just be*** ~ das Beste, was du bei dem Bewerbungsgespräch tun kannst, ist ganz natürlich sein; **to not be/feel/seem** ~ nicht du selbst sein/zu sein scheinen; **to look** ~ wie du selbst aussehen; ***you don't look ~ in those jeans*** du siehst in den Jeans so fremd aus ▶ PHRASES: **in** ~ BRIT *(dated)* trotz allem; ***I heard of your latest tragedy, but how are you in ~?*** ich habe von deinem letzten Unglück gehört, wie geht es dir trotz allem?; **how's ~?** *(fam)* wie geht's?; ***me and the wife are doing fine, thanks, and how's ~?*** meiner Frau und mir geht's gut, danke, und selbst? *fam*

youth [ju:θ] **I.** *n* ① *no pl (period when young)* Jugend *f;* **sb's misspent** ~ jds vergeudete Jugend; **in my** ~ in meiner Jugend ② *no pl (being young)* Jugend[lichkeit] *f;* **to have got ~ on one's side** den Vorteil der Jugend besitzen; **the secret of eternal** ~ das Geheimnis ewiger Jugend ③ *(young man)* junger Mann, Jugendliche(r) *m;* **a callow** ~ ein grüner Junge *fam,* ein Grünschnabel *m fam* ④ *(young people)* ■**the** ~ *pl* die Jugend; **the ~ of today** die Jugend von heute **II.** *n modifier (club, crime, group, movement, orchestra, organization, team, unemployment)* Jugend-; ~ **culture** Jugendszene *f;* ~ **section** *(of political party)* [organisierte] Parteijugend

youth center *n* AM, **youth centre** *n* BRIT, **youth club** *n* Jugendzentrum *nt* **youth custody order** *n* LAW Verurteilung zum Jugendarrest

youthful ['ju:θfəl] *adj* ① *(young-looking)* jugendlich; ~ **appearance** jugendliches Aussehen; ~ **good looks** jugendlich-hübsche Erscheinung; ~ **skin** junge Haut ② *(young)* jung ③ *(typical of the young)* jugendlich; ~ **enthusiasm/vigour** [*or* AM **vigor**] jugendlicher Enthusiasmus/Elan; ~ **impetuosity/overconfidence** jugendlicher Übermut/Leichtsinn

youthfully ['ju:θfəli] *adv* jugendlich

youthfulness ['ju:θfəlnəs] *n no pl* ① *(youthful appearance)* Jugendlichkeit *f* ② *(youthful spirit)* jugendliche Art

youthful offender *n* AM LAW jugendlicher Straftäter *(zwischen 17 und 20 Jahren)*

youth hostel *n* Jugendherberge *f* **youth hostelling** *n no pl* **to go** ~ von Jugendherberge zu Jugendherberge ziehen **Youth Training Scheme** *n* BRIT Berufsfindungsprojekt *nt* für Jugendliche

you've [ju:v] = **you have** *see* **have I, II**

yowl [jaʊl] **I.** *vi cat, dog* heulen, jaulen; *person* [auf]heulen, brüllen **II.** *n* Gejaule *nt;* **ear-splitting ~s** ohrenbetäubendes Gejaule

yo-yo *<pl -os>* ['jəʊjəʊ, AM 'joʊjoʊ] *n* Jo-Jo *nt;* ***the oil price has been up and down like a ~ in the last few months*** der Ölpreis ist in den letzten paar Monaten rauf- und runtergeschnellt

yo-yo diet *n (fam)* Jo-Jo-Diät *f* **yo-yo dieting** *n no pl (fam)* Abnehmen *nt* und gleich wieder Zunehmen **yo-yo effect** *n* Jo-Jo-Effekt *m*

yr *n abbrev of* **year**

YTS [ˌwaɪti:'es] *n* BRIT *abbrev of* **Youth Training Scheme**

yucca ['jʌkə] *n* Yucca[palme] *f*

yuck [jʌk] *interj (fam)* i, igitt

yucky ['jʌki] *adj (fam)* ek[e]lig, widerlich; **a ~ mess** eine fürchterliche Sauerei

Yugoslav ['ju:gə(ʊ)slɑ:v, AM -goʊ-] **I.** *adj inv* ① *(country)* Jugoslawien- ② *(nationality)* jugoslawisch; **to be** ~ Jugoslawe/Jugoslawin sein **II.** *n* Jugoslawe, -in *m, f*

Yugoslavia [ˌju:gə(ʊ)'slɑ:viə, AM -goʊ'-] *n no pl* Jugoslawien *nt;* **the former** ~ das ehemalige Jugoslawien

Yugoslavian [ˌju:gə(ʊ)'slɑ:viən, AM -goʊ'-] **I.** *adj inv* ① *(country)* Jugoslawien-; ***our ~ holiday*** unser Urlaub in Jugoslawien ② *(nationality)* jugoslawisch; **to be** ~ Jugoslawe/Jugoslawin sein **II.** *n* Jugoslawe, -in *m, f*

yuk *interj see* **yuck**

yukky *adj see* **yucky**

yuk up <-kk-> *vt (sl)* ■**to ~ it up with sb** mit jdm ein Schwätzchen halten

Yule [ju:l] *n (liter or old) veraltender literarischer Ausdruck skandinavischen Ursprungs für Weihnachten*

yule log *n* ① *(log) großes Holzscheit, das zur Weihnachtszeit im offenen Feuer brennt* ② *(cake) Schokoladenkuchen in der Form eines Holzscheits, der zur Weihnachtszeit gegessen wird*

Yuletide ['ju:ltaɪd] **I.** *n (liter or old)* Weihnachtszeit *f* **II.** *n modifier (atmosphere, dinner, morning, tree)* Weihnachts-; ~ **festivities** Weihnachtsfeierlichkeiten *fpl;* ~ **greetings** Weihnachtsgrüße *mpl;* ~ **season** Weihnachtszeit *f*

yum [jʌm], **yum-yum** [ˌjʌm'jʌm] *(fam)* **I.** *interj* lecker! **II.** *adj inv* lecker, köstlich

yummy ['jʌmi] *adj (fam)* ① *(delicious)* lecker; ~**-looking desserts** appetitlich aussehende Desserts ② *(attractive)* süß, schnuck[e]lig *fam,* zum Anbeißen *nach n*

yup[1] [jʌp] *n (fam) short for* **yuppie** Yuppie *m*

yup[2] [jʌp] *interj see* **yep**

yuppie ['jʌpi] *n* Yuppie *m meist pej*

yuppify <-ie-> ['jʌpɪfaɪ] *vt usu passive (usu pej fam)* ***the pub has been so yuppified that you look out of place there in jeans*** die Kneipe ist dermaßen hochgestylt worden, dass man sich da mit Jeans nicht mehr blicken lassen kann

yuppy *n see* **yuppie**

yurt [jɜ:t, AM jɜ:rt] *n* Jurte *f*

YWCA [ˌwaɪˌdubl̩ju:si:'eɪ] *n* ① *no pl, + sing/pl vb abbrev of* **Young Women's Christian Association** CVJF *m* ② *(hostel)* ≈ Jugendherberge *f*

Z

Z *<pl -s>,* **z** *<pl 's or -'s>* [zed, AM zi:] *n* ① *(letter)* Z *nt,* z *nt;* ~ **for** [*or* AM *also* **as in**] **Zebra** Z für Zacharias; *see also* **A** ② *(third unknown person, thing)* Z ▶ PHRASES: **to catch** [*or* **get**] **some ~'s** AM *(fam)* ein Nickerchen machen *fam; see also* **A**[1] **4.**

Z *n abbrev of* **impedence** Impedanz *f*

z [zed, AM zi:] *n* MATH z *nt;* **y-axis** y-Achse *f*

zabaglione [ˌzæbəl'jəʊni, AM ˌzɑ:bəl'joʊni] *n* Zabaglione *f*

zaftig ['zæftɪg] *adj attr* AM *(fam)* drall, pummelig

Zaire [zaɪ'ɪəʳ, AM -'ɪr] *n no pl* Zaire *nt*

Zairean, Zairian [zaɪ'ɪəriən, AM -'ɪr-] **I.** *adj inv* zairisch **II.** *n* Zairer(in) *m(f)*

Zambezi [zæm'bi:zi] *n no pl* GEOG ■**the** ~ der Sambesi

Zambia ['zæmbiə] *n no pl* Sambia *nt*

Zambian ['zæmbiən] **I.** *adj inv* ① *(country)* sambisch ② *(nationality)* sambisch **II.** *n* Sambier(in) *m(f)*

zany ['zeɪni] *adj (fam)* ulkig, verrückt; ***Daisy is a pretty ~ character*** Daisy ist eine total schräge Nummer; ~ **humour** [*or* AM **humor**] skurriler Humor

zap [zæp] *(fam)* **I.** *vt* <-pp-> ① *(destroy)* ■**to ~ sb** jdn erledigen; ■**to ~ sth** etw kaputtmachen; **to ~ the competition** die Konkurrenz ausschalten; **to ~ the enemy** den Feind alle machen *fam* ② *(send fast)* ■**to ~ sth** etw blitzschnell übermitteln ③ *(move fast)* ■**to ~ sb** jdn katapultieren *a. fig;* ***he ~ped us back to the airport in no time*** er hatte uns in null Komma nichts wieder zum Flughafen gebracht ④ AM FOOD *(in the microwave)* ■**to ~ sth** etw in der Mikrowelle aufwärmen ⑤ COMPUT *(fam: delete)* ■**to ~ sth** etw löschen **II.** *vi* <-pp-> ① *(go fast)* düsen; ***they're always ~ping off somewhere or other*** sie haben es immer eilig, irgendwohin zu kommen; **to ~ to the airport/beach** zum Flughafen/Strand sausen *fam* ② *(change channels)* zappen *fam;* **to ~ between** [*or* **through**] **channels** durch die Kanäle zappen *fam* **III.** *n no pl esp* AM Pep *m fam,* Schwung *m* **IV.** *interj* schwups!, schwuppdiwupp!

zapper ['zæpəʳ, AM -ɚ] *n (fam)* Fernbedienung *f*

zappy ['zæpi] *adj esp* AM *(fam)* animierend, peppig *fam;* **a ~ advertising campaign** eine zündende Werbekampagne

zeal [zi:l] *n no pl* Eifer *m;* **missionary/religious** ~ missionarischer/religiöser Eifer; **with determined** ~ mit Entschlossenheit

zealot ['zelət] *n (usu pej)* Fanatiker(in) *m(f);* **a feminist** ~ eine fanatische Feministin

zealotry ['zelətri] *n no pl* Fanatismus *m*

zealous ['zeləs] *adj* [über]eifrig; ***he was not thought to have been sufficiently ~ on his client's behalf*** er hat sich anscheinend nicht genug für die Belange seines Klienten eingesetzt; ■**to be ~ to do sth** bestrebt sein, etw zu tun; ***they have been extremely ~ in their attempts to get smoking banned in the office*** sie haben leidenschaftlich dafür gekämpft, dass das Rauchen in den Büros verboten wird; **a ~ convert to** [*or* **supporter of**] **sth** ein leidenschaftlicher Verfechter/eine leidenschaftliche Verfechterin einer S. *gen*

zealously ['zeləsli] *adv* eifrig; ***she ~ promoted her friend's book*** sie hat sich voll und ganz für das Buch ihres Freundes eingesetzt

zebra *<pl -s or ->* ['zebrə, AM 'zi:-] *n* Zebra *nt;* **a herd of ~s** eine Zebraherde

zebra crossing *n* BRIT, AUS Zebrastreifen *m*

zeitgeist ['tsaɪtgaɪst, AM *also* 'zaɪt-] *n no pl* Zeitgeist *m;* **the ~ of the sixties** der Zeitgeist der Sechziger

Zen [zen] *n,* **Zen Buddhism** *n no pl* Zen *nt*

zenith ['zenɪθ, AM 'zi:n-] *n* ① ASTRON *(highest point)* Zenit *m* ② *(most successful point)* Zenit *m geh,* Gipfel *m;* **to be at the ~ of one's fame** auf dem Gipfel seines Ruhms sein

Zen out *vi* AM *(sl)* sich *akk* entspannen

zephyr ['zefəʳ, AM -ɚ] *n (poet)* Zephir *m veraltet liter*

zeppelin ['zepəlɪn, AM -pə-] *n* Zeppelin *m*

zero ['zɪərəʊ, AM 'zɪroʊ] **I.** *n <pl -os or -oes>* ① MATH Null *f* ② *(point on scale)* Null *f;* ***the needle is at*** [*or* ***on***] ~ die Nadel steht auf Null ③ *temperature* Nullpunkt *m,* Gefrierpunkt *m;* **10 degrees above/below** ~ zehn Grad über/unter Null ④ *(nothing, lowest possible)* Null *kein art;* **to reduce sth to** ~ etw auf Null reduzieren ⑤ *(fig, pej: worthless person)* Null *f pej,* Niete *f pej* **II.** *adj inv* ① *(lowest possible level)* **at ~ altitude** in unmittelbarer Bodennähe; **at ~ extra cost** ohne zusätzliche Kosten; **at ~ gravity** bei Schwerelosigkeit; ~ **growth** Nullwachstum *nt;* ~ **inflation** Nullinflation *f* ② *(none, nothing at all)* kein bisschen, keinerlei; ***his prospects are*** ~ seine Aussichten sind gleich Null **III.** *vt* **to ~ a counter/an instrument** einen Zähler/ein Gerät auf Null einstellen

◆**zero in** *vi* ① *(aim precisely)* **to ~ in on a target** ein Ziel anvisieren ② *(shoot)* sich *akk* einschießen ③ *(fig: focus on)* ■**to ~ in on sth** sich *akk* auf etw *akk* konzentrieren

◆**zero out** *vt (eliminate)* ■**to ~ sb** ◯ **out** jdn ausradieren *pej sl*

zero-coupon bond *n* FIN Nullkuponanleihe *f,* Zerobond *m,* Zero-Bond *m* **zero hour** *n* MIL die Stunde Null **zero inflation** *n* ECON Nullinflation *f* **zero-rated** *adj inv* BRIT FIN von der Mehrwertsteuer befreit, mehrwertsteuerfrei **zero-rating** *n* BRIT FIN VAT ohne Mehrwertsteuerpflicht **zero tolerance** *n no pl* LAW Nulltoleranz *f*

zest [zest] *n no pl* ❶ (*enthusiasm, energy*) Eifer *m;* ***he approaches every task with a boundless*** ~ er geht mit Feuereifer an jede Aufgabe heran; ~ **for life** Lebensfreude *f,* Lebenslust *f;* **to do sth with** ~ etw begeistert [*o* mit Begeisterung] tun ❷ (*stimulation*) [An]reiz *m,* Würze *f;* **to add some ~ to sth** Schwung in etw *akk* bringen ❸ (*rind*) Schale *f;* **lemon/lime/orange** ~ Zitronen-/Limonen-/Orangenschale *f*

zestful ['zestfᵊl] *adj* ❶ (*lively*) *person* lebenslustig ❷ (*energetic*) begeisternd, durchschlagend; **a ~ performance** eine mitreißende Vorstellung

zeugma ['zju:gmə, AM 'zu:g] *n* LING, LIT Zeugma *nt*

Zeus [zju:s, AM zu:s] *n* Zeus *m*

ziggurat ['zɪgəræt] *n* HIST, ARCHIT Stufenpyramide *f*

zigzag ['zɪgzæg] **I.** *n* ❶ (*line, course*) Zickzack *m;* **in a** ~ im Zickzack ❷ (*turn on course*) Zickzackkurve *f* **II.** *adj inv* Zickzack-; ***we followed the ~ path up the hill*** wir liefen im Zickzack den Bergpfad hinauf; **to steer a ~ course** einen Zickzackkurs steuern; ~ **pattern** Zickzackmuster *nt* **III.** *adv inv* im Zickzack; ***to get to the airport she drives ~ across the city*** um zum Flughafen zu kommen, fährt sie kreuz und quer durch die Stadt **IV.** *vi* <-gg-> sich *akk* im Zickzack bewegen; *line, path* im Zickzack verlaufen

zilch [zɪltʃ] (*fam*) **I.** *part* null *fam,* nix *fam;* ***how many points did you score? — ~*** wie viele Punkte hast du gemacht? – nicht einen **II.** *adj inv* null *fam;* ***the chances are pretty well ~*** die Aussichten sind gleich null

zillion ['zɪljən] *n* zigtausend *fam;* **a ~ times, ~s of times** zigmal *fam*

Zimbabwe [zɪm'bɑ:bweɪ] *n no pl* Simbabwe *nt*

Zimbabwean [zɪm'bɑ:bwiən] **I.** *adj inv* ❶ (*country*) simbabwisch ❷ (*nationality*) simbabwisch; ***her mother is ~*** ihre Mutter kommt aus Zimbabwe **II.** *n* Simbabwer(in) *m(f)*

Zimmer frame® ['zɪmə-] *n* BRIT Laufgestell *nt*

zinc [zɪŋk] *n no pl* Zink *nt*

zinc oxide *n no pl* MED Zink[oxid]salbe *f*

zine [zi:n] *n* (*fam*) *short for* **magazine** Hochglanzmagazin *nt*

zing [zɪŋ] **I.** *n* ❶ *no pl* (*fam: liveliness*) Pep *m fam,* Pfiff *m* ❷ (*noise of bullet*) Pfeifen *nt,* Sirren *nt* **II.** *vi* schwirren, zischen **III.** *vt* ■**to ~ sb** jdn bestrafen

zingy ['zɪŋi] *adj* (*fam*) peppig *fam,* pfiffig; ~ **slogan** fetziger Slogan

Zion ['zaɪən] *n* Zion *nt*

Zionism ['zaɪənɪzᵊm] *n no pl* Zionismus *m*

Zionist ['zaɪənɪst] **I.** *adj inv* zionistisch; **the ~ movement** die zionistische Bewegung **II.** *n* Zionist(in) *m(f)*

zip [zɪp] **I.** *n* ❶ *esp* BRIT (*zipper*) Reißverschluss *m;* **to do up a** ~ einen Reißverschluss zumachen ❷ *no pl* (*fam: vigour*) Schwung *m;* ***these new measures are intended to put a bit of ~ back into the economy*** diese neuen Maßnahmen sollen die Wirtschaft ankurbeln **II.** *part* AM (*fam: nothing*) null *fam;* ***I know ~ about computers*** ich habe null Ahnung von Computern; ***they have done ~ about it*** sie haben bisher rein gar nichts unternommen **III.** *vt* <-pp-> ❶ (*close*) **to ~ clothing** den Reißverschluss eines Kleidungsstücks zumachen; ***would you mind helping me to ~ my dress*** könntest du mir vielleicht den Reißverschluss [an meinem Kleid] zumachen? ❷ (*fasten in*) den Reißverschluss zumachen; ***they ~ped themselves into their sleeping bags*** sie zogen die Reißverschlüsse an ihren Schlafsäcken zu ❸ (*connect two things*) ■**to ~ sth together** etw mit einem Reißverschluss zusammenziehen ▶ PHRASES: **to ~ one's lip** [*or* **mouth**] (*sl*) den Mund halten **IV.** *vi* <-pp-> ❶ (*close zip*) den Reißverschluss zuziehen ❷ (*go quickly*) rasen, fegen *fam;* ***he ~ped through the traffic on his bike*** er flitzte auf seinem Fahrrad durch den Verkehr; ■**to ~ along** dahinsausen, dahinfegen *fam;* ***I'm just going to ~ along to the shops*** ich düse nur mal eben durch die Geschäfte; ■**to ~ past** vorbeirasen; ■**to ~ through sth** (*fam*) etw im Eiltempo [*o* Schnelldurchgang] erledigen

◆**zip up I.** *vt* ❶ (*fasten with zip*) ■**to ~ up** ⊂ **sth** den Reißverschluss an etw *dat* zuziehen; **to ~ up a bag/a dress/trousers** den Reißverschluss einer Tasche/eines Kleides/einer Hose zumachen ❷ (*fasten sb's zip*) ■**to ~ up** ⊂ **sb** jdm den Reißverschluss zumachen **II.** *vi* sich *akk* mit einem Reißverschluss schließen lassen; ***the dress ~s up at the back*** das Kleid hat hinten mit Reißverschluss

zip code *n* AM (*postal code*) ≈ Postleitzahl *f* **zip fastener** *n* BRIT, **zipper** ['zɪpəʳ, AM -ɚ] *n* AM, AUS Reißverschluss *m*

zipper clause *n* AM LAW *Arbeitsvertragsklausel, die eine Diskussion der Arbeitsbedingungen untersagt*

zippy ['zɪpi] *adj* (*fam*) *person* lebhaft, quirlig; **a ~ car** ein flottes Auto

zircon ['zɜ:kɒn, AM 'zɜ:rkɑ:n] *n* GEOL Zirkon *m*

zit [zɪt] *n* (*fam*) kleiner Pickel, Wimmerl *nt* SÜDD, ÖSTERR *fam,* Stippe *f* NORDD *fam*

zither ['zɪðəʳ, AM -θɚ] *n* Zither *f*

zloty <*pl* -s *or* -ties> ['zlɒti, AM 'zlɔ:ţi] *n* FIN Zloty *m*

zodiac ['zəʊdiæk, AM 'zoʊ-] *n* ❶ *no pl* ASTROL, ASTRON (*area*) ■**the** ~ der Zodiakus *fachspr,* der Tierkreis; **the signs of the** ~ die Tierkreiszeichen [*o* Sternzeichen] *ntpl* ❷ ASTROL (*chart*) Zodiakus *m fachspr*

zodiacal [zəʊ'daɪəkᵊl, AM zoʊ'-] *adj inv* ASTROL zodiakal *fachspr,* Tierkreis-; ~ **sign** Tierkreiszeichen *nt,* Sternzeichen *nt*

zombie ['zɒmbi, AM 'zɑ:-] *n* ❶ (*pej fam: mindless person*) Zombie *m pej fam,* Schwachkopf *m pej fam* ❷ (*revived corpse*) Zombie *m*

zonal ['zəʊnᵊl, AM 'zoʊ-] *adj inv* Zonen-, zonal; ~ **boundary** Zonengrenze *f;* ~ **division** Zoneneinteilung *f*

zone [zəʊn, AM zoʊn] **I.** *n* ❶ (*defined area*) Zone *f,* Region *f;* **earthquake** ~ Erdbebenregion *f;* **relegation** ~ SPORTS abstiegsgefährdete Ränge *mpl;* **time** ~ Zeitzone *f;* **the central time** ~ *Standardzeit für die Mittelstaaten der USA und von Teilen Zentralkanadas;* **wheat** ~ Weizengürtel *m;* **erogenous** ~ ANAT erogene Zone; **temperate** ~ GEOG, METEO gemäßigte Zone ❷ (*restricted area*) **combat/war** ~ MIL Kampf-/Kriegsgebiet *nt;* **danger** ~ Gefahrenzone *f;* **no-fly** ~ MIL Flugverbotszone *f;* **no-parking** ~ Parkverbotszone *f* ❸ (*in city planning*) Gebiet *nt;* **business** [*or* **commercial**] ~ Geschäftszentrum *nt;* **industrial/residential** ~ Industrie-/Wohngebiet *nt* ❹ COMPUT (*part of screen*) Zone *f* **II.** *vt* ADMIN, LAW ■**to ~ sth** etw abstellen, etw zu etw *dat* erklären; **to ~ an area/~ land** ein Gebiet/Land in [Nutzungs]zonen aufteilen; ***this area has been ~d as agricultural land*** dieses Gebiet ist als Agrarland ausgewiesen worden

◆**zone out** *vi* [mit den Gedanken] abschweifen, abdriften

zoning ['zəʊnɪŋ, AM 'zoʊn-] **I.** *n no pl* ADMIN, LAW (*system*) Bodenordnung *f;* (*effecting*) Umlegung *f fachspr,* Nutzungszuweisung *f,* Abstellen *nt,* Erklärung *f* **II.** *adj attr, inv* ~ **law** Baugesetz *nt;* ~ **restriction** Planungsbeschränkung *f*

zonk [zɒnk, AM zɑ:nk] **I.** *vt* ❶ (*hit*) ■**to ~ sb** jdn hauen ❷ (*exhaust*) ■**to ~ sb out** jmd [richtig] schaffen **II.** *vi* wegtreten *fam;* ***I always ~ out when I've been drinking red wine*** ich bin immer ganz hinüber, wenn ich Rotwein getrunken habe

zonked [zɒnkt, AM zɑ:nkt] *adj* (*sl*), **zonked out** *adj pred* (*sl*) ❶ (*exhausted*) kaputt *fam,* geschafft *fam* ❷ (*drunk, high*) zu *sl,* hinüber *fam*

zoo [zu:] *n* Zoo *m*

zookeeper ['zu:,ki:pəʳ, AM -ɚ] *n* Wärter(in) *m(f),* Tierpfleger(in) *m(f)*

zoological [,zəʊə(ʊ)'lɒdʒɪkᵊl, AM ,zoʊə'lɑ:-] *adj inv* zoologisch; ~ **research** zoologische Forschung; ~ **studies** zoologische Studien

zoological gardens *npl* (*dated form*) Zoo *m*

zoologist [zu'ɒlədʒɪst, AM zoʊ'ɑ:l-] *n* Zoologe, -in *m, f*

zoology [zu'ɒlədʒi, AM zoʊ'ɑ:l-] *n no pl* Zoologie *f*

zoom [zu:m] **I.** *n* ❶ (*lens*) Zoom[objektiv] *nt* ❷ (*adaptation*) [automatische] Entfernungseinstellung; (*picture as regards distance*) Nahaufnahme *f;* (*picture as regards size*) Großaufnahme *f* **II.** *adj attr, inv* Zoom-; ~ **lens** Zoomobjektiv *nt* **III.** *vi* (*fam*) ❶ (*move very fast*) rasen *fam;* ■**to ~ ahead** [*or* **off**] davonsausen; (*in a race*) vorpreschen; ■**to ~ past** vorbeirasen; (*fig*) *year* rasend schnell vergehen ❷ (*increase dramatically*) steil ansteigen; *prices* in die Höhe schießen ❸ PHOT, FILM (*have capacity to zoom*) zoomen; COMPUT (*enlarge text*) vergrößern; ***does this camera ~ or not?*** hat diese Kamera ein Zoomobjektiv?

◆**zoom in** *vi* [nahe] heranfahren, heranzoomen; ■**to ~ in on sth** auf etw *akk* [ein]schwenken

◆**zoom out** *vi* wegzoomen

zoot suit ['zu:t,su:t] *n* FASHION *weit geschnittener Herrenanzug im Stil der vierziger Jahre*

Zoroaster [,zɒrəʊ'æstəʳ, AM ,zɔ:roʊ'æstɚ] *n no pl* Zoroaster *m,* Zarathustra *m*

Zoroastrian [,zɒrəʊ'æstriən, AM ,zɔ:roʊ'-] REL **I.** *adj inv* zoroastrisch **II.** *n* Anhänger(in) *m(f)* der Lehre Zoroasters [*o* Zarathustras]

Zoroastrianism [,zɒrəʊ'æstriənɪzᵊm, AM ,zɔ:roʊ'-] *n no pl* Zoroastrismus *m*

zucchini <*pl* -s *or* -> [zu'ki:ni, AM zu:'-] *n* AM, AUS (*courgette*) Zucchini *f*

Zulu ['zu:lu:] **I.** *n* ❶ (*person*) Zulu *m* ❷ *no pl* (*language*) Zulu *nt* **II.** *adj inv, attr* Zulu-; ~ **chief** Zuluhäuptling *m;* ~ **warrior** Zulukrieger *m*

Zululand ['zu:lu:lænd] *n no pl* KwaZulu-Natal *nt,* Zululand *nt hist*

zygote ['zaɪgəʊt, AM -goʊt] *n* BIOL Zygote *f fachspr*

Notizen

Notizen

Notizen

Notizen

Notizen

Notizen

United States of America
Vereinigte Staaten von Amerika

The English-Speaking World
Die englischsprachige Welt

1 : 89 000 000

0 1000 2000 3000 km
0 1000 2000 miles

- Countries where English is the official language
  Staaten, in denen Englisch die offizielle Landessprache ist
- Countries where English is one of the official languages
  Staaten, in denen Englisch eine der offiziellen Landessprachen ist

	BOTSWANA BOTSUANA	P.	PAPUA NEW GUINEA PAPUA NEUGUINEA	ST V.	ST VINCENT AND THE GRENADINES ST. VINCENT UND DIE GRENADINEN
V.	British Virgin Islands Britische Jungferninseln (U. K.)	P. R.	Puerto Rico (USA)	U.	UGANDA
	CAMEROON KAMERUN	S.	SINGAPORE SINGAPUR	U. A. E.	UNITED ARAB EMIRATES VEREINIGTE ARABISCHE EMIRATE
	THE GAMBIA GAMBIA	S. A.	SOUTH AFRICA SÜDAFRIKA	Z.	ZAMBIA SAMBIA
	Gibraltar (U. K.)	S. I.	SOLOMON ISLANDS SALOMONEN	ZI.	ZIMBABWE SIMBABWE
.	Guam (USA)	S. L.	SIERRA LEONE		
.	Northern Mariana Is. Nördliche Marianen (USA)	ST K.	ST KITTS AND NEVIS ST. KITTS UND NEVIS		

Countries in the Pacific Ocean:
Staaten im Pazifischen Ozean:

1 Midway (USA)
2 Hawaii (USA)
3 MARSHALL ISLANDS MARSHALLINSELN
4 NAURU
5 KIRIBATI
6 TUVALU
7 Western Samoa Samoa-West
8 FIJI FIDSCHI
9 TONGA
10 Cook Islands Cookinseln

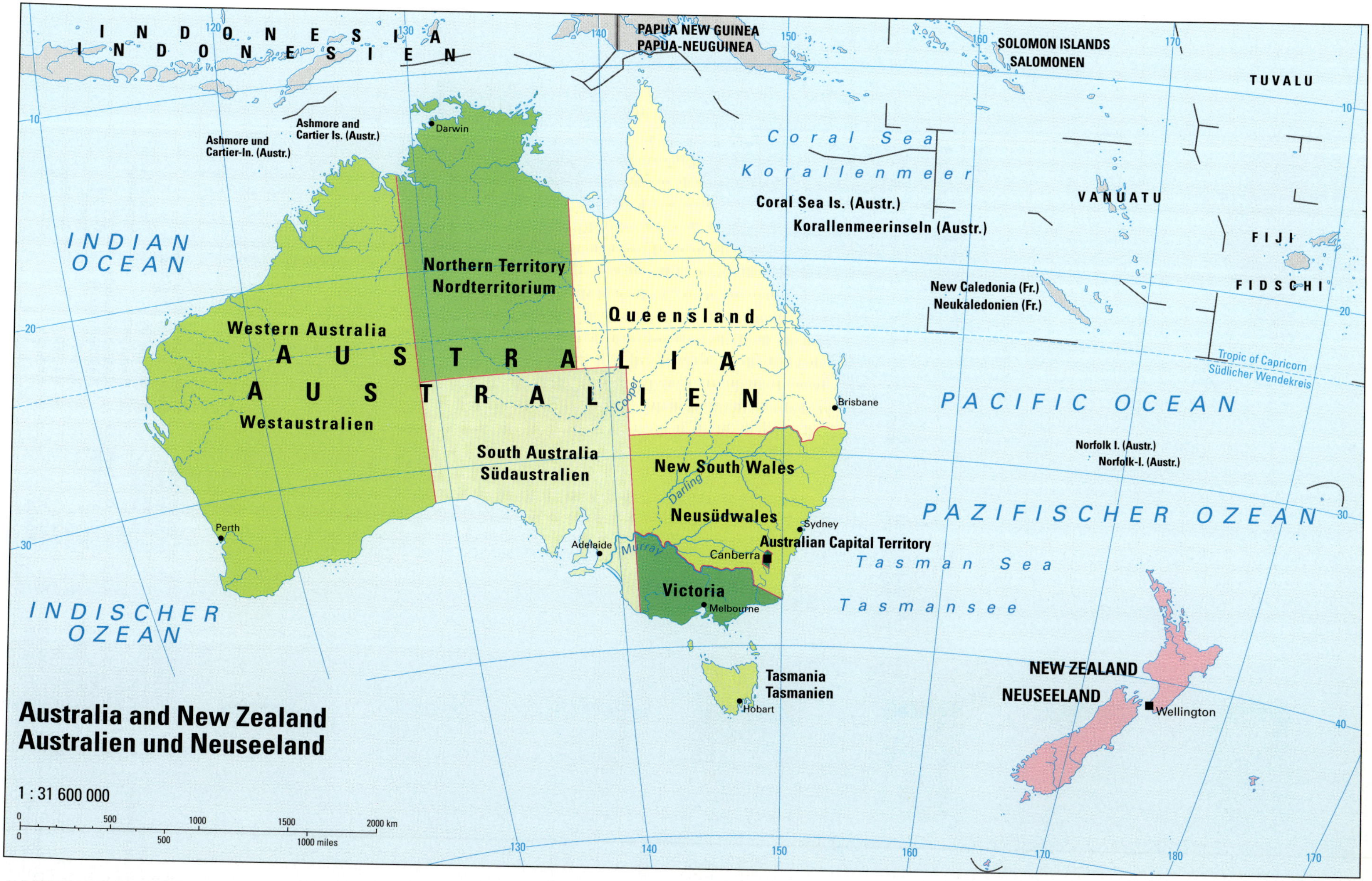

Australia and New Zealand
Australien und Neuseeland

1 : 31 600 000

0 500 1000 1500 2000 km
0 500 1000 miles

Europe
Europa
1 : 26 600 000
0 250 500 750 1000 km
0 250 500 750 miles
AND. ANDORRA
B.A.H. BOSNIA AND HERZEGOVINA
BOSNIEN UND HERZEGOWINA
L. LIECHTENSTEIN
LUX. LUXEMBOURG
LUXEMBURG
MACED. MACEDONIA
MAZEDONIEN
MON. MONACO
S.M. SAN MARINO
SLOV. SLOVENIA
SLOWENIEN
VAT. VATICAN CITY
VATIKANSTADT
Denmark Strait
Dänemarkstraße
(Norw.)
Jan Mayen
Kolguyev
Kolgujew
Barents Sea
Barentssee
Reykjavík
ICELAND
ISLAND
Norwegian Sea
Arctic Circle
Nördlicher Polarkreis
Europäisches Nordmeer
Lofoten
Faroe Islands
(Den.)
Färöer
(Dän.)
NORWAY
NORWEGEN
SWEDEN
SCHWEDEN
FINLAND
FINNLAND
RUSSIA
RUSSLAND
Oslo
Helsinki
Tallinn
Stockholm
ESTONIA
ESTLAND
British Isles
Britische Inseln
North Sea
Nordsee
UNITED KINGDOM
VEREINIGTES KÖNIGREICH
IRELAND
IRLAND
Dublin
DENMARK
DÄNEMARK
Copenhagen
Kopenhagen
Baltic Sea
Ostsee
Riga
LATVIA
LETTLAND
LITHUANIA
LITAUEN
(Russia)
(Russland)
Vilnius
BELARUS
Minsk
WEISSRUSSLAND
Volga
Wolga
Moscow
Moskau
KAZAKHSTAN
KASACHSTAN
UZBEKISTAN
USBEKISTAN
ATLANTIC OCEAN
ATLANTISCHER OZEAN
London
Amsterdam
NETHERLANDS
NIEDERLANDE
Berlin
POLAND
POLEN
Warsaw
Warschau
English Channel
Kanal
Brussels
Brüssel
BELGIUM
BELGIEN
LUX.
GERMANY
DEUTSCHLAND
Kiev
Kiew
UKRAINE
Paris
Luxembourg
Luxemburg
Prague
Prag
CZECH. REP.
TSCHECH. REP.
Danube
Donau
SLOVAKIA
SLOWAKEI
Bay of Biscay
Golf von Biscaya
FRANCE
FRANKREICH
AUSTRIA
Vienna
Wien
ÖSTERREICH
Bratislava
Pressburg
Budapest
HUNGARY
UNGARN
MOLDOVA
Chișinău
MOLDAU
Caspian Sea
Kaspisches Meer
Bern
L.
SWITZERLAND
SCHWEIZ
Ljubljana
Laibach
SLOV.
Zagreb
CROATIA
KROATIEN
ROMANIA
RUMÄNIEN
TURKMENISTAN
SPAIN
SPANIEN
PORTUGAL
AND.
MON.
ITALY
ITALIEN
S.M.
Belgrade
Belgrad
Bucharest
Bukarest
Black Sea
Schwarzes Meer
GEORGIA
GEORGIEN
Tbilisi
Tiflis
AZERBAIJAN
ASERBAIDSCHAN
Baku
ARMENIA
ARMENIEN
Yerevan
Eriwan
B.A.H.
Sarajevo
YUGOSLAVIA
JUGOSLAWIEN
Lisbon
Lissabon
Madrid
Corsica
Korsika
Adriatic Sea
Adria
BULGARIA
Sofia
BULGARIEN
Bosporus
VAT.
Rome
Rom
Skopje
MACED.
Tirana
ALBANIA
ALBANIEN
Ankara
TURKEY
TÜRKEI
Teheran
Balearic Is.
Balearen
Sardinia
Sardinien
Tyrrhenian Sea
Tyrrhenisches Meer
Madeira
(Port.)
Straits of Gibraltar
Straße von Gibraltar
Mediterranean Sea
Mittelmeer
GREECE
GRIECHENLAND
IRAQ
IRAK
IRAN
Ionian Sea
Ionisches Meer
Athens
Athen
Rabat
Algiers
Algier
Tunis
Sicily
Sizilien
Euphrates
Euphrat
Baghdad
Bagdad
Nicosia
Nikosia
SYRIA
SYRIEN
Canary Is.
Kanarische In.
(Sp.)
MOROCCO
MAROKKO
TUNISIA
TUNESIEN
Valletta
MALTA
CYPRUS
ZYPERN
LEBANON
LIBANON
Beirut
Damascus
Damaskus
ALGERIA
ALGERIEN
ISRAEL
JORDAN
Jerusalem
Amman
JORDANIEN
SAUDI-ARABIA
SAUDI-ARABIEN
KUWAIT
Kuwait
Ob
Laâyoune
El-Aaiún
Western Sahara
Westsahara
West from Greenwich
Westl. Länge von Greenwich
East from Greenwich
Östl. Länge von Greenwich
Tripoli
Tripolis
LIBYA
LIBYEN
EGYPT
ÄGYPTEN

British Isles
Britische Inseln
0 50 100 150 200 km
0 50 100 150 miles
1 : 5 400 000
Shetland Islands
Shetland-Inseln
Orkney Islands
Orkney-Inseln
Outer Hebrides
Äußere Hebriden
ATLANTIC
OCEAN
ATLANTSCHER
OZEAN
Scotland
Schottland
Spey
Tay
Edinburgh
Glasgow
Tweed
North Sea
Nordsee
North Channel/Nordkanal
UNITED KINGDOM
Northern Ireland
Nordirland
Belfast
Isle of Man
England
VEREINIGTES
KÖNIGREICH
Irish Sea
Irische See
IRELAND
IRLAND
Dublin
Shannon
Barrow
Suir
Manchester
Liverpool
Trent
Birmingham
Ouse
Wales
St George's Channel
St.-Georgs-Kanal
Severn
Oxford
Thames
Themse
London
Cardiff
Isle of Wight
English Channel
Kanal
Scilly Isles
Scilly-Inseln
Channel Is. (U. K.)
Kanalinseln
Alderney
Guernsey
Sark
Jersey
Seine
FRANCE
FRANKREICH

Deutschland
Germany
1 : 4 500 000
0 50 100 150 200 km
0 50 100 150 miles
BELG. BELGIEN
BELGIUM
L. LIECHTENSTEIN
LUX. LUXEMBURG
LUXEMBOURG
DÄNEMARK
DENMARK
Nordsee
North Sea
Ostsee
Baltic Sea
Nordfriesische Inseln
North Frisian Islands
Ostfriesische Inseln
East Frisian Islands
(zu/to Hamburg)
(zu/to Bremen)
Rügen
Kiel
Schleswig-
Holstein
Hamburg
Hamburg
Mecklenburg-Vorpommern
Mecklenburg-West Pomerania
Schwerin
NIEDERLANDE
NETHERLANDS
Bremen
Bremen
Elbe
Niedersachsen
Lower Saxony
POLEN
POLAND
Oder
Branden-
burg
Berlin
Berlin
Potsdam
Hannover
Hanover
Weser
Sachsen-
Anhalt
Magdeburg
Saxony-Anhalt
Nordrhein-
Westfalen
North Rhine-
Westphalia
Düsseldorf
Köln
Cologne
Sachsen
Saxony
Dresden
Erfurt
Thüringen
Thuringia
Hessen
Hesse
BEL.
Rhein
Rhine
Rheinland-Pfalz
Rhineland-Palatinate
Wiesbaden
Mainz
Frankfurt
LUX.
TSCHECHISCHE
REPUBLIK
CZECH REPUBLIC
Saarland
Saarbrücken
Bayern
Bavaria
Nürnberg
Nuremberg
Baden-
Württemberg
Stuttgart
Donau
Danube
FRANKREICH
FRANCE
München
Munich
Bodensee
Lake Constance
SCHWEIZ
SWITZERLAND
L.
ÖSTERREICH
AUSTRIA
6
9
12
15
54
51
48

Österreich
Austria
1 : 3 900 000
0 25 50 75 km
0 25 50 miles
L. LIECHTENSTEIN
TSCHECHISCHE REP.
CZECH REP.
SLOWAKEI
SLOVAKIA
DEUTSCHLAND
GERMANY
UNGARN
HUNGARY
SCHWEIZ
SWITZERLAND
ITALIEN
ITALY
SLOWENIEN
SLOVENIA
KROATIEN
CROATIA
Niederösterreich
Lower Austria
Oberösterreich
Upper Austria
Burgenland
Steiermark
Styria
Salzburg
Kärnten
Carinthia
Tirol
Tyrol
Voralberg
L.
Wien
Vienna
St. Pölten
Linz
Eisenstadt
Salzburg
Graz
Klagenfurt
Innsbruck
Bregenz
Donau
Danube
Inn
Enns
Mur
Salzach
Drau
Drava

A. A.-R. Appenzell Ausser-Rhoden
Appenzell Outer Rhodes
A. I.-R. Appenzell Inner-Rhoden
Appenzell Inner Rhodes
B.-L. Basel-Landschaft
Basel District
B.-St. Basel-Stadt
Basel City
N. Neuenburg
Neuchâtel
Nidw. Nidwalden
Obw. Obwalden
S. Solothurn
Sch. Schaffhausen
DEUTSCHLAND
GERMANY
ÖSTERREICH
AUSTRIA
LIECHTENSTEIN
FRANKREICH
FRANCE
ITALIEN
ITALY
Die Schweiz
Switzerland
1 : 2 700 000
0 25 50 75 km
0 25 50 miles
Zürich
Zurich
Thurgau
Frauenfeld
St. Gallen
St Gallen
Herisau
Appenzell
A. A.-R.
A. I.-R.
Schaffhausen
Sch.
Basel
B.-St.
Liestal
B.-L.
Jura
Delémont
S.
Solothurn
Aarau
Aargau
Zug
Luzern
Lucerne
Schwyz
Glarus
Stans
Nidw.
Sarnen
Obw.
Altdorf
Uri
Neuenburg
Neuchâtel
N.
Bern
Freiburg
Fribourg
Waadt
Vaud
Lausanne
Genf
Geneva
Sion
Wallis
Valais
Tessin
Ticino
Bellinzona
Chur
Coire
Graubünden
Grisons
Rhein
Rhine
Aare
Doubs
Inn
Rhône
Bodensee
Lake Constance
Vierwaldstätter See
Lake Lucerne
Neuenburger See
Lake Neuchâtel
Genfer See
Lake Geneva
Lago Maggiore
Lake Maggiore
Luganer See
Lake Lugano